伝記・評伝全情報 2014-2018

日本・東洋編

日外アソシエーツ

Complete List of Biographies
2014-2018

Part 1 Japanese and other Oriental People

Compiled by

Nichigai Associates, Inc.

©2019 by Nichigai Associates, Inc.

Printed in Japan

本書はディジタルデータでご利用いただくことができます。詳細はお問い合わせください。

●編集担当● 松本 裕加／岡田 真弓／新西 陽菜
カバーイラスト：小林 彩子（flavour）

刊行にあたって

　ある人物の人生や考え方、人となりについて知ろうとする時に有用となるのは、伝記・評伝を始めとした伝記資料である。人物評価を交えながら生涯を辿った評伝や自身がその人生を振り返り綴った自伝はもちろん、回想録、日記、書簡といった記録類からは、個人の行動や交遊関係に留まらず、その人物が生きた時代の文化や社会状況までうかがい知ることができる。

　何度も伝記・評伝が出されている有名人であれば、複数の視点からその人物を追うことが可能であるし、従来評価されていなかった人物に光を当てたものからは、埋もれてしまっていた偉業を知り得、市井の人物の波瀾万丈な人生に驚きや感動を与えられることもあるであろう。

　本書は「伝記・評伝全情報 45/89」「同 90/94」「同 95/99」「同 2000-2004」「同 2005-2009」「同 2010-2014」の継続版にあたる図書目録である。2014（平成 26）年 7 月から 2018（平成 30）年までの 5 年間に国内で刊行された、古今東西の英雄、政治家、実業家、思想家、学者、作家・詩人、芸術家、スポーツ選手、芸能人など、有名無名を問わず様々な人物についての伝記・評伝を集め、「日本・東洋編」「西洋編」の 2 冊に分けて収録した。本書とシリーズ既刊を併せることで、昭和戦後期から平成期に刊行された伝記・評伝類を網羅することができる。

　本書が様々な人物の生涯への興味を喚起する情報源として、また、特定の人物を調査する際の効率化を図るためのツールとして、広く活用されることを期待したい。

　2019 年 4 月

　　　　　　　　　　　　　　　　　　　　　　　　　日外アソシエーツ

凡　　例

1．本書の内容

　　本書は、日本・東洋人（漢字圏）の伝記、評伝、自伝、回想録、追想録、日記、書簡等の図書を網羅的に集め、被伝者の五十音順に排列した各種伝記・評伝類の総目録である。

2．収録の対象

（1）2014年（平成26年）7月から2018年（平成30年）までの5年間に日本国内で刊行された商業出版物、政府刊行物、私家版などを収録した。また、前版（2010年〜2014年6月）に未収録であった2014年刊行分を補遺として収録した。

（2）児童書、絵本、漫画、ムック、展覧会カタログは収録しなかった。

（3）本書の収録点数は10,902点、見出しに立てた被伝者は7,303人である。

3．見出し

（1）被伝者の本名、旧姓名、別名（筆名、芸名、通称等）のうち、原則として一般に最も知られているものを見出しとして採用し、必要に応じて不採用の名からも参照を立てた。

（2）判明する限り生（没）年を付した。

（3）人名の読みは各種人名辞典、人名録などに拠ったが、確認できない場合は一般的な読み方を採った。また、原則として"ふじわらの"等の"の"は省略した。

（4）中国人名は漢字で表記し、読みは日本語読みとした。

（5）韓国・朝鮮人名は、民族読みをカタカナで表記し、漢字名を補記した。また、適宜日本語読みからの参照を立てた。

（6）人名の読みは、原則として現代かなづかいに拠った。また、ぢ→じ、づ→ずに統一した。

4．見出し排列
　（1）見出しの排列は、姓・名をそれぞれ一単位とし、姓の読み・名の読みの五十音順とした。
　（2）濁音・半濁音は清音とした。促音・拗音は直音とみなし、長音符（音引き）は無視した。

5．図書の排列
　（1）各見出しのもとでは出版年月順に排列した。
　（2）同一出版年月の図書は書名の五十音順に排列した。

6．図書の記述
　　記述の内容と順序は次の通りである。
　　書名／副書名／巻次／各巻書名／著者表示／版表示／出版地（東京以外を表示）／出版者／出版年月／ページ数または冊数／大きさ／叢書名／叢書番号／注記／定価（刊行時）／ISBN(Ⓘで表示)／NDC(Ⓝで表示)／内容

7．書誌事項等の出所
　　本目録に掲載した各図書の書誌事項等は、主に次の資料に拠っている。
　　　データベース「BOOKPLUS」
　　　JAPAN/MARC

目　次

【あ】

- 愛 … 1
- 阿井 慶太 … 1
- 相生 由太郎 … 1
- 鮎川 義介　⇒鮎川義介（あゆかわ・よしすけ）を見よ
- 愛甲 猛 … 1
- 愛沢 えみり … 1
- 相澤 進 … 1
- 会沢 正志斎 … 1
- 相澤 忠洋 … 2
- 相沢 英之 … 2
- 愛新覚羅 溥儀 … 2
- 會津 八一 … 3
- 會田 キン … 3
- 會田 作治郎 … 3
- 相田 みつを … 3
- 相原 求一朗 … 3
- AILA … 3
- 葵 基 … 3
- 葵御前 … 3
- 亜欧堂 田善 … 3
- 青木 槐三 … 3
- アオキ カズコ … 4
- 青木 聖久 … 4
- 青木 紀代美 … 4
- 青木 恵哉 … 4
- 青木 周蔵 … 4
- 青木 登 … 4
- 青木 廣彰　⇒ロッキー青木（ろっきーあおき）を見よ
- 青木 文教 … 4
- 青木 幹勇 … 4
- 青木 豊 … 4
- 青島 秀樹 … 4
- 青野 豪淑 … 5
- 青柳 いづみこ … 5
- 青柳 誠 … 5
- 青山 士 … 5
- 青山 光二 … 5
- 青山 剛昌 … 5
- 青山 千世 … 5
- 青山 三千子 … 5
- 青山 禄郎 … 5
- 赤岩 松寿 … 5
- 赤尾 敏 … 6
- 赤木 満智子 … 6
- 赤坂 小梅 … 6
- 赤崎 勇 … 6
- 赤崎 伝三郎 … 6
- 赤嵜 貢 … 6
- 赤沢 文治　⇒金光大神（こんこうだいじん）を見よ
- 赤沢 八重子 … 6
- 明石 海人 … 6
- 明石 掃部 … 6
- 明石 全登　⇒明石掃部（あかし・かもん）を見よ
- 明石 康 … 7
- 赤瀬川 原平 … 7
- 赤瀬川 隼 … 7
- 赤塚 不二夫 … 7
- 赤襴 武人 … 7
- 赤橋 守時 … 7
- 赤羽 萬次郎 … 7
- 赤堀 猪鶴 … 7
- 赤堀 政夫 … 8
- 赤間 森水 … 8
- 赤松 小三郎 … 8
- 赤松 則房 … 8
- 赤松 広英 … 8
- 赤松 広通　⇒赤松広英（あかまつ・ひろひで）を見よ
- 赤松 良子 … 8
- 赤松 林太郎 … 8
- 小明 … 9
- 東江 平之 … 9
- 阿川 弘之 … 9
- 安藝 皎一 … 9
- 秋枝 蕭子 … 9
- 秋草 俊 … 9
- 秋里 籬島 … 9
- 秋篠宮佳子　⇒佳子内親王（かこないしんのう）を見よ
- 秋篠宮悠仁　⇒悠仁親王（ひさひとしんのう）を見よ
- 秋篠宮文仁親王 … 10
- 秋月 定良 … 10
- 秋月 悌次郎 … 10
- 秋田 雨雀 … 10
- 秋田 實 … 10
- 秋野 公造 … 10
- あきの はじめ … 10
- 明仁上皇　⇒上皇明仁（じょうこうあきひと）を見よ
- 秋元 薫 … 10
- 秋元 久雄 … 11
- 秋元 松代 … 11
- 秋元 康 … 11
- 秋元 安民 … 11
- 秋山 和慶 … 11
- 秋山 準 … 11
- 秋山 庄太郎 … 11
- 秋山 千代 … 11
- 秋山 德藏 … 11
- 秋山 二三雄 … 11
- 秋山 昌廣 … 11
- 秋山 祐徳太子 … 12
- 穐吉 敏子 … 12
- AKIRA … 12
- 阿久 悠 … 12
- 芥川 也寸志 … 12
- 芥川 龍之介 … 12
- 芥川 瑠璃子 … 13
- 明智 光秀 … 13
- 浅井 忠 … 14
- 浅井 啼魚 … 14
- 浅井 初　⇒常高院（じょうこういん）を見よ
- 浅井 秀政 … 14
- 浅井 義晴　⇒浅井啼魚（あさい・ていぎょ）を見よ
- 浅丘 ルリ子 … 14
- 朝賀 昭 … 14
- 安積 澹泊 … 14
- 朝河 貫一 … 14
- 浅川 巧 … 15
- 朝倉 篤郎 … 15
- 朝倉 孝景 … 15
- 浅津 富之助 … 15
- 浅田 和茂 … 15
- 浅田 剛夫 … 15
- 阿佐田 哲也　⇒色川武大（いろかわ・たけひろ）を見よ
- 麻田 浩 … 16
- 浅田 真央 … 16
- 浅野 勝人 … 16
- 浅野 祥雲 … 16
- 浅野 史郎 … 16
- 浅野 総一郎 … 16
- 浅野 大義 … 17
- 浅野 妙子 … 17
- 浅野 拓磨 … 17
- 浅野 長勲 … 17
- 浅野 長矩 … 17
- 浅葉 仁三郎 … 17
- 麻原 彰晃 … 17
- 朝日 甚兵衞 … 17
- 旭 日苗 … 17
- 朝比奈 隆 … 17
- 朝比奈 弥太郎 … 18
- 浅見 仙作 … 18
- 浅利 みき … 18
- 足利 成氏 … 18
- 足利 尊氏 … 18
- 足利 直義 … 18
- 足利 満兼 … 19
- 足利 持氏 … 19
- 足利 義昭 … 19
- 足利 義詮 … 20
- 足利 義量 … 20
- 足利 義勝 … 20
- 足利 義澄 … 20
- 足利 義稙 … 20

目次

あん

足利 義輝……20	阿野 廉子……27	新井 敏之……35
足利 義教……21	虻川 東雄……27	新井 白石……35
足利 義晴……21	阿仏房……27	荒井 広幸……35
足利 義尚……21	油屋 熊八……27	新井 道子……35
足利 義栄……21	安倍 昭恵……27	新井 良一郎……35
足利 義政……21	安部 磯雄……28	荒勝 文策……35
足利 義満……22	安倍 寛……28	荒川 一代……36
足利 義持……22	阿部 完市……28	荒川 勝茂……36
芦澤 泰偉……22	安部 兼章……28	荒川 静香……36
芦田 伸介……22	安部 公房……28	荒川 俊治……36
芦田 高子……23	安部 三十郎……28	荒木 一郎……36
芦田 信蕃 ⇒依田信蕃(よだ・のぶしげ)を見よ	あべ 静江……28	荒木 伸吾……36
	阿部 次郎……28	荒木 大輔……36
芦田 均……23	安倍 晋三……28	荒木 だし ⇒だしを見よ
葦原 雅亮……23	安倍 晋太郎……29	荒木 村重……36
芦原 英幸……23	安倍 晴明……29	荒木田 麗……37
芦屋 雁之助……23	阿部 孝子……30	新崎 盛暉……37
芦屋 小雁……23	阿部 春市……30	嵐 寛寿郎……37
阿修羅・原 ⇒原進(はら・すすむ)を見よ	阿部 正弘……30	嵐 圭史……37
	安倍 洋子……30	新津 甚一……37
阿證……23	安部 洋子……30	安蘭 けい……37
葦原 金次郎……23	阿部 よしゑ……30	ありがとうあみ……37
葦原将軍 ⇒葦原金次郎(あしわら・きんじろう)を見よ	阿部 浪漫子……30	有川 貞昌……37
	甘粕 正彦……30	有坂 成章……37
	天児 牛大……31	有島 武郎……37
ASKA……23	天草 四郎……31	有栖川宮 幟仁……38
東 喜代駒……23	天草 二郎……31	有栖川宮 熾仁……38
東 史郎……23	尼子 凡女……31	有栖川宮 職仁……38
東 伸一……24	天田 愚庵……31	有永 億太郎……38
東 善作……24	天野 篤……32	有馬 朗人……39
吾妻 ひでお……24	天野 貞祐……32	有馬 稲子……39
東 文彦……24	天野 桃隣……32	有馬 源内……39
明日海 りお……24	天野 八郎……32	有馬 玄蕃 ⇒有馬豊氏(ありま・とようじ)を見よ
麻生 イト……24	天野 礼子……32	
麻生 実男……24	天海 祐希……32	有馬 豊氏……39
麻生 太吉……24	雨宮 まみ……32	有馬 正高……39
麻生 太郎……24	甘利 庸子……33	有馬 康雄……39
阿多 忠景……25	網田 覚一……33	有馬 頼貴……39
安高 団兵衛……25	網野 善彦……33	有間皇子……39
安達 かおる……25	aMSa……33	有村 章……39
安達 清風……25	雨森 精斎……33	有村 勝子……39
足立 全康……25	雨宮 敬次郎……33	有森 裕子……40
安達 二十三……25	綾川 武治……33	有安 杏果……40
あだち 充……25	綾小路 きみまろ……33	有山 圭一……40
安達 峰一郎……25	文仁親王……34	有吉 秋津……40
安達 元彦……26	AYUO ⇒高橋鮎生(たかはし・あゆお)を見よ	有吉 孝一……40
足立 雄三……26		有吉 佐和子……40
阿茶局……26	鮎川 信夫……34	在原 業平……40
篤姫 ⇒天璋院(てんしょういん)を見よ	鮎川 義介……34	在原 行平……41
	新井 奥邃……34	有賀 万之助……41
渥美 清……26	荒井 権八……34	阿瓏……41
阿藤 伯海……26	新井 将敬……34	粟津 正蔵……41
跡見 花蹊……26	あらい 正三 ⇒太鼓持あらい(たいこもちあらい)を見よ	粟津 高明……41
阿南 惟幾……26		粟野 健次郎……41
阿南 惟正……27	荒井 退造……34	粟谷 明生……41
阿南 攻……27	新井 貴浩……34	杏……41
安仁屋 宗八……27		

アン, ジュングン（安 重根）……41	飯田 信三……52	池部 啓太……58
アン, ビョンム（安 炳茂）……42	飯田 廣助……52	池部 如泉　⇒池部啓太（いけべ・けいた）を見よ
安 禄山……42	飯田 実枝子……52	池部 春常　⇒池部啓太（いけべ・けいた）を見よ
安斎 庫治……42	飯田 芳也……52	
安西 賢誠……42	飯田 龍太……52	池部 良……58
安西 水丸……42	飯野 吉三郎……52	池本 周三……58
安崎 暁……42	飯畑 正男……52	池山 健次……58
安生 洋二……42	家入 一真……52	池山 隆寛……58
＿＿（アンダーバー）……42	井上内親王　⇒井上内親王（いのえないしんのう）を見よ	生駒 晴俊……59
安藤 昌益……43		生駒 里奈……59
安藤 忠雄……43	猪谷 千春……52	伊佐 新次郎……59
安藤 野雁……44	五十嵐 顕……53	伊佐 岑満　⇒伊佐新次郎（いさ・しんじろう）を見よ
安藤 信正……44	五十嵐 祇室……53	
安藤 昇……44	五十嵐 清……53	井崎 英典……59
安藤 日出武……44	五十嵐 智……53	漁 マミ……59
安藤 洋美……44	五十嵐 威暢……53	伊沢 拓司……59
安藤 仁子……44	五十嵐 久人……53	井沢 弥惣兵衛……59
安藤 正信……44	五十嵐 幸男……53	伊沢 蘭奢……59
安藤 百福……45	井川 忠雄……53	石射 猪太郎……59
安藤 よしかず……45	井川 浩……53	石井 一男……59
アントニオ猪木……45	井川 意高……53	石井 和夫……60
安茂 興人……46	生澤 愛子……53	石井 完治……60
	生稲 晃子……54	石井 菊次郎……60
【 い 】	生島 治郎……54	石井 謙道……60
	生島 マリカ……54	石井 サク子……60
イ, インジク（李 人稙）……46	生田 葵山……54	石井 志都子……60
イ, グァンス（李 光洙）……46	井口 省吾……54	石井 十次……60
韋 君宜……46	井口 資仁……54	石井 修三……60
イ, スンシン（李 舜臣）……46	池 大雅……54	石井 四郎……60
イ, スンマン（李 承晩）……46	池内 泉……54	石井 髙……60
イ, ソンゲ……46	池内 紀……54	石井 隆朗……60
イ, ドンウォン（李 東元）……47	池川 明……55	石井 琢朗……61
イ, ミョンバク（李 明博）……47	池島 信平……55	石井 てる美……61
井伊 直興……47	池田 亀鑑……55	石井 縫殿……61
井伊 直勝……47	池田 清彦……55	石井 信義　⇒石井謙道（いしい・けんどう）を見よ
井伊 直弼……47	池田 成彬……55	
井伊 直孝……48	池田 重子……55	石井 紀子……61
井伊 直親……48	池田 純……55	石井 漠……61
井伊 直継　⇒井伊直勝（いい・なおかつ）を見よ	池田 大作……55	石井 弘寿……61
	池田 貴広……56	石井 宏幸……61
井伊 直虎……48	池田 武邦……56	石井 ふく子……62
井伊 直平……50	池田 維……56	石井 筆子……62
井伊 直政……50	池田 龍雄……57	石井 みどり……62
井伊 弥千代　⇒松平千代子（まつだいら・ちよこ）を見よ	池田 輝澄……57	石井 桃子……62
	池田 輝政……57	石井 義人……62
飯尾 宗祇　⇒宗祇（そうぎ）を見よ	池田 長発……57	石井 亮次……62
	池田 徳孝……57	石井 露月……63
飯岡 順一……51	池田 勇人……57	石栄 泰子……63
飯澤 二郎……51	池田 政直……57	石尾 かつの……63
飯島 春敬……51	池田 眞規……57	石岡 好憲……63
飯島 敏宏……51	池田 三千子……58	石垣 忠吉……63
飯島 みや子……51	池谷 和志……58	石川 雲蝶……63
飯塚 雅俊……52	池長 孟……58	石川 欽一郎……63
飯塚 正良……52	池波 志乃……58	石川 九郎……63
飯田 蛇笏……52	池波 正太郎……58	石川 香山……63
	池禅尼……58	石川 三四郎……63

石川　純子 …… 64	石松　竹雄 …… 75	板倉　光馬 …… 82
石川　舜台 …… 64	石光　一郎 …… 75	板部　堅忠 …… 82
石川　信吾 …… 64	石光　真清 …… 75	伊丹　三樹彦 …… 82
石川　啄木 …… 64	石牟礼　道子 …… 75	市　⇒お市（おいち）を見よ
石川　信雄 …… 65	石本　茂 …… 76	市川　英治 …… 82
石川　栄耀 …… 65	石本　秀一 …… 76	市川　海老蔵（11代）…… 82
石川　裕雄 …… 65	石本　平兵衛 …… 76	市河　寛斎 …… 82
石川　洋 …… 65	石元　泰博 …… 76	市川　源三 …… 82
石川　理紀之助 …… 65	伊舎堂　用久 …… 76	市川　厚一 …… 82
イシグロ, カズオ …… 65	石山　喜八郎 …… 76	市川　森一 …… 82
石黒　建吉 …… 65	石山　春平 …… 76	市川　染五郎（7代）　⇒松本
石黒　浩 …… 65	伊集院　静 …… 77	幸四郎（10代）（まつもと・
石黒　孝次郎 …… 66	井尻　儀三郎 …… 77	こうしろう）を見よ
石黒　昇 …… 66	イジリー岡田 …… 77	市川　團十郎（7代）…… 83
石黒　宗麿 …… 66	石原　寿郎 …… 77	市川　團十郎（8代）…… 83
石毛　博史 …… 66	泉井　久之助 …… 77	市川　團十郎（12代）…… 83
石坂　敬一 …… 66	井筒　俊彦 …… 77	市川　房枝 …… 83
石坂　浩二 …… 66	伊豆の長八　⇒入江長八（い	一木　喜徳郎 …… 83
石崎　勝蔵 …… 66	りえ・ちょうはち）を見よ	一木　清直 …… 83
石津　謙介 …… 66	泉　鏡花 …… 78	市古　宙三 …… 84
石塚　友二 …… 67	和泉　昇次郎 …… 78	市島　謙吉 …… 84
石塚　昌行 …… 67	泉　靖一 …… 78	一ノ瀬　文香 …… 84
石塚　由美子 …… 67	泉　徳治 …… 78	市原　悦子 …… 84
石田　言行 …… 67	泉岡　春美 …… 78	市堀　玉宗 …… 84
石田　一松 …… 67	和泉式部 …… 78	市丸　利之助 …… 84
石田　請市 …… 67	泉谷　淑夫 …… 78	一柳　慧 …… 84
石田　卓也 …… 67	出雲　充 …… 79	市吉　澄枝 …… 84
石田　トミ子 …… 67	井津元　久美夫 …… 79	イチロー …… 84
石田　虎松 …… 67	伊勢　新九郎　⇒北条早雲（ほ	一休宗純 …… 85
石田　昇 …… 67	うじょう・そううん）を	一遍 …… 85
石田　紀郎 …… 68	見よ	井出　一太郎 …… 86
石田　梅岩 …… 68	伊勢　宗瑞　⇒北条早雲（ほう	井手　久美子 …… 86
石田　波郷 …… 68	じょう・そううん）を見よ	井手口　良介 …… 86
石田　文樹 …… 68	伊勢　盛時　⇒北条早雲（ほう	出光　佐三 …… 86
石田　三成 …… 68	じょう・そううん）を見よ	糸井　重里 …… 87
石田　順朗 …… 69	伊勢崎　賢治 …… 79	伊藤　昭義 …… 87
石平　春彦 …… 69	伊勢崎　淳 …… 79	伊藤　育子 …… 87
伊地智　啓 …… 69	伊勢崎　治郎治 …… 79	伊藤　一廣 …… 87
伊地知　正治 …… 69	伊東 …… 79	伊東　甲子太郎 …… 87
ECD …… 69	磯崎　新 …… 79	伊藤　熹朔 …… 87
石ノ森　章太郎 …… 69	磯田　一郎 …… 80	伊藤　喜平 …… 87
石破　茂 …… 70	石上　露子 …… 80	伊藤　銀次 …… 87
石橋　英司 …… 70	磯部　浅一 …… 80	伊藤　邦幸 …… 87
石橋　恵三子 …… 70	磯部　則男 …… 80	伊藤　計劃 …… 87
石橋　湛山 …… 70	磯村　春子 …… 80	伊藤　敬司 …… 87
石花井　ヒロミ …… 71	井田　孝平 …… 80	伊藤　圭介 …… 88
石原　悦郎 …… 71	井田　毅 …… 80	伊東　玄朴 …… 88
石原　莞爾 …… 71	板　祐生 …… 81	伊東　孝一 …… 88
石原　俊介 …… 73	板尾　創路 …… 81	伊藤　静男 …… 88
石原　慎太郎 …… 73	板垣　英三 …… 81	伊藤　若冲 …… 88
石原　友明 …… 74	板垣　啓三郎 …… 81	伊藤　周作 …… 89
石原　信雄 …… 74	板垣　四郎 …… 81	伊藤　潤一 …… 89
石原　裕次郎 …… 74	板垣　征四郎 …… 81	伊藤　潤二 …… 89
石原　吉郎 …… 74	板垣　退助 …… 81	伊藤　仁斎 …… 89
石原村幸次郎 …… 74	板垣　政雄 …… 81	伊藤　真乗 …… 89
石松　伸一 …… 75	板倉　鼎 …… 82	伊藤　末治郎 …… 89
	板倉　武子 …… 82	伊藤　祐靖 …… 89

伊藤 聡美 …………… 89	井上 紅梅 …………… 98	今泉 六郎 …………… 106
伊藤 たかえ ………… 89	井上 五郎 …………… 99	今井田 勲 …………… 107
伊藤 隆 ……………… 89	井上 毅 ……………… 99	今市 隆二 …………… 107
伊東 忠太 …………… 90	井上 三太 …………… 99	今川 氏真 …………… 107
伊藤 伝右衛門 ……… 90	井上 成美 …………… 99	今川 氏親 …………… 107
伊藤 篤太郎 ………… 90	井上 志摩夫 ⇒色川武大（い	今川 氏輝 …………… 107
伊藤 友司 …………… 90	ろかわ・たけひろ）を見よ	今川 範氏 …………… 107
伊藤 智仁 …………… 90	井上 真吾 …………… 99	今川 範国 …………… 107
伊東 豊雄 …………… 90	井上 信也 …………… 99	今川 範忠 …………… 108
伊藤 野枝 …………… 90	井上 井月 …………… 99	今川 範政 …………… 108
伊藤 のりよ ………… 91	井上 直久 …………… 100	今川 泰範 …………… 108
伊藤 初代 …………… 91	井上 尚弥 …………… 100	今川 義忠 …………… 108
伊藤 弘 ……………… 91	井上 日召 …………… 100	今川 義元 …………… 108
伊藤 博 ……………… 91	井上 葉水 …………… 100	今北 洪川 …………… 108
伊藤 博文 …………… 91	井上 ひさし ………… 100	今里 哲 ……………… 108
伊藤 正昭 …………… 92	井上 豊忠 …………… 101	今宿 麻美 …………… 108
伊藤 政子 …………… 92	井上 勝 ……………… 101	今田 束 ……………… 109
伊藤 雅俊 …………… 92	井上 光貞 …………… 101	今田 美奈子 ………… 109
伊藤 道郎 …………… 92	井上 光晴 …………… 101	今中 武義 …………… 109
伊藤 みどり ………… 92	井上 實 ……………… 101	今中 楓渓 …………… 109
伊藤 茂七（2代）…… 92	井上 靖 ……………… 101	今成 無事庵 ………… 109
伊藤 佑介 …………… 92	井上 八千代（5代）… 102	今西 和男 …………… 109
伊藤 律 ……………… 93	井上 芳雄 …………… 102	今西 錦司 …………… 109
伊藤 六郎兵衛 ……… 93	井上 嘉浩 …………… 102	今福 民三 …………… 109
糸賀 一雄 …………… 93	井上 ヨシマサ ……… 102	今村 核 ……………… 109
糸川 禎彦 …………… 93	井上 良三 …………… 102	今村 久米之助 ……… 110
糸原 久恵 …………… 93	井上内親王 …………… 102	今村 清之介 ………… 110
伊奈 かっぺい ……… 93	猪子 寿之 …………… 102	今村 均 ……………… 110
稲井田 章治 ………… 93	猪瀬 成男 …………… 102	今村 正己 …………… 110
稲垣 孝二 …………… 93	伊庭 心猿 …………… 103	今村 力三郎 ………… 110
稲垣 潤一 …………… 94	伊庭 貞剛 …………… 103	今本 江美子 ………… 110
稲垣 米太郎 ………… 94	伊波 敏男 …………… 103	忌野 清志郎 ………… 110
稲川 聖城 …………… 94	伊波 八郎 …………… 103	イム，グォンテク（林 権
稲塚 権次郎 ………… 94	伊波 普猷 …………… 103	澤）………………… 111
稲葉 篤紀 …………… 94	井端 弘和 …………… 103	イム，ムナン（任 文桓）… 111
稲葉 正邦 …………… 94	庵原 一男 …………… 103	井村 裕夫 …………… 111
稲部 市五郎 ………… 94	庵原 遥 ……………… 104	井村 雅代 …………… 111
稲本 健一 …………… 94	茨木 のり子 ………… 104	芋川 親正 …………… 111
稲盛 和夫 …………… 95	井深 梶之助 ………… 104	井本 勇 ……………… 111
乾 信一郎 …………… 95	井深 大 ……………… 104	井本 熊男 …………… 111
乾 貴士 ……………… 95	井深 八重 …………… 104	井山 裕太 …………… 111
犬尾 博治 …………… 95	伊福部 昭 …………… 104	壹与（壱与）⇒台与（とよ）
犬養 毅 ……………… 95	飯伏 幸太 …………… 105	を見よ
犬丸 徹郎 …………… 96	井伏 鱒二 …………… 105	入江 一子 …………… 112
猪野 正明 …………… 96	井部 俊子 …………… 105	入江 長八 …………… 112
伊能 忠敬 …………… 96	今井 兼次 …………… 105	入江 文敏 …………… 112
井上 淳子 …………… 97	今井 豪照 …………… 105	入江 満智 …………… 112
イノウエ アツシ …… 97	今井 五介 …………… 106	入江 雄三 …………… 112
井上 英治 …………… 97	今井 素牛 …………… 106	入来 祐作 …………… 112
井上 円了 …………… 97	今井 満里 …………… 106	入佐 俊家 …………… 113
井上 理 ……………… 97	今井 通浩 …………… 106	色川 大吉 …………… 113
井上 馨 ……………… 97	今井 龍子 …………… 106	色川 武大 …………… 113
井上 和子 …………… 98	今井 柳荘 …………… 106	岩井 昭 ……………… 113
井上 圭一 …………… 98	今泉 健司 …………… 106	岩井 辰之助 ………… 113
井上 庚 ……………… 98	今泉 みね …………… 106	岩井 勉 ……………… 113
井上 孝治 …………… 98	今泉 雄作 …………… 106	岩井 半四郎（5代）… 113
井上 康生 …………… 98	今泉 省彦 …………… 106	岩尾 秀樹 …………… 113

岩城　賢 …………………… 114	忌部（斎部）　路通　⇒八十村	上原　熊次郎 ……………… 127
井脇　ノブ子 ……………… 114	路通（やそむら・ろつう）	上原　専禄 ………………… 127
岩城　宏之 ………………… 114	を見よ	上原　拓也 ………………… 127
岩城　之徳 ………………… 114		上原　典礼 ………………… 127
岩切　久美子 ……………… 114	【う】	上原　敏 …………………… 128
岩切　章太郎 ……………… 114		上原　洋允 ………………… 128
岩倉　榮利 ………………… 114	于　右任 …………………… 120	上原　龍造 ………………… 128
岩倉　具視 ………………… 114	宇　文招 …………………… 120	上間　初枝 ………………… 128
岩佐　毅 …………………… 114	宇井　純 …………………… 120	植松　弘祥 ………………… 128
岩﨑　岩男 ………………… 115	植木　枝盛 ………………… 121	植村　一子 ………………… 128
岩崎　革也 ………………… 115	植木　徹誠 ………………… 121	植村　隆 …………………… 128
岩崎　勝稔 ………………… 115	植木　等 …………………… 121	上村　武男 ………………… 128
岩崎　灌園 ………………… 115	植草　甚一 ………………… 121	上村　忠男 ………………… 128
岩崎　淑 …………………… 115	植芝　吉祥丸 ……………… 121	上村　達也 ………………… 128
岩崎　司郎 ………………… 115	植芝　盛平 ………………… 121	植村　直己 ………………… 128
岩崎　多恵 ………………… 115	上島　寿恵 ………………… 122	上村　秀男 ………………… 129
岩崎　太郎 ………………… 115	上島　弥兵衛 ……………… 122	上村　秀次 ………………… 129
いわさき　ちひろ ………… 115	上杉　顕定 ………………… 122	植村　正久 ………………… 129
岩崎　夏海 ………………… 116	上杉　修 …………………… 122	植村　和堂 ………………… 129
岩崎　弥太郎 ……………… 116	上杉　景勝 ………………… 122	植本　一子 ………………… 129
岩下　志麻 ………………… 116	上杉　景虎 ………………… 122	上柳　昌彦 ………………… 129
岩下　壮一 ………………… 117	上杉　謙信 ………………… 122	上山　春平 ………………… 129
岩瀬　大輔 ………………… 117	上杉　慎吉 ………………… 123	ウォン，ティム …………… 129
岩瀬　忠震 ………………… 117	上杉　憲政 ………………… 123	鵜飼　栄子 ………………… 130
岩瀬　義郎 ………………… 117	上杉　治憲　⇒上杉鷹山（うえ	鵜飼　俊吾 ………………… 130
岩田　シゲ ………………… 117	すぎ・ようざん）を見よ	鵜飼　徹定 ………………… 130
岩田　昌寿 ………………… 117	上杉　茂憲 ………………… 123	鵜飼　良平 ………………… 130
岩田　豊雄　⇒獅子文六（し	上杉　鷹山 ………………… 123	宇垣　一成 ………………… 130
し・ぶんろく）を見よ	上田　昭夫 ………………… 124	宇垣　纒 …………………… 130
岩田　稔 …………………… 117	上田　秋成 ………………… 124	宇梶　静江 ………………… 130
岩田　守弘 ………………… 117	上田　悦子 ………………… 124	浮田　和民 ………………… 130
岩田　幸子 ………………… 118	上田　薫 …………………… 124	浮田　佐平 ………………… 131
岩田　良幸 ………………… 118	上田　和男 ………………… 125	宇喜多　直家 ……………… 131
岩谷　尚 …………………… 118	上田　万年 ………………… 125	宇喜多　秀家 ……………… 131
岩波　茂雄 ………………… 118	上田　貞治郎 ……………… 125	宇喜多　秀隆 ……………… 131
岩根　邦雄 ………………… 118	上田　利治 ………………… 125	請井　雪子 ………………… 131
岩野　響 …………………… 118	上田　寅吉 ………………… 125	宇佐美　貴史 ……………… 132
岩橋　章山 ………………… 119	上田　直次 ………………… 125	宇佐美　ミサ子 …………… 132
岩橋　武夫 ………………… 119	植田　直通 ………………… 125	宇沢　弘文 ………………… 132
岩橋　教章 ………………… 119	上田　秀明 ………………… 125	牛尾　治朗 ………………… 132
岩橋　正純 ………………… 119	上田　正昭 ………………… 125	うしお　そうじ …………… 132
岩堀　喜之助 ……………… 119	植田　又兵衛 ……………… 125	潮田　長助 ………………… 132
岩間　正男 ………………… 119	上田　美喜恵 ……………… 126	潮田　高教 ………………… 132
岩見　和彦 ………………… 119	植田　康夫 ………………… 126	潮田　淑子 ………………… 133
岩本　栄之助 ……………… 119	上田　宜珍 ………………… 126	牛込　進 …………………… 133
岩本　子英 ………………… 119	上地　完文 ………………… 126	牛島　満 …………………… 133
岩本　貴裕 ………………… 120	上西　小百合 ……………… 126	牛場　信彦 ………………… 133
岩本　忠夫 ………………… 120	上野　千鶴子 ……………… 126	牛山　純一 ………………… 133
岩本　太郎 ………………… 120	上野　英信 ………………… 126	宇城　憲治 ………………… 133
岩本　秀雄 ………………… 120	上野　みさ子 ……………… 126	臼井　和哉 ………………… 133
巌谷　一六 ………………… 120	上野　裕二 ………………… 126	臼井　保夫 ………………… 133
岩谷　巌 …………………… 120	上野　瓏子 ………………… 127	薄　益三 …………………… 134
尹　致昊　⇒ユン，チホを見よ	上橋　菜穂子 ……………… 127	烏孫公主　⇒江都公主（こう
いんくん　⇒ファン，インソ	上原　亜衣 ………………… 127	とこうしゅ）を見よ
ンを見よ	上原　晃 …………………… 127	宇田　義雄 ………………… 134
胤康 ………………………… 120	上原　寛奈 ………………… 127	歌川　国貞 ………………… 134
	上原　義一郎 ……………… 127	歌川　国芳 ………………… 134

歌川　たいじ……………134	梅田　九榮……………141	江島　任………………147
宇田川　榕菴…………134	梅津　庸一……………141	恵心僧都　⇒源信(げんしん)を見よ
宇多田　ヒカル………134	梅野　信吉……………142	
宇多天皇………………134	梅野　隆………………142	恵信尼…………………147
有智子内親王…………135	梅本　健次……………142	江副　浩正……………147
内田　淳正……………135	梅屋　庄吉……………142	枝野　幸男……………147
内田　鶴雲……………135	浦　義博………………142	枝村　純郎……………147
内田　康哉……………135	浦上　弘明……………142	枝本　清輝……………147
内田　里美……………135	浦沢　直樹……………142	枝吉　神陽……………147
内田　聡一郎…………135	宇良田　唯……………142	江戸　敏郎……………148
内田　武志……………135	浦部　匡彦……………143	衛藤　公雄……………148
内田　樹………………135	浦辺　粂子……………143	江藤　淳………………148
内田　庶　⇒宮田昇(みやた・のぼる)を見よ	卜部　忠治……………143	江藤　新平……………148
	浦山　孟吉……………143	江戸川　乱歩…………148
内田　吐夢……………135	瓜田　純士……………143	江夏　豊………………149
内田　百閒……………136	瓜生　岩子……………143	慧能……………………149
内田　博………………136	瓜生　繁子……………143	榎　実…………………149
内田　正弘……………136	漆間　浩一……………143	榎戸　輝美……………149
内田　棟………………136	運　つよし……………143	榎本　和子……………149
内田　康宏……………136	運慶……………………143	榎本　喜八……………149
内田　裕也……………136	雲渓　⇒桃水雲渓(とうすいうんけい)を見よ	榎本　健一……………149
内田　洋介……………136		榎本　武揚……………150
内田　祥哉……………136	【え】	榎本　英雄……………150
内田　義彦……………136		榎本　よしたか………150
内田　良平……………136	衛青……………………144	江畑　忠彦……………150
内田　魯庵……………137	英布　⇒鯨布(げい・ふ)を見よ	繪鳩　昌之……………150
内村　鑑三……………137		繪鳩　美知子…………150
内山　章夫……………138	英　敏之………………144	蛭子　能収……………150
内山　愚童……………138	永　六輔………………144	海老名　香葉子………151
内山　小二郎…………138	栄海……………………144	海老名　弾正…………151
内山　高志……………138	栄西……………………144	海老原　ちか…………151
内山　節………………138	叡尊……………………145	海老原　靖芳…………151
内山　拓郎……………139	永明　延寿……………145	江間　伊織……………151
宇津木　正善…………139	永楽帝…………………145	恵美押勝　⇒藤原仲麻呂(ふじわら・なかまろ)を見よ
宇都宮　太郎…………139	慧鶴　⇒白隠慧鶴(はくいんえかく)を見よ	
宇都宮　千枝…………139		江本　孟紀……………151
宇都宮　頼綱…………139	江上　苓洲……………145	袁世凱…………………151
内海　託二……………139	江川　太郎左衛門(35代)……145	円空……………………152
壹弘……………………139	江川　太郎左衛門(36代)……145	円光大師　⇒法然(ほうねん)を見よ
宇野　邦夫……………139	江川　坦庵　⇒江川太郎左衛門(36代)(えがわ・たろうざえもん)を見よ	
宇野　弘蔵……………139		円載……………………152
宇野　昌磨……………139		円珍……………………152
宇野　宗佑……………140	江川　英毅　⇒江川太郎左衛門(35代)(えがわ・たろうざえもん)を見よ	円通大応国師　⇒南浦紹明(なんぽしょうみょう)を見よ
宇野　弘………………140		
宇部　貞宏……………140	江川　英龍　⇒江川太郎左衛門(36代)(えがわ・たろうざえもん)を見よ	遠藤　章………………153
厩戸皇子　⇒聖徳太子(しょうとくたいし)を見よ		遠藤　謹助……………153
		遠藤　三郎……………153
海野　治夫……………140	絵金……………………146	遠藤　周作……………153
梅木　信子……………140	江草　隆繁……………146	遠藤　正一……………154
梅棹　忠夫……………140	江口　隆哉……………146	遠藤　友則……………154
梅崎　司………………140	江口　寿史……………146	遠藤　暢喜……………154
梅沢　富美男…………140	慧玄　⇒関山慧玄(かんざんえげん)を見よ	遠藤　実………………154
梅澤　裕………………141		遠藤　盛遠　⇒文覚(もんがく)を見よ
梅島　みよ……………141	江崎　利一……………146	
梅津　美治郎…………141	江崎　玲於奈…………147	遠藤　保仁……………154
梅月　喜子郎…………141		遠藤　良平……………154
梅田　雲浜……………141		

遠藤 航 …………… 154	大江 スミ …………… 162	大崎 洋 …………… 169
円爾 …………… 155	大江 千里 …………… 162	大迫 靖雄 …………… 170
円仁 …………… 155	大江 匡 …………… 162	大迫 勇也 …………… 170
役小角	大江 宏 …………… 162	大澤 雅休 …………… 170
役行者 ⇒役小角（えんのおずぬ）を見よ	大江 広元 …………… 162	大澤 和宏 …………… 170
	大岡 越前守 ⇒大岡忠相（おおおか・ただすけ）を見よ	大澤 竹胎 …………… 170
		大澤 壽人 …………… 170
【 お 】	大岡 昇平 …………… 162	大澤 正道 …………… 170
	大岡 忠相 …………… 162	大塩 平八郎 …………… 170
オ，ジェシク（呉 在植）…… 155	大岡 忠光 …………… 162	大塩 幸雄 …………… 170
オ，ムンジャ（呉 文子）…… 155	大賀 一郎 …………… 163	大島 公司 …………… 170
及川 古志郎 …………… 155	大家 友和 …………… 163	大島 高任 …………… 171
及川 眠子 …………… 156	大神 雄子 …………… 163	大島 渚 …………… 171
笈田 ヨシ …………… 156	大川 周明 …………… 163	大嶋 記胤 …………… 171
お市 …………… 156	大川 英子 …………… 163	大島 浩 …………… 171
追野 英志 …………… 156	大川 博 …………… 163	大嶋 宏成 …………… 171
御色多由也 …………… 156	大川 平三郎 …………… 164	大島 正建 …………… 172
王 安石 …………… 156	大川 祐介 …………… 164	大島 康徳 …………… 172
汪 漢溪 …………… 157	大川 隆法 …………… 164	大島 弓子 …………… 172
王 義之 …………… 157	大河原 邦男 …………… 164	大島 亮吉 …………… 172
王 漁洋 ⇒王士禎（おう・してい）を見よ	大河原 毅 …………… 164	大城 清一 …………… 172
	仰木 彬 …………… 164	大城 のぼる …………… 172
王 献之 …………… 157	大木 惇夫 …………… 164	大城 光代 …………… 172
王 健林 …………… 157	大木 トオル …………… 164	大城 盛俊 …………… 172
汪 康年 …………… 158	大木 めぐみ …………… 165	大杉 栄 …………… 172
王 国維 …………… 158	大木 よね ⇒小泉よね（こいずみ・よね）を見よ	大杉 正明 …………… 173
王 貞治 …………… 158		大杉 漣 …………… 173
王 士禎 …………… 158	正親町天皇 …………… 165	大隅 俊助 …………… 173
王 守仁 ⇒王陽明（おう・ようめい）を見よ	大櫛 ツチエ …………… 165	大瀬良 大地 …………… 173
	大久保 章男 ⇒大久保小膳（おおくぼ・こぜん）を見よ	太田 彩子 …………… 173
王 昭君 …………… 158		太田 喜志子 …………… 173
王 鐸 …………… 159	大久保 一蔵 ⇒大久保利通（おおくぼ・としみち）を見よ	太田 牛一 …………… 173
汪 兆銘 …………… 159		太田 宏介 …………… 174
王 韜 …………… 159	大久保 晃二 …………… 165	太田 千足 …………… 174
王 莽 …………… 159	大久保 小膳 …………… 165	太田 道灌 …………… 174
王 陽明 …………… 159	大窪 詩仏 …………… 165	太田 敏子 …………… 174
扇谷 正造 …………… 160	大久保 謹之丞 …………… 165	太田 ひさ ⇒花子（はなこ）を見よ
應武 篤良 …………… 160	大久保 鷹 …………… 165	
近江 禮一 …………… 160	大久保 武雄 …………… 165	太田 博也 …………… 174
欧陽 詢 …………… 160	大久保 利隆 …………… 165	太田 正雄 ⇒木下杢太郎（きのした・もくたろう）を見よ
お江与 ⇒崇源院（すうげんいん）を見よ	大久保 利成 …………… 166	
	大久保 利通 …………… 166	
大海人皇子 ⇒天武天皇（てんむてんのう）を見よ	大久保 彦三郎 …………… 167	太田 正儀 …………… 174
	大久保 房男 …………… 167	大田 昌秀 …………… 174
大井 篤 …………… 160	大久保 力 …………… 167	太田 實 …………… 174
大井 弘 …………… 160	大隈 重信 …………… 167	太田 雄寧 …………… 175
大井 道夫 …………… 160	大熊 孝 …………… 168	大田 洋子 …………… 175
大池 文雄 …………… 160	大倉 喜八郎 …………… 168	太田 一 …………… 175
大石 駿四郎 …………… 160	大蔵 清三 …………… 169	大高 重成 …………… 175
大内 順子 …………… 160	大蔵 永常 …………… 169	太田垣 士郎 …………… 175
大内 義弘 …………… 161	大藏 律子 …………… 169	大田垣 蓮月 …………… 175
大浦 みずき …………… 161	大河内 正敏 …………… 169	大滝 詠一 …………… 175
大江 音人 …………… 161	大越 基 …………… 169	大瀧 純子 …………… 175
大江 磯吉 …………… 161	大坂 多惠子 …………… 169	大滝 十二郎 …………… 175
大江 健三郎 …………… 161	大坂 靖彦 …………… 169	大舘 和夫 …………… 175
大江 賢次 …………… 161	大崎 清 …………… 169	大谷 嘉兵衛 …………… 176
大江 季雄 …………… 161		大谷 句仏 …………… 176

大谷 光演 ⇒大谷句仏（おおたに・くぶつ）を見よ	大野 豊 …… 183	岡倉 覚三 ⇒岡倉天心（おかくら・てんしん）を見よ
大谷 光瑞 …… 176	大野 慶人 …… 183	岡倉 天心 …… 190
大谷 翔平 …… 176	大野 倫 …… 183	岡倉 由三郎 …… 190
大谷 尊由 …… 176	大乃国 康 …… 183	岡崎 宏 …… 191
大谷 竹次郎 …… 176	大庭 景親 …… 183	岡崎 慎司 …… 191
大谷 徳次（1代） …… 177	大場 一豊 …… 183	岡崎 清吾 …… 191
大谷 由里子 …… 177	大庭 雪斎 …… 183	岡崎 富夢 …… 191
大谷 吉継 …… 177	おおば 比呂司 …… 183	岡崎 久彦 …… 191
大谷 亮平 …… 177	大庭 みな子 …… 183	小笠原 貞慶 …… 191
大津 麟平 …… 177	大場 ヤス子 …… 183	小笠原 忠真 …… 191
大塚 明夫 …… 177	大橋 巨泉 …… 184	小笠原 鳥類 …… 191
大塚 英志 …… 177	大橋 鎭子 …… 184	小笠原 長時 …… 191
大塚 樹也 …… 177	大橋 忠一 …… 184	小笠原 登 …… 192
大塚 咲 …… 177	大橋 秀行 …… 184	小笠原 毬子 …… 192
大塚 初重 …… 177	大橋 誠 …… 184	岡田 育 …… 192
大塚 仁 …… 178	大橋 正義 …… 185	緒方 郁蔵 ⇒緒方研堂（おがた・けんどう）を見よ
大塚 政尚 …… 178	大橋 裸木 …… 185	
大塚 康生 …… 178	大畑 忠夫 …… 185	岡田 慶治 …… 192
大槻 ケンヂ …… 178	大林 宣彦 …… 185	岡田 啓介 …… 192
大槻 文彦 …… 178	大原 孫三郎 …… 185	尾形 乾山 …… 192
大槻 正男 …… 178	大原 幽学 …… 185	緒方 研堂 …… 192
大妻 コタカ …… 178	大原 亮治 …… 186	緒方 洪庵 …… 192
大出 直三郎 …… 178	大平 正芳 …… 186	尾形 光琳 …… 193
大塔宮 ⇒護良親王（もりながしんのう）を見よ	大平 光代 …… 186	緒方 惟直 …… 193
	大平 義尚 …… 186	緒方 貞子 …… 193
大友 康二 …… 178	大前 一郎 …… 186	岡田 孝子 …… 193
大伴 細人 ⇒大伴細人（おおとも・ほそひと）を見よ	大町 桂月 …… 186	岡田 卓也 …… 193
	大村 憲司 …… 186	緒方 竹虎 …… 194
大伴 昌司 …… 178	大村 崑 …… 186	岡田 民雄 …… 194
大友 武 …… 179	大村 智 …… 186	岡田 榛 …… 194
大伴 細人 …… 179	大村 雅朗 …… 187	岡田 日壽 …… 194
大伴 家持 …… 179	大村 益次郎 …… 187	岡田 典弘 …… 194
大西 巨人 …… 179	大村 裕 …… 187	岡田 尚 …… 194
大西 瀧治郎 …… 179	大牟羅 良 …… 187	緒方 正実 …… 194
大西 卓哉 …… 180	大桃 香代子 …… 187	岡田 麿里 …… 194
大西 民子 …… 180	大森 詮夫 …… 187	岡田 元也 …… 194
大西 鐵之祐 …… 180	大森 靖子 …… 188	岡田 雄次郎 ⇒岡田榛（おかだ・なろう）を見よ
大西 祝 …… 180	大森 房吉 …… 188	
大仁田 厚 …… 180	大森 政輔 …… 188	岡田 温 …… 195
大沼 淳 …… 181	大森 龍三 …… 188	岡田 良一郎 …… 195
大沼 枕山 …… 181	大屋 夏南 …… 188	岡西 順二郎 …… 195
大野 一雄 …… 181	大矢 黄鶴 …… 188	岡根 芳樹 …… 195
大野 志津子 …… 181	大矢野 種保 …… 188	岡野 美智子 …… 195
大野 乾 …… 181	大山 健太郎 …… 188	岡藤 正広 …… 196
大野 晋 …… 181	大山 捨松 …… 188	岡部 伊都子 …… 196
大野 俊康 …… 181	大山 のぶ代 …… 188	岡部 源四郎 …… 196
大野 誠夫 …… 181	大山 久子 …… 188	岡部 健 …… 196
大野 初子 …… 182	大山 英夫 …… 189	岡部 長景 …… 196
大野 治房 …… 182	大山 秀隆 …… 189	岡部 長職 …… 196
大野 伴睦 …… 182	大山 倍達 …… 189	岡部 陽二 …… 196
大野 均 …… 182	大山 峰夫 …… 189	岡部 鈴 …… 196
大野 雅司 …… 182	大山 康晴 …… 189	岡見 京 …… 197
大野 正道 …… 182	大和田 道雄 …… 189	岡村 昭彦 …… 197
大野 萌子 …… 182	岡 映 …… 189	岡村 正 …… 197
太 安万侶 …… 182	岡 潔 …… 189	岡村 怜子 …… 197
大野 雄二 …… 182	岡 啓輔 …… 189	岡本 笑明 …… 197
	岡 久雄 …… 189	

岡本 かの子 197	小熊 謙二 202	押川 方義 209
岡本 太郎 197	小熊 秀雄 202	小島 祐馬 209
岡本 眸 197	小熊 正申 203	小津 桂窓 209
岡本 癖三酔 197	奥村 清明 203	小津 清左衛門（11代） 210
岡本 美鈴 198	奥村 真 203	小津 久足 ⇒小津桂窓（お
岡本 安代 198	小倉 馨 203	ず・けいそう）を見よ
岡本 陸郎 198	小倉 処平 203	小津 安二郎 210
岡山 兼吉 198	小倉 昌男 203	お船の方 210
岡山 高藏 198	小栗 上野介 ⇒小栗忠順（お	織田 有楽斎 210
於軽 198	ぐり・ただまさ）を見よ	小田 和正 210
小川 芋銭 198	小栗 忠順 204	織田 常真 ⇒織田信雄（お
小川 清 198	小栗 風葉 204	だ・のぶかつ）を見よ
小川 国夫 198	小栗栖 香頂 204	織田 長益 ⇒織田有楽斎（お
小川 貢一 198	尾車 浩一 204	だ・うらくさい）を見よ
小川 椙太 198	お江 ⇒崇源院（すうげんい	織田 楢次 210
小川 孝 199	ん）を見よ	織田 信雄 211
小川 道的 199	尾崎 英二郎 204	織田 信長 211
小川 トキ子 199	尾崎 号堂 ⇒尾崎行雄（おざ	織田 信成 214
小川 政弘 199	き・ゆきお）を見よ	織田 信秀 214
小川 三夫 199	尾崎 喜八 204	織田 秀親 214
小川 未明 199	尾崎 紀世彦 204	小田 実 214
小川 泰弘 199	尾崎 士郎 205	小田 真弓 215
小川 与志和 199	尾崎 晋也 205	織田 幹雄 215
小川 隆吉 199	尾崎 世界観 205	小田 稔 215
小川の幸蔵 199	尾崎 忠征 205	小田 稔（宇宙物理学者） 215
沖浦 和光 200	尾崎 朝二 205	織田 絆誠 215
沖田 総司 200	尾崎 直道 205	織田 隆弘 215
翁 久允 200	尾崎 坡酔 205	おたあジュリア 216
荻野 検校 200	尾崎 裕哉 205	尾高 惇忠 216
荻野 修也 200	尾崎 放哉 205	尾竹 紅吉 ⇒富本一枝（とみ
荻野 知一 ⇒荻野検校（おぎ	尾崎 秀実 206	もと・かずえ）を見よ
の・けんぎょう）を見よ	小崎 昌業 206	小田島 鐵男 216
沖藤 典子 200	尾崎 翠 206	小田島 やすえ 216
沖山 光 200	尾崎 行雄 206	小田中 聰樹 216
荻生 徂徠 200	尾崎 豊 206	小谷の方 ⇒お市（おいち）
荻原 重秀 200	小笹 サキ 206	を見よ
荻原 守衛 200	長田 新 206	お種の方 216
奥 浩平 201	小里 貞利 207	越智 俊典 216
奥 むめお 201	小山内 薫 207	越智 直正 216
奥井 清澄 201	小山内 宏 207	越知 保夫 216
奥窪 央雄 201	長南 年恵 207	越智 勇一 217
奥崎 謙三 201	小佐野 賢治 207	越智 ゆらの 217
奥崎 祐基 201	長仁親王 207	落合 畯 217
奥田 愛基 201	大佛 照子 207	落合 啓士 217
奥田 駒蔵 201	大佛 次郎 207	落合 博満 217
奥田 三角 201	小沢 一郎 207	落合 勇治 217
奥田 士亨 ⇒奥田三角（おく	小沢 一敬 208	おつやの方 217
だ・さんかく）を見よ	小沢 健二 208	OTO 217
奥田 民生 202	小沢 鋭仁 208	音月 桂 217
奥田 務 202	小澤 さくら 208	乙田 修三 218
奥田 透 202	小沢 治三郎 208	尾中 郁太 218
奥田 光 202	小沢 昭一 208	翁長 雄志 218
奥田 代志子 202	小澤 征爾 208	阿南方 ⇒大乗院（だいじょ
奥地 圭子 202	小澤 俊夫 209	ういん）を見よ
奥西 勝 202	小澤 宏 209	鬼沢 勲 218
奥野 誠亮 202	小沢 フミ 209	鬼塚 建一郎 ⇒和睦（わぼ
奥原 晴湖 202	押川 真喜子 209	く）を見よ

鬼庭 綱元 218	オリーブのマミー ⇒木村み のる（きむら・みのる）を 見よ	籠池 諄子 230
おね ⇒高台院（こうだいい ん）を見よ		鹿児島 寿蔵 230
		佳子内親王 230
小野 梓 218	飲光 224	葛西 勝弥 230
小野 妹子 218	恩田 民親 ⇒恩田木工（おん だ・もく）を見よ	笠井 順八 230
小野 毛人 219		笠井 誠一 230
小野 お通 219	恩田 博宣 224	笠井 智一 230
小野 和子 219	恩田 木工 224	葛西 紀明 231
小野 毛野 219		笠井 彦乃 231
小野 光一 219	【か】	河西 昌枝 231
小野 孝二 219		笠岡 和雄 231
小野 湖山 219	夏衍 224	笠木 良明 231
小野 小町 219	賈 似道 224	笠原 研寿 232
小野 隆 219	何 紹基 224	風間 士郎 232
小野 道風 219	河相 我聞 224	カザマ タカフミ 232
小野 直紀 219	甲斐 国三郎 224	風間 トオル 232
小野 浩美 219	甲斐 修二 225	笠松 明広 232
小野 道風 ⇒小野道風（お の・とうふう）を見よ	甲斐 裕文 225	風見 しんご 232
	開高 健 225	加地 英夫 232
小野 豊 220	快川紹喜 225	梶 芽衣子 232
尾上 菊五郎（3代） 220	懐素 225	梶 吉宏 232
尾上 柴舟 220	開堂 慈寛 225	鹿地 亘 232
尾上 辰之助（1代） 220	甲斐姫 225	梶井 基次郎 232
尾上 梅幸（6代） 220	海部 俊樹 226	梶尾 知 233
尾上 松助（1代） 220	臥雲 辰致 226	鍛治舎 巧 233
小野木 祥之 220	嘉悦 孝子 226	梶田 隆章 233
小野塚 航 220	Kaede 226	梶谷 行男 233
小野田 寛郎 220	加賀 大介 226	柏村 直條 233
小野寺 信 221	加賀 千代女 226	勧修寺 経理 233
小野寺 佑太 221	加賀谷 澄江 226	上代 淑 233
小野寺 百合子 221	加唐 為重 226	柏木 貨一郎 233
小畑 千代 221	香川 京子 227	柏木 義円 233
小畑 延子 221	賀川 豊彦 227	柏木 如亭 233
尾畠 春夫 221	賀川 ハル 227	柏木 哲夫 234
尾畑 雅美 221	鍵 英之 227	柏木 照明 234
小畑 実 221	柿坂 神酒之祐 227	柏木 由紀 234
お初 ⇒常高院（じょうこう いん）を見よ	柿崎 喜雄 227	柏木 陽介 234
	柿沼 伸二 227	柏崎 桃子 234
小濱 正美 221	柿本 人麻呂 228	梶原 一騎 234
尾原 馨 222	垣原 賢人 228	梶原 景時 234
尾原 重男 222	鍵山 秀三郎 228	春日 左衛門 234
小原 瓢介 ⇒夏目忠雄（なつ め・ただお）を見よ	カク，キフン（郭 貴勲） 228	春日 均 234
	霍 去病 228	春日井 建 235
小原 麗子 222	加来 剛希 229	春日局 235
小尾 俊人 222	郭 承敏 229	香月 泰男 235
大日方 真 222	郭 嵩燾 229	かずこ 235
小渕 恵三 222	郭 台銘 229	上総 康行 235
小渕 しち 222	格 非 229	和宮 235
小保方 晴子 222	郭 沫若 229	粕谷 一希 235
表 椊影 223	覚仁 229	糟屋 武則 235
小宅 庸夫 223	角本 良平 229	加瀬 邦彦 236
御屋地 223	筧 治 229	嘉瀬 誠次 236
尾山 篤二郎 223	蔭山 恭一 229	嘉田 由紀子 236
小山田 利男 223	景山 英子 ⇒福田英子（ふく だ・ひでこ）を見よ	片岡 愛之助（6代） 236
折口 信夫 223		片岡 安祐美 236
	影山 ヒロノブ 230	片岡 球子 236
	加古 里子 230	片岡 鶴太郎 236

片岡 仁左衛門（15代）……236	加藤 有慶……243	金澤 輝男……252
片方 善治……236	加藤 おさむ……243	金森 順次郎……252
片上 天弦 ⇒片上伸（かたがみ・のぶる）を見よ	加藤 かおり……243	金山 明博……253
片上 伸……237	加藤 一子……243	カニングハム，久子……253
片桐 且元……237	加藤 克巳……243	金内 柊真……253
片桐 幸雄……237	加藤 完治……243	兼川 平和……253
片桐 雙観……237	加藤 九祚……243	金子 貫道……253
片桐 洋一……237	加藤 清……243	金子 國義……253
片倉 喜多 ⇒喜多（きた）を見よ	加藤 清正……244	金子 堅太郎……253
	河東 けい……244	兼子 清一郎……253
片倉 康雄……237	加藤 健……244	金子 武雄……253
片山 忠明……237	加藤 紘一……244	金子 兜太……253
片山 久志……237	加藤 周一……244	金子 知太郎……254
片山 広子……237	加藤 楸邨……245	金子 直吉……254
片山 福根……237	加藤 俊一……245	金子 ふみ子……254
片山 幽雪……237	加藤 順造……245	金子 みすゞ……254
片山 豊……237	加藤 高明……245	金子 光晴……254
片寄 平蔵……238	加藤 隆久……245	金坂 清……254
勝 海舟……238	加藤 辰五郎……245	兼常 清佐……254
勝 小吉……239	加藤 達也……245	金本 知憲……254
勝 惟寅 ⇒勝小吉（かつ・こきち）を見よ	加藤 建夫……245	狩野 琇鵬……254
	加藤 常昭……245	嘉納 愛子……254
勝 新太郎……239	加藤 哲太郎……245	狩野 恵里……254
勝 夢酔 ⇒勝小吉（かつ・こきち）を見よ	加藤 登紀子……245	狩野 亨吉……255
	加藤 とみよ……246	嘉納 治五郎……255
勝 安芳 ⇒勝海舟（かつ・かいしゅう）を見よ	加藤 智大……246	加納 宗七……255
	加藤 豊世……246	狩野 素川……256
勝 義邦 ⇒勝海舟（かつ・かいしゅう）を見よ	加藤 虎之助……246	加納 辰夫……256
	加藤 晴男……246	狩野 探幽……256
勝 麟太郎 ⇒勝海舟（かつ・かいしゅう）を見よ	加藤 一二三……246	狩野 豊太郎……256
	加藤 浩……246	叶 雄作……256
勝井 忠夫……240	加藤 博之……246	加納 米一……256
葛飾 北斎……240	加藤 文太郎……246	樺沢 芳勝……256
勝田 久……240	加藤 平五郎……246	華原 朋美……256
勝間田 清一……240	加藤 辨三郎……247	カヒミ・カリィ……256
勝谷 誠彦……241	加藤 正治……247	加太 邦憲……256
桂 歌丸……241	加藤 正彦……247	鎌倉 康夫……256
桂 小五郎 ⇒木戸孝允（きど・たかよし）を見よ	加藤 与五郎……247	鎌倉 芳太郎……257
	門川 大作……247	鎌田 克己……257
桂 湖村……241	角川 春樹……247	鎌田 銓一……257
桂 三枝 ⇒桂文枝（6代）（かつら・ぶんし）を見よ	門田 勲……247	鎌田 伀喜……257
	角松 敏生……247	釜谷 勝代……257
桂 三輝……241	香取 信行……247	釜本 邦茂……257
桂 伸三……241	楫取 寿一……248	上泉 伊勢守 ⇒上泉信綱（かみいずみ・のぶつな）を見よ
桂 太郎……241	楫取 美和子……248	
桂 信子……242	楫取 素彦……249	上泉 信綱……257
桂 早之助……242	金井 昭……251	上泉 秀信……257
桂 春団治（3代）……242	金井 三笑……251	神尾 英俊……257
桂 文治（1代）……242	金井 みやこ……251	上岡 龍太郎……257
桂 文枝（6代）……242	金岡 重雄……251	神澤 志万……257
桂 文楽（8代）……242	金川 顕教……251	上重 聡……258
桂 米朝……242	金栗 四三……251	上島 理伸……258
桂 ゆき……242	金坂 信子……252	上條 嘉門次……258
桂川 みね ⇒今泉みね（いまいずみ・みね）を見よ	金澤 アイ……252	上條 英男……258
	金澤 翔子……252	上村 岩男……258
加藤 晃……243	金沢 庄三郎……252	上村 一夫……258
	金澤 ダイスケ……252	

神谷 一雄 258	河合 道臣 ⇒河合寸翁（かわい・すんのう）を見よ	川手 正夫 272
上谷 謙二 258		川奈 まり子 273
神谷 傳兵衞 258	河合 弘之 265	川名 慶彦 273
神谷 美恵子 259	川愛 美江 265	川中 なほこ 273
神谷 光徳 259	河井 道 265	河鍋 暁斎 273
上山 博康 259	河合 道臣 ⇒河合寸翁（かわい・すんのう）を見よ	河鍋 暁翠 273
神山 まりあ 259		河西 宏祐 273
上山 満之進 259	河井 美代吉 265	川西 和露 273
神吉 一寿 259	河井 弥八 265	河野 シマ子 273
加村 一馬 260	川内 優輝 266	河野 貴輝 273
嘉村 静子 260	川上 音二郎 266	河野 博範 274
嘉村 ちとせ 260	川上 貞奴 267	河野 靖好 274
亀井 勇 260	川上 重雄 267	河野 裕子 274
亀井 勝一郎 260	川上 茂次 267	川端 康成 274
亀井 貫一郎 260	川上 操六 267	川初 正人 274
亀井 静香 260	河上 タキノ 267	河原 郁夫 274
亀井 俊介 261	河上 徹太郎 267	河原 清 274
亀井 藤野 ⇒窪田藤野（くぼた・ふじの）を見よ	川上 哲治 267	河原 成美 274
	川上 徹 267	河原 修平 275
亀井 凱夫 261	川上 俊彦 268	河辺 虎四郎 275
亀尾 英四郎 261	河上 肇 268	川又 さち彦 275
亀倉 雄策 261	川喜多 長政 268	川村 清雄 275
亀島 博 261	川口 顕 268	川村 清 275
亀渕 昭信 261	河口 慧海 268	川村 信子 ⇒マダム信子（まだむしんこ）を見よ
亀山 雲平 261	川口 和秀 268	
亀山 努 261	川口 常孝 268	河村 瑞賢 275
亀山 昇 261	川口 能活 268	川村 隆 275
亀和田 武 261	川越 敏孝 269	川村 修就 276
鴨 長明 261	川崎 晃弘 269	河村 晴代 276
鴨居 玲 262	川崎 九淵 269	川村 妙慶 276
蒲生 氏郷 262	川崎 景章 269	河本 栄得 276
蒲生 卓磨 262	川崎 憲次郎 269	川本 喜八郎 276
鴨川 恵美子 262	川崎 浩市 269	川本 幸民 276
加茂田 重政 262	川崎 正蔵 269	川本 輝夫 276
嘉門 衛信 262	川崎 祐宣 269	韓 慶愈 276
加舎 白雄 262	川崎 健 269	菅 耕一郎 276
萱島 木兵衛 262	河﨑 護 270	菅 茶山 276
茅原 華山 263	川﨑 宗則 270	カン，サンジュン（姜 尚中） 276
加山 雄三 263	川﨑 依邦 270	
唐木 順三 263	川路 聖謨 270	顔 之推 276
唐沢 正三 263	川路 利良 271	韓 信 276
唐澤 貴洋 263	川島 彰義 271	顔 真卿 277
ガリコ 美恵子 263	川島 永嗣 271	韓 石泉 277
カルーセル麻紀 263	川島 つゆ 271	菅 茶山 ⇒菅茶山（かん・さざん）を見よ
カレイナニ早川 263	川島 なお美 271	
唐牛 健太郎 263	川島 雄三 271	カン，ドクキョン（姜 徳景） 277
河合 栄治郎 264	川島 芳子 271	
河合 笑子 264	河津 氏明 272	菅 直人 277
河合 克敏 264	川津 祐邦 272	顔 伯鈞 277
河井 静子 ⇒中原静子（なかはら・しずこ）を見よ	川瀬 拓哉 272	韓 非 277
	川添 登 272	閑 万希子 278
河合 寸翁 264	川田 利明 272	韓 愈 278
河合 曾良 264	河田 良人 272	漢a.k.a.GAMI 278
河井 タツ子 264	河内 浄 272	菅家 喜六 278
河井 継之助 264	河内 隆太郎 272	神崎 親章 278
河井 登一 265	川手 文治郎 ⇒金光大神（こんこうだいじん）を見よ	関山慧玄 278
河合 隼雄 265		元照 278

目　次　　きむ

神田　沙也加 ………………… 278
神田　つばき ………………… 278
神田　松之丞 ………………… 278
神田　道夫 …………………… 279
神立　春樹 …………………… 279
管野　須賀子 ………………… 279
蒲原　有明 …………………… 279
蒲原　春夫 …………………… 279
桓武天皇 ……………………… 279

【き】

魏　啓学 ……………………… 279
魏　源 ………………………… 280
木内　真太郎 ………………… 280
木内　石亭　⇒木内石亭（きのうち・せきてい）を見よ
義演 …………………………… 280
祇園　南海 …………………… 280
木川田　一郎 ………………… 280
規工川　宏輔 ………………… 280
菊田　晴中 …………………… 280
菊池　寛 ……………………… 280
菊地　浩吉 …………………… 280
菊池　五山 …………………… 280
菊池　壮一 …………………… 280
菊池　淡水 …………………… 281
菊地　浩 ……………………… 281
菊池　桃子 …………………… 281
菊池　幽芳 …………………… 281
菊池　良 ……………………… 281
菊池　涼介 …………………… 281
菊間　千乃 …………………… 281
菊谷　栄 ……………………… 281
義玄　⇒臨済義玄（りんざいぎげん）を見よ
木崎　敬一郎 ………………… 281
木佐木　勝 …………………… 282
木佐貫　洋 …………………… 282
木澤　鶴人 …………………… 282
岸　清一 ……………………… 282
岸　信介 ……………………… 282
岸　富美子 …………………… 283
岸　雅司 ……………………… 284
岸井　良衛 …………………… 284
徽子女王 ……………………… 284
岸田　吟香 …………………… 284
岸田　森 ……………………… 284
岸名　経夫 …………………… 284
紀島　愛鈴 …………………… 284
岸本　嘉名男 ………………… 284
岸本　清 ……………………… 284
岸本　清美 …………………… 284
岸本　忠三 …………………… 285
岸本　辰雄 …………………… 285
岸本　英夫 …………………… 285
木津　聿斎 …………………… 285

木津　花笑斎 ………………… 285
木津　松斎 …………………… 285
木津　宗詮（1代）　⇒木津松斎（きず・しょうさい）を見よ
木津　宗詮（2代）　⇒木津得浅斎（きず・とくせんさい）を見よ
木津　宗詮（3代）　⇒木津聿斎（きず・いっさい）を見よ
木津　宗詮（4代）　⇒木津花笑斎（きず・かしょうさい）を見よ
木津　宗詮（5代）　⇒木津柳斎（きず・りゅうさい）を見よ
木津　得浅斎 ………………… 285
木津　柳斎 …………………… 285
木瀬　勝野 …………………… 285
木瀬　喜太郎 ………………… 286
木曽　義仲　⇒源義仲（みなもと・よしなか）を見よ
木曽　義昌 …………………… 286
木曽　義基 …………………… 286
徽宗 …………………………… 286
喜多 …………………………… 286
北　一輝 ……………………… 286
木田　元 ……………………… 287
喜多　謙一 …………………… 287
木田　俊之 …………………… 287
きだ　みのる ………………… 287
北　杜夫 ……………………… 287
木田　林松栄 ………………… 288
北浦　雅子 …………………… 288
北尾　次郎 …………………… 288
北大路　魯山人 ……………… 288
北垣　国道 …………………… 288
北方　謙三 …………………… 288
北勝関　準人 ………………… 288
北神　圭朗 …………………… 288
北里　柴三郎 ………………… 288
北島　康介 …………………… 289
北島　進 ……………………… 289
北島　雪山 …………………… 289
北島　忠治 …………………… 289
北園　孝吉 …………………… 289
木谷　實 ……………………… 289
北野　武 ……………………… 289
北野　典夫 …………………… 290
北野　由兵衛 ………………… 290
北の湖　敏満 ………………… 290
北の方　⇒北条仲時の妻（ほうじょう・なかときのつま）を見よ
北の富士　勝昭 ……………… 290
北政所　⇒高台院（こうだいいん）を見よ

北原　菊子 …………………… 290
北原　怜子 …………………… 290
北原　淳伍 …………………… 290
北原　泰作 …………………… 290
北原　健雄 …………………… 291
北原　俊彦 …………………… 291
北原　白秋 …………………… 291
北村　サヨ …………………… 291
北村　方義 …………………… 291
北村　道昭 …………………… 291
北村　龍平 …………………… 291
北本　廣吉 …………………… 291
北森　嘉蔵 …………………… 292
北山　修 ……………………… 292
北山　法夫 …………………… 292
吉川　広家 …………………… 292
木戸　英祐 …………………… 292
城戸　幹 ……………………… 292
木戸　幸一 …………………… 292
木戸　孝允 …………………… 292
木藤　美奈子 ………………… 293
木南　佑一 …………………… 293
衣笠　祥雄 …………………… 293
絹谷　幸二 …………………… 293
紀　貫之 ……………………… 293
騏乃嵐　和稔 ………………… 293
木内　石亭 …………………… 293
城崎　圭 ……………………… 294
木下　公勝 …………………… 294
木下　惠介 …………………… 294
木下　紗佑里 ………………… 294
木下　寿美子 ………………… 294
木下　静涯 …………………… 294
木下　唯志 …………………… 294
木下　ほうか ………………… 294
木下　幹夫 …………………… 294
木下　達彦 …………………… 294
木下　杢太郎 ………………… 295
木下　優樹菜 ………………… 295
木下　立安 …………………… 295
木下　良順 …………………… 295
木原　淳也 …………………… 295
木原　敏江 …………………… 295
木原　康行 …………………… 295
吉備　真備 …………………… 295
岐部　ペドロ ………………… 295
木全　春生 …………………… 295
木全　ミツ …………………… 296
君島　十和子 ………………… 296
君野　弘明 …………………… 296
君原　健二 …………………… 296
キム, イルソン（金 日成） … 296
キム, オク（金 玉） ………… 296
キム, オッキュン（金 玉均） ……………………………… 296
キム, オノ（金 彦鎬） ……… 296
キム, ギョンヒ（金 敬姫） … 297

伝記・評伝全情報 2014-2018　（19）

キム，シジョン（金 時鐘）‥297	木村 みどり‥303	錦光山 宗兵衛(7代)‥308
キム，ジハ（金 芝河）‥297	木村 ミドリ‥303	金城 次郎‥309
キム，ジョンイル（金 正日）‥297	木村 みのる‥303	金城 眞吉‥309
キム，ジョンウン（金 正恩）‥297	木村 礎‥304	今上天皇　⇒天皇徳仁（てんのうなるひと）を見よ
キム，ジョンスク（金 正淑）‥298	木村 素衛‥304	金田一 京助‥309
キム，ジョンナム（金 正男）‥298	木村 守江‥304	金田一 春彦‥309
キム，ジョンピル（金 鍾泌）‥298	木村 唯‥304	金田一 秀穂‥309
キム，スギョン（金 壽卿）‥298	木村 勇市‥304	キンタロー。‥309
キム，スニョン（金 順烈）‥298	木村 豊‥304	金原 まさ子‥309
キム，ソルソン（金 雪松）‥299	木村 喜毅　⇒木村芥舟（きむら・かいしゅう）を見よ	公仁親王‥309
キム，ソンエ（金 聖愛）‥299	木元 正均‥304	キン・フー　⇒胡金銓（こ・きんせん）を見よ
キム，ソンス（金 善洙）‥299	木山 捷平‥304	
キム，タルス（金 達寿）‥299	喜屋武 マリー　⇒Marie（まりー）を見よ	【く】
キム，チャンシル‥299	邱 永漢‥305	虞 世南‥309
キム，チョンヘ（金 天海）‥299	吸江斎‥305	盧 千恵　⇒盧千恵（ろ・せんけい）を見よ
キム，デジュン（金 大中）‥299	久新 雄三郎‥305	空海‥310
キム・バンギョン（金 方慶）‥299	許 世楷‥305	陸 羯南‥313
キム，ヒョク（金 革）‥300	行基‥305	虞姫　⇒虞美人（ぐびじん）を見よ
キム，ヒョンヒ（金 賢姫）‥300	京極 道誉　⇒佐々木道誉（ささき・どうよ）を見よ	九鬼 周造‥313
キム，ミョンシク（金 明植）‥300	今日泊 亜蘭‥305	公暁‥313
キム，ヨジョン（金 与正）‥300	慶念‥305	日下 慶太‥313
キム，ヨンサム（金 泳三）‥300	清河 八郎‥305	久坂 玄瑞‥313
木村 秋則‥300	清川 正二‥306	日下部 五朗‥314
木村 芥舟‥300	曲亭 馬琴‥306	草野 あおい‥314
木村 一信‥301	旭天鵬 勝‥306	草野 馨‥314
木村 清‥301	清沢 洌‥306	草野 丈吉‥314
木村 金太郎‥301	清沢 満之‥306	草野 美和‥314
木村 弘毅‥301	清原 和博‥307	草笛 光子‥314
木村 栄‥301	清原 日出夫‥307	草間 弥生‥315
木村 重成‥301	吉良の仁吉‥307	草間 吉夫‥315
木村 静子‥301	桐竹 亀次　⇒祭文俤楽（さいもん・かいらく）を見よ	クージー　⇒クジヒロコを見よ
木村 次郎左衛門‥301	桐竹 勘十郎（3代）‥307	クジ ヒロコ‥315
木村 摂津守　⇒木村芥舟（きむら・かいしゅう）を見よ	桐野 利秋‥307	櫛橋 光‥315
木村 卓寛‥301	桐山 襲‥307	櫛部 武俊‥315
木村 拓哉‥301	桐生 清次‥307	具島 兼三郎‥315
木村 匡‥302	桐生 悠々‥308	九条 兼実　⇒藤原兼実（ふじわら・かねざね）を見よ
木村 達雄‥302	金 玉均　⇒キム，オッキュンを見よ	九条 真茶子‥315
木村 筑後守‥302	金 芝河　⇒キム，ジハを見よ	九条 道家‥315
木村 篤太郎‥302	金 大中　⇒キム，デジュンを見よ	九条 頼嗣‥316
木村 直樹‥302	金 達寿　⇒キム，タルスを見よ	九条 頼経‥316
木村 長門守　⇒木村重成（きむら・しげなり）を見よ	金 忠善　⇒沙也可（さやか）を見よ	楠 兼敬‥316
木村 久夫‥302	金 天海　⇒キム，チョンヘを見よ	楠 忠之‥316
木村 久綱‥303	キーン，ドナルド‥308	楠木 正成‥316
木村 常陸介‥303	金 農‥308	楠木 正成の妻‥316
木村 敏‥303	金 美齢‥308	楠木 正行‥316
木村 昌福‥303	金 方慶　⇒キム・バンギョンを見よ	葛原 しげる‥316
木村 政彦‥303	錦光山 宗兵衛(6代)‥308	葛原 妙子‥316
		楠部 三吉郎‥317
		久須美 祐明‥317
		久住 昌之‥317

楠本 イネ……………… 317	久保 優太……………… 323	栗山 大膳……………… 329
楠本 安子……………… 317	久保 裕也……………… 323	栗山 英樹……………… 329
楠本 六市……………… 317	久保木 哲子…………… 323	久留島 武彦…………… 329
屈 原 ……………………… 317	窪島 誠一郎…………… 323	来栖 三郎……………… 329
屈 平 ⇒屈原（くつ・げん）を見よ	窪塚 洋介……………… 323	車田 彦彦……………… 329
	窪田 空穂……………… 323	車谷 長吉……………… 329
九津見 房子…………… 318	久保田 権四郎………… 323	胡桃澤 盛……………… 329
工藤 明男……………… 318	久保田 貞視…………… 323	黒板 勝美……………… 329
工藤 磐………………… 318	久保田 英夫…………… 323	黒紙 好作……………… 330
工藤 和彦……………… 318	久保田 不二子………… 323	黒川 和雄……………… 330
工藤 公康……………… 318	窪田 藤野……………… 323	黒川 紀章……………… 330
工藤 堅太郎…………… 318	久保田 万太郎………… 324	黒川 公明……………… 330
工藤 悟………………… 318	久保田 豊……………… 324	黒川 淳一……………… 330
工藤 俊作……………… 318	久保山 菜摘…………… 324	黒川 つ江子…………… 330
工藤 清一……………… 318	久保利 英明…………… 324	黒駒勝蔵……………… 330
工藤 忠………………… 319	隈 研吾………………… 324	黒澤 明………………… 330
工藤 強勝……………… 319	久間 三千年…………… 324	黒澤 嘉兵衛…………… 331
工藤 俊一……………… 319	熊谷 久一……………… 324	黒澤 丈夫……………… 331
工藤 泰則……………… 319	熊谷 鉄太郎…………… 324	黒澤 酉蔵……………… 331
工藤 五三……………… 319	熊谷 直実……………… 325	黒澤 亮助……………… 331
工藤 胖………………… 319	熊谷 信昭……………… 325	黒須 正明……………… 331
工藤 利三郎…………… 319	熊谷 守一……………… 325	黒住 宗忠……………… 331
久邇 邦昭……………… 319	熊沢 健一……………… 325	黒瀬 昇次郎…………… 332
邦家親王……………… 319	熊沢 友雄……………… 325	黒田 官兵衛 ⇒黒田孝高（くろだ・よしたか）を見よ
国木田 独歩…………… 319	熊田 千佳慕…………… 325	
国定 忠治……………… 319	熊野 せいし…………… 325	黒田 喜夫……………… 332
国司 浩助……………… 320	鳩摩羅什……………… 326	黒田 清隆……………… 332
邦輔親王……………… 320	久米 明………………… 326	黒田 源次……………… 332
邦高親王……………… 320	久米 清治……………… 326	黒田 重義……………… 332
邦忠親王……………… 320	久米 信廣……………… 326	黒田 如水 ⇒黒田孝高（くろだ・よしたか）を見よ
国友 一貫斎 ⇒国友藤兵衛（くにとも・とうべえ）を見よ	久米 宏………………… 326	
	雲井 龍雄……………… 326	黒田 真矢……………… 332
	久山 康………………… 326	黒田 泰蔵……………… 332
国友 藤兵衛…………… 320	倉沢 すみお…………… 327	黒田 東彦……………… 332
邦永親王……………… 320	倉澤 良仁……………… 327	黒田 博樹……………… 332
邦尚親王……………… 320	倉田 貞子……………… 327	黒田 裕子……………… 333
邦房親王……………… 320	倉田 徹也……………… 327	黒田 穂積……………… 333
國廣 道彦……………… 320	倉田 洋二……………… 327	黒田 孝高……………… 333
邦道親王……………… 320	倉富 勇三郎…………… 327	黒田 龍之助…………… 333
國安 正昭……………… 320	倉橋 輝信……………… 327	黒沼 貞志……………… 333
国安仙人……………… 321	倉原 佳子……………… 327	黒野 義文……………… 333
国安普明 ⇒国安仙人（くにやすせんにん）を見よ	倉持 榮一……………… 327	黒柳 徹子……………… 334
	藏本 聰子……………… 327	桑澤 洋子……………… 334
邦頼親王……………… 321	倉本 聰………………… 327	桑島 恕一……………… 334
久野 収………………… 321	倉本 美津留…………… 327	桑田 佳祐……………… 334
久野 浩司……………… 321	九里 一平……………… 327	桑田 真澄……………… 335
虞美人………………… 321	久利 将輝……………… 328	桑田 ミサオ…………… 335
クビライ……………… 321	栗城 史多……………… 328	桑原 誠次……………… 335
久布白 落実…………… 322	栗崎 由子……………… 328	桑山 市郎治…………… 335
久保 猪之吉…………… 322	栗林 忠道……………… 328	桑山 忠明……………… 335
久保 角太郎…………… 322	栗原 泉………………… 328	郡司 成忠……………… 335
久保 克之……………… 322	栗原 英三……………… 328	
久保 紘一……………… 322	栗原 哲………………… 328	【け】
久保 聖………………… 322	栗原 忠二……………… 328	
久保 新二……………… 322	栗原 信虎……………… 328	鯨布……………………… 335
窪 世祥………………… 322	栗原 類………………… 328	景戒……………………… 335
久保 恒彦……………… 322	栗山 善四郎（8代）…… 329	慶閨尼………………… 335

瑩山紹瑾 ……………… 335	コ,ヨンヒ(高 容姫)……… 340	孔子 ………………………… 349
継体天皇 ⇒北条夫人(ほう	五井 昌久 ………………… 340	糀本 美保 ………………… 350
桂林院殿 ⇒北条夫人(ほう	恋川 純弥 ………………… 340	甲州 賢 …………………… 350
じょうふじん)を見よ	小池 勝蔵 ⇒黒駒勝蔵(くろ	香淳皇后 ………………… 350
下司 孝麿 ………………… 336	こまのかつぞう)を見よ	江岑 宗左 ⇒千宗左(4代)
月海元昭 ⇒売茶翁(ばいさ	小池 茂彦 ………………… 341	(せん・そうさ)を見よ
おう)を見よ	小池 温男 ………………… 341	高祖(前漢) ⇒劉邦(りゅ
月性 ……………………… 336	小池 啓之 ………………… 341	う・ほう)を見よ
外道 ……………………… 336	小池 百合子 ……………… 341	高宗 ⇒乾隆帝(けんりゅう
元 穣 ……………………… 336	小池 隆一 ………………… 341	てい)を見よ
弦 哲也 …………………… 336	小池 龍之介 ……………… 341	国府田 敬三郎 …………… 350
玄 秀盛 …………………… 336	小泉 秋江 ………………… 341	郷田 真隆 ………………… 350
厳 復 ……………………… 336	小泉 今日子 ……………… 342	幸田 稔 …………………… 350
GENKING ………………… 337	小泉 策太郎 ……………… 342	香田 誉士史 ……………… 350
源空 ⇒法然(ほうねん)を	小泉 三申 ⇒小泉策太郎(こ	幸田 露伴 ………………… 350
見よ	いずみ・さくたろう)を	高台院 …………………… 351
兼好法師 ⇒吉田兼好(よし	見よ	耕地 四万夫 ……………… 351
だ・けんこう)を見よ	小泉 純一郎 ……………… 342	河内 徳丸 ………………… 351
兼寿 ⇒蓮如(れんにょ)を	小泉 進次郎 ……………… 343	合戸 孝二 ………………… 351
見よ	小泉 信三 ………………… 343	神戸 直江 ………………… 351
建春門院 ………………… 337	小泉 八雲 ………………… 343	幸徳 秋水 ………………… 351
元昭 ⇒売茶翁(ばいさお	小泉 よね ………………… 344	江都公主 ………………… 351
う)を見よ	小磯 国昭 ………………… 344	河野 一郎 ………………… 351
玄奘 ……………………… 337	小出 満二 ………………… 344	河野 聖子 ………………… 351
見性院 …………………… 337	小出 義雄 ………………… 344	河野 善福 ………………… 351
元正天皇 ………………… 337	小岩井 浄 ………………… 345	河野 久 …………………… 352
源信 ……………………… 337	江 ⇒崇源院(すうげんい	河野 兵市 ………………… 352
元政 ……………………… 338	ん)を見よ	河野 洋平 ………………… 352
玄宗(唐) ⇒李隆基(り・	高 一涵 …………………… 345	河野 李由 ………………… 352
りゅうき)を見よ	項 羽 ……………………… 345	鴻池 清司 ………………… 352
源田 実 …………………… 338	黃 瀛 ……………………… 345	郷原 古統 ………………… 352
源智 ……………………… 338	黃 遠生 …………………… 345	豪姫 ……………………… 352
ケンドー・ナガサキ ……… 338	高 啓 ……………………… 345	高弁 ⇒明恵(みょうえ)を
ケンドー・カシン ………… 338	高 重茂 …………………… 346	見よ
顕如 ……………………… 338	高 青邱 ⇒高啓(こう・け	弘法大師 ⇒空海(くうか
玄寧 ……………………… 338	い)を見よ	い)を見よ
元伯宗旦 ⇒千宗旦(せん・	黃 庭堅 …………………… 346	光明皇后 ………………… 352
そうたん)を見よ	康 同薇 …………………… 346	光明子 ⇒光明皇后(こう
玄賓 ……………………… 338	江 丙坤 …………………… 346	みょうこうごう)を見よ
見坊 豪紀 ………………… 339	高 師秋 …………………… 346	高村 正彦 ………………… 352
元明天皇 ………………… 339	高 師直 …………………… 346	孔明 ⇒諸葛亮(しょかつ・
釼持 芳生 ………………… 339	高 師冬 …………………… 347	りょう)を見よ
乾隆帝 …………………… 339	高 師泰 …………………… 347	孝明天皇 ………………… 353
建礼門院徳子 …………… 339	黃 容柱 …………………… 347	コウメ太夫 ……………… 353
	康 芳夫 …………………… 347	河本 亀之助 ……………… 353
【こ】	上泉 伊勢守 ⇒上泉信綱(か	河本 大作 ………………… 353
	みいずみ・のぶつな)を	高良 美世子 ……………… 353
胡 鞍鋼 …………………… 339	見よ	肥沼 信次 ………………… 353
古 永鏘 …………………… 339	甲賀 源吾 ………………… 347	郡山 栄吉 ………………… 353
胡 金銓 …………………… 339	高河 ゆん ………………… 347	古賀 栄吉 ………………… 354
呉 敬璉 …………………… 339	光格天皇 ………………… 347	古賀 一則 ………………… 354
呉 趼人 …………………… 340	康熙帝 …………………… 348	古賀 穀堂 ………………… 354
呉 広 ……………………… 340	皇極天皇 ………………… 348	古賀 精里 ………………… 354
呉 修竹 …………………… 340	孝謙天皇 ………………… 348	古賀 武夫 ………………… 354
辜 振甫 …………………… 340	皇后雅子 ………………… 348	古賀 忠道 ………………… 354
胡 適 ……………………… 340	郷右近 隆夫 ……………… 349	古賀 侗庵 ………………… 354
コ,ハニョン(高 漢容)……… 340	高坂 正堯 ………………… 349	古賀 俊彦 ………………… 354

久我 晴通 …… 354	後崇光院 ⇒貞成親王（さだふさしんのう）を見よ	小西 増太郎 …… 367
古賀 浩靖 …… 354		小西 行長 …… 367
古賀 博之 …… 355	小積 忠生 …… 360	小沼 治夫 …… 367
古賀 誠 …… 355	古瀬 兵次 …… 361	近衛 秀麿 …… 367
古賀 政男 …… 355	五姓田 芳柳 …… 361	近衛 文麿 …… 367
久我 通親 ⇒源通親（みなもと・みちちか）を見よ	五姓田 義松 …… 361	小橋 勝之助 …… 368
	五代 友厚 …… 361	小橋 建太 …… 368
古賀 峯一 …… 355	伍代 夏子 …… 361	小畠 和子 …… 369
古賀 庸哉 …… 355	後醍醐天皇 …… 361	小波津 有希 …… 369
小金井 小次郎 …… 355	小平 邦彦 …… 362	小浜 廉太郎 …… 369
小金井 良精 …… 355	古髙 俊太郎 …… 362	小早川 秀秋 …… 369
小苅米 瑞代 …… 355	小鷹 信光 …… 362	小林 中 …… 369
小薬 正男 …… 356	小谷 正一 …… 362	小林 郁子 …… 369
国姓爺 ⇒鄭成功（てい・せいこう）を見よ	こだま …… 362	小林 いずみ …… 369
	児玉 花外 …… 362	小林 一三 …… 369
穀田屋 十三郎 …… 356	小玉 和文 …… 362	小林 一茶 …… 370
國場 幸之助 …… 356	児玉 清 …… 362	小林 一美 …… 371
国場 幸房 …… 356	児玉 源太郎 …… 362	小林 一之 …… 371
國分 康孝 …… 356	ゴータマ・シッダールタ ⇒釈迦（しゃか）を見よ	小林 和之 …… 371
小久保 徳次 …… 356		小林 カツ代 …… 371
小久保 晴行 …… 356	児玉 日容 …… 363	小林 かな …… 371
小樽 雅章 …… 356	小玉 正巳 …… 363	小林 教子 …… 371
古今亭 志ん生（5代）…… 356	児玉 芳子 ⇒杉千代（すぎ・ちよ）を見よ	小林 邦二 …… 371
古今亭 志ん朝（3代）…… 357		小林 古径 …… 371
古在 由重 …… 357	五仲庵 有節 …… 363	小林 次郎 …… 371
小坂 敬 …… 357	小寺 正三 …… 363	小林 二郎 …… 372
小崎 弘道 …… 357	後藤 朝太郎 …… 363	小林 清次 …… 372
後桜町天皇 …… 357	五島 慶太 …… 363	小林 善四郎 …… 372
小澤 蕭愼 …… 357	後藤 健二 …… 363	小林 高夫 …… 372
小澤 文子 …… 357	後藤 象二郎 …… 364	小林 多喜二 …… 372
後三条天皇 …… 357	後藤 新平 …… 364	小林 照子 …… 372
コシノ ヒロコ …… 357	後藤 宙外 …… 364	小林 富次郎 …… 372
小柴 和正 …… 357	後藤 俊彦 …… 364	小林 虎三郎 …… 372
小柴 昌俊 …… 358	後藤 はつの …… 364	小林 ハル …… 373
小島 章伸 …… 358	後藤 洋央紀 …… 365	小林 春男 …… 373
小島 烏水 …… 358	後藤 浩輝 …… 365	小林 春彦 …… 373
古島 一雄 …… 358	後藤 文雄 …… 365	小林 秀雄 …… 373
小島 慶子 …… 358	後藤 真希 …… 365	小林 ふみ子 …… 373
小島 蕉園 …… 358	後藤 昌幸 …… 365	小林 正樹 …… 373
小島 善太郎 …… 358	後藤 又兵衛 …… 365	小林 麻耶 …… 373
小島 武夫 …… 359	後藤 眞理子 …… 365	小林 康夫 …… 373
小島 健嗣 …… 359	五嶋 みどり …… 365	小林 勇貴 …… 374
小嶋 千鶴子 …… 359	後藤 基次 ⇒後藤又兵衛（ごとう・またべえ）を見よ	小林 祐希 …… 374
小島 長生 …… 359		小林 りん …… 374
小島 信夫 …… 359	後藤 米治 …… 365	虎斑 …… 374
小島 政二郎 …… 359	後藤 誉之助 …… 365	甲平 信吉 …… 374
小島 康譽 …… 359	後藤田 正晴 …… 366	後深草院二条 …… 374
五社 英雄 …… 359	琴欧洲 勝紀 …… 366	小堀 遠州 …… 374
小少将（長宗我部元親側室）…… 359	後鳥羽天皇 …… 366	小堀 鞆音 …… 375
	小中 和子 …… 366	駒井 徳三 …… 375
後白河天皇 …… 359	小浪 幸子 …… 366	駒崎 弘樹 …… 375
小杉 あさ …… 360	小西 邦彦 …… 366	小町 定 …… 375
小杉 天外 …… 360	小西 孝子 …… 366	小松 昭夫 …… 375
小杉 弘 …… 360	小西 忠禮 …… 366	小松 一三 …… 376
小杉 昌弘 …… 360	小西 チヨ …… 367	小松 清廉 ⇒小松帯刀（こまつ・たてわき）を見よ
小菅 一憲 …… 360	小西 博之 …… 367	
小菅 丹治 …… 360	小西 政継 …… 367	小松 憲一 …… 376

小松 耕輔	376	
小松 左京	376	
小松 隆	376	
小松 帯刀	376	
小松 政夫	376	
小松 みゆ	377	
小松 美羽	377	
小松姫	377	
五味 太郎	377	
後水尾天皇	377	
小峯 隆生	377	
小宮 孝泰	377	
小宮 学	377	
小見山 摂子	377	
小宮山 楓軒	378	
小宮山 量平	378	
小村 寿太郎	378	
小村 雪岱	378	
後村上天皇	378	
小室 直樹	378	
コモエスタ神楽坂	379	
小森 治	379	
小森 隆弘	379	
小森 敏	379	
小森 陽一	379	
小谷田 勝五郎	379	
小柳 典子	379	
小柳 昌之	379	
小柳 泰久	380	
小山 宇八郎	380	
小山 松寿	380	
小山 子壽	380	
小山 剛	380	
小山 秀	380	
小山 亮	380	
後陽成天皇	380	
五来 欣造	380	
呉陵軒可有	380	
是枝 裕和	380	
惟喬親王	381	
五郎丸 歩	381	
今 敏	381	
金光大神	381	
権左	381	
近藤 勇	381	
近藤 啓太郎	381	
近藤 謙司	381	
近藤 寿市郎	382	
近藤 真市	382	
権藤 成卿	382	
近藤 精宏	382	
近藤 高顯	382	
近藤 ちよ	382	
近藤 長次郎	382	
近藤 恒夫	382	
近藤 富蔵	382	
近藤 兵太郎	382	
権藤 博	383	
近藤 藤守	383	
近藤 筆吉	383	
近野 兼史	383	
今野 こずえ	383	
今野 大力	383	
金野 喜文	383	
紺谷 友昭	383	

【 さ 】

蔡 英文	383	
蔡 温	383	
蔡 國強	384	
蔡 焜燦	384	
蔡 爾康	384	
蔡 成泰	384	
蔡 崇信	384	
栽 弘義	384	
西園寺 公経	384	
西園寺 公望	385	
佐伯 敏子	385	
西行	385	
斎宮女御 ⇒徽子女王（きしじょおう）を見よ		
三枝 俊徳	386	
三枝 博音	386	
細君 ⇒江都公主（こうとこうしゅ）を見よ		
西郷 吉之介 ⇒西郷隆盛（さいごう・たかもり）を見よ		
西郷 隆盛	386	
西郷 頼母	394	
西光 万吉	394	
税所 篤快	394	
西城 秀樹	395	
西条 凡児	395	
最澄	395	
財津 一郎	396	
斎藤 磐	396	
斉藤 和巳	396	
齊藤 喜榮治	396	
斎藤 きち ⇒唐人お吉（とうじんおきち）を見よ		
齋藤 絹子	396	
斎藤 月岑	396	
斎藤 賢道	396	
西東 三鬼	396	
斎藤 昌三	396	
斎藤 精輔	396	
さいとう・たかを	397	
斎藤 隆夫	397	
齋藤 豪盛	397	
齋藤 龍興	397	
齋藤 智恵子	397	
斎藤 司	397	
齋藤 外市	397	
斎藤 道三	397	
斉藤 徹	397	
斎藤 利政 ⇒斎藤道三（さいとう・どうさん）を見よ		
斎藤 憲彦	398	
斎藤 一	398	
斎藤 秀一	398	
斎藤 博	398	
斉藤 博	398	
斎藤 文夫	398	
齊藤 政明	398	
斎藤 茂吉	398	
斎藤 幸夫	399	
斎藤 義龍	399	
斎藤 雷太郎	399	
齊藤 諒	399	
サイプレス上野	399	
斎村 政広 ⇒赤松広英（あかまつ・ひろひで）を見よ		
斉明天皇 ⇒皇極天皇（こうぎょくてんのう）を見よ		
祭文 傀楽	399	
最蓮房	399	
佐伯 景弘	399	
佐伯 祐正	400	
佐伯 泰造 ⇒佐藤泰司（さとう・たいじ）を見よ		
佐伯 チズ	400	
三枝 成彰	400	
三枝 輝行	400	
早乙女 勝元	400	
早乙女 直枝	400	
早乙女 りん	400	
Saori	400	
坂 一敬	400	
嵯峨 是人	401	
酒井 高徳	401	
坂井 犀水	401	
坂井 三郎	401	
酒井 忠清	401	
坂井 忠	401	
坂井 徳章	401	
堺 敏男	401	
堺 利彦	401	
酒井 伴四郎	402	
酒井 宏樹	402	
酒井 抱一	402	
酒井 正幸	402	
坂井 道郎	402	
酒井 光雄	402	
酒井 雄哉	402	
坂井 義則	402	
堺屋 太一	402	
坂岡 嘉代子	403	
榊 佳之	403	
榊谷 仙次郎	403	
榊原 亀三郎	403	

榊原　謙齋 …… 403	佐久間　象山 …… 411	佐瀬　一男 …… 417
榊原　仟 …… 403	佐久間　不干斎 …… 412	佐多　稲子 …… 417
榊原　忠彦 …… 403	佐久良　東雄 …… 412	貞敦親王 …… 418
榊原　亨 …… 403	さくら　えみ …… 412	佐高　信 …… 418
榊原　七太 …… 403	桜　光雪 …… 412	定吉ハートマン　⇒ハートマン，サダキチを見よ
坂口　安吾 …… 403	紗倉　まな …… 412	
阪口　竜也 …… 403	桜井　昌司 …… 412	貞清親王 …… 418
阪口　之昌 …… 404	櫻井　利憲 …… 412	佐竹　忠 …… 418
坂口　三代次 …… 404	桜井　誠 …… 412	佐竹　順子 …… 418
坂口　安治 …… 404	桜井　政太郎 …… 413	佐竹　義直　⇒阿證（あしょう）を見よ
坂倉　準三 …… 404	櫻井　よしこ …… 413	
坂田　亀吉 …… 404	桜田　一男　⇒ケンドー・ナガサキを見よ	貞建親王 …… 418
阪田　誠造 …… 404		貞常親王 …… 418
坂田　祐 …… 404	桜田　治助（1代）…… 413	貞教親王 …… 418
阪田　寛夫 …… 404	桜庭　和志 …… 413	貞成親王 …… 418
坂田　靖子 …… 404	桜町天皇 …… 413	貞行親王 …… 418
坂田　好弘 …… 404	ザ・グレート・カブキ …… 413	貞康親王 …… 419
嵯峨天皇 …… 404	迫水　久常 …… 413	貞致親王 …… 419
坂根　嵩基 …… 405	左近允　孝之進 …… 414	貞敬親王 …… 419
坂根　正弘 …… 405	左近允　尚正 …… 414	佐々　紅華 …… 419
坂根　真実 …… 405	笹井　芳樹 …… 414	佐々　成政 …… 419
坂上　田村麻呂 …… 405	笹川　陽平 …… 414	薩摩　治兵衛 …… 419
坂村　真民 …… 405	笹川　能孝 …… 414	薩摩　治郎八 …… 419
坂本　篤 …… 406	笹川　良一 …… 414	里井　浮丘 …… 419
坂本　一亀 …… 406	佐々木　あき …… 414	佐藤　昭子 …… 419
坂本　和清 …… 406	佐々木　明廣 …… 414	佐藤　一斎 …… 420
坂本　金美 …… 406	佐々木　明 …… 414	佐藤　栄作 …… 420
坂本　九 …… 406	佐々木　数修都 …… 414	佐藤　修 …… 420
坂本　國継 …… 406	佐々木　邦 …… 415	佐藤　香 …… 420
さかもと　こうじ …… 406	佐々木　松夕 …… 415	佐藤　勝 …… 420
坂本　小百合 …… 406	佐々木　史朗 …… 415	佐藤　克郎 …… 420
阪本　四方太 …… 406	佐々木　眞爾 …… 415	佐藤　菊夫 …… 420
阪本　周三 …… 407	佐々木　たいめい …… 415	佐藤　玖美 …… 420
坂本　進一郎 …… 407	佐々木　高氏　⇒佐々木道誉（ささき・どうよ）を見よ	佐藤　慶次郎 …… 421
坂本　清馬 …… 407		佐藤　堅一 …… 421
阪本　民雄 …… 407	佐々木　孝丸 …… 415	佐藤　憲一 …… 421
坂本　太郎 …… 407	佐々木　毅 …… 415	佐藤　元萇 …… 421
坂本　フジエ …… 407	佐々木　正 …… 415	佐藤　紅緑 …… 421
坂本　保富 …… 407	佐々木　忠次 …… 415	佐藤　さとる …… 421
坂本　幸雄 …… 407	佐々木　忠綱 …… 415	佐藤　栞里 …… 421
坂本　義雄 …… 407	佐々木　常夫 …… 415	佐藤　重夫 …… 421
坂本　龍一 …… 407	佐々木　到一 …… 416	佐藤　純彌 …… 421
坂本　龍馬 …… 408	佐々木　道誉 …… 416	佐藤　輔子 …… 421
相良　万吉 …… 410	佐々木　徹 …… 416	佐藤　進 …… 422
佐川　官兵衛 …… 410	佐々木　美智子 …… 416	佐藤　泰司 …… 422
砂川　啓介 …… 410	佐々木　三和吉 …… 416	佐藤　哲章 …… 422
佐川　眞人 …… 410	佐々木　幸夫 …… 416	佐藤　健雄 …… 422
佐川　光晴 …… 410	佐々木　伃利子 …… 416	佐藤　武 …… 422
佐川　幸義 …… 410	佐々木　良三 …… 416	佐藤　玉枝 …… 422
咲　セリ …… 411	捧　洋子 …… 416	佐藤　たまき …… 422
向坂　逸郎 …… 411	笹本　恒子 …… 416	佐藤　竹善 …… 422
鷺巣　政安 …… 411	笹森　儀助 …… 416	佐藤　忠良 …… 422
佐喜眞　道夫 …… 411	笹森　順造 …… 417	佐藤　照幸 …… 422
崎山　理 …… 411	篠屋　宗礀 …… 417	佐藤　登左衛門 …… 422
佐久　友朗 …… 411	笹山　徳治 …… 417	佐藤　俊子　⇒田村俊子（たむら・としこ）を見よ
策彦周良 …… 411	佐治　敬三 …… 417	
作宮 …… 411	佐治　信忠 …… 417	

佐藤 冨五郎 …… 422	佐野 友三郎 …… 439	椎名 武雄 …… 445
佐藤 智明 …… 423	佐野 ぬい …… 439	慈雲 ⇒飲光（おんこう）を見よ
佐藤 豊 …… 423	佐野 稔 …… 439	
佐藤 東洋士 …… 423	佐野 洋子 …… 439	慈円 …… 445
佐藤 信男 …… 423	佐原 真 …… 439	塩川 香世 …… 445
佐藤 信夫 …… 423	佐原 洋子 …… 440	塩川 正隆 …… 445
佐藤 信淵 …… 423	佐分利 貞男 …… 440	塩沢 みどり …… 445
佐藤 典雅 …… 423	サマーズ・ロビンズ,正子 …… 440	塩尻 公明 …… 445
佐藤 初女 …… 423	サマンサ華月 …… 440	潮谷 義子 …… 445
佐藤 春夫 …… 423	サム・パッチ ⇒仙太郎（せんたろう）を見よ	塩月 桃甫 …… 446
佐藤 久男 …… 423		塩野 和夫 …… 446
佐藤 寿人 …… 424	佐村河内 守 …… 440	塩谷 信男 …… 446
佐藤 仙務 …… 424	鮫島 十内 …… 440	塩原 勝美 …… 446
佐藤 浩 …… 424	鮫島 貴子 …… 440	塩原 太助 …… 446
佐藤 正能 …… 424	鮫島 宗範 …… 440	汐見 文隆 …… 446
佐藤 優 …… 424	左門 米造 …… 440	塩見 泰之 …… 446
佐藤 守 …… 425	沙也可 …… 440	紫園 香 …… 446
佐藤 幹夫 …… 425	鞘師 里保 …… 441	志賀 忠重 …… 446
佐藤 三千夫 …… 425	佐山 サトル …… 441	志賀 哲太郎 …… 446
佐藤 貢 …… 425	佐山 透 …… 441	志賀 俊之 …… 446
左藤 恵 …… 425	澤 穂希 …… 441	志賀 直哉 …… 447
佐藤 守男 …… 425	澤 正彦 …… 441	志賀 義雄 …… 447
佐藤 泰志 …… 425	澤 恩 …… 441	志賀 淑雄 …… 447
佐藤 康光 …… 425	澤 モリノ …… 441	慈覚大師 ⇒円仁（えんにん）を見よ
佐藤 休 …… 426	沢 来太郎 …… 441	
佐藤 勇人 …… 426	澤井 健一 …… 441	四方 修 …… 447
佐藤 陽 …… 426	澤田 伊四郎 …… 442	志岐 常雄 …… 447
佐藤 芳次郎 …… 426	沢田 泰司 …… 442	志岐 麟泉 …… 447
佐藤 亮一 …… 426	澤田 秀雄 …… 442	式子内親王 …… 447
佐藤 良一 …… 426	澤田 洋史 …… 442	式町 水晶 …… 447
佐藤 バート ジュリアン …… 426	沢田 美喜 …… 442	式守 蝸牛（7代） …… 448
里田 啓 …… 426	澤田 道隆 …… 442	執行 草舟 …… 448
里見 甫 …… 426	澤幡 仁 …… 442	執行 正俊 …… 448
里美 ゆりあ …… 427	沢村 栄治 …… 442	時雨 音羽 …… 448
里見 りゅうじ …… 427	沢村 貞子 …… 442	重野 安繹 …… 448
里村 明衣子 …… 427	早良親王 …… 443	重見 高好 …… 448
真田 信治 …… 427	佐原喜三郎 …… 443	重光 葵 …… 448
真田 信繁 ⇒真田幸村（さなだ・ゆきむら）を見よ	三条 実美 …… 443	重本 ことり …… 449
	三条西 実隆 …… 443	重盛 親聖 …… 449
真田 信綱 …… 427	三蔵法師（玄奘） ⇒玄奘（げんじょう）を見よ	始皇帝 …… 449
真田 信之 …… 427		四國 五郎 …… 449
真田 昌幸 …… 429	三田谷 啓 …… 443	志澤 彰 …… 449
真田 幸隆 …… 431	山東 京伝 …… 443	志澤 勝 …… 449
真田 幸綱 ⇒真田幸隆（さなだ・ゆきたか）を見よ	山東 せい子 …… 443	獅子 文六 …… 449
	山東 直砥 …… 443	G.G.佐藤 …… 449
真田 幸村 …… 433	山東 英子 …… 444	宍戸 左行 …… 450
讃岐 永直 …… 438	三本木 健治 …… 444	慈周 ⇒六如（りくにょ）を見よ
実重 毎子 …… 438	サン村田 …… 444	
さねとう あきら …… 438	三遊亭 円歌（3代） …… 444	静御前 …… 450
実平 雄飛 …… 438	三遊亭 円朝 …… 444	志筑 忠雄 …… 450
佐野 有美 …… 438		志田 鉀太郎 …… 450
佐野 氏忠 ⇒北条氏忠（ほうじょう・うじただ）を見よ	【し】	志田 忠儀 …… 450
		耳鳥斎 …… 450
佐野 鼎 …… 438	施 伝月 …… 444	実相寺 昭雄 …… 451
佐野 碩 …… 438	史 明 …… 444	四手井 綱英 …… 451
佐野 常民 …… 439	史 量才 …… 444	幣原 喜重郎 …… 451
佐野 利道 …… 439	椎木 正和 …… 445	持統天皇 …… 451

シーナ 451	芝山 孝 457	島村 光一 466
品川 洋子 451	柴山 文夫 457	島村 鼎甫 466
品川 弥二郎 452	渋川 玄耳 457	島村 速雄 466
品川 弥太男 452	渋川 春海 457	島村 抱月 466
師任堂申夫人 ⇒シン，サイムダンを見よ	渋沢 栄一 457	島本 和彦 466
	渋沢 敬三 459	島本 小雪 466
篠塚 清 452	澁澤 龍彦 459	嶋本 昭三 466
篠田 邦雄 452	澁谷 耕一 459	島本 順光 466
篠田 桃紅 452	渋谷 三郎 460	しみけん 467
篠原 有司男 452	渋谷 清寿 460	ジミー桜井 467
篠原 信一 452	澁谷 久代 460	清水 幾太郎 467
篠原 助市 452	澁谷 弘利 460	清水 卯三郎 467
篠原 保行 452	渋谷 光重 460	清水 喜市 467
篠宮 龍三 453	シベリアお菊 ⇒出上キク（でがみ・きく）を見よ	清水 金一 467
司馬 懿 453		清水 健 467
司馬 光 453	島 一春 460	清水 興 468
司馬 江漢 453	島 和代 460	清水 志佳子 468
柴 五郎 453	島 成郎 460	清水 順三 468
柴 四朗 453	島 徳蔵 460	清水 省三 468
芝 祐靖 453	島尾 伸三 460	清水 成駿 468
司馬 遷 453	島尾 忠男 460	清水 哲 468
柴 太一郎 454	島尾 敏雄 461	清水 藤太郎 468
司馬 談 454	島尾 ミホ 461	清水 直美 468
芝 寛 454	島岡 和子 461	清水 文雄 468
芝 三光 454	島岡 幹夫 461	清水 富美加 ⇒千眼美子（せんげん・よしこ）を見よ
斯波 義淳 454	島木 赤彦 461	
志波 恵子 454	島倉 千代子 461	清水 正博 468
斯波 義重 454	島倉 幸江 462	清水 マリ 468
斯波 義良 ⇒斯波義寛（しば・よしひろ）を見よ	島崎 藤助 462	清水 ミチコ 469
	島崎 藤村 462	清水 安三 469
斯波 義敏 454	嶋崎 久美 462	清水 梁山 469
斯波 義寛 454	島津 家久 462	清水次郎長 469
斯波 義将 454	島津 御屋地 ⇒御屋地（おやじ）を見よ	志村 和男 469
司馬 遼太郎 454		志村 ふくみ 469
柴家 茂 455	島津 兼治 463	志村 亮 469
柴崎 岳 455	島津 重豪 463	志茂 太郎 469
芝田 暁 455	島津 貴久 463	下出 隼吉 469
柴田 勝家 455	島津 忠久 463	下出 民義 469
柴田 勝頼 455	島津 常盤 463	下川 浩平 470
柴田 喜八 455	島津 歳久 463	下川 眞季 470
柴田 敬 455	島津 斉彬 463	下川 美奈 470
柴田 紗希 455	島津 斉興 463	下里 知足 470
柴田 信 456	島津 久光 464	下沢 隆 470
柴田 大輔 ⇒工藤明男（くどう・あきお）を見よ	島津 三一郎 464	下敷領 節子 470
	島津 久 464	下重 暁子 470
柴田 天馬 456	島津 義弘 464	下條 武男 470
柴田 智子 456	島田 叡 465	下條 英敏 470
柴田 直人 456	島田 謹二 465	下田 歌子 470
柴田 花子 456	嶋田 久仁彦 465	下田 靖司 471
柴田 昌治 456	嶋田 敬三 465	下谷 政似 471
柴田 元幸 456	嶋田 繁太郎 465	下出 義雄 471
柴田 錬三郎 456	島田 達之助 465	下中 弥三郎 471
柴野 栗山 456	島田 廣 465	下野 六太 471
柴原 公夫 ⇒	島田 文六 465	下総 皖一 471
柴山 元昭 ⇒売茶翁（ばいさおう）を見よ	嶋田 正義 465	下村 治 471
	島田 元太郎 466	下村 定 471
芝山 監物 457	島田 洋七 466	霜村 昭平 471

下村 博文 …… 472	聶 耳 …… 482	紹明 ⇒南浦紹明（なんぽ・しょうみょう）を見よ
下山 静香 …… 472	章 士釗 …… 482	聖武天皇 …… 490
下山 好誼 …… 472	城 純一 …… 482	上藍天中 …… 490
謝 長廷 …… 472	城 資永 …… 483	正力 松太郎 …… 490
謝 枋得 …… 472	城 助職 ⇒城長茂（じょう・ながもち）を見よ	昭和天皇 …… 490
ジャイアント馬場 …… 473	鍾 清漢 …… 483	諸葛 孔明 ⇒諸葛亮（しょかつ・りょう）を見よ
釈迦 …… 473	章 太炎 …… 483	
釈 月性 ⇒月性（げっしょう）を見よ	城 常太郎 …… 483	諸葛 亮 …… 496
	城 長茂 …… 483	式子内親王 ⇒式子内親王（しきしないしんのう）を見よ
釈 宗演 …… 476	尚 巴志 …… 483	
釈 迢空 ⇒折口信夫（おりぐち・しのぶ）を見よ	邵 飄萍 …… 483	
	邵 力子 …… 484	ジョセフ・ヒコ ⇒浜田彦蔵（はまだ・ひこぞう）を見よ
釈 道安 …… 476	聖一国師 ⇒円爾（えんに）を見よ	
シャクシャイン …… 476		ジョニー大倉 …… 496
ジャッキー・チェン ⇒チェン, ジャッキーを見よ	乗因 …… 484	ジョー樋口 …… 496
	聖覚 ⇒聖覚（せいかく）を見よ	ジョン万次郎 …… 496
ジャック・マー ⇒馬雲（ば・うん）を見よ		紫雷 イオ …… 497
	青岳尼 ⇒青岳尼（せいがくに）を見よ	白井 健三 …… 497
写楽 ⇒東洲斎写楽（とうしゅうさい・しゃらく）を見よ		白井 晟一 …… 497
	紹喜 ⇒快川紹喜（かいせんじょうき）を見よ	白井 鐵造 …… 497
		白井 亨 …… 497
ジャンボ鶴田 …… 476	紹瑾 ⇒瑩山紹瑾（けいざんじょうきん）を見よ	白井 松次郎 …… 497
朱 淇 …… 476		白石 正一郎 …… 497
朱 熹 …… 477	貞慶 …… 484	白石 恵美 …… 497
朱 子 ⇒朱熹（しゅ・き）を見よ	昭憲皇太后 …… 484	白石 元治郎 …… 497
	正眼国師 ⇒盤珪永琢（ばんけいようたく）を見よ	白髪 一雄 …… 498
朱 執信 …… 477		白川 静 …… 498
シュ・シャオメイ …… 477	定豪 …… 485	白川 方明 …… 498
朱 鎔基 …… 477	上甲 晃 …… 485	白川 優子 …… 498
周 愛蓮 ⇒益田愛蓮（ますだ・あいれん）を見よ	上甲 正典 …… 485	白崎 映美 …… 498
	上皇明仁 …… 485	白沢 久一 …… 498
周 恩来 …… 477	常高院 …… 486	白沢 敬典 …… 498
秋 瑾 …… 478	浄光院殿 …… 486	白沢 英子 …… 498
習 近平 …… 478	上皇后美智子 …… 486	白洲 次郎 …… 498
周 桂生 …… 479	松斎宗詮 ⇒木津松斎（きず・しょうさい）を見よ	白洲 正子 …… 499
周 昌 …… 479		白相 六郎 …… 499
習 仲勲 …… 479	庄司 恵子 …… 487	白土 三平 …… 499
周 斌 …… 480	昌子 源 …… 487	白鳥 つな …… 499
周 福清 …… 480	松寿院 …… 487	白鳥 文彦 …… 499
周 勃 …… 480	摂受心院 ⇒伊藤友司（いとう・ともじ）を見よ	白かね 絹子 …… 499
獣神サンダーライガー …… 480		白田 庫夫 …… 499
宗峰妙超 …… 480	正受人 ⇒道鏡慧端（どうきょうえたん）を見よ	白鳥 省吾 …… 499
寿岳 文章 …… 480		城間 晃 …… 499
祝 允明 …… 480	成尋 …… 487	シン, ギス（辛 基秀）…… 499
宿澤 広朗 …… 480	笑生十八番 …… 488	シン, サイムダン（申 師任堂）
寿桂尼 …… 481	昌尊 …… 488	
寿福院 …… 481	正田 樹 …… 488	申 師任堂 ⇒シン, サイムダンを見よ
壽福院 美屋子 …… 481	聖徳太子 ……	
徐 福 …… 481	称徳天皇 ⇒孝謙天皇（こうけんてんのう）を見よ	シン, テジュン（慎 泰俊）… 500
徐 復観 …… 481		新貝 康司 …… 500
徐 市 ⇒徐福（じょ・ふく）を見よ	庄野 潤三 …… 489	ジンギス・カン ⇒チンギス・カンを見よ
	生野 文介 …… 489	
徐 凌霄 …… 481	笙野 頼子 …… 489	新宮 凉庭 …… 500
尚 円 …… 482	笑福亭 鶴瓶 …… 490	信実 …… 500
蕭 何 …… 482	笑福亭 松之助（2代）…… 490	新庄 剛志 …… 500
蔣 介石 …… 482		新庄 俊郎 …… 500
蔣 宏 …… 482		

（28） 伝記・評伝全情報 2014-2018

信松尼 …… 500	菅野 成雄 …… 508	杉山 進 …… 514
しんしん …… 500	菅野 晴夫 …… 508	杉山 龍丸 …… 514
信西 …… 501	菅家 利和 …… 508	杉山 平一 …… 514
新藤 兼人 …… 501	菅原 勲 …… 508	助川 征雄 …… 514
進藤 三郎 …… 501	菅原 貞敬 …… 508	菅生 新 …… 514
眞徳女王 …… 501	菅原 精造 …… 508	調所 広郷 …… 515
陣内 孝則 …… 501	菅原孝標女 …… 508	鈴木 明子 …… 515
陣内河畔生 …… 501	菅原 文太 …… 508	鈴木 勲 …… 515
真如 ⇒高岳親王（たかおか しんのう）を見よ	菅原 美枝子 …… 508	鈴木 一朗 ⇒イチローを 見よ
	菅原 道真 …… 509	
神野 直彦 …… 501	杉 梅太郎 ⇒杉民治（すぎ・ みんじ）を見よ	鈴木 梅太郎 …… 515
神野 政夫 …… 502		鈴木 えみ …… 515
新橋 喜代三 …… 502	杉 瀧子 …… 509	鈴木 修 …… 515
神保 勝世 …… 502	杉 千代 …… 509	鈴木 克昌 …… 515
新保 清 …… 502	杉 敏三郎 …… 509	鈴木 克美 …… 515
神保 修理 …… 502	杉 寿 ⇒楫取寿子（かとり・ ひさこ）を見よ	鈴木 貫太郎 …… 516
新堀 通也 …… 502		鈴木 其一 …… 516
新村 出 …… 502	杉 文 ⇒楫取美和子（かと り・みわこ）を見よ	鈴木 久五郎 …… 516
新村 利夫 …… 502		鈴木 金兵衛 …… 516
親鸞 …… 502	杉 民治 …… 509	鈴木 邦男 …… 516
神龍院梵舜 …… 505	杉 百合之助 …… 510	鈴木 邦雄 …… 516
	杉 良太郎 …… 510	鈴木 國弘 …… 516
【す】	杉内 俊哉 …… 510	鈴木 啓子 …… 517
	杉浦 功修 …… 510	鈴木 惠子 …… 517
瑞渓院 …… 505	杉浦 正則 …… 510	鈴木 啓示 …… 517
推古天皇 …… 505	杉浦 明平 …… 510	鈴木 玄吉 …… 517
水道橋博士 …… 505	杉尾 英子 …… 510	鈴木 健志 …… 517
崇源院 …… 506	杉尾 玄有 …… 510	鈴木 重成 …… 517
末井 昭 …… 506	杉岡 華邨 …… 510	鈴木 茂 …… 517
末次 一郎 …… 506	杉田 玄白 …… 510	鈴木 しづ子 …… 517
末永 戯道 ⇒末永純一郎（す えなが・じゅんいちろう） を見よ	杉田 成道 …… 511	鈴木 俊一 …… 518
	杉田 鈴 …… 511	鈴木 正三 …… 518
	杉田 仙十郎 …… 511	鈴木 伸一 …… 518
末永 純一郎 …… 506	杉田 定一 …… 511	鈴木 鎮一 …… 518
末永 鉄巌 ⇒末永純一郎（す えなが・じゅんいちろう） を見よ	杉田 久女 …… 511	鈴木 信太郎（フランス文学 者） …… 518
	杉田 瑞子 …… 511	
	杉原 千畝 …… 511	鈴木 信太郎（洋画家） …… 518
末永 敏事 …… 506	杉原 親憲 …… 512	鈴木 弼美 …… 518
末永 節 …… 506	杉原 美津子 …… 512	鈴木 清一 …… 518
末松 貞子 …… 506	杉村 楚人冠 …… 512	鈴木 大拙 …… 518
末盛 千枝子 …… 506	杉村 太蔵 …… 512	鈴木 大地 …… 519
末吉 興一 …… 506	杉村 孝 …… 512	鈴木 孝夫 …… 519
須賀 敦子 …… 506	杉村 太郎 …… 512	鈴木 陸夫 …… 519
菅 勝彦 …… 507	杉村 春子 …… 512	鈴木 尚広 …… 520
スガ シカオ …… 507	杉村 陽太郎 …… 513	鈴木 琢也 …… 520
須賀 次郎 …… 507	杉本 昭典 …… 513	鈴木 武幸 …… 520
菅 虎雄 …… 507	杉本 鉞子 …… 513	鈴木 忠勝 …… 520
菅 なな子 …… 507	杉本 キクイ ⇒杉本キクエ （すぎもと・きくえ）を見よ	鈴木 保 …… 520
菅 義偉 …… 507		鈴木 貞一 …… 520
菅 裸馬 ⇒菅礼之助（すが・ れいのすけ）を見よ	杉本 キクエ …… 513	鈴木 藤三郎 …… 520
	杉本 ひかり …… 513	鈴木 徳昭 …… 520
菅 礼之助 …… 507	杉本 宏之 …… 513	鈴木 利枝 …… 520
菅江 真澄 …… 507	杉本 錬堂 …… 513	鈴木 敏重 …… 520
菅田 實 …… 507	杉山 岩三郎 …… 514	鈴木 敏文 …… 520
菅谷 政雄 …… 507	すぎやま こういち …… 514	鈴木 信男 …… 521
菅沼 孝行 …… 507	杉山 恒太郎 …… 514	鈴木 宏 …… 521
菅沼 勇基 …… 508	杉山 茂丸 …… 514	鈴木 博見 …… 521

鈴木 浩充 …… 521	成祖 ⇒永楽帝（えいらくてい）を見よ	妹尾 義郎 …… 533
鈴木 富志郎 …… 521		瀬谷 ルミ子 …… 533
鈴木 正治 …… 521	西太后 …… 527	瀬良垣 りんじろう …… 534
鈴木 勝 …… 521	勢力 富五郎 …… 527	芹澤 鴨 …… 534
鈴木 三枝子 …… 521	瀬川 晶司 …… 528	芹沢 銈介 …… 534
鈴木 道彦 …… 522	瀬川 冨美子 …… 528	芹沢 光治良 …… 534
鈴木 みのる …… 522	瀬川 康男 …… 528	芹沢 長介 …… 534
鈴木 宗男 …… 522	関 茂子 …… 528	世礼 国男 …… 534
鈴木 茂三郎 …… 522	関 祖衡 …… 528	ZEN …… 534
鈴木 安蔵 …… 522	関 孝和 …… 528	千 玄室 …… 534
鈴木 雄介 …… 522	関 千枝子 …… 528	千 宗左（4代）…… 535
鈴木 慶則 …… 522	関 信義 …… 529	千 宗旦 …… 535
鈴木 良太郎 …… 522	関 一 …… 529	千 利休 …… 535
鈴木 亘 …… 522	関 行男 …… 529	仙厓義梵 …… 535
薄田 泣菫 …… 522	関 洋子 …… 529	千家 元麿 …… 536
鈴藤 勇次郎 …… 523	関口 享二 …… 529	千眼 美子 …… 536
鈴村 興太郎 …… 523	関口 周一 …… 529	千石 剛賢 …… 536
鈴山 雅子 …… 523	関口 千恵 …… 529	仙谷 由人 …… 536
須田 信英 …… 523	関口 開 …… 529	先崎 学 …… 536
菅田 将暉 …… 523	関口 雄三 …… 529	選子内親王 …… 536
須田 満親 …… 523	関口 芳弘 …… 530	千住 博 …… 536
須藤 かく …… 523	関口 亮共 …… 530	千住 文子 …… 536
須藤 元気 …… 523	石山尼 …… 530	千住 真理子 …… 536
数藤 五城 …… 523	関戸 由義 …… 530	扇谷 ちさと …… 536
首藤 正治 …… 523	関根 正二 …… 530	仙太郎 …… 537
須藤 祐司 …… 523	関根 麻里 …… 530	善徳女王 ⇒善徳女王（そんどくじょおう）を見よ
崇道天皇 ⇒早良親王（さわらしんのう）を見よ	関根 要八 …… 530	
	蔵夫人 …… 530	宣明 …… 537
崇徳天皇 …… 524	関本 賢太郎 …… 530	千本 倖生 …… 537
砂子 賢馬 …… 524	関本 大介 …… 531	
砂澤 たまゑ …… 524	關谷 貞子 …… 531	**【そ】**
砂村 新左衛門 …… 524	関矢 ツヤ …… 531	
周布 公平 …… 524	関屋 貞三郎 …… 531	蘇軾 …… 537
角 弘二 …… 524	関矢 留作 …… 531	蘇童 …… 537
淑子内親王 …… 524	瀬古 利彦 …… 531	蘇 東坡 ⇒蘇軾（そ・しょく）を見よ
住友 友純 …… 524	妹島 和世 …… 531	
住永 幸三郎 …… 524	瀬島 龍三 …… 531	荘 明義 …… 537
角倉 素庵 …… 525	瀬下 忠良 …… 532	曽 永賢 …… 537
住吉 順二 …… 525	世祖 ⇒クビライを見よ	宋 教仁 …… 538
陶山 富之 …… 525	瀬田 栄之助 …… 532	宗 瑾 …… 538
諏訪 哲史 …… 525	瀬田 掃部 …… 532	宋 慶齢 …… 538
諏方 頼重 …… 525	瀬田 伊繁 ⇒瀬田掃部（せた・かもん）を見よ	曽 国藩 …… 538
諏訪御料人 …… 525		宗 茂 …… 538
諏訪部 浩一 …… 525	瀬田 貞二 …… 532	荘 周 ⇒荘子（そうし）を見よ
諏訪間 幸平 …… 525	瀬田 正忠 ⇒瀬田掃部（せた・かもん）を見よ	
		曹 操 …… 538
【せ】	雪村 …… 532	宗 猛 …… 538
	攝津 幸彦 …… 532	宋 美齢 …… 539
世阿弥 …… 525	雪門玄松 …… 532	相応 …… 539
聖覚 …… 526	瀬戸 和美 …… 532	増賀 …… 539
青岳尼 …… 526	瀬戸内 寂聴 …… 532	宗祇 …… 539
静寛院宮 ⇒和宮（かずのみや）を見よ	瀬戸山 隆三 …… 533	荘子 …… 539
	瀬名 あゆむ …… 533	宗純 ⇒一休宗純（いっきゅうそうじゅん）を見よ
清家 謙次 …… 526	瀬長 亀次郎 …… 533	
清少納言 …… 527	銭屋佐兵衛（4代）…… 533	そうすけ …… 540
誠拙周樗 …… 527	瀬沼 夏葉 …… 533	相馬 愛蔵 …… 540
	妹尾 兼康 …… 533	相馬 御風 …… 540

目　次

相馬　黒光 …… 540	大正天皇 …… 548	高木　德子 …… 554
相馬　貞三 …… 540	大翔鳳　昌巳 …… 549	高木　利誌 …… 554
相馬　師常 …… 540	太宗（宋）…… 549	高木　友枝 …… 554
荘光　茂樹 …… 540	太宗（唐）…… 549	高木　康政 …… 554
添川　栗 …… 540	太祖（宋）　⇒趙匡胤（ちょう・きょういん）を見よ	高倉　健 …… 554
添田　啞蟬坊 …… 540		高倉　德太郎 …… 555
添野　義二 …… 540	太祖（李朝）　⇒イ, ソンゲを見よ	高崎　晃 …… 555
蘇我　稲目 …… 541		高碕　達之助 …… 555
蘇我　入鹿 …… 541	泰澄 …… 549	高下　恭介 …… 556
蘇我　馬子 …… 542	大燈国師　⇒宗峰妙超（しゅうほうみょうちょう）を見よ	髙階　髙 …… 556
蘇我　蝦夷 …… 542		高島　嘉右衛門 …… 556
曽我　蕭白 …… 542		高島　秋帆 …… 556
則天武后 …… 543	大塔宮　⇒護良親王（もりがしんのう）を見よ	高島　豊蔵 …… 556
祖元　⇒無学祖元（むがくそげん）を見よ		高嶋　秀武 …… 556
	大福御前 …… 549	高島　弘之 …… 556
十河　信二 …… 543	大法正眼国師　⇒盤珪永琢（ばんけいようたく）を見よ	高島　北海 …… 556
曾田　嘉伊智 …… 543		高須　克弥 …… 556
啐啄斎 …… 543		高杉　晋作 …… 557
外木場　義郎 …… 544	大松　博文 …… 549	高瀬　露 …… 557
曽根　中生 …… 544	平良　愛香 …… 550	髙瀬　英雄 …… 557
曽根　ミサホ …… 544	平　清盛 …… 550	高瀬　ひろみ …… 557
曽野　綾子 …… 544	平　重盛 …… 550	髙田　明 …… 558
園田　湖城 …… 544	平　忠盛 …… 550	髙田　和夫 …… 558
園田　直 …… 544	平　時子 …… 550	髙田　賢三 …… 558
園田　天光光 …… 544	平　時忠 …… 550	高田　三郎 …… 558
其田　三夫 …… 544	平　德子　⇒建礼門院德子（けんれいもんいんとくこ）を見よ	高田　せい子 …… 558
園部　志郎 …… 544		髙田　武 …… 558
園部　マキ …… 544		髙田　知己 …… 558
園山　俊二 …… 545	平　信範 …… 551	髙田　延彦 …… 558
園山　真希絵 …… 545	平　将門 …… 551	高田　文夫 …… 559
祖父江　逸郎 …… 545	平　政子　⇒北条政子（ほうじょう・まさこ）を見よ	高田　雅夫 …… 559
祖父江　慎 …… 545		高田　裕子 …… 559
曽宮　一念 …… 545	平　宗盛 …… 551	髙田　豊 …… 559
曾良　⇒河合曾良（かわい・そら）を見よ	平　康頼 …… 551	髙田　燿山 …… 559
	田上　明 …… 551	髙田　良信 …… 559
曽和　照之 …… 545	田内　千鶴子 …… 551	高田　緑郎 …… 559
孫　婉 …… 545	田岡　一雄 …… 551	高田　渡 …… 559
ソン, ギジョン（孫 基禎）…… 545	髙井　としを …… 552	高津　仲三郎 …… 560
孫　基禎　⇒ソン, ギジョンを見よ	高井　美穂 …… 552	鷹司　誓玉 …… 560
	高井　保弘 …… 552	髙辻　亮一 …… 560
ソン, クンチョル（宋 君哲）…… 545	高家　博成 …… 552	髙梨　仁三郎 …… 560
孫　斗八 …… 545	高石　近夫 …… 552	髙荷　義之 …… 560
孫　文 …… 546	高岩　とみ …… 552	髙根　敏臣 …… 560
ソン, ヘリム（成 蕙琳）…… 546	高尾　紳路 …… 552	高野　公彦 …… 560
孫　正義 …… 546	高岡　聡子 …… 552	高野　圭 …… 560
善德女王 …… 547	高岡　寿成 …… 552	高野　茂 …… 560
	高岡　正明 …… 552	高野　辰之 …… 561
【 た 】	高岳親王 …… 553	高野　長英 …… 561
	髙垣　千恵 …… 553	高野　秀行 …… 561
他阿真円 …… 547	高木　兼寛 …… 553	たかの　友梨 …… 561
田井　安曇 …… 547	高木　喜代市 …… 553	髙橋　昭雄 …… 561
大願憲海 …… 547	高木　三四郎 …… 553	高橋　鮎生 …… 561
大工原　栗 …… 547	高木　仁三郎 …… 553	高橋　市次郎 …… 561
醍醐天皇 …… 547	高木　新二郎 …… 553	高橋　映子 …… 561
太鼓持あらい …… 548	高木　晋哉 …… 553	高橋　和夫 …… 561
大乗院 …… 548	高木　惣吉 …… 554	高橋　和巳 …… 561
	高木　貞治 …… 554	高橋　恭介 …… 562

髙橋 鏡太郎 … 562	高松 ハツエ … 568	田口 喜久雄 … 575
髙橋 國重 … 562	高松 凌雲 … 568	田口 功一 … 575
高橋 系吾 … 562	高松宮 宣仁 … 568	田口 竜二 … 575
高橋 建登 … 562	高見 映 ⇒高見のっぽ（たかみ・のっぽ）を見よ	宅間 守 … 575
高橋 是清 … 562		武 豊 … 575
高橋 貞樹 … 563	鷹見 久太郎 … 568	武井 武雄 … 575
高橋 定 … 563	髙見 順 … 568	武井 武 … 575
高橋 茂人 … 563	鷹見 泉石 … 568	竹居 安五郎 … 575
高橋 志保 … 563	高見 龍也 … 568	武石 浩玻 … 575
高橋 秀 … 563	高見 のっぽ … 569	武石 胤盛 … 575
高橋 シュン … 563	高峰 譲吉 … 569	竹居の吃安 ⇒竹居安五郎（たけい・やすごろう）を見よ
高橋 伸二 … 563	高峰 秀子 … 569	
高橋 信次 … 563	高村 光太郎 … 570	
高橋 新二 … 563	高村 三郎 … 570	竹内 和子 … 576
髙橋 澄夫 … 564	高村 智恵子 … 570	竹内 金太郎 … 576
髙橋 清明 … 564	高村 友也 … 570	竹内 浩三 … 576
髙橋 大輔 … 564	髙村 直助 … 571	竹内 孝 … 576
髙橋 孝雄 … 564	髙谷 朝子 … 571	竹内 常一 … 576
髙橋 徹 … 564	高安 月郊 … 571	竹内 敏晴 … 576
髙橋 俊隆 … 564	髙柳 重信 … 571	竹内 智香 … 576
髙橋 利巳 … 564	髙山 敦 … 571	竹内 百太郎 … 576
髙橋 利幸 … 564	高山 右近 … 571	竹内 明太郎 … 576
髙橋 富夫 … 564	高山 嘉津間 ⇒寅吉（とらち）を見よ	竹内 資浩 … 576
高橋 とよ … 564		竹内 桃子 ⇒ちゃんもも◎を見よ
髙橋 尚子 … 565	髙山 清司 … 571	
髙橋 長明 … 565	高山 重城 … 571	竹内 好 … 576
髙橋 信夫 … 565	高山 樗牛 … 572	竹越 与三郎 … 577
髙橋 宣雄 … 565	高山 トモヒロ … 572	竹澤 恭子 … 577
髙橋 信之 … 565	高山 直子 … 572	竹澤 恒男 … 577
髙橋 秀治 … 565	高山 訓昌 … 572	竹沢 龍千代 … 577
髙橋 宏 … 565	宝田 明 … 572	武志 伊八郎信由 … 577
髙橋 弘 … 565	宝田 弥三郎（3代）… 572	武下 和平 … 577
髙橋 ふみ … 565	田川 紀久雄 … 573	竹下 しづの女 … 577
髙橋 まこと … 565	田河 水泡 … 573	竹下 登 … 578
髙橋 操 … 565	滝 鶴台 … 573	竹下 龍骨 … 578
髙橋 みつお … 565	滝鶴台の妻 ⇒竹女（たけじょ）を見よ	武島 政勝 … 578
高橋 虫麻呂 … 566		竹女 … 578
高橋 メアリージュン … 566	瀧上 伸一郎 … 573	竹添 進一郎 … 578
高橋名人 ⇒髙橋利幸（たかはし・としゆき）を見よ	瀧川 儀作 … 573	武田 有義 … 578
	滝川 具綏 ⇒滝川充太郎（たきがわ・みつたろう）を見よ	武田 勝頼 … 578
高橋 恩 … 566		竹田 圭吾 … 578
髙橋 靖子 … 566	滝川 充太郎 … 573	武田 五一 … 579
髙橋 優 … 566	瀧川 鯉昇 … 573	竹田 五郎 … 579
髙橋 悠治 … 566	瀧口 義弘 … 573	武田 信玄 … 579
髙橋 恭久 … 566	滝沢 克己 … 573	武田 惣角 … 580
髙橋 裕 … 566	滝沢 武久 … 574	武田 泰淳 … 580
髙橋 陽一 … 566	滝沢 馬琴 ⇒曲亭馬琴（きょくてい・ばきん）を見よ	武田 正 … 580
髙橋 良雄 … 567		武田 晴信 ⇒武田信玄（たけだ・しんげん）を見よ
髙橋 至時 … 567	滝沢 美恵子 … 574	
髙橋 祥元 … 567	滝澤 三枝子 … 574	竹田 文ища … 580
高畑 かずこ … 567	瀧島 祐介 … 574	竹田 文石 … 580
高畠 式部 … 567	滝田 樗陰 … 574	武田 朴陽 … 580
高畠 素之 … 567	滝野 文恵 … 574	武田 専 … 580
高浜 虚子 … 567	瀧野 遊軒 … 574	武田 雅俊 … 580
高原 豪久 … 567	瀧山 和 … 574	武田 志房 … 580
高原 千代の … 568	沢庵宗彭 … 574	竹田 美文 … 580
高町 りょう … 568		

目　次　　　　　　　　　　　　たに

武市　瑞山　⇒武市半平太（たけち・はんぺいた）を見よ	多田　駿 ………………… 588	田中　恭一 …………… 600
武市　半平太 …………… 581	多田　宏 ………………… 588	田中　清玄 …………… 600
武智　文雄 ……………… 581	多田　眞行 ……………… 588	田中　國義 …………… 600
竹鶴　威 ………………… 581	多田　弥太郎 …………… 588	田中　慶子 …………… 600
竹鶴　政孝 ……………… 581	但木　土佐 ……………… 588	田中　玄宰 …………… 600
竹鶴　リタ ……………… 582	多田野　数人 …………… 588	田中　佐太郎（9代）… 601
竹中　繁 ………………… 583	正仁親王 ………………… 589	田中　志津 …………… 601
竹中　重治　⇒竹中半兵衛（たけなか・はんべえ）を見よ	鑪　幹八郎 ……………… 589	田中　正造 …………… 601
	立花　闓千代 …………… 589	田中　寿美子 ………… 601
竹中　彰元 ……………… 583	橘　小夢 ………………… 589	田中　たつ …………… 601
竹中　武 ………………… 583	橘　逸勢 ………………… 589	田中　太郎 …………… 601
武長　太郎 ……………… 583	立花　宗茂 ……………… 589	田中　千足 …………… 602
竹中　労 ………………… 583	橘　由之 ………………… 589	田中　長徳 …………… 602
竹中　直人 ……………… 583	橘木　俊詔 ……………… 589	田中　貞吉 …………… 602
竹中　半兵衛 …………… 583	立原　道造 ……………… 590	田中　俊雄 …………… 602
竹中　正夫 ……………… 584	太刀山　美樹 …………… 590	田中　直哉 …………… 602
竹中　正久 ……………… 584	辰野　勇 ………………… 590	田中　典子 …………… 602
竹中　労　⇒竹中労（たけなか・つとむ）を見よ	辰野　金吾 ……………… 590	田中　隼磨 …………… 602
	辰野　隆 ………………… 590	田中　玄宰　⇒田中玄宰（たなか・げんさい）を見よ
竹内　啓 ………………… 584	辰巳　栄一 ……………… 590	
竹之内　雅史 …………… 584	巽　孝之丞 ……………… 590	田中　久男 …………… 602
竹御所 …………………… 584	巽　聖歌 ………………… 590	田中　久重 …………… 602
武信　由太郎 …………… 584	辰巳　正夫 ……………… 590	田中　裕明 …………… 602
竹林　征三 ……………… 584	辰巳　ヨシヒロ ………… 591	田中　浩 ……………… 602
竹原　慎二 ……………… 584	辰巳　良一 ……………… 591	田中　史朗 …………… 603
竹久　夢二 ……………… 584	辰吉　丈一郎 …………… 591	田中　平八 …………… 603
盛仁親王 ………………… 585	伊達　公子 ……………… 591	田中　真紀子 ………… 603
建部　政長 ……………… 585	伊達　順之助 …………… 591	田中　正人 …………… 603
竹前　義子 ……………… 585	伊達　綱宗 ……………… 591	田中　将大 …………… 603
武満　徹 ………………… 585	伊達　斉邦 ……………… 591	田中　美絵子 ………… 603
竹村　良庵 ……………… 585	伊達　政宗 ……………… 591	田中　美津 …………… 603
竹本　住大夫（7代）…… 585	伊達　宗徳 ……………… 592	田中　實 ……………… 603
竹元　林蔵 ……………… 586	伊達　宗城 ……………… 592	田中　森一 …………… 603
竹森　満佐一 …………… 586	伊達　盛重 ……………… 593	たなか　やすこ ……… 604
竹山　道雄 ……………… 586	立石　一夫 ……………… 593	田中　陽希 …………… 604
多胡　辰敬 ……………… 586	立石　鐵臣 ……………… 593	田中　義廉 …………… 604
多胡　羊歯 ……………… 586	立石　晴康 ……………… 593	田中　吉政 …………… 604
太宰　治 ………………… 586	立川　談春 ……………… 593	田中　四 ……………… 604
田坂　初太郎 …………… 587	立川　理道 ……………… 593	田中　隆吉 …………… 604
田崎　藤藏 ……………… 587	立野　正一 ……………… 593	田中　玲子 …………… 604
田崎　広助 ……………… 587	舘野　仁美 ……………… 593	棚橋　鮎子 …………… 604
だし ……………………… 587	立松　和平 ……………… 593	棚橋　一郎 …………… 604
田島　梅子 ……………… 587	田所　糧助 ……………… 593	棚橋　弘至 …………… 604
田島　勝爾 ……………… 587	田名網　敬一 …………… 594	田辺　明雄 …………… 605
田嶼　碩朗 ……………… 587	田中　一村 ……………… 594	田邉　古邨 …………… 605
田島　文雄 ……………… 587	田中　糸平　⇒田中平八（たなか・へいはち）を見よ	田邊　剛 ……………… 605
田尻　得次郎 …………… 587		田辺　哲人 …………… 605
田代　安定　⇒田代安定（たしろ・やすさだ）を見よ	田中　稲城 ……………… 594	田辺　元 ……………… 605
	田中　栄蔵 ……………… 594	田辺　寿 ……………… 605
田代　勇夫 ……………… 587	田中　薫 ………………… 594	田辺　雅文 …………… 605
田代　まさし …………… 588	田中　角栄 ……………… 594	田辺　茂一 …………… 605
田代　安定 ……………… 588	田中　和雄 ……………… 599	谷　干城　⇒谷干城（たに・たてき）を見よ
多田　海庵　⇒多田弥太郎（ただ・やたろう）を見よ	田中　克彦 ……………… 599	
	田中　亀雄 ……………… 599	谷　重遠　⇒谷秦山（たに・じんざん）を見よ
多田　等観 ……………… 588	田中　義一 ……………… 599	
多田　富雄 ……………… 588	田中　絹代 ……………… 600	谷　時中 ……………… 605
	田中　きみ ……………… 600	谷　秦山 ……………… 605

伝記・評伝全情報 2014-2018　　（33）

谷 干城 …… 606	田村 直臣 …… 613	チーテルマン，クララ ⇒松野クララ（まつの・くらら）を見よ
谷 ちえ子 …… 606	田村 直幸 …… 613	
谷 佳知 …… 606	田村 元 …… 614	
谷川 浩司 …… 606	田村 麻美 …… 614	智内 威雄 …… 619
谷川 士清 …… 606	田村 豊 …… 614	智努王 ⇒文室浄三（ふんや・きよみ）を見よ
谷川 順子 …… 606	溜池 ゴロー …… 614	
谷川 俊太郎 …… 606	田母神 俊雄 …… 614	
谷川 憲子 …… 606	保 直次 …… 614	地濃 誠治 …… 619
谷口 愛 …… 606	タモリ …… 614	千葉 一夫 …… 619
谷口 藹山 …… 606	田山 花袋 …… 614	千葉 繁 …… 619
谷口 ジロー …… 607	田山 利三郎 …… 614	千葉 卓三郎 …… 619
谷口 稜曄 …… 607	達磨 …… 614	千葉 胤雄 …… 619
谷口 誠治 …… 607	田渡 優 …… 615	千葉 胤正 …… 620
谷口 浩 ⇒与謝蕪村（よさ・ぶそん）を見よ	俵 万智 …… 615	千葉 常胤 …… 620
	團 伊玖磨 …… 615	ちば てつや …… 620
	団 鬼六 …… 615	千葉 伸郎 …… 620
谷口 雅春 …… 607	檀 一雄 …… 615	知花 昌一 …… 620
谷口 安平 …… 607	團 琢磨 …… 615	チャコ瀬戸山 …… 620
谷口 義明 …… 607	弾 直樹 …… 616	茶々 ⇒淀殿（よどどの）を見よ
谷崎 潤一郎 …… 607	団 野村 …… 616	
谷崎 松子 …… 608	団 まりな …… 616	ちゃんもも◎ …… 620
谷繁 元信 …… 608	丹 道夫 …… 616	中華珪法 …… 620
谷田 男二 …… 608	壇 蜜 …… 616	中條 聖子 …… 620
谷野 作太郎 …… 608	譚 璐美 …… 616	中條 毅 …… 621
谷村 亜惟子 …… 609	丹下 梅子 …… 616	チョ，ジョンジェ（趙 政済） …… 621
谷村 元珉 …… 609	丹下 健三 …… 616	
谷山 豊 …… 609		褚 遂良 …… 621
田沼 意次 …… 609	**【 ち 】**	長 卯平 …… 621
田沼 文蔵 …… 609		張 榮發 …… 621
種田 山頭火 …… 609	チェ，ギュハ（崔 圭夏） …… 617	張 学良 …… 621
種村 直樹 …… 610	チェ，ジョンホ ⇒チョエ，ジョンホを見よ	趙 匡胤 …… 621
田野瀬 良太郎 …… 610		張 旭 …… 621
田場 盛義 …… 610	チェ，ソミョン ⇒チオエ，ソミョンを見よ	張 季鸞 …… 621
田畑 政治 …… 610		張 騫 …… 622
田原 総一朗 …… 611	チェ，ソンエ（崔 善愛） …… 617	張 謇 …… 922
田原 千菊 …… 611	チェ，チャンファ ⇒チオエ，チャンファを見よ	趙 元任 …… 622
田淵 幸一 …… 611		張 作霖 …… 622
田淵 安一 …… 611	智永 …… 617	趙 之謙 …… 622
田淵 行男 …… 611	チェン，ジャッキー …… 617	張 瑞図 …… 622
田部井 淳子 …… 611	チオエ，ソミョン（崔 書勉） …… 617	張 瑞敏 …… 622
玉麻 秀一 …… 612		張 即之 …… 622
玉楮 象谷 …… 612	チオエ，チャンファ（崔 昌華） …… 617	張 南垣 …… 623
玉川 象一 …… 612		趙 南富 …… 623
玉城 厚志 …… 612	近角 常観 …… 617	趙 孟頫 …… 623
玉田 永教 …… 612	近松 秋江 …… 617	張 良 …… 623
玉塚 元一 …… 612	智顗 …… 618	鳥海 青児 …… 623
玉乃 世履 …… 612	千種 忠顕 …… 618	長慶天皇 …… 623
玉袋 筋太郎 …… 612	筑紫 哲也 …… 618	重源 …… 623
玉虫 左太夫 …… 612	地崎 広 …… 618	長州 力 …… 623
田丸 きぬ …… 613	智者大師 ⇒智顗（ちぎ）を見よ	長宗我部 元親 …… 624
田宮 二郎 …… 613		長宗我部 盛親 …… 624
田村 淳 …… 613	智証大師 ⇒円珍（えんちん）を見よ	長南 年恵 ⇒長南年恵（おさなみ・としえ）を見よ
たむら けんじ …… 613		
田村 忠義 …… 613	千々石 ミゲル …… 618	蝶野 正洋 …… 624
田村 勤 …… 613	智真 ⇒一遍（いっぺん）を見よ	長林院 …… 625
田村 敏雄 …… 613		チョエ，ジョンホ（崔 禎鎬） …… 625
田村 俊子 …… 613		
		千代鶴 是秀 …… 625

千代尼 ⇒加賀千代女（かが・ちよじょ）を見よ	辻口 博啓 … 631	弦念 丸呈 … 638
千代の富士 貢 … 625	対馬 一誠 … 632	鶴姫（大祝安用の娘）… 638
チョン, ガプス（鄭 甲寿）… 625	津島 佑子 … 632	鶴姫（上野隆徳の室）… 639
チョン・キョンファ（鄭 京和）… 625	辻村 楠造 … 632	鶴見 和子 … 639
	辻元 清美 … 632	鶴見 俊輔 … 639
チョン, ジュンユン（全 仲潤）… 625	都築 章一郎 … 632	鶴見 祐輔 … 639
チョン, ドゥファン（全 斗煥）… 625	津田 梅子 … 632	鶴見 良行 … 639
	津田 青楓 … 633	鶴谷 到暉子 … 640
知里 幸恵 … 626	津田 左右吉 … 633	鶴屋 南北（4代）… 640
血脇 守之助 … 626	津田 恒美 … 633	つんく♂ … 640
陳 寅恪 … 626	津田 久子 … 633	
陳 其美 … 626	津田 政隣 … 633	【て】
陳 去病 … 626	蔦谷 龍岬 … 634	鄭 観応 … 640
陳 景韓 … 626	土川 元夫 … 634	鄭 貫公 … 640
陳 建民 … 626	土田 英順 … 634	鄭 経 … 640
陳 光誠 … 626	土田 杏村 … 634	鄭 芝龍 … 640
陳 舜臣 … 627	土田 博和 … 634	鄭 成功 … 640
陳 勝 … 627	土淵 英 … 634	鄭 道昭 … 640
陳 昌祖 … 627	土御門 通親 ⇒源通親（みなもと・みちちか）を見よ	鄭 和 … 641
陳 少白 … 627		DJ Shintaro … 641
陳 澄波 … 627	土屋 浩 … 634	DJ LOVE … 641
陳 天華 … 627	土屋 正勝 … 634	貞心尼 … 641
陳 独秀 … 627	土屋 美代子 … 634	貞明皇后 … 641
陳 平 … 628	土屋 義彦 … 634	出上 キク … 641
チンギス・カン … 628	筒井 康隆 … 635	出川 秀征 … 642
	筒香 嘉智 … 635	狄 楚青 … 642
【つ】	堤 磯右衛門 … 635	出口 王仁三郎 … 642
TwiGy … 629	堤 清二 … 635	出口 常順 … 642
通天 … 629	堤 清六 … 635	出口 なお … 642
津賀 一宏 … 629	堤 稔子 … 636	出口 直日 … 642
つか こうへい … 629	堤 康次郎 … 636	勅使河原 蒼風 … 643
司 忍 … 629	常川 公男 … 636	勅使河原 宏 … 643
塚田 貴志 … 629	常川 泰介 … 636	手島 郁郎 … 643
津金 崔仙 … 629	常木 誠太郎 … 636	手塚 治虫 … 643
塚原 直也 … 629	恒田 義見 … 636	手塚 修文 … 644
塚本 邦雄 … 629	恒藤 恭 … 636	手束 正昭 … 644
塚本 晋也 … 630	恒成 巧 … 636	テツ … 644
塚本 高史 … 630	角田 和男 … 636	鉄川 與助 … 644
塚本 哲也 … 630	つのだ じろう … 636	手中 明王太郎景元 … 644
塚本 稔 … 630	角田 文衞 … 637	デーモン閣下 … 644
津川 主一 … 630	円谷 英二 … 637	出山 テル … 644
月岡 芳年 … 630	円谷 幸吉 … 637	出山 俊次 … 644
月形 潔 … 630	坪井 俊二 … 637	DUKE（H. MYURA）… 645
築地 俊造 … 630	坪井 正五郎 … 637	寺内 寿一 … 645
津久井 督六 … 630	坪井 龍文 … 637	寺内 正毅 … 645
佃 治彦 … 631	坪内 逍遙 … 637	寺尾 玄 … 645
辻 和子 … 631	坪内 知佳 … 637	寺尾 五郎 … 645
辻 一弘 … 631	坪倉 鹿太郎 … 637	寺岡 信芳 … 645
辻 聰花 … 631	津村 節子 … 637	寺川 奈津美 … 645
辻 政信 … 631	津村 信夫 … 638	寺川 正人 … 645
辻 保彦 … 631	津留 健二 … 638	寺島 武志 … 645
辻井 喬 ⇒堤清二（つつみ・せいじ）を見よ	劒 樹人 … 638	寺田 健一 … 646
	津留崎 義孝 … 638	寺田 隆尚 … 646
辻内 崇伸 … 631	鶴田 潔 … 638	寺田 寅彦 … 646
	鶴田 国昭 … 638	寺田 ヒロオ … 646
	鶴田 宏 … 638	寺前 恒規 … 646
	鶴田 文史 … 638	

寺本 清二 … 646	道鏡 … 653	徳川 家康 … 660
寺山 修司 … 646	道鏡慧端 … 653	徳川 綱吉 … 662
テリー伊藤 … 647	道元 … 653	徳川 斉昭 … 662
照井 千尋 … 647	東郷 文彦 … 655	徳川 光圀 … 663
照菊 … 647	東郷 平八郎 … 655	徳川 夢声 … 663
照屋 勇賢 … 647	登舟（江戸）… 655	徳川 宗春 … 663
テレサ・テン … 647	登舟（上毛）… 655	徳川 義直 … 663
田 漢 … 647	東洲斎 写楽 … 655	徳川 慶喜 … 664
田 健治郎 … 647	道昭 … 655	徳川 吉宗 … 664
田 捨女 … 648	東條 かつ子 … 655	徳重 徹 … 664
天海 … 648	東條 英機 … 656	徳田 球一 … 665
天球院 … 648	洞松院 … 656	徳田 耕太郎 … 665
伝教大師 ⇒最澄（さいちょう）を見よ	唐人お吉 … 656	徳田 秋聲 … 665
	桃水雲渓 … 656	徳田 虎雄 … 665
天竺 徳兵衛 … 648	堂園 晴彦 … 656	Drまあや … 665
天智天皇 … 648	陶汰 … 656	徳富 蘇峰 … 665
天秀尼 … 649	藤堂 高虎 … 657	徳冨 蘆花 … 666
天璋院 … 649	東野 英治郎 … 657	徳永 歌子 … 666
天津 木村 ⇒木村卓寛（きむら・たくひろ）を見よ	東畑 精一 … 657	徳永 徹 … 666
	東原 吉伸 … 657	徳永 規矩 … 666
天津 向 ⇒向清太朗（むかい・せいたろう）を見よ	東福寺 泰作 … 657	徳間 康快 … 666
	東睦 … 657	土倉 庄三郎 … 667
天台大師 ⇒智顗（ちぎ）を見よ	東松 照明 … 657	土光 敏夫 … 667
	東宮 鐵男 … 657	床次 竹二郎 … 667
天童 頼直 … 649	堂本 尚郎 … 658	常世田 長翠 … 667
天皇徳仁 … 649	頭山 満 … 658	登坂 栄児 … 667
轉法輪 奏 … 649	遠山 雲如 … 658	戸坂 潤 … 667
天武天皇 … 649	遠山 詠一 … 658	戸沢 充則 … 667
天毛 伸一 … 649	遠山 景元 … 658	Toshi … 667
天龍 … 650	遠山 一行 … 658	智忠親王 … 668
天龍 源一郎 … 650	遠山 金四郎 ⇒遠山景元（とおやま・かげもと）を見よ	智仁親王 … 668
		戸嶋 靖男 … 668
【 と 】	遠山 啓 … 658	戸田 氏共 … 668
	富樫 康明 … 659	戸田 敬子 … 668
杜 甫 … 650	栂野 眞二 … 659	戸田 城聖 … 668
十朱 幸代 … 651	戸川 残花 … 659	戸田 忠祐 … 668
土居 清良 … 651	戸川 秋骨 … 659	戸田 達雄 … 668
土井 邦雄 … 651	土岐 哀果 … 659	戸田 帯刀 … 668
土居 光華 … 651	土岐 善麿 … 659	戸田 ツトム … 668
戸井 十月 … 651	時實 黙水 … 659	戸田 奈津子 … 668
土井 たか子 … 651	時實 和一 ⇒時實黙水（ときざね・もくすい）を見よ	戸田 冨美子 … 669
土居 健郎 … 651		DOTAMA … 669
樋端 久利雄 … 651	鴇田 とみ …	栃木山 守也 … 669
土肥原 賢二 … 651	鴇田 登美子 ⇒鴇田とみ（ときた・とみ）を見よ	栃光 正之 … 669
唐 寅 … 652		戸塚 祥太 … 669
陶 淵明 … 652	時津風 定次 ⇒双葉山定次（ふたばやま・さだじ）を見よ	鳥取 春陽 … 669
董 其昌 … 652		とにかく明るい安村 … 669
唐 群英 … 652	ときど … 659	トニー谷 … 669
鄧 洪徳 ⇒和睦（わぼく）を見よ	常盤 ⇒島津常盤（しまず・ときわ）を見よ	外村 仁 … 669
		殿山 泰司 … 669
唐 才常 … 652	常盤 勝憲 … 659	鳥羽天皇 … 670
鄧 小平 … 653	常盤 新平 … 660	飛 才三 … 670
鄧 石如 … 653	常盤 峻士 … 660	苫米地 千代子 … 670
陶 潜 ⇒陶淵明（とう・えんめい）を見よ	徳一 … 660	泊 和幸 … 670
	徳川 昭武 … 660	都丸 信二 … 670
堂安 律 … 653	徳川 家達 … 660	冨恵 洋次郎 … 670
洞院 公賢 … 653		富岡 鉄斎 … 670

富岡　弘昭 …………………… 670		中尾　政信 …………………… 684
冨川　清一 …………………… 670	**【 な 】**	長岡　興就 …………………… 684
富澤　公晴 …………………… 670	ナ，グムチュ（羅　錦秋）…… 678	長岡　國男 …………………… 685
富澤　清行 …………………… 671	ナ，ヘソク（羅　蕙錫）……… 678	長岡　省吾 …………………… 685
富島　健夫 …………………… 671	ナ，ヨンギュン（羅　英均）… 678	中岡　俊哉 …………………… 685
富田　勲 ……………………… 671	内藤　岩雄 …………………… 678	長岡　久人 …………………… 685
富田　隆 ……………………… 671	内藤　湖南 …………………… 678	長岡　秀貴 …………………… 685
富田　鐵之助 ………………… 671	内藤　充真院 ………………… 678	長岡　三重子 ………………… 685
富田信高の妻 ………………… 671	内藤　十湾 …………………… 679	長岡　安平 …………………… 685
冨永　愛 ……………………… 671	内藤　多郎助 ………………… 679	中川　昭義 …………………… 685
富永　信吉 …………………… 671	内藤　哲也 …………………… 679	中川　乙由 …………………… 685
富永　隼太 …………………… 671	内藤　正成 …………………… 679	長川　一雄 …………………… 685
冨永　裕輔 …………………… 671	内藤　鳴雪 …………………… 679	中川　勝行 …………………… 685
富本　一枝 …………………… 672	苗村　七郎 …………………… 679	中川　清秀 …………………… 685
富安　厚 ……………………… 672	Nao☆ ………………………… 679	中川　五郎 …………………… 685
トモ …………………………… 672	直江　兼続 …………………… 679	中川　三郎 …………………… 685
巴御前 ………………………… 672	直木　三十五 ………………… 679	中川　千代 …………………… 686
友清　歓真 …………………… 672	直木　倫太郎 ………………… 679	中川　千代治 ………………… 686
朝永　振一郎 ………………… 672	尚仁親王 ……………………… 680	中川　智子 …………………… 686
伴　善男 ……………………… 672	中新井　邦夫 ………………… 680	中川　智正 …………………… 686
伴林　光平 …………………… 672	永井　一郎 …………………… 680	中川　直人 …………………… 686
土門　拳 ……………………… 672	長井　雅楽 …………………… 680	仲川　遥香 …………………… 686
都谷森　茂 …………………… 672	永井　ゑい子　⇒松本英子（まつもと・えいこ）を見よ	中川　裕季子 ………………… 686
台与 …………………………… 672		中川　よし …………………… 686
豊澤　團隅 …………………… 673	永井　荷風 …………………… 680	中川　懐春 …………………… 686
豊重　哲郎 …………………… 673	永井　華了 …………………… 681	中川　芳洋 …………………… 686
豊島　智恵子 ………………… 673	永井　豪 ……………………… 681	中川　李枝子 ………………… 687
豊田　章男 …………………… 673	永井　浩二 …………………… 681	中川　禄郎 …………………… 687
豊田　恵美子 ………………… 673	永井　修二 …………………… 681	長久保　赤水 ………………… 687
豊田　一夫 …………………… 673	永井　重助 …………………… 681	永倉　新八 …………………… 687
豊田　喜一郎 ………………… 673	永井　真平 …………………… 681	長崎　七兵衛 ………………… 687
豊田　佐吉 …………………… 673	永井　進 ……………………… 681	長崎　浩 ……………………… 687
豊田　章一郎 ………………… 674	永井　隆 ……………………… 681	中里　重利 …………………… 688
豊田　副武 …………………… 674	永井　龍男 …………………… 681	長沢　鼎 ……………………… 688
豊田　長正 …………………… 674	永井　利光 …………………… 682	中澤　圭二 …………………… 688
豊田　芙雄 …………………… 674	永井　直勝 …………………… 682	中澤　三郎 …………………… 688
豊田　実正 …………………… 674	永井　直敬 …………………… 682	中澤　正七 …………………… 688
豊竹　呂太夫（6代）………… 674	永井　尚政 …………………… 682	中澤　秀一 …………………… 688
豊臣　秀次 …………………… 674	永井　尚志 …………………… 682	永澤　光義 …………………… 688
豊臣　秀吉 …………………… 675	中井　久夫 …………………… 682	長澤　理玄 …………………… 688
豊臣　秀頼 …………………… 676	中居　正広 …………………… 682	長沢　蘆雪 …………………… 688
豊増　昇 ……………………… 676	永井　守彦 …………………… 682	中島　敦 ……………………… 688
寅吉 …………………………… 676	中井　祐樹 …………………… 682	長島　義介 …………………… 689
鳥居 …………………………… 676	仲井戸　麗市 ………………… 683	中島　潔 ……………………… 689
鳥井　信治郎 ………………… 676	中居屋　重兵衛 ……………… 683	中島　月空 …………………… 689
鳥居　強右衛門 ……………… 677	中内　切 ……………………… 683	中島　沙織 …………………… 689
鳥居　素川 …………………… 677	中内　敏夫 …………………… 683	中島　貞夫 …………………… 689
鳥居　信平 …………………… 677	中江　克己 …………………… 683	中島　三郎助 ………………… 689
鳥居　龍蔵 …………………… 677	中江　兆民 …………………… 683	長島　茂雄 …………………… 689
鳥海　永行 …………………… 677	中江　藤樹 …………………… 683	中島　重徳 …………………… 690
鳥谷　敬 ……………………… 677	中尾　彬 ……………………… 684	中島　重 ……………………… 690
鳥海　修 ……………………… 677	長尾　景虎　⇒上杉謙信（うえすぎ・けんしん）を見よ	中島　静子 …………………… 690
鳥濱　トメ …………………… 677		中島　庄一 …………………… 690
鳥山　英雄 …………………… 678	長尾　景仲 …………………… 684	中島　翔也 …………………… 690
トロック　祥子 ……………… 678	中尾　時久 …………………… 684	中島　真一　⇒Nakajin（なかじん）を見よ
	中尾　聰子 …………………… 684	中島　捨次郎 ………………… 690

長島 雪操	691	長野 士郎	697	中村 とうよう	702
中島 卓也	691	中野 太郎	697	中村 俊夫	703
永島 達司	691	永野 毅	697	中村 富十郎(5代)	703
中島 知久平	691	中野 昭慶	697	中村 元	703
中島 輝	691	長野 業政	697	中村 八大	703
中島 春雄	691	中野 武営	698	中村 初雄	703
中島 撫山	691	中野 邦一	698	中村 半次郎 ⇒桐野利秋(き
中嶋 正雄	691	中野 北溟	698	りの・としあき)を見よ
中島 政希	691	長野 義言 ⇒長野主膳(なが	中村 久子	703
長嶋 まさこ	691	の・しゅぜん)を見よ	中村 紘子	703
中島 三教	691	中院雅忠女 ⇒後深草院二条	中村 寛	704
中嶋 嶺雄	692	(ごふかくさいんにじょ	中村 不折	704
中嶋 保弘	692	う)を見よ	中村 文子	704
中島 らも	692	中大兄皇子 ⇒天智天皇(て	中村 平左衛門	704
中城 ふみ子	692	んじてんのう)を見よ	中村 誠	704
Nakajin	692	中橋 文夫	698	中村 昌子	704
長洲 一二	692	中浜 万次郎 ⇒ジョン万次	中村 正子	704
永杉 喜輔	692	郎(じょんまんじろう)を	中村 正雪	704
長瀬 精子	692	見よ	中村 正義	704
仲宗根 政善	692	中原 市五郎	698	中村 光夫	704
仲宗根 稔	693	長原 和宣	698	中村 メイコ	705
中曽根 弘弘	693	中原 静子	698	中村 康ús	705
永田 耕衣	693	中原 中也	698	なかむら 陽子	705
永田 鉄山	693	中原 敏子	698	中村 佳雄	705
永田 仁助	693	中原 猶介	698	中村 良雄	705
永田 廣志	694	中原 英孝	698	中村 蘭台(1代)	705
永田 雅一	694	長原 實	698	中村 蘭台(2代)	705
中田 美知子	694	中原 和郎	699	中本 新一	705
中田 光男	694	長渕 剛	699	中本 誠司	705
中台 澄之	694	中堀 貞五郎	699	中本 忠子	705
仲代 達矢	694	永松 昇	699	中本 嘉彦	705
中谷 治	694	中松 義郎	699	中森 明菜	705
中谷 一馬	694	中丸 薫	699	永守 重信	706
中津 はる子	695	中丸 三千繪	699	中谷 宇吉郎	706
長塚 節	695	永見 徳太郎	699	中山 美石	706
中津川 丹	695	中上川 彦次郎	699	永山 和美	706
長門 芳郎	695	仲道 郁代	700	中山 和也	706
中臣 鎌足 ⇒藤原鎌足(ふじ	中村 うさぎ	700	中山 義秀	706
わら・かまたり)を見よ	中村 勝己	700	中山 久蔵	706
長友 佑都	695	中村 勘九郎(5代) ⇒中村	中山 恒明	707
中西 悟堂	695	勘三郎(18代)(なかむら・	中山 正善	707
中西 成忠	695	かんざぶろう)を見よ	中山 士朗	707
中西 珠子	695	中村 勘三郎(18代)	700	中山 信一	707
中西 亨	695	中村 吉右衛門(2代)	700	中山 素平	707
中西 麻耶	695	中村 京太郎	700	中山 隆雄	707
永沼 ふじゑ	695	中村 桂子	700	中山 竹通	707
長沼 守敬	695	中村 圭三	701	中山 忠能	708
中沼 了三	696	中村 憲剛	701	中山 千夏	708
中根 巌	696	中村 建治	701	長山 直厚	709
中根 東里	696	中村 琴	701	永山 則夫	709
永野 修身	696	中村 茂	701	中山 雅史	709
中野 克彦	696	中村 修二	701	中山 嘉子 ⇒新橋喜代三(し
中野 清	696	中村 俊輔	701	んばし・きよぞう)を見よ
中野 江漢	696	中邑 真輔	701	中山 律子	710
仲野 重治	696	中村 扇雀(3代)	702	名川 義紘	710
仲野 茂	697	中村 高麗	702	南雲 仁	710
長野 主膳	697	中村 天風	702	南雲 忠一	710

那須 重治	710	
那須川 天心	710	
なだ いなだ	710	
名田 惣二郎	710	
那知 国松	710	
夏目 鏡子	710	
夏目 漱石	711	
夏目 忠雄	713	
七曲殿（北条氏繁正室）	713	
なべ おさみ	714	
鍋島 勝茂	714	
鍋島 直茂	714	
鍋島 直大	714	
鍋島 直正	714	
鍋谷 堯爾	714	
生江 孝之	714	
浪江 虔	715	
浪江 八重子	715	
並木 五瓶（1代）	715	
並木 秀之	715	
波の伊八 ⇒武志伊八郎信由（たけし・いはちろうのぶよし）を見よ		
波平 初	715	
行方 洋一	715	
納谷 広美	715	
奈良 勝子	715	
奈良 武次	715	
楢崎 皐月	715	
奈良橋 陽子	715	
奈良原 至	715	
奈良原 一高	716	
成澤 俊輔	716	
成田 雲竹	716	
成田 攻	716	
成田 青畔	716	
成田 光雄	716	
成島 柳北	716	
成瀬 仁蔵	716	
成瀬 弘	716	
鳴瀬 益幸	716	
鳴瀬 喜博	716	
徳仁天皇 ⇒天皇徳仁（てんのうなるひと）を見よ		
成宮 アイコ	717	
南郷 茂光 ⇒浅津富之助（あさず・とみのすけ）を見よ		
南光坊天海 ⇒天海（てんかい）を見よ		
難波 昭二郎	717	
南部 伸清	717	
南部 信直	717	
南部 畔李	717	
南部 松雄	717	
南部 靖之	717	
南部 陽一郎	717	
南浦紹明	717	
南摩 羽峰 ⇒南摩綱紀（なんま・つなのり）を見よ		
南摩 綱紀	718	

【 に 】

新居 格	718	
新垣 隆	718	
新島 襄	718	
新島 八重	719	
新舘 豊	719	
新津 春子	719	
新浪 剛史	720	
二位尼 ⇒平時子（たいら・ときこ）を見よ		
新海 非風	720	
二井原 実	720	
新堀 寛己	720	
新美 南吉	720	
新見 錦	720	
新村 善兵衛（3代）	720	
新納 季温子	721	
二階 俊博	721	
西 周	721	
西 修	721	
西 晋一郎	721	
西 竹一	721	
西 徳二郎	722	
西岩 忍	722	
西内 ひろ	722	
西浦 英次	722	
西尾 幹二	722	
西尾 末廣	722	
西岡 琳奈	722	
西角 友宏	722	
西川 悟平	722	
西川 忠敬	722	
西川 遥輝	722	
西川 ミツ	722	
西口 文也	722	
錦織 博義	722	
錦織 圭	723	
西崎 キク	723	
西崎 保孝	723	
西崎 義展	723	
西嶋 八兵衛	723	
西田 篤史	723	
西田 厚聰	723	
西田 幾多郎	723	
西田 清美	724	
西田 修平	724	
西田 達朗	724	
西田 天香	724	
西田 敏行	725	
虹田 涅洋	725	
西田 税	725	
西館 好子	725	
西出 剛士	725	
西洞院 時慶	725	
西畠 清順	725	
西原 健吾	725	
西原 春夫	726	
西保周太郎	726	
西部 邁	726	
西村 昭男	726	
西村 伊作	727	
西村 京太郎	727	
西村 郡司	727	
西村 賢太	727	
西村 公朝	727	
西村 七兵衛	727	
西村 健夫	727	
西村 定雅	727	
西村 裕美	727	
西村 広休	727	
西村 正雄	727	
西村 泰重	728	
西村 喜雄	728	
西本 聖	728	
西森 博之	728	
西森 洋一	728	
西山 夘三	728	
西山 禾山	728	
西山 菊翁	728	
西山 俊太郎	728	
西山 徹	728	
西山 泊雲	728	
西山 彌太郎	728	
西山 由之	728	
西脇 順三郎	729	
日奥	729	
日像	729	
日遥	729	
日蓮	729	
新田 嘉一	730	
新田 次郎	730	
新田 義顕	730	
新田 義興	730	
新田 義治	731	
新田 義宗	731	
新田谷 修司	731	
日頂	731	
新渡戸 稲造	731	
似鳥 昭雄	733	
蜷川 幸雄	733	
二宮 金次郎 ⇒二宮尊徳（にのみや・そんとく）を見よ		
二宮 鉸	733	
二宮 尊徳	733	
二宮 誠	735	
韮塚 一三郎	735	
任 正非	735	
仁徳天皇	735	
仁明天皇	735	

【ぬ】

額田 晋 ………………… 735
額田 豊 ………………… 736
額田王 ………………… 736
貫名菘翁 ………………… 736
沼波 瓊音 ………………… 736
沼波 武夫 ⇒沼波瓊音（ぬなみ・けいおん）を見よ

【ね】

根岸 峰夫 ………………… 736
猫 ひろし ………………… 736
根津 嘉一郎（1代）……… 736
根津 青山 ⇒根津嘉一郎（1代）（ねず・かいちろう）を見よ
ねね ⇒高台院（こうだいいん）を見よ
根本 圭助 ………………… 736
根本 匠 …………………… 737
根本 博 …………………… 737
根本 弥生 ………………… 737
根本 陸夫 ………………… 737

【の】

ノ, クムソク（盧 今錫）…… 737
ノ, テウ（盧 泰愚）………… 737
ノ, ムヒョン（盧 武鉉）…… 737
能 暘石 …………………… 738
野内 与吉 ………………… 738
農中 茂徳 ………………… 738
濃姫 ……………………… 738
能海 寛 …………………… 738
野上 茂 …………………… 738
野上 豊一郎 ……………… 738
野上 弥生子 ……………… 738
のがわ かずお …………… 738
乃木 希典 ………………… 738
野際 陽子 ………………… 739
ノグチ, イサム …………… 739
野口 雨情 ………………… 739
野口 栄三 ………………… 739
野口 一夫 ………………… 739
野口 謙蔵 ………………… 739
野口 剛夫 ………………… 739
野口 英世 ………………… 740
野口 法蔵 ………………… 740
野口 三千三 ……………… 740
野口 芳宏 ………………… 740
野口 米次郎 ……………… 740
野坂 昭如 ………………… 740
野坂 陽子 ………………… 741
野崎 堅三 ………………… 741
野崎 幸助 ………………… 741
野﨑 武左衛門 …………… 741
野﨑 ふしみ ……………… 741
野澤 宇齋 ………………… 741
野澤 卯之吉 ⇒野澤宇齋（のざわ・うさい）を見よ
野澤 源次郎 ……………… 741
野澤 亨 …………………… 741
野沢 直子 ………………… 742
野澤 三喜三 ……………… 742
野地 俊夫 ………………… 742
野尻 知里 ………………… 742
野副 信子 ………………… 742
野田 聖子 ………………… 742
野田 英夫 ………………… 742
野田 秀樹 ………………… 742
野田 弘志 ………………… 742
野田 泰義 ………………… 742
野田 喜樹 ………………… 742
ノッポさん ⇒高見のっぽ（たかみ・のっぽ）を見よ
能登 清文 ………………… 743
野中 広務 ………………… 743
野々垣 孝 ………………… 743
野平 匡邦 ………………… 743
信原 孝子 ………………… 743
野邊地 尚義 ……………… 743
野間 宏 …………………… 743
野溝 七生子 ……………… 744
野見山 暁治 ……………… 744
野村 克晃 ⇒団野村（だん・のむら）を見よ
野村 克也 ………………… 744
野村 作十郎 ……………… 745
野村 秋介 ………………… 745
野村 四郎 ………………… 745
野村 晴一 ………………… 745
野村 貴仁 ………………… 745
野村 忠宏 ………………… 745
野村 達雄 ………………… 745
野村 得庵 ⇒野村徳七（2代）（のむら・とくしち）を見よ
野村 徳七（2代）………… 746
野村 弘樹 ………………… 746
野村 望東尼 ……………… 746
野村 誠 …………………… 746
野村 松千代 ……………… 746
野村 松光 ………………… 746
野村 祐輔 ………………… 746
乗松 雅休 ………………… 746
野呂 一生 ………………… 746
野呂 修平 ………………… 747

【は】

馬 雲 ……………………… 747
馬 英華 …………………… 747
馬 化騰 …………………… 747
売茶翁 …………………… 747
倍賞 千恵子 ……………… 747
灰谷 健次郎 ……………… 747
梅夫 ……………………… 748
羽賀 準一 ………………… 748
芳賀 孝郎 ………………… 748
芳賀 竹四郎 ……………… 748
袴田 巖 …………………… 748
萩田 光雄 ………………… 748
萩原 俊雄 ………………… 748
萩本 欽一 ………………… 748
羽切 松雄 ………………… 748
萩原 朔太郎 ……………… 749
萩原 広道 ………………… 749
巴金 ……………………… 749
白 居易 …………………… 749
パク, クネ（朴 槿恵）……… 749
パク, ジョンヒ（朴 丁煕）… 750
パク, ジョンホン（朴 鐘鴻）………………………… 750
パク, チョンヒ（朴 正煕）… 750
パク, チョンヘ（朴 正恵）… 750
パク, テジュン（朴 泰俊）… 750
莫 邦富 …………………… 750
パク, ヨンゴン（朴 庸坤）… 750
パク, ヨンミ ……………… 751
白 楽天 ⇒白居易（はく・きょい）を見よ
パク, ワンソ（朴 婉緒）…… 751
白隠慧鶴 ………………… 751
白鵬 翔 …………………… 751
間 重富 …………………… 752
橋川 文三 ………………… 752
橋口 孝三郎 ……………… 752
橋口 弘次郎 ……………… 752
橋口 五葉 ………………… 752
橋田 邦彦 ………………… 752
羽柴 秀吉 ⇒豊臣秀吉（とよとみ・ひでよし）を見よ
間人皇女 ………………… 752
橋本 左内 ………………… 752
橋本 真也 ………………… 753
橋本 多佳子 ……………… 753
橋下 徹 …………………… 753
橋本 英之 ………………… 753
橋本 兵蔵 ………………… 753
橋本 宏子 ………………… 754
橋本 増治郎 ……………… 754
橋本 夢道 ………………… 754
橋本 義夫 ………………… 754
橋本 龍太郎 ……………… 754
橋山 和生 ………………… 754
橋山 和正 ………………… 754
蓮池 薫 …………………… 754
蓮田 敬介 ………………… 754

蓮田 善明 755	羽鳥 重郎 760	早川 和子 ⇒カレイナニ早
長谷 えみ子 755	羽鳥 又男 760	川（かれいなにはやかわ）
長谷川 潔 755	ハナ 肇 760	を見よ
長谷川 謹介 755	花子 760	早川 一光 769
長谷川 四郎 755	華園 摂信 761	早川 孝太郎 769
長谷川 武 755	花園 とよみ ⇒桝谷多紀子	早川 幸男 769
長谷川 千代 755	（ますたに・たきこ）を見よ	早川 徳次 769
長谷川 恒男 755	花園 直道 761	早川 勝 769
長谷川 徳七 755	花園天皇 761	早川 元夫 769
長谷川 春子 755	花田 恵子 761	早川 陽子 769
長谷川 浩子 756	花田 優一 761	早川殿 769
長谷川 町子 756	花登 筐 761	早坂 茂三 769
長谷川 道子 756	花見 弘平 761	林 アメリー 770
長谷川 湧生子 756	花森 安治 761	林 市蔵 770
長谷川 陽平 756	塙 保己一 763	林 英哲 770
長谷川 よし子 756	羽仁 五郎 763	林 遠里 770
長谷川 義史 756	羽仁 もと子 763	林 兼正 770
長谷川 りつ子 756	埴谷 雄高 763	林 健太郎 770
長谷部 誠 756	羽生 結弦 763	林 壽太郎 770
秦 郁彦 757	羽地 朝秀 764	林 正之助 770
秦 真司 757	馬場 あき子 764	林 忠彦 771
羽田 孜 757	馬場 為八郎 764	林 忠正 771
波田 陽区 757	馬場 辰猪 765	林 達夫 771
畠山 重篤 757	馬場 のぼる 765	林 主税 771
畠山 重忠 757	羽生 善治 765	林 力 771
畠山 義春 757	ハーブ栗間 766	林 知己夫 771
畑田 重夫 757	羽渕 三良 766	林 忠四郎 771
畑中 純 757	濱口 瑛士 766	林 典夫 771
波多野 鶴吉 757	浜口 雄幸 766	林 敏之 771
幡谷 祐一 758	浜口 庫之助 766	林 典子 772
畠山 準 758	浜口 梧陵 766	林 弘高 772
八条院 758	浜崎 容子 766	林 芙美子 772
蜂須賀 小六 758	浜田 糸衛 766	林 政文 772
蜂須賀 正氏 758	浜田 喜一（1代） 767	林 眞須美 772
蜂須賀 正勝 ⇒蜂須賀小六	浜田 喜佐雄 767	林 みのる 772
（はちすか・ころく）を見よ	濱田 国太郎 767	林 康子 772
蜂須賀 茂韶 758	浜田 幸一 767	林下 熟志 773
蜂谷 道彦 758	濱田 晃好 767	林下 清志 773
蜂屋 賢喜代 758	濱田 彦蔵 767	林田 次男 773
羽中田 昌 758	濱田 文恵 767	林屋 亀次郎 773
初 ⇒常高院（じょうこうい	濱田 マリ 767	林家 木久扇 773
ん）を見よ	浜田 真理子 767	林家 木久蔵（1代） ⇒林家
初雁 建司 759	浜谷 惇 768	木久扇（はやしや・きくお
八田 外代樹 759	濱地 八郎 768	う）を見よ
八田 元夫 759	濱名 志松 768	林家 木りん 773
八田 與一 759	浜中 善彦 768	林家 正楽（1代） 773
服部 克久 759	濱根 岸太郎（1代） 768	林家 正楽（2代） 773
服部 之總 759	濱根 岸太郎（2代） 768	林家 正楽（3代） 774
服部 潤子 759	浜野 安宏 768	早瀬 利雄 774
服部 智恵子 759	浜畑 栄造 768	早田 楽斎 774
服部 仁郎 759	浜畑 賢吉 768	速水 堅曹 774
服部 ますみ 760	浜村 淳 768	原 章 774
服部 みれい 760	浜藻 769	原 耕 774
服部 良一 760	羽室 弘志 769	原 采蘋 ⇒原富太郎（はら・
初山 滋 760	早川 勇 769	とみたろう）を見よ
ハートマン, サダキチ 760		原 三溪 ⇒原富太郎（はら・
鳩山 一郎 760		とみたろう）を見よ
		原 三信 775

原 茂	775	
原 伸一	775	
原 晋	775	
原 進	775	
原 澄治	775	
原 石鼎	775	
原 節子	775	
原 善三郎	775	
原 荘介	776	
原 敬	776	
原 武史	776	
原 胤昭	776	
原 民喜	777	
原 富太郎	777	
原 不二夫	777	
原 貢	777	
原口 元気	778	
原口 亮平	778	
原崎 秀司	778	
原田 甲斐	778	
原田 要	778	
原田 熊雄	778	
原田 三郎右衛門	778	
原田 進	778	
原田 節子	779	
原田 助	779	
原田 常吉	779	
原田 輝雄	779	
原田 智子	779	
羽良多 平吉	779	
原田 正純	779	
原田 康子	779	
原納 彌三郎	779	
破李拳 竜	779	
針山 愛美	780	
針生 一郎	780	
春木 猛	780	
春田 真	780	
春成 政行	780	
春野 守夫	780	
治仁王	780	
日馬富士 公平	780	
春山 弟彦	780	
春山 満	780	
春々	780	
バロン薩摩 ⇒薩摩治郎八 (さつま・じろはち)を見よ		
バロン西 ⇒西竹一(にし・たけいち)を見よ		
伴 貞懿 ⇒伴門五郎(ばん・もんごろう)を見よ		
坂 茂	781	
班 昭	781	
伴 門五郎	781	
ハーン, ラフカディオ ⇒小泉八雲(こいずみ・やくも)を見よ		

半谷 清寿	781
盤珪永琢	781
半田 たつ子	781
半田 良平	781
板東 英二	781
坂東 善次	782
坂東 玉三郎(5代)	782
阪東 妻三郎	782
坂東 彦三郎(3代)	782
坂東 三津五郎(10代)	782
般若	782
坂野 惇子	782
坂野 義光	782
播隆	782

【 ひ 】

日置 風水	783
比嘉 康雄	783
檜垣 慶顯	783
東 奭三郎	783
東 昇	783
東 眞人	783
東尾 修	783
東出 輝裕	783
東原 力哉	783
東山 魁夷	783
東山 紀之	784
ビクター・クー ⇒古永鏘(こ・えいそう)を見よ	
樋口 一葉	784
樋口 季一郎	784
樋口 享子	784
樋口 修吉	784
樋口 久子	784
樋口 廣太郎	784
樋口 美世	785
樋口 泰行	785
ひぐち君	785
B倉 八兵衛	785
久泉 迪雄	785
久川 正子	785
久木 興治郎	785
久田 真紀子	785
久恒 啓一	785
悠仁親王	785
土方 梅子	785
土方 定一	785
土方 敏夫	786
土方 歳三	786
土方 久功	786
土方 久元	786
菱田 シンヤ	786
氷嶋 虎生	786
菱山 南帆子	787
肥田 大二郎	787
樋田 魯一	787

日臺 礒一	787
檜高 憲三	787
日高 誠一	787
日高 誠實	787
日高 盛康	787
B.I.G. JOE	788
hide	788
尾藤 二洲	788
ビートきよし	788
ビートたけし ⇒北野武(きたの・たけし)を見よ	
人見 勝太郎	788
人見 絹枝	788
日夏 耿之介	789
檜野 昭男	789
日野 啓三	789
日野 重子	789
火野 正平	789
日野 富子	789
日野 康夫	789
檜 健次	789
日野原 重明	790
日比 孝吉	790
日比 義太郎	790
卑弥呼	790
比屋根 毅	790
桧山 進次郎	791
檜山 泰浩	791
ピョン, ジンイル(辺 真一)	791
平井 喜久松	791
平井 雅弘	791
平井 康嗣	791
平井 泰太郎	791
平石 郁生	791
平石 雄一郎	791
平出 修	791
平出 隆	792
平井の常吉 ⇒原田常吉(はらだ・つねきち)を見よ	
平尾 孝蔵	792
平尾 誠二	792
平尾 隆信	792
平生 釟三郎	792
平尾 昌晃	793
平岡 正明	793
平賀 源内	793
平賀 晋民 ⇒平賀中南(ひらが・ちゅうなん)を見よ	
平賀 中南	793
平沢 貞通	793
平城 京	793
平瀬 亀之輔	793
平田 篤胤	793
平田 薫	794
平田 琴風	794
平田 三郎	794

平田 正男 … 794	【ふ】	福田 直樹 … 807
平田 正範 … 794		福田 把栗 … 808
平田 雅哉 … 794	武 照 ⇒則天武后（そくてんぶこう）を見よ	福田 英子 … 808
平田 朝負 … 794		福田 博 … 808
平田 良衛 … 794	武 則天 ⇒則天武后（そくてんぶこう）を見よ	福田 萌 … 808
平田 良介 … 794		福田 安弘 … 808
平塚 新太郎 … 794	ファン, インソン … 801	福田 理軒 … 808
平塚 常次郎 … 794	ファン・チャンジュ（黄 昌柱） … 801	福地 源一郎 … 808
平塚 らいてう … 795		福地 茂雄 … 808
平戸 勝七 … 795	ファンキー末吉 … 801	福地 多惠子 … 809
平沼 騏一郎 … 795	馮 桂芬 … 801	福永 耕二 … 809
平野 国臣 … 795	馮 自由 … 801	福永 法源 … 809
平野 謙 … 795	馮 夢龍 … 802	福永 未来 … 809
平野 早矢香 … 795	風外慧薫 … 802	福原 芳山 … 809
平野 仁 … 795	富貴楼お倉 … 802	福原 麟太郎 … 809
平野 恒 … 796	馮太后 ⇒文成文明皇后（ぶんせいぶんめいこうごう）を見よ	福本 和夫 … 809
平野 美宇 … 796		福山 隆 … 809
平間 小四郎 … 796		袋 一平 … 809
平間 重助 … 796	深井 英五 … 802	房 広治 … 810
平松 楽斎 … 796	深井 志道軒 … 802	藤 光永 … 810
平本 歩 … 796	深井 俊之助 … 802	冨士 信夫 … 810
平山 郁夫 … 796	深川 卯次郎 … 802	藤 真利子 … 810
平山 秀夫 … 796	深川 毅 … 802	藤井 厚二 … 810
蛭田 正次 … 796	深川 ともか … 802	藤井 静宣 … 810
比留間 良八 … 796	深沢 七郎 … 803	藤井 聡太 … 810
HIRO … 796	深澤 多市 … 803	藤井 達吉 … 811
弘 鴻 … 796	深沢 武雄 … 803	藤井 富太郎 … 811
広井 勇 … 796	深澤 吉充 … 803	藤井 浩人 … 811
廣池 千九郎 … 797	深代 惇郎 … 803	藤井 将雄 … 812
広岡 浅子 … 798	Fukase … 803	藤井 学 … 812
広沢 真臣 … 799	深瀬 慧 ⇒Fukase（ふかせ）を見よ	藤井 リナ … 812
広沢 安任 … 799		藤浦 敦 … 812
広瀬 旭荘 … 799	深田 久弥 … 803	藤枝 静男 … 812
弘瀬（広瀬） 金蔵 ⇒絵金（えきん）を見よ	深田 羊皇 … 803	藤岡 市助 … 812
	深谷 義治 … 803	藤懸 得住 … 812
広瀬 宰平 … 799	蕗谷 虹児 … 804	不二樹 浩三郎 … 812
広瀬 すず … 799	福井 公伸 … 804	藤倉 一郎 … 812
廣瀬 武夫 … 799	福岡 サヨ … 804	藤倉 肇 … 812
廣瀬 武 … 799	福澤 武 … 804	藤子・F・不二雄 … 813
広瀬 淡窓 … 799	福澤 桃介 … 804	藤子不二雄A … 813
弘瀬（広瀬） 洞意 ⇒絵金（えきん）を見よ	福沢 諭吉 … 804	フジコ・ヘミング … 813
	福嶋 一雄 … 806	藤崎 彩織 ⇒Saori（さおり）を見よ
廣瀬 俊朗 … 800	福島 智 … 806	
廣瀬 光雄 … 800	福島 茂 … 806	藤沢 周平 … 813
広田 弘毅 … 800	福島 譲二 … 806	藤嶋 京子 … 813
廣田 奈穂美 … 800	福島 泰蔵 … 807	藤田 敦史 … 813
広津 雲仙 … 800	福島 孝徳 … 807	藤田 勲 … 814
弘津 正二 … 800	福島 英子 … 807	藤田 怡與藏 … 814
弘中 数實 … 800	福住 正兄 … 807	藤田 和日郎 … 814
広中 平祐 … 800	福田 アジオ … 807	藤田 一良 … 814
広永 益隆 … 801	福田 景門 … 807	藤田 佳世 … 814
広橋 兼胤 … 801	福田 精斎 … 807	藤田 小四郎 … 814
廣橋 敏次 … 801	福田 太郎 … 807	藤田 順三 … 814
廣松 渉 … 801	福田 恆存 … 807	藤田 省三 … 814
ヒロミ … 801		藤田 晋 … 815
檜和田 紀久子 … 801		藤田 嗣治 … 815
		藤田 恒夫 … 816

藤田　徹文 …………… 816	藤原　隆家 …………… 822	二葉亭　四迷 ………… 829
藤田　哲也 …………… 816	藤原　高子 …………… 823	双葉山　定次 ………… 829
藤田　東湖 …………… 816	藤原　忠実 …………… 823	淵上　毛錢 …………… 829
藤田　徹 ……………… 816	藤原　忠通 …………… 823	淵澤　能恵 …………… 829
藤田　信雄 …………… 816	藤原　種継 …………… 823	淵田　美津雄 ………… 829
藤田　信之 …………… 816	藤原　経輔 …………… 823	仏陀　⇒釈迦（しゃか）を
藤田　稔 ……………… 816	藤原　経忠 …………… 823	見よ
藤田　幽谷 …………… 817	藤原　経光 …………… 823	武帝（漢） …………… 829
藤田　若雄 …………… 817	藤原　経宗 …………… 823	船井（舩井）　幸雄 … 829
藤波　不二雄 ………… 817	藤原　てい …………… 824	藤津　伝次平 ………… 830
藤沼　伸一 …………… 817	藤原　定家　⇒藤原定家（ふじ	船橋　成幸 …………… 830
藤野　高明 …………… 817	わら・さだいえ）を見よ	舟橋　聖一 …………… 830
藤野　隆史 …………… 817	藤原　俊成 …………… 824	舩橋　節子 …………… 830
藤原　充子 …………… 817	藤原　長子 …………… 824	船橋　康貴 …………… 830
藤原　義一 …………… 817	藤原　永手 …………… 824	船山　馨 ……………… 830
伏見天皇 ……………… 817	藤原　仲麻呂 ………… 824	船山　春子 …………… 830
伏見宮　博恭王 ……… 818	藤原　成親 …………… 824	フビライ　⇒クビライを見よ
藤村　幹 ……………… 818	藤原　惟規 …………… 824	冬　敏之 ……………… 830
藤村　俊二 …………… 818	藤原　信頼 …………… 824	古井　由吉 …………… 830
藤本　章 ……………… 818	藤原　浜成 …………… 824	古川　アシノカル …… 830
藤本　加代子 ………… 818	藤原　秀衡 …………… 824	古河　市兵衛 ………… 830
藤本　光世 …………… 818	藤原　秀康 …………… 825	古川　喜美男 ………… 830
藤本　幸邦 …………… 818	藤原　洋 ……………… 825	古川　享 ……………… 831
藤本　由紀夫 ………… 818	藤原　房前 …………… 825	古川　貞二郎 ………… 831
藤森　義明 …………… 818	藤原　不比等 ………… 825	古川　鉄治郎 ………… 831
藤森　良蔵 …………… 818	藤原　正儀　⇒太田正儀（おお	古川　のぼる ………… 831
藤谷　正治郎 ………… 819	た・まさのり）を見よ	古川　正雄 …………… 831
藤山　一雄 …………… 819	藤原　優 ……………… 826	古川　佳子 …………… 831
藤原　顕長 …………… 819	藤原　真楯 …………… 826	古川　緑波 …………… 831
藤原　敦兼 …………… 819	藤原　麻呂 …………… 826	古木　克明 …………… 832
藤原　庵 ……………… 819	藤原道綱母 …………… 826	古城　茂幸 …………… 832
藤原　魚名 …………… 819	藤原　道長 …………… 826	古堅　ツル子 ………… 832
藤原　兼実 …………… 819	藤原　通憲　⇒信西（しんぜ	古澤　幸吉 …………… 832
藤原　兼輔 …………… 820	い）を見よ	古島　敏雄 …………… 832
藤原　兼経 …………… 820	藤原　宗忠 …………… 826	ブルース・リー　⇒リー，ブ
藤原　鎌足 …………… 820	藤原　基実 …………… 826	ルースを見よ
藤原　清子 …………… 820	藤原　基隆 …………… 826	古田　晃 ……………… 832
藤原　清衡 …………… 820	藤原　基経 …………… 826	古田　織部 …………… 832
藤原　邦綱 …………… 820	藤原　師通 …………… 827	古田　重然　⇒古田織部（ふる
藤原　行成　⇒藤原行成（ふじ	藤原　保則 …………… 827	た・おりべ）を見よ
わら・ゆきなり）を見よ	藤原　行成 …………… 827	古橋　廣之進 ………… 833
藤原　光明子　⇒光明皇后（こ	藤原　良経 …………… 827	降旗　康男 …………… 833
うみょうこうごう）を見よ	藤原　良房 …………… 827	古海　卓二 …………… 833
藤原　伊周 …………… 820	藤原　良頼 …………… 827	古海　忠之 …………… 833
藤原　咲子 …………… 821	藤原　頼嗣　⇒九条頼嗣（く	古谷　熊三 …………… 833
藤原　定家 …………… 821	じょう・よりつぐ）を見よ	古谷　ちず …………… 833
藤原　実資 …………… 821	藤原　頼経　⇒九条頼経（く	古屋　文雄 …………… 834
藤原　佐理　⇒藤原佐理（ふじ	じょう・よりつね）を見よ	古山　高麗雄 ………… 834
わら・すけまさ）を見よ	藤原　頼長 …………… 828	不破　哲三 …………… 834
藤原　茂 ……………… 822	布施　淡 ……………… 828	不破内親王 …………… 834
藤原　周壱 …………… 822	布施　康二郎 ………… 828	文　鮮明　⇒ムン，ソンミョン
藤原　俊成　⇒藤原俊成（ふじ	布施　辰夫 …………… 828	を見よ
わら・としなり）を見よ	布施　辰治 …………… 828	文　徵明 ……………… 834
藤原　彰子 …………… 822	不染　鉄 ……………… 828	文　天祥 ……………… 834
藤原　信西　⇒信西（しんぜ	二井　康雄 …………… 828	文　美月 ……………… 834
い）を見よ	二木　珠江 …………… 828	文成文明皇后 ………… 835
藤原　佐理 …………… 822	二木　秀雄 …………… 828	

文明太后 ⇒文成文明皇后（ぶんせいぶんめいこうごう）を見よ	北条 義時 ………………… 841	細谷 亮太 ………………… 848
	北条夫人 …………………… 841	菩提達磨 ⇒達磨（だるま）を見よ
文室 浄三 ………………… 835	法泰 ⇒天秀尼（てんしゅうに）を見よ	堀田 欣吾 ………………… 848
文室 真人知努 ⇒文室浄三（ふんや・きよみ）を見よ	法然 ………………………… 841	堀田 シヅエ ……………… 849
	朴 正煕 ⇒パク，チョンヒを見よ	堀田 藤八 ………………… 849
【へ】	朴 泰俊 ⇒パク，テジュンを見よ	堀田 善衛 ………………… 849
		堀 卯太郎 ………………… 849
米 苐 ……………………… 835	北翔 海莉 ………………… 843	堀 栄三 …………………… 849
ペギー・葉山 …………… 835	北天佑 勝彦 ……………… 843	堀 景515 ………………… 849
平敷 慶武 ………………… 835	北勝海 信芳 ……………… 843	堀 元九郎 ………………… 849
別役 実 …………………… 835	冒頓単于 …………………… 843	保利 耕輔 ………………… 849
辺見 貞蔵 ………………… 835	保阪 尚輝 ………………… 843	堀 至徳 …………………… 850
ヘミング，フジコ ⇒フジコ・ヘミングを見よ	保坂 展人 ………………… 843	堀 俊輔 …………………… 850
hell-guchi ……………… 835	保阪 正康 ………………… 844	堀 辰雄 …………………… 850
卞 小吾 …………………… 836	星 亨 ……………………… 844	堀 達之助 ………………… 850
弁円（円爾） ⇒円爾（えんに）を見よ	星 奈津美 ………………… 844	堀 悌吉 …………………… 850
弁円（明法） ……………… 836	星 葉子 …………………… 844	堀 文子 …………………… 850
逸見 泰成 ………………… 836	星子 敏雄 ………………… 844	堀井 章 …………………… 851
	星崎 友安 ………………… 844	堀井 良殷 ………………… 851
【ほ】	星名 謙一郎 ……………… 844	堀江 翔太 ………………… 851
	保科 正昭 ………………… 844	堀江 貴文 ………………… 851
方 孝孺 …………………… 836	保科 正俊 ………………… 844	堀江 芳介 ………………… 851
包 天笑 …………………… 836	保科 正之 ………………… 844	堀河天皇 …………………… 851
彭 翼仲 …………………… 837	星野 和央 ………………… 845	堀越 孝一 ………………… 851
望京 春蘆 ………………… 837	星野 仙一 ………………… 845	堀越 二郎 ………………… 851
法眼 健作 ………………… 837	星野 直樹 ………………… 845	堀越 辰五郎 ……………… 852
朴澤 三代治 ……………… 837	星野 道夫 ………………… 845	堀越 英範 ………………… 852
宝洲槃譚 …………………… 837	星野 佳路 ………………… 845	堀澤 祖門 ………………… 852
芳春院 ……………………… 837	星野 芳朗 ………………… 846	堀田 世紀アントニー ……… 852
北条 氏邦 ………………… 838	星山 慈良 ………………… 846	堀之内 芳郎 ……………… 852
北条 氏忠 ………………… 838	星山 輝男 ………………… 846	堀部 安兵衛 ……………… 852
北条 氏綱 ………………… 838	保春院 ……………………… 846	本阿弥 光悦 ……………… 852
北条 氏照 ………………… 838	穂積 忠 …………………… 846	本因坊 道的 ⇒小川道的（おがわ・どうてき）を見よ
北条 氏規 ………………… 838	穂積 生萩 ………………… 846	本寂 ⇒華園摂信（はなぞの・せっしん）を見よ
北条 氏政 ………………… 838	細井 平洲 ………………… 846	
北条 氏光 ………………… 839	細井 和喜蔵 ……………… 846	本庄 巖 …………………… 853
北条 氏康 ………………… 839	細金 雅章 ………………… 846	本庄 繁長 ………………… 853
北条 かや ………………… 839	細川 ガラシャ …………… 846	本荘 幽蘭 ………………… 853
北条 幻庵 ………………… 839	細川 嘉六 ………………… 847	本多 猪四郎 ……………… 853
北条 重時 ………………… 839	細川 久美子 ……………… 847	本多 一夫 ………………… 853
北条 早雲 ………………… 840	細川 三斎 ⇒細川忠興（ほそかわ・ただおき）を見よ	本多 一寿 ………………… 853
北条 民雄 ………………… 840		本多 克也 ………………… 853
北条 時房 ………………… 840	細川 忠興 ………………… 847	本多 熊太郎 ……………… 853
北条 時政 ………………… 840	細川 忠利 ………………… 847	本田 圭佑 ………………… 853
北条 時敬 ………………… 840	細川 ちか子 ……………… 847	本多 光太郎 ……………… 854
北条 時頼 ………………… 841	細川 俊夫 ………………… 847	本多 静六 ………………… 854
北条 長氏 ⇒北条早雲（ほうじょう・そううん）を見よ	細川 展裕 ………………… 847	本多 宗一郎 ……………… 854
	細川 光子 ………………… 848	本田 武史 ………………… 855
北条仲時の妻 ……………… 841	細川 護熙 ………………… 848	本多 忠勝 ………………… 855
北条 政子 ………………… 841	細川 雄太郎 ……………… 848	本多 利實 ………………… 855
北条 守時 ⇒赤橋守時（あかはし・もりとき）を見よ	細川 良彦 ………………… 848	本多 征昭 ………………… 855
	細迫 兼光 ………………… 848	本多 政以 ………………… 855
北条 泰時 ………………… 841	細野 豪志 ………………… 848	本多 正信 ………………… 855
	細野 不二彦 ……………… 848	本田 稔 …………………… 856
	細谷 敏雄 ………………… 848	本田 靖春 ………………… 856

本多 やや……856	牧野 剛……862	マダム・ハナコ ⇒花子(はなこ)を見よ
本多 庸一……856	牧野 富太郎……862	
本間 一夫……856	槇野 智章……862	又吉 直樹……869
本間 俊平……856	牧野 伸顕……862	町田 公二郎……869
本間 雅晴……856	マキノ 正幸……862	町田 睿……869
	牧の方……863	町野 武馬……869
【ま】	牧村 兵部……863	まつ ⇒芳春院(ほうしゅんいん)を見よ
マー,ジャック ⇒馬雲(ばうん)を見よ	馬越 恭平……863	
	真琴 つばさ……863	松井 あつとし……869
前川 喜平……857	政岡 憲三……863	松井 梅子……869
前川 清……857	正岡 子規……863	松井 今朝子……869
前川 國男……857	正木 直彦……864	松井 正吉……869
前川 貴行……857	雅子……864	松井 須磨子……869
前川 恒雄……857	正子・R・サマーズ ⇒サマーズ・ロビンズ,正子(さまーず・ろびんず・まさこ)を見よ	松井 忠三……870
前澤 政司……857		松井 チヅ……870
前澤 友作……857		松井 秀喜……870
前島 密……857		松井 巻之助……870
前園 主計……858	雅子皇后 ⇒皇后雅子(こうごうまさこ)を見よ	松井 友閑……870
前園 真聖……858		松浦 琴生……870
前田 日明……858	正田 圭……864	松浦 松洞……870
前田 克己……858	魔梨斗……865	松浦 進……870
前田 慶次……858	正宗 白鳥……865	松浦 武四郎……870
前田 耕作……858	真境名 ナツキ……865	松浦 弥太郎……871
前田 新造……858	増田 長盛……865	松枝 迪夫……871
前田 綱紀……859	馬島 僴……865	松尾 明美……871
前田 利家……859	マシーン原田……865	松尾 重子……871
前田 利常……859	増井 清……865	松尾 スズキ……871
前田 利長……859	増井 光子……865	松尾 敏男……872
前田 利為……859	増浦 行仁……866	松尾 芭蕉……872
前田 利益 ⇒前田慶次(まえだ・けいじ)を見よ	益川 敏英……866	松尾 雄治……872
	舛添 要一……866	松岡 健一……872
前田 治脩……859	益田 愛蓮……866	松岡 小鶴……873
前田 ヒサ……860	増田 繁幸……866	松岡 茂……873
前田 普羅……860	増田 静江……866	松岡 正剛……873
前田 正名……860	益田 孝……866	松岡 磐吉……873
前田 裕二……860	増田 友也……867	松岡 由起子……873
前田 幸長……860	益田 鈍翁 ⇒益田孝(ますだ・たかし)を見よ	松岡 洋右……873
前田 吉徳……860		松岡 義博……873
前田 義寛……860	増田 萬吉……867	松方 幸次郎……874
前田 蓮山……860	増田 宗昭……867	松方 三郎……874
前野 良沢……860	増田 又喜……867	松方 ハル ⇒ライシャワー,ハルを見よ
前橋 汀子……860	増田 龍雨……867	
前畑 秀子……861	桝谷 多紀子……867	松方 弘樹……874
前原 一誠……861	増谷 麟……867	松川 敏胤……874
前原 寿子……861	枡富 安左衛門……868	松木 康夫……874
前間 恭作……861	増永 妙光……868	松口 月城……874
真木 和泉守 ⇒真木保臣(まき・やすおみ)を見よ	増渕 竜義……868	松倉 重政……874
	増村 保造……868	マツコ・デラックス……874
牧 浩之……861	増本 量……868	松崎 慊堂……875
真木 将樹……861	増本 安雄……868	松崎 太……875
真木 保臣……861	桝本 頼兼……868	松沢 成文……875
牧内 良平……861	増山 作次郎(1代)……868	松沢 卓二……875
牧口 常三郎……861	増山 作次郎(2代)……868	松下 伊太夫……875
マキタスポーツ……862	間瀬 秀一……869	松下 井知夫……875
蒔苗 昭三郎……862	柵山 眞……869	松下 兼知……875
牧野 賢治……862	マダム信子……869	松下 圭一……875
		松下 幸之助……876

松下 ナミ子 …… 877	松林 永吉 ⇒松林左馬助（まつばやし・さまのすけ）を見よ	松本 麗華 …… 889
松下 光廣 …… 877		松本 零士 …… 889
松下 竜一 …… 878	松林 左馬助 …… 884	松山 足羽 …… 889
松嶋 尚美 …… 878	松林 蝙也斎 ⇒松林左馬助（まつばやし・さまのすけ）を見よ	松山 善三 …… 890
松田 公太 …… 878		松山 常次郎 …… 890
松田 甚左衛門 …… 878		まつゆう* …… 890
松田 聖子 …… 878	松原 栄 …… 884	万里小路 正房 …… 890
松田 猛 …… 878	松原 成文 …… 885	万里小路 博房 …… 890
松田 唯雄 …… 878	松原 武夫 …… 885	まど・みちお …… 890
松田 恒次 …… 878	松原 武久 …… 885	円 広志 …… 891
松田 照夫 …… 878	松原 千明 …… 885	的野 恭一 …… 891
松田 傳十郎 …… 878	松原 ネルソン …… 885	的場 寛一 …… 891
松田 解子 …… 878	松原 英俊 …… 885	的場 文男 …… 891
松田 正久 …… 879	松原 頼介 …… 885	真飛 聖 …… 891
松田 道雄 …… 879	松久 タカ子 …… 885	馬奈木 昭雄 …… 891
松田 悠介 …… 879	松久 信幸 …… 885	曲直瀬 正慶 ⇒曲直瀬道三（1代）（まなせ・どうさん）を見よ
松田 行正 …… 879	松姫 ⇒信松尼（しんしょうに）を見よ	
松平 容保 …… 879		
松平 定信 …… 879	松藤 大治 …… 885	曲直瀬 正盛 ⇒曲直瀬道三（1代）（まなせ・どうさん）を見よ
松平 春嶽 ⇒松平慶永（まつだいら・よしなが）を見よ	松丸 東魚 …… 886	
	松丸 祐子 ⇒まつゆう*を見よ	
松平 武聰 …… 880		曲直瀬 道三（1代）…… 891
松平 千代子 …… 880	松村 厚久 …… 886	間部 詮房 …… 892
松平 信綱 …… 880	松村 介石 …… 886	眞鍋 勝已 …… 892
松平 信康 …… 880	松村 正恒 …… 886	真鍋 祐子 …… 892
松平 乗邑 …… 881	松村 眞良 …… 886	間部 理仁 …… 892
松平 治郷 ⇒松平不昧（まつだいら・ふまい）を見よ	松村 緑 …… 886	眞野 弘 …… 892
	松村 龍二 …… 886	間宮 林蔵 …… 892
松平 不昧 …… 881	松室 五郎左衛門 …… 886	真矢 みき …… 892
松平 康隆 …… 881	松本 晃 …… 887	魔夜 峰央 …… 892
松平 慶永 …… 881	松本 英子 …… 887	黛 敏郎 …… 892
松武 秀樹 …… 882	松本 修 …… 887	毬 …… 893
松谷 蒼一郎 …… 882	松本 亀次郎 …… 887	Marie …… 893
松谷 天一坊 ⇒松谷元三郎（まつたに・もとさぶろう）を見よ	松本 謙一 …… 887	MALIA …… 893
	松本 健次郎 …… 887	丸 佳浩 …… 893
	松本 源蔵 …… 887	円子 昭彦 …… 893
松谷 天星丸 …… 882	松本 幸四郎（5代）…… 888	丸田 俊彦 …… 893
松谷 元三郎 …… 882	松本 幸四郎（9代）⇒松本白鸚（2代）（まつもと・はくおう）を見よ	丸田 芳郎 …… 893
松任谷 正隆 …… 882		丸藤 正道 …… 893
松永 栄 …… 882		丸谷 喜市 …… 894
松永 昌三 …… 882	松本 幸四郎（10代）…… 888	丸山 一郎 …… 894
松永 弾正 ⇒松永久秀（まつなが・ひさひで）を見よ	松本 治一郎 …… 888	円山 応挙 …… 894
	松本 重治 …… 888	丸山 修身 …… 894
松永 久秀 …… 883	松本 大洋 …… 888	丸山 瓦全 …… 894
松永 通温 …… 883	松本 崇 …… 888	丸山 圭子 …… 894
松永 安左エ門 …… 883	松本 智津夫 ⇒麻原彰晃（あさはら・しょうこう）を見よ	円山 囁矢 …… 894
松濤 明 …… 883		丸山 作楽 …… 894
松波 正晴 …… 883		丸山 庄司 …… 894
松沼 博久 …… 883	松本 哲夫 …… 888	丸山 鐵雄 …… 894
松沼 雅之 …… 884	松本 亨 …… 888	丸山 照雄 …… 895
松根 東洋城 …… 884	松本 白鸚（2代）…… 888	丸山 輝久 …… 895
松野 クララ …… 884	松本 治剛 …… 889	丸山 俊雄 …… 895
松野 女之助 …… 884	松元 彦四郎 …… 889	丸山 敏雄 …… 895
松葉 重雄 …… 884	松本 紘 …… 889	丸山 直光 …… 895
松橋 英二 …… 884	松本 文子 …… 889	丸山 久明 …… 895
松橋 時幸 …… 884	松本 洋子 …… 889	丸山 眞男 …… 895
		丸山 美恵次 …… 896

円山　溟北	896	
麿　赤兒	896	
万城目　正	896	
萬年　甫	896	

【み】

三浦　展	896
三浦　綾子	896
三浦　荒次郎	897
三浦　知良	897
三浦　関造	897
三浦　謹之助	897
三浦　耕喜	897
三浦　定夫	897
三浦　重周	897
三浦　清一郎	897
三浦　大輔	897
三浦　哲夫	898
三浦　哲郎	898
三浦　道寸	898
三浦　のぶひろ	898
三浦　梅園	898
三浦　命助	898
三浦　義同　⇒三浦道寸（みうら・どうすん）を見よ	
三浦　義意　⇒三浦荒次郎（みうら・あらじろう）を見よ	
三浦　義武	899
三浦　義村	899
美夏	899
美景　悠華	899
三笠宮　崇仁	899
三上　一禧	899
三上　照夫	899
三木　清	899
三木　佐助	900
三木　淳	900
三木　武夫	900
三木　武吉	900
三木　玲子	900
三岸　節子	900
三木谷　浩史	900
御木本　幸吉	900
三阪　洋行	901
節仁親王	901
三澤　洋史	901
三沢　光晴	901
三品　一博	902
三島　海雲	902
三島　桂太	902
三島　霜川	902
三島　中洲	902
三島　徳七	902
三島　孚滋雄	902
三島　由紀夫	902
三島　由春	904
三城　久男	904
三栖　一明	904
水上　旬	904
水上　勉	904
水上　敏男	904
水木　しげる	904
水樹　奈々	905
水澤　翔	906
水島　恭愛	906
水島　鋳也	906
水島　瞳	906
水島　廣雄	906
水田　洋	906
水田　三喜男	906
水野　勝成	906
水野　仙子	906
水野　忠成	906
水野　忠興	907
水野　忠邦	907
水野　忠友	907
水野　直	907
水野　南北	907
水野　広徳	907
水野　富美夫	907
水野　葉舟	907
水野　良樹	908
水原　秋櫻子	908
三潴　末雄	908
三角　和雄	908
水谷内　助義	908
溝口　和洋	908
溝口　幹	908
溝畑　宏	908
美空　ひばり	908
三田　俊次郎	909
三田　寛子	909
御嶽海　久司	909
美智子上皇后　⇒上皇后美智子（じょうこうごうみちこ）を見よ	
道重　さゆみ	909
道下　美里	909
道永　エイ	909
道野　正	909
三井　高棟	909
光岡　明夫	909
満岡　孝雄　⇒日高誠一（ひだか・せいいち）を見よ	
満川　亀太郎	910
ミッキー吉野	910
箕作　阮甫	910
光瀬　龍	910
ミッツ・マングローブ	910
光永　圓道	910
光永　晴行	910
光永　星郎	910
三橋　鷹女	910
三俣　叔子	910
三本　博	910
三森　祐昌	911
三矢　直生	911
滿屋　裕明	911
水戸　巖	911
水戸岡　鋭治	911
南方　熊楠	911
南方　ちな	912
水上　瀧太郎	912
水上　勉　⇒水上勉（みずかみ・つとむ）を見よ	
皆川　和子	912
皆川　亮二	912
南　一郎平	912
南　桂子	912
三波　春夫	913
南　博	913
南　昌江	913
南　宗継	913
南　能衛	913
南風　静子	913
南野　拓実	913
南村　志郎	914
南谷　真鈴	914
源　定	914
源　実朝	914
源　為朝	914
源　為義	915
源　常	915
源　範頼	915
源　信	915
源　通親	915
源　師房	915
源　義経	915
源　義朝	916
源　義仲	916
源　義基　⇒木曽義基（きそ・よしもと）を見よ	
源　頼家	917
源　頼朝	917
源　頼政	918
源　頼義	918
嶺　金太郎	918
峯尾　節堂	918
美能　幸三	918
みの　もんた	918
美濃部　正	918
美濃又　重道	918
蓑宮　武夫	918
三野村　利左衛門	918
箕輪　純一郎	919
三橋　美智也	919
三原　淳	919
三原　順	919
三船　秋香	919

三船 徳造 ⇒三船秋香（みふね・しゅうこう）を見よ	宮地 厳夫 …………… 926	三和 由香利 …………… 932
三船 敏郎 …………… 919	宮地 堅磐 ⇒宮地水位（みやじ・すいい）を見よ	
三松 正夫 …………… 920	宮地 貫道 …………… 926	【む】
ミムラ ⇒美村里江（みむら・りえ）を見よ	宮地 水位 …………… 926	向井 秀徳 …………… 932
	宮地 常磐 …………… 926	向井 潤吉 …………… 932
美村 里江 …………… 920	宮下 和夫 …………… 926	向 清太朗 …………… 932
宮 柊二 …………… 920	宮下 忠子 …………… 926	向井 豊昭 …………… 932
宮 操子 …………… 920	宮田 昇 …………… 926	向田 麻衣 …………… 932
宮井 正彌 …………… 920	宮田 まいみ …………… 926	無学祖元 …………… 932
宮入 小左衛門行平 … 920	宮田 光雄 …………… 927	向川 政志 …………… 932
宮内 たけし …………… 920	宮田 力松 …………… 927	向田 邦子 …………… 933
宮内 貞之介 …………… 920	宮武 外骨 …………… 927	武者小路 実篤 ……… 933
宮内 治良 …………… 920	宮谷 理香 …………… 927	夢窓疎石 …………… 933
宮内 文作 …………… 921	宮野 善治郎 …………… 927	無相大師 ⇒関山慧玄（かんざんえげん）を見よ
宮内 良雄 …………… 921	宮野 真守 …………… 927	
宮内 義彦 …………… 921	宮野 宗二 …………… 927	牟田口 廉也 …………… 933
宮内 良助 …………… 921	宮原 一武 …………… 927	陸奥 A子 …………… 933
宮尾 登美子 …………… 921	宮原 祥平 …………… 927	陸奥 宗光 …………… 933
宮城 浩蔵 …………… 921	宮原 巍 …………… 928	ムッシュかまやつ …… 934
宮木 孝昌 …………… 921	宮原 松男 …………… 928	ムーディ勝山 ………… 934
宮城 道雄 …………… 921	宮原 吉也 …………… 928	武藤 章 …………… 934
宮城谷 昌光 …………… 921	MIYAVI …………… 928	武藤 敬司 …………… 934
三宅 一生 …………… 922	宮部 一跳 …………… 928	武藤 山治 …………… 935
三宅 勝巳 …………… 922	宮部 金吾 …………… 928	武藤 将胤 …………… 935
三宅 貴久子 …………… 922	美山 要蔵 …………… 928	六人部王 …………… 935
三宅 寄斎 ⇒三宅亡羊（みやけ・ぼうよう）を見よ	宮本 英子 …………… 928	宗像 堅固 …………… 935
	宮本 順一 …………… 928	棟方 志功 …………… 935
三宅 邦夫 …………… 922	宮本 順三 …………… 928	むの たけじ …………… 935
三宅 剛一 …………… 922	宮本 卓男 …………… 929	村 次郎 …………… 936
三宅 昭二 …………… 922	宮本 武之輔 …………… 929	武良 布枝 …………… 936
三宅 雪嶺 …………… 922	宮本 常一 …………… 929	村井 喜右衛門 ……… 936
三宅 亡羊 …………… 922	宮本 輝 …………… 929	村井 邦彦 …………… 936
三宅 正彦 …………… 922	宮本 昌子 …………… 929	村井 信重 ⇒村井喜右衛門（むらい・きえもん）を見よ
都沢 行雄 …………… 923	宮本 武蔵 …………… 929	
宮崎 勇 …………… 923	宮本 洋二郎 …………… 930	村井 智建 …………… 936
宮崎 市定 …………… 923	宮良 長久 …………… 930	村井 冨久子 …………… 936
宮﨑 かづゑ …………… 923	宮脇 愛子 …………… 930	村井 実 …………… 936
宮崎 敬介 …………… 923	宮脇 紀雄 …………… 930	村井 嘉浩 …………… 936
宮崎 省吾 …………… 923	明恵 …………… 930	村石 政志 …………… 936
宮崎 民蔵 …………… 923	妙寿日成貴尼 ………… 930	村岡 茂生 …………… 937
宮崎 滔天 …………… 923	明法 ⇒弁円（べんえん）を見よ	村岡 典嗣 …………… 937
宮崎 虎之助 …………… 924		村岡 花子 …………… 937
宮崎 八郎 …………… 924	明満 …………… 930	村上 昭夫 …………… 937
宮崎 駿 …………… 924	妙林尼 ⇒吉岡妙林尼（よしおか・みょうりんに）を見よ	村上 一郎 …………… 937
宮崎 裕也 …………… 924		村上 華岳 …………… 937
宮崎 学 …………… 924		村上 克司 …………… 937
宮崎 彌蔵 …………… 924	三好 十郎 …………… 931	村上 清 …………… 937
宮崎 龍介 …………… 924	三吉 慎蔵 …………… 931	村上 國治 …………… 937
宮里 定三 …………… 924	三好 德三郎 …………… 931	村上 九郎作 …………… 937
宮沢 雲山 …………… 925	三好 長慶 …………… 931	村上 桂山 …………… 937
宮澤 喜一 …………… 925	三好 正弘 …………… 931	村上 茂 …………… 938
宮沢 賢治 …………… 925	三善 康信 …………… 931	村上 信太郎 …………… 938
宮澤 朋平 …………… 926	美輪 明宏 …………… 931	村上 處直 …………… 938
宮澤 弘 …………… 926	三輪 悟 …………… 931	村上 禎一 …………… 938
宮澤 弘幸 …………… 926	三輪 寿壮 …………… 931	村上 武吉 …………… 938
宮沢 芳重 …………… 926	三輪 初子 …………… 932	村上 太三郎 …………… 938

村上 龍男 ……………… 938	【め】	桃澤 茂春 ⇒桃澤如水（ももざわ・にょすい）を見よ
村上 壽秋 ……………… 938	メイ牛山 ……………… 945	百田 宗治 ……………… 953
村上 春一 ……………… 938	May J. ………………… 945	森　昭 ………………… 953
村上 春樹 ……………… 938	明治天皇 ……………… 945	森　敦 ………………… 953
村上　裕 ……………… 939	明正天皇 ……………… 946	森　有礼 ……………… 953
村上 陽一郎 …………… 939	銘苅 拳一 ……………… 946	森　勲 ………………… 953
村上 世彰 ……………… 939	Megu …………………… 947	森　鷗外 ……………… 953
村上 義清 ……………… 939	目黒 亀治郎 …………… 947	森　開一 ……………… 954
村上天皇 ……………… 939	目黒 順蔵 ……………… 947	森　恪 ………………… 954
村川　透 ……………… 939	目澤　恭 ……………… 947	森　一久 ……………… 954
村木 厚子 ……………… 939	メロン, アーロン ⇒山川阿倫（やまかわ・あーろん）を見よ	森　欣哉 ……………… 954
ムラキ テルミ ………… 939		森　國久 ……………… 954
村岸 基量 ……………… 939	免田　栄 ……………… 947	森　源太 ……………… 954
紫式部 ………………… 940		森　重隆 ……………… 954
村嶋 歸之 ……………… 941	【も】	森　慈秀 ⇒森慈秀（もり・やすひで）を見よ
村瀬 二郎 ……………… 941	毛 沢東 ……………… 947	森　春濤 ……………… 955
村瀬 美幸 ……………… 941	孟子 …………………… 948	森　正蔵 ……………… 955
村田 興亞 ……………… 941	毛利 勝永 ……………… 948	森　慎二 ……………… 955
村田 重治 ……………… 941	毛利 公也 ……………… 948	森　信三 ……………… 955
村田 新八 ……………… 941	毛利 敬親 ……………… 948	森　澄雄 ……………… 955
村田 新平 ……………… 941	毛利 輝元 ……………… 948	森　忠政 ……………… 955
村田 清風 ……………… 941	毛里 英於菟 …………… 948	森　千夏 ……………… 955
村田 蔵六 ⇒大村益次郎（おおむら・ますじろう）を見よ	毛利 秀就 ……………… 948	森　常吉 ……………… 955
	毛利 元就 ……………… 948	森　陳明 ⇒森常吉（もり・つねきち）を見よ
村田 兆治 ……………… 941	毛利 吉政 ……………… 949	
村田　久 ……………… 942	最上 徳内 ……………… 949	森　信三 ⇒森信三（もり・しんぞう）を見よ
村田 良庵 ⇒大村益次郎（おおむら・ますじろう）を見よ	最上 義光 ……………… 949	
	茂木 惣兵衛 …………… 949	森　博 ………………… 955
村田 諒太 ……………… 942	木喰上人 ⇒明満（みょうまん）を見よ	森　正明 ……………… 956
村西 とおる …………… 942		森　まさこ …………… 956
村橘 久成 ……………… 942	木喰明満 ⇒明満（みょうまん）を見よ	森　三千代 …………… 956
村山 可寿江 ⇒村山たか（むらやま・たか）を見よ		森　光子 ……………… 956
	茂田井 武 ……………… 949	森　弥一左衛門 ⇒森常吉（もり・つねきち）を見よ
村山 籌子 ……………… 942	望月 衣塑子 …………… 949	
村山 壯人 ……………… 942	望月 将悟 ……………… 949	森　慈秀 ……………… 956
村山　聖 ……………… 943	望月 雅彦 ……………… 950	森　喜朗 ……………… 956
村山 俊太郎 …………… 943	望月 美由紀 …………… 950	森井 公子 ……………… 956
村山 新治 ……………… 943	持田 香織 ……………… 950	もりい けんじ ……… 956
村山 たか ……………… 943	以仁王 ………………… 950	森内 俊之 ……………… 957
村山 富市 ……………… 943	本居 宣長 ……………… 950	森岡　寛 ……………… 957
村山 史彦 ……………… 943	本木 昭子 ……………… 951	森上 助次 ……………… 957
村山　実 ……………… 943	本木 昌造 ……………… 951	森川 聖詩 ……………… 957
村山 芳子 ……………… 944	本木 荘二郎 …………… 951	森川 千代女 …………… 957
村山 龍平 ……………… 944	元木 大介 ……………… 951	森川 智之 ……………… 957
室 鳩巣 ……………… 944	元木 昌彦 ……………… 951	森川 信英 ……………… 957
ムロ ツヨシ …………… 944	本島 一郎 ……………… 951	森口 繁一 ……………… 957
室生 犀星 ……………… 944	本島　等 ……………… 952	森崎 和江 ……………… 957
室原 知幸 ……………… 944	元田 永孚 ……………… 952	森下 広一 ……………… 958
室屋 義秀 ……………… 945	本村 つる ……………… 952	森下　卓 ……………… 958
ムン, ジェイン（文 在寅）… 945	本村 靖夫 ……………… 952	森下 哲也 ……………… 958
ムン, セグァン（文 世光）… 945	元良 勇次郎 …………… 952	盛田 昭夫 ……………… 958
ムン, ソンミョン（文 鮮明）……………… 945	桃 ……………………… 952	森田 栄介 ……………… 958
	モモエママ …………… 952	森田 一義 ⇒タモリを見よ
	桃澤 如水 ……………… 953	森田 幸一 ……………… 958
		盛田 幸妃 ……………… 958

森田　思軒 …… 958	八代　亜紀 …… 964	柳谷　清三郎 …… 972
森田　淳悟 …… 958	矢代　操 …… 964	柳原　前光 …… 972
森田　正作 …… 959	八代　六郎 …… 964	柳原　白蓮 …… 973
森田　必勝 …… 959	安井　かずみ …… 964	やなせ　たかし …… 973
守田　福松 …… 959	安井　清 …… 965	梁田　蛻巌 …… 974
森田　必勝　⇒森田必勝（もりた・ひっしょう）を見よ	安井　源吾 …… 965	矢野　伊吉 …… 974
	安井　晃一 …… 965	矢野　大輔 …… 974
森田　正馬 …… 959	安井　息軒 …… 965	矢野　通 …… 974
森田　実 …… 959	安江　のぶお …… 965	矢野　徳彌 …… 974
盛田　命祺 …… 959	安岡　章太郎 …… 965	矢野　博丈 …… 974
森瀧　市郎 …… 959	安岡　正篤 …… 965	矢野　安正 …… 974
森瀧　春子 …… 960	安岡　力也 …… 965	屋比久　勲 …… 975
護良親王 …… 960	八杉　貞利 …… 966	藪崎　真哉 …… 975
森原　和之 …… 960	八杉　康夫 …… 966	山内　直 …… 975
守政　恭輝 …… 960	弥助 …… 966	山内　豊信　⇒山内容堂（やまうち・ようどう）を見よ
森村　誠一 …… 960	安田　暎胤 …… 966	
森本　常美 …… 960	安田　定明 …… 966	山内　溥 …… 975
森本　美由紀 …… 960	安田　純平 …… 966	山内　容堂 …… 975
森本　六爾 …… 960	安田　善次郎 …… 966	山浦　保 …… 975
森谷　岩松 …… 960	安田　祖龍 …… 967	山浦　正男 …… 975
守谷　栄吉 …… 960	安田　隆夫 …… 967	山尾　志桜里 …… 975
守屋　克彦 …… 961	安田　徳太郎 …… 967	山尾　庸三 …… 975
守安　功 …… 961	安田　祐輔 …… 967	山岡　荘八 …… 976
森山　威男 …… 961	保田　與重郎 …… 967	山岡　鉄舟 …… 976
森山　忠省 …… 961	安武　ひな …… 967	山折　哲雄 …… 976
護良親王　⇒護良親王（もりながしんのう）を見よ	安野　侑志 …… 967	山縣　有朋 …… 976
	安場　保和 …… 967	山形　和行 …… 977
森脇　和成 …… 961	安彦　良和 …… 968	山縣　由布 …… 977
諸岡　幸麿 …… 961	穏仁親王 …… 968	山形野　雑草 …… 977
諸星　大二郎 …… 961	安宅　勝 …… 968	山川　亜希子 …… 977
門　りょう …… 961	安宅　光子 …… 968	山川　阿倫 …… 977
文覚 …… 962	保持　研子 …… 968	山川　大蔵　⇒山川浩（やまかわ・ひろし）を見よ
門馬　智幸 …… 962	八十村　路通 …… 968	
【や】	矢田　立郎 …… 968	山川　菊栄 …… 977
	矢田貝　淑朗 …… 968	山川　健次郎 …… 977
矢追　純一 …… 962	矢田部　理 …… 968	山川　紘矢 …… 978
家仁親王 …… 962	谷内田　昌熙 …… 968	山川　捨松　⇒大山捨松（おおやま・すてまつ）を見よ
八木　功 …… 962	八橋検校 …… 968	
八木　重吉 …… 962	柳井　正 …… 968	山川　登美子 …… 978
屋宜　宣太郎 …… 962	矢内原　忠雄 …… 969	山川　均 …… 978
八木　裕 …… 962	柳河　春三 …… 969	山川　浩 …… 978
八木　美智子 …… 962	柳川　春葉 …… 969	山岸　外史 …… 978
柳生　宗矩 …… 963	梁川　星巌 …… 969	山岸　範宏 …… 978
薬師寺　主計 …… 963	柳　尚雄 …… 969	山際　永三 …… 978
薬師寺　公義 …… 963	柳　宗悦 …… 969	山極　三郎 …… 978
矢口　洪一 …… 963	柳澤　壽男 …… 970	山極　寿一 …… 979
やこ …… 963	柳沢　善衛 …… 970	山口　愛子 …… 979
谷沢　健一 …… 963	柳沢　吉保 …… 970	山口　明 …… 979
矢沢　心 …… 963	柳田　國男 …… 970	山口　采希 …… 979
八汐　由子 …… 964	柳原　吉兵衛 …… 971	山口　絵理子 …… 979
やしき　たかじん …… 964	柳原　良平 …… 971	山口　一夫 …… 979
矢島　楫子 …… 964	柳家　喬太郎 …… 971	山口　勝弘 …… 980
矢島　信男 …… 964	柳家　金語楼 …… 972	山口　果林 …… 980
矢島　舞美 …… 964	柳家　小三治（10代） …… 972	山口　喜久二 …… 980
矢島　正明 …… 964	柳家　権太楼（3代） …… 972	山口　きぬ …… 980
八嶋　隆 …… 964	柳家　さん喬 …… 972	山口　堅吉 …… 980
	柳家　さん八 …… 972	山口　重次 …… 980

山口 昇二 …… 980	山田 斂 …… 988	山内一豊室　⇒見性院（けんしょういん）を見よ
山口 正造 …… 980	山田 寒山 …… 988	
山口 誓子 …… 980	山田 鑑二 …… 988	山内 篤処 …… 994
山口 仙之助 …… 981	山田 耕筰 …… 988	山葉 寅楠 …… 994
山口 左右平 …… 981	山田 幸子 …… 988	山吹御前 …… 995
山口 高志 …… 981	山田 滋 …… 988	山辺 健太郎 …… 995
山口 多聞 …… 981	山田 しづゑ …… 988	山辺 悠喜子 …… 995
山口 那津男 …… 981	山田 純三郎 …… 988	山宮 藤吉 …… 995
山口 信博 …… 981	山田 正平 …… 988	山村 暮鳥 …… 995
山口 瞳 …… 981	山田 伸吉 …… 989	山室 機恵子 …… 995
山口 文象 …… 981	山田 宗徧（1代） …… 989	山室 軍平 …… 995
山口 蛍 …… 982	山田 多賀市 …… 989	山元 証 …… 995
山口 昌男 …… 982	山田 忠雄 …… 989	山本 篤 …… 995
山口 昌紀 …… 982	山田 利治 …… 989	山本 五十六 …… 995
山口 真由 …… 982	山田 敏之 …… 989	山本 一洋 …… 996
山口 真理恵 …… 982	山田 登世子 …… 989	山本 覚馬 …… 996
山口 めろん …… 982	山田 寅次郎 …… 989	山本 勘助 …… 997
山口 勇子 …… 982	山田 昇 …… 989	山本 敬一 …… 997
山口 淑子 …… 982	山田 八郎 …… 989	山本 憲 …… 997
山崎 晃嗣 …… 983	山田 初實 …… 989	山本 健一 …… 997
山崎 育三郎 …… 983	山田 花子 …… 990	山本 作兵衛 …… 997
山崎 匡輔 …… 983	山田 英雄 …… 990	山本 讃七郎 …… 997
山崎 今朝弥 …… 983	山田 弘子 …… 990	山本 繁太郎 …… 997
山崎 拓 …… 983	山田 博 …… 990	山本 七平 …… 997
山崎 武司 …… 984	山田 宏巳 …… 990	山本 脩太郎 …… 998
山崎 種二 …… 984	山田 風太郎 …… 990	山本 次郎 …… 998
山崎 朋子 …… 984	山田 方谷 …… 990	山本 晋也 …… 998
山崎 豊子 …… 984	山田 正行 …… 991	山本 進 …… 998
山崎 紀雄 …… 984	山田 良政 …… 991	山本 宣治 …… 998
山﨑 博昭 …… 985	山田 良市 …… 991	山本 帯刀 …… 998
山崎 広明 …… 985	山田 倫太郎 …… 991	山本 瑳企 …… 998
山崎 弁栄 …… 985	山田 わか …… 992	山本 太郎 …… 998
山崎 正和 …… 985	山高 登 …… 992	山本 長五郎　⇒清水次郎長（しみずのじろちょう）を見よ
山崎 まさよし …… 985	山田ルイ53世 …… 992	
ヤマザキ マリ …… 985	山近 峰子 …… 992	
山﨑 康晃 …… 985	山手 茂 …… 992	山本 努 …… 998
山里 亮太 …… 985	大和 和紀 …… 992	山本 常朝 …… 999
山澤 進 …… 986	山名 宗全　⇒山名持豊（やまな・もちとよ）を見よ	山本 時男 …… 999
山路 商 …… 986		山本 直 …… 999
山地 悠一郎 …… 986	山名 持豊 …… 992	山本 直純 …… 999
山下 覚道 …… 986	山中 鑵 …… 993	山本 昇 …… 999
山下 亀三郎 …… 986	山中 樵 …… 993	山本 博 …… 999
山下 賢二 …… 986	山中 鹿助　⇒山中幸盛（やまなか・ゆきもり）を見よ	山本 文郎 …… 999
山下 健平 …… 986		山本 昌 …… 999
山下 佐知子 …… 986	山中 伸弥 …… 993	山本 正治 …… 1000
山下 次郎 …… 986	山中 登美子 …… 993	山本 美香 …… 1000
山下 武雄 …… 987	山中 直人 …… 993	山本 美智子 …… 1000
山下 谷次 …… 987	山中 正竹 …… 993	山本 安英 …… 1000
山下 奉文 …… 987	山中 幸盛 …… 994	山本 泰 …… 1000
山下 洋輔 …… 987	山梨 勝之進 …… 994	山本 祐司 …… 1000
山下 義信 …… 987	山並 兼武 …… 994	山本 義隆 …… 1000
山科 言継 …… 987	山西 義政 …… 994	山本 芳照 …… 1000
山階宮 晃 …… 987	山根 佑太 …… 994	山本 喜治 …… 1000
山代 巴 …… 987	山野 愛子ジェーン …… 994	山脇 直司 …… 1001
山田 昭男 …… 987	山野井 泰史 …… 994	耶律 突欲　⇒耶律倍（やりつ・ばい）を見よ
山田 朝夫 …… 987	山上 宗二 …… 994	
山田 英太郎 …… 988		耶律 倍 …… 1001

ヤン富田 …………………1001

【ゆ】

湯浅 治郎 …………………1001
湯浅 靖樹 …………………1001
湯浅 八郎 …………………1001
湯浅 武八 …………………1001
結城 宗広 …………………1001
ユウキロック ……………1001
悠玄亭 玉介 ………………1001
祐天 ………………………1001
湯川 秀樹 …………………1002
湯川 れい子 ………………1002
雪田 幸子 …………………1002
幸仁親王 …………………1002
雪山 渥美 …………………1002
行武 郁子 …………………1002
弓削 道鏡 ⇒道鏡（どうきょう）を見よ
柚希 礼音 …………………1002
湯田 伸子 …………………1002
湯地 丈雄 …………………1002
湯本 武 ……………………1002
湯山 清 ……………………1003
由利 公正 …………………1003
ユン, ソクチュン（尹 石重）…………………1003
ユン, チアン（張 戎） …1003
ユン, チホ（尹 致昊） …1003
ユン, ドンジュ（尹 東柱）…………………1003
ユン, ハクチャ ⇒田内千鶴子（たうち・ちづこ）を見よ
ユン, ボソン（尹 潽善）…1004

【よ】

ヨ, ウニョン（呂 運亨）…1004
余 華 ………………………1004
ヨ, デナム ⇒日遥（にちよう）を見よ
楊 凝式 ……………………1004
姚 広孝 ……………………1004
楊 国宇 ……………………1004
葉 楚傖 ……………………1004
楊 篤生 ……………………1004
楊貴妃 ……………………1005
煬帝 ………………………1005
養老 静江 …………………1005
横井 軍平 …………………1005
横井 弘三 …………………1005
横井 左平太 ………………1005
横井 庄一 …………………1005
横井 小楠 …………………1006
横井 時雄 …………………1006
横井 福次郎 ………………1006

横内 悦夫 …………………1006
横内 正典 …………………1006
横尾 忠則 …………………1007
横川 竟 ……………………1007
横川 端 ……………………1007
横川 唐陽 ⇒横川徳郎（よこかわ・とくろう）を見よ
横川 徳郎 …………………1007
横澤 髙記 …………………1007
横塚 晃一 …………………1007
横田 喜三郎 ………………1007
横田 徹 ……………………1008
横田 弘 ……………………1008
横田 良一 …………………1008
横地 祥原 …………………1008
横手 晃 ……………………1008
横溝 正史 …………………1008
横光 利一 …………………1008
横峯 さくら ………………1008
横森 巧 ……………………1008
横山 エンタツ ……………1009
横山 和之 …………………1009
横山 源之助 ………………1009
横山 大観 …………………1009
横山 丈夫 …………………1009
横山 忠夫 …………………1009
横山 白虹 …………………1009
横山 浩司 …………………1009
横山 美和 …………………1010
横山 やすし ………………1010
横山 雄二 …………………1010
横山 祐果 …………………1010
横山 隆一 …………………1010
与謝 蕪村 …………………1010
与謝野 晶子 ………………1010
与謝野 馨 …………………1011
与謝野 鉄幹 ………………1011
与謝野 寛 ⇒与謝野鉄幹（よさの・てっかん）を見よ
与沢 翼 ……………………1011
吉井 澄雄 …………………1011
吉井 忠 ……………………1011
吉江 孤雁 …………………1011
吉江 喬松 ⇒吉江孤雁（よしえ・こあん）を見よ
吉雄 耕牛 …………………1012
吉雄 忠次郎 ………………1012
吉岡 逸夫 …………………1012
吉岡 しげ美 ………………1012
吉岡 妙林尼 ………………1012
吉岡 保次 …………………1012
吉岡 彌生 …………………1012
吉岡 雄二 …………………1012
吉川 幸次郎 ………………1013
吉川 静雄 …………………1013
吉川 清作 …………………1013
吉川 春子 …………………1013

吉川 廣和 …………………1013
吉阪 隆正 …………………1013
吉沢 久子 …………………1013
吉澤 素行 …………………1013
吉澤 康伊 …………………1014
慶滋 保胤 …………………1014
善積 順蔵 …………………1014
吉田 彰 ……………………1014
吉田 厳 ……………………1014
吉田 活堂 …………………1014
吉田 勝義 …………………1014
吉田 可奈 …………………1014
吉田 勘兵衛 ………………1014
吉田 清成 …………………1015
吉田 久満 …………………1015
吉田 熊次 …………………1015
吉田 健一 …………………1015
吉田 兼好 …………………1015
吉田 沙保里 ………………1016
吉田 重延 …………………1016
吉田 茂 ……………………1016
吉田 修一 …………………1017
吉田 松陰 …………………1017
吉田 昌平 …………………1020
吉田 進 ……………………1020
吉田 清治 …………………1020
吉田 善吾 …………………1020
吉田 司 ……………………1021
吉田 得子 …………………1021
吉田 稔麿 …………………1021
吉田 信夫 …………………1021
吉田 信行 …………………1021
吉田 登 ……………………1021
吉田 日出子 ………………1021
吉田 博一 …………………1021
吉田 博徳 …………………1021
吉田 ヒロミツ ……………1021
吉田 房彦 …………………1021
吉田 昌也 …………………1022
吉田 麻也 …………………1022
吉田 みつ …………………1022
吉田 満 ……………………1022
吉田 都 ……………………1022
吉田 康子 …………………1022
吉田 義人 …………………1022
吉田 喜正 …………………1022
吉嗣 拝山 …………………1022
吉冨 隆安 …………………1022
吉永 小百合 ………………1023
吉永 祐介 …………………1023
吉野 伊佐男 ………………1023
吉野 源三郎 ………………1023
吉野 左衛門 ………………1023
吉野 作造 …………………1023
吉野 せい …………………1024
芳野 藤丸 …………………1024
吉野 文六 …………………1024

吉原 古城 …………………1024	【り】	呂 雉　⇒呂后（りょこう）を見よ
吉原 すみれ ………………1024		梁 啓超 …………………1036
吉原 強 …………………1024	リ、ウーファン（李 禹煥）…………………1031	梁 哲周 …………………1036
栄仁親王 …………………1024	李 継遷 …………………1031	良 寛 ……………………1036
好仁親王 …………………1024	李 光洙　⇒イ、グァンスを見よ	了輪 隆 …………………1038
義姫　⇒保春院（ほしゅんいん）を見よ	李 鴻章 …………………1031	呂妃　⇒呂后（りょこう）を見よ
吉福 伸逸 ………………1024	李 香蘭　⇒山口淑子（やまぐち・よしこ）を見よ	呂后 ……………………1038
與島 瑗得 ………………1025	李 斯 ……………………1032	呂太后　⇒呂后（りょこう）を見よ
吉増 剛造 ………………1025	李 自成 …………………1032	リリーフェルト まり子 …1038
吉丸 一昌 ………………1025	李 守信 …………………1032	林 金莖 …………………1038
吉見 信一 ………………1025	李 舜臣　⇒イ、スンシンを見よ	林 則徐 …………………1038
吉見 教英 ………………1025	李 承晩　⇒イ、スンマンを見よ	リン、チョーリャン（林 昭亮）…………………1038
吉水 咲子 ………………1025	李 小牧 …………………1032	林 白水 …………………1038
吉満 義彦 ………………1025	李 成桂　⇒イ、ソンゲを見よ	林 彪 ……………………1039
吉村 昭 …………………1025	李 世民　⇒太宗（唐）（たいそう）を見よ	臨済義玄 …………………1039
吉村 公三郎 ……………1026	リ、ソルジュ（李 雪主）…1032	
吉村 順三 ………………1026	李 徳全 …………………1032	【れ】
吉村 俊男 ………………1026	リー、ブルース …………1032	霊元天皇 …………………1039
吉本 せい ………………1026	李 北利 …………………1033	レイザーラモンRG ……1039
吉本 隆明 ………………1026	李 邕 ……………………1033	レイザーラモンHG ……1039
好本 督 …………………1027	李 隆基 …………………1033	冷泉 為秀 ………………1039
吉屋 信子 ………………1027	力道山 光浩 ……………1033	レオナール・フジタ　⇒藤田嗣治（ふじた・つぐはる）を見よ
吉行 淳之介 ……………1027	陸 游 ……………………1033	
依田 荘介 ………………1027	六如 ……………………1033	蓮誓 ……………………1039
依田 信蕃 ………………1027	理源 ……………………1033	蓮如 ……………………1040
依田 紀基 ………………1027	リスフェルド 純子 ………1033	
依田 弁之助 ……………1028	リタ　⇒竹鶴リタ（たけつる・りた）を見よ	【ろ】
四谷 シモン ……………1028	リーチ、マイケル ………1033	盧 千恵 …………………1040
淀殿 ……………………1028	劉 因 ……………………1033	郎 世寧 …………………1040
米内 光政 ………………1028	劉 禹錫 …………………1034	老子 ……………………1040
米川 つねの ……………1029	劉 暁波 …………………1034	老舎 ……………………1040
米川 正利 ………………1029	柳 景子 …………………1034	六田 登 …………………1041
米倉 仁 …………………1029	柳 公権 …………………1034	ろくでなし子 ……………1041
米崎 茂 …………………1029	劉 商 ……………………1034	六如　⇒六如（りくにょ）を見よ
米澤 鐵志 ………………1029	劉 少二 …………………1034	
米澤 武平 ………………1029	柳 宗元 …………………1035	魯迅 ……………………1041
米沢 富美子 ……………1029	劉 徹　⇒武帝（漢）（ぶてい）を見よ	ロッキー青木 ……………1042
米田 肇 …………………1029	柳 傳志 …………………1035	
米長 伊甫 ………………1029	劉 備 ……………………1035	【わ】
米原 万里 ………………1030	劉 邦 ……………………1035	若泉 敬 …………………1042
米屋 浩二 ………………1030	竜 崇正 …………………1035	わかいだ ひさし ………1042
	劉 墉 ……………………1036	若尾 文子 ………………1042
【ら】	龍玄　⇒神龍院梵舜（しんりゅういんぼんしゅん）を見よ	若尾 逸平 ………………1042
羅 福全 …………………1030		若槻 菊枝 ………………1042
頼 杏坪 …………………1030	龍造寺 隆信 ……………1036	若月 俊一 ………………1042
雷 軍 ……………………1030	呂 運亨　⇒ヨ、ウニョンを見よ	若槻 礼次郎 ……………1042
頼 山陽 …………………1030		若の里　⇒西岩忍（にしいわ・しのぶ）を見よ
頼 春水 …………………1031		
來空 ……………………1031		若林 覚 …………………1043
ライシャワー、ハル ……1031		若林 静子 ………………1043
Lara ……………………1031		

若原　太八	1043
若松　英輔	1043
若松　孝二	1043
若松　兎三郎	1043
若山　牧水	1043
和氣　光伸	1044
脇田　巧彦	1044
脇屋　義明	1044
渡久地　恵美子	1044
わぐり　たかし	1044
和気　清麻呂	1044
分林　保弘	1044
鷲谷　日賢	1044
和嶋　慎治	1044
輪島　聞声尼	1045
和田　勇	1045
和田　イミ子	1045
和田　京平	1045
和田　時男	1045
和田　博雄	1045
和田　美奈子	1045
和田　洋一	1045
和田　義盛	1045
渡辺　明	1045
渡邊　格	1046
渡邉　格	1046
渡邊　修	1046
渡辺　崋山	1046
渡辺　和子	1046
渡部　克彦	1046
渡辺　鼎	1046
渡辺　喜久男	1046
渡辺　京二	1046
渡辺　キンヨ	1047
渡辺　庫輔	1047
渡邊　剛	1047
渡邉　洪基	1047
渡辺　三郎	1047
渡辺　重子	1047
渡辺　淳	1047
渡辺　淳一	1048
渡辺　順三	1048
渡辺　淳之介	1048
渡部　昇一	1048
渡辺　省亭	1048
渡部　剛士	1049
渡邊　孝	1049
渡辺　千恵子	1049
渡邊　智惠子	1049
渡辺　宙明	1049
渡邉　恒雄	1049
渡部　治雄	1049
渡邉　春乃	1049
渡辺　秀夫	1049
渡邉　洪基　⇒渡邉洪基（わたなべ・こうき）を見よ	
渡邉　普相	1050
渡部　平吾	1050
わたなべ　まさこ	1050
渡辺　正人	1050
渡辺　麻友	1050
渡辺　康幸	1050
渡辺　有子	1050
渡邊　亮徳	1050
渡辺　喜美	1050
渡辺　世兵	1051
渡部　恒弘	1051
和知　鷹二	1051
和智　恒蔵	1051
和辻　哲郎	1051
和辻　春樹	1051
和睦	1051

【あ】

愛〔1983～〕　あい
◇七転び八起き　愛著　ヒカルランド　2017.8　158p　20cm　〈他言語標題：A woman's walking is a succession of falls〉　1500円
①978-4-86471-521-8　Ⓝ759.9
内容　1 ワタクシの生い立ち　2 同い歳のライバル　3 夢　4 ウジウジ期　5 アート人生、スタート！　6 回転遊具が回りだす　7 やけくその連続　8 家出母ちゃんの大冒険

阿井 慶太〔1985～〕　あい・けいた
◇BREAK！「今」を突き破る仕事論　川内イオ著　双葉社　2017.3　255p　19cm　1400円
①978-4-575-31236-2　Ⓝ281
内容　1 どん底から這い上がる（井崎英典（バリスタ）　DJ Shintaro（DJ）　岡本美鈴（プロフリーダイバー））　2 直感を信じて突き進む（内山高志（プロボクサー）　三和由香利（ヨガインストラクター）　村瀬美幸（フロマジェ）　澤田洋史（バリスタ））　3 遊びを極める（徳田耕太郎（フリースタイルフットボーラー）　池田貴広（BMXプロライダー）　阿井慶太（プロゲーマー）

相生 由太郎〔1867～1930〕　あいおい・よしたろう
◇満蒙をめぐる人びと　北野剛著　彩流社　2016.5　183p　19cm　〈フィギュール彩 57〉　1800円　①978-4-7791-7059-1　Ⓝ319.1022
内容　プロローグ　満洲と日本人―石光真清　第1章 「満蒙」の先覚者―辻村楠造　第2章 満鉄と満洲日本人社会―相生由太郎　第3章 外交官の見た日露戦争の極東アジア―川上俊彦　第4章 中国の動乱と満蒙政策―宇都宮太郎　第5章 日本人「馬賊」と中国大陸―薄益三　第6章 第一次世界大戦後の馬賊―伊達順之助　第7章 「国策」の最前線―駒井徳三　第8章 「満蒙問題」と在満邦人―守田福松　エピローグ　理想国家の建設―笠木良明

鮎川 義介　あいかわ・ぎすけ（よしすけ）
⇒鮎川義介（あゆかわ・よしすけ）を見よ

愛甲 猛〔1962～〕　あいこう・たけし
◇永遠の一球―甲子園優勝投手のその後　松永多佳倫,田沢健一郎著　河出書房新社　2014.7　306p　15cm　〈河出文庫 ま12-1〉　740円
①978-4-309-41304-4　Ⓝ783.7
内容　第1章 流転・生涯不良でいたい―横浜高校・愛甲猛・一九八〇年優勝　第2章 酷使・曲がったままの肘―銚子商業高校・土屋正勝・一九七四年優勝　第3章 飢餓・静かなる執着―帝京高校・吉岡雄二・一九八九年優勝　第4章 逆転・「リストラの星」と呼ばれて―池田高校・畠山準・一九八二年優勝　第5章 解放・夢、かつてより大きく―桐生第一高校・正田樹・一九九九年優勝　第6章 鎮魂・桑田・清原を破った唯一の男―取手第二高校・石田文樹・一九八四年優勝　特別章 破壊・七七三球に託された思い―沖縄水産高校・大野倫・一九九一年準優勝

愛沢 えみり〔1988～〕　あいざわ・えみり
◇キャバ嬢社長―歌舞伎町No.1嬢王愛沢えみりとしての生き方　愛沢えみり著　主婦の友インフォス情報社　2015.3　174p　19cm　〈発売：主婦の友社〉　1300円　①978-4-07-410301-0　Ⓝ289.1
内容　第1章 やる気も夢もない学生時代（えみりにとっての「ママ」はおばあちゃん　居場所ゼロ。馴染めない実家 ほか）　第2章 ダメキャバ嬢からNo.1に（バッグ1個で「家を出るね」　彼と別れて1人で生きていく ほか）　第3章 伝説のバースデー（あの『小悪魔ageha』からのモデルオファー　付いた呼び名は「嬢王」 ほか）　第4章 いつもかわいくEmiria Wiz（キャバ嬢の私が社長！　ずっと目標にしていた月商1億円 ほか）
◇昼職未経験のキャバ嬢が月商2億の社長に育つまで―キラキラ社長・愛沢えみりの起業術　愛沢えみり著　ダナリーデラックス　2017.4　176p　19cm　〈発売：主婦の友社〉　1400円
①978-4-07-421368-9　Ⓝ289.1
内容　第1章 昼職未経験でも会社は作れる！―思い立ったらまず行動（工場を探そう。そして行ってみよう　言葉が通じないならジェスチャーで ほか）　第2章 迷ってもいい　やればなんとかなる！―失敗したらその時に考えよう（ブレないように軸を決めよう　必要なものは自分が先に気付かなきゃダメ ほか）　第3章 妥協するくらいならやらないほうがマシ！―かわいいの追及に終わりはない！（「ハデめな服を上品に」がえみりらしさ　キャバ嬢時代に学んだ「人に見られる」という意識 ほか）　第4章 うまくいかない時は自分を変えた方が早い―キラキラ社長の夜明け前（もう会社辞めたい！爆弾女、ふたたび　すぐに「ヤダ！」って言うのをやめよう ほか）　第5章 大変は永遠じゃない―いつも前向きでいるために（「投げ出さなかった」ことが自信になる　「負けず嫌い」が生み出すパワーは大きい ほか）

相澤 進〔1930～2006〕　あいざわ・すすむ
◇南太平洋の剛腕投手―日系ミクロネシア人の波瀾万丈　近藤節夫著　現代書館　2014.8　236p　19cm　①978-4-7684-5733-7　Ⓝ289.3
内容　戦前・戦後のトラック諸島　戦後トラック諸島が歩んだ道　「南進論」勃興の時代背景　大酋長ススム・アイザワの父相澤庄太郎が雄飛した時代　ススムの日本における生活　ふるさとトラック島で人生再スタート　戦没者遺骨収集に関わった男が巡りあった偶然　遺骨収集団の成り立ち　佐々木信也の華麗なる野球人生　日本の懐かしい想い出　戦没者遺骨収集にまつわるエピソード　森家とアイザワ家三代にわたる交流　プロ野球始球式と突然の訃報　美しく懐かしいトラック諸島　謎めいた言葉とその真偽は？　日本とミクロネシアの交流と友好の未来像　日本・ミクロネシア連邦、国交樹立二十五周年記念

会沢 正志斎〔1782～1863〕　あいざわ・せいしさい
◇会沢正志斎書簡集　会沢正志斎著,大阪大学会沢正志斎書簡研究会編　京都　思文閣出版　2016.3　327p　22cm　11500円　①978-4-7842-1828-8　Ⓝ121.58
内容　弘化元年　嘉永三年　嘉永四年　嘉永五年　文

久三年　年未詳
◇会沢正志斎の生涯　安見隆雄著　錦正社　2016.5　222p　19cm　（水戸の人物シリーズ 10）〈企画：水戸史学会　文献あり　年譜あり〉2300円　①978-4-7646-0126-0　Ⓝ121.58

内容　会沢正志斎の誕生とその家庭　藤田幽谷に学ぶ青藍舎の教育　彰考館に仕官　父母の逝去と結婚　イギリス人、大津浜上陸事件　『新論』の執筆　名簿主・斉昭の登場　天保の改革　弘道館の創設　弘化甲辰の変　正志斎塾の隆盛と将軍の表彰　開国、ペリーの来航と斉昭の幕政参与　継嗣問題と修好通商条約の調印　勅諭（戊午の密勅）降下　安政の大獄　桜田門外の変　「時務策」を著し開国を論ず　晩年の正志斎

◇会沢正志斎の晩年と水戸藩―国立国会図書館所蔵『会沢正志斎書簡』解題と翻字　井坂清信著　ぺりかん社　2017.1　433p　19cm　〈年譜あり〉　8000円　①978-4-8315-1461-5　Ⓝ121.58

内容　第1部　国立国会図書館所蔵『会沢正志斎書簡』解題（安政・万延・文久期の水戸藩情と会沢正志斎　安政・万延・文久期の水戸藩校弘道館と会沢正志斎　会沢正志斎晩年の私事にわたることども）　第2部　国立国会図書館所蔵『会沢正志斎書簡』翻字（国立国会図書館所蔵『会沢正志斎書簡』内容細目次　国立国会図書館所蔵『会沢正志斎書簡』本文翻字）

相澤 忠洋〔1926〜1989〕　あいざわ・ただひろ
◇石の虚塔―発見と捏造、考古学に憑かれた男たち　上原善広著　新潮社　2014.8　287p　20cm　〈文献あり〉　1500円　①978-4-10-336251-7　Ⓝ210.025

内容　序章　オレたちの神様　第1章　岩宿の発見　第2章　人間・相澤忠洋　第3章　芹沢長介と登呂の鬼　第4章　前期旧石器狂騒　第5章　孤立する芹沢　第6章　暴かれる神の手　最終章　神々の黄昏

◇発掘狂騒史―「岩宿」から「神の手」まで　上原善広著　新潮社　2017.2　366p　16cm　（新潮文庫　う-23-1）〈『石の虚塔』（2014年刊）の改題　文献あり〉　590円　①978-4-10-120686-8　Ⓝ210.025

内容　序章　オレたちの神様　第1章　岩宿の発見　第2章　人間・相澤忠洋　第3章　芹沢長介と登呂の鬼　第4章　前期旧石器狂騒　第5章　孤立する芹沢　第6章　暴かれる神の手　最終章　神々の黄昏

◇岩宿発見以後の相澤忠洋―妻千恵子の思いと葛藤　野間清治顕彰会20周年記念　相澤千恵子著、野間清治顕彰会広報部編　桐生　野間清治顕彰会　2017.10　125p　21cm　（ふるさとの風　第10集）〈平成29年度「群馬の文化」支援事業補助事業　年譜あり　文献あり〉　非売品　Ⓝ289.1

◇岩宿遺跡の発見者―人間"相澤忠洋"を語る　相澤貞順著　ノンブル社　2017.11　148p　19cm　〈著作目録あり〉　1450円　①978-4-86644-008-8　Ⓝ289.1

内容　出会い―昭和34年ころ　西鹿田遺跡発掘調査―昭和34年11月　NHKの「ある人生」に出演―昭和35年から昭和36年　群馬県功労賞受賞と遺跡台帳―昭和36年　寺西貝塚発掘調査のころ―昭和37年から昭和38年　石山遺跡発掘調査と吉川英治賞受賞―昭和39年から昭和42年　『「岩宿」の発見』の出版―昭和42年から昭和44年　磯遺跡調査と赤城人類文化研究所の設立―昭和44年から昭和47年　キミ夫人―昭和47年から昭和48年　夏井戸収蔵庫と入院―昭和48年から昭和51年〔ほか〕

相沢 英之〔1919〜　〕　あいざわ・ひでゆき
◇相沢英之と司葉子　人生100歳「一日生涯」―夫婦で長生き、笑顔で生きる"100の知恵"　相沢英之著　双葉社　2018.4　255p　19cm　1400円　①978-4-575-31350-5　Ⓝ289.1

＊"99歳"白寿の現役弁護士の"モットー"は、本のタイトルにもなっている「一日生涯」。この気持ちで、自分の人生を「一日一日」楽しく生きること。司葉子夫人との"対談"で振り返る「夫婦長寿」の秘訣とは？　激動の昭和の語り部が、100歳まで夫婦で笑顔で生きる、"夫婦長寿の101の知恵"を明かす。

愛新覚羅 溥儀〔1906〜1967〕　あいしんかくら・ふぎ
◇溥儀―変転する政治に翻弄された生涯　塚瀬進著　山川出版社　2015.7　87p　21cm　（日本史リブレット人　099）〈文献あり　年表あり〉　800円　①978-4-634-54899-2　Ⓝ289.2

内容　なぜ溥儀の伝記を書くのか　1　清朝の皇帝として　2　中華民国の治政と紫禁城での生活　3　紫禁城を追われて　4　満洲国の皇帝として　5　退位から死去まで

◇満洲怪物伝―「王道楽土」に暗躍した人物たちの活躍とその後　歴史REAL編集部編　洋泉社　2015.9　255p　19cm　〈年表あり　索引あり〉　1800円　①978-4-8003-0719-4　Ⓝ281.04

内容　第1章　建国に暗躍した軍人たちの光と影（石原莞爾―満洲領有を唱えた「世界最終戦争論」とは？　土肥原賢二―満洲国の建国に尽力した「満洲のローレンス」　板垣征四郎―石原とコンビを組み、満洲事変を引き起こす　山口重次―石原莞爾を煽り関東軍の決起を促した活動家）　第2章　傀儡国家の申し子たち（甘粕正彦―満洲の文化を盛り立てた官僚の「実像」　愛新覚羅溥儀―数奇で残酷な運命を辿った「ラスト・エンペラー」　松岡洋右―満鉄で実力を発揮できなかった総裁　李香蘭―日中に引き裂かれた誠実な女優）　第3章　影の世界にうごめいたフィクサーたち（里見甫―阿片を用いて満洲のダークサイドを歩いた「里見夫」　辻政信―ノモンハンでの独断専行の参謀　河本大作―張作霖爆殺事件の首謀者　石井四郎―「悪魔の細菌部隊」七三一部隊を創設した男　川島芳子―華麗なエピソードに彩られた「男装の麗人」）　第4章　満洲国を牛耳った官僚と政治家たち（岸信介―昭和の妖怪と呼ばれた男の「一身二生」の人生　星野直樹―満洲国を「傀儡国家」たらしめた最重要人物　高碕達之助―満業を率いて日本人を守った経済人　古海忠之―満洲国の経済を動かした男）　特別企画　満洲人物伝―「王道楽土」の地で活躍した人物82（軍人・軍関係者　政治家・官僚　満鉄と経済人　文化人　女性　中国人）

◇近代中国指導者評論集成　5　執政溥儀―宣統帝より執政まで　松本和久編・解題　内山舜著　ゆまに書房　2016.5　291,9p　22cm　〈布装　先進社　昭和7年刊の複製〉　13000円　①978-4-8433-5021-8　Ⓝ222.07

◇毛沢東、周恩来と溥儀　王慶祥著，松田徹訳　科学出版社東京　2017.11　395p　22cm　〈年

譜あり〉　6400円　①978-4-907051-21-1　Ⓝ289.2

内容　初めての試み　偉大な懐　引き渡し　撫順に「囚われる」　北から南への帰還　聞き取り調査　最高会議での決定　手紙の往来から面会まで　高い塀の内外　特赦「011号」〔ほか〕

會津　八一〔1881〜1956〕　あいず・やいち

◇會津八一　大橋一章著　中央公論新社　2015.1　280p　20cm（中公叢書）〈文献あり　年譜あり〉　1900円　①978-4-12-004665-0　Ⓝ911.162

内容　序章　奈良美術研究の第一歩　第1章　會津八一の美術史学　第2章　會津家の人びと　第3章　小中学校時代　第4章　幕末維新の知識層と東京大学の学生　第5章　颺渡会と東京専門学校の創立　第6章　脚気の再発と俳句、そして書　第7章　東京専門学校と早稲田大学　第8章　奈良の風光、美術との出会い　第9章　奈良は夢裡にも忘れざるところ　第10章　学藝の充実

◇雁魚來往　3　料治熊太、奥田勝、亀井勝一郎・斐子と會津八一の往来書簡　會津八一、料治熊太、奥田勝、亀井勝一郎・斐子著、雁魚來往研究会、會津八一記念館編　新潟　新潟市會津八一記念館　2015.5　128p　30cm　Ⓝ911.162

◇雁魚來往　4　小林正樹、小川晴暘・光暘、三浦寅吉、入江泰吉、土門拳と會津八一の往来書簡　雁魚來往研究会、會津八一記念館編　會津八一、小林正樹、小川晴暘・光暘、三浦寅吉、入江泰吉、土門拳著　新潟　新潟市會津八一記念館　2016.6　129p　30cm　Ⓝ911.162

◇雁魚來往　5　養徳社・四季書房・中央公論社と會津八一の往来書簡　雁魚來往研究会、會津八一記念館編　新潟　新潟市會津八一記念館　2017.10　173p　30cm　Ⓝ911.162

◇雁魚來往　6　中村屋の人々（相馬愛蔵・黒光・安雄、小泉三一郎）と會津八一の往来書簡　雁魚來往研究会、會津八一記念館編　新潟　新潟市會津八一記念館　2018.6　109p　30cm　Ⓝ911.162

會田　キン〔1904〜1980〕　あいだ・きん

◇日本基督教団矢吹教会の創立者元青山学院理事長・元東洋汽船株式会社専務取締役元帝国ホテル常任監査役、元日本鋳造株式会社代表取締役社長關根要八―關根要八とともに矢吹教会の設立・発展に尽力した元白河医師会副会長山田英太郎　矢吹町初の女性議員會田キン　庄司一幸著〔郡山〕〔庄司一幸〕　2016.1　73p　26cm〈文献あり　年譜あり　著作目録あり〉　Ⓝ281

會田　作治郎〔1922〜1944〕　あいだ・さくじろう

◇心の糸車―太平洋戦争が紡ぐ人間愛　橋本妊壽奈著　栄光出版社（制作）　2017.7　173p　27cm　〔他言語標題：THE SPINNING WHEEL OF HEARTS　英語抄訳付　訳：篠塚晄江〕　1500円　①978-4-7541-0161-9　Ⓝ289.1

内容　平和の糸を紡いで　草稿を読んで　橋本妊壽奈さんに感謝し故會田作治郎さんの御魂に捧ぐ　一冊の手帳の持ち主の遺族探しにかかわって　戦争の記憶　會田作治郎さんの足跡調査資料集

相田　みつを〔1924〜1991〕　あいだ・みつお

◇相田みつを　肩書きのない人生　相田みつを著、相田一人編　文化学園文化出版局　2014.6　86p　21×21cm〈年譜あり〉　1500円　①978-4-579-50193-9　Ⓝ728.21

＊『にんげんだもの』から30年。肩書きのない人生を選んだ相田みつをの生き方。

相原　求一朗〔1918〜1999〕　あいはら・きゅういちろう

◇画家・相原求一朗の生涯　相原求一朗著　求龍堂　2018.12　207p　21cm〈年譜あり〉①978-4-7630-1839-7　Ⓝ723.1

内容　プロローグ　画家・相原求一朗の眼差しと北の光　第1章　淡い夢の時　第2章　書き留めた思い―戦地にて　第3章　自分らしい道を求めて　第4章　北海道と向き合う日々　エピローグ　普遍の大地をのこして

AILA

◇ここから選んでいける　AILA著　パブラボ　2015.8　187p　19cm〈発売：星雲社〉　1400円　①978-4-434-20924-6　Ⓝ767.8

内容　1　挫折　2　夢　3　上京　4　少女　5　再起　今、"壁"を感じているあなたへのメッセージ

葵　基〔1927〜〕　あおい・もとい

◇或る医学生の戦争日記　葵基著　文芸社　2016.4　133p　20cm　1200円　①978-4-286-17157-9　Ⓝ289.1

葵御前〔平安時代末期〕　あおいごぜん

◇日本の武将と女たち　田川清著　名古屋　中日出版　2016.11　79p　19cm　1200円　①978-4-908454-08-0　Ⓝ281

内容　1　源義仲と巴御前・葵御前・山吹　2　源義経と静御前　3　後醍醐天皇と妾・阿野廉子　4　北条仲時と妻・北の方　5　戦国武将と妻（（一）浅井長政・柴田勝家・豊臣秀吉とお市の方　（二）豊臣秀吉と淀君　（三）荒木村重と妾・だし　（四）前田利家と妻・まつ　（五）山内一豊と妻・千代）　6　細川忠興と妻・ガラシャ夫人　7　将軍と大奥の女たち

亜欧堂　田善〔1748〜1822〕　あおうどう・でんぜん

◇亜欧堂田善の生涯と蘭学　磯崎康彦著　玲風書房　2015.5　421p　31cm〈布装　作品目録あり　年譜あり　索引あり〉　30000円　①978-4-947666-67-3　Ⓝ721.3

内容　1　亜欧堂田善の生地・岩瀬郡須賀川町　2　松平定信、永田善吉に銅版画を学ぶよう命じる　3　亜欧堂田善の接した蘭書　4　江戸滞在中の銅版画と肉筆画　5　『医範提綱』と『医範提綱内象銅版図』―田善、わが国最初の銅版画解剖図を製作する　6　田善、『新訂万国全図』を製作する　7　田善、帰郷する　8　亜欧堂田善と須賀川俳壇　9　田善の門人　遠藤香村

青木　槐三〔1897〜1977〕　あおき・かいぞう

◇伝説の鉄道記者たち―鉄道に物語を与えた人々　堤哲著　交通新聞社　2014.12　270p　18cm

（交通新聞社新書 074）〈文献あり〉 800円 ①978-4-330-52514-3 Ⓝ070.16

内容 第1章 鉄道操觚者・木下立安（1866～1953）（慶応をトップで卒業、「時事新報」入社 「鉄道時報」を創刊、鉄道操觚者に ほか） 第2章 伝説の特ダネ記者・青木槐三（1897～1977）（日本八景 駆け出し時代 ほか） 第3章 忠犬ハチ公をめぐる鉄道記者たち―細井吉造、林謙一、渡邊紳一郎（社会部記者の鉄道クラブ誕生 忠犬ハチ公をめぐる3記者 ほか） 第4章 『国鉄物語』の門田勲（1902～84）（鉄道記者の教科書 無人運転 ほか） 第5章 レイルウェイ・ライター・種村直樹（1936～2014）（鉄道開通の記事 鉄道100年 ほか）

アオキ カズコ〔1939～〕

◇あの牛は歩いている―風の街シカゴより 「Hello！」 カズコアオキ著 文芸社 2015.6 231p 15cm 700円 ①978-4-286-16064-1 Ⓝ289.1

＊悩み多き青春時代を送り、結婚して渡米。見知らぬ土地で4人の子供を育てて、無我夢中で生きてきた。華やかな人生ではない。雑草のように生きてきた妻、母、祖母の私。だが、けっして歩みを止めることはなかった。その一歩はわずかでも前へ前へと諦めず、あの「牛」のように――。波乱の自叙伝。飼い犬から見た人間を綴る『I'm a Lucky Dog!!』を同時収録。

青木 聖久〔1965～〕 あおき・きよひさ

◇精神保健福祉士〈PSW〉の魅力と可能性―精神障碍者と共に歩んできた実践を通して 青木聖久著 第3版 さいたま やどかり出版 2015.6 256p 21cm （プラクティス 2）〈文献あり〉 2200円 ①978-4-904185-31-5 Ⓝ369.28

内容 第1章 価値の養成―PSW「青木聖久」が誕生するまで（社会的背景と歴史 PSWである前に1人の人間として「青木聖久」を知っていただくことの意味 淡路島で過ごしたごんたな少年時代 ほか） 第2章 病院PSW実践―精神科病院のPSWとしての約14年間（PSW人生のスタートは岡山県から 自由にいろとやらせてくれた神戸でのPSW実践 ほか） 第3章 地域PSW実践―だれもが、自分が住みたい地域づくりを目指して（昼間の「居場所」の大切さを意識するようになった理由 市民団体づくり―組織を彩る人たちとの歩み ほか） 第4章 社会へ伝えたい（実習生が入院中の西さんからもらったメッセージ 障碍受容の葛藤を乗り越えて障害年金を受給した和田さん ほか）

青木 紀代美 あおき・きよみ

◇食に添う 人に添う 青木紀代美著 風雲舎 2017.12 302p 19cm 1600円 ①978-4-938939-91-5 Ⓝ289.1

内容 第1章 一人息子（未熟児 母のひと言 ほか） 第2章 学ぶ（勉強会 農産物を商品にするな ほか） 第3章 心のふるさと（久良子さん ゆっこちゃん ほか） 第4章 すばらしい食べもの（稲葉さんの有精卵 完全無農薬米を求めて ほか） 第5章 手を当てる（「おなか、さすりましょうか？」 「なんかしましたか？」 ほか） 第6章 感動する人に出会う（額縁作家の長尾広吉さんと洋画家の宮崎進先生 砂漠に種をまく人の会 ほか）

青木 恵哉〔1893～1969〕 あおき・けいさい

◇選ばれた島―沖縄愛楽園創設者の生涯 青木恵哉著, 佐久川まさみ編 改訂新版 名護 聖公会沖縄教区祈りの家教会 2014.2 335p 19cm 〈発売：いのちのことば社〉 3000円 ①978-4-264-03220-5 Ⓝ198.47

◇選ばれた島 青木恵哉著, 渡辺信夫編, 阿部安成, 石居人也監修・解説 近現代資料刊行会 2015.6 650p 21cm （リプリントハンセン病療養所シリーズ 1）〈沖縄聖公会本部 1958年刊の複製 新教出版社 1972年刊の複製〉 2500円 ①978-4-86364-346-8 Ⓝ198.47

青木 周蔵〔1844～1914〕 あおき・しゅうぞう

◇青木周蔵―渡独前の修学歴 森川潤著 丸善出版 2018.6 284,17p 22cm （広島修道大学学術選書 71）〈索引あり〉 4500円 ①978-4-621-30303-0 Ⓝ289.1

内容 第1章 読み書きの学習時代（地下医三浦玄仲 寺子屋 ほか） 第2章 漢学の修業時代（郷学菁莪堂 中津誠求堂 ほか） 第3章 蘭学の修業時代（能美隆庵の学僕 好生堂医生 ほか） 第4章 長崎時代（野稿一章 修学 ほか） 補章 長崎のドイツ医学（原典主義と翻訳主義 オランダ人教師 ほか）

青木 登〔1948～〕 あおき・のぼる

◇鎌倉には青木さんがいる―老舗人力車、昭和から平成を駆けぬける 青木登語り 鎌倉 1ミリ 2018.3 167p 19cm 1200円 ①978-4-909166-00-5 Ⓝ685.8

青木 廣彰 あおき・ひろあき

⇒ロッキー青木（ろっきーあおき）を見よ

青木 文教〔1886～1956〕 あおき・ぶんきょう

◇風のかなたのラサ―チベット学者 青木文教の生涯 高本康子著 京都 自照社出版 2017.8 123p 21cm 〈年譜あり〉 1000円 ①978-4-86566-040-1 Ⓝ289.1

内容 第1部 おいたち（琵琶湖のほとり 京都の生活 ほか） 第2部 はじめての冒険（海の向こうへ ダライ・ラマ13世 ほか） 第3部 チベットの都ラサ（ラサへ 留学生として ほか） 第4部 チベット学者として（最初の試練 『西蔵遊記』 ほか）

青木 幹勇〔1908～2001〕 あおき・みきゆう

◇国語教師・青木幹勇の形成過程 大内善一著 広島 溪水社 2015.5 401p 22cm 6000円 ①978-4-86327-291-0 Ⓝ375.82

青木 豊〔1968～〕 あおき・ゆたか

◇ストーム・チェイサー―夢と嵐を追い求めて 青木豊著 つくば 結エディット 2015.3 127p 19×19cm （結ブックス）〈他言語標題：The Japanese storm chaser〉 1800円 ①978-4-901574-10-5 Ⓝ740.21

青島 秀樹〔1955～〕 あおしま・ひでき

◇口上人生劇場―青島秀樹伝 林和利著 論創社 2017.12 323p 20cm 〈著作目録あり〉 2000円 ①978-4-8460-1659-3 Ⓝ289.1

青野 豪淑〔1977～〕 あおの・たけよし

◇ヤンキーや引きこもりと創ったIT企業が年商7億　青野豪淑著　朝日新聞出版　2018.11　229p　19cm　1400円　Ⓘ978-4-02-251577-3　Ⓝ289.1

内容　プロローグ　大阪の団地14階　第1章　夜逃げ家族　第2章　借金4千万円　第3章　ウルトラマン　第4章　苦悩―「自由になれ！」　第5章　押し寄せてきた連中　第6章　下請けからの脱却　エピローグ　愛は6倍返し

青柳 いづみこ〔1950～〕 あおやぎ・いずみこ

◇青柳いづみこのMERDE！日記　青柳いづみこ著　東京創元社　2015.3　423p　19cm　2500円　Ⓘ978-4-488-02745-2　Ⓝ762.1

内容　ホームページ立ち上げに向けて　新著を手にして　女の水、男の水　ステージ衣装　新阿佐ヶ谷会二十五人のファム・ファタルたち　新人演奏会　海辺の宿　生・赤川次郎を見た！　竹島悠紀子さんのこと〔ほか〕

青柳 誠〔1961～〕 あおやぎ・まこと

◇五人の狂詩曲―NANIWA EXPRESS自伝　NANIWA EXPRESS著　国分寺　アルファノート　2018.9　287p　19cm　1980円　Ⓘ978-4-906954-75-9　Ⓝ764.7

内容　1章　NANIWA EXPRESS40年の狂詩曲　2章　清水興狂詩曲　3章　岩見和彦狂詩曲　4章　中村建治狂詩曲　5章　東原力哉狂詩曲　6章　青柳誠狂詩曲

青山 士〔1878～1963〕 あおやま・あきら

◇ボーイズ・ビー・アンビシャス　第4集　札幌農学校教授・技師広井勇と技師青山士―紳士の工学の系譜　藤沢　二宮尊徳の会　2014.2　208p　21cm　〈年譜あり〉　900円　Ⓘ978-4-9906069-5-4　Ⓝ281.04

◇土木技術者の気概―廣井勇とその弟子たち　高橋裕著,土木学会廣井勇研究会編集協力　鹿島出版会　2014.9　206p　19cm　〈文献あり　年表あり〉　1900円　Ⓘ978-4-306-09438-3　Ⓝ517.028

内容　廣井勇とその弟子たち（古市公威から廣井勇へ、近代化の扉を開く　天意を覚った真の技術者―青山士　生涯を台湾の民衆に捧げた八田與一　雄大な水力発電事業を実行した久保田豊　科学技術立国に一生を捧げた宮本武之輔　河川哲学を確立した安藝皎一）　今後のインフラ整備に向けて（今後のインフラをどうするか　今後のインフラ整備への条件）

青山 光二〔1913～2008〕 あおやま・こうじ

◇回想の青山光二―資料で読む「最後の文士」の肖像　池内規行著　東久留米　共和国　2017.5　285p　19cm　〈他言語標題：Memories of Aoyama Koji　著作目録あり　年譜あり〉　5000円　Ⓘ978-4-907986-35-3　Ⓝ910.268

内容　青山光二　文学アルバム　1913 - 2008　第1部　回想の青山光二（青山光二先生との出会い　無頼文学研究会　著書の収集　平林たい子文学賞　色紙について　頼まれごと　わたしの出版記念会　署名本　耳鳴りと心臓発作　書卸しの苦労　著作目録と年譜の作成　想い出断片　兵庫・神戸とわたし　お別れ）　第2部　書誌と年譜（刊行目録　年譜　附著作目録）

青山 剛昌〔1963～〕 あおやま・ごうしょう

◇青山剛昌30周年本　安部しのぶ,唐澤和也著　小学館　2017.10　253p　18cm　（少年サンデーコミックススペシャル）　1389円　Ⓘ978-4-09-179233-4　Ⓝ726.101

青山 千世〔1857～1947〕 あおやま・ちせ

◇おんな二代の記　山川菊栄著　岩波書店　2014.7　459p　15cm　（岩波文庫 33-162-5）〈底本：山川菊栄集 9 1982年刊　年譜あり〉　1080円　Ⓘ978-4-00-331625-2　Ⓝ289.1

内容　ははのころ（明治前半）（水戸から東京へ　荒れ野原の東京　ほか）　少女のころ（明治後半）（お月さまいくつ　桜ふぶきの庭　ほか）　大正にはいってから（『青鞜』と真新婦人会　焼き打ちと米ツキバッタ　ほか）　昭和にはいってから（思い出の元旦　錦のみ旗と逆賊　ほか）

青山 三千子〔1930～〕 あおやま・みちこ

◇別姓夫婦の仕事と生活　山手茂,青山三千子著　亜紀書房　2018.11　290p　21cm　2400円　Ⓘ978-4-7505-1566-3　Ⓝ289.1

内容　私たちが協力して生きた五〇年　第1部　山手茂の生活史―実践と研究・教育（回顧と追悼　論文とエッセイ）　第2部　青山三千子の生活史―振り返る私の人生（回顧と近況　追悼文　論文とエッセイ）　おわりに―夫婦別姓について

青山 禄郎〔1874～1940〕 あおやま・ろくろう

◇ダットサンの忘れえぬ七人―設立と発展に関わった男たち　下風憲治著,片山豊監修　新訂版　[出版地不明]　片山豊記念館　2017.10　247p　20cm　〈他言語標題：SEVEN KEY PEOPLE IN THE HISTORY OF DATSUN　発売：三樹書房〉　2000円　Ⓘ978-4-89522-679-0　Ⓝ537.92

内容　1　橋本増治郎（一八七五‐一九四四）　2　田健治郎（一八五五‐一九三〇）　3　青山禄郎（一八七四‐一九四〇）　4　竹内明太郎（一八六〇‐一九二八）　5　鮎川義介（一八八〇‐一九六七）　6　ウィリアム・ゴーハム（一八八八‐一九四九）　7　片山豊（一九〇九‐二〇一五）

赤岩 松寿　あかいわ・しょうじゅ

◇埼玉奇才列伝―自分流の生き方に徹し輝いた10人　佐々木明著　さいたま　さきたま出版会　2018.9　183p　21cm　1500円　Ⓘ978-4-87891-462-1　Ⓝ281.34

内容　1　小鹿野のエジソン　赤岩松寿（発明家）　2　誰も真似られない前衛俳句　阿部完市（精神科医、俳人）　3　伝統を破り、作品を国内外で発表　今井満里（書家）　4　冤罪死刑囚と家族の支援に尽力　太田博也（童話作家、社会事業家）　5　金澤翔男（政党職員、釣り評論家）　6　世界の空を飛び新記録を残す　神田道夫（公務員、熱気球冒

険家) 7 米国に魅せられミステリー翻訳九九冊 小鷹信光〔翻訳家・作家〕 8 創作民話と民話劇の巨匠 さねとうあきら〔劇作家、民話作家〕 9 世界の山を愛した超人 田部井淳子〔登山家〕 10 家庭教師と学習塾界のカリスマ 古川のぼる〔教育評論家、事業家〕

赤尾 敏〔1899〜1990〕 あかお・びん
◇愛の右翼 赤尾敏—91歳の生涯で3万回以上の辻説法を行った「伝説の右翼」 赤尾由美著 マキノ出版 2018.4 202p 19cm 〈文献あり〉 1200円 ①978-4-8376-7272-2 Ⓝ289.1
内容 第1章 数寄屋橋のドン・キホーテ 第2章 ユートピアを求めて 第3章 日の丸社会主義への目覚め 第4章 戦火の中で 第5章 戦後の右翼 第6章 七生報国 第7章 反グローバルの思想 第8章 国体とは愛なり

赤木 満智子〔1927〜〕 あかぎ・まちこ
◇流れの中で—赤木満智子 自伝 赤木満智子著・挿絵 熊本 熊日出版(製作) 2014.12 199p 20cm Ⓝ289.1

赤坂 小梅〔1906〜1992〕 あかさか・こうめ
◇民謡地図 別巻 民謡名人列伝 竹内勉著 本阿弥書店 2014.12 285p 20cm 〈布装 年表あり〉 3200円 ①978-4-7768-1157-2 Ⓝ388.91
内容 初代浜田喜一—主役だけを演じた江差追分の名人 浅利みき—津軽じょんがら節をじょっぱりだけで歌う 木田林松栄———の糸を叩き抜いた津軽三味線弾き 成田雲竹—津軽民謡の神様 菊池淡水—民謡界の偉人後藤桃水先生の教えを守った尺八奏者 赤間森水—声を意のままに使いこなして歌う 樺沢芳勝—からっ風の上州の風土を体現する声で 大出直三郎—負けん気がすべてで歌う越名の舟唄 中川千代—両津甚句でみせた天下一のキレのよさ 吉田喜正—漁船四杯と取り替えたしげさ節 高山訓昌—音戸の舟唄を歌う写実の職人 赤坂小梅—押さば押せ 引かば押せの黒田節

赤﨑 勇〔1929〜〕 あかさき・いさむ
◇赤﨑勇 その源流—評伝 議を言うな嘘をつくな 弱いものをいじめるな 枚田繁著 鹿児島 南方新社 2015.1 219p 18cm 〈文献あり〉 980円 ①978-4-86124-310-3 Ⓝ549.81
内容 第1章 戦時の世と少年・赤﨑 第2章 飢えと青春 第3章 神戸工業と"冷たい光"との出会い 第4章 やってきたエレクトロニクスの時代 第5章 青く光る半導体一路。困難な道のりと開かれた未来 第6章 赤﨑勇と中村修二と天野浩 第7章 特許をめぐる裁判 終章 60年がかりのノーベル賞

赤崎 伝三郎〔1871〜1946〕 あかさき・でんざぶろう
◇評伝 天草五十人衆 天草学研究会編 福岡 弦書房 2016.8 317p 22cm 〈文献あり 年表あり 索引あり〉 2400円 ①978-4-86329-138-6 Ⓝ281.94
内容 ステージ1 五人衆の時代、そして… ステージ2 天領天草の村々 ステージ3 祈りの島で ステージ4 耕す、漁る ステージ5 実業の世をひらく ステージ6 潮路はるかに ステージ7 文学・歴史・言論 ステージ8 あの頃、この人 ステージ9 島の現実、国の行く末 ステージ10 一筋の道 ステージ特別編 群像二題(天草の石文化と松室五郎左衛門 牛深カツオ漁の男たち)

赤嵜 貢〔1948〜〕 あかさき・みつぎ
◇素直な心が運を呼ぶ—悔いなし我が人生 赤嵜貢著 第三企画出版 2015.8 248p 19cm (人物シリーズ) 2000円 ①978-4-90827202-8 Ⓝ289.1

赤沢 文治 あかざわ・ぶんじ
⇒金光大神(こんこうだいじん)を見よ

赤沢 八重子〔1925〜2016〕 あかざわ・やえこ
◇私記「くちなしの花」—ある女性の戦中・戦後史 赤沢八重子著 潮書房光人社 2017.10 302p 16cm (光人社NF文庫 あ1034)〈光人社 1998年刊の再刊 文献あり〉 820円 ①978-4-7698-3034-4 Ⓝ289.1
内容 第1章 徳氏さんの最期 第2章 両親の思い出 第3章 東京での新生活 第4章 我が家の徳夫さん 第5章 敗戦の私 第6章 禎二との結婚 第7章 インドネシアでの生活 第8章 夫との短い老後 第9章 ふたたび矢本へ 第10章 遊び人のおばあちゃん

明石 海人〔1901〜1939〕 あかし・かいじん
◇深海の灯—明石海人とハンセン病 理崎啓著 新座 哲山堂 2015.1 173p 19cm 〈文献あり 年表あり 年譜あり〉 1500円 ①978-4-9905122-8-6 Ⓝ911.162
内容 一、駿河の海 二、天刑の病 三、明石の黄昏 四、黎明の島 五、日に日に新に 六、白の世界 七、佐柄木のノート 参考文献 近代ハンセン病史・明石海人年譜
◇幾世の底より—評伝・明石海人 荒波力著 白水社 2016.12 515p 20cm 〈文献あり 年譜あり〉 6600円 ①978-4-560-09522-5 Ⓝ911.162
内容 明石海人とは 宣告 明石叢生病院 長島愛生園 自らが光る 第一回短歌祭 『新萬葉集』『白描』 明石海人の死 家族の絆 長島の光ヶ丘

明石 掃部〔織豊期〜江戸時代前期〕 あかし・かもん
◇宇喜多秀家と明石掃部 大西泰正著 岩田書院 2015.5 141p 21cm 1850円 ①978-4-87294-890-5 Ⓝ288.3
内容 1 宇喜多秀家とその周辺(豊臣期宇喜多氏権力論 文禄期「唐入り」における宇喜多家の立場について 宇喜多秀家の処分をめぐって 小瀬中務と小瀬甫庵 宇喜多氏研究の困難と可能性 宇喜多氏の石高をめぐって) 2 明石掃部の研究(明石掃部の基礎的考察 関ヶ原合戦以後の明石掃部 明石掃部の人物)
◇大坂の陣 秀頼七将の実像 三池純正著 洋泉社 2015.10 223p 18cm (歴史新書)〈文献あり〉 900円 ①978-4-8003-0755-2 Ⓝ210.52
内容 序章 彼らはなぜ戦ったのか 第1章 秀頼七将の実像(真田信繁—敵方をも感動させた「日本一の兵」

長宗我部盛親—御家再興のため鉄壁の軍団を率いて入城　毛利勝永—家康本陣に突入したもう一人の猛将　後藤基次—家康に警戒され続けた多くの武功　明石全登—謎の生死が伝わるキリシタン武将　木村重成—秀頼一筋に奮戦した短い生涯　大野治房—大坂城内随一の強硬派）　第2章　再考！大坂の陣と豊臣秀頼

明石 全登　あかし・ぜんとう（たけのり／てるずみ）

⇒明石掃部（あかし・かもん）を見よ

明石 康〔1931～〕　あかし・やすし

◇カンボジアPKO日記—1991年12月～1993年9月　明石康著　岩波書店　2017.11　378p　22cm　〈他言語標題：My Cambodian PKO Diary〉　4200円　①978-4-00-061230-2　Ⓝ319.9

内容　主要登場人物　カンボジア地図　1 第1分冊 船出—1991年12月31日～1992年6月24日（ガリ次期事務総長からの打診（1991年12月31日）　正式任命の発表（1992年1月9日）　ほか）　2 第2分冊 挑戦—1992年6月25日～1992年12月8日（グールディングとの議論（6月25日）　ポル・ポト派についてフン・センと話す（6月29日）　ほか）　3 第3分冊 危機—1992年12月9日～1993年4月17日（ポル・ポト派和解に傾くガリ総長（12月12日）　三つ目の人質事件が起きる（12月18日）　ほか）　4 第4分冊 選挙—1993年4月19日～1993年9月26日（世論か疑似世論か（4月19日）　明石暗殺計画（4月21日）　ほか）

赤瀬川 原平〔1937～2014〕　あかせがわ・げんぺい

◇世の中は偶然に満ちている　赤瀬川原平著，赤瀬川尚子編　筑摩書房　2015.10　283p　20cm　2000円　①978-4-480-80460-0　Ⓝ702.16

内容　序章 写真と偶然　1章 偶然日記（偶然日記1977～2010）　2章 偶然小説（舞踏神　珍獣を見た人）　終章 偶然の海に浮く反偶然の固まり

◇少年と空腹—貧乏食の自叙伝　赤瀬川原平著　中央公論新社　2016.9　229p　16cm　〈中公文庫 あ11-7〉〈『少年とグルメ』（講談社文庫 1993年刊）の改題〉　640円　①978-4-12-206293-1　Ⓝ914.6

内容　1 人肉はまだ食べていないけど（チョコボール　チューインガム　ハナクソ　みそなど　食パン ほか）　2 少年とグルメ（濡れたセンベイ　追加のコロッケ　二人の叔父さん　花に鯖　松茸はおいしいらしいほか）

◇一故人　近藤正高著　スモール出版　2017.4　415p　19cm　1800円　①978-4-905158-42-4　Ⓝ281

内容　二〇一二年（浜田幸一　樋口廣太郎 ほか）　二〇一三年（大島渚　山内溥 ほか）　二〇一四年（永井一郎　坂井義則 ほか）　二〇一五年（赤瀬川隼　桂米朝 ほか）　二〇一六年（蜷川幸雄　中村紘子 ほか）

赤瀬川 隼〔1931～2015〕　あかせがわ・しゅん

◇一故人　近藤正高著　スモール出版　2017.4　415p　19cm　1800円　①978-4-905158-42-4　Ⓝ281

内容　二〇一二年（浜田幸一　樋口廣太郎 ほか）　二〇一三年（大島渚　山内溥 ほか）　二〇一四年（永井一郎　坂井義則 ほか）　二〇一五年（赤瀬川隼　桂米朝 ほか）　二〇一六年（蜷川幸雄　中村紘子 ほか）

赤塚 不二夫〔1935～2008〕　あかつか・ふじお

◇バカボンのパパよりバカなパパ　赤塚りえ子著　幻冬舎　2015.10　374p　16cm　〈幻冬舎文庫 あ-56-1〉〈徳間書店 2010年刊に加筆・修正、未収録の写真を加えたもの　文献あり〉　690円　①978-4-344-42388-6　Ⓝ726.101

内容　第1章 うちはバカボン一家と同じ？　第2章 パパが恋しい…のココロ　第3章 祝！バカ親子復活　第4章 赤塚不二夫はやっぱり「これでいいのだ」　第5章 わたしだって、殻を破るぞ！　第6章 激震！ゆれる家族　第7章 わたしの中で生きている赤塚不二夫

◇トキワ荘青春日記—1954-60　藤子不二雄Ａ著　復刊ドットコム　2016.12　219p　19cm　〈光文社 1996年刊の新規装丁〉　2000円　①978-4-8354-5441-2　Ⓝ726.101

内容　トキワ荘と、おかしな仲間たち　昭和二十九年 二十歳　昭和三十年 二十一歳　昭和三十一年 二十二歳　昭和三十二年 二十三歳　昭和三十四年 二十五歳　昭和三十五年 二十六歳　昭和三十六年 四十七歳　青春は、トキワ荘とともにあった

赤禰 武人〔1838～1866〕　あかね・たけと

◇第三代奇兵隊総督赤禰武人　松岡智訓著　岩国　岩国徴古館　2016.9　83p　21cm　〈年譜あり　文献あり〉　Ⓝ289.1

赤橋 守時〔1295～1333〕　あかはし・もりとき

◇最後の執権 北条守時—北条家の人々とゆかりの寺　守時光暉著　文芸社　2016.8　214p　19cm　〈文献あり　索引あり〉　1400円　①978-4-286-17472-3　Ⓝ288.2

内容　第1章 幕府を盤石とした北条氏各流　第2章 北条守時　第3章 北条一族ゆかりの寺

赤羽 萬次郎〔1861～1898〕　あかばね・まんじろう

◇新聞の夜明け—評伝 赤羽萬次郎と林政文　小倉正人，森英一著　金沢　北國新聞社　2018.8　2冊（セット）　19cm　1500円　①978-4-8330-2145-6　Ⓝ289.1

内容　北國新聞創刊者 赤羽萬次郎が拓いた道（創刊号の約束—北陸の発展に尽くす　松本・開智学校—教師から民権派記者　3人の先輩記者—19歳、東京へ旅立つ　東京横浜毎日—旧幕臣が民権運動の柱　名望と弾圧—田中正造のため栃木へ ほか）　北國新聞社第二代社長 林政文の生涯（長野に生まれ上京　『佐久間象山』刊行　山林事業に目覚める　日清戦争従軍　台湾へ ほか）

赤堀 猪鶴〔1938～〕　あかほり・いつる

◇ふたいてん　赤堀猪鶴著　東京図書出版　2015.10　101p　19cm　〈別タイトル：不退転　発売：リフレ出版〉　1000円　①978-4-86223-880-1　Ⓝ289.1

＊1960年11月3日、いよいよ日本との別れの日がきた。

出港の霧笛とともに投げ交わされた色とりどりの別れのテープ。日本の全てに別れを告げた。自分の夢をかなえるために…。

赤堀 政夫〔1929〜〕 あかほり・まさお
◇死刑冤罪―戦後6事件をたどる 里見繁著 インパクト出版会 2015.9 359p 19cm 〈文献あり〉 2500円 ⓘ978-4-7554-0260-9 Ⓝ327.6
|内容|第1章 雪宛は果たしたけれど―免田栄さんの場合 第2章 たった一人の反乱―財田川事件と矢野伊吉元裁判官 第3章 家族離散か―松山事件と斎藤幸夫さん 第4章 冤罪警察の罠―赤堀政夫さんと大野萌子さん 第5章 再審開始へ向けて―無実のプロボクサー袴田巌さん 第6章 DNA鑑定の呪縛―飯塚事件と足利事件

赤間 森水〔1905〜1982〕 あかま・しんすい
◇民謡地図 別巻 民謡名人列伝 竹内勉著 本阿弥書店 2014.12 285p 20cm 〈布装 年表あり〉 3200円 ⓘ978-4-7768-1157-2 Ⓝ388.91
|内容|初代浜田喜一―主役だけを演じた江差追分の名人 浅利みき―津軽じょんがら節をじょっぱりだけで歌う 木田林松栄――の糸を叩き抜いた津軽三味線弾き 成田雲竹―津軽民謡の神様 菊池淡水―民謡界の偉人後藤桃水先生の教えを守った尺八奏者 赤間森水―声を含のままに使いこなして歌う 樺沢芳勝―からっ風の上州の風土を体現する声で 大出直三郎―負けん気がすべてで歌う越名の舟唄 中川千代―両津甚句でみせた天下一のキレのよさ 吉田喜正―漁船四杯と取り替えたしげさ節 髙山訓昌―音戸の舟唄を歌う写実の職人 赤坂小梅―押さば押せ 引かば押せの黒田節

赤松 小三郎〔1831〜1867〕 あかまつ・こさぶろう
◇「朝敵」と呼ばれようとも―維新に抗した殉国の志士 星亮一編 現代書館 2014.11 222p 20cm 2000円 ⓘ978-4-7684-5745-0 Ⓝ281.04
|内容|神保修理―その足跡を尋ねて 山本帯刀―会津に散る！ 長岡の若き家老 中島三郎助―幕府海軍を逸早く結成した国際通 春日左衛門―知られざる英傑 佐川官兵衛―会津の猛将から剛毅朴直の大警部へ 朝比奈弥太郎泰尚―水戸の執政、下総に散る 滝川充太郎―猪突猛進を貫いた若き猛将 森弥一左衛門陳明―桑名藩の全責任を負って切腹した 甲賀源吾―東郷平八郎が賞賛した、宮古湾の勇戦 桂早之助―新榎記 京都見廻組 玉虫左太夫―幕末東北を一つにまとめた悲運の国際人 雲井龍雄―米沢の俊英が夢見たもう一つの「維新」 赤松小三郎―日本近代化の礎を作った洋学者 松岡磐吉―榎本軍最後の軍艦「蟠龍」艦長
◇赤松小三郎ともう一つの明治維新―テロに葬られた立憲主義の夢 関良基著 作品社 2016.12 211p 20cm 〈文献あり 年譜あり〉 1800円 ⓘ978-4-86182-604-7 Ⓝ289.1
|内容|第1章 赤松小三郎の生涯と議会政治の夢（いまだ解明されていないその生涯 数学を教わる、蘭学・兵学を学ぶ ほか） 第2章 赤松小三郎の憲法構想（立憲主義の源流 天幕御合体諸藩一和 ほか） 第3章 明治維新神話とプロクルステスの寝台（左右共通の物語 吉田松陰はなぜ記憶されねばならないのか？

ほか） 第4章 そして圧政に至った（近代官僚専制システムの歴史的起源 自由な空気が後退して圧政に至ったか） 第5章 長州レジームから日本を取り戻す（戦後レジーム・永続敗戦レジーム・長州レジーム 長州レジームの特質 ほか） 付録 巻末資料

赤松 則房〔？〜1598〕 あかまつ・のりふさ
◇戦国・織豊期 赤松氏の権力構造 渡邊大門著 岩田書院 2014.10 233p 21cm（岩田選書―地域の中世 15） 2900円 ⓘ978-4-87294-880-6 Ⓝ288.2
|内容|第1章 天文・永禄年間における赤松氏の権力構造―晴政・義祐期を中心にして 第2章 戦国期西播磨における地域権力の展開―龍野赤松氏の動向を中心に 第3章 赤松広英の基礎的研究 第4章 赤松則房の基礎的研究 第5章 赤松上野家と美作国弓削荘―家格秩序の視点から 第6章 『赤松記』の作者実祐に関するノート 第7章 赤松氏と的部南条郷 第8章 赤松氏と的部北条

赤松 広英〔1562〜1600〕 あかまつ・ひろひで
◇戦国・織豊期 赤松氏の権力構造 渡邊大門著 岩田書院 2014.10 233p 21cm（岩田選書―地域の中世 15） 2900円 ⓘ978-4-87294-880-6 Ⓝ288.2
|内容|第1章 天文・永禄年間における赤松氏の権力構造―晴政・義祐期を中心にして 第2章 戦国期西播磨における地域権力の展開―龍野赤松氏の動向を中心に 第3章 赤松広英の基礎的研究 第4章 赤松則房の基礎的研究 第5章 赤松上野家と美作国弓削荘―家格秩序の視点から 第6章 『赤松記』の作者実祐に関するノート 第7章 赤松氏と的部南条郷 第8章 赤松氏と的部北条

赤松 広通 あかまつ・ひろみち
⇒赤松広英（あかまつ・ひろひで）を見よ

赤松 良子〔1929〜〕 あかまつ・りょうこ
◇忘れられぬ人々―赤松良子自叙伝 赤松良子著 ドメス出版 2014.8 209p 20cm〈年譜あり〉 2200円 ⓘ978-4-8107-0810-3 Ⓝ289.1
|内容|母 父 静枝叔母さん 従姉・従兄たち 神戸女学院での友人 津田塾時代 東大時代 労働省時代 総理府婦人問題担当室時代 ニューヨーク時代 国連女子差別撤廃委員会の友 よき友逝く
◇忘れられぬ人々―赤松良子自叙伝 続 赤松良子著 ドメス出版 2017.12 192p 20cm〈年表あり〉 2000円 ⓘ978-4-8107-0837-0 Ⓝ289.1
|内容|第1章 幼少のころ 第2章 津田塾時代の三年間 第3章 東京大学での三年間 第4章 労働省に入る 第5章 国連公使時代 第6章 歴代婦人少年局長 第7章 均等法をつくる

赤松 林太郎〔1978〜〕 あかまつ・りんたろう
◇赤松林太郎 虹のように 赤松林太郎著 道和書院 2016.11 222p 19cm 1800円 ⓘ978-4-8105-3300-2 Ⓝ762.1
|内容|1（ピアニストとして生きる あふれる音楽 パリ ハンガリーの丘で） 2（ピアノと向き合って闘うピアニスト） 3（虹のように―ヨーロッパからの手紙 音楽の万華鏡）

小明〔1985～〕 あかり
◇アイドル脱落日記―ウェディングオブザデッド 小明著 講談社 2015.12 202p 19cm 1400円 ①978-4-06-364978-9 Ⓝ779.9
[内容] 僕たちの失敗 アイドル営業日記 コドクノキワミ 引っ越し 小明壇蜜化計画 うれないアイドルはうらないに必死 上京物語 ゾンビ・オリンピック 映画に出るのだ 夏祭り〔ほか〕

東江 平之〔1930～〕 あがりえ・なりゆき
◇沖縄、時代を生きた学究―伝東江平之 辻本昌弘著 那覇 沖縄タイムス社 2017.3 309p 19cm 〈文献あり〉 2000円 ①978-4-87127-238-4 Ⓝ289.1

阿川 弘之〔1920～2015〕 あがわ・ひろゆき
◇食味風々録(ぷうぷうろく) 阿川弘之著 中央公論新社 2015.8 309p 16cm (中公文庫 あ13-6)〈新潮文庫 2004年刊の再刊〉 740円 ①978-4-12-206156-9 Ⓝ914.6
[内容] 光の味・カレーの味 ひじきの二度めし 牛の尾のシチュー ビール雑話 チーズの思い出 鰻 船の食事 まむし紀行 サンドイッチ ハワイの美味 かいぐん 弁当恋しや 土筆づくし ブルネイ料理 鯛の潮汁 鮎 卵料理さまざま 再び 福沢諭吉と鰹節 ビフテキとカツレツ 物くるる友 鮨とキャビアの物語 味の素 蟹狂乱 食堂車の思ひ出 甘味談義 置土産 対談 父さんはきっとおいしい(阿川弘之×阿川佐和子)

◇強父論 阿川佐和子著 文藝春秋 2016.7 268p 20cm 1300円 ①978-4-16-390491-7 Ⓝ910.268
[内容] 第1章 立派な老衰(一に妻子を養うため、二にいささかの虚栄心のため 老人ホームに入れたら、自殺してやる! ほか) 第2章 父とわたし(結論から言え、結論から なんという贅沢なヤツだ! ほか) 第3章 父と母(この草履を切り刻んでやる これでもウチはまともなほうだ ほか) 第4章 最期の言葉(お前の名前はお墓から取った 三味線にしちまうぞ! ほか)

◇強父論 阿川佐和子著 文藝春秋 2018.12 281p 16cm (文春文庫 あ23-25) 650円 ①978-4-16-791196-6 Ⓝ910.268
[内容] 第1章 立派な老衰(一に妻子を養うため、二にいささかの虚栄心のため 老人ホームに入れたら、自殺してやる! ほか) 第2章 父とわたし(結論から言え、結論から なんという贅沢なヤツだ! ほか) 第3章 父と母(この草履を切り刻んでやる これでもウチはまともなほうだ ほか) 第4章 最期の言葉(お前の名前はお墓から取った 三味線にしちまうぞ! ほか)

◇文士たちのアメリカ留学 一九五三-一九六三 斎藤禎著 書籍工房早山 2018.12 327p 19cm 2500円 ①978-4-904701-54-6 Ⓝ910.264
[内容] 第1章 文士にとって留学は、夢のまた夢 第2章 「文士留学の仕掛け人」坂西志保と、チャールズ・B・ファーズ 第3章 阿川弘之は「原爆小説」を書いたから、アメリカに招かれたか 第4章 大岡昇平、安岡章太郎は、アメリカで、ことに南部で何を見たのか 第5章 江藤淳、英語と格闘す 第6章 庄野潤三と名作『ガンビア滞在記』の誕生 第7章 有吉佐和子は、アメリカ人社会では間違いなく「NOBODY」だったか 第8章 小島信夫は、なぜ、単身でアメリカに行ったか 第9章 アメリカから帰った福田恆存は、「文化人」の「平和論」を果敢に攻撃した 第10章 改めて考える。ロックフェラー財団による文士のアメリカ留学とは何だったのか

安藝 皎一〔1902～1985〕 あき・こういち
◇土木技術者の気概―廣井勇とその弟子たち 高橋裕著, 土木学会廣井勇研究会編集協力 鹿島出版会 2014.9 206p 19cm 〈文献あり 年表あり〉 1900円 ①978-4-306-09438-3 Ⓝ517.028
[内容] 廣井勇とその弟子たち(古市公威から廣井勇へ、近代化の扉を開く 天空を覚った真の技術者―青山士 生涯を台湾の民衆に捧げた八田與一 雄大な水力発電事業を実行した久保田豊 科学技術立国に一生を捧げた宮本武之輔 河川哲学を確立した安藝皎一) 今後のインフラ整備に向けて(今後のインフラをどうするか 今後のインフラ整備への条件)

◇河川工学者三代は川をどう見てきたのか―安藝皎一、高橋裕、大熊孝と近代河川行政一五〇年 篠原修著 農文協プロダクション 2018.3 447p 19cm 〈文献あり 年表あり 索引あり 発売:農山漁村文化協会〉 3500円 ①978-4-540-18140-5 Ⓝ517.091
[内容] 内務省河川行政の時代(川との付き合い方、議論のポイント 内務省土木局の時代 安藝皎一の登場 ほか) 復興・高度成長と河川(戦後大水害の時代(昭和二〇～三四年) 高橋裕と安藝皎一の出会い 水害論争 ほか) 環境・景観・自治の河川へ(大熊孝、長岡へ 高橋裕の土木学会 市民工学者・大熊孝 ほか)

秋枝 蕭子〔1920～〕 あきえ・しょうこ
◇明日は明日の陽が昇る―福岡女子大学名誉教授秋枝蕭子聞き書き 秋枝蕭子述, 神屋由紀子著 福岡 不知火書房 2015.7 271p 19cm 〈年譜あり〉 1500円 ①978-4-88345-106-7 Ⓝ289.1
[内容] 第1章 男も女も強く優しく 第2章 戦時下の青春 第3章 学生とともに 第4章 女子教育の歩み 第5章 平等を目指して 第6章 明日への遺言

秋草 俊〔1894～1949〕 あきくさ・しゅん
◇日本のスパイ王―陸軍中野学校の創設者・秋草俊少将の真実 斎藤充功著 学研プラス 2016.12 238p 19cm 〈文献あり 年譜あり〉 2000円 ①978-4-05-405984-9 Ⓝ289.1
[内容] 第1章 スパイ・マスターの足跡 第2章 スパイ・アカデミー「陸軍中野学校」略史 第3章 近代日本のインテリジェンスのルーツ 第4章 激動のヨーロッパにおける諜report活動 第5章 東満の国境守備隊長時代 第6章 終戦―ハルビン 第7章 「情報の世界」で散ったスパイ・マスター

秋里 籬島〔江戸時代後期〕 あきさと・りとう
◇秋里籬島と近世中後期の上方出版界 藤川玲満著 勉誠出版 2014.11 350,20p 22cm 〈年譜あり 索引あり〉 8500円 ①978-4-585-22107-4 Ⓝ023.16

|内容| 第1部 籬島の伝記、文学活動と文化圏（籬島の伝記—『秋里家譜』から　籬島の俳諧活動　『天橋立紀行』に見る交遊圏　吉野屋為八の出版活動　俳人三居庵古音史をめぐる書肆の動向）　第2部 知の基盤と著作の形成・出版（『信長記拾遺』考　『忠孝人竜伝』考　『都名所図会』『拾遺都名所図会』考　『京の水』考　『大和名所図会』考　『東海道名所図会』考　『蓮如上人御旧跡絵抄』の周辺）

秋篠宮佳子　あきしののみやかこ
⇒佳子内親王（かこないしんのう）を見よ

秋篠宮悠仁　あきしののみやひさひと
⇒悠仁親王（ひさひとしんのう）を見よ

秋篠宮文仁親王〔1965～〕　あきしののみやふみひとしんのう
◇天皇家と生物学　毛利秀雄著　朝日新聞出版　2015.4　301p　19cm　（朝日選書 932）〈文献あり〉　1500円　①978-4-02-263032-2　Ⓝ288.4

|内容| 君主と学問（外国の君主と学問の関係　わが国の皇室と学問）　第1章 初代昭和天皇（昭和天皇のおいたち　東宮御学問所時代　ほか）　第2章 第二代今上（明仁）天皇と常陸宮（皇居と御用邸　天皇家と馬　東京大学理学部動物学教室と植物学教室　明仁天皇のおいたち　ご成婚から現在の時代へ　ほか）　第3章 第三代秋篠宮と黒田清子さん（秋篠宮のおいたちとご経歴　秋篠宮のご業績、ナマズ研究とニワトリの分子系統　ほか）　第4章 国際生物学賞について（生物学のノーベル賞を—国際生物学賞　国際生物学賞の受賞者たち　ほか）

秋月 定良〔1924～〕　あきずき・さだよし
◇じいちゃんの青春—戦争の時代を生きぬいて　秋月枝利子著　福岡　海鳥社　2014.7　201p　19cm　〈文献あり〉　1400円　①978-4-87415-913-2　Ⓝ289.1

秋月 悌次郎〔1824～1900〕　あきずき・ていじろう
◇会津人探究—戊辰戦争生き延びし者たちにも大義あり　笠井尚著　ラピュタ　2018.8　237p　19cm　〈文献あり　索引あり〉　1800円　①978-4-905055-54-9　Ⓝ281.26

|内容| 序章 会津にとっての戊辰戦争　第1章 松平容保—至誠の人か政治家か　第2章 会津藩老・西郷頼母—孤高なる保守派　第3章 秋月悌次郎—古武士然とした開明派　第4章 山本覚馬—会津の開明派の筆頭　第5章 広沢安任—京都で公用方・洋式牧畜の租　第6章 山川健次郎—晩年は清貧に徹す　第7章 新島八重—狭き神の門を叩く　第8章 会津と共に敗れし者たちの胸中

秋田 雨雀〔1883～1962〕　あきた・うじゃく
◇ドラマチック・ロシアin JAPAN 4　日露異色の群像30—文化・相互理解に尽くした人々　続　長塚英雄責任編集　生活ジャーナル　2017.12　531p　22cm　〈3の出版social：東洋書店〉　2800円　①978-4-88259-166-5　Ⓝ319.1038

|内容| レフ・メーチニコフ（1838 - 1888）西郷が呼んだロシアの革命家　ニコライ・ラッセル（1850 - 1930）子孫が伝える二〇世紀の世界人の記憶　黒野義文（？- 1918）東京外国語学校露語科からペテルブルグ大学東洋語学部へ　小西増太郎（1861 - 1939）トルストイとスターリンに会った日本人—激動の昭和を生きた祖父小西増太郎　ニコライ・マトヴェーエフ（1865 - 1941）マトヴェーエフと戦後最初のロシア人観光団　徳富蘆花（1868 - 1927）日本におけるトルストイ受容の先駆者として　セルギイ・チホミーロフ（1871 - 1945）日本の府主教セルギイ—その悲劇の半生　内田良平（1874 - 1937）「黒龍会」内田良平のロシア観　瀬沼夏葉（1875 - 1915）瀬沼夏葉とチェーホフ作品の翻訳　相馬黒光（1875 - 1955）"アンビシャスガール"とロシア文化（ほか）

秋田 實〔1905～1977〕　あきた・みのる
◇上方漫才黄金時代　戸田学著　岩波書店　2016.6　258p　20cm　〈文献あり〉　2600円　①978-4-00-061130-5　Ⓝ779.14

|内容| 第1章 漫才作者、秋田實のいた時代　第2章 秋田實門下の若手たち　第3章 戦後上方漫才の台頭　第4章 続出する演芸場と人気漫才　第5章 華やかなりし音楽ショウ　第6章 上方漫才の周辺　第7章 戦後新時代の漫才　第8章 秋田實とその後

◇秋田實 笑いの変遷　藤田富美恵著　中央公論新社　2017.9　285p　20cm　〈年譜あり〉　1850円　①978-4-12-005001-5　Ⓝ779.14

|内容| 第1章 笑いのある日常　第2章 左翼活動　第3章 「脱萬歳」から「新漫才」　第4章 笑いの試行錯誤　第5章 戦時下の漫才　第6章 京都時代の仕事　第7章 宝塚新芸座時代　第8章 漫才作家養成　第9章 ライフワーク時代

秋野 公造〔1967～〕　あきの・こうぞう
◇明日の「健康ニッポン」を造る。　あきの公造著　潮出版社　2016.2　151p　19cm　833円　①978-4-267-02043-8　Ⓝ289.1

|内容| 第1章 苦しんでいる一人のために、政治はある（胃がん予防のためのピロリ菌除菌の保険適用を実現！　法整備をリード「遠位型ミオパチー・先天性ミオパチー」が難病指定に　ほか）　第2章 すべては「郷土愛」から始まった（最initiallyは見向きもされなかった「軍艦島」を、世界遺産に！　中世へのロマンあふれる「元寇沈没船」保護へ、自ら潜水視察！ほか）　第3章 国家制度の谷間に埋もれる人を見逃さない（国民年金（月額6万6000円）で暮らせる住まいの実現へ　団地再生が、高齢社会と地域を救う　ほか）　第4章 九州・沖縄発、世界へ広げたい「平和の心」（険悪化する「日中韓」関係のなか、三カ国環境大臣会合」実現へ奔走　フィリピン豪雨災害支援で、フィリピン政府から感謝状　ほか）　終章 「国を治します」あきの公造ビジョン（「人」と「国」を健康にします！　暮らしのセーフティネットを強化します　ほか）

あきの はじめ〔1937～〕
◇闇にこそ光輝く　あきのはじめ著　文芸社　2017.4　131p　19cm　1100円　①978-4-286-18017-5　Ⓝ289.1

明仁上皇　あきひとじょうこう
⇒上皇明仁（じょうこうあきひと）を見よ

秋元 薫〔1945～〕　あきもと・かおる
◇イッツ・オールライト！—我が人生、悔いのない日々、ありがとう　秋元薫著　〔藤沢〕　秋

元薫　2017.4　146p　21cm　〈他言語標題：It's all right！〉　1000円　Ⓝ289.1

秋元　久雄〔1948～〕　あきもと・ひさお
◇異端児─稀代のリーダー　平成建設・秋元久雄の生き方　松下隆一著　京都　PHP研究所　2017.11　219p　19cm　1500円　Ⓘ978-4-569-83864-9　Ⓝ289.1
|内容|第1章 秋元久雄という男　第2章 売る　第3章 つくる　第4章 これぞ平成建設　第5章 言葉　第6章 異端児論

秋元　松代〔1911～2001〕　あきもと・まつよ
◇劇作家　秋元松代─荒地にひとり火を燃やす　山本健一著　岩波書店　2016.11　430,8p　20cm　〈文献あり　年譜あり〉　3400円　Ⓘ978-4-00-061166-4　Ⓝ912.6
|内容|第1章 想う　第2章 家を出る　第3章 デビューのころ　第4章 脱皮　第5章 放送劇はやめられない　第6章 娼婦たち　第7章 リアリズムを超える　第8章 敗戦後に甦る和泉式部伝説　第9章「七人みさき」の天皇制　第10章 蜷川幸雄との出会い　第11章 八ヶ岳への移住　第12章 旅する心─評伝「菅江真澄」　最終章 勝つ

秋元　康〔1956～〕　あきもと・やすし
◇AKB48とニッポンのロック─秋元康アイドルビジネス論　田中雄二著　スモール出版　2018.6　702p　19cm　〈文献あり〉　2800円　Ⓘ978-4-905158-57-8　Ⓝ767.8
|内容|プロローグ　AKB48の何が新しかったのか？　秋元康はどこからきたのか？　作詞家としての秋元スタイル　モーニング娘。という存在の意味　AKB48は「大人数アイドル」という実験の結晶だった　AKB48は素人パワーを結晶化したグループだった　AKB48の音楽的ビジネススキーム　AKB48始動する　AKB48のメディア戦略。事務所移籍とテレビ進出〔ほか〕

秋元　安民〔1823～1862〕　あきもと・やすたみ
◇姫路藩幕末の華秋元安民　松岡秀隆著　福崎町（兵庫県）　松岡秀隆　2015.6　212p　19cm　〈附・春山弟彦　制作：交友プランニングセンター/友月書房（神戸）〉　3800円　Ⓘ978-4-87787-660-9　Ⓝ289.1

秋山　和慶〔1941～〕　あきやま・かずよし
◇ところで、きょう指揮したのは？─秋山和慶回想録　秋山和慶, 冨沢佐一著　アルテスパブリッシング　2015.2　259,19p　19cm　〈文献あり　作品目録あり　年譜あり　索引あり〉　1900円　Ⓘ978-4-86559-117-0　Ⓝ762.1

秋山　準〔1969～〕　あきやま・じゅん
◇巨星を継ぐもの　秋山準著　徳間書店　2018.3　283p　19cm　〈他言語標題：INHERIT THE GIANT STARS〉　1650円　Ⓘ978-4-19-864593-9　Ⓝ788.2
|内容|第1章 伝統と赤字を背負って（立派な赤字会社だった　五〜六月の給与未払いも　ほか）　第2章 ノアの舟から全日本の船へ（鶴田も三沢も巻けなかったPWFのベルト　ノアの選手で全日本のチャンピオン　ほか）　第3章 プロレスラーを志すもの（「教え子からプロレスラーを出したい」　「馬場さんと会っていたら秋山は断るかも」　ほか）　第4章 トップレスラーの系譜（三沢の持ち歌は「キャシャーン」　どんな技でも受け身を取れる絶対の自信　ほか）　第5章 先達と後進のはざまで（WWEに渡った馬場の技術　「関節攻めが効かない」馬場の体　ほか）　全日本プロレス「新旧社長」対談─VS武藤敬司

秋山　庄太郎〔1920～2003〕　あきやま・しょうたろう
◇色いろ花骨牌　黒鉄ヒロシ著　小学館　2017.5　267p　15cm　（小学館文庫　く12-1）〈講談社2004年刊に「萩─生島治郎さん」を加え再刊〉　600円　Ⓘ978-4-09-406158-1　Ⓝ702.8
|内容|雨─吉行淳之介さん　月─阿佐田哲也さん　桜─尾上辰之助さん（初代）　松─芦田伸介さん　菊─園山俊二さん　桐─柴田錬三郎さん　牡丹─秋山庄太郎さん　菖蒲─近藤啓太郎さん　萩─生島治郎さん

秋山　千代〔1905～1997〕　あきやま・ちよ
◇秋山祐徳太子の母　秋山祐徳太子著　新潮社　2015.6　215p　20cm　1800円　Ⓘ978-4-10-339321-4　Ⓝ289.1
＊三年連続芸大受験番号1番奪取計画の時も。ブリキ彫刻誕生のきっかけもその時も。公然猥褻物陳列罪容疑でお縄になった時も。落選必至、二度の都知事選立候補の時も…。堂々とおまいらしく生きな、と常に息子を励まし、尻を叩き、むしろそそのかした母。人情厚く正義感強く、無類の面白がり屋で、九十歳でも六十の息子の食事を毎日せっせと作り、最期の瞬間まで果敢な母であり続けた秋山千代。母・息子、一子一人の心豊かな極上の日々を活写する、自伝的書下ろし長篇エッセイ。

秋山　徳蔵〔1888～1974〕　あきやま・とくぞう
◇味─天皇の料理番が語る昭和　秋山徳蔵著　改版　中央公論新社　2015.1　241p　16cm　（中公文庫　あ66-2）　800円　Ⓘ978-4-12-206066-1　Ⓝ596.049
|内容|黄金の箸と黄金の皿　ヨーロッパ庖丁修業　大膳頭　福ική食卓の味　果物の味　天皇のお食事　中国の謎　饗宴にうつる歴史の影　終戦前後覚え書　日本の美味　修業時代は料理なり　附・完全な食卓作法

秋山　二三雄〔1946～〕　あきやま・ふみお
◇落第銀行マンだからできた逆張り経営─「常識」に挑み続けて30年、地域No.1住宅会社のこれから　秋山二三雄著　ダイヤモンド社　2017.9　198p　〈年譜あり〉　1400円　Ⓘ978-4-478-10217-6　Ⓝ520.67
|内容|第1章 やり過ぎるほど働いた銀行員時代　第2章 独立、過酷な現実に立ち向かう　第3章 分離発注で躍進、見いだした活路　第4章 造成も自前で、大規模開発へ　第5章 高品質の住宅を低価格で提供するために　第6章 少数精鋭で未来の家に挑む

秋山　昌廣〔1940～〕　あきやま・まさひろ
◇元防衛事務次官　秋山昌廣回顧録─冷戦後の安全保障と防衛交流　秋山昌廣著, 真田尚剛, 服部龍二, 小林義之編　吉田書店　2018.12　331p

20cm 〈年譜あり 索引あり〉 3200円 Ⓘ978-4-905497-69-1 Ⓝ392.1076

内容 第1章 大蔵省から防衛庁へ―防衛審議官、人事局長 第2章 細川・村山政権の安全保障政策―防衛庁経理局長 第3章 橋本政権の安全保障政策―防衛庁防衛局長(1) 第4章 普天間基地移設・日米安保共同宣言・日米ガイドライン―防衛庁防衛局長(2) 第5章 新防衛大綱と中期防衛力整備計画―防衛庁防衛局長(3) 第6章 防衛庁改革と防衛交流―防衛事務次官 第7章 二一世紀の安全保障―海洋政策研究財団会長・東京財団理事長 関連資料

秋山 祐徳太子〔1935～〕 あきやま・ゆうとくたいし

◇秋山祐徳太子の母 秋山祐徳太子著 新潮社 2015.6 215p 20cm 1800円 Ⓘ978-4-10-339321-4 Ⓝ289.1

＊三年連続芸大受験番号1番奪取計画の時も。ブリキ彫刻誕生のまさにその時も。公然猥褻物陳列罪容疑でお縄になった時も。落選必至、二度の都知事選立候補の時も…。堂々とおまいらしく生きるな、と常に息子を励まし、尻を叩き、むしろそのかした母。人情厚く正義感強く、無類の面白がり屋で、九十すぎても六十の息子の食事を毎日せっせと作り、最期の瞬間まで勇敢な母であり続けた秋山千代。母一人、子一人の心豊かな極上の日々を活写、自伝的書下ろし長篇エッセイ。

穐吉 敏子〔1929～〕 あきよし・としこ

◇エンドレス・ジャーニー―終わりのない旅 秋吉敏子著. 岩崎哲也聞き手 祥伝社 2017.12 217,10p 19cm 〈作品目録あり 年譜あり〉 1500円 Ⓘ978-4-396-61634-2 Ⓝ764.7

内容 第1章 七〇年のジャズ生活―今だからわかること(自分に親切にしてあげる。自分にチャンスを与えてあげる コントロールできないものは心配しない ほか) 第2章 ピアノ―「自分らしさ」を探して(どうやって自分の音楽に変えていくか 好き嫌いで決めていいか ほか) 第3章 作曲―才能について(自分のアイデンティティのために 才能の問題ではない ほか) 第4章 一九五〇・六〇年代のアメリカとジャズ・ミュージシャンたち出会った巨匠たち(一九六〇年代のアメリカ―激動の時代の中で ストリービルでの共演者たち ほか) 第5章 ロング・イエロー・ロード―終わりのない旅(三つの曲につけた「イエロー」 「ヒロシマ」に託した思い ほか)

AKIRA〔1981～〕

◇THE FOOL―愚者の魂 EXILE AKIRA著 毎日新聞出版 2018.8 250p 19cm 1500円 Ⓘ978-4-620-32515-6 Ⓝ769.1

内容 第1章 出発 第2章 可能性 第3章 自由 第4章 脱出 第5章 混沌 第6章 解放 終章 愚かさと賢さ

阿久 悠〔1937～2007〕 あく・ゆう

◇阿久悠 詞と人生 吉田悦志著 明治大学出版会 2017.3 208p 20cm (明治大学リバティブックス)〈発売：丸善出版〉 2000円 Ⓘ978-4-906811-20-5 Ⓝ911.52

内容 第1章 父と子 第2章 ダンディズム 第3章 東京 第4章 作詞家・阿久悠の誕生 第5章 「作詞家憲法十五条」 第6章 「女」から「女性」へ 第7章 詞と文学

◇作詞家・阿久悠の軌跡―没後10年・生誕80年完全保存版 濱口英樹監修 リットーミュージック 2017.11 287p 24cm 〈索引あり〉 3200円 Ⓘ978-4-8456-3150-6 Ⓝ911.52

内容 阿久悠直筆原稿 『作詞家・阿久悠の軌跡』刊行にあたって 阿久悠作詞家憲法15条 作詞家デビューまでの軌跡1937・1965 阿久悠コンピレーションアルバムリスト 第1章 シングルA面・ディスコグラフィー 第2章 シングルB面、アルバム収録曲、未発表詞プロジェクト作品、社歌・校歌・未商品化作品等 第3章 データ分析・資料編 第4章 寄稿＆インタビュー

芥川 也寸志〔1925～1989〕 あくたがわ・やすし

◇芥川也寸志―昭和を生き抜いた大作曲家 芥川眞澄監修, 新・3人の会著 ヤマハミュージックエンタテインメントホールディングス 2018.4 111p 26cm (日本の音楽家を知るシリーズ)〈文献あり 作品目録あり〉 1800円 Ⓘ978-4-636-94818-9 Ⓝ762.1

内容 第1章 出生と歩み(昭和をまるごと生きた大作曲家 芥川也寸志の系譜を訪ねて ほか) 第2章 デビューまでの道のり(東京音楽学校へ 人生の決断 ほか) 第3章 "3人の会"の時代("3人の会"を結成 "3人の会"始動 ほか) 第4章 映画、放送、バレエ、コマーシャル(オペラとドラマ テレビとラジオと也寸志 ほか) 第5章 芥川也寸志の功績と遺志(新交響楽団と奏楽堂 指揮者としての也寸志 ほか)

芥川 龍之介〔1892～1927〕 あくたがわ・りゅうのすけ

◇芥川龍之介ハンドブック 庄司達也編 鼎書房 2015.4 207p 21cm 〈年譜あり〉 1800円 Ⓘ978-4-907282-13-4 Ⓝ910.268

内容 芥川文学の窓―庄司達也・篠崎美生子編(家 教養/教育 蔵書 ほか) 作品論の窓―奥野久美子・五島慶一編(秋 アグニの神 浅草公園 ほか) 芥川龍之介研究案内(研究史 中国における芥川龍之介研究 台湾における芥川龍之介研究 ほか)

◇芥川龍之介の長崎―芥川龍之介はなぜ文学の舞台に日本西端の町を選んだのか 龍之介作品五篇つき 新名規明著 長崎 長崎文献社 2015.5 260p 19cm 1200円 Ⓘ978-4-88851-237-4 Ⓝ910.268

内容 第1部 評論 芥川龍之介の長崎 第2部 長崎を舞台とする芥川龍之介作品(ロレンゾオの恋物語 煙草と悪魔 奉教人の死 じゅりあの・吉助 おぎん 作品解説) 第3部 芥川龍之介と長崎人(永見徳太郎―長崎文化の伝道者 渡辺庫輔―郷土史家としての大成 蒲原春夫―郷土作家としての活躍 照菊―風流の女神)

◇芥川龍之介の世界 中村真一郎著 岩波書店 2015.12 354p 15cm (岩波現代文庫―文芸 272) 1100円 Ⓘ978-4-00-602272-3 Ⓝ910.268

内容 1(芥川龍之介の世界) 2(芥川龍之介全集編集余話 作家の可能性と成熟との関連について―芥川の『路上』とアナトール・フランスの『赤い百合』のことなど ある文学的系譜―芥川龍之介・堀辰雄・

あけち

立原道造） 3（芥川龍之介文学紀行 早春の巡礼）

◇芥川龍之介　笠井秋生，福田清人編　新装版　清水書院　2016.8　198p　19cm　（Century books―人と作品）〈文献あり　年譜あり　索引あり〉　1200円　①978-4-389-40104-7　Ⓝ910.268

内容　第1編 芥川龍之介の生涯（幼年時代の追憶　マントと角帽の青春　青年作家の誕生　疲労と転機の秋　死へ飛ぶ病屋）　第2編 作品と解説（羅生門　鼻　蜘蛛の糸　地獄変　奉教人の死　舞踏会　杜子春　薮の中　トロッコ　河童）　第3編 芥川龍之介の死

◇芥川追想　石割透編　岩波書店　2017.7　525p　15cm　（岩波文庫 31-201-2）　1000円　①978-4-00-312012-5　Ⓝ910.268

内容　1（芥川の事ども（菊池寛）　杳掛にて―芥川君の事（志賀直哉）　2（友人芥川の追憶（恒藤恭）　芥川君の戯曲（山本有三）ほか　3（宇野に対する彼の友情（広津和郎）　芥川竜之介氏の死（水上滝太郎）ほか　4（芥川君の思出（野口冨造）　回想（西川英次郎）ほか　5『芥川竜之介全集』の事ども（小島政二郎）　心覚えなど（佐佐木茂索）ほか　6（二十三年ののちに（芥川文）　父竜之介の映像（芥川比呂志）ほか）

◇芥川龍之介　鷺只雄編著　新装版　河出書房新社　2017.10　222p　21cm　（年表作家読本）〈索引あり〉　1800円　①978-4-309-02615-2　Ⓝ910.268

内容　第1章 幼少年時代（明治二五～三八年三月）　第2章 三中・一高・東大時代（明治三八年四月～大正五年一一月）　第3章 海軍機関学校教官時代（大正五年一二月～八年三月）　第4章 作家時代「前期」（大正八年四月～一〇年七月）　第5章 作家時代「中期」（大正一〇年八月～一二年）　第6章 作家時代「後期」（大正一三～一五年）　第7章 晩年と死（昭和二年）　第8章 没後史

芥川 瑠璃子〔1916～2007〕あくたがわ・るりこ

◇百年の薔薇―芥川の家の中で　芥川瑠璃子,芥川耿子著　春陽堂書店　2014.6　235p　20cm　1800円　①978-4-394-90313-0　Ⓝ289.1

内容　芥川の家の中で（芥川家と西川家　従姉弟たちの青春時代　芸術と生と死と　詩集『薔薇』の誕生　二人きりの劇場　晩年）　瑠璃子詩篇

明智 光秀〔1528～1582〕あけち・みつひで

◇ここまでわかった！明智光秀の謎　『歴史読本』編集部編　KADOKAWA　2014.9　287p　15cm　（新人物文庫 れ-1-49）〈年譜あり〉　750円　①978-4-04-601031-5　Ⓝ289.1

内容　第1部 徹底追跡！明智光秀の生涯（足利義昭の足軽衆となる　義昭とともに入京する　湖西の要衝・宇佐山城主となる　ほか）　第2部 明智光秀をめぐる7つの論点（光秀の出自の謎　光秀を支えた一族と家臣団　"文化人" としての光秀　ほか）　第3部 本能寺の変はなぜ起きたのか？（長宗我部氏から見た本能寺の変　信長を脅かした東瀬戸内の細川・三好勢力　虚飾に満ちた光秀の「動機」の数々　特別付録 原文と現代語訳で読む『惟任退治記』）

◇明智光秀―資料とともにたずねる智将明智光秀のゆかりの地と劇的な人生　信原克哉著　編集工房ソシエタス　2014.9　335p　26cm　〈年譜あり　文献あり〉　2500円　①978-4-908121-00-5　Ⓝ289.1

◇明智光秀と本能寺の変　小和田哲男著　PHP研究所　2014.11　256p　15cm　（PHP文庫 お14-5）〈「明智光秀」（1998年刊）の改題，加筆・修正〉　620円　①978-4-569-76271-5　Ⓝ289.1

内容　第1章 「歴史以前」の光秀　第2章 信長に仕える光秀　第3章 坂本城主への抜擢　第4章 光秀の丹波経略と「近畿管領」　第5章 本能寺の変直前の光秀　第6章 光秀謀反の原因は何か　第7章 山崎の戦いと光秀の死

◇明智光秀「誠」という生き方　江宮隆之著　KADOKAWA　2015.2　253p　15cm　（新人物文庫 え-2-2）〈文献あり　年譜あり〉　700円　①978-4-04-601035-3　Ⓝ289.1

内容　序章 誠の人・明智光秀　第1章 自らを磨き続ける　第2章 二人の主君を持つ　第3章 人生の転機を見逃さない　第4章 危機のときこそ粉骨砕身　第5章 「脱皮」すべき時を知る　第6章 敗者への処遇　第7章 成功後に失敗に備える　第8章 違和感を封じ込めない　第9章 守るべきもののために　第10章 ハイリスクに賭けるということ　終章 桔梗の紋―それからの光秀

◇明智光秀　藤田達生, 福島克彦編　八木書店古書出版部　2015.10　369,17p　22cm　（史料で読む戦国史 3）〈布装　文献あり　年譜あり　発売：八木書店〉　4800円　①978-4-8406-2210-3　Ⓝ289.1

内容　第1部 史料編（明智光秀文書集成）　第2部 論考編（明智光秀花押の経年変化と光秀文書の年次比定　明智光秀の書札礼　戦国政治と足利将軍　明智光秀と小畠永明―織田権力期における丹波の土豪　織田停戦令と派閥抗争　本能寺の変研究の新段階―「石谷家文書」の発見　足利義昭の上洛戦―「石谷家文書」を読む）　付録

◇明智光秀の生涯と丹波福知山　小和田哲男監修　福知山　福知山市　2017.3　224p　21cm　〈年譜あり〉　1000円　Ⓝ289.1

◇明智光秀の正体　咲村庵著　名古屋　ブイツーソリューション　2017.11　230p　19cm　〈年表あり〉　1900円　①978-4-86476-535-0

◇生きていた光秀―本能寺の変　井上慶雪著　祥伝社　2018.2　265p　20cm　〈文献あり〉　1600円　①978-4-396-61640-3　Ⓝ210.48

内容　第1章 明智光秀の生涯を再検討する　第2章 明智光秀から天海僧正への転生, その道程　第3章 徳川幕府中枢との黒い接点　第4章 関ヶ原の合戦と天海　第5章 家康の死を乗り越えて　第6章 日光東照宮と天海

◇信長・光秀の死亡史料　岸元史明著　〔ふじみ野〕　国文学研究所　2018.7　291p　21cm　2000円　Ⓝ210.48

◇光秀からの遺言―本能寺の変436年後の発見　明智憲三郎著　河出書房新社　2018.9　331p　19cm　〈他言語標題：A will from Mitsuhide　文献あり〉　1400円　①978-4-309-22743-6　Ⓝ289.1

内容　系譜編（歪められた真実　明智系図の捜査　光秀の所在の捜査　新証拠による解明　解明された光

あさい

の出自　土岐明智氏史料年表）　生涯編（明智光秀生涯ストーリー　明智光秀人物ストーリー　明智光秀全史料年表）

◇明智光秀残虐と謀略──一級史料で読み解く　橋場日月著　祥伝社　2018.9　260p　18cm　〈祥伝社新書 546〉　840円　①978-4-396-11546-3　Ⓝ289.1
内容　1章 虚像と実像　2章 ふたりの主君　3章 勝ち抜くために何をしたか　4章 現われた謀略家の素顔　5章 織田家中の筆頭格へ伸し上がる　6章 絶頂期と、その陰り　7章 野望、潰える

◇図説明智光秀─オールカラー！　柴裕之編著　戎光祥出版　2018.12　157p　21cm　〈文献あり　年譜あり〉　1800円　①978-4-86403-305-3　Ⓝ289.1
内容　巻頭特集 光秀研究の新展開　第1章 才略を尽くし、坂本城主へ　第2章 激動の丹波攻めとその経営　第3章 燃えゆく本能寺、逆臣へのみち　第4章 光秀を支えた一族と家臣　第5章 光秀の伝説と史跡をめぐる

浅井 忠〔1856〜1907〕　あさい・ちゅう
◇明治を彩る光芒──浅井忠とその時代　北脇洋子著　展望社　2014.10　345p　20cm　2700円　①978-4-88546-288-7　Ⓝ723.1
内容　第1部 洋画に志して（工部美術学校　洋画の冬の時代　浅井の画の語るもの　明治美術会　従軍画家　白馬会─洋画壇の二分（紫派と脂派）　浅井と子規）　第2部 在仏の二年間（パリ万博の日々　グレーの秋から冬　帰国前後）　第3部 京都で三足の草鞋をはく（京都に洋画をひろめる　図案家として　京都における浅井の洋画　漱石の落胆）

浅井 啼魚〔1875〜1937〕　あさい・ていぎょ
◇大阪の俳人たち　7　大阪俳句史研究会編　大阪　和泉書院　2017.6　256p　20cm　〈上方文庫 41─大阪俳句史研究会叢書〉　2600円　①978-4-7576-0839-9　Ⓝ911.36
内容　高浜虚子（明治7年2月22日〜昭和34年4月8日）　川西和露（明治8年4月20日〜昭和20年4月1日）　浅井啼魚（明治8年10月4日〜昭和12年8月19日）　尾崎放哉（明治18年1月20日〜大正15年4月7日）　橋本多佳子（明治32年1月15日〜昭和38年5月29日）　小寺正三（大正3年1月16日〜平成7年2月12日）　桂信子（大正3年11月1日〜平成16年12月16日）　森澄雄（大正8年2月7日〜平成8年8月18日）　山田弘子（昭和9年8月24日〜平成22年2月7日）　摂津幸彦（昭和22年1月28日〜平成8年10月13日）

浅井 初　あさい・はつ
⇒常高院（じょうこういん）を見よ

浅井 秀政〔?〜1614〕　あさい・ひでまさ
◇浅井長政嫡子浅井帯刀秀政─近江から会津そして越後へ　落ち延びの道　浅井俊典著　増補改訂版　ミヤオビパブリッシング　2017.9　369p　19cm　〈元版のタイトル：真説浅井長政嫡子越後・浅井帯刀秀政　文献あり　発売：宮帯出版社（京都）〉　1600円　①978-4-8016-0119-2　Ⓝ289.1
内容　浅井帯刀秀政と越後浅井家　『新編会津風土記』

と『系図由緒書上帳』越後横田村横田家　上杉遺民一揆（越後一揆）と浅井帯刀秀政　浅井帯刀秀政の動静と会越国境の守護　『越後浅井氏系図』の謎　甲斐横田氏と横田山ノ内氏について　会津浅井氏　忠誠日本一　浅井長政から武田信玄（勝頼）、さらに山ノ内舜通（氏勝）へ　長政二男（万寿丸）　長政の小谷城での最期と子供たち　福田寺と『浅井三代記』と『東浅井郡誌』、『坂田郡誌』　近江浅井家と神仏白山の道（白山修験道）と大白川　その後の秀政と末裔

浅井 義晴　あさい・よしてる
⇒浅井啼魚（あさい・ていぎょ）を見よ

浅丘 ルリ子〔1940〜〕　あさおか・るりこ
◇私は女優　浅丘ルリ子著　日本経済新聞出版社　2016.7　292p　20cm　〈作品目録あり〉　1700円　①978-4-532-16994-7　Ⓝ778.21
内容　1 私の履歴書（幼い記憶　父の留学　バンコク移住　引き揚げ　心の故郷・神田　女優デビュー　名マネジャー　ファーストキス　職場恋愛　結ばれぬ恋）　2 私にとっての女優・浅丘ルリ子（映画監督山田洋次が語る女優・浅丘ルリ子─「リリーを寅さんと結婚させて欲しい」と言われていた　対談 高橋英樹×浅丘ルリ子─この人は天才なんですよ。自分で役を作り上げて、それを昇華してゆく天才　対談 近藤正臣×浅丘ルリ子─私ね、もし演じることができるならマリー・アントワネットをやりたい。あの生きざまが大好きなの）

朝賀 昭〔1943〜〕　あさか・あきら
◇角栄の「遺言」─「田中軍団」最後の秘書朝賀昭　中澤雄大著　講談社　2015.12　478p　15cm　〈講談社＋α文庫 G269-1〉〈『角栄のお庭番朝賀昭』（2013年刊）の改題、一部修正　文献あり〉　880円　①978-4-06-281636-6　Ⓝ312.1
内容　オヤジとの出会い　目白の面々─オヤジと秘書　佐藤ママと娘　列島改造前夜　「田中学校」─小沢一郎代議士誕生　ポスト佐藤をめぐって─田中政権誕生前夜　田中政権誕生─権力とカネ　日中国交回復、列島改造　政権崩壊前夜─オイルショック　落日─金脈と、越山会の女王　ロッキード事件─まさかの逮捕　「田中軍団」四十日抗争　オヤジ倒れる─「創政会」旗揚げ、「田中支配」崩壊

安積 澹泊〔1656〜1737〕　あさか・たんぱく
◇安積澹泊のものがたり　梶山孝夫著　錦正社　2015.1　121p　19cm　〈錦正社叢書 4〉　900円　①978-4-7646-0120-8　Ⓝ121.58
内容　老牛先生と私　老牛先生の家譜　朱舜水先生　老牛先生の入館　帝大友紀の議　藤原公宗　総裁としての老牛先生　神功皇后論　北条政子伝の立伝帝号の議〔ほか〕

朝河 貫一〔1873〜1948〕　あさかわ・かんいち
◇朝河貫一資料─早稲田大学・福島県立図書館・イェール大学他所蔵　山岡道男、増井由紀美、五十嵐卓、山内晴子、佐藤雄基著　早稲田大学アジア太平洋研究センター　2015.2　394p　26cm　〈研究資料シリーズ 5号〉〈年譜あり　文献あり〉　Ⓝ289.1

◇二十世紀と格闘した先人たち──一九〇〇年アジア・アメリカの興隆　寺島実郎著　新潮社

2015.9 390p 16cm （新潮文庫 て－10-2）〈「二十世紀から何を学ぶか 下 一九〇〇年への旅 アメリカの世紀、アジアの自尊」（2007年刊）の改題、加筆・修正〉 630円 ⓘ978-4-10-126142-3 Ⓝ280.4

内容 第1章 アメリカの世紀がアジア太平洋にもたらしたもの（太平洋の転換点となった米西戦争での米国の勝利 明治の青年に夢を与えたクラーク博士の実像と足跡 ヘンリー・ルース、「アメリカの世紀」を推進した男 フランクリン・ルーズベルトの対日観の歴史的変遷 敗戦後の日本を「支配」した「極端な人」マッカーサー 付マッカーサー再考への旅──呪縛とトラウマからの脱却） 第2章 国際社会と格闘した日本人（「太平洋の橋」になろうとした憂国の国際人、新渡戸稲造 キリストに生きた武士、内村鑑三の高尚なる生涯 禅の精神を世界に発信した、鈴木大拙という存在 六歳の津田梅子を留学させた明治という時代 「亡命学者」野口英世の生と死 高峰譲吉の栄光とその悲しみ 日本近代史を予言した男、朝河貫一の苦闘と日米関係 近代石炭産業の功労者、松本健次郎と日本の二十世紀 情報戦争の敗北者だった大島浩駐独大使） 第3章 アジアの自尊を追い求めた男たち（アジアの再興を図ろうとした岡倉天心の夢 「偉大な魂」ガンディーの重い問い掛け インドが見つめている──チャンドラ・ボースとパル判事 革命家・孫文が日本に問いかけたもの 魯迅が否定した馬々虎々 不倒翁・周恩来の見た日本） 第4章 二十世紀再考─付言しておくべきことと総括（一九〇〇年エルサレム──アラブ・イスラエル紛争に埋め込まれたもの 一九〇〇年香港──英国のアジア戦略 総括─結局、日本にとって二十世紀とは何だったか）

◇朝河貫一と日欧中世史研究 海老澤衷, 近藤成一, 甚野尚志編 吉川弘文館 2017.3 264,39p 22cm 〈文献あり〉 9000円 ⓘ978-4-642-02935-3 Ⓝ210.4

内容 第1部 日欧の比較封建制論と現代（朝河貫一と日欧比較封建制論─「朝河ペーパーズ」の「封建社会の性質」草稿群の分析 越前国牛原荘の研究と朝河貫一） 第2部 朝河貫一の中世史像と歴史学界（『入来文書』の構想とその史学史上の位置─日欧の中世史研究からみて 朝河貫一と日本の歴史学界 鎌倉幕府の成立と惟宗忠久─朝河貫一研究との関連で） 第3部 朝河貫一の活動とイェール大学（朝河貫一とイェール大学日本語コレクション─構築・目録作成、整理の葛藤 朝河貫一の生涯─家族・知人・教え子）

浅川 巧〔1891～1931〕 あさかわ・たくみ
◇日韓の架け橋となったキリスト者─乗松雅休から澤正彦まで 中村敏著 いのちのことば社 2015.4 110p 19cm 〈年表あり〉 1000円 ⓘ978-4-264-03347-9 Ⓝ192.1

内容 第1章 乗松雅休─日本最初の海外宣教師 第2章 田内千鶴子（尹鶴子）─三〇〇〇人の韓国人孤児の母となった日本人女性 第3章 浅川巧─白磁と植林事業を通して日韓の架け橋となったキリスト者 第4章 淵澤能恵─韓国女子教育を通して日韓の架け橋となったキリスト者 第5章 曾田嘉伊智─韓国孤児の慈父と慕われた日本人 第6章 織田楢次─生涯を韓国人伝道に捧げた宣教師 第7章 枡富安左衛門─農場経営と教育と伝道で架け橋となったキリスト者 第8章 澤正彦─韓国に対して贖罪的求道者として生きたキリスト者

朝倉 篤郎〔1928～〕 あさくら・あつろう
◇くじらが陸にあがった日─朝倉篤郎 聞き書き 木村陽治著 京都 かもがわ出版 2017.1 237p 19cm 〈年譜あり〉 1500円 ⓘ978-4-7803-0903-4 Ⓝ289.1

内容 第1章 青春時代 恋と革命（十七歳の戦争体験─土浦海軍航空隊員として 四人兄弟の末っ子─母子家庭で育つ ほか） 第2章 酪農研究者として立つ（獣医資格を失っていたことがわかり、板橋区、浅倉牧場で実践的に学びなおす 「あばれ牛の搾乳」名人？─土浦の酪農組合で働く ほか） 第3章 革新都政と革新市政とを結んで（ひょんなことから小金井市議選に立候補 先輩 西田光作議員のこと ほか） 第4章 鈴木都政下での論戦とその後（勤労福祉会館が「都立」で残った 「江戸豚」と「東京しゃも」を誰が食べたか ほか） 忘れえぬ人 朝倉篤郎の回想（名寄郵便局の青年共産同盟員 蓑島君 北海道庁細胞の松浦さん ほか）

朝倉 孝景〔1428～1481〕 あさくら・たかかげ
◇朝倉孝景─戦国大名朝倉氏の礎を築いた猛将 佐藤圭著 戎光祥出版 2014.10 326p 19cm （中世武士選書 23）〈文献あり 年譜あり〉 2600円 ⓘ978-4-86403-126-4 Ⓝ289.1

内容 第1部 但馬から越前へ（但馬время時代の朝倉氏と八木氏 朝倉氏の越前入国 南北朝・室町初期の朝倉氏歴代） 第2部 戦国大名への道（斯波氏の内紛と朝倉孝景 寛正年間の朝倉孝景と文正の政変 応仁の乱と朝倉孝景 越前の平定 晩年の孝景と氏景） 第3部 「朝倉孝景条々」の世界（「朝倉孝景条々」の伝来 「朝倉孝景条々」の本文と解釈）

浅津 富之助〔1838～1909〕 あさず・とみのすけ
◇軍艦発機丸と加賀藩の俊傑たち 徳田寿秋著 金沢 北国新聞社 2015.5 283p 19cm 〈文献あり 年表あり〉 1800円 ⓘ978-4-8330-2029-9 Ⓝ214.3

内容 1 軍艦発機丸の軌跡─加賀藩最初の洋式汽走帆船（宮腰沖に姿を見せた黒船の正体 加賀藩の軍艦事始めと黒船への関心 乗組員が決定した冬の荒海へ乗り出す ほか） 2 乗船者群像─発機丸から雄飛した俊傑たち（発機丸を横浜から国中へ廻航 佐野鼎─遣米使節に加わり見聞録を遺す 発機丸の艦将として将軍上洛を供奉 岡田雄次郎─中級藩士から公儀人や大参事に 発機丸の機関方棟取として活躍 浅津富之助─下級陪臣から貴族院議員に ほか） 3 付録（「跡戻り記」 発機丸関係略年表）

浅田 和茂〔1946～〕 あさだ・かずしげ
◇遠ざかる風景─私の刑事法研究 浅田和茂著 成文堂 2016.10 119p 20cm 1800円 ⓘ978-4-7923-7106-7 Ⓝ326.04

内容 第1部 私の刑事法研究 第2部 恩師・先生・先輩（佐伯千仭先生 刑法読書会・泉正夫先生 中山研一先生 植田重正先生・中義勝先生 豊田正明先生・竹澤哲夫先生 繁田實造先生・上田健二先生） 第3部 折々の追想

浅田 剛夫〔1942～〕 あさだ・たけお
◇人生は悠々として急げ 浅田剛夫著 名古屋 中部経済新聞社 2017.11 240p 18cm （中経マイウェイ新書 038） 800円 ⓘ978-4-

あさた

88520-213-1 Ⓝ289.1

阿佐田 哲也 あさだ・てつや
⇒色川武大（いろかわ・たけひろ）を見よ

麻田 浩〔1931～1997〕あさだ・ひろし
◇麻田浩―静謐なる楽園の廃墟　麻田浩画　京都　青幻舎　2017.10　227p　28cm　〈文献あり　著作目録あり　作品目録あり　年譜あり〉　3000円　Ⓘ978-4-86152-638-1　Ⓝ723.1087
[内容] 第1章　画家としての出発　第2章　変化する意識と画風　第3章　パリへ　第4章　帰国　第5章　晩年　参考図版リスト　麻田浩、その生涯と画業　家族の風景―辨自、鷹司、浩　麻田浩が求めた世界―創作ノートより　麻田浩年譜

浅田 真央〔1990～〕あさだ・まお
◇浅田真央―私のスケート人生　浅田真央, ワールド・フィギュアスケート編集部著　新書館　2017.12　158p　19cm　1200円　Ⓘ978-4-403-23126-1　Ⓝ784.65
[内容] プロローグ　引退発表　1　浅田真央、引退（現役引退まで　スケートをやめる）　2　浅田真央、「フィギュアスケーター・浅田真央」を語る（トリプルアクセル　ルーツ　世界の表彰台へ　二度のオリンピック　真央を支えた人々　スケートとは）　3　次のステップ（もう一度、スケートとともに　ポジティブ・シンキング　あきらめない心、感謝の心）

◇浅田真央は何と戦ってきたのか―フィギュアの闇は光を畏れた　真嶋夏歩著　ワニ・プラス　2018.12　273,14p　18cm　〈ワニブックス｜PLUS│新書　245〉〈発売：ワニブックス〉　900円　Ⓘ978-4-8470-6142-4　Ⓝ784.65
[内容] 第1章　バンクーバー五輪　最強のスケーターは誰だ　第2章　キムヨナ神話の崩壊　第3章　フィギュアスケートの採点はわかりにくい？　第4章　平昌五輪とルール改定　第5章　新採点システムの問題点　第6章　すべてはソルトレイクシティから始まった　第7章　金メダルは「組織の勝利」なのか　第8章　浅田真央が戦ってきたもの

浅野 勝人〔1938～〕あさの・かつひと
◇融氷の旅―日中秘話　浅野勝人著　青灯社　2015.7　281p　20cm　1600円　Ⓘ978-4-86228-082-4　Ⓝ319.1022
[内容] プロローグ　踏み切れなかった逆転の一発！　1　中国外相のメモ＝「麻生純一郎」の摩訶不思議　2　特ダネ・特オチ―記者не情　3　「ネット随想：友とのメール」―見渡せば鷹ばかり棲む寒い朝　4　佛様のことば：織田信長と対話　5　白鵬翔の琴線に触れた　6　「不毛の議論」打ち止め！　前へ進みませんか―靖国　7　慰安婦：自衛権　7分っちゃいな隣家の実情！　8　「もう、いがみ合いは止めよう！」―率直に語り合う日中首脳会談を提唱、第8回北京大学講義録　9　こぼれ話―中国3大名門校　エピローグ　人生区切りの遺言書

浅野 祥雲〔1891～1978〕あさの・しょううん
◇コンクリート魂―浅野祥雲大全　大竹敏之著　青月社　2014.9　207p　24cm　〈文献あり　年譜あり〉　2000円　Ⓘ978-4-8109-1278-4　Ⓝ712.1

[内容] 第1部　図録篇―浅野祥雲大図鑑（浅野祥雲"三大聖地"徹底ガイド　新発見　未紹介　初掲載　まとめて見られる密集スポット三番勝負　時系列と証言でたどるコンクリひとすじ54年）　第2部　本文篇―浅野祥雲研究と修復活動（浅野祥雲研究序説―浅野祥雲は本当に"B級"なのか？　作家・アーティストは浅野祥雲をどう見たか？）　第3部　資料篇―浅野祥雲を知る／調べる／訪ねる

浅野 史郎〔1948～〕あさの・しろう
◇明日の障害福祉のために―優生思想を乗り越えて　浅野史郎著　ぶどう社　2018.9　208p　19cm　1700円　Ⓘ978-4-89240-235-7　Ⓝ369.27
[内容] 第1部　役人篇（障害福祉と出会う　北海道庁福祉課長時代　厚生省障害福祉課長時代）　第2部　知事篇（宮城県知事時代　施設解体宣言）　第3部　一人の住民として（知事卒業後　「津久井やまゆり園」事件）　最後に―「ジャパン×ナント　プロジェクト」

浅野 総一郎〔1848～1930〕あさの・そういちろう
◇財閥を築いた男たち　加来耕三著　ポプラ社　2015.5　266p　18cm　〈ポプラ新書　060〉〈「名創業者に学ぶ人間学　十大財閥篇」（2010年刊）の改題、再構成、大幅に加筆・修正〉　780円　Ⓘ978-4-591-14522-7　Ⓝ332.8
[内容] 第1章　越後屋から三井財閥へ　三野村利左衛門と益田孝　第2章　地下浪人から三菱財閥を創設　岩崎彌太郎　第3章　住友家を支えて屈指の財閥へ　広瀬宰平と伊庭貞剛　第4章　金融財閥を築いた経営の才覚　安田善次郎　第5章　命を賭けて財閥へ導いた　浅野総一郎　第6章　生命を賭けて財閥を築いた創業者　大倉喜八郎　第7章　無学の力で財を成した鉱山王　古河市兵衛　第8章　株の大勝負に賭けて財閥へ　野村徳七

◇客船の時代を拓いた男たち　野間恒著　交通研究協会　2015.12　222p　19cm　〈交通ブックス　220〉〈文献あり　年表あり　索引あり　発売：成山堂書店〉　1800円　Ⓘ978-4-425-77191-2　Ⓝ683.5
[内容] 1　イザンバード・ブルーネル―時代に先行した巨船に命をかけた技術者　2　サミュエル・キュナードとエドワード・コリンズ―熾烈なライバル競争を展開した大西洋の先駆者たち　3　浅野総一郎―日の丸客船で太平洋航路に切り込んだ日本人　4　ハーランド＆ウルフをめぐる人びと―美しい船造りに取り組んだネイバル・アーキテクトたち　5　アルベルト・バリーン―ドイツ皇帝の恩愛のもと世界一の海運会社に育てあげた海運人　6　和辻春樹―京都文化を体したスタイリッシュな客船を産みだしたネイバル・アーキテクト　7　ウィリアム・ギブズ―20世紀の名客船ユナイテッド・ステーツを産んだネイバル・アーキテクト

◇「死んでたまるか」の成功術―名企業家に学ぶ　河野守宏著　ロングセラーズ　2016.10　203p　18cm　〈文献あり〉　1000円　Ⓘ978-4-8454-0992-1　Ⓝ332.8
[内容] 鳥井信治郎―ウイスキーはわしの命だ。いまに見ておれ！　本田宗一郎―世界最高のオートバイ・レース"TTレース"に参加して優勝する！　稲盛和夫―いまのやり方ではダメだ、戦法を変えようそ

うだ！ うちの製品をアメリカから輸入させればよい　出光佐三―殺せるものなら殺してみろ。わしは死なん　松下幸之助―断じて行なえば必ずものは成り立つ！　野村徳七―命を賭けた大相場に勝った。河村瑞賢―おれにもツキがまわってきたぞ　江戸一番の分限者になってみせる！　岩崎弥太郎―恥がなんだ、面目がなんだ　生きてさえいれば、なんとかなる！　浅野総一郎―誰もがやれる商売では駄目なのだ　要は、人が目を向けないところに目をつけることだ！　益田孝―最後に勝てばよいのだ　江崎利一―こっちから頼んで歩かなくても向こうから売らせてくれと頼みにくるにきまっている！

浅野 大義〔～2017〕　あさの・たいぎ
◇20歳（はたち）のソウル―奇跡の告別式、一日だけのブラスバンド　中井由梨子作　小学館　2018.8　253p　19cm　1300円　①978-4-09-388634-5　Ⓝ764.6
内容　序章 市船soul―浅野大義2016年7月25日　第1章 告別式まで5日　第2章 告別式まで4日　第3章 告別式まで3日　第4章 告別式まで2日　第5章 告別式前日　第6章 告別式　終章 20歳のソウル―母・桂2017年7月12日

浅野 妙子〔1949～〕　あさの・たえこ
◇片肺飛行―虐待、DV、化学物質過敏症、末期癌の十字架を背負って　浅野妙子著　松山　創風社出版　2014.4　196p　20cm　1500円　①978-4-86037-205-7　Ⓝ289.1

浅野 拓磨〔1994～〕　あさの・たくま
◇壁を越えろ―走り続ける才能たち　安藤隆人著　実業之日本社　2017.8　210p　19cm　1500円　①978-4-408-33719-7
内容　プロローグ　日本を代表する原石　第1章 苦悩する者たち―小林祐希/柴崎岳（テクニックを磨くことだけ考えた　本田圭佑を彷彿とさせる生き方 ほか）　第2章 出会うべくして出会った二人の男―昌子源/植田直通（日本代表センターバックの未来図　挫折から這い上がる姿 ほか）　第3章 日本を救う男たち―浅野拓磨/南野拓実（恩師との出会い　ストライカーとしての覚醒 ほか）　第4章 ネクスト世代の躍動―堂安律（新世代の若き日本代表　ブレイクスルー）　エピローグ　走り続けるサッカー人生
◇考えるから速く走れる―ジャガーのようなスピードで　浅野拓磨著　KADOKAWA　2018.5　205p　19cm　1400円　①978-4-04-602216-5　Ⓝ783.47
内容　第1章 最強のメンタルを求めて　第2章 すべては広島から始まった　第3章 浅野家に生まれた奇跡　第4章 ブンデスリーガ奮闘録　第5章 浅野拓磨の「自分らしさ」　第6章 サッカー日本代表のリアル　終章 人生を全速力で駆け抜ける

浅野 長勲〔1842～1937〕　あさの・ながこと
◇お殿様、外交官になる―明治政府のサプライズ人事　熊田忠雄著　祥伝社　2017.12　262p　18cm　（祥伝社新書 522）〈文献あり〉　840円　①978-4-396-11522-7　Ⓝ319.1
内容　序章 ツルの一声　1章 鍋島直大―圧倒的な財力で外交の花を演じる　2章 浅野長勲―洋行経験なく、外交官生活も二年で終了　3章 戸田氏共―当代一の美人妻が醜聞に見舞われる　4章 蜂須賀茂詔―妾を同伴で海外赴任を敢行　5章 岡部長職―高い能力で明治の世をみごとに渡る　6章 柳原前光―権力者のものねらず、ライバルに水をあけられる　7章 榎本武揚―朝敵から一転、引く手あまたの「使える男」

浅野 長矩〔1667～1701〕　あさの・ながのり
◇考証 風流大名列伝　稲垣史生著　立東舎　2016.10　254p　15cm　（立東舎文庫 い1-1）〈作品社 1983年刊の再刊　発売：リットーミュージック〉　800円　①978-4-8456-2867-4　Ⓝ281.04
内容　序章―殿様とは　徳川光圀―絹の道への幻想　徳川宗春―御深井の秘亭　伊達綱宗―遊女高尾斬りを笑う　井伊直弼―この世は一期一会　織田秀親―鬼面の茶人寛永寺の刃傷　細川忠興―凄惨な夜叉の夫婦愛　前田吉徳―間違われた加賀騒動の主人公　小堀遠州―長く嶮しい道をゆく　安藤信正―『半七捕物帳』に縁ある　柳生宗矩―まぼろしの名品平蜘蛛　松平不昧―父の風流入墓女の怪　浅野長矩―名君の史料に事欠かぬ　島津重豪・島津斉興・島津斉彬―薩摩三代の過剰風流　有馬頼貴・鍋島頼茂―大名行列に犬を引いて

浅葉 仁三郎〔1816～1892〕　あさば・にさぶろう
◇幕末を旅する村人―浜浅葉日記による　辻井善彌著　丸善プラネット　2015.11　348p　19cm　〈文献あり　発売：丸善出版〉　1600円　①978-4-86345-261-9　Ⓝ384.37
内容　第1章 幕末に生きたある村人の半生の旅　第2章 幕末の街道・往来・潮路　第3章 村を訪ねる旅人たち　第4章 盛夏の旅・大山詣でと富士登拝　第5章 三浦半島からの江戸旅　第6章 旅さまざま　第7章 道中記にみる旅

麻原 彰晃〔1955～2018〕　あさはら・しょうこう
◇麻原彰晃の誕生　髙山文彦著　新潮社　2018.11　255p　16cm　（新潮文庫 た-67-5）〈文藝春秋 2006年刊の再刊〉　490円　①978-4-10-130435-9　Ⓝ169.1
内容　第1章 狂気の誕生　第2章 東京へ　第3章 オウム前夜　第4章 グルに化けた日　第5章 「ポア」はこうして始まった　終章 ほんとうの聖地

朝日 甚兵衛〔1921～2007〕　あさひ・じんべえ
◇謡詩酒―父朝日甚兵衛の生涯を辿る　朝日格,中本和人,朝日知som　大阪　パレード　2018.7　174p　27cm　〈折り込 1枚　年譜あり〉　①978-4-86522-158-9　Ⓝ289.1

旭 日苗〔1833～1916〕　あさひ・にちびょう
◇旭日苗上人―日蓮宗国際布教中興の祖　都守基一著　旭日苗上人第一〇〇遠忌報恩事業奉修会　2015.6　151p　21cm　〈文献あり〉　Ⓝ188.92

朝比奈 隆〔1908～2001〕　あさひな・たかし
◇朝比奈隆のオペラの時代―武智鉄二、茂山千之丞、三谷礼二と伴に　押尾愛子著　図書新聞　2014.12　277,17p　19cm　〈文献あり　年譜あり〉　2200円　①978-4-88611-461-7　Ⓝ766.1
内容　1 オペラ創成期―"武智オペラ"（オペラとシンフォニーはオーケストラの両輪　ヴェルディは"オー

あさひな

ケストラのベートーヴェン"ほか）　2 オペラ演出家―朝比奈隆（定番オペラ　モーツァルト四大オペラ　ほか）　3 オペラ演出家誕生―三谷礼二（三谷礼二とは　演出家フェルゼンシュタイン　ほか）　4 関オペ安定期（関オペ　朝比奈会　ほか）　5 オペラ演出をめぐって（朝比奈隆とオペラ演出　歌舞伎の演出について　武智鉄二　ほか）

朝比奈 弥太郎〔?～1868〕　あさひな・やたろう
◇「朝敵」と呼ばれようとも―維新に抗した殉国の志士　星亮一編　現代書館　2014.11　222p　20cm　2000円　①978-4-7684-5745-0　Ⓝ281.04
[内容] 神保修理―その足跡を尋ねて　山本帯刀―会津に散る！長岡の若き家老　中島三郎助―幕府海軍を逸早く構想した国際通　春日左衛門―知られざる英傑　佐川官兵衛―会津の猛将から剛毅朴直の大警部へ　朝比奈弥太郎泰尚―水戸の執政、下総に散る　滝川充太郎―猪突猛進を貫いた若き猛将　森弥一左衛門陳明―桑名藩の全責任を負って切腹した　甲賀源吾―東郷平八郎が賞賛した、宮古湾の勇戦　桂早之助―剣聖記　京都見廻組　玉虫左太夫―幕末東北を一つにまとめた悲運の国際人　雲井龍雄―米沢の俊英が夢見たもう一つの「維新」　赤松小三郎―日本近代化の礎を作った洋学者　松岡磐吉―榎本軍最後の軍艦「蟠龍」艦長

浅見 仙作〔1868～1952〕　あさみ・せんさく
◇未完の戦時下抵抗―屈せざる人びとの軌跡　細川嘉六　鈴木弼美　浅見仙作　竹中彰元　浪江虔　田中伸尚著　岩波書店　2014.7　318,4p　20cm　〈文献あり〉　3200円　①978-4-00-024871-6　Ⓝ281
[内容] 第1章 屈せざる人　細川嘉六　第2章 「土の器」のキリスト者　鈴木弼美　第3章 「剣を収めよ」浅見仙作　第4章 言うべきことを言った非戦僧侶　竹中彰元　第5章 図書館に拠る　浪江虔

浅利 みき〔1920～2008〕　あさり・みき
◇民謡地図　別巻　民謡名人列伝　竹内勉著　本阿弥書店　2014.12　285p　20cm　〈布装　年表あり〉　3200円　①978-4-7768-1157-2　Ⓝ388.91
[内容] 初代浜田喜一―主役だけを演じた江差追分の名人　浅利みき―津軽じょんがら節をじょっぱりだけで歌う　木田林松栄一―の糸を叩き抜いた津軽三味線弾き　成田雲竹―津軽民謡の神様　菊池淡水―民謡界の偉人後藤桃水先生の教えを守った尺八奏者　赤間森水―声を意のままに使いこなして歌う　樺沢芳勝―からっ風の上州の風土を体現する声で　大出直三郎―負けん気がすべてで歌う越名の舟唄　中川千代―両津甚句でみせた天下一のキレのよさ　吉田喜正―漁船四杯と取り替えたしげさ節　高山昌一―音戸の舟唄を歌う写実の職人　赤坂小梅―押さば押せ引かば押せの黒田節

足利 成氏〔1434～1497〕　あしかが・しげうじ
◇関東足利氏の歴史　第5巻　足利成氏とその時代　黒田基樹編著　戎光祥出版　2018.2　324p　21cm　〈文献あり　年譜あり〉　3800円　①978-4-86403-276-6　Ⓝ288.2
[内容] 1 足利持氏没後の騒乱と鎌倉公方足利成氏の成立　2 江の島合戦の経過と意義　3 享徳の乱と古河公方の成立　4 享徳の乱と常陸　5 応仁・文明期「都鄙和睦」の交渉と締結　6 成氏期の関東管領と守護　7 成氏期の奉行人　8 成氏期の上杉氏　9 足利成氏の妻と子女

足利 尊氏〔1305～1358〕　あしかが・たかうじ
◇足利尊氏―激動の生涯とゆかりの人々　峰岸純夫,江田郁夫編　戎光祥出版　2016.2　235p　21cm　（戎光祥中世史論集　第3巻）〈年表あり〉　3600円　①978-4-86403-186-8　Ⓝ289.1
[内容] 第1部 尊氏の人物像（足利尊氏の生涯―それぞれの決断　足利尊氏の肖像画―宝筐院蔵足利義詮像を中心に　足利尊氏と唐様の仏像　足利尊氏宿願の開版刊記がある大般若経について―いわゆる「智感寺大般若経」をめぐって　足利尊氏と下野）　第2部 尊氏をめぐる人々（足利直義と高師直　三宝院賢俊と尊氏　尊氏を支えた東国武将たち　新田義貞遺児たちの武蔵野合戦）

◇足利尊氏　森茂暁著　KADOKAWA　2017.3　254p　19cm　（角川選書　583）〈文献あり　年譜あり〉　1700円　①978-4-04-703593-5　Ⓝ289.1
[内容] 序章 新しい足利尊氏理解のために　第1章 鎌倉期の足利尊氏　第2章 足利尊氏と後醍醐天皇　第3章 室町幕府体制initiativeの成立　第4章 尊氏と直義―二頭政治と観応の擾乱　第5章 足利義詮への継承―室町幕府体制の展開　終章 果たして尊氏は「逆賊」か

◇室町幕府将軍列伝　榎原雅治,清水克行編　戎光祥出版　2017.10　423p　19cm　3200円　①978-4-86403-247-6　Ⓝ210.46
[内容] 初代 足利尊氏―初代将軍の神話と伝説　第二代 足利義詮―不屈のリアリスト　第三代 足利義満―「簒奪者」の実像　第四代 足利義持―安定期室町殿の心合像　第五代 足利義量―「大酒飲み将軍」の真実　第六代 足利義教―幕府絶頂期の将軍の旅　第七代 足利義勝―束帯姿の幼き将軍　第八代 足利義政―父への過剰な憧れ　第九代 足利義尚―独り立ちへの苦闘　第十代 足利義植―流浪将軍の執念　第十一代 足利義澄―戦国と向き合った将軍　第十二代 足利義晴―マジナイに込めた血統　第十三代 足利義輝―大名との同盟に翻弄された生涯　第十四代 足利義栄―戦国との幸運と不運の体現者　第十五代 足利義昭―信長の「傀儡」という虚像

◇南北朝―日本史上初の全国的大乱の幕開け　林屋辰三郎著　朝日新聞出版　2017.12　227p　18cm　（朝日新書　644）〈朝日文庫 1991年刊の再刊〉　760円　①978-4-02-273744-1　Ⓝ210.45
[内容] 序章 内乱の前夜　第1章 結城宗広―東国武士の挙兵　第2章 楠木正成―公家勢力の基盤　第3章 足利尊氏―室町幕府の創設　第4章 後村上天皇―吉野朝廷の生活　第5章 佐々木道誉―守護大名の典型　第6章 足利義満―国内統一の完成　付章 内乱の余波

◇足利尊氏と足利直義―動乱のなかの権威確立　山家浩樹著　山川出版社　2018.2　94p　21cm　（日本史リブレット人　036）〈文献あり　年譜あり〉　800円　①978-4-634-54836-7　Ⓝ289.1
[内容] ふたりによる統治　1 生誕から政権樹立まで　2 足利権威の向上　3 政策とそれぞれの個性　4 ふたりの対立とその後　5 ふたりの死後

足利 直義〔1306～1352〕　あしかが・ただよし
◇足利直義―兄尊氏との対立と理想国家構想　森

あしかか

茂暁著　KADOKAWA　2015.2　229p　19cm　（角川選書 554）〈文献あり〉　1700円　①978-4-04-703554-6　Ⓝ289.1
　内容　序章　第1章 直義登場　第2章 二頭政治の時代　第3章 観応の擾乱　第4章 鎮魂と供養　第5章 直義の精神世界　第6章　『夢中問答』　第7章 神護寺の足利義直像　終章

◇足利直義―下知、件のごとし　亀田俊和著　京都　ミネルヴァ書房　2016.10　232,10p　20cm　（ミネルヴァ日本評伝選）〈文献あり　年譜あり　索引あり〉　3000円　①978-4-623-07794-6　Ⓝ289.1
　内容　第1章 直義の出自（鎌倉時代の足利氏　妾腹の子）　第2章 元弘と建武の戦い（建武政権下の足利直義　建武の戦乱　建武争乱期における尊氏・直義の文書発給状況）　第3章 「天下執権人」足利直義（尊氏・直義の「二頭政治」　幕府執事高師直との対立）　第4章 直義主導下における幕府政治の展開（宗教政策・文化事業　公武徳政策　その他の治績）　第5章 観応の擾乱（高師直との激闘　束の間の講和　尊氏との死闘　直義死後の室町幕府）

◇足利尊氏と足利直義―動乱のなかの権威確立　山家浩樹著　山川出版社　2018.2　94p　21cm　（日本史リブレット人 036）〈文献あり　年譜あり〉　800円　①978-4-634-54836-7　Ⓝ289.1
　内容　ふたりによる統治　1 生誕から政権樹立まで　2 足利氏権威の向上　3 政策とそれぞれの個性　4 ふたりの対立とその後　5 ふたりの死後

足利 満兼〔1378～1409〕　あしかが・みつかね
◇関東足利氏の歴史　第3巻　足利満兼とその時代　黒田基樹編著　戎光祥出版　2015.3　314p　21cm　〈年譜あり〉　3800円　①978-4-86403-150-9　Ⓝ288.2
　内容　足利満兼と室町幕府　伊達政宗の乱の展開と稲村公方・篠川公方　鎌倉府と駿河・信濃・越後　関東足利氏の御一家（二）　鎌倉府と「関東之八家」（「関東八屋形」）　鎌倉府の諸機関について　鎌倉府の年中行事　足利満兼の発給文書　足利満兼期の関東管領と守護　満兼期の奉行人　満兼期の上杉氏　足利満兼の妻と子女

足利 持氏〔1398～1439〕　あしかが・もちうじ
◇足利持氏　植田真平編著　戎光祥出版　2016.5　370p　21cm　（シリーズ・中世関東武士の研究 第20巻）〈年表あり〉　6500円　①978-4-86403-198-1　Ⓝ289.1
　内容　総論 足利持氏論　第1部 公方専制体制の構造と展開（足利持氏専制の周辺―関東奉公衆一色氏を通して　十五世紀前半における武州南一揆の政治的動向　足利持氏専制の特質―武蔵国を中心として　鎌倉公方足利持氏期の鎌倉府と東国寺社―鹿島社造営を素材として　瀬戸神社に来た足利持氏）　第2部 足利持氏と室町幕府（上杉禅秀の乱後における室町幕府の対東国政策の特質について「京都様」の「御扶持」について―いわゆる「京都扶持衆」に関する考察　応永三一年の都鄙和睦をめぐって―上杉禅秀遺児達の動向を中心に）　第3部 永享の乱・結城合戦（永享九年の「大乱」―関東永享の乱の始期をめぐって　永享記と鎌倉持氏記―永享の乱の記述を中心に　足利持氏の若君と室町軍記―春王・安王の日光山逃避説をめぐって）　第4部『鎌倉年中行事』の世界（鎌倉年中行事・解題　旧内膳司浜島家蔵『鎌倉年中行事』について―関東公方近習制に関する覚書　『鎌倉年中行事』と海老名季高　鎌倉府の書札礼―『鎌倉年中行事』の分析を中心に）　付録 京都古記録足利持氏関係記事目録（稿）

◇関東足利氏の歴史　第4巻　足利持氏とその時代　黒田基樹編著　戎光祥出版　2016.9　365p　21cm　〈年譜あり〉　3600円　①978-4-86403-213-1　Ⓝ288.2
　内容　1 犬懸上杉氏と上杉禅秀の乱　2 禅秀ら与党の討伐と都鄙和睦　3 正長・永享期室町幕府と鎌倉府の紛擾　4 永享の乱考　5 足利持氏の発給文書　6 足利持氏期の関東管領と守護　7 持氏期の奉行人　8 持氏期の上杉氏　9 足利持氏の妻と子女

足利 義昭〔1537～1597〕　あしかが・よしあき
◇信長と将軍義昭―連携から追放、包囲網へ　谷口克広著　中央公論新社　2014.8　245p　18cm　（中公新書 2278）〈文献あり　年表あり〉　820円　①978-4-12-102278-3　Ⓝ210.47
　内容　序章　二人の生い立ち　第1章 信長・義昭の上洛と連携時代　第2章 信長と義昭との確執　第3章 信長包囲網の展開　第4章 義昭の挙兵　第5章 将軍追放　第6章 追放後の義昭の動き　終章　信長と義昭の複雑な関係

◇足利義昭　久野雅司編著　戎光祥出版　2015.5　401p　21cm　（シリーズ・室町幕府の研究 2）　6500円　①978-4-86403-162-2　Ⓝ210.46
　内容　総論 足利義昭政権の研究　第1部 足利義昭上洛前の政情（上洛前の足利義昭と織田信長　和田惟政関係文書について　足利義晴―義昭期における摂関家・本願寺と将軍・大名　室町将軍足利義昭と徳川家康）　第2部 室町幕府の再興と織田政権の関係（足利義昭と織田信長の関係に就いての研究　戦国期幕府奉行人奉書と信長朱印状　戦国期室町奉行人奉書にみる「執申」の文言をめぐって　室町幕府と織田政権との関係について　足利義昭政権の条書を素材として　足利義昭政権と織田政権―京都支配の検討を中心として　将軍足利義昭の女房大蔵卿局をめぐって）　第3部 足利義昭政権の構造（足利義昭政権論　将軍足利義昭における幕府構造の研究―奉公衆を中心として　足利義昭の栄典・諸免許の授与　足利義昭の子孫）

◇室町幕府将軍列伝　榎原雅治,清水克行編　戎光祥出版　2017.10　423p　19cm　3200円　①978-4-86403-247-6　Ⓝ210.46
　内容　初代 足利尊氏―初代将軍の神話と伝説　第二代 足利義詮―不屈のリアリスト　第三代 足利義満―「簒奪者」の実像　第四代 足利義持―安定期室町殿の心配ごと　第五代 足利義量―「大酒飲み将軍」の真実　第六代 足利義教―幕府絶頂期の将軍の旅　第七代 足利義勝―束帯姿の幼き将軍　第八代 足利義政―父への過剰な憧れ　第九代 足利義尚―独り立ちへの苦悶　第十代 足利義稙―流浪将軍の執念　第十一代 足利義澄―戦国と向き合った将軍　第十二代 足利義晴―マジナイに込めた血脈　第十三代 足利義輝―大名との同盟に翻弄された生涯　第十四代 足利義栄―戦国との幸運と不運の体現者　第十五代 足利義昭―信長の「傀儡」という虚像

◇足利義昭と織田信長―傀儡政権の虚像　久野雅司著　戎光祥出版　2017.11　220p　19cm　（中世武士選書 40）〈文献あり　年表あり〉

あしかか

2500円 Ⓘ978-4-86403-259-9 Ⓝ289.1
|内容| 第1章 足利将軍と畿内の政情　第2章 覚慶の諸国流浪と「当家再興」　第3章 足利義昭の上洛と室町幕府の再興　第4章 幕府の再興と義昭の政権構想　第5章 義昭政権の軍事力　第6章 織田信長と幕府軍の軍事指揮権　第7章 「元亀の争乱」における義昭と信長　第8章 足利義昭の蜂起と幕府の滅亡　第9章 幕府滅亡後の信長による「幕府再興」と政権構想　終章 義昭の「天下」と信長の「天下」

足利 義詮〔1330〜1367〕 あしかが・よしあきら
◇室町幕府将軍列伝　榎原雅治,清水克行編　戎光祥出版　2017.10　423p　19cm　3200円
Ⓘ978-4-86403-247-6　Ⓝ210.46
|内容| 初代 足利尊氏―初代将軍の神話と伝説　第二代 足利義詮―不屈のリアリスト　第三代 足利義満―「簒奪者」の実像　第四代 足利義持―安定期室町殿の心配ごと　第五代 足利義量―「大酒飲み将軍」の真実　第六代 足利義教―幕府絶頂期の将軍の旅　第七代 足利義勝―束帯姿の幼き将軍　第八代 足利義政―父への過剰な憧れ　第九代 足利義尚―独り立ちへの苦悶　第十代 足利義稙―流浪将軍の執念　第十一代 足利義澄―戦国と向き合った将軍　第十二代 足利義晴―マジナイに込めた血統　第十三代 足利義輝―大名との同盟に翻弄された生涯　第十四代 足利義栄―戦国との幸運と不運の体現者　第十五代 足利義昭―信長の「傀儡」という虚像

足利 義量〔1407〜1425〕 あしかが・よしかず
◇室町幕府将軍列伝　榎原雅治,清水克行編　戎光祥出版　2017.10　423p　19cm　3200円
Ⓘ978-4-86403-247-6　Ⓝ210.46
|内容| 初代 足利尊氏―初代将軍の神話と伝説　第二代 足利義詮―不屈のリアリスト　第三代 足利義満―「簒奪者」の実像　第四代 足利義持―安定期室町殿の心配ごと　第五代 足利義量―「大酒飲み将軍」の真実　第六代 足利義教―幕府絶頂期の将軍の旅　第七代 足利義勝―束帯姿の幼き将軍　第八代 足利義政―父への過剰な憧れ　第九代 足利義尚―独り立ちへの苦悶　第十代 足利義稙―流浪将軍の執念　第十一代 足利義澄―戦国と向き合った将軍　第十二代 足利義晴―マジナイに込めた血統　第十三代 足利義輝―大名との同盟に翻弄された生涯　第十四代 足利義栄―戦国との幸運と不運の体現者　第十五代 足利義昭―信長の「傀儡」という虚像

足利 義勝〔1434〜1443〕 あしかが・よしかつ
◇室町幕府将軍列伝　榎原雅治,清水克行編　戎光祥出版　2017.10　423p　19cm　3200円
Ⓘ978-4-86403-247-6　Ⓝ210.46
|内容| 初代 足利尊氏―初代将軍の神話と伝説　第二代 足利義詮―不屈のリアリスト　第三代 足利義満―「簒奪者」の実像　第四代 足利義持―安定期室町殿の心配ごと　第五代 足利義量―「大酒飲み将軍」の真実　第六代 足利義教―幕府絶頂期の将軍の旅　第七代 足利義勝―束帯姿の幼き将軍　第八代 足利義政―父への過剰な憧れ　第九代 足利義尚―独り立ちへの苦悶　第十代 足利義稙―流浪将軍の執念　第十一代 足利義澄―戦国と向き合った将軍　第十二代 足利義晴―マジナイに込めた血統　第十三代 足利義輝―大名との同盟に翻弄された生涯　第十四代 足利義栄―戦国との幸運と不運の体現者　第十五代 足利義昭―信長の「傀儡」という虚像

足利 義澄〔1480〜1511〕 あしかが・よしずみ
◇室町幕府将軍列伝　榎原雅治,清水克行編　戎光祥出版　2017.10　423p　19cm　3200円
Ⓘ978-4-86403-247-6　Ⓝ210.46
|内容| 初代 足利尊氏―初代将軍の神話と伝説　第二代 足利義詮―不屈のリアリスト　第三代 足利義満―「簒奪者」の実像　第四代 足利義持―安定期室町殿の心配ごと　第五代 足利義量―「大酒飲み将軍」の真実　第六代 足利義教―幕府絶頂期の将軍の旅　第七代 足利義勝―束帯姿の幼き将軍　第八代 足利義政―父への過剰な憧れ　第九代 足利義尚―独り立ちへの苦悶　第十代 足利義稙―流浪将軍の執念　第十一代 足利義澄―戦国と向き合った将軍　第十二代 足利義晴―マジナイに込めた血統　第十三代 足利義輝―大名との同盟に翻弄された生涯　第十四代 足利義栄―戦国との幸運と不運の体現者　第十五代 足利義昭―信長の「傀儡」という虚像

足利 義稙〔1466〜1523〕 あしかが・よしたね
◇足利義稙―戦国に生きた不屈の大将軍　山田康弘著　戎光祥出版　2016.5　228p　19cm　（中世武士選書 33）〈文献あり 年譜あり〉　2500円
Ⓘ978-4-86403-191-2　Ⓝ289.1
|内容| 第1部 思いがけなかった将軍の地位（応仁・文明の乱はなぜ起きたのか　義稙はなぜ将軍になりえたのか　義稙はなぜ外征を決断したのか）　第2部 クーデターと苦難の日々（義稙はなぜ将軍位を追われたのか　義稙はいかにして反撃したのか　義稙はなぜ大敗してしまったのか）　第3部 ふたたびの栄光と思わぬ結末（義稙はなぜ将軍位に返り咲けたのか　義稙はいかにして政治を安定させたのか　義稙は賭けに失敗したのか　義稙の人生を振り返って）
◇室町幕府将軍列伝　榎原雅治,清水克行編　戎光祥出版　2017.10　423p　19cm　3200円
Ⓘ978-4-86403-247-6　Ⓝ210.46
|内容| 初代 足利尊氏―初代将軍の神話と伝説　第二代 足利義詮―不屈のリアリスト　第三代 足利義満―「簒奪者」の実像　第四代 足利義持―安定期室町殿の心配ごと　第五代 足利義量―「大酒飲み将軍」の真実　第六代 足利義教―幕府絶頂期の将軍の旅　第七代 足利義勝―束帯姿の幼き将軍　第八代 足利義政―父への過剰な憧れ　第九代 足利義尚―独り立ちへの苦悶　第十代 足利義稙―流浪将軍の執念　第十一代 足利義澄―戦国と向き合った将軍　第十二代 足利義晴―マジナイに込めた血統　第十三代 足利義輝―大名との同盟に翻弄された生涯　第十四代 足利義栄―戦国との幸運と不運の体現者　第十五代 足利義昭―信長の「傀儡」という虚像

足利 義輝〔1536〜1565〕 あしかが・よしてる
◇室町幕府将軍列伝　榎原雅治,清水克行編　戎光祥出版　2017.10　423p　19cm　3200円
Ⓘ978-4-86403-247-6　Ⓝ210.46
|内容| 初代 足利尊氏―初代将軍の神話と伝説　第二代 足利義詮―不屈のリアリスト　第三代 足利義満―「簒奪者」の実像　第四代 足利義持―安定期室町殿の心配ごと　第五代 足利義量―「大酒飲み将軍」の真実　第六代 足利義教―幕府絶頂期の将軍の旅　第七代 足利義勝―束帯姿の幼き将軍　第八代 足利義政―父への過剰な憧れ　第九代 足利義尚―独り立ちへの苦悶　第十代 足利義稙―流浪将軍の執念　第十一代 足利義澄―戦国と向き合った将軍　第十二代 足利義晴―マジナイに込めた血統　第十三代

足利義輝—大名との同盟に翻弄された生涯　第十四代　足利義栄—戦国との幸運と不運の体現者　第十五代　足利義昭—信長の「傀儡」という虚像

◇足利義輝　木下昌規編著　戎光祥出版　2018.10　419p　21cm　（シリーズ・室町幕府の研究　4）　6500円　Ⓘ978-4-86403-303-9　Ⓝ210.46

内容　総論　足利義輝政権の研究　第1部　義輝期の京都と幕府構成員（将軍足利義輝の側近衆—外戚近衛一族と門跡の活動　松永久秀と京都政局　ほか）　第2部　義輝と伊勢氏・諸大名（室町幕府政所頭人伊勢貞孝—その経済基盤と行動原理をめぐって　『後鑑』所載「伊勢貞助記」について　ほか）　第3部　永禄の変（将軍義輝殺害事件に関する一考察　永禄の政変の一様相　ほか）　第4部　義輝関連史料・関係者一覧

足利　義教 ［1394〜1441］　あしかが・よしのり

◇室町幕府将軍列伝　榎原雅治,清水克行編　戎光祥出版　2017.10　423p　19cm　3200円　Ⓘ978-4-86403-247-6　Ⓝ210.46

内容　初代　足利尊氏—初代将軍の神話と伝説　第二代　足利義詮—不屈のリアリスト　第三代　足利義満—「簒奪者」の実像　第四代　足利義持—安定期室町殿の心配ごと　第五代　足利義量—「大酒飲み将軍」の真実　第六代　足利義教—幕府絶頂期の将軍の旅　第七代　足利義勝—束帯姿の幼き将軍　第八代　足利義政—父への過剰な憧れ　第九代　足利義尚—独り立ちへの苦悶　第十代　足利義稙—流浪将軍の執念　第十一代　足利義澄—戦国と向き合った将軍　第十二代　足利義晴—マジナイに込めた血統　第十三代　足利義輝—大名との同盟に翻弄された生涯　第十四代　足利義栄—戦国との幸運と不運の体現者　第十五代　足利義昭—信長の「傀儡」という虚像

◇室町幕府崩壊　森茂暁著　KADOKAWA　2017.12　297p　15cm　〔角川ソフィア文庫〕〔I114-3〕〈角川学芸出版　2011年刊の再刊　文献あり〉　880円　Ⓘ978-4-04-400338-8　Ⓝ210.46

内容　序章　翳りのはじまり　第1章　足利義持の時代　第2章　義持を支えた人々　第3章　足利義教の時代　第4章　嘉吉の乱への道　終章　嘉吉の乱—その後

足利　義晴 ［1511〜1550］　あしかが・よしはる

◇足利義晴　木下昌規編著　戎光祥出版　2017.7　372p　21cm　（シリーズ・室町幕府の研究　3）〈年譜あり〉　6500円　Ⓘ978-4-86403-253-7　Ⓝ210.46

内容　総論　足利義晴政権の研究　第1部　政権運営と内談衆（足利義晴期御内書の考察—発給手続と「猶〜」表記　足利義晴期における内談衆の人的構成に関する考察—その出身・経歴についての検討を中心に　天文年間の御前沙汰手続に見られる「折紙」について）　第2部　義晴を支えた人々（将軍足利義晴の嗣立と大館常興の登場—復興と清光院（佐子局）の関係をめぐって　室町幕府女房の基礎的考察—足利義晴期を中心として）　第3部　大名・朝廷との関係（戦国期における将軍と大名　戦国大名期外交と将軍　戦国期将軍家の任官と天皇—足利義晴の譲位と右大将任官を中心に）　第4部　足利義晴発給文書・関係者一覧

◇室町幕府将軍列伝　榎原雅治,清水克行編　戎光祥出版　2017.10　423p　19cm　3200円　Ⓘ978-4-86403-247-6　Ⓝ210.46

足利　義尚 ［465〜1489］　あしかが・よしひさ

◇室町幕府将軍列伝　榎原雅治,清水克行編　戎光祥出版　2017.10　423p　19cm　3200円　Ⓘ978-4-86403-247-6　Ⓝ210.46

内容　初代　足利尊氏—初代将軍の神話と伝説　第二代　足利義詮—不屈のリアリスト　第三代　足利義満—「簒奪者」の実像　第四代　足利義持—安定期室町殿の心配ごと　第五代　足利義量—「大酒飲み将軍」の真実　第六代　足利義教—幕府絶頂期の将軍の旅　第七代　足利義勝—束帯姿の幼き将軍　第八代　足利義政—父への過剰な憧れ　第九代　足利義尚—独り立ちへの苦悶　第十代　足利義稙—流浪将軍の執念　第十一代　足利義澄—戦国と向き合った将軍　第十二代　足利義晴—マジナイに込めた血統　第十三代　足利義輝—大名との同盟に翻弄された生涯　第十四代　足利義栄—戦国との幸運と不運の体現者　第十五代　足利義昭—信長の「傀儡」という虚像

足利　義栄 ［1538〜1568］　あしかが・よしひで

◇室町幕府将軍列伝　榎原雅治,清水克行編　戎光祥出版　2017.10　423p　19cm　3200円　Ⓘ978-4-86403-247-6　Ⓝ210.46

内容　初代　足利尊氏—初代将軍の神話と伝説　第二代　足利義詮—不屈のリアリスト　第三代　足利義満—「簒奪者」の実像　第四代　足利義持—安定期室町殿の心配ごと　第五代　足利義量—「大酒飲み将軍」の真実　第六代　足利義教—幕府絶頂期の将軍の旅　第七代　足利義勝—束帯姿の幼き将軍　第八代　足利義政—父への過剰な憧れ　第九代　足利義尚—独り立ちへの苦悶　第十代　足利義稙—流浪将軍の執念　第十一代　足利義澄—戦国と向き合った将軍　第十二代　足利義晴—マジナイに込めた血統　第十三代　足利義輝—大名との同盟に翻弄された生涯　第十四代　足利義栄—戦国との幸運と不運の体現者　第十五代　足利義昭—信長の「傀儡」という虚像

足利　義政 ［1436〜1490］　あしかが・よしまさ

◇足利義政と東山文化　河合正治著　吉川弘文館　2016.12　184p　19cm　（読みなおす日本史）〈清水書院　1984年の再刊　文献あり　年譜あり〉　2200円　Ⓘ978-4-642-06720-1　Ⓝ289.1

内容　1　激動の谷間（独裁者の子　嵐の前の長禄・寛正期　盛り上がる社会意識）　2　応仁の乱（細川勝元と山名宗全　猛将と足軽　乱後の復興）　3　東山文化（東山山荘の生活　東山文化の担い手　足利義政年譜）

◇室町幕府将軍列伝　榎原雅治,清水克行編　戎光祥出版　2017.10　423p　19cm　3200円　Ⓘ978-4-86403-247-6　Ⓝ210.46

あしかか

|内容| 初代 足利尊氏―初代将軍の神話と伝説　第二代 足利義詮―不屈のリアリスト　第三代 足利義満―「簒奪者」の実像　第四代 足利義持―安定期室町殿の心配ごと　第五代 足利義量―「大酒飲み将軍」の真実　第六代 足利義教―幕府絶頂期の将軍の旅　第七代 足利義勝―束帯姿の幼き将軍　第八代 足利義政―父への過剰な憧れ　第九代 足利義尚―独り立ちへの苦悶　第十代 足利義稙―流浪将軍の執念　第十一代 足利義澄―戦国と向き合った将軍　第十二代 足利義晴―マジナイに込めた血統　第十三代 足利義輝―大名との同盟に翻弄された生涯　第十四代 足利義栄―戦国との幸運と不運の体現者　第十五代 足利義昭―信長の「傀儡」という虚像

足利 義満〔1358～1408〕 あしかが・よしみつ

◇足利義満と京都　早島大祐著　吉川弘文館　2016.11　159p　21cm　（人をあるく）〈文献あり 年表あり〉　2000円　①978-4-642-06793-5　Ⓝ289.1

|内容| 1 義満の履歴書（春王誕生　後円融天皇との接触　参詣と軍事―足利義満の自立　熊野速玉社　伊勢神宮と興福寺）　2 義満の天下統一（明徳の乱　南北朝合一と延暦寺　足利義満の日吉社参詣　南部再興に見る負担の構造）　3 王権簒奪論後の足利義満像（義満の出家　後円融天皇の死）　4 義満の京都を歩く（相国寺　相国寺大塔　北山殿・金閣）

◇室町幕府将軍列伝　榎原雅治、清水克行編　戎光祥出版　2017.10　423p　19cm　3200円　①978-4-86403-247-6　Ⓝ210.46

|内容| 初代 足利尊氏―初代将軍の神話と伝説　第二代 足利義詮―不屈のリアリスト　第三代 足利義満―「簒奪者」の実像　第四代 足利義持―安定期室町殿の心配ごと　第五代 足利義量―「大酒飲み将軍」の真実　第六代 足利義教―幕府絶頂期の将軍の旅　第七代 足利義勝―束帯姿の幼き将軍　第八代 足利義政―父への過剰な憧れ　第九代 足利義尚―独り立ちへの苦悶　第十代 足利義稙―流浪将軍の執念　第十一代 足利義澄―戦国と向き合った将軍　第十二代 足利義晴―マジナイに込めた血統　第十三代 足利義輝―大名との同盟に翻弄された生涯　第十四代 足利義栄―戦国との幸運と不運の体現者　第十五代 足利義昭―信長の「傀儡」という虚像

◇南北朝―日本史上初の全国的大乱の幕開け　林屋辰三郎著　朝日新聞出版　2017.12　227p　18cm　（朝日新書 644）〈朝日文庫1991年刊の再刊〉　760円　①978-4-02-273744-1　Ⓝ210.45

|内容| 序章 内乱の前夜　第1章 結城宗広―東国武士の挙兵　第2章 楠木正成―公家勢力の基盤　第3章 足利尊氏―室町幕府の創設　第4章 後村上天皇―吉野朝廷の存続　第5章 佐々木道誉―守護大名の典型　第6章 足利義満―国内統一の完成　付章 内乱の余波

◇天皇の歴史　4　天皇と中世の武家　大津透, 河内祥輔, 藤井讓治, 藤田覚編集委員　河内祥輔, 新田一郎著　講談社　2018.3　375p　15cm　（講談社学術文庫 2484）〈文献あり 年表あり 索引あり〉　1210円　①978-4-06-292484-9　Ⓝ

|内容| 第1部 鎌倉幕府と天皇（平安時代の朝廷とその動揺　朝廷・幕府体制の成立　後鳥羽院政と承久の乱　鎌倉時代中・後期の朝廷・幕府体制）　第2部 「古典」としての天皇（朝廷の再建と南北朝の争い　足利義満の宮廷　「天皇家」の成立　古典を鑑とした世界）　近世国家への展望

足利 義持〔1386～1428〕 あしかが・よしもち

◇足利義持―累葉の武将を継ぎ、一朝の重臣たり　吉田賢司著　京都　ミネルヴァ書房　2017.5　324,19p　20cm　（ミネルヴァ日本評伝選）〈文献あり 年譜あり 索引あり〉　3200円　①978-4-623-08056-4　Ⓝ289.1

|内容| 序章 動乱の傷跡―生誕前　第1章 青春の日々――〇代前後　第2章 親政の開始―二〇代前半　第3章 政道の刷新―二〇代後半　第4章 内外の憂患―三〇代前半　第5章 治世の試練―三〇代後半　第6章 応永の黄昏―四〇代前半　終章 守成の追憶―死去後

◇室町幕府将軍列伝　榎原雅治, 清水克行編　戎光祥出版　2017.10　423p　19cm　3200円　①978-4-86403-247-6　Ⓝ210.46

|内容| 初代 足利尊氏―初代将軍の神話と伝説　第二代 足利義詮―不屈のリアリスト　第三代 足利義満―「簒奪者」の実像　第四代 足利義持―安定期室町殿の心配ごと　第五代 足利義量―「大酒飲み将軍」の真実　第六代 足利義教―幕府絶頂期の将軍の旅　第七代 足利義勝―束帯姿の幼き将軍　第八代 足利義政―父への過剰な憧れ　第九代 足利義尚―独り立ちへの苦悶　第十代 足利義稙―流浪将軍の執念　第十一代 足利義澄―戦国と向き合った将軍　第十二代 足利義晴―マジナイに込めた血統　第十三代 足利義輝―大名との同盟に翻弄された生涯　第十四代 足利義栄―戦国との幸運と不運の体現者　第十五代 足利義昭―信長の「傀儡」という虚像

◇室町幕府崩壊　森茂暁著　KADOKAWA　2017.12　297p　15cm　〔角川ソフィア文庫〕〔I114-3〕〈角川学芸出版2011年刊の再刊　文献あり〉　880円　①978-4-04-400338-8　Ⓝ210.46

|内容| 序章 翳りのはじまり　第1章 足利義持の時代　第2章 足利義教の嗣立　第3章 足利義教の時代　第4章 嘉吉の乱への道　終章 嘉吉の乱―その後

芦澤 泰偉〔1948～〕 あしざわ・たいい

◇工作舎物語―眠りたくなかった時代　臼田捷治著　左右社　2014.12　292p　19cm　〈文献あり 索引あり〉　2200円　①978-4-86528-109-5　Ⓝ023.1

|内容| 第1章 松岡正剛―なにもかも分けない方法　第2章 戸田ツトム―小さな声だからこそ遠くまで届く　第3章（芦澤泰偉―遅いという文句は出ない　工藤強勝―報酬はタブーの世界　山口信博―間違えるのも能力　松田行正―密度がとにかく濃い　羽良多平吉―最後までなじめなかった）　第4章 森本常美―夢を見ていたか　第5章 祖父江慎―おどろきしまくりの日々

芦田 伸介〔1917～1999〕 あしだ・しんすけ

◇色いろ花骨牌　黒鉄ヒロシ著　小学館　2017.5　267p　15cm　（小学館文庫 く12-1)〈講談社2004年刊に「萩―生島治郎さん」を加え再刊〉　600円　①978-4-09-406158-1　Ⓝ702.8

|内容| 雨―吉行淳之介さん　月―阿佐田哲也さん　桜―尾上辰之助さん（初代）　松―芦田伸介さん　菊―園山俊二さん　桐―柴田錬三郎さん　牡丹―秋山庄太郎さん　菖蒲―近藤啓太郎さん　萩―生島治郎さん

芦田 高子〔1907～1979〕 あしだ・たかこ
◇反戦平和の歌人―芦田高子・長塚節　安田速正著　金沢　安田速正　2015.11　183p　19cm　800円　Ⓝ911.168

芦田 信蕃　あしだ・のぶしげ
⇒依田信蕃（よだ・のぶしげ）を見よ

芦田 均〔1887～1959〕 あしだ・ひとし
◇戦後政治家論―吉田・石橋から岸・池田まで　阿部眞之助著　文藝春秋　2016.4　439p　16cm　〈文春学藝ライブラリー―雑英 25〉〈「現代政治家論」（文藝春秋新社 1954年）の改題、再刊〉　1400円　Ⓘ978-4-16-813061-8　Ⓝ312.8
内容　岸信介論　重光葵論　池田勇人論　木村篤太郎論　和田博雄論　三木武吉論　西尾末廣論　吉田茂論　石橋湛山論　徳田球一論　緒方竹虎論　大野伴睦論　芦田均論　鳩山一郎論　鈴木茂三郎論

葦原 雅亮〔1875～1961〕 あしはら・がりょう
◇評伝　天草五十人衆　天草学研究会編　福岡　弦書房　2016.8　317p　22cm　〈文献あり　年表あり　索引あり〉　2400円　Ⓘ978-4-86329-138-6　Ⓝ281.94
内容　ステージ1 五人衆の時代、そして…　ステージ2 天領天草の村々　ステージ3 祈りの島で　ステージ4 耕す、漁る　ステージ5 実業の世をひらく　ステージ6 潮路はるかに　ステージ7 文学・歴史・言論　ステージ8 あの頃、この人　ステージ9 島の現実、国の行く末　ステージ10 一筋の道　ステージ特別編 群像二題（天草の石文化と松室五郎左衛門　牛深カツオ漁の男たち）

芦原 英幸〔1944～1995〕 あしはら・ひでゆき
◇ケンカ十段と呼ばれた男　芦原英幸―The WAY OF SABAKI：The Secret of Teachings of Hideyuki Ashihara　松宮康生著　日貿出版社　2017.9　527p　20cm　〈文献あり　年表あり〉　2400円　Ⓘ978-4-8170-6020-4　Ⓝ789.23
内容　第1章 天才誕生の秘密（江田島　生い立ち ほか）　第2章 放浪、四国へ（八幡浜　カレンバッハ ほか）　第3章 芦原会館四国編（松山本部道場　芦原暗殺未遂事件の真偽 ほか）　ポストスクリプト（北海道からの挑戦　静かなる闘い ほか）

芦屋 雁之助〔1931～2004〕 あしや・がんのすけ
◇私説大阪テレビコメディ史―花登筐と芦屋雁之助　澤田隆治著　筑摩書房　2017.8　238p　20cm　〈年譜あり〉　2200円　Ⓘ978-4-480-81839-3　Ⓝ778.21
内容　第1章 雁之助と私　第2章 大阪テレビと私　第3章 花登筐と『てなもんや三度笠』　第4章 花登組の奮闘　第5章 雁之助と『喜劇座』　特別鼎談 大村崑・芦屋小雁・澤田隆治―花登筐とはどういう人だったか

芦屋 小雁〔1933～〕 あしや・こがん
◇笑劇の人生　芦屋小雁著　新潮社　2018.1　191p　18cm　〈新潮新書 749〉　720円　Ⓘ978-4-10-610749-8　Ⓝ779.9
内容　芦屋三兄弟、京都の少年時代　漫才コンビ「小雁・雁之助」　花登筐という才能　驚異の視聴率「六二・三％」　疾風怒涛の芸能生活　「笑いの王国」解散、「喜劇座」結成　カネは使うもんで、貯めるもんやない　再び火がついたフィルム収集癖　二度の離婚、三度の結婚　東西お笑い考　ほか

阿修羅 原　あしゅら・はら
⇒原進（はら・すすむ）を見よ

阿證〔1612～1656〕 あしょう
◇仁和寺尊寿院阿證―数奇な運命を仏道に生きた　佐竹氏世子　神宮滋著　横手　イズミヤ出版　2017.1　227p　21cm　2000円　Ⓘ978-4-904374-28-3　Ⓝ188.52
内容　第1章 波乱の生涯（父義重、鷹野に没す　母は細谷氏 ほか）　第2章 風雅のすさび（巻物上の和歌百首　その他の和歌 ほか）　第3章 伝記（尊寿院伝記（仁和寺所蔵）　尊寿院元祖開基記 其の一（国典類抄）ほか）　第4章 特定研究（居眠り一件　廃嫡一件の「本質」ほか）　結言

葦原 金次郎〔1850～1937〕 あしわら・きんじろう
◇霊能者列伝　田中貢太郎著　河出書房新社　2018.12　230p　20cm　〈「明治大正実話全集 第7巻」（平凡社 1929年刊）の改題、一部割愛〉　1850円　Ⓘ978-4-309-02668-8　Ⓝ169.1
内容　人としての丸山教祖　金光教祖物語　大本教物語　黒住教祖物語　飯野吉三郎の横顔　予言者宮崎虎之助　神仙河野久　木食上人山下覚道　葦原将軍の病院生活

葦原将軍　あしわらしょうぐん
⇒葦原金次郎（あしわら・きんじろう）を見よ

ASKA〔1958～〕
◇700番―第二巻｜第三巻　ASKA著　扶桑社　2017.2　181p　19cm　1200円　Ⓘ978-4-594-07681-8　Ⓝ767.8
内容　第2巻（医療保護入院　ITエンジニア　孫子の兵法　救急搬送　縁 ほか）　第3巻（濁流　ワイドショー　110番　6人の警官　駆け引き ほか）
◇700番　第一巻　ASKA著　扶桑社　2017.3　224p　19cm　1300円　Ⓘ978-4-594-07680-1　Ⓝ767.8
内容　ロンドン　k・icks　ピンチとチャンス　韓国ライブ　勘違い　飯島愛　盗聴盗撮　覚醒剤　音楽関係者　恐喝　週刊文春　エクスタシー　逮捕　裁判メール

東 喜代駒〔1899～1977〕 あずま・きよこま
◇東喜代駒ノート　神保喜利彦著　〔出版地不明〕　〔神保喜利彦〕　2018.10　153p　30cm　〈私家版　複製〉　非売品　Ⓝ779.14

東 史郎〔1912～2006〕 あずま・しろう
◇東史郎日記と私―山東省の元教師による日本軍兵士罪行の現場検証　任世淦著，ノーモア南京の会翻訳グループ訳，田中宏監訳　ノーモア南京の会　2017.12　10,296p　21cm　2300円　Ⓝ210.74
内容　第一章 東史郎、召集を受け入隊　第二章 大野

連隊、河北の戦場に入る　第三章　上海－南京に転進　第四章　南京の東史郎　第五章　中島師団、河北河南に移動　第六章　潞王墳駅工事での苦力虐殺　第七章　大伾山、棗荘へ　第八章　斉村から嶧西戦地へ　第九章　望仙山、袁荘へ　第十章　樋口光夫の死　第十一章　済寧から徐州に転戦　第十二章　黄河決壊　第十三章　大野連隊武漢戦に転入　エピローグ：罪を悔やみ戦争を反省

東　伸一　　あずま・しんいち

◇家出と自殺をした駄目人間が教師になった―猛血教師の三十年　東伸一著　名古屋　ブイツーソリューション　2015.9　191p　19cm　〈発売：星雲社〉　1200円　Ⓘ978-4-434-20933-8　Ⓝ289.1

[内容]　第1章 駄目人間からの蘇生（衝動的な家出　生い立ち　心の凍てつき　ほか）　第2章 子供と接する日々（うっかり先生　自分の人生経験を生かして猛血教師　ほか）　第3章 子供達に残した思い出（羽化させた蝶は一万匹　世界でただ一つの、わたしのヒョウタン）

東　善作　〔1893～1967〕　あずま・ぜんさく

◇回想の東善作―回顧録とゆかりの人の証言でつづる 没後50年記念出版　北國新聞社出版局編　金沢　北國新聞社　2018.3　175p　21cm　〈文献あり　年譜あり〉　1389円　Ⓘ978-4-8330-2133-3　Ⓝ289.1

[内容]　1　実業家めざし海を渡る（1893～1911年）　2　「中学生の人力車夫」から記者に（1912～1916年）　3　逆風の中で飛行修業（1916～1929年）　4　三大陸横断飛行（1929～1934年）　5　夢を追い求めて（1934～1967年）　6　情熱を受け継ぐ活動（1967年～）　東善作のふるさと　かほく市パブリシティー

吾妻　ひでお　〔1950～〕　あずま・ひでお

◇逃亡日記　吾妻ひでお著　日本文芸社　2015.11　238p　図版16p　15cm　（NICHIBUN BUNKO）〈2007年刊の再編集〉　680円　Ⓘ978-4-537-06023-2　Ⓝ726.101

[内容]　MANGA 受賞する私　1 失踪時代　2 アル中時代　3 生い立ちとデビュー　4 週刊誌時代　5 『不条理』の時代　6 『失踪日記』その後　MANGA あとがきの私

東　文彦　〔1920～1943〕　あずま・ふみひこ

◇三島由紀夫は一〇代をどう生きたか―あの結末をもたらしたものへ　西法太郎著　文学通信　2018.11　356p　19cm　3200円　Ⓘ978-4-909658-02-9　Ⓝ910.268

[内容]　プロローグ―三島由紀夫がさだめた自分だけの墓所　序章 結縁―神風連　「約百名の元サムライ」の叛乱　日本の火山の地底　ほか　第1章 邂逅―東文彦（先輩からの賛嘆の手紙　至福の拠り処　ほか）　第2章 屈折―保田與重郎（一〇代の思想形成　日本浪曼派　ほか）　第3章 黙契―蓮田善明（田原坂公園の歌碑　「神風連のこころ」　ほか）

明日海　りお　　あすみ・りお

◇宝塚歌劇 柚希礼音論―レオンと9人のトップスターたち　松島奈巳著　東京堂出版　2016.5　204p　19cm　〈文献あり　年譜あり〉　1600円　Ⓘ978-4-490-20939-6　Ⓝ772.1

[内容]　1章 天海祐希　ファンにあらず―音楽学校入学以前　2章 大浦みずき　十年にひとりの逸材―宝塚音楽学校時代　3章 北翔海莉　名作レビューで大抜擢―歌劇団入団　4章 真飛聖　鳴り物入りで星組に配属―星組若手時代　5章 安蘭けい　星の王子様は誰？―二番手まで　6章 天海祐希（再掲）　異例人事の残したもの―トップ就任　7章 真矢みき　2人目の武道館リサイタル―退団前年　8章 真琴つばさ　リアルな演技と過剰な演技―退団直前　9章 明日海りお　ハイブリッドなトップ・オブ・トップ―退団　10章 柚希礼音　星組トップスターを超えて―退団後

麻生　イト　〔1876～1956〕　あそう・いと

◇しまなみ人物伝　村上貢著　海文堂出版　2015.8　258p　20cm　〈年表あり〉　1800円　Ⓘ978-4-303-63426-1　Ⓝ281.74

[内容]　第1部 日本の夜明けの時代に（伊能忠敬―尾道周辺の測量　瀬戸田の仙太郎―幕末の海外漂流　永井重助―福宮丸の海難と対米賠償交渉　水先人北野由兵衛―千島艦衝突事件）　第2部 未来を夢見た先輩たち（田坂初太郎―海運創成期のパイオニア　小林善四郎―初代弓削商船学校長の生涯　ビッケル船長―伝道船『福音丸』と弓削商船学校　中堀貞五郎―『うらなり子』のモデルと今治　浜根岸年次郎初代・二代の生涯　濱田国太郎―海員組合草創時代　麻生イト―女傑の生涯　小山亮―嵐は強い木を育てる）

麻生　実男　〔1937～1991〕　あそう・じつお

◇代打の神様―ただひと振りに生きる　澤宮優著　河出書房新社　2014.12　205p　19cm　〈文献あり〉　1600円　Ⓘ978-4-309-27551-2　Ⓝ783.7

[内容]　桧山進次郎―代打の神様がバットを置くとき　高井保弘―世界一の代打本塁打王　八木裕―元祖・虎の代打の神様　広永益隆―メモリアル男　平田薫―恐怖の"左殺し"　秦真司―ツバメの最強代打男　町田公二郎―最後までレギュラーを　石井義人―代打外通告の果てに　竹之内雅史―サムライ「死球王」の代打の極意　麻生実男―代打一号

麻生　太吉　〔1857～1933〕　あそう・たきち

◇麻生太吉日記　第4巻　麻生太吉著, 麻生太吉日記編纂委員会編　福岡　九州大学出版会　2014.12　445p　22cm　〈布装〉　10000円　Ⓘ978-4-7985-0140-6　Ⓝ289.1

◇麻生太吉日記　第5巻　麻生太吉著, 麻生太吉日記編纂委員会編　福岡　九州大学出版会　2016.11　192,247p　22cm　〈布装　文献あり　年譜あり　索引あり〉　10000円　Ⓘ978-4-7985-0171-0　Ⓝ289.1

[内容]　一九三二（昭和七）年　一九三三（昭和八）年

麻生　太郎　〔1940～〕　あそう・たろう

◇政治の眼力―永田町「快人・怪物」列伝　御厨貴著　文藝春秋　2015.6　207p　18cm　〈文春新書 1029）　750円　Ⓘ978-4-16-661029-7　Ⓝ312.8

[内容]　安倍政権とは何か（貴族的感覚 祖父譲り―麻生太郎　「フツー」に秘める胆力―山口那津男 ほか）　自民党の力の秘密（「反時代」で独特の地位―古賀誠　権力への鋭いアンチ―野中広務 ほか）　チャレンジャーの資格（己を見つめる伝道師―石破茂(1)

大政治家に化けうるか―細野豪志 ほか） 失敗の研究（道半ばのリアリズム―仙谷由人 「政策の調教師」次の道―与謝野馨 ほか） 清和会とは何か（時勢を見極める一手―森喜朗 二十一世紀型の首相―小泉純一郎 ほか）

阿多 忠景〔平安時代後期〕 あた・ただかげ

◇中世の人物 京・鎌倉の時代編 第1巻 保元・平治の乱と平氏の栄華 元木泰雄編 大阪 清文堂出版 2014.3 412p 22cm 4500円 ①978-4-7924-0994-4 Ⓝ281

内容 鳥羽院・崇徳院（佐藤健治著） 藤原忠実（佐古愛己著） 藤原頼長（横内裕人著） 平忠盛（守田逸人著） 源為義（須藤聡著） 覚仁と信実―悪僧論～（久野修義著） 阿多忠景と源為朝（栗林文夫著） 後白河院（高橋典幸著） 藤原忠通と基実（樋口健太郎著） 信西（木村真美子著） 藤原信頼・成親（元木泰雄著） 藤原経宗（元木泰雄著） 源義朝（近藤好和著） 平清盛（川合康著） 池禅尼と二位尼（栗山圭子著） 平時忠と信範（松薗斉著） 藤原邦綱とその娘たち（佐伯智広著） 平重盛（平藤幸著） 西行（近藤好和著）

安高 団兵衛〔1896～1967〕 あたか・だんべえ

◇安高団兵衛の記録簿―「時間」と競争したある農民の一生 時里奉明著 福岡 弦書房 2016.3 199p 19cm 〈文献あり〉 1900円 ①978-4-86329-132-4 Ⓝ289.1

内容 第1章 「記録魔」団兵衛について 第2章 明治・大正期の団兵衛―誕生から三十歳まで 第3章 昭和戦前期の団兵衛―三十歳から五十歳まで（記録類の数々 「時間」の観念 家族と生活 農業観と国家観） 第4章 昭和戦後期の団兵衛―五十歳から死去まで（記録類の行方 記録が評価される 記録が住民を救う 団兵衛の遺したもの）

安達 かおる〔1952～〕 あだち・かおる

◇遺作―V&R破天荒AV監督のクソ人生 安達かおる著 メディアソフト 2017.6 399p 19cm 〈発売：三交社〉 2500円 ①978-4-87919-874-7 Ⓝ778.21

内容 「安達かおる」誕生以前 V&R創業のころ 「リアルなドラマAV」という矛盾した活路 若く有能な人たちに巡り会えた幸運 安達かおるの「独白」―聞き手・酒井あゆみ 鼎談 安達かおる/岩井志麻子/酒井あゆみ―エロの終わりの始まりと終わりないもの 障碍者への偏見が皆無の安達かおる監督―安達かおる監督について書く女性作家・1 酒井あゆみ 殺されることを望まれた私ですが、V&RのAVで、生きることを選ぶようになりました―安達かおる監督について書く女性作家・2 花房観音 安達かおる、AV規制問題を語る 解説 AV規制派の正体と宗教との関係―セックスはなぜタブーになったのか 鬼のドキュメンタリストと「僕」というAV男優 V&R女子社員座談会 安達かおるの「社長」の仮面を剥ぐ 「社長が網タイツを履いて女装をして…」 表現者・安達かおる 葬送と再生

安達 清風〔1835～1884〕 あだち・せいふう

◇泊園書院の明治維新―政策者と企業家たち 横山俊一郎著 大阪 清文堂出版 2018.3 309p 22cm 〈文献あり 索引あり〉 7800円 ①978-4-7924-1085-8 Ⓝ121.6

内容 序論 大阪漢学と明治維新―東アジアの視座からの問い 第1部 近世の"政策者"たち（多田海庵の海防意識―幕末の"実務家"としての儒者の一事例 多田海庵の政教構想―諸教折衷としての三教を支える「三徳」観 雨森精斎の政治実践―幕末維新の"実務家"としての儒者の一事例 安達清風の学術交流と開拓事業―泊園塾、昌平黌出身者の実践的軌跡） 第2部 近代の"企業家"たち（男爵本多政以の思想と事業―泊園学と禅宗 山口県佐波郡における泊園書院出身者の事業活動の一考察―実業家尾中郁太・古谷熊三を中心に 永田仁助の経済倫理―天人未分と武士道の精神） 結論 泊園書院の人々による変革と儒教―近世・近代を生きた"実務家"たちの実践的軌跡

足立 全康〔1899～1990〕 あだち・ぜんこう

◇戦前の大金持ち 稲泉連,山川徹著,出口治明編 小学館 2018.6 221p 18cm （小学館新書 329）〈文献あり〉 780円 ①978-4-09-825329-6 Ⓝ332.8

内容 第1章 "革命プロデューサー"梅屋庄吉 第2章 "パリの蕩尽王"薩摩治郎八 第3章 "初もの喰い狂"大倉喜八郎 第4章 "吉野の山林王"土倉庄三郎 第5章 "相場の神様"山崎種二 第6章 "世界の真珠王"御木本幸吉 最終章 "庭園日本一"足立全康

安達 二十三〔1890～1947〕 あだち・はたぞう

◇慈愛の将軍安達二十三―第十八軍司令官ニューギニア戦記 小松茂朗著 潮書房光人社 2017.8 240p 16cm （光人社NF文庫 こ1024）〈『愛の統率安達二十三』（光人社 1989年刊）の改題〉 760円 ①978-4-7698-3024-5 Ⓝ289.1

内容 第1章 海への憧憬 第2章 玉砕と撤退 第3章 幸運と不運 第4章 愛の統率 第5章 悲劇の温床 第6章 生と死の岐路 第7章 将軍の最後

あだち 充〔1951～〕 あだち・みつる

◇あだち充本 あだち充著 小学館 2018.8 219p 21cm （SHONEN SUNDAY COMICS SPECIAL―漫画家本 vol.6）〈著作目録あり 年譜あり〉 1300円 ①978-4-09-128449-5 Ⓝ726.101

安達 峰一郎〔1869～1934〕 あだち・みねいちろう

◇安達峰一郎―日本の外交官から世界の裁判官へ 柳原正治,篠原初枝編 東京大学出版会 2017.2 263,16p 22cm 〈年表あり 文献あり 索引あり〉 4500円 ①978-4-13-036259-7 Ⓝ289.1

内容 第1部 安達峰一郎とその時代（安達峰一郎の生涯 安達峰一郎と国際協調外交の確立 安達峰一郎と日本の国際法学） 第2部 安達峰一郎と欧米の国際秩序（安達峰一郎と戦間期ヨーロッパの協調 安達峰一郎とフランス―駐仏大使時代（一九二七・一九三〇）に焦点をあてて 安達峰一郎とアメリカ―日米協調のもう一つのシナリオ） 第3部 安達峰一郎と国際連盟（戦間期日本と普遍的国際組織 国際連盟理事会における安達峰一郎 「報告者」の役割 安達峰一郎と国際連盟の判事選挙―国際社会における地位） 第4部 安達峰一郎と国際裁判（安達峰一郎と国際裁判制度 安達峰一郎と国家間紛争の解決方式）

安達 元彦〔1940～〕 あだち・もとひこ

◇安達元彦—音楽の「根」を掘る　刊行する会編著　高文研　2018.11　603p　20cm　〈年譜あり〉　3700円　①978-4-87498-662-2　Ⓝ762.1

[内容] はじめに 安達元彦の軌跡 インタビュー 雑木林をどこまで豊かにできるか、ぼくは音楽を通して、そのことをやっているのかもしれない。 一九八九 1 人の声は愛おしい 2 安達元彦ヒストリー1 開闢皇紀二六〇〇年、ボクは大阪に生まれた—美空ひばりと木琴に夢中だった 3 二つの通奏低音『現代音楽』と『ヒロシマ』——一九七〇年前後の仕事から 4 僕らの音楽と僕らの時代の主人公となるため—初期音楽論文を中心に 5 ボクの音楽学校—人びとのなかで、よく遊び、よく転び。 6 安達元彦ヒストリー2 ホンネ笑談、言いたい放題 おまけ 合唱団「つれ」二〇〇四年講義(抜粋) 二〇〇四 特別寄稿 安達元彦との五〇年 岡田京子 二〇一八 付録 安達元彦へのアンケート 二〇一八

足立 雄三〔1948～〕 あだち・ゆうぞう

◇足立流ど根性幸福論　足立雄三著　ほんの木　2017.9　217p　19cm　1200円　①978-4-7752-0103-9　Ⓝ335

[内容] 第1章 成功したいなら「ゼロ」から始めろ(起業に失敗するパターン 義理と人情だけのビジネスはない ほか) 第2章 「正面」からの戦いが信頼をつくる(業界の慣習を破って有名に 得意先と組める力があってこそ ича ほか) 第3章 「営業」で学んだ経営者の基本(赤字の営業所の所長に赴任 社内の雰囲気を変える ほか) 第4章 他人に勝つより「自分」に勝て(裸電球の時代に育って 遊びに明け暮れた子どもの頃 ほか) 第5章 経営の極意は「感謝」にあり(会社を辞める 「C社のヤクザ」と呼ばれて ほか)

阿茶局〔1555～1637〕 あちゃのつぼね

◇阿茶局　白嵜顕成,田中祥雄,小川雄著　文芸社　2015.10　395p　20cm　〈文献あり　年譜あり〉　1800円　①978-4-286-16463-2　Ⓝ289.1

◇戦国を生きた姫君たち　火坂雅志著　KADOKAWA　2016.9　170p　15cm　(角川文庫 ひ20-25)〈年表あり〉　600円　①978-4-04-400170-4　Ⓝ281.04

[内容] 1 女城主たちの戦い(井伊直虎—井伊直政の義母 妙林尼—吉岡鎮興の妻 ほか) 2 危機を救う妻たち(お船の方—直江兼続の正室 小松姫—真田信之の正室 ほか) 3 愛と謎と美貌(少少将—長宗我部元親の側室 義姫—伊達政宗の生母 ほか) 4 才女と呼ばれた女たち(お初(常高院)—浅井三姉妹の次女 阿茶局—徳川家康の側室 ほか) 5 想いと誇りに殉じる(鶴姫—瀬戸内のジャンヌ・ダルク 淀殿—豊臣秀吉の側室 ほか)

篤姫 あつひめ

⇒天璋院(てんしょういん)を見よ

渥美 清〔1928～1996〕 あつみ・きよし

◇「寅さん」こと渥美清の死生観　寺沢秀明著　論創社　2015.6　213p　20cm　1600円　①978-4-8460-1393-6　Ⓝ778.21

[内容] 1(出会い にわか付き人 ほか) 2(新聞記者への思い ロケ先での粋な計らい ほか) 3(桜の木の下で 幽霊との遭遇 ほか) 4(アンデスの話 渥美さんが見た夢 ほか) 5(人生の師匠 死と対峙してほか)

◇おかしな男渥美清　小林信彦著　筑摩書房　2016.7　478p　15cm　(ちくま文庫 こ4-20)〈新潮社 2000年刊の再刊　文献あり　年譜あり〉　950円　①978-4-480-43374-9　Ⓝ778.21

[内容] 出会い 片цит飛行 上昇志向 アパートでの一夜 過去 喜劇人批評 最初の成功 ブームの中で 1963初夏 「おかしな奴」の失敗〔ほか〕

◇私が愛した渥美清　秋野太作著　光文社　2017.10　228p　19cm　1600円　①978-4-334-97919-5　Ⓝ778.21

[内容] 異能の人 ムニャムニャの関係 出逢い 私だけなの？ これも、私だけなの？ おかしな男なのか？ 触れば障る 「寅さん映画」誕生秘話 伝説となった言葉 歴史的試写会 オリジン 受難の人々 幻の写真 私が描く肖像画 生まれも育ちも 最後の伝言

阿藤 伯海〔1894～1965〕 あとう・はくみ

◇阿藤伯海先生の思い出—高木氏 三重野氏 恩師を語る　高木友之助,三重野康述,浅口市教育委員会編　浅口　浅口市教育委員会　2016.3　77p　21cm　Ⓝ289.1

跡見 花蹊〔1840～1926〕 あとみ・かけい

◇跡見花蹊—女子教育の先駆者　泉雅博,植田恭代,大塚博著　京都　ミネルヴァ書房　2018.3　259,11p　19cm　〈文献あり　年譜あり　索引あり〉　1800円　①978-4-623-08228-5　Ⓝ289.1

[内容] 第1章 跡見花蹊の誕生(瀧野と跡見家 木津村と瀧野時代の花蹊 瀧野から花蹊へ) 第2章 幕末・維新の動乱のもとで(大坂三郷中之島時代 京師時代の動乱へ) 第3章 教育者花蹊(「跡見学校」開校 花蹊の学校教育 跡見女学校の新時代 さらなる充実をめざして) 第4章 生涯と功績と(晩年の慶祝 教育功労者として 花蹊永眠) 第5章 花蹊が遺したもの/花蹊を継ぐもの(跡見李子と跡見女学校 学校法人跡見学園)

阿南 惟幾〔1887～1945〕 あなみ・これちか

◇一死、大罪を謝す—陸軍大臣阿南惟幾　角田房子著　筑摩書房　2015.2　478p　15cm　(ちくま文庫 つ13-3)〈PHP文庫 2004年刊の訂正　文献あり〉　1100円　①978-4-480-43252-0　Ⓝ913.6

[内容] 三十三回忌 二・二六事件の訓話 乃木将軍と小さな中学生 無色の将 徳義は戦力なり 積極の士 第二方面軍司令官 豪北戦線へ 孤独の決意 ビアク島死守 玉砕、待て 楠公精神なり 航空総監として東京へ 陸軍三条件を負う 戦艦大和、海底へ 「世界情勢判断」と「国力の現状」 天皇の意志 ポツダム宣言 最後の闘い

◇昭和史講義 軍人篇　筒井清忠編　筑摩書房　2018.7　301p　18cm　(ちくま新書 1341)　900円　①978-4-480-07163-7　Ⓝ210.7

[内容] 昭和陸軍の派閥抗争—まえがきに代えて 東条英機─昭和陸軍の悲劇の体現者 梅津美治郎—「後始末」に尽力した陸軍大将 阿南惟幾—「徳義即戦力」を貫いた武将 鈴木貞一—背広を着た軍人 武藤章—

「政治的軍人」の実像　石原莞爾―悲劇の鬼才か、鬼才による悲劇　牟田口廉也―信念と狂信の間　今村均―「ラバウルの名将」から見る日本陸軍の悲劇　山本五十六―その避戦構想と挫折　米内光政―終末点のない戦争指導　永野修身―海軍「主流派」の選択　高木惣吉―昭和期海軍の語り部　石川信吾―「日本海軍最強硬論者」の実像　堀悌吉―海軍軍縮派の悲劇

阿南 惟正〔1933～2019〕　あなみ・これまさ

◇阿南惟正―時代と人生　阿南惟正インタビュー・座談会記録（二〇一六年二月―二〇一七年二月　全一五回）　阿南惟正述，「阿南惟正とその時代」研究会, 拓殖大学創立百年史編纂室編　拓殖大学　2017.8　416p　21cm　〈年譜あり〉　Ⓝ289.1

阿南 攻〔1937～〕　あなん・おさむ

◇転転（コロコロ）人生80年―どんなときでも負けんばい　阿南攻著　文芸社　2018.6　181p　20cm　1200円　Ⓘ978-4-286-19199-7　Ⓝ289.1

安仁屋 宗八〔1944～〕　あにや・そうはち

◇二人のエース―広島カープ弱小時代を支えた男たち　鎮勝也著　講談社　2016.10　317p　15cm　（講談社＋α文庫 G284-2）〈文献あり〉　660円　Ⓘ978-4-06-281703-5　Ⓝ783.7

内容　第1章 1975年（歓喜の日　外国人監督　ほか）　第2章 お荷物球団（沖縄から来た男　初勝利　ほか）　第3章 礎を築く（カープ創成期　故郷愛、チーム愛　ほか）　第4章 有終の美学（阪神のクローザー　飲む、打つ、投げる　ほか）

阿野 廉子〔1301～1359〕　あの・れんし

◇日本の武将と女たち　田川清著　名古屋　中日出版　2016.11　79p　19cm　1200円　Ⓘ978-4-908454-08-0　Ⓝ281

内容　1 源義仲と巴御前・葵御前・山吹　2 源義経と静御前　3 後醍醐天皇と妾・阿野廉子　4 北条仲時と妻・北の方　5 戦国武将と女たち（（一）浅井長政・柴田勝家・豊臣秀吉とお市の方　（二）豊臣秀吉と淀君　（三）荒木村重と妾・だし　（四）前田利家と妻・まつ　（五）山内一豊と妻・千代）　6 細川忠興と妻・ガラシャ夫人　7 将軍と大奥の女たち

虻川 東雄〔1939～〕　あぶかわ・さきお

◇創造と挑戦は続く　虻川東雄著, 秋田魁新報社編　秋田　秋田魁新報社　2016.8　158p　18cm　（さきがけ新書 22―シリーズ時代を語る）〈年譜あり〉　800円　Ⓘ978-4-87020-383-9　Ⓝ289.1

阿仏房〔1189～1279〕　あぶつぼう

◇最蓮房と阿仏房―虚飾を剥ぎ真実に迫る　北林芳典著　報恩社　2017.11　429p　19cm　〈文献あり　発売：平安出版〉　2700円　Ⓘ978-4-902059-08-3　Ⓝ188.92

内容　第1章 勧持品二十行の偈の身読（竜の口の法難と「光物」　右往左往する鎌倉幕府）　第2章 最蓮房の虚像と実像（歳月とともに醸成された最蓮房の虚像　誤った伝承に基づく「諸法実相抄」の削除　最蓮房こと日興上人の佐渡období戦い　ほか）　第3章 阿仏房の虚像と実像（阿仏房の真の姿　作られてきた阿仏房伝　「阿仏房御書」の御執筆年について　ほか）

油屋 熊八〔1863～1935〕　あぶらや・くまはち

◇明治なりわいの魁―日本に産業革命をおこした男たち　植松三十里著　ウェッジ　2017.2　192p　21cm　〈文献あり　年表あり〉　1800円　Ⓘ978-4-86310-176-0　Ⓝ281

内容　1章 魁の時代（高島秋帆―長崎豪商の西洋砲術と波乱の生涯　江川坦庵―伊豆韮山に現存する反射炉と品川台場　片寄平蔵―蒸気船の燃料を供給した常磐炭鉱の開祖）　2章 技の時代（鍋島直正―佐賀の反射炉と三重津海軍所の創設　本木昌造―日本語の活版印刷を広めた元長崎通詞　堤磯右衛門―公共事業の請負から石鹸の祖に　上田寅吉―船大工から日本造船史上の一大恩人へ　大島高任―鉄の産地で高炉を建設した南部藩士）　3章 生業の時代（尾高惇忠―富岡製糸場初代場長の知られざる来歴　ファン・ドールン―猪苗代湖からの疎水開削を実現　加唐為重―生命保険に医療を取り入れて発展　油屋熊八―別府温泉で本格的な観光業をスタート　竹鶴政孝―本物のウィスキーを日本にもたらす　松永安左エ門―電力再編成の三年間のためにあった長き生涯）

安倍 昭恵〔1962～〕　あべ・あきえ

◇絶頂の一族―プリンス・安倍晋三と六人の「ファミリー」　松田賢弥著　講談社　2015.2　233p　20cm　〈文献あり〉　1500円　Ⓘ978-4-06-219434-1　Ⓝ289.1

内容　プロローグ　ゴッドマザー・安倍洋子を軸にした三代　第1章 祖父・岸信介―安倍晋三が追う幻影の正体　第2章 父・安倍晋太郎―「岸の女婿」といわれ続けた男の悲劇　第3章 叔父・西村正雄―唯一晋三を批判できた晋太郎の異父弟　第4章 隠れた弟を追って―父・晋太郎が築こうとしたもう一つの家庭　第5章 妻・安倍昭恵―奔放な「家庭内野党」で洋子との確執は続く　第6章 母・安倍洋子―晋三に賭けるゴッドマザーの執念

◇絶頂の一族―プリンス・安倍晋三と六人の「ファミリー」　松田賢弥著　講談社　2015.9　285p　15cm　（講談社＋α文庫 G119-3)〈2015年2月刊の加筆・修正　文献あり〉　740円　Ⓘ978-4-06-281617-5　Ⓝ289.1

内容　プロローグ　ゴッドマザー・安倍洋子を軸にした三代　第1章 祖父・岸信介―安倍晋三が追う幻影の正体　第2章 父・安倍晋太郎―「岸の女婿」と言われ続けた男の悲劇　第3章 叔父・西村正雄―唯一晋三を批判できた晋太郎の異父弟　第4章 隠れた弟を追って―父・晋太郎が築こうとしたもう一つの家庭　第5章 妻・安倍昭恵―奔放な「家庭内野党」で洋子との確執は続く　第6章 母・安倍洋子―晋三にかけるゴッドマザーの執念

◇「私」を生きる　安倍昭恵著　海竜社　2015.11　238p　19cm　1500円　Ⓘ978-4-7593-1417-5　Ⓝ289.1

内容　1章 自分らしく、型にはまらず―私は私でいい　2章 私の本気の取り組み―防潮堤と被災地復興、そして未来の町づくり　3章 子どもたちの未来を創る―「生きる力」を養う教育を　4章 非社交的人間の縁づくり―フェイスブックをコミュニケーションのハブに　5章 豊かさを「食」に求めて―昭恵農場と居酒屋「UZU」　6章 女性が輝く社会へ―キーワー

安部 磯雄〔1865～1949〕 あべ・いそお
◇嘉納治五郎と安部磯雄―近代スポーツと教育の先駆者　丸屋武士著　明石書店　2014.9　307p　20cm　〈文献あり〉　2600円　Ⓘ978-4-7503-4070-8　Ⓝ789.2
内容　第1章 国民教育と国民の政治意識、あるいは国民思想　第2章 剛毅闊達な精神　第3章 日本発(初)グローバルスタンダードの構築―嘉納治五郎によるイノベーションの意義　第4章 三育(徳育、体育、知育)絶妙のバランス、「嘉納塾」　第5章 日露戦争と早大野球部米国遠征　第6章 日本スポーツ界の夜明け　第7章 嘉納治五郎の英断―「体協」結成とオリンピック初参加　第8章 「体協」総務理事安部磯雄の見識

◇新編 同志社の思想家たち　上　沖田行司編著　京都　晃洋書房　2018.5　217p　19cm　〈他言語標題：THINKERS of DOSHISHA〉　2200円　Ⓘ978-4-7710-3055-8　Ⓝ121.02
内容　第1章 新島襄―「私立」する精神　第2章 山本覚馬―京都の近代化と同志社創設の立役者　第3章 横井時雄―「日本風」のキリスト教の模索　第4章 海老名弾正―「実験」に支えられた「異端」者の生涯　第5章 浮田和民―「半宗教家」「全教育家」として　第6章 元良勇次郎―日本初の心理学者　第7章 原田助―国際主義を唱えた同志社人　第8章 大西祝―短き生涯が遺したもの　第9章 山室軍平―神と平民の為に　第10章 安部磯雄―理想と現実のはざまで

安倍 寛〔1894～1946〕 あべ・かん
◇安倍三代　青木理著　朝日新聞出版　2017.1　294p　20cm　〈文献あり〉　1600円　Ⓘ978-4-02-331543-3　Ⓝ288.3
内容　第1部 寛(知られざる祖父　「富の偏在」への怒り　反戦唱え、翼賛選挙へ)　第2部 晋太郎(天涯孤独のドウゲン坊主　「異端」と「在日」　オレのオヤジは大したやつで　リベラルとバランス)　第3部 晋三(凡庸な「いい子」　「天のはかり」と「運命」世襲の果てに)

阿部 完市〔1928～2009〕 あべ・かんいち
◇埼玉奇才列伝―自分流の生き方に徹し輝いた10人　佐々木明著　さいたま　さきたま出版会　2018.9　183p　21cm　1500円　Ⓘ978-4-87891-462-1　Ⓝ281.34
内容　1 小鹿野のエジソン　赤岩松寿(発明家)　2 誰も真似られない前衛俳句　阿部完市(精神科医、俳人)　3 伝統を破り、作品を国内外で発表　今井満里(書家)　4 冤罪死刑囚と家族の支援に尽力　太田博也(童話作家、社会事業家)　5 米国に魅せられた釣りキャスター　金澤輝男(政党職員、釣り評論家)　6 世界の空を飛び新記録を残す　神田道夫(公務員、熱気球冒険家)　7 米国に魅せられミステリー翻訳九九冊　小鷹信光(翻訳家・作家)　8 創作民話と民話劇の巨匠　さねとうあきら(劇作家、民話作家)　9 世界の山を愛した超人　田部井淳子(登山家)　10 家庭教師と学習塾業界のカリスマ　古川のぼる(教育評論家、事業家)

安部 兼章〔1954～2011〕 あべ・けんしょう
◇Remembrance―ファッションデザイナー、アベ・ケンショウが遺したもの　安部恵子著　小学館スクウェア　2015.9　135p　21cm　〈年譜あり〉　1500円　Ⓘ978-4-7979-8121-6　Ⓝ593.3

安部 公房〔1924～1993〕 あべ・こうぼう
◇安部公房とわたし　山口果林著　講談社　2018.3　287p　15cm　(講談社＋α文庫 G312-1)〈2013年刊の加筆・修正〉　1000円　Ⓘ978-4-06-281743-1　Ⓝ778.21
内容　第1章 安部公房との出会い　第2章 女優と作家　第3章 女優になるまで　第4章 安部公房との暮らし　第5章 癌告知、そして　第6章 没後の生活

安部 三十郎〔1953～〕 あべ・さんじゅうろう
◇鷹山政治の継承　安部三十郎著　山中企画　2018.5　246p　19cm　〈年表あり〉　発売：星雲社　1500円　Ⓘ978-4-434-24619-7　Ⓝ318.225
内容　第1章 米沢愛(いきなり市長選へ　高校野球応援指導　方言の保存運動 ほか)　第2章 市長への道(ゼロからの挑戦　二度目の挑戦　三度目の挑戦)　第3章 市長日記(平成十五年(2003)　平成十六年(2004)　平成十七年(2005) ほか)

あべ 静江〔1951～〕 あべ・しずえ
◇みずいろの手紙　あべ静江著　松阪　夕刊三重新聞社　2016.5　271p　21cm　〈年譜あり〉　2000円　Ⓘ978-4-89658-007-5　Ⓝ767.8
内容　第1章 幼少期 子役として　第2章 青春期 普通の少女として　第3章 短大時代 DJとして　第4章 アイドル全盛期 歌手、女優として　第5章 事務所からの独立 スキャンダルの真相　第6章 成熟期 愛すべき猫と私　第7章 日本歌手協会と同窓会コンサートのこと　第8章 父の死 母の死 故郷・松阪への恩返し

阿部 次郎〔1883～1959〕 あべ・じろう
◇教養派知識人の運命―阿部次郎とその時代　竹内洋著　筑摩書房　2018.9　450p　19cm　(筑摩選書 0165)〈文献あり　年譜あり〉　2000円　Ⓘ978-4-480-01672-0　Ⓝ289.1
内容　阿部記念館　前途暗澹　捨てる神あれば拾う神あり　運動部系vs.文藝部系　高等遊民の群に　「ファースト・アベはなんにもしない」　スターダムに　岩波書店の看板学者になるも　人格主義という倫理的断ττ　雉も鳴かねば　大学教授バブル　小春日和の中の嵐　哲郎の憤怒と能ύの毒舌　残照　三女の執念　次郎の面目

安倍 晋三〔1954～〕 あべ・しんぞう
◇絶頂の一族―プリンス・安倍晋三と六人の「ファミリー」　松田賢弥著　講談社　2015.2　233p　20cm　〈文献あり〉　1500円　Ⓘ978-4-06-219434-1　Ⓝ289.1
内容　プロローグ ゴッドマザー・安倍洋子を軸にした三代　第1章 祖父・岸信介―安倍晋三が追う幻影の正体　第2章 父・安倍晋太郎―「岸の女婿」といわれ続けた男の悲劇　第3章 叔父・西村正雄―唯一晋三を批判できた晋太郎の異父弟　第4章 隠れた弟を追って―父・晋太郎が築こうとしたもう一つの家庭　第5章 妻・安倍昭恵―奔放な「家庭内野党」で洋子との確執は続く　第6章 母・安倍洋子―晋三に賭けたゴッド・マザーの執念

◇絶頂の一族―プリンス・安倍晋三と六人の「ファミリー」　松田賢弥著　講談社　2015.9　285p　15cm　（講談社＋α文庫 G119-3）〈2015年2月刊の加筆・修正　文献あり〉　740円　①978-4-06-281617-5　Ⓝ289.1

内容　プロローグ　ゴッドマザー・安倍洋子を軸にした三代　第1章　祖父・岸信介―安倍晋三が追う幻影の正体　第2章　父・安倍晋太郎―「岸の女婿」と言われ続けた男の悲劇　第3章　叔父・西村正雄―唯一晋三を批判できた晋太郎の異父弟　第4章　隠れた弟を追って―父・晋太郎が築こうとしたもう一つの家庭　第5章　妻・安倍昭恵―奔放な「家庭内野党」で洋子との確執は続く　第6章　母・安倍洋子―晋三にかけるゴッドマザーの執念

◇安倍晋三　沈黙の仮面―その血脈と生い立ちの秘密　野上忠興著　小学館　2015.11　255p　19cm　〈年譜あり〉　1400円　①978-4-09-388447-1　Ⓝ289.1

内容　序章　岸信介「力は入れないとダメ。でも力任せもダメ」　第1章　愛に飢え、「添い寝」を求めた少年時代　第2章　遊びと挫折の学生時代はなぜ経歴から消えたのか　第3章　父への反発と「別れ」　第4章　針路なき船出　第5章　速すぎた出世のエスカレーター　第6章　そして問われる「要領」と「情」

◇田中角栄と安倍晋三―昭和史でわかる「劣化ニッポン」の正体　保阪正康著　朝日新聞出版　2016.6　261p　18cm　（朝日新書 567）　780円　①978-4-02-273667-3　Ⓝ312.1

内容　序章　昭和から平成へ―「7・5・3の法則」　第1章　昭和天皇と今上天皇―戦争の清算　第2章　田中角栄と安倍晋三―系譜の相克　第3章　政治劣化の元凶―55年体制と小選挙区制の陥穽　第4章　青年たちの反乱-2・26事件から地下鉄サリン事件へ　第5章　戦間期の思想―魔性の科学者　終章　「田中角栄」からの批判

◇総理　山口敬之著　幻冬舎　2016.6　237p　20cm　1600円　①978-4-344-02960-6　Ⓝ312.1

内容　第一章　首相辞任のスクープ　第二章　再出馬の決断－盟友の死、震災、軍師・菅義偉　第三章　消費税をめぐる攻防－麻生氏との真剣勝負　第四章　安倍外交－オバマを追い詰めた安倍の意地　第五章　新宰相論－安倍を倒すのは誰か

◇この国を揺るがす男―安倍晋三とは何者か　朝日新聞取材班著　筑摩書房　2016.6　205p　19cm　1400円　①978-4-480-86444-4　Ⓝ312.1

内容　プロローグ　「満州国」の幻影　第1章　系譜　第2章　思想　第3章　苦闘　第4章　アベノミクス　エピローグ　岸のその先へ

◇総理の誕生　阿比留瑠比著　文藝春秋　2016.12　259p　20cm　〈年譜あり〉　1400円　①978-4-16-390576-1　Ⓝ312.1

内容　第1章　実は出世は遅かった　第2章　小泉純一郎という両面教師　第3章　小泉さんは、拉致を分かっていない　第4章　なぜ、一次政権は崩壊したのか　第5章　政治的な死者と言われて　第6章　盟友、中川昭一のこと　第7章　橋下徹コネクション　第8章　経済という切り札　第9章　オバマとの関係はこう詰めた　第10章　安倍の後継者は誰か？

◇安倍三代　青木理著　朝日新聞出版　2017.1　294p　20cm　〈文献あり〉　1600円　①978-4-02-331543-3　Ⓝ288.3

内容　第1部　寛（知られざる祖父　「富の偏在」への怒り　反戦唱え、翼賛選挙へ）　第2部　晋太郎（天涯孤独のドウゲン坊主　「異端」と「在日」　オレのオヤジは大しｔやつで　リベラルとバランス）　第3部　晋三（凡庸な「いい子」　「天のはかり」と「運命」　世襲の果てに）

◇総理　山口敬之著　幻冬舎　2017.4　254p　16cm　（幻冬舎文庫　や-38-1）　540円　①978-4-344-42602-3　Ⓝ312.1

内容　第1章　首相辞任のスクープ　第2章　再出馬の決断―盟友の死、震災、軍師・菅義偉　第3章　消費税をめぐる攻防―麻生太郎との真剣勝負　第4章　安倍外交―オバマを追い詰めた安倍の意地　第5章　新宰相論―安倍を倒すのは誰か

安倍 晋太郎〔1924～1991〕　あべ・しんたろう

◇絶頂の一族―プリンス・安倍晋三と六人の「ファミリー」　松田賢弥著　講談社　2015.2　233p　20cm　〈文献あり〉　1500円　①978-4-06-219434-1　Ⓝ289.1

内容　プロローグ　ゴッドマザー・安倍洋子を軸にした三代　第1章　祖父・岸信介―安倍晋三が追う幻影の正体　第2章　父・安倍晋太郎―「岸の女婿」といわれ続けた男の悲劇　第3章　叔父・西村正雄―唯一晋三を批判できた晋太郎の異父弟　第4章　隠れた弟を追って―父・晋太郎が築こうとしたもう一つの家庭　第5章　妻・安倍昭恵―奔放な「家庭内野党」で洋子との確執は続く　第6章　母・安倍洋子―晋三に賭けるゴッド・マザーの執念

◇絶頂の一族―プリンス・安倍晋三と六人の「ファミリー」　松田賢弥著　講談社　2015.9　285p　15cm　（講談社＋α文庫 G119-3）〈2015年2月刊の加筆・修正　文献あり〉　740円　①978-4-06-281617-5　Ⓝ289.1

内容　プロローグ　ゴッドマザー・安倍洋子を軸にした三代　第1章　祖父・岸信介―安倍晋三が追う幻影の正体　第2章　父・安倍晋太郎―「岸の女婿」と言われ続けた男の悲劇　第3章　叔父・西村正雄―唯一晋三を批判できた晋太郎の異父弟　第4章　隠れた弟を追って―父・晋太郎が築こうとしたもう一つの家庭　第5章　妻・安倍昭恵―奔放な「家庭内野党」で洋子との確執は続く　第6章　母・安倍洋子―晋三にかけるゴッドマザーの執念

◇安倍三代　青木理著　朝日新聞出版　2017.1　294p　20cm　〈文献あり〉　1600円　①978-4-02-331543-3　Ⓝ288.3

内容　第1部　寛（知られざる祖父　「富の偏在」への怒り　反戦唱え、翼賛選挙へ）　第2部　晋太郎（天涯孤独のドウゲン坊主　「異端」と「在日」　オレのオヤジは大しｔやつで　リベラルとバランス）　第3部　晋三（凡庸な「いい子」　「天のはかり」と「運命」　世襲の果てに）

安倍 晴明〔921～1005〕　あべ・せいめい

◇陰陽師「安倍晴明」　安倍晴明研究会著　二見書房　2016.11　308p　15cm　（二見レインボー文庫）〈「陰陽師「安倍晴明」超ガイドブック」(1999年刊)の改題、改装改訂新版　文献あり〉　648円　①978-4-576-16171-6　Ⓝ289.1

内容　序之巻　平安の世に君臨した大陰陽師・安倍晴明

伝説―千年の時を超え、いま甦る晴明の謎　壱之巻　信太の森の女狐が生みの親？―安倍晴明ルーツの謎　弐之巻　悪食の神童、異能ぶりを発揮―幼少年時代の晴明を検証する　参之巻　不世出の天才陰陽師参上―伝説が語る晴明超常現象の数々　四之巻　悪鬼徘徊、暗黒の闇が支配する世界―平安時代とはいかなる時代だったか　五之巻　陰陽道は国家最高機密のオカルティズムだ―陰陽道の秘法奥義を解き明かす　六之巻　陰陽寮は平安時代の科学技術庁―国家の命運を握るエリート官僚、陰陽寮の正体　七之巻　魅力あふれるバイプレーヤーたち―晴明を取り巻く人物群像　八之巻　晴明サマに会いたい！―全国安倍晴明陰陽師ツアー

◇安倍晴明公物語―平安時代の大陰陽師　長谷川靖高編著　大阪　新風書房　2017.10　261p　21cm　〈年譜あり〉　2500円　①978-4-88269-861-6　Ⓝ148.4

阿部　孝子〔1932～〕　あべ・たかこ

◇わが人生を文字に賭けて―中日新聞初の社会部女性記者奮闘記　阿部孝子著　大阪　新葉館出版　2015.5　233p　19cm　1400円　①978-4-86044-594-2　Ⓝ070.16

内容　ジャーナリスト修行―校閲部時代　社内初の社会部女性記者に　五線譜を駆け抜ける―文化部・芸能部記者時代　名フィル10年　世界を飛び回った文化部時代　世界のマーケット　七十代の現役記者として　名作散歩

阿部　春市〔1948～〕　あべ・はるいち

◇信念とロマンの25年―自分誌　阿部春市著　五所川原　阿部春市　2015.6　118p　21cm　1000円　Ⓝ318.221

阿部　正弘〔1819～1857〕　あべ・まさひろ

◇阿部正弘事蹟　1　オンデマンド版　東京大学出版会　2016.3　41,408p　図版19枚　22cm　（続日本史籍協會叢書　4）〈複製　印刷・製本：デジタルパブリッシングサービス　文献あり　年譜あり〉　22000円　①978-4-13-009520-4　Ⓝ210.58

◇阿部正弘事蹟　2　オンデマンド版　東京大学出版会　2016.3　p409～830　図版9枚　22cm　（続日本史籍協會叢書　5）〈複製　印刷・製本：デジタルパブリッシングサービス　索引あり〉　18000円　①978-4-13-009521-1　Ⓝ210.58

安倍　洋子〔1928～〕　あべ・ようこ

◇絶頂の一族―プリンス・安倍晋三と六人の「ファミリー」　松田賢弥著　講談社　2015.2　233p　20cm　〈文献あり〉　1500円　①978-4-06-219434-1　Ⓝ289.1

内容　プロローグ　ゴッドマザー・安倍洋子を軸にした三代　第1章　祖父・岸信介―安倍晋三が追う幻影の正体　第2章　父・安倍晋太郎―「岸の女婿」といわれ続けた男の悲劇　第3章　叔父・西村正雄―唯一晋三を批判できた晋太郎の異父弟　第4章　隠れた弟を追って―父・晋太郎が築こうとしたもう一つの家庭　第5章　妻・安倍昭恵―奔放な「家庭内野党」で洋子との確執は続く　第6章　母・安倍洋子―晋三に賭けるゴッド・マザーの執念

◇絶頂の一族―プリンス・安倍晋三と六人の「ファミリー」　松田賢弥著　講談社　2015.9　285p　15cm　（講談社＋α文庫　G119-3）〈2015年2月刊の加筆・修正　文献あり〉　740円　①978-4-06-281617-5　Ⓝ289.1

内容　プロローグ　ゴッドマザー・安倍洋子を軸にした三代　第1章　祖父・岸信介―安倍晋三が追う幻影の正体　第2章　父・安倍晋太郎―「岸の女婿」と言われ続けた男の悲劇　第3章　叔父・西村正雄―唯一晋三を批判できた晋太郎の異父弟　第4章　隠れた弟を追って―父・晋太郎が築こうとしたもう一つの家庭　第5章　妻・安倍昭恵―奔放な「家庭内野党」で洋子との確執は続く　第6章　母・安倍洋子―晋三にかけるゴッドマザーの執念

安部　洋子〔1933～〕　あべ・ようこ

◇オホーツクの灯り―樺太、先祖からの村に生まれて　安部洋子自伝と句　橋田欣典編　〔出版地不明〕　橋田欣典　2015.2　261p　21cm　〈印刷：クルーズ（札幌）〉　1800円　①978-4-905756-71-2　Ⓝ289.1

阿部　よしゑ〔1904～1969〕　あべ・よしえ

◇ドラマチック・ロシア in JAPAN　4　日露異色の群像30―文化・相互理解に尽くした人々　続　長塚英雄責任編集　生活ジャーナル　2017.12　531p　22cm　〈3の出版者：東洋書店〉　2800円　①978-4-88259-166-5　Ⓝ319.1038

内容　レフ・メーチニコフ（1838-1888）西郷が呼んだロシアの革命家　ニコライ・ラッセル（1850-1930）子孫が伝える二〇世紀の世界人の記憶　黒野義文（？-1918）東京外語露語科からペテルブルグ大学東洋語学部へ　小西増太郎（1861-1939）トルストイとスターリンに会った日本人―激動の昭和を生きた祖父小西増太郎　ニコライ・マトヴェーエフ（1865-1941）マトヴェーエフと戦後最初のロシア人観光団　徳富蘆花（1868-1927）日本におけるトルストイ受容の先駆者として　セルギイ・チホミーロフ（1871-1945）日本の府主教セルギイ―その悲劇の半生　内田良平（1874-1937）「黒龍会」内田良平のロシア観　瀬沼夏葉（1875-1915）瀬沼夏葉とチェーホフ作品の翻訳　相馬黒光（1875-1955）"アンビシャスガール"とロシア文化〔ほか〕

阿部　浪漫子〔？～1968〕　あべ・ろうまんこ

◇俳人風狂列伝　石川桂郎著　中央公論新社　2017.11　280p　16cm　（中公文庫　い126-1）〈角川書店　1974年刊の再刊〉　1000円　①978-4-12-206478-2　Ⓝ911.362

内容　蛸の脚―高橋鏡太郎　此君亭奇録―伊庭心猿　行乞と水―種田山頭火　軛かずら―岩田昌寿　室咲の葦―岡本癖三酔　屑籠と棒秤―田尻得次郎　葉鶏頭―松根東洋城　おみくじの凶―尾崎放哉　水に映らぬ影法師―相良万吉　日陰のない道―阿部浪漫子　地上に墜ちたゼウス―西東三鬼

甘粕　正彦〔1891～1945〕　あまかす・まさひこ

◇甘粕正彦と李香蘭―満映という舞台　小林英夫著　勉誠出版　2015.7　239p　20cm　〈年譜あり〉　2800円　①978-4-585-22123-4　Ⓝ778.2225

内容　甘粕正彦の数奇な前半生　李香蘭と満鉄　暗躍する甘粕と満洲国の出現　山口淑子から「李香蘭」

へ　満洲映画協会(満映)の誕生　満映以前の映画界の状況　満映の活動開始　甘粕正彦、辣腕の満映理事長　李香蘭の活躍と沸騰する人気　好敵手、川喜多長政と上海映画界　満映から東アジアのスターへ　「文化人」、甘粕正彦　満洲帝国の落日　夢の終焉と戦後への遺産）

◇満洲怪異伝―「王道楽土」に暗躍した人物たちの活躍とその後　歴史REAL編集部編　洋泉社　2015.9　255p　19cm〈年表あり　索引あり〉　1800円　①978-4-8003-0719-4　Ⓝ281.04

内容　第1章　建国に暗躍した軍人たちの光と影(石原莞爾―満洲領有を唱えた「世界最終戦争論」とは？　土肥原賢二―満洲国の建国に尽力した「満洲のローレンス」　板垣征四郎―石原とコンビを組み、満洲事変を引き起こす　山口重次―石原莞爾を煽り関東軍の決起を促した活動家）　第2章　傀儡国家の申し子たち(甘粕正彦―満洲の文化を盛り立てた官僚の「実像」　愛新覚羅溥儀―数奇で残酷な運命を辿った「ラスト・エンペラー」　松岡洋右―満鉄で実力を発揮できなかった総裁　李香蘭―日中に引き裂かれた誠実な女優）　第3章　影の世界にうごめいたフィクサーたち(里見甫―阿片を用いて満洲のダークサイドを歩いた「里見家」　辻政信―ノモンハンでの独断専行の参謀　河本大作―張作霖爆殺事件の首謀者　石井四郎―「悪魔の細菌部隊」七三一部隊を創設した男　川島芳子―華麗なエピソードに彩られた「男装の麗人」）　第4章　満洲国を牛耳った官僚と政治家たち(岸信介―昭和の妖怪と呼ばれた男の「一身二生」の人生　星野直樹―満洲国を「傀儡国家」たらしめた最重要人物　高碕達之助―満業を率いて日本人を守った経済人　古海忠之―満洲国の経済を動かした男）　特別企画　満洲人物伝―「王道楽土」の地で活躍した人物82(軍人・軍関係者　政治家・官僚　満鉄と経済人　文化人　女性　中国人)

◇乱世を生き抜いた知恵―岸信介、甘粕正彦、田中角栄　太田尚樹著　ベストセラーズ　2018.8　239p　18cm　(ベスト新書　586)〈文献あり〉　880円　①978-4-584-12586-1　Ⓝ289.1

内容　第1章　怨念を背負った男たち　第2章　男が惚れる男の条件　第3章　金銭哲学　第4章　人情の機微に通じた男―庶民への目線と気配り　第5章　政治哲学　第6章　それぞれの人生哲学

天児 牛大〔1949～〕　あまがつ・うしお

◇重力との対話―記憶の海辺から山海塾の舞踏へ　天児牛大著　岩波書店　2015.3　163p　図版16p　20cm　〈作品目録あり〉　2000円　①978-4-00-061030-8　Ⓝ769.1

内容　1　記憶の糸をたぐりよせて(海浜から　東京のカオスに浮かぶ　山海塾の設立　パリへの飛躍、欧州への跳躍　他の国々で　成立させたくなるようなものかを求めて）　2　重力と対話する(金柑少年　面の裏　虹と二つの環のための儀式　花　卵を立てることから　闇に沈む静寂　常に揺れている場のなかで　海　滝　ゆるやかな振動と動揺のうちに　遥か彼方からのひびき　かがみの隠喩のかなたへ　表情と感情　歩行　一つの像　共鳴と共振　ダンスと身体　やさしく・ていねい　身体と仮想　場にて）　3　終わりなき問答(差異と普遍性　白についての再考　沈黙の劇場　自動と他動／テンションとリラクゼーション　床面の可変性　意識の糸　仮想性―所有しない所有　フォーカスとアウト・フォーカス　息の行方を探る　鏡のない稽古場　実像と鏡像の交感　日本の古語と

身体のルーツ　人と人間　宙に浮かぶブリッジ　他社の記憶のなかで)

天草 四郎〔？～1638〕　あまくさ・しろう

◇天草四郎の正体―島原・天草の乱を読みなおす　吉村豊雄著　洋泉社　2015.4　223p　18cm　(歴史新書y 052)〈文献あり〉　950円　①978-4-8003-0604-3　Ⓝ210.52

内容　序章　歴史のなかの口之津―布教と禁教の歴史的始点　第1章　山田右衛門作が語る四郎　第2章　天草四郎の出現　第3章　「四郎」と「四郎殿」の間で　第4章　天草四郎への手紙　第5章　戦時に立つ四郎　第6章　原城のなかの四郎　第7章　城中の神　第8章　天草四郎のゆくえ　終章　もう一人の主役

◇評伝　天草五十人衆　天草学研究会編　福岡　弦書房　2016.8　317p　22cm　〈文献あり　年表あり　索引あり〉　2400円　①978-4-86329-138-6　Ⓝ281.94

内容　ステージ1　五人衆の時代、そして…　ステージ2　天領天草の村々　ステージ3　祈りの島で　ステージ4　耕す、漁る　ステージ5　実業の世をひらく　ステージ6　潮路はるかに　ステージ7　文学・歴史・言論　ステージ8　あの頃、この人　ステージ9　島の現実、国の行く末　ステージ10　一筋の道　ステージ特別編　潮騒二題（天草の石文化と松室五郎左衛門　牛深カツオ漁の男たち）

◇彷徨える日本史―誤説が先行する南海の美少年　天草四郎時貞の実像　源田京一著　幻冬舎メディアコンサルティング　2018.12　271p　19cm　〈文献あり　発売：幻冬舎〉　1300円　①978-4-344-92004-0　Ⓝ210.52

内容　第1章　「島原の乱」とは何だ（呼び名が多い関連文書、理解に苦慮　イベリア半島の世界戦略　ほか）　第2章　この戦は農民一揆か宗教一揆か（益田（天草）四郎時貞登場　キリシタン大名（切支丹大名ではない）の足跡　ほか）　第3章　ついに来た殲滅覚悟の籠城戦（誰が決めたかこの作戦　合戦中に交わされた多数の矢文の信憑性）　第4章　偏り紹介が誤訳を招く多数の文書（天草四郎文書、一四年ぶりに発見　四郎は、パライソ（天国）で信徒に出会い微笑むことができるのか　ほか）　終章

天草 二郎〔1971～〕　あまくさ・じろう

◇天草（ふるさと）に恩返し、そして師匠に恩返し　天草二郎著　山中企画　2014.7　221p　19cm　〈発売：星雲社〉　1300円　①978-4-434-19367-5　Ⓝ767.8

内容　天草二郎写真館　第1章　天草に恩返し　第2章　師匠に恩返し　天草二郎作品集

尼子 凡女〔1905～1991〕　あまこ・ぼんじょ

◇坊守の四季―女住職のさきがけ・俳人凡女　尼子かずみ著　郁朋社　2016.4　190p　19cm　1600円　①978-4-87302-621-3　Ⓝ188.72

内容　打水　夏萩　盆参り　宛名書き　素十の横は誰　花の門　濃紫陽花　父　お取り越し句会　この慈悲始終なし〔ほか〕

天田 愚庵〔1854～1904〕　あまだ・ぐあん

◇幕末明治　異能の日本人　出久根達郎著　草思社　2015.12　270p　19cm　1700円　①978-4-

あまの

7942-2174-2 Ⓝ281.04
内容 1 無私の超人、二宮金次郎　2 知の巨人、幸田露伴―近代文学再発掘　3 巡礼の歌人、天田愚庵・他―幕末明治群雄伝

天野 篤〔1955～〕　あまの・あつし
◇熱く生きる　天野篤著　セブン＆アイ出版　2014.2　283p　20cm　〈年譜あり〉　1600円　ⓘ978-4-86008-627-5　Ⓝ289.1
内容 第1章 思いを磨け―世のため人のために生きろ　第2章 人の逆を行け―偏差値50の闘い方　第3章 覚悟を持て―ゆずれない一線を決める　第4章 先を読め―次の時代を見ろ　第5章 問いかけろ―疑問を持ち、行動を見直せ　第6章 目標は高く―進むべき「道」を究めろ

◇熱く生きる　青本道を究めろ編　天野篤著　セブン＆アイ出版　2014.9　237p　15cm　〈2014年2月刊に特別対談を収録し、新構成、2分冊　年譜あり〉　600円　ⓘ978-4-86008-641-1　Ⓝ289.1

◇熱く生きる　赤本覚悟を持て編　天野篤著　セブン＆アイ出版　2014.9　238p　15cm　〈2014年2月刊に特別対談を収録し、新構成、2分冊〉　600円　ⓘ978-4-86008-640-4　Ⓝ289.1

◇あきらめない心―心臓外科医は命をつなぐ　天野篤著　新潮社　2016.5　284p　16cm　（新潮文庫 あ-87-1）〈「一途一心、命をつなぐ」（飛鳥新社 2012年刊）の改題〉　520円　ⓘ978-4-10-120461-1　Ⓝ494.643
内容 第1章 命を削って、命をつなぐ　第2章 その日が来た―日本中が注目した手術　第3章 医師になりきる、患者になりきる　第4章 負けない「傭兵」がつくられるまで―修業時代　第5章 「最高の手術」とは　第6章 大学病院が変わった　第7章 熱く生きろ

天野 貞祐〔1884～1980〕　あまの・ていゆう
◇天野貞祐―道理を信じ、道理に生きる　貝塚茂樹著　京都　ミネルヴァ書房　2017.4　429,11p　20cm　（ミネルヴァ日本評伝選）〈文献あり　年譜あり　索引あり〉　4000円　ⓘ978-4-623-08030-4　Ⓝ289.1
内容 第1章 挫折と立志　第2章 内村鑑三とカント哲学　第3章 京都帝国大学と『道理の感覚』　第4章 第一高等学校校長と戦後教育構想　第5章 文部大臣と道徳教育・「平和」問題　第6章 獨協大学と戦後教育批判　第7章 自由学園とキリスト教　第8章 追悼とその遺産

天野 桃隣〔1639～1719〕　あまの・とうりん
◇天野桃隣と太白堂の系譜並びに南部畔李の俳諧　松尾真知子著　大阪　和泉書院　2015.1　256p　22cm　（研究叢書 453）〈文献あり　年譜あり〉　8500円　ⓘ978-4-7576-0727-9　Ⓝ911.33
内容 1 天野桃隣（芭蕉と桃隣　桃隣の俳諧活動―『陸奥鵆』を中心として　『粟津原』の時代　桃隣発句集）　2 東都蕉門―太白堂（大鯨舎桃翁　二世桃隣石河積翠　三世桃隣　四世桃隣　五世莱臣　六世孤月　明治時代以後の太白堂）　3 八戸藩主南部畔李公（伝記　作品　畔李発句集）

天野 八郎〔1831～1868〕　あまの・はちろう
◇幕末血涙史―附「幕末史譚天野八郎伝」　山崎有信著　復刻版　周南　マツノ書店　2017.8　1冊　22cm　Ⓝ281.04
内容 幕末血涙史（日本書院 昭和3年刊）　幕末史譚天野八郎伝（博進堂 大正15年刊）

◇彰義隊遺聞　森まゆみ著　集英社　2018.12　390p　16cm　（集英社文庫 も26-9）〈新潮文庫2008年刊の再編集　文献あり　年譜あり〉　680円　ⓘ978-4-08-745820-6　Ⓝ210.61
内容 墓を建てた男、小川椙太　幕末三舟　彰義隊結成と孤忠、伴門五郎　東叡山寛永寺　慶喜謹慎、渋沢栄一と成一郎　香車の槍、天野八郎　錦ぎれ取り、西虎叫葉　挿話蒐集　団子坂戦争　黒門激戦　輪王寺宮落去　戦争見物と残党狩り　三つの墓　隊士のその後、松廼家露八のこと

天野 礼子〔1953～〕　あまの・れいこ
◇川を歩いて、森へ　天野礼子著　中央公論新社　2017.2　189p　20cm　1500円　ⓘ978-4-12-004942-2　Ⓝ517.2
内容 三万本の"川の国"にっぽん　アマゴとの逢い　一九の春に、恋した相手は　流友会で鍛えられる　今西錦司の「ノータリンクラブ」に入る　「萬サ」と長良川　開高健の遺言　「河川法」が変わるまで　アメリカは、なぜダム開発をやめたのか　サケとクマが森で繋げてくれたこと　森・里・川・海、生命の連環　高津川で日本の"森のつくり直し"のモデルをつくる

天海 祐希〔1967～〕　あまみ・ゆうき
◇宝塚歌劇　柚希礼音論―レオンと9人のトップスターたち　松島奈巳著　東京堂出版　2016.5　204p　19cm　〈文献あり　年譜あり〉　1600円　ⓘ978-4-490-20939-6　Ⓝ772.1
内容 1章 天海祐希 ファンにあらず―音楽学校入学以前　2章 大浦みずき 十年にひとりの逸材―宝塚音楽学校時代　3章 北翔海莉 名作レビューで大抜擢―歌劇団入団　4章 真飛聖 鳴り物入りで星組に配属―星組若手時代　5章 安蘭けい 星の王子様は誰？―二番手まで　6章 天海祐希（再掲）異例人事の残したもの―トップ就任　7章 真矢みき 2人目の武道館リサイタル―退団前年　8章 真琴つばさ リアルな演技と過剰な演技―退団直前　9章 明日海りお ハイブリッドなトップ・オブ・トップ―退団　10章 柚希礼音 星組トップスターを超えて―退団後

雨宮 まみ〔1976～2016〕　あまみや・まみ
◇女子をこじらせて　雨宮まみ著　幻冬舎　2015.4　262p　16cm　（幻冬舎文庫 あ-54-1）〈ポット出版 2011年刊の再刊〉　580円　ⓘ978-4-344-42321-3　Ⓝ289.1
内容 第1章 女子をこじらせて（職業AVライター　暗黒のスクールライフ中学校編　暗黒のスクールライフ高校編　ほか）　第2章 セックスをこじらせて（さすらいのバニーガール前編　さすらいのバニーガール後編　アダルトビデオジェネレーション　ほか）　第3章 「私」をこじらせて（「女」の名前　「女」だから　「女」と「弟」　ほか）　特別対談 久保ミツロウ×雨宮まみ『こじらせガール総決起集会！』

甘利 庸子 あまり・ようこ

◇チャンスを引き寄せ、願い叶える法則　甘利庸子著　PHP研究所　2014.10　202p　19cm　〈『のぞみの扉』(PHPパブリッシング　2012年刊)の改題、加筆・修正〉　1200円　Ⓘ978-4-569-82124-5　Ⓝ289.1

内容　序章 信じて、愛して、諦めない　第1章 夢のはじまり　第2章 母が導いてくれた介護への道　第3章 夢を形に変えた決断　第4章 私を支えた大切な出会い　第5章 広がる夢、その先にあるもの

網田 覚一〔1902～1989〕あみた・かくいち

◇気骨―ある刑事裁判官の足跡　石松竹雄著、安原浩インタビュアー　刑事司法及び少年司法に関する教育・学術研究推進センター　2016.9　251p　19cm　(ERCJ選書 1)〈発売:日本評論社〉　1400円　Ⓘ978-4-535-52204-6　Ⓝ289.1

内容　プロローグ 網田さんと筆者との出会い　生い立ちから司法修習生となるまで　筆者が知るまでの網田さんの主要な経歴　司法修習生時代の筆者と網田さん　判事補時代を中心とした裁判官生活―釧路地裁勤務まで　釧路地裁から大阪地裁へ―網田裁判長の部の陪席へ　単独事件部裁判官から司法研修所教官へ　三度目の大阪地裁勤務　大阪高裁刑事部へ　裁判官懇話会　弁護士としての網田さんと筆者　余談

網野 善彦〔1928～2004〕あみの・よしひこ

◇回想の網野善彦―『網野善彦著作集』月報集成　岩波書店編集部編　岩波書店　2015.3　294,4p　19cm　2500円　Ⓘ978-4-00-061034-6　Ⓝ289.1

内容　対談 網野善彦さんの思い出(笠松宏至・勝俣鎮夫)　1 戦後歴史学と青春―学生時代～一九六〇年代を中心に　2「蒙古襲来」『無縁・公界・楽』の頃―一九七〇年代を中心に　3 新しい歴史学の展開―一九八〇年代以降　4 人と学問の魅力　座談会「網野善彦著作集」編集を終えて(稲葉伸道・桜井英治・盛本昌広・山本幸司)

◇歴史としての戦後史学―ある歴史家の証言　網野善彦著　KADOKAWA　2018.9　362p　15cm　〔角川ソフィア文庫〕　(I142-2)〈洋泉社 2007年刊の再刊〉　1080円　Ⓘ978-4-04-400399-9　Ⓝ210.01

内容　戦後の"戦争犯罪"　1 戦後歴史学の五十年(戦後歴史学の五十年―歴史観の問題を中心に　津田左右吉氏の学問における「生活」と「科学」ほか)　2 歴史家と研究者(歴史家の姿勢『川崎庸之歴史著作選集3 平安の文化と歴史』解説　『論集 中世の窓』について ほか)　3 史料を読む(東寺百合文書と中世史研究)　4 日本常民文化研究所(戦後の日本常民文化研究所と文書整理　古文書の結ぶ縁)　5 渋沢敬三の学問と生き方(渋沢敬三の学問と生き方『澁澤敬三著作集 第三巻』解説　被差別部落・「原始民族」への言及について ほか)　インタビュー 私の生き方

aMSa

◇日本人初プロスマブラーの軌跡―世界を魅了するアドリブ力　aMSa著　三才ブックス　2016.4　175p　19cm　1200円　Ⓘ978-4-86199-865-2　Ⓝ798.5

内容　第1章 スマブラ17年生　スマブラ五神と神殺し　第2章 スマブラーガチ以前　第3章 スマブラーガチ勢への道　第4章 プロスマブラーの軌跡　第5章 プロスマブラーとして

雨森 精斎〔1822～1882〕あめのもり・せいさい

◇泊園書院の明治維新―政策者と企業家たち　横山俊一郎著　大阪　清文堂出版　2018.3　309p　22cm　〈文献あり　索引あり〉　7800円　Ⓘ978-4-7924-1085-8　Ⓝ121.6

内容　序論 大阪漢学と明治維新―東アジアの視座からの問い　第1部 近世の"政策者"たち(多田海庵の海防意識―幕末の"実務家"としての儒者の一事例　多田海庵の政教構想―諸書折衷とそれを支える「三徳」観　雨森精斎の政治実践―幕末維新の"実務家"としての儒者の一事例　安達清風の儒教交流と開拓事業―泊園塾・昌平黌出身者の実践的軌跡　第2部 近代の"企業家"たち(男爵本多政以の思想と事業―泊園学と禅宗　山口県佐波郡における泊園書院出身者の事業活動の一考察―実業家尾中郁太・古谷熊三を中心に　永田仁助の経済倫理―天人未分と武士道の精神)　結論 泊園書院の人々による変革と儒教―近世・近代を生きた"実務家"たちの実践的軌跡

雨宮 敬次郎〔1846～1911〕あめみや・けいじろう

◇実録 7人の勝負師　鍋島高明著　パンローリング　2017.8　367p　20cm　2000円　Ⓘ978-4-7759-9151-0　Ⓝ676.7

内容　1 成金鈴久(鈴木久五郎)―伝説の大盤振舞い、樺花一日の栄　2 松谷天一坊(松谷元三郎)―文無しで堂島乗っ取る　3 非命の栄之助(岩本栄之助)―悲運、されど公会堂と共に在る　4 白犀の入丸将軍(村上太三郎)―売りで勝負、大々相場師　5 梟雄島徳(島徳蔵)―「悪名でもいい、無名よりましだ」　6 不敗の山昭(霜村昭平)―相場こそわが人生　7 天下の雨敬(雨宮敬次郎)―投機界の魔王は事業の鬼

綾川 武治〔1891～1966〕あやかわ・たけじ

◇近代日本の国家主義エリート―綾川武治の思想と行動　木下宏一著　論創社　2014.11　238p　20cm　〈文献あり　著作目録あり〉　2500円　Ⓘ978-4-8460-1363-9　Ⓝ289.1

内容　第1章 修学・形成期―出生～一九一〇年代(『田舎教師』の世界に生まれて　北辰斜めにさすところ ほか)　第2章 確立・行動期―一九二〇年代(満鉄研究員として　猶存社の日々 ほか)　第3章 将来の戦争と高次国防―シヴィリアン・インテリジェンス・オフィサー綾川武治(将来の人種戦争　敵は国際協調主義ほか)　第4章 円熟期―一九三〇年代～四〇年代前半(純正日本主義対国家社会主義　右派ジャーナリストとして(その2) ほか)　終章 晩期―一九四〇年代後半～死没(公職追放、そして　戦後の事蹟)

綾小路 きみまろ〔1950～〕あやのこうじ・きみまろ

◇しょせん幸せなんて、自己申告。　綾小路きみまろ著　朝日新聞出版　2017.10　223p　18cm　1000円　Ⓘ978-4-02-251497-4　Ⓝ779.14

内容　第1章 生き方―不確かな人生を楽しむ　第2章 人の縁―いつだって一瞬、一瞬がすべて　第3章 挫折と不安―向かい風の中を歩くときの心得　第4章

あやひとし

家族―愛と憎しみが紡ぐ小さな宇宙　第5章 健康と老い―美しく、正しく時を刻む　第6章 運と幸せ―「おかげさま」の心が、幸運を呼び込む　第7章 人生の終い方―他人と自分の間を漂うもの

文仁親王〔1680～1711〕　あやひとしんのう
◇四親王家実録　22　桂宮実録 第3巻（文仁親王実録）　吉岡眞之,藤井讓治,岩壁義光監修　ゆまに書房　2016.10　276p　27cm　〈布装　宮内庁宮内公文書館所蔵の複製〉　25000円
Ⓘ978-4-8433-5107-9　Ⓝ288.44

AYUO
⇒高橋鮎生（たかはし・あゆお）を見よ

鮎川 信夫〔1920～1986〕　あゆかわ・のぶお
◇「生きよ」という声―鮎川信夫のモダニズム　岡本勝人著　左右社　2017.4　285p　20cm　2700円　Ⓘ978-4-86528-141-5　Ⓝ911.52
|内容|第1章 出発　第2章 接続　第3章 切断　第4章 風景　第5章 "戦後"　第6章 抒情　第7章 吉本隆明　第8章 故郷　第9章 八〇年代　第10章 残されたもの

鮎川 義介〔1880～1967〕　あゆかわ・よしすけ
◇鮎川義介―日産コンツェルンを作った男　堀雅昭著　福岡　弦書房　2016.3　332p　19cm　〈文献あり　年譜あり　索引あり〉　2200円
Ⓘ978-4-86329-131-7　Ⓝ289.1
|内容|1 山口での薫陶　2 反骨とアメリカ　3 北九州での拠点づくり　4 日産コンツェルンの誕生　5 満洲に向かうユートピア　6 戦後に引き継がれたもの　補遺 夢の跡
◇日産の創業者鮎川義介　宇田川勝著　吉川弘文館　2017.3　246p　20cm　〈文献あり　年譜あり〉　2800円　Ⓘ978-4-642-08312-6　Ⓝ289.1
|内容|第1章 生い立ちと金持にならない誓い　第2章 産業開拓活動　第3章 日産コンツェルンの形成　第4章 満業コンツェルンの経営　第5章 社会企業家としての活動　終章 鮎川義介の企業家活動の特質
◇ダットサンの忘れえぬ七人―設立と発展に関わった男たち　下風憲治著,片山豊監修　新訂版〔出版地不明〕片山豊記念館　2017.10　247p　20cm　〈他言語標題：SEVEN KEY PEOPLE IN THE HISTORY OF DATSUN　発売：三樹書房〉　2000円　Ⓘ978-4-89522-679-0　Ⓝ537.92
|内容|1 橋本増治郎（一八七五 - 一九四四）　2 田健治郎（一八五五 - 一九三〇）　3 青山禄郎（一八七四 - 一九四〇）　4 竹内明太郎（一八六〇 - 一九二八）　5 鮎川義介（一八八〇 - 一九六七）　6 ウィリアム・ゴーハム（一八八八 - 一九四九）　7 片山豊（一九〇九 - 二〇一五）

新井 奥邃〔1846～1922〕　あらい・おうすい
◇奥邃論集成　春風社編集部編　横浜　春風社　2014.11　253p　22cm　2700円　Ⓘ978-4-86110-424-4　Ⓝ198.192
|内容|第1章 新井奥邃との出会い（触れえた奥邃　佇立する思想に時の思潮が近寄る　ほか）　第2章 異色のキリスト教（新井奥邃の父母神思想とフェミニスト神学の視点　緊張感にみちた信仰―ブレイクとの親近性　ほか）　第3章 新井奥邃をめぐる人々（新井奥邃師と渡辺英一先生　新井奥邃と中村秋三郎　ほか）　第4章 新井奥邃先生の一語（山川丙三郎訳ダンテ『神曲』と新井奥邃の言葉（一）ほか）　第5章 結び（新井奥邃先生最期のころ　『新井奥邃著作集』編集を終えて　ほか）

荒井 権八〔1928～〕　あらい・ごんぱち
◇フロンティアへの旅―聞き書きによる荒井権八の物語　折橋徹彦著　〔平塚〕　荒井商事　2016.10　128p　19cm　〈他言語標題：A pursuit of new frontier　年譜あり〉　1000円　Ⓝ289.1

新井 将敬〔1948～1998〕　あらい・しょうけい
◇日本改革の今昔―首相を目指した在日新井将敬　河信基著　彩流社　2017.6　342p　19cm　〈年表あり〉　2200円　Ⓘ978-4-7791-2339-9　Ⓝ312.1
|内容|第1部 元祖・改革派のホープは何を思う（巡り巡る新井将敬の季節　石原慎太郎のおごりと豊洲市場問題の闇　小池都知事誕生と第二の改革旋風　よみがえる新井将敬の旧同志たち　「安倍一強」の盲点）　第2部 『代議士の自決 新井将敬の真実』（隠された実像―闘う改革派　思想と行動―改革はどこでねじれたのか　改革派代議士の死―だれが新井将敬を殺したのか）

あらい 正三　あらい・しょうぞう
⇒太鼓持あらい（たいこもちあらい）を見よ

荒井 退造〔1900～1945〕　あらい・たいぞう
◇たじろがず沖縄に殉じた荒井退造―戦後70年沖縄戦最後の警察部長が遺したもの　「菜の花街道」荒井退造顕彰事業実行委員会著　宇都宮　下野新聞社　2015.9　211p　19cm　〈奥付のタイトル関連情報（誤植）：戦後70年沖縄最後の警察部長が遺したもの　文献あり　年譜あり〉　1300円　Ⓘ978-4-88286-595-7　Ⓝ289.1
|内容|第1章 講演会記録　第2章 特別書簡　第3章 特別寄稿　第4章 既刊本再録　第5章 資料編　終章 本誌編集にあたり

新井 貴浩〔1977～〕　あらい・たかひろ
◇赤い心　新井貴浩著　KADOKAWA　2016.3　189p　19cm　1300円　Ⓘ978-4-04-601526-6　Ⓝ783.7
|内容|第1章 カープへの復帰　第2章 2015年シーズンの奮闘　第3章 素晴らしき同志たち　第4章 勝負の2016年シーズン　第5章 プロ野球の未来へ　第6章 カープ愛
◇主砲論―なぜ新井を応援するのか　迫勝則著　徳間書店　2016.6　253p　19cm　〈文献あり〉　1200円　Ⓘ978-4-19-864187-0　Ⓝ783.7
|内容|第1章 カープの選手になりたい　第2章 主砲は1日にして成らず　第3章 主砲は「空に向かって打つ」　第4章 さらばカープ　第5章 2つの顔―タイガースの新井　第6章 還ってきた男（2015年）　第7章 そのときがやってきた（2016年）　第8章 それぞれの2000本　第9章 主砲が創る物語
◇新井貴浩―全力疾走―あの日、あの時 引退記念

中国新聞社編著　広島　中国新聞社　2018.12　96p　30cm　1111円　⒤978-4-88517-429-2　Ⓝ783.7

内容　はじめに　ひたむきな姿　最後まで（2018年11月3日、日本シリーズ第6戦）　3連覇を語る　新井の伝言　カープ復帰、完全燃焼へ（2014～2018年）　プレーバック　主砲への成長と涙のFA宣言（1998～2013年）　中国新聞紙面　略年譜／年度別成績

新井　敏之〔1968～〕　あらい・としのり

◇人の和で幸せを広げるおかげさま経営　新井敏之著　とりい書房　2017.2　177p　19cm　1300円　⒤978-4-86334-098-5　Ⓝ673.93

内容　序章　介護施設の新しいかたち（一年半で黒字転換を果たした"サンフェローみぶ"　利用者が元気になる施設をめざして　自由な雰囲気と明るさ　お年寄りの笑顔の輪を広げたい）　第1章　マイライフ・マイビジネス（足利市に生まれて　どん底から這い上がる　私の営業手法　イン・マイライフ）　第2章　サンフェロー株式会社のいま（サンフェローという会社　人材派遣事業のいま　飲食事業のいま　業務用機器事業のいま）　第3章　元気な介護施設をめざして（デイサービス　サンフェロー　なぜこの施設は喜びにあふれているのか　サンフェローみぶのプログラム　スタッフ、利用者の声）

新井　白石〔1657～1725〕　あらい・はくせき

◇諸国賢人列伝―地域に人と歴史あり　童門冬二著　ぎょうせい　2014.12　253p　19cm　1800円　⒤978-4-324-09918-6　Ⓝ281.04

内容　浜口梧陵―稲むらの火／日本から考えた・広村（和歌山県）　山田方谷―被治者の立場を貫いた巨人・備中松山（岡山県）　安藤野雁―万葉の心を信条に・桑折（福島県）　大原幽学―房総は学者の充電所・下総（千葉県）　小宮山楓軒―立ち枯れの村を復興・水戸（茨城県）　小易蕉園―減税と産業振興・甲府（山梨県）　三浦梅園―日本初の自然哲学者・杵築（大分県）　新井白石―不遇に生きる・江戸（東京都）　前田綱紀―文化行政で雇用創出・加賀（石川県）　河合曽良―旅に生きる・諏訪（長野県）　北島雪山―追放されて自由に生きる・肥後（熊本県）　羽地朝秀―壁を背に第三の道を・琉球（沖縄県）　松平信綱―名君・賢君を輩出・川越（埼玉県）　徳川義直―あゆち思想の実現・尾張（愛知県）　多久一族―「らしさ」を失わず・肥前（佐賀県）　古田織部―壊して創る・美濃（岐阜県）　北条幻庵―「勇」の底に「優」の心・小田原（神奈川県）　鴨長明―生き回る一滴の水・京都（京都府）

◇徳川十五代闇将軍　熊谷充晃著　大和書房　2015.5　263p　15cm　（だいわ文庫 269-2H）〈文献あり〉　650円　⒤978-4-479-30536-1　Ⓝ281.04

内容　第1章　幕藩体制の礎を築いた4代（初代「闇将軍」本多正信―家康から全幅の信頼を寄せられた「タヌキ親父」　以上の「タヌキ」　2代「闇将軍」南光坊天海―幕府の宗教政策をひとりで完成させた「関東の大僧正」　3代「闇将軍」松平信綱―江戸時代で最大の内乱を鎮めて老中首席に上った「知恵伊豆」　4代「闇将軍」酒井忠清―生まれながらに老中を約束された後世の悪名が哀しい「下馬将軍」）　第2章　将軍の権威を越越した3代（5代「闇将軍」柳沢吉保―失政や没落とは皆無の史実「極悪側用人」の評に異議あり　6代「闇将軍」新井白石―幕政の思想的柱石を創出したブレーンの「遅すぎた登壇」　7代「闇将軍」間部詮房―これぞ闇将軍にふさわしい「猿楽大名」の数奇なキャリア）　第3章　中興の変革期を乗り越えた3代（8代「闇将軍」松平乗邑―「暴れん坊将軍」を抑えられた唯一の忠臣は経済政策の旗手　9代「闇将軍」大岡忠光―前代未聞かつ空前絶後の幕閣　日本史上唯一の「将軍の通訳」　10代「闇将軍」田沼意次―「贈収賄政治家」の正体は貨幣社会を目指した重商主義者）　第4章　幕末動乱の一端となった3代（11代「闇将軍」松平定信―"寛政の改革"で失敗した後も影響力を保持し続けた元将軍候補　12代「闇将軍」水野忠邦―幕藩体制崩壊の序曲を聴いた「理想主義」を掲げる野心家　13代「闇将軍」徳川斉昭―頼もしいのか、ありがた迷惑か　御三家の慣例を破った「烈公」）　第5章　維新の激動期に舵を取った2代（14代「闇将軍」井伊直弼―まさに闇将軍の代名詞　幕末期最大のキングメーカー　15代「闇将軍」島津久光―外様大名ですらなかったのに幕政を揺るがせた薩摩の国父）

◇江戸詩人評伝集―詩誌『雅友』抄　1　今関天彭著、揖斐高編　平凡社　2015.9　473p　18cm　（東洋文庫　863）〈布装〉　3200円　⒤978-4-582-80863-6　Ⓝ919.5

内容　新井白石　室鳩巣　梁田蛻巌　祇園南海　六如上人　柴野栗山　頼春水　尾藤二洲　菅茶山　市河寛斎　古賀精里　頼杏坪　柏木如亭　大窪詩仏　菊池五山　宮沢雲山　広瀬淡窓　古賀侗庵

荒井　広幸〔1958～〕　あらい・ひろゆき

◇荒井広幸―福島の田中正造　大下英治著　会津若松　歴史春秋出版　2016.3　478p　20cm　2000円　⒤978-4-89757-878-1　Ⓝ312.1

新井　道子〔1945～〕　あらい・みちこ

◇道―十字架のことば　新井道子著　青山ライフ出版　2014.7　278p　21cm　〈発売：星雲社〉　1400円　⒤978-4-434-19175-6　Ⓝ198.321

内容　1　揺らめくカーテンの向こうに―私は何のために生きているのか　2　美しく透明なガラスの信仰―私は何と惨めな人間だろうか　3　新しい生活を始めなさい―全知全能の神の愛と知恵　4　夜は過ぎ去り朝日が昇った―人間の常識か神の知恵か　5　健やかな時も病める時も―荒野の訓練生活の始まり　6　アドナイ・イルエ―主の山の上には備えがある　7　勝利を得る者―白い麻布の衣を着せられて　8　山よりも高いように―最高善なる善き神　9　あなたは私を本当に愛するのか―ナイロビの地で使命を与えられ　10　神の御言葉に忠実に生きる者となるために―神が愛された高聖高等学校へ

新井　良一郎〔1931～〕　あらい・りょういちろう

◇忘れ残りの記　新井良一郎著　熊谷　編集ラミ　2015.9　427p　21cm　⒤978-4-905519-09-6　Ⓝ289.1

荒勝　文策〔1890～1973〕　あらかつ・ぶんさく

◇荒勝文策と原子核物理学の黎明　政池明著　京都　京都大学学術出版会　2018.3　442p　23cm　〈年表あり　索引あり〉　4800円　⒤978-4-8140-0155-2　Ⓝ429.5

あらかわ

荒川 一代〔1933～〕 あらかわ・かずよ
◇花咲く大地―満州の想い出と大阪千石荘病棟日記 荒川一代著 リテラクラフト 2017.8 317p 19cm ⓃN289.1

荒川 勝茂〔1832～1908〕 あらかわ・かつしげ
◇敗者の維新史―会津藩士 荒川勝茂の日記 星亮一著 青春出版社 2014.10 267p 15cm (青春文庫 ほ-10)〈中央公論社 1990年刊の再刊〉 700円 Ⓘ978-4-413-09607-2 Ⓝ210.61
[内容] 1 京都守護職 2 戊辰戦争 3 血の海 4 無念の白旗 5 越後高田での謹慎 6 会津藩再興 7 苦闘する斗南藩 8 故郷での再起 9 怒りと悲しみ

荒川 静香〔1981～〕 あらかわ・しずか
◇日本フィギュアスケート 金メダルへの挑戦 城田憲子著 新潮社 2018.1 186p 20cm 1500円 Ⓘ978-4-10-351421-3 Ⓝ784.65
[内容] 第1章 フィギュアスケートに魅せられて 第2章 日本フィギュアスケート・冬の時代 第3章 強化部長をつとめて 第4章 荒川静香・金メダルへの道 第5章 金メダルの光と影 第6章 羽生結弦・ソチから平昌に挑んで

荒川 俊治〔1948～〕 あらかわ・としはる
◇住宅産業界の鬼才―驚異的実績を上げた荒川俊治の営業哲学と実践力 山川修平著 日進サンコンサルティング 2014.10 193p 19cm 〈発売：三一書房〉 1600円 Ⓘ978-4-380-14901-6 Ⓝ520.921
[内容] 第1章 住宅産業に燃ゆ (住宅産業への第一歩 入社五年、店長に ほか) 第2章 座標軸の視点と視野 (中部第二営業本部長に昇進 エナジャイズを重視 ほか) 第3章 企業ドラマを生き抜く (企業ドラマとは 運命の岐路 ほか) 第4章 鬼才に期待するもの (一寸先は闇 荒川俊治へのこだわり ほか)

荒木 一郎〔1944～〕 あらき・いちろう
◇まわり舞台の上で 荒木一郎 荒木一郎著 文遊社 2016.10 562p 図版24p 20cm 〈他言語標題：ICHIRO ARAKI ON A REVOLVING STAGE 著作目録あり 作品目録あり〉 3200円 Ⓘ978-4-89257-120-6 Ⓝ767.8
[内容] まわり舞台を見ていた 『バス通り裏』、そして映画俳優へ 空に星があるように 「荒木一郎は夜の帝王」 白い指の戯れ プロデューサー・荒木一郎 テレビの芝居、映画の芝居 小説家・荒木一郎 対談 ありんこアフター・ダーク (荒木一郎+亀和田武) 来るべき荒木一郎論のためのメモ (野村正昭) 〔ほか〕

荒木 伸吾〔1938～2011〕 あらき・しんご
◇伝説のアニメ職人(クリエーター)たち―アニメーション・インタビュー 第1巻 星まこと編・著 まんだらけ出版部 2018.5 277p 21cm 〈索引あり〉 1800円 Ⓘ978-4-86072-142-8 Ⓝ778.77
[内容] 大工原章・アニメーター、画家 森川信英・アニメーター うしおそうじ(鷺巣富雄)・漫画家、アニメ演出家、ピープロダクション社長 石黒昇・演出家 荒木伸吾・アニメーター・イラストレーター 金山明博・

アニメーター・絵師 鳥海永行・演出家・作家 北原健雄・アニメーター 巻末特別企画 十九年目の「アニメーション・インタビュー」金山明博 解説 (五味洋子・アニメーション研究家)

荒木 大輔〔1964～〕 あらき・だいすけ
◇ドライチ―プロ野球人生『選択の明暗』田崎健太著 カンゼン 2017.10 271p 20cm 〈文献あり〉 1700円 Ⓘ978-4-86255-424-6 Ⓝ783.7
[内容] 1 辻内崇伸 2 多田野数人 3 的場寛一 4 古木克明 5 大越基 6 元木大介 7 前田幸長 8 荒木大輔

◇荒木大輔のいた1980年の甲子園 元永知宏著 集英社 2018.7 271p 19cm 〈文献あり〉 1400円 Ⓘ978-4-08-780849-0 Ⓝ783.7
[内容] 第1章 世界一の少年 リトルリーグ世界大会優勝 第2章 降臨 背番号11の1年生エース 第3章 惜敗 勝ち切れなかった優勝候補 第4章 圧倒 東京では負けなかった早実 第5章 破嫌 すべてを失った最後の夏 第6章 憧れ 荒木大輔になれなかった男 第7章 決断 ドラフト1位でスワローズへ 第8章 復活 右ひじ手術からの日本一 第9章 その後 甲子園のアイドルのいま

◇衣笠祥雄 最後のシーズン 山際淳司著 KADOKAWA 2018.8 287p 18cm (角川新書 K-223) 840円 Ⓘ978-4-04-082265-5 Ⓝ783.7
[内容] 第1章 名将(メルセデスにて オールド・ボーイズ・オブ・サマー) 第2章 名投手("サンデー兆治"のこと 二〇〇勝のマウンド) 第3章 強打者(アウトコース 田淵の夏の終わり ほか) 終章 引退(一本杉球場にて)

荒木 だし あらき・だし
⇒だしを見よ

荒木 村重〔1535～1586〕 あらき・むらしげ
◇荒木村重史料研究―信長公記が村重をおとしめた 山脇一利著 名古屋 ブイツーソリューション 2016.11 282p 19cm 〈文献あり〉 2500円 Ⓘ978-4-86476-442-1 Ⓝ289.1

◇荒木村重 天野忠幸著 戎光祥出版 2017.6 103p 21cm (シリーズ〈実像に迫る〉010) 〈文献あり 年表あり〉 1500円 Ⓘ978-4-86403-246-9 Ⓝ289.1
[内容] 口絵 荒木村重と有岡城 第1部 信長の重臣に成り上がる(池田氏の有力家臣として勢力を伸ばす 信長の重臣となる) 第2部 信長から離反し挙兵する(有岡城の戦い 尼崎城・花熊城の戦い 道薫として生きる)

◇利休と戦国武将―十五人の「利休七哲」 加来耕三著 京都 淡交社 2018.4 239p 19cm 1300円 Ⓘ978-4-473-04246-0 Ⓝ791.2
[内容] 第1章 "七哲"の筆頭 蒲生氏郷 第2章 教養が生き残りの秘訣 細川三斎 第3章 信仰と茶の湯 高山右近・前田利長 第4章 悲運の茶人 瀬田掃部・豊臣秀次・木村常陸介 第5章 何処までも不可解な数寄者 荒木村重・芝山監物 第6章 滑稽味あふれるお人好し 織田常真・牧村兵部・佐久間不干斎 第7章 時代の転換期に出現 古田織部 第8章 自分の

分限を知っていた　織田有楽・有馬玄蕃

荒木田 麗〔1732〜1806〕　あらきだ・れい
◇荒木田麗女の研究　雲岡梓著　大阪　和泉書院　2017.2　386,9p　22cm　〈布装　索引あり〉　11000円　Ⓘ978-4-7576-0821-4　Ⓝ910.25
内容　第1部 麗女の連歌　第2部 麗女の擬古物語　第3部 麗女と和学　第4部 麗女の紀行文・漢詩　第5部 荒木田麗女年譜稿　資料編

新崎 盛暉〔1936〜2018〕　あらさき・もりてる
◇私の沖縄現代史―米軍支配時代を日本で生きて　新崎盛暉著　岩波書店　2017.1　280,6p　15cm　（岩波現代文庫―社会　303）〈年譜あり　索引あり〉　980円　Ⓘ978-4-00-603303-3　Ⓝ289.1
内容　1 戦中・戦後の子ども時代　2 沖縄との出会い――一九五〇年代の沖縄・日本・世界　3 戦後初めての沖縄訪問、そして六〇年安保　4 沖縄資料センターと都庁勤務―二足の草鞋　5 激動の時代へ　6 排他的米軍事支配の破綻へ　7「日本戦後史」と「沖縄戦後史」　8 激動の一九六八・六九年―三大選挙から二・四ゼネストへ　9 七〇年安保から沖縄返還へ　10 沖縄返還と大学統合問題

嵐 寛寿郎〔1903〜1980〕　あらし・かんじゅうろう
◇鞍馬天狗のおじさんは―聞書・嵐寛寿郎一代　嵐寛寿郎, 竹中労著　七つ森書館　2016.3　22,395p　19cm　〈白川書院1976年刊の再刊　作品目録あり〉　3200円　Ⓘ978-4-8228-1652-0　Ⓝ778.21
内容　序章 嵐寛寿郎の他に神はなかった（生い立ちの記）　第1部 ああ、サイレント時代（天狗、売り出す　山中貞雄のこと（アゴの出逢い）　さらば無声映画）　第2部 雲の上から地の涯てへ（かくて、神風は吹かず　戦争あきまへん　女難・剣難の巻）　第3部 化天の中をくらやみに迷うの巻（あらかん天皇紀　老兵・路頭に迷うらの章）　君知るや南大東島　老いらくの章）

嵐 圭史〔1940〜〕　あらし・けいし
◇知盛の声がきこえる―『子午線の祀り』役者ノート　嵐圭史著　早川書房　2017.7　203p　16cm　（ハヤカワ演劇文庫　40）〈「知盛逍遥」（1991年刊）の改題〉　1000円　Ⓘ978-4-15-140040-7　Ⓝ775.1
内容　潮が西へ走り始めた！　"全曲上演"をどう捉えるか　木下順二氏は何故"文学的欠落"への挑戦とあえて言ったか　デクラメイション・考　論理と感覚の世界　文体と構造　子午線の視座　影身よ！　永遠の時間の中を、幕が静かにおりて行く　エピローグ―母へ・見るべき程の事は見つ

新津 甚一〔1907〜1993〕　あらつ・じんいち
◇南から北へ八十年　新津甚一著, 新津紅編　〔出版地不明〕　〔新津紅〕　2014.3　205p　30cm　〈年譜あり〉　Ⓝ289.1

安蘭 けい〔1970〜〕　あらん・けい
◇宝塚歌劇　柚希礼音論―レオンと9人のトップスターたち　松島奈巳著　東京堂出版　2016.5　204p　19cm　〈文献あり　年譜あり〉　1600円　Ⓘ978-4-490-20939-6　Ⓝ772.1
内容　1章 天海祐希 ファンにあらず―音楽学校入学以前　2章 大浦みずき 十年にひとりの逸材―宝塚音楽学校時代　3章 北翔海莉 名作レビューで大抜擢―歌劇団入団　4章 真飛聖 鳴り物入りで星組に配属―星組若手時代　5章 安蘭けい 星の王子様は誰？―二番手まで　6章 天海祐希（再掲）異例人事の残したもの―トップ就任　7章 真矢みき 2人目の武道館リサイタル―退団前年　8章 真琴つばさ リアルな演技と過酷な演技―退団直前　9章 明日海りお ハイブリッドなトップ・オブ・トップ―退団　10章 柚希礼音 星組トップスターを超えて―退団後

ありがとうぁみ〔1982〜〕
◇怪談日記―怖い体験をしすぎて怪談家になってしまった芸人　ありがとう・ぁみ著　イカロス出版　2016.9　214p　21cm　（イカロスのこわい本）　1204円　Ⓘ978-4-8022-0235-0　Ⓝ779.14
内容　第1章 怪奇の初体験（心霊写真の女　双子の女の子 ほか）　第2章 上京・男6人シェアハウス（シェアハウスの女幽霊　キッチンの音 ほか）　第3章 都内での生活（テレビ電話の女　女の目撃談 ほか）　第4章 芸人怪談家の夜明け（シゲの店　居酒屋の個室 ほか）

有川 貞昌〔1925〜2005〕　ありかわ・さだまさ
◇有川貞昌 ゴジラの息子と円谷英二　有川貞昌著, 田端恵編　洋泉社　2018.8　293p　21cm　（映画秘宝COLLECTION）〈作品目録あり〉　2500円　Ⓘ978-4-8003-1534-2　Ⓝ778.21
内容『ゴジラの息子の回顧録』有川貞昌ギャラリー『半世紀前の反省記』　"ゴジラの孫"、"ゴジラの息子"を語る。―有川潤（有川貞昌・長男）インタビュー　スクリプターから見た有川貞昌―鈴木桂子インタビュー　森喜弘×山本武（司会：原口智生）鼎談　有川貞昌『怪獣島の決戦 ゴジラの息子』（67年）画コンテ

有坂 成章〔1852〜1915〕　ありさか・なりあきら
◇近代日本の礎を築いた七人の男たち―岩国セブン・ファーザーズ物語　佐古利南著　致知出版社　2016.7　19cm　〈文献あり　年譜あり〉　1200円　Ⓘ978-4-8009-1119-3　Ⓝ281.77
内容　偉大な人物を輩出した岩国藩の教育　「初代大審院長」玉乃世履翁―賄賂一切お断り　「解剖学のパイオニア」今田束先生―私の遺体を解剖するように！　「小銃製作の父」有坂成章翁―他に頼らず独学独成が大切です　「電気の父」藤岡市助博士―僕は人に役立つことをしたい　「図書館の父」田中稲城翁―図書館は国民の大学です　「近代辞典製作の祖」斎藤精輔翁―一人の一生は一事一業です　明治岩国人の特質は一名聞を好まず、「公」に生きる

有島 武郎〔1878〜1923〕　ありしま・たけお
◇有島武郎　高原二郎著, 福田清人編　新装版　清水書院　2018.4　204p　19cm　（Century Books―人と作品）〈文献あり　年譜あり　索引あり〉　1200円　Ⓘ978-4-389-40125-2　Ⓝ910.26
内容　第1編 有島武郎の生涯（欧化風潮のなかで　札幌農学校　留学の前　留学　ふたたび札幌へ ほか）　第2編 作品と解説（二つの道　お末の死　宣言　迷路　カインの末裔 ほか）

ありすかわ

有栖川宮 幟仁〔1812～1886〕 ありすがわのみ
や・たかひと

◇幟仁親王日記　1　有栖川宮幟仁著　オンデマ
ンド版　東京大学出版会　2016.3　528p
22cm　〈続日本史籍協會叢書 56〉〈複製　印
刷・製本：デジタルパブリッシングサービス〉
16000円　Ⓣ978-4-13-009580-8　Ⓝ288.44

◇幟仁親王日記　2　有栖川宮幟仁著　オンデマ
ンド版　東京大学出版会　2016.3　552p
22cm　〈続日本史籍協會叢書 57〉〈複製　印
刷・製本：デジタルパブリッシングサービス〉
16000円　Ⓣ978-4-13-009581-5　Ⓝ288.44

◇幟仁親王日記　3　有栖川宮幟仁著　オンデマ
ンド版　東京大学出版会　2016.3　338,192p
22cm　〈続日本史籍協會叢書 58〉〈複製　印
刷・製本：デジタルパブリッシングサービス〉
16000円　Ⓣ978-4-13-009582-2　Ⓝ288.44

◇幟仁親王日記　4　有栖川宮幟仁著　オンデマ
ンド版　東京大学出版会　2016.3　1冊　22cm
〈続日本史籍協會叢書 59〉〈複製　印刷・製本：
デジタルパブリッシングサービス　年譜あり〉
16000円　Ⓣ978-4-13-009583-9　Ⓝ288.44

有栖川宮 熾仁〔1835～1895〕 ありすがわのみ
や・たるひと

◇近代茶人の肖像　依田徹著　京都　淡交社
2015.2　215p　18cm　〈淡交新書〉〈文献あり〉
1200円　Ⓣ978-4-473-03992-7　Ⓝ791.2

内容　井上馨（世外）―政界の雷親父は細心なる茶人
有栖川宮熾仁親王（霞堂）―親王の茶の湯に見る宮
家と華族の社交界　安田善次郎（松翁）―慎しく陰
徳を重ねた財産家の茶の湯　今泉雄作（常真）―茶
道具再評価の種を蒔いた江戸っ子　平瀬亀之輔（露
香）―大阪の茶の湯を牽引した「粋の神」 住友友純
（春翠）―茶の湯に文人趣味を融合させたエリート実
業家　益田孝（鈍翁）―近代の茶の湯を双肩に担った
巨人　馬越恭平（化生）―数々の逸話を残した「ビー
ル王」数寄者　柏木貨一郎（探古斎）―土蔵に住んだ
幻の数寄屋建築家　岡倉覚三（天心）―茶という酒を
愛した『茶の本』の執筆者　正木直彦（十三松堂）―
美術と茶道に橋を架けた美術学校長　貞明皇后―満
州皇帝の茶の湯でもてなした大正天皇妃　三井高棟
（宗恭）―財閥の盛衰を見つめた三井家当主の茶の湯
團琢磨（狎山）―鈍翁から経営と茶の湯を受け継い
だ男　大谷尊由（心斎）―茶の湯三昧の境地に遊ん
だ宗教家　前田利為（梅堂）―旧大名家軍人のたし
なみとしての茶の湯　式守蝸牛（虎山）―悲運の宰
相、戦時下の茶の湯　栗山善四郎（八百善）―江戸懐
石を伝え、茶の湯を愛した料亭主人　加藤正治（犀
水）―憲法の制定に携わった法学者茶人

◇幟仁親王日記　1　有栖川宮熾仁著　オンデマ
ンド版　東京大学出版会　2016.3　610,2p
22cm　〈続日本史籍協會叢書 65〉〈複製　印
刷・製本：デジタルパブリッシングサービス〉
17000円　Ⓣ978-4-13-009588-4　Ⓝ288.44

◇幟仁親王日記　2　有栖川宮熾仁著　オンデマ
ンド版　東京大学出版会　2016.3　690p
22cm　〈続日本史籍協會叢書 66〉〈複製　印
刷・製本：デジタルパブリッシングサービス〉
18000円　Ⓣ978-4-13-009589-1　Ⓝ288.44

◇幟仁親王日記　3　有栖川宮熾仁著　オンデマ
ンド版　東京大学出版会　2016.3　534p
22cm　〈続日本史籍協會叢書 67〉〈複製　印
刷・製本：デジタルパブリッシングサービス〉
16000円　Ⓣ978-4-13-009590-7　Ⓝ288.44

◇幟仁親王日記　4　有栖川宮熾仁著　オンデマ
ンド版　東京大学出版会　2016.3　576p
22cm　〈続日本史籍協會叢書 68〉〈複製　印
刷・製本：デジタルパブリッシングサービス〉
16000円　Ⓣ978-4-13-009591-4　Ⓝ288.44

◇幟仁親王日記　5　有栖川宮熾仁著　オンデマ
ンド版　東京大学出版会　2016.3　555p
22cm　〈続日本史籍協會叢書 69〉〈複製　印
刷・製本：デジタルパブリッシングサービス〉
16000円　Ⓣ978-4-13-009592-1　Ⓝ288.44

◇幟仁親王日記　6　有栖川宮熾仁著　オンデマ
ンド版　東京大学出版会　2016.3　1冊　22cm
〈続日本史籍協會叢書 70〉〈複製　印刷・製本：
デジタルパブリッシングサービス　年譜あり〉
18000円　Ⓣ978-4-13-009593-8　Ⓝ288.44

有栖川宮 職仁〔1713～1769〕 ありすがわのみ
や・よりひと

◇四親王家実録　30　有栖川宮実録　第4巻（職仁
親王実録 1）　吉岡眞之, 藤井讓治, 岩壁義光監
修　ゆまに書房　2018.7　330p　27cm　〈布装
宮内庁宮内公文書館所蔵の複製〉　Ⓣ978-4-
8433-5321-9　Ⓝ288.44

◇四親王家実録　31　有栖川宮実録　第5巻（職仁
親王実録 2）　吉岡眞之, 藤井讓治, 岩壁義光監
修　ゆまに書房　2018.7　295p　27cm　〈布装
宮内庁宮内公文書館所蔵の複製〉　Ⓣ978-4-
8433-5321-9　Ⓝ288.44

◇四親王家実録　32　有栖川宮実録　第6巻（職仁
親王実録 3）　吉岡眞之, 藤井讓治, 岩壁義光監
修　ゆまに書房　2018.7　295p　27cm　〈布装
宮内庁宮内公文書館所蔵の複製〉　Ⓣ978-4-
8433-5321-9　Ⓝ288.44

◇四親王家実録　33　有栖川宮実録　第7巻（職仁
親王実録 4）　吉岡眞之, 藤井讓治, 岩壁義光監
修　ゆまに書房　2018.7　369p　27cm　〈布装
宮内庁宮内公文書館所蔵の複製〉　Ⓣ978-4-
8433-5321-9　Ⓝ288.44

◇四親王家実録　34　有栖川宮実録　第8巻（職仁
親王実録 5）　吉岡眞之, 藤井讓治, 岩壁義光監
修　ゆまに書房　2018.7　305p　27cm　〈布装
宮内庁宮内公文書館所蔵の複製〉　Ⓣ978-4-
8433-5321-9　Ⓝ288.44

有永 億太郎〔江戸時代後期〕 ありなが・おくた
ろう

◇豊後国下岐部村庄屋億太郎日記　上　前田義隆
監修, 森猛解読　福岡　花乱社　2015.3　199p
30cm　〈複製を含む〉　3500円　Ⓣ978-4-
905327-45-5　Ⓝ219.5

内容　豊後国国東郡下岐部村とその庄屋―解題に代え

て　釈文篇　訓文篇　注解篇

有馬　朗人〔1930～〕　ありま・あきと
◇わが道、わが信条―有馬朗人の贈ることば　有馬朗人著　春秋社　2016.12　283,5p　20cm　〈他言語標題：My Life,My Philosophy　作品目録あり　年譜あり〉　2000円　Ⓘ978-4-393-49535-3　Ⓝ289.1
　[内容] 第1章 わが学びの軌跡　第2章 切磋琢磨　第3章 学務と研究の狭間で　第4章 私の教育改革―大所高所に立つ　第5章 科学のまなざし　第6章 物理の話　第7章 着想の人寺田寅彦　第8章 俳句に惹かれて　終章 人生の途上で

◇科学技術の評価と行革―有馬朗人氏評伝・科学技術政策の理念　國谷実編　実業公報社　2018.9　195p　19cm　（科学技術政策史資料）〈折り込 4枚　文献あり　著作目録あり〉　非売品　Ⓝ409.1

有馬　稲子〔1932～〕　ありま・いねこ
◇有馬稲子―わが愛と残酷の映画史　有馬稲子,樋口尚文著　筑摩書房　2018.6　222p　20cm　〈作品目録あり〉　1900円　978-4-480-81847-8　Ⓝ778.21
　[内容] はじめに（有馬稲子）　第1章 釜山から宝塚へ　第2章 東宝とにんじんくらぶ　第3章 松竹と小津安二郎　第4章 日本映画黄金期と今井正、内田吐夢　第5章 中村錦之助との結婚　第6章 映画から演劇へ　補章 映画女優としての有馬稲子（樋口尚文）

有馬　源内〔1852～1892〕　ありま・げんない
◇有馬源内と黒田源次―父子二代の100年　砂川雄一,砂川淑子著　増補改訂版　八王子　砂川雄一　2014.9　374p 図版 20枚　21cm　〈著作目録あり　年譜あり〉　非売品　Ⓝ289.1

◇有馬源内小傳　有馬源内原著,黒田源次編著　覆刻版　八王子　砂川雄一　2014.9　70p　21cm　〈原本：大正5年刊〉　Ⓝ289.1

有馬　玄蕃　ありま・げんば
⇒有馬豊氏（ありま・とようじ）を見よ

有馬　豊氏〔1569～1642〕　ありま・とようじ
◇利休と戦国武将十五人の「利休七哲」　加来耕三著　京都　淡交社　2018.4　239p　19cm　1300円　Ⓘ978-4-473-04246-0　Ⓝ791.2
　[内容] 第1章 "七哲"の筆頭 蒲生氏郷　第2章 教養が生き残りの秘訣 細川三斎　第3章 信仰と茶の湯 高山右近・前田利長　第4章 悲運の茶人 瀬田掃部・豊臣秀次・木村常陸介　第5章 何処までも不可解な数寄者 荒木村重・芝山監物　第6章 滑稽味あふれるお人好し 織田常真・牧村兵部・佐久間不干斎　第7章 時代の転換期に出現 古田織部　第8章 自分の分限を知っていた 織田有楽・有馬玄蕃

有馬　正髙〔1929～〕　ありま・まさたか
◇有馬正髙ものがたり―小児神経学から障害児医学への64年　有馬正髙述,岩崎裕治,水野眞,加我牧子インタビュアー　有馬正髙ものがたり編集委員会　2017.4　330p　19cm　〈年譜あり〉　Ⓝ493.937

有馬　康雄　ありま・やすお
◇MR人生の裏おもて―理念と現実の狭間に生きた男の独り言　有馬康雄著　薬事日報社　2015.11　143p　19cm　1500円　Ⓘ978-4-8408-1322-8　Ⓝ499.09
　＊長年にわたりMRとして第一線で活躍してきた筆者が、自身の経験してきた様々な出来事を、担当した製品とともに振り返りながら、MRとしての「理念」と「現実」との間で苦悶し、そして楽しんだ経験をまとめました。現在のMRの「基本理念」に通じる、MRとしての在り方、生き方の参考となる一冊。

有馬　頼貴〔？～1812〕　ありま・よりたか
◇考証 風流大名列伝　稲垣史生著　立東舎　2016.10　254p　15cm　（立東舎文庫 い1-1）〈作品社 1983年刊の再刊　発売：リットーミュージック〉　800円　Ⓘ978-4-8456-2867-4　Ⓝ281.04
　[内容] 序章 殿様とは　徳川光圀―絹の道への幻想　徳川宗春―御深井の秘辛　伊達綱宗―遊女高尾斬りを笑う　井伊直弼―この世は一期一会よ　織田秀親―鬼面の茶人寛永寺の刃傷　細川忠興―凄惨な夜叉の夫婦愛　前田吉徳―間違われた加賀騒動の主人公　小堀遠州―長く険しい道をゆく　安藤信正―『半七捕物帳』に縁ある　柳生宗矩―まぼろしの名品平蜘蛛　松平不昧―父の風流入墨女の怪　浅野長矩―名君の史料に事欠かぬ　島津重豪・島津斉興・島津斉彬―薩摩三代の過剰風流　有馬頼貴・鍋島勝茂―大名行列に犬を引いて

有間皇子〔640～658〕　ありまのおうじ
◇有間皇子の研究―斉明四年戊午十一月の謀反　三間敏även　大阪　和泉書院　2016.2　318p　22cm　（日本史研究叢刊 29）〈布装　索引あり〉　6500円　Ⓘ978-4-7576-0785-9　Ⓝ210.34
　[内容] 序章　有間皇子自傷歌二首問題　第1章 有間皇子の一生　第2章 戊午革運実現者劉裕・蕭道成の位相　第3章 倭国律令時代　第4章 戊午革命各論　第5章 白浜裁判と前後編　第6章 行刑地に関わる皇子墓　終章 岩内古墳は有間皇子墓に非ず

有村　章〔1923～2007〕　ありむら・あきら
◇私たちのワンダフルライフ―神経ペプチドに魅せられて　有村章,有村勝子著　工作舎　2017.12　339p　20cm　〈年譜あり〉　2400円　Ⓘ978-4-87502-489-7　Ⓝ289.1
　[内容] 私たちの滞米日記（神経ペプチド研究に魅せられて　新婚生活　シャリー、ギルマン両博士との出会い　シャリー博士のもとでLHRHの構造解明）　研究ざんまい・暮らしざんまい（めぐり会い　ニューヘイヴンでの新婚生活　初めてのニューオーリンズ　札幌の日々 ほか）　神経ペプチド研究のルーツ（父と須磨の思い出　視床下部、下垂体系の内分泌調節―その研究史）

有村　勝子〔1933～〕　ありむら・かつこ
◇私たちのワンダフルライフ―神経ペプチドに魅せられて　有村章,有村勝子著　工作舎　2017.12　339p　20cm　〈年譜あり〉　2400円　Ⓘ978-4-87502-489-7　Ⓝ289.1
　[内容] 私たちの滞米日記（神経ペプチドに魅せられ

有森 裕子〔1966～〕 ありもり・ゆうこ
◇マラソン哲学―日本のレジェンド12人の提言 小森貞子構成，月刊陸上競技編集 講談社 2015.2 352p 19cm 1600円 ⓘ978-4-06-219348-1 Ⓝ782.3
|内容| 宗茂―双子の弟・猛と切磋琢磨 日本のマラソン練習の礎を築いた「宗兄弟」 宗猛―「自分たちを生かす道はこれしかない！」小学生のうちに気づいたマラソンへの道 瀬古利彦―マラソン15戦10勝の"レジェンド" カリスマ指導者に導かれて世界を席巻 山下佐知子―女子マラソンで日本の「メダル第1号」東京世界選手権で銀、バルセロナ五輪は4位 有森裕子―陸上の五輪史上日本女子で唯一の複数メダル 「生きていくための才能」 中山竹通―底辺からトップに這い上がった不屈のランナー オリンピックは2大会連続で4位入賞 森下広一―"太く短く" マラソン歴はわずか3回 2連勝後のバルセロナ五輪は銀メダル 藤田敦史―運動オンチが長距離で信じられない飛躍 ある「きっかけ」が人生を180度変えた 高橋尚子―日本の五輪史に燦然と輝く金メダル 「人の倍やって人並み」を日々実践した賜物 高岡寿成―長いスパンで取り組んだマラソンへの道 トラックもマラソンも意識は常に「世界へ」 小出義雄―女子マラソンで複数のメダリストを輩出 「世界一になるには、世界一になるための練習をやるだけ」 藤田信之―女子の400mからマラソンまで数々の「日本記録ホルダー」を育成 野口みずきのマラソン金メダルはトラックの延長

有安 杏果〔1995～〕 ありやす・ももか
◇ココロノセンリツ♪ 有安杏果著 太田出版 2016.7 211p 21cm 2315円 ⓘ978-4-7783-1529-0 Ⓝ767.8
|内容| Feel a heartbeat 1 My diary 2015.5.21・～2016.5.31 2 Document「音楽が生まれるところ」 3 Long・long interview 4 Road to Yokohama Arena Letter from Momoka Ariyasu

有山 圭一〔1938～〕 ありやま・けいいち
◇ある右翼の一人言 有山圭一著 東洋出版 2016.6 279p 21cm 1800円 ⓘ978-4-8096-7835-6 Ⓝ311.3
|内容| なんとかなるさ、「青龍窟」の迷走!!小生の人生に対する考え方を決めた「高校時代の思い出」 小生が「大会社の裏切り」を最初に教えられた"光明池用地買収事件" 何故、小生は前田健治氏に「進言書」を出したのか！田辺製薬・ミノルタカメラ恐喝未遂事件の冤罪というわけで作り上げられた作戦情報を起こした『戦略情報』（1994年10月31日号）第29号の記事を最初に紹介しながら本題に入りたい。田辺製薬株主総会における質疑応答の内容―松原社長が有山株主に陳謝 小生が、田辺製薬の株主総会で暴れたのか！ ミノルタカメラの裏切りと会社消滅の経緯!!小生の出版物より転載（ミノルタカメラは国民の敵！）こんな会社の社長は即刻退陣せよ、会社の体質を変えよ!! 小生に対する新日本溶業恐喝未遂事件の真相は、前（株）クボタの土橋芳邦の悪意と吉田昌弘の裏切りだ!! 何故、東芝の株主総会へ、10万株・バス2台・100人で押しかけたのか!!ココム違反事件は、東芝の体質から起こるべくして起こったものだ！ 東芝本社も再生品を新品として販売させ、それを隠蔽するためにデータを捏造するような会社だ!!何故に左翼の一株運動が評価されるのか、右翼の抗議活動が偏見視されるのか？ 松下電器産業及び野村證券、東芝に関しての記述を紹介する！ 更に、田辺製薬・ミノルタカメラ恐喝未遂事件の真相を暴露する!! 公安裏組織「サクラ」「チヨダ」「ゼロ」弱体化した裏公安の組織再構築を望む！ 新たに組織化されていた「Ｉ・Ｓ（アイ・エス）」「07（ゼロナナ）」は裏公安を再興出来るか!! 右翼の指導者・児玉誉士夫氏は、ロッキードの金は受け取っていないし、浜田幸一氏（ハマコー）もラスベガスでバクチはしなかった!! 自決した「浪漫派右翼」の野村秋介氏を想う！ 鈴木邦男氏、新右翼団体「一水会」最高顧問について!! 新右翼団体「一水会」代表・木村三浩氏 尖閣諸島・魚釣島に灯台を建てたのは、日本青年社二代目会長・衛藤豊久氏である！ 孤高の政治家・新井将敬氏の謎の死の真相は？ 右翼・公安関連年表 濱嘉之氏の著作について若干の疑義がある!! 中国のスパイ機関である「孔子学院」を日本から追放せよ!!

有吉 秋津〔1904～*〕 ありよし・あきつ
◇ソボちゃん―いちばん好きな人のこと 有吉玉青著 平凡社 2014.5 200p 20cm 〈文献あり〉 1500円 ⓘ978-4-582-83647-9 Ⓝ289.1
|内容| バタビアの夢 鬼を喰う ほんとうの晩年 いつも大きな鞄を持っている

有吉 孝一〔1935～〕 ありよし・こういち
◇有吉孝一オーラル・ヒストリー 有吉孝一述，片山郁夫，長谷川直哉編 法政大学イノベーション・マネジメント研究センター 2018.3 52p 30cm （Working paper series no.186） 非売品 Ⓝ339.5

有吉 佐和子〔1931～1984〕 ありよし・さわこ
◇文士たちのアメリカ留学 一九五三・一九六三 斎藤禎著 書籍工房早山 2018.12 327p 19cm 2500円 ⓘ978-4-904701-54-6 Ⓝ910.264
|内容| 第1章 文士にとって留学は、夢のまた夢 第2章「文士留学の仕掛け人」坂西志保と、チャールズ・B・ファーズ 第3章 阿川弘之は「原爆小説」を書いたから、アメリカに招かれたのか 第4章 大岡昇平、安岡章太郎は、アメリカで、ことに南部で何を見たのか 第5章 江藤淳、英語と格闘す 第6章 庄野潤三と新潮社『ガンビア滞在記』の誕生 第7章 有吉佐和子は、アメリカ人社会では間違いなく「NOBODY」だった 第8章 小島信夫は、なぜ、単身でアメリカに行ったか 第9章 アメリカから帰った福田恆存は、「文化人」の「平和論」を果敢に攻撃した 第10章 改めて考える。ロックフェラー財団による文士のアメリカ留学とは何だったのか

在原 業平〔825～880〕 ありわら・なりひら
◇在原行平と業平―平安前期を生きた兄弟の物語 玉置榮一著 〔出版地不明〕 玉置榮一 2017.3 266p 19cm 〈年譜あり〉 Ⓝ911.132

あん

在原 行平〔818～893〕 ありわら・ゆきひら
◇在原行平と業平—平安前期を生きた兄弟の物語 玉置榮一著 〔出版地不明〕 玉置榮一 2017.3 266p 19cm 〈年譜あり〉 Ⓝ911.132

有賀 万之助〔1926～〕 あるが・まんのすけ
◇我的故事(ウォドゥクゥシイ)—私の物語 続 有賀万之助著 諏訪 風塔舎 2014.12 289p 22cm 1852円 Ⓘ978-4-902689-77-8 Ⓝ289.1

阿壠〔1907～1967〕 あろう
◇抵抗の文学—国民革命軍将校阿壠の文学と生涯 関根謙著 慶應義塾大学出版会 2016.3 348p 22cm 〈文献あり 年譜あり〉 6000円 Ⓘ978-4-7664-2313-6 Ⓝ920.278
内容 第1章 国民革命軍将校陳守є文学者阿壠—少年時代と国民革命軍将校への道、長編小説「南京」の誕生(父母と青少年時代 杭州商人の「学徒」から国民党入党、左派「改組派」への参加 ほか) 第2章 愛と流浪の歳月—重慶での生活、愛情とその破綻(重慶陸軍軍令部少佐としての生活、胡風への思い 重慶陸軍大学学員の生活と張瑞との出会い ほか) 第3章 冤罪の構図—殉道者阿壠、その死の意味(杭州戦役から人民共和国建国、上海から天津へ 人民共和国の時代、杭州から天津文壇の指導者への道 ほか) 第4章 長編小説「南京」とその意義—半世紀を経て甦る戦争文学(長編小説「南京」の概要—中国語版『南京血祭』と日本語版『南京慟哭』作品『南京血祭』の性格 ほか) 第5章 阿壠の詩論について—抵抗の詩人阿壠(阿壠詩論研究の立場 阿壠詩論の骨格—詩と詩人について ほか)

粟津 正蔵〔1923～2016〕 あわず・しょうぞう
◇雪に耐えて梅花潔し—フランス柔道の父・粟津正蔵と天理教二代真柱・中山正善 永尾教昭著 天理 天理教道友社 2015.4 222p 20cm 1400円 Ⓘ978-4-8073-0590-2 Ⓝ789.2
内容 序章 フランス在住の老柔道家 第1章 渡仏前夜(生い立ち 柔道の道 フランス上陸 練習開始) 第2章 フランスでの指導(妻の来仏、パリでの暮らし 日本柔道敗れる—ヘーシンクの出現) 第3章 二代真柱との交流(海外巡教 初めての邂逅 フランスに残る 十三年ぶりの帰国) 第4章 東京オリンピック(故国にて 奇跡の東京オリンピック 柔道、正式種目となる 悲願ならず) 第5章 天理柔道(天理教の進出 天理柔道の憧れ 天理の教えと柔道家たち 天理からヨーロッパへ) 第6章 柔道人生(なぜ、フランスなのか 橋渡し役として 別れ 栄冠)

粟津 高明〔1838～1880〕 あわず・たかあきら
◇新島襄と明治のキリスト者たち—横浜・築地・熊本・札幌バンドとの交流 本井康博著 教文館 2016.3 389,7p 22cm 〈索引あり〉 3800円 Ⓘ978-4-7642-9969-6 Ⓝ198.321
内容 1 新島襄と四つの「バンド」 2 横浜バンド(S.R.ブラウン J.H.バラ 植村正久 井深梶之助 押川方義 本多庸一 松村介石 粟津高明) 3 築地バンド(C.カロザース 田村直臣 原胤昭) 4 熊本バンド(L.L.ジェーンズ 小崎弘道) 5 札幌バンド(W.S.クラーク 内村鑑三 新渡戸稲造 大島正建)

粟野 健次郎〔1864～1936〕 あわの・けんじろう
◇観音になった男—知られざる偉人・粟野健次郎 粟野健次郎顕彰会編著 一関 粟野健次郎顕彰会事務局 2016.3 205p 26cm 〈年譜あり 文献あり〉 非売品 Ⓝ289.1

粟谷 明生〔1955～〕 あわや・あきお
◇夢のひとしずく 能への思い 粟谷明生著 ぺりかん社 2015.12 285p 22cm 3500円 Ⓘ978-4-8315-1430-1 Ⓝ773.28
内容 第1部 わが能楽人生(序—初舞台から子方卒業まで 破—子方卒業後「道成寺」抜きのころまで 急—三十代から還暦にいたるまで) 第2部 演能の舞台から(神・祝言 男 女 狂 鬼)

杏〔1986～〕 あん
◇杏のふむふむ 杏著 筑摩書房 2015.1 255p 15cm (ちくま文庫 あ50-1)〈2012年刊に書き下ろし「後日談ベラの授業」を書き下し〉 600円 Ⓘ978-4-480-43236-0 Ⓝ778.21
内容 大切な思い出(エンドウマメ先生 弟ハリーのこと ほか) 仕事での出会い(初めてのニューヨーク セ・パリ ほか) 出会いは広がる(投球ズバーンさん 手紙の縁 ほか) おまけ(柴犬ヤマト)

アン, ジュングン〔1879～1910〕 安 重根
◇愛国者がテロリストになった日—安重根の真実 早坂隆著 PHP研究所 2015.4 279p 20cm 〈文献あり〉 1700円 Ⓘ978-4-569-82443-7 Ⓝ289.2
内容 第1章 ハルビン駅(二つの十字架を隠し持つ男 公爵・伊藤博文に迫る危機 列車の到着 ほか) 第2章 出自(安重根は韓国人か? 地方の名門貴族裕福な家庭 ほか) 第3章 成長(伊藤博文内閣の発足 転居 「私には私の生き方がある」 ほか) 第4章 入信(下関条約と三国干渉 閔妃暗殺事件 イギリス人からの視点 ほか) 第5章 斜陽(混迷する日本の政治 喧嘩と博打 日露戦争 ほか) 第6章 亡命(伊藤博文の消し難き過去 日本と朝鮮半島の関わり 「告げ口外交」の伝統 ほか) 第7章 凶行への序曲(偶像化される暗殺者 「義兵」の実態 伊藤の辞任 ほか) 第8章 彷徨える四人の男(三人目の仲間 暗殺決行前の記念撮影 四人目の男 ほか) 第9章 中国・韓国への旅(ハルビン駅の情景 安重根記念館訪問 英雄か殺人者か ほか) 第10章 暗殺に及んだ十五の理由(底光りする銃弾 遺体の搬送 韓国側の反応 ほか) 第11章 判決(国葬 獄中での生活 実弟たちの証言 ほか) 第12章 処刑(旅順に残る法廷の跡 捏造の展示室 死刑囚として ほか) 第13章 暗殺者が残したもの(処刑場に漂う気配 遺骨の行方 日韓併合 ほか)

◇テロル 鈴木邦男編 皓星社 2016.5 365p 19cm (紙礫 4)〈他言語標題:Terror〉 1800円 Ⓘ978-4-7744-0611-4 Ⓝ316.4
内容 ココアのひと匙—石川啄木 入獄紀念・無政府共産・革命—内山愚童 自叙伝(抜粋)・伊藤さんの罪状一五箇条・東洋平和論(序文)—安重根 死出の道岬(抜粋)—菅野/すが子 死の叫び声—朝日平吾 後事頼み置く事ども—和田久太郎 虎ノ門事件 難波大助訊問調書(抜粋)—難波大助 杉よ! 眼の男よ!—中浜哲 死の懺悔(抜粋)—古田大次郎 何が私をこうさせたか(抜粋)—金子ふみ子 山口二矢供

述調書(抜粋)　国家革新の原理　学生とのティーチ・イン(抜粋)　檄　民族派暴力革命論(抜粋)「十六の墓標は誰がために」

◇韓国人が知らない安重根と伊藤博文の真実　金文学著　祥伝社　2017.12　252p　18cm　〈祥伝社新書 523〉〈「知性人・伊藤博文　思想家・安重根」(南々社 2012年刊)の改題　文献あり〉　840円　①978-4-396-11523-4　Ⓝ289.2

内容　序章 私の体験的伊藤博文、安重根論　第1章 韓国人が知らない知性人・伊藤博文　第2章 伊藤博文は、韓国侵略の「元凶」か　第3章 日本人が知らない安重根　第4章 思想家・安重根　第5章「伊藤VS安」の対立構図、再発見　終章 日韓和解への道はある

アン，ビョンム〔1922〜1996〕　安 炳茂

◇評伝―城門の外でイエスを語る　金南一著，金忠一訳　大阪　かんよう出版　2016.6　378p　20cm　〈安炳茂著作選集 別巻〉〈文献あり　年譜あり　著作目録あり〉　4500円　①978-4-906902-61-3　Ⓝ198.992

内容　第1章 少年時代：母、間島、そして教会　第2章 青年時代：解放、戦争、そして青年求道者　第3章 ドイツ留学の時代：史的イエスを探し求めて　第4章 神学的転換期：この地で復活したイエス　第5章 民主化闘争期：荒野において―解職と投獄　第6章 民衆神学の定立期：城門の外で神学の歴史を新しく書く　第7章 最後の模索期：功成而不居の暮らし　エピローグ 神の前にあってあなたは可能性である

安 禄山〔705〜757〕　あん・ろくざん

◇安禄山と楊貴妃 安史の乱始末記　藤善真澄著　清水書院　2017.7　235p　19cm　〈新・人と歴史拡大版 15〉〈1984年刊を表記や仮名遣い等一部を改めて再刊　文献あり　年譜あり　索引あり〉　1800円　①978-4-389-44115-9　Ⓝ222.048

内容　1 安禄山の挙兵とその背景　2 楊貴妃の登場　3 暗雲ひろがる　4 享楽の宴　5 国破れて山河あり　6 破局そして暗転

安斎 庫治〔1905〜1993〕　あんざい・くらじ

◇日本と中国のあいだで―安斎庫治聞き書き　安斎庫治述，竹中憲一編　皓星社　2018.10　224p　20cm　〈文献あり　年譜あり〉　2500円　①978-4-7744-0668-8　Ⓝ289.1

内容　第1部 聞き書き―聞き手・竹中憲一(東亜同文書院へ　ゾルゲ事件と尾崎秀実　帰国して　徳田球一と日本共産党　中国と日本の党)　第2部 対談再録(日本共産主義運動の教訓に学ぶ―不屈の五十年、かく闘う　宮本修正主義に代る党を　戦前・戦後における労働運動の特徴と教訓)　第3部 資料編(竹中宛書簡(一九八七年二月六日)　参考にした資料　安斎庫治年譜)

安西 賢誠〔1946〜〕　あんざい・けんじょう

◇ひとびとの精神史　第7巻　終焉する昭和―1980年代　杉田敦編　岩波書店　2016.2　333p　19cm　2500円　①978-4-00-028807-1　Ⓝ281.04

内容　1 ジャパン・アズ・ナンバーワン(中曽根康弘―「戦後」を終わらせる意志　上野千鶴子―消費社会と一五年安保のあいだ　高木仁三郎―「核の時代」と市民科学者　大橋正義―バブルに流されなかった経営者たち)　2 国際化とナショナリズム(ジョアン・トシエイ・マスコー「第二の故郷」で挑戦する日系ブラジル人　安西賢誠―「靖国」と向き合った真宗僧侶　宮崎駿―職人共同体というユートピア　『地球の歩き方』創刊メンバー―日本型海外旅行の精神)　3 天皇と大衆(奥崎謙三―神軍平等兵の怨霊を弔うために　朴正恵と蔡成泰―民族教育の灯を守るために　美空ひばり―生きられた神話　知花昌一―日の丸を焼いた日)

安西 水丸〔1942〜2014〕　あんざい・みずまる

◇a day in the life　安西水丸著　風土社　2016.6　174p　21cm　〈本文は日本語〉　1800円　①978-4-86390-035-6　Ⓝ726.501

内容　a day in the life(ハドソン川の夕日とラピスラズリ色のコーヒーカップ　少年時代、母と二人で海辺の町で暮らしていた　ほか)　鎌倉山のアトリエにて(四つ目の仕事場、日常の楽しみ　リフォームと移転の顛末記　ほか)　青山の事務所にて(R・A・ミラーさんの絵をとおして　インテリア、それぞれの楽しみ　ほか)　陶器の蒐集品(もしかしたら、料理は趣味の一つかもしれない　家を持つことで得たさまざまな経験　ほか)　玩具の蒐集品(この皿でカレーを食べよう。そんな気分で民芸を愛している　庭はいつも草茫々にしている　ほか)

◇イラストレーター安西水丸　安西水丸著，安西水丸事務所監修　クレヴィス　2016.6　235p　26cm　〈背・表紙のタイトル：the work of illustrator ANZAI MIZUMARU　著作目録あり　年譜あり〉　2500円　①978-4-904845-63-9　Ⓝ726.501

内容　1 ぼくの仕事(小説　装丁・装画　ほか)　2 ぼくと3人の作家(嵐山光三郎さんと　村上春樹さんと　ほか)　3 ぼくの来た道(絵を描くぼくが遊びだった―千倉のこと　学生・デザイナー時代―イラストレーター前夜　ほか)　4 ぼくのイラストレーション(安西水丸という孤愁　嵐山光三郎　もうここにはいないとわかっていても　村上春樹)

安崎 暁〔1937〜2018〕　あんざき・さとる

◇夢を蒔く―私と小松、私と中国　安崎暁著　〔出版地不明〕　安崎暁　2017.8　255p　20cm　非売品　Ⓝ530.67

安生 洋二〔1967〜〕　あんじょう・ようじ

◇安生洋二 200%の真実　安生洋二著　市屋苑　2015.3　232p　19cm　〈UWF International Books〉〈他言語標題：The truth of Mr.200%　発売：地球丸〉　1600円　①978-4-86067-475-5　Ⓝ788.2

内容　第1章 前田日明との確執と最悪の結末　第2章 ヒクソン・グレイシーという名の呪縛　第3章 気づいたらプロレスラー　第4章 新生UWFでのジレンマ　第5章 新生UWF電撃解散の裏側　第6章 ミスター200%大爆発！　第7章 死に場所を求めて　第8章 ハッスル！ハッスル！　第9章 今日まで、そして明日から　巻末SPECIAL対談 安生洋二×山本喧一

＿＿＿(アンダーバー)

◇動画投稿で生きる！ フリーダムな仕事術―＿＿＿〈アンダーバー〉自伝　＿＿＿(アンダーバー)著

リットーミュージック　2016.11　229p　19cm　1500円　①978-4-8456-2868-1　Ⓝ767.8

内容　第1章　＿＿＿（アンダーバー）誕生秘密（特筆すべきことは何もない子だった　イジメの鬱憤を原稿用紙に書き殴る　ほか）　第2章　ニコ動からメジャー進出へ（事務所からのメールに白目を剥く　目指していた世界が目の前に　ほか）　第3章　動画サイトで有名になるための心得（動画投稿を仕事にすること　YouTubeとニコニコ動画　ほか）　第4章　＿＿＿（アンダーバー）流WEBプロモーション＆マネタイズ術（代表的なSNSの比較　告知ツールはすべて連動させよう　ほか）　第5章　将来アーティストを目指す人たちへ（ゴールまでの道のりをイメージする　事務所に所属する意味　ほか）

安藤　昌益〔1703?～1762〕　あんどう・しょうえき

◇安藤昌益に魅せられた人びと―みちのく八戸からの発信　近藤悦夫著　農山漁村文化協会　2014.10　378p　19cm　（ルーラルブックス）　2000円　①978-4-540-14213-0　Ⓝ121.59

内容　狩野亨吉　依田荘介　ハーバート・ノーマン　山田ագニ　上杉修　八戸在住発見後の研究　渡辺没後の研究　村上záら秋　石垣忠吉　三宅正彦　寺尾五郎『全集』後の周辺　『儒道統之図』をめぐって　還俗後の活動　昌益医学を継承する数々の医書　稿本『自然真営道』の完成に向けて

◇現代に生きる日本の農業思想―安藤昌益から新渡戸稲造まで　並松信久, 王秀女, 三浦忠司著　京都　ミネルヴァ書房　2016.1　266,4p　20cm　（シリーズ・いま日本の「農」を問う 12）〈索引あり〉　2800円　①978-4-623-07310-8　Ⓝ610.121

内容　第1章　グローバル化のなかの農業思想―内村鑑三と新渡戸稲造（グローバル化とは　国家と農業観　ほか）　第2章　二宮尊徳思想の現代的意義―幕末期の農村復興に学ぶ（なぜ二宮尊徳か　百姓の存在　ほか）　第3章　中国における尊徳研究の動向と可能性―二宮尊徳思想学術大会の取り組みを中心に（中国における尊徳研究の経緯　研究の展開と意義　ほか）　第4章　安藤昌益の人と思想―直耕・互性・自然（甦る安藤昌益　昌益思想誕生の八戸　ほか）

◇安藤昌益の実像―近代的視点を超えて　山崎庸男著　農山漁村文化協会　2016.3　285p　19cm　1800円　①978-4-540-15222-1　Ⓝ121.59

内容　1　安藤昌益と彼をめぐる人びと（『自然真営道』と安藤昌益像の変遷―研究史概観　安藤昌益の生涯―その謎の解明に挑む　安藤昌益を語り継ぐ人びと―八戸・二井田・千住宿）　2　安藤昌益思想の形成・展開・完成過程における三つの特徴（思想形成における三つの画期―安藤昌益思想の萌芽・開花・結実　前期安藤昌益の形成とその特徴―自然哲学の基本構造　中・後期安藤昌益における思想的展開―内観から社会への視座の拡大　後期安藤昌益の到達点）

◇野散の哲　糸井秀夫著　杉並けやき出版　2016.5　142p　19cm　〈文献あり　発売：星雲社〉　1200円　①978-4-434-22006-7　Ⓝ121

内容　安藤昌益（鳥たちの会話　遺影を追う　昌益の著作を覗く　「法世」を批判する）　三浦梅園（幼時の思庁　イドラと「習気」　梅園の自然観　『玄語』『贅原』『贅語』　この時代）　三枝博音（三枝ワール

ド逍遙　技術の哲学　三枝のヘーゲル解説　鎌倉アカデミア　突然の死　残影追慕）

◇いまこそ知りたい日本の思想家25人　小川仁志著　KADOKAWA　2017.9　254p　19cm　〈他言語標題：25 Japanese thinkers you need to know now　文献あり〉　1700円　①978-4-04-400234-3　Ⓝ121.028

内容　第1章　日本思想の黎明期（空海　道元　親鸞　吉田兼好　世阿弥）　第2章　日本の近世の葛藤（山本常朝　荻生徂徠　本居宣長　安藤昌益　二宮尊徳）　第3章　日本の近代の幕開け（横井小楠　吉田松陰　福沢諭吉　新渡戸稲造　内村鑑三）　第4章　「日本哲学」の始まり（西周　西田幾多郎　九鬼周造　三木清　和辻哲郎）　第5章　世界における日本思想の独自性（北一輝　鈴木大拙　柳田國男　丸山眞男　吉本隆明）

◇経済・社会と医師たちの交差―ペティ、ケネー、マルクス、エンゲルス、安藤昌益、後藤新平たち　日野秀逸著　本の泉社　2017.10　175p　19cm　1300円　①978-4-7807-1653-5　Ⓝ498.04

内容　序に代えて―医師・医学と経済・社会　1部　マルクス・エンゲルスと医師・医学（マルクス・エンゲルス全集に登場する271人の医師たち　マルクス・エンゲルスと親族や友人の医師たち　マルクスたちは自然科学に強い関心を払った　医師と科学研究　経済学研究の先行者としての医師たち　ほか）　2部　日本における先駆者たち―安藤昌益と後藤新平（安藤昌益（1703～1762）　後藤新平（1857～1929））

安藤　忠雄〔1941～〕　あんどう・ただお

◇安藤忠雄野獣の肖像　古山正雄著　新潮社　2016.8　174p　19cm　1500円　①978-4-10-350241-8　Ⓝ523.1

内容　01　安藤忠雄との出会い　02　1970年代の横顔　03　肖像画の額縁　04　旅の教えと大学教育　05　創作のためのサプリメント　06　安藤夫妻とチーム・アンドウ　07　三つの決断と一つの発見

◇安藤忠雄　建築家と建築作品　安藤忠雄, 松葉一清共著　鹿島出版会　2017.10　481p　27×27cm　〈他言語標題：ANDO ARCHITECT AND ARCHITECTURE　英語併記　文献あり　著作目録あり　年譜あり　索引あり〉　15000円　①978-4-306-04656-6　Ⓝ523.1

内容　第1部　安藤忠雄評伝―闘う建築論、作品、時代、社会（「わたしの存在感」「情念の基本空間」を求めて―都市生活者のアジトとしての住宅　商業建築に都市の"公性"を託す一道、広場、都市の文脈　"美"は"自然"と融合し、母なる大地に還る―国境を越える美術館の挑戦　「生き続ける近代建築」を目指して―建物と建築家の「30年の物語」　"無"は魂の安らぎをもたらす―仏の精神と向き合う宗教施設　ランドスケープ、まちづくりへ―"建築"に始まり、"建築"を超える　アンドウは如何にして建築家となりし乎）　第2部　全346作品録

◇安藤忠雄の奇跡―50の建築×50の証言　日経アーキテクチュア編　日経BP社　2017.11　351p　26cm　〈NA建築家シリーズ 特別編〉〈年譜あり　発売：日経BPマーケティング〉　2700円　①978-4-8222-5872-6　Ⓝ523.1

内容　1　1960・70年代　安藤忠雄の原点を探る（インタビュー(1)チャンスを見極め雑誌で発信　50の建築

ほか）　2 1980・90年代｜環境問題や公共性を追求（インタビュー(2) 都市や海外へ領域外を攻める　50の建築　ほか）　3 2000年代｜街や人との関係深める（インタビュー(3) 世界を舞台に保存でも独自手法　50の建築　ほか）　4 次代につなぐ｜人間力と人工知能のはざまへ（インタビュー(4) 挑戦心があれば「隙間」は見つかる　50の建築（番外編）（進行中）ほか

安藤 野雁〔1815～1867〕あんどう・のかり
◇諸国賢人列伝―地域に人と歴史あり　童門冬二著　ぎょうせい　2014.12　253p　19cm　1800円　Ⓘ978-4-324-09918-6　Ⓝ281.04

内容　浜口梧陵―稲むらの火/地域から日本を考えた-広村（和歌山県）　山田方谷―被治者の立場を貫いた巨人・備中松山（岡山県）　安藤野雁―万葉の心を信条に・桑折（福島県）　大原幽学―房総は学者の充電所・下総（千葉県）　小宮山楓軒―立ち枯れの村を復興・水戸（茨城県）　小島蕉園―減税と産業振興・甲府（山梨県）　三浦梅園―日本初の自然哲学者・杵築（大分県）　新井白石―不遇に生きる・江戸（東京都）　前田綱紀―文化行政で雇用創出・加賀（石川県）　河合曽良―旅に生きる・諏訪（長野県）　北島雪山―追放されて自由に生きた・肥後（熊本県）　羽地朝秀―壁を背に己の道を・琉球（沖縄県）　松平信綱―名君・賢君を輩出・川越（埼玉県）　徳川義直―あゆち思想の実現・尾張（愛知県）　多久一族―「らしさ」を失わず・肥前（佐賀県）　古田織部―壊して創る・美濃（岐阜県）　北条幻庵―「勇」の底に「優」の心・小田原（神奈川県）　鴨長明―走り回る一滴の水・京都（京都府）

安藤 信正〔1819～1871〕あんどう・のぶまさ
◇考証 風雲大名列伝　稲垣史生著　立東舎　2016.10　254p　15cm　（立東舎文庫 い1-1）〈作品社 1983年刊の再刊　発売：リットーミュージック〉　800円　Ⓘ978-4-8456-2867-4　Ⓝ281.04

内容　序章―殿様とは　徳川光圀―絹の道への幻想　徳川宗春―御深井の秘亭　伊達綱宗―遊女高尾斬りを笑う　井伊直弼―この世は一期一会よ　織田秀敏―鬼面の茶人寛永寺の刃傷　細川忠興―凄惨な夜叉の夫婦愛　前田吉徳―間違われた加賀騒動の主人公　小堀遠州―長く嶮しい道をゆく　安藤信正―『半七捕物帳』に縁ある　柳生宗矩―まほろしの名品平蜘蛛　松平不昧―父の風流入墨女の怪　浅野長矩―名君の史料に事欠かぬ　島津重豪・島津斉興・島津斉彬―薩摩三代の過剰風流　有馬頼貴・鍋島勝茂―大名行列に犬を引いて

安藤 昇〔1926～2015〕あんどう・のぼる
◇映画俳優安藤昇　安藤昇述，山口猛著　ワイズ出版　2015.5　443p　15cm　（ワイズ出版映画文庫 10）〈2002年刊の改稿、再編集　著作目録あり　作品目録あり〉　1200円　Ⓘ978-4-89830-289-7　Ⓝ778.21

内容　第1章 生い立ち、東興業時代（発明家の祖父　新宿の「五十鈴」さん　ほか）　第2章 映画俳優へ（映画への誘い　芝居のつもりが本当に殴った失敗　ほか）　第3章 東映時代（東映へ移籍する　契約ごと　ほか）　第4章 俳優を離れて（俳優から離れる　書くことはか）　安藤昇 資料編（フィルモグラフィー　著書ほか）

◇激闘！闇の帝王安藤昇　大下英治著　さくら舎　2016.5　323p　19cm　1600円　Ⓘ978-4-86581-053-0　Ⓝ778.21

内容　発端―横井英樹銃撃事件　愚連隊中学生、東京から大陸へ　少年院から海軍予科連で特攻志願　セイゴロ―喧嘩三昧の大学生　左頬三十針の烙印　安藤組に集う凶星たち　力道山対安藤組の暗闘　躍進する安藤組　揺れ動く安藤組　逃亡と抵抗　劇的潜行と逮捕劇　最後の血の抗争　安藤組解散、新たな道へ　破天荒―俳優安藤昇の大ブレイク　永遠の「安藤昇伝説」

安藤 日出武〔1938～〕あんどう・ひでたけ
◇未完のままに　安藤日出武著　名古屋　中部経済新聞社　2017.8　190p　18cm　（中経マイウェイ新書 36）　800円　Ⓘ978-4-88520-211-7　Ⓝ751.1

安藤 洋美〔1931～〕あんどう・ひろみ
◇安藤洋美自叙　安藤洋美著　〔出版地不明〕　安藤洋美先生自叙刊行奉賛会　2015.9　202p　31cm　〈他言語標題：Ando Hiromi autobiography〉　非売品　Ⓝ289.1

安藤 仁子〔1917～2010〕あんどう・まさこ
◇安藤百福とその妻仁子―インスタントラーメンを生んだ夫妻の物語　青山誠著　KADOKAWA　2018.8　189p　15cm　（中経の文庫 C64あ）〈文献あり〉　650円　Ⓘ978-4-04-602310-0　Ⓝ289.1

内容　第1章 猛進する夫、包容力にあふれた妻（商売も恋も「押し」の百福　良家の娘・仁子は控えめな女性）　第2章 戦後の苦難と"食"へのチャレンジ（安藤夫妻、再び大阪へ　闇の中で垣間見たひと筋の光明　ほか）　第3章 世界的大発明！インスタントラーメン誕生（百福、「巣鴨プリズン」に収監される　子連れ上京したのは、仁子の作戦か！ほか）　第4章 チキンラーメンとカップヌードルの時代（チキンラーメンは"家族の絆"　仁子のプライド　ほか）　第5章 ラーメンの夢を追いつづけた夫妻（仁子、親子ゲンカの板挟みになる。　百福が麺文化のルーツで見たもの　ほか）

◇チキンラーメンの女房―実録安藤仁子　安藤百福発明記念館編　中央公論新社　2018.9　194p　20cm　〈文献あり　年譜あり〉　1200円　Ⓘ978-4-12-005125-8　Ⓝ289.1

内容　観音さまの仁子さん　家族―両親と三人姉妹　幼少期―女学校時代の苦しい日々　百福との出会い―戦火の中で結婚式　若き日の百福―実業家への挑戦　戦火避け疎開―混乱の時代を生きのびる　解放された日々―若者集め塩作り　巣鴨に収監―無実をかけた闘い　一難去ってまた一難―仁子、巡礼の旅　即席麺の開発―仁子の天ぷらがヒント　魔法のラーメン―家族総出で製品作り　鬼の仁子―厳しい子育て　米国視察―カップ麺のヒントつかむ　仁子の愛―鬼から慈母へ　四国巡礼の旅―百福最後の大失敗　孫と遊ぶ―百福少年に帰る

安藤 正信〔1975～〕あんどう・まさのぶ
◇ウルトラクイズ・ロストジェネレーションの逆襲―クイズ神・安藤正信の軌跡 Ⅰ　安藤正信著　セブンデイズウォー　2015.2　261p　19cm

（QUIZ JAPAN全書 01）〈発売：ほるぷ出版〉 1800円 ①978-4-593-31020-3 Ⓝ798

[内容] 第13回『アメリカ横断ウルトラクイズ』（一九八七年十月） クイズに目覚める前、『天才クイズ』（〜一九八七年） 『史上最強のクイズ王決定戦』（一九九〇年二月） 高校時代の勉強、『FNS』誕生（一九九〇年四月〜） 第4回『FNS』予選への挑戦（一九九二年二月） 名古屋大学クイズ研究会での活動、テレビクイズ冬の時代（一九九三年四月〜） 『関西学生クイズオープン』誕生（一九九三年十二月） 『ナゾラーカップ』、課長の衝撃（一九九四年十月） 安良興さんの引退、久保隆二頂点へ（一九九四年十二月） 「スーパープレーヤーの会」（一九九四年十二月〜）、『QUIZ WORLD』（一九九四年十二月〜）〔ほか〕

安藤 百福〔1910〜2007〕 あんどう・ももふく
◇安藤百福—即席めんで食に革命をもたらした発明家 実業家・日清食品創業者〈台湾・日本〉 筑摩書房編集部著 筑摩書房 2015.1 181p 19cm （ちくま評伝シリーズ〈ポルトレ〉）〈文献あり 年譜あり〉 1200円 ①978-4-480-76616-8 Ⓝ289.1

[内容] 序章 なぜ「魔法のラーメン」と呼ばれるのか 第1章 逆境が生んだ、世界初のインスタントめん「チキンラーメン」 第2章 百福を育んだ台湾時代（〇歳〜二十二歳） 第3章 「当たって砕けろ」で道を拓く（二十三歳〜三十五歳） 第4章 「世の中をよくしたい」が仕事を作る（三十五歳〜四十六歳） 第5章 チキンラーメンはいかに「国民食」となったのか 第6章 六十一歳で「カップヌードル」を開発する 巻末エッセイ「常識を疑う力」（藤原和博）

◇安藤百福—世界的な新産業を創造したイノベーター 榊原清則著 京都 PHP研究所 2017.11 301p 20cm （PHP経営叢書—日本の企業家 11）〈年譜あり〉 2400円 ①978-4-569-83431-3 Ⓝ289.1

[内容] 第1部 評伝・世界の食文化を変えた軌跡—波乱とアイデアに満ちた生涯（若き安藤百福の「食」への目覚めと決意 チキンラーメンの発明に成功 カップヌードルの開発—独創の頂点から 会長就任、幅広い活動へ 最晩年を迎えて） 第2部 論考・新しいラーメンを創った男—発明家・安藤百福論（インスタントラーメンの誕生と拡大 開発過程を読み解く "素人性"とイノベーション） 第3部 人間像に迫る・転んでもただでは起きえない本領、自分の天職（安藤百福語録（抄） 安藤百福「食」を語る 安藤百福年頭所感）

◇安藤百福とその妻仁子—インスタントラーメンを生んだ夫妻の物語 青山誠著 KADOKAWA 2018.8 189p 15cm （中経の文庫 C64あ）〈文献あり〉 650円 ①978-4-04-602310-0 Ⓝ289.1

[内容] 第1章 猛進する夫、包容力にあふれた妻（商売も恋も「押し」の百福 良家の娘・仁子は控えめな女性？ ほか） 第2章 戦後の苦難と「食」へのチャレンジ（安藤夫妻、再び大阪へ 闇の中で垣間見たひと筋の光明 ほか） 第3章 世界の大発明！ インスタントラーメン誕生（百福、「巣鴨プリズン」に収監される 子連れ上京は、仁子の作戦か？ ほか） 第4章 チキンラーメンとカップヌードルの時代（チキンラーメンは"家族の絆" 仁子のプライド ほか） 第5章 ラーメンの夢を追いつづけた夫妻（仁子、親

子ゲンカの板挟みになる？ 百福が麺文化のルーツで見たもの ほか）

安藤 よしかず〔1953〜〕 あんどう・よしかず
◇仕事が楽しければ、人生は極楽だ—7つのフランチャイズ・チェーンを成功させた社長の必勝哲学 安藤よしかず著 牧野出版 2017.9 221p 19cm 1500円 ①978-4-89500-216-5 Ⓝ289.1

[内容] 第1章 私について（ダメ人間だった学生時代 運命の出会い 迷走を続けるサラリーマン時代 ほか） 第2章 成功の極意（徹底的に楽しく考える 一度決めたら迷わない タイミングを見極める ほか） 第3章 これからについて（もっと面白いこと）

アントニオ猪木〔1943〜〕 あんとにおいのき
◇闘魂外交—なぜ、他の政治家が避ける国々に飛び込むのか？ アントニオ猪木著 プレジデント社 2014.9 191p 19cm 1400円 ①978-4-8334-2091-4 Ⓝ319.1

[内容] 1 北朝鮮で築いてきた仲裁の「きっかけ」—対話を求めるメッセージを、いかに受け止めるか 2 ブラジルでの命をかけた「国際体験」—未開の地でプロレスに出合うまで 3 イラクでの「人質全員奪還」—どうやって「平和の祭典」を開催したのか 4 ロシア流「酒のデスマッチ」で懐に飛び込む—まず溜まった膿を全部吐き出させるのが交渉の肝 5 キューバ・カストロ議長と続く「交流」—日本人国会議員として初めて訪問する 6 パキスタンと30年続く、切れない「縁」—なぜ、平和のために足を運び続けるのか

◇昭和プロレス正史 上巻 斎藤文彦著 イースト・プレス 2016.9 485p 20cm 〈文献あり〉 2400円 ①978-4-7816-1472-4 Ⓝ788.2

[内容] 序章 "活字プロレス"の原点 1章 力道山1 プロレス入り 2章 力道山2 昭和29年、巌流島の決闘 3章 力道山3 インター王座のなぞ 4章 力道山4 出自 5章 力道山5 プロレスとメディア 6章 馬場と猪木1 デビュー

◇闘魂最終章—アントニオ猪木「罪深き太陽」裏面史 井上譲二著 双葉社 2017.3 319p 19cm （プロレス激活字シリーズ vol.3）〈文献あり〉 1500円 ①978-4-575-31238-6 Ⓝ788.2

[内容] 第1章 磨かれた原石—日本プロレス時代 第2章 29歳の決意—新日本プロレス設立 第3章 世間に挑む—アリ戦とIWGP構想 第4章 噴き出したマグマ—クーデター事件と大量離脱 第5章 消えた太陽—38年目の引退と現場介入 第6章 愛ゆえの憎しみ—持ち株売却とIGF設立 第7章 素顔の闘魂—私が愛したアントニオ猪木

◇昭和プロレス正史 下巻 斎藤文彦著 イースト・プレス 2017.3 541p 20cm 〈文献あり〉 2500円 ①978-4-7816-1523-3 Ⓝ788.2

[内容] 7章 馬場と猪木2・独立（猪木バッシング 日本プロレス乗っ取り事件の真相？ NWA幻想に翻弄された系譜） 8章 馬場と猪木3・NWAという歴史修正主義（名勝負1—カール・ゴッチ対アントニオ猪木 名勝負2—アントニオ猪木対ストロング小林 名勝負3—ジャイアント馬場対ジャック・ブリスコ 政治ドラマとしてのNWA総会 名勝負4—バーン・ガニア対ビル・ロビンソン テレビ解説者という東スポ・ナラティブ） 9章 馬場と猪木4・格闘技世界一決定戦（猪木対アリをプロレス・マスコミはどう

報じたか　猪木対アリ、証言としての櫻井ナラティブ）　10章 馬場と猪木5・異種格闘技戦からIWGPへ（異種格闘技戦シリーズ　新米記者の、ある夏の一日　第一回IWGP、猪木舌出し失神KO事件　ミネアポリスで遭遇したふたりの日本人レスラー）　11章 馬場と猪木6・UWF・週プロ・ブロディ（"神様"ゴッチとUWF　"週刊誌の時代"が変えたもの　新しいオピニオンリーダー、前田日明　"ギブUPまで待てない!!"顛末記　ブロディ革命と活字プロレス）

◇アリ対猪木―アメリカから見た世界格闘史の特異点　ジョシュ・グロス著，棚橋志行訳，柳澤健監訳　亜紀書房　2017.7　355p　19cm　1800円　①978-4-7505-1510-6　Ⓝ788.3

内容 世紀の一戦、ゴング直前　ボクサー対レスラーの長い歴史　"ゴージャス"ジョージとカシアス・クレイ　力道山が築いたプロレス王国　「モハメド・アリ」の誕生　意志と実行の男、アントニオ猪木　1975・1976年のモハメド・アリ　アリ来日とルール会議　シュートか、ワークか　ビンス・マクマホン・ジュニアの野望　世界が見つめた1時間　爆弾を抱えたアリの脚　草創期のMMAとローキック　アメリカのUFC、日本のPRIDE　猪木へのメッセージ

◇アリと猪木のものがたり　村松友視著　河出書房新社　2017.11　268p　20cm　1600円　①978-4-309-02629-9　Ⓝ788.2

内容 第1章 イノキ前史としての力道山時代　第2章 "世間"と"過激"　第3章 アリの筋道　第4章 イノキの筋道　第5章 未知との遭遇への牛歩　第6章 イノキ対アリ戦、観察的観戦記　エピローグ 北朝鮮のアリとイノキ

◇猪木流―「過激なプロレス」の生命力　アントニオ猪木，村松友視著　河出書房新社　2018.10　235p　19cm　1600円　①978-4-309-02740-1　Ⓝ788.2

内容 序章 アントニオ猪木と「激しい季節」　第1章 不可能を可能にしたアリ戦　第2章 ブラジルという原点　第3章 力道山の死　第4章 ジャイアント馬場という王道　第5章 過激な名勝負ものがたり　第6章 奇跡の邂逅か、宿命的な出会いか　第7章 猪木×アリ戦の生命力　第8章 「リアル」を超える「ファンタジー」　第9章 『私、プロレスの味方です』から『アリと猪木のものがたり』へ　第10章 北朝鮮のアリと猪木と村松友視　終章 アントニオ猪木という未確認飛行物体

安茂 興人〔1948～〕　あんも・きょうじん
◇風の吹くままに―愚直に生きたぼんくら東大生の70年　安茂興人著　青山ライフ出版　2018.6　147p　19cm　〈年譜あり〉　1000円　①978-4-86450-303-7　Ⓝ289.1

【い】

イ，インジク〔1862～1916〕　李 人稙
◇李人稙と朝鮮近代文学の黎明―「新小説」「新演劇」の思想的背景と方法論　田尻浩幸著　明石書店　2015.10　305p　20cm　〈年譜あり　索引あり〉　5400円　①978-4-7503-4256-6　Ⓝ929.1

内容 第1部 朝鮮近現代文学の夜明け（愛国啓蒙運動期の演劇改良論―忠義愛国と改新儒学派を中心に　現実を投影・構成する新小説『銀世界』―文明史と儒教主義そして親日の交錯　李人稙小説のメロドラマ的性格研究―「社会学」と「メタ政治学」の視点から　李人稙の創作意識と方法論に関する考察―松本君平の影響関係を中心に）　第2部 李人稙とその時代（李人稙の生涯とその環境―啓蒙思想形成はいかになされたか　日本における李人稙―政務局報告書「李人稙ノ行動」及び『東京政治学校雑誌』所収の新資料を中心に）

イ，グァンス〔1892～1954〕　李 光洙
◇李光洙―韓国近代文学の祖と「親日」の烙印　波田野節子著　中央公論新社　2015.6　234p　18cm　（中公新書 2324）〈文献あり　年譜あり〉　820円　①978-4-12-102324-7　Ⓝ929.1

内容 1 幼年時代―没落、野心の芽生え　2 日本への留学―1905～10年　3 教師挫折から大陸放浪へ―1910～15年　4 『無情』の時代―名声獲得と三・一独立運動　5 修養同友会と二つの新聞社―1920～30年代　6 対日協力の時代―日中・太平洋戦争下　終章 「解放」後―「親日」への非難、北朝鮮軍の連行

韋 君宜〔1917～2002〕　い・くんぎ
◇韋君宜研究―記憶のなかの中国革命　楠原俊代著　福岡　中国書店　2016.2　543,8p　22cm　〈年譜あり〉　10000円　①978-4-903316-48-2　Ⓝ222.077

内容 思痛録/韋君宜著　韋君宜論考　武漢時期の韋君宜　延安時代の韋君宜　一九五〇年代の韋君宜　文革期の韋君宜　韋君宜の著作における「歴史」の意味について

イ，スンシン〔1545～1598〕　李 舜臣
◇腹背の敵―李舜臣対豊臣秀吉の戦い　杉晴夫著　文芸社　2016.1　285p　19cm　〈文献あり〉　1400円　①978-4-286-16875-3　Ⓝ210.49

＊李舜臣と豊臣秀吉―何から何まで対照的な二人。主君、宣祖王の理不尽な仕打ちにも拘わらず、国家のため、かれの愛する民衆のために尽力した英雄・李舜臣。最初は主人信長に阿り、後に信長の子供達に冷酷無残な仕打ちをし、蛮行に走った天下人・豊臣秀吉。現代も両国間に凝りとして残る戦いを「歴史」という観点から再度考証する。戦いの勝利者は誰なのか―。

イ，スンマン〔1875～1965〕　李 承晩
◇韓国大統領実録　朴永圭著，金重明訳　キネマ旬報社　2015.10　494p　22cm　〈文献あり　年表あり　索引あり〉　3600円　①978-4-87376-435-1　Ⓝ312.21

内容 第1章 李承晩大統領実録　第2章 尹潽善大統領実録　第3章 朴正熙大統領実録　第4章 崔圭夏大統領実録　第5章 全斗煥大統領実録　第6章 盧泰愚大統領実録　第7章 金泳三大統領実録　第8章 金大中大統領実録　第9章 盧武鉉大統領実録　第10章 李明博大統領実録

イ，ソンゲ〔1335～1408〕
◇李成桂―天翔る海東の龍　桑野栄治著　山川出版社　2015.10　86p　21cm　（世界史リブレット 人 37）〈文献あり　年譜あり〉　800円

Ⓘ978-4-634-35037-3　Ⓝ289.2
内容 東アジアのなかの武人李成桂　1 李成桂の系譜　2 高麗末期の国際環境　3 朝鮮王朝の開創　4 失意の晩年

イ, ドンウォン〔1926〜2006〕　李 東元

◇日韓条約の成立—李東元回想録 椎名悦三郎との友情　李東元著, 具末謨訳　彩流社　2016.8　281p　20cm　2500円　Ⓘ978-4-7791-2245-3　Ⓝ319.1021

内容 序章 わが生い立ちと大統領との出会い（「裏口」入学の右翼青年　洪命熹、「私と一緒に北に行こうか？」　マリリン・モンロー捕獲作戦　ほか）　第1章 日韓条約の成立（「明治維新」的志士、朴正煕　椎名は「幸運配達人」　頭を上げた李承晩と頭を下げた朴正煕　ほか）　第2章 回顧と教訓（椎名悦三郎の遺言　「地位」は短くとも「名」は長い　「南北国連同時加盟」は二十五も年を取った　ほか）

イ, ミョンバク〔1941〜〕　李 明博

◇韓国大統領実録　朴永圭著, 金重明訳　キネマ旬報社　2015.10　494p　22cm　〈文献あり　年表あり　索引あり〉　3600円　Ⓘ978-4-87376-435-1　Ⓝ312.21

内容 第1章 李承晩大統領実録　第2章 尹潽善大統領実録　第3章 朴正煕大統領実録　第4章 崔圭夏大統領実録　第5章 全斗煥大統領実録　第6章 盧泰愚大統領実録　第7章 金泳三大統領実録　第8章 金大中大統領実録　第9章 盧武鉉大統領実録　第10章 李明博大統領実録

井伊 直興〔1656〜1717〕　いい・なおおき

◇女直虎が救った井伊家　楠戸義昭著　ベストセラーズ　2016.11　247p　18cm　（ベスト新書 536）〈文献あり　年譜あり〉　830円　Ⓘ978-4-584-12536-6　Ⓝ288.3

内容 序章 直弼—先祖の地・井伊谷を行く　第1章 直虎—滅亡寸前の井伊家を救った女城主　第2章 直政—徳川四天王として活躍、彦根藩主に　第3章 直継・直孝—ふたりの「二代藩主」の数奇な運命　第4章 直興、二度も大老をつとめた元禄の名君　第5章 直弼—開国の元勲？　国賊？　一期一会の大老

井伊 直勝〔1590〜1662〕　いい・なおかつ

◇女直虎が救った井伊家　楠戸義昭著　ベストセラーズ　2016.11　247p　18cm　（ベスト新書 536）〈文献あり　年譜あり〉　830円　Ⓘ978-4-584-12536-6　Ⓝ288.3

内容 序章 直弼—先祖の地・井伊谷を行く　第1章 直虎—滅亡寸前の井伊家を救った女城主　第2章 直政—徳川四天王として活躍、彦根藩主に　第3章 直継・直孝—ふたりの「二代藩主」の数奇な運命　第4章 直興、二度も大老をつとめた元禄の名君　第5章 直弼—開国の元勲？　国賊？　一期一会の大老

井伊 直弼〔1815〜1860〕　いい・なおすけ

◇井伊直弼のこころ—百五十年目の真実　彦根城博物館編　彦根　彦根城博物館　2014.3　95p　21cm　〈年表あり〉　289.1

◇安政の大獄—井伊直弼と長野主膳　松岡英夫著　中央公論新社　2014.12　233p　16cm　（中公文庫 ま37-2）〈文献あり　年譜あり〉　1000円　Ⓘ978-4-12-206058-6　Ⓝ210.58

内容 安政の大獄とは何か　前半生不明の長野主膳　主膳出生にかかわる諸説　井伊直弼と主膳の初対面　彦根の新藩主、直弼を直撃する難題　欧米諸国のアジア征服と大老の出現　主膳は「生きた書状」　主膳は「京の大老」　江戸で対策を練る直弼と主膳　井伊大老の対京都武力弾圧の決意　安政の大獄の狙い　安政の大獄と主膳の役割　大獄の終結　明治維新への進行と、直弼と主膳の死

◇徳川十五代闇将軍　熊谷充晃著　大和書房　2015.5　263p　15cm　（だいわ文庫 269-2H）〈文献あり〉　650円　Ⓘ978-4-479-30536-1　Ⓝ281.04

内容 第1章 幕藩体制の礎を築いた4代（初代「闇将軍」本多正信—家康から全幅の信頼を寄せられた「タヌキ親父」以上の「タヌキ」　2代「闇将軍」南光坊天海—幕府の宗教政策をひとりで完成させた「関東の大僧正」　3代「闇将軍」松平信綱—江戸時代で最大の内乱を鎮めて老中首座に上った「知恵伊豆」　4代「闇将軍」酒井忠清—生まれながらに老中を約束された後世の悪名が哀しい「下馬将軍」）　第2章 将軍の権威を超越した3代（5代「闇将軍」柳沢吉保—失政や没落とは皆無の史実　「極悪御用人」の評に異議あり　6代「闇将軍」新井白石—幕政の思想的柱石を創出したブレーン「遅すぎた登壇」　7代「闇将軍」間部詮房—これぞ闇将軍にふさわしい「猿楽太夫」の数奇なキャリア）　第3章 中興の変革期を乗り越えた3代（8代「闇将軍」松平乗邑—「暴れん坊将軍」を抑えられた唯一の忠臣は経済政策の旗手　9代「闇将軍」大岡忠光—前代未聞かつ空前絶後の離業　日本史上唯一の「将軍の通訳」　10代「闇将軍」田沼意次—「贈収賄政治家」の正体は貨幣社会を目指した重商主義者）　第4章 幕末動乱の一端となった3代（11代「闇将軍」松平定信—「寛政の改革」で失敗した後も影響力を保持し続けた元将軍候補　12代「闇将軍」水野忠邦—幕藩体制崩壊の序曲を聴いた「理想主義」を掲げる野心家　13代「闇将軍」徳川斉昭—頼もしいのか、めいわくな迷惑か　御三家の慣例を破った「烈公」）　第5章 維新の激動期に舵を取った2代（14代「闇将軍」井伊直弼—まさに闇将軍の代名詞　幕末期最大のキングメーカー　15代「闇将軍」島津久光—外様大名ですらなかったのに幕政を揺るがせた薩摩の国父）

◇考証 風流大名列伝　稲垣史生著　立東舎　2016.10　254p　15cm　（立東舎文庫 い1-1）〈作品社 1983年刊の再刊　発売：リットーミュージック〉　800円　Ⓘ978-4-8456-2867-4　Ⓝ281.04

内容 序章 殿様とは　徳川光圀—絹の道への幻想　徳川家康—御深井の秘亭　伊達綱宗—遊女高尾斬りを笑う　井伊直弼—この世は一期一会よ　織田秀親—鬼面の茶人寛永寺の刃傷　細川忠興—凄惨な夜叉の夫婦愛　前田吉徳—間違われた加賀騒動の主人公　小堀遠州—長く険しい道をゆく　安藤信正—「半七捕物帳」にえんある　柳生宗矩—まぼろしの名品平蜘蛛　松平不昧—父の風流と墨女の怪　浅野長矩—名君の史料に事欠かぬ　島津重豪・島津斉興・島津斉彬—薩摩三代の過剰風流　有馬頼貴・鍋島勝茂—大名列伝に犬を引いて

◇井伊一族—直虎・直政・直弼　相川司著　中央公論新社　2016.11　283p　16cm　（中公文庫 あ75-5）〈文献あり〉　700円　Ⓘ978-4-12-206320-4　Ⓝ288.3

いい

|内容| はじめに 千年の長き歴史 第1章 井伊創世記 第2章 南北朝時代の井伊氏 第3章 室町時代の井伊氏 第4章 戦国時代の井伊氏 第5章 女地頭井伊直虎 第6章 徳川四天王直政 第7章 夜叉掃部直孝 第8章 幕末の大老直弼

◇女直虎が救った井伊家 楠戸義昭著 ベストセラーズ 2016.11 247p 18cm (ベスト新書 536)〈文献あり 年譜あり〉 830円 ⓘ978-4-584-12536-6 Ⓝ288.3

|内容| 序章 直弼―先祖の地・井伊谷を行く 第1章 直虎―滅亡寸前の井伊家を救った女城主 第2章 直政―徳川四天王として活躍、彦根藩主に 第3章 直継・直孝―ふたりの「二代藩主」の数奇な運命 第4章 直興―二度も大老をつとめた元禄の名君 第5章 直弼―開国の元勲? 国賊? 一期一会の大老

◇井伊物語―女城主井伊直虎の未来を呼ぶ生き方 小野小一郎著 アイバス出版 2016.12 185p 19cm (奥付の責任表示の役割(誤植):監修 発売:サンクチュアリ出版〉 1100円 ⓘ978-4-86113-691-7 Ⓝ281.04

|内容| 第1章 井伊物語始まる(井の国 井伊谷 ほか) 第2章 直虎はなぜ城主になったのか(井伊家の悲劇 直虎が出家して次郎法師となるまで ほか) 第3章 直虎の活躍(女が城主になるという覚悟―世間体を越える先を見る眼を持つ 女城主としての戦い ほか) 第4章 直政の活躍(三方ヶ原の戦い 直政出仕 ほか) 第5章 井伊直弼の時代―幕末の激動期(直政の死と江戸幕府の井伊家 江戸末期の世界と日本 ほか)

◇明治維新を読みなおす―同時代の視点から 青山忠正著 大阪 清文堂出版 2017.2 220p 19cm 1700円 ⓘ978-4-7924-1066-7 Ⓝ210.61

|内容| 近世から近代へ―何がどう変わるのか 1 政争のなかの戦い(通商条約の勅許と天皇 功山寺決起と高杉晋作 ほか) 2 造型される人物(将軍継嗣問題の実情 江戸無血開城の真相―天璋院篤姫 ほか) 3 暗殺の構図(井伊直弼 生い立ち ほか) 4 明治国家を作り出す(全国統一政府の成立 東アジアでの確執と訣別 ほか)

井伊 直孝 〔1590～1659〕 いい・なおたか

◇女直虎が救った井伊家 楠戸義昭著 ベストセラーズ 2016.11 247p 18cm (ベスト新書 536)〈文献あり 年譜あり〉 830円 ⓘ978-4-584-12536-6 Ⓝ288.3

|内容| 序章 直弼―先祖の地・井伊谷を行く 第1章 直虎―滅亡寸前の井伊家を救った女城主 第2章 直政―徳川四天王として活躍、彦根藩主に 第3章 直継・直孝―ふたりの「二代藩主」の数奇な運命 第4章 直興―二度も大老をつとめた元禄の名君 第5章 直弼―開国の元勲? 国賊? 一期一会の大老

井伊 直親 〔1536～?〕 いい・なおちか

◇女城主直虎と徳川家康 三池純正著 潮出版社 2016.11 189p 18cm (潮新書 003)〈文献あり〉 700円 ⓘ978-4-267-02067-4 Ⓝ289.1

|内容| 序章 家康愛 第1章 井伊直平の戦い 第2章 井伊家の悲劇 第3章 井伊直親 第4章 次郎法師直虎 第5章 井伊家復興 終章 井伊家よ永遠に!

井伊 直継 いい・なおつぐ
 ⇒井伊直勝(いい・なおかつ)を見よ

井伊 直虎 〔永禄頃〕 いい・なおとら

◇女城主・井伊直虎―この一冊でよくわかる! 楠戸義昭著 PHP研究所 2016.5 379p 15cm (PHP文庫 く9-3)〈文献あり 年譜あり〉 700円 ⓘ978-4-569-76552-5 Ⓝ289.1

|内容| 序章 謎に満ちた女城主と井伊家の歴史 第1章 直虎以前の井伊家の歩み 第2章 波乱の幼少期、そして次郎法師へと… 第3章 戦死、謀殺、毒殺―愛すべき人々の相次ぐ死 第4章 女城主となり、今川氏に挑む 第5章 崖っぷちの井伊家を守り抜くために 第6章 直虎の遺志を継いだ井伊直政の激闘 特別史跡ガイド 女城主・直虎と井伊家の歴史の歩き方

◇城主になった女井伊直虎 梓澤要著 NHK出版 2016.8 205p 19cm〈文献あり 年譜あり〉 1100円 ⓘ978-4-14-081707-0 Ⓝ289.1

|内容| 第1章 千年王国(「井の国」 聖なる水 ほか) 第2章 直虎前夜暗黒の時代(しあわせな子供時代から一転許婚と引き裂かれる 出家南渓和尚の奇妙な思いつき ほか) 第3章 女地頭・次郎直虎(次郎法師、家督を継ぐ 直虎の名(諱)と ほか) 第4章 直虎を支えた龍潭寺と南渓瑞聞(龍潭寺の歴史 南渓瑞聞とは ほか) 第5章 井伊家再興の悲願(徳川・武田・北条の攻防の狭間で 虎松の母有典 ほか)

◇おんな城主井伊直虎その謎と魅力 石田雅彦著, 井伊達夫監修 アスペクト 2016.8 255p 19cm〈文献あり〉 1300円 ⓘ978-4-7572-2470-4 Ⓝ289.1

|内容| 第1章 井伊氏と湖北地方の魅力 第2章 井伊氏が登場した歴史 第3章 南朝方で戦った井伊氏 第4章 中世の動乱と井伊氏の魅力 第5章 井伊氏、戦国時代へ 第6章 井伊氏、滅亡の危機に瀕する 第7章 井伊氏を再び襲う危機 第8章 おんな地頭直虎 第9章 井伊直政の誕生 第10章 赤備えの井伊直政 エピローグ 幕末の嵐

◇戦国を生きた姫君たち 火坂雅志著 KADOKAWA 2016.9 170p 15cm (角川文庫 ひ20-25)〈年表あり〉 600円 ⓘ978-4-04-400170-4 Ⓝ281.04

|内容| 1 女城主たちの戦い(井伊直虎―井伊直政の義母 妙林尼―吉岡鎮興の妻 ほか) 2 危機を救う妻たち(お船の方―直江兼続の正室 小松姫―真田信之の正室 ほか) 3 愛と謎と美貌(小少将―長宗我部元親の側室 義姫―伊達政宗の生母 ほか) 4 才女と呼ばれた女たち(お初(常高院)―浅井三姉妹の次女 阿茶局―徳川家康の側室 ほか) 5 想いと誇りに殉じる(鶴姫―瀬戸内のジャンヌ・ダルク 淀殿―豊臣秀吉の側室 ほか)

◇おんな領主井伊直虎 渡邊大門著 KADOKAWA 2016.9 239p 15cm (中経の文庫 C33わ)〈文献あり〉 600円 ⓘ978-4-04-601713-0 Ⓝ289.1

|内容| 序章 井伊谷に住まう一族 第1章 弱小国の宿命 第2章 外に敵、内にも敵 第3章 城を失い、領地も失う 第4章 蘇生する井伊家 終章 幕府を支える四天王

◇井伊直虎 その生涯 不破俊輔著 明日香出版社 2016.9 252p 19cm〈文献あり 年譜あ

り） 1600円 ①978-4-7569-1857-4 Ⓝ289.1
＊2017年NHK大河ドラマ「おんな城主 直虎」がもっと面白くなる！愛する人の子直政に託した姫、直虎の希望！

◇井伊直虎—戦国井伊一族と東国動乱史 小和田哲男著 洋泉社 2016.9 223p 18cm （歴史新書y 062） 860円 ①978-4-8003-1038-5 Ⓝ289.1

内容 第1章 実在した「女城主」 第2章 井伊氏のルーツを探る 第3章 次郎法師の誕生と戦国井伊氏 第4章 次郎法師から直虎へ 第5章 井伊谷徳政と今川氏の滅亡 第6章 直虎の死とその後—家康に出仕する直政

◇井伊直虎サバイバル五〇〇年 大石泰史著 星海社 2016.10 285p 18cm （星海社新書 97）〈文献あり 発売：講談社〉 900円 ①978-4-06-138602-0 Ⓝ288.2

内容 プロローグ 井伊氏研究と「おんな城主 直虎」 第1章 系譜史料から見る古代の井伊氏 第2章 鎌倉時代の井伊氏 第3章 南北朝時代の井伊氏 第4章 井伊氏一族と室町期の井伊氏 第5章 戦国前期の井伊氏 第6章 井伊直虎とは何者か？ 第7章 次郎法師直虎と井伊谷徳政 第8章 井伊直政の登場 第9章 井伊直政の実像 エピローグ 「国衆」井伊氏の五〇〇年

◇井伊直虎—女領主・山の民・悪党 夏目琢史著 講談社 2016.10 202p 18cm （講談社現代新書 2394） 760円 ①978-4-06-288394-8 Ⓝ289.1

内容 はじめに 直虎はヒロインにふさわしいか？（「直虎ってだれ？」 直虎の「宿命」 ほか） 第1章 直虎の生涯（この物語の舞台—引佐町とは 井伊家のルーツ ほか） 第2章 直虎の正体—「山の民」「女性」「悪党」（井伊氏の正体—「山の民」 「山の民」を統率する井伊氏 ほか） おわりに 歴史の岐路に立つ人びと（失われた歴史像の復元をめざして 「仮説」と今後の検証 ほか）

◇井伊直虎と戦国の女城主たち 楠戸義昭著 河出書房新社 2016.10 247p 15cm （河出文庫 く11-3）〈文献あり〉 660円 ①978-4-309-41483-6 Ⓝ289.1

◇井伊直虎と謎の超名門「井伊家」 八幡和郎, 八幡衣代著 講談社 2016.11 269p 15cm （講談社＋α文庫 E35-7）〈文献あり〉 780円 ①978-4-06-281701-1 Ⓝ289.1

内容 第1章 井伊直虎は信長・秀吉と同世代人 第2章 井伊家は徳川家より名門か 第3章 次郎法師直虎と井伊直政の時代—青春篇 第4章 次郎法師直虎と桶狭間の戦い 第5章 築山殿は井伊家出身で直虎実父の従姉妹か？ 第6章 井伊直政とその養母としての直虎 第7章 血脈を守り通した歴代藩主 第8章 「小さな政府」でまずまずの善政 第9章 幕府に井伊大老の仕事を否定される幕政時代 第10章 日本一の城下町彦根と彦根藩領だった世田谷区

◇井伊直虎の城—今川・武田・徳川との城取り合戦 小和田哲男監修 小学館 2016.11 207p 19cm 〈文献あり〉 1400円 ①978-4-09-626328-0 Ⓝ210.47

内容 第1章 "女城主"誕生の秘密 井伊家ゆかりの城と歴史 井伊家とは 井伊家ゆかりの城 井伊家の生涯 井伊直政の合戦と城 第2章 直虎の父は義元の家臣だった 今川家ゆかりの城と歴史（今川家と井伊家の関係 今川家ゆかりの城 今川家の城 桶狭間の戦い合戦図 今川家の最期と城 今川家衰退後の氏真の道のり） 第3章 武田の"赤備え"を直政が引き継ぐ 武田家ゆかりの城と歴史（武田家と井伊家の関係 武田家の特徴 武田家ゆかりの城 武田家滅亡までの道のり） 第4章 家康に見出された直政は徳川四天王に 徳川家ゆかりの城と歴史（徳川家と井伊家の関係 徳川家ゆかりの城 徳川家の出た松平家 三方ヶ原の戦いと城 長篠・設楽原の戦いと城）

◇井伊一族—直虎・直政・直弼 相川司著 中央公論新社 2016.11 283p 16cm （中公文庫 あ75-5） 700円 ①978-4-12-206320-4 Ⓝ288.3

内容 はじめに 千年の長き歴史 第1章 井伊創世記 第2章 南北朝時代の井伊氏 第3章 室町時代の井伊氏 第4章 戦国時代の井伊氏 第5章 女地頭井伊直虎 第6章 徳川四天王直政 第7章 夜叉掃部直孝 第8章 幕末の大老直弼

◇戦国の女城主—井伊直虎と散った姫たち 髙橋伸幸著 徳間書店 2016.11 326p 15cm （徳間文庫カレッジ た2-1）〈文献あり〉 830円 ①978-4-19-907073-0 Ⓝ281.04

内容 井伊直虎—男の名で生き、お家断絶の危機を救った女城主 甲斐姫—石田三成に立ち向かい城を守った姫武者 鶴姫—大内水軍を二度撃退した瀬戸内の戦士 おつやの方—信長の怒りをかい非業の死を遂げた岩村城主 慶聞尼—鍋島藩を生んだ押しかけ女房 吉岡妙林尼—男勝りの胆力で薩摩軍を撃退した女城主 立花誾千代—七歳にして城主となり関ヶ原で西軍に与する 常盤—島津氏の基礎を作った妻女の決断 鶴姫—侍女三十四人を従えて敵陣に切り込んだ烈婦 富田信高の妻—関ヶ原の前哨戦で夫の窮地を救った女武者 寿桂尼—"女戦国大名"といわれ今川家を支える 天球院—夫に愛想をつかして縁を切った女傑 お市の方—「戦国一の美女」といわれ夫とともに自刃 細川ガラシャ—人質を拒否して殉教を選んだ烈女

◇女城主直虎と徳川家康 三池純正著 潮出版社 2016.11 189p 18cm （潮新書 003）〈文献あり〉 700円 ①978-4-267-02067-4 Ⓝ289.1

内容 序章 女城主愛 第1章 井伊直平の戦い 第2章 井伊家の悲劇 第3章 井伊直親 第4章 次郎法師直虎 第5章 井伊家復興 終章 井伊家よ永遠に！

◇井伊直虎と徳川家康—戦国の世を生き抜いたおんな城主の素顔！ 中江克己著 青春出版社 2016.11 189p 15cm （青春文庫 な-27）〈年譜あり〉 850円 ①978-4-413-09657-7 Ⓝ289.1

内容 第1章 井伊家と松平家の悲劇 第2章 直虎、自ら髪を切って出家 第3章 直盛、桶狭間で討死 第4章 井伊家に射す光 第5章 おんな城主の誕生 第6章 家康に届いた直虎の願い

◇井伊直虎—聖水の守護者 童門冬二著 成美堂出版 2016.11 271p 16cm （成美文庫 と-1-16）〈年譜あり〉 546円 ①978-4-415-40253-6 Ⓝ289.1

◇女直虎が救った井伊家 楠戸義昭著 ベストセラーズ 2016.11 247p 18cm （ベスト新書

いい

536)〈文献あり 年譜あり〉 830円 ①978-4-584-12536-6 Ⓝ288.3

内容 序章 直弼―先祖の地・井伊谷を行く 第1章 直虎―滅亡寸前の井伊家を救った女城主 第2章 直政―徳川四天王として活躍、彦根藩主に 第3章 直継・直孝―ふたりの「二代藩主」の数奇な運命 第4章 直興―二度も大老をつとめた元禄の名君 第5章 直弼―開国の元勲？ 国賊？ 一期一会の大老

◇遠州の女城主井伊直虎35の選択 濱畠太著 静岡 静岡新聞社(発売) 2016.11 150p 19cm 〈奥付のタイトル:遠州の女城主井伊直虎に学ぶ35の選択 文献あり 年譜あり〉 1200円 ①978-4-7838-2254-7 Ⓝ289.1

内容 第1章 宿命 第2章 転機 第3章 冷静 第4章 責任 第5章 手腕 第6章 判断 第7章 未来

◇井伊直虎と戦国の女傑たち―70人の数奇な人生 渡邊大門著 光文社 2016.12 307p 16cm (光文社知恵の森文庫 tわ3-2)〈文献あり〉 780円 ①978-4-334-78712-7 Ⓝ281.04

内容 第1部 戦国国大名・井伊直虎の一族 第2部 地方別 戦国の女傑たち(東北・北陸の戦国女性 関東・中部の戦国女性 近畿・中国の戦国女性 四国・九州・海外の戦国女性) 第3部 戦国女性の真相を語る(「戦国大名」今川氏親の妻・寿桂尼 「戦国大名」赤松政則の妻・洞松院尼 戦国女性の日常生活 軍師官兵衛を支えた妻・光 戦国に輝いた浅井三姉妹の生涯)

◇井伊物語―女城主井伊直虎の未来を呼ぶ生き方 小野小一郎著 アイバス出版 2016.12 185p 19cm 〈奥付の責任表示の役割(誤植):監修 発売:サンクチュアリ出版〉 1100円 ①978-4-86113-091-7 Ⓝ281.04

内容 第1章 井伊物語始まる(井の国 井伊谷 ほか) 第2章 直虎はなぜ城主になったのか(井伊家の悲劇 直虎が出家して次郎法師となるまで ほか) 第3章 直虎の活躍(女は城主になるという覚悟―世間体を越える先を見る眼を持つ 女城主としての戦い ほか) 第4章 直政の活躍(三方ヶ原の戦い 直政出仕 ほか) 第5章 井伊直弼の時代―幕末の激動期(直政の死と江戸幕府の井伊家 江戸末期の世界と日本 ほか)

◇いまこそ知りたい井伊直虎―おんな城主は敵におとらず 井伊家の歴史研究会著 水王舎 2016.12 127p 21cm 〈文献あり 年譜あり〉 1200円 ①978-4-86470-065-8 Ⓝ289.1

内容 序章 井伊家のルーツ(平安時代―井伊家発祥の地 平安時代―井伊の由来と井ノ八郎 ほか) 第1章 直虎の生涯(直虎の前夜―幼少期の直虎 直虎の前夜・亀之丞 ほか) 第2章 井伊直虎という人物(直虎はいつ生まれたのか？ 「次郎法師」という名前 ほか) 第3章 井伊氏と直虎ゆかりの人物(宗良親王 井伊直平 ほか) 第4章 直虎が生きた場所(龍潭寺 井伊三姉妹の母 ほか)

◇井伊直虎と戦国の女100人 川口素生著 PHP研究所 2017.1 322p 15cm (PHP文庫 か36-19)〈文献あり〉 780円 ①978-4-569-76666-9 Ⓝ281.04

内容 第1部 直虎の生涯(女城主・井伊直虎の基礎知識 井伊家の歴史と女城主・直虎 井伊家の仕官と井伊家の再興) 第2部 戦国の女100人(井伊家と今川家の戦国女性たち 室町将軍家、古河公方家の戦国女性たち 東北・関東の戦国女性たち 甲信越の戦国女性たち 北陸・東海の戦国女性たち 近畿の戦国女性たち 山陰・山陽・四国の戦国女性たち 九州・琉球の戦国女性たち 織田信長をめぐる女性たち 豊臣秀吉をめぐる女性たち 徳川家康をめぐる女性たち)

◇井伊家十四代と直虎 彦根商工会議所編 彦根 彦根商工会議所 2017.1 347p 図版 8p 20cm 〈他言語標題:14 feudal lords of Ii family and Naotora 年譜あり 年表あり 発売:サンライズ出版(彦根)〉 1800円 ①978-4-88325-607-5 Ⓝ288.3

内容 井伊谷の直虎 直虎と直政 井伊家、もう一つの「開国」―初代直政、慶長の「開国」 彦根のラストエンペラー 彦根城―築城の経緯と縄張り 彦根城の魅力 彦根にとっての佐和山城 井伊家と庭園 近江の「オコナイ」と遠江の「おくない」湖北を結ぶ祭礼の不思議 井伊家十四代

◇女城主「直虎」の謎 原口泉著 海竜社 2017.2 230p 19cm 〈文献あり 年表あり〉 1500円 ①978-4-7593-1528-8 Ⓝ289.1

内容 第1章 井伊直政を育てた直虎の謎 第2章 「元祖・本家・女城主」はじつは他にいた 第3章 まさに時代を象徴する二人の女城主 第4章 直虎・お直の不思議な共通点と相違点 第5章 女城主が守ろうとした井伊谷と岩村とは 第6章 「強き者、汝の名は女」―時代を創った女城主たち

◇井伊直虎の真実 黒田基樹著 KADOKAWA 2017.5 214p 19cm (角川選書 586)〈文献あり〉 1600円 ①978-4-04-703621-5 Ⓝ289.1

内容 第1章 井伊直虎の登場 第2章 匂坂直興の書状を読む 第3章 関口氏経の書状を読む 第4章 瀬戸方久宛の文書を読む 第5章 井伊谷徳政の全貌

井伊 直平〔1479/89～1563〕いい・なおひら

◇女城主直虎と徳川家康 三池純正著 潮出版社 2016.11 189p 18cm (潮新書 003)〈文献あり〉 700円 ①978-4-267-02067-4 Ⓝ289.1

内容 序章 家康愛 第1章 井伊直平の戦い 第2章 井伊家の悲劇 第3章 井伊直親 第4章 次郎法師直虎 第5章 井伊家復興 終章 井伊家よ永遠に!

井伊 直政〔1561～1602〕いい・なおまさ

◇赤鬼直政―徳川四天王井伊直政の生涯 市橋章男著 岡崎 正文館書店岡崎 2016.3 117p 21cm 〈文献あり〉 1200円 ①978-4-907240-22-6 Ⓝ289.1

内容 長久手 流転の子、直政 虎松 井伊谷出仕 魂は城に残して 長篠の戦い、その真相 高天神城に棲む鬼 赤備え 股肱の臣とは 銃創―関ケ原 佐和山へ

◇女城主・井伊直虎―この一冊でよくわかる! 楠戸義昭著 PHP研究所 2016.5 379p 15cm (PHP文庫 く9-3)〈文献あり 年譜あり〉 700円 ①978-4-569-76552-5 Ⓝ289.1

内容 序章 謎に満ちた女城主の歴史 第1章 直虎以前の井伊家の歩み 第2章 波乱の幼少期、そして次郎法師へと… 第3章 戦死、謀殺、毒殺…愛すべき人々の相次ぐ死 第4章 女城主となり、今川氏に挑む 第5章 崖っぷちの井伊家を守り抜くために 第6章 直虎の遺志を継いだ井伊直政の激闘 特

別史跡ガイド 女城主・直虎と井伊家の歴史の歩き方
◇井伊氏サバイバル五〇〇年　大石泰史著　星海社　2016.10　285p　18cm　（星海社新書 97）〈文献あり　発売：講談社〉　900円　①978-4-06-138602-0　Ⓝ288.2
|内容| プロローグ　井伊氏研究と「おんな城主 直虎」　第1章 系譜史料から見る古代の井伊氏　第2章 鎌倉時代の井伊氏　第3章 南北朝時代の井伊氏　第4章 井伊氏一族と室町期の井伊氏　第5章 戦国前期の井伊　第6章 井伊直虎とは何者か　第7章 次郎法師直虎と井伊谷徳政　第8章 井伊直政の登場　第9章 井伊直政の実像　エピローグ　「国衆」井伊氏の五〇〇年

◇井伊一族─直虎・直政・直弼　相川司著　中央公論新社　2016.11　283p　16cm　（中公文庫 あ75-5）〈文献あり〉　700円　①978-4-12-206320-4　Ⓝ288.3
|内容| はじめに　千年の長き歴史　第1章 井伊創世記　第2章 南北朝時代の井伊氏　第3章 室町時代の井伊氏　第4章 戦国時代の井伊氏　第5章 女地頭井伊直虎　第6章 徳川四天王直政　第7章 夜叉掃部直孝　第8章 幕末の大老直弼

◇女直虎が救った井伊家　楠戸義昭著　ベストセラーズ　2016.11　247p　18cm　（ベスト新書 536）〈文献あり　年譜あり〉　830円　①978-4-584-12536-6　Ⓝ288.3
|内容| 序章 直弼─先祖の地・井伊谷を行く　第1章 直虎─滅亡寸前の井伊家を救った女城主　第2章 直政─徳川四天王として活躍、彦根藩主に　第3章 直継・直孝─ふたりの「二代藩主」の数奇な運命　第4章 直興─二度も大老をつとめた元禄の名君　第5章 直弼─開国の元勲？ 国賊？ 一期一会の大老

◇井伊物語─女城主井伊直虎の未来を呼ぶ生き方　小野小一郎著　アイバス出版　2016.12　185p　19cm　〈奥付の責任表示の役割（誤植）：監修　発売：サンクチュアリ出版〉　1100円　①978-4-86113-691-7　Ⓝ281.04
|内容| 第1章 井伊物語始まる（井の国　井伊谷 ほか）　第2章 直虎はなぜ城主になったのか（井伊家の悲劇　直虎が出家して次郎法師となるまで ほか）　第3章 直虎の苦悩（女が城主になるという覚悟─世間体を越える先を見る眼を持つ　女城主としての戦い ほか）　第4章 直政の活躍（三方ヶ原の戦い　直政出仕 ほか）　第5章 井伊直弼の時代─幕末の激動期（直政の死と江戸幕府の井伊家　江戸末期の世界と日本 ほか）

◇井伊家十四代と直虎　彦根商工会議所編　彦根彦根商工会議所　2017.1　347p　図版 8p　20cm　〈他言語標題：14 feudal lords of Ii family and Naotora　年譜あり　年表あり　発売：サンライズ出版（彦根）〉　1800円　①978-4-88325-607-5　Ⓝ288.3
|内容| 井伊谷の直虎　直虎と直政　井伊家、もう一代の「開国」─初代直政、慶長の「開国」　彦根のラストエンペラー　彦根藩─築城の経緯と縄張り　彦根城の魅力　井伊家にとっての佐和山城　井伊家と庭園　近江の「オコナイ」と遠江の「おくない」湖北を結ぶ祭礼の不思議　井伊家十四代

◇井伊直政─家康筆頭家臣への軌跡　野田浩子著　戎光祥出版　2017.10　233p　19cm　（中世武士選書 39）〈文献あり　年表あり〉　2500円　①978-4-86403-262-9　Ⓝ289.1
|内容| 第1部 戦国武将への飛躍（波瀾万丈の幼少期　家康への出仕　運命を変えた天正十年の動乱 ほか）　第2部 豊臣政権下での直政（秀吉の母・大政所の警固役　秀吉から武家官位を与えられる　徳川一門衆として扱われる ほか）　第3部 八面六臂の活躍をみせた関ヶ原合戦（秀吉没後の危うい政局　家康の名代を務めた関ヶ原合戦　激務だった戦後処理 ほか）　直政がもたらしたもの

井伊 弥千代　いい・やちよ
⇒松平千代子（まつだいら・ちよこ）を見よ

飯尾 宗祇　いいお・そうぎ
⇒宗祇（そうぎ）を見よ

飯岡 順一〔1945～〕　いいおか・じゅんいち
◇私の「ルパン三世」奮闘記─アニメ脚本物語　飯岡順一著　河出書房新社　2015.3　231p　19cm　2000円　①978-4-309-27559-8　Ⓝ778.77
|内容| 1 第一シリーズスタート　2 『ルパン三世』第二シリーズ出発　3 パート3のスタート　4 スクリーンを駆け巡るルパン三世　5 TVスペシャルでの「ルパン三世」　総括的なあとがきにかえて─付録　ルパンと共に35年　飯岡順一×今泉俊昭「アニメルパンの誕生を知る男」　ルパン三世シナリオ

飯澤 二郎〔1926～〕　いいざわ・じろう
◇ヒポクラテスの精神（こころ）を継いで─ある皮膚科医の回想　飯澤二郎著　牛山剛監修　東大和　踏青社　2015.7　205p　20cm　2000円　①978-4-924440-66-1　Ⓝ289.1

飯島 春敬〔1906～1996〕　いいじま・しゅんけい
◇忘れ得ぬ書人たち　田宮文平著　芸術新聞社　2017.11　318p　26cm　2800円　①978-4-87586-533-9　Ⓝ728.216
|内容| 総論（「二十一世紀の書」のエンジン　挑戦者への期待）　忘れ得ぬ書人たち十六人（大澤雅休・大澤竹胎─忽然と消えた書世界の「写家」　内田鶴雲─大字かなの記念碑「水の変態」　松丸東魚─捜秦摹漢の生涯　飯島春敬─かな書道隆盛の立役者　広津雲仙─豊穣なる"借り衣"の書思想 ほか）

飯島 敏宏〔1932～〕　いいじま・としひろ
◇バルタン星人を知っていますか？─テレビの青春、駆けだし日記　飯島敏宏、千束北男著　小学館　2017.9　461p　20cm　2000円　①978-4-09-388556-0　Ⓝ778.8
|内容| 第1章 バルタン星人のDNA　第2章 終戦、そして、アメリカ！ 押し寄せる青春！　第3章 ラジオからテレビへしっけが駆けだした！ ADとはなんだ　第4章 駆けだしディレクター　第5章 そして、映画部へ　第6章 「ウルトラ」の世界　第7章 ウルトラマンがやってきた！　第8章 ウルトラマンとは　第9章 バルタン星人誕生　第10章 進化するバルタン星人

飯島 みや子〔1924～〕　いいじま・みやこ
◇花の水曜日─点訳と誘導のボランティア五十五年の記録　飯島みや子著　横浜　疾風怒涛社

いいずか

2015.12 414p 20cm 〈年譜あり〉 1500円 ①978-4-903227-05-4 ⓝ289.1

飯塚 雅俊〔1963～〕 いいずか・まさとし
◇闘うもやし—食のグローバリズムに敢然と立ち向かうある生産者の奮闘記 飯塚雅俊著 講談社 2016.11 259p 19cm 1400円 ①978-4-06-220205-3 ⓝ289.1
[内容] 失墜 創業期 どん底 続・創業期 怒り 隆盛期 瀬戸際 爛熟期 逆襲 和解 光 飛翔 共感 ほんとう 一進一退 幸福

飯塚 正良〔1950～〕 いいずか・まさよし
◇ともに生きる—飯塚正良議員活動25年 3 飯塚正良著、『ともに生きる(III)』出版委員会編 横浜 タウンニュース社 2016.11 276p 19cm 1852円 ①978-4-9908973-3-8 ⓝ318.237

飯田 蛇笏〔1885～1962〕 いいだ・だこつ
◇蛇笏と龍太—山廬追想 山梨日日新聞社編 甲府 山梨日日新聞社 2015.9 253p 22cm 2500円 ①978-4-89710-624-3 ⓝ911.362
[内容] 山廬追想(心和らいだ家庭と里芋 文芸観を学んだ「わが兄」 ぶれない芯の強さに魅力 厳しい評にも尽きぬ喜び 人温の人、父のように慕う ほか) 山廬私想(俳句の道、人生の道 日章旗にひそむ文字 盆の句より 比類なき詩魂の俳人 山国の詩的人生 ほか)

飯田 信三〔1845～1914〕 いいだ・のぶぞう
◇飯田信三伝資料集—激動明治を生き抜いた日高の開拓者 飯田和賀著 改訂版 〔出版地不明〕 飯田ファミリー会・世話人 2016.5 280p 30cm 〈背のタイトル：飯田信三伝 年表あり 文献あり〉 ⓝ289.1

飯田 廣助〔1877～1927〕 いいだ・ひろすけ
◇飯田廣助小伝—福井の名望家の生涯と師・福澤諭吉の教え 折笠尚著 文藝春秋企画出版部(制作) 2015.6 206p 20cm 〈文献あり〉 ⓝ289.1

飯田 實枝子〔1925～〕 いいだ・みえこ
◇自由が丘のママ先生—飯田實枝子もの語り 飯田實枝子著 〔出版地不明〕 奈良睦子 2016.4 207p 20cm 〈年譜あり〉 1400円 ⓝ789.39

飯田 芳也〔1939～〕 いいだ・よしや
◇パリ労働争議—ヨーロッパ勤務私記 飯田芳也著 名古屋 ブイツーソリューション 2016.12 205p 19cm 1300円 ①978-4-86476-455-1 ⓝ366.61

飯田 龍太〔1920～2007〕 いいだ・りゅうた
◇蛇笏と龍太—山廬追想 山梨日日新聞社編 甲府 山梨日日新聞社 2015.9 253p 22cm 2500円 ①978-4-89710-624-3 ⓝ911.362
[内容] 山廬追想(心和らいだ家庭と里芋 文芸観を学んだ「わが兄」 ぶれない芯の強さに魅力 厳しい評にも尽きぬ喜び 人温の人、父のように慕う ほか) 山廬私想(俳句の道、人生の道 日章旗にひそむ文字 盆の句より 比類なき詩魂の俳人 山国の詩的人生 ほか)

飯野 吉三郎〔1867～1944〕 いいの・きちさぶろう
◇霊能者列伝 田中貢太郎著 河出書房新社 2018.12 230p 20cm 〈『明治大正実話全集 第7巻』(平凡社 1929年刊)の改題、一部割愛〉 1850円 ①978-4-309-02668-8 ⓝ169.1
[内容] 人としての丸山教祖 金光教物語 大本教物語 黒住教祖物語 飯野吉三郎の横顔 予言者宮崎虎之助 神仙河野久 木食上人山下覚道 蘆原将軍の病院生活

飯畑 正男〔1928～〕 いいはた・まさお
◇航跡—飯畑正男著作集 飯畑正男著 緑蔭書房 2015.11 487p 20cm 〈年譜あり 著作目録あり〉 3200円 ①978-4-89774-331-8 ⓝ289.1
[内容] 第1部(飛行学校時代 在野法曹時代 司法研修所教官時代 都労委時代) 第2部(名曲を聴く ゴルフ私記 海外旅行の思い出)

家入 一真〔1978～〕 いえいり・かずま
◇我が逃走 家入一真著 平凡社 2015.5 335p 19cm 1300円 ①978-4-582-82477-3 ⓝ289.1
[内容] 第1章 こんな僕でも社長になれて 第2章 上場に向かって 第3章 カフェ経営者へ 第4章 決壊 第5章 逃走とリハビリの日々 第6章 「やさしいかくめい」の始まり 第7章 都知事選、そして新しい「居場所」へ

井上内親王 いかみないしんのう
⇒井上内親王(いのえないしんのう)を見よ

猪谷 千春〔1931～〕 いがや・ちはる
◇近代オリンピックのヒーローとヒロイン 池井優著 慶應義塾大学出版会 2016.12 365p 20cm 〈文献あり〉 2600円 ①978-4-7664-2389-1 ⓝ780.28
[内容] ピエール・ド・クーベルタン—近代オリンピックの創始者 嘉納治五郎—日本初代のIOC委員 金栗四三—"日本マラソンの父"となったオリンピックの敗者 人見絹枝—日本女子初のメダリスト 西竹一—バロン西と呼ばれた馬術大障害の優勝者 織田幹雄—日本人最初のゴールドメダリスト 「前畑がんばれ！」—日本初のオリンピック女子金メダリスト 西田修平・大江季雄—ベルリンの死闘と"友情のメダル" ジェシー・オーエンス—ベルリンで四つの金メダルを獲った黒人選手 清川正二—オリンピックの金メダリスト、IOC委員 古橋廣之進—戦後日本に希望を与えてくれた「フジヤマのトビウオ」 猪谷千春—冬季五輪初のメダリスト、そしてIOC委員 アベベ・ビキラ—ローマ、東京と二大会を制覇したマラソンの王者 大松博文—「東洋の魔女」に金メダルを獲らせた"鬼"の指導者 日本サッカー界を改革したドイツ人コーチ—デットマール・クラマーと日本代表チーム ベラ・チャスラフスカ—「プラハの春」にゆれた体操の女王 男子バレーボールに革命をもたらした監督—松平康隆と日本男子バレーボール モスクワ五輪ボイコットに翻弄された選手たち—政治に翻弄されたオリンピック 北島康介—オリンピック三大会でメダル獲得のスイマー

五十嵐 顕〔1916〜1995〕　いがらし・あきら
◇「わだつみのこえ」に耳を澄ます―五十嵐顕の思想・詩想と実践　山田正行著　同時代社　2018.8　331p　21cm　〈索引あり〉　2800円　①978-4-88683-844-5　Ⓝ289.1
内容　序章　第1章　我がこととして「わだつみのこえ」に耳を澄ます　第2章　歴史の思潮と青年の思想形成　第3章　五十嵐の「わだつみのこえ」研究と実践　第4章「はるかなる山河」ノートを読み、考える　第5章　ライフサイクルと世代のサイクル―継承、発展、飛躍　終章　飛躍に向けた結び

五十嵐 祇室〔1727〜1790〕　いがらし・ぎしつ
◇五十嵐祇室・梅夫・浜藻　来簡集　五十嵐浜藻・梅夫研究会編著　町田　町田市民文学館　2018.3　112p　26cm　〈附・五十嵐家三代（祇室・梅夫・浜藻）全句集及び年譜稿〉　Ⓝ911.34

五十嵐 清〔1925〜2015〕　いがらし・きよし
◇ある比較法学者の歩いた道―五十嵐清先生に聞く　五十嵐清語り，山田卓生、小川浩三、山田八千子、内田貴編集　信山社　2015.4　239p　20cm　4200円　①978-4-7972-1961-6　Ⓝ289.1

五十嵐 智〔1934〜〕　いがらし・さとし
◇五十嵐日記古書店の原風景―古書店員の昭和へ　五十嵐智著，五十嵐日記刊行会編　笠間書院　2014.11　326p　21cm　〈年譜あり〉　2400円　①978-4-305-70755-0　Ⓝ289.1
内容　五十嵐書店と五十嵐日記（五十嵐智）（昭和二八（一九五三）年六月〜昭和二九年四月　昭和三〇（一九五五）年一月〜十二月　ほか）　日記補遺―神田から早稲田へ　関連資料（古書店地図（神田）、（早稲田）　五十嵐智氏年表（一九三四〜一九七〇年）ほか）　残さなければならないもの、残したいもの（南海堂書店について　南海堂書店での修業　ほか）

五十嵐 威暢〔1944〜〕　いがらし・たけのぶ
◇はじまりは、いつも楽しい―デザイナー・彫刻家五十嵐威暢のつくる日々　佐藤優子構成・文　札幌　柏艪舎　2018.10　142p　19cm　〈発売：星雲社〉　1200円　①978-4-434-25211-2　Ⓝ712.1
内容　第1章　動いて、会って、切りひらく（いまも変わらぬあそび場、太郎吉蔵　滝川で巻きまわった創意工夫の少年時代　高校再受験、デザインとの出会い　UCLA留学、勘違いの専攻選択　恩師ジョンとミツ、イームズ夫妻　ほか）　第2章　子どものようにつくる（デザインは成長する「あと十年」　グリーンカードを取得「骨組みづくり」に魅せられた　日産インフィニティのブロンズ彫刻　決意の永住、大きすぎたマイホーム　ほか）

五十嵐 久人〔1951〜〕　いがらし・ひさと
◇補欠選手はなぜ金メダルを取れたのか―いつでも「いい仕事」をするための思考法　五十嵐久人著　中央公論新社　2016.2　201p　20cm　〈文献あり〉　1400円　①978-4-12-004818-0　Ⓝ289.1
内容　第1章　役割が人を作る　第2章　超一流の補欠　第3章　はじまりは悔しさから　第4章　人間大事を前にすると　第5章　挫折は運を呼び込む試金石　第6章　目標を達成するには　第7章　人生のリセット　第8章　セカンドキャリアへの旅立ち

五十嵐 幸男〔1917〜2013〕　いがらし・ゆきお
◇獣医学の狩人たち―20世紀の獣医偉人列伝　大竹修著　堺　大阪公立大学共同出版会　2017.5　406p　21cm　〈文献あり〉　2400円　①978-4-907209-72-8　Ⓝ649.028
内容　序：日本における近代獣医学の夜明け　牛痘苗と狂犬病ワクチンの創始者―梅野信吉　人材育成の名人で家畜衛生学の先達―葛西勝弥　獣医寄生虫学を確立―板垣四郎　競走馬の研究に生涯を捧げた外科の泰斗―松葉重雄　ひよこの雌雄鑑別法を開発―増井清　幻に終わったノーベル賞―市川厚一　獣医外科・産科学の巨頭―黒澤亮助　顕微鏡とともに歩んだ偉大な神経病理学者―山極三郎　麻酔・自律神経研究の権威―木全春生〔ほか〕

井川 忠雄〔1893〜1947〕　いかわ・ただお
◇日米避戦交渉にかけた男―井川忠雄と「日米諒解案」　岩城求著　京都　ウインかもがわ　2015.8　145p　21cm　〈文献あり　発売：かもがわ出版（京都）〉　1000円　①978-4-903882-71-0　Ⓝ319.1053
内容　日米戦争にいたる時代背景　第1章　渡米の経緯と覚悟　第2章「日米諒解案」の評価　第3章　二度葬られた「日米諒解案」　第4章　その後の井川忠雄　第5章　今日の日本が学ぶべきこと―当時と同質的危うさが

井川 浩〔1933〜〕　いかわ・ひろし
◇井川浩の壮絶編集者人生　中島紳介著　市川　トイズプレス　2017.6　109p　20cm　1500円　①978-4-88775-005-0　Ⓝ021.4

井川 意高〔1964〜〕　いかわ・もとたか
◇熔ける―大王製紙前会長井川意高の懺悔録　井川意高著　幻冬舎　2017.1　307p　16cm　〈幻冬舎文庫　い-55-1〉〈双葉社2013年刊に、書き下ろしを加えたもの〉　650円　①978-4-344-42579-8　Ⓝ289.1
内容　序章　灼熱　第1章　極限　第2章　追憶　第3章　邁進　第4章　君臨　第5章　疼き　第6章　放熱　第7章　熔解　第8章　灰燼　終章　下獄　文庫特別書き下ろし　出所

生澤 愛子〔1996〜〕　いきざわ・あいこ
◇四つ葉のクローバーを10万本見つけた少女の物語　生澤愛子著　マキノ出版　2018.5　116p　21cm　〈文献あり〉　1400円　①978-4-8376-7274-6　Ⓝ289.1
内容　第1章　四つ葉少女物語（四つ葉のクローバーだけが光って見える　私と四つ葉の不思議な関係　ほか）　第2章　幸せを運ぶ四つ葉のクローバー（四つ葉がもたらす幸せ　夢・流れ・出会い　ほか）　第3章　四つ葉ライフへようこそ　第4章　四つ葉のクローバーにまつわるエトセトラ（クローバーの基礎知識　名前の由来　ほか）　第5章　四つ葉のクローバーで幸運をつかんだ体験者のレポート（落ち込んで不安だらけの留学生活がかつてないほど充実し自分が本当にや

りたいことが見つかった　平凡な大学生活が一変し大好きなチョコレート作りでガーナの少年を救うプロジェクトに没頭する毎日　ほか〕

生稲 晃子〔1968～〕　いくいな・あきこ
◇右胸にありがとうそしてさようなら―5度の手術と乳房再建1800日　生稲晃子著　光文社　2016.4　207p　19cm　1300円　Ⓘ978-4-334-97865-5　Ⓝ779.9
内容　第1章 発病　第2章 乳房温存術と真夏の放射線療法　第3章 再発　第4章 乳房全摘同時再建術　第5章 告白　第6章 ドクターとの対話

生島 治郎〔1933～2003〕　いくしま・じろう
◇色いろ花骨牌　黒鉄ヒロシ著　小学館　2017.5　267p　15cm　（小学館文庫 く12-1）〈講談社2004年刊に「萩―生島治郎さん」を加え再刊〉600円　Ⓘ978-4-09-406158-1　Ⓝ702.8
内容　雨―吉行淳之介さん　月―阿佐田哲也さん　桜―尾上辰之助さん（初代）　松―芦田伸介さん　菊―園山俊二さん　桐―柴田錬三郎さん　牡丹―秋山庄太郎さん　菖蒲―近藤啓太郎さん　萩―生島治郎さん

生島 マリカ〔1971～〕　いくしま・まりか
◇不死身の花―夜の街を生き抜いた元ストリート・チルドレンの私　生島マリカ著　新潮社　2015.12　285p　20cm　1600円　Ⓘ978-4-10-339771-7　Ⓝ289.1
内容　序章「俺は自分で舟を漕いでここにやって来た」　第1章「十三歳。さあ、いまから浮浪児だ」　第2章「鑑別所に行ってこい」　第3章「原色の街」　第4章『原色の街』　第5章「運命ってなに？」　第6章「パパの子供で幸せやった」　第7章「先生、あたし死ぬんですか」　第8章「本当に非常識な母です。すみません」　第9章「これを最後の闘いにしよう」　終章「あたしは、母に似ていますか」

生田 葵山〔1876～1945〕　いくた・きざん
◇現代文士廿八人　中村武羅夫著　講談社　2018.6　217p　16cm　（講談社文芸文庫 なU1）〈日高有倫堂 1909年刊の再編集〉1600円　Ⓘ978-4-06-511864-1　Ⓝ910.261
内容　田山花袋　国木田独歩　生田葵山　夏目漱石　菊池幽芳　小川未明　小杉天外　内藤鳴雪　徳田秋声　水野葉舟　〔ほか〕

井口 省吾〔1855～1925〕　いぐち・しょうご（せいご）
◇井口省吾日記　全5巻　「井口省吾日記」刊行会編　講談社エディトリアル　2018.2　5冊（セット）　21cm　20000円　Ⓘ978-4-86677-000-0　Ⓝ289.1
内容　第1巻 史料の紹介/紀行・年中重要記事―明治20年～27年　第2巻 年中重要記事―明治28年～38年　第3巻 年中重要記事―明治39年～45年　第4巻 年中重要記事―明治45年～大正5年　第5巻 年中重要記事―大正6年～9年・業務日誌、備忘録、その他
◇井口省吾日記　第1巻　史料の紹介/紀行　年中重要記事―明治20年～27年　井口省吾著、「井口省吾日記」刊行会編　講談社エディトリアル　2018.2　583p　22cm　4000円　Ⓘ978-4-86677-001-7　Ⓝ289.1
◇井口省吾日記　第2巻　年中重要記事―明治28年～38年　井口省吾著、「井口省吾日記」刊行会編　講談社エディトリアル　2018.2　622p　22cm　4000円　Ⓘ978-4-86677-002-4　Ⓝ289.1
◇井口省吾日記　第3巻　年中重要記事―明治39年～45年　井口省吾著、「井口省吾日記」刊行会編　講談社エディトリアル　2018.2　480p　22cm　4000円　Ⓘ978-4-86677-003-1　Ⓝ289.1
◇井口省吾日記　第4巻　年中重要記事―明治45年～大正5年　井口省吾著、「井口省吾日記」刊行会編　講談社エディトリアル　2018.2　493p　22cm　4000円　Ⓘ978-4-86677-004-8　Ⓝ289.1
◇井口省吾日記　第5巻　年中重要記事―大正6年～9年　業務日誌、備忘録、その他　井口省吾著、「井口省吾日記」刊行会編　講談社エディトリアル　2018.2　573p　22cm　4000円　Ⓘ978-4-86677-005-5　Ⓝ289.1

井口 資仁〔1974～〕　いぐち・ただひと
◇変わろう。―壁を乗り越えるためのメッセージ　井口資仁著　KADOKAWA　2018.3　188p　18cm　（角川新書 K-199）　800円　Ⓘ978-4-04-082201-3　Ⓝ783.7
内容　第1章 引退の日　第2章 監督就任　第3章 王会長とギーエン監督の教え　第4章 壁の乗り越え方　第5章 メジャーから持ち帰ったこと　第6章 新生マリーンズの進む道

池 大雅〔1723～1776〕　いけ・たいが
◇日本書人伝　中田勇次郎編　中央公論新社　2015.8　363p　16cm　（中公文庫 な66-2）〈執筆：山本健吉ほか　中央公論社 1974年刊の再刊　年譜あり〉1200円　Ⓘ978-4-12-206163-7　Ⓝ728.21
内容　聖徳太子　聖武天皇　光明皇后―山本健吉　空海―司馬遼太郎　最澄　嵯峨天皇　橘逸勢―永井路子　小野道風　藤原佐理―寺田透　藤原行成―白洲正子　西行　藤原俊成　藤原定家―中村真一郎　大燈国師　一休宗純―唐木順三　本阿弥光悦―花田清輝　池大雅―辻邦生　良寛―水上勉　貫名菘翁―中田勇次郎

池内 泉〔1952～〕　いけうち・いずみ
◇還暦の同志社　池内泉著　文芸社　2017.1　203p　20cm　1300円　Ⓘ978-4-286-17903-2　Ⓝ289.1
＊定年退職後に一念発起し、新たな道へ挑戦。それは、還暦で目指す同志社大学への入学だった。愛媛の漁村を離れ、昭和から平成を企業戦士として過ごし、アメリカから香港・中国まで、ビジネス最前線を生きた私が選んだ「余生」は、広い大学のキャンパスで、二十歳前後の若者たちと肩を並べて心理学を学ぶという輝かしい学生生活だ。これぞ、"いつまでも青春"を謳歌する「六十年青春通史」。

池内 紀〔1940～〕　いけうち・おさむ
◇記憶の海辺――一つの同時代史　池内紀著　青土社　2017.12　355p　20cm　2400円　Ⓘ978-4-7917-7023-6　Ⓝ914.6

内容 1(38度線―戦争は儲かる　ネヴァーランド―「もはや"戦後"ではない」　「神様のノラクラ者」―ある猶予期間　「プラハの春」―才能の行方　赤い靴と白い靴―フラウ・ブロノルドのこと）2（港の見える丘―小林太市郎のこと　東京地図帳―日本シリーズ第四戦　ビリヤードの球とトカゲの尻尾―諷刺の文学　中心と辺境―ウィーンの世紀末　メフィストの小旅行―東京大学　一人二役―翻訳について）3（レニ会見記―「運命の星」について　G.グラス大いに語る―沈黙の罪　一日の王―山と川と海　「こんばんは、ゲーテさん」―『ファウスト』訳　海辺のカフカ―つとめを終えること）

池川　明〔1954～〕　いけがわ・あきら
◇生まれた意味を知れば、人は一瞬で変われる―胎内記憶・前世記憶研究でわかった幸せへの近道　池川明著　中央公論新社　2015.8　221p　20cm　〈文献あり〉　1400円　①978-4-12-004749-7　Ⓝ147

内容 第1章 胎内記憶との出会い（胎内記憶を持って生まれてくる赤ちゃん　ママを選んで生まれてくる―驚きの中間生記憶 ほか）　第2章 僕の生い立ち・医者になって学んだこと（縁あって親子　天邪鬼が功を奏して ほか）　第3章 家族関係を解きほぐすために（結婚のためのヒント　子育てのヒント ほか）　第4章 現世を前向きに生きるために（自分自身の天命を知る　生きるヒントが詰まっている、魂のメッセージ ほか）　第5章 来世に希望を託すために（「老い」を学ぶ意味　「死」を学ぶ意味 ほか）

池島　信平〔1909～1973〕　いけじま・しんぺい
◇昭和の名編集長物語―戦後出版史を彩った人たち　塩澤実信著　展望社　2014.9　308p　19cm　〈「名編集者の足跡」（グリーンアロー出版社 1994年刊）の改題改訂〉　1900円　①978-4-88546-285-6　Ⓝ021.43

内容 大衆の無言の要求を洞察する―池島信平と「文藝春秋」　一貫して問題意識をつらぬく―吉野源三郎と「世界」　ごまかしのない愚直な仕事を求める―花森安治と「暮しの手帖」　時間をかけ苦しみながらつくる―今井田勲と「ミセス」　人間くさいものをつくらねばならぬ―扇谷正造と「週刊朝日」　敢然とチャレンジを試みる―佐藤亮一と「週刊新潮」　きびしさをもとめ妥協を許さない―大久保房男と「群像」　妥協をせない、手を抜かない―坂本一亀と「文藝」　ホンモノを選び出す目を持つ―小宮山量平と『創作児童文学』　人間の価値を高めるものを―小尾俊人と『現代史資料』〔ほか〕

池田　亀鑑〔1896～1956〕　いけだ・きかん
◇池田亀鑑―日南町ゆかりの文学者　日南町教育委員会企画・編集, 原豊二監修　〔日南町（鳥取県）〕　日南町教育委員会　2017.3　21p　21cm　〈年譜あり〉　Ⓝ289.1

池田　清彦〔1947～〕　いけだ・きよひこ
◇ぼくは虫ばかり採っていた―生き物のマイナーな普遍を求めて　池田清彦著　青土社　2018.3　230p　19cm　1500円　①978-4-7917-7052-6　Ⓝ467.5

内容 人類の進化と少子化　絶滅について考えること　iPS細胞がもたらす未来　クローン人間の未来予想図　ヒトの性はいかに決定されるか　さらに、ネオダーウィニズム―生物は能動的に進化している　DNAによらない生物の進化　生き返るクマムシー「配置」と「生命」　美しい理論と現象整合性　ダーウィンが言ったこと、言わなかったこと　本能行動の獲得は自然選択説では説明できない―ファーブルによるダーウィン進化論批判　人生というスーパーシステム―多田富雄の仕事　「マイナーな普遍」としての虫の楽しみ　虫採りの風景　ぼくは虫ばかり採っていた―構造主義生物学への道　構造主義科学論へのコンセプト

池田　成彬〔1867～1950〕　いけだ・しげあき
◇名銀行家（バンカー）列伝―社会を支えた"公器"の系譜　北康利著　新装版　金融財政事情研究会　2017.5　207p　20cm　〈初版：中央公論新社 2012年刊　文献あり　発売：きんざい〉　1500円　①978-4-322-13081-2　Ⓝ338.28

内容 第1章 わが国近代資本主義の父　渋沢栄一　第一国立銀行―世界に向けて発信したい"論語と算盤"の精神　第2章 銀行のことは安田に聞け！　安田善次郎　安田銀行―史上最強の銀行主に学ぶ克己堅忍と陰徳の精神　第3章 三井中興の祖　中上川彦次郎　三井銀行―銀行界の青年期を思わせる爽やかでダイナミックな名バンカー　第4章 国家を支え続けた銀行家　池田成彬　三井銀行―白洲次郎が「おっかなかった」と語った迫力ある その人生に迫る　第5章 政府系金融機関の範を示した名総裁　小林中　日本開発銀行―"影の世界総理"の功を誇らない生き方　第6章 財界の鞍馬天狗　中山素平　日本興業銀行―公取委と闘い続けた国士の中の国士　第7章 向こう傷をおそれるな！　磯田一郎　住友銀行―最強の住友軍団を築き上げた男の栄光と挫折　第8章 ナポレオン　松沢卓二　富士銀行―卓抜した先見性と正論を貫く姿勢で金融界を牽引した名銀行家

池田　重子〔1925～2015〕　いけだ・しげこ
◇遅く咲くのは枯れぬ花　池田重子著　講談社　2014.6　174p　19cm　〈著作目録あり〉　1400円　①978-4-06-218974-3　Ⓝ289.1

内容 第1章 50歳。はじまりのとき（ひとり立ちにはどよい季節があります　「はじまる」ときには、一生に一度の「出会い」がある ほか）　第2章 仕事。天職に出会うために（花開かせるための条件　「知っている」ことの強み ほか）　第3章 恋。すればこそ！（別れたからこそ、はじまった　50代の恋 ほか）　第4章 美。日本が本当に美しかった時代（いいものは手ざわりでわかる　季節に寄り添うように ほか）　第5章 おしゃれ。幸せに生きているあかし（おしゃれは楽し！　「粋がる」のとおしゃれは別 ほか）

池田　純〔1976～〕　いけだ・じゅん
◇しがみつかない理由　池田純著　ポプラ社　2016.12　204p　19cm　1300円　①978-4-591-15088-7　Ⓝ289.1

内容 第1章 ベイスターズをやめるのがベイスターズでのほぼ最後の仕事　第2章 自分にしかできないことだけをする　第3章 本物と本質に徹底的にこだわる　第4章 社会と顧客の評価が第一義　第5章 執着しない　第6章 情熱を捧げられる仕事との出会いと仕事探しの人生

池田　大作〔1928～〕　いけだ・だいさく
◇民衆こそ王者―池田大作とその時代　7　「白樺―いのちの守り人」篇　「池田大作とその時

いけた

代」編纂委員会著　潮出版社　2014.11　245p　19cm　954円　①978-4-267-01997-5　Ⓝ188.982

内容 「白樺-いのちの守り人」篇(先駆樹―「白樺」に込めた祈り　師弟―逆風に立ち向かう力　献身の日々―関西・東北　生と死の現場から)「先駆者たち・中南米」篇(「希望の船は出航した」―ブラジル　励ましは国境を越える―メキシコ・アルゼンチン・パラグアイ　"十八年の空白"を埋める旅路)

◇民衆こそ王者―池田大作とその時代　8　「先駆者たち―ラテンアメリカ」篇　「池田大作とその時代」編纂委員会著　潮出版社　2015.9　250p　19cm　954円　①978-4-267-01998-2　Ⓝ188.982

内容 第1章 皆さんの幸せこそわが勲章―ドミニカ・コスタリカ　第2章 この地に命を植える―アルゼンチン・パラグアイ　第3章 疲れの残らない指導は遊びだ―ウルグアイ・ペルー　第4章 アンデス越えたり我は勝ちたり―ペルー・チリ　第5章 はじめは一人です―パナマ・ニカラグア・エルサルバドル・エクアドル・ベネズエラ・コロンビア　第6章 民衆が大地である―ボリビア・キューバ

◇私の履歴書　池田大作著　聖教新聞社　2016.1　182p　17cm　(聖教ワイド文庫 067)〈「池田大作全集 第22巻」(1994年刊)の抜粋〉　716円　①978-4-412-01591-3　Ⓝ188.982

◇民衆こそ王者―池田大作とその時代　9　「いくさやならんどー」篇　「池田大作とその時代」編纂委員会著　潮出版社　2016.9　197p　19cm　954円　①978-4-267-01999-9　Ⓝ188.982

◇民衆こそ王者―池田大作とその時代　10　「炎の海を越えて」篇　「池田大作とその時代」編纂委員会著　潮出版社　2017.9　196p　19cm　954円　①978-4-267-02100-8　Ⓝ188.982

内容 「炎の海を越えて」篇(「国家悪とは戦います」　焼け跡から立ち上がる人々　「此の反戦出版は母の悲願なり」　「国家主義を許すな!」　加害者の証言　アジアとの信義)「識者の声」篇(池田名誉会長の「平和を希求する精神」。(海老名香葉子))

◇『民衆こそ王者』に学ぶ常勝関西の源流　「池田大作とその時代」編纂委員会著　潮出版社　2018.5　230p　17cm　(潮ワイド文庫 001)〈「民衆こそ王者 1」(2011年刊)「民衆こそ王者 5」(2013年刊)の改題、修正・加筆〉　722円　①978-4-267-02141-1　Ⓝ188.982

◇『民衆こそ王者』に学ぶ婦人部母たちの合掌(いのり)　「池田大作とその時代」編纂委員会著　潮出版社　2018.5　334p　17cm　(潮ワイド文庫 002)〈「民衆こそ王者 3」(2012年刊)「民衆こそ王者 7」(2014年刊)ほかからの抜粋、修正・加筆〉　787円　①978-4-267-02142-8　Ⓝ188.982

◇『民衆こそ王者』に学ぶ「民音・富士美」の挑戦　「池田大作とその時代」編纂委員会著　潮出版社　2018.5　228p　17cm　(潮ワイド文庫 003)〈「民衆こそ王者 3」(2012年刊)「民衆こそ王者 4」(2013年刊)ほかからの抜粋、修正・加筆〉　759円　①978-4-267-02143-5　Ⓝ188.982

◇民衆こそ王者―池田大作とその時代　11　先駆者たち―ドイツ篇　「池田大作とその時代」編纂委員会著　潮出版社　2018.5　206p　19cm　1000円　①978-4-267-02130-5　Ⓝ188.982

内容 第1章 炭鉱の菩薩たち―ドイツ1　第2章 ベルリンの壁を越える―ドイツ2　第3章 難民は"難と闘う"勇者―ドイツ3　第4章 "故郷"をつくる人々―オーストリア　第5章 動乱を生き抜いた人々―中欧・東欧　第6章 "一人"の尊さを知る―北欧　「識者の声」篇 サイフェルト博士と創価学会の出会い(光井安子)

◇民衆こそ王者―池田大作とその時代　12　「東京凱歌」篇　「池田大作とその時代」編纂委員会著　潮出版社　2018.10　237p　19cm　1000円　①978-4-267-02152-7　Ⓝ188.982

内容 「東京凱歌」篇(昭和五十八年一月―足立、目黒、中野、調布、狛江　昭和五十八年二月―荒川、北、豊島)「先駆者たち―ヨーロッパ」篇(ベネルクス三国上(ベルギー、ルクセンブルク)　ベネルクス三国下(オランダ)　スペイン上―不屈の人々　スペイン下―蘇生の日々)

池田 貴広〔1990~〕　いけだ・たかひろ

◇BREAK!「今」を突き破る仕事論　川内イオ著　双葉社　2017.3　255p　19cm　1400円　①978-4-575-31236-2　Ⓝ281

内容 1 どん底から這い上がる(井崎英典(バリスタ)　DJ Shintaro(DJ)　岡本美鈴(プロフリーダイバー))　2 直感を信じて突き進む(内山高志(プロボクサー)　三和由香利(ヨガインストラクター)　村瀬美幸(フロマジェ)　澤田洋史(バリスタ))　3 遊びを極める(徳田耕太郎(フリースタイルフットボーラー)　池田貴広(BMXプロライダー)　阿井慶太(プロゲーマー))

池田 武邦〔1924~〕　いけだ・たけくに

◇軍艦「矢矧」海戦記―建築家・池田武邦の太平洋戦争　井川聡著　潮書房光人社　2016.8　520p　16cm　(光人社NF文庫 い-963)〈光人社 2010年刊の修正　文献あり　年譜あり〉　980円　①978-4-7698-2963-8　Ⓝ916

内容 第1章 江田島精神(いごっそうの血　父、池田武義　ほか)　第2章 マリアナ沖海戦(極秘扱いの艦吉村艦長　ほか)　第3章 レイテ沖海戦(史上最大の海戦　決戦前の百日訓練　ほか)　第4章 沖縄海上特攻(満身創痍　「金剛」の最期　ほか)　終章 魂は死なず(廃墟の東京　特攻隊教官　ほか)

池田 維〔1939~〕　いけだ・ただし

◇激動のアジア外交とともに―外交官の証言　池田維著　中央公論新社　2016.3　284p　20cm　1800円　①978-4-12-004843-2　Ⓝ319.102

内容 第1章 カンボジア和平と日本の役割(カンボジアとの関わり　「国際協力構想」とカンボジア　ほか)　第2章 日中関係に携わって(外務省入省のころ　在香港総領事館勤務のころ　ほか)　第3章 オランダ人戦争被害者との和解(オランダ人戦争被害者の反日感情　戦争被害者たちとの交流　ほか)　第4章 台湾の行方(戒厳令下の台湾　蒋経国総統の来日　ほか)

池田　龍雄〔1928～〕　いけだ・たつお
◇池田龍雄オーラル・ヒストリー　池田龍雄述, 西澤晴美, 坂上しのぶインタヴュアー　〔出版地不明〕　日本美術オーラル・ヒストリー・アーカイヴ　2015.3　37p　30cm　〈他言語標題：Oral history interview with Ikeda Tatsuo　ホルダー入〉　Ⓝ723.1

池田　輝澄〔1604～1662〕　いけだ・てるずみ
◇家康と播磨の藩主　播磨学研究所編　神戸　神戸新聞総合出版センター　2017.8　255p　20cm　1800円　Ⓘ978-4-343-00962-3　Ⓝ281.64
内容　家康を見直す　賤ヶ岳七本槍の加古川城主・加須屋武則　「西国の将軍」姫路城主・池田輝政　山崎、福本に刻む池田輝澄・政直の足跡　林田藩主・建部政長　播磨の豪将・後藤又兵衛　海峡の町を創った明石城主・小笠原忠真　戦国の龍野城主・蜂須賀小六正勝　関ヶ原・大坂で家康に味方した一柳家　永井直勝の一族と赤穂藩主・永井直敬

池田　輝政〔1564～1613〕　いけだ・てるまさ
◇家康と播磨の藩主　播磨学研究所編　神戸　神戸新聞総合出版センター　2017.8　255p　20cm　1800円　Ⓘ978-4-343-00962-3　Ⓝ281.64
内容　家康を見直す　賤ヶ岳七本槍の加古川城主・加須屋武則　「西国の将軍」姫路城主・池田輝政　山崎、福本に刻む池田輝澄・政直の足跡　林田藩主・建部政長　播磨の豪将・後藤又兵衛　海峡の町を創った明石城主・小笠原忠真　戦国の龍野城主・蜂須賀小六正勝　関ヶ原・大坂で家康に味方した一柳家　永井直勝の一族と赤穂藩主・永井直敬

池田　長発〔1837～1879〕　いけだ・ながおき
◇幕末明治　新聞ことはじめ—ジャーナリズムをつくった人びと　奥武則著　朝日新聞出版　2016.12　278p　19cm　（朝日選書　952）　1500円　Ⓘ978-4-02-263052-0　Ⓝ070.21
内容　序章　清八と宇平衛の受難—ジャーナリズム以前　第1章　ジョゼフ・ヒコの悲哀—「新聞の父」再考　第2章　ハンサードの志—新聞がやってきた　間奏その1　青年旗本の悲劇—池田長発　第3章　柳河春三の無念—原点としての「中外新聞」　第4章　岸田吟香の才筆—新聞記者の誕生　間奏その2　旧幕臣の矜持—成島柳北　第5章　福地源一郎の言い分—「御用記者」と呼ばれて　間奏その3　鉛活字の誕生まで—本木昌造　第6章　ブラックの栄光—「日新真事誌」の時代

池田　徳孝〔1976～〕　いけだ・のりたか
◇ボクには足はないけど夢がある！—どん底でつかんだ生き方の極意　池田徳孝著　KADOKAWA　2014.12　198p　19cm　（角川フォレスタ）　1300円　Ⓘ978-4-04-653979-3　Ⓝ289.1
内容　第1章　不幸ではない、不便なだけです！（ボクの二十歳の人生は絶望からはじまった！　「ボクの足がなくなる!!」　ほか）　第2章　こけたら立たなあかん！さっさと歩きだせ！（雨の日と階段が嫌い！　「ゲッ　足がないやん!!」と逃げていく子どもたち　ほか）　第3章　池田式ビジネス成功の秘訣!!（「情」と「理」と「利」が矛盾しない経営を目指します！　ケアマネジャーさんに育てられた！　ほか）　第4章　どこかおかしい、日本の福祉！　もっと自然体でいい！（いちばんの優しさは気を遣わないこと！　過度の誉め言葉も禁物！　ほか）　第5章　ボクには足はないけど夢がある！　どん底でつかんだ生き方の極意（捨てなければ得られない！　すべては心の持ちようで決まる　ほか）

池田　勇人〔1899～1965〕　いけだ・はやと
◇天皇種族・池田勇人—知るのは危険すぎる昭和史　鬼塚英昭著　成甲書房　2014.12　315p　20cm　1800円　Ⓘ978-4-88086-322-1　Ⓝ289.1
内容　第1章　天皇種族の「政治地図」　第2章　天皇マネーの管理人・池田勇人　第3章　迫水久常と池田勇人、二人だけの世界　第4章　天皇種族・池田勇人、功成り名遂げず　第5章　栄光と挫折の時代　第6章　池田勇人、天皇種族の宰相
◇戦後政治家論—吉田・石橋から岸・池田まで　阿部眞之助著　文藝春秋　2016.4　439p　16cm　（文春学藝ライブラリー——雑英　25）〈「現代政治家論」（文藝春秋新社　1954年）の改題、再刊〉　1400円　Ⓘ978-4-16-813061-8　Ⓝ312.8
内容　岸信介論　重光葵論　池田勇人論　木村篤太郎論　和田博雄論　三木武吉論　西尾末廣論　吉田茂論　石橋湛山論　德田球一論　緒方竹虎論　大野伴睦論　芦田均論　鳩山一郎論　鈴木喜三郎論
◇田中角栄池田勇人かく戦えり　栗原直樹著　青志社　2016.7　272p　19cm　〈文献あり〉　1400円　Ⓘ978-4-86590-029-3　Ⓝ312.1
内容　第1章　青雲の志　第2章　邂逅　第3章　豪腕と野望　第4章　跳梁跋扈　第5章　城取り　第6章　角栄の「権謀術数」　第7章　田中角栄、池田勇人、かく戦え
◇池田勇人ニッポンを創った男　鈴木文矢著　双葉社　2017.6　287p　19cm　〈文献あり〉　1400円　Ⓘ978-4-575-31268-3　Ⓝ289.1
内容　第1章　広島の悪童大蔵省に殴り込む　第2章　異端の大蔵官僚吉田学校に入学す　第3章　大蔵大臣・池田勇人「赤鬼」ドッジと格闘す　第4章　朝鮮戦争とサンフランシスコ講和会議　第5章　自由民主党誕生　第6章　「宏池会」の結成　第7章　「所得倍増」を夢見た宰相　特別インタビュー（第9代宏池会会長岸田文雄外務大臣　漫画『所得倍増伝説 疾風の勇人』作者　大和田秀樹さん）

池田　政直〔1634～1666〕　いけだ・まさなお
◇家康と播磨の藩主　播磨学研究所編　神戸　神戸新聞総合出版センター　2017.8　255p　20cm　1800円　Ⓘ978-4-343-00962-3　Ⓝ281.64
内容　家康を見直す　賤ヶ岳七本槍の加古川城主・加須屋武則　「西国の将軍」姫路城主・池田輝政　山崎、福本に刻む池田輝澄・政直の足跡　林田藩主・建部政長　播磨の豪将・後藤又兵衛　海峡の町を創った明石城主・小笠原忠真　戦国の龍野城主・蜂須賀小六正勝　関ヶ原・大坂で家康に味方した一柳家　永井直勝の一族と赤穂藩主・永井直敬

池田　眞規〔1928～2016〕　いけだ・まさのり
◇核兵器のない世界を求めて—反核・平和を貫いた弁護士池田眞規　池田眞規著、池田眞規著作集刊行委員会編　日本評論社　2017.11　324p　21cm　〈著作目録あり　年譜あり〉　2800円　Ⓘ978-4-535-52329-6　Ⓝ319.8

池田 三千子〔1919～〕 いけだ・みちこ
◇私の青春―新満州国五百三十日の旅 昭和十四年七月十九日から十五年十二月二十九日まで清水三千子二十歳 池田三千子著 大阪 パレード 2015.5 112p 19cm （Parade books） 1000円 Ⓘ978-4-86522-043-8 Ⓝ289.1

池谷 和志〔1981～〕 いけたに・かずゆき
◇一発屋芸人列伝 山田ルイ53世著 新潮社 2018.5 236p 20cm 1300円 Ⓘ978-4-10-351921-8 Ⓝ779.14
内容 レイザーラモンHG―一発屋を変えた男 コウメ太夫―"出来ない"から面白い テツandトモ―この違和感なんでだろう ジョイマン―「ここにいるよ」ムーディ勝山と天津・木村―バスジャック事件 波田陽区―一発屋故郷へ帰る ハローケイスケ―不遇の "0.5" 発屋 とにかく明るい安村―裸の再スタート キンタロー。―女一発屋 髭男爵―落ちこぼれのルネッサンス

池長 孟〔1891～1955〕 いけなが・はじめ
◇伝説のコレクター池長孟の蒐集家魂―身上潰して社会に還元 大山勝男著 アテネ出版社 2017.10 190p 19cm 〈文献あり〉 1400円 Ⓘ978-4-908342-06-6 Ⓝ289.1
内容 第1章 「聖ザヴィエル像」の発見と数奇な運命 第2章 大富豪、池長孟の誕生 第3章 鉱物学の権威、牧野富太郎を援助 第4章 南蛮美術、波瀾万丈のはじまり 第5章 芸術と文化と愛 第6章 昇華する南蛮美術蒐集 第7章 戦後の清貧と蒐集家魂

池波 志乃〔1955～〕 いけなみ・しの
◇終活夫婦 中尾彬,池波志乃著 講談社 2018.4 190p 19cm 1300円 Ⓘ978-4-06-221049-2 Ⓝ778.21
内容 第1章 積極的「終活」のきっかけ 第2章 中尾家の終活の「カタチ」 第3章 処分には「体力」がいる 第4章 いい形で手放す 第5章 一緒の時間を慈しむ 第6章 旅を道づれに 第7章 終活は楽しく

池波 正太郎〔1923～1990〕 いけなみ・しょうたろう
◇素顔の池波正太郎 佐藤隆介著 新潮社 2016.5 222p 16cm （新潮文庫 い-17-55） 460円 Ⓘ978-4-10-145325-5 Ⓝ910.268
内容 縁の始め 家の話 食卓 外で食べる 酒 もう少し、酒 ポチ袋 金の話 さらに金の話 旅 好物 映画 江戸っ子 気学 逆鱗 ステッキ 絵と書 ソフト 松茸 花ぶさ じゃがいも 夢 約束

池禅尼〔平安時代後期〕 いけのぜんに
◇中世の人物 京・鎌倉の時代編 第1巻 保元・平治の乱と平氏の栄華 元木泰雄編 大阪 清文堂出版 2014.3 412p 22cm 4500円 Ⓘ978-4-7924-0994-4 Ⓝ281
内容 鳥羽院・崇徳院（佐藤健治著） 藤原忠実（佐古愛己著） 藤原頼長（横内裕人著） 平忠盛（守田逸人著） 源為義（須藤聡著） 覚仁と信実～悪僧論～（久野修義著） 阿野忠景と源為朝（栗林文夫著） 後白河院（高橋典幸著） 藤原忠通と基実（樋口健太郎著） 信西（木村真美子著） 藤原信頼・成親（元木泰雄著） 藤原経宗（元木泰雄著） 源義朝（近藤好和著） 平清盛（川合康著） 池禅尼と二位尼（栗山圭子著） 平時忠と信範（松薗斉著） 藤原邦綱とその娘たち（佐伯智広著） 平重衡（平藤幸著） 西行（近藤好和著）

池部 啓太〔1798～1868〕 いけべ・けいた
◇池部啓太春常―幕末熊本の科学者・洋式砲術家 平田稔著 和水町（熊本県） たまきな出版舎 2015.1 225p 19cm 〈著作目録あり 年譜あり〉 1800円 Ⓘ978-4-903547-06-0 Ⓝ289.1

池部 如泉 いけべ・じょせん
⇒池部啓太（いけべ・けいた）を見よ

池部 春常 いけべ・はるつね
⇒池部啓太（いけべ・けいた）を見よ

池部 良〔1918～2010〕 いけべ・りょう
◇独り酒、振舞酒 池部良著 TAC株式会社出版事業部 2015.5 211p 19cm 〈「酒あるいは人」（平凡社 1993年刊）の改題〉 1600円 Ⓘ978-4-8132-6206-0 Ⓝ778.21
内容 桃の節句に 春日大神に謝る 八岐大蛇が呑んだ酒 「宇王通火」という名の酒 小粋な酒 金色の噴射 一水流師範 Mr.クレイトンのジン 電気ブラン 別れ酒、祝い酒 ［ほか］

池本 周三〔1935～〕 いけもと・しゅうぞう
◇魚仲卸を天職にした男―京都市中央卸売市場で66年 池本周三著 京都 ふたば書房 2017.11 278p 図版4p 20cm 〈年譜あり〉 1200円 Ⓘ978-4-89320-186-7 Ⓝ675.5

池山 健次 いけやま・けんじ
◇米とともに三千年 池山健次著 名古屋 中部経済新聞社 2014.10 232p 18cm （中経マイウェイ新書 020） 800円 Ⓘ978-4-88520-187-5 Ⓝ289.1

池山 隆寛〔1965～〕 いけやま・たかひろ
◇神は背番号に宿る 佐々木健一著 新潮社 2017.1 222p 20cm 〈文献あり〉 1400円 Ⓘ978-4-10-350631-7 Ⓝ783.7
内容 1回 数霊 2回 「28」江夏豊の完全 3回 「11」「20」村山実の誇りと眞鍋勝巳の裏切り 4回 「36」「1」池山隆寛の継承 5回 「14」「41」谷沢健一の運命 6回 「4」「14」永久欠番と死 7回 「15」藤井将雄の永遠 8回 「1」鈴木啓示の不滅 9回 幻

生駒 晴俊〔1935～〕 いこま・はるとし
◇人生いろいろおかげさま　生駒晴俊著　魚津　生駒晴俊　2018.3　119p　19cm　非売品　Ⓝ289.1

生駒 里奈〔1995～〕 いこま・りな
◇立つ　生駒里奈著　日経BP社　2018.5　197p　19cm　〈発売：日経BPマーケティング〉　1500円　Ⓘ978-4-8222-5623-4　Ⓝ767.8
内容　2014～2015年「AKB48留学日記」より（大雨のスタジアムで感じたAKB48の底力と乃木坂46の可能性　実は力不足を痛感したフランス公演。いつかリベンジしたいです　テレビでもステージでも感じる、AKB48と乃木坂46の実力差　神宮球場公演の反省で、メンバーみんなの気持ちがひとつになりました　今年はテレビの中から「紅白」を見るという夢を実現したいです　ほか）　2015～2018年「ほのぼの日記」より（センターの位置にいるからこそ、他のメンバーを引き立てたいって思います　夏の全国ツアーで大事にしているのは私たちらしい音楽をお届けすることです　神宮球場のツアーファイナル翌日に玲奈さんともんじゃ焼きを食べました　大きな経験となった初めての舞台　前髪を切ったのは決意表明のためです　ミュージックビデオと映画　どちらも大切な映像作品になりました　ほか）

伊佐 新次郎〔1811～1891〕 いさ・しんじろう
◇幕臣伊佐新次郎　上　ペリー来航と下田開港　浅井保秀著　静岡　羽衣出版　2015.2　379p　図版 8p　22cm　〈年表あり〉　1852円　Ⓘ978-4-907118-15-0　Ⓝ728.216
◇幕臣伊佐新次郎　下　明治維新　浅井保秀著　静岡　羽衣出版　2016.11　519p　図版 8p　22cm　〈文献あり　年表あり〉　2315円　Ⓘ978-4-907118-27-3　Ⓝ728.216

伊佐 岑満 いさ・みねみつ
⇒伊佐新次郎（いさ・しんじろう）を見よ

井崎 英典〔1990～〕 いざき・ひでのり
◇BREAK！「今」を突き破る仕事論　川内イオ著　双葉社　2017.3　255p　19cm　1400円　Ⓘ978-4-575-31236-2　Ⓝ281
内容　1 どん底から這い上がる（井崎英典（バリスタ）　DJ Shintaro（DJ）　岡本美鈴（プロフリーダイバー））　2 直感を信じて突き進む（内山高志（プロボクサー）　三和由香利（ヨガインストラクター）　村瀬美幸（フロマジェ）　澤田洋史（バリスタ））　3 遊びを極める（徳田耕太郎（フリースタイルフットボーラー）　池田貴広（BMXプロライダー）　阿井慶太（プロゲーマー））

漁 マミ いさり・まみ
◇ゴミのようなあたしで　漁マミ著　文芸社　2016.10　95p　15cm　500円　Ⓘ978-4-286-17618-5　Ⓝ289.1
＊誰もの期待を裏切って誕生したので、物心がつく前から「ゴミ、ブス」と呼ばれ、「死ね」「お前なんかいなければよかったのに」と家族中から責められ、「欲しいものがあったら体でかせいで来い」という怒号が心に突き刺さる。いつからかあたしの居場所は廊下になっていた。かつては「平成のおしん」と言われ、ハッピーとは無縁の人生だったが、それでも夢だけは忘れなかったあたしの物語。

伊沢 拓司〔1994～〕 いざわ・たくし
◇東大生クイズ王・伊沢拓司の軌跡　1　頂点を極めた思考法　伊沢拓司著　セブンデイズウォー　2015.10　331p　19cm　（QUIZ JAPAN全書 03）〈発売：ほるぷ出版〉　2000円　Ⓘ978-4-593-31022-7　Ⓝ798
内容　第1章 中学一年生―偶然と憧れ（二〇〇七年四月～二〇〇八年三月）（中学入学まで　入学、そしてクイズと出会う　ほか）　第2章 中学二年生―野心の年（二〇〇八年四月～二〇〇九年三月）（ニューカマーたち　外の世界へ　ほか）　第3章 中学三年生―一流が見えてきた（二〇〇九年四月～二〇一〇年三月）（開成黄金時代の夜明け　栄冠　ほか）　第4章 高校一年生―表舞台へ（二〇一〇年四月～二〇一一年三月）（開成、強く強く　四年目の入門　ほか）　秘蔵クイズ問題500問

井沢 弥惣兵衛〔1654～1738〕 いざわ・やそべえ
◇井澤弥惣兵衛為永―見沼新田開発指導者その人と事績　青木義脩著　桶川　野外調査研究所　2015.4　97p　21cm　（野外研叢書 6）〈発売：関東図書（さいたま）〉　900円　Ⓘ978-4-86536-014-1　Ⓝ289.1

伊沢 蘭奢〔1889～1928〕 いざわ・らんしゃ
◇伊澤蘭奢―不世出の女優の生涯と文学　演劇と文学研究会編　鼎書房　2017.5　175p　19cm　1800円　Ⓘ978-4-907282-35-6　Ⓝ772.1
内容　伊澤蘭奢伝（「貴女、伊澤蘭奢」　伊澤蘭奢の生涯　伊澤蘭奢伝―伊澤蘭奢著『素裸な自画像』について）　伊澤蘭奢をめぐる人々（伊藤佐喜雄　髪―内藤民治・恋と愛と　「話芸の神さま」が愛した女・伊澤蘭奢―徳川夢声　福田清人と伊澤蘭奢　独り醒める者として―蒲池紋一）　女優 伊澤蘭奢（蘭奢の演劇活動　仲木貞一著「マダムX」　伊澤蘭奢を描いた文学（最初で最後の墓詣　邦枝完二著「女優蘭奢」　伊藤佐喜雄著『春の鼓笛』夏樹静子著『女優X 伊沢蘭奢の生涯』　海野弘著「マダムXの愛と死」（『運命の女たち―旅をする女』）

石射 猪太郎〔1887～1954〕 いしい・いたろう
◇外交官の一生　石射猪太郎著　改版　中央公論新社　2015.8　474p　16cm　（中公文庫 い10-2）＊初版：太平出版社 1972年刊　1200円　Ⓘ978-4-12-206160-6　Ⓝ319.1
内容　発端　外務省に奉職　広東在勤　天津在勤　サンフランシスコ在勤　ワシントン在勤　メキシコ在勤　本省勤務　イギリス在勤　吉林総領事時代　上海総領事時代　シャム公使としての半年　東亜局長時代―日中事変　オランダ公使時代　ブラジル大使時代　特命大使時代　ビルマ大使時代　依頼免官―結尾三題

石井 一男〔1943～〕 いしい・かずお
◇後藤正治ノンフィクション集　第10巻　後藤正治著　大阪　ブレーンセンター　2016.3　752p　15cm　2400円　Ⓘ978-4-8339-0260-1　Ⓝ918.68
内容　清冽（倚りかからず　花の名　母の家　ほか）　奇蹟の画家（画廊　発掘　最期の一枚　ほか）　孤高

石井 和夫〔1927〜〕 いしい・かずお
◇石井和夫さんからの手紙―私家版　石井和夫原著，松根格著　交野　メディアワールドコミュニケーションズ　2016.10　91p　21cm　Ⓝ289.1

石井 完治〔1944〜〕 いしい・かんじ
◇石井完治オーラル・ヒストリー　石井完治述，松島茂編　法政大学イノベーション・マネジメント研究センター　2016.3　79p　30cm　〈Working paper series no.168〉　非売品　Ⓝ537.09

石井 菊次郎〔1866〜1945〕 いしい・きくじろう
◇第一次世界大戦期日本の戦時外交―石井菊次郎とその周辺　渡邉公太著　相模原　現代図書　2018.12　292p　22cm　〈発売：星雲社〉　2580円　①978-4-434-25483-3　Ⓝ319.1
内容 序章 第一次世界大戦と日本の戦時外交　第1章 参戦と日英露三カ国同盟案への対応　第2章 石井による戦時外交の展開　第3章 日露同盟交渉　第4章 日露同盟後の対露外交―東支鉄道譲渡問題をめぐって　第5章「新外交」下の日米関係再構築の試み　終章 石井の戦時外交とは何だったのか

石井 謙道〔1840〜1882〕 いしい・けんどう
◇岡山の蘭学者島村鼎甫と石井信義―幕末・明治初年の日本医学を支えた蘭医たち　津下健哉著　岡山　吉備人出版　2016.3　155p　21cm　〈年譜あり　文献あり　年表あり〉　1500円　①978-4-86069-452-4　Ⓝ289.1

石井 サク子〔 〕 いしい・さくこ
◇陽だまり―「共生社会」をめざして　石井サク子著　〔石井サク子〕　2017.7　62p　26cm　非売品　Ⓝ289.1

石井 志都子〔1942〜〕 いしい・しずこ
◇或るヴァイオリニストの記―戦後の時代と共に生きて　石井志都子著，天日隆彦聞き書き・解説　鎌倉　かまくら春秋社出版事業部　2014.7　133p　20cm　〈他言語標題：Memories of a Violinist　年譜あり〉　1200円　①978-4-7740-0626-0　Ⓝ762.1
内容 第1章 山口の日々（私のルーツ　幼少期 ほか）　第2章 ロン・ティボー国際音楽コンクールへの道（鷲見三郎門下生となる　桐朋女子高校音楽科に入学 ほか）　第3章 パリでの生活（ブイヨン先生　イザイの音楽との出会い ほか）　第4章 帰国後の活動（NHK教育テレビ「バイオリンのおけいこ」　桐朋学園での指導 ほか）　第5章 東西の文化の壁を超えて（留学後のスランプ　フランスの音楽 ほか）

石井 十次〔1865〜1914〕 いしい・じゅうじ
◇福祉にとっての歴史 歴史にとっての福祉―人物で見る福祉の思想　細井勇，小笠原慶彰，今井小の実，蜂谷俊隆編著　京都　ミネルヴァ書房　2017.2　295,3p　22cm　〈索引あり〉　6000円　①978-4-623-07889-9　Ⓝ369.01
内容 石井十次とアメリカン・ボード―宣教師ペティーから見た岡山孤児院　小橋勝之助と私立愛隣夜学校の創立―博愛社をめぐる人々　田中太郎の感化教育論―「人道の闘士」の思想的基盤　園部マキの生涯と事業―信愛保育園　岩橋武夫と盲人社会事業　小説『動き行く墓場』からの出発　村嶋歸之の生涯と思想―寛容な社会活動家の足跡　奥むめおと社会事業―社会運動としての福祉実践　久布白落実の性教育論とその変遷―嬌風会における純潔教育・家族計画　沖縄から大阪への移住者に見られた社会主義思想とその限界―大阪における同郷集団の運動　常盤勝憲と日本最初の盲人専用老人ホーム―慈母園の設立過程　糸賀一雄と木村素衞―教養の思想を中心に福祉の近代史を研究すること―私の歩みと今後の課題についての覚書

石井 修三〔1829〜1857〕 いしい・しゅうぞう
◇洋学者・石井修三の生涯―西洋を学び明治を先覚した偉才　相原修著　改訂版　静岡　羽衣出版　2014.5　187p　21cm　〈年譜あり　文献あり〉　2000円　①978-4-907118-10-5　Ⓝ289.1

石井 四郎〔1892〜1959〕 いしい・しろう
◇満洲怪物伝―「王道楽土」に暗躍した人物たちの活躍とその後　歴史REAL編集部編　洋泉社　2015.9　255p　19cm　〈年表あり　索引あり〉　1800円　①978-4-8003-0719-4　Ⓝ281.04
内容 第1章 建国に暗躍した軍人たちの光と影（石原莞爾―満洲領有を唱えた「世界最終戦争論」とは？　土肥原賢二―満洲国の建国に尽力した「満洲のローレンス」　板垣征四郎―石原とコンビを組み、満洲事変を引き起こす　山口重次―石原莞爾を煽り関東軍の決起を促した活動家）　第2章 傀儡国家の申し子たち（甘粕正彦―満洲の文化を盛り立てた官僚の「実像」　愛新覚羅溥儀―数奇で残酷な運命を辿った「ラスト・エンペラー」　松岡洋右―満鉄で実力を発揮できなかった総裁　李香蘭―日中に引き裂かれた誠実な女優）　第3章 影の世界にうごめいたフィクサーたち（里見甫―阿片を用いて満洲のダークサイドを歩いた「里見夫」　辻政信―ノモンハンでの独断専行の参謀　河本大作―張作霖爆殺事件の首謀者　石井四郎―「悪魔の細菌部隊」七三一部隊を創設した男　川島芳子―華麗なエピソードに彩られた「男装の麗人」）　第4章 満洲国を牛耳った官僚と政治家たち（岸信介―昭和の妖怪と呼ばれた男の「一身二生」の人生　星野直樹―満洲国を「傀儡国家」たらしめた最重要人物　高碕達之助―満業を率いて日本人を守った経済人　古海忠之―満洲国の経済を動かした男）　特別企画 満洲人物伝―「王道楽土」の地で活躍した人物82（軍人・軍関係者　政治家・官僚　満鉄と経済人　文化人　女性　中国人）

石井 髙〔1943〜2015〕 いしい・たかし
◇ヴァイオリンに生きる　石井髙著　冨山房インターナショナル　2015.9　285p　19cm　1800円　①978-4-905194-96-5　Ⓝ289.1
内容 1 すべてヴァイオリンの話（天才ストラディヴァリという難問　伝統を受け継ぐ難しさ　国立ヴァイオリン製作学校 ほか）　2 クレモナ暮らし（教会近くの居酒屋　クレモナという町　天正少年使節への思い）　3 千住からクレモナまで（修業時代　父のこと母のこと　親友という宝もの ほか）

石井 隆匡〔1924〜1991〕 いしい・たかまさ
◇二人の首領（ドン）―稲川会極高の絆　任侠稲川

聖城　経済石井隆匡　大下英治著　青志社　2015.1　466p　19cm　〈文献あり〉　1600円　①978-4-905042-99-0　Ⓝ368.51
[内容]第1章 任俠道　第2章 疾走　第3章 龍と虎　第4章 裏経済　第5章 政界の闇　第6章 経済界進出　第7章 陽はまた昇る

◇巨影―ほんとうの石井隆匡　石井悠介著　サイゾー　2017.6　291p　20cm　〈奥付の発行所（誤植）：発売元 サイゾー　年譜あり〉　1500円　①978-4-86625-085-4　Ⓝ289.1
[内容]第1部 世間が知らない石井隆匡（父との想い出の散歩道　場の空気をつくる調停者という人生 ほか）　第2部 石井家の人々（若い衆さんも実子もおなじ子供　部屋住みの若い子にも「ありがとう」 ほか）　第3部 横須賀を飛び出して（神戸旅行―恐怖の山健組警護　渡辺芳則さんとの初対面 ほか）　第4部 父の素顔（誰に対しても、ひとりの人間として　会長と社員 ほか）

石井　琢朗〔1970〜〕　いしい・たくろう
◇ドラガイ―ドラフト外入団選手たち　田崎健太著　カンゼン　2018.10　271p　20cm　〈文献あり〉　1700円　①978-4-86255-482-6　Ⓝ783.7
[内容]1 石井琢朗（88年ドラフト外 横浜大洋ホエールズ）　2 石毛博史（88年ドラフト外 読売ジャイアンツ）　3 亀山努（87年ドラフト外 阪神タイガース）　4 大野豊（76年ドラフト外 広島東洋カープ）　5 団野村（77年ドラフト外 ヤクルトスワローズ）　6 松沼博久・雅之（78年ドラフト外 西武ライオンズ）

石井　てる美〔1983〜〕　いしい・てるみ
◇キャリアを手放す勇気―東大卒・マッキンゼー経由・お笑い芸人　石井てる美著　日本経済新聞出版社　2018.1　213p　19cm　〈日経ビジネス人文庫 い27-1〉〈『私がマッキンゼーを辞めた理由』（角川書店 2013年刊）の改題、加筆・修正〉　800円　①978-4-532-19846-6　Ⓝ779.14
[内容]第1章 マッキンゼーと私（メールには続きがあった　仕事を選ぶ三つの軸　まさかのマッキンゼーからの内定 ほか）　第2章 私の決断（"終わり"の始まり　食事がのどを通らない　"完璧なキャリアパス"の呪縛 ほか）　第3章 決断のその先へ（早速壁にぶち当たる　始めた勇気と同じくらい続ける勇気を持つ　120%自分を出し切る ほか）

石井　縫殿〔1936〜〕　いしい・ぬい
◇平成の座頭市―障害者だから成功した実話　石井縫殿著　旭　石井縫殿　2017.12　187p　21cm　1500円　Ⓝ289.1

石井　信義　いしい・のぶよし
⇒石井謙道（いしい・けんどう）を見よ

石井　紀子〔1932〜〕　いしい・のりこ
◇道を拓く―図書館員、編集者から教育の世界へ　石井紀子聞書　石井紀子述, 松尾昇治, 大井三代子編　日外アソシエーツ　2017.10　21,303p　20cm　2200円　①978-4-8169-2688-4　Ⓝ289.1
[内容]第1章 大学へ、そして女性図書館員―東京都立日比谷図書館時代（西洋史との出会い　アメリカ史―ジョン・デューイとの出会い　戦争・疎開と終戦時通信社入社　司書講座と転向研究会、そして時事通信社退職 ほか）　第2章 編集者へ―日外アソシエーツ時代（当時の日外アソシエーツ　日外アソシエーツの特色　「20世紀文献要覧大系」シリーズ　日本索引家協会と「書誌索引展望」　「現代日本執筆者大事典」 ほか）　第3章 教育の世界へ（常磐大学から実践女子短期大学へ　教育方針と環境の整備：授業方針　短大・大学の印象　就職支援 ほか）　第4章 かえりみて―時代と共に生きて、自立の道を切り開く（十五年戦争から戦後へ　「日本目録規則」作成に関わって　両親のこと　自立への道をめざして―前向きにアンドグレッシブに）

石井　漠〔1886〜1962〕　いしい・ばく
◇日本の現代舞踊のパイオニア―創造の自由がもたらした革新性を照射する　片岡康子監修　新国立劇場運営財団情報センター　2015.3　122p　26cm　〈他言語標題：PIONEER of JAPAN CONTEMPORARY DANCE　発売：丸善出版〉　700円　①978-4-907223-07-6　Ⓝ769.1
[内容]序章 西洋文化の流入と舞踊　第1章 石井漠―肉体とリズムの統合による純粋舞踊の探求　第2章 小森敏―静けさを愛する心を糧に　第3章 伊藤道郎―アメリカで道を拓いた国際派　第4章 高田雅夫・高田せい子―夫から妻へ繋いで拓いた叙情の世界　第5章 江口隆哉・宮操子高らかに舞踊創作の灯をかかげて　第6章 執行正俊―芸術の美と愛の中を彷徨うバガボンド　第7章 檜健次―生命への洞察を根底とした魂の舞踊家　第8章 石井みどり―舞踊芸術の感動をすべての人々の胸に　第9章 同時代のふたりの舞踊家

石井　弘寿〔1977〜〕　いしい・ひろとし
◇マウンドに散った天才投手　松永多佳倫著　講談社　2017.6　284p　15cm　〈講談社+α文庫 G306-1〉〈河出書房新社 2013年刊の加筆・修正〉　850円　①978-4-06-281720-2　Ⓝ783.7
[内容]第1章 伊藤智仁 ヤクルト―ガラスの天才投手　第2章 近藤真市 中日―「江夏二世」と呼ばれた超大型左腕　第3章 上原晃 中日―150キロのダブルストッパー　第4章 石井弘寿 ヤクルト―サウスポー日本記録155キロ　第5章 森田幸一 中日―投げて打っての二刀流　第6章 田村勤 阪神―電光石火のクロスファイヤー　第7章 盛田幸妃 近鉄―脳腫瘍からの生還

◇どん底―一流投手が地獄のリハビリで見たもの　元永知宏著　河出書房新社　2018.5　205p　19cm　15cm　1350円　①978-4-309-27947-3　Ⓝ783.7
[内容]第1章 森慎二―メジャーを目指した男の夢が消えた球　第2章 石井弘寿―WBC日本代表の苦悩　第3章 斉藤和巳―沢村賞投手の最後の6年　第4章 川崎憲次郎―FA移籍後のつらすぎる4年間　第5章 野村弘樹―ひじを痛めて引退した101勝サウスポー　第6章 西本聖―脊椎の手術からの奇跡の復活

石井　宏幸〔1972〜〕　いしい・ひろゆき
◇サッカーボールの音が聞こえる―ブラインドサッカー・ストーリー　平山譲著　大阪　風詠社　2018.11　242p　19cm　〈発売：星雲社〉　1800円　①978-4-434-25311-9　Ⓝ783.47
[内容]摩天楼の下で　ドーハの悲劇に閉ざされて　ジョホールバルの歓喜に包まれて　夢が見えた日に　最後に見るもの　闇のなかのゴール　真夜中の庭　ブ

いしい

ラインドサッカー　JBへの告白　日本代表　背番号10　日本選手権　You'll never walk alone　サッカーボールの音が聞こえる

石井 ふく子〔1926〜〕　いしい・ふくこ
◇あせらず、おこらず、あきらめず　石井ふく子著　KADOKAWA　2016.4　174p　19cm　〈作品目録あり〉　1500円　Ⓘ978-4-04-731921-9　Ⓝ289.1
[内容]　第1章　ひとり暮らしを快適に（廊下という切り替えスイッチ　リビングにごみ箱は置きません　ほか）　第2章　女性キャリアの心得―プロデューサーという仕事（仕事を持つということ　忘れられないご恩　ほか）　第3章　父と母の贈り物―舞台演出家として（舞台演出のきっかけは父　"なあなあ"はNG　ほか）　第4章　大きな家族―人のつながりのなかで（天一天上の日に　ひとり遊びで学んだこと　ほか）　第5章　よりよい明日のために（暮らし　仕事の現場で

石井 筆子〔1861〜1944〕　いしい・ふでこ
◇明治の国際人・石井筆子―デンマーク女性ヨハンネ・ミュンターとの交流　長島要一著　新評論　2014.10　239p　19cm　〈文献あり　年譜あり〉　2400円　Ⓘ978-4-7948-0980-3　Ⓝ289.1
[内容]　第1章　鹿鳴館―和装の通訳婦人　第2章　渡辺筆子の娘時代　第3章　小鹿島果との結婚と女子教育　第4章　ヨハンネ・ミュンターの日本滞在　第5章　ヨハンネの回想記『日本の思い出』から　第6章　回想記『日本の思い出』に描かれている筆子　第7章　筆子の打ち明け話―親密の時　第8章　その後の筆子　第9章　帰国後のヨハンネ　第10章　ヨハンネの手紙と筆子の返事

◇「石井筆子」読本―鳩が飛び立つ日　男女共同参画と特別支援教育・福祉の母　津曲裕次著　大空社　2016.3　150p　26cm　〈文献あり　年譜あり　索引あり〉　2600円　Ⓘ978-4-283-01325-4　Ⓝ289.1
[内容]　第1部　筆子の生涯（幼少時代　女子教育時代　特別支援教育時代　福祉時代）　第2部　"石井筆子"研究の流れ（"無名"の時代　筆子の"復活"　筆子"ブーム"の到来）　第3部　石井筆子の著作と資料（石井筆子著述文献・図書資料　滝乃川学園関係出版物　石井筆子評伝関係　ご当地刊行物）

石井 みどり〔1913〜2008〕　いしい・みどり
◇日本の現代舞踊のパイオニア―創造の自由がもたらした革新性を照射する　片岡康子監修　新国立劇場運営財団情報センター　2015.3　122p　26cm　〈他言語標題：PIONEER of JAPAN CONTEMPORARY DANCE　発売：丸善出版〉　700円　Ⓘ978-4-907223-07-6　Ⓝ769.1
[内容]　序章　西洋文化の流入と舞踊　第1章　石井漠―肉体とリズムの統合による純粋舞踊の探求　第2章　小森敏―静けさを愛する心を糧に　第3章　伊藤道郎―アメリカで道を拓いた国際派　第4章　高田雅夫・高田せい子―夫から妻へ繋いで拓いた叙情の世界　第5章　江口隆哉・宮操子高らかに舞踊創作の灯をかかげて　第6章　執行正俊―芸術の美と愛の中を彷徨うパガブンド　第7章　檜健次―生命への洞察を根底とした魂の舞踊家　第8章　石井みどり―舞踊芸術の感動をすべての人々の胸に　第9章　同時代のふたりの

舞踊家
石井 桃子〔1907〜2008〕　いしい・ももこ
◇ひみつの王国―評伝　石井桃子　尾崎真理子著　新潮社　2018.4　718p　16cm　〈新潮文庫お-102-1〉〈文献あり　年譜あり〉　940円　Ⓘ978-4-10-121056-8　Ⓝ910.268
[内容]　第1章　浦和の小宇宙（一九〇七〜一九二六年）　第2章　文藝春秋社と『幻の朱い実』（一九二七〜一九三六年）　第3章　ブーの降りてきた日（一九三三〜一九四〇年）　第4章　戦争から生まれた『ノンちゃん』（一九四〇〜一九四五年）　第5章　子どもの本の開拓者へ（一九四五〜一九五四年）　第6章　家庭文庫とひみつの書斎（一九五五〜一九七五年）　第7章　晩年のスタイル（一九七九〜二〇〇八年）

◇文士たちのアメリカ留学　一九五三〜一九六三　斎藤禎著　書籍工房早山　2018.12　327p　19cm　2500円　Ⓘ978-4-904701-54-6　Ⓝ910.264
[内容]　第1章　文士にとって留学は、夢のまた夢　第2章　「文士留学の仕掛け人」坂西志保と、チャールズ・B.ファーズ　第3章　阿川弘之は「原爆小説」を書いたから、アメリカに招かれたのか　第4章　大岡昇平、安岡章太郎は、アメリカで、ことに南部で何を見たのか　第5章　江藤淳、英語と格闘す　第6章　庄野潤三と名作『ガンビア滞在記』の誕生　第7章　有吉佐和子は、アメリカ人社会では間違いなく「NOBODY」だった　第8章　小島信夫は、なぜ、単身でアメリカに行ったか？　第9章　アメリカから帰った福田恆存は、「文化人」の「平和論」を果敢に攻撃した　第10章　改めて考える。ロックフェラー財団による文士のアメリカ留学とは何だったのか

石井 義人〔1978〜〕　いしい・よしひと
◇代打の神様―ただひと振りに生きる　澤宮優著　河出書房新社　2014.12　205p　19cm　〈文献あり〉　1600円　Ⓘ978-4-309-27551-2　Ⓝ783.7
[内容]　桧山進次郎―代打の神様がバットを置くとき　高井保弘―世界一の代打本塁打王　八木裕―元祖・虎の代打の神様　広永益隆―メモリアル男　平田薫―恐怖の"左殺し"　秦真司―ツバメの最強代打男　町田公二郎―最後までレギュラーを　石井義人―戦力外通告のあとで　竹之内雅史―サムライ「死球王」の代打の極意　麻生実男―代打一号

石井 亮次〔1977〜〕　いしい・りょうじ
◇こんにちは、ゴゴスマの石井です　石井亮次著　ワニブックス　2018.8　206p　19cm　1296円　Ⓘ978-4-8470-9707-2　Ⓝ699.25
[内容]　第1章　午後1時55分の奇跡！―視聴率1％を切った『ゴゴスマ』が皆さんに愛されるようになった理由（そもそもは東海エリアのローカル番組でした　まさかの東京ネットで地獄の2015年へ　ほか）　第2章　生粋の大阪生まれ、大阪育ち―「しゃべり」と「お笑い」と「ラジオ」が友達ゼロの根暗少年を救ってくれた（実はわたくし、大阪生まれの大阪育ちでしゃべくりの一芸が「根暗少年」を救う！　ほか）　第3章　ゴゴスマとの出会いで人生が変わった―就職浪人を経てCBCに入社…でもボクはポンコツなアナウンサーでした（勘違いで出遅れたアナウンサー試験　わずか1か月の準備期間で最終選考に！　ほか）　第4章　プライドなくて、すみません―父として、夫として、男として石井亮次、41歳の「ありの

石井 露月〔1873〜1928〕 いしい・ろげつ
◇俳人露月・天地蒼々―郷土を愛した鬼才 伊藤義一著 秋田 秋田魁新報社 2014.12 276p 19cm 〈年譜あり〉 1300円 ①978-4-87020-368-6 Ⓝ911.362

石栄 泰子〔1954〜〕 いしえ・やすこ
◇でも、生まれてきてよかった―教師として、夢を求めて 石栄泰子著 文藝春秋企画出版部 2018.2 213p 20cm 〈発売：文藝春秋〉 1200円 ①978-4-16-008919-8 Ⓝ289.1

石尾 かつ子〔1904〜1999〕 いしお・かつこ
◇我が人生の光と影、台湾と藤田村の追憶―石尾かつ子の半生自伝 石尾かつ子著,石尾勝,早川真編 浜松 出版のススメ研究会 2017.11 669p 21cm Ⓝ289.1

石岡 好憲〔1927〜〕 いしおか・よしのり
◇地域医療に生きがい求め 石岡好憲著,秋田魁新報社編 秋田 秋田魁新報社 2014.11 134p 18cm （さきがけ新書―シリーズ時代を語る）〈年譜あり〉 800円 ①978-4-87020-366-2 Ⓝ289.1

石垣 忠吉〔1905〜1991〕 いしがき・ちゅうきち
◇安藤昌益に魅せられた人びと―みちのく八戸からの発信 近藤悦夫著 農山漁村文化協会 2014.10 378p 19cm （ルーラルブックス） 2000円 ①978-4-540-14213-0 Ⓝ121.59
内容 狩野亨吉 依田荘介 ハーバート・ノーマン 山田鑑二 上杉修 八戸在住発見後の研究 渡辺没後の研究 村上壽秋 石垣忠吉 三宅正彦 寺尾五郎 『全集』後の周辺 『儒道統之図』をめぐって 還俗後の活動 昌益医学を継承する数々の医書 稲本『自然真営道』の完成に向けて

石川 雲蝶〔1814〜1883〕 いしかわ・うんちょう
◇石川雲蝶一人・芸術・時代 2015年度石川雲蝶ボランティアガイド募集・養成講座講義録 三条雲蝶会編 〔三条〕 三条雲蝶会 2017.3 114p 30cm 〈付・2014年石川雲蝶生誕200周年祭・基調講演〉 Ⓝ712.1
内容 雲蝶さんのメッセージ 雲蝶さんが語る幸せの杜石национальное神社/鷲頭靖夫述 刻銘から探る雲蝶作品の年代推定/木原尚述 雲蝶さんのメッセージ 雲蝶さんの作品紹介の現場から/角田道雄述 雲蝶の時代の江戸と越後/原直史述 主に木を素材とした現代彫刻家からみた石川雲蝶/小林花子述 近世寺社建築と石川雲蝶/平山育男述 ミケランジェロの芸術/田中咲子述 パルテノン神殿の装飾と意匠/田中咲子述 雲蝶さんのメッセージ 石川雲蝶の独創性/江畑徹述 石川雲蝶さんを求めて/高橋郁丸述 魂の彫刻家石川雲蝶

石川 欽一郎〔1871〜1945〕 いしかわ・きんいちろう
◇語られなかった日本人画家たちの真実―日本統治時代台湾 森美根子著 振学出版 2018.1 245p 19cm 〈年表あり 発売：星雲社〉 2000円 ①978-4-434-24140-6 Ⓝ702.224
内容 第1章 清朝芸術と日本人との邂逅 第2章 台湾近代美術の礎を築いた日本人画家 第3章 台湾美術展覧会誕生の萌芽 第4章 官民挙げての一大プロジェクト 台展とその実情 第5章 台展のインパクトとその後の美術運動 第6章 戦争末期から戦後へ―それぞれの情熱

石川 九郎〔1935〜〕 いしかわ・くろう
◇自分史・小国民 石川九郎著 文芸社 2015.3 349p 20cm 1600円 ①978-4-286-16013-9 Ⓝ289.1
＊激動の昭和と共に歩んできた著者の人生を描いた自伝。鹿児島大学水産学部を卒業して、航海士として、南水洋の捕鯨事業に参加、まさに世界を股にかけて大海原を周回した青春時代。氷山やオーロラとの遭遇は他では読めない迫力。その後帰国してから故郷の鹿島で生活した壮年時代。定年退職後の、「文藝老人暮らし」を描いた現在までが、自身の日記を基に、壮大なスケールで綴られている。

石川 香山〔1736〜1810〕 いしかわ・こうざん
◇朱子学の時代―治者の〈主体〉形成の思想 田中秀樹著 京都 京都大学学術出版会 2015.3 490p 22cm （プリミエ・コレクション 59）〈索引あり〉 6400円 ①978-4-87698-644-6 Ⓝ125.4
内容 第1部 南宋における道学士大夫の政治意識（宋代道学士大夫の「狂」者曽点への憧れ―朱子とその弟子との問答を中心にして 朱子学の君主論―主宰としての心 南宋孝宗朝における朱子の側近政治批判―『陸宣公奏議』受容の一側面） 第2部 一八世紀後半における『陸宣公全集』の受容と政治文化（一八世紀後半、尾張藩儒石川香山の思想―徂徠学批判と『陸宣公全集釈義』 一八世紀後半、尾張藩儒石川香山と岡田新川のあいだ―その学術と政治意識 石川香山『陸宣公全集釈義』と一八世紀後半における名古屋の古代学 石川香山『陸宣公全集釈義』と尾張藩天明改革の時代―一八世紀後半における江戸期日本と清朝の政治文化（上） 張佩芳『唐陸宣公翰苑集注』と乾隆帝の宰相論―一八世紀後半における江戸期日本と清朝の政治文化（下））

石川 三四郎〔1876〜1956〕 いしかわ・さんしろう
◇日本地方自治の群像 第8巻 佐藤俊一著 成文堂 2017.12 362p 20cm （成文堂選書 61） 3700円 ①978-4-7923-3367-6 Ⓝ318.2
内容 第1章 明治国家のグランド・デザイナー井上毅の地方自治制度論（グランド・デザイナー井上毅の生涯 明治一七（一八八四）年"以前"の地方自治制度論 明治一七（一八八四）年"以後"の地方自治制度論） 第2章 池田宏の都市計画論と特別市制・都制論（都市に憑かれた池田宏の歩み 東京市区改正条例・都市計画法の形成と特色 特別市制論と都制・区制論） 第3章 アナーキスト石川三四郎の土民生活（＝自治）論（アナーキスト石川三四郎の生涯の巡歴 魂の彷徨・「虚無の霊光」から亡命へ 亡命・帰国から土民生活（＝自治）論へ） 第4章 火の国の山と海にはぐくまれた"相克"と自治―室原知幸・松下竜一と川本輝夫・石牟礼道子（二人の群像と二人の語り部役の履歴 下筌ダム事件と室原知幸・松下竜一 水

いしかわ

俣病事件と川本輝夫・石牟礼道子）

石川 純子〔1942～2008〕 いしかわ・じゅんこ
◇〈化外〉のフェミニズム―岩手・麗ら舎読書会の〈おなご〉たち　柳原恵著　ドメス出版　2018.3　314p　22cm　〈文献あり　索引あり〉　3600円　Ⓣ978-4-8107-0838-7　Ⓝ367.2122
内容　序章　東北・〈おなご〉たちのフェミニズムを求めて　第1章　小原麗子の思想と活動の展開―青年団運動と生活記録運動を中心に　第2章　「女の原型」を夢見て―石川純子「孕みの思想」を軸として　第3章　麗ら舎の"おなご"たち―エンパワーメントの視点から　第4章　千三忌から見る"おなご"たちと戦争　第5章　"化外"のフェミニズムを拓く　終章　本書のまとめと今後の展望―中央/辺境の二項対立を越えて

石川 舜台〔1842～1931〕 いしかわ・しゅんたい
◇北陸の学僧、碩学の近代―存在証明の系譜　高畑崇導著　金沢　北國新聞社出版局　2018.5　161p　21cm　2200円　Ⓣ978-4-8330-2135-7　Ⓝ188.72
内容　石川舜台（一八四二～一九三一、天保十三～昭和六）―その存在証明の時　維新期の西欧からの仏教批判書と真宗教団―J.エドキンズ著『釈教正謬』正続二冊をめぐって　マックス・ミューラー編『東方聖書』と浄土の三部経　北條時敬と国泰寺雪門―西田幾多郎と鈴木大拙にかかわった二人の師　雪門玄松（一八五〇～一九一五、嘉永三～大正四）の国泰寺住持十年　真宗教義の象徴―宣明となつ時代　藤懸得住　常徳寺の経蔵　真宗大谷派の学僧・玄寧（一八一二～一八八四、文化九〜明治十七）の学問―新知見・志賀町常徳寺経蔵典籍五十種　笠原研寿の学問

石川 信吾〔1894～1964〕 いしかわ・しんご
◇昭和史講義　軍人篇　筒井清忠編　筑摩書房　2018.7　301p　18cm　〈ちくま新書1341〉　900円　Ⓣ978-4-480-07163-7
内容　昭和陸軍の派閥抗争―まえがきに代えて　東条英機―昭和の悲劇の体現者　梅津美治郎―「後始末」に尽力した陸軍大将　阿南惟幾―「徳義即戦力」を貫いた武将　鈴木貞一―背広を着た軍人　武藤章―「政治的軍人」の実像　石原莞爾―悲劇の鬼才か、鬼才による悲劇か　牟田口廉也―信念と狂信の間　今村均―『ラバウルの名将』から見た日本陸軍の悲劇　山本五十六―その避戦構想と挫折　米内光政―終末点のない戦争指導　永野修身―海軍「主流派」の選択　高木惣吉―昭和期海軍の語り部　石川信吾―「日本海軍最強硬論者」の実像　堀悌吉―海軍軍縮派の悲劇

石川 啄木〔1886～1912〕 いしかわ・たくぼく
◇啄木の手紙を読む　池田功著　新日本出版社　2016.1　190p　20cm　〈年譜あり〉　2000円　Ⓣ978-4-406-05956-5　Ⓝ911.162
内容　1　ブログ感覚の手紙　2　書き出し・時候・追伸の工夫　3　文体革命の時代と署名　4　経済苦の発信　5　病の発信　6　思想の深まりと大逆事件への反応

◇石川啄木　ドナルド・キーン著、角地幸男訳　新潮社　2016.2　375p　20cm　〈文献あり　索引あり〉　2200円　Ⓣ978-4-10-331709-8　Ⓝ911.162
内容　反逆者啄木　啄木、上京する　教師啄木　北海道流離　函館、そして札幌　小樽　釧路の冬　詩人啄木、ふたたび　啄木、朝日新聞に入る　ローマ字日記　啄木と節子、それぞれの悲哀　悲嘆、そして成功　二つの「詩論」　大逆事件　最期の日々　啄木、その生と死

◇石川啄木　堀江信男著、福田清人編　新装版　清水書院　2016.8　214p　19cm　〈Century Books―人と作品〉〈表紙・背の責任表示（誤植）：堀江信夫　文献あり　年譜あり　索引あり〉　1200円　Ⓣ978-4-389-40103-0　Ⓝ911.162
内容　第1編　石川啄木の生涯（早熟の天才少年　あこがれの時代　日本一の代用教員　流浪　明日をみつめる人）　第2編　作品と解説（あこがれ　雲は天才である　我等の一団と彼　一握の砂　悲しき玩具　時代閉塞の現状　日記　手紙）

◇26年2か月―啄木の生涯　松田十刻著　改訂再刊　盛岡　謙徳ビジネスパートナーズ　2016.10　316p　15cm　〈もりおか文庫〉〈年譜あり　文献あり　発売：盛岡出版コミュニティー（盛岡）〉　796円　Ⓣ978-4-904870-38-9　Ⓝ911.162
内容　第1章　「白百合の君」と結ばれるまで（神童と呼ばれて　節子と恋に落ちる　恋多き少年「ほか」　第2章　別離と流浪のはざまで（「我が四畳半」での新婚生活　『小天地』を創刊するも　日本一の代用教員をめざすほか）　第3章　志を果たせぬままに（小説を書くも自活の道は遠く　小奴と逢引を楽しむ　東京朝日新聞社で働く　ほか）

◇石川啄木論　中村稔著　青土社　2017.5　528p　20cm　2800円　Ⓣ978-4-7917-6977-3　Ⓝ911.162
内容　第1部　生涯と思想（青春の挫折からの出発　北海道彷徨　悲壮な前進　絶望の淵から）　第2部　詩・短歌・小説・「ローマ字日記」（『あこがれ』『呼子と口笛』などについて　『一握の砂』『悲しき玩具』などについて　「天鵞絨」「我等の一団と彼」などについて　「ローマ字日記」について）

◇啄木賢治の肖像　阿部友衣子、志田澄子著　盛岡　岩手日報社　2018.4　311p　19cm　〈年譜あり〉　900円　Ⓣ978-4-87201-421-1　Ⓝ911.162
内容　啄木・賢治散策MAP　啄木・賢治資料館　誕生～幼少期　少年・青春時代　識者に聞く　友　恩師　両親　きょうだい　女性〔ほか〕

◇団結すれば勝つ、と啄木はいう―石川啄木の生涯と思想　碓田のぼる著　影書房　2018.4　270p　19cm　2200円　Ⓣ978-4-87714-477-7　Ⓝ911.162
内容　第1章　小樽の雪の夜―食を求めて北へ北へ　第2章　焼けつく夏と緑の戦い―ローマ字日記の世界　第3章　妻に捨てられた夫の苦しみ―生活の発見へ　第4章　暗い穴の中で知膝をして―二つの事件と啄木　第5章　後々への記念のため―「大逆事件」との遭遇　第6章　知識人としての自覚―啄木の筆写作業　第7章　団結すれば勝つ―連帯の地平へ　終章　1946年の啄木

◇たった一人の啄木―石川啄木・流浪の軌跡　中森美方著　思潮社　2018.4　222p　18cm　〈詩の森文庫　E14〉〈砂子屋書房　1989年刊の新装版〉　980円　Ⓣ978-4-7837-2014-0　Ⓝ911.162
内容　第1章　たった一人の啄木　第2章　青年啄木の周

辺　第3章 提携の軋み　付録 啄木秀歌抄
◇ドナルド・キーン著作集　第15巻 正岡子規 石川啄木　ドナルド・キーン著　角地幸男訳　新潮社　2018.10　573p　22cm　〈他言語標題：The Collected Works of Donald Keene　索引あり〉　3600円　①978-4-10-647115-5　Ⓝ210.08

内容　正岡子規（士族の子―幼少期は「弱味噌の泣味噌」　哲学、詩歌、ベースボール―実は「英語が苦手」ではなかった学生時代　畏友漱石との交わり―初めての喀血、能、レトリック論義　小説『銀世界』と『月の都』を物す―僕ハ小説家トナラヌ欲セズ詩人トナランコトヲ欲ス　従軍記者として清へ渡る―恩人・陸羯南と新聞「日本」 ほか）　石川啄木（自信と反抗　上京、失意、結婚　渋民村で代用教員となる　一家離散、北海道へ　函館の四ヵ月、札幌に二週間 ほか）

石川 信雄〔1908～1964〕 いしかわ・のぶお
◇天にあこがる―石川信雄の生涯と文学　忍足ユミ著　〔入間〕　忍足ユミ　2017.10　212p　19cm　〈文献あり　年譜あり〉　1500円　①978-4-9909842-0-5　Ⓝ911.162

石川 栄耀〔1893～1955〕 いしかわ・ひであき
◇私の都市計画人生―石川栄耀先生の教えとその実践　棚橋一郎著　つくば　棚橋一郎　2017.11　373p　21cm　〈著作目録あり　年譜あり〉　Ⓝ518.8

石川 裕雄〔1948～〕 いしかわ・ひろお
◇極道の品格―山口組四代目暗殺の首謀者石川裕雄の闘い　木村勝美著　イースト・プレス　2015.5　299p　15cm　（文庫ぎんが堂1-8）〈メディアックス 2011年刊の再刊〉　800円　①978-4-7816-7130-7　Ⓝ368.51

内容　第1章 山菱の刺青　第2章 小西一家若頭斬殺　第3章 北山組若頭へ昇格　第4章 一和会直参へ　第5章 襲撃前夜　第6章 四代目暗殺　終章 極道の品格

石川 洋〔1930～〕 いしかわ・よう
◇生きるんだよ　石川洋著　春陽堂書店　2014.12　125p　23cm　〈「歩いたあとに一輪の花を」（頭脳集団ぱるす出版 1995年刊）の改題、加筆修正、再編集〉　1600円　①978-4-394-90319-2　Ⓝ169.1

内容　第1章 母の祈り（一粒の種子が心を育てた　五厘の生姜糖　初めての下宿 ほか）　第2章 この花ひらくとき（天香さんの救いと実践　天香さんの言葉　先輩の教え ほか）　第3章 生きるんだよ（予想外の入院　3・11がめぐり合わせてくれた宝物）　第4章 人生を支えることば

石川 理紀之助〔1845～1915〕 いしかわ・りきのすけ
◇秋田県の農業の基礎をつくった石川理紀之助〔潟上〕　秋田県潟上市教育委員会　2014.10　12p　26cm　〈年譜あり〉　Ⓝ289.1
◇石川理紀之助翁ゆかりの碑マップ100―石川理紀之助翁ゆかりの碑を訪ねて100基を収録　潟上　石川理紀之助翁顕彰会事務局　2017.10　69p　30cm　Ⓝ289.1

イシグロ, カズオ〔1954～〕
◇カズオ・イシグロ読本―その深淵を暴く　別冊宝島編集部編　宝島社　2017.12　167p　19cm　〈文献あり 著作目録あり 年譜あり〉　1290円　①978-4-8002-7939-2　Ⓝ930.278

内容　1章 カズオ・イシグロの来歴―彼はどこから来たのか（カズオ・イシグロ略年譜　カズオ・イシグロの道程をめぐる3つの「記憶」）　2章 カズオ・イシグロの作品―彼の作品とはなんなのか（遠い山なみの光　浮世の画家 ほか）　3章 カズオ・イシグロの読み方―我々はどこへ誘われるのか（心の奥深くに眠るもの―カズオ・イシグロの日本　間の文学―1・5世としてのカズオ・イシグロ ほか）　4章 カズオ・イシグロの広がり―そして、その物語は新たな舞台に『日の名残り』のあとのイシグロと映像　イシグロに刺激を受けた日本の舞台人たち ほか）

◇カズオ・イシグロ入門　日吉信貴著　立東舎　2017.12　191p　19cm　〈他言語標題：The Introduction to Kazuo Ishiguro　文献あり　作品目録あり　発売：リットーミュージック〉　1300円　①978-4-8456-3170-4　Ⓝ930.278

内容　まえがき ノーベル文学賞受賞作家の謎に迫る　第1章 カズオ・イシグロとは誰か　第2章 日本語で読める全作品あらすじ　第3章 テーマで読み解くイシグロの謎　第4章 イシグロと日本　第5章 イシグロと音楽

◇カズオ・イシグロの長崎　平井杏子著　長崎　長崎文献社　2018.3　140p　21cm　〈他言語標題：Kazuo Ishiguro Memory of Nagasaki　文献あり　年譜あり〉　1800円　①978-4-88851-291-6　Ⓝ930.278

内容　第1章 生誕の地―長崎市新中川町というカズオ・イシグロの原点（新中川町界隈の風景　エデンの記憶 ほか）　第2章 家族のこと―祖父と両親の個性的な生き方（上海で仕事をした祖父　租界での思い出 ほか）　第3章 カズオ少年の長崎―そしてイギリスへ（記憶のかたち　カズオ少年の思い出 ほか）　第4章 小説のなかの長崎と日本（遠い山なみの光　浮世の画家）　第5章 "遠い記憶"の残響（日の名残り　充たされざる者 ほか）

石黒 建吉〔1946～〕 いしぐろ・けんきち
◇ホースマン―八ケ岳南麓から世界へ　石黒建吉著　甲府　山梨日日新聞社　2017.11　284p　19cm　1800円　①978-4-89710-628-1　Ⓝ789.6

内容　立教大学馬術部　幼少時代、兄の俊六と馬の目のかがやき　ポール・ラッシュ博士とヒュイット夫人との出会い　アメリカ馬術留学　フレンドシップ・ファーム、オリンピックへの第一歩　ペブルビーチ総合馬術インターメディエイト競技　ヒュイット夫人からの贈り物（セレンディピティ号とジゴロ号）　キープ乗馬会　日本馬術連盟総合馬術部門開始動　日本総合馬術チームのスポンサー〔ほか〕

石黒 浩〔1940～〕 いしぐろ・こう
◇夢の世を行き行きて―玉音放送からスマホ社会までの七〇年　石黒浩著　京都　丸善京都出版サービスセンター　2015.9　241p 図版40p　22cm　1500円　①978-4-907027-16-2　Ⓝ289.1

いしくろ

石黒 孝次郎〔1916～1992〕いしぐろ・こうじろう
◇古く美しきものを求めて―あるオリエント古美術商の生涯　石黒孝次郎著，荒井通子編　里文出版　2016.3　357p　22cm　3000円　Ⓘ978-4-89806-438-2　Ⓝ702.03
|内容| 「鋸碗匠」の話　「風神雷神屏風」とガレの花瓶　私の家のこと　学生時代　戦時中の思い出　島流しになった話　敗戦から売り食いで立ち上がった日本西洋古美術商・事始め　古美術商「三日月」　Ｋ・Ｐ・Ｍの人形と市川清さん〔ほか〕

石黒 昇〔1938～2012〕いしぐろ・のぼる
◇伝説のアニメ職人（クリエーター）たち―アニメーション・インタビュー　第1巻　星まこと編・著　まんだらけ出版部　2018.5　277p　21cm　〈索引あり〉　1800円　Ⓘ978-4-86072-142-8　Ⓝ778.77
|内容| 大工原章・アニメーター、画家　森川信英・アニメーター　うしおそうじ（鷺巣富雄）・漫画家、元ピープロダクション社長　石黒昇・演出家　荒木伸吾・アニメーター・イラストレーター　金山明博・アニメーター・絵師　鳥海永行・演出家・作家　北原健雄・アニメーター　巻末特別企画　十九年目の「アニメーション・インタビュー」金山明博　解説（五味洋子・アニメーション研究家）

石黒 宗麿〔1893～1968〕いしぐろ・むねまろ
◇評伝 石黒宗麿 異端に徹す　小野公久著　京都　淡交社　2014.9　295p　19cm　〈文献あり　年譜あり〉　1800円　Ⓘ978-4-473-03965-1　Ⓝ751.1
|内容| 第1章 はじめに―昭和三年～四十三年（一九二八～六六）　第2章 荒ぶる魂―明治二十六年～大正五年（一八九三～一九一六）　第3章 陶芸への道―大正五年～十二年（一九一六～二三）　第4章 貧乏の底で―大正十二年～昭和三年（一九二三～二八）　第5章 蛇ヶ谷での暮らし―昭和三年～十一年（一九二八～三六）　第6章 終の住み家は京都八瀬―昭和十一年～二十年（一九三六～四五）　第7章 桧舞台への飛躍―昭和二十年～四十三年（一九四五～六八）　第8章 おわりに―昭和二十四年～平成二十五年（一九四九～二〇一三）

石毛 博史〔1970～〕いしげ・ひろし
◇ドラガイ―ドラフト外入団選手たち　田崎健太著　カンゼン　2018.10　271p　20cm　〈文献あり〉　1700円　Ⓘ978-4-86255-482-6　Ⓝ783.7
|内容| 1 石井琢朗（88年ドラフト外 横浜大洋ホエールズ）　2 石毛博史（88年ドラフト外 読売ジャイアンツ）　3 亀山努（87年ドラフト外 阪神タイガース）　4 大野豊（76年ドラフト外 広島東洋カープ）　5 団野村（78年ドラフト外 ヤクルトスワローズ）　6 松沼博久・雅之（78年ドラフト外 西武ライオンズ）

石坂 敬一〔1945～2016〕いしざか・けいいち
◇我がロック革命―それはビートルズから始まった　石坂敬一著　東京ニュース通信社　2017.5　255p　20cm　（TOKYO NEWS BOOKS）　〈発売：徳間書店〉　2300円　Ⓘ978-4-19-864412-3　Ⓝ289.1
|内容| WORKS & PHOTOGRAPHS　少年時代―エルヴィスの衝撃　大学時代―ビートルズの衝撃　ビートルズがやって来た！―将来を決めた来日公演　『サージェント・ペパーズ・ロンリー・ハーツ・クラブ・バンド』発売―サイケデリック時代の到来　東芝音楽工業入社―アルバム『ザ・ビートルズ』ヒット　ビートルズ解散―夢の終わり　ビートルズ解散後のブランド作り―第二世代への啓蒙　邦題の時代―プログレッシヴ・ロックと『原子心母』電気の武者、マーク・ボランとピアノの魔術師、エルトン・ジョン　70年代ビートルズ物語―担当ディレクター時代　1980年12月9日、ジョン・レノンの死　80年代、ヒットの仕掛け人―ハード・ドライヴィング・ビジネスマン　RCサクセション『カバーズ』発売中止の顛末　ポリグラム社長就任―ユニバーサル・ミュージック時代　ワーナーミュージック・ジャパン時代―世界への挑戦　二人のキーマン、永島達司と内田裕也

石坂 浩二〔1941～〕いしざか・こうじ
◇翔ぶ夢、生きる力―俳優・石坂浩二自伝　石坂浩二著　廣済堂出版　2017.9　205p　19cm　1500円　Ⓘ978-4-331-52119-9　Ⓝ778.21
|内容| 第1部 俳優までの道程（石坂浩二の誕生　大河ドラマ、そして浅丘ルリ子　金田一シリーズとなんでも鑑定団　役者とドラマの未来）　第2部 私のヒコーキ人生（愛すべき複葉機たち　空を旅する飛行機たち）

石崎 勝蔵〔1847～1920〕いしざき・かつぞう
◇奈良まち奇譚列伝　安達正興著　奈良　奈良新聞社　2015.7　335p　20cm　1500円　Ⓘ978-4-88856-134-1　Ⓝ281.65
|内容| 第1章 石崎勝蔵（生地　生い立ちと修行時代 ほか）　第2章 工藤利三郎（生い立ち　奈良へ行こう ほか）　第3章 左門米造（『古都の草飛行』北村信昭　米造さんと飛行機 ほか）　第4章 ヴィリオン神父（奈良まちの伴天連　迫害あり、喜びあり ほか）　付録 吉村長慶『清国事情』抜粋現代訳　解説 蚕食される清帝国を旅した文明論）

石津 謙介〔1911～2005〕いしず・けんすけ
◇アイビーをつくった男―石津謙介の知られざる功績　花房孝典著　天夢人　2018.2　271p　19cm　〈アイビーは、永遠に眠らない〉（三五館 2007年刊）の改題、補筆　年譜あり　発売：山と溪谷社〉　1500円　Ⓘ978-4-635-82030-1　Ⓝ289.1
|内容| 第1章 忘年の友―ごく私的な、そして少々長めのプロローグ（戦後文化の一つの時代の終焉　書かなければならないという使命 ほか）　第2章 石津謙介を知るための三つの考察（総括「アイビー」とは何だったのか　ボタンダウンがやってきた　二粒の種）　第3章 再考 石津謙介とは何だったのか？（デザイナー・石津謙介　ユニフォーム・デザインの世界 ほか）　第4章 石津謙介、かく語りき…（あんなこと、こんなこと―思い出すままに　石津謙介「食」談義）　終章 少し悲しく、そして、少し短めのエピローグ（石津夫妻との別れ）

石塚 克彦〔1937～2015〕いしずか・かつひこ
◇ミュージカルへのまわり道　石塚克彦著，英伸三写真，ふるさときゃらばん出版する会編　農

山漁村文化協会　2017.11　575p　19cm　〈年譜あり〉　3500円　①978-4-540-16187-2　Ⓝ772.1

内容　第1幕　石塚ミュージカルの原点とその周辺（わが母校興野小学校との初めての出会い・村上曹長の赤城の子守唄　ほか）　第2幕　身近にいた物怪や妖怪たち（人と獣と物怪が同じ世界にくらしていた　日本の人の身近な妖怪(1)天狗　ほか）　第3幕　ミュージカル制作現場の顛末（日本舞台芸術家組合で学んだこと　わが師匠・山形雄策からの教え　ほか）　第4幕　日本列島をキャラバンすると（日本の原風景・棚田を守れ！　世界は広く驚きがある）

石塚　友二〔1906～1986〕　いしずか・ともじ
◇師資相承―石田波郷と石塚友二　大石悦子著　角川文化振興財団　2018.3　237p　19cm　〈発売：KADOKAWA〉　2000円　①978-4-04-884161-0　Ⓝ911.362

石塚　昌行〔1958～〕　いしずか・まさゆき
◇これが俺の人生足跡だ―車椅子と共に53年を振り返って　石塚昌行著　〔東大阪〕　デザインエッグ　2015.7　96p　21cm　①978-4-86543-389-0　Ⓝ289.1

石塚　由美子〔1959～〕　いしずか・ゆみこ
◇静けさの中の笑顔―ろう者として、通訳者として、そして母として　石塚由美子著　大阪　星湖舎　2017.12　219p　19cm　〈文献あり〉　1300円　①978-4-86372-092-3　Ⓝ369.276

内容　第1章　ろうの子どもとして　第2章　聞こえる人の世界へ　第3章　就職・結婚　第4章　すまいの第5章　盲ろう者の通訳として　第6章　ろう者のひとりごと　第7章　よりよいコミュニケーションのために

石田　言行〔1989～〕　いしだ・いあん
◇言行一致。―25歳。平成起業家の激戦記　石田言行著　京都　いろは出版　2015.7　255p　19cm　1500円　①978-4-902097-85-6　Ⓝ159.7

内容　1章　大言を吐く―生い立ち　大嫌いだった「言行」という名前（「現代」が始まった年に僕は生まれた　初めて言葉が現実になった日　ほか）　2章　黙々と実行する―起業　初めての言行一致（今思えば、この手紙がなければ、この後の修業時代はなかったかもしれない　必要のない選択肢を捨てられない人は弱い　ほか）　3章　言葉から逃げない―継続　1％の喜びのための99％の苦しみ（評価ビリから起業家の聖地シリコンバレーへ　挑戦者になった時点で、すでにあなたは成功している　ほか）　4章　最後に勝つ―未来　「言行一致」のつくり方（やりたいことが見つからない人は、言葉をどう探していけばよいのか　口だけで終わらないために、言葉をどのようにアウトプットするのか　ほか）

石田　一松〔1902～1956〕　いしだ・いちまつ
◇昭和芸人七人の最期　笹山敬輔著　文藝春秋　2016.5　249p　16cm　（文春文庫 さ67-1）〈文献あり〉　620円　①978-4-16-790625-2　Ⓝ779.9

内容　第1章　榎本健一・65歳没―片脚の宙返り　第2章　古川ロッパ・57歳没―インテリ芸人の孤独　第3章　横山エンタツ・74歳没―運命のコンビ解散　第4章　石田一松・53歳没―自惚れた歌ネタ芸人　第5章　清水金一・54歳没―主役しかできない人　第6章　柳家金語楼・71歳没―元祖テレビ芸人の帰る家　第7章　トニー谷・69歳没―占領下が生んだコメディアン　特別インタビュー　最後の喜劇人、芸人の最期を語る―伊東四朗

石田　請市〔1919～2006〕　いしだ・しょういち
◇石田請市伝　石田請市伝監修委員会編　〔出版地不明〕　石田請市伝発刊の会　2018.9　24, 265p　27cm　〈年譜あり〉　Ⓝ289.1

石田　卓也〔1952～〕　いしだ・たくや
◇日本人だったアメリカ人社長、日本を叱る　石田卓也著　学研マーケティング　2015.9　158p　19cm　1300円　①978-4-05-406314-3　Ⓝ304

内容　私の生い立ち　修業時代とは　矛盾　外から見た日本の政治　税金　保証人　教育　差別　オバマと民主党　子育て〔ほか〕

◇日本人だったアメリカ人が見たおかしな日本　石田卓也著　牧歌舎東京本部　2016.1　142p　19cm　〈エンタイトル出版 2011年刊の再刊　発売：星雲社〉　1300円　①978-4-434-21565-0　Ⓝ289.1

内容　アメリカ人になった私　アメリカの教育、日本の教育　ヨーロッパ旅　結婚、そして家族　差別とお金　幸福と不幸　政治、税金、弁護士、アメリカの事情　目標と目的　日本を考える　最後に・私の生い立ち

石田　トミ子〔1943～〕　いしだ・とみこ
◇道しるべ　石田トミ子著　〔出版地不明〕　〔石田トミ子〕　〔2015〕　58p　26cm　Ⓝ289.1

石田　虎松〔1874～1920〕　いしだ・とらまつ
◇西伯利亞出兵物語―大正期、日本軍海外派兵の苦い記憶　土井全二郎著　潮書房光人社　2014.8　276p　20cm　〈文献あり〉　2200円　①978-4-7698-1575-4　Ⓝ210.69

内容　第1章　シベリアお菊　第2章　風雲児　島田元太郎　第3章　課報員　石光真清　第4章　おらが総理　田中義一　第5章　アタマン・セミョノフ　第6章　社会主義中尉　長山直厚　第7章　パルチザン　佐藤三千夫　第8章　革命軍飛行士　新保清　第9章　尼港副領事　石田虎松　第10章　「無名の師」総決算

石田　昇〔1875～1940〕　いしだ・のぼる
◇ある精神医学者の一生―長崎大学医学部精神科初代教授石田昇その生涯と業績　中根允文著　長崎　長崎新聞社　2017.11　198p　21cm　〈年表あり　年譜あり　著作目録あり　文献あり〉　2300円　①978-4-86650-004-1　Ⓝ289.1

内容　第1部　石田教授とその家族、および彼を取り巻く医師たち（石田家一族とは　幼児期と熊本五高時代　ほか）　第2部　米国留学とそれから（米国留学にあたって、そしてボルチモアに向けて　到着したボルチモアの模様　ほか）　第3部　米国留学からの帰国とその後（ボルチモアでの発砲事件　メリーランドから帰国に向けて　ほか）　第4部　あとがき（長崎大学医学部創立百六十周年及び同学部精神経科学教室開講百十周年を記念して）

いした

石田 紀郎〔1940～〕 いしだ・のりお
◇現場とつながる学者人生―市民環境運動と共に半世紀　石田紀郎著　藤原書店　2018.5　336p　21cm　〈文献あり　年譜あり〉　2800円　Ⓘ978-4-86578-170-0　Ⓝ519
内容　1 農学から公害現場へ　2 公害原論を考える　3 琵琶湖は琵琶湖を汚さない　4 ミカンに育てられて　5 公害被害地から自分の街で　6 アラル海の環境改変に学ぶ　7 今、市民環境研究所で

石田 梅岩〔1685～1744〕 いしだ・ばいがん
◇先哲・石田梅岩の世界―神天の祈りと日常実践　清水正博編　大阪　新風書房　2014.8　125p　19cm　〈文献あり　年譜あり〉　500円　Ⓘ978-4-88269-802-9　Ⓝ157.9
＊男尊女卑が色濃い江戸時代において、私塾で男女分け隔てなく指導した石田梅岩。その生涯、目指した世界、後世に託した心願を紹介する。石田梅岩関係年表も収録。

◇石田梅岩―峻厳なる町人道徳家の孤影　森田健司著　京都　かもがわ出版　2015.5　187p　20cm　〈未来への歴史〉〈文献あり〉　1900円　Ⓘ978-4-7803-0768-9　Ⓝ157.9
内容　第1章 東縣村の勘平少年（東縣村と石田家の歴史　神経質だった少年期 ほか）　第2章 京都で商人として生きる（神道と「人の人たる道」：黒柳家での仕事 ほか）　第3章 小栗了雲という衝撃（性とは何か　了雲という巨大な壁 ほか）　第4章 思想家への転身（初めての講義　取り扱った書物 ほか）　第5章 真の学問とは何か―『都鄙問答』の世界1（初めての著作の完成　『都鄙問答』の構成 ほか）　第6章 商人を語る―『都鄙問答』の世界2（対立する価値観　修身と斉家 ほか）　第7章 心は形が規定する―『都鄙問答』の世界3（性が善であるのは何故か　知は行に現れる ほか）　第8章 倹約のすすめ―『都鄙問答』の世界4（文字芸者・赤子の心　他者の気持ちを推し量る ほか）　第9章 再説、倹約のすすめ―『斉家論』の世界（置き土産『斉家論』梅岩学の本質 ほか）　第10章 人の生きる意味（独り身で道を語る者　慎ましい人生 ほか）　補章 梅岩亡き後の心学（活躍する堵庵　中沢道二と布施松翁 ほか）

◇日本精神研究―GHQ発禁図書開封　大川周明著　徳間書店　2018.9　334p　18cm　1100円　Ⓘ978-4-19-864699-8　Ⓝ121
内容　第1 横井小楠の思想及び信仰　第2 佐藤信淵の理想国家　第3 平民の教師石田梅岩　第4 純情の人平野二郎国臣　第5 剣の人宮本武蔵　第6 近代日本の創設者織田信長　第7 上杉鷹山の政道　第8 戦える僧上杉謙信　第9 頼朝の事業及び人格

石田 波郷〔1913～1969〕 いしだ・はきょう
◇師資相承―石田波郷と石塚友二　大石悦子著　角川文化振興財団　2018.3　237p　19cm　〈発売：KADOKAWA〉　2000円　Ⓘ978-4-04-884161-0　Ⓝ911.362

石田 文樹〔1966～2008〕 いしだ・ふみき
◇永遠の一球―甲子園優勝投手のその後　松永多佳倫,田沢健一郎著　河出書房新社　2014.7　306p　15cm　（河出文庫 ま12-1）　740円　Ⓘ978-4-309-41304-4　Ⓝ783.7
内容　第1章 流転・生涯不良でいたい―横浜高校・愛甲猛・一九八〇年優勝　第2章 酷使・曲がったままの肘―銚子商業高校・土屋正勝・一九七四年優勝　第3章 飢餓・静かなる執着―帝京高校・吉岡雄二・一九八九年優勝　第4章 逆転・「リストラの星」と呼ばれて―池田高校・畠山準・一九八二年優勝　第5章 解放・夢、かつてより大きく―桐生第一高校・正田樹・一九九九年優勝　第6章 鎮魂・桑田・清原を破った唯一の男―取手第二高校・石田文樹・一九八四年優勝　特別章 破壊・七七三球に託された思い―沖縄水産高校・大野倫・一九九一年準優勝

石田 三成〔1560～1600〕 いしだ・みつなり
◇実伝 石田三成　火坂雅志編　KADOKAWA　2014.7　239p　15cm　（角川文庫 ひ20-24）　760円　Ⓘ978-4-04-400319-7　Ⓝ289.1
内容　特別対談 清冽なる最高のナンバー2　第1部 石田三成の戦いと人物像（悪名を着た近江人―受け継がれた「三方よし」の信条　賤ヶ岳合戦を支えた後方支援―秀吉直伝の奇策　忍城の水攻め―戦下手の烙印とその真相　奉行三成の唐入り―早期講和への確固たる信念　ドキュメント「関ヶ原」）　第2部 石田三成像の諸相（ゆかりの地・北近江を行く―出生の地、佐和山城、そして逃亡の果て　奉行三成の文治政治―秀吉が信頼したエキスパート　側用人としての力―佐竹義宣が三成に見たもの　戦場の鬼・島左近　黒幕・三成の冤罪―利休処断・氏郷毒殺・秀次切腹　三成の「巨いなる企て」―天才シナリオ・ライターの最期）　第3部 石田三成の生涯（戦い続けた愚義の将）

◇戦国軍師列伝　井沢元彦著　光文社　2015.4　293p　20cm　1500円　Ⓘ978-4-334-97819-8　Ⓝ281.04
内容　序章 軍師とは何か　第1章 架空の人物とされていた軍師・山本勘助登場　第2章 戦国史上最強の軍師・竹中半兵衛登場　第3章 織田信長に軍師がいなかったのはなぜなのか　第4章 石田三成と黒田官兵衛の「関ヶ原の戦い」　第5章 家康に公然と噛みついた直江兼続　第6章 源義経に始まり、大村益次郎、高杉晋作へと続く日本の軍師

◇三成伝説―現代に残る石田三成の足跡　オンライン三成会編　決定版　彦根　サンライズ出版　2016.9　181p　21cm　〈文献あり　年譜あり〉　2000円　Ⓘ978-4-88325-600-6　Ⓝ289.1
内容　第1陣 三成の生涯を追って（近江・石田　近江・水口　武蔵・忍　近江・佐和山　近江・彦根 ほか）　第2陣 三成をめぐる人々（石田正継　石田正澄　石田重家　辰姫　嶋左近 ほか）

◇石田三成伝　中野等著　吉川弘文館　2017.1　565p　20cm　〈文献あり　年譜あり〉　3800円　Ⓘ978-4-642-02934-6　Ⓝ289.1
内容　貶められた人物とその実像―プロローグ　第1章 三成の台頭　第2章 秀吉の国内統一と三成　第3章 「唐入り」と三成　第4章 太閤・関白の並立と文禄四年の政変　第5章 豊臣政権の中枢として　第6章 晩年の秀吉と三成　第7章 秀吉没後の三成　第8章 「関ヶ原」合戦と三成の最期　第9章 石田三成像の形成　豊臣家奉行 石田三成の生涯―エピローグ

◇石田三成　谷徹也編著　戎光祥出版　2018.2　399p　21cm　（シリーズ・織豊大名の研究 7）　6500円　Ⓘ978-4-86403-277-3　Ⓝ289.1
内容　総論 石田三成論　第1部 石田三成の人物像（石

田三成の生涯―その出自と業績　戦国を疾走した秀吉奉行　石田三成書状―その趣旨）　第2部 豊臣政権における石田三成（豊臣期「取次」論の現状と課題　文禄期「太閤検地」に関する一考察―文禄三年佐竹氏領検地を中心に　島津氏の財政構造と豊臣政権）　第3部 領主・代官としての石田三成（石田三成佐和山入城の時期について　佐和山城の絵図　豊臣政権下の博多と町衆）　第4部 合戦における石田三成（忍城水攻め　豊臣政権の情報伝達について―文禄二年の前線後退をめぐって　関ヶ原合戦の再検討―慶長五年七月十七日前後）　付録 石田三成発給文書目録稿

石田 順朗〔1928～2015〕　いしだ・よしろう
◇ルーテル教会の信仰告白と公同性―神学的自伝　石田順朗著　リトン　2017.10　200p　19cm　〈年譜あり〉　1400円　①978-4-86376-061-5　Ⓝ198.3852

内容　ルーテル教会の公同性―戦後日本の各派ルーテル教会　宗教改革の意味をリフォームとして考える　隣人への臨場―リフォーマー・ルターの場合　信仰、愛において働くもの　伝道論から観たルター神学　信条教会と信仰告白する教会　世界信仰告白共同体のエキュメニカルな貢献　「家庭の食卓」から　単純に語り、教える「普通」のもつ有り難さ　ルーテルDNA1―神の言葉に「とりつかれる」〔ほか〕

石平 春彦〔1954～〕　いしひら・はるひこ
◇市民自治に生きて―自治体議員◇挑戦・改革・創造の軌跡　石平春彦著　公人の友社　2015.11　235p　図版12p　30cm　3500円　①978-4-87555-676-3　Ⓝ318.241

内容　1 はじめに　2 プロフィール　3 主要活動の軌跡　4 政策提言・政策創造・改革実践（一般質問の軌跡　中長期の政策提言と年度予算要望の事例　上越市の政策条例等の創造・制度設計　議会改革度トップクラスに至る実践の経過　分権改革の息吹―市発足30周年から新生上越市へ（議長挨拶集）　合併協議主導の過程　新幹線建設促進運動と新駅周辺まちづくり　水道水源保護の地平を開く　上越市のコミュニティ政策の展開過程（関連年表））　5 石平はるひこ市政報告

伊地智 啓〔1936～〕　いじち・けい
◇映画の荒野を走れ―プロデューサー始末半世紀　伊地智啓著，上野昂志，木村建哉編　インスクリプト　2015.4　357,23p　20cm　〈作品目録あり　索引あり〉　3500円　①978-4-900997-56-1　Ⓝ778.21

内容　第1章 助監督室って無頼の館―日活助監督時代　第2章 大胆不敵、試行錯誤―日活ロマンポルノ時代　第3章 別天地から吹いてくる風―キティ・フィルムへ　あいつの見えない船に乗って―相米慎二、最初の三本　第5章 映画にはない肌触り―一九八〇年代、マンガとテレビと　第6章 相米、夏に雪を撮るぞ―「雪の断章情熱」と「光る女」第7章 花盛りの時代の心許なさ―アルゴ・プロジェクトへ　第8章 あいつは命賭けだったようなところがあった―「お引越し」と「夏の庭The Friends」　第9章 時代の変わり目に居合わせて―ケイファクトリーへ　第10章 おまえの「生命力」に共鳴するうちに―エピローグ　対談 盟友プロデューサー、すべての始まり―黒澤満・伊地智啓

伊地知 正治〔1828～1886〕　いじち・まさはる
◇伊地知正治小伝　鹿児島県教育会編　復刻版　周南　マツノ書房　2017.8　177,4p　21cm　〈折り込 2枚　原本：昭和11年刊〉　Ⓝ289.1

ECD〔1960～2018〕
◇他人の始まり因果の終わり　ECD著　河出書房新社　2017.9　198p　20cm　1700円　①978-4-309-02607-7　Ⓝ767.8

＊「個」として生まれ、「個」として生き、「個」として死ぬ。自殺した弟と残された父、心を病んで死んだ母、そして妻と娘たち。癌発覚と闘病の中で向き合った、家族と自身の生きた軌跡。音楽から、ストリートで、身を賭して闘ってきたラッパー・ECDの生の総決算。

◇ホームシック―生活〈2～3人分〉　ECD, 植本一子著　筑摩書房　2017.9　206p　15cm　（ちくま文庫　い93-1）〈フィルムアート社 2009年刊の再刊〉　880円　①978-4-480-43472-2　Ⓝ767.8

内容　WE ARE ECD＋1（寿命　家族　宣告　生活　進展　ほか）　ビギナーズラック　これまで これから（収入　元カノ　仕事　出会い　託児　ほか）

石ノ森 章太郎〔1938～1998〕　いしのもり・しょうたろう
◇トキワ荘青春日記―1954-60　藤子不二雄A著　復刊ドットコム　2016.12　219p　19cm　〈光文社 1996年刊の新規装丁〉　2000円　①978-4-8354-5441-2　Ⓝ726.101

内容　トキワ荘と、おかしな仲間たち　昭和二十九年 二十一歳　昭和三十年 二十一歳　昭和三十一年 二十二歳　昭和三十二年 二十三歳　昭和三十四年 二十五歳　昭和三十五年 二十六歳　昭和五十六年 四十七歳　青春は、トキワ荘とともにあった

◇完全解析！石ノ森章太郎―生誕80周年記念読本　石森プロ監修　宝島社　2018.9　255p　21cm　〈作品目録あり〉　1600円　①978-4-8002-8647-5　Ⓝ726.101

内容　石ノ森章太郎のライフワーク『サイボーグ009』の変遷　カラーイラストで辿る石ノ森章太郎の世界　第1章 石ノ森章太郎の誕生、そして『009』誕生前夜　第2章 『009』、ライフワークへの軌跡1964－1992　第3章 『009』が生みだした萬の"石ノ森ヒーロー"たち　第4章 『009』を起点に冴えわたる石ノ森演出　第5章 あらゆるジャンルを網羅した石ノ森作品と『009』第6章 終わりなき作品『009』完結との闘い

◇章説 トキワ荘の青春　石ノ森章太郎著　中央公論新社　2018.10　278p　16cm　（中公文庫 い19-2）〈「章説トキワ荘の春」（清流出版 2008年刊）の改題、再構成〉　800円　①978-4-12-206647-2　Ⓝ726.101

内容　起の章（トキワ荘… …まで）　承の章（一九五七年一月最初で最後の描き下ろし　館詰め ほか）　転の章（光と翳とTOKIWASO TWILIGHT　トキワ荘…青春の仲間たちをご紹介します。 ほか）　結の章（…トキワ荘 から…）

◇石ノ森章太郎とサイボーグ009　ペン編集部編　CCCメディアハウス　2018.12　127p　21cm　（pen BOOKS 027）〈文献あり〉　1700円　①978-4-484-18232-2　Ⓝ726.101

いしは

内容 神様手塚をうならせた、石ノ森章太郎という才能。(石ノ森章太郎は、どんな人物だったのか。 手塚治虫と石ノ森の不思議な関係。 ほか) 約30年間続いた、『サイボーグ009』誕生の背景と全体像。(世界一周旅行が、名作発想の源だった。 そもそも「サイボーグ」とは、いったい何か？) 各エピソードで振り返る、巨躯の実像。(誕生編—サイボーグ戦士たちの痛みを知り、ともに分かつ不動の原点。 暗殺者編—シャープなアクション演出に、"異形"の哀しみが漂う。 ほか) 石ノ森の素晴らしき代弁者たち、『009』の登場人物を分析。(過酷な運命を背負う9人の戦士と、その個性。 バラエティと創造性に富んだキャラクターたち。 ほか) あらゆるジャンルを網羅、いまも根強い人気の名作萬画を読む。(15誌を超えて掲載された、驚異の作品『009』紙とペンに萬の可能性を込めた、名作群。)

石破 茂〔1957～〕 いしば・しげる
◇石破茂 非公認後援会 どんどろけの会著 メタモル出版 2014.8 175p 19cm 1380円 ①978-4-89595-865-3 N314.85
内容 第1章 出発前夜（出会いと始まり 圧倒的に不利な情勢 ほか） 第2章 選挙戦突入（出馬への準備 直前の2大イベント ほか） 第3章 変革のとき（リーダーによる組織純化 自民党離党と3選 ほか） 第4章 組織の危機（再びの戦い 鳥取市長選挙のこと ほか） 第5章 今後のこと（世代交代の議論 『世維の会』の結成 ほか）

◇政治の眼力—永田町「快人・怪物」列伝 御厨貴著 文藝春秋 2015.6 207p 18cm （文春新書 1029） 750円 ①978-4-16-661029-7 N312.8
内容 安倍政権とは何か（貴族的感覚 祖父譲り—麻生太郎 「フツー」に秘める胆力—山口那津男 ほか） 自民党の中枢の秘密（「反時代」で独特の地位—古賀誠 権力への鋭いアンチ—野中広務 ほか） チャレンジャーの資格（己を見つめる伝道師—石破茂（1）大政治家に化けうるか—細野豪志 ほか） 失敗の研究（道半ばのリアリズム—仙谷由人 「政策の調教師」次の道—与謝野馨 ほか） 清和会とは何か（時勢を見極める一手—森喜朗 二十一世紀型の首相—小泉純一郎 ほか）

◇石破茂の「日本創生」 大下英治著 河出書房新社 2017.6 337p 19cm 1800円 ①978-4-309-24806-6 N312.1
内容 序章 平成二十四年自民党総裁選 安倍晋三VS石破茂 第1章 知事のセガレに生まれて 第2章 青年代議士の誕生 第3章 政界再編の荒波のなかで 第4章 初入閣 防衛庁長官に就任 第5章 初めての総裁選 第6章 民主党政権との闘い 第7章 幹事長と地方創生 第8章 水月会 派閥発足 第9章 新たな闘いへ

◇石破茂の「頭の中」 鈴木哲夫著 ブックマン社 2018.5 230p 19cm 〈文献あり〉 1600円 ①978-4-89308-898-7 N312.1
内容 第1章 プレッシャーの中で育った少年期（「知事の息子」というプレッシャー 「石破茂オタク伝説」の原点） 第2章 石破茂の家族の肖像（実は愛妻家） 第3章 政治家・石破茂の歩み（田中角栄の勧めで目指した政治家への道 自民党からの離党に踏み切った石破茂 ほか） 第4章 混乱する日本の制度と近づく総理の座（自民党の2回目の野党転落と石破の自民

党政調会長就任 始まった日本政治の迷走と東日本大震災 ほか） 第5章 「石破茂」の国家論（衆議選大勝後に騒がれる自民党の危うさ 北朝鮮の脅威の前で日本はどうあるべきか ほか）

石橋 英司〔1936～〕 いしばし・えいじ
◇ふる里に生きる—協栄ガスのあゆみ 石橋英司著 〔佐世保〕 協栄ガス 2017.2 142p 22cm 〈年表あり〉 N289.1

石橋 恵三子〔1940～〕 いしばし・えみこ
◇「徹子の部屋」の花しごと 石橋恵三子著 産業編集センター 2018.6 159p 19cm 1300円 ①978-4-86311-191-2 N289.1
内容 第1章 「徹子の部屋」の花しごと（画面から消えてなくなるお花 「消えもの」それを初めて仕事にしたのが私です 「番組の第二のゲストは花です」徹子さんの言葉に奮起 ほか） 第2章 「消えもの」人生ここにあり（テレ朝に出演するとご飯が美味しい いつのまにか口コミで評判に 「欽どこ」でバラエティの料理企画の先駆けいつでもとことん力を出し切る ほか） 第3章 大好きな花しごとの原動力（一人っきりのリフレッシュも大事 今晩も韓流ドラマで夢のひととき 住まいも楽しく飾り付けて手を動かすのが大好き！ ほか） 終章 花しごととの出会い 私の原点（6人きょうだいのおてんば娘 人呼んで「不死身のエミちゃん」 もてなしの師は、料理屋の一人娘だった母 ほか）

石橋 湛山〔1884～1973〕 いしばし・たんざん
◇合理的避戦論 小島英俊著，東郷和彦対論 イースト・プレス 2014.8 319p 18cm （イースト新書 033）〈文献あり〉 907円 ①978-4-7816-5033-3 N319.8
内容 対談 東郷和彦×小島英俊 この国は本当に戦争がしたいのか？ 平和思想の近代史 「ねずみの殿様」斎藤隆夫の四二年間の奮闘 防空演習を嗤った桐生悠々 二〇年前から東京大空襲を予見していた水野広徳 天才・北一輝の驚愕 未来を見通せたエコノミスト・石橋湛山 陸軍唯一の哲学者・石原莞爾 国際通苦労人・清沢洌 戦前の「戦争と平和論」 戦後の「戦争と平和論」 皮肉なクロスロード・三島由紀夫と野中広務

◇思想家としての石橋湛山—人と時代 山口正著 横浜 春風社 2015.11 410p 20cm 3000円 ①978-4-86110-472-5 N289.1
内容 1 大正デモクラシーの思想的先導者（石橋湛山の「哲人政治」論—石橋政治哲学成立の一断面 田中王堂の哲人主義—石橋湛山の民衆主義との比較 ほか） 2 「非帝国主義日本」の構想者（石橋湛山の大日本主義放棄論（異本）と三浦銕太郎の朝鮮自治論—朝鮮青年発行の『亜細亜公論』に発表、発禁となる 石橋湛山の岩波茂雄への手紙—敗戦前後の一断面 ほか） 3 激動する二〇世紀世界の洞察者（J.M.ケインズと石橋湛山 石橋湛山とケインズ（座談会）—時代を動かした二人の思想家の原点を探る ほか） 4 石橋湛山の思想とその評価（石橋湛山の自由主義、そしてその歴史的評価 「自由主義史観」は石橋思想を正しくとらえきれるか 石橋湛山の真実とは—鷺を烏といいくるめる者を正す ほか） 5 石橋湛山研究の中から—書評と紹介（筒井清忠著『石橋湛山—自由主義政治家の軌跡』Liberalism in Modern Japan—Ishibashi Tanzan and His Teachers,1905‐1960,

by Sharon H.Nolte,1987（シャロン・ノールティ著『近代日本のリベラリズム―石橋湛山とその先師たち、一九〇五～一九六〇』）ほか〕

湛山読本―いまこそ、自由主義、再興せよ。
　船橋洋一著　東洋経済新報社　2015.12　493p　20cm　〈他言語標題：Reading Ishibashi Tanzan　文献あり　著作目録あり〉　2400円　①978-4-492-06197-8　Ⓝ289.1
内容　第1章 自由主義　第2章 第一次世界大戦　第3章 ワシントン体制　第4章 デモクラシー　第5章 デフレ論争　第6章 満州事変　第7章 統治危機　第8章 日中戦争　第9章 三国同盟　第10章 太平洋戦争　第11章 再建の思想

◇戦後政治家論―吉田・石橋から岸・池田まで
　阿部眞之助著　文藝春秋　2016.4　439p　16cm　（文春学藝ライブラリー―雑英 25）〈「現代政治家論」（文藝春秋新社 1954年）の改題、再刊〉　1400円　①978-4-16-813061-8　Ⓝ312.8
内容　岸信介論　重光葵論　池田勇人論　木村篤太郎論　和田博雄論　三木武吉論　西尾末廣論　吉田茂論　石橋湛山論　徳田球一論　緒方竹虎論　大野伴睦論　芦田均論　鳩山一郎論　鈴木茂三郎論

◇石橋湛山の思想は人間活動の根本・動力なる
　増田弘著　京都　ミネルヴァ書房　2017.7　384,8p　20cm　（ミネルヴァ日本評伝選）〈文献あり　年譜あり　索引あり〉　3500円　①978-4-623-08092-2　Ⓝ289.1
内容　第1章 人間形成　第2章 東洋経済新報社　第3章 小日本主義の言論―一九一〇年代　第4章 植民地全廃論―一九二〇年代　第5章 転換期―一九三〇年代　第6章 言論統制―一九四〇年代前期　第7章 日本再建構想と政界転身―一九四〇年代中期　第8章 石橋積極財政とGHQ・吉田との対立―一九四〇年代後期　第9章 通産大臣と日中貿易関係―一九五〇年代中期　第10章 総理大臣と日中米ソ平和同盟―一九五〇年代後期～六〇年代　終章 湛山イズム

◇石橋湛山の慈悲精神と世界平和　石村柳三著　コールサック社　2018.1　255p　19cm　〈文献あり〉　1500円　①978-4-86435-322-9　Ⓝ289.1
内容　第1章 石橋湛山の感性と信念（石橋湛山の人間的感性を見る―仏典「一心欲見仏」に想念するもの　石橋湛山の涙―その胸臆の悲しみ　ほか）　第2章 湛山・平和精神の水脈（「山梨平和ミュージアム―石橋湛山記念館」理事長で平和史学を語る、浅川保先生への手紙―新刊書『地域に根ざし、平和の風を』浅川保（平原社）を読んで　平和憲法といわれる「第九条」への感慨―とくに言論人政治家石橋湛山の視点をからめて　ほか）　第3章 湛山の相逢と引き継がれる言説（詩の身近さと親しみ―石橋湛山の主治医で、九十四歳のとき処女詩集を出版した日野原重明『いのちの哲学詩』を手にして　石橋湛山と辻井喬ほか）　第4章 湛山へ捧ぐ詩―生命の粘液（物言えぬ暗黒の道を再び歩むな―あな言論人の信念の生涯をかえりみて　"戦争の愚"を認識しよう　ほか）

石花井 ヒロミ〔1941～〕　いしはない・ひろみ
◇本能と理性の狭間―私の生きた道筋　石花井ヒロミ著　東銀座出版社　2017.6　93p　19cm　926円　①978-4-89469-194-0　Ⓝ289.1
内容　以前の生活　崩れる音　実とのはじまり　心の隙　新たな出発　繰り返す過ち　終焉

石原 悦郎〔1941～2016〕　いしはら・えつろう
◇写真をアートにした男―石原悦郎とツァイト・フォト・サロン　粟生田弓著　小学館　2016.10　317p　20cm　〈年譜あり〉　2200円　①978-4-09-682224-1　Ⓝ740.21
内容　第1章 日本で最初の写真画廊　第2章 パリで出会った巨匠たち　第3章 オリジナル・プリントの夜明け前　第4章 荒木・森山の時代　第5章 つくば写真美術館の夢と現実　第6章 写真家たちとつくる新しい写真　第7章 コレクションに託された未来

石原 莞爾〔1889～1949〕　いしはら・かんじ
◇石原莞爾 アメリカが一番恐れた軍師―若き男たちの満州建国　早瀬利之著　双葉社　2014.8　238p　18cm　（双葉新書 095）〈文献あり〉　840円　①978-4-575-15446-7　Ⓝ222.5
内容　第1章 石原莞爾中佐が見た満州（カメラ愛好家「石原権太郎」　関東軍参謀は左遷人事だった　ほか）　第2章 満州合衆共和国をめざして（日本人追い出しの陰に米ソあり　満州における日本の特殊権益とは　ほか）　第3章 満州事変、若き男たちの決断（板垣・石原・花谷・今田の秘策　奉天総領事、幣原外相に危機感を訴えるも動かず　ほか）　第4章 満州国建国（満州国独立へ、溥儀を立てる　今村均参謀本部作戦課長、止めにくる　ほか）

◇合理的避戦論　小島英俊著, 東郷和彦対論　イースト・プレス　2014.8　319p　18cm　（イースト新書 033）〈文献あり〉　907円　①978-4-7816-5033-3　Ⓝ319.8
内容　対論 東郷和彦×小島英俊 この国は本当に戦争がしていたのか？　平和思想の近代史「ねずみの殿様」斎藤隆夫の四二年間の奮闘　防空演習を嗤った桐生悠々　二〇年前から東京大空襲を予言した水野広徳　天才・北一輝の驚異　軍人唯一のエコノミスト・石橋湛山　陸軍唯一の哲学者・石原莞爾　国際通苦労人・清沢洌　戦前の「戦争と平和論」　戦後の「戦争と平和論」　皮肉なクロスロード・三島由紀夫と野中広務

◇石原莞爾　渡辺望著　言視舎　2015.3　267p　20cm　（言視舎評伝選）〈文献あり〉　2700円　①978-4-86565-014-3　Ⓝ289.1
内容　序―なぜ四つの「人生の要素」から論じるのか　第1部 日蓮仏教の信徒として―宗教家・石原莞爾（天皇主義と「異宗教」　石原と日蓮仏教　国社会の力　石原にとっての天皇）　第2部 人種戦争の理論家として―思想家・石原莞爾（偽史と架空戦記　偽史と現実の接近　人種戦争）　第3部 歴史の風雲児として―軍人・石原莞爾（石原と満州　世界史の舞台へ　二・二六事件）　第4部 挫折した理想家として―政治家・石原莞爾（心優しき独裁者　誤算と挫折　終幕としての石原）

◇石原莞爾―生涯とその時代　上　阿部博行著　新装版　法政大学出版局　2015.7　394p　20cm　4000円　①978-4-588-31632-6　Ⓝ289.1
内容　幼少年期（一八八九～一九〇二）（幕末維新期の庄内　幼少年時代）　軍人を志して（一八九九～一九〇九）（仙台陸軍地方幼年学校　東京陸軍中央幼年学校　陸軍士官学校）　若松連隊時代（一九〇九～一九一九）（歩兵第六十五連隊　韓国駐箚　陸軍大学校）　在京在外武官時代（一九一九～一九二八）（教育総監部付　漢口駐在　ベルリン駐在　陸軍大学校教官）

いしはら

関東軍参謀時代(一九二八〜一九三二)(関東軍作戦参謀 満州事変前夜 満州事変 満州国建国) 陸軍中枢へ(一九三二〜一九三七)(国債連盟随員 歩兵第四連隊長時代 参謀本部時代)

◇石原莞爾の変節と満州事変の錯誤—最終戦争論と日蓮主義信仰 伊勢弘志著 芙蓉書房出版 2015.8 275p 22cm 〈文献あり 索引あり〉 3500円 ①978-4-8295-0657-8 Ⓝ289.1

内容 第1章 「つくられた石原莞爾像」—カリスマ神話の形成 第2章 「八紘一宇」と日蓮主義 第3章 「最終戦争」と「予言」—日蓮主義運動と入信過程 第4章 陸軍の課題としての対米戦略 補論1 宮沢賢治『銀河鉄道の夜』に見る日蓮主義信仰と社会変革 第5章 満洲侵略の前提状況 第6章 満州事変の決行 第7章 満州国建国にともなう変節 補論2 石原莞爾の「発心」をめぐる推論 第8章 参謀本部改革と「国防国策」 第9章 構想の破綻と変節 第10章 満州事変と予言信仰の錯誤

◇満州怪物伝—「王道楽土」に暗躍した人物たちの活躍とその後 歴史REAL編集部編 洋泉社 2015.9 255p 19cm 〈年表あり 索引あり〉 1800円 ①978-4-8003-0719-4 Ⓝ281.04

内容 第1章 建国に暗躍した軍人たちの光と影(石原莞爾—満洲領有を唱えた「世界最終戦争論」とは? 土肥原賢二—満洲国の建国に尽力した「満洲のローレンス」 板垣征四郎—石原とコンビを組み、満洲事変を引き起こす 山口重次—石原莞爾を煽り関東軍の決起を促した活動家) 第2章 傀儡国家の申し子たち(甘粕正彦—満洲の文化を盛り立てた官僚の「実像」 愛新覚羅溥儀—数奇で残酷な運命を辿った「ラスト・エンペラー」 松岡洋右—満鉄で実力を発揮できなかった総裁 李香蘭—日中に引き裂かれた誠実な女優) 第3章 影の世界にうごめいたフィクサーたち(里見甫—阿片を用いて満洲のダークサイドを歩いた「里見夫」 辻政信—ノモンハンでの独断専行の全貌 河本大作—張作霖爆殺事件の首謀者 石井四郎—「悪魔の細菌部隊」七三一部隊を創設した男 川島芳子—華麗なエピソードに彩られた「男装の麗人」) 第4章 満洲国を牛耳った官僚と政治家たち(岸信介—昭和の妖怪と呼ばれた男の「一身二生」の人生 星野直樹—満洲国を「傀儡国家」たらしめた最重要人物 高碕達之助—満業を率いて日本人を守った経済人 古海忠之—満洲国の経済を動かした男) 特別企画 満洲人物伝—「王道楽土」の地で活躍した人物82(軍人・軍関係者 政治家・官僚 満鉄と経済人 文化人 女性 中国人)

◇参謀本部作戦部長 石原莞爾—国家百年の計に立ち上がった男 早瀬利之著 潮書房光人社 2015.10 645p 20cm 3600円 ①978-4-7698-1604-1 Ⓝ289.1

内容 第1部(永田鉄山、兇刃に倒る 昭和維新の立案ほか) 第2部(時局対策と参本機構改革 国防国策大綱 ほか) 第3部(宇垣に大命降下す 宇垣内閣流産、林内閣へ ほか) 第4部(石原作戦部長、怒号する 不拡大か、動員かほか) 第5部(海軍機、英大使を爆撃 ソ連軍、北支侵入計画ほか)

◇石原莞爾の世界戦略構想 川田稔著 祥伝社 2016.4 406p 18cm (祥伝社新書 460)〈文献あり〉 900円 ①978-4-396-11460-2 Ⓝ210.7

内容 プロローグ 柳条湖事件—石原莞爾登場 第1章 満州事変と石原莞爾(1)—南満州占領と陸軍中央 第2章 満州事変と石原莞爾(2)—北満州進出と陸軍中央 第3章 昭和初期の戦略構想(1)—世界最終戦争論と満蒙領有 第4章 昭和初期の戦略構想(2)—日米持久戦争の想定 第5章 参謀本部時代の戦略構想(1)—対ソ連戦備の問題 第6章 参謀本部時代の戦略構想(2)—対中国政策の転換 第7章 日中戦争と石原莞爾(1)—日中衝突 第8章 日中戦争と石原莞爾(2)—全面戦争と石原の失脚 エピローグ 太平洋戦争—失脚後の石原莞爾

◇石原莞爾と二・二六事件 早瀬利之著 潮書房光人社 2016.4 191p 20cm 2000円 ①978-4-7698-1617-1 Ⓝ210.7

内容 第1部(予兆 石原、仙台の四連隊長 石原莞爾の昭和維新 安藤大尉の決意) 第2部(標的 幻の真崎内閣 義挙と叛乱 勅命くだる) 第3部(責任のとり方 それぞれの朝)

◇石原莞爾マッカーサーが一番恐れた日本人 早瀬利之著 双葉社 2016.8 221p 15cm (双葉文庫 は−30-01)〈2013年刊の加筆・訂正 文献あり〉 556円 ①978-4-575-71459-3 Ⓝ329.67

内容 第1章 極東国際軍事裁判「酒田臨時法廷」前夜 第2章 関東軍作戦主任参謀・石原莞爾 第3章 マッカーサー軍政を堂々と批判 第4章 酒田臨時法廷 一日目 第5章 ダニガン検事の尋問と石原の反論 第6章 酒田臨時法廷 二日目 第7章 錦州の爆撃

◇横山忠弘著作集 2 横山忠弘著 歴研 2016.8 187p 22cm (日本著作業叢書) 2000円 ①978-4-86548-038-2 Ⓝ210.08

内容 山内首藤氏と宍戸氏の記跡—頼朝没後八百年によせて 元寇の勝利と神国思想 平安律令政権と鎌倉武家政権との相剋—大河ドラマの「北条時宗」によせる 近世日中文化交流史から近現代を展望する 皇祖呉太伯伝説と天神後裔史観—倭人の起源 昭和天皇と二宮金次郎—歴史上心に残る人物像 戦前・戦後、昨今の私の中国観 日露戦争前後の日米英—日露の戦いとその後の日本 開戦時の首相東条英機—大正・昭和前期の難局に生きた人物像 好きな人物・嫌いな人物の筆頭 豊臣秀吉の実像 変貌著しい靖国神社—私の「靖国神社問題考」 倭人から日本人への道程 韓国併合の道程—私の「韓国併合是非論」 明治の脱亜・滅亜・興亜各論とその行方 石原莞爾の生涯と満州国 横浜開港百五十年生みの辛酸の道程—横浜開港百五十周年 戦後の日中関係史 東アジア世界の中の日本—古代〜近代 古代中国・朝鮮・日本と倭族

◇東亜連盟運動と石原莞爾 内村琢也著 横浜春風社 2016.11 384p 22cm 〈文献あり〉 5000円 ①978-4-86110-522-6 Ⓝ319.102

内容 対象、目的、方法 第1部 石原莞爾系日蓮主義者と東亜連盟運動(精華会の成立と展開—草創期(一九三四‐一九四〇年) 精華会と東亜連盟運動—転換期(一九四〇‐一九四六年) 石原莞爾系日蓮主義者と満洲における東亜連盟運動) 第2部 東亜連盟運動の展開(東亜連盟協会の結成とその展開—東亜連盟運動の再建期・基本路線確立期 石原莞爾の予備役編入と東亜連盟運動—私の「体制改革論」 基本路線転換期 東亜連盟同志会への改称と東亜連盟運動における具体的活動 戦後における東亜連盟運動—GHQの占領政策との関係から) 全体の結論

◇石原莞爾—愛と最終戦争 藤村安芸子著 講談社 2017.3 267p 15cm (講談社学術文庫

2400―再発見日本の哲学）〈文献あり　索引あり〉　940円　Ⓘ978-4-06-292400-9　Ⓝ289.1

|内容|第1章　真理と正義と世界統一　第2章　戦争と仏教　第3章　最終戦争論　第4章　王道と戦争放棄

◇帝国軍人の弁明―エリート軍人の自伝・回想録を読む　保阪正康著　筑摩書房　2017.7　205p　19cm　（筑摩選書 0146）　1500円　Ⓘ978-4-480-01654-6　Ⓝ396.21

|内容|序章　軍人の回想録・日記・自伝を読む　第1章　石原莞爾『世界最終戦論』を読む　第2章　堀栄三『大本営参謀の情報戦記』を読む　第3章　武藤章『比島から巣鴨へ』を読む　第4章　佐々木到一『ある軍人の自伝』を読む　第5章　田中隆吉『日本軍閥暗闘史』を読む　第6章　河邊虎四郎『市ヶ谷台から市ヶ谷台へ』を読む　第7章　井本熊男『作戦日誌で綴る大東亜戦争』を読む　第8章　遠藤三郎『日中十五年戦争と私』を読む　第9章　磯部浅一『獄中日記』を読む　第10章　瀬島龍三『幾山河』を読む　終章　歴史に残すべき書

◇石原莞爾　北支の戦い　早瀬利之著　潮書房光人社　2017.9　509p　20cm　3600円　Ⓘ978-4-7698-1650-8　Ⓝ210.74

|内容|第1部　不吉な予兆　第2部　揚子江の危機　第3部　上海の暗雲　第4部　果てしなき戦域　第5部　北支の戦い　第6部　黄河の水

◇石原莞爾満州合衆国―国家百年の夢を描いた将軍の真実　早瀬利之著　潮書房光人新社　2018.3　309p　16cm　（光人社NF文庫　は1059）〈光人社 2003年刊の再刊　文献あり〉　850円　Ⓘ978-4-7698-3059-7　Ⓝ289.1

|内容|第1部　ナポレオンを愛した男（石原式勉強法　ライカを片手に　国難、ベルリンで知る）　第2部　王道楽土への道（関東軍参謀　満州事変前夜　満州事変予定変更　満州国成立）　第3部　三宅坂の四季（石原参謀本部作戦課長　ハルビンの秋　大連特務機関経済五ヵ年計画）　第4部　夢駆けた（北満ユダヤ国家構想　建国大学の構想　満州二世への遺言）

◇昭和史講義　軍人篇　筒井清忠編　筑摩書房　2018.7　301p　18cm　（ちくま新書 1341）　900円　Ⓘ978-4-480-07163-7　Ⓝ210.7

|内容|昭和陸軍の派閥抗争―まえがきに代えて　東条英機―昭和の悲劇の体現者　梅津美治郎―「後始末」に尽力した陸軍大将　阿南惟幾―「徳義即戦力」を貫いた武将　鈴木貞一―背広を着た軍人　武藤章―「政治的軍人」の実像　石原莞爾―悲劇の鬼才か、鬼才による悲劇か　牟田口廉也―信念と狂信の間　今村均―「ラバウルの名将」から見る日本陸軍の悲劇　山本五十六―その避戦構想と挫折　米内光政―終末点のない戦争指導　永野修身―海軍「主流派」の選択　高木惣吉―昭和期海軍の語り部　石川信吾―「日本海軍最強硬論者」の実像　大西瀧治郎―海軍軍縮派の悲劇

◇鬼才石原莞爾―陸軍の異端児が歩んだ孤高の生涯　星亮一著　潮書房光人新社　2018.9　219p　16cm　（光人社NF文庫　ほ1086）〈文献あり〉　800円　Ⓘ978-4-7698-3086-3　Ⓝ289.1

|内容|満州　関東軍の野望　三つ子の魂　幕僚への道　図面に白紙　皇帝溥儀　参謀本部作戦課長　二・二六事件　日支戦争拡大　近衛文麿　東条の器　日米開戦　鶴岡に帰郷　国破れて　極東軍事裁判と石原の死

◇平和主義者に転向したエリート陸軍軍人―その戦争責任を問う　持丸文雄著　文芸社　2018.12　242p　15cm　〈文献あり〉　700円　Ⓘ978-4-286-20120-7　Ⓝ289.1

石原　俊介〔1942～2013〕　いしはら・しゅんすけ
◇黒幕―巨大企業とマスコミがすがった「裏社会の案内人」　伊藤博敏著　小学館　2014.11　317p　20cm　1800円　Ⓘ978-4-09-379865-5　Ⓝ289.1

|内容|第1章　「黒幕」の誕生（メディア、企業広報、捜査関係者と暴力団幹部が一堂に会した「オール5」の中学卒業後、「金の卵」として上野駅に降り立つ　ほか）　第2章　マスコミを動かす、捜査権力を動かす（平和相銀事件で「兜町の石原」の名は轟くようになる　右翼、暴力団情報で「裏社会の案内人」への期待に応える　ほか）　第3章　巨大企業の「守護神」として（金融界を震撼させた総会屋利益供与事件をどこよりも早く報じた　総会屋・小池の動静が石原に伝わる情報ルートが確立していた　ほか）　第4章　「内調」「政治家」から「右翼」「暴力団」まで（内調経験がある元警察大学校長が「石原の死」を悼む　警視庁組織犯罪対策部の名物刑事が感心した「石原の視点」　ほか）

◇黒幕―巨大企業とマスコミがすがった「裏社会の案内人」　伊藤博敏著　小学館　2016.8　378p　15cm　（小学館文庫　い13-1）〈2014年刊の加筆〉　670円　Ⓘ978-4-09-406325-7　Ⓝ289.1

|内容|第1章　「黒幕」の誕生（メディア、企業広報、捜査関係者と暴力団幹部が一堂に会した「オール5」の中学卒業後、「金の卵」として上野駅に降り立つ　ほか）　第2章　マスコミを動かす、捜査権力を動かす（平和相銀事件で「兜町の石原」の名は轟くようになる　右翼、暴力団情報で「裏社会の案内人」への期待に応える　ほか）　第3章　巨大企業の「守護神」として（金融界を震撼させた総会屋利益供与事件をどこよりも早く報じた　総会屋・小池の動静が石原に伝わる情報ルートが確立していた　ほか）　第4章　「内調」「政治家」から「右翼」「暴力団」まで（内調経験がある元警察大学校長が「石原の死」を悼む　警視庁組織犯罪対策部の名物刑事が感心した「石原の視点」　ほか）

石原　慎太郎〔1932～〕　いしはら・しんたろう
◇東京革命―わが都政の回顧録　石原慎太郎著　幻冬舎　2015.4　357p　20cm　1600円　Ⓘ978-4-344-02776-3　Ⓝ318.236

|内容|二度目の都知事選　大統領型の都政を　東京マラソンの美しき光景　中小企業の驚異の新技術　私がやった最も重要な改革　財政再建で東京五輪招致へ　横田基地の軍民共同使用へ　ワシントンで遭遇した9・11　都知事は「足」で仕事を探せ　初めての挫折　新銀行東京　悔し涙を流した五輪招致　東日本大震災と官邸への怒り　尖閣購入への思い、そして「日本へ」　心の革命、近現代史の必修化

◇歴史の十字路に立って―戦後七十年の回顧　石原慎太郎著　PHP研究所　2015.6　287p　20cm　1600円　Ⓘ978-4-569-82369-0　Ⓝ910.268

|内容|序章　あの敗戦で日本人は何を得たのか　第1章　亡国の淵に立って　第2章　文学の社会的位置、作家

の使命　第3章　「祖国」というもののイメイジ　第4章　「立国は私なり」を信じての参院選出馬　第5章　忘れ得ぬ人たち、忘れ得ぬ光景　第6章　「NO」と言えない日本の政治家と官僚　第7章　国家の不在と国民の堕落　終章　人生という航海の終わりに

◇日本を揺るがせた怪物たち　田原総一朗著　KADOKAWA　2016.3　293p　19cm　1500円　Ⓣ978-4-04-601559-4　Ⓝ281.04

[内容] 第1部 政界の怪物たち（田中角栄―田原総一朗が最初に対峙した政界の怪物　中曽根康弘―「偉大な人はみんな風見鶏」　竹下登―調整能力にすぐれた「政界のおしん」　小泉純一郎―ワンフレーズに信念を込める言葉の天才　岸信介―左右「両岸」で力をふるった「昭和の妖怪」）　第2部 財界の怪物たち（松下幸之助―国家の経営に至った男　本田宗一郎―ボルト一本に情熱をかける技術の雄　盛田昭夫―失敗を恐れない超楽観主義者　稲盛和夫―「狂」と「心」が共存する経営）　第3部 文化人の怪物たち（大島渚―全身で国家の欺瞞と戦う男　野坂昭如―酒を飲むと「爆弾になる」徹底的なアナーキスト　石原慎太郎―作家として政治を行う男）

石原　友明〔1959～〕　いしはら・ともあき

◇石原友明オーラル・ヒストリー　石原友明述，池上司，牧口千夏インタヴュアー　〔出版地不明〕　日本美術オーラル・ヒストリー・アーカイヴ　2015.3　62p　30cm　〈他言語標題：Oral history interview with Ishihara Tomoaki　ホルダー入〉　Ⓝ702.16

石原　信雄〔1926～〕　いしはら・のぶお

◇石原信雄回顧談―一官僚の矜持と苦節　石原信雄回顧談編纂委員会編　ぎょうせい　2018.4　3冊（セット）　21cm　〈年譜あり〉　12000円　Ⓣ978-4-324-10164-3　Ⓝ289.1

[内容] 第1巻 我が人生を振り返る（公務員の仕事とは　茨城県庁時代　鹿児島県庁時代 ほか）　第2巻 霞が関での日々―自治官僚として（入庁から自治省財政課で「見習い」として　自治省財政課（交付税課兼務）課長補佐時代　財政課長から審議官（地方財政担当）、財政局長、自治事務次官として ほか）　第3巻 官邸での日々―内閣官房副長官として（後藤田さんのこと　竹下政権　宇野政権 ほか）

石原　裕次郎〔1934～1987〕　いしはら・ゆうじろう

◇太陽と呼ばれた男―石原裕次郎と男たちの帆走　向谷匡史著　青志社　2017.3　266p　20cm　〈文献あり〉　1600円　Ⓣ978-4-86590-041-5　Ⓝ778.21

[内容] 第1章 野心と躍進（『西部警察』前夜　義に殉ずるほか）　第2章 「銭ゲバ!?けっこうだ」（負ける喧嘩はしない　パトカーが出動した ほか）　第3章 人生の光芒（裕次郎、倒れる　生還までの舞台裏 ほか）　第4章 旋風と席巻（インパクトこそ、石原プロの命　追い風を帆にはらんで ほか）　第5章 過ぎゆく時に（「兄弟」の別れのシーン　倉本聰が裕次郎と温めていたテーマ ほか）

◇裕次郎　本村凌二著　講談社　2017.7　239p　20cm　〈文献あり〉　1600円　Ⓣ978-4-06-220739-3　Ⓝ778.21

[内容] 第1章 兄弟が贈った日本版ヌーベルバーグ―『狂った果実』昭和三一（一九五六）年・監督：中平康　第2章 夜霧にむせぶ哀愁の叙情詩―『俺は待ってるぜ』昭和三二（一九五七）年・監督：蔵原惟繕　第3章 すれ違う母と子の物語―『嵐を呼ぶ男』昭和三二（一九五七）年・監督：井上梅次　第4章 やってはならないこと―『赤い波止場』昭和三三（一九五八）年・監督：舛田利雄　第5章 死によって打ち砕かれるもの―『世界を賭ける恋』昭和三四（一九五九）年・監督：滝沢英輔　第6章 「性の自由」なる風潮へのアンチテーゼ―『憎いあンちくしょう』昭和三七（一九六二）年・監督：蔵原惟繕　第7章 必死に耐えながらも傷ついてゆく男の宿命―『太陽への脱出』昭和三八（一九六三）年・監督：舛田利雄　第8章 恐ろしいほどの時代の感受性―『赤いハンカチ』昭和三九（一九六四）年・監督：舛田利雄　第9章 ミステリアスな叙情詩の最高傑作―『帰らざる波止場』昭和四一（一九六六）年・監督：江崎実生　第10章 揺れ動く現実世界に巻き込まれた男と女の悲哀―『夜霧よ今夜も有難う』昭和四二（一九六七）年・監督：江崎実生

石原　吉郎〔1915～1977〕　いしはら・よしろう

◇石原吉郎―シベリア抑留詩人の生と詩　細見和之著　中央公論新社　2015.8　360p　20cm　〈文献あり〉　2800円　Ⓣ978-4-12-004750-3　Ⓝ911.52

[内容] 第1章 記憶としての言葉―体験と作品の関係をめぐって　第2章 昭和一〇年前後の青春―誕生から応召まで　第3章 鹿野武一との出会いと戦争体験―応召からシベリア抑留まで　第4章 シベリアの日々―抑留から帰国まで　第5章 失語から詩作へ―帰国、そして『ロシナンテ』という楽園　第6章 詩集『サンチョ・パンサの帰郷』の世界―その三つの層をめぐって　第7章 強制された日常から一語り出されたシベリア　第8章 早すぎる晩年の日々―旺盛な詩作と突然の死

◇証言と抒情―詩人石原吉郎と私たち　野村喜和夫著　白水社　2015.11　317,7p　20cm　〈文献あり　索引あり〉　2500円　Ⓣ978-4-560-08476-2　Ⓝ911.52

[内容] 1 主題 石原吉郎へのアプローチ（はじめに　石原吉郎の生涯　「耳鳴り」のインパクト ほか）　2 変奏 六つの旋律（存在　言語　パウル・ツェラン ほか）　3 コーダ 石原吉郎と私たち（石原吉郎における悪循環　詩人の死後の生　シベリアはだれの領土でもない ほか）

◇石原吉郎の位置　新木安利著　福岡　海鳥社　2018.12　248p　19cm　1800円　Ⓣ978-4-86656-041-0　Ⓝ911.52

[内容] 石原吉郎の位置（石原吉郎の生涯　石原吉郎の位置　香月泰男のシベリヤ　鹿野武一の肖像　菅季治の弁明　石原吉郎の断念　石原吉郎の帰郷）　庄司薫の狼はこわい　現実と理想

石原村幸次郎　いしはらむらのこうじろう

◇アウトロー―近世遊侠列伝　髙橋敏編　敬文舎　2016.9　255p　19cm　〈文献あり　年表あり〉　1750円　Ⓣ978-4-906822-73-7　Ⓝ384.38

[内容] 近世社会秩序と博徒―二足草鞋論　国定忠治―遊侠の北極星　竹居安五郎―新島を抜けて甦った甲州博徒の武闘派吃安　勢力富五郎―江戸を騒がせた『嘉永水滸伝』の主役　佐原喜三郎―鳥も通わぬ八丈からの島抜けを記録に留めたインテリ博徒　小金井小

次郎—多摩を仕切った、新門辰五郎の兄弟分　小川幸蔵—武州世直し一揆を鎮圧した博徒　石原村幸次郎—関東取締出役の無力を思い知らせた孤高の博徒　西保周太郎—短い一生を全力で駆け抜けた幕末期甲州博徒の草分け　黒駒勝蔵—清水次郎長と対決した謎多き甲州の大侠客　吉良仁吉—義理を通した若き三河博徒　原田常吉—一〇余年の遠島に服すも八五年の生涯を全うした真の遊侠

石松 伸一〔1959〜〕　いしまつ・しんいち

◇聖路加病院で働くということ　早瀬圭一著　岩波書店　2014.10　214p　20cm　〈文献あり〉　2100円　①978-4-00-025997-2　Ⓝ498.16

内容　1 小児科医を貫く—細谷亮太（祖父、父、母　ある事件　ほか）　2 とことん在宅—押川真喜子（お嬢さま、東京へ　保健師として　ほか）　3「看る」という仕事—井部俊子（恥ずかしがり　ナースの二つの道　ほか）　4 救急部の「キリスト」—石松伸一（産婦人科医の父　聖路加病院救急部の父

石松 竹雄〔1925〜〕　いしまつ・たけお

◇気骨—ある刑事裁判官の足跡　石松竹雄著、安原浩インタビュアー　刑事司法及び少年司法に関する教育・学術研究推進センター　2016.9　251p　19cm　（ERCJ選書 1）〈発売：日本評論社〉　1400円　①978-4-535-52204-6　Ⓝ289.1

内容　プロローグ　網田さんと筆者との出会い　生い立ちから司法修習生となるまで　筆者が知るまでの網田さんの主要な経歴　司法修習生時代の筆者と網田さん　判事補時代を中心とした裁判官生活—釧路地家裁勤務まで　釧路地裁から大阪地裁へ—網田裁判長の部の陪席へ　単独事件裁判官から司法研修所教官へ　三度目の大阪地裁勤務　大阪高裁刑事部へ　裁判官懇話会　弁護士としての網田さんと筆者　余論

石光 一郎〔1948〜〕　いしみつ・いちろう

◇楕円球と共に歩んできた道　石光一郎著　神戸交友プランニングセンター・友月書房　2016.3　99p　13cm　①978-4-87787-688-3　Ⓝ289.1

石光 真清〔1868〜1942〕　いしみつ・まきよ

◇西伯利亞出兵物語—大正期、日本軍海外派兵の苦い記憶　土井全二郎著　潮書房光人社　2014.8　276p　20cm　〈文献あり〉　2200円　①978-4-7698-1575-4　Ⓝ210.69

内容　第1章　シベリアお菊　第2章　風雲児　島田元太郎　第3章　諜報員　石光真清　第4章　おらが総理　田中義一　第5章　アタマン・セミョノフ　第6章　社会主義中尉　長山直厚　第7章　パルチザン　佐藤三千夫　第8章　革命軍飛行士　新保清　第9章　尼港副領事　石田虎松　第10章　「無名の師」総決算

◇満蒙をめぐる人びと　北野剛著　彩流社　2016.5　183p　19cm　（フィギュール彩 57）　1800円　①978-4-7791-7059-1　Ⓝ319.1022

内容　プロローグ　満洲と日本人—石光真清　第1章　「満蒙」の先覚者—辻村楠造　第2章　満鉄と満洲日本人社会—相生由太郎　第3章　外交官の見た日露戦争の極東アジア—川上俊彦　第4章　中国の動乱と満蒙政策—宇都宮太郎　第5章　日本人「馬賊」の大陸—薄益三　第6章　第一次世界大戦後の馬賊—伊達順之助　第7章　「国策」の最前線—駒井徳三　第8章　「満蒙問題」と在満邦人—守田福松　エピローグ　理想国家の建設—笠木良明

◇城下の人—西南戦争・日清戦争　石光真清著，石光真人編　改版　中央公論新社　2017.11　400p　16cm　（中公文庫　い16-5—新編・石光真清の手記 1）　920円　①978-4-12-206481-2　Ⓝ289.1

内容　夜あけの頃　神風連　鎮台の旗風　熊本城炎上　戦場の少年たち　戦禍の中の人々　焦土にきた平和　父の死　自分の足で歩む道　東京　若い人々　天皇と皇后　出征の記　コレラと青竜刀　周花蓮　夢と現実　父　石光真清の手記　父—真清　初版『城下の人』序文

◇曠野の花—義和団事件　石光真清著，石光真人編　改版　中央公論新社　2017.12　469p　16cm　（中公文庫　い16-6—新編・石光真清の手記 2）　1000円　①978-4-12-206500-0　Ⓝ289.1

内容　ウラジオストックの偽法師　アムール河の流血　異郷の同胞たち　血の雨と黄金の雨　私の願いとお君の願い　散りゆく人々　曠野の花　まごころの果て　哈爾浜の洗濯夫　お花の懺悔録〔ほか〕

◇望郷の歌—日露戦争　石光真清著，石光真人編　改版　中央公論新社　2018.1　316p　16cm　（中公文庫　い16-7—新編・石光真清の手記 3）　920円　①978-4-12-206527-7　Ⓝ289.1

内容　泥濘の道　親友の死　老大尉の自殺　黄塵の下に　文豪と軍神　失意の道　海賊会社創立記　二つの遺骨と女の意地　海賊稼業見聞記　望郷の歌家族

◇誰のために—ロシア革命　石光真清著，石光真人編　改版　中央公論新社　2018.2　460p　16cm　（中公文庫　い16-8—新編・石光真清の手記 4）　1100円　①978-4-12-206542-0　Ⓝ289.1

内容　大地の夢　弔鐘　長い市民の時　粉雪と銃声　日本義勇軍　生きるもの・生きざるもの　闇の中の群衆　三月九日の朝　亡命　野ばらの道〔ほか〕

石牟礼 道子〔1927〜2018〕　いしむれ・みちこ

◇遺言—対談と往復書簡　志村ふくみ，石牟礼道子著　筑摩書房　2014.10　221p　20cm　2200円　①978-4-480-81677-1　Ⓝ914.6

内容　二〇一一（平成二十三）年（志村ふくみより石牟礼道子へ　三月十三日　志村ふくみより石牟礼道子へ　七月三十日　志村ふくみより石牟礼道子へ　八月八日　ほか）　二〇一二（平成二十四）年（石牟礼道子より志村ふくみへ　一月二十日　志村ふくみより石牟礼道子へ　一月三十日　石牟礼道子より志村ふくみへ　二月二十四日　ほか）　二〇一三（平成二十五）年（石牟礼道子から志村ふくみへ　五月四日　石牟礼道子より志村ふくみ、洋子へ　五月二十七日　石牟礼道子より志村ふくみ、洋子へ　五月三十日）

◇ふたり—皇后美智子と石牟礼道子　髙山文彦著　講談社　2015.9　300p　20cm　1700円　①978-4-06-219703-3　Ⓝ519.2194

内容　序章　天皇の言葉　第1章　ふたりのミチコ　第2章　会いたい　第3章　精霊にみちびかれて　第4章　もだえ神様　第5章　闘う皇后　終章　義理と人情

◇まなざし　鶴見俊輔著　藤原書店　2015.11　270p　20cm　2600円　①978-4-86578-050-5　Ⓝ281.04

内容 序にかえて 話の好きな姉をもって Ⅰ 石牟礼道子 金時鐘 岡部伊都子 吉川幸次郎 小田実 Ⅱ 高野長英 曾祖父・安場保和 祖父・後藤新平 父・鶴見祐輔 姉・鶴見和子 跋にかえて 同じ母のもとで 鶴見和子 結びにかえて 若い人に

◇評伝 石牟礼道子—渚に立つひと 米本浩二著 新潮社 2017.3 357,4p 20cm 〈文献あり 年譜あり 索引あり〉 2200円 Ⓘ978-4-10-350821-2 Ⓝ910.268
内容 栄町 とんとん村 代用教員 虹のくに サークル村 奇病 森の家 水俣病闘争 行き交う魂 流々華花 食べごしらえ 手漕ぎの舟 魂入れ 不知火 道子さんの食卓

◇常世の花 石牟礼道子 若松英輔著 亜紀書房 2018.5 175p 20cm 1500円 Ⓘ978-4-7505-1546-5 Ⓝ910.268
内容 1(亡き者の言葉を宿した闘士 黙する魂を受け止める使命 ほか) 2(二つの「自伝」 言葉の彼方にあるもの ほか) 3(荘厳の詩学—石牟礼道子の原点 『苦海浄土』が生まれるまで) 4(荘厳する花—石牟礼道子の詩学) 5(魂という遺産 最後の文人 ほか)

◇遺言—対談と往復書簡 石牟礼道子,志村ふくみ著 筑摩書房 2018.9 280p 図版16p 15cm (ちくま文庫 い44-2) 950円 Ⓘ978-4-480-43531-6 Ⓝ915.6
内容 二〇一一(平成二十三)年(書簡) 二〇一二(平成二十四)年(書簡 第一回対談(四月二十二日)沖宮) 二〇一三(平成二十五)年(書簡 第二回対談(五月三十一日))

◇ふたり—皇后美智子と石牟礼道子 髙山文彦著 講談社 2018.11 381p 15cm (講談社文庫 た131-1) 740円 Ⓘ978-4-06-513418-4 Ⓝ519.2194
内容 序章 天皇の言葉 第1章 ふたりのみちこ 第2章 会いたい 第3章 精霊にみちびかれて 第4章 もだえ神様 第5章 闘う皇后 終章 義理と人情

石本 茂〔1913~2007〕 いしもと・しげる
◇石本茂—従軍看護婦長、国務大臣、ナイチンゲール記章受賞、今、お手本にしたい政治家 林栄子著 叢文社 2018.9 363p 20cm 〈文献あり 年譜あり〉 2000円 Ⓘ978-4-7947-0782-6 Ⓝ289.1
内容 はじめに—石本茂の功績 第1章 看護界での活躍 第2章 従軍看護婦 第3章 終戦後の看護人生 第4章 日本看護協会への貢献 第5章 石本茂のゆかりの地 第6章 政治の世界での活躍 第7章 政界で交流のあった人物 第8章 皇室との思い出 第9章 平成時代の活躍 第10章 石本茂の永眠

石本 秀一〔1897~1982〕 いしもと・ひでいち
◇日本野球をつくった男—石本秀一伝 西本恵著 講談社 2018.11 578p 19cm 〈文献あり〉 2300円 Ⓘ978-4-06-513899-1 Ⓝ783.7
内容 第1章 戦争と中等野球 第2章 広島商業の黄金時代を築く 第3章 大阪タイガースの監督に就任 第4章 戦争に向かう日本—国民リーグ誕生 第5章 故郷広島にカープ誕生 第6章 カープつぶしに屈することなく 第7章 カープを追いやられる 第8章 三原脩からの招聘—球界初のピッチングコーチ 第9章 中日のヘッドコーチに—一野球技術者として 第10章 ふたたびカープに

石本 平兵衛〔1787~1843〕 いしもと・へいべえ
◇評伝 天草五十人衆 天草学研究会編 福岡弦書房 2016.8 317p 22cm 〈文献あり 年表あり 索引あり〉 2400円 Ⓘ978-4-86329-138-6 Ⓝ281.94
内容 ステージ1 五人衆の時代、そして… ステージ2 天領天草の村々 ステージ3 祈りの島で ステージ4 耕す、漁る ステージ5 実業の世をひらく ステージ6 潮路はるかに ステージ7 文学・歴史・言論 ステージ8 あの頃、この人 ステージ9 島の現実、国の行く末 ステージ10 一筋の道 ステージ特別編 群像二題(天草の石文化と松室五郎左衛門 牛深カツオ漁の男たち)

石元 泰博〔1921~2012〕 いしもと・やすひろ
◇石元泰博オーラル・ヒストリー 石元泰博述,中森康文,鷲田めるろインタヴュアー 〔出版地不明〕 日本美術オーラル・ヒストリー・アーカイヴ 2015.3 34p 30cm 〈他言語標題:Oral history interview with Ishimoto Yasuhiro ホルダー入〉 Ⓝ740.21

伊舎堂 用久〔1920~1945〕 いしゃどう・ようきゅう
◇『軍神』を忘れた沖縄—戦後生まれの第一線記者が沖縄戦史の空白に迫る 仲新城誠著 那覇 閣文社 2016.12 179p 21cm 1550円 Ⓘ978-4-86192-302-9 Ⓝ219.9
内容 第1章 用久を知る三つのエピソード 第2章 沖縄が日本の砦に 第3章 平和主義の影 第4章 「軍神」の愛と死 第5章 石垣島から散った侍 第6章 沖縄で「軍神」が復活する日

石山 喜八郎〔1910~1995〕 いしやま・きはちろう
◇行雲流水—ある大本教信者の数奇な生涯 石山照明著 府中(東京都) エスアイビー・アクセス 2016.4 233p 20cm 〈布装 文献あり 発売:星雲社〉 2500円 Ⓘ978-4-434-21850-7 Ⓝ169.1
内容 藤岡尋常小学校 東京遊学 大本教に出会う 紹介者は艮の金神 第二次大本事件—特高に拉致される 浦和警察署留置場 京都五条署鬼警部・高橋の取り調べ 検事・玉沢光三郎との対決 刑務所生活 出獄 勝ち取った無罪判決、そして結婚 出征 教官・浅野少尉との争い 初めての営倉 八路軍との白兵戦 香港島での敗戦 ポツダム上等兵誕生 捕虜生活 日本への帰還

◇行雲流水—ある大本教信者の数奇な生涯 普及版 石山照明著 府中(東京都) エスアイビー・アクセス 2016.4 233p 19cm 〈文献あり 発売:星雲社〉 1600円 Ⓘ978-4-434-21851-4 Ⓝ169.1
内容 藤岡尋常小学校 東京遊学 大本教に出会う 紹介者は艮の金神 第二次大本事件—特高に拉致される 浦和警察署留置場 京都五条署鬼警部・高橋の取り調べ 検事・玉沢光三郎との対決 刑務所生活

出獄　勝ち取った無罪判決、そして結婚　出征　教官・浅野少尉との争い　初めての営倉　八路軍との白兵戦　香港島での敗戦　ポツダム上等兵誕生　捕虜生活　日本への帰還）

石山　春平〔1936～〕　いしやま・はるへい

◇ボンちゃんは82歳、元気だよ！―あるハンセン病回復者の物語り　石山春平著　社会評論社　2018.10　223p　19cm　〈年譜あり　年表あり〉　1700円　①978-4-7845-2412-9　Ⓝ498.6

内容　第1話　焼かれた机―小学校から追放される（六年生の二学期　無癩県運動による見せしめ　ほか）　第2話　強制収容―十五年にわたる療養所生活（療養所での労働と医療　無意識に身についた人としての基本　ほか）　第3話　社会復帰―病歴を隠して暮らす日々（シャバに出て　看護学生との遠距離交際　ほか）　第4話　病歴告白―勝訴判決に押された決断（人間破壊のらい予防法　らい予防法廃止と違憲・国賠訴訟　ほか）

伊集院　静〔1950～〕　いじゅういん・しずか

◇なぎさホテル　伊集院静著　小学館　2016.10　253p　15cm　〈小学館文庫 い31-12〉　570円　①978-4-09-406348-6　Ⓝ913.6

内容　白い建物　ワンピースの女　夜の海　波頭　借金　追憶　最終選考　転機　湯煙りの中で　プレゼント　オンボロ船　潮風　帰郷　変わる季節　正午の針

井尻　儀三郎　いじり・ぎさぶろう

◇明治期のイタリア留学―文化受容と語学習得　石井元章著　吉川弘文館　2017.1　329,5p　20cm　〈年表あり　索引あり〉　3200円　①978-4-642-08307-2　Ⓝ377.6

内容　第1章　井尻儀三郎―現地でイタリア語を習得し首席を通した十二歳（不世出の努力家　トリノ王立イタリア国際学院　ほか）　第2章　緒方惟直―万博のフランス語通訳となり、国際結婚をした洪庵の息子（出生から三度目のヨーロッパ出発まで　国際学院の惟直　ほか）　第3章　川村清雄―ヨーロッパ人に伍して新しい美術を模索したポリグロットの洋画家（誕生からヴェネツィア到着まで　ヴェネツィア美術学校での勉学　ほか）　第4章　長沼守敬―原敬、森鷗外とも親交のあった洋風彫刻の創始者（出生からヴェネツィア留学まで　イタリア渡航と最初の困難　ほか）

イジリー岡田〔1964～〕　いじりーおかだ

◇イジリー岡田のニッポンのアイドル　イジリー岡田著　主婦の友社　2016.10　269p　19cm　〈年表あり〉　1400円　①978-4-07-419182-6　Ⓝ779.9

内容　第1章　70年代～80年代アイドル黄金期1　アイドルを追いかけ、青春のすべてを捧げたボクの10代（桜田淳子―ボクにとっては初めての人でした　ピンク・レディー―「知らないの？」と言われた苦い思い出　ほか）　第2章　80年代アイドル黄金期2　専門学校時代と芸能界に入るまでの暗黒期（萩本欽一―欽ちゃんへの憧れと高校卒業後の進路　東放学園―腰が抜けるかと思った登校初日　ほか）　第3章　80年代～90年代バブル期　ホリプロ入社！（ホリプロとのお仕事始め（ホリプロ・キッドカット結成　伊藤美紀―アイドルってすげえな！　ほか）　第4章　90年代セクシーアイドル期『ギルガメッシュないと』がやってきた！（後藤えり子―下ネタは一生しないつもりだったのに…　番組エロ化―ストリップ劇場で背中を流してもらったあの日　ほか）　第5章　00年代～10年代グループアイドルの時代　AKB48との出会い、そして乃木坂46との日々（HiP―10代の頃の深田恭子や綾瀬はるかとお仕事　AKB1じ59ふん！―初めて出会った前田敦子はパネルだった　ほか）

石原　寿郎〔1917～1969〕　いしわら・としろう

◇手仕事の医療―評伝　石原寿郎　秋元秀俊著　生活の医療　2017.4　311p　20cm　〈索引あり〉　3200円　①978-4-9909176-1-6　Ⓝ289.1

＊「歯は、目で見て、自分で治して、そうして、効果がわかる。」石原は自分に言い聞かせるように訥々と、歯科医師への転身をそう語った。清明な論理をもって実証にこだわり続けた石原は、同時にまっすぐに歯科臨床を見据えてもいた。氏の中で、科学としての歯科医学と手仕事としての歯科医療は常にせめぎ合いつつ、併存していた―。これはノンフィクションであり、証言集であり、歯科医学の現代史である。すなわち、真の日本の歯科医師とは、何者なのか。石原寿郎というひとりの孤高の学者の仕事と彼をめぐる状況を、歴史的資料によって跡づけ、丁寧に紡いだものがたりである。

泉井　久之助〔1905～1983〕　いずい・ひさのすけ

◇ある言語学者の回顧録―七十踰矩　崎山理著　大阪　風詠社　2017.11　195p　21cm　〈発売：星雲社〉　1300円　①978-4-434-23732-4　Ⓝ801

内容　留学・調査記（インドネシアに学んで　モロタイ島は遠かった―薄れゆく戦争の記憶　ほか）　報告・エッセイ・講演（言語学からの報告　マダガスカル語系統研究その後　ほか）　追悼文・伝記（村上次男先生の思い出　私と外語大と田島宏先生　ほか）　対談（姫神（音楽アーティスト）―縄文の言語と音楽と湯浅浩史（民族植物学者）―マダガスカルから地球が見える・島大陸は好奇心のるつぼ　ほか

井筒　俊彦〔1914～1993〕　いずつ・としひこ

◇井筒俊彦―言語の根源と哲学の発生　安藤礼二，若松英輔責任編集　増補新版　河出書房新社　2017.6　255p　21cm　〈年譜あり〉　1800円　①978-4-309-24812-7　Ⓝ289.1

内容　特別対談　コトバの形而上学―井筒俊彦の生涯と思想　特別収録　ジャック・デリダ―書簡"解体構築"DÉCONSTRUCTIONとは何か　井筒俊彦を読む（井筒宇宙の周縁で―『超越のことば』井筒俊彦を読む　『意識の形而上学』―「大乗起信論」の哲学」を読む　ほか）　インタビュー　高橋巖―エラノスで会った"非"学問の人　井筒哲学の可能性（創造の出発点　呪術と神秘―井筒哲学と中世スコラ哲学　井筒俊彦とキリスト教―存在論的原理としての愛）　井筒哲学の基層（井筒俊彦とエラノス精神　禅から井筒哲学を考える　ほか）　井筒俊彦と東洋哲学（詩と宗教と哲学の間―言語と身心変容技法　地球社会化時代の東洋哲学―井筒俊彦とファム・コン・ティエン　ほか）

◇井筒俊彦の学問遍路―同行二人半　井筒豊子著　慶應義塾大学出版会　2017.9　205p　20cm　〈年譜あり〉　4000円　①978-4-7664-2465-2

Ⓝ289.1
内容 カイロの月　ウェーキ島　モントリオール　乳と蜜の流れる国　モロッコ国際シンポジウム傍観記　言語フィールドとしての和歌　意識フィールドとしての和歌

伊豆の長八　いずのちょうはち
⇒入江長八（いりえ・ちょうはち）を見よ

泉 鏡花〔1873～1939〕　いずみ・きょうか
◇泉鏡花素描　吉田昌志著　大阪　和泉書院　2016.7　534p　22cm　（近代文学研究叢刊 58）〈索引あり〉　7000円　①978-4-7576-0790-3　Ⓝ910.268
内容 1（ふたつの「予備兵」―泉鏡花と小栗風葉　観念小説期の泉鏡花―兵役と戸主相続の問題を通して　「海城発電」成立考　泉鏡花と広津柳浪―「化銀杏」と「親の因果」の関係）　2（「通夜物語」のかたち　逗子滞在と「起誓文」「舞の袖」　祖母の死と「女客」　「瓔珞品」の素材　「草迷宮」覚書―成立の背景について　「歌行燈」覚書―宗山のことなど）　3（「印度更紗」と漂流記「天竺物語」　「芍薬の歌」ノート　「由縁の女」の成立をめぐって　「露宿」をめぐって―鏡花の随筆）　4（鏡花のなかの一葉―「薄紅梅」を中心として　泉鏡花と草双紙―「釈迦八相después文章」を中心として　鏡花の転身　泉鏡花と演劇―新派・新劇との関係から「夜叉ケ池」に及ぶ）
◇鏡花、水上、万太郎　福田和也著　キノブックス　2017.2　287p　20cm　2000円　①978-4-908059-63-6　Ⓝ910.26
内容 鏡花、水上、万太郎　"戯作者"―獅子文六の戦争私小説　主義者の道、みち、一佐多稲子　空っぽのトランクLa Valise vide―武田泰淳、檀一雄　ウィスキー・プリースト＆スマート・アニマルズ―武田泰淳、グレアム・グリーン　The day is done―小島信夫　銀座レクイエム―樋口修吉
◇鏡花―泉鏡花記念館　泉鏡花記念館編　改訂増刷　〔金沢〕　泉鏡花記念館　2017.3　95p　26cm　〈他言語標題：Izumi Kyoka　共同刊行：金沢文化振興財団　年譜あり　文献あり〉　Ⓝ910.268
◇泉鏡花　福田清人, 浜野卓也共著　新装版　清水書院　2017.9　198p　19cm　（Century Books―人と作品）〈文献あり　年譜あり　索引あり〉　1200円　①978-4-389-40114-6　Ⓝ910.268
内容 第1編 泉鏡花の生涯（北国慕情　絶望と執念と抵抗するロマンチシズム　苦難の恋　赤まんまの詩）　第2編 作品と解説（夜行巡査　外科室　照葉狂言　高野聖　歌行燈　ほか）
◇現代文士廿八人　中村武羅夫著　講談社　2018.6　217p　16cm　（講談社文芸文庫 なU1）〈日高有倫堂 1909年刊の再編集〉　1600円　①978-4-06-511864-1　Ⓝ910.261
内容 田山花袋　国木田独歩　生田葵山　夏目漱石　菊池幽芳　小川未明　小杉天外　内藤鳴雪　徳田秋声　水野葉舟　〔ほか〕

和泉 昇次郎〔?～1976〕　いずみ・しょうじろう
◇道はるかなれど―農民のために尽くした由利組合総合病院長和泉昇次郎　和泉恭平著　中央公論事業出版（制作）　2018.2　301p　18cm　〈私家版　文献あり〉　Ⓝ289.1

泉 靖一〔1915～1970〕　いずみ・せいいち
◇忘却の引揚げ史―泉靖一と二日市保養所　下川正晴著　福岡　弦書房　2017.8　333p　19cm　〈年譜あり　年表あり　文献あり〉　2200円　①978-4-86329-155-3　Ⓝ210.75
内容 第1章「二日市」からの旅　第2章 二日市保養所の真実　第3章 証言と「問診日誌」　第4章 泉靖一という男　第5章 泉靖一の闘争　第6章「聖福寮」の山本良健　第7章 石賀信子と保母たち　第8章 映像の力・上坪隆　第9章 次世代へ語り継ぐ

泉 徳治〔1939～〕　いずみ・とくじ
◇一歩前へ出る司法―泉徳治元最高裁判事に聞く　泉徳治著, 渡辺康行, 山元一, 新村とわ開き手　日本評論社　2017.1　344p　20cm　2700円　①978-4-535-52219-0　Ⓝ327.122
内容 1 法書になるまで　2 地裁時代、留学、「司法の危機」の時代　3 最高裁調査官時代　4 最高裁事務総局時代　5 最高裁判事時代　6 退官後　7 最高裁の歴史　8 司法制度改革の成否と将来への提言

泉岡 春美〔1943～〕　いずみおか・はるみ
◇孫に伝えたい私の履歴書―川上村から仙台へ　おじいちゃんのたどった足跡　泉岡春美著　振学出版　2015.7　149p　19cm　〈年譜あり　発売：星雲社〉　1500円　①978-4-434-20908-6　Ⓝ289.1
内容 序章 後南朝の都に行幸された天皇陛下　第1章 山と緑に囲まれた吉野郡川上村の毎日　第2章 大都会大阪で夜とマイクと希望の日々　第3章 二九歳の新人営業マンが駆け抜けた日本　第4章 世界に飛び立ち世界を受け入れそして故郷へ

和泉式部〔平安時代〕　いずみしきぶ
◇『和泉式部日記/和泉式部物語』本文集成　岡田貴憲, 松本裕喜編　勉誠出版　2017.11　728p　22cm　17000円　①978-4-585-29155-8　Ⓝ915.34
内容 夢よりもはかなき世の中を　かくて、しばしばのたまはする　帰り参るに聞こゆ　晦日の日、女　宮、例の忍びておはしまいたり　雨うち降りていとつれづれなる　五月五日になりぬ　からうじておはしまして　二三日ばかりありて　かくて、のちもなほ間違なり　〔ほか〕
◇和泉式部日記　和泉式部集　和泉式部著, 野村精一校注　新装版　新潮社　2017.12　253p　20cm　（新潮日本古典集成）〈索引あり〉　1800円　①978-4-10-620816-4　Ⓝ915.34
内容 和泉式部日記　和泉式部集

泉谷 淑夫〔1952～〕　いずみや・よしお
◇二兎追流―たくさんの幸運と出会いの中で　泉谷淑夫画業50周年記念エッセー　泉谷淑夫著　〔出版地不明〕　泉谷淑夫　2018.10　199p　21cm　〈発売：日本文教出版（大阪）〉　1500円　①978-4-536-64997-1　Ⓝ723.1
内容 第1章 書き下ろしエッセー（幼少時代―"爺"は現れなかったが　小学生時代―"救いの女神"は突然舞い降りた　中学生時代―反面教師に出会ってし

まった ほか）　第2章 ギャラリー暦（睦月『犬島風景』如月『ボレロを聴きながら』　弥生『一日の終わり』　ほか）　第3章 年賀状デザイン（子＝ネズミ　丑＝ウシ　寅＝トラ ほか）

出雲 充〔1980〜〕　いずも・みつる

◇起業のリアル─田原総一朗×若手起業家　田原総一朗著　プレジデント社　2014.7　249p　19cm　1500円　Ⓘ978-4-8334-5065-2　Ⓝ335.21

[内容] 儲けを追わずに儲けを出す秘密─LINE社長・森川亮　「競争嫌い」で年商一〇〇〇億円─スタートゥデイ社長・前澤友作　管理能力ゼロの社長兼クリエーター─チームラボ代表・猪子寿之　二〇二〇年、ミドリムシで飛行機が飛ぶ日─ユーグレナ社長・出雲充　保育NPO、社会起業家という生き方─フローレンス代表・駒崎弘樹　単身、最貧国で鍛えたあきらめない心─マザーハウス社長・山口絵理子　現役大学生、途上国で格安学備校を開く─e・エデュケーション代表・税所篤快　七四年ぶりに新規参入したワケ─ライフネット生命社長・岩瀬大輔　上場最年少社長の「無料で稼ぐカラクリ」─リブセンス社長・村上太一　四畳半から狙う電動バイク世界一─テラモーターズ社長・徳重徹　目指すは住宅業界のiPhone─innovation社長・岡崎富夢　三〇年以内に「世界銀行」をつくる─リビング・イン・ピース代表・慎泰俊　ハーバード卒、元体育教師の教育改革─ティーチ・フォー・ジャパン代表・松田悠介　四重苦を乗り越えた営業女子のリーダー─ベレフェクト代表・太田彩子　二代目社長が狙う「モバゲーの先」─ディー・エヌ・エー社長・守安功　ITバブル生き残りの挑戦─サイバーエージェント社長・藤田晋　特別対談　堀江貴文─五年後に花開く、商売の種のまき方

井津元 久美夫〔1929〜〕　いずもと・くみお

◇私の中の1948年朝鮮人学校教育事件─アメリカ占領軍に抗して　井津元久美夫・体験回想録　井津元久美夫著　第2版　一粒出版　2018.4　266p　21cm　〈シリーズ・朝鮮学校の歩み 7〉〈表紙のタイトル：私の中の1948年朝鮮学校教育事件〉　2180円　Ⓝ376.9

伊勢 新九郎　いせ・しんくろう

⇒北条早雲（ほうじょう・そううん）を見よ

伊勢 宗瑞　いせ・そうずい

⇒北条早雲（ほうじょう・そううん）を見よ

伊勢 盛時　いせ・もりとき

⇒北条早雲（ほうじょう・そううん）を見よ

伊勢﨑 賢治〔1957〜〕　いせざき・けんじ

◇紛争解決人─世界の果てでテロリストと闘う　森功著　幻冬舎　2015.2　292p　19cm　〈文献あり〉　1400円　Ⓘ978-4-344-02729-9　Ⓝ319.8

[内容] 第1章 塀の向こうのアメリカ　第2章 貧民窟の人道支援　第3章 流血のアフリカ　第4章 アフリカの優等生　第5章 国連PKOの内幕　第6章 武装解除　第7章 米国史上最も長い戦争　第8章 見出した出口戦略の結末　第9章 集団的自衛権と国際貢献

◇紛争解決人─伊勢﨑賢治・世界の果てでテロリストと闘う　森功著　幻冬舎　2016.9　398p　16cm　〈幻冬舎文庫　も‐18-1〉〈文献あり〉　730円　Ⓘ978-4-344-42521-7　Ⓝ319.8

[内容] プロローグ　第1章 塀の向こうのアメリカ　第2章 貧民窟の人道支援　第3章 流血のアフリカ　第4章 アフリカの優等生　第5章 国連PKOの内幕　第6章 武装解除　第7章 米国史上最も長い戦争　第8章 見出した出口戦略の結末　第9章 集団的自衛権と国際貢献　エピローグ

伊勢﨑 淳〔1936〜〕　いせざき・じゅん

◇新しい備前　伊勢﨑淳の陶芸　伊勢﨑淳作，巌谷國士著・監修　岡山　山陽新聞社　2016.11　214p　31cm　〈企画：伊勢﨑淳　文献あり　年譜あり〉　6296円　Ⓘ978-4-88197-749-1　Ⓝ751.1

[内容] 新しい備前 伊勢﨑淳の陶芸　写真集 伊勢﨑淳の新しい備前（物質　生命　風土　「有為自然」）　伊勢﨑淳詳細年譜

伊勢崎 治郎治〔1827〜1895〕　いせざき・じろうじ

◇東総銚子の寺子屋師匠　伊勢崎治郎治　戸塚唯氏，伊勢崎翼著　半田　一粒書房　2018.4　135p　22cm　〈文献あり〉　2500円　Ⓘ978-4-86431-670-5　Ⓝ372.105

伊束〔室町時代末期〕　いそく

◇伊束（東）法師物語　釈伊束著，岡崎市立中央図書館古文書翻刻ボランティア会編　〔岡崎〕　岡崎市立中央図書館　2016.3　139p　30cm　〈複製及び翻刻〉　Ⓝ289.1

磯崎 新〔1931〜〕　いそざき・あらた

◇磯崎新インタヴューズ　磯崎新，日埜直彦著　LIXIL出版　2014.8　370p　22cm　〈別タイトル：磯崎新Interviews　索引あり〉　3500円　Ⓘ978-4-86480-011-2　Ⓝ523.1

[内容] 1 1970・（岸田日出刀・前川國男・丹下健三─日本における建築のモダニズム受容をめぐって　五期会，『現代建築愚作論』、スターリニズムからの脱却─一九五〇年代における建築運動とその思想性　「空間へ」、「お祭り広場」─「日本の都市空間」─一九六〇年代における都市論の方法をめぐって　『日本の都市空間』の頃─『建築文化』、「間」展、デリダ　丹下研究室から独立した初期およびル・コルビュジエ受容をめぐって─一九六〇年代の都市計画とプロセス・プランニングへの過程　エーゲ海の都市・見えない都市・霧状のモナド─都市構造とアーバンデザインの方法をめぐって　ターニングポイント、空間から環境へ　『建築の解体へ』─六〇年代のムーヴメントをマッピングする試み）　2 1970-1995（廃墟、空白、生成─一九五〇・一九七〇を俯瞰すて　手法論とはなんだったのか　「間」展前後のコネクションの広がりと日本をリプレゼンテーションすること　建築の一九三〇年代から「マニエラ」─アンビギュイティと日本近代建築史の再編　ポストモダン─一九六八・一九八九─近代批判としての　「国家/日本的なもの」とのせめぎあい─大文字の建築）　3 1995・（数々の写真家たちとの関わり　『桂』／タウト─重層的なテクストとしての　堀口捨己─モダニズムから「日本的なもの」への転回　手法論からの転回　二一世紀のアーキテクト/アーキテクチャ）

磯田 一郎〔1913～1993〕 いそだ・いちろう
◇名銀行家(バンカー)列伝―社会を支えた"公器"の系譜 北康利著 新装版 金融財政事情研究会 2017.5 207p 20cm 〈初版:中央公論新社 2012年刊 文献あり 発売:きんざい〉 1500円 ⓘ978-4-322-13081-2 Ⓝ338.28
内容 第1章 わが国近代資本主義の父 渋沢栄一 第一国立銀行―世界に向けて発信したい"論語と算盤"の精神 第2章 銀行のことは安田に聞け! 安田善次郎 安田銀行―史上最強の銀行主にぶっ克己堅忍と陰徳の精神 第3章 三井中興の祖 中上川彦次郎 三井銀行―銀行界の青年期を思わせる爽やかでダイナミックな名バンカー 第4章 国家を支え続けた銀行家 池田成彬 三井銀行―白洲次郎が"おっかながった"と語った迫力あるその人生に迫る 第5章 政府系金融機関の範を示した名総裁 小林中 日本開発銀行―"影の財界総理"の功を誇らない生き方 第6章 財界の鞍馬天狗 中山素平 日本興業銀行―公取委と闘い続けた国士の中の国士 第7章 向こう傷をおそれるな! 磯田一郎 住友銀行―最強の住友軍団を築き上げた男の栄光と挫折 第8章 ナポレオン 松沢卓二 富士銀行―卓抜した先見性と正論を貫く姿勢で金融界を牽引した名銀行家

石上 露子〔1882～1959〕 いそのかみ・つゆこ
◇みはてぬ夢のさめがたく―新資料でたどる石上露子 奥村和子, 楫野政子著 大阪 竹林館 2017.6 343p 19cm 〈文献あり〉 2300円 ⓘ978-4-86000-362-3 Ⓝ911.162
内容 第1部 新発見『婦人世界』の石上露子作品―青春の軌跡、浪華婦人会時代『婦人世界』における露子 露子のペンネーム「まほろし人」 読者欄「友信欄」で縦横無尽に活躍する露子 「宵暗」「王女ふおるちゅにあ」の作者夢遊庵は露子ではない 浪華婦人会編『婦人世界』所在の現況―「おわりに」にかえて 第2部 若き日の石上露子書簡―苦悩し旧弊にあらがう露子(明治三六年二月一五日付大谷きよ子宛杉山孝子書簡 明治三六年三月一日付大谷きよ子宛杉山孝子書簡 明治三六年四月一日付大谷きよ子宛杉山孝子書簡 明治三六年六月一〇日付大谷きよ子宛杉山孝子書簡 明治四一年八月二日付杉山荘平宛杉山孝子書簡) 第3部『助産乃栞』を読む―幸福な妻・母であった石上露子(資料 資料解説 幸福な妻・母 孝子) 第4部 新たにみつかった高貴寺石上露子書簡―大地主杉山家崩壊と逆縁の晩年を生きる(高貴寺と杉山好彦・杉山孝子 露子書簡と解説)

磯部 浅一〔1905～1937〕 いそべ・あさいち
◇獄中手記 磯部浅一著 中央公論新社 2016.2 298p 16cm (中公文庫 い123-1) 1000円 ⓘ978-4-12-206230-6 Ⓝ210.7
内容 行動記 獄中日記―昭和十一年七月三十一日～八月三十一日 宇垣一成等九名告発書 獄中よりの書翰 付録1 新公開資料(日記・書翰・聴取書) 付録2 関連資料

◇帝国軍人の弁明―エリート軍人の自伝・回想録を読む 保阪正康著 筑摩書房 2017.7 205p 19cm (筑摩選書 0146) 1500円 ⓘ978-4-480-01654-6 Ⓝ396.21
内容 序章 軍人の回想録・日記・自伝を読む 第1章 石原莞爾の『世界最終戦論』を読む 第2章 堀栄三『大本営参謀の情報戦記』を読む 第3章 武藤章『比島から巣鴨へ』を読む 第4章 佐々木到一『ある軍人の自伝』を読む 第5章 田中隆吉『日本軍閥暗闘史』を読む 第6章 田邊虎四郎『市ヶ谷台から市ヶ谷台へ』を読む 第7章 井本熊男『作戦日誌で綴る大東亜戦争』を読む 第8章 遠藤三郎『日中十五年戦争と私』を読む 第9章 磯部浅一『獄中日記』を読む 第10章 瀬島龍三『幾山河』を読む 終章 歴史に残すべき書

磯部 則男〔1945～〕 いそべ・のりお
◇現代人の伝記 3 致知編集部編著 致知出版社 2014.11 97p 26cm 1000円 ⓘ978-4-8009-1060-8 Ⓝ280.8
内容 1 坂村真民(詩人)―「念ずれば花ひらく」 2 坂岡嘉代子(はぐるまの家代表)―生きる喜びを求めて 3 熊沢健一(東京女子医科大学非常勤講師)―癌・告知 4 黒瀬昇次郎(ミリオン珈琲貿易相談役)―中村久子の生涯 5 河原成美(力の源カンパニー代表取締役)―ラーメン革命に夢を賭ける男 6 磯部則男(画家)―不遇への挑戦 7 村田兆治(野球評論家)/井村雅代(日本代表コーチ)―こうして人を強くする

磯村 春子〔1877～1918〕 いそむら・はるこ
◇ふくしま人 1 福島民報社編 福島 福島民報社 2015.4 143p 19cm 〈年譜あり 文献あり〉 1000円 ⓘ978-4-904834-28-2 Ⓝ281.26
＊ふくしまの近現代を彩った人物たちの評伝。1は、新島八重、関根正二、磯村春子、吉野せい、水野仙子を選び、業績や評価だけでなく、その人の日常生活にも踏み込んで深く掘り下げる。『福島民報』連載を書籍化。

井田 孝平〔1879～1935〕 いだ・こうへい
◇ドラマチック・ロシア in JAPAN 4 日露異色の群像30―文化・相互理解に尽くした人々 続 長塚英雄責任編集 生活ジャーナル 2017.12 531p 22cm 〈3の出版者:東洋書店〉 2800円 ⓘ978-4-88259-166-5 Ⓝ319.1038
内容 レフ・メーチニコフ(1838 - 1888)西郷が呼んだロシアの革命家 ニコライ・ラッセル(1850 - 1930)子孫が伝える二〇世紀の世界人の記憶 黒野義文(? - 1918)東京外語学校からペテルブルグ大学東洋語学部へ 小西増太郎(1861 - 1939)トルストイとスターリンに会った日本人―激動の昭和を生きた祖父小西増太郎 ニコライ・マトヴェーエフ(1865 - 1941)マトヴェーエフと戦後期ロシア人観光団 徳富蘆花(1868 - 1927)日本におけるトルストイ受容の先駆者として セルギイ・チホミーロフ(1871 - 1945)日本の府主教セルギイ―その悲劇の半生 内田良平(1874 - 1937)「黒龍会」内田良平のロシア観 瀬沼夏葉(1875 - 1915)瀬沼夏葉とチェーホフ作品の翻訳 相馬黒光(1875 - 1955)"アンビシャスガール"とロシア文化〔ほか〕

井田 毅〔1930～2013〕 いだ・たけし
◇サッポロ一番を創った男井田毅 磯尚義取材・執筆 前橋 上毛新聞社事業局出版部 2016.7 273p 図版36p 22cm 〈背のタイトル:サッポロ一番を創った男サンヨー食品井田毅 文献あり 年譜あり〉 1500円 ⓘ978-4-86352-144-5

Ⓝ588.97
[内容] 本質を見極める生来の目　即席麺の衝撃　業界へ参入　テレビCMに賭ける　ナショナルブランドへの道　「サッポロ一番」の大ヒット　日本一の座　父・文夫の死と社長就任　物づくりのDNA　海外へ進出　激変する業界　多角化への道　中国進出を決断　劇的な社長交代　東のラーメン王は永遠に

板 祐生〔1889～1956〕　いた・ゆうせい
◇美神に心奪われて―南部町が生んだ孔版画家・板祐生　廣澤虔一郎編著　米子　編集工房遊　2016.2　259p　20cm　〈年譜あり　発売：今井出版〔米子〕〉　1500円　Ⓘ978-4-86611-015-8　Ⓝ737.021

板尾 創路〔1963～〕　いたお・いつじ
◇板尾日記　10　板尾創路著　リトルモア　2015.3　229p　図版5枚　19cm　1500円　Ⓘ978-4-89815-397-0　Ⓝ779.9
[内容] 一月　二月　三月　四月　五月　六月　七月　八月　九月　十月　十一月　十二月

板垣 英三〔1935～〕　いたがき・えいぞう
◇北の鞄ものがたり―いたがきの職人魂　北室かず子著　札幌　北海道新聞社　2018.10　127p　21cm　〈年表あり〉　1300円　Ⓘ978-4-89453-922-8　Ⓝ589.27
[内容] プロローグ　「ものづくり」という仕事　板垣英三のまなざし　"いたがきのものづくり"鞄ショルダーに宿る5つのITAGAKI　第1章　鞄が生まれる場所　"いたがきのものづくり"E919 鞄ショルダーができるまで　第2章　板垣英三のあゆみ　第3章　新天地、赤平の種となる　エピローグ　ものづくり企業、未来へ　対談　山本昌邦×板垣英三　手間暇かけた革を職人の手で

板垣 啓三郎　いたがき・けいざぶろう
◇獣医学の狩人たち―20世紀の獣医偉人列伝　大竹修著　堺　大阪公立大学共同出版会　2017.5　406p　21cm　〈文献あり〉　2400円　Ⓘ978-4-907209-72-8　Ⓝ649.028
[内容] 序：日本における近代獣医学の夜明け　牛痘苗と狂犬病ワクチンの創始者―梅野信吉　人材育成の名人で家畜衛生学の先達―葛西勝弥　獣医寄生虫学を確立―板垣四郎　競走馬の研究に生涯を捧げた外科の泰斗―松葉重雄　ひよこの雌雄鑑別法を開発―増井清　幻に終わったノーベル賞―市川厚一　獣医外科・産科学の巨頭―黒澤亮助　顕微鏡とともに歩んだ偉大な神経病理学者―山極三郎　麻酔・自律神経研究の権威―木全春生〔ほか〕

板垣 四郎〔1886～1969〕　いたがき・しろう
◇獣医学の狩人たち―20世紀の獣医偉人列伝　大竹修著　堺　大阪公立大学共同出版会　2017.5　406p　21cm　〈文献あり〉　2400円　Ⓘ978-4-907209-72-8　Ⓝ649.028
[内容] 序：日本における近代獣医学の夜明け　牛痘苗と狂犬病ワクチンの創始者―梅野信吉　人材育成の名人で家畜衛生学の先達―葛西勝弥　獣医寄生虫学を確立―板垣四郎　競走馬の研究に生涯を捧げた外科の泰斗―松葉重雄　ひよこの雌雄鑑別法を開発―増井清　幻に終わったノーベル賞―市川厚一　獣医外科・産科学の巨頭―黒澤亮助　顕微鏡とともに歩んだ偉大な神経病理学者―山極三郎　麻酔・自律神経研究の権威―木全春生〔ほか〕

板垣 征四郎〔1885～1948〕　いたがき・せいしろう
◇満洲怪物伝―「王道楽土」に暗躍した人物たちの活躍とその後　歴史REAL編集部編　洋泉社　2015.9　255p　19cm　〈年表あり　索引あり〉　1800円　Ⓘ978-4-8003-0719-4　Ⓝ281.04
[内容] 第1章　建国に暗躍した軍人たちの光と影(石原莞爾―満洲領有を唱えた「世界最終戦争論」とは？　土肥原賢二―満洲国の建国に尽力した「満洲のローレンス」　板垣征四郎―石原とコンビを組み、満洲事変を引き起こす　山口重次―石原莞爾を煽り関東軍の決起を促した活動家）　第2章　傀儡国家の申し子たち（甘粕正彦―満洲の文化を盛り立てた官僚の「実像」　愛新覚羅溥儀―数奇で残酷な運命を辿った「ラスト・エンペラー」　松岡洋右―満鉄で実力を発揮できなかった総裁　李香蘭―中国に引き裂かれた誠実な女優）　第3章　影の世界にうごめいたフィクサーたち（里見甫―阿片を用いて満洲のダークサイドを歩いた「里見天」　辻政信―ノモンハンでの独断専行の参謀　河本大作―張作霖爆殺事件の首謀者　石井四郎―「悪魔の細菌部隊」七三一部隊を創設した男　川島芳子―華麗なるエピソードに彩られた「男装の麗人」）　第4章　満洲国を牛耳った官僚と政治家たち（岸信介―昭和の妖怪と呼ばれた男の「一身二生」の人生　星野直樹―満洲国を「傀儡国家」たらしめた最重要人物　高碕達之助―満業を率いて日本人を守った経済人　古海忠之―満洲国の経済を動かした男）　特別企画　満洲人物伝―「王道楽土」の地で活躍した人物82（軍人・軍関係者　政治家・官僚　満鉄と経済人　文化人　女性　中国人）

板垣 退助〔1837～1919〕　いたがき・たいすけ
◇近代政治家評伝―山縣有朋から東條英機まで　阿部眞之助著　文藝春秋　2015.10　397p　16cm　（文春学藝ライブラリー　雑英　20）〈文藝春秋新社 1953年刊の再刊〉　1250円　Ⓘ978-4-16-813052-6　Ⓝ312.8
[内容] 山縣有朋　星亨　伊藤博文　大隈重信　西園寺公望　加藤高明　犬養毅　大久保利通　板垣退助　桂太郎　東條英機
◇明治史講義　人物篇　筒井清忠編　筑摩書房　2018.4　397p　18cm　（ちくま新書 1319）〈文献あり〉　1100円　Ⓘ978-4-480-07140-8　Ⓝ210.6
[内容] 木戸孝允―「条理」を貫いた革命政治家　西郷隆盛―謎に包まれた超人気者　大久保利通―維新の元勲、明治政府の建設者　福澤諭吉―「文明」と「自由」　板垣退助―自らの足りなさを知る指導者　伊藤博文―日本型立憲主義の造形者　井上毅―明治維新を落ち着かせようとした官僚　大隈重信―政治対立の鍵　金玉均―近代朝鮮における「志士」たちの時代　陸奥宗光―『蹇蹇録』で読む日清戦争と朝鮮〔ほか〕

板垣 政雄　いたがき・まさお
◇撃墜王は生きている！　井上和彦著　小学館　2015.6　253p　20cm　1400円　Ⓘ978-4-09-389756-3　Ⓝ916

いたくら

内容 序章 日本にも戦争英雄がいた 第1章 B29に二度体当たりして生還した「イケメンスター」板垣政雄軍曹 第2章 一撃離脱で敵機を撃ち墜とした「空の狩人」—野文介大尉 第3章 戦後の自衛隊のトップに立った「帝都防空の達人」竹田五郎大尉 第4章 二人のスーパーエースの列機を務めた「紫電改の職人」笠井智一上等飛行兵曹 第5章 武士道で戦い抜いた「空戦の人間国宝」本田稔少尉 終章 航空自衛隊を作ったのは日本軍のパイロットだった

◇撃墜王は生きている！ 井上和彦著 小学館 2017.7 253p 15cm （小学館文庫 い15-1）〈2015年刊の改稿 文献あり〉 570円 ⓘ978-4-09-406429-2 Ⓝ916

内容 序章 日本にも戦争英雄がいた 第1章 B29に二度体当たりして生還した「イケメンスター」—板垣政雄軍曹 第2章 一撃離脱で敵機を撃ち墜とした「空の狩人」—生野文介大尉 第3章 戦後の自衛隊のトップに立った「帝都防空の達人」—竹田五郎大尉 第4章 二人のスーパーエースの列機を務めた「紫電改の職人」—笠井智一上等飛行兵曹 第5章 武士道で戦い抜いた「空戦の人間国宝」—本田稔少尉 終章 航空自衛隊を作ったのは日本軍のパイロットだった

板倉 鼎〔1901～1929〕 いたくら・かなえ
◇板倉鼎—その芸術と生涯 板倉園画、板倉弘子編著 第2版 松戸 板倉弘子 2018.5 79p 21cm 〈年譜あり〉 発売：三好企画 ［松戸］ 1800円 ⓘ978-4-908287-04-6 Ⓝ723.1087

板倉 武子〔1932～〕 いたくら・たけこ
◇アラベスク—人間模様 板倉武子著 福岡 梓書院 2014.7 234p 19cm 926円 ⓘ978-4-87035-531-6 Ⓝ289.1

内容 第1部 私のトラウマ 第2部 心が躍る 第3部 旅路はるかに 第4部 外国語教育雑感 第5部 アメリカ大陸横断一万キロメートル 第6部 ある日突然に

板倉 光馬〔1912～2005〕 いたくら・みつま
◇伝説の潜水艦長—夫板倉光馬の生涯 板倉恭子、片岡紀明著 潮書房光人社 2015.11 216p 16cm （光人社NF文庫 いN-918）〈光人社2007年刊の再刊〉 730円 ⓘ978-4-7698-2918-8 Ⓝ289.1

内容 プロローグ 第1章 死 第2章 縁 第3章 志 第4章 闘 第5章 苦 第6章 絆 第7章 父 エピローグ

板部 堅忠〔1686～1765〕 いたべ・かたただ
◇板部堅忠の人生—詠草集を中心に 『天龍道人の偉業と人生』続編 松尾和義編著 ［鹿島］〔松尾和義〕 2017.2 164p 22cm 〈年譜あり〉 3000円 Ⓝ289.1

伊丹 三樹彦〔1920～〕 いたみ・みきひこ
◇わが心の自叙伝 伊丹三樹彦著 沖積舎 2017.2 137p 19cm 〈付・新作「思郷三木」五十句＋「自筆青玄前記抄」〉 2000円 ⓘ978-4-8060-4129-0 Ⓝ911.36

内容 故郷 乳房願望 甘茶寺 キング 秋祭 横町の風景 養父の葬 三樹校 汽車通学 墓参り〔ほか〕

市 いち
⇒お市（おいち）を見よ

市川 英治〔1955～〕 いちかわ・えいじ
◇市川英治オーラル・ヒストリー 市川英治述, 宇田川勝、四宮正親、真保智行編 法政大学イノベーション・マネジメント研究センター 2016.3 98p 30cm （Working paper series no.169） 非売品 Ⓝ537.09

市川 海老蔵（11代）〔1977～〕 いちかわ・えびぞう
◇海老蔵を見る、歌舞伎を見る 中川右介著 毎日新聞出版 2018.1 255p 19cm 1500円 ⓘ978-4-620-32494-4 Ⓝ774.26

内容 第1部 海老蔵を見る—現代の貴種流離譚（喪失からの出発 二つの自主公演 歌舞伎十八番の復活 新橋演舞場という解放区 猿之助とのクールな友情 貴種流離譚 歌舞伎座凱旋） 幕間 玉三郎スクール 第2部 歌舞伎を見る—春秋戦国役者列伝（猿之助挑戦記 歌右衛門襲名夢譚 雀右衛門奮闘記 音羽屋繁盛記 高麗屋三代記 中村屋兄弟漂流記 新作競作合戦記） 付録 歌舞伎座の歴史

市河 寛斎〔1749～1820〕 いちかわ・かんさい
◇江戸詩人評伝集—詩誌『雅友』抄 1 今関天彭著, 揖斐高編 平凡社 2015.9 473p 18cm （東洋文庫 863）〈布装〉 3200円 ⓘ978-4-582-80863-6 Ⓝ919.5

内容 新井白石 室鳩巣 梁田蛻巌 祇園南海 六如上人 柴野栗山 頼春水 尾藤二洲 菅茶山 市河寛斎 古賀精里 頼杏坪 柏木如亭 大窪詩仏 菊池五山 宮沢雲山 広瀬淡窓 古賀侗庵

市川 源三〔1874～1940〕 いちかわ・げんぞう
◇市川源三—その生涯と研究・教育活動 水野真知子著 野間教育研究所 2018.7 542p 22cm 〈野間教育研究所紀要 第59集〉〈著作目録あり〉 8000円 Ⓝ370

市川 厚一〔1888～1948〕 いちかわ・こういち
◇獣医学の狩人たち—20世紀の獣医偉人列伝 大竹修著 堺 大阪公立大学共同出版会 2017.5 406p 21cm 〈文献あり〉 2400円 ⓘ978-4-907209-72-8 Ⓝ649.028

内容 序：日本における近代獣医学の夜明け 牛痘苗と狂犬病ワクチンの創始者—梅野信吉 人材育成の名人で家畜衛生学の先達—葛西勝弥 獣医寄生虫学を確立—板垣四郎 競走馬の研究に生涯を捧げた外科の泰斗—松葉重雄 ひよこの雌雄鑑別法を開発—増井清 幻に終わったノーベル賞—市川厚一 獣医外科・産科学の巨擘—黒澤亮助 顕微鏡とともに歩んだ偉大な神経病理学者—山極三郎 麻酔・自律神経研究の権威—木全春生〔ほか〕

市川 森一〔1941～2011〕 いちかわ・しんいち
◇脚本家市川森一の世界 市川森一論集刊行委員会編 長崎 長崎文献社 2018.11 337p 22cm 〈年譜あり〉 2800円 ⓘ978-4-88851-302-9 Ⓝ912.7

内容 第1章 人と作品の全体像（市川森一という「ドラ

マの森」) 第2章 夢の軌跡(子ども番組の「夢見る力」 市川染五郎時代の"黄金の日日" 市川さんとの、北のドラマ作り 『新・坊っちゃん』から始まった『モモ子』との出会いと別れ "実"から"虚"・"真"をあぶり出す錬金術 『花の乱』をともに生き、ともに闘った) 第3章 脚本家の視点から(見上げるような安土城 あくまでもミーハーな一ファンとして 蝶の夢―遺作から受けとったもの テレビを文化と位置づけ、その向上に貢献) 第4章 故郷としての長崎(諌早のミッションスクール 諌早をこよなく愛した「ふうけもん」 市川先生と歩いた長崎 長崎の歴史文化の継承に燃やした情熱) 第5章 その素顔と人間性―刊行委員の座談会「風船を持って飛び歩く少年のようだった」

市川 染五郎(7代) いちかわ・そめごろう
⇒松本幸四郎(10代)(まつもと・こうしろう)を見よ

市川 團十郎(7代)〔1791~1859〕 いちかわ・だんじゅうろう
◇評伝 鶴屋南北 古井戸秀夫著 白水社 2018.8 2冊(セット) 21cm 25000円 ①978-4-560-09623-9 Ⓝ912.5

内容 第1巻(鶴屋南北の遺言 ふたつの出自 金井三笑と桜田治助 大谷徳次と坂東善次 三代目坂東彦三郎と並木五瓶 尾上松助と怪談狂言) 第2巻(五代目松本幸四郎と生世話 五代目岩井半四郎と悪婆 七代目市川團十郎と色悪 三代目尾上菊五郎と「兼ル」役者)

市川 團十郎(8代)〔1823~1854〕 いちかわ・だんじゅうろう
◇八代目市川團十郎―気高く咲いた江戸の花 木村涼著 吉川弘文館 2017.1 231p 20cm 〈文献あり〉 2800円 ①978-4-642-08304-1 Ⓝ774.28

内容 プロローグ 気高く、粋に、艶やかに 1 花の舞台―堺町・葺屋町・木挽町時代(江戸歌舞伎へ登場 八代目市川團十郎襲名 座頭就任 三度の「勧進帳」 天保改革始まる) 2 成田山新勝寺との縁(成田山との交流 寺社への寄進) 3 花の舞台―猿若町時代(猿若町歌舞伎の幕明け 栄えある孝子表彰 新たな個性の開花 初めての大坂行きと父海老蔵の赦免 新しい役どころに挑む―時次郎・光氏・児雷也・与三郎 甲州亀屋座興行と困惑の中村座 二代目中村富十郎との確執 衝撃の自殺 入り乱れた死の情報) 4 手紙にみる家族の絆(市川團十郎と伊達家との交流 一五通の手紙) エピローグ―江戸時代最後の團十郎

市川 團十郎(12代)〔1946~2013〕 いちかわ・だんじゅうろう
◇ありがとう、お父さん―市川團十郎の娘より 市川ぼたん著 扶桑社 2015.1 253p 20cm 1700円 ①978-4-594-07049-6 Ⓝ774.28

内容 二〇一三年春(節分 ミモザ ほか) 二〇一三年夏(助六 母の日のこと ほか) 二〇一三年秋(蝶々 秋空 ほか) 二〇一三年冬(年末年始 雪 ほか) 二〇一四年春(父 春)

市川 房枝〔1893~1981〕 いちかわ・ふさえ
◇市川房枝―女性解放運動から社会変革へ 政治家・市民運動家〈日本〉 筑摩書房編集部著 筑摩書房 2015.1 189p 19cm (ちくま評伝シリーズ〈ポルトレ〉)〈文献あり 年譜あり〉 1200円 ①978-4-480-76617-5 Ⓝ289.1

内容 第1章 農家に生まれて 第2章 怖いもの知らずの少女 第3章 女性運動に身を投じる 第4章 戦争と婦選運動 第5章 平等と平和を求めて 巻末エッセイ「市川房枝さんと私とあなたの『バトンリレー』」(辻元清美)

◇市川房枝の言説と活動―年表でたどる人権・平和・政治浄化 1951-1981 市川房枝研究会編 市川房枝記念会女性と政治センター出版部 2016.7 387p 21cm 〈文献あり〉 2300円 ①978-4-901045-18-6 Ⓝ314.82

内容 市川房枝研究会経過報告3 解説―年表でたどる人権・平和・政治浄化 市川房枝の言説と活動―年表でたどる人権・平和・政治浄化1951‐1981

◇闘うフェミニスト政治家 市川房枝 進藤久美子著 岩波書店 2018.8 255,15p 19cm 〈文献あり〉 2200円 ①978-4-00-061288-3 Ⓝ312.1

内容 序章 婦選運動と戦争―政治家への道程(戦前―保守的社会で婦選運動をはじめる 準戦時期―「日本型ジェンダーの政治」を編み出す 戦時期―「帰還の灯」のともし方) 第1章 金権選挙と政治に挑む―議会制民主主義を機能させる(参議院議員市川房枝の誕生 金権選挙に挑む 金権政治に挑む 「ストップ・ザ・汚職議員」運動への軌跡) 第2章 保守的女性観に立ち向かう―人権を守る(女性の基本的人権を守る闘い 第二波フェミニズム運動の流れに棹さして) 第3章 自主独立の道を模索する―恒久平和の希求(戦前型体制の復活に抗い、改憲の動きを阻止する 他国の戦争に巻き込まれず、「紛争の原因」をつくらない) 終章 市川レガシーを読み解く―歴史の教訓(五五年体制の崩壊―「政治は生活」が浮上するとき 選挙と世論が政治をつくる―追求し続けた政治教育 終わりに代えて―女性と政治参画の意味を問う)

一木 喜徳郎〔1867~1944〕 いちき・きとくろう
◇日本地方自治の群像 第9巻 佐藤俊一著 成文堂 2018.11 336p 20cm (成文堂選書 62) 3600円 ①978-4-7923-3381-2 Ⓝ318.2

内容 第1章 「制度」から「精神」としての自治を歩んだ明治の異端児・田中正造(明治の異端児・田中正造の遍歴 幕藩期の村落自治から市制・町村制の"受容"へ 市制・町村制の"否定"から本源的自治村の復活へ) 第2章 近代報徳主義・運動における地域振興と地方自治―岡田良一郎・良平と一木喜徳郎(岡田家三代と一木喜徳郎の足跡 岡田良一郎・良平の報徳思想と地域振興論 一木喜徳郎の報徳主義(思想)地方自治論) 第3章 さまざまな権藤成卿像と権藤成卿自治・国家論(権藤成卿の生涯―大陸問題から内政問題へ さまざまな権藤成卿像の整理 権藤成卿の杜撰自治・国家論と市制・町村制批判) 第4章 中田鉄治夕張市長の観光開発政策と破綻・財政再建団体へ(中田鉄治市長の経歴とプロフィール 観光開発政策による財政破綻の結果と再建計画 中田鉄治市長の「炭鉱から観光へ」政策とその暴走)

一木 清直〔1892~1942〕 いちき・きよなお
◇誰が一木支隊を全滅させたのか―ガダルカナル

戦と大本営の迷走　関口高史著　芙蓉書房出版　2018.2　277p　19cm　〈文献あり〉　2000円　①978-4-8295-0732-2　Ⓝ391.2074
内容　序章 事実と異なる「史実」――一木支隊をめぐる定説への疑問　第1章 なぜ一木支隊長は征くことになったのか？　第2章 なぜ一木支隊長は彷徨したのか？　第3章 なぜ一木支隊長は厳しい条件を受容したのか？　第4章 なぜ一木支隊長は攻撃を続けたのか？　第5章 なぜ一木支隊長は全滅させてしまったのか？　第6章 なぜ一木支隊長の教訓は活かされなかったのか？　終章 作為の「史実」――一木支隊全滅から見える日本軍の瑕疵

市古　宙三〔1913～2014〕　いちこ・ちゅうぞう
◇近代中国研究と市古宙三　東洋文庫近代中国研究班編　汲古書院　2016.6　190p　22cm　〈年譜あり〉　3000円　①978-4-7629-6569-2　Ⓝ222
内容　シンポジウム「戦後中国近代史研究と東洋文庫――市古先生のお仕事を偲ぶ」　戦後中国近代史と東洋文庫/久保田文次述　学生としてみた市古先生/浜口允子述　外国人研究者として見た市古先生/リンダ・グローブ述　市古先生とAF問題/石島紀之述　近代中国研究と市古宙三先生/土田哲夫述　文庫の中からの市古先生/鶴見尚弘述　自由討論　報告レジュメ/久保田文次, 土田哲夫/著　戦後中国近代史研究における東洋文庫と中央研究院近代史研究所の果たした役割について/林明徳/著　秋瑾の生年西洋人の見た天京事変

市島　謙吉〔1860～1944〕　いちしま・けんきち
◇新潟が生んだ七人の思想家たち　小松隆二著　論創社　2016.8　346p　20cm　3000円　①978-4-8460-1546-6　Ⓝ281.37
内容　相馬御風――早稲田大学校歌の作詞者で地方から俯瞰・発信した思想家　小川未明――童話を通して子どもと社会に向き合った思想家　市島謙吉（春城）――「随筆王」「早稲田大学四尊」と評価される大学人　土田杏村――優れた在野の自由人思想家　大杉栄――人間尊重の永遠の革命家　小林富次郎――法衣をまとい公益をかざした経営者　本間俊平――「左手に聖書・右手にハンマー」を持つ採石場経営者

一ノ瀬　文香〔1980～〕　いちのせ・あやか
◇ビアン婚。――私が女性と、結婚式を挙げるまで　一ノ瀬文香著　双葉社　2016.2　190p　19cm　1300円　①978-4-575-30994-2　Ⓝ367.97
内容　序章 ささやかな幸せ　1章 孤独　2章 性の目覚め　3章 新宿二丁目での出会い　4章 空虚　5章 愛を知る　6章 決心　7章 運命の出会い　8章 最高にハッピーな日　終章 これからの二人

市原　悦子〔1936～2019〕　いちはら・えつこ
◇ひとりごと　市原悦子著　新装版　春秋社　2017.7　220p　20cm　1600円　①978-4-393-43648-6　Ⓝ772.1
内容　1（幼年時代　怪我・娘時代　ほか）　2（俳優座養成所に入る　養成所のころ　ほか）　3（壁にぶつかる　俳優座退団　鈴木忠志さんの「がんばれよ」　ほか）　4（舞台 いまを生きる　稽古好き　ほか）
◇白髪のうた　市原悦子著, 沢部ひとみ構成　春秋社　2017.7　217p　20cm　〈年譜あり〉　1600円　①978-4-393-43649-3　Ⓝ772.1
内容　私の好きなもの　私の原風景　役者の誕生　私を育ててくれた人々　スポーツという劇場　舞台の約束　役者の流儀　一人暮らし

市堀　玉宗〔1955～〕　いちぼり・ぎょくしゅう
◇拝啓良寛さま――曲がり真っすぐ禅の道　市堀玉宗著　金沢　北國新聞社（発売）　2016.7　365p　21cm　1800円　①978-4-8330-2067-1　Ⓝ188.82
内容　第1章 仏弟子という私（拝啓良寛さま　出家の本懐　曲がり真っすぐ　雲のこころ水のこころ　実物で生きる　初心の弁道　自らを知る）　第2章 隣人という私（縁を生きる　お坊さんという生き方　唯の禅　お寺という可能性　現代宗教事情管見　いのちを学ぶ　身を捨て心を捨て）　第3章 俳人という私（俳句と人生　俳諧のこころ　俳句の可能性　俳句という文学）

市丸　利之助〔1891～1945〕　いちまる・りのすけ
◇硫黄島　栗林中将の最期　梯久美子著　文藝春秋　2015.7　254p　16cm（文春文庫　か68-1）〈2010年刊に「文人将軍市丸利之助小伝」を加筆〉　600円　①978-4-16-790414-2　Ⓝ210.75
内容　ドキュメント1 栗林忠道 その死の真相　ドキュメント2 三人の若き指揮官の肖像　ドキュメント3 バロン西伝説は生きている　ドキュメント4 文人将軍 市丸利之助小伝　ドキュメント5 父島人肉事件の封印を解く　ドキュメント6 美智子皇后 奇跡の祈り
◇平川祐弘決定版著作集　第7巻　米国大統領への手紙――市丸利之助中将の生涯　高村光太郎と西洋　平川祐弘著　勉誠出版　2017.1　360,9p　22cm　〈索引あり〉　4200円　①978-4-585-29407-8　Ⓝ908
内容　米国大統領への手紙――市丸利之助中将の生涯（米国大統領への手紙――市丸利之助中将の生涯（米国大統領への二つの手紙　予科練の父　軍人歌人　硫黄島　名誉の再会））　高村光太郎と西洋（「大和魂」という言葉――北京で『銀の匙』を読む　高村光太郎と西洋）

一柳　慧〔1933～〕　いちやなぎ・とし
◇一柳慧現代音楽を超えて　一柳慧著　平凡社　2016.8　249p　19cm　2000円　①978-4-582-83735-3　Ⓝ762.1
内容　1 時代の証言者　2 追悼ピエール・ブーレーズ　3 メモリー・オブ・ジョン・ケージ　4 俳諧と音楽の創造性をめぐって　5 音楽に於ける空間と時間　6 鈴木大拙没後五〇年と現代　7 3・11後の音楽のために 片山杜秀×一柳慧　8 作品ノート

市吉　澄枝〔1923～〕　いちよし・すみえ
◇まなび愛ひたむきに――私の歩んだこの道　市吉澄枝著　生活思想社　2015.5　143p　21cm　〈文献あり　年譜あり〉　1000円　①978-4-916112-26-2　Ⓝ289.1

イチロー〔1973～〕
◇イチロー会見全文　国際情勢研究会編　ゴマブックス　2016.9　207p　19cm　1200円　①978-4-7771-1844-1　Ⓝ783.7

|内容| 第1章 メジャー通算3000本安打達成会見（全文）　第2章 メジャー通算3000本安打が持つ意味　第3章 イチロー主要会見（全文）（世界最多4257安打達成後の会見（2016年6月16日、サンディエゴ）　イチロー日米通算4000本安打記者会見（2013年8月21日、トロント）　マリナーズ退団/ヤンキース入団会見（2012年7月23日、シアトル）　マイアミ・マーリンズ入団会見（2015年1月27日、東京））　第4章 イチローの履歴書（少年時代　高校時代　日本プロ野球時代　シアトル・マリナーズ時代　ニューヨーク・ヤンキース時代　マイアミ・マーリンズ時代）　第5章 イチローの流儀（魔法のバッティング　華麗なる守備　失敗が少ない盗塁/走塁　ファンとのコミュニケーション）

◇イチロー主義―幼少期～マーリンズ時代まで成功を積み重ねた200の思考　児玉光雄著　東邦出版　2016.9　275p　19cm　〈他言語標題：ICHIRO'S PRINCIPLE　文献あり　年譜あり〉　1300円　Ⓘ978-4-8094-1425-1　Ⓝ783.7

|内容| 第1章 イチローはいかに作られたか　幼少期～高校まで　第2章 天才の覚醒　オリックス時代　第3章 衝撃のメジャーデビュー　マリナーズ初期　第4章 MLBのスーパースターへ　マリナーズ中期　第5章 数々の金字塔　マリナーズ後期　第6章 逆境からの飛躍　ヤンキース時代　第7章 不滅のレジェンドへ　マーリンズ時代

◇イチローがいた幸せ―大リーグ関係者50人が証言する異次元体験　杉浦大介著　悟空出版　2016.9　221p　19cm　1250円　Ⓘ978-4-908117-28-2　Ⓝ783.7

|内容| 序章 イチローからの「贈り物」　第1章 栄光のマイルストーン　第2章 称賛と失意のシアトル　第3章 驚異の打撃術　第4章 微妙な過渡期　ニューヨークのイチロー　第5章 イチローとベースボールの未来

一休宗純 〔1394～1481〕　いっきゅうそうじゅん

◇日本書人伝　中田勇次郎編　中央公論新社　2015.8　363p　16cm　（中公文庫　な66-2）〈執筆：山本健吉ほか　中央公論社1974年刊の再刊　年譜あり〉　1200円　Ⓘ978-4-12-206163-7　Ⓝ728.21

|内容| 聖徳太子　聖武天皇　光明皇后―山本健吉　空海―司馬遼太郎　最澄　嵯峨天皇　橘逸勢―永井路子　小野道風　藤原佐理―寺田透　藤原行成―白洲正子　西行　藤原俊成　藤原定家―中村真一郎　大燈国師　一休宗純―唐木順三　本阿弥光悦―花田清輝　池大雅　上田秋成　良寛―水上勉　貫名菘翁―中田勇次郎

◇オトナの一休さん　NHKオトナの一休さん制作班著　KADOKAWA　2017.10　158p　19cm　〈年表あり〉　1300円　Ⓘ978-4-04-602108-3　Ⓝ188.82

|内容| 第1章 何物にも囚われるな！―破戒編（無縄自縛　諸法無我　何似生！　ほか）　第2章 自分に正直であれ！―純情編（ビジネス坊主はニセ坊主　正月の一休さん　一休、エリートコースに乗ると降りる　ほか）　第3章 死ぬまで生きろ！―晩年編（応仁の乱と一休さん　七十七歳の恋　一休、エロ漢詩を詠む　ほか）

◇日本の奇僧・快僧　今井雅晴著　吉川弘文館　2017.11　197p　19cm　（読みなおす日本史）　〈講談社1995年刊の再刊〉　2200円　Ⓘ978-4-642-06755-3　Ⓝ182.88

|内容| 知的アウトサイダーとしての僧侶　道鏡―恋人は女帝　西行―放浪五〇年、桜のなかの死　覚一―生まれついての反逆児　親鸞―結婚こそ極楽への近道　日蓮―弾圧こそ正しさの証　一遍―捨てよ、捨てよ、捨てよ　尊雲（護良親王）―大僧正から征夷大将軍へ　一休―天下の破戒僧　快川―心頭を滅却すれば火も自ら涼し　天海―超長寿の黒衣の宰相　エピローグ―僧侶と日本人

◇禅とは何か―それは達磨から始まった　水上勉著　中央公論新社　2018.12　396p　16cm　（中公文庫　み10-23）〈新潮社1988年刊の再刊　文献あり〉　960円　Ⓘ978-4-12-206675-5　Ⓝ188.82

|内容| それは達磨から始まった　臨済禅を築いた祖師たち　反骨修行者道元希玄の生き方　曹洞大教団の誕生　一休宗純の風狂破戒　三河武士鈴木正三の場合　沢庵宗彭体制内からの視線　雲渓桃水と白隠禅師の自由自在　日本禅の沈滞を破る明国からの波　大愚良寛「無住の住」の生涯　故郷乞食行の胸の内　心ひとつを定めかねつも　民衆が純禅を支える

一遍 〔1239～1289〕　いっぺん

◇梅原猛の仏教の授業　法然・親鸞・一遍　梅原猛著　PHP研究所　2014.9　247p　15cm　（PHP文庫　う5-4）〈文献あり〉　700円　Ⓘ978-4-569-76225-8　Ⓝ188.62

|内容| 法然の授業（恩師が導いた法然上人との出会い　鎌倉新仏教に共通する思想「草木国土悉皆成仏」とは　ほか）　親鸞の授業（親鸞上人の四つの謎　人を殺すも殺さないも因縁に過ぎない　ほか）　一遍の授業（一遍上人を知る為の四つのキーワード　妻子をおいて旅に出る　ほか）　共生（新たな哲学を求めて　日本の伝統思想の原点は「縄文文化」にある　ほか）

◇一遍と時衆の謎―時宗史を読み解く　桜井哲夫著　平凡社　2014.9　255p　18cm　（平凡社新書 748）　840円　Ⓘ978-4-582-85748-1　Ⓝ188.692

|内容| 第1部 遊行・一遍上人と時衆―いかなる人々なのか（『大菩薩峠』の「遊行上人」　戦前期における「一遍」と「時宗」―不遇の時代　戦後の「一遍」と「時宗」―再評価の時代　阿弥衆の謎　「世阿弥」と「お国」　網野史学と「時衆」）　第2部 「一遍聖絵」の世界―遊行・一遍上人の生涯（『一遍聖絵』出生から再出家まで　旅立ちから熊野まで　遊行の旅へ　時衆の誕生　京都に入る　旅のなかに　入寂の地へ）

◇一遍　今井雅晴著　大阪　創元社　2014.10　206p　18cm　（日本人のこころの言葉）〈文献あり　年譜あり〉　1200円　Ⓘ978-4-422-80067-7　Ⓝ188.692

|内容| 言葉編（念仏と往生　捨てる思想　一遍とこころ　一遍の風景）　生涯編

◇遊行一遍上人　吉川清著　復刻版　たにぐち書店　2016.2　254p　21cm　（原本：紙硯社）　3000円　Ⓘ978-4-86129-277-4　Ⓝ188.692

◇一遍上人と遊行の旅　上田薫、佐藤洋二郎著　松柏社　2016.5　205p　20cm　1600円　Ⓘ978-4-7754-0226-9　Ⓝ188.692

いて

[内容] 宝厳寺　大宰府天満宮　筑豊清水寺　肥前清水寺　善光寺　窪寺　岩屋寺　四天王寺　高野山　熊野本宮〔ほか〕

◇死してなお踊れ――一遍上人伝　栗原康著　河出書房新社　2017.1　248p　20cm　〈文献あり〉　1600円　①978-4-309-24791-5　Ⓝ188.692

[内容] 第1章 捨てろ、捨てろ、捨てろ（殺っちまいな！ がまんがならねえ、打倒平家の狼煙をあげろ　御恩も奉公もない、オレはなんにもしなくないぞ　ほか）　第2章 いけ、いけ、往け、往け（オレもおまえもダメなんだ、捨てまいな　上でもなく下でもなく、右でも左でもなく、ただただひたすら前へつきすすめ　ほか）　第3章 壊してさわいで、燃やしてあばれろ（他人がどうおもうかじゃない、おまえがどうおもうかだ、どううごくかだ！　一遍上人はテルマエ・ロマエだ　ほか）　第4章 国土じゃねえよ、浄土だよ（ボヤボヤしてたらおいてくぞ　念仏はオレの命だ、それを禁止するというのであれば、どこにもいる場所なんてない、いまここで死んでやる!!　ほか）　第5章 チクショウ（自然にも意思がある、すべては無償のほどこしだ　コメだせ、コメだせ、コメをだせ乞食にコメを食わせやがれ　ほか）

◇捨聖一遍　今井雅晴著　オンデマンド版　吉川弘文館　2017.10　216p　19cm　（歴史文化ライブラリー 61）〈原本：1999年刊〉　2300円　①978-4-642-75461-3　Ⓝ188.692

[内容] 聖と極楽の世界　一遍の修行　捨聖一遍　捨聖の集団　踊り念仏と鎌倉入り　充実した布教の旅　一遍の入滅

◇日本の奇僧・快僧　今井雅晴著　吉川弘文館　2017.11　197p　19cm　（読みなおす日本史）〈講談社 1995年刊の再刊〉　2200円　①978-4-642-06755-3　Ⓝ182.88

[内容] 知的アウトサイダーとしての僧侶　道鏡―恋人は女帝　西行―放浪五〇年、桜のなかの死　文覚―生まれついての反逆児　親鸞―結婚こそ極楽への近道　日蓮―弾圧こそ正しさの証　一遍―捨てよ、捨てよ、捨てよ　尊雲（護良親王）―大僧正だから征夷大将軍へ　一休―天下の破戒僧　快川―心頭を滅却すれば火も自ら涼し　天海―超長寿の黒衣の宰相　エピローグ―僧侶と日本人

井出 一太郎〔1912～1996〕いで・いちたろう

◇井出一太郎回顧録―保守リベラル政治家の歩み　井出一太郎著　井出亜夫、竹内桂、吉田龍太郎編　吉田書店　2018.6　391p　20cm　〈年譜あり　索引あり〉　3600円　①978-4-905497-64-6　Ⓝ312.1

[内容] 第1章 政治家になるまで　第2章 代議士になる　第3章 自民党政治のなかで　第4章 内閣官房長官　第5章 長老議員として　第6章 政治家引退後　おわりに　続 青葉夕影―井出一太郎歌集　付録1 農業基本法の骨格　付論2 二大政党は何処へ行く―望まれる保守政治の新しい波

井手 久美子〔1922～2018〕いで・くみこ

◇徳川おてんば姫　井手久美子著　東京キララ社　2018.6　189p　19cm　〈他言語標題： Tokugawa Otenba Princess〉　1600円　①978-4-903883-29-8　Ⓝ289.1

＊徳川慶喜・末の孫娘による初の著作。徳川慶喜終焉の地・小石川第六天町の徳川邸、その屋敷で生まれ育った孫娘自身が綴る、戦前の華族の暮らし。少女時代の夢のような生活から一変、結婚と離婚、夫の戦死、そして娘との別れ。サイパン玉砕から生還した軍医と再婚、終戦後の奮闘、高松宮同妃両殿下との思い出。波乱に満ちた人生を軽やかに駆け抜ける「おてんば姫」の自叙伝。

井手口 陽介〔1996～〕いでぐち・ようすけ

◇アホが勝ち組、利口は負け組―サッカー日本代表進化論　清水英斗著　秋田書店　2018.6　190p　19cm　1300円　①978-4-253-10106-6　Ⓝ783.47

[内容] 日本代表進化論 理想は進化、現実は退化　日本代表進化論 選手編（原口元気―モノクロームの元気　岡崎慎司―アホの岡崎　遠藤航―がんばれ！ニッポンの父！　宇佐美貴史―「行ってるやん」の絶壁　吉田麻也―"大ポカ"の汚名を返上せよ！　柏木陽介―だって、人間だもの。　長谷部誠―キレッ早のキャプテン　長友佑都―左を制する者は、世界を制す！　柴崎岳―キャノンシュートの秘密は、弓　槙野智章―カネでは買えない男！　ほか）

出光 佐三〔1885～1981〕いでみつ・さぞう

◇人間尊重七十年　出光佐三著　春秋社　2016.3　280p　20cm　〈「人間尊重五十年」(1962年刊)の改題、改訂　年譜あり〉　2000円　①978-4-393-33349-5　Ⓝ335

[内容] 第1篇 物質尊重より人間尊重へ（昭和三十六年五月）（世界は行き詰っている　世界の行詰りを打開する道　出光は日本人としての道を歩いてきた　ほか）　第2篇（将来の収穫のために今こそ種を播こう（大正十年六月）　金の奴隷となるな、人を主とし金を従とせよ（大正十年）　協同一致は行なうは易く行なうは難し（大正十四年十一月）　ほか）　第3篇（不況克服の道（昭和四十年十二月）　日本人として真心の鏡を曇らせないように（昭和四十四年六月）　出光の精神的定款を忘れるな（昭和四十五年六月）　ほか）

◇「死んでたまるか」の成功術―名企業家に学ぶ　河野守宏著　ロングセラーズ　2016.10　203p　18cm　〈文献あり〉　1000円　①978-4-8454-0992-1　Ⓝ332.8

[内容] 鳥井信治郎―ウイスキーはわしの命だ。いまに見ておれ！　本田宗一郎―世界最高のオートバイ・レース"TTレース"に参加して優勝する！　稲盛和夫―いまのやり方ではダメだ、戦法を変えようだ！　うちの製品をアメリカから輸入させればよい　出光佐三―殺せるものなら殺してみろ。わしは死なん　松下幸之助―断じて行なえば必ずものは成り立つ！　野村徳七―命を賭けた大相場に勝った！　河村瑞賢―おれにもツキがまわってきたぞ 江戸一番の分限者になってみせる！　岩崎弥太郎―恥がなんだ、面目がなんだ 生きてさえいれば、なんとかなる！　浅野総一郎―誰もがやれる商売では駄目なのだ 要は、人が目を向けないところに目をつけることだ！　益田孝―最後に勝利するぞ！江崎利一――こっちから頼んで行かなくても向こうから売らせてくれと頼みにくるにきまっている！

◇士魂商才の大海賊出光佐三の名言　野中根太郎著　アイバス出版　2016.10　223p　19cm　〈文献あり　発売：サンクチュアリ出版〉　1300円　①978-4-86113-668-9　Ⓝ289.1

いとう

糸井　重里〔1948〜〕　いとい・しげさと
◇古賀史健がまとめた糸井重里のこと。　糸井重里,古賀史健著　ほぼ日　2018.6　183p　15cm　（ほぼ日文庫 HB-008）　740円　①978-4-86501-312-2　Ⓝ289.1

伊藤　昭義〔1942〜〕　いとう・あきよし
◇人生遍路―人生は誰に、そして何に導かれて歩くのか…？　伊藤昭義著　〔出版地不明〕　伊藤昭義　2015.10　209p　20cm　〈制作：南日本新聞開発センター〔鹿児島〕〉　1500円　①978-4-86074-235-5　Ⓝ289.1

伊藤　育子〔1944〜〕　いとう・いくこ
◇伊藤育子のスマイルメッセージ―県議会議員活動の記録　伊藤育子著　静岡　静岡新聞社　2015.4　307p　図版 8p　19cm　1350円　①978-4-7838-9907-5　Ⓝ318.254

内容　1章 富士山静岡空港をめぐって　2章 防災を考える　3章 子どもと高齢者のために　4章 食と健康　5章 地域を元気に　6章 海外で見たこと　7章 エネルギーの未来

伊藤　一朗〔1967〜〕　いとう・いちろう
◇Every Little Thing 20th Anniversary Book Arigato　ロックスエンタテインメント合同会社編集　大阪　ロックスエンタテインメント　2015.10　125p　21cm　〈本文は日本語　発売：シンコーミュージック・エンタテインメント〉　1852円　①978-4-401-76184-5　Ⓝ767.8

内容　持田香織（幼少期時代　小学校時代　中学校時代　高校時代　Every Little Thingデビュー　ほか）　伊藤一朗（幼少期時代　小学校時代　中学校時代　高校時代　高校卒業後、バンド時代　ほか）　セルフライナーノーツ

伊東　甲子太郎〔1835〜1867〕　いとう・かしたろう
◇竹内百太郎と伊東甲子太郎―つながるワタシたち　かすみがうら市郷土資料館監修　〔かすみがうら〕　かすみがうら市　2015.2　96p　21cm　（かすみがうら市の先人シリーズ）〈かすみがうら市市制10周年記念〉　Ⓝ289.1

伊藤　熹朔〔1899〜1967〕　いとう・きさく
◇伊藤熹朔―舞台美術の巨人　伊藤熹朔著，俳優座劇場編　NHK出版　2014.9　347p　22cm　〈文献あり　年譜あり〉　2100円　①978-4-14-009355-9　Ⓝ771.5

内容　序章　第1章 舞台美術総論　第2章 舞台装置を語る　第3章 それぞれの舞台装置　第4章 舞台装置と映画美術　第5章 歩いてきた道　第6章 欧米への視点　第7章 今日の群像　第8章 素顔・家族・仲間たち　第9章 惜別

内容　第1章 宗像―生まれと宗像大社、佐三の原型　第2章 神戸―学業と恩師と恩人　第3章 門司―創業と苦しみ（海賊としての気概）　第4章 東京―敗戦、危機、そして再起　第5章 イラン―会社の存在意義、正しいと思えば世界の権力とも戦う（大海賊としての誇り）　第6章 出光佐三が現代日本人に教えてくれること

伊藤　喜平〔1935〜〕　いとう・きへい
◇"喜平さ"がつくった奇跡の村　峰竜太著　幻冬舎　2017.11　151p　19cm　1200円　①978-4-344-03212-5　Ⓝ318.252

内容　第1章 カリスマ村長（僅差の勝利　選挙で掲げた「子どもの声が響く村づくり」ほか）　第2章 奇跡の村長、奇跡の村人（二一歳で独立、会社設立　下條村で最初のガソリンスタンド　ほか）　第3章 子どもの声が響く村づくり（若い夫婦が住みたくなる住宅地に溶け込める人を選んだ　ほか）　第4章 「なんとかしたい」と動いた人々（地域を守る正義のヒーロー「カッセイカマン」　カッセイカマンは自主財源で活動する　ほか）

伊藤　銀次〔1950〜〕　いとう・ぎんじ
◇MY LIFE,POP LIFE―伊藤銀次自伝　伊藤銀次著　シンコーミュージック・エンタテイメント　2018.4　247p　21cm　〈作品目録あり　索引あり〉　2000円　①978-4-401-64532-9　Ⓝ767.8

内容　誕生〜幼少期の音楽体験　ロックの洗礼を受けた中学〜高校時代　ドロップアウトと「伊藤銀次」の始まり　ごまのはえデビュー〜ココナツ・バンクの挫折　福生から都心へ―セッションに明け暮れた時代　松原みき―ギタリストからアレンジャーへ　沢田研二とのレコーディング：1980・1982　激務の合間を縫って始まる二度目のソロ・キャリア　ポリスター末期〜東芝EMIイヤーズと「イカ天」　ウルフルズと90年代〜2000年代初頭のプロデュース・ワーク　2000年以降―現在までの活動

伊藤　邦幸〔1931〜1993〕　いとう・くにゆき
◇無垢の心をこがれ求める―伊藤邦幸・聡美記念文集　伊藤邦幸・聡美著，武井陽一編　第2版　袋井　武井陽一　2018.10　479,3p　21cm　〈文献あり　年譜あり〉　1500円　Ⓝ289.1

伊藤　計劃〔1974〜2009〕　いとう・けいかく
◇蘇る伊藤計劃　伊藤計劃，山形浩生，藤井太洋，中原昌也，佐藤亜紀，多根清史 ほか著　宝島社　2015.9　143p　26cm　〈他言語標題：Project Itoh Revives　著作目録あり　年譜あり〉　1500円　①978-4-8002-3308-0　Ⓝ910.268

内容　第1部 伊藤計劃全解剖（『虐殺器官』『ハーモニー』『メタルギアソリッドガンズオブザパトリオット』『屍者の帝国』　essay　「不毛のタイトル地獄」―伊藤計劃　ほか）　第2部 伊藤計劃「まだ見ぬ鉱脈」（未開の鉱脈　未発表作品概略1996・06〜　奥村元気 short story　「グローバルファイナンスと愛の国」―伊藤計劃　short story「伊藤計劃全容」　Interview　虚淵玄「ついに語ることのなかった二人」　作家が語る伊藤計劃 ほか）

伊藤　敬司〔1969〜2015〕　いとう・けいじ
◇PL学園最強世代―あるキャッチャーの人生を追って　伊藤敬司,矢崎良一著　講談社　2015.4　286p　20cm　1500円　①978-4-06-219536-2　Ⓝ289.1

内容　第1章 発病　第2章 PL学園入学　第3章 春夏連覇　第4章 卒業後　第5章 第二の人生　第6章 闘病生活　第7章 野球への思い　第8章 夫婦の関係　第9章 娘へ

いとう

伊藤 圭介〔1803～1901〕 いとう・けいすけ

◇伊藤圭介日記 第20集 錦窠翁日記 明治12年4月―7月 伊藤圭介著，圭介文書研究会編 錦窠翁著 名古屋 名古屋市東山植物園 2014.11 329p 26cm 〈文献あり〉 Ⓝ289.1

◇伊藤圭介日記 第21集 錦窠翁日記 明治12年8月―10月 伊藤圭介著，圭介文書研究会編 錦窠翁著 名古屋 名古屋市東山植物園 2015.11 4,295p 26cm 〈文献あり〉 Ⓝ289.1

◇伊藤圭介日記 第22集 錦窠翁日記 明治12年11月―12月 伊藤圭介著，圭介文書研究会編 錦窠翁著 名古屋 名古屋市東山植物園 2016.12 305p 26cm 〈文献あり〉 Ⓝ289.1

◇伊藤圭介日記 第23集 錦窠翁日記 明治13年1月―2月 伊藤圭介著，圭介文書研究会編 錦窠翁著 名古屋 名古屋市東山植物園 2017.12 4,295p 26cm 〈文献あり〉 Ⓝ289.1

伊東 玄朴〔1800～1871〕 いとう・げんぼく

◇伊東玄朴―1800-1871 青木歳幸著 佐賀 佐賀県立佐賀城本丸歴史館 2014.11 110p 21cm （佐賀偉人伝 13）〈文献あり 年譜あり〉 952円 ①978-4-905172-12-3 Ⓝ289.1

|内容| 第1章 蘭方医伊東玄朴への道（眼光炯炯 人を射る 玄朴の生まれた時代 ほか） 第2章 蘭方医伊東玄朴の活躍（江戸下谷町で開業 象先堂の開塾と塾則 ほか） 第3章 佐賀藩の西洋医学教育と玄朴（医学寮の設置と島本良順 幕末の玄朴の活躍 ほか） 第4章 種痘の普及と伊東玄朴（天然痘とその対策 牛痘苗の長崎到来 ほか） 第5章 幕末・維新の玄朴とその門流（松本良順と玄朴 伊東玄朴の終焉 ほか）

伊東 孝一〔1920～〕 いとう・こういち

◇沖縄戦二十四歳の大隊長―陸軍大尉伊東孝一の戦い 笹幸恵著 学研パブリッシング 2015.5 291p 20cm （WW SELECTION）〈文献あり 発売:学研マーケティング〉 1800円 ①978-4-05-406212-2 Ⓝ210.75

|内容| 第1章 若き戦術家 第2章 沖縄へ 第3章 米軍上陸 第4章 前線へ 第5章 総攻撃 第6章 首里撤退 第7章 最後の戦い

伊藤 靜男〔1949～〕 いとう・しずお

◇北の大地―二十世紀最後の開拓民＝帰農者 伊藤靜男著 文芸社 2015.1 98p 15cm 500円 ①978-4-286-15843-3 Ⓝ289.1

伊藤 若冲〔1716～1800〕 いとう・じゃくちゅう

◇辻惟雄集 6 若冲と蕭白 辻惟雄著，青柳正規，小林忠，酒井忠康，佐藤康宏，山下裕二編集委員 岩波書店 2014.9 244,18p 23cm 〈布装 著作目録あり〉 3400円 ①978-4-00-028656-5 Ⓝ702.1

|内容| 伊藤若冲 伊藤若冲筆《象と鯨図屏風》 奇想横溢 曾我蕭白筆《群仙図屏風》 興聖寺の蕭白一族の墓および過去帳の記載について 視覚の驚き、または、型と型やぶり 林十江の表現主義 「真景」の系譜

◇若冲 辻惟雄著 講談社 2015.10 349p 15cm （講談社学術文庫 2323）〈美術出版社1974年刊の再刊 文献あり 年譜あり〉 1500円 ①978-4-06-292323-1 Ⓝ721.4

|内容| 1 伝記と画歴（第一期―画風形成時代 第二期―画風昂揚時代 第三期―画風円熟時代 第四期―画風晩成時代） 2 若冲画小論（若冲と明清画 若冲と写生 若冲と「奇」） 3 印譜解説 4 若冲派について

◇若冲ワンダフルワールド 辻惟雄，小林忠，狩野博幸，太田彩，池澤一郎，岡田秀之著 新潮社 2016.3 143p 22cm （とんぼの本）〈文献あり〉 1600円 ①978-4-10-602265-4 Ⓝ721.4

|内容| "動植綵絵"の世界 描きたいものを描く人生！若冲、ここが見どころ 著色ները品20 画遊人、水墨に遊ぶ 初公開！京都石峰寺"若冲ギャラリー" 版画家若冲を知っていますか？ 伏見から大坂天満橋まで6時間の春の旅 乗興舟アートブック

◇若冲への招待 朝日新聞出版編 朝日新聞出版 2016.4 95p 26cm 〈文献あり〉 1600円 ①978-4-02-251374-8 Ⓝ721.4

|内容| パーフェクト鑑賞講座 名画の秘密に迫る！ 若冲が40代を捧げて現出させた再現相国寺方丈荘厳の世界 伊藤若冲を「語る」ための5つのキーワード 辻惟雄特別インタビュー 85年の人生、最晩年を飾る伊藤若冲167枚の天井画 信行寺本多孝昭住職インタビュー 伊藤若冲25作品誌上ギャラリー 私の若冲 井浦新（俳優） 盛り上がった博物学 ちょっと美術史 町人文化の成熟が育んだ京都画壇のルネサンス 「描くこと」を熱愛した"奇想の画家"85年の生涯をたどってみよう 若冲に会える！ 全23美術館・寺社ガイド

◇若冲の「花」―Ito Jakuchu 朝日新聞出版編，辻惟雄監修 朝日新聞出版 2016.9 95p 26cm 〈文献あり 年譜あり〉 2000円 ①978-4-02-251416-5 Ⓝ721.4

|内容| 京都信行寺「花卉図 天井画」―嬉々として遊び戯れる167枚の若冲の分身たち 義仲寺翁堂「天井画」 人物で綴る「若冲の時代」 応挙と若冲 香川県琴平町金刀比羅宮「百花図」 伊藤若冲の生涯

◇若冲 澁澤龍彥他著 河出書房新社 2016.11 182p 15cm （河出文庫 し1-68）〈文献あり 年譜あり〉 740円 ①978-4-309-41489-8 Ⓝ721.4

|内容| 若冲小録（森銑三） 相國寺と伊藤若冲―導いてのち救われて（辻惟雄） 伊藤若冲（梅原猛） 若冲羅漢抄―洛南石峰寺所見（吉井勇） 日本の装飾主義とマニエリスム（澁澤龍彥） 伊藤若冲―物好きの集合論（種村季弘） 物について―日本美術の再発見（安岡章太郎） 伊藤若冲（坂崎乙郎） 異郷の日本美術―オクラホマの若冲（芳賀徹） 若冲絶讃―「若冲」を蒐集するアメリカ人（千澤慎治） 若冲灯籠（澤田ふじ子） 伊藤若冲の夢を孕む"物たち"の世界（由良君美） 博物誌としての花鳥画―伊藤若冲の針穴写真機（種村季弘） 若冲―謎の画人（瀬木慎一） 若冲とサボテン（瀬川弥太郎） 竜華寺のサボテン―絵とそのモデルについて（蔵原惟人） 若冲展墓（林哲夫）

◇伊藤若冲製動植綵絵研究―描かれた形態の相似性と非合同性について 赤須孝之著 誠文堂新光社 2017.1 191p 30cm 3800円 ①978-4-416-91643-8 Ⓝ721.4

内容 第1章 前置き(動植綵絵千年の謎 「動植綵絵」を研究した理由 「動植綵絵研究」の構成と要約 用語解説) 第2章 「動植綵絵研究」の目的と方法(「動植綵絵研究」の目的 方法) 第3章 結果(相似な形態(相似形兼隠し絵、自己相似図形、フラクタル)について 一見合同な形態の非合同性について) 第4章 考察(この研究で何が解ったか 若冲の生涯とその時代背景 若冲は動植綵絵を通して何を伝えようとしたのか 本研究から観える若冲の人物像)

伊藤 周作〔1932〜〕 いとう・しゅうさく
◇教育の心—自分史より 伊藤周作著 文芸社 2018.8 190p 20cm 1300円 ①978-4-286-19296-3 N289.1

伊藤 潤一〔1986〜〕 いとう・じゅんいち
◇路上から世界へ 伊藤潤一著 高知 リーブル出版 2015.12 173p 19cm 〈他言語標題:From the road to the world〉 1500円 ①978-4-86338-126-1 N728.216

伊藤 潤二〔1963〜〕 いとう・じゅんじ
◇伊藤潤二研究—ホラーの深淵から 画業30周年記念完全読本 Nemuki+編集部編 朝日新聞出版 2017.12 248p 21cm (Nemuki+コミックス)〈著作目録あり 年譜あり〉 1300円 ①978-4-02-214244-3 N726.101
＊単行本未収録作品「恐怖の重層」「首吊り気球・再来」「魔声」「よん&むーの幽霊物件」。2万字ロングインタビュー。主要30作品徹底解説。全作品リスト。プロット、シナリオ、ネーム公開!「恐怖の重層」制作現場…など、すべてを網羅。

伊藤 仁斎〔1627〜1705〕 いとう・じんさい
◇仁斎学講義—『語孟字義』を読む 子安宣邦著 ぺりかん社 2015.5 238p 20cm 2700円 ①978-4-8315-1411-0 N121.56
内容 仁斎古義学のラジカリズム—『論語』から読むこと 第1章 古学先生伊藤仁斎と人となり—「先府君古学先生行状」を読む 第2章 孔子の道の古義学的刷新—『語孟字義』を読む(『語孟字義』とは何か 「天道」 天地の間は一元気のみ—「天道」第一条〜第四条 「天命」 天の主宰性と天命観—「天命」第一条〜第五条 「道」 道とはもともと人の道である—「道」第一条〜第五条 「理」 理の字はもと死字—「理」第一条・第二条 ほか)

◇伊藤仁斎「童子問」に学ぶ—人間修養に近道なし 渡部昇一著 致知出版社 2015.12 249p 20cm 〈他言語標題:Learn from Ito Jinsai's Dojimon 文献あり〉 1800円 ①978-4-8009-1098-1 N121.56
内容 第1部 「童子問」を読む(孔子孟子の世界に立ちもどった伊藤仁斎 伊藤仁斎、畢生の大作『童子問』を読む 名言で整理する『童子問』のポイント) 第2部 伊藤仁斎の人生と学問(日本人の儒学を確立した伊藤仁斎 司法修習生 仁斎小伝—本物の知識人にして五男三女の父 逸話に見る大人・伊藤仁斎の素顔)

伊藤 真乗〔1906〜1989〕 いとう・しんじょう
◇真乗—心に仏を刻む 「真乗」刊行会編、奈良康明、仲田順和、下田正弘、城戸朱理、今東光、伊藤真聰著 中央公論新社 2016.7 374p 16cm (中公文庫 し47-1)〈年譜あり〉 780円 ①978-4-12-206274-0 N188.52
内容 真乗、その生涯と思想 「三宝礼賛」 やさしい言葉で、やさしい心を伝える 涅槃の風光—仏へのみち 遇い難きを 真乗の涅槃経—真如の実践 混迷の時代のひとつの燈火—文庫版あとがきにかえて

伊藤 末治郎〔1932〜〕 いとう・すえじろう
◇なせばなる—頭脳も磨けば質量共に育つ私の体験物語 伊藤末治郎著 日本図書刊行会 2015.4 289p 20cm 〈発売:近代文藝社〉 1300円 ①978-4-8231-0912-6 N289.1
内容 第1部 郷土に和をもたらした父(孤高の人 地域振興に奔走する父 忘れてならない戦争の悲劇 伊藤家の遠景) 第2部 自然と人間愛に育まれた私の半生(大自然の懐に抱かれつつ 進路 闘病生活 希望 司法修習生) 第3部 社会人(弁護士登録)三ケ年の修業、父との別れ(ブルジョア弁護士のもとで 労働弁護士 終わりに父との別れ)

伊藤 祐靖〔1964〜〕 いとう・すけやす
◇自衛隊失格—私が「特殊部隊」を去った理由 伊藤祐靖著 新潮社 2018.6 255p 20cm 1500円 ①978-4-10-351991-1 N397.21
内容 第1部 軍国ばばあと不良少年(高校で人生が一八〇度変わった 生きていくには金が要る ほか) 第2部 幹部になるまでの「学び」(変なことだらけの自衛隊 取り返しのつかない過ち ほか) 第3部 防衛大学校の亡霊たち(防大で三つの顔 ほか) 第4部 未完の特殊部隊(航海長として着任す 緊急出港の下令 ほか)

伊藤 聰美〔1937〜1986〕 いとう・そうび
◇無垢の心をこがれ求める—伊藤邦幸・聰美記念文集 伊藤邦幸・聰美著, 武井陽一編 第2版 袋井 武井陽一 2018.10 479,3p 21cm 〈文献あり 年譜あり〉 1500円 N289.1

伊藤 たかえ〔1968〜〕 いとう・たかえ
◇ヒマワリのように、希望に向かって 伊藤たかえ著 第三文明社 2016.3 157p 19cm 833円 ①978-4-476-03355-7 N289.1
内容 第1章 一人に寄り添う弁護士を目指して 第2章 悩む人の未来を再建するために—弁護士としての活動 第3章 魅せたい兵庫トラベル ティータイム 伊藤たかえの「山登り日記」 スペシャル対談 ナイツ(漫才師)×伊藤たかえ 特別付録 マンガ「弁護士 伊藤たかえ物語」

伊藤 隆〔1932〜〕 いとう・たかし
◇歴史と私—史料と歩んだ歴史家の回想 伊藤隆著 中央公論新社 2015.4 294p 18cm (中公新書 2317) 880円 ①978-4-12-102317-9 N312.1
内容 共産主義との出会いと訣別 昭和史へ—史料収集事始め 木戸日記研究会のことなど 革新とは何か ファシズム論争 近衛新体制をめぐる人々 戦前・戦中・戦後の連続性 茨城県議会史と東大百年史 明治の元勲から岸・佐藤まで 昭和天皇崩御 インタビューからオーラル・ヒストリーへ 竹下登、松野頼三、藤波孝生—オーラル・ヒストリー1 海原治、渡邉恒雄、宝樹文彦—オーラル・ヒストリー2

いとう

史料館の挫折と人物史料情報辞典

伊東 忠太〔1867～1954〕 いとう・ちゅうた
◇明治の建築家伊東忠太オスマン帝国をゆく　ジラルデッリ青木美由紀著　ウェッジ　2015.12　321,21p　20cm　〈索引あり〉　2700円　Ⓘ978-4-86310-157-9　Ⓝ523.042
[内容] ガラタ橋の上で―忠太、イスタンブルをゆく　伊東忠太とは誰だろう？―明治日本の「建築」誕生　「回教／イスラム」建築初体験　伊東博士、イスタンブル建築を斬る　忠太、スルタンより勲章を拝領する　イスタンブルの日本人―忠太と中村商店の仲間たち　忠太、ロシア船で地中海を渡る　灼熱のアナトリアで、痒し痒し　スフィンクスと奈良の大仏―忠太のエジプト建築見聞　忠太、「アラビア芸術」に迫る　新月東帰、紅雲西去　青雲語る日々は遠く

伊藤 伝右衛門〔1860～1947〕 いとう・でんえもん
◇白蓮と傳右衛門そして龍介　小林弘忠著　ロングセラーズ　2014.8　299p　19cm　〈文献あり〉　1400円　Ⓘ978-4-8454-2330-9　Ⓝ281.04
[内容] 第1幕　妻からの離縁状　第2幕　拡大した騒動　第3幕　傳右衛門立志伝　第4幕　薄幸の佳人　第5幕　開幕ベルはスクープで　第6幕　なぜ事件は起きたか　第7幕　巻き込まれた宮中　第8幕　昭和初期の醜聞　終幕　いま、ふたたび話題に

伊藤 篤太郎〔1865～1941〕 いとう・とくたろう
◇伊藤篤太郎―初めて植物に学名を与えた日本人　岩津都希雄著　改訂増補版　八坂書房　2016.3　348p　図版32p　20cm　〈文献あり　年譜あり　索引あり〉　2500円　Ⓘ978-4-89694-198-2　Ⓝ289.1
[内容] 第1章　生まれてから英国留学に至るまで　第2章　英国留学時代　第3章　英国留学後の波瀾の人生　第4章　学位取得、圭介の死そして結婚　第5章　多方面での活躍、そしてついに念願の大学研究職に就く　第6章　晩年の篤太郎　追録　篤太郎誕生の地および住所の移り変わりについて

伊藤 友司〔1912～1967〕 いとう・ともじ
◇摂受心院―その人の心に生きる　「摂受心院」刊行会編、奥山倫明、仲田順和、城戸朱理、伊藤真聰著　中央公論新社　2018.7　404p　16cm　（中公文庫　L51-1）〈2012年刊に書き下ろしを追加　年譜あり〉　820円　Ⓘ978-4-12-206612-0　Ⓝ188.52
[内容] 摂受心院、その生涯と歩み（結婚まで　新天地　苦難　仏道　真如　再生　時は今）　見えない心を観る　霊性と教団―その継承の意義をめぐって　母―摂受の慈愛

伊藤 智仁〔1970～〕 いとう・ともひと
◇マウンドに散った天才投手　松永多佳倫著　講談社　2017.6　284p　15cm　（講談社＋α文庫　G306-1）〈河出書房新社　2013年刊の加筆・修正〉　850円　Ⓘ978-4-06-281720-2　Ⓝ783.7
[内容] 第1章　伊藤智仁　ヤクルト―ガラスの天才投手　第2章　近藤真市　中日―「江夏二世」と呼ばれた超大型左腕　第3章　上原晃　中日―150キロのダブルストッパー　第4章　石井弘寿　ヤクルト―サウスポー日本記録155キロ　第5章　森田幸一　中日―投げて打っての二刀流　第6章　田村勤　阪神―電光石火のクロスファイヤー　第7章　盛田幸妃　近鉄―脳腫瘍からの生還

◇幸運な男―伊藤智仁　悲運のエースの幸福な人生　長谷川晶一著　インプレス　2017.11　380p　19cm　〈文献あり〉　1800円　Ⓘ978-4-295-00242-0　Ⓝ783.7
[内容] 偽りの引退　萌芽―1993年・ユマキャンプ　覚醒―強心臓ルーキーデビュー　脱皮―高速スライダーができるまで　飛躍―バルセロナ五輪出場　酷使―6月の全694球　暗闇―長引くリハビリ　復活―カムバック賞獲得　異変―再びの手術　岐路―1年間の執行猶予　奮闘―それぞれの、それから　幸運―彼は本当に「悲運」なのか？　最後の一日

伊東 豊雄〔1941～〕 いとう・とよお
◇挑み続ける力―「プロフェッショナル仕事の流儀」スペシャル　NHK「プロフェッショナル」制作班著　NHK出版　2016.7　227p　18cm　（NHK出版新書　492）　780円　Ⓘ978-4-14-088492-8　Ⓝ366.29
[内容] 1　変わらない力（AI時代への新たな決意―将棋棋士　羽生善治　淡々と、完璧を目指す―星野リゾート代表　星野佳路　人生にムダなどない）　2　生涯現役を貫け（プロフェッショナルに、終わりはない―元半導体メーカー社長　坂本幸雄　遠くは見ない、明日だけを見続ける―歌舞伎役者　坂東玉三郎）　3　大震災、そして新たなる飛躍（やりたいからこそ、やる―作業療法士　藤原茂　地べたと向き合って生きる―建築家　伊東豊雄）　4　限界への挑戦（今の自分だからできること―バレリーナ　吉田都　情熱は一生、燃え続ける―プロサッカー選手　三浦知良　「逆転する力」の秘密―囲碁棋士　井山裕太）

伊藤 野枝〔1895～1923〕 いとう・のえ
◇村に火をつけ、白痴になれ―伊藤野枝伝　栗原康著　岩波書店　2016.3　176p　19cm　〈文献あり〉　1800円　Ⓘ978-4-00-002231-6　Ⓝ289.1
[内容] 第1章　貧乏に徹し、わがままに生きろ（お父さんは、はたらきません　わたしは読書が好きだ　ほか）　第2章　夜逃げの哲学（西洋乞食、あらわれる　わたし、海賊になる　ほか）　第3章　セックスを笑うな（青鞜社の底にウンコをばら撒く　レッド・エマ　ほか）　第4章　ひとつになっても、ひとつになれないよ（マツタケをください　すごい、すごい、オレすごい　ほか）　第5章　無政府は事実か（野枝、大暴れ　どうせ希望がないならば、なんでも好き勝手にやってやる　ほか）

◇飾らず、偽らず、欺かず―管野須賀子と伊藤野枝　田中伸尚著　岩波書店　2016.10　237,5p　19cm　〈文献あり〉　2100円　Ⓘ978-4-00-061156-5　Ⓝ289.1
[内容] 第1章　自由を求めて（女性ジャーナリスト管野須賀子　コンベンショナルからの脱出―伊藤野枝の「新しい女」宣言）　第2章　ひたぶる生の中で（社会主義者への道―須賀子の飛躍　社会への野枝の炎）　第3章　貧困からの飛翔（忠孝思想との闘い―須賀子の水源　越え切れん坂を越えた野枝）　第4章　転機（無政府主義者の） 風雲児とともに）　第5章　記憶へ（大逆事件　一九二三年九月一六日）

◇『青鞜』の冒険―女が集まって雑誌をつくると

いうこと　森まゆみ著　集英社　2017.3　365p　16cm　〈集英社文庫　も26-8〉〈平凡社　2013年刊の再刊　文献あり　年表あり〉　740円　①978-4-08-745559-5　Ⓝ910.261

内容　第1章　五人の若い女が集まって雑誌をつくること　第2章　いよいよ船出のとき　第3章　広告から見えてくる地域性　第4章　尾竹紅吉、あるいは後記の読み方　第5章　伊藤野枝の登場　第6章　『青鞜』の巣鴨時代　第7章　保持研の帰郷　第8章　『青鞜』の終焉

伊藤 のりよ〔1977～〕　いとう・のりよ
◇ヘン子の手紙―発達障害の私が見つけた幸せ　伊藤のりよ著　学研プラス　2018.7　144p　19cm　〈〔学研のヒューマンケアブックス〕〉　1500円　①978-4-05-800914-7　Ⓝ289.1

内容　序章　今は「自分を大事にする」ことを練習中　第1章　幼い時から、自分で自分がわからなかった　第2章　責められて、自尊心が失われていく中で　第3章　ひきこもり生活から結婚、出産へ　第4章　過酷な子育てに疲れて　第5章　母子、3人の発達障害がわかる　第6章　私に必要なのは、裸の自分を知る闘い　第7章　明日を信じて生きる

伊藤 初代〔1906～1951〕　いとう・はつよ
◇川端康成と伊藤初代―初恋の真実を追って　水原園博著　求龍堂　2016.5　367p　21cm　〈年譜あり〉　2600円　①978-4-7630-1614-0　Ⓝ910.268

内容　伊藤初代との恋　岩谷堂―夕映えの丘　鎌倉―桜井氏との出会い　長谷―未投函の手紙　岐阜―初恋の地　温泉津―夕光、静かなり　東尋坊―異界の海へ　岐阜再訪―金木犀のかおり　鎌倉―渚にて　南砂町―初代終焉の地　会津―初代生誕の地　天城―「伊豆の踊子」誕生の地　善福寺―夜のベンチ　東尋坊再訪―冬の雄島

伊藤 弘〔1916～2006〕　いとう・ひろし
◇記憶のなかの日露関係―日露オーラルヒストリー　日ロ歴史を記録する会編　彩流社　2017.5　387p　22cm　4000円　①978-4-7791-2328-3　Ⓝ334.438

内容　1　小野寺百合子　2　佐藤休　3　丸山道光　4　伊藤弘　5　中田光男　6　フセヴォロド・ヴァシーリエヴィチ・チェウソフ　7　都沢行雄　8　ヴィクトル・マカーロヴィチ・キム　9　レオン・アブラーモヴィチ・ストリジャーク

伊藤 博　いとう・ひろし
◇国際機関への就職―JPOになるために　伊藤博著　創成社　2017.4　226p　19cm　〈他言語標題：Working towards employment in international organizations〉　1600円　①978-4-7944-4075-4　Ⓝ289.1

内容　第1章　小中高時代　第2章　大学時代　第3章　大学院修士課程　第4章　教育サービス界　第5章　NGO　第6章　青年海外協力隊（パラグアイ）　第7章　大学院博士課程　第8章　ユネスコ

伊藤 博文〔1841～1909〕　いとう・ひろぶみ
◇伊藤博文―近代日本を創った男　伊藤之雄著　講談社　2015.3　669p　15cm　〈講談社学術文庫　2286〉〈文献あり　索引あり〉　1750円　①978-4-06-292286-9　Ⓝ289.1

内容　第1部　青春編　第2部　飛翔編　第3部　熱闘編　第4部　円熟編　第5部　斜陽編　第6部　老境編

◇吉田松陰と長州五傑　頭山満、伊藤痴遊、田中光顕著　国書刊行会　2015.7　239p　19cm　1800円　①978-4-336-05944-4　Ⓝ281.77

内容　桜の下の相撲　吉田松陰（先駆者　松下村塾　ほか）　久坂玄瑞（地蔵様　久坂、高杉と水戸学　ほか）　高杉晋作（武侠勇断第一人　絢爛たるその生涯　ほか）　伊藤博文、井上馨（伊藤博文の生涯（軽輩　独り立ち　ほか）　伊藤公と井上侯の血気時代（松陰門下　象山の気風　ほか））　木戸孝允（木戸孝允の壮士時代（長州排斥　七卿　ほか）

◇近代政治家評伝―山縣有朋から東條英機まで　阿部眞之助著　文藝春秋　2015.10　397p　16cm　〈文春学藝ライブラリー―雑英　20〉〈文藝春秋新社　1953年刊の再刊〉　1250円　①978-4-16-813052-6　Ⓝ312.8

内容　山縣有朋　星亨　原敬　伊藤博文　大隈重信　西園寺公望　加藤高明　犬養毅　大久保利通　板垣退助　桂太郎　東條英機

◇東京王―首都の背後に君臨した知られざる支配者たち　小川裕夫著　ぶんか社　2017.11　189p　19cm　〈文献あり〉　1300円　①978-4-8211-4467-9　Ⓝ281.36

内容　東京の知性を育んだ初代総理の教育熱―伊藤博文　一大商都目指し奮闘した資本主義の父―渋沢栄一　東京を"建てた"男の栄光と未路の夢―辰野金吾　東京発の"メイド・イン・ジャパン"―大久保利通　GHQをも退けた"電力の鬼"実業家―松永安左エ門　帝都に君臨する大財閥・三菱の創始者―岩崎弥太郎　幕末武士から東京を創った成り上がり―後藤新平　西の鉄道王が東京に残した巨大な足跡―小林一三　朝敵の罪を背負った徳川宗家の後継者―徳川家達　後進国・日本の逆襲を都市計画で実現―井上馨　人材育成の視点から日本実業界を醸成―福澤諭吉　片田舎の谷・渋谷に君臨した田都王―五島慶太　技術力で首都を開拓した地方藩出身者―大隈重信　都知事の座に最も長く君臨し続けた男―鈴木俊一

◇韓国人が知らない安重根と伊藤博文の真実　金文学著　祥伝社　2017.12　252p　18cm　〈祥伝社新書　523〉〈『知性人・伊藤博文　思想家・安重根』（南々社　2012年刊）の改題　文献あり〉　840円　①978-4-396-11523-4　Ⓝ289.2

内容　序章　私の体験的伊藤博文、安重根論　第1章　韓国人が知らない知性人・伊藤博文　第2章　伊藤博文は、韓国侵略の「元凶」か　第3章　日本人が知らない安重根　第4章　思想家・安重根　第5章　「伊藤VS安」の対立構図、再発見　終章　日韓和解への道はある

◇大日本帝国をつくった男―初代内閣総理大臣・伊藤博文の功罪　武田知弘著　ベストセラーズ　2018.1　237p　18cm　〈文献あり〉　1050円　①978-4-584-13846-5　Ⓝ289.1

内容　まえがき　初代にして最年少の総理大臣　第1章　マンガのような激動の青年時代　第2章　「封建制度」をぶっ壊せ!　第3章　「文明開化」の伝道師　第4章　「中央銀行」という世界最先端の金融システム

いとう

◆明治の技術官僚―近代日本をつくった長州五傑 柏原宏紀著 中央公論新社 2018.4 267p 18cm (中公新書 2483) 〈文献あり〉 880円 Ⓘ978-4-12-102483-1 Ⓝ317.3
[内容] 序章 現代の技術官僚と長州五傑 第1章 幕末の密航 第2章 新政府への出仕 第3章 大蔵省での挫折 第4章 工部省での活躍 第5章 政治家への道 第6章 技術官僚の分岐点 結章 長州五傑から見た技術官僚論

◆明治史講義 人物篇 筒井清忠編 筑摩書房 2018.4 397p 18cm (ちくま新書 1319) 〈文献あり〉 1100円 Ⓘ978-4-480-07140-8 Ⓝ210.6
[内容] 木戸孝允―「条理」を貫いた革命政治家 西郷隆盛―謎に包まれた超人気者 大久保利通―維新の元勲、明治政府の建設者 福澤諭吉―「文明」と「自由」 板垣退助―自らの足りなさを指導者 伊藤博文―日本型立憲主義の造形者 井上毅―明治維新を落ち着かせようとした官僚 大隈重信―政治対立の演出者 金玉均―近代朝鮮における「志士」たちの時代 陸奥宗光―『蹇蹇録』で読む日清戦争と朝鮮 〔ほか〕

◆リーダーとしての伊藤博文 伊藤之雄著 〔萩〕 萩ものがたり 2018.10 75p 21cm (萩ものがたり vol 59) 574円 Ⓘ978-4-908242-11-3 Ⓝ289.1

伊藤 正昭 〔1932～〕 いとう・まさあき
◆海の風―伊藤正昭 映画人生 伊藤正昭著 京都 ウインかもがわ 2017.7 176p 22cm 〈作品目録あり 発売:かもがわ出版(京都)〉 1600円 Ⓘ978-4-903882-86-4 Ⓝ778.77
[内容] 第1部 映画人生(海にあこがれて 映画運動、そして独立プロ 映画製作者として エイジアン・ブルー 国際映画祭と海外映画人との交流) 第2部「たまご」―ジミー・T・ムラカミによるプロット

伊藤 政子 〔1930～2014〕 いとう・まさこ
◆母のアルバム 伊藤政子,田中典子著 横浜 春風社 2016.12 145p 22cm 〈年表あり〉 1800円 Ⓘ978-4-86110-523-4 Ⓝ289.1
[内容] 1 子供から娘へ(〇歳・二〇歳) 2 結婚し母になる(二一歳・二八歳) 3 京子と共に(二九歳・三三歳) 4 娘たちの成長(三四歳・五八歳) 5 夫と歩む(五九歳・七二歳) 6 老いていく(七三歳・八

伊藤 雅俊 〔1924～〕 いとう・まさとし
◆伊藤雅俊 遺す言葉 伊藤雅俊,末村篤著 セブン&アイ出版 2018.3 261p 22cm 〈文献あり 年譜あり〉 1800円 Ⓘ978-4-86008-761-6 Ⓝ289.1
[内容] 序章 人より長く生きて、わかったこと 1 生き方の章―母の生き方、兄の生き方 2 確執の章―親族の生き方と、確執 3 感銘の章―生き様に感銘した人たち 4 羅針盤の章―ドラッカー先生との二十年 5 商いの章―心に刻んでほしい、商いの要諦 6 感謝の章―お陰さまの人生 共に歩んで六十五年―妻・伊藤伸子インタビュー

伊藤 道郎 〔1893～1961〕 いとう・みちお
◆日本の現代舞踊のパイオニア―創造の自由がもたらした革新性を照射する 片岡康子監修 新国立劇場運営財団情報センター 2015.3 122p 26cm 〈他言語標題:PIONEER of JAPAN CONTEMPORARY DANCE 発売:丸善出版〉 700円 Ⓘ978-4-907223-07-6 Ⓝ769.1
[内容] 序章 西洋文化の流入と舞踊 第1章 石井漠―肉体とリズムの統合による純粋舞踊の探求 第2章 小森敏―静けさを愛する心を糧に 第3章 伊藤道郎―アメリカで道を拓いた国際派 第4章 高田雅夫・高田せい子―夫から妻へ繋いで拓いた叙情の世界 第5章 江口隆哉・宮操子高らかに舞踊創作の灯をかかげて 第6章 執行正俊―芸術の美と愛の心を彷徨うバガブンド 第7章 檜健次―生命への洞察を根底とした魂の舞踊家 第8章 石井みどり―舞踊芸術の感動をすべての人々の胸に 第9章 同時代のふたりの舞踊家

伊藤 みどり 〔1969～〕 いとう・みどり
◆日本フィギュアスケートの軌跡―伊藤みどりから羽生結弦まで 宇都宮直子著 中央公論新社 2017.2 197p 19cm 1400円 Ⓘ978-4-12-004940-8 Ⓝ784.65
[内容] 第1章 カルガリー(1988) アルベールビル(1992) 第2章 長野(1998) 第3章 ソルトレイクシティ(2002) 第4章 トリノ(2006) 第5章 バンクーバー(2010) 第6章 ソチ(2014) 第7章 平昌(2018)

◆日本フィギュアスケート 金メダルへの挑戦 城田憲子著 新潮社 2018.1 186p 20cm 1500円 Ⓘ978-4-10-351421-3 Ⓝ784.65
[内容] 第1章 フィギュアスケートに魅せられて 第2章 日本フィギュアスケート・冬の時代 第3章 強化部長として 第4章 荒川静香・金メダルへの道 第5章 金メダルの光と影 第6章 羽生結弦・ソチから平昌に挑んで

伊藤 茂七(2代) 〔1870～1942〕 いとう・もしち
◆伊藤茂七と大阪砂糖商 川端正久著 京都 晃洋書房 2018.2 184p 22cm 〈文献あり〉 2200円 Ⓘ978-4-7710-2945-3 Ⓝ588.1
[内容] 大阪砂糖商と伊藤茂七 砂糖商と大阪砂糖商(1):1868～1884年 大阪砂糖商組合の成立 大阪砂糖商(2):1885～1888年 洋糖商会の成立 大阪砂糖商(3):1889～1894年 日本精製糖と日本精糖の成立 伊藤茂兵衛と伊藤茂七 大阪砂糖商(4):1895～1899年 〔ほか〕

伊藤 佑介 〔1979～〕 いとう・ゆうすけ
◆けん玉で生きる―私の夢の育て方 伊藤佑介著 遊行社 2015.1 172p 19cm 1500円 Ⓘ978-4-902443-29-5 Ⓝ289.1
[内容] 第1章 幼年期の夢―土日休みの会社でけん玉を続ける(けん玉を始めたきっかけ 『けん玉』が特別になったとき ほか) 第2章 思春期の夢―スポーツメーカーに就職しけん玉大会に出場したい(けん玉に人一達成な心境に変化 『ラグビー部キャプテン』よりも『けん玉』 ほか) 第3章 青年期の夢―けん玉発祥の地で仕事をしたい(大学デビューを目指す 大学生活の中でも死守した"けん玉のルール" ほか) 第4章 フリーター時代の夢―プロのけん玉

師になる(47歳母、一人沖縄へ　日本最西端の地で社長になった母　ほか)　最終章　夢の中で描く夢

伊藤　律〔1913～1989〕　いとう・りつ
◇芝寛　ある時代の上海・東京―東亜同文書院と企画院事件　志真斗美恵著　績文堂出版　2015.6　227p　20cm　〈年譜あり〉　1800円　Ⓘ978-4-88116-139-5　Ⓝ289.1
内容　第1部　青春の上海・たたかいの東京(上海―東亜同文書院時代　東京―京浜労働者グループと企画院事件)　第2部　芝寛遺稿　豊多摩刑務所の伊藤律(スパイとは　スパイもしくは当局への協力者とは？　伊藤律と宮下との出会い―第一の時代　伊藤律の与えたもの―第二の時代　伊藤律の獲得したもの―第三の時代　重要な情報提供者の役割)

◇父・伊藤律―ある家族の「戦後」　伊藤淳著　講談社　2016.7　254p　20cm　〈文献あり〉　1800円　Ⓘ978-4-06-220185-8　Ⓝ289.1
内容　第1部　父の帰還(二十七年の空白の後で　帰国後の九年間)　第2部　母と息子(命がけで生きた母伊藤律の息子として)

伊藤　六郎兵衛〔1829～1894〕　いとう・ろくろべえ
◇霊能者列伝　田中貢太郎著　河出書房新社　2018.12　230p　20cm　〈明治大正実話全集第7巻〉(平凡社　1929年刊)の改題、一部割愛〉　1850円　Ⓘ978-4-309-02668-8　Ⓝ169.1
内容　人としての丸山教祖　金光教祖物語　大本教物語　黒住教祖物語　飯野吉三郎の横顔　予言者宮崎虎之助　神仙河野久　木食上人山下覚道　蘆原将軍の病院生活

糸賀　一雄〔1914～1968〕　いとが・かずお
◇障害福祉の父糸賀一雄の思想と生涯　京極髙宣著　京都　ミネルヴァ書房　2014.12　207p　19cm　〈文献あり　年譜あり〉　1800円　Ⓘ978-4-623-07221-7　Ⓝ289.1
内容　序　糸賀思想の分析視角　第1章　糸賀一雄の生涯　第2章　糸賀一雄の福祉実践―わが国の先駆的実践例　第3章　糸賀一雄における福祉の思想　第4章　糸賀の思想的遺産―世界の中での糸賀の福祉思想　終章　糸賀思想の今日的意味

◇糸賀一雄の研究―人と思想をめぐって　蜂谷俊隆著　西宮　関西学院大学出版会　2015.3　304　22cm　〈文献あり　索引あり〉　4200円　Ⓘ978-4-86283-186-6　Ⓝ369.49
内容　糸賀一雄を研究するにあたって　出生から宗教哲学の専攻まで　代用教員の経験と滋賀県庁での行政官としての働き　下村湖人との出会いと「煙仲間」運動　近江学園前史としての三津浜学園と「塾教育」の思想　近江学園の設立と戦後の「煙仲間」運動　昭和二〇年代におけるコロニー構想と知的障害観　精神薄弱児育成会の結成と優生思想　「福祉の思想」の形成段階としての昭和三〇年代前半の思想展開　ヨーロッパ視察から見た日本の障害児福祉　地域福祉論の展開とその特質―重度重複障害者・重症心身障害児対策に向けたソーシャルアクションとの関係に着目して

◇福祉にとっての歴史　歴史にとっての福祉―人物で見る福祉の思想　細井勇、小笠原慶彰、今井小の実、蜂谷俊隆編著　京都　ミネルヴァ書房　2017.2　295,3p　22cm　〈索引あり〉　6000円　Ⓘ978-4-623-07889-9　Ⓝ369.021
内容　石井十次とアメリカン・ボード―宣教師ペティーから見た岡山孤児院　小橋勝之助と私立愛隣夜学校の創立―博愛社をめぐる人々　田中太郎の感化教育論―「人道の闘士」の思想的基盤　園部マキの生涯と事業―信愛保育園　岩橋武夫と盲人社会事業―小説『動き行く墓場』からの出発　村嶋歸之の生涯と思想―寛容な社会活動家の足跡　奥むめおと社会事業―社会運動としての福祉実践　久布白落実の性教育論としての変遷―嬌風会における純潔教育・家族計画　沖縄から大阪への移住者に見られた社会主義思想とその限界―大阪における同郷集団の運動　常盤勝憲と日本最初の盲人専用老人ホーム―慈母園の設立過程　糸賀一雄と木村素衛―教養の思想を中心に福祉の近代史を研究すること―私の歩みと今後の課題への覚書

糸川　禎彦〔1943～〕　いとかわ・よしひこ
◇万華鏡のように生きて―きものとともに五十年　糸川禎彦著　ハースト婦人画報社　2016.10　170p　22cm　〈年譜あり〉　発売：講談社　1667円　Ⓘ978-4-06-399859-7　Ⓝ289.1
内容　1　熱中する―和歌山・田辺　原昌也先生　2　遊ぶ―東京・銀座　馬里邑　3　修業する―大阪・心斎橋　三恵屋　4　出発する―神戸・三宮　文・糸川英一　5　惚れる―京都・一力亭　久保田一竹先生と人間国宝展　6　感動する―インド　モディさんとジャイさん　7　感謝する―阪神・淡路大震災　京都・呉服問屋の旦那衆　8　見つめる―神戸・元町　きもの百科ハイカワ　9　挑戦する―日本から世界へ　見果てぬ夢

糸原　久恵〔1951～〕　いとはら・ひさえ
◇競争社会から平和社会へ　糸原久恵著　文芸社　2014.9　229p　20cm　1200円　Ⓘ978-4-286-15278-3　Ⓝ289.1

伊奈　かっぺい〔1947～〕　いな・かっぺい
◇伊奈かっぺいを解読する　泉谷栄著　弘前　北方新社　2018.1　205p　19cm　2000円　Ⓘ978-4-89297-245-4　Ⓝ289.1
内容　解読1　伊奈かっぺい魂の軌跡　解読2　グラフィティ『かっぺい大博覧会』　解読3　伊奈かっぺい著『言葉の贅肉』　解読4　伊奈かっぺい詩の系統図　副読　方言詩人・伊奈かっぺいの詩あれもこれも

稲井田　章治〔1950～〕　いないだ・しょうじ
◇100億円企業を築いた愛と絆と感謝　小野寺茂著　京都　牧野出版　2018.10　252p　19cm　1500円　Ⓘ978-4-89500-224-0　Ⓝ589.22
内容　第1章　グラントってどんな会社？　第2章　ビジネスで人を育てる　第3章　年商100億円の裏側　第4章　稲井田章治って誰だ？　第5章　福井の工場を訪ねてみた　第6章　新規事業への次なる一手

稲垣　孝二〔1922～1945〕　いながき・こうじ
◇不帰―ある海軍士官の記録　髙島秀之著　凱風社　2016.12　268p　20cm　〈文献あり〉　2100円　Ⓘ978-4-7736-4102-8　Ⓝ289.1
内容　第1章　稲垣米太郎　海軍少佐(海軍士官の肖像　駆逐艦「巻波」と稲垣米太郎の最期　セント・ジョージ

岬沖海戦 ほか) 第2章 稲垣孝二 海軍中尉 (学徒出陣 東北帝国大学 稲垣孝二の履歴原票 ほか) 第3章 不帰の海 (再びのソロモン海 五月祭のロックバンド 失われた公文書―意図的な記憶の抹消 ほか)

稲垣 潤一〔1953～〕 いながき・じゅんいち
◇かだっぱり 稲垣潤一著 小学館 2015.10 286p 19cm 1500円 ⓘ978-4-09-363737-4 Ⓝ767.8
|内容| デビュー前夜――一九八〇～一九八一年 ハコバン・イン・トーキョー――一九七二年 まだ見ぬ「日本のポップス」――一九八一～一九八二年 米兵とショーケン――一九七二年梅雨 行き先を見失った夏――一九七二年盛夏 たしかな手応え――一九八二年 模倣という十字架――一九七二年盛夏 ドラマティック・レイン――一九八二年秋 音楽の力――一九七二年冬 この世に生まれてきた意味――一九七二年十二月 いつか気づけば――一九八二年十二月

◇闇を叩く 稲垣潤一著 小学館 2015.10 360p 15cm (小学館文庫 い43-1)〈「ハコバン70's」(講談社 2013年刊)の改題、加筆、改稿〉 670円 ⓘ978-4-09-406224-3 Ⓝ767.8
|内容| 第1章 十九歳の挫折 第2章 バイトの日々 第3章 ハコバン始動! 第4章 バンドマンの恋 第5章 十日でつぶれた店 第6章 女難の相 第7章 キャバレー・ブルース 第8章 アマチュアとプロの淵 第9章 ディスコ・クライシス 第10章 空白のなかで 第11章 夢のレコード・デビュー

稲垣 米太郎〔1920～1943〕 いながき・よねたろう
◇不帰―ある海軍士官の記録 髙島秀之著 凱風社 2016.12 268p 20cm〈文献あり〉 2100円 ⓘ978-4-7736-4102-8 Ⓝ289.1
|内容| 第1章 稲垣米太郎 海軍少佐 (海軍士官の肖像 駆逐艦「巻波」と稲垣米太郎の最期 セント・ジョージ岬沖海戦 ほか) 第2章 稲垣孝二 海軍中尉 (学徒出陣 東北帝国大学 稲垣孝二の履歴原票 ほか) 第3章 不帰の海 (再びのソロモン海 五月祭のロックバンド 失われた公文書―意図的な記憶の抹消 ほか)

稲川 聖城〔1914～2007〕 いながわ・せいじょう
◇二人の首領(ドン)―稲川会極高の絆 任俠稲川聖城 経済石井隆匡 大下英治著 青志社 2015.1 466p 19cm〈文献あり〉 1600円 ⓘ978-4-905042-99-0 Ⓝ368.5
|内容| 第1章 任俠道 第2章 疾走 第3章 龍と虎 第4章 裏経済 第5章 政界の闇 第6章 経済界進出 第7章 陽はまた昇る

稲塚 権次郎〔1897～1988〕 いなづか・ごんじろう
◇NORIN TEN―稲塚権次郎物語 世界を飢えから救った日本人 稲塚秀子編著 合同出版 2015.5 94p 21cm〈文献あり〉 833円 ⓘ978-4-7726-1241-8 Ⓝ289.1
|内容| 第1部 稲塚権次郎物語(世界を変えた「NORIN TEN」 稲塚権次郎と私―権次郎の業績に光を当てた千田篤さんに聞く) 第2部 映画「NORIN TEN～稲塚権次郎物語」(「NORIN TEN～稲塚権次郎物語」あらすじ 映画「NORIN TEN～稲塚権次郎物語」の軌跡 仲代達矢さんに聞く「この映画と私」 出演者からのメッセージ/人物相関図 撮影日記)

稲葉 篤紀〔1972～〕 いなば・あつのり
◇THANKS FANS!―北海道に僕が残したいもの 稲葉篤紀著 宝島社 2014.12 254p 16cm (宝島SUGOI文庫 Aい-8-1)〈「北海道に僕が残したいもの」(2013年刊)の改題、新規原稿を加え、改訂〉 630円 ⓘ978-4-8002-3519-0 Ⓝ783.7
|内容| 第1章 稲葉篤紀のエンジョイ北海道(プロ野球選手になって初めて訪れた北海道 相性がいい!?北海道での成績 ほか) 第2章 野球人・稲葉篤紀の生き方(宮本慎也さんの存在 引退のことを考えるようになった とき ほか) 第3章 ファイターズと北海道(北海道に支えられて 街にあふれるファイターズナインの顔 ほか) 第4章 これからのファイターズ(これからのファイターズを担う若手選手たち 中田翔に期待すること ほか) 第5章 引退(引退への決意 不慣れな守備形態の中、成長する若手選手たち ほか)

稲葉 正邦〔1834～1898〕 いなば・まさくに
◇淀稻葉家文書 オンデマンド版 東京大学出版会 2015.1 597p 22cm (日本史籍協会叢書 187)〈印刷・製本:デジタルパブリッシングサービス 覆刻 1975年刊〉 15000円 ⓘ978-4-13-009487-0 Ⓝ210.58
＊淀藩主稲葉正邦が幕府老中在職中、その許任に達した書簡・意見書・建白書ならびに探索書類などを集録。正邦は元治元年四月老中に任じ、慶応元年四月辞し、同二年四月再任、明治元年二月までその職にあった。慶応三年以後、正邦が老中筆頭時代のものは貴重な史料に富み、幕府の最高政策をうかがうべきものが少なくない。なお原本は五巻から成り、元治元年五月より明治元年までを収録する。

稲部 市五郎〔江戸時代後期〕 いなべ・いちごろう
◇シーボルト事件で罰せられた三通詞 片桐一男著 勉誠出版 2017.4 211p 22cm〈文献あり〉 4200円 ⓘ978-4-585-22181-4 Ⓝ210.55
|内容| 1 シーボルト事件 2 連座の阿蘭陀通詞三人 3 遺品 4 赦免運動とその結果 5 連座三通詞点描 6 注目すべき考察点 7 顕彰碑・墓 8 参考資料

稲本 健一〔1967～〕 いなもと・けんいち
◇ハワイに住んでサーフィンしてたら会社やめちゃいました 稲本健一著 WAVE出版 2018.7 215p 19cm 1500円 ⓘ978-4-86621-161-9 Ⓝ289.1
|内容| 第1章 はじまり(バーテンダー―すべてがBARから始まった 新卒サラリーマン―上京するも6カ月で挫折 ほか) 第2章 ハワイ(ブレッシング―余分なものをそぎ落とす パワースポットの島―ハワイのパワーが生活を変える ほか) 第3章 人生(「逃げ」の人生 嫌なことはやらない ほか) 第4章 仕事(攻めの人生へ 初めてのお店 ほか) 第5章 会社をやめた日(株主総会 無職になった一日 ほか) 第6章 夢(夢なんていらない)

稲盛 和夫〔1932～〕 いなもり・かずお

◇賢く生きるより辛抱強いバカになれ　稲盛和夫，山中伸弥著　朝日新聞出版　2014.10　236p　20cm　1300円　Ⓘ978-4-02-331320-0　Ⓝ289.1

◇成功の要諦　稲盛和夫著　致知出版社　2014.11　252p　20cm　〈他言語標題：Essence of Success〉　1500円　Ⓘ978-4-8009-1055-4　Ⓝ335.13

内容　第1講　心と経営（一九八七年九月十六日）　第2講　なぜ経営者には哲学が必要なのか（一九九五年九月十三日）　第3講　安岡正篤師に学んだ経営の極意（一九九七年三月二十九日）　第4講　人生の目的―人は何のために生きるのか（二〇〇一年七月十七日）　第5講　心を高め、魂を磨く（二〇〇六年三月二十一日）　第6講　運命を開く道（二〇一三年九月十四日）

◇考え方ひとつで人生は変わる―思いは実現する　稲盛和夫著　PHP研究所　2015.5　183p　20cm　（［100年インタビュー］）　1300円　Ⓘ978-4-569-78468-7　Ⓝ289.1

内容　第1章　人生は考え方次第（人生を決める三つの要素　考え方が人生を変える）　第2章　挫折に鍛えられ、出会いに支えられ（ガキ大将、中学受験に失敗する　あきらめるな！　道はある　ほか）　第3章　不運に負けない（京都の会社に就職。不安と戦う日々　仕事を好きになれば、すべてが変わる　ほか）　第4章　思いを実現させるために（世のため人のためになる会社は　自己資金で会社を経営していく　ほか）　第5章　人を育てる（「孫悟空」をヒントに　仲間のために尽くす）　第6章　必ず成功すると信じて（通信事業への参入　新しい事業をやるべきか、自らに問うか）　第7章　信念を貫くために（JALを再生する意義　庶民の気持ちが一番大事　ほか）　第8章　みんなが幸せになる経営（「盛和塾」の活動　従業員が幸せになる経営をめざす　ほか）

◇ごてやん―私を支えた母の教え　稲盛和夫著　小学館　2015.11　190p　20cm　1500円　Ⓘ978-4-09-388399-3　Ⓝ289.1

内容　序章　ぜんざいの湯気の向こうに、今も　第1章　泣き虫がガキ大将に（内弁慶な次男坊　「三時間泣き」　ほか）　第2章　鹿児島から受け継いだもの（バランスのとれた夫婦　士族に木刀の心意気　ほか）　第3章　「人として正しいこと」の基盤（判断基準のもの　心のありようが現実を決める　ほか）　第4章　京都大和の家（心に傷を負った子どもたちのために　職員の幸せに）　第5章　子どもたちに伝えるべきこと（思いは実現する、やはり思いを実現するか）　終章　お母さんは神様と同義語

◇日本を揺るがせた怪物たち　田原総一朗著　KADOKAWA　2016.3　293p　19cm　1500円　Ⓘ978-4-04-601559-4　Ⓝ281.04

内容　第1部　政界の怪物たち（田中角栄―田原総一朗が最初に対峙した政界の怪物　中曽根康弘―「偉大な人はみんな風見鶏」　竹下登―調整能力にすぐれた「政界のおしん」　小泉純一郎―ワンフレーズに信念を込める言葉の天才　岸信介―左右"両岸"で力をふるった「昭和の妖怪」　第2部　財界の怪物たち（松下幸之助―国家の経営に至った男　本田宗一郎―ボルト一本に情熱をかける技術の雄　盛田昭夫―失敗を恐れない超楽観主義者　稲盛和夫―「狂」と「心」が共存する経営）　第3部　文化人の怪物たち（大島渚―全身で国家の欺瞞と戦う男　野坂昭如―酒を飲むと「爆弾になる」徹底的なアナーキスト　石原慎太郎―作家として政治を行う男）

◇「死んでたまるか」の成功術―名企業家に学ぶ　河野守宏著　ロングセラーズ　2016.10　203p　18cm　〈文献あり〉　1000円　Ⓘ978-4-8454-0992-1　Ⓝ332.8

内容　鳥井信治郎―ウイスキーはわしの命だ。いまに見ておれ！　本田宗一郎―世界最高のオートバイ・レース"TTレース"に参加して優勝だ！　稲盛和夫―いまのやり方ではダメだ、戦法を変えようそうだ！　うちの製品をアメリカから輸入させればよい　出光佐三―殺せるものなら殺してみろ。わしは死なぬ　松下幸之助―断じて行なえば必ずものは成り立つ！　野村徳七―命を賭けた大相場に勝った！　河村瑞賢―おれにもツキがまわってきたぞ　江戸一番の分限者になってみせる！　岩崎弥太郎―恥が何だ、面目が何だ　生きてさえいれば、何とかなる！　浅野総一郎―誰もがやれる商売では駄目なのだ　要は、人が目を向けないところに目をつけることだ！　益田孝―最後に勝てばよいのだ！　江崎利一―こっちから頼んで歩かなくても向こうから売らせてくれと頼みにくるにきまっている！

◇稲盛イズムの根源を探る―50代の肉声に聞く　加藤勝美著　鹿児島　南方新社　2018.11　190p　21cm　〈年譜あり〉　1800円　Ⓘ978-4-86124-386-8　Ⓝ289.1

内容　第1章　出会い　第2章　集団の幸せ　第3章　大胆と細心　第4章　作業病から背広へ　第5章　怒り　第6章　儲けの原点　第7章　生活体験　第8章　日常の生きざま　第9章　非難の渦　第10章　京セラと日立の文化　第11章　潜在意識　第12章　宇宙の意志　付録　稲盛和夫単独インタビュー「自己の能力を私有しない心」一九七五年

乾 信一郎〔1906～2000〕 いぬい・しんいちろう

◇悲しくてもユーモアを―文芸人・乾信一郎の自伝的な評伝　天瀬裕康著　論創社　2015.10　233p　20cm　〈年譜あり〉　2000円　Ⓘ978-4-8460-1467-4　Ⓝ910.268

内容　第1章　明治・大正は走馬灯　第2章　昭和戦前は波乱万丈　第3章　昭和戦後の華やかなカムバック　第4章　ヒロシマ―祈りと出版　第5章　経済の高度成長期には　第6章　昭和後期の人脈とイベント　第7章　また改元して平成に

乾 貴士〔1988～〕 いぬい・たかし

◇アホが勝ち組、利口は負け組―サッカー日本代表進化論　清水英斗著　秋田書店　2018.6　190p　19cm　1300円　Ⓘ978-4-253-10106-6　Ⓝ783.47

内容　日本代表進化論　理想は進化、現実は退化　日本代表進化論　選手編（原口元気―モノクロームの元気　岡崎慎司―アホの岡崎　遠藤航―がんばれ！　ニッポンの父！　宇佐美貴史―「行ってるやん」の絶壁　吉田麻也―"大ポカ"の汚名を返上せよ！　柏木陽介―だって、人間だもの。　長谷部誠―キレッ早のキャプテン　長友佑都―左を制する者は、世界を制す！　柴崎岳―キャノンシュートの秘密は、弓槙野智章―カネでは買えない男！　ほか）

犬尾 博治〔1934～〕 いぬお・ひろじ

◇竹の下物語―犬尾博治備忘録　犬尾博治著

いぬかい

〔諌早〕 犬尾博治　2015.8　404p　21cm　〈他言語標題：The story of Takenoshita　年表あり〉　Ⓝ289.1

犬養　毅〔1855～1932〕　いぬかい・つよし

◇近代政治家評伝―山縣有朋から東條英機まで　阿部眞之助著　文藝春秋　2015.10　397p　16cm　〈文春学藝ライブラリー―雑英 20〉〈文藝春秋新社 1953年刊の再刊〉　1250円　Ⓘ978-4-16-813052-6　Ⓝ312.8

内容 山縣有朋　星亨　原敬　伊藤博文　大隈重信　西園寺公望　加藤高明　犬養毅　大久保利通　板垣退助　桂太郎　東條英機

◇昭和史講義　3　リーダーを通して見る戦争への道　筒井清忠編　筑摩書房　2017.7　302p　18cm　〈ちくま新書 1266〉　900円　Ⓘ978-4-480-06977-1　Ⓝ210.7

内容 加藤高明―二大政党政治の扉　若槻礼次郎―世論を説得しようとした政治家の悲劇　田中義一―政党内閣期の軍人宰相　幣原喜重郎―戦前日本の国際協調外交の象徴　浜口雄幸―調整型指導者と立憲民政党　犬養毅―野党指導者の奇蹟　岡田啓介―「国を思う狸」の功績　広田弘毅―「協和外交」の破綻から日中戦争へ　宇垣一成―「大正デモクラシー」が生んだ軍人　近衛文麿―アメリカという「幻」に賭けた政治家　米内光政―天皇の絶対的な信頼を得た海軍軍人　松岡洋右―ポピュリストの誤算　東条英機―ヴィジョンなき戦争指導者　鈴木貫太郎―選択としての「聖断」　重光葵―対中外交の可能性とその限界

◇恕の人　犬養毅　今西宏康著　岡山　吉備人出版　2018.2　176p　19cm　〈文献あり〉　1300円　Ⓘ978-4-86069-539-2　Ⓝ289.1

内容 川入村　上京　慶応義塾　西南戦争　自由民権大隊　秋田　出馬　藩閥体制　孫/文〔放〕

犬丸　徹郎〔1956～〕　いぬまる・てつろう

◇帝国ホテルの考え方―本物のサービスとは何か　犬丸徹郎著　講談社　2016.8　204p　19cm　1300円　Ⓘ978-4-06-220158-2　Ⓝ289.1

内容 第1章 ホテルの理想は「窓の開くホテル」　第2章 生まれも育ちも田園調布　第3章 少年時代―アメリカでの夏休みとテニス　第4章 ローザンヌ・ホテル・スクール時代の日々　第5章 パリからランスへ―フランス料理修業　第6章 軽井沢別荘ライフ　第7章 東京・日比谷―ホテルとプロフェッショナリズム　第8章 人が集まる場所、それがホテル

猪野　正明〔1951～2013〕　いの・まさあき

◇猪野正明100%―ヤンチャで通します　武智達史編著　〔越谷〕　〔武智達史〕　2014.3　151p　21cm　〈年譜あり〉　非売品　Ⓝ289.1

伊能　忠敬〔1745～1818〕　いのう・ただたか

◇新しい伊能忠敬―一農民・一商人から地理学者へ　川村優著　流山　崙書房出版　2014.10　190p　18cm　〈ふるさと文庫 210〉〈年譜あり　文献あり〉　1400円　Ⓘ978-4-8455-0210-3

内容 1 伊能忠敬素描　2 新しい伊能忠敬　3 伊能忠敬の人間像　4 伊能忠敬の書状の一齣　5 伊能忠敬幼少時代研究の推進のために　6 伊能忠敬の健康管理　7 講演・伊能忠敬の人間像

◇星に惹かれた男たち―江戸の天文学者　間重富と伊能忠敬　鳴海風著　日本評論社　2014.12　239,6p　20cm　〈文献あり　年表あり　索引あり〉　1900円　Ⓘ978-4-535-78758-2　Ⓝ440.21

内容 天文学に魅せられた人びと　碁師が作った太陰太陽暦―渋川春海の栄光　間重富の師 平賀晋民・坂正永　間重富の師 麻田剛立―独自にケプラーの第三法則を発見した男　寛政の改暦　大坂の町人学者たち　西洋の暦の歴史　高橋至時と『ラランデ暦書』　伊能忠敬の全国測量　長崎出張―日月食観測　高橋景保と『新訂万国全図』　古尺調査　大槻玄沢の『環海異聞』　天体観測儀器とからくし師たち　親の背中を見て育った子どもたち　天文方の役割の終焉―太陽暦採用から近代天文学へ

◇しまなみ人物伝　村上貢著　海文堂出版　2015.8　258p　20cm　〈年表あり〉　1800円　Ⓘ978-4-303-63426-1　Ⓝ281.74

内容 第1部 日本の夜明けの時代に(伊能忠敬―尾道周辺の測量　瀬戸田の仙太郎―幕末の海外漂流　永井重助―福音丸の海難と対米賠償交渉　水先人北野由兵衛―千島艦衝突事件)　第2部 未来を夢見た先輩たち(田坂初太郎―海運創成期のパイオニア　小林善四郎―初代弓削商船学校長の生涯　ビッケル船長―伝道船「福音丸」と弓削商船学校　中堀貞五郎―「うらなり君」のモデルと今治　浜根岸太郎―初代・二代的生涯　濱田国太郎―海員組合草創時代　麻生イト―女傑の生涯　小山亮―嵐は強い木を育てる)

◇伊能忠敬の天草測量と上田宜珍　山下義広編著　天草　山下義広　2017.12　349p　26cm　〈発行所：天草出版　年譜あり　文献あり〉　Ⓘ978-4-909486-00-4　Ⓝ289.1

◇江戸の科学者―西洋に挑んだ異才列伝　新戸雅章著　平凡社　2018.4　251p　18cm　〈平凡社新書 875〉〈文献あり〉　820円　Ⓘ978-4-582-85875-4　Ⓝ402.8

内容 第1章 究理の学へ(高橋至時―伊能忠敬を育てた「近代天文学の星」　志筑忠雄―西洋近代科学と初めて対した孤高のニュートン学者 ほか)　第2章 江戸科学のスーパースター(関孝和―江戸の数学を世界レベルにした天才　平賀源内―産業技術社会を先取りした自由人 ほか)　第3章 過渡期の異才たち(司馬江漢―西洋絵画から近代を覗いた多才の人　国友一貫斎―反射望遠鏡をつくった鉄砲鍛冶)　第4章 明治科学をつくった人々(緒方洪庵―医は仁術を実践した名教育者　田中久重―近代技術を開いた江戸の「からくり魂」 ほか)

◇伊能忠敬の足跡をたどる　星埜由尚著　日本測量協会　2018.5　150p　21cm　1680円　Ⓘ978-4-88941-107-2　Ⓝ512.021

◇日本の偉人物語　3　伊能忠敬　西郷隆盛　小村壽太郎　岡田幹彦著　光明思想社　2018.10　232p　20cm　1296円　Ⓘ978-4-904414-82-8　Ⓝ281

内容 第1話 伊能忠敬―前人未踏の日本地図作成(商人としての前半生　第二の人生―五十歳からの再出発　わが国科学史上の一大金字塔―二十一年間の測量と地図作成 ほか)　第2話 西郷隆盛―古今不世出の代表的日本人(日本を代表する偉人　日本の新生を目指して　明治維新の成就―日本国史の精華 ほ

井上 淳子〔1914～1994〕 いのうえ・あつこ
◇父と母の昭和 別冊 井上明義,土方久子編著 〔出版地不明〕 井上明義 2015.3 190p 22cm 〈年譜あり〉 Ⓝ289.1
◇父と母の昭和 続編 文よみしあと それぞれの家族一覚え書き 井上明義,土方久子著 海江田淳子著 〔出版地不明〕 井上明義 2017.1 458p 24cm Ⓝ289.1

イノウエ アツシ
◇ロッキンピエロによろしく哀愁！―ニューロティカ結成30周年イノウエアツシ生誕50周年記念祝賀読本 ルーフトップ/ロフトブックス編集部 2014.12 255p 26cm （LOFT BOOKS）〈年譜あり〉 2500円 Ⓘ978-4-907929-05-3 Ⓝ767.8
[内容] イノウエアツシ生誕50年最新インタビュー―「日本のロックの中心」の飾らないまま変わらないまま50年　ニューロティカ歴代メンバーからあっちゃんへの手紙　泣いて喜べ！ニューロティカ秘蔵フライヤー大作戦！―フライヤー、ミニコミ、ファンクラブ会報誌から辿るバンド30年史　書きおろし特別対談三連発！―アツシの『あの人に会いたい』『あっちゃん（日本のロックの中心）生誕50年祝賀大祭』PHOTO GALLERY　全347曲を一刀両断！ニューロティカ（ほぼ）全曲解説　ロフト発行のフリー・マガジンに掲載されたニューロティカのインタビュー15年分を一挙再録！―ルーフトップアーカイブス1999～2014　イノウエアツシ年表1964～2014

井上 英治〔1949～〕 いのうえ・えいじ
◇黒帯背負って市議会へ 井上英治著 横浜 コデ出版 2016.5 167p 26cm 〈文献あり〉 1800円 Ⓘ978-4-908836-00-8 Ⓝ318.234

井上 円了〔1858～1919〕 いのうえ・えんりょう
◇井上円了の生涯 竹村牧男著 第3版 東洋大学 2015.3 43p 18cm （東洋大学史ブックレット 1）〈年譜あり〉 Ⓝ289.1
◇井上円了の哲学・思想 竹村牧男著 第3版 東洋大学 2015.3 45p 18cm （東洋大学史ブックレット 2） Ⓝ289.1
◇人間・井上円了―エピソードから浮かびあがる創立者の素顔 三浦節夫著 第3版 東洋大学 2015.3 45p 18cm （東洋大学史ブックレット 4） Ⓝ289.1
◇著作を通して見る井上円了の学問 柴田隆行著 第3版 東洋大学 2015.3 44p 18cm （東洋大学史ブックレット 5）〈著作目録あり〉 Ⓝ289.1
◇井上円了―日本近代の先駆者の生涯と思想 三浦節夫著 教育評論社 2016.2 767p 22cm 〈文献あり　年譜あり〉 7500円 Ⓘ978-4-905706-97-7 Ⓝ289.1
[内容] 序章 問題の所在　第1章 長岡時代　第2章 東京大学時代　第3章 哲学館時代　第4章 全国巡講時代　第5章 遺言　第6章 理念と思想　終章 結論と課題　付録 井上円了と清沢満之―日本近代における仏教者
◇井上円了の生涯 井上円了研究センター監修,竹村牧男著 第5版 東洋大学 2017.3 43p 18cm （東洋大学史ブックレット 1）〈年譜あり〉 Ⓝ289.1
◇井上円了の哲学・思想 井上円了研究センター監修,竹村牧男著 第5版 東洋大学 2017.3 45p 18cm （東洋大学史ブックレット 2） Ⓝ289.1
◇人間・井上円了―エピソードから浮かびあがる創立者の素顔 井上円了研究センター監修,三浦節夫著 第5版 東洋大学 2017.3 45p 18cm （東洋大学史ブックレット 4） Ⓝ289.1
◇著作を通して見る井上円了 井上円了研究センター監修,柴田隆行著 第5版 東洋大学 2017.3 44p 18cm （東洋大学史ブックレット 5）〈著作目録あり〉 Ⓝ289.1
◇井上円了―その哲学・思想 竹村牧男著 春秋社 2017.10 271p 20cm 〈文献あり〉 2600円 Ⓘ978-4-393-13598-3 Ⓝ121.6
[内容] 第1章 井上円了の生涯　第2章 井上円了の哲学（上）理論編　第3章 井上円了の哲学（下）実践編　第4章 井上円了の仏教観　第5章 井上円了の宗教観　第6章 井上円了の妖怪学　第7章 井上円了の教育理念と東洋大学
◇井上円了の因伯巡講と遺墨 谷口房男著 〔出版地不明〕 〔谷口房男〕 2018.9 241p 21cm 〈年表あり〉 非売品 Ⓝ289.1

井上 理〔1978～〕 いのうえ・おさむ
◇どん底から這い上がり社長になった男の話―「日本一笑顔の絶えない会社」ができるまで 井上理著 経済界 2014.11 237p 19cm 1200円 Ⓘ978-4-7667-4003-5 Ⓝ289.1
[内容] 第1章 生き地獄―そして私は、すべてをあきらめた　第2章 出会い―「逃げ」から「努力」を覚えた不良少年　第3章 旅立ち―猛省と責任の中で、今を生きる　第4章 経営―仕事の本質を手に入れるために　第5章 人―人生は「縁」で大きく変わる　第6章 夢―私の人生はまだスタートしたばかりだ！

井上 馨〔1836～1915〕 いのうえ・かおる
◇首相になれなかった男たち―井上馨・床次竹二郎・河野一郎 村瀬信一著 吉川弘文館 2014.9 394p 20cm 〈文献あり〉 3200円 Ⓘ978-4-642-03836-2 Ⓝ312.8
[内容] 1 井上馨―「電光伯」の悲哀（苦闘の幕末　明治新政府への出仕　元勲級指導者への道 ほか）　2 床次竹二郎―「ポスト原」の彷徨（薩摩から官界へ　政友会入り　ポスト原のゆくえ ほか）　3 河野一郎―「実力者」の隘路（生い立ち　新聞記者から政界へ　鳩山一郎との出会い ほか）
◇よこすな別邸長者荘から井上馨侯を顕彰する―日本の危機を救い日本近代化の「礎」を築き別邸長者荘から日本政治を指導した「郷土の偉人」を正しく認識するために 堀芳廣執筆・著 〔静岡〕 ZIZO会 2014.10 144p 30cm

〈共同刊行：いほさき街道案内人　発行所：郷土の偉人「井上馨侯爵を顕彰する会」Brain-office　年譜あり〉　Ⓝ289.1
◇近代茶人の肖像　依田徹著　京都　淡交社　2015.2　215p　18cm　（淡交新書）〈文献あり〉　1200円　Ⓘ978-4-473-03992-7　Ⓝ791.2
内容　井上馨（世外）―政界の雷親父は細心なる茶人　有栖川宮熾仁親王（霞堂）―親王の茶の湯に見る宮家と華族の社交界　安田善次郎（松翁）―慎しく陰徳を重ねた財産家の茶の湯　今泉雄作（常典）―茶道具再評価の種を蒔いた江戸っ子　平瀬露香（露香）―大阪の茶の湯を牽引した「粋の神」　住友友純（春翠）―茶に文人趣味を融合させたエリート実業家　益田孝（鈍翁）―近代の茶の湯を双肩に担った巨人　馬越恭平（化生）―数々の逸話を残した「ビール王」数寄者　柏木貨一郎（探古斎）―土蔵に住んだ幻の寄屋建築家　岡倉覚三（天心）―茶より徳を愛した『茶の本』の執筆者　正木直彦（十三松堂）―美術と茶道に橋を架けた美術学校長　貞明皇后―満州皇帝の茶の湯でもてなした大正天皇后　三井高棟（宗恭）―財閥の盛衰を見つめた三井家当主の茶の湯　團琢磨（狸山）―鈍翁から経営と茶の湯を受け継いだ男　大谷尊由（心斎）―茶の湯三昧の境地に遊んだ宗教家　前田利為（梅堂）―旧大名家軍人のたしなみとしての茶の湯　式守蝸牛（虎山）―悲運の宰相、戦時下の茶の湯　栗山善四郎（八百善）―江戸懐石を伝え、茶の湯を愛した料亭主人　加藤正治（犀水）―憲法の制定に携わった法学者茶人
◇吉田松陰と長州五傑　頭山満、伊藤痴遊、田中光顕著　国書刊行会　2015.7　239p　19cm　1800円　Ⓘ978-4-336-05944-4　Ⓝ281.77
内容　桜の下の相撲　吉田松陰（先駆者　松下村塾ほか）　久坂玄瑞（地蔵様　久坂と水戸学　ほか）　高杉晋作（武侠勇断第一人　絢爛たるその生涯　ほか）　伊藤博文、井上馨（伊藤博文の生涯（軽輩独り立ち　ほか）　伊藤公と井上侯の血気時代（松陰門下　象山の気風　ほか）　木戸孝允（木戸孝允の壮士時代（長州排斥　七卿　ほか）
◇井上馨侯爵を顕彰する　堀芳廣執筆・著　〔静岡〕　Zizo会　2016.7　138p　18cm　没後100年記念　表紙のタイトル：井上馨侯を顕彰する　「よこすな別邸長者荘から『井上馨侯爵を顕彰する』」（2014年刊）の続編　共同刊行：いほさき街道案内人、発行所：郷土の偉人「井上馨侯爵を顕彰する会」Brain-Office　年譜あり　年表あり〉　Ⓝ289.1
◇東京王―首都の背後に君臨した知られざる支配者たち　小川裕夫著　ぶんか社　2017.11　189p　19cm　〈文献あり〉　1300円　Ⓘ978-4-8211-4467-9　Ⓝ281.36
内容　東京の知性を育んだ初代総理の教育熱―伊藤博文　一大商都目指し奮闘した本主義の父―渋沢栄一　東京を"建てた"男の栄光と未踏の夢―辰野金吾　東京発の"メイド・イン・ジャパン"―大久保利通　GHQも一退けた"電力の鬼"実業家―松永安左エ門　帝都に君臨した大財閥・三菱の創始者―岩崎弥太郎　下級武士から東京を創った成り上がり―後藤新平　西の鉄道王が東京に残した巨大な足跡―小林一三　朝敵の罪を背負った徳川家の後継者―徳川家達　後進国・日本の逆襲を都市計画で実現―井上馨　人材育成の視点から日本実業界を醸成―福澤

諭吉　片田舎の谷・渋谷に君臨した田都国王―五島慶太　技術力で首都を開拓した地方藩出身者―大隈重信　都知事の座に最も長く君臨し続けた男―鈴木俊一
◇明治の技術官僚―近代日本をつくった長州五傑　柏原宏紀著　中央公論新社　2018.4　267p　18cm　（中公新書　2483）〈文献あり〉　880円　Ⓘ978-4-12-102483-1　Ⓝ317.3
内容　序章　現代の技術官僚と長州五傑　第1章　幕末の密航　第2章　新政府への出仕　第3章　大蔵省での挫折　第4章　工部省での活躍　第5章　政治家への道　第6章　技術官僚の分岐点　結章　長州五傑から見た技術官僚論

井上 和子〔1927～〕　いのうえ・かずこ
◇恋は恋でもシャリ持って恋！―激動の昭和を生き抜いた京女が綴る　井上和子著　文芸社　2014.8　125p　20cm　1200円　Ⓘ978-4-286-15259-2　Ⓝ289.1

井上 圭一〔1962～〕　いのうえ・けいいち
◇自衛官が共産党市議になった―憲法9条が結んだ縁　井上圭一著　京都　かもがわ出版　2015.8　165p　19cm　1500円　Ⓘ978-4-7803-0789-4　Ⓝ289.1
内容　第1章　安倍政権の集団的自衛権行使を許さない（集団的自衛権を行使したら日本はどうなる？　後方支援なめんなよ　存在価値は専守防衛だった　ほか）　第2章　自衛官から葬儀屋まで―私の人生（生い立ちから自衛隊退職まで　自衛隊を辞めてから共産党市議になるまで）　第3章　自衛隊と共産党は同じ思想だから（ずっと自民党に投票してきた私　第一次安倍政権できな臭くなってきた　共産党に入るほか）

井上 庚〔1930～〕　いのうえ・こう
◇頑固な軍国少女が教師を経て反戦詩人になった理由（わけ）　井上庚著　大阪　浮游社　2014.7　75p　21cm　1000円　Ⓘ978-4-939157-13-4　Ⓝ289.1

井上 孝治〔1919～1993〕　いのうえ・こうじ
◇音のない記憶―ろうあの写真家井上孝治　黒岩比佐子著　川口　コミー　2018.2　297p　19cm　〈他言語標題：Soundless memory of Koji Inoue　文献あり〉　1200円　Ⓘ978-4-9908959-1-4　Ⓝ740.21

井上 康生〔1978～〕　いのうえ・こうせい
◇改革　井上康生著　ポプラ社　2016.12　303p　19cm　1500円　Ⓘ978-4-591-15297-3　Ⓝ789.2
内容　序章　リオ前夜　第1章　意識改革　第2章　メンタル　第3章　技術・戦略　第4章　フィジカル・コンディショニング　第5章　組織　第6章　リーダー　第7章　情報と代表選考　終章　リオ五輪を終えて

井上 紅梅〔1881～1949〕　いのうえ・こうばい
◇シナに魅せられた人々―シナ通列伝　相田洋著　研文出版（山本書店出版部）　2014.11　354p　20cm　（研文選書　123）　3000円　Ⓘ978-4-87636-388-9　Ⓝ222
内容　1 タフで骨太な民間シナ学研究家・後藤朝太郎

（シナ服・シナ帽で市中を歩き回る男　少壮気鋭の言語学者・後藤朝太郎　ほか）　2　芥川龍之介を食傷させたシナ風物研究家・中野江漢（北京の風物狂・中野江漢　青雲の志を抱いて、シナに渡るまで　ほか）　3　魯迅に嫌われたシナ民衆文化研究家・井上紅梅（シナ五大道楽の案内人・井上紅梅　謎の前半期からシナに渡るまで　ほか）　4　芥川龍之介を驚嘆させた稀代の戯迷（京劇狂）・辻聴花（龍之介、その「怪声」に驚く　教育雑誌記者・辻聴花　ほか）　5　シナ怪異譚『聊斎志異』に魅せられた二人の聊斎癖・柴田天馬、平井雅尾（『聊斎志異』に魅せられた「聊斎癖」　「聊斎癖」以前の柴田天馬　ほか）

井上 五郎　〔1904〜1985〕　いのうえ・ごろう

◇父と母の昭和　別冊　井上明義,土方久子編著　〔出版地不明〕　井上明義　2015.3　190p　22cm　〈年譜あり〉　Ⓝ289.1

◇父と母の昭和　続編　文よみしあと　それぞれの家族―覚え書き　井上明義,土方久子著　海江田淳子著　〔出版地不明〕　井上明義　2017.1　458p　24cm　Ⓝ289.1

井上 毅　〔1844〜1895〕　いのうえ・こわし

◇日本地方自治の群像　第8巻　佐藤俊一著　成文堂　2017.12　362p　20cm　（成文堂選書61）　3700円　Ⓘ978-4-7923-3367-6　Ⓝ318.2

内容　第1章　明治国家のグランド・デザイナー井上毅の地方自治制度論（グランド・デザイナー井上毅の生涯　明治一七（一八八四）年"以前"の地方自治制度論　明治一七（一八八四）年"以後"の地方自治制度論）　第2章　池田宏の都市計画論と特別市制・都制論（都市法に憑かれた池田宏の歩み　東京市区改正条例・都市計画法の形成と特色　特別市論と都制・区制論）　第3章　アナーキスト石川三四郎の土民生活（＝自治）論（アナーキスト石川三四郎の求道の巡歴　魂の彷徨・「虚無の霊光」から亡命へ　亡命・帰国から土民生活（＝自治）論へ）　第4章　火の国の山と海における"相克"と自治―室原知幸・松下竜一と川本輝夫・石牟礼道子（二人の群像と二人の語り部役の履歴　下筌ダム事件と室原知幸・松下竜一　水俣病事件と川本輝夫・石牟礼道子）

◇明治史講義　人物篇　筒井清忠編　筑摩書房　2018.4　397p　18cm　（ちくま新書1319）〈文献あり〉　1100円　Ⓘ978-4-480-07140-8　Ⓝ210.6

内容　木戸孝允―「条理」を貫いた革命政治家　西郷隆盛―謎に包まれた超人気者　大久保利通―維新の元勲、明治政府の建設者　福澤諭吉―「文明」と「自由」　板垣退助―自らの足りなさを知る指導者　伊藤博文―日本型立憲主義の造形者　井上毅―明治維新を落ち着かせようとした官僚　大隈重信―政治対立の演出者　金玉均―近代朝鮮における「志士」たちの時代　陸奥宗光―『蹇蹇録』で読む日清戦争と朝鮮〔ほか〕

井上 三太　〔1968〜〕　いのうえ・さんた

◇グイグイ力　井上三太著　ぱる出版　2018.4　159p　19cm　1400円　Ⓘ978-4-8272-1096-5　Ⓝ726.101

内容　第1章　「好き」を極めるグイグイ力（いい絵を描きたい　アイデアがスパーク！　ほか）　第2章　夢をかなえるグイグイ力（デビュー前から漫画家になるのが見えていた　念願のデビュー　ほか）　第3章　「好き」を広げるグイグイ力（ブランドを続ける心意気　漫画家、Tシャツを作る　ほか）　第4章　楽しく生きるためのグイグイ力（金曜日の夜、誘われ待ちをしている人が9割ってご存知でしたか？　人と比べない　ほか）

井上 成美　〔1889〜1975〕　いのうえ・しげよし

◇大東亜戦争を敗戦に導いた七人　渡辺望著　アスペクト　2015.7　231p　18cm　1100円　Ⓘ978-4-7572-2412-4　Ⓝ210.75

内容　序論　戦争責任とは「敗戦責任」である　第1章　山本五十六―「必敗の精神」が生んだ奇襲攻撃と永続敗戦　第2章　米内光政―海軍善玉論の裏に隠された「無定見」　第3章　瀬島龍三―個人と国家のギリギリの境界線に生きたエージェント　第4章　辻政信―陰謀と謀略の味に溺れた「蔣介石の密使」　第5章　重光葵―超一流の外交官が犯した唯一にして最大の錯誤　第6章　近衛文麿、井上成美―歴史の大舞台に放り出された「評論家」の悲劇

◇海軍大将井上成美　工藤美知尋著　潮書房光人新社　2018.8　319p　20cm　〈文献あり　年譜あり〉　2200円　Ⓘ978-4-7698-1662-1　Ⓝ289.1

井上 志摩夫　いのうえ・しまお

⇒色川武大（いろかわ・たけひろ）を見よ

井上 真吾　〔1971〜〕　いのうえ・しんご

◇努力は天才に勝る！　井上真吾著　講談社　2015.12　242p　18cm　（講談社現代新書2348）　800円　Ⓘ978-4-06-288348-1　Ⓝ788.3

内容　第1章　決戦前夜　第2章　生活のなかに自然とボクシングが組み込まれている　第3章　基礎が大事。近道はない　第4章　ベストを尽くせるように環境を整えるのが親の役割　第5章　どんな挑戦も受けて立つ。とっくわくする相手とやりたい　井上尚弥、拓真兄弟対談（ときどきお父さん）

井上 信也　〔1921〜〕　いのうえ・しんや

◇細胞生物物理学者への道―井上信也自伝　井上信也著, 馬淵一誠監訳, 谷知己,佐瀬一郎訳　青土社　2017.7　373p　20cm　〈著作目録あり　年譜あり〉　2200円　Ⓘ978-4-7917-6999-5　Ⓝ289.1

内容　第1章（プロローグ　戦争の前兆　ケイティーの登場　防共協定と三国同盟　人の知覚について―私自身の経験　戦時中の日本、その続き　卒業後）　第2章（戦争が終わってからの数年　アメリカへの旅立ち　ワシントン大学）　第3章（戦後の日本でアメリカでの新しい生活　またさらに引っ越し）　第4章（フィラデルフィア　MBLでの常勤）　第5章（はじめに　MBLにおける最近の四半世紀）

井上 井月　〔1822〜1887〕　いのうえ・せいげつ

◇漂泊の俳人　井月の日記―逸話から井月の実像を探る　宮原達明著　長野　ほおずき書籍　2014.8　228p　21cm　〈文献あり　発売：星雲社〉　1500円　Ⓘ978-4-434-19532-7　Ⓝ911.35

内容　1　日記と逸話から井月の実像を探る（井月の魅力　井月の日記について　ほか）　2　人物編（六波羅霞松―同郷の友　呉竹園・馬場凌冬―井月との確執　ほか）　3　日記に見る井月晩年の交友（箕輪　南箕輪　ほか）　4　井月の日記

◇伊那の放浪俳人 井月現る　今泉恂之介著　同人社　2014.8　243p　19cm　〈文献あり　年譜あり〉　1600円　Ⓘ978-4-904150-07-8　Ⓝ911.35

内容　井月が復活するまで　伊那谷に現れた侍　二つの序文　京都の宗匠たち　五律という体　二人の接点　大江戸の雰囲気　尾張に蕉風王国　春風の謎　象潟へ行ったのだろうか　四徳の物語　老いても祐筆　「余波の水くき」　井上井月二百句（NPO法人双牛舎選）

◇漂泊の俳人 井上井月　伊藤伊那男著　KADOKAWA　2014.12　198p　19cm　〈角川俳句ライブラリー〉〈文献あり　年譜あり　索引あり〉　1600円　Ⓘ978-4-04-652628-1　Ⓝ911.35

内容　1　井月の足音（二つの肖像画　奇行逸話　井月の誕生　伊那谷の井月　酒と食べ物　井月の晩年）　2　井月名句鑑賞（春　夏　秋　冬　新年）

◇俳人井月―幕末維新 風狂に死す　北村皆雄著　岩波書店　2015.3　278p　19cm　〈岩波現代全書　059〉〈文献あり　年譜あり〉　2500円　Ⓘ978-4-00-029159-0　Ⓝ911.35

内容　序章　井月風狂に死す　第1章　ほかいびとと井月―放浪の系譜（放浪の系譜　瓢箪と杖―空也　ほか）　第2章　井月の句の世界（ほかいびと―寿ぎの歌・悲しみの歌　井月の句の世界　ほか）　第3章　井月の俳論―雅と俗と月並（挨拶と月並　雅と俗―井月は俳句をどう考えていたのか？）　第4章　伊那の井月（放浪の俳人井月の境涯　伊那気質と風土を辿る　ほか）　第5章　井月の出自と思想を探る（長岡で井月を追う　幕末の俳人たち　ほか）　第6章　水戸の尊王思想と井月（水戸に井月を追う　水戸天狗党　ほか）　第7章　二人の亡命者―井月と霞伝（それぞれの亡命者二人の沈黙　ほか）　第8章　井月と伊那の夜明け前（裏切られた明治維新　井月と秩父困民党）　終章　井月の死

井上 直久　〔1948〜〕　いのうえ・なおひさ

◇IBLARD 井上直久―世界はもっとキレイにみえる　井上直久監修，山野邊友梨編集・制作　大阪　青心社　2017.8　163p　26cm　〈他言語標題：IBLARD Naohisa Inoue〉　2760円　Ⓘ978-4-87892-403-3　Ⓝ723.1

内容　What is IBLARD？　茨木市イバラードマップ　井上直久とは？―NAOHISA CHRONICLE 1948年〜2017年　時間を辿るように　「何観た？」「何聴いた？」「何読んだ？」「何した？」　カギを握る人　NAOHISA INOUE イバラードを見つけるまで　NAOHISA COLLECTIONS　一朝一夕では身につかない造形世界―こうして技術が磨かれていく　創作を支えるキーパーソン　井上直久式物語の創り方，絵の描き方　理解なんてない世界―対談　井上直久×宮崎駿　How to Create IBLARD IBLARD Collections

井上 尚弥　〔1993〜〕　いのうえ・なおや

◇怪物　中村航，井上尚弥著　KADOKAWA　2018.3　199p　19cm　1400円　Ⓘ978-4-04-896068-7　Ⓝ788.3

＊ゆとり世代ど真ん中の"もう一人の"天才！　井上尚弥の感覚は、同世代のアスリート大谷翔平や羽生結弦にどこか似ていて、そして彼らにだって負けてない。尚弥の闘いは、強く、逞しく、美しい。父、弟、従兄弟とファミリーで腕を磨いた少年時代。史上初のアマチュア七冠を達成した高校時代。日本最短記録を塗り替え続けたプロデビュー以降。そして、怪物と呼ばれるボクサーが踏みだす道は―。

井上 日召　〔1886〜1967〕　いのうえ・にっしょう

◇血盟団事件―井上日召の生涯　岡村青著　潮書房光人社　2016.4　365p　16cm　〈光人社NF文庫　おN-941〉〈三一書房 1989年刊の再刊　文献あり〉　900円　Ⓘ978-4-7698-2941-6　Ⓝ210.7

内容　第1章　「立正護国堂」建立前後　第2章　懐疑の子として出生　第3章　社会運動の激化と農村の惨状　第4章　革新運動への助走　第5章　昭和維新の鼓動　第6章　一人一殺　第7章　血盟団事件

井上 葉水　〔1936〜〕　いのうえ・はすい

◇愛犬シロ　井上葉水著　文芸社　2016.12　141p　15cm　600円　Ⓘ978-4-286-17722-9　Ⓝ289.1

＊大商人として繁盛していたが、福岡大空襲でなにもかも失った父親の得意先からもらわれてきたシロもまた戦争の犠牲者だった。多感な時期にあった著者の感受性豊かな瞳に映った終戦直後の風景は人間味にあふれている。お得意様の安否確認のため博多まで自転車で向かった父。戦死した近所に悲いた息子達の復具与する相母。人としてどういきるか多くのことを本作品から学べるだろう。

井上 ひさし　〔1934〜2010〕　いのうえ・ひさし

◇夜中の電話―父・井上ひさし最後の言葉　井上麻矢著　集英社インターナショナル　2015.11　173p　19cm　〈発売：集英社〉　1200円　Ⓘ978-4-7976-7306-7　Ⓝ910.268

内容　第1章　父の最期をみとって　第2章　夜中の電話で、父が遺した言葉77（生きるということ　仕事について）　第3章　父を訪ねてボローニャへ

◇ブラウン監獄の四季　井上ひさし著　河出書房新社　2016.8　281p　15cm　〈河出文庫　い28-3〉〈講談社文庫 1979年刊の再刊〉　740円　Ⓘ978-4-309-41470-6　Ⓝ914.6

内容　監獄入りを果すまで　紅白のタイムマシンに乗って　改名は三文の得　原稿遅延常習者の告白　下痢と脂汗の日々　わが人生の時刻表　NHKに下宿してたはなし　喫茶店学―キサテノロジー　書前・書後　ある悪態ライターの反省　一盗一穴のひけめ　赤ん坊を背負った作曲家　ザ・ドーナッツ、考査室と戦う　その一　ザ・ドーナッツ、考査室と戦う　その二　テレビポルノ批判の再批判　怪電話の怪operator―人に与う　巷談俗説による日本放送協会論 その一　巷談俗説による日本放送協会論 その二　巷談俗説による日本放送協会論 その三

◇井上ひさしから、娘へ―57通の往復書簡　井上ひさし，井上綾著　文藝春秋　2017.4　240p　19cm　1600円　Ⓘ978-4-16-390629-4　Ⓝ915.6

内容　1　元気に明るく働いてください（マスの口癖「月刊いちかわ」の人たち　ちょっと変でしょ？　ほか）　2　生きる練習をつづけてください（調和　弱い心と逞しい心　国立療養所で働きはじめるまで　ほか）　3　長く生きることには大きな意味があります（思い出したくない思い出　北国の家　国分操車場行きの最終バス　ほか）

◇家族戦争―うちよりひどい家はない!?　西舘好子著　幻冬舎　2018.2　187p　18cm　1100円　①978-4-344-03257-6　Ⓝ289.1

内容　第1幕 異なる夫婦のどっちもどっち―家族の黎明期（夫婦喧嘩は一生ついてまわる　天と地ほどにかけ離れていた　ほか）　第2幕 神よ！悪魔よ！原稿よ！家族の全盛期（一心同体の夫婦が一心二体になる　増長する夫婦間の不満　ほか）　第3幕 悩み苦しんだ親子の巣立ち―夫婦の衰退期（夫と妻の幸福戦争　家庭を食わしているのは俺　ほか）　第4幕 切っても切れない深い結びつき―家族の晩期（戦いに明け暮れて　せめて、さようならを　ほか）

井上　豊忠〔1863～1923〕　いのうえ・ほうちゅう
◇真宗大谷派の革新運動―白川党・井上豊忠のライフヒストリー　森岡清美著　吉川弘文館　2016.10　491,7p　22cm　〈文献あり　索引あり〉　13000円　①978-4-642-03857-7　Ⓝ188.72

内容　1 白川党結成への道（第一の出会いと最初の岐路　第二の出会いと同志六人　本山の問題状況　教学再興の道　学制改革への反動　「腐木」を彫る）　2 白川党と寺務革新運動（寺務革新運動と『教界時言』　事務革新全国同盟会の結成　寺務革新運動の成果　寺務革新運動の苦闘　事務革新全国同盟会解散へ）　3 白川会と井上豊忠（寺門の革新　白川会と宗政当局　第二の岐路を越えて　清沢満之の終焉　井上豊忠のその後）

井上　勝〔1843～1910〕　いのうえ・まさる
◇明治の技術官僚―近代日本をつくった長州五傑　柏原宏紀著　中央公論新社　2018.4　267p　18cm　（中公新書　2483）〈文献あり〉　880円　①978-4-12-102483-1　Ⓝ317.3

内容　序章 現代の技術官僚と長州五傑　第1章 幕末の密航　第2章 新政府への出仕　第3章 大蔵省での挫折　第4章 工部省での活躍　第5章 政治家への道　第6章 技術官僚の分岐点　結章 長州五傑から見た技術官僚論

◇井上勝―「長州ファイブ」から「鉄道の父」へ　老川慶喜著　〔萩〕　萩ものがたり　2018.4　81p　21cm　（萩ものがたり vol 58）〈年譜あり　文献あり〉　667円　①978-4-908242-10-6　Ⓝ289.1

井上　光貞〔1917～1983〕　いのうえ・みつさだ
◇古代をあゆむ　笹山晴生著　吉川弘文館　2015.7　192p　20cm　2500円　①978-4-642-08276-1　Ⓝ210.3

内容　1 古代史を見る目（日本古代史と飛鳥　古代の史料を読む　畿内王朝論）　2 地域史と日本・アジア（古代出羽の史的位置　東北の古代社会と律令制　鞠智城と古代の西海道　景行天皇の九州巡幸説話）　3 先学に学ぶ（坂本太郎　井上光貞）

井上　光晴〔1926～1992〕　いのうえ・みつはる
◇「現在」に挑む文学―村上春樹・大江健三郎・井上光晴　松山愼介著　札幌　響文社　2017.1　376p　20cm　1600円　①978-4-87799-129-6　Ⓝ910.264

内容　村上春樹と「一九六八年」（『ノルウェイの森』のなかの「死」　『風の歌を聴け』と『1973年のピンボール』『ノルウェイの森』と学生運動　ほか）　大江健三郎・一九六〇年前後（大江健三郎の少年時代　大江健三郎と学生運動　『われらの時代』　ほか）　井上光晴という生き方（井上光晴と谷川雁　井上光晴の自筆年譜における虚構　詩人として出発した井上光晴　ほか）

井上　實〔1924～〕　いのうえ・みのる
◇国際派バンカー井上實の回想―戦後日本の国際金融ビジネス展開　井上實述，本田敬吉，秦忠夫編著　明石書店　2015.5　211p　20cm　〈年譜あり〉　2000円　①978-4-7503-4190-3　Ⓝ338.9

内容　第1章 東京銀行の誕生―横浜正金銀行から伝統継承　第2章 アメリカ経済黄金期のニューヨーク金融市場　第3章 苦難のイギリス経済とロンドン金融市場―ポンドの退場とユーロダラー市場の誕生　第4章 国際投融資ビジネスの拡大と途上国累積債務問題　第5章 日本経済の成長と円の地位の向上　第6章 バブル崩壊と金融再編成　第7章 東京国際金融センターの将来　第8章 バンカー井上實の人となり　補足対談 アメリカ人弁護士のみた東京銀行　付録 井上頭取インタビュー（東京銀行行内誌『みどり』NO.三一六）

井上　靖〔1907～1991〕　いのうえ・やすし
◇中国行軍日記　井上靖著，井上靖文学館編　長泉町（静岡県）　井上靖文学館　2016.3　143p　21cm　〈年譜あり〉　1000円　Ⓝ910.268

◇父井上靖と私　浦城いくよ著　ユーフォーブックス　2016.5　261p　19cm　1500円　①978-4-89713-161-0　Ⓝ910.268

内容　三十五年ぶりに届いた父からの手紙　子供の頃住んだ家　世田谷の家に移って　祖父母と父母　父の趣味　交友　旅の思い出　父の作品にまつわる思い出

◇井上靖の浜松時代と作品の世界―浜松を中心に、湯ヶ島・静岡・掛川　和久田雅之著　静岡　羽衣出版　2018.7　239p　20cm　〈文献あり〉　1667円　①978-4-907118-38-9　Ⓝ910.268

内容　第1章 浜松尋常高等小学校へ転校するまでの井上靖（旭川・静岡・東京と郷里湯ヶ島を交互に移転　その後の井上靖と静岡のかかわり）　第2章 井上靖の浜松時代（浜松尋常高等小学校へ転校、浜松中学校受験に失敗　浜中不合格、浜松師範学校附属高等小学校へ　ほか）　第3章 井上靖の浜松中学校1年の歩み（第一、1年1組の級長で　勉強一筋の優等生井上靖　ほか）　第4章 井上文学に描かれた浜松とその周辺（弁天島周辺が舞台の「湖の中の川」　ダム建設反対者の視点で書かれた短編小説「ダム湖の春」　ほか）

◇偉人を生んだざんねんな子育て　三田晃史著　高陵社書店　2018.9　260p　19cm　〈文献あり〉　1500円　①978-4-7711-1031-1　Ⓝ599

内容　第1章 小学校1年生での退学―女優 黒柳徹子さん　第2章 父親からの無能との評価―科学者 湯川秀樹さん　第3章 暴力の中での成長―作家 曾野綾子さん　第4章 母に捨てられたとの思い―作家 井上靖さん　第5章 家出したまま子と幼くして亡くした弟の影―心理学者 河合隼雄さん　第6章 働かない父と憂鬱な母の狭間で―推理作家 アガサ・クリスティーさん　第7章 母の病と極貧の中から―喜劇王 チャールズ・チャップリンさん

いのうえ

井上 八千代(5代)〔1956～〕 いのうえ・やちよ
◇京舞つれづれ 井上八千代著 岩波書店 2016.11 223p 19cm 3000円 ⓘ978-4-00-061164-0 Ⓝ769.1
内容 祇園の四季(祇園の起こりと井上流 芸妓さん・舞妓さんの街 ほか) 能の家、芸妓に生まれて(私の生い立ち 稽古はじめ ほか) 舞のこと(「電気仕掛けの舞」 四人の八千代 ほか) 四世井上八千代(祖母の生い立ち 「定子」から「肩縫上げのあるお師匠さん」に ほか) 舞の心を継ぐ(京都とともに 舞の心を継ぐ ほか)

井上 芳雄〔1979～〕 いのうえ・よしお
◇ミュージカル俳優という仕事 井上芳雄著 日経BP社 2015.12 217p 19cm 〈発売：日経BPマーケティング〉 1600円 ⓘ978-4-8222-7257-9 Ⓝ772.1
内容 第1部 ミュージカル俳優にあこがれて(『キャッツ』で開眼、米国での孤独と帰国後のレッスンの日々 藝大在学中に『エリザベート』のルドルフ役で鮮烈デビュー ほか) 第2部 ミュージカル俳優としての転機(大きな転機となった『組曲虐殺』での小林多喜二の言葉 海外の演出家との仕事で感じた、演劇カルチャーの違い ほか) 第3部 ミュージカル俳優の仕事場(ミュージカル俳優という人種は体育会でラテン系 長いセリフや舞台上の動きはどうやって覚える？ ほか) 第4部 ミュージカル俳優も1人の人間(主役といっても、将来のことを考えると不安がいっぱい 僕の約束ごと、ファンとのつきあい方にもルールあり ほか)

井上 嘉浩〔1969～2018〕 いのうえ・よしひろ
◇オウム死刑囚 魂の遍歴―井上嘉浩すべての罪はわが身にあり 門田隆将著 PHP研究所 2018.12 513p 20cm 〈文献あり 年表あり〉 1800円 ⓘ978-4-569-84137-3 Ⓝ169.1
内容 母の録音テープ 宿命の子 運命の分かれ道 悩み抜く若者 麻原彰晃 オウムへの入信 ニューヨークでの実演 悩みの中で 教祖さまの誕生 神通並びなき者〔ほか〕

井上 ヨシマサ〔1966～〕 いのうえ・よしまさ
◇神曲ができるまで 井上ヨシマサ著 双葉社 2015.8 146p 18cm 926円 ⓘ978-4-575-30906-5 Ⓝ767.8
内容 第1章 原点―ピアノとジャズとシンセサイザー(母親に習わされたピアノから始まった やんちゃ坊主がジャズと出会った ほか) 第2章 挑戦―アイドルにサブカルチャーを(渡米を止めさせたAKB48劇場公演 筒美京平さんに学んだ曲作りへの貪欲さ ほか) 第3章 獲得―ミリオンヒットとレコード大賞(『RIVER』は岸のない試練の川 ネット『糞曲』評価に打ちひしがれながら ほか) 第4章 展望―前のめりな『がんばれ！ベアーズ』(増えてきた姉妹グループ曲 意外な曲から展開した『希望的リフレイン』 ほか)

井上 良三〔1943～〕 いのうえ・りょうぞう
◇わけるつなぐむすぶ―井上良三の実践哲学とその軌跡 井上良三述 京都 北斗書房 2015.7 375p 21cm 2000円 ⓘ978-4-89467-290-1 Ⓝ289.1

井上内親王〔717～775〕 いのえないしんのう
◇天平の三皇女―聖武の娘たちの栄光と悲劇 遠山美都男著 河出書房新社 2016.11 264p 15cm 〈河出文庫 と6-1〉「天平の三姉妹」(中央公論新社 2010年刊)の改題、大幅改稿 文献あり 年表あり〉 800円 ⓘ978-4-309-41491-1 Ⓝ288.4
内容 松虫寺の墓碑銘 三皇女の誕生 それぞれの出発 塩焼王流刑 遺詔 道祖王、杖下に死す 今帝、湖畔に果つ 姉妹の同床異夢 皇后の大逆罪 返逆の近親 松虫姫のゆくえ

◇斎王研究の史的展開―伊勢斎宮と賀茂斎院の世界 所京子著 勉誠出版 2017.1 249,11p 22cm 〈索引あり〉 3600円 ⓘ978-4-585-22163-0 Ⓝ210.3
内容 伊勢斎王は「神の朝廷の御杖代」 伊勢斎王の井上内親王 漢詩にみる賀茂斎王有智子内親王 和歌にみる伊勢斎王の世界 「斎宮女御」徽子女王の前半生 徽子女王をめぐる人々 篤信の「大斎院」選子内親王 退下後の斎王たち 王朝びとの「辛опытのい祓」考 「橘の小島の崎」の再検討 斎宮善子内親王と母女御藤原道子―付、斎宮跡出土「いろは歌」墨書土器の書風対比 斎王の登場する散逸物語―『風葉和歌集』の場合

猪子 寿之〔1977～〕 いのこ・としゆき
◇起業のリアル―田原総一朗×若手起業家 田原総一朗著 プレジデント社 2014.7 249p 19cm 1500円 ⓘ978-4-8334-5065-2 Ⓝ335.21
内容 儲けを追わずに儲けを出す秘密―LINE社長・森川亮 「競争嫌い」で年商一〇〇億円コースーストゥデイ社長・前澤友作 管理能力ゼロの社長兼クリエーター―チームラボ代表・猪子寿之 二〇二〇年、ミドリムシで飛行機が飛ぶ日―ユーグレナ社長・出雲充 保育NPO、社会起業家という生き方―フローレンス代表・駒崎弘樹 単身、最貧国で鍛えたあきらめない心―マザーハウス社長・山口絵理子 現役大学生、途上国で格安予備校を開く―e・エデュケーション代表・税所篤快 七四年ぶりに新規参入したワケ―ライフネット生命社長・岩瀬大輔 上場最年少社長の「無料で稼ぐカラクリ」―リブセンス社長・村上太一 四畳半から狙う電動バイク世界一―テラモーターズ社長・徳重徹 目指すは住宅業界のiPhone―innovation社長・岡崎富夢 三〇年以内に「世界銀行」をつくる―リビング・イン・ピース代表・慎泰俊 ハーバード卒、元体育教師の教育改革―ティーチ・フォー・ジャパン代表・松田悠介 四重苦を乗り越えた営業女子のリーダー―ベレフェクト代表・太田彩子 二代目社長が狙う「モバゲーの先」―ディー・エヌ・エー社長・守安功 ITバブル生き残りの挑戦―サイバーエージェント社長・藤田晋 特別対談 堀江貴文―五年後に花開く、商売の種のまき方

猪瀬 成男〔1941～〕 いのせ・しげお
◇野球道の伝道者―私の生きた刻 猪瀬成男著 宇都宮 下野新聞社 2015.2 169p 20cm 〈年譜あり〉 1200円 ⓘ978-4-88286-568-1 Ⓝ783.7
内容 甲子園準優勝―人生の岐路となった夏 幼年期―運動会などで花形選手 中学時代―第1回県少年

野球大会で優勝　高校時代1―一生の友・大井との出会い　高校時代2―捕手転向にショック　高校時代3―妥協を許さぬ浜野野球　高校時代4―驚異の粘り見せた宇工　大学時代1―強者ぞろう早大野球部　大学時代2―まさかの新人監督に　ノンプロ―名球会・大杉と同部屋〔ほか〕

伊庭 心猿〔1908～1957〕いば・しんえん

◇俳人風狂列伝　石川桂郎著　中央公論新社　2017.11　280p　16cm　（中公文庫 い126-1)〈角川書店 1974年刊の再刊〉　1000円　①978-4-12-206478-2　Ⓝ911.362

|内容|蛸の脚―高橋鏡太郎　此君亭奇録―伊庭心猿　行乞と水―種田山頭火　馭かずら―岩田昌寿　室咲の葦―岡本癖三酔　屑籠と棒秤―田尻得次郎　葉鶏頭―松根東洋城　おみくじの凶―尾崎放哉　水に映らぬ影法師―相良万吉　日陰のない道―阿部浪漫子　地上に墜ちたゼウス―西東三鬼

伊庭 貞剛〔1847～1926〕いば・ていごう

◇財閥を築いた男たち　加来耕三著　ポプラ社　2015.5　266p　18cm　（ポプラ新書 060)〈「名創業者に学ぶ人間学　十大財閥篇」(2010年刊)の改題、再構成、大幅に加筆・修正〉　780円　①978-4-591-14522-7　Ⓝ332.8

|内容|第1章 越後屋から三井財閥へ 三野村利左衛門と益田孝　第2章 地下浪人から三菱財閥を創設 岩崎彌太郎　第3章 住友家を支えて屈指の財閥へ 広瀬宰平と伊庭貞剛　第4章 金融財閥を築いた経営の才覚 安田善次郎　第5章 無から有を生ます財閥へ 浅野総一郎　第6章 生命を賭けて財閥を築いた創業者 大倉喜八郎　第7章 無学の力で財を成した鉱山王 古河市兵衛　第8章 株の大勝負に賭けて財閥へ 野村徳七

伊波 敏男〔1943～〕いは・としお

◇父の三線と杏子の花　伊波敏男著　人文書館　2015.8　301p　20cm　3556円　①978-4-903174-32-7　Ⓝ498.6

|内容|わが道を―年記(二〇〇四年)　命どぅ宝―遠い記憶と過ちの記録、過去を未来へ(二〇〇五年)　時代を紡ぐ糸―永遠の現在(二〇〇六年)　流れに抗いて―また昇る(二〇〇七年)　我々は何者か―沖縄の自己同一性、主体性について(二〇〇八年)　月桃がもう咲く―小さき者の視座から(二〇〇九年)　欺瞞の饗宴を超えて―平和と人権、そして環境を守るために(二〇一〇年)　あの黒い海が―東日本大震災、悲しみと苦しみのむこうに。(二〇一一年)　切実な希い―東北再生・脱原発・沖縄問題と。(二〇一二年)　少年は怒っている―民主主義とは何か平和とは何だろうか(二〇一三年)　"沖縄よ何処へ"―万国の津梁(架け橋)となし。(2014年)

伊庭 八郎〔1843～1869〕いば・はちろう

◇幕末武士の京都グルメ日記―「伊庭八郎征西日記」を読む　山村竜也著　幻冬舎　2017.7　213p　18cm　（幻冬舎新書　や-12-2)　780円　①978-4-344-98465-3　Ⓝ383.81

|内容|第1章 将軍とともに上洛―元治元年(一八六四年)一月～二月(将軍警護の上京　澤甚のうなぎは都一案　ほか)　第2章 天ぷら、二羽鶏、どじょう汁―元治元年(一八六四年)三月(天ぷらを催す　桃の節句　ほか)　第3章 しるこ五杯、赤貝七個―元治元年(一八六四年)四月(加多々屋のうなぎ　鮎の季節　ほか)　第4章 京から大坂へ―元治元年(一八六四年)五月(小倉百一首　菖蒲の節句　ほか)　第5章 お役御免―元治元年(一八六四年)六月(上る三十石船　池田屋事件　ほか)

伊波 普猷〔1876～1947〕いは・ふゆう

◇沖縄と日本(ヤマト)の間で―伊波普猷・帝大卒論への道　上　伊佐眞一著　那覇　琉球新報社　2016.3　342p　19cm　〈文献あり　発売:琉球プロジェクト〔那覇〕〉　1940円　①978-4-89742-194-0　Ⓝ289.1

◇沖縄と日本(ヤマト)の間で―伊波普猷・帝大卒論への道　中　伊佐眞一著　那覇　琉球新報社　2016.6　355p　19cm　〈文献あり　発売:琉球プロジェクト〔那覇〕〉　1940円　①978-4-89742-195-7　Ⓝ289.1

◇沖縄と日本(ヤマト)の間で―伊波普猷・帝大卒論への道　下　伊佐眞一著　那覇　琉球新報社　2016.9　451p　19cm　〈文献あり　発売:琉球プロジェクト〔那覇〕〉　1940円　①978-4-89742-196-4　Ⓝ289.1

◇「沖縄学」の父伊波普猷　金城正篤, 高良倉吉著　新訂版　清水書院　2017.7　235p　19cm　（新・人と歴史拡大版 14)〈文献あり　年譜あり　索引あり〉　1800円　①978-4-389-44114-2　Ⓝ289.1

|内容|1 伊波普猷の人間像(伊波普猷の生い立ち　時代と学問の悩み　沖縄研究者の明暗)　2 伊波普猷の沖縄史像(沖縄人の祖先　海南の小王国　島津の侵入と支配　向象賢と蔡温　琉球処分)　3 伊波普猷の歴史思想(沖縄史像としての思想　民俗学との出会い　伊波普猷の批判と継承)　付録

◇沖縄の淵―伊波普猷とその時代　鹿野政直著　岩波書店　2018.8　459p　15cm　（岩波現代文庫―学術 386)〈年譜あり〉　1600円　①978-4-00-600386-9　Ⓝ289.1

|内容|1 世替りを受けとめて　2 新知識人の誕生と帰郷　3 『古琉球』　4 精神革命の布教者　5 転回と離郷　6 「孤島苦」と「南島」意識　7 「父」なるヤマト　8 亡びのあとで

井端 弘和〔1975～〕いばた・ひろかず

◇守備の力　井端弘和著　光文社　2014.12　198p　18cm　（光文社新書 729)　760円　①978-4-334-03832-8　Ⓝ783.7

|内容|第1章 "打倒巨人"から"わが巨人"へ(自分でも現実とは思えなかった日　監督が選んでくれた背番号　ほか)　第2章 アマチュア時代―野球ができる場所を求めて(中学野球でたまたまノムさんの目に留まる　「内野手になったほうがいい」　ほか)　第3章 守備の極意―守りよければ全てよし(数のうちに入っていなかった一年目　二軍暮らしが奮起のきっかけ　ほか)　第4章 打撃の真実―"井端=右打ち"ではない(三年目のオープン戦　決死のバント　ほか)　第5章 このままでは終わらない―試練と再挑戦(近年はショートも大型化　今は「一病息災」くらいがいい　ほか)

庵原 一男〔1942～〕いはら・かずお

◇外濠　庵原一男著　〔彦根〕　庵原一男　2017.

いはら

2　97p　19cm　Ⓝ289.1

庵原 遶　いはら・ゆずる
◇庵原遶と私市の自然―ナイロビ・タイペイ・交野から世界へ　岡野浩編　第2版　大阪　大阪市立大学都市研究プラザ　2018.5　69p　26cm（大阪市立大学都市研究プラザレポートシリーズ　URP report series no.29）〈執筆：庵原遶ほか　年譜あり　著作目録あり〉　Ⓝ470

茨木 のり子〔1926〜2006〕　いばらぎ・のりこ
◇清冽―詩人茨木のり子の肖像　後藤正治著　中央公論新社　2014.11　300p　16cm（中公文庫 こ58-1）　740円　Ⓘ978-4-12-206037-1　Ⓝ911.52
内容　倚りかからず　花の名　母の家　根府川の海　汲む　櫂　Y　六月　一億二心　歳月　ハングルへの旅　品格　行方不明の時間

◇ひとびとの精神史　第1巻　敗戦と占領―1940年代　栗原彬,吉見俊哉編　岩波書店　2015.7　333p　19cm　2300円　Ⓘ978-4-00-028801-9　Ⓝ281.04
内容　1　生と死のはざまで（大田昌秀―原点としての沖縄戦　大田洋子―原爆と言葉　水木しげる―ある帰還兵士の経験　黄容柱と朴鐘鴻―近代の成就と超克）　2　それぞれの敗戦と占領（茨木のり子―女性にとっての敗戦と占領　黒澤明―アメリカとの出会いそこない　花森安治―その時、何を着ていたか？　堀越二郎―軍事技術から戦後のイノベーションへ）　3　改革と民主主義（中野重治―反復する過去　若月俊一―地域医療に賭けられたもの　西崎キク―大空から大地へ　北村サヨ―踊る宗教が拓く共生の風景）

◇後藤正治ノンフィクション集　第10巻　後藤正治著　大阪　ブレーンセンター　2016.3　752p　15cm　2400円　Ⓘ978-4-8339-0260-1　Ⓝ918.68
内容　清冽（倚りかからず　花の名　母の家　ほか）　奇蹟の画家（画廊　発掘　最期の一枚　ほか）　孤高の戦い人（2）（中断　冷めた炎　三四郎三代　ほか）

井深 梶之助〔1854〜1940〕　いぶか・かじのすけ
◇新島襄と明治のキリスト者たち―横浜・築地・熊本・札幌バンドとの交流　本井康博著　教文館　2016.3　389,7p　22cm　〈索引あり〉　3800円　Ⓘ978-4-7642-9969-6　Ⓝ198.321
内容　1　新島襄と四つの「バンド」　2　横浜バンド（S.R.ブラウン　J.H.バラ　植村正久　井深梶之助　押川方義　本多庸一　松村介石　粟津高明）　3　築地バンド（C.カロザース　田村直臣　原胤昭）　4　熊本バンド（L.L.ジェーンズ　小崎弘道）　5　札幌バンド（W.S.クラーク　内村鑑三　新渡戸稲造　大島正建）

井深 大〔1908〜1997〕　いぶか・まさる
◇経営の創造―井深大の語録100選　藤田英夫編　シンポジオン　2015.4　206p　18cm　〈発売：創英社/三省堂書店〉　1100円　Ⓘ978-4-908262-00-5　Ⓝ289.1
内容　1（五十年前に）ポケットへ入る電池テレビ　2　常識と非常識がぶつかり合ったときにイノベーションが生まれる。　3　ソニーも今や、老大国　4　ほかのもの（人間以外）は付け足しなのだ。　5　勘です、感性ですよ。　6　人に合う組織をつくる　7　精神の戦いの場がない。　8　日本では、教育価値は大学や大学院よりも企業のほうが高い。 9 「無」の経営―盛田昭夫さん（ソニー創業者・副社長（当時））と語る。　10　知らないことの大事さ―松下幸之助さん（パナソニック創業者）と語る。　11　"兄貴" 本田宗一郎―本田宗一郎さん（本田技研工業創業者）を語る

◇わが友　本田宗一郎　井深大著　ゴマブックス　2015.5　189p　19cm（GOMA BOOKS）〈ごま書房 1991年刊の再刊　著作目録あり〉　1480円　Ⓘ978-4-7771-1613-3　Ⓝ289.1
内容　本田さんと私　技術者としての使命感　ものをつくることへのこだわり　見たり、聞いたり、試したり　ふたりが、共に目指したもの―対談・一九六六年「日に新た」　論理より直観　本田さんの遊び・私の遊び　好奇心に限度なし　ソニーもホンダも、たたかれて強くなった―対談・一九七二年　競争のないところに発展はない　本田さんがだいじにした "商売の心" さようなら、本田さん

◇井深大―人間の幸福を求めた創造と挑戦　一條和生著　京都　PHP研究所　2017.8　282p　20cm（PHP経営叢書―日本の企業家　8）〈年譜あり〉　2400円　Ⓘ978-4-569-83428-3　Ⓝ289.1
内容　第1部　評伝　メイキング・オブ・井深大―東京通信工業設立までと、それ以降の飛翔（東京通信工業設立趣意書の原点1―一家族　東京通信工業設立趣意書の原点2―機械とともに成長　東京通信工業設立趣意書の原点3―井深を育てた人々）　第2部　論考　井深大の思想と哲学―そのイノベーションの本質（井深の思想の特質　今、われわれが井深に学ぶべきこと　エピローグ―再び井深の歴史的再解釈を確認する）　第3部　人間像に迫る「自由闊達にして愉快なる」―穏やかさに秘められた激しい情熱（井深大と本田宗一郎をめぐって　井深大語録　東京通信工業株式会社設立趣意書）

◇井深大―生活に革命を　武田徹著　京都　ミネルヴァ書房　2018.11　304,11p　20cm（ミネルヴァ日本評伝選）〈文献あり　年譜あり　索引あり〉　2800円　Ⓘ978-4-623-08462-3　Ⓝ289.1
内容　第1章　発明家誕生前夜　第2章　発明家の誕生　第3章　発明精神を企業に　第4章　時を超える装置　第5章　我が心、石にあらず　第6章　映像と権利のビジネス　第7章　デジタルから離れて　第8章　発明家の夢、再び

井深 八重〔1897〜1989〕　いぶか・やえ
◇「生命（いのち）」と「生きる」こと―ハンセン病を巡る諸問題を視座として　浅田高明著　京都　文理閣　2016.8　274p　20cm　〈文献あり〉　2500円　Ⓘ978-4-89259-797-8　Ⓝ498.6
内容　1「いのち」の作家・北條民雄　2　神山復生病院　3　わが国における「ハンセン病」治療（隔離派と外来派）　4　長島の女医たち　5　井深八重の生涯　6　共生、共存の道　7　大和路にて　8　熊本への旅　9　結びに代えて

伊福部 昭〔1914〜2006〕　いふくべ・あきら
◇伊福部昭と戦後日本映画―IFUKUBE AKIRA 1914-2006　小林淳著　アルファベータ　2014.7　396,10p　22cm（叢書・20世紀の芸術と文

学）〈文献あり 作品目録あり 索引あり〉 3800円　Ⓘ978-4-87198-585-7　Ⓝ762.1

内容　第1章 伊福部昭と映画音楽　第2章 東宝映画と伊福部映画音楽　第3章 大映映画と伊福部映画音楽　第4章 東映映画と伊福部映画音楽　第5章 日活映画と伊福部映画音楽　第6章 松竹映画と伊福部映画音楽　第7章 独立映画プロダクションと伊福部映画音楽　第8章 ドキュメンタリー・文化映画と伊福部映画音楽

◇生の岸辺―伊福部昭の風景《パサージュ》　柴橋伴夫著　釧路 藤田印刷エクセレントブックス　2015.12　451p　22cm　〈文献あり 年譜あり〉　3000円　Ⓘ978-4-86538-046-0　Ⓝ762.1

内容　因幡への旅　「森の人」―"シアンルル"で　詩都札幌―友愛の輪（リング）　北光としての新音楽連盟　厚岸の地―林務官として　舞踊と音楽―その序奏　舞踊音楽の新地平　チェレプニンの肖像　「夜の時代」の中で　音楽とカオス―映画へのメッセージ　「ゴジラ」誕生物語　音楽教育者として　歌曲―その朗唱世界　知の人―その肖像　伊福部昭の美学

◇伊福部昭―日本楽壇とゴジラ音楽の巨匠　小林淳著　ヤマハミュージックエンタテインメントホールディングス　2017.7　111p　26cm　〈日本の音楽家を知るシリーズ〉〈文献あり〉　1800円　Ⓘ978-4-636-94333-7　Ⓝ762.1

飯伏 幸太〔1982〜〕　いぶし・こうた

◇ゴールデン☆スター 飯伏幸太 最強編　飯伏幸太著　小学館集英社プロダクション　2015.10　255p　19cm　（ShoPro Books）〈表紙のタイトル：KOTA IBUSHI THE STRONGEST　年譜あり〉　1400円　Ⓘ978-4-7968-7570-7　Ⓝ788.2

内容　第1章 幼少期〜小学校時代 1982‐1994（最初の記憶は「補助輪なし自転車」　いきなり運転！　4歳で相撲大会に乱入！　小学生相手に連戦連勝！　ほか）　第2章 中学〜高校時代 1995‐2000（早くもプロレスの門を叩いたが…　新日本対Uインターに大興奮、大感動、大号泣！　ほか　第3章 社会人〜キックボクシング時代 2001‐2003（千葉って東京の一部じゃないのか!?　自分のパワーが仕事で役立った　ほか）　第4章 プロレスラー時代前編 2004‐2009（想像していたのとは違った新弟子生活　「僕は合同練習には出ません！」　ほか）　第5章 プロレスラー時代後編 2009‐2015（体重を増やさず、パワーが欲しい　ライガー選手の苦言を受けて、僕がやったこと　ほか）

◇ゴールデン☆スター 飯伏幸太 最狂編　飯伏幸太著　小学館集英社プロダクション　2015.10　255p　19cm　（ShoPro Books）〈表紙のタイトル：KOTA IBUSHI THE MADDEST　年譜あり〉　1400円　Ⓘ978-4-7968-7571-4　Ⓝ788.2

内容　第1章 幼少期 1982‐1988　第2章 小〜中学時代 1989‐1997　第3章 高校時代 1998‐2000　第4章 社会人〜キックボクシング時代 2001‐2003　第5章 DDT入門以後 2004‐2015　第6章 現在 2015

◇プロレスという生き方―平成のリングの主役たち　三田佐代子著　中央公論新社　2016.5　253p　18cm　（中公新書ラクレ 554）〈文献あり〉　840円　Ⓘ978-4-12-150554-5　Ⓝ788.2

内容　第1部 メジャーの矜持・インディーの誇り（中邑真輔―美しきアーティストが花開くまで　飯伏幸太―身体ひとつで駆け上がった星　高木三四郎―「大社長」がすごい理由　登坂栄児―プロレス界で一番の裏方　丸藤正道―運命を受け入れる天才）　第2部 女子プロレスラーという生き方（里村明衣子―孤高の女横綱はなぜ仙台に行ったのか？　さくらえみ―突拍子もない革命家）　第3部 プロレスを支える人たち（和田京平―プロレスの本質を体現する番人　橋本和樹に聞く若手のお仕事　棚橋弘至―プロレスをもっと盛り上げるために）

井伏 鱒二〔1898〜1993〕　いぶせ・ますじ

◇連理の軌跡―井伏鱒二と節代夫人　舘上敬一著　文藝春秋企画出版部　2017.7　214p　20cm　〈文献あり　発売：文藝春秋〉　1400円　Ⓘ978-4-16-008902-0　Ⓝ910.268

＊多くの名作を残した文士・井伏鱒二と地元の郷土との15年にわたる交流秘話。

◇井伏さんの将棋　小沼丹著　幻戯書房　2018.12　315p　20cm　（銀河叢書）〈初版1000部限定〉　4000円　Ⓘ978-4-86488-158-6　Ⓝ914.6

内容　1（井伏さんと云う人　井伏さんの将棋　ほか）　2（「晩年」の作者　友情ということ　ほか）　3（オルダス・ハックスリイ　スチヴンスン　ほか）　4（文学への意志　文学は変らない　ほか）　5（将棋漫語　カラス天狗　ほか）　6（文芸時評　書評）

井部 俊子〔1947〜〕　いべ・としこ

◇聖路加病院で働くということ　早瀬圭一著　岩波書店　2014.10　214p　20cm　〈文献あり〉　2100円　Ⓘ978-4-00-025997-2　Ⓝ498.16

内容　1 小児科医を貫く―細谷亮太（祖父、父、母　ある事件　ほか）　2 とことん在宅―押川真喜子（お嬢さま、東京へ　保健師として　ほか）　3「看る」という仕事―井部俊子（心のずかしり　ナースの二つの道　ほか）　4 救急部の「キリスト」―石松伸一（産婦人科医の父　聖路加病院救急部へ　ほか）

今井 兼次〔1895〜1987〕　いまい・けんじ

◇カタルーニャ建築探訪―ガウディと同時代の建築家たち　入江正之著　早稲田大学出版部　2017.3　169p　21cm　（早稲田大学理工研叢書シリーズ No.29）　2000円　Ⓘ978-4-657-17001-9　Ⓝ523.36

内容　第1章 カタルーニャ・バルセロナの街へようこそ街を歩く　第2章 タラゴナ―街々の建築を造形・装飾した異才の建築家 ジュゼップ・ジュジョール・イ・ジーベルト　第3章 バルセロナ―"カタルーニャ・ムダルニズマ"を駆動させた建築家 ルイス・ドメーネック・イ・モンタネル　第4章 ジロナ中世都市の近代化を進めた建築家 ラファエル・マゾー・イ・バレンティー　第5章 タラッサ―繊維業で栄えた街の建築家 ルイス・ムンクニル・イ・バレリャーダ　第6章 ガウディ試論―日本に初めてガウディを紹介した建築家 今井兼次

今井 豪照〔1952〜〕　いまい・ごうしょう

◇かたわらの道―入門記　今井豪照著　文芸社　2018.4　259p　19cm　〈文献あり〉　1500円　Ⓘ978-4-286-19404-2　Ⓝ289.1

今井 五介〔1859～1946〕 いまい・ごすけ
◇今井五介の生涯―経営の恩人・信州発世界の製糸王　窪田文明編著　松本　松商学園　2018.10　438p　21cm　〈信州私学の源流〉〈年譜あり　文献あり〉　Ⓝ376.48

今井 素牛〔1804～1878〕 いまい・そぎゅう
◇今井素牛之日記―幕末維新期・信州小布施の庶民生活　今井素牛著, 今井素牛之日記編集委員会編　小布施町（長野県）　今井重人　2015.7　445p　図版4p　27cm　8000円　Ⓝ188.592

今井 満里〔1914～〕 いまい・まり
◇埼玉奇才列伝―自分流の生き方に徹し輝いた10人　佐々木明著　さいたま　さきたま出版会　2018.9　183p　21cm　1500円　①978-4-87891-462-1　Ⓝ281.34
内容　1 小鹿野のエジソン 赤岩松寿（発明家）　2 誰も真似られない前衛俳句 阿部完市（精神科医、俳人）　3 伝統を破り、作品を国内外で発表 今井満里（書家）　4 冤罪死刑囚と家族の支援に尽力 太田博也（童話作家、社会事業家）　5 元祖、釣りキャスター 金澤輝男（政党職員、釣り評論家）　6 世界の空を飛び新記録を残す 神田道夫（公務員、熱気球冒険家）　7 米国に魅せられミステリー翻訳 小鷹信光（翻訳家・作家）　8 創作民話と民話劇の巨匠 さねとうあきら（劇作家、民話作家）　9 世界の山を愛した超人 田部井淳子（登山家）　10 家庭教師と学習塾業界のカリスマ 古川のぼる（教育評論家、事業家）

今井 通浩〔1934～〕 いまい・みちひろ
◇破天荒！双六人生―ひらめき即行動　今井通浩著　文芸社　2015.2　231p　20cm　1500円　①978-4-286-15922-5　Ⓝ289.1

今井 龍子〔1933～〕 いまい・りゅうこ
◇堪忍袋の緒は切れっぱなし　今井龍子著　文芸社　2015.5　87p　19cm　900円　①978-4-286-16174-7　Ⓝ289.1

今井 柳荘〔1751～1811〕 いまい・りゅうそう
◇俳人今井柳荘と善光寺の俳人たち　矢羽勝幸, 田子修一, 中村敦子著　長野　ほおずき書籍　2017.6　170p　30cm　〈年譜あり　発売：星雲社〉　1800円　①978-4-434-23463-7　Ⓝ911.35
内容　1 今井柳荘一人と作品　2 柳荘と猿太　3 柳荘の秀句　4 作品集　5 俳諧関係著作　6 関連俳書　7 参考資料　8 今井柳荘年譜

今井 健司〔1973～〕 いまいずみ・けんじ
◇介護士からプロ棋士へ―大器じゃないけど、晩成しました　今泉健司著　講談社　2015.3　233p　19cm　1400円　①978-4-06-219433-9　Ⓝ796
内容　プロローグ ふるえる指　第1章 銀を割った少年　第2章 ライバルを追え　第3章 地獄のリーグ　第4章 もうひとつの戦場　第5章 悪夢ふたたび　第6章 介護の絆、勝負の心　第7章 中年ルーキー誕生　エピローグ 母からの手紙

今泉 みね〔1855～1937〕 いまいずみ・みね
◇大奥の女たちの明治維新―幕臣、豪商、大名―敗者のその後　安藤優一郎著　朝日新聞出版　2017.2　231p　18cm　（朝日新書 605）〈文献あり〉　760円　①978-4-02-273705-2　Ⓝ210.61
内容　第1章 篤姫が住んだ大奥とはどんな世界だったのか（1.男子禁制・大奥の実像と虚像　2.大奥を去った御台所・篤姫の戦い　3.師匠になった奥女中たち）　第2章 失業した三万余の幕臣はどうなったのか（1.静岡藩で塗炭の苦しみを味わう幕臣たち　2.旗本だった福沢諭吉の華麗なる転身　3.明治政府にヘッドハンティングされた渋沢栄一）　第3章 将軍家御典医・桂川家の娘が歩んだ数奇な運命　第4章 日本最初の帰国子女、津田梅子の奮闘　第5章 東京に転居した大名とその妻はどうなったのか　第6章 東京の街は、牧場と桑畑だらけになった　第7章 江戸を支えた商人や町人はどうなったのか

今泉 雄作〔1850～1931〕 いまいずみ・ゆうさく
◇近代茶人の肖像　依田徹著　京都　淡交社　2015.2　215p　18cm　（淡交新書）〈文献あり〉　1200円　①978-4-473-03992-7　Ⓝ791.2
内容　井上馨（世外）―政界の雷親父は細心なる茶人　有栖川宮熾仁親王（霞堂）―親王の茶の湯に見る宮家と華族の社交界　安田善次郎（松翁）―慎しく陰徳を重ねた財産家の茶の湯　今泉雄作（常真）―茶道具再評価の種を蒔いた江戸っ子　平瀬亀之輔（露香）―大阪の茶の湯を牽引した「粋の神」　住友友純（春翠）―茶の湯に文人趣味を融合させたエリート実業家　益田孝（鈍翁）―近代の茶の湯を双肩に担った巨人　馬越恭平（化生）―数々の逸話を残した「ビール王」数寄者　柏木貨一郎（探古翁）―土蔵に住んだ幻の数寄屋建築家　岡倉覚三（天心）―茶より酒を愛した『茶の本』の執筆者　正木直彦（十三松堂）―美術行政を茶道に橋を架けた美術学校長　貞明皇后―満州皇帝を茶の湯でもてなした大正天皇妃　三井高棟（宗恭）―財閥の盛衰を見つめた三井家当主の茶の湯　團琢磨（狸山）―鈍翁から経営を受け継いだ男　大谷尊由（心斎）―茶の湯三昧の境地に遊んだ宗教家　前田利為（梅堂）―旧大名家軍人のたしなみとしての茶の湯　式守蝸牛（虎山）―悲運の宰相、戦時下の茶の湯　栗山善四郎（八百善）―江戸懐石を伝え、茶の湯を愛した料亭主人　加藤正治（犀水）―憲法の制定に携わった法学者茶人

今泉 省彦〔1931～2010〕 いまいずみ・よしひこ
◇美術工作者の軌跡―今泉省彦遺稿集　今泉省彦著, 照井康夫編　福岡　海鳥社　2017.6　269p　22cm　〈年譜あり〉　2500円　①978-4-86656-006-9　Ⓝ704
内容　絵描きが絵を描くということ（私達にとって表現とはなにか、非表現とはなにか―今泉省彦講義　発想に関するひとつの覚書 ほか）　激動の六〇年代美術へ（展覧会出品者の問題点　関根正二 ほか）　美学校、その中心と周縁（美学校をめぐって―今泉省彦氏インタビュー　森俊光のこと）　表現者たちの相貌（ハイレッドセンターにふれて　黒板を前にしてレクチャーするボイス ほか）

今泉 六郎〔1860～1932〕 いまいずみ・ろくろう
◇今泉六郎―ヘーゲル自筆本を日本にもたらした陸軍獣医　寄川条路著　京都　ナカニシヤ出版　2015.12　147p　20cm　〈文献あり　著作目録あ

り 年譜あり〉 1800円 ①978-4-7795-0997-1 Ⓝ289.1

内容 第1章 今泉六郎とヘーゲル 第2章 今泉六郎と小田原中学校 第3章 今泉六郎と会津図書館 第4章 今泉六郎の自伝 第5章 今泉六郎の人と思想

今井田 勲〔1915〜1989〕 いまいだ・いさお
◇昭和の名編集長物語―戦後出版史を彩った人たち 塩澤実信著 展望社 2014.9 308p 19cm 〈「名編集者の足跡」(グリーンアロー出版社 1994年刊)の改題改訂〉 1900円 ①978-4-88546-285-6 Ⓝ021.43

内容 大衆の無言の要求を洞察する―池島信平と「文藝春秋」 一貫して問題意識をつらぬく―吉野源三郎と「世界」 ごまかしのない愚直な仕事を求める―花森安治と「暮しの手帖」 時間をかけ苦しみながらつくる―今井田勲と「ミセス」 人間くさいものをつくらねばならぬ―扇谷正造と「週刊朝日」 敢然とチャレンジを試みる―佐藤亮一と「週刊新潮」 きびしさをもとめ妥協を許さない―大久保房男と「群像」 妥協をしない、手を抜かない―坂本一亀と「文藝」 ホンモノを選び出す目を持つ―小宮山量平と『創作児童文学』 人間の価値を高めるものを―小尾俊人と『現代史資料』〔ほか〕

◇『ミセス』の時代―おしゃれと〈教養〉と今井田勲 江刺昭子著 現代書館 2014.11 270p 20cm 〈文献あり〉 2200円 ①978-4-7684-5750-4 Ⓝ051.7

内容 序章 雑誌の時代が始まった 1章 六〇年代は「ミセス」色(一九六〇年、それぞれの春 創刊までの道のり 高級で、上品な、朝の雑誌 主婦のライフスタイルを変えた 「ミセスの時代」を支えたスタッフ) 2章 最初のファッションジャーナリスト(文学少年から編集者へ 今井田勲という人 ファッション界のボス) 『ミセス』とわたし

今市 隆二〔1986〜〕 いまいち・りゅうじ
◇TIMELESS TIME 今市隆二著 幻冬舎 2018.3 137p 24×19cm 2600円 ①978-4-344-03243-9 Ⓝ767.8

内容 東京と京都 男に必要な1人旅 熱狂的EXILEファン 三代目J Soul Brothers from EXILE TRIBEデビュー 実家の駐車場に染みる青春の証し 自分なりの職人魂 初恋 ソロヴォーカリストの喜びと苦悩 三代目メンバー、そしてHIROさん 作詞の深さ、難しさ ブライアン・マックナイトとの時間 愛すべき今市家の人々 恋愛とナンパ、そして結婚 UNKNOWN METROPOLIZツアー 僕の音楽と性善説 HISTORY

今川 氏真〔1538〜1614〕 いまがわ・うじざね
◇駿河今川氏十代―戦国大名への発展の軌跡 小和田哲男著 戎光祥出版 2015.1 270p 19cm (中世武士選書 25)〈「駿河今川一族」(新人物往来社 1983年刊)の改題、新版〉 2600円 ①978-4-86403-148-6 Ⓝ288.2

内容 序章 今川氏の原流 第1章 初代今川範国 第2章 二代今川範氏 第3章 三代今川泰範 第4章 四代今川範政 第5章 五代今川範忠 第6章 六代今川義忠 第7章 七代今川氏親 第8章 八代今川氏輝 第9章 九代今川義元 第10章 十代今川氏真 終章 その後の今川氏

◇今川氏滅亡 大石泰史著 KADOKAWA 2018.5 303p 19cm (角川選書 604)〈文献あり〉 1800円 ①978-4-04-703633-8 Ⓝ288.3

内容 第1章 戦国大名今川氏の登場(氏親以前の今川氏 「戦国大名」氏親の登場から死没 ほか) 第2章 寿桂尼と氏輝(家督継承者と「家督代行者」 寿桂尼の位置づけ ほか) 第3章 義元の時代(義元の栄華 領国西方の維持) 第4章 氏真の生涯―「通説」今川氏真 離叛する国衆たち) 第5章 今川領国の崩壊(氏真の実像を探る 氏真の発給文書)

今川 氏親〔1473〜1526〕 いまがわ・うじちか
◇駿河今川氏十代―戦国大名への発展の軌跡 小和田哲男著 戎光祥出版 2015.1 270p 19cm (中世武士選書 25)〈「駿河今川一族」(新人物往来社 1983年刊)の改題、新版〉 2600円 ①978-4-86403-148-6 Ⓝ288.2

内容 序章 今川氏の原流 第1章 初代今川範国 第2章 二代今川範氏 第3章 三代今川泰範 第4章 四代今川範政 第5章 五代今川範忠 第6章 六代今川義忠 第7章 七代今川氏親 第8章 八代今川氏輝 第9章 九代今川義元 第10章 十代今川氏真 終章 その後の今川氏

今川 氏輝〔1513〜1536〕 いまがわ・うじてる
◇駿河今川氏十代―戦国大名への発展の軌跡 小和田哲男著 戎光祥出版 2015.1 270p 19cm (中世武士選書 25)〈「駿河今川一族」(新人物往来社 1983年刊)の改題、新版〉 2600円 ①978-4-86403-148-6 Ⓝ288.2

内容 序章 今川氏の原流 第1章 初代今川範国 第2章 二代今川範氏 第3章 三代今川泰範 第4章 四代今川範政 第5章 五代今川範忠 第6章 六代今川義忠 第7章 七代今川氏親 第8章 八代今川氏輝 第9章 九代今川義元 第10章 十代今川氏真 終章 その後の今川氏

◇今川氏滅亡 大石泰史著 KADOKAWA 2018.5 303p 19cm (角川選書 604)〈文献あり〉 1800円 ①978-4-04-703633-8 Ⓝ288.3

内容 第1章 戦国大名今川氏の登場(氏親以前の今川氏 「戦国大名」氏親の登場から死没 ほか) 第2章 寿桂尼と氏輝(家督継承者と「家督代行者」 寿桂尼の位置づけ ほか) 第3章 義元の時代(義元の栄華 領国西方の維持) 第4章 氏真の生涯―「通説」今川氏真 離叛する国衆たち) 第5章 今川領国の崩壊(氏真の実像を探る 氏真の発給文書)

今川 範氏〔1316〜1365〕 いまがわ・のりうじ
◇駿河今川氏十代―戦国大名への発展の軌跡 小和田哲男著 戎光祥出版 2015.1 270p 19cm (中世武士選書 25)〈「駿河今川一族」(新人物往来社 1983年刊)の改題、新版〉 2600円 ①978-4-86403-148-6 Ⓝ288.2

内容 序章 今川氏の原流 第1章 初代今川範国 第2章 二代今川範氏 第3章 三代今川泰範 第4章 四代今川範政 第5章 五代今川範忠 第6章 六代今川義忠 第7章 七代今川氏親 第8章 八代今川氏輝 第9章 九代今川義元 第10章 十代今川氏真 終章 その後の今川氏

今川 範国〔?〜1384〕 いまがわ・のりくに
◇駿河今川氏十代―戦国大名への発展の軌跡 小

いまかわ

今川 範忠〔1408〜?〕 いまがわ・のりただ
◇駿河今川氏十代—戦国大名への発展の軌跡　小和田哲男著　戎光祥出版　2015.1　270p　19cm　(中世武士選書 25)〈「駿河今川一族」(新人物往来社 1983年刊)の改題、新版〉　2600円　Ⓘ978-4-86403-148-6　Ⓝ288.2
内容　序章 今川氏の原流　第1章 初代今川範国　第2章 二代今川範氏　第3章 三代今川泰範　第4章 四代今川範政　第5章 五代今川範忠　第6章 六代今川義忠　第7章 七代今川氏親　第8章 八代今川氏輝　第9章 九代今川義元　第10章 十代今川氏真　終章 その後の今川氏

今川 範政〔1364〜1433〕 いまがわ・のりまさ
◇駿河今川氏十代—戦国大名への発展の軌跡　小和田哲男著　戎光祥出版　2015.1　270p　19cm　(中世武士選書 25)〈「駿河今川一族」(新人物往来社 1983年刊)の改題、新版〉　2600円　Ⓘ978-4-86403-148-6　Ⓝ288.2
内容　序章 今川氏の原流　第1章 初代今川範国　第2章 二代今川範氏　第3章 三代今川泰範　第4章 四代今川範政　第5章 五代今川範忠　第6章 六代今川義忠　第7章 七代今川氏親　第8章 八代今川氏輝　第9章 九代今川義元　第10章 十代今川氏真　終章 その後の今川氏

今川 泰範〔1334〜1409〕 いまがわ・やすのり
◇駿河今川氏十代—戦国大名への発展の軌跡　小和田哲男著　戎光祥出版　2015.1　270p　19cm　(中世武士選書 25)〈「駿河今川一族」(新人物往来社 1983年刊)の改題、新版〉　2600円　Ⓘ978-4-86403-148-6　Ⓝ288.2
内容　序章 今川氏の原流　第1章 初代今川範国　第2章 二代今川範氏　第3章 三代今川泰範　第4章 四代今川範政　第5章 五代今川範忠　第6章 六代今川義忠　第7章 七代今川氏親　第8章 八代今川氏輝　第9章 九代今川義元　第10章 十代今川氏真　終章 その後の今川氏

今川 義忠〔1436〜1476〕 いまがわ・よしただ
◇駿河今川氏十代—戦国大名への発展の軌跡　小和田哲男著　戎光祥出版　2015.1　270p　19cm　(中世武士選書 25)〈「駿河今川一族」(新人物往来社 1983年刊)の改題、新版〉　2600円　Ⓘ978-4-86403-148-6　Ⓝ288.2
内容　序章 今川氏の原流　第1章 初代今川範国　第2章 二代今川範氏　第3章 三代今川泰範　第4章 四代今川範政　第5章 五代今川範忠　第6章 六代今川義忠　第7章 七代今川氏親　第8章 八代今川氏輝　第9章 九代今川義元　第10章 十代今川氏真　終章 その後の今川氏

今川 義元〔1519〜1560〕 いまがわ・よしもと
◇駿河今川氏十代—戦国大名への発展の軌跡　小和田哲男著　戎光祥出版　2015.1　270p　19cm　(中世武士選書 25)〈「駿河今川一族」(新人物往来社 1983年刊)の改題、新版〉　2600円　Ⓘ978-4-86403-148-6　Ⓝ288.2
内容　序章 今川氏の原流　第1章 初代今川範国　第2章 二代今川範氏　第3章 三代今川泰範　第4章 四代今川範政　第5章 五代今川範忠　第6章 六代今川義忠　第7章 七代今川氏親　第8章 八代今川氏輝　第9章 九代今川義元　第10章 十代今川氏真　終章 その後の今川氏
◇蒲生氏郷/武田信玄/今川義元　幸田露伴著　講談社　2016.9　221p　16cm　(講談社文芸文庫 こH4)〈「蒲生氏郷」(角川文庫 1955年刊)の改題　年譜あり〉　1300円　Ⓘ978-4-06-290323-3　Ⓝ913.6
内容　蒲生氏郷　武田信玄　今川義元
◇今川氏滅亡　大石泰史著　KADOKAWA　2018.5　303p　19cm　(角川選書 604)〈文献あり〉　1800円　Ⓘ978-4-04-703633-8　Ⓝ288.3
内容　第1章 戦国大名今川氏の登場(氏親以前の「戦国大名」氏親の登場から死没 ほか)　第2章 寿桂尼と氏輝(家督継承者と「家督代行者」寿桂尼の位置づけ ほか)　第3章 義元の時代(義元の栄華 領国西方の維持)　第4章 氏真の生涯("通説"今川氏真　離叛する国衆たち)　第5章 今川領国の崩壊(氏真の実像を探る　氏真の発給文書)

今北 洪川〔1816〜1892〕 いまきた・こうせん
◇禅の名僧に学ぶ生き方の知恵　横田南嶺著　致知出版社　2015.9　271p　20cm　〈他言語標題：ZEN Wisdom　文献あり〉　1800円　Ⓘ978-4-8009-1083-7　Ⓝ188.82
内容　第1講 無学祖元—円覚寺の「泣き開山」　第2講 夢窓疎石—世界を自分の寺とする　第3講 正受老人—正受相続の一生涯　第4講 白隠慧鶴—いかにして地獄から逃れるか　第5講 誠拙周樗—円覚寺中興の祖　第6講 今北洪川—至誠の人　第7講 釈宗演—活達雄偉、明晰俊敏

今里 哲〔1951〜〕 いまざと・てつ
◇ブラボー！歌うボヘミアン—在日コリアン、ゲイのシャンソン歌手・今里哲の歌物語　今里哲著　明石書店　2015.5　140p　22cm　(CDブック)　2800円　Ⓘ978-4-7503-4195-8　Ⓝ767.8
内容　1 ブルージュの森の中で　2 初恋のニコラ　3 夢のベネチア　4 今、今　5 もしもあなたに逢えずにいたら　6 人生に乾杯　7 私のパリ

今宿 麻美〔1978〜〕 いまじゅく・あさみ
◇今宿麻美のママライフ39 Thank you　今宿麻美著　祥伝社　2017.1　111p　21cm　1400円　Ⓘ978-4-396-43077-1　Ⓝ289.1
内容　Cover Story—青馬と一緒にプライベート撮影　Fashion—all私服myコーディネート　Maternity Life—妊活から臨月まで。初めて語る妊婦日記　Birth—あの日の感動を忘れない。出産の思い出

Child Care—青馬と私の2年間の記録　Q&A—一問一答。読者の疑問にお答えします　House—私のライフスタイル　Trip—非日常という時間。家族で旅に行こう　Beauty—スキンケアからヘアケアまで。美容のすべて　Story—昔、今、これから…。私という生き方　Talk—アノ人が登場！モデル仲間とママトーク　Extra—見たことのない素の彼女がココに。夫から見た今宿麻美

今田　束〔1850〜1889〕　いまだ・つかぬ
◇近代日本の礎を築いた七人の男たち—岩国セブン・ファーザーズ物語　佐古利南著　致知出版社　2016.7　170p　19cm　〈文献あり　年譜あり〉　1200円　①978-4-8009-1119-3　Ⓝ281.77
|内容|偉大な人物を輩出した岩国藩の教育　「初代大審院長」玉乃世履翁—賄賂一切お断り　「解剖学のパイオニア」今田東先生—私の遺体を解剖するように　「小銃製作の父」有坂成章翁—他に頼らず独学独歩が大切です　「電気の父」藤岡市助博士—僕は人に役立つことをしたい　「図書館の父」田中稲城翁—図書館は国民の大学です　「近代辞典製作の祖」斎藤精輔翁—人の一生は一事一業です　明治岩国人の特質は一名誉を好まず、「公」に生きる

今田　美奈子〔1935〜　〕　いまだ・みなこ
◇ファーストクラスの生き方　今田美奈子著　イースト・プレス　2014.10　189p　19cm　1300円　①978-4-7816-1151-8　Ⓝ289.1
|内容|第1章　これがファーストクラスの生き方（一番は素敵なこと　目指すだけでツキはやってくる　一番はビリから始まることもある）　第2章　素敵なトップの目指し方（一番素敵なトップはお姫さま—マリー・アントワネット妃との不思議な出会い　外国で詐欺に遭い未来が開ける　幼少期—両親の戦いと日本のトップから学んだもの　トップになるための企画力—貴婦人が愛したお菓子展覧会）　第3章　成功は失敗の中に（ショッピングでフランスの城の城主に—ファーストクラスの生活の拠点が現れる　大成功の中での失敗　天職のテーマと目的を明確に—食卓芸術サロンの開設）　第4章　世界のトップたちの素顔（夢の力で世界のトップたちと出会う　世界のトップとの出会い2　フランスとの深い夢　堂々とした国際人たれ—度胸が成功の鍵）　第5章　素敵な女王様流生き方（紆余曲折の人生もプラス思考で　人類の宝、西洋建築の父ジョサイア・コンドルの建物の持ち主に　東京で女王さま流のカフェ・サロン実現　女王さま流生き方は、世界最高峰の全てを愛すること）

今中　武義〔1886〜1979〕　いまなか・たけよし
◇帝国軍人カクアリキ—陸軍正規将校わが祖父の回想録　今中武義述，岩本高周著　潮書房光人社　2017.6　418p　16cm　（光人社NF文庫　い1012）〈『大東亜戦争前の帝国軍人カクアリキ』（元就出版社　2008年刊）の改題、改訂〉　920円　①978-4-7698-3012-2　Ⓝ289.1
|内容|日清戦争の勝利と軍への憧れ—昔の廣島と父の事　阿南惟幾との出逢い—幼年時代と廣島陸軍幼年学校　日露戦争への出征を目指して—中央幼年学校と陸軍士官学校　藩閥に苦しみながら—見習士官と新品少尉　軍の教育システム—新設岡山第十七師団と陸軍砲工学校生徒　演習と検閲—工兵第十七大隊附中尉　初の副官業務と明治の終焉、結婚—陸軍砲工学校副官　工兵第十七大隊中隊長　士官学校の教え方と島川大将の思い出—陸軍士官学校教官　陸軍工兵学校　北国盛岡での生活—工兵第八大隊附　供奉将校の光栄と失敗、歴代陛下の印象　陸軍工兵学校教官　思いもよらない異動—陸軍地測量部地形科長　陛下への拝謁、満洲国の実態・測量、負傷—関東軍測量隊長　二・二六事件と歴代校長—陸軍工兵学校教導隊長　工兵第十六聯隊長　津軽要塞司令官　川西機械製作所

今中　楓渓〔1883〜1963〕　いまなか・ふうけい
◇歌の女学校—寝屋川高女と今中楓渓　田中繁美著　弘報印刷出版センター　2017.9　127p　19cm　〈年表あり　年譜あり　文献あり〉　1000円　①978-4-907510-48-0　Ⓝ376.48

今成　無事庵　いまなり・ぶじあん
◇子規居士の周囲　柴田宵曲著　岩波書店　2018.2　434p　15cm　（岩波文庫　31-106-6）　950円　①978-4-00-311066-9　Ⓝ911.362
|内容|1　子規居士の周囲（子規居士の周囲　内藤鳴雪　愚庵　陸羯南　夏目漱石　五百木飄亭）　2　明治俳壇の人々（数藤五城　阪本四方太　今成無事庵　新海非風　吉野左衛門　佐藤紅緑　末永戯道　福田把栗）

今西　和男〔1941〜　〕　いまにし・かずお
◇徳は孤ならず—日本サッカーの育将　今西和男　木村元彦著　集英社　2016.6　302p　20cm　〈文献あり〉　1800円　①978-4-08-780793-6　Ⓝ783.47
|内容|第1章　"ピカ"から日本代表、そして初のGM　第2章　Jリーグ、サンフレッチェ、今西門徒　第3章　クラブは地域のために—FC岐阜　第4章　徳は孤ならず

今西　錦司〔1902〜1992〕　いまにし・きんじ
◇今西錦司—そのアルピニズムと生態学　石原元著　五曜書房　2014.10　247p　19cm　〈文献あり　索引あり〉　発売：星雲社　1800円　①978-4-434-19826-7　Ⓝ289.1
|内容|第1部（生い立ち　登山家への道　登山から探検へ　カゲロウ　生物の世界　戦後）　第2部（著作集　今西錦司を解くキーワード　キーワードの説明　周辺歴管　今西錦司論　今西錦司と日本社会）

今福　民三〔1901〜1980〕　いまふく・たみぞう
◇評伝　天草五十人衆　天草学研究会編　福岡弦書房　2016.8　317p　22cm　〈文献あり　年表あり　索引あり〉　2400円　①978-4-86329-138-6　Ⓝ281.94
|内容|ステージ1　五人衆の時代、そして…　ステージ2　天領天草の村々　ステージ3　祈りの島で　ステージ4　耕す、漁る　ステージ5　実業の世をひらく　ステージ6　潮路はるかに　ステージ7　文学・歴史・言論　ステージ8　あの頃、この人　ステージ9　島の現実、国の行く末　ステージ10　一筋の道　ステージ特別編　群像二題（天草の石文化と松室五郎左衛門　牛深カツオ漁の男たち）

今村　核〔1962〜　〕　いまむら・かく
◇雪ぐ人—えん罪弁護士今村核　佐々木健一著　NHK出版　2018.6　245p　20cm　〈文献あり〉

いまむら

1500円　①978-4-14-081749-0　Ⓝ289.1

内容　序章　破滅　第1章　何者　第2章　暗闇　第3章　毒　第4章　心　第5章　壁　第6章　立証　第7章　不屈　終章　理由

今村 久米之助〔江戸時代中期〕　いまむら・くめのすけ

◇歌舞伎とはいかなる演劇か　武井協三著　八木書店古書出版部　2017.6　307,22p　22cm　〈布装　索引あり　発売：八木書店〉　8800円　①978-4-8406-9762-0　Ⓝ774.2

内容　第1部　歌舞伎とはいかなる演劇か（カイミーラ歌舞伎　かぶき者の登場　当代性―時代の旬を描く演劇　断片性―ストーリーのない演劇　歌舞伎の生まれ故郷―好色と売色　饗宴性―飲み食いの中の演劇　女方―女優のいない演劇　見立て―登場人物にならない演技）　第2部　初期歌舞伎の諸相（『役者絵づくし』の研究―諸本紹介・成立年代考証・象眼　断片の演劇―歌舞伎と人形浄瑠璃　江戸の演劇空間―もう一つの劇場　色白の女方―今村久米之助の生涯　うわなりの開山　玉川千之丞―「河内通」とその演技　ボストン美術館蔵「江戸芝居町図屏風」―景観年代について）　第3部　資料紹介『役者絵づくし』解説・翻刻・影印

今村 清之介〔1849～1902〕　いまむら・せいのすけ

◇日本経済の心臓　証券市場誕生！　日本取引所グループ著、鹿島茂監修　集英社　2017.12　254p　20cm　〈文献あり　年表あり〉　1800円　①978-4-08-786084-9　Ⓝ338.15

内容　1　江戸期―証券取引の夜明け（米は大坂を目指す　蔵屋敷と米切手　大坂米市場の概要　ほか）　2　明治・大正期―兜町と北浜（明治初期の堂島米会所取引所設立の背景―武家の退職手当（秩禄公債・金禄公債）の売買　取引所設立の背景―生糸と洋銀取引と明治期の新しい経済人　ほか）　3　昭和期戦後の証券市場復興と隆盛（戦争下の兜町（昭和20年）　終戦―新円交換と集団売買（昭和20～24年）　「国民一人一人が株主に」その1　財閥解体・財産税の物納・特別機関解体　ほか）

今村 均〔1886～1968〕　いまむら・ひとし

◇陸軍大将　今村均―人間愛をもって統率した将軍の生涯　秋永芳郎著　新装版　潮書房光人社　2016.2　332p　16cm　〈光人社NF文庫　あN-934〉〈初版のタイトル等：将軍の十字架（光人社　1980年刊）〉　830円　①978-4-7698-2934-8　Ⓝ913.6

内容　第1章　薄明の漂流　第2章　勝利と栄光の時　第3章　青春の光と影　第4章　ガダルカナルの悲雨　第5章　山本五十六の友情　第6章　ラバウルの落陽　第7章　鉄条網の中の讃美歌　第8章　太陽を射るもの　第9章　鎮魂の行脚

◇ラバウル今村均軍司令官と十万人のサバイバル　岡田幸夫著　郁朋社　2018.5　284p　19cm　〈文献あり　年譜あり　年表あり〉　1500円　①978-4-87302-666-4　Ⓝ391.2074

内容　第1章　ラバウル　第2章　軍司令官の決断　第3章　時間との競争　第4章　籠城　第5章　戦線崩壊　第6章　戦後は終わらず

◇昭和史講義　軍人篇　筒井清忠編　筑摩書房　2018.7　301p　18cm　〈ちくま新書 1341〉　900円　①978-4-480-07163-7　Ⓝ210.7

内容　昭和陸軍の派閥抗争―まえがきに代えて　東条英機―昭和陸軍の悲劇の体現者　梅津美治郎―「後始末」に尽力した陸軍大将　阿南惟幾―「徳義即戦力」を貫いた武将　鈴木貞一―背広を着た軍人　武藤章―「政治的軍人」の実像　石原莞爾―悲劇の鬼才か、鬼才による悲劇か　牟田口廉也―信念と狂信の間　今村均―「ラバウルの名将」から見る日本陸軍の悲劇　山本五十六―その避戦構想と挫折　米内光政―終末点のない戦争指導　永野修身―海軍「主流派」の選択　高木惣吉―昭和期海軍の語り部　石川信吾―「日本海軍最強硬論者」の実像　堀悌吉―海軍軍縮派の悲劇

◇不敗の名将今村均の生き方―組織に負けない人生を学ぶ　日下公人著　祥伝社　2018.10　233p　18cm　〈祥伝社新書 551〉〈「組織に負けぬ人生。」新装版（PHP研究所 2001年刊）の改題〉　820円　①978-4-396-11551-7　Ⓝ289.1

内容　第1話　陸軍士官候補生　第2話　陸大入学　第3話　陸大卒業　第4話　佐々木一等兵　第5話　炊事当番兵　第6話　ノックス事件　第7話　小柳津少佐と少年給仕　第8話　上原勇作元帥　第9話　思想犯とされた兵　第10話　大激戦

今村 正己　いまむら・まさみ

◇最前線指揮官の太平洋戦争―海と空の八人の武人の生涯　岩崎剛二著　新装版　潮書房光人社　2014.10　256p　16cm　〈光人社NF文庫 N-854〉　750円　①978-4-7698-2854-9　Ⓝ392.8

内容　勇将のもとに弱卒なし―敵将が賞賛した駆逐艦長・春日均中佐の操艦　生きて祖国の礎となれ―初志を貫いた潜水艦長・南部伸清少佐の無念　被爆の身をもいとわず―第五航空艦隊参謀―今村正己中佐の至誠　遺骨なく遺髪なく―第十六戦隊司令官・左近允尚正中将の運命　われに後悔なく誇りあり―幸運に導かれた潜水艦長・坂本金美少佐の戦歴　蒼空の飛翔雲―歴戦の飛行隊長・高橋定少佐の航跡　見敵必殺の闘魂を秘めて―海軍の至宝と謳われた入佐俊家少将の信条　飢餓と砲爆撃に耐えて―孤島を死守した吉良升少将の信念

今村 力三郎〔1866～1954〕　いまむら・りきさぶろう

◇専修大学史資料集　第8巻　「反骨」の弁護士今村力三郎　専修大学編　髙木侃監修　専修大学出版局　2017.3　448p　22cm　〈布装　年表あり〉　4000円　①978-4-88125-314-4　Ⓝ377.28

今本 江美子〔1949～〕　いまもと・えみこ

◇縁を大事に、歩みをとめず　今本江美子著　文芸社　2017.4　133p　20cm　1000円　①978-4-286-18053-3　Ⓝ289.1

忌野 清志郎〔1951～2009〕　いまわの・きよしろう

◇あの頃、忌野清志郎と―ボスと私の40年　片岡たまき著　宝島社　2014.7　255p　20cm　〈文献あり〉　1400円　①978-4-8002-2407-1　Ⓝ767.8

内容　第1章　理解者　第2章　開かれた扉　第3章　舞台

袖　第4章 パンドラの箱　第5章 ロックン・ロール・ショーはもう終わりだ　第6章 サヨナラはしない　終章 お別れは突然やってきた

イム, グォンテク〔1936～〕 林 権澤
◇林権澤は語る─映画・パンソリ・時代　林権澤述，福岡ユネスコ協会編　福岡　弦書房　2015.12　53p　21cm　(Fukuoka Uブックレット no.10)　680円　Ⓘ978-4-86329-128-7　Ⓝ778.221

[内容] 林権澤は語る(映画監督になるまで　パンソリとの偶然の出会い　プログラムピクチャーを量産する　韓国らしい映画を目指す　『将棋の息子』シリーズがヒット　理想の女優との出会い　パンソリ映画に挑戦する　『春香伝』に到達する　パンソリとは何か─劉永大)　林権澤に聞く1─時代を映す映画(『春香伝』を撮影する　女優に賞を取らせる名人　韓国映画界の現状　朝鮮戦争前後の時代　映画に対する考え方が変わる　大学で映画を教える)　林権澤に聞く2─韓国固有の世界観(少年時代の思い出　韓国固有の世界観を求めて　恨を内に抱いて)

イム, ムナン〔1907～1993〕 任 文桓
◇日本帝国と大韓民国に仕えた官僚の回想　任文桓著　筑摩書房　2015.2　493p　15cm　(ちくま文庫 い86-1)〈草思社 2011年刊の再刊〉　1400円　Ⓘ978-4-480-43245-2　Ⓝ289.2

[内容] 第1章 明滅する星に守られて　第2章 大望なき青雲の志　第3章 目高が鯉に成りはしたが　第4章 深淵上の曲芸　第5章 三度、四度、五度目の国籍変更　第6章 乱世の理、治世の非理　第7章 余禄

井村 裕夫〔1931～〕 いむら・ひろお
◇医の心─私の人生航路と果てしなき海図　井村裕夫著　京都　京都通信社　2018.2　319p　19cm　〈著作目録あり　年譜あり〉　1700円　Ⓘ978-4-903473-24-6　Ⓝ490

[内容] 第1部 いのちの断章(おもいつくままに　忘れ得ぬ人たち)　第2部 私の医歴書─ひとすじの航跡(人生と出会い　幼年期から学生時代　医師・研究者としての日々　判断し、行動する司令塔として　次代をみつめて)　第3部 仲間たちと語りあう─「人生一〇〇年時代」にむけて(関西を挙げて医学会総会を開催する意義─鼎談 平野俊夫氏＋山極壽一氏＋井村裕夫　iPS細胞が教えてくれるこれからのライフサイエンス研究─対談 山中伸弥氏×井村裕夫　トランスリレーショナルリサーチの活性化をめざして─対談 岸本忠三氏×井村裕夫　健康・医療の未来をリードする兵庫─鼎談 井戸敏三氏＋高橋政代氏＋井村裕夫　科学と心　これからの大学と学習社会─対談 千葉宗氏×井村裕夫)

井村 雅代〔1950～〕 いむら・まさよ
◇現代人の伝記　3　致知編集部編著　致知出版社　2014.11　97p　26cm　1000円　Ⓘ978-4-8009-1060-8　Ⓝ280.8

[内容] 1 坂村真民(詩人)─「念ずれば花ひらく」　2 坂岡嘉代子(はぐるまの家代表)─生きる喜びを求めて　3 熊沢健一(東京女子医科大学非常勤講師)─癌・告知　4 黒瀬昇次郎(ミリオン珈琲貿易相談役)─中村久子の生涯　5 河原成美(力の源カンパニー代表取締役)─ラーメン革命に夢を賭ける男　6 磯部則男(画家)─不惑への挑戦　7 町田兆治(野球評論家)/井村雅代(日本代表コーチ)─こうして人を強くする

◇シンクロの鬼と呼ばれて　井村雅代著，松井久子聞き書き　新潮社　2015.11　301p　16cm　(新潮文庫 い-124-1)〈「教える力」(2013年刊)の改題、再編集、加筆訂正〉　550円　Ⓘ978-4-10-120216-7　Ⓝ785.26

[内容] 第1章 「裏切り者」と呼ばれて　第2章 新天地　第3章 メダルを取るために来た　第4章 私は、コーチがしたいんです　第5章 勝つための強いこだわり　第6章 誰かの役に立つ人でありたい　第7章 再び、中国へ　第8章 選手を育てる、コーチを育てる

◇井村雅代 不屈の魂─波乱のシンクロ人生　川名紀美著　河出書房新社　2016.6　254p　19cm　〈文献あり〉　1300円　Ⓘ978-4-309-02478-3　Ⓝ785.26

[内容] 第1章 日本復活　第2章 中国へ　第3章 運命のシンクロ　第4章 居場所はどこに　第5章 ロンドン、心ひとつ　第6章 織り成す人生　第7章 リオ～東京

芋川 親正〔1539～1608〕 いもかわ・ちかまさ
◇信濃芋川一族─信濃に発祥した芋川一族、上杉景勝を支えた武田の遺臣・芋川親正　志村平治著　歴研　2018.12　191p　21cm　〈年譜あり　文献あり〉　2000円　Ⓘ978-4-86548-075-7　Ⓝ288.3

[内容] 信濃芋川氏　高梨氏と芋川氏　村上氏と芋川氏　武田氏と芋川氏、芋川親正登場　芋川縫殿助　武田氏滅亡と芋川の乱　芋川親正、上杉氏に仕える　小笠原貞慶との戦い　太閤検地　会津移封〔ほか〕

井本 勇〔1925～2018〕 いもと・いさむ
◇井本勇─90年・あのときこのとき　大草秀幸著〔佐賀〕　佐賀新聞社　2015.10　351p　22cm　〈年譜あり　発売：佐賀新聞プランニング(佐賀)〉　1500円　Ⓘ978-4-88298-208-1　Ⓝ318.292

井本 熊男〔1903～2000〕 いもと・くまお
◇帝国軍人の弁明─エリート軍人の自伝・回想録を読む　保阪正康著　筑摩書房　2017.7　205p　19cm　(筑摩選書 0146)　1500円　Ⓘ978-4-480-01654-6　Ⓝ396.21

[内容] 序章 軍人の回想録・日記・自伝を読む　第1章 石原莞爾の『世界最終戦論』を読む　第2章 堀栄三『大本営参謀の情報戦記』を読む　第3章 武藤章『比島から巣鴨へ』を読む　第4章 佐々木到一『ある軍人の自伝』を読む　第5章 田中隆吉『日本軍閥暗闘史』を読む　第6章 河邊虎四郎『市ヶ谷台から市ヶ谷台へ』を読む　第7章 井本熊男『作戦日誌で綴る大東亜戦争』を読む　第8章 遠藤三郎『日中十五年戦争と私』を読む　第9章 磯部浅一『獄中日記』を読む　第10章 瀬島龍三『幾山河』を読む　終章 歴史に残すべき書

井山 裕太〔1989～〕 いやま・ゆうた
◇挑み続ける力─「プロフェッショナル仕事の流儀」スペシャル　NHK「プロフェッショナル」制作班著　NHK出版　2016.7　227p　18cm　(NHK出版新書 492)　780円　Ⓘ978-4-14-

088492-8　Ⓝ366.29

内容　1 変わらない力（AI時代への新たな決意―将棋棋士 羽生善治　淡々と、完璧を目指す―星野リゾート代表 星野佳路　人生にムダがない）　2 生涯現役を貫け（プロフェッショナルに、終わりはない―元半導体メーカー社長 坂本幸雄　遠くは見ない、明日だけを見続ける―歌舞伎役者 坂東玉三郎）　3 大震災、そして新たなる飛躍（やりたいからこそ、やる―作業療法士 藤原茂　地べたと向き合って生きる―建築家 伊東豊雄）　4 限界への挑戦（今の自分だからできること―バレリーナ 吉田都　情熱は一生、燃え続ける―プロサッカー選手 三浦知良　「逆転する力」の秘密―囲碁棋士 井山裕太）

◇井山裕太 七冠達成への道―囲碁史上初の偉業　井山裕太著　日本棋院　2016.7　183p　26cm　2500円　Ⓘ978-4-8182-0653-3　Ⓝ795

内容　第1章 七冠達成への道　第2章 第39期棋聖戦7番勝負　第3章 第70期本因坊戦七番勝負　第4章 第40期碁聖戦五番勝負　第5章 第40期名人戦七番勝負　第6章 第63回NHK杯　第7章 第41期天元戦五番勝負　第8章 第40期棋聖戦五番勝負　第9章 第54期十段戦五番勝負　第10章 第17回阿含・桐山杯日中決戦

◇井山裕太 七冠再び―前人未到のさらに先へ　井山裕太著　日本棋院　2018.7　207p　26cm　2500円　Ⓘ978-4-8182-0668-7　Ⓝ795

内容　第1章 井山裕太と七大棋戦　第2章 国民栄誉賞受賞　第3章 井山、決定局を振り返る　第4章 よくわかる七大棋戦（棋聖戦　名人戦　本因坊戦　王座戦　天元戦　碁聖戦　十段戦）　第5章 棋譜一覧

壹与（壱与）　いよ
⇒台与（とよ）を見よ

入江 一子〔1916～〕　いりえ・かずこ
◇101歳の教科書―シルクロードに魅せられて　入江一子著　生活の友社　2017.10　145p　19cm　〈文献あり　年譜あり〉　1000円　Ⓘ978-4-908429-10-1　Ⓝ723.1

内容　第1章 生いたちから大邱、女子美術専門学校時代（生い立ち　一日一枚描き続ける　ほか）　第2章 林武先生との邂逅（林武先生からの手紙　林先生と猫のミーちゃん　ほか）　第3章 石仏巡りからシルクロードの旅へ（石仏によせて　嫩江面の面影とイスタンブールの朝焼け　ほか）　第4章 100歳を超えて現役続行中（二〇〇九年ニューヨークで個展を開催!!　日野原重明先生とのご縁　ほか）

入江 長八〔1815～1889〕　いりえ・ちょうはち
◇伊豆の長八―幕末・明治の空前絶後の鏝絵師　伊豆の長八生誕200年祭実行委員会編、日比野秀男監修　〔松崎町（静岡県）〕　松崎町　2015.8　175p　26cm　〈共同刊行：一般財団法人松崎町振興公社・伊豆の長八生誕200年祭実行委員会　発行所：平凡社　文献あり　年譜あり〉　2500円　Ⓘ978-4-582-54541-1　Ⓝ529.021

内容　塗籠―鑑賞作品として、額縁を付けて制作された鏝絵　塑像―仏像、神像・肖像から神使の動物まで精緻を極めた超絶技巧　建築装飾―さまざまな画題に挑戦した、長八ワールド　ランプ掛け―鏝絵の技が迫真的な龍や鷹、豊穣な植物をインテリアに表現した　掛軸―画家としての力

量を示す見事な形態描写と卓抜な色彩感覚　特殊作品―屏風、衝立から花瓶、印箋にも刻まれた長八の技

入江 文敏〔1954～〕　いりえ・ふみとし
◇私の教員・考古学事始　入江文敏著　〔若狭町（福井県）〕　〔入江文敏〕　2016.10　206p　19cm　〈文献あり〉　Ⓝ289.1

＊若狭の地で、小・中学校、県立高校に勤務するかたわら、古墳時代の遺跡調査にたずさわってきた著者が、自らの歩みをもとに「歴史を学ぶことの意義」を考察。

入江 満智〔1804～1883〕　いりえ・まち
◇松陰先生にゆかり深き婦人―山口県教育会蔵版　広瀬敏子著　周南　マツノ書店　2014.11　150,4p　21cm　〈山口縣教育會昭和11年刊 4版の複製〉　Ⓝ121.59

＊一 杉瀧子（生母）　二 吉田久満子（養母）　三 兒玉千代（長妹）　四 椹取壽子（次妹）　附 野村望東尼と婦夫　五 久坂文子（末妹）　六 入江満智子（門弟の母）

入江 雄三〔1930～〕　いりえ・ゆうぞう
◇入江雄三エンタメ・ビジネス一代記―その基本は東洋思想が教えてくれた　入江雄三著　ぴあ　2014.9　293p　20cm　〈他言語標題：Entertainment business Biography　文献あり〉　1800円　Ⓘ978-4-8356-1898-2　Ⓝ289.1

内容　第1部 電通大阪時代（NHKを蹴って、滑り止めだった電通へ　ヒットへの模索　メディアの主役はラジオからテレビへ　ほか）　第2部 電通東京時代（大阪から東京へ。試行錯誤が続く　総合計画室から開発事業局へ。「任怨分謗」の心構え　開発事業局からスポーツ文化事業局へ　ほか）　第3部 ぴあ時代（長野オリンピックのチケット販売委託権をぴあが獲得　2002年日韓ワールドカップ）

入来 祐作〔1972～〕　いりき・ゆうさく
◇用具係 入来祐作―僕には野球しかない　入来祐作著　講談社　2014.8　223p　19cm　〈年譜あり〉　1400円　Ⓘ978-4-06-219055-8　Ⓝ783.7

内容　第1章 裏方になった巨人の元エース（裏方仕事への抵抗は確かにあった―華やかな世界とのギャップについて　その時、私は泣いていた―横浜からの戦力外通告　ほか）　第2章 宮崎の少年がプロ野球選手になるまで（いくつものハードルを乗り越えて―田舎の少年がプロ野球選手になるまで　野球なんてやりたくなかった!?―泣き虫少年が野球にハマるまで　ほか）　第3章 輝ける星たちの中にいた巨人時代（プロ野球選手としての人生のスタート―逆指名で手にした一軍登板　個性の強い先輩たちにとまどう日々―ルーキーイヤーの思い出　ほか）　第4章 憧れに背中を押され、アメリカへ（アメリカで野球をしたい―憧れを抱き続けつきっかけは、新人時代まで遡る　代理人交渉の要求が、思わぬ大問題に―世の中を騒がせた移籍騒動　ほか）　第5章 今だから思えること（これまでのすべての経験があるからこそ、自分がある―今だから思えること）

◇敗者復活―地獄をみたドラフト1位、第二の人生　元永知宏著　河出書房新社　2017.10　223p　19cm　1300円　Ⓘ978-4-309-27889-6　Ⓝ783.7

内容　150キロ右腕が引退を選んだ理由―増渕竜義

（2006年、東京ヤクルトスワローズ1位／『King Effect』代表、野球スクール『Go every baseball』塾長） 少しぐらいバカにされてもいつも謙虚で一人来祐作（1996年、読売ジャイアンツ1位／福岡ソフトバンクホークス三軍コーチ） 野球の才能は別の世界で通用しない―檜山泰浩（1985年、近鉄バファローズ1位／司法書士） 「2年目のジンクス」に敗れた新人王候補―真木将樹（1997年、近鉄バファローズ1位／法政大学野球部コーチ） 覚醒しなかった三拍子揃った大型内野手―渡辺昆人（1997年、千葉ロッテマリーンズ1位／石川ミリオンスターズ監督） 野球をやめたら「人間」が問われる―田口竜二（1984年、南海ホークス1位／白寿生科学研究所人材開拓課課長） 「巨人のドラ1」のプライドが消えた瞬間―横山忠夫（1971年、読売ジャイアンツ1位／手打ちうどん『立山』店主）

入佐 俊家〔1902～1944〕 いりさ・としいえ
◇最前線指揮官の太平洋戦争―海と空の八人の武人の生涯 岩崎剛二著 新装版 潮書房光人社 2014.10 256p 16cm （光人社NF文庫 いN-854） 750円 ①978-4-7698-2854-9 Ⓝ392.8
内容 勇将のもとに弱卒なし―敵将が賞賛した駆逐艦長・春日均中佐の操艦 生きて祖国の礎となれ―初志を貫いた潜水艦長・南部伸清少佐の無念 被爆の身をも顧みず―第五航空艦隊参謀・今村正己中佐の至誠 遺骨なく遺髪なく―第十六戦隊司令官・左近允尚正中将の運命 われに後悔なく誇りあり―幸運に導かれた水雷艦長・坂本金美少佐の気概 蒼空の飛翔雲―歴戦の飛行隊長・高橋定少佐の航跡 見敵必殺の闘魂を秘めて―海軍の至宝と謳われた入佐俊家少将の信条 飢餓と砲爆撃に耐えて―孤島を死守した吉見信一少将の信念

色川 大吉〔1925～〕 いろかわ・だいきち
◇わが半生の裏街道―原郷の再考から 色川大吉著 河出書房 2017.6 223p 19cm 〈発売：河出書房新社〉 1400円 ①978-4-309-92127-3 Ⓝ289.1
内容 ハナハチじいさん フー少年の腕白時代 「学徒出陣」前の重圧 土浦海軍航空隊へ 敗戦の痛手からの立ち直り 粕谷村での一 失業時代 新劇の世界に入る 第二の人生へ―親友の死と歴史研究者へ復帰

色川 武大〔1929～1989〕 いろかわ・たけひろ
◇私の旧約聖書 色川武大著 改版 中央公論新社 2017.2 233p 16cm （中公文庫 い42-4）〈初版：中央公論社 1991年刊〉 720円 ①978-4-12-206365-5 Ⓝ193.1
内容 キャッチボール 契約 アブラハム 能力 エジプトへ 移動 荒野 乳と蜜の流れる地 預言者 孤独 分裂 苦難 歴代のひとびと ヨブ 伝道者 終末

◇色いろ花骨牌 黒鉄ヒロシ著 小学館 2017.5 267p 15cm （小学館文庫 く12-1）〈講談社2004年刊に「萩―生島治郎さん」を加え再刊〉 600円 ①978-4-09-406158-1 Ⓝ702.8
内容 雨―吉行淳之介さん 桃―色田哲也さん 桜―尾上辰之助さん（初代） 松―芦田伸介さん 菊―園山俊二さん 桐―柴田錬三郎さん 牡丹―秋山庄太郎さん 菖蒲―近藤啓太郎さん 萩―生島治郎さん

岩井 昭〔1927～〕 いわい・あきら
◇横浜の戦中・戦後を生き抜いて―90歳からのメッセージ 岩井昭著 東銀座出版社 2016.12 123p 19cm 1204円 ①978-4-89469-190-2 Ⓝ289.1
内容 1部 生い立ち（本家のお嫁さんたち 我が出生と幼少期 ほか） 2部 戦中編（湘南電鉄へ就職 横須賀鎮守府海軍文庫 ほか） 3部 戦後編（敗戦後の街で 京浜電鉄へ ほか） 4部 旅行記（ヨーロッパの旅 カナダの旅 ほか）

岩井 辰之助 いわい・たつのすけ
◇ホンマに、おおきに！―岩井コスモ証券100年物語 元岡俊一著 ダイヤモンド・ビジネス企画 2016.1 231p 20cm 〈文献あり 年譜あり 発売：ダイヤモンド社〉 1500円 ①978-4-478-08386-4 Ⓝ338.17
内容 第1章 創業から改革前夜へ（株屋になるか、勤め人で終わるか―創業者・岩井辰之助の矜持 机一つ・自転車一台での創業 ほか） 第2章 平成の改革と大躍進（不気味な日米首脳会談が「つくられた不況」を招く 「加藤・沖講」の新体制スタート ほか） 第3章 小が大を呑むコスモ証券の買収と経営統合（リーマンショックで岩井もコスモも赤字転落 証券業界を蘇らす魔物の正体づくり ほか） 第4章 東京オリンピック後の未来戦略（伝統ある新会社が歩み始めた未来 ひょっとして日本経済はホントに復活するかも ほか）

岩井 勉〔1919～2004〕 いわい・つとむ
◇証言 零戦大空で戦った最後のサムライたち 神立尚紀著 講談社 2017.7 531p 15cm （講談社+α文庫 G296-2）〈年表あり〉 950円 ①978-4-06-281723-3 Ⓝ392.8
内容 第1章 黒澤丈夫―「無敵零戦」神話をつくった名村長 第2章 岩井勉―「ゼロファイターゴッド（零戦の神様）」と呼ばれた天才戦闘機乗り 第3章 中島三教―米国本土の捕虜収容所で終戦を迎えた"腕利き"搭乗員 第4章 藤田怡與蔵―戦後、日本人初のジャンボ機長となった歴戦の飛行隊長 第5章 宮崎勇―空戦が「怖ろしくなった」という言葉に込められた思い 第6章 大原亮治―激戦地ラバウルで一年以上戦い抜いた伝説の名パイロット 第7章 土方敏夫―ペンを操縦桿に持ち替えて戦った「学鷲」に刻み込まれた海軍魂

岩井 半四郎（5代）〔1776～1847〕 いわい・はんしろう
◇評伝 鶴屋南北 古井戸秀夫著 白水社 2018.8 2冊（セット） 21cm 25000円 ①978-4-560-09623-9 Ⓝ912.5
内容 第1巻〔鶴屋南北の遺言 ふたつの出自 金井三笑と桜田治助 大谷徳次と坂東善次 三代目坂東彦三郎と並木五瓶 尾上松助と怪談狂言〕 第2巻〔五代目松本幸四郎と生世話 五代目岩井半四郎と悪婆 七代目市川團十郎と色悪 三代目尾上菊五郎と「兼ル」役者〕

岩尾 秀樹〔1924～2013〕 いわお・ひでき
◇緑陰のひとりごと―岩尾秀樹覚え書 岩尾秀樹著, 三好民郎編 日本エディターズ 2015.1 175p 20cm 〈年譜あり〉 1500円 ①978-4-

いわき

930787-45-3　Ⓝ723.1
内容 2004年（平成16年）　俳句　2005年（平成17年）　2006年（平成18年）　追憶　2007年（平成19年）　2008年（平成20年）　岩尾秀樹展でのトーク（抜粋）　2009年（平成21年）　2010年（平成22年）〜2011年（23年）

岩城 賢〔1936〜〕　いわき・けん
◇「価値ある自分」のつくり方—戦略的人生マネジメントのすすめ　岩城賢著　幻冬舎ルネッサンス　2014.8　359p　20cm　〈他言語標題：HOW TO BUILD ONESELF〉　1500円　①978-4-7790-1120-7　Ⓝ289.1
内容 いかにして価値ある人生をつくり出すか　第1部　困難な時代をいかに生き抜くか（自分を支えるのは自分しかいない　「価値ある自分」のつくり方　「生きる喜びは、仕事とともにある」　「人生の五計」を考える）　第2部　生き甲斐、やり甲斐を求めて（父から受け継いだ独立独歩の精神　東芝時代の経験　ソニーに新天地を求める　現地化政策の試行錯誤　ほか）　いかに生き、老いていくかということ

◇「価値ある人生」のつくり方—戦略的人生マネジメントのすすめ　岩城賢著　改訂版　幻冬舎メディアコンサルティング　2017.11　254p　18cm　〈他言語標題：HOW TO BUILD LIFE　初版のタイトル等：「価値ある自分」のつくり方（幻冬舎ルネッサンス　2014年刊）　発売：幻冬舎〉　800円　①978-4-344-91475-9　Ⓝ289.1
内容 いかにして価値ある人生をつくり出すか　第1部　困難な時代をいかに生き抜くか（自分を支えるのは自分しかいない　「価値ある人生」のつくり方　老後作戦に役立つ「人生の五計」）　第2部　生きがい、やりがいを求めて（青春時代に出会った師、書、友　東芝、そしてソニーへ　ソニー・アメリカにおける現地化政策　グローバル経営の大展開　ソニー黄金時代の到来と忍び寄る経営危機　グローバル・ヘッドクォーター顛末記）　いかに生き、いかに老い、死んでいくか

井脇 ノブ子〔1946〜〕　いわき・のぶこ
◇やる気・元気・いわき—根性一代夢の花　井脇ノブ子著　ヒカルランド　2015.7　247p　19cm　1667円　①978-4-86471-290-3　Ⓝ289.1
内容 第1章　生い立ち—生まれてから高校まで（海が友達だった子ども時代　無実の罪で兄が逮捕されて　ほか）　第2章　自立—大学生から、20代で結婚を諦めるまで（別府大学で、水泳部キャプテン、自治会委員長として活躍　拓大学院に入り、水泳部のコーチになる　ほか）　第3章　教育に生きる（「少年の船」を始めるまで　その後の「少年の船」　ほか）　第4章　政治に懸ける（再び政治の世界に飛び込んで　「7つの重点項目」を掲げて　ほか）　第5章　未来を担う人材教育（これからの日本の教育のあり方について思うこと　三恩十徳について　ほか）

岩城 宏之〔1932〜2006〕　いわき・ひろゆき
◇マエストロ、時間です—サントリーホールステージマネージャー物語　宮崎隆男著　ヤマハミュージックメディア　2017.3　245p　19cm　〈2001年刊の加筆、再編集〉　1300円　①978-4-636-94480-8　Ⓝ760.69
内容 第1章　マエストロに囲まれて（小澤征爾さんの「おれん家どこだ！」　マーちゃん　ほか）　第2章　サントリーホール誕生秘話（多目的は無目的　ミュンシュの「ヨイショ、ヨイショ」　ほか）　第3章　ステージマネージャーという仕事（これ、ぶっこわしちゃおうか　ステージにはドラマがある　ほか）　第4章　ステージマネージャー閑話（GHQチャペルセンターの頃　米や食券を持参してのコンサート　ほか）　サントリーホール三代のステージマネージャー座談会

岩城 之徳〔1923〜1995〕　いわき・ゆきのり
◇一意専心の人—岩城之徳初代会長歿後20年に寄せて　追悼記念誌　〔長岡〕　国際啄木学会　2015.8　62p　21cm　〈発行所：国際啄木学会事務局　年譜あり　著作目録あり〉　800円　Ⓝ289.1

岩切 久美子〔1924〜〕　いわきり・くみこ
◇波乱の昭和を生きて—激動の時代の中、教師と主婦の両立　岩切久美子著　弘報印刷出版センター　2017.12　170p　19cm　Ⓝ289.1

岩切 章太郎〔1893〜1985〕　いわきり・しょうたろう
◇地方創生の先駆者—岩切章太郎の実践観光哲学　富田敏之編著，渡辺綱纜監修　ユーフォーブックス　2018.4　549p　21cm　〈文献あり　年譜あり〉　1667円　①978-4-89713-164-1　Ⓝ689.2196
内容 第1章　岩切章太郎について（地方創生の先駆者　日本の観光事業の先覚者　ほか）　第2章　観光事業の基本理念（自然の美　人工の美　ほか）　第3章　観光展望（観光振興　交通関連　ほか）　第4章　宮崎交通観光事業の軌跡（宮崎交通の概要　観光事業の歩み（年表）　ほか

岩倉 榮利〔1948〜〕　いわくら・えいり
◇本能のデザイン—岩倉榮利椅子に生きる　岩倉榮利編著，帆志麻彩文，中村風詩人構成・写真　実業之日本社　2018.12　135p　22cm　〈文献あり〉　2400円　①978-4-408-33807-1　Ⓝ758
内容 グラビア　プロローグ　3Kチェア　物語KARAS　物語KAMUI　物語KABUTO　岩倉榮利の人生　宿プロデューサーの側面　ニュープロダクツ　高山ウッドワークスTWW　楽風庵RA-FUAN　加茂KAMO　都美TOBI　十津川TOTSUKAWA　デザイン思考の変化　メッセージ　飯田雪峰氏　略年表　人生の五十脚　アイディアの歴史　デンマーク企画展

岩倉 具視〔1825〜1883〕　いわくら・ともみ
◇岩倉具視—幕末維新期の調停者　坂本一登著　山川出版社　2018.7　102p　21cm　（日本史リブレット人　074）〈文献あり　年譜あり〉　800円　①978-4-634-54874-9　Ⓝ289.1
内容 時代の変化の鏡として　1　朝廷政治への登場　2　王政復古への道　3　新政府の右大臣　4　政府の重鎮として　政治家岩倉

岩佐 毅〔1943〜〕　いわさ・つよし
◇落第社長のロシア貿易奮戦記　岩佐毅著　展望社　2017.3　286p　20cm　1900円　①978-4-

88546-325-9　Ⓝ289.1
　内容　戦火の中の誕生と19歳までの故郷　神戸市外大学入学と初めてのロシアとの出会い　亡命ロシア人の下で修業し、最初の起業　ソ連海運省との事業提携で大きく飛躍　ソ連崩壊の大混乱で地獄の日々　52歳で破産整理し大きな挫折　小説『漂流』に励まされ再起への決意　会社設立、ロシア貿易に再挑戦　入退院繰り返し、病魔との戦い　極東シベリアで顧客開拓、軌道に乗せたロシア貿易　日露文化交流と意義ある晩年を

岩﨑 岩男〔1946～2013〕　いわさき・いわお
◇点描・岩﨑岩男―過ぎ去りし日々の追憶　茶木寿夫著　横浜　寺居慎一　2015.2　57p　30cm　〈奥付の出版年月（誤植）:2014.2〉　非売品　Ⓝ289.1

岩﨑 革也〔1869～1943〕　いわさき・かくや
◇岩﨑革也宛書簡集　1　堺利彦・為子書簡　南丹市立文化博物館編　南丹　南丹市立文化博物館　2018.3　79p　30cm　（南丹市立文化博物館収蔵資料目録　第4集）　Ⓝ289.1

岩﨑 勝稔〔1942～〕　いわさき・かつとし
◇74歳、今まで生きてきた中で一番幸せです！―老いて子育て、里子が三人　岩﨑勝稔著　三五館　2016.9　190p　19cm　1200円　①978-4-88320-676-6　Ⓝ289.1
　内容　第1章「じいじ」「ばぁば」と三人の子どもたち　第2章　白血病と向き合って　第3章　里親になって見つけた宝物　第4章　恭子の金メダルフィーバー　第5章「ふつう」を当たり前とする生き方　第6章　感謝の心でボランティアを　第7章　命をつなぐ、次世代のために

岩﨑 灌園〔1786～1842〕　いわさき・かんえん
◇園芸の達人 本草学者・岩﨑灌園　平野恵著　平凡社　2017.7　119p　21cm　（ブックレット〈書物をひらく〉8）　1000円　①978-4-582-36448-4　499.9
　内容　1　きっかけは百科事典『古今要覧稿』　2　日本で初めての彩色植物図鑑『本草図譜』　3　ロングセラーの園芸ハンドブック『草木育種』　4　江戸の自然誌『武江産物志』と採薬記　5　園芸ダイアリー『種藝年中行事』　おわりに―『自筆雑記』、『茶席挿花集』など

岩﨑 淑〔1937～〕　いわさき・しゅく
◇楽興の瞬間（とき）　岩﨑淑著　春秋社　2017.12　117p　22cm　〈他言語標題：Moments Musicaux〉　2000円　①978-4-393-93598-9　762.1
　内容　第1章　アンサンブルピアニストになるまで（船でアメリカへ　ハートフォード大学での日々　ほか）　第2章　アンサンブルのよろこび（ヤーノシュ・シュタルケル　クリスティアン・フェラス ほか）　第3章　ミュージック・イン・スタイル（室内楽への情熱　ミュージック・イン・スタイルの構想　ほか）　第4章　若い音楽家を育てる（桐朋学園で教鞭をとる　カロローザ ほか）

岩﨑 司郎〔1945～2013〕　いわさき・しろう
◇はるかなる「かくめい」―獄中からの手紙1973-79　岩﨑司郎著　彩流社　2015.6　296p　19cm　〈年表あり〉　1600円　①978-4-7791-2134-0　Ⓝ289.1
　内容　友への手紙1（一九七三年八月二二日・一九七七年五月）―「いまの僕は一〇年遅れの「文学青年」になっているのです。」　友への手紙2（一九七七年五月一八日・一二月二七日）―「角栄はヨッシャヨッシャで五億円」　友への手紙3（一九七八年一月六日・七月二四日）―「裁判官の方も僕の方もそれぞれ多少サドとマゾの気が…」　友への手紙4（一九七八年盛夏・一九七九年四月一二日）―「アマチュアとして、労働者革命家としてやっていきたい…」「戦い果てなば山に埋めてや…」　師について一雪山慶正先生　別れの言葉（無口な男の寂しさに満ちた死　専修大学学生運動小史　岩﨑司郎はこうして甦る　今さら急がず、もう少しつき合いてこう… ほか）

岩﨑 多恵〔1970～〕　いわさき・たえ
◇地下足袋をハイヒールに履きかえて　岩﨑多恵著　〔福生〕　ミリオン・スマイル　2016.4　208p　19cm　〈背・表紙のタイトル：from JIKATABI to hight heels　発売：星雲社〉　1400円　①978-4-434-21856-9　Ⓝ289.1
　内容　事件　17歳。山仕事、山奥作業員　たったひとりの卒業　お金はなくても海外生活　奇跡のドンゴロス　ダンボール箱のくす玉　神様　決意　ゆるしの力　最期の会話　降参　窓口のお兄さん　おかげさま　ミラクル　願った通り　大きな勘違い　銀座に挑む

岩﨑 太郎〔1921～〕　いわさき・たろう
◇暗号書紛失事件レジナ・チェリ合唱団渋谷弁・下町弁・鎌倉弁・山口弁　岩﨑太郎著　山口　岩﨑太郎　2014.12　363p　21cm　（私の回想録　4）　Ⓝ289.1
◇我等の仲間麻布中学時代　岩﨑太郎著　山口　岩﨑太郎　2014.12　377p　21cm　（私の回想録　3）　Ⓝ289.1

いわさき ちひろ〔1918～1974〕
◇ちひろさんと過ごした時間―いわさきちひろをよく知る25人の証言　ちひろ美術館監修　新日本出版社　2014.8　245p　図版16p　21cm　〈年譜あり〉　1600円　①978-4-406-05801-8　Ⓝ726.601
　内容　若き日のちひろ（女学生時代のちひろさん（石尾恵美子）　山歩きなんか、豪傑が歩くようで（伊藤正一）ほか）　ちひろさんと過ごした時間（天真爛漫に善明さんを好きだった（坂本修）　自分のアートに対して絶対の自信を持ってたね（田島征三）ほか）　編集者が語るちひろ（紙芝居から「若い人の絵本」まで―ちひろさんとの日々（渡辺泰子）『ひとりでできるよ』ちひろさんの初めての絵本（松居直）ほか）　家族から見たちひろ（画家・妻・母として生きたちひろさん―最後の一年を間近に見て（松本由理子）　母との"三度の出会い"（松本猛）ほか）
◇いわさきちひろ 子どもへの愛に生きて　松本猛著　講談社　2017.10　348p　20cm　〈文献あり　年譜あり〉　1800円　①978-4-06-220806-2　Ⓝ726.601
　内容　父と母、そして、ちひろの誕生　ちひろの子ど

いわさき

も時代と子どもの本の黎明期　ちひろの感性を育んだ女学校時代　結婚と別れ　満州勃利と空襲の体験　疎開、終戦、宮沢賢治との出会い　共産党入党と上京の決意　新聞記者をしながら絵を学ぶ　子どもの本の画家へ　松本善明との出会い　猛誕生　画家への道　ちひろの世界の確立　戦火のなかの子どもたち

岩崎 夏海〔1968～〕　いわさき・なつみ
◇『もしドラ』はなぜ売れたのか？　岩崎夏海著　東洋経済新報社　2014.12　222p　19cm　1400円　Ⓘ978-4-492-04561-9　Ⓝ910.268

内容　『もしドラ』は挫折から生まれた　『もしドラ』はなぜ売れたのか？　時代の潮目を読む方法　メガヒットが生まれやすい時代　アーカイブからの引用　『ダ・ヴィンチ・コード』の分析　主人公の性別と年齢　アイデアを出す方法　発想力、想像力の養い方　面白いものを見分ける嗅覚〔ほか〕

岩崎 弥太郎〔1835～1885〕　いわさき・やたろう
◇財閥を築いた男たち　加来耕三著　ポプラ社　2015.5　266p　18cm　（ポプラ新書 060）〈「名創業者に学ぶ人間学 十大財閥篇」（2010年刊）の改題、再構成、大幅に加筆・修正〉　780円　Ⓘ978-4-591-14522-7　Ⓝ332.8

内容　第1章 越後屋から三井財閥へ 三野村利左衛門と益田孝　第2章 地下浪人から三菱財閥を創設 岩崎彌太郎　第3章 住友家を支えて屈指の財閥へ 広瀬宰平と伊庭貞剛　第4章 金融財閥を築いた経営の才覚 安田善次郎　第5章 無から有を生む才で財閥へ 浅野総一郎　第6章 生命を賭けて財閥を築いた創業者 大倉喜八郎 等の鉱山王 古河市兵衛　第8章 株の大勝負に賭けて財閥へ 野村徳七

◇「死んでたまるか」の成功術―名企業家に学ぶ　河野守宏著　ロングセラーズ　2016.10　203p　18cm　〈文献あり〉　1000円　Ⓘ978-4-8454-0992-1　Ⓝ332.8

内容　鳥井信治郎―ウイスキーはわしの命だ。いまに見ておれ！　本田宗一郎―世界最高のオートバイ・レース"TTレース"に参加して優勝する！　稲盛和夫―いまのやり方ではだめだ、戦法を変えようそうだ！うちの製品をアメリカから輸入させればよい　出光佐三―殺せるものなら殺してみろ。わしは死なん　松下幸之助―断じて行えば必ずものは成り立つ！　野村徳七―命を賭けた大相場に勝った！　河村瑞賢―おれにもツキがまわってきたぞ　江戸一番の分限者になってみせる！　岩崎弥太郎―恥がなんだ、面目がなんだ　生きてさえいれば、なんとかなる！　浅野総一郎―誰もがやれる商売では駄目なのだ　要は、人が目を向けないところに目をつけることだ！　益田孝―最後に勝てばよいのだ！　江崎利一―こっちから頼んで歩かなくても向こうから売らせてくれと頼みにくるにきまっている！

◇後藤象二郎と岩崎弥太郎―幕末維新を駆け抜けた土佐の両雄　志岐隆重著　長崎　長崎文献社　2016.11　194p　20cm　1400円　Ⓘ978-4-88851-269-5　Ⓝ289.1

内容　第1章 弥太郎の青春　第2章 象二郎と「大政奉還」　第3章 幕府の滅亡と戊辰戦争　第4章 象二郎、下野　第5章 弥太郎の海運事業　第6章 弥太郎と象二郎の最期

◇イノベーターたちの日本史―近代日本の創造的対応　米倉誠一郎著　東洋経済新報社　2017.5　313p　20cm　〈他言語標題：Creative Response Entrepreneurial History of Modern Japan〉　2000円　Ⓘ978-4-492-37120-6　Ⓝ210.6

内容　第1章 近代の覚醒と高島秋帆　第2章 維新官僚の創造的対応―大隈重信 志士から官僚へ　第3章 明治政府の創造的対応―身分を資本へ　第4章 士族たちの創造的対応―ザ・サムライカンパニーの登場　第5章 創造的対応としての財閥―企業家が創り出した三井と三菱　第6章 科学者たちの創造的対応―知識ベースの産業立国　終章 近代日本の創造的対応を振り返る

◇東京王―首都の背後に君臨した知られざる支配者たち　小川裕夫著　ぶんか社　2017.11　189p　19cm　〈文献あり〉　1300円　Ⓘ978-4-8211-4467-9　Ⓝ281.36

内容　東京の知性を育んだ初代総理の教育熱―伊藤博文　一大商都目指し奮闘した資本主義の父―渋沢栄一　東京を"建てた"男の栄光と未踏の夢―辰野金吾　東京発の"メイド・イン・ジャパン"―大久保利通　GHQをも退けた"電力の鬼"実業家―松永安左エ門　帝都に君臨する大財閥・三菱の創始者―岩崎弥太郎　下級武士から東京を創った成り上がり―後藤新平　その鉄道王が東京に残した巨大な足跡―小林一三　朝敵の罪を背負った徳川宗家の後継者―徳川家達　後進国・日本の逆襲を都市計画で実現―井上馨　人材育成の視点から日本実業界を醸成―福澤諭吉　片田舎の谷・渋谷に君臨した田部国王―五島慶太　技術力で首都を開拓した地方藩出身者―大隈重信　都知事の座に最も長く君臨し続けた男―鈴木俊一

◇明治史講義　人物篇　筒井清忠編　筑摩書房　2018.4　397p　18cm　（ちくま新書 1319）〈文献あり〉　1100円　Ⓘ978-4-480-07140-8　Ⓝ210.6

内容　木戸孝允―「条理」を貫いた革命政治家　西郷隆盛―謎に包まれた超人気者　大久保利通―維新の元勲、明治政府の建設者　福澤諭吉―「文明」と「自由」　板垣退助―自らの足りなさを知る指導者　伊藤博文―日本型立憲主義の造形者　井上馨―明治維新を落ち着かせようとした官僚　大隈重信―政治対立の演出者　金玉均―近代朝鮮における「志士」たちの時代　陸奥宗光―『蹇蹇録』で読む日清戦争と朝鮮〔ほか〕

岩下 志麻〔1941～〕　いわした・しま
◇美しく、狂おしく―岩下志麻の女優道　岩下志麻著，春日太一著　文藝春秋　2018.2　295p　20cm　1750円　Ⓘ978-4-16-390778-9　Ⓝ778.21

内容　第1章 誕生―女優デビューと木下恵介、小林正樹『バス通り裏』『笛吹川』『切腹』　第2章 開眼―小津安二郎と川端康成と文芸映画『秋刀魚の味』『古都』『雪国』ほか　第3章 邂逅―篠田正浩との出会い『乾いた湖』『夕陽に赤い俺の顔』『暗殺』ほか　第4章 覚醒―野村芳太郎と松本清張『五瓣の椿』『鬼畜』『疑惑』ほか　第5章 独立―表現社の設立『心中天網島』『無頼漢』『沈黙』ほか　第6章 円熟―女優、妻として母『はなれ瞽女おりん』『悪霊島』『鍵の権三』ほか　第7章 凄味―五社英雄との三〇年『獣の剣』『鬼龍院花子の生涯』『極道の妻たち』ほか　第

岩下 壮一〔1889～1940〕いわした・そういち

◇司祭平服(スータン)と癩菌―岩下壮一の生涯と救癩思想　輪倉一広著　吉田書店　2015.3　409p 図版10p　20cm　〈文献あり 年譜あり〉　3100円　①978-4-905497-30-1　Ⓝ198.221

[内容]第1部 岩下壮一の生涯と思想形成(「自分の務めを完全に全うしさえすれば、それでいい」―出生から欧州での司祭叙階まで　「哲学することが何の役に立とう」―欧州からの帰朝以後、救癩活動の中頃まで　「呻吟こそがもっとも深い哲学を要求するさけび」―救癩活動の中頃から晩年にかけて)　第2部 岩下壮一の救癩思想(岩下壮一の救癩思想を検討するうえでの視座と前提　戦前におけるわが国の癩対策の変遷とカトリック救癩事業の意義　岩下壮一による事業改革の実際と思想　岩下壮一における権威性と民衆性　岩下壮一の実践思想―指導性とその限界　岩下壮一における患者観の形成　岩下研究と救癩史研究の思想史的「総合」―救癩思想史試論)

岩瀬 大輔〔1976～〕いわせ・だいすけ

◇起業のリアル―田原総一朗×若手起業家　田原総一朗著　プレジデント社　2014.7　249p　19cm　1500円　①978-4-8334-5065-2　Ⓝ335.21

[内容]儲けを追わずに儲けを出す秘密―LINE社長・森川亮　「競争嫌い」で年商一〇〇〇億円―スタートゥデイ社長・前澤友作　管理能力ゼロの社長兼クリエーター―チームラボ代表・猪子寿之　二〇二〇年、ミドリムシで飛行機が飛ぶ日―ユーグレナ社長・出雲充　保育NPO、社会起業家という生き方―フローレンス代表・駒崎弘樹　世界一貧困国で鍛えたあきらめない心―マザーハウス社長・山口絵理子　現役大学生、途上国で格安予備校を開く―e・エデュケーション代表・税所篤快　七四年ぶりに新規参入したワケ―ライフネット生命社長・岩瀬大輔　上場最年少社長の「無料で稼ぐカラクリ」―リブセンス社長・村上太一　四畳半から狙う電動バイク世界一―テラモーターズ社長・徳重徹　目指すは住宅業界のiPhone―innovation社長・岡崎富夢　三〇年以内に「世界銀行」をつくる―リビング・イン・ピース代表・慎泰俊　ハーバード卒、元体育教師の教育改革―ティーチ・フォー・ジャパン代表・松田悠介　四重苦を乗り越えた営業女子のリーダー―ベレフェクト代表・太田彩子　二代目社長が狙う「モバゲーの先」―ディー・エヌ・エー社長・守安功　ITバブル生き残りの挑戦―サイバーエージェント社長・藤田晋　特別対談 堀江貴文―五年後に花開く、商売の種のまき方

岩瀬 忠震〔1818～1861〕いわせ・ただなり

◇岩瀬忠震―五州何ぞ遠しと謂わん　小野寺龍太著　京都　ミネルヴァ書房　2018.1　337,6p　20cm　(ミネルヴァ日本評伝選)〈文献あり 年譜あり 索引あり〉　4000円　①978-4-623-08259-9　Ⓝ289.1

[内容]開国の立役者・岩瀬忠震　無為の青年期　儒者としての四年間　鯤、化して鵬となる　貿易開始の主張と日蘭日露通商条約締結　長崎往復道中日記から　横浜開港意見書と当時の一般世論　ハリスとの交渉―日米修好通商条約　日米通商条約の勅許下らず　井伊直弼の登場と日米通商条約調印　オリファントの見た忠震と安政の大獄　作事奉行への左遷　蟄居と終焉

岩瀬 義郎〔1920～2015〕いわせ・よしろう

◇信念と運命―今は失われた日本人の誇り　岩瀬義郎,岩瀬裕全著,文藝春秋企画出版部編　文藝春秋企画出版部(制作)　2017.4　718p 図版16p　20cm　〈年譜あり〉　非売品　Ⓝ289.1

岩田 シゲ〔1901～1987〕いわた・しげ

◇屋根の上が好きな兄と私―宮沢賢治妹・岩田シゲ回想録　岩田シゲ ほか著、栗原敦監修,宮澤明裕編　小平　蒼丘書林　2017.12　78p　21cm　〈年譜あり〉　900円　①978-4-915442-33-9　Ⓝ910.268

[内容]本編 賢治兄さんのこと(兄さんについての記憶の始まり　兄の声　屋根の上が好きな兄と私　兄の入院　北小屋のこと　兄が母の役にたったこと　母の染め物　「万福」さんのこと　大内納豆屋さんのこと　母の旅行と兄の徴兵検査　寒い朝　浮世絵　花巻юのこと　陰膳　姉の死)　付 岩田家の人びと(ごあいさつ　若い皆さんに　豊蔵おじいさんの誕生日の日に)

岩田 昌寿〔1920～1966〕いわた・しょうじゅ

◇俳人風狂列伝　石川桂郎著　中央公論新社　2017.11　280p 16cm　(中公文庫 い126-1)〈角川書店 1974年刊の再刊〉　1000円　①978-4-12-206478-2　Ⓝ911.362

[内容]蛸の脚―高橋鏡太郎　此君亭奇録―伊庭心猿　行乞と水―種田山頭火　軛かずら―岩田昌寿　室咲の華―岡本蛎三酔　屑籠と棒秤―田尻得次郎　葉鶏頭―松根東洋城　おみくじの凶―尾崎放哉　水に映らぬ影法師―相良万吉　日陰のない道―阿部浪漫子　地上に墜ちたゼウス―西東三鬼

岩田 豊雄　いわた・とよお

⇒獅子文六(しし・ぶんろく)を見よ

岩田 稔〔1983～〕いわた・みのる

◇やらな、しゃーない!―1型糖尿病と不屈の左腕　岩田稔著　KADOKAWA　2016.3　204p　19cm　1300円　①978-4-04-103985-4　Ⓝ783.7

[内容]第1章 絶望と反骨心(「もう、野球できへんな…」　1週間で8kg減―瘦せ細る体　ほか)　第2章 不屈(生来の負けず嫌い　愛と試練に満ちた少年野球時代　ほか)　第3章 1型糖尿病とともに生きる(阪神タイガースを選んだ理由　1型糖尿病とは?　ほか)　第4章 天と地(阪神ファンからの引退勧告　恩人・遠山奨志コーチ　ほか)　第5章 想い(1型糖尿病の根治を願って　夢を、あきらめないで　ほか)

岩田 守弘〔1970～〕いわた・もりひろ

◇ボリショイ卒業―バレエダンサー岩田守弘 終わりなき夢の旅路　大前仁著　東洋書店新社　2018.12　291p 19cm　(発売:垣内出版)　2200円　①978-4-7734-2034-0　Ⓝ769.91

[内容]プロローグ 遠い日の舞台　第1部 ボリショイ卒業(十六年目の退団勧告―二〇一一年夏　ボリショ

いわた

岩田 幸子〔1911～2002〕 いわた・ゆきこ
◇笛ふき天女　岩田幸子著　筑摩書房　2018.4　286p　15cm　〈ちくま文庫　い95-1〉〈講談社1986年刊の再刊〉　740円　①978-4-480-43515-6　Ⓝ289.1

内容　第1章 生いたちの記（縁日の夜に　東紅梅町の家　母の里、加藤家のこと　ほか）　第2章 最初の結婚（松方勝彦と結婚　松方家の人々　岩国へ疎開する　ほか）　第3章 獅子文六との日々（獅子文六と再婚　新しい暮し　娘巴絵の結婚　ほか）

イへの道　劇場への愛一二〇一一年秋～一二年春　卒業の時一二〇一二年六～七月）　第2部 二つの告白（名脇役で終わらず　魅力をなくしたバレエ団）　第3部 シベリアで紡ぐ夢（四年目の歓喜一二〇一五年九月）　エピローグ 進化する四十八歳一二〇一七～一八年

岩田 良幸〔1950～〕 いわた・よしゆき
◇行け活け岩ちゃん　青春編　岩田良幸著　津タイムズ出版　2015.1　82p　21cm　800円　①978-4-9903729-7-2　Ⓝ289.1

岩谷 尚 いわたに・ひさし
◇ぼくの半生―病気に負けない生き方　岩谷尚著　幻冬舎メディアコンサルティング　2017.9　151p　19cm　〈発売：幻冬舎〉　1200円　①978-4-344-97417-3　Ⓝ289.1

内容　中学・高校の時　大学時代と病気の前　病気で倒れた時　病気で入院中　退院してから　株の話　絵の話　宝くじの話　紀南のドラフト選手の話　UFOの話　南海地震の話　お墓の話　弁天前大敷の話―樫野と株　紀南の有名人とぼくの興味がある有名人　静電気の話

◇ぼくの半生―病気に負けない生き方　岩谷尚著　改訂版　幻冬舎メディアコンサルティング　2018.11　185p　19cm　〈発売：幻冬舎〉　1200円　①978-4-344-92002-6　Ⓝ289.1

内容　中学・高校の時　大学時代と病気の前　近畿大学関係者　病気で倒れた時　病気で入院してから　株の話　仮想通貨の話　絵の話　宝くじの話　紀南のドラフト選手の話　UFOの話　南海地震の話　お墓の話　弁天前大敷の話　紀南の有名人・ぼくの興味がある有名人　静電気の話

岩波 茂雄〔1881～1946〕 いわなみ・しげお
◇岩波茂雄文集　1　1898-1935年　岩波茂雄著, 植田康夫, 紅野謙介, 十重田裕一編　岩波書店　2017.1　420p　20cm　〈他言語標題：Selected Essays of Shigeo Iwanami　付属資料：8p：月報　文献あり〉　4200円　①978-4-00-027088-5　Ⓝ289.1

内容　1 教師から本屋へ　一八九八・一九二六年　2 岩波文庫の誕生　一九二七・三一年　3 創業二〇年と岩波全書　一九三二・三三年　4 欧米視察旅行へ　一九三四・三五年

◇岩波茂雄文集　2　1936-1941年　岩波茂雄著, 植田康夫, 紅野謙介, 十重田裕一編　岩波書店　2017.2　347p　20cm　〈他言語標題：Selected Essays of Shigeo Iwanami　付属資料：8p：月報　文献あり〉　4200円　①978-4-00-027089-2　Ⓝ289.1

内容　1 科学の普及を目指して――一九三六・三七年　2 日中戦争と岩波新書　一九三八・三九年　3「出版新体制」のなかで――一九四〇・四一年

◇岩波茂雄文集　3　1942-1946年　岩波茂雄著, 植田康夫, 紅野謙介, 十重田裕一編　岩波書店　2017.3　334,12p　20cm　〈他言語標題：Selected Essays of Shigeo Iwanami　付属資料：8p：月報　文献あり　年譜あり〉　4200円　①978-4-00-027090-8　Ⓝ289.1

内容　1 戦時体制下の出版人　一九四二・四四年　2 貴族院議員となる　一九四五年　3「文化の配達夫」一九四六年　4 年代不詳

岩根 邦雄〔1932～〕 いわね・くにお
◇ひとびとの精神史　第6巻　日本列島改造―1970年代　杉田敦編　岩波書店　2016.1　298,2p　19cm　2500円　①978-4-00-028806-4　Ⓝ281.04

内容　プロローグ 一九七〇年代―「公共性」の神話　1 列島改造と抵抗（田中角栄―列島改造と戦後日本政治　小泉よね―三里塚の一本杉　宮崎省吾―住民自治としての「地域エゴイズム」　宇梶静江―関東アイヌの呼びかけ）　2 管理社会化とその底流（吉本隆明と藤田省三―「大衆の原像」の起源と行方　岩根邦雄―「おおぜいの私」という社会運動　小野木祥之―仕事のありかたを問う労働組合運動の模索）　3 アジアとの摩擦と連帯（小野田寛郎と横井庄一――豊かな社会に出現した日本兵　金芝河と日韓連帯運動を担ったひとびと　金順烈―アジアの女性たちを結ぶ）

岩野 響〔2002～〕 いわの・ひびき
◇15歳のコーヒー屋さん―発達障害のぼくができることからぼくにしかできないことへ　岩野響著　KADOKAWA　2017.12　189p　19cm　1300円　①978-4-04-069653-9　Ⓝ289.1

内容　1 幼少期のぼく（ぼくはアスペルガー症候群　小さい頃の記憶は、じつはあいまいです　ほか）　2 大きな壁にぶつかった中学時代（なにがなんでも校則を守ろうとしていた　体を鍛えるためにバドミントン部へ　ほか）　3 働くことで新しい世界が広がる（これからの生き方を模索する日々　家事をしたり、父の仕事を手伝ったり　ほか）　4 ぼくの仕事はコーヒー焙煎士です（2017年4月、「HORIZON LABO」をオープン！　コーヒー屋さんの1日　ほか）

◇コーヒーはぼくの杖―発達障害の少年が家族と見つけた大切なもの　岩野響, 岩野開人, 岩野久美子著　三才ブックス　2017.12　182p　19cm　1300円　①978-4-86673-024-0　Ⓝ289.1

内容　1 発達障害とコーヒー（15才のコーヒー焙煎士 from 響　アスペルガーの予兆と診断 from 母　"ふつう"ではない生き方 from 父）　2 自分の居場所をもとめて（"正しい"中学生になろうとした日々 from 響　学校という社会の内と外 from 母　新しい道をともに切り拓く from 父）　3 家族で見つけたほのかな"つえ"（自分らしくどう生きていくか from 響　"ふつう"をやめて"自分"を認める from 母　「自分で手に入れる」かけがえのない経験 from 父）

岩橋 章山〔1861～?〕 いわはし・しょうざん
◇岩橋教章・章山に関する総合的研究―神奈川県立歴史博物館総合研究平成二十六年度―二十九年度 総合研究成果報告書 神奈川県立歴史博物館編 横浜 神奈川県立歴史博物館 2017.12 199p 26cm 〈年表あり〉 Ⓝ732.1

岩橋 武夫〔1898～1954〕 いわはし・たけお
福祉にとっての歴史 歴史にとっての福祉―人物で見る福祉の思想 細井勇,小笠原慶彦,今井小の実,蜂谷俊隆編著 京都 ミネルヴァ書房 2017.2 295,3p 22cm 〈索引あり〉 6000円 ①978-4-623-07889-9 Ⓝ369.021
内容 石井十次とアメリカン・ボード―宣教師ペティーから見た岡山孤児院 小橋勝之助と私立愛隣夜学校の創立―博愛社をめぐる人々 田中太郎の感化教育論―「人道の闘士」の思想的基盤 園部マキの生涯と事業―信愛保育園 岩橋武夫と盲人社会事業―小説『動き行く墓場』からの出発 村嶋歸之の生涯と思想―寛容な社会活動家の足跡 奥むめおと社会事業―社会運動としての福祉実践 久布白落実の性教育論とその変遷―嬌風会における純潔教育・家族計画 沖縄から大阪への移住者に見られた社会主義思想とその限界―大阪における同郷集団の運動 常盤勝憲と日本最初の盲人専用老人ホーム―慈母園の設立過程 糸賀一雄と木村素衛―教養の思想を中心に福祉の近代史を研究すること―私の歩みと今後の課題への覚書

◇盲人の職業的自立への歩み―岩橋武夫を中心に 本間律子著 西宮 関西学院大学出版会 2017.2 295p 22cm 〈文献あり 年表あり 索引あり〉 4000円 ①978-4-86283-236-8 Ⓝ366.28
内容 第1章 盲人の職業的自立の危機と岩橋武夫による大阪ライトハウス設立 第2章 職業リハビリテーションの黎明としての早川分工場 第3章 日本盲人会連合の設立 第4章 身体障害者福祉法成立に盲人達が果たした役割 第5章 日本盲人社会福祉施設連絡協議会の設立 第6章 世界への飛翔 第7章 愛盲事業と愛盲精神の広がり 補論 視覚に障害のある人のための社会福祉事業基礎調査

岩橋 教章〔1835～1883〕 いわはし・のりあき
◇岩橋教章・章山に関する総合的研究―神奈川県立歴史博物館総合研究平成二十六年度―二十九年度 総合研究成果報告書 神奈川県立歴史博物館編 横浜 神奈川県立歴史博物館 2017.12 199p 26cm 〈年表あり〉 Ⓝ732.1

岩橋 正純〔1932～2014〕 いわはし・まさずみ
◇子を思う親の心を積み重ねて 髙田朋男編著 〔出版地不明〕 岩橋家 2018.2 379p 19cm 〈共同刊行:和歌山市障害児者父母の会ほか 文献あり 年譜あり〉 1200円 Ⓝ289.1

岩堀 喜之助〔1910～1982〕 いわほり・きのすけ
◇『暮しの手帖』花森安治と『平凡』岩堀喜之助―昭和を駆けぬけた二人の出版人 新井恵美子著 北辰堂出版 2016.6 150p 19cm 〈文献あり〉 ①978-4-86427-215-5 Ⓝ070.21
内容 焼け跡からの出発 大橋鎭子と清水達夫 神戸のごんた 大政翼賛会に生きる 一本の杭 中国での宣撫活動 娯楽雑誌『平凡』の誕生 救世主現る 美空ひばりとの出会い 百万部雑誌に 読書とともに 一銭五厘の旗 ふたりの娘 残された人たち

岩間 正男〔1905～1989〕 いわま・まさお
◇火を継ぐもの―回想の歌人たち 碓田のぼる著 光陽出版社 2018.7 302p 20cm 1600円 ①978-4-87662-613-7 Ⓝ911.162
内容 1 一筋に生きる(赤_健介と芥川龍之介、そしてレーニン 佐々木妙二と小林多喜二 岩間正男論―炎群の歌人の生涯 ほか) 2 短歌の革新―源流をさぐる(初心の旗と展望―『人民短歌』以前と以後をからませて あらたな飛躍のために―創立七〇周年に思うこと インタビュー『渡辺順三研究』をめぐって) 3 追悼譜(花が咲く春前にこそて渡辺順三さんをおくる 追悼 八坂スミさんの業績 火群の道一筋に 岩間正男さんをしのぶ ほか)

岩見 和彦〔1956～〕 いわみ・かずひこ
◇五人の狂詩曲―NANIWA EXPRESS自伝 NANIWA EXPRESS著 国分寺 アルファノート 2018.9 287p 19cm 1980円 ①978-4-906954-75-9 Ⓝ764.7
内容 1章 NANIWA EXPRESS40年の狂詩曲 2章 清水興狂詩曲 3章 岩見和彦狂詩曲 4章 中村建治狂詩曲 5章 東原力哉狂詩曲 6章 青柳誠狂詩曲

岩本 栄之助〔1877～1916〕 いわもと・えいのすけ
◇またで散りゆく―岩本栄之助と中央公会堂 伊勢田史郎著 大阪 編集工房ノア 2016.10 330p 19cm 〈年譜あり〉 2000円 ①978-4-89271-257-9 Ⓝ914.6
内容 1(またで散りゆく―岩本栄之助と中央公会堂) 2(母の力 いくつもの月 病院の坂道 ほか) 3(かわたれの時 記憶のなかの落日 マーヤーほか) 詩人・広田善緒の横顔 船場に生きた人々―講演 橋上納涼―大阪八百八橋と水路

◇実録 7人の勝負師 鍋島高明著 パンローリング 2017.8 367p 20cm 2000円 ①978-4-7759-9151-0 Ⓝ676.7
内容 1 成金鈴久(鈴木久五郎)―伝説の大盤振舞い、槿花一日の栄 2 松谷天一坊(松谷元三郎)―文無しで堂島乗っ取る 3 非命の栄之助(岩本栄之助)―悲運、されど公会堂と共に伝る 4 白See人の入丸将軍(村上太三郎)―売りで勝負、大々相場師 5 梟雄鳩徳(島徳蔵)―「悪名でもいい、無名よりましだ」 6 不敗の山陽(霜村昭平)―相場にこそすて渡辺順三 7 天下の雨駆(雨宮敬次郎)―投機界の魔王は事業の鬼

岩本 子英〔?～1715〕 いわもと・しえい
◇わが道の真実一路―歴史随想 億劫の花に咲く十話 1 山田一生編著 松阪 夕刊三重新聞社 2014.3 152p 19cm 〈文献あり〉 1800円 ①978-4-89658-003-7 Ⓝ281.04
内容 第1話 長慶天皇ご本紀と行宮伝説の研究 第2話 蒲生氏郷とキリスト教 第3話 上田秋成(号・無腸)"相撲とて京に仕けり妻しあれば"の句作に就いて 第4話 潮田長助と赤穂義士又之丞高教の生涯 第5話 骨董商S氏との好日…中川乙由と森川千代女と加賀千代女 第6話 風雲の陶芸人 上島弥兵衛 第7話 俳家奇人 子英 第8話 剛力無双の鎌田又八 第9話 松

阪が生んだ神童棋士 小川道的 第10話 麦の舎 高畠式部

岩本 貴裕〔1986～〕 いわもと・たかひろ
◇がんちゃん 岩本貴裕著 広島 ザメディアジョンプレス 2018.5 210p 19cm 〈発売：ザメディアジョン（広島）〉 1300円 ①978-4-86250-550-7 Ⓝ783.7
内容 第1章 原点 第2章 進化 第3章 プロへの扉 第4章 試練 第5章 光と挫折 第6章 覚悟と感謝 特別対談 佐々木リョウ×岩本貴裕

岩本 忠夫〔1928～2011〕 いわもと・ただお
◇フクシマ・抵抗者たちの近現代史―平田良衛・岩本忠夫・半谷清寿・鈴木安蔵 柴田哲雄著 彩流社 2018.2 253p 20cm 〈文献あり〉 2200円 ①978-4-7791-2449-5 Ⓝ281.26
内容 第1章 平田良衛―南相馬市小高区に根ざした農民運動家（戦前の共産主義運動 出獄後 ほか） 第2章 岩本忠夫―双葉町の酒屋の主人の反原発と「転向」（反原発運動のリーダー 反原発運動の行き詰まり ほか） 第3章 半谷清寿―富岡町夜ノ森に根ざした警察家（若き日の立志 実業家としての試行錯誤 ほか） 第4章 鈴木安蔵―南相馬市小高区出身の日本国憲法の実質的な起草者（学連事件 ファシズム批判 ほか）

岩本 太郎〔1964～〕 いわもと・たろう
◇炎上！一〇〇円ライター始末記―マスコミ業界誌裏道渡世 岩本太郎著 出版人 2018.2 414p 19cm （出版人ライブラリ）〈発売：東洋出版〉 2000円 ①978-4-908927-02-7 Ⓝ289.1
内容 第1部 伝説の業界誌と、ライター事始め（かくて吾輩はフリーライターになりき 東京アドエージ、その終焉と「出版人」の始まり 東京アドエージの奇妙な社内と、忘れ得ぬ人々 『宣伝会議』と私の一九九五年 苦節二〇年？ 目に振り返る、原点の頃 岩本太郎の「非常な日常」前史） 第2部 炎上！一〇〇円ライターはつらいよ（連載打切、フジサンケイB社員編集の狼狽 ゴーストライター秘(悲)話―発注元はなぜ支払から逃げるのか 『創』名物編集長との長い長い一件 「放懇」と『GALAC』 八ヶ岳山麓奇譚―白装束に会いに行く 赤坂見附の陽のもとに―あれから二年）

岩本 秀雄〔1932～〕 いわもと・ひでお
◇学歴じゃないよ人生は 続 岩本秀雄著 金沢 北國新聞社出版局（発売） 2016.8 215p 19cm 926円 ①978-4-8330-2076-3 Ⓝ289.1
内容 第1章 わが青春の内灘闘争 第2章 若くして3度も命拾い 第3章 陸運当局との大バトル 第4章 突っ張り通した町長選 第5章 町長1期目の大勝負 第6章 大願成就、「内灘大橋」開通

巖谷 一六〔1834～1905〕 いわや・いちろく
◇巖谷一六日記 巖谷一六著, 杉村邦彦, 寺尾敏江編 甲賀 甲賀市教育委員会 2017.3 271,4p 30cm （甲賀市史編纂叢書 第12集）〈年譜あり〉 1800円 Ⓝ289.1

岩谷 巌〔1849～1916〕 いわや・いわお
◇岩谷巌日記―石川史談二六・二七号 岩谷巌著, 石陽史学会岩谷巌日記出版委員会編 〔石川町（福島県）〕 石陽史学会岩谷巌日記出版委員会 2018.3 591,13p 22cm 〈石陽史学会創立三十周年記念事業〉 Ⓝ172

尹 致昊 いん・ちこう
⇒ユン, チホを見よ

いんくん
⇒ファン, インソンを見よ

胤康〔1821～1866〕 いんこう
◇胤康和尚―勤王倒幕にかけた生涯 若山甲蔵原著, 徳永孝一意訳 宮崎 鉱脈社 2016.4 211p 20cm 〈年譜あり〉 2200円 ①978-4-86061-619-9 Ⓝ188.82

忌部（斎部）路通 いんべ・ろつう
⇒八十村路通（やそむら・ろつう）を見よ

【う】

于 右任〔1879～1964〕 う・うにん
◇中国名記者列伝―正義を貫き、その文章を歴史に刻み込んだ先人たち 第2巻 柳斌傑, 李東東編, 加藤青延監訳, 黒金祥一訳 日本僑報社 2017.4 192p 21cm 3600円 ①978-4-86185-237-4 Ⓝ070.16
内容 鑑湖の女傑―秋瑾（1875-1907） 才知の記者―包天笑（1876-1973） 四つの素早さを持つ記者―陳其美（1878-1916） 「冷血」な時事評論家―陳景韓（1878-1965） 革命の元老記者―于右任（1879-1964） 五四運動の総司令官―陳独秀（1879-1942） 女性記者の先駆け―陳同叡（1879-1974） 新聞界の重鎮―史量才（1880-1934） 嶺南報道界の英才―鄭貫公（1880-1906） ペンによって一人立つ―章士釗（1881-1973） 革命家にして記者―宋教人（1882-1913） 直言居士―邵力子（1882-1967） 革命新聞の元勲―馮自由（1882-1958） ニュースレポートの開拓者―黄遠生（1885-1915） 新文化運動の大衆指導者―高一涵（1885-1968） 比類なき逸材―朱執信（1885-1920） 民国初期の俊才―徐彼青（1886-1961） 勇気ある辣腕家―邵飄萍（1886-1926） 詩と酒を愛した文豪―葉楚傖（1887-1946） 一代論宗―張季鸞（1888-1941）

宇 文招〔545?～580〕 う・ぶんしょう
◇聖武天皇宸翰『雑集』「周趙王集」研究 安藤信廣著 汲古書院 2018.2 268,10p 22cm 7500円 ①978-4-7629-6611-8 Ⓝ921.4
内容 1 聖武天皇宸翰『雑集』「周趙王集」訳注（道会寺碑文 平曽貴勝順礼文 無常臨殯序 宿集序 中夜序 ほか） 2 周趙王の伝記―『周書』『北史』趙王招伝 3 聖武天皇宸翰『雑集』「周趙王集」（北周趙王「道会寺碑文」と中国仏教の再興 北周趙王の思想 庾信から趙王へ―文学的系譜 隋・唐仏教から日本仏教へ―聖武天皇『雑集』と「大仏建立詔」）

宇井 純〔1932～2006〕 うい・じゅん
◇残されたもの、伝えられたこと―60年代に蜂起

した文革者烈伝　矢崎泰久著　街から舎　2014.6　268p　19cm　1620円　①978-4-939139-19-2　Ⓝ281.04

[内容]脱原発の市民科学者―高木仁三郎　反戦軍事評論家としての矜持―小山内宏　J・J氏の華麗な文化革命―植草甚一　革命思想家の孤高な生涯―羽仁五郎　革命・反革命の夢幻―竹中労　市民哲学者が残した足跡―久野収　公害に取り組んだ科学者―宇井純　文学と運動の狭間に生きた巨人―小田実　輝けるSF作家の青春―小松左京　ポップ・ミュージックの開拓者―中村とうよう　多国籍人間の見果てぬ夢―邱永漢　「わた史」を生涯かけて編む―小沢昭一　エロスこそ反権力の証し―若松孝二　何もなくて何もない宣言―なだいなだ　ノーベル物理学賞に最も近かった活動家―水戸巌

◇ある公害・環境学者の足取り―追悼宇井純に学ぶ　宇井紀子編　新装版　亜紀書房　2016.8　349p　20cm　〈文献あり　年譜あり〉　2700円　①978-4-7505-1468-0　Ⓝ289.1

[内容]ある化学技術者の足取り　同窓―茨城・栃木・東大時代　水俣病の原因究明　自主講座と大学の学問　公害の追及　現場との出会い　沖縄の環境と適正技術　未来への布石　思い出と感謝と―宇井純の家族より

植木　枝盛〔1857～1892〕　うえき・えもり

◇革命思想の先駆者―植木枝盛の人と思想　家永三郎著　岩波書店　2018.8　223p　18cm　（岩波新書）〈第16刷（第1刷1955年）〉　860円　①4-00-413117-0　Ⓝ289.1

[内容]プロローグ―自由民権運動の興起　その生涯（啓蒙思想をのりこえて　自由民権運動への参加　文筆人としての活動　謎その末年）　その思想（人民の國家　約約憲法と一院制普通議會　勤勞民衆の團結　家父長家族制度の打破　おじぎの廃止　人生観・世界観）　エピローグ―下からの民主主義理論の確立

植木　徹誠〔1895～1978〕　うえき・てつじょう

◇夢を食いつづけた男―おやじ徹誠一代記　植木等著，北畠清務構成　筑摩書房　2018.2　302p　15cm　（ちくま文庫　う42-1）〈朝日新聞社　1984年刊の再刊〉　860円　①978-4-480-43499-9　Ⓝ188.72

[内容]1　少年徹之助、伊勢に育つ　2　モボ徹之助、大正デモクラシーの渦中に　3　真宗僧徹誠、部落解放運動にとびこむ　4　徹誠、治安維持法違反で投獄される　5　徹誠一家、戦争にのみ込まれる　6　等、父の夢の一部を実現する

◇元来宗教家ハ戦争ニ反対スベキモノデアル―反戦僧侶・植木徹誠の不退転　大東仁著　名古屋　風媒社　2018.7　178p　19cm　1400円　①978-4-8331-0577-4　Ⓝ188.72

[内容]第1章　労働者から僧侶へ（徹之助、東京へ　よく学び、よく遊び、よく信じ ほか）　第2章　平等と平和（転居　三宝寺説教所 ほか）　第3章　日中全面戦争勃発（日中戦争と「戦争支持熱」　戦争勃発と運動の方向転換 ほか）　第4章　弾圧と朝熊からの退去（全国的な弾圧　遠藤徹之助の逮捕 ほか）

植木　等〔1926～2007〕　うえき・ひとし

◇昭和と師弟愛―植木等と歩いた43年　小松政夫著　KADOKAWA　2017.9　222p　19cm　〈文献あり〉　1400円　①978-4-04-893350-6　Ⓝ779.9

[内容]幕前の口上　昭和と同時に始まった人生　1部　黄金時代（宴会王とセールスマン　ボーヤと運転手　スタントマンと役者）　幕間　豪華絢爛の披露宴　2部　灯（マネと学び　素と役　師と弟子）　幕引きの挨拶　親父の名字で生きてます

植草　甚一〔1908～1979〕　うえくさ・じんいち

◇残されたもの、伝えられたこと―60年代に蜂起した文革者烈伝　矢崎泰久著　街から舎　2014.6　268p　19cm　1620円　①978-4-939139-19-2　Ⓝ281.04

[内容]脱原発の市民科学者―高木仁三郎　反戦軍事評論家としての矜持―小山内宏　J・J氏の華麗な文化革命―植草甚一　革命思想家の孤高な生涯―羽仁五郎　革命・反革命の夢幻―竹中労　市民哲学者が残した足跡―久野収　公害に取り組んだ科学者―宇井純　文学と運動の狭間に生きた巨人―小田実　輝けるSF作家の青春―小松左京　ポップ・ミュージックの開拓者―中村とうよう　多国籍人間の見果てぬ夢―邱永漢　「わた史」を生涯かけて編む―小沢昭一　エロスこそ反権力の証し―若松孝二　何もなくて何もない宣言―なだいなだ　ノーベル物理学賞に最も近かった活動家―水戸巌

◇植草甚一関連資料　世田谷文学館　2015.4　115p　30cm　（世田谷文学館収蔵資料目録 3）〈編集：大竹嘉彦ほか　年譜あり　著作目録あり〉　Ⓝ289.1

植芝　吉祥丸〔1921～1999〕　うえしば・きっしょうまる

◇合気道稽古とこころ―現代に生きる調和の武道　植芝守央著　内外出版社　2018.3　239p　20cm　1600円　①978-4-86257-349-0　Ⓝ789.25

[内容]歴史―合気道のあゆみ（一つ一つの積み重ねから　合気道開祖・植芝盛平　「開かれた合気道」―吉祥丸二代道主の想い ほか）　稽古とこころ（武は愛なり―現代に生きる武道　合気道練習上の心得　稽古法そのものに合気道の理念がある ほか）　道統（祖父―植芝盛平　父―植芝吉祥丸　戦後の一大転換期 ほか）

植芝　盛平〔1883～1969〕　うえしば・もりへい

◇合気道開祖植芝盛平伝　植芝吉祥丸著，植芝守央監修　新装版　出版芸術社　2016.1　317p　22cm　〈年譜あり〉　2500円　①978-4-88293-486-8　Ⓝ789.2

[内容]1章　技、神に達す　2章　若き日の苦行独行　3章　北辺に開拓の大地あり　4章　開眼　5章　武の道・人の道　6章　不屈気魂の火は消えず　7章　大いなる和のむすび

◇合気道稽古とこころ―現代に生きる調和の武道　植芝守央著　内外出版社　2018.3　239p　20cm　1600円　①978-4-86257-349-0　Ⓝ789.25

[内容]歴史―合気道のあゆみ（一つ一つの積み重ねから　合気道開祖・植芝盛平　「開かれた合気道」―吉祥丸二代道主の想い ほか）　稽古とこころ（武は愛なり―現代に生きる武道　合気道練習上の心得　稽古法そのものに合気道の理念がある ほか）　道統（祖

うえしま

父―植芝盛平　父―植芝吉祥丸　戦後の一大転換期ほか）

上島 寿恵　うえしま・すえ
◇ミナミのバアバ よっしゃやったるでぇー　上島寿恵著　コレクションインターナショナル　2015.7　160p　19cm　1667円　Ⓘ978-4-9907666-3-4　Ⓝ289.1
|内容| 第1章 生い立ち　第2章 宿命　第3章 自立　第4章 結婚　第5章 母からの学び　第6章 創業　第7章 倒産　第8章 出発

上島 弥兵衛〔1820～1875〕　うえしま・やへえ
◇わが道の真実一路―歴史随想 億劫の花に咲く十話　1　山田一生編著　松阪　夕刊三重新聞社　2014.3　152p　19cm　〈文献あり〉　1800円　Ⓘ978-4-89658-003-7　Ⓝ281.04
|内容| 第1話 長慶天皇ご本紀と行宮伝説の研究　第2話 蒲生氏郷とキリスト教　第3話 上田秋成（号・無腸）"相逢老て文に住けり妻しあれば"の句作に就いて　第4話 潮田長助と赤穂義士又之丞高教の生涯　第5話 骨董商S氏との好日…中川乙由と森川千代女と加賀千代女　第6話 風雲の陶芸人 上島弥兵衛　第7話 俳家奇人 子菟　第8話 剛力無双の鎌田又八　第9話 松阪が生んだ神童棋士 小川道的　第10話 麦の舎 高畠式部

上杉 顕定〔1454～1510〕　うえすぎ・あきさだ
◇上杉顕定―古河公方との対立と関東の大乱　森田真一著　戎光祥出版　2014.12　231p　19cm　(中世武士選書 24)〈文献あり 年表あり〉　2500円　Ⓘ978-4-86403-142-4　Ⓝ289.1
|内容| 第1部 享徳の乱と山内上杉氏（龍若、誕生 享徳の乱の勃発　山内・扇谷両上杉氏と堀越公方　山内上杉家への入嗣　錦の御旗が翻る"本陣五十字"　長尾景春の乱と都鄙和睦）　第2部 長享の乱と上杉一族（上杉定昌の権力 長享の乱の勃発　長享再乱と伊勢宗瑞）　第3部 上杉顕定の権力（花押の変遷　上杉一族の展開　顕定の家臣団　守護分国・守護領とその支配）　第4部 永正の乱と越後（八条家と上条家の系譜　永正四年の政変　顕定の越後介入　顕定の死）

上杉 修〔1897～1979〕　うえすぎ・おさむ
◇安藤昌益に魅せられた人びと―みちのく八戸からの発信　近藤悦夫著　農山漁村文化協会　2014.10　378p　19cm　(ルーラルブックス)　2000円　Ⓘ978-4-540-14213-0　Ⓝ121.59
|内容| 狩野亨吉　依田荘介　ハーバート・ノーマン　山田鑑二　上杉修　八戸在住発見後の研究　渡辺没後の研究　村上壽秋　石垣忠吉　三宅正彦　寺尾五郎　『全集』後の周辺　『儒道統之図』をめぐって　還俗後の活動　昌益医学を継承する数々の医書　稿本『自然真営道』の完成に向けて

上杉 景勝〔1555～1623〕　うえすぎ・かげかつ
◇関ケ原合戦の深層　谷口央編　高志書院　2014.11　226p　21cm　2500円　Ⓘ978-4-86215-142-1　Ⓝ210.48
|内容| 関ケ原合戦の位置づけと課題　第1部 政権の中枢（増田長盛と豊臣の「公儀」―秀吉死後の権力闘争　軍事力編成からみた毛利氏の関ケ原　上杉景勝の勘気と越後一揆）　第2部 政権の周辺（関ケ原合戦と尾張・美濃　関ケ原合戦と長宗我部氏のカタストロフィ　島津義久"服属"の内実―関ケ原への道程）　「関ケ原合戦図屏風」―作品概要と研究の現状

上杉 景虎〔1553～1579〕　うえすぎ・かげとら
◇北条氏康の子供たち―北条氏康生誕五百年記念論文集　黒田基樹、浅倉直美編　京都　宮帯出版社　2015.12　357p　22cm　〈年譜あり〉　3500円　Ⓘ978-4-8016-0017-1　Ⓝ288.2
|内容| 総論 北条氏康の子女について　第1章 北条氏康の息子たち（北条氏政　北条氏邦　北条氏規　北条氏忠　北条氏光　上杉景虎）　第2章 北条氏康の娘たち（早川殿―今川氏真の室　七曲殿―北条氏繁の室　長林院―太田氏資の室　浄光院殿―足利義氏の室　桂林院殿―武田勝頼の室）　第3章 戦国北条氏の居城（小田原城　韮山城跡　鉢形城跡　唐沢山城　玉縄城）　付録

上杉 謙信〔1530～1578〕　うえすぎ・けんしん
◇越後の英雄　宮本徹著　東洋出版　2016.7　103p　19cm　1000円　Ⓘ978-4-8096-7839-4　Ⓝ281.41
|内容| 上杉謙信（上杉謙信の一生　上杉謙信をめぐる問題）　直江兼続（謙信と与六　上杉家をささえる）　河井継之助（陽明学　改革）　山本五十六（山本五十六の一生　名将山本五十六）　上杉謙信の英雄クイズ

◇上杉謙信の夢と野望　乃至政彦著　ベストセラーズ　2017.3　319p　15cm　(ワニ文庫 P-294)〈洋泉社 2011年刊の加筆修正　文献あり 年表あり〉　722円　Ⓘ978-4-584-39394-9　Ⓝ289.1
|内容| 序章 長尾為景の魔法と上杉謙信　第1章 要請された守護代継承―長尾景虎の登場　第2章 大名権力と公儀精神の矛盾―長尾宗心の苦悩　第3章 前編・義輝・景虎の密約―戦国終焉のシナリオ　第4章 関東管領名代職に就任する上杉政虎　第5章 中央情勢と連動する川中島合戦―四五〇年目の真相　第6章 永禄の変と関東三国志―上杉輝虎の関東離れ　終章 不識庵謙信と天下の儀

◇上杉謙信　福原圭一、前嶋敏編　高志書院　2017.11　291p　22cm　6000円　Ⓘ978-4-86215-174-2　Ⓝ289.1
|内容| 1 統治と信仰（景虎の権力形成と晴景の家族・一族と養子たち　戦国時代の算所―「堀内」の考察を通して　謙信の揚北衆支配　謙信が信仰した異形の神―飯縄大明神と刀八毘沙門天について　不識庵御堂と謙信の神格化―精神的支柱と可視化への過程）　2 戦争と外交（「川中島合戦」と室町幕府　謙信と関東管領　上杉謙信の雪中越山　上杉謙信と城　上杉謙信の北陸出兵　豊臣政権と上杉家）

◇信玄・謙信の領国経営―歴史に学ぶ地方政権　村田吉優監修、地域再生推進機構調査研究班編著　創生社　2017.11　239p　21cm　(歴史に学ぶシリーズ)〈年譜あり〉　1500円　Ⓘ978-4-9908103-4-4　Ⓝ289.1

◇上杉謙信　石渡洋平著　戎光祥出版　2017.12　111p　21cm　(シリーズ〈実像に迫る〉014)〈文献あり 年表あり〉　1500円　Ⓘ978-4-86403-271-1　Ⓝ289.1
|内容| 第1部 若き日の苦難と挑戦（越後国主への道 ラ

イバル・武田信玄との抗争）　第2部　戦いの果てにみた夢（関東への侵攻を支えた町づくり　北条・織田・徳川と渡り合う）

◇戦国大名―歴史文化遺産　五味文彦監修　山川出版社　2018.6　238p　21cm　1800円
Ⓣ978-4-634-15134-5　Ⓝ210.47
内容　1　戦国乱世の幕開け（北条早雲　北条氏康　上杉謙信　ほか）　2　群雄たちの覇権（織田信長　長宗我部元親　毛利元就）　3　争乱から天下へ（豊臣秀吉　島津義久　伊達政宗　ほか）

◇日本史　誤解だらけの英雄像　内藤博文著　河出書房新社　2018.8　221p　15cm　（KAWADE夢文庫　K1097）〈文献あり〉　680円
Ⓣ978-4-309-49997-0　Ⓝ281
内容　1章　織田信長―"戦国の革命児"という誤解　2章　坂本龍馬―"天衣無縫の風雲児"という誤解　3章　秀吉・家康―"無双の覇者"という誤解　4章　信玄・謙信―"常勝武将伝説"の誤解　5章　西郷隆盛・高杉晋作・勝海舟―"維新の立役者"という誤解　6章　聖徳太子・天智天皇・義経―"古代・中世の英傑"の誤解　7章　徳川吉宗・山本五十六―"近現代の巨星"の誤解

◇日本精神研究―GHQ発禁図書開封　大川周明著　徳間書店　2018.9　334p　18cm　1100円
Ⓣ978-4-19-864699-8　Ⓝ121
内容　第1　横井小楠の思想及び信仰　第2　佐藤信淵の理想国家　第3　平民の教師石田梅岩　第4　純情の人平野二郎国臣　第5　剣の人宮本武蔵　第6　近代日本の創設者織田信長　第7　上杉鷹山の政道　第8　戦える僧上杉謙信　第9　頼朝の事業及び人格

◇上杉謙信　「義の武将」の激情と苦悩　今福匡著　星海社　2018.10　286p　18cm　（星海社新書141）〈文献あり　発売：講談社〉　960円
Ⓣ978-4-06-513108-4　Ⓝ289.1
内容　序章　此名字関東より罷り移り　第1章　景虎1―吾これ幼稚にして父母に後れ　第2章　宗心―越後に万端退屈申候　第3章　景虎2―国之義一向捨て置き、無二上意様御前守り奉るべく、存じ詰め候　第4章　政虎―政虎一世中亡失すべからず候　第5章　輝虎1―仮国ニも料所一ケ所もまつらハす候間、当座之依怙非分ニ申事候　第6章　輝虎2―天下之嘲可為此一事候　第7章　謙信1―一偏当家之弓矢わかやぐべき瑞相ニ候　第8章　謙信2―熊・越・賀存分之候ニ申付、　終章　この上は関左に到り越山これ成したるべく

上杉　慎吉〔1878～1929〕　うえすぎ・しんきち
◇甦る上杉慎吉―天皇主権説という名の亡霊　原田武夫著　講談社　2014.10　221p　19cm　1600円　Ⓣ978-4-06-219176-0　Ⓝ289.1
内容　第1章　神16年　慎吉とその時代　第2章　欧米留学の激震　第3章　「天皇機関説」と「ドン・キホーテ」上杉慎吉　第4章　怒涛の政治の中へ　第5章　天皇機関説事件と「上杉慎吉の亡霊」　第6章　日本のデフォルトと新たなる「天皇機関説論争・事件」

◇吉野作造と上杉慎吉―日独戦争から大正デモクラシーへ　今野元著　名古屋　名古屋大学出版会　2018.11　407,69p　22cm　〈文献あり　索引あり〉　6300円　Ⓣ978-4-8158-0926-3　Ⓝ289.1
内容　序章　大正デモクラシーとドイツ政治論の競演　第1章　明治日本のドイツ的近代化　第2章　「獨逸學」との格闘――一八八八・一九〇六年　第3章　洋行――一九〇六・一九一四年　第4章　欧州大戦の論評――一九一四・一九一八年　第5章　「大正グローバリゼーション」への対応――一九一八・一九二六年　第6章　崩壊前の最期――一九二六・一九三三年　第7章　終わりなき闘争――一九三三・二〇一八年　終章　二つの権威主義の相克

上杉　憲政〔1523～1579〕　うえすぎ・のりまさ
◇上杉憲政―戦国末期、悲劇の関東管領　久保田順一著　戎光祥出版　2016.7　240p　19cm　（中世武士選書 34）〈文献あり　年譜あり〉　2500円　Ⓣ978-4-86403-211-7　Ⓝ289.1
内容　第1章　父憲房の生涯　第2章　憲政の登場と上野国内の混乱　第3章　河越合戦の虚像と実像　第4章　信濃をめぐる甲斐武田氏との抗争　第5章　憲政を支えた人々　第6章　平井落城と一度目の越後入り　第7章　憲政と謙信の関係　第8章　越山と小田原攻め　第9章　夢破れ、上野から越後へ　第10章　憲政の最期

上杉　治憲　うえすぎ・はるのり
⇒上杉鷹山（うえすぎ・ようざん）を見よ

上杉　茂憲〔1844～1919〕　うえすぎ・もちのり
◇沖縄の殿様―最後の米沢藩主・上杉茂憲の県令奮闘記　高橋義夫著　中央公論新社　2015.5　251p　18cm　（中公新書 2320）　880円
Ⓣ978-4-12-102320-9　Ⓝ318.299
内容　序章　雪国と南島　第1章　沖縄の発見　第2章　沖縄本島巡回　第3章　教育と予算　第4章　刑法と慣習　第5章　上杉県令の改革意見　第6章　政治の刺客　第7章　辻遊廓　第8章　県費留学生　第9章　那覇八景

上杉　鷹山〔1746～1822〕　うえすぎ・ようざん
◇上杉鷹山と米沢　小関悠一郎著　吉川弘文館　2016.3　159p　21cm　（人をあるく）〈文献あり　年譜あり〉　2000円　Ⓣ978-4-642-06791-1　Ⓝ289.1
内容　1　上杉鷹山の履歴書（藩主への道　「仁政」を求めて―明和・安永改革の展開　隠退の謎　ほか）　2　藩政改革の思想（学問・知識と藩政改革　「明君」と民衆　「改革」のシンボル―明君像の形成と変容）　3　米沢をあるく（米沢城跡　祠堂（御堂）跡　上杉神社・稽照殿　ほか）

◇代表的日本人　内村鑑三著，ニーナ・ウェグナー英文リライト，牛原眞弓訳　IBCパブリッシング　2016.3　207p　19cm　（対訳ニッポン双書）〈奥付の出版年月（誤植）：2015.9〉　1500円　Ⓣ978-4-7946-0399-9　Ⓝ281
内容　第1章　西郷隆盛・新日本の創設者　第2章　上杉鷹山・封建領主　第3章　二宮尊徳・農民聖者　第4章　中江藤樹・村の先生　第5章　日蓮上人・仏僧

◇上杉鷹山リーダーの要諦　佃律志著　日本経済新聞出版社　2016.4　297p　15cm　（日経ビジネス人文庫　つ3-1）〈「『生涯改革者』上杉鷹山の教え」（2012年刊）の改題、加筆　文献あり　年表あり〉　850円　Ⓣ978-4-532-19792-6　Ⓝ289.1
内容　第1章　上杉鷹山の生涯を概観する　第2章　日本一貧乏な米沢藩　第3章　養子から名君への道　第4章　藩政改革は守備固めから　第5章　改革を妨げる

障壁の打破　第6章 殖産興業と藩政の効率化　第7章 改革停滞期と鷹山の充電　第8章 藩政改革が成果につながるとき　第9章 あらためて上杉鷹山を考える

◇代表的日本人　内村鑑三著, 藤田裕行訳　アイバス出版　2016.9　221p　19cm　〈他言語標題：REPRESENTATIVE MEN OF JAPAN　発売：サンクチュアリ出版〉　1400円　Ⓘ978-4-86113-666-5　Ⓝ281

内容　西郷隆盛―新たな日本を築いた男（一八六八年、日本の革命　出生、教育、啓示　ほか）　上杉鷹山―封建領主（封建政府　人となりと事績　ほか）　二宮尊徳―農民聖者（十九世紀初頭の日本の農業　少年時代　ほか）　中江藤樹―一村の先生（古き日本の教育　少年時代と意識の目覚め　ほか）　日蓮上人―仏教僧（日本の仏教　誕生と出家　ほか）

◇江戸のCFO―藩政改革に学ぶ経営再建のマネジメント　大矢野栄次著　日本実業出版社　2017.12　222p　19cm　〈文献あり〉　1400円　Ⓘ978-4-534-05540-8　Ⓝ332.105

内容　序章 なぜ、江戸時代の武士社会は「改革」を必要としたのか　第1章 恩田木工・松代藩真田家―インセンティブの導入で収入増を実現した「前代未聞の賢人」　第2章 上杉鷹山・米沢藩上杉家―産業振興策で「輸出立国」をめざした江戸時代随一の敏腕経営者　第3章 山田方谷・備中松山藩板倉家―地元産品のブランド化と藩札の信用回復で借金一〇万両を完済したCFO　第4章 村田清風・長州藩毛利家―特産品の高付加価値化と商社事業で倒幕資金の捻出に成功　第5章 調所広郷・薩摩藩島津家―偽金づくり、搾取、密貿易…汚れ役に徹して巨額の負債と心中した男

◇代表的日本人―徳のある生きかた　内村鑑三著, 道添進編訳　日本能率協会マネジメントセンター　2017.12　265p　19cm　〈Contemporary Classics―今こそ名著〉〈文献あり〉　1600円　Ⓘ978-4-8207-1983-0　Ⓝ281

内容　第1部 名著『代表的日本人』とは（『代表的日本人』が記された背景　一〇〇年以上読み継がれてきた理由　ほか）　第2部 現代日本語訳で読む『代表的日本人』西郷隆盛―新しく日本を創った人　上杉鷹山―封建領主　二宮尊徳―農民聖人　中江藤樹―一村の先生　日蓮上人―仏僧（ほか）　『代表的日本人』に学ぶ5つの信念（徳を高める　試練を好機と捉えるほか）

◇日本の偉人物語　2　上杉鷹山　吉田松陰　嘉納治五郎　岡田幹彦著　光明思想社　2018.4　226p　20cm　1296円　Ⓘ978-4-904414-75-0　Ⓝ281

内容　第1話 上杉鷹山―江戸時代の代表的な名君（「民の父母」の誓い　米沢藩再建の艱難辛苦　鷹山の愛民と仁政　ほか）　第2話 吉田松陰―救国の天使（国を守る兵学者として　やむにやまれぬ大和魂　誓って神国の幹たらん　ほか）　第3話 嘉納治五郎―柔道を創始した世界的偉人（柔道の創始者　柔道の発展明治の一大教育家　ほか）

◇日本精神研究―GHQ発禁図書開封　大川周明著　徳間書店　2018.9　334p　18cm　1100円　Ⓘ978-4-19-864699-8　Ⓝ121

内容　第1 横井小楠の思想及び信仰　第2 佐藤信淵の理想国家　第3 平民の教師石田梅岩　第4 純情の人平野二郎国臣　第5 剣の人宮本武蔵　第6 近代日本の創設者織田信長　第7 上杉鷹山の政道　第8 戦える僧上杉謙信　第9 頼朝の事業及び人格

上田 昭夫〔1952～2015〕うえだ・あきお

◇強い組織をつくる上田昭夫のプライド　大元よしき著　ウェッジ　2015.11　227p　19cm　1400円　Ⓘ978-4-86310-155-5　Ⓝ783.48

内容　第1章 上田昭夫の原型　第2章 第1次慶應義塾體育會蹴球部監督時代　第3章 第2次慶應義塾體育會蹴球部監督時代　第4章 「勝負」から「楽しむ」ことへ　第5章 女子ラグビーへの挑戦　第6章 友の遺志を継いだ少年院でのラグビー指導　第7章 勝てる組織を作る　第8章 組織を育てるリーダー像

上田 秋成〔1734～1809〕うえだ・あきなり

◇わが道の真実一路―歴史随想 億劫の花に咲く十話　1　山田一生編著　松阪　夕刊三重新聞社　2014.3　152p　19cm　〈文献あり〉　1800円　Ⓘ978-4-89658-003-7　Ⓝ281.04

内容　第1話 長慶天皇ご本紀と行宮伝説の研究　第2話 蒲生氏郷とキリスト教　第3話 上田秋成（号・無腸）"相撲をて京に住けり妻しあれば"の句件に就いて　第4話 潮田長助と赤穂義士又之丞高教の生涯　第5話 骨董商S氏との好日…中川乙由と森川千代女と加賀千代女　第6話 風雲の陶芸人　上島弥兵衛　第7話 俳家奇人 子英　第8話 剛力無双の鎌田又八　第9話 松阪が生んだ神童棋士　小川道的　第10話 麦の舎 高畠式部

◇上田秋成の文学　長島弘明著　放送大学教育振興会　2016.3　229p　21cm　〈放送大学教材〉〈文献あり 年譜あり 索引あり　発売：〔NHK出版〕〉　2500円　Ⓘ978-4-595-31605-0　Ⓝ913.56

内容　上田秋成略伝　文学への目覚め―俳諧　作家としての出発―『諸道聴耳世間狙』気質物からの逸脱―『世間妾形気』　『雨月物語』の世界（一）―『雨月物語』の世界（二）―『菊花の約』の信義　『雨月物語』の世界（三）―『浅茅が宿』の二重性　国学者として　本居宣長との論争　世相風刺の小説―『楢癪談』と『書初機嫌海』　和風の文人―和歌・和文・狂歌・煎茶　『春雨物語』の世界（一）　『春雨物語』の世界（二）―「死首の咲顔」と源太騒動　『春雨物語』の世界（三）―「樊噲」と仏心の妖魔　「命禄」と「狂蕩」―『胆大小心録』

上田 悦子〔1935～〕うえだ・えつこ

◇記憶の旅―あるもらわれ子の生き様と「生きる」知性　上田悦子著　〔出版地不明〕　上田悦子　2017.2　171p　19cm　〈発売：ぶんしん出版（三鷹）〉　1200円　Ⓘ978-4-89390-128-6　Ⓝ289.1

上田 薫〔1911～1974〕うえだ・かおる

◇彫刻家 上田直次・薫―作品とあゆみ　上田直次, 上田薫作, 塚田弘子編　国書刊行会　2016.3　250p　31cm　〈文献あり 年譜あり〉　15000円　Ⓘ978-4-336-06001-3　Ⓝ712.1

内容　上田直次篇（作品図版（展覧会出品作　動物彫刻　所在不明作品（上田直次遺作展、1982年）　神仏像を中心に　肖像彫刻・銅像　書）　資料）　上田薫篇（作品図版（展覧会出品作　その他の彫刻　公共彫刻）　資料）

上田 和男〔1944～〕 うえだ・かずお
◇世界に響くハードシェーク―バーテンダー上田和男の50年　達磨信著　柴田書店　2014.7　147p　19cm　〈他言語標題：The Legend of Hard Shake　文献あり〉　2000円　Ⓘ978-4-388-06193-8　Ⓝ289.1
内容 第1章 レジェンドへの道（嘆きの摩天楼　原点回帰への模索）　第2章 バーテンダーへの道（ホームバーに魅せられた少年　母への裏切り　ほか）　第3章 ハードシェークへの道（コーヒーの大家に教わる　三段振りからハードシェーク　ほか）　第4章 カクテルへの道（技術はこころの表れ　舌を読む　ほか）　第5章 上田和男、饒舌なカクテル（ギムレット　サイドカー　ほか）

上田 万年〔1867～1937〕 うえだ・かずとし
◇日本語を作った男―上田万年とその時代　山口謠司著　集英社インターナショナル　2016.2　549p　20cm　〈文献あり　年譜あり　発売：集英社〉　2300円　Ⓘ978-4-7976-7261-9　Ⓝ289.1
内容 第1部 江戸から明治～混迷する日本語（明治初期の日本語事情　万年の同世代人と教育制度　日本語を書くか　明治、学びのさき　本を、あまねく全国へ　言語が国を作る　落語と言文一致）　第2部 万年の国語愛（日本語改良への第一歩　国語会議　文人たちの大論争　言文一致への道　教科書国定の困難　徴兵と日本語　緑雨の死と漱石の新しい文学　万年万歳　万年消沈　唱歌の誕生　万年のその後）

上田 貞治郎〔1860～1944〕 うえだ・ていじろう
◇明治の異色文人上田貞治郎　青木育志著　高槻青木嵩山堂　2014.12　112p　21cm　〈年譜あり　文献あり〉　1000円　Ⓝ289.1

上田 利治〔1937～2017〕 うえだ・としはる
◇後藤正治ノンフィクション集　第10巻　後藤正治著　大阪　ブレーンセンター　2016.3　752p　15cm　2400円　Ⓘ978-4-8339-0260-1　Ⓝ918.68
内容 清冽（倚りかからず　花の名　母の家　ほか）　奇蹟の画家（画廊　発掘　最期の一枚　ほか）　孤高の戦い人（2）（中断　冷めた炎　三四郎三代　ほか）

上田 寅吉〔1823～1890〕 うえだ・とらきち
◇明治なりわいの魁―日本に産業革命をおこした男たち　植松三十里著　ウェッジ　2017.2　192p　21cm　〈文献あり　年表あり〉　1800円　Ⓘ978-4-86310-176-0　Ⓝ281
内容 1章 魁の時代（高島秋帆―長崎豪商の西洋砲術と波乱の生涯　江川坦庵―伊豆韮山に現存する反射炉と品川台場　片寄平蔵―蒸気船の燃料を供給した常磐炭鉱の開祖）　2章 技の時代（鍋島直正―佐賀の反射炉と三重津海軍所の創設　本木昌造―日本語の活版印刷を広めた元長崎通詞　堤磯右衛門―公共事業の請負から石鹼の祖に　上田寅吉―船大工から日本造船史上の一大恩人へ　大島高任―鉄の産地で高炉を建設した南部藩士）　3章 生業の時代（尾高惇忠―富岡製糸場初代場長の知られざる来歴　ファン・ドールン―猪苗代湖からの疎水開削を実現　加唐為重―生命保険を取り入れて発展　油屋熊八―別府温泉で本格的な観光業をスタート　竹鶴政孝―本物のウィスキーを日本にもたらす　松永安左エ門―電力再編の三年間のためにあった長き生涯）

上田 直次〔1880～1953〕 うえだ・なおじ
◇彫刻家 上田直次・薫―作品とあゆみ　上田直次,上田薫作,塚田弘子編　国書刊行会　2016.3　250p　31cm　〈文献あり　年譜あり〉　15000円　Ⓘ978-4-336-06001-3　Ⓝ712.1
内容 上田直次篇（作品図版（展覧会出品作　動物彫刻　所在不明作品（上田直次遺作展、1982年）　神仏像を中心に　肖像彫刻・銅像　書）　資料）　上田薫篇（作品図版（展覧会出品作　その他の彫刻　公共彫刻）　資料）

植田 直通〔1994～〕 うえだ・なおみち
◇壁を越えろ―走り続ける才能たち　安藤隆人著　実業之日本社　2017.8　210p　19cm　1500円　Ⓘ978-4-408-33719-7　Ⓝ783.47
内容 プロローグ 日本を代表する原石　第1章 苦悩する者たち―小林祐希/柴崎岳（テクニックを磨くことだけ考えた　本田圭佑を彷彿とさせる生き方　ほか）　第2章 出会うべく運命だった二人の男―昌子源/植田直通（日本代表センターバックの未来図　挫折から這い上がる姿　ほか）　第3章 日本を救う男たち―浅野拓磨/南野拓実（恩師との出会い　ストライカーとしての覚醒　ほか）　第4章 ネクスト世代の躍動―堂安律（新世代の若き日本代表　ブレイクスルー）　エピローグ 走り続けるサッカー人生
◇アホが勝ち組、利口は負け組―サッカー日本代表進化論　清水英斗著　秋田書店　2018.6　190p　19cm　1300円　Ⓘ978-4-253-10106-6　Ⓝ783.47
内容 日本代表進化論 理想は進化、現実は退化　日本代表進化論 選手編（原口元気―モノクロームの元気　岡崎慎司―アホの岡崎　遠藤航―がんばれ！ニッポンの父！　宇佐美貴史―「行ってるやん」の絶壁　吉田麻也―"大ポカ"の汚名を返上せよ！　柏木陽介―だって、人間だもの。　長谷部誠―キレッ早のキャプテン　長友佑都―左を制する者は、世界を制す！　柴崎岳―キャノンシュートの秘密は、弓　槙野智章―カネでは買えない男！　ほか）

上田 秀明〔1944～〕 うえだ・ひであき
◇現代国際政治私史―一外交官の回想　上田秀明著　岳陽舎　2018.4　385p　21cm　〈著作目録あり〉　2000円　Ⓘ978-4-903942-13-1　Ⓝ319.1

上田 正昭〔1927～2016〕 うえだ・まさあき
◇古代史研究七十年の背景　上田正昭著　藤原書店　2016.6　149p　19cm　1800円　Ⓘ978-4-86578-075-8　Ⓝ289.1
内容 第1章 人権問題の考察　第2章 中央史観の克服　第3章 生涯学習・女性学と世界人権問題研究センター　第4章 研究史七十年　第5章 朝鮮通信使と雨森芳洲　第6章 海外渡航

植田 又兵衛〔1846～1914〕 うえだ・またべえ
◇明治小田原庶民史・植田又兵衛の生涯　上田謙二著　文芸社　2018.11　213p　15cm　700円　Ⓘ978-4-286-19938-2　Ⓝ289.1

上田 美喜恵　うえだ・みきえ
◇カッピング療法の良さを知って欲しい訳—自叙伝　2　上田美喜恵著　〔松山〕　クリエイト・ハラ　2017.8　44p　19cm　463円　Ⓘ978-4-902428-21-6　Ⓝ289.1

植田 康夫〔1939〜2018〕　うえだ・やすお
◇『週刊読書人』と戦後知識人　植田康夫著　論創社　2015.4　181p　19cm　(出版人に聞く17)　Ⓘ978-4-8460-1415-5　Ⓝ019.05

内容　第1部(処女作『現代マスコミ・スター』初めての書き下ろし　広島生まれの島根育ち　ほか)　第2部(『週刊読書人』創刊　創刊年の記事や書評　創刊に至るまで　ほか)　第3部(一九六五年の企画　座談会「戦後日本の"罪と罰"」　大宅壮一氏の「雑草文庫」訪問　ほか)　第4部(書評紙の動向と書評の変化　書評におけるエロスと死　『読書大全』と『清水幾太郎著作集』　ほか)　第5部(『週刊読書人』に戻る　外山滋比古『エディターシップ』　神吉晴夫のこと　ほか)

上田 宜珍〔1755〜1829〕　うえだ・よしうず
◇上田宜珍伝—現代語訳 江戸時代の天草の歴史と上田家代々　角田政治著，上田貞明訳注　第4版　上田貞明　2014.6　335,4p　26cm　〈年譜あり　年表あり〉　Ⓝ289.1

◇評伝　天草五十人衆　天草学研究会編　福岡　弦書房　2016.8　317p　22cm　〈文献あり　年表あり　索引あり〉　2400円　Ⓘ978-4-86329-138-6　Ⓝ281.94

内容　ステージ1　五人衆の時代、そして…　ステージ2　天領天草の村々　ステージ3　祈りの島で　ステージ4　耕す、漁る　ステージ5　実業の世をひらく　ステージ6　潮path はるかに　ステージ7　文学・歴史・言論　ステージ8　あの頃、この人　ステージ9　島の現実、国の行く末　ステージ10　一筋の道　ステージ特別編　群像二題(天草の石文化と松室五郎左衛門　牛深カツオ漁の男たち)

◇伊能忠敬の天草測量と上田宜珍　山下義広編著　天草　山下義広　2017.12　349p　26cm　〈発行所：天草出版　年譜あり　文献あり〉　Ⓘ978-4-909486-00-4　Ⓝ289.1

上地 完文〔1877〜1948〕　うえち・かんぶん
◇拳父　上地完文 風雲録—上地流祖の足跡を訪ねて　藤本恵祐著　宜野湾　榕樹書林　2017.8　183p　19cm　〈年譜あり　文献あり〉　1600円　Ⓘ978-4-89805-190-0　Ⓝ789.2

上西 小百合〔1983〜〕　うえにし・さゆり
◇小百合　上西小百合著，西田幸樹撮影　双葉社　2015.8　1冊　26cm　1500円　Ⓘ978-4-575-30930-0　Ⓝ289.1

内容　01 私のこと(生まれ育った家庭と厳しかった幼稚園　受験をして進学した小・中・高一貫校　ほか)　02 政治家を目指す(維新ブームと募る政治への危機感　政治塾で学んだこと　ほか)　03 国会議員・上西小百合(当選してからの日々も思いよらない噂話　大好きな地元の皆さんとの交流　ほか)　04 真相(あの日、何が起きていたのか？　恐怖を感じた突撃取材　ほか)　05 これからの日本のために(衆議院議員としてのこれまでの取り組み　日本社会の課題と未来への責任　ほか)

上野 千鶴子〔1948〜〕　うえの・ちずこ
◇ひとびとの精神史　第7巻　終焉する昭和—1980年代　杉田敦編　岩波書店　2016.2　333p　19cm　2500円　Ⓘ978-4-00-028807-1　Ⓝ281.04

内容　1 ジャパン・アズ・ナンバーワン(中曽根康弘—「戦後」を終わらせる意志　上野千鶴子—消費社会と一五年安保のあいだ　高木仁三郎—「核の時代」と市民科学者　大橋正雄—バブルに流されなかった経営者たち)　2 国際化とナショナリズム(ジョアン・トシエイ・マスコ—「第二の故郷」で挑戦する日系ブラジル人　安西賢誠—「靖国」と向き合った真宗僧侶　宮崎駿—職人共同体というユートピア　『地球の歩き方』創刊メンバー—日本型海外旅行の精神)　3 天皇と大衆(奥崎謙三—神軍平等兵の怨霊を弔うために　朴正恵と蔡成泰—民族教育の灯を守るために　美空ひばり—生きられた神話　知花昌一—日の丸を焼いた日)

上野 英信〔1923〜1987〕　うえの・ひでのぶ
◇上野英信・萬人一人坑—筑豊のかたほとりから　河内美穂著　現代書館　2014.8　276p　20cm　〈文献あり〉　2500円　Ⓘ978-4-7684-5737-5　Ⓝ910.268

内容　1 上野英信について　2 上野英信にとっての建国大学　3 筑豊文庫へ　4 上野英信と魯迅　5 上野英信と天皇制　6 英信の思いを継ぐ人たち

上野 みさ子〔1937〜〕　うえの・みさこ
◇戦中戦後体験記　大東亜戦争　上野みさ子著　文芸社　2017.1　113p　15cm　600円　Ⓘ978-4-286-17873-8　Ⓝ289.1

＊戦中戦後は物不足、食糧不足の時代であった。とにかく食べるものがない。僅かな配給の米では生きられない。色の変わったジャガイモやサツマイモなどを代用食にする。野菜がないので代わりに野草を摘んできて、ご飯に入れたりスイトンにしたり、お粥に入れて食べた。それでも足りない闇の買出しで、母の着物が一枚一枚なくなっていった。今では考えられないような生活であった。

上野 裕二〔1950〜〕　うえの・ゆうじ
◇青春を熱く駆け抜けよ！—生きる伝説のライブハウス江古田マーキー　武道家オーナーの人生行脚　上野裕二著　講談社　2018.12　268p　19cm　1500円　Ⓘ978-4-06-513614-0　Ⓝ760.69

内容　序章　第1章 江古田マーキー前夜、青春の熱き助走(父と母、鞍馬天狗とお富さんの思い出　ヒーロー事始め、鈴之助、月光仮面、ハリマオに憧れる　ほか)　第2章 "聖地"江古田マーキー、怒涛の40年(アパレル企業を2ヵ月で辞め、音楽と舞台の世界へ　「俺の仲間に手を出すな！」原宿青春唐獅子牡丹　ほか)　資料 "トークライブ"実録 昭和59(1984)年3月10日(土)　野坂昭如vs.池田満寿夫—江古田「峠の茶屋」で直木賞と芥川賞が出会う　第3章 めぐり会った人、ともに歩んだアーティストたち(わが生涯の師・大山倍達、最後の媒酌　思い出たち、往年のアイドル出演者たち　ほか)　第4章 マーキー40周年に、今、私が思うこと(武道のすすめ—悪しき個人主義を

乗り越えて　100年後の日本と日本人のために、今、考えるべきことは？　ほか）

上野　瓏子〔1920～〕　うえの・ろうこ
◇木槿の国の学校—おばあちゃんの回想録　日本統治下の朝鮮の小学校教師として　上野瓏子著, 上野幹久編　改訂普及版　福岡　梓書院　2016.9　257p　19cm　〈文献あり〉　1500円　Ⓘ978-4-87035-585-9　Ⓝ916
|内容| 第1章 朝鮮半島に渡った父　第2章 窮乏生活　第3章 栄山浦南小学校　第4章 月見小学校　第5章 引き揚げ　第6章 終戦後の暮らし

上橋　菜穂子〔1962～〕　うえはし・なほこ
◇物語ること、生きること　上橋菜穂子著, 瀧晴巳構成・文　講談社　2016.3　214p　15cm　（講談社文庫　う59-10）〈文献あり　著作目録あり〉　550円　Ⓘ978-4-06-293338-4　Ⓝ910.268
|内容| 第1章 生きとし生けるものたちと　第2章 遠くものへの憧れ　第3章 自分の地図を描くこと

上原　亜衣〔1992～〕　うえはら・あい
◇キカタン日記—無名の大部屋女優からAV女王に駆け上った内気な女の子のリアルストーリー　上原亜衣著　双葉社　2016.3　137p　21cm　1500円　Ⓘ978-4-575-31113-6　Ⓝ289.1
|内容| 第1章 キカタン女優・上原亜衣の「誕生」（人前に立つ仕事をすれば自信が持てる　初めての撮影はレズナンパ！　ほか）　第2章 キカタン女優・上原亜衣の「変身」（仕事が増えたきっかけは「ドリル」と「アナル」　自分の"武器"を作る！　ほか）　第3章 キカタン女優・上原亜衣の「軌跡」（キカタン女優のお仕事の裏側　役になりきることで知った「新しい自分」　ほか）　第4章 キカタン女優・上原亜衣の「素顔」（ごくフツーの家庭で育った幼少期　小学校時代のあだ名は「魚」!?　ほか）　第5章 キカタン女優・上原亜衣の「決意」（引退を決めた経緯　発表は一大イベントに！　ほか）

上原　晃〔1969～〕　うえはら・あきら
◇マウンドに散った天才投手　松永多佳倫著　講談社　2017.6　284p　15cm　（講談社＋α文庫　G306-1）〈河出書房新社 2013年刊の加筆・修正〉　850円　Ⓘ978-4-06-281720-2　Ⓝ783.7
|内容| 第1章 伊藤智仁 ヤクルト—ガラスの天才投手　第2章 近藤真市 中日—「江夏二世」と呼ばれた超大型左腕　第3章 上原晃 中日—150キロのダブルストッパー　第4章 石井弘寿 ヤクルト—サウスポー日本記録155キロ　第5章 森田幸一 中日—投げて打っての二刀流　第6章 田村勤 阪神—電光石火のクロスファイヤー　第7章 盛田幸妃 近鉄—脳腫瘍からの生還

上原　寛奈〔1978～〕　うえはら・かんな
◇車イスの私がアメリカで医療ソーシャルワーカーになった理由（わけ）　上原寛奈著　幻冬舎メディアコンサルティング　2018.9　158p　19cm　〈他言語標題：The Reason Why I of the Wheelchair Became a Medical Social Worker in the United States　年譜あり〉　発売：幻冬舎　1200円　Ⓘ978-4-344-91865-8　Ⓝ289.1

|内容| 誕生から世間一般で言う"障害者"になるまで　大阪警察病院入院時代　退院　大阪大学附属病院入院時代　私の家族　院内学級と地域の受け入れ体制　退院後の学生生活　大阪女学院短期大学時代　カリフォルニア州立大学ノースリッジ校時代　南カリフォルニア大学大学院ソーシャルワーク科医療専攻　就職活動から社会人　持病の再燃　今の私　今後

上原　義一郎〔1926～〕　うえはら・ぎいちろう
◇わが道を行く　上原義一郎著　日本図書刊行会　2016.2　119p　21cm　〈発売：近代文藝社〉　1200円　Ⓘ978-4-8231-0931-7　Ⓝ289.1
|内容| 第1章 婦人服専門店を目指して　第2章 高級婦人服店への転換と新店舗の建設　第3章 前橋店の建設より撤退まで

上原　熊次郎〔?～1827〕　うえはら・くまじろう
◇北門の功労者—アイヌ語通訳・上原熊次郎　寿々方著　江戸がたり　2017.3　100p　21cm　〈文献あり〉　1300円　Ⓝ289.1

上原　専禄〔1899～1975〕　うえはら・せんろく
◇シリーズ日蓮　5　現代世界と日蓮　小松邦彰, 西山茂, 上杉清文, 末木文美士, 花野充道編集委員　上杉清文, 末木文美士責任編集　著　春秋社　2015.5　410p　22cm　〈他言語標題：Series NICHIREN〉　4000円　Ⓘ978-4-393-17355-8　Ⓝ188.92
|内容| 序章 一九六八年の思想と立正安国　1 近代教学と日蓮思想（日蓮教学の展開と論争—近世から近代へ　戦後の日蓮論　世俗化と日蓮仏教—松戸行雄の「凡夫本仏論」をめぐって）　2 国家と日蓮思想（国家・国体と日蓮思想（田中智学を中心に）　清水梁山の生涯と思想）　超国家主義と日蓮思想—最後の高山樗牛　宗教と暴力—日蓮の思想と信仰を中心に）　3 他者と日蓮思想（上原専禄の生涯と思想／日蓮と死者をめぐって　他者と日蓮認識—上原専禄を中心として　他者との関わり—法華＝日蓮系新宗教における他者と公共性　悲しみの日蓮・回向・葬式仏教）　4 生命と日蓮思想（修羅の科学者 宮沢賢治　霊性の宇宙—宮沢賢治と法華経　生命論と日蓮思想　環境と共生）

上原　拓也　うえはら・たくや
◇第二の青春、人生を蘇らせる男　上原拓也氏　上原拓也語り手, 星出豊著作・聞き手　さいたま　知玄舎　2014.9　62p　21cm　（対談集「人」シリーズ 第2回）　Ⓘ978-4-907875-11-4　Ⓝ289.1

上原　典礼〔1832～1924〕　うえはら・てんれい
◇評伝　天草五十人衆　天草学研究会編　福岡　弦書房　2016.8　317p　22cm　〈文献あり　年表あり　索引あり〉　2400円　Ⓘ978-4-86329-138-6　Ⓝ281.94
|内容| ステージ1 五人衆の時代、そして…　ステージ2 天領天草の村々　ステージ3 祈りの島で　ステージ4 耕す、漁る　ステージ5 実業の世をひらく　ステージ6 潮路はるかに　ステージ7 文学・歴史・言論　ステージ8 あの頃、この人　ステージ9 島の現実、国の行く末　ステージ10 一筋の道　ステージ特別編 群像二題（天草の石文化と松室五郎左衛門　牛深カツオ漁の男たち）

上原 敏〔1908～1944〕 うえはら・びん
◇アイケ・コプチャタの唄―歌手・上原敏の数奇な生涯を追って 大西功著 秋田 秋田魁新報社 2014.10 231p 19cm 〈年譜あり 文献あり〉 1500円 ⓘ978-4-87020-365-5 Ⓝ767.8

上原 洋允〔1933～〕 うえはら・よういん
◇大学改革の道―未来を見据えた生きた教育を 上原洋允著 吹田 関西大学出版部 2017.7 363p 22cm 〈文献あり〉 1800円 ⓘ978-4-87354-660-5 Ⓝ377.28

内容 第1章「学びの廷」(自伝)「法と共に」(プロフィール) 子ども時代は戦争中―戦時下の小学生 大阪に出て働きながら学ぶ―わが苦学生体験 ほか 第2章 上原洋允の「大学教育改革」(法曹界から教育界へ―法科の関大の危機 「建学の精神」の今日的意義―自由な批判精神を培う 学ぶことは希望につながる―教えることと学ぶこと ほか) 第3章 上原洋允と「教育を語る」対象・インタビュー・コメント(「誌上対談」(関西大学・広報誌Reedより) 「紙上インタビュー」(新聞掲載) 「紙上対談」ほか)

上原 龍造 うえはら・りゅうぞう
◇路地の子 上原善広著 新潮社 2017.6 238p 20cm 1400円 ⓘ978-4-10-336252-4 Ⓝ289.1

内容 第1章 昭和三九年、松原市・更池―「今さら命乞いしても遅いわ。そこでジッとしとれッ」 第2章 食肉業に目覚めた「突破者」の孤独―「オレの周りのええ人は、みんなおれへんようになってまう…」 第3章 牛を屠り、捌きを習得する日々―「オレは捌き職人やで。ケイちゃんさえ付いてきてくれたら、どないなと食べていけるから」 第4章 部落解放運動の気運に逆らって―「金さえあれば差別なんかされへん」 第5章 「同和利権」か、「目の前の銭」か―「人間は、己の実益が絡んでこそ本気になる」 第6章 新同和会南大阪支部長に就く―「オレやて、もう後には引けませんねや」 第7章 同和タブーの崩壊を物ともせず―「ワシの勘はまだ、鈍ってないなと思ったな」

上間 初枝〔1930～2015〕 うえま・はつえ
◇母の問わず語り―辻遊郭追想 真喜志きさ子著 那覇 琉球新報社 2017.11 213p 21cm 〈発売：琉球プロジェクト〔那覇〕〉 2250円 ⓘ978-4-89742-228-2 Ⓝ772.1

植松 弘祥〔1931～〕 うえまつ・こうしょう
◇日展書家 植松弘祥―書の実学者 小関正男著〔東根〕〔小関正男〕 2017.5 54p 21cm Ⓝ728.216

植村 一子〔1935～〕 うえむら・かずこ
◇一露の素舞 植村一子著 杉並けやき出版 2015.8 260p 20cm ⓘ978-4-86058-121-3 Ⓝ289.1

植村 隆〔1958～〕 うえむら・たかし
◇真実―私は「捏造記者」ではない 植村隆著 岩波書店 2016.2 235p 19cm 〈年表あり〉 1800円 ⓘ978-4-00-061094-0 Ⓝ070.16

内容 第1章 閉ざされた転職の道 第2章「捏造」と呼ばれた記事 第3章 韓国・朝鮮との出会い 第4章 反転攻勢、闘いの始まり―不当なバッシングには屈しない 第5章「捏造」というレッテルが「捏造」 第6章 新たな闘いへ向かって

上村 武男〔1943～〕 うえむら・たけお
◇遠い道程―わが神職累代の記 上村武男著 名古屋 人間社 2017.1 284p 19cm 1400円 ⓘ978-4-908627-10-1 Ⓝ172.8

内容 ひげの神主さんは、馬に乗って―。(曽祖父のことなど) 十で神童、十五で才子、二十過ぎれば…。(祖父のこと(1)) 小学教員、苦学生、そして歌。(祖父のこと(2)) 恋愛結婚、事業挫折、浪人暮らし。(祖父のこと(3)) 転居、神職、そして終焉。(祖父のこと(4)) 少年のかなしみ―出自・貧乏・病気。(父のこと(1)) 風のなかの青春―俳句、そして室戸台風。(父のこと(2)) 生と死の昭和十年代―妹の死、結婚、そして村やしろの神官へ。(父のこと(3)) 村やしろ神職の戦時経済事情―母の家計簿から。(父のこと(4)) 悲劇前夜―ふたりの子の親、新社務所、そして戦局悪化。(父のこと(5)) 悲劇の神官―戦中日記から。(父のこと(6)) 余生、それとも新生―戦後の父の在りどころ。(父のこと(7)) 神職になるまで―不良息子の育ち方。(自分のこと(1))「村の神官」―宮司就任、神道青年会、そして著述。(自分のこと(2)) 歴史の井戸の奥底へ―山陰紀行、阪神大震災、そして祝詞論。(自分のこと(3))

上村 忠男〔1941～〕 うえむら・ただお
◇回想の1960年代 上村忠男著 ぷねうま舎 2015.4 256p 20cm 2600円 ⓘ978-4-906791-44-6 Ⓝ289.1

内容 青春時代の真ん中は 旅立ち デモまたデモの日々 帰郷運動 戦後民主教育の落とし子 新島の闘い 国家独占資本主義論から構造改革論へ 旅立ちふたたび 運動再編期の渦中で 題名のない同人誌とヌーヴェルヴァーグ トリアッティ путь(プーチ)路線への疑念 評議会幻想 曲がり角に立って グラムシに導かれてイタリア史研究へ 一からの出直し

上村 達也〔1963～〕 うえむら・たつや
◇キャバクラ病院(ホスピタル)"一直線(まっしぐら)"―破天荒～ガン克服の駆け込み寺、それは「キャバクラ」 上村達也著 モッツコーポレーション 2018.1 201p 19cm 〈発売：展望社〉 1600円 ⓘ978-4-88546-340-2 Ⓝ289.1

内容 第1章 上村家の血を引く者は、まじめに生きろ(まじめな家族、親戚に囲まれて 弟とまるで正反対 ほか) 第2章 お山の大将で終わるのか、「熊本の上村」になるか("雲の上の人"との出会い 激しい山道抗争が始まる ほか) 第3章 運送会社社長奮闘記(おじの運送会社に勤めたものの… 初めての結婚、娘が誕生 ほか) 第4章 The Dream夢を叶えるために(格闘技との出会い 熊本地震発生 ほか) 付録 上村達也・高須基仁対談 完全版

植村 直己〔1941～1984〕 うえむら・なおみ
◇植村直己・夢の軌跡 湯川豊著 文藝春秋 2017.1 326p 16cm (文春文庫 ゆ12-1) 〈2014年刊の加筆 年譜あり〉 750円 ⓘ978-4-16-790779-2 Ⓝ289.1

内容 始まりと終わり 単独行 冒険家の食欲 先住民に学ぶ 冒険旅行に出る前に 現地から届いた手

紙　『青春を山に賭けて』の時代　エベレストを越えて　故郷　エスキモー犬　北極点単独行　公子さんのこと　南極の夢　マッキンリーの氷雪に消えた

◇未完の巡礼―冒険者たちへのオマージュ　神長幹雄著　山と渓谷社　2018.3　301p　20cm　〈文献あり〉　1700円　①978-4-635-17822-8　Ⓝ281

内容 植村直己―時代を超えた冒険家　長谷川恒男―見果てぬ夢　星野道夫―生命へのまなざし　山田昇―十四座の壁　河野兵市―リーチングホーム　小西政継―優しさの代償

上村　秀男〔1912～1977〕うえむら・ひでお

◇遠い道程―わが神職累代の記　上村武男著　名古屋　人間社　2017.1　284p　19cm　1400円　①978-4-908627-10-1　Ⓝ172.8

内容 ひげの神主さんは、馬に乗って―。(曽祖父のことなど)　十で神童、十五で才子、二十歳過ぎれば…。(祖父のこと(1))　小学教員、苦学生、そして歌。(祖父のこと(2))　恋愛結婚、事業挫折、浪人暮らし。(祖父のこと(3))　転居、神職、そして終焉。(祖父のこと(4))　少年のかなしみ―出自・貧乏・病気。(父のこと(1))　風のなかの青春―俳句、そして室戸台風。(父のこと(2))　生と死の昭和十年代―妹の死、結婚、そして村やしろの神官へ。(父のこと(3))　村やしろ神職の戦時経済事情―母の家計簿から。(父のこと(4))　悲劇前夜―ふたりの子の親、新社務所、そして戦局悪化。(父のこと(5))　悲劇の神官―戦中日記から。(父のこと(6))　余生、それとも新生―戦後の父の在りどころ。(父のこと(7))　神職になるまで―不良息子の育ち方。(自分のこと(1))　「村の神官」―宮司就任、神道青年会、そして著述。(自分のこと(2))　歴史の井戸の奥底へ―山陰紀行、阪神大震災、そして祝詞論。(自分のこと(3))

上村　秀次〔1881～1956〕うえむら・ひでつぐ

◇遠い道程―わが神職累代の記　上村武男著　名古屋　人間社　2017.1　284p　19cm　1400円　①978-4-908627-10-1　Ⓝ172.8

内容 ひげの神主さんは、馬に乗って―。(曽祖父のことなど)　十で神童、十五で才子、二十歳過ぎれば…。(祖父のこと(1))　小学教員、苦学生、そして歌。(祖父のこと(2))　恋愛結婚、事業挫折、浪人暮らし。(祖父のこと(3))　転居、神職、そして終焉。(祖父のこと(4))　少年のかなしみ―出自・貧乏・病気。(父のこと(1))　風のなかの青春―俳句、そして室戸台風。(父のこと(2))　生と死の昭和十年代―妹の死、結婚、そして村やしろの神官へ。(父のこと(3))　村やしろ神職の戦時経済事情―母の家計簿から。(父のこと(4))　悲劇前夜―ふたりの子の親、新社務所、そして戦局悪化。(父のこと(5))　悲劇の神官―戦中日記から。(父のこと(6))　余生、それとも新生―戦後の父の在りどころ。(父のこと(7))　神職になるまで―不良息子の育ち方。(自分のこと(1))　「村の神官」―宮司就任、神道青年会、そして著述。(自分のこと(2))　歴史の井戸の奥底へ―山陰紀行、阪神大震災、そして祝詞論。(自分のこと(3))

植村　正久〔1858～1925〕うえむら・まさひさ

◇新島襄と明治のキリスト者たち―横浜・築地・熊本・札幌バンドとの交流　本井康博著　教文館　2016.3　389,7p　22cm　〈索引あり〉　3800円　①978-4-7642-9969-6　Ⓝ198.321

内容 1　新島襄と四つの「バンド」　2　横浜バンド(S.R.ブラウン　J.H.バラ　植村正久　井深梶之助　押川方義　本多庸一　松村介石　粟津高明)　3　築地バンド(C.カロザース　田村直臣　原胤昭)　4　熊本バンド(L.L.ジェーンズ　小崎弘道)　5　札幌バンド(W.S.クラーク　内村鑑三　新渡戸稲造　大島正建)

植村　和堂〔1906～2002〕うえむら・わどう

◇清和70年植村和堂の足跡　植村齊編　清和書会　2018.7　95p　26cm　Ⓝ728.216

植本　一子〔1984～〕うえもと・いちこ

◇家族最後の日　植本一子著　太田出版　2017.2　299p　20cm　1700円　①978-4-7783-1555-9　Ⓝ740.21

内容 母の場合　義弟の場合　夫の場合

上柳　昌彦〔1957～〕うえやなぎ・まさひこ

◇定年ラジオ　上柳昌彦著　三才ブックス　2018.9　222p　19cm　1300円　①978-4-86673-068-4　Ⓝ289.1

内容 ラジオパーソナリティー夜明け前　転校生だった僕とラジオ　アナウンサーへと導かれし頃　先輩の溜まり場とジャンケンマン　華やかし頃、音楽番組の日々　仕事のない日々タモリさんとの出会い　荒馬に乗って、見たことのない景色を　2つの「サプライズ」　鶴瓶師匠とGOOD DAY　その場にいた東日本大震災　朝がほのぼの明ける頃　退職の日そして前立腺がん　これからのラジオ　こらからの人生

上山　春平〔1921～2012〕うえやま・しゅんぺい

◇京都学派　菅原潤著　講談社　2018.2　264p　18cm　(講談社現代新書　2466)〈文献あり〉　900円　①978-4-06-288466-2　Ⓝ121.6

内容 プロローグ　なぜ今、京都学派なのか　第1章　それは東大から始まった―フェノロサから綱島梁川まで　第2章　京都学派の成立―西田幾多郎と田辺元　第3章　京都学派の展開―京大四天王の活躍と三木清　第4章　戦後の京都学派と新京都学派―三宅剛一と上山春平　エピローグ　自文化礼賛を超えて―京都学派のポテンシャル

ウォン, ティム

◇40兆円の男たち―神になった天才マネジャーたちの素顔と投資法　マニート・アフジャ著, 長尾慎太郎監修, スペンサー倫亜訳　パンローリング　2015.3　415p　20cm　(ウィザードブックシリーズ　224)　2800円　①978-4-7759-7184-0　Ⓝ338.8

内容 第1章　レイ・ダリオ―グローバルマクロの達人　第2章　ピエール・ラグランジュとティム・ウォン―人間対マシン　第3章　ジョン・ポールソン―リスクアービトラジャー　第4章　マーク・ラスリーとソニア・ガードナー―ディストレス債券の価値探求者　第5章　デビッド・テッパー―恐れを知らない先発者　第6章　ウィリアム・A.アックマン―アクティビストの答え　第7章　ダニエル・ローブ―毒舌で有名なマネジャー　第8章　ジェームズ・チェイノス―金融界

の探偵　第9章　ボアズ・ワインシュタイン――デリバティブの草分け

鵜飼　栄子〔1928～〕　うかい・えいこ
◇微笑みをつないで――教会と共に90年　鵜飼栄子著，梅津順一，梅津裕美聞き手　教文館　2018.5　151p　19cm　〈年譜あり〉　1500円　①978-4-7642-9976-4　Ⓝ198.72

鵜飼　俊吾〔1939～〕　うかい・しゅんご
◇「一灯照隅」を経営理念とする堅実経営「利他の心」で勝ち抜くニッチ企業　鵜飼俊吾著　法令出版　2015.8　239p　20cm　〈年譜あり〉　Ⓝ289.1
◇人橋を架ける――起業・独立次に続く立志の若者へのメッセージ　塩原勝美，鵜飼俊吾，村山壮人著　全国編集プロダクション協会　2018.2　280p　21cm　〈発売：三恵社(名古屋)〉　2250円　①978-4-86487-799-2　Ⓝ335.35
内容　第1章　自分の気持ちに正直に生き抜いてきた（「人生を顧みて思うこと―総括」　故郷での生活　上京、就職そして転職　ほか）　第2章　受けた恩は「恩返し」「恩送り」、それを次世代へ（岐阜県瑞浪市に生まれる　名古屋で会社を設立するも、わずか三年で倒産　安岡正篤師との出会い　ほか）　第3章　一度きりしかない人生（一度きりしかない人生なんですよ　おばあちゃん、大好き　われ十有五にして学に志し　ほか）　第4章　鼎談・たった一度の人生、自分の人生は自らの手で切り開くしかない

鵜飼　徹定〔1814～1891〕　うがい・てつじょう
◇牧田諦亮著作集　第6巻　浄土教研究・徹定上人研究　牧田諦亮著，『牧田諦亮著作集』編集委員会編　京都　臨川書店　2014.9　349p　23cm　〈付属資料：4p：月報　年譜あり〉　10000円　①978-4-653-04206-8　Ⓝ182.22
内容　第1部　中国浄土教研究（善導――中国仏教史上の善導像とその教え　善導大師とその教え　人間像善導　中国浄土教史上における玄中寺の地位　大足石刻と観経変　紫栢真可とその浄土教）　第2部　徹定上人研究（徹定上人の生涯　徹定上人の古経蒐集　古経堂詩文鈔について　エドキンスと徹定　行誡と徹定　徹定上人年譜稿）

鵜飼　良平〔1937～〕　うかい・りょうへい
◇そば屋のおやじのひとりごと――上野やぶそば三代目　鵜飼良平著，大槻茂取材・構成　三一書房　2016.3　143p　20cm　〈文献あり　索引あり〉　1600円　①978-4-380-16000-4　Ⓝ673.971
内容　第1章　鵜飼良平の素顔（江戸そば　そば切りと文献　江戸そばの修業　生い立ち　良平の本音　主な修業先と恩人　結婚）　第2章　上野やぶそば（薮の源流　上野やぶの人たち　三代目　上野やぶの素材　上野やぶの枝）　第3章　良平、大いに語る（おいしいそば　脇役　高いか安いか　指導の思い）

宇垣　一成〔1868～1956〕　うがき・かずしげ
◇宇垣一成と戦間期の日本政治――デモクラシーと戦争の時代　髙杉洋平著　吉田書店　2015.2　322p　22cm　〈年譜あり　索引あり〉　3900円　①978-4-905497-28-8　Ⓝ312.1
内容　第1部「軍縮」の時代（宇垣軍縮の再検討　満州事変と第二次軍制改革）　第2部　宰相への道（「宇垣時代」の陸軍派閥対立再考　宇垣一成と「統帥権独立」の政治論理　宇垣「流産」内閣の組閣過程）　第3部　戦争の時代（宇垣一成と日中戦争の全面化　「宇垣外交」の構想と蹉跌）
◇昭和史講義　3　リーダーを通して見る戦争への道　筒井清忠編　筑摩書房　2017.7　302p　18cm　（ちくま新書　1266）　900円　①978-4-480-06977-1　Ⓝ210.7
内容　加藤高明――二大政党政治の扉　若槻礼次郎――世論を説得しようとした政治家の悲劇　田中義一――政党内閣期の軍人宰相　幣原喜重郎――戦前期日本の国際協調外交の象徴　浜口雄幸――調整型指導者と立憲民政党　犬養毅――野党指導者の奇遇　岡田啓介――「国を思う狸」の功罪　広田弘毅――「協和外交」の破綻から呆け者へ　宇垣一成――「大正デモクラシー」が生んだ軍人　近衛文麿――アメリカという「幻」に賭けた政治家　米内光政――天皇の絶対的な信頼を得た海軍展　松岡洋右――ポピュリストの誤算　東条英機――ヴィジョンなき戦争指導者　鈴木貫太郎――選択としての「聖断」　重光葵――対中外交の可能性とその限界

宇垣　纒〔1890～1945〕　うがき・まとめ
◇最後の特攻宇垣纒――連合艦隊参謀長の生と死　小山美千代著　潮書房光人新社　2018.3　309p　16cm　（光人社NF文庫　ぬ1057）（光人社　2002年刊の加筆、訂正　文献あり）　840円　①978-4-7698-3057-3　Ⓝ289.1
内容　第1章　山本長官の死　第2章　自慢の花嫁　第3章　阿呆作戦　第4章　一時帰国　第5章　捷一号作戦出撃　第6章　レイテ湾の砲声　第7章　妻への悔恨　第8章　第五航空艦隊着任　第9章　特攻基地の沈鬱　第10章　八月十五日の決死行

宇梶　静江〔1933～〕　うかじ・しずえ
◇ひとびとの精神史　第6巻　日本列島改造――1970年代　杉田敦編　岩波書店　2016.1　298,2p　19cm　2500円　①978-4-00-028806-4　Ⓝ281.04
内容　プロローグ　一九七〇年代――「公共性」の神話　1　列島改造と抵抗（田中角栄――列島改造と戦後日本政治　小泉よね――三里塚の一本杉　宮崎省吾――住民自治としての「地域エゴイズム」　宇梶静江――関東アイヌの呼びかけ）　2　管理社会化とその底流（吉本隆明と藤田省三――「大衆の原像」の起源と行方　岩根邦雄――「おおぜいの私」による社会参加　小野壮吉祥之――仕事のありかたを問う労働組合運動の模索）　3　アジアとの摩擦と連帯（小野田寛郎と横井庄一――豊かな社会に出現した日本兵　金芝河と日韓連帯運動を担ったひとびと　金順烈――アジアの女性たちを結ぶ）

浮田　和民〔1859～1946〕　うきた・かずたみ
◇浮田和民物語――自由主義者の軌跡　栄田卓弘著　日本評論社　2015.4　401p　22cm　〈文献あり　年譜あり〉　3700円　①978-4-535-58677-2　Ⓝ289.1
内容　第1章　浮田和民の略伝　第2章　同志社時代の宗教観（ジェーンズの影響　外国人宣教師との対立　ほか）　第3章　自由主義者として（自由主義、民主主義反骨の言論人として）　第4章　倫理的帝国主義者として（倫理的帝国主義　韓国併合問題　ほか）　第5

章 第一次世界大戦と浮田（世界大戦観 大戦と民主主義、民族主義 ほか） 第6章 戦後処理問題（パリ平和会議と国際連盟 パリ平和会議と日本） 第7章 戦後の日本と国際関係（ワシントン会議 浮田の時局論 ほか） 第8章 満州事変と日中戦争支持（問題点 満州事変の概略 ほか） 第9章 健たなる自由主義、民主主義（反ファシズム、反ボルシェヴィズム ほか） 第10章 宗教論2―新しい宗教への模索（内外における諸宗教相互理解の動き 神とキリスト観 ほか）

◇新編 同志社の思想家たち 上 沖田行司編著 京都 晃洋書房 2018.5 217p 19cm 〈他言語標題：THINKERS of DOSHISHA〉 2200円 ⓘ978-4-7710-3055-8 Ⓝ121.02

内容 第1章 新島襄―「私立」する精神 第2章 山本覚馬―京都の近代化と同志社創設の立役者 第3章 横井時雄―「日本風」のキリスト教の模索 第4章 海老名弾正―「実験」に支えられた「異端」者の生涯 第5章 浮田和民―「半宗教家」「全教育家」として 第6章 元良勇次郎―日本初の心理学者 第7章 原田助―国際主義を唱えた同志社人 第8章 大西祝―短き生涯が遺したもの 第9章 山室軍平―神と平民の為に 第10章 安部磯雄―理想と現実のはざまで

浮田 佐平〔1867～1939〕 うきだ・さへい
◇幻の佐平焼―油滴天目茶器への挑戦 二代目・浮田佐平監修，浮田順子，北山三和枝，國米欣明共著 岡山 吉備人出版 2015.1 115p 図版6枚 21cm 〈文献あり〉 1400円 ⓘ978-4-86069-409-8 Ⓝ751.1

内容 第1部 浮田窯と佐平焼（七十五年目の検証）（残された数少ない資料をもとに 日用品ではなく花器で勝負をしたい ほか） 第2部 「佐平焼」の命運を左右した釉薬（釉薬の魅力と落とし穴 遺品に残された重要な証拠 ほか） 第3部 「売らずの佐平焼」と言われて（結晶釉の情報集めの努力 勘による釉薬調合への挑戦 ほか） 第4部 壮大な男のロマン（栄光の佐平焼 耐熱セラミックを焼いたエピソード ほか） 第5部 「浮田窯」廃窯への道（戦争・本業の斜陽化・病魔 子どもたちが見た佐平の晩年 ほか）

宇喜多 直家〔1529～1581〕 うきた・なおいえ
◇名君保科正之―歴史の群像 中村彰彦著 完全版 河出書房新社 2016.3 295p 15cm （河出文庫 む37-1）〈初版：文春文庫 1996年刊〉 880円 ⓘ978-4-309-41443-0 Ⓝ281.04

内容 第1部 名君 保科正之と遺臣たち（名君 保科正之―その一 生い立ちと業績 名君 保科正之―その二 名君 保科正之―その三 清らかさと慈愛と無私の心 ほか） 第2部 保科正之以前（蜂須賀正勝―天下取りに尽力した帷幄の名将 宇喜多直家―刺客を繰る鬼謀の将 宇喜多秀家―配流生活に耐えさせた望郷の思い ほか） 第3部 保科正之以降（川路聖謨―幕府に殉じたエリート官僚 勝海舟 徳川慶喜―その一 ほか）

宇喜多 秀家〔1572～1655〕 うきた・ひでいえ
◇宇喜多秀家と明石掃部 大西泰正著 岩田書院 2015.5 141p 21cm 1850円 ⓘ978-4-87294-890-5 Ⓝ288.3

内容 1 宇喜多秀家とその周辺（豊臣期宇喜多氏権力論 文禄期「唐入り」における宇喜多秀家の立場について 宇喜多秀家家の処分をめぐって 小瀬中務と小瀬甫庵 宇喜多氏研究の困難とその可能性 宇喜多氏の石高をめぐって） 2 明石掃部の研究（明石掃部の考察 関ヶ原合戦以後の明石掃部 明石掃部の人物）

◇名君保科正之―歴史の群像 中村彰彦著 完全版 河出書房新社 2016.3 295p 15cm （河出文庫 む37-1）〈初版：文春文庫 1996年刊〉 880円 ⓘ978-4-309-41443-0 Ⓝ281.04

内容 第1部 名君 保科正之と遺臣たち（名君 保科正之―その一 生い立ちと業績 名君 保科正之―その二 名君 保科正之―その三 清らかさと慈愛と無私の心 ほか） 第2部 保科正之以前（蜂須賀正勝―天下取りに尽力した帷幄の名将 宇喜多直家―刺客を繰る鬼謀の将 宇喜多秀家―配流生活に耐えさせた望郷の思い ほか） 第3部 保科正之以降（川路聖謨―幕府に殉じたエリート官僚 勝海舟 徳川慶喜―その一 ほか）

◇宇喜多秀家 大西泰正著 戎光祥出版 2017.10 111p 21cm （シリーズ〈実像に迫る〉013）〈文献あり 年譜あり〉 1500円 ⓘ978-4-86403-261-2 Ⓝ289.1

内容 第1部 直家の台頭と秀家の栄華（宇喜多氏領国の確定（宇喜多氏勃興の通説・新説 宇喜多直家の台頭 ほか） 秀家の成長と豊臣大名宇喜多氏（華々しい戦歴 第一次朝鮮出兵の顛末 ほか）） 第2部 秀家の没落と復権の夢（宇喜多騒動と関ヶ原合戦（太閤秀吉の最期 動揺する豊臣政権 ほか） 八丈島の「宇喜多一類」（秀家の逃避行と妻子の動向 秀家はなぜ助命されたのか ほか））

◇宇喜多秀家と豊臣政権―秀吉に翻弄された流転の人生 渡邊大門著 洋泉社 2018.10 271p 18cm （歴史新書y 080）〈文献あり 年譜あり〉 980円 ⓘ978-4-8003-1580-9 Ⓝ289.1

内容 宇喜多氏の出自と前史 第1部 豊臣政権の"栄光の時代"を生きる（青年大名・宇喜多秀家 天下統一戦を戦った秀家 秀家の栄達と芸能好み 検地・軍事動員と文禄・慶長の役） 第2部 御家騒動、関ヶ原、そして挫折へ（秀吉死後の急迫する情勢 関ヶ原合戦と戦後処理 逃亡生活から八丈島・遠島へ）

宇喜多 秀隆〔1591～1648〕 うきた・ひでたか
◇宇喜多秀家の周辺―論文集 大西泰正著 野々市 論文集宇喜多秀家の周辺刊行会 2015.12 63p 21cm 非売品 Ⓝ281

◇宇喜多秀家の周辺―論文集 大西泰正著 増補版 岡山 宇喜多家史談会 2016.12 109p 21cm 非売品 Ⓝ281

内容 はしがき/増補版刊行にあたって 樹正院の後半生 宇喜多孫九郎秀隆の基礎的考察 中村家正関係史料目録稿 『乙夜之書物』にみる宇喜多騒動 明石掃部の娘 明暦二年の浮田小平次 加賀藩前田家と八丈島宇喜多一類

請井 雪子〔1905～1983〕 うけい・せつこ
◇生活改善と請井雪子―七郷一色婦人会の運動 請井雪子著，吉田豊編著 筑波書房 2015.2 206p 21cm 2000円 ⓘ978-4-8119-0462-7 Ⓝ289.1

内容 第1部 雪子の手記・原稿（祖父の想い出 祖父の兄・山崎又市と私の古里・船明のこと 父と母との

想いで　義父のことを思い出して　私の青春の終わり　ほか）　第2部　資料・記事より（『一色部落の婦人たち』(全国愛農会本部発行）　婦人会会員の声（『主婦と生活』誌による座談会の様子）　バス停文庫の取り組み（地方紙の記事より）　見学者受入についで　社会学級出張控（講演等の記録）　ほか）

宇佐美 貴史〔1992〜〕　うさみ・たかし

◇アホが勝ち組、利口は負け組―サッカー日本代表進化論　清水英斗著　秋田書店　2018.6　190p　19cm　1300円　Ⓘ978-4-253-10106-6　Ⓝ783.47

内容　日本代表進化論　理想は進化、現実は退化　日本代表進化論　選手編（原口元気―モノクロームの元気　岡崎慎司―アホの岡崎　遠藤航―がんばれ！　ニッポンの父！　宇佐美貴史―「行ってるやん」の絶壁　吉田麻也―"大ポカ"の汚名を返上せよ！　柏木陽介―だって、人間だもの。　長谷部誠―キレッ早のキャプテン　長友佑都―左を制する者は、世界を制す！　柴崎岳―キャノンシュートの秘密は、弓槙野智章―カネでは買えない男！　ほか）

宇佐美 ミサ子〔1930〜〕　うさみ・みさこ

◇私の戦後史―私的体験を通して　宇佐美ミサ子著　秦野　夢工房　2015.8　155p　21cm　〈文献あり〉　1500円　Ⓘ978-4-86158-067-3　Ⓝ289.1

宇沢 弘文〔1928〜2014〕　うざわ・ひろふみ

◇経済と人間の旅　宇沢弘文著　日本経済新聞出版社　2014.11　292p　20cm　2000円　Ⓘ978-4-532-35625-5　Ⓝ289.1

内容　第1部　私の履歴書（経済学者―人間回復、考える時に　米子生まれ―教育・医療を尊ぶ風土　一家上京―父が商売失敗、苦境に　一中の自由―高度な数学、熱中する　勤労動員―作業抜け出し川遊び　ほか）　第2部　人間と経済学（混迷する近代経済学の課題　拡大する新たな不均衡―短期的危機回避も限界　現実から遊離した新古典派―偏向した命題を導く　ヴェブレンとケインズ経済学　戦後経済学の発展　ほか）

◇宇沢弘文のメッセージ　大塚信一著　集英社　2015.9　217p　18cm　（集英社新書　0801）　740円　Ⓘ978-4-08-720801-6　Ⓝ289.1

内容　序章　数学から経済学へ（東京大学数学科入学まで　数理経済学者の誕生）　第1章　アメリカでの活躍とベトナム戦争の影（渡米、スタンフォード大学へ　剽窃疑惑　ほか）　第2章　自動車の社会的費用（帰国、東京大学経済学部助教授　満を持した処女作執筆　ほか）　第3章　近代経済学の再検討―宇沢思想の出発（公害問題に立ち向かう　『近代経済学の再検討』における新古典派理論の批判　ほか）　第4章　「豊かな国」の貧しさ（宇沢が持ってきた三つのダンボール箱　『経済学の考え方』を書く―一二年間の熟成　ほか）　第5章　「成田」問題とはなにか（成田闘争の経緯　『「成田」とは何か』―隅谷調査団への参加　ほか）　第6章　地球温暖化に抗して（地球温暖化問題に取り組む　『地球温暖化を考える』の内容　ほか）　第7章　著作集の刊行、そして教育問題への提言（『著作集』収録リストから見えてくるもの　教育への深い関心　ほか）　終章　社会的共通資本という思想（社会的共通資本の基本的な考え方　いくつかの補足的な論点　ほか）

◇経済と人間の旅　宇沢弘文著　日本経済新聞出版社　2017.10　301p　15cm　（日経ビジネス人文庫　う8-1）　1000円　Ⓘ978-4-532-19837-4　Ⓝ289.1

内容　第1部　私の履歴書（経済学者―人間回復、考える時に　米子生まれ―教育・医療を尊ぶ風土　一家上京―父が商売失敗、苦境に　一中の自由―高度な数学、熱中する　勤労動員―作業抜け出し川遊び　ほか）　第2部　人間と経済学（混迷する近代経済学の課題　拡大する新たな不均衡―短期的危機回避も限界　現実から遊離した新古典派―偏向した命題を導く　ヴェブレンとケインズ経済学　戦後経済学の発展　ほか）

牛尾 治朗〔1931〜〕　うしお・じろう

◇人生の転機　桜の花出版編集部著　新装版　桜の花出版　2014.10　278p　18cm　〈表紙のタイトル：The Turningpoint　初版の出版者：維摩書房　発売：星雲社〉　890円　Ⓘ978-4-434-19776-5　Ⓝ281.04

内容　第1章　三枝成彰氏（作曲家）　第2章　エズラ・ヴォーゲル氏（ハーバード大学教授）　第3章　牛尾治朗氏（ウシオ電機会長）　第4章　故・冨士信夫氏（歴史研究家）　第5章　故・轉法輪奏氏（大阪商船三井会長）　第6章　故・佐原真氏（国立民族博物館館長）　第7章　千住博氏（日本画家）　第8章　吉原すみれ氏（パーカッショニスト）　第9章　故・渡邊格氏（生命科学者・慶応大学名誉教授）　第10章　椎名武雄氏（日本IBM会長）

うしお そうじ〔1921〜2004〕

◇伝説のアニメ職人（クリエーター）たち―アニメーション・インタビュー　第1巻　星まこと編・著　まんだらけ出版部　2018.5　277p　21cm　〈索引あり〉　1800円　Ⓘ978-4-86072-142-8　Ⓝ778.77

内容　大工原章・アニメーター、画家　森川信英・アニメーター　うしおそうじ（鷺巣富雄）・漫画家、元ピープロダクション社長　石黒昇・演出家　荒木伸吾・アニメーター・イラストレーター　金山明博・アニメーター・絵師　鳥海永行・演出家・作家　北原健雄・アニメーター　巻末特別企画　十九年目の「アニメーション・インタビュー」金山明博　解説（五味洋子・アニメーション研究家）

潮田 長助　うしおだ・おさすけ

◇わが道の真実一路―歴史随想　億劫の花に咲く十話　1　山田一生編著　松阪　夕刊三重新聞社　2014.3　152p　19cm　〈文献あり〉　1800円　Ⓘ978-4-89658-003-7　Ⓝ281.04

内容　第1話　長慶天皇ご本紀と行宮伝説の研究　第2話　蒲生氏郷とキリスト教　第3話　上田秋成（号・無腸）"相撲老て京に住けり妻しあれば"の句作に就いて　第4話　潮田長助と赤穂義士又之丞高教の生涯　第5話　骨董商S氏との好日…中川乙由と森川千代女と加賀千代女　第6話　風雲の風芸人　上島鬼贯と高島弥兵衛　第7話　俳家奇人　子菟　第8話　剛力無双の鎌田又八　第9話　松阪が生んだ神童棋士　小川道的　第10話　麦の舎　高畠式部

潮田 高教〔1669〜1703〕　うしおだ・たかのり

◇わが道の真実一路―歴史随想　億劫の花に咲く

十話 1　山田一生編著　松阪　夕刊三重新聞社　2014.3　152p　19cm　〈文献あり〉　1800円　Ⓘ978-4-89658-003-7　Ⓝ281.04

内容　第1話 長慶天皇ご本紀と行宮伝説の研究　第2話 蒲生氏郷とキリスト教　第3話 上田秋成（号・無腸）"相撲老て京に住けり妻しあれば"の句作に就いて　第4話 潮田長助と赤穂義士又之丞高教の生涯　第5話 骨董商S氏との好日…中川乙由と森川千代女と加賀千代女　第6話 風雲の陶芸人 上島弥兵衛　第7話 俳家奇人 子英　第8話 剛力無双の鎌田又八　第9話 松阪が生んだ神童棋士 小川道的　第10話 麦の舎 高畠式部

潮田 淑子〔1931～〕　うしおだ・よしこ

◇ダブリンで日本美術のお世話を―チェスター・ビーティー・ライブラリーと私の半世紀　潮田淑子著　平凡社　2014.8　236p　20cm　2400円　Ⓘ978-4-582-83663-9　Ⓝ018.09

内容　アイルランドに半世紀のはじまり　チェスター・ビーティー・ライブラリーとの出会い　お向かいは日本ホッケーの父　ダブリンの小さな家族・大きな家族　CBLを手伝いはじめたころ　チェスター・ビーティー卿とそのコレクション　「ヘブンリー」　「奈良絵本」と世界へ日本へ　東京・京都での奈良絵本国際研究会議　京都の夜　戻ってきた財布　娘に聞いたこと　表装、病気、摺物カタログ　中尊寺の美酒〔ほか〕

牛込 進　うしごめ・すすむ

◇人生はおもしろい　牛込進著　名古屋　中部経済新聞社　2016.2　263p　18cm　（中経マイウェイ新書 027）　800円　Ⓘ978-4-88520-195-0　Ⓝ289.1

＊本書は2015年3月から54回にわたって中部経済新聞の最終面に掲載された「マイウェイ」を再構成したもの。人生について、素晴らしい本や名言との出会い、山登り、信仰、体のケアと実践に基づく信条を披露します。また東濃地域のリーダーとして首都機能やリニアの誘致に取り組み、地域の将来に思いを馳せます。

牛島 満〔1887～1945〕　うしじま・みつる

◇牛島満軍司令官 沖縄に死す―最後の決戦場に散った慈愛の将軍の生涯　小松茂朗著　潮書房光人社　2016.8　234p　16cm　（光人社NF文庫 こN-964）〈『沖縄に死す』（光人社 2001年刊）の改題〉　770円　Ⓘ978-4-7698-2964-5　Ⓝ289.1

内容　序章 別れの宴　第1章 天に仕える心　第2章 決戦の島で　第3章 戦雲急迫のとき　第4章 軍司令官の裁断　第5章 玉砕への道　終章 摩文仁の丘

牛場 信彦〔1909～1984〕　うしば・のぶひこ

◇変節と愛国―外交官・牛場信彦の生涯　浅海保著　文藝春秋　2017.9　287p　18cm　（文春新書 1141）〈文献あり〉　940円　Ⓘ978-4-16-661141-6　Ⓝ289.1

内容　第1章 墨水墨堤　第2章 「彼は選んだ」　第3章 敗者として　第4章 Yバージから公職復帰へ　第5章 外にも内にも強く　第6章 冷戦のただ中で　第7章 悲運の大使　第8章 余生ではない

牛山 純一〔1930～1997〕　うしやま・じゅんいち

◇ひとびとの精神史　第5巻 万博と沖縄返還―1970年前後　吉見俊哉編　岩波書店　2015.11　331p　19cm　2500円　Ⓘ978-4-00-028805-7　Ⓝ281.04

内容　1 劇場化する社会（三島由紀夫―魂を失った未来への反乱 山本義隆―自己否定を重ねて 岡本太郎―塔にひきよせられるひとびと 牛山純一―テレビに見た「夢」）　2 沖縄―「戦後」のはじまり（仲宗根政善―アメリカと沖縄研究に込めた平和への希求 マリー・米軍兵士と日本人の間で戦ったロックの女王 比嘉康雄と東松照明―二人の写真家の「沖縄」）　3 声を上げたひとびと（田中美津―とり乱しの弁証法」としてのウーマン・リブ 川本輝夫―水俣病の「岩盤」を穿つ 横塚晃一―障害者は主張する 大地を守る会―紛争の経験を地域の実践へ 木村守江「原発村」の誕生と浜通り）

◇テレビは男子一生の仕事―ドキュメンタリスト牛山純一　鈴木嘉一著　平凡社　2016.7　358p　20cm　〈文献あり　年譜あり〉　2200円　Ⓘ978-4-582-83732-2　Ⓝ699.64

内容　序章 最後のインタビュー　第1章 龍ケ崎から早稲田へ　第2章 テレビの一期生　第3章 『ノンフィクション劇場』誕生　第4章 『ベトナム海兵大隊戦記』放送中止事件　第5章 日本映像記録センター旗揚げ　第6章 映像人類学の確立　第7章 アジアと戦争　最終章 生涯現役を貫く

宇城 憲治〔1949～〕　うしろ・けんじ

◇すべての人に気は満ちている―なぜ、宇城憲治は「気」を自在にするまでに至ったか　宇城憲治著、野中ともよ聞き手　相模原　どう出版　2017.7　224p　19cm　1600円　Ⓘ978-4-904464-80-9　Ⓝ789

内容　第1章 宇城憲治の生い立ち（カテゴリーを超える指導 厳しさと優しさは一体 ほか）　第2章 宇城憲治の仕事時代（本質の追究と技術開発 転換 ほか）　第3章 宇城憲治の武道修業時代（空手の師 座波仁吉先生からの学び 居合の師 山崎武雄先生からの学び ほか）　第4章 宇城憲治の気の世界（時空の変化とは フォーカスが合うとは ほか）　第5章 宇城憲治の考える教育（「気づく、気づかせる」教育 躾や型に見る事理一致 ほか）

臼井 和哉〔1922～1999〕　うすい・かずや

◇獣医学の狩人たち―20世紀の獣医偉人列伝　大竹修著　堺　大阪公立大学共同出版会　2017.5　406p　21cm　〈文献あり〉　2400円　Ⓘ978-4-907209-72-8　Ⓝ649.028

内容　序：日本における近代獣医学の夜明け　牛痘苗と狂犬病ワクチンの創始者―梅野信吉　人材育成の名人で家畜衛生学の先達―葛西勝弥　獣医寄生虫学を確立―板垣四郎　競走馬の研究に生涯を捧げた外科の泰斗―松葉重雄　ひよこの雌雄鑑別法を開発―増井清　幻に終わったノーベル賞―市川厚一　獣医外科・産科学の巨頭―黒澤亮助　顕微鏡とともに歩んだ偉大な神経病理学者―山極三郎　麻酔・自律神経研究の権威―木全春生〔ほか〕

臼井 保夫〔1944～〕　うすい・やすお

◇やっちゃん物語　臼井保夫著　文芸社　2018.1　93p　19cm　〈年譜あり〉　1000円　Ⓘ978-4-

286-19018-1　Ⓝ289.1

薄　益三　うすき・ますぞう
◇満蒙をめぐる人びと　北野剛著　彩流社　2016.5　183p　19cm　（フィギュール彩 57）　1800円　Ⓘ978-4-7791-7059-1　Ⓝ319.1022
内容　プロローグ　満洲と日本人―石光真清　第1章「満蒙」の先覚者―辻村楠造　第2章　満鉄と満洲日本人社会―相生由太郎　第3章　外交官の見た日露戦争の極東アジア―川上俊彦　第4章　中国の動乱と満蒙政策―宇都宮太郎　第5章　日本人「馬賊」と中国大陸―薄益三　第6章　第一次世界大戦後の馬賊―伊達順之助　第7章　「国策」の最前線―駒井徳三　第8章　「満蒙問題」と在満邦人―守田福松　エピローグ　理想国家の建設―笠木良明

烏孫公主　うそんこうしゅ
⇒江都公主（こうとこうしゅ）を見よ

宇田　義雄〔1920～2000〕　うだ・よしお
◇苦斗回顧録―中国～シベリア三万キロ　宇田義雄著，宇田達雄編　日本図書刊行会　2014.10　206p　20cm　〈文献あり　発売：近代文藝社〉　1500円　Ⓘ978-4-8231-0899-0　Ⓝ916
内容　第1部　中国大陸篇（戦争への道　応召、入隊、出征　沙市　宜昌　当陽　満州移駐　終戦）　第2部　シベリア篇（シベリア本線捕虜輸送記　強制労働収容所　カラガンダ捕虜収容所　収容所生活　民主運動の発生　ダモイ（帰国））

歌川　国貞〔1786～1864〕　うたがわ・くにさだ
◇歌川国貞―これぞ江戸の粋　歌川国貞画，太田記念美術館監修，日野原健司著　東京美術　2016.3　135p　26cm　（ToBi selection）　2500円　Ⓘ978-4-8087-1055-2　Ⓝ721.8
内容　序　歌川国貞の生涯と画業　第1章　粋でお洒落な江戸美人（華やかさと艶やかさ　ファッションとアクセサリー　ほか）　第2章　江戸のライフスタイル（四季を楽しむ　花を愛でる　ほか）　第3章　江戸っ子たちの人気者（江戸のスター・歌舞伎役者たち　アウトローな男たち　ほか）　第4章　江戸を驚かせたテクニック（大胆なデザイン　強烈な光と影　ほか）

歌川　国芳〔1797～1861〕　うたがわ・くによし
◇国芳―カラー版　岩切友里子著　岩波書店　2014.9　194,2p　18cm　（岩波新書　新赤版 1506）〈文献あり　年譜あり　索引あり〉　1100円　Ⓘ978-4-00-431506-3　Ⓝ721.8
内容　第1章　浮世絵の世界へ―初期の画業（浮世絵師になる　デビュー作とヒット作　長い雌伏期）　第2章　人気浮世絵師になる（「通俗水滸伝」シリーズ　拡がる武者絵の世界　斬新な洋風風景画）　第3章　天保の改革を越えて（天保の改革と出版取締り　改革風刺の判じ物　国芳の自負心　時世のトピックを描く　判じ物再び）　第4章　多様な意匠（アイデア自在の戯画　ワイドスクリーン型の大画面　絵で楽しむ見立の楽しさ　真に迫る役者たち）　第5章　晩年の国芳（生人形と錦絵　安政期の作画　国芳の死と後継者たち）

歌川　たいじ〔1966～〕　うたがわ・たいじ
◇手記　母さんがどんなに僕を嫌いでも　歌川たいじ著　PHP研究所　2015.10　189p　19cm　1300円　Ⓘ978-4-569-78500-4　Ⓝ367.6
内容　僕の家は、小さな町工場　美しい母のもうひとつの顔　やさしいばあちゃん　施設に入ることになった母　ばあちゃんがくれたもの　施設の凶暴王凶暴王の傷あと　ばあちゃんとの別れ　母からの虐待がはじまった　再びいじめのターゲットに　高校中退、そして家出　僕はブタだ　ばあちゃんの最期　僕に友達ができるのか　悪魔のようなアイドル　傷を手放すとき　僕は社会人になれるのか　かけがえのない仲間との出会い　ボス敵は自分の中にいた　自分の力　再び母と向きあう　ブーメランのように母からのSOS　母を理解しようとしてみる　もう一度、母と向きあおう　母さん、生きてください　奇跡はどうしたら起きるのだろう　夢は案外、叶う

宇田川　榕菴〔1798～1846〕　うだがわ・ようあん
◇岡山蘭学の群像 1　岡山　山陽放送学術文化財団　2016.4　240p　21cm　〈発売：吉備人出版（岡山）〉　1400円　Ⓘ978-4-86069-467-8　Ⓝ402.105
内容　岡山蘭学の群像1　日本初の女医　おイネの生涯、そして謎（基調講演　シーボルトとおイネ　パネルディスカッション）　岡山蘭学の群像2「珈琲」の文字を作った男　江戸のダ・ヴィンチ　宇田川榕菴（基調講演　好奇心と冒険の人―宇田川榕菴　パネルディスカッション）　岡山蘭学の群像3　百年先の日本を見据えた男　緒方洪庵（基調講演　時代を拓く蘭学者　緒方洪庵　講演　緒方洪庵の種痘普及と岡山　講演　緒方洪庵と岡山の適塾生　ディスカッション　洪庵を読み解く一質問に答えて）

◇江戸の科学者―西洋に挑んだ異才列伝　新戸雅章著　平凡社　2018.4　251p　18cm　（平凡社新書 875）〈文献あり〉　820円　Ⓘ978-4-582-85875-4　Ⓝ402.8
内容　第1章　究理の学へ（高橋至時―伊能忠敬を育てた「近代天文学の星」　志筑忠雄―西洋近代科学と初めて対した孤高のニュートン学者　ほか）　第2章　江戸科学のスーパースター（関孝和―江戸の数学を世界レベルにした天才　平賀源内―産業技術社会を先取りした自由人　ほか）　第3章　過渡期の異才たち―（司馬江漢―西洋絵画から近代を覗いた多才の人　国友一貫斎―反射望遠鏡をつくった鉄砲鍛冶）　第4章　明治科学をつくった人々（緒方洪庵―医は仁術を実践した名教育者　田中久重―近代技術を開いた江戸の「からくり魂」　ほか）

宇多田　ヒカル〔1983～〕　うただ・ひかる
◇宇多田ヒカル論―世界の無限と交わる歌　杉田俊介著　毎日新聞出版　2017.2　285p　19cm　1500円　Ⓘ978-4-620-32431-9　Ⓝ767.8
内容　第1章　天才（natural）について　第2章　distanceに神が宿る　第3章　自分らしさを守る剣　第4章　ULTRAを突き抜けて　第5章　誰もいない空　第6章　幽霊的な友愛のほうへ

宇多天皇〔867～931〕　うだてんのう
◇日記で読む日本史 3　宇多天皇の日記を読む―天皇自身が記した皇位継承と政争　倉本一宏監修　古藤真平著　京都　臨川書店　2018.7　270p　20cm　3000円　Ⓘ978-4-653-04343-0　Ⓝ210.08
内容　序章『宇多天皇御記』とは　付説『宇多天皇御記』

の伝存と散逸後の逸文集成) 第1章 皇位継承を予告した鴨明神の託宣(『御記』四箇条の読解 『大鏡』の説話とその考察 ほか) 第2章 践祚から即位式まで(践祚から先帝の大喪まで 即位式) 第3章 阿衡事件(『政事要略』阿衡事の構成と事件の概略 『御記』の読解 ほか) 第4章 壺切御剣(皇太子敦仁・崇象両親王への賜与 『御記』仁和五年正月十八日条逸文の解釈 ほか) 付章 『宇多天皇御記』原文

有智子内親王〔807〜847〕 うちこないしんのう
◇平安の新京 石上英一, 鎌田元一, 栄原永遠男監修, 吉川真司編 大阪 清文堂出版 2015.10 396p 22cm (古代の人物 4)〈索引あり〉4500円 Ⓘ978-4-7924-0571-7 Ⓝ281.04
内容 本巻のねらい 平安の新京と平安京(桓武天皇—中国的君主像の追求と「律令制」の転換 早良親王—「皇太子冊定」の困難 坂上田村麻呂—征夷副将軍になるまでを中心に 高丘親王(真如)—菩薩の道、必ずしも一致せず) 2 王権の安定(嵯峨天皇—唐風を整え、幽境に遊ぶ 最澄—仏法具足の大日本国 空海—鎮護国家・国王護持の密教 源信・常・定—臣籍降下した皇子たち 有智子内親王—「文章経国」の時代の初代賀茂斎院 仁明天皇—宮廷の典型へ 讃岐永直—律令国家と明法道) 3 前期摂関政治の成立(伴善男—「良吏」か 円仁—東部ユーラシア史の変動を記録した入唐僧 藤原良房・基経—前期摂関政治の成立 藤原高子—廃后事件の背景と歴史的位置 藤原保則—激動の時代を生きた良吏)

◇斎王研究の史的展開—伊勢斎宮と賀茂斎院の世界 所京子著 勉誠出版 2017.1 249,11p 22cm〈索引あり〉3600円 Ⓘ978-4-585-22163-0 Ⓝ210.3
内容 伊勢斎王は「神の朝廷の御杖代」 伊勢斎王の井上内親王 漢詩にみる賀茂斎王有智子内親王 和歌にみる伊勢斎王の世界 「斎宮女御」徽子女王の前半生 徽子女王をめぐる人々 篤信の「大斎院」選子内親王 退下後の斎王たち 王朝びとの「辛崎の祓」考 「橘の小島の崎」の再検討 斎宮善子内親王と母女御藤原道子—付、斎宮跡出土「いろは歌」墨書土器の書風対比 斎王の登場する散逸物語—『風葉和歌集』の場合

内田 淳正〔1947〜〕 うちだ・あつまさ
◇何とかなる 内田淳正著 名古屋 中部経済新聞社 2014.6 265p 18cm (中経マイウェイ新書 019) 800円 Ⓘ978-4-88520-184-4 Ⓝ289.1
＊本書は平成25年12月2日から26年2月1日まで49回にわたって中部経済新聞最終面に掲載された「マイウェイ」を大幅に加筆修正したものです。世界一の環境先進大学を目指す三重大学の学長のみならず、医師として活躍する筆者が、生死に向き合って感じたことを真摯に振り返ります。海外留学先や防衛医大でのエピソードももり込みました。

内田 鶴雲〔1898〜1978〕 うちだ・かくうん
◇忘れ得ぬ書人たち 田宮文平著 芸術新聞社 2017.11 318p 26cm 2800円 Ⓘ978-4-87586-533-9 Ⓝ728.216
内容 総論(「二十一世紀の書」のエンジン 挑戦者への期待) 忘れ得ぬ書人たち十六人(大澤雅休・大澤竹胎—忽然と消えた書世界の「写楽」 内田鶴雲—大字かなの記念碑「水の変態」 松丸東魚—捜秦攣漢の生涯 飯島春敬—かな書道隆盛の立役者 広津雲仙—豊穣なる"借り衣"の書思想 ほか)

内田 康哉〔1865〜1936〕 うちだ・こうさい
◇「肥後もっこす」かく戦えり—電通創業者光永星郎と激動期の外相内田康哉の時代 境政郎著 日本工業新聞社 2015.2 510p 21cm〈文献あり 年譜あり 発売：産経新聞出版〉2000円 Ⓘ978-4-86306-113-2 Ⓝ289.1
内容 光永星郎・内田康哉会談 肥後の氷川の同郷人 若き光永星郎の疾風怒涛 電通の創業 外交官の出世頭・内田康哉 原首相・内田外相の名コンビ 満州問題の第一人者 焦土外交論の真実 こじれる電聯合併問題 電通を救った広告専業化 「星郎の後に吉田を得たり」

内田 里美〔1962〜〕 うちだ・さとみ
◇薬指には、母がいる 内田里美著 文芸社 2014.8 62p 15cm 500円 Ⓘ978-4-286-15040-6 Ⓝ289.1

内田 聡一郎〔1979〜〕 うちだ・そういちろう
◇内田本—美容師・内田聡一郎徹底解剖。 内田聡一郎著 椎出版社 2018.6 191p 21cm 3500円 Ⓘ978-4-7779-5136-9 Ⓝ289.1
内容 ABOUT 内田聡一郎とは BIOGRAPHY 年表 BODY DATA 身体測定 BOOK 書籍 CHARACTER 自分印 CREATIVE 撮影 DESIGN デザイン DJ ディージェイ FASHION ファッション HAIR SHOW ヘアショー〔ほか〕

内田 武志〔1909〜1980〕 うちだ・たけし
◇菅江真澄と内田武志—歩けぬ採訪者の探究 石井正己著 勉誠出版 2018.8 301p 19cm〈著作目録あり 年譜あり〉3000円 Ⓘ978-4-585-23407-4 Ⓝ380.1
内容 歩けぬ内田武志と歩く宮本常一 1 秋田県鹿角の方言と昔話の発表 2 静岡県と星座の方言の集大成 3 戦後の菅江真澄研究の出発 4 『菅江真澄遊覧記』と『菅江真澄全集』の偉業 5 菅江真澄と内田ハチ—科学・教育・図絵 6 真澄のまなざしを考える一—あきた遺産の再評価 7 菅江真澄を世界の遺産に 8 日本のナマハゲ、世界のナマハゲ 9 菅江真澄と秋田文化 10 文化財としての昔話

内田 樹〔1950〜〕 うちだ・たつる
◇内田樹による内田樹 内田樹著 文藝春秋 2017.12 329p 16cm (文春文庫 う19-23)〈140B 2013年刊の再刊 著作目録あり〉760円 Ⓘ978-4-16-790988-8 Ⓝ289.1
内容 『ためらいの倫理学』『先生はえらい』『レヴィナス序説』『困難な自由』『レヴィナスと愛の現象学』『街場のアメリカ論』『街場の中国論』『日本辺境論』『昭和のエートス』『「おじさん」的思考』『下流志向』

内田 庶 うちだ・ちかし
⇒宮田昇(みやた・のぼる)を見よ

内田 吐夢〔1898〜1970〕 うちだ・とむ
◇円谷英二と阪妻そして内田吐夢—知られざる巣鴨撮影所時代の物語 渡邉武男著 西田書店

2014.10　210p　19cm　〈文献あり〉　1500円　①978-4-88866-587-2　Ⓝ778.21

内田　百閒〔1889〜1971〕　うちだ・ひゃっけん
◇実歴　阿房列車先生　平山三郎著　中央公論新社　2018.9　341p　16cm　（中公文庫　ひ37-1）　1000円　①978-4-12-206639-7　Ⓝ910.268

内容　実歴阿房列車先生に「旅順開城」か「旅順入城式」か　阿房列車走行料金その他　べんがら始末　「昇天」と「葉蘭」の嘘　忘却す来時の道　ほか）　百鬼園先生追想（蝙蝠の夕闇浅し　枕辺のシャムパン　塀の外吹く俄風　百鬼園の鉄道　百閒全集刊行前後　ほか）

内田　博〔1909〜1982〕　うちだ・ひろし
◇炭鉱の街の詩人　内田博―評伝　草倉哲夫編著　朝倉　朝倉書林　2015.7　635p　22cm　〈奥付のタイトル：炭坑の街の詩人内田博　年表あり　著作目録あり〉　Ⓝ911.52

内田　正弘〔1935〜〕　うちだ・まさひろ
◇人間復興の財政学―内田財政学の世界　内田正弘著　中央公論事業出版（発売）　2016.7　213p　20cm　1500円　①978-4-89514-462-5　Ⓝ341

内容　論文篇（財政学研究三十年の総括と展望　転換期の日本財政と財政学の危機）　随想篇―文章による自画像（大内兵衛・向坂逸郎の両先生―財政学・経済学への入門　奇蹟の人―北村元一学長　二人の学長―期一会　二度の奇蹟―北村元一学長と名誉会員　マッカーサー元帥　ほか）

内田　棟〔1916〜〕　うちだ・むなぎ
◇淡々と生きる―100歳プロゴルファーの人生哲学　内田棟著　集英社　2016.11　183p　18cm　（集英社新書　0856）　700円　①978-4-08-720856-6　Ⓝ783.8

内容　第1章　生きるために始めたのがゴルフだった　第2章　遅咲きのプロゴルファー　第3章　私のゴルフ哲学　第4章　仕事ができる人間はゴルフでムダ口をたたかない　第5章　人生の「谷」を歩く時　第6章　100歳から見える景色

内田　康宏〔1952〜〕　うちだ・やすひろ
◇夢ある新しい岡崎へ　内田康宏著　名古屋　ゆいぽおと　2018.10　391p　図版16p　19cm　〈発売：KTC中央出版〉　1500円　①978-4-87758-474-0　Ⓝ289.1

内容　生い立ち　2012年9月21日　留学時代　2012年9月23日　安倍晋太郎先生の秘書になる　2012年9月27日　愛知県会議員に初当選　2012年10月2日　県議会副議長、議長に就任　2012年10月3、8日　出馬表明　初日から中盤戦へ　自民党安倍総裁来たる　10月20日（土）選挙戦最終日　10月21日（日）投票日〔ほか〕

内田　裕也〔1939〜2019〕　うちだ・ゆうや
◇ありがとうございます　内田裕也著　幻冬舎　2014.12　214p　16cm　（幻冬舎アウトロー文庫　O-125-1）　540円　①978-4-344-42291-9　Ⓝ767.8

内容　ジョン・レノンとオノ・ヨーコ（ミュージシャン＆アーティスト）　ミック・ジャガー（ミュージシャン）　沢田研二（俳優・ミュージシャン）　萩原健一（俳優）　松田優作（俳優）　矢沢永吉（ミュージシャン）　ビートたけし（芸人・映画監督）　中村勘三郎（歌舞伎俳優）　ジョー山中（ミュージシャン）　安岡力也（俳優）〔ほか〕

内田　洋子〔1959〜〕　うちだ・ようこ
◇十二章のイタリア　内田洋子著　東京創元社　2017.7　237p　20cm　1500円　①978-4-488-02774-2　Ⓝ914.6

内容　辞書　電話帳　レシピ集　絵本　写真週刊誌　巡回朗読　本屋のない村　自動車雑誌　貴重な一冊　四十年前の写真集　テゼオの船　本から本へ

内田　祥哉〔1925〜〕　うちだ・よしちか
◇建築家の多様―内田祥哉研究とデザインと　内田祥哉, 内田祥哉の本をつくる会著　建築ジャーナル　2014.7　101p　22cm　（建築家会館の本）〈年譜あり〉　1800円　①978-4-86035-096-3　Ⓝ523.1

内容　内田祥哉インタビュー―研究とデザインと（笄町の家で　戦前の東京、小学生たちの日々　笄町の家の暮らし方　武蔵高等学校を短縮の二年半で卒業　建築を選んだ理由　ほか）　作品写真（電気通信中央学園（現NTT中央研修センタ）　原澤邸　佐賀県立図書館　佐賀県立博物館　有田町歴史民俗資料館　ほか）　論考―建築とモデュール―生産のための建築体系

◇ディテールで語る建築　内田祥哉著　彰国社　2018.11　385p　19cm　〈年表あり　索引あり〉　3200円　①978-4-395-32084-4　Ⓝ523.1

内容　序　昭和20年をまたいだ建築学徒　1章　プレハブに真っ向勝負　2章　寸法体系に魅せられて　3章　理屈で納める　4章　つくる愉しみ　5章　これからのこと　6章　思い出すままに

内田　義彦〔1913〜1989〕　うちだ・よしひこ
◇内田義彦―日本のスミスを求めて　野沢敏治著　社会評論社　2016.8　247p　21cm　〈索引あり〉　2600円　①978-4-7845-1837-1　Ⓝ331.21

内容　前編　戦中・戦後の青年たちの軌跡（日本型経済の仕組とその崩壊―山田盛太郎『日本資本主義分析』　資本主義の構造変動　日本精神による近代批判とそれへの反批判　「市民社会青年」による新たな資本主義認識と政治主体の探求）　後編　市民社会の経済学の成立（内田義彦の戦中の模索　戦後の歩み　『経済学の生誕』―スミスとマルクス）

内田　良平〔1874〜1937〕　うちだ・りょうへい
◇ドラマチック・ロシアin JAPAN　4　日露異色の群像30―文化・相互理解に尽くした人々　続　長塚英雄責任編集　生活ジャーナル　2017.12　531p　21cm　〈3の出版者：東洋書店〉　2800円　①978-4-88259-166-5　Ⓝ319.1038

内容　レフ・メーチニコフ（1838‐1888）西郷が呼んだロシアの革命家　ニコライ・ラッセル（1850‐1930）子孫が伝える二〇世紀の世界人の記憶　黒野義文（？‐1918）東京外語学科からペテルブルグ大学東洋語学部へ　小西増太郎（1861‐1939）トルストイとスターリンに会った日本人―激動の昭和を生きた祖父小西増太郎　ニコライ・マトヴェーエフ（1865‐1941）マトヴェーエフと戦後最初のロシア人観光団　徳富蘆花（1868‐1927）日本におけるトルストイ受

内田 魯庵〔1868〜1929〕うちだ・ろあん

◇現代文士廿八人　中村武羅夫著　講談社　2018.6　217p　16cm　（講談社文芸文庫　なU1）〈日高有倫堂 1909年刊の再編集〉　1600円　①978-4-06-511864-1　Ⓝ910.261

内容　田山花袋　国木田独歩　生田葵山　夏目漱石　菊池幽芳　小川未明　小杉天外　内藤鳴雪　徳田秋声　水野葉舟〔ほか〕

内村 鑑三〔1861〜1930〕うちむら・かんぞう

◇内村鑑三　関根正雄編著　新装版　清水書院　2014.9　211p　19cm　（Century Books―人と思想 25）〈文献あり　年譜あり　索引あり〉　1000円　①978-4-389-42025-3　Ⓝ198.992

内容　1 若き内村（準備時代―誕生から札幌農学校卒業まで　魂の戦い―農学校卒業から渡米、帰国まで）　2 権力に抗して（教育者としての活動―不敬事件を中心に　社会活動の時代―平和と戦争）　3 天与の使命（「聖書之研究」と共同体の形成―教友会から兄弟団まで　信仰の展開と伝道者としての活動―聖書講義をめぐって）　4 人物・その周辺（内村の横顔（プロフィール）―エピソードによる　内村と文学者たち―有島武郎・小山内薫・正宗白鳥等）　5 エピローグ―晩年と死

◇ボーイズ・ビー・アンビシャス―第5集　内村鑑三　神と共なる闘い―不敬事件とカーライルの「クロムウェル伝」　藤沢　二宮尊徳の会　2014.10（2刷）　200p　21cm　〈年譜あり〉　800円　①978-4-9906069-6-1　Ⓝ281.04

◇ぼくはいかにしてキリスト教徒になったか　内村鑑三著、河野純治訳　光文社　2015.3　372p　16cm　（光文社古典新訳文庫 KBウ2-1）〈年譜あり〉　1080円　①978-4-334-75307-8　Ⓝ198.992

内容　第1章 異教　第2章 キリスト教との出会い　第3章 始めの教会　第4章 新しい教会と平信徒伝道　第5章 世の中へ―感傷的なキリスト教　第6章 キリスト教国の第一印象　第7章 キリスト教国にて―慈善家たちの中で　第8章 キリスト教国にて―ニューイングランドでの大学生活　第9章 キリスト教国にて―神学の概観　第10章 キリスト教国についての率直な印象―帰国

◇二十世紀と格闘した先人たち―一九〇〇年アジア・アメリカの興隆　寺島実郎著　新潮社　2015.9　390p　16cm　（新潮文庫　て-10-2）〈「二十世紀から何を学ぶか 下 一九〇〇年への旅 アメリカの世紀、アジアの自尊」（2007年刊）の改題、加筆・修正〉　630円　①978-4-10-126142-3　Ⓝ280.4

内容　第1章 アメリカの世紀がアジア太平洋にもたらしたもの（太平洋の転換点となった米西戦争での米国の勝利　明治の青年に夢を与えたクラーク博士の実像と足跡　ヘンリー・ルース「アメリカの世紀」を推進した男　フランクリン・ルーズベルトの対日観の歴史的変遷　敗戦後の日本を「支配」した「極端な人」マッカーサー　付マッカーサー再考への旅――呪縛とトラウマからの脱却）　第2章 国際社会と格闘した日本人（「太平洋の橋」になろうとした憂国の国際人、新渡戸稲造　キリストに生きた武士、内村鑑三の高尚なる生涯　禅の精神を世界に発信した、鈴木大拙という存在　六歳の津田梅子を留学させた明治という時代　「亡命学者」野口英世の生と死　高峰譲吉の栄光とその悲しみ　日本近代史を予言した男、朝河貫一の苦闘と日米関係　近代石炭産業の功労者、松本健次郎と日本の二十世紀　情報戦争の敗北者だった大島浩駐独大使）　第3章 アジアの自尊を追い求めた男たち（アジアの再興を図ろうとした岡倉天心の夢　「偉大な魂」ガンディーの重い問い掛け　インドが見つめている―チャンドラ・ボースとパル判事　革命家・孫文が日本に問いかけたもの　魯迅が否定した馬々虎々　不倒翁・周恩来の見た日本）　第4章 二十世紀再考―付言しておくべきことと総括（一九〇〇年エルサレム―アラブ・イスラエル紛争に埋め込まれたもの　一九〇〇年香港―英国のアジア戦略　総括―結局、日本にとって二十世紀とは何だったか）

◇内村鑑三研究資料集成　鈴木範久編・解説　クレス出版　2015.11　9冊（セット）　21cm　92000円　①978-4-87733-914-2　Ⓝ198.992

内容　第1巻 人物論1　第2巻 人物論2　第3巻 国家論　第4巻 信仰論　第5巻 無教会論1　第6巻 無教会論2　第7巻 伝記　第8巻 背教　第9巻 遺墨

◇近代日本の預言者―内村鑑三、1861-1930年　J.F.ハウズ著、堤稔子訳　教文館　2015.12　551,11p　22cm　〈文献あり　年譜あり　索引あり〉　5000円　①978-4-7642-7402-0　Ⓝ198.992

内容　第1部 拒絶（明治のサムライ教育　駆け出しの官吏　著述家の誕生　自己と祖国の弁明　新たな出発）　第2部 神との契約（ルターに導かれて　弟子たち　キリスト教と聖書　組織と個人　最後のチャンス）　第3部 自己否定（キリストの再臨　聖書と日本　賢者　西洋批判　愛弟子たちの離反（原題＝腹の裔）　「無教会」とは何か？　内村鑑三とその時代）

◇内村鑑三―私は一基督者である　小林孝吉著　御茶の水書房　2016.1　386,7p　21cm　〈年譜あり　索引あり〉　4400円　①978-4-275-02030-7　Ⓝ198.992

内容　プロローグ 信仰と希望―鈴木範久『内村鑑三の人と思想』と「内村鑑三」　1 日本近代とキリスト教―北村透谷と内村鑑三　2 内村鑑三とキリスト教―札幌農学校と渡米前の苦悩のなかで　3 霊的回心と贖罪信仰―「余はいかにしてキリスト信徒となりしか」「流吸録」　4 悲嘆と希望―「基督信徒の慰」「求安録」　5 現世と高尚なる一生涯―「後世への最大遺物」「代表的日本人」　6 信仰と社会―「伝道之精神」と非戦論　7 キリスト教と無教会信仰―「無教会」「聖書之研究」　8 インマヌエルと福音―滝沢克己と内村鑑三　9 復活と再臨―椎名麟三と内村鑑三　エピローグ 内村鑑三―私は一基督者である

◇現代に生きる日本の農業思想―安藤昌益から新渡戸稲造まで　並松信久、王秀文、三浦忠司著　京都　ミネルヴァ書房　2016.1　266,4p　20cm　（シリーズ・いま日本の「農」を問う 12）〈索引あり〉　2800円　①978-4-623-07310-8　Ⓝ610.121

うちやま

|内容| 第1章 グローバル化のなかの農業思想—内村鑑三と新渡戸稲造(グローバル化とは 国家と農業観 ほか) 第2章 二宮尊徳思想の現代的意義—幕末期の農村復興に学ぶ(なぜ二宮尊徳か 百姓の存在 ほか) 第3章 中国における尊徳研究の動向と可能性—二宮尊徳思想学術大会の取り組みを中心に(中国における尊徳研究の経緯 研究の展開と意義 ほか) 第4章 安藤昌益の人と思想—直耕・互性・自然(甦る安藤昌益 昌益思想誕生の八戸 ほか)

◇教育史の中の内村鑑三 安彦忠彦著 御茶の水書房 2016.3 84p 21cm 〈神奈川大学評論ブックレット 39〉 1000円 ⓘ978-4-275-02038-3 Ⓝ372.106

|内容| 1 明治以来の日本人と日本の教育 2 明治以来の日本の教育と内村鑑三の生い立ち 3 明治中期からの日本の教育と内村鑑三の公教育批判 4 大正期以後の日本の社会教育と内村鑑三の教育観 5 第二次世界大戦後の日本と内村の系譜から見た日本の教育 6 現代の日本社会と内村の系譜から見た日本の教育

◇新島襄と明治のキリスト者たち—横浜・築地・熊本・札幌バンドとの交流 本井康博著 教文館 2016.3 389,7p 22cm 〈索引あり〉 3800円 ⓘ978-4-7642-9969-6 Ⓝ198.321

|内容| 1 新島襄と四つの「バンド」 2 横浜バンド(S.R.ブラウン J.H.バラ 植村正久 井深梶之助 押川方義 本多庸一 松村介石 粟津高明) 3 築地バンド(C.カロザース 田村直臣 原胤昭) 4 熊本バンド(L.L.ジェーンズ 小崎弘道) 5 札幌バンド(W.S.クラーク 内村鑑三 新渡戸稲造 大島正健)

◇ボーイズ・ビー・アンビシャス 第1集 《クラーク精神》&札幌農学校の三人組(宮部金吾・内村鑑三・新渡戸稲造)と広井勇 藤沢二宮尊徳の会 2016.11(2刷) 168p 21cm 700円 ⓘ978-4-9906069-2-3 Ⓝ281.04

◇余はいかにしてキリスト信徒となりしか 内村鑑三著, 鈴木範久訳 岩波書店 2017.2 404, 10p 15cm (岩波文庫 33-119-2)〈文献あり 年譜あり 索引あり〉 1070円 ⓘ978-4-00-381512-0 Ⓝ198.992

|内容| 第1章 異教 第2章 キリスト教に入信 第3章 初期の教会 第4章 新教会と信徒の説教 第5章 世の中へ—感情的キリスト教 第6章 キリスト教国の第一印象 第7章 キリスト教国にて—慈善事業家のあいだで 第8章 キリスト教国にて—ニューイングランドの大学生活 第9章 キリスト教国にて—神学に触れる 第10章 キリスト教国の実態—帰国

◇いまこそ知りたい日本の思想家25人 小川仁志著 KADOKAWA 2017.9 254p 19cm 〈他言語標題:25 Japanese thinkers you need to know now 文献あり〉 1700円 ⓘ978-4-04-400234-3 Ⓝ121.028

|内容| 第1章 日本思想の黎明期(空海 道元 親鸞 吉田兼好 世阿弥) 第2章 日本の近世の葛藤(山本常朝 荻生徂徠 本居宣長 安藤昌益 二宮尊徳) 第3章 日本の近代の幕開け(横井小楠 吉田松陰 福沢諭吉 新渡戸稲造 内村鑑三) 第4章 「日本哲学」の始まり(西周 西田幾多郎 九鬼周造 三木清 和辻哲郎) 第5章 世界における日本思想の独自性(北一輝 鈴木大拙 柳田國男 丸山

眞男 吉本隆明)

◇幕末明治人物誌 橋川文三著 中央公論新社 2017.9 308p 16cm (中公文庫 は73-1) 1000円 ⓘ978-4-12-206457-7 Ⓝ281

|内容| 吉田松陰—吉田松陰 坂本龍馬—維新前夜の男たち 西郷隆盛—西郷隆盛の反動性と革命性 後藤象二郎—明治的マキャベリスト 高山樗牛—高山樗牛 乃木希典—乃木伝説の思想 岡倉天心—岡倉天心の面影 徳冨蘆花—蘆花断想 中江兆民—中江兆民先生 小泉三申—小泉三申論 頭山満—頭山満

内山 章子〔1928〜〕 うちやま・あやこ
◇看取りの人生—後藤新平の「自治三訣」を生きて 内山章子著 藤原書店 2018.7 233p 20cm 〈年譜あり〉 1800円 ⓘ978-4-86578-181-6 Ⓝ289.1

|内容| 1 昭和の子—私の戦争体験(もの心づいた頃「あなたはほかの子と違うの」 優しい父、一途な母 父の後ろ姿 ほか) 2 看取りの人生(母を想う 父に学ぶ 弟のこと 夫を送る 姉の旅立ち 兄への挽歌)

内山 愚童〔1874〜1911〕 うちやま・ぐどう
◇〈大逆事件〉と禅僧内山愚童の抵抗 眞田芳憲著 佼成出版社 2018.3 237p 20cm 〈年譜あり〉 2000円 ⓘ978-4-333-02776-7 Ⓝ188.82

|内容| 第1章 禅僧内山愚童の不服従の抵抗と殉教 第2章 「大逆事件」と三人の僧侶 第3章 大逆事件をめぐる関係宗門の対応と宗門内僧侶の批判的対応 第4章 内山愚童の思想と行動の遍歴 第5章 内山愚童と『平凡の自覚』第6章 「伊庭中将森通事件」と愚童の「平凡の自覚」第7章 「入獄紀念・無政府共産・革命」の秘密出版 第8章 『道徳非認論』と『帝国軍人座右之銘』(新兵諸君に与ふ) 第9章 愚童の非暴力による不服従の抵抗運動 第10章 内山愚童の処刑と宗内復権・名誉回復

内山 小二郎〔1859〜1945〕 うちやま・こじろう
◇父と母の昭和 別冊 井上明義,土方久子編著 〔出版地不明〕 井上明義 2015.3 190p 22cm 〈年譜あり〉 Ⓝ289.1

内山 高志〔1979〜〕 うちやま・たかし
◇BREAK!「今」を突き破る仕事論 川内イオ著 双葉社 2017.3 255p 19cm 1400円 ⓘ978-4-575-31236-2 Ⓝ281

|内容| 1 どん底から這い上がる(井崎英典(バリスタ) DJ Shintaro (DJ) 岡本美鈴(プロフリーダイバー)) 2 直感を信じて突き進む(内山高志(プロボクサー) 三和由香利(ヨガインストラクター) 村瀬美幸(フロマジェ) 澤田洋史(バリスタ)) 3 遊びを極める(徳田耕太郎(フリースタイルフットボーラー) 池田貴広(BMXプロライダー) 阿井慶太(プロゲーマー))

内山 節〔1950〜〕 うちやま・たかし
◇哲学者内山節の世界 内山節著,『かがり火』編集委員会編 新評論 2014.8 396p 19cm 〈年譜あり〉 2000円 ⓘ978-4-7948-0974-2 Ⓝ121.6

|内容| 第1章 「自著を語る」 第2章 ロングインタビュー・よりよく生きるために 第3章 内山節対談

第4章 エッセイ・私の好きな一冊　第5章 講演録「豊かな社会とローカリズム」　第6章〈三人委員会哲学塾―哲学塾が発足したころ　三人委員会哲学塾の十八年〉第7章 聞き書き・内山節年譜

◇内山節著作集　7　哲学の冒険 続　内山節著　農山漁村文化協会　2015.9　307p　20cm　〈付属資料：8p：月報12〉　2700円　Ⓘ978-4-540-14131-7　Ⓝ121.6

内容　続・哲学の冒険（現代の人間たち　過渡期の人間　歴史のなかの哲学　哲学が解体されるとき　科学からの自由を求めて　ほか）　月曜の手紙

内山 拓郎　うちやま・たくろう
◇空に道あり―その道を歩む　内山拓郎著　名古屋　中部経済新聞社　2017.2　222p　18cm　（中経マイウェイ新書 033）　800円　Ⓘ978-4-88520-206-3　Ⓝ289.1

宇津木 正善〔1880～1967〕うつぎ・まさよし
◇開祖宇津木正善先生の御生涯―大星教会　八王子　大星教会　2017.4　55p　21cm　Ⓝ169.1

宇都宮 太郎〔1861～1922〕うつのみや・たろう
◇満蒙をめぐる人びと　北野剛著　彩流社　2016.5　183p　19cm　（フィギュール彩 57）　1800円　Ⓘ978-4-7791-7059-1　Ⓝ319.1022

内容　プロローグ　満洲と日本人―石光真清　第1章「満蒙」の先覚者―辻村楠造　第2章 満鉄と満洲日本人社会―相生由太郎　第3章 外交官の見た日露戦争の極東アジア―川上俊彦　第4章 中国の動乱と満蒙政策―宇都宮太郎　第5章 日本人「馬賊」と中国大陸―薄益三　第6章 第一次世界大戦後の馬賊―伊達順之助　第7章 「国策」の最前線―駒井徳三　第8章 「満蒙問題」と在満邦人―守田福松　エピローグ 理想国家の建設―笠木良明

宇都宮 千枝〔1931～〕うつのみや・ちえ
◇チエちゃんの約束　宇都宮千枝著　第三文明社　2015.5　189p　19cm　1200円　Ⓘ978-4-476-03342-7　Ⓝ289.1

宇都宮 頼綱〔1172～1259〕うつのみや・よりつな
◇中世の人物 京・鎌倉の時代編　第3巻　大阪　清文堂出版　2014.7　382p　22cm　4500円　Ⓘ978-4-7924-0996-8　Ⓝ281

内容　後鳥羽院（美川圭著）　九条道家（井上幸治著）　西園寺公経（山陽瞳著）　藤原秀康（長村祥知著）　藤原定家（谷昇著）　坂井孝一著）　北条政子（黒崎敏著）　北条泰時（田辺旬著）　北条経時・菊池紳一著）　北条時房と重時（久保田和彦著）　九条頼経・頼嗣（岩田慎平著）　竹御所と石山尼（小野翠著）　三浦義村（真鍋淳哉著）　大江広元と三善康信（善信）（佐藤雄基著）　宇都宮頼綱（野口実著）　慈円（菊地大樹著）　聖覚（平雅行著）　定豪（海老名尚著）　円爾（原田正俊著）　叡尊（細川涼一著）　公武権力の変容と仏教界（平雅行/編）

内海 託二〔1904～1968〕うつみ・たくじ
◇ある社寺建築家の生涯―幻の神宮をつくった男　内海託二　名古屋　デイズ生き様工房事業部　2014.9　145p　27cm　〈年表あり〉　Ⓘ978-4-9904018-7-0　Ⓝ521.81

臺 弘〔1913～2014〕うてな・ひろし
◇誰が風を見たか―ある精神科医の生涯　臺弘著　増補版　星和書店　2015.5　458p　20cm　〈文献あり〉　3800円　Ⓘ978-4-7911-0900-5　Ⓝ289.1

宇野 邦夫〔1942～〕うの・くにお
◇平成石川疾風録―谷本県政と私　宇野邦夫元石川県議が語る　宇野邦夫著　金沢　北國新聞社　2018.9　237p　19cm　〈年譜あり〉　1500円　Ⓘ978-4-8330-2147-0　Ⓝ318.443

内容　谷本県政誕生―「それなら言う、谷本正憲だ」　中西８選、新人弁士走る―「東の空に中西の太陽」　「説得」の原点―「得意先ゼロから売り込み」　政治の世界へ―「奥田さんを反面教師に」　市議会へ―「奥田派拡大へあの手この手」　県議会へ―「首領の制止を振り切る」　落とし穴―「ご芳名漏れの屈辱」　再び副知事擁立に「乾坤一擲の勝利」　弔い合戦―「世襲を否定していたが…」　参院選出馬せず―「一体、だれが担ぐの、と知事」〔ほか〕

宇野 弘蔵〔1897～1977〕うの・こうぞう
◇資本論五十年　上　宇野弘蔵著　改装版　法政大学出版局　2017.5　541p　図版12p　20cm　6200円　Ⓘ978-4-588-64106-0　Ⓝ331.6

内容　第1章 社会主義を知る　第2章 高校、大学の学生として　第3章 大原研究所　第4章 はじめて『資本論』を読む　第5章 『資本論』研究の第一歩　第6章 『資本論』第二巻に学ぶ　第7章 宇野理論の難問　第8章 経済政策論の体系化　第9章 東北大学の先生、友人、学生　第10章 いわゆる労農派教授グループ事件

◇資本論五十年　下　宇野弘蔵著　改装版　法政大学出版局　2017.5　p543～1087　20cm　6200円　Ⓘ978-4-588-64107-7　Ⓝ331.6

内容　日本貿易研究所と三菱経済研究所　戦後における『資本論』研究の復活　『価値論』に対する批評への反批判―『価値論の研究』『経済原論』とその問題点（序論　流通論　生産論　分配論（利潤）　分配論（地代、利子））　法政大学に十年

宇野 昌磨〔1997～〕うの・しょうま
◇羽生結弦が生まれるまで―日本男子フィギュアスケート挑戦の歴史　宇都宮直子著　集英社　2018.2　239p　19cm　〈文献あり〉　1600円　Ⓘ978-4-08-780834-6　Ⓝ784

内容　第1章 佐野稔のいた時代（過去と現在　都築章一郎コーチ　ほか）　第2章 本田武史のいた時代（「今とはぜんぜん違う別のスポーツ」　長久保裕コーチ　ほか）　第3章 高橋大輔のいた時代（バンクーバーオリンピック　腰の低いメダリスト　ほか）　第4章 羽生結弦のいる時代（至高の人　絆　ほか）　第5章 宇野昌磨、始まる（ふたりの目指すところ　二〇一四-二〇一五シーズン　ほか）

◇挑戦者たち―男子フィギュアスケート平昌五輪を超えて　田村明子著　新潮社　2018.3　220p　20cm　1400円　Ⓘ978-4-10-304034-7　Ⓝ784.65

内容　プロローグ―2018年2月12日　第1章 ディック・バトン「楽しんだ選手が勝つ」　第2章 パトリック・

チャン「自分がいたいのはこの場をおいて他にない」 第3章 エフゲニー・プルシェンコ「ぼくにはスケートが必要」 第4章 都築章一郎「彼の中ではイメージができている」 第5章 ハビエル・フェルナンデス「ハッピーな気持ちで終えるために」 第6章 羽生結弦「劇的に勝ちたい」 第7章 ネイサン・チェン「プレッシャーは感じられ」 第8章 宇野昌磨「成長していく自分を見てもらいたい」 第9章 平昌オリンピック 決戦の時 エピローグ—2018年2月18日

宇野 宗佑〔1922～1998〕 うの・そうすけ

◇YKK秘録 山崎拓著 講談社 2016.7 315p 20cm 1800円 ①978-4-06-220212-1 Ⓝ312.1

内容 序章 運命の日 第1章 55年体制崩壊—宇野宗佑、海部俊樹、宮澤喜一内閣 第2章 小沢一郎の暗躍—細川護熙、羽田孜内閣 第3章 自・社・さ新時代—村山富市、橋本龍太郎内閣 第4章 「加藤の乱」の真相—小渕恵三、森喜朗内閣 第5章 小泉純一郎ける

◇YKK秘録 山崎拓著 講談社 2018.8 396p 15cm (講談社＋α文庫 G317-1)〈2016年刊の加筆、改筆〉 950円 ①978-4-06-512939-5 Ⓝ312.1

内容 序章 運命の日 第1章 55年体制崩壊—宇野宗佑、海部俊樹、宮澤喜一内閣 第2章 小沢一郎の暗躍—細川護熙、羽田孜内閣 第3章 自・社・さ新時代—村山富市、橋本龍太郎内閣 第4章 「加藤の乱」の真相—小渕恵三、森喜朗内閣 第5章 小泉純一郎首相の誕生、自民党幹事長に就任

宇野 弘〔1927～〕 うの・ひろし

◇多くの人にたすけられ—戦前・戦中・戦後を生きて 宇野弘著 岐阜 岐阜新聞社総合メディア局出版室 2016.10 177p 20cm 〈布装 年譜あり〉 1852円 ①978-4-87797-235-6 Ⓝ289.1

内容 第1章 岐阜での記憶 第2章 江田島での日々 第3章 原爆投下、そして終戦 第4章 戦後の混乱 第5章 問屋町での起業 第6章 不動産業への進出 第7章 サイパン慰霊の旅、旅行やゴルフについて 第8章 病魔との闘い 第9章 友人たち 第10章 夫として、父として、祖父として

宇部 貞宏〔1937～2015〕 うべ・ていこう

◇不動心—ありし日の宇部貞宏 一関 宇部建設 2016.6 121p 27cm Ⓝ289.1

厩戸皇子 うまやどのおうじ

⇒聖徳太子（しょうとくたいし）を見よ

海野 治夫〔?～1997〕 うみの・はるお

◇友情—ある半チョッパリとの四十五年 西部邁著 青志社 2018.10 267p 20cm 〈新潮社2005年刊の新装復刊〉 1600円 ①978-4-86590-071-2 Ⓝ289.1

内容 序 海野さんが死んだわよ 本気でやる気なのかこの店のお情けで生きているんだ ジュリアン・ソレルを私の前髪にして、わかるよ 御馳走さまでした 世間に迷惑をかけちゃいけないよ アレを持ってきたぞ お父さん、行っちゃ駄目だあ 不良少年U君が颯爽と登場した 事故に吸い寄せられていった ねえちゃん、なぜ俺を捨てたんだ 朝鮮人だとどうしてわか

たんだい 俺の家族にだって正義があるんだ 赤猫は許さねえ 死ぬしかない、死ぬのは恐くない、そういうことだ この記憶さえ無かったらなあ 結 海野さんの足跡はもう消えたのね

梅木 信子〔1920～〕 うめき・のぶこ

◇ひとりは安らぎ感謝のとき 梅木信子著 KADOKAWA 2016.4 200p 18cm 〈文献あり〉 1000円 ①978-4-04-895536-2 Ⓝ289.1

内容 第1部 ふたりのとき—喜びが贖罪・哀惜・鎮魂に変わるまで（運命の人との出会いで私は生まれ変わりました。一人、新しく生まれました 大東亜戦争が開戦。そして夫は出征していきました 彼は自分の死後を考えて私を守ろうとしてくれたのです 白い睡蓮を私の前髪にして、たった二人だけの神聖な結婚式でした 夫の死の連絡。やっと私たちは一緒になれました ほか） 第2部 ひとりのとき—96年間「愛する人の生」を生きて学んだこと（老人のあるべき姿とは、いかなるものでしょうか 96歳現役女医として申し上げる病気と健康の考え方 死について思うこと、思い出すこと 老人には、若い世代に「正しい日本の心」を伝える義務があります 幸せは毎日の暮らしの中に見つかります）

梅棹 忠夫〔1920～2010〕 うめさお・ただお

◇予言者梅棹忠夫 東谷暁著 文藝春秋 2016.12 287p 18cm （文春新書 1106）〈年譜あり〉 940円 ①978-4-16-661106-5 Ⓝ289.1

内容 プロローグ 実現した予言と失われた時代 第1章 「文明の生態史観」の衝撃 第2章 モンゴルの生態学者 第3章 奇説を語る少壮学者 第4章 豊かな日本という未来 第5章 情報社会論の先駆者 第6章 イスラーム圏の動乱を予告する 第7章 万博と民博のオーガナイザー 第8章 文化行政の主導者 第9章 ポスト「戦後」への視線 第10章 行為と妄想 エピローグ 梅棹忠夫を「裏切る」ために

◇ウメサオタダオが語る、梅棹忠夫—アーカイブズの山を登る 小長谷有紀著 京都 ミネルヴァ書房 2017.4 271,7p 20cm （叢書・知を究める 11）〈文献あり 年譜あり 索引あり〉 2800円 ①978-4-623-08008-3 Ⓝ289.1

内容 序章 梅棹のコーパス 第1章 資料としての梅棹 第2章 知的生産のデザイン 第3章 たゆまぬ知の前進 第4章 知的に遊ぶ梅棹 第5章 山をたのしむ 第6章 未来を見つめ、「みんぱく」へ 第7章 文明へのまなざし 終章 最期のデザイン

梅崎 司〔1987～〕 うめさき・つかさ

◇15歳—サッカーで生きると誓った日 梅崎司著 東邦出版 2018.1 237p 19cm 1500円 ①978-4-8094-1519-7 Ⓝ783.47

内容 第1章 卒業文集に書いた夢—誕生～小学校時代 第2章 覚悟を決めた日—中学時代 第3章 プロへの『合格通知』—高校時代 第4章 挑戦—大分トリニータ～グルノーブル 第5章 落選と怪我—浦和レッズ加入～東日本大震災 第6章 笑顔と涙—東日本大震災～左膝前十字靭帯損傷 第7章 2度目のルーキー時代—左膝前十字靭帯損傷～現在 母への手紙

梅沢 富美男〔1950～〕 うめざわ・とみお

◇富美男の乱 梅沢富美男著 小学館 2017.9 255p 19cm 1300円 ①978-4-09-388568-3 Ⓝ772.1

|内容| 世の不満代弁するぞ梅沢さん　ふざけんな食えるかバーガー四十個　怖いもの？　んなもんねえよアレ以外　講釈師見てきたようにウソをつき　SNS炎上上等俺に混け！　奥さんの浮気レーダーすごい　昭和海軍の浮身すぎ　我が女房心の底から敬愛し　参観日先生叱って出禁食う　ケツ出すな！　愛する娘に叱られた…娘よ割り勘男にゃ気をつけろ〔ほか〕

梅澤　裕〔1926〜2014〕　うめざわ・ゆたか
◇沖縄戦「集団自決」の真相─梅澤裕元座間味島隊長の遺言　鴨野守著　神戸　アートヴィレッジ　2018.11　182p　19cm　1296円　Ⓘ978-4-909569-11-0　Ⓝ916

|内容| 第1章 沖縄への遺言─「私は自決命令など出していない」　第2章 検証・樺太と沖縄の「自決」　第3章 革命会説がタブーになった理由　第4章 大田昌秀の「集団自決」捏造写真を暴く　第5章 梅澤氏の「無実」勇気を持って証明した宮村幸延氏

梅島　みよ〔1924〜〕　うめしま・みよ
◇今を生きる90代女性のビジネス・ライフ─働く女性と上司に贈る運鈍根がキーワード　梅島みよ著　ProFuture　2016.8　237p　19cm　1500円　Ⓘ978-4-908020-05-6　Ⓝ289.1

|内容| 第1章 ビジネスで大切なことはちゃぶ台で学んだ─昭和初期に過ごした幼少期〜女学校時代　第2章 通勤列車を襲う米軍グラマン機の機銃掃射─戦時下の塾での生活と海軍研究所勤務時代　第3章 敗戦で虚脱状態、駐留軍は英語人材を求めたが、背を向けた─戦後混乱期の結婚、出産、専業主婦　第4章 子育てしながら、キャリア人生を再スタート─米軍広報部での就職、教育訓練講師へのチャレンジ　第5章 転職を経験してわかった「自分のやりたい仕事」─日立製作所車両工場勤務〜教育訓練コンサルタント業を一人で　第6章 東京で会社を起こそう！米軍仲間のお誘い─株式会社マネジメントサービスセンター（MSC）設立メンバーに　第7章 思いついて実行。夢中で前へ─新しい人材アセスメント・プログラムを日本に導入　第8章 「職場の花」と言われた女性の能力を育てたい 働く女性の能力と地位向上を願って　第9章 私が社長に？─経営トップになって経験し、感じたこと　第10章 働く女性の皆さんへのエール─会長・相談役時代、そして現在へ

梅津　美治郎〔1882〜1949〕　うめず・よしじろう
◇梅津美治郎大将─終戦をプロデュースした男　佐野量幸著　元就出版社　2015.2　191p　19cm　〈文献あり〉　1500円　Ⓘ978-4-86106-235-3　Ⓝ289.1

|内容| 「日本の一番長い日」と梅津　終戦工作と梅津　梅津という人　海軍について　陸軍と梅津　終戦と梅津　阿南と梅津　東条と梅津　近衛と梅津　石原と梅津　昭和の三愚と梅津　山本五十六と梅津　梅津語録　天皇と梅津　梅津の最期

◇昭和史講義　軍人篇　筒井清忠編　筑摩書房　2018.7　301p　18cm　（ちくま新書 1341）　900円　Ⓘ978-4-480-07163-7　Ⓝ210.1

|内容| 昭和陸軍の派閥抗争─まえがきに代えて　東条英機─昭和の悲劇の体現者　梅津美治郎の「後始末」に尽力した陸軍大将　阿南惟幾─「徳義即戦力」を貫いた武将　鈴木貞一─背広を着た軍人　武藤章─「政治的軍人」の実像　石原莞爾─悲劇の鬼才か、鬼才による悲劇か　牟田口廉也─信念と狂信の間　今

村均─「ラバウルの名将」から見る日本陸軍の悲劇　山本五十六─その避戦構想と挫折　米内光政─終末点のない戦争指導　永野修身─海軍「主流派」の選択　高木惣吉─昭和期海軍の語り部　石川信吾─「日本海軍最強硬論者」の実像　堀悌吉─海軍軍縮派の悲劇

梅月　喜子男〔1936〜〕　うめずき・きねお
◇梅一凛　梅月喜子男著　福岡　Prom Times　2016.11　156p　21cm　（博多の男一代記シリーズ）〈年譜あり〉　1800円　Ⓘ978-4-909023-00-1　Ⓝ289.1

梅田　雲浜〔1815〜1859〕　うめだ・うんぴん
◇梅田雲浜入門─幕末の儒者・勤王の志士　梅田昌彦著　〔和歌山〕　ウイング出版部　2014.9　205p　20cm　〈年譜あり　文献あり〉　1200円　Ⓘ978-4-9903756-8-3　Ⓝ289.1

◇梅田雲浜の人物像─道義に生きた志士　村上利夫著　神戸　交友プランニングセンター・友月書房　2015.4（2刷）　209p　19cm　〈年譜あり　文献あり〉　1200円　Ⓘ978-4-87787-629-6　Ⓝ289.1

◇明治維新の扉を拓いた梅田雲濱の実像に迫る　小浜市郷土研究会編　小浜　小浜市郷土研究会　2015.9　196p　20cm　〈文献あり　年譜あり　発売：探究社〔京都〕〉　1800円　Ⓘ978-4-88483-965-9　Ⓝ289.1

|内容| 梅田雲濱の出生と当時の社会　江戸十年有余の苦学　矢部家と梅田家の系図　家族及び相続人　儒学者系譜　志士・梅田雲濱の事蹟　安政の大獄　雲濱没後の事件　雲濱の人物評　雲濱と縁のあった人々〔ほか〕

◇梅田雲濱　梅田薫著　復刻版　小浜　福井教育アーカイブス　2015.11　453p　20cm　〈増補新版：東京正生院 1956年刊　文献あり　年譜あり〉　発売：シングルカット〉　1500円　Ⓘ978-4-938737-64-1　Ⓝ289.1

|内容| 小浜の港　雲浜城下　わか葉のころ　京都で苦学　はるばる江戸へ　苦学十二年　乱脈の国政　朝廷を圧迫　熊本行と上原立斎　湖南塾を開く〔ほか〕

◇梅田雲濱關係史料　オンデマンド版　東京大学出版会　2016.3　1冊　日本史籍協會叢書 14〉〈覆刻昭和51年刊　印刷・製本：デジタルパブリッシングサービス　年譜あり〉　20000円　Ⓘ978-4-13-009497-9　Ⓝ289.1

梅田　九榮〔1854〜1918〕　うめだ・きゅうえい
◇年譜で綴る十一代梅田九榮とその子どもたち　梅田和秀編　〔出版地不明〕　梅田和秀　2017.3　119p　30cm　Ⓝ372.143

梅津　庸一〔1982〜〕　うめつ・よういち
◇ラムからマトン　梅津庸一編著　アートダイバー　2015.11　95p　20cm　2000円　Ⓘ978-4-908122-03-3　Ⓝ723.1

|内容| ラムからマトン　美術予備校とヴィジュアル系　蒙古斑と美術の余白　演劇ではなく絵画である　梅津庸一論─アップデートする「美術」＝フェティシズムの空間　無数の筆触が「私」を構成する─梅津庸一の作品（2005・2015）　梅津庸一のアトリエ観

察から　鏡とアザと花粉と―梅津庸一と美術史の亡霊たち　優等生の蒙古斑

梅野 信吉〔1862～1930〕うめの・しんきち
◇獣医学の狩人たち―20世紀の獣医偉人列伝　大竹修著　堺　大阪公立大学共同出版会　2017.5　406p　21cm　〈文献あり〉　2400円　Ⓘ978-4-907209-72-8　Ⓝ649.028

内容：序：日本における近代獣医学の夜明け　牛痘苗と狂犬病ワクチンの創始者―梅野信吉　人材育成の名人で家畜衛生学の先達―葛西勝忠　獣医寄生虫学を確立―板垣四郎　競走馬の雌雄鑑別法を開発―増井清　幻に終わったノーベル賞―市川average　獣医外科・産科学の巨頭―黒澤亮助　顕微鏡とともに歩んだ偉大な神経病理学者―山極三郎　麻酔・自律神経研究の権威―木全春生　ほか

梅野 隆〔1925～2011〕うめの・たかし
◇梅野隆の眼―美はいくらでも落ちている。ただ見ようとしないだけ、見えないだけだ。　梅野隆著，梅野隆の眼刊行委員会編集　〔出版地不明〕　梅野隆の眼刊行委員会　2017.7　539p　22cm　〈文献あり　年譜あり　発売：三好企画（松戸）〉　3800円　Ⓘ978-4-908287-14-5　Ⓝ704

内容：第1章 生い立ち・父梅野満雄のこと　第2章 サラリーマン時代　第3章 藝林時代　第4章 梅野記念絵画館時代　第5章 美を拾う　第6章 「もくう」骨董放浪美学　第7章 私の空想美術館　第8章 美術論ないし方法論　第9章 講演・寄稿　第10章 菅野圭介　第11章 創作

梅本 健次〔1948～〕うめもと・けんじ
◇ああ、素晴らしき人生。　梅本健次著　幻冬舎メディアコンサルティング　2017.9　392p　15cm　〈発売：幻冬舎〉　800円　Ⓘ978-4-344-91362-2　Ⓝ289.1

内容：第1部 思い出（出生～中学生時代　中学・高校の数学について　中学～大学での英語教育についてほか）　第2部 国内旅行記（北海道編　東北編　関東編　ほか）　第3部 貴重な体験（女性国語教師との出会い　著作権という名の魔物）　第4部 健康管理と余生

梅屋 庄吉〔1868～1934〕うめや・しょうきち
◇孫文の辛亥革命を成功させた日本人梅屋庄吉・伝　木内是壽著　相模原　木内書房　2017.8　147p　21cm　1500円　Ⓝ289.1

◇戦前の大金持ち　稲泉連，山川徹著，出口治明編　小学館　2018.6　221p　18cm　〈小学館新書 329〉〈文献あり〉　780円　Ⓘ978-4-09-825329-6　Ⓝ332.5

内容：第1章 "革命プロデューサー"梅屋庄吉　第2章 "パリの蕩尽王"薩摩治郎八　第3章 "初もの喰い狂"大倉喜八郎　第4章 "吉野の山林王"土倉庄三郎　第5章 "相場の神様"山崎種二　第6章 "世界の真珠王"御木本幸吉　最終章 "庭園日本一"足立全康

浦 義博〔1939～〕うら・よしひろ
◇いのちどき―人生はARTな祭りやなあ　浦義博著　産経新聞出版　2014.9　287p　20cm　

1600円　Ⓘ978-4-86306-110-1　Ⓝ289.1

内容：第1章 生きるために必死の毎日―智慧を廻らせた私の才覚（姫路の山河は自然の食卓や　姫路大空襲と平和の訪れ　ほか）　第2章 人の三倍働いた一年三六四日―激動の青年期・浦工業時代（大阪の下駄屋に就職、三週間で沖仲士に転身　スクラップ解体業から「浦工業」の誕生　ほか）　第3章 露店商から香具師の美術商へ―祭りをياきかけた壮年期（結婚を機に「男になったる」と美術商へ　ピストル事件から露店の美術商へ　ほか）　第4章 大阪で一番の美術商に―世界を股に駆けた栄光と挫折の日々（商いの本丸「ナンバ美術」を自分で建てる　美術品の本場・中国の広州交易会に出向く　ほか）　第5章 「ああ面白いなぁ」「美しいなぁ」の夢を追う―寂光を迎えつつある平安の日々（数多くの支店出店を繰り返し、現在の博多店へ　金も名誉も財産も、あの世には持って行かれへん　欲しい欲しいは犬畜生にも劣る　ほか）

浦上 弘明〔1953～〕うらがみ・ひろあき
◇ウラさんの教育人生40年―未来へむかう子ども・親すべてのおとなたちへ　浦上弘明著　大阪　清風堂書店　2017.8　285p　21cm　1500円　Ⓘ978-4-88313-861-6　Ⓝ370

内容：第1章 教師と教育　第2章 自然体験の素晴らしさと多角的な視野　第3章 教育の原点を学ぶ　第4章 教育の羅針盤　第5章 夢を実現する学校づくり　第6章 八尾市教育長に就任　第7章 公務員という冠が取れた今　第8章 新たな職場に出会えて感謝　第9章 読者の皆様に伝えたいこと　資料編

浦沢 直樹〔1960～〕うらさわ・なおき
◇浦沢直樹描いて描いて描きまくる―NAOKI URASAWA OFFICIAL GUIDE BOOK　浦沢直樹著　小学館　2016.2　265p　26cm　2500円　Ⓘ978-4-09-199041-9　Ⓝ726.101

内容：第1章 Q.何故ずっと漫画を描き続けるのか？　幼少期～高校生　第2章 Q.作家・浦沢直樹はいつ確立されたのか？「初期のURASAWA」～「パイナップルARMY」　第3章 Q.王道の漫画とは、一体何か？「YAWARA！」　第4章 Q.人の心を動かすエピソードの作り方とは？「MASTERキートン」　第5章 Q.次々に長編連載作を描き続けるモチベーションとは？「Happy！」　第6章 Q.魅力的なキャラクター作りの秘訣は？「MONSTER」　第7章 Q.どこまで決めて作品を描き始めるのか？「20世紀少年」　第8章 Q.情感を描くのに必要なものとは？「PLUTO」　第9章 Q.資料写真のない世界をどうやって描くのか？「BILLY BAT」　第10章 Q.いつまで漫画を描き続けるのか？　現在～これから

宇良田 唯〔1873～1936〕うらた・ただ
◇評伝 天草五十人衆　天草学研究会編　福岡　弦書房　2016.8　317p　22cm　〈文献あり　年表あり　索引あり〉　2400円　Ⓘ978-4-86329-138-6　Ⓝ281.94

内容：ステージ1 五人衆の時代、そして…　ステージ2 天領天草の村々　ステージ3 祈りの島で　ステージ4 耕す、漁る　ステージ5 実業の世をひらく　ステージ6 潮路はるかに　ステージ7 文学・歴史・言論　ステージ8 あの頃、この人　ステージ9 島の現実、国の行く末　ステージ10 一筋の道　ステージ特別編 群像二題（天草の石文化と松室五郎左衛門　牛

浦野 匡彦〔1910〜1986〕うらの・まさひこ
◇浦野匡彦伝―上毛かるた生みの親の生涯　岡野康幸編著　前橋　みやま文庫　2018.9　176p　19cm　（みやま文庫　230）〈年譜あり　文献あり〉　1500円　Ⓝ289.1

浦辺 粂子〔1902〜1989〕うらべ・くめこ
◇あゝ浅草オペラ―写真でたどる魅惑の「インチキ」歌劇　小針侑起著　えにし書房　2016.5　228p　21cm　（ぐらもくらぶシリーズ　2）　2500円　Ⓘ978-4-908073-26-7　Ⓝ766.1
内容　1　浅草オペラ略史　2　浅草オペラと大正カストリ文化　3　大正文化とお伽歌劇　4　東京少女歌劇物語　5　アヴァンギャルド・浅草　6　「女軍出征」考　7　或るバレリーナの生涯―澤モリノ　8　浅草オペラ女優・浦辺粂子!?　9　考証・浅草オペラの歌手　10　浅草オペラスター名鑑

卜部 忠治〔1923〜〕うらべ・ちゅうじ
◇学徒出陣　卜部忠治著　出雲　卜部忠治　2016.11　166p　19cm　〈文献あり〉　Ⓝ289.1

浦山 孟吉〔1945〜〕うらやま・たけよし
◇生きがいは技能で切り拓く―金メダルへの道、金メダルからの人生　浦山孟吉著　仙台　ブレイン・ワークス　2017.3　93p　19cm　（相伝選書　経営者の経験とスピリットを明日へと伝える珠玉の一冊　5）　1200円　Ⓘ978-4-9908603-8-7　Ⓝ289.1

瓜田 純士〔1979〜〕うりた・じゅんし
◇遺書―関東連合崩壊の真実と、ある兄弟の絆　瓜田純士著　竹書房　2015.10　227p　15cm　（竹書房文庫　う1-1）〈太田出版　2014年刊の追加・訂正〉　650円　Ⓘ978-4-8019-0496-5　Ⓝ368.51
内容　第1章　杉並区立光南中学校　第2章　木村泰一郎との出逢い　第3章　1996年2月、袂を分かつ。　第4章　素顔の木村兄弟　第5章　出所後　第6章　六本木フラワー事件発生

瓜生 岩子〔1829〜1897〕うりゅう・いわこ
◇「身知らず柿」のように―日本のナイチンゲールと言われた人　瓜生岩子　随想　大平みや子著　創英社/三省堂書店　2018.6　182p　19cm　〈文献あり　年譜あり〉　1600円　Ⓘ978-4-88142-965-5　Ⓝ289.1
内容　1　岩子に呼び寄せられた岩子　2　波瀾万丈　3　帝国議会で女性初の請願　4　岩子の論理　5　そのコミュニケーション・スキル　6　岩子の最期　7　教科書に載った岩子

瓜生 繁子〔1862〜1928〕うりゅう・しげこ
◇少女たちの明治維新―ふたつの文化を生きた30年　ジャニス・P・ニムラ著，志村昌子，薮本多恵子訳　原書房　2016.4　387p　20cm　〈文献あり〉　2500円　Ⓘ978-4-562-05303-2　Ⓝ281.04
内容　第1部（一八七一年十一月九日　侍の娘　龍の年　深カツオ漁の男たち）　"ほんのわずかのパン種"　"実務を視察する者たちの遠征隊"）　第2部　"気になる客人たち"　家族を求めて　アメリカ人として育つ　ヴァッサー大学にて　"祖国"への旅　第3部（ふたつの結婚　ひとりで生きていく　アリス、東京に来る　前進と後退　女子英学塾　晩年）

漆間 浩一〔1954〜〕うるしま・こういち
◇「明日の教室」発！子どもがノッてくる魔法のパフォーマンス授業―伝説の教師漆間浩一　漆間浩一述，糸井登，池田修著　学事出版　2015.1　182p　20cm　1800円　Ⓘ978-4-7619-2095-1　Ⓝ375.1
内容　第1章　漆間浩一の授業づくり（まずは目標　教材づくりはネタが命　ほか）　第2章　漆間浩一の授業（授業記録（中一社会）「弥生時代のバリ婚」）　第3章　鼎談（講義形式の授業スタイルを変えた理由　戦術ではなく戦略を磨く　ほか）　第4章　私が追い求めた漆間浩一先生の授業（学級崩壊、授業崩壊の時代に　子どもたちの事実に寄り添う　ほか）

運 つよし〔1956〜〕うん・つよし
◇妻に先立たれた夫が幸せを摑む8つの方法　運つよし著　幻冬舎メディアコンサルティング　2018.12　216p　19cm　〈発売：幻冬舎〉　1200円　Ⓘ978-4-344-91989-1　Ⓝ289.1
内容　第1章　不思議な体験（意思あらば道は拓ける　「勉強していて良かった」と感じた出来事　ほか）　第2章　妻との日々（なれそめ・そして別れ　妻の愛を感じるとき　ほか）　第3章　出会いを求めた3年間（闘病記の出版に没頭する　騙され続けた出会い系エロサイト通い　ほか）　第4章　新たな出会い（身を助ける　不思議なご縁　ほか）　第5章　幸せを摑む8つの方法（現状に満足しない　「もう歳だから」と諦めない　ご先祖様を大切にする　ほか）

運慶〔?〜1223〕うんけい
◇運慶への招待―救いを実感できる仏像を求めて　朝日新聞出版編，浅見龍介監修　朝日新聞出版　2017.9　111p　26cm　〈文献あり　年譜あり〉　1700円　Ⓘ978-4-02-251490-5　Ⓝ718
内容　制作手順で見る運慶仏　全31体　What's UN-KEI?　STAGE　運慶の生きた時代　ONE and ONLY　仏師でありアーティスト運慶　パーフェクト鑑賞講座　HUMAN　運慶を巡る人々　教えてください！仏さまの7つの基礎知識　運慶16体　誌上ギャラリー　ABOUT　運慶は、なぜリアリティを求めたのか？「運慶作」の仏像の数　SCALE　大きさ比べ　全31体集合！　TRIP　運慶への旅　History of UNKEI　運慶の生涯

◇運慶のまなざし―宗教彫刻のかたちと霊性　金子啓明著　岩波書店　2017.11　300,3p　20cm　〈文献あり〉　2000円　Ⓘ978-4-00-022237-2　Ⓝ712.1
内容　序章　運慶の生きた時代　第1章　修行僧運慶と仏師運慶―救済者の自覚　第2章　運慶作品のまなざし　第3章　素材へのまなざし―カツラの特別な意義とは　第4章　運慶の新しさとは　第5章　運慶と鎌倉時代の彫刻空間　終章　「かたち」の力への信頼

雲渓　うんけい
⇒桃水雲渓(とうすいうんけい)を見よ

【え】

衛 青〔?〜前106〕えい・せい
◇新書英雄伝―戦史に輝く将星たち　有坂純著　学研教育出版　2015.10　407p　19cm　〈文献あり〉　発売：学研マーケティング〉　1600円　①978-4-05-406350-1　Ⓝ283

内容　ペルシア戦争を起こした男―アリスタゴラス伝　わが故郷は遙か―ディオニュシオス伝　われら死にきて―レオニダス伝　サラミスよ、汝は女の産める子らを滅ぼさん―テミストクレス伝　賞金首女王―アルテミシア一世伝　三つの問い―エパメイノンダス伝　偉大なる敵―ハンニバル伝　オリュンポスの落日―アエミリウス・パウルス伝　賽は投げられた―ユリウス・カエサル伝　帝国の夢―ゼノビア女王伝　疾風―衛青・霍去病伝　戦いは、まだ始まっていない―ジョン・ポール＝ジョーンズ伝　第一級の戦士―ダヴー元帥伝

英 布　えい・ふ
⇒黥布(げい・ふ)を見よ

英 斂之〔1867〜1926〕えい・れんし
◇中国名記者列伝―正義を貫き、その文章を歴史に刻み込んだ先人たち　第1巻　柳斌傑、李東東編、加藤青延監訳、渡辺明次訳　日本僑報社　2016.9　221p　21cm　3600円　①978-4-86185-224-4　Ⓝ070.16

内容　新聞・雑誌の政治評論の開拓者　王韜(おう・とう　1828 - 1897)　『万国公報』の魂　蔡爾康(さい・じこう　1851 - 1921)　西洋の学問を中国に取りこんだ「西学東漸」の先駆　厳復(げん・ふく　1854 - 1921)　民国時代の北京新聞界の元老　朱淇(しゅ・き　1858 - 1931)　傑出した職業ジャーナリスト　汪康年(おう・こうねん　1860 - 1911)　家財を投げ打ち民衆のために新聞発行　彭翼仲(ほう・よくちゅう　1864 - 1921)　公のために「直言」　英敛之(えい・れんし　1867 - 1926)　湖南省言論界一の健筆　唐才常(とう・さいじょう　1867 - 1900)　清末民初の新聞政治評論家　章太炎(しょう・たいえん　1869 - 1936)　人民の中の先覚者　陳少白(ちん・しょうはく　1869 - 1934)　民国初期の北京新聞界の「怪傑」　劉少少(りゅう・しょうしょう　1870 - 1929)　義侠心に燃えた女性ジャーナリスト　唐群英(とう・ぐんえい　1871 - 1937)　海に身を投じた烈士　楊篤生(よう・とくせい　1872 - 1911)　新聞発行のために私財を投げ打つ　卞小吾(べん・しょうご　1872 - 1908)　新聞を創刊し維新を推進　梁啓超(りょう・けいちょう　1873 - 1929)　マスコミ刷新の牽引者　狄楚青(てき・そせい　1873 - 1941)　口語体新聞の先駆者　林白水(りん・はくすい　1874 - 1926)　革命世論の旗手　陳去病(ちん・きょへい　1874 - 1933)　傑出したマスコミ事業者　汪漢渓(おう・かんけい　1874 - 1924)　革命党の大文豪　陳天華(ちん・てんか　1875 - 1905)

永 六輔〔1933〜2016〕えい・ろくすけ
◇坂本九ものがたり―六・八・九の九　永六輔著　筑摩書房　2017.7　301p　15cm　〈ちくま文庫え8-3〉〈中公文庫　1990年刊の再刊〉　800円　①978-4-480-43454-8　Ⓝ767.8

＊世界的な大ヒット曲「上を向いて歩こう」。作詞永六輔、作曲中村八大、歌手坂本九。3人が体験した戦中・戦後を背景に、それぞれが歩んだ人生と出会い、そして名曲の誕生を描く。1985年8月12日の日航機事故で突然の死を迎えた坂本九への痛切な思いを込め、その翌年に刊行された名著。戦後のラジオ・テレビ・歌謡界の貴重な記録でもある。

◇父「永六輔」を看取る　永千絵著　宝島社　2017.8　269p　19cm　1300円　①978-4-8002-6959-1　Ⓝ910.268

内容　はじめに　皆さんの"六輔"とわたしの"孝雄"の間で　第1章　最愛の妻に先立たれて―病院嫌いな父、病院に通う　第2章　大腿骨骨折からの介護入門―リハビリに精を出す　第3章　車椅子の上で―父の前向きな姿勢に助けられて　第4章　在宅介護で父を看取る―親子三人水入らずの最後の夜　終章　父亡きあとに―父の最期を見て　おわりに　上を向いたときに、夜の星を見上げたときに

◇永六輔―時代を旅した言葉の職人　隈元信一著　平凡社　2017.11　295p　18cm　〈平凡社新書857〉〈文献あり　著作目録あり　年譜あり〉　840円　①978-4-582-85857-0　Ⓝ910.268

内容　第1章　本業は旅の坊主　第2章　早熟の天才ラジオ屋　第3章　闘うテレビ乞食　第4章　遊芸渡世人の本領　第5章　笑いのめす反戦じいさん　第6章　世間師としてのジャーナリスト

栄 海〔1278〜1347〕えいかい
◇中世真言僧の言説と歴史認識　佐藤愛弓著　勉誠出版　2015.2　677,18p　22cm　〈索引あり〉　12000円　①978-4-585-21027-6　Ⓝ188.52

内容　第1部　総説(王朝を懐古するということ　"王朝なるもの"を描くこと―その政治性　ほか)　第2部　慈尊院栄海の活動と言説(慈尊院栄海評伝―その活動と著述　栄海と鎌倉幕府―『具支目記応長元年五月』を中心として　ほか)　第3部　寺院における言説とその機能(慈尊院栄海における政治と言説　鳥羽宝蔵と勧修寺流　ほか)　第4部　慈尊院栄海の著作世界(『真言伝』からの問題提起　『真言伝』の文献学的研究―附　三本対校『真言伝』(弘法大師伝)　ほか)

栄 西〔1141〜1215〕えいさい
◇中世の人物　京・鎌倉の時代編　第2巻　治承〜文治の内乱と鎌倉幕府の成立　野口実編　大阪清文堂出版　2014.6　426p　22cm　〈文献あり〉　4500円　①978-4-7924-0995-1　Ⓝ281

内容　源範政と以仁王(生駒孝臣著)　甲斐源氏(西川広平著)　木曾義仲(長村祥知著)　源義経と範頼(宮田敬三著)　平宗盛(田中大喜著)　平氏の新旧家人たち(西村隆著)　藤原秀衡(三好俊文著)　源頼朝(元木泰雄著)　大庭景親(森幸夫著)　城助永と助職(長茂)(高橋一樹著)　千葉常胤(野口実著)　和田義盛と梶原景時(滑川敦子著)　北条時政と牧の方(落合義明著)　藤原頼人著)　八条院(高香著)　藤原兼実(高橋秀樹著)　源通親(佐伯智広著)　法然と貞慶・明恵(平雅行著)　重源(久野修義著)　栄西(中尾良信著)

◇うちのお寺は臨済宗　わが家の宗教を知る会著　文庫オリジナル版　双葉社　2016.1　237p

15cm　（双葉文庫　わ-08-05―〔わが家の〈宗教を知る〉シリーズ〕）〈文献あり〉　602円　Ⓘ978-4-575-71449-4　Ⓝ188.8
|内容|序章　ざっくりわかる臨済宗Q&A　第1章　仏教の歴史と臨済宗の誕生　第2章　栄西の生涯と臨済宗の発展　第3章　キーワードで知る臨済宗の教え　第4章　臨済宗のしきたり　第5章　ぜひ訪ねたい臨済宗のお寺

◇栄西　中尾良信, 瀧瀬尚純著　大阪　創元社　2017.6　206p　18cm　（日本人のこころの言葉）〈文献あり　年譜あり〉　1200円　Ⓘ978-4-422-80071-4　Ⓝ188.82
|内容|言編（伝統を受け継ぐ　新しい教えを伝える　戒律によって身を慎む　心身を養う）　生涯編（略年譜　栄西の生涯）

◇〈語学教師〉の物語―日本言語教育小史　第1巻　塩田勉著　書肆アルス　2017.10　475p　21cm　〈索引あり〉　2800円　Ⓘ978-4-907078-19-5　Ⓝ807
|内容|1　上代―飛鳥時代　2　上代―奈良時代　3　中古―空海　4　中古―最澄　5　中古―円仁　6　中古―円珍・成尋　7　中世―栄西・重源　8　中世―道元

◇禅とは何か―それは達磨から始まった　水上勉著　中央公論新社　2018.12　396p　16cm　（中公文庫　み10-23）〈新潮社　1988年刊の再刊　文献あり〉　960円　Ⓘ978-4-12-206675-5　Ⓝ188.82
|内容|それは達磨から始まった　臨済禅を築いた祖師たち　反時代者道元希玄の生き方　曹洞大教団の誕生　一休宗純の風狂破戒　三河武士鈴木正三の場合　沢庵宗彭体制内からの視線　雲渓桃水と白隠禅師の自由自在　日本禅の沈滞を破る明国からの波　大愚良寛「無住の住」の生涯　故郷乞食行の胸の内　心ひとつを定めかねつも　民衆が純禅を支える

叡尊〔1201～1290〕えいそん
◇中世の人物　京・鎌倉の時代編　第3巻　大阪　清文堂出版　2014.7　382p　22cm　4500円　Ⓘ978-4-7924-0996-8　Ⓝ281
|内容|後鳥羽院（美川圭著）　九条道家（井上幸治著）　西園寺公経（山岡瞳著）　藤原秀康（長岡祥如著）　藤原定家（谷昇著）　源実朝（坂井孝一著）　北条政子（黒嶋敏著）　北条義時（田辺旬著）　北条泰時（菊池紳一著）　北条時房と重時（久保田和彦著）　九条頼経・頼嗣（岩田慎平著）　竹御所と石山丸（小野翠著）　三浦義村（真鍋淳哉著）　大江広元と三善康信〈善信〉（佐藤雄基著）　宇都宮頼綱（野口実著）　慈円（菊地大樹著）　聖覚（平雅行著）　定豪（海老名尚著）　円爾（原田正俊著）　叡尊（細川涼一著）　公武権力の変容と仏教界（平雅行／編）

永明 延寿〔904～976〕えいめい・えんじゅ
◇永明延寿と『宗鏡録』の研究―一心による中国仏教の再編　柳幹康著　京都　法藏館　2015.2　486,7p　22cm　〈文献あり　索引あり〉　7000円　Ⓘ978-4-8318-7389-7　Ⓝ188.82
|内容|第1章　人と著作（延寿の生涯　延寿の著作と思想　ほか）　第2章　隋唐の仏教解釈論と延寿（隋唐の三宗―教判の展開　中唐の宗密―教判の継承と拡張　ほか）　第3章　唐代禅の修証論と延寿（神会による「頓悟」の宣揚―修行による悟りからありのままの

悟りへ　馬祖による「頓悟」の徹底―ありのままの悟りによる修行の棄却　ほか）　第4章　『宗鏡録』と宋代仏教（仏説にならぶ『宗鏡録』『宗鏡録』からの仏教解釈論の受容　ほか）　第5章　後代における延寿像（蓮宗祖師としての延寿と「禅浄一致」　仏教再編者としての延寿と「教禅一致」　ほか）

永楽帝〔1360～1424〕えいらくてい
◇永楽帝―明朝第二の創業者　荷見守義著　山川出版社　2016.7　104p　21cm　（世界史リブレット人　38）〈文献あり　年表あり〉　800円　Ⓘ978-4-634-35038-0　Ⓝ222.058
|内容|二つの廟号をもつ皇帝　1　燕王登場と洪武政権　2　燕王擡頭と建文政権　3　叔父と甥の「靖難の役」　4　順逆の内政　5　順逆の対外関係・永楽政després

◇習近平と永楽帝―中華帝国皇帝の野望　山本秀也著　新潮社　2017.8　223p　18cm　（新潮新書　730）〈文献あり　年譜あり〉　760円　Ⓘ978-4-10-610730-6　Ⓝ312.22
|内容|序章　帝国の残照と現代中国　第1章　永楽帝誕生　第2章　習近平の半生　第3章　王朝創始者の権威向上　第4章　粛清の時代　第5章　「盛世」の夢　第6章　「天下」の拡大と「大一統」　終章　習近平は永楽帝たり得るのか

慧鶴　えかく
⇒白隠慧鶴（はくいんえかく）を見よ

江上 苓洲〔1758～1820〕えがみ・れいしゅう
◇評伝　天草五十人衆　天草学研究会編　福岡　弦書房　2016.8　317p　22cm　〈文献あり　年表あり　索引あり〉　2400円　Ⓘ978-4-86329-138-6　Ⓝ281.94
|内容|ステージ1　五人衆の時代、そして…　ステージ2　天領天草の村々　ステージ3　祈りの島で　ステージ4　耕す、漁る　ステージ5　実業の世をひらく　ステージ6　潮路はるかに　文学・歴史・言論　ステージ7　文学・歴史・言論　ステージ8　あの頃、この人　ステージ9　島の現実、国の行く末　ステージ10　一筋の道　ステージ特別編　群像二題（天草の石文化と松室五郎左衛門　牛深カツオ漁の男たち）

江川 太郎左衛門（35代）〔？～1834〕えがわ・たろうざえもん
◇伊豆半島―四版・復刻版　伊豆学研究会編　伊豆の国　伊豆学研究会,（伊豆）長倉書店〔発売〕　2018.5　356p　21cm　〈初版：仁友社　4版　大正3年刊〉　2800円　Ⓘ978-4-88850-057-9　Ⓝ215.4
|内容|日本歴史に及ぼしたる伊豆　伊豆の地形と地質　伊豆半島の沿革及び其歴史地理的観察　源頼朝の勃興　堀越御所の盛衰　北條早雲と韮山城　江川坦庵　下田と韮山松陰　韮山の籠城　ペリルと江川坦庵とプーチャチン　附　江川英毅傳〔ほか〕

江川 太郎左衛門（36代）〔1801～1855〕えがわ・たろうざえもん
◇明治なりわいの魁―日本に産業革命をおこした男たち　植松三十里著　ウェッジ　2017.2　192p　21cm　〈文献あり　年表あり〉　1800円　Ⓘ978-4-86310-176-0　Ⓝ281
|内容|1章　魁の時代（高島秋帆―長崎豪商の西洋砲術

と波乱の生涯　江川坦庵―伊豆韮山に現存する反射炉と品川台場　片寄平蔵―蒸気船の燃料を供給した常磐炭鉱の開発）　2章 技の時代（鍋島直正―佐賀の反射炉と三重津海軍所の創設　本木昌造―日本語の活版印刷を広めた元長崎通詞　堤磯右衛門―公共事業の請負から石鹸の祖に　上田寅吉―船大工から日本造船史上の一大恩人へ　大島高任―鉄の産地で高炉を建設した南部藩士）　3章 生業の時代（尾高惇忠―富岡製糸場初代場長の知られざる来歴　ファン・ドールン―猪苗代湖からの疎水開削を実現　加唐為重―生命保険に医療を取り入れて発展　油屋熊八―別府温泉で本格的な観光業をスタート　竹鶴政孝―本物のウィスキーを日本にもたらす　松永安左エ門―電力再編の三年間のためにあった長き生涯）

江川 坦庵　えがわ・たんあん
⇒江川太郎左衛門（36代）（えがわ・たろうざえもん）を見よ

江川 英毅　えがわ・ひでたけ
⇒江川太郎左衛門（35代）（えがわ・たろうざえもん）を見よ

江川 英龍　えがわ・ひでたつ
⇒江川太郎左衛門（36代）（えがわ・たろうざえもん）を見よ

絵金〔1812～1876〕　えきん
◇広瀬絵金―絵金の真実　「土佐にあだたぬ男」は龍馬だけではなかった　村上純一著　高知　飛鳥出版室　2018.7　151p　22cm　〈年譜あり　文献あり〉　1500円　Ⓘ978-4-88255-162-1　Ⓝ721.8
内容 1 絵金とは何者（真宗寺山の墓碑から探る）　2 「絵馬」から金蔵の本質を探る　3 広瀬金蔵と「天晴」の私号（芝居絵屏風が生まれた背景）　4 所謂「絵金」の力量とは　5 金蔵は大変な教養人　6 金蔵が名乗った号について　7 金蔵の頭部木彫について　8 江戸からの持ち帰りの資料について

江草 隆繁〔1909～1944〕　えぐさ・たかしげ
◇艦爆隊長江草隆繁―ある第一線指揮官の生涯　上原光晴著　潮書房光人社　2015.5　327p　16cm　（光人社NF文庫　う N-887）〈光人社1989年刊の再刊　文献あり　年譜あり〉　830円　Ⓘ978-4-7698-2887-7　Ⓝ289.1
内容 序章 サイパンの夕焼け　第1章 芦田川の四季（ルーツをたずねて　汐首に遊ぶ少年大志　ほか）　第2章 江田島の青春（教育の別天地　「五和」の群像　ほか）　第3章 りんどうの花（航空主兵の胎動　初級士官の周辺　ほか）　第4章 機動部隊、北へ（サイレント・ネイビー　対米開戦前夜　ほか）　第5章 海・空戦の攻防（敵なき江草艦爆隊　MI作戦）　第6章 祖国を後にして（新たな任務を前に　五二一空「鵬部隊」出撃す　ほか）　終章 鎮魂への願い

江口 隆哉〔1900～1977〕　えぐち・たかや
◇日本の現代舞踊のパイオニア―創造の自由がもたらした革新性を照射する　片岡康子監修　新国立劇場運営財団情報センター　2015.3　122p　26cm　〈他言語標題：PIONEER of JAPAN CONTEMPORARY DANCE　発売：丸善出版〉　700円　Ⓘ978-4-907223-07-6　Ⓝ769.1

内容 序章 西洋文化の流入と舞踊　第1章 石井漠―肉体とリズムの統合による純粋舞踊の探求　第2章 小森敏―静けさを愛する心を糧に　第3章 伊藤道郎―アメリカで道を拓いた国際派　第4章 高田雅夫・高田せい子―夫から妻へ繋いで拓いた叙情の世界　第5章 江口隆哉・宮操子高らかに舞踊創作の灯をかかげて　第6章 執行正俊―芸術の美と愛の中を彷徨うバガブンド　第7章 檜健次―生命への洞察を根底とした魂の舞踊家　第8章 石井みどり―舞踊芸術の感動をすべての人々の胸に　第9章 同時代のふたりの舞踊家

江口 寿史〔1958～〕　えぐち・ひさし
◇江口寿史の正直日記　江口寿史著　河出書房新社　2015.6　413p　15cm　（河出文庫　え8-1）〈2005年刊を再構成し描き下ろし漫画「金沢日記2」を新たに掲載〉　900円　Ⓘ978-4-309-41377-8　Ⓝ726.101
内容 正直日記（1999年　2000年　2001年　2002年）　金沢日記

慧玄　えげん
⇒関山慧玄（かんざんえげん）を見よ

江崎 利一〔1882～1980〕　えざき・りいち
◇「死んでたまるか」の成功術―名企業家に学ぶ　河野守宏著　ロングセラーズ　2016.10　203p　18cm　〈文献あり〉　1000円　Ⓘ978-4-8454-0992-1　Ⓝ332.8
内容 鳥井信治郎―ウイスキーはわしの命だ。いまに見ておれ！！　本田宗一郎―世界最高のオートバイ・レース"TTレース"に参加して優勝する！　稲盛和夫―いまのやり方ではダメだ、戦法を変えようそうだ！　うちの製品をアメリカから輸入させればよい　出光佐三―殺せるものなら殺してみろ。わしは死なん　松下幸之助―断じて行なえば必ずものは成り立つ！　野村徳七―命を賭けた大相場に勝った！　河村瑞賢―おれにもツキがまわってきたぞ　江戸一番の分限者になってみせる！　岩崎弥太郎―恥がなんだ、面目がなんだ　生きていれば、なんとかなる！　浅野総一郎―誰もがやれる商売では駄目なのだ　要は、人が目を向けないところに目をつけることだ！　益田孝―最後に勝てばよいのだ！　江崎利一―こっちから頼んで歩かなくても向こうから売らせてくれと頼みにくるようにしたい！
◇江崎利一―菓子産業に新しい地平を拓いた天性のマーケター　宮本又郎著　京都　PHP研究所　2018.1　354p　20cm　（PHP経営叢書―日本の企業家 12）〈年譜あり〉　2400円　Ⓘ978-4-569-83432-0　Ⓝ289.1
内容 第1部 評伝 事業奉仕即幸福―企業家精神あふれる江崎グリコ創業者の生涯（郷里を出でて大阪へ―企業家・江崎利一の登場　栄養菓子「グリコ」の誕生　海外への夢　戦前・戦時下の企業経営　戦後、六二ామからの再スタート　ブリッツからポッキーまで企業成長の踊り場　多角化と海外進出による新事業展開　生産と営業体制の充実　江崎利一の社会貢献活動　晩年）　第2部 論考 企業家論としての「江崎利一」―その活動の真価を捉え直す（江崎グリコの経営分析　「天性のマーケター」　外部の情報と人材の活用、登用　グリコ商工青年学校と江風会　グリコの社会文化史的意義　経営理念）　第3部 人間像に迫る 不屈の精神で邁進した天性のマーケター

―江崎勝久氏インタビューより（創業者精神　継承と創造）

江崎　玲於奈〔1925～〕　えさき・れおな
◇「未知」という選択―世界のレオ創造の軌跡　江崎玲於奈著　横浜　神奈川新聞社　2017.1　198p　図版8枚　19cm　（わが人生　12）〈著作目録あり　年譜あり〉　1389円　Ⓘ978-4-87645-561-4　Ⓝ289.1
内容　はじめに　年代記　生い立ち　48歳でノーベル賞受賞　研究者から教育者に転身　レオナの名が励みに　87年前の父の手紙　お辞儀して罰当たる　中学入試で初の挫折　戦時、物理学に生きる決意　母に抱かれ亡くなった兄〔ほか〕

江島　任〔1933～2014〕　えじま・たもつ
◇アートディレクター江島任　手をつかえ　木村裕治木村デザイン事務所　2016.6　647p　19cm　〈他言語標題：art director tamotsu ejima's monologue "do it with your hands"　年譜あり〉　発売：リトルモア　5000円　Ⓘ978-4-89815-388-8　Ⓝ727.021
内容　1　江島任の仕事（NOW　二十歳で出会って　立木義浩　ボスの色気、大人の哀愁　湯村輝彦　ほか）　2　手がかなう（誌面の躍動美は「手」で追求される　江島任　堀内さん　江島任　雑誌を創るのはむずかしい　江島任　ほか）　3　江島任という男（あのころ若かった大先輩は、何を考えていたのかなぁ。　糸井重里　人生全部一人遊びだったなあという気がするんです。　his monologue　藝大時代　ほか）

恵心僧都　えしんそうず
⇒源信（げんしん）を見よ

恵信尼〔1182～1268?〕　えしんに
◇親鸞聖人とともに歩んだ恵信尼さま　今井雅晴著　京都　自照社出版　2016.2　42p　30cm　1000円　Ⓘ978-4-86566-024-1　Ⓝ188.72
◇親鸞の妻・恵信尼　仁科龍著　第3版　雄山閣　2017.5　271p　19cm　〈初版：雄山閣出版　1981年刊　文献あり　年表あり〉　2800円　Ⓘ978-4-639-02480-4　Ⓝ188.72
内容　その夫・親鸞の行動　堂юと о としての親鸞　念仏断罪の嵐　女性の往生・成仏　性と戒律　性と妻帯の問題　親鸞の妻は何人か　その妻・恵信尼の謎　出会いの障をもとめて　親鸞と善鸞―親子義絶の問題（付・善鸞義絶状全文）　恵信尼の信仰と生活　妻・恵信尼との愛情物語　親鸞とその妻・恵信　恵信尼の手紙（全）

江副　浩正〔1936～2013〕　えぞえ・ひろまさ
◇江副さんありがとう@Atlas―1089 thanks messages　江副さんありがとう@Appi全記録集　江副浩正追悼委員会編　江副浩正追悼委員会　2015.4　362,149p　26cm　〈年譜あり〉　Ⓝ673.93
◇江副浩正　馬場マコト,土屋洋著　日経BP社　2017.12　493p　20cm　〈文献あり　発売：日経BPマーケティング〉　2200円　Ⓘ978-4-8222-5868-9　Ⓝ289.1
内容　稀代の起業家　東京駅東北新幹線ホーム　浩正

少年　東京大学新聞　「企業への招待」　素手でのし上った男　わが師ドラッカー　西新橋ビル　リクルートスカラシップ　安比高原〔ほか〕

枝野　幸男〔1964～〕　えだの・ゆきお
◇枝野立つ！　立憲民主党のさらなる闘い　大下英治著　河出書房新社　2018.2　281p　19cm　1600円　Ⓘ978-4-309-24846-2　Ⓝ312.1
内容　第1章　前原vs枝野　分裂の萌芽となる民進党代表選　第2章　小池百合子率いる希望の党との突然の合流劇　第3章「枝野立て」の声に押されて　第4章　枝野、ついに立つ！　第5章　大躍進の衆院選　第6章　枝野幸男の少年時代　政治家を志して　第7章　日本新党から代議士に　第8章　政権交代を目指して　第9章　民主党政権で官房長官に就任　第10章　立憲民主党のさらなる戦い
◇枝野幸男の真価　毎日新聞取材班著　毎日新聞出版　2018.3　191p　18cm　〈年譜あり〉　1000円　Ⓘ978-4-620-32513-2　Ⓝ312.1
内容　第1章　結党前夜「不協和音」　希望の党結党表明（ほか）　第2章　枝野幸男という政治家（中学時代の夢は総理大臣　与党議員からのスタート　ほか）　第3章　野党第1党へ、躍進の舞台裏（短期間で新党を作れた理由　3日で50人の候補者決定　ほか）　第4章　離合集散の野党史「野党はまとまれ」という圧力―「96年体制」の終焉　選挙制度改革と非自民政権の樹立　ほか）　第5章　立憲民主党を待つ試練（野党再編を求める「圧」へのいらだち　「草の根」との連携は可能なのか　ほか）

枝村　純郎〔1932～〕　えだむら・すみお
◇外交交渉回想―沖縄返還・福田ドクトリン・北方領土　枝村純郎著,中島琢磨,昇亜美子編　吉川弘文館　2016.11　303p　22cm　〈著作目録あり　年譜あり〉　3800円　Ⓘ978-4-642-03858-4　Ⓝ319.1
内容　第1章　黎明期の戦後外交と私　第2章　沖縄返還問題への取り組み　第3章「福田ドクトリン」―理念主導の対ASEAN外交　第4章　フォークランド紛争における日本の対応　第5章　アサハン・アルミ対日輸出停止問題　第6章　激動のなかのソ連―一九九〇-九一年　第7章　新生ロシアと向き合う―一九九一-九四年　第8章　北方領土交渉と情報操作　第9章　尖閣問題―国際広報は安全保障の一環

枝本　清輝〔1874～1928〕　えだもと・きよてる
◇地方伝道に尽くす―伝道者枝本清輝の生涯　枝本家、都城100周年の記念に　枝本順三郎著〔出版地不明〕　枝本厚信家　2016.10　156p　21cm　Ⓝ198.52

枝吉　神陽〔1822～1862〕　えだよし・しんよう
◇枝吉神陽―1822-1862　大園隆二郎著　佐賀　佐賀県立佐賀城本丸歴史館　2015.1　110p　21cm　（佐賀偉人伝　14）〈年譜あり〉　952円　Ⓘ978-4-905172-13-0　Ⓝ121.52
内容　第1章　枝吉家に生まれる（枝吉家の人々　父忠左衛門南濠　ほか）　第2章　神陽成長の背景（少年陽　神陽と諸先輩　ほか）　第3章　遊学と交流（第一回江戸昌平黌遊学時代　神陽の結婚　ほか）　第4章　佐賀藩での活躍（帰郷後の訪問者　藩士としての神陽　ほか）

江戸 敏郎〔1935〜〕えど・としろう

◇人生裏表　江戸敏郎著　幻冬舎メディアコンサルティング　2016.1　168p　20cm　〈発売：幻冬舎〉　1200円　①978-4-344-97283-4　Ⓝ289.1

[内容] 第1章 江戸少年の事件簿　第2章 やんちゃだった青年時代　第3章 いくつかの危機を乗り越えて　第4章 人生は「コネ」「ネンネ」「オカネ」

衛藤 公雄〔1924〜2012〕えとう・きみお

◇奇蹟の爪音—アメリカが熱狂した全盲の箏曲家 衛藤公雄の生涯　谷口和巳著　小学館　2016.12　223p　19cm　〈年譜あり〉　1800円　①978-4-09-388527-0　Ⓝ768.6

[内容] 第1部 海を越えて（十一人姉弟の六番目に生まれた長男　十四歳で師匠に「十七弦の衛藤」と呼ばれ終戦。箏でジャズ！　日劇への出演が波紋を呼ぶ　ほか）　第2部 箏の国にて（日本武道館"初"のコンサート　十八弦の誕生と箏職人金子誠次「ホールを鳴らす」唯一無二の十八弦　"奇蹟の爪音"の証言者「題名のない音楽会」　ほか）

江藤 淳〔1932〜1999〕えとう・じゅん

◇江藤淳と大江健三郎—戦後日本の政治と文学　小谷野敦著　筑摩書房　2015.2　388,20p　20cm　〈文献あり 著作目録あり 年譜あり 索引あり〉　2400円　①978-4-480-82378-6　Ⓝ910.268

[内容] 第1章 出生—四国の森と海軍一族　第2章 出発—華麗なる文壇登場　第3章 決裂—反核平和主義と保守回帰　第4章 岐路—暴力への志向、学問コンプレックス　第5章 沈滞—純文学凋落の中で　第6章 ニューアカ・ブーム　第7章 栄光と終焉

◇江藤淳の言い分　斎藤禎著　書籍工房早山　2015.5　384p　20cm　〈文献あり〉　2500円　①978-4-904701-44-7　Ⓝ910.268

[内容] 序 うつらうつらと見居候内に　1 そのひと　2 小林秀雄、埴谷雄高、大岡昇平と「転向」「変節」について　3 本多秋五、福田恆存、そして「無条件降伏」論争　4 「占領軍と検閲」、「一九四六年憲法—その拘束」の核心　5 文壇—その「自由」と「禁忌」そして、自死…

◇江藤淳と大江健三郎—戦後日本の政治と文学　小谷野敦著　筑摩書房　2018.8　449,20p　15cm　〈ちくま文庫 こ30-3〉〈文献あり 著作目録あり 年譜あり 索引あり〉　950円　①978-4-480-43533-0　Ⓝ910.268

[内容] 第1章 出生—四国の森と海軍一族　第2章 出発—華麗なる文壇登場　第3章 決裂—反核平和主義と保守回帰　第4章 岐路—暴力への志向、学問コンプレックス　第5章 沈滞—純文学凋落の中で　第6章 ニューアカ・ブーム　第7章 栄光と終焉

◇文士たちのアメリカ留学 一九五三・一九六三　斎藤禎著　書籍工房早山　2018.12　327p　19cm　2500円　①978-4-904701-54-6　Ⓝ910.264

[内容] 第1章 文士にとって留学は、夢のまた夢　第2章「文士留学の仕掛け人」坂西志保と、チャールズ・B・ファーズ　第3章 阿川弘之は「原爆小説」を書いたから、アメリカに招かれたのか　大岡昇平、安岡章太郎は、アメリカで、ことに南部で何を見たか　第5章 江藤淳、英語と格闘す　第6章 庄野潤三と名作『ガンビア滞在記』の誕生　第7章 有吉佐和子は、アメリカ人社会では間違いなく「NOBODY」だった　第8章 小島信夫は、なぜ、単身でアメリカに行ったか？　第9章 アメリカから帰った福田恆存は、「文化人」の「平和論」を果敢に攻撃した　第10章 改めて考える。ロックフェラー財団による文士のアメリカ留学とは何だったのか

江藤 新平〔1834〜1874〕えとう・しんぺい

◇江藤新平—尊王攘夷でめざした近代国家の樹立　大庭裕介著　戎光祥出版　2018.12　188p　19cm　〈戎光祥選書ソレイユ 003〉〈文献あり 年譜あり〉　1800円　①978-4-86403-306-0　Ⓝ289.1

[内容] 序章 江藤新平のイメージ　第1章 風雲急を告げる幕末の政局　第2章 江戸の民政と佐賀の民政　第3章 政治思想と諸改革　第4章 留守政府の政情　第5章 復権に向けた野心　終章 江藤新平の実像と虚像

江戸川 乱歩〔1894〜1965〕えどがわ・らんぽ

◇江戸川乱歩とその時代　武光誠文　PHP研究所　2014.12　211p　21cm　〈画：梅田紀代志　文献あり 年譜あり 索引あり〉　1800円　①978-4-569-82103-0　Ⓝ910.268

[内容] 第1節 乱歩の生い立ち　第2節 作家デビューまで　第3節 大衆文学ブームの中で　第4節 軍musicの時代　第5節 出版文化の再興　終節 甦る乱歩の世界　まとめ 江戸川乱歩の文学とその時代　巻末資料 江戸川乱歩の見た風景—大正・昭和の面影散歩

◇江戸川乱歩と横溝正史　中川右介著　集英社　2017.10　334p　19cm　〈他言語標題：Edogawa Rampo & Yokomizo Seishi　文献あり〉　1700円　①978-4-08-781632-7　Ⓝ910.268

[内容] 第1章 登場—「新青年」〜一九二四年　第2章 飛躍—「心理試験」「広告人形」〜一九二五〜二六年　第3章 盟友—「江戸川乱歩全集」一九二六〜三一年　第4章 危機—「怪人二十面相」「真珠郎」一九三二〜四五年　幕間—一九四〇〜四五年　第5章 再起—「黄金虫」「ロック」「宝石」一九四五〜四六年　第6章 奇跡—「本陣殺人事件」一九四六〜四八年　第7章 復活—「青銅の魔人」一九四八〜五四年　第8章 新星—「悪魔の手毬唄」一九五四〜五九年　第9章 落陽—乱歩死す一九五九〜六五年　第10章 不滅—横溝ブーム一九六五〜八二年

◇怪人江戸川乱歩のコレクション　平井憲太郎, 本多正一, 落合教幸, 浜田雄介, 近藤ようこ著　新潮社　2017.12　142p　22cm　〈とんぼの本〉〈文献あり 年譜あり〉　1800円　①978-4-10-602278-4　Ⓝ910.268

[内容] 乱歩おじいちゃんとの十五年　乱歩邸を探偵する 実録！乱歩コレクション初公開！立教大学記録資料が語るもの　乱歩が愛した小抽斗の宇宙　秘蔵アルバム帖拝見　乱歩文学の世界へ—覗き見る乱歩　人間乱歩の歩んだ道　図解・乱歩（戦前編 戦後編）　特別描き下ろし漫画 お勢登場

◇乱歩謎解きクロニクル　中相作著　言視舎　2018.3　218p　19cm　〈著作目録あり〉　2200円　①978-4-86565-118-8　Ⓝ910.268

[内容] 涙香、「新青年」、乱歩　江戸川乱歩の不思議な

犯罪　「陰獣」から「双生児」ができる話　野心を託した大探偵小説　乱歩と三島　女賊への恋　「鬼火」因縁話　猟奇の果て　遊戯の終わり　ポーと乱歩　奇譚の水脈

江夏　豊〔1948～〕　えなつ・ゆたか

◇善と悪─江夏豊ラストメッセージ　江夏豊, 松永多佳倫著　KADOKAWA　2015.2　231p　19cm　1500円　Ⓘ978-4-04-067375-2　Ⓝ783.7
[内容]第1章 一匹狼　第2章 血と縁　第3章 師弟　第4章 親友　第5章 男と女　第6章 罪と償い　終章

◇神は背番号に宿る　佐々木健一著　新潮社　2017.1　222p　20cm　〈文献あり〉　1400円　Ⓘ978-4-10-350631-7　Ⓝ783.7
[内容]1回 数霊　2回「28」江夏豊の完全　3回「11」「20」村山実の誇りと眞鍋勝巳の裏切り　4回「36」「1」池山隆寛の継承　5回「14」「41」谷沢健一の運命　6回「4」「14」永久欠番と死　7回「15」藤井将雄の永遠　8回「1」鈴木啓示の不滅　9回 幻

◇江夏の21球　山際淳司著　KADOKAWA　2017.7　287p　18cm　（角川新書 K-145）　840円　Ⓘ978-4-04-082162-7　Ⓝ783.7
[内容]第1章 江夏の21球（江夏の21球　落球伝説　バッティング投手　テスト生　ノーヒット・ノーラン　負け犬）　第2章 スローカーブを、もう一球（スローカーブを、もう一球　"ゲンさん"の甲子園　幻の甲子園と冨樫淳）　第3章 異邦人たちの天覧試合（"ミスター社会人"のこと　野球の「故郷」を旅する　異邦人たちの天覧試合）

◇燃えよ左腕─江夏豊という人生　江夏豊著　日本経済新聞出版社　2018.7　258p　20cm　1600円　Ⓘ978-4-532-17640-2　Ⓝ783.7
[内容]第1章 作られた左利き　第2章 現ナマ八百万円　第3章 完全燃焼　第4章 阪神のエース　第5章 球界に「革命」　第6章 優勝請負人　第7章 時代は巡る

◇衣笠祥雄 最後のシーズン　山際淳司著　KADOKAWA　2018.8　287p　18cm　（角川新書 K-223）　840円　Ⓘ978-4-04-082265-5　Ⓝ783.7
[内容]第1章 名将（メルセデスにて　オールド・ボーイズ・オブ・サマー）　第2章 名投手（"サンデー兆治"のこと　二〇〇勝のマウンド ほか）　第3章 強打者（アウトコース　田淵の夏の終わり ほか）　終章 引退（一本杉球場にて）

慧能〔638～713〕　えのう

◇慧能研究─慧能の伝記と資料に関する基礎的研究　駒澤大學禪宗史研究會編著　覆刻版　京都臨川書店　2018.7　657,24p　27cm　〈初版：大修館書店 1978年刊　文献あり　年表あり　索引あり〉　21000円　Ⓘ978-4-653-04411-6　Ⓝ188.82
[内容]研究篇（曹溪大師傳の研究　慧能の伝記研究）　資料篇（六祖壇経　金剛経解義　慧能関係資料集成）　附録

榎　実　えのき・みのる

◇原爆を境に　榎実著　文芸社　2017.2　87p　19cm　1000円　Ⓘ978-4-286-17962-9　Ⓝ289.1
＊集団疎開をする前、記念に撮った1枚の「家族写真」─。そして運命の日─8月6日─。「教練中に突然ピカーと閃光が走った。何だろうと広島の方向を見ると、ドーンと大きな音がしてキノコ雲がもくもくと立ち上り始めた」（本文より）。彼は二度と母や弟には会えなかった…。これからは一人で生きていかねば─。戦争によって人生を翻弄されながらも、未来へと力強く生きる人間の歩み。

榎戸　輝美〔1931～〕　えのきど・てるみ

◇クスリ屋黙示録　榎戸輝美著　文芸社　2015.7　394p　20cm　〈文献あり〉　1700円　Ⓘ978-4-286-16067-2　Ⓝ289.1
＊満洲から引き揚げた一人の少年。貧困にあえぐ中、ようやく得た職はクスリ問屋。財もなく、学歴もなく、母を失い、それでも男は出世街道を上りつめた……。戦後日本の医薬品業界を赤裸々に斬る自叙伝が、今、新たな感動を呼ぶ。「困難な時代を生き抜いてきたクスリ屋の人生を知ることで、若い読者の方にお役にたつと信じています」（杏林大学医学部附属病院・元院長　東原英二氏推薦）

榎本　和子〔1925～〕　えのもと・かずこ

◇ちいろばの女房　榎本和子著　いのちのことば社フォレストブックス　2016.2　127p　19cm　1200円　Ⓘ978-4-264-03325-7　Ⓝ289.1
[内容]第1章 父母と共に（ころころちゃん　焼け野原剣を持ちのがして　ほか）　第2章 夫と共に（無акな申し出　結婚式　あばら家　ほか）　第3章 神が共に（立ち上がりなさい　取りて読め）

榎本　喜八〔1936～2012〕　えのもと・きはち

◇打撃の神髄　榎本喜八伝　松井浩著　講談社　2016.2　388p　15cm　（講談社＋α文庫 G276-1）　2005年刊の加筆　文献あり　820円　Ⓘ978-4-06-281645-8　Ⓝ783.7
[内容]第1章 貧しかった少年時代　第2章 パ・リーグ新人王獲得　第3章 プロの壁　第4章 魂の注入　第5章 合気打法の熟成　第6章 神の城へ　第7章 絶望

榎本　健一〔1904～1970〕　えのもと・けんいち

◇エノケンと菊谷栄─昭和精神史の匿れた水脈　山口昌男著　晶文社　2015.1　366p　20cm　〈文献あり　年譜あり　索引あり〉　2300円　Ⓘ978-4-7949-6865-4　Ⓝ772.1
[内容]第1章 菊谷栄の生い立ち　第2章 浅草のエノケン・エノケンの浅草　第3章 カジノフォーリーの興亡　第4章 エノケン一座の誕生　第5章 「歌劇」を読む─宝塚少女歌劇のアルケオロジー　第6章 エノケン・レヴューの栄光と悲惨　第7章 菊谷栄戦場に死す　付録 西田幾多郎とメイエルホリドの間のエノケン

◇昭和芸人七人の最期　笹山敬輔著　文藝春秋　2016.5　249p　16cm　（文春文庫 さ67-1）〈文献あり〉　620円　Ⓘ978-4-16-790625-2　Ⓝ779.9
[内容]第1章 榎本健一・65歳没─片脚の宙返り　第2章 古川ロッパ・57歳没─インテリ芸人の孤独　第3章 横山エンタツ・74歳没─運命のコンビ解散　第4章 石田一松・53歳没─自惚れた歌ネタ芸人　第5章 清水金一・54歳没─主役しかできない人　第6章 柳家金語楼・71歳没─元祖テレビ芸人の帰る家　第7章 トニー谷・69歳没─占領下が生んだコメディアン

特別インタビュー 最後の喜劇人、芸人の最期を語る─伊東四朗

榎本 武揚〔1836〜1908〕 えのもと・たけあき

◇古文書にみる榎本武揚─思想と生涯 合田一道著 藤原書店 2014.9 329p 20cm 〈文献あり 年譜あり 索引あり〉 3000円 ①978-4-89434-989-6 Ⓝ289.1

内容 第1章 外国への視線─1836・1863 第2章 戊辰の嵐に、立つ─1864・1868 第3章 蝦夷の大地、燃ゆ─1868・1869 第4章 死を前にした化学者─1869・1872 第5章 開拓使で鉱山調査─1872・1874 第6章 日露交渉と「シベリア日記」─1874・1878 第7章 降りかかる国家の難題─1879・1893 第8章 隕石で流星刀を作る─1894・1906

◇お殿様、外交官になる─明治政府のサプライズ人事 熊田忠雄著 祥伝社 2017.12 262p 18cm （祥伝社新書 522）〈文献あり〉 840円 ①978-4-396-11522-7 Ⓝ319.1

内容 序章 ツルの一声 1章 鍋島直大─圧倒的な財力で欠の花を演じる 2章 浅野長勲─洋行経験なく、外交官生活も二年で終了 3章 戸田氏共─当代一の美人妻が醜聞に見舞われる 4章 蜂須賀茂韶─妾を同伴で海外赴任を敢行 5章 岡部長職─高い能力で明治の世をみごとに渡る 6章 柳原前光─権力者におもねらず、ライバルに水をあけられる 7章 榎本武揚─朝敵から一転、引く手あまたの「使える男」

◇明治史講義 人物篇 筒井清忠編 筑摩書房 2018.4 397p 18cm （ちくま新書 1319）〈文献あり〉 1100円 ①978-4-480-07140-8 Ⓝ210.6

内容 木戸孝允─「条理」を貫いた革命政治家 西郷隆盛─謎に包まれた超人気者 大久保利通─維新の元勲、明治政府の建設者 福澤諭吉─「文明」と「自由」 板垣退助─自らの足りなさを知る指導者 伊藤博文─日本型立憲主義の造形者 井上毅─明治維新を落下させようとした官僚 大隈重信─政治対立の演出者 金玉均─近代朝鮮における「志士」たちの時代 陸奥宗光─『蹇蹇録』で読む日清戦争と朝鮮〔ほか〕

◇子孫が語る歴史を動かした偉人たち 善田紫紺著 洋泉社 2018.6 191p 18cm （歴史新書） 900円 ①978-4-8003-1476-5 Ⓝ281

内容 第1部 志士の末裔たち（西郷隆盛曾孫 西郷隆文氏『何事も相手の身になって考える "敬天愛人" の精神』 大久保利通曾孫 大久保利泰氏『自由にやらせて自分が責任を取る魅力的なリーダーシップ』 勝海舟曾孫 勝康氏『旺盛な好奇心に人十倍の努力と克己心で生き抜いた』 榎本武揚曾孫 榎本隆充氏『国への恩返しを使命とし新政府にも尽くした』 陸奥宗光曾孫 伊達嶺夫氏『いざという時は死を恐れず立ち向かう熱い志士の血』 ほか） 第2部 殿さまの末裔たち 徳川宗家十八代当主 徳川恒孝氏『日本人の感性や伝統文化を守り伝えた江戸時代を評価したい』 前田家十八代当主 前田利祐氏『祭りや年中行事を親子で行い、人としての礼儀を継承する』 島津家三十三代 島津忠裕氏『薩摩人のDNAを引き継ぎ、鹿児島のあり方にフォーカスする』 伊達家十八代当主 伊達泰宗氏『見えないところにこそ本当の価値がある "伊達もの" の美学』 山内家十九代当主 山内豊功氏『大事を成し遂げるときは、心を閑にして物ごとの大勢を見る』 ほか）

◇土方歳三と榎本武揚─幕臣たちの戊辰・箱館戦争 宮地正人著 山川出版社 2018.7 110p 21cm （日本史リブレット人 068）〈文献あり 年譜あり〉 800円 ①978-4-634-54868-8 Ⓝ289.1

内容 江戸開城の構図はいかなるものだったか 1 鳥羽・伏見戦争時にいたる土方と榎本 2 旧国家幕府解体の諸問題 3 江戸開城時にいたる土方と榎本 4 船橋戦争・遊撃隊・上野戦争 5 戊辰戦争時の土方・新選組・旧幕海軍 6 土方・榎本の箱館戦争 土方・榎本・勝の位置づけ

榎本 英雄〔1936〜〕 えのもと・ひでお

◇躑躅の思い出─中国語六十年 榎本英雄著 三鷹 伴想社 2017.12 177p 19cm 〈著作目録あり〉 ①978-4-908103-01-8 Ⓝ289.1

榎本 よしたか〔1977〜〕 えのもと・よしたか

◇トコノクボ─くじけない心の描き方 とある絵描きのコミック半生記 榎本よしたか著 マイナビ出版 2015.10 143p 15cm （マイナビ文庫 054） 680円 ①978-4-8399-5758-2 Ⓝ726.1

内容 10代を振り返る 会社員時代のこと 退職するまでのこと 独立はしたけれど 初売り込み 法廷画家デビュー 高い壁とある決心 KAIZENすること 仕事の広がり 多忙な日々〔ほか〕

江畑 忠彦〔1946〜〕 えばた・ただひこ

◇記者人生ラストラン─今を生きる 江畑忠彦著 静岡 ミーツ出版 2016.11 234p 20cm 〈布装 文献あり 発売：メディアパル〉 1800円 ①978-4-8021-3041-7 Ⓝ289.1

内容 密かに棲む コンプライアンス 二人の母 地震とジャズ 回想「記者稼業」

繪鳩 昌之〔1930〜〕 えばと・まさゆき

◇「赤い糸」みつけた─赤い糸で結ばれた夫婦の60年 繪鳩昌之,繪鳩美知子著 文芸社 2015.8 149p 20cm 1200円 ①978-4-286-16276-8 Ⓝ289.1

繪鳩 美知子〔1933〜2011〕 えばと・みちこ

◇「赤い糸」みつけた─赤い糸で結ばれた夫婦の60年 繪鳩昌之,繪鳩美知子著 文芸社 2015.8 149p 20cm 1200円 ①978-4-286-16276-8 Ⓝ289.1

蛭子 能収〔1947〜〕 えびす・よしかず

◇僕はこうして生きてきた─NO GAMBLE,NO LIFE 蛭子能収著 コスモの本 2016.3 216p 19cm 1300円 ①978-4-86485-026-1 Ⓝ726.101

内容 第1章 僕のギャンブル人生はこうしてはじまった（二間の長屋に家族5人暮らし ギャンブラーの萌芽は小学校時代から⁉ ほか） 第2章 全財産4万円からの上京物語（仕事はなけれど競艇通い 食事と寝が決め手で渋谷の広告代理店に就職 ほか） 第3章 漫画家デビューはしたものの…（「パチンコ」という作品で『ガロ』入選 一生忘れられないカレーの味

ほか）　第4章 テレビタレント活動で夢のマイホーム生活（ダスキンを辞めてフリーの漫画家として独立　テレビ出演のきっかけは劇団東京乾電池　ほか）　第5章 競艇と麻雀、女房の死、再婚、そして僕の生き方（僕が競艇を好きな理由　競艇も人生も予想通りにならないからこそ面白い　ほか）

◇ヘタウマな愛　蛭子能収著　新潮社　2016.5　147p　16cm　〈新潮文庫 え-26-1〉〈ベストセラーズ 2002年刊の再刊〉　400円　Ⓟ978-4-10-120296-9　Ⓝ726.101

内容　第1章 のぼせもんが一番泣いた夏　第2章 独り身エビスの、ぼやきの日々　第3章 長崎の青春、東京の挫折　第4章 俺たちは再会し、そして同棲した　第5章 エビス家引っ越し物語　第6章 突然のゲイノー活動。そしてあの事件　第7章 生まれ変わっても女房と一緒になりたい

海老名 香葉子〔1933～〕　えびな・かよこ

◇私たちの国に起きたこと　海老名香葉子著　小学館　2015.10　205p　18cm　〈小学館新書 249〉　760円　Ⓟ978-4-09-825249-7　Ⓝ916

内容　第1章 平和だった日々、そして、あの日（江戸時代から続く竿師の家　幸せな家族の音　ほか）　第2章 焼け野原に立って（あの日に何が起きたのか　狙われた下町　ほか）　第3章 幸せのかけら（竿忠を継ぐ喜兄ちゃん　「きっと幸せになるから」　ほか）　第4章 語り継がなければいけないこと（私だけではない　言えずに生きる人々　ほか）

◇照る日曇る日―心のふるさと能登穴水と私　海老名香葉子著　穴水町（石川県）　石川県穴水町　2017.8　198p　19cm　〈発売：北國新聞社出版局（金沢）〉　1000円　Ⓟ978-4-8330-2108-1　Ⓝ914.6

内容　第1章 我が心の「ふるさと」（「神風が吹きます」　枯れぬ涙　竹の湯の坊や　ほか）　第2章 能登・穴水からの便り（お正月のこのわた　穴水のなまこは旨　東京穴水会　ほか）　第3章 海老名家の風景（夫のリハビリ　夫林家三平の旅立ち　「育成係」の日々　ほか）

海老名 弾正〔1856～1937〕　えびな・だんじょう

◇海老名彈正―その生涯と思想　關岡一成著　教文館　2015.9　564,7p　22cm　〈年表あり　索引あり〉　6000円　Ⓟ978-4-7642-7397-9　Ⓝ198.52

◇新編 同志社の思想家たち　上　沖田行司編著　京都　晃洋書房　2018.5　217p　19cm　〈他言語標題：THINKERS of DOSHISHA〉　2200円　Ⓟ978-4-7710-3055-8　Ⓝ121.02

内容　第1章 新島襄―「私立」する精神　第2章 山本覚馬―京都の近代化と同志社創設の立役者　第3章 横井時雄―「日本風」のキリスト教の模索　第4章 海老名弾正―「実験」に支えられた「異端」者の生涯　第5章 浮田和民―「半宗教家」「全教育家」として　第6章 元良勇次郎―日本初の心理学者　第7章 原田助―国際主義を唱えた同志社人　第8章 大西祝―短き生涯が遺したもの　第9章 山室軍平―神と平民の為に　第10章 安部磯雄―理想と現実のはざまで

海老原 ちか〔1886～1935〕　えびはら・ちか

◇海老原ちか日記抄―とき大正十三年‐昭和四年,ところ茨城県北相馬郡稲戸井村大字稲　海老原ちか著,海老原恒久編　取手　海老原恒久　2017.4　156p　26cm　Ⓝ289.1

海老原 靖芳〔1953～〕　えびはら・やすよし

◇還暦すぎて、陽はまた昇る　海老原靖芳著　牧野出版　2015.12　271p　19cm　1700円　Ⓟ978-4-89500-200-4　Ⓝ914.6

内容　第1章 あの日、ジンタが聞えた静かな海　第2章 名もなく貧しく美しくもなく　第3章 その男たち、共謀につき　第4章 エコバック一杯の幸せ　第5章 素晴らしき哉、修業時代に落語

江間 伊織〔1812～1887〕　えま・いおり

◇ある奉行と秋田藩の戊辰戦争―江間伊織の日記から　片岡栄治郎著　秋田　秋田文化出版　2017.4　321p　21cm　〈年表あり　文献あり〉　1500円　Ⓟ978-4-87022-576-3　Ⓝ210.61

内容　序章 江間伊織と戊辰戦争を調べた経緯（本書の概略　注目した観点）　第1章 江間氏について（平姓江間氏　江間氏の系図）　第2章 幕末の混乱と尊王攘夷（刀番として　佐竹義堯の上洛に御供　ほか）　第3章 維新の動乱と江間伊織（戊辰秋田戦争への序章（慶応四年間四月まで）　会津・庄内征討命令　ほか）　第4章 明治維新後の江間伊織（明治維新後の秋田藩（廃藩置県まで）　りんご農家になった江間伊織）

恵美押勝　えみのおしかつ

⇒藤原仲麻呂（ふじわら・なかまろ）を見よ

江本 孟紀〔1947～〕　えもと・たけのり

◇野球バカは死なず　江本孟紀著　文藝春秋　2018.4　269p　18cm　〈文春新書 1167〉　890円　Ⓟ978-4-16-661167-6　Ⓝ783.7

内容　はじめに　古希に食らった逆転ホームラン　第1章 甲子園球場の涙―幼少時代から高校時代　第2章 シゴキ、衝突、涙の青春―法政大学、熊谷組時代　第3章 プロの洗礼―東映フライヤーズ時代　第4章 "知将・野村克也"のリアル―南海ホークス時代　第5章 ベンチの後始末―阪神タイガース時代　第6章 一流と「超一流」の差―芸能界で出会った傑物たち　第7章 100のコウヤクよりひとつのマッサージ―政界疾風録　第8章 最後の毒舌　おわりに　がんが教えてくれたこと

袁 世凱〔1859～1916〕　えん・せいがい

◇袁世凱―現代中国の出発　岡本隆司著　岩波書店　2015.2　225,9p　18cm　〈岩波新書 新赤版 1531〉〈文献あり　年譜あり　索引あり〉　780円　Ⓟ978-4-00-431531-5　Ⓝ312.22

内容　第1章 朝鮮（旅立ち　波瀾　ソウル　蹉跌）　第2章 台頭（新軍　変法　政変）　第3章 北洋（義和団事変　総督　「新政」）　第4章 革命（新しい時代　失脚　混迷　辛亥）　第5章 皇帝（「ストロング・マン」　相剋　洪憲）

◇袁世凱―統合と改革への見果てぬ夢を追い求めて　田中比呂志著　山川出版社　2015.8　89p　21cm　（世界史リブレット人 78）〈文献あり　年表あり〉　800円　Ⓟ978-4-634-35078-6　Ⓝ289.2

内容　評判の悪い袁世凱　1 清朝と袁世凱　2 清末の

えんくう

新政　3 革命のなかで　4 中華民国大総統　5 世界大戦の渦のなかで

◇近代中国指導者評論集成　9　正伝袁世凱　松本和久編・解題　内藤順太郎著　ゆまに書房　2016.11　1冊　22cm　〈布装　年譜あり　博文館　大正2年刊の複製〉　11000円　Ⓘ978-4-8433-5025-6　Ⓝ222.07

◇中国五千年の虚言史―なぜ中国人は嘘をつかずにいられないのか　石平著　徳間書店　2018.7　235p　19cm　1500円　Ⓘ978-4-19-864657-8　Ⓝ222.01

内容　第1章 中国共産党という史上最大の嘘集団（第1回党大会のことを多く語れない中国　中国共産党の「解放史観」の嘘　ほか）　第2章 なぜ中国人は平気で嘘をつくようになったのか（中国の虚言史の根本にある「易姓革命」　現在の中国まで続く「天命論」の欺瞞　ほか）　第3章 中国では建国も亡国も嘘から始まる（嘘によって国を滅ぼした男　嘘が真実になる　ほか）　第4章 嘘で国を盗った者たち（自分の子を帝位につけた商人　聖人君子の劉備も嘘で国盗り　ほか）　第5章 中国3大嘘つき列伝（王莽―易姓革命を正当化した大偽善者　袁世凱―「裏切り人生」の男の末路　ほか）

円空〔1632～1695〕　えんくう

◇円空と修験道　水谷早輝子著　岐阜　まつお出版　2015.2　105p　21cm　（まつお出版叢書 4）〈文献あり〉　1200円　Ⓘ978-4-944168-41-5　Ⓝ188.82

◇円空と木喰―微笑みの仏たち　円空, 木喰作, 小島梯次監修・著　東京美術　2015.3　168p　26cm　(ToBi selection)〈他言語標題：Enku and Mokujiki　年譜あり　索引あり〉　2600円　Ⓘ978-4-8087-1035-4　Ⓝ718.3

内容　序　二人の造仏聖（庶民が信じる神と仏　本願としての神仏造像　作像も開眼も一人で）　第1部 円空―木端にまでも仏の慈悲を（仏の功徳を国中に　誕生　開眼　展開）　第2部 木喰―満面の笑みにあふれる慈愛（二千体造像への旅　誕生　開眼　展開）　特集 円空と木喰の絵　終わりに　庶民信仰に息づく仏たち　感動をもたらす「微笑み」

◇円空の生涯　長谷川公茂著　人間の科学新社　2015.7　185p　21cm　〈年譜あり〉　2000円　Ⓘ978-4-8226-0319-9　Ⓝ718.3

内容　笑う円空（口絵写真30枚）　第1章 天上天下唯我独尊―円空その人に迫る（微笑仏から「歌集」の"肉声"へ　影像を包む空気のように―円空のこころ）　第2章 東北・北海道の円空仏（修行と布教　「自然」に生かされている自分）　第3章 志摩半島で「円空彫刻」開眼（古典を吸収消化し、直截簡明な表現に　園城寺と円空　慈恵大師良源について　下呂温泉合掌村・円空館　死期を悟り入定の準備）

◇円空とキリスト教　伊藤治雄著　名古屋　ブックショップマイタウン　2016.1　191p　21cm　〈年表あり　著作目録あり〉　1500円　Ⓘ978-4-938341-94-7　Ⓝ718.3

＊江戸時代の切支丹禁制下では、違反者は容赦なく斬首された。円空は恐ろしい法を犯さぬよう工夫し、密かにキリスト教を擁護する活動をしていた。円空の隠した謎を解き、円空の知られざる業績を明らかにする。

◇内にコスモスを持つ者―歩み入る者にやすらぎを去り行く人にしあわせを　岡田政晴著　長野　ほおずき書籍　2016.2　270p　20cm　〈文献あり　発売：星雲社〉　1800円　Ⓘ978-4-434-21614-5　Ⓝ281.52

内容　1 はじめに　2 木曽を愛した人々（木曽の「セガンティーニの空の色」の下で暮らしたマロンの少女ジャーヌ・コビー　生涯故郷木曽を心に抱きながら作品を書き続けた島崎藤村（一八七二～一九四三）　詩と音楽をこよなく愛し、木曽を縦断したロマンの旅人 尾崎喜八（一八九二～一九七四）　日本人の精神の源流を木曽で見出した 亀井勝一郎（一九〇七～一九六六））　3 木曽の水を飲んで水をながめて木曽を駆け抜けた人々（姨捨ての月をめざして木曽を歩いた月下の旅人 松尾芭蕉（一六四四～一六九四）　心優しい歌二首を詠んで木曽路を急いだ良寛（一七五八～一八三一）　「大蔵経」を求めて雨雪の木曽路を往復した虎関和尚（一七六四～一八二四）　軍靴の足音が聞こえる中、桜の花を浴びながら木曽路を闊歩した種田山頭火（一八八二～一九四〇）　木曽人の心と木曽の自然に出合い日本画家になる決意をした東山魁夷（一九〇八～一九九九））　4 眼すずしい人々（木曽川の洪水で亡くなった母を弔うために木曽川を遡った円空（一六三二～一六九五）　セピア色の世界を追い求めてやまなかった島崎鶴助（一九〇八～一九七八）　戦争のない平和な世界を願い、詩によって世界を包みこんだ坂村真民（一九〇九～二〇〇六））　5 おわりに

◇遊行僧・円空と大工棟梁・黒田重義―二人の日本人「匠」の話　井爪謙治著　名古屋　三恵社　2016.7　108p　21cm　1111円　Ⓘ978-4-86487-545-5　Ⓝ712.1

◇円空と木喰　五来重著　KADOKAWA　2016.11　317p　15cm　〔角川ソフィア文庫〕〔J106-8〕〈淡交社1997年刊の再刊　年譜あり〉　1080円　Ⓘ978-4-04-400153-7　Ⓝ188.82

内容　円空佛―境涯と作品（洞爺湖にうかぶ円空仏　帆越岬の鷹　北海の来迎観音　恐山の千体地蔵　津軽野の円空仏　ほか）　微笑佛―木喰の境涯（甲斐の山里　聖と木食　東国廻国　蝦夷地渡り　佐渡の荒海　ほか）

円光大師　えんこうだいし
⇒法然（ほうねん）を見よ

円載〔？～877〕　えんさい

◇悲運の遣唐僧―円載の数奇な生涯　佐伯有清著　オンデマンド版　吉川弘文館　2017.10　215p　19cm　（歴史文化ライブラリー　63）〈文献あり　原本：1999年刊〉　2300円　Ⓘ978-4-642-75463-7　Ⓝ188.42

円珍〔814～891〕　えんちん

◇〈語学教師〉の物語―日本言語教育小史　第1巻　塩田勉著　書肆アルス　2017.10　475p　21cm　〈索引あり〉　2800円　Ⓘ978-4-907078-19-5　Ⓝ807

内容　1 上代―飛鳥時代　2 上代―奈良時代　3 中古―空海　4 中古―最澄　5 中古―円仁　6 中古―円珍・成尋　7 中世―栄西・重源　8 中世―道元

◇三善清行の遺文集成　三善清行著, 所功訓読解

説　京都　方丈堂出版　2018.12　222p　21cm　〈年譜あり　索引あり　発売：オクターブ（京都）〉　1100円　①978-4-89231-204-5　Ⓝ121.3

内容 序論 三善清行の略歴と集成遺文の要旨　遺文1 建議など　遺文2 伝記　遺文3 随想　遺文4 詩文　遺文5 参考

円通大応国師　えんつうだいおうこくし
⇒南浦紹明（なんぽしょうみょう）を見よ

遠藤　章〔1933～〕　えんどう・あきら
◇世界で一番売れている薬―遠藤章とスタチン創薬　山内喜美子著　小学館　2018.8　253p　18cm　（小学館新書 331）〈文献あり〉　820円　①978-4-09-825331-9　Ⓝ493.12

内容 第1章 原点はハエトリシメジ　第2章 コレステロールとの出会い　第3章 新薬の種　第4章 障壁　第5章 世界初の治験　第6章 メルクとの攻防　第7章 世紀の薬へ　第8章 スタチンのその後

遠藤　謹助〔1836～1893〕　えんどう・きんすけ
◇明治の技術官僚―近代日本をつくった長州五傑　柏原宏紀著　中央公論新社　2018.4　267p　18cm　（中公新書 2483）〈文献あり〉　880円　①978-4-12-102483-1　Ⓝ317.3

内容 序章 現代の技術官僚と長州五傑　第1章 幕末の密航　第2章 新政府への出仕　第3章 大蔵省での挫折　第4章 工部省での活躍　第5章 政治家への道　第6章 技術官僚の分岐点　結章 長州五傑から見た技術官僚論

遠藤　三郎〔1893～1984〕　えんどう・さぶろう
◇将軍遠藤三郎とアジア太平洋戦争　吉田曠二著　ゆまに書房　2015.3　551p　22cm　〈布装　文献あり　年譜あり　索引あり〉　8000円　①978-4-8433-4731-7　Ⓝ289.1

内容 プロローグ　第1部 対米・英・蘭 世界戦争と遠藤三郎（遠藤の第三飛行団とマレー・シンガポール作戦　マレー・シンガポールからパレンバン作戦へ　シンガポール陥落とパレンバン挺身作戦　ほか）　第2部 遠藤三郎の航空決戦思想と日本の敗戦（航空決戦の渦中に立つ　軍需省航空兵器総局長官に就任　絶対国防圏の崩壊＝サイパン島の決戦へ　ほか）　第3部 祖国日本の崩壊と新生日本の誕生（非武装平和の日本へ―戦争責任の追及と巣鴨入獄へ―　「日誌巣鴨在所時代」にみる遠藤三郎　ほか）　エピローグ 初志貫徹―「軍備亡国論の展開」

◇いま甦る遠藤三郎の人と思想―陸軍高級エリートから反戦平和主義者へ　張鴻鵬著　桜美林大学北東アジア総合研究所　2016.12　371p　22cm　〈文献あり〉　3200円　①978-4-904794-82-1　Ⓝ289.1

◇帝国軍人の弁明―エリート軍人の自伝・回想録を読む　保阪正康著　筑摩書房　2017.7　205p　19cm　（筑摩選書 0146）　1500円　①978-4-480-01654-6　Ⓝ396.21

内容 序章 軍人の回想録・日記・自伝を読む　第1章 石原莞爾『世界最終戦論』を読む　第2章 堀栄三『大本営参謀の情報戦記』を読む　第3章 武藤章『比島から巣鴨へ』を読む　第4章 佐々木到一『ある軍人の自伝』を読む　第5章 田中隆吉『日本軍閥暗闘史』を読む　第6章 河邊虎四郎『市ヶ谷台から市ヶ谷台へ』を読む　第7章 井本熊男『作戦日誌で綴る大東亜戦争』を読む　第8章 遠藤三郎『日中十五年戦争と私』を読む　第9章 磯部浅一「獄中日記」を読む　第10章 瀬島龍三『幾山河』を読む　終章 歴史に残すべき書

◇平和主義者に転向したエリート陸軍軍人―その戦争責任を問う　持丸文雄著　文芸社　2018.12　242p　15cm　〈文献あり〉　700円　①978-4-286-20120-7　Ⓝ289.1

遠藤　周作〔1923～1996〕　えんどう・しゅうさく
◇原稿の下に隠されしもの―遠藤周作から寺山修司まで　久松健一著　笠間書院　2017.7　307, 18p　19cm　〈索引あり〉　2500円　①978-4-305-70830-4　Ⓝ910.268

内容 第1章 原稿の下に隠されしもの―遠藤周作から寺山修司まで（遠藤周作から　寺山修司へ）　第2章 無名時代の寺山修司―「チェホフ祭」に至るまでの文学神童の歩み（小学校時代〈昭和十七年～二十三年〉　中学時代〈昭和二十三年～二十六年〉ほか）　第3章 遠藤周作の秘密―年譜から見えてくるもの（秘密の真価　秘密の淵源 ほか）　第4章 測深鉛をおろす―遠藤周作訳『テレーズ・デスケール』を繰る（惚れこんだ作品　愛人訳の背景 ほか）

◇遠藤周作 全日記―1950・1993　遠藤周作著　河出書房新社　2018.5　2冊（セット）　19cm　12800円　①978-4-309-02636-7　Ⓝ915.6

内容 上巻（一九五〇年六月～一九五二年八月―「作家の日記」　一九五二年九月～一九五三年一月―「滞仏日記」　一九五一年三月～十一月（滞佛日記（1）～（5））（「近代文學」版）　「夏―アルプスの陽の下で」　「ボルドオ」）　下巻（一九六二年四月～一九六三年十二月―「発射塔」　一九六三年十月～一九六八年十月（「遠藤周作『沈黙』草稿翻刻」からの日記、「『沈黙』フェレイラについてのノート」「フェレイラの影を求めて」「日記」「作家の日記」）　一九六九年九月～一九七七年七月（「某月某日」「日記」　新資料「USA旅行」　新資料「ポーランド旅行」）

◇遠藤周作による象徴と隠喩と否定の道―対比文学の方法　兼子盾夫著　キリスト新聞社　2018.10　329p　20cm　2500円　①978-4-87395-737-1　Ⓝ910.268

内容 序 宣教師ポール遠藤の生涯と文学―真にグローバルなキリスト教をもとめて　1 神学と文学の接点―「神の母性化」をめぐって（神学と文学の接点からみる『沈黙』―笠井秋生氏の『沈黙』論をめぐって　『沈黙』の肝、「切支丹屋敷役人日記」を読む―その史実改変の意味　神学と文学の接点からみる『沈黙』2 "神の「母性化」"―ロドリゴの「烈しい悦び」をめぐって）　2 象徴と隠喩と否定の道（神学と文学の接点―キリスト教の「婚姻神秘主義」と遠藤の「置き換え」の手法　遠藤周作『わたしが・棄てた・女』―「否定の道」としての文学　「留学」第三章における象徴と隠喩―「白」「赤」「ヨーロッパという大河」　遠藤周作とドストエフスキーにおける「象徴」と「神話」について―「蠅」と「蜘蛛」と「キリスト」）　3 対比文学研究―遠藤周作、ドストエフスキー、モーリアックとG.グリーン（多面体の作家遠藤周作とドストエフスキー―作品の重層的構造分析による「対比文学」研究の可能性　『沈黙』と『権力と栄光』の重層的構造分析による対

比研究―主役はユダか、それともキリストか　神学と文学の接点『深い河』と『創作日記』再訪―宗教多元主義VS.相互的包括主義　『死海のほとり』歴史のイエスから信仰のキリストへ―"永遠の同伴者イエス"を求めて）　付録

遠藤 正一〔1955～〕　えんどう・しょういち

◇おもろい人生ここにあり！―ケアサービス産業を創った男の物語　遠藤正一著　鳥影社　2015.10　261p　19cm　1400円　①978-4-86265-534-9　Ⓝ289.1

内容　プロローグ　第1章　生い立ち～中学生　第2章　中学・高校　第3章　大学時代　第4章　青春真っ盛り　第5章　聖隷福祉事業団創設者、長谷川保に見込まれて　第6章　起業前夜　第7章　起業物語　第8章　苦闘と笑いの創業期（副業時代）　第9章　福祉の本業一本で躍進　第10章　さらなる挑戦　エピローグ

遠藤 友則〔1961～〕　えんどう・とものり

◇ミランの手―ACミランメディカルトレーナー　遠藤友則　小松孝著　カンゼン　2015.3　251p　19cm　1600円　①978-4-86255-284-6　Ⓝ783.47

内容　第1章　トレーナー遠藤友則　第2章　その国の形　第3章　日本の蹴球からイタリアのカルチョへ　第4章　山あり谷ありの海外経験　第5章　勝利への黄金率　第6章　適者生存

遠藤 暢喜〔1938～〕　えんどう・のぶよし

◇漣痕　2　学びのとき―中学時代から学研編集時代の出来事を柱に　遠藤暢喜著　会津若松　けやき亭　2015.12　125p　26cm　非売品　Ⓝ289.1

遠藤 実〔1932～2008〕　えんどう・みのる

◇不滅の遠藤実　橋本五郎、いではく、長田暁二編　藤原書店　2014.12　305p　22cm　〈作品目録あり〉　2800円　①978-4-89434-998-8　Ⓝ767.8

内容　人生三十三言/遠藤実著　遠藤実の生涯/橋本五郎著　人間・遠藤実/いではく著　戦後歌謡界における遠藤実の立場/長田暁二著　ライバルではなく話し相手/船村徹述　職人芸/北島三郎述　「遠藤教室」の思い出/橋幸夫述　七回忌コンサートを終えて/舟木一夫述　哀愁の遠藤メロディー/五木ひろし述　出会い、別れ、再会/こまどり姉妹述　先生が「売れる」と言えば、ねぎすもじゃがいも/小野由紀子述　大好きな遠藤先生へ/牧村三枝子述　一番弟子として/一節太郎述　クサく歌え！/千昌夫述　車の中の師匠/藤原浩述　遠藤作品は「祈り」の歌か/小西良太郎述　「ピアノが歌う」作曲家/五十嵐隆弘述　遠藤実の信仰心/安田暎胤述　中国で聞いた「北国の春」/不破哲三、上田七加子述　ヒゲと色付きメガネの「遠藤さん」/唐亜加述　父の教え/遠藤由美子述

遠藤 盛遠　えんどう・もりとお

⇒文覚（もんがく）を見よ

遠藤 保仁〔1980～〕　えんどう・やすひと

◇最後の黄金世代　遠藤保仁―79年組それぞれの15年　松永多佳倫著　KADOKAWA　2014.5　245p　19cm　〈文献あり　年譜あり〉　1200円　①978-4-04-066744-7　Ⓝ783.47

内容　1章　謎　2014年　遠藤保仁との対話　リオネル・メッシと遠藤保仁/実践的なリアリズム/放任主義のリーダーシップ/イメージとは裏腹な精神論　2章　快挙　1999年　ワールドユース準優勝　アフリカで磨かれたタフなメンタル/日本が目指すべきサッカーとは何か　3章　光と影　2000年　シドニーオリンピック、2002年　日韓W杯　時代がヤットに追いついた/黄金世代を生んだ男の育成論　4章　転機　2006年　ドイツW杯　出場機会ゼロ/"影"に徹して生き残る　5章　誕生　1979年　桜島　桜島～遠藤保仁のルーツへ～/遠藤三兄弟と両親の教え　6章　邂逅　2007年　オシム就任　国内にとどまるという選択/あえて目立たないという生存戦略　7章　未来　2010年　南アW杯、2014年　ブラジルW杯　弱者の兵法とザッケローニ/ブラジルW杯へ

◇変えていく勇気―日本代表であり続けられる理由　遠藤保仁著　文藝春秋　2014.12　219p　19cm　1200円　①978-4-16-390133-6　Ⓝ783.47

内容　1998～2002　日韓ワールドカップ―スタート　2002～2006　ドイツワールドカップ―チャレンジ　2006～2010　南アフリカワールドカップ―進化　2010～2014　ブラジルワールドカップ―熟成　2014・6/14～6/24　ブラジルワールドカップ―勝負　特別対談　岡田武史×遠藤保仁―勝負に徹するか、スタイルを貫くか。

◇白紙からの選択　遠藤保仁著　講談社　2015.12　191p　19cm　1200円　①978-4-06-219564-5　Ⓝ783.47

内容　1　諦めない「日本代表」　2　「引退」を考える　3　「マイペース」と言われる性格　4　ヤット的「サッカーマインド」　5　「サッカー選手」としての生き方　6　遠藤保仁という「ポジション」　7　「遠藤保仁」という人間　8　"父親"そして"夫"として…　9　サッカーが大好きな「若者たち」へ

遠藤 良平〔1976～〕　えんどう・りょうへい

◇プロ野球を選ばなかった怪物たち　元永知宏著　イースト・プレス　2018.11　238p　19cm　〈文献あり〉　1500円　①978-4-7816-1723-7　Ⓝ783.7

内容　第1章　山根佑太―東京六大学のスラッガーはなぜ野球をやめたのか　第2章　杉浦正則―世界の頂点を目指した"ミスター・オリンピック"　第3章　鍛治舎巧―パナソニック人事部長から高校野球の名監督に　第4章　志村亮―ビジネスマンを選んだ伝説の左腕　第5章　應武篤良―"プロ"を育てる"アマチュア"球界の名将　第6章　山中正竹―"小さな大投手"は球界の第一人者へ　番外　遠藤良平―プロに挑戦した東大のエース

遠藤 航〔1993～〕　えんどう・わたる

◇アホが勝ち組、利口は負け組―サッカー日本代表進化論　清水英斗著　秋田書店　2018.6　190p　19cm　1300円　①978-4-253-10106-6　Ⓝ783.47

内容　日本代表進化論　理想は進化、現実は退化　日本代表進化論　選手編（原口元気―モノクロームの元気　岡崎慎司―アホの岡崎　遠藤航―がんばれ！ニッポンの父！　宇佐美貴史―「行ってるやん」の絶壁　吉田麻也―"大ボカ"の汚名を返上せよ！　柏木陽介―だって、人間だもの。　長谷部誠―キレッ早のキャプテン　長友佑都―左を制する者は、世界

を制す！　柴崎岳―キャノンシュートの秘密は、弓槻野智章―カネでは買えない男！　ほか）

円爾〔1202～1280〕　えんに
◇中世の人物　京・鎌倉の時代編　第3巻　大阪　清文堂出版　2014.7　382p　22cm　4500円　Ⓘ978-4-7924-0996-8　Ⓝ281
内容　後鳥羽院（美川圭著）　九条道家（井上幸治著）　西園寺公経（山岡瞳著）　藤原秀康（長村祥知著）　藤原定家（谷昇著）　源実朝（坂井孝一著）　北条政子（黒嶋敏著）　北条義時（田辺旬著）　北条泰時（菊池紳一著）　北条時房と重時（久保田和彦著）　九条頼経・頼嗣（岩田慎平著）　竹御所と石山尼（小野翠著）　三浦義村（真鍋淳哉著）　大江広元と三善康信（善信）（佐藤雄基著）　宇都宮頼綱（野口実著）　慈円（菊地大樹著）　聖覚（平雅行著）　定豪（海老名尚著）　円爾（原田正俊著）　叡尊（細川涼一著）　公武権力の変容と仏教界（平雅行/編）

円仁〔794～864〕　えんにん
◇平安の新京　石上英一，鎌田元一，栄原永遠男監修，吉川真司編　大阪　清文堂出版　2015.10　396p　22cm　〈古代の人物 4〉〈索引あり〉　4500円　Ⓘ978-4-7924-0571-7　Ⓝ281.04
内容　本巻のねらい　平安の新京　1　平城京と平安京（桓武天皇―中国的君主像の追求と「律令制」の転換　早良親王―「皇太子置定」の困難　坂上田村麻呂―征夷大将軍になるまでを中心に　高丘親王（真如）―菩薩の道、必ずしも一致せず）　2　王権の安定（嵯峨天皇―唐風を整え、幽玄に遊ぶ　最澄―仏法具足の大日本国　空海―鎮護国家・国王護持の密教者　源信・常・定一臣籍降下した皇子たち　有智子内親王―「文章経国」の時代の初代賀茂斎院　仁明天皇―宮廷の典型へ　讃岐永式一律令国家と明法道）　3　前期摂関政治へ（伴善男―逆臣か「良吏」か　円仁―東部ユーラシア史の変動を記録した入唐僧　藤原良房・基経―前期摂関政治の成立　藤原高子―廃后事件の背景と歴史的位置　藤原保則―激動の時代を生きた良吏）

◇〈語学教師〉の物語―日本言語教育小史　第1巻　塩田勉著　書肆アルス　2017.10　475p　21cm　〈索引あり〉　2800円　Ⓘ978-4-907078-19-5　Ⓝ807
内容　1　上代―飛鳥時代　2　上代―奈良時代　3　中古―空海　4　中古―最澄　5　中古―円仁　6　中古―円珍・成尋　7　中世―栄西・重源　8　中世―道元

役小角〔634～701〕　えんのおずぬ
◇役行者のいる風景―寺社伝説探訪　志村有弘著　新典社　2015.1　119p　19cm　〈新典社選書 69〉　1000円　Ⓘ978-4-7879-6819-7　Ⓝ188.592
内容　第1部　役行者伝（誕生と幼少年時代　壬申の乱の周辺　讒言と流罪　配所の日々と赦免　日本国出国と謎の終焉）　第2部　役行者のいる風景（奈良地方　大阪・京都・滋賀地方　中国地方　関東地方　東北地方）　附　役行者ゆかりの寺院と神社

◇役小角読本　藤巻一保著　新装版　原書房　2015.6　277p　21cm　〈文献あり　年譜あり〉　1900円　Ⓘ978-4-562-05177-9　Ⓝ188.592
内容　序章　小角真伝　第1章　小角と呪禁師広足　第2章　小角と賀茂役君　第3章　神仙道修行　第4章　仙薬と服餌　第5章　呪術と鬼神　第6章　小角飛天　第7章　黄金と蔵王権現　第8章　一言主神の謎　第9章　捕縛と登仙

◇役行者伝記集成　銭谷武平著　新装版　大阪　東方出版　2016.12　220p　20cm　〈文献あり　年表あり〉　2000円　Ⓘ978-4-86249-277-7　Ⓝ188.59
内容　前編　役行者の略伝（平安時代の略伝　鎌倉時代の略伝　室町時代の略伝　江戸時代の略伝）　後編　役行者伝記（『役行者本記』最初の小角伝記　『役君顕末秘蔵記』仮託の行者伝　『役君形生記』の小角の生涯　『役公徴業録』役公小角伝　役行者の伝記について）

◇役行者伝の謎　銭谷武平著　新装版　大阪　東方出版　2018.5　213p　20cm　〈文献あり〉　2000円　Ⓘ978-4-86249-330-9　Ⓝ188.592
内容　役行者、出自と名の謎　神童小角の謎　葛木籠山の謎　役行者の呪術の謎　役行者、前世の謎　金剛蔵王権現の謎　熊野修行の謎　韓国連広足の謎　一言主神の謎　伊豆大島遠流の謎　昇天か入唐か　役行者の原像から神変大菩薩まで

役行者　えんのぎょうじゃ
⇒役小角（えんのおずぬ）を見よ

【　お　】

オ，ジェシク〔1933～　〕　呉　在植
◇私の人生のテーマは「現場」―韓国教会の同時代史を生きて　呉在植著，山田貞夫訳　新教出版社　2014.11　353p　20cm　2500円　Ⓘ978-4-400-52349-9　Ⓝ289.2
内容　第1章　後悔することなく生きてきた　第2章　記憶の彼方、幼少の時代　第3章　現場と運動　第4章　海外を経巡る　第5章　日本で出会った人々　第6章　帰国、また新たな始まり　第7章　再びジュネーブに　第8章　道はまた他の道に繋がる　第9章　蘆玉信、彼女の名を呼ぶ　第10章　私が彼の名を呼ぶとき彼は私に来て花となった

オ，ムンジャ〔1937～　〕　呉　文子
◇記憶の残照のなかで―ある在日コリア女性の歩み　呉文子著　社会評論社　2017.8　254p　20cm　1800円　Ⓘ978-4-7845-1207-2　Ⓝ289.2
内容　序章　記憶の残照のなかで　第1章　家族のあの日、あの時　第2章　在日女性たちの想い、希い　第3章　かけはし　第4章　魂をゆさぶる声、舞い　第5章　出会い、ふれあい、響き合い　第6章　観て、聴いて、感じて　第7章　惜別の言葉　第8章　寄り添いて

及川　古志郎〔1883～1958〕　おいかわ・こしろう
◇及川古志郎（海軍大臣海軍大将）の軍歴と日本　六本木基正著　盛岡　六本木基正　2016.10　258p　27cm　〈文献あり〉　非売品　Ⓝ289.1
◇五人の海軍大臣―太平洋戦争に至った日本海軍の指導者の蹉跌　吉田俊雄著　潮書房光人新社　2018.1　366p　16cm　〈光人社NF文庫 1047〉〈文春文庫　1986年刊の再刊　文献あり〉　860円　Ⓘ978-4-7698-3047-4　Ⓝ397.21

[内容] 序章 五人の人間像(永野修身 米内光政 吉田善吾 及川古志郎 嶋田繁太郎) 第1章 永野修身(二・二六事件 満州事変 永野の登 軍部大臣現役武官制 日独防衛協定 永野人事か) 第2章 米内光政(盧溝橋の銃声 上海事変―日華事変 オレンジ計画 三国同盟問題) 第3章 吉田善吾(米内内閣への期待 アメリカの対日不信 近衛公に大命降下) 第4章 及川古志郎(日独伊三国同盟締結されさる 日米交渉 日蘭交渉 第一委員会 日ソ中立条約締結 野村―ハル会談 独ソ開戦 など波風たちさわぐらむ 日米交渉の完敗 総理に一任) 第5章 嶋田繁太郎(白紙還元 「十二月初頭開戦」を決意 ハル・ノート ニイタカヤマノボレ一二○八)

及川 眠子〔1960~〕 おいかわ・ねこ

◇破婚―18歳年下のトルコ人亭主と過ごした13年間 及川眠子著 新潮社 2016.7 191p 20cm 1400円 ①978-4-10-350141-1 Ⓝ911.52

[内容] 天使が去ったあと イスタンブールで出会って安らぎの破局 ジレンマを突破するために 幸せの破片 遠距離結婚 カルチャーショックに撃破されて トルコの破天荒な物語 最後のお抜産するまで? 愛という名の破格な投資 日本で旅行会社設立 破綻の足音 破壊されていく心 未来は自分の意志で変えられる 破滅まであと一歩 サクラマジック

笈田 ヨシ〔1933~〕 おいだ・よし

◇見えない俳優―人間存在の神秘を探る旅 笈田ヨシ著 五柳書院 2018.11 173p 20cm (五柳叢書 106)〈他言語標題:The Invisible Actor 作品目録あり〉 2000円 ①978-4-901646-32-1 Ⓝ772.1

[内容] 1 今日は公演日で、舞台に 2 僕は五感のほかに九穴を持って 3 劇場に行く道すがら 4 劇場に着けば、同僚に挨拶をして 5 舞台に出る前は身体の各部の点検が 6 開演前に舞台の袖で 7 小学校に上がる前、僕は忍術映画に夢中で 8 芝居が終われば、幕が下りて 附 二〇一七年のはじめ、僕としては日本で初めてのオペラ演出を

お市〔1547~1583〕 おいち

◇戦国を生きた姫君たち 火坂雅志著 KADOKAWA 2016.9 170p 15cm (角川文庫 ひ20-25)〈年表あり〉 600円 ①978-4-04-400170-4 Ⓝ281.04

[内容] 1 女城主たちの戦い(井伊虎―井伊直政の義母 妙林尼―吉岡鎮興の妻 ほか) 2 危機を救う妻たち(お船の方―直江兼続の正室 小松姫―真田信之の正室 ほか) 3 愛と謎と美貌(小少将―長宗我部元親の側室 義姫―伊達政宗の生母 ほか) 4 才女と呼ばれた女たち(お初(常高院)―浅井三姉妹の次女 阿茶局―徳川家康の側室 ほか) 5 想いと誇りに殉じる(鶴姫―瀬戸内のジャンヌ・ダルク 淀殿―豊臣秀吉の側室 ほか)

◇戦国の女城主―井伊直虎と散った姫たち 髙橋伸幸著 徳間書店 2016.11 326p 15cm (徳間文庫カレッジ た2-1)〈文献あり〉 830円 ①978-4-19-907073-0 Ⓝ281.04

[内容] 井伊直虎―男の名で生き、お家断絶の危機を救った女城主 甲斐姫―石田三成に立ち向かい城を守った姫武者 鶴姫―大内水軍を二度撃退した瀬戸内の戦士 おつやの方―信長の怒りをかい非業の死を遂げた岩村城主 慶闔尼―鍋島藩を生んだ押しかけ女房 吉岡妙林尼―男勝りの胆力で薩摩軍を撃退した女武者 立花誾千代―七歳にして女城主となり関ヶ原で西軍に与する 常盤―島津氏の基礎を作った妻女の決断 鶴姫―侍女三十四人を従えて敵陣に切り込んだ烈婦 富田信高の妻―関ヶ原の前哨戦で夫の窮地を救った女武者 寿桂尼―「女戦国大名」といわれ今川家を支える 天球院―夫に愛想をつかして縁を切った女傑 お市の方―「戦国一の美女」といわれ夫とともに自刃 細川ガラシャ―人質を拒否して殉教を選んだ烈女

◇日本の武将と女たち 田川清著 名古屋 中日出版 2016.11 79p 19cm 1200円 ①978-4-908454-08-0 Ⓝ281

[内容] 1 源義仲と巴御前・葵御前・山吹 2 源義経と静御前 3 後醍醐天皇と妾・阿野廉子 4 北条仲時と妻・北の方 5 戦国武将と女たち(一)浅井長政・柴田勝家・豊臣秀吉とお市の方 (二)豊臣秀吉と淀君 (三)荒木村重と妾・だし (四)前田利家と妻・まつ (五)山内一豊と妻・千代) 6 細川忠興と妻・ガラシャ夫人 7 将軍と大奥の女たち

追野 英志〔1946~〕 おいの・ひでし

◇南米ボリビアにかけた夢―サンファン移住者の男の情熱と魂 追野英志著 〔富山〕 〔追野英志〕 2014.12 222p 21cm Ⓝ289.1

御色多由也 おいろたゆや

◇もっと知りたい! 忍者 日本忍者研究会著 三笠書房 2016.6 205p 15cm (王様文庫 A90-1)〈文献あり〉 740円 ①978-4-8379-6787-3 Ⓝ789.8

[内容] 第1章 超人的な活躍はウソ? ホント?「忍術」の真実(変装姿は親兄弟にもバレてはならない!―変装術 指1本で60キロを支えた!―登術 ほか) 第2章 歴史を裏側で支えた陰の主役 忍者列伝(多大な影響を残した忍者の始祖―道臣命・御色多由也 聖徳太子の超人的な能力の影に忍者あり!―大伴細人 ほか) 第3章 写真で見る忍びの武器・道具(忍者を象徴する暗殺具!―手裏剣 あらゆるアクションをサポート―忍び刀 ほか) 第4章 情報収集、謀略、奇襲 忍者軍団が仕えた武将たちの戦い(10倍以上の兵力差を埋めたのは忍者の奥義?―真田父子と真田衆 噂話ひとつで連合軍をかく乱!―伊達政宗と黒脛巾組 ほか)

王 安石〔1021~1086〕 おう・あんせき

◇世界史の10人 出口治明著 文藝春秋 2015.10 293p 19cm〈他言語標題:TEN LEADERS OF WORLD HISTORY 文献あり〉 1400円 ①978-4-16-390352-1 Ⓝ280.4

[内容] 第1部 世界史のカギはユーラシア大草原にあり(バイバルス―奴隷からスルタンに上りつめた革命児 クビライ―五代目はグローバルなビジネスパーソン バーブル―新天地インドを目指したベンチャー精神) 第2部 東も西も「五胡十六国」(武則天―「正史」では隠されていた女帝たちの実力 王安石―生まれるのが早すぎた改革の天才) 第3部 「ゲルマン民族」はいなかった?(アリエノール―「ヨーロッパの祖母」が聴いた子守唄 フェデリーコ二世―ローマ教皇を無視した近代人) 第4部 ヨーロッパはいつ誕生したのか(エリザベス一世―「優柔不断」こそ女王の

武器　エカチェリーナ二世―ロシア最強の女帝がみせた胆力　ナポレオン三世―甥っ子は伯父さんを超えられたのか？）

◇悪の歴史―隠されてきた「悪」に焦点をあて、真実の人間像に迫る　東アジア編下　南・東南アジア編　上田信編著　清水書院　2018.8　469p　19cm　2400円　①978-4-389-50065-8　Ⓝ204

内容　東アジア編（下）（太宗（宋）―「燭影斧声の疑」のある準関国皇帝　王安石―北宋滅亡の元凶とされる「拗相公」　徽宗―「風流天子」と専権宰相蔡京賈似道―宋王朝の滅亡を導いたとされる「蟋蟀宰相」フビライ（世祖）―元朝建国の英雄の光と陰　ほか）　南・東南アジア編（カニシュカ―中央アジアとインドの支配者　チャンドラグプタ二世―兄の王位を簒奪し、その妻を娶った帝王　ラッフルズ―住民の在地支配者への服属を強化した自由主義者　ガンディー―最晩年の挫折と孤立）

◇世界史の10人　出口治明著　文藝春秋　2018.9　322p　16cm　（文春文庫　て11-1）　760円　①978-4-16-791146-1　Ⓝ280

内容　第1部　世界史のカギはユーラシア大草原にあり（バイバルス―奴隷からスルタンに上りつめた革命児　クビライ―五代目はグローバルなビジネスパーソン　ほか）　第2部　東も西も「五胡十六国」（則天武后―「正史」では隠されてきた女たちの実力　王安石―生まれるのが早すぎた改革の天才）　第3部　「ゲルマン民族」はいなかった？（アリエノール―「ヨーロッパの祖母」が聴いた子守唄　フェデリーコ二世―ローマ教皇を無視した近代人）　第4部　ヨーロッパはいつ誕生したのか（エリザベス一世―「優柔不断」こそ女王の武器　エカチェリーナ二世―ロシア最強の女帝がみせた胆力　ナポレオン3世―甥っ子は伯父さんを超えられたのか？）

汪　漢溪〔1874〜1924〕　おう・かんけい
◇中国名記者列伝―正義を貫き、その文章を歴史に刻み込んだ先人たち　第1巻　柳斌傑, 李東東編, 加藤青延監訳, 渡辺明次訳　日本僑報社　2016.9　221p　21cm　3600円　①978-4-86185-224-4　Ⓝ070.16

内容　新聞・雑誌の政治評論の開拓者　王韜（おう・とう 1828‐1897）　『万国公報』の魂　蔡爾康（さい・じこう 1851‐1921）　西洋の学問を中国に取りこんだ「西学東漸」の先駆　厳復（げん・ふく 1854‐1921）　民国時代の北京新聞界の元老　朱淇（しゅ・き 1858‐1931）　傑出した職業ジャーナリスト　汪康年（おう・こうねん 1860‐1911）　家財を投げ打ち民衆のために新聞発行　彭翼仲（ほう・よくちゅう 1864‐1921）　公のために「直言」をいとわず　英斂之（えい・れんし 1867‐1926）　湖南省言論界一の健筆　唐才常（とう・さいじょう 1867‐1900）　清末民初の新聞政論家　章太炎（しょう・たいえん 1869‐1936）　人民の中の先覚者　陳少白（ちん・しょうはく 1869‐1934）　民国初期の北京新聞界の「怪傑」　劉少少（りゅう・しょうしょう 1870‐1929）　義侠心に燃えた女性ジャーナリスト　唐群英（とう・ぐんえい 1871‐1937）　海に身を投じた烈士　楊篤生（よう・とくせい 1872‐1911）　新聞発行のために私財を投げ打つ　卞小吾（べん・しょうご 1872‐1908）　新聞を創刊し維新を推進　梁啓超（りょう・けいちょう 1873‐1929）　マスコミ刷新の牽引者　狄楚青（てき・そせい 1873‐1941）　口語体新聞の先駆者　林白水（りん・はくすい 1874‐1926）　革命世論の旗手　陳去病（ちん・きょへい 1874‐1933）　傑出したマスコミ事業者　汪漢溪（おう・かんけい 1874‐1924）　革命党の大文豪　陳天華（ちん・てんか 1875‐1905）

王　羲之〔321〜379〕　おう・ぎし
◇中国書人伝　中田勇次郎編　中央公論新社　2015.7　365p　16cm　（中公文庫　な66-1）〈中央公論社 1973年刊の再刊　年譜あり〉　1200円　①978-4-12-206148-4　Ⓝ728.22

内容　王羲之・王献之―貝塚茂樹　鄭道昭・智永―小川環樹　唐太宗・虞世南・欧陽詢・褚遂良―加藤楸邨　顔真卿・柳公権―井上靖　李邕・張旭・懐素・楊凝式―土岐善麿　蘇軾・黄庭堅・米芾―寺田透　趙孟頫・張即之―武田泰淳　祝允明・文徴明・董其昌―杉浦明平　張瑞図―中田勇次郎　王鐸・金農・劉埔―三浦朱門　鄧石如・何紹基・趙之謙

◇六朝貴族の世界　王羲之　吉川忠夫著　新訂版　清水書院　2017.4　221p　19cm　（新・人と歴史拡大版 05）〈初版のタイトル：王羲之　六朝貴族の世界　文献あり　年譜あり　索引あり〉　1800円　①978-4-389-44105-0　Ⓝ728.224

内容　序　六朝という時代（政治・社会の混迷と多彩な文化）　1　王羲之の書の探索（蘭亭）　2　けわしき世相―王羲之とその時代（蘭亭序　喪乱帖　誓墓文　王略帖）　3　いかに生きるべきか―王羲之の生活・信仰・思想・芸術（逸民帖　黄庭経）

王　漁洋　おう・ぎょよう
⇒王士禛（おう・してい）を見よ

王　献之〔344〜386〕　おう・けんし
◇中国書人伝　中田勇次郎編　中央公論新社　2015.7　365p　16cm　（中公文庫　な66-1）〈中央公論社 1973年刊の再刊　年譜あり〉　1200円　①978-4-12-206148-4　Ⓝ728.22

内容　王羲之・王献之―貝塚茂樹　鄭道昭・智永―小川環樹　唐太宗・虞世南・欧陽詢・褚遂良―加藤楸邨　顔真卿・柳公権―井上靖　李邕・張旭・懐素・楊凝式―土岐善麿　蘇軾・黄庭堅・米芾―寺田透　趙孟頫・張即之―武田泰淳　祝允明・文徴明・董其昌―杉浦明平　張瑞図―中田勇次郎　王鐸・金農・劉埔―三浦朱門　鄧石如・何紹基・趙之謙

王　健林〔1954〜〕　おう・けんりん
◇現代中国経営者列伝　高口康太著　星海社　2017.4　251p　18cm　（星海社新書 108）〈文献あり　発売：講談社〉　900円　①978-4-06-138613-6　Ⓝ332.8

内容　第1章　「下海」から世界のPCメーカーへ―柳傳志（レノボ）　第2章　日本企業を駆逐した最強の中国家電メーカー―張瑞敏（ハイアール）　第3章　ケンカ商法暴れ旅、13億人の胃袋をつかむ中国飲食品メーカー―娃哈哈（ワハハ）　第4章　米国が恐れる異色のイノベーション企業―任正非（ファーウェイ）　第5章　不動産からサッカー、映画まで！爆買い大富豪の正体とは―王健林（ワンダ・グループ）　第6章　世界一カオスなECは"安心"から生まれた―馬雲（アリババ）　第7章　世界中のコンテンツが集まる中国動画戦国時代―古永鏘（ヨーク）　第8章　ハードウェア業界の"無印良品"ってなんだ？―雷軍（シャオミ）　終章　次世代の起業家たち

おう

汪 康年〔1860～1911〕 おう・こうねん
◇中国名記者列伝―正義を貫き、その文章を歴史に刻み込んだ先人たち 第1巻 柳斌傑、李東東編、加藤青延監訳、渡辺明次訳 日本僑報社 2016.9 221p 21cm 3600円 Ⓘ978-4-86185-224-4 Ⓝ070.16

[内容] 新聞・雑誌の政治評論の開拓者 王韜（おう・とう 1828‐1897） 『万国公報』の魂 蔡爾康（さい・じこう 1851‐1921） 西洋の学問を中国に取りこんだ「西学東漸」の先駆 厳復（げん・ふく 1854‐1921） 民国時代の北京新聞界の元老 朱淇（しゅ・き 1858‐1931） 傑出した職業ジャーナリスト 汪康年（おう・こうねん 1860‐1911） 家財を投げ打ち民衆のために新聞発行 彭翼仲（ほう・よくちゅう 1864‐1921） 公のために「直言」をいとわず 英斂之（えい・れんし 1867‐1926） 湖南省言論界一の健筆 唐才常（とう・さいじょう 1867‐1900） 清末民初の新聞政治評論家 章太炎（しょう・たいえん 1869‐1936） 人民の中の先覚者 陳少白（ちん・しょうはく 1869‐1934） 民国初期の北京新聞界の「怪傑」 劉少少（りゅう・しょうしょう 1870‐1929） 義侠心に燃えた女性ジャーナリスト 唐群英（とう・ぐんえい 1871‐1937） 海に身を投じた烈士 楊毓生（よう・とくせい 1872‐1911） 新聞発行のために私財を投げ打つ 卞小吾（べん・しょうご 1872‐1908） 新聞を創刊し維新を推進 梁啓超（りょう・けいちょう 1873‐1929） マスコミ刷新の牽引者 狄楚青（てき・そせい 1873‐1941） 口語体新聞の先駆者 林白水（りん・はくすい 1874‐1926） 革命世論の旗手 陳去病（ちん・きょへい 1874‐1933） 傑出したマスコミ事業者 汪漢渓（おう・かんけい 1874‐1924） 革命党の大文豪 陳天華（ちん・てんか 1875‐1905）

王 国維〔1877～1927〕 おう・こくい
◇清華の三巨頭 京都大学人文科学研究所附属東アジア人文情報学研究センター編、井波陵一、古勝隆一、池田巧著 研文出版 2014.9 191p 21cm（京大人文研漢籍セミナー 3） 1800円 Ⓘ978-4-87636-382-7 Ⓝ222

[内容] 王国維―過去に希望の火花をかきたてる―（井波陵一）、陳寅恪―"教授の教授" その生き方―（古勝隆一）、趙元任―見えざることばを描き出す―（池田巧）

王 貞治〔1940～〕 おう・さだはる
◇王貞治―闘い続ける球界の至宝 江尻良文著 竹書房 2014.10 252p 15cm（竹書房文庫 え3-1）〈「王貞治壮絶なる闘い」（2007年刊）の改題、加筆修正 文献あり〉 640円 Ⓘ978-4-8019-0056-1 Ⓝ783.7

[内容] 序章 偉大な「足跡」を刻み続ける王貞治 第1章 闘病―予期せぬ「胃ガン」との壮絶な闘い 第2章 挑戦―プロ野球発展のため日本代表監督「就任」と「責務」 第3章 好敵手―永遠のライバル長嶋茂雄との「終わりなきバトル」 第4章 試練―屈辱続きで自滅寸前だった「巨人監督時代」 第5章 屈辱―負け犬根性が蔓延していた「万年Bクラス」の再建 第6章 前進―「常勝軍団」に育て上げてもう止まることなき発展 第7章 未来―「背広の王貞治」がプロ野球界に遺してゆくもの 第8章 軌跡―王貞治の完全データ集 終章 王貞治の「不屈」の闘志

◇長嶋と王―グラウンド外の真実 江尻良文著 双葉社 2015.3 237p 19cm〈年譜あり〉 1400円 Ⓘ978-4-575-30835-8 Ⓝ783.7

[内容] 第1章 食と酒（「食の哲学」1 居酒屋派のOと個室派のN 「食の哲学」2 ONそれぞれの"勝負飯" ほか） 第2章 愛情（「結婚の哲学」交際6年6カ月のOと40日のN 「亭主の哲学」同じ亭主関白でも正反対のON ほか） 第3章 家庭（「子育ての哲学」厳格に接したOと放任主義のN 「家族の哲学」長嶋家の子供たちと王家の娘たち ほか） 第4章 金銭（「カネの哲学」ON共通の徹底したクリーンさ 「CMの哲学」重視するのは人間関係ON ほか） 第5章 気配り（「人脈の哲学」来るもお拒まないOと石橋を叩くN 「海外人脈の哲学」メジャーでも"記録"のOと"記憶"のN） 第6章 リーダー（「組織の哲学」妥協を知らないOと義理に生きるN 「監督の哲学」1 "動けなくなったらやめる"のN 「監督の哲学」2 "帝王学は二軍で監督で学べ"のO） 第7章 教育（「師弟の哲学」1 "Oとイチロー"そして "Nと松井" 「師弟の哲学」2 対照的だった「原と江川」への視線 ほか） 第8章生きる（「闘病の哲学」脳梗塞と胃がん それぞれの闘い 「マスコミの哲学」平等主義のOと努力に報いるN ほか）

◇もっと遠くへ 王貞治著 日本経済新聞出版社 2015.6 227,41p 20cm（私の履歴書）〈年譜あり〉 1500円 Ⓘ978-4-532-16968-8 Ⓝ783.7

[内容] 第1章 中国人の父の教えと運命の出会い（中華「五十番」 神社や路地で野球に夢中 ほか） 第2章 一本足で常勝巨人を引っ張る（あしたから投げなくていい 「王、王、三振王」 ほか） 第3章 勝負は絶対に勝たなければ（巨人のユニホームで助監督から監督へ 日本一を果たせず退陣 ほか） 第4章 日本一、世界一、もっと遠くへ（巨人から最も遠いホークスの監督に 選手に優勝の味を ほか）

◇ONの"メッセージ"―NHK『サンデースポーツ』司会：星野仙一「長嶋茂雄×王貞治対談」完全版 長嶋茂雄,王貞治述、星野仙一司会 ぴあ 2015.10 159p 20cm 1500円 Ⓘ978-4-8356-2849-3 Ⓝ783.7

[内容] 第1章 ON誕生 第2章 ふたつの個性 第3章 ONとライバルたち 第4章 引退 第5章 監督としてのON 第6章 日の丸を背負う 第7章 ONのメッセージ

王 士禛〔1634～1711〕 おう・してい
◇田岡嶺雲全集 第6巻 田岡嶺雲著、西田勝編 法政大學出版局 2018.1 879p 20cm 20000円 Ⓘ978-4-588-11031-3 Ⓝ081.6

[内容] 評傳（荘子 蘇東坡 屈原 高青邱 王漁洋） 評論及び感想下（吾が見たる上海 上海に由て見たる支那 上海の天長節 異國かたり草（一） 『王漁洋』の批評の辯難 同情より出でたる節儉 ほか）

王 守仁 おう・しゅじん
⇒王陽明（おう・ようめい）を見よ

王 昭君〔前漢代〕 おう・しょうくん
◇中国史にみる女性群像―悲運と権勢のなかに生きた女性の虚実 田村実造著 清水書院 2017.7 236p 19cm（新・人と歴史拡大版 17）〈1990年刊の再刊 索引あり〉 1800円 Ⓘ978-4-389-44117-3 Ⓝ222.01

　　　　　　　　　　　　　　　　　　　　　　　　　　　　　　おう

内容 1 項羽と虞美人(楚・漢の抗争　垓下の戦い)　2 漢の高祖をめぐる二人の女性(呂后と戚夫人との葛藤　政権を手中にした呂太后　項羽と劉邦の人物評価)　3 女流文学者班昭とその家系—班家の人びと(女流文学者班昭　班家の世系　班固と『漢書』　班超と西域経営)　4 異境に嫁いだ公主たち(烏孫王に嫁いだ細君　匈奴王に嫁いだ王昭君—その実像と虚像　吐蕃(ティベット)王に嫁いだ文成公主—唐とティベット王国との関係を背景に　「蔡文姬、都に帰る」史話)　5 政権を握った女性たち(北魏朝の文明太后　唐朝の則天武后　清朝の西太后)

王　鐸〔1592〜1652〕　おう・たく
◇中国書人伝　中田勇次郎編　中央公論新社　2015.7　365p　16cm　(中公文庫　な66-1)〈中央公論社　1973年刊の再刊　年譜あり〉　1200円　Ⓘ978-4-12-206148-4　Ⓝ728.22

内容 王義之・王献之—貝塚茂樹　鄭道昭・智永—小川環樹　唐太宗・虞世南・欧陽詢・褚遂良—加藤楸邨　顔真卿・柳公権—井上靖　李邕・張旭・懐素・楊凝式—土岐善麿　蘇軾・黄庭堅・米芾—寺田透　趙孟頫・張即之—武田泰淳　祝允明・文徴明・董其昌—杉浦明平　張瑞図—中田勇次郎　王鐸・金農・劉墉—三浦朱門　鄧石如・何紹基・趙之謙

汪　兆銘〔1885〜1944〕　おう・ちょうめい
◇「汪兆銘政権」の検証—その背後の思想哲学　亀田壽夫著〔川崎〕山椒出版社　2015.12　95p　21cm　1500円　Ⓝ312.22

◇近代中国指導者評論集成　3　汪兆銘　松本和久編・解題　森田正夫著　ゆまに書房　2016.5　482,10p　22cm　〈布装　5版　興亞文化協會　昭和14年刊の複製〉　21000円　Ⓘ978-4-8433-5019-5　Ⓝ222.07

◇近代中国指導者評論集成　6　汪兆銘と新中央政府　松本和久編・解題　中保与作著　ゆまに書房　2016.11　254,10p　22cm　〈布装　宮越太陽堂書房　昭和14年刊の複製〉　11000円　Ⓘ978-4-8433-5022-5　Ⓝ222.07

王　韜〔1828〜1897〕　おう・とう
◇中国名記者列伝—正義を貫き、その文章を歴史に刻み込んだ先人たち　第1巻　柳斌傑、李東東編,加藤青延監訳,渡辺明訳　日本僑報社　2016.9　221p　21cm　3600円　Ⓘ978-4-86185-224-4　Ⓝ070.16

内容 新聞・雑誌の政治評論の開拓者　王韜(おう・とう　1828 - 1897)　『万国公報』の魂　蔡爾康(さい・じこう　1851 - 1921)　西洋の学問を中国に取りこんだ「西学東漸」の先駆　厳復(げん・ふく　1854 - 1921)　民国時代の北京新聞界の元老　朱淇(しゅ・き　1858 - 1931)　傑出した職業ジャーナリスト　汪康年(おう・こうねん　1860 - 1911)　家財を投げ打ち民衆のために新聞発行　彭翼仲(ほう・よくちゅう　1864 - 1921)　公のために「直言」をいとわず　英歛之(えい・れんし　1867 - 1926)　湖南省言論界一の健筆　唐才常(とう・さいじょう　1867 - 1900)　清末民初の新聞政治評論家　章太炎(しょう・たいえん　1869 - 1936)　人民の中の先覚者　陳少白(ちん・しょうはく　1869 - 1934)　民国初期の北京新聞界の「怪傑」劉少少(りゅう・しょうしょう　1870 - 1929)　義俠心に燃えた女性ジャーナリスト　唐群英(とう・ぐんえい　1871 - 1937)　海に身を投じた烈士　楊篤生(よう・とくせい　1872 - 1911)　新聞発行のために私財を投げ打つ　卞小吾(べん・しょうご　1872 - 1908)　新聞を創刊し維新を推進　梁啓超(りょう・けいちょう　1873 - 1929)　マスコミ刷新の牽引者　狄楚青(てき・そせい　1873 - 1941)　口語体新聞の先駆者　林白水(りん・はくすい　1874 - 1926)　革命世論の旗手　陳去病(ちん・きょへい　1874 - 1933)　傑出したマスコミ事業者　汪漢溪(おう・かんけい　1874 - 1924)　革命党の大文豪　陳天華(ちん・てんか　1875 - 1905)

王　莽〔前45〜23〕　おう・もう
◇中国五千年の虚言史—なぜ中国人は嘘をつかずにいられないのか　石平著　徳間書店　2018.7　235p　19cm　1500円　Ⓘ978-4-19-864657-8　Ⓝ222.01

内容 第1章 中国共産党という史上最大の嘘集団(第1回党大会のことを多く語られない中国　中国共産党の「解放史観」の嘘　ほか)　第2章 なぜ中国人は平気で嘘をつくようになったのか(中国の虚言史の根本にある「易姓革命」　現在の中国まで続く「天命論」の欺瞞 ほか)　第3章 中国では建国も亡国も嘘から始まる(嘘によって国を滅ぼした男　嘘が真実になる ほか)　第4章 嘘で国を盗った者たち(自分の子を帝位につけた商人　聖人孔子の劉備も嘘で国盗り ほか)　第5章 中国3大嘘つき列伝(王莽—易姓革命を正当化した大偽善者　袁世凱—「裏切り人生」の男の末路 ほか)

王　陽明〔1472〜1528〕　おう・ようめい
◇王陽明—その人と思想　安岡正篤著　致知出版社　2016.5　215p　20cm　1600円　Ⓘ978-4-8009-1112-4　Ⓝ125.5

内容 第1章 生誕の秘話と青年時代(陽明研究で結ばれた縁尋の機妙　「陽明学」の流行と誤解 ほか)　第2章 「五溺」と発病求道(就官と発病「独の生活」「従君の学」への徹悟 ほか)　第3章 「竜場徹悟」と教学の日々(険所・竜場に流されて　竜場流謫の意義 ほか)　第4章 最後の軍旅と長逝(寧王の叛乱と平定　「事上磨錬」と小人の奸計 ほか)

◇禅と陽明学　下　安岡正篤著　新装版　プレジデント社　2016.10　381p　20cm　(人間学講話)　1700円　Ⓘ978-4-8334-2193-5　Ⓝ188.8

内容 五家七宗—禅の発展　宋学の勃興　易の哲学—周茂叔と太極図説　漢民族と日本民族　宋の試練—文華と文弱　碧巖録　華厳と円覚—禅の哲学　陽明学の前夜—形式化する教学　王陽明の生涯と教学　天地萬物一体論　抜本寒源論

◇朱子と王陽明—新儒学と大学の理念　間野潜龍著　清水書院　2018.4　242p　19cm　(新・人と歴史拡大版　24)〈『朱子と王陽明　新儒学と大学の理念』(1984年刊)の改題、表記や仮名遣い等一部を改めて再刊　文献あり　年譜あり　索引あり〉　1800円　Ⓘ978-4-389-44124-1　Ⓝ125.4

内容 1 新儒学の形成(唐宋の変革　古文復興と新儒学の胎動 ほか)　2 宋代の社会と新儒学(宋の新官僚階級　新儒学の成立)　3 朱子とその時代(朱子の出現　朱子の学術と社会政策 ほか)　4 朱子と大学(宋元の儒学の展開　『大学衍義』から『大学衍義補』へ)　5 王陽明とその時代(陸九淵と王陽明　王陽明の活躍 ほか)

扇谷 正造〔1913～1992〕 おうぎや・しょうぞう
◇昭和の名編集長物語―戦後出版史を彩った人たち　塩澤実信著　展望社　2014.9　308p　19cm　〈『名編集者の足跡』(グリーンアロー出版社 1994年刊)の改題改訂〉　1900円　①978-4-88546-285-6　Ⓝ021.43
[内容]　大衆の無言の要求を洞察する―池島信平と「文藝春秋」　一貫して問題意識をつらぬく―吉野源三郎と「世界」　ごまかしのない愚直な仕事を求める―花森安治と「暮しの手帖」　時間をかけ苦しみながらつくらねばならぬ―今井田勲と「ミセス」　人間くさいものをつくらねばならぬ―扇谷正造と「週刊朝日」　敢然とチャレンジを試みる―佐藤亮一と「週刊新潮」　きびしさをもとめ妥協を許さない―大久保房男と「群像」　妥協をしない、手を抜かない―坂本一亀と「文藝」　ホンモノを選び出す目を持つ―小宮山量平と「創作児童文学」　人間の価値を高めるものを―小尾俊人と『現代史資料』〔ほか〕

應武 篤良〔1958～〕 おうたけ・あつよし
◇プロ野球を選ばなかった怪物たち　元永知宏著　イースト・プレス　2018.11　238p　19cm　〈文献あり〉　1500円　①978-4-7816-1723-7　Ⓝ783.7
[内容]　第1章 山根佑太―東京六大学のスラッガーはなぜ野球をやめたのか　第2章 杉浦正則―世界の頂点を目指した"ミスター・オリンピック"　第3章 鍛治舎巧―パナソニック人事部長から高校野球の名監督に　第4章 志村亮―ビジネスマンを選んだ伝説の左腕　第5章 應武篤良―"プロ"へと育てる"アマチュア"球界の名将　第6章 山中正竹―"小さな大投手"は球界の第一人者を　番外 遠藤良平―プロに挑戦した東大のエース

近江 禮一〔1932～〕 おうみ・れいいち
◇やっぱり美容の仕事が好き　近江禮一著　新美容出版　2017.6　229p　22cm　3500円　①978-4-88030-336-9　Ⓝ673.96

欧陽 詢〔557～641〕 おうよう・じゅん
◇中国書人伝　中田勇次郎編　中央公論新社　2015.7　365p　16cm　(中公文庫 な66-1)〈中央公論社 1973年刊の再刊　年譜あり〉　1200円　①978-4-12-206148-4　Ⓝ728.22
[内容]　王羲之・王献之・八貝塚茂樹　鄭道昭・智永―小川環樹　唐太宗・欧陽詢・褚遂良―加藤楸邨　顏真卿・柳公権―井上靖　李邕・張旭・懐素・楊凝式―土岐善麿　蘇軾・黄庭堅・米芾―寺田透　趙孟頫・張即之―武田泰淳　祝允明・文徴明・董其昌―杉浦明平　張瑞図―中田勇次郎　王鐸・金農・劉墉―三浦朱門　鄧石如・何紹基・趙之謙

お江与　おえよ
⇒崇源院(すうげんいん)を見よ

大海人皇子　おおあまのおうじ
⇒天武天皇(てんむてんのう)を見よ

大井 篤〔1902～1994〕 おおい・あつし
◇大井篤海軍大尉アメリカ留学記―保科さんと私　大井篤著　KADOKAWA　2014.11　315p　20cm　1800円　①978-4-04-102249-8　Ⓝ289.1
[内容]　第1章 保科さんと私　第2章 解説(シャーロッツヴィルというところ　大井海軍大尉のアメリカ留学　大井さんと私　ヴァージニア大学での勉強　ジェファソンのデモクラシー　ジェファソンの矛盾、南部の矛盾　一九三〇年代のアメリカ　日本人のアメリカ観　対米開戦とアメリカ理解)

大井 弘〔1937～〕 おおい・ひろし
◇ひろしの77―77歳記念出版　大井弘著　〔出版地不明〕　大井弘　2015.3　44p　30cm　〈年譜あり〉　Ⓝ318.242

大井 道夫〔1941～〕 おおい・みちお
◇甲子園に挑んだ監督たち　八木澤高明著　辰巳出版　2018.7　255p　19cm　1600円　①978-4-7778-2118-1　Ⓝ783.7
[内容]　古屋文雄 神奈川・横浜商業高校元監督―マリンブルーに袖を通す者の矜持　小池啓之 北海道・旭川南高校前監督―魂と魂のぶつかり合いが甲子園へ導いた　大井道夫 新潟・日本文理高校総監督―迷わず打て、大井野球はこうして生まれた　嶋崎久美 秋田・金足農業高校元監督―雪は降れ、雪国が生んだ嶋崎野球　山本泰 大阪・PL学園高校元監督―PLで勝つ、PLに敗れた名将　宮崎裕也 滋賀・北大津高校前監督―弱者が強者に勝つために　久保克之 鹿児島・鹿児島実業高校名誉監督―老将が今も心に刻み続けること　山中直人 高知・伊野商業高校元監督/岡豊高校現監督―甲子園に勝つ指導者なし

大池 文雄〔1928～2013〕 おおいけ・ふみお
◇ただ限りなく発見者―大池文雄著作集　大池文雄著, 小島亮編集　名古屋　風媒社　2016.10　473p　22cm　〈表紙のタイトル : Óike Fumio ö sszegyŰjtö tt tanulmá nyai Vitá k az 1956-os magyar forradalomró l é s má sí rá sok　「奴隷の死」(ぺりかん社 1988年刊)の改題、新編集〉　4500円　①978-4-8331-3172-8　Ⓝ309.1
[内容]　第1部 党内闘争の時代(蟹はおのれの甲に似せて　志田同志の「党団結のさしあたっての問題」について ほか)　第2部 ハンガリー事件をめぐる論争(ハンガリー事件に関する『アカハタ』への投稿　国際主義の再検討のために―ハンガリー問題と共産主義 ほか)　第3部 『批評』時代(発刊のことば　プロレタリア独裁と国家の死滅―『人民日報』批判 ほか)　第4部 『論争』時代(戦後転向論―人間の価値基準の回復のために　『論争』創刊号編集後記 ほか)　第5部 回想と資料(ソヴェト映画『ベルリン陥落』について　その思想性と芸術性　一九五一年の一二月―宮本百合子死後一年の頃をふりかえって ほか)

大石 駿四郎〔1925～〕 おおいし・しゅんしろう
◇大東亜戦争と杉との人世　大石駿四郎著　熊本　熊日出版(制作)　2015.3　142p　19cm　Ⓝ289.1

大内 順子〔1934～2014〕 おおうち・じゅんこ
◇お洒落の旅人　大内順子著　世界文化社　2014.12　191p　20cm　1600円　①978-4-418-14511-9　Ⓝ289.1
[内容]　第1章 上海―その1 上海のフランス租界に生まれて　第2章 上海―その2 暮らしが一変した終戦前後　第3章 青山―その1 ファッション・モデルから

学生女房へ　第4章　青山—その2　人生最大の試練を乗り越えて　第5章　パリ—その1　日本人初のファッション・ジャーナリスト　第6章　パリ—その2　美しいものへの愛と情熱に導かれて

大内　義弘〔1356〜1399〕　おおうち・よしひろ
◇大内義弘—天命を奉り暴乱を討つ　平瀬直樹著　京都　ミネルヴァ書房　2017.3　223,6p　20cm　(ミネルヴァ日本評伝選)〈文献あり　年譜あり　索引あり〉　3000円　①978-4-623-08029-8　Ⓝ289.1
内容：序章　室町幕府と朝鮮王朝のはざまで　第1章　大名への成長　第2章　在京以前　第3章　幕府への貢献　第4章　周防・長門の支配　第5章　支配領域の拡大　第6章　義弘の自己認識　第7章　反乱　第8章　義弘亡後　終章　大内義弘という人物

大浦　みずき〔1956〜2009〕　おおうら・みずき
◇宝塚歌劇　柚希礼音論—レオンと9人のトップスターたち　松島奈巳著　東京堂出版　2016.5　204p　19cm　〈文献あり　年譜あり〉　1600円　①978-4-490-20939-6　Ⓝ772.1
内容：1章　天海祐希　ファンにあらず—音楽学校入学以前　2章　大浦みずき　十年にひとりの逸材—宝塚音楽学校時代　3章　北翔海莉　名作レビューで大抜擢—歌劇団入団　4章　真飛聖　鳴り物入りで星組に配属—星組若手時代　5章　安蘭けい　星の王子様は誰？—二番手まで　6章　天海祐希（再掲）異例人事の残したもの—トップ就任　7章　真矢みき　2人目の武道館リサイタル—退団前年　8章　真琴つばさ　リアルな演技と過剰な演技—退団直前　9章　明日海りお　ハイブリッドなトップ・オブ・トップ—退団　10章　柚希礼音　星組トップスターを超えて—退団後

大江　音人〔811〜877〕　おおえ・おとんど
◇大江氏興亡三千年　大江隼舟著　福岡　西日本新聞社　2015.1　279p　22cm　〈文献あり〉　2500円　①978-4-8167-0895-4　Ⓝ288.2
内容：日本の夜明け　皇室御系譜略　古représentant大枝氏の略系（土師・大枝）　始祖大江音人（大江直家系）　天智・天武系　皇祖天穂日命より始祖大江音人までの記　国宝　神魂神社（大庭大宮）　丹波の大江山　天橋立　後記　〔ほか〕

大江　磯吉〔1868〜1902〕　おおえ・ぎきち
◇島崎藤村『破戒』のモデル大江磯吉とその時代　東栄蔵著　長野　信濃毎日新聞社　2018.5　255p　19cm　(信毎選書25)〈『大江磯吉とその時代』(2000年刊)の改題、新装版　年譜あり〉　1300円　①978-4-7840-7329-0　Ⓝ289.1
内容：1　藤村の小諸—大江磯吉の発見（小諸義塾教師・島崎藤村『破戒』と大江磯吉）　2　長野県時代の大江磯吉（家族と生い立ち　長野県師範学校から高等師範学校へ　ほか）　3　大阪府尋常師範学校教諭時代（大江磯吉の先駆的研究　大阪での受難をめぐって　ほか）　4　鳥取県尋常師範学校教諭時代（鳥取師範における教育実践　休職処分をめぐって　ほか）　5　兵庫県柏原中学校長、三十四歳の死（柏原中学校における学校運営　大江磯吉の死をめぐって　ほか）

大江　健三郎〔1935〜〕　おおえ・けんざぶろう
◇江藤淳と大江健三郎—戦後日本の政治と文学　小谷野敦著　筑摩書房　2015.2　388,20p　20cm　〈文献あり　著作目録あり　年譜あり　索引あり〉　2400円　①978-4-480-82378-6　Ⓝ910.268
内容：第1章　出生—四国の森と海軍一族　第2章　出発—華麗なる文壇登場　第3章　決裂—反核平和主義と保守回帰　第4章　岐路—暴力への志向、学問コンプレックス　第5章　沈滞—純文学凋落の中で　第6章　ニューアカ・ブーム　第7章　栄光と終焉

◇「現在」に挑む文学—村上春樹・大江健三郎・井上光晴　松山愼介著　札幌　響文社　2017.4　376p　20cm　1600円　①978-4-87799-129-6　Ⓝ910.264
内容：村上春樹と「一九六八年」（『ノルウェイの森』のなかの「死」　『風の歌を聴け』と『1973年のピンボール』『ノルウェイの森』と学生運動　ほか）　大江健三郎・一九六〇年前後（大江健三郎の少年時代　大江健三郎と学生運動　『われらの時代』　ほか）　井上光晴という生き方（井上光晴と谷川雁　井上光晴の自筆年譜における虚構　詩人として出発した井上光晴　ほか）

◇江藤淳と大江健三郎—戦後日本の政治と文学　小谷野敦著　筑摩書房　2018.8　449,20p　15cm　(ちくま文庫　こ30-3)〈文献あり　著作目録あり　年譜あり　索引あり〉　950円　①978-4-480-43533-0　Ⓝ910.268
内容：第1章　出生—四国の森と海軍一族　第2章　出発—華麗なる文壇登場　第3章　決裂—反核平和主義と保守回帰　第4章　岐路—暴力への志向、学問コンプレックス　第5章　沈滞—純文学凋落の中で　第6章　ニューアカ・ブーム　第7章　栄光と終焉

大江　賢次〔1905〜1987〕　おおえ・けんじ
◇大江賢次　鳥取県立図書館編　鳥取　鳥取県立図書館　2016.3　64p　21cm　(郷土出身文学者シリーズ　10)〈年譜あり〉　Ⓝ910.268

大江　季雄〔1914〜1941〕　おおえ・すえお
◇近代オリンピックのヒーローとヒロイン　池井優著　慶應義塾大学出版会　2016.12　365p　20cm　〈文献あり〉　2600円　①978-4-7664-2389-1　Ⓝ780.28
内容：ピエール・ド・クーベルタン—近代オリンピックの創始者　嘉納治五郎—日本初代のIOC委員　金栗四三—"日本マラソンの父"となったオリンピックの敗者　人見絹枝—日本女子初のメダリスト　西竹一—バロン西と呼ばれた馬術大障害の優勝者　織田幹雄—日本人最初のゴールドメダリスト　「前畑がんばれ！」—日本初のオリンピック女子金メダリスト西田修平・大江季雄—ベルリンの死闘と"友情のメダル"　ジェシー・オーエンス—ベルリンで四つの金メダルを獲った黒人選手　清川正二—オリンピックの金メダリスト、IOC委員　古橋廣之進—戦後日本に希望を与えてくれた「フジヤマのトビウオ」　猪谷千春—冬季五輪初のメダリスト、そしてIOC委員　アベベ・ビキラ—ローマ、東京と二大会を制覇したマラソンの王者　大松博文—「東洋の魔女」に金メダルを獲らせた"鬼"の指導者　日本サッカー界を改革したドイツ人コーチ—デットマール・クラマーと日本代表チーム　ベラ・チャスラフスカ—「プラハの春」という体験の力　日本バレーボールに革命をもたらした監督—松平康隆と日本男子バレーボール　モスクワ五輪ボイコットに泣いた選手たち

おおえ

―政治に翻弄されたオリンピック 北島康介―オリンピック三大会でメダル獲得のスイマー

大江 スミ〔1875〜1948〕 おおえ・すみ
◇大江スミと日本における家政学―英国に派遣された国費留学生の足跡 東京家政学院創立者富田裕子著 光塩会総務部付き創立者大江スミ先生関連資料部編 光塩会 2016.10 57p 30cm 〈光塩会設立90周年記念 奥付のタイトル：大江スミと日本の家政学〉 Ⓝ590

大江 千里〔1960〜〕 おおえ・せんり
◇9番目の音を探して―47歳からのニューヨークジャズ留学 大江千里著 ブックウォーカー 2015.4 367p 19cm 〈索引あり〉 発売：KADOKAWA〉 1800円 Ⓘ978-4-04-812003-6 Ⓝ767.8
内容 9th Note 13th Note
◇ブルックリンでジャズを耕す―52歳から始めるひとりビジネス 大江千里著 KADOKAWA 2018.1 351p 19cm 〈文献あり〉 1800円 Ⓘ978-4-04-896193-6 Ⓝ767.8
内容 プロローグ 良き人生 ポジティブで行こう 青い雨 欲しいものが手に入ったら、すぐに飽きてしまうあなた 聖者の行進 ねえおじ様 りんごの木の下で マイ・ファニー・バレンタイン 誰かが私を見つめてる〔ほか〕

大江 匡〔1954〜〕 おおえ・ただす
◇プランテック 日経アーキテクチュア編 日経BP社 2015.4 287p 26cm （NA建築家シリーズ 08）〈他言語標題：Plantec 年譜あり 索引あり 発売：日経BPマーケティング〉 3500円 Ⓘ978-4-8222-7493-1 Ⓝ523.1
内容 1 建築家・大江匡ができるまで（1954 - 1989年） 2 出発点としての"和"（1990 - 1997年） 3 聖域からの脱却（1994 - 2003年） 特別対談 この人と語る建築の未来 4 ソフトが建築をつくる（2004 - 2008年） 5 関係性がもたらす新たな歴史（2008 - 2014年） 6 次世代リーダーが描く未来（2015年以降）

大江 宏〔1913〜1989〕 おおえ・ひろし
◇磯崎新と藤森照信のモダニズム建築談義 磯崎新,藤森照信著 六耀社 2016.8 331p 21cm 〈年表あり〉 3600円 Ⓘ978-4-89737-829-9 Ⓝ523.07
内容 序 語られなかった、戦前・戦中を切り抜けてきた「モダニズム」 第1章 アントニン・レーモンドと吉村順三―アメリカと深く関係した二人 第2章 前川國男と坂倉準三―戦中のフランス派 第3章 白井晟一と山口文象―戦前にドイツに渡った二人 第4章 大江宏と吉阪隆正―戦後一九五〇年代初頭に渡航、「国際建築」としてのモダニズムを介して自己形成した二人

大江 広元〔1148〜1225〕 おおえ・ひろもと
◇中世の人物 京・鎌倉の時代編 第3巻 大阪 清文堂出版 2014.7 382p 22cm 4500円 Ⓘ978-4-7924-0996-8 Ⓝ281
内容 後鳥羽院（美川圭著） 九条道家（井上幸治著） 西園寺公経（山岡瞳著） 藤原秀康（長村祥知著） 藤原定家（谷昇著） 源実朝（坂井孝一著） 北条政子（黒嶋敏著） 北条義時（田辺旬著） 北条義時（菊池紳一著） 北条時房と重時（久保田和彦著） 九条頼経・頼嗣（岩田慎平著） 竹御所と石山尼（小野翠著） 三浦義村（真鍋淳哉著） 大江広元と三善康信〈善信〉（佐藤雄基著） 宇都宮頼綱（野口実著） 慈円（菊地大樹著） 聖覚（平雅行著） 定豪（海老名尚著） 円爾（原田正俊著） 叡尊（細川涼一著） 公武権力の変容と仏教界（平雅行／編）

大岡 越前守 おおおか・えちぜんのかみ
⇒大岡忠相（おおおか・ただすけ）を見よ

大岡 昇平〔1909〜1988〕 おおおか・しょうへい
◇小説家大岡昇平 菅野昭正著 筑摩書房 2014.12 356p 20cm 3000円 Ⓘ978-4-480-82377-9 Ⓝ910.268
内容 小説家の生誕 俘虜の家の記録 情熱恋愛の心理とその彼方 深淵をさまよう敗兵 政治の地平に近づいて（崩壊の叙事詩 ハムレット変奏） 女たちをいとおしむ哀歌 レイテ島の闘い、および闘いを超えて 歴史が小説になるとき（先駆けた者の悲劇 空しい犠牲を悼んで） 愛と裁判について
◇大岡昇平―文学の軌跡 川西政明著 河出書房新社 2016.11 168p 20cm 1800円 Ⓘ978-4-309-02533-9 Ⓝ910.268
内容 第1章 出生の秘密 第2章 大岡昇平と中原中也、富永太郎、小林秀雄、長谷川泰子 第3章 出征・「殺さず」・俘虜 第4章 「俘虜記」「野火」と中原中也伝、富永太郎伝の作家誕生 第5章 坂本睦子という妖女 第6章 戦後派への復活
◇文士たちのアメリカ留学 一九五三・一九六三 斎藤禎著 書籍工房早山 2018.12 327p 19cm 2500円 Ⓘ978-4-904701-54-6 Ⓝ910.264
内容 第1章 文士にとって留学は、夢のまた夢 第2章 「文士留学の仕掛け人」坂西志保と、チャールズ・B・ファーズ 第3章 阿川弘之は「原爆小説」を書いたから、アメリカに招かれたのか 第4章 大岡昇平、安岡章太郎は、アメリカで、ことに南部で何を見たのか 第5章 江藤淳、英語と格闘す 第6章 庄野潤三と名作『ガンビア滞在記』の誕生 第7章 有吉佐和子は、アメリカ人社会では間違いなく「NOBODY」だった 第8章 小島信夫は、なぜ、単身でアメリカに行ったか？ 第9章 アメリカから帰った福田恆存は、「文化人」の「平和論」を果敢に攻撃した 第10章 ロックフェラー財団による文士のアメリカ留学とは何だったのか

大岡 忠相〔1677〜1751〕 おおおか・ただすけ
◇大岡忠相―江戸の改革力吉宗とその時代 童門冬二著 集英社 2015.10 531p 16cm （集英社文庫 と12-25）〈文献あり〉 880円 Ⓘ978-4-08-745377-5 Ⓝ289.1
内容 町奉行の前に普請奉行 江戸城の鬼から家と本をとりあげる 変化の道は一歩一歩 関東地方の農業振興も職務に 吉宗の求める高齢者公務員像 老中筆頭に水野忠之 ひらかれた江戸にしよう 町火消を創設 大岡裁きはじまる 頓智裁き集〔ほか〕

大岡 忠光〔1709〜1760〕 おおおか・ただみつ
◇徳川十五代闇将軍 熊谷充晃著 大和書房 2015.5 263p 15cm （だいわ文庫 269-2H）

〈文献あり〉　650円　Ⓝ978-4-479-30536-1　Ⓝ281.04

内容　第1章　幕藩体制の礎を築いた4代（初代「闇将軍」本多正信―家康から全幅の信頼を寄せられた「タヌキ親父」以上の「タヌキ」　2代「闇将軍」南光坊天海―幕府の宗教政策をひとりで完成させた「関東の大僧正」　3代「闇将軍」松平信綱―江戸時代で最大の内乱を鎮めて老中首座に上った「知恵伊豆」　4代「闇将軍」酒井忠清―生まれながらに老中を約束された後世の悪名が哀しい「下馬将軍」）　第2章　将軍の権威を超越した3代（5代「闇将軍」柳沢吉保―失政や没落とは皆無の史実「極悪側用人」の評に異議あり　6代「闇将軍」新井白石―幕政の思想的柱石を創出したブレーンの「遅すぎた登壇」　7代「闇将軍」間部詮房―これぞ闇将軍にふさわしい「猿楽大名」の数奇なキャリア）　第3章　中興の変革期を乗り越えた3代（8代「闇将軍」松平乗邑―「暴れん坊将軍」を抑えうる唯一の忠臣は経済政策の旗手　9代「闇将軍」大岡忠光―前代未聞かつ空前絶後の幕府　日本史上唯一の「将軍の通訳」　10代「闇将軍」田沼意次―「贈収賄政治家」の正体は貨幣社会を目指した重商主義者）　第4章　幕末動乱の一端となった3代（11代「闇将軍」松平定信―"寛政の改革"で失敗した後も影響力を保持し続けた元将軍候補　12代「闇将軍」水野忠邦―幕藩体制崩壊の序曲を聴いた「理想主義」を掲げる野心家　13代「闇将軍」徳川斉昭―頼もしいのか、ありがた迷惑か　御三家の慣例を破った「烈公」）　第5章　維新の激動期に舵を取った2代（14代「闇将軍」井伊直弼―まさに闇将軍の代名詞　幕末期最大のキングメーカー　15代「闇将軍」島津久光―外様大名ですらなかったのに幕政を揺るがせた薩摩の国父）

大賀　一郎〔1883～1965〕　おおが・いちろう
◇大賀一郎博士追憶譚―地元の偉人を知ろう…二千年前の古代ハスを開花させた世界的な植物学者　〔岡山〕　吉備大賀ハス保存会　2017.4　80p　30cm　〈発行所：坪井技研　年譜あり〉　1000円　Ⓘ978-4-9908867-3-8　Ⓝ289.1

大家　友和〔1976～〕　おおか・ともかず
◇プロ野球のお金と契約　大家友和著　ポプラ社　2017.10　237p　18cm　（ポプラ新書 135）　800円　Ⓘ978-4-591-15614-8　Ⓝ783.7

内容　序章　私の野球人生　第1章　入団から若手時代まで。メジャーと日本のプロ野球の違い　第2章　マイナーからメジャーへ。驚きのアメリカン・ドリーム　第3章　年俸100倍上から3億減へ。メジャーの究極の交渉　第4章　メジャー生き残りをかけた極限のサバイバル　第5章　月給10万円台⁉再起を目指すマイナー＆独立リーグの世界　第6章　最後のチャンスをつかみ取れ。トライアウト＆マイナーキャンプ

大神　雄子〔1982～〕　おおが・ゆうこ
◇大神雄子進化論―全ては自分次第　大神雄子著　ぱる出版　2015.9　158p　19cm　〈文献あり〉　1400円　Ⓘ978-4-8272-0950-1　Ⓝ783.1

内容　1　決断～日本復帰　2　ポイントガード　3　小さくてもやれる！　4　勝者のメンタリティー　5　技を磨くこと　6　日々の習慣がなによりも大切

大川　周明〔1886～1957〕　おおかわ・しゅうめい
◇米国国立公文書館機密解除資料　CIA日本人ファイル　第7巻・第12巻　加藤哲郎編・解説　現代史料出版　2014.12　6冊（セット）　30cm　190000円　Ⓘ978-4-87785-303-7　Ⓝ319.1053

内容　第7巻（大川周明　笹川良一　重光葵　下村定）　第8巻（小野寺信）　第9巻（正力松太郎）　第10巻（辰巳栄一　和知鷹二　和智恒蔵）　第11巻（辻政信（1））　第12巻（辻政信（2））

◇大川周明と狂気の残影―アメリカ人従軍精神科医とアジア主義者の軌跡と邂逅　エリック・ヤッフェ著．樋口武志訳　明石書店　2015.7　350p　20cm　2600円　Ⓘ978-4-7503-4219-1　Ⓝ289.1

内容　東京裁判での奇行　若き哲学者／愛国者　ライム・アヴェニューの家　天からの使命　未解決事項　昭和維新　軍精神科医になるまで　アジア解放への戦い　衰弱　無意識の意識　審判　東洋と西洋の魂

◇安楽の門　大川周明著　書肆心水　2015.12　286p　22cm　〈出雲書房　1951年刊の再刊　年譜あり〉　5400円　Ⓘ978-4-906917-49-5　Ⓝ160

内容　人間は獄中でも安楽に暮らせる　人間は精神病院でも安楽に暮らせる　私は何うして安楽に暮らして来たか　私は何うして大学の哲学科に入つたか　私は大学時代にどんな勉強をしたか　押川方義先生と八代六郎大将　印度人追放と頭山満翁　東洋の道と南洲翁遺訓　人間を人間たらしめる三つの感情　克己・愛人・敬天　既成宗教と「宗教」不可思議なる安楽の門

◇「大国支配主義」の悪なる正義―不羈之士・大川周明を読み解く　森仁平著　〔出版地不明〕去稚敬天塾　2016.12　164p　21cm　〈文献あり〉　1000円　Ⓝ289.1

大川　英子〔1931～〕　おおかわ・ひでこ
◇村積山にいだかれて　大川英子著　文芸社　2018.5　219p　20cm　1300円　Ⓘ978-4-286-19649-7　Ⓝ289.1

＊私にはまだやるべきことがある。それは大自然をたゆまなく流れる川のように、私たちの夢が受け継がれ永遠にその使命を果たせるよう、私たちの心と熱い思いを命ある限り伝え続けることである。創業した夫を支え、躍進・発展させた女性が、生き様を赤裸々に語る。第一部「事業の基礎を築くまで」、第二部「事業の躍進、未来」、別篇「少女時代」からなる株式会社オリバーの誕生・発展秘話。

大川　博〔1896～1971〕　おおかわ・ひろし
◇ディズニーを目指した男大川博―忘れられた創業者　津堅信之著　日本評論社　2016.8　208p　19cm　〈文献あり　索引あり〉　2200円　Ⓘ978-4-535-58695-6　Ⓝ289.1

内容　序章　本のディズニーを目指した男　第1章　映画を知らない映画会社社長の誕生（ソロバンだけはだれよりも上手だった　鉄道省入省と統制経済　五島慶太との出会いと大東急　シブシブ引き受けた映画会社社長　パ・リーグ初代会長就任まで）　第2章　倒産寸前からトップ企業へ―東映の躍進（東映の発足と再建　「東映娯楽版」の成功　世界への進出を目指して）　第3章　多角化の夢と挫折―アニメ・テレビ・プロ野球（ディズニーへの挑戦―日本初の本格的アニメスタジオ誕生　長編漫画映画への挑戦　テ

レビは映画の「敵」ではない　東映フライヤーズ日本一）　第4章　忘れられた創業者（映画を知らないという自嘲の裏側　イメージとしてのワンマン経営者　東映動画の経営はどうだったのか　大川博は「日本のディズニー」だったのか）

大川 平三郎〔1860～1936〕 おおかわ・へいざぶろう
◇日本の製紙王 大川平三郎—郷土さかどの偉人　大川平三郎を広める会原稿執筆，飯高節子監修　坂戸　坂戸市立図書館　2016.3　126p　22cm　〈挿絵：恒川章子　年譜あり〉　Ⓝ289.1

大川 祐介〔1979～〕 おおかわ・ゆうすけ
◇誰も知らない社長の汗と涙の塩味物語　西川世一著　電波社　2017.4　225p　19cm　〈別タイトル：誰も知らない社長の汗と涙のCEO味物語〉　1300円　Ⓘ978-4-86490-093-5　Ⓝ332.8
内容　1 東日本大震災ですべてを失った被災地にもう一度、光を灯す—有限会社まるしげ漁亭浜や代表取締役・佐藤智明　2 職人気質が生んだ己の未熟さ—一人の社員が起こした奇跡—ユニオンテック株式会社代表取締役社長・大川祐介　3 戦力外通告、消えない自己嫌悪…。人生と向き合う元Jリーガーの努力の証—株式会社ジールホールディングス代表取締役・藪崎真哉　4 兄弟・社員との絆があるからこそ「社員とは何か」を徹底的に追及する株式会社ムしたのチーム代表取締役社長・高橋恭介　5 「今日で辞めさせてもらいます」原点回帰で開いた再生のトビラ—トークノート株式会社代表取締役・小池温男　6 リーマンショックで八方塞がれど 立ち止まらずに前進する勇気を持つ—株式会社ジオベック代表取締役・望月雅彦　7 兄の死、借金、ケガ、病気…、「一日一死」で乗り越えたサーカス人生—キラーンカス株式会社代表取締役社長・木下唯志　8 「芸人なのに副業!?」と言われたくない。二足の草鞋で駆け抜けた10年—株式会社田村道場代表取締役・田村憲司

大川 隆法〔1956～〕 おおかわ・りゅうほう
◇幸福の科学　秋谷航平著　泰文堂　2015.10　141p　19cm　（リンダパブリッシャーズの本）〈文献あり〉　1000円　Ⓘ978-4-8030-0779-4　Ⓝ169.1
内容　第1章　大川隆法氏の生い立ち　第2章　幸福の科学立宗　第3章　霊言の真相に迫る　第4章　幸福実現党を結党　第5章　幸福の科学学園　第6章　古参信者、漫画家さとうふみや氏に聞く

大河原 邦男〔1947～〕 おおかわら・くにお
◇大河原邦男 Walker—メカニックデザインの鉄人　KADOKAWA　2015.8　122p　30cm　〈年譜あり　索引あり〉　2900円　Ⓘ978-4-04-731987-5　Ⓝ726.501
内容　第1章　大河原邦男ヒストリー　第2章　大河原ファクトリー　第3章　大河原邦男作品集　第4章　大河原邦男立体図録　第5章　大河原邦男展限定ガンプラとマスターグレードの世界　第6章　キーパーソン・インタビュー

◇メカニックデザイナーの仕事論—ヤッターマン、ガンダムを描いた職人　大河原邦男著　光文社　2015.8　209p　18cm　（光文社新書771）〈文献あり〉　740円　Ⓘ978-4-334-03874-8　Ⓝ726.501
内容　第1章　偶然始まったメカニックデザイナーの仕事　第2章　私が生み出したロボットたち—『機動戦士ガンダム』まで　第3章　メカニックデザイナーになるまで　第4章　私が生み出したロボットたち—『機動戦士ガンダム』以降、1980年代　第5章　私の仕事論　第6章　私が生み出したロボットたち—1990年代以降　第7章　人との出会い

大河原 毅〔1943～〕 おおかわら・たけし
◇外食産業創業者列伝　牛田泰正著　弘前　路上社　2018.5　130p　21cm　〈他言語標題：Biographies of restaurant founders〉　1000円　Ⓘ978-4-89993-079-2　Ⓝ673.97
内容　第1章　メインディッシュ（創業者編）（グリーンハウス・田沼文蔵—人に喜ばれてこそ会社は発展する／感謝貢献　ダスキン・鈴木清一—われ損の道をゆく／あんた、やってみなはれ　ケンタッキーフライドチキン・大河原毅—ピープルズ・ビジネス／死線を越えた救出　すかいらーく・横川端—外食王の夢／今以上を夢見て進む　ベニハナ・オブ・トーキョウ・ロッキー青木—リングはアメリカ／ハウハウよりノウハー）　第2章　アラカルト（青森編）（芝田商店—赤字経営から脱出！／メニューエンジニアリング　一幸食堂—利は元にあり／原価率35％の王道を行く　戸田うちわ餅店—素材のおいしさで勝負／じょっぱりを売る戸田のお餅　長谷川牧場—長谷川式こだわりの自然牧場／養豚に労力惜しまず　成田専蔵珈琲店—藩士の珈琲が香る街／一杯のコーヒーで心豊かに生きる

仰木 彬〔1935～2005〕 おおぎ・あきら
◇後藤正治ノンフィクション集　第10巻　後藤正治著　大阪　ブレーンセンター　2016.3　752p　15cm　2400円　Ⓘ978-4-8339-0260-1　Ⓝ918.68
内容　清冽（倚りかからず　花の名　母の家 ほか）　奇蹟の画家（画廊　発掘　最期の一枚 ほか）　孤高の戦い人(2)（中断　冷めた炎　三四郎三代 ほか）

大木 惇夫〔1895～1977〕 おおき・あつお
◇忘れられた詩人の伝記—父・大木惇夫の軌跡　宮田毬栄著　中央公論新社　2015.4　480p　22cm　〈文献あり　年譜あり〉　4600円　Ⓘ978-4-12-004704-6　Ⓝ911.52
内容　幼少年期　父の初恋　恋の終わりの時　銀行員時代　東京へ　博文館記者に　花嫁　新生活　小田原　白秋との出会い　詩人としての出発〔ほか〕

大木 トオル〔1947～〕 おおき・とおる
◇伝説のイエロー・ブルース　大木トオル著　トゥーヴァージンズ　2015.10　314p　19cm　〈表紙のタイトル：LEGEND OF YELLOW BLUES　講談社文庫 1993年刊の新装版　年譜あり〉　1000円　Ⓘ978-4-908406-01-0　Ⓝ767.8
内容　1 日本人の戦い　2 旅立ち　3 ビッグ・ファミリー　4 ニューヨークの日本人　5 空母ミッドウェイCV41　6 日本公演　7 オオキファミリー・ニューヨーク・コネクション　8 マイク・ブルームフィールドの死　9 アルバート・キングへの挑戦　10 ハーレムに帰る

◇伝説のイエロー・ブルース　2　大木トオル著　トゥーヴァージンズ　2017.12　219p　19cm　〈年譜あり〉　1500円　Ⓘ978-4-908406-15-7　Ⓝ767.8
内容　1 ミシシッピー・デルタ・ブルース・フェスティバル　2 アメリカンショービジネス　3 人種と宗教の「合衆国」　4 さようなら魂の兄弟たち　5 マイルーツ　6 我がライフワーク　7 命あるものは幸せになる権利がある　8 歌に魂をこめて―ラストラン

大木 めぐみ〔1950～〕　おおき・めぐみ
◇生命は心　心は消えない―今だから考えてほしい　大木めぐみ著　半田　一粒書房　2015.12　124p　19cm　1000円　Ⓘ978-4-86431-469-5　Ⓝ289.1

大木 よね　おおき・よね
⇒小泉よね（こいずみ・よね）を見よ

正親町天皇〔1517～1593〕　おおぎまちてんのう
◇天皇の歴史　5　天皇と天下人　大津透, 河内祥輔, 藤井讓治, 藤田覚編集委員　藤井讓治著　講談社　2018.4　343p　15cm　（講談社学術文庫　2485）〈文献あり　年表あり　索引あり〉　1160円　Ⓘ978-4-06-292485-6　Ⓝ210.1
内容　プロローグ―正親町天皇のキリシタン禁令　第1章　義昭・信長の入京　第2章　正親町天皇と信長　第3章　天下人秀吉の誕生　第4章　後陽成天皇と朝鮮出兵　第5章　後陽成・後水尾天皇と家康　エピローグ―「権現」か「明神」か

大櫛 ツチヱ〔1920～〕　おおくし・つちえ
◇70年目の恋文　大櫛ツチヱ著　悟空出版　2015.6　123p　20cm　〈年譜あり〉　1200円　Ⓘ978-4-908117-12-1　Ⓝ289.1
内容　亡夫恋し流れる雲に託す想い　はじめに　赤い糸で結ばれた日　あなたと暮らした1年2ヶ月　子供が生まれて　悲しい別れ　戦地から届いた手紙　永遠の別れ　頑張って頑張って、楽しんで…　もうひとつの悲しい別れ　今の幸せをあなたに伝えたくて…　おわりに

大久保 章男　おおくぼ・あきお
⇒大久保小膳（おおくぼ・こぜん）を見よ

大久保 一蔵　おおくぼ・いちぞう
⇒大久保利通（おおくぼ・としみち）を見よ

大久保 晃二〔1929～〕　おおくぼ・こうじ
◇盡　大久保晃二著　札幌　旭図書刊行センター　2018.5　383p　22cm　〈年譜あり〉　Ⓘ978-4-86111-158-7　Ⓝ289.1

大久保 小膳〔1821～1903〕　おおくぼ・こぜん
◇幕末彦根藩の側役大久保小膳　大久保治男著　彦根　サンライズ出版　2018.8　196p　19cm　（淡海文庫　60）〈文献あり　年譜あり〉　1500円　Ⓘ978-4-88325-189-6　Ⓝ289.1
内容　大久保家の系譜　直亮公時代の小膳、直弼公に仕える　小膳、直弼公に茶の湯を習う　直弼公、桜田門外に散る　小膳、藩主直憲公への忠勤　小膳、昌子様和宮様様榕宮（もりのみや）様のご婚儀御役を勤める　東京遷都・天皇の御行列に小膳も参加　明治新政府に井伊直憲公全面協力　小膳、彦根藩公文書滅失を秘密裡に死守　小膳、明治四年に「埋木舎」を賜る　小膳、彦根藩天守閣保存を土下座で請願　直弼公を顕彰し、遺徳を偲ぶ小膳　埋木舎保存に奮闘する小膳の子孫たち　「埋木舎」関連の出来事等

大窪 詩仏〔1767～1837〕　おおくぼ・しぶつ
◇江戸詩人評伝集―詩誌『雅友』抄　1　今関天彭著, 揖斐高編　平凡社　2015.9　473p　18cm　（東洋文庫　863）〈布装〉　3200円　Ⓘ978-4-582-80863-6　Ⓝ919.5
内容　新井白石　室鳩巣　梁田蛻巌　祇園南海　六如上人　柴野栗山　頼春水　尾藤二洲　菅茶山　市河寛斎　古賀精里　頼杏坪　柏木如亭　大窪詩仏　菊池五山　宮沢雲山　広瀬淡窓　古賀侗庵

大久保 諶之丞〔1849～1891〕　おおくぼ・じんのじょう
◇明日に架ける橋　大久保直明著　ファミマ・ドット・コム　2014.12　175p　21cm　〈文献あり〉　1200円　Ⓘ978-4-907292-44-7　Ⓝ289.1

大久保 鷹〔1943～〕　おおくぼ・たか
◇紅テント劇場　唐十郎ギャラクシー／トーク篇　テクネ編集室編　レック研究所　2018.10　139p　21cm　（発売：右文書院〉　1200円　Ⓘ978-4-8421-0799-8　Ⓝ772.1
内容　"テクネ20号記念イベント"トークと朗読の会　第1弾（大久保鷹、大いに語る無礼な役者人生40年。〈大久保鷹×堀切直人〉）　"テクネ30号記念イベント"トークと朗読の会　第2弾（新宿梁山泊星雲in唐十郎ギャラクシー―状況劇場末期の混沌から産声をあげた新宿梁山泊〈金守珍×大久保鷹×堀切直人×浦野興治〉）　"テクネ27周年記念イベント"トークと朗読の会　第3弾（新生唐組の誕生　唐十郎・象徴としての紅テント〈久保井研×西堂行人×浦野興治〉）　唐十郎論　唐十郎劇評　芝居見物ノート1　2　3　特別寄稿　伝説の役者　大久保鷹が語る自叙傳　唐十郎銀河系写真

大久保 武雄〔1903～1996〕　おおくぼ・たけお
◇大久保武雄―橙青―日記―昭和五十七年・五十八年より　大久保武雄著　北溟社　2014.11　431p　20cm　〈年譜あり〉　4000円　Ⓘ978-4-89448-708-6　Ⓝ289.1
◇大久保武雄―橙青―日記―昭和五十五年・五十六年より　大久保武雄著　北溟社　2016.5　483p　20cm　〈年譜あり〉　4000円　Ⓘ978-4-89448-725-3　Ⓝ289.1

大久保 利隆〔1895～1988〕　おおくぼ・としたか
◇ハンガリー公使大久保利隆が見た三国同盟―ある外交官の戦時秘話　髙川邦子著　芙蓉書房出版　2015.7　333p　19cm　〈文献あり　年譜あり〉　2500円　Ⓘ978-4-8295-0654-7　Ⓝ319.1
内容　第1章　ブダペストへの道　第2章　合い言葉は「トリアノン」―大戦期間のハンガリー　第3章　「ヒトラーのあやつり人形」―一九四一年　第4章　ベルリンの在欧大公使会議―一九四二年　第5章　枢軸同盟の崩壊――一九四三年　第6章　御進講と外務省軽井沢

事務所――一九四四〜四五年八月一五日　終章　戦後の復興とともに

大久保　利成〔1925〜〕　おおくぼ・としなり
◇ある登山愛好家の人生軌跡―大久保利成の回顧録　大久保利成,大久保和則著　第2版　浜松出版のススメ研究会　2017.3　110p　21cm　〈年譜あり〉　Ⓝ289.1

大久保　利通〔1830〜1878〕　おおくぼ・としみち
◇大久保利通日記　1　大久保利通著　オンデマンド版　東京大学出版会　2014.7　496p　22cm　〈日本史籍協会叢書　26〉〈印刷・製本：デジタルパブリッシングサービス　覆刻再刊　昭和58年刊〉　12000円　①978-4-13-009326-2　Ⓝ210.61
◇大久保利通日記　2　大久保利通著　オンデマンド版　東京大学出版会　2014.7　605p　22cm　〈日本史籍協会叢書　27〉〈印刷・製本：デジタルパブリッシングサービス　覆刻再刊　昭和58年刊〉　12000円　①978-4-13-009327-9　Ⓝ210.61
◇大政事家大久保利通―近代日本の設計者　勝田政治著　KADOKAWA　2015.3　281p　15cm　〔角川ソフィア文庫　I123-2〕〔〈政事家〉大久保利通〕（講談社 2003年刊）の改題　文献あり　年譜あり　索引あり〉　880円　①978-4-04-409219-1　Ⓝ312.1
|内容| プロローグ　大久保利通のイメージ　第1章　国政参加をめざして（島津久光のもとで　薩摩藩を代表する　ほか）　第2章　王政復古クーデター（幕府・朝廷への失望　西郷隆盛とともに　ほか）　第3章　廃藩置県の断行（戊辰戦争の波紋　中央集権化への模索　ほか）　第4章　欧米視察の衝撃（明治集権国家の誕生　岩倉使節団が横浜を出発したとき　ほか）　第5章　征韓論政変（留守政府の混乱　西郷隆盛との決別　ほか）　第6章　大久保政権の始動（内務省の設立強まる反大久保運動　ほか）　第7章　志半ばの死（農民と士族の反乱　内務行政の推進　ほか）　エピローグ　めざされた近代日本とその後

◇大久保利通―国権の道は経済から　落合功著　オンデマンド版　日本経済評論社　2015.5　242p　19cm　〈評伝日本の経済思想〉〈印刷・製本：デジタルパブリッシングサービス　文献あり　年譜あり　索引あり〉　2500円　①978-4-8188-1681-7　Ⓝ289.1
◇近代政治家評伝―山縣有朋から東條英機まで　阿部眞之助著　文藝春秋　2015.10　397p　16cm　〈文春学藝ライブラリー―雑英　20〉〈文藝春秋新社 1953年刊の再刊〉　1250円　①978-4-16-813052-6　Ⓝ312.8
|内容| 山縣有朋　星亨　伊藤博文　大隈重信　西園寺公望　加藤高明　犬養毅　大久保利通　板垣退助　桂太郎　東條英機

◇大久保利通と東アジア―国家構想と外交戦略　勝田政治著　吉川弘文館　2016.2　200p　19cm　〈歴史文化ライブラリー　419〉〈文献あり〉　1700円　①978-4-642-05819-3　Ⓝ319.102
|内容| 大久保利通が直面した東アジア世界―プロローグ　征韓論争と東アジア（留守政府と東アジア　西郷隆盛との決別　大久保政権の成立）　琉球の併合（台湾出兵の実行　清国との交渉　琉球併合に向けて）　朝鮮との国交樹立（日朝交渉の開始　江華島事件　日朝修好条規の調印）　大久保利通のめざしたもの―エピローグ

◇東京王―首都の背後に君臨した知られざる支配者たち　小川裕夫著　ぶんか社　2017.11　189p　19cm　〈文献あり〉　1300円　①978-4-8211-4467-9　Ⓝ281.36
|内容| 東京の知性を育んだ初代総理の教育熱―伊藤博文　一大商都目指し奮闘した資本主義の父―渋沢栄一　東京を"建てた"男の栄光と未踏の夢―辰野金吾　東京発の"メイド・イン・ジャパン"―大久保利通　GHQをも退けた"電力の鬼"実業家―松永安左エ門　帝都に君臨する大財閥・三菱の創始者―岩崎弥太郎　下級武士から東京を創った成り上がり―後藤新平　西の鉄道王が東京に残した巨大な足跡―小林一三　朝敵の罪を背負った徳川宗家の後継者―徳川家達　後進国・日本の逆襲を都市計画で実現―井上馨　人材育成の視点から日本実業界を醸成―福澤諭吉　片田舎の谷・渋谷に君臨した田園王―五島慶太　技術力で首都を開拓した地方藩出身者―大隈重信　都知事の座に最も長く君臨し続けた男―鈴木俊一

◇その時、勤王志士・朝廷、慶喜政権、江戸幕府らは、西郷隆盛・大久保利通・薩摩藩年表帖　上巻　ペリー来航から王政復古まで、時系列でわかる！　京都　ユニプラン　2018.1　256p　21cm　〈文献あり〉　1300円　①978-4-89704-443-9　Ⓝ289.1
◇大久保利通―西郷どんを屠った男　河合敦著　徳間書店　2018.2　229p　18cm　〈文献あり〉　926円　①978-4-19-864548-9　Ⓝ289.1
|内容| 第1章　胎動篇（少年時代　大久保家の苦境　名君斉彬の誕生　ほか）　第2章　勇躍篇（論客としての利通の活躍　将軍の辞職願い　薩長同盟の成立　ほか）　第3章　永訣篇（岩倉使節団　征韓論争　西郷との対決　ほか）

◇明治史講義　人物篇　筒井清忠編　筑摩書房　2018.4　397p　18cm　〈ちくま新書 1319〉〈文献あり〉　1100円　①978-4-480-07140-8　Ⓝ210.6
|内容| 木戸孝允―「条理」を貫いた革命政治家　西郷隆盛―謎に包まれた超人気者　大久保利通―維新の元勲、明治の建設者　福澤諭吉―「文明」と「自由」　板垣退助―自らの足りなさを知る指導者　伊藤博文―日本型立憲主義の造形者　井上毅―明治維新を落ち着かせようとした官僚　大隈重信―政治対立の演出者　金玉均―近代朝鮮における「志士」たちの時代　陸奥宗光―『蹇蹇録』で読む日清戦争と朝鮮〔ほか〕

◇子孫が語る歴史を動かした偉人たち　善田紫紺著　洋泉社　2018.6　191p　18cm　〈歴史新書〉　900円　①978-4-8003-1476-5　Ⓝ281
|内容| 第1部　志士の末裔たち（西郷隆盛曾孫　西郷隆文氏『何事も相手の身になって考える"敬天愛人"の精神』　大久保利通曾孫　大久保利泰氏『自由にやらせて自分が責任を取る魅力的なリーダーシップ』　勝海舟曾孫　勝康氏『旺盛な好奇心に人十倍の努力と克己心で生き抜いた』　榎本武揚曾孫　榎本隆充氏『国への恩寵を使命とし新政府にも尽くした』　陸奥宗光曾孫　伊達磯夫氏『いざという時は死を恐れず

立ち向かう熱い志士の血」ほか）　第2部 殿さまの末裔たち（徳川宗家十八代目当主 徳川恒孝氏『日本人の感性や伝統文化を守り伝えた江戸時代を評価したい」　前田家十八代目当主 前田利祐氏『祭りや年中行事を親子で行い、人としての礼儀を継承する」　島津家三十三代 島津忠裕氏『薩摩人のDNAを引き継ぎ、鹿児島のあり方にフォーカスする」　伊達家十八代当主 伊達泰宗氏『見えぬところにこそ本当の価値がある"伊達もの"の美学」　山内家十九代当主 山内豊功氏『大事を成し遂げるときは、心を閑にして物ごとの大勢を見る」　ほか〕

◇歌之介のさつまのボッケモン　鹿児島テレビ放送株式会社編著，原口泉監修　復刻版　鹿児島　高城書房　2018.7　289p　19cm　〈KTS鹿児島テレビ開局50周年記念　文献あり〉　1500円　①978-4-88777-165-9　Ⓝ281.97

内容　西郷隆盛1—こども時代の西郷さんの巻　西郷隆盛2—西郷さんとサイフの巻　大久保利通1—大久保さんはいたずらっこの巻　五代友厚—五代才助の世界地図の巻　黒田清隆1—きのうの敵はきょうの友の巻　村橋久成1—北海道に日本のビールを！　大久保利通2—大久保さんは"まっしぐら"の巻　前田正名1—からねばならぬぞ！『薩摩辞書」の巻　長沢鼎—アメリカのブドウ王の巻　丹下梅子—初の帝大女子学生の巻〔ほか〕

◇日本史上最高の英雄（ヒーロー）大久保利通　倉山満著　徳間書店　2018.9　238p　19cm　1250円　①978-4-19-864687-5　Ⓝ289.1

内容　第1章 世界情勢の中の幕末日本　第2章 尊攘派に翻弄された「激動」の幕末　第3章 怪物・一橋慶喜との死闘　第4章 大久保利通の「未来への意思」　第5章 なぜ西郷隆盛を殺したのか　終章 英雄たちの死と近代国家の誕生

大久保 彦三郎〔1859〜1907〕　おおくぼ・ひこさぶろう

◇明日に架ける橋　大久保直明著　ファミマ・ドット・コム　2014.12　175p　21cm　〈文献あり〉　1200円　①978-4-907292-44-7　Ⓝ289.1

大久保 房男〔1921〜2014〕　おおくぼ・ふさお

◇昭和の名編集長物語—戦後出版史を彩った人たち　塩澤実信著　展望社　2014.9　308p　19cm　〈「名編集者の足跡」（グリーンアロー出版社 1994年刊）の改題改訂〉　1900円　①978-4-88546-285-6　Ⓝ021.43

内容　大衆の無言の要求を洞察する—池島信平と「文藝春秋」　一貫して問題意識をつらぬく—吉野源三郎と「世界」　ごまかしのない愚直な仕事を求める—花森安治と「暮しの手帖」　時間をかけ苦しみながらつくる—今井田勲と「ミセス」　人間くさいものをつくらねばならぬ—扇谷正造と「週刊朝日」　敢然とチャレンジを試みる—佐藤亮一と「週刊新潮」　きびしさをもとめ妥協を許さない—大久保房男と「群像」　妥協をしない、手を抜かない—坂本一亀と「文藝」　ホンモノを選び出す目を持つ—小宮山量平と「創作児童文学」　人間の価値を高めるものを—小尾俊人と「現代史資料」〔ほか〕

大久保 力〔1939〜〕　おおくぼ・りき

◇無我夢走—日本初の自動車レースに飛び込んで　大久保力著　三栄書房　2016.8　479p　22cm　〈文献あり〉　1800円　①978-4-7796-3015-6　Ⓝ788.7

内容　第1章 未知の世界に賭けてみよう（唐突に始まった自動車レース　燃え上がった自動車産業維新 ほか）　第2章 海外のレースへ！マカオGP参戦（つのる焦燥感　初陣！マカオGP ほか）　第3章 レーシングビジネスと世界情勢（ゼロリセットからの出発　心機一転マカオGP ほか）　第4章 明日へのクルマ、レース、そして挑戦（現役マシンでガチンコ勝負だ　高齢者とスピード ほか）

大隈 重信〔1838〜1922〕　おおくま・しげのぶ

◇大隈重信關係文書　1　オンデマンド版　東京大学出版会　2014.7　538p　22cm　（日本史籍協会叢書 38）〈覆刻再刊 昭和58年刊　印刷・製本：デジタルパブリッシングサービス〉　12000円　①978-4-13-009338-5　Ⓝ210.6

◇大隈重信關係文書　2　オンデマンド版　東京大学出版会　2014.7　470p　22cm　（日本史籍協会叢書 39）〈覆刻再刊 昭和59年刊　印刷・製本：デジタルパブリッシングサービス〉　10000円　①978-4-13-009339-2　Ⓝ210.6

◇大隈重信關係文書　3　オンデマンド版　東京大学出版会　2014.7　484p　22cm　（日本史籍協会叢書 40）〈覆刻再刊 昭和59年刊　印刷・製本：デジタルパブリッシングサービス〉　10000円　①978-4-13-009340-8　Ⓝ210.6

◇大隈重信關係文書　4　オンデマンド版　東京大学出版会　2014.7　482p　22cm　（日本史籍協会叢書 41）〈覆刻再刊 昭和59年刊　印刷・製本：デジタルパブリッシングサービス〉　10000円　①978-4-13-009341-5　Ⓝ210.6

◇大隈重信關係文書　5　オンデマンド版　東京大学出版会　2014.7　480p　22cm　（日本史籍協会叢書 42）〈覆刻再刊 昭和59年刊　印刷・製本：デジタルパブリッシングサービス〉　10000円　①978-4-13-009342-2　Ⓝ210.6

◇大隈重信關係文書　6　オンデマンド版　東京大学出版会　2014.7　561p　22cm　（日本史籍協会叢書 43）〈覆刻再刊 昭和59年刊　印刷・製本：デジタルパブリッシングサービス〉　12000円　①978-4-13-009343-9　Ⓝ210.6

◇大隈重信関係文書　11　よこ—わら 補遺他　早稲田大学大学史資料センター編　みすず書房　2015.3　480,5p　22cm　15000円　①978-4-622-08211-8　Ⓝ210.6

内容　横田国臣　横田鍬太郎　横山一平　横山勝左衛門　横山貞秀　横山正修　吉井友実　芳川顕正　吉沢源次郎　吉田清成〔ほか〕

◇図録大隈重信の軌跡　早稲田大学大学史資料センター編　西東京　早稲田大学大学史資料センター　2015.9　72p　30cm　〈年譜あり〉　1000円　Ⓝ289.1

◇近代政治家評伝—山縣有朋から東條英機まで　阿部眞之助著　文藝春秋　2015.10　397p　16cm　（文春学藝ライブラリー—雑英 20）〈文藝春秋新社 1953年刊の再刊〉　1250円　①978-4-16-813052-6　Ⓝ312.8

◇内容 山縣有朋　星亨　原敬　伊藤博文　大隈重信　西園寺公望　加藤高明　犬養毅　大久保利通　板垣退助　桂太郎　東條英機

◇大隈重信演説談話集　大隈重信述，早稲田大学編　岩波書店　2016.3　509,5p　15cm　（岩波文庫 38-118-1）〈年譜あり　索引あり〉　1020円　①978-4-00-381181-8　Ⓝ304

内容　1 人生を語る・学問を語る（青年に寄せて―生き方の指針　女性へのメッセージ　「学問の独立」―早稲田の学風　教育家たちの思い出）　2 政治を語る・世界を語る（政治はいかにあるべきか　世界のなかで生きる―外交を論ず　東西文明の調和―文明を論ず　理想を掲げて―世界平和のために）

◇大隈重信―民意と統治の相克　真辺将之著　中央公論新社　2017.2　495p　20cm　（中公叢書）〈年譜あり〉　2200円　①978-4-12-004939-2　Ⓝ289.1

内容　第1章 近代西洋との遭遇―佐賀藩士・大隈八太郎　第2章 近代国家日本の設計―明治新政府での活動　第3章 「立憲の政は政党の政なり」―明治一四年の政変　第4章 漸進主義路線のゆくえ―立憲改進党結成から条約改正交渉まで　第5章 理念と権力のはざまで―初期議会期の政党指導　第6章 政党指導の混迷―第一次内閣以後の政党指導　第7章 日本の世界的使命―東西文明調和論と人生一二五歳説　第8章 世界大戦の風雲のなかで―第二次大隈内閣の施政　第9章 国民による政治と世界平和を求めて―晩年の大隈重信

◇イノベーターたちの日本史―近代日本の創造的対応　米倉誠一郎著　東洋経済新報社　2017.5　313p　20cm　〈他言語標題：Creative Response Entrepreneurial History of Modern Japan〉　2000円　①978-4-492-37120-6　Ⓝ210.6

内容　第1章 近代の覚醒と高島秋帆　第2章 維新官僚の創造的対応―大隈重信　志士から官僚へ　第3章 明治政府の創造的対応―身分を資本へ　第4章 士族たちの創造的対応―ザ・サムライカンパニーの登場　第5章 創造的対応としての財閥―企業家が創り出した三井と三菱　第6章 科学者たちの創造的対応―知識ベースの産業立国　終章 近代日本の創造的対応を振り返る

◇早稲田大学を創立した大隈重信の授爵について　藤間亮穂著　青山ライフ出版　2017.8　79p　18cm　〈文献あり〉　①978-4-86450-277-1　Ⓝ289.1

◇東京王―首都の背後に君臨した知られざる支配者たち　小川裕夫著　ぶんか社　2017.11　189p　19cm　〈文献あり〉　1300円　①978-4-8211-4467-9　Ⓝ281.36

内容　東京の知性を育んだ初代総理の教育熱―伊藤博文　一大商都目指し奮闘した資本主義の父―渋沢栄一　東京を"建てた"男の栄光と未路の夢―辰野金吾　東京発の"メイド・イン・ジャパン"―大久保利通　GHQをも退けた"電力の鬼"実業家―松永安左エ門　帝都に君臨する大財閥・三菱の創始者―岩崎弥太郎　下級武士から東京を創った成り上がり―後藤新平　西の鉄道王が東京に残した巨大な足跡―小林一三　朝敵の罪を背負った徳川宗家の後継者―徳川家達　後進国・日本の逆襲を都市計画で実現―井上馨　人材育成の視点から日本実業界を醸成―福澤諭吉　片田舎の谷・渋谷に君臨した田都国王―五島慶太　技術力で首都を開拓した地方藩出身者―大隈重信　都知事の座に最も長く君臨し続けた男―鈴木俊一

◇大隈重信自叙伝　大隈重信述，早稲田大学編　岩波書店　2018.3　523,8p　15cm　（岩波文庫 38-118-2）〈年譜あり　索引あり〉　1130円　①978-4-00-381182-5　Ⓝ289.1

内容　1 生立ちから征韓論政変まで（少壮時代の教育と境遇―書生時代の事情　生立ちと義祭同盟　形勢一変と藩主関叟　ほか）　2 東京専門学校開校前後まで（台湾出兵と西南戦争　開化政策の推進と明治十四年の政変　東京専門学校と立憲改進党の創設）　3 過去を顧みて―追懐談・追懐文（我輩は慈母によりて勤王家となる　余は如何に百難を排して条約改正の難局に当りたる乎　爆弾当時の追懐　ほか）

◇明治史講義　人物篇　筒井清忠編　筑摩書房　2018.4　397p　18cm　（ちくま新書 1319）〈文献あり〉　1100円　①978-4-480-07140-8　Ⓝ210.6

内容　木戸孝允―「条理」を貫いた革命政治家　西郷隆盛―謎に包まれた超人気者　大久保利通―維新の元勲、明治政府の建設者　福澤諭吉―「文明」と「自由」　板垣退助―自らの足りなさを知る指導者　伊藤博文―日本型立憲主義の造形者　井上毅―明治維新を落ち着かせようとした官僚　大隈重信―政治対立の演出者　金玉均―近代朝鮮における「志士」たちの時代　陸奥宗光―『蹇蹇録』で読む日清戦争と朝鮮

大熊 孝〔1942～〕　おおくま・たかし

◇河川工学者三代は川をどう見てきたのか―安藝皎一、高橋裕、大熊孝と近代河川行政一五〇年　篠原修著　農文協プロダクション　2018.3　447p　19cm　〈文献あり　年表あり　索引あり　発売：農山漁村文化協会〉　3500円　①978-4-540-18140-5　Ⓝ517.091

内容　内務省河川行政の時代（川との付き合い方、議論のポイント　内務省土木局の河川行政　安藝皎一の登場　ほか）　復興・高度成長と河川（戦後大水害の時代（昭和二〇～三四年）　高橋裕と安藝皎一の出会い　水害論争　ほか）　環境・景観・自治の河川へ（大熊孝、長岡へ　高橋裕の土木学会　市民工学者・大熊孝　ほか）

大倉 喜八郎〔1837～1928〕　おおくら・きはちろう

◇大倉喜八郎かく語りき―進一層、責任と信用の大切さを　大倉喜八郎述，東京経済大学史料委員会編　国分寺　東京経済大学　2014.10　264p　18cm　〈年譜あり〉　Ⓝ289.1

◇財閥を築いた男たち　加来耕三著　ポプラ社　2015.5　266p　18cm　（ポプラ新書 060）〈「名創業者に学ぶ人間学　十大財閥篇」（2010年刊）の改題、再構成、大幅に加筆・修正〉　780円　①978-4-591-14522-7　Ⓝ332.8

内容　第1章 越後屋から三井財閥へ　三野村利左衛門と益田孝　第2章 地下浪人から三菱財閥を創設　岩崎彌太郎　第3章 住友家に学ぶ屈指の財閥へ　広瀬宰平と伊庭貞剛　第4章 金融財閥を築いた経営の才覚　安田善次郎　第5章 無から有を生む才で財閥へ

浅野総一郎　第6章 生命を賭けて財閥を築いた創業者 大倉喜八郎　第7章 無学の力で財を成した鉱山王 古河市兵衛　第8章 株の大勝負に賭けて財閥へ 野村徳七

◇努力　大倉喜八郎述，東京経済大学史料委員会編　国分寺　東京経済大学　2016.3　261p　22cm　〈年譜あり〉　Ⓝ289.1

◇戦前の大金持ち　稲泉連，山川徹著，出口治明編　小学館　2018.6　221p　18cm　（小学館新書 329）〈文献あり〉　780円　Ⓘ978-4-09-825329-6　Ⓝ332.5
[内容]第1章 "革命プロデューサー"梅屋庄吉　第2章 "パリの蕩尽王"薩摩治郎八　第3章 "初もの喰い狂"大倉喜八郎　第4章 "吉野の山林王"土倉庄三郎　第5章 "相場の神様"山崎種二　第6章 "世界の真珠王"御木本幸吉　最終章 "庭園日本一"足立全康

◇大倉喜八郎かく語りき―一進一層、責任と信用の大切さを　大倉喜八郎述，東京経済大学史料委員会編　改訂版　国分寺　東京経済大学　2018.11　280p　18cm　〈年譜あり　発売：日本経済評論社〉　1000円　Ⓘ978-4-8188-2513-0　Ⓝ289.1
[内容]1 大倉学校の学生及び卒業生に告ぐ（大倉商業学校生徒に告ぐ　商業学校卒業生に告ぐ　大阪大倉商業学校開校式に於ける訓話 ほか）　2 青年に与える（余はいかにして失敗に処せしか　予が七十年来の経験より推して後進青年に警告す　惰眠を作る慈善主義に反対して教育事業を興せし余の精神 ほか）　3 国民に訴える（貿易に関する意見の概略　内地雑居準備談　余の実験せる楽天生活 ほか）

大蔵　清三〔1904～1979〕　おおくら・せいぞう
◇航空黎明期郷土「播州」の名パイロット大蔵清三氏の記録　原田昌紀著，関西航空史料研究会編　[出版地不明]　[原田昌紀]　2014.12　524p　27cm　〈年譜あり〉　非売品　Ⓝ289.1

大蔵　永常〔1768～1860〕　おおくら・ながつね
◇現代に生きる大蔵永常―農書にみる実践哲学　三好信浩著　農山漁村文化協会　2018.8　157p　19cm　〈索引あり〉　1600円　Ⓘ978-4-540-18154-2　Ⓝ610.121
[内容]序章 天領日田の精神風土　第1章 旺盛な著作活動　第2章 永常農書は何のために書かれたか　第3章 農業技術をどう伝えるか　第4章 農書から拡張するジャンル　第5章 技術論と道徳論の乖離をどうみるか　第6章 広益国産考の近代性　第7章 現代に生きる大蔵永常の精神　終章「農業商賈」としての大蔵永常

大蔵　律子〔1939～〕　おおくら・りつこ
◇凛として―協働の記録平塚から　大藏律子著　横浜　神奈川新聞社　2018.1　215p　19cm　（わが人生 15）　1500円　Ⓘ978-4-87645-575-1　Ⓝ289.1
[内容]第1章 七夕のまちの市長として　第2章 つなぐ、つながる協働への思い　第3章 私の原点―父に学んだ3つの自由　第4章 平塚で共に生きる　おわりに～見えない糸に導かれ～

大河内　正敏〔1878～1952〕　おおこうち・まさとし
◇イノベーターたちの日本史―近代日本の創造的対応　米倉誠一郎著　東洋経済新報社　2017.5　313p　20cm　〈他言語標題：Creative Response Entrepreneurial History of Modern Japan〉　2000円　Ⓘ978-4-492-37120-6　Ⓝ210.6
[内容]第1章 近代の覚醒と高島秋帆　第2章 維新官僚の創造的対応―大隈重信 志士から官僚へ　第3章 明治政府の創造的対応―身分を資本に　第4章 士族たちの創造的対応―ザ・サムライカンパニーの登場　第5章 創造的対応としての財閥―企業家が創り出した三井と三菱　第6章 科学者たちの創造的対応―知識ベースの産業立国　終章 近代日本の創造的対応を振り返る

大越　基〔1971～〕　おおこし・もとい
◇ドライチ―プロ野球人生『選択の明暗』　田崎健太著　カンゼン　2017.10　271p　20cm　〈文献あり〉　1700円　Ⓘ978-4-86255-424-6　Ⓝ783.7
[内容]1 辻内崇伸　2 多田野数人　3 的場寛一　4 古木克明　5 大越基　6 元木大介　7 前田幸長　8 荒木大輔

大坂　多恵子〔1926～2014〕　おおさか・たえこ
◇保健活動半生記―大坂多恵子の歩みとともに　結城瑛子著　社会保険出版社　2014.7　159p　22cm　〈文献あり　年譜あり〉　1800円　Ⓘ978-4-7846-0277-3　Ⓝ289.1
[内容]第1章 生い立ち　第2章 宮城県における保健活動　第3章 厚生省における保健活動　第4章 退職後の保健・福祉活動　わが国における保健師(婦)活動の歩み　大坂多恵子を偲んで

大坂　靖彦〔1944～〕　おおさか・やすひこ
◇幸せを偶然につかむ―セレンディピティの磨き方　大坂靖彦著　京都　PHP研究所　2015.10　213p　19cm　1400円　Ⓘ978-4-569-82825-1　Ⓝ289.1
[内容]プロローグ 私の原点　第1章 はじめに夢ありき　第2章 偶然の幸福は挑戦者に来たる　第3章 情報への嗅覚を磨く　第4章 社員満足度を高める経営改革　第5章 常識の一歩先を行く「弱者の戦略」　第6章「人材」を「人財」にするために　第7章 異業種参入の技と心得　第8章 経営者としての成長、人間としての成長　エピローグ 人生の最終ステージを迎えて

大崎　清〔1928～〕　おおさき・きよし
◇一樹の藤―宮崎日日新聞連載　大崎清著　宮崎　宮日文化情報センター（印刷）　2016.6　241p　21cm　1500円　Ⓘ978-4-904186-58-9　Ⓝ289.1

大﨑　洋〔1953～〕　おおさき・ひろし
◇よしもと血風録―吉本興業社長・大﨑洋物語　常松裕明著　新潮社　2017.9　475p　16cm　（新潮文庫 つ-36-1）〈「笑う奴ほどよく眠る」（幻冬舎 2013年刊）の改題、加筆修正〉　710円　Ⓘ978-4-10-121091-9　Ⓝ779.067

おおさこ

内容 プロローグ 楽屋 第1章 難波大阪篇 第2章 疾走篇 第3章 疾風怒涛篇 第4章 漂流篇 第5章 死闘篇 エピローグ それから

大迫 靖雄〔1939～〕 おおさこ・やすお
◇星霜余録―わが生涯の記 大迫靖雄著 東京書籍 2015.12 269p 20cm 2000円 ⓘ978-4-487-80955-4 Ⓝ289.1
内容 第1章 疾風怒涛(誕生から大学受験 京都大学時代 木材研究所時代 京都大学農学部林産工学科時代 着任初期の熊本大学時代) 第2章 渡仏博覧(フランス在外研究員 フランス在外研究員生活あれこれ 在外研究員のパリの日常生活) 第3章 春秋観想(在外研究から帰国後の状況 熊本大学管理職として 国立大学法人熊本大学理事として 大学退職後)

大迫 勇也〔1990～〕 おおさこ・ゆうや
◇アホが勝ち組、利口は負け組―サッカー日本代表進化論 清水英斗著 秋田書店 2018.6 190p 19cm 1300円 ⓘ978-4-253-10106-6 Ⓝ783.47
内容 日本代表進化論 理想は進化、現実は退化 日本代表進化論 選手編(原口元気―アホの岡崎の元気 岡崎慎司―アホの岡崎 遠藤航―がんばれ！ニッポンの父！ 宇佐美貴史―「行ってるやん」の絶壁 吉田麻也―"大ボカ"の汚名を返上せよ！ 柏木陽介―だって、人間だもの。 長谷部誠―キレッ早のキャプテン 長友佑都―左を制する者は、世界を制す！ 柴崎岳―キャノンシュートの秘密は、弓槍野智章―カネでは買えない男！ ほか)

大澤 雅休〔1890～1953〕 おおさわ・がきゅう
◇忘れ得ぬ書人たち 田宮文平著 芸術新聞社 2017.11 318p 26cm 2800円 ⓘ978-4-87586-533-9 Ⓝ728.216
内容 総論(「二十一世紀の書」のエンジン 挑戦者への期待) 忘れ得ぬ書人たち十六人(大澤雅休・大澤竹胎―忽然と消えた書世界の"写楽" 内田鶴雲―大字かなの記念碑「水の変態」 松丸東魚―捜秦摹漢の生涯 飯島春敬―かな書道隆盛の立役者 広津雲仙―豊穣なる"借り衣"の書思想 ほか)

大澤 和宏 おおさわ・かずひろ
◇テレビ塔に魅せられ 大澤和宏著 名古屋 中部経済新聞社 2015.3 206p 18cm (中経マイウェイ新書 24) 800円 ⓘ978-4-88520-192-9 Ⓝ289.1

大澤 竹胎〔1902～1955〕 おおさわ・ちくたい
◇忘れ得ぬ書人たち 田宮文平著 芸術新聞社 2017.11 318p 26cm 2800円 ⓘ978-4-87586-533-9 Ⓝ728.216
内容 総論(「二十一世紀の書」のエンジン 挑戦者への期待) 忘れ得ぬ書人たち十六人(大澤雅休・大澤竹胎―忽然と消えた書世界の"写楽" 内田鶴雲―大字かなの記念碑「水の変態」 松丸東魚―捜秦摹漢の生涯 飯島春敬―かな書道隆盛の立役者 広津雲仙―豊穣なる"借り衣"の書思想 ほか)

大澤 壽人〔1907～1953〕 おおざわ・ひさと
◇天才作曲家大澤壽人―駆けめぐるボストン・パリ・日本 生島美紀子著 みすず書房 2017.8 565,18p 20cm 〈文献あり 作品目録あり 年譜あり 索引あり〉 5200円 ⓘ978-4-622-08629-1 Ⓝ762.1
内容 出生から関西学院中学部卒業まで 関西学院高等商業学部の青年音楽家 アメリカで花開く才能 ボストン交響楽団指揮と「交響四部作」 パリ楽壇デビュー 帰朝演奏会と当時の日本楽壇 日中戦争下の日々と神戸女学院の教壇 太平洋戦争開戦 戦後の彩り 一九五〇年代の幕開け 寵児の急逝 平成の復活劇

大澤 正道〔1927～〕 おおさわ・まさみち
◇アはアナキストのアーさかのぼり自叙伝 大澤正道著 三一書房 2017.1 317p 20cm 〈索引あり〉 3000円 ⓘ978-4-380-16003-5 Ⓝ289.1
内容 長屋のご隠居の巻(なぜトスキナア？ 「あれかこれか」と「あれもこれも」 ほか) 私流疾風怒涛の巻(運がついてる？ 小声と大声 ほか) 二足のわらじでえっさっさの巻(平凡社一年生 変わり者だったらしい ほか) 国破れて焦土に立つの巻(空襲の混乱の中で 私の八月一五日 ほか) 五人兄弟の末っ子の巻(あだ名は「がいこつ」 赤鬼校長に褒められる！ ほか)

大塩 平八郎〔1793～1837〕 おおしお・へいはちろう
◇幕末―非命の維新者 村上一郎著 中央公論新社 2017.9 299p 16cm (中公文庫 む28-1) 〈角川文庫 1974年刊に対談「松陰の精神とその人間像」を増補 文献あり 年表あり〉 1000円 ⓘ978-4-12-206456-0 Ⓝ281.04
内容 第1章 大塩平八郎 第2章 橋本左内 第3章 藤田三代―幽谷・東湖・小四郎 第4章 真木和泉守 第5章 三人の詩人―佐久良東雄・伴林光平・雲井竜雄 松陰の精神とその人間像(保田與重郎×村上一郎)

◇評伝／ことば 大塩平八郎への道 森田康夫著 大阪 和泉書院 2017.10 175p 19cm (IZUMI BOOKS 20) 〈文献あり〉 1600円 ⓘ978-4-7576-0846-7 Ⓝ121.55
内容 評伝 大塩平八郎への道(生い立ち 大坂町奉行所一平八郎の自覚 『呻吟語』との出会い 『孝経』を起点に 良知を致して太虚に帰す 政治と社会的腐敗の告発 洗心洞塾・大塩後素 『洗心洞箚記』とその奉納・焚書一件 幕藩体制批判の政治哲学―『古本大学刮目』 小人に国家を治めしめば災害此より至る 聖人待望 捨て石―死生を一にす) 大塩平八郎のことば―思想を読みとく(基軸思想 学問観 学問方法 道徳観 為政観 歴史に学ぶ 人間論)

大塩 幸雄〔1939～〕 おおしお・ゆきお
◇「起・承・転・結」ふたたび 大塩幸雄著、早瀬岳監修〔千葉〕 〔大塩幸雄〕 2015.3 198p 21cm 〈著作目録あり〉 1400円 Ⓝ289.1

大島 公司〔1985～〕 おおしま・こうじ
◇猟師、花火師、ときどき祭り―29歳元広告マニー「あんた誰？」からの出発 大島公司著 PHPエディターズ・グループ 2015.2 223p 19cm 〈発売：PHP研究所〉 1500円 ⓘ978-4-569-82357-7 Ⓝ289.1

[内容] 第1章 「やりながら考える」に至ったわけ（ほしいものは自分の手で　他人に評価されないと生きてはいけない？　ほか）　第2章 猟のある暮らし（自分の手で肉にしたいと思った　はじめてのわな猟、はじめての獲物　ほか）　第3章 花火のある暮らし（打ち上げ花火をつくりたい　夏、はじめての花火の打ち上げ　ほか）　第4章 「日本の祭り」をフランスに輸出（神輿、獅子風流、屋台が海を越える　人生初のフランスが、お祭りの打ち合わせ　ほか）

大島 高任〔1826～1901〕　おおしま・たかとう
◇明治なりわいの魁—日本に産業革命をおこした男たち　植松三十里著　ウェッジ　2017.2　192p　21cm　〈文献あり 年表あり〉　1800円　①978-4-86310-176-0　Ⓝ281
[内容] 1章 魁の時代（高島秋帆—長崎豪商の西洋砲術と波乱の生涯　江川坦庵—伊豆韮山に現存する反射炉と品川台場　片寄平蔵—蒸気船の燃料を供給した常磐炭鉱の開кры）　2章 技の時代（鍋島直正—佐賀の反射炉と三重津海軍所の創設　本木昌造—日本語の活版印刷を広めた元長崎通詞　堤磯右衛門—公共事業の請負から石鹸の祖に　上田寅吉—船大工から日本造船史上の一大恩人へ　大島高任—鉄の産地で高炉を建設した南部藩士）　3章 業の時代（尾高惇忠—富岡製糸場初代場長の知られざる来歴　ファン・ドールン—猪苗代湖からの疎水開削を実現　中野唐る重—生命保険に医療を取り入れて発展　油屋熊八—別府温泉で本格的な観光業をスタート　竹鶴政孝—本物のウィスキーを日本にもたらす　松永安左ェ門—電力再編の三年間のためにあった長き生涯）

大島 渚〔1932～2013〕　おおしま・なぎさ
◇日本を揺るがせた怪物たち　田原総一朗著　KADOKAWA　2016.3　293p　19cm　1500円　①978-4-04-601559-4　Ⓝ281.04
[内容] 第1部 政界の怪物たち（田中角栄—田原総一朗が最初に対峙した政界の怪物　中曽根康弘—「偉大なるはみんな風見鶏」　竹下登—調整能力にすぐれた「政界のおしん」　小泉純一郎—ワンフレーズに信念を込める言葉の天才　岸信介—左右「両岸」で力をふるった「昭和の妖怪」）　第2部 財界の怪物たち（松下幸之助—国家の経営に至った男　本田宗一郎—ボルト一本に情熱をかける技術の雄　盛田昭夫—失敗を恐れない超楽観主義者　稲盛和夫—「狂」と「心」が共存する経営）　第3部 文化人の怪物たち（大島渚—全身で国家の欺瞞と戦う男　野坂昭如—酒を飲むと「爆弾になる」徹底的なアナーキスト　石原慎太郎—作家として政治を行う男）
◇一故人　近藤正高著　スモール出版　2017.4　415p　19cm　1800円　①978-4-905158-42-4　Ⓝ281
[内容] 二〇一二年（浜田幸一　樋口廣太郎　ほか）　二〇一三年（大島渚　山内溥　ほか）　二〇一四年（永井一郎　坂井義則　ほか）　二〇一五年（赤瀬川隼　桂米朝　ほか）　二〇一六年（蜷川幸雄　中村紘子　ほか）

大嶋 記胤〔1976～〕　おおしま・のりつぐ
◇自分を信じることから「立ち直る」—向き不向きよりも前向きに　相良翔著　セルバ出版　2018.3　151p　19cm　〈文献あり　発売：創英社／三省堂書店〉　1500円　①978-4-86367-401-1　Ⓝ788.3

[内容] プロローグ 自分を語るということ　第1章 ライフストーリー　第2章 ボクシング　第3章 仕事　第4章 家族　エピローグ 大嶋記胤が思う本当の幸せ（大嶋記胤）　付録 大嶋さんのライフストーリーをどのように聴いたのか

大島 浩〔1886～1975〕　おおしま・ひろし
◇東條英機の親友駐独大使大島浩—闇に葬られた外交情報戦のエキスパート　中川雅善著　セルバ出版　2014.10　239p　19cm　〈文献あり　発売：創英社／三省堂書店〉　1700円　①978-4-86367-171-3　Ⓝ319.1034
[内容] 駐独武官への道　外交戦　第二次世界大戦　独ソ戦と太平洋戦争　戦局の転換　最後の攻防　東條との別れ

◇二十世紀と格闘した先人たち—一九〇〇年アジア・アメリカの興隆　寺島実郎著　新潮社　2015.9　390p　16cm　〈新潮文庫で-10-2〉〈「二十世紀から何を学ぶか 下　一九〇〇年への旅　アメリカの世紀、アジアの自尊」(2007年刊)の改題、加筆・修正〉　630円　①978-4-10-126142-3　Ⓝ280.4
[内容] 第1章 アメリカの世紀がアジア太平洋にもたらしたもの（太平洋の転換点となった米西戦争で米国の勝利　明治の青年に夢を与えたクラーク博士の実像と足跡　ヘンリー・ルース、「アメリカの世紀」を推進した男　フランクリン・ルーズベルトの対日観の歴史的変遷　敗戦後の日本を「支配」した「極端な人」マッカーサー　付マッカーサー再考への旅——呪縛とトラウマからの脱却）　第2章 国際社会と格闘した日本人（「太平洋の橋」になろうとした憂国の国際人、新渡戸稲造　キリストに生きた武士、内村鑑三の高尚なる生涯　禅の精神を世界に発信した、鈴木大拙という存在　六歳の津田梅子を留学させた明治という時代　「亡命学者」野口英世の生と死　高峰譲吉の栄光とその悲しみ　日本近代史を予言した男、朝河貫一の苦闘と日本関係　近代石炭産業の功労者、松本健次郎と日本の二十世紀　情報戦争の敗北者だった大島浩駐独大使）　第3章 アジアの自尊を追い求めた男たち（アジアの再興を図ろうとした岡倉天心の夢　「偉大な魂」ガンディーの重い問い掛け　インドが見つめている—チャンドラ・ボースとパル判事　革命家・孫文が日本に問いかけたもの　魯迅が否定した馬々虎々　岡倉・周恩来の見た日本）　第4章 二十世紀再考—付言しておくべきことと総括（一九〇〇年エルサレム—アラブ・イスラエル紛争に埋め込まれたもの　一九〇〇年香港—英国のアジア戦略　総括—結局、日本にとって二十世紀とは何だったか）

大嶋 宏成〔1975～〕　おおしま・ひろなり
◇ここから生まれる勇気　大嶋宏成著　セルバ出版　2016.10　175p　19cm　〈発売：創英社／三省堂書店〉　1500円　①978-4-86367-297-0　Ⓝ788.3
[内容] 第1章 誰でも集える居場所をつくる（自分の居場所はどこ？　居心地のより場のつくり方　ほか）　第2章 自分と向き合う（変わりたいけど変われない　やりたいことや目標が見つからない　ほか）　第3章 人とかかわる（相手をよく観察する　触れ合うほか）　第4章 自立のためのサポート（今の感性を育てる　毎日の変化に気づき、少しずつ成長する　ほか）

大島　正建〔1859〜1938〕　おおしま・まさたけ
◇新島襄と明治のキリスト者たち―横浜・築地・熊本・札幌バンドとの交流　本井康博著　教文館　2016.3　389,7p　22cm　〈索引あり〉　3800円　Ⓣ978-4-7642-9969-6　Ⓝ198.321
[内容] 1 新島襄と四つの「バンド」　2 横浜バンド(S.R.ブラウン　J.H.バラ　植村正久　井深梶之助　押川方義　本多庸一　松山介石　粟津高明)　3 築地バンド(C.カロザース　田村直臣　原胤昭)　4 熊本バンド(L.L.ジェーンズ　小崎弘道)　5 札幌バンド(W.S.クラーク　内村鑑三　新渡戸稲造　大島正建)

大島　康徳〔1950〜〕　おおしま・やすのり
◇がんでも人生フルスイング―「中高年ガン」と共に生きる"患者と家族"の教科書　大島康徳著　双葉社　2018.5　255p　19cm　1400円　Ⓣ978-4-575-31355-0　Ⓝ783.7

大島　弓子〔1947〜〕　おおしま・ゆみこ
◇大島弓子にあこがれて―お茶を向けて、散歩をして、修羅場をこえて、猫とくらす　福田里香、藤本由香里、やまだないと著　ブックマン社　2014.7　247p　21cm　〈著作目録あり〉　1600円　Ⓣ978-4-89308-825-3　Ⓝ726.101
[内容] 珠玉のカラーイラスト　生活を感じるエッセイ　レターパッド、カード、詩集　吉祥寺の友達　ユーミンのお茶会　大島弓子作品年表　チビ猫のガラス玉―大島弓子の"自由"をめぐって　私たちは大島弓子を愛する　西荻キッチン　私にとっての大島弓子は「私の伯母さんです」福田里香インタビュー　記憶に残る予告カット　私にとっての大島弓子は「チビ猫のガラス玉のような目で見て、世界をゼロ地点に戻した人」藤本由香里インタビュー　記憶に残る予告カット　私にとっての大島弓子は「未来の自分でした」やまだないとインタビュー　黒犬コーヒーやまだないと　大島弓子作品ガイド「自由」の原点へ　藤本由香里　大島弓子カット出典一覧

大島　亮吉〔1899〜1928〕　おおしま・りょうきち
◇穂高に死す　安川茂雄著　山と渓谷社　2015.7　430p　15cm　(ヤマケイ文庫)〈三笠書房1965年刊の再刊　文献あり〉　900円　Ⓣ978-4-635-04783-8　Ⓝ786.1
[内容] 乗鞍山上の氷雨　北尾根に死す　アルプスの暗い夏　雪山に逝ける人びと　大いなる墓標　微笑むデスマスク　"松高"山岳部の栄光と悲劇　ある山岳画家の生涯　一登山家の遺書　「ナイロン・ザイル事件」前後　滝谷への挽歌

大城　清一〔1931〜〕　おおしろ・せいいち
◇大城清一先生―米寿を迎えて　大城清一著、中松竹雄編　那覇　沖縄言語文化研究所　2018.11　148p　26cm　2000円　Ⓝ289.1

大城　のぼる〔1905〜1998〕　おおしろ・のぼる
◇長編マンガの先駆者たち―田河水泡から手塚治虫まで　小野耕世著　岩波書店　2017.5　281p　22cm　3400円　Ⓣ978-4-00-023890-8　Ⓝ726.101
[内容] 日本は長編マンガの王国　珍品のらくろ草をたずねて―田河水泡論　三百六十五日のフシギ旅行―茂田井武論　一九四〇年、火星への旅―大城のぼる論　人造心臓の鼓動がきこえる―横山隆一論　新バグダットのメカ戦争―松下井知夫論その1　モセス・マンがやってくる―松下井知夫論その2　ブッチャーのふしぎな国―横井福次郎論　その1　冒険王ターザン、原子爆弾の島へ―横井福次郎論その2　ターザン、大震災の日本へ飛ぶ―横井福次郎論その3　スピード太郎の世界地図―宍戸左行論　人類連盟本部にて―藤子不二雄論　ある少年マンガ家の冒険―田川紀久雄論　戦後ストーリー・マンガの出発点―手塚治虫論

大城　光代〔1932〜〕　おおしろ・みつよ
◇世の光　地の塩―沖縄女性初の法曹として80年の回顧　大城光代著　那覇　琉球新報社　2014.9　337p　21cm　〈年譜あり　発売：琉球プロジェクト〔那覇〕〉　2300円　Ⓣ978-4-89742-174-2　Ⓝ289.1

大城　盛俊〔1932〜〕　おおしろ・もりとし
◇大城盛俊が語る私の沖縄戦と戦後―軍隊は住民に銃をむけてきた　大城盛俊著、『私の沖縄戦と戦後』刊行委員会編　[出版地不明]　『私の沖縄戦と戦後』刊行委員会　2014.12　87p　21cm　〈印刷：耕文社(大阪)〉　800円　Ⓣ978-4-86377-037-9　Ⓝ289.1
[内容] 1 平和な沖縄に戦争がやってきた(明るく平和だった沖縄　日本軍がやって来た　ほか)　2 米軍支配下の沖縄に生きる(米兵による収容　診療所ほか)　3 単身で本土に(はじめて本土へ　大阪で暮らし始める　ほか)　4 沖縄戦を語り伝える(大田昌秀先生との出会い　声を失って　ほか)

大杉　栄〔1885〜1923〕　おおすぎ・さかえ
◇大杉栄全集　第6巻　一九二一年一二月二六日―一九二二年六月一五日　『労働運動』〈第三次〉『自叙伝』　大杉栄著、大杉栄全集編集委員会編　ぱる出版　2015.1　411p　20cm　〈付属資料：8p；月報 5　布装〉　6800円　Ⓣ978-4-8272-0906-8　Ⓝ309.7
[内容] 1(二度目の復活に際して　窃盗の改宗　ソビエト政府と無政府主義者(改題 無政府主義者と反革命)ほか)　2(自叙伝(一)(改題 最初の思い出)　自叙伝(二)(改題 少年時代)　自叙伝(三)(改題 不良少年)　ほか)　3(無政府主義と組織(エマ・ゴオルドマン)　都会人に対する農民の不平(ミシエル・バクウニン)　革命の研究(ピヨタア・クロポトキン)ほか)

◇大杉栄全集　別巻　書簡・雑纂・年譜　大杉栄著、大杉栄全集編集委員会編　ぱる出版　2016.1　789p　20cm　〈付属資料：12p；月報 13　布装　索引あり〉　8000円　Ⓣ978-4-8272-0913-6　Ⓝ309.7
[内容] 1 補遺　2 書簡　3 雑纂　4 著書目録　5 著作年譜　6 年譜

◇大杉栄　高野澄著　新装版　清水書院　2016.5　222p　19cm　(Century Books―人と思想 91)〈文献あり　年譜あり　索引あり〉　1200円　Ⓣ978-4-389-42091-8　Ⓝ309.7
[内容] 1 大杉栄の生涯(社会主義の一兵卒　アナキズム―明治社会主義を越えるもの　ボルシェヴィキ派

と抗争の日々〉　2　大杉栄の思想（美は乱調にある、階調は偽りである　分裂を迫られている日本　芸術は民衆の死活問題）

◇新潟が生んだ七人の思想家たち　小松隆二著　論創社　2016.8　346p　20cm　3000円　Ⓟ978-4-8460-1546-6　Ⓝ281.41

内容　相馬御風—早稲田大学校歌の作詞者で地方から俯瞰・発信した思想家　小川未明—童話を通して子どもと社会に向き合った思想家　市島謙吉（春城）—「随筆王」「早稲田大学四尊」と評価される大学人　土田杏村—優れた在野の自由人思想家　大杉栄—人間尊重の永遠の革命家　小林富次郎—法衣をまとい公益をかざした経営者　本間俊平—「左手に聖書・右手にハンマー」を持つ採石場経営者

◇新編大杉栄書簡集—一九〇四年から一九二三年　大杉栄著、大杉豊編　土曜社　2018.11　284p　19cm　〈年譜あり〉　1850円　Ⓟ978-4-907511-59-3　Ⓝ289.1

内容　1　獄中消息—一九〇四〜一〇年　2　『近代思想』と自由恋愛—一九一一〜一七年　3　労働運動へ—一九一八〜二二年　4　日本脱出—一九二三年

大杉 正明〔1947〜〕　おおすぎ・まさあき

◇あじのひものとビーフステーキ—大杉正明の英語でこぼこの道　大杉正明著　DHC　2017.3　285p　19cm　1300円　Ⓟ978-4-88724-584-6　Ⓝ289.1

内容　第1章　洋画とアメリカン・ポップスと英語　第2章　初めて生の英語に触れた大学時代　第3章「英語を教える世界」に足を踏み入れる　第4章　清泉女子大学とNHKデビュー　第5章　NHKラジオ「英会話」時代の思い出　第6章　イギリスへ、そしてNHK講師、再び　付録

大杉 連〔1951〜2018〕　おおすぎ・れん

◇現場者（もん）—300の顔をもつ男　大杉漣著　文藝春秋　2018.9　279p　16cm　〈文春文庫お75-1〉〈マガジンハウス 2001年の再刊　作品目録あり〉　720円　Ⓟ978-4-16-791144-7　Ⓝ778.21

内容　居場所のなかった男、「肉練」積んで舞台に立つ純情青年、結婚までの軌跡　すべてをかけた劇団の解散。再び行き場を失う　ピンクで映画世界の入り口に立つ　一般映画へ。アドリブができる喜び　常温の凄味。北野武監督の現場　裸自慢の渋チャメ系アドリブしまくる「爆弾男」　額にクギ、血まみれ顔でランチ　崔洋一監督作品で、走った、倒れた、死にかけた〔ほか〕

大隅 俊助〔1932〜〕　おおすみ・しゅんすけ

◇営農指導にかけた人生の記録—私の昭和・平成史　大隅俊助編　河北町（山形県）　大隅俊助　2014.9　336p　21cm　〈年表あり〉　Ⓝ611.6125

大瀬良 大地〔1991〜〕　おおせら・だいち

◇大瀬良大地メッセージBOOK—大地を拓く　大瀬良大地著　廣済堂出版　2016.2　158p　21cm　〈他言語標題：DAICHI OHSERA MESSAGE BOOK〉　1600円　Ⓟ978-4-331-52001-7　Ⓝ783.7

内容　第1章　償い　第2章　逆境　第3章　球友たち　第4章　赤の意志　第5章　自分の時間　第6章　開拓

太田 彩子〔1975〜〕　おおた・あやこ

◇起業のリアル—田原総一朗×若手起業家　田原総一朗著　プレジデント社　2014.7　249p　19cm　1500円　Ⓟ978-4-8334-5065-2　Ⓝ335.21

内容　儲けを追わずに儲けを出す秘密—LINE社長・森川亮　「競争嫌い」で年商一〇〇〇億円—スタートゥデイ社長・前澤友作　管理能力ゼロの社長兼クリエーター—チームラボ代表・猪子寿之　二〇二〇年、ミドリムシで飛行機が飛ぶ日—ユーグレナ社長・出雲充　保育NPO、社会起業家という生き方—フローレンス代表・駒崎弘樹　単身、最貧国で鍛えたあきらめない心—マザーハウス社長・山口絵理子　現役大学生、途上国で格安予備校を開く—e・エデュケーション代表・税所篤快　七四年ぶりに新規参入したワケ—ライフネット生命社長・岩瀬大輔　上場最年少社長の「無料で稼ぐカラクリ」—リブセンス社長・村上太一　四畳半から狙う電動バイク世界—テラモーターズ社長・徳重徹　目指すは住宅業界のiPhone—innovation社長・岡崎富夢　三〇年以内に「世界銀行」をつくる—リビング・イン・ピース代表・慎泰俊　ハーバード卒、元体育教師の教育改革—ティーチ・フォー・ジャパン代表・松田悠介　四重苦を乗り越えた営業女子のリーダー—ベレフェクト代表・太田彩子　二代目社長が狙う「モバゲーの先」—ディー・エヌ・エー社長・守安功　ITバブル生き残りの挑戦—サイバーエージェント社長・藤田晋　特別対談　堀江貴文—五年後に花開く、商売の種のまき方

太田 喜志子〔1888〜1968〕　おおた・きしこ

◇赤彦とアララギ—中原静子と太田喜志子をめぐって　福田はるか著　鳥影社　2015.6　655p　20cm　〈季刊文科コレクション〉〈文献あり　年譜あり〉　2800円　Ⓟ978-4-86265-509-7　Ⓝ911.162

内容　プロローグ　武石村　第1章　桔梗ヶ原　第2章　広丘村　第3章　悩み　第4章　若山牧水　第5章　赤彦　第6章　八丈島　第7章　菩薩位

太田 牛一〔1527〜1613〕　おおた・ぎゅういち（うしかず／ごいち）

◇『大かうさまぐんき』を読む—太田牛一の深層心理と文章構造　小林千草著　平塚　東海大学出版部　2017.2　338p　22cm　〈東海大学文学部叢書〉〈索引あり〉　3000円　Ⓟ978-4-486-02119-3　Ⓝ289.1

内容　第1章　『大かうさまぐんき』と著者太田牛一について（『大かうさまぐんき』について　『大かうさまぐんき』の著者太田牛一について　『大かうさまぐんき』釈文、および本文引用にあたっての凡例）　第2章　『大かうさまぐんき』"条々天道おそろしき次第"私注（三好実休　松永弾正久秀　斎藤山城道三　明智光秀　柴田勝家　神戸七兵　北条左京大夫氏政事　北条左京大夫氏政の最期）　第3章「天道おそろしき」表現の系譜—『信長記』から『大かうさまぐんき』へ（「条々、天道おそろしき次第」の表現構造　「秀次謀反」の段における『原本信長記』『信長公記』に見る「天道おそろしき」型表現　『原本信長記』巻十二と『信長公記』巻十二

における「天道おそろしき」型表現の問題点 『信長公記』首巻における「天道おそろしき」型表現の存在について） 第4章 『大かうさまぐんき』"条々天道おそろしき次第"以降の物語展開に触れて

太田 宏介〔1987～〕 おおた・こうすけ
◇ぼくの道 太田宏介著 ぴあ 2016.6 207p 19cm 1500円 Ⓘ978-4-8356-2886-8 Ⓝ783.47
内容 第1章 プロになるまでの道のり 第2章 サッカー選手としてのキャリア・アップ 第3章 原点 第4章 いざ、世界へ 第5章 代表への思い 第6章 みんなへ

太田 千足〔1941～〕 おおた・ちたる
◇産婦人科臨床50年 太田千足著 〔出版地不明〕 〔太田千足〕 2017.2 450p 31cm 〈文献あり〉 Ⓝ495

太田 道灌〔1432～1486〕 おおた・どうかん
◇敗者の日本史 8 享徳の乱と太田道灌 関幸彦,山本博文企画編集委員 山田邦明著 吉川弘文館 2015.1 229,7p 20cm 〈文献あり 年表あり〉 2600円 Ⓘ978-4-642-06454-5 Ⓝ210.1
内容 「山吹の里」伝説と八犬伝—プロローグ 1 関東大乱の背景 2 内乱のはじまり 3 長期化する対陣 4 長尾景春の反乱 5 太田道灌の力量 6 継続する内乱状況 道灌の時代の特質—エピローグ
◇道灌紀行—史跡と伝承地200か所探訪記 尾崎孝著 3訂版 ミヤオビパブリッシング 2018.10 389p 21cm 〈増補版：道灌文庫 2013年刊 文献あり 年表あり〉 発売：宮帯出版社（京都） 2000円 Ⓘ978-4-8016-0180-2 Ⓝ289.1
内容 太田氏の出自と関東の混迷 道灌の出生地（相模） 太田道灌のふるさと（武蔵） 道灌の幼少年、青年時代 江戸城の築城・道灌がかり 太田道灌公追慕之碑 雌伏する道灌 河越城の築城・古河公方と対峙 水に浮かぶ白鶴城 版図拡大・出城と伝城と物見台〔ほか〕

太田 敏子〔1943～〕 おおた・としこ
◇いのちの科学を紡いで—薬剤耐性菌の化学・たんぱく質化学・微生物のゲノム科学・宇宙医学への道のり 太田敏子著 ドメス出版 2015.12 246p 19cm 2000円 Ⓘ978-4-8107-0821-9 Ⓝ289.1
内容 生命科学への目覚め—私は研究者になりたい（DNA二重らせんが呼びさます生命科学へのあこがれ 大学の理学部へ） 第1章 研究者としての歩み—薬剤耐性菌の化学・膜タンパク質の化学・微生物のゲノム科学・宇宙医学（第一のチャレンジ—薬剤耐性菌の化学 第二のチャレンジ—膜タンパク質の化学 ほか） 第2章 大学人・組織人としての足跡—人々との出会いと組織の役割（国立予防衛生研究所 自治医科大学 ほか） 第3章 女性としての半生—結婚・出産・育児・生活（"흎的上海"時代—私の少女時代 結婚 ほか） 未来の女性科学者たちに伝えたいこと—虹色に輝く七つのことば（女性研究者と男性研究者の違い 時代の変遷 ほか）

太田 ひさ おおた・ひさ
⇒花子（はなこ）を見よ

太田 博也〔1917～2004〕 おおた・ひろや
◇埼玉奇才列伝—自分流の生き方に徹し輝いた10人 佐々木明著 さいたま さきたま出版会 2018.9 183p 21cm 1500円 Ⓘ978-4-87891-462-1 Ⓝ281.34
内容 1 小鹿野のエジソン 赤岩松寿（発明家） 2 誰も真似られない前衛俳句 阿部完市（精神科医、俳人） 3 伝統を破り、作品を国内外で発表 今井満里（書家） 4 冤罪死刑囚と家族の支援に尽力 太田博也（童話作家、社会事業家） 5 元祖、釣りキャスター 金澤輝男（政党職員、釣り評論家） 6 世界の空を飛び新記録を残す 神田道夫（公務員、熱気球冒険家） 7 米国に魅せられミステリー翻訳九九冊 小鷹信光（翻訳家・作家） 8 創作民話と民話劇の巨匠 さねとうあきら（劇作家、民話作家） 9 世界の山を愛した超人 田部井淳子（登山家） 10 家庭教師と学習塾業界のカリスマ 古川のぼる（教育評論家、事業家）

太田 正雄 おおた・まさお
⇒木下杢太郎（きのした・もくたろう）を見よ

太田 正儀〔1630～1717〕 おおた・まさのり
◇江戸六地蔵の鋳物師 太田駿河守藤原正儀 石塚雄三著 〔出版地不明〕 〔石塚雄三〕 2016.9 8,83p 21cm 非売品 Ⓝ718.5

大田 昌秀〔1925～2017〕 おおた・まさひで
◇ひとびとの精神史 第1巻 敗戦と占領—1940年代 栗原彬,吉見俊哉編 岩波書店 2015.7 333p 19cm 2300円 Ⓘ978-4-00-028801-9 Ⓝ281.04
内容 1 生と死のはざまで（大田昌秀—原点としての沖縄戦 大田洋子—原爆と言葉 水木しげる—ある帰還兵士の経験 黄容柱と朴鐘鳴—近代の成就と超克） 2 それぞれの敗戦と占領（茨木のり子—女性にとっての敗戦と占領 黒澤明—アメリカとの出会いそこない 花森安治—その時、何を着ていたか？ 堀越二郎—軍事技術から戦後のイノベーションへ） 3 改革と民主主義（中野重治—反復する過去 若月俊一——地域医療に賭けられたもの 西崎キク—大空から大地へ 北村サヨ—踊る宗教が拓く共生の風景）
◇暗夜の一燈であり続けた不屈の生涯—大田昌秀氏を偲ぶ 県民葬の記録 沖縄県知事公室広報課編〔那覇〕 故大田昌秀元沖縄県知事県民葬実行委員会〔2017〕 51p 31cm 〈年譜あり〉 Ⓝ289.1

大田 實〔1891～1945〕 おおた・みのる
◇父・大田實海軍中将との絆—自衛隊国際貢献の嚆矢となった男の軌跡 三根明日香著 潮書房光人社 2015.12 259p 16cm（光人社NF文庫 み-921）〈『沖縄の絆・父中将から息子へのバトン』（かや書房 2013年刊）の改題 文献あり〉 760円 Ⓘ978-4-7698-2921-8 Ⓝ289.1
内容 序章 父に知らせたい叙勲 第1章 ペルシャ湾掃海派遣部隊・落合指揮官誕生！ 第2章 掃海屋の悩みと誇り 第3章 子だくさんの海軍軍人—大田實の人となり 第4章 沖縄の絆・大田中将から峻へのバ

トン　第5章　蛙の子は蛙―峻のネイビーへの道　第6章　ペルシャ湾へ！　錨は上げたが五里霧中　第7章　掃海隊総員、大奮戦　第8章　防人たちの栄光　終章　海の父子鷹

太田　雄寧〔1851～1881〕　おおた・ゆうねい
◇太田雄寧傳―週刊医学雑誌の開祖　太田安雄著　増補　雄寧会　2014.3　187p　21cm　〈年譜あり〉　非売品　Ⓝ289.1

大田　洋子〔1906～1963〕　おおた・ようこ
◇ひとびとの精神史　第1巻　敗戦と占領―1940年代　栗原彬,吉見俊哉編　岩波書店　2015.7　333p　19cm　2300円　①978-4-00-028801-9　Ⓝ281.04
内容　1　生と死のはざまで（大田昌秀―原点としての沖縄戦　大田洋子―原爆と言葉　水木しげる―ある帰還兵士の経験　黄容柱と朴鐘鴻―近代の成就と超克）　2　それぞれの敗戦と占領（茨木のり子―女性にとっての敗戦と占領　黒澤明―アメリカとの出会いいそこない　花森安治―その時、何を着ていたか？　堀越二郎―軍事技術から戦後のイノベーションへ）　3　改革と民主主義（中野重治―反復する過去　若月俊一―地域医療に賭けられたもの　西崎キク―大空から大地へ　北村サヨ―踊る宗教が拓く共生の風景）

太田　竜〔1930～2009〕　おおた・りゅう
◇永遠の革命家　太田龍・追悼集―辺境最深部から出撃せよ！　太田龍記念会編　札幌　柏艪舎　2015.5　346p　19cm　〈著作目録あり〉　Ⓝ289.1
◇永遠の革命家　太田龍・追悼集―辺境最深部から出撃せよ！　太田龍記念会編　札幌　柏艪舎　2016.7　341p　19cm　〈著作目録あり〉　発売：星雲社　2000円　①978-4-434-22165-1　Ⓝ289.1
内容　第1部　「新左翼過激派」時代～「辺境最深部に向って退却せよ！」（ドラゴンの時代　太田竜氏の思い出　近代への懐疑、先住民族集団の理想化　ほか）　第2部　「エコロジー」・「家畜制度全廃」・「動物実験反対」時代（追悼文　なつかしの太田竜先生を偲ぶ　太田竜先生―思い出と追悼　ほか）　第3部　「ユダヤ問題」「日本型文明への道」の時代（藤で世界を動かしている「本当の力」を知っていた太田先生　太田龍『縄文日本文明一万五千年史序論』を読む　「知性全体の劣化」が進む中、かくなるユニークな理論家が今後存在することはおそらくないだろう　ほか）

大高　重成〔？～1362〕　おおたか・しげなり
◇高一族と南北朝内乱―室町幕府草創の立役者　亀田俊和著　戎光祥出版　2016.3　272p　19cm　（中世武士選書　32）〈文献あり　年譜あり〉　2600円　①978-4-86403-190-5　Ⓝ288.2
内容　第1部　高一族の先祖たち（鎌倉幕府草創までの高一族　鎌倉時代の高一族）　第2部　南北朝初期の高一族嫡流（南北朝内乱の風雲児・高師直　高師直の片腕・高師泰　関東で活躍した高師冬　優れた行政官であった高重茂　直義に味方した高師秋　その他の高一族（師春・師兼・定信）　第3部　南北朝内乱の高一族庶流と重臣（尊氏の「執事」となった南宗継　若狭守護を歴任した大高重成　幻の有力武将・大平義尚　師直の忠臣・河津氏明　もっとも活躍した師直の重臣・薬師寺公義）　第4部　観応の擾乱以降の高一族（西国における高一族　東国における高一族　高一族をめぐる諸問題）

太田垣　士郎〔1894～1964〕　おおたがき・しろう
◇胆斗の人太田垣士郎―黒四で龍になった男　北康利著　文藝春秋　2018.10　387p　20cm　〈文献あり　年譜あり〉　1850円　①978-4-16-390903-5　Ⓝ289.5
内容　序章　全身これ胆の男　第1章　試練の割り鋲　第2章　稀代の経営者　第3章　怒らず焦らず恐れず　第4章　電気事業再編　第5章　関西の復興を担って　第6章　現代のピラミッド　終章　禹門

大田垣　蓮月〔1791～1875〕　おおたがき・れんげつ
◇無私の日本人　磯田道史著　文藝春秋　2015.6　375p　16cm　（文春文庫　い87-3）〈文献あり〉　590円　①978-4-16-790388-6　Ⓝ281
内容　穀田屋十三郎　中根東里　大田垣蓮月

大滝　詠一〔1948～2013〕　おおたき・えいいち
◇大瀧詠一　Writing ＆ Talking　大瀧詠一著　白夜書房　2015.3　908p　22cm　4500円　①978-4-86494-048-1　Ⓝ767.8
内容　第1章　ナイアガラ・クロニクル―大瀧詠一インタヴュー（1948～1959年　少年時代　1961～1963年　中学時代　ほか）　第2章　ナイアガラ・ミュージック・セミナー（総論「大滝詠一のポップス講座―公母分子論」　私論　日本の流行歌の系譜　ほか）　第3章　ナイアガラ・グラフィティ―音楽とその周辺（その後の武蔵達　楽しい夜更し　ほか）　第4章　ナイアガラ・ライナーノーツ（トラフィック『ミスター・ファンタジー』　トラフィック『トラフィック』　ほか）　第5章　ナイアガラ・クロストーク（相倉久人「キミは"福生語"を理解できるか!?」　相倉久人"大瀧流"パロディ学入門」　ほか）

大瀧　純子〔1967～〕　おおたき・じゅんこ
◇女、今日も仕事する　大瀧純子著　ミシマ社　2015.7　198p　19cm　1500円　①978-4-903908-65-6　Ⓝ289.1
＊「ワークライフバランス」「自己実現」「バリキャリ」…。どれもピンとこない女性たちへ。結婚、就職、転職、出産、育児、クビ、経営、更年期…。「ふつうの女性」が、こうしたすべてを織り重ねて生きていく！

大滝　十二郎〔1933～1998〕　おおたき・とうじろう
◇大滝十二郎―生涯とその時代　阿部博行,川田信夫著　山形　評伝『大滝十二郎』刊行会　2014.3　311p　20cm　〈年譜あり　著作目録あり　文献あり〉　2500円　Ⓝ289.1

大舘　和夫〔1926～〕　おおだち・かずお
◇ゼロ戦特攻隊から刑事へ―友への鎮魂に支えられた90年　西嶋大美,太田茂著　芙蓉書房出版　2016.6　279p　19cm　〈文献あり　年譜あり〉　1800円　①978-4-8295-0684-4　Ⓝ289.1
内容　第1章　生い立ちと剣道修行　第2章　予科練入隊と国内での訓練　第3章　戦地・台湾へ　第4章　フィリピンでの戦い　第5章　台湾から特攻出撃　第6章

帰国　第7章　警視庁採用への道　第8章　警察官人生　第9章　退官後の職業人生や戦友たちの慰霊　第10章　私の生涯剣道　付記　「三笠宮」上海行護衛飛行

大谷 嘉兵衛〔1844～1933〕おおたに・かへえ
◇横浜を創った人々　冨川洋著　講談社エディトリアル　2016.9　278p　19cm　1700円
①978-4-907514-59-4　Ⓝ281.37

内容　第1章　吉田勘兵衛と新田開発　第2章　井伊直弼と横浜開港　第3章　中居屋重兵衛の光と影　第4章　甲州屋、若尾逸平と甲州財閥　第5章　原善三郎と茂木惣兵衛　第6章　実業家原富太郎と文化人三溪　第7章　大谷嘉兵衛とティーロード　第8章　ヘボン博士と横浜開化

大谷 句仏〔1875～1943〕おおたに・くぶつ
◇勿体なや祖師は紙衣の九十年―大谷句仏　山折哲雄著　中央公論新社　2017.9　220p　20cm（中公叢書）〈年譜あり〉　1600円　①978-4-12-004998-9　Ⓝ911.362

内容　序章　「勿体なや」―大谷句仏の誕生　第1章　二つの革新運動―正岡子規、清沢満之と大谷句仏　第2章　句仏と虚子―「虚子宛句仏書簡」をめぐって　第3章　竹内栖鳳との出会いと枳殻邸の会　第4章　句仏の遍歴―一茶の「もたいなや」に出会う　第5章　媒介者、暁烏敏―出会いと別れ　第6章　俳号と子規追慕　第7章　「古池や」と「勿体なや」　第8章　忌日の作法と挽歌　第9章　俳句と私小説　終章　大谷句仏の孤独な一筋道

大谷 光演　おおたに・こうえん
⇒大谷句仏（おおたに・くぶつ）を見よ

大谷 光瑞〔1876～1948〕おおたに・こうずい
◇大谷光瑞とスヴェン・ヘディン―内陸アジア探検と国際政治社会　白須淨眞編　勉誠出版　2014.9　448p　23cm〈年譜あり　索引あり〉　6500円　①978-4-585-22096-1　Ⓝ292.29

内容　第1部　光瑞とヘディンの交流とヘディンの来日（光瑞とヘディンの交流　ヘディンの日本招聘―東京地学協会と大谷光瑞　ヘディン来日と日本政府及び日本の諸機関の対応　ヘディンの来日と近代日本とヘディンとチベット　ヘディンの西本願寺訪問とその記録写真　ヘディンの見た西本願寺―建築学からの新たな提起）　第2部　大谷探検隊の楼蘭調査と「李柏文書」（第二次大谷探検隊・橘瑞超の楼蘭調査とその波紋　西域長史文書としての「李柏文書」）　第3部　関係資料の紹介と解説（大谷光瑞がヘディンに宛てた電報と書簡の紹介　明治天皇のヘディン「謁見」と「勲一等瑞宝章」叙勲決定に係わる日本政府（内閣）と関係各省の記録　ヘディン歓迎に対するスウェーデン国王からの関係者叙勲に係わる外務省と日本政府（内閣）の記録―堀賢雄を中心として　『中外日報』掲載のヘディン来日本訪問の記録　アルマ"Mein Bruder Sven"が語るヘディンの来日　『教海一瀾』掲載へのヘディンの西本願寺訪問の記録　橘瑞超の楼蘭調査に関するスタインの記録―ハンガリー科学アカデミー所蔵メモ）　付編　参考資料

大谷 翔平〔1994～〕おおたに・しょうへい
◇大谷翔平会見全文　アスリート研究会編　ゴマブックス　2016.12　159p　19cm　1380円
①978-4-7771-1869-4　Ⓝ783.7

内容　第1章　大谷選手の2016年（結果で批判を打ち消した二刀流　レギュラーシーズン（優勝までの軌跡）　CSシリーズ　日本シリーズ）　第2章　大谷選手の履歴書（プロフィール　大谷選手の身体能力　ドラフト前夜）　第3章　大谷選手の会見全文、成績（投手として、打者として）（入団会見（全文）　2013年　2014年　2015年）　第4章　同僚、プロの中での評価・コメント（二刀流への賛否　一流投手なら打者にもなれる　メジャーでは二刀流断念も）

◇道ひらく、海わたる―大谷翔平の素顔　佐々木亨著　扶桑社　2018.3　291p　20cm　1400円
①978-4-594-07901-7　Ⓝ783.7

内容　第1章　決断　第2章　源流　第3章　黄金の国、いわて　第4章　北の大地　第5章　二刀流の真実　第6章　終わらない挑戦

◇大谷翔平野球翔年　1　日本編―2013-2018　石田雄太著　文藝春秋　2018.6　311p　20cm　1600円　①978-4-16-390816-8　Ⓝ783.7

＊開幕直後から、エンゼルスで投打に大活躍をする大谷翔平のプロ野球での5年間の軌跡とメジャーリーグでの可能性を本人の肉声とともに綴る。プロでは"不可能""非常識"と言われた二刀流に挑み、投打ともに驚異のレベルで進化し続け、結果を残せたのはなぜか。その理由は技術・体力はもちろんのこと、大谷翔平独自の思考法や"可能性"を信じ続けることができる信念の強さにあった。高校卒業後にメジャー挑戦を公言しながらも、日本ハム入団を決めた経緯や、ベーブルース以来の大正天皇記「10勝10本塁打」の快挙、二刀流で最多勝の衝撃の裏側が5年間の定点観測と大谷本人の言葉により立体的に浮かび上がる。

大谷 尊由〔1886～1939〕おおたに・そんゆ
◇近代茶人の肖像　依田徹著　京都　淡交社　2015.2　215p　18cm（淡交新書）〈文献あり〉　1200円　①978-4-473-03992-7　Ⓝ791.2

内容　井上馨（世外）―政界の雷親父は細心なる茶人　有栖川宮熾仁親王（霞堂）―親王の茶の湯に見る宮家と華族の社交界　安田善次郎（松翁）―慎しく陰徳を重ねた財産家の茶の湯　今泉雄作（常真）―茶道具再評価の種を蒔いた江戸っ子　平瀬鼈之輔（露香）―大阪の茶の湯を牽引した「粋の神」　住友純（春翠）―茶の湯に文人趣味を融合させたエリート実業家　益田孝（鈍翁）―近代の茶の湯を双肩に担った巨人　馬越恭平（化生）―数々の逸話を残した「ビール王」数寄者　柏木貨一郎（探古斎）―土蔵に住んだ幻の数寄屋建築家　岡倉覚三（天心）―茶より酒を愛した『茶の本』の執筆者　正木直彦（十三松堂）―美術と茶道に橋を架けた美術学校長　貞明皇后―満州皇帝を茶で愛でもてなした大正天皇記　三井高棟（宗恭）―財閥の盛衰を見つめた三井家当主の茶の湯　團琢磨（狸山）―鈍翁から経営と茶の湯を受け継いだ男　大谷尊由（心斎）―茶の湯三昧の境地に遊んだ宗教家　前田利為（梅堂）―旧大名家軍人のたしなみとしての茶の湯　式守蝸牛（虎山）―悲運の宰相、戦時下の茶の湯　栗山善四郎（八百善）―江戸懐石を伝え、茶の湯を愛した料亭主人　加藤正治（犀水）―憲法の制定に携わった法学者茶人

大谷 竹次郎〔1877～1969〕おおたに・たけじろう
◇松竹と東宝―興行をビジネスにした男たち　中川右介著　光文社　2018.8　392p　18cm（光

文社新書 960)〈文献あり〉 900円　①978-4-334-04366-7　Ⓝ772.1
内容　発端 歌舞伎座開場　第1幕 京の芝居街の双子　第2幕 大阪の鉄道経営者　第3幕 宝塚と浅草の歌劇　第4幕 東京劇界の攻防　大詰 それぞれの戦後

大谷 徳次(1代)〔1756～1807〕　おおたに・とくじ
◇評伝 鶴屋南北　古井戸秀夫著　白水社　2018.8　2冊(セット)　21cm　25000円　①978-4-560-09623-9　Ⓝ912.5
内容　第1巻〈鶴屋南北の遺言 ふたつの出自　金井三笑と桜田治助　大谷徳次と坂東善次　三代目坂東彦三郎と並木五瓶　尾上松助と怪談狂言〉　第2巻〈五代目松本幸四郎と生世話　五代目岩井半四郎と悪婆　七代目市川團十郎と色悪　三代目尾上菊五郎と「兼」役者〉

大谷 由里子〔1963～〕　おおたに・ゆりこ
◇吉本興業 女マネージャー奮戦記「そんなアホな！」　大谷由里子著　立東舎　2011.2　287p　15cm　(立東舎文庫)〈扶桑社 1996年刊の再刊　発売：リットーミュージック〉　800円　①978-4-8456-2752-3　Ⓝ779
内容　第1章 出会い　第2章 やすし・きよしさん　第3章 芸人たちさん　第4章 選挙　第5章 花王名人劇場　第6章 先輩・後輩　第7章 実り

大谷 吉継〔1559～1600〕　おおたに・よしつぐ
◇大谷吉継　外岡慎一郎著　戎光祥出版　2016.10　93p　21cm　(シリーズ〈実像に迫る〉002)〈文献あり 年譜あり〉　1500円　①978-4-86403-218-6　Ⓝ289.1
内容　第1章 出生と仕官をめぐる謎(母親「東殿」と吉継の生年　吉継の父親は誰か　母東殿の素性を探る)　第2章 秀吉の傍らで(山伏姿の大谷慶松　紀之介白頭の署名　「大谷刑部」となる ほか)　第3章 病との共生、そして関ヶ原(草津湯治と吉継の病　太宰府天満宮に奉納した鶴亀文鏡鏡　伏見吉継邸の饗宴は養子大学助のお披露目 ほか)
◇吉継カフェ記録集―大谷吉継を深く知る連続講座 第1回―第8回収録　外岡慎一郎, 敦賀市立博物館著・編　敦賀　敦賀市立博物館　2017.3　56p　30cm　Ⓝ289.1

大谷 亮平〔1980～〕　おおたに・りょうへい
◇日本人俳優　大谷亮平著　TAC株式会社出版事業部　2018.9　159p　21cm　〈他言語標題：Japanese Actor〉　1800円　①978-4-8132-7912-9　Ⓝ778.21
内容　ポートレート　ライフストーリー1(関西人っぽくない大谷家　理屈と理論のDNA　すべては挫折から始まった　必要な人が必ず現れる　ダンキンドーナツのCM―韓国へ ほか)　ライフストーリー2(チェミンシクの存在感―映画『鳴梁』知名度が上がった『ルームメイト』への出演　自分の性格、韓国の国民性　日本に拠点を移す決断は「直感」　"逆輸入俳優" "第二のディーン・フジオカ" ほか)　鋤田正義×大谷亮平　撮影バックヤードストーリー

大津 麟平〔1865～1939〕　おおつ・りんぺい
◇大津麟平伝　大津紀夫著　宇部　大津紀夫

2015.6　149p　21cm　〈年譜あり 文献あり〉　Ⓝ289.1

大塚 明夫〔1959～〕　おおつか・あきお
◇声優魂　大塚明夫著　星海社　2015.3　220p　18cm　(星海社新書 62)〈発売：講談社〉　820円　①978-4-06-138567-2　Ⓝ778.77
内容　第1章 「声優になりたい」奴はバカである(「声優になる」=「職業の選択」ではない　声優が多すぎる ほか)　第2章 「演じ続ける」しか私に生きる道はなかった(「役者にだけはなるもんか」と思っていた少年時代　マグロ漁船に乗るのをやめて、芝居のみちへ ほか)　第3章 「声づくり」なんぞに励むボンクラどもへ(「いい声」なんて素人でも出せる　「声づくり」ではなく「役づくり」ができるのがプロである ほか)　第4章 「惚れられる役者」だけが知っている世界(「声優になりたいから声優学校へ」という勘違い　なぜ君に仕事が来ないのか ほか)　第5章 「ゴール」よりも先に君が知るべきもの(「演じたい」のか、「人気者になりたい」のか　ちやほやされたいならそう言いなさい ほか)

大塚 英志〔1958～〕　おおつか・えいじ
◇二階の住人とその時代―転形期のサブカルチャー私史　大塚英志著　星海社　2016.4　489p　18cm　(星海社新書 79)〈発売：講談社〉　1400円　①978-4-06-138584-9　Ⓝ361.5
内容　そもそも「徳間書店の二階」とはどういう場所だったのか　『アサヒ芸能』とサブカルチャーの時代　徳間康快と戦時下のアヴァンギャルド　歴史書編集者・校條満の「歴史的」な仕事　劇画誌編集としての鈴木敏夫　そうだ、西崎義展に一度だけ会ったのだった　『宇宙戦艦ヤマト』と「歴史的」でなかったぼくたち　『アニメージュ』は「三人の女子高生」から始まった　最初の"おたく"たちと「リスト」と「上映会」の日々　「ファンたち」の血脈 〔ほか〕

大塚 樹也〔1933～〕　おおつか・かつゆき
◇医療人生半世紀―勤務医50年を振り返って　大塚樹也著　熊本　熊日出版(制作発売)　2015.12　174p　19cm　Ⓝ289.1

大塚 咲〔1984～〕　おおつか・さき
◇よわむし　大塚咲著　双葉社　2017.6　284p　19cm　1400円　①978-4-575-31267-6　Ⓝ289.1
内容　あの日のこと(夢の中　生きていた ほか)　第1章 それから(学校　いない ほか)　第2章 欲の中(オブジェ　壊されたい事 ほか)　第3章 欲(欲)

大塚 初重〔1926～〕　おおつか・はつしげ
◇掘った、考えた　大塚初重著, 鶴原徹也聞き手　中央公論新社　2016.10　189p　20cm　〈年譜あり〉　1600円　①978-4-12-004897-5　Ⓝ210.025
内容　登呂遺跡―勇気くれた原点　撃沈―船底へ仲間蹴落とす　漂流―済州島で命の恩人　またもや撃沈―「負け戦だ」　上海の「高射砲」実は丸太　玉音放送―「お袋に会える」　復員―我を忘れて喜ぶ母　二歳―黒い車で養子入り　草薙の剣の謎―夜守で知る　考古学は酒も飲まなきゃ 〔ほか〕

大塚 仁〔1923〜〕　おおつか・ひとし
◇講演私の刑法学—人格的刑法学の確立　大塚仁著　青林書院　2015.1　136p　20cm　(朝日大学法制研究所叢書)〈著作目録あり　年譜あり〉　1600円　Ⓘ978-4-417-01644-1　Ⓝ326
内容　1　はじめに　2　刑法学の基礎としての海軍生活での体験　3　刑法学の基礎としての学生・助手時代の学習・研究　4　名古屋大学助教授・教授時代の研究　5　海外留学による研究　6　中国における刑法学講義　7　人格的刑法理論の骨子　8　受賞(章)　9　私の現行作業

大塚 政尚〔1947〜〕　おおつか・まさひさ
◇社長解任—出社に及ばず　大塚政尚著　大阪パレード　2018.11　232p　19cm　(Parade Books)〈発売：星雲社〉　1600円　Ⓘ978-4-434-25203-7　Ⓝ289.1
内容　いじめのおかげで自習癖　子供時代(小学校〜中学校)　遊び呆けた大学時代—落第の危機　会社に入ったが日陰の職場に　失敗が私を育ててくれた　災い転じて　突然、好転し始めた人生　退社を決意した社員に怖いものなし　社外では"実力"でしか見てくれない　待望のベンチャー企業の誕生　サラリーマン社長からの脱皮　運が向いてきた　事業の"潮目の変化"を見過ごす　技術経営の重要さに気づく　苦労した分だけ、運が向いてくる　夢の実現には「目標と、それに至る計画」が必要　猿も木から落ちる

大塚 康生〔1931〜〕　おおつか・やすお
◇大塚康生の機関車少年だったころ　大塚康生著, 南正時責任編集　多摩　クラッセ　2016.5　191p　21cm　〈年譜あり〉　2000円　Ⓘ978-4-902841-20-6　Ⓝ536.1
内容　口絵カラー　機関車小僧が見た敗戦間際の機関車絵　機関車小僧が見た魅惑の機関車写真　大塚康生・南正時対談『機関車少年だったころ』大塚康生を語る　大塚康生・足跡

大槻 ケンヂ〔1966〜〕　おおつき・けんぢ
◇サブカルで食う—就職せず好きなことだけやって生きていく方法　大槻ケンヂ著　KADOKAWA　2017.11　215p　15cm　(角川文庫お18-24)〈白夜書房　2012年刊の加筆修正〉　600円　Ⓘ978-4-04-106159-6　Ⓝ767.8
内容　第1章「サブカル」になりたいくんへ　第2章　自分学校でサブカルを学ぶ　第3章　インディーズブーム〜メジャーデビュー　第4章「人気」というもの　第5章　サブカル仕事四方山話　第6章　サブカル経済事情　第7章　人気が停滞した時は　第8章　筋少復活！それから　第9章　それでもサブカルで食っていきたい　巻末特別対談　オーケン×ライムスター宇多丸

大槻 文彦〔1847〜1928〕　おおつき・ふみひこ
◇言葉の海へ　高田宏著　新潮社　2018.3　346p　15cm　(新潮文庫)　590円　Ⓘ978-4-10-133301-4　Ⓝ289.1
内容　第1章　芝紅葉館明治二十四年初夏　第2章　洋学の血　第3章　父祖の地　第4章　戊辰の父と子　第5章　遂げずばやまじ　盤根錯節
◇大槻文彦『言海』—辞書と日本の近代　安田敏朗著　慶應義塾大学出版会　2018.10　196p　20cm　(世界を読み解く一冊の本)〈文献あり〉　2000円　Ⓘ978-4-7664-2554-3　Ⓝ813.1
内容　序　なんのための辞書(国会と辞書　辞書と語義—『一九八四年』的世界のなかで　ほか)　1　大槻文彦とその時代(大槻文彦とはだれか　幕末に生きたということ　ほか)　2『言海』のめざしたもの(辞書と字引と字典と辞典と　新しい「辞書」　ほか)　3『言海』からみる世界(表象空間のなかの『言海』「言海システム」—網羅と排除　ほか)

大槻 正男〔1895〜1980〕　おおつき・まさお
◇大槻正男と東畑精一—経済主体論と戦争　横山淳人著　奈良　淳星堂書房　2015.9　161,20p　21cm　〈文献あり〉　3000円　Ⓘ978-4-9904681-1-8　Ⓝ611

大妻 コタカ〔1884〜1970〕　おおつま・こたか
◇三番町のコタカさん—大妻学院創立者　大妻コタカ伝　工藤美代子著　ワック　2016.4　271p　19cm　1300円　Ⓘ978-4-89831-446-3　Ⓝ289.1
内容　第1章　大妻良馬とコタカの旅立ち　第2章　「女性が輝く」先駆けとして　第3章「良妻賢母」は古くならない　第4章　良馬の死を乗り越えて　第5章　戦禍をくぐり抜け、再建へ　第6章　学長の名は「三番町のコタカさん」

大出 直三郎〔1920〜1986〕　おおで・なおさぶろう
◇民謡地図　別巻　民謡名人列伝　竹内勉著　本阿弥書店　2014.12　285p　20cm　〈布装　年表あり〉　3200円　Ⓘ978-4-7768-1157-2　Ⓝ388.91
内容　初代浜田喜一—主役だけを演じた江差追分の名人　浅利みきー—津軽じょんがら節をじょっぱりだけで歌う　木田林松栄—一の糸を叩き抜いた津軽三味線弾き　成田雲竹—津軽民謡の神様　菊地淡水—民謡界の偉人後藤桃水先生の教えを守った尺八奏者　赤間森水—声を意のままに使いこなして歌う　樺沢芳勝—からっ風の上州の風土を体現する声で　大出直三郎—負けん気がすべてで歌う越名の中の唄　山門千代—両津甚句でみせた天下一のキレのよさ　吉田喜正—漁船四杯と取り替えたしげさ節　高山訓昌—音戸の舟唄を歌う写実の職人　赤坂小梅—押さば押せ　引かば押せの黒田節

大塔宮　おおとうのみや
⇒護良親王(もりながしんのう)を見よ

大友 康二〔1930〜〕　おおとも・こうじ
◇子どもたちと学びながら—作詞やスポーツにも情熱　大友康二著　秋田　秋田魁新報社　2017.8　164p　18cm　(さきがけ新書—シリーズ時代を語る)〈年譜あり〉　800円　Ⓘ978-4-87020-394-5　Ⓝ289.1

大伴 細人　おおとも・さびと
⇒大伴細人(おおとも・ほそひと)を見よ

大伴 昌司〔1936〜1973〕　おおとも・しょうじ
◇大伴昌司エッセンシャル—大伴昌司〈未刊行〉作品集　大伴昌司著, 紀田順一郎著　講談社

2016.9　191p　21cm　〈共同刊行：講談社コミッククリエイト〉　2000円　Ⓘ978-4-06-364999-4　Ⓝ918.68

[内容]　畏友・大伴昌司とその時代　大伴昌司作品集（推理小説　ショート・ショート　連載コラム　エッセイ　初期の論考　ユーモア・パロディ　創作ノート　参考編　誌上完全復刻）

大友　武〔1934～〕　おおとも・たけし
◇人生60点ぐらいで、まあいいか　大友武著　東洋出版　2014.9　156p　19cm　1200円　Ⓘ978-4-8096-7748-9　Ⓝ289.1

[内容]　生い立ち　みじめな高校生活　はかない初恋　4Hクラブ　洗礼　いびり本番　ほのかな夜明け　先生　目からうろこ　財産分与〔ほか〕

大伴　細人〔飛鳥時代〕　おおとも・ほそひと
◇もっと知りたい！忍者　日本忍者研究会著　三笠書房　2016.6　205p　15cm　（王様文庫A90-1）〈文献あり〉　740円　Ⓘ978-4-8379-6787-3　Ⓝ789.8

[内容]　第1章　超人的な活躍はウソ？ホント？「忍術」の真実（変装姿は親兄弟にもバレてはならない！―変装術　指1本で60キロを支えた!?―登術　ほか）　第2章　歴史を裏側で支えた陰の主役　忍者列伝（多大な影響を残した忍者の始祖―道臣命・御色多由也　聖徳太子の超人的な能力の影に忍者あり!?―大伴細人　ほか）　第3章　写真で見る忍びの武器・道具（忍者を象徴する暗殺具！―手裏剣　あらゆるアクションをサポート―忍び刀　ほか）　第4章　情報収集、謀略、奇襲　忍者軍団が仕えた武将とその戦い（10倍以上の兵力差を埋めたのは忍者の奥義？―真田父子と真田衆　噂話ひとつで連合軍をかく乱！―伊達政宗と黒脛巾組　ほか）

大伴　家持〔718～785〕　おおとも・やかもち
◇大伴家持―氏族の「伝統」を背負う貴公子の苦悩　鐘江宏之著　山川出版社　2015.1　103p　21cm　（日本史リブレット人　010）〈文献あり　年譜あり〉　800円　Ⓘ978-4-634-54810-7　Ⓝ911.122

[内容]　奈良時代貴族社会への招待　1　名門貴族としての大伴氏　2　内舎人と貴族社会　3　地方赴任と中央政界　4　専制権力のもとで　5　議政官への道　6　天皇との衝突　家持の生きた貴族社会

◇官人大伴家持―困難な時代を生きた良心　中西進監修，高志の国文学館編・解説　富山　桂書房　2017.3　185p　21cm　〈文献あり　年譜あり〉　1500円　Ⓘ978-4-86627-024-1　Ⓝ911.122

[内容]　カラーグラビア　官人　大伴家持のうた二十選　官人・大伴家持　氏族の伝統を背負う家持　歌から見る官人・家持　第1部　内舎人として―異国文化の中での成長と天皇に近侍する誇り（大宰府と家持　聖武天皇の東国行幸と大伴家持　陸奥産金と家持　第2部　国司として―新たな風土への驚きと民に接するよろこび（越中の家持―"驚異"をキーワードに　因幡と家持　第3部　武門の官人として―一官人としての苦悩（防人と家持　多賀城と地方行政）

◇大伴家持―波乱にみちた万葉歌人の生涯　藤井一二著　中央公論新社　2017.6　236p　18cm　（中公新書　2441）〈文献あり　年譜あり〉　820円　

Ⓘ978-4-12-102441-1　Ⓝ911.122

[内容]　序章　大伴家の人びと　第1章　家持の誕生と成長期　第2章　待望の宮廷生活―内舎人・宮内少輔の時代　第3章　すめ神の立山―越中守時代（1）　第4章　藤浪の水海―越中守時代（2）　第5章　越中国を離れる―少納言の時代　第6章　進路と別れの決断―兵部少輔・大輔・右中弁の時代　第7章　吉事への願望―因幡守から伊勢守への時代　第8章　栄達の時代―参議・中納言への道　結章　大伴家持と万葉集

大西　巨人〔1919～2014〕　おおにし・きょじん
◇大西巨人と六十五年　大西美智子著　光文社　2017.12　271p　20cm　2800円　Ⓘ978-4-334-91196-6　Ⓝ910.268

[内容]　第1章　奮闘（応募する気はありませんか　わからないことがあったら、辞書を引きなさい　ほか）　第2章　熱闘（その内情は誰も知らないだろう　必ず何とかなる　ほか）　第3章　苦闘（そんな人を信用できない　まだ煙草を吸う人間ではない　ほか）　終章　敢闘（本の整理をしていいですか　巨人大好き、世界で一番好き　ほか）　付録　大西巨人　二〇〇六年三月六日のインタビュー

大西　瀧治郎〔1891～1945〕　おおにし・たきじろう
◇特攻の真意―大西瀧治郎はなぜ「特攻」を命じたのか　神立尚紀著　文藝春秋　2014.7　489p　16cm　（文春文庫　こ40-2）〈文献あり　年表あり〉　830円　Ⓘ978-4-16-790154-7　Ⓝ210.75

[内容]　第1章　元零戦特攻隊員の真情　第2章　「徹底抗戦」と「世界平和」のはざまに　第3章　「決死隊を作りに行くのだ」　第4章　神風特別攻撃隊、誕生　第5章　「忠烈万世に燦たり」特攻隊突入と栗田艦隊の反転　第6章　特攻の真意　第7章　棺を蓋うても事定まらず　第8章　終戦の聖断くだる　第9章　特攻隊の英霊に日す　エピローグ　「神風」の見果てぬ夢

◇大西瀧治郎　神風特攻を命じた男　西村誠著　双葉社　2015.1　223p　18cm　（双葉新書　104）〈文献あり　年譜あり〉　820円　Ⓘ978-4-575-15456-6　Ⓝ210.75

[内容]　第1章　海軍航空隊に喧嘩城兵衛あり（真珠湾を奇襲せよ　山本五十六が大西瀧治郎を選んだ理由　ほか）　第2章　特攻への道のり（初めての特別攻撃隊　クラーク基地攻撃の悪夢の戦果　ほか）　第3章　特攻発令　その日の大西瀧治郎（第一航空艦隊司令長官を命ず　逼迫していた戦況　ほか）　第4章　反対する者は叩き斬る（レイテ沖海戦　敷島隊の出撃　ほか）　第5章　一億総玉砕の真意（海軍軍令部次長に転出　戦争継続に身命を賭す　ほか）

◇天皇と特攻隊―送るものと送られるもの　太田尚樹著　潮書房光人社　2015.4　281p　16cm　（光人社NF文庫　おN-880）〈講談社　2009年刊の再刊　文献あり〉　780円　Ⓘ978-4-7698-2880-8　Ⓝ210.75

[内容]　第1章　特攻を知らされた天皇（昭和二十年元日の天皇　特攻隊員最後の料理　ほか）　第2章　第一陣発進（特攻を告げる司令長官の沈黙　悲劇のはじまり　ほか）　第3章　統率の外道（「戦争は経済学」から生まれた答え　創案者は誰なのか　ほか）　第4章　大西瀧治郎―特攻のスイッチを押した男（丹波の寒村農家に生まれる　航空指揮官の素養　ほか）　第5章　関行男―若き"特攻第一号"の足跡（"貧困""不自然な

おおにし

家庭環境"をバネに　憧れの兵学校での洗礼　ほか）　第6章　特攻に行く者と行かせる者（「反対したらぶった斬る」　特攻を続けた大西の嘆息　ほか）　第7章　システムの軋みが生んだ奇形（特攻は敗戦後の国民の士気高揚のため　天皇の存在が不可欠　ほか）　第8章　特攻は戦争の弔鐘（毒をもって毒を制する人事　米内海相の怒りの矛先　ほか）

◇戦争の罪と罰―特攻の真相　畑中了奎著　芙蓉書房出版　2015.8　326p　19cm　〈文献あり〉　2500円　①978-4-8295-0656-1　Ⓝ210.75

内容　特攻は志願か命令か　人類史上稀に見る残酷な特攻兵器　特攻以外の攻撃方法はなかったか―反跳爆撃　最初の特攻指揮官・大西瀧治郎　特攻が初めて行われた捷一号作戦　海軍特攻の生みの親は嶋田繁太郎　特攻の創始者は東条英機　継続された特攻―統制派による特攻編　継続された特攻―海軍による特攻編　免責された戦犯たち　皇族による責任　忘れ去られた皇道派

◇特攻長官大西瀧治郎―負けて目ざめる道　生出寿著　潮書房光人社　2017.10　263p　16cm　（光人社NF文庫　お1032）〈徳間文庫　1993年刊の再刊　文献あり〉　800円　①978-4-7698-3032-0　Ⓝ289.1

内容　体当たりをやるほかない　「死の踏絵」を踏まされた甲種十期生　指揮官関行男大尉は予定の人身御供　大西長官の特攻訓示　玉井副長、中島飛行長と、特攻隊員たち　一波は動かす四海の波　国を以て斃るるの精神　戦闘機無用・戦艦無用　大佐、少将も戦死せじ　蛮勇　宿命の一航艦司令長官就任　「特攻教」教祖　負けて目ざめることが最上の道　戦争継続一本槍の軍令部次長　二千万人特攻か降伏か

大西 卓哉〔1975〜〕　おおにし・たくや

◇秒速8キロメートルの宇宙から　宇宙編　大西卓哉, 宇宙航空研究開発機構著　教育評論社　2017.6　239p　21cm　1500円　①978-4-86624-008-4　Ⓝ538.9

内容　プロローグ　宇宙へ　国際宇宙ステーション（ISS）滞在記（ISS滞在1〜9日目　ISS滞在10〜19日目　ISS滞在20〜29日目　ISS滞在30〜39日目　ISS滞在40〜49日目　ISS滞在50〜59日目　ISS滞在60〜69日目　ISS滞在70〜79日目　ISS滞在80〜89日目　ISS滞在90〜99日目　ISS滞在100〜113日目）　エピローグ　帰還

◇秒速8キロメートルの宇宙から　訓練編　大西卓哉, 宇宙航空研究開発機構著　教育評論社　2017.6　255p　21cm　〈年譜あり〉　1500円　①978-4-86624-007-7　Ⓝ538.9

内容　打ち上げまで1年半（2015年1月〜6月）　打ち上げまで1年（2015年7月〜10月）　打ち上げまで8か月（2015年11月）　打ち上げまで7か月（2015年11月末〜12月）　打ち上げまで6か月（2016年1月）　打ち上げまで5か月（2016年2月）　打ち上げまで4か月（2016年3月）　打ち上げまで3か月（2016年4月）　打ち上げまで2か月（2016年5月）　打ち上げまで1か月（2016年6月）　打ち上げへ（2016年6月下旬〜7月）

大西 民子〔1924〜1994〕　おおにし・たみこ

◇大西民子の足跡　原山喜亥編著　沖積舎　2016.5　131p　22cm　1800円　①978-4-8060-4775-9　Ⓝ911.162

内容　1　ある日あの時　2　増補大西民子略年譜　3　大西民子著作目録　4　歌集未収録作品　5　参考文献　6　歌碑

大西 鐵之祐〔1916〜1995〕　おおにし・てつのすけ

◇知と熱―ラグビー日本代表を創造した男・大西鐵之祐　藤島大著　鉄筆　2016.10　381p　15cm　（鉄筆文庫 008）〈文藝春秋 2001年刊の再刊　文献あり　年譜あり〉　1000円　①978-4-907580-10-0　Ⓝ783.48

内容　インゴール組―楕円球にしがみついて　戦前のラグビー―「ゆさぶり」対「押しまくり」　銃で撃つんだが―「闘争の倫理」の原点　「展開、接近、連続」―オールブラックス・ジュニア戦勝利まで　歴史の創造者たれ―母国イングランドとの死闘　接近の極致―横井章　テツノスケに教わったんや―小笠原博　デューイを突き抜ける―勝負の哲学　大西アマチュアリズム―決闘の渦中から　体協の名場面―モスクワ五輪ボイコットをめぐって　鉄になる―ドスの青春　愛情と冷徹、信観と独断―魔術の実相

大西 祝〔1864〜1900〕　おおにし・はじめ

◇新編　同志社の思想家たち　上　沖田行司編著　京都　晃洋書房　2018.5　217p　19cm　〈他言語標題：THINKERS of DOSHISHA〉　2200円　①978-4-7710-3055-8　Ⓝ121.02

内容　第1章　新島襄―「私立」する精神　第2章　山本覚馬―京都の近代化と同志社創設の立役者　第3章　横井時雄―「日本風」のキリスト教の模索　第4章　海老名弾正―「実験」に支えられた「異端」者の生涯　第5章　деб井和民―「半宗教家」「全教育家」として　第6章　元良勇次郎―日本初の心理学者　第7章　原田助―国際主義を唱えた同志社人　第8章　大西祝―短き生涯が遺したもの　第9章　山室軍平―神と平民の為に　第10章　安部磯雄―理想と現実のはざまで

大仁田 厚〔1957〜〕　おおにた・あつし

◇全日本プロレス超人伝説　門馬忠雄著　文藝春秋　2014.7　218p　18cm　（文春新書 981）〈文献あり〉　800円　①978-4-16-660981-9　Ⓝ788.2

内容　ジャイアント馬場　王道プロレスの牽引者　ジャンボ鶴田　完全無欠のエース　ザ・デストロイヤー　「日本のレスラー」になった魔王　アブドーラ・ザ・ブッチャー　血染めの凶器使い　ミル・マスカラス　千の顔を持つ男　大仁田厚　ジュニアヘビー級の尖兵　ザ・ファンクス　テキサス・ブロンコの心意気　スタン・ハンセン＆ブルーザー・ブロディ　不沈艦と超獣「最強コンビ」　ザ・グレート・カブキ　毒霧噴く"東洋の神秘"　三沢光晴　男気のファイター　小橋建太　病魔に勝った鉄人　天龍源一郎　不滅の負けじ魂　ジョー樋口　厳しく優しいプロレスの番人

◇三沢と橋本はなぜ死ななければならなかったのか―90年代プロレス血戦史　西花池湖南著　河出書房新社　2017.11　316p　20cm　〈文献あり〉　1800円　①978-4-309-02622-0　Ⓝ788.2

内容　1章　1990年三沢光晴の重荷―寡黙な男が背負わざるを得なかった全日本の未来　2章　1991年ジャンボ鶴田の絶頂―新世代の障壁となった怪物、最後の輝き　3章　1992年大仁田厚の爆風―猪木の遺産を食

みながら開花したハードコアプロレス　4章 1993年天龍源一郎の入魂—"約束の地"に向かった男が創造した新日本の栄華　5章 1994年橋本真也の確立—天龍越えで実現した「肥満体型レスラー」のエース襲名　6章 1995年武藤敬司の驀進—プロレス・バブルの黄昏時に打ち砕かれた"UWF神話"　7章 1996年川田利明の鬱屈—ガラパゴス化した馬場・全日本がついに"鎖国"を解く　8章 1997年蝶野正洋の襲来—黒いカリスマ率いるヒール軍団が変えた新日本の景色　9章 1998年高田延彦の別離—プロレス人気を破綻させた男が向かった新たな世界　10章 1999年そして、ジャイアント馬場の死—規範を失ったプロレス界が露呈した世代間の断絶

大沼　淳〔1928～〕　おおぬま・すなお

◇文化学園大学・大沼淳　平山一城著　悠光堂　2018.4　191p　21cm　〈聞き語りシリーズ—リーダーが紡ぐ私立大学史 1〉　1500円　①978-4-909348-00-5　Ⓝ377.21

　内容：第1章 「私立学校の地位向上」に邁進（「文化学園」と故郷・飯山との絆　60歳からは「社会への恩返し」を考える ほか）　第2章 その「人脈」はどのようにできたか（麻生太郎元首相からの「対談の指名」　GHQの懐に飛び込み、格闘の日々 ほか）　第3章 日本の〈ノブレス・オブリージュ〉、リーダーの条件（人間関係をつくる「達人」の秘宝　先の戦争への「こだわり」がかりたてる ほか）　第4章 21世紀の高等教育にパラダイムシフトを（まず、「国立大優先」の考えを改めよ　「専門職大学」制度は、現状に合わない ほか）

大沼　枕山〔1818～1891〕　おおぬま・ちんざん

◇大沼枕山逸事集成　内田賢治編著　大平書屋　2014.12　246p　21cm　〈大平文庫 76〉　Ⓝ919.6

　内容：枕山先生逸事/河合次郎著　大沼枕山先生逸事/石川兼六著　『狐禅狸詩』抄/釈清眼著　植村蘆洲を語る/高田竹山, 高林五峯　対談　附録影印　房山集/大沼子寿著（天保9年版）　観月小稿（下谷吟社蔵慶応元年版）　古香一掬/古香嵩俊〔稿〕（明治21年版）

◇江戸詩人評伝集—詩誌『霞友』抄　2　今関天彭著, 揖斐高編　平凡社　2015.11　447p　18cm　〈東洋文庫 866〉〈布装〉　3200円　①978-4-582-80866-7　Ⓝ919.5

　内容：梁川星巌（補篇）梁川星巌の学風　広瀬旭荘　遠山雲如　小野湖山　大沼枕山　森春涛　江戸時代京都中心の詩界　明清詩風の影響

大野　一雄〔1906～2010〕　おおの・かずお

◇大野一雄 最期の四年—横川美智子　素描日記　横川美智子著　知道出版　2015.8　223p　30cm　〈他言語標題：Kazuo Ohno's final four years　英語併記〉　2400円　①978-4-88664-271-4　Ⓝ723.1

　内容：慶人先生、父・大野一雄を語る　大野一雄略歴素描（2007年　2008年　2009年　2010年）　一雄先生との思い出　横川美智子の歩み

大野　志津子〔1954～〕　おおの・しずこ

◇忘れる前のおしゃべり—看護師生活40年　大野志津子著　百年書房　2015.8　167p　18cm　888円　①978-4-907081-10-2　Ⓝ289.1

大野　乾〔1928～2000〕　おおの・すすむ

◇シティ・オブ・ホープ物語—木下良順・大野乾が紡いだ日米科学交流　早川智, 山口陽子著　人間と歴史社　2016.11　235p　19cm　〈文献あり　年譜あり〉　1700円　①978-4-89007-205-7　Ⓝ289.1

　内容：日米科学交流のあけぼの　一九三七年・東京　一八八三年・和歌山　一九二二年・フライブルク　一九二六年・札幌　一九二八年・京城総督府　一九三四年・大阪　一九三九年・ニューヘブン　一九四五年・敗戦　一九四九年・ロサンゼルス〔ほか〕

◇獣医学の狩人たち—20世紀の獣医偉人列伝　大竹修著　堺　大阪公立大学共同出版会　2017.5　406p　21cm　〈文献あり〉　2400円　①978-4-907209-72-8　Ⓝ649.028

　内容：序：日本における近代獣医学の夜明け　牛痘苗と狂犬病ワクチンの創始者—梅野信吉　人材育成の名人で家畜衛生学の先達—葛西勝弥　獣医寄生虫学を確立—板垣四郎　競走馬の研究に生涯を捧げた外科の泰斗—松葉重雄　ひよこの雌雄鑑別法を開発—増井清　幻に終わったノーベル賞—市川厚一　獣医外科・産科学の巨頭—黒澤亮助　顕微鏡とともに歩んだ偉大な神経病理学者—山внутрь三郎　麻酔・自律神経研究の権威—木全春生〔ほか〕

大野　晋〔1919～2008〕　おおの・すすむ

◇日本語と私　大野晋著　河出書房新社　2015.1　309p　15cm　〈河出文庫 お31-3〉〈新潮文庫2003年刊にルビを一部追加〉　700円　①978-4-309-41344-0　Ⓝ289.1

　内容：1 下町と山の手（明治小学校　下町・音と香り ほか）　2 「多力」の友と（疾風と怒涛　茂吉と北条民雄と ほか）　3 不告別（わかれをつげず）（大学に入る　学生と教師 ほか）　4 言葉と心（「日本語の黎明」　『広辞苑』初版 ほか）　5 国国橋から（子と父と先生と　言葉に執して生きた人々 ほか）

◇孤高—国語学者大野晋の生涯　川村二郎著　集英社　2015.10　366p　16cm　〈集英社文庫 か73-1〉〈東京書籍2009年刊の再刊　文献あり　年譜あり〉　740円　①978-4-08-745373-7　Ⓝ289.1

　内容：プロローグ 熱風　第1章 下町　第2章 山の手　第3章 戦争　第4章 敗戦　第5章 国語　第6章 タミル語　エピローグ 遺言

大野　俊康〔1922～2013〕　おおの・としやす

◇評伝 天草五十人衆　天草学研究会編　福岡　弦書房　2016.8　317p　22cm　〈文献あり　年表あり　索引あり〉　2400円　①978-4-86329-138-6　Ⓝ281.94

　内容：ステージ1 五人衆の時代、そして…　ステージ2 天領天草の村々　ステージ3 祈りの島で　ステージ4 耕す、漁る　ステージ5 実業の世をひらく　ステージ6 踏路はるかに　ステージ7 文学・歴史・言論　ステージ8 あの頃、この人　ステージ9 島の現実、国の行く末　ステージ10 一筋の道　ステージ特別編 群像二題（天草の石文化と松室五郎左衛門　牛深カツオ漁の男たち）

大野　誠夫〔1914～1984〕　おおの・のぶお

◇歌人 大野誠夫の青春　綾部光芳著　いりの舎

2014.10　389p　19cm　（響叢書　第29篇）〈年譜あり　文献あり〉　3000円　①978-4-906754-34-2　Ⓝ911.162

＊大野誠夫生誕100年・没後30年。戦後短歌において異彩を放った歌人・大野誠夫。無頼派、風俗派、虚構派などと呼ばれる以前の、出生から戦中・戦後までの一時期を克明に辿り、青春時代を通して誠夫の実像を浮かび上がらせた画期的評論集。

大野 初子〔1915～1982〕　おおの・はつこ

◇漕ぎ出す船、人形の旅―作家・大野初子の遺産　森美可著　里文出版　2015.4　311p　21cm　〈他言語標題：To set sail,the journey of art dolls〉　2500円　①978-4-89806-424-5　Ⓝ759.021

内容　1 見知らぬ国、見知らぬ人々との出会い（漕ぎ出す船、人形の旅　ドナウ川のほとり、二〇〇四年～二〇〇五年の兵　ほか）　2 歓迎される人形、美術館の華（ニューヨークのシンポジウム―二〇一〇年　フランスの人形展と講演会およびその他の国々での人形展―二〇一〇年～二〇一二年　ほか）　3 袖ふれ合うも人形の縁（イスラム社会の人形　セネガルの人形文化　ほか）　4 人形作家、大野初子の素顔

大野 治房〔？～1615〕　おおの・はるふさ

◇大坂の陣 秀頼七将の実像　三池純正著　洋泉社　2015.10　223p　18cm　〈歴史新書〉　〈文献あり〉　900円　①978-4-8003-0755-2　Ⓝ210.52

内容　序章 彼らはなぜ戦ったのか　第1章 秀頼七将の実像（真田信繁―敵方をも感動させた「日本一の兵」　長宗我部盛親―御家再興のため鉄壁の軍団を率いて入城　毛利勝永―家康本陣にいま一人の猛将　後藤基次―家康に警戒され続けた多くの武功　明石全登―謎の生死が伝わるキリシタン武将　木村重成―秀頼一筋に奮戦した短い生涯　大野治房―大坂城内随一の強硬派）　第2章 再考！ 大坂の陣と豊臣秀頼

大野 伴睦〔1890～1964〕　おおの・ばんぼく

◇戦後政治家論―吉田・石橋から岸・池田まで　阿部眞之助著　文藝春秋　2016.4　439p　16cm　〈文春学藝ライブラリー―雑英 25〉　「現代政治家論」（文藝春秋新社 1954年）の改題、再刊　1400円　①978-4-16-813061-8　Ⓝ312.8

内容　岸信介論　重光葵論　池田勇人論　木村篤太郎論　和田博雄論　三木武吉論　西尾末廣論　吉田茂論　石橋湛山論　徳田球一論　大野伴睦論　芦田均論　鳩山一郎論　緒方竹虎論　鈴木茂三郎論

◇万木大野伴睦　松岡ひでたか著　福崎町（兵庫県）　松岡ひでたか　2016.12　96p　18cm　〈私家版〉　非売品　Ⓝ289.1

大野 均〔1978～〕　おおの・ひとし

◇日本ラグビーヒーロー列伝―歴史に残る日本ラグビー名選手 All about JAPAN RUGBY 1970-2015　ベースボール・マガジン社編著　ベースボール・マガジン社　2016.2　175p　19cm　1500円　①978-4-583-11001-1　Ⓝ783.48

内容　第1章 2015年 ワールドカップの英雄（五郎丸歩　リーチ、マイケル　廣瀬俊朗　大野均　堀江翔太　ほか）　第2章 ヒーロー列伝 1970年～2015年（坂田好弘　原進　藤原優　森重隆　松尾雄治　ほか）

大野 雅司〔1981～〕　おおの・まさし

◇一ノ太刀―剣に迷い、剣に導かれて　大野雅司著　文芸社　2017.5　266p　15cm　700円　①978-4-286-18238-4　Ⓝ289.1

大野 正道〔1949～〕　おおの・まさみち

◇東大駒場全共闘 エリートたちの回転木馬　大野正道著　白順社　2017.7　205p　19cm　1800円　①978-4-8344-0211-7　Ⓝ377.96

内容　第1章 ナマイキで、マジメな男が東大入学　第2章 時代と格闘する東大生がいた　第3章 六九年一・一八/一九、安田砦の攻防　第4章 逮捕、起訴、裁判の三年二カ月　第5章 再起を期すのは父譲り　終章 再生をめざして

大野 萌子　おおの・もえこ

◇死刑冤罪―戦後6事件をたどる　里見繁著　インパクト出版会　2015.9　359p　19cm　〈文献あり〉　2500円　①978-4-7554-0260-9　Ⓝ327.6

内容　第1章 雪冤は果たしたけれど―免田栄さんの場合　第2章 たった一人の反乱―財田川事件と矢野伊吉元裁判官　第3章 家族離散―松山事件と斎藤幸夫さん　第4章 冤罪警察の罠―赤堀政夫さんと大野萌子さん　第5章 再審開始へ向けて―無実のプロボクサー袴田巌さん　第6章 DNA鑑定の呪縛―飯塚事件と足利事件

太 安万呂〔？～723〕　おおの・やすまろ

◇古事記と太安万侶　和田萃編，田原本町記紀・万葉事業実行委員会監修　吉川弘文館　2014.11　206p　19cm　2300円　①978-4-642-08261-7　Ⓝ210.3

内容　1 太安万侶と田原本町を語る（古代の田原本 多氏と多神社　シンポジウム「やまとのまほろば田原本」）　2 古事記とその周辺（古事記への持統天皇の関与と元明天皇の編纂の勅　「ヒイラギの八尋矛」考　この御酒は我が御酒ならず―古代酒宴歌の本願）　鼎談 安万侶さんを語る

大野 雄二〔1941～〕　おおの・ゆうじ

◇大野雄二のジャズ放浪記　大野雄二著　DU BOOKS　2018.5　274p　21cm　〈他言語標題：JAZZ SQUALL　作品目録あり　発売：ディスクユニオン〉　2300円　①978-4-86647-052-8　Ⓝ764.7

内容　第1章 ユーズ・キッチン―スタッフ座談会で迫る、大野雄二の"今"　第2章 大野雄二が振り返る、ジャズ人生（ギブ・ミー・チョコレートの頃　慶応義塾高校時代―その青春歴史が動いた　トミー・クラークを名乗る　慶応義塾大学時代―ライトとファイブとんだ初仕事―♪飛んで飛んで、回って回って♪　ほか）　第3章 大野君の音楽語り亭―ほかでは言わんといてぇ～（下積み時代のハナタカ物語　伝説のファーストコール＆パイドパイパーハウス　フュージョンって何？　上品と下世話　デイヴVSラロ　引き分けですから　アドリブならアレンジもツカミとつながりが大切でっせ（って急に関西か）　ほか）　特別付録 聴かなきゃソンソン、読まなきゃヤンヤン（パンダじゃねーぞ）―大野君の名盤言いたい放題

大野 豊〔1955~〕 おおの・ゆたか
◇ドラガイ―ドラフト外入団選手たち　田崎健太著　カンゼン　2018.10　271p　20cm　〈文献あり〉　1700円　①978-4-86255-482-6　Ⓝ783.7
内容　1 石井琢朗（88年ドラフト外 横浜大洋ホエールズ）　2 石毛博史（88年ドラフト外 読売ジャイアンツ）　3 亀山努（87年ドラフト外 阪神タイガース）　4 大野豊（76年ドラフト外 広島東洋カープ）　5 団野村（77年ドラフト外 ヤクルトスワローズ）　6 松沼博久・雅之（78年ドラフト外 西武ライオンズ）

大野 慶人〔1938~〕 おおの・よしと
◇大野慶人の肖像　四方田犬彦著　かんた　2017.9　209p　27cm　〈年譜あり　英語併記〉　3000円　①978-4-902098-06-8　Ⓝ769.1

大野 倫〔1973~〕 おおの・りん
◇永遠の一球―甲子園優勝投手のその後　松永多佳倫,田沢健一郎著　河出書房新社　2014.7　306p　15cm　（河出文庫 ま12-1）　740円　①978-4-309-41304-4　Ⓝ783.7
内容　第1章 流転・生涯不良でいたい―横浜高校・愛甲猛・一九八〇年優勝　第2章 酷使・曲がったままの肘―銚子商業高校・土屋正勝・一九七四年優勝　第3章 飢餓・静かなる執着―帝京高校・吉岡雄二・一九八九年優勝　第4章 逆転・「リストラの星」と呼ばれて―池田高校・畠山準・一九八二年優勝　第5章 解放・夢、かつてより大きく―桐生第一高校・正田樹・一九九九年優勝　第6章 鎮魂・桑田・清原を破った唯一の男―取手第二高校・石田文樹・一九八四年優勝　特別章 破壊・七七三球に託された思い―沖縄水産高校・大野倫・一九九一年準優勝

大乃国 康〔1962~〕 おおのくに・やすし
◇平成の北海道 大相撲―三横綱がいた時代　宗像哲也著　札幌　北海道新聞社　2016.10　223p　19cm　1400円　①978-4-89453-844-3　Ⓝ788.1
内容　昭和の千秋楽　第1章 道産子名力士列伝（千代の富士　大乃国　北勝海　ほか）　第2章 道産子力士の素顔（「北海道の得意」だった初代・若乃花　満身創痍　番付は生き物　ほか）　第3章 北海道大相撲なんでも百科（連勝記録　連勝を止めた力士　新弟子検査　ほか）

大庭 景親〔?~1180〕 おおば・かげちか
◇中世の人物 京・鎌倉の時代編　第2巻 治承~文治の内乱と鎌倉幕府の成立　野口実編　大阪　清文堂出版　2014.6　426p　22cm　〈文献あり〉　4500円　①978-4-7924-0995-1　Ⓝ281
内容　源頼政と以仁王（生駒孝臣著）　甲斐源氏（西川広平著）　木曾義仲（長村祥知著）　源義経と頼朝（宮田敬三著）　平宗盛（田中大喜著）　平氏の新旧家人たち（西村隆著）　藤原秀衡（三好俊文著）　源範朝（元木泰雄著）　大庭景親（森幸夫著）　城助永と助職〈長茂〉（高橋一樹著）　千葉常胤（野口実著）　和田義盛と梶原景時（滑川敦子著）　北条時政と牧の方（落合義明著）　源頼家（藤本頼人著）　八条院（高松百香著）　藤原兼実と高橋秀樹著）　源通親（佐伯智広著）　法然と貞慶・明恵（平雅行著）　重源（久野修義著）　栄西（中尾良信著）

大場 一豊〔1949~〕 おおば・かずとよ
◇夢は里山で―栗原で拓く、生きがいやりがい働きがい　大場一豊著　仙台　ブレイン・ワークス　2016.3　125p　19cm　（相伝選書 経営者の経験から得るスピリットを明日へと伝える珠玉の一冊 2）〈年譜あり〉　1500円　①978-4-9908603-2-5　Ⓝ519.7

大庭 雪斎〔1805~1873〕 おおば・せっさい
◇古田東朔近現代日本語生成史コレクション　第6巻 東朔夜話―伝記と随筆　古田東朔著,鈴木泰,清水康行,山東功,古田啓編集　清水康行,古田啓解説・校訂　くろしお出版　2014.12　501p　22cm　〈著作目録あり　年譜あり〉　9200円　①978-4-87424-642-9　Ⓝ810.8
内容　大庭雪斎　大庭雪斎訂補の『歴象新書』大庭雪斎の業績　堀達之助と『英和対訳袖珍辞書』　柳河春三　福沢諭吉―その国語観と国語教育観　福沢諭吉その他補遺　古川正雄　田中義廉　田中義廉補遺　中根淑　「遠山左衛門尉」の登場―中根淑・依田学海の文章　大槻文彦伝　東朔夜話　芦田先生と私　西尾実先生の思い出　学習院高等科時代の小高さん　森山隆さんを悼む　原稿用紙の字詰

おおば 比呂司〔1921~1988〕 おおば・ひろし
◇おおば比呂司の生涯―ほのぼの漫画で笑いを誘う　高田緑郎の生涯―"太鼓のロクさん"奮戦す　佐々木信恵著,合田一道著　札幌　北海道科学文化協会　2015.10　137p　21cm　（北海道青少年叢書 33―北国に光を掲げた人々 33）〈下位シリーズの責任表示：北海道科学文化協会/編　年譜あり〉　Ⓝ726.101

大庭 みな子〔1930~2007〕 おおば・みなこ
◇大庭みな子 響き合う言葉　与那覇恵子編著,大庭みな子研究会著　めるくまーる　2017.5　354p　20cm　〈著作目録あり　年譜あり〉　2800円　①978-4-8397-0170-3　Ⓝ910.268
内容　椎名美奈子・学生時代の未発表の手紙（田澤信子宛）　大庭みな子をめぐって（津田の後輩 大庭みな子さんの思い出　コルク入りワインの幸福な夜　浦島忌に想う文学の広がり　ほか）　書簡・利雄日記から（藤枝静男と大庭みな子―浜松を背景に　大庭みな子・藤枝静男 往復書簡　大庭利雄日記抄―大庭みな子との日々（一九八七年一月）　ほか）　大庭作品をめぐって（『ヤダーシュカ ミーチェ』論 変身する身体、越境する主体―「ろうそく魚」を手がかりにして　『霧の旅』第1部・第2部―場所の記憶 ほか）

大場 ヤス子〔1935~〕 おおば・やすこ
◇昭和の子・安子ストーリー―信州から房州へ　大場ヤス子著　流山　崙書房出版　2017.11　124p　18cm　（ふるさと文庫 216）　1200円　①978-4-8455-0216-5　Ⓝ289.1
内容　第1章 信州に生まれ房州へ（館山市に　枇杷と杏　ほか）　第2章 安子ストーリー1（一番最初の記憶　終戦の日の記憶　ほか）　第3章 安子ストーリー2（結婚して宇和島へ　千葉県館山市に移住　ほか）　第4章 安子ストーリー3（日本万国博覧会　八ヶ岳登山　ほか）　第5章 安子ストーリー4（昨今の安子　高齢

おおはし

化の社会を考える ほか）

大橋 巨泉〔1934～2016〕 おおはし・きょせん

◇ゲバゲバ人生―わが黄金の瞬間　大橋巨泉著　講談社　2016.7　634p　15cm　（講談社＋α文庫 D83-1）〈「ゲバゲバ70年！」（2004年刊）の改題、一部、修正　著作目録あり〉　920円　①978-4-06-281689-2　Ⓝ289.1

内容　第1部 ジャズとともに青春は「一九三四年～一九六五年」（敗戦の記憶　俳号「巨泉」誕生　母の死　共稼ぎの貧乏生活　放送作家からタレントへ）　第2部「11PM」の時代「一九六五年～一九七三年」（野球は巨人、司会は巨泉　大ヒットCMの誕生　二度めの結婚　カナダ取材ツアー　東京を離れる決心）　第3部 日本脱出への布石「一九七三年～一九九〇年」（「晴ゴル雨将」　巨泉ゴルフ・トーナメント開催　転換期　気がつけば五十歳　You can't have everything）

◇父・巨泉　大橋美加著　双葉社　2017.6　141p　19cm　1200円　①978-4-575-31272-0　Ⓝ289.1

内容　第1章「大橋巨泉」を父に持つということ　第2章 ジャズがつないだ父とのきずな　第3章 私、結婚しないかもしれない　第4章 自分が母親になってわかったこと　第5章 巨泉の血、マーサの血　第6章 あのときも父が助けてくれた　第7章 友人たちに受け継がれた「巨泉」　第8章 父の最期と向き合って

大橋 鎭子〔1920～2013〕 おおはし・しずこ

◇大橋鎭子と花森安治　『歴史読本』編集部編　KADOKAWA　2016.3　206p　15cm　（中経の文庫 C11れ）〈文献あり〉　600円　①978-4-04-601560-0　Ⓝ289.1

内容　第1章 焼け跡に見つけた夢の灯（新しい世界でふたりの出発　ほか）　第2章 一家の若き「大黒柱」（北海道での幼少期　東京での生活　ほか）　第3章 等身大の女性誌を（銀座からの出発　「衣裳研究所」　ほか）　第4章『暮しの手帖』の躍進（『美しい暮しの手帖』危機は正面突破！　ほか）　第5章 生涯現役、好奇心は永遠に…（忘れてはならない戦争の記憶　アン・ノン族の登場　ほか）

◇『暮しの手帖』とわたし　大橋鎭子著　ポケット版　暮しの手帖社　2016.3　269p　16cm　〈2010年刊の増補　年譜あり〉　900円　①978-4-7660-0200-3　Ⓝ289.1

内容　1 花森安治と出会う　2 子ども時代、そして父と母、祖父のこと　3 第六ания時代　4 戦時中の仕事、そして暮らし　5『暮しの手帖』の誕生　6『暮しの手帖』一家　7 手紙でつづるアメリカ視察旅行　8『暮しの手帖』から生まれたもの　9 すてきなあなたに

◇大橋鎭子と花森安治 美しき日本人　長尾剛著　PHP研究所　2016.4　301p　15cm　（PHP文庫 な34-14）〈文献あり〉　620円　①978-4-569-76533-4　Ⓝ289.1

内容　序章　第1章 大橋鎭子の戦前と戦中　第2章 花森安治の戦前と戦中　第3章 二人の戦後　第4章 鎭子の活躍、安治の活躍　終章 引き継がれる二人の夢

◇大橋鎭子さんが教えてくれた「ていねいな暮らし」　洋泉社編集部編　洋泉社　2016.4　286p　19cm　〈文献あり〉　1400円　①978-4-8003-0918-1　Ⓝ914.68

内容　1 田村セツコ―心の豊かさを求めれば、ハッピーが見つかる。　2 坂東眞理子―自分と、そしてみんなの「すてきな暮らし」のために　3 こぐれひでこ―食べることは生きること　4 石黒智子―見つけて、吟味して、選ぶ独自のライフスタイル　5 岸本葉子―「日常」は「非日常」を支える特効薬　6 門倉多仁亜―自分だけの「スタンダード」を見つけましょう　7 堀川波―日々、「点と点」をつないで生きている　8 マキ―ていねいな暮らしで「普段」をたいせつに　塩澤実信―とと姉ちゃん大橋鎭子の生涯

◇大橋鎭子と花森安治『暮しの手帖』二人三脚物語　塩澤実信著　北辰堂出版　2016.4　264p　19cm　〈文献あり〉　1800円　①978-4-86427-208-7　Ⓝ051.7

内容　花森安治と『暮しの手帖』編集の揺籃時代　大橋鎭子の育った道　鎭子の巣立ち　"二人三脚"のスタート　ごまかしのない職人編集　三号雑誌で終る危機　「やりくりの記」の波紋　独創誌の真価定まる　『暮しの手帖』一家　戦争中の暮しの記録　「一銭五厘の旗」ひるがえる　旅の終焉

◇花森さん、しずこさん、そして暮しの手帖編集部　小樽雅章著　暮しの手帖社　2016.6　399p　19cm　1850円　①978-4-7660-0201-0　Ⓝ051.7

内容　1章 銀座の暮しの手帖編集部　2章 暮しの手帖研究室と日用品のテストの誕生　3章 なかのひとりはわれにして　4章 日用品のテストから本格的テストへ　5章 暮しの手帖研究室の暮し　6章 いろいろな記事の作り方　7章 編集部の泣き笑いの日々　8章「戦争中の暮しの記録」　9章 1世紀100号から2世紀1号へ

大橋 忠一〔1893～1975〕 おおはし・ちゅういち

◇大橋忠一関係文書　大橋忠一著，小池聖一，森茂樹編集・解題　現代史料出版　2014.7　82,562p　22cm　〈著作目録あり　索引あり〉　発売：東出版）　6400円　①978-4-87785-293-1　Ⓝ289.1

大橋 秀行〔1965～〕 おおはし・ひでゆき

◇現代人の伝記　2　致知編集部編著　致知出版社　2014.11　85p　26cm　1000円　①978-4-8009-1059-2　Ⓝ280.8

内容　1 大平光代（弁護士）/清水哲―悲しみとの出会いが教えてくれたもの　2 永守重信（日本電産社長）―「すぐやる、必ずやる、出来るまでやる」　3 塩沢みどり（スペース水輪代理事）―純度百％の愛と祈り、そして誠　4 畠山重篤（牡蠣の森を慕う会代表）―「森は海の恋人」運動で心を動かし、海を変える　5 奥崎祐子（ホテル松政女将）―思いっきり自分らしく女将の夢を追う　6 箒間吉夫（東北福祉大学職員）―血縁は薄くとも他人の縁に恵まれて　7 尾車浩一（尾車部屋親方）/大橋秀行（大橋ボクシングジム会長）―道に賭ける者の人間学

大橋 誠〔1930～1992〕 おおはし・まこと

◇大橋誠を求めて―「千葉大腸チフス事件」の冤罪を告発した疫学者　飯田佐和子編　一葉社　2018.8　350p　20cm　2500円　①978-4-87196-074-8　Ⓝ289.1

内容　1 冤罪「千葉大学腸チフス事件」（藪の中…東京都立衛生研究所元所長）―参考一審判決後の新聞記事から　無罪支えた細菌学コンビ―千葉大チフス事件　ほか）　2 感染症予防研究者として、人

として(『広い窓』大橋誠著より) (随筆(痛みについて 悪性腫瘍の疑い ほか) 仕事(庁舎改築計画と研究調整会議 見果てぬ夢 ほか)) 3 素のままの大橋誠(『大きな重い枕』飯田佐和子著より)(病(『広い窓』ほか) 『広い窓』その後(『広い窓』その後 三冊の黒いノート ほか))

大橋 正義〔1939〜〕 おおはし・まさよし

◇ひとびとの精神史 第7巻 終焉する昭和―1980年代 杉田敦編 岩波書店 2016.2 333p 19cm 2500円 ①978-4-00-028807-1 Ⓝ281.04

内容 1 ジャパン・アズ・ナンバーワン(中曽根康弘―「戦後」を終わらせる意志 上野千鶴子―消費社会と一五年安保のあいだ 高木仁三郎―「核の時代」と市民科学者 大橋正義―バブルに流されなかった経営者たち) 2 国際化とナショナリズム(ジョアン・トシエイ・マスコ―「第二の故郷」で挑戦する日系ブラジル人 安西賢誠―「靖国」と向き合った真宗僧侶 宮崎駿―職人共同体というユートピア 『地球の歩き方』創刊メンバー―日本型海外旅行の精神) 3 天皇と大衆(奥崎謙三―神軍平等兵の怨霊を弔うために 朴正恵と蔡成泰―民族教育の灯を守るために 美空ひばり―生きられた神話 知花昌一―日の丸を焼いた日)

大橋 裸木〔1890〜1933〕 おおはし・らぼく

◇俳人大橋裸木 改訂補第2版 濱邊貞夫 2015.11 198p 31cm Ⓝ911.362

大畑 忠夫〔1921〜〕 おおはた・ただお

◇道―故里の道・春暁の道・無心の道 大畑忠夫著 横浜 まつ出版 2016.2 195p 21cm ①978-4-944069-63-7 Ⓝ289.1

大林 宣彦〔1938〜〕 おおばやし・のぶひこ

◇大林宣彦の体験的仕事論―人生を豊かに生き抜くための哲学と技術 大林宣彦語り,中川右介構成 PHP研究所 2015.7 365p 18cm (PHP新書 995) 1000円 ①978-4-569-82593-9 Ⓝ778.21

内容 第1章 僕はこうやって面白く、愉しく、一所懸命に映画を作ってきた 前編―8ミリ映画のフィルムアーティストが、三十九歳の新人映画監督になるまで 第2章 いかに仕事を面白くし、人生を愉しむか―マイナスをプラスに変える逆転の発想。仕事に立ち向かう心構えについて 第3章 いかにやりたい仕事をやるか―本当の「仕事」をするための七つの原則。「逆転の発想」実用編 第4章 いかに一緒に働く人の力を引き出すか―チーム力を最大化するためのマネージメント術。良いリーダーになるための法則 第5章 いかに時代の変化に対応していくか―アナログからデジタルへの時代の流れの中で、どう生きて前へ進むか。常に第一線にいるために 第6章 僕はこうやって面白く、愉しく、一所懸命に映画を作ってきた 後編―『HOUSE/ハウス』から『野のなななのか』まで。終生インディーズ映画作家の、人生の冒険 巻末対談 大林宣彦×中川右介―時代をひた走る、大林ワールドへ

◇大林宣彦―戦争などいらない―未来を紡ぐ映画を 大林宣彦著,宇井洋編・構成 平凡社 2018.11 108p 19cm (のこす言葉KOKORO BOOKLET)〈年譜あり〉 1200円 ①978-4-582-74115-5 Ⓝ778.21

内容 青春が戦争の消耗品だなんてまっぴらだ 尾道の田舎もんの権力志向嫌い 終生アマチュアの映画作家 映画のいらない世界が来るまで

大原 孫三郎〔1880〜1943〕 おおはら・まごさぶろう

◇大原孫三郎―地域創生を果たした社会事業家の魁 阿部武司編著 京都 PHP研究所 2017.9 341p 20cm (PHP経営叢書―日本の企業家 10)〈年譜あり〉 2400円 ①978-4-569-83430-6 Ⓝ289.1

内容 第1部 評伝 天職に生きた企業家の生涯―事業を通じて地域創生に貢献する(企業家になるまでの孫三郎 倉敷紡績及び倉敷織物の経営 地域創生に向けて―銀行・電力・新聞社の経営 社会事業の展開―三つの研究所と大原美術館 事業からの引退と晩年) 第2部 論考 企業家・大原孫三郎の真価―見抜いて、信じて、任せることで創出されたもの(倉敷紡績の経営分析―いかに競争優位を確保したのか 孫三郎の事業を支えた人たち 孫三郎の社会事業の意義―社研と労研を中心に 企業家としての歴史的価値―武藤山治との比較を通じて) 第3部 人間像に迫る 「同心協力」を標榜した事業家の残像―人道主義が貫かれたその行き方・考え方(孫三郎の言葉 家族、そして関係者からみた「孫三郎」観)

大原 幽学〔1797〜1858〕 おおはら・ゆうがく

◇諸国賢人列伝―地域に人と歴史あり 童門冬二著 ぎょうせい 2014.12 253p 19cm 1800円 ①978-4-324-09918-6 Ⓝ281.04

内容 浜口梧陵―稲むらの火/日本を考えた-広村(和歌山県) 山田方谷―被治者の立場を貫いた巨人-備中松山(岡山県) 安曇野雁―万葉の心を信条に-会折(福島県) 大原幽学―学者の愛の充電所-下総(千葉県) 小宮山楓年―立ち枯れの村を復興-水戸(茨城県) 小島蕉園―減税と産業振興-甲府(山梨県) 三浦梅園―日本初の自然哲学者-杵築(大分県) 新井白石―不遇に生きる-江戸(東京都) 前田綱紀―文化行政で雇用創出-加賀(石川県) 河合曽良―旅に生きる-諏訪(長野県) 北島雪山―追放されて自由に生きた-肥後(熊本県) 羽地朝秀―壁を背に第三の道を-琉球(沖縄県) 松平信綱―名君・賢君を輩出-川越(埼玉県) 徳川義直―あゆひ思想の実現-尾張(愛知県) 多久一族―「らしさ」を失わず-肥前(佐賀県) 古田織部―壊して創る-美濃(岐阜県) 北条幻庵―「勇」の底に「優」の心-小田原(神奈川県) 鴨長明―走り回る一滴の水-京都(京都府)

◇大原幽学伝―農村理想社会への実践 鈴木久仁直著 改訂版 アテネ出版社 2015.7 223p 19cm 〈初版:アテネ社 2005年刊 文献あり〉 1600円 ①978-4-908342-01-1 Ⓝ289.1

内容 第1章 遊歴から社会教育 第2章 幽学のみた房総 第3章 性学の実践 第4章 農村復興の成功 第5章 目標は平等社会と人づくり 第6章 改心楼乱入事件と幽学の自殺 7章 幽学亡き後の八石性理学会

◇大原幽学ものがたり―農業組合と女性教育の先駆者 鈴木久仁直著 アテネ出版社 2016.6 111p 19cm 〈文献あり 年譜あり〉 860円 ①978-4-908342-03-5 Ⓝ289.1

内容 第1章 遊歴から社会教育 第2章 幽学のみた房

総 第3章 性学の実践 第4章 農村復興の成功 第5章 目標は平等社会と人づくり 第6章 改心楼乱入事件と蘭学の切腹 第7章 幽学亡き後の性学

大原 亮治〔1921～〕 おおはら・りょうじ
◇証言 零戦大空で戦った最後のサムライたち
神立尚紀著 講談社 2017.7 531p 15cm （講談社＋α文庫 G296-2）〈年表あり〉 950円
Ⓘ978-4-06-281723-3 Ⓝ392.8
内容 第1章 黒澤丈夫―「無敵零戦」神話をつくった名村長 第2章 岩井勉―「ゼロファイターゴッド（零戦の神様）」と呼ばれた天才戦闘機乗り 第3章 中島三教―米国本土の捕虜収容所で終戦を迎えた"腕利き"搭乗員 第4章 藤田怡與藏―戦後、日本人初のジャンボ機長となった歴戦の飛行隊長 第5章 宮崎勇―空戦が「怖ろしくなった」という言葉に込められた思い 第6章 大原亮治―激戦地ラバウルで一年以上戦い抜いた伝説の名パイロット 第7章 土方敏大―ペンを操縦桿に持ち替えて戦った「学鷲」に刻み込まれた海軍魂

大平 正芳〔1910～1980〕 おおひら・まさよし
◇祖父大平正芳 渡邊満子著 中央公論新社 2016.2 243p 20cm 〈文献あり〉 1600円 Ⓘ978-4-12-004821-0 Ⓝ312.1
内容 最後の晩餐 虎の門病院の12日間 「おなごは早く嫁に行け」 一人娘・芳子の結婚 52歳の外務大臣 慟哭―長男・正樹の死 田中角栄の涙 日中国交正常化 日韓関係は「業」である ケネディ大統領とライシャワー大使 キリスト者として〔ほか〕

◇大平正芳秘書官日記 森田一著、福永文夫、井上正也編 東京堂出版 2018.4 771p 22cm 〈索引あり〉 18000円 Ⓘ978-4-490-20984-6 Ⓝ312.1
内容 一九七二（昭和四十七）年 一九七三（昭和四十八）年 一九七四（昭和四十九）年 一九七五（昭和五十）年 一九七六（昭和五十一）年

大平 光代〔1965～〕 おおひら・みつよ
◇現代人の伝記 2 致知編集部編著 致知出版社 2014.11 85p 26cm 1000円 Ⓘ978-4-8009-1059-2 Ⓝ280.8
内容 1 大平光代（弁護士）/清水哲―悲しみとの出会いが教えてくれたもの 2 永守重信（日本電産社長）―「すぐやる、必ずやる、出来るまでやる」 3 塩沢みどり（スペース水輪代表理事）―純度百％の愛と祈り、そして誠 4 畠山重篤（牡蠣の森を慕う会代表）―「森は海の恋人」運動で心を軽くし、環境を変える 5 奥崎祐子（ホテル松政女将）―思いっきり自分らしく女将の夢を追う 6 草間吉夫（東北福祉大学職員）―血縁は薄くとも他人の縁に恵まれて 7 尾車浩一（尾車部屋親方）/大橋秀行（大橋ボクシングジム会長）――道に賭ける者の人間学

大平 義尚〔室町時代〕 おおひら・よしなお
◇高一族と南北朝内乱―室町幕府草創の立役者 亀田俊和著 戎光祥出版 2016.3 272p 19cm （中世武士選書 32）〈文献あり 年譜あり〉 2600円 Ⓘ978-4-86403-190-5 Ⓝ288.2
内容 第1部 高一族の先祖たち（鎌倉幕府草創までの高一族 鎌倉時代の高一族） 第2部 南北朝期の高一族嫡流（南北朝内乱の風雲児・高師直 師直の片腕・高師泰 関東で活躍した高師冬 優れた行政官であった高重茂 直義に味方した高師秋 その他の高一族―師春・師兼・定信） 第3部 南北朝期の高一族庶流と重臣（尊氏の「執事」となった南宗継 若狭守護を歴任した大高重成 幻の有力武将・大平義康 師直の忠臣・河津氏明 もっとも活躍した側面の重臣・薬師寺公義） 第4部 観応の擾乱以降の高一族（西国における高一族 東国における高一族 高一族をめぐる諸問題）

大前 一郎〔1899～1972〕 おおまえ・いちろう
◇大前一郎物語 大前皓生著 大阪 シンラ象の森書房 2017.12 98p 19cm 1500円 Ⓘ978-4-9907393-4-8 Ⓝ289.1

大町 桂月〔1869～1925〕 おおまち・けいげつ
◇現代文士廿八人 中村武羅夫著 講談社 2018.6 217p 16cm （講談社文芸文庫 なU1）〈日高有倫堂 1909年刊の再編集〉 1600円 Ⓘ978-4-06-511864-1 Ⓝ910.261
内容 田山花袋 国木田独歩 生田葵山 夏目漱石 菊池幽芳 小川未明 小杉天外 内藤鳴雪 徳田秋声 水野葉舟〔ほか〕

大村 憲司〔1949～1998〕 おおむら・けんじ
◇大村憲司のギターが聴こえる リットーミュージック 2017.2 149p 28cm （Guitar magazine）〈作品目録あり〉 2800円 Ⓘ978-4-8456-2991-6 Ⓝ764.7
内容 写真でたどる憲司 大村憲司ヒストリー ディスコグラフィー 憲司の愛器とその物語 ギター・マガジン・インタビュー再録、他誌インタビュー、コラム、エッセイ他 追憶の品々 収録曲 憲司へのメッセージ ギター・スコア 参加作品リスト

大村 崑〔1931～〕 おおむら・こん
◇崑ちゃん―ボクの昭和青春譜 大村崑著，小泉カツミ聞き書き 文藝春秋 2016.9 223p 19cm 1400円 Ⓘ978-4-16-390513-6 Ⓝ779.14
内容 第1章 人気者狂想曲 第2章 家族の記憶 第3章 「大村崑」の誕生 第4章 姓は尾呂内、名は楠公 第5章 僕と家族 第6章 「崑ちゃん」秘話 第7章 未完の話 第8章 元気ハツラツ！

大村 智〔1935～〕 おおむら・さとし
◇大村智物語―ノーベル賞への歩み 馬場錬成著 中央公論新社 2015.11 269p 18cm 900円 Ⓘ978-4-12-004808-1 Ⓝ289.1
内容 第1章 夜間高校教師から研究者へ 第2章 北里研究所からアメリカへ留学 第3章 イベルメクチンの発見 第4章 外国での評価高まる 第5章 独立採算と新しい病院の建設 第6章 自分を磨き人を育てる 第7章 科学と芸術のつながり

◇大村智博士の一期一会―次代へつなぐ30の言葉――ノーベル賞受賞記念 完全保存版 山梨日日新聞社編集 甲府 山梨日日新聞社 2016.2 64p 30cm 〈年譜あり〉 1500円 Ⓘ978-4-89710-914-5 Ⓝ289.1

◇人間の旬 大村智著 毎日新聞出版 2016.8 218p 20cm 〈年譜あり〉 1600円 Ⓘ978-4-620-32392-3 Ⓝ914.6

|内容| 1 微生物が運んできたノーベル賞(ノーベル・レクチャー講演要旨) 2 家族、ふるさと、そして思い出(植林－父の思い出 占い師の一言 ほか) 3 旅の日記から(モネへの理解 2人のノーベル賞学者との交流 ほか) 4 次世代を担う若者に伝えたい(子供を不幸にしてしまう方法は… 人間の旬 ほか) 5 思うがままに(スポーツからの学び ゴルフから得た「最高の宝」 ほか) 付録 講演・北里柴三郎に学ぶ21世紀国際的リーダーの育成

◇ストックホルムへの廻り道 大村智著 日本経済新聞出版社 2017.9 220p 20cm 〈私の履歴書〉〈年譜あり〉 1600円 ①978-4-532-17623-5 Ⓝ289.1

|内容| 第1章 一期一会 第2章 自然の中で育つ 第3章 科学の道へ 第4章 はばたく 第5章 世紀の発見 第6章 研究の経営 第7章 芸術とふれあう 第8章 仲間とともに 第9章 郷里を大切に 第10章 至誠惻怛

大村 雅朗〔1951～1997〕 おおむら・まさあき

◇作編曲家 大村雅朗の軌跡―1951-1997 梶田昌史、田渕浩久著 DU BOOKS 2017.6 313p 21cm 〈他言語標題：THE TRAJECTORY OF MASAAKI OMURA 作品目録あり〉 発売：ディスクユニオン 2500円 ①978-4-86647-019-1 Ⓝ767.8

|内容| 第1章 福岡時代―大村雅朗の足跡～福岡からネム音楽院、そして再び福岡へ 第2章 上京～70年代末 第3章 80年代前半 第4章 80年代後半 第5章 渡米～90年代～渡米～ロスからニューヨークへ、そして帰国 第6章 Artist's Voice 特別章 大村雅朗、生前インタビュー(『オリコンオリジナルコンフィデンス』より)

大村 益次郎〔1824～1869〕 おおむら・ますじろう

◇幕末・維新の洋学兵学と近代軍制―大村益次郎とその継承者 竹本知行著 京都 思文閣出版 2014.12 322,10p 22cm 〈年表あり 索引あり〉 6300円 ①978-4-7842-1770-0 Ⓝ393.25

|内容| 第1章 幕末期における洋式兵学の位相 第2章 大村益次郎における西洋兵学の受容 第3章 大村益次郎における西洋兵学の実践―幕末 第4章 大村益次郎における西洋兵学の実践―明治 第5章 大村益次郎の遺訓―大鳥貞薫と大坂兵学寮の創設 第6章 遺訓の実現―陸軍の仏式統一と「徴兵規則」の制定 第7章 廃藩置県と徴兵制度の確立―「徴兵規則」と「徴兵令」の関係性 第8章 「徴兵令」と山田顕義

◇大村益次郎―幕末維新の仕事師「村田蔵六」 山本栄一郎著 山口 大村益次郎没後150年事業実行委員会 2016.9 147p 21cm 〈文献あり〉 Ⓝ289.1

◇明治維新を読みなおす―同時代の視点から 青山忠正著 大阪 清文堂出版 2017.2 220p 19cm 1700円 ①978-4-7924-1066-7 Ⓝ210.61

|内容| 近世から近代へ―何がどう変わるのか 1 政争のなかの戦い(通商条約の勅許と天皇 功山寺決起と高杉晋作 ほか) 2 造型される人物(将軍継嗣問題の実情 江戸無血開城の真相―天璋院篤姫 ほか) 3 暗殺の構図(井伊直弼 生い立ち ほか) 4 明治国家を作り出す(全国統一政府の成立 東アジアとの確執と訣別 ほか)

大村 裕〔1951～〕 おおむら・ゆたか

◇「身の丈」の考古学―下総考古学研究会と共に 大村裕著 佐倉 大村裕 2016.7 127p 26cm 〈共同刊行：三省堂書店オンデマンド 著作目録あり〉 Ⓝ213.5

|内容| はしがき 1 18歳から20歳の頃(考古学入門) 2 孤独な独学時代 3 下総考古学研究会入会 4 塚田光さんのこと 5 共同研究の日々(勝坂式土器の研究) 6 中峠遺跡の発掘調査 7 仕事・家庭生活と研究の両立 8 心筋梗塞で緊急入院 9 山内考古学への開眼 10 新しい仲間達との邂逅 11 新たな共同研究の始まり 12 研究施設の創設 13 山内考古学に関する研究所の上梓 14 学位の取得 15 母校の教壇に立つ 16 白血病の発症 17 下総考古学研究会と私 あとがき 人名索引 付録 大村裕 著作・論文・研究発表等目録

大牟羅 良〔1909～1993〕 おおむら・りょう

◇ひとびとの精神史 第4巻 東京オリンピック―1960年代 苅谷剛彦編 岩波書店 2015.10 329p 19cm 2500円 ①978-4-00-028804-0 Ⓝ281.04

|内容| 1 高度成長とナショナリズム(下村治―国民のための経済成長 十河信二―新幹線にかける「夢」 河西昌枝―引退できなかった「東洋の魔女」 手塚治虫―逆風が育んだ「マンガの神様」 原田正純―胎児性水俣病の「発見」) 2 民族大移動―農村と都市の変貌(高村三郎と永山則夫―集団就職という体験 大牟羅良―農村の変貌と岩手の農民 室原知幸―公共事業のあり方を問い続けた「蜂の巣城主」 千石剛賢―日本の家族観に抗した「イエスの方舟」) 3 ベトナム戦争と日本社会(小田実―平等主義と誇りで世界の人びとをつなぐ 岡村昭彦―ベトナム戦争を直視して 鶴見良行―「足の人」はいかに思考したか)

大桃 香代子〔1936～〕 おおもも・かよこ

◇教員あがりのひとりごと 大桃香代子著 東京図書出版 2015.12 217p 19cm 〈文献あり〉 発売：リフレ出版 1100円 ①978-4-86223-906-8 Ⓝ289.1

|内容| 教員の立場と生活 小学校教員の仕事 グループ中心の学級づくり 生徒指導 組合と私 私の戦後、私の先生 糖尿病との付き合い もったいない まさかの坂 サッカーと弟と私 歌と共にそれから

大森 詮夫〔1902～1943〕 おおもり・あきお

◇無名戦士の墓―評伝・弁護士大森詮夫の生涯とその仲間たち 岡村親宜著 新装版 学習の友社 2015.7 233p 22cm 〈文献あり 年譜あり〉 2200円 ①978-4-7617-0700-2 Ⓝ289.1

|内容| 第1章 ある弁護士の死(暗黒の時代 病の再発と遺言 ほか) 第2章 社会主義者への道(生いたちと上京 冬の時代と服部浜次 ほか) 第3章 弾圧下の弁護活動(自由法曹団と布施辰治、弁護士事務所の若きサムライ ほか) 第4章 検挙・投獄と再起(日本労農弁護士団事件 転向と獄中生活 ほか) 第5章 敗戦と合葬追悼会(侵略戦争の終結 敗戦と新しい時代 ほか)

大森 靖子〔1987～〕 おおもり・せいこ
◇かけがえのないマグマ―大森靖子激白　大森靖子,最果タヒ著　毎日新聞出版　2016.1　204p　20cm　1400円　①978-4-620-32351-0　Ⓝ767.8
内容　第1部 生きる私　第2部 歌う私（マジックミラー　PINK　私は悪くない　呪いは水色　きゅるきゅる　ほか）

大森 房吉〔1868～1923〕 おおもり・ふさきち
◇地震学をつくった男・大森房吉―幻の地震予知と関東大震災の真実　上山明博著　青土社　2018.7　269p　19cm　〈文献あり　年表あり〉　1900円　①978-4-7917-7081-6　Ⓝ453
内容　第1章 地震学の黎明　第2章 姿なき研究機関　第3章 東京大地震襲来論争　第4章 関東大震災　第5章 地震学の父の死　第6章 関東大震災の真実

大森 政輔〔1937～〕 おおもり・まさすけ
◇法の番人として生きる―大森政輔元内閣法制局長官回顧録　大森政輔述, 牧原出編　岩波書店　2018.2　340p　20cm　2800円　①978-4-00-024800-6　Ⓝ317.212
内容　生い立ち　裁判官になる　「司法の危機」の時代のなかで　一四期再任問題を越えて　法務省民事局への出向　内閣法制局へ　法令審査の実際　靖国懇談会・事務の電子化など　昭和末期　即位の礼・大嘗祭　ほか

大森 龍三〔1925～〕 おおもり・りゅうぞう
◇連綿離別草子　大森龍三著　日本図書刊行会　2017.3　243p　20cm　〈発売：近代文藝社〉　1000円　①978-4-8231-0948-5　Ⓝ289.1
内容　1 右衛門　2 鞍馬山　3 中部第三十七部隊　4 月山　5 たたかい　6 桃乞先生　7 遊離　8 写真　9 茶の風景　10 離遊回帰

大屋 夏南〔1987～〕 おおや・かな
◇purple　大屋夏南著　宝島社　2016.11　151p　21cm　〈本文は日本語〉　1400円　①978-4-8002-5200-5　Ⓝ289.1
＊モデル・大屋夏南、29歳。「人と違っても、いいと思うんだ」原点・人生・ファッション・ビューティ・恋愛・仕事…79のストーリー。

大矢 黄鶴〔1911～1966〕 おおや・こうかく
◇評伝 田中一村　大矢鞆音著　生活の友社　2018.7　708p　22cm　〈文献あり　年譜あり　索引あり〉　4500円　①978-4-908429-19-4　Ⓝ721.9
内容　第1章 生誕の栃木と東京での暮らし（才能を育てた環境　東京美術学校の同級生たち　ほか）　第2章 千葉時代（千葉への移住　南画から"新しい日本画へ"　ほか）　第3章 奄美時代の一村―奄美第一期（国直の海岸で　何故奄美だったのか　ほか）　第4章 再びの奄美―奄美第二期（再びの奄美　一村の散歩コース　ほか）

大矢野 種保〔13世紀後半〕 おおやの・たねやす
◇評伝 天草五十人衆　天草学研究会編　福岡弦書房　2016.8　317p　22cm　〈文献あり　年表あり　索引あり〉　2400円　①978-4-86329-138-6　Ⓝ281.94
内容　ステージ1 五人衆の時代、そして…　ステージ2 天領天草の村々　ステージ3 祈りの島で　ステージ4 耕す、漁る　ステージ5 実業の世をひらく　ステージ6 潮路はるかに　ステージ7 文学・歴史・言論　ステージ8 あの頃、この人　ステージ9 島の現実、国の行く末　ステージ10 一筋の道　ステージ特別編 群像二題（天草の石文化と松室五郎左衛門　牛深カツオ漁の男たち）

大山 健太郎〔1945～〕 おおやま・けんたろう
◇大山健太郎―アイリスオーヤマの経営理念　大山健太郎著　日本経済新聞出版社　2016.12　233p　20cm　（私の履歴書）〈年譜あり〉　1700円　①978-4-532-32102-4　Ⓝ578.47
内容　第1部 私の履歴書（震災から復興へ　プロダクトアウト経営が生まれるまで　メーカーベンダーの仕組み　ユーザーインのネットビジネス　地域貢献ジャパンソリューション　社員にとって良い会社）　第2部 私の経営理念　第3部 社員へのメッセージ（本質業務と全体最適　仕組み改善と人材育成　脳を活性化させ創造力を高めよう　変化対応とイノベーション）

大山 捨松〔1860～1919〕 おおやま・すてまつ
◇少女たちの明治維新―ふたつの文化を生きた30年　ジャニス・P・ニムラ著, 志村昌子, 藪本多恵子訳　原書房　2016.4　387p　20cm　〈文献あり〉　2500円　①978-4-562-05303-2　Ⓝ281.04
内容　第1部（一八七一年十一月九日　侍の娘　龍の年の戦　"ほんのわずかのパン種"　"実務を視察する者たちの遠征隊"）　第2部（"気になる客人たち"　家族を求めて　アメリカ人として育つ　ヴァッサー大学にて　"祖国"への旅）　第3部（ふたつの結婚　ひとりで生きていく　アリス、東京に来る　前進と後退　女子英学塾　晩年）

大山 のぶ代〔1936～〕 おおやま・のぶよ
◇娘になった妻、のぶ代へ―大山のぶ代「認知症」介護日記　砂川啓介著　双葉社　2015.10　239p　19cm　1300円　①978-4-575-30955-3　Ⓝ778.77
◇娘になった妻、のぶ代へ　砂川啓介著　双葉社　2017.5　279p　15cm　（双葉文庫　さ－42-01）　602円　①978-4-575-71465-4　Ⓝ778.77
内容　第1章 失った「ドラえもんの記憶」　第2章 おしどり夫婦と呼ばれて　第3章 カミさんの病　第4章 認知症との闘い　第5章 公表を決意して　第6章 我が家にやってきた"娘"　第7章 ペコと僕の未来　特別企画01 初公開！ 2700日介護日記　特別企画02 ペコの特効薬―認知症の進行を遅らせ、元気に暮らすための砂川家10のススメ　特別企画03 砂川啓介＆大山のぶ代 夫婦対談「これからの2人」

大山 久子〔1870～1955〕 おおやま・ひさこ
◇『蝶々夫人』と日露戦争―大山久子の知られざる生涯　萩谷由喜子著　中央公論新社　2018.2　254p　20cm　〈文献あり　年表あり　索引あり〉　1800円　①978-4-12-005052-7　Ⓝ766.1
内容　第1章 野村久子と大山綱介　第2章 軍艦　第3章 オペラ『蝶々夫人』ができるまで　第4章 軍艦争

奪戦の英雄たち　第5章 日露戦争　第6章 三浦環の『蝶々夫人』への道　第7章 久子の後半生）

大山 英夫〔?〜2015〕　おおやま・ひでお
◇相場観は人生観―個人投資家の「守護神」大山英夫の投資哲学　野口稔, 八木邦浩著　秦野　夢工房　2016.6　289p　19cm　1600円　Ⓘ978-4-86158-072-7　Ⓝ338.183
内容　第1章 わたしは黒子　第2章 割安, 超長期, 我慢比べ　第3章 我思故我在　第4章 道のりは西遊記　第5章 野村德七の約束　第6章 原点は満州・遠州銀號　第7章 全てに通じる親孝行　永久保存版「大山語録」（八木メモ）

大山 秀隆〔1941〜〕　おおやま・ひでたか
◇人生は悠々として急げ―トップを目指す人たちへの助言　大山秀隆著　文芸社　2014.8　278p　15cm　700円　Ⓘ978-4-286-14654-6　Ⓝ289.1

大山 倍達〔1923〜1994〕　おおやま・ますたつ
◇添野義二　極真鎮魂歌―大山倍達外伝　添野義二述, 小島一志著　新潮社　2018.2　492p　20cm　〈文献あり〉　2200円　Ⓘ978-4-10-301454-6　Ⓝ789.23
内容　序章 別れ　第1章 大山倍達との出逢い　第2章 キックボクシング参戦　第3章 第一回全日本大会と梶原一騎　第4章 世界大会と武道館問題, そして少林寺襲撃事件　第5章 幻のクーデター計画　第6章 映画を巡る大山と梶原の確執　第7章 「プロ空手」への渇望と挫折　第8章 ウィリーの暴走劇とプロレスへの接近　第9章 ウィリー猪木戦, 地に堕ちた極真との訣別　終章 されど, いまだ道半ば

大山 峰夫〔1956〜〕　おおやま・みねお
◇地図を書き換える　大山峰夫著　新潮社図書編集室　2018.7　166p　20cm　〈発売：新潮社〉　1200円　Ⓘ978-4-10-910120-2　Ⓝ289.1

大山 康晴〔1923〜1992〕　おおやま・やすはる
◇将棋界の巨人 大山康晴 忍の一手　将棋世界編　日本将棋連盟　2016.3　342p　15cm　（将棋連盟文庫）〈文献あり　発売：マイナビ出版〉　1140円　Ⓘ978-4-8399-5870-1　Ⓝ796
内容　第1章 忍の一手 西に逸材現れる　第2章 忍の一手 兄弟子, 升田幸三との死闘　第3章 忍の一手 その高き壁　第4章 忍の一手 生きる, それは戦うこと　第5章 将棋ライバル物語 大山康晴VS升田幸三

大和田 道雄〔1944〜〕　おおわだ・みちお
◇アドリア海の風を追って―余命二カ月の追想録　大和田道雄著　名古屋　風媒社　2016.12　158p　19cm　1200円　Ⓘ978-4-8331-5316-4　Ⓝ289.1
内容　追憶の日々の夕暮れ　恩師から送られてきた論文　余命二カ月の予兆　駄馬としての生き方　期待外れの弟子　伊吹おろしとの出会い　桜の花散るがごとく　補習クラスに入れない馬鹿　落ちこぼれになって　薄っぺらな問題集〔ほか〕

岡 映〔1912〜2006〕　おか・あきら
◇岡映の文学と思想　岡映研究会編　〔岡山〕　おかやま人権研究センター　2014.7　183p　21cm　〈発行所：岡映研究会　年譜あり〉　1200円　Ⓝ289.1

岡 潔〔1901〜1978〕　おか・きよし
◇数学する人生　岡潔著, 森田真生編　新潮社　2016.2　253p　20cm　〈年譜あり〉　1800円　Ⓘ978-4-10-339891-2　Ⓝ289.1
内容　1 最終講義（懐かしさと喜びの自然学）　2 学んだ日々（私の歩んだ道　ラテン文化とともに　中谷治宇二郎君の思い出）　3 情緒とはなにか（絵画　こころ　情緒　いのち　宗教について）　4 数学と人生（世間と交渉を持たない　勝手気まま食　文化勲章騒動記―「岡ミチ（岡潔夫人）」　週間日記　ピカソと無明　生きるということ　都市計画）

◇リーマンと代数関数論―西欧近代の数学の結節点　高瀬正仁著　東京大学出版会　2016.11　303p　22cm　〈他言語標題：Bernhard Riemann and the Theory of Algebraic Functions　文献あり　索引あり〉　4800円　Ⓘ978-4-13-061311-8　Ⓝ413.5
内容　第1章 代数関数とは何か―オイラーの関数概念とその変容（関数概念を振り返って　関数の世界と曲線の世界　ほか）　第2章 カナリアのように歌う―リーマンの「面」の発見（修業時代　ベルリンの数学者たち　ほか）　第3章 楕円関数論のはじまり―楕円関数の等分と変換に関するアーベルの理論（楕円関数論の二つの起源―萌芽の発見と虚数乗法論への道　クレルレの手紙　ほか）　第4章 アーベル関数の理論―ヤコビの逆問題の探究（「パリの論文」からアーベル関数論へ　アーベル積分の等分に関するヤコビとエルミートの理論）　第5章 多変数代数関数論の夢―リーマンを越えて（ガウスの『アリトメチカ研究』とヒルベルトの第12問題　岡潔の遺稿「リーマンの定理」と多変数代数関数論の夢）

◇岡潔先生をめぐる人びと―フィールドワークの日々の回想　高瀬正仁著　京都　現代数学社　2017.12　435p　21cm　3800円　Ⓘ978-4-7687-0481-3　Ⓝ289.1
内容　フィールドワークのはじまり　紀見村を歩く　中谷兄弟の消息　龍神温泉の旅のおもかげ　洛西太秦へ　光明会　胡蘭成の人生　琵琶湖周航の歌　粉河中学の記憶　武尊の麓〔ほか〕

岡 啓輔〔1965〜〕　おか・けいすけ
◇バベる！―自力でビルを建てる男　岡啓輔著　筑摩書房　2018.4　284p　19cm　2200円　Ⓘ978-4-480-87396-5　Ⓝ289.1
内容　序章 坂の上のバベル　第1章 激闘！セルフビルド　第2章 人がつくる魔法の石　第3章 即興の建築　第4章 夢のはじまり　第5章 船出の日々　第6章 建築武者修行　第7章 悲しい現実　第8章 絶望からの大どんでん返し　第9章 単純な真実　終章 世界を変える建築

岡 久雄〔1925〜〕　おか・ひさお
◇勿忘草―92年の歩み　岡久雄著　里文出版　2018.4　257p　19cm　〈他言語標題：Forget-me-not〉　1500円　Ⓘ978-4-89806-464-1　Ⓝ289.1
内容　生い立ち　学びの道（1）　心の目覚め　終戦の頃　復員―国破れて山河あり　進駐軍日本占領の頃

おかくら

学びの道(2)　出会いと絆(YMCAと私)　長崎原爆、爆心地整地作業に参加して　三菱電機入社の頃〔ほか〕

岡倉 覚三　おかくら・かくぞう
　⇒岡倉天心(おかくら・てんしん)を見よ

岡倉 天心〔1863～1913〕　おかくら・てんしん

◇天心・岡倉覚三とアメリカ―ポストモダンをみすえて　池田久代述　伊勢　皇學館大学出版部　2015.1　49p　19cm　(皇學館大学講演叢書 第155輯)〈文献あり〉　477円　Ⓝ289.1

◇近代茶人の肖像　依田徹著　京都　淡交社　2015.2　215p　18cm　(淡交新書)〈文献あり〉　1200円　①978-4-473-03992-7　Ⓝ791.2

内容　井上馨(世外)―政界の雷親父は細心なる茶人　有栖川宮熾仁親王(霞堂)―親王の茶の湯に見る宮家と華族の社交界　安田善次郎(松翁)―慎しく陰徳を重ねた財産家の茶の湯　今泉雄作(常真)―茶道具再評価の種を蒔いた江戸っ子　平瀬亀之輔(露香)―大阪の茶の湯を牽引した「粋との神」　住友吉純(春翠)―茶の湯に文人趣味を融合させたエリート実業家　益田孝(鈍翁)―近代の茶の湯を双肩に担った巨人　鴻池恭平(化生)―数々の逸話を残した「ビール王」数寄者　柏木貨一郎(探古斎)―土蔵に住んだ幻の数寄屋建築家　岡倉覚三(天心)―茶より酒を愛した『茶の本』の執筆者　正木直彦(十三松堂)―美術と茶道に橋を架けた美術学校長　貞明皇后―満州皇帝を茶の湯でもてなした大正天皇妃　三井高棟(宗恭)―財閥の盛衰を見つめた三井家当主の茶の湯　團琢磨(狸山)―鈍翁から経営と茶の湯を受け継いだ男　大谷尊由(心斎)―茶の湯三昧の境地に遊んだ宗教家　前田利為(梅堂)―旧大名家軍人のたしなみとしての茶の湯　式守蝸牛(虎山)―悲運の宰相、戦時下の茶の湯　栗山善四郎(八百善)―江戸懐石を伝え、茶の湯を愛した料亭主人　加藤正治(犀水)―憲法の制定に携わった法学者茶人

◇二十世紀と格闘した先人たち―一九〇〇年アジア・アメリカの興隆　寺島実郎著　新潮社　2015.9　390p　16cm　(新潮文庫 て-10-2)〈「二十世紀から何を学ぶか 下 一九〇〇年への旅 アメリカの世紀、アジアの自尊」(2007年刊)の改題、加筆・修正〉　630円　①978-4-10-126142-3　Ⓝ304.4

内容　第1章 アメリカの世紀がアジア太平洋にもたらしたもの(太平洋の転換点となった米西戦争での米国の勝利　明治の青年に夢を与えたクラーク博士の実像と足跡　ヘンリー・ルース、「アメリカの世紀」を推進した男　フランクリン・ルーズベルトの対日観の歴史的変遷　敗戦後の日本を「支配」した「極端な人」マッカーサー　付マッカーサー再考への旅――呪縛とトラウマからの脱却)　第2章 国際社会と格闘した日本人(「太平洋の橋」になろうとした憂国の国際人、新渡戸稲造　キリストに生きた武士、内村鑑三の高尚なる生涯　禅の精神を世界に発信した、鈴木大拙という存在　六歳の津田梅子を留学させた明治という時代　「亡命学者」野口英世の生と死　高峰譲吉の栄光とその悲しみ　日本近代史を予言した男、朝河貫一の苦闘と日米関係　近代石炭産業の功労者、松本健次郎と日本の二十世紀　情報戦争の敗北者だった大島浩駐独大使)　第3章 アジアの自尊を追い求めた男たち(アジアの再興を図ろうとした岡倉天心の夢　「偉大な魂」ガンディーの重い問い掛け　インドが見つめている―チャンドラ・ボースとバル判事　革命家・孫文が日本に問いかけたもの　魯迅が否定した馬々虎々　不倒翁・周恩来の見た日本)　第4章 二十世紀再考―付言しておくべきことと総括(一九〇〇年エルサレム―アラブ・イスラエル紛争に埋め込まれたもの　一九〇〇年香港―英国のアジア戦略　総括―結局、日本にとって二十世紀とは何だったか)

◇岡倉天心―明治国家形成期における「日本美術」　大東文化大学東洋研究所・岡倉天心研究班編著　大東文化大学東洋研究所　2016.3　77p　27cm　5000円　①978-4-904626-24-5　Ⓝ289.1

内容　明治期における東西文化融合/岡倉登志著　明治に生まれた「美術」をめぐる政治/岡本佳子著　明治28年「懸賞仏画募集」について/佐藤志乃著　研究ノート【岡倉天心をめぐる人々・2】岡倉天心と小堀鞆音/宮流交二著　彫金家岡部家三代(覚弥・達雄・昭)における「伝統と革新」/篠永宜孝著

◇洋々無限―岡倉天心・覚三と由三郎　清水恵美子著　里文出版　2017.1　254p　19cm　2800円　①978-4-89806-450-4　Ⓝ289.1

内容　序章 二人のオカクラ　第1章 岡倉兄弟と世界　第2章 挫折と思慕　第3章 兄弟を育んだ文化的土壌　第4章 覚三没後の由三郎　第5章 日本とアメリカをつないで

◇幕末明治人物誌　橋川文三著　中央公論新社　2017.9　308p　16cm　(中公文庫は73-1)　1000円　①978-4-12-206457-7　Ⓝ281

内容　吉田松陰―吉田松陰　坂本龍馬―維新前夜の男たち　西郷隆盛―西郷隆盛の反動性と革命性　後藤象二郎―明治的マキャベリスト　高山樗牛―高山樗牛　乃木希典―乃木伝説の思想　岡倉天心―岡倉天心の面影　徳冨蘆花―蘆花断想　内村鑑三―内村鑑三先生　小泉三申―小泉三申論　頭山満―頭山満

◇岡倉天心五浦から世界へ―茨城大学国際岡倉天心シンポジウム2016　茨城大学社会連携センター, 五浦美術文化研究所編　京都　思文閣出版　2018.1　203,5p　21cm　3200円　①978-4-7842-1931-5　Ⓝ289.1

内容　シンポジウム1日目(岡倉天心と文化財　岡倉覚三とボストン美術館―東西の出会い　スワーミー・ヴィヴェーカーナンダと岡倉天心―インドと日本の架け橋　文化を演出する―イザベラ・スチュワート・ガードナーと北東部女性エリートから得た信頼　六角堂と『茶の本』の「はたらき」　『茶の本』とオペラ台本"白狐"　パネルディスカッション「天心の思想と現代的意義を探る」)　シンポジウム2日目　附録1 六角堂 再建の軌跡　附録2 六角堂は茶の本からはじまる　附録3 天心を理解する一〇の遺品―茨城大学五浦美術文化研究所所蔵品紹介

岡倉 由三郎〔1868～1936〕　おかくら・よしさぶろう

◇洋々無限―岡倉天心・覚三と由三郎　清水恵美子著　里文出版　2017.1　254p　19cm　2800円　①978-4-89806-450-4　Ⓝ289.1

内容　序章 二人のオカクラ　第1章 岡倉兄弟と世界　第2章 挫折と思慕　第3章 兄弟を育んだ文化的土壌　第4章 覚三没後の由三郎　第5章 日本とアメリカをつないで

岡崎 宏〔1961～1986〕 おかざき・こう
◇寒葵 岡崎淳子著〔西宮〕〔岡崎淳子〕 2018.2 197p 20cm Ⓝ289.1

岡崎 慎司〔1986～〕 おかざき・しんじ
◇鈍足バンザイ！―僕は足が遅かったからこそ、今がある。 岡崎慎司著 幻冬舎 2018.4 293p 16cm（幻冬舎文庫 お-51-1） 650円 Ⓘ978-4-344-42718-1 Ⓝ783.47
◇アホが勝ち組、利口は負け組―サッカー日本代表進化論 清水英斗著 秋田書店 2018.6 190p 19cm 1300円 Ⓘ978-4-253-10106-6 Ⓝ783.47
　内容 日本代表進化論 理想は進化、現実は退化 日本代表進化論 選手編（原口元気―モノクロームの元気 岡崎慎司―アホの岡崎 遠藤航―がんばれ！ ニッポンの父！ 宇佐美貴史―「行ってるやん」の絶壁 吉田麻也―"大ポカ"の汚名を返せよ！ 柏木陽介―だって、人間だもの 長谷部誠―キレッ早のキャプテン 長友佑都―左を制する者は、世界を制す！ 柴崎岳―キャノンシュートの秘密は、弓槙野智章―カネでは買えない男！ ほか）

岡崎 清吾〔1926～〕 おかざき・せいご
◇歌は生命（いのち）の輝き―岡崎清吾と児童合唱 牛山剛著 東大和 踏青社 2014.4 246p 20cm〈年譜あり〉 1800円 Ⓘ978-4-924440-65-4 Ⓝ767.4

岡崎 富夢〔1977～〕 おかざき・とむ
◇起業のリアル―田原総一朗×若手起業家 田原総一朗著 プレジデント社 2014.7 249p 19cm 1500円 Ⓘ978-4-8334-5065-2 Ⓝ335.21
　内容 儲けを追わずに儲けを出す秘密―LINE社長・森川亮 「競争嫌い」で年商一〇〇〇億円―スタートトゥデイ社長・前澤友作 管理能力ゼロの社長兼クリエーター―チームラボ代表・猪子寿之 二〇二〇年、ミドリムシで飛行機が飛ぶ日―ユーグレナ社長・出雲充 保育NPO、社会起業家という生き方―フローレンス代表・駒崎弘樹 単身、最貧国で鍛えたあきらめない心―マザーハウス社長・山口絵理子 現役大学生、途上国で格安警備処を開く―e・エデュケーション代表・税所篤快 七四年ぶりに新規参入したワケ―ライフネット生命社長・岩瀬大輔 上場最年少社長の「無料で稼ぐカラクリ」―リブセンス社長・村上太一 四畳半から狙う電動バイク世界一―テラモーターズ社長・徳重徹 目指すは住宅業界のiPhone―innovation社長・岡崎富夢 三〇年以内に「世界銀行」をつくる―リビング・イン・ピース代表・慎泰俊 ハーバード卒、元体育教師の教育改革―ティーチ・フォー・ジャパン代表・松田悠介 四重苦を乗り越えた営業女子のリーダー―ベレフェクト代表・太田彩子 二代目社長が狙う「モバゲーの先」―ディー・エヌ・エー社長・守安功 ITバブル生き残りの挑戦―サイバーエージェント社長・藤田晋 特別対談 堀江貴文―五年後に花開く、商売の種のまき方

岡崎 久彦〔1930～2014〕 おかざき・ひさひこ
◇国際情勢判断・半世紀 岡崎久彦著, 岡崎研究所編 育鵬社 2015.4 277p 20cm〈他言語標題：A Half-Century on the Frontline of International Affairs 共同刊行：扶桑社 著作目録あり 年譜あり 発売：扶桑社〉 1700円 Ⓘ978-4-594-07238-4 Ⓝ289.1
　内容 第1部 戦後外交の回顧録（岡崎家に生まれて―少年・学生時代 外交官人生の出発 情勢判断の道を進む 国際政治と官僚のただなかで 駐サウジアラビア大使時代 駐タイ大使時代 外務省を退官して 日本の未来のために） 第2部 主要な論説と証言（戦後五十年と「誠が感じられない」 歪められた戦後の「歴史問題」 苦節三十五年、集団的自衛権の時がきた 強大中国にいかに立ち向かうか 友人、知人が見た岡崎久彦）

小笠原 貞慶〔1546～1595〕 おがさわら・さだよし
◇小笠原右近大夫貞慶―武田信玄に敗れ没落した小笠原長時、その小笠原家を再興した小笠原貞慶の一代記 志村平治著 歴研 2016.5 223p 21cm〈文献あり 年譜あり〉 2500円 Ⓘ978-4-86548-036-8 Ⓝ289.1
　内容 小笠原氏の由緒 小笠原長時 小笠原貞慶登場 貞慶と織田信長 貞慶、回天偉業なる 府中の平定 貞慶、徳川氏に属す 豊臣・徳川両雄の狭間で 再び徳川に従属 貞慶、没す 貞慶の家族 その後の小笠原氏

小笠原 忠真〔1596～1667〕 おがさわら・ただざね
◇家康と播磨の藩主 播磨学研究所編 神戸 神戸新聞総合出版センター 2017.8 255p 20cm 1800円 Ⓘ978-4-343-00962-3 Ⓝ281.64
　内容 家康を見直す 賤ヶ岳七本槍の加古川城主・加須屋武則 "西国の将軍"姫路城主・池田輝政 山崎、福本に刻む池田輝澄・政直の足跡 林田藩主・建部政長 播磨の豪将・後藤又兵衛 海峡の町を創った明石城主・小笠原忠真 戦国の龍野城主・蜂須賀小六正勝 関ヶ原・大坂で家康に味方した一柳家 永井直勝の一族と赤穂藩主・永井直敬

小笠原 鳥類〔1977～〕 おがさわら・ちょうるい
◇小笠原鳥類詩集 小笠原鳥類著 思潮社 2016.4 160p 19cm（現代詩文庫 222） 1300円 Ⓘ978-4-7837-1000-4 Ⓝ911.56
　内容 詩集『素晴らしい海岸生物の観察』全篇（（私は絵を描いていただけの。/船に遠隔操作の時間差爆弾を仕掛けていたのではない） 犬 ほか） 詩集『テレビ』から（グラフ 白い、漆喰や木材の建物の中で人々が楽器を運んでいること ほか） 未刊詩篇『寒天幻魚―かんてんげんげ』（映画、このキラキラ光る星の夥しい鳥たち フクロウ―は、時計のようにロボットであった ほか） 散文（自伝 岡井隆の動物の短歌についての感想 ほか） 作品論・詩人論

小笠原 長時〔1514～1583〕 おがさわら・ながとき
◇信濃の戦国武将たち 笹本正治著 京都 宮帯出版社 2016.4 295p 19cm 2500円 Ⓘ978-4-8016-0011-9 Ⓝ281.52
　内容 第1章 神の血筋―諏方頼重 第2章 信濃守護の系譜―小笠原長時 第3章 二度も信玄を破る―村上義清 第4章 信玄を支える―真田幸綱 第5章 表裏

比興の者―真田昌幸　第6章 武田氏を滅亡に追い込む―木曽義昌　第7章 武田氏滅亡と地域領主たち

小笠原 登〔1888〜1970〕　おがさわら・のぼる
◇孤高のハンセン病医師―小笠原登「日記」を読む　藤野豊著　六花出版　2016.3　216p　21cm　1800円　Ⓟ978-4-905421-95-5　Ⓝ498.6

小笠原 毬子〔1929〜〕　おがさわら・まりこ
◇赤い毬　小笠原毬子著　国立　満月うさぎ社　2018.1　306p　21cm（折り込2枚）　2880円　Ⓟ978-4-909557-00-1　Ⓝ289.1

岡田 育〔1980〜〕　おかだ・いく
◇ハジの多い修業時代　岡田育著　新書館　2014.5　285p　19cm　1500円　Ⓟ978-4-403-22077-7　Ⓝ914.6

内容　第1章（ハジの多い修業時代　私は普通の人間ですほか）　第2章（遭難する準備はできている　亡き就活生のためのパヴァーヌ　ほか）　第3章（気にしているのがイイ話　キレイはきたない、きたないはキレイ　ほか）　第4章（タカラヅカなんて嫌いだ！（った）　恋とはどんなものかしら　ほか）　第5章（「去年インターネットで」　バビロンまでは何キログラム？　ほか）

緒方 郁蔵　おがた・いくぞう
⇒緒方研堂（おがた・けんどう）を見よ

岡田 慶治〔1910〜1948〕　おかだ・けいじ
◇スマラン慰安所事件の真実―BC級戦犯岡田慶治の獄中手記　岡田慶治原著，田中秀雄編　芙蓉書房出版　2018.4　268p　19cm　2300円　Ⓟ978-4-8295-0736-0　Ⓝ916

内容　第1章 大東亜解放の聖戦へ―「青壮日記10」仏印、マレー、ビルマ（出征　サイゴンで待機する　ほか）　第2章 運命のジャワへ―「青壮日記11」ジャワ、スマトラ（幹部候補生教育隊　スマランへ移動する幹候隊本部　ほか）　第3章 ボルネオの苦闘―「青壮日記12」ボルネオの巻（仕事なき泥沼旅団の大隊長　敵の制空権下のボルネオ　ほか）　第4章 バタビア報復裁判に戦う―「青壮日記13」復員、再起、戦犯行（復員　家族のもとへ　ほか）　解説　フェミニスト岡田慶治（田中秀雄）

岡田 啓介〔1868〜1952〕　おかだ・けいすけ
◇岡田啓介回顧録　岡田啓介著，岡田貞寛編　改版　中央公論新社　2015.2　440p　16cm（中公文庫 お19-2）〈初版：中央公論社　1987年刊　年譜あり〉　1200円　Ⓟ978-4-12-206074-6　Ⓝ289.1

内容　明治の少年　成長期の海軍　陸軍の野望たかまる　波乱の軍縮会議　五・一五事件と政党　組閣難航の前後　危機をはらむ時期　二・二六事件の突発　日本のわかれ道　東条とのたたかい　終戦に努力した人々

◇昭和史講義　3　リーダーを通して見る戦争への道　筒井清忠編　筑摩書房　2017.7　302p　18cm（ちくま新書 1266）　900円　Ⓟ978-4-480-06977-1　Ⓝ210.7

内容　加藤高明―二大政党政治の扉　若槻礼次郎―世論を説得しようとした政治家の悲劇　田中義一―政党内閣期の軍人宰相　幣原喜重郎―戦前期日本の国際協調外交の象徴　浜口雄幸―調整型指導者と立憲民政党　犬養毅―野党指導者の奇遇　岡田啓介―「国を思う狸」の功罪　広田弘毅―「協和外交」の破綻から日中戦争へ　宇垣一成―「大正デモクラシー」が生んだ軍人　近衛文麿―アメリカという「幻」に賭けた政治家　米内光政―天皇の絶対的な信頼を得た海軍軍人　松岡洋右―ポピュリストの誤算　東条英機―ヴィジョンなき戦争指導者　鈴木貫太郎―選択としての「聖断」　重光葵―対中外交の可能性とその限界

◇岡田啓介―開戦に抗し、終戦を実現させた海軍大将のリアリズム　山田邦紀著　現代書館　2018.7　325p　20cm〈文献あり 年譜あり〉　2400円　Ⓟ978-4-7684-5836-5　Ⓝ289.1

内容　第1章 襲撃　第2章 総理官邸　第3章 脱出　第4章 海軍　第5章 戦争　第6章 軍縮　第7章 大命降下　第8章 対決

尾形 乾山〔1663〜1743〕　おがた・けんざん
◇琳派―響きあう美　河野元昭著　京都　思文閣出版　2015.3　836,34p　22cm〈索引あり〉　9000円　Ⓟ978-4-7842-1785-4　Ⓝ721.5

内容　琳派と写意　1（光悦試論　宗達関係資料と研究史　ほか）　2（光琳水墨画の展開と源泉　光琳二大傑作の源泉と特質　ほか）　3（乾山の伝記と絵画　乾山と定家―十二か月花鳥和歌の世界　ほか）　4（抱一の伝記　抱一の有年紀作品　ほか）

緒方 研堂〔1816〜1871〕　おがた・けんどう
◇緒方郁蔵伝―幕末蘭学者の生涯　古西義麿著　京都　思文閣出版　2014.10　167p　22cm〈文献あり 年譜あり〉　2500円　Ⓟ978-4-7842-1774-8　Ⓝ289.1

内容　第1章 生い立ち―誕生から適塾入門まで（生い立ち―家族の動向と山鳴大年の漢学塾　江戸における漢学塾・昌谷精渓塾と蘭学塾・坪井信道塾　ほか）　第2章 独笑軒塾の開塾とその展開（独笑軒塾はいつできたか―年代・塾則・場所　どんな人が入門したか―「門生姓名」五十音順検索　ほか）　第3章 土佐の医学・洋学研究と緒方郁蔵（大坂における土佐藩の仕事―安政の辞令　土佐本藩勤務時代―慶応二〜四年（明治元年））　第4章 大阪医学校時代（明治天皇の行幸と病院建設　大阪仮病院（第一〜二次）の開設　ほか）　第5章 資料（「研堂緒方郁蔵先生伝」　研堂緒方先生碑　ほか）

緒方 洪庵〔1810〜1863〕　おがた・こうあん
◇緒方洪庵と適塾の門弟たち―人を育て国を創る　阿部博人著　京都　昭和堂　2014.10　224p　19cm　1850円　Ⓟ978-4-8122-1422-0　Ⓝ372.105

内容　第1章 幕末の学舎―適塾と交叉する知の時空　第2章 緒方洪庵と蘭学の系譜　第3章 洪庵の蘭学と結婚　第4章 適塾の教育　第5章 医師としての活躍　第6章 西洋医学者としての貢献　第7章 医の実践　第8章 コレラとの闘い　第9章 将軍奥医師　第10章 門下生の時代

◇緒方洪庵　梅溪昇著　吉川弘文館　2016.2　295p　19cm（人物叢書 新装版 通巻284）〈文献あり 年譜あり〉　2300円　Ⓟ978-4-642-05277-1　Ⓝ289.1

内容 第1 幼少時代　第2 大坂と江戸での修業時代　第3 長崎での修業時代　第4 大坂における開業・開塾　第5 蘭医学書の翻訳と洪庵　第6 大坂除痘館の開業とジェンナー牛痘法の普及　第7 晩年の奥医師・西洋医学所頭取時代　第8 洪庵の最期

◇緒方洪庵全集　第4巻　日記書状　その1　緒方洪庵著, 適塾記念会緒方洪庵全集編集委員会編集　吹田　大阪大学出版会　2016.3　306p　22cm　〈布装　索引あり〉　10000円　①978-4-87259-513-0　Ⓝ081.5

内容 日記（癸丑年中日次之記　壬戌旅行日記　勤仕向日記）　書状（箕作秋坪宛）

◇岡山蘭学の群像　1　岡山　山陽放送学術文化財団　2016.4　240p　21cm　〈発売：吉備人出版（岡山）〉　1400円　①978-4-86069-467-8　Ⓝ402.105

内容 岡山蘭学の群像1　日本初の女医　おイネの生涯、そして謎（基調講演　シーボルトとおイネ　パネルディスカッション）　『珈琲』の文字を作った男　江戸のダ・ヴィンチ　宇田川榕菴（基調講演　好奇心と冒険の人―宇田川榕菴　パネルディスカッション）　岡山蘭学の群像3　百年先の日本を見据えた男　緒方洪庵（基調講演　時代を拓く蘭学者―緒方洪庵　講演　緒方洪庵の種痘普及と岡山　講演　緒方洪庵と岡山の適塾生　ディスカッション　洪庵を読み解く―質問に答えて）

◇江戸の科学者―西洋に挑んだ異才列伝　新戸雅章著　平凡社　2018.4　251p　18cm　〈平凡社新書　875〉〈文献あり〉　820円　①978-4-582-85875-4　Ⓝ402.8

内容 第1章 究理の学へ（高橋至時―伊能忠敬を育てた「近代天文学の星」　志筑忠雄―西洋近代科学と初めて対した孤高のニュートン学者　ほか）　第2章 江戸科学のスーパースター（関孝和―江戸の数学を世界レベルにした天才　平賀源内―産業技術社会を先取りした自由人　ほか）　第3章 過渡期の異才たち―（司馬江漢―西洋絵画から近代を覗いた多才の人　国友一貫斎―反射望遠鏡をつくった鉄砲鍛冶）　第4章 明治科学をつくった人々（緒方洪庵―医は仁術を実践した名教育者　田中久重―近代技術を開いた江戸の「からくり魂」　ほか）

尾形 光琳〔1658～1716〕　おがた・こうりん

◇風俗絵師・光琳―国宝『松浦屏風』の作者像を探る　小田茂一著　青弓社　2018.10　166p　21cm　〈文献あり〉　2000円　①978-4-7872-7416-8　Ⓝ721.5

内容 第1章 多様な図像表現を生んだ江戸文化　第2章 『松浦屏風』の画面構成と絵画としての特質　第3章 風俗図としての『松浦屏風』第4章 『松浦屏風』と元禄様式　第5章 『松浦屏風』と光琳芸術の意匠の特徴　第6章 『松浦屏風』と『燕子花図屏風』の近似性　第7章 光琳作品と『松浦屏風』とのさまざまな共通点　第8章 繊細な動勢によって拡張する光琳風空間　第9章 『松浦屏風』の構成美と革新性　第10章 『松浦屏風』と『誰が袖図屏風』との関連　第11章 「小西家旧蔵資料」画稿から『誰が袖美人図屏風』の世界へ　終章 京の伝統と光琳

緒方 惟直〔1853～1878〕　おがた・これなお

◇明治期のイタリア留学―文化受容と語学習得　石井元章著　吉川弘文館　2017.1　329,5p　20cm　〈年表あり　索引あり〉　3200円　①978-4-642-08307-2　Ⓝ377.6

内容 第1章 井尻儀三郎―現地でイタリア語を習得し首席を通したる十二歳（不世出の努力家　トリノ王立イタリア国際学院　ほか）　第2章 緒方惟直―万博のフランス語通訳となり、国際結婚をした洪庵の息子（出生から三度目のヨーロッパ出発まで　国際院の惟直　ほか）　第3章 川村清雄―ヨーロッパ人に伍して新しい美術を模索したポリグロットの洋画家（誕生からヴェネツィア到着まで　ヴェネツィア美術学校での勉学　ほか）　第4章 長沼守敬―原敬、森鷗外とも親交のあった洋風彫刻の創始者（出生からヴェネツィア留学まで　イタリア渡航と最初の困難　ほか）

緒方 貞子〔1927～〕　おがた・さだこ

◇聞き書緒方貞子回顧録　緒方貞子述, 野林健, 納家政嗣編　岩波書店　2015.9　309p　20cm　〈著作目録あり〉　2600円　①978-4-00-061067-4　Ⓝ289.1

◇世界を変えた10人の女性―お茶の水女子大学特別講義　池上彰著　文藝春秋　2016.5　344p　16cm　〈文春文庫　い81-6〉　670円　①978-4-16-790619-1　Ⓝ280

内容 第1章 アウンサンスーチー―政治家　第2章 アニータ・ロディック―実業家　第3章 マザー・テレサ―カトリック教会修道女　第4章 ベティ・フリーダン―女性解放運動家　第5章 マーガレット・サッチャー―元英国首相　第6章 フローレンス・ナイチンゲール―看護教育学者　第7章 マリー・キュリー―物理学者・化学者　第8章 緒方貞子―元国連難民高等弁務官　第9章 ワンガリ・マータイ―環境保護活動家　第10章 ベアテ・シロタ・ゴードン―元GHQ職員

岡田 孝子〔1944～〕　おかだ・たかこ

◇愛の子　岡田孝子著　Sweet Thick Omelet　2014.11　223p　20cm　1200円　①978-4-907061-07-4　Ⓝ289.1

内容 第1章 愛を乞う　第2章 もう一人の母　第3章 北海道での生活　第4章 歪みきった愛の形　第5章 大学受験　第6章 転機　第7章 私が商品　第8章 運命の人　第9章 命　第10章 始まりそうな計画

岡田 卓也〔1925～〕　おかだ・たくや

◇リーダーズ・イン・ジャパン―日本企業いま学ぶべき物語　有森隆著　実業之日本社　2014.7　270p　20cm　〈他言語標題：Leaders in Japan〉　1400円　①978-4-408-11077-6　Ⓝ332.8

内容 1「創業家」の精神（豊田章男（トヨタ自動車）―「あさって」を見つめている男は、持続的成長に向けて手綱緩めず　岡田卓也、岡田元也（イオン）―増殖を続ける流通帝国。肉食系のM&Aは岡田親子の遺伝子　鈴木修（スズキ）―「三兆円企業」の名物ワンマン社長の強さと苦悩）　2「カリスマ」の本気（孫正義（ソフトバンク）―大ボラを次々と現実のものにした「孫氏の兵法」を徹底解剖する　鈴木敏文（セブン＆アイ）―息子に第三の創業を託すのは…　「流通王」鈴木敏文の究極の選択　柳井正（ファーストリテイリング）―徒手空拳で小売業世界一に挑む男にゴールはない）　3「中興の祖」の逆襲（佐治信

おかた

忠(サントリーホールディングス)—「やってみなはれ」の精神で佐治信忠は一世一代の大勝負に出る 高原豪久(ユニ・チャーム)—東南アジアに針路をとれ! 二代目社長、高原豪久の"第三の創業" 奥田務(J.フロントリテイリング)—「脱百貨店」の旗手、奥田務の正攻法に徹した改革 4「異端児」の反骨(岡藤正広(伊藤忠商事)—野武士集団の復活を目指す伝説の繊維マン 津賀一宏(パナソニック)—テレビから自動車部品へ大転換。生き残りを懸け、エースが陣頭指揮 永井浩二(野村ホールディングス)—増資インサイダー事件で信用を失墜したガリバーを再生。変革に挑む営業のカリスマ)

緒方 竹虎〔1888~1956〕 おがた・たけとら
◇戦後政治家論—吉田・石橋から岸・池田まで 阿部眞之助著 文藝春秋 2016.4 439p 16cm 〈文春学藝ライブラリー—雑英 25〉(「現代政治家論」(文藝春秋新社 1954年)の改題、再刊) 1400円 ⓘ978-4-16-813061-8 Ⓝ312.8
内容 岸信介論 重光葵論 池田勇人論 木村篤太郎論 和田博雄論 三木武吉論 西尾末廣論 吉田茂論 石橋湛山論 德田球一論 緒方竹虎論 大野伴睦論 芦田均論 鳩山一郎論 鈴木茂三郎論

岡田 民雄〔1937~〕 おかだ・たみお
◇開発は不可能を可能にする 岡田民雄著 エネルギーフォーラム 2018.12 218p 20cm 1800円 ⓘ978-4-88555-498-8 Ⓝ289.1
内容 第1章 三人の父の教え(南京袋に詰め込まれて土蔵に! 第三の父・茂木克己より受け継ぐ「任せて、任さず」の教え ほか) 第2章 テストに失敗はない(新製品、新事業を追い求めて テストに失敗はない ほか) 第3章 転身(兄から学んだ「事業的カン」を長嶋茂雄さんとの縁 ほか) 第4章 開発は不可能を可能にする(再り古巣から「日本坩堝」から「日本ルツボ」に ほか) 第5章 絆—「おかげさま」の言葉とともに(企業に携わる者は評論家であってはならない 先人の思いを未来につなげる ほか)

岡田 棣〔1836~1897〕 おかだ・なろう
◇軍艦発機丸と加賀藩の俊傑たち 德田寿秋著 金沢 北國新聞社 2015.5 283p 19cm 〈文献あり 年表あり〉 1800円 ⓘ978-4-8330-2029-9 Ⓝ214.3
内容 1 軍艦発機丸の軌跡—加賀藩最初の洋式汽走帆船(宮腰沖に姿を見せた黒船の正体 加賀藩の軍艦事始めと黒船への関心 乗組員が決定し冬の荒海へ乗り出す ほか) 2 乗船者群像—発機丸から雄飛した俊傑たち(発機丸を横浜から国許へ廻航 佐野鼎—遣米使節に加わり見聞録を遺す 発機丸の艦将として将軍上洛を供奉 岡田雄太郎—中級藩士から公儀人や大参事に 発機丸の機関方棟取として活躍 浅津富之助—下級陪臣から貴族院議員に ほか) 3 付録「跡戻り記」 発機丸関係略年表)

岡田 日壽〔1912~〕 おかだ・にちじゅ
◇日壽抄 岡田日壽著 調布 ふらんす堂 2015.5 148p 22cm 〈布装 年譜あり〉 8000円 ⓘ978-4-7814-0775-3 Ⓝ289.1
内容 第1章 等々力の家(等々力渓谷 九品佛 ほか) 第2章 聖地巡拝(夢は叶う(D・レーワタ師) マダム・アーシャ・オダを称えて(インド大菩提会) ほか) 第3章 「御文証」抄(昭和55年~平成2年(抜萃) 昭和63年8月1日~8月30日 ほか) 第4章 愛する品々 第5章 思い出の記(如来様の教え(保科榮一) インドへの旅(矢島佳年) ほか)

岡田 典弘〔1947~〕 おかだ・のりひろ
◇科学者の冒険—クジラからシクリッド、シーラカンス、脳、闘魚……進化に迫る 岡田典弘著 クバプロ 2017.2 283p 22cm 〈文献あり〉 3200円 ⓘ978-4-87805-151-7 Ⓝ467.5
内容 第1章 普通の子ども時代 演劇青年から科学者へ 第2章 tRNAとの出会い 第3章 反復配列の発見 第4章 SINEはどうやって増えるのか 第5章 サケからクジラへの進化へ 広がるSINE法 第6章 ビクトリア湖で種分化に挑む 第7章 シーラカンスがやってきた 第8章 SINEが哺乳類の脳をつくった

岡田 尚〔1945~〕 おかだ・ひさし
◇証拠は天から地から—人権弁護士の立ち位置 岡田尚著 新日本出版社 2015.7 271,4p 19cm 〈年譜あり〉 1700円 ⓘ978-4-406-05918-3 Ⓝ327.14
内容 プロローグ 坂本堤弁護士のこと オウム真理教のこと 第1部 野球少年から弁護士へ 第2部 駆け出しの頃出逢った人々 第3部 誰にでも、いつでも起きる事件を共に闘って 第4部 時代と切り結ぶ闘いを共にして エピローグ この国の行方と「九条の会」運動

緒方 正実〔1957~〕 おがた・まさみ
◇水俣・女島の海に生きる—わが闘病と認定の半生 緒方正実著, 阿部浩, 久保田好年, 高倉史朗, 牧野喜好編 〈横浜〉 世織書房 2016.11 331p 20cm 〈年譜あり〉 2700円 ⓘ978-4-902163-91-9 Ⓝ519.2194
内容 1部 生い立ち、そして独立(出生から中学卒業まで 漁業の中止と闘病 ほか) 2部 水俣病認定への闘い(政府解決策から外された認定申請へ 行政不服審査請求の道のり ほか) 3部 水俣病とつきあって生きる(建具仕事と自覚症状 猫実験を思い出す ほか) 4部のこと、人々のこと(海のこと 川本輝夫さんのこと ほか)

岡田 麿里〔1976~〕 おかだ・まり
◇学校へ行けなかった私が「あの花」「ここさけ」を書くまで 岡田麿里著 文藝春秋 2017.4 253p 20cm 1400円 ⓘ978-4-16-390632-4 Ⓝ914.6
内容 プロローグ 心が叫びたがっていたんだ。 学校のなかの居場所 誰に挨拶したらいいかわからない 一日、一日が消えていく 行事のための準備運動 お母さんだってひどいことをしてる 緑の檻、秩父 下宿先生とおじいちゃん トンネルを抜けて東京へ シナリオライターになりたい Vシネからアニメへ シナリオ「外の世界」 かくあれかしと思う母親を主人公にする あの日見た花の名前を僕達はまだ知らない。 心が叫びたがってるんだ。 出してみることで形になる何か

岡田 元也〔1951~〕 おかだ・もとや
◇リーダーズ・イン・ジャパン—日本企業いま学ぶべき物語 有森隆著 実業之日本社 2014.7 270p 19cm 〈他言語標題:Leaders in

Japan〉 1400円 ⓘ978-4-408-11077-6 Ⓝ332.8

内容 1「創業家」の精神(豊田章男(トヨタ自動車)—「あさって」を見つめている男は、持続的成長に向けて手綱緩めず 岡田卓也、岡田元也(イオン)—増殖を続ける流通帝国。肉食系のM&Aは岡田親子の遺伝子 鈴木修(スズキ)—「三兆円企業」の名物ワンマン社長の強気と苦悩 2「カリスマ」の本気(孫正義(ソフトバンク)—大ボラを次々と現実のものにした「孫氏の兵法」を徹底解剖する 鈴木敏文(セブン&アイ)—息子に第三の創業を託すのか? 流通王」鈴木敏文の究極の選択 柳井正(ファーストリテイリング)—徒手空拳で小売業世界一に挑む男にゴールはない) 3「中興の祖」の逆襲(佐治信忠(サントリーホールディングス)—「やってみなはれ」の精神で佐治信忠は一世一代の大勝負に出る 高原豪久(ユニ・チャーム)—東南アジアに針路をとれ! 二代目社長、高原豪久の"第三の創業" 奥田務(J.フロントリテイリング)—「脱百貨店」の旗手、奥田務の正攻法に徹した改革 4「異端児」の反骨(岡藤正広(伊藤忠商事)—野武士集団の復活を目指す伝説の繊維マン 津賀一宏(パナソニック)—テレビから自動車部品へ大転換。生き残りを懸け、エースが陣頭指揮 永井浩二(野村ホールディングス)—増資インサイダー事件で信用を失墜したガリバーを再生。変革に挑む営業のカリスマ)

岡田 雄次郎 おかだ・ゆうじろう
⇒岡田楳(おかだ・なろう)を見よ

岡田 温〔1870〜1949〕 おかだ・ゆたか
◇帝国農会幹事岡田温—1920・30年代の農政活動 上巻 川東竫弘著 御茶の水書房 2014.7 556p 23cm 〈松山大学研究叢書 第81巻〉 9500円 ⓘ978-4-275-01077-3 Ⓝ611.1

内容 第1章 大正後期の岡田温(帝国農会幹事活動関係 講averageそ会・東京帝国大学農学部実科独立運動関係 自作農業・家族のことなど) 第2章 昭和初期の岡田温(帝国農会幹事活動関係 講演会・東京帝国大学農学部実科独立運動関係 自作農業・家族のことなど 温の農業経営と農政論)

◇帝国農会幹事岡田温—1920・30年代の農政活動 下巻 川東竫弘著 御茶の水書房 2014.11 p559〜1172 34p 23cm 〈松山大学研究叢書 第82巻〉〈年譜あり 索引あり〉 12000円 ⓘ978-4-275-01083-4 Ⓝ611.1

内容 第3章 昭和農業恐慌下の岡田温(帝国農会幹事活動関係 講演会・東京帝国大学農学部実科独立運動関係 自作農業・家族のことなど 温の農村経済更生論) 第4章 昭和農業恐慌回復期・日中戦争期の岡田温(帝国農会幹事・特別議員出身関係 講演会・東京高等農林学校関係 自作農業・家族のことなど 温の土地制度改革論)

岡田 良一郎〔1839〜1915〕 おかだ・りょういちろう
◇二宮尊徳に学ぶ『報徳』の経営 田中宏司,水尾順一,蟻生俊夫編著 同友館 2017.10 308p 20cm 〈文献あり 年表あり〉 1900円 ⓘ978-4-496-05301-6 Ⓝ335.15

内容 特別寄稿 二宮尊徳の人と思想と一つの実践 プロローグ 現代に生きる「報徳」の経営 1 二宮尊徳の生き方に学ぶ(尊徳の一円観:ステークホルダー・マネジメント 尊徳の至誠(その1):コンプライアンス 尊徳の至誠(その2):顧客満足 尊徳の勤労(その1):従業員満足 尊徳の勤労(その2):危機管理 ほか) 2 二宮尊徳の教えの実践事例(「報徳思想」を現代につないだ岡田良一郎 「報徳思想と算盤」で明治維新を成し遂げた渋沢栄一 尊徳の教えから世界の真珠王になった御木本幸吉 機械発明に人生を捧げた報徳思想の実践者・豊田佐吉 日本酪農の先覚者・黒澤酉蔵の「協同社会主義」と報徳経営 ほか)

岡西 順二郎〔1905〜1991〕 おかにし・じゅんじろう
◇父の遺した戦中戦後—近衛文麿主治医・岡西順二郎の日記 岡西順二郎著,岡西雅子編 連合出版 2015.6 299p 19cm 〈著作目録あり 年譜あり〉 1800円 ⓘ978-4-89772-291-7 Ⓝ916

内容 1 軍医予備員として教育召集—昭和19年10月28日〜12月30日(連日の空襲警報 「東部第六二部隊ニ入隊スベシ」ほか) 2 空襲下の生活—昭和20年1月1日〜3月22日(近衛公からの往診依頼 宙に浮く青島赴任 ほか) 3 倉敷への疎開—昭和20年3月24日〜8月15日(倉敷に出発 自宅焼失 ほか) 4 敗戦の衝撃—昭和20年8月17日〜12月17日(米軍進駐、マッカーサー来日 ミズーリ艦上で降伏調印 ほか) 5 新しい暮らし、新しい仕事—昭和21年1月1日〜昭和23年2月16日(家族とともに東京へ 預金封鎖、新円切替え ほか)

岡根 芳樹〔1964〜〕 おかね・よしき
◇ライフ・イズ・ビューティフル—自分の人生の主役になる 岡根芳樹著 ソースブックス 2014.7 356p 18cm 〈他言語標題:LIFE IS BEAUTIFUL 発売=エコー出版(昭島)〉 1500円 ⓘ978-4-904446-33-1 Ⓝ289.1

岡野 美智子 おかの・みちこ
◇藤山恭一岡野美智子往復書簡 第1集・第2集 藤山恭一,岡野美智子著 所沢 藤山恭一記念館 2015.9 159p 30cm 〈表紙のタイトル:藤山恭一往復書簡岡野美智子〉 非売品 Ⓝ289.1

内容 第1集 昭和29年1月〜12月 第2集 昭和30年1月〜12月

◇藤山恭一岡野美智子往復書簡 第3集 昭和31年1月—12月 藤山恭一,岡野美智子著 所沢 藤山恭一記念館 2016.5 246p 30cm 〈表紙のタイトル:藤山恭一往復書簡岡野美智子〉 非売品 Ⓝ289.1

◇藤山恭一岡野美智子往復書簡 第4集(昭和32年4月—12月)・第5集(昭和33年1月—12月)・第6集 昭和34年1月—12月 藤山恭一,岡野美智子著 所沢 藤山恭一記念館 2017.2 166p 30cm 〈表紙のタイトル:藤山恭一往復書簡岡野美智子〉 非売品 Ⓝ289.1

◇藤山恭一岡野美智子往復書簡 第7集(昭和35年1月—12月)・第8集(昭和36年1月—9月)・第9集(昭和37年5月—9月)・第10集(昭和38年4月—9月)・第11集(昭和39年1月—12月)・第12集(昭和40年1月—4月)・第13集(昭和41年2月)・第14集(昭和42年12月)・第15集 昭和43年6月 藤

山恭一, 岡野美智子著　所沢　蔭山恭一記念館　2017.9　167p　30cm　〈表紙のタイトル：蔭山恭一往復書簡岡野美智子　年譜あり〉　非売品　Ⓝ289.1

岡藤 正広〔1949～〕　おかふじ・まさひろ
◇リーダーズ・イン・ジャパン――日本企業いま学ぶべき物語　有森隆著　実業之日本社　2014.7　270p　19cm　〈他言語標題：Leaders in Japan〉　1400円　Ⓘ978-4-408-11077-6　Ⓝ332.8
内容　1「創業家」の精神(豊田章男〈トヨタ自動車〉―「あさって」を見つめている男は、持続的成長に向けて手綱緩めず　岡田卓也、岡田元也〈イオン〉―増殖を続ける流通帝国。肉食系のM&Aは岡田親子の遺伝子　鈴木修〈スズキ〉―「三兆円企業」の名物ワンマン社長の強気と苦悩)　2「カリスマ」の本気(孫正義〈ソフトバンク〉―大ボラを次々と現実のものにした「孫氏の兵法」を徹底解剖する　鈴木敏文〈セブン&アイ〉―息子に第三の創業を託すのか　「流通王」鈴木敏文の究極の選択　柳井正〈ファーストリテイリング〉―徒手空拳で小売業世界一に挑む男にゴールはない)　3「中興の祖」の逆襲(佐治信忠〈サントリーホールディングス〉―やってみなはれ」の精神で佐治信忠は一世一代の大勝負に出る　高原豪久〈ユニ・チャーム〉―東南アジアに針路をとれ!　二代目社長、高原豪久の"第三の創業"　奥田務(J.フロントリテイリング〉―「脱百貨店」の旗手、奥田務の正攻法に徹した改革)　4「異端児」の反骨(岡藤正広〈伊藤忠商事〉―"柳武士集団の復活を目指す伝説の繊維マン　津賀一宏〈パナソニック〉―テレビから自動車部品へ大転換。生き残りを懸け、エースが陣頭指揮　永井浩二〈野村ホールディングス〉―増資インサイダー事件で信用を失墜したガリバーを再生。変革に挑む営業のカリスマ)
◇なぜあの経営者はすごいのか―数字で読み解くトップの手腕　山根節著　ダイヤモンド社　2016.6　282p　19cm　1600円　Ⓘ978-4-478-06959-2　Ⓝ335.13
内容　第1章 孫正義―巨大財閥をもくろむ大欲のアントレプレナー　第2章 松本晃―「右手に基本、左手にクレド」のシンプル経営実行者　第3章 永守重信―電動モーターに人生を賭けるエバンジェリスト　第4章 似鳥昭雄―猛勉を続ける執念のオープン・イノベーター　第5章 新浪剛史―自ら「やってみなはれ」続けるイントラプレナー　第6章 岡藤正広―言霊パワーを駆使するビッグビジネス・リーダー　第7章 星野佳路―お客と社員の「おもてなし」プロフェッショナル

岡部 伊都子〔1923～2008〕　おかべ・いつこ
◇まなざし　鶴見俊輔著　藤原書店　2015.11　270p　20cm　2600円　Ⓘ978-4-86578-050-5　Ⓝ281.04
内容　序にかえて 話の好きな姉をもって　I 石牟礼道子　金時鐘　岡部伊都子　吉川幸次郎　小田実　II 高野長英　曽祖父・安場保和　祖父・後藤新平　父・鶴見祐輔　姉・鶴見和子　跋にかえて 同じ母のもとで 鶴見和子　結びにかえて 若い人に

岡部 源四郎〔1879～1962〕　おかべ・げんしろう
◇評伝 天草五十人衆　天草学研究会編　福岡　弦書房　2016.8　317p　22cm　〈文献あり　年表あり　索引あり〉　2400円　Ⓘ978-4-86329-138-6　Ⓝ281.94
内容　ステージ1 五人衆の時代、そして…　ステージ2 天領天草の村々　ステージ3 祈りの島　ステージ4 耕す、漁る　ステージ5 実業の世をひらく　ステージ6 潮路はるかに　ステージ7 文学・歴史・言論　ステージ8 あの頃、この人　ステージ9 島の現実、国の行く末　ステージ10 一筋の道　ステージ特別編 群像二題(天草の石文化と松室五郎左衛門　牛深カツオ漁の男たち)

岡部 健〔1950～2012〕　おかべ・たけし
◇看取り先生の遺言―2000人以上を看取った、がん専門医の「往生伝」　奥野修司著　文藝春秋　2016.1　316p　16cm　〈文春文庫 あ28-5〉　710円　Ⓘ978-4-16-790538-5　Ⓝ490.14
内容　第1章 余命十カ月　第2章 抗がん剤は薬ではない　第3章 治らないがん患者のための医師に　第4章 家で死を迎えるということ　第5章 「お迎え」は死への道しるべ　第6章 大きな命の中の存在　第7章 死への準備 カール・ベッカー教授との対談「日本人の魂はどこにいくのか」

岡部 長景〔1884～1970〕　おかべ・ながかげ
◇岡部長景 巣鴨日記　岡部長景著, 尚友倶楽部史料調査室, 奈良岡聰智, 小川原正道, 柏原宏紀編　尚友倶楽部　2015.12　326p 図版 12p　21cm　〈尚友ブックレット 30〉〈附・岡部悦子日記、観堂随話　年譜あり〉Ⓝ289.1
◇岡部長景 巣鴨日記―附岡部悦子日記、観堂随話　岡部長景著, 尚友倶楽部史料調査室, 奈良岡聰智, 小川原正道, 柏原宏紀編集　芙蓉書房出版　2015.12　326p 図版12p　21cm　〈尚友ブックレット 30〉〈年譜あり　翻刻〉　2700円　Ⓘ978-4-8295-0674-5　Ⓝ289.1
内容　岡部長景日記(昭和二十年十二月三日～二十一年八月三十一日)　岡部悦子日記(昭和二十年十二月一日～二十年十二月二十九日)　観堂随話

岡部 長職〔1855～1925〕　おかべ・ながもと
◇お殿様、外交官になる―明治政府のサプライズ人事　熊田忠雄著　祥伝社　2017.12　262p　18cm　〈祥伝社新書 522〉〈文献あり〉　840円　Ⓘ978-4-396-11522-7　Ⓝ319.1
内容　序章 ツルの一声　1章 鍋島直大―圧倒的な財力で外交の花を演じる　2章 浅野長勲―洋行経験なく、外交官生活も二年で終了　3章 戸田氏共―当代一の美人妻が醜聞に見舞われる　4章 蜂須賀茂韶―妾を同伴で海外赴任を敢行　5章 岡部長職―高い能力で明治の世をみごとに渡る　6章 柳原前光―権力者におもねらず、ライバルに水をあけられる　7章 榎本武揚―朝敵から一転、引く手あまたの「使える男」

岡部 陽二〔1934～〕　おかべ・ようじ
◇国際金融人・岡部陽二の軌跡―好奇心に生きる　岡部陽二著　日本経済新聞出版社日経事業出版センター　2018.8　190p　19cm　Ⓝ289.1

岡部 鈴〔1963～〕　おかべ・りん
◇総務部長はトランスジェンダー―父として、女として　岡部鈴著　文藝春秋　2018.6　230p

19cm　1600円　Ⓘ978-4-16-390860-1　Ⓝ367.98
内容　第1章 初めての女装　第2章 綺麗になりたい　第3章 女性として生きて行くなんて　第4章 会社にカミングアウト　第5章 外では女性、家では男性　第6章 毎日が性別越境

岡見 京〔1859～1941〕　おかみ・けい
◇ディスカバー岡見京　堀田国元著　横浜　堀田国元　2016.4　158p　20cm　〈折り込 1枚　年譜あり　文献あり〉　Ⓝ289.1

岡村 昭彦〔1929～1985〕　おかむら・あきひこ
◇ひとびとの精神史　第4巻　東京オリンピック―1960年代　苅谷剛彦編　岩波書店　2015.10　329p　19cm　2500円　Ⓘ978-4-00-028804-0　Ⓝ281.04
内容　1 高度成長とナショナリズム（下村治―国民のための経済成長　十河信二―新幹線にかける「夢」　河西昌枝―引退できなかった「東洋の魔女」　手塚治虫―逆風が育んだ「マンガの神様」　原田正純―胎児性水俣病の「発見」）　2 民族大移動―農村と都市の変貌（高村三郎と永山則夫―集団就職という体験　大牟羅良―農村の変貌と岩手の農民　寺原知幸―公共事業のあり方を問い続けた「蜂の巣城主」　千石剛賢―日本的家族観に抗った「イエスの方舟」）　3 ベトナム戦争と日本社会（小田実―平等主義と誇りで世界の人びとをつなぐ　岡村昭彦―ベトナム戦争を直視して　鶴見良行―「足の人」はいかに思考したか）

◇岡村昭彦と死の思想―「いのち」を語り継ぐ場としてのホスピス　高草木光一著　岩波書店　2016.1　245,7p　20cm　〈文献あり　索引あり〉　2700円　Ⓘ978-4-00-061107-7　Ⓝ498.16
内容　序章　岡村昭彦と「いのち」の現在　第1章　伝記の空白―思考の基点を探る　第2章　ヴェトナムからバイオエシックスへ　第3章　「ホスピスへの遠い道」　第4章　演技としての看護　終章　「いのち」を語り継ぐ場を求めて

岡村 正〔1938～〕　おかむら・ただし
◇私の履歴書　岡村正著　日本経済新聞出版社日経事業出版センター　2014.12（2刷）　163p　19cm　〈年譜あり〉　Ⓝ289.1

岡村 怜子〔1942～〕　おかむら・れいこ
◇「正義面」した権威との闘い　岡村怜子著　文芸社　2016.7　130p　19cm　1000円　Ⓘ978-4-286-17227-9　Ⓝ289.1

岡本 笑明　おかもと・えみ
◇笑う門には福来ます　岡本笑明著　名古屋　中部経済新聞社　2018.3　144p　19cm　〈他言語標題：Fortune comes in at the merry gate〉　1200円　Ⓘ978-4-88520-215-5　Ⓝ289.1

岡本 かの子〔1889～1939〕　おかもと・かのこ
◇近代日本を創った7人の女性　長尾剛著　PHP研究所　2016.11　314p　15cm　（PHP文庫 な34-15）〈文献あり〉　640円　Ⓘ978-4-569-76639-3　Ⓝ281.04
内容　序章として―二人の、ある女性の話　津田梅子―近代女子教育の先駆者　羽仁もと子―日本初の女性ジャーナリスト　福田英子―自由を求めた東洋のジャンヌ・ダルク　下田歌子―明治国家に愛された女子教育者　吉岡彌生―女性医師の道を切り開いた教育者　岡本かの子―剝き出しの愛を文学にたたきつけた作家　山田わか―数奇な半生を経て母性の力を訴えた思想家

岡本 太郎〔1911～1996〕　おかもと・たろう
◇岡本太郎―「芸術は爆発だ」。天才を育んだ家族の物語　芸術家〈日本〉　筑摩書房編集部著　筑摩書房　2014.12　166p　19cm　（ちくま評伝シリーズ〈ポルトレ〉）〈文献あり　年譜あり〉　1200円　Ⓘ978-4-480-76618-2　Ⓝ723.1
内容　第1章 太郎誕生　第2章 少年、太郎　第3章 青年、太郎　第4章 開眼　第5章 復活　巻末エッセイ「あの日の空」（よしもとばなな）

◇岡本藝術―岡本太郎の仕事1911～1996→OKAMOTO TARO WORLD　平野暁臣編著　小学館クリエイティブ　2015.3　207p　30cm　（（Shogakukan Creative Visual Book））〈他言語標題：OKAMOTO ART　英語抄訳付　著作目録あり　年譜あり〉　発売：小学館）　2900円　Ⓘ978-4-7780-3605-8　Ⓝ723.1
内容　1章　"岡本太郎"の誕生―パリ時代　2章　戦闘開始―上毛毛時代　3章　芸術拠点の確立―青山時代の幕開け　4章　表現世界の広がり―二科会脱退以後　5章　『太陽の塔』と『明日の神話』―万博への道　6章　愛された前衛―シャドーボクシングの時代

◇ひとびとの精神史　第5巻　万博と沖縄返還―1970年前後　吉見俊哉編　岩波書店　2015.11　331p　19cm　2500円　Ⓘ978-4-00-028805-7　Ⓝ281.04
内容　1 劇場化する社会（三島由紀夫―魂を失った未来への反乱　山本義隆―自己否定を重ねて　岡本太郎―塔にひきよせられるひとびと　牛山純一―テレビに見た「夢」）　2 沖縄―「戦後」のはじまり（仲宗根政善―方言研究に込めた平和への希求　マリー・米軍兵士と日本人の間で戦ったロックの女王　比嘉康雄と東松照明―二人の写真家の"沖縄"）　3 声を上げたひとびと（田中美津―「とり乱しの弁証法」としてのウーマン・リブ　川本輝夫―水俣病の「岩盤」を穿つ　横塚晃一―障害者は主張する　大地を守る会―紛争の経験を地域の実践へ　木村守江―「原発村」の誕生と浜通り）

岡本 眸〔1928～2018〕　おかもと・ひとみ
◇師の句を訪ねて―岡本眸 その作品と軌跡　広渡詩乃著　ウエップ　2016.1　277p　20cm　〈年譜あり〉　2500円　Ⓘ978-4-86608-012-3　Ⓝ911.362

岡本 癖三酔〔1878～1942〕　おかもと・へきさんすい
◇俳人風狂列伝　石川桂郎著　中央公論新社　2017.11　280p　16cm　（中公文庫 い126-1）〈角川書店 1974年刊の再刊〉　1000円　Ⓘ978-4-12-206478-2　Ⓝ911.362
内容　蛸の脚―高橋鏡太郎　此君亭奇録―伊庭心猿　行乞と水―種田山頭火　軛かずら―岩田昌寿　室咲の葦―岡本癖三酔　屑籠と棒秤―田尻得次郎　葉鶏頭

おかもと

岡本 美鈴〔1973～〕 おかもと・みすず
◇BREAK！「今」を突き破る仕事論　川内イオ著　双葉社　2017.3　255p　19cm　1400円　Ⓘ978-4-575-31236-2　Ⓝ281
[内容] 1 どん底から這い上がる（井崎英典（バリスタ）　DJ Shintaro（DJ）　岡本美鈴（プロフリーダイバー））　2 直感を信じて突き進む（内山高志（プロボクサー）　三和由香利（ヨガインストラクター）　村瀬美幸（フロマジェ）　澤田洋史（バリスタ））　3 遊びを極める（德田耕太郎（フリースタイルフットボーラー）　池田貴広（BMXプロライダー）　阿井慶太（プロゲーマー））

◇平常心のレッスン。―カナヅチでフツーのOLだったわたしがフリーダイビングで世界一になれた理由　岡本美鈴著　旬報社　2017.11　199p　19cm　〈年譜あり〉　1400円　Ⓘ978-4-8451-1511-2　Ⓝ785.28
[内容] プロローグ 心が身体を動かしている　1 技をきわめる（心の猿を受け入れる　リラックスの呼吸　怖さがわたしを成長させる　ほか）　2 自分を磨く（個性がないことも個性　目標を設定しなくてもいい　自分を変えるスイッチ　ほか）　3 伝える（リーダーシップを分けあう　キライなことはがんばらない　もういちど初心者　ほか）　エピローグ 指導者をめざして

岡本 安代〔1977～〕 おかもと・やすよ
◇岡本家、家族の約束。―「大変だ」と言わずに笑おう！　岡本安代著　双葉社　2016.6　207p　19cm　1300円　Ⓘ978-4-575-31149-5　Ⓝ289.1
[内容] 第1章 家族の約束（母として、子供に誓った約束　妻として、夫に誓った約束　働く女性として、自分自身に誓った約束）　第2章 私の半生―"岡本安代"ができるまで（両親から受け継いだ"躾イズム"　暗黒の少女時代　アナウンサーへの憧れの原点　衝撃を受けた、初めての親友　想定外の人生　私のヒーロー、現る！　永遠にも思えた「マタニティー・ブルー」　産後、3カ月で仕事復帰　不安を乗り越え、5人の母に　弟との突然の別れ　「深イイ話」の密着で芽生えた新たな絆　5人の子供を持つ幸せとは？　岡本家の未来と夢）　巻末特別対談 鹿児島が生んだ2大ポジティブ・マザー バーバラ植村&岡本安代「日本のママよ、もっと自分を大切に！　ママがハッピーであれば、みんなが笑顔に」

岡本 陸郎〔1943～〕 おかもと・りくろう
◇自由の風―無垢の世界エッセイ集　岡本陸郎著　幻冬舎ルネッサンス　2014.7　305p　19cm　1400円　Ⓘ978-4-7790-1112-2　Ⓝ702.16
[内容] はじめに自由の風より　芸術は無垢をめざす　子供、画家の頃　子供から学生の頃　セザンヌに出会う　ピカソと出会う　ポロックに出会う　エジソンに出会う　なぜ動く岩なのか　「動く岩」の作り方〔ほか〕

岡山 兼吉〔1854～1894〕 おかやま・けんきち
◇梧堂言行録抄　岡山同窓会編　〔出版地不明〕　〔岡山はるみ〕　〔2015〕　325p　22cm　Ⓝ289.1

岡山 高蔭〔1866～1945〕 おかやま・たかかげ
◇書家・歌人 岡山高蔭の伝と作品　岡山泰四著,岡山重夫編　芸術新聞社　2018.7　232p 図版24p　26cm　（墨アカデミア叢書）　2500円　Ⓘ978-4-87586-540-7　Ⓝ728.216
[内容] 第1章 父・岡山高蔭（生誕と岡山家　書　落款碑文など　著書と書論　ほか）　第2章 資料編（書論・作品の追加について　細貝宗弘「臨書狂岡山高蔭と四体心経」　岡山高蔭「臨書の方法」　岡山高蔭「臨書の體驗」　岡山高蔭「用紙に依つての書の變化」　ほか）

於軽〔1801～1856〕 おかる
◇評伝 お慈悲様とお軽―無学文盲から転生した妙好人の生涯　安藤敦子,安藤秀昭著　文芸社　2018.9　349p　20cm　〈文献あり 年表あり〉　1600円　Ⓘ978-4-286-19670-1　Ⓝ188.72
＊江戸時代後期、激しい気性と身勝手さで「六連島の嫌われ者」と言われた少女が、夫の放埒に悩み、仏門を叩いてから10年に及ぶ修行の末に信心獲得し、浄土へ旅立った。後半生を衆生救済に捧げ、島の伝説となるまでに変貌した女性の実像に迫った評伝。志一つで、人は変われることを見事に体現した生き方は、私欲が複雑に絡み合った現代社会において必読の価値がある。

小川 芋銭〔1868～1938〕 おがわ・うせん
◇芋銭泊雲来往書簡集　芋銭,泊雲著,北畠健編著　丹波　西山酒造場　2018.7　547p　27cm　〈奥付のタイトル：小川芋銭西山泊雲来往書簡集〉　3000円　Ⓝ721.9

小川 清〔1924～〕 おがわ・きよし
◇小川清自叙伝―数奇な出会いを生き抜いて　小川清著　名古屋　風媒社　2016.8　209p　20cm　1500円　Ⓘ978-4-8331-5308-9　Ⓝ289.1
[内容] 1 めまぐるしく変わった進路―生誕から進学へ　2 戦争の日々とその終わり―私の青年期　3 実業の世界への門出―戦後の復興期を生きる　4 新しい工場の建設へ―実質的な経営責任者として　5 社長への就任とともに襲ってきた危機　6 吉田清から小川清に―そして転業へ　7 想い出すことども―私ごとなどについて

小川 国夫〔1927～2008〕 おがわ・くにお
◇指輪の行方―小川国夫との日々　続　小川恵著　岩波書店　2015.9　157p　20cm　1800円　Ⓘ978-4-00-025420-5　Ⓝ910.268

小川 貢一〔1956～〕 おがわ・こういち
◇築地 魚の達人―魚河岸三代目　小川貢一著　集英社　2016.9　221p　16cm　（集英社文庫　お81-1）〈文献あり〉　520円　Ⓘ978-4-08-745497-0　Ⓝ675.5
[内容] 第1章 築地の歴史を「堺静」一家を通して知る　第2章 築地の秘密　第3章 築地の技　第4章 築地の流儀と心意気　第5章 世界の築地に懸ける思い

小川 椙太〔1837～1895〕 おがわ・すぎた
◇彰義隊遺聞　森まゆみ著　集英社　2018.12　390p　16cm　（集英社文庫 も26-9）〈新潮文庫2008年刊の再編集　文献あり 年譜あり〉　680

円　①978-4-08-745820-6　Ⓝ210.61
内容　墓を建てた男、小川椙太　幕末三舟　彰義隊結成と孤忠、伴門五郎　東叡山寛永寺　慶喜謹慎　渋沢栄一と成一郎　香車の槍、天野八郎　錦きれ取り、西虎叫畢　挿話蒐集　団子坂戦争　黒門激戦　輪王寺宮落去　戦争見物と残党狩り　三つの墓　隊士のその後、松廼家露八のこと

小川　孝〔1930～〕　おがわ・たか
◇私の歩んで来た道　小川孝著　岡山　女人随筆社　2014.11　317p　21cm　〈発売：吉備人出版〔岡山〕〉　2000円　①978-4-86069-420-3　Ⓝ289.1

小川　道的〔1669～1690〕　おがわ・どうてき
◇わが道の真実一路—歴史随想　億劫の花に咲く十話　1　山田一生編著　松阪　夕刊三重新聞社　2014.3　152p　19cm　〈文献あり〉　1800円　①978-4-89658-003-7　Ⓝ281.04
内容　第1話 長慶天皇ご本紀と行宮伝説の研究　第2話 蒲生氏郷とキリスト教　第3話 上田秋成（号・無腸）"相撲ぞ京に住けり妻しあれば"の句作に就いて　第4話 潮田長助と赤穂義士又之丞高教の生涯　第5話 骨董商S氏との好日…中川乙由と加賀千代女と加賀千代女　第6話 風雲の陶芸人 上島弥兵衛　第7話 俳家奇人 子英　第8話 剛力無双の鎌田又八　第9話 松阪が生んだ神童棋士 小川道的　第10話 麦の舎 高畠式部

小川　トキ子〔1930～〕　おがわ・ときこ
◇同級生が眩しかった——司書の独りごち　小川トキ子著　文芸社　2015.8　194p　20cm　1300円　①978-4-286-15257-8　Ⓝ289.1

小川　政弘〔1941～〕　おがわ・まさひろ
◇字幕に愛を込めて—私の映画人生半世紀　小川政弘著　柏　イーグレープ　2018.3　413p　19cm　〈年表あり〉　1800円　①978-4-909170-05-7　Ⓝ778

小川　三夫〔1947～〕　おがわ・みつお
◇現代人の伝記　4　致知編集部編著　致知出版社　2014.11　94p　26cm　1000円　①978-4-8009-1061-5　Ⓝ280.8
内容　1 中丸三千繪（オペラ歌手）—歌うために私はいま、ここに生きる　2 辻口博啓（パティシエ）—スイーツの道を極める　3 小林郁子（エアーセントラル副操縦士）—諦めなかった大空への夢　4 福島智（東京大学先端科学技術研究センター教授）—苦難は人生の肥やしとなる　5 小川与志和（「和たて与」店主）—いまあるものに感謝して生きる　6 上山博康（旭川赤十字病院第一脳神経外科部長・脳卒中センター長）—患者の人生を背負い命ある限り戦い続ける　7 小川三夫（鵤工房代表）—師から学んだ精神を裏切らない仕事をする　8 八杉康夫（戦艦大和語り部）—戦艦大和からのメッセージ

小川　未明〔1882～1961〕　おがわ・みめい
◇新潟が生んだ七人の思想家たち　小松隆二著　論創社　2016.8　346p　20cm　3000円　①978-4-8460-1546-6　Ⓝ281.41
内容　相馬御風—早稲田大学校歌の作詞者で地方から俯瞰・発信した思想家　小川未明—童話を通して子どもと社会に向き合った思想家　市島謙吉（春城）—「随筆王」「早稲田大学四尊」と評価される大学人　土田杏村—優れた在野の自由人思想家　大杉栄—人間尊重の永遠の革命家　小林富次郎—法衣をまとい公益をかざした経営者　本間俊平—「左手に聖書・右手にハンマー」を持つ採石場経営者
◇現代文士廿八人　中村武羅夫著　講談社　2018.6　217p　16cm　（講談社文芸文庫　なU1）〈日高有倫堂 1909年刊の再編集〉　1600円　①978-4-06-511864-1　Ⓝ910.261
内容　田山花袋　国木田独歩　生田葵山　夏目漱石　菊池幽芳　小川未明　小杉天外　内藤鳴雪　徳田秋声　水野葉舟〔ほか〕

小川　泰弘〔1990～〕　おがわ・やすひろ
◇小川泰弘メッセージBOOK—ライアン流　小川泰弘著　廣済堂出版　2015.10　159p　21cm　〈他言語標題：YASUHIRO OGAWA MESSAGE BOOK〉　1600円　①978-4-331-51966-0　Ⓝ783.7
内容　第1章 ノンエリート　第2章 真のエースへ　第3章 ライアン投法　第4章 一心不乱　第5章 リラックス　第6章 使命

小川　与志和　おがわ・よしかず
◇現代人の伝記　4　致知編集部編著　致知出版社　2014.11　94p　26cm　1000円　①978-4-8009-1061-5　Ⓝ280.8
内容　1 中丸三千繪（オペラ歌手）—歌うために私はいま、ここに生きる　2 辻口博啓（パティシエ）—スイーツの道を極める　3 小林郁子（エアーセントラル副操縦士）—諦めなかった大空への夢　4 福島智（東京大学先端科学技術研究センター教授）—苦難は人生の肥やしとなる　5 小川与志和（「和たて与」店主）—いまあるものに感謝して生きる　6 上山博康（旭川赤十字病院第一脳神経外科部長・脳卒中センター長）—患者の人生を背負い命ある限り戦い続ける　7 小川三夫（鵤工房代表）—師から学んだ精神を裏切らない仕事をする　8 八杉康夫（戦艦大和語り部）—戦艦大和からのメッセージ

小川　隆吉〔1935～〕　おがわ・りゅうきち
◇おれのウチャシクマ—昔語り あるアイヌの戦後史　小川隆吉著　瀧澤正構成　札幌　寿郎社　2015.10　206p　19cm　〈年譜あり〉　2000円　①978-4-902269-83-3　Ⓝ289.1
内容　私の出生について　兄・姉との生活　シマンの入植地にて　桂沢ダム建設現場への出稼ぎ　結婚・札幌へ　ウタリ協会石狩支部創立のころ　「全国アイヌ語る会」のこと　アイヌ民芸品企業組合のこと　韓国に行ったこと　樺太移住殉難者慰霊墓前祭の立ち上げに関わって〔ほか〕

小川の幸蔵　おがわのこうぞう
◇アウトロー—近世遊俠列伝　高橋敏編　敬文舎　2016.9　255p　19cm　〈文献あり 年表あり〉　1750円　①978-4-906822-73-7　Ⓝ384.38
内容　近世社会秩序と博徒—二足草鞋論　国定忠治—遊俠の北極星　竹居安五郎—新政を抜け甦った甲州博徒の武闘派吃安　勢力富五郎—江戸を騒がせた『嘉永水滸伝』の主役　佐原喜三郎—鳥も通わぬ八丈か

おきうら

らの島抜けを記録に留めたインテリ博徒　小金井小次郎―多摩を仕切った、新門辰五郎の兄弟分　小川幸哉―武州世直し一揆を鎮圧した博徒　石原村幸次郎―関東取締出役の無力を思い知らせた孤高の博徒　西保周太郎―短い一生を全力で駆け抜けた幕末期甲州博徒の草分け　黒駒勝蔵―清水次郎長と対決した謎多き甲州の大侠客　吉良仁吉―義理を通した若き三河博徒　原田常吉―一〇余年の遠島に服すも八五年の生涯を全うした真の遊侠

沖浦 和光〔1927～2015〕　おきうら・かずてる
◇沖浦和光著作集　第1巻　わが青春の時代　沖浦和光著　現代書館　2017.1　390p　20cm　4000円　①978-4-7684-7011-4　Ⓝ081.6
内容　1 思い出・ルポ（一九四五年・八月十五日前後―ダイハツ工場での一年有半　ルポ・乾いた街　戦争の遺したもの　全学連結成の心と力　戦民民主主義と戦後世代の思想　戦後世代から見た河上肇　追悼・野間宏さん―戦後の出会いから四十余年　安東仁兵衛の想い出）　2 近代主義とマルクス主義（激動の時代・作家の死―太宰治論ノート　戦後批判の思想と文学―戦後派ナショナリスト大江健三郎論　戦後近代主義論争の周辺　『近代文学』・荒正人のことなど、わが回想記　近代主義とマルクス主義―『近代文学』の提起したもの　戦後マルクス主義思想の出発―荒正人と吉本隆明の所説にふれて　マルクスの歴史認識―その西欧中心史観の限界）　3 天皇制（神聖天皇制と民衆―明治維新の舞台裏　われわれにとって天皇とは何であったか―昭和天皇の終焉　大嘗祭の起源とその思想―収奪・服属・聖別の呪術儀礼）

沖田 総司〔1842/44～1868〕　おきた・そうじ
◇沖田総司―新選組孤高の剣士　相川司著　中央公論新社　2015.7　266p　16cm　〈中公文庫あ75-3〉〈文献あり　年譜あり〉　740円　①978-4-12-206150-7　Ⓝ289.1
内容　第1章 江戸編―沖田総司の青春（総司の墓碑　沖田家の伝承　ほか）　第2章 京都編―壬生浪士組の結成と抗争（京都壬生　京都残留浪士　ほか）　第3章 京都編―新選組の活躍と落日（富沢忠右衛門の上洛　新選組の組織　ほか）　第4章 江戸編―沖田総司の最期（医学所入院　甲州出張　ほか）

翁 久允〔1888～1973〕　おきな・きゅういん
◇夢二と久允―二人の渡米とその明暗　逸見久美著　風間書房　2016.4　151p　20cm　2000円　①978-4-7599-2134-2　Ⓝ726.501
内容　ふとした機縁から　落ちぶれた夢二の再起をはかる久允　夢久允とは　夢二との初対面の印象　夢二画への憧れ　榛名山の夢二の小屋からアメリカ行き　夢二の世界漫遊の旅と夢二フアン　久允の『移植樹』と『宇宙人は語る』・『道なき道』の出版　久允の朝日時代　いよいよアメリカへ向かう前後の二人　「世界漫遊」に扮する報道のさまざま　夢二にとって初の世界漫遊の船旅　ハワイへ向かう船中の二人とハワイの人々　ホノルルに於ける夢二と久允の記事の数々　いよいよアメリカ本土へ　「沿岸太平記」―「世界漫遊」の顚末　年譜にみる夢二の一生　渡米を巡っての夢二日記

荻野 検校〔1731～1801〕　おぎの・けんぎょう
◇荻野検校　林和利監修, 尾﨑正忠著　増訂版　名古屋　荻野検校顕彰会　2018.6　303p　22cm　〈年譜あり〉　非売品　①978-4-9910059-0-9　Ⓝ768.3

沖野 修也〔1967～〕　おきの・しゅうや
◇職業, DJ、25年―沖野修也自伝　沖野修也著　Du Books　2015.2　201p　19cm　〈発売：ディスクユニオン〉　2000円　①978-4-907583-31-6　Ⓝ764.7

荻野 知一　おぎの・とものいち
⇒荻野検校（おぎの・けんぎょう）を見よ

沖藤 典子〔1938～〕　おきふじ・のりこ
◇老いてわかった！人生の恵み　沖藤典子著　海竜社　2017.3　230p　19cm　1600円　①978-4-7593-1531-8　Ⓝ289.1
内容　第1章 夫婦の沙汰は、禍福の縄！（学生結婚ではあったけれど　東京の空に励まされる　他人様幸せに救われる　母の他界と残された父　衝撃の転勤辞令）　第2章 新しい世界に向かって（転機は突然にやってきた　思いがけない展開　高齢者問題をテーマに　またふたたび、東京へ　新しい仲間との出会い）　第3章 合言葉は「元気よく、機嫌よく」（地域に光る"ちょいババ"のエネルギー　歌って、笑う、ピーターパン・オババ　ネパールの山村におなご先生を！）　第4章 カゲキに生きる美艶の三ババ（「恋人以上、夫婦未満」のいい関係　「奇跡の人」大家　女一人無縁を生き抜く覚悟と知恵）　第5章 老いは人生の恵み（老いて知る命のありがたさ　元気高齢者は社会の財産　笑っていれば、なんとかなるじゃ）

沖山 光〔1905～1990〕　おきやま・ひかる
◇戦後日本の国語教育―二松學舍に学んだ沖山光の軌跡　沖山光研究会編　小金井　東京学芸大学出版会　2018.3　493p　22cm　〈二松學舍大学学術叢書〉〈年譜あり　著作目録あり〉　4500円　①978-4-901665-54-4　Ⓝ375.8

荻生 徂徠〔1666～1728〕　おぎゅう・そらい
◇いまこそ知りたい日本の思想家25人　小川仁志著　KADOKAWA　2017.9　254p　19cm　〈他言語標題：25 Japanese thinkers you need to know now　文献あり〉　1700円　①978-4-04-400234-3　Ⓝ121.028
内容　第1章 日本思想の黎明期（空海　道元　親鸞　吉田兼好　世阿弥）　第2章 日本の近世の葛藤（山本常朝　荻生徂徠　本居宣長　安藤昌益　二宮尊徳）　第3章 日本の近代の幕開け（横井小楠　吉田松陰　福沢諭吉　新渡戸稲造　内村鑑三）　第4章「日本哲学」の始まり（西周　西田幾多郎　九鬼周造　三木清　和辻哲郎）　第5章 世界における日本思想の独自性（北一輝　鈴木大拙　柳田國男　丸山眞男　吉本隆明）

荻原 重秀〔1658～1713〕　おぎわら・しげひで
◇荻原近江守重秀―江戸時代随一の財政家　佐渡奉行兼勘定奉行　池田敏郎著　〈見附〉（池田敏郎）　2016.5　196p　30cm　〈年譜あり　文献あり〉　Ⓝ289.1

荻原 守衛〔1879～1910〕　おぎわら・もりえ
◇荻原守衛書簡集　荻原守衛著　安曇野　碌山美

術館　2015.4　411p　30cm　〈年譜あり〉　Ⓝ712.1
◇荻原守衛日記・論説集　荻原守衛著　安曇野碌山美術館　2018.10　573p　30cm　〈複製及び翻刻　年譜あり〉　Ⓝ712.1

奥　浩平〔1943〜1965〕　おく・こうへい
◇奥浩平青春の墓標　奥浩平著　社会評論社　2015.6　415p　19cm　（レッド・アーカイヴズ　01）〈年表あり〉　2300円　Ⓘ978-4-7845-9220-3　Ⓝ289.1

内容　第1部『青春の墓標』ある学生活動家の愛と死・奥浩平著（文藝春秋一九六五年刊）（高校時代　浪人時代　大学時代（マルチ学同加盟　七・二事件　原潜寄港反対闘争　終節））　第2部　奥浩平を読む（同時代人座談会「奥浩平の今」　幻想の奥浩平　『青春の墓標』をめぐるアンソロジー）

奥　むめお〔1895〜1997〕　おく・むめお
◇福祉にとっての歴史　歴史にとっての福祉—人物で見る福祉の思想　細井勇，小笠原慶彰，今井小の実，蜂谷俊隆編著　京都　ミネルヴァ書房　2017.2　295,3p　22cm　〈索引あり〉　6000円　Ⓘ978-4-623-07889-9　Ⓝ369.021

内容　石井十次とアメリカン・ボード—宣教師ペティーから見た岡山孤児院　小橋勝之助と私立煥夜学校の創立—博愛社をめぐる人々　田中太郎の感化教育論—「人道の闘士」の思想的基盤　園部マキの生涯と事業—信愛保育園　岩橋武夫と盲人社会事業—小説『動き行く墓場』からの出発　村嶋歸之の生涯と思想—寛容な社会活動家の足跡　奥むめおと社会事業—社会運動としての福祉実践　久布白落実の性教育論とその変遷—嬌風会における母国の設立過程　沖縄から大阪への移住者に見られた社会主義思想とその限界—大阪における同郷集団の運動　常盤勝憲と日本最初の盲人専用老人ホーム—慈母園の設立過程　糸賀一雄と木村素衛—教養の思想を中心に福祉の近代史を研究すること—私の歩みと今後の課題への覚書

奥井　清澄〔？〜1973〕　おくい・きよずみ
◇インスタントラーメンが海を渡った日—日韓・麺に賭けた男たちの挑戦　村山ागर夫著　河出書房新社　2014.12　197p　20cm　〈文献あり　年譜あり〉　1600円　Ⓘ978-4-309-24685-7　Ⓝ588.97

内容　第1章　戦後の混沌を開く—奥井清澄の挑戦　第2章　がれきの山からの再起—全仲潤の決意　第3章　インスタントラーメンに賭ける—奥井清澄の選択　第4章　国民の空腹を満たすために—全仲潤の転身　第5章　邂逅—一九六三年，春　第6章　インスタントラーメンが海を渡った日

奥窪　央雄〔1922〜2016〕　おくくぼ・ひさお
◇広島のまちと路面電車—「真実一路」の人・奥窪央雄　広島電鉄株式会社，茶木環著　〔広島〕広島電鉄　2017.10　239p　20cm　〈年譜あり　年表あり〉　Ⓝ686.067

奥崎　謙三〔1920〜2005〕　おくざき・けんぞう
◇ひとびとの精神史　第7巻　終焉する昭和—1980年代　杉田敦編　岩波書店　2016.2　333p　19cm　2500円　Ⓘ978-4-00-028807-1　Ⓝ281.04

内容　1　ジャパン・アズ・ナンバーワン（中曽根康弘—「戦後」を終わらせる意志　上野千鶴子—消費社会と一五年安保のあいだ　高木仁三郎—「核の時代」と市民科学者　大橋正義—バブルに流されなかった経営者たち）　2　国際化とナショナリズム（ジョアン・トシエイ・マスコ—「第二の故郷」で挑戦する日系ブラジル人　安西賢誠—「靖国」と向き合った真宗僧侶　宮崎駿—職人共同体というユートピア　『地球の歩き方』創刊メンバー—日本型海外旅行の精神）　3　天皇と大衆（奥崎謙三—神軍平等兵の怨霊を弔うために　朴正恵と蔡成泰—民族教育の灯を守るために　美空ひばり—生きられた神話　知花昌一—日の丸を焼いた日）

奥崎　祐子　おくざき・ゆうこ
◇現代人の伝記　2　致知編集部編著　致知出版社　2014.11　85p　26cm　1000円　Ⓘ978-4-8009-1059-2　Ⓝ280.8

内容　1　大平光代（弁護士）/清水哲—悲しみとの出会いが教えてくれたもの　2　永守重信（日本電産社長）—「すぐやる，必ずやる，出来るまでやる」　3　塩沢みどり（スペース水輪代表理事）—純度百％の愛と祈り，そして誠　4　畠山重篤（牡蠣の森を慕う会代表）—「森は海の恋人」運動で心を動かし，環境を変える　5　奥崎祐子（ホテル松政女将）—思いっきり自分らしく女将の夢を追う　6　草間吉夫（東北福祉大学職員）—血縁は薄くとも他人の縁に恵まれて　7　尾車浩一（尾車部屋親方）/大橋秀行（大橋ボクシングジム会長）——道に賭ける者の人間学

奥田　愛基〔1992〜〕　おくだ・あき
◇変える　奥田愛基著　河出書房新社　2016.6　269p　19cm　1300円　Ⓘ978-4-309-02471-4　Ⓝ289.1

内容　1　自分を変える　2　変わる世界の中で　3　社会は変えられるのか？　4　時代が変わる　5　時代は繋がる　6　そしてまた，始めよう

奥田　駒蔵〔1882〜1925〕　おくだ・こまぞう
◇大正文士のサロンを作った男—奥田駒蔵とメイゾン鴻乃巣　奥田万里著　幻戯書房　2015.5　285p　20cm　〈年譜あり〉　2000円　Ⓘ978-4-86488-071-8　Ⓝ289.1

内容　第1章　文士の梁山泊「メイゾン鴻乃巣」　第2章　駒蔵の生い立ちと横浜修行時代（駒蔵の生い立ち　横浜修業時代）　第3章　「メイゾン鴻乃巣」誕生と変遷（日本橋小網町「メイゾン鴻乃巣」誕生　日本橋木原店へ　京橋南伝馬町へ）　第4章　自由人駒蔵の素顔（画家気どりの鴻巣山人　多彩なる旅の足跡　映画・演劇界との関わり　個人雑誌『カフェエ夜話』）　第5章　駒蔵の晩年・死とその後（駒蔵の死まで　スッポン料理「まるや」と魯山人　駒蔵の遺産）　結び

奥田　三角〔1703〜1783〕　おくだ・さんかく
◇木内石亭を巡る奥田士亨と谷川士清の交遊　山田一生著　松阪　夕刊三重新聞社　2017.4　153p　21cm　（歴史随想わが道の真実一路　2）〈文献あり〉　2000円　Ⓘ978-4-89658-010-5　Ⓝ121.56

奥田 士亨 おくだ・しこう
⇒奥田三角（おくだ・さんかく）を見よ

奥田 民生〔1965～〕 おくだ・たみお
◇ラーメン カレー ミュージック 奥田民生著 KADOKAWA 2014.11 297p 19cm （別冊カドカワの本）〈表紙のタイトル：Ramen Curry Music 作品目録あり〉 1500円 ⓘ978-4-04-731433-7 Ⓝ767.8
内容 道草 「愛のために」 生涯一バンド 「息子」 コミュニケーション 『29』 ツアーバンド 音楽は生活 『30』 ミュージシャンたるもの〔ほか〕

奥田 務〔1939～〕 おくだ・つとむ
◇リーダーズ・イン・ジャパン―日本企業いま学ぶべき物語 有森隆著 実業之日本社 2014.7 270p 19cm 〈他言語標題：Leaders in Japan〉 1400円 ⓘ978-4-408-11077-6 Ⓝ332.8
内容 1 「創業家」の精神（豊田章男（トヨタ自動車）―「あさって」を見つめている男は、持続的成長に向けて手綱緩めず 岡田卓也、岡田元也（イオン）―増殖を続ける流通帝国。肉食系のM&Aは岡田親子の遺伝子 鈴木修（スズキ）―「三兆円企業」の名物ワンマン社長の強気と苦悩） 2 「カリスマ」の本気（孫正義（ソフトバンク）―大ボラを次々と現実のものにした「孫氏の兵法」を徹底解剖する 鈴木敏文（セブン&アイ）―息子に第三の創業を託すのか？「流通王」鈴木敏文の究極の選択 柳井正（ファーストリテイリング）―徒手空拳で小売業世界一に挑む男にゴールはない） 3 「中興の祖」の逆襲（佐治信忠（サントリーホールディングス）―「やってみなはれ」の精神で佐治信忠は一世一代の大勝負に出る 高原豪久（ユニ・チャーム）―東南アジアに針路をとれ！二代目社長、高原豪久の"第三の創業" 奥田務（J.フロントリテイリング）―「脱百貨店」の旗手、奥田務の正攻法に徹した改革） 4 「異端児」の反骨（岡藤正広（伊藤忠商事）―岡武士集団の復活を目指す伝説の繊維マン 津賀一宏（パナソニック）―テレビから自動車部品へ大転換。生き残りを懸け、エースが陣頭指揮 永井浩二（野村ホールディングス）―増資インサイダー事件で信用を失墜したガリバーを再生。変革に挑む営業のカリスマ）

奥田 透〔1969～〕 おくだ・とおる
◇三つ星料理人、世界に挑む。 奥田透著 ポプラ社 2014.10 223p 19cm 1300円 ⓘ978-4-591-14101-4 Ⓝ596.21
内容 第1章 パリ奮闘記（パリでの評価 数寄屋造りをパリに ほか） 第2章 挑戦と挫折の果てに（野球少年 料理人という夢 ほか） 第3章 私に三つ星がもたらされた理由（最高の評価 疑問 ほか） 第4章 パリで魚屋を始めよう（新たな挑戦 EUの壁 ほか）

奥田 光〔1957～〕 おくだ・ひかる
◇マイベンチャービジネス 奥田光著 東京図書出版 2017.7 147p 19cm 〈他言語標題：My Venture Business 発売：リフレ出版〉 1200円 ⓘ978-4-86641-072-2 Ⓝ289.1
内容 第1章 起業まで 第2章 事業スタート 第3章 レーザー関連事業への転換 第4章 レーザー関連事業スタート 第5章 OEMの拡大 第6章 台湾メーカーとの振興 第7章 中国展開 第8章 グローバルビジネスと日本企業 第9章 コストダウン 第10章 様々な出来事 第11章 闘病と会社譲渡

奥田 代志子〔1938～〕 おくだ・よしこ
◇山と海と子どもたちと―自分らしく生きる 奥田代志子著 文芸社 2016.5 178p 20cm 1200円 ⓘ978-4-286-17236-1 Ⓝ289.1

奥地 圭子〔1941～〕 おくち・けいこ
◇フリースクールが「教育」を変える 奥地圭子著 東京シューレ出版 2015.7 207p 19cm 1700円 ⓘ978-4-903192-29-1 Ⓝ371.42
内容 第1章 総理が東京シューレにやってきた 第2章 フリースクール、東京シューレの誕生 第3章 登校拒否から見えてきたこと 第4章 児童精神科医渡辺位さんに学ぶ 第5章 子ども中心の学校づくり 終章 未来へ

奥西 勝〔1926～2015〕 おくにし・まさる
◇名張毒ぶどう酒事件 自白の罠を解く 浜田寿美男著 岩波書店 2016.6 302p 20cm 3600円 ⓘ978-4-00-024176-2 Ⓝ326.23
内容 プロローグ 序章 無罪からの逆転死刑 第1章 事件と自白と証拠―供述分析の視点から捉え直す 第2章 自白への転落過程（三月二九日～四月三日）―一勝はどのようにして自白に落ち、自白調書を取られたのか 第3章 自白の展開過程（四月三日～二三日）―一勝は自白のなかで犯行の動機、計画、準備、実行をどのように語ったのか 第4章 補強証拠の破綻―一勝の自白は補強証拠によってほんとうに補強されたのか 第5章 自白撤回後の弁明（四月二四日～）―一勝は自らの自白をどのように弁明したのか エピローグ 「ことばの迷宮」のなかから―自白の罠はなぜ解かれなかったのか

奥野 誠亮〔1913～2016〕 おくの・せいすけ
◇地方税財政の礎を築いた男奥野誠亮 奥野誠亮,神野直彦対談・編集 地方財務協会 2015.7 176p 21cm 〈年譜あり〉 Ⓝ349.3

奥原 晴湖〔1837～1913〕 おくはら・せいこ
◇点描・奥原晴湖読本―没後100年・雑学からみる 鯨井邦彦編著 熊谷 熊谷雑学研究所 2014.7 180p 30cm （熊谷雑学研究所レポート 第4集）〈年譜あり〉 Ⓝ721.9

小熊 謙二〔1925～〕 おぐま・けんじ
◇生きて帰ってきた男―ある日本兵の戦争と戦後 小熊英二著 岩波書店 2015.6 389p 18cm （岩波新書 新赤版 1549） 940円 ⓘ978-4-00-431549-0 Ⓝ289.1
内容 第1章 入営まで 第2章 収容所へ 第3章 シベリア 第4章 民主運動 第5章 流転生活 第6章 結核療養所 第7章 高度成長 第8章 戦争の記憶 第9章 戦後補償裁判

小熊 秀雄〔1901～1940〕 おぐま・ひでお
◇北の詩人 小熊秀雄と今野大力 金倉義慧著 高文研 2014.8 438p 20cm 3200円 ⓘ978-4-87498-550-2 Ⓝ911.52
内容 旭川、小熊秀雄の登場 小熊秀雄・今野大力、二

人の出会い　旭川新聞、小熊秀雄の童話　小熊秀雄、新ロシア文学との出会い　小熊・今野、労農・革新運動高揚の中で　今野、小熊それぞれの上京　今野大力の旭川帰省・療養　今野大力「小ブル詩人の彼」をめぐって　大力・久子の結婚、その生涯　小熊秀雄「飛ぶ橇‐アイヌ民族の為めに‐」　小熊秀雄、小林葉子宛書簡から　今野大力「一疋の昆蟲」を読み解く小熊秀雄

◇海を越える翼―詩人小熊秀雄論　宮川達二著　コールサック社　2014.9　383p　19cm　〈文献あり　年譜あり〉　2000円　Ⓣ978-4-86435-167-6　Ⓝ911.52

内容　序章　青年の美しさ　第1章　憧憬　第2章　彷徨　第3章　邂逅　第4章　群像　第5章　異国　最終章　航跡

小熊　正申〔 〕おぐま・まさのぶ

◇人生の終い方―自分と大切な人のためにできること　NHKスペシャル取材班著　講談社　2017.5　194p　19cm　1400円　Ⓣ978-4-06-220614-3　Ⓝ367.7

内容　プロローグ　進行役の桂歌丸師匠も「終い方」を胸に秘めていた　第1章　写真にのこされた、笑顔、笑顔、笑顔　水木しげるさん　第2章　高座に上がる毎日が「終い中」　桂歌丸師匠　第3章　闘病時代の父親から家族への最後の手紙　桑原誠次さん　第4章　幼い子どもに何をのこすか葛藤する35歳の父　小熊正申さん　第5章　障害がある娘にのこした常連客という応援団　高松ハツエさん　第6章　自分らしい「終い方」　500通のお便りから　エピローグ―視聴者に届い「生きる力」

奥村　清明〔1937～〕おくむら・きよあき

◇守りたい森がある　奥村清明著, 秋田魁新報社編　秋田　秋田魁新報社　2015.5　153p　18cm　（さきがけ新書 18―シリーズ時代を語る）〈年譜あり〉　800円　Ⓣ978-4-87020-370-9　Ⓝ289.1

奥村　真〔1949～2009〕おくむら・まこと

◇繚乱の春はるかなりとも―奥村真とオールドフェローズ　追想集出版の会編　ウェイツ　2014.8　371p　19cm　1800円　Ⓣ978-4-904979-21-1　Ⓝ289.1

内容　第1章　旭川高校時代（「少数派」として「我が道を行く」こと　先逝く才藻の友の物語　旭川高校の教育は何であったのか、あるべきなのか）　第2章　早稲田大学時代（会うことのなかった奥村真先輩に捧ぐ　奥村真君　成仏してください　奥村真さんのこと　奥村さんと新宿ゴールデン街ひじょう　魂の革命家　詩人奥村真さようなら　マドカと共有した時代）　第3章　詩人としての時代（ひるがえるビトガン―『オホーツクの紙屑』と私たち　懐かしのメロディー（2）奥村真さんの詩集について　陋巷に死す―悼・奥村真　ゴールデン街奥村逝去　奥村真の第一詩集をめぐって　はぐれ者の歌―あるいは神の庭）

小倉　馨〔1920～〕おぐら・かおる

◇戦後ヒロシマの記録と記憶―小倉馨のR・ユンク宛書簡　上　小倉馨著, 若尾祐司, 小倉桂子編　名古屋　名古屋大学出版会　2018.7　329p　20cm　2700円　Ⓣ978-4-8158-0914-0　Ⓝ369.37

内容　ロベルト・ユンク「広島での出会い」　第1編　共同作業に向けて―一九五七年五月末から同年末まで　第2編　反核平和運動の高まりの中で―一九五八年一月から同年五月まで　第3編　被爆当時と後障害の究明―一九五八年九月から五九年一月まで

◇戦後ヒロシマの記録と記憶―小倉馨のR・ユンク宛書簡　下　小倉馨著, 若尾祐司, 小倉桂子編　名古屋　名古屋大学出版会　2018.7　p332～643　25p　20cm　〈文献あり　年譜あり　索引あり〉　2700円　Ⓣ978-4-8158-0915-7　Ⓝ369.37

内容　第4編　戦後の生活と性の現場へ―一九五九年二月から同年五月まで　第5章　平和を求めて生きる人々―一九五九年六月から同年一〇月半ばまで　付録　小倉馨の人と生涯

小倉　処平〔1846～1877〕おぐら・しょへい

◇飫肥西郷と呼ばれた男小倉処平　飫肥城下町保存会編　日南　飫肥城下町保存会　2017.3　102p　30cm　（飫肥城歴史資料館研究紀要　読み物編　第2集（平成 28年度））〈年譜あり　年表あり〉　Ⓝ289.1

小倉　昌男〔1924～2005〕おぐら・まさお

◇逆境を越えて―宅急便の父小倉昌男伝　山岡淳一郎著　KADOKAWA　2015.5　303p　20cm　〈文献あり　年譜あり〉　1800円　Ⓣ978-4-04-600576-2　Ⓝ685.9

内容　第1章　官の岩盤を砕いて進め―規制緩和の波に乗る（理と情　「大和は我なり」ほか）　第2章　ヤマトの遺伝子―創業者・小倉康臣の挑戦（嫌われるトラック　「タコ」と呼ばれた創業者　ほか）　第3章　青春爆走グラフィティ―どん底での社長就任（タケノコ生活　敗戦直後の東京大学　ほか）　第4章　イノベーションの風を起こせ！―宅急便開発の苦闘（役員全員反対の宅配事業　進むも地獄、退くも地獄　ほか）　第5章　天に宝を積む―障がい者福祉に経営の光を…（「富」とどう向き合うか　東京佐川急便事件　ほか）

◇小倉昌男祈りと経営―ヤマト「宅急便の父」が闘っていたもの　森健著　小学館　2016.1　270p　20cm　1600円　Ⓣ978-4-09-379879-2　Ⓝ289.1

内容　序章　名経営者の「謎」　第1章　私財すべてを投じて　第2章　経営と信仰　第3章　事業の成功、家庭の敗北　第4章　妻の死　第5章　孤独の日々　第6章　土曜日の女性　第7章　子どもは語る　第8章　最期の日々

◇小倉昌男―成長と進化を続けた論理的ストラテジスト　沼上幹著　京都　PHP研究所　2018.3　470p　20cm　（PHP経営叢書―日本の企業家 13）〈文献あり　年譜あり〉　2400円　Ⓣ978-4-569-83433-7　Ⓝ289.1

内容　第1部　評伝―進化と成長を続けた軌跡―思考と学習を積み重ねた生涯（経営者小倉昌男　学びの日々―誕生から入社まで　次の道―宅急便にたどり着くまでの苦闘と試行錯誤　ほか）　第2部　論考―稀代のストラテジストを読み解く―戦略思考力、組織洞察力、学習・進化能力（小倉昌男の戦略思考力　小倉昌男の組織洞察力　小倉昌男の学習・進化能力）　第3部　人間像に迫る―伝えたこと、遺したもの―変革

おくり

者に学んだ経営、哲学、ロマン(公的意識の高い理論派、そして実行者—瀬戸薫氏に訊く　進化するDNA—木川眞氏に訊く)

小栗 上野介　おぐり・こうずけのすけ
⇒小栗忠順(おぐり・ただまさ)を見よ

小栗 忠順〔1827〜1868〕　おぐり・ただまさ
◇開国の先覚者小栗上野介　蜷川新著　批評社　2018.12　277p　19cm　(PP選書)〈解説：礫川全次　千代田書院 1953年刊の再刊〉　2500円　Ⓟ978-4-8265-0690-8　Ⓝ289.1
内容　小栗上野介の外交上の功績　小栗上野介の国防上の功績　小栗上野介の国の財政と経済に関する功績　小栗上野介の国内統一および郡県制創設の主張　最後の江戸城会議と小栗の官軍掃滅の作戦方略　小栗に科した虚偽の罪状と不法の斬首　小栗上野介に対する三宅雪嶺博士の批判　小栗の作戦方略に驚嘆した長藩の大村益次郎　小栗上野介と西郷隆盛との対照　小栗上野介と勝海舟との対照(ほか)

小栗 風葉〔1875〜1926〕　おぐり・ふうよう
◇現代文士廿八人　中村武羅夫著　講談社　2018.6　217p　16cm　(講談社文芸文庫　なU1)〈日高有倫堂 1909年刊の再編集〉　1600円　Ⓟ978-4-06-511864-1　Ⓝ910.261
内容　田山花袋　国木田独歩　生田葵山　夏目漱石　菊池幽芳　小川未明　小杉天外　内藤鳴雪　徳田秋声　水野葉舟(ほか)

小栗栖 香頂〔1831〜1905〕　おぐるす・こうちょう
◇小栗栖香頂の清末中国体験—近代日中仏教交流の開端　陳継東著　山喜房佛書林　2016.3　722p　22cm　〈文献あり〉　15000円　Ⓟ978-4-7963-0267-8　Ⓝ188.77

尾車 浩一〔1957〜〕　おぐるま・こういち
◇現代人の伝記　2　致知編集部編　致知出版社　2014.11　85p　26cm　1000円　Ⓟ978-4-8009-1059-2　Ⓝ280.8
内容　1 大平光代(弁護士)/清水哲—悲しみとの出会いが教えてくれたもの　2 永守重信(日本電産社長)—「すぐやる、必ずやる、出来るまでやる」　3 塩沢みどり(スペース水輪代理事)—純度百％の愛と祈り、そして誠　4 畠山重篤(牡蠣の森を慕う会代表)—「森は海の恋人」運動で心を動かし、環境を変える　5 奥様祐子(ホテル松政女将)—思いっきり自分らしく女将の夢を追う　6 草間吉夫(東北福祉大学職員)—血縁は薄くとも他人の縁に恵まれて　7 尾車浩一(尾車部屋親方)/大橋秀行(大橋ボクシングジム会長)——道に賭ける者の人間学

お江　おごう
⇒崇源院(すうげんいん)を見よ

尾崎 英二郎〔1969〜〕　おざき・えいじろう
◇思いを現実にする力　尾崎英二郎著　ディスカヴァー・トゥエンティワン　2014.8　287p　19cm　1500円　Ⓟ978-4-7993-1500-2　Ⓝ778.21
内容　第1章　「戦う力」—戦うためには、不惑の決意がいる(自分の能力と立ち位置を冷静にジャッジせよ　明確なゴール＝たどり着きたい場所を設定する　大きな成果をつかみたければ、小さな勝負で手を抜くな！　成果を客観視し、反省を心に刻みつけるオーディション＝面接」に勝つための極意)　第2章　「心をつかむ力」—プロたちのコミュニケーションに学ぶ(イーストウッド監督は怒鳴らない　人を活かす「人」の演出　本当に偉い人は、それを見せない1　本当に偉い人は、それを見せない2)　第3章　「知る力」—戦いの前にしておくべき準備(「好き」だけじゃ足りない　「自分」という「商品」をどこに置くのか？　真の武器を見落とすな　相手を知り、作戦を練る　時勢を読む　決断！)　第4章　「敗北から立ち上がる力」—失敗や挫折があなたを作っている(コンプレックスを武器に変えよ　全米テレビデビューの直後に待っていた落とし穴　「緊張」を克服するスキル　「プレゼン」をやり遂げる5つの対処法)　第5章　「人の力」—命運を左右する人脈とは？(あなたはいつから「シャイ」になったのか？　心のない売り込みは、何の結果も残さない　「ベストの自分」で人と向き合う覚悟　一期のために可能な限りの準備をしている　「業界トップ」の人々は、雲の上を走っている)　第6章　「切り拓く力」—ブランドに頼らない生き方(あなたの「夢」に立ちはだかる壁　新人も無名も、フェアに闘える環境　自分を見失っていけない　「一瞬」に全力を賭けろ　全力を尽くしたら、命運を静かに待つ　僕の人生を変えたのは、すべて「2度目のチャンス」だった)

尾崎 咢堂　おざき・がくどう
⇒尾崎行雄(おざき・ゆきお)を見よ

尾崎 喜八〔1892〜1974〕　おざき・きはち
◇内にコスモスを持つ者—歩み入る者にやすらぎを　去り行く人にしあわせを　岡田政晴著　長野ほおずき書籍　2016.2　270p　20cm　〈文献あり　発売：星雲社〉　1800円　Ⓟ978-4-434-21614-5　Ⓝ281.52
内容　1 はじめに　2 木曽を愛した人々(木曽の「セガンティーニの空の色」の下で暮らしたマロンの少女ジャーヌ・コビー　生涯故郷木曽を心に抱きながら作品を書き続けた島崎藤村(一八七二〜一九四三)　詩と音楽をこよなく愛し、木曽を縦断したロマンの旅人 木崎喜八(一八九二〜一九七四)　日本人の精神の源流を木曽で見出した 亀井勝一郎(一九〇七〜一九六六))　3 木曽の水を飲んで水をながめて木曽を駆け抜けた人々(姨捨ての月をめざして木曽を歩いた旅の歌人 松尾芭蕉(一六四四〜一六九四)　心優しい歌二首を詠んで木曽路を急いだ良寛(一七五八〜一八三一)　「大蔵経」を求めて雨雪の木曽路を往復した虎斑和尚(一七六四〜一八二五)　軍靴の足音が聞こえる中、桜の花を浴びながら木曽路を闊歩した種田山頭火(一八八二〜一九四〇)　木曽人の心と木曽の自然に出合い日本画家になる決意をした東山魁夷(一九〇八〜一九九九))　4 眼すずしい人々(木曽川の洪水で亡くなった母を弔うために木曽川を遡った円空(一六三二〜一六九五)　セピア色の世界を追い求めてやまなかった島崎蓊助(一九〇八〜一九九二)　戦争のない平和な世界を願い、詩によって世界を包みこんだ坂村真民(一九〇九〜二〇〇六))　5 おわりに

尾崎 紀世彦〔1943〜2012〕　おざき・きよひこ
◇MY LITTLE HOMETOWN—茅ケ崎音楽物語　宮治淳一著　ポプラ社　2017.10　285p　19cm　〈文献あり　年表あり〉　1500円　Ⓟ978-4-591-

15637-7　Ⓝ764.7
＊「上を向いて歩こう」が世界中で感動を呼んだ作曲家・中村八大、海の街・茅ヶ崎のイメージを全国に拡散した大スター・加山雄三、作曲家として数々の名作歌謡曲を送り出した平尾昌晃、湘南サウンドの源流を作ったザ・ワイルド・ワンズの加瀬邦彦、「また逢う日まで」の大ヒットで一世を風靡した尾崎紀世彦、音楽シーンの最前線を走り続けるサザンオールスターズの桑田佳祐―なぜ、一地方都市に過ぎない茅ヶ崎が、これほど多くの音楽家を輩出しているのか？　その謎に迫るべく、茅ヶ崎と縁の深い10の名曲を入り口に、音楽のスターたちの人生を辿る。綿密な取材と研究をもとに、"茅ヶ崎"と"音楽"の特別な関係に迫った唯一無二の刺激的な音楽エッセイ！

尾崎 士郎〔1898～1964〕　おざき・しろう
◇小説四十六年　尾崎士郎著　中央公論新社　2015.10　221p　16cm　(中公文庫　お86-1)〈講談社 1964年刊の再刊　年譜あり〉　780円　①978-4-12-206184-2　Ⓝ914.6
内容　第1章 文壇進出以前　第2章 大森時代　第3章「人生劇場」時代　第4章 東奔西走時代　病臥日記　俠士

尾崎 晋也〔1959～〕　おざき・しんや
◇笑うマエストロ―国立交響楽団の表と裏　尾崎晋也著　さくら舎　2014.10　220p　19cm　1500円　①978-4-906732-90-6　Ⓝ762.1
内容　第1章 いきなりマエストロ暮らし　第2章 マエストロは一人旅　第3章 マエストロの想い　第4章 マエストロは休めない　第5章 マエストロの楽屋裏　第6章 マエストロの美味美観

尾崎 世界観〔1984～〕　おざき・せかいかん
◇苦汁100％　尾崎世界観著　文藝春秋　2017.5　236p　19cm　1200円　①978-4-16-390654-6　Ⓝ767.8
＊嬉しい。恐い。売れたい。嬉しい。悔しい。やりたい。クリープハイプのフロントマンであり、作家・尾崎世界観が赤裸々に綴る、自意識過剰な日々。

◇苦汁200％　尾崎世界観著　文藝春秋　2018.3　238p　19cm　1200円　①978-4-16-390784-0　Ⓝ767.8
＊悔しくて震える。でもこっちの方が、会いたくて震えるよりも、性に合ってる。クリープハイプ・尾崎世界観の赤裸々日記、絶賛の第二弾。

尾崎 忠征〔1810～1890〕　おざき・ただゆき
◇尾崎忠征日記　1　尾崎忠征著,日本史籍協會編　オンデマンド版　東京大学出版会　2014.7　532p　22cm　(日本史籍協會叢書 46)〈印刷・製本：デジタルパブリッシングサービス　覆刻再刊昭和59年刊〉　11000円　①978-4-13-009346-0　Ⓝ210.61
◇尾崎忠征日記　2　尾崎忠征著,日本史籍協會編　オンデマンド版　東京大学出版会　2014.7　499p　22cm　(日本史籍協會叢書 47)〈印刷・製本：デジタルパブリッシングサービス　覆刻再刊　昭和59年刊〉　10000円　①978-4-13-009347-7　Ⓝ210.61

尾崎 朝二　おざき・ともじ
◇昭和の人生に是非はなし―敗戦から経済大国を築いたわれら 自叙伝　尾崎朝二筆　長崎日本紙工印刷　2018.4　529p　22cm　Ⓝ289.1

尾崎 直道〔1956～〕　おざき・なおみち
◇不退転―尾崎直道 魂の自伝　尾崎直道著　実業之日本社　2016.6　256p　20cm　1800円　①978-4-408-33012-9　Ⓝ783.8
内容　第1章 最初の一歩―プロ入りから初優勝まで(単身千葉へ。ゴルフの道を歩き始めた15歳の春　自信を支えにプロテストに合格した20歳の秋　ほか)　第2章 飛躍への道―賞金王への長い戦い(2勝目、3勝目と勢いに乗った初Vからの5カ月　痛恨のOBで逃した「賞金王」のビッグチャンス　ほか)　第3章 ふたつのツアー―栄光と苦闘の日々(米ツアー挑戦の思いが芽吹き始めた36歳　『TPC』の奮闘で米ツアー準シードを獲得した37歳　ほか)　第4章 ミレニアムを超えて一時を超えて続くチャレンジ(パットに悩んで自滅。『日本オープン』を逃した42歳　尾崎兄弟ワン・ツー・スリーで『日本プロ』初優勝の99年　ほか)

尾﨑 坡酔〔1883～1939〕　おざき・はすい
◇鳥取の俳人 尾﨑坡酔　小山貴子編著　〔出版地不明〕　尾﨑三智子　2015.12　168p　21cm　Ⓝ911.362

尾崎 裕哉〔1989～〕　おざき・ひろや
◇二世　尾崎裕哉著　新潮社　2016.8　205p　19cm　1200円　①978-4-10-350261-6　Ⓝ767.8
内容　1 君は天使　2 始まりの街　3 帰国　4 Stick to your gun　5 Write Fearlessly　6 おまえは誰だ？　7 Carpe Diem　8 大阪の夜　9 墓碑銘　10 僕が僕であるために

尾崎 放哉〔1885～1926〕　おざき・ほうさい
◇尾崎放哉―つぶやきが詩になるとき　河出書房新社　2016.12　207p　21cm　〈年譜あり〉　1700円　①978-4-309-02532-2　Ⓝ911.362
内容　鼎談 捨てて、捨てて、捨てきってもなおあふれでた言葉　放哉と井泉水　放哉散文セレクション　戯曲「南郷庵」　漫画 和田ラヂヲの嫁に来ないか　放哉の島で　放哉俳句鑑賞　表現者・放哉　詩と生涯　俳人放哉の誕生と終焉

◇大阪の俳人たち　7　大阪俳句史研究会編　大阪　和泉書院　2017.6　256p　20cm　(上方文庫 41―大阪俳句史研究会叢書)　2600円　①978-4-7576-0839-9　Ⓝ911.36
内容　高浜虚子(明治7年2月22日～昭和34年4月8日)　川西和露(明治8年4月20日～昭和20年4月1日)　浅井啼魚(明治8年10月4日～昭和12年8月19日)　尾崎放哉(明治18年1月20日～大正15年4月7日)　橋本多佳子(明治32年1月15日～昭和38年5月29日)　小寺正三(大正3年1月16日～平成7年2月12日)　桂信子(大正3年11月1日～平成16年12月16日)　森澄雄(大正8年2月8日～平成22年8月18日)　山田弘子(昭和9年8月24日～平成22年2月7日)　摂津幸彦(昭和22年1月28日～平成8年10月13日)

◇俳人風狂列伝　石川桂郎著　中央公論新社　2017.11　280p　16cm　(中公文庫 い126-1)〈角川書店 1974年刊の再刊〉　1000円　①978-

おさき

4-12-206478-2　Ⓝ911.362
内容 蛸の脚―高橋鏡太郎　此君亭奇録―伊庭心猿　行乞と水―種田山頭火　靫かずら―岩田昌寿　室咲の葦―岡本綺三酔　屑籠と棒秤―田尻亘佐男　葉鶏頭―松根東洋城　おみくじの凶―尾崎放哉　水に映らぬ影法師―相良万吉　日陰のない道―阿部浪漫子　地上に堕ちたゼウス―西東三鬼

尾崎 秀実〔1901～1944〕　おざき・ほつみ

◇尾崎秀実とゾルゲ事件―近衛文麿の影で暗躍した男　太田尚樹著　吉川弘文館　2016.3　197p　20cm　〈文献あり〉　2400円　①978-4-642-08291-4　Ⓝ210.75
内容 若き日々　上海の尾崎　ゾルゲとの邂逅―仲介した人物は誰か　革命の嵐のなかの中国　ヌーラン事件による帰国　帰国後の尾崎　近衛内閣嘱託　満鉄調査部　三国同盟と戦争の危機　開戦前夜―漏洩した御前会議の情報　諜報団の崩壊と尾崎の逮捕　ゾルゲ裁判と戦時下の処刑

小崎 昌業〔1922～〕　おざき・まさなり

◇小崎外交官、世界を巡る―中亜同文書院大学、愛知大学と各国大使・公使としての軌跡　小崎昌業著，愛知大学東亜同文書院大学記念センター編　名古屋　あるむ　2016.3　112p　21cm　〈愛知大学東亜同文書院ブックレット 9〉〈年譜あり　著作目録あり〉　926円　①978-4-86333-105-1　Ⓝ289.1
内容 第1部 東亜同文書院大学から愛知大学へのわが人生（青島時代　水口中学時代　ほか）　第2部 東亜同文書院大学から愛知大学へ、そして外交官として世界を巡る（東亜同文書院大学の生活　大旅行と先輩たちとの出会い　ほか）　第3部 東亜同文書院記念基金会受賞時の記録　第4部 "愛知大学の前身" 東亜同文書院大学（東亜同文会・東亜同文書院大学の今日的意義　東亜同文会の思想的源流　ほか）　第5部 小崎昌業業績

尾崎 翠〔1896～1971〕　おさき・みどり

◇尾崎翠の詩と病理　石原深予著　相模原　ビイング・ネット・プレス　2015.3　374p　20cm　3500円　978-4-908055-08-9　Ⓝ910.268
内容 論文編（「第七官」をめぐって―明治期から昭和初期における「第七官」の誌芸と尾崎翠の宗教的・思想的背景　「第七官界彷徨」論―「喪失感」と「かなしみ」、「回想」のありかた　「歩行」論―おもかげを吹く風、耳の底に聴いた淋しさ　「こほろぎ嬢」論―神経病、反逆、頭を打たれること　「地下室アントンの一夜」論―ロシア文学受容、統合失調症の精神病理を補助線として）　資料編（新たに確認できた尾崎翠自身による書簡・作品　新たに確認できた同時代の人々との関係を示す資料）

◇尾崎翠を読む　講演編1　尾崎翠フォーラム実行委員会編　〔鳥取〕　尾崎翠フォーラム実行委員会　2016.1　169p　22cm　〈他言語標題：Osaki Midori　発売：今井出版〔米子〕〉　1800円　①978-4-86611-009-7　Ⓝ910.268
内容 尾崎翠の生涯と作品／小倉千加子述　尾崎翠の感覚世界／加藤幸子述　尾崎翠の小宇宙／林あまり述　『第七官界彷徨』の世界／狩野啓子述　サロメという故郷／リヴィア・モネ述　映画化された世界／トマス・ラマル述　尾崎翠を読む／川崎賢子述　尾崎翠と鳥取人脈／佐々木709述　尾崎翠と少女たちの時空／黒澤亜里子述　尾崎翠における〈わたし〉／近藤裕子述　尾崎翠とファンタジー小説／小谷真理述

尾崎 行雄〔1858～1954〕　おざき・ゆきお

◇民権闘争七十年―咢堂回想録　尾崎行雄著　講談社　2016.7　381p　15cm　〈講談社学術文庫2377〉〈読売新聞社 1952年の再編集〉　1150円　①978-4-06-292377-4　Ⓝ312.1
内容 民権運動台頭期　国会開設準備時代　十四年政変のころ　二大政党の誕生　外交問題と取り組む　保安条例前後　はじめての外遊　議会開設のころ　日清戦争とその後　「共和演説」の真相〔ほか〕

尾崎 豊〔1965～1992〕　おざき・ゆたか

◇尾崎豊の歌詞論―盗んだバイクと壊れたガラス　見崎鉄著　アルファベータブックス　2018.6　350p　21cm　2500円　①978-4-86598-055-4　Ⓝ767.8
内容 序章 尾崎豊の歌詞に向きあう　第1部 精読のアクロバット（無力さの冒険「15の夜」―なぜ盗んだバイクが必要なのか？　あがいた日々の終わり「卒業」―それは退屈しのぎの反抗だったのか？）　第2部 いろんな場所で、いろんな仕方で（ふたつの愛のかたち「I LOVE YOU」と「OH MY LITTLE GIRL」―これは愛なのか？　過渡期のエネルギー「十七歳の地図」―半分大人には世の中がどう見えるか？　パターンで読む「永遠の胸」―彷徨のすえに見つけた答えは何か？　ため息が歌に変わるまで「僕が僕であるために」―勝つために何をするのか？）　第3部 尾崎豊という事件（尾崎論のためのノート）（尾崎家・少年時代・活動前期―父の謎と「延期と復活」　活動後期・死・その余波―病跡学とファン分析）

小笹 サキ〔1907～2016〕　おざさ・さき

◇園長先生は108歳！　榎並悦子著　クレヴィス　2016.5　128p　24cm　〈年譜あり〉　1500円　①978-4-904845-69-1　Ⓝ376.128
＊108歳現役園長、小笹サキと園児たちの愛おしい日々。108歳からの「生きる」の伝言。

長田 新〔1887～1961〕　おさだ・あらた

◇日本教育学の系譜―吉田熊次・篠原助市・長田新・森昭　小笠原道雄，田中毎実，森田尚人，矢野智司著　勁草書房　2014.8　408,18p　22cm　〈年表あり　索引あり〉　4600円　①978-4-326-25098-1　Ⓝ371.21
内容 戦後教育学の来歴を語り継ぐために　第1章 若き日の吉田熊次―社会的教育学と国民道徳論と（吉田熊次のヒストリオグラフィー　学校との出会い―生い立ち　ほか）　第2章 京都学派としての篠原助市―「自覚の教育学」の誕生と変容（日本の教育学の失われた環　「新カント学派」としての西田幾多郎　ほか）　第3章 長田新の教育学―教育学形成の荒野のなかで（長田新教育学の前提　長田新の教育学　ほか）　第4章 森昭を読む―教育の公共性から世代継承的公共性へ（啓蒙と自律、臨床化と公共性　著作をよむ　ほか）　「教育人間学」へ向かう

◇『原爆の子』の父 長田新―子どものしあわせと平和のために生涯をささげた日本のペスタロッチー　川島弘嗣　本の泉社　2014.8　159p　20cm　〈文献あり 著作目録あり 年譜あり〉

1380円　①978-4-7807-1174-5　Ⓝ289.1

内容　第1部　生い立ちから学生時代まで（生い立ち　高等師範学校時代　大学時代）　第2部　日本のペスタロッチー（澤柳政太郎の片腕として　ペスタロッチー研究にうちこむ　川井訓導事件　世界的ペスタロッチー研究者に）　第3部　子どものしあわせと平和を守るために（戦時中の長田新　原子爆弾　広島大学の誕生　『原爆の子』出版）

小里　貞利〔1930～2016〕　おざと・さだとし
◇政道ハーレー列島を疾走—小里貞利60年の足跡　霧島　小里貞利政治活動60年記念誌出版実行委員会　2015.5　109p　31cm　〈年譜あり〉　2000円　①978-4-86074-230-0　Ⓝ312.1

小山内　薫〔1881～1928〕　おさない・かおる
◇現代文士廿八人　中村武羅夫著　講談社　2018.6　217p　16cm　（講談社文芸文庫　なU1）〈日高有倫堂 1909年刊の再編集〉　1600円　①978-4-06-511864-1　Ⓝ910.261

内容　田山花袋　国木田独歩　生田葵山　夏目漱石　菊池幽芳　小川未明　小杉天外　内藤鳴雪　徳田秋声　水野葉舟〔ほか〕

小山内　宏〔1916～1978〕　おさない・ひろし
◇残されたもの、伝えられたこと—60年代に蜂起した文章者烈伝　矢崎泰久著　街から舎　2014.6　268p　19cm　1620円　①978-4-939139-19-2　Ⓝ281.04

内容　脱原発の市民科学者—高木仁三郎　反戦軍事評論家としての矜持—小山内宏　J・J氏の華麗な文化革命—植草甚一　革命思想家の孤高な生涯—羽仁五郎　革命・反革命の夢幻—竹中労　市民哲学者が残した足跡—久野収　公害に取り組んだ科学者—宇井純　文学と運動の狭間に生きた巨人—小田実　輝けるSF作家の青春—小松左京　ポップ・ミュージックの開拓者—中村とうよう　多国籍人間の見果てぬ夢—邱永漢　「わた史」を生涯かけて編む—小沢昭一　エロスこそ反権力の証し—若松孝二　何もなくて何もない宣言—なだいなだ　ノーベル物理学賞に最も近かった活動家—水戸巌

長南　年恵〔1863～1907〕　おさなみ・としえ
◇新・日本神人伝—近代日本を動かした霊的巨人たちと霊界革命の軌跡　不二龍彦著　太玄社　2017.4　391p　21cm　〈『日本神人伝』（学研 2001年刊）の改題、増補改訂　文献あり　年表あり　索引あり　発売：ナチュラルスピリット〉　2600円　①978-4-906724-32-1　Ⓝ147.8

内容　第1章　仙童寅吉　第2章　宮地常磐・水位・厳夫　第3章　国安仙人　第4章　黒住宗忠　第5章　金光大神　第6章　長南年恵　第7章　高島嘉右衛門　第8章　鷲谷日賢　第9章　友清歓真　第10章　出口王仁三郎　人物小伝

小佐野　賢治〔1918～1986〕　おさの・けんじ
◇田中角栄権力の源泉　大下英治著　イースト・プレス　2014.12　444p　18cm　（イースト新書 041）　907円　①978-4-7816-5041-8　Ⓝ312.1

内容　第1章　田中角栄の青春、小佐野賢治と昭和（人間は、働かなくちゃいかん　角栄の初恋と魂の上京　ほか）　第2章　権力の階段—角栄と小佐野の天下取り（越山会の原型—下からの盛り上がり　いざというとき、敵にまわらないための"指導料"　ほか）　第3章　今太閤・田中角栄、政商・小佐野賢治の絶頂（田中派旗揚げ、福田派のスパイ　「オヤジ、小佐野さんと佐藤昭さんを切ってください」　ほか）　第4章　ロッキード事件の深層（ロッキード事件発覚　"小佐野・児玉・ロッキード社"の点と線　ほか）　第5章　闇将軍・田中角栄の執念と最期（キングメーカー角栄　後藤田正晴指揮による大ローラー作戦　ほか）

長仁親王〔1655～1675〕　おさひとしんのう
◇四親王家実録　21　桂宮実録第2巻（智忠親王実録・穏仁親王実録・長仁親王実録・尚仁親王実録・作宮実録）　吉岡眞之, 藤井讓治, 岩壁義光監修　ゆまに書房　2016.10　295p　27cm　〈布装　宮内庁宮内公文書館所蔵の複製〉　25000円　①978-4-8433-5106-2　Ⓝ288.44

大仏　照子〔1929～2012〕　おさらぎ・あきこ
◇無縁の地平に—大仏照子の生涯　増田レア著　中央　マハラバ文庫　2015.10　271p　19cm　〈年譜あり〉　2000円　①978-4-9908578-0-6　Ⓝ289.1

大佛　次郎〔1897～1973〕　おさらぎ・じろう
◇大佛次郎—一代初心　福島行一著　京都　ミネルヴァ書房　2017.11　335,7p　20cm　（ミネルヴァ日本評伝選）〈文献あり　作品目録あり　年譜あり　索引あり〉　3200円　①978-4-623-07880-6　Ⓝ910.268

内容　第1章　父・野尻政助と明治維新　第2章　誕生と横浜時代その後　第3章　高校から大学、そして結婚へ　第4章　「鞍馬天狗」と「ポケット」時代　第5章　「赤穂浪士」と新聞小説　第6章　敗戦前後　第7章　作品「帰郷」と「パリ燃ゆ」　第8章　「天皇の世紀」を超えて

小沢　一郎〔1942～〕　おざわ・いちろう
◇YKK秘録　山崎拓著　講談社　2016.7　315p　20cm　1800円　①978-4-06-220212-1　Ⓝ312.1

内容　序章　運命の日　第1章　55年体制崩壊—宇野宗佑、海部俊樹、宮澤喜一内閣　第2章　小沢一郎の暗躍—細川護熙、羽田孜内閣　第3章　自・社・さ新時代—村山富市、橋本龍太郎内閣　第4章　「加藤の乱」の真相—小渕恵三、森喜朗内閣　第5章　小泉純一郎

◇小沢一郎　淋しき家族の肖像　松田賢弥著　講談社　2016.8　373p　15cm　（講談社＋α文庫 G119-5）〈文藝春秋 2013年刊の加筆・修正　文献あり〉　920円　①978-4-06-281686-1　Ⓝ289.1

内容　第1章　妻・和子からの「離縁状」　第2章　被災者・黄川田徹の告白　第3章　小沢一郎に嫁いで　第4章　父親の証　第5章　佐重喜とみちの秘密　第6章　永田町の父と母　第7章　淋しき小沢の王国　第8章　家族と王国の崩壊　対談/佐高信　淋しき男・小沢一郎の本質

◇田中角栄とその時代—駕籠に乗る人担ぐ人　早坂茂三著　PHP研究所　2016.9　286p　15cm　（PHP文庫　は65-2）〈『駕籠に乗る人担ぐ人』（集英社文庫 1994年刊）の改題〉　620円　①978-4-

569-76630-0 Ⓝ315.1

内容 第1章 権力の司祭への道―非凡なる平凡・竹下登が、なぜ権力を握ったか 第2章 トメばあさんの一票―大衆が信用するのは何か=田中角栄に見る人の心の摑み方 第3章 現金配達人―どう使えば、カネは活きるか 第4章 二代目、三代目―帝王学を身につけるための条件 第5章 その姿を私は忘れない―影の者・政治家秘書の生きざま 第6章 三人の総理大臣―政治家は仕事の結果で評価するしかない 第7章 頭頭の鷲―権力への執念を実らせるものは何か 第8章 先頭ランナー―権力への階段をどう登るか、そこに何が待っているか

◇YKK秘録 山崎拓著 講談社 2018.8 396p 15cm 〈講談社＋α文庫 G317-1〉〈2016年刊の加筆、改筆〉 950円 Ⓘ978-4-06-512939-5 Ⓝ312.1

内容 序章 運命の日 第1章 55年体制崩壊―宇野宗佑、海部俊樹、宮澤喜一内閣 第2章 小沢一郎の暗躍―細川護煕、羽田孜内閣 第3章 自・社・さ新時代―村山富市、橋本龍太郎内閣 第4章 「加藤の乱」の真相―小渕恵三、森喜朗内閣 第5章 小泉純一郎首相の誕生、自民党幹事長に就任

小沢 一敬〔1973～〕 おざわ・かずひろ

◇恋ができるなら失恋したってかまわない 小沢一敬著 宝島社 2015.8 159p 19cm 1200円 Ⓘ978-4-8002-4225-9 Ⓝ779.14

内容 つぶやく小沢にツッコミを―小沢のTwitter語録～"これぞ小沢な"つぶやきをピックアップ（小沢の美学 小沢の発見 小沢の恋愛 小沢の世界 小沢の生活 小沢の願い） もしも小沢が語るなら…―小沢が語る映画の名言～古今東西、歴史に残る映画上の名言を小沢風にアレンジ

小沢 健二〔1968～〕 おざわ・けんじ

◇小沢健二の帰還 宇野維正著 岩波書店 2017.11 204p 20cm 〈他言語標題：The Return of Kenji Ozawa〉 1700円 Ⓘ978-4-00-061236-4 Ⓝ767.8

内容 第1章 小沢健二はどうしてニューヨークに旅立ったのか 第2章 『Eclectic』の衝撃 第3章 『LIFE』の鏡像としての『刹那』 第4章 南米からの報せ―「うさぎ！」と『毎日の環境学』 第5章 『おばさんたちが案内する未来の世界』が蒔いた種 第6章 「ひふみよ」ツアー、その驚きと必然 第7章 小沢健二と東京―「東京の街が奏でる」公演 第8章 帰還前夜の「魔法的」ツアー 第9章 二〇一七年の小沢健二

小沢 鋭仁〔1954～〕 おざわ・さきひと

◇小沢鋭仁物語―政策中心の政治を目指して 大下英治著 東洋出版 2017.2 355p 20cm 1800円 Ⓘ978-4-8096-7863-9 Ⓝ289.1

内容 序章 決断、新しい『革命』に向かって（チェ・ゲバラの霊廟に、梶下徹との会談 ほか） 第1章 山梨県甲府市に生まれて（インクの匂いが染み付く家でケネディ大統領暗殺の衝撃 ほか） 第2章 国会議員への道（宮澤喜一との縁 日本新党に参画 ほか） 第3章 民主党政権の葛藤（ついに実現した政権交代 環境大臣に就任 ほか） 第4章 政治家・小沢鋭仁として―政策中心の政治を目指して（憲法改正のゆくえ 維新の党、分裂 ほか）

小澤 さくら〔1908～2002〕 おざわ・さくら

◇北京の碧い空を 小澤さくら著 復刻版 川崎小澤昔ばなし研究所 2015.5 332p 19cm 〈原本：角川書店1996年刊〉 1400円 Ⓘ978-4-902875-69-0 Ⓝ289.1

小沢 治三郎〔1886～1966〕 おざわ・じさぶろう

◇智将小沢治三郎―沈黙の提督その戦術と人格 生出寿著 潮書房光人社 2017.7 355p 16cm 〈光人社NF文庫 お1017〉〈徳間文庫1988年刊の改題 文献あり〉 860円 Ⓘ978-4-7698-3017-7 Ⓝ289.1

内容 国運を担う南遣艦隊司令長官 全滅を賭したコタバル上陸作戦 開戦まえに英軍機撃墜 正解のマレー沖海戦 陸軍の山下奉文、今村均を支援 海軍の諸葛孔明を志す 水雷艇長で船乗り修行 水雷学校、海軍大学校の戦術教官 酒豪提督、「辺幅を飾らず」 永野長官と小沢参謀長の対決〔ほか〕

◇四人の連合艦隊司令長官―日本海軍の命運を背負った提督たちの指揮統率 吉田俊雄著 潮書房光人社 2017.9 408p 16cm 〈光人社NF文庫 よ1027〉〈文春文庫 1984年刊の再刊 文献あり〉 920円 Ⓘ978-4-7698-3027-6 Ⓝ391.2074

内容 序章 四人の人間像 第1章 山本五十六の作戦 第2章 古賀峯一の作戦 第3章 豊田副武の作戦 第4章 小沢治三郎の作戦 終章 大西瀧治郎の言葉

小沢 昭一〔1929～2012〕 おざわ・しょういち

◇残されたもの、伝えられたこと―60年代に蜂起した文革者烈伝 矢崎泰久著 街から舎 2014.6 268p 19cm 1620円 Ⓘ978-4-939139-19-2 Ⓝ281.04

内容 脱原発の市民科学者―高木仁三郎 反戦軍事評論家としての矜持―小山内宏 J・J民の華麗なる文化革命―植草甚一 革命思想家の孤高な生涯―羽仁五郎 革命・反革命の夢幻―竹中労 市民哲学者が残した足跡―久野収 公害に取り組んだ科学者―宇井純 文学と運動の狭間に生きた巨人―小田実 輝けSF作家の青春―小松左京 ポップ・ミュージックの開拓者―中村とうよう 多国籍人間の見果てぬ夢―邱永漢 「わた史」を生涯かけて編む―小沢昭一 エロスこそ反権力の証し―若松孝二 何もなくても何もない宣言―なだいなだ ノーベル物理学賞に最も近かった活動家―水戸巌

小澤 征爾〔1935～〕 おざわ・せいじ

◇おわらない音楽 小澤征爾著 日本経済新聞出版社 2014.7 177p 19cm （私の履歴書）〈文献あり 年譜あり〉 1300円 Ⓘ978-4-532-16933-6 Ⓝ762.1

内容 指揮者として 満州生まれ 敗戦の日 リヤカーで運んだピアノ ラグビー少年 指揮者を志す 桐朋学園音楽科 桐朋学園短大進学 外国で勉強したい 淡路山丸〔ほか〕

◇小澤征爾覇者の法則 中野雄著 文藝春秋 2014.8 270p 18cm 〈文春新書 985〉 800円 Ⓘ978-4-16-660985-7 Ⓝ762.1

内容 第1章 小澤家の遺伝子と育った環境（父・小澤開作から受けついだ資質 アコーディオンからの音楽こと始め ほか） 第2章 生涯の師 齋藤秀雄（教育

者・齋藤秀雄の人物像　名教師たちの活躍した"時代"ほか　第3章 指揮者の卵（たった一人の男子学生　人生を変えた「シンフォニー・オブ・ジ・エア」ほか）　第4章 栄光の舞台への軌跡（トロントからサンフランシスコへ　名門ボストン交響楽団音楽監督に ほか）　最終章 小澤征爾とサイトウ・キネン・オーケストラ（齋藤秀雄メモリアルコンサート　新次元のオーケストラ誕生 ほか）

◇偉大なる指揮者たち―トスカニーニからカラヤン、小澤、ラトルへの系譜　クリスチャン・メルラン著，神奈川夏子訳　ヤマハミュージックメディア　2014.11　389,7p　21cm　2800円　①978-4-636-90301-0　Ⓝ762.8

内容 アルトゥーロ・トスカニーニ　ウィレム・メンゲルベルク　セルゲイ・クーセヴィッキー　ピエール・モントゥー　ブルーノ・ワルター　サー・トーマス・ビーチャム　レオポルド・ストコフスキー　エルネスト・アンセルメ　オットー・クレンペラー　ヴィルヘルム・フルトヴェングラー〔ほか〕

◇北京の碧い空を　小澤さくら著　復刻版　川崎　小澤昔ばなし研究所　2015.5　332p　19cm　〈原本：角川書店1996年刊〉　1400円　①978-4-902875-69-0　Ⓝ289.1

◇山本直純と小澤征爾　柴田克彦著　朝日新聞出版　2017.9　247p　18cm　（朝日新書 632）〈文献あり〉　780円　①978-4-02-273732-8　Ⓝ762.1

内容 第1章 齋藤秀雄指揮教室（1932～1958）　第2章 大きいことはいいことだ（1959～1970）　第3章 オーケストラがやって来た（1971～1972）　第4章 天・地・人（1973～1982）　第5章 1万人の第九とサイトウ・キネン（1983～2001）　第6章 鎮魂のファンファーレ（2002）

小澤 俊夫〔1930～〕　おざわ・としお

◇ときを紡ぐ―昔話をもとめて　上　小澤俊夫著　川崎　小澤昔ばなし研究所　2017.5　263p　19cm　1800円　①978-4-902875-82-9　Ⓝ289.1

内容 第1部 戦争の時代（夜空に消えていった花火　北京へ移住 ほか）　第2部 敗戦とその後（高性能爆弾進駐軍―実は占領軍なのに ほか）　第3部 学び始めたころ（茨城大学　東北大学 ほか）　第4部 教職に就いて（東北薬科大学　征爾のヨーロッパ行き ほか）　第5部 初めてドイツへ（こわがることを習いにでかけたこと　ドイツでの初仕事 ほか）

◇ときを紡ぐ―昔話をもとめて　下　小澤俊夫著　川崎　小澤昔ばなし研究所　2018.11　261p　19cm　1800円　①978-4-902875-90-4　Ⓝ289.1

内容 第1部 再びドイツへ（マールブルクでの生活　マールブルク大学民俗学研究所 ほか）　第2部 帰国後（帰国後の日本女子大学　日本女子大学口承文芸研究会 ほか）　第3部 国際口承文芸学会（ヘルシンキ大会〔一九七四年〕　エディンバラ大会〔一九七九年〕ほか）　第4部 筑波大学へ（筑波大学に赴任　『日本の昔話』全五巻 ほか）　第5部 昔話を後世へ（昔ばなし大学創設　グリム童話研修旅行 ほか）

小澤 宏〔1936～〕　おざわ・ひろむ

◇わが人生の三毛作―活到老、学到老　小澤宏著　文芸社　2016.1　207p　20cm　1300円　①978-4-286-16896-8　Ⓝ289.1

小沢 フミ〔1911～1984〕　おざわ・ふみ

◇フミ物語―想い出の足利デパート　小沢君江著　緑風出版　2018.6　125p　19cm　1400円　①978-4-8461-1810-5　Ⓝ289.1

内容 出生、少女時代　結婚後　足利デパートが生まれるまで　店員募集　毎日の行動　足利デパート最高潮の頃　十九一の死　フミ最期の数年　足利デパートの終焉

押川 真喜子〔1960～〕　おしかわ・まきこ

◇聖路加病院で働くということ　早瀬圭一著　岩波書店　2014.10　214p　20cm　〈文献あり〉　2100円　①978-4-00-025997-2　Ⓝ498.16

内容 1 小児科医を貫く―細谷亮太（祖父、父、母　ある事件 ほか）　2 とことん在宅―押川真喜子（お嬢さま、東京へ　保健師として ほか）　3「看る」という仕事―井部俊子（恥ずかしがり　ナースの二つの道 ほか）　4 救急部の「キリスト」―石松伸一（産婦人科医の父　聖路加病院救急部へ ほか）

押川 方義〔1851～1928〕　おしかわ・まさよし

◇新島襄と明治のキリスト者たち―横浜・築地・熊本・札幌バンドとの交流　本井康博著　教文館　2016.3　389,7p　22cm　〈索引あり〉　3800円　①978-4-7642-9969-6　Ⓝ198.321

内容 1 新島襄と四つの「バンド」　2 横浜バンド（S.R.ブラウン　J.H.バラ　植村正久　井深梶之助　押川方義　本多庸一　松村介石　粟津高明）　3 築地バンド（C.カロザース　田村直臣　原胤昭）　4 熊本バンド（L.L.ジェーンズ　小崎弘道）　5 札幌バンド（W.S.クラーク　内村鑑三　新渡戸稲造　大島正健）

小島 祐馬〔1881～1966〕　おじま・すけま

◇京大東洋学者小島祐馬の生涯　岡村敬二著　京都　臨川書店　2014.11　296,4p　19cm　（臨川選書 29）〈文献あり 索引あり〉　2000円　①978-4-653-04114-6　Ⓝ289.1

内容 第1章 小島祐馬の学んだ草創期京都帝国大学文科大学　第2章 京都帝国大学文科大学卒業まで　第3章 嘱託講師の時代　第4章 教授就任と帝国大学総長任命権問題　第5章 定年を迎えて高知へ帰郷　第6章 戦後の高知暮らし　終章 小島祐馬の晩年　補論 黒谷・法然院に眠る東洋学者たち

◇中国古典学のかたち　池田秀三著　研文出版（山本書店出版部）　2014.11　305p　20cm　（研文選書 122）　3000円　①978-4-87636-387-2　Ⓝ124

内容 中国古典における訓詁注釈の意義　訓詁の虚と実　輯佚の難と校讐の難　「序在書後」説の再検討　『潜夫論』版本小考―とくに元大徳本について　「国語」韋昭注への覚え書　京都大学における春秋学研究の伝統　小島祐馬評伝　名著紹介　小島祐馬著『中国思想史』『古代中国研究』湯淺廉孫・孫二代の蔵書

小津 桂窓〔1804～1858〕　おず・けいそう

◇小津久足の文事　菱岡憲司著　ぺりかん社　2016.11　303p　22cm　〈索引あり〉　5400円　①978-4-8315-1450-9　Ⓝ910.25

内容 1部 小津久足の人物（若き日の小津久足　馬琴

と小津桂窓の交流　一匹狼の群れ）　2部　歌業（小津久足の歌稿について　後鈴屋社中の歌会　小津久足の歌人評　小津久足の歌がたり　翻刻『桂窓一家言』）　3部　紀行文点描（小津久足の紀行文　御嶽の枝折　花鳥日記　神風の御恵　陸奥日記　難波日記　松陰日記）

小津 清左衛門(11代)〔？〜1876〕おづ・せいざえもん

◇小津清左衛門長柱日記　6　小津清左衛門長柱著，松阪古文書研究会編　〔松阪〕　松阪市教育委員会文化課郷土資料室　2015.3　100p　26cm　（松阪市史料叢書　第6集）　800円　Ⓝ215.6

◇小津清左衛門長柱日記　7　小津清左衛門長柱著，松阪古文書研究会編　〔松阪〕　松阪市教育委員会文化課郷土資料室　2017.3　133p　26cm　（松阪市史料叢書　第7集）　Ⓝ215.605

小津 久足　おづ・ひさたり

⇒小津桂窓（おづ・けいそう）を見よ

小津 安二郎〔1903〜1963〕おづ・やすじろう

◇「小津安二郎日記」を読む都市文化の巨匠　都築政昭著　筑摩書房　2015.10　542p　15cm　（ちくま文庫　つ21-1)〈『小津安二郎日記』（講談社 1993年刊）の改題　文献あり　作品目録あり〉　1500円　Ⓘ978-4-480-43289-6　Ⓝ778.21
  内容　第1章　憂い　第2章　いのち　第3章　親子　第4章　人情　第5章　家族　第6章　しあわせ　第7章　心たのしも　第8章　ものの哀れ　終章　男の背中

◇日本を支えた12人　長谷日出雄著　集英社　2016.2　310p　16cm　（集英社文庫　お20-3)　680円　Ⓘ978-4-08-745419-2　Ⓝ281.04
  内容　聖徳太子　天武天皇　行基　聖武天皇　本居宣長　明治天皇　津田左右吉　棟方志功　太宰治　小津安二郎　木下恵介　美智子皇后陛下

◇映画監督小津安二郎の軌跡—芸術家として、認識者として　竹林出雪　風濤社　2016.5　451p　20cm　〈文献あり　作品目録あり〉　4200円　Ⓘ978-4-89219-411-5　Ⓝ778.21
  内容　1　小津映画の主題と背景（小津安二郎と小津映画　小津安二郎と小説家　日本映画と溝口、小津、成瀬　小津安二郎の論理と技法）　2　小津映画各論（"戦前期"前半　"戦前期"後半　"戦中期"　"戦後期"前半　"戦後期"後半）

◇殉愛—原節子と小津安二郎　西村雄一郎著　講談社　2017.2　450p　15cm　（講談社文庫　に37-1)〈新潮社 2012年刊の加筆・修正　文献あり　作品目録あり　年譜あり〉　860円　Ⓘ978-4-06-293600-2　Ⓝ778.21
  内容　プロローグ　パリの原節子　第1章　節子の誕生　第2章　夏の季節『晩春』（一九四九年）　第3章　忍ぶ恋『麥秋』（一九五一年）　第4章　永遠の契り『東京物語』（一九五三年）　第5章　孝子の季節『東京暮色』（一九五七年）　第6章　秋子の季節『浮草』（一九五九年）　第7章　喪服を着けて『小早川家の秋』（一九六一年）　エピローグ　円覚寺の小津安二郎

◇望郷の小津安二郎　登重樹著　皓星社　2017.8　255p　20cm　〈文献あり〉　2400円　Ⓘ978-4-7744-0638-1　Ⓝ778.21
  内容　第1部　小津安二郎の若き日々（少年　青年　東京　父親　関西人）　第2部　小津安二郎の戦争と戦後（兵士　シンガポー　戦後　志賀文学　死者たち）

お船の方〔1557〜1637〕おせんのかた

◇戦国を生きた姫君たち　火坂雅志著　KADOKAWA　2016.9　170p　15cm　（角川文庫　ひ20-25)〈年表あり〉　600円　Ⓘ978-4-04-400170-4　Ⓝ281.04
  内容　1　女城主たちの戦い（井伊直虎—井伊直政の義母　妙林尼—吉岡鎮興の妻　ほか）　2　危機を救う妻たち（お船の方—直江兼続の正室　小松姫—真田信之の正室　ほか）　3　愛と謎と美貌（小少将—長宗我部元親の側室　義姫—伊達政宗の生母　ほか）　4　才女と呼ばれた女たち（お初（常高院）—浅井三姉妹の次女　阿茶局—徳川家康の側室　ほか）　5　想いと誇りに殉じる（鶴姫—瀬戸内のジャンヌ・ダルク　淀殿—豊臣秀吉の側室　ほか）

織田 有楽斎〔1547〜1622?〕おだ・うらくさい

◇利休と戦国武将—十五人の「利休七哲」　加来耕三著　京都　淡交社　2018.4　239p　19cm　1300円　Ⓘ978-4-473-04246-0　Ⓝ791.2
  内容　第1章　"七哲"の筆頭　蒲生氏郷　第2章　教養が生き残りの秘訣　細川三斎　第3章　信仰と茶の湯　高山右近・前田利長　第4章　悲運の茶人　瀬田掃部・豊臣秀次・木村常陸介　第5章　何処までも不可解な数寄者　荒木村重・芝山監物　第6章　滑稽味あふれるお人好し　織田常真・牧村兵部・佐久間不干斎　第7章　時代の転換期に出現　古田織部　第8章　自分の分限を知っていた　織田有楽・有馬玄蕃

小田 和正〔1947〜〕おだ・かずまさ

◇時は待ってくれない　小田和正著　京都　PHP研究所　2018.5　187p　19cm　（100年インタビュー保存版）　1400円　Ⓘ978-4-569-84011-6　Ⓝ767.8
  内容　過ごしてきた時間をふりかえって—聖光学院のグラウンドで　少年時代にふれた音楽—歌謡曲から賛美歌まで　オフコースの原点—聖光学院のホールステージから　建築と音楽—ものをつくるということ　プロである理由—音楽を選んだ理由　五人になったオフコース—大ヒット曲「さよなら」の先に　オフコースの終焉—「言葉にできない」想い　ソロ活動への決心—ドラマ主題歌の爆発的なヒット　メロディ、そして歌詞が生まれるとき　自分をさらけ出す—映画製作を通して広がった世界　ファンの思いに応えたい—交通事故で変わった人生観　音楽の力を信じて—災害を乗り越え、国境を越え、世代を超える　時はきっと待ってくれる—夢を求めつづける人に

織田 常真　おだ・じょうしん

⇒織田信雄（おだ・のぶかつ）を見よ

織田 長益　おだ・ながます

⇒織田有楽斎（おだ・うらくさい）を見よ

織田 楢次〔1908〜1980〕おだ・ならじ

◇日韓の架け橋となったキリスト者—乗松雅休から澤正彦まで　中村敏著　いのちのことば社

2015.4 110p 19cm 〈年表あり〉 1000円 Ⓘ978-4-264-03347-9 Ⓝ192.1

内容 第1章 乗松雅休―日本最初の海外宣教師 第2章 田内千鶴子(尹鶴子)―三〇〇〇人の韓国人孤児の母となった日本人女性 第3章 浅川巧―白磁と植林事業を通して日韓の架け橋となったキリスト者 第4章 渕澤能恵―韓国女子教育を通して日韓の架け橋となったキリスト者 第5章 曾田嘉伊智―韓国孤児の慈父と慕われた日本人 第6章 織田楢次―生涯を韓国人伝道に捧げた宣教師 第7章 枡富安左衛門―農場経営と教育と伝道で架け橋となったキリスト者 第8章 澤正彦―韓国に対して贖罪的求道者として生きたキリスト者

織田 信雄〔1558〜1630〕 おだ・のぶかつ

◇利休と戦国武将―十五人の「利休七哲」 加来耕三著 京都 淡交社 2018.4 239p 19cm 1300円 Ⓘ978-4-473-04246-0 Ⓝ791.2

内容 第1章 "七哲"の筆頭 蒲生氏郷 第2章 教義が生き残りの秘訣 細川三斎 第3章 信仰と茶の湯 高山右近・前田利長 第4章 悲運の茶人 瀬田掃部・豊臣秀次・木村常陸介 第5章 何処までも不可解な数寄者 荒木村重・芝山監物 第6章 滑稽味あふれるお人好し 織田常真・牧村兵部・佐久間不干斎 第7章 時代の転換期に出現 古田織部 第8章 自分の分限を知っていた 織田有楽・有馬玄蕃

織田 信長〔1534〜1582〕 おだ・のぶなが

◇織田信長〈天下人〉の実像 金子拓著 講談社 2014.8 296p 18cm 〈講談社現代新書 2278〉〈文献あり〉 880円 Ⓘ978-4-06-288278-1 Ⓝ210.48

内容 序章 信長の政治理念 第1章 天正改元―元亀四(天正元)年 第2章 正親町天皇の譲位問題―天正元年〜二年 第3章 蘭奢待切り取り―天正二年三月 第4章 まぼろしの公家一統―天正二年 第5章 天下人の自覚―天正二年〜三年 第6章 絹衣相論と興福寺別当職相論―天正三年〜四年 第7章 左大臣推任―天正九年 第8章 三職推任―天正一〇年 終章 信長の「天下」

◇信長と将軍義昭―連携から追放、包囲網へ 谷口克広著 中央公論新社 2014.8 245p 18cm 〈中公新書 2278〉〈文献あり 年表あり〉 820円 Ⓘ978-4-12-102278-3 Ⓝ210.47

内容 序章 二人の生い立ち 第1章 信長・義昭の上洛と連携時代 第2章 信長と義昭の確執 第3章 信長包囲網の展開 第4章 義昭の挙兵 第5章 将軍追放 第6章 追放後の義昭の動き 終章 信長と義昭の複雑な関係

◇織田信長 神田千里著 筑摩書房 2014.10 237p 18cm 〈ちくま新書 1093〉〈文献あり 年譜あり〉 800円 Ⓘ978-4-480-06789-0 Ⓝ289.1

内容 信長の「箱」―はじめに 第1章 信長と将軍 第2章 信長と天皇・公家 第3章 「天下布武」の内実 第4章 分国拡大の実態 第5章 信長と宗教 第6章 「革命児」信長の真実 信長の「本当の箱」―おわりに

◇信長研究の最前線―ここまでわかった「革新者」の実像 日本史史料研究会編 洋泉社 2014.10 255p 18cm 〈歴史新書y 049〉 950円 Ⓘ978-4-8003-0508-4 Ⓝ210.48

◇織田信長―戦国最強の軍事カリスマ 桐野作人著 KADOKAWA 2014.12 743p 15cm 〈新人物文庫 き-8-1〉〈新人物往来社 2011年刊の加筆・訂正 文献あり〉 1200円 Ⓘ978-4-04-601018-6 Ⓝ289.1

内容 「軍事カリスマ」信長 尾張統一 桶狭間合戦 美濃攻略と足利義昭との邂逅 信長、足利義昭を奉じて上洛 元亀争乱(金ヶ崎の退き口と姉川の戦い 志賀の陣と比叡山焼き打ち 三方ヶ原合戦と浅井・朝倉の滅亡、足利義昭の追放) 長篠合戦と安土築城 右大臣任官、名実ともに天下人へ 大坂本願寺との戦い 統一権力の確立 三職推任と本能寺の変 信長の「天下」観念と「革新性」

◇信長史料集 第1集 天文3年―永禄6年 信長資料集編集委員会編 岐阜 岐阜市歴史博物館 2015.3 27p 30cm Ⓝ289.1

◇二人の天魔王―信長の正体 明石散人著 増補ビジネス社 2015.4 361p 20cm 〈初版：講談社 1992年刊 著作目録あり 文献あり〉 2200円 Ⓘ978-4-8284-1810-0 Ⓝ289.1

＊国民的英雄・信長の人気は敗戦の賜物であり彼が倣ったのは「無類の上」足利義教だった。一次史料に依って、常識・定説を覆す。歴史ミステリーの金字塔が増補完全版に！

◇織田信長権力論 金子拓著 吉川弘文館 2015.5 415,10p 22cm 〈索引あり〉 6500円 Ⓘ978-4-642-02925-4 Ⓝ210.48

内容 第1部 信長と同時代の人びと(室町幕府最末期の奉公衆三淵藤英 久我晴通の生涯と室町幕府 織田信直と「伝織田又六画像」) 第2部 信長と寺社(賀茂別雷神社職中算用状の基礎的考察 春日社家日記のなかの織田信長文書一大和国宇陀郡の春日社領荘園と北畠氏に関する史料 法隆寺東寺・西寺相論と織田信長 織田信長の東大寺正倉院開封と朝廷) 第3部 信長と朝廷(天正二年〜五年の絹衣相論の再検討 天正四年興福寺別当相論と織田信長 天正四年興福寺別当相論をめぐる史料 天正九年親町天皇譲位問題小考 誠仁親王の立場)

◇城から見た信長 千田嘉博、下坂守、河内将芳、土平博著 京都 ナカニシヤ出版 2015.5 123p 21cm 〈奈良大ブックレット 05〉 1000円 Ⓘ978-4-7795-0957-5 Ⓝ289.1

内容 第1章 近世城郭の成立―安土城の歴史的意義を考える(城郭研究のいま 信長の城の原点―勝幡城 ほか) 第2章 近江の城と信長―佐和山城と安土と坂本城(はじめに―都への道 一五七〇年の危機 ほか) 第3章 京の城と信長―なぜ信長は京都に城を構えなかったのか(武家御城―足利義昭御所、旧二条城 信長の宿所) 第4章 近世大名織田氏の所領と陣屋―信長後の子孫たちと城に代わる建物(陣屋の構築をめぐって 近世大名織田氏の所領分割 ほか)

◇キリストになろうとした魔王信長―余はデウスにして御子キリストなり!! 斎藤忠著 学研パブリッシング 2015.6 351p 18cm 〈MU SUPER MYSTERY BOOKS〉〈文献あり 年譜あり〉 発売：学研マーケティング 980円 Ⓘ978-4-05-406265-8 Ⓝ289.1

内容 プロローグ 我は牛頭天王の化身なり 第1章 第

おた

六天魔王、再臨の予言　第2章 安土城天主はデウスの神殿　第3章 余はデウスにして御子キリストなり　第4章 ノブナガ・キリスト教　第5章 本能寺の変、嫡男信忠が謀反？　第6章 無血クーデターのはずが…　第7章 歯車が狂って信長弑逆へ　エピローグ ノブナガ・キリスト教団の最期、利休の白刃

◇織田信長四三三年目の真実―信長脳を歴史捜査せよ！　明智憲三郎著　幻冬舎　2015.7　301p 18cm　〈文献あり 年譜あり〉　1200円　①978-4-344-02788-6　Ⓝ289.1

[内容] 第1章 大うつけの正体　第2章 勝利を創り出した信長脳　第3章 苛烈・残虐の真相　第4章 天下統一への道　第5章 本能寺の変の神話を暴く　第6章 天下統一の先に求めたもの　第7章 なぜ本能寺で討たれたか

◇真相解明―信長の七不思議　濱田昭生著　東洋出版　2015.8　226p 19cm　〈文献あり〉　1500円　①978-4-8096-7789-2　Ⓝ289.1

[内容] 1章 乱世・戦国の時代　2章 真相解明「信長の七不思議」(信長と濃姫の結婚とは→信長の後ろ楯を道三に求める!?　「桶狭間の戦い」とは→謙信が関東を制圧する為の「前哨戦」!?　「布武天下」とは→「撫育民姓国家」を実現する為の方策!?　天皇と信長の関係とは→信長は天皇の忠臣!?　安土築城の意図とは→天命成就時の天子祭天を挙行する祭場!?　叡山焼き討ちとは→信長は叡山を霊場に復させた功労者!?　信長の追放劇や偽密書とは→信長の巧妙な詐術!?)　3章 むすび

◇織田信長の外交　谷口克広著　祥伝社　2015.11　353p 18cm　(祥伝社新書 442)〈文献あり 年譜あり〉　880円　①978-4-396-11442-8　Ⓝ289.1

[内容] 第1章 家督相続後の戦いと外交　第2章 上洛と周囲との外交　第3章 信長包囲網をめぐる外交　第4章 「天下人」としての外交　第5章 北陸から西国にわたる戦いと外交　第6章 全国統一の進展と外交　終章 信長外交の評価

◇信長が見た近江―『信長公記』を歩く　大沼芳幸著　彦根 サンライズ出版　2015.11　135p 21cm　(近江旅の本)〈年譜あり〉　2000円　①978-4-88325-582-5　Ⓝ291.61

[内容] 天下に向かって走り出す　絶頂から挫折　姉川の合戦　志賀の陣　比叡山焼き討ち　近江を手中に　小谷城攻防戦　琵琶湖を我が手に　神へのステップ神に　「信長神の神殿」安土城

◇天下布武への道　蜂須賀剣著　水曜社(発売)　2016.1　437p 20cm　〈文献あり〉　2500円　①978-4-88065-377-8　Ⓝ289.1

[内容] 第1章 "うつけ"を高く評価した二人　第2章 弾正忠家の当主達　第3章 織田信長　第4章 桶狭間の合戦　第5章 美濃攻略(一)　第6章 小牧山城築城　第7章 美濃攻略(二)

◇信長戦いの若き日々―歴史を歩く 誕生から「天下布武」まで　泉秀樹著　PHP研究所　2017.1　349p 15cm　(PHP文庫 い15-13)　820円　①978-4-569-76669-0　Ⓝ289.1

[内容] 第1章 乱世の織田家と少年信長　第2章 義父・斎藤道三の死と尾張統一　第3章 桶狭間の合戦　第4章 小牧山城への進出　第5章 美濃攻略と「天下布武」　第6章 上洛と青春の終わり

◇織田信長の家臣団―派閥と人間関係　和田裕弘著　中央公論新社　2017.2　318p 18cm　(中公新書 2421)〈文献あり 索引あり〉　900円　①978-4-12-102421-3　Ⓝ289.1

[内容] 信長以前の尾張国　家督継承　尾張統一　美濃衆の家臣化　「天下人」へ向けて　方面軍編成に向けて　織田信忠軍　神戸信孝軍　柴田勝家軍　佐久間信盛軍　羽柴秀吉軍　滝川一益軍　明智光秀軍　本能寺の変後の諸臣　本能寺の変がもたらしたもの

◇信長公記―現代語訳　太田牛一著，榊山潤訳　筑摩書房　2017.2　519p 15cm　(ちくま学芸文庫 お25-1)〈「信長公記 上・下」(教育社 1980年刊)の合本〉　1500円　①978-4-480-09777-4　Ⓝ289.1

[内容] 大うつけから天下人へ(天文三年～永禄十一年)　将軍義昭を奉じて上洛(永禄十一年)　伊勢を平定へ(永禄十二年)　北国・南方との抗争(元亀元年)　叡山炎上・江南を平定(元亀二年)　浅井・朝倉・武田軍との抗争(元亀三年)　命運尽きた将軍義昭(天正元年)　世にも珍しい酒のさかな(天正二年)　天下分け目の長篠の戦い(天正三年)　湖畔にのぞむ安土城(天正四年)　茶の湯と討伐と(天正五年)　西国制覇の野望(天正六年)　落日の播州伊丹城(天正七年)　石山本願寺との和成る(天正八年)　北へ西へと広がる分国(天正九年)　天下統一の夢はむなしく(天正十年)

◇経済で読み解く織田信長―「貨幣量」の変化から宗教と戦争の関係を考察する　上念司著　ベストセラーズ　2017.3　293p 18cm　〈文献あり〉　1111円　①978-4-584-13778-9　Ⓝ332.104

[内容] 第1部 中世の「金融政策」と「景気」(明の景気が日本経済を左右した時代　室町幕府の財政機能)　第2部 寺社勢力とは何なのか？(老舗「比叡山」vs.新興「京都五山」　京都五山のビジネスと本願寺の苦難)　第3部 武将と僧侶の仁義なき戦い(信長の先駆者たち　「一向一揆」とは何か)　第4部 信長は何を変えたのか？(信長の本当の業績　信長の活躍が日本を救った！)

◇織田信長―不器用すぎた天下人　金子拓著　河出書房新社　2017.5　197p 19cm　〈文献あり〉　1600円　①978-4-309-22700-9　Ⓝ289.1

[内容] 第1章 浅井長政―妹婿の離叛　第2章 武田信玄―気づかなかった裏切り　第3章 上杉謙信―支援約束の果て　第4章 毛利輝元―境目紛争の末　第5章 松永久秀と荒木村重―家臣の裏切り　第6章 明智光秀―裏切りの総決算　終章 信じすぎた報い

◇3DCGでよみがえる「信長公記」　小和田哲男監修　宝島社　2017.8　127p 26cm　〈文献あり 年譜あり〉　1000円　①978-4-8002-7209-6　Ⓝ289.1

[内容] 第1章 尾張統一 信長公記首巻　第2章 浅井・朝倉との戦い 信長公記巻一～巻三　第3章 延暦寺焼き討ち 信長公記巻四～巻六　第4章 武田攻め 信長公記巻七～巻八　第5章 畿内平定へ 信長公記巻九～巻十一　第6章 方面軍の活躍 信長公記巻十二～巻十三　第7章 本能寺の変 信長公記巻十四～巻十五

◇信長研究の最前線 2 まだまだ未解明な「革新者」の実像　日本史史料研究会監修，渡邊大門編　洋泉社　2017.8　303p 18cm　(歴史新書y 073)　980円　①978-4-8003-1306-5

Ⓝ210.48

内容 第1部 信長の「基本情報」の真偽(織田一族の家系―信長以前の織田氏と、そのルーツとは　尾張の地理的環境―信長を生んだ、尾張国の地形・地理的環境とは　伝記と伝本―信長の一代記『信長記』はいかなる書物か　信長の画像―信長の顔・姿は、どこまで本物に近いのか) 第2部 信長の「敵対勢力」との関係(初期信長権力の形成過程―スムーズではなかった、信長の「家督相続」の現実　道三と義龍・龍興―信長と美濃斎藤氏との関係とは　信長と浅井氏―浅井長政は、なぜ信長を裏切る決断をしたのか) 第3部 信長と「室町幕府・朝廷」の関係(信長と室町幕府―室町幕府の「幕府」とは何か　信長と朝廷・東大寺―信長は、なぜ蘭奢待を切り取ったのか　朝廷と信長の関係―信長の「馬揃え」は、朝廷への軍事的圧力だったのか) 第4部 信長の「宗教政策」と権力の源泉(宣教師と信長―信長とイエズス会の本当の関係とは　信長の神格化の問題―信長「神格化」の真偽を検証してみる　安土城天主像の諸説―安土城「天主」の復元は、どこまで可能なのか) 第5部 信長と「商人」の関係(信長と銀山―信長は、生野銀山を直接支配したのか　信長と都市・豪商―信長と都市・堺はどのような関係だったのか　信長と茶の湯―「名物狩り」と「御茶湯御政道」の実像とは)

◇大間違いの織田信長　倉山満著　ベストセラーズ　2017.9　286p　19cm　1296円　①978-4-584-13810-6　Ⓝ289.1

内容 第1章 織田信長は戦後民主主義の英雄なのである　第2章 君にもなれる織田信長(今こそ学ぼう!兵法経営)　第3章 信長は権威主義者だった(誕生~桶狭間の戦い)　第4章 信長は勝ちきれない男だった(織徳同盟~第一次信長包囲網)　第5章 信長はものすごい働き者だった(信玄上洛~長篠の戦い)　第6章 信長は日本史最高の土下座名人だった(手取川の戦い~天目山の戦い)　第7章 信長はものすごくセコイ男だった(一五八二年の信長)

◇信長と美濃　土山公仁監修　岐阜　岐阜新聞社出版室　2017.9　221p　19cm　(岐阜新聞アーカイブズシリーズ 3)〈発行者:岐阜新聞社　年譜あり〉　1482円　①978-4-87797-248-6　Ⓝ289.1

内容 序章 あけぼの　第1章 海道一の弓取り　第2章 尾張から美濃へ　第3章 信長と信長をめぐる女性たち　第4章 岐阜城下、そして安土へ　第5章 「天下布武」への戦い　終章 本能寺　織田信長と天下

◇足利義昭と織田信長―傀儡政権の虚像　久野雅司著　戎光祥出版　2017.11　220p　19cm　(中世武士選書 40)〈文献あり　年表あり〉　2500円　①978-4-86403-259-9　Ⓝ289.1

内容 第1章 足利将軍と畿内の政情　第2章 覚慶の諸国流浪と「当家再興」　第3章 足利義昭の上洛と室町幕府の再興　第4章 足利義昭の政権構想　第5章 義昭政権の軍事力　第6章 織田信長と幕府軍の軍事指揮権　第7章 「元亀の争乱」における義昭と信長　第8章 足利義昭の蜂起と幕府の滅亡　第9章 幕府滅亡後の信長と「幕府再興」と政権構想　終章 義昭の「天下」と信長の「天下」

◇あらすじで読む「信長公記」――級史料に記された織田信長の合戦・城・道楽　黒田基樹監修　三才ブックス　2018.1　225p　21cm　1389円　①978-4-86673-015-8　Ⓝ289.1

内容 はじめに 太田牛一が記した『信長公記』の実像　第1章 尾張統一　第2章 信長と足利義昭　第3章 浅井・朝倉攻め　第4章 石山合戦　第5章 諸勢力との戦い　第6章 武田征伐　第7章 本能寺の変　第8章 領国統治と外交　第9章 信長の道楽

◇信長公記―天理本 現代語訳　首巻　太田牛一著, かぎや散人訳, 水野誠志朗編　名古屋　デイズ　2018.1　261p　21cm　〈年表あり〉　1800円　①978-4-9909405-1-5　Ⓝ289.1

◇秀吉の武威、信長の武威―天下人はいかに服属を迫るのか　黒嶋敏著　平凡社　2018.2　318p　19cm　(中世から近世へ)〈文献あり〉　1700円　①978-4-582-47737-5　Ⓝ210.48

内容 序章 「武威」から見える天下統一の実態　第1章 秀吉の九州「停戦令」　第2章 秀吉の奥羽「惣無事」　第3章 秀吉の武威と静謐　第4章 信長と奥羽　第5章 信長と九州　第6章 信長の武威と東夷　終章 「武威」から見えた二人の違い

◇織田信長―近代の胎動　藤田達生著　山川出版社　2018.3　111p　21cm　(日本史リブレット人 045)〈文献あり　年譜あり〉　800円　①978-4-634-54845-9　Ⓝ289.1

◇織田信長435年目の真実　明智憲三郎著　幻冬舎　2018.4　281p　16cm　(幻冬舎文庫 あ-68-1)「織田信長四三三年目の真実」(2015年刊)の改題　文献あり　年譜あり〉　540円　①978-4-344-42713-6　Ⓝ289.1

◇訳注信長公記　太田牛一著, 坂口善保訳注　武蔵野書院　2018.4　407p　21cm　〈文献あり〉　2900円　①978-4-8386-0478-4　Ⓝ289.1

◇天皇の歴史　5　天皇と天下人　大津透, 河内祥輔, 藤井讓治編集委員　藤井讓治著　講談社　2018.4　343p　15cm　(講談社学術文庫 2485)〈文献あり　年表あり　索引あり〉　1160円　①978-4-06-292485-6　Ⓝ210.1

内容 プロローグ―正親町天皇のキリシタン禁令　第1章 義昭の入京　第2章 正親町天皇と信長　第3章 天下人秀吉の誕生　第4章 後陽成天皇と朝鮮出兵　第5章 後陽成・後水尾天皇と家康　エピローグ―「権現」か「明神」か

◇戦国大名―歴史文化遺産　五味文彦監修　山川出版社　2018.6　238p　21cm　1800円　①978-4-634-15134-5　Ⓝ210.47

内容 1 戦国乱世の幕開け(北条早雲　北条氏康　上杉謙信 ほか)　2 群雄たちの覇権(織田信長　長宗我部元親　毛利元就)　3 争乱から天下人へ(豊臣秀吉　島津義久　伊達政宗 ほか)

◇信長・光秀の死亡史料　岸б史明著　〔ふじみ野〕　国文学研究所　2018.7　291p　21cm　2000円　Ⓝ210.48

◇信長公記―戦国覇者の一級史料　和田裕弘著　中央公論新社　2018.8　263p　18cm　(中公新書 2503)〈年譜あり〉　900円　①978-4-12-102503-6　Ⓝ289.1

内容 序章 『信長公記』とは　第1章 尾張統一と美濃併呑(尾張の織田一族　父・信秀 ほか)　第2章 上洛後(第十五代将軍足利義昭　比叡山焼き討ち ほか)　第3章 安土時代(安土城　松永久秀の謀反 ほか)　第4章 天下布武へ(大坂本願寺　佐久間信盛

◇日本史 誤解だらけの英雄像 内藤博文著 河出書房新社 2018.8 221p 15cm （KAWADE夢文庫 K1097）〈文献あり〉 680円 ①978-4-309-49997-0 Ⓝ281
|内容| 1章 織田信長―"戦国の革命児"という誤解 2章 坂本龍馬―"天衣無縫の風雲児"という誤解 3章 秀吉・家康―"無双の覇者"という誤解 4章 信玄・謙信―"常勝武将伝説"という誤解 5章 西郷隆盛・高杉晋作・勝海舟―"維新の立役者"という誤解 6章 聖徳太子・天智天皇・義経―"古代・中世の英傑"の誤解 7章 徳川吉宗・山本五十六―"近現代の巨星"の誤解

◇日本精神研究―GHQ発禁図書開封 大川周明著 徳間書店 2018.9 334p 18cm 1100円 ①978-4-19-864699-8 Ⓝ121
|内容| 第1 横井小楠の思想及び信仰 第2 佐藤信淵の理想国家 第3 平民の教師石田梅岩 第4 純情の人平learning武二郎国臣 第5 剣の人宮本武蔵 第6 近代日本の創設者織田信長 第7 上杉鷹山の政道 第8 戦える僧上杉謙信 第9 頼朝の事業及び人格

◇ルイス・フロイスが見た異聞・織田信長 時空旅人編集部編 三栄書房 2018.9 223p 18cm （サンエイ新書 11） 880円 ①978-4-7796-3735-3 Ⓝ210.48
|内容| 序章 信長、天下布武への布石 第1章 フロイス日本上陸から畿内での布教開始まで 第2章 信長とフロイスの出会い 第3章 太田牛一が語れなかった武将像 第4章 信長の覇業、その目撃者となる 終章 秀吉による天下統一と迫害 巻末付録 信長の戦いを検証す！

◇信長君主論―マキャベリで読み解く戦国武将の虚実 関厚夫著 さくら舎 2018.9 285p 19cm 〈文献あり〉 1600円 ①978-4-86581-165-0 Ⓝ289.1
|内容| 序章 是非に及ばず 第1章 聖・信長―古戦場や城址に漂う愛憎の残り香と神々の賛歌 第2章 俗・欲・カネ―楽市楽座・南蛮交易・茶道の裏側 第3章 戦国百物語―合戦の真実と君主の条件 第4章 裏切られ信長―浅井長政・松永久秀らの叛旗の実相 第5章 世界史への野望―秀吉へと受け継がれた天竺への道 終章 本能寺の変―「是非に及ばず」の結論 おわりに 過去から現在、そして未来との対話へ

織田 信成〔1987～〕 おだ・のぶなり
◇フィギュアほど泣けるスポーツはない！―オリンピックをきっかけに僕が皆さんに伝えたいこと 織田信成著 KADOKAWA 2018.1 191p 19cm 1400円 ①978-4-04-895683-3 Ⓝ784.65
|内容| 第1章 僕はフィギュアスケートが大嫌いだった 第2章 フィギュアを大好きになった僕の波乱万丈の競技人生 熱血対談 松岡修造×織田信成 第3章 オリンピックそしてその出場権を巡る戦い 第4章 羽生結弦が体現する「フィギュアスケート本来の芸術」を見よ！ 最終章 戦友・浅田真央さんのこと

織田 信秀〔1510～1552〕 おだ・のぶひで
◇天下人の父・織田信秀―信長は何を学び、受け継いだのか 谷口克広著 祥伝社 2017.4 254p 18cm （祥伝社新書 501）〈文献あり 年譜あり〉 820円 ①978-4-396-11501-2 Ⓝ289.1
|内容| 序 斎藤道三に敗北して… 第1章 織田信秀の台頭 第2章 信秀の合戦と政策 第3章 父信秀のもとの信長 第4章 信秀の後継をめぐる争い 第5章 信長が受け継いだもの 終章 信秀の評価

織田 秀親〔1662～1709〕 おだ・ひでちか
◇考証 風流大名列伝 稲垣史生著 立東舎 2016.10 254p 15cm （立東舎文庫 い1-1）〈作品社 1983年刊の再刊 発売：リットーミュージック〉 800円 ①978-4-8456-2867-4
|内容| 序章―殿様とは 徳川光圀―絹の道への幻想 徳川宗春―御深井の秘亭 伊達綱宗―遊女高尾斬りを笑う 井伊直弼―この世は一期一会よ 織田秀親―鬼面の茶人寛永寺の刃傷 細川忠興―凄惨な夜叉の夫婦愛 前田吉徳―間違われた加賀騒動の主人公 小堀遠州―長く険しい道をゆく 安藤信正―『半七捕物帳』に縁ある 柳生宗矩―まぼろしの名品平蜘蛛 松平不昧―父の風流入墨女の怪 浅野長矩―名君の史料に事欠かぬ 島津重豪・島津斉興・島津斉彬―薩摩三代の過剰風流 有馬頼貴・鍋島勝茂―大名行列に犬を引いて

小田 実〔1932～2007〕 おだ・まこと
◇残されたもの、伝えられたこと―60年代に蜂起した文革者烈伝 矢崎泰久著 街から舎 2014.6 268p 19cm 1620円 ①978-4-939139-19-2 Ⓝ281.04
|内容| 脱原発の市民科学者―高木仁三郎 反戦軍事評論家としての矜持―小山内宏 J・J氏の華麗な文化革命―植草甚一 革命思想家の孤高な生涯―羽仁五郎 革命・反革命の夢幻―竹中労 市民哲学者が残した足跡―久野収 公害に取り組んだ科学者―宇井純 文学と運動の狭間に生きた巨人―小田実 輝けるSF作家の青春―小松左京 ポップ・ミュージックの開拓者―中村とうよう 多国籍人間の見果てぬ夢―邱永漢 「わた史」を生涯かけて描く―小沢昭一 エロスこそ反権力の証し―若松孝二 何もなくて何もない宣言―なだいなだ ノーベル物理学賞に最も近かった活動家―水戸巌

◇ひとびとの精神史 第4巻 東京オリンピック―1960年代 苅谷剛彦編 岩波書店 2015.10 329p 19cm 2500円 ①978-4-00-028804-0 Ⓝ281.04
|内容| 1 高度成長とナショナリズム（下村治―国民のための経済成長 十河信二―新幹線にかける「夢」 河西昌枝―引退できなかった「東洋の魔女」 手塚治虫―逆風が育んだ「マンガの神様」 原田正純―胎児性水俣病の「発見」） 2 民族大移動―農村と都市の変貌（高村三郎と永山則夫―集団就職という体験 大牟羅良―農村の変貌と岩手の農民 室原知幸―公共事業のあり方を問い続けた「蜂の巣城主」 千石剛賢―これまでの家族観に抗った「イエスの方舟」） 3 ベトナム戦争と日本社会（小田実―平等主義と誇りで世界の人びとをつなぐ 岡村昭彦―ベトナム戦争を直視して 鶴見良行―「足の人」はいかに思考したか）

◇まなざし 鶴見俊輔著 藤原書店 2015.11 270p 20cm 2600円 ①978-4-86578-050-5 Ⓝ281.04
|内容| 序にかえて 話の好きな姉をもって Ⅰ 石牟礼道

子　金時鐘　岡部伊都子　吉川幸次郎　小田実　Ⅱ　高野長英　曾祖父・安場保和　祖父・後藤新平　父・鶴見祐輔　姉・鶴見和子　跋にかえて　同じ母のもとで　鶴見和子　結びにかえて　若い人に

◇トラブゾンの猫―小田実との最後の旅　玄順恵著　岩波書店　2018.10　150p　20cm　〈他言語標題：A stray cat in Trabzon　文献あり〉　1700円　Ⓘ978-4-00-061298-2　Ⓝ910.268

内容　永遠の旅路　イスタンブールの迷い猫　旅は道づれ人は情け　トロイと『イーリアス』と「三十センチの高さ」　昼下がりのエーゲ海　アルキビアデス　猫の憂ろ　玉砕　アソスの神殿とイソップ猫　デモス・クラトスよ！　トラブゾンの猫　別れのレクイエム　至福と喪失

小田　真弓〔1938～〕　おだ・まゆみ

◇加賀屋　笑顔で気働き―女将が育んだ「おもてなし」の真髄　小田真弓著　日本経済新聞出版社　2015.9　254p　19cm　1500円　Ⓘ978-4-532-32031-7　Ⓝ689.8143

内容　第1章　「いいえ」は言わない～加賀屋流サービスの原点　第2章　加賀屋と私を鍛えた3つのこと　第3章　女性がかがやく2つの仕掛け　第4章　おもてなしのエンジン　客室係の育て方　第5章　私の半生　第6章　これからの加賀屋へ―次代に望むこと

織田　幹雄〔1905～1998〕　おだ・みきお

◇近代オリンピックのヒーローとヒロイン　池井優著　慶應義塾大学出版会　2016.12　365p　20cm　〈文献あり〉　2600円　Ⓘ978-4-7664-2389-1　Ⓝ780.28

内容　ピエール・ド・クーベルタン―近代オリンピックの創始者　嘉納治五郎―日本初代のIOC委員　金栗四三―"日本マラソンの父"となったオリンピックの敗者　人見絹枝―日本女子初のメダリスト　西竹一―バロン西と呼ばれた馬術大障害の優勝者　織田幹雄―日本人最初のゴールドメダリスト　「前畑がんばれ！」―日本初のオリンピック女子金メダリスト　西田修平・大江季雄―ベルリンの死闘と「友情のメダル」　ジェシー・オーエンス―ベルリンで四つの金メダルを獲った黒人選手　清川正二―オリンピックの金メダリスト、IOC委員　古橋廣之進―戦後日本に希望を与えてくれた「フジヤマのトビウオ」　猪谷千春―冬季五輪初のメダリスト、そしてIOC委員　アベベ・ビキラ―ローマ、東京と二大会を制覇したマラソンの王者　大松博文―「東洋の魔女」に金メダルを獲らせた「鬼」の指導者　日本サッカー界を改革したドイツ人コーチ―デットマール・クラマーと日本代表チーム　ベラ・チャスラフスカ―「プラハの春」にゆれた体操の女王　男子バレーボールに革命をもたらした監督―松平康隆と日本男子バレーボール　モスクワ五輪ボイコットに泣いた選手たち―政治に翻弄されたオリンピック　北島康介―オリンピック三大会でメダル獲得のスイマー

小田　稔〔1931～〕　おだ・みのる

◇真実と虚像の狭間で―翻弄された自我の軌跡　小田稔著　郁朋社　2018.6　697p　22cm　3000円　Ⓘ978-4-87302-665-7　Ⓝ210.7

内容　第1章　満州事変―自我の抑圧と破壊（満州事変と軍部　関東軍による周到な謀略　日本政府の対応と軍　ほか）　第2章　少年と戦争―自我の消滅（学期半ばで北朝鮮へ渡る　信じて疑わず　大本営発表　ほか）　第3章　咸興と北朝鮮脱出―自我回生の曙（咸興での暮らし　戦後の咸興　咸興脱出・越境・帰郷　ほか）　第4章　ハンセン病と南大隅地区巡回音楽会―自我の回生と羽ばたき（ハンセン病）

小田　稔（宇宙物理学者）〔1923～2001〕　おだ・みのる

◇宇宙を見た人たち―現代天文学入門　二間瀬敏史著　海鳴社　2017.10　270p　19cm　1800円　Ⓘ978-4-87525-335-8　Ⓝ440.28

内容　第1部　天文学に強力な"道具箱"を提供した観測家たち（ヘンリエッタ・スワン・リービット―宇宙の"物差し"を見つけた"ハーバード・コンピューターズ"一の才媛　ジョージ・ヘール―巨大望遠鏡時代に道を拓く　ほか）　第2部　科学的宇宙論の開拓者たち（アルベルト・アインシュタイン―現代宇宙論の開拓者　カール・シュヴァルツシルト―塹壕で重力場方程式の解を発見　ほか）　第3部　天文学を豊かにした人びと（クライド・トンボー―新しい太陽系領域に挑んだ人　アーサー・エディントン―恒星天文学の父　ほか）　第4部　"観測の窓"拡大に情熱を傾けた人びと（カール・ジャンスキー―電波天文学の生みの親　早川幸男―戦後の焼け跡で"全波長天文学"への道を敷く　ほか）

織田　絆誠〔1966～〕　おだ・よしのり

◇山口組三国志　織田絆誠という男　溝口敦著　講談社　2017.11　301p　19cm　1600円　Ⓘ978-4-06-220775-1　Ⓝ368.51

内容　第1章　任侠山口組の誕生―若きカリスマが挑む「脱反社」という最終目標　第2章　織田絆誠　男の売り出し―在日三世の矜持と柳川組の血脈　第3章　検証五代目山口組―バブルが腐蝕した大義　第4章　検証六代目山口組―クーデターの果てに訪れた弘道会専横支配　第5章　実録神戸山口組の設立―初めて明かされる六代目脱退劇の深層　第6章　山口組両派の和解工作―権謀渦巻く水面下の駆け引き　第7章　検証神戸山口組―懐刀の核弾頭に見limited英雄

◇山口組三国志　織田絆誠という男　溝口敦著　講談社　2018.9　365p　15cm　（講談社＋α文庫　G33-19）　900円　Ⓘ978-4-06-513129-9　Ⓝ368.51

内容　第1章　任侠山口組の誕生―若きカリスマが挑む「脱反社」という最終目標　第2章　織田絆誠男の売り出し―在日三世の矜持と柳川組の血脈　第3章　検証五代目山口組―バブルが腐蝕した大義　第4章　検証六代目山口組―クーデターの果てに訪れた弘道会専横支配　第5章　実録神戸山口組の設立―初めて明かされる六代目脱退劇の深層　第6章　六代目と神戸の和解工作―権謀渦巻く水面下の駆け引き　第7章　検証神戸山口組―懐刀の核弾頭に見limited英雄

織田　隆弘〔1913～1993〕　おだ・りゅうこう

◇加持を語る　織田隆弘著　密門会出版部　2014.12　334p　19cm　2300円　Ⓘ978-4-905757-44-3　Ⓝ188.54

内容　佛教に入る迄（未完自伝）　加持を語る（密教の時代　密教の根本になっている仏教の社会づかい　般若心経の力（三論空宗　因縁果の連続　六大無碍が空　ほか）　本地身説法（大日如来さまの印相の意味　明星口に入る　全一の我行　断義と常見（人の欲をそそる"密教書"の横行　正純密教としての易行道　正しい教えは甘くない　ほか）　密教の要締（総

論 苦の実体を知る　加持と無痛安楽死　ほか）

おたあジュリア〔安土桃山時代〕
◇ジュリア・おたあ―あらしの時代に生きたキリシタン　谷真介著　女子パウロ会　2015.10　166p　15cm　（パウロ文庫）〈1983年刊の加筆訂正　文献あり〉　800円　①978-4-7896-0761-2　Ⓝ198.221

＊豊臣から徳川に移る戦乱の世に、朝鮮から連れてこられたひとりの女の子が、キリシタン女性として強く、美しく成長する物語。

尾高 惇忠〔1830～1901〕　おだか・あつただ
◇尾髙惇忠―富岡製糸場の初代場長　荻野勝正著　さいたま　さきたま出版会　2015.6　94p　21cm　（もっと知りたい埼玉のひと）〈文献あり　著作目録あり　年譜あり〉　1200円　①978-4-87891-451-5　Ⓝ289.1

◇明治なりわいの魁―日本に産業革命をおこした男たち　植松三十里著　ウェッジ　2017.2　192p　21cm　〈文献あり　年表あり〉　1800円　①978-4-86310-176-0　Ⓝ281

内容　1章 魁の時代（高島秋帆―長崎豪商の西洋砲術と波乱の生涯　江川坦庵―伊豆韮山に現存する反射炉と品川台場　片倉平蔵―蒸気船の燃料を供給した常磐炭鉱の開祖）　2章 技の時代（鍋島直正―佐賀の反射炉と三重津海軍所の創設　本木昌造―日本語の活版印刷を広めた元長崎通詞　堤磯右衛門―公共事業の請負から石鹸の祖に　上田寅吉―船大工から日本造船史上の一大恩人へ　大島高任―鉄の産地で高炉を建設した南部藩士）　3章 生業の時代（尾高惇忠―富岡製糸場初代場長の知られざる来歴　ファン・ドールン―猪苗代湖からの疎水開削を実現　加唐為重―生命保険に医療を取り入れて発展　油屋熊八―別府温泉で本格的な観光業をスタート　竹鶴政孝―本物のウィスキーを日本にもたらす　松永安左ェ門―電力再編の三年間のためにあった長き生涯）

尾竹 紅吉　おたけ・べによし
⇒富本一枝（とみもと・かずえ）を見よ

小田島 鐵男〔1943～2017〕　おだじま・てつお
◇3650―死刑囚小田島鐵男"モンスター"と呼ばれた殺人者との10年間　斎藤充功著　ミリオン出版　2017.10　213p　19cm　〈文献あり　年譜あり〉　発売：大洋図書　1600円　①978-4-8130-2277-0　Ⓝ289.1

内容　1章 接触　2章 故郷　3章 強盗　4章 死刑　5章 東拘　6章 家族　7章 舌戦

小田島 やすえ〔1939～〕　おだじま・やすえ
◇昔の女の子今、七十七歳　小田島やすえ著　文芸社　2015.10　115p　20cm　1100円　①978-4-286-16756-5　Ⓝ289.1

小田中 聰樹〔1935～〕　おだなか・としき
◇気概―万人のために万人に抗う　小田中聰樹著、川崎英明、白取祐司、豊崎七絵インタビュアー　刑事司法及び少年司法に関する教育・学術研究推進センター　2018.1　209p　19cm　（ERCJ選書 3）〈年譜あり〉　発売：日本評論社　1400円　①978-4-535-52347-0　Ⓝ289.1

内容　第1部 生立ちから研究者となるまで（生立ち　大学入学、そして学士入学）　第2部 研究者として、大学人として（東京都立大学時代　東北大学時代　専修大学時代）　エピローグ 仙台で、今　インタビューを終えて　最近の論稿と年譜

小谷の方　おだにのかた
⇒お市（おいち）を見よ

お種の方〔？～1640〕　おたねのかた
◇了庵さまと香ノ前の足跡　宮本亨一著　〔富谷〕〔宮本亨一〕　〔2018〕　52p　30cm　〈付録：一 政宗からの手紙、二 鳴瑞文字紀行の路、三 茂庭武将隊〉　Ⓝ289.1

越智 俊典〔1938～〕　おち・としのり
◇淳子との五十年　越智俊典著　〔出版地不明〕　越智俊典　2015.6　147p　21cm　非売品　Ⓝ289.1

越智 直正〔1939～〕　おち・なおまさ
◇靴下バカ一代―奇天烈経営者の人生訓　越智直正著　日経BP社　2016.5　239p　19cm　〈発売：日経BPマーケティング〉　1800円　①978-4-8222-3567-3　Ⓝ289.1

内容　第1部 丁稚時代 超人誕生編（人生の主人公は自分。自分を一番だませるのは自分　頭、目、耳、鼻、口、手、足。人間の機能は使う順番に並んでいる　ほか）　第2部 創業時代 昭和豪傑編（すべてを「五事」に照らす　伸び縮みしないものさしを持て　ほか）　第3部 黄金時代 悲願達成編（良いことを寝ても覚めても思い続ける　何を見聞きしても自分の商売に結び付く。これがプロ初級の登竜門だ　ほか）　第4部 承継時代 無限激闘編（代々が初代　わしのようなすなバカな大将は敵より怖い　ほか）　特別インタビュー 越智勝寛社長―息子から父へ最初で最後のラブレター「創業者の夢をかなえるのが使命僕が花道をつくる」

越知 保夫〔1911～1961〕　おち・やすお
◇小林秀雄―越知保夫全作品　越知保夫著、若松英輔編　新版　慶應義塾大学出版会　2016.1　543,8p　20cm　〈表紙のタイトル：THE COMPLETE WORKS OF Yasuo Ochi　文献あり　年譜あり　索引あり〉　3400円　①978-4-7664-2260-3　Ⓝ918.68

内容　小林秀雄論　近代・反近代―小林秀雄「近代絵画」を読む　小林秀雄の『近代絵画』における「自然」　ルオー　ルウジュモンの『恋愛と西洋』を読む　『恋愛と西洋』に対するサルトルの批評について　「あれかこれか」と「あれもこれも」―ダーシーの『愛のロゴスとパトス』を読む　ガブリエル・マルセルの講演　道化雑感　宇野千代の『おはん』　チェホフの『三人姉妹』　モスクワ芸術座のリアリズム　クローデルの『マリアへのお告げ』について　モンテーニュの問題　個と全体　能と道化　好色と花―エロスと様式　すき・わび・嫉妬　パントマイム「惨事」―グリムの童話より　楽劇 ブオンコンテの最後―ダンテ神曲「煉獄篇」より脚色　詩　書簡・その他　越知保夫に関するエッセイ・評論　越知保夫年譜　求道の文学―越知保夫の生涯と作品

越智 勇一〔1902～1992〕 おち・ゆういち
◇獣医学の狩人たち―20世紀の獣医偉人列伝　大竹修著　堺　大阪公立大学共同出版会　2017.5　406p　21cm　〈文献あり〉　2400円　⑰978-4-907209-72-8　Ⓝ649.028

内容 序：日本における近代獣医学の夜明け　牛痘苗と狂犬病ワクチンの創始者―梅野信吉　人材育成の名人で家畜衛生学の先達―葛西勝弥　獣医寄生虫学を確立―板垣四郎　競走馬の研究に生涯を捧げた外科の泰斗―松葉重雄　ひよこの雌雄鑑別法を開発―増井清　幻に終わったノーベル賞―市川厚一　獣医外科・産科学の巨頭―黒澤亮助　顕微鏡とともに歩んだ偉大な神経病理学者―山極三郎　麻酔・自律神経研究の権威―木全春生〔ほか〕

越智 ゆらの〔1998～〕 おち・ゆらの
◇一生少女　越智ゆらの著　角川春樹事務所　2016.8　128p　15×21cm　1200円　⑰978-4-7584-1291-9　Ⓝ289.1

落合　峻〔1939～〕 おちあい・たおさ
◇父・大田實海軍中将との絆―自衛隊国際貢献の嚆矢となった男の軌跡　三根明日香著　潮書房光人社　2015.12　259p　16cm　（光人社NF文庫 N-921）〔「沖縄の絆・父中将から息子へのバトン」（かや書房 2013年刊）の改題　文献あり〕　760円　⑰978-4-7698-2921-8　Ⓝ289.1

内容 序章 父に知らせたい叙勲　第1章 ペルシャ湾掃海派遣部隊・落合指揮官誕生！　第2章 掃海屋の悩みと誇り　第3章 子だくさんの海軍軍人・大田實の人となり　第4章 沖縄の絆・大田中将から峻へのバトン　第5章 蛙の子は蛙―峻のネイビーへの道　第6章 ペルシャ湾へ！ 錨は上げたが五里霧中　第7章 掃海隊総員、大奮戦　第8章 防人たちの栄光　終章 海の父子鷹

落合 啓士〔1977～〕 おちあい・ひろし
◇日本の10番背負いました―ブラインドサッカー日本代表・落合啓士　落合啓士著　講談社　2015.10　167p　18cm　925円　⑰978-4-06-364973-4　Ⓝ783.47

内容 アジア選手権を終えて　「キャプテン翼」に憧れていた少年期　失明への恐怖におびえ、不良の道へ　やんちゃ時代、ピークからどん底へ　障がい者スポーツとの出会い　ブラインドサッカーに打ち込むために大阪へ　世界を初めて体感する　ロンドンパラリンピック出場を逃す　ブラインドサッカーが教えてくれたこと　これからの私がめざすもの

落合 博満〔1953～〕 おちあい・ひろみつ
◇衣笠祥雄 最後のシーズン　山際淳司著　KADOKAWA　2018.8　287p　18cm　（角川新書 K-223）　840円　⑰978-4-04-082265-5　Ⓝ783.7

内容 第1章 名将（メルセデスにて　オールド・ボーイズ・オブ・サマー）　第2章 名投手（"サンデー兆治"のこと　二〇〇勝のマウンド　ほか）　第3章 強打者（アウトコース　田淵の夏の終わり　ほか）　終章 引退（一本杉球場にて）

落合 勇治〔1947～〕 おちあい・ゆうじ
◇サムライ―六代目山口組直参落合勇治の半生　山平重樹著　徳間書店　2018.3　253p　20cm　1850円　⑰978-4-19-864603-5　Ⓝ289.1

内容 第1章 埼玉抗争勃発　第2章 ジギリを賭けた2度の仕事　第3章 小西一家二代目襲名　第4章 上告棄却

おつやの方〔?～1575〕 おつやのかた
◇戦国を生きた姫君たち　火坂雅志著　KADOKAWA　2016.9　170p　15cm　（角川文庫 ひ20-25）〈年表あり〉　600円　⑰978-4-04-400170-4　Ⓝ281.04

内容 1 女城主たちの戦い（井伊直虎―井伊直政の義母　妙雲尼―吉岡鎮興の妻　ほか）　2 危機を救う妻たち（お船の方―直江兼続の正室　小松姫―真田信之の正室　ほか）　3 愛と謎と美貌（小少将―長宗我部元親の側室　義姫―伊達政宗の生母　ほか）　4 才女と呼ばれた女たち（お初（常高院）―浅井三姉妹の次女　阿茶局―徳川家康の側室　ほか）　5 想いと誇りに殉じる（鶴姫―瀬戸内のジャンヌ・ダルク　淀殿―豊臣秀吉の側室　ほか）

◇戦国の女城主―井伊直虎と散った姫たち　髙橋伸幸著　徳間書店　2016.11　326p　15cm　（徳間文庫カレッジ た2-1）〈文献あり〉　830円　⑰978-4-19-907073-0　Ⓝ281.04

内容 井伊直虎―男の名で生き、お家断絶の危機を救った女城主　甲斐姫―石田三成に立ち向かい味方を守った姫武者　鶴姫―大内水軍を二度撃退した瀬戸内の戦士　おつやの方―信長の怒りをかい非業の死を遂げた岩村城主　慶聞尼―鍋島藩を生んだ押しかけ女房　吉岡妙林尼―男勝りの胆力で薩摩軍を撃退した女武者　立花誾千代―七歳にして女城主となり関ヶ原で西軍に与する　常盤―島津氏の基礎を作った妻女の決断　鶴姫―侍女三十四人を従えて敵陣に切り込んだ烈婦　富田信高の妻―関ヶ原の前哨戦で夫の窮地を救った女武者　寿桂尼―"女戦国大名"といわれ一家を支える　天球院―夫に愛想をつかして縁を切った女傑　お市の方―「戦国一の美女」といわれ夫とともに自刃　細川ガラシャ―人質を拒否して殉教を選んだ烈女

OTO〔1956～〕
◇つながった世界―僕のじゃがたら物語　OTO、こだまたけひろ著　Pヴァイン　2014.12　255p　19cm　（ele-king books）〈年譜あり〉　発売：日販アイ・ピー・エス　2200円　⑰978-4-907276-24-9　Ⓝ767.8

＊僕はじゃがたらというバンドでギターを弾いて、そして今、僕は森を歩き、田植えをしている……OTO 80年代の日本を疾駆した伝説のバンド、じゃがたら……。江戸アケミ亡き後も、音楽は聴き継がれ、語り継がれている。本書はバンドのギタリストだったOTOが赤裸々に語る、彼の自叙伝であり、じゃがたらの物語。そして、東京を離れ、熊本の山の農園で働きながら暮らしている彼からのメッセージでもある。じゃがたらのファンをはじめ、音楽ファン、そして、オルタナティヴなライフスタイルを模索している人にも必読の一冊！

音月 桂〔1980～〕 おとずき・けい
◇kei―20th Memorial Book　音月桂著　主婦の友社　2018.6　95p　27cm　〈本文は日本語〉　3600円　⑰978-4-07-432277-0　Ⓝ748

内容 1 HELLO,MY NEW CENTURY！―新世紀の扉に佇んで。　2 IN THE MAN―私を男にしてくれた、彼。　3 KEI featuring HARUNA LEMON―音月桂主演！スペシャルコラボ漫画　4 MY ROOTS TAKARAZUKA―音月桂になる前の私。　5 KEI'S OFF DAY―ある日の音月桂。　6 KEI'S 100 ANSWER―音月桂に100問100答。　7 UNTIL NOW & FROM NOW ON―半生を振り返り、未来を見つめて　8 Interview with KEI & CHIGI―宝塚時代の戦友と本音トーク。　9 SECRET IN MY BAG―バッグの中の小さな秘密。　10 PRECIOUS MASSAGE―友人、恩師、家族etcからのメッセージ。

乙田 修三〔1932～〕　おとだ・しゅうぞう
◇歌と出逢いに恵まれて―歌手・作曲家乙田修三のあゆみ　乙田修三著　金沢　北國新聞社（制作）　2016.12　156p　20cm　2000円　Ⓟ978-4-8330-2082-4　Ⓝ767.8
内容　第1章　いろいろあったんだよ（八十三歳で実現、夢のマウンド　協会初の功労賞を受賞　目のハンディが歌の道々　「友禅流し」の思い出　感激の藤田まさと賞　ほか）　第2章　忘れえぬ思い出の品々　第3章　わが友人　松井昌雄さんと　第4章　感謝のメッセージ（吉田矢健治先生　有島通男先生　田村しげる先生　松島詩子先生　谷本大さん　ほか）

尾中 郁太　おなか・いくた
◇泊園書院の明治維新―政策者と企業家たち　横山俊一郎著　大阪　清文堂出版　2018.3　309p　22cm　〈文献あり　索引あり〉　7800円　Ⓟ978-4-7924-1085-8　Ⓝ121.6
内容　序論　大阪漢学と明治維新―東アジアの視座からの問い　第1部　近世の "政策者" たち（多田海庵の海防意識―幕末の "実務家" としての儒者の一事例　多田海庵の政教構想―諸教折衷とそれを支える「三徳」観　雨森精斎の政治実践―幕末維新の "実務家" としての儒者の一事例　安達清風の学術交流と開拓事業―泊園塾・昌平黌出身者の実践的軌跡）　第2部　近代の "企業家" たち（男爵本多政以の思想と事業―泊園学と禅宗　山口県佐波郡における泊園書院出身者の事業活動の一考察―実業家尾中郁太・古谷熊三を中心に　永田仁助の経済倫理―天人未分と武士道の精神）　結論　泊園書院の人々による変革と儒教―近世・近代を生きた "実務家" たちの実践的軌跡

翁長 雄志〔1950～2018〕　おなが・たけし
◇戦う民意　翁長雄志著　KADOKAWA　2015.12　231p　19cm　1400円　Ⓟ978-4-04-103596-2　Ⓝ395.39
内容　第1章　日本政府との攻防（圧倒的な民意の表明　普天間周辺住民も移設に反対　ほか）　第2章　この国を問う（沖縄はどうするのですか　相反する立ち位置のバランス　ほか）　第3章　品格ある安保体制を（すれ違う本土との安保観　時代によって変わる基地の意味　ほか）　第4章　苦難の歩み、希望への道（慰霊碑に込めた平和への願い　侵略と差別の歴史　ほか）　第5章　アジアへ、世界へ（基地は沖縄経済最大の阻害要因　跡地利用の巨大な経済効果　ほか）

◇反骨―翁長家三代と沖縄のいま　松原耕二著　朝日新聞出版　2016.7　219p　19cm　〈文献あり〉　1500円　Ⓟ978-4-02-251390-8　Ⓝ395.39
内容　第1章　翁長家と沖縄戦　第2章　米軍政府と戦った父・助静　第3章　保守本流政治家・翁長雄志　第4章　翁長 "変節" の真意　第5章　知られざる米軍兵士の本音　第6章　ボールは日本政府側にある

◇沖縄県知事翁長雄志の「言葉」　沖縄タイムス社編　那覇　沖縄タイムス社　2018.9　179p　19cm　1000円　Ⓟ978-4-87127-255-1　Ⓝ318.299

阿南方　おなみのかた
⇒大乗院（だいじょういん）を見よ

鬼沢 勲〔1942～〕　おにざわ・いさお
◇生涯現役奮闘記―後期高齢者が書いた体験と提言の記録　鬼沢勲著　東京図書出版　2018.11　97p　19cm　〈発売：リフレ出版〉　926円　Ⓟ978-4-86641-186-6　Ⓝ289.1
内容　第1章　体験記（スタートでのつまずき　やっと仕事に巡り合う　業務の拡大を目指したが　ほか）　第2章　反省と提言（第二の人生を迎えるにあたっての心構え　何をやって生きていくか　何のために働くのか　ほか）　第3章　定年後の過ごし方（家族の安泰がエネルギーの源泉　趣味は心の安らぎ　付き合いは生きがいと老化防止の良薬　ほか）

鬼塚 建一郎　おにずか・けんいちろう
⇒和睦（わぼく）を見よ

鬼庭 綱元〔1549～1640〕　おににわ・つなもと
◇了庵さまと香ノ前の足跡　宮本亨一著　〔富谷〕　〔宮本亨一〕　〔2018〕　52p　30cm　〈付録：一．政宗からの手紙、二．鳴瑞文字紀行の路、三．茂庭武将隊〉　Ⓝ289.1

おね
⇒高台院（こうだいいん）を見よ

小野 梓〔1852～1886〕　おの・あずさ
◇小野梓―未完のプロジェクト　大日方純夫著　冨山房インターナショナル　2016.3　345p　22cm　〈文献あり　年譜あり〉　2800円　Ⓟ978-4-86600-007-7　Ⓝ289.1
内容　1　宿毛から世界へ（生い立ちと父の遺志　宿毛から世界へ　日本から世界へ）　2　日本社会の変革をめざして（「共存」の思想と実践―在野活動の展開　少壮官僚としての活動―"上" からの近代化）　3　在野活動の全面展開（政治―「改進」の実現を求めて　教育―「学問の独立」の追求　出版―良書普及のために）　4　難局に直面して（「不吉の年」一八八四年「危急の秋」一八八五年）　5　人と思想（生活者としての小野梓　教養・教育の構想―人をつくる　民法の構想―社会をつくる　憲法の構想―国をつくる　対外構想―世界のなかで）　6　"小野梓" は生きている（死―「花」を見ぬままに　「学問の独立」のその新しい時代のなかで）

小野 妹子〔飛鳥時代〕　おの・いもこ
◇小野妹子・毛人・毛野―唐國、妹子臣を號けて蘇因高と曰ふ　大橋信弥著　京都　ミネルヴァ書房　2017.12　326,13p　20cm　〈ミネルヴァ日本評伝選〉〈文献あり　年譜あり　索引あり〉　3500円　Ⓟ978-4-623-08168-4　Ⓝ288.3
内容　第1章　遣隋使小野妹子―「大徳小野妹子、近江

おの

小野　毛人〔飛鳥時代〕　おの・えみし
◇小野妹子・毛人・毛野―唐國、妹子臣を號けて蘇因高と曰ふ　大橋信弥著　京都　ミネルヴァ書房　2017.12　326,13p　20cm　〈ミネルヴァ日本評伝選〉〈文献あり　年譜あり　索引あり〉　3500円　Ⓣ978-4-623-08168-4　Ⓝ288.3
[内容]　第1章 遣隋使小野妹子―「大徳小野妹子、近江国滋賀郡小野村に家れり」　第2章 妹子以前の小野―「滋賀郡」の古墳時代　第3章 小野氏と和迩氏の同族―和迩氏同祖系譜の形成　第4章 和迩部臣から小野臣へ―「和迩部氏系図」をめぐって　第5章 妹子の後継者―毛人と毛野　第6章 古代貴族小野朝臣家の軌跡―奈良・平安時代の小野家の人々

小野　お通〔安土桃山～江戸時代初期〕　おの・おつう
◇戦国を生きた姫君たち　火坂雅志著　KADOKAWA　2016.9　170p　15cm　（角川文庫　ひ20-25）〈年表あり〉　600円　Ⓣ978-4-04-400170-4　Ⓝ281.04
[内容]　1 女城主たちの戦い（井伊直虎―井伊直政の義母 妙林尼―吉岡鎮興の妻　ほか）　2 危機を救う妻たち（お船の方―直江兼続の正室　小松姫―真田信之の正室　ほか）　3 愛と謎と美貌（小少将―長宗我部元親の側室　義姫―伊達政宗の生母　ほか）　4 才女と呼ばれた女たち（お初（常高院）―浅井三姉妹の次女 阿茶局―徳川家康の側室　ほか）　5 想いと誇りに殉じる（鶴姫―瀬戸内のジャンヌ・ダルク　淀殿―豊臣秀吉の側室　ほか）

小野　和子〔1937～〕　おの・かずこ
◇幼児教育と共に60年―多くの人に支えられた我が人生　小野和子著　仙台　小野和子　2017.1　150p　21cm　〈発行所：創栄出版〉　Ⓣ978-4-7559-0535-3　Ⓝ376.1

小野　毛野〔飛鳥～奈良時代〕　おの・けぬ
◇小野妹子・毛人・毛野―唐國、妹子臣を號けて蘇因高と曰ふ　大橋信弥著　京都　ミネルヴァ書房　2017.12　326,13p　20cm　〈ミネルヴァ日本評伝選〉〈文献あり　年譜あり　索引あり〉　3500円　Ⓣ978-4-623-08168-4　Ⓝ288.3
[内容]　第1章 遣隋使小野妹子―「大徳小野妹子、近江国滋賀郡小野村に家れり」　第2章 妹子以前の小野―「滋賀郡」の古墳時代　第3章 小野氏と和迩氏の同族―和迩氏同祖系譜の形成　第4章 和迩部臣から小野臣へ―「和迩部氏系図」をめぐって　第5章 妹子の後継者―毛人と毛野　第6章 古代貴族小野朝臣家の軌跡―奈良・平安時代の小野家の人々

小野　光一〔1930～〕　おの・こういち
◇ろばた　小野光一著　丸森町（宮城県）　小野光一　2018.3　108p　26cm　〈年譜あり〉　Ⓝ289.1

小野　孝二〔1929～2016〕　おの・こうじ
◇北嶺の魂―日本の中等教育に新風を吹かせた人　本田信一郎著　文藝春秋企画出版部　2016.8　253p　20cm　〈文献あり　発売：文藝春秋〉　1500円　Ⓣ978-4-16-008875-7　Ⓝ289.1

小野　湖山〔1814～1910〕　おの・こざん
◇江戸詩人評伝集―詩誌『雅友』抄　2　今関天彭著,揖斐高編　平凡社　2015.11　447p　18cm　（東洋文庫　866）〈布装〉　3200円　Ⓣ978-4-582-80866-7　Ⓝ919.5
[内容]　梁川星巌　（補篇）梁川星巌の学風　広瀬旭荘　遠山雲如　小野湖山　大沼枕山　森春涛　江戸時代京都中心の詩界　明清詩風の影響

小野　小町〔平安時代〕　おの・こまち
◇小野小町追跡―「小町集」による小町説話の研究　片桐洋一著　新装版　笠間書院　2015.7　231p　19cm　〈索引あり〉　1700円　Ⓣ978-4-305-70781-9　Ⓝ911.132
[内容]　1 小野小町の周辺（誰でも知っている小町　業平は小町の恋人であったか　小町の青春と仁明朝文化サロン　ほか）　2「小町集」の生成（平安時代の小町説話を求めて　小町の雨乞い説話　流布本「小町集」の形態　ほか）　3「小町集」と小町説話（小町説話と謡曲　小町と深草少将の遺跡　こばむ小町―謡曲「通小町」の淵源　ほか）　付録「小野小町」二種（流布本系「小町集」　異本系「小町集」）

小野　隆〔1944～〕　おの・たかし
◇至高如水―小野隆議員活動二十八年の記録　小野隆著　仙台　小野隆　2016.10　139p　図版〔10〕枚　30cm　Ⓝ318.223

小野　道風〔894～966〕　おの・とうふう
◇日本書人伝　中田勇次郎編　中央公論新社　2015.8　363p　16cm　（中公文庫 む66-2）〈執筆：山本健吉ほか　中央公論社 1974年刊の再刊　年譜あり〉　1200円　Ⓣ978-4-12-206163-7　Ⓝ728.21
[内容]　聖徳太子　聖武天皇　光明皇后―山本健吉　空海―司馬遼太郎　最澄　嵯峨天皇　橘逸勢―永井路子　小野道風　藤原佐理―寺田透　藤原行成―白洲正子　西行　藤原俊成　藤原定家―中村真一郎　大燈国師　一休宗純―唐木順三　本阿弥光悦―花田清輝　池大雅　一辻邦生　良寛―水上勉　貫名菘翁―中田勇次郎

小野　直紀〔1981～〕　おの・なおき
◇会社を使い倒せ！　小野直紀著　小学館集英社プロダクション　2018.12　215p　19cm　（ShoPro Books）　1400円　Ⓣ978-4-7968-7759-6　Ⓝ674.4
[内容]　1 本気でやりたいことを見つける。（生い立ち、そして広告会社に入るまで。　自分が決めるクリエイティブとは？　答えは会社のなかにあるとは限らない。）　2 会社を使って、やりたいことを実現する。（なぜ広告会社がモノづくりをするのか。　会社の内と外に向けて旗を立てる。　会社初の試みをいかに実現するか。

小野　浩美〔1947～〕　おの・ひろみ
◇戦後七十年を生きて―私は時代とどう向き合っ

おの

てきたか未来への希望　小野浩美著　〔出版地不明〕　小野浩美　2018.3　204p　19cm　1500円　Ⓝ289.1

小野 道風　おの・みちかぜ
⇒小野道風（おの・とうふう）を見よ

小野 豊〔1908〜1989〕　おの・ゆたか
◇獣医学の狩人たち―20世紀の獣医偉人列伝　大竹修著　堺　大阪公立大学共同出版会　2017.5　406p　21cm　〈文献あり〉　2400円　Ⓘ978-4-907209-72-8　Ⓝ649.028
　内容　序：日本における近代獣医学の夜明け　牛痘苗と狂犬病ワクチンの創始者―梅野信吉　人材育成の名人で家畜衛生学の先達―葛西勝弥　獣医寄生虫学を確立―板垣四郎　競走馬の研究に生涯を捧げた外科の泰斗―松葉重雄　ひよこの雌雄鑑別法を開発―増井清　幻に終わったノーベル賞―市川厚一　獣医外科・産科学の巨頭―黒澤亮助　顕微鏡とともに歩んだ偉大な神経病理学者―山極三郎　麻酔・自律神経研究の権威―木全春生　〔ほか〕

尾上 菊五郎（3代）〔1784〜1849〕　おのえ・きくごろう
◇評伝　鶴屋南北　古井戸秀夫著　白水社　2018.8　2冊（セット）　21cm　25000円　Ⓘ978-4-560-09623-9　Ⓝ912.5
　内容　第1巻〈鶴屋南北の遺言　ふたつの出自　金井三笑と桜田治助　大谷徳次と坂東善次　三代目坂東彦三郎と並木五瓶　尾上松助と怪談狂言〉　第2巻〈五代目松本幸四郎と生世話　五代目岩井半四郎と悪婆　七代目市川團十郎と色悪　三代目尾上菊五郎と「兼」役者〉

尾上 柴舟〔1876〜1957〕　おのえ・さいしゅう
◇父柴舟を語る　尾上兼英著　〔出版地不明〕　尾上富美子　2018.1　93p　21cm　〈年譜あり　製作：汲古書院〉　Ⓘ978-4-7629-9567-5　Ⓝ911.162

尾上 辰之助（1代）〔1946〜1987〕　おのえ・たつのすけ
◇色いろ花骨牌　黒鉄ヒロシ著　小学館　2017.5　267p　15cm　〈小学館文庫　く12-1〉〈講談社2004年刊に「萩―生島治郎さん」を加え再刊〉　600円　Ⓘ978-4-09-406158-1　Ⓝ702.8
　内容　雨―吉行淳之介さん　月―阿佐田哲也さん　桜―尾上辰之助さん（初代）　松―芦田伸介さん　菊―園山俊二さん　桐―柴田錬三郎さん　牡丹―秋山庄太郎さん　菖蒲―近藤啓太郎さん　萩―生島治郎さん

尾上 梅幸（6代）〔1870〜1934〕　おのえ・ばいこう
◇女形の事　尾上梅幸著，秋山勝彦編　中央公論新社　2014.7　281p　16cm　〈中公文庫お83-1〉〈底本：主婦之友社　1944年刊　文献あり〉　940円　Ⓘ978-4-12-205982-5　Ⓝ774.28
　内容　私の身の上　團菊左逝く　女形に就て　平素の行状　役柄の分類　戻橋覚え書　戻橋苦心談　土蜘の略型　土蜘内幕話　茨木の老母　〔ほか〕

尾上 松助（1代）〔1744〜1815〕　おのえ・まつすけ
◇評伝　鶴屋南北　古井戸秀夫著　白水社　2018.8　2冊（セット）　21cm　25000円　Ⓘ978-4-560-09623-9　Ⓝ912.5
　内容　第1巻〈鶴屋南北の遺言　ふたつの出自　金井三笑と桜田治助　大谷徳次と坂東善次　三代目坂東彦三郎と並木五瓶　尾上松助と怪談狂言〉　第2巻〈五代目松本幸四郎と生世話　五代目岩井半四郎と悪婆　七代目市川團十郎と色悪　三代目尾上菊五郎と「兼」役者〉

小野木 祥之〔1940〜2012〕　おのぎ・よしゆき
◇ひとびとの精神史　第6巻　日本列島改造―1970年代　杉田敦編　岩波書店　2016.1　298,2p　19cm　2500円　Ⓘ978-4-00-028806-4　Ⓝ281.04
　内容　プロローグ　一九七〇年代―「公共性」の神話　1　列島改造と抵抗（田中角栄―列島改造と戦後日本政治　小泉よね―三里塚の一本杉　宮崎省吾―住民自治としての「地域エゴイズム」　宇梶静江―関東アイヌの呼びかけ）　2　管理社会化とその底流（吉本隆明と藤田省三―「大衆の原像」の起源と行方　岩根邦雄―「おおぜいの私」による社会運動　小野木祥之―仕事のありかたを問う労働組合運動の模索）　3　アジアとの摩擦と連帯（小野田寛郎と横井庄一―豊かな社会に出現した日本兵　金芝河と日韓連帯運動を担ったひとびと　金順烈―アジアの女性たちを結ぶ）

小野塚 航〔1971〜〕　おのずか・わたる
◇わたるのドミトリーライフ　小野塚航著　文芸社　2017.5　257p　20cm　1300円　Ⓘ978-4-286-18205-6　Ⓝ289.1

小野田 寛郎〔1922〜2014〕　おのだ・ひろお
◇小野田寛郎は29年間、ルバング島で何をしていたのか―「帝国陸軍最後の軍人」が守り通した秘密　斎藤充功著　学研パブリッシング　2015.6　295p　20cm　〈文献あり　年譜あり　発売：学研マーケティング〉　1800円　Ⓘ978-4-05-406272-6　Ⓝ289.1
　内容　序章　スパイ・アカデミー―陸軍中野学校　第1章　英雄の軌跡　第2章　見えざる戦争　第3章　疑惑のセレモニー　第4章　フィリピンの金塊と『GOLD WARRIORS』　第5章　"金塊"はフィリピンに眠っている　第6章　運命のゴールド・コイン―マル福金貨　終章　29年間の真実

◇ひとびとの精神史　第6巻　日本列島改造―1970年代　杉田敦編　岩波書店　2016.1　298,2p　19cm　2500円　Ⓘ978-4-00-028806-4　Ⓝ281.04
　内容　プロローグ　一九七〇年代―「公共性」の神話　1　列島改造と抵抗（田中角栄―列島改造と戦後日本政治　小泉よね―三里塚の一本杉　宮崎省吾―住民自治としての「地域エゴイズム」　宇梶静江―関東アイヌの呼びかけ）　2　管理社会化とその底流（吉本隆明と藤田省三―「大衆の原像」の起源と行方　岩根邦雄―「おおぜいの私」による社会運動　小野木祥之―仕事のありかたを問う労働組合運動の模索）　3　アジアとの摩擦と連帯（小野田寛郎と横井庄一―豊かな社会に出現した日本兵　金芝河と日韓連帯運

動を担ったひとびと　金順烈―アジアの女性たちを結ぶ）

小野寺　信〔1897～1987〕　おのでら・まこと
◇「諜報の神様」と呼ばれた男―連合国が恐れた情報士官小野寺信の流儀　岡部伸著　PHP研究所　2014.9　378p　20cm　〈文献あり〉　2200円　Ⓘ978-4-569-82097-2　Ⓝ391.63
内容　序章 インテリジェンスの極意を探る　第1章 枢軸国と連合国の秘められた友情　第2章 インテリジェンス・マスターの誕生　第3章 リガ、上海、二都物語　第4章 大輪が開花したストックホルム時代　第5章 ドイツ、ハンガリーと枢軸諜報機関　第6章 知られざる日本とポーランド秘密諜報協力　第7章 オシントでも大きな成果　第8章 バックチャンネルとしての和平工作

◇米国国立公文書館機密解除資料 CIA日本人ファイル　第7巻・第12巻　加藤哲郎編・解説　現代史料出版　2014.12　6冊（セット）　30cm　190000円　Ⓘ978-4-87785-303-7　Ⓝ319.1053
内容　第7巻（大川周明　笹川良一　重光葵　下村定）　第8巻（小野寺信）　第9巻（正力松太郎）　第10巻（辰巳栄一　和知鷹二　和智恒蔵）　第11巻（辻政信（1））　第12巻（辻政信（2））

小野寺　佑太〔1985～〕　おのでら・ゆうた
◇人生の困難を突破する力　小野寺佑太著　幻冬舎メディアコンサルティング　2017.12　203p　19cm　〈発売：幻冬舎〉　1500円　Ⓘ978-4-344-91189-5　Ⓝ289.1
内容　序章 成功者になるために必要なのは"突破力"　第1章 "挫折"を突破する―サッカーでの挫折を経て、18歳で社長になる　第2章 "孤独"と"病"を突破する―会社解散と離婚のショックで発症した重度の精神障害を克服　第3章 "学歴社会"を突破する―大卒だらけの保険業界で、未経験からトップセールスになる　第4章 "慣例主義"を突破する―飽和状態の業界で、一番であり続けるための"新たな挑戦"　終章 突破力を究めることに、限界も終わりも存在しない

小野寺　百合子〔1906～1998〕　おのでら・ゆりこ
◇バルト海のほとりの人びと―心の交流をもとめて　小野寺百合子著　新装版　新評論　2016.7　196p　19cm　1800円　Ⓘ978-4-7948-1047-2　Ⓝ302.389
内容　第1章 トロッチック夫妻と瑞暉亭　第2章 エレン・ケイをめぐって　第3章 スウェーデン社会研究所とともに三〇年　第4章 エルサ・ベスコフ　第5章 アストリッド・リンドグレンとトーベ・ヤンソン　第6章 ラトビアと私

◇記憶のなかの日露関係―日露オーラルヒストリー　日ロ歴史を記録する会編　彩流社　2017.5　387p　22cm　4000円　Ⓘ978-4-7791-2328-3　Ⓝ334.438
内容　1 小野寺百合子　2 佐藤休　3 丸山直光　4 伊藤弘　5 中田光男　6 フセヴォロド・ヴァシーリエヴィチ・チェウソフ　7 都沢行雄　8 ヴィクトル・マカーロヴィチ・キム　9 レオン・アブラーモヴィチ・スタリヤーク

小畑　千代〔1936～〕　おばた・ちよ
◇女子プロレスラー 小畑千代―闘う女の戦後史　秋山訓子著　岩波書店　2017.5　259p　19cm　〈文献あり〉　1900円　Ⓘ978-4-00-061175-6　Ⓝ788.2
内容　第1章 1968年11月6日、蔵前国技館―史上初、女子プロレスのテレビ放映　第2章 戦後復興と共に―生い立ちからデビューまで　第3章 旅から旅へ―地方巡業で見た日本　第4章 命の限界を出し切って―盟友、佐倉輝美　第5章 韓国、沖縄、ハワイ―知られざる興業　第6章 プロレスに青春を賭けた―後輩・千草京子　第7章 わが街、浅草―夢と思い出と　第8章 引退はしていない―野心的で自由な女の人生　第9章 日本の女子プロレスとは何だったか―「闘う女」の歴史

小畑　延子〔1943～〕　おばた・のぶこ
◇なくした「手」を探して―ある書家の旅路　小畑延子著　皓星社　2018.10　252p　20cm　〈文献あり〉　2300円　Ⓘ978-4-7744-0667-1　Ⓝ728.216
内容　手と縁の章（母　学校の洗礼　兄の結婚　ほか）　書と画の章（村上翠亭の教え　手のない書家　宇野マサシと出会う　ほか）　清と濁の章（画家との結婚　二人三脚　境涯の書、書の流れ　ほか）

尾畠　春夫〔1939～〕　おばた・はるお
◇尾畠春夫―魂の生き方　尾畠春夫著、松下幸、南々社編集部聞き手・構成　広島　南々社　2018.11　194p　19cm　1200円　Ⓘ978-4-86489-088-5　Ⓝ289.1
内容　修業時代って、素晴らしい―一歩、外に出てみませんか　「奇跡」の2歳児救出　生い立ちと修業時代　結婚、魚屋を開店、そして「引退」　ボランティア修業時代に邁進　呉市天応でのボランティアいつも全力疾走　私が元気な理由―私の健康法　これからの修業時代　尾畠語録―命のことば〔ほか〕

尾畑　雅美　おばた・まさみ
◇パーソナルフレンド―情報に生きる　尾畑雅美著　未来をひらく日本委員会　2017.9　269p　20cm　非売品　Ⓝ289.1

小畑　実〔1923～1979〕　おばた・みのる
◇星かげの小径 クルーナー小畑実伝　飯島哲夫著　ワイズ出版　2014.9　174p　21cm　〈文献あり 作品目録あり〉　1600円　Ⓘ978-4-89830-282-8　Ⓝ767.8
内容　つくられた物語　歌手へ　戦後黄金時代　人気投票と出演料　ゴシップ記事集成　歌手引退　カムバック

お初　おはつ
⇒常高院（じょうこういん）を見よ

小濱　正美〔1926～〕　おばま・まさみ
◇ゴルフと吾が人生―吾以外皆吾が師なり　小濱正美著　〔出版地不明〕　小濱正美　2016.11　119p　21cm　〈発行所：長崎文献社〉　1200円　Ⓘ978-4-88851-270-1　Ⓝ783.8
内容　第1章 ゴルフ自分史（懐旧編）―私はこんなゴルフ人生を送ってきた（ヒトケタ繁昌記（長崎市医師会

報 昭和52年3月号） 長崎市医師会ゴルフ愛好会「青空会」（長崎市医師会史 平成5年10月）ほか〕 第2章 最近思うこと（近況編）―友人との絆、エイジ・シュートなど（今年の椿事―ホールインワンほか（教室同窓会誌 平成19年第50号）「続」今年の椿事―エイジ・シュートほか（教室同窓会誌 平成21年第52号）ほか〕 第3章 こころに残るプロの言葉（鈴木規夫（プロゴルファー）ゴルフはこころ 大切な3C 青木功（プロゴルファー）プレースタイルは年齢とともに変化する ほか〕 第4章 思い出すことども（電友会「思い出のアルバム」 電友会600回記念特集号 ほか〕

尾原 馨〔1943～2016〕 おばら・かおる
◇癒しの追憶―亡き妻との五十年を偲ぶ 尾原重男著 大阪 パレード 2016.12 234p 20cm（Parade books） 1300円 ①978-4-86522-109-1 Ⓝ289.1

尾原 重男〔1943～〕 おばら・しげお
◇癒しの追憶―亡き妻との五十年を偲ぶ 尾原重男著 大阪 パレード 2016.12 234p 20cm（Parade books） 1300円 ①978-4-86522-109-1 Ⓝ289.1
◇追憶 下弦の月 尾原重男著 大阪 パレード 2017.11 361p 20cm （Parade Books）〈発売：星雲社〉 1500円 ①978-4-434-23989-2 Ⓝ289.1
内容 序 心の痛みを超えて 第1章 永遠の別れ 第2章 偶然の再会から結婚まで 第3章 戦争が変えた運命 第4章 還らざる日々 第5章 川の流れの中で

小原 瓢介 おはら・ひょうすけ
⇒夏目忠雄（なつめ・ただお）を見よ

小原 麗子〔1935～〕 おばら・れいこ
◇〈化外〉のフェミニズム―岩手・麗ら舎読書会の〈おなご〉たち 柳原恵著 ドメス出版 2018.3 314p 22cm 〈文献あり 索引あり〉 3600円 ①978-4-8107-0838-7 Ⓝ367.2122
内容 序章 東北・"おなご"たちのフェミニズムを求めて 第1章 小原麗子の思想と活動の展開―青年団運動と生活記録運動を中心に 第2章「女の原型」を夢見て―石川純子「孕みの思想」を中心として 第3章 麗ら舎の"おなご"たち―エンパワーメントの視点から 第4章 千手忌から見る"おなご"たちと戦争 第5章「化外」のフェミニズムを拓く 終章 本書のまとめと今後の展望―中央/辺境の二項対立を越えて

小尾 俊人〔1922～2011〕 おび・としと
◇昭和の名編集長物語―戦後出版史を彩った人たち 塩澤実信著 展望社 2014.9 308p 19cm 〈「名編集者の足跡」（グリーンアロー出版社 1994年刊）の改題改訂〉 1900円 ①978-4-88546-285-6 Ⓝ021.43
内容 大衆の無言の要求を洞察する―池島信平と「文藝春秋」 一貫して問題意識をつらぬく―吉野源三郎と「世界」 ごまかしのない愚直な仕事を求める―花森安治と「暮しの手帖」 時間をかけ苦しみながらつくる―今井田勲と「ミセス」 人間くさいものをつくらねばならぬ―扇谷正造と「週刊朝日」 敢えてチャレンジを試みる―佐藤亮一と「週刊新潮」 きびしさをもとめ妥協を許さない―大久保房男と「群像」 妥協をしない、手を抜かない―坂本一亀と「文藝」 ホンモノを選び出す目を持つ―小宮山量平と『創作児童文学』 人間の価値を高めるものを―小尾俊人と『現代史資料』〔ほか〕
◇小尾俊人の戦後―みすず書房出発の頃 宮田昇著 みすず書房 2016.4 402,22p 20cm〈年譜あり〉 3600円 ①978-4-622-07945-3 Ⓝ289.1

大日方 真〔1937～〕 おびなた・まこと
◇ターンアラウンド―22億円の借金を返し切った企業経営者の挑戦 大日方真著 ダイヤモンド・ビジネス企画 2016.6 238p 20cm 〈年表あり 発売：ダイヤモンド社〉 1500円 ①978-4-478-08393-2 Ⓝ007.35
内容 第1章 日本のコンピュータ黎明期 第2章 リース業、そしてコンピュータ教育事業に乗り出す 第3章 転機になった中国との関わり 第4章 バブル期の終焉と二二億円の不良債権 第5章 闇が深ければ深いほど夜明けは近い 第6章 IT業界を担う若者へ 第7章 活躍の舞台は日本から世界へ

小渕 恵三〔1937～2000〕 おぶち・けいぞう
◇YKK秘録 山崎拓著 講談社 2016.7 315p 20cm 1800円 ①978-4-06-220212-1 Ⓝ312.1
内容 序章 運命の日 第1章 55年体制崩壊―宇野宗佑、海部俊樹、宮澤喜一内閣 第2章 小沢一郎の暗躍―細川護熙、羽田孜内閣 第3章 自・社・さ新時代―村山富市、橋本龍太郎内閣 第4章「加藤の乱」の真相―小渕恵三、森喜朗内閣 第5章 小泉純一郎ける
◇YKK秘録 山崎拓著 講談社 2018.8 396p 15cm （講談社＋α文庫 G317-1）〈2016年刊の加筆、改筆〉 950円 ①978-4-06-512939-5 Ⓝ312.1
内容 序章 運命の日 第1章 55年体制崩壊―宇野宗佑、海部俊樹、宮澤喜一内閣 第2章 小沢一郎の暗躍―細川護熙、羽田孜内閣 第3章 自・社・さ新時代―村山富市、橋本龍太郎内閣 第4章「加藤の乱」の真相―小渕恵三、森喜朗内閣 第5章 小泉純一郎首相の誕生、自民党幹事長に就任

小渕 しち〔1847～1929〕 おぶち・しち
◇玉糸製糸の祖 小渕しち 古屋祥子著 前橋 上毛新聞社事業局出版部 2016.8 82p 21cm （前橋学ブックレット 9）〈年譜あり〉 600円 ①978-4-86352-160-5 Ⓝ639.02155
内容 第1章 小渕しちの生きた時代 第2章 小渕しちの生涯 第3章 小渕しちの晩年 第4章 小渕しちの遺したもの 第5章 小渕しちの銅像建立 第6章 小渕しちを支えた人々 第7章 資料に見る小渕しち

小保方 晴子〔1983～〕 おぼかた・はるこ
◇小保方晴子日記 小保方晴子著 中央公論新社 2018.3 300p 20cm 〈他言語標題：Haruko Obokata's Diary〉 1500円 ①978-4-12-005064-0 Ⓝ914.6
内容 とにかくどこかへ―2014年12月・15年1月 無間地獄―2015年2月 行き場のない怒り―2015年3月

入院—2015年4月　告発状—2015年5月　壊れた記憶—2015年6月　屈辱の振り込み—2015年7月　博士論文不合格通知—2015年8月　手記の執筆—2015年9月　学位の取り消し—2015年10月〔ほか〕

表　棹影〔1891〜1909〕　おもて・とうえい

◇犀星・篤二郎・棹影—明治末、大正期の金沢文壇　笠森勇著　龍書房　2014.10　354p　19cm　2000円　Ⓘ978-4-906991-40-2　Ⓝ910.26

◇室生犀星と表棹影—青春の軌跡　小林弘子著　金沢　能登印刷出版部　2016.8　281p　20cm　〈年譜あり〉　2000円　Ⓘ978-4-89010-698-1　Ⓝ910.268

内容　室生犀星（数奇な出生と生い立ちをバネに　「幼年時代」—母性への模索　「性に眼覚める頃」—表棹影との出会いとわかれ　「一冊のバイブル」—青春の回顧「苦しみあがきし日の償ひに」「冬」—差別される者への視線　ほか）　表棹影（十代で燃え尽きた天才詩人　検証二題—棹影の実年齢・「お玉さん」の真実　表棹影日記「まだ見ぬ君え」—一世紀ぶりに現れた存在証明　表棹影日記—本文　表棹影年譜）

小宅　庸夫〔1932〜〕　おやけ・つねお

◇バイリンガルの人生——外交官の回想　小宅庸夫著　創英社/三省堂書店　2017.8　269p　19cm　1800円　Ⓘ978-4-88142-167-3　Ⓝ289.1

内容　序章　両親の生い立ちと思い出　第1章　社会人となるまで　第2章　駆け出しの外交官　第3章　外交の第一線へ　第4章　次席の務め　第5章　大使としてアフリカの大地へ（ザイール大使時代）　第6章　先進国クラブのOECD（経済協力開発機構）へ　第7章　ODA（政府開発援助）実施機関へ（OECF（海外経済協力基金）での仕事）　第8章　外交官人生の締めくくり

御屋地〔1554〜1636〕　おやじ

◇戦国・近世の島津一族と家臣　五味克夫著　戎光祥出版　2018.3　441,18p　22cm　〈戎光祥研究叢書　15〉〈著作目録あり　索引あり〉　9500円　Ⓘ978-4-86403-284-1　Ⓝ219.704

内容　第1部　島津本宗家と史料（「島津家物語—日我上人日記」について　「島津家物語—日我上人日記」をめぐって　鹿児島城の沿革—関係史料の紹介（ほか）　第2部　島津氏の一族と家臣（矢野主膳と永俊尼　御屋地君略伝　島津忠治と調所氏・本田氏・入来院氏　ほか）　第3部　薩摩藩島津家の史料伝来（伊地知季安・季通と薩藩旧記雑録　島津家文書の成立に関する再考察—藤野・亀山家文書を中心に　薩藩史料伝存の事情と事例　ほか）

尾山　篤二郎〔1889〜1963〕　おやま・とくじろう

◇犀星・篤二郎・棹影—明治末、大正期の金沢文壇　笠森勇著　龍書房　2014.10　354p　19cm　2000円　Ⓘ978-4-906991-40-2　Ⓝ910.268

小山田　利男〔1938〜〕　おやまだ・としお

◇やればできる！—昭和の青春物語　小山田利男著　東京図書出版　2015.6　209p　21cm　〈発売：リフレ出版〉　1300円　Ⓘ978-4-86223-862-7　Ⓝ289.1

内容　子ども時代　伊東木工所時代　小山田木工所時代　富士ハウス工業時代　富士山世界文化遺産登録の後押し　人生これから　我提言

折口　信夫〔1887〜1953〕　おりくち・しのぶ

◇折口信夫＆穂積生萩—性を超えた愛のかたち　鳥居哲男著　開山堂出版　2014.9　287p　20cm　2700円　Ⓘ978-4-906331-80-2　Ⓝ910.268

内容　1　憑りつき憑りつかれた二人の世界　2　穂積生萩著「私の折口信夫」第一部ダイジェスト　3　性を超えた愛のかたちを生きる二人　4　穂積生萩著「私の折口信夫」第二部ダイジェスト　5　生きている折口信夫に捧げる"愛"　特別付録　折口信夫講演録「万葉集の理想」（全集未収録）

◇折口信夫　安藤礼二著　講談社　2014.11　533p　22cm　3700円　Ⓘ978-4-06-219204-0　Ⓝ910.268

内容　第1章　起源　第2章　言語　第3章　古代　第4章　祝祭　第5章　乞食　第6章　天皇　第7章　神　第8章　宇宙　列島論　詩語論

◇我が愛する詩人の伝記　室生犀星著　講談社　2016.8　277p　16cm　（講談社文芸文庫　むA9）〈中公文庫　1974年刊の再刊　年譜あり〉　1400円　Ⓘ978-4-06-290318-9　Ⓝ914.6

内容　北原白秋　高村光太郎　萩原朔太郎　釈迢空　堀辰雄　立原道造　津村信夫　山村暮鳥　百田宗治　千家元麿　島崎藤村

◇折口信夫—日本の保守主義者　植村和秀著　中央公論新社　2017.10　233p　18cm　（中公新書　2458）〈文献あり〉　820円　Ⓘ978-4-12-102458-9　Ⓝ910.268

内容　序章　日本社会の危機—近代化以降のすさみ　第1章　国学の再定義—二・二六事件への憤りと憂い　第2章　戦争、そして敗戦—言葉への責任と祈り　第3章　神道と天皇—日本社会存続のために　第4章　文学への情熱　第5章　民俗学の発見

◇折口信夫の晩年　岡野弘彦著　慶應義塾大学出版会　2017.10　301p　20cm　〈中央公論社　1969年刊の修正〉　3200円　Ⓘ978-4-7664-2476-8　Ⓝ910.268

＊折口信夫の生誕一三〇年を記念して復刊する本書は、昭和二十二年から二十八年九月の逝去まで、折口の晩年七年間を共に生活した著者の追憶の書である。折口信夫の生きる姿をまざまざと写し出すその鮮烈な印象は二一世紀の現在もいささかも古びることがない。十七年間を共に暮らし、出征後に養子となった春洋が硫黄島で戦没し、深い悲しみを湛えた折口の率直な「死生観」や師・柳田国男に対する礼のありよう、若き日に常用したコカインの影響で利かなくなった臭覚、代々医を業としていた生家の影響で自ら調合する薬など、日常生活を生き生きと描いた記録としても類がなく、折口信夫に全人的な薫陶を受けた若き日の岡野弘彦の思いがほとばしっている本書は、「折口学」入門に欠かせないものである。

◇折口信夫　秘恋の道　持田叙子著　慶應義塾大学出版会　2018.9　478p　20cm　〈文献あり〉　3200円　Ⓘ978-4-7664-2532-1　Ⓝ910.268

内容　恋の宿命　悲ある子　名と家と、生誕の苦と　内なる女性の魂、えい叔母　あかしやの花の恋　歴史家への志　炎の帝都　霊と肉　劇作への夢　先生〔ほか〕

オリーブのマミー
⇒木村みのる（きむら・みのる）を見よ

飲光〔1718～1804〕　おんこう
◇律から密へ―晩年の慈雲尊者　秋山学著　横浜　春風社　2018.5　398p　22cm　〈年譜あり　文献あり〉　5500円　①978-4-86110-600-2　Ⓝ188.52

内容　『法華陀羅尼略解』―解題と翻刻　第1部 正法律と天台（慈雲の法統―「正法律」の位置づけをめぐって　慈雲尊者と戒律の系譜―筑波大学所蔵・慈雲自筆本『法華陀羅尼略解』を基に　慈雲と天台僧たち―『法華陀羅尼略解』の位置づけをめぐって）　第2部 禅・儒教と神道・有部律・唯識学（菩薩戒と『摩訶止観』―慈雲と天台思想の関係をめぐって　慈雲尊者による儒教理解―『神儒偶談』『法華陀羅尼略解』『雙龍大和上垂示』を手がかりに　義浄と慈雲尊者―有部律から四分律へ、そして正法律へ ほか）　第3部 密教思想（慈雲尊者最晩年期の密教思想―『理趣経講義』から『法華陀羅尼略解』へ　「五悔」から「五秘密」へ―慈雲著『金剛薩埵修行儀軌私記』（1802年）の位置づけをめぐって　『大日経疏』から一切衆成就菩薩へ―晩年の慈雲による「法華陀羅尼」注疏の続き　『法華陀羅尼略解』の特質と意義）

恩田 民親　おんだ・たみちか
⇒恩田木工（おんだ・もく）を見よ

恩田 博宣　おんだ・ひろのり
◇海から陸へ　恩田博宣著　名古屋　中部経済新聞社　2017.10　214p　18cm　（中経マイウェイ新書 37）　800円　①978-4-88520-212-4　Ⓝ289.1

恩田 木工〔1717～1761〕　おんだ・もく
◇真田松代藩の財政改革―『日暮硯』と恩田杢　笠谷和比古著　吉川弘文館　2017.10　165p　19cm　（読みなおす日本史）〈『『日暮硯』と改革の時代』（PHP研究所 1999年刊）の改題〉　2200円　①978-4-642-06730-0　Ⓝ215.205

内容　序章 改革の時代と恩田杢　第1章 『日暮硯』を読む　第2章 恩田杢と松代藩宝暦改革　第3章 十八世紀における諸藩の改革　第4章 『日暮硯』と改革の論理　終章 改革成功の条件

◇江戸のCFO―藩政改革に学ぶ経営再建のマネジメント　大矢野栄次著　日本実業出版社　2017.12　222p　19cm　〈文献あり〉　1400円　①978-4-534-05540-8　Ⓝ332.105

内容　序章 なぜ、江戸時代の武士社会は「改革」を必要としたのか　第1章 恩田木工・松代藩真田家―インセンティブの導入で収入増を実現した「前代未聞の賢人」　第2章 上杉鷹山・米沢藩上杉家―産業振興策で「輸出立国」をめざした江戸時代随一の敏腕経営者　第3章 山田方谷・備中松山藩板倉家―地元産品のブランド化と藩札の信用回復で借金一〇万両を完済したCFO　第4章 村田清風・長州藩毛利家―特産品の高付加価値化と商社事業で倒幕資金の捻出に成功　第5章 調所広郷・薩摩藩島津家―偽金づくり、搾取、密貿易…汚れ役に徹して巨額の負債と心中した男

【か】

夏 衍〔1900～1995〕　か・えん
◇上海解放―夏衍自伝・終章　夏衍著,阿部幸夫編訳　東方書店　2015.7　233p　20cm　〈文献あり〉　2500円　①978-4-497-21506-2　Ⓝ920.278

内容　上海解放―夏衍自伝終章（北平から、北京へ―1949.5・9　上海、解放・光復・再生―1949・1952　「知」は力なり―1956）　新たな跋渉（跋渉・野こえ山こえ川わたり―1949・1952）　『武訓伝』批判の前前後後（『武訓伝』事件始末―1951　映画『武訓伝』解題　『武訓伝』の脚色と監督について（孫瑜）　夏衍の詫び状　胡喬木、豹変す）　人物雑記

賈 似道〔1213～1275〕　か・じどう
◇悪の歴史―隠されてきた「悪」に焦点をあて、真実の人間像に迫る　東アジア編下　南・東南アジア編　上田信編　清水書院　2018.8　469p　19cm　2400円　①978-4-389-50065-8　Ⓝ204

内容　東アジア編（下）（太宗（宋）―「燭影斧声の疑」のある準開国皇帝　王安石―北宋滅亡の元凶とされる「拗相公」　徽宗―「風流天子」と専権宰相蔡京　賈似道―宋王朝の滅亡を導いたとされる「蟋蟀宰相」　フビライ（世祖）―元朝建国の英雄の光と陰 ほか）　南・東南アジア編（カニシュカ―中央アジアとインドの支配者　チャンドラグプタ二世―兄の王位を簒奪し、その妻を娶った帝王　ラッフルズ―住民の在地支配者への服属を強化した自由主義者　ガンディー―最晩年の挫折と孤立）

何 紹基〔1799～1873〕　か・しょうき
◇中国書人伝　中田勇次郎編　中央公論新社　2015.7　365p　16cm　（中公文庫な66-1）〈中央公論社 1973年刊の再刊　年譜あり〉　1200円　①978-4-12-206148-4　Ⓝ728.22

内容　王羲之・王献之―貝塚茂樹　鄭道昭・智永―小川環樹　唐太宗・虞世南・欧陽詢・褚遂良―加藤楸邨　顔真卿・柳公権―井上靖　李邕・張旭・懐素・楊凝式―土岐善麿　蘇軾・黄庭堅・米芾―寺田透　趙孟頫・張即之―武田泰淳　祝允明・文徴明・董其昌―杉浦明平　張瑞図―中田勇次郎　王鐸・金農・劉墉―三浦朱門　鄧石如・何紹基・趙之謙

河相 我聞〔1975～〕　かあい・がもん
◇お父さんの日記　かあいがもん著　宝島社　2017.9　271p　19cm　1380円　①978-4-8002-7645-2　Ⓝ778.21

内容　第1章 不思議な家族（不思議な家族　ツンデレ ほか）　第2章 長男とわたくし（聞けない理由　自立 ほか）　第3章 次男とわたくし（死ぬ前に　割合 ほか）　第4章 勉強ってなんだろう（父として考えなければならないようだ　息子が高校には行きたくないと言ってるんだがどうすればよいか ほか）　第5章 理想と思想（今日という今日は、親としての本音を語ろうと思う　ゲーム ほか）

甲斐 国三郎〔1926～〕　かい・くにさぶろう
◇明日の交通安全を求めて―満州引揚げ者の告白

続　甲斐国三郎著　文芸社　2017.7　159p　19cm　1100円　①978-4-286-18289-6　Ⓝ289.1

甲斐 修二〔1955〜〕　かい・しゅうじ

◇〈剣道名監督列伝〉常勝軍団・高輪を育てた甲斐修二　市村ケンキチ著　体育とスポーツ出版社　2016.7　260p　19cm　1800円　①978-4-88458-404-7　Ⓝ789.3

内容　生い立ち　学生時代　新米教師　黎明期（1991年〜92年）　スーパールーキーたちの参戦（1992年〜94年）　高輪大躍進（1994年）　偉大なる父の壁に阻まれ（1994年）　小池を襲った悲劇（1995年〜96年）　運命の年（1997年）　喜びと悲しみと（1997年）〔ほか〕

甲斐 裕文〔1924〜〕　かい・ひろふみ

◇私だけの昭和史（ものがたり）　甲斐裕文著　宮崎　鉱脈社　2015.1　231p　21cm　1389円　①978-4-86061-565-9　Ⓝ289.1

開高 健〔1930〜1989〕　かいこう・たけし

◇佐治敬三と開高健最強のふたり　北康利著　講談社　2015.7　477p　20cm　〈文献あり　年譜あり〉　1800円　①978-4-06-218612-4　Ⓝ289.1

内容　第1章　ふたつの戦争（シュタインヘーガー作戦　初戦惨敗　ほか）　第2章　佐治家　養子の謎（元祖やってみなはれ　おでこに蠅とまってるで　ほか）　第3章　寿屋宣伝部とトリスバーの時代（ごぞんじ！　開高健　洋酒天国　ほか）　第4章　オールドショックと犬の生活（オールドでつかんだ世界一　『夏の闇』の"女"　ほか）　第5章　悠々として急げ（モンゴルに見た夢　「毒蛇は急がず」と言うやないか　開高閣）

◇開高健─生きた、書いた、ぶつかった！　小玉武著　筑摩書房　2017.3　407,22p　20cm　〈文献あり　年譜あり　索引あり〉　2500円　①978-4-480-81844-7　Ⓝ910.268

内容　プロローグ─文学と実生活　第1章　朝露の一滴のように─記憶の欠片　第2章　抒情と造型─習作時代　第3章　サントリー宣伝部─その黄金時代へ　第4章　熱い歳月─昭和三十年代　第5章　『日本三文オペラ』の衝撃─荒地と祝祭　第6章　『ベトナム戦記』─癒えない闇　第7章　女たちのロンド─『夏の闇』　第8章　やってみなはれ！─年月のあしおと　第9章　『オーパ』の"功罪"─逃走の方法　エピローグ─青空が流れる

◇佐治敬三と開高健最強のふたり　上　北康利著　講談社　2017.10　325p　15cm　（講談社＋α文庫　G310-1）　790円　①978-4-06-281730-1　Ⓝ289.1

内容　序章　第1章　ふたつの戦争（シュタインヘーガー作戦　初戦惨敗　そろそろサジ投げるか？　もうひとつの戦争　現代は輝ける闇である）　第2章　佐治家養子の謎（元祖やってみなはれ　おでこに蠅とまってるで　「生命の水」に取り憑かれて　鳥井クニと佐治くに　たび重なる試練　二代目社長を運命づけられたあの日　神も仏もあるものか）　第3章　寿屋宣伝部とトリスバーの時代（ごぞんじ！　開高健）

◇佐治敬三と開高健最強のふたり　下　北康利著　講談社　2017.10　309p　15cm　（講談社＋α文庫　G310-2）〈文献あり　年譜あり〉　790円　①978-4-06-281731-8　Ⓝ289.1

内容　第3章　寿屋宣伝部とトリスバーの時代 "承前"（人生を観察することに専念　洋酒天国　幸運が引き寄せた芥川賞　「人間」らしくやりたいナ）　第4章　オールドショックと犬の生活（オールドでつかんだ世界一　『夏の闇』の"女"　「鮮烈な一言半句」はあるか　日本のメディチ家　ザ・ウイスキー　水商売もまた国家なり）　第5章　悠々として急げ（モンゴルに見た夢　「毒蛇は急がず」と言うやないか　南無、森羅万象　最後の大旦那）

快川紹喜〔？〜1582〕　かいせんじょうき

◇日本の奇僧・快僧　今井雅晴著　吉川弘文館　2017.11　197p　19cm　（読みなおす日本史）〈講談社　1995年刊の再刊〉　2200円　①978-4-642-06755-3　Ⓝ182.88

内容　知的アウトサイダーとしての僧侶　道鏡─恋人は女帝　西行─放浪五〇年、桜のなかの死　文覚─生まれついての反逆児　親鸞─結婚こそ極楽への近道　日蓮─弾圧こそ正しさの証　一遍─捨てよ、捨てよ　尊雲（護良親王）─大僧正から征夷大将軍へ　一休─天下の破戒僧　快川─心頭を滅却すれば火も自ら涼し　天海─超長寿の黒衣の宰相　エピローグ─僧侶と日本人

懐素〔725?〜785?〕　かいそ

◇中国書人伝　中田勇次郎編　中央公論新社　2015.7　365p　16cm　（中公文庫　な66-1）〈中央公論社　1973年刊の再刊　年譜あり〉　1200円　①978-4-12-206148-4　Ⓝ728.22

内容　王羲之・王献之―ト塚茂樹　鄭道昭・智永―小川環樹　唐太宗・虞世南・欧陽詢・褚遂良―加藤楸邨　顔真卿・柳公権―井上靖　李邕・張旭・懐素・楊凝式―土就善麿　蘇軾・黄庭堅・米芾―寺田透　趙孟頫・張即之―武田泰淳　祝允明・文徴明・董其昌―杉浦明平　張瑞図─中田勇次郎　王鐸・金農・劉墉─三浦朱門　鄧石如・何紹基・趙之謙

開堂 慈寛〔1952〜〕　かいどう・じかん

◇霊媒（ミディアム）神秘修行イギリスへ　開堂慈寛著　道出版　2014.12　249p　20cm　1800円　①978-4-86086-115-5　Ⓝ289.1

内容　第1章　日本の神秘体験（村の奇跡　病弱だった幼少期　ほか）　第2章　イギリスの神秘体験（イギリスに辿り着く　三〇歳代　ほか）　第3章　SAGB（英国スピリチュアリスト協会）の神秘体験（SAGBの瞑想クラス　スピリットガイド（指導霊）との初対面　ほか）　第4章　リーディングの神秘体験（海賊の過去世　髪の毛の森　ほか）

甲斐姫〔安土桃山時代〕　かいひめ

◇戦国の女城主─井伊直虎と散った姫たち　髙橋伸幸著　徳間書店　2016.11　326p　15cm　（徳間文庫カレッジ　た2-1）〈文献あり〉　830円　①978-4-19-907073-0　Ⓝ281.04

内容　井伊直虎─男の名で生き、お家断絶の危機を救った女城主　甲斐姫─石田三成に立ち向かい城を守った姫武者　鶴姫─大内水軍を二度撃退した瀬戸内の戦士　フロイス─信長の好きない非業の死を遂げた岩村城主　慶聞尼─鍋島藩を生んだ押しかけ女房　吉岡妙林尼─男勝りの胆力で薩摩軍を撃退した女武者　立花誾千代─十歳にして女城主となり関ヶ原で西軍に与する　常盤─島津氏の基礎を作った妻女の決断　鶴姫─侍女三十四人を従えて敵陣に切り

込んだ烈婦　富田信高の妻―関ヶ原の前哨戦で夫の窮地を救った女武者　寿桂尼―"女戦国大名"といわれ今川家を支えた　天球院―夫に愛想をつかして縁を切った女傑　お市の方―"戦国一の美女"といわれ夫とともに自刃　細川ガラシャ―人質を拒否して殉教を選んだ烈女

海部　俊樹〔1931～〕　かいふ・としき

◇海部俊樹回想録―自我作古　海部俊樹述，垣見洋樹編　名古屋　樹林舎　2015.12　231p　20cm　〈年表あり　発売：人間社（名古屋）〉　1400円　Ⓘ978-4-931388-95-6　Ⓝ289.1

内容　第1章　総理への道　第2章　志を抱いて　第3章　出世の階段　第4章　総理の日々　第5章　湾岸戦争　第6章　世界の首脳との交流　第7章　皇室とのかかわり　第8章　海部おろし　第9章　漂流、そして引退　第10章　語りきれなかった思い出

◇YKK秘録　山崎拓著　講談社　2016.7　315p　20cm　1800円　Ⓘ978-4-06-220212-1　Ⓝ312.1

内容　序章　運命の日　第1章　55年体制崩壊―宇野宗佑、海部俊樹、宮澤喜一内閣　第2章　小沢一郎の暗躍―細川護熙、羽田孜内閣　第3章　自・社・さ新時代―村山富市、橋本龍太郎内閣　第4章　「加藤の乱」の真相―小渕恵三、森喜朗内閣　第5章　小泉純一郎ける

◇YKK秘録　山崎拓著　講談社　2018.8　396p　15cm　〈講談社＋α文庫 G317-1〉〈2016年刊の加筆、改筆〉　950円　Ⓘ978-4-06-512939-5　Ⓝ312.1

内容　序章　運命の日　第1章　55年体制崩壊―宇野宗佑、海部俊樹、宮澤喜一内閣　第2章　小沢一郎の暗躍―細川護熙、羽田孜内閣　第3章　自・社・さ新時代―村山富市、橋本龍太郎内閣　第4章　「加藤の乱」の真相―小渕恵三、森喜朗内閣　第5章　小泉純一郎首相の誕生、自民党幹事長に就任

臥雲　辰致〔1842～1900〕　がうん・たっち

◇臥雲辰致・日本独創のガラ紡―その遺伝子を受け継ぐ　生誕175年記念　ガラ紡を学ぶ会編著　豊川　シンプリブックス　2017.8　283p　22cm　〈文献あり　年譜あり〉　2500円　Ⓘ978-4-908745-00-3　Ⓝ586.28

内容　第1部　臥雲辰致・日本独創の技術者（臥雲辰致の事績（小松芳郎）　ガラ紡の技術史的特徴　明治のアントレプレナー臥雲辰致の再発見（崔裕眞）ほか）　第2部　臥雲辰致「ガラ紡」展示会（臥雲辰致「ガラ紡」展示会」講演録　ガラ紡機の展示と実演　糸紡ぎ、機織りの実演　ほか）　第3部　ガラ紡コンサート・演奏会（「ガラ紡コンサート」の開催（山本雅士）　"臥雲辰致「ガラ紡」展示会"における演奏会（山本雅士））

嘉悦　孝子〔1867～1949〕　かえつ・たかこ

◇嘉悦孝子語録―『怒るな働け』に学ぶ　嘉悦孝子原記，清水秀子，古閑博美著　〔出版地不明〕　〔清水秀子〕　2015.10　79p　21cm　非売品　Ⓝ289.1

Kaede〔1991～〕

◇NegiccoヒストリーRoad to BUDOKAN 2003-2011　小島和宏著　白夜書房　2017.8　223p　19cm　〈年表あり〉　1389円　Ⓘ978-4-86494-151-8　Ⓝ767.8

内容　13年目の「ゼロ地点」Perfumeと運命の共演　Negicco結成前夜　バラバラの夢を見る3人　3人の人生と運命を乗せた Negiccoオーディション開催　「ほんこつなのに、かっこいい」"あの人"も目撃した幻のデビュー戦　順調すぎた充実の滑り出し！　ロコドルブームと人生の分岐点　NHK全国放送デビューで「売れる！」と確信　されど仕事がまったく増えない「残酷な現実」　スクール廃校で浮上したグループ消滅の危機　不思議な「縁」が呼び寄せた運命的な出会い　新事務所で「熊さん」と再スタートも…　「振り付けも自分で!?」リーダーNao☆の苦悩　非情にも拒絶されたファンサービス　絶望、傷心、葛藤…はじまった迷走　『もうNegicco辞めちゃいなよ！』友人から助言にNao☆は東京へ…〔ほか〕

加賀　大介〔1914～1973〕　かが・だいすけ

◇ああ栄冠は君に輝く―知られざる「全国高校野球大会歌」誕生秘話　加賀大介物語　手束仁著　双葉社　2015.7　246p　19cm　1400円　Ⓘ978-4-575-30910-2　Ⓝ911.52

内容　第1章　雲はわき光あふれて　第2章　風をうち大地をけりて　第3章　空をきるたまのいのちに　第4章　加賀の輪廻　エピローグ　ああ栄冠は君に輝く　あとがきに代えて―「微笑む　希望」

加賀　千代女〔1703～1775〕　かが・ちよじょ

◇わが道の真実一路―歴史随想　億劫の花に咲く十話　1　山田一生編著　松阪　夕刊三重新聞社　2014.3　152p　19cm　〈文献あり〉　1800円　Ⓘ978-4-89658-003-7　Ⓝ281.04

内容　第1話　長慶天皇ご本紀と行宮伝説の研究　第2話　蒲生氏郷とキリスト教　第3話　上田秋成（号・無腸）"相撲老て京に住けり妻しあれば"の句作に就いて　第4話　潮田長助と赤穂義士又之丞高敬の生涯　第5話　骨董商S氏との心の好日…中川乙由と森川千之女と加賀千代女　第6話　風雲の陶芸人　上島弥兵衛　第7話　俳家奇人　子英　第8話　剛力無双の鎌田又八　第9話　松阪が生んだ神童棋士　小川道的　第10話　麦の舎　高畠式部

◇妙好人千代尼　西山郷史著　珠洲　臥龍文庫　2018.1　248p　19cm　〈索引あり　発売：法藏館（京都）〉　1200円　Ⓘ978-4-8318-8768-9　Ⓝ911.33

内容　1　妙好人　2　蜻蛉釣り　3　聞法の日々　4　尼素園・千代尼　5　「安心」に生きる　6　月も見て…

加賀谷　澄江〔1927～2003〕　かがや・すみえ

◇ベイリィさんのみゆき画廊―銀座をみつめた50年　牛尾京美著　みすず書房　2016.3　203,29p　22cm　3400円　Ⓘ978-4-622-07976-7　Ⓝ706.7

内容　1　画廊への扉　2　加賀谷澄江だったころ　3　みゆき画廊の誕生　4　二人三脚　5　変化　6　光のなかで

加唐　為重〔1855～1892〕　かから・ためしげ

◇明治なりわいの魁―日本に産業革命をおこした男たち　植松三十里著　ウェッジ　2017.2　192p　21cm　〈文献あり　年表あり〉　1800円　Ⓘ978-4-86310-176-0　Ⓝ281

内容　1章　魁の時代（高島秋帆―長崎豪商の西洋砲術と波乱の生涯　江川坦庵―伊豆韮山に現存する反射炉と品川台場　片寄平蔵―蒸気船の燃料を供給した

常磐炭礦の開祖) 2章 技の時代(鍋島直正—佐賀の反射炉と三重津海軍所の創設 本木昌造—日本語の活版印刷を広めた元長崎通詞 堤磯右衛門—公共事業の請負から石鹸の祖に 上田寅吉—船大工から日本造船史上の一大恩人へ 大島高任—鉄の産地で高炉を建設した南部藩士) 3章 生業の時代(尾高惇忠—富岡製糸場初代場長の知られざる来歴 ファン・ドールン—猪苗代湖からの疎水開削を実現 加唐為重—生命保険に医療を取り入れて発展 油屋熊八—別府温泉で本格的な観光業をスタート 竹鶴政孝—本物のウィスキーを日本にもたらす 松永安左エ門—電力再編の三年間のためにあった長き生涯)

香川 京子〔1931〜〕 かがわ・きょうこ
◇凛たる人生—映画女優香川京子 香川京子述,立花珠樹著 ワイズ出版 2018.3 317p 22cm〈作品目録あり〉 2750円 ①978-4-89830-314-6 Ⓝ778.21
内容 序章 映画の世界へ 第1章 新人女優の試行錯誤 第2章 女優誕生 第3章 女優の使命感 第4章 映画のかたちと映画のテンポ 第5章 映画というリアリズム 第6章 古典的様式美の粋 第7章 演技を超えて 第8章 自然主義と表現主義 第9章 演ずること、演じきれなかったこと 第10章 映画から遠く離れて 第11章 よみがえった映画への情熱 第12章 等身大を自然に演じる 終章 先徳からのオマージュ、次世代へのメッセージ 平和を祈る

賀川 豊彦〔1888〜1960〕 かがわ・とよひこ
◇賀川豊彦伝—貧しい人のために闘った生涯 互助・友愛の社会を実現 三久忠志著 徳島 教育出版センター 2015.11 76p 21cm〈年譜あり〉 850円 Ⓝ289.1
◇あるpersonal museum(個人資料館)での「顕彰が阻害する検証」から見た報告書 米沢和一郎著 〔府中(東京都)〕〔米沢和一郎〕 2016.5 350p 30cm 非売品 Ⓝ289.1
◇賀川豊彦の思想とその実践及びその現代的展開—2016年度社会調査報告集 川上周三編 〔川崎〕〔専修大学人間科学部社会学科〕〔2017〕 133p 30cm 「社会調査実習A・B」報告書 2016年度)〈執筆:大森柊哉ほか 年表あり 年譜あり〉 Ⓝ289.1
◇賀川豊彦と明治学院 関西学院 同志社 鳥飼慶陽著 文芸社 2017.4 374p 15cm 900円 ①978-4-286-18160-8 Ⓝ289.1
◇賀川豊彦と協同組合運動 ヘレン・F.トッピング著, 石田園江訳, 高谷のぞみ編 姫路 高谷のぞみ 2017.7 51p 21cm 500円 Ⓝ335.6
◇賀川豊彦—「助け合いの社会」を目指した功績を知る 日本生活協同組合連合会編集, 賀川豊彦記念松沢資料館監修 日本生活協同組合連合会 2018.1 89p 21cm〈文献あり 年譜あり〉 800円 ①978-4-87332-338-1 Ⓝ289.1
内容 第1章 献身の巻(ガンジーと肩を並べる偉人に挙げられているってホント? どんな子ども時代を送ったの? ほか) 第2章 防貧の巻(「防貧」の考えに生きるきっかけは何だったの? 『死線を越えて』は、一体どれだけ売れたの? ほか) 第3章 友愛の巻(ルーズベルト大統領からアメリカに招かれたんだって? 関東大震災が起きたとき、すぐ神戸から駆け付けたんだってね? ほか) 第4章 協同の巻(協同組合保険(共済)をつくろうとしたのはなぜ? 農村での活動から大きく成長した企業があるんだって? ほか)

賀川 ハル〔1888〜1982〕 かがわ・はる
◇評伝 賀川ハル—賀川豊彦とともに、人々とともに 岩田三枝子著 不二出版 2018.9 604p 22cm〈年譜あり 文献あり〉 5800円 ①978-4-8350-8250-9 Ⓝ289.1
＊賀川豊彦とともに、人々とともに。賀川ハルはキリスト者市民社会活動家・賀川豊彦の妻としてその活動を支えたが、彼女自身に本格的に焦点を当てた研究は多くない。本書は、日本キリスト教史にとって、そして女性史にとっても激動の時代であった明治から昭和にかけて、一キリスト者、一女性、そして一市民社会活動家として生きたハルの人生を辿りながら、その活動を体系化することにより、歴史的意義と今日的意義の一端を明らかにしたものである。また資料編として、賀川豊彦記念松沢資料館が所蔵するハルと豊彦を中心とした賀川家書簡等を翻刻収録した。

鍵 英之〔1965〜〕 かぎ・ひでゆき
◇ブサナンパ—伝説のナンパ師 鍵英之自伝 鍵英之著 ベストブック 2014.6 191p 19cm(ベストセレクト) 1300円 ①978-4-8314-0189-2 Ⓝ289.1
内容 第1部 さらば、童貞!生き地獄編(「モテない!」一生、童貞のままで終わりたくない 童貞を渡る 童貞、覚醒!?最後に残った関門それは脱・童貞! 童貞、合コンへ行く 学園祭でイケメンとナンパ戦争勃発! 童貞、合コンを学ぶ 女性を口説くための会話のコツとは? ほか) 第2部 300人斬り血風録(合コン・ブサイクの逆襲 ついに初体験達成で一皮ムケて帰国! 粘膜と粘膜の出会いの果てに 童貞喪失してから連戦連勝の快進撃 常在戦場 声をかける前に、やれることは全てやれ ナンパ師、三たび海を渡る1 童貞時代からの大望を果たすため再び海外へ ナンパ師、三たび海を渡る2 憧れの地に降り立てば見渡す限り金髪美人! ほか)

柿坂 神酒之祐〔1937〜〕 かきさか・みきのすけ
◇天河大辨財天社の宇宙—神道の未来へ 柿坂神酒之祐, 鎌田東二著 春秋社 2018.7 227p 20cm 1900円 ①978-4-393-29205-1 Ⓝ175.965
内容 第1部 神道のこころ(神道のこころ お掃除に生きる—わが半生の記) 第2部 新・神仏習合の一大拠点—天河大辨財天社考(新・神仏習合文化の実験場 天河大辨財天社 "宗教"の未来へ—神仏習合と修験道が問いかけるもの)

柿崎 喜雄〔1942〜〕 かきざき・よしお
◇じぶん白書—柿崎喜雄半生記 岩淵一也著〔三条〕〔岩淵一也〕 2018.6 160p 21cm〈著作目録あり 年譜あり〉 Ⓝ289.1

柿沼 伸二〔1942〜〕 かきぬま・しんじ
◇前期昭和人の日記—戦中生まれ一都政人の半生と未来の日本への提言 柿沼伸二著 文藝春秋企画出版部 2015.12 331p 20cm〈発売:

柿本 人麻呂〔飛鳥時代〕 かきのもと・ひとまろ

◇「壬申の乱」はなかった―柿本人麿の生涯 『日本国』誕生の秘密　このみまさかつ著　大分　いづみ印刷(印刷)　2014.8　254p　19cm　〈文献あり〉　Ⓝ911.122

◇水底の歌―柿本人麿論　上　梅原猛著　改版　新潮社　2015.4　513p　15cm　(新潮文庫)　840円　①978-4-10-124402-0　Ⓝ911.122
[内容] 第1部 柿本人麿の死―斎藤茂吉説をめぐって(斎藤茂吉の鴨山考　鴨山考批判　柿本人麿の死の真相)　第2部 柿本人麿の生―賀茂真淵説をめぐって(賀茂真淵の人麿考　年齢考)

◇水底の歌―柿本人麿論　下　梅原猛著　改版　新潮社　2015.4　510p　15cm　(新潮文庫)　790円　①978-4-10-124403-7　Ⓝ911.122
[内容] 第2部 柿本人麿の生(承前)―賀茂真淵説をめぐって(年齢考(承前)　官位考・正史考　『古今集』序文考)

◇柿本人麿―神とあらはれし事もたびたびの事也　古橋信孝著　京都　ミネルヴァ書房　2015.9　245,6p　20cm　(ミネルヴァ日本評伝選)〈文献あり　年譜あり　索引あり〉　2800円　①978-4-623-07412-9　Ⓝ911.122
[内容] 序章 人麿を読み解くために　第1章 人麿をめぐる史料　第2章 儀式歌の歌人　第3章 旅の歌　第4章 人麿と物語　第5章 「柿本朝臣人麿歌集」とは何か　第6章 伝承の歌人　第7章 人麿信仰

◇柿本人麻呂の栄光と悲劇―『万葉集』の謎を解く　池野誠著　松江　山陰文藝協会　2016.9　162p　19cm　〈文献あり　年譜あり〉　1111円　①978-4-92108-018-1　Ⓝ911.122
[内容] 第1章 人麻呂の終焉地はどこか　第2章 持統帝の宮廷歌人　第3章 なぜ、かくも強く男女愛を歌ったか　第4章 石見を訪れた文人　第5章 一〇二六年(万寿三年)の地震・津波と鴨山　第6章 波乱に充ちた生涯　第7章 なぜ流人になったか　第8章 聖武天皇による名誉回復

◇柿本人麻呂　多田一臣著　吉川弘文館　2017.6　244p　19cm　(人物叢書 新装版 通巻288)〈文献あり　年譜あり〉　2100円　①978-4-642-05281-8　Ⓝ911.122
[内容] 第1 誕生と出仕　第2 草壁皇子の死と人麻呂の近江行　第3 持統朝の吉野・伊勢行幸　第4 高市皇子の死と人麻呂　第5 創作歌としての相聞歌・挽歌　第6 旅と人麻呂　第7 「人麻呂歌集」　第8 人麻呂の死と人麻呂伝説

垣原 賢人〔1972～〕 かきはら・まさひと

◇Uの青春―カッキーの闘いはまだ終わらない　垣原賢人著　廣済堂出版　2015.8　278p　19cm　1500円　①978-4-331-51959-2　Ⓝ788.5
[内容] 第1章 "U"に賭けた怒涛の青春　第2章 ファイターたちのマル秘ファイル1―UWF、Uインター編　第3章 ファイターたちのマル秘ファイル2―全日本プロレス、ノア編　第4章 ファイターたちのマル秘ファイル3―新日本プロレス編　第5章 ミヤマ☆仮面、誕生！　第6章 負けるわけにはいかない、がんとの闘い

鍵山 秀三郎〔1933～〕 かぎやま・ひでさぶろう

◇苦しみとの向き合い方―言志四録の人間学　神渡良平著　PHP研究所　2015.8　315p　19cm　〈文献あり〉　1600円　①978-4-569-82625-7　Ⓝ121.55
[内容] 第1章 道を切り拓いた男たちの闘い(W杯南ア大会の快挙の背後にあったもの―岡田武史元サッカー日本代表監督と白石豊教授の闘い　新聞配達少年がとうとう文科相になった！―下村博文文部科学相の軌跡　剣道と論語で人づくりに励む―熊谷和穂剣道師範の教育実践　正師に出会わざれば、学ばざるに如かず―古典を熟読して自分を磨く平山金吾さん)　第2章 益がなくても、意味がある(下坐に下りて、終始一貫これを貫く―イエローハット創業者鍵山秀三郎さんの生きざま　生きているだけではいけませんか？―錨を下ろす港がない子どもたちと生活を共にした辻光文先生　人々に喜びを届ける現代の花咲か爺さん―日本とトルコを結ぶ桜の親善大使・齋藤宏社長の楽しみ　経営は最高の自分磨き―心のこもった仕事をめざす運送会社を率いる木南一志さん)　第3章 大病や窮乏から深い気づきをいただいた(病気は軌道修正させるための天の計らい―脳腫瘍から生還した岡部明美さんがつかんだもの　やむにやまれぬ思いで行動して―骨髄バンク運動を牽引してきた大谷貴子さん　「人は死なない」―人間の体は天の入れ物だ―矢作直樹東大教授のメッセージ　『日本の世明け』を告げる歌―瀬戸龍介さんを通してのメッセージ)　第4章 百世の鴻儒・佐藤一斎がもたらしたもの(岩村藩とその城下町・岩村　佐藤一斎の生い立ちと昌平黌の儒官　西郷隆盛と『言志四録』　佐藤一斎は吉田茂の曽祖父)　第5章 戦後70年のレクイエム(英霊が眠る里・知覧―靖国神社に祀られた英霊の願いを無駄にしない　父が戦ったインパール作戦―現状を乗り越えていくものは何なのか　自虐思想の淵源を探る―占領軍の「ウォー・ギルト・インフォメーション・プログラム」　日本は本当に侵略国家だったのか？―大東亜戦争、東京裁判、そして占領時代を検討する)

カク, キフン〔1924～〕 かく きふん

◇被爆者はどこにいても被爆者―郭貴勲・回想録　郭貴勲著, 井下春子訳、韓国人被爆者・郭貴勲手記出版委員会編　〔出版地不明〕　韓国人被爆者・郭貴勲手記出版委員会　2016.3　277p　21cm　〈年譜あり〉　Ⓝ289.2

霍 去病〔前140～前117〕 かく・きょへい

◇新書英雄伝―戦史に輝く将星たち　有坂純著　学研教育出版　2015.10　407p　19cm　〈文献あり　発売：学研マーケティング〉　1600円　①978-4-05-406350-1　Ⓝ283
[内容] ペルシア戦争を起こした男―アリスタゴラス伝　わが故郷は遙か―ディオニュシオス伝　われら死にきと―レオニダス伝　サラミスよ、汝は女の産める子らを滅ぼさん―テミストクレス伝　賞金首女王―アルテミシア一世伝　三つの問い―エパメイノンダス伝　偉大なる敵―ハンニバル伝　オリュンポスの落日―アエミリウス・パウルス伝　内乱に彩られた―ユリウス・カエサル伝　帝国の夢―ゼノビア女王伝　疾風―衛青・霍去病伝　戦いは、まだ始まっていない―ジョン・ポール＝ジョーンズ伝　第一級の戦士―ダヴー元帥伝

加来 剛希〔1932～1999〕 かく・ごうき
◇あなたの敵を愛しなさい―牧師になった元中国紅衛兵 李北利原作，守部喜雅編著，浅沼扶美子，呉麗子，張弘，富田栄訳 いのちのことば社 2016.12 380p 19cm 1800円 ⓘ978-4-264-03612-8 Ⓝ198.62
内容 第1章 親たちは戦場で戦った 第2章 戦争中の子ども時代 第3章 嵐の中をさまよう青春 第4章 微かに見えた希望の光 第5章 それぞれの天路歴程 第6章 新しい出発、そして試練 第7章 あなたの敵を愛せよ 第8章 神は愛なり・出会い 第9章 神の家族として歩む 第10章 国籍は天にあります

郭 承敏〔1927～2012〕 かく・しょうびん
◇ある台湾人の数奇な生涯 郭承敏著 明文書房 2014.8 290p 19cm 1600円 ⓘ978-4-8391-0939-4 Ⓝ289.2
内容 台湾―日本統治下で育って なんとしても日本へ行こう 戦後の日本で 中国に呼び返され対日情報員に 地上生活に戻っても下放へ 文化大革命の嵐に見舞われて

郭 嵩燾〔1818～1891〕 かく・すうとう
◇清末中国の士大夫像の形成―郭嵩燾の模索と実践 小野泰教著 東京大学出版会 2018.11 235,6p 22cm 〈文献あり 年表あり 索引あり〉 5400円 ⓘ978-4-13-026159-3 Ⓝ289.2
内容 郭嵩燾による士大夫像の模索 第1部 士大夫の社会的地位の回復を目指して(士大夫の商賈化への批判 士大夫どうしの関係堕化への危機感) 第2部 士大夫像の模索と西洋政治像(渡英直前の郭嵩燾と劉錫鴻の士大夫像 郭嵩燾・劉錫鴻の士大夫像とイギリス政治像 イギリス政治像と士大夫批判) 第3部 士大夫像の模索と経学・諸子学(民を治める方法の模索―『大学』『中庸』解釈 礼の実践―郭嵩燾の宗法論 「是非の辯を押し付けること」と「己を俗として同じくすること」の克服―『荘子』解釈) 清末中国の士大夫像の形成とその意義

郭 台銘〔1950～〕 かく・たいめい
◇野心―郭台銘伝 安田峰俊著 プレジデント社 2016.10 319p 20cm 〈文献あり〉 1600円 ⓘ978-4-8334-5104-8 Ⓝ289.2
内容 第1章 シャープ買収にこだわった鴻海の懐事情 第2章 自殺者続出、フォックスコン工場の実態 第3章 鴻海は中国企業なのか 第4章 郭台銘の原点、貧困の時代 第5章 倒産寸前から急成長の謎 第6章 巨大企業の「皇帝」の懊悩 第7章 信仰への熱い、強烈な家族愛 第8章 シャープへの求愛

格 非〔1964～〕 かく・ひ
◇歴史の周縁から―先鋒派作家格非、蘇童、余華の小説 森岡優紀著 東方書店 2016.11 229p 20cm 〈文献あり 著作目録あり〉 2400円 ⓘ978-4-497-21611-3 Ⓝ920.27
内容 第1部 先鋒派のはじまり(蘇州の少年時代 "蘇童" 大人の世界への旅立ち "余華" 第三章 「意味」を探し求めて〈格非〉) 第2部 先鋒派と記憶(虚構のちから "蘇童" 深層の記憶 "格非" 第六章 文化大革命と六〇年代世代 "蘇童") 第3部 先鋒派と周縁(歴史の周縁から "格非" 新しい「現実」の構築へ向けて "余華") 付録 先鋒派作家インタビュー(蘇童訪問録 格非訪問録 ほか)

郭 沫若〔1892～1978〕 かく・まつじゃく
◇詩人郭沫若と日本 藤田梨那著 武蔵野書院 2017.9 326p 22cm 〈文献あり〉 3900円 ⓘ978-4-8386-0705-1 Ⓝ920.278
内容 第1章 少年時代 第2章 日本留学時代 第3章 古典文学の素養と古典詩創作 第4章 『女神』の世界 第5章 小説創作の試み 第6章 日本へ亡命 第7章 亡命期の作品 第8章 日本―第二の故郷

覚仁〔平安時代後期〕 かくにん
◇中世の人物 京・鎌倉の時代編 第1巻 保元・平治の乱と平氏の栄華 元木泰雄編 大阪 清文堂出版 2014.3 412p 22cm 4500円 ⓘ978-4-7924-0994-4 Ⓝ281
内容 鳥羽院・崇徳院(佐藤健治著) 藤原忠実(佐古愛己著) 藤原頼長(横内裕人著) 平忠盛(守田逸人著) 源為義(須藤聡著) 覚仁と信実―悪僧論～(久野修義著) 阿多忠景と源為朝(栗林文夫著) 後白河院(高橋典幸著) 藤原忠通と基実(樋口健太郎著) 信西(木村真美子著) 藤原信頼・成親(元木泰雄著) 藤原経宗(元木泰雄著) 源義朝(近藤好和著) 平清盛(川合康著) 池禅尼と二位尼(栗山圭子著) 平時忠と信範(松薗斉著) 藤原邦綱とその娘たち(佐伯智広著) 平重盛(平藤幸著) 西行(近藤好和著)

角本 良平〔1920～2016〕 かくもと・りょうへい
◇角本良平オーラル・ヒストリー 角本良平述, 二階堂行宣, 鈴木勇一郎, 老川慶喜編 交通協力会 2015.3 327p 30cm 〈年表あり 著作目録あり〉 Ⓝ686.21

筧 治〔1937～〕 かけひ・おさむ
◇五代目海舟が行く―慶喜と海舟の血を受け継いだボートデザイナーの自伝 筧治著 大阪 パレード 2015.4 494p 19cm (Parade Books)〈発売：星雲社〉 1500円 ⓘ978-4-434-20465-4 Ⓝ289.1
内容 第1部 勝家と筧家(徳川慶喜最後の将軍 勝海舟晩年の戦い 勝精(祖父) ほか) 第2部 筧治 青の時代(生誕 幼稚園の時代 小学校に入る ほか) 第3部 筧治 赤の時代(ヤマハ時代 コマンドクラフト社 ヤマハへ再入社 ほか)

蔭山 恭一〔1927～2010〕 かげやま・きょういち
◇蔭山恭一岡野美智子往復書簡 第1集・第2集 蔭山恭一, 岡野美智子著 所沢 蔭山恭一記念館 2015.9 159p 30cm 〈表紙のタイトル：蔭山恭一往復書簡岡野美智子〉 非売品 Ⓝ289.1
内容 第1集 昭和29年1月―12月 第2集 昭和30年1月―12月
◇蔭山恭一岡野美智子往復書簡 第3集 昭和31年1月―12月 蔭山恭一, 岡野美智子著 所沢 蔭山恭一記念館 2016.5 246p 30cm 〈表紙のタイトル：蔭山恭一往復書簡岡野美智子〉 非売品 Ⓝ289.1
◇蔭山恭一岡野美智子往復書簡 第4集(昭和32年4月―12月)・第5集(昭和33年1月―12月)・第6集 昭和34年1月―12月 蔭山恭一, 岡野美智子

著 所沢 蔭山恭一記念館 2017.2 166p 30cm 〈表紙のタイトル:蔭山恭一往復書簡岡野美智子〉 非売品 Ⓝ289.1
◇蔭山恭一岡野美智子往復書簡 第7集(昭和35年1月—12月)・第8集(昭和36年1月—9月)・第9集(昭和37年5月—9月)・第10集(昭和38年4月—9月)・第11集(昭和39年1月—12月)・第12集(昭和40年1月—4月)・第13集(昭和41年2月)・第14集(昭和42年12月)・第15集 昭和43年6月 蔭山恭一,岡野美智子著 所沢 蔭山恭一記念館 2017.9 167p 30cm 〈表紙のタイトル:蔭山恭一往復書簡岡野美智子 年譜あり〉 非売品 Ⓝ289.1

景山 英子 かげやま・ひでこ
⇒福田英子(ふくだ・ひでこ)を見よ

影山 ヒロノブ〔1961〜〕 かげやま・ひろのぶ
◇ゴールをぶっ壊せ—夢の向こう側までたどり着く技術 影山ヒロノブ著 中央公論新社 2018.1 189p 18cm (中公新書ラクレ 608) 800円 Ⓘ978-4-12-150608-5 Ⓝ767.8
内容 第1章 アニソンに導かれて(「好き」に突き動かされて 音楽との出会い ほか) 第2章 職業としてのアニソンシンガー論(アニソンという音楽 アニソンの役割とは ほか) 第3章 歌い続けるために必要だったこと(「あいつは終わった」と言われて 歌い続けるために選んだこととは ほか) 第4章 本当にアニソンは強くなったのか(純然たるアニソンが迎えた危機 なぜJAM Projectができたのか ほか) 最終章 ゴールをぶっ壊せ(新しく叶った夢 夢とは現実で、現在進行形だ ほか)

加古 里子〔1926〜2018〕 かこ・さとし
◇未来のだるまちゃんへ かこさとし著 文藝春秋 2016.12 269p 16cm (文春文庫 か72-1) 660円 Ⓘ978-4-16-790758-7 Ⓝ726.601
内容 第1章 僕が子どもだった頃(子どもたちが先生だった だるまちゃんには子どもの姿が宿っている ほか) 第2章 大人と子どものあいだ(飛行機乗りになりたかった 声の音楽と中村草田男先生のこと ほか) 第3章 大切なことは、すべて子どもたちに教わった—セツルメントの子どもたち(セツルメントの子どもたち 子どもは鋭い観察者 ほか) 第4章 人間対人間の勝負—絵本作家として(紙芝居だった『どろぼうがっこう』人間はみんなプチ悪(ピカ) ほか) 第5章 これからを生きる子どもたちへ(四十年ぶりの続編 この世界の端っこで ほか)

籠池 諄子〔1956〜〕 かごいけ・じゅんこ
◇許せないを許してみる—籠池のおかん「300日」本音獄中記 籠池諄子著 双葉社 2018.10 351p 19cm 〈文献あり〉 1500円 Ⓘ978-4-575-31401-4 Ⓝ348.3
内容 1 2017年8、9月 2 2017年10、11月 3 2017年12月 4 2018年1月 5 2018年2月 6 2018年3月 7 2018年4月 8 2018年5月

鹿児島 寿蔵〔1898〜1982〕 かごしま・じゅぞう
◇人間国宝鹿児島寿蔵若き日の人形と短歌と 宮坂井保著 長野 タイムズ(制作・発売) 2016.7 80p 21cm 1000円 Ⓝ759

佳子内親王〔1994〜〕 かこないしんのう
◇佳子さま流生き方・恋・魅力—麗しのプリンセスの秘められた素顔&名言集 松崎敏弥著 ダイアプレス 2015.11 111p 24cm (DIA Collection)〈年譜あり〉 907円 Ⓘ978-4-8023-0068-1 Ⓝ288.44
＊チャーミングなプリンセスとして圧倒的な人気の佳子さま。幼少期から成年を迎えられた現在まで、佳子さまのさまざまなエピソードやお言葉を紹介し、その秘められた素顔に迫る。写真も満載。

葛西 勝弥〔1885〜1949〕 かさい・かつや
◇獣医学の狩人たち—20世紀の獣医učenа偉人列伝 大竹修著 堺 大阪公立大学共同出版会 2017.5 406p 21cm 〈文献あり〉 2400円 Ⓘ978-4-907209-72-8 Ⓝ649.028
内容 序:日本における近代獣医学の夜明け 牛痘苗と狂犬病ワクチンの創始者—梅野信吉 人材育成の名人で家畜衛生学の先達—葛西勝弥 獣医寄生虫学を確立—板垣四郎 競走馬の研究に生涯を捧げた外科の泰斗—松葉重雄 ひよこの雌雄鑑別法を開発—増井清 幻に終わったノーベル賞—市川厚一 獣医外科・産科学の巨頭—黒澤亮助 顕微鏡とともに歩んだ偉大な神経病理学者—山極三郎 麻酔・自律神経研究の権威—木全春生〔ほか〕

笠井 順八〔1835〜1919〕 かさい・じゅんぱち
◇イノベーターたちの日本史—近代日本の創造的対応 米倉誠一郎著 東洋経済新報社 2017.5 313p 20cm 〈他言語標題:Creative Response Entrepreneurial History of Modern Japan〉 2000円 Ⓘ978-4-492-37120-6 Ⓝ210.6
内容 第1章 近代の覚醒と高島秋帆 第2章 維新官僚の創造的対応—大隈重信 志士から官僚へ 第3章 明治政府の創造的対応—身分を資本へ 第4章 士族たちの創造的対応—ザ・サムライカンパニーの登場 第5章 創造的対応としての財閥—企業家が創り出した三井と三菱 第6章 科学者たちの創造的対応—知識ベースの産業立国 終章 近代日本の創造的対応を振り返る

笠井 誠一〔1932〜〕 かさい・せいいち
◇フランス留学記 笠井誠一著 ビジョン企画出版社 2015.1 238p 20cm 〈表紙のタイトル:Les journées de ma jeunesse en France〉 2000円 Ⓘ978-4-89979-047-1 Ⓝ723.1
内容 第1部 日本からパリへの旅(渡仏に向かって ラオス号に乗船 船旅の始まり ほか) 第2部 パリ生活一年目(パリ生活の始まり 日本館生活 船便到着 ほか) 第3部 パリに馴染んできたころ(新学期、留学二年目 サロン・ドートンヌに出品する 具象系の日本人留学生 ほか)

笠井 智一〔1926〜〕 かさい・ともかず
◇撃墜王は生きている! 井上和彦著 小学館 2015.1 253p 20cm 1400円 Ⓘ978-4-09-389756-3 Ⓝ916
内容 序章 日本にも戦争英雄がいた 第1章 B29に二度体当たりして生還した「イケメンスター」板垣政

雄軍曹　第2章　一撃離脱で敵機を撃ち墜した「空の狩人」生野文介大尉　第3章　戦後の自衛隊のトップに立った「帝都防空の達人」竹田五郎大尉　第4章　二人のスーパーエースの列機を務めた「紫電改の職人」笠井智一上等飛行兵曹　第5章　武士道で戦い抜いた「空戦の人間国宝」本田稔少尉　終章　航空自衛隊を作ったのは日本軍のパイロットだった

◇最後の紫電改パイロット―不屈の空の男の空戦記録　笠井智一著　潮書房光人社　2016.10　235p　20cm　2000円　①978-4-7698-1627-0　Ⓝ289.1

内容　序章　昭和十九年七月二十一日一〇三〇　第1章　予科練・飛練時代（「これからの戦争は飛行機や！」難関「予科練」を受験、合格　ほか）　第2章　太平洋の激闘（二六三航空隊「豹」戦闘機隊配属　洋上飛行で南方へ―「地球は丸かった」ほか）　第3章　本土防空戦（三四三空編成、制空権奪還目指す　最新鋭機「おう、これが紫電改か」ほか）　第4章　戦後の日々（「日本が戦争に負けた？」　復員―「智一の幽霊がでた」ほか）

◇撃墜王は生きている！　井上和彦著　小学館　2017.7　253p　15cm　（小学館文庫　い15-1）〈2015年刊の改稿　文献あり〉　570円　①978-4-09-406429-2　Ⓝ916

内容　序章　日本にも戦争英雄がいた　第1章　B29に二度体当たりして生還した「イケメンスター」―板垣政雄軍曹　第2章　一撃離脱で敵機を撃ち墜とした「空の狩人」―生野文介大尉　第3章　戦後の自衛隊のトップに立った「帝都防空の達人」―竹田五郎大尉　第4章　二人のスーパーエースの列機を務めた「紫電改の職人」―笠井智一上等飛行兵曹　第5章　武士道で戦い抜いた「空戦の人間国宝」本田稔少尉　終章　航空自衛隊を作ったのは日本軍のパイロットだった

葛西　紀明〔1972～〕　かさい・のりあき

◇家族で獲った銀メダル　葛西紀明著　光文社　2014.7　193p　19cm　〈文献あり　年譜あり〉1300円　①978-4-334-97786-3　Ⓝ784.34

内容　第1章　41歳の銀メダル　第2章　天才ジャンパー誕生　第3章　世界の舞台へ　第4章　カミカゼ・カサイ　第5章　家族の声援　第6章　屈辱の長野五輪　第7章　絶好調から、絶不調へ…　第8章　ベテラン外し　第9章　すべてはこの時のために　第10章　永遠のレジェンド

◇夢は、努力でかなえる。　葛西紀明著　実業之日本社　2014.10　223p　19cm　〈文献あり〉1400円　①978-4-408-21529-7　Ⓝ784.34

内容　序章　メダルの威光　第1章　カルチャーショック　第2章　初志貫徹、非運と失意と　第3章　不運の連鎖　第4章　二転三転の新天地、土屋ホームへ　第5章　ソチへの長い、長い助走　第6章　向こうからやってきた銀メダル　第7章　新しいステージへ

◇みんな葛西が大好きだ！―レジェンドの素顔に迫る　葛崎敏著　北海道新聞社　2018.2　286p　図版16p　19cm　1500円　①978-4-89453-894-8　Ⓝ784.34

内容　第1章　50歳まで"飛べる"（ブームの原点　だから50歳までできる　夢を共有して飛ぶ）　第2章　世界の笑顔を集めて飛ぶ（五輪の炎しんで飛ぶ　日の丸飛行隊の復活　知られざる戦い）　第3章　会社員アスリートだから飛べる（レジェンドブーム波及効果　チーム土屋のイノベーション　海外から学ぶ、海外で生きる）　第4章　飛んで作った人間力（諦めないDNA　ジャンプを究める　美意識と向上心）　第5章　記録をモチベーションに飛び続ける

笠井　彦乃〔1896～1920〕　かさい・ひこの

◇夢二を変えた女（ひと）笠井彦乃　坂原冨美代著　論創社　2016.6　329p　図版16p　20cm　〈文献あり　年譜あり〉　2200円　①978-4-8460-1518-3　Ⓝ726.501

内容　序章　第1章　出逢い　第2章　新たな関係　第3章　京都の恋　第4章　光彩陸離　第5章　湯涌へ　第6章　別れの序章　最終章　追慕

河西　昌枝〔1933～2013〕　かさい・まさえ

◇ひとびとの精神史　第4巻　東京オリンピック―1960年代　苅谷剛彦編　岩波書店　2015.10　329p　19cm　2500円　①978-4-00-028804-0　Ⓝ281.04

内容　1　高度成長とナショナリズム（下村治―国民のための経済成長　十河信二―新幹線にかける「夢」　河西昌枝―引退できなかった「東洋の魔女」　手塚治虫―逆風が育んだ「マンガの神様」　原田正純―胎児性水俣病の「発見」）　2　民族大移動の農村と都市の変貌（高村三郎と永山則夫―集団就職という体験　大牟羅良―農村の変貌と岩手の農民　室原知幸―公共事業のあり方を問い続けた「蜂の巣城主」　千石剛賢―日本的家族観に抗った「イエスの方舟」）　3　ベトナム戦争と日本社会（小田実―平等主義と誇りで世界の人びとをつなぐ　岡村昭彦―ベトナム戦争を直視して　鶴見良行―「足の人」はいかに思考したか）

笠岡　和雄　かさおか・かずお

◇狼俠―芸能界最強の用心棒が明かす真実　笠岡和雄著　神戸　大翔　2017.7　239p　19cm　〈発売：れんが書房新社〉　1500円　①978-4-8462-0422-8　Ⓝ368.51

内容　第1部　愚連隊から松浦組へ―京都闇社会のオールスターたち（十六歳で「仁義なき戦い」の岡組に京都に出て松浦組へ　松浦の先代と田岡一雄親分の縁　ほか）　第2部　芸能界のドン・周防郁雄との長い闘い（周防郁雄との出会いと銃撃事件　バーニング銃撃事件のおどろくべき真相　元愛人・水野美紀の「抹殺」を依頼した、周防の執着心　ほか）　第3部　さらば松方弘樹（十数年ぶりの再会　ビートたけし移籍騒動　東本願寺とのたたかい　ほか）

笠木　良明〔1892～1955〕　かさぎ・よしあき

◇満蒙をめぐる人びと　北野剛著　彩流社　2016.5　183p　19cm　（フィギュール彩 57）　1800円　①978-4-7791-7059-1　Ⓝ319.1022

内容　プロローグ　満洲と日本人―石光真清　第1章「満蒙」の先覚者―辻村楠造　第2章　満鉄と満洲日本人社会―相生由太郎　第3章　外交官の見た日露戦争の極東アジア―川上俊彦　第4章　中国の動乱と満蒙政策―宇都宮太郎　第5章　日本人「馬賊」と中国大陸―薄益三　第6章　第一次世界大戦の馬賊―伊達順之助　第7章「国策」の最前線―駒井徳三　第8章「満蒙問題」と在満邦人―守田福松　エピローグ　理想国家の建設―笠木良明

笠原 研寿〔1852～1883〕 かさはら・けんじゅ

◇北陸の学僧、碩学の近代―存在証明の系譜　高畑崇導著　金沢　北國新聞社出版局　2018.5　161p　21cm　2200円　Ⓘ978-4-8330-2135-7　Ⓝ188.72

内容 石川舜台（一八四二～一九三一、天保十三～昭和六）―その存在証明の時　維新期の西欧からの仏教批判書と真宗教団―J.エドキンズ著『釈教正謬』正続二冊をめぐって　マックス・ミューラー編「東方聖書」と浄土の三部経　北條時敬と国泰寺雪門―西田幾多郎と鈴木大拙にかかわった二人の師　雪門玄松（一八五〇～一九一五、嘉永三～大正四）の国泰寺住持十年　真宗教義学の象徴―宣明とその時代　藤懸得住 常徳寺の経蔵　真宗大谷派の学僧・玄寧（一八一二～一八八四、文化九～明治十七）の学問―新知見・志賀町常徳寺経蔵典籍五千冊　笠原研寿の学問

風間 士郎〔1938～〕 かざま・しろう

◇よき師よき友　風間士郎著　新潟　風間士郎　2014.7　321p　22cm　Ⓝ289.1

カザマ タカフミ

◇売れないバンドマン　カザマタカフミ著　シンコーミュージック・エンタテイメント　2017.12　231p　19cm　1389円　Ⓘ978-4-401-64552-7　Ⓝ767.8

内容 第1章 2006年11月～2014年2月 俺ら、なんでバンド始めたんだっけ？　第2章 2014年5月～2016年11月 売れないバンドマンの日常　第3章 2017年3月～2017年9月 それでもバンドが続くなら　特別対談（尾崎世界観（クリープハイプ）　清和太一（エルシャラカーニ）　浅田信一（プロデューサー））　特別インタビュー（元カノ・カナコさん　今カノ・ケイコさん）

風間 トオル〔1962～〕 かざま・とおる

◇ビンボー魂―おばあちゃんが遺してくれた生き抜く力　風間トオル著　中央公論新社　2016.3　204p　20cm　1200円　Ⓘ978-4-12-004802-9　Ⓝ778.21

内容 第1章 5歳で体験した一家離散　第2章 恐るべし貧乏力　第3章 やりきれない気分　第4章 同情なんてクソくらえ！　第5章 愛とは何か？　第6章 奇跡のような流れの中で

笠松 明広〔1951～2016〕 かさまつ・あきひろ

◇笠松明広著作集―部落解放運動のジャーナリストとして　笠松明広著　大阪　笠松明広さん著作・回想集編集委員会　2017.11　766p　22cm　〈年譜あり〉　Ⓝ361.86

風見 しんご〔1962～〕 かざみ・しんご

◇さくらのとんねる―二十歳のえみる　風見しんご著　青志社　2016.4　253p　19cm　1300円　Ⓘ978-4-86590-025-5　Ⓝ779.9

内容 序章 希望の灯　第1章 えみるがいた日々　第2章 ふみねにえみるが入った　第3章 こころ、新しい命　第4章 えみるとふみね　第5章 よつばとトートと、認知症の父　第6章 ふみねがえみるの歳を超えた日　第7章 えみるの奇跡　終章 希望の信号

加地 英夫〔1932～〕 かじ・ひでお

◇私の軍艦島記―端島に生まれ育ち閉山まで働いた記録　加地英夫著　長崎　長崎文献社　2015.12　247p　21cm　1600円　Ⓘ978-4-88851-248-0　Ⓝ289.1

内容 第1章 生いたちと家族　第2章 長崎での学生時代と原爆　第3章 三菱礦業端島坑で働く日々　第4章 端島での家族の日々　第5章 島の変化と発展　第6章 島の行事と楽しみ　第7章 端島の労働組合活動　第8章 端島坑の最盛期と衰退　第9章 閉山とその後の日々

梶 芽衣子〔1947～〕 かじ・めいこ

◇真実　梶芽衣子著，清水まり構成　文藝春秋　2018.3　190p　19cm　〈作品目録あり〉　1350円　Ⓘ978-4-16-390809-0　Ⓝ778.21

内容 銀座でモデルにスカウト　まったく未知の映画の世界へ　打たれ強さを試される日々　大恩人の高橋圭三先生と山岡久乃さん　監督にもの申す　太田雅子から梶芽衣子へ　『野良猫ロック』日活を辞める　テレビドラマの現場で　予想もしなかったポスト藤〔ほか〕

梶 吉宏〔1942～〕 かじ・よしひろ

◇ウィーン・フィルを助けた男 梶吉宏氏　梶吉宏語り手，星出豊著作・聞き手　さいたま　知玄舎　2014.9　66p　21cm　（対談集「人」シリーズ 第1回）　Ⓘ978-4-907875-10-7　Ⓝ289.1

鹿地 亘〔1903～1982〕 かじ・わたる

◇昭和テンペスト 上海リル正伝―吹き荒れた戦争と陰謀の嵐　猪俣良樹著　現代企画室　2017.10　428p　19cm　2700円　Ⓘ978-4-7738-1724-9　Ⓝ769.1

内容 第1部 戦前の闇に潜る（昭和の闇に潜る　モダニズムとコミュニズムの昭和　風の噂のリルを尋ねて ほか）　第2部 戦中の闇に潜る（上海「大世界」―魔鏡の裏側　桃源郷のリリー　仮面都市の魯迅と完造 ほか）　第3部 戦後の闇に潜る（「私はバカだった」から「日本死ね！」まで　一寸先の闇　運命の再会 ほか）

梶井 基次郎〔1901～1932〕 かじい・もとじろう

◇愛の顛末―純愛とスキャンダルの文学史　梯久美子著　文藝春秋　2015.11　230p　20cm　1450円　Ⓘ978-4-16-390360-6　Ⓝ910.26

内容 小林多喜二―恋と闘争　近松秋江―「情痴」の人　三浦綾子―「氷点」と夫婦のきずな　中島敦―ぬくもりを求めて　原民喜―「死と愛と孤独」の自画像　鈴木しづ子―性と生のうたびと　梶井基次郎―夭折作家の恋　中城ふみ子―恋と死のうた　寺田寅彦―三人の妻　八木重吉―素朴なこころ　宮柊二―戦場からの手紙　吉野せい―相克と和解

◇梶井基次郎と湯ヶ島　安藤公夫編　改版/井上靖文学館/改訂・編集　〔出版地不明〕　松本亮三文庫　2016.6　233p 図版 〔12〕枚　19cm　〈折り込 1枚　初版の出版者：皆美舎〉　1000円　Ⓝ910.268

◇愛の顛末―恋と死と文学と　梯久美子著　文藝春秋　2018.11　252p　16cm　（文春文庫 か68-2）　720円　Ⓘ978-4-16-791181-2　Ⓝ910.26

梶尾 知〔1903～1990〕 かじお・さとる
◇反省と感謝―梶尾知の遺稿と八十八年の記録 梶尾知著，梶尾榮編集補筆 〔三次〕 〔梶尾榮〕 2015.5 95p 26cm Ⓝ289.1

鍛治舎 巧〔1951～〕 かじしゃ・たくみ
◇プロ野球を選ばなかった怪物たち 元永知宏著 イースト・プレス 2018.11 238p 19cm 〈文献あり〉 1500円 Ⓘ978-4-7816-1723-7 Ⓝ783.7
内容 第1章 山根佑太―東京六大学のスラッガーはなぜ野球をやめたのか 第2章 杉浦正則―世界の頂点を目指した"ミスター・オリンピック" 第3章 鍛治舎巧―パナソニック人事部長から高校野球の名監督に 第4章 志村亮―ビジネスマンを選んだ伝説の左腕 第5章 應武篤良―"プロ"へと育てる"アマチュア"球界の名将 第6章 山中正竹―"小さな大投手"は球界の第一人者へ 番外 遠藤良平―プロに挑戦した東大のエース

梶田 隆章〔1959～〕 かじた・たかあき
◇ニュートリノ小さな大発見―ノーベル物理学賞への階段 梶田隆章,朝日新聞科学医療部著 朝日新聞出版 2016.6 287p 19cm （朝日選書945） 1500円 Ⓘ978-4-02-263045-2 Ⓝ429.6
内容 第1章 宇宙線に感謝！ 第2章 「教えて梶田さん」講演会より 第3章 スーパーカミオカンデとニュートリノ 第4章 カミオカンデとの出会い 第5章 発見―逃さずとらえた瞬間 第6章 企業の貢献 第7章 その後のニュートリノ研究 第8章 神岡地下での長期プロジェクト 第9章 ノーベル賞ラッシュの陰で

梶谷 行男〔1948～〕 かじたに・ゆきお
◇僕の悩み―解脱に向かう魂の記録 梶谷行男著 情況出版 2018.8 285p 19cm 〈年譜あり〉 1800円 Ⓘ978-4-915252-98-3 Ⓝ289.1
内容 プロローグ 第1章 学生時代 第2章 悩みの始まり 第3章 七〇年代の日常生活 第4章 休職と入院を繰り返して 第5章 九〇年代の日々 第6章 早期退職 エピローグ 付記 西村医師への報告（平成二七年）

柏村 直條〔1661～1740〕 かしむら・なおえだ
◇翻刻柏亭日記―石清水八幡宮蔵 高志宿祢直條録 高志宿祢直條著，古文書の会八幡編 八幡古文書の会八幡 2018.4 134p 30cm 〈年譜あり〉 Ⓝ172

勧修寺 經理〔？～1871〕 かじゅうじ・つねおさ
◇勧修寺經理日記 勧修寺經理著 オンデマンド版 東京大学出版会 2014.9 590p 22cm （日本史籍協会叢書 51）〈印刷・製本：デジタルパブリッシングサービス 覆刻再刊 昭和59年刊〉 12000円 Ⓘ978-4-13-009351-4 Ⓝ210.58

上代 淑〔1871～1959〕 かじろ・よし
◇祈りの教育者 上代淑―示範による人間陶冶 齊藤育子著 キリスト新聞社出版事業課 2015.3 291,6p 22cm 〈文献あり 年譜あり 索引あり〉 3000円 Ⓘ978-4-87395-667-1 Ⓝ197.7

柏木 貨一郎〔1841～1898〕 かしわぎ・かいちろう
◇近代茶人の肖像 依田徹著 京都 淡交社 2015.2 215p 18cm （淡交新書）〈文献あり〉 1200円 Ⓘ978-4-473-03992-7 Ⓝ791.2
内容 井上馨（世外）―政界の雷親父は細心なる茶人 有栖川宮熾仁親王（霞堂）―親王の茶の湯に見る宮家と華族の社交界 安田善次郎（松翁）―慎しく陰徳を重ねた財産家の茶の湯 今泉雄作（常真）―茶具再評価の種を蒔いた江戸っ子 平瀬亀之輔（露香）―大阪の茶の湯を牽引した"粋の神" 住友友純（春翠）―茶の湯に文人趣味を融合させたエリート実業家 益田孝（鈍翁）―近代の茶の湯を双肩に担った巨人 馬越恭平（化生）―数々の逸話を残した「ビール王」―茶の湯三昧の境地に遊んだ 柏木貨一郎（探古齋）―土蔵に住んだ幻の数寄屋建築家 岡倉覚三（天心）―茶より酒を愛した『茶の本』の執筆者 正木直彦（十三松堂）―美術と茶道に橋を架けた美術学校長 貞明皇后―満州皇帝を茶の湯でもてなした大正天皇妃 三井高棟（宗恭）―財閥の盛衰を見つめた三井家当主の茶の湯 團琢磨（狸山）―鈍翁から経営と茶の湯を受け継いだ男 大谷尊由（心斎）―茶の湯三昧の境地に遊んだ宗教家 前田利為（梅堂）―旧大名家軍人のたしなみとしての茶の湯 式守蝸牛（虎山）―悲運の宰相、戦時下の茶の湯 栗山善四郎（八百善）―江戸懐石を伝え、茶の湯を愛した料亭主人 加藤正治（犀水）―憲法の制定に携わった法学者話

柏木 義円〔1860～1938〕 かしわぎ・ぎえん
◇柏木義円史料集 柏木義円著，片野真佐子編・解説 大津 行路社 2014.7 458p 22cm 〈年譜あり〉 6000円 Ⓘ978-4-87534-447-6 Ⓝ198.52
＊明治・大正・昭和戦前期に活躍し、激しい時代批判で知られるキリスト教思想家・柏木義円の史料集。徳冨蘆花などへの書簡、「柏木義円日記」に漏れていた日中戦争期の部分等を収録する。
◇柏木義円と親鸞―近代のキリスト教をめぐる相克 市川浩史著 ぺりかん社 2016.6 206p 20cm 2600円 Ⓘ978-4-8315-1441-7 Ⓝ198.52
内容 1 柏木義円と親鸞（柏木義円という人―出自に即して 柏木義円と親鸞） 2 柏木義円の思想世界（柏木義円『希伯来書略解』について 『霊魂不滅論』など―"神の肖像"論 柏木義円における二つの"普遍" 柏木義円の明治―「福音」と明治天皇）
◇新島襄と五人の門弟―師弟の絆とその系譜 徳富蘇峰・湯浅治郎・深井英五・柏木義円・湯浅八郎 志村和次郎著 前橋 みやま文庫 2017.1 205p 19cm （みやま文庫 224）〈文献あり 年譜あり〉 1500円 Ⓝ198.321

柏木 如亭〔1763～1819〕 かしわぎ・じょてい
◇江戸詩人評伝集―詩誌『雅友』抄 1 今関天彭

著，揖斐高編　平凡社　2015.9　473p　18cm　（東洋文庫　863）〈布装〉　3200円　Ⓘ978-4-582-80863-6　Ⓝ919.5

|内容|新井白石　室鳩巣　梁田蛻巌　祇園南海　六如上人　柴野栗山　頼春水　尾藤二洲　菅茶山　市河寛斎　古賀精里　頼杏坪　柏木如亭　大窪詩仏　菊池五山　宮沢雲山　広瀬淡窓　古賀侗庵

柏木 哲夫〔1939～〕　かしわぎ・てつお
◇恵みの軌跡—精神科医・ホスピス医としての歩みを振り返って　柏木哲夫著　いのちのことば社　2017.5　158p　19cm　1300円　Ⓘ978-4-264-03628-9　Ⓝ289.1

柏木 照明〔1929～〕　かしわぎ・てるあき
◇出会いに感謝　『出会いに感謝』編纂委員会編，柏木照明著　大和　柏木学園　2015.3　311p　22cm　Ⓝ289.1

◇学ぶ力働く力生き抜く力　柏木照明著　横浜　神奈川新聞社　2017.11　222p　図版20p　19cm　〈わが人生　14〉〈年譜あり〉　1500円　Ⓘ978-4-87645-573-7　Ⓝ289.1

|内容|第1章　そろばんとの運命的な出会い　第2章　戦時下で鶴見・横浜の大空襲を体験　第3章　そろばんの私塾から実業教育の道へ　第4章　激動の日々で見つめた心の内　第5章　学校法人柏木学園の4つの教育機関　柏木学園総合発展計画21

柏木 由紀〔1991～〕　かしわぎ・ゆき
◇まゆゆきりん「往復書簡」——一文字、一文字に想いを込めて　渡辺麻友，柏木由紀著　双葉社　2017.12　203p　20cm　〈年譜あり〉　1200円　Ⓘ978-4-575-31329-1　Ⓝ767.8

|内容|夢への扉　運命の一日　夢の舞台　チームB　選抜入り　総選挙　分岐点　泣・喜・怒・哀　卒業コンサート　新しい道標　それぞれの道　10年後の…

柏木 陽介〔1987～〕　かしわぎ・ようすけ
◇「自信」が「過信」に変わった日それを取り戻すための2年間　柏木陽介著　ベストセラーズ　2015.1　221p　19cm　1389円　Ⓘ978-4-584-13613-3　Ⓝ783.47

|内容|プロローグ　「自信」と「過信」　第1章　2013—「転機」（インタビュー森山佳郎「激怒した日」）　第2章　2014—「自信」（インタビュー平川忠亮「友だちへ」）　第3章　「優勝」　エピローグ　「未来」（インタビュー柏木清美「ありがとう。」）

◇アホが勝ち組、利口は負け組—サッカー日本代表進化論　清水英斗著　秋田書店　2018.6　190p　19cm　1300円　Ⓘ978-4-253-10106-6　Ⓝ783.47

|内容|日本代表進化論　理想は進化、現実は退化　日本代表進化論　選手編（原口元気—モノクロームの元気　岡崎慎司—アホの岡崎　遠藤航—がんばれ！ニッポンの父！　宇佐美貴史—「行ってるやん」の絶壁　吉田麻也—"大ボカ"の汚名を返上せよ！　柏木陽介—だって、人間だもの。　長谷部誠—キレッ早のキャプテン　長友佑都—左を制する者は、世界を制す！　柴崎岳—キャノンシュートの秘密は、弓槙野智章—カネでは買えない男！　ほか）

柏崎 桃子〔1979～〕　かしわざき・ももこ
◇どすこい!!ももち日和—芸人母と、発達障がいの息子の奮闘記　柏崎桃子著　宝島社　2018.1　109p　21cm　980円　Ⓘ978-4-8002-8000-8　Ⓝ779.14

梶原 一騎〔1936～1987〕　かじわら・いっき
◇『あしたのジョー』と梶原一騎の奇跡　斎藤貴男著　朝日新聞出版　2016.12　505p　15cm　（朝日文庫　さ50-1）〈梶原一騎伝〉（文春文庫2005年刊）の改題・加筆　文献あり〉　960円　Ⓘ978-4-02-261885-6　Ⓝ726.101

|内容|序章　第1章　スポ根伝説—栄光の時代　第2章　生い立ち　第3章　青春　第4章　『あしたのジョー』　第5章　栄光の頂点　第6章　狂気の時代　第7章　大山倍達と梶原一騎　第8章　どいつもこいつも　第9章　逮捕とスキャンダルと『男の星座』　第10章　梶原家の父と子

◇弔花を編む—歿後三十年、梶原一騎の周辺　高森日佐志著　文芸社　2017.7　271p　15cm　700円　Ⓘ978-4-286-18415-9　Ⓝ726.101

梶原 景時〔?～1200〕　かじわら・かげとき
◇中世の人物　京・鎌倉の時代編　第2巻　治承～文治の内乱と鎌倉幕府の成立　野口実編　大阪　清文堂出版　2014.6　426p　22cm　〈文献あり〉　4500円　Ⓘ978-4-7924-0995-1　Ⓝ281

|内容|源頼政と以仁王（生駒孝臣著）　甲斐源氏（西川広平著）　木曾義仲（長村祥知著）　源義経と範頼（宮田敬三著）　平宗盛（田中大喜著）　平氏の新旧家人たち（西村隆著）　藤原秀衡（三好俊文著）　源頼朝（元木泰雄著）　大庭景親（森幸夫著）　城昉永と助職〈長茂〉（高橋一樹著）　千葉常胤（野口実著）　和田義盛と梶原景時（滑川敦子著）　北条時政と牧の方（落合義明著）　源頼家（藤本頼人著）　八条院（高松百香著）　藤原兼実（高橋秀樹著）　源通親（佐伯智広著）　法然と良慶・明恵（平雅行著）　重源（久野修義著）　栄西（中尾良信著）

春日 左衛門〔1845～1869〕　かすが・さえもん
◇「朝敵」と呼ばれようとも—維新に抗した殉国の志士　星亮一編　現代書館　2014.11　222p　20cm　2000円　Ⓘ978-4-7684-5745-0　Ⓝ281.04

|内容|神保修理—その足跡を尋ねて　山本帯刀—会津に散る！　長岡の若き家老　中島三郎助—幕府海軍を逸早く構想した国際通　春日左衛門—知られざる英傑　佐川官兵衛—会津の猛将から剛毅朴直の大警部へ　朝比奈弥太郎泰尚—水戸の執政、下総に散る　滝川充太郎—猪突猛進を貫いた若き猛将　森弥一左衛門陳明—桑名藩の全責任を負って切腹した　甲賀源吾—東郷平八郎が賞賛した、宮古湾の勇戦　桂早之助—剣聖記　京都見廻組　三兄弟を太夫—幕末東北を一つにまとめた悲運の国際人　雲井龍雄—米沢の俊英が夢見たもう一つの「維新」　赤松小三郎—日本近代化の礎を作った洋学者　松岡磐吉—榎本軍最後の軍艦「蟠龍」艦長

春日 均　かすが・ひとし
◇最前線指揮官の太平洋戦争—海と空の八人の武人の生涯　岩崎剛二著　新装版　潮書房光人社　2014.10　256p　16cm　（光人社NF文庫　いN-

854） 750円 Ⓘ978-4-7698-2854-9 Ⓝ392.5

内容 勇将のもとに弱卒なし―敵将が賞賛した駆逐艦長・春日均中佐の操艦　生きて祖国の礎となれ―初志を貫いた潜水艦長・南部伸清少佐の無念　被爆の身をも顧みず―第五航空艦隊参謀・今村正己中佐の至誠　遺骨なく遺髪なく―第十六戦隊司令官・左近允尚正中将の運命　われに後悔なく誇りあり―幸運に導かれた潜水艦長・坂本金美少佐の気概　蒼空の飛翔雲―歴戦の飛行隊長・高橋定少佐の航跡　見敵必殺の闘魂を秘めて―海軍の至宝と謳われた入佐俊家少将の信条　飢餓と砲爆撃に耐えて―孤島を死守した吉見信一少将の信念

春日井 建〔1938～2004〕かすがい・けん
◇評伝 春日井建　岡嶋憲治著　短歌研究社　2016.7　417p　20cm　（井泉叢書 第20篇）〈年譜あり〉　2700円　Ⓘ978-4-86272-496-0 Ⓝ911.162

春日局〔1579～1643〕かすがのつぼね
◇春日局―今日は火宅を遁れぬるかな　福田千鶴著　京都　ミネルヴァ書房　2017.1　233,6p　20cm　（ミネルヴァ日本評伝選）〈文献あり　年譜あり　索引あり〉　3000円　Ⓘ978-4-623-07933-9 Ⓝ289.1

内容 第1章 稲葉福とその家族（斎藤家と稲葉家　稲葉正成との結婚と離別）　第2章 乳母から本丸表の局へ（将軍世嗣の乳母　江戸城本丸表の局）　第3章 春日局の時代（表の局から春日局へ　将軍家の跡継ぎ問題）　第4章 春日局の栄光と晩年（政治家としての春日　晩年の生活）

香月 泰男〔1911～1974〕かづき・やすお
◇香月泰男 黒の創造―心理療法家が語る物語 シベリアを描き続けた画家 制作活動と作品の深層　山愛美著　三鷹　遠見書房　2016.4　238p　19cm　（遠見こころライブラリー）　2600円　Ⓘ978-4-86616-008-5 Ⓝ723.1

内容 第1部 なぜ香月泰男の『シベリヤ・シリーズ』なのか　第2部 香月泰男とその生涯（香月と世界―誕生、太陽、木、色、死、そして結婚　『シベリヤ・シリーズ』に描かれた四年半　制作再開から死まで）　第3部 表現と創造（「こちら」から「異界（向こう）」へ、そして再び「こちら」の告白　「異界」が開くまで沈黙の中で　表現と創造　シベリアを閉じる　コスモロジーの確立）

かずこ〔1972～〕
◇僕と母さんの餃子狂詩曲（ラプソディ）―東京銀座六丁目　かずこ著　集英社クリエイティブ　2017.6　333p　19cm　〈発売元：集英社〉　1500円　Ⓘ978-4-420-31079-6 Ⓝ289.1

内容 序章 銀座小景　第1章 友だちは女の子　第2章 屈辱の言葉　第3章 母さんの壁　第4章 父さんが遺してくれたもの　第5章 お金と情報の集め方　第6章 「かずこ」の告白　第7章 第三の場所「銀座ルーム」　終章 最後の試練

上総 康行〔1944～〕かずさ・やすゆき
◇壁を越える扉を開く―「管理会計学」が教えてくれたこと　上總康行著　ダイヤモンド社　2015.3　195p　19cm　（DIAMOND NEO BOOKS）　1400円　Ⓘ978-4-478-02956-5 Ⓝ289.1

内容 第1章 丹後ちりめんと蒸気機関車　第2章 京都のうどん屋で恩師・西田博先生と課外授業　第3章 おい、かないで！なんとかせえよ！　第4章 結婚式は117回目のデートだった！　第5章 東海地区から世に一石を投じた「管理論研究会」の研究成果　第6章 弟子を育てたくて赴任した京都大学経済学部　第7章 日本の管理会計を世界へ向けて発信する！　第8章 会計学は、やっぱりおもしろい！

和宮〔1846～1877〕かずのみや
◇幕末明治動乱 「文」の時代の女たち　熊谷充晃著　双葉社　2014.7　207p　19cm　〈文献あり〉　1400円　Ⓘ978-4-575-30702-3 Ⓝ281.04

内容 第1章 「文」の少女・青春時代―幕末維新動乱期から明治へ（1853年、文10歳―ペリー浦賀に来航開国のとき刻々と迫る！　1858年、文15歳―井伊直弼大老就任 安政の大獄始まる！　1863年、文20歳―下関戦争勃発 高杉晋作が奇兵隊を創設！　ほか）　第2章 激動の時代を駆け抜けた個性あふれる女性たち（吉田松陰の妹にして「松下村塾」一の俊英の妻、後には貴族院議員夫人へ―三日3晩の「生き晒し」刑に耐え抜いた井伊直弼の腹心・長野主膳の妾―村山可寿江　ほか）　第3章 動乱を生きる熱き男を支えた妻たちの群像（病弱の13代将軍に興入れした実家よりも嫁ぎ先に殉じた薩摩の豪傑姫君―天璋院篤姫　若くして未亡人となった「悲劇の皇女」のイメージは事実とちょっと違う？―和宮　ほか）　第4章 幕末～明治初期の女性たちの生活や風習（「三指点いてお出迎え」は、はしたない？　離婚率が高かった明治時代　ほか）

◇静寛院宮御日記 1　静寛院宮著　オンデマンド版　東京大学出版会　2016.2　7,608p　22cm　（続日本史籍協會叢書 47）〈印刷・製本：デジタルパブリッシングサービス〉　20000円　Ⓘ978-4-13-009494-8 Ⓝ288.44
◇静寛院宮御日記 2　静寛院宮著　オンデマンド版　東京大学出版会　2016.3　630p　22cm　（続日本史籍協會叢書 48）〈印刷・製本：デジタルパブリッシングサービス〉　20000円　Ⓘ978-4-13-009495-5 Ⓝ288.44

粕谷 一希〔1930～2014〕かすや・かずき
◇名伯楽―粕谷一希の世界　藤原書店編集部編　藤原書店　2015.5　249p　20cm　〈年譜あり〉　2800円　Ⓘ978-4-86578-027-7 Ⓝ289.1

内容 旧制五中時代の粕谷一希　粕谷一希宛の最後の手紙　旧友への鎮魂と感謝の一片　粕谷一希さんの深く熱い友情　年長者としての粕谷一希　巨星墜つ―粕谷一希の死　幅広い眼くばり・才能を発見する才能　粕谷さんを想う　粕谷一希先輩のこと　歴史を見る目〔ほか〕

糟屋 武則〔1562～?〕かすや・たけのり
◇家康と播磨の藩主　播磨学研究所編　神戸　神戸新聞総合出版センター　2017.8　255p　20cm　1800円　Ⓘ978-4-343-00962-3 Ⓝ281.64

内容 家康を見直す　賤ヶ岳七本槍の加古川城主・加須屋武則　「西国の将軍」姫路城主・池田輝政　山崎、福本に刻む池田輝澄・政直の足跡　林田藩主・建部政長　播磨の豪将・後藤又兵衛　海峡の町を創った

明石城主・小笠原忠真　戦国の龍野城主・蜂須賀小六正勝　関ヶ原・大坂で家康に味方した一柳家　永井直勝の一族と赤穂藩主・永井直敬

加瀬 邦彦〔1943～2015〕　かせ・くにひこ

◇MY LITTLE HOMETOWN—茅ヶ崎音楽物語　宮治淳一著　ポプラ社　2017.10　285p　19cm　〈文献あり　年表あり〉　1500円　①978-4-591-15637-7　Ⓝ764.7

＊「上を向いて歩こう」が世界中で感動を呼んだ作曲家・中村八大、海の街・茅ヶ崎のイメージを全国に拡散した加山雄三、作曲家として数多くの名作歌謡曲を送り出した平尾昌晃、湘南サウンドの源流を作ったザ・ワイルド・ワンズの加瀬邦彦、「また逢う日まで」の大ヒットで一世を風靡した尾崎紀世彦、音楽シーンの最前線を走り続けるサザンオールスターズの桑田佳祐—なぜ、一地方都市に過ぎない茅ヶ崎が、これほど多くの音楽家を輩出しているのか？　その謎に迫るべく、茅ヶ崎と縁の深い10の名曲を入り口に、音楽のスターたちの人生を辿る。綿密な取材と研究をもとに、"茅ヶ崎"と"音楽"の特別な関係に迫った唯一無二の刺激的な音楽エッセイ！

嘉瀬 誠次〔1922～〕　かせ・せいじ

◇白菊—shiragiku——伝説の花火師・嘉瀬誠次が捧げた鎮魂の花　山崎まゆみ著　小学館　2014.7　251p　19cm　〈文献あり〉　1500円　①978-4-09-388376-4　Ⓝ575.98

[内容]　プロローグ「涙の理由」を探して　第1章 伝説の花火「嘉瀬の白」　第2章 花火師とシベリア抑留　第3章 アムールに咲いた「鎮魂の花」　第4章 二〇一三年冬、ハバロフスク　第5章 雪国に舞う「不死鳥」　エピローグ 嘉瀬さんと私

嘉田 由紀子〔1950～〕　かだ・ゆきこ

◇女は「政治」に向かないの？　秋山訓子著　講談社　2018.5　212p　19cm　1400円　①978-4-06-511764-4　Ⓝ314.18

[内容]　野田聖子—女性のキャリア変化とともに　小池百合子—不死鳥のような人生　山尾志桜里—母だからできること　辻元清美—挫折からが本番　中川智子—おばちゃんの愛され力　高井美穂—「ふつう」が議員になってみた　嘉田由紀子—それは「サプライズ」ではなかった

片岡 愛之助（6代）〔1972～〕　かたおか・あいのすけ

◇愛之助日和　片岡愛之助著，坂東亜矢子編　光文社　2017.2　175p　19cm　〈文献あり〉　1400円　①978-4-334-97849-5　Ⓝ774.28

[内容]　第1章 歌舞伎との出会い　第2章 憧れの役者・十三代目片岡仁左衛門　第3章 父・片岡秀太郎のこと　第4章 実家の両親のこと　第5章 関西歌舞伎と関西歌舞伎中之芝居しい動き—松竹・上方歌舞伎塾と関西歌舞伎中之芝居　第6章 役者としてのターニングポイント—平成若衆歌舞伎・浪花花形歌舞伎・新春浅草歌舞伎　第7章 傾く精神—永楽館歌舞伎とシスティーナ歌舞伎　第8章 歌舞伎以外の活動のこと　第9章 普段の僕　第10章 僕の夢

片岡 安祐美〔1986～〕　かたおか・あゆみ

◇甲子園を目指した少女—あゆみ続ける野球道，夢ある限り努力は無限　片岡安祐美著　竹書房　2016.3　306p　19cm　1500円　①978-4-8019-0668-6　Ⓝ783.7

[内容]　序章 私、一生ユニフォームを脱がない　第1章 野球少女の誕生—キラキラ輝いて見えた甲子園　第2章 念願の初甲子園—私やっぱり高校球児になりたい　第3章 晴れて"高校球児"に—野球人生で初の"背番号なし"　第4章 最後の夏—高校野球が日本代表かの選択　第5章 慣れない新天地—無我夢中で走り続けた日々　第6章 監督就任—私がつぶれたらチームがなくなってしまう　第7章 "野球人"と"野球の神様"—全国の野球少年少女たちへ　終章 甲子園へのラブレター

片岡 球子〔1905～2008〕　かたおか・たまこ

◇もっと知りたい片岡球子—生涯と作品　土岐美由紀,中村麗子著　東京美術　2015.4　79p　26cm　（アート・ビギナーズ・コレクション）〈索引あり〉　1800円　①978-4-8087-1016-3　Ⓝ721.9

[内容]　はじめに 異端にして正統—独自の画道を拓く（中村麗子）　序章 生い立ちと時代背景 0～18歳　第1章 落選の神様と呼ばれて 19～33歳　第2章 わが個性を磨く 34～48歳　第3章 大胆に、より力強く 49～60歳　第4章 ライフワークとの出会い 61～77歳　第5章 果てなき創作の魂 78～103歳

片岡 鶴太郎〔1954～〕　かたおか・つるたろう

◇50代から本気で遊べば人生は愉しくなる　片岡鶴太郎著　SBクリエイティブ　2017.4　213p　18cm　（SB新書 389）　800円　①978-4-7973-8841-1　Ⓝ779.9

[内容]　序章 "ものまね"からスタート　1章 62歳、まだまだやりたいことだらけ　2章 画家として立つ　3章「思い」を「実行」に移す　4章 どうやって身を立てるか　5章 自分の魂を喜ばせるために何をするか　6章 新たなことをはじめる勇気

片岡 仁左衛門（15代）〔1944～〕　かたおか・にざえもん

◇仁左衛門恋し　片岡仁左衛門著，小松成美著　徳間書店　2014.12　332p　15cm　（徳間文庫カレッジ）〈世界文化社 2002年刊の加筆・再編集、新規の取材原稿を追加収録し、構成〉　780円　①978-4-19-907019-8　Ⓝ774.28

[内容]　第1章 十五代目仁左衛門の芸　第2章 人気者片岡孝夫　第3章 他流試合　第4章 今、そして未来へ　特別対談 父と子　文庫版特別収録 渾身の日々

片方 善治〔1928～〕　かたがた・ぜんじ

◇脱フレイルのすすめ—90歳現役—メッセージ＆全仕事　片方善治著　河出書房　2018.6　319p　20cm　〈別タイトル：脱老化脆弱のすすめ　発売：河出書房新社〉　1800円　①978-4-309-92151-8　Ⓝ289.1

[内容]　第1章 脱フレイルのすすめ　第2章 橋になりたい男　第3章 虹のかけ橋　第4章 架橋への情熱　第5章 志高く　第6章 新鮮二十一世紀の息吹　第7章 価値創造の泉　第8章 刹那と永劫　第9章 心のつぶやき　第10章 片方善治エッセイ撰—酒と文学シリーズ（『楡の木』）より　終章 死について考える

片上 天弦 かたかみ・てんげん
⇒片上伸(かたがみ・のぶる)を見よ

片上 伸〔1884～1928〕 かたがみ・のぶる
◇現代文士廿八人 中村武羅夫著 講談社 2018.6 217p 16cm (講談社文芸文庫 なU1)〈日高有倫堂 1909年刊の再編集〉 1600円 Ⓘ978-4-06-511864-1 Ⓝ910.261
内容 田山花袋 国木田独歩 生田葵山 夏目漱石 菊池幽芳 小川未明 小杉天外 内藤鳴雪 徳田秋声 水野葉舟〔ほか〕

片桐 且元〔1556～1615〕 かたぎり・かつもと
◇羽柴家崩壊—茶々と片桐且元の懊悩 黒田基樹著 平凡社 2017.7 278p 19cm (中世から近世へ)〈文献あり〉 1700円 Ⓘ978-4-582-47733-7 Ⓝ288.3
内容 第1章 関ヶ原合戦以前の茶々と且元 第2章 関ヶ原合戦後の茶々・秀頼の立場—慶長五年九月十五日(関ヶ原合戦)—慶長六年三月(家康、伏見城を政権本拠とする) 第3章 且元を頼りにする茶々—慶長六年四月(家康、京都に後陽成天皇行幸を迎える新屋形造営を計画)～慶長十九年三月(秀忠、右大臣に就任。従一位に叙任) 第4章 茶々・秀頼と且元の対立—慶長十九年九月(方広寺鐘銘問題、発生直後) 第5章 茶々・秀頼から且元への説得—慶長十九年九月二十五日(茶々・秀頼、且元に出仕をうながす)～九月二十七日(茶々、且元に処罰を下す) 第6章 茶々・秀頼と且元の決裂

片桐 幸雄〔1948～〕 かたぎり・さちお
◇左遷を楽しむ—日本道路公団四国支社の一年 片桐幸雄著 社会評論社 2015.4 215p 19cm (SQ選書 02) 1800円 Ⓘ978-4-7845-1136-5 Ⓝ914.6
内容 1 高松に行く 2 暮らしを楽しむ 3 出会いを楽しむ 4 読み書きを楽しむ 5 遠来の知人・友人と酒を楽しむ 6 高松を去る 7 遠方からの応援のこと 付된 東京に戻ってからの左遷暮らし

片桐 雙觀〔1940～〕 かたぎり・そうかん
◇Life story 片桐雙觀著 大阪 清風堂書店 2018.8 174p 19cm Ⓝ289.1

片桐 洋一〔1931～〕 かたぎり・よういち
◇私の古典文学研究—始めと終り 片桐洋一著 大阪 和泉書院 2017.6 236p 20cm (和泉選書 186) 2500円 Ⓘ978-4-7576-0841-2 Ⓝ910.23
内容 研究篇(平安時代における作品享受と本文 『土左日記』定家筆本と為家筆本 『伊勢物語』の本文と『伊勢物語』の享受 『古今集』における『萬葉集』藤原定家の三代集 『古今和歌集』と『後撰和歌集』 冷泉家時雨亭文庫の三十六人集 『毘沙門堂旧蔵本古今集注』の本文 住吉大社本『古今秘聴抄』について—『中世古今集注釈書解題』補遺の内 『枕草子』論序説) 随想篇(国文学の衰退 王朝物語の享受と生成 私の国文学者人生—我が生い立ちの記)

片倉 喜多 かたくら・きた
⇒喜多(きた)を見よ

片倉 康雄〔1904～1995〕 かたくら・やすお
◇そば打ち一代—浅草・蕎亭大黒屋見聞録 上野敏彦著 平凡社 2017.5 188p 20cm 〈文献あり〉 1700円 Ⓘ978-4-582-83758-2 Ⓝ673.971
内容 序章 秘蔵の弟子 第1章 裏通りの実力派 第2章 蕎聖・片倉康雄 第3章 孤高の文士 第4章 ソバを育む風土 第5章 在来種探す旅 第6章 吉原の今昔細見

片山 忠明〔1948～〕 かたやま・ただあき
◇のうてんき黙示録 片山忠明著 文芸社 2016.12 142p 19cm 1100円 Ⓘ978-4-286-17753-3 Ⓝ289.1

片山 久志〔1945～〕 かたやま・ひさし
◇昭和っ子の朝焼け 片山久志著 須坂 川辺書林 2017.7 318p 19cm 1400円 Ⓘ978-4-906529-87-2 Ⓝ289.1
内容 戦争の名残 終戦っ子の歌 占領統治 村の風景 暮らし向き 食糧難時代 おやつ 動物たち 文明開化 お医者さん 小学校(一～三年) 小学校(四～六年) 遊び 無鉄砲 娯楽 手伝い 中学来訪者 季節の行事

片山 広子〔1878～1957〕 かたやま・ひろこ
◇片山廣子—思ひいづれば胸もゆるかな 古谷智子著 本阿弥書店 2018.7 441p 20cm 〈文献あり 年譜あり〉 3800円 Ⓘ978-4-7768-1348-4 Ⓝ911.162
＊芥川龍之介にくちなしの花にも喩えられた近代歌人・片山廣子。夫の早世、芥川の自死、愛息との逆縁、震災と戦禍…。数々の苦難と悲哀を経てなお、心の丈高く生き抜いたその生涯と作品をたどる評伝。『歌壇』連載を書籍化。

片山 福根〔1936～2015〕 かたやま・ふくね
◇福根伝—片山福根の20の物語 片山福根執筆, 片山安茂監修 〔出版地不明〕〔片山安茂〕 2018.1 56p 21cm 〈他言語標題：Fukune Katayama's biography〉 Ⓝ289.1

片山 幽雪〔1930～2015〕 かたやま・ゆうせつ
◇無辺光—片山幽雪聞書 片山幽雪著, 宮辻政夫, 大谷節子聞き手 岩波書店 2017.10 301p 20cm 3300円 Ⓘ978-4-00-002232-3 Ⓝ773.28
内容 第1章 修業時代 第2章 京都観世会館 第3章 父、博通 第4章 片山九郎右衛門家の代々 第5章 日吉神社の「ひとり翁」 第6章 忘れ得ぬ人々 第7章 三十五番を語る 第8章 三老女

片山 豊〔1909～2015〕 かたやま・ゆたか
◇ダットサンの忘れえぬ七人—設立と発展に関わった男たち 下風憲治著, 片山豊監修 新訂版 〔出版地不明〕 片山豊記念館 2017.10 247p 20cm 〈他言語標題：SEVEN KEY PEOPLE IN THE HISTORY OF DATSUN

発売:三樹書房〉 2000円 ①978-4-89522-679-0 Ⓝ537.92

内容 1 橋本増治郎(一八七五－一九四四) 2 田健治郎(一八五五－一九三〇) 3 青山禄郎(一八七四－一九四〇) 4 竹内明太郎(一八六〇－一九二八) 5 鮎川義介(一八八〇－一九六七) 6 ウィリアム・ゴーハム(一八八八－一九四九) 7 片山豊(一九〇九－二〇一五)

片寄 平蔵〔1813～1860〕 かたよせ・へいぞう
◇明治なりわいの魁─日本に産業革命をおこした男 植松三十里著 ウェッジ 2017.2 192p 21cm 〈文献あり 年表あり〉 1800円 ①978-4-86310-176-0 Ⓝ281

内容 1章 魁の時代(高島秋帆─長崎豪商の西洋砲術と波乱の生涯 江川坦庵─伊豆韮山に現存する反射炉と品川台場 竹寄平蔵─蒸気船の燃料を供給した常磐炭鉱の開掘) 2章 技の時代(鍋島直正─佐賀の反射炉と三重津海軍所の創設 本木昌造─日本語の活版印刷を広めた元長崎通詞 堤磯右衛門─公共事業の請負から石鹸の祖に 上田寅吉─船大工から日本造船史上の一大恩人へ 大島高任─鉄の産地で高炉を建設した南部藩士) 3章 生業の時代(尾高惇忠─富岡製糸場初代場長の知られざる生涯 ファン・ドールン─猪苗代湖からの疎水開削を実現 加唐為重─生命保険に医療を取り入れて発展 油屋熊八─別府温泉に本格的な観光業をスタート 竹鶴政孝─本物のウィスキーを日本にもたらす 松永安左エ門─電力再編の三年間のためにあった長き生涯)

勝 海舟〔1823～1899〕 かつ・かいしゅう
◇勝海舟─両国生まれの幕臣 墨田区教育委員会事務局生涯学習課文化財担当編 墨田区教育委員会事務局生涯学習課文化財担当 2014.3 49p 21cm Ⓝ289.1
◇海舟の論語的生き方─東京をつくった男 広瀬幸吉著 学校図書 2014.9 207p 21cm 〈文献あり 年譜あり〉 1500円 ①978-4-7625-0174-6 Ⓝ289.1

内容 第1章 勝海舟の足跡(海舟の破天荒な気質は父親ゆずり 剣と禅の修行で勇気と胆力を養う ほか) 第2章 勝海舟の気風(「功なく名なく貴なく栄を求めず」は父子の人生観 正面から意見を述べる大陸型のリーダー ほか) 第3章 勝海舟の哲学(海舟が貫いた二通りの生き方 「将らず迎えず、応じて蔵めず」が海舟の魅力 ほか) 補章 『論語』に学ぶ二十二想(吾十有五にして学に志す 「恕」と「五常の心」ほか)

◇勝海舟と幕末外交─イギリス・ロシアの脅威に抗して 上垣外憲一著 中央公論新社 2014.12 268p 18cm (中公新書 2297) 〈文献あり〉 880円 ①978-4-12-102297-4 Ⓝ210.5938

内容 第1章 勝海舟の外交事始め 第2章 アロー戦争の衝撃──一八五八年夏 第3章 ムラヴィヨフ艦隊の来航──一八五九年夏 第4章 ムラヴィヨフの要求──一八五九年秋 第5章 ポサドニック号事件の勃発──一八六一年冬・春 第6章 勝海舟による交渉──一八六一年夏

◇よき人々の系譜 阿部祐太著 阿部出版 2015.1 413p 20cm 〈文献あり〉 2000円 ①978-4-87242-326-6 Ⓝ280

内容 第1章 無限の未知を受け入れる(司馬光「誠実な者こそ正しく勇ましい」 ディドロ「学問の目的は、真理を知る喜びにある」 シュンペーター「人間的な営みの積み重ねが社会の向上をもたらす」) 第2章 語りえぬもの、見えぬものに本質がある(マティス「目に見えない真理を描く」 世阿弥「魂に沿うことで人は喜び感動する」 シュレンマー「有限な身体と無限の意識は表裏一体」) 第3章 生かされて生きていることの自覚(道元「無常の中で常なるものを知る」 ヤスパース「幸せに生きることは、幸せに死ぬこと」 ブランクーシ「無私が大いなる力を引き寄せる」) 第4章 自然と自分のつながりを再認識する(トルストイ「幸福とは自然と共にあること」 ナポレオン「人間は自然界に生かされる弱き者である」 ヴェルヌ「科学は万能ではない」) 第5章 人生の行方は自分で決める(勝海舟「経験が自分を育てる」 サン=テグジュペリ「真理も幸福も自分の内より創造する」 ミレー「現実はすべて崇高なり」)

◇名君 保科正之─歴史の群像 中村彰彦著 完全版 河出書房新社 2016.3 295p 15cm (河出文庫 な37-1)〈初版:文春文庫 1996年刊〉 880円 ①978-4-309-41443-0 Ⓝ281.04

内容 第1部 名君 保科正之と遺臣たち(名君 保科正之─その一 生い立ちと業績 名君 保科正之─その二 名君 保科正之─その三 清らかさと慈愛と無私の心 ほか) 第2部 保科正之以前(蜂須賀正勝─天下取りに尽力した帷幄の名将 宇喜多直家─刺客を繰る鬼謀の将 宇喜多秀家─配流生活に耐えさせた望郷の思い ほか) 第3部 保科正之以降(川路聖謨─幕府に殉じたエリート官僚 勝海舟 徳川慶喜─その一 ほか)

◇ポケット勝海舟 修養訓 石川真理子著 致知出版社 2016.3 231p 18cm (活学新書003)〈奥付のタイトル:勝海舟修養訓〉 1200円 ①978-4-8009-1107-0 Ⓝ289.1

内容 第1章 根を養う(自省自修の工夫をせよ 無心になれ ほか) 第2章 己を鍛錬せよ(活学問が人物をつくる 不足不平も必要 ほか) 第3章 とらわれない(忘れてしまえ 他を排斥するな ほか) 第4章 闘わず、負けず(呼吸を習得せよ 決然と事に当たれ ほか) 第5章 誠さえあれば(うぬぼれは必死で押さえつけよ 何事も知行合一 ほか)

◇勝海舟の蘭学と海軍伝習 片桐一男著 勉誠出版 2016.6 227p 22cm 〈文献あり〉 4200円 ①978-4-585-22147-0 Ⓝ289.1

内容 1 蘭学への道 2 都甲斧太郎の教導 3 ペリー来航と建言 4 長崎海軍伝習 5 砲術訓練──用語と号令 6 ヤパン号=咸臨丸 7 『蚊鳴餘言』を読み込む 附 勝海舟と咸臨丸関係資料 附論 勝海舟宛足立唯一郎書翰

◇勝海舟の明治 安藤優一郎著 洋泉社 2016.11 191p 18cm (歴史新書)〈文献あり 年表あり〉 950円 ①978-4-8003-1083-5 Ⓝ289.1

内容 プロローグ なぜ海舟は江戸城を無血開城したのか 第1章 海舟は静岡藩で何をしたのか─徳川家の戦後処理 第2章 なぜ海舟は明治政府に入ったのか─幕臣が支えた近代化 第3章 その後、西郷隆盛とはどうなったのか─疑われた海舟 第4章 海舟と幕臣の関係はどうだったのか─福沢諭吉からの批判 第5章 その後、徳川慶喜とはどうなったのか─徳川家の復権 第6章 なぜ海舟は人気があるのか─海舟

の遺言　エピローグ　家庭での海舟はどうだったのか
◇勝海舟関係資料　海舟日記　6　勝海舟著，東京都江戸東京博物館都市歴史研究室編　東京都歴史文化財団東京都江戸東京博物館　2017.3　254p　26cm　（江戸東京博物館史料叢書）〈文献あり〉　Ⓘ978-4-924965-97-3　Ⓝ289.1
◇西郷隆盛と勝海舟　安藤優一郎著　洋泉社　2017.11　191p　18cm　（歴史新書）〈文献あり　年表あり〉　950円　Ⓘ978-4-8003-1355-3　Ⓝ210.61
　内容　第1章　頭角を現す―ペリー来航　第2章　人生の転機を迎える―雌伏の時　第3章　海舟との出会い―幕末期の岐路　第4章　幕府との対決―薩長同盟と長州征伐　第5章　海舟との再会―江戸城明け渡しをめぐる神経戦　終章　維新後の西郷と海舟―明治政府との関係
◇勝海舟　歴史を動かす交渉力　山岡淳一郎著　草思社　2018.3　318p　19cm　〈文献あり　年譜あり〉　1600円　Ⓘ978-4-7942-2314-2　Ⓝ289.1
　内容　序章　濱御殿の焚火　第1章　砲艦外交　第2章　咸臨丸で海を渡る　第3章　薩長同盟へ　第4章　江戸開城の大交渉　第5章　非戦を貫く
◇勝海舟の罠―氷川清話の呪縛、西郷会談の真実　水野靖夫著　毎日ワンズ　2018.4　284p　19cm　〈文献あり〉　1500円　Ⓘ978-4-901622-98-1　Ⓝ289.1
　＊『「広辞苑」の罠』の著者が暴く氷川清話の正体！
◇子孫が語る歴史を動かした偉人たち　善田紫紺著　洋泉社　2018.6　191p　18cm　（歴史新書）　900円　Ⓘ978-4-8003-1476-5　Ⓝ281
　内容　第1部　志士の末裔たち（西郷隆盛曾孫　西郷文氏『何事も相手の身になって考える"敬天愛人"の精神』　大久保利通曾孫　大久保利泰氏『自由にやらせて自分が責任を取る魅力的なリーダーシップ』　勝海舟曾孫　勝康氏『旺盛な好奇心、人十倍の努力と克己心で生き抜いた』　榎本武揚曾孫　榎本隆充氏『国への恩返しを使命とし新政府にも尽くした』　陸奥宗光曾孫　伊達磯夫氏『いざという時は死を恐れず立ち向かう熱い志士の血』　ほか）　第2部　殿さまの末裔たち（徳川宗家十八代当主　徳川恒孝氏『日本人の感性や伝統文化を守り伝えた江戸時代を評価したい』　前田家十八代当主　前田利祐氏『祭りや年中行事を親子で行い、人としての礼儀を継承する』　島津家三十三代　島津忠裕氏『薩摩人のDNAを引き継ぎ、鹿児島のために力をフォーカスする』　伊達家十八代当主　伊達泰宗氏『見えぬところにこそ本当の価値がある"伊達もの"の美学』　山内家十九代当主　山内豊功氏『大事を成し遂げるときは、心を閉にして物ごとの大勢を見る』　ほか）
◇海舟余波―わが読史余滴　江藤淳著　講談社　2018.7　411p　16cm　（講談社文芸文庫　えB8）〈文春文庫 1984年刊の再刊　著作目録あり　年譜あり〉　2000円　Ⓘ978-4-06-512245-7　Ⓝ289.1
　＊鳥羽・伏見の戦で「朝敵」の汚名をこうむったことで、天朝への恭順の意を固めた徳川最後の将軍・慶喜の代ににわかに幕府の全権を担い、誰一人理解者のいないまま江戸城無血開城、幕府消滅まで戦意を秘めつつ「鎮静」を貫き、見事火消し役を務めた勝海舟。新政府での立身を福沢諭吉に批判

されながらも国家安寧を支え続けた、維新の陰の立役者の真の姿を描き出した渾身の力作評論。
◇勝海舟×西郷隆盛―明治維新を成し遂げた男の矜持　『氷川清話』『南洲翁遺訓』に共通する「ゆるぎない精神」　濱田浩一郎著　青月社　2018.7　173p　19cm　〈文献あり〉　1400円　Ⓘ978-4-8109-1321-7　Ⓝ289.1
　内容　序章　江戸開城談判　第1章　坦々たる大道のごとく―自己修養の道（畢竟、自己の修養いかんにあるのだ　人間は平生踏むところの筋道が大切　ほか）　第2章　円転豁達の妙境―こだわりを捨てる（横井の識見　物事に執着せず、拘泥せず　ほか）　第3章　一時も나まず進歩すべし―現状を打破する（批評は人の自由、行蔵は我に存す　仕事をあせるものに、仕事の出来るものではない　ほか）　第4章　人は捨つべきではない―海舟と西郷の組織論（どんな人物があるか、常に知っていなくては困る　役に立たぬといっても、必ず何か一得はあるものだ　ほか）　第5章　処世の秘訣は誠の一字―過去・現在・未来（知己を千載の下に　専心一意、ほかの事は考えない　ほか）
◇氷川清話―海舟先生　勝海舟述，吉本襄撰　土曜社　2018.7　259p　15cm　〈「海舟先生氷川清話」（大文館書店 1933年刊）の改題〉　895円　Ⓘ978-4-907511-48-7　Ⓝ289.1
◇日本史　誤解だらけの英雄像　内藤博文著　河出書房新社　2018.8　221p　15cm　（KAWADE夢文庫　K1097）〈文献あり〉　680円　Ⓘ978-4-309-49997-0　Ⓝ281
　内容　1章　織田信長―"戦国の革命児"という誤解　2章　坂本龍馬―"天衣無縫の風雲児"という誤解　3章　秀吉・家康―"無双の覇者"という誤解　4章　信玄・謙信―"常勝武将伝説"の誤解　5章　西郷隆盛・高杉晋作・勝海舟―"維新の立役者"という誤解　6章　聖徳太子・天智天皇・義経―"古代・中世の英傑"の誤解　7章　徳川吉宗・山本五十六―"近現代の巨星"の誤解

勝　小吉〔1802～1850〕　かつ・こきち
◇夢酔独言　勝小吉著，勝部真長編　講談社　2015.11　168p　15cm　（講談社学術文庫　2330）〈『夢酔独言 他』（東洋文庫 1969年刊）の改題、抜粋　年譜あり〉　640円　Ⓘ978-4-06-292330-9　Ⓝ289.1
　内容　鶯谷庵独言　気心は勤身（出生　五歳のとき　七歳・養子・貮喧嘩　八歳のとき　九歳のとき　十歳のころ・馬の稽古　十一歳のころ　十二歳のころ　十三歳のころ　十四歳・出奔・乞食旅　ほか）

勝　惟寅　かつ・これとら
　⇒勝小吉（かつ・こきち）を見よ

勝　新太郎〔1931～1997〕　かつ・しんたろう
◇偶然完全　勝新太郎伝　田崎健太著　講談社　2015.10　491p　15cm　（講談社＋α文庫　D51-2）〈2011年刊の加筆・修正　文献あり〉　890円　Ⓘ978-4-06-281628-1　Ⓝ778.21
　内容　何度呼んでも起きまへん　資本金ってなんだい？　中村玉緒の夫婦生活　俺が座頭市なんだ　勝プロダク損　百年早い　仲代とは終わったな　石原裕次郎とどっちが俺好かい？　騙したい奴には騙されてやればいい　大変なことが起こったり　神が降りて来ない　今後はパンツをはかないようにする　俺の

かつ

弟子になったんだって？　なんで、ここなんだい？
◇勝新秘録―わが師、わがオヤジ勝新太郎　アンディ松本著　イースト・プレス　2017.6　205p　20cm　1500円　Ⓘ978-4-7816-1547-9　Ⓝ778.21
　内容：第1章　オヤジの邂逅とその教え　第2章　海外珍道中膝栗毛　第3章　怪優・勝新太郎の屹立　第4章　勝新の芸に倒産はない　第5章　人間・勝新太郎　第6章　「勝新劇場」に幕が下りて

勝　夢酔　かつ・むすい
⇒勝小吉（かつ・こきち）を見よ

勝　安芳　かつ・やすよし
⇒勝海舟（かつ・かいしゅう）を見よ

勝　義邦　かつ・よしくに
⇒勝海舟（かつ・かいしゅう）を見よ

勝　麟太郎　かつ・りんたろう
⇒勝海舟（かつ・かいしゅう）を見よ

勝井　忠夫〔1939〜〕　かつい・ただお
◇追憶　勝井忠夫著　八尾　ドニエブル出版　2017.2　123p　図版8p　22cm　Ⓝ289.1

葛飾　北斎〔1760〜1849〕　かつしか・ほくさい
◇北斎クローズアップ　1　伝説と古典を描く　葛飾北斎画、永田生慈監修・著　東京美術　2014.12　111p　30cm　〈他言語標題：HOKUSAI CLOSE UP　作品目録あり〉　2500円　Ⓘ978-4-8087-1001-9　Ⓝ721.8
　内容：カラー図版（信仰と伝説　故事・物語）　特別付録　読本挿絵の世界　特別付録解説　北斎の読本挿絵と掲載作品の書誌　総論　北斎の閲歴と芸術（壱）　作品リスト
◇葛飾北斎の本懐　永田生慈著　KADOKAWA　2017.3　200p　19cm　〈角川選書 584〉〈年譜あり〉　1600円　Ⓘ978-4-04-103845-1　Ⓝ721.8
　内容：序章　東西における北斎評価の落差（パリの熱烈な北斎人気　日本での北斎評価　雑誌『LIFE』も日本人で唯一選出　葛飾北斎の実像とは）　第1章　近世社会での浮世絵師の立場（浮世絵とは　近世の絵師と浮世絵師）　第2章　北斎の画業（出自と幼少期　春朗時代―多彩で多和なデビュー期　宗理時代―独自の様式を完成させる　葛飾北斎期―読本の挿絵で人気を博す　戴斗期―多彩な絵手本を手がける　為一期―北斎を象徴する年代　画狂老人卍期―さらなる画技向上の誓い）　第3章　北斎への評価は妥当なのか（『葛飾北斎伝』にみる北斎の逸話）　第4章　北斎の本懐（北斎の最晩年　天地自然を師として）
◇葛飾北斎―江戸から世界を魅了した画狂　美術手帖編　美術出版社　2017.9　127p　21cm　（BT BOOKS）〈年譜あり〉　1600円　Ⓘ978-4-568-43097-4　Ⓝ721.8
　内容：Special PHOTO　東京ガールmeets北斎―コムアイ×大森克己　1　Works 実像への技巧篇・物語篇・洒落篇　2 Life 江戸と浮世を描いた生涯（"すみだ"の北斎、名所廻り―春風亭一之輔　TALK 日英の第一線浮世絵研究者が語る北斎研究の深化　CHARACTER 北斎が生きた時代　FAMILY 北斎の娘、絵師・応為）　3 Influence

北斎が世界に与えた影響（北斎×海外アートシーン　HOKUSAIワールドトピック！　クリエイター4人が語る　北斎から学ぶこと　Information 北斎ゆかりの地にたたずむ　すみだ北斎美術館―北斎に出会える美術館）
◇北斎漫画入門　浦上満著　文藝春秋　2017.10　207p　18cm　（文春新書 1145）　1200円　Ⓘ978-4-16-661145-4　Ⓝ721.8
　内容：第1章　『北斎漫画』との出会い（出会い頭の衝動買い　父のコレクター魂　ほか）　第2章　北斎の生涯と画業（決定版評伝『葛飾北斎伝』掃除嫌いの引っ越し魔!?　ほか）　第3章　『北斎漫画』を読む（六四年にわたり刊行されたロングセラー　「初編」の文字がなかった初編　ほか）　第4章　変わる『北斎漫画』の評価（『北斎漫画』を取り巻く環境が変わった　『北斎漫画』発見の地、パリで ほか
◇葛飾北斎　永田生慈著　オンデマンド版　吉川弘文館　2017.10　224p　19cm　（歴史文化ライブラリー 91）〈原本：2000年刊〉　2300円　Ⓘ978-4-642-75491-0　Ⓝ721.8
◇葛飾北斎 本当は何がすごいのか　田中英道著　育鵬社　2018.1　183p　19cm　〈共同刊行：扶桑社　発売：扶桑社〉　1500円　Ⓘ978-4-594-07627-6　Ⓝ721.8
　内容：序章　「世界の人物100人」に選ばれた葛飾北斎　第1章　北斎こそが写楽である　第2章　なぜ写楽は10か月で姿を消したのか　第3章　写楽作といわれる二枚の肉筆画が伝えていること　第4章　葛飾北斎の誕生―春朗・写楽を超えて北斎へ　第5章　日本人の自然信仰が描かれた『富嶽三十六景』第6章　北斎が最晩年にたどり着いた場所　第7章　キリスト教世界の絵画を変えた北斎の偉大さ
◇知られざる北斎―BEYOND THE GREAT WAVE　神山典士著　幻冬舎　2018.7　335p　19cm　〈文献あり〉　1400円　Ⓘ978-4-344-03330-6　Ⓝ721.8
　内容：序章　なぜいま「北斎」なのか？　第1章　北斎の世界デビュー、19世紀ジャポニズム　第2章　北斎をプロデュースした男・林忠正　第3章　小布施の北斎と高井鴻山、豪商文化　第4章　北斎再生！　そして未来へ　終章　世界で北斎が求められる理由―すみだ北斎美術館誕生

勝田　久〔1927〜〕　かつた・ひさし
◇昭和声優列伝―テレビ草創期を声でささえた名優たち　勝田久著　駒草出版　2017.2　332p　21cm　2200円　Ⓘ978-4-905447-77-1　Ⓝ778.77
　内容：第1部　そして声優が始まった（突撃　単身潜入　人生は一回きり　どんどん焼きで努力　国破れて山河あり　鎌倉アカデミア　ほか）　第2部　昭和声優列伝（富山敬　神谷明　井上真樹夫　野沢雅子　肝付兼太　ほか）

勝間田　清一〔1908〜1989〕　かつまた・せいいち
◇勝間田清一伝　勝間田清一伝編集執筆委員会編　〔出版地不明〕　勝間田清一伝刊行委員会　2018.3　34,465p　27cm　〈年譜あり　文献あり〉　Ⓝ289.1

勝谷 誠彦〔1960～2018〕　かつや・まさひこ
◇64万人の魂兵庫知事選記　勝谷誠彦著　吹田　西日本出版社　2017.8　273p　19cm　1500円　Ⓘ978-4-908443-21-3　Ⓝ318.464
　[内容] 草莽崛起　始動　グランドツアー　逆風　教養と哲学と覚悟　蒼の革命　千人の神戸大集会　告示　テーマソング　義　あと一日　いざ、投票日　64万票の思い

桂 歌丸〔1936～2018〕　かつら・うたまる
◇歌丸極上人生　桂歌丸著　祥伝社　2015.6　305p　16cm　(祥伝社黄金文庫 Gか24-1)〈「極上歌丸ばなし」(うなぎ書房 2006刊)の改題、加筆・修正　年譜あり〉　640円　Ⓘ978-4-396-31568-6　Ⓝ779.13
　[内容] 第1章 生まれ育った真金町(真金町の三大ばばあ　年中お赤飯 ほか)　第2章 歌がうたえない歌丸(初高座は上野鈴本　給金を背負う ほか)　第3章 新作も土台は古典(面白い噺ですね　「笑点」五十年(1) ほか)　第4章 変わった噺ばかり(長編人情噺に挑戦　創る能力、捨てる能力 ほか)　第5章 笑いのある人生(決死のワカサギ釣り　渓流釣りの楽しみ ほか)

◇人生の終い方―自分と大切な人のためにできること　NHKスペシャル取材班著　講談社　2017.5　194p　19cm　1400円　Ⓘ978-4-06-220614-3　Ⓝ367.7
　[内容] プロローグ　進行役の桂歌丸師匠も「終い方」を胸に秘めていた　第1章 写真にのこされた、笑顔、笑顔、笑顔 水木しげるさん　第2章 高座に上がる毎日が「終い中」桂歌丸師匠　第3章 団塊世代の父親から家族への最後の手紙 桑原誠次さん　第4章 幼い子どもに何をのこすか葛藤する35歳の父 小熊正申さん　第5章 障害がある娘にのこした常連客という応援団 高松ハツエさん　第6章 自分らしい「終い方」500通のお便りから　エピローグ―視聴者に届い「生きる力」

◇師匠歌丸―背中を追い続けた三十二年　桂歌助著　イースト・プレス　2018.7　237p　19cm　1500円　Ⓘ978-4-7816-1693-3　Ⓝ779.13
　[内容] 第1幕 入門(直訴　おかみさん　本当に行くべきか　一次面接　生い立ち ほか)　第2幕 前座(同期前座見習い　歌丸流、前座の身のこなし方　前座仲間　教育実習には行くな ほか)　第3幕 二ツ目(二ツ目前夜　二ツ目昇進　まずはおかみさんに　「おまえはいったい、誰の弟子なんだ」　クビ宣言 ほか)　第4幕 真打(真打前のしくじり　真打になったとく、どうするか」　「笑点」でしくじった　真打披露興行 ほか)　最終幕 それから(初心に返る　認めてくれたのかもしれない　最大のほめ言葉　師匠のせなか)

◇歌丸 不死鳥ひとり語り　桂歌丸著, 長井好弘編　中央公論新社　2018.8　237p　16cm　(中公文庫 か87-1)〈「恩返し」(2012年刊)の改題、加筆〉　800円　Ⓘ978-4-12-206622-9　Ⓝ779.13
　[内容] 序章 不変の落語道　第1章 無垢の前座道　第2章 不動の「二ツ目」道　第3章 無敵の「笑点」道　特別公開 あたしのネタ帳　第4章 不動の真打道　第5章 無欲の会長道　付録 口演速記『ねずみ』

桂 小五郎　かつら・こごろう
⇒木戸孝允(きど・たかよし)を見よ

桂 湖村〔1868～1938〕　かつら・こそん
◇湖村詩存　桂湖村著, 村山吉廣編　明徳出版社　2017.3　153p　22cm　〈年譜あり〉　2300円　Ⓘ978-4-89619-949-9　Ⓝ919.6
　[内容] 湖村詩存(長夏閑居　游南邨至暮　昔余年八九對月　夏日就樹下而麻席 ほか)　桂湖村伝―桂湖村の生涯と学統(新津の名家桂氏とその子孫　越北の鴻都「長善館」時代　東京専門学校に学ぶ　青年詩文会の結成と「青年文芸雑誌」の刊行　新聞「日本」と湖村 ほか)

桂 三枝　かつら・さんし
⇒桂文枝(6代)(かつら・ぶんし)を見よ

桂 三輝〔1970～〕　かつら・さんしゃいん
◇空気の読み方、教えてください―カナダ人落語家修業記　桂三輝著　小学館　2017.10　188p　18cm　(小学館よしもと新書 Yか1-1)　780円　Ⓘ978-4-09-823507-0　Ⓝ779.13
　[内容] 第1章 カナダの劇作家、日本に恋をする(人を笑わせるのが好きな少年　古典ギリシャ・ローマとの出会い ほか)　第2章 落語との運命的出会い(狸小路の居酒屋「はな家」　お座敷の落語会 ほか)　第3章 弟子入り(上方落語の不思議な魅力　大阪の粋な運転手さん ほか)　第4章 落語家修業(修業の始まり　「空気を読む」ことの難しさ ほか)　第5章 英語で落語を演じること(日本にはお礼の言葉が四十七ある?　「よろしくお願いします」は英語で何と言うか ほか)

桂 伸三〔1983～〕　かつら・しんざ
◇成金本　成金, 東京かわら版編　東京かわら版　2017.1　229p　21cm　1800円　Ⓝ779.13
　[内容] カラーグラフ　メンバープロフィール　現代講談論2017 神田松之丞　師弟対談 神田松鯉 松之丞　師弟鼎談 春風亭昇太 昇々 昇也　昇也写真館 春風亭昇也　「青くさい春」春風亭昇也　アートワークス 春風亭昇々　成金通信簿 春風亭昇々　40才二ツ目子供三人 僕の場合 桂宮治　自伝『伸三のこころ』桂伸三〔ほか〕

桂 太郎〔1848～1913〕　かつら・たろう
◇宰相桂太郎―日露戦争を勝利に導いた首相の生涯　渡部由輝著　潮書房光人社　2015.7　281p　16cm　(光人社NF文庫 わN-897)　780円　Ⓘ978-4-7698-2897-6　Ⓝ312.1
　[内容] 序章 戦乱の巷へ　第1章 満二十歳の最高司令官　第2章 軍政改革　第3章 練兵戦(日清戦争)　第4章 国内外の協賛体制の整備　第5章 後方支援　第6章 戦後処理　終章 長州藩第四大隊隊長として

◇近代政治家評伝―山縣有朋から東條英機まで　阿部眞之助著　文藝春秋　2015.10　397p　16cm　(文春学藝ライブラリー―雑英 20)〈文藝春秋新社 1953年刊の再刊〉　1250円　Ⓘ978-4-16-813052-6　Ⓝ312.8
　[内容] 山縣有朋　星亨　原敬　伊藤博文　大隈重信　西園寺公望　加藤高明　犬養毅　大久保利通　板垣退助　桂太郎　東條英機

かつら

◇明治史講義　人物篇　筒井清忠編　筑摩書房　2018.4　397p　18cm　（ちくま新書 1319）〈文献あり〉　1100円　①978-4-480-07140-8　Ⓝ210.6

内容　木戸孝允―「条理」を貫いた革命政治家　西郷隆盛―謎に包まれた超人気者　大久保利通―維新の元勲、明治政府の建設者　福澤諭吉―「文明」と「自由」　板垣退助―自らの足りなさを知る指導者　伊藤博文―日本型立憲政の造形者　井上毅―明治維新を落ち着かせようとした官僚　大隈重信―政治対立の演出者　金玉均―近代朝鮮における「志士」たちの時代　陸奥宗光―『蹇蹇録』で読む日清戦争と朝鮮〔ほか〕

桂　信子〔1914～2004〕　かつら・のぶこ
◇大阪の俳人たち　7　大阪俳句史研究会編　大阪　和泉書院　2017.6　256p　20cm　（上方文庫 41―大阪俳句史研究会叢書）　2600円　①978-4-7576-0839-9　Ⓝ911.36

内容　高浜虚子（明治7年2月22日～昭和34年4月8日）　川西和露（明治8年4月20日～昭和20年8月1日）　浅井啼魚（明治8年10月4日～昭和12年8月19日）　尾崎放哉（明治18年1月20日～大正15年4月7日）　橋本多佳子（明治32年1月15日～昭和38年5月29日）　小寺正三（大正3年1月16日～平成7年2月12日）　桂信子（大正3年11月1日～平成16年12月16日）　森澄雄（大正8年2月28日～平成22年8月18日）　山田弘子（昭和9年8月24日～平成22年9月7日）　摂津幸彦（昭和22年1月28日～平成8年10月13日）

桂　早之助〔江戸時代後期・末期〕　かつら・はやのすけ
◇「朝敵」と呼ばれようとも―維新に抗した殉国の志士　星亮一編　現代書館　2014.11　222p　20cm　2000円　①978-4-7684-5745-0　Ⓝ281.04

内容　神保修理―その足跡を尋ねて　山本帯刀―会津に散る！　長岡の若き家老　中島三郎助―幕府海軍を逸早く構想した国際通　春日左衛門―知られざる英傑　佐川官兵衛―会津の猛将から剛毅朴直の大警察へ　朝比奈弥太郎泰尚―水戸の執政、下総に散る　滝川充太郎―猪突猛進を貫いた若き猛将　森弥一左衛門陳明―桑名藩の全責任を負って切腹した　甲賀源吾―東郷平八郎が賞賛した、宮古湾の勇戦　桂早之助―剣隼組　京都見廻組　玉虫左太夫―幕末東北を一つにまとめた悲運の国際人　雲井龍雄―米沢の俊英が夢見たもう一つの「維新」　赤松小三郎―日本近代化の礎を作った洋学者　松岡磐吉―榎本軍最後の軍艦「蟠龍」艦長

桂　春団治（3代）〔1930～2016〕　かつら・はるだんじ
◇ありがとう、わが師春団治―福団治覚え書き　桂福団治著　大阪　たる出版　2017.3　213p　20cm　〈年譜あり〉　1500円　①978-4-905277-20-0　Ⓝ779.13

内容　第1章　ありがとう、わが師春団治―福団治覚え書き　第2章　3代目桂春団治　第3章　三代目歩み　第4章　エピソード　第5章　踊るように、噛んで、そして極意の大阪弁　第6章　2代目桂春輔　第7章　破門じゃ！　春輔の巻　第8章　4代目桂福団治　第9章　破門じゃ！　福団治の巻

桂　文治（1代）〔1773～1816〕　かつら・ぶんじ
◇初代桂文治ばなし―「桂」の始祖・初代桂文治歿後二百年　桂文我著　青蛙房　2016.12　262p　20cm　〈文献あり〉　2200円　①978-4-7905-0288-3　Ⓝ779.13

内容　初代桂文治の生い立ち　初代桂文治までの上方落語界　初代桂文治の墓　他の初代桂文治の墓　旅文治　初代桂文治の原話　二代目から六代目まで　七代目は上方へ　八代目桂文治　九代目桂文治　初代桂文治が創作したと言われている落語

桂　文枝（6代）〔1943～〕　かつら・ぶんし
◇風に戦いで　桂文枝著　ヨシモトブックス　2018.10　217p　19cm　〈発売：ワニブックス〉　1500円　①978-4-8470-9661-7　Ⓝ779.13

＊　"自笑"奇跡の落語家・桂文枝による自伝。落語への想い、友人との出会い、母への感謝…。今日までの文枝をつくりあげた75年を自らの手で書き上げた自伝。学生時代からの本分である落語の世界をはじめ、テレビ・ラジオなど活躍の場を広げ、いつも愛され続ける所以や、古典落語にとどまらず、創作落語に挑戦し続けるバイタリティなど、あますところなく文枝のすべてがつづられている貴重な一冊。

桂　文楽（8代）〔1892～1971〕　かつら・ぶんらく
◇文楽の落語藝談―長生きするのも芸のうち　桂文楽、暉峻康隆著　河出書房新社　2015.5　167p　15cm　（河出文庫 か29-1）〈『落語芸談』（小学館 1998年刊）の改題、「廐火事」を追加〉　660円　①978-4-309-41373-0　Ⓝ779.13

内容　1　おしゃべり小僧時代（八代目文楽とは　はなし家になろうとは　ほか）　2　はなし家入門―芸と修業（桂小南に弟子入り　名人小金井蘆洲に「雪月花」ほか）　3　はなし家の生き方（はなし家は死ぬまで修業―小さん・正蔵・円生　円生いうことがあったら芸だと思いな―よくなった馬生　ほか）　4　庶民の芸―「咄」を創ること（人の噺をよく聞くこと　「廐火事」が大好き―おじさんの髪結いさん　ほか）　5　寄席が芸をささえる（きょうは暉峻先生が見えている　常連のきびしさ―足裏の顔向ける　ほか）　6　これからの落語界（芸と客と渡り合え）　付録　廐火事

桂　米朝〔1925～2015〕　かつら・べいちょう
◇一故人　近藤正高著　スモール出版　2017.4　415p　19cm　1800円　①978-4-905158-42-4　Ⓝ281

内容　二〇一二年（浜田幸一　樋口廣太郎　ほか）　二〇一三年（大島渚　山内溥　ほか）　二〇一四年（永井一郎　坂井義則　ほか）　二〇一五年（赤瀬川隼　桂米朝　ほか）　二〇一六年（蜷川幸雄　中村紘子　ほか）

桂　ゆき〔1913～1991〕　かつら・ゆき
◇女性画家たちの戦争　吉良智子著　平凡社　2015.7　215p　18cm　（平凡社新書 780）〈「戦争と女性画家」（ブリュッケ 2013年刊）の改題、一部修正、再編集　文献あり　年表あり〉　840円　①978-4-582-85780-1　Ⓝ723.1

内容　第1章　昭和の画壇事情（大正末期から昭和初期の画壇　女性画家と画壇　美術教育　女性画家と画題

社会は女性画家をどう見ていたか)　第2章　開戦、女性画家たちの行動(戦争と画家　女性と戦争　女流美術奉公隊　"大東亜戦皇国婦女皆働之図")　第3章　彼女らの足跡(長谷川春子　桂ゆき(ユキ子)　三岸節子)　第4章　敗戦、画家たちのその後(「戦争と美術」論争　戦争画の戦後　女流画家協会と女流美術家協会　女性画家と戦後)

桂川 みね　かつらがわ・みね
⇒今泉みね(いまいずみ・みね)を見よ

加藤 晃〔1934～〕　かとう・あきら
◇遊学のこころ―加藤晃回顧録　加藤晃著　〔金沢〕　金城学園創立110周年記念メモリアルブック刊行委員会　2015.7　248p　21cm　〈学校法人金城学園創立110周年記念メモリアルブック　年表あり　発売:紀伊國屋書店〉1500円　①978-487738462-3　Ⓝ289.1

加藤 有慶〔1706～1786〕　かとう・うけい
◇神技の系譜―武術稀人列伝　甲野善紀著　日貿出版社　2015.7　383p　20cm　〈文献あり〉2500円　①978-4-8170-6010-5　Ⓝ789.028
内容　第1章　松林左馬助　夢想願立(松林左馬助永吉誕生への系譜　異界との交流によって新流儀を開く　ほか)　第2章　加藤有慶　起倒流柔術(離れ業の名人　加藤有慶　有慶の師　瀧野遊軒　ほか)　第3章　松野女之助　小山字八郎　斎藤伝鬼坊(松野女之助、小山字八郎兄弟　旗本の武士との矢ためし　ほか)　第4章　白井亨　天真兵法(勝海舟が感嘆した剣客・白井亨　白井亨、その生い立ち　ほか)　第5章　手裏剣術(混迷している現代の手裏剣像　手裏剣は最も原初的な武術の形態　ほか)

加藤 おさむ〔1943～〕　かとう・おさむ
◇おもいやり―独居老人娑婆に生きるあの世と娑婆の絆　加藤おさむ著　文芸社　2018.9　203p　15cm　700円　①978-4-286-19712-8　Ⓝ289.1

加藤 かおり　かとう・かおり
◇Half of my life　加藤かおり著　文芸社　2016.4　127p　19cm　〈本文は日本語〉　1000円　①978-4-286-16945-3　Ⓝ289.1
＊「こんなわたしでも…生きてきてよかった」。母の駆け落ち、父の性的虐待、大失恋からヤケになり、若くして未婚の母に…。しかし、出産を機に、昼は託児所の責任者、夜はスナックのママとしてがむしゃらに働き、乱れた生活を立て直す。だが、アラフォーになった今、動脈瘤が見つかり初めて死の恐怖に直面した著者が、これまでの波瀾万丈の冒険人生をつづった半生記。

加藤 一子〔1938～〕　かとう・かずこ
◇その一瞬を大切に―写真で伝える私の半生　加藤一子著　津　伊勢新聞社　2017.9　79p　30cm　1000円　①978-4-903816-37-1　Ⓝ289.1

加藤 克巳〔1915～2010〕　かとう・かつみ
◇庭のソクラテス―記憶の中の父　加藤克巳　長澤洋子著　短歌研究社　2018.1　158p　19cm　〈著作目録あり　年譜あり〉　1600円　①978-4-86272-569-1　Ⓝ911.162
内容　1(「つくりものがたり」のころ　もんだい　ほか)　2(ななもさん　オーノセーフさん　ほか)　3(わが家の夕めし　関西文化圏の日本海びいき　ほか)　4(大学時代のノート　手が考える　ほか)

加藤 完治〔1884～1967〕　かとう・かんじ
◇戦中と戦後の責任―徳富蘇峰と加藤完治の場合　藤沢俊昭著　七つ森書館　2014.8　181p　19cm　〈文献あり〉　1500円　①978-4-8228-1411-3　Ⓝ289.1
内容　第1部　徳富蘇峰(戦中篇―『必勝國民讀本』戦後篇―『勝利者の悲哀』)　第2部　加藤完治(戦中篇―『日本農村教育』　戦後篇―「公道」)

◇満蒙開拓、夢はるかなり―加藤完治と東宮鐵男　上　牧久著　ウェッジ　2015.7　310p　20cm　1600円　①978-4-86310-147-0　Ⓝ334.51
内容　序章「渡満道路」を辿る　第1章　農本主義教育者・加藤完治の誕生　第2章　軍人・東宮鐵男と中国大陸　第3章　国民高等学校運動と加藤グループ　第4章　満蒙移民の胎動と満州事変　第5章　動き出した満蒙開拓移民　第6章　第一次武装試験移民(弥栄村)の入植

◇満蒙開拓、夢はるかなり―加藤完治と東宮鐵男　下　牧久著　ウェッジ　2015.7　326p　20cm　〈文献あり〉　1600円　①978-4-86310-148-7　Ⓝ334.51
内容　第7章　土龍山事件と饒河少年隊　第8章　国策となった「満州開拓移民」　第9章　満蒙開拓青少年義勇軍　第10章　変質する「満州国」と満州移民　第11章　関東軍の南方転用と根こそぎ動員　第12章　満蒙開拓団八万人の悲劇　第13章　加藤完治の戦後と新たな開拓　終章　二〇一四年夏、満州開拓の足跡を辿って

加藤 九祚〔1922～2016〕　かとう・きゅうぞう
◇シルクロードの現代日本人列伝―彼らはなぜ、文化財保護に懸けるのか?　白鳥正夫著　三五館　2014.10　238p　図版16p　19cm　〈文献あり　年表あり〉　1500円　①978-4-88320-622-3　Ⓝ709.2
内容　序章　体験的シルクロードの旅―玄奘三蔵の足跡をたどる　第1章　求道と鎮魂、玄奘の道を追体験―平山郁夫・平和願い文化財赤十字への道　第2章　新疆ウイグルで遺跡保護研究―小島康誉・日中相互理解促進に命燃やす　第3章　ウズベキスタンで遺跡調査―加藤九祚・九〇歳超えても発掘ロマン　第4章　バーミヤン遺跡の継続調査―前田耕作・アフガニスタン往還半世紀　終章　玄奘の生き方指針に平和の道へ―それぞれのシルクロード、わが想い

加藤 清〔1921～2012〕　かとう・きよし
◇証言　零戦真珠湾攻撃、激戦地ラバウル、そして特攻の真実　神立尚紀著　講談社　2017.11　469p　15cm　(講談社+α文庫　G296-3)　〈年表あり〉　①978-4-06-281735-6　Ⓝ392.8
内容　第1章　進藤三郎―重爆上空初空戦、真珠湾攻撃で零戦隊を率いた伝説の指揮官　第2章　羽切松雄―敵中強行着陸の離れ業を演じた海軍の名物パイロット　第3章　渡辺秀夫―「武功抜群」ソロモン航空戦を支えた下士官搭乗員の不屈の闘魂　第4章　加藤清―スピットファイアを相手に「零戦は空戦では無敵」を証明　第5章　中村佳雄―激戦地ラバウルで最も長く戦った歴戦の搭乗員　第6章　角田和男―特攻機の

かとう

突入を見届け続けたベテラン搭乗員の真情　第7章　外伝　一枚の写真から

加藤　清正〔1562〜1611〕　かとう・きよまさ
◇加藤清正　山田貴司編著　戎光祥出版　2014.11　451p　21cm　〈シリーズ・織豊大名の研究2〉〈年表あり〉　6800円　①978-4-86403-139-4　Ⓝ289.1

内容　総論　加藤清正論の現在地　第1部　政治的動向とその立場（加藤清正と畿内―肥後入国以前の動向を中心に　唐入り（文禄の役）における加藤清正の動向　関ヶ原合戦前後における加藤清正の動向）　第2部　領国支配と海外貿易の展開（加藤清正の歴史的位置　加藤清正朝鮮陣書状について　加藤領肥後一国統治期の支配体制について――一国二城体制の考察）　第3部　神に祀られた清正（民衆の信仰としての清正公信仰　清正公信仰の成立と展開）　第4部　清正の受給文書とゆかりの文化財論（肥後加藤家旧蔵豊臣秀吉・秀次朱印状について　肥後加藤家旧蔵豊臣秀吉・秀次朱印状について（続））

河東　けい〔1925〜〕　かとう・けい
◇そんな格好のええもんと違います―生涯女優河東けい　井上由紀子著、『生涯女優河東けい』を出版する会編　京都　クリエイツかもがわ　2017.11　218p　19cm　1800円　①978-4-86342-226-1　Ⓝ772.1

内容　第1章　おいたち（誕生　父のこと、母のこと　上京　ほか）　第2章「もっと羽搏きたい！」―戦後の歴史とともに歩む「女優」河東けい（関西の新劇界では―「綿と汗のにおい」の紡績工場で慰問公演　関西芸術座（関芸）誕生　河東の見た2人の演出家の存在　ほか）　第3章　反戦・平和を希求して演じ続ける（『奇蹟の人』でサリバン先生を650回　「大阪女優の会」―平和を願う仲間たちと　朗読の会―アクセントで苦闘した10年　ほか）　資料

加藤　健〔1981〜〕　かとう・けん
◇松坂世代の無名の捕手が、なぜ巨人軍で18年間も生き残れたのか　加藤健著　竹書房　2017.12　254p　19cm　1600円　①978-4-8019-1286-1　Ⓝ783.7

内容　第1章　怪物　第2章　商品　第3章　準備　第4章　椅子　第5章　勝負　第6章　通信　終章　故郷

加藤　紘一〔1939〜2016〕　かとう・こういち
◇YKK秘録　山崎拓著　講談社　2016.7　315p　20cm　1800円　①978-4-06-220212-1　Ⓝ312.1

内容　序章　運命の日　第1章　55年体制崩壊―宇野宗佑、海部俊樹、宮澤喜一内閣　第2章　小沢一郎の暗躍―細川護熙、羽田孜内閣　第3章　自・社・さ新時代―村山富市、橋本龍太郎内閣　第4章「加藤の乱」の真相―小渕恵三、森喜朗内閣　第5章　小泉純一郎ける

◇一故人　近藤正高著　スモール出版　2017.4　415p　19cm　1800円　①978-4-905158-42-4　Ⓝ281

内容　二〇一二年（浜田幸一　樋口廣太郎　ほか）　二〇一三年（大島渚　山内溥　ほか）　二〇一四年（永井一郎　坂井義則　ほか）　二〇一五年（赤瀬川隼　桂米朝　ほか）　二〇一六年（蜷川幸雄　中村紘子　ほか）

◇YKK秘録　山崎拓著　講談社　2018.8　396p　15cm　〈講談社＋α文庫　G317-1〉〈2016年刊の加筆、改筆〉　950円　①978-4-06-512939-5　Ⓝ312.1

内容　序章　運命の日　第1章　55年体制崩壊―宇野宗佑、海部俊樹、宮澤喜一内閣　第2章　小沢一郎の暗躍―細川護熙、羽田孜内閣　第3章　自・社・さ新時代―村山富市、橋本龍太郎内閣　第4章「加藤の乱」の真相―小渕恵三、森喜朗内閣　第5章　小泉純一郎首相の誕生、自民党幹事長に就任

加藤　周一〔1919〜2008〕　かとう・しゅういち
◇羊の歌―わが回想　上　加藤周一著　新座　埼玉福祉会　2014.12　241p　21cm　〈大活字本シリーズ〉〈底本：岩波新書「羊の歌」〉　2800円　①978-4-88419-981-4　Ⓝ289.1

◇羊の歌―わが回想　下　加藤周一著　新座　埼玉福祉会　2014.12　229p　21cm　〈大活字本シリーズ〉〈底本：岩波新書「羊の歌」〉　2800円　①978-4-88419-982-1　Ⓝ289.1

◇加藤周一を記憶する　成田龍一著　講談社　2015.4　458p　18cm　〈講談社現代新書 2310〉〈年譜あり〉　1300円　①978-4-06-288310-8　Ⓝ289.1

内容　はじめに　加藤周一と戦後（戦後と知識人　「またぎ越し」の意味　「戦後」の問い方を問う　ほか）　第1章「急進的知識人」として（はじまりとしての一九四六年　マチネ・ポエティク　一九五〇年前後　ほか）　第2章「雑種文化」の地平（「西洋」の地で　『雑種文化』とその構成　再考される「戦争」　ほか）　第3章　加藤周一の世界／日本（日本からの離脱　一九六〇年代　知識人原論　第4章　自伝とことばと文学と（『羊の歌』を読む　『続　羊の歌』一九六八年の加藤周一　ほか）　第5章　時評のなかの加藤周一（「戦後知」の変容のなかで　「夕陽妄語」散見）　おわりに　知識人・加藤周一（知識人として生きたひと　知識人の喪失した時代に希求されて　9条の「精神を生かすこと」　ほか）

◇加藤周一はいかにして「加藤周一」となったか―『羊の歌』を読みなおす　鷲巣力著　岩波書店　2018.10　507p　20cm　〈年譜あり〉　3500円　①978-4-00-061294-4　Ⓝ289.1

内容　第1部『羊の歌』が語ること（西洋への眼を開く　科学者の方法と詩人の魂と平等思想と　全体的認識へ向かう　「高みの見物」の自覚と決意　優生意識と反優生意識　文学・芸術への目覚め　原点としての「戦中体験」（1）―満州事変から太平洋戦争へ　原点としての「戦中体験」（2）―敗戦を迎える）　第2部　『続羊の歌』を読みなおす（もうひとつの原点としての「敗戦体験」　「第二の出発」―フランス留学へ　ヒルダ・シュタインメッツとの出会い　帰国の決意と「第三の出発」　『羊の歌』に書かれなかったこと）

◇加藤周一青春と戦争―『青春ノート』を読む　渡辺考、鷲巣力編著　論創社　2018.12　237p　20cm　〈文献あり　年譜あり〉　2000円　①978-4-8460-1748-4　Ⓝ289.1

内容　第1章『青春ノート』とは何か（加藤周一文庫とは　『青春ノート』こそ加藤周一の原点である　『青春ノート』から）　第2章『青春ノート』を語る（いまの若者は、『青春ノート』をどう読むか　若き加

藤の日々を見つめて　若き日の加藤周一と文学者たち）　第3章『青春ノート』の時代と現代（戦争の時代を若者はどう見るのか　加藤周一と戦争の時代　行動する加藤　加藤への思い　『加藤周一　その青春と戦争』を撮り終えて）

加藤 楸邨〔1905～1993〕　かとう・しゅうそん
◇私説加藤楸邨　上巻　人間探求派としての出発　加藤哲也著　実業公報社　2018.7　159p　19cm　1000円　Ⓘ978-4-88038-056-8　Ⓝ911.362

加藤 俊一〔1948～〕　かとう・しゅんいち
◇わが人生の山河―挑戦と感動の67年をふり返って　加藤俊一著　東洋出版　2015.3　165p　31cm　〈著作目録あり〉　Ⓝ289.1

加藤 順造〔1948～〕　かとう・じゅんぞう
◇天職―読み書きソロバン文房具　加藤順造著　名古屋　中部経済新聞社　2016.3　202p　18cm　（中経マイウェイ新書 028）　800円　Ⓘ978-4-88520-197-4　Ⓝ289.1

加藤 高明〔1860～1926〕　かとう・たかあき
◇近代政治家評伝―山縣有朋から東條英機まで　阿部眞之助著　文藝春秋　2015.10　397p　16cm　（文春学藝ライブラリー―雑英 20）〈文藝春秋新社 1953年刊の再刊〉　1250円　Ⓘ978-4-16-813052-6　Ⓝ312.8
内容　山縣有朋　星亨　原敬　伊藤博文　大隈重信　西園寺公望　加藤高明　犬養毅　大久保利通　板垣退助　桂太郎　東條英機
◇昭和史講義　3　リーダーを通して見る戦争への道　筒井清忠編　筑摩書房　2017.7　302p　18cm　（ちくま新書 1266）　900円　Ⓘ978-4-480-06977-1　Ⓝ210.7
内容　加藤高明―二大政党政治の扉　若槻礼次郎―世論を説得しようとした政治家の悲劇　田中義一―政党内閣期の軍人宰相　幣原喜重郎―戦前期日本の国際協調外交の象徴　浜口雄幸―調整型指導者と立憲民政党　犬養毅―野党指導者の奇遇　岡田啓介―「国を思う狸」　広田弘毅―「協和外交」の破綻から日中戦争へ　宇垣一成―「大正デモクラシー」が生んだ軍人　近衞文麿―アメリカという「幻」に賭けた政治家　米内光政―天皇の絶対的な信頼を得た海軍軍人　松岡洋右―ポピュリストの誤算　東条英機―ヴィジョンなき戦争指導者　鈴木貫太郎―選択としての「聖断」　重光葵―対中外交の可能性とその限界

加藤 隆久〔1934～〕　かとう・たかひさ
◇神と人との出会い―わが心の自叙伝　加藤隆久著　神戸　エピック　2018.1　367p　19cm　1800円　Ⓘ978-4-89985-197-4　Ⓝ172
内容　第1部　わが心の自叙伝（神主と医師の家系を両親に　生田の森は子どもの楽園　ほか）　第2部　神事と奉仕（「神と仏と日本人」　神仏和合の「神仏608場」を設立　ほか）　第3部　随筆・随想（神田兵右衛門に宛てた嘉納治五郎の手紙　尾崎放哉句稿の青軸をめぐって　ほか）　第4部　寄稿文（「時の祭事喜一海を越えて」　「摂播歴史研究」25周年記念特別序文　ほか）

加藤 辰五郎〔1928～〕　かとう・たつごろう
◇箒の目を立てよ　加藤辰五郎著　文芸社　2015.12　393p　15cm　〈年譜あり〉　800円　Ⓘ978-4-286-16805-0　Ⓝ289.1

加藤 達也〔1966～〕　かとう・たつや
◇なぜ私は韓国に勝てたか―朴槿惠政権との500日戦争　加藤達也著　産経新聞出版　2016.2　337p　19cm　〈年譜あり　発売：日本工業新聞社〉　1400円　Ⓘ978-4-8191-1274-1　Ⓝ327.921
内容　第1章　3つのコラムが存在した　第2章　加藤さん、謝ったほうがいい　第3章　法廷に立つユニークな人々　第4章　情治主義の国　第5章　検察の焦り　第6章　韓国はこれからも韓国なのか　加藤裁判記録主な攻防

加藤 建夫〔1903～1942〕　かとう・たてお
◇隼戦闘隊長　加藤建夫―誇り高き一軍人の生涯　檜與平著　潮書房光人社　2016.6　383p　16cm　（光人社NF文庫　ひN-953）〈新装版　光人社 2006年刊の再刊〉　900円　Ⓘ978-4-7698-2953-9　Ⓝ916
内容　第1章　積乱雲のかなたに（大空のエース　歓迎の宴　ほか）　第2章　コタバルの海鳴り遠く（三つの要望　出撃前の儀式　ほか）　第3章　隼は征く雲の果て（十七歳の少年兵たち　戦果のかげに　ほか）　第4章　桜花の散るごとく（空の神兵の祈り　出撃につぐ出撃　ほか）　第5章　ベンガル湾の波間に消ゆ（愛機はわが生命　闘魂烈火と燃えて　ほか）

加藤 常昭〔1929～〕　かとう・つねあき
◇自伝的伝道論　加藤常昭著　キリスト新聞社　2017.7　167p　19cm　1600円　Ⓘ978-4-87395-727-2　Ⓝ198.37
◇聞き書き加藤常昭―説教・伝道・戦後をめぐって　加藤常昭述，平野克己編，井ノ川勝，平野克己，朝岡勝，森島豊聞き手　教文館　2018.7　273,35p　19cm　〈年譜あり〉　3000円　Ⓘ978-4-7642-6133-4　Ⓝ198.321

加藤 哲太郎〔1917～1976〕　かとう・てつたろう
◇戦争は犯罪である―加藤哲太郎の生涯と思想　小松隆二著　春秋社　2018.6　236p　20cm　〈文献あり〉　2000円　Ⓘ978-4-393-44167-1　Ⓝ289.1
内容　プロローグ　戦争犠牲者への鎮魂歌「私は貝になりたい」　第1章　哲太郎の生い立ち　第2章　スガモプリズンの死刑囚―国家によって戦犯とされた人たち　第3章　戦争は犯罪である　第4章　再起　哲太郎の本懐　第5章　「戦争をしない国」への悲願　エピローグ　殺戮しあう戦争を二度と起こさないために

加藤 登紀子〔1943～〕　かとう・ときこ
◇運命の歌のジグソーパズル―TOKIKO'S HISTORY SINCE 1943　加藤登紀子著　朝日新聞出版　2018.4　276p　19cm　〈文献あり　年表あり　索引あり〉　1500円　Ⓘ978-4-02-331705-5　Ⓝ767.8
内容　1　遠い祖国―異国という故郷　2　この世に生まれてきた大地の上に―壊された大地の上に　3　愛の讃歌―ハルビン発パリ行き　4　百万本のバラ―民衆の花束　5

かとう

ひとり寝の子守唄―ひとりぼっちはひとりじゃない　6　あなたの行く朝―その土地に咲く花　7　時には昔の話を―未来への葬送　8　蒼空―生きている今日が明日を拓く

加藤　とみよ〔1933～〕　かとう・とみよ
◇私の歩いて来た道　加藤とみよ著　半田　一粒書房　2015.9　194p　図版6p　22cm　Ⓘ978-4-86431-439-8　Ⓝ289.1

加藤　智大〔1982～〕　かとう・ともひろ
◇愛に疎まれて―〈加藤智大の内心奥深くに渦巻く悔恨の念を感じとる〉視座　芹沢俊介著　批評社　2016.1　175p　19cm　（サイコ・クリティーク 23）　1700円　Ⓘ978-4-8265-0635-9　Ⓝ368.61
内容　第1章「孤独」から考える　第2章　二重の母親　第3章　受けとめ手　第4章　加藤智大のものの考え方　第5章　相互に一方的な通交　第6章　自滅衝動と他者という容体の消失―トラブルの対処の仕方　第7章　掲示板について　第8章　事件へ　終章　愛に疎まれて―加藤智大の死刑願望をめぐって

加藤　豊世〔1876～1946〕　かとう・とよせ
◇加藤豊世・布施淡往復書簡―明治期のある青春の記録　加藤豊世, 布施淡著, フェリス女学院150年史編纂委員会編　横浜　フェリス女学院　2016.3　350p　21cm　〈フェリス女学院150年史資料集　第4集〉〈年譜あり〉　Ⓝ289.1

加藤　虎之助〔1905～1934〕　かとう・とらのすけ
◇明治から平成に生きた人物―加藤虎之助と佐野利道　下田の人物像　田中省三著　〔静岡〕〔田中省三〕　2015.10　77p　21cm　〈年表あり〉　1000円　Ⓝ289.1

加藤　晴男〔1928～〕　かとう・はれお
◇父野球その人―加藤晴男　加藤康成編著　船橋　石川書房　2014.6　23p　26cm　Ⓘ978-4-916150-41-7　Ⓝ783.7

加藤　一二三〔1940～〕　かとう・ひふみ
◇中学生棋士　谷川浩司著　KADOKAWA　2017.9　217p　18cm　（角川新書 K-162）〈文献あり〉　800円　Ⓘ978-4-04-082174-0　Ⓝ796
内容　第1章　最年少の新星・藤井聡太（藤井四段の自宅を訪ねる　盤に覆いかぶさった少年 ほか）　第2章　藤井将棋の強さと凄み（強さの源となった詰将棋　デビュー後の幸運 ほか）　第3章　将棋の才能とは何か（テッド・ウィリアムズの伝説　周囲の人々の奇跡的な連携 ほか）　第4章　自分が中学生棋士だったころ（史上二人目の中学生棋士・谷川浩司　住職だった父の教え ほか）　第5章　中学生棋士たちの群像―羽生善治、渡辺明、加藤一二三（史上三人目の中学生棋士・羽生善治　局面を複雑にする羽生将棋 ほか）

◇天才棋士加藤一二三　挑み続ける人生　加藤一二三著　日本実業出版社　2017.11　204p　19cm　1300円　Ⓘ978-4-534-05538-5　Ⓝ796
内容　第1章　最後の最後まで挑戦し続けた棋士人生（現役63年目の最終対局　引退は年齢のせいではない ほか）　第2章　棋士としての挑戦（旧約聖書が教える、

勝負の4つの心構え　「加藤先生ほど迫力のある将棋を指す人はいません」NHK杯の思い出 ほか）　第3章　プロとして本物を求め続ける（天職に出会い、一つのことをやり続ける　未知の局面を恐れない ほか）　第4章　人生の挑戦に終わりはない…生涯現役宣言（クラシックと将棋の意外な共通点　趣味が高じると思わぬチャンスが巡ってくる ほか）　終章　感謝の念があればこそ（子どもの宿題でも、念入りに研究する　子育ても常に本気 ほか）

◇等身の棋士　北野新太著　ミシマ社　2017.12　209p　19cm　1600円　Ⓘ978-4-909394-01-9　Ⓝ796
内容　序　台風下の棋士　1　神域へ（前夜　十四歳の地図　夏、十四歳の声　藤井について語る時に羽生の語ること　藤井について語る時に渡辺の語ること　戻れない少年）　2　想いの航跡（名人の引退　対話篇果　交錯する部屋　光のクリスマス）　3　途上の夢（過去との訣別　昇級を捧げる　繊細と無頼の間を百折不撓　敗れざる者　光の対局室　落城してもなお）　4　戴冠の時（羽生の一分―鳴り響く歌　賢者、そして勇者がいた一日　HANG TIME　甦る鼓動　戴冠者の投身）　終　路上の棋士

◇鬼才伝説―私の将棋風雲録　加藤一二三著　中央公論新社　2018.2　268p　20cm　1500円　Ⓘ978-4-12-005054-1　Ⓝ796
内容　第1章　初タイトル　第2章　頂点への道　第3章　若い人には負けない　第4章　将棋は芸術だ　第5章「ひふみん」　第6章　生涯現役

加藤　浩〔1960～〕　かとう・ひろし
◇落語小僧ものがたり―席亭志願再々　加藤浩著　彩流社　2018.1　233p　19cm　1800円　Ⓘ978-4-7791-2439-6　Ⓝ779.13
内容　第1章　大須物語　第2章　大入りの大須演芸場　第3章　関山先生の観念　第4章　祖父から孫へ　第5章　芝居鑑賞覚書

加藤　博之〔1935～2017〕　かとう・ひろゆき
◇ひたすらに只ひたすらに―加藤博之八十年の生涯　妻と二人の娘三人の孫たちに捧ぐ　ヒューマンドキュメント　加藤博之著　越生町（埼玉県）メガロード　2017.11　174p　21cm　非売品　Ⓘ978-4-9910017-0-3　Ⓝ023.067

加藤　文太郎〔1905～1936〕　かとう・ぶんたろう
◇穂高に死す　安川茂雄著　山と溪谷社　2015.7　430p　15cm　（ヤマケイ文庫）〈三笠書房 1965年刊の再刊　文献あり〉　900円　Ⓘ978-4-635-04783-8　Ⓝ786.1
内容　乗鞍山上の氷雨　北尾根に死す　アルプスの暗い夏　雪山に逝ける人びと　大いなる墓標　微笑むデスマスク　"松高"山岳部の栄光と悲劇　ある山岳画家の生涯　一登山家の遺書　「ナイロン・ザイル事件」前後　滝谷への挽歌

加藤　平五郎〔1860～1925〕　かとう・へいごろう
◇加藤平五郎物語―家康の遺訓を胸に、北海道開拓をなしとげた男　碧南出身の人物伝　〔碧南〕碧南市教育委員会　2015.11　193p　30cm　（碧南市史料　別巻 9）〈年譜あり〉　Ⓝ289.1

加藤 辨三郎〔1899〜1983〕 かとう・べんざぶろう

◇加藤辨三郎と仏教―科学と経営のバックボーン 児玉識著 京都 法藏館 2014.8 225p 19cm 1800円 ⓘ978-4-8318-5541-1 Ⓝ289.1

内容 1 略歴 2 仏縁開花 3 「自信教人信」の生活に 4 仏教観 5 経営理念と実践活動 6 仏教学習

加藤 正治〔1871〜1952〕 かとう・まさはる

◇近代茶人の肖像 依田徹著 京都 淡交社 2015.2 215p 18cm （淡交新書）〈文献あり〉 1200円 ⓘ978-4-473-03992-7 Ⓝ791.2

内容 井上馨(世外)―政界の雷親父は細心なる茶人 有栖川宮熾仁親王(霞堂)―親王の茶の湯に見る宮家と華族の社交界 安田善次郎(松翁)―慎しく陰徳を重ねた財産家の茶の湯 今泉雄作(常真)―茶道具再評価の種を蒔いた江戸っ子 平瀬亀之輔(露香)―大阪の茶の湯を牽引した「粋の神」 住友友純(春翠)―茶の湯に文人趣味を融合させたエリート実業家 益田孝(鈍翁)―近代の茶の湯を双肩に担った巨人 馬越恭平(化生)―数々の逸話を残した「ビール王」 數寄者 柏木貨一郎(探古齋)―土蔵に住んだ幻の数寄屋建築家 岡倉覚三(天心)―茶より酒を愛した『茶の本』の執筆者 正木直彦(十三松堂)―美術と茶道に橋を架けた美術学校長 貞明皇后―満州皇帝の茶の湯でもてなした大正天皇妃 三井高棟(宗恭)―財閥の盛衰を見つめた三井家当主の茶の湯 團琢磨(狸山)―鈍翁から経営とともに受け継いだ男 大谷尊由(心斎)―茶の湯三昧の境地に遊んだ宗教家 前田利為(梅堂)―旧大名家軍人のたしなみとしての茶の湯 式守蝸牛(虎山)―悲運の宰相、戦時下の茶の湯(八百善)―江戸懐石を伝え、茶の湯を愛した料亭主人 加藤正治(犀水)―憲法の制定に携わった法学者茶人

加藤 正彦〔?〜2014〕 かとう・まさひこ

◇人間いたるところ青山あり―父に捧げる乾杯のうた 加藤ヒロユキ著 春秋社 2018.9 239,9p 20cm 1800円 ⓘ978-4-393-43653-0 Ⓝ289.1

内容 第1章 五六歳で医学部入学！（医者を志す 学生生活よ、ふたたび ほか） 第2章 逆転の発想、自立への道（黎明期のテレビ局 実業の世界へ―"カッパ人生"二毛作目 ほか） 第3章 昭和男子の本懐（クールな少年の胸の内 戦争体験、経験の言葉 ほか） 第4章 人生、いつもクレッシェンド（突然の余命告知 生還―癌に寄り添う ほか）

加藤 与五郎〔1872〜1967〕 かとう・よごろう

◇磁石の発明特許物語―六人の先覚者 鈴木雄一著 アグネ技術センター 2015.6 118p 21cm 〈索引あり〉 2000円 ⓘ978-4-901496-80-3 Ⓝ541.66

内容 第1話 本多光太郎とKS鋼 第2話 三島徳七とMK鋼 第3話 増本量とNKS鋼 第4話 渡辺三郎とFW鋼 第5話 加藤与五郎・武井武とフェライト磁石 第6話 トップの座に返り咲く

門川 大作〔1950〜〕 かどかわ・だいさく

◇二人の京都市長に仕えて―知っているようで知らない京都市政 塚本稔著 京都 リーフ・パブリケーションズ 2018.3 222p 19cm 〈文献あり〉 1700円 ⓘ978-4-908070-41-9 Ⓝ318.262

内容 礎を得る―学び（京都市に新規採用 初めての職場「隣保館」勤務 秘書課へ異動 いざ秘書課へ、最初の職務 ほか） 疾走する―市政真っ只中へ（秘書課長に転ずる 秘書課長の職務 大将タイプの桝本市長 ほか） 俯瞰する―市長と共に（理事に就く 政策調整・広報担当局長という新しいポスト スピーディーな仕事とホウレンソウの徹底 ほか）

角川 春樹〔1942〜〕 かどかわ・はるき

◇わが闘争 角川春樹著 角川春樹事務所 2016.7 256p 16cm （ハルキ文庫 か1-7）〈イースト・プレス 2005年刊の加筆・修正〉 680円 ⓘ978-4-7584-4014-1 Ⓝ289.1

＊「犬神家の一族」「セーラー服と機関銃」など、活字と映像、音楽とを組み合わせ、書籍と映画を同時に売り出す手法で、出版界や映画界の風雲児として一世を風靡した角川春樹。しかし、その輝かしい光の裏では、深い闇に包まれた壮絶な人生を送っていた。角川書店創業者である父との不和、両親の離婚。二年五ヵ月の刑務所暮らし。そして、弟との確執から角川書店の社長の座を追放される日々。ひとりの風雲児が、どのようにして生まれ、挫折し、そこから這い上がったのかを綴った魂の一冊を文庫化。

門田 勲〔1902〜1984〕 かどた・いさお

◇伝説の鉄道記者たち―鉄道に物語を与えた人々 堤哲著 交通新聞社 2014.12 270p 18cm （交通新聞社新書 074）〈文献あり〉 800円 ⓘ978-4-330-52514-3 Ⓝ070.16

内容 第1章 鉄道操觚者・木下文安(1866〜1953)（慶応をトップで卒業、「時事新報」入社 「鉄道時報」を創刊、鉄道操觚者に ほか） 第2章 伝説の特ダネ記者・青木槐三(1897〜1977)（日本八景 駆け出し時代 ほか） 第3章 忠犬ハチ公をめぐる鉄道記者たち―細井吉造、林謙一、渡邊紳一郎（社会部記者の鉄道クラブ誕生 忠犬ハチ公をめぐる3記者 ほか） 第4章『国鉄物語』の門田勲(1902〜84)（鉄道記者の教科書 無人運転 ほか） 第5章 レイルウェイ・ライター・種村直樹(1936〜2014)（鉄道開通の記事 鉄道100年 ほか）

角松 敏生〔1960〜〕 かどまつ・としき

◇角松敏生―the 35th Anniversary Special Edition 前田祥丈, 金澤寿和著 ラトルズ 2016.7 244p 21cm 〈索引あり〉 2000円 ⓘ978-4-89977-447-1 Ⓝ767.8

内容 ロング・インタビュー ストーリー オリジナル作品レビュー プロデュース作品レビュー プロデュース・レーベル解説 関連作品レビュー 角松敏生とミュージック・シーン トリビュート・アルバム セレクト・アルバム T'sファミリー関連アルバム 角松敏生に降り注いだ音たち 角松敏生、進む再評価 1983年6月6日〜2016年8月5日までのツアー・データ

香取 信行〔1939〜〕 かとり・のぶゆき

◇ちゃんと生きる 香取信行著 中央公論事業出版(制作) 2017.7 144p 19cm 〈私家版 年譜あり〉 Ⓝ289.1

楫取 寿子〔1839～1881〕 かとり・ひさこ

◇松陰先生にゆかり深き婦人―山口県教育会藏版 広瀬敏子著 周南 マツノ書店 2014.11 150,4p 21cm 〈山口縣教育會昭和11年刊 4版の複製〉 Ⓝ121.59
* 一 杉瀧子(生母)　二 吉田久満子(養母)　三 兒玉千代(長妹)　四 楫取壽子(次妹)　附 野村望東尼と楫取夫妻　五 久坂文子(末妹)　六 入江滿智子(門弟の母)

◇松陰の妹二人を愛した名県令・楫取素彦―松下村塾を支え富岡製糸場を救った群馬の恩人　大野富次著 日刊工業新聞社 2014.12 241p 19cm 〈文献あり 年譜あり〉 2000円 Ⓘ978-4-526-07341-0　Ⓝ289.1
[内容] 序章 素彦が最も開花した地方官時代(足柄県令時代 『難治の県』への赴任)　第1章 儒官の時代(江戸遊学 松陰の妹・杉寿との結婚 ほか)　第2章 志士の時代(第一次長州征討 改名を命じた敬親侯の親心 ほか)　第3章 県令時代(至誠をもって県政を施行 群馬県令楫取素彦の妻・寿の事 ほか)　終章 現存する楫取素彦と寿・文の残照記録(群馬県 埼玉県 ほか)

◇杉家の女たち―吉田松陰の母と3人の妹　鳥越一朗著 京都 ユニプラン 2015.1 224p 19cm 1300円 Ⓘ978-4-89704-339-5　Ⓝ289.1
[内容] 嫁入り―持参金付き花嫁だった松陰の母・瀧　神童―「勉強オタク」の松陰を案じる瀧　毛利家―松陰の才能を見抜いた？「そうせい侯」　仲良し兄妹―長女・千代が抱いた疎外感　父と娘―百合之助と千代の2人暮らし　九州遊学―好男子・松陰に憧れる二女・寿　脱藩―松陰の「友達思い」に呆れる寿　寿の結婚―相手は松陰お墨付きの人格者　密航未遂―松陰の「ノーふんどし」を笑う寿　牢獄―松陰の、女囚との交流を冷やかす千代〔ほか〕

◇吉田松陰 杉・村田家の系譜　熊井清雄著 東洋出版 2016.8 278p 図版10p 19cm 〈文献あり〉 1800円 Ⓘ978-4-8096-7838-7　Ⓝ121.59
[内容] 吉田松陰とその一族　松陰の生涯　松陰余話　松陰母、滝の生涯　松陰を支えた兄民治(梅太郎)　松陰が愛した千代(児玉家)と敏三郎　幕末、明治に活躍した楫取素彦と寿子　松門の双璧、久坂玄瑞と文　楫取素彦の県令辞任以後、没年まで　松陰母の生家、村田家とその消滅(離村)　明治以降の杉家ゆかりの人々　楫取寿子発願の前幀、正覚山清光寺物語

楫取 美和子〔1843～1921〕 かとり・みわこ

◇幕末明治動乱 「文」の時代の女たち　熊谷充晃著 双葉社 2014.7 207p 19cm 〈文献あり〉 1400円 Ⓘ978-4-575-30702-3　Ⓝ281.04
[内容] 第1章 「文」の少女・青春時代―幕末維新動乱期から明治へ(1853年、文10歳―ペリー浦賀に来航 開国のとき刻々と迫る！　1858年、文15歳―井伊直弼大老就任 安政の大獄はじまる！　1863年、文20歳―下関戦争勃発 高杉晋作の奇兵隊を創設！　ほか)　第2章 激動の時代を駆け抜けた個性あふれる女性たち(吉田松陰の妹にして「松下村塾」一の俊英の妻、後年は貴族院議員夫人・「文」　3日3晩の「生き晒し」刑にも耐え抜いた井伊直弼の妾・村山可寿江　ほか)　第3章 動乱を生きる熱き男を支えた妻たちの群像(病弱の13代将軍に輿入れした実家よりも嫁ぎ先に殉じた薩摩の豪傑姫君―天璋院篤姫　若くして未亡人となった「悲劇の皇女」のイメージは事実とちょっと違う？―和宮 ほか)　第4章 幕末～明治初期の女性たちの生活や風習(「三指点いてお出迎え」は、はしたない？　離婚率が高かった明治時代 ほか)

◇文、花の生涯―幕末長州のある家族の肖像　楠戸義昭著 河出書房新社 2014.9 228p 15cm (河出文庫 く11-2)〈文献あり〉 660円 Ⓘ978-4-309-41316-7　Ⓝ289.1
* 文は幕末長州の志士・吉田松陰の末妹に生まれた。温かい家庭に育ち、やがて松陰門下の俊秀、久坂玄瑞に嫁ぐ。東奔西走する玄瑞を陰ながら支えた。蛤御門の変で玄瑞が自決すると、藩主毛利家に守役などに仕えた。その後、松陰の友、楫取素彦に姉の没後再嫁する。文と、彼女を取り巻く人々の実際を追う、文庫書き下ろし作品。

◇吉田松陰とその妹文の生涯―松下村塾はいかに歴史を変えたか！　不破俊輔著 明日香出版社 2014.9 283p 19cm 〈文献あり 年表あり〉 1500円 Ⓘ978-4-7569-1725-6　Ⓝ289.1
[内容] 生い立ち　ペリー来航　千代と寿の結婚　下田踏海、そして野山獄　松下村塾を継ぐ　久坂玄瑞と高杉晋作の入塾　松下村塾の日々　玄瑞と文の結婚　日米修好通商条約締結と松陰のいらだち　間部要撃策と伏見要駕策　安政の大獄と松陰の死　航海遠略策(公武合体策)　八月十八日の政変　禁門の変と義助の死　藩内の抗争と高杉晋作の挙兵　薩長連合と第二次長州征伐　晋作の死　萩の乱　美和(文)の再婚

◇至誠に生きて　冨成博著 右文書院 2014.10 227p 20cm 〈文献あり〉 1800円 Ⓘ978-4-8421-0772-1　Ⓝ289.1
* 吉田松陰の妹・文(楫取美和子)の実録生涯を描く。志半ばで非業の死を遂げた近藤禎次郎の真相を克明に描く。

◇松陰先生にゆかり深き婦人―山口県教育会藏版 広瀬敏子著 周南 マツノ書店 2014.11 150,4p 21cm 〈山口縣教育會昭和11年刊 4版の複製〉 Ⓝ121.59
* 一 杉瀧子(生母)　二 吉田久満子(養母)　三 兒玉千代(長妹)　四 楫取壽子(次妹)　附 野村望東尼と楫取夫妻　五 久坂文子(末妹)　六 入江滿智子(門弟の母)

◇吉田松陰と文の謎　川口素生著 学研パブリッシング 2014.11 327p 15cm (学研M文庫 か-16-5)〈文献あり 年譜あり〉 発売：学研マーケティング 660円 Ⓘ978-4-05-900885-9　Ⓝ121.59
[内容] 吉田松陰と文をめぐる謎　松陰と文の家族をめぐる謎　松陰と兵学&思想の謎　松陰の海外密航未遂事件をめぐる謎　松陰と松下村塾をめぐる謎　松陰と「安政の大獄」をめぐる謎　久坂玄瑞と文をめぐる謎　長州藩と討幕運動をめぐる謎　高杉晋作をめぐる謎　長州藩の女性をめぐる謎　楫取素彦と美和子をめぐる謎

◇吉田松陰と久坂玄瑞―高杉晋作、伊藤博文、山県有朋らを輩出した松下村塾の秘密　河合敦著 幻冬舎 2014.11 211p 18cm (幻冬舎新書 か-11-5)　780円 Ⓘ978-4-344-98365-6

Ⓝ121.59

内容 第1章 吉田松陰と黒船（七人きょうだいの次男として生まれた吉田松陰 藩の兵学師範になるためのスパルタ教育 ほか）　第2章 吉田松陰の教育論（弟子を救うために、絶食で抗議 徹夜で記した「金子重輔行状」 ほか）　第3章 松陰と玄瑞、師弟の絆（久坂玄瑞と松陰の妹・文との結婚 アメリカ総領事ハリスの来訪 ほか）　第4章 久坂玄瑞と禁門の変（久坂玄瑞の悔恨と決意 長州藩の公武合体運動 ほか）

◇楫取素彦と吉田松陰の妹・文　一坂太郎著　KADOKAWA　2014.12　287p　15cm　（新人物文庫 い-16-1）　750円　Ⓘ978-4-04-600937-1　Ⓝ289.1

内容 第1章 吉田松陰との出会い　第2章 吉田松陰との別れ　第3章 藩主側近として　第4章 藩内戦　第5章 幕府を討つ　第6章 明治を生きる

◇吉田松陰の妹―三人の志士に愛された女　原口泉著　幻冬舎　2014.12　215p　18cm　〈文献あり〉　1100円　Ⓘ978-4-344-02696-4　Ⓝ289.1

内容 第1章 なぜ今、「松陰の妹」なのか（なぜ今、吉田松陰なのか、そしてその妹・文なのか 大河ドラマ『花燃ゆ』の題名に秘められた意味 ほか）　第2章 文の育った松陰の家庭と兄弟（文の子ども時代が偲ばれる姉・芳子の談話 「家庭の人としての吉田松陰」児玉芳子 ほか）　第3章 文を愛した第一の志士・吉田松陰（真情溢れる「文妹久坂氏に適くに贈る言葉」 司馬遼太郎が「維新史の奇蹟」と呼んだ松陰の存在 ほか）　第4章 文を愛した第二の志士・久坂玄瑞（文と久坂玄瑞との出会い 久坂玄瑞が最初、文との縁談を渋った理由とは ほか）　第5章 文を愛した第三の志士・楫取素彦（楫取素彦（小田村伊之助）は、松陰と同じく学者の家柄 江戸で松陰と出会う ほか）

◇松陰の妹二人を愛した名県令・楫取素彦―松下村塾を支え富岡製糸場を救った群馬の恩人　大野富次著　日刊工業新聞社　2014.12　241p　19cm　〈文献あり 年譜あり〉　2000円　Ⓘ978-4-526-07341-0　Ⓝ289.1

内容 序章 素彦が最も開花した地方官時代（足柄県令時代 「難治の県」への赴任）　第1章 儒官の時代（江戸遊学 松陰の妹・杉寿との結婚 ほか）　第2章 志士の時代（第一次長州征討 改名を命じた敬親侯の親心 ほか）　第3章 県令時代（至誠を以て県政を施行 群馬県令楫取素彦の妻・寿の事 ほか）　終章 現存する楫取素彦と寿・文の残照記録（群馬県 埼玉県 ほか）

◇「花燃ゆ」が100倍楽しくなる杉文と楫取素彦の生涯　大野富次著　宝島社　2014.12　221p　19cm　〈文献あり 年譜あり〉　1280円　Ⓘ978-4-8002-3592-3　Ⓝ289.1

内容 第1章 幕末から明治維新まで（尊攘派として斬首された楫取素彦（小田村伊之助）の兄 頭は切れるが放蕩ものの弟、小倉健作 小田村伊之助の最初の妻は、吉田松陰の妹・寿子（壽子）だった ほか）　第2章 維新から県令時代（戊辰の悪夢、そして素彦は新政府の参与を辞す 敬親侯逝去 新政府からの誘い ほか）　第3章 晩年、そして残したもの（素彦の毛利家と松下村塾への思い 次男・道明の死、そして素彦と貞宮多喜子内親王 美和子（文子）と素彦の落陽のとき ほか）

◇乙女の松下村塾読本―吉田松陰の妹・文と塾生たちの物語　堀江宏樹, 滝乃みわこ著　主婦と生活社　2015.1　127p　19cm　〈文献あり〉　1100円　Ⓘ978-4-391-14632-5　Ⓝ372.105

内容 第1章 出会い―吉田松陰の生い立ち（ストレスで爆発寸前だった長州藩 九歳で教授見習になった天才少年 独身を貫いてもかなえたかった松陰の夢 ほか）　第2章 別れ―松下村塾の志士たち（久坂玄瑞と高杉晋作 超・個性的な教育方法と塾生たち 文子ブサイク説の真相 ほか）　第3章 激動―明治維新と長州藩の天命（長州藩、絶対絶命のピンチ！ 行動の高杉晋作、逃げの桂小五郎 幕末史上もっともカッコイイ、高杉の決起 ほか）

◇松陰の妹　新井恵美子著　北辰堂出版　2015.1　223p　19cm　〈文献あり 年譜あり〉　1800円　Ⓘ978-4-86427-182-0　Ⓝ289.1

内容 長州松本村の畔 旅の空 江戸に行きたい 佐久間象山 東北旅行 黒船来航 止むに止まれぬ野山獄へ 松下村塾 文の結婚 吹き荒れる嵐 なみだ松 けふの訪れ 蒔かれた種 元治元年、夏 文の戦後 高杉晋作の挙兵 新しい世

◇杉家の女たち―吉田松陰の母と3人の妹　鳥越一朗著　京都 ユニプラン　2015.1　224p　19cm　1300円　Ⓘ978-4-89704-339-5　Ⓝ289.1

内容 嫁入り―持参金付き花嫁だった松陰の母・瀧 神童―「勉強オタク」の松陰を楽じる瀧 毛利家―松陰の才能を見抜いた 「そうせい侯」 仲良し兄妹―長女・千代が抱いた疎外感 父と娘―百合之助と千代の2人暮らし 九州遊学―好男子・松陰に憧れる二女・寿 脱藩―松陰の「友達思い」に呆れる寿の結婚―相手は松陰お墨付きの人格者 密航未遂―松陰の「ノーふんどし」を笑う寿 牢獄―松陰の、女囚との交流を冷やかす千代〔ほか〕

◇吉田松陰の妹・文（美和）　山本栄一郎著　〔萩〕 萩ものがたり　2015.5　65p　21cm　（萩ものがたり vol 45）　473円　Ⓝ289.1

◇吉田松陰 杉・村田家の系譜　熊井清雄著　東洋出版　2016.8　278p 図版10p　19cm　〈文献あり〉　1800円　Ⓘ978-4-8096-7838-7　Ⓝ121.59

内容 吉田松陰とその一族 松陰の生涯 松陰余話 松陰母、長女の生涯 松陰を支えた兄民治（梅太郎）松陰が愛した千代（児玉芳子）と敏三郎 幕末、明治に活躍した楫取素彦と寿子 松門の双璧、久坂玄瑞と寿 楫取素彦の県令辞任以後、没年まで 松陰母の生家、村田家とその消滅（離村） 明治以降の杉家ゆかりの人々 楫取寿子発願の前橋、正覚山清光寺物語

楫取 素彦 〔1829～1912〕 かとり・もとひこ

◇楫取素彦伝―耕堂楫取男爵伝記　村田峰次郎著　〔萩〕 山口県萩市　2014.3　395p　21cm　〈共同刊行：群馬県前橋市　発行所：群馬県文化事業振興会　年譜あり〉　1800円　Ⓝ289.1

◇楫取家文書　1　オンデマンド版　東京大学出版会　2014.9　500p　22cm　（日本史籍協会叢書 55）〈印刷・製本：デジタルパブリッシングサービス　覆刻再刊 昭和59年刊〉　11000円　Ⓘ978-4-13-009355-2　Ⓝ210.58

＊山口藩主の側儒、楫取素彦が幕末維新に際して国事に奔走した当時、彼に寄せられた書簡を収める。1は書簡集で、「風霜満巻」「蔡城夜雪」各一巻、「憶

かとり

昨帖」三巻、「名士書翰」二六巻、「松陰遺墨」四巻および久坂玄瑞がその妻に与えた書信を集めた「涙袖帖」三巻を収録。

◇楫取家文書 2 オンデマンド版 東京大学出版会 2014.9 521p 22cm （日本史籍協会叢書 56）〈印刷・製本：デジタルパブリッシングサービス 覆刻再刊 昭和59年刊〉 11000円 Ⓘ978-4-13-009356-9 Ⓝ210.58
＊山口藩主の側儒、楫取素彦が幕末維新に際して国事に奔走した当時、彼に寄せられた書簡を収める。2は広島に接藩の顛末および小倉その他諸藩接伴などに関する手記類、「侍読日記」と題する安政六年十二月より文久二年五月にいたる日記を収める。

◇楫取素彦―「至誠」を体現した松陰の盟友 道迫真吾著 〔萩〕萩ものがたり 2014.11 64p 21cm （萩ものがたり vol 43）〈年譜あり〉 473円 Ⓝ289.1

◇吉田松陰と文の謎 川口素生著 学研パブリッシング 2014.11 327p 15cm （学研M文庫 か-16-5）〈文献あり 年譜あり 発売：学研マーケティング〉 660円 Ⓘ978-4-05-900885-9 Ⓝ121.59
内容 吉田松陰と文をめぐる謎 松陰と文の家族をめぐる謎 松陰と兵学＆思想の謎 松陰の海外密航未遂事件をめぐる謎 松陰と松下村塾をめぐる謎 松陰と「安政の大獄」をめぐる謎 久坂玄瑞と文をめぐる謎 長州藩と討幕運動をめぐる謎 高杉晋作をめぐる謎 長州藩の女性をめぐる謎 楫取素彦と美和子（文）をめぐる謎

◇楫取素彦―吉田松陰が夢をたくした男 中村紀雄著 福岡 書肆侃侃房 2014.11 207p 19cm 〈文献あり 年譜あり〉 1300円 Ⓘ978-4-86385-164-1 Ⓝ289.1
内容 1章 小田村伊之助誕生 2章 吉田松陰と時代の風 3章 松下村塾の時代 4章 松陰の惜しまれる死 5章 長州藩主の側近 6章 群馬県令時代の楫取 7章 富岡製糸場と楫取 8章 人間平等教育と廃娼運動 9章 楫取夫妻終焉の地「防府」

◇楫取素彦と吉田松陰の妹・文 一坂太郎著 KADOKAWA 2014.12 287p 15cm （新人物文庫 い-16-1） 750円 Ⓘ978-4-04-600937-1 Ⓝ289.1
内容 第1章 吉田松陰との出会い 第2章 吉田松陰との別れ 第3章 藩主側近として 第4章 藩内戦 第5章 幕府を討つ 第6章 明治を生きる

◇吉田松陰の妹―三人の志士に愛された女 原口泉著 幻冬舎 2014.12 215p 18cm 〈文献あり〉 1100円 Ⓘ978-4-344-02696-4 Ⓝ289.1
内容 第1章 なぜ今、「松陰の妹」なのか（なぜ今、吉田松陰なのか、そしてその妹・文なのか 大河ドラマ「花燃ゆ」の題名に秘められた意味 ほか） 第2章 文の育った松陰の家庭と兄弟（文の子ども時代が偲ばれる姉・芳子の談話 「家庭の人としての吉田松陰」児玉芳子 ほか） 第3章 文を愛した第一の志士・吉田松陰（真情溢れる「文妹久坂氏に適くに贈る言葉」 司馬遼太郎が「維新史の奇蹟」と呼んだ松陰の存在 ほか） 第4章 文を愛した第二の志士・久坂玄瑞（久坂玄瑞が最初、文との縁談を渋った理由とは ほか） 第5章 文を愛した第三の志士・楫取素彦（楫取素彦（小田村伊

之助）は、松陰と同じく学者の家柄 江戸で松陰と出会う ほか）

◇松陰の妹二人を愛した名県令・楫取素彦―松下村塾を支え富岡製糸場を救った群馬の恩人 大野富次著 日刊工業新聞社 2014.12 241p 19cm 〈文献あり 年譜あり〉 2000円 Ⓘ978-4-526-07341-0 Ⓝ289.1
内容 序章 素彦が最も開花した地方官時代（足柄県令時代 『難治の県』への赴任） 第1章 儒官の時代（江戸遊学 松陰の妹・杉寿との結婚 ほか） 第2章 志士の時代（第一次長州征討 改名を命じた敬親侯の親心 ほか） 第3章 県令時代（至誠を以て県政を施行 群馬県令楫取素彦の妻・寿の事 ほか） 終章 現存する楫取素彦と寿・文の残照記録（群馬県 埼玉県 ほか）

◇「花燃ゆ」が100倍楽しくなる杉文と楫取素彦の生涯 大野富次著 宝島社 2014.12 221p 19cm 〈文献あり 年譜あり〉 1280円 Ⓘ978-4-8002-3592-3 Ⓝ289.1
内容 第1章 幕末から明治維新まで（尊攘派として斬首された楫取素彦（小田村伊之助）の兄 頭は切れるが放蕩ものの弟、小倉健作 小田村伊之助の最初の妻は、吉田松陰の妹・寿子（壽子）だった ほか） 第2章 維新から県令時代（戊辰の悪夢、そして素彦は新政府の参与を辞す 敬親侯逝去 新政府からの誘い ほか） 第3章 晩年、そして残したもの（素彦の毛利家と松下村塾への思い 次男・道明の死、そして素彦と貞宮多喜子内親王 美和子（文子）と素彦の落胤のとき ほか）

◇図説 吉田松陰―幕末維新の変革者たち 木村幸比古著 河出書房新社 2015.1 127p 22cm （ふくろうの本）〈文献あり 年表あり〉 1850円 Ⓘ978-4-309-76225-8 Ⓝ121.59
内容 第1章 杉家の人々―父・百合之助の教え 第2章 飛耳長目―叔父・文之進の教育 第3章 忠誠の精神―草莽崛起の英雄たち 第4章 世界を展望する―東遊西遊、そして密航へ 第5章 松下村塾―型破りの私塾 第6章 志を受け継ぐ人々―塾生たちの維新 第7章 実践者・楫取素彦―薩長同盟 陰の立役者 第8章 松陰の実学―門人たちが見た師の生き様

◇至誠の人楫取素彦 吉村洋輔執筆，楫取素彦顕彰会編 〔防府〕毛利報公会 2015.3 139p 21cm 〈文献あり〉 Ⓝ289.1

◇松陰の妹を妻にした男の明治維新 富澤秀機著 徳間書店 2015.3 301p 20cm 〈文献あり〉 1800円 Ⓘ978-4-19-863919-8 Ⓝ289.1
内容 序章 前橋ステーションを後に 第1章 松下村塾の友 第2章 維新なる 第3章 新政府を支えた草莽 第4章 煕稬城の県庁 第5章 富岡製糸場の盛衰 第6章 海を渡った松陰の短刀 第7章 教育こそ国のもとなり 第8章 寿の死と文との再婚 第9章 群馬人気質と「至誠」の共鳴 余話 激動の時代にも流されず

◇至誠の人 楫取素彦 畑野孝雄著 前橋 上毛新聞社事業局出版部 2015.3 321p 22cm 〈文献あり〉 1500円 Ⓘ978-4-86352-122-3 Ⓝ289.1

◇吉田松陰 杉・村田家の系譜 熊井清雄著 東洋出版 2016.8 278p 図版10p 19cm 〈文献あり〉 1800円 Ⓘ978-4-8096-7838-7 Ⓝ121.59

[内容] 吉田松陰とその一族　松陰の生涯　松陰余話　松陰母、滝子の生涯　松陰を支えた兄民治（梅太郎）　松陰が愛した千代（児玉芳子）と敏三郎　幕末、明治に活躍した楫取素彦と寿子　双璧、久坂玄瑞と文　楫取素彦の県令辞任以後、没年まで　松陰母の生家、村田家とその消滅（離村）　明治以降の杉家ゆかりの人々　楫取寿子発願の前橋、正覚山清光寺物語）

金井　昭〔1927〜〕　かない・あきら
◇わが回想録　金井昭著　〔高崎〕　〔金井昭〕　2017.9　127p　30cm　Ⓝ289.1

金井　三笑〔1731〜1797〕　かない・さんしょう
◇評伝　鶴屋南北　古井戸秀夫著　白水社　2018.8　2冊（セット）　21cm　25000円　Ⓘ978-4-560-09623-9　Ⓝ912.5

[内容] 第1巻（鶴屋南北の遺言　ふたつの出自　金井三笑と桜田治助　大谷徳次と坂東善次　三代目坂東彦三郎と並木五瓶　尾上松助と怪談狂言）　第2巻（五代目松本幸四郎と生世話　五代目岩井半四郎と悪婆　七代目市川團十郎と色悪　三代目尾上菊五郎と「兼」役者）

金井　みやこ〔1923〜〕　かない・みやこ
◇道ひとすじに　金井みやこ著　〔酒田〕　〔金井みやこ〕　2017.7　429p　23cm　〈年譜あり〉　Ⓝ289.1

金岡　重雄〔1937〜〕　かなおか・しげお
◇継続こそ力―120歳まで生きるぞ　金岡重雄著　広島　ザメディアジョン　2015.5　181p　図版16p　20cm　〈年譜あり〉　1000円　Ⓘ978-4-86250-361-9　Ⓝ528.021

[内容] 一日の始まりは朝のお勤めから　極貧の幼少期　死線を二度彷徨う　高校時代　サラリーマン時代〜猛烈サラリーマン　大きな"きんぼし"授かる　(株)カナオカ機材を創業　創業十五周年で本社事務所へ　ベトナム研修生を受け入れ　「食博覧会・大阪」に四回連続で出展　ほか

金川　顕教〔1986〜〕　かながわ・あきのり
◇チェンジ―人生のピンチは考え方を変えればチャンスになる！　金川顕教著　サンライズパブリッシング　2016.9　216p　19cm　〈他言語標題：CHANGE　文献あり　発売：星雲社〉　1400円　Ⓘ978-4-434-22405-8　Ⓝ289.1

[内容] 1章　スタートは偏差値35。平均よりもだいぶ下の"負けパターン"だった。（両親の離婚　高校受験からすべては始まった。どん底の成績をどうするか。ほか）　2章　さらなる難関をめざす　公認会計士試験の受験は長く辛い日々だった。（信じ切ったらうまくいった。成功をさらに積み重ねて成功者をめざす。最高難度の資格試験に挑戦。まるで「精神と時の部屋」。ほか）　3章　世界一の会計事務所に入社。安定を捨てて、3年で独立起業！（世界一の会計事務所へ。夢見た場所での充実の日々。読書で学んだ多くのこと。自分の武器になる先人の知恵。ほか）　4章　独立3年目で年商1億3000万円！　お金と時間の自由を手に入れるまで。（順風満帆の旅立ち。先々を見据えて歩みだした。僕のビジネスの内訳。なにを目的にしているか。ほか）　5章　仲間と一緒の楽しい毎日。（マセラッティ、犬を飼う、六本木に住む。結婚願望アリ。　チャンスとチャレンジ。人生をもったいなく生きてはいけない。）

金栗　四三〔1891〜1983〕　かなくり・しそう
◇マラソンと日本人　武田薫著　朝日新聞出版　2014.8　313,19p　19cm　（朝日選書　923）〈文献あり　索引あり〉　1600円　Ⓘ978-4-02-263023-0　Ⓝ782.3

[内容] 走り続ける日本人　金栗四三―学生の大志と箱根駅伝　孫基禎―「内鮮一体」の表裏　"ボストンマラソン"と戦後復興　円谷幸吉と東京オリンピック　祭りのあとの空白―ポスト君原健二　瀬古利彦の栄光と挫折　中山竹通のたった独りの反乱　女子マラソンと夏のメダル　ケニア参入と日本の内向化　川内優輝―鈍足のエリートと"東京マラソン"

◇近代オリンピックのヒーローとヒロイン　池井優著　慶應義塾大学出版会　2016.12　365p　20cm　〈文献あり〉　2600円　Ⓘ978-4-7664-2389-1　Ⓝ780.28

[内容] ピエール・ド・クーベルタン―近代オリンピックの創始者　嘉納治五郎―日本初代のIOC委員　金栗四三―"日本マラソンの父"となったオリンピックの敗者　人見絹枝―日本女子初のメダリスト　西竹一―バロン西と呼ばれた馬術大障害の優勝者　織田幹雄―日本人最初のゴールドメダリスト　"前畑がんばれ！"―日本初のオリンピック女子金メダリスト　西田修平・大江季雄―ベルリンの死闘と"友情のメダル"　ジェシー・オーエンス―ベルリンで四つの金メダルを獲った黒人選手　清川正二―オリンピックの金メダリスト、IOC委員　古橋廣之進―戦後日本に希望を与えてくれた「フジヤマのトビウオ」　猪谷千春―冬季五輪初のメダリスト、そしてIOC委員　アベベ・ビキラ―ローマ、東京と二大会を制覇したマラソンの王者　大松博文―「東洋の魔女」に金メダルを獲らせた"鬼"の指導者　日本サッカー界を改革したドイツ人コーチ―デットマール・クラマーと日本代表チーム　ベラ・チャスラフスカ―「プラハの春」にゆれた体操の女王　男子バレーボールに革命をもたらした監督―松平康隆と日本男子バレーボール　モスクワ五輪ボイコットに泣いた選手たち―政治に翻弄されたオリンピック　北島康介―オリンピック三大会でメダル獲得のスイマー

◇金栗四三―消えたオリンピック走者　佐山和夫著　潮出版社　2017.12　279p　19cm　〈文献あり〉　1800円　Ⓘ978-4-267-02117-6　Ⓝ782.3

[内容] 一〇〇年の時を超えて　嘉納治五郎と金栗四三　オリンピック予選会　ストックホルムへ　三島の短距離、金栗のマラソン　力尽きるまで　その後の金栗四三　駅伝　スポーツを正しく　幻の東京五輪、夢のストックホルム　ペトレ家の人々　人生という名のマラソン　勝者とは、敗者とは　「一〇〇年記念マラソン」

◇走れ二十五万キロ―「マラソンの父」金栗四三伝　長谷川孝道著　復刻版、第2版　〔熊本〕　熊本日日新聞社　2018.5　349p　21cm　〈年表あり　発売：熊日出版（熊本）〉　1500円　Ⓘ978-4-87755-574-0　Ⓝ782.3

◇金栗四三と田畑政治―東京オリンピックを実現した男たち　青山誠著　KADOKAWA　2018.9　221p　15cm　（中経の文庫　C65あ）〈文献あり　年譜あり〉　650円　Ⓘ978-4-04-602311-7　Ⓝ780.69

かなさか

内容 第1章 "地下足袋の王者"とストックホルムの挫折 第2章 日本のマラソン黎明期、パリで見つけた希望の灯 第3章 日本水泳界の若きリーダー・田畑政治とロサンゼルスの歓喜 第4章 しのび寄る戦争の影と幻となった東京大会 第5章 再びオリンピックの舞台へ、止まった時間が動き出す 第6章 ついにその時が来た、1964年、歓喜の東京オリンピック 第7章 尽きぬオリンピックへの思い、聖火は再び東京へ

◇金栗四三―消えたオリンピック走者 佐山和夫著 潮出版社 2018.11 334p 16cm (潮文庫 さ-3)〈文献あり〉 787円 ⓘ978-4-267-02160-2 Ⓝ782.3

内容 一〇〇年の時を超えて 嘉納治五郎と金栗四三 オリンピック予選会 ストックホルムへ 三島の短距離、金栗のマラソン 力尽きるまで その後の金栗四三 振興スポーツを正しく 幻の東京五輪、夢のストックホルム〔ほか〕

◇嘉納治五郎―オリンピックを日本に呼んだ国際人 真田久著 潮出版社 2018.12 189p 16cm (潮文庫 さ-4)〈文献あり〉 602円 ⓘ978-4-267-02161-9 Ⓝ789.2

内容 序章「逆らわずして勝つ」 第1章 日本のオリンピックへの関わり 第2章 講道館柔道の創設 第3章 留学生受け入れとスポーツ 第4章 国民体育(生涯スポーツ)の振興 第5章 IOC委員就任とオリンピックへの参加 第6章 関東大震災とスポーツによる復興 第7章 オリンピックの東京招致 第8章 金栗四三―長距離走の普及 終章 共生社会を目指した嘉納治五郎

金坂 信子〔1946〜2015〕 かなさか・のぶこ
◇一瞬(とき)を重ねて―信子の生涯 金坂清則著 京都 思文閣出版 2016.11 185p 26cm 〈他言語標題:Collected Moments〉 3000円 ⓘ978-4-7842-1869-1 Ⓝ289.1

内容 第1部 写真に見る信子の生涯(成長(1958〜1970) 出会いと結婚(1970〜1978) 娘優子とともに(1978〜1986) 新しい家族コロ(1986〜1994) 家族と書と旅と(1994〜2010) 病を抱えての書と旅(2011〜2015)) 第2部 作品(1995〜2015) エッセー(1989、2011〜2014) 刺繍

金澤 アイ〔1922〜〕 かなさわ・あい
◇日々是好日 金澤アイ著 新潟 喜怒哀楽書房(制作・印刷) 2017.3 219p 20cm Ⓝ289.1

金澤 翔子〔1985〜〕 かなさわ・しょうこ
◇あふれる愛―翔子の美しき心 金澤泰子著 相模原 どう出版 2017.9 210p 19cm 1600円 ⓘ978-4-904464-84-7 Ⓝ728.216

内容 天と繋がる翔子の智慧 純粋培養された魂の領域で叶う翔子の願い お伽の国の翔子 喜びにあふれ照り返す月 翔子の心に降りる天のメッセージ 闇から光へ 翔子のまなざし 翔子の祈り「私、神様を信じてるんだ」 翔子の微笑み 翔子が教える宇宙の真理 翔子がみせる奇跡の仕組み 日本一を叶えた翔子の書〔ほか〕

金沢 庄三郎〔1872〜1967〕 かなざわ・しょうざぶろう
◇金沢庄三郎―地と民と語とは相分つべからず

石川遼子著 京都 ミネルヴァ書房 2014.7 451,9p 20cm (ミネルヴァ日本評伝選)〈文献あり 著作目録あり 年譜あり 索引あり〉 4000円 ⓘ978-4-623-06701-5 Ⓝ289.1

内容 第1章 誕生から第三高等中学校時代まで―明治五〜二六年、二二歳まで 第2章 帝国大学博言学科、大学院から韓国留学へ―明治二六〜三四年、二二〜三〇歳 第3章 新外語設立され、韓語学科教授に―明治三〇〜大正四年、二六〜四四歳 第4章『辞林』と『日韓両国語同系論』の刊行―明治三四〜四四年、三〇〜四〇歳 第5章 苦境をくぐって再起へ―大正元〜昭和二年、四一〜五六歳 第6章『日鮮同祖論』の刊行―昭和二〜二〇年、五七〜七四歳 第7章 同祖論の飽くなき追求―昭和二〇〜四二年、七四〜九六歳 終章 濯足

金澤 ダイスケ〔1980〜〕 かなざわ・だいすけ
◇週刊金澤―2007-2014 金澤ダイスケ著 スペースシャワーネットワーク 2014.11 335p 19cm (〈SPACE SHOWER BOOKS〉) 1666円 ⓘ978-4-907435-40-0 Ⓝ767.8

内容 金澤ダイスケ、半生を語る 週刊金澤2007 第1回〜第13回 週刊金澤2008 第14回〜第64回 対談〜YO・KING(真心ブラザーズ)×金澤ダイスケ 週刊金澤2009 第65回〜第116回 週刊金澤2010 第117回〜第168回 対談〜後藤正文(ASIAN KUNG・FU GENERATION)×金澤ダイスケ 週刊金澤2011 第169回〜第220回 週刊金澤2012 第221回〜第272回 金澤ダイスケ欠席裁判―山内総一郎&加藤慎一 対談 菊池淳一(大子工人)×金澤ダイスケ 週刊金澤2013 第273回〜第323回 週刊金澤2014 第324回〜第339回

金澤 輝男〔1922〜1988〕 かなざわ・てるお
◇埼玉奇才列伝―自分流の生き方に徹し輝いた10人 佐々木明著 さいたま さきたま出版会 2018.9 183p 21cm 1500円 ⓘ978-4-87891-462-1 Ⓝ281.34

内容 1 小鹿野のエジソン 赤岩松寿(発明家) 2 誰も真似られない前衛俳句 阿部completes(俳人) 3 伝統を破り、作品を国内外で発表 今坪満里(書家) 4 冤罪死刑囚と家族の支援に尽力 太田博也(童話作家、社会事業家) 5 元祖、釣りキャスター 金澤輝男(政党職員、釣り評論家) 6 世界の空を飛び新記録を残す 神田道夫(公務員、熱気球冒険家) 7 米国に魅せられミステリー翻訳九九冊 小鷹信光(翻訳家・作家) 8 創作民話と民話劇の巨匠 さねとうあきら(劇作家、民話作家) 9 世界の山を愛した超人 田部井淳子(登山家) 10 家庭教師と学習塾業界のカリスマ 古川のほる(教育評論家、事業家)

金森 順次郎〔1932〜2012〕 かなもり・じゅんじろう
◇金森順次郎第13代大阪大学総長回顧録 金森順次郎著, 大阪大学アーカイブズ, 飯塚一幸, 菅真城編 吹田 大阪大学出版会 2017.3 184p 20cm 〈年譜あり 索引あり〉 2400円 ⓘ978-4-87259-591-1 Ⓝ377.28

内容 第1章 新・未知への群像 第2章 物の理を求めて六十年 第3章 式辞・告辞 第4章 新春を迎えて 第5章 適塾の遺産と学問のこれから 第6章 金森順

次郎先生遠く—作文上の美学を追究するなかれ

金山　明博〔1939〜〕　かなやま・あきひろ
◇伝説のアニメ職人（クリエーター）たち—アニメーション・インタビュー　第1巻　星まこと編・著　まんだらけ出版部　2018.5　277p　21cm　〈索引あり〉　1800円　Ⓣ978-4-86072-142-8　Ⓝ778.77
内容　大工原章・アニメーター、画家　森川信英・アニメーター　うしおそうじ（鷺巣富雄）・漫画家、元ピープロダクション社長　石黒昇・演出家　荒木伸吾・アニメーター・イラストレーター　金山明博・アニメーター・絵師　鳥海永行・演出家・作家　北原健雄・アニメーター　巻末特別企画　十九年目の「アニメーション・インタビュー」金山明博　解説（五味洋子・アニメーション研究家）

カニングハム, 久子〔1934〜〕　かにんぐはむ・ひさこ
◇異国に生きる—カニングハム・久子　愛と魂の軌跡　久子・テレーズ・カニングハム著　木更津　エスコアール　2015.10　253p　21cm　1500円　Ⓣ978-4-900851-78-8　Ⓝ289.3
内容　序　ネプチューン・フューネラル（海葬）　第1章　生い立ち　第2章　青春の旅立ち　第3章　アメリカへ　第4章　異文化適応　第5章　異文化適応のプロセスを考える　第6章　アメリカで出会った人々—運命　第7章　国際結婚—ミニ国連の日々　第8章　老いと向き合う

金内　柊真〔1996〜〕　かねうち・とうま
◇才能が無ければその分努力すればいい　金内柊真著　KADOKAWA　2018.8　127p　19cm　1300円　Ⓣ978-4-04-602442-8　Ⓝ673.96
内容　第1章　「本当にやりたいこと」の見つけ方—美容師を目指す前の僕（傷だらけのやんちゃなクソガキ時代　目立つのが大好きやった小学校時代　HISTORY　ほか）　第2章　金内柊真の物事に対する考え方のすべて—僕が実践している10のこと（「自分のやりたいこと」から逆算して自分に合う会社を探す　具体的な目標と、それに向けた方法を考える　言葉に出すことで人は強くなる　ほか）　第3章　Twitterで募集したフォロワーの悩みに回答（ヘアケア編　進路&将来の夢編　恋愛編　ほか）

兼川　平和〔1930〜〕　かねかわ・へいわ
◇ある医学生の友情—病床の友との往復書簡　鍋谷堯爾,兼川平和共著　〔出版地不明〕　鍋谷堯爾　2015.11　237p　19cm　〈発売：いのちのことば社〉　1300円　Ⓣ978-4-264-03459-9　Ⓝ198.321
＊数々のエピソードで綴られた結核療養所での体験とその友を励まし続けた医学生との心の交流。日本を代表する旧約学者を生み出した若き日の魂の原風景をたどる。

金子　貫道〔1896〜1969〕　かねこ・かんどう
◇丹波布復興の父金子貫道　滝川秀行著　神戸　神戸新聞総合出版センター　2017.7　166p　22cm　〈年譜あり〉　1852円　Ⓣ978-4-343-00956-2　Ⓝ188.82

金子　國義〔1936〜2015〕　かねこ・くによし
◇美貌帖　金子國義著・装幀　河出書房新社　2015.2　254p　図版6枚　20cm　2600円　Ⓣ978-4-309-27558-1　Ⓝ723.1
内容　序　部屋の中　生家　四谷の家　大森の家

金子　堅太郎〔1853〜1942〕　かねこ・けんたろう
◇戦争を乗り越えた日米交流—日米協会の役割と日米関係1917〜1960　飯森明子著　彩流社　2017.7　193,29p　22cm　〈年表あり〉　3200円　Ⓣ978-4-7791-2331-3　Ⓝ063
内容　第1章　初期日米協会の活動と金子堅太郎（一九一七・一九二四年）　第2章　戦前昭和期日米交流の発展とジレンマ（一九二四・一九三九年）　第3章　戦間期軍関係者の日米交流（一九一七・一九四〇年）　第4章　太平洋戦争前後の日米協会—活動の連続性をさぐる（一九三九・一九五〇年）　第5章　戦後日米交流と日米協会の新たな模索—小松隆会長の活躍（一九五一・一九五五年）　第6章　日米交流の分化と日米協会—戦略化する交流（一九五五・一九六〇年）

兼子　清一郎〔1915〜〕　かねこ・せいいちろう
◇百舎重繭　兼子清一郎著　〔山形〕　山形文庫　2015.2　107p　26cm　〈他言語標題：Hyakushachouken　発行所：企業組合リンクシップ〉　Ⓝ289.1

金子　武雄〔1928〜〕　かねこ・たけお
◇わが生涯に悔いなし　金子武雄著　〔三条〕　〔金子武雄〕　2018.7　251p　22cm　〈補筆・校正：岩淵一也　年譜あり〉　Ⓝ289.1

金子　兜太〔1919〜2018〕　かねこ・とうた
◇語る兜太—わが俳句人生　金子兜太著、黒田杏子聞き手　岩波書店　2014.6　275p　20cm　〈著作目録あり　年譜あり〉　2200円　Ⓣ978-4-00-025982-8　Ⓝ911.362
内容　1　秩父に生まれて　2　自由人への道—水戸高校から東大経済学部へ　3　出征と復員　4　俳句専念　5　「海程」を砦に—俳句の方法　6　生きもの感覚を磨く—俳句表現の基本　7　心ひかれた人々　8　国民文芸を地球上の人々とともに　9　俳句とともに生きる　座談会　金子兜太を読む（金子兜太・大木あまり・齋藤愼爾・宗田安正・中岡毅雄・黒田杏子（司会））
◇他界　金子兜太著　講談社　2014.12　205p　19cm　1300円　Ⓣ978-4-06-219139-5　Ⓝ911.362
内容　第1章　九十二歳でがんの手術に挑む　第2章　オレは"いのち運"が強い　第3章　定住漂泊　第4章　「生きもの感覚」というふたつの触角　第5章　アニミズムは「いのち」の本当の姿を教えてくれる　第6章　自分のなかの他界の手触り　第7章　七十歳。「立禅」で他界の人と対話する　第8章　理想の他界　第9章　九十五歳の他界説
◇あの夏、兵士だった私—96歳、戦争体験者からの警鐘　金子兜太著　清流出版　2016.8　203p　19cm　〈年表あり〉　1500円　Ⓣ978-4-86029-451-9　Ⓝ911.362
内容　プロローグ　とても、きな臭い世の中になってきた　第1章　あまりにも似ている「戦前」といま　第2章　「死の最前線」で命を拾う—トラック島にて　第

3章 捕虜生活で一転、地獄から天国へ　第4章 日銀は仮の宿、"食い物"にして生きてやる　第5章 明日のためにいまやっておくべきこと

金子 知太郎〔1923～2014〕　かねこ・ともたろう
◇思い出づるままに　金子知太郎著　金子多惠子　2014.12　89p　21cm　〈年譜あり〉　Ⓝ289.1

金子 直吉〔1866～1944〕　かねこ・なおきち
◇遙かな海路―巨大商社・鈴木商店が残したもの　神戸新聞社編　神戸　神戸新聞総合出版センター　2017.6　295p　20cm　〈文献あり 年譜あり〉　1800円　Ⓘ978-4-343-00952-4　Ⓝ335.48
内容 第1部 創業のころ（天下三分の宣言書　瓦せんべいと共に　ほか）　第2部 世界へ（新領地、2人の後藤　拡大へのカンフル剤　ほか）　第3部 頂点に立つ（大戦景気に沸く神戸　英国拠点に強気の商い　ほか）　第4部 荒波、そして（盟友2人、海運に参入　大商人、2人の西川　ほか）

金子 ふみ子〔1903～1926〕　かねこ・ふみこ
◇何が私をこうさせたか―獄中手記　金子文子著　岩波書店　2017.12　434p　15cm　(岩波文庫　38-123-1)〈「何が私をかうさせたか」（春秋社1931年刊）の改題、訂正　年譜あり〉　1200円　Ⓘ978-4-00-381231-0　Ⓝ289.1
内容 手記の初めに　父　母　小林の生れ故郷　母の実家　新しい家　芙江　岩下家　朝鮮での私の生活　村に還る〔ほか〕

金子 みすゞ〔1903～1930〕　かねこ・みすず
◇写真とイラストで辿る金子みすゞ　小倉真理子著　勉誠出版　2016.9　147p　21cm　〈年譜あり　索引あり〉　1800円　Ⓘ978-4-585-29505-1　Ⓝ911.52
内容 1 みすゞを歩く（生誕の地、仙崎へ　仙崎散策案内〔みすゞ散策案内〕）　2 みすゞの生涯（みすゞ詩の享受　生と死と―父との別れ　母と子と　夢の世界へ　さみしい王女　童謡詩集の後）　3 作品から読み解くみすゞの人生（子ども時代のみすゞ―みすゞは"いい子"でなかったか　詩作の方法―みすゞと北原白秋　結婚とみすゞの詩―「私と小鳥と鈴と」「こだまでせうか」　金子みすゞ童謡詩集の謎―失われた「空のかあさま」）

金子 光晴〔1895～1975〕　かねこ・みつはる
◇今宵はなんという夢見る夜―金子光晴と森三千代　柏倉康夫著　左右社　2018.6　411p　19cm　〈奥付のタイトル（誤植）: 今宵はなんという夢みる夜　文献あり〉　4200円　Ⓘ978-4-86528-201-6　Ⓝ911.52
内容 第1部 放浪の始まり　第2部 新嘉坡の別れ　第3部 モンマルトルの再会　第4部 厳しいパリ　第5部 ヨーロッパ離れ離れ　第6部 女流作家誕生　第7部 『鮫』の衝撃　第8部 南方の旅、再び　第9部 戦時下のふたり　第10部 『寂しさの歌』　短いエピローグ

◇金子光晴にあいたい　松本亮著, 山本かずこ聞き手　和光　ミッドナイト・プレス　2018.12　185p　19cm　2500円　Ⓘ978-4-907901-15-8　Ⓝ911.52

内容 金子光晴との出会い　『マレー蘭印紀行』に書かれたバトパハの魅力　南方旅行がやがて創作のバネになった　パリのダゲール街二十二番地に立つボーッとしながら、言葉を飼い慣らす　金子光晴が本気で書いた『人間の悲劇』詩集『愛情69』の69篇の詩　森三千代への愛の深さ　遺書のように書き終えた連載　戦時中の金子光晴、そして松本亮　金子光晴のそばで二十五年間過ごして

金坂 清〔1931～〕　かねさか・きよし
◇俺の人生ってこんなもんかな　金坂清著　〔出版地不明〕　〔金坂清〕　2016.9　158p　18cm　Ⓝ289.1

兼常 清佐〔1885～1957〕　かねつね・きよすけ
◇兼常清佐―萩が生んだ音楽界の奇才　三好健二著　〔萩〕　萩ものがたり　2015.11　59p　21cm　(萩ものがたり　vol 48)〈年譜あり　文献あり〉　473円　Ⓝ289.1

金本 知憲〔1968～〕　かねもと・ともあき
◇人生賭けて―苦しみの後には必ず成長があった　金本知憲著　小学館　2016.3　241p　15cm　(小学館文庫　か43-1)〈2012年刊の加筆〉　570円　Ⓘ978-4-09-406275-5　Ⓝ783.7
内容 序章 引退　第1章 絶望　第2章 希望　第3章 伝説　第4章 勝負　終章 人生

狩野 琇鵬〔1936～2016〕　かの・しゅうほう
◇生死の境を歩む　狩野琇鵬著　熊本　喜秀会　2017.7　142p　20cm　（わたしを語る）〈制作: 熊日出版（熊本）〉　1500円　Ⓘ978-4-908313-26-4　Ⓝ773.28

嘉納 愛子〔1907～2016〕　かのう・あいこ
◇五十、六十、花なら蕾七十、八十、花盛り　嘉納愛子著　扶桑社　2014.6　151p　19cm　1300円　Ⓘ978-4-594-07069-4　Ⓝ289.1
内容 第1章 歌いたい、見たい、聴きたい、歩きたい。私は「たいたいお婆さん」（歌いたい、弾きたい、見たい、聴きたい、歩きたい　今も現役で声楽のレッスンをしています　ほか）　第2章 歌はお話。お話は歌（歌好きに産んでくれた両親に感謝　「行かせてくれなければ死にます」と父を説得、東京音楽学校へ　ほか）　第3章 旧家の"若ごりょんはん"から音楽教育の道へ（灘の名家に嫁いで　旧家の「若ごりょんはん」　ほか）　第4章 人生はどの人も公平です（山田先生を相愛に招聘　歌とともにあった人生　ほか）

狩野 恵里〔1986～〕　かのう・えり
◇半熟アナ　狩野恵里著　KADOKAWA　2016.2　215p　18cm　1200円　Ⓘ978-4-04-601389-7　Ⓝ699.39
内容 第1章 「伝えたい思い」が道をつくる（戸惑いの日々　狩野恵里って誰？　ほか）　第2章 道に迷った日々（失敗ばかりのアナウンサーデビュー　アナウンサー失格？　ほか）　第3章 道しるべは、人の言葉にある（トライ精神をなくしたら終わり　三歩進んで、二歩下がる　ほか）　第4章 人生はトライ＆エラー（見逃し三振はしたくない　「しつこい奴」だと思われても　ほか）　第5章 これから歩いていく道（アナウンサーらしくないアナウンサー　「テレ東でしか開花しなかった」　ほか）

狩野 亨吉〔1865〜1942〕 かのう・こうきち

◇安藤昌益に魅せられた人びと―みちのく八戸からの発信 近藤悦夫著 農山漁村文化協会 2014.10 378p 19cm （ルーラルブックス） 2000円 Ⓘ978-4-540-14213-0 Ⓝ121.59

[内容] 狩野亨吉 依田荘介 ハーバート・ノーマン 山田鑑二 上杉鬮修 八戸在住発見後の研究 渡辺没後の研究 村上壽秋 石垣忠吉 三宅正彦 寺尾五郎 『全集』後の周辺 『儒道統之図』をめぐって 還俗後の活動 昌益医学を継承する数々の医書 稿本『自然真営道』の完成に向けて

◇危険な思想―狩野亨吉と安藤昌益 庄司進著 秋田 無明舎出版 2018.12 231p 19cm 〈文献あり〉 1800円 Ⓘ978-4-89544-650-1 Ⓝ121.6

[内容] 第1章 狩野亨吉の生涯（故郷喪失 亨吉の青年期 壮年期の亨吉 市井人として） 第2章 安藤昌益の思想（思想を否定する思想 思想の形成過程） 第3章「危険な思想」とは何か 第4章 狩野亨吉の生きかた

嘉納 治五郎〔1860〜1938〕 かのう・じごろう

◇嘉納治五郎と安部磯雄―近代スポーツと教育の先駆者 丸屋武士著 明石書店 2014.9 307p 20cm 〈文献あり〉 2600円 Ⓘ978-4-7503-4070-8 Ⓝ789.2

[内容] 第1章 国民教育と国民の政治意識、あるいは国民思想 第2章 剛毅闊達な精神 第3章 日本発（初）グローバルスタンダードの構築―嘉納治五郎によるイノベーションの意義 第4章 三育（徳育、体育、知育）絶妙のバランス、「嘉納塾」 第5章 日露戦争と早大野球部米国遠征 第6章 日本スポーツ界の夜明け 第7章 嘉納治五郎の英断―「体協」結成とオリンピック初参加 第8章 「体協」総務理事安部磯雄の見識

◇近代オリンピックのヒーローとヒロイン 池井優著 慶應義塾大学出版会 2016.12 365p 20cm 〈文献あり〉 2600円 Ⓘ978-4-7664-2389-1 Ⓝ780.28

[内容] ピエール・ド・クーベルタン―近代オリンピックの創始者 嘉納治五郎―日本初代のIOC委員 金栗四三―"日本マラソンの父"となったオリンピックの敗者 人見絹枝―日本女子初のメダリスト 西竹一―バロン西と呼ばれた馬術大障害の優勝者 織田幹雄―日本人最初のゴールドメダリスト 「前畑がんばれ！」―日本初のオリンピック女子金メダリスト 西田修平・大江季雄―ベルリンの死闘と「友情のメダル」 ジェシー・オーエンス―ベルリンで四つの金メダルを獲った黒人選手 清川正二―オリンピックの金メダリスト、IOC委員 古橋廣之進―戦後日本に希望を与えて吠えた「フジヤマのトビウオ」 猪谷千春―冬季五輪初のメダリスト、そしてIOC委員 アベベ・ビキラ―ローマ、東京と二大会を制覇したマラソンの王者 大松博文―「東洋の魔女」に金メダルを獲らせた"鬼"の指導者 日本サッカー界を改革したドイツ人コーチ―デットマール・クラマーと日本代表チーム ベラ・チャスラフスカ―「プラハの春」にゆれた体操の女王 男子バレーボールに革命をもたらした監督―松平康隆と日本男子バレーボール モスクワ五輪ボイコットに泣いた選手たち―政治に翻弄されたオリンピック 北島康介―オリンピック三大会でメダル獲得のスイマー

◇繻―嘉納治五郎と故郷熊本 永田英二著 東京図書出版 2018.3 185p 19cm 〈年譜あり 発売：リフレ出版〉 1000円 Ⓘ978-4-86641-110-1 Ⓝ789.2

[内容] 故郷熊本と講道館柔道との関わり 「講道館熊本分場」の創設初期（熊本県人男性の気質 「肥後もっこす」 「外柔内剛」 熊本赴任前の嘉納治五郎と講道館 ほか） 報国更生団結成趣意書から覗く嘉納治五郎の側面（報国更生団について 国民精神総動員とは 嘉納治五郎と中国留学生教育 ほか） 嘉納治五郎の国家観・社会観・日本人観（嘉納治五郎の生い立ち 嘉納治五郎の性癖 嘉納治五郎の国家観 ほか）

◇日本の偉人物語 2 上杉鷹山 吉田松陰 嘉納治五郎 岡田幹彦著 光明思想社 2018.4 226p 20cm 1296円 Ⓘ978-4-904414-75-0 Ⓝ281

[内容] 第1話 上杉鷹山―江戸時代の代表的名君（「民の父母」の誓い 米沢藩再建の艱難辛苦 鷹山の愛民と仁政 ほか） 第2話 吉田松陰―救国の天使（日本を守る兵学者として やむにやまれぬ大和魂 誓って神国の幹たらん ほか） 第3話 嘉納治五郎―柔道を創始した世界的偉人（柔道の創始者 柔道の発展 明治の一大教育家 ほか）

◇明治史講義 人物篇 筒井清忠編 筑摩書房 2018.4 397p 18cm （ちくま新書 1319）〈文献あり〉 1100円 Ⓘ978-4-480-07140-8 Ⓝ210.6

[内容] 木戸孝允―「条理」を貫いた革命政治家 西郷隆盛―謎に包まれた超人気者 大久保利通―維新の元勲、明治政府の建設者 福澤諭吉―「文明」と「自由」 板垣退助―自らの足りなさを知る指導者 伊藤博文―日本型立憲主義の造形者 井上毅―明治維新を落ち着かせようとした官僚 大隈重信―政治対立の演出者 金玉均―近代朝鮮における「志士」たちの時代 陸奥宗光―『蹇蹇録』で読む日清戦争と朝鮮 [ほか]

◇嘉納治五郎―オリンピックを日本に呼んだ国際人 真田久著 潮出版社 2018.12 189p 16cm （潮文庫 さ-4）〈文献あり〉 602円 Ⓘ978-4-267-02161-9 Ⓝ789.2

[内容] 序章「逆らわずして勝つ」 第1章 日本のオリンピックへの関わり 第2章 講道館柔道の創設 第3章 留学生受け入れとスポーツ 第4章 国民体育（生涯スポーツ）の振興 第5章 IOC委員就任とオリンピックへの参加 第6章 関東大震災とスポーツによる復興 第7章 オリンピックの東京招致 第8章 金栗四三―長距離走の普及 終章 共生社会を目指した嘉納治五郎

加納 宗七〔1827〜1887〕 かのう・そうしち

◇草莽の湊神戸に名を刻みし加納宗七伝 松田裕之著 朱鳥社 2014.10 309p 19cm 〈文献あり 年表あり 索引あり 発売：星雲社〉 1800円 Ⓘ978-4-434-19867-0 Ⓝ289.1

[内容] 1 和歌山城下の侠商（宗七の出自をめぐる謎 豪商岩橋屋と伊達家の人びと 勤王の志士たちとの交流 龍馬暗殺と天満屋騒動） 2 開港地への進出（"成尾屋"竹中与三郎のこと 神戸事件と陸奥・伊藤の来神 黎明期神戸の豪商たち 紀州商人の来神 萬汽船の創設） 3 神戸造成の立役者に（近代海運業の覇権をかけて 生田川付替えと十間道路の誕生

"怪人"関戸と"投機王"小寺　もうひとつの加納町と紀ノ川改修）　4 港都振興の先駆け（網屋吉兵衛の遺志と小野濱船溜の築造　加納湾の売却と国土たる名譽　鉱山経営の失敗と社会事業への献身　臨終と銅像建設のこと）

狩野 素川〔1765〜1826〕かのう・そせん
◇狩野素川と浮世絵　松尾洋子著　歴研　2018.11　293p　20cm　1800円　①978-4-86548-072-6　Ⓝ721.8

加納 辰夫〔1904〜1977〕かのう・たつお
◇画家として、平和を希う人として─加納辰夫〈羌蕾〉の平和思想　加納佳世子著　大阪　メディアイランド　2015.3　228p　図版16p　20cm　〈文献あり　年譜あり〉　2000円　①978-4-904678-53-4　Ⓝ723.1
|内容|第1章 故郷（生い立ち　少年期から青年期）　第2章 画家として（東京へ　日中戦争と辰夫　古瀬少将との出会い）　第3章 嘆願─『赦し難きを赦す』（一九四九年─東京へ　ふたたび東京へ─フィリピンへの発信　フィリピン・キリスト教連合会へ　布部からフィリピンへ　キリノ大統領の声明）　第4章 その後の加納辰夫（「世界児童憲章制定」への切望　フィリピン訪問　平和を求め続けて）

狩野 探幽〔1602〜1674〕かのう・たんゆう
◇狩野探幽─御用絵師の肖像　榊原悟著　京都　臨川書店　2014.6　824p　22cm　〈年譜あり〉　7500円　①978-4-653-04085-9　Ⓝ721.4
|内容|巨匠誕生　神童伝説　探幽の時代　桃山から江戸へ　上洛殿障壁画の制作　御用絵師の仕事　権力の顕彰　肖像画家探幽　寵童癖・男色趣味　交友界　『松平大和守日記』より　最初の美術研究家　『隔蓂記』の見た探幽　承応度・内裏障壁画制作　探幽家の台所事情　探幽様尊重　探幽様継承　作品を鑑る─人物画の世界
◇巨匠狩野探幽の誕生─江戸初期、将軍も天皇も愛した画家の才能と境遇　門脇むつみ著　朝日新聞出版　2014.10　30,273,7p　19cm　（朝日選書 925）〈文献あり　索引あり〉　1700円　①978-4-02-263025-4　Ⓝ721.4
|内容|第1章 生涯─五つのターニングポイント（誕生から十六才で徳川幕府御用絵師となるまで　十六才から三十四才で探幽斎号を名のり始める前まで　三十四才から四十九才の尚信死没まで　四十九才から六十一才で法印となるまで　六十一才から七十三才の死没まで）　第2章 画技─比べて分かる探幽画の魅力 探幽はどのように天才なのか（探幽様式の形成　狩野山雪─探幽と境遇の異なる京狩野の当主　狩野尚信、安信─探幽とは異なる個性、様式を備えた二人の兄弟　次世代の画家たち─息子探信、探雪、甥時信・常信、養子益信、弟子久隅守景）　第3章 社交─画業の充実と社会的栄達をはかる　画家にとっての社交（大名稲葉家＝パトロン　大徳寺僧江月宗玩＝教導者　御用儒学者林家＝技官仲間）　第4章 組織の長─制作体制と一門の実態 巨匠と工房（多作の実態　探幽一門　工房制作　二つの屋敷）

狩野 豊太郎〔1923〜2013〕かのう・とよたろう
◇土地に夢を描いて　狩野豊太郎著，秋田魁新報社編　秋田　秋田魁新報社　2014.8　143p　18cm　（さきがけ新書─シリーズ時代を語る）

〈年譜あり〉　800円　①978-4-87020-355-6　Ⓝ289.1

叶 雄作〔1949〜〕かのう・ゆうさく
◇七転び八起きの人生劇場　叶雄作著　文芸社　2014.8　170p　15cm　600円　①978-4-286-14993-6　Ⓝ289.1

加納 米一〔1911〜1981〕かのう・よねいち
◇音と共に生きた加納米一　〔出版地不明〕「音と共に生きた加納米一」実行委員会　2018.6　202p　21cm　〈年譜あり〉　Ⓝ771.56

樺沢 芳勝〔1899〜1977〕かばさわ・よしかつ
◇民謡地図　別巻　民謡名人列伝　竹内勉著　本阿弥書店　2014.12　285p　20cm　〈布装　年表あり〉　3200円　①978-4-7768-1157-2　Ⓝ388.91
|内容|初代浜田喜一─主役だけを演じた江差追分の名人　浅利みき─津軽じょんがら節をじょっぱりだけで歌う　木田林松栄─三味の糸を叩き抜いた津軽三味線弾き　成田雲竹─津軽民謡の神様　菊池淡水─民謡界の偉人後藤桃水先生の教えを守った尺八奏者　赤間森水─声を意のままに使いこなして歌う　樺沢芳勝─からっ風の上州の風土を体現する声で歌う　大出直三郎─負けん気がすべてで歌う越名の舟唄　中川千代─両津甚句でみせた天下一のキレのよさ　吉田喜正─漁船四杯と取り替えたしげさ節　高山昌昌─音戸の舟唄を歌う写実の職人　赤坂小梅─押さば押せ　引かば押せの黒田節

華原 朋美〔1974〜〕かはら・ともみ
◇華原朋美を生きる。　華原朋美著　集英社　2015.8　176p　22cm　2000円　①978-4-08-780757-8　Ⓝ767.8
|内容|1 生い立ち─華原朋美前夜　2 シンデレラストーリー─華原朋美誕生　3 暗転─挫折の迷宮へ　4 復活─本当の信頼とは　5 格闘─20周年までの道　6 飛躍─はじまりのうたが聴こえる　7 夢─女性として生きるということ　特別対談・小室哲哉

カヒミ・カリイ〔1968〜〕
◇にきたま　カヒミ カリィ著　祥伝社　2018.12　215p　21cm　2000円　①978-4-396-61660-1　Ⓝ767.8
|内容|出会い　妊娠〜出産　生まれたての娘と新しい季節　はじめまして、カヒミ・カリィです　特別な場所…沖縄の小さな島でのバカンス　初めての育児1年目─本当に特別で充実した時間　熊谷家にやってきた突然の嵐！　あの日芽生えた強い気持ち　娘の健康と将来について考える日々　2回目の夏、見守る夏　娘と一緒に絵本を楽しむ〔ほか〕

加太 邦憲〔1849〜1929〕かぶと・くにのり
◇加太邦憲自歴譜　加太邦憲編輯　オンデマンド版　東京大学出版会　2016.3　1冊　22cm　（続日本史籍協會叢書 21）〈複製　印刷・製本：デジタルパブリッシングサービス〉　16000円　①978-4-13-009565-5　Ⓝ289.1

鎌倉 康夫〔1942〜〕かまくら・やすお
◇私の半生記─自分史　鎌倉康夫著　ブックコム　2016.11　149p　21cm　〈年譜あり〉　Ⓝ289.1

鎌倉 芳太郎〔1898～1983〕 かまくら・よしたろう
◇首里城への坂道―鎌倉芳太郎と近代沖縄の群像 与那原恵著 中央公論新社 2016.11 486p 16cm （中公文庫 よ58-1）〈筑摩書房 2013年刊の再刊 文献あり〉 1400円 ⓘ978-4-12-206322-8 Ⓝ753.8
[内容]第1章 彼が歩いた坂道 第2章 「沖縄学」の青春 第3章 あやうし！首里城 第4章 夢のような宴―伊東忠太の沖縄 第5章 さよなら麦門冬 第6章 島をめぐる旅―八百キロの琉球芸術調査 第7章 なちかさや沖縄、戦場になやい 第8章 紅型がふたたび「生まれる」 第9章 けーいみそーちー（おかえりなさい） 第10章 よみがえる赤い城

鎌田 克己〔1948～2014〕 かまた・かつみ
◇ある全共闘不良派の生涯 鎌田克己著, たけもとのぶひろ編集 明月堂書店 2015.12 219p 19cm 1800円 ⓘ978-4-903145-52-5 Ⓝ289.1
[内容]第1章 入った・見た・分かった「塀の中」 第2章 出所後のぼく 第3章 うちの労働者諸君 第4章 可愛いルナ―私生活の断面（1） 第5章 親思いの息子―私生活の断面（2） 第6章 孤軍奮闘の歳月 第7章 癌闘病の壮絶 終章 全共闘不良派

鎌田 銓一〔1896～1975〕 かまた・せんいち
◇皇室をお護りせよ！―鎌田中将への密命 鎌田勇著 ワック 2016.10 254p 20cm 〈文献あり〉 1600円 ⓘ978-4-89831-452-4 Ⓝ289.1
[内容]第1章 日本の戦後を救った、厚木での「再会」 第2章 人生最後と決めた日に「皇室をお護りせよ」の密命 第3章 「技術」を学んで国にご奉公したい 第4章 米軍の指揮官となった日本の工兵将校 第5章 兵站を軽視しては、勝つことはできない 第6章 マッカーサーが突然やって来た 第7章 「国民外交」で天皇陛下をお護りする

鎌田 侑喜〔1926～〕 かまた・ゆうき
◇激動の昭和を突っ走った消防広報の鬼―おふくろさんから学んだ広報の心 中澤昭著 近代消防社 2015.5 281p 20cm 1800円 ⓘ978-4-421-00863-0 Ⓝ317.7936
[内容]第1章 故郷はどこへ行った 第2章 幼き心に沁みこむ言葉 第3章 消防へのいばら道 第4章 マスコミへ体当たり 第5章 行政広報への道 第6章 学び多し陸軍署長一年生 第7章 勝鬨倉庫火災の教訓―失敗を失敗で終わらすな 第8章 突っ走った広報 第9章 二人の悲願 第10章 痛恨のホテル・ニュージャパン火災

釜谷 勝代〔1947～〕 かまたに・かつよ
◇勝っちゃんは障害をもっててよかったわ 釜谷勝代著 文芸社 2017.2 126p 15cm 〈2003年刊の再刊 著作目録あり〉 600円 ⓘ978-4-286-17988-9 Ⓝ289.1

釜本 邦茂〔1944～〕 かまもと・くにしげ
◇それでも俺にパスを出せ―サッカー日本代表に欠けているたったひとつのこと 釜本邦茂著 講談社ビーシー 2017.2 239p 19cm 〈発売：講談社〉 1200円 ⓘ978-4-06-220549-8 Ⓝ783.47
[内容]第1章 「ヤマトダマシイを見せてくれ」 第2章 サッカーは戦争 第3章 サッカー人生の暗転 第4章 「私は友情のためにここに来た」 第5章 アマチュア以上、プロ未満 第6章 ゴールはポジションでなく「意志」が大切

上泉 伊勢守 かみいずみ・いせのかみ
⇒上泉信綱（かみいずみ・のぶつな）を見よ

上泉 信綱〔室町後期〕 かみいずみ・のぶつな
◇剣聖上泉伊勢守 宮川勉著 前橋 上毛新聞社事業局出版部 2015.7 79p 21cm （前橋学ブックレット 3）〈文献あり〉 600円 ⓘ978-4-86352-138-4 Ⓝ789.3
[内容]第1章 剣聖誕生（上泉城 剣の修行） 第2章 攻防箕輪城（列強の狭間 武勇の人） 第3章 花開く第二の人生（柳生石舟斎との出会い 天覧演武と将軍上覧） 第4章 実像を追って（「言継卿記」に見える上泉伊勢守 軍師の姿） 第5章 新陰流（時代を超える発想 剣の術と理 禅の影響 その後の伊勢守）

上泉 秀信〔1897～1951〕 かみいずみ・ひでのぶ
◇農民作家 上泉秀信の生涯 中山雅弘著 会津若松 歴史春秋出版 2014.7 260p 20cm 〈文献あり 著作目録あり 年譜あり 索引あり〉 1500円 ⓘ978-4-89757-831-6 Ⓝ910.268

神尾 英俊〔1827～1880〕 かみお・ひでとし
◇神尾鉄之丞英俊のことども―会津藩江戸常詰御開番の戦前戦後 河内山雅彦著 武蔵野 河内山雅彦 2015.1 110p 図版 [29] 枚 21cm 〈文献あり 著作目録あり〉 Ⓝ289.1

上岡 龍太郎〔1942～〕 かみおか・りゅうたろう
◇話芸の達人―西条凡児・浜村淳・上岡龍太郎 戸田学著 青土社 2018.9 251p 19cm 〈文献あり〉 2000円 ⓘ978-4-7917-7093-9 Ⓝ779.14
[内容]第1部 西条凡児の話芸（西条凡児の高座 西条凡児の経歴 西条凡児の漫談 ほか） 第2部 浜村淳の話芸（京都アクセントを生かす浜村淳 浜村淳の履歴 芸名「浜村淳」の誕生、そして東京へ） 第3部 上岡龍太郎の話芸（上岡龍太郎の引退 横山ノックへの弔辞 漫画トリオの時代 ほか）

神澤 志万 かみざわ・しま
◇国会女子の忖度日記―議員秘書は、今日もイバラの道をゆく 神澤志万著 徳間書店 2017.7 234p 19cm 〈表紙のタイトル：SONTAKU DIARY〉 1250円 ⓘ978-4-19-864424-6 Ⓝ314.18
[内容]第1章 議員秘書がしていること、されていること（「お前の脳は使うためにあるんじゃない！」新人議員秘書が食らう罵詈雑言の雨あられ 部屋のカギを盗まれて困る後輩を見て喜ぶほどんど犯罪！？先輩秘書の極悪イジメ ほか） 第2章 男尊女卑のなかで女性秘書は生きていく（セクシーな女性秘書やスタッフを揃えた「素人キャバクラ事務所」は実在する タカラジェンヌ、CA、チアリーダー、プロレスラー…転職組の秘書のすごみ ほか） 第3章 秘書は見た、あの政治家の本当の顔（「変遷の人」だとわかっていても小池百合子都知事に人が群がるのは…

「きれいオーラ」は炸烈しているのに蓮舫代表はなぜこんなにも嫌われる？　ほか）　第4章　秘書は忘れない、あの醜聞の真相（秘書は怒鳴られて育つ？　忍耐力と感情抑制能力がはつきまてた　自殺未遂するほど追い込まれるならば…覚醒剤に走ってしまった永田町の人々　ほか）　第5章　それでも心折れずに働くために（デキる人ほど「雑用」の重さを知る「石の上にも3年」の呪文とともに　新人秘書教育の難しさから学ぶ「話しかけにくい人」にならない技術　ほか）

上重 聡〔1980～〕　かみしげ・さとし
◇怪物と闘ったPLのエース―壁と挫折の連続だった私の野球人生　上重聡著　竹書房　2015.8　358p　19cm　1400円　Ⓘ978-4-8019-0331-9　Ⓝ783.7
内容　第1章　野球に明け暮れた少年時代　第2章　PL学園での苦しい日々　第3章　3年春に念願の背番号1　第4章　怪物・松坂大輔との遭遇　第5章　球史に残る延長17回の死闘　第6章　松坂世代とのふれあい　第7章　初めて親の前で号泣した夜　第8章　野球を辞めた本当の理由　第9章　野球への思い　特別対談　松坂大輔×上松聡

◇怪物と闘ったPLのエース―壁と挫折の連続だった私の野球人生　上重聡著　竹書房　2018.7　366p　15cm　（竹書房文庫　か14-1）　750円　Ⓘ978-4-8019-1531-2　Ⓝ783.7
内容　第1章　野球に明け暮れた少年時代　第2章　PL学園での苦しい日々　第3章　3年春に念願の背番号1　第4章　怪物・松坂大輔との遭遇　第5章　球史に残る延長17回の死闘　第6章　松坂世代とのふれあい　第7章　初めて親の前で号泣した夜　第8章　野球を辞めた本当の理由　第9章　野球への思い　特別対談　松坂大輔×上重聡

上島 理伸　かみじま・まさのぶ
◇カエルの少年物語　上島理伸著　文芸社　2015.6　245p　15cm　350円　Ⓘ978-4-286-16272-0　Ⓝ289.1
＊大器晩成だッ！　すごい知恵だッ！　永遠の若さへ――。平凡で飛び跳ねてばかりいるカエルの少年は、理想の人間になるためにはどうしたらいいか、一生懸命考えた。ゲコゲコ鳴きながら、上なることを目指し、苦しみから解放される術を模索し続けた。時に迷信に悪い病に苦しみながら、ようやく真理を得て、飛躍のステージに今、上り始める――。感動を喚起する珠玉の自叙伝。

上條 嘉門次〔1847～1919〕　かみじょう・かもんじ
◇ウォルター・ウェストンと上條嘉門次　上條久枝著　求龍堂　2018.5　315p　20cm　〈文献あり〉　2000円　Ⓘ978-4-7630-1807-6　Ⓝ786.1
内容　第1章　ウェストンさんの来日まで　第2章　ウェストンさんの来日　第3章　英国でのウェストンさんと二度目の来日　第4章　英国でのウェストン夫妻と最後の来日　第5章　嘉門次の境涯　第6章　帰英後のウェストン　第7章　英国にウェストンさんの跡を訪ねて

上條 英男〔1941～〕　かみじょう・ひでお
◇BOSS――一匹狼マネージャー50年の闘い　上條英男著　鹿砦社　2018.10　223p　19cm　1111円　Ⓘ978-4-8463-1251-0　Ⓝ772.1
内容　第1章　西城秀樹との1000日間（突然の訃報　所持金5000円の家出少年　ほか）　第2章　傷だらけの半生記（勘当されて音楽の道へ　内田裕也との出会い　ほか）　第3章　ボスと呼ばれて（ハーフタレントを手掛けて　初めて「ボス」と呼んだ小山ルミ　ほか）　第4章　一匹狼の闘い（イザワオフィス井澤健社長の原点　トマホークが飛んできた「JB」　第5章　ドンと呼ばれた男たち（ケイダッシュ会長・川村龍夫という男　内田裕也の殴り込み　ほか）

上村 岩男〔1948～〕　かみむら・いわお
◇心で寄り添う"終の住処"―「先生方」への感謝と尊敬　高品質の住まいとサービスで最高の顧客満足を　鶴蒔靖夫著　IN通信社　2015.11　254p　20cm　1800円　Ⓘ978-4-87218-415-0　Ⓝ369.263
内容　第1章　いまこそ求められる安心・安全な「終の住処」　第2章　三英堂商事ならではの「サ高住」事業を展開　第3章　三英堂商事の7つの理念と人材育成　第4章　新しい街づくりを推進するサ高住の役割と課題　第5章　上村岩男の歩みと人生哲学　最終章　三英堂商事が描く未来

上村 一夫〔1940～1986〕　かみむら・かずお
◇上村一夫　美女解体新書　上村一夫画，松本品子編　国書刊行会　2015.12　143p　26cm　〈他言語標題：The Anatomy of Beauties-drawn by Kazuo Kamimura　年譜あり〉　3200円　Ⓘ978-4-336-05971-0　Ⓝ726.1
内容　美女セレクション　第1章　ストーリーの中の美女50人　第2章　素顔の上村一夫（甘美なる抒情，あふれ затем出す詩情　第3章　上村一夫の生涯　上村一夫Q&A　上村一夫の言葉・上村一夫に関する証言　上村正子さんインタビュー　父のこと　上村汀　上村一夫略年譜）

神谷 一雄〔1931～〕　かみや・かずお
◇人生意気に感ず！―人と人との出会いが人生を築く　神谷一雄著　財界研究所　2015.3　312p　20cm　1500円　Ⓘ978-4-87932-105-3　Ⓝ289.1
内容　第1章　日本の中央部・岐阜に生まれて　第2章　19歳で上京・独立　第3章　新事業へ続々と挑戦　第4章　東京商工会議所と共に　第5章　三公社民営化で指導力を発揮した中曽根首相　第6章　流通再編の舞台裏　第7章　若い経営者たちへのメッセージ

上谷 謙二〔1925～〕　かみや・けんじ
◇友ありて　上谷謙二著　河出書房　2014.12　63p　21cm　（ゆい文庫　7）　2400円　Ⓝ289.1

神谷 傳兵衛〔1856～1922〕　かみや・でんべえ
◇神谷傳兵衛―「天下後世に伝えたい偉人伝」日本の近代化と発展のために大活躍をした明治大正期の時代を代表する大実業家。　坂本箕山著，味岡源太郎復刻本著者　復刻　名古屋　アジオカ　2018.10　320p　31cm　〈年譜あり　年表あり　大正10年刊の複製　発売：中日新聞社出版部（名古屋）〉　4630円　Ⓘ978-4-8062-0746-7　Ⓝ289.1
内容　『神谷傳兵衛』坂本箕山著　神谷傳兵衛さんと刈谷　三河鉄道株主と神谷傳兵衛　三河鉄道（現・名

鉄三河線)の救世主　シャトーカミヤにて　向島別荘にて　「神谷バー」の誕生　千葉県稲毛別荘と神谷傳兵衛　神谷傳兵衛の至宝(東京国立博物館収蔵品)　可睡斎　護国塔と神谷傳兵衛〔ほか〕

神谷 美恵子〔1914～1979〕　かみや・みえこ
◇若き日の日記　神谷美恵子著　新装版　みすず書房　2014.10　364p　20cm　〈初版のタイトル：神谷美恵子著作集 補巻1〉　3200円　①978-4-622-07886-9　⑩289.1
 ＊医学修行時代から東京大学精神科入局初期、戦時下と敗戦直後の激動のなか、著者のいきいきとした姿が浮びあがる日記を新装版で。1942年4月から1945年12月まで、戦時下と敗戦直後の激動のなか、「うつわの歌」などの詩、および文学の創作への思いと、その後の長島愛生園での診療にいたる医学へのこころざしについて、相克しながらも高めあう可能性への模索が書きとめられている。

◇神谷美恵子　江尻美穂子著　新装版　清水書院　2015.9　237p　19cm　〈Century Books―人と思想 136〉〈文献あり　年譜あり　索引あり〉　1000円　①978-4-389-42136-6　⑩289.1
 内容　1 生いたち(幼い日々　スイスでの日々　女学校時代　父と母)　2 負い目を胸に(思索の時　アメリカでの日々　東京女子医専時代、東大病院精神科医局員時代)　3 人生の本番(結婚まで　家庭と仕事と　分筆家として　教師として、医師として)　4 人間を超えるものへの信頼(内面の輝き　宗教について　病いと死)

◇人生は生きがいを探す旅―神谷美恵子の言葉　神谷美恵子著, 日野原重明監修, 昭和人物研究会編　三笠書房　2017.5　206p　19cm　〈文献あり　年譜あり〉　1400円　①978-4-8379-2675-7　⑩289.1
 内容　第1章 人間をみつめる言葉―「野に咲く花のように」　第2章 困難に立ち向かう言葉―「人間は、ただではころばない」　第3章 人生を克服する言葉―「自分は病人に呼ばれている」　第4章 生きる意味を求める言葉―「ここにこそ私の仕事がある」　第5章 愛の真実に生きる言葉―「生まれて初めて現実の恋を知った」　第6章 生きがいを育てる言葉―「人間の存在価値は、人格にあり、精神にある」　第7章 貴い人生を全うする言葉―「なぜ私たちでなくあなたが?」

神谷 光徳〔1938～〕　かみや・みつのり
◇感動は人生の成功を呼ぶ　神谷光徳著　ロングセラーズ　2017.8　241p　20cm　1389円　①978-4-8454-5033-6　⑩289.1
 内容　別離の朝　四畳半一間の暮らし　父の遺言　愛しのモサたち　かくも大胆な面接　黄金期の日常は地獄への種蒔きと知らず…　悪い種は次々と芽を出し逃げようか…　奇跡は祈りと共に　悪の芽はまだ摘み取られてはいなかった…〔ほか〕

上山 博康〔1948～〕　かみやま・ひろやす
◇現代人の伝記　4　致知編集部編著　致知出版社　2014.11　94p　26cm　1000円　①978-4-8009-1061-5　⑩280.8
 内容　1 中丸三千繪(オペラ歌手)―歌うために私はいま、ここに生きる　2 辻口博啓(パティシエ)―スイーツの道を極める　3 小林郁仁(エアーセントラル副操縦士)―諦めなかった大空への夢　4 福島智(東京大学先端科学技術研究センター教授)―苦難は人生の肥やしとなる　5 小川与志和(「和た与」店主)―いまあるものに感謝して生きる　6 上山博康(旭川赤十字病院第一脳神経外科部長・脳卒中センター長)―患者の人生を背負い命ある限り戦い続ける　7 小川三夫(鵤工舎代表)―師匠から学んだ精神を裏切らない仕事をする　8 八杉康夫(戦艦大和語り部)―戦艦大和からのメッセージ

神山 まりあ〔1987～〕　かみやま・まりあ
◇神山まりあのガハハ育児語録―悩むことも、つらいこともももちろんあるけど笑っていればきっと!　神山まりあ著　光文社　2018.9　142p　21cm　〈VERY BOOKS〉　1500円　①978-4-334-95046-0　⑩289.1
 内容　1 妊娠&出産語録　「暇すぎて『ちびまる子ちゃん』全巻買ってしまった妊娠期間」　2 ファッション語録　「『ママになっても変わらないね』って言われたい」　3 0歳児ママ語録　「HAPPY WIFE, HAPPY LIFE」　4 妊娠&育児スタイル語録　「ママ一年生いきなり本番、ちょっと待ったなし」　5 1歳～イヤイヤ期ママ語録　「脱力ып、はじめました」　6 ビューティ語録　「産後芽生えたビューティへの探究心」　7 ママの休息　「一人時間が母を美しくする、気がする」　8 INTERVIEW インターネットよりも先生にズバリ聞きたい「子育て都市伝説」実際どうなの!?」　9 夫婦語録　「鬼じゃないよ、鬼ママだよ」　10 今の私ができるまで―「実は肩の力を抜くのが下手なんです」

上山 満之進〔1869～1938〕　かみやま・みつのしん
◇上山満之進の思想と行動　児玉識著, 防府市立防府図書館編　防府　防府市立防府図書館　2016.3　127p　21cm　⑩289.1
◇上山満之進の思想と行動　児玉識著　増補改訂版　福岡　海鳥社　2016.11　174p　21cm　〈初版：防府市立防府図書館 2016年3月刊〉　1500円　①978-4-87415-985-9　⑩289.1
 内容　1 上山満之進の思想と行動(少年時代　青年時代　法制局参事官時代　農商務省山林局長時代　熊本県知事時代　農商務省次官時代　第一期貴族院議員時代　台湾総督時代　第二期貴族院議員時代　枢密顧問官時代―最晩年)　2 上山満之進の思想を現代にどう活かすか(嘉義市と防府市の文化交流の可能性　台湾と山口県の文化交流の可能性)

◇上山満之進と陳澄波―山口県と台湾の友好をめざして　井竿富雄, 吉永敦征, 安渓遊地編著　山口　山口県立大学　2017.3　119p　21cm　〈山口県立大学ブックレット「新やまぐち学」no.7〉〈文部科学省「地(知)の拠点整備事業(大学COC事業)」〉　①978-4-90913-707-4　⑩289.1

神吉 一寿〔1966～〕　かみよし・かずとし
◇おかしの会社のおかしな社長―みんな幸せちょっといい話　神吉一寿著　トランスワールドジャパン　2018.11　223p　19cm　〈TWJ BOOKS〉〈別タイトル：お菓子の会社の"可笑し"な社長〉　1500円　①978-4-86256-249-4　⑩289.1

|内容| はじめに 思いやりはご縁からはじまった 第1章 おかしの会社「吉寿屋」と私(「吉寿屋」とは 吉寿屋創業者である父、神吉武司のこと 私の家族や子どもの頃の話 ほか) 第2章 私が出会った企業家・事業家のちょっといい話(『青年塾』から学んだ志の高い生き方と人間力―志ネットワーク『青年塾』主宰・上甲晃 社員全員で知恵を出し、会社を改革し続けるタニサケ―株式会社タニサケ代表取締役会長・松岡浩 掃除の神様から学んだ「凡事徹底」の精神―株式会社イエローハット創業者、鍵山秀三郎 ほか) 第3章 私が出会った芸能人・アスリートetc…のちょっといい話(人気お笑い芸人から学んだ仕事に対する覚悟―お笑い芸人ノンスタイル・井上裕介 人と人とのつながりを大事にする日記力―歌手(元・愛内里菜)・垣内りか 熱き男から学んだ気遣いと身だしなみ―俳優・吉田栄作 ほか) おわりに 思いやり世界一の会社

加村 一馬〔1946～〕 かむら・かずま
◇洞窟オジさん 加村一馬著 小学館 2015.9 301p 15cm 〈小学館文庫 か39-1〉〈2004年刊の加筆・改稿〉 630円 ①978-4-09-406185-7 Ⓝ289.1

＊昭和35年、当時13歳だった少年は両親からの虐待から逃れるため、愛犬シロを連れて足尾銅山の洞窟に家出。人を避け、ヘビやネズミ、イノシシなどを食べて生きることを選んだ…。'04年5月に刊行され、話題を呼んだ『洞窟オジさん 荒野の43年』。あれから11年が経ち、社会復帰を果たした加村さんは群馬県の障がい者支援施設に住み込みで働いていた。彼はなぜ、そこで生きることを決めたのか。「自分のため」ではなく、「他人のため」に生きる喜びを知るまでの55年の軌跡を綴る。'15年10月、NHK BSプレミアムでドラマ化が決定！

嘉村 静子〔1896～?〕 かむら・しずこ
◇礒多の妻 静子 チトセ 多田みちよ著 〔山口〕〔多田みちよ〕 2017.11 190p 19cm (嘉村礒多ノート 3) 1000円 Ⓝ910.268

嘉村 ちとせ〔1900～1983〕 かむら・ちとせ
◇礒多の妻 静子 チトセ 多田みちよ著 〔山口〕〔多田みちよ〕 2017.11 190p 19cm (嘉村礒多ノート 3) 1000円 Ⓝ910.268

亀井 勇〔1905～1974〕 かめい・いさむ
◇評伝 天草五十人衆 天草学研究会編 福岡 弦書房 2016.8 317p 22cm 〈文献あり 年表あり 索引あり〉 2400円 ①978-4-86329-138-6 Ⓝ281.94

|内容| ステージ1 五人衆の時代、そして… ステージ2 天領天草の村々 ステージ3 祈りの島でステージ4 耕す、漁る ステージ5 医を・ひらく ステージ6 潮路はるかに ステージ7 文学・歴史・言論 ステージ8 あの頃、この人 ステージ9 島の現実、国の行く末 ステージ10 一節の道 ステージ特別編 群像二題(天草の石文化と松尾五郎左衛門 牛深カツオ漁の男たち)

亀井 勝一郎〔1907～1966〕 かめい・かついちろう
◇内にコスモスを持つ者―歩み入る者にやすらぎを去り行く人にしあわせを 岡田政晴著 長野 ほおずき書籍 2016.2 270p 20cm 〈文献あり 発売：星雲社〉 1800円 ①978-4-434-21614-5 Ⓝ281.52

|内容| 1 はじめに 2 木曽を愛した人々(木曽の「セガンティーニの空の色」の下で暮らしたマロンの少女ジャーヌ・コビー 生涯故郷木曽を心に抱きながら作品を書き続けた島崎藤村(一八七二～一九四三) 詩と音楽をこよなく愛し、木曽を縦断したロマンの旅人 尾崎喜八(一八九二～一九七四) 日本人の精神の源流を木曽で見出した 亀井勝一郎(一九〇七～一九六六)) 3 木曽の水を飲んで水をながめて木曽を駆け抜けた人々(姥捨ての月をめざして木曽を歩いた月下の旅人 松尾芭蕉(一六四四～一六九四) 心優しい歌二首を詠んで木曽路を急いだ良寛(一七五八～一八三一) 「大蔵経」を求めて雨雪の木曽路を往復した虎斑和尚(一七六四～一八二四) 軍靴の足音が聞こえる中、桜の花を浴びながら木曽路を闊歩した種田山頭火(一八八二～一九四〇) 木曽人の心と木曽の自然に出合い日本画家になる決意をした東山魁夷(一九〇八～一九九九)) 4 眼すずしい人々(木曽川の洪水で亡くなった母を弔うために木曽川を遡った円空(一六三二～一六九五) セピア色の世界を追い求めてやまなかった島崎蓊助(一九〇八～一九九二) 戦争のない平和な世界を願い、詩によって世界を包みこんだ坂村真民(一九〇九～二〇〇六)) 5 おわりに

亀井 貫一郎〔1892～1987〕 かめい・かんいちろう
◇零戦の子―伝説の猛将・亀井凱夫とその兄弟 武田賴政著 文藝春秋 2014.11 414p 20cm 1850円 ①978-4-16-390173-2 Ⓝ289.1

|内容| 第1章 開戦 第2章 着艦 三羽烏 第3章 父子 第4章 大敗北 第5章 廃艪 第6章 青年外交官 第7章 革新官僚 第8章 阿片専売 第9章 湊川

亀井 静香〔1936～〕 かめい・しずか
◇晋三よ！ 国滅ぼしたもうことなかれ―傘張り浪人決起する 亀井静香著 エディスタ 2014.12 191p 19cm 〈発売：メディアパル〉 1200円 ①978-4-89610-842-2 Ⓝ310.4

|内容| 第1章 日本を破壊する晋三政権(アベノミクスは絵空事だ 晋三を操る新自由主義者どもの大罪 弱い者いじめ税制・年金・社会保障 ほか) 第2章 我が反骨と抵抗の半生記(生まれたときから「抵抗勢力」 右か左かわからん男だった 嵐を呼ぶ警察官時代 ほか) 第3章 日本を取り戻す戦いに、いざ！(真の敵は外来種の新自由主義 外来種の思想ではなく土俗の政治が日本を救う 地方再生は農漁業がカギ ほか)

◇亀井静香、天下御免！ 岸川真著 河出書房新社 2017.6 245p 20cm 1600円 ①978-4-309-24802-8 Ⓝ289.1

|内容| 野育ちのやんちゃ坊主の巻 シュトルム・ウント・ドランクの巻 はぐれ警察官、角栄の虎の尾を踏むの巻 若者たちとの闘い、対過激派捜査の巻 一揆軍で国政へ打って出るの巻 人の風下に立たずの巻 自社さ政権、静香売り出すの巻 総理総裁の挑戦の巻 六大歳の反乱、郵政民営化選挙の巻 連立政権でどん底からカムバックの巻 傘張り浪人の行動と意見の巻 人生、ただただ進めの巻

亀井 俊介〔1932～〕 かめい・しゅんすけ
◇亀井俊介オーラル・ヒストリー――戦後日本における一文学研究者の軌跡　亀井俊介著　研究社　2017.4　340p　20cm　〈著作目録あり　年譜あり　索引あり〉　3000円　①978-4-327-48165-0　Ⓝ289.1
内容 第1部 時代を追って(少年期から大学卒業まで　学問の入り口　大学院時代　東京大学時代　岐阜女子大学時代)　第2部 著作をめぐって(『サーカスが来た！　アメリカ大衆文化覚書』『アメリカ文学史講義』全三巻　『有島武郎一世間に対して真剣勝負をし続けて』)　第3部 学びの道を顧みて(わが極私的学問史)　付録 亀井俊介研究序説(講演)

亀井 藤野　かめい・ふじの
⇒窪田藤野(くぼた・ふじの)を見よ

亀井 凱夫〔1896～1944〕 かめい・よしお
◇零戦の子――伝説の猛将・亀井凱夫とその兄弟　武田頼政著　文藝春秋　2014.11　414p　20cm　1850円　①978-4-16-390173-2　Ⓝ289.1
内容 第1章 開戦　第2章 着艦三羽烏　第3章 父子　第4章 大敗北　第5章 廃嫡　第6章 青年外交官　第7章 革新官僚　第8章 阿片専売　第9章 湊川

亀尾 英四郎〔1895～1945〕 かめお・えいしろう
◇亀尾英四郎先生　亀尾覺編　〔出版地不明〕　亀尾覺　2015.10　85p　20cm　Ⓝ289.1
内容 亀尾先生のこと/日高六郎著　亀尾先生/田代秀穂著

亀倉 雄策〔1915～1997〕 かめくら・ゆうさく
◇朱の記憶――亀倉雄策伝　馬場マコト著　日経BP社　2015.12　326p　19cm　〈文献あり　発売：日経BPマーケティング〉　1800円　①978-4-8222-7294-4　Ⓝ727.021
内容 朱と黄金の希望　オレは強盗になる　土門拳との誓い　日本工房　国際報道工芸　それぞれの太平洋戦争　日本宣伝美術会　ニコン　日本デザインセンター　東京オリンピック　大阪万国博覧会　NTT誕生　盟友、江副浩正　いま、再びのデザイン

亀島 博〔1932～〕 かめしま・ひろし
◇支えられて――わが人生の記　亀島博著　横浜　亀島博　2015.2　125p　26cm　〈私家版　年譜あり〉　Ⓝ289.1

亀渕 昭信〔1942～〕 かめぶち・あきのぶ
◇サラリーマンの力　亀渕昭信著　集英社インターナショナル　2018.2　189p　18cm　(インターナショナル新書 018)〈発売：集英社〉　700円　①978-4-7976-8018-8　Ⓝ289.1
内容 プロローグ 「歯車」じゃない人間なんていないのか　第1章 僕はどうやって「サラリーマン」になったか　第2章 サラリーマンの「企画力」と「営業力」　第3章 上司、部下、出世争う…人間関係の乗り切り方　第4章 時代の変化をどう生き抜くか　第5章 サラリーマンが「卒業」するとき

亀山 雲平〔1822～1899〕 かめやま・うんぺい
◇亀山雲平とその時代――「雲平亀山先生遺蹟之碑」案内板設置記念誌　亀山節夫監修　〔姫路〕

松原八幡神社氏子総代会　2015.3　141p　30cm　〈年譜あり　文献あり〉　Ⓝ289.1

亀山 努〔1969～〕 かめやま・つとむ
◇ドラガイ――ドラフト外入団選手たち　田崎健太著　カンゼン　2018.10　271p　20cm　〈文献あり〉　1700円　①978-4-86255-482-6　Ⓝ783.7
内容 1 石井琢朗(88年ドラフト外 横浜大洋ホエールズ)　2 石毛博史(88年ドラフト外 読売ジャイアンツ)　3 亀山努(87年ドラフト外 阪神タイガース)　4 大野豊(76年ドラフト外 広島東洋カープ)　5 団野村(77年ドラフト外 ヤクルトスワローズ)　6 松沼博久・雅之(78年ドラフト外 西武ライオンズ)

亀山 昇〔1862～1943〕 かめやま・のぼる
◇肥後もっこすと熊本バンド――生涯貴高いサムライ精神を貫いた明治男　龜山勝著　長野　龍鳳書房　2014.12　315p　20cm　〈文献あり〉　2500円　①978-4-947697-49-3　Ⓝ198.52
内容 第1章 熊本洋学校　第2章 ジェーンズ教師　第3章 亀山昇と迫害　第4章 上507立　第5章 亀山昇牧師と教師　第6章 肥後もっこす　第7章 熊本バンド物語(参考資料)

亀和田 武〔1949～〕 かめわだ・たけし
◇60年代ポップ少年　亀和田武著　小学館　2016.10　316p　19cm　1650円　①978-4-09-388471-6　Ⓝ914.6
内容 春の雪は学生食堂とキャビアの呪いなのか。　十月、たそがれのバリケード。気がつくと、たった一人だ。　一九六〇年、ネギの町で初めてポップと出会った。　ひとりぼっちのツイストと暴力教室。　連健児と「ミュージック・ライフ」の時代。　キューバ危機だけど、早く早くお便りネ。　放課後だけはファイティング原田のように。　人気投票と「下を向いて歩こう」というマイナー嗜好癖。　SFマガジンと馬込銀座の本屋で出会った。　僕は悲しき少年兵だったのか。〔ほか〕

鴨 長明〔1155～1216〕 かも・ちょうめい
◇諸国賢人列伝――地域に人と歴史あり　童門冬二著　ぎょうせい　2014.12　253p　19cm　1800円　①978-4-324-09918-6　Ⓝ281.04
内容 浜口梧陵――稲むらの火/地域から日本を考えた-広村(和歌山県)　山田方谷――被治者の立場を貫いた巨人-備中松山(岡山県)　安曇野雁――万葉の心を信条に-桑折(福島県)　大原幽学――房総は学者の充電所-千葉(千葉県)　小宮山楓軒――立ち枯れの村を復興-水戸(茨城県)　小島蕉園――減税と産業振興-甲府(山梨県)　三浦梅園――日本初の自然哲学者-杵築(大分県)　新井白石――不遇に生きる-江戸(東京都)　前田綱紀――文化行政で雇用創出-加賀(石川県)　河合曽良――旅に生きる-諏訪(長野県)　北島雪山――追放されて自由に生きた-肥後(熊本県)　羽地朝秀――壁を背に第三の道を-琉球(沖縄県)　松平信綱――名君・賢君を輩出-川越(埼玉県)　徳川義直――あゆち思想の実現-尾張(愛知県)　多久一族――「らしさ」を貫く-多久(佐賀県)　古田織部――壊して創る-美濃(岐阜県)　北条幻庵――「勇」の底に「優」の心-小田原(神奈川県)　鴨長明――走り回る一滴の水-京都(京都府)
◇鴨長明――自由のこころ　鈴木貞美著　筑摩書房　2016.5　266p　18cm　(ちくま新書 1187)〈文

献あり〉　860円　Ⓘ978-4-480-06893-4　Ⓝ910.24
内容　序 ゆく河の流れは　第1章 鴨長明―謎の部分　第2章 長明の生涯―出家まで　第3章『無名抄』を読む　第4章『方丈記』―その思想とかたち　第5章『発心集』とは何か　第6章 晩後の長明

鴨居 玲〔1928～1985〕かもい・れい
◇鴨居玲 死を見つめる男　長谷川智恵子著　講談社　2015.5　206p　21cm〈年譜あり〉1600円　Ⓘ978-4-06-219505-6　Ⓝ723.1
内容　1章 鴨居を育てたもの(出生は謎　酒豪の父　美貌の母 ほか)　2章 画壇へ登場(画家としてのスタート　受賞と決心　富山栄美子との出会い ほか)　3章 海外へ(スペインへ　バルデペーニャスの村でトレドで再びマドリッドへ ほか)　4章 日本に戻って(裸婦に挑戦　金沢の街で　金沢の仲間たち)　5章 死の影(『自画像』1982　「1982年 私」「最後の晩餐」ほか)　6章 鴨居の生き方(二晩三日の茶番劇「マッチはつけるな」　弟子は取らず　無類の引越し好き　同人と群れることを好まない ほか)　7章 手紙(鴨居の手紙　追悼の言葉)

蒲生 氏郷〔1556～1595〕がもう・うじさと
◇わが道の真実一路―歴史随想 億劫の花に咲く十話 1　山田一生編著　松阪　夕刊三重新聞社　2014.3　152p　21cm〈文献あり〉1800円　Ⓘ978-4-89658-003-7　Ⓝ281.04
内容　第1話 長慶天皇ご本紀と行宮伝説の研究　第2話 蒲生氏郷とキリスト教　第3話 上田秋成(号・無腸)"相撲老て京に住しけり妻しあれば"の句作に就いて　第4話 潮田長助と赤穂義士又之丞高教の生涯　第5話 骨董商S氏との好日…中川乙由と森川千代女と加賀千代女　第6話 風雲の陶芸人 上島弥兵衛　第7話 俳家奇人 名号一乙英　第8話 剛力無双の鎌田又八　第9話 松阪が生んだ神童棋士 小川道犬　第10話 麦の舎 高畠式部

◇蒲生氏郷　今村義孝著　吉川弘文館　2015.3　238p　19cm〈読みなおす日本史〉〈人物往来社 1967年刊の再刊　年譜あり〉2200円　Ⓘ978-4-642-06586-3　Ⓝ289.1
内容　蒲生の系譜(蒲生の稲置　非御家人 ほか)　日野六万石(新しい波　氏郷初陣 ほか)　松坂少将(峯の戦い　南北転戦譜 ほか)　りはつ人(風雅の道 猛き心 ほか)　会津移封(小田原の夜討ち　会津入り ほか)　領国の経営(会津若松城　会津九十一万石 ほか)

◇蒲生氏郷/武田信玄/今川義元　幸田露伴著　講談社　2016.9　221p　16cm〈講談社文芸文庫 こH4〉〈『蒲生氏郷』(角川文庫 1955年刊)の改題　年譜あり〉1300円　Ⓘ978-4-06-290323-3　Ⓝ913.6
内容　蒲生氏郷　武田信玄　今川義元

◇利休と戦国武将―十五人の「利休七哲」　加来耕三著　京都　淡交社　2018.4　239p　19cm　1300円　Ⓘ978-4-473-04246-0　Ⓝ791.2
内容　第1章 "七哲"の筆頭 蒲生氏郷　第2章 教養が生き残りの秘訣 細川三斎　第3章 信仰と茶の湯 高山右近・前田利長　第4章 悲運の茶人 牧村兵部・豊臣秀次・木村常陸介　第5章 何処までも不可解な数寄者 荒木村重・芝山監物　第6章 滑稽味あふれる

お人好し 織田常真・牧村兵部・佐久間不干斎　第7章 時代の転換期に出現 古田織部　第8章 自分の分限を知っていた 織田有楽・有馬玄蕃

◇近江が育んだ九二万石の大名―蒲生飛騨守氏郷とキリスト教　寺脇丕信著　講談社エディトリアル　2018.11　190p　19cm〈文献あり 年譜あり〉1300円　Ⓘ978-4-86677-016-1　Ⓝ289.1
内容　第1章 織田信長の英才教育を受ける　第2章 信長の安土城とセミナリオの建設　第3章 本能寺の変と蒲生家　第4章 日野六万石の城主として「定条々」の設定　第5章 松阪一二万石の城下町を創設　第6章 キリスト教の信仰、ローマに使節団を派遣―氏郷は何故キリシタンになったのか　第7章 会津若松の城主、九二万石の大名になる　第8章 氏郷と蒲生家の最終章　第9章 氏郷の文化的血脈を受け継いだ会津の人々

蒲生 卓磨〔1934～〕がもう・たくま
◇80年間の人生記録 蒲生卓磨著　〔つくば〕〔蒲生卓磨〕　2016.8　302p　21cm〈年譜あり 著作目録あり〉Ⓝ289.1

鴨川 恵美子〔1932～〕かもがわ・えみこ
◇ふたりの完結 続　鴨川恵美子著, 鈴木富美子編　岡山　吉備人出版　2014.12　218p　20cm　1600円　Ⓘ978-4-86069-412-8　Ⓝ289.1

加茂田 重政〔1930～〕かもだ・しげまさ
◇烈俠―山口組史上最大の抗争と激動の半生　加茂田重政著　サイゾー　2016.8　297p　20cm　1600円　Ⓘ978-4-86625-062-5　Ⓝ289.1
内容　第1章 少年時代、戦争、愚連隊　第2章「加茂田軍団」の進撃　第3章 懲役と組織の拡大　第4章 山一抗争と加茂田組　第5章 引退、その後　第6章 芸能界との繋がり　第7章 加茂田という「家族」、そして俠

嘉門 衛信〔1945～〕かもん・えいしん
◇死ぬまで踊り続ける―花柳流から独立し北海道で〈嘉門流〉を立ち上げた舞踊家の半生　嘉門衛信著, 安川誠二聞き書き　札幌　寿郎社　2016.10　217p　19cm〈年譜あり〉1800円　Ⓘ978-4-902269-91-8　Ⓝ769.1

加舎 白雄〔1738～1791〕かや・しらお
◇俳人加舎白雄と女性門人　島田洋子, 清水ゆき子, 田中和子著　長野　ほおずき書籍　2016.9　163p　26cm〈文献あり 年譜あり　発売：星雲社〉1800円　Ⓘ978-4-434-22391-4　Ⓝ911.34
内容　第1章 加舎白雄の生涯(生涯の変遷と句　白雄の人となり　白雄の俳風)　第2章 白雄の女性門人たちの生涯(榎本星布(江戸)　川村几秋(毛呂)ほか)　第3章 資料編　第4章 信濃における白雄の足跡(北信地区　東信地区)　第5章 訪問記(桂木観音堂へ　八田家訪問 ほか)

萱島 木兵衛〔安土桃山時代〕かやしま・もくべえ
◇サヤカと萱島木兵衛―四百年の謎解き　冨田嘉信著　大阪　かんよう出版　2015.10　174p　19cm　1500円　Ⓘ978-4-906902-48-4　Ⓝ210.

茅原 華山〔1870〜1952〕　かやはら・かざん
◇雑誌『第三帝国』の思想運動―茅原華山と大正地方青年　水谷悟著　ぺりかん社　2015.6　366p　22cm　〈索引あり〉　7000円　①978-4-8315-1414-1　Ⓝ309.021
内容　序章　本研究の視点　第1章　「益進主義」の思想形成―茅原華山に即して　第2章　「第三帝国」の創設　第3章　「第三帝国」の理論と実践　第4章　「第三帝国」の思想圏　終章　大正地方青年と雑誌『第三帝国』

加山 雄三〔1937〜〕　かやま・ゆうぞう
◇MY LITTLE HOMETOWN―茅ヶ崎音楽物語　宮治淳一著　ポプラ社　2017.10　285p　19cm　〈文献あり　年表あり〉　1500円　①978-4-591-15637-7　Ⓝ764.7
＊「上を向いて歩こう」が世界中で感動を呼んだ作曲家・中村八大、海の街・茅ヶ崎のイメージを全国に拡散した大スター・加山雄三、作曲家として数々の名作歌謡曲を送り出した平尾昌晃、湘南サウンドの源流を作ったザ・ワイルド・ワンズの加瀬邦彦、「また逢う日まで」の大ヒットで一世を風靡した尾崎紀世彦、音楽シーンの最前線を走り続けるサザンオールスターズの桑田佳祐―なぜ、一地方都市に過ぎない茅ヶ崎がこれほど多くの音楽家を輩出しているのか？　その謎に迫るべく、茅ヶ崎と縁の深い10の名曲を入り口に、音楽のスターたちの人生を辿る。綿密な取材と研究をもとに、"茅ヶ崎"と"音楽"の特別な関係に迫った唯一無二の刺激的な音楽エッセイ！

唐木 順三〔1904〜1980〕　からき・じゅんぞう
◇唐木順三―あめつちとともに　澤村修治著　京都　ミネルヴァ書房　2017.6　411,11p　20cm　〈ミネルヴァ日本評伝選〉〈文献あり　年譜あり　索引あり〉　4000円　①978-4-623-08055-7　Ⓝ289.1
内容　第1章　信州伊那・宮田村　第2章　松本、青春のとき　第3章　師・西田幾多郎―京都時代　第4章　信州教育との出会い―上諏訪時代　第5章　「赤化」をめぐって―満州、そして失業時代　第6章　「友人共同体」の出発　第7章　飛躍する論壇人　第8章　思索者の円熟

唐沢 正三　からさわ・しょうぞう
◇中村靖彦自選著作集―食と農を見つめて50年　第6巻　農村・暮らし・政治を見つめて　中村靖彦著　農林統計協会　2016.1　305p　20cm　2200円　①978-4-541-04051-0　Ⓝ611.04
内容　第1章　日記が語る日本の農村（唐沢正三という人物　唐沢日記との出会い　ほか）　第2章　政治を考える（検証・自民党の農政基盤　「日本の首相の在任期間は短かすぎる」―メディアの在り方を問う　ほか）　第3章　農業ジャーナリズムの衰弱を憂う（農業ジャーナリズムの衰弱と再生―知識と経験の蓄積を　共通の言葉で話そう）　第4章　農の理想・農の現実（「食料・農業・農村基本問題調査会」を振り返って　総合産業としての「農」の価値―対談：木村尚三郎・中村靖彦　ほか）　第5章　エッセイの数々（農の風景・食の風景　WTOって何ですか？　ほか）

唐澤 貴洋〔1978〜〕　からさわ・たかひろ
◇炎上弁護士―なぜ僕が100万回の殺害予告を受けることになったのか　唐澤貴洋著　日本実業出版社　2018.12　206p　19cm　1400円　①978-4-534-05648-1　Ⓝ289.1
内容　第1章　なぜ、僕が炎上弁護士になってしまったのか　第2章　弁護士を目指したきっかけは、弟の死　第3章　落ちこぼれが弁護士になるまでの茨の道　第4章　弁護士になってからも茨の道は続いた　第5章　ネット社会のゆがみ、人の心の闇を思い知らされた　第6章　100万回の殺害予告を受けても、僕は弁護士を辞めない　エピローグ　すべては人権のために

ガリコ 美恵子〔1965〜〕　がりこ・みえこ
◇反核の闘士ヴァヌヌと私のイスラエル体験記　ガリコ美恵子著　論創社　2017.1　231p　20cm　〈他言語標題：Mordechai Vanunu & Galiko Mieko〉　1800円　①978-4-8460-1589-3　Ⓝ289.3
内容　第1章　ヴァヌヌの闘い（イスラエルへの移民　ディモーナ核開発研究所　ほか）　第2章　イスラエルに暮らして（何も知らずにイスラエルへ　ユダヤ教徒の暮らし　ほか）　第3章　パレスチナ連帯へ踏みだす（ヴァヌヌ釈放　ノーベル平和賞辞退の手紙　ほか）　第4章　ヴァヌヌ再び刑務所へ（土地を奪われ、水も奪われたパレスチナ　アラビア語を学びながら　ほか）　第5章　ヴァヌヌに自由を（最初の夫シモンの死　ヴァヌヌ再釈放　ほか）

カルーセル麻紀〔1942〜〕　かるーせるまき
◇酔いどれ女の流れ旅―カルーセル麻紀"自叙伝"　カルーセル麻紀著　札幌　財界さっぽろ　2015.11　200p　20cm　1500円　①978-4-87933-516-6　Ⓝ779.9
内容　第1章　花ざかりの森　第2章　青の時代　第3章　スタア　第4章　荒野より　第5章　豊饒の海　特別対談（桜木紫乃（作家）　松山千春（フォークシンガー）　石原慎太郎（作家・元衆議院議員））

カレイナニ早川〔1932〜〕　かれいなにはやかわ
◇ひまわりのように　カレイナニ早川著　双葉社　2017.3　207p　19cm　〈年表あり〉　1300円　①978-4-575-31218-8　Ⓝ769.1
内容　はじめに　フラは、わたしの人生そのものだ　第1章　あなたの花を咲かせなさい　第2章　この父にして、この娘あり　第3章　フラとハワイとアルバイト　第4章　テレビ時代がやってきた　第5章　人生を変えた男性　第6章　映画『フラガール』と「全国きずなキャラバン」　第7章　女だから、できた

唐牛 健太郎〔1937〜1984〕　かろうじ・けんたろう
◇唐牛伝―敗者の戦後漂流　佐野眞一著　小学館　2016.8　395p　20cm　〈文献あり　年譜あり〉　1600円　①978-4-09-389767-9　Ⓝ289.1

|内容| 第1章 装甲車を乗り越えよ 第2章 革命前夜 第3章 闇に蠢く 第4章 逃避行 第5章 闘士たちのその後 第6章 与論・紋別・喜界島 第7章 名もなき死

◇六〇年安保—センチメンタル・ジャーニー 西部邁著 文藝春秋 2018.6 231p 16cm 〈文春学藝ライブラリー—思想 19〉 1250円 ①978-4-16-813074-8 Ⓝ377.96
|内容| 序章 空虚な祭典—安保闘争 ブント 私 第1章 哀しき勇者—唐牛健太郎 第2章 優しい破壊者—篠田邦雄 第3章 純な「裏切者」—東原吉伸 第4章 苦悩せる理想家—島成郎 第5章 善良な策略家—森田実 第6章 寡黙な煽動家—長崎浩 終章 充実への幻想—思い出の人々

◇唐牛伝—敗者の戦後漂流 佐野眞一著 小学館 2018.11 567p 15cm 〈小学館文庫 さ19-2〉〈2016年刊の加筆 文献あり 年譜あり〉 870円 ①978-4-09-406579-4 Ⓝ289.1
|内容| 第1章 装甲車を乗り越えよ 第2章 革命前夜 第3章 闇に蠢く 第4章 逃避行 第5章 闘士たちのその後 第6章 与論・紋別・喜界島 第7章 名もなき死

河合 栄治郎 〔1891〜1944〕 かわい・えいじろう
◇全体主義と闘った男 河合栄治郎 湯浅博著 産経新聞出版 2017.2 382p 20cm 〈文献あり 年譜あり 発売:日本工業新聞社〉 1900円 ①978-4-8191-1299-4 Ⓝ289.1
|内容| 第1章 理想主義と反骨精神 第2章 孤軍奮闘の農商務省時代 第3章 帝大経済学部の「白熱教室」 第4章 二年八カ月の欧州留学 第5章 「左の全体主義」との対決 第6章 ファシズムに命がけの応戦 第7章 正面から放った軍部批判の矢 第8章 名著『学生に与う』誕生 第9章 戦後を見通した「有罪願望」 終章 戦闘的自由主義者の水脈

◇河合栄治郎から塩尻公明への手紙—師弟関係の真髄 中谷彪著 アジア・ユーラシア総合研究所 2018.7 324p 19cm 2000円 ①978-4-909663-04-7 Ⓝ289.1

河合 笑子 〔1925〜〕 かわい・えみこ
◇はるかなる赤い夕日—満州吉林省から引き揚げて戦後を生きる 河合笑子著, 河合正人編 〔出版地不明〕 〔河合笑子〕 2018.9 76p 21cm Ⓝ289.1

河合 克敏 〔1964〜〕 かわい・かつとし
◇河合克敏本 河合克敏著 小学館 2018.7 223p 21cm 〈SHONEN SUNDAY COMICS SPECIAL—漫画家本 vol.5〉〈著作目録あり〉 1300円 ①978-4-09-128448-8 Ⓝ726.101

川井 静子 かわい・しずこ
⇒中原静子(なかはら・しずこ)を見よ

河合 寸翁 〔1767〜1841〕 かわい・すんのう
◇姫路藩の名家老河合寸翁—藩政改革と人材育成にかけた生涯 熊田かよこ著 神戸 神戸新聞総合出版センター 2015.11 238p 22cm (〔のじぎく文庫〕)〈文献あり 年譜あり〉 2100円 ①978-4-343-00869-5 Ⓝ289.1

河合 曾良 〔1649〜1710〕 かわい・そら
◇諸国賢人列伝—地域に人と歴史あり 童門冬二著 ぎょうせい 2014.12 253p 19cm 1800円 ①978-4-324-09918-6 Ⓝ281.04
|内容| 浜口梧陵—稲むらの火/地域から日本を考えた・広村(和歌山県) 山田方谷—被治者の立場を貫いた巨人・備中松山(岡山県) 安藤野雁—万葉の心を信条に・桑折(福島県) 大原幽学—房総は学者の充電所・下総(千葉県) 小宮山楓軒—立ち枯れの村を復興・水戸(茨城県) 小島蕉園—減税と産業振興・甲府(山梨県) 三浦梅園—日本初の自然哲学者・杵築(大分県) 新井白石—不遇に生きる・江戸(東京都) 前田綱紀—文化行政で雇用創出・加賀(石川県) 河合曽良—旅に生きる・諏訪(長野県) 北島雪山—追放されて自由に生きた・肥後(熊本県) 羽地朝秀—壁を背に第三の道を・琉球(沖縄県) 松平信綱—名君・賢君を輩出・川越(埼玉県) 徳川義直—あゆち思想の実現・尾張(愛知県) 久々一族—「りらさ」を失わず・肥前(佐賀県) 古田織部—壊して創る・美濃(岐阜県) 北条幻庵—「勇」の底に「優」の心・小田原(神奈川県) 鴨長明—走り回る一滴の水・京都(京都府)

河井 タツ子 〔1913〜2012〕 かわい・たつこ
◇椿 その2 手書きの形見 河井タツ子著, 河井弘志編 周防大島町(山口県) 河井弘志 2014.8 148p 21cm Ⓝ289.1

河井 継之助 〔1827〜1868〕 かわい・つぐのすけ
◇越後の英雄 宮本徹著 東洋出版 2016.7 103p 19cm 1000円 ①978-4-8096-7839-4 Ⓝ281.41
|内容| 上杉謙信(上杉謙信の一生 上杉謙信をめぐる問題) 直江兼続(謙信と与六 上杉家をささえる) 河井継之助(陽明学 改革) 山本五十六(山本五十六の一生 名将山本五十六) 越後の英雄クイズ

◇田中角栄と河井継之助、山本五十六—怨念の系譜 早坂茂三著 東洋経済新報社 2016.11 316p 17cm 〈『怨念の系譜』(2001年刊)の改題 文献あり〉 1100円 ①978-4-492-06203-6 Ⓝ281
|内容| 序章 継之助、五十六、そして角栄へ—歴史は繰り返す(合縁奇縁の主従 三人の共通点 ほか) 第1章 河井継之助—逆賊と貶められた先覚者(栴檀は双葉より芳し 江戸遊学 ほか) 第2章 山本五十六—太平洋戦争の軍神にされた男(逆賊のエースとして 軍政家・山本五十六 ほか) 第3章 田中角栄—金権政治の権化と蔑まれた異能鬼才(「二二万七六一票は百姓一揆」 人々はなぜ角栄党になったか ほか) 終章 そして怨念が残った

◇河井継之助—近代日本を先取りした改革者 安藤優一郎著 日本経済新聞出版社 2018.3 239p 20cm 〈文献あり 年譜あり〉 1800円 ①978-4-532-17632-7 Ⓝ289.1
|内容| プロローグ 河井継之助が目指したもの 1 越後長岡藩に生まれる—大望を抱く 2 生涯の師に出会う—諸国を遍歴する 3 藩主牧野忠恭の信任を得る—国政に背を向ける 4 藩政改革に取り掛かる—経綸の才を発揮する 5 動乱の京都へ—火中の栗を拾う 6 藩政のトップに立つ—危機が迫る 7 総督として政府軍を迎え撃つ—判断を誤まる 8 その後の長岡藩—相反する評価 エピローグ 河井継之助

とは何だったのか
◇河井継之助その後―私の北越戊辰戦争百五十年　安藤哲也著　新潟　新潟日報事業社（発売）　2018.7　224p　19cm　〈文献あり〉　1500円　①978-4-86132-683-7　Ⓝ289.1

河井 登一〔1904〜2002〕　かわい・とういち
◇私の健康法―これも わが人生　河井登一著　周防大島町（山口県）　河井弘志　2015.5　61p　21cm　〈著作目録あり〉　Ⓝ289.1

河合 隼雄〔1928〜2007〕　かわい・はやお
◇河合隼雄の読書修業時代―深層意識への道　河合隼雄著　岩波書店　2015.4　255,9p　15cm　（岩波現代文庫―社会　285）〈「深層意識への道」（2004年刊）の改題　索引あり〉　920円　①978-4-00-603285-2　Ⓝ019.9
内容　1 成人するまで（本を読むのは悪い子　西洋の香り　ロマン主義　教師から臨床家へ）　2 海外に学ぶ（ユング心理学　異文化理解　チューリッヒのユング心理学　意識と無意識）　3 日本における心理療法（箱庭と昔話　児童文学　臨床の知　東洋の知、西洋の知）　4 深層意識の探求（エラノス会議　明恵の導き　物語の意味　日本神話の構造）

◇河合隼雄自伝―未来への記憶　河合隼雄著　新潮社　2015.6　401p　16cm　（新潮文庫　か-27-14）〈「未来への記憶　上・下」（岩波書店2001年刊）の改題、合本、「未来への記憶のつづき」を増補〉　750円　①978-4-10-125234-6　Ⓝ289.1
内容　1 家族のなかで―丹波篠山の思い出　2 自由と混迷―教師に、そして心理学への開眼　3 人間の深層へ―臨床心理学への傾倒　4 異文化のなかの出会い―アメリカ留学時代　5 分析家への道―ユング研究所での三年　付　未来への記憶のつづき

◇こころの病に挑んだ知の巨人―森田正馬・土居健郎・河合隼雄・木村敏・中井久夫　山竹伸二著　筑摩書房　2018.1　302p　18cm　（ちくま新書1303）　900円　①978-4-480-07118-7　Ⓝ493.7
内容　序章 日本の心の治療を支えてきた人々　第1章 森田正馬―思想の矛盾を超えて　第2章 土居健郎―「甘え」理論と精神分析　第3章 河合隼雄―無意識との対話　第4章 木村敏―現象学から生命論へ　第5章 中井久夫―「世に棲む」ための臨床　終章 文化を超えた心の治療へ

◇臨床家河合隼雄　谷川俊太郎, 河合俊雄編著　岩波書店　2018.4　288,4p　15cm　（岩波現代文庫―学術　381）〈2009年刊の再編集　年譜あり〉　1200円　①978-4-00-600381-4　Ⓝ289.1
内容　序論（臨床家・河合隼雄）　記録（家を背負うということ―無気力の裏に潜むもの）　河合隼雄の分析（臨床家 河合隼雄―私の受けた分析経験から　分析体験の箱庭　河合隼雄というひと　対談 河合さんというひと　物語を生きる人間と「生と死」　河合先生との対話　私の「河合隼雄」　河合隼雄との三度の再会）　インタビュー ユング派河合隼雄の源流を遡る（J・M・シュピーゲルマン/河合俊雄（聞き手））

◇偉人を生んだざんねんな子育て　三田晃史著　高陵社書店　2018.9　260p　19cm　〈文献あり〉　1500円　①978-4-7711-1031-1　Ⓝ599
内容　第1章 小学校1年生での退学―女優 黒柳徹子さん　第2章 父親からの無能との評価―科学者 湯川秀樹さん　第3章 暴力の中での成長―作家 曾野綾子さん　第4章 母に捨てられたとの思い―作家 井上靖さん　第5章 家出した父と幼くして亡くした弟の影―心理学者 河合隼雄さん　第6章 働かない父と憂鬱な母の狭間で―推理作家 アガサ・クリスティーさん　第7章 母の病と極貧の中から―喜劇王 チャールズ・チャップリンさん

河合 道臣　かわい・ひろおみ
⇒河合寸翁（かわい・すんのう）を見よ

河合 弘之〔1944〜　〕　かわい・ひろゆき
◇逆襲弁護士河合弘之　大下英治著　祥伝社　2016.10　475p　16cm　（祥伝社文庫　お4-11）〈さくら舎 2013年刊の加筆・修正〉　790円　①978-4-396-34250-0　Ⓝ289.1
内容　第1章 ヤメ検の野望を粉砕　第2章 失敗と成功のきわどい綱渡り　第3章 知力と胆力の死闘　第4章 金の亡者たちの本性　第5章 華麗なる大乱闘劇　第6章 巨悪と闘う知略　第7章 身命を賭して徹底抗戦

川愛 美江〔1952〜　〕　かわい・みえ
◇七転び八起きの人生―小さな幸せが宿る日々　川愛美江著　文芸社　2016.11　161p　19cm　1200円　①978-4-286-17725-0　Ⓝ289.1

河井 道〔1877〜1953〕　かわい・みち
◇追憶―時を超えて河井道歿後60年　恵泉女学園史料室編　第2版　恵泉女学園　2014.4　87p　21cm　〈年譜あり〉　①978-4-907470-14-2　Ⓝ289.1

河合 道臣　かわい・みちおみ
⇒河合寸翁（かわい・すんのう）を見よ

河井 美代吉〔1863〜1951〕　かわい・みよきち
◇河井美代吉回顧録　河井美代吉著, 河井雅孝編　3訂版　〔出版地不明〕　〔河井雅孝〕　2015.3　174p　30cm　〈年譜あり〉　Ⓝ289.1

◇河井美代吉回顧録　河井美代吉著, 河井雅孝編　5訂版　〔出版地不明〕　〔河井雅孝〕　2017.3　210p　30cm　〈年譜あり〉　Ⓝ289.1

河井 弥八〔1877〜1960〕　かわい・やはち
◇『河井弥八日記』『河井弥八手帳』――一九五二年史料復刻　河井弥八著、前山亮吉, 森山優編集・解題、河井重蔵・弥八研究会校注　静岡　静岡県立大学大学院国際関係学研究科　2014.8　1冊　30cm　（Working paper series working paper #14-1）　Ⓝ312.1

◇河井弥八日記　戦後篇 1　昭和二十年―昭和二十二年　河井弥八著, 尚友倶楽部, 中園裕, 内藤一成, 村井良太, 奈良岡聰智, 小宮京編　尚友倶楽部　2015.12　592p　22cm　（尚友叢書 19-1）　非売品　Ⓝ289.1

◇河井弥八日記　戦後篇1　昭和二十年〜昭和二

十二年　河井弥八著，尚友倶楽部，中園裕，内藤一成，村井良太，奈良岡聰智，小宮京編　信山社出版　2015.12　592p　22cm　〈布装〉　8400円　Ⓘ978-4-7972-6077-9　Ⓝ289.1
内容 昭和二十年　昭和二十一年　昭和二十二年

◇河井弥八の生涯─河井弥八家と河井弥八を知るために　増補版　掛川　河井弥八記念館　2016.9　66p　30cm　〈年譜あり〉　Ⓝ289.1

◇河井弥八日記　戦後篇2　昭和23年─昭和26年　河井弥八著，尚友倶楽部，中園裕，内藤一成，村井良太，奈良岡聰智，小宮京編　尚友倶楽部　2016.12　4,656p　22cm　（尚友叢書 19-2）非売品　Ⓝ289.1

◇河井弥八日記　戦後篇2　昭和二十三年～昭和二十六年　河井弥八著，尚友倶楽部，中園裕，内藤一成，村井良太，奈良岡聰智，小宮京編　信山社出版　2016.12　656p　22cm　〈布装〉　9200円　Ⓘ978-4-7972-6078-6　Ⓝ289.1
内容 昭和二十三年　昭和二十四年　昭和二十五年　昭和二十六年

◇河井弥八日記　戦後篇3　昭和27年─昭和29年　河井弥八著，尚友倶楽部，中園裕，内藤一成，村井良太，奈良岡聰智，小宮京編　尚友倶楽部　2018.1　4,679p　22cm　（尚友叢書 19-3）非売品　Ⓝ289.1

◇河井弥八日記　戦後篇3　昭和二十七年─昭和二十九年　河井弥八著，尚友倶楽部，中園裕，内藤一成，村井良太，奈良岡聰智，小宮京編集　信山社出版　2018.1　679p　22cm　〈布装〉　9200円　Ⓘ978-4-7972-6069-4　Ⓝ289.1

＊河井弥八（明治10年～昭和35年・静岡県掛川出身）は、貴族院書記官長、内大臣秘書官長、侍従次長、皇后宮大夫、貴族院議員、参議員議員、参議院議長のほか、大日本報徳社社長、全国însけい水砂防協会顧問等を歴任した政治家である。彼は生涯にわたり、膨大な日記を残した。今回刊行するのは、昭和20～35年の15年余りの期間である。第3巻は独立から吉田内閣崩壊までの日記と手帳を収録した。社会は次第に落ち着きを取り戻しつつあったが、日本政治冷戦下で保革対立が高まり、追放解除で与党も混乱していた。その中で河井は、貴族院の精神を引き継ぐ緑風会からは最後となる参議院議長に選ばれた。本巻は第二院独自の役割を模索し続けた議長が自ら記した重厚な記録である。

◇河井弥八日記──九四一年 史料復刻　河井弥八著，前山亮吉，森山優編集・解題，河井重藏・弥八研究会校訂　静岡　静岡県立大学大学院国際関係学研究科　2018.8　12,191,34p　30cm　（Working paper series working paper #18-1）〈奥付のタイトル：河井弥八日記河井弥八手帳〉　Ⓝ312.1

川内 優輝〔1987～〕　かわうち・ゆうき

◇マラソンと日本人　武田薫著　朝日新聞出版　2014.8　313,19p　19cm　（朝日選書 923）〈文献あり　索引あり〉　1600円　Ⓘ978-4-02-263023-0　Ⓝ782.3
内容 走り出した日本人　金栗四三─学生の大志と箱根駅伝　孫基禎─「内鮮一体」の表裏　"ボストンマラソン"と戦後復興　円谷幸吉と東京オリンピック　祭りのあとの空白─君原健二　瀬古利彦の栄光と挫折　中山竹通のたった独りの反乱　女子マラソンと夏のメダル　ケニア参入と日本の内向化　川内優輝─鈍足のエリートと"東京マラソン"

川上 音二郎〔1864～1911〕　かわかみ・おとじろう

◇川上音二郎と貞奴─明治の演劇はじまる　井上理恵著　社会評論社　2015.2　302p　20cm　〈他言語標題：Otojiro Kawakami and Sadayakko　索引あり〉　2700円　Ⓘ978-4-7845-1135-8　Ⓝ772.1
内容 第1章 川上音二郎の登場（"東の京"の出現─徳川さんから天皇さんへ　音二郎、登場する（明治一六年）　ほか）　第2章 中村座の大成功・巴里・日清戦争（中村座公演一八九一年六月　中村座の二の替り・三の替り　ほか）　第3章 文芸作品の上演と川上座（市村座初春興行一八九五年　歌舞伎座初登場　ほか）　終章 「金色夜叉」初演から海外への旅立ち（「金色夜叉」　初演から再演へ　ほか）

◇川上音二郎と貞奴　2　世界を巡演する　井上理恵著　社会評論社　2015.12　271,15p　20cm　〈他言語標題：Otojiro Kawakami and Sadayakko　索引あり〉　2800円　Ⓘ978-4-7845-1138-9　Ⓝ772.1
内容 第1章 アメリカ大陸横断　一八九九年（日本からハワイへ Hawaii　サンフランシスコ San Francisco　シアトル・タコマ・ポートランド Seattle・Tacoma・Portland─「藝者と武士」の誕生　シカゴ Chicago─興行師と出会う　ボストン Boston─成功　ワシントン Washington─大公使館夜会　ニューヨーク NEW YORK）　第2章 ヨーロッパ 一九〇〇年（ロンドン到着 London 　"空前の記念 絶後の名誉"　パリ万国博覧会への誘い─ロイ・フラー　パリ万国博覧会で開演 Exposition Universelle de Pari）　第3章 帰国そして再渡欧 一九〇一年～〇二年（川上一座海外巡演の"総括"　再訪 ロンドン 一九〇一年　パリ再訪　ドイツ一中・東欧諸国巡演　巡演の終わり─帰国へ）

◇オッペケペー節と明治　永嶺重敏著　文藝春秋　2018.1　223p　18cm　（文春新書 1155）〈文献あり〉　880円　Ⓘ978-4-16-661155-3　Ⓝ767.8
内容 序章 よみがえる「オッペケペー節」　第1章 「オッペケペー節」関西で生まれる　第2章 「オッペケペー節」東京公演で人気沸騰する　第3章 「オッペケペー節」東京市中で大流行する　第4章 「オッペケペー節」全国で歌われる　第5章 「オッペケペー節」と声の文化　終章 その後の展開

◇川上音二郎と貞奴　3　ストレートプレイ登場する　井上理恵著　社会評論社　2018.2　268,11p　20cm　〈他言語標題：Otojiro Kawakami and Sadayakko　索引あり〉　3000円　Ⓘ978-4-7845-1140-2　Ⓝ772.1
内容 第1章 世界巡演を振りかえる─明治政府のプロパガンダとしての身体・表象（談ðoms芝居へ　為政者と川上─一期待される演劇人 ほか）　第2章 正劇「オセロ」の上演─「影響の不安」─近代人川上の先駆性　シェイクスピアの「オセロー」 ほか）　第3章 シェイクスピア作品とお伽芝居（東京市養育院慈善演劇─「江戸城明渡」「マーチャンドオブヴェニ

ス」 初めてのお伽芝居(一九〇三年一〇月)―「狐の裁判」「浮かれ胡弓」ほか) 第4章 俳優養成・帝国劇場・大阪帝國座(音二郎と明治の財閥 帝国劇場建設計画―女優養成とモンナワンナ」ほか) 第5章 大阪帝國座開場(韓国英太子の台覧―西郷寺首相官邸大夜會 新派大合同「ボンドマン」ほか)

川上 貞奴〔1871〜1946〕 かわかみ・さだやっこ
◇川上音二郎と貞奴―明治の演劇はじまる 井上理惠著 社会評論社 2015.2 302p 20cm 〈他言語標題:Otojiro Kawakami and Sadayakko 索引あり〉 2700円 ⓘ978-4-7845-1135-8 Ⓝ772.1
内容 第1章 川上音二郎の登場("東の京"の出現―徳川さんから天皇さんへ 音二郎、登場する(明治一六年)ほか) 第2章 中村座の大成功・巴里・日清戦争(中村座公演一八九一年六月 中村座の二の替り・三の替り ほか) 第3章 文芸作品の上演と川上座(市村座初春興行一八九五年 歌舞伎座初登場 ほか) 終章 「金色夜叉」初演から海外への旅立ち(『金色夜叉』 初演から再演へ ほか)

◇川上音二郎と貞奴 2 世界を巡演する 井上理惠著 社会評論社 2015.12 271,15p 20cm 〈他言語標題:Otojiro Kawakami and Sadayakko 索引あり〉 2800円 ⓘ978-4-7845-1138-9 Ⓝ772.1
内容 第1章 アメリカ大陸横断 一八九九年(日本からハワイへ Hawaii サンフランシスコ San Francisco シアトル・タコマ・ポートランド Seattle・Tacoma・Portland―「藝者と武士」の誕生 シカゴ Chicago―興行師と出会う ボストン Boston―成功 ワシントン Washington―日本公使館во會 ニューヨーク NEW YORK) 第2章 ヨーロッパ 一九〇〇年(ロンドン到着 London 「空前の記念 絶後の名誉」 パリ万国博覧会への誘い―ロイ・フラー パリ万国博覧会で開幕 Exposition Universelle de Pari) 第3章 帰国そして再渡欧 一九〇一年〜〇二年(川上一座海外巡演の"総括" 再渡 ロンドン 一九〇一年 パリ再訪 ドイツ中・東欧諸国巡演 巡演の終わり―帰国へ)

◇川上音二郎と貞奴 3 ストレートプレイ登場する 井上理惠著 社会評論社 2018.2 268,11p 20cm 〈他言語標題:Otojiro Kawakami and Sadayakko 索引あり〉 3000円 ⓘ978-4-7845-1140-2 Ⓝ772.1
内容 第1章 世界巡演を振りかえる―明治政府のプロパガンダとしての身体・表象(政談から芝居へ 為政者と川上―期待される演劇人 ほか) 第2章 正劇「オセロ」の上演(「影響の不安」―近代人川上の先駆性 シェイクスピアの「オセロー」 ほか) 第3章 シェイクスピア作品とお伽芝居(東京市養育院慈善演劇―「江戸城明渡」「マーチャントオブヴェニス」 初めてのお伽芝居(一九〇三年一〇月)―「狐の裁判」「浮かれ胡弓」ほか) 第4章 俳優養成・帝国劇場・大阪帝國座(音二郎と明治の財閥 帝国劇場建設計画―女優養成とモンナワンナ」ほか) 第5章 大阪帝國座開場(韓国英太子の台覧―西郷寺首相官邸大夜會 新派大合同「ボンドマン」ほか)

河上 重雄〔1908〜2002〕 かわかみ・しげお
◇母往き去りし道―伊予桜井漆器異聞 河上重雄著 今治 加藤美津子 2016.9 111p 20cm Ⓝ289.1

川上 茂次 かわかみ・しげつぐ
◇地域を創る男―平戸、川上茂次の挑戦 川上茂次,猪山勝利編著 長崎 長崎文献社 2015.6 155p 21cm 1400円 ⓘ978-4-88851-239-8 Ⓝ318.693
内容 1 地域リーダーの生成 2 地域創りの挑戦1―地域創り実践者として 3 社会ネットワークの構築 4 地域創りの挑戦2―市議会議員として 5 これからの地域創り 6 新たな地域創りを求めて

川上 操六〔1848〜1899〕 かわかみ・そうろく
◇世界史を変えた「明治の奇跡」―インテリジェンスの父・川上操六のスパイ大作戦 前坂俊之著 海竜社 2017.8 319p 19cm 〈文献あり〉 2200円 ⓘ978-4-7593-1555-4 Ⓝ210.65
内容 開化する日本、閉じていく朝鮮 東アジアに忍び寄る列強 川上操六、日本陸軍の建設を担う 川上の派閥退治と人材登用 モルトケ参謀総長に弟子入り 福島安正の単騎シベリア偵察旅行 清国を調べ上げた荒尾精 日清間で燻る争いの火種 朝鮮独立に奔走した福沢諭吉 川上の参謀本部大改革と戦力分析 日清戦争の発火点となった金玉均暗殺事件 日清開戦前夜―川上の「熟慮、断行」 日清戦争勃発―日本を優位にした川上のインテリジェンス 勝利を呼び込んだ川上の「ワンボイス」体制 三国干渉によって迫られた戦略の立て直し 対ロシア戦を見越した川上の動き シベリアに送り込まれた「日本の007:花田仲之助」 川上の急死とインテリジェンス網の崩壊 川上の育てた「チーム参謀本部」

河上 タキノ〔1887〜1982〕 かわかみ・たきの
◇母往き去りし道―伊予桜井漆器異聞 河上重雄著 今治 加藤美津子 2016.9 111p 20cm Ⓝ289.1

河上 徹太郎〔1902〜1980〕 かわかみ・てつたろう
◇小林秀雄と河上徹太郎 坂本忠雄著 慶應義塾大学出版会 2017.4 253p 20cm 〈年譜あり〉 3000円 ⓘ978-4-7664-2422-5 Ⓝ910.268
内容 「厳島閑談」をめぐって 最後の対談 「歴史について」 岡倉天心と内村鑑三の足跡 『本居宣長』の世界 『吉田松陰』の世界 『考えるヒント』と『日本のアウトサイダー』『私の人生観』と『私の詩と真実』 『モオツァルト』と『ドン・ジョヴァンニ』 大岡昇平、吉田健一との師弟関係 『無常という事』と『近代の超克』 『様々なる意匠』と『自然と純粋』 最晩年の作品と逝去

川上 哲治〔1920〜2013〕 かわかみ・てつはる
◇一故人 近藤正高著 スモール出版 2017.4 415p 19cm 1800円 ⓘ978-4-905158-42-4 Ⓝ281
内容 二〇一二年(浜田幸一 樋口廣太郎 ほか) 二〇一三年(大島渚 山内溥 ほか) 二〇一四年(永井一郎 坂井義則 ほか) 二〇一五年(赤瀬川隼 桂米朝 ほか) 二〇一六年(蜷川幸雄 中村紘子 ほか)

川上 徹〔1940〜2015〕 かわかみ・とおる
◇川上徹《終末》日記―時代の終わりと僕らの終わ

かわかみ

り　川上徹著　同時代社　2017.11　309,5p　19cm　〈索引あり〉　2700円　①978-4-88683-827-8　Ⓝ289.1

内容　二〇〇二年　二〇〇三年　二〇〇四年　二〇〇五年　二〇〇六年　二〇〇七年　二〇〇八年　二〇〇九年　二〇一〇年　二〇一一年　二〇一二年　二〇一四年　川上徹・大窪一志往復書簡から川上徹の書簡

川上 俊彦 〔1862～1935〕　かわかみ・としつね

◇満蒙をめぐる人びと　北野剛著　彩流社　2016.5　183p　19cm　（フィギュール彩 57）　1800円　①978-4-7791-7059-1　Ⓝ319.1022

内容　プロローグ　満洲と日本人―石光真清　第1章「満蒙」の先覚者―辻村楠造　第2章　満鉄と満洲日本人社会―相生由太郎　第3章　外交官の見た日露戦争の極東アジア―川上俊彦　第4章　中国の動乱と満蒙政策―宇都宮太郎　第5章　日本人「馬賊」と中国大陸―薄益三　第6章　第一次世界大戦後の馬賊―伊達順之助　第7章　「国策」の最前線―駒井徳三　第8章　「満蒙問題」と在満邦人―守田福松　エピローグ　理想国家の建設―笠木良明

河上 肇 〔1879～1946〕　かわかみ・はじめ

◇河上肇　山田洸著　新装版　清水書院　2016.5　219p　19cm　（Century Books―人と思想 55）〈文献あり　年譜あり　索引あり〉　1200円　①978-4-389-42055-0　Ⓝ289.1

内容　第1章　生いたち　第2章　青年期の思想形成　第3章　経済学の研究　第4章　マルクス主義の研究　第5章　理論から実践へ　第6章　宗教論への傾斜　第7章　晩年

◇短歌でつづる河上肇・津田青楓と言う時代　小木宏著　生活ジャーナル　2017.8　224p　19cm　〈文献あり〉　1482円　①978-4-88259-164-1　Ⓝ289.1

内容　1　学生時代　2　「貧乏物語」前後　3　「山川を超えて超えて」たどりつきし道　4　津田青楓の人と短歌　5　獄中の歌　6　出獄・行きかふ人を美しと見し　7　あとがき

川喜多 長政 〔1903～1981〕　かわきた・ながまさ

◇中華電影史話――兵卒の日中映画回想記 1939-1945　辻久一著，清水晶校註　愛蔵版　凱風社　2016.4　433p　20cm　〈索引あり〉　3500円　①978-4-7736-4003-8　Ⓝ778.222

内容　第1章　川喜多長政の理想　第2章　中華電影設立と日本側の文化工作　第3章　張善琨へのアプローチと「孤島」上海　第4章　中華電影との出会いと巡回映写　第5章　張善琨の実像　第6章　対米英開戦と「中聯」　第7章　中国映画史にない作品群1―「中聯」の作品　第8章　中国映画史にない作品群2―「華影」設立と日中合作映画　第9章　敗戦と中華電影の終焉

川口 顕 〔1943～〕　かわぐち・あきら

◇近過去―奥浩平への手紙　川口顕著　社会評論社　2016.10　286p　19cm　（レッド・アーカイヴス 02）〈別タイトル：near past〉　2000円　①978-4-7845-9221-0　Ⓝ289.1

内容　第1部　君と話しておきたかったこと（家族　さまよう少年　通過儀礼　活動家がうまれる）　第2部　レクイエムが流れて（Kは闘い、人に出会う　工場に降りたK　Kの処遇は二級に　パロルまたは非戦宣言　脱藩　それから）

河口 慧海 〔1866～1945〕　かわぐち・えかい

◇人物書誌大系 44　河口慧海　高山龍三編　日外アソシエーツ　2015.9　556p　22cm　〈文献あり　著作目録あり　年譜あり　索引あり　発売：紀伊國屋書店〉　18000円　①978-4-8169-2559-7　Ⓝ280.31

内容　1　河口慧海の生涯（年譜）　2　河口慧海の著作一覧（著書　論考　新聞　その他　著作集論集と著述拾遺）　3　国内の著作にみる河口慧海　4　国外の著作にみる河口慧海（欧語表記著作　中国語表記著作）　5　索引（年譜索引　著作索引　著者名索引（国内の著作）　著者名索引（国外の著作・欧語）　著者名索引（国外の著作・中国語））

◇河口慧海著作選集 13　河口慧海著述拾遺　補遺　河口慧海著　高山龍三、奥山直司編　慧文社　2018.2　297p　22cm　〈布装〉　9000円　①978-4-86330-190-0　Ⓝ180.8

内容　第1部　黄檗紛争（黄檗宗録事を読んで其前途に一言す　黄檗宗の前途　ほか）　第2部　蔵経問題（公開状　青木文教氏に与ふ、西蔵大蔵経問題　再び青木氏に与ふほか）　第3部　チベット旅行（世界の秘密国西蔵　西蔵入国記　ほか）　第4部　仏教（古梵仏典の腐焼　蒙古仏教と西蔵仏教　ほか）　第5部　その他（肥下徳十郎への書簡など　西蔵最近の内情　ほか）

川口 和秀 〔1953～〕　かわぐち・かずひで

◇闘いいまだ終わらず―現代浪華遊侠伝・川口和秀　山平重樹著　幻冬舎　2016.6　372p　16cm　（幻冬舎アウトロー文庫 O-31-24）「冤罪・キャッツアイ事件」（筑摩書房 2012年刊）の改題　690円　①978-4-344-42495-1　Ⓝ326.23

内容　第1章　キャッツアイ事件　第2章　冤罪の構図　第3章　川口和秀の極道人生　第4章　喧嘩の東組　第5章　不当裁判　第6章　支援者たち　第7章　獄中での闘い

川口 常孝 〔1919～2001〕　かわぐち・つねたか

◇兵たりき―川口常孝の生涯　中根誠著　Kadokawa　2015.6　581p　19cm　（まひる野叢書 第326篇）〈年譜あり〉　3500円　①978-4-04-652960-2　Ⓝ911.162

川口 能活 〔1975～〕　かわぐち・よしかつ

◇壁を超える　川口能活著　KADOKAWA　2017.10　212p　18cm　（角川新書 K-165）　800円　①978-4-04-082166-5　Ⓝ783.47

内容　第1章　苦境のおしえ（どこかで風向きは変わる。自分に流れがくることは絶対にあると信じて、いつもやってきた　イングランドのポーツマスFCに移籍して三か月も経たないうちに会長に言われた。「もう、日本に帰ったほうがいいのではないか」ほか）　第2章　人を育てるということ、組織（チーム）を率いるということ（子どもの頃、火事で家が全焼した。そのとき父は「一年でまた建てる」と言い、それを現実にする姿を見せてくれた　「お前は私立に行け」岐阜に旅立ったときには父が道を示してくれ、譲ってもくれた　ほか）　第3章　リーダーの肖像―指揮官たちに教わったこと（「お前で行くぞ」高二

でワールドユース予選のゴールを任されたことで人生が変わった　四年間の想いが結実した「シャーアラムの死闘」と「マイアミの奇跡」ほか）　第4章　厳しい日々と家族の存在（二度の大ケガをして心が折れそうになったこともある。それでも、あきらめはしなかった　「これが現実なのか…」契約更新がないという通知によってそこから先が白紙の状態になってしまった　ほか）　第5章　「現役」であること、「引退」に思うこと（自分を取り巻く周りの状況が変わっても自分を変えずそれまで以上のことをやっていく　二十歳ほど若い選手たちとポジションを争う。自分が上にいるのではなく同じ土俵に立って競争している　ほか）

川越　敏孝〔1921〜2004〕　かわごえ・はるたか
◇回想―戦中・戦後の日中を生きて　川越敏孝著　岩波ブックセンター（制作）　2015.6　602p　20cm　〈著作目録あり　年譜あり〉　3800円　①978-4-904241-55-4　Ⓝ289.1

川﨑　晃弘〔1981〜2016〕　かわさき・あきひろ
◇ピンチはチャンスなり、スピードは力なり　川﨑晃弘, 川崎依邦著　東洋出版　2016.12　338p　21cm　〈年譜あり〉　1800円　①978-4-8096-7859-2　Ⓝ289.1
|内容|第1部　川崎晃弘の人生　第2部　川崎晃弘の経営　第3部　川崎晃弘の志

川崎　九淵〔1874〜1961〕　かわさき・きゅうえん
◇大鼓方　川崎九淵素描　西澤建義著　ぶんがく社　2014.11　78p　26cm　（花もよ叢書 3）　1296円　①978-4-904096-32-1　Ⓝ773.7
◇川崎九淵著作集　上　川崎九淵, 川崎勝子著, 岡田万里子編　ぶんがく社　2014.11　82p　26cm　（花もよ叢書 1）　1296円　①978-4-904096-33-8　Ⓝ773.7
◇川崎九淵著作集　下　川崎九淵, 増田千代子, 川崎勝子著, 岡田万里子編　ぶんがく社　2014.11　90p　26cm　（花もよ叢書 2）〈年譜あり〉　1296円　①978-4-904096-34-5　Ⓝ773.7

川崎　景章〔1926〜〕　かわさき・けいしょう
◇九段小学校の思い出―昭和初期の生徒生活　川﨑景章著　〔横浜〕　〔川﨑景章〕　2015.11　62p　21cm　〈年表あり〉　Ⓝ376.28
◇チョッカイ出されてきた―我が愛しの女性たちと九十余年の歩み　川崎景章著　文藝春秋企画出版部　2017.12　197p　20cm　〈発売：文藝春秋〉　1200円　①978-4-16-008915-0　Ⓝ289.1

川崎　憲次郎〔1971〜〕　かわさき・けんじろう
◇どん底――一流投手が地獄のリハビリで見たもの　元永知宏著　河出書房新社　2018.5　205p　19cm　1350円　①978-4-309-27947-3　Ⓝ783.7
|内容|第1章　森慎二―メジャーを目指した男の夢が消えた1球　第2章　石井弘寿―WBC日本代表の苦悩　第3章　斉藤和巳―沢村賞投手の最後の6年　第4章　川崎憲次郎―FA移籍後のつらすぎる4年間　第5章　野村弘樹―ひじを痛めて引退した101勝サウスポー　第6章　西本聖―頚椎の手術からの奇跡の復活

川崎　浩市〔1964〜〕　かわさき・こういち
◇ブッカーKが見た激動の時代―UWF、そしてPRIDEの崩壊　川崎浩市著　双葉社　2017.10　191p　19cm　（プロレス激活字シリーズ vol. 4）　1400円　①978-4-575-31306-2　Ⓝ788.2
|内容|第1章　新生UWFの顛末（プロレスとの遭遇　「チャンコ食べて行きなよ！」　ほか）　第2章　藤原組という選択（藤原組を選択した決め手　「落ちる」という儀式　ほか）　第3章　リングスとの別離（後悔しないためにリングスへ　「バトルショット」の成功で感じた手応え　ほか）　第4章　PRIDEの終焉（PRIDE実行委員会メンバー　川崎浩市　交錯するPRIDEとUFC　ほか）　第5章　格闘技バブルの崩壊（「戦極」誕生への胎動　青天の霹靂だった「DREAM」との合流　ほか）

川崎　正蔵〔1837〜1912〕　かわさき・しょうぞう
◇幻の五大美術館と明治の実業家たち　中野明著　祥伝社　2015.3　301,6p　18cm　（祥伝社新書 407）〈索引あり〉　860円　①978-4-396-11407-7　Ⓝ707.9
|内容|プロローグ（大倉喜八郎と大倉集古館　藤田伝三郎と藤田美術館　根津嘉一郎と根津美術館　「幻の美術館」に終わった人たち）　第1章　大商人　益田孝と小田原掃雲台「鈍翁美術館」（三井の大番頭・益田孝　大商人で希代の美術品収集家　井上馨との出会い　ほか）　第2章　生糸王　原富太郎と横浜三之谷「三溪美術館」（古建築のテーマパーク　原家の入り婿　原商店から合名会社へ　ほか）　第3章　造船王　川崎正蔵と神戸布引「川崎美術館」（高橋箒庵の神戸行き　川崎正蔵の鳴かず飛ばずの前半生　造船業ブームの波に乗る川崎正蔵　ほか）　第4章　勝負師　松方幸次郎と東京麻布「共楽美術館」（林権助の言葉　株式会社川崎造船所の初代社長に就任　第一次世界大戦の勃発と大造船ブーム　ほか）　第5章　美術商　林忠正と東京銀座「近代西洋美術館」（希代の画商・林忠正　起立工商会社の臨時通訳としてパリへ　フランスで巻き起こった浮世絵ブーム　ほか）　エピローグ（彼らの美術館はなぜ幻に終わったのか　幻の美術館に残る未練）

川崎　祐宣〔1904〜1996〕　かわさき・すけのぶ
◇果てしなく続く医療福祉の道―川﨑祐宣の思想に学ぶ　江草安彦監修　日本医療企画　2015.3　207p　21cm　〈年譜あり〉　1900円　①978-4-86439-316-4　Ⓝ289.1
|内容|第1章　医療への取組み（医師は職業ではなく、生き方である。　冷えた給食が食べられるか、それを確かめるのが理事長の仕事です。　ほか）　第2章　福祉への取組み（十年を区切りに一つのことを成し遂げればいい。　人それぞれの資質を伸ばし、生かせるのがリーダーである。　ほか）　第3章　教育への取組み（人類への奉仕のために、「人間をつくる、体をつくる、医学をきわめる」　医学は日進月歩、進歩している。現状維持は退歩である。　ほか）　第4章　医療福祉に取り組んだ人生（やればできる才能があっても、医療に関係のないことはやらない。　人に愛されることが、経営者の才能である。　ほか）

川崎　健〔1928〜2016〕　かわさき・つよし
◇漁業科学とレジームシフト―川崎健の研究史　川崎健, 片山知史, 大海原宏, 二平章, 渡邊良朗編著　仙台　東北大学出版会　2017.11　527p

21cm 〈他言語標題：Fisheries science & regime shift〉 3500円 ⓘ978-4-86163-282-2 Ⓝ663.6

内容 1 年譜 2 研究の軌跡(レジームシフト理論の形成過程 日本漁業をめぐる論考 海洋環境問題と政策問題) 3 漁業科学・資源生物学の到達点(自然変動する海洋生物資源の合理的利用 日本漁業の「ショック・ドクトリン」考 資源操作論の限界—沿岸資源管理の歴史に学ぶ) 4 Autobiography自伝/研究史「私の歩んだ道」The way of my life) 5 現代科学と弁証法

河﨑 護 〔1959〜〕 かわさき・まもる

◇星稜高校サッカー部優勝への軌跡—北陸のサッカーを全国へと導いた河﨑護の30年 安藤隆人著 ベースボール・マガジン社 2015.2 207p 19cm 〈文献あり〉 1500円 ⓘ978-4-583-10810-0 Ⓝ783.47

内容 第1章 "サッカー不毛の地" に蒔かれた種 第2章 湧きおこる夢ゆえのジレンマ— 第3章 5年間の葛藤の果て— 第4章 北陸を支えた盤石の土台と本田圭佑の言葉 第5章 暗雲立ち込めて—事故勃発 第6章 盟友たちと築き上げた決勝の舞台 第7章 石川に咲いた大輪の花—本田圭佑、豊田陽平らOBの言葉

川﨑 宗則 〔1981〜〕 かわさき・むねのり

◇閃きを信じて—Don't think too much!! 川﨑宗則著 ぴあ 2016.4 223p 19cm 1300円 ⓘ978-4-8356-2883-7 Ⓝ783.7

内容 第1章 "ベースボール" という名のおもちゃ(2016年はシカゴ・カブス！ アメリカ野球は "新しい遊び" にハマった感覚 ほか) 第2章 メジャーリーグってこうもおもしろい！(マイナーキャンプでメジャーのスゴさを実感 監督・コーチとの関係が日本とは違う ほか) 第3章 最高の仲間たち—Yes！My Buddies！("飲みニュケーション" でどんどん仲良くなる 敵チームのレジェンドに抱きつかれた!? ほか) 第4章 ファンに、記者に、そして家族に感謝！(街中でニコッとハイタッチで楽しい！ 93歳のおばあちゃんと、リトルの子どもたち ほか) 第5章 どこへ行っても大丈夫！(ピンチはピンチでしかない!? "ウソ" と "強がり" ほか)

川﨑 依邦 〔1949〜〕 かわさき・よりくに

◇実践的経営コンサルタントがリアルに語る経営「再生」物語 川﨑依邦著 東洋出版 2018.8 247p 19cm 1500円 ⓘ978-4-8096-7915-5 Ⓝ289.1

内容 第1章 民間会社の時代 第2章 菱het総合税務会計事務所 第3章 シーエムオーの創業時代 第4章 運送会社専門の経営コンサルタント会社に生まれ変わる 第5章 経営再生請負会社として生まれ変わる 第6章 一〇〇日プロジェクトの激闘 第7章 息子の突然死 第8章 経営再生請負人としてのチャレンジ 第9章 経営「再生」物語

川路 聖謨 〔1801〜1868〕 かわじ・としあきら

◇川路聖謨之生涯 川路寛堂編述 周南 マツノ書店 2014.6 1冊 22cm 〈吉川弘文館明治36年刊の復刻版〉 Ⓝ289.1

◇川路聖謨文書 1 川路聖謨著 オンデマンド版 東京大学出版会 2014.9 552p 22cm (日本史籍協会叢書 58)〈印刷・製本：デジタルパブリッシングサービス 覆刻再刊 昭和59年刊〉 11000円 ⓘ978-4-13-009358-3 Ⓝ210.58

内容 濃役紀行 岐岨路の日記 島根のすさみ

◇川路聖謨文書 2 川路聖謨著 オンデマンド版 東京大学出版会 2014.9 447p 22cm (日本史籍協会叢書 59)〈印刷・製本：デジタルパブリッシングサービス 覆刻再刊 昭和59年刊〉 11000円 ⓘ978-4-13-009359-0 Ⓝ210.58

内容 玉川日記 寧府紀事 第1

◇川路聖謨文書 3 川路聖謨著 オンデマンド版 東京大学出版会 2014.9 489p 22cm (日本史籍協会叢書 60)〈印刷・製本：デジタルパブリッシングサービス 覆刻再刊 昭和59年刊〉 10000円 ⓘ978-4-13-009360-6 Ⓝ210.58

内容 寧府紀事 第2

◇川路聖謨文書 4 川路聖謨著 オンデマンド版 東京大学出版会 2014.9 504p 22cm (日本史籍協会叢書 61)〈印刷・製本：デジタルパブリッシングサービス 覆刻再刊 昭和59年刊〉 10000円 ⓘ978-4-13-009361-3 Ⓝ210.58

内容 寧府紀事 第3

◇川路聖謨文書 5 川路聖謨著 オンデマンド版 東京大学出版会 2014.9 509p 22cm (日本史籍協会叢書 62)〈印刷・製本：デジタルパブリッシングサービス 覆刻再刊 昭和59年刊〉 10000円 ⓘ978-4-13-009362-0 Ⓝ210.58

内容 寧府紀事 第4

◇川路聖謨文書 6 川路聖謨著 オンデマンド版 東京大学出版会 2014.9 440p 22cm (日本史籍協会叢書 63)〈印刷・製本：デジタルパブリッシングサービス 覆刻再刊 昭和60年刊〉 10000円 ⓘ978-4-13-009363-7 Ⓝ210.58

内容 浪花日記 房總海岸巡見日記 長崎日記 下田日記 京都日記 京日記

◇川路聖謨文書 7 川路聖謨著 オンデマンド版 東京大学出版会 2014.9 530p 22cm (日本史籍協会叢書 64)〈印刷・製本：デジタルパブリッシングサービス 覆刻再刊 昭和60年刊〉 11000円 ⓘ978-4-13-009364-4 Ⓝ210.58

内容 座右日記 千里飛鴻 慈恩集録 つくしのひなみ 東洋金鴻

◇川路聖謨文書 8 川路聖謨著 オンデマンド版 東京大学出版会 2014.9 525p 22cm (日本史籍協会叢書 65)〈印刷・製本：デジタルパブリッシングサービス 覆刻再刊 昭和60年刊〉 11000円 ⓘ978-4-13-009365-1 Ⓝ210.58

内容 東洋金鴻 自慶應二年十月廿一日至同四年三月七日 川路聖謨遺書 文久三年上書留記 神武御陵考 よしの行記 川路家藏書翰集 ね覺のすさび/松操著

◇名君保科正之—歴史の群像 中村彰彦著 完全版 河出書房新社 2016.3 295p 15cm (河出文庫 な37-1)〈初版：文春文庫 1996年刊〉 880円 ⓘ978-4-309-41443-0 Ⓝ281.04

内容 第1部 名君 保科正之と遺臣たち(名君 保科正

之—その一　生い立ちと業績　名君 保科正之—その二　名君 保科正之—その三　清らかさと慈愛と無私の心 ほか）　第2部 保科正之以前（蜂須賀正勝—天下取りに尽力した帷幄の名将　宇喜多直家—刺客を繰る鬼謀の将　宇喜多秀家—配流生活に耐えさせた望郷の思い ほか）　第3部 保科正之以降（川路聖謨—幕府に殉じたエリート官僚　勝海舟　徳川慶喜—その一 ほか）

◇川路聖謨とプチャーチン—今蘇える幕末の日露外交史　匂坂ゆり著　桜美林大学北東アジア総合研究所　2016.9　156p　18cm　〔北東アジア新書—人と歴史〕〈年表あり　文献あり〉　800円　①978-4-904794-77-7　⑩210.5938

内容　第1章 幕僚としての川路聖謨—海外情勢に揺れる幕府の中で（川路の生い立ち　異国との出合い ほか）　第2章 ロシア帝国の極東開拓—エフィム・プチャーチンの派遣に至るまで（プチャーチンの経歴　日本への派遣理由 ほか）　第3章 ロシア使節団の長崎滞在—日本全権の到着を待つ（ロシア使節団、長崎到着　プチャーチンの対日姿勢 ほか）　第4章 両国使節団の初対面・長崎交渉（第一次交渉）（両者の初対面　長崎交渉開始 ほか）　第5章 下田交渉（第二次交渉）・日露和親条約締結（下田交渉開始　安政東海大地震発生 ほか）

川路 利良〔1834〜1879〕　かわじ・としよし
◇川路大警視・大警視川路利良君傳　中村徳五郎、鈴木蘆堂著　合本復刻版　周南　マツノ書店　2017.4　1冊　22cm　〈年譜あり〉

内容　川路大警視/中村徳五郎著（日本警察新聞社 昭和12年刊 11版）　大警視川路利良君傳/鈴木蘆堂著　春陽堂 大正元年刊）

川島 彰義〔1940〜2012〕　かわしま・あきよし
◇我が人生—激動の時代を乗り越えた父からのメッセージ　幼年時〜定年、難病との闘いを回想　川島彰義著　多治見　創文出版社　2015.7　106p　21cm　非売品　①978-4-9905894-3-1　⑩289.1

川島 永嗣〔1983〜〕　かわしま・えいじ
◇アホが勝ち組、利口は負け組—サッカー日本代表進化論　清水英斗著　秋田書店　2018.6　190p　19cm　1300円　①978-4-253-10106-6　⑩783.47

内容　日本代表進化論 理想は進化、現実は退化　日本代表進化論 選手編（原口元気—モノクロームの元気　岡崎慎司—アホの岡崎　遠藤航—がんばれ！ ニッポンの父！　宇佐美貴史—「行ってるやん」の絶壁　吉田麻也—“大ポカ”の汚名を返せせよ！　柏木陽介—だって、人間だもの。　長谷部誠—キレッ早のキャプテン　長友佑都—左を制する者は、世界を制す！　柴崎岳—キャノンシュートの秘密は、弓槇野智章—カネでは買えない男！ ほか）

川島 つゆ〔1892〜1972〕　かわしま・つゆ
◇評伝 川島つゆ　上　己が墳は己が手に築くべきである　古庄ゆき子著　ドメス出版　2014.10　121,38p　21cm　〈著作目録あり〉　2000円　①978-4-8107-0813-4　⑩289.1

内容　口絵　川島つゆの仕事—関東大震災から没後まで川島つゆのあゆみ　1 はじめに　2 新しい光を浴びて　3 女性不遇の時代、黎明を信じつつ　4 おわりに　川島つゆ著作年表

川島 なお美〔1960〜2015〕　かわしま・なおみ
◇カーテンコール　川島なお美, 鎧塚俊彦著　新潮社　2015.12　189p　20cm　〔他言語標題：Curtain Call〕　1300円　①978-4-10-339781-6　⑩778.21

内容　序章 スクープ　第1章 疑い　第2章 戒め君　第3章 良性か、悪性か　第4章 セカンドオピニオン　第5章 決断の日　第6章 主人への手紙　第7章 手術と退院後の日々　第8章 私の「がん活」　第9章 再発の不安とシナモンのこと　終章 ラストステージ

川島 雄三〔1918〜1963〕　かわしま・ゆうぞう
◇映画監督のペルソナ 川島雄三論　石渡均著　愛育出版, 愛育社〔発売〕　2016.10　291p　21cm　〔付属資料：DVD1〕　2800円　①978-4-909080-06-6　⑩778.21

内容　1 川島雄三の構図（川島雄三の飢餓海峡/序にかえて　橋のたもとで逡巡する主人公たち　ドキュメンタリストの視点　食欲　排泄　自虐ネタ　予知能力　アチャラカ万歳（It's show time）　広がった演出空間　合成ショット　ロケマッチ　逃亡、積極的逃避　死の予感）　2 川島組の現場では（松本隆司氏との対談　梁井潤氏との対談　遠藤三郎氏との対談　岡崎宏三氏との対談）　3 川島雄三の原風景（日活アパートは今　旅支度　川島雄三の原風景　森繁に語らせた最後の独白）　4 川島雄三全51作品論・集成　川島雄三とその時代・関連年表

川島 芳子〔1907〜1948〕　かわしま・よしこ
◇満洲怪物伝—「王道楽土」に暗躍した人物たちの活躍とその後　歴史REAL編集部編　洋泉社　2015.9　255p　19cm　〈年表あり　索引あり〉　1800円　①978-4-8003-0719-4　⑩281.04

内容　第1章 建国に暗躍した軍人たちの光と影（石原莞爾—満洲独立を唱えた「世界最終戦争論」とは？　土肥原賢二—満洲国の建国に尽力した「満洲のローレンス」　板垣征四郎—石原とコンビを組み、満洲事変を引き起こす　山口重次—石原莞爾を煽り関東軍の決起を促した活動家）　第2章 傀儡国家の申し子たち（甘粕正彦—満洲の文化を盛り立てた官僚の「実像」　愛新覚羅溥儀—数奇で残酷な運命を辿った「ラスト・エンペラー」　松岡洋右—満執で実力を発揮できなかった総裁　李香蘭—日中に引き裂かれた誠実な女優）　第3章 影の世界にうごめいたフィクサーたち（里見甫—阿片を用いて満洲のダークサイドを歩いた「里見夫」　辻政信—ノモンハンでの独断専行の参謀　河本大作—張作霖爆殺事件の首謀者　石井四郎—「悪魔の細菌部隊」七三一部隊を創設した男　川島芳子—華麗なエピソードに彩られた「男装の麗人」）　第4章 満洲国を牛耳った官僚と政治家たち（岸信介—昭和の妖怪と呼ばれた男の「一身二生」　星野直樹—満洲国を「傀儡国家」たらしめた最重要人物　高碕達之助—満業を率いて日本人を守った経済人　古海忠之—満洲国の経済を動かした男）　特別企画 満洲人物伝—「王道楽土」の地で活躍した人物82（軍人・軍関係者　政治家・官僚　満鉄と経済人　文化人　女性　中国人）

かわす

河津 氏明〔南北朝時代〕 かわず・うじあき
◇高一族と南北朝内乱―室町幕府草創の立役者 亀田俊和著 戎光祥出版 2016.3 272p 19cm （中世武士選書 32）〈文献あり 年譜あり〉 2600円 Ⓘ978-4-86403-190-5 Ⓝ288.2
内容 第1部 高一族の先祖たち（鎌倉幕府草創までの高一族 鎌倉時代の高一族） 第2部 南北朝初期の高一族嫡流（南北朝内乱の風雲児・高師直 師直の片腕・高師泰 関東で活躍した高師冬 優れた行政官であった高重茂 直義に味方した高師秋 その他の高一族―師春・師兼・定信） 第3部 南北朝初期の高一族庶流と重臣（尊氏の「執事」となった南宗継 若狭守護を歴任した大高重成 幻の有力武将・大平義尚 師直の忠臣・河津氏明 もっとも活躍した師直の重臣・薬師寺公義） 第4部 観応の擾乱以降の高一族（西国における高一族 東国における高一族 高一族をめぐる諸問題）

河津 祐邦〔1821～1873〕 かわず・すけくに
◇河津祐邦 赤瀬浩著 長崎 長崎文献社 2017.12 189p 19cm （長崎偉人伝）〈年譜あり 文献あり〉 1600円 Ⓘ978-4-88851-283-1 Ⓝ289.1

川瀬 拓哉 かわせ・たくや
◇たった1秒でつらい痛みを治せる秘訣お伝えします―圧倒的な実績を持つ治療家がたどり着いた「痛み解決」の真実 川瀬拓哉著 現代書林 2017.6 183p 19cm 1300円 Ⓘ978-4-7745-1641-7 Ⓝ289.1
内容 1「痛みの奴隷」からサヨウナラ 2 自分が変わる、ということ 3 川瀬拓哉ストーリー1 仲間を支配する快感にひたっていた子ども時代 4 川瀬拓哉ストーリー2 そして治療家の道へ 5 川瀬拓哉ストーリー3 病気・第1の転機 6 川瀬拓哉ストーリー4 出会い・第2の転機 7 大丈夫！ あなたもきっと変われます 8 いつも笑顔で過ごそうよ

川添 登〔1926～2015〕 かわぞえ・のぼる
◇川添登オーラル・ヒストリー 川添登述, 中谷礼仁, 鷲田めるろインタヴュアー ［出版地不明］ 日本美術オーラル・ヒストリー・アーカイヴ 2015.3 41p 30cm 〈他言語標題：Oral history interview with Kawazoe Noboru ホルダー入〉 Ⓝ289.1

川田 利明〔1963～〕 かわだ・としあき
◇小橋健太、熱狂の四天王プロレス 小橋建太著 ワニブックス 2016.3 303p 19cm 1600円 Ⓘ978-4-8470-9425-5 Ⓝ788.2
内容 序章 夢の始まり 第1章 希望への旅立ち 第2章 崖っ縁からの挑戦 第3章 四天王プロレスの胎動 第4章 絶望のその先に 第5章 不屈の燃える魂 第6章 革命の章 最終章 俺の四天王プロレス
◇三沢と橋本はなぜ死ななければならなかったのか―90年代プロレス血戦史 西花池湖南著 河出書房新社 2017.11 316p 20cm 〈文献あり〉 1800円 Ⓘ978-4-309-02622-0 Ⓝ788.2
内容 1章 1990年三沢光晴の重荷―寡黙な男が背負わざるを得なかった全日本の未来 2章 1991年ジャンボ鶴田の絶頂―新世代の障壁となった怪物、最後の輝き 3章 1992年大仁田厚の爆風―猪木の遺産を食みながら開花したハードコアプロレス 4章 1993年天龍源一郎の入魂―"約束の地"に向かった男が創造した第二の栄華 5章 1994年日本の確立―天龍越えで実現した「肥満体型レスラー」のエース襲名 6章 1995年武藤敬司の驀進―プロレス・バブルの黄昏時に打ち砕かれた"UWF神話" 7章 1996年川田利明の鬱屈―ガラパゴス化した馬場・全日本がついに"鎖国"を解く 8章 1997年蝶野正洋の襲来―黒いカリスマ率いるヒール軍団が変えた新日本の景色 9章 1998年高田延彦の別離―プロレス人気を破綻させた男が向かった新たな世界 10章 1999年そして、ジャイアント馬場の死―規範を失ったプロレス界が露呈した世代間の断絶

河田 良人 かわた・よしと
◇ジェットスプレーに命をかける！―防水業界の革命的技術で世界を変える男の起業物語 河田良人著 京都 ライティング 2015.10 167p 19cm 〈発売：[星雲社]〉 1500円 Ⓘ978-4-434-21255-0 Ⓝ289.1
内容 第1章 プロ野球を目指した、小さな島の少年（父の背と白球の記憶 我が家にテレビがやってきた！ ほか） 第2章 すべての道はローマに通ず（高島屋へ入社、目標は社長?! 運命の出会い ほか） 第3章 ジェットスプレーとともに世界へ（カワタ技建の創業、ニッタの業務 ビュッフの代理店となるも… ほか） 第4章 冤罪との戦い（好事魔多し 事件の真相 ほか）

河内 浄〔1931～〕 かわち・きよし
◇工作少年 河内淨著 文芸社 2016.1 130p 15cm 〈2006年刊の再刊〉 600円 Ⓘ978-4-286-16905-7 Ⓝ289.1
＊工作好きの著者が、機械の仕組みに興味を持ち始めた少年時代から手がけてきた数々の作品の軌跡をたどり、モノづくりの面白さを紹介。随所にエピソードをまじえた歯切れのよいユーモラスな文章で、読み物としても楽しめる一冊。

河内 隆太郎〔1971～〕 かわち・りゅうたろう
◇チンドン大冒険―ボクがチンドン屋になった理由 河内隆太郎著 長崎 長崎文献社 2016.8 287p 19cm 1400円 Ⓘ978-4-88851-262-6 Ⓝ674.5
内容 大学受験とダンス チンドン屋、スタート 東京チンドン修行に向けて 東京生活始まる 彼女が東京にやって来た！ 結婚と長男誕生 チンドン日本一！ 長崎独立編 試練と飛躍と かわち家、チンドンコンクールデビュー！［ほか］

川手 文治郎 かわて・ぶんじろう
⇒金光大神（こんこうだいじん）を見よ

川手 正夫〔1913～1996〕 かわて・まさお
◇NO-NO BOY―日系人強制収容と闘った父の記録 川手晴雄著 KADOKAWA 2018.6 222p 19cm 「私の父はノーノーボーイだった 日系人強制収容に抵抗した父の足跡」（青山ライフ出版 2010年刊）の改題、修正〉 1600円 Ⓘ978-4-04-106219-7 Ⓝ334.453
内容 砂漠に響く「天皇陛下万歳」の声 忠誠登録を拒否した父 私は「日本人」になる 栄光の442部

隊　陸軍抑留所をたらいまわしにされた父　終戦とノーノーボーイたちの混乱　442部隊の勇者が帰ってきた　日本に帰ったノーノーボーイたち　市民権回復・謝罪・補償を求めて　強制収容の歴史を残す証言を残すのか　日系人だけがなぜ「強制収容」されたのか

川奈　まり子〔1967～〕　かわな・まりこ
◇溜池家の流儀─AV夫婦の仲良し(秘)夫婦生活　溜池ゴロー, 川奈まり子著　双葉社　2015.5　201p　18cm　1200円　Ⓘ978-4-575-30875-4　Ⓝ778.21
内容　第1章　溜池ゴローの履歴書　第2章　川奈まり子の履歴書　第3章　川奈まり子の恋愛とAVと結婚　第4章　夫婦が語る結婚裏話　第5章　夫から妻へ、妻から夫へ　夫婦人生相談─夫婦の悩み編　第6章　溜池家のルール　夫婦人生相談─家族&性癖の悩み編　第7章　溜池家の教育　第8章　すべての中高年へ

川名　慶彦〔1985～〕　かわな・よしひこ
◇金なし！コネなし！才能なし！でも人生を後悔しない "僕が選んだ生き方"　川名慶彦著　メタモル出版　2015.2　175p　19cm　〈他言語標題：Not regret the life I have chosen way of life〉　1300円　Ⓘ978-4-89595-873-8　Ⓝ726.5
内容　プロローグ　親から渡された、出口のない迷路地図─高校生時代～暗闇から見えた一筋の光（自由に羽ばたけないカゴの中の鳥　自己探求の末に見つけたゴール　ほか）　第1章　やりたいことがない！でも "人生の成功？" を手に入れたい─大学生時代～凡人からフツーじゃない大学生へ（凡人は大学生になっても凡人　コミュニケーション能力不足という最大の弱点　ほか）　第2章　ようやく見つけた、自分だけの宝の地図─社会人デビューと、スプレーアートとの出会い（三泊四日、地獄の新人研修＠福島　最悪の上司と果てなきラットレース　ほか）　第3章　スプレーアーティストYOSHI誕生─どんなことだって、成功のプラス材料になる！（路上パフォーマンスに挑戦　路上パフォーマンスについて考えてみた　ほか）　第4章　スプレーアートで世界を彩る！─どん底、覚醒、そして広がる夢（食パン丸飲み人生どん底状態　かろうじて残った種火を消さないように生かす）

川中　なほこ〔1929～〕　かわなか・なおこ
◇キリストに生きる感謝─川中なほ子回顧録　川中なほ子著　習志野　教友社　2014.8　113p　19cm　900円　Ⓘ978-4-907991-02-9　Ⓝ289.1

河鍋　暁斎〔1831～1889〕　かわなべ・きょうさい
◇画鬼暁斎読本─河鍋暁斎記念美術館ブックレット：エピソード集　第2編　暁斎逸話と証言。　暁斎画, 河鍋楠美監修, 桧山勝典, 河鍋楠美, 加美山史子編　蕨　翠企画　2015.6　63p　21cm　〈他言語標題：Book of demon of painting Kawanabe Kyosai　共同刊行：河鍋暁斎記念美術館〉　Ⓝ721.6
◇河鍋暁斎・暁翠伝─先駆の絵師魂！父娘で挑んだ画の真髄　河鍋楠美著　KADOKAWA　2018.3　191p　21cm　〈英語併記　年譜あり〉　2300円　Ⓘ978-4-04-400370-8　Ⓝ721.9
内容　河鍋暁斎、人と作品　河鍋家の思い出　国際人暁斎　第1章　幕末・明治の奇才暁斎（美人画　道釈人物画　風俗画・物語絵　ほか）　第2章　河鍋暁翠の名品（美人画　神仏画　物語・風俗図　ほか）　第3章　暁斎のデザイン（紙製品のデザイン　本に関するデザイン　工芸品のデザイン　ほか）　暁翠の美術教育

河鍋　暁翠〔1868～1935〕　かわなべ・きょうすい
◇河鍋暁斎・暁翠伝─先駆の絵師魂！父娘で挑んだ画の真髄　河鍋楠美著　KADOKAWA　2018.3　191p　21cm　〈英語併記　年譜あり〉　2300円　Ⓘ978-4-04-400370-8　Ⓝ721.9
内容　河鍋暁斎、人と作品　河鍋家の思い出　国際人暁斎　第1章　幕末・明治の奇才暁斎（美人画　道釈人物画　風俗画・物語絵　ほか）　第2章　河鍋暁翠の名品（美人画　神仏画　物語・風俗図　ほか）　第3章　暁斎のデザイン（紙製品のデザイン　本に関するデザイン　工芸品のデザイン　ほか）　暁翠の美術教育

河西　宏祐〔1942～〕　かわにし・ひろすけ
◇労働社会学50年─私の歩んだ道　前篇　河西宏祐著　改訂版　〔河西宏祐〕　2016.10　127p　26cm　（労働社会学資料シリーズ　9）　Ⓝ289.1
◇労働社会学50年─私の歩んだ道　後篇　河西宏祐著　改訂版　〔河西宏祐〕　2016.10　178p　26cm　（労働社会学資料シリーズ　9）〈折り込5枚　文献あり　著作目録あり〉　Ⓝ289.1

河西　和露〔1875～1945〕　かわにし・わろ
◇大阪の俳人たち　7　大阪俳句史研究会編　大阪　和泉書院　2017.6　256p　20cm　（上方文庫　41─大阪俳句史研究会叢書）　2600円　Ⓘ978-4-7576-0839-9　Ⓝ911.36
内容　高浜虚子（明治7年2月22日～昭和34年4月8日）　川西和露（明治8年4月20日～昭和20年4月1日）　浅井啼魚（明治8年10月4日～昭和12年8月19日）　尾崎放哉（明治18年1月20日～大正15年4月7日）　橋本多佳子（明治32年1月15日～昭和38年5月29日）　小寺正三（大正3年1月16日～平成7年2月1日）　桂信子（大正3年11月1日～平成16年12月16日）　森澄雄（大正8年2月28日～平成22年8月18日）　山田弘子（昭和9年8月24日～平成22年2月7日）　摂津幸彦（昭和22年1月28日～平成7年10月13日）

河野　シマ子〔1929～2010〕　かわの・しまこ
◇冬茜の旋律─生きとらなあかん　河野佐知子著　2版　〔徳島〕　〔河野佐知子〕　2014.7　318p　19cm　1100円　Ⓝ289.1

河野　貴輝〔1972～〕　かわの・たかてる
◇スーパーベンチャーの創り方─TKP創業者河野貴輝の起業論　村上実著　オータパブリケイションズ　2014.9　344p　19cm　〈年譜あり〉　1500円　Ⓘ978-4-902721-44-6　Ⓝ289.1
内容　第1章　米国進出プロジェクトのエピソード　第2章　TKP創業のストーリー　第3章　慶應義塾大学卒業から、伊藤忠商事、カブドットコム証券、イーバンク銀行まで　第4章　華麗なる政財界の人脈　第5章　出生から幼少期、少年時代、高校まで　第6章　オンとオフ　第7章　見果てぬ夢　第8章　ITとリアルビジネスの融合

かわの

河野 博範〔1901〜1979〕 かわの・ひろのり
◇河野博範先生伝―その生涯と思想　中山昌弘著　福岡　福岡アサ会　2018.9　188p　19cm　1200円　Ⓝ289.1

河野 靖好〔1939〜〕 かわの・やすよし
◇大正炭坑戦記―革命に魅せられた魂たち　河野靖好著　福岡　花書院　2018.5　468p　21cm　〈年表あり〉　2750円　Ⓘ978-4-86561-135-9　Ⓝ366.62191
内容　第1部　大正炭坑戦記（学生運動のなかで　労働者運動のなかで　大正闘争総括の視点　大正鉱業退職者同盟のたたかい）　第2部　手技治療師への道（貧乏で至福の少年時代と青春の彷徨　医学革命学校の劣等生―無認可の治療師として）

河野 裕子〔1946〜2010〕 かわの・ゆうこ
◇歌に私は泣くだらう―妻・河野裕子闘病の十年　永田和宏著　新潮社　2015.1　222p　16cm　（新潮文庫　な-89-1）〈文献あり〉　460円　Ⓘ978-4-10-126381-6　Ⓝ916
内容　私はここよ吊り橋ぢやない　ああ寒いわたしの左側に居てほしい　茶を飲まず別れ来しことわれを救ふ　助手席にゐるのはいつも君だった　夫ならば庇つて欲しかつた医学書閉ぢて　私は妻だつたのよ触れられもせず　あの時の壊れたわたしを抱きしめて　東京に娘が生きてゐるこの　いよいよ来ましたかと　一日が過ぎれば一日減つてゆく　歌は遺り歌に私は泣くだらう　つひにはあなたひとりを数ふ

◇評伝・河野裕子―たつぷりと真水を抱きて　永田淳著　白水社　2015.8　317p　20cm　〈年譜あり〉　2300円　Ⓘ978-4-560-08455-7　Ⓝ911.162
内容　振りむけばなくなりさうな　ややこしく血筋からまる―郷里そして祖たち　群れて遊びし記憶なく―君江との接点を求めて　おまへがおれを眺めてた―古い日記から　友とせしはひとり泣れのみ―女坂での約束　私をさらって行つてはくれぬか―恋人ひとすぢ続く蝉のこゑ―横浜、東京　ざんざんばらんと―若い家族　母国語の母音ゆたかに―アメリカへ　しつかりと飯を食はせて―「コスモス」から「塔」へ　ひとつ家に寝起きしてゐし日のことを―母と私　さみしくてあたたかりき―そして…

川端 康成〔1899〜1972〕 かわばた・やすなり
◇魔界の住人　川端康成―その生涯と文学　上　森本穫著　勉誠出版　2014.9　816,70p　22cm　〈布装　索引あり〉　10000円　Ⓘ978-4-585-29075-9　Ⓝ910.268
内容　第1章　死の影のもとに―「魔界」の淵源　第2章　新感覚派の誕生―文壇への道　第3章　恋の墓標と"美神"の蘇生―自己確立へ　第4章　戦時下の川端康成―自己変革の時代（一）　第5章　戦後の出発―自己変革の時代（二）　第6章　「住吉」連作―「魔界」の門

◇魔界の住人川端康成―その生涯と文学　下　森本穫著　勉誠出版　2014.9　794,71p　22cm　〈布装　索引あり〉　10000円　Ⓘ978-4-585-29076-6　Ⓝ910.268
内容　第7章　豊饒の季節―通奏低音「魔界」　第8章　「みづうみ」への道―「魔界」の最深部　第9章　円熟と衰微―「魔界」の退潮　第10章　荒涼たる世界へ―"魔界"の終焉　第11章　自裁への道―「魔界」の果て　第12章　五年後の「事故のてんまつ」　エピローグ　三十五年後の「事故のてんまつ」―虚実と「縷子」をめぐる人びと

◇川端康成と伊藤初代―初恋の真実を追って　水原園博著　求龍堂　2016.5　367p　21cm　〈年譜あり〉　2600円　Ⓘ978-4-7630-1614-0　Ⓝ910.268
内容　伊藤初代との恋　岩谷堂―夕映えの丘　鎌倉―桜井氏との出会い　長谷―未投函の手紙　岐阜―初恋の地　温泉津―夕光、静かなり　東尋坊―異界の海へ　岐阜再訪―金木犀のかおり　鎌倉―渚にて　南砂町―初代終焉の地　会津―初代生誕の地　天城―「伊豆の踊子」誕生の地　善福寺―夜のベンチ　東尋坊再訪―冬の雄島

◇川端康成　板垣信著，福田清人編　新装版　清水書院　2016.8　190p　19cm　（Century Books―人と作品）〈文献あり　年譜あり　索引あり〉　1200円　Ⓘ978-4-389-40109-2　Ⓝ910.268
内容　第1編　評伝・川端康成（孤児　愛　出発　非情回帰）　第2編　作品と解説（十六歳の日記　感情装飾　伊豆の踊子　雪国　千羽鶴　山の音）

◇おじ様と私―川端康成回想記　阪本昭子著　PHPエディターズ・グループ　2017.12　101p　20cm　1200円　Ⓘ978-4-909417-02-2　Ⓝ910.268

川初 正人〔1946〜〕 かわはつ・まさと
◇1日100回ありがとう―自分を大切に、人を大切に、地球を大切に　川初正人著　風雲舎　2018.8　269p　19cm　1500円　Ⓘ978-4-938939-93-9　Ⓝ178.72
内容　第1章　両親　第2章　修行　第3章　アメリカへ　第4章　北米での金光教　第5章　天国は地獄の下に　第6章　生死一如　第7章　「ありがとう」の力　第8章　「ありがとう」の人たち

河原 郁夫〔1930〜〕 かわはら・いくお
◇ぷらべん―88歳の星空案内人河原郁夫　冨岡一成著　旬報社　2018.12　207p　20cm　〈文献あり〉　1400円　Ⓘ978-4-8451-1565-5　Ⓝ289.1
内容　冬の話題～赤い星・青い星　1　天文少年の夢（毎日がふしぎ　東日天文館　ふたつの天文台　赤い夜）　春の話題～うごく北極星　2　むすばれる星たち　夏の話題～銀河をめぐる旅　3　夢を見るための機械（GM2-16・T　M-15・AT1　ZEISS2/4）　秋の話題～星の子どもたち

河原 清〔1925〜2014〕 かわはら・きよし
◇ある自転車屋のおはなし―history of河原自転車商会　河原京子著　岡山　丸善書店岡山シンフォニービル店出版サービスセンター　2014.10　80p　21cm　1000円　Ⓘ978-4-89620-225-0　Ⓝ289.1

河原 成美〔1952〜〕 かわはら・しげみ
◇現代人の伝記　3　致知編集部編　致知出版社　2014.11　97p　26cm　1000円　Ⓘ978-4-8009-1060-8　Ⓝ280.8
内容　1　坂村真民（詩人）―「念ずれば花ひらく」　2

坂岡嘉代子(はぐるまの家代表)─生きる喜びを求めて　3　熊沢健一(東京女子医科大学非常勤講師)─癌・告知　4　黒瀬昇次郎(ミリオン珈琲貿易相談役)─中村久子の生涯　5　河原成美(力の源カンパニー代表取締役)─ラーメン革命に夢を賭ける男　6　磯部則男(画家)─不遇への挑戦　7　村田兆治(野球評論家)／井村雅代(日本代表コーチ)─こうして人を強くする

河原　修平〔1915～1974〕　かわはら・しゅうへい

◇河原修平の世界─自画像の異彩画家　倉敷ぶんか倶楽部編　岡山　日本文教出版　2015.6　156p　15cm　(岡山文庫　295)〈年譜あり〉　900円　Ⓘ978-4-8212-5295-4　Ⓝ723.1

内容　第1章　河原修平「窓」を通して描く(河原修平における自己と超越　表現主義の淵源　河原修平の表現主義のなかの近代表象論　河原修平の反近代あるいは前近代　超越への志向　河原修平作品鑑賞)　第2章　河原修平作品の世界　第3章　河原修平と燈灰会と坂田一男と(恩師河原修平先生との出会い　画家・河原修平について　燈灰会について　河原修平と坂田一男について　河原修平が遺した教訓)　第4章　ゆかりの地を歩く　第5章　資料編(河原修平手記　妻・河原俊子の河原修平への想い　河原修平略年表)

河辺　虎四郎〔1890～1960〕　かわべ・とらしろう

◇帝国軍人の弁明─エリート軍人の自伝・回想録を読む　保阪正康著　筑摩書房　2017.7　205p　19cm　(筑摩選書　0146)　1500円　Ⓘ978-4-480-01654-6　Ⓝ396.21

内容　序章　軍人の回想録・日記・自伝を読む　第1章　石原莞爾の『世界最終戦論』を読む　第2章　堀場三『大本営参謀の情報戦記』を読む　第3章　武藤章『比島から巣鴨へ』を読む　第4章　佐々木到一『ある軍人の自伝』を読む　第5章　田中隆吉『日本軍閥暗闘史』を読む　第6章　河邊虎四郎『市ヶ谷台から市ヶ谷台へ』を読む　第7章　井本熊男『作戦日誌で綴る大東亜戦争』を読む　第8章　遠藤三郎『日中十五年戦争と私』を読む　第9章　磯部浅一『獄中日記』を読む　第10章　瀬島龍三『幾山河』を読む　終章　歴史に残すべき書

川又　さち彦〔1947～〕　かわまた・さちひこ

◇どん底と幸せの法則　川又三智彦著　青山ライフ出版　2016.9　235p　19cm　(SIBAA BOOKS)〈発売：星雲社〉　1400円　Ⓘ978-4-434-22248-1　Ⓝ289.1

内容　第1章　どん底　だらけ　第2章　どん底　ダメ押し　第3章　どん底　笑い　第4章　どん底　理由　第5章　どん底　原因　第6章　どん底　ゼロの発見　第7章　どん底　生きる

川村　清雄〔1852～1934〕　かわむら・きよお

◇明治期のイタリア留学─文化受容と語学習得　石井元章著　吉川弘文館　2017.1　329,5p　20cm　〈年表あり　索引あり〉　3200円　Ⓘ978-4-642-08307-2　Ⓝ377.6

内容　第1章　井尻儀三郎─現地でイタリア語を習得し首席を通した十二歳(不世出の努力家　トリノ王立イタリア国際学院　ほか)　第2章　緒方惟直─万博のフランス語通訳となり、国際結婚をした洪庵の息子(出生から三度目のヨーロッパ出発まで　国際学院の惟直　ほか)　第3章　川村清雄─ヨーロッパ人に伍して新しい美術を模索したポリグロットの洋画家(誕生からヴェネツィア到着まで　ヴェネツィア美術学校での勉学　ほか)　第4章　長沼守敬─原敬、森鷗外とも親交のあった洋風彫刻の創始者(出生からヴェネツィア留航まで　イタリア渡航と最初の困難　ほか)

川村　清〔1925～〕　かわむら・きよし

◇戦中・戦後九〇年─電通・博報堂・ニューヨーク　川村清著　川村清　2015.10　397p　20cm　〈発売：朝日新聞出版〉　1500円　Ⓘ978-4-02-100252-6　Ⓝ289.1

内容　第1章　遙かなる昭和─大正14～昭和15(1925～1940)年　第2章　戦争とその後の日々─昭和16～26(1941～1951)年　第3章　電通時代─昭和26～37(1951～1962)年　第4章　博報堂時代─昭和38～54(1963～1979)年　第5章　ニューヨーク─昭和54～55(1979～1980)年　第6章　ニューヨークの友人たち─昭和54～平成11年(1979～1999)年　第7章　アメリカで第二の人生を謳歌─昭和54～平成11(1979～1999)年　第8章　帰国─平成11～26(1999～2014)年

川村　信子　かわむら・しんこ

⇒マダム信子(まだむしんこ)を見よ

川村　瑞賢〔1618～1699〕　かわむら・ずいけん

◇「死んでたまるか」の成功術─名企業家に学ぶ　河野守宏著　ロングセラーズ　2016.10　203p　18cm　〈文献あり〉　1000円　Ⓘ978-4-8454-0992-1　Ⓝ332.8

内容　鳥井信治郎─ウイスキーはわしの命だ。いまに見ておれ！　本田宗一郎─世界最高のオートバイ・レース "TTレース" に参加して優勝する！　稲盛和夫─いまのやり方ではダメだ、戦法を変えようだ！　うちの製品をアメリカから輸入させればよい　出光佐三─殺しむものなら殺してみろ。わしは死なん　松下幸之助─断じて行なえば必ずものは成り立つ！　野村徳七─命を賭けた大相場に勝った！　河村瑞賢─おれにもツキがまわってきたぞ　江戸一番の分限者になってみせる！　岩崎弥太郎─恥がなんだ、面目がなんだ　生きてさえいれば、なんとかなる！　浅野総一郎─誰もがやれる商売では駄目なのだ　商売は、人が目を向けないところに目をつけることだ！　益田孝─最後に勝てばよいのだ！　江崎利一─こっちから頼んで歩かなくても向こうから売らせてくれと頼みにくるにきまっている！

◇わたしの瑞賢論─瑞賢の故郷、三重県南伊勢町より　河村瑞賢生誕四百年　田岡正広著　南伊勢町(三重県)　マサヤ　2017.11　64p　21cm　〈年譜あり〉　800円　Ⓝ289.1

川村　隆〔1939～〕　かわむら・たかし

◇100年企業の改革私と日立　川村隆著　日本経済新聞出版社　2016.1　213p　20cm　(私の履歴書)　1600円　Ⓘ978-4-532-32053-9　Ⓝ542.09

内容　序章　100年企業の改革　第1章　日立の経営改革　第2章　痛みを伴う改革の実践─私の経営論　第3章　受け継いだもの　第4章　私と日立　第5章　よい人生とは

川村 修就〔1795〜1878〕 かわむら・ながたか
◇新潟奉行川村修就の治政の総合的研究—新潟湊の天保改革　中野三義著　新潟　松美台書房　2015.7　257p　22cm　Ⓘ978-4-9908203-0-5　Ⓝ289.1

河村 晴代〔?〜2016〕 かわむら・はるよ
◇Life—彼女の生きた道　河村晴代,岩崎順子著　大阪　せせらぎ出版　2017.6　205p　19cm　1204円　Ⓘ978-4-88416-256-6　Ⓝ289.74
|内容| 第1部 Life—彼女の生きた道（晴ちゃんとの日々　晴ちゃんの死）　第2部 晴ちゃんからの伝言（私の人生　晴ちゃんへ23の質問）

川村 妙慶　かわむら・みょうけい
◇泥の中から咲く—身と心をほぐす18の知恵　川村妙慶著　NHK出版　2015.8　221p　19cm　1300円　Ⓘ978-4-14-005669-1　Ⓝ188.74
|内容| 無理をしないで生きる　「最悪」から抜け出すには　心の荷物をおろす　逆境のときにすべきこと　すべてはつながっている　あやまちのあとが修業時代を決める　愛することができない人へ　生きる意味とは　緊張を解きほぐす　過去を悔やむ人へ　叱り方,叱られ方　気持ちが伝わらない理由　勝ち負けの心を捨てる　修業時代に希望を持つ　なぜ私は人に嫌われるのか　したわれに生きる　厳しい言葉を受け入れる力　「死」に直面するとき

河本 栄得〔1968〜1994〕 かわもと・えいとく
◇ベイブルース—25歳と364日　高山トモヒロ著　幻冬舎　2014.9　264p　16cm　（幻冬舎よしもと文庫 Y-25-1）〈ヨシモトブックス 2009年刊の再刊〉　600円　Ⓘ978-4-344-42252-0　Ⓝ779.14
|内容| 第1章 高山少年　第2章 河もっちゃん　第3章 NSC　第4章 ベイブルース　第5章 兆し　第6章 25歳と364日　第7章 光

川本 喜八郎〔1925〜2010〕 かわもと・きはちろう
◇チェコ手紙＆チェコ日記—人形アニメーションへの旅/魂を求めて　川本喜八郎著　作品社　2015.1　376p　20cm　〈私家版 2002年刊を新たに編集 年譜あり〉　2500円　Ⓘ978-4-86182-509-5　Ⓝ777.1
|内容| チェコ手紙＆チェコ日記（茫々四十年　1963年　1964年）

川本 幸民〔1810〜1871〕 かわもと・こうみん
◇川本幸民の足跡をたどる—蘭学の伝統　八耳俊文著　〔三田〕　歴史文化財ネットワークさんだ　2015.7（増刷）　52p　26cm　〈年譜あり〉　Ⓝ289.1

川本 輝夫〔1931〜1999〕 かわもと・てるお
◇ひとびとの精神史　第5巻　万博と沖縄返還—1970年前後　吉見俊哉編　岩波書店　2015.11　331p　19cm　2500円　Ⓘ978-4-00-028805-7　Ⓝ281.04
|内容| 1 劇場化する社会（三島由紀夫—魂を失った未来への反乱　山本義隆—自己否定を重ねて　岡本太郎—塔にひきよせられるひとびと　牛山純一—テレビに見た「夢」）　2 沖縄—「戦後」のはじまり（仲宗根政善—方言研究に込めた平和への希求　マリー—米軍兵士と日本人の間で戦ったロックの女王　比嘉康雄と東松照明—二人の写真家の"沖縄"）　3 声を上げたひとびと（田中美津—"とり乱しの弁証法"としてのウーマン・リブ　川本輝夫—水俣病の"岩盤"を穿つ　横塚晃一—障害者は主張する　大地を守る会—紛争の経験を地域の実践へ　木村守江—「原発村」の誕生と浜通り）

韓 慶愈　かん・けいゆ
◇ある華僑の戦後日中関係史—日中交流のはざまに生きた韓慶愈　大類善啓著　明石書店　2014.8　252p　19cm　〈文献あり　年譜あり〉　2300円　Ⓘ978-4-7503-4056-2　Ⓝ289.2
|内容| 帰国船は舞い戻ってきた　故郷を離れハルビンへ,そして日本へ　焼け跡闇市時代の日本で　新中国誕生へ　高まる華僑帰国運動　廖承志との運命的な出会い　「冬の時代」の日中関係　「文化大革命」前の古き良き日中時代　「文化大革命」に翻弄される国交回復から文革終結へ　改革・開放体制へ　「もうひとつの昭和史」の扉

菅 耕一郎〔1949〜〕 かん・こういちろう
◇日常という名の海で—淡路島物語　菅耕一郎著　アルファベータブックス　2017.5　251p　19cm　1800円　Ⓘ978-4-86598-033-2　Ⓝ902.76
|内容| 黄金時代　淡路島　ぶどう酒色の海　恋愛論　父と子　反抗期　素朴さと軽やかさと　「ユリシーズ」　「マタイ受難曲」　明るい部屋　シュールレアリスム　美しい嘘

菅 茶山〔1748〜1827〕 かん・さざん
◇江戸詩人評伝集—詩誌『雅友』抄　1　今関天彭著,揖斐高編　平凡社　2015.9　473p　18cm　（東洋文庫 863）〈布装〉　3200円　Ⓘ978-4-582-80863-6　Ⓝ919.5
|内容| 新井白石　室鳩巣　梁田蛻巌　祇園南海　六如上人　柴野栗山　頼春水　尾藤二洲　菅茶山　市河寛斎　古賀精里　頼杏坪　柏木如亭　大窪詩仏　菊池五山　宮沢雲山　広瀬淡窓　古賀侗庵

カン,サンジュン〔1950〜〕 姜 尚中
◇逆境からの仕事学　姜尚中著　NHK出版　2016.11　197p　18cm　（NHK出版新書 505）　740円　Ⓘ978-4-14-088505-5　Ⓝ159.4
|内容| 序章 不確実な時代にこそ人文知が生きる　第1章 人はなぜ働くのか—自分を見失わないために　第2章 逆境から転職を得る—私の歩んだ前半生　第3章 悩んだら本を読め—読書の技法と古典の活用　第4章 時代の潮流をつかめ—歴史リーダーに学ぶ　終章 これからの働き方を考える

顔 之推〔531〜602〕 がん・しすい
◇評伝 顔之推—「顔氏家訓」を遺した男の生涯　山内孝道著　明徳出版社　2017.8　242p　19cm　〈文献あり　年譜あり〉　2200円　Ⓘ978-4-89619-945-1　Ⓝ125.2

韓 信〔?〜前196〕 かん・しん
◇史記・三国志英雄列伝—戦いでたどる勇者たちの歴史　井波律子著　潮出版社　2015.11

221p　20cm　〈年表あり〉　2000円　Ⓘ978-4-267-02035-3　Ⓝ222.042

内容　第1章 群雄割拠の時代―始皇帝～項羽と劉邦（秦の始皇帝　陳勝・呉広の乱　反乱の拡大と秦王朝の滅亡　鴻門の会　劉邦の反撃　ほか）　第2章 激動の時代を生き抜く漢たち―漢の武帝～三国志の英雄たち（韓信・黥布の粛清、劉邦の死　呂后の専横と陳平・周勃の反撃　武帝の登場　最盛期の武帝　晩年の武帝　ほか）

◇史記　4　逆転の力学　司馬遷著　和田武司, 山谷弘之訳　徳間書店　2016.9　516p　15cm　（徳間文庫カレッジ し3-4）〈徳間文庫 2006年刊の再刊〉　1250円　Ⓘ978-4-19-907068-6　Ⓝ222.03

内容　1 項羽と劉邦（項羽の生い立ち　高祖劉邦の生い立ち　項羽、劉邦の先陣争い　鴻門の会）　2 楚漢の決戦（崩れる足もと―諸王諸侯の離反　対決の軌跡―漢の東征と楚の反撃　戦局の拡大―韓信の活躍　垓下の戦い―項羽の最期）　3 悲喜の様相（功成ったあと　悲劇の実力者―韓信）　4 幕下の群像（補佐役の身の処し方―蕭何　名参謀長―張良　知謀の士―陳平　直言の士―周昌）

顔 真卿 〔709～785〕　がん・しんけい
◇中国書人伝　中田勇次郎編　中央公論新社　2015.7　365p　16cm　（中公文庫 な66-1）〈中央公論社 1973年刊の再刊　年譜あり〉　1200円　Ⓘ978-4-12-206148-4　Ⓝ728.22

内容　王羲之・王献之―貝塚茂樹　鄭道昭・智永―小川環樹　唐太宗・虞世南・欧陽詢・褚遂良―加藤楸邨　顔真卿・柳公権―井上靖　李邕・張旭・懐素・楊凝式―土岐善麿　蘇軾・黄庭堅・米芾―寺田透　趙孟頫・張即之―武田泰淳　祝允明・文徵明・董其昌―杉浦明平　張瑞図―中田勇次郎　王鐸・金農・劉墉―三浦朱門　鄧完白・何紹基・趙之謙

◇靖献遺言　浅見絅斎著, 濱田浩一郎訳・解説　晋遊舎　2016.7　253p　20cm　〈文献あり〉　1800円　Ⓘ978-4-8018-0531-6　Ⓝ121.54

内容　第1部 封印された尊王思想書『靖献遺言』の謎（山崎闇斎と浅見絅斎の師弟決別　靖献遺言とは、「君主に仕えて忠義を尽くした義士が残した最期の言葉」）　第2部 『靖献遺言』を読む（国が亡びるのを黙って見ているくらいならいっそ死んだほうがましである（屈原）　今より以後、諸君のなかで、国家に忠誠を誓う者は、遠慮なく私の過失を責めてくれ。そうすれば、天下の大事も定まり、賊は滅びるであろう（諸葛亮孔明）　わずかな給料を得るために、官職についてへいこらしていられるか。仕官の誘いもあったが、二君に仕えることはできない。世は仮住まいたるこの世を辞して、永久に本宅たるあの世へと帰る（陶淵明）　君であある。臣下たる者、どのような事があっても君命を避けることはできない（顔真卿）　王朝の危機に際し一騎として馳せ参じる者がいない。私はこれを深く恨む。だから私は、自分の非力を省みず、身命を賭して祖国を守ろうとするのだ（文天祥）　燕王は死の間際になっても、燕王（永楽帝）の不義を罵り続けた。燕王は周囲の者に命じて、孝孺の口を刀で抉らせた。口は耳まで裂かれ、血が流れた。それでも、孝孺は燕王を罵倒した。七日間、その声が聞こえた（謝枋得/劉因/方孝孺））

◇靖献遺言　浅見絅斎著, 近藤啓吾訳注　講談社　2018.12　557p　15cm　（講談社学術文庫

2535）〈「靖献遺言講義」（国書刊行会 1987年刊）の再編集〉　1790円　Ⓘ978-4-06-514027-7　Ⓝ121.54

内容　巻の1 屈平　巻の2 諸葛亮　巻の3 陶潛　巻の4 顔真卿　巻の5 文天祥　巻の6 謝枋得　巻の7 劉因　巻の8 方孝孺

韓 石泉 〔1897～1963〕　かん・せきせん
◇韓石泉回想録―医師のみた台湾近現代史　韓石泉著, 韓良俊編注, 杉本公子, 洪郁如翻訳　名古屋　あるむ　2017.10　390p 図版10p　20cm　〈年譜あり　索引あり〉　2500円　Ⓘ978-4-86333-132-7　Ⓝ289.2

内容　1 六十回憶―韓石泉医師自伝（誕生と少年時代　台湾総督府医学校　医者になりたてのころと台南医院時代　恋愛史 ほか）　2 韓石泉を語る（韓石泉先生と私,（黄朗琴）　十室の邑、必ず忠信ある者あらん（鄭震宇）　医師の鑑―韓石泉先生（侯全成）　人生の奮闘記（林占鰲）ほか）

菅 茶山　かん・ちゃざん
⇒菅茶山（かん・さざん）を見よ

カン, ドクキョン 〔1929～1997〕　姜 德景
◇"記憶"と生きる―元「慰安婦」姜徳景の生涯　土井敏邦著　大月書店　2015.4　231p　19cm　1800円　Ⓘ978-4-272-52106-7　Ⓝ369.37

内容　ナヌムの家　女子挺身隊　「慰安所」生活　悔恨　求婚の拒絶　同棲　告白　金順徳　「償い金」伝達と表現　最期

菅 直人 〔1946～〕　かん・なおと
◇総理とお遍路　菅直人著　KADOKAWA　2015.10　211p　18cm　（角川新書〔K-52〕）〈年譜あり〉　820円　Ⓘ978-4-04-082016-3　Ⓝ289.1

内容　第1章 「お遍路」前史―司馬遼太郎、空海、高野山　第2章 「お遍路」の始まり　第3章 お遍路の間は、不悪口　第4章 高知県との縁が深まる　第5章 遠くて近かった政権交代　第6章 政権時代　第7章 総理退任後のお遍路　第8章 結願

顔 伯鈞 〔1974～〕　がん・はくきん
◇「暗黒・中国」からの脱出―逃亡・逮捕・拷問・脱獄　顔伯鈞著, 安田峰俊翻訳　文藝春秋　2016.6　253p　18cm　（文春新書 1083）　780円　Ⓘ978-4-16-661083-9　Ⓝ326.922

内容　惶惶たるは喪家の犬の如し　かくして私はお尋ね者となった　天津の「出エジプト記」　イスラーム村と秘密の隠れ家　貧しきハーケンクロイツ　家あれども、帰る能わず　南への逃亡　ミャンマー、シャン州第四特区軍閥　東へ西へ　顔伯鈞、逮捕さる　北京第一拘置所獄中記　都落ち、再逮捕、そして　君子は以て自強して息まず

韓 非 〔周代〕　かん・ぴ
◇韓非子―人を動かす原理　韓非著, 前田信弘編訳　日本能率協会マネジメントセンター　2017.12　361p　19cm　（Contemporary Classics―今こそ名著）〈文献あり〉　1600円　Ⓘ978-4-8207-1984-7　Ⓝ124.57

かん

|内容| 第1部 『韓非子』とは (非情の人間学の書『韓非子』 韓非の悲劇的な生涯―悲劇の始まり ほか) 第2部 現代語訳『韓非子』(対人―人間関係の機微 管理―上に立つ者 統制―七つの術 警戒―六つの「微」 改過―十の過ち 組織―崩壊の兆し 処世―生き抜く知恵) 第3部 『韓非子』をいまに (人は利によって動く 「法」―ルール ほか)

閑 万希子〔1933～〕 かん・まきこ
◇墨の余滴 閑万希子著 三月書房 2018.12 262p 15cm 〈布装〉 2800円 ⓘ978-4-7826-0230-0 Ⓝ728.216

|内容| 墨のこころ (二ヵ国語 母のこと 父、そして弟 塗りの通い箱 四谷雙葉の思い出 ほか) 朱のこころ (『閑万希子』の誕生 カナダヴィクトリアの日々 都表具の根岸さん 私の大恩人―倉田公裕先生と武田厚先生 「美術」としての書 ほか)

韓 愈〔768～824〕 かん・ゆ
◇貶謫文化と貶謫文学―中唐元和期の五大詩人の貶謫とその創作を中心に 尚永亮著, 愛甲弘志, 中木愛, 谷口高志訳 勉誠出版 2017.5 628, 17p 22cm 〈索引あり〉 13500円 ⓘ978-4-585-29100-8 Ⓝ921.43

|内容| 導論 執着から超越へ―貶謫文化と貶謫文学の概要 第1章 元和の文化精神と五大詩人の政治的悲劇 第2章 五大詩人の生命の零落と苦悶 第3章 五大詩人の執着意識と超越意識 第4章 屈原から賈誼に至る貶謫文化発展の軌跡 第5章 元和の貶謫文学における悲劇的精神と芸術的特徴

漢a.k.a.GAMI〔1978～〕 かんえーけーえーがみ
◇ヒップホップ・ドリーム 漢a.k.a.GAMI著 河出書房新社 2015.6 231p 19cm 1500円 ⓘ978-4-309-27605-2 Ⓝ767.8

|内容| 第1章 新宿ストリート育ち 第2章 ピリつくキャンパスライフ 第3章 MC漢の誕生 第4章 二十歳で迎えた人生の分岐点 第5章 どん底から這い上がれ 第6章 日本語ラップの新地平 第7章 マイクロフォン・コントロール 第8章 アンダーグラウンド・コネクション 第9章 これはビーフだ、ガッツリ食うぜ 第10章 黒い噂が渦巻く「氷河期」 終章 ヒップホップ・ドリーム

菅家 喜六〔1894～1967〕 かんけ・きろく
◇菅家喜六「世界一周記」―昭和6年、激動のヨーロッパ・アジアを歩く 菅家喜六著, 菅家喜六先生「伝記」刊行会編 柘植書房新社 2017.5 317p 22cm 〈文献あり 年譜あり〉 3200円 ⓘ978-4-8068-0690-5 Ⓝ290.9

|内容| 第1章 出発―白夜の都より 第2章 伯林―北欧歴訪の旅 第3章 テームス河畔より 第4章 倫敦から巴里へ 第5章 オランダから南欧へ 第6章 その後、社長時代の菅家喜六 第7章 大叔父の「青雲の軌跡」(菅家長平)

神崎 親章〔1930～〕 かんざき・しんしょう
◇貧柔記―足らざるを楽しみ、やわらかきを好む 神崎親章著 〔神崎親章〕 2016.3 70p 21cm 1000円 Ⓝ289.1

関山 慧玄〔1277～1360〕 かんざんえげん
◇禅とは何か―それは達磨から始まった 水上勉著 中央公論新社 2018.12 396p 16cm (中公文庫 み10-23) 〈新潮社 1988年刊の再刊 文献あり〉 960円 ⓘ978-4-12-206675-5 Ⓝ188.82

|内容| それは達磨から始まった 臨済禅を築いた祖師たち 反時代者道元希玄の生き方 曹洞大教団の誕生 一休宗純の風狂破戒 三河武士鈴木正三の場合 沢庵宗彭体制内からの視線 雲渓桃水と白隠禅師の自由自在 日本禅の沈滞を破る明国からの波 大愚良寛「無住の住」の生涯 故郷乞食行の胸の内 心ひとつを定めかねつも 民衆が純禅を支える

元照〔1048～1116〕 がんじょう
◇霊芝元照の研究―宋代律僧の浄土教 吉水岳彦著 京都 法藏館 2015.11 406,16p 22cm 〈文献あり 索引あり〉 12000円 ⓘ978-4-8318-7360-6 Ⓝ188.62

|内容| 序論 第1章 出家修学について―諸宗僧侶との関わりを中心に 第2章 浄土教への帰入とその著作 第3章 念仏法観 第4章 実践行 第5章 往生に関する諸問題 結論―律僧元照の浄土教思想の特徴

神田 沙也加〔1986～〕 かんだ・さやか
◇Dollygirl 神田沙也加著 宝島社 2015.2 111p 21cm 〈本文は日本語〉 1500円 ⓘ978-4-8002-3517-6 Ⓝ772.1

|内容| ANOTHER STORY OF Wendy Moiragh Angela Darling Introduction 1 FASHION 2 BEAUTY Sugar Dream 3 WORK 4 MYSELF Message For Sayaka At the end OFF SHOT & SHOP LIST

◇Saya Little Player―神田沙也加PRIVATE BOOK 神田沙也加著 マガジンハウス 2018.2 127p 21cm 1500円 ⓘ978-4-8387-2981-4 Ⓝ772.1

|内容| 1 Sayaka's history 2 Marriage 3 Key-word story"Ocean of Glass and a Broken Mermaid" 4 Real Fashion&Beauty 100 Questions 100 Answers TOKYO"ここで生まれ、ここで育ち、ここにいる" Message

神田 つばき〔1959～〕 かんだ・つばき
◇ゲスママ 神田つばき著 コアマガジン 2016.9 222p 19cm 1200円 ⓘ978-4-86436-945-9 Ⓝ289.1

|内容| 第1章 展翅板の蝶 第2章 贅沢な離婚 第3章 世紀末の恋人 第4章 愛より聖く 第5章 聖ナル侵入 第6章 最後の晩餐 第7章 夢の遺跡

神田 松之丞〔1983～〕 かんだ・まつのじょう
◇絶滅危惧職、講談師を生きる 神田松之丞著, 杉江松恋聞き手 新潮社 2017.10 189p 20cm 1500円 ⓘ978-4-10-351291-2 Ⓝ779.12

|内容| 第1章 鵠に包まれた少年期 第2章 受験よりも落語を優先した十八歳 第3章 "絶滅危惧職"への入門 第4章 Fランク前座 第5章 二つの協会で二ツ目に昇進 第6章 真打という近い未来

神田　道夫〔1949～2008〕　かんだ・みちお
◇埼玉奇才列伝―自分流の生き方に徹し輝いた10人　佐々木明著　さいたま　さきたま出版会　2018.9　183p　21cm　1500円　①978-4-87891-462-1　Ⓝ281.34

内容　1 小鹿野のエジソン 赤岩松寿（発明家）　2 誰も真似られない前衛俳句 阿部完市（精神科医、俳人）　3 伝統を破り、作品を国内外で発表 今井満里（書家）　4 冤罪死刑囚と家族の支援に尽力 太田博也（童話作家、社会事業家）　5 元祖、釣りキャスター 金澤輝男（政党職員、釣り評論家）　6 世界の空を飛び新記録を残す 神田道夫（公務員、熱気球冒険家）　7 米国に魅せられミステリー翻訳九九冊 小鷹信光（翻訳家・作家）　8 創作民話と民話劇の巨匠 さねとうあきら（劇作家、民話作家）　9 世界の山を愛した超人 田部井淳子（登山家）　10 家庭教師と学習塾業界のカリスマ 古川のぼる（教育評論家、事業家）

神立　春樹〔1934～〕　かんだつ・はるき
◇回想の岡山大学三十年―記念講演年譜・著作目録　神立春樹編　教育文献刊行会　2016.10　87p　21cm　Ⓝ377.21

管野　須賀子〔1881～1911〕　かんの・すがこ
◇管野須賀子と大逆事件―自由・平等・平和を求めた人びと　管野須賀子研究会編　大阪　せせらぎ出版　2016.6　342p　19cm　〈年譜あり　索引あり〉　2130円　①978-4-88416-250-4　Ⓝ289.1

内容　第1章 生い立ちから社会主義思想の開眼まで　第2章 社会改革への確信から赤旗事件まで　第3章 官憲との出会いから大逆事件まで　第4章 管野の獄中生活から　第5章 管野の著作にみる主張　第6章 管野の虚像と実像　第7章 「大逆事件」の受刑者たち　第8章 大逆事件の受け止め方と戦後の対応

◇飾らず、偽らず、欺かず―管野須賀子と伊藤野枝　田中伸尚著　岩波書店　2016.10　237,5p　19cm　〈文献あり〉　2100円　①978-4-00-061156-5　Ⓝ289.1

内容　第1章 自由を求めて（女性ジャーナリスト管野須賀子―ジェンダーからの脱出―伊藤野枝の「新しい女」宣言）　第2章 ひたぶる生の中で（社会主義者への道―須賀子の飛躍 社会へ―野枝の炎）　第3章 貧困からの飛翔（忠孝思想との闘い―須賀子の水源 踏み切れぬ坂を越えた野枝）　第4章 転機（無政府主義者へ 風雲児とともに）　第5章 記憶へ（大逆事件 一九二三年九月一六日）

◇評伝 管野須賀子―火のように生きて　堀和恵著　郁朋社　2018.8　249p　20cm　〈文献あり〉　1500円　①978-4-87302-674-9　Ⓝ289.1

内容　第1章 没落士族の娘（浮沈の中で 逆境からの脱出）　第2章 地方新聞『牟婁新報』で育つ（『牟婁新報』で活躍 須賀子と寒村）　第3章 権力に弄ばれて（赤旗事件 幸徳秋水 ほか）　第4章 獄中で見たもの（獄中生活と針文字の手紙 公判と判決 ほか）　第5章 そして、その後（膨張する野望―平沼騏一郎 ヤヌスの苦悩―森鷗外 ほか）

蒲原　有明〔1876～1952〕　かんばら・ありあけ
◇現代文士廿八人　中村武羅夫著　講談社　2018.6　217p　16cm　（講談社文芸文庫　なU1）〈日高有倫堂 1909年刊の再編集〉　1600円　①978-4-06-511864-1　Ⓝ910.261

内容　田山花袋　国木田独歩　生田葵山　夏目漱石　菊池幽芳　小川未明　小杉天外　内藤鳴雪　徳田秋声　水野葉舟〔ほか〕

蒲原　春夫〔1900～1960〕　かんばら・はるお
◇芥川龍之介の長崎―芥川龍之介はなぜ文学の舞台に日本西端の町を選んだのか 龍之介作品五篇つき　新名規明著　長崎　長崎文献社　2015.5　260p　19cm　1200円　①978-4-88851-237-4　Ⓝ910.268

内容　第1部 評論 芥川龍之介の長崎　第2部 長崎を舞台とする芥川龍之介作品（ロレンゾの恋物語 煙草と悪魔 奉教人の死 じゅりあの・吉助 おぎん 作品解説）　第3部 芥川龍之介をめぐる長崎人（永見徳太郎―長崎文化の伝道者 渡辺庫輔―郷土史家としての大成 蒲原春夫―郷土作家としての活躍 照菊―風流の女神）

桓武天皇〔737～806〕　かんむてんのう
◇平安の新京　石上英一, 鎌田元一, 栄原永遠男監修, 吉川真司編　大阪　清文堂出版　2015.10　396p　22cm　（古代の人物 4）〈索引あり〉　4500円　①978-4-7924-0571-7　Ⓝ281.04

内容　本巻のねらい 平安の新京　1 平城京と平安京（桓武天皇―中国的君主像の追求と「律令制」の転換 早良親王―「皇太子置定」の困難 坂上田村麻呂―征夷副将軍になるまでを中心に 高丘親王（真如）―菩薩の道、必ずしも一致せず）　2 王権の安定（嵯峨天皇―唐風を整え、幽境に遊ぶ 最澄―仏法具足の大日本国 空海―鎮護国家・国王授持の密教者 源信・常・定―臣籍降下した皇子たち 有智子内親王―「文章経国」の時代の初代賀茂斎院 仁明天皇―宮廷の典型へ 讃岐永直―律令国家と明法道）　3 前期摂関政治へ（伴善男―逆臣か「良吏」か 円仁―東部ユーラシア史の変動を記録した入唐僧 藤原良房・基経―前期摂関政治の成立 藤原高子―廃后事件の背景と歴史的位置 藤原保則―激動の時代を生きた良吏）

◇天皇の歴史　2　聖武天皇と仏都平城京　大津透, 河内祥輔, 藤井讓治, 藤田覚編集委員　吉川真司著　講談社　2018.1　361p　15cm　（講談社学術文庫　2482）〈文献あり　年表あり　索引あり〉　1180円　①978-4-06-292482-5　Ⓝ210.1

内容　序章 天皇の都・仏の都　第1章 飛鳥から平城へ　第2章 平城宮の儀礼と政務　第3章 聖武天皇　第4章 行基と知識と天皇　第5章 四字年号時代　第6章 桓武天皇　第7章 平安京の王権　第8章 仏都の命脈

【き】

魏　啓学〔1945～〕　ぎ・けいがく
◇中日両国の未来に紡ぐ知財交流―魏啓学先生古稀記念論文　劉新宇編集　発明推進協会　2015.10　492p　22cm　〈著作目録あり 年譜あり〉　7000円　①978-4-8271-1260-3　Ⓝ507.2

内容　知財随想の部（日中専門家交流の経緯と継続の重

き

要性について　魏啓学先生との交友史　日中知財交流のこれまでの歩み　魏啓学先生の想い出　生涯の友との出会い　ほか〉　知財論考の部（特許訴訟への技術専門家の関与　中国特許制度30年の発展と、知的財産権裁判改革への期待　ソフトウエアの特許保護　ものづくりの知的財産マネジメント　中国知的財産権侵害訴訟について　ほか）

魏　源〔1794～1856〕　ぎ・げん

◇魏源と林則徐―清末開明官僚の行政と思想　大谷敏夫著　山川出版社　2015.4　111p　21cm　〈世界史リブレット人 70〉〈文献あり　年譜あり〉　800円　①978-4-634-35070-0　Ⓝ289.2

内容　アヘン戦争期の開明官僚と思想家　1　林則徐・魏源の生きた時代　2　清朝の経世官僚、林則徐　3　経世の思想家、魏源　4　林則徐・魏源が後世に与えた影響

木内　真太郎〔1880～1968〕　きうち・しんたろう

◇日本のステンドグラス黎明期―木内家資料によるデザインと近代建築　金田美世著　中央公論美術出版　2017.7　131p　図版111p　31cm　〈文献あり〉　23000円　①978-4-8055-0789-6　Ⓝ529

内容　第1章　木内真太郎（木内真太郎の略歴　木内家資料の書誌　小結）　第2章　宇野澤組ステインド硝子製作所の歴史（萌芽期の製作所　設立者、木内真太郎の立場　後見人、山本鑑之進の立場　第3章　木内真太郎の主な業績（木内真太郎が関わった制作品　建築家とのまとまった仕事　小結）　第4章　木内真太郎関連、デザイン別の作品（抽象的と思われる作品　具象的と思われる作品　天窓　小結）　第5章　結び

木内　石亭　きうち・せきてい

⇒木内石亭（きのうち・せきてい）を見よ

義演〔?～1314〕　ぎえん

◇義演禅師伝考　井上義臣著　第2版　足利　滴禅会　2016.1　113p　22cm　〈刊行委員：武井全補ほか〉　Ⓝ188.82

祇園　南海〔1676?～1751〕　ぎおん・なんかい

◇江戸詩人評伝集―詩誌『雅友』抄　1　今関天彭著、揖斐高編　平凡社　2015.9　473p　18cm　〈東洋文庫　863〉〈布装〉　3200円　①978-4-582-80863-6　Ⓝ919.5

内容　新井白石　室鳩巣　梁田蛻巌　祇園南海　六如上人　柴野栗山　頼春水　尾藤二洲　菅茶山　市河寛斎　古賀精里　頼杏坪　柏木如亭　大窪詩仏　菊池五山　宮沢雲山　広瀬淡窓　古賀侗庵

木川田　一郎〔1925～2015〕　きかわだ・いちろう

◇クリストファー木川田一郎寸描　クリストファー木川田一郎著、木川田鷹子編　〔出版地不明〕　木川田鷹子　2017.3　50p　30cm　〈発行所：創栄出版〉　①978-4-7559-0546-9　Ⓝ198.42

規工川　宏輔〔1934～〕　きくかわ・こうすけ

◇じいちゃんの履歴―地理研究に打ち込んだ人生の記録　規工川宏輔著　熊本　熊日出版（制作）

2016.12　119p　19cm　〈著作目録あり〉　Ⓝ289.1

菊田　晴中〔1943～〕　きくた・はるなか

◇私の履歴書　菊田晴中著　〔福山〕　〔菊田晴中〕　2016.4　63p　22cm　Ⓝ289.1

菊池　寛〔1888～1948〕　きくち・かん

◇『文藝春秋』の戦争―戦前期リベラリズムの帰趨　鈴木貞美著　筑摩書房　2016.4　382p　19cm　〈筑摩選書 0131〉〈索引あり〉　1800円　①978-4-480-01638-6　Ⓝ051.3

内容　第1章　菊池寛、人と思想　第2章　菊池寛のエディター・シップ　第3章　『文藝春秋』と日中戦争　第4章　『文學界』グループの転向　第5章　文春グループの「大東亜戦争」　第6章　文春グループの戦後

◇菊池寛　小久保武著，福田清人編　新装版　清水書院　2018.4　212p　19cm　（Century Books―人と作品）〈文献あり　年譜あり　索引あり〉　1200円　①978-4-389-40127-6　Ⓝ910.268

内容　第1編　菊池寛の生涯（貧しい生い立ち　青春放浪時代　作家修業時代　新進作家からジャーナリストへ　文壇の大御所）　第2編　作品と解説（父帰る　無名作家の日記　忠直卿行状記　屋上の狂人　恩讐の彼方に　ほか）

菊地　浩吉〔1932～〕　きくち・こうきち

◇菊地浩吉昭和・平成自分史　前編　1932-1970　菊地浩吉著　〔札幌〕　〔菊地浩吉〕　2017.8　162p　26cm　〈年譜あり〉　Ⓝ289.1

内容　軍国少年・敗戦・樺太引揚より北大一病・人癌免疫研究まで

◇菊地浩吉昭和・平成自分史　中編　1971-1988　菊地浩吉著　〔札幌〕　〔菊地浩吉〕　2017.8　175p　26cm　〈文献あり　年譜あり〉　Ⓝ289.1

内容　札幌医科大学時代

菊池　五山〔1769～1849〕　きくち・ござん

◇江戸詩人評伝集―詩誌『雅友』抄　1　今関天彭著、揖斐高編　平凡社　2015.9　473p　18cm　〈東洋文庫　863〉〈布装〉　3200円　①978-4-582-80863-6　Ⓝ919.5

内容　新井白石　室鳩巣　梁田蛻巌　祇園南海　六如上人　柴野栗山　頼春水　尾藤二洲　菅茶山　市河寛斎　古賀精里　頼杏坪　柏木如亭　大窪詩仏　菊池五山　宮沢雲山　広瀬淡窓　古賀侗庵

菊池　壮一〔1955～〕　きくち・そういち

◇書店に恋して―リブロ池袋本店とわたし　菊池壮一著　晶文社　2018.10　259p　19cm　〈文献あり〉　1700円　①978-4-7949-7058-9　Ⓝ024.067

内容　プロローグ　最終営業日　第1章　リブロ黎明期　一九七七・一九八四（西武ブックセンター　修業開始　ほか）　第2章　リブロ動乱期　一九八五・二〇〇八（株式会社リブロ創立　二代目社長市原稜　ほか）　第3章　池袋本店ラストステージ　二〇〇九・二〇一五（池袋に還る　接客日本一宣言　ほか）　第4章　ファイナルラウンド　第5章　これからの書店人へ（悩み三題　複合化について　ほか）

菊池 淡水〔1902～1989〕 きくち・たんすい
◇民謡地図 別巻 民謡名人列伝 竹内勉著 本阿弥書店 2014.12 285p 20cm 〈布装 年表あり〉 3200円 Ⓘ978-4-7768-1157-2 Ⓝ388.91
[内容] 初代浜田喜一—主役だけを演じた江差追分の名人 浅利みき—津軽じょんがら節をじょっぱりだけで歌う 木田林松栄—一の糸を叩き抜いた津軽三味線弾き 成田雲竹—津軽民謡の神様 菊池淡水—民謡界の偉人後藤桃水先生の教えを守った尺八奏者 赤間森水—声を意のままに使いこなして歌う 樺沢芳勝—からっ風の上州の風土を体現する声で 大出直三郎—負けん気がすべてで歌う越名の舟唄 中川千代—両津甚句でみせた天下一のキレのよさ 吉田喜正—漁船四杯と取り替えたしげさ節 高山訓昌—音戸の舟唄を歌う写実の職人 赤坂小梅—押さば押せ引かば押せの黒田節

菊地 浩〔1927～1988〕 きくち・ひろし
◇霧のヴェールの彼方—ソ連人になった日本人の物語 菊地浩著, 東広子編 八尾 ドニエプル出版 2014.7 207p 21cm 〈発売：新風書房（大阪）〉 1000円 Ⓘ978-4-88269-796-1 Ⓝ289.1

菊池 桃子〔1968～〕 きくち・ももこ
◇午後には陽のあたる場所 菊池桃子著 扶桑社 2015.12 206p 19cm 1300円 Ⓘ978-4-594-07393-0 Ⓝ778.21
[内容] プロローグ "キャリア"という言葉 第1章 キャリア始まる 第2章 デビュー 第3章 妻として、母として 第4章 子どもたち 第5章 人生の正午 第6章 午後には陽のあたる場所

菊池 幽芳〔1870～1947〕 きくち・ゆうほう
◇現代文士廿八人 中村武羅夫著 講談社 2018.6 217p 16cm 〈講談社文芸文庫 なU1〉〈日高有倫堂1909年刊の再編集〉 1600円 Ⓘ978-4-06-511864-1 Ⓝ910.261
[内容] 田山花袋 国木田独歩 生田葵山 夏目漱石 菊池幽芳 小川未明 小杉天外 内藤鳴雪 徳田秋声 水野葉舟〔ほか〕

菊池 良〔1987～〕 きくち・りょう
◇世界一即戦力な男—引きこもり・非モテ青年が音速で優良企業から内定をゲットした話 菊池良著 フォレスト出版 2014.8 254p 19cm 1400円 Ⓘ978-4-89451-630-4 Ⓝ289.1
[内容] 第1章 「引きこもり」というアイデンティティ 第2章 憧れの人物からの拒絶 第3章 22歳の大学1年生へ 第4章 挫折から得られるもの 第5章 狂ったような挑戦の日々 第6章 自己PRサイト「世界一即戦力な男」の軌跡 第7章 音速で内定をゲットした話

菊池 涼介〔1990～〕 きくち・りょうすけ
◇菊池涼介 丸佳浩メッセージBOOK—コンビスペシャル—キクマル魂— 菊池涼介,丸佳浩著 廣済堂出版 2014.9 207p 21cm 〈他言語標題：RYOSUKE KIKUCHI YOSHIHIRO MARU MESSAGE BOOK〉 1850円 Ⓘ978-4-331-51866-3 Ⓝ783.7
[内容] 第1章 誕生(孤独 必死 「？」マーク 目覚め) 第2章 本能(砂浜と図書館 食べて、寝る 星 移籍) 第3章 野球漬け「致します」 遠い場所 センスがない 人生が変わる場所) 第4章 プロへ(1番 予言 羽を広げる 飛躍) 第5章 優勝(笑顔 菊池色 無駄死にするな 乱れる)

◇二塁手革命 菊池涼介著 光文社 2015.4 198p 図版16p 18cm（光文社新書 748） 740円 Ⓘ978-4-334-03851-9 Ⓝ783.7
[内容] 第1章 なぜ、ヒットをアウトにできるのか？（守備編） 第2章 なぜ、あの天才打者と並ぶことができたのか？（打撃編） 第3章 なぜ、小さくても結果を出せるのか？（フィジカル・走塁編） 第4章 キクチの秘密（シーズンオフ・プライベート編） 第5章 いかにしてキクチはつくられたのか？（生い立ち編） 第6章 なぜ優勝できなかったのか？（2014年シーズンを振り返る） 第7章 これからのキクチ（日本代表・今シーズン）

菊間 千乃〔1972～〕 きくま・ゆきの
◇私が弁護士になるまで 菊間千乃著 文藝春秋 2015.1 267p 16cm（文春文庫 きは22-2）〈2012年刊に書き下ろし「おわりに」を加えて再刊〉 550円 Ⓘ978-4-16-790283-4 Ⓝ289.1
[内容] 私はアナウンサーだった アナウンサーという仕事に迷う 伝えるだけではあきたらなくなっていた ロースクール制度 会社と学校の二重生活 謹慎で全番組を降板する 退社を決める 退路を絶つ 試験本番、不安で手が震える 短答の結果が発表される〔ほか〕

菊谷 栄〔1901～1937〕 きくや・さかえ
◇エノケンと菊谷栄—昭和精神史の匿れた水脈 山口昌男著 晶文社 2014.5 366p 20cm 〈文献あり 年譜あり 索引あり〉 2300円 Ⓘ978-4-7949-6865-4 Ⓝ772.1
[内容] 第1章 菊谷栄の生い立ち 第2章 浅草のエノケン・エノケンの浅草 第3章 カジノフォーリーの興亡 第4章 エノケン一座の誕生 第5章 「歌劇」を読む—宝塚少女歌劇のアルケオロジー 第6章 エノケン・レヴューの栄光と悲惨 第7章 菊谷栄戦場に死す 付録 西田幾多郎とメイエルホリドの間のエノケン

義玄 ぎげん
⇒臨済義玄（りんざいぎげん）を見よ

木崎 敬一郎〔1932～2015〕 きざき・けいいちろう
◇「木崎理論」とは何か—映画鑑賞運動の理論と 木崎敬一郎 塩見正道著 尼崎 風来舎 2018.6 142p 19cm 〈年譜あり〉 1300円 Ⓘ978-4-89301-946-2 Ⓝ778
[内容] 序章 「木崎理論」誕生まで 第1章 挑戦——一九五八年～一九六二年（出発点 大抜擢 機関紙上での実験 ほか） 第2章 二度目の挑戦——一九七一年～一九八〇年（全国労때第六回定時大会 神戸映サの一九六〇年代 異議あります ほか） 第3章 「木崎理論」とは何か（理論の源泉と射程 相互批評 木崎・松本論争再考 ほか） 終章 木崎の夢

きさき

木佐木 勝〔1894〜1979〕 きさき・まさる
◇木佐木日記 上 『中央公論』と吉野・谷崎・芥川の時代 木佐木勝著 中央公論新社 2016.11 478p 20cm 〈図書新聞社 1965年刊の復刊 索引あり〉 2800円 ①978-4-12-004903-3 Ⓝ210.69
 [内容] 大正八年(一九一九) 大正九年(一九二〇) 大正十年(一九二一) 大正十一年(一九二二) 大正十二年(一九二三)〜八月二十二日 新出史料 手記(小学校あての覚悟 人生に対する熱愛 無題—小川未明のこと 塚原健二郎さんの思出)

◇木佐木日記 下 名物編集長・滝田樗陰と関東大震災 木佐木勝著 中央公論新社 2016.11 486p 20cm 〈図書新聞社 1965年刊の復刊 索引あり〉 2800円 ①978-4-12-004904-0 Ⓝ210.69
 [内容] 大正十二年(一九二三)九月十日〜 大正十三年(一九二四) 大正十四年(一九二五) 新出史料 日記原本

木佐貫 洋〔1980〜〕 きさぬき・ひろし
◇惜別球人—プロ野球時代を彩った男たち 山本昌 木佐貫洋 東出輝裕 谷繁元信 筒井壮 谷佳知 松田裕司,長谷川晶一,五反田康彦,宇佐美圭右,松下雄一郎,矢崎良一著 ミライカナイブックス 2015.12 252p 19cm 1400円 ①978-4-907333-07-2 Ⓝ783.7
 [内容] 第1章 届かなかったあと1勝—50歳の野球少年が見てきた光景 山本昌(中日) 第2章 そして、日記は3冊目に一。木佐貫洋(巨人・オリックス・北海道日本ハム) 第3章 野球小僧に聞こえたある『福音』東出輝裕(広島) 第4章 悔しさとともに積み上げた3021試合 谷繁元信(横浜・中日) 第5章 生涯タテジマを貫いた男の真実 関本賢太郎(阪神) 第6章 現役最後まで失わなかった感覚 谷佳知(オリックス・巨人・オリックス)

木澤 鶴人〔1872〜1920〕 きざわ・つるひと
◇木澤鶴人と米澤軍平の生涯—自主独立の旗をかかげて 窪田文明編著 松本 松商学園 2018.10 538p 21cm 〈信州私学の源流〉〈年譜あり 文献あり〉 Ⓝ376.48

岸 清一〔1867〜1933〕 きし・せいいち
◇「幻の東京オリンピック」の夢にかけた男—日本近代スポーツの父・岸清一物語 古城庸夫著 横浜 春風社 2016.8 286p 19cm 〈年譜あり〉 2000円 ①978-4-86110-484-8 Ⓝ289.1
 [内容] プロローグ 第1章 いざ、東京へ 第2章 「スポーツ」との出会いと目覚め—大学予備門入学前夜 第3章 東西の"近代スポーツの父"—清一とストレンジとの出会い 第4章 ボートレースの醍醐味を満喫—東京大学在学時代 第5章 清一の"国際人"としての船出 第6章 清一の新しい「使命」—日本初のオリンピック参加に向かって 第7章 清一、日本のスポーツ界を牽引する 第8章 日本スポーツ界の曙 第9章 夢へのかけ橋—東京オリンピックへの道 終章 つながれた夢

岸 信介〔1896〜1987〕 きし・のぶすけ
◇絢爛たる醜聞 岸信介伝 工藤美代子著 幻冬舎 2014.8 587p 16cm (幻冬舎文庫 く-15-4)〈「絢爛たる悪運 岸信介伝」(2012年刊)の改題 文献あり〉 800円 ①978-4-344-42233-9 Ⓝ312.1
 [内容] 序章 南平台の家—「六〇年安保」の渦中で 第1章 長州の血族—繁茂する佐藤家と岸家 第2章 満州の天涯—縦横無尽、私服の「経済将校」 第3章 東条英機との相剋—悪運は強いほどいい 第4章 巣鴨拘置所での覚悟—「踊る宗教」北村サヨの予言 第5章 CIA秘密工作と保守合同—冷戦を武器に接近したダレス 第6章 不退転の決意、安保改定の夜—情けあるなら今伝来い 第7章 絢爛たる晩節—憲法改正の執念、消えず

◇岸信介の回想 岸信介,矢次一夫,伊藤隆著 文藝春秋 2014.10 474p 16cm (文春学藝ライブラリー—雑英 9) 1580円 ①978-4-16-813028-1 Ⓝ312.1
 [内容] 1 満州時代—商工省時代・満州国経営 2 商工大臣から敗戦へ—新体制運動のなかで・東條内閣の閣僚として 3 戦犯容疑者からの復活—巣鴨プリズンの中で 4 日本再建連盟の建設 4 保守合同への道—日本民主党の成立・鳩山内閣の成立 5 鳩山政権下の幹事長として—幹事長として渡米・「両岸」時代 6 石橋内閣から岸内閣へ—岸内閣ができるまで・東南アジア歴訪の旅 7 日米新時代と「警職法」騒ぎ—アメリカ訪問前後・試練に立つ岸内閣 8 中国問題と日韓問題—日中関係の悪化・薄明の中の日韓関係 9 安保条約改定と反対運動—安保改定をめぐって 10 総理辞職以後

◇岸信介証言録 岸信介述,原彬久編 中央公論新社 2014.11 541p 16cm (中公文庫 は69-1)〈毎日新聞社 2003年刊の再刊 年譜あり〉 1200円 ①978-4-12-206041-8 Ⓝ312.1
 [内容] 第1章 戦前から戦後へ 第2章 政界復帰、そして保守合同へ 第3章 政権獲得から安保改定へ 第4章 安保改定と政治闘争—新条約調印前 第5章 新安保条約の調印から強行採決へ 第6章 強行採決から退陣へ 第7章 思想、政治、そして政治家 編者補遺 インタビューから二十年、いま…

◇絶頂の一族—プリンス・安倍晋三と六人の「ファミリー」 松田賢弥著 講談社 2015.2 233p 20cm 〈文献あり〉 1500円 ①978-4-06-219434-1 Ⓝ289.1
 [内容] プロローグ ゴッドマザー・安倍洋子を軸にした三代 第1章 祖父・岸信介—安倍晋三が追う幻影の正体 第2章 父・安倍晋太郎—「岸の女婿」といわれ続けた男の悲劇 第3章 叔父・西村正雄—唯一晋三を批判できた晋太郎の異父弟 第4章 隠れた弟を追って—父・晋太郎が築こうとしたもう一つの家庭 第5章 妻・安倍昭恵—奔放な「家庭内野党」で洋子との確執は続く 第6章 母・安倍洋子—晋三に賭けるゴッド・マザーの執念

◇悪と徳と—岸信介と未完の日本 福田和也著 扶桑社 2015.8 538p 16cm (扶桑社文庫 ふ10-1)〈産経新聞出版 2012年刊の一部修正〉 900円 ①978-4-594-07315-2 Ⓝ289.1
 [内容] 官邸での夜 勤王と諸公と大礼服 銀時計つきの高杉晋作 明治は遠くなりにけり 天皇の官僚 平凡なおやじ アメリカ 昭和改元 金解禁 産業合理化運動 [ほか]

◇満州と岸信介—巨魁を生んだ幻の帝国 太田尚

樹著　KADOKAWA　2015.9　252p　19cm　〈文献あり〉　1700円　⑪978-4-04-653353-1　Ⓝ601.225

内容　第1章　満州国への道（国務院実業部総務司長に就任　満州は日本の生命線　ほか）　第2章　若き日の岸信介（故郷の山河　曾祖父佐藤信寛　ほか）　第3章　満州から満州国（満蒙は中国の一部か　満州に関心を寄せたアメリカ　ほか）　第4章　岸の満州人脈（甘粕正彦と石原莞爾　松岡洋右と鮎川義介　ほか）　第5章　戦争の時代へ（商工次官として復帰　近衛文麿が欲しがった岸　ほか）

◇絶頂の一族―プリンス・安倍晋三と六人の「ファミリー」　松田賢弥著　講談社　2015.9　285p　15cm　（講談社＋α文庫　G119-3）〈2015年2月刊の加筆・修正　文献あり〉　740円　⑪978-4-06-281617-5　Ⓝ289.1

内容　プロローグ　ゴッドマザー・安倍洋子を軸にした三代　第1章　祖父・岸信介―安倍晋三が追う幻影の正体　第2章　父・安倍晋太郎―「岸の女婿」と言われ続けた男の悲劇　第3章　叔父・西村正雄―唯一晋三を批判できた晋太郎の異父弟　第4章　隠れた弟を追って―父・晋太郎が築こうとしたもう一つの家庭　第5章　妻・安倍昭恵―奔放な「家庭内野党」で洋子との確執は続く　第6章　母・安倍洋子―晋三にかけるゴッドマザーの執念

◇満洲怪物伝―「王道楽土」に暗躍した人物たちの活躍とその後　歴史REAL編集部編　洋泉社　2015.9　255p　19cm　〈年表あり　索引あり〉　1800円　⑪978-4-8003-0719-4　Ⓝ281.04

内容　第1章　建国に暗躍した軍人たちの光と影（石原莞爾―満洲領有を唱えた「世界最終戦争論」とは？　土肥原賢二―満洲国の建国に尽力した「満洲のローレンス」　板垣征四郎―石原とコンビを組み、満洲事変を引き起こす　山口重次―石原莞爾を煽り関東軍の決起を促した活動家）　第2章　傀儡国家の申し子たち（甘粕正彦―満洲の文化を盛り立てた官僚の「実像」　愛新覚羅溥儀―数奇で残酷な運命を辿った「ラスト・エンペラー」　松岡洋右―満鉄で実力を発揮できなかった総裁　李香蘭―日中に引き裂かれし誠実な女優）　第3章　影の世界にうごめいたフィクサーたち（里見甫―阿片を用いて満洲のダークサイドを歩いた「里見夫」　辻政信―ノモンハンでの独断専行の参謀　河本大作―張作霖爆殺事件の首謀者　石井四郎―「悪魔の細菌部隊」七三一部隊を創設した男　川島芳子―華麗なエピソードに彩られた「男装の麗人」）　第4章　満洲国を牛耳った官僚と政治家たち（岸信介―昭和の妖怪と呼ばれた男の「一身二生」の人生　星野直樹―満洲国を「傀儡国家」たらしめた最重要人物　高碕達之助―満業を率いて日本人を守った経済人　古海忠之―満洲国の経済を動かした男）　特別企画　満洲人物伝―「王道楽土」の地で活躍した人物82（軍人・軍関係者　政治家・官僚　満鉄と経済人　文化人　女性　中国人）

◇日本を揺るがせた怪物たち　田原総一朗著　KADOKAWA　2016.3　293p　19cm　1500円　⑪978-4-04-601559-4　Ⓝ281.04

内容　第1部　政界の怪物たち（田中角栄―田原総一朗が最初に対峙した政界の怪物　中曽根康弘―「偉大な人はみんな風見鶏」　竹下登―調整能力にすぐれた「政界のおしん」　小泉純一郎―ワンフレーズに信念を込める言葉の天才　岸信介―左右「両岸」で力をふるった「昭和の妖怪」）　第2部　財界の怪物たち（松下幸之助―国家の経営に至った男　本田宗一郎―ボルト一本に情熱をかける技術の雄　盛田昭夫―失敗を恐れない超楽観主義者　稲盛和夫―「狂」と「心」が共存する経営）　第3部　文化人の怪物たち（大島渚―全身で国家の欺瞞と戦う男　野坂昭如―酒を飲むと「爆弾になる」徹底的なアナーキスト　石原慎太郎―作家として政治を行う男）

◇戦後政治家論―吉田・石橋から岸・池田まで　阿部眞之助著　文藝春秋　2016.4　439p　16cm　（文春学藝ライブラリー―雑英　25）〈「現代政治家論」（文藝春秋新社　1954年）の改題、再刊〉　1400円　⑪978-4-16-813061-8　Ⓝ312.8

内容　岸信介論　重光葵論　池田勇人論　木村篤太郎論　和田博雄論　三木武吉論　西尾末廣論　吉田茂論　石橋湛山論　徳田球一論　緒方竹虎論　大野伴睦論　芦田均論　鳩山一郎論　鈴木茂三郎論

◇吉田茂と岸信介―自民党・保守二大潮流の系譜　安井浩一郎,NHKスペシャル取材班著　岩波書店　2016.7　206p　19cm　1800円　⑪978-4-00-025469-4　Ⓝ312.1

内容　序　始まりは焦土から　1　奔流する二つの系譜（終戦～一九五五年）　2　岸の秘めた改憲構想、そして挫折（一九五五年～一九六〇年）　3　"豊かさ"が"自立"を飲み込んでいく、しかし…（一九六〇年～一九八〇年代）　おわりに　混迷と模索の時代へ　対談　戦後政治における二大潮流とは―山田原総一朗×御厨貴

◇岸信介最後の回想―その生涯と60年安保　岸信介述,加瀬英明監修,加地悦子聞き手　勉誠出版　2016.7　190p　19cm　〈年譜あり〉　1300円　⑪978-4-585-22154-8　Ⓝ312.1

内容　第1章（ライフワークとしての写経　ハッハッハッ「新聞は嘘を書く」　ほか）　第2章（吉田茂は車で乗り付けなかった　兄・市郎と、弟・栄作について　ほか）　第3章（サイパンで決戦を！　東条英機との対決　大森の収容所でのみんなとの語らい　ほか）　第4章（戦争を招いたハル・ノート　六〇年安保に重大な決意をした　ほか）　第5章（家庭教育こそ大切　日本の統治は現地の生活を向上させた　ほか）

◇乱世を生き抜いた知恵―岸信介、甘粕正彦、田中角栄　太田尚樹著　ベストセラーズ　2018.8　239p　18cm　（ベスト新書　586）〈文献あり〉　880円　⑪978-4-584-12586-1　Ⓝ289.1

内容　第1章　怨念を背負った男たち　第2章　男が惚れるの条件　第3章　金銭哲学　第4章　人情の機微に通じた男―庶民への目線と気配り　第5章　政治哲学　第6章　それぞれの人生哲学

岸　富美子［1920～］　きし・ふみこ

◇満映とわたし　岸富美子,石井妙子著　文藝春秋　2015.8　311p　20cm　〈文献あり〉　1600円　⑪978-4-16-390314-9　Ⓝ778.2225

内容　出会い　映画界に引き寄せられた兄たち　第一映画社―伊藤大輔と溝口健二　『新しき土』と女性編集者アリスさん　満映入社、中国へ　甘粕理事長と満映の日々　玉砕直前の結婚式　甘粕自決、ソ連軍侵攻　国共内戦の最中、鶴崗へ　「学習会」と「精簡」　映画人、炭鉱で働く　北朝鮮からの誘い　国民的映画『白毛女』日中の狭間で育てた弟子たち　十四年ぶりの祖国へ　日中満映社員たちの戦後

きし

岸 雅司〔1955~〕 きし・まさし
◇光球―人間野球の勝利者へ 岸雅司著 第三文明社 2017.3 197p 19cm 〈年譜あり〉 1300円 Ⓘ978-4-476-03365-6 Ⓝ783.7
内容 1 長嶋茂雄にあこがれて 2 運命のホームラン 3 大学野球の世界に飛び込む 4 使命の舞台へ羽ばたく 5 永遠の背番号「15」

岸井 良衛〔1908~1983〕 きしい・よしえ
◇大正の築地っ子 岸井良衛著 新装版 青蛙房 2016.5 236p 20cm 〈シリーズ大正っ子〉 2100円 Ⓘ978-4-7905-0403-0 Ⓝ289.1
内容 生れは東京の日本橋 新富町時代 大森から番町へ 築地っ子になる 銀座になった草 成蹊学園時代 震災前後 大正は過ぎゆく

徽子女王〔929~985〕 きしじょおう
◇斎王研究の史的展開―伊勢斎宮と賀茂斎院の世界 所京子著 勉誠出版 2017.1 249,11p 22cm 〈索引あり〉 3600円 Ⓘ978-4-585-22163-0 Ⓝ210.3
内容 伊勢斎王は「神の朝廷の御杖代」 伊勢斎王の井上内親王 漢詩にみる賀茂斎王有智子内親王 和歌にみる伊勢斎王の世界 「斎宮女御」徽子女王の前半生 徽子女王をめぐる人々 篤信の「大斎院」選子内親王 退下後の斎王たち 王朝びとの「辛崎の祓」考 「橘の小島の崎」の再検討 斎宮善子内親王と母女御藤原道子―付、斎宮跡出土「いろは歌」墨書土器の書風対比 斎王の登場する散逸物語―『風葉和歌集』の場合

岸田 吟香〔1833~1905〕 きしだ・ぎんこう
◇幕末明治 新聞ことはじめ―ジャーナリズムをつくった人びと 奥武則著 朝日新聞出版 2016.12 278p 19cm 〈朝日選書 952〉 1500円 Ⓘ978-4-02-263052-0 Ⓝ070.21
内容 序章 清八と宇兵衛の受難―ジャーナリズム以前 第1章 ジョセフ・ヒコの悲哀―「新聞の父」再考 第2章 ハンサードの志―新聞がやってきた 間奏その1 青年旗本の悲劇―池田長発 第3章 柳河春三の無念―原点としての「中外新聞」 第4章 岸田吟香の才筆―新聞記者の誕生 間奏その2 旧幕臣の矜持―成島柳北 第5章 福地源一郎の言い分―「御用記者」と呼ばれて 間奏その3 鉛活字の誕生まで―本木昌造 第6章 ブラックの栄光―「日新真事誌」の時代

◇岡山蘭学の群像 2 山陽放送学術文化財団編著 岡山 山陽放送学術文化財団 2017.4 232p 21cm 〈発売：吉備人出版（岡山）〉 1400円 Ⓘ978-4-86069-515-6 Ⓝ402.105
内容 4 開国へ 幕末外交の裏舞台で奔走―箕作阮甫（基調講演・幕末の外交と箕作阮甫の役割 基調講演・箕作阮甫、その学者としての系譜 対談・箕作阮甫の人物像とは？） 5 初めてのジャーナリストと呼ばれた男―岸田吟香（基調講演・傑人岸田吟香、美сь大名 講演・アジアの海を走り抜けたメディア人 講演・描き、描かれた岸田吟香 対談・吟香を読み解く―質問に答えて） 6 オランダ技術で海を割った男―杉山岩三郎（基調講演・オランダ技術の国内・岡山への影響 パネルディスカッション・オランダ技術で海を割った男―杉山岩三郎）

岸田 森〔1939~1982〕 きしだ・しん
◇不死蝶 岸田森 小幡貴一,田辺友貴編 ワイズ出版 2016.8 522p 15cm 〈ワイズ出版映画文庫 13〉〈2000年刊の加筆、再編集、改稿 作品目録あり〉 1500円 Ⓘ978-4-89830-301-6 Ⓝ778.21
内容 第1章 インタビュー 第2章 エッセイ 第3章 脚本 第4章 回想録 第5章 別れの言葉 終章 資料室

◇岸田森 夭逝の天才俳優・全記録 武井崇著 洋泉社 2017.5 717p 21cm 〈映画秘宝COLLECTION〉〈作品目録あり 年譜あり 索引あり〉 3800円 Ⓘ978-4-8003-1222-8 Ⓝ778.21
内容 第1章 役者を目指して 第2章 舞台は映像 第3章 多彩な活躍 第4章 本業"趣味" 第5章 薄暮の刻、迫る 第6章 夢のあとに "岸田森その生い立ち"―岸田番インタビュー 岸田森出演作品 データと解説 岸田森出演作品年表 岸田森年表

岸名 経夫〔1937~〕 きしな・つねお
◇桐の花 岸名経夫著 〔丹波〕 〔岸名経夫〕 2017.11 58p 21cm Ⓝ289.1

紀島 愛鈴〔1976~〕 きじま・あいりん
◇あっこちゃんと月の輪 紀島愛鈴著 幻冬舎メディアコンサルティング 2017.11 172p 19cm 〈発売：幻冬舎〉 1200円 Ⓘ978-4-344-91444-5 Ⓝ914.6
内容 ベビーブームに生まれた 結婚するの？ まだ若い頃のこと 就職してから結婚した CDを発売する？ 結婚生活が飽きてきた 一人旅するなんて とても怖い地震が来た 私の憧憬はこんなに 音大にいくのをなんとなく決めた〔ほか〕

岸本 嘉名男〔1937~〕 きしもと・かなお
◇うた道をゆく―自叙伝風 岸本嘉名男著 土曜美術社出版販売 2015.5 201p 21cm 〈著作目録あり〉 2000円 Ⓘ978-4-8120-2214-6 Ⓝ911.56
内容 1 初恋の頃 2 就職・結婚・研究の多忙期 3 同窓・知己らとのよしみ 4 喜怒哀楽の本業（教職） 5 喜びの第二の修業時代 6 奉仕で社会とつながる日々 7 私にとって喜寿のうたとは

岸本 清〔1931~〕 きしもと・きよし
◇熱き日の人生 岸本清著 〔出版地不明〕 〔岸本清〕 2018.9 280p 26cm Ⓝ289.1

岸本 清美〔1940~〕 きしもと・きよみ
◇粉骨砕身30年!!―ありがとう県政を作州へ 岸本清美著 岡山 ふくろう出版 2014.7 13,121p 19cm 463円 Ⓘ978-4-86186-609-8 Ⓝ318.275
内容 第1部 私の生い立ち（最初の激動期（幼~青年時代） 役場職員（19~30歳 昭和34年4月~45年2月） 勝北町議会議員（1期・2期）（30~38歳 昭和46~54年）ほか） 第2部 岡山県議会登壇の記録（岡山県議会会議録より抜粋）（代表質問（平成17年9月定例会） 一般質問（平成23年6月定例会） 副議長就任あいさつ（平成24年5月臨時会）ほか） 第3部 友

人・知人メッセージ(議員活動30周年、心からお慶びを申し上げます。 野の花のように がんばれ！ 北の狼よ ほか)

岸本 忠三〔1939～〕 きしもと・ただみつ
◇岸本忠三第14代大阪大学総長回顧録 岸本忠三述、大阪大学共創機構社学共創本部アーカイブズ、飯塚一幸、菅真城編 吹田 大阪大学出版会 2018.3 209p 20cm 2400円 ①978-4-87259-615-1 Ⓝ377.28
内容 第1章 誕生から大学院時代まで(富田林に生まれる 物理学か医学か ほか) 第2章 大阪大学教員として(グッド博士との出会い ペインテッドマウス ほか) 第3章 大阪大学総長として(ノーベル賞 国立大学法人化 ほか) 第4章 大阪大学総長退任後(総合科学技術会議議員 受賞 ほか) 第5章 式辞・告辞(平成十三年度入学式告辞「専門人」としての知と幅広い教養を 平成十三年度大学院入学式告辞 人まねではなく常に独創的であれ ほか)

岸本 辰雄〔1852～1912〕 きしもと・たつお
◇私学の誕生—明治大学の三人の創立者 明治大学史資料センター編 創英社/三省堂書店 2015.3 237p 19cm 〈文献あり 年表あり 索引あり〉 1700円 ①978-4-88142-952-5 Ⓝ377.21
内容 第1部 創立者たちの生い立ち(鳥取藩と岸本辰雄 天童藩と宮城浩蔵 鯖江藩と矢代操) 第2部 明治大学の誕生(司法省明法寮 司法省法学校 フランス留学 明治法律学校の創設 有楽町から駿河台へ 明治法律学校の発展) 第3部 創立者たちの遺したもの(岸本辰雄の遺業 宮城浩蔵の遺業 矢代操の遺業 (付)創立者との絆)
◇明治大学創立者岸本辰雄—明治を生きた鳥取出身士族の生涯 〔出版地不明〕 明治大学校友会鳥取県支部 2016.11 85p 21cm 〈年表あり 年表あり〉 Ⓝ289.1

岸本 英夫〔1903～1964〕 きしもと・ひでお
◇「新・死を見つめる心」の世界—岸本英夫の癌闘病著作を読む 金子豊編 千葉 金子豊 2018.1 158p 21cm (大学図書館の近代化をめざして・その行方 癌闘病著作を読む)〈私家版 著作目録あり〉 Ⓝ289.1

木津 聿斎〔1862～1939〕 きず・いっさい
◇木津宗詮—武者小路千家とともに 木津宗詮著 京都 宮帯出版社 2015.11 278p 図版16p 19cm (宮帯茶人ブックレット)〈文献あり 年譜あり〉 2000円 ①978-4-8016-0042-3 Ⓝ791.2
内容 第1章 松斎宗詮(願泉寺 江戸下向と松平不昧 ほか) 第2章 得浅斎(生い立ち 茶の湯修業 ほか) 第3章 聿斎(東京遊学と茶の湯修業 平瀬露香・露秀との親交 ほか) 第4章 花笑斎と柳斎(花笑斎 柳斎)

木津 花笑斎〔1892～1977〕 きず・かしょうさい
◇木津宗詮—武者小路千家とともに 木津宗詮著 京都 宮帯出版社 2015.11 278p 図版16p 19cm (宮帯茶人ブックレット)〈文献あり 年譜あり〉 2000円 ①978-4-8016-0042-3 Ⓝ791.2
内容 第1章 松斎宗詮(願泉寺 江戸下向と松平不昧 ほか) 第2章 得浅斎(生い立ち 茶の湯修業 ほか) 第3章 聿斎(東京遊学と茶の湯修業 平瀬露香・露秀との親交 ほか) 第4章 花笑斎と柳斎(花笑斎 柳斎)

木津 松斎〔1775～1855〕 きず・しょうさい
◇木津宗詮—武者小路千家とともに 木津宗詮著 京都 宮帯出版社 2015.11 278p 図版16p 19cm (宮帯茶人ブックレット)〈文献あり 年譜あり〉 2000円 ①978-4-8016-0042-3 Ⓝ791.2
内容 第1章 松斎宗詮(願泉寺 江戸下向と松平不昧 ほか) 第2章 得浅斎(生い立ち 茶の湯修業 ほか) 第3章 聿斎(東京遊学と茶の湯修業 平瀬露香・露秀との親交 ほか) 第4章 花笑斎と柳斎(花笑斎 柳斎)

木津 宗詮(1代) きず・そうせん
⇒木津松斎(きず・しょうさい)を見よ

木津 宗詮(2代) きず・そうせん
⇒木津得浅斎(きず・とくせんさい)を見よ

木津 宗詮(3代) きず・そうせん
⇒木津聿斎(きず・いっさい)を見よ

木津 宗詮(4代) きず・そうせん
⇒木津花笑斎(きず・かしょうさい)を見よ

木津 宗詮(5代) きず・そうせん
⇒木津柳斎(きず・りゅうさい)を見よ

木津 得浅斎〔1822～1896〕 きず・とくせんさい
◇木津宗詮—武者小路千家とともに 木津宗詮著 京都 宮帯出版社 2015.11 278p 図版16p 19cm (宮帯茶人ブックレット)〈文献あり 年譜あり〉 2000円 ①978-4-8016-0042-3 Ⓝ791.2
内容 第1章 松斎宗詮(願泉寺 江戸下向と松平不昧 ほか) 第2章 得浅斎(生い立ち 茶の湯修業 ほか) 第3章 聿斎(東京遊学と茶の湯修業 平瀬露香・露秀との親交 ほか) 第4章 花笑斎と柳斎(花笑斎 柳斎)

木津 柳斎〔1916～1998〕 きず・りゅうさい
◇木津宗詮—武者小路千家とともに 木津宗詮著 京都 宮帯出版社 2015.11 278p 図版16p 19cm (宮帯茶人ブックレット)〈文献あり 年譜あり〉 2000円 ①978-4-8016-0042-3 Ⓝ791.2
内容 第1章 松斎宗詮(願泉寺 江戸下向と松平不昧 ほか) 第2章 得浅斎(生い立ち 茶の湯修業 ほか) 第3章 聿斎(東京遊学と茶の湯修業 平瀬露香・露秀との親交 ほか) 第4章 花笑斎と柳斎(花笑斎 柳斎)

木瀬 勝野〔1901～1986〕 きせ・かつの
◇五本の指—父母・木瀬喜太郎と勝野の思い出 「五本の指」姉妹会著 〔出版地不明〕 「五本の指」姉妹会 2014.10 179p 21cm 〈年表あり〉 Ⓝ289.1

木瀬 喜太郎〔1897~1972〕きせ・きたろう

◇五本の指―父母・木瀬喜太郎と勝野の思い出 「五本の指」姉妹会著 〔出版地不明〕〔「五本の指」姉妹会〕 2014.10 179p 21cm 〈年表あり〉 Ⓝ289.1

木曽 義仲 きそ・よしなか
⇒源義仲(みなもと・よしなか)を見よ

木曽 義昌〔?~1595〕きそ・よしまさ

◇信濃の戦国武将たち 笹本正治著 京都 宮帯出版社 2016.4 295p 19cm 2500円 Ⓘ978-4-8016-0011-9 Ⓝ281.52

内容 第1章 神の血筋―諏方頼重 第2章 信濃守護の系譜―小笠原長時 第3章 二度も信玄を破る―村上義清 第4章 信玄を支える―真田幸綱 第5章 表裏比興の者―真田昌幸 第6章 武田氏を滅亡に追い込む―木曽義昌 第7章 武田氏滅亡と地域領主たち

木曽 義基〔平安時代末期〕きそ・よしもと

◇木曽義仲遺児「万寿丸」と安曇貴族「仁科氏」―皇室公領と検非違使の存在に大きくかかわった安曇野の中世史末 曽山友滋著 歴研 2015.9 95p 21cm 〈歴研選書〉 1000円 Ⓘ978-4-86548-029-0 Ⓝ215.2

内容 第1章 はじめに 第2章 中世末の信濃国安曇野地域の行政状況の概略 第3章 平安末期中央政界の歴史的背景と源光保 第4章 木曽義仲次男「万寿丸」(木曽義基) 第5章 木曽義基(万寿丸)を支えた人達の出自と遺跡 第6章 追記 随筆に書けなかった関連事項 第7章 むすび

徽宗〔1082~1135〕きそう

◇悪の歴史―隠されてきた「悪」に焦点をあて、真実の人間像に迫る 東アジア編下 南・東南アジア編 上田信編著 清水書院 2018.8 469p 19cm 2400円 Ⓘ978-4-389-50065-8 Ⓝ204

内容 東アジア編(下)(太宗(宋)―「燭影斧声の疑」のある準開国皇帝 王安石―北宋滅亡の元凶とされる「拗相公」 徽宗―「風流天子」と専権宰相蔡京 賈似道―宋王朝の滅亡を導いたとされる「蟋蟀宰相」 フビライ(世祖)―元朝建国の英雄の光と陰 ほか) 南・東南アジア編(カニシュカ―中央アジアとインドの支配者 チャンドラグプタ二世―兄の王位を簒奪し、その妻を娶った帝王 ラッフルズ―住民の在地支配者への服属を強化した自由主義者 ガンディー―最晩年の挫折と孤立)

喜多〔1538~1610〕きた

◇戦国を生きた姫君たち 火坂雅志著 KADOKAWA 2016.9 170p 15cm 〈角川文庫 ひ20-25〉〈年表あり〉 600円 Ⓘ978-4-04-400170-4 Ⓝ281.04

内容 1 女城主たちの戦い(井伊直虎―井伊直政の義母 妙林尼―吉岡鎮興の妻 ほか) 2 危機を救う妻たち(お船の方―直江兼続の正室 小松姫―真田信之の正室 ほか) 3 愛と謎と美貌(小少将―長宗我部元親の側室 愛姫―伊達政宗の生母 ほか) 4 才女と呼ばれた女たち(お初(常高院)―浅井三姉妹の次女 阿茶局―徳川家康の側室 ほか) 5 想いと誇りに殉じる(鶴姫―瀬戸内のジャンヌ・ダルク 淀殿―豊臣秀吉の側室 ほか)

北 一輝〔1883~1937〕きた・いっき

◇北一輝―革命思想として読む 古賀暹著 御茶の水書房 2014.6 460p 23cm 〈年譜あり〉 4600円 Ⓘ978-4-275-01073-5 Ⓝ289.1

内容 理論は革命へと誘う(国家=社会論と進化論―国家観の基本構造 近代的個人主義と社会主義 天皇制イデオロギー批判) 革命家は海を往還す(中国ナショナリズムと孫文・北一輝 『改造法案』と過渡期の国家 北一輝とは何だったのか)

◇評伝 北一輝 1 若き北一輝 松本健一著 中央公論新社 2014.7 389p 16cm (中公文庫 ま44-3)〈岩波書店 2004年刊の増補版〉 1000円 Ⓘ978-4-12-205985-6 Ⓝ289.1

内容 第1章 記憶の底(北海の孤島 明治十六年佐渡 ほか) 第2章 理想と現実の亀裂(佐渡中学入学 時代への参画 ほか) 第3章 現実の拒絶および世界創造の予兆(白面の書生 北輝次郎の華麗なる登場 ほか) 第4章 吾人の帝国とその社会主義(真正なる国体論の創出 不敬事件の全貌 ほか) 第5章 浪漫的革命への旅立ち(詩人の誕生 過去―詩を書けぬ詩人 ほか) 北一輝と佐渡ヶ島―補足的に

◇合理的避戦論 小島英俊著, 東郷和彦対論 イースト・プレス 2014.8 319p 18cm (イースト新書 033)〈文献あり〉 907円 Ⓘ978-4-7816-5033-3 Ⓝ319.8

内容 対論 東郷彦×小島英俊 この国は本当に戦争がしたいのか? 平和思想の近代史 「ねずみの殿様」斎藤隆夫の四二年間の奮闘 防空演習を嗤った桐生悠々 二〇年前から東京大空襲を予言した水野広徳 天才・北一輝の驚異 未来を見通せたエコノミスト・石橋湛山 陸軍唯一の哲学者・石原莞爾 国際通芯労人・清沢洌 戦前の「戦争と平和論」 戦後の「戦争と平和論」 皮肉なクロスロード・三島由紀夫と野中広務

◇評伝 北一輝 2 明治国体論に抗して 松本健一著 中央公論新社 2014.8 348p 16cm (中公文庫 ま44-4)〈岩波書店 2004年刊の増補版〉 1000円 Ⓘ978-4-12-205996-2 Ⓝ289.1

内容 第1章 中央への挑戦(冬の海 上野帝国図書館 ほか) 第2章 『国体論及び純正社会主義』の思想(「社会主義の経済的正義」 精神的貴族主義 ほか) 第3章 革命と亡命と(世間沸騰 発禁ならびに印本差押え ほか) 第4章 シナ革命にむけて(宋教仁との結合 彼方のシナ革命へ)

◇評伝 北一輝 3 中国ナショナリズムのただなかへ 松本健一著 中央公論新社 2014.9 377p 16cm (中公文庫 ま44-5)〈底本:岩波書店 2004年刊〉 1000円 Ⓘ978-4-12-206012-8 Ⓝ289.1

内容 第1章 辛亥革命の渦中へ 第2章 宋教仁との再会 第3章 南京臨時政府の樹立 第4章 中華民国の成立 第5章 清朝の終焉 第6章 日本革命への反転 第7章 『日本改造法案大綱』国家改造運動の成立 老社会から猶存社へ―補足的に

◇評伝 北一輝 4 二・二六事件へ 松本健一著 中央公論新社 2014.10 399p 16cm (中公文庫 ま44-6)〈底本:岩波書店 2004年刊〉 1100円 Ⓘ978-4-12-206031-9 Ⓝ289.1

内容 第1章 西田税とともに(西田税:青年将校の登場 西田、「美しい死」を求めて ほか) 第2章 カリスマ

的権力(怪事件とは何か 宮内省怪文書事件 ほか) 第3章 『霊告日記』(昭和政治史の裏面で―中野正剛という友人 田中義一内閣の打倒―小川平吉との交流 ほか) 第4章 日本ファシズム＝革命への道(満州事変と北 国家意思の体現者として ほか) 第5章 二・二六事件まで(末松太平、磯部浅一、村中孝次 『改造法案』をめぐる対立 ほか)

◇評伝 北一輝 5 北一輝伝説 松本健一著 中央公論新社 2014.12 339p 16cm (中公文庫 ま44-7)〈底本:岩波書店 2004年刊〉 1000円 ⓟ978-4-12-206043-2 Ⓝ289.1
[内容] 1 北一輝の二・二六事件(栗原安秀の登場 真崎甚三郎と磯部浅一 蹶起前夜 ほか) 2 北一輝伝説(大いなる影 虚実いり乱れて 革命伝説)

◇北一輝と萩原朔太郎―「近代日本」に対する異議申し立て者 芝正身著 御茶の水書房 2016.8 336,5p 21cm〈年譜あり 索引あり〉 3000円 ⓟ978-4-275-02050-5 Ⓝ289.1
[内容] 第1章 佐渡の反逆児―北輝次 第2章 反抗しない馬鹿息子―萩原朔太郎 第3章 明治国家への挑戦状 第4章 あるべき、もうひとつの近代国家像の提言 第5章 煩悶する詩人 第6章 『月に吠える』―病者の論理 第7章 それぞれのその後―揺らぎ/転換/後退/変容 第8章 昭和という終章

◇北一輝―国家と進化 嘉戸一将著 講談社 2017.2 333p 15cm (講談社学術文庫 2399―再発見日本の哲学)〈文献あり 年譜あり 索引あり〉 1100円 ⓟ978-4-06-292399-6 Ⓝ289.1
[内容] 第1章 国体論批判と理想の国家(国体論と北一輝 明治憲法体制をめぐって 「純正社会主義」の目指すもの 道徳と科学主義 「神類」とは何者か) 第2章 理想の国家とは何か(進化論の彼方に 実在する人格としての国家 有機体としての国家と精神 北一輝とプラトン) 第3章 北一輝と革命(北一輝と戦後改革 北一輝における天皇 平等はいかにして実現されるのか 絶対者をめぐって)

◇いまこそ知りたい日本の思想家25人 小川仁志著 KADOKAWA 2017.9 254p 19cm〈他言語標題:25 Japanese thinkers you need to know now 文献あり〉 1700円 ⓟ978-4-04-400234-3 Ⓝ121.028
[内容] 第1章 日本思想の黎明期(空海 道元 親鸞 吉田兼好 世阿弥) 第2章 日本の近世の葛藤(山本常朝 荻生徂徠 本居宣長 安藤昌益 二宮尊徳) 第3章 日本の近代の幕開け(横井小楠 吉田松陰 福沢諭吉 新渡戸稲造 内村鑑三) 第4章 「日本哲学」の始まり(西周 西田幾多郎 九鬼周造 三木清 和辻哲郎) 第5章 世界における日本思想の独自性(北一輝 鈴木大拙 柳田國男 丸山眞男 井筒俊彦)

木田 元〔1928～2014〕 きだ・げん
◇木田元―軽妙洒脱な反哲学 河出書房新社 2014.12 191p 21cm (KAWADE道の手帖)〈著作目録あり 年譜あり〉 1700円 ⓟ978-4-309-74054-6 Ⓝ121.6
[内容] 特別対談 鷲田清一×高田珠樹 思想史の世界をめぐり続けて―木田元が遺したもの 木田元入門 反・哲学者の足跡 エッセイ(器の大きい人 出発点としての木田元 ほか) 論考(正真正銘のハイデゲリアン 根源的自然への問い―現象学者としての木田元 ほか) 木田元コレクション(対談 哲学 ほか)

喜多 謙一〔1964～〕 きた・けんいち
◇野次喜多本―喜多謙一の出会い百景 喜多謙一著 ギャラリーステーション 2017.5 223p 19cm〈文献あり〉 1600円 ⓟ978-4-86047-265-8 Ⓝ281
[内容] 思想家 師範 一族 学友(中・高等学校) 恩師 盟友(大学校) 老中(取締役) 奉行(支店長) 勘定役 意匠役(でざいん職)〔ほか〕

木田 俊之〔1957～〕 きだ・としゆき
◇生きるチカラ一筋ジストロフィーの演歌歌手 木田俊之の半生 木田俊之著, 伊藤進司取材・文 名古屋 人間社 2017.4 99p 20cm (HBA books)〈企画:白岩英也〉 1000円 ⓟ978-4-908627-11-8 Ⓝ767.8

きだ みのる〔1895～1975〕
◇漂流怪人・きだみのる 嵐山光三郎著 小学館 2016.2 238p 20cm 1600円 ⓟ978-4-09-388463-1 Ⓝ910.268
[内容] 1 一枚の写真 2 豚アバラ肉の宴会 3 天より降りたった料理人 4 きだドンはアナキスト 5 どっちが親だかわからない 6 人間は最悪の猛獣である 7 七十七歳のきだドン、大船ález 8 ミミくんの入学 9 『子育てごっこ』とその後

◇漂流怪人・きだみのる 嵐山光三郎著 小学館 2018.9 284p 15cm (小学館文庫 あ4-3)〈2016年刊の加筆訂正〉 610円 ⓟ978-4-09-406558-9 Ⓝ910.268
[内容] 1 一枚の写真 2 豚アバラ肉の宴会 3 天より降りたった料理人 4 きだドンはアナキスト 5 どっちが親だかわからない 6 人間は最悪の猛獣である 7 七十七歳のきだドン、大船へ 8 ミミくんの入学 9 『子育てごっこ』とその後

北 杜夫〔1927～2011〕 きた・もりお
◇どくとるマンボウ追想記 北杜夫著 小学館 2015.5 220p 19cm (P＋D BOOKS)〈中公文庫 1979年刊の再刊〉 500円 ⓟ978-4-09-352206-9 Ⓝ910.268
[内容] はじめての記憶 出生などについて ふたたび出生について 山や海のこと 小さな押入れのことなど 腎炎の影響 初めての中学生活 太平洋戦争が始まる 次第に中学生へ 戦争色強まる 工場動員時代 ついに戦災に遇う

◇北杜夫マンボウ文学読本―文学、父・茂吉、昆虫、医師 躁鬱、マンボウ・マブゼ共和国……多面的なマンボウの視線 別冊宝島編集部編 宝島社 2016.11 175p 21cm〈文献あり 年譜あり〉 1200円 ⓟ978-4-8002-6253-0 Ⓝ910.268
[内容] 第1章 北さんがめぐった土地、時(秘蔵写真集 "齋藤宗吉"の肖像 北杜夫の面影 ほか) 第2章 北さんをめぐる人びと(医家の人びと、斎藤家の人びと マンボウ対談コレクション:斎藤茂太 ほか) 第3章 北さんの頭の中(『どくとるマンボウ航海記』照洋丸の旅路を追う 北杜夫が愛した児童マンガ ほか) 第4章 北さんが遺したもの(北杜夫による自作解説

――傲慢と韜晦　特別寄稿：堀江敏幸―顔はあくまでひとつ―北杜夫の仕事　ほか〕

◇どくとるマンボウ航海記　北杜夫著　改版　KADOKAWA　2018.6　250p　15cm　〔角川文庫 き3-1〕〈初版：角川書店 1965年刊〉　560円　①978-4-04-106335-4　Ⓝ915.6
内容 私はなぜ船に乗ったか　これが海だ　飛ぶ魚、潜る人　シンガポールさまざま　マラッカ海峡からインド洋へ　タカリ、愛国者たむろすスエズ　ドクトル、閑中忙あり　アフリカ沖にマグロを追う　ポルトガルの古い港で　ドイツでは神妙に、そしてまた〔ほか〕

木田 林松栄〔1911～1979〕　きだ・りんしょうえ
◇民謡地図　別巻　民謡名人列伝　竹内勉著　本阿弥書店　2014.12　285p　20cm　〈布装　年表あり〉　3200円　①978-4-7768-1157-2　Ⓝ388.91
内容 初代浜田喜一―主役だけを演じた江差追分の名人　浅利みき―津軽じょんがら節をじょっぱりだけで歌う　木田林松栄―一の糸を叩き抜いた津軽三味線弾き　成田雲竹―津軽民謡の神様　菊池淡水―民謡界の偉人　後藤桃水先生の教えを守った尺八奏者　赤間森水―声を意のままに使いこなして歌う　樺沢芳勝―からっ風の上州の風土を体現する声で　大出直三郎―負けん気がすべてで歌う越名の舟唄　中川千代―両津甚句でみせた天下一のキレのよさ　吉田喜正―漁船四杯と取り替えたしげさ節　高山訓昌―音戸の舟唄を歌う写実の職人　赤坂小梅―押さば押せ　引かば押せの黒田節

北浦 雅子〔1921～〕　きたうら・まさこ
◇重い障がい児に導かれて―重症児の母、北浦雅子の足跡　福田雅文著、全国重症心身障害児(者)を守る会編集　中央法規出版　2017.9　154p　19cm　〈文献あり〉　1800円　①978-4-8058-5580-5　Ⓝ369.49
内容 第1部 悲しみと愛と救いと(福岡の街　発病 ほか)　第2部 この子たちは生きている(夜明け前の母親たち　初の国家予算 ほか)　第3部 この子らを世の光に(緊急体制保護制度　重症児通園事業の法制化 ほか)　第4部 なぜ、日本で重症児が守られるようになったのか(四人の先達者　糸賀一雄の歩んだ道 ほか)

北尾 次郎〔1853～1907〕　きたお・じろう
◇北尾次郎ルネサンスプロジェクト研究報告書　北尾次郎ルネサンスプロジェクト編　〔出版地不明〕　北尾次郎ルネサンスプロジェクト　2016.2　232p　30cm　〈ドイツ語併載〉　Ⓝ289.1

北大路 魯山人〔1883～1959〕　きたおおじ・ろさんじん
◇夢境―北大路魯山人の作品と軌跡　北大路魯山人作、山田和著　京都　淡交社　2015.12　383p　26cm　〈年譜あり〉　6000円　①978-4-473-04030-5　Ⓝ751.1
内容 北大路魯山人の生涯　傑作選　初期から晩期へ、作品を一望する(美への覚醒と実現。ロサンニンからロサンジンへ　自立と苦難の時代　「夢境」、融通無碍の時代)　資料編(書簡・葉書　写真アルバム

(少年時代から晩年まで)　星岡茶寮(東京・赤坂山王臺)　銀茶寮(東京・銀座四丁目) ほか〕

北垣 国道〔1836～1916〕　きたがき・くにみち
◇北垣国道の生涯と龍馬の影―戊辰戦争・北海道開拓・京都復興に足跡　北国諒星著　札幌　北海道出版企画センター　2014.6　226p　19cm　〈文献あり　年譜あり〉　1600円　①978-4-8328-1404-2　Ⓝ289.1

北方 謙三〔1947～〕　きたかた・けんぞう
◇十字路が見える　北方謙三著　新潮社　2015.9　258p　19cm　1300円　①978-4-10-356212-2　Ⓝ914.6
内容 第1部 人間であるために必要なもの(さあ歩こうか　昔からロックンロールだろう ほか)　第2部 狂うなら、女か車か(季節を独り占めてやろう　アディオスだけをぶらさげて ほか)　第3部 捨身のぶちかまし、達人の開き直り(パラダイス・アゲイン　耳がどこかに行ってしまった ほか)　第4部 男の修業時代は十字路の連続である(迷惑メールとの悲しき闘い　十八歳だっていうなよ ほか)

北勝鬨 準人〔1966～〕　きたかちどき・はやと
◇平成の北海道 大相撲―三横綱がいた時代　宗像哲也著　札幌　北海道新聞社　2016.10　223p　19cm　1400円　①978-4-89453-844-3　Ⓝ788.1
内容 昭和の千秋楽　第1章 道産子名力士列伝(千代の富士　大乃国　北勝海 ほか)　第2章 道産子力士の素顔(「北海道出身?」だった初代・若乃花　満身創痍　番付は生き物 ほか)　第3章 北海道大相撲なんでも百科(連勝記録　連勝を止めた力士　新弟子検査 ほか)

北神 圭朗〔1967～〕　きたがみ・けいろう
◇その男、日本を変える―北神圭朗という生き方　松下隆一著　京都　PHP研究所　2016.7　273p　19cm　926円　①978-4-569-83377-4　Ⓝ312.1
内容 第1章 冒険と挑戦(エリートはおもえない　第一の冒険 ほか)　第2章 反逆と挫折、そして奇跡(一人の女性　雑巾がけ ほか)　第3章 惚れ込む(親心　偉大なるお父さん ほか)　第4章 北神圭朗、かく語りき(玄人の政治家　積極的平和主義 ほか)

北里 柴三郎〔1852～1931〕　きたざと・しばさぶろう
◇Kitasato 100×50―1914-2014 1962-2012　北里研究所創立100周年・北里大学創立50周年記念事業記念誌編纂委員会編　北里研究所　2016.4　212p　30cm　〈本文は日本語　年譜あり　発売：出版文化社〉　2000円　①978-4-88338-594-2　Ⓝ377.28
内容 特別編(北里柴三郎の生涯　北里柴三郎略年譜　受け継がれる北里精神)　歴史編(北里研究所の誕生―1914(大正3)～1945(昭和20)年　戦禍を乗り越えて―1946(昭和21)～1961(昭和36)年　北里大学の開学―1962(昭和37)～1969(昭和44)年 ほか)　部門編(薬学部/大学院薬学研究科　獣医学部/大学院獣医学系研究科　医学部 ほか)　資料編(歴代所長・理事長・学長　歴代役員　評議員/名誉理事長 ほか)

北島 康介〔1982～〕 きたじま・こうすけ
◇近代オリンピックのヒーローとヒロイン　池井優著　慶應義塾大学出版会　2016.12　365p　20cm　〈文献あり〉　2600円　①978-4-7664-2389-1　Ⓝ780.28
|内容|ピエール・ド・クーベルタン—近代オリンピックの創始者　嘉納治五郎—日本初代のIOC委員　金栗四三—"日本マラソンの父"となったオリンピックの敗者　人見絹枝—日本女子初のメダリスト　西竹一—バロン西と呼ばれた馬術大障害の優勝者　織田幹雄—日本人最初のゴールドメダリスト　「前畑がんばれ！」—日本初のオリンピック女子金メダリスト西田修平・大江季雄—ベルリンの死闘と"友情のメダル"　ジェシー・オーエンス—ベルリンで四つの金メダルを獲った黒人選手　清川正二—オリンピックの金メダリスト、IOC委員　古橋廣之進—戦後日本に希望を与えてくれた「フジヤマのトビウオ」　猪谷千春—冬季五輪初のメダリスト、そしてIOC委員　アベベ・ビキラ—ローマ、東京と二大会を制覇したマラソンの王者　大松博文—「東洋の魔女」に金メダルを獲らせた"鬼"の指導者　日本サッカー界を改革したドイツ人コーチ—デットマール・クラマーと日本代表チーム　ベラ・チャスラフスカ—「プラハの春」にゆれた体操の女王　男子バレーボールに革命をもたらした監督—松平康隆と日本男子バレーボール　モスクワ五輪ボイコットに泣いた選手たち—政治に翻弄されたオリンピック　北島康介—オリンピック三大会でメダル獲得のスイマー

北島 進〔1932～〕 きたじま・すすむ
◇子供の頃は、ボンクラでもよか　北島進著　福岡　海鳥社　2014.11　87p　27cm　1800円　①978-4-87415-926-2　Ⓝ289.1

北島 雪山〔1636～1697〕 きたじま・せつざん
◇諸国賢人列伝—地域に人と歴史あり　童門冬二著　ぎょうせい　2014.12　253p　19cm　1800円　①978-4-324-09918-6　Ⓝ281.04
|内容|浜口梧陵—稲むらの火／地域から日本を考えた-広村（和歌山県）　山田方谷—被治者の立場を貫いた巨人—備中松山（岡山県）　安藤野雁—万葉の心を信条に—桑折（福島県）　大原幽学—房総は学者の充電所　下総（千葉県）　小宮山楓軒—百古枯れの村を復興-水戸（茨城県）　小島蕉園—減税と産業振興-甲府（山梨県）　三浦梅園—日本初の自然哲学者-杵築（大分県）　新井白石—不遇に生きる-江戸（東京都）　前田綱紀—文化行政で雇用創出-加賀（石川県）　河合曽良—旅に生きる-諏訪（長野県）　北島雪山—追放されて自由に生きた-肥後（熊本県）　羽地朝秀—壁を背に第三の道を-琉球（沖縄県）　松平信綱—名君・賢臣を輩出-川越（埼玉県）　徳川義直—あゆち思想の実現-尾張（愛知県）　多久一族—「らしさ」を失わず-肥前（佐賀県）　古田織部—壊して創る-美濃（岐阜県）　北条幻庵—「勇」の底に「優」の心-小田原（神奈川県）　鴨長明—走り回る一滴の水-京都（京都府）

北島 忠治〔1901～1996〕 きたじま・ちゅうじ
◇愚直に"前へ"—北島忠治・明治大学ラグビーの真髄　小幡一編著，北島治彦郎監修　新装普及版　人間の科学新社　2018.4　268p　19cm　〈初版：日刊現代 2007年刊　年譜あり〉　1400円　①978-4-8226-0336-6　Ⓝ783.48
|内容|第1部 愚直に"前へ"—ラグビーの基本は人生に通ず（"咄嗟の反応"にすべてを託す　百万人といえども我れ行かん—波乱の少年時代　相撲三昧の大学四年間と関東大震災　押すのは強いよ！—相撲からラグビーへ　良い作物を作るには"土"を—戦後の始まり ほか）　第2部 "卑怯な振る舞い"を許さず！—北島忠治監督と私（気がついたら、トライになっていた—北島ラグビーの真髄　寂しがり屋の正義漢　試合中は"動物"になれ！　ルール違反を最も嫌う硬骨漢）

北園 孝吉〔1914～1984〕 きたぞの・こうきち
◇大正・日本橋本町　北園孝吉著　新装版　青蛙房　2015.8　246p　20cm　（シリーズ大正っ子）　2100円　①978-4-7905-0410-8　Ⓝ910.268
|内容|日本銀行うらのわが家　本町界隈の記憶図　古い商店の暮らし向き　乗物あれこれ　日本橋常磐尋常小学校　季節と私（元日から夏へ—　夏から大晦日へ）　食べたり飲んだり　遊び場・友達・活動写真　あの人この人　わたしの震災誌　東京府下の鈴ヶ森　復興東京、さま変わり　わが大正の終わりの日

木谷 實〔1909～1975〕 きたに・みのる
◇それも一局—弟子たちが語る「木谷道場」のおしえ　内藤由起子著　水曜社　2016.10　240p　19cm　〈文献あり　年譜あり〉　1600円　①978-4-88065-396-9　Ⓝ795
|内容|大竹英雄と木谷實の奇縁　戦後初の内弟子　戸沢昭実　木谷の宿願果たした石田芳夫　尾の跳ね上がった鯛　宮沢吾朗　門下の出世頭　小林光一　師匠の言葉を胸に刻む小川誠子　弟子を育てて恩返し　趙治勲　三人の師に恵まれた武宮正樹　内弟子生活を送った三男　木谷正道　木谷道場で学んだ人たち ほか

北野 武〔1947～〕 きたの・たけし
◇野球小僧の戦後史—国民のスポーツからニッポンが見える　ビートたけし著　祥伝社　2015.12　175p　19cm　1400円　①978-4-396-61549-9　Ⓝ779.9
|内容|1 原っぱとグローブと 1945 - 1958（下町の空き地に集まる子どもたち　戦争と敗戦の記憶 ほか）　2 高度経済成長とプロ野球黄金期 1959 - 1973（越境入学した中学で待っていたもの　下町にスタジアムができた ほか）　3 日本野球の鎮国と開国 1974 - 2015（除籍された大学から卒業証書をもらった　長嶋さん引退とツービート結成のタイミング ほか）　4 長嶋茂雄さんの天才伝説—名選手列伝（自分の見せ場を知っている　わざとミスをするのが芸 ほか）　5 団塊の世代は光速を超えて生きる 1945 - 2015（黒い霧の中に消えた名選手　"空白の一日"に何が起きたのか ほか）
◇もうひとつの浅草キッド　ビートきよし著　双葉社　2016.5　331p　20cm　1600円　①978-4-575-31131-0　Ⓝ779.14
|内容|序章　出会い　ツービート誕生　浅草修業時代　テレビ下積み時代　漫才ブーム　それぞれのツービート　永遠の相方　特別収録　マー坊対談
◇ビートたけしと北野武　近藤正高著　講談社　2017.3　225p　18cm　（講談社現代新書 2417）　〈文献あり〉　800円　①978-4-06-288417-4　Ⓝ779.9

|内容| 序章 たけしの演じた人物で年表をつくってみた（たけしの育った風景を求めて　大石内蔵助から立川談志まで　ほか）　第1章 母親の喪失―大久保清と北野武を分けたもの（大久保清事件　たけし起用への反対意見　ほか）　第2章 差別と暴力―金嬉老・三億円事件・写真週刊誌（自ら望んだ役　金嬉老の五日間　ほか）　第3章 宗教と科学―イエスの方舟・エホバの証人・バイク事故（「おまえらの面倒は一生見る」　千石のおっさんはオレに似ている　ほか）　終章 戦後ニッポンに内在する二面性と欺瞞（病床で口にしたある人物の名前　新宿で二人はすれ違ったのか？　ほか）

◇もうひとつの浅草キッド　ビートきよし著　双葉社　2017.8　301p　15cm　（双葉文庫　ひ-18-01）　611円　Ⓘ978-4-575-71471-5　Ⓝ779.14

|内容| 序章 出会い　ツービート誕生　浅草修業時代　テレビ下積み時代　漫才ブーム　それぞれのツービート　永遠の相方　特別収録 ツービート対談

◇たけちゃん、金返せ。―浅草松竹演芸場の青春　藤山新太郎著　論創社　2018.9　251p　19cm　1500円　Ⓘ978-4-8460-1740-8　Ⓝ779.9

|内容| 天才現るの巻　裸宜材写真の巻　乞食に金を借りるの巻　フルチンで舞台を通るの巻　やくざ社長がやって来るの巻　NHKに突っ込む騎士の巻　漫才やめて坊主になるの巻　大津波が来たの巻　ちょうど時間となりましたの巻

北野 典夫〔1940～1993〕　きたの・のりお

◇評伝 天草五十人衆　天草学研究会編　福岡弦書房　2016.8　317p　22cm　〈文献あり　年表あり　索引あり〉　2400円　Ⓘ978-4-86329-138-6　Ⓝ281.94

|内容| ステージ1 五人衆の時代、そして…　ステージ2 天領天草の村々　ステージ3 祈りの島で　ステージ4 耕す、漁る　ステージ5 実業の世をひらく　ステージ6 潮路はるかに　ステージ7 文化・歴史・言論　ステージ8 あの頃、この人　ステージ9 島の現実、国の行く末　ステージ10 一筋の道　ステージ特別編 群像二題（天草の石文化と松室五郎左衛門　牛深カツオ漁の男たち）

北野 由兵衛〔1834？～？〕　きたの・よしべえ

◇しまなみ人物伝　村上貢著　海文堂出版　2015.8　258p　20cm　〈年表あり〉　1800円　Ⓘ978-4-303-63426-1　Ⓝ281.74

|内容| 第1部 日本の夜明けの時代に（伊能忠敬―尾道周辺の測量　瀬戸田の仙太郎―幕末の海外漂流　永井重助―福宮丸の海難と対米賠償交渉　水先人北野由兵衛―千島艦衝突事件）　第2部 未来を夢見た先輩たち（田坂初太郎―海運創成期のパイオニア　小林善八郎―初代弓削商船学校長の生涯　ビッケル船長―伝道船「福音丸」と弓削商船学校　中堀貞五郎―「うらなり君」のモデルと今治　浜根岸太郎―初代・二代の生涯　濱田国太郎―海員組合草創時代　麻生八十女―女傑の生涯　小山亮―嵐は強い木を育てる）

北の湖 敏満〔1953～2015〕　きたのうみ・としみつ

◇一故人　近藤正高著　スモール出版　2017.4　415p　19cm　1800円　Ⓘ978-4-905158-42-4　Ⓝ281

|内容| 二〇一二年（浜田幸一　樋口廣太郎　ほか）　二〇一三年（大島渚　山内溥　ほか）　二〇一四年（永井一郎　坂井義則　ほか）　二〇一五年（赤瀬川隼　桂米朝　ほか）　二〇一六年（蜷川幸雄　中村紘子　ほか）

北の方　きたのかた

⇒北条仲時の妻（ほうじょう・なかときのつま）を見よ

北の富士 勝昭〔1942～〕　きたのふじ・かつあき

◇北の富士流　村松友視著　文藝春秋　2016.7　231p　20cm　1600円　Ⓘ978-4-16-390482-5　Ⓝ788.1

|内容| 第1章 北の富士前夜、北海道のけしき　第2章 私と相撲の遠距離交際　第3章 猛稽古と遊びの方程式　第4章 出世みち三歩進んで二歩下がる　第5章 破門から初優勝への大逆転　第6章 ライバル玉の海との出世競争と熱き友情　第7章 「夜の帝王」と「ネオン無情」の極彩色　第8章 横綱時代の万華鏡　第9章 二横綱を育てた名伯楽の奥行き　第10章 北の富士流の試練　第11章 テレビ解説席の粋、華、情

北政所　きたのまんどころ

⇒高台院（こうだいいん）を見よ

北原 菊子〔？～1983〕　きたはら・きくこ

◇非凡なる凡ामા白秋の妻菊子　北原東代著　春秋社　2018.9　275p　20cm　2500円　Ⓘ978-4-393-43652-3　Ⓝ289.1

|内容| 第1章 菊子というひと（恋文　読書　ほか）　第2章 菊子の周辺（姉・佐藤さと　無二の親友・河野喜久　ほか）　第3章 菊子と私（出会い　もてなし　ほか）　第4章 新生へ（新婚日記　多磨短歌会の解散　ほか）

北原 怜子〔1929～1958〕　きたはら・さとこ

◇アリの街のマリア―北原怜子の生涯　酒井友身著　女子パウロ会　2014.12　162p　15cm　（パウロ文庫）〈文献あり〉　750円　Ⓘ978-4-7896-0745-2　Ⓝ198.221

|内容| 第1章 クリスマス　第2章 ゼノさんとの出会い　第3章 眠れぬ夜　第4章 アリの街の子どもたち　第5章 復活　第6章 野のゆり　第7章 不治の病　第8章 奇跡　第9章 愛の神イエス・キリスト

◇蟻の街の微笑み―蟻の街で生きたマリア北原怜子　パウロ・グリン著，大和幸子編　長崎聖母の騎士社　2016.2　311p　21cm　〈文献あり（カトリック登美が丘教会1995年刊）の改題〉　1500円　Ⓘ978-4-88216-367-1　Ⓝ198.221

北原 淳伍〔1936～〕　きたはら・じゅんご

◇私の歩んで来た道―ハーブとアロマテラピーに出会えて　北原淳伍著　〔出版地不明〕　北原淳伍　2017.9　318p　20cm　〈年表あり　年譜あり〉　製作：新潮社図書編集室　1500円　Ⓝ289.1

北原 泰作〔1906～1981〕　きたはら・たいさく

◇犯罪の大昭和史　戦前　文藝春秋編　文藝春秋　2016.12　589p　16cm　（文春文庫　編6-18）〈『犯罪の昭和史 1』（作品社 1984年刊）の改題、

再編集〉 980円 ①978-4-16-790760-0 Ⓝ368.6

内容 大阪松島遊廓・移転疑獄事件 木崎村暴動事件 世紀の鬼熊遂に自殺す 三面記事の世界 天皇に直訴した北原二等兵の半生 運命の序曲 説教強盗 楽してカネとろうと思ってもとれないですよ 性科学者で左翼の闘士独り往く "山宣" 代議士 岩の坂もらい子殺し事件〔ほか〕

北原 健雄〔1942〜2013〕 きたはら・たけお

◇伝説のアニメ職人(クリエーター)たち―アニメーション・インタビュー 第1巻 星まこと編・著 まんだらけ出版部 2018.5 277p 21cm 〈索引あり〉 1800円 ①978-4-86072-142-8 Ⓝ778.77

内容 大工原章・アニメーター、画家 森川信英・アニメーター うしおそうじ(鷺巣富雄)・漫画家、元ピープロダクション社長 石黒昇・演出家 荒木伸吾・アニメーター・イラストレーター 金山明博・アニメーター・絵師 鳥海永行・演出家・作家 北原健雄・アニメーター 巻末特別企画 十九年目の「アニメーション・インタビュー」金山明博 解説(五味洋子・アニメーション研究家)

北原 俊彦〔1938〜〕 きたはら・としひこ

◇今も青春、夢を見よう 北原俊彦著 〔千葉〕〔北原俊彦〕 2018.3 144p 26cm (自分探しの旅だった 北原俊彦三分冊自分史 第1巻)〈年表あり〉 Ⓝ289.1

北原 白秋〔1885〜1942〕 きたはら・はくしゅう

◇白秋研究資料集成 宮澤健太郎編・解説 増補改訂版 クレス出版 2014.10 10冊(セット) 21cm 82000円 ①978-4-87733-848-0 Ⓝ911.52

内容 第1巻 評伝北原白秋(藪田義雄) 第2巻 北原白秋 "物語評伝"(宮本一宏)・北原白秋―その青春と風土(松永伍一) 第3巻 白秋研究、北原白秋と俳諧(木俣修) 第4巻 北原白秋の秀歌(吉野昌夫) 第5巻 詩人白秋その愛と死(嶋岡晨) 第6巻 北原白秋ノート(飯島耕一) 第7巻 北原白秋の世界―その世紀末的詩境の考察(河村政敏) 第8巻 白秋の童謡(佐藤通雅) 第9巻 北原白秋と児童自由詩運動(野口茂夫) 第10巻 北原白秋―童心の彼方へ(宮澤健太郎)・追加論文(宮澤/健太郎)

◇白秋近影 北原東代著 現代短歌社 2015.1 340p 20cm 2315円 ①978-4-86534-073-0 Ⓝ911.52

◇我が愛する詩人の伝記 室生犀星著 講談社 2016.8 277p 16cm (講談社文芸文庫 むA9)〈中公文庫 1974年刊の再刊 年譜あり〉 1400円 ①978-4-06-290318-9 Ⓝ914.6

内容 北原白秋 高村光太郎 萩原朔太郎 釈迢空 堀辰雄 立原道造 津村信夫 山村暮鳥 百田宗治 千家元麿 島崎藤村

◇北原白秋 恩田逸夫著 新装版 清水書院 2017.9 222p 19cm (Century Books―人と作品)〈文献あり 年譜あり 索引あり〉 1200円 ①978-4-389-40116-0 Ⓝ911.52

内容 第1編 北原白秋の生涯(郷土 上京 青春 遍歴 拡充 ほか) 第2編 作品と解説(白秋文学の特色 象徴詩の新領域 柳河と東京 日光と落葉松 総合的詩境 ほか)

北村 サヨ〔1900〜1967〕 きたむら・さよ

◇ひとびとの精神史 第1巻 敗戦と占領―1940年代 栗原彬,吉見俊哉編 岩波書店 2015.7 333p 19cm 2300円 ①978-4-00-028801-9 Ⓝ281.04

内容 1 生と死のはざまで(大田昌秀―原点としての沖縄戦 大田洋子―原爆と言葉 水木しげる―ある帰還兵士の経験 黄容桂と朴鍾鴻―近代の成就と超克) 2 それぞれの敗戦と占領(茨木のり子―女性にとっての敗戦と占領 黒澤明―アメリカとの出会いそこない 花森安治―その時、何を着ていたか? 堀越二郎―軍事技術から戦後のイノベーションへ) 3 改革と民主主義(中野重治―反復する過去 若月俊一―地域医療に賭けられたもの 西崎キク―大空から大地へ 北村サヨ―踊る宗教が拓く共生の風景)

北村 方義〔1834〜1901〕 きたむら・ほうぎ

◇北村方義―堀直虎の側近として活躍した偉大な須坂藩士の足跡 須坂藩第13代藩主堀直虎没後150年祭プレ事業須坂市立博物館開館50周年記念特別展 須坂市立博物館編 須坂 須坂市立博物館 2016.12 63p 30cm 〈年譜あり〉 Ⓝ289.1

北村 道昭〔1929〜〕 きたむら・みちあき

◇昭和・平成を生きて―私の歩いた八〇年の足あと 北村道昭著 文芸社 2015.11 223p 19cm 〈年譜あり〉 1200円 ①978-4-286-16729-9 Ⓝ289.1

北村 龍平〔1969〜〕 きたむら・りゅうへい

◇映画監督という生き様 北村龍平著 集英社 2014.8 222p 19cm (集英社新書 0750) 740円 ①978-4-08-720750-7 Ⓝ778.21

内容 はじめに なぜ映画を撮り続けるのか 第1章 ハリウッド映画はこう撮れ!―北村流、戦闘の映画撮影術その1 第2章 文字通り、人生のすべては映画から学んだ 第3章 日本映画はこう撮れ!―北村流、戦闘の映画撮影術その2 第4章 原作との闘い方 第5章 この名作に学べ! 第6章 映画監督という生き様

北本 廣吉〔1925〜〕 きたもと・ひろきち

◇世渡り上手―生き生き今92歳 北本廣吉著 金沢 北國新聞社(制作・発売) 2017.11 176p 21cm 〈年譜あり〉 1389円 ①978-4-8330-2125-8 Ⓝ289.1

内容 第1章 福祉事業人生の最終章(自作のサ高住に住む 「日本一の高齢者施設を」ほか) 第2章 満蒙開拓青少年義勇軍へ 捕虜生活は要領第一(貧乏農家の6男坊に生まれる 満蒙開拓青少年義勇軍に応募 ほか) 第3章 生きて帰れて良かった 愛妻初枝と「二人三脚」(6割生存者の1人に 大変な物価高にびっくり ほか) 第4章 中西前知事から勧められ福祉の世界で身を立てる(「1億円寄付」が転機産む 野良着姿の妻が知事に懇願 ほか) 第5章 まちなか拠点を充実 サ高住に理想を見出す(「福祉が都市文化のメイン」 軽量で機能的な車いす導入 ほか)

きたもり

北森 嘉蔵〔1916～1998〕 きたもり・かぞう
◇北森嘉蔵伝―その生涯と思想　丸山久美子著　習志野　教友社　2016.9　223,5p　22cm　〈文献あり　年譜あり　索引あり〉　2100円　Ⓘ978-4-907991-26-5　Ⓝ198.3852
[内容] 第1章 北森神学誕生の軌跡　第2章 日本ルーテル神学専門学校入学　第3章 京都帝国大学時代　第4章 キリスト者平和の会　第5章 千歳船橋教会設立の経緯　第6章 「神の痛みの神学」と仏教哲学　第7章 学園紛争の中に「神の痛み」を見る　第8章 教会合同論と最後の挨拶

北山 修〔1946～〕 きたやま・おさむ
◇コブのない駱駝―きたやまおさむ「心」の軌跡　きたやまおさむ著　岩波書店　2016.11　253p　19cm　〈他言語標題：MAGICAL MYSTERY CAMEL〉　1800円　Ⓘ978-4-00-061158-9　Ⓝ767.8
[内容] はじめに―北山修による、きたやまおさむの「心」の分析　第1章 戦争が終わって、僕らが生まれた　第2章 「オラは死んじまっただ」の思春期　第3章 愛こそはすべてか？　第4章 天国から追い出されて　第5章 「私」とは誰なのか？―精神分析学との出会い　第6章 「心」をみつめて―精神科医、研究者、そして時々音楽家　第7章 潔く去っていかない　おわりに―コブのない駱駝のごとく

北山 法夫〔1951～2011〕 きたやま・のりお
◇知恵を汲む―北山法夫遺稿集　北山法夫著, 北山タキノ編　〔美浜町（福井県）〕　〔北山タキノ〕　2016.3　241p　図版〔12〕枚　22cm　〈編集協力：美浜詩の会　年譜あり〉　Ⓝ289.1

吉川 広家〔1561～1625〕 きっかわ・ひろいえ
◇吉川広家　光成準治編著　戎光祥出版　2016.11　331p　21cm　（シリーズ・織豊大名の研究 4）〈年譜あり〉　6500円　Ⓘ978-4-86403-215-5　Ⓝ289.1
[内容] 総論 吉川広家をめぐる三つの転機　第1部 吉川家の権力構造（戦国後期における吉川氏の権力構成―親類衆・奉行人を中心にして　豊臣期山陰吉川領の形成と展開）　第2部 広家と本宗家・権力権（豊臣～徳川移行期における「取次」―公儀・毛利間を中心に　萩藩成立期における両川体制について―幕府への対応と藩政の動向　萩藩の本・支藩関係をめぐって　『陰徳太平記』の成立事情と吉川家の家格宣伝活動）　第3部 城郭・城下町（「石つき之もの共」について　米子城築城と米子の町　伯耆江美城とその城下町）　付録 吉川広家関係系図・略年表

木戸 英祐〔1901～1997〕 きど・えいすけ
◇わが生涯―木戸英祐自伝　木戸英祐著　新潟　木戸敏雄　2017.5　201p　20cm　〈年譜あり〉　Ⓝ289.1

城戸 幹〔1941～〕 きど・かん
◇瞼の媽媽―自力で帰国した残留孤児の手記　城戸幹著　文藝春秋　2014.8　504p　16cm　（文春文庫 き36-10）〈「『孫玉福』39年目の真実」（情報センター出版局 2009年刊）の改題〉　870円　Ⓘ978-4-16-790174-5　Ⓝ289.1
[内容] 第1章 悲運の中で　第2章 南屯と北站の思い出　第3章 海林中学の三年間　第4章 激動の高校時代　第5章 岐路からの再出発　第6章 彷徨える日々　第7章 自分の決めた道を行く　第8章 祖国日本を目指して　第9章 帰心矢の如し　第10章 第二の人生を生きる

◇あの戦争から遠く離れて―私につながる歴史をたどる旅　城戸久枝著　新潮社　2018.8　569p　16cm　（新潮文庫 き-46-0）〈文春文庫 2012年刊の再刊　文献あり〉　890円　Ⓘ978-4-10-121052-0　Ⓝ289.1
[内容] プロローグ ロング・アンド・ワインディングロード　第1部 家族への道"父の時代"（遠い記憶　失意の底から　心、震わせて　幾つもの絆）　インターミッション　第2部 戦後の果て"私の時代"（父の生きた証　傷だらけの世界　歴史を生きる者たち　満州国軍と祖父　運命の牡丹江）　エピローグ 精神のリレー

木戸 幸一〔1889～1977〕 きど・こういち
◇重臣たちの昭和史　上　勝田龍夫著　文藝春秋　2014.8　465p　16cm　（文春学藝ライブラリー―歴史 6）　1580円　Ⓘ978-4-16-813024-3　Ⓝ210.7
[内容] 第1章 大正デモクラシー・政党政治のころ―原田・西園寺・木戸・近衛　第2章 敢айスとファッショの風潮に立ち向かって―浜口遭難と宇垣の野望　第3章 国内と満州と同時にやろう―満州事変と十月事件、五・一五事件　第4章 ファッショに近き者は絶対に不可なり―斎藤内閣と帝人事件　第5章 議会主義の守り本尊・西園寺が牙城―岡田内閣と陸軍の内政干渉　第6章 朕自ラ近衛師団ヲ率イ、此ガ鎮圧ニ当ラン―二・二六事件　第7章 今の陛下は御不幸なお方だ―広田内閣と林内閣

木戸 孝允〔1833～1877〕 きど・たかよし
◇木戸孝允日記　1　木戸孝允著　オンデマンド版　東京大学出版会　2014.9　464p　22cm　（日本史籍協会叢書 74）〈印刷・製本：デジタルパブリッシングサービス　覆刻再刊 昭和60年刊〉　10000円　Ⓘ978-4-13-009374-3　Ⓝ210.6

◇木戸孝允日記　2　木戸孝允著　オンデマンド版　東京大学出版会　2014.9　504p　22cm　（日本史籍協会叢書 75）〈印刷・製本：デジタルパブリッシングサービス〉　10000円　Ⓘ978-4-13-009375-0　Ⓝ210.6

◇木戸孝允日記　3　木戸孝允著　オンデマンド版　東京大学出版会　2014.9　591p　22cm　（日本史籍協会叢書 76）〈印刷・製本：デジタルパブリッシングサービス〉　10000円　Ⓘ978-4-13-009376-7　Ⓝ210.6

◇吉田松陰と長州五傑　頭山満, 伊藤痴遊, 田中光顕著　国書刊行会　2015.7　239p　19cm　1800円　Ⓘ978-4-336-05944-4　Ⓝ281.77
[内容] 桜の下の相撲　吉田松陰（先駆者　松下村塾 ほか）　久坂玄瑞（地蔵格　久坂、高杉と水戸学 ほか）　高杉晋作（武侠勇断第一人　絢爛たるその生涯 ほか）　伊藤博文、井上馨（伊藤博文の先輩時代（軽輩 時代　立ち働く ほか）　伊藤公と井上侯の血気時代（松陰門下　象山の気風 ほか））　木戸孝允（木戸孝允の壮士時代（長州排斥　七卿 ほか））

◇木戸孝允日記　第1巻　木戸孝允著, 日本史籍

協会編　新装普及版　周南　マツノ書店　2015.7　464p　21cm　〈東京大学出版会昭和60年刊の複製〉　Ⓝ210.6
◇木戸孝允日記　第2巻　木戸孝允著，日本史籍協会編　新装普及版　周南　マツノ書店　2015.7　504p　21cm　〈東京大学出版会昭和60年刊の複製〉　Ⓝ210.6
◇木戸孝允日記　第3巻　木戸孝允著，日本史籍協会編　新装普及版　周南　マツノ書店　2015.7　591,4p　21cm　〈東京大学出版会昭和60年刊の複製〉　Ⓝ210.6
◇木戸松菊公逸事―史実考証　妻木忠太著　周南　マツノ書店　2015.11　50,538,4p　22cm　〈年譜あり〉　有朋堂書店昭和7年刊の複製〉　Ⓝ210.58
◇木戸松菊公逸話―史実参照　妻木忠太著　周南　マツノ書店　2015.11　50,568,4p　22cm　〈年譜あり〉　有朋堂書店昭和10年刊の複製〉　Ⓝ210.58
◇木戸孝允遺文集　妻木忠太著　オンデマンド版　東京大学出版会　2016.3　286,6p　図版5枚　22cm　〈続日本史籍協會叢書 27〉〈複製　印刷・製本：デジタルパブリッシングサービス　年譜あり〉　14000円　Ⓘ978-4-13-009564-8　Ⓝ289.1
◇木戸孝允と幕末・維新―急進的集権化と「開化」の時代1833〜1877　齊藤紅葉著　京都　京都大学学術出版会　2018.3　366p　22cm　〈プリミエ・コレクション 90〉〈索引あり〉　4000円　Ⓘ978-4-8140-0141-5　Ⓝ210.61
内容　第1章　「開化」の始まり―ペリー来航の衝撃　第2章　長州藩の「勢」と木戸の迷い―攘夷実行から禁門の変へ　第3章　決意の木戸―長州藩政主導と新国家樹立へ　第4章　木戸の求心力と集権化―第二次長州征討から王政復古へ　第5章　維新の主導者へ―明治政府の成立　第6章　不可欠な「大果断」―廃藩の実現　第7章　木戸の焦燥と衰退―岩倉使節団から外征反対、立憲政体へ
◇明治史講義　人物篇　筒井清忠編　筑摩書房　2018.4　397p　18cm　〈ちくま新書 1319〉〈文献あり〉　1100円　Ⓘ978-4-480-07140-8　Ⓝ210.6
内容　木戸孝允―「条理」を貫いた革命政治家　西郷隆盛―謎に包まれた超人気者　大久保利通―維新の元勲、明治政府の建設者　福澤諭吉―「文明」と「自由」　板垣退助―自らの足りなさを知る指導者　伊藤博文―日本型立憲主義の造形者　井上毅―明治維新を落ち着かせようとした官僚　大隈重信―政治対立の演出者　金玉均―近代朝鮮における「志士」たちの時代　陸奥宗光―『蹇蹇録』で読む日清戦争と朝鮮　ほか

木藤　美奈子〔1968〜〕　きどう・みなこ
◇ブレイクスルーを実現するための17のヒント―より以上を目指すあなたへのメッセージ　木藤美奈子著　CEO Group　2018.5　198p　19cm　〈発売：日本著作出版支援機構〉　1800円　Ⓘ978-4-86318-139-7　Ⓝ289.1

木南　佑一〔1944〜〕　きなみ・ゆういち
◇なになかなかの　木南佑一著　伊丹　宝塚出版　2016.4　93p　19cm　1000円　Ⓘ978-4-924334-12-0　Ⓝ289.1

衣笠　祥雄〔1947〜2018〕　きぬがさ・さちお
◇衣笠祥雄　最後のシーズン　山際淳司著　KADOKAWA　2018.8　287p　18cm　〈角川新書 K-223〉　840円　Ⓘ978-4-04-082265-5　Ⓝ783.7
内容　第1章　名将（メルセデスにて　オールド・ボーイズ・オブ・サマー）　第2章　名投手（"サンデー兆治"のこと　二〇〇勝のマウンド　ほか）　第3章　強打者（アウトコース　田淵の夏の終わり　ほか）　終章　引退（一本杉球場にて）

絹谷　幸二〔1943〜〕　きぬたに・こうじ
◇絹谷幸二自伝　絹谷幸二著　日本経済新聞出版社　2016.7　237p　図版8枚　20cm　〈年譜あり〉　2400円　Ⓘ978-4-532-16993-0　Ⓝ723.1
内容　第1章　故郷・奈良　第2章　東京芸大時代　第3章　イタリア留学　第4章　画家の意地　第5章　忘れられない作品たち　第6章　芸術の種をまく　第7章　百聞は一見にしかず　第8章　諸先輩・師・応援団に恵まれて　第9章　絵を通じて広がる世界

紀　貫之〔868頃〜945頃〕　きの・つらゆき
◇日本文学全集　03　竹取物語　伊勢物語　堤中納言物語　土佐日記　更級日記　池澤夏樹個人編集　森見登美彦訳，川上弘美訳，中島京子訳，紀貫之著，堀江敏幸訳，菅原孝標女著，江國香織訳　河出書房新社　2016.1　530p　20cm　〈付属資料：1枚：月報 2016.1〉　2800円　Ⓘ978-4-309-72873-5　Ⓝ918
内容　竹取物語　伊勢物語　堤中納言物語　土左日記　更級日記
◇土佐日記　貫之集　紀貫之著，木村正中校注　新装版　新潮社　2018.6　390p　20cm　〈新潮日本古典集成〉〈文献あり　年譜あり　索引あり〉　2400円　Ⓘ978-4-10-620811-9　Ⓝ915.32
内容　土佐日記　貫之集

駒乃嵐　和稔〔1961〜〕　きのあらし・かずとし
◇平成の北海道　大相撲―三横綱がいた時代　宗像哲也著　札幌　北海道新聞社　2016.10　223p　19cm　1400円　Ⓘ978-4-89453-844-3　Ⓝ788.1
内容　昭和の千秋楽　第1章　道産子名力士列伝（千代の富士　大乃国　北勝海　ほか）　第2章　道産子力士の素顔（「北海道出身？」だった初代・若乃花　満身創痍　番付は生き物　ほか）　第3章　北海道大相撲なんでも百科（連勝記録　連勝を止めた力士　新弟子検査　ほか）

木内　石亭〔1725〜1808〕　きのうち・せきてい
◇木内石亭を巡る奥田士亭と谷川士清の交遊　山田一生著　松阪　夕刊三重新聞社　2017.4　153p　21cm　〈歴史随想わが道の真実一路 2〉〈文献あり〉　2000円　Ⓘ978-4-89658-010-5　Ⓝ121.56

きのさき

城崎 圭〔1934〜〕 きのさき・けい
◇貰われっ子—忍び涙の自叙史・〈序章〈坂の道〉〉より　城崎圭著　文芸社　2018.12　322p　15cm　600円　①978-4-286-20028-6　Ⓝ289.1

木下 公勝 きのした・きみかつ
◇北の喜怒哀楽—45年間を北朝鮮で暮らして　木下公勝著　高木書房　2016.11　285p　19cm　1400円　①978-4-88471-446-8　Ⓝ302.21
内容　第1章　北朝鮮への「帰国」　第2章　北朝鮮での生活　第3章　炭坑での落盤事故と安村家の悲劇　第4章　私の結婚と北朝鮮社会の実態　第5章　私の見たソ連邦(一九八二年)　第6章　政治犯収容所の解体工事(一九九一年)　第7章　金日成の死と社会の崩壊　第8章　脱北を決意する　最終章　脱北者から見た日本

木下 惠介〔1912〜1998〕 きのした・けいすけ
◇日本を支えた12人　長部日出雄著　集英社　2016.2　310p　16cm　(集英社文庫 お20-3)　680円　①978-4-08-745419-2　Ⓝ281.04
内容　聖徳太子　天武天皇　行基　聖武天皇　本居宣長　明治天皇　津田左右吉　棟方志功　太宰治　小津安二郎　木下惠介　美智子皇后陛下

木下 紗佑里〔1988〜〕 きのした・さゆり
◇ひと息で挑む紺碧の世界—さらなる深海へ　木下紗佑里著　カナリアコミュニケーションズ　2017.6　89p　21cm　1300円　①978-4-7782-0405-1　Ⓝ785.28
内容　第1部　潜る(海に潜るということ　フリーダイビングとは　やり直しがきかない世界　ほか)　第2部　瞬間(恐怖とメンタルコントロール　グランブルーの世界、なんのために潜るのか　自分の弱さ　ほか)　第3部　私と海(動物と泳ぐ　新しいチャレンジ　沖縄に移って　ほか)

木下 寿美子〔1902〜2001〕 きのした・すみこ
◇つくし・救いの道　木下寿美子著　天理　天理教道友社　2014.3　338p　15cm　(道友社文庫)　700円　①978-4-8073-0582-7　Ⓝ178.82
内容　生い立ち—脇の浜にて　一つの節　女の職業　上海へ—パイオニアとして　お化けの花嫁　道一条へ　布教所の時代　名称を頂く　疎開の日々　逆転、再逆転、詰所づとめ　飴で作った枕　教会を売る　解決は誰がする　悲しい夫婦　「ヒロユキデナオシタ」　大海の心に　理の世界の不思議さ　台風の日　海を歩いて—垂水まで

木下 静涯〔1887〜1988〕 きのした・せいがい
◇語られなかった日本人画家たちの真実—日本統治時代台湾　森美根子著　振学出版　2018.1　245p　19cm　〈年表あり　発売：星雲社〉　2000円　①978-4-434-24140-6　Ⓝ702.224
内容　第1章　清朝芸術と日本人との邂逅　第2章　台湾近代美術の礎を築いた日本人画家　第3章　台湾美術展覧会誕生の萌芽　第4章　官民挙げての一大プロジェクト　台展とその後の美術運動　第5章　台展のインパクト　第6章　戦争末期から戦後へ—それぞれの情熱

木下 唯志〔1950〜〕 きのした・ただし
◇誰も知らない社長の汗と涙の塩味物語　西川世一著　電波社　2017.4　225p　19cm　〈別タイトル：誰も知らない社長の汗と涙のCEO味物語〉　1300円　①978-4-86490-093-5　Ⓝ332.8
内容　1　東日本大震災ですべてを失った被災地にもう一度、光を灯す—有限会社まるしげ漁亭浜や代表取締役・佐藤智明　2　職人気質が生んだ己の未熟さ　一人の社員が起こした奇跡—ユニオンテック株式会社代表取締役社長・大川祐介　3　戦力外通告、消えない自己嫌悪…。人生と向き合う元Jリーガーの努力の証—株式会社ジールホールディングス代表取締役・藪崎真哉　4　兄弟・社員との絆があるからこそ「社員とは何か」を徹底的に追及する—株式会社ましたのチーム代表取締役社長・高橋恭介　5　「今日で辞めさせてもらいます」原点回帰で開いた再生のトビラ—トークノート株式会社代表取締役・小池温男　6　リーマンショックで八方塞がり　立ち止まらずに前進する勇気を持つ—株式会社ジオベック代表取締役・望月雅彦　7　兄の死、借金、ケガ、病気…。「一日一死」で乗り越えたサーカス人生—木下サーカス株式会社代表取締役社長・木下唯志　8　「芸人なのに副業!?」と言われたくない。二足の草鞋で駆け抜けた10年—株式会社田村道場代表取締役・田村憲司

木下 ほうか〔1964〜〕 きのした・ほうか
◇僕が骨髄提供をした理由(わけ)。—言うほどたいしたことなかったで〜！　木下ほうか著　辰巳出版　2018.12　189p　19cm　〈文献あり　作品目録あり〉　1400円　①978-4-7778-2216-4　Ⓝ778.31
内容　序章　歩んできた道　第1章　はじまりは「献血」だった　第2章　ドナー登録から適合通知を手にするまで　第3章　骨髄ドナー体験記—入院前から退院まで　第4章　骨髄提供を終え、感じたこと　第5章　現在の骨髄バンクの現状と問題　第6章　僕が伝えたいこと、そして夢

木下 幹夫〔1920〜〕 きのした・みきお
◇ミャンマーからの声に導かれ—泰緬鉄道建設に従事した父の生涯　松岡素万子著　冨山房インターナショナル　2018.2　191p　19cm　1800円　①978-4-86600-044-2　Ⓝ916
内容　第1章　父と泰緬鉄道(現役兵として徴集　シッタン河木造鉄道橋建設　ほか)　第2章　ミャンマー慰霊の旅(父の慰霊の旅　泰緬鉄道博物館オープニングセレモニー　ほか)　第3章　慰霊で広がる人の輪(今里淑郎さん　橋本量則先生との出会い　ほか)　第4章　時を超えた友情(はじまり　出発　ほか)　第5章　戦争のない未来に向けて(泰緬鉄道博物館像の撤去運動　モン州大臣への手紙　ほか)

木下 達彦〔1927〜2013〕 きのした・みちひこ
◇大阪大学名誉教授・理学博士木下達彦先生の生涯　森和亮編集主幹, 松井賢司, 山本政弘編　掛川　木下當子　2017.3　79p　27cm　〈背のタイトル：木下達彦先生の生涯　著作目録あり〉　Ⓝ289.1

木下　杢太郎〔1885～1945〕　きのした・もくたろう
◇わたしの木下杢太郎　岩阪恵子著　講談社　2015.9　197p　20cm　〈文献あり〉　1800円　Ⓘ978-4-06-219530-0　Ⓝ911.52
内容　1　出生、少青年時代　2　東京帝国大学医科大学・皮膚科学教室時代　3　南満医学堂及び欧米留学の時代　4　名古屋・仙台時代　5　東京帝国大学時代

◇不可思議国の探求者・木下杢太郎―観潮楼歌会の仲間たち　丸井重孝著　短歌研究社　2017.10　345p　20cm　〈星雲叢書　第44篇〉〈文献あり　年譜あり〉　2700円　Ⓘ978-4-86272-560-8　Ⓝ911.52
内容　第1章　生い立ち（生家「米惣」　文学的・美術的雰囲気の中で　ほか）　第2章　疾風怒涛の時代（鴎外との出会い　「五足の靴」の杢太郎　ほか）　第3章　海外生活（満州へ行くにあたって　茂吉と杢太郎　ほか）　第4章　ユマニテの確立（留学後の杢太郎　かつての盟友との留学後の交流　ほか）

木下　優樹菜〔1987～　〕　きのした・ゆきな
◇ユキナ育。　木下優樹菜著　講談社　2015.4　110p　21cm　1200円　Ⓘ978-4-06-219453-2　Ⓝ779.9
内容　藤本家の日常　育児日記0歳編　育児日記1歳編　育児日記2歳編　Yukina's Beauty　シフクテキナユキナFashion　新居、初公開　育児＆家事グッズ（マンガ）なぜか…アメリカーンな藤本家。　ロングインタビュー　フジモン育。

木下　立安〔1866～1953〕　きのした・りつあん
◇伝説の鉄道記者たち―鉄道に物語を与えた人々　堤哲著　交通新聞社　2014.12　270p　18cm　（交通新聞社新書　074）〈文献あり〉　800円　Ⓘ978-4-330-52514-3　Ⓝ070.16
内容　第1章　鉄道操觚者・木下立安（1866～1953）（慶応をトップで卒業、「時事新報」入社　「鉄道時報」を創刊、鉄道操觚者に　ほか）　第2章　伝説の特ダネ記者・青木槐三（1897～1977）（日本人最多　駆け出し時代　ほか）　第3章　忠犬ハチ公をめぐる鉄道記者たち―細井吉造、林謙一、渡邊紳一郎（社会部記者の鉄道クラブ誕生　忠犬ハチ公をめぐる3記者　ほか）　第4章　『国鉄物語』の門田勲（1902～84）（鉄道記者の教科書　無人運転　ほか）　第5章　レイルウェイ・ライター・種村直樹（1936～2014）（鉄道開通の記事　鉄道100年　ほか）

木下　良順〔1893～1977〕　きのした・りょうじゅん
◇シティ・オブ・ホープ物語―木下良順・大野乾が紡いだ日米科学交流　早川智、山口陽子著　人間と歴史社　2016.11　235p　19cm　〈文献あり　年譜あり〉　1700円　Ⓘ978-4-89007-205-7　Ⓝ289.1
内容　日米科学交流のあけぼの　一九三七年・東京　一八九五年・和歌山　一九二二年・フライブルク　一九二六年・札幌　一九二八年・京城総督府　一九三四年・大阪　一九三九年・ニューヘブン　一九四五年・敗戦　一九四九年・ロスアンゼルス〔ほか〕

木原　淳也〔1989～　〕　きはら・じゅんや
◇俺は世界を変えたい　木原淳也著　文芸社　2014.8　89p　19cm　1000円　Ⓘ978-4-286-14600-3　Ⓝ289.1

木原　敏江〔1948～　〕　きはら・としえ
◇木原敏江―総特集　エレガンスの女王　木原敏江著　河出書房新社　2017.10　191p　21cm　〈文献あり　作品目録あり　年譜あり〉　1800円　Ⓘ978-4-309-27892-6　Ⓝ726.101
内容　2万字ロングインタビュー　ただひたすらに光射すところを目指して　特別寄稿COMIC（池田理代子　坂田靖子　松田奈緒子）　木原敏江×青池保子×萩尾望都スペシャル鼎談　COMIC The Gem of Toshie Kihara 1「封印雅歌」　論考「木原座」があるかぎり（ヤマダトモコ）　雑誌アーカイブ（表紙/夢の碑・扉ギャラリー）　COMIC The Gem of Toshie Kihara 2「夢占舟」　掲載誌でたどる木原敏江主要作品解説

木原　康行〔1932～2011〕　きはら・やすゆき
◇沈黙の環―版画家・木原康行と私たちのパリ物語　木原千珂著　緑風出版　2015.5　244p　19cm　2200円　Ⓘ978-4-8461-1506-7　Ⓝ735.021
内容　康行の死、私の白い道　木原family と名宮　出生、少女時代、戦争　女子高校・大学時代　魔の一夜　家庭生活　パリ第一歩　日本での画廊探し、個展　東京・パリ間の航空書簡　美珂にとってのパリ〔ほか〕

吉備　真備〔695～775〕　きび・まきび
◇実像　吉備真備　小野克正著　文芸社　2015.11　254p　19cm　〈文献あり〉　700円　Ⓘ978-4-286-16671-1　Ⓝ289.1

岐部　ペドロ〔1587～1639〕　きべ・ぺどろ
◇銃と十字架　遠藤周作著　小学館　2015.11　250p　19cm　（P＋D BOOKS）〈中公文庫1982刊の再刊〉　500円　Ⓘ978-4-09-352240-3　Ⓝ198.221
＊初めて司祭となった日本人の生涯を描く。「何のために苦しい旅を続けるのか。いつかは捕まり、殺されることも確実なのだ。しかし、いかなる苦渋にみちても肩から人生の十字架を棄ててはならぬ」…。船を乗り継ぎ、砂漠をよぎって、日本人として初めてエルサレムを訪れ、後にローマに学び司祭となった実在の人物・ペドロ岐部。この破天荒な訪欧大旅行は、イエズス会等の組織の保護なしに、個人の自力で成し遂げた、日本人としても最初の快挙だった。やがて彼はキリシタン弾圧の荒れ狂う日本に立ち戻り、使命に生きたのだが。17世紀前半の日本におけるキリスト教弾圧の貴重な通史であり、「沈黙」とともに、作者のキリスト教観の理論的な最高峰に位置する一冊である。一日本人ペトロ岐部の劇的生涯を描く。

木全　春生〔1901～1977〕　きまた・はるお
◇獣医学の狩人たち―20世紀の獣医療人列伝　大竹修著　堺　大阪公立大学共同出版会　2017.5　406p　21cm　〈文献あり〉　2400円　Ⓘ978-4-907209-72-8　Ⓝ649.028
内容　序：日本における近代獣医学の夜明け　牛痘苗

と狂犬病ワクチンの創始者―梅野信吉　人材育成の名人で家畜衛生学の先達―葛西勝蔵　獣医寄生虫学を確立―板垣四郎　競走馬の研究に生涯を捧げた外科の泰斗―松葉重雄　ひよこの雌雄鑑別法を開発―増井清　幻に終わったノーベル賞―市川厚一　獣医外科・産科学の巨頭―黒澤亮助　顕微鏡とともに歩んだ偉大な神経病理学者―山極三郎　麻酔・自律神経研究の権威―木全春生〔ほか〕

木全　ミツ〔1936～〕きまた・みつ

◇仕事は「行動(やったこと)」がすべて―無名の偉人・木全ミツの仕事　伊藤彩子著　WAVE出版　2015.6　271p 図版16p 19cm　〈年譜あり〉　1600円　①978-4-87290-749-0　Ⓝ289.1

内容　第1章 仕事は行動がすべて(職業は自分で選ぶ「自分で決めた」ということが、長い仕事人生を支える ほか)　第2章 結婚・出産。ワーキングマザーとして生きる(運命の出会い　アイデアで乗り切った出産・産休 ほか)　第3章 結果を出す、成功させる(前例のないことに、チャレンジする　人の失敗をつつかない ほか)　第4章 ビジネスでこそ親友をつくる(仕事感情と個人感情を分ける　長所だけを見つめる ほか)　第5章 新しい場所で新しいチャレンジを(魅力のない場所には、行かない　小嶋千鶴子との交友 ほか)　第6章 行動、行動、行動(「女性問題」への取り組み　60歳からどう生きるか、働くか ほか)

君島　十和子〔1966～〕きみじま・とわこ

◇私が決めてきたこと　君島十和子著　KADOKAWA　2017.1　191p 19cm　1300円　①978-4-04-601527-3　Ⓝ778.21

内容　序章 私の決断のベースにある3つの信念(私の信念1 積み重ね　私の信念2 キレイ ほか)　1 私の人生を方向づけた大きな決断(チャンスに巡り合ったとき　壁にぶつかったとき ほか)　2 妻として、母として(SNSなどで、人の噂が気になるとき　子どもを産むという選択 ほか)　3 家庭と仕事を両立させる(社会での活躍を願うとき　マンネリを感じるとき ほか)　4 人生のセカンドステージを楽しむ(人生のターニングポイントを迎えて　ファッションを楽しみたいとき ほか)

君野　弘明〔1933～〕きみの・ひろあき

◇マラソンに賭けた半生　君野弘明著　文芸社　2015.9　218p 15cm　〈今井書店鳥取出版企画室 2011年刊の加筆〉　700円　①978-4-286-15886-0　Ⓝ782.3

君原　健二〔1941～〕きみはら・けんじ

◇マラソンと日本人　武田薫著　朝日新聞出版　2014.8　313,19p 19cm　(朝日選書 923)〈文献あり　索引あり〉　1600円　①978-4-02-263023-0　Ⓝ782.3

内容　走り出した日本人　金栗四三―学生の大志と箱根駅伝　孫基禎―「内鮮一体」の表裏　"ボストンマラソン"と戦後復興　円谷幸吉と東京オリンピック　祭りのあとの空白―ポスト君原健二　瀬古利彦の栄光と挫折　中山竹通のたった独りの反乱　女子マラソンと夏のメダル　ケニア参入と日本の内向化　川内優輝―鈍足のエリートと"東京マラソン"

キム, イルソン〔1912～1994〕金 日成

◇異形国家をつくった男―キム・イルソンの生涯と負の遺産　大島信三著　芙蓉書房出版　2014.9　374p 19cm　〈文献あり〉　2300円　①978-4-8295-0627-1　Ⓝ312.21

内容　プロローグ 大きなコブをめぐる逸話　独裁者の両親とキリスト教　満州修業時代の人間模様　遊撃隊長のトラウマ　不運の朝鮮半島で大魚を得る　日本人家政婦が見た素顔の将軍夫妻　元韓国軍師団長が語った朝鮮戦争の真相　毛沢東を一歩リードしていた頃　世界を震撼させた五大事件の内幕　メンドリ一族の有為転変　父子家庭の兄妹の生き方　拉致事件と最高指導者の責任　横田めぐみ事件発覚の年に両親が語った悲痛な胸の内　北朝鮮の工作員になった元朝鮮総連活動家の告白　帰国者九万人とよど号犯九人の扱われ方　日本のキングメーカーを振り回す　大国を翻弄した執念の核開発　エピローグ 創業者と二代目の知られざる葛藤

◇金日成と亡命パイロット　ブレイン・ハーデン著, 高里ひろ訳　白水社　2016.6　273,23p 図版16p 19cm　〈文献あり　年表あり〉　2400円　①978-4-560-08484-7　Ⓝ289.2

内容　第1部 パルチザンと金持ち少年(始まり　飼い犬と嘘つき　スターリンを説得)　第2部 戦争(解放　さんざんにやられて　ミグ　北朝鮮への帰還　国際スポーツ大会　攻撃用地図と亡命懸賞金　尤叔父)　第3部 飛行(視界良好　カネを搾る　本物と偽物　学びと粛清)

キム, オク〔1964～〕金 玉

◇女が動かす北朝鮮―金王朝三代「大奥」秘録　五味洋治著　文藝春秋　2016.4　255p 18cm　(文春新書 1076)〈文献あり〉　780円　①978-4-16-661076-1　Ⓝ282.1

内容　はじめに 北朝鮮女性たちの現実のドラマ　第1章 兄を継ぐ女帝候補―金与正、金雪松　第2章 トップ歌手からファースト・レディに―李雪主　第3章 国母はなぜ孤独死したのか―金正淑、金聖愛　第4章 金正日に捨てられた国民的女優―成恵琳　第5章 国母になれなかった大阪出身の踊り子―高容姫　第6章 金正日の心の支え―金敬姫と4番目の妻・金オク　第7章 運命に翻弄された女たち―喜び組、金賢姫、脱北者

キム, オッキュン〔1851～1894〕金 玉均

◇明治史講義　人物篇　筒井清忠編　筑摩書房　2018.4　397p 18cm　(ちくま新書 1319)〈文献あり〉　1100円　①978-4-480-07140-8　Ⓝ210.6

内容　木戸孝允―「条理」を貫いた革命政治家　西郷隆盛―謎に包まれた超人気者　大久保利通―維新の元勲、明治政府の建設者　福澤諭吉―「文明」と「自由」　板垣退助―自らの足りなさを知る指導者　伊藤博文―日本型立憲主義の造形者　井上毅―明治維新を落ち着かせようとした官僚　大隈重信―政治対立の演出者　金玉均―近代朝鮮における「志士」たちの時代　陸奥宗光―『蹇蹇録』で読む日清戦争と朝鮮〔ほか〕

キム, オノ　金 彦鎬

◇本でつくるユートピア―韓国出版情熱の現代史　金彦鎬著, 舘野晢訳　北沢図書出版　2015.4

437p 23cm 2500円 ①978-4-87371-025-9 ⑩023.21

内容 今も思い出す偉大な思想家、咸錫憲先生—咸錫憲先生の本を読み、つくりながら 一日たりとも忘れたことのない祖国と故郷—ベルリンでの尹伊桑先生へのインタビュー 私は歴史の道を歩きたい—言論人・宋建鎬先生との対話 私は真実を明らかにするために書く—李泳禧先生の『偶像と理性』をつくって 母と祖国が教えてくれた言葉を守りたい—李五徳先生の教育運動、国語・作文運動 発禁となった朴玄埰先生の『民族経済論』—本をつくり国土をめぐる歴史の前で民衆とともに—神学者・安炳茂先生との出会いと本づくり マルク・ブロックの『歴史のための弁明』—正義の歴史は決して死なない 私は現実を改革しようとする現実主義者です—スーパーセラーとなった塩野七生先生の『ローマ人の物語』 ハンギル社を訪れた偉大な歴史家ホブズボーム先生—歴史に関心を持つことは未来に希望を託すこと〔ほか〕

キム, ギョンヒ〔1946～〕 金 敬姫
◇女が動かす北朝鮮—金王朝三代「大奥」秘録 五味洋治著 文藝春秋 2016.4 255p 18cm （文春新書 1076）〈文献あり〉 780円 ①978-4-16-661076-1 ⑩282.1

内容 はじめに 北朝鮮女性たちの現実のドラマ 第1章 兄を継ぐ女帝候補—金与正、金雪松 第2章 トップ歌手からファースト・レディに—李雪主 第3章 国母はなぜ孤独死したか—金正淑、金聖愛 第4章 金正日に捨てられた国民的女優—成恵琳 第5章 国母になれなかった大阪出身の踊り子—高容姫 第6章 金正日の心の支え—金敬姫と4番目の妻・金オク 第7章 運命に翻弄された女たち—喜び組、金賢姫、脱北者

キム, シジョン〔1929～〕 金 時鐘
◇朝鮮と日本に生きる—済州島から猪飼野へ 金時鐘著 岩波書店 2015.2 291p 18cm （岩波新書 新赤版 1532）〈年譜あり〉 860円 ①978-4-00-431532-2 ⑩911.52

内容 第1章 悪童たちの中で 第2章 植民地の「皇国少年」 第3章 「解放」の日々 第4章 信託統治をめぐって 第5章 ゼネストと白色テロ 第6章 四・三事件 第7章 猪飼野へ 第8章 朝鮮戦争下の大阪 終章 朝鮮籍から韓国籍へ

◇まなざし 鶴見俊輔著 藤原書店 2015.11 270p 20cm 2600円 ①978-4-86578-050-5 ⑩281.04

内容 序にかえて 話の好きな姉をもって Ⅰ 石牟礼道子 金時鐘 岡部伊都子 吉川幸次郎 小田実 Ⅱ 高野長英 曾祖父・安場保和 祖父・後藤新平 父・鶴見祐輔 姉・鶴見和子 跋にかえて 同じ母のもとで 鶴見和子 結びにかえて 若い人に

◇「在日」を生きる—ある詩人の闘争史 金時鐘, 佐高信著 集英社 2018.1 186p 18cm （集英社新書 0910） 700円 ①978-4-08-721010-1 ⑩911.52

内容 第1章 戦前回帰の起点 第2章 歌との闘い 第3章 社会主義と祈り 第4章 差別を越える 第5章 文学の戦争責任 第6章 国を超える国へ

キム, ジハ〔1941～〕 金 芝河
◇ひとびとの精神史 第6巻 日本列島改造—1970年代 杉田敦編 岩波書店 2016.1 298, 2p 19cm 2500円 ①978-4-00-028806-4 ⑩281.04

内容 プロローグ 一九七〇年代—「公共性」の神話 1 列島改造と抵抗（田中角栄—列島改造と戦後日本政治 小泉よね—三里塚の一本杉 宮崎省吾—住民自治としての「地域エゴイズム」 宇梶静江—関東アイヌの呼びかい） 2 管理社会化とその底流（吉本隆明と藤田省三—「大衆の原像」の起源と行方 岩根邦雄—「おおぜいの私」による社会運動 小野木祥之—仕事のありかたを問う労働組合運動の模索） 3 アジアとの摩擦と連帯（小野田寛郎と横井庄一—豊かな社会に出現した日本兵 金芝河と日韓連帯運動を担ったひとびと 金順烈—アジアの女性たちを結ぶ）

キム, ジョンイル〔1942～2011〕 金 正日
◇金正日秘録—なぜ正恩体制は崩壊しないのか 李相哲著 産経新聞出版 2016.8 389p 20cm 〈文献あり 年譜あり 索引あり 発売：日本工業新聞社〉 1700円 ①978-4-8191-1288-8 ⑩289.2

内容 第1章 不可解な「2つの死」 第2章 からいばりの少年 第3章 後継者への階段 第4章 工作機関の掌握と拉致 第5章 かすめ取った頂点 第6章 荒廃、そして核 第7章 未完の遺訓

◇金正日秘録—なぜ正恩体制は崩壊しないのか 李相哲著 潮書房光人新社 2018.12 419p 16cm （産経NF文庫 S-6り）〈産経新聞出版 2016年刊の再刊 文献あり 年表あり 索引あり〉 900円 ①978-4-7698-7006-7 ⑩289.2

内容 第1章 不可解な「2つの死」 第2章 からいばりの少年 第3章 後継者への階段 第4章 工作機関の掌握と拉致 第5章 かすめ取った頂点 第6章 荒廃、そして核 第7章 未完の遺訓

キム, ジョンウン〔1983/84～〕 金 正恩
◇金正恩の正体—北朝鮮権力をめぐる死闘 近藤大介著 平凡社 2014.9 286p 18cm （平凡社新書 747） 860円 ①978-4-582-85747-4 ⑩312.21

内容 第1章 胎動 二〇〇九年 第2章 突撃 二〇一〇年 第3章 天命 二〇一一年 第4章 混迷 二〇一二年 第5章 狂気 二〇一三年 第6章 転換 二〇一四年

◇揺れる北朝鮮—金正恩のゆくえ 朴斗鎮著 花伝社 2016.3 278p 21cm 〈発売：共栄書房〉 2000円 ①978-4-7634-0770-2 ⑩312.21

内容 第1章 金正恩体制が抱える宿命的弱点 第2章 張成沢・金慶喜に支えられた初期金正恩体制 第3章 後見人体制の破壊と金正恩首領独裁を支える組織指導部 第5章 先軍政治の継承と否定 第6章 金正恩のアキレス腱 経済再生 第7章 暴力崇拝で一貫する金正恩の統治スタイル

◇金正恩著作集 2 金正恩著, チュチェ思想国際研究所編集 白峰社 2017.1 314p 22cm 1800円 ①978-4-938859-27-5 ⑩309.321

内容 社会主義農村テーゼの旗じるしを高くかかげて農業生産で革新をおこそう—全国農業部門分組長大会の参加者におくった書簡（二〇一四年二月六日） 革命的な思想攻勢によって最後の勝利をはやめよう

—朝鮮労働党第八回思想活動家大会でおこなった演説（二〇一四年二月二五日）　青年は党の先軍革命偉業にかぎりなく忠実な前衛闘士になろう—金日成社会主義青年同盟第四回初級活動家大会の参加者におくった書簡（二〇一四年九月一八日）　白頭山英雄青年発電所竣工式でおこなった演説（二〇一五年一〇月三日）　金日成、金正日同志の党の偉業は必勝不敗である—朝鮮労働党創立七〇周年に際して（二〇一五年一〇月四日）　人民大衆にたいする滅私奉仕は朝鮮労働党の存在方式であり、不敗の力の源泉である—朝鮮労働党創立七〇周年慶祝閲兵式および平壤市民パレードでおこなった演説（二〇一五年一〇月一〇日）　革命発展の要求に即して三大革命赤旗獲得運動に根本的な転換をもたらそう—第四回三大革命赤旗獲得運動先駆者大会の参加者におくった書簡（二〇一五年一一月二〇日）　朝鮮労働党第七回大会における開会の辞（二〇一六年五月六日）　朝鮮労働党第七回大会でおこなった中央委員会の活動報告（二〇一六年五月六日、七日）　朝鮮労働党第七回大会における閉会の辞（二〇一六年五月九日）　金日成・金正日主義青年運動の最盛期をひらいていこう—金日成社会主義青年同盟第九回大会でおこなった演説（二〇一六年八月二八日）　チュチェ革命の新時代の金日成総合大学の基本任務について—金日成総合大学創立七〇周年に際して大学の教職員、学生におくった書簡（二〇一六年九月二七日）　金日成・金正日主義労働者階級の時代の任務と職業同盟組織の課題—朝鮮職業総同盟第七回大会の参加者におくった書簡（二〇一六年一〇月二五日）　全社会の金日成・金正日主義化の旗じるしのもとに女性同盟の活動をさらに強化しよう—朝鮮民主女性同盟第六回大会の参加者におくった書簡（二〇一六年一一月一七日）　チュチェの社会主義偉業遂行において農業勤労者同盟の役割を強めるために—朝鮮農業勤労者同盟第八回大会の参加者におくった書簡（二〇一六年一二月六日）

◇金正恩の核が北朝鮮を滅ぼす日　牧野愛博著　講談社　2017.2　190p　18cm　（講談社＋α新書　757-1C）〈年譜あり〉　840円　Ⓘ978-4-06-272974-1　Ⓝ312.21

内容　第1章 金正恩の素性　第2章 身を滅ぼす政策　第3章 恐怖政治と粛清　第4章 世界をまったく知らない男　第5章 金正恩斬首作戦　第6章 たくましく生きる人々　第7章 金正恩と日本

◇金正恩—恐怖と不条理の統治構造　朴斗鎮著　新潮社　2018.3　237p　18cm　（新潮新書 759）　780円　Ⓘ978-4-10-610759-7　Ⓝ312.21

内容　第1章 未熟な資質と絶対権力　第2章 人事権の乱用と党・軍の弱体化　第3章 恐怖政治と暗殺への怯え　第4章 核ミサイル開発と経済構造の破綻　第5章 私経済の急拡大と国民の意識変化　第6章 核兵器を活用した半島統一戦略　第7章 米朝軍事衝突の危機と文政権の従北派

◇金正恩—狂気と孤独の独裁者のすべて　五味洋治著　文藝春秋　2018.3　245p　19cm　〈文献あり〉　1500円　Ⓘ978-4-16-390815-1　Ⓝ312.21

内容　第1章 金正恩の素顔　第2章 金正恩のルーツ　第3章 金正恩、最大の武器—核とミサイル開発　第4章 金正恩、経済の実力　終章 金正恩対トランプ—米朝開戦前夜

◇金正恩の精神分析—境界性パーソナリティ障害の背景を読み解く　張景俊著、中藤弘彦訳　え

にし書房　2018.6　201p　21cm　〈文献あり〉　1800円　Ⓘ978-4-908073-56-4　Ⓝ289.2

内容　第1部 金正恩の家族背景（金正恩の祖父、金日成　金日成の女性たち　金正恩の父、金正日 ほか）　第2部 金正恩の精神病理（出生時の情緒状態　偏執症　誇示主義 ほか）　第3部 金正恩の未来（核交渉と集団洗脳を通して暫定的に権力維持　クーデターによる追放、暗殺　人民蜂起による処刑 ほか）

キム，ジョンスク〔1917〜1949〕　金 正淑

◇女が動かす北朝鮮—金王朝三代「大奥」秘録　五味洋治著　文藝春秋　2016.4　255p　18cm　（文春新書 1076）〈文献あり〉　780円　Ⓘ978-4-16-661076-1　Ⓝ282.1

内容　はじめに 北朝鮮女性たちの現実のドラマ　第1章 兄を継ぐ女帝候補—金与正、金雪松　第2章 トップ歌手からファースト・レディに—李雪主　第3章 国母はなぜ孤独死したか—金正淑、金聖愛　第4章 金正日に捨てられた国民的女優—成恵琳　第5章 国母になれなかった大阪出身の踊り子—高容姫　第6章 金正日の心の支え—金敬姫と4番目の妻・金オク　第7章 運命に翻弄された女たち—喜び組、金賢姫、脱北者

キム，ジョンナム〔1971〜2017〕　金 正男

◇父・金正日と私—金正男独占告白　五味洋治著　文藝春秋　2016.10　259p　16cm　（文春文庫 こ45-1）　700円　Ⓘ978-4-16-790719-8　Ⓝ289.2

キム，ジョンピル〔1926〜2018〕　金 鍾泌

◇金鍾泌証言録　金鍾泌著，中央日報社編，世界平和研究所日本語版制作監修，木宮正史監訳，若杉美奈子，小池修訳　新潮社図書編集室　2017.12　828p　22cm　〈年譜あり〉　発売：新潮社　12000円　Ⓘ978-4-10-910103-5　Ⓝ312.21

キム，スギョン〔1918〜2000〕　金 壽卿

◇北に渡った言語学者・金壽卿の再照明　板垣竜太，コヨンジン編　京都　同志社コリア研究センター　2015.1　222p　21cm　（同志社コリア研究叢書 2）〈文献あり　年譜あり　著作目録あり〉　Ⓘ978-4-907634-01-8　Ⓝ289.2

内容　父、金壽卿/金惠英，金泰成述　北朝鮮の言語学・言語政策と金壽卿　北朝鮮の言語学史をどうみるか/金河秀著　国語学史の観点から見た金壽卿/崔炅鳳著　金壽卿の朝鮮語研究と日本/板垣竜太著　金壽卿「1989」から読む/コヨンジン著　旧ソ連言語学と金壽卿/趙義成著　金壽卿と中国の朝鮮語学/崔羲秀著

キム，スニョン　金 順烈

◇ひとびとの精神史　第6巻 日本列島改造—1970年代　杉田敦編　岩波書店　2016.1　298, 2p　19cm　2500円　Ⓘ978-4-00-028806-4　Ⓝ281.04

内容　プロローグ 一九七〇年代—「公共性」の神話　1 列島改造と抵抗（田中角栄—列島改造と戦後日本政治　小泉よね—三里塚の一本杉　宮崎省吾—住民自治としての「地域エゴイズム」　宇梶静江—関東アイヌの呼びかけ）　2 管理社会化とその底流（吉本

隆明と藤田省三―「大衆の原像」の起源と行方　岩根邦雄―「おおぜいの私」による社会運動　小野木祥之―仕事のありかたを問う労働組合運動の模索）　3 アジアとの摩擦と連帯（小野田寛郎と横井庄一―豊かな社会に出現した日本兵　金芝河と日韓連帯運動を担ったひとびと　金順烈―アジアの女性たちを結ぶ）

キム，ソルソン〔1974〜〕　金 雪松
◇女が動かす北朝鮮―金王朝三代「大奥」秘録　五味洋治著　文藝春秋　2016.4　255p　18cm　（文春新書 1076）〈文献あり〉　780円　⊥978-4-16-661076-1　ⓃN282.1
内容　はじめに　北朝鮮女性たちの現実のドラマ　第1章　兄を継ぐ女帝候補―金与正，金雪松　第2章　トップ歌手からファースト・レディへ―李雪主　第3章　国母はなぜ孤独死したか―金正淑，金聖愛　第4章　金正日に捨てられた国民的女優―成恵琳　第5章　国母になれなかった大阪出身の踊り子―高容姫　第6章　金正日の心の支え―金敬姫と4番目の妻・金オク　第7章　運命に翻弄された女たち―喜び組，金賢姫，脱北者

キム，ソンエ〔1942〜2014〕　金 聖愛
◇女が動かす北朝鮮―金王朝三代「大奥」秘録　五味洋治著　文藝春秋　2016.4　255p　18cm　（文春新書 1076）〈文献あり〉　780円　⊥978-4-16-661076-1　ⓃN282.1
内容　はじめに　北朝鮮女性たちの現実のドラマ　第1章　兄を継ぐ女帝候補―金与正，金雪松　第2章　トップ歌手からファースト・レディへ―李雪主　第3章　国母はなぜ孤独死したか―金正淑，金聖愛　第4章　金正日に捨てられた国民的女優―成恵琳　第5章　国母になれなかった大阪出身の踊り子―高容姫　第6章　金正日の心の支え―金敬姫と4番目の妻・金オク　第7章　運命に翻弄された女たち―喜び組，金賢姫，脱北者

キム，ソンス　金 善洙
◇労働を弁護する―弁護士金善洙の労働弁論記　金善洙著，山口恵美子，金玉染訳　大阪　耕文社　2017.3　256p　21cm　2500円　⊥978-4-86377-046-1　ⓃN366.1921
内容　全泰壱を思い弁護士を夢見る―労働弁護士の道に進む　第6共和国と共に始められた労働弁論―盧泰愚大統領の「特別指示」後にあふれ出した労働事件の数々　社長になったキャディ―キャディ労組設立申告行政訴訟　複数労組禁止，法院が見つけた迂回路―病院労連の合法性獲得事件　どこまでが通常賃金か―ソウル大病院の法定手当訴訟　1992年，初めての合法的労働者大会―ILO共同対策委員会全国労働者大会事件　労組無力化の道具，ロックアウト―ロックアウトに関する3つの事件　労働契約はいつの時点から成立するのか―IMF危機直後の採用内定取消事件　10年かかった退職金訴訟―浦項製鉄退職金事件　21世紀になっても保障されない公務員の労働基本権―公務員労組創立大会事件〔ほか〕

キム，タルス〔1919〜1997〕　金 達寿
◇金達寿とその時代―文学・古代史・国家　廣瀬陽一著　武蔵野クレイン　2016.5　471p　20cm　〈文献あり　年譜あり〉　3000円　⊥978-4-906681-45-7　ⓃN910.268

内容　序章　生涯と活動　「日本語で書かれる朝鮮文学」概念の形成と実践　自然主義リアリズムとの対決　金達寿と転向　文学と指導者意識　「社会主義を標榜する「組織」」との軋轢　社会主義の放棄？/民族主義への回帰？　『日本の中の朝鮮文化』論　「帰化人」とは誰か？　〈社会主義〉の源流を求めて　終章

キム，チャンシル〔1934〜2011〕
◇月を摑み　太陽も摑もう―サン画廊キム・チャンシルの人生と芸術に捧げる愛　キムチャンシル著，中川洋子訳　大阪　風詠社　2017.12　247p　22cm　〈発売：星雲社〉　1500円　⊥978-4-434-23919-9　ⓃN289.2
内容　1 指輪の代わりに絵を抱いて行くでしょう　2 仁寺洞にて　3 絵画を地図として世界へ　4 国を輝かせた芸術家には誰が花束をかけてあげるのか　5 私が会った画家　6 月を摑み太陽も摑もう

キム，チョンヘ〔1899〜?〕　金 天海
◇金天海―在日朝鮮人社会運動家の生涯　樋口雄一著　社会評論社　2014.10　223p　19cm　2200円　⊥978-4-7845-1205-8　ⓃN289.2
内容　第1章　韓国蔚山・方魚津での成長　第2章　日本渡航直後の動向と関東大震災　第3章　東京・神奈川での活動　第4章　新たな拷問と獄中生活　第5章　解放後の金天海　第6章　朝鮮人連盟での活動　第7章　共和国への帰国　終章　金天海の生涯を通じて

キム，デジュン〔1925〜2009〕　金 大中
◇韓国大統領実録　朴永圭著，金重明訳　キネマ旬報社　2015.10　494p　22cm　〈文献あり　年表あり　索引あり〉　3600円　⊥978-4-87376-435-1　ⓃN312.21
内容　第1章　李承晩大統領実録　第2章　尹潽善大統領実録　第3章　朴正熙大統領実録　第4章　崔圭夏大統領実録　第5章　全斗煥大統領実録　第6章　盧泰愚大統領実録　第7章　金泳三大統領実録　第8章　金大中大統領実録　第9章　盧武鉉大統領実録　第10章　李明博大統領実録

◇朴正熙と金大中が夢見た国　金景梓著，太刀川正樹訳　如月出版　2017.5　320p　19cm　1852円　⊥978-4-901850-53-7　ⓃN289.2
内容　第1章　巨人たちの誕生。事業家金大中と将校朴正熙　第2章　解放後の金大中と朴正熙の共産主義活動　第3章　朴正熙と金大中が経験した朝鮮戦争　第4章　朝鮮戦争後，政治家と革命家の道へ　第5章　4・19革命，朴正熙と金大中の機会　第6章　「5・16」革命家朴正熙対張勉内閣代弁人金大中　第7章　経済回復と政治的勝負をかけた朴正熙と金大中　第8章　朴正熙と金大中　最後の勝負　第9章　終わることなき金大中の苦難，四度目の挑戦　第10章　金大中の開放型国家論と「太陽政策」　第11章　金正恩の北朝鮮と大韓民国の政治

キム・バンギョン〔1212〜1300〕　金 方慶
◇モンゴル帝国期の北東アジア　張東翼著　汲古書院　2016.2　350,12p　22cm　〈索引あり〉　10000円　⊥978-4-7629-6566-1　ⓃN222.6
内容　第1部　モンゴル・高麗・日本に関連する新しい古文書資料（一二六九年「大蒙古国」中書省牒と日本側の対応　一三六六年高麗征東行中書省の咨文

についての検討）　第2部　高麗人と元の文人との交遊（新資料を通じてみた忠宣王の元での活動　李斉賢および権漢功，そして朱徳潤）　第3部　日本遠征の指揮官—金方慶と洪茶丘，そして戦争以後の麗・日関係（金方慶の生涯と行蹟　モンゴルに投降した洪福源および茶丘の父子　十四世紀の高麗と日本の接触と交流）

キム，ヒョク〔1982～〕　金 革

◇自由を盗んだ少年—北朝鮮悪童日記　金革著，金善和訳　太田出版　2017.9　196p　20cm　〈年譜あり〉　1400円　①978-4-7783-1588-7　Ⓝ302.21

内容　第1章 脱出 中国からモンゴルへ　第2章 ぼくの生い立ち　第3章 ぼくはコッチェビ　第4章 コッチェビの生きる方法　第5章 悲惨な孤児院　第6章 拷問　第7章 生き地獄の教化所　第8章 越境　第9章 韓国

キム，ヒョンヒ〔1962～〕　金 賢姫

◇女が動かす北朝鮮—金王朝三代「大奥」秘録　五味洋治著　文藝春秋　2016.4　255p　18cm　（文春新書 1076）〈文献あり〉　780円　①978-4-16-661076-1　Ⓝ282.1

内容　はじめに 北朝鮮女性たちの現実のドラマ　第1章 兄を継ぐ女帝候補—金与正，金聖松　第2章 トップ歌手からファースト・レディに—李雪主　第3章 国母はなぜ孤独死したか—金正淑，金聖愛　第4章 金正日に捨てられた国民的女優—成恵琳　第5章 国母になれなかった大阪出身の踊り子—高容姫　第6章 金正日の心の支え—金敬姫と4番目の妻・金オク　第7章 運命に翻弄された女たち—喜び組，金賢姫，脱北者

キム，ミョンシク〔1938～〕　金 明植

◇無冠，されど至強—東京朝鮮高校サッカー部と金明植の時代　木村元彦著　ころから　2017.8　255p　20cm　〈年表あり〉　2300円　①978-4-907239-25-1　Ⓝ783.47

内容　プロローグ 「勝負師」が恐れた東京朝高（「十条ダービー」を率いた名将　「影のナンバーワン」率いた金明植）　年譜　第1章 ストリートが生んだクラッキ（名手）たち（ウォーターフロント　枝川が誇る「第二」（チェイー）ほか）　第2章 「最強」伝説の萌芽（十条へ　「都立」朝鮮人学校 ほか）　第3章 日本の大学，朝鮮の蹴球団（「順天高卒」のナゾ　特別扱いされて「リス」 ほか）　第4章 無冠，されど至強（テクニックと戦術を導入した新監督　強く，そして「フェア」を求めた ほか）　第5章 ヤクザになしなかった（日本サッカーと在日社会の変化　ルーツのルーツにあった金明植）　エピローグ ぼくらはもう一緒に生きている

キム，ヨジョン〔1988～〕　金 与正

◇女が動かす北朝鮮—金王朝三代「大奥」秘録　五味洋治著　文藝春秋　2016.4　255p　18cm　（文春新書 1076）〈文献あり〉　780円　①978-4-16-661076-1　Ⓝ282.1

内容　はじめに 北朝鮮女性たちの現実のドラマ　第1章 兄を継ぐ女帝候補—金与正，金聖松　第2章 トップ歌手からファースト・レディに—李雪主　第3章 国母はなぜ孤独死したか—金正淑，金聖愛　第4章 金正日に捨てられた国民的女優—成恵琳　第5章 国母になれなかった大阪出身の踊り子—高容姫　第6章 金正日の心の支え—金敬姫と4番目の妻・金オク　第7章 運命に翻弄された女たち—喜び組，金賢姫，脱北者

キム，ヨンサム〔1927～2015〕　金 泳三

◇韓国大統領実録　朴永圭著，金重明訳　キネマ旬報社　2015.10　494p　22cm　〈文献あり　年表あり　索引あり〉　3600円　①978-4-87376-435-1　Ⓝ312.21

内容　第1章 李承晩大統領実録　第2章 尹潽善大統領実録　第3章 朴正煕大統領実録　第4章 崔圭夏大統領実録　第5章 全斗煥大統領実録　第6章 盧泰愚大統領実録　第7章 金泳三大統領実録　第8章 金大中大統領実録　第9章 盧武鉉大統領実録　第10章 李明博大統領実録

木村 秋則〔1949～〕　きむら・あきのり

◇地球に生きるあなたの使命　木村秋則, ムラキテルミ著　ロングセラーズ　2014.7　214p　19cm　〈文献あり〉　1300円　①978-4-8454-2324-8　Ⓝ289.1

内容　宮古島から　人の一生は、操り人形のようなもの　目の前にあった「死」　宇宙の流れ　行動しないで後悔するよりも　奇跡は起きる　次元が移動する　「過去」も「現在」も「未来」も同時に存在している　自然って美しい　一番大切なものは、目に見えない　人間だって自然の一部　地球の掃除　あなたの使命は

◇「心」が変われば地球は変わる　木村秋則著　扶桑社　2015.10　221p　16cm　（扶桑社文庫　き11-2）〈「ソウルメイト」(2013年刊)の改題，追記〉　600円　①978-4-594-07350-3　Ⓝ289.1

内容　第1章 今、私の伝えたいこと—これからの生き方と日本について　第2章 農業は、日本の宝　第3章 畑のリンゴが教えてくれること　第4章 "見えない力"と歩き続けて　第5章 いちばんのソウルメイトは、やっぱり女房　第6章 "リンゴの奇跡"を支えてくれたソウルメイト　これから一緒に奇跡を起こしていくソウルメイトたち　特別対談 木村秋則×髙野誠鮮「本物はヒトもリンゴも腐らない」

◇リンゴの花が咲いたあと　木村秋則著　日本経済新聞出版社　2017.12　210p　18cm　（日経プレミアシリーズ 363）　850円　①978-4-532-26363-8　Ⓝ625.21

内容　第1章 木村 木村、ガンを思う（私は誰、ここはどこ？　一日に七回ぐらい吐いた ほか）　第2章 波乱の人生（集団就職列車で永山則夫と同席に　トイレの縁で常務にかわいがられる ほか）　第3章 出会った人々（初めてリンゴを買ってくれた女性　「大きいのはお客さんにやれ」 ほか）　第4章 同じ思いでつながる世界の仲間（「AKメソッド」って？　還暦を迎え韓国で ほか）　第5章 人にも自然にも優しい農業を（「農福連携」の先駆け「べてるの家」　生きた毛ガニを海に返しに行った ほか）

木村 芥舟〔1830～1901〕　きむら・かいしゅう

◇咸臨丸の絆—軍艦奉行木村摂津守と福沢諭吉　宗像善樹著　海文堂出版　2014.8　253p　20cm　〈文献あり〉　1600円　①978-4-303-63431-5　Ⓝ210.5953

内容　第1章 咸臨丸、アメリカへ往く（咸臨丸渡米の

経緯と準備　福沢諭吉の乗船実現　咸臨丸の往路航海　サンフランシスコにて）　第2章　咸臨丸、帰це す（木村摂津守の無念　咸臨丸の出造　咸臨丸、ハワイに寄港）　第3章　その後の木村摂津守と福沢諭吉（福沢諭吉の激怒　今泉みねの話　木村摂津守と福沢諭吉の最後の会話）　木村摂津守の家族

木村　一信〔1946～2015〕　きむら・かずあき

◇木村一信先生追悼論考と回想　〔呉〕　「木村一信先生追悼論考と回想」刊行会　2016.9　171p　30cm　〈私家版　年譜あり〉　非売品　Ⓝ910.26

木村　清〔1952～〕　きむら・きよし

◇マグロ大王　木村清—ダメだと思った時が夜明け前　木村清著　講談社　2016.4　239p　19cm　1400円　Ⓘ978-4-06-219465-5　Ⓝ673.971

内容　第1章　人は涙を流すほど悔しい状況に追い詰められた時こそ、底力を発揮するのです　第2章　壁は、先に進めるという予兆なんです　第3章　ピンチは、常に新しいチャンスなのです　第4章　三日で店ができなきゃ、商売じゃない　第5章　試してもみないで、無理だと言うな！　第6章　人材は夢とロマンが育てる　第7章　すしざんまいの味から日本の味へ、日本の味から世界の味へ

木村　金太郎〔1908～1969〕　きむら・きんたろう

◇釣り漁業の伝道師木村金太郎—千葉・勝浦　平本紀久雄著　流山　崙書房出版　2015.9　166p　18cm　〈ふるさと文庫　213〉〈年譜あり〉　1300円　Ⓘ978-4-8455-0213-4　Ⓝ664.33

内容　序章　木村金太郎とは　第1章　漁師集団「松友会」　第2章　漁民組合づくり　第3章　漁師が書いた釣り教本　第4章　一本釣り指導の全国行脚　第5章　魚のエッセイ　第6章　再び松部に腰をすえて　終章　木村金太郎の遺産を引き継ぐ

木村　弘毅〔1975～〕　きむら・こうき

◇自己破壊経営—ミクシィはこうして進化する　木村弘毅著　日経BP社　2018.12　223p　19cm　〈発売：日経BPマーケティング〉　1600円　Ⓘ978-4-8222-5972-3　Ⓝ007.35

内容　第1章　モンスターストライクは世界一！（開発者としての矜持　mixiパークからの撤退　ほか）　第2章　ロジカルシンキング×ゲーム＝モンスターストライク（「ストーリーとしての競争戦略」から学んだフレームワーク　開発キーワード「B.B.Q.」ほか）　第3章　木村弘毅社長　新局「挑戦し続ける」に行きついた半生（社長とは1つの役割である　コミュニケーションの素晴らしさを唱え続けて　ほか）　第4章　未来のコミュニケーションとミクシィ（新生ミクシィの船出　縦軸・横軸のマトリクス型組織　ほか）

木村　榮〔1940～2014〕　きむら・さかえ

◇病は道連れ　木村榮著　横浜　フェミックス　2014.11　207p　19cm　1200円　Ⓘ978-4-903579-62-7　Ⓝ289.1

内容　1　無心の春（徒然なるままに　湯気の向こうにほか）　2　病の朱夏（妊娠・出産症候群　宿痾の腰痛ほか）　3　白い秋（結婚と離婚の物語　積年の病ぞろぞろ　ほか）　4　玄冬（パンドラの箱　回復への道ほか）

木村　重成〔1593～1615〕　きむら・しげなり

◇大坂の陣　秀頼七将の実像　三池純正著　洋泉社　2015.10　223p　18cm　〈歴史新書〉〈文献あり〉　900円　Ⓘ978-4-8003-0755-2　Ⓝ210.52

内容　序章　彼らはなぜ戦ったのか　第1章　秀頼七将の実像（真田信繁—敵方をも感動させた「日本一の兵」　長宗我部盛親—御家再興のため鉄壁の軍団を率いて入城　毛利勝永—家康本陣に突入したもう一人の猛将　後藤基次—家康に警戒され続けた多くの武功　明石全登—謎の全登が伝わるキリシタン武将　木村重成—秀頼一筋に奮戦した短い生涯　大野治房—大坂城内随一の強硬派）　第2章　再考！大坂の陣と豊臣秀頼

木村　静子〔1927～〕　きむら・しずこ

◇随想—昭和を生きたひとりの女性法学研究者　木村静子著　京都　世界思想社　2016.4　104p　22cm　2800円　Ⓘ978-4-7907-1684-6　Ⓝ289.1

内容　小学校　女学校　女子大　京大　司法試験　研究者への道　ドイツ留学　研究者への道（続）　結婚・出産・育児（妻・母）　成蹊大学

木村　次郎左衛門〔安土桃山時代〕　きむら・じろうざえもん

◇城と城下—近江戦国誌　小島道裕著　吉川弘文館　2018.11　270p　19cm　〈読みなおす日本史〉〈新人物往来社　1997年刊の再刊〉　2400円　Ⓘ978-4-642-06768-3　Ⓝ216.104

内容　第1章　城館趾・土豪・村落（中世城館の残り方　城館関係地名の地域性　城館趾と伝承　城館趾の調査（一）—土山町頓宮　城館趾の調査（二）—能登川町種村・垣見他　城館趾の調査（三）—野洲町北村・守山市矢島　平地城館趾と寺院・村落）　第2章　城下町（観音寺城・石寺　小谷　土平寺　ほか）　第3章　土豪たちの生涯—野洲郡北村　木村氏の歴史（「安土町奉行」木村次郎左衛門尉　「六角義堯」と木村筑後守　秀吉の朝鮮出兵と木村久綱）

木村　摂津守　きむら・せっつのかみ

⇒木村芥舟（きむら・かいしゅう）を見よ

木村　卓寛〔1976～〕　きむら・たくひろ

◇一発屋芸人列伝　山田ルイ53世著　新潮社　2018.5　236p　20cm　1300円　Ⓘ978-4-10-351921-8　Ⓝ779.14

内容　レイザーラモンHG—一発屋を変えた男　コウメ太夫—"出来ない"から面白い　テツandトモ—この違和感なんでだろう　ジョイマン—「ここにいるよ」　ムーディ勝山と天津・木村—バスジャック事件　波田陽区—一発屋故郷へ帰る　ハローケイスケ—不遇の"0・5"発屋　とにかく明るい安村—裸の再スタート　キンタロー。—女一発屋　髭男爵—落ちこぼれのルネッサンス

木村　拓哉〔1972～〕　きむら・たくや

◇木村拓哉という生き方　太田省一著　青弓社　2017.9　213p　19cm　〈文献あり〉　1600円　Ⓘ978-4-7872-7406-9　Ⓝ778.21

内容　第1章　木村拓哉と『ハウルの動く城』　第2章　木村拓哉と『さんタク』　第3章　木村拓哉と『武士の一分』　第4章　木村拓哉と『ロングバケーション』　第5章　木村拓哉と「らいおんハート」　第6章　木村拓

哉と『HERO』　第7章 木村拓哉と『ギフト』　第8章 木村拓哉と『木村拓哉のWhat's UP SMAP！』　第9章 木村拓哉と「One Chance！」　第10章 木村拓哉と『若者のすべて』

木村 匡〔1860～1940〕　きむら・ただし

◇植民地期台湾の銀行家・木村匡　波形昭一著　ゆまに書房　2017.1　299p　21cm　〈著作目録あり　索引あり〉　2800円　Ⓘ978-4-8433-5111-6　Ⓝ338.2224

内容　第1章 生い立ちと文部省入省　第2章 台湾総督府官僚への転身と活動　第3章 三十四銀行台北支店長・台湾総支配人としての活動　第4章 台湾商工・台湾貯蓄両行の合同と頭取就任　第5章 台湾商工銀行の経営戦略と業務　第6章 銀行合同の失敗と頭取退任　第7章 台湾における社会活動―大正協会を事例に　第8章 帰郷後、晩年における社会活動　第9章 驚異の著述・論述活動

木村 達雄〔1947～〕　きむら・たつお

◇合気修得への道―佐川幸義先生に就いた二十年　木村達雄著　新版　相模原　どう出版　2018.12　240p　22cm　2700円　Ⓘ978-4-904464-94-6　Ⓝ789.25

内容　カラー口絵　佐川幸義先生演武写真　第1章 佐川幸義先生演武写真集　第2章 数学の研究と合気修得に明け暮れた日々　第3章 大東流合気武術―佐川幸義先生　第4章 佐川先生の顕彰碑と津本陽氏の遺作『深淵の色は―佐川幸義伝』第5章 合気について　第6章 佐川幸義先生の修行時代―実弟・佐川廣氏談　第7章 佐川幸義先生語録　第8章 思い出アルバム

木村 筑後守　きむら・ちくごのかみ

◇城と城下―近江戦国誌　小島道裕著　吉川弘文館　2018.9　270p　19cm　〈読みなおす日本史〉〈新人物往来社1997年刊の再刊〉　2400円　Ⓘ978-4-642-06768-3　Ⓝ216.104

内容　第1章 城館趾・土豪・村落（中世城館の残り方　城館関係地名の地域性　城館趾と伝承　城館趾の調査（一）―土山町頓宮　城館趾の調査（二）―能登日町種持・垣見他　城館趾の調査（三）―野洲町北村・守山市矢島　平地城館趾と寺院・村落）　第2章 城下町（観音寺城・石寺　小谷　上平寺　安土）　第3章 土豪たちの生涯―野洲郡北村　木村氏の歴史（「安土町奉行」木村次郎左衛門尉　「六角義堯」と木村筑後守　秀吉の朝鮮出兵と木村久綱）

木村 篤太郎〔1886～1982〕　きむら・とくたろう

◇戦後政治家論―吉田・石橋から岸・池田まで　阿部眞之助著　文藝春秋　2016.4　439p　16cm　〈文春学藝ライブラリー―雑英25〉〈『現代政治家論』（文藝春秋新社1954年）の改題、再刊〉　1400円　Ⓘ978-4-16-813061-8　Ⓝ312.8

内容　岸信介論　重光葵論　池田勇人論　木村篤太郎論　和田博雄論　三木武吉論　西尾末廣論　吉田茂論　石橋湛山論　徳田球一論　緒方竹虎論　大野伴睦論　芦田均論　鳩山一郎論　鈴木茂三郎論

木村 直樹〔?～1985〕　きむら・なおき

◇無菌室のボーカル　地濃誠治著　ヨベル（発売）　2018.5　131p　19cm　1000円　Ⓘ978-4-907486-73-0　Ⓝ198.72

＊35年前の忘れがたい煌めきを回顧する。『OneWay』スペシャルに本篇は好評掲載された！　赴任先の龍野（現・たつの市）で出会ったパンクロックのリードボーカル、木村直樹さん。キリストを受け入れわずか22歳で夭逝した彼との出会いと別れが、随想「無菌室のボーカル」へと結晶、社会に大きな反響を呼んだ。長い牧師人生とその中で一瞬交差した35年前の忘れがたい煌めきを回顧し、地濃誠治牧師の牧会の半生をも綴った証しの結晶でもある。

木村 長門守　きむら・ながとのかみ

⇒木村重成（きむら・しげなり）を見よ

木村 久夫〔1918～1946〕　きむら・ひさお

◇塩尻公明と戦没学徒木村久夫―「或る遺書について」の考察　中谷彪著　岡山　大学教育出版　2014.7　194p　19cm　〈年譜あり〉　1800円　Ⓘ978-4-86429-306-8　Ⓝ289.1

◇真実の「わだつみ」―学徒兵木村久夫の二通の遺書　加古陽治編・著　東京新聞　2014.8　197p　18cm　〈文献あり〉　900円　Ⓘ978-4-8083-0995-4　Ⓝ289.1

内容　きけわだつみのこえ―木村久夫「もう一通の遺書」全文　『哲学通論』の余白に書かれた遺書　『哲学通論』の遺書の主な削除部分　木村久夫と二通の遺書について

◇「わだつみ」木村久夫遺稿―父が編集「東京新聞」の誤報を質す　中谷彪著　大阪　中谷彪　2014.9　170p　30cm　〈年譜あり〉　Ⓝ289.1

◇きけわだつみのこえ―木村久夫遺稿の真実　中谷彪著　相模原　桜美林大学北東アジア総合研究所　2015.2　251p　21cm　〈北東アジア研究叢書〉〈年譜あり〉　1800円　Ⓘ978-4-904794-49-4　Ⓝ289.1

◇木村久夫遺稿の研究―「きけわだつみのこえ」遺稿の編集者か、恩師か父か　中谷彪著　相模原　桜美林大学北東アジア総合研究所　2015.6　175p　18cm　〈年譜あり〉　800円　Ⓘ978-4-904794-53-1　Ⓝ289.1

◇奪われた若き命―戦犯刑死した学徒兵、木村久夫の一生　山口紀美子著　幻冬舎メディアコンサルティング　2015.11　235p　20cm　〈文献あり　発売：幻冬舎〉　1300円　Ⓘ978-4-344-97282-7　Ⓝ289.1

内容　第1章 木村家の歴史　第2章 子供の頃と豊中中学時代　第3章 高知高校時代　第4章 京大経済学部での半年　第5章 入営とカーニコバル島への出征　第6章 戦争末期の離島の戦訓　第7章 イギリスによる戦犯裁判　第8章 木村久夫さんの戦犯裁判　第9章 教誨師田中日淳さんと木村さんの短歌　第10章 哲学書の余白につづられた遺書

◇現代に生きる塩尻公明と木村久夫―真に生甲斐のある人生とは何か　中谷彪著　アジア・ユーラシア総合研究所　2018.2　384p　19cm　2400円　Ⓘ978-4-909663-03-3　Ⓝ289.1

◇奪われた若き命―殉難の学徒兵、木村久夫の生涯　山口紀美子著　増補版　幻冬舎メディアコンサルティング　2018.7　263p　15cm　〈文献あり　発売：幻冬舎〉　600円　Ⓘ978-4-344-

木村 久綱　きむら・ひさつな
◇城と城下―近江戦国誌　小島道裕著　吉川弘文館　2018.11　270p　19cm　〈読みなおす日本史〉〈新人物往来社 1997年刊の再刊〉　2400円　①978-4-642-06768-3　Ⓝ216.104

[内容] 第1章 城館跡・土豪・村落 城館関係地名の残り方 城館関係地名の伝承 城館跡の調査 (一)―土山町頓宮 城館跡の調査 (二)―能登川町種村・垣見他 城館跡の調査 (三)―野洲町北村・守山市矢島 平地城館跡と寺院・村落〉　第2章 城下町（観音寺城・石寺 小谷 上平寺 安土）　第3章 土豪たちの生涯―野洲郡北村 木村氏の歴史「安土町奉行」木村次郎左衛門尉 「六角義堯」と木村筑後守 秀吉の朝鮮出兵と木村久綱）

木村 常陸介〔?～1595〕　きむら・ひたちのすけ
◇利休と戦国武将―十五人の「利休七哲」　加来耕三著　京都　淡交社　2018.4　239p　19cm　1300円　①978-4-473-04246-0　Ⓝ791.2

[内容] 第1章 "七哲"の筆頭 蒲生氏郷　第2章 教養が生き残りの秘訣 細川三斎　第3章 信仰と茶の湯 高山右近・前田利長　第4章 悲運の茶人 瀬田掃部・豊臣秀次・木村常陸介　第5章 何処までも不可解な数寄者 荒木村重・芝山監物　第6章 滑稽味あふれるお人好し 織田常真・牧村兵部・佐久間不干斎　第7章 時代の転換期に出現 古田織部　第8章 自分の分限を知っていた 織田有楽・有馬玄蕃

木村 敏〔1931～〕　きむら・びん
◇こころの病に挑んだ知の巨人―森田正馬・土居健郎・河合隼雄・木村敏・中井久夫　山竹伸二著　筑摩書房　2018.1　302p　18cm　（ちくま新書 1303）　900円　①978-4-480-07118-7　Ⓝ493.7

[内容] 序章 日本の心の治療を支えてきた人々　第1章 森田正馬―思想の矛盾を超えて　第2章 土居健郎―「甘え」理論と精神分析　第3章 河合隼雄―無意識との対話　第4章 木村敏―現象学から生命論へ　第5章 中井久夫―「世に棲む」ための臨床　終章 文化を超えた心の治療へ

木村 昌福〔1891～1960〕　きむら・まさとみ
◇アッツ島とキスカ島の戦い―人道の将、樋口季一郎と木村昌福　将口泰浩著　海竜社　2017.6　230p　19cm　1600円　①978-4-7593-1549-3　Ⓝ391.2074

[内容] 第1章 樋口季一郎中将（ミッドウェー作戦の失敗 キスカ、アッツ島占領の真実 ほか）　第2章 アッツ島の玉砕（近代戦に参加する資格 米軍によるアッツ島奪還 ほか）　第3章 木村昌福少将（奇跡の撤退 木村昌福の姿勢 ほか）　第4章 キスカ島からの第一次撤退作戦（樋口と木村に相通じるもの 海軍と陸軍の相互理解 ほか）　第5章 今度こそキスカ島へ（キスカ島に再出撃 救出まであと四時間 ほか）

木村 政彦〔1917～1993〕　きむら・まさひこ
◇昭和プロレス正史　上巻　斎藤文彦著　イースト・プレス　2016.9　485p　20cm　〈文献あり〉　2400円　①978-4-7816-1472-4　Ⓝ788.5

[内容] 序章 "活字プロレス"の原点　1章 力道山1 プロレス入り　2章 力道山2 昭和29年、巌流島の決闘　3章 力道山3 インター王座のなぞ　4章 力道山4 出自　5章 力道山5 プロレスとメディア　6章 馬場と猪木1 デビュー

◇木村政彦外伝　増田俊也著　イースト・プレス　2018.8　719p　20cm　2600円　①978-4-7816-1701-5　Ⓝ789.2

[内容] 第1章 史上「最強」は誰だ？（「最強柔道家」論争 木村政彦、ヘーシンク、ルスカ、そして山下泰裕 木村政彦vs山下泰裕、もし戦わば "立技篇" ほか）　第2章 証言・木村政彦と力道山の時代（ヒクソン・グレイシー×増田俊也「木村政彦は切腹すべきだったのか」ミスター高橋×増田俊也「プロレス側から見た力道山vs木村政彦」ほか）　第3章 柔道とは何か？（岡野功×増田俊也「柔道、そして正気塾を語ろう」 古賀の兄と呼ばれた柔道家 ほか）　第4章 木村政彦はなぜ力道山を殺さなかったのか（平野啓一郎×増田俊也「木村政彦の復活」 角幡唯介×増田俊也「たったひとつの信じるもの」ほか）　第5章 男の星座たちに捧ぐ（大宅壮一ノンフィクション賞受賞 増田俊也「天覧試合を語る」 猪瀬直樹×増田俊也「木村政彦が生きた意味」ほか）

木村 みどり〔1947～〕　きむら・みどり
◇見えないものから教えられたこと　木村みどり著　幻冬舎メディアコンサルティング　2018.6　146p　18cm　〈発売：幻冬舎〉　800円　①978-4-344-91462-9　Ⓝ289.1

[内容] 序 教え　1 生前の父からの教えとその先に見えたもの　2 他人様から戴いた教訓とその先に見えたもの　3 亡き人々からの啓示　4 自分らしく生きるために　5 今の自分にできること

木村 ミドリ　きむら・みどり
◇ミドリさんとカラクリ屋敷　鈴木遥著　集英社　2015.5　334p　16cm　（集英社文庫 す12-1）　〈文献あり〉　660円　①978-4-08-745320-1　Ⓝ289.1

[内容] 第1章 ミドリさんと坂の上の職人屋敷　第2章 原風景への回転扉―ルーツを追う旅 北海道篇　第3章 勇敢な女横綱、厨房に立つ　第4章 森の中の事業集団のルーツを追う旅 ものづくり篇　第5章 電信柱の突き出た家と六尺の大男　第6章 田んぼの中の蜃気楼―ルーツを追う旅 新潟篇　第7章 ミドリさんと電柱屋敷の住人たち　第8章 からくり部屋の秘密

木村 みのる　きむら・みのる
◇最後のGSといわれた男―「伝説のGSバンド」オリーブのリードヴォーカル・マミーが語るあの、懐かしくも素晴らしき日々!!　オリーブのマミー著　山中企画　2016.11　190p　19cm　〈発売：星雲社〉　1500円　①978-4-434-22614-4　Ⓝ767.8

[内容] プロローグ　第1章 集団就職からバンド結成へ（衝撃的だったチョコレートの甘さ 一度だけ、父ちゃんに怒られたこと ほか）　第2章 GSの世界へ（スタンレーを退社して沖縄ツアーへ、3日間の航行！ ほか）　第3章 「オリーブ」結成、メジャーデビューへ（ホリプロ入社 「オリーブ」のメンバー決定 ほか）　第4章 GS時代の終焉（ホリプロのニュースターたち…さゆりちゃん、なぎさちゃん、百恵ちゃん 俳優業の初仕事 ほか）　後記

木村 礎〔1924〜2004〕きむら・もとい
◇木村礎研究—戦後歴史学への挑戦　明治大学史資料センター編　日本経済評論社　2014.8　240p　22cm　〈文献あり　著作目録あり　年譜あり〉　3500円　①978-4-8188-2347-1　Ⓝ289.1
内容　第1章　『新田村落』の成立過程　第2章　木村藩政史研究の到達点と課題—佐倉藩・内藤藩を中心に　第3章　「村歩き」の研究—資料調査から見た木村史学について　第4章　木村礎の下級武士論—日本近代への視座　第5章　木村の歴史資料保存法制定への運動　第6章　木村礎と大学史—編纂からアーカイヴズへ　補論　明治大学という大きな"村"を歩いた一教員の軌跡

木村 素衞〔1895〜1946〕きむら・もともり
◇福祉にとっての歴史　歴史にとっての福祉—人物で見る福祉の思想　細井勇,小笠原慶彰,今井小の実,蜂谷俊隆編著　京都　ミネルヴァ書房　2017.2　295,3p　22cm　〈索引あり〉　6000円　①978-4-623-07889-9　Ⓝ369.021
内容　石井十次とアメリカン・ボード—宣教師ペティーから見た岡山孤児院　小橋勝之助と私立愛隣夜学校の創立—博愛社をめぐる人々　田中太郎の感化教育論—「人道の闘士」の思想的基盤　園部マキの生涯と事業—信愛保育園　岩橋武夫と盲人社会事業—小説『動き行く墓場』からの出発　村嶋歸之の生涯と思想—寛容な社会活動家の足跡　奥むめおと社会事業—社会運動としての福祉実践　久布白落実の性教育ならとその変遷—嬌風会における純潔教育・家族計画　沖縄から大阪への移住者に見られた社会主義思想とその限界—大阪における同郷集団の運動　常盤勝憲と日本最初の盲人専用老人ホーム—慈母園の設立過程　糸賀一雄と木村素衞—教養の思想を中心に福祉の近代史を研究すること—私の歩みと今後の課題への覚書

木村 守江〔1900〜1996〕きむら・もりえ
◇ひとびとの精神史　第5巻　万博と沖縄返還—1970年前後　吉見俊哉編　岩波書店　2015.11　331p　19cm　2500円　①978-4-00-028805-7　Ⓝ281.04
内容　1　劇場化する社会（三島由紀夫—魂を失った未来への反乱　山本義隆—自己否定を重ねて　岡本太郎—塔にひきよせられるひとびと　牛山純一—テレビに見た「夢」）　2　沖縄—「戦後」のはじまり（仲宗根政善—方言研究に込めた平和への希求　マリー—米軍兵士と日本人の間で戦ったロックの女王　比嘉康雄と東松照明—二人の写真家の「沖縄」）　3　声を上げたひとびと（田中美津—"とり乱しの弁証法"としてのウーマン・リブ　川本輝夫—水俣病の"岩戸"を穿つ　横塚晃一—障害者は主張する　大地を守る会—紛争の経験を地域の実践へ　木村守江と「原発村」の誕生と浜通り）

木村 唯〔1997〜2015〕きむら・ゆい
◇生きて、もっと歌いたい—片足のアイドル・木村唯さん、18年の軌跡　芳垣文子著　朝日新聞出版　2017.10　175p　19cm　1100円　①978-4-02-251499-3　Ⓝ767.8
内容　第1章　アイドルになることを夢見て　第2章　突然襲った病　第3章　続くがんとの闘い　第4章　歌い続けたい　第5章　最後までステージに立って　第6章　唯さんが残したこと

木村 勇市〔1939〜〕きむら・ゆういち
◇撃て！そして狙え！—巨艦DIYの船出　北の企業家　木村勇市著　札幌　北海道新聞社　2018.11　223p　19cm　〈年表あり〉　1500円　①978-4-89453-929-7　Ⓝ524.2
内容　01「生活創造母艦」発進（巨艦店へ日参　店頭に立つほか）　02　商家に生まれ、家業を継ぐ（商家の街並み　きかん気の高校時代　ほか）　03　成長　拡大　挑戦（販売戦略・拡大戦略　本社移転　ほか）　04　いくつかの試み　キムラの経営哲学（ホームビルダーズフェア　増改館　ほか）　資料編

木村 豊〔1967〜〕きむら・ゆたか
◇死んだらJ-POPが困る人、CDジャケットデザイナー木村豊　江森丈晃著　エムディエヌコーポレーション　2017.4　215p　21cm　〈発売：インプレス〉　1600円　①978-4-8443-6650-8　Ⓝ727.021
内容　第1章　いろんなミュージシャンのジャケットを創ってきた（独立しての初仕事はスピッツ　前例のない、椎名林檎という才能　ほか）　第2章　CDジャケットデザインに込められた思想（残るデザインを探して　CDジャケットとはどういう存在か　ほか）　第3章　デザイナーになる前、デザイナーになったあと（中学生の頃から架空のジャケットをつくっていた　アシスタント時代に出会った、「複数の正解」　ほか）　第4章　音楽好きでも知らないCDジャケット制作の裏側（いかに大人の馬鹿ができるか—椎名林檎との仕事1　特殊ジャケットの最前線—椎名林檎との仕事2　ほか）

木村 喜毅　きむら・よしき
⇒木村芥舟（きむら・かいしゅう）を見よ

木元 正均〔1955〜〕きもと・まさひと
◇お母さん生んでくれてありがとう—天国の母に届け！　木元正均著　ぱるす出版　2014.10　155p　18cm　1300円　①978-4-8276-0237-1　Ⓝ289.1
内容　第1章　苦難の幼少時代（誕生の秘密　母の愛　ほか）　第2章　災難の文化大革命時代（悪夢の始まり　母の悪戦苦闘　ほか）　第3章　家族の絆（一目惚れ　恋愛と結婚　ほか）　第4章　幸せの彼方（日本生活　弟との約束　ほか）　第5章　エベレスト山頂で愛を叫ぶ（思いを馳せる　日本百名山制覇　ほか）

木山 捷平〔1904〜1968〕きやま・しょうへい
◇酔いざめ日記　木山捷平著　講談社　2016.1　747p　16cm　〈講談社文芸文庫　きC14〉　2500円　①978-4-06-290300-4　Ⓝ915.6
＊昭和七年（二七歳）から、亡くなる直前の昭和四三年（六四歳）までの木山捷平の日記、初文庫化。創刊後、小説を発表し、様々な作家と交遊を深めた木山。生活は困窮をきわめ、体調をくずしながらも書き続けた日々。作家の心情、家庭生活、そして何よりも、自らの死までも、じっと作家の眼で冷静に描ききった生涯の記。

喜屋武 マリー　きゃん・まりー
⇒Marie（まりー）を見よ

邱 永漢〔1924〜2012〕きゅう・えいかん
◇残されたもの、伝えられたこと—60年代に蜂起した文革者烈伝　矢崎泰久著　街から舎　2014.6　268p　19cm　1620円　ⓘ978-4-939139-19-2　Ⓝ281.04
内容　脱原発の市民科学者—高木仁三郎　反戦軍事評論家としての矜持—小山内宏　J・J氏の華麗な文化革命—植草甚一　革命思想家の孤高な生涯—羽仁五郎　革命・反革命の夢幻—竹中労　市民哲学者が残した足跡—久野収　公害に取り組んだ科学者—宇井純　文学と運動の狭間に生きた巨人—小田実　輝けるSF作家の青春—小松左京　ポップ・ミュージックの開拓者—中村とうよう　多国籍人間の見果てぬ夢—邱永漢　「わた史」を生涯かけて編む—小沢昭一　エロスこそ反権力の証し—若松孝二　何もなくて何もない宣言—なだいなだ　ノーベル物理学賞に最も近かった活動家—水戸巌

吸江斎〔1818〜1860〕きゅうこうさい
◇十代 吸江　不審菴文庫編　京都　不審菴　2015.3　120p　26cm　〈年譜あり〉　2000円　Ⓝ791.2
＊而妙斎千宗左監修。表千家歴代家元の事績や人となりを紹介する新シリーズの第3冊目。幕末の動乱期に生き、苦難の時を乗り越えて新たな道を切り開いた十代吸江斎への理解を深める。

久新 雄三郎〔1975〜〕きゅうしん・ゆうさぶろう
◇短くもはげしく燃え—三十四才ガンで逝った救急救命士　神戸 久新正三郎・秀子　2017.6　165p　20cm　Ⓝ289.1

許 世楷〔1934〜〕きょ・せいかい
◇日台関係を繋いだ台湾の人びと　浅野和生編著　展転社　2017.12　248p　19cm　（日台関係研究会叢書 4）〈文献あり〉　1700円　ⓘ978-4-88656-450-4　Ⓝ319.22401
内容　第1章 辜振甫と日台関係（日本統治時代の辜振甫　「台湾独立計画」事件 ほか）　第2章 台湾経済の世界化を担った江丙坤（江丙坤の紹介　生い立ち・日本へのあこがれ ほか）　第3章 許世楷駐日代表と日台関係の発展（日本留学と政治活動　国民党による台湾統治 ほか）　第4章 曽永賢の生涯と日台関係（少年時代　日本留學 ほか）　第5章 蔡焜燦氏逝去に哭く（筆者がみた蔡焜燦氏　四大紙が伝える蔡焜燦氏 ほか）

行基〔668〜749〕ぎょうき
◇日本を支えた12人　長部日出雄著　集英社　2016.2　310p　16cm　（集英社文庫 お20-3）　680円　ⓘ978-4-08-745419-2　Ⓝ281.04
内容　聖徳太子　天武天皇　行基　聖武天皇　本居宣長　明治天皇　津田左右吉　柳田志以國男の交流　太宰治　小津安二郎　木下惠介　美智子皇后陛下

◇行基菩薩の功績　姜健栄著　大阪　かんよう出版　2018.6　97p　26cm　〈他言語標題：Achievements of the Priest Gyoki〉　2000円　ⓘ978-4-906902-95-8　Ⓝ188.212
内容　高僧行基の功績（1）—その生涯と奉仕活動　行基菩薩の功績（2）—公共事業と温泉　行基、百済ゆかりの寺院と池山か　高僧行基の功績（3）—昆陽寺と法厳寺　高僧行基の功績（4）—高光寺と唐招提寺　高僧行基の功績（5）—竹林寺と霊山寺　高僧行基の功績（6）—昆陽池と狭山池　高僧行基の功績（7）—九品寺と開口神社　高僧行基の功績（8）—高倉寺と長谷寺　高僧行基の功績（9）—西念寺と大智寺〔ほか〕

京極 道誉　きょうごく・どうよ
⇒佐々木道誉（ささき・どうよ）を見よ

今日泊 亜蘭〔1912〜2008〕きょうどまり・あらん
◇SFの先駆者 今日泊亜蘭—"韜晦して現さず"の生涯　峯島正行著　新版　青蛙房　2017.10　259p　20cm　〈初版のタイトル：評伝・SFの先駆者今日泊亜蘭　文献あり　著作目録あり〉　2300円　ⓘ978-4-7905-0892-2　Ⓝ910.268
内容　韜晦して現さず—四十年の空白を経て　処女作『桜田門』—「文芸日本」に作品発表　「文芸日本」から探偵小説、科学小説へ—同人たちの作品評　父・水島爾保布の周辺—無想庵、潤、春夫等文人が集まる根岸小学校の頃—父、爾保布と如是閑の交流　心情のアナーキスト—言語学を学ぶため上智大学へ　ヨーロッパへ密航—言語学を目指し冒険旅行　泉鏡花に心酔—作品にも生活にも強い影響　戦争下の「高等遊民」—武林イヴォンヌをめぐって　米軍通訳、そして結婚—疎開先の戦後生活〔ほか〕

慶念〔安土桃山時代〕きょうねん
◇朝鮮日々記を読む—真宗僧が見た秀吉の朝鮮侵略　朝鮮日々記研究会編　新装版　京都　法藏館　2017.11　385p　22cm　〈布装〉　7500円　ⓘ978-4-8318-6551-9　Ⓝ210.49
内容　1『朝鮮日々記』本文（朝鮮日々記　補註　頭註・補註関係文献一覧）　2『朝鮮日々記』と慶念（『朝鮮日々記』の諸本　慶念の生涯と文化的素養）　3『朝鮮日々記』を読む（丁酉・慶長の役戦場と慶念—『朝鮮記』と対比して　慶念の系譜を探る—豊後・日向・三河　善知識と「あさまし」の思想 ほか）

清河 八郎〔1830〜1863〕きよかわ・はちろう
◇清河八郎関係書簡　3　庄内町教育委員会編　庄内町（山形県）　庄内町　2015.3　248p　21cm　（庄内町史資料 第3号）〈折り込 2枚〉　Ⓝ289.1
◇清河八郎伝—漢詩にみる幕末維新史　徳田武著　勉誠出版　2016.3　365,10p　22cm　〈索引あり〉　4800円　ⓘ978-4-585-22141-8　Ⓝ289.1
内容　第1章 安積五郎との交友　第2章 逃避行　第3章 九州遊説　第4章 寺田屋騒動　第5章 浪士組の結成　第6章 八郎暗殺
◇清河八郎関係書簡　4　庄内町教育委員会編　庄内町（山形県）　庄内町　2016.3　237p　21cm　（庄内町史資料 第4号）　Ⓝ289.1
◇清河八郎関係書簡　5　庄内町教育委員会編　庄内町（山形県）　庄内町　2017.3　236p　21cm　（庄内町史資料 第5号）　Ⓝ289.1
◇清河八郎関係書簡　6　庄内町教育委員会編　庄内町（山形県）　庄内町　2018.3　328p　21cm　（庄内町史資料 第6号）〈明治維新一五〇

きよかわ

年記念〉 Ⓝ289.1

清川 正二〔1913〜1999〕 きよかわ・まさじ

◇近代オリンピックのヒーローとヒロイン　池井優著　慶應義塾大学出版会　2016.12　365p　20cm　〈文献あり〉　2600円　Ⓘ978-4-7664-2389-1　Ⓝ780.28

[内容] ピエール・ド・クーベルタン—近代オリンピックの創始者　嘉納治五郎—日本初代のIOC委員　金栗四三—"日本マラソンの父"となったオリンピックの敗者　人見絹枝—日本女子初のメダリスト　西竹一—バロン西と呼ばれた馬術大障害の優勝者　織田幹雄—日本人最初のゴールドメダリスト　"前畑がんばれ！"—日本初のオリンピック女子金メダリスト　西田修平・大江季雄—ベルリンの死闘と"友情のメダル"　ジェシー・オーエンス—ベルリンで四つの金メダルを獲った黒人選手　清川正二—オリンピックの金メダリスト、IOC委員　古橋廣之進—戦後日本に希望を与えてくれた「フジヤマのトビウオ」　猪谷千春—冬季五輪初のメダリスト、そしてIOC委員　アベベ・ビキラ—ローマ、東京と二大会を制したマラソンの王者　大松博文—「東洋の魔女」に金メダルを獲らせた"鬼"の指導者　日本サッカー界を改革したドイツ人コーチ—デットマール・クラマーと日本代表チーム　ベラ・チャスラフスカ—「プラハの春」をもたらした体操の女王　男子バレーボールに革命をもたらした監督—松平康隆と日本男子バレーボール　モスクワ五輪ボイコットに泣いた選手たち—政治に翻弄されたオリンピック　北島康介—オリンピック三大会でメダル獲得のスイマー

曲亭 馬琴〔1767〜1848〕 きょくてい・ばきん

◇近世物之本江戸作者部類　曲亭馬琴著、德田武校注　岩波書店　2014.6　402,20p　15cm　(岩波文庫 30-225-7)〈文献あり 索引あり〉　1020円　Ⓘ978-4-00-302257-3　Ⓝ913.5

[内容] 赤本作者部(丈阿　近藤助五郎清春 ほか)　洒落本并中本作者部(遊子　風来山人 ほか)　中本作者部(重田一九　振鷺亭 ほか)　読本作者部第一(吸露庵綾足　風来山人 ほか)

◇八犬伝錦絵大全—国芳 三代豊国 芳年 描く江戸のヒーロー　服部仁監修・著　芸艸堂　2017.6　137p　30cm　3000円　Ⓘ978-4-7538-0299-9　Ⓝ721.8

[内容] 錦絵八犬伝へのいざない　ダイジェスト南総里見八犬伝　八犬伝人物相関図「八犬伝犬の草紙」より　最初の八犬伝版本『南総里見八犬伝』の波紋　ダイジェスト版『雪梅芳譚犬の草紙』　曲亭馬琴の生涯　八犬士の肖像国芳vs.国周　絵師別八犬伝名場面集　闘いの名場面　芝居絵の愉しみ　悪役　刺青下絵師　芳艶の奇想　錦絵八犬伝ストーリー

旭天鵬 勝〔1974〜〕 きょくてんほう・まさる

◇気がつけばレジェンド—旭天鵬自伝　大島勝著　ベースボール・マガジン社　2015.9　1冊　19cm　1600円　Ⓘ978-4-583-10905-3　Ⓝ788.1

[内容] 第1章 日本へ　第2章 最初の挫折　第3章 パイオニアとして　第4章 試練からの復活　第5章 栄光、そしてレジェンドへ　第6章 感謝

清沢 洌〔1890〜1945〕 きよさわ・きよし

◇合理的避戦論　小島英俊著, 東郷和彦対論　イースト・プレス　2014.8　319p　18cm　(イースト新書 033)〈文献あり〉　907円　Ⓘ978-4-7816-5033-3　Ⓝ319.8

[内容] 対論 東郷和彦×小島英俊 この国は本当に戦争がしたいのか？　平和思想の近代史　「ねずみの殿様」斎藤隆夫の四二年間の奮闘　防空演習を嗤った桐生悠々　二〇年前から東京大空襲を予言した水野広徳　天才・北一輝の驚異　未来を見通せたエコノミスト・石橋湛山　陸軍唯一の哲学者・石原莞爾　国際通苦労人・清沢洌　戦前の「戦争と平和論」　戦後の「戦争と平和論」　皮肉なクロスロード・三島由紀夫と野中広務

◇清沢洌の自由主義思想　佐久間俊明著　日本経済評論社　2015.12　377p　22cm　〈著作目録あり 年譜あり 索引あり〉　5200円　Ⓘ978-4-8188-2409-6　Ⓝ309.1

[内容] 序章 「社会民主主義」者としての清沢洌　第1章 思想形成　第2章 日本社会の民主化論と国際協調論—イギリスをモデルとして　第3章 欧米旅行の「経験」　第4章 昭和期「自由主義」論争への参加　第5章 日中戦争下の「自由主義」と同時代批判　第6章 『戦争日記』にみる戦時下日本批判と戦後構想　終章 いかなる意味で「自由主義」者だったのか？

清沢 満之〔1863〜1903〕 きよざわ・まんし

◇清沢満之と日本近現代思想—自力の呪縛から他力思想へ　山本伸裕著　明石書店　2014.10　286p　20cm　〈文献あり〉　3000円　Ⓘ978-4-7503-4092-0　Ⓝ188.72

[内容] 清沢満之—「神話」の形成とその解体(忘れられた宗教人　宗門内のウルトラ有名人 ほか)　第1章 人物と思想(徳永満之時代　哲学者の相貌 ほか)　第2章 東京大学哲学科(近代の諸課題　清沢の試み ほか)　第3章 清沢満之のインパクト(京都帝大文科大学　二人の先達 ほか)　第4章 『歎異抄』の再発見(煩悶の時代　清沢満之と『歎異抄』 ほか)

◇清沢満之が歩んだ道—その学問と信仰　藤田正勝著　京都　法藏館　2015.4　201p 19cm　〈文献あり 年譜あり〉　1900円　Ⓘ978-4-8318-3842-1　Ⓝ188.72

[内容] 第1章 清沢満之が歩んだ道—その学問と信仰　第2章 清沢満之の「信念」　第3章 倫理と宗教のはざま—時代の流れとの接点で　第4章 日本における西洋哲学の受容と清沢満之　第5章 哲学者としての清沢満之　第6章 清沢満之と西田幾多郎

◇清沢満之入門—絶対他力とは何か　暁烏敏, 清沢満之著　書肆心水　2015.9　377p　22cm　〈「絶対他力」(弘文堂 1954年刊)と「清沢先生の信仰」(無我山房 1909年刊)ほかからの改題、合本　年譜あり〉　6900円　Ⓘ978-4-906917-46-4　Ⓝ188.72

[内容] 絶対他力の大道／暁烏敏著　清沢先生の信仰／暁烏敏著　精神主義／清沢満之著　信ずるは力なり／清沢満之著　万物一体／清沢満之著　暁烏敏選　自由と服従との二双運／清沢満之著　暁烏敏選　遠華近醜／清沢満之著　暁烏敏選　本位本分の自覚／清沢満之著　暁烏敏選　宗教は主観的事実なり／清沢満之著　暁烏敏選　智慧円満は我等の理想なり／清沢満之著　暁烏敏選　実力あるもの態度／清沢満之著　暁烏敏選　善悪の思念によれる修養／清沢満之著　暁烏敏選　迷悶者の安慰／清沢

満之著　暁烏敏選　客観主義の弊習を脱却すべし／清沢満之著　暁烏敏選　日曜日の小説／清沢満之著　暁烏敏選　信仰問答／清沢満之著　暁烏敏選　天職及び聖職／清沢満之著　倫理以上の安慰／清沢満之著　暁烏敏選　倫理已上の根拠／清沢満之著　暁烏敏選　人の怒るを恐るる事／清沢満之著　暁烏敏選　我以外の物事を当てにせぬ事／清沢満之著　暁烏敏選　他力の救済／清沢満之著　暁烏敏選　咯血したる肺病人に与うる書／清沢満之著　暁烏敏選　宗教的道徳〔俗諦〕と普通道徳との交渉／清沢満之著　暁烏敏選　我が信念／清沢満之著　暁烏敏選　最後の手紙／清沢満之著　暁烏敏選　清沢満之先生小伝／暁烏敏著

清原 和博〔1967〜〕きよはら・かずひろ

◇密売　小林和之著　ミリオン出版　2016.11　203p　19cm　〈文献あり　発売：大洋図書〉　1300円　①978-4-8130-2273-2　Ⓝ289.1

内容 初めまして、清原です　接点　あかぎ国体　16歳で覚醒剤　黒羽刑務所　懲りない日々　Dとの出会い　シャバの空気　Dの出所　清原さん薬物疑惑〔ほか〕

◇清原和博　告白　清原和博著　文藝春秋　2018.7　247p　20cm　1600円　①978-4-16-390876-2　Ⓝ783.7

内容 岸和田の少年　人生を変えた16の夏　甲子園のライバル、そして桑田のこと　1985年夏、最初で最後の瞬間　「裏切り」のドラフト　無冠の帝王のジレンマ　黄金ルーキーの手帳　FA宣言―巨人という決断　松井敬遠、清原勝負の苛立ち〔ほか〕

清原 日出夫〔1937〜2004〕きよはら・ひでお

◇ナンジャモンジャの木―歌人清原日出夫の高校時代in Hokkaido　野一色容子著　文芸社　2015.5　200p　19cm　〈文献あり　年譜あり〉　1400円　①978-4-286-16014-6　Ⓝ911.162

吉良の仁吉〔1839〜1866〕きらのにきち

◇アウトロー―近世遊侠列伝　高橋敏編　敬文舎　2016.9　255p　19cm　〈文献あり　年表あり〉　1750円　①978-4-906822-73-7　Ⓝ384.38

内容 近世社会秩序と博徒―二足草鞋論　国定忠治―遊侠の北極星　竹居安五郎―新島を甦った甲州博徒の武闘派吃安　勢力富五郎―江戸を騒がせた『嘉永水滸伝』の主役　佐原喜三郎―鳥も通わぬ八丈からの島抜けを記録に留めたインテリ博徒　小金井小次郎―多摩を仕切った、新門辰五郎の兄弟分　小川幸蔵―武州世直し一揆を鎮圧した博徒　石原村幸次郎―関東取締出役の無力を思い知らせた孤高の博徒　西保周太郎―短い一生を全力で駆け抜けた幕末期甲州博徒の草分け　黒駒勝蔵―清水次郎長と対決した謎多き甲州の大侠客　吉良仁吉―義理を通した若き三河博徒　原田常吉―一〇余年の遠島にも屈せず八五年の生涯を全うした真の遊侠

桐竹 亀次　きりたけ・かめじ

⇒祭文傀楽（さいもん・かいらく）を見よ

桐竹 勘十郎（3代）〔1953〜〕きりたけ・かんじゅうろう

◇一日に一字学べば…　桐竹勘十郎著、樋渡優子聞き書き　大阪　コミニケ出版　2017.1　255p　20cm　1680円　①978-4-903841-12-0　Ⓝ777.1

内容 第1章 僕は文楽高校に進学した！（三人遣いは究極のチームワーク―日本人に最適なマニュアルとは？　『商売往来』にない仕事―若いうちに限界までやってみること　ほか）　第2章 人生の転機・日々の心掛け（一日に一字学べば……手を使って何かすることの大事　国立劇場と三島さんのカンカンカン―最晩年の三島由紀夫さんとの不思議な縁　ほか）　第3章 仕事をもっと好きになる（人形遣いのトレーニング―つねに"不安"だから努力する　芸の力・見る力―理屈を超えたところの面白さ　ほか）　第4章 人形行で広がる世界（つらい修業を支えるもの―最初から何でもできる人はいない　みんなしんどい―人の間で仕事する　ほか）

桐野 利秋〔1838〜1877〕きりの・としあき

◇西郷隆盛の冤罪　明治維新の大誤解　古川愛哲著　講談社　2017.12　219p　18cm　（講談社＋α新書381-6C）　840円　①978-4-06-291512-0　Ⓝ210.61

内容 はじめに―西郷隆盛の首を刎ねたのは桐野利秋だった　第1章 隠蔽された西郷隆盛の実像　第2章 征韓論の冤罪　第3章 西南戦争の冤罪　第4章 尊皇攘夷の実力　第5章 江戸の官軍と幕府軍　終章 西郷隆盛が生んだ医科大学　あとがき―明治の長州閥を彷彿とさせる「モリカケ問題」

◇薩摩の密偵桐野利秋―「人斬り半次郎」の真実　桐野作人著　NHK出版　2018.9　246p　18cm　（NHK出版新書 564）〈文献あり〉　820円　①978-4-14-088564-2　Ⓝ289.1

内容 第1章 桐野利秋とは何者か　第2章 「人斬り半次郎」の実像とは　第3章 神出鬼没の諜報家として　第4章 幕末期から戊辰戦争へ　第5章 陸軍少将への任官　第6章 征韓論と民権論　第7章 下野した桐野と私学校の設立　第8章 西南戦争での最期　附章 「京在日記 利秋」から

◇明治維新に殺された男―桐野利秋が見た西郷盛の正体　西村正著　毎日ワンズ　2018.10　287p　19cm　1400円　①978-4-909447-03-6　Ⓝ210.61

内容 第1章 剣豪誕生　第2章 京の人斬り半次郎　第3章 十津川の後悔　第4章 京洛の動乱を制した大策謀家西郷と諜員半次郎　第5章 戊辰戦争　第6章 始動した新国家の大分裂　第7章 下野した西郷　第8章 西南戦争勃発　第9章 敗走　第10章 城山

桐山 襲〔1949〜1992〕きりやま・かさね

◇テロルの伝説―桐山襲烈伝　陣野俊史著　河出書房新社　2016.5　457p　20cm　〈他言語標題：LEGEND OF TERROR〉　2900円　①978-4-309-02469-1　Ⓝ910.268

内容 第1章 デビューと喧騒（杉並区阿佐ヶ谷　雑誌「若い人」　ほか）　第2章 学生闘争・熊楠・オキナワ（単行本『パルチザン伝説』周辺　"雪穴"という入口　ほか）　第3章 昭和の終わりと「表現の自由」（一九八七年「亜熱帯の涙」解題　ほか）　第4章 未葬の時（表現の自由とテロリズム、再び　永山則夫の文藝家協会入会問題　ほか）

桐生 清次〔1934〜〕きりゅう・せいじ

◇きみに働ける喜びを―知的障害者通所就労支援施設・虹の家園長桐生清次の歩みと思想　川野

きりゅう

楠己著　宮崎　鉱脈社　2016.7　263p　19cm　（みやざき文庫 119）　1600円　Ⓘ978-4-86061-631-1　Ⓝ369.28

桐生　悠々〔1873〜1941〕　きりゅう・ゆうゆう
◇合理的避戦論　小島英俊著，東郷和彦対論　イースト・プレス　2014.8　319p　18cm　（イースト新書 033）〈文献あり〉　907円　Ⓘ978-4-7816-5033-3　Ⓝ319.8
内容　対談 東郷和彦×小島英俊　この国は本当に戦争がしたいのか？　平和思想の近代史　「ねずみの殿様」斎藤隆夫の四二年間の奮闘　防空演習を嗤った桐生悠々　二〇年前から東京大空襲を予言した水野広徳　天才・北一輝の驚異　未来を見通せたエコノミスト・石橋湛山　陸軍唯一の哲学者・石原莞爾　国際通苦労人・清沢洌　戦前の「戦争と平和論」　戦後の「戦争と平和論」　皮肉なクロスロード・三島由紀夫と野中広務

金　玉均　きん・ぎょくきん
⇒キム，オッキュンを見よ

金　芝河　きん・しが
⇒キム，ジハを見よ

金　大中　きん・だいちゅう
⇒キム，デジュンを見よ

金　達寿　きん・たつじゅ
⇒キム，タルスを見よ

金　忠善　きん・ちゅうぜん
⇒沙也可（さやか）を見よ

金　天海　きん・てんかい
⇒キム，チョンヘを見よ

キーン，ドナルド〔1922〜2019〕
◇ドナルド・キーン著作集　第10巻　自叙伝決定版　ドナルド・キーン著　新潮社　2014.6　469p　22cm　〈他言語標題：The Collected Works of Donald Keene　索引あり〉　3200円　Ⓘ978-4-10-647110-0　Ⓝ210.08
内容　自叙伝決定版（生立ちから太平洋戦争が終わるまで　あこがれの日本で暮らす　二つの母国に生きる　著述と旅との日々　晴れて日本人に）　私の大事な思い出の時と国と街と　一石を投じ続けて　親しき友たちへ　オペラに寄せる）

◇ドナルド・キーン　わたしの日本語修行　ドナルド・キーン，河路由佳著　白水社　2014.9　265p　20cm　〈文献あり 年譜あり〉　1800円　Ⓘ978-4-560-08677-3　Ⓝ289.3
内容　第1章　わたしと海軍日本語学校（外国人との出会い　漢字、そして日本語との出会い　海軍日本語学校での日本語学習　海軍日本語学校の先生・仲間たち）　第2章　海軍日本語学校での日本語修行（海軍日本語学校での授業　『標準日本語讀本』をめぐって）　第3章　海軍日本語学校時代の書簡（発見された手紙　手紙にまつわる思い出）　第4章　戦時中の体験—日本文学研究の道へ（語学兵としての仕事　戦時下のハワイ大学で日本文学を学ぶ　日本語の専門家としての新たな出発）　第5章　日本語・日本文学の教師として（ケンブリッジ大学での第一歩　教え子たち

◇二つの母国に生きて　ドナルド・キーン著　朝日新聞出版　2015.9　245p　15cm　（朝日文庫 ど3-2）〈朝日新聞社 1987年刊の再刊〉　600円　Ⓘ978-4-02-261838-2　Ⓝ914.6
内容　1（なぜ日本へ？　第一の転機　ほか）　2（年の始め　私の日本住居論　ほか）　3（体験的能芸論　能の普遍性　ほか）　4（谷崎先生のこと　戦中日記の伊藤整氏　ほか）

金　農〔1687〜1763?〕　きん・のう
◇中国書人伝　中田勇次郎編　中央公論新社　2015.7　365p　16cm　（中公文庫 な66-1)〈中央公論社 1973年刊の再刊　年譜あり〉　1200円　Ⓘ978-4-12-206148-4　Ⓝ728.22
内容　王羲之・王献之―貝塚茂樹　鄭道昭・智永―小川環樹　唐太宗・虞世南・欧陽詢・褚遂良―加藤楸邨　顔真卿・柳公権―井上靖　李邕・張旭・懐素・楊凝式―土岐善麿　蘇軾・黄庭堅・米芾―寺田透　趙孟頫・張即之―武田泰淳　祝允明・文徴明・董其昌―杉浦明平　張瑞図―中田勇次郎　王鐸・金農・劉墉―三浦朱門　鄧石如・何紹基・趙之謙

金　美齢〔1934〜　〕　きん・びれい
◇82歳。明日は今日より幸せ　金美齢著　幻冬舎　2016.11　229p　19cm　1300円　Ⓘ978-4-344-03033-6　Ⓝ289.2
内容　第1章「台北一の不良娘」が台湾独立運動へ　第2章 思いもかけず結婚し、想定外で母になり　第3章 働いて稼いで、ハッピーに使う　第4章 小さな楽しみを重ねる、毎日の贅沢　第5章 日本って本当に素敵な国　終章 明日は今日より幸せに

金　方慶　きん・ほうけい
⇒キム・バンギョンを見よ

錦光山　宗兵衛（6代）〔1823〜1884〕　きんこうざん・そうべえ
◇京都粟田焼窯元　錦光山宗兵衛伝—世界に雄飛した京薩摩の光芒を求めて　錦光山和雄著　開拓社　2018.2　393p　図版24p　20cm　〈表紙のタイトル：Kinkozan Sobei : the story of an Awata Kiln　文献あり 年表あり〉　2800円　Ⓘ978-4-7589-7020-4　Ⓝ751.1
内容　第1章 京焼粟田の御用御茶碗師、錦光山（京焼のなかの粟田口　将軍家御用御茶碗師、錦光山　ほか）　第2章 幕末から明治へ、世界へと拓かれた京薩摩（陶磁器輸出の道のり　京薩摩をつくる　ほか）　第3章 ジャポニスムからアール・ヌーヴォーへ—七代宗兵衛の試練（十七歳で家督を継いだ七代宗兵衛の取り組み　「SATSUMA」の人気急落とジャポニスムの衰退　ほか）　第4章 錦光山商店、改革の時代（パリ万博後の改革への動き　進展する意匠改革—遊陶園の結成　ほか）　第5章 世界経済の荒波に揺れた京薩摩（陶磁器試験場の国立移管と海外市場への雄飛　大戦後、一転して襲う経済危機　ほか）

錦光山　宗兵衛（7代）〔1868〜1927〕　きんこうざん・そうべえ
◇京都粟田焼窯元　錦光山宗兵衛伝—世界に雄飛した京薩摩の光芒を求めて　錦光山和雄著　開拓社　2018.2　393p　図版24p　20cm　〈表紙の

タイトル：Kinkozan Sobei：the story of an Awata Kiln　文献あり　年表あり〉　2800円　Ⓘ978-4-7589-7020-4　Ⓝ751.1

|内容|第1章 京焼粟田の御用御茶碗師、錦光山（京焼のなかの粟田口　将軍家御用御茶碗師、錦光山 ほか）　第2章 幕末から明治へ、世界へと拓かれた京薩摩（陶磁器輸出の道のり　京薩摩をつくる ほか）　第3章 ジャポニスムからアール・ヌーヴォーへ―七代宗兵衛の試練（十七歳で家督を継いだ七代宗兵衛の取り組み　「SATSUMA」の人気急落とジャポニスムの衰退 ほか）　第4章 錦光山商店、改革の時代（パリ万博後の改革への動き　進展する意匠改革―遊陶園の結成 ほか）　第5章 世界経済の荒波に揺れた京薩摩（陶磁器試験場の国立移管と海外市場への雄飛　大戦後、一転して襲う経済危機 ほか）

金城 次郎〔1912～2004〕　きんじょう・じろう
◇金城次郎とヤチムン―民藝を生きた沖縄の陶工　松井健著　宜野湾　榕樹書林　2016.6　126p　21cm　（がじゅまるブックス 11）〈文献あり〉　1380円　Ⓘ978-4-89805-186-3　Ⓝ751.1

金城 眞吉〔1944～〕　きんじょう・しんきち
◇名伯楽のミット―ボクシング王国・沖縄金城眞吉の道　磯野直著　那覇　沖縄タイムス社　2014.7　207p　19cm　1300円　Ⓘ978-4-87127-216-2　Ⓝ788.3

今上天皇　きんじょうてんのう
⇒天皇徳仁（てんのうなるひと）を見よ

金田一 京助〔1882～1971〕　きんだいち・きょうすけ
◇金田一家、日本語百年のひみつ　金田一秀穂著　朝日新聞出版　2014.8　220p　18cm　（朝日新書 476）　760円　Ⓘ978-4-02-273576-8　Ⓝ810

|内容|第1部 今の日本語はどんな姿か（平成のことばたち　辞書はどうなるべきか　IT時代の日本語）　第2部 日本語三代（初代の京助　二代目の春彦　親子ニホンゴ対話　三代目・秀穂のでき上がり）

金田一 春彦〔1913～2004〕　きんだいち・はるひこ
◇金田一家、日本語百年のひみつ　金田一秀穂著　朝日新聞出版　2014.8　220p　18cm　（朝日新書 476）　760円　Ⓘ978-4-02-273576-8　Ⓝ810

|内容|第1部 今の日本語はどんな姿か（平成のことばたち　辞書はどうなるべきか　IT時代の日本語）　第2部 日本語三代（初代の京助　二代目の春彦　親子ニホンゴ対話　三代目・秀穂のでき上がり）

金田一 秀穂〔1953～〕　きんだいち・ひでほ
◇金田一家、日本語百年のひみつ　金田一秀穂著　朝日新聞出版　2014.8　220p　18cm　（朝日新書 476）　760円　Ⓘ978-4-02-273576-8　Ⓝ810

|内容|第1部 今の日本語はどんな姿か（平成のことばたち　辞書はどうなるべきか　IT時代の日本語）　第2部 日本語三代（初代の京助　二代目の春彦　親子ニホンゴ対話　三代目・秀穂のでき上がり）

キンタロー。〔1981～〕
◇一発屋芸人列伝　山田ルイ53世著　新潮社　2018.5　236p　20cm　1300円　Ⓘ978-4-10-351921-8　Ⓝ779.14

|内容|レイザーラモンHG―一発屋を変えた男　コウメ太夫―"出来ない"から面白い　テツandトモ―この違和感なんでだろう　ジョイマン―「ここにいるよ」　ムーディ勝山と天津・木村―バスジャック事件　波田陽区―一発屋故郷へ帰る　ハローケイスケ―不遇の"0・5"発屋　とにかく明るい安村―裸の再スタート　キンタロー。―女一発屋　髭男爵―落ちこぼれのルネッサンス

金原 まさ子〔1911～2017〕　きんばら・まさこ
◇あら、もう102歳―俳人金原まさ子の、ふしぎでゆかいな生き方　金原まさ子著　草思社　2018.2　237p　16cm　（草思社文庫 き1-1）　700円　Ⓘ978-4-7942-2320-3　Ⓝ914.6

|内容|1 たまたま一〇二歳（気がついたら一〇二歳。電車で席を譲られるのはちょっと…　日に何度も「あちら側」へ。俳句はわたしの竜宮城 ほか）　2 二十歳の銀座（「ひる逢ふ紅はうすくてさし」。家を出ていった「夫」との逢い引き　銀座松坂屋裏「ブランズウィック」。二十歳のわたしたち ほか）　3 美しい男性たち（「戦場のメリークリスマス」の坂本龍一で、修業時代が変わりました　デヴィッド・シルヴィアンやプリンスのライブにも行きました ほか）　4 麹町六丁目七番地（七歳のとき、父が「おもしろいものを見せてあげよう」と　四ツ谷駅の向かい、銀行員の父が建てたわが家 ほか）　5 フマジメとマジメ（愛することがツラい、などと、思っていたから、罰をうけたのです　夫はベッドをのぞきこんで曰く「デカい鼻だな」 ほか）

公仁親王〔1733～1770〕　きんひとしんのう
◇四親王家実録 25　桂宮実録 第6巻（公仁親王実録）　吉岡眞之、藤井讓治、岩壁義光監修　ゆまに書房　2017.3　348p　27cm　〈布装　宮内庁宮内公文書館所蔵の複製〉　25000円　Ⓘ978-4-8433-5109-3　Ⓝ288.44

キン・フー
⇒胡金銓（こ・きんせん）を見よ

【く】

虞 世南〔558～638〕　ぐ・せいなん
◇中国書人伝　中田勇次郎編　中央公論新社　2015.7　365p　16cm　（中公文庫 な66-1）〈中央公論 1973年刊の再刊　年譜あり〉　1200円　Ⓘ978-4-12-206148-4　Ⓝ728.22

|内容|王羲之・王献之―平塚茂樹　鄭道昭、智永―小川環樹　唐太宗・虞世南、欧陽詢・褚遂良―加藤秋邨　顔真卿・柳公権―井上靖　李邕・張旭、懐素・楊凝式―土岐善麿　蘇軾、黄庭堅、米芾―寺田透　趙孟頫・張即之―武田泰淳、文徴明、董其昌―杉浦明平　張瑞図―中田勇次郎　王鐸・金農・劉墉―三浦朱門　鄧石如・何紹基・趙之謙

盧 千惠　ぐ・ちえ
⇒盧千惠（ろ・せんけい）を見よ

空海〔774〜835〕　くうかい

◇入門お経の本―般若心経から法華経、大日経、浄土三部経まで現代社会を生き抜くための仏陀の言葉　釈徹宗 ほか著　洋泉社　2014.7　111p　30cm　〈図説お経の本〉（2013年刊）の改題　文献あり〉　1800円　①978-4-8003-0465-0　Ⓝ183

内容　プロローグ 仏陀・その人、その教え―釈迦八相図とともに見るブッダの生涯（誕生―ブッダは、迷いの生を終わらせるためにこの世に生まれた　出家―一生、老、病、死の四苦に気づき出家を決意する　ほか）　1 仏教美術でわかるお経（般若心経―わずか二六二文字で「空」の理法を説く　維摩経―二辺を離れる「不二思想」の金字塔　ほか）　2 日本仏教クロニクル名僧列伝―仏教の伝来と初期の日本仏教（国家統合のシンボルから鎮護国家のシステムへ―聖徳太子　日本仏教の基礎を築いた平安仏教―最澄と空海 ほか）　3 あなたならお経を知っている！　お経と日本人（食―和食は、食材も調理法も仏教と深くかかわっている　茶道―「おもてなし」の心を育んだ茶の精神 ほか）

◇弘法大師に親しむ　川崎一洋著　セルバ出版　2014.8　127p　21cm　〈文献あり　発売：創英社/三省堂書店〉　1600円　①978-4-86367-165-2　Ⓝ188.52

内容　1 弘法大師の金言と、癒しの大師像（光陰矢のごとし―常楽寺の大師像のあらわす心　隔てなき心―取星寺境内の大師像　いつかは花咲く―「星の岩屋」の大師像　菩薩の用心―坂本大師堂の大師像　心を見つめる―犬墓大師堂の大師像 ほか）　2 弘法大師を知る（弘法大師の生涯　弘法大師と四国　弘法大師の姿）　3 弘法大師に親しむキーワード

◇空海―真言宗　澤田ふじ子著　京都　淡交社　2014.9　207p　18cm　〈京都・宗祖の旅〉〈1990年刊の再編集　年表あり〉　1200円　①978-4-473-03958-3　Ⓝ188.52

内容　宗祖の言葉　空海と真言宗　1 空海の生涯と教え（空海の信仰と誕生　出家と仏教への開眼　謎の七年間 ほか）　2 京都・空海の旅（三川合流・山崎橋　高雄山神護寺　洛西、乙訓寺 ほか）　3 京都の真言寺院（醍醐寺　随心院　勧修寺 ほか）

◇高野山　松長有慶著　岩波書店　2014.10　233, 9p　18cm　〈岩波新書 新赤版 1508〉〈文献あり　年表あり　索引あり〉　880円　①978-4-00-431508-7　Ⓝ188.55

内容　はじめに　高野山の一日　第1章 高野山を歩く　第2章 高野山の四季　第3章 高野山の開創　第4章 高野山の歴史　第5章 高野山の今日　第6章 高野山の文化財

◇お大師さま―高野山開創一二〇〇年記念　菩提の章　高野町（和歌山県）　高野山真言宗布教研究所　2014.12　68p　21cm　Ⓝ188.52

◇空海はいかにして空海となったか　武内孝善著　KADOKAWA　2015.2　254p　19cm　〈角川選書 552〉〈文献あり〉　1700円　①978-4-04-703552-2　Ⓝ188.52

内容　プロローグ 謎につつまれた空海の前半生　第1章 空海の生家・佐伯直氏　第2章 母の出自・阿刀氏　第3章 少年時代―仏道を志したのはいつか？　第4章 求聞持法との出逢いと神秘体験　第5章 入唐の目的　第6章 空海の出家と入唐　第7章 長安の空海　第8章 恵果和尚との出逢い　エピローグ 空海はわが国に何をもたらしたか

◇空海と密教　ひろさちや著　祥伝社　2015.2　227p　16cm　〈祥伝社黄金文庫 Gひ4-2〉　580円　①978-4-396-31655-6　Ⓝ188.52

内容　1 大学を去る空海　2 彷徨する空海　3 海を渡る空海　4 密教を完成させる空海　5 帰ってきた空海　6 傍若無人の空海　7 任務のない空海　8 僧に専念する空海　9 山に眠った空海

◇空海伝の研究―後半生の軌跡と思想　武内孝善著　吉川弘文館　2015.2　605,19p　22cm　〈索引あり〉　13000円　①978-4-642-04616-9　Ⓝ188.52

内容　第1部 空海と嵯峨・平城天皇（空海と嵯峨天皇・藤原三守　『般若心経秘鍵』上表文攷 ほか）　第2部 空海と東寺（空海への東寺勅賜説　東寺安居会攷 ほか）　第3部 空海と綜芸種智院（綜芸種智院攷　造大輪田船瀬所別当補任説をめぐって ほか）　第4部 真言宗の年分度者（最晩年の空海　三業度人の制 ほか）

◇恵観の「新空海伝」―現代をお大師さまとともに生きる　池口恵観著　ロングセラーズ　2015.2　299p　19cm　1500円　①978-4-8454-2347-7　Ⓝ188.52

内容　1 宝ものとして育てられた幼少期　2 出世コースの大学をやめて出家、修行の道に　3 唐へ行こう　4 大海への祈りで護られた平安初期の世　5 言語の天才・空海　6 受け継いだ密教の正統　7 心の故郷「高野山」　8 大日如来を中心に置く曼荼羅図　9 聖地としての祈りを高める　10 お大師さまが残された奇蹟の数々　11 入定

◇弘法大師空海読本　本田不二雄著　新装版　原書房　2015.3　293p　21cm　〈文献あり〉　1800円　①978-4-562-05148-9　Ⓝ188.52

内容　1 四国（神人誕生　密一乗の教主）　2 京都（密厳国家への道）　3 高野山（空海＝弘法大師の秘密）

◇空海と密教―「情報」と「癒し」の扉をひらく　頼富本宏著　新版　PHP研究所　2015.3　251p　19cm　〈文献あり　年表あり〉　1600円　①978-4-569-82400-0　Ⓝ188.52

内容　情報と癒し―動脈と静脈（「国際」「情報」「人間」「福祉」を先取りした空海　二重の知に秀でていた空海 ほか）　誕生とその環境―恵まれた風土と家族（僧の条件と大師号　空海の四つの名 ほか）　出家への道のり―情報から癒しへ（さまよう青春　仏教への志向 ほか）　入唐前夜―基礎要件の確保（空白の七年　秘経感得 ほか）　入唐求法―宗教と文化の二情報（波乱の渡唐　福州への着岸 ほか）　密教受法―遍照金剛の誕生（長期低落の時代　恵果の情報 ほか）　虚しく往きて実ちて帰る―新情報とツール（「もの」を介する密教　空海の経済的な後ろだて ほか）　雌伏の日々―蓄えられたエネルギー（波乱の帰国　『請来目録』の上表 ほか）　都での期待―最澄・嵯峨天皇との出会い（典籍書写　最澄の求めたもの ほか）　真言密教の確立―若葉萌える季節（密教の宣布　徳一菩薩 ほか）　著作と思想―教理と裁判（空海の教理と教判　既存の思想と四つの相違点 ほか）

くうかい

入定と大師信仰—空海から弘法大師へ(最後の二大事業　理想の学校・綜芸種智院　ほか)

◇弘法大師空海伝十三講—その生涯・思想の重要課題とエピソード　加藤精一著　大法輪閣　2015.3　173p　19cm　1800円　Ⓘ978-4-8046-1371-0　Ⓝ188.52

内容　激動の前半生　『三教指帰』に関する諸問題　空海の生年について　入唐、長安滞在をめぐって　『中寿感興の詩』最澄(伝教大師)との道交を総括する　高野山の開創と権米の論争　『綜藝種智院式幷に序』—千二百年前の教育論　『秘密曼荼羅十住心論』と『秘蔵宝鑰』の関係　『性霊集』の序文について　中国における空海の評価　エピソード・アラカルト　空海と外国人との交渉

◇空海と高野山—世界遺産・天空の聖地・開創1200年　頼富本宏監修　京都　PHP研究所　2015.4　143p　21cm　〈文献あり〉　1300円　Ⓘ978-4-569-82279-2　Ⓝ188.52

内容　第1章　高野山の魅力大解剖—見学ガイド基本のキ(大門　壇上伽藍　中門　ほか)　第2章　著作で探る、空海さんの魅力大解剖(空海の生涯　三教指帰　弁顕密二教論　秘蔵宝鑰論　般若心経秘鍵)　第3章　小空海さん、珠玉の名言たち

◇今こそ知りたい！空海と高野山の謎　『歴史読本』編集部編　KADOKAWA　2015.6　239p　15cm　(新人物文庫　れ-1-59)　800円　Ⓘ978-4-04-601326-2　Ⓝ188.52

内容　第1部　空海と高野山への誘い(空海が描いた新しい宗教世界—独自の空海像と、そこから広がる密教世界の魅力　密教の基本Q&A—空海がもたらしたえ教　高野山千二百年の軌跡—繁栄と危機・再興の歴史　高野山　見どころガイド—天空の仏都をたずねて)　第2部　空海をめぐる10のキーワード(出自—謎多き誕生年と出身地　修行時代—栄達を捨て仏門を選んだ真意　入唐求法—中国密教の正統なる後継者　最澄—二人の「確執」の実態とは？　高野山—空海を導いた二神の正体　即身成仏論—真言密教の教義の精華　マンダラ—視覚化された悟りへの道程　天皇—最上の権威を手に入れる　入定伝説—最期をめぐる伝説と信仰　中世神道—空海入定後の両部神道)　第3部　空海と高野山をより知るために(全国に広がる空海伝承の謎—なぜ、似たような話が各地にあるのか？　「書聖」空海の書を読み解く—後世まで讃えられる理由　もうひとつの聖地「女人高野」—だれが女性を拒むのか)

◇うちのお寺は真言宗　わが家の宗教を知る会著　文庫オリジナル版　双葉社　2015.7　221p　15cm　(双葉文庫　わ-08-03—〔わが家の〈宗教を知る〉シリーズ〕)〈文献あり〉　602円　Ⓘ978-4-575-71438-8　Ⓝ188.5

内容　序章　ざっくりわかる真言宗Q&A　第1章　仏教の歴史と真言宗の誕生　第2章　空海の生涯と真言宗の発展　第3章　キーワードで知る真言宗の教え　第4章　真言宗のしきたり　第5章　ぜひ訪ねたい真言宗のお寺

◇0からわかる空海と高野山のすべて　渋谷申博著　三笠書房　2015.7　237p　15cm　(知的生きかた文庫　し43-4—CULTURE)〈文献あり〉　590円　Ⓘ978-4-8379-8347-7　Ⓝ188.52

内容　第1章　空海とは何者なのか？(弘法大師とは空海のことなのか？　佐伯氏の謎と伯父・阿刀大足　ほ

か)　第2章　空海と真言密教のすべて(空海が伝えた密教とは何か？　密教の仏はなぜ顔も手も多いのか？　ほか)　第3章　空海と高野山のすべて(高野山と金剛峯寺　空海による高野山建設　ほか)　第4章　もっと空海を知る小事典(空海ゆかりの寺社　「大師伝説」めぐり　ほか)

◇素顔の空海　池口豪泉著　ロングセラーズ　2015.7　288p　19cm　1400円　Ⓘ978-4-8454-2359-0　Ⓝ188.52

内容　1章　親不孝だった空海　2章　書にみる完璧主義の空海　3章　ルールに縛られない自由人　4章　いつか見ていろ　5章　革新家空海　6章　リアリスト　7章　求法入唐の見直し　8章　釈迦の修行と密教修行　9章　空海の修行とそれを巡る先人たち　10章　釈迦の苦悩と空海の苦悩

◇日本書人伝　中田勇次郎編　中央公論新社　2015.8　363p　16cm　(中公文庫　な66-2)〈執筆：山本健吉ほか　中央公論社1974年刊の再刊　年譜あり〉　1200円　Ⓘ978-4-12-206163-7　Ⓝ728.21

内容　聖徳太子　聖武天皇　光明皇后—山本健吉　空海—司馬遼太郎　最澄　嵯峨天皇　橘逸勢—永井将合　小野道風　藤原佐理—寺田透　藤原行成—白洲正子　西行　藤原俊成　藤原定家—中村真一郎　大燈国師　一休宗純—唐木順三　本阿弥光悦—花田清輝　池大雅　辻邦生　良寛—水上勉　貫名菘翁—中田勇次郎

◇空海入門—本源への回帰　高木訷元著　新装版　京都　法藏館　2015.8　270p　19cm　1800円　Ⓘ978-4-8318-6543-4　Ⓝ188.52

内容　1　その生涯(長安へ—弘法大師空海の前半生　長安から—入唐求法の請来品　帰国ののち—書簡にみる生涯の断面　思索の軌跡—弘法大師空海の著作)　2　その人間像(書簡にみる弘法大師空海の人間像　伝教大師との交渉)　3　その思想(弘法大師空海の数学と現代的意義　教育はどうあるべきか—その教育理念　菩薩道とは—その社会福祉観　いのちの道—弘法大師空海の遺誡)　4　現代へのメッセージ(本源への回帰—二十一世紀への共存の指針)

◇空海　髙村薫著　新潮社　2015.9　188p　22cm　〈文献あり〉　1800円　Ⓘ978-4-10-378408-1　Ⓝ188.52

内容　第1章　千二百年の時空を遡る　第2章　私度僧の時代　第3章　入唐　第4章　空海、表舞台に踊り出る　第5章　二人空海　第6章　空海、弘法大師になる　第7章　高野浄土　第8章　祈りのかたち　第9章　再び高野　第10章　終着点　特別対談

◇平安の新京　石上英一、鎌田元一、栄原永遠男監修, 吉川真司編　大阪　清文堂出版　2015.10　396p　22cm　(古代の人物　4)〈索引あり〉　4500円　Ⓘ978-4-7924-0571-7　Ⓝ281.04

内容　本巻のねらい　平安の新京　1　平城京と平安京(桓武天皇—中国的君主像の追求と「律令制」の転換　早良親王—「皇太子廃位」の困難　坂上田村麻呂—征夷副将軍になるまでを中心に　高丘親王(真如)—菩薩の道、必ずしも一致せず)　2　王権の安定(嵯峨天皇—唐風を整え、幽玄に遊ぶ　最澄—仏法具足の大日本国　空海—鎮護国家・王国護持の密教者　源信・常・定—臣籍降下した皇子たち　有智子内親王—「文章経国」の時代の初代賀茂斎院　仁明天皇—宮廷の典型へ　讃岐永直—律令国家と明法道)　3　前期摂関政治へ(伴善男—逆臣か「良吏」か　円

くうかい

仁―東部ユーラシア史の変動を記録した入唐僧　藤原良房・基経―前期摂関政治の成立　藤原高子―廃后事件の背景と歴史的位置　藤原保則―激動の時代を生きた良吏）

◇此処にいる空海　岳真也著　牧野出版　2015.11　319p　20cm　〈文献あり〉　2700円　Ⓘ978-4-89500-198-4　Ⓝ188.52

内容 第1章 プロフィル（真魚から空海となるまで　唐の都・長安へ　帰朝の軌跡　入洛後の活躍）　第2章 謎その一 不詳の青年期（生誕と出自　古代の「福沢諭吉」　空白の十余年　使譯（通訓）として唐へ？）　第3章 謎その二 入唐から入定まで（ついに入唐 唯一人の潅頂　待つことも修行のうち　超天才と超秀才―最澄との関係　空海は生きている!?）　第4章 神秘と天才（若き日の軌跡と奇跡　今もつづく「空海伝説」　日本史「天災列伝」その1　日本史「天災列伝」その2　空海とアインシュタイン　空海とレオナルド・ダ・ヴィンチ）　第5章 空海への旅（四国霊場　京都二寺　高野山　唐の都・長安へ　その1 上海～洛陽　唐の都・長安へ　その2 洛陽～西安）

◇高野山のすべて―聖地巡礼と空海の生涯　静慈圓監修　宝島社　2016.2　239p　16cm　（宝島SUGOI文庫 Dし-10-1）〈『図解高野山のすべて』(2014年刊)と『空海風信帖の謎』(2015年刊)の改題、改訂〉　690円　Ⓘ978-4-8002-5248-7　Ⓝ188.52

内容 第1章 空海の生涯（空海の歩み―生涯年表　幼少時代、命がけで捨身誓願―18歳で役人養成の大学へ ほか）　第2章 高野山巡礼（高野山とは何か？　高野山MAP ほか）　第3章 空海の教えと言葉（真言密教の教え　密教の人間観 ほか）　第4章 高野山の歴史と文化財（空海の時代―平安時代前期　空海入定後―平安時代中期 ほか）

◇最澄と空海―日本仏教思想の誕生　立川武蔵著　KADOKAWA　2016.5　302p　15cm　（角川ソフィア文庫）〔H122-1〕〈講談社 1998年刊の再刊　年譜あり〉　880円　Ⓘ978-4-04-400082-0　Ⓝ188.42

内容 1 仏教の源流（源流としてのインド仏教　中国―仏教のメタモルフォーゼ）　2 最澄―はじまりの人（日本仏教の転換　天台実相論　一念三千の哲学　最澄と天台の世界観）　3 空海―世界の聖化（密教の導入者　密教行者としての空海―虚空蔵求聞持法　空海のマンダラ理論　空海と密教の世界観）

◇弘法大師空海と出会う　川﨑一洋著　岩波書店　2016.10　254,2p　18cm　（岩波新書 新赤版 1625）〈文献あり 年譜あり〉　920円　Ⓘ978-4-00-431625-1　Ⓝ188.52

内容 第1章 生涯を辿る　第2章 霊跡を巡る　第3章 姿をイメージする　第4章 芸術に触れる　第5章 著作を読む　第6章 言葉に学ぶ

◇空海入門―弘仁のモダニスト　竹内信夫著　筑摩書房　2016.10　249p　15cm　（ちくま学芸文庫 た47-1)〈1997年刊の大幅な加筆訂正　文献あり〉　1000円　Ⓘ978-4-480-09748-4　Ⓝ188.52

内容 序章 始まりとしての高野山　第1章 空海の原風景　第2章 空海前半生の軌跡　第3章 『請来目録』という作品　第4章 弘仁のモダニズム　終章 再び始まりとしての高野山へ

◇よくわかる真言宗―重要経典付き　瓜生中著　KADOKAWA　2016.12　341p　15cm　（角川ソフィア文庫）〔H113-4〕〈文献あり 年表あり〉　960円　Ⓘ978-4-04-400135-3　Ⓝ188.5

内容 第1章 真言宗の基礎知識　第2章 密教の教義と行法　第3章 真言宗の本尊と諸尊　第4章 空海の生涯と空海以降の真言宗　第5章 主な寺院と空海ゆかりの寺院　第6章 真言宗のお経　付録 真言宗の年中行事と法要

◇空海に出会った精神科医―その生き方・死に方に現代を問う　保坂隆著　大法輪閣　2017.1　239p　19cm　1800円　Ⓘ978-4-8046-1391-8　Ⓝ188.52

内容 第1章 子供は愛情をもって育てるもの　第2章 思春期は悩むもの　第3章 青年期は夢を持つもの　第4章 壮年期はコミュニケーションするもの　第5章 中高年期はうつ病に注意するもの　第6章 円熟期は社会を見つめるもの　第7章 死はプロデュースするもの　付録 フィクションの世界の空海論について

◇加持力の世界　三井英光著　新装版　大阪　東方出版　2017.2　201p　20cm　1800円　Ⓘ978-4-86249-279-1　Ⓝ188.56

内容 第1章 真言密教は加持祈祷の宗教（真言密教の覚りの本質　加持とは ほか）　第2章 弘法大師一代の行状とその入定の悲願（生誕より入唐まで　入唐より帰朝開宗まで ほか）　第3章 瑜伽秘法を修しての体験実話（捨身祈願して仏天の加護を体解　失明より救われた ほか）　附記（某師の質疑に答えて　日蓮宗中央講習会に出講して）

◇いまこそ知りたい日本の思想家25人　小川仁志著　KADOKAWA　2017.9　254p　19cm　〈他言語標題：25 Japanese thinkers you need to know now 文献あり〉　1700円　Ⓘ978-4-04-400234-3　Ⓝ121.028

内容 第1章 日本思想の黎明期（空海　道元　親鸞　吉田兼好　世阿弥）　第2章 日本の近世の葛藤（山本常朝　荻生徂徠　本居宣長　安藤昌益　二宮尊徳）　第3章 日本の近代の幕開け（横井小楠　吉田松陰　福沢諭吉　新渡戸稲造　内村鑑三）　第4章 「日本哲学」の始まり（西周　西田幾多郎　九鬼周造　三木清　和辻哲郎）　第5章 世界における日本思想の独自性（北一輝　鈴木大拙　柳田國男　丸山眞男　吉本隆明）

◇〈語学教師〉の物語―日本言語教育小史　第1巻　塩田勉著　書肆アルス　2017.10　475p　21cm　〈索引あり〉　2800円　Ⓘ978-4-907078-19-5　Ⓝ807

内容 1 上代―飛鳥時代　2 上代―奈良時代　3 中古―空海　4 中古―最澄　5 中古―円仁　6 中古―円珍・成尋　7 中世―栄西・重源　8 中世―道元

◇心を洗う断捨離と空海　やましたひでこ，永田良一著　かざひの文庫　2018.3　207p　19cm　〈著作目録あり　発売：太陽出版〉　1500円　Ⓘ978-4-88469-903-1　Ⓝ188.52

内容 第1章 空海と断捨離（クローゼットに堆積していた執着心　高野山で訪れた転機　過剰を「断つ」「捨てる」「離れる」ことが急務 ほか）　第2章 空海の生涯（一族の期待を背負う空海　大学寮をやめて仏門に入る　遣唐使として唐へ ほか）　第3章 断捨

離の真髄と空海的生き方の極意(「なぜモノを捨てられないのでしょうか」―断捨離からの提言　「心が汚れていれば、環境も濁る」―空海的生き方からの提言　「断捨離は、何でもかんでも捨てることではありません」―断捨離からの提言　ほか)

◇釈伝空海　上　西宮紘著　藤原書店　2018.3　461p　20cm　4200円　Ⓘ978-4-86578-164-9　Ⓝ188.52

◇釈伝空海　下　西宮紘著　藤原書店　2018.3　874p　20cm　〈年譜あり〉　4200円　Ⓘ978-4-86578-165-6　Ⓝ188.52

陸　羯南〔1857〜1907〕　くが・かつなん

◇原敬と陸羯南―明治青年の思想形成と日本ナショナリズム　鈴木啓孝著　仙台　東北大学出版会　2015.3　324p　22cm　〈他言語標題：Hara Takashi and Kuga Katsunan　文献あり〉　3500円　Ⓘ978-4-86163-253-2　Ⓝ311.3

内容　第1部　明治初年の社会的状況と青年たち(日本ナショナリズムと旧藩　明治啓蒙主義の内面化―"士族の超越"　司法省法学校「放廃社」にみる結社と個人)　第2部　原敬の思想形成―あるいは「多元的日本国民観」の成立(福沢諭吉の二大政党制・議院内閣制理論の受容　近代日本における「多民族国家」的生起源)　第3部　陸羯南の思想形成―あるいは「一元的日本国民観」の成立(帰郷体験と「旧藩の超越」　「国民主義」の誕生―その「東北」論から)

◇陸羯南―道理と真情の新聞人　松田修一著,東奥日報社編　青森　東奥日報社　2015.6　233p　21cm　〈年譜あり　文献あり〉　1800円　Ⓘ978-4-88561-200-8　Ⓝ289.1

虞姫　ぐき
⇒虞美人(ぐびじん)を見よ

九鬼　周造〔1888〜1941〕　くき・しゅうぞう

◇九鬼周造―理知と情熱のはざまに立つ〈ことば〉の哲学　藤田正勝著　講談社　2016.7　237p　19cm　(講談社選書メチエ　627)〈文献あり　著作目録あり〉　1600円　Ⓘ978-4-06-258630-6　Ⓝ121.6

内容　序章　九鬼周造―「ことば」の哲学者　第1章　九鬼周造の生涯と思想　第2章　「いき」の構造　第3章　偶然性の哲学　第4章　時間について　第5章　芸術・文化・自然　第6章　文学・詩・押韻

◇いまこそ知りたい日本の思想家25人　小川仁志著　KADOKAWA　2017.9　254p　19cm　〈他言語標題：25 Japanese thinkers you need to know now　文献あり〉　1700円　Ⓘ978-4-04-400234-3　Ⓝ121.028

内容　第1章　日本思想の黎明期(空海　道元　親鸞　吉田兼好　世阿弥)　第2章　日本の近世の葛藤(山本常朝　荻生徂徠　本居宣長　安藤昌益　二宮尊徳)　第3章　日本の近代の幕開け(横井小楠　吉田松陰　福沢諭吉　新渡戸稲造　内村鑑三)　第4章　「日本哲学」の始まり(西周　西田幾多郎　九鬼周造　三木清　和辻哲郎)　第5章　世界における日本思想の独自性(北一輝　鈴木大拙　柳田國男　丸山眞男　吉本隆明)

公暁〔1200〜1219〕　くぎょう

◇公暁―鎌倉殿になり損ねた男　矢代仁著　名古屋　ブイツーソリューション　2015.4　157p　19cm　〈文献あり　発売：星雲社〉　1400円　Ⓘ978-4-434-20501-9　Ⓝ289.1

内容　公暁とは　吾妻鏡―当日の描写　愚管抄―当日の描写　『吾妻鏡』における公暁　『尊卑分脈』等における公暁　懸篤岐本『源氏系図』における公暁　鶴岡八幡宮の記録における公暁　如意寺の公暁と栄実　公暁の末弟禅暁　公暁の弟、栄実に関する疑問〔ほか〕

日下　慶太〔1976〜〕　くさか・けいた

◇迷子のコピーライター　日下慶太著　イースト・プレス　2018.6　1冊　19cm　1650円　Ⓘ978-4-7816-1680-3　Ⓝ674.35

内容　第1章　旅に出る　第2章　社会に出る　第3章　人生がフリーズする　第4章　人生の逆襲　第5章　アホになる　おまけ　アホがつくる街と広告　ポスター展作品集

久坂　玄瑞〔1840〜1864〕　くさか・げんずい

◇吉田松陰と文の謎　川口素生著　学研パブリッシング　2014.11　327p　15cm　(学研M文庫　か-16-5)〈文献あり　年譜あり〉　発売：学研マーケティング〉　660円　Ⓘ978-4-05-900885-9　Ⓝ121.59

内容　吉田松陰と文をめぐる謎　松陰と文の家族をめぐる謎　松陰と兵学＆思想の謎　松陰の海外密航未遂事件をめぐる謎　松陰と松下村塾をめぐる謎　松陰と「安政の大獄」をめぐる謎　久坂玄瑞と文をめぐる謎　長州藩と討幕運動をめぐる謎　高杉晋作をめぐる謎　長州藩の女性をめぐる謎　楫取素彦と美和子(文)をめぐる謎

◇吉田松陰と久坂玄瑞―高杉晋作、伊藤博文、山県有朋らを輩出した松下村塾の秘密　河合敦著　幻冬舎　2014.11　211p　18cm　(幻冬舎新書　か-11-5)　780円　Ⓘ978-4-344-98365-6　Ⓝ121.59

内容　第1章　吉田松陰と黒船(七人きょうだいの次男として生まれた吉田松陰　藩の兵学師範になるためのスパルタ教育　ほか)　第2章　吉田松陰の教育論(弟子を救うために、絶食で抗議　徹夜で記した「金子重輔抗状」ほか)　第3章　松陰と玄瑞、師弟の絆(久坂玄瑞と松陰の妹・文との結婚　アメリカ総領事ハリスの来訪ほか)　第4章　久坂玄瑞と禁門の変(久坂玄瑞の悔恨と決意　長州藩の公武合体運動ほか)

◇久坂玄瑞　一坂太郎著　〔萩〕　萩ものがたり　2014.12　53p　21cm　(萩ものがたり　vol 44)　473円　Ⓝ289.1

◇吉田松陰の妹―三人の志士に愛された女　原口泉著　幻冬舎　2014.12　215p　18cm　〈文献あり〉　1100円　Ⓘ978-4-344-02696-4　Ⓝ289.1

内容　第1章　なぜ今、「松陰の妹」なのか(なぜ今、吉田松陰なのか、そしてその妹・文なのか　大河ドラマ『花燃ゆ』の題名に秘められた意味　ほか)　第2章　文の育った松陰の家庭と兄弟(文の子どもたち時代が偲ばれる姉・芳子の談話　「家庭の人としての吉田松陰」児玉芳子ほか)　第3章　文を愛した第一の志士・吉田松陰(真情溢れる「文妹久坂氏に適くに贈る言葉」　司馬遼太郎が「維新史の奇蹟」と呼んだ

松陰の存在 ほか) 第4章 文を愛した第二の志士・久坂玄瑞(文と久坂玄瑞との出会い 久坂玄瑞が最初、文との縁談を渋った理由ет は ほか) 第5章 文を愛した第三の志士・楫取素彦(楫取素彦(小田村伊之助)は、松陰と同じく学者の家柄 江戸で松陰と出会う ほか)

◇吉田松陰—久坂玄瑞が祭り上げた「英雄」 一坂太郎著 朝日新聞出版 2015.2 203p 18cm 〈朝日新書 502〉 720円 Ⓘ978-4-02-273602-4 Ⓝ121.59
内容 第1章 吉田松陰の実像(俗人離れした異端者 松陰誕生 ほか) 第2章 久坂玄瑞の生い立ちと松陰との出会い(玄瑞の兄の影響 相次ぐ身内の死 ほか) 第3章 松陰の妹・文と玄瑞の結婚(豊かになった杉家 玄瑞、文と結婚 ほか) 第4章「松陰の死」を利用する玄瑞(松陰の志を継ぐ 早くも伝記編纂始まる ほか) 第5章 尊王攘夷運動の中で神格化される松陰(松陰改葬 松陰の著作が教科書に ほか)

◇高杉晋作と久坂玄瑞 池田諭著 新装版 大和書房 2015.2 237p 19cm 〈文献あり 年譜あり〉 1600円 Ⓘ978-4-479-86025-9 Ⓝ289.1
内容 第1部 松陰に導かれる二つの才能(村塾の竜虎 兄の遺志を受け継ぐ玄瑞 明倫館にあきたらぬ晋作 村塾時代 学びながら行動する 師弟の対立 松陰の死を生かすために) 第2部 村塾の理念を実践へ(村塾をひきいる二本の柱 長井の航海遠略策と玄瑞 晋作が上海で見たもの イギリス公使館襲撃 攘夷の急先鋒玄瑞 晋作の苦悶 奇兵隊創設) 第3部 袂を分かつ晋作と玄瑞(二人の進む道 玄瑞の最後 長州藩の危機 クーデターによる藩論統一 新しい舞台 晋作の死)

◇吉田松陰と長州五傑 頭山満、伊藤痴遊、田中光顕著 国書刊行会 2015.7 239p 19cm 1800円 Ⓘ978-4-336-05944-4 Ⓝ281.77
内容 桜の下の相撲 吉田松陰(先駆者 松下村塾 ほか) 久坂玄瑞(地蔵様 久坂、高杉と水戸学 ほか) 高杉晋作(武侠漢断第一人 絢爛たる その生涯 ほか) 伊藤博文、井上馨(伊藤博文の生涯(軽輩 独り立ち ほか) 伊藤公と井上侯の血気時代(松陰門下 象山の気風 ほか)) 木戸孝允(木戸孝允の壮士時代(長州排斥 七卿 ほか))

◇吉田松陰 杉・村田家の系譜 熊井英雄著 東洋出版 2016.8 278p 図版10p 19cm 〈文献あり〉 1800円 Ⓘ978-4-8096-7838-7 Ⓝ121.59
内容 吉田松陰とその一族 松陰の生涯 松陰余話 松陰母、滝子の生涯 松陰を支えた兄民治(梅太郎) 松陰が愛した千代(児玉芳子)と敏三郎 幕末、明治に活躍した楫取素彦と寿子 松門の双璧、久坂玄瑞と文 楫取素彦の県令辞任以後、没年まで 松陰母の生家、村田家との消滅(離村) 明治以降の杉家ゆかりの人々 楫取寿子発願の前橋、正覚山清光寺物語

◇久坂玄瑞史料 一坂太郎、道迫真吾編 周南マツノ書店 2018.4 824p 22cm 〈文献あり〉 Ⓝ289.1

日下部 五朗 〔1934〜〕 くさかべ・ごろう
◇シネマの極道—映画プロデューサー一代 日下部五朗著 新潮社 2015.11 243p 16cm 〈新潮文庫 く-51-1〉〈文献あり 作品目録あり〉 490円 Ⓘ978-4-10-120236-5 Ⓝ778.21

内容 カンヌ映画祭 昭和三十二年のビフテキ・サンド 東映城の下で やくざ映画のカード 庶民の期待する映画 ネチョネチョ生きとるこっちゃ 姓は矢野、名は竜子 一九七三年一月十三日 撮れい、撮れれい! ナベさんの脚本家訪問 ほか

草野 あおい 〔1968〜〕 くさの・あおい
◇いろいろ越えて、五十路まえ 草野あおい著 文芸社 2017.2 118p 19cm 1000円 Ⓘ978-4-286-18004-5 Ⓝ289.1

草野 馨 〔1943〜〕 くさの・かおる
◇人生は冒険旅行のようなもの!! 草野馨著 幻冬舎メディアコンサルティング 2017.1 229p 19cm 〈発売:幻冬舎〉 1300円 Ⓘ978-4-344-91015-7 Ⓝ289.1
内容 北海道のとてつもない山村での生活 小・中学校時代は劣等生 荒れる多感な青春期 ミネ・ツネの戦い、そして山村を出る 不思議な出会いからドン底生活 職場の事件から政治の道へ 事業家への道 フランス人形の不思議な力 NHKテレビに登場する バブル崩壊と経営危機 えん罪、そして悪夢の生活 難病・諦めない・投げ出さない精神力 熱闘 私の随想

草野 丈吉 〔1840〜1886〕 くさの・じょうきち
◇本邦初の洋食屋—自由亭と草野丈吉 永松実著, 坂本洋司料理監修 長崎 えぬ編集室 2016.6 271p 23cm 〈年譜あり 発売:西日本新聞社(福岡)〉 2700円 Ⓘ978-4-8167-0920-3 Ⓝ383.81
内容 1 洋食以前—タブーの食文化(南蛮人の来航と肉食 文献にみる日本人の肉食 ほか) 2 日本初の洋食屋—長崎の自由亭(オランダ総領事専任コック召使丈吉 六畳一間の洋食専門店 ほか) 3 自由亭の洋食—大阪、京都、神戸、そして長崎(大阪の自由亭 京都の自由亭 ほか) 4 居留地の洋食事始め—下田・横浜・箱館・新潟・築地(ペリー来航と日米の餐応 下田港とハリス ほか) 5 自由亭の後—エピローグ(自由亭主人没する その後の自由亭)

草野 美和 〔1941〜〕 くさの・みわ
◇好奇心のかたまり 草野美和著 文芸社 2018.7 242p 19cm 1200円 Ⓘ978-4-286-19549-0 Ⓝ289.1
◇好奇心のかたまり 草野美和著 文芸社 2018.8 247p 19cm 1200円 Ⓘ978-4-286-20107-8 Ⓝ289.1

草笛 光子 〔1933〜〕 くさぶえ・みつこ
◇いつも私で生きていく 草笛光子著 小学館 2018.8 215p 15cm 〈小学館文庫 く15-1〉〈ベストセラーズ 2012年刊の加筆修正〉 570円 Ⓘ978-4-09-406534-3 Ⓝ772.1
内容 第1章 毎日の健康法—体も心も "元気" でいたい(演じるために、元気でいたい 70歳を過ぎて始めた筋トレ ほか) 第2章 美容とおしゃれ—私らしく楽しみたい(丸坊主がきっかけで、髪を染めなくなった 白い髪では解放、無敵の自然体に寄い ほか) 第3章 女優人生—こわいもの知らずで挑み続けてきた(サンルームで過ごした、虚弱体質児童だったころ 女学校から未知の世界の松竹歌劇団へ ほか) 第4

章 人間関係―群れずに、出会いを大切に（親しい間柄だからこそ距離感が大事　親友のひとことで、"新聞人間"になった　ほか）　第5章 このごろ思うこと―「これまでのこと」ではなく「これからのこと」を（母を見送った翌日の舞台で自分を超えた力を感じた　未来の人たちにとってのよい"先祖"でありたい　ほか）

草間 弥生〔1929～〕　くさま・やよい
◇草間彌生が生まれた理由（わけ）　澁田見彰著，市民タイムス編　松本　市民タイムス　2014.12　163p　21cm　1800円　Ⓟ978-4-921178-19-2　Ⓝ702.16

＊草間彌生。現在、世界が最も注目するアーティストである。長野県松本市に生まれた彼女は、28歳でひとりアメリカへと旅立った。なぜ草間は描き続けるのか。なぜ草間は故郷を離れたのか。世界のクサマとなりえた変遷とは―。内容1：評伝「無限の網から永遠の愛へ」　少女が世界のクサマへと至る魂の軌跡（原点）をたどりながら、2012年の草間の動向（現在）を同時に追いかける。　※2012年4月8日から2013年3月31日にかけて市民タイムス（本社・松本市、発行エリア・長野県中信地域）紙上で隔週日曜連載した内容に加筆して収録。内容2：アーティスト・トーク　2012年に開催された新作個展「草間彌生　永遠の愛、永遠の永遠」のスペシャル・イベント「草間彌生が語るYAYOI KUSAMA」。草間彌生が自身の言葉で語った草間芸術。笑いあり涙ありの90分を余すところなく収録。

草間 吉夫〔1966～〕　くさま・よしお
◇現代人の伝記　2　致知編集部編著　致知出版社　2014.11　85p　26cm　1000円　Ⓟ978-4-8009-1059-2　Ⓝ280.8

内容　1　大平光代（弁護士）/清水哲―悲しみとの出会いが教えてくれたもの　2　永守重信（日本電産社長）―「すぐやる、必ずやる、出来るまでやる」　3　塩沢みどり（スペース水輪代理事）―純度百％の愛と祈り、そして誠　4　畠山重篤（牡蠣の森を慕う会代表）―「森は海の恋人」運動で心を動かし、環境を変える　5　奥崎祐子（ホテル松政女将）―思いっきり自分らしく女将の夢を追う　6　草間吉夫（東北福祉大学職員）―血縁は薄くとも他人の縁に恵まれて　7　尾車浩一（尾車部屋親方）/大橋秀行（大橋ボクシングジム会長）―一道に賭ける者の人間学

クージー
⇒クジヒロコを見よ

クジ ヒロコ
◇C階段で行こう！　クジヒロコ著　シンコーミュージック・エンタテイメント　2017.7　351p　19cm　〈年譜あり〉　2037円　Ⓟ978-4-401-64469-8　Ⓝ762.1

内容　クジヒロコ・ストーリー　MEMORIAL PICTURES 1/2　スピッツ道中日記15/60　石田ショーキチと『ハヤブサ』を語る　クジヒロコ、機材を語る　スピッツ道中日記30/60　クジヒロコ、チームスを語る　MEMORIAL PICTURES 2/2　SUNNYと鍵盤サポートを語る　スピッツ道中日記45/60　空想ラヂオ「タブレット純の夜をまきもどせ！」ゲスト：草野マサムネ（スピッツ）　スピッツ道中日記60/60　クージー・クワトロさすらい日記

櫛橋 光〔1553～1627〕　くしはし・てる
◇井伊直虎と戦国の女傑たち―70人の数奇な人生　渡邊大門著　光文社　2016.12　307p　16cm　（光文社知恵の森文庫　tわ3-2）〈文献あり〉　780円　Ⓟ978-4-334-78712-7　Ⓝ281.04

内容　第1部　女戦国大名・井伊直虎と井伊一族　第2部　地方別　戦国の女傑たち（東北・北陸の戦国女性　関東・中部の戦国女性　近畿・中国の戦国女性　四国・九州・海外の戦国女性）　第3部　戦国女性の真相を語る（「女戦国大名」今川氏親の妻・寿桂尼　「女戦国大名」赤松政則の妻・洞松院尼　戦国女性の日常生活　軍師官兵衛を支えた妻・光　戦国に輝いた浅井三姉妹の生涯）

櫛部 武俊〔1951～〕　くしべ・たけとし
◇釧路市の生活保護行政と福祉職・櫛部武俊　櫛部武俊話し手，沼尾波子，金井利之，上林陽治，正木浩司聞き手　公人社　2014.12　181p　21cm　（自治総研ブックレット　17―自治に人あり　5）〈文献あり　年譜あり〉　1500円　Ⓟ978-4-86162-098-0　Ⓝ369.2

内容　第1章　生い立ち・大学時代・市役所入職まで（一九七一～七五年）　第2章　ことばに学園時代（一九七七～八八年）　第3章　保護課のケースワーカー時代（一九八八～二〇〇〇年）　第4章　会計検査院ショックと保護課の団結（二〇〇一年）　第5章　市政の刷新と保護課の再出発（二〇〇二～〇三年）　第6章　自立支援モデル事業の構想と実施（二〇〇三～〇六年）　第7章　自立支援と生活保護を担う人たち

具島 兼三郎〔1905～2004〕　ぐしま・かねさぶろう
◇現代に生きる具島兼三郎―2014.11.16没後10年を記念するつどい　具島兼三郎先生没後十年を記念するつどい編集委員会編　〔福岡〕　没後10年を記念するつどい編集委員会　2015.7　61p　30cm　〈著作目録あり〉　Ⓝ289.1

九条 兼実　くじょう・かねざね
⇒藤原兼実（ふじわら・かねざね）を見よ

九条 真茶子〔1956～〕　くじょう・まちゃこ
◇寂寞の風を受け止めて　九条真茶子著　文芸社　2017.12　163p　20cm　1200円　Ⓟ978-4-286-18895-9　Ⓝ289.1

九条 道家〔1193～1252〕　くじょう・みちいえ
◇中世の人物 京・鎌倉の時代編　第3巻　大阪　清文堂出版　2014.7　382p　22cm　4500円　Ⓟ978-4-7924-0996-8　Ⓝ281

内容　後鳥羽院（美川圭著）　九条道家（井上幸治著）　西園寺公経（山岡瞳著）　藤原秀康（長村祥知著）　藤原定家（谷昇著）　源実朝（坂井孝一著）　北条政子（黒嶋敏著）　北条義時（田辺旬著）　北条泰時（菊池紳一著）　北条時房と重時（久保田和彦著）　九条頼経・頼嗣（岩田慎平著）　竹御所と石山寺（小野翠著）　三浦義村（真鍋淳哉著）　大江広元と三善康信《善信》（佐藤雄基著）　宇都宮頼綱（野口実著）　慈円（菊地大樹著）　聖覚（平雅行著）　定豪（海老名尚著）　円爾（原田正俊著）　叡尊（細川涼一著）　公武権力の変容と仏教界（平雅行／編）

くしよう

九条 頼嗣〔1239～1256〕 くじょう・よりつぐ
◇中世の人物 京・鎌倉の時代編 第3巻 大阪 清文堂出版 2014.7 382p 22cm 4500円 ⓘ978-4-7924-0996-8 Ⓝ281
|内容| 後鳥羽院(美川圭著) 九条道家(井上幸治著) 西園寺公経(山岡瞳著) 藤原秀康(長村祥知著) 藤原定家(谷昇著) 源実朝(坂井孝一著) 北条政子(黒嶋敏著) 北条義時(田辺旬著) 北条泰時(菊池紳一著) 北条時房と重時(久保田和彦著) 九条頼経・頼嗣(岩田慎平著) 竹御所と石山尼(小野翠著) 三浦義村(真鍋淳哉著) 大江広元と三善康信〈善信〉(佐藤雄基著) 宇都宮頼綱(野口実著) 慈円(菊地大樹著) 聖覚(平雅行著) 定豪(海老名尚著) 円爾(原田正俊著) 叡尊(細川涼一著) 公武権力の変容と仏教界(平雅行/編)

九条 頼経〔1218～1256〕 くじょう・よりつね
◇中世の人物 京・鎌倉の時代編 第3巻 大阪 清文堂出版 2014.7 382p 22cm 4500円 ⓘ978-4-7924-0996-8 Ⓝ281
|内容| 後鳥羽院(美川圭著) 九条道家(井上幸治著) 西園寺公経(山岡瞳著) 藤原秀康(長村祥知著) 藤原定家(谷昇著) 源実朝(坂井孝一著) 北条政子(黒嶋敏著) 北条義時(田辺旬著) 北条泰時(菊池紳一著) 北条時房と重時(久保田和彦著) 九条頼経・頼嗣(岩田慎平著) 竹御所と石山尼(小野翠著) 三浦義村(真鍋淳哉著) 大江広元と三善康信〈善信〉(佐藤雄基著) 宇都宮頼綱(野口実著) 慈円(菊地大樹著) 聖覚(平雅行著) 定豪(海老名尚著) 円爾(原田正俊著) 叡尊(細川涼一著) 公武権力の変容と仏教界(平雅行/編)

楠 兼敬〔1923～〕 くすのき・かねよし
◇楠兼敬オーラル・ヒストリー 楠兼敬述, 松島茂編 法政大学イノベーション・マネジメント研究センター 2015.7 145p 30cm (Working paper series no.165) 非売品 Ⓝ537.09

楠 忠之〔1924～〕 くすのき・ただゆき
◇楠忠之オーラル・ヒストリー 楠忠之著, 石田雅春, 布川弘編 東広島 広島大学文書館 2017.10 188p 30cm (広島大学文書館オーラル・ヒストリー事業研究成果報告書) Ⓝ289.

楠木 正成〔1294～1336〕 くすのき・まさしげ
◇楠木正成・正行 生駒孝臣著 戎光祥出版 2017.2 95p 21cm (シリーズ〈実像に迫る〉006)〈文献あり 年譜あり〉 1500円 ⓘ978-4-86403-229-2 Ⓝ289.1
|内容| 第1部 正成の登場と鎌倉幕府の滅亡(謎につつまれていた実像 正成、決起する 楠木合戦に勝利する) 第2部 南北朝時代の幕開け(建武政権下の正成 建武政権崩壊の萌し 湊川に散った勇将の最期) 第3部 楠木正行と南北朝の動乱(南朝の支えとして 四條畷に散る)
◇真説楠木正成の生涯 家村和幸著 宝島社 2017.5 255p 18cm (宝島社新書 477)〈文献あり〉 780円 ⓘ978-4-8002-7092-4 Ⓝ289.1
|内容| 序章 忘れられた英雄「楠木正成」 第1章 鎌倉幕府の御家人時代 第2章 赤坂城の戦い 第3章 天王寺迎撃戦 第4章 千早城の戦い 第5章 千早謀略戦 第6章 飯盛城攻略戦 第7章 京洛の戦い 第8章 湊川の戦い 第9章 楠木正成の智・仁・勇
◇楠木正成関係史料 上 大阪市史編纂所編 大阪 大阪市史料調査会 2017.8 128,2p 21cm (大阪市史史料 第85輯) 1800円 Ⓝ289.1
◇南北朝―日本史上初の全国的大乱の幕開け 林屋辰三郎著 朝日新聞出版 2017.12 227p 18cm (朝日文庫 644)〈朝日文庫 1991年刊の再刊〉 760円 ⓘ978-4-02-273744-1 Ⓝ210.45
|内容| 序章 内乱の前夜 第1章 結城宗広―東国武士の挙兵 第2章 楠木正成―公家勢力の基盤 第3章 足利尊氏―室町幕府の創設 第4章 後村上天皇―吉野朝廷の生活 第5章 佐々木道誉―守護大名の典型 第6章 足利義満―国内統一の完成 付章 内乱の余波
◇教科書が教えない楠木正成 産経新聞取材班著 産経新聞出版 2018.7 334p 19cm 〈発売：日本工業新聞社〉 1500円 ⓘ978-4-8191-1340-3 Ⓝ289.1
|内容| 消された忠義の心 正成誕生の背景 城と領民に支えられた武将 忠義の対象は天皇 挙兵、倒幕へ 「夢」だった建武の新政 後醍醐天皇の「心の内」 知謀を尽くし官軍奮戦 死を決意した湊川の戦い 正成なき官軍 嫡男・政行の情と覚悟 継承された「忠孝両全」 「私」で生きた武将たち 「鎌倉」から楠木一族を見る 父子を育てた河内の風土 「楠公さん」を慕う兵庫 千早赤阪村が伝える「記憶」 全国で祭られた忠義の心 歴史に残る楠公精神 神となった親王と武将たち

楠木正成の妻〔南北朝時代〕 くすのき・まさしげのつま
◇楠公夫人精説 藤田力弥著 〔出版地不明〕〔藤田力弥〕〔2015〕 174p 26cm 〈年表あり〉 Ⓝ289.1

楠木 正行〔1326～1348〕 くすのき・まさつら
◇楠木正成・正行 生駒孝臣著 戎光祥出版 2017.2 95p 21cm (シリーズ〈実像に迫る〉006)〈文献あり 年譜あり〉 1500円 ⓘ978-4-86403-229-2 Ⓝ289.1
|内容| 第1部 正成の登場と鎌倉幕府の滅亡(謎につつまれていた実像 正成、決起する 楠木合戦に勝利する) 第2部 南北朝時代の幕開け(建武政権下の正成 建武政権崩壊の萌し 湊川に散った勇将の最期) 第3部 楠木正行と南北朝の動乱(南朝の支えとして 四條畷に散る)
◇楠木正成関係史料 上 大阪市史編纂所編 大阪 大阪市史料調査会 2017.8 128,2p 21cm (大阪市史史料 第85輯) 1800円 Ⓝ289.1

葛原 しげる〔1886～1961〕 くずはら・しげる
◇ぎんぎんぎらぎら夕日が沈む―童謡詩人 葛原〔シゲル〕の生涯 佐々木龍三郎著 文芸社 2014.11 271p 15cm 〈文献あり〉 700円 ⓘ978-4-286-15660-6 Ⓝ911.52

葛原 妙子〔1907～1985〕 くずはら・たえこ
◇我が師、葛原妙子 穴澤芳江著 角川文化振興財団 2016.12 153p 20cm 〈発売：

KADOKAWA〉　1200円　Ⓘ978-4-04-876437-7　Ⓝ911.162
＊家族でさえも知りえなかった大歌人・葛原妙子の素顔とは。葛原妙子の直弟子である著者が、公私にわたり共に過ごした貴重な日々を振り返る。手紙や代表歌の色紙、写真等も掲載。

楠部 三吉郎〔1938～〕　くすべ・さんきちろう
◇「ドラえもん」への感謝状　楠部三吉郎著　小学館　2014.9　303p　20cm　1600円　Ⓘ978-4-09-388379-5　Ⓝ778.77
内容　第1章 ボクにあずけてください――アニメ『ドラえもん』誕生前夜　第2章 銀行脅すにゃハジキはいらぬ――アニメ『ドラえもん』スタート　第3章 ビー助の続きが読みたい！――『ドラえもん』映画秘話　第4章 義理と人情とセールスと――アニメ業界に入るまで　第5章 ビス1本のプライドを胸に――営業マンからアニメの世界へ　第6章 ドラえもんは自分の子ども――アニメ『ドラえもん』の未来

久須美 祐明〔1771～1852〕　くすみ・すけあきら
◇大坂西町奉行 久須美祐明日記――天保改革期の大坂町奉行　久須美祐明著, 藪田貫編　大阪清文堂出版　2016.10　472p　22cm　〈清文堂史料叢書 第133刊〉〈索引あり〉　13500円　Ⓘ978-4-7924-1060-5　Ⓝ210.5
内容　「浪華日記」乾　「浪華日記」坤　付録（書簡集「難波の雁」（抄）　大坂西町奉行所図　天保期の大坂市中図　近世後期の大坂城図　天保十五年年頭在坂武士一覧表（浪華御役録））　解題（久須美祐明と祐雋――父と子の大坂町奉行　大阪町奉行の見た天保改革）

久住 昌之〔1958～〕　くすみ・まさゆき
◇東京都三多摩原人　久住昌之著　朝日新聞出版　2016.1　302p　19cm　〈他言語標題：Tritamathropus Erectus〉　1600円　Ⓘ978-4-02-251318-2　Ⓝ914.6
内容　ドブ川を上って　崖線の路を　武蔵五日市の温泉　府中街道を、多摩川へ南下す　武蔵小金井の幼なじみの店　自転車漕いで、プールに行く　近所でクワガタを捕った頃　八王子から高尾、盲腸から天皇へ　西の要、高尾山　田無五芒星クロスロード　高幡不動のただえも　青梅線に沿って青梅を歩く　近くの井の頭自然文化圏　尾根と戦車とアウトレット　三多摩の最南端に向かう　狭山丘陵を多摩湖へウラ相模湖とダムとモーターボート　奥の多摩を歩く　三多摩原人の実家観察　奥多摩電車散歩　昭和記念公園の秋　秋の丘陵動物園　先生の住んでいた小平を歩く　三多摩の山奥の宿で

楠本 イネ〔1827～1903〕　くすもと・いね
◇岡山蘭学の群像　1　岡山　山陽放送学術文化財団　2016.4　240p　21cm　〈発売：吉備人出版（岡山）〉　1400円　Ⓘ978-4-86069-467-8　Ⓝ402.105
内容　岡山蘭学の群像1　日本初の女医 おイネの生涯、そして謎（基調講演 シーボルトとおイネ　パネルディスカッション）　岡山蘭学の群像2　「珈琲」の文字を作った男 江戸のダ・ヴィンチ 宇田川榕菴（基調講演 好奇心と冒険の人―宇田川榕菴　パネルディスカッション）　岡山蘭学の群像3　百年先の日本を見据えた男 緒方洪庵（基調講演 時代を拓く蘭学者―緒方洪庵　講演 緒方洪庵の種痘普及と岡山　講演 緒方洪庵と岡山の適塾生　ディスカッション 洪庵を読み解く―質問に答えて）
◇幕末の女医楠本イネ――シーボルトの娘と家族の肖像　宇神幸男著　現代書館　2018.3　270p　20cm　〈文献あり 年表あり〉　2200円　Ⓘ978-4-7684-5824-2　Ⓝ289.1
内容　第1章 シーボルトの来日と追放　第2章 女医への道　第3章 宇和島　第4章 シーボルトの再来日　第5章 長崎特派員イネ　第6章 明治を生きる

楠本 安子〔1915～2000〕　くすもと・やすこ
◇六市と安子の"小児園"――日米中で孤児を救った父と娘　大倉直著　現代書館　2017.6　213p　20cm　〈他言語標題：Shonien Established by Rokuichi Joy and Grace Yasuko　文献あり〉　1800円　Ⓘ978-4-7684-5803-7　Ⓝ289.1
内容　第1章 孤児救済事業と六市　第2章 アメリカへ渡った日本人移民　第3章 六市が開設した南加小児園　第4章 中国崑山での安子　第5章 日米開戦による終幕　第6章 再会

楠本 六市〔1873～1945〕　くすもと・ろくいち
◇六市と安子の"小児園"――日米中で孤児を救った父と娘　大倉直著　現代書館　2017.6　213p　20cm　〈他言語標題：Shonien Established by Rokuichi Joy and Grace Yasuko　文献あり〉　1800円　Ⓘ978-4-7684-5803-7　Ⓝ289.1
内容　第1章 孤児救済事業と六市　第2章 アメリカへ渡った日本人移民　第3章 六市が開設した南加小児園　第4章 中国崑山での安子　第5章 日米開戦による終幕　第6章 再会

屈原〔前343～前277〕　くつ・げん
◇靖献遺言　浅見絅斎著, 濱田浩一郎訳・解説　晋遊舎　2016.7　253p　20cm　〈文献あり〉　1800円　Ⓘ978-4-8018-0531-6　Ⓝ121.54
内容　第1部 封印された尊王思想書『靖献遺言』の謎（山崎闇斎と浅見絅斎の師弟関係とは、「君主に仕えて忠義を尽くした義士が残した最期の言葉」）　第2部 『靖献遺言』を読む（国が亡びるのを黙って見ているくらいならいっそ死んだほうがましである（屈原）　今より以後、諸君のなかで、国家に不誠を誓う者は、遠慮なく私の過失を責めてくれ。そうすれば、天下の大事も定まり、賊は滅びるであろう（諸葛亮孔明）　わずかな給料を得るために、官職についてへいこらしていられるか。仕官の誘いもあったが、二君に仕えることはできない。私は仮住まいなることのこの世を辞して、永久に本宅たるあの世へと帰る（陶淵明）　君命である。臣下たる者、どのような事があっても君命を避けることはできない（顔真卿）　王朝の危機に際し一騎として馳せ参じる者がいない。私はこれを深く恨む。だから私は自分の非力を省みず、身命を賭して祖国を守ろうとするのだ（文天祥）　孝孺は死の間際になっても、燕王（永楽帝）の不義を罵り続けた。燕王は周囲の者に命じて、孝孺の口を刀で挟らせた。口は耳まで裂かれ、血が流れた。それでも、孝孺は燕王を罵倒した。七日間、その声が聞こえた（謝枋得/劉因/方孝孺））

◇田岡嶺雲全集　第6巻　田岡嶺雲著, 西田勝編　法政大學出版局　2018.1　879p　20cm　20000円　Ⓘ978-4-588-11031-3　Ⓝ081.6

くつ

|内容| 評傳（莊子　蘇東坡　屈原　高青邱　王漁洋）　評論及び感想五（吾が見たる上海　上海に由て見たる支那　上海の天長節　異國かたり草（一）　『王漁洋』の批評の辯難　同情より出でたる節儉 ほか）

◇靖献遺言　浅見絅斎著, 近藤啓吾訳注　講談社　2018.12　557p　15cm　〈講談社学術文庫2535〉〈「靖献遺言講義」(国書刊行会　1987年刊)の再編集〉　1790円　①978-4-06-514027-7　Ⓝ121.54

|内容| 巻の1 屈平　巻の2 諸葛亮　巻の3 陶潜　巻の4 顔真卿　巻の5 文天祥　巻の6 謝枋得　巻の7 劉因　巻の8 方孝孺

屈 平　くつ・ぺい
⇒屈原（くつ・げん）を見よ

九津見 房子〔1890～1980〕　くつみ・ふさこ
◇暗い時代の人々　森まゆみ著　亜紀書房　2017.5　294p　19cm　〈他言語標題：Men in Dark Times　文献あり　年表あり〉　1700円　①978-4-7505-1499-4　Ⓝ281

|内容| 第1章 斎藤隆夫―リベラルな保守主義者　第2章 山川菊栄―戦時中、鵄の卵を売って節は売らず　第3章 山本宣治―人生は短く、科学は長い　第4章 竹久夢二―アメリカで恐慌、ベルリンでナチスの台頭を知る　第5章 九津見房子―戸惑いながら懸命に生きたミス・ソシアリスト　第6章 斎藤雷太郎と立野正――「土曜日」の人々と京都の喫茶店フランソア　第7章 古在由重―ファシズムの嵐の中を航海した「唯物論研究」　第8章 西村伊作―終生のわがままな者にしてリベルタン

工藤 明男　くどう・あきお
◇破戒の連鎖―いびつな絆が生まれた時代　TOKYO UMBRELLA　工藤明男著　宝島社　2014.8　311p　19cm　1300円　①978-4-8002-2550-4　Ⓝ368.51

|内容| 第1章 邂逅　第2章 非道　第3章 報復　第4章 制圧　第5章 野望　第6章 破戒　外伝 "渋谷のK" と呼ばれた時代

◇破戒　関東連合少年編　工藤明男著　宝島社　2015.4　317p　16cm　〈宝島SUGOI文庫　A　く-7-2〉〈「破戒の連鎖」(2014年刊)の改題、加筆・修正、改訂〉　700円　①978-4-8002-3808-5　Ⓝ368.51

|内容| 第1章 邂逅　第2章 非道　第3章 報復　第4章 制圧　第5章 野望　第6章 破戒　外伝 "渋谷のK" と呼ばれた時代

工藤 磐〔1939～〕　くどう・いわお
◇感染症と歩んで　工藤磐著　〔熊本〕　〔工藤磐〕　2015.1　157p　22cm　〈文献あり〉　Ⓝ498.6

工藤 和彦〔1926～2016〕　くどう・かずひこ
◇思うままに生きて―工藤和彦回想録　工藤和彦著　せんだん書房　2014.3　215p　20cm　〈発売：三交社〉　1500円　①978-4-916049-21-6　Ⓝ793.2

|内容| 第1章 百花洲　第2章 父光洲の面影を追う　第3章 母光園と暮らす　第4章 中国大陸での生活　第5章 戦後の混乱期　第6章 炭鉱に職を得る　第7章 いけばなの道に入る　第8章 海外への旅　第9章 はじめての個展開催

工藤 公康〔1963～〕　くどう・きみやす
◇強打者―工藤公康が語る、18・44メートル向こうのライバルたち　飯尾哲司著　竹書房　2015.3　183,16p　19cm　1200円　①978-4-8019-0146-9　Ⓝ783.7

|内容| 第1章 ワンポイントリリーフから先発投手へ―82年～85年西武・広岡監督時代　第2章 2ケタ勝利7度。シリーズ、シーズンMVP―86年～94年西武・森監督時代　第3章 すべてを野球につぎ込み、五感が研ぎ澄まされた「絶好調99年」―95年～99年ダイエー・王監督時代　第4章 不惑の投球。41歳で通算200勝を達成―00年～06年巨人・長嶋、原、堀内監督時代　第5章 44歳・先発7勝、46歳・リリーフ46試合―07年～09年横浜・大矢、田代監督/10年西武・渡辺監督時代　第6章 14度出場、11度日本一は王貞治選手に並ぶ最多タイ―日本シリーズ　第7章 敵に回すと手ごわいが、味方につけたらこの上なく頼もしい男たち―味方

工藤 堅太郎〔1941～〕　くどう・けんたろう
◇役者ひとすじ―我が人生&交遊録　工藤堅太郎著　大阪　風詠社　2014.10　335p　19cm　〈発売：星雲社〉　1500円　①978-4-434-19853-3　Ⓝ778.21

|内容| 第1章 役者に憧れて　第2章 夢を追いかけた季節　第3章 役者人生の始まり　第4章 駆け抜けた日々　第5章 結婚　第6章 実りの時　第7章 酒にまつわる思い出　第8章 舞台の楽しさ　第9章 モアに集う素敵な面々

◇役者ひとすじ　続　「無法松の一生」三十七年ぶり再演のすべて　工藤堅太郎著　大阪　風詠社　2016.6　350p　19cm　〈文献あり　発売：星雲社〉　1600円　①978-4-434-21958-0　Ⓝ778.21

|内容| 第1章 稽古　第2章 序幕　第3章 幕間　第4章 怪我　第5章 決意　第6章 後半　第7章 充実　第8章 千秋楽

工藤 悟〔1934～〕　くどう・さとる
◇やる氣根氣勇氣　工藤悟著　宮崎　宮日文化情報センター　2015.12　253p　21cm　1500円　①978-4-904186-54-1　Ⓝ289.1

工藤 俊作〔1901～1979〕　くどう・しゅんさく
◇敵兵を救助せよ！―駆逐艦「雷」工藤艦長と海の武士道　惠隆之介著　草思社　2014.8　397p　図版16p　16cm　〈草思社文庫　め1-1〉〈文献あり〉　980円　①978-4-7942-2070-7　Ⓝ289.1

|内容| 序章 日英海軍のきずな　第1章 工藤俊作の生い立ち　第2章 海軍兵学校　第3章 日米間に暗雲　第4章 対米英戦争の序曲　第5章 開戦　第6章 スラバヤ沖海戦　第7章 駆逐艦「雷」の最期　終章 敗戦後の工藤

工藤 清一〔1936～〕　くどう・せいいち
◇りんごの未来に希望を―一人の青森県農業経営士の歩み　工藤清一著　弘前　工藤清一　2018.9　102p　27cm　〈年譜あり〉　Ⓝ625.21

工藤 忠〔1882〜1965〕 くどう・ちゅう
◇工藤忠関係資料 2 満洲国時代 山田勝芳編著・作成 仙台 山田勝芳 2018.7 199p 30cm 非売品 Ⓝ289.1

工藤 強勝〔1948〜〕 くどう・つよかつ
◇工作舎物語─眠りたくなかった時代 臼田捷治著 左右社 2014.12 292p 19cm 〈文献あり 索引あり〉 2200円 Ⓘ978-4-86528-109-5 Ⓝ023.1
内容 第1章 松岡正剛─なにもかも分けない方法 第2章 戸田ツトム─小さな声だからこそ遠くまで届く 第3章 芦澤泰偉─遅いという文句は出ない 工藤強勝─報series はタブーの世界 山口信博─間違えるのも能力 松田行正─密度がとにかく濃い 羽良多平吉─最後までなじめなかった) 第4章 森本常美─夢を見ていたよう 第5章 祖父江慎─おどろきしまくりの日々

工藤 俊一〔1922〜〕 くどう・としいち
◇日中七〇年戦争と反日・友好─戦前・戦中・戦後の体験史 工藤俊一著 さくら舎 2018.12 308p 19cm 1800円 Ⓘ978-4-86581-176-6 Ⓝ289.1
内容 第1章 上海動乱 第2章 関東軍と「満州」 第3章 最後の満鉄と2連軍 第4章 天安門事件遭遇 第5章 北京大学工藤教室 終章 反日と友好の深層

工藤 泰則〔1962〜〕 くどう・やすのり
◇ペスタロッチに憧れて 工藤泰則著 文藝書房 2018.12 235p 19cm 1200円 Ⓘ978-4-89477-475-9
内容 1 大学時代に学んだこと(前期─教職教養を学ぶ(那ちゃんとの再会 心理学 ほか) 後期─専門教科を学ぶ(安保闘争 生物学教室 ほか)) 2 クロサンショウウオとの出会い(最初の赴任地 金ちゃん ほか) 3 白土との出会い(僻地校に赴任して 生徒と共に白土の研究 ほか) 4 三枝子との出会い(求婚 力を合わせて ほか)

工藤 五三〔1934〜〕 くどう・ゆきみつ
◇念じてここに花開く 工藤五三著 〔横浜〕〔工藤五三〕 2016.4 215p 19cm Ⓝ289.1

工藤 胖〔1907〜1999〕 くどう・ゆたか
◇諜報憲兵─満州首都憲兵隊防諜班の極秘捜査記録 工藤胖著 潮書房光人社 2017.6 246p 16cm (光人社NF文庫 く1014) 760円 Ⓘ978-4-7698-3014-6 Ⓝ391.6
内容 諜報憲兵となる 新京憲兵隊防諜課 隠密逮捕第一号 大物スパイ・王文吉 モスクワ入りした逆スパイ 諜報・ノモンハン 逆スパイ続々と入ソ 赤軍無電局を接収 スパイの天国・満州国 闇に消えたスパイ ゾルゲ事件余話 日英諜報集余話 イタリア外交暗号書入手工作 ラマ僧は参謀本部員 わが心の勲章

工藤 利三郎〔1848〜1929〕 くどう・りさぶろう
◇奈良まち奇豪列伝 安達正興著 奈良 奈良新聞社 2015.7 335p 20cm 1500円 Ⓘ978-4-88856-134-1 Ⓝ281.65
内容 第1章 石崎勝蔵(生地 生い立ちと修行時代 ほか) 第2章 工藤利三郎(生い立ち 奈良へ行こう ほか) 第3章 左門米造『古都の草飛行』北村信昭─米造さんと飛行機 ほか) 第4章 ヴィリヨン神父(奈良まちの伴天連 迫害あり、喜びあり ほか) 付録 吉村長慶『清国事情』抜粋現代訳 解説 蚕食される清帝国を旅した文明論)

久邇 邦昭〔1929〜〕 くに・くにあき
◇少年皇族の見た戦争─宮家に生まれ一市民として生きた我が生涯 久邇邦昭著 PHP研究所 2015.7 343p 20cm 2500円 Ⓘ978-4-569-82428-4 Ⓝ289.1
内容 第1章 久邇宮家に生まれて─幼少時代(久邇宮の祖、(中川宮)朝彦親王のこと 幕末の動乱と、孝明天皇の突然の崩御 ほか) 第2章 戦争と皇族─私の海軍生活(皇族の男子は軍人にならねばならなかった 戦争反対に努力された皇族たち ほか) 第3章 戦い終って─靖国神社と皇籍離脱(旧制高校から新制学習院大学へ 反感を持たれたショック ほか) 第4章 私の会社員生活─海外駐在の思い出(海運会社に進む 算盤を弾いて給料をもらう楽しさ ほか) 第5章 伊勢の神宮─大宮司として触れた神道の心(青天の霹靂に驚いたが 大祭で祝詞をあげて ほか)

邦家親王〔1802〜1872〕 くにいえしんのう
◇四親王家実録 16 伏見宮実録 第16巻 (邦家親王実録 1) 吉岡眞之, 藤井讓治, 岩壁義光監修 ゆまに書房 2016.3 427p 27cm 〈布装 宮内庁宮内公文書館所蔵の複製〉 Ⓘ978-4-8433-4648-8 Ⓝ288.44

◇四親王家実録 17 伏見宮実録 第17巻 (邦家親王実録 2) 吉岡眞之, 藤井讓治, 岩壁義光監修 ゆまに書房 2016.3 446p 27cm 〈布装 宮内庁宮内公文書館所蔵の複製〉 Ⓘ978-4-8433-4648-8 Ⓝ288.44

◇四親王家実録 18 伏見宮実録 第18巻 (邦家親王実録 3) 吉岡眞之, 藤井讓治, 岩壁義光監修 ゆまに書房 2016.3 525p 27cm 〈布装 宮内庁宮内公文書館所蔵の複製〉 Ⓘ978-4-8433-4648-8 Ⓝ288.44

国木田 独歩〔1871〜1908〕 くにきだ・どっぽ
◇国木田独歩 本多浩著, 福田清人編 新装版 清水書院 2018.4 190p 19cm (Century Books─人と作品)〈文献あり 年譜あり 索引あり〉 1200円 Ⓘ978-4-389-40124-5 Ⓝ910.268
内容 第1編 国木田独歩の生涯(武蔵野の道 生いたち 亀吉を廃す 独立 恋愛 ほか) 第2編 作品と解説(詩 『武蔵野』『独歩集』と『運命』『涛声』『独歩集第二』と『渚』)

◇現代文士廿八人 中村武羅夫著 講談社 2018.6 217p 16cm (講談社文芸文庫 なU1)〈日高有倫堂 1909年刊の再編集〉 1600円 Ⓘ978-4-06-511864-1 Ⓝ910.261
内容 田山花袋 国木田独歩 生田葵山 夏目漱石 菊池幽芳 小川未明 小杉天外 内藤鳴雪 徳田秋声 水野葉舟 〔ほか〕

国定 忠治〔1810〜1851〕 くにさだ・ちゅうじ
◇アウトロー─近世遊侠列伝 髙橋敏編 敬文舎 2016.9 255p 19cm 〈文献あり 年表あり〉

1750円 ①978-4-906822-73-7 ⑤384.38
内容 近世社会秩序と博徒―二足草鞋論　国定忠治―遊俠の北極星　竹居安五郎―新島を抜けて甦った甲州博徒の武闘派吃安　勢力富五郎―江戸を騒がせた『嘉永水滸伝』の主役　佐原喜三郎―鳥も通わぬ八丈からの島抜けを記録に留めたインテリ博徒　小金井小次郎―多摩を仕切った、新門辰五郎の兄弟分　小川幸蔵―武州吽直し一揆を鎮圧した博徒　石原村幸次郎―関東取締出役の無力を思い知らせた孤高の博徒　西保周太郎―短い一生を全力で駆け抜けた幕末期甲州博徒の草分け　黒駒勝蔵―清水次郎長と対決した謎多き甲州の大俠客　吉良仁吉―義理を通した若き三河博徒　原田常吉――〇余年の遠島に服すも八五年の生涯を全うした真の遊俠

国司 浩助 〔1887～1938〕 くにし・こうすけ
◇国司浩助の生涯に学ぶ―社会貢献を貫いた「自己実現」の事業家　逆境を幸運に変える「奇跡」のヒント　国司義彦著　知道出版　2016.7　214p　19cm　1500円　①978-4-88664-281-3　Ⓝ159
内容 第1部　運命は「好転」する―国司浩助の生涯（志を抱け　「志」が人の胸に響く　儲かっても船は売らない！（事業理念を守り抜く）　理想・熱慮・断行　浩助の日本人論（『ニッスイの原点』より）　ほか）　第2部　逆境を幸運に変える―自己実現の道（私の「挫折」「低迷」から運命好転の軌跡　まず、「足元」を固める―「頭の中の整理」から　これを実行すれば未来予測ができ、あなたもツキを呼ぶ人）

邦輔親王 〔1513～1563〕 くにすけしんのう
◇四親王家実録　7　伏見宮実録　第7巻（邦輔親王実録・貞康親王実録・邦房親王実録）　吉岡眞之,藤井讓治,岩壁義光監修　ゆまに書房　2015.10　371p　27cm　〈布装　宮内庁宮内公文書館所蔵の複製〉　25000円　①978-4-8433-4641-9　Ⓝ288.44

邦高親王 〔1456～1532〕 くにたかしんのう
◇四親王家実録　6　伏見宮実録　第6巻（邦高親王実録・貞敦親王実録）　吉岡眞之,藤井讓治,岩壁義光監修　ゆまに書房　2015.6　461p　27cm　〈布装　宮内庁宮内公文書館所蔵の複製〉　25000円　①978-4-8433-4640-2　Ⓝ288.44

邦忠親王 〔1731～1759〕 くにただしんのう
◇四親王家実録　12　伏見宮実録　第12巻（邦忠親王実録・貞行親王実録）　吉岡眞之,藤井讓治,岩壁義光監修　ゆまに書房　2015.10　225p　27cm　〈布装　宮内庁宮内公文書館所蔵の複製〉　25000円　①978-4-8433-4645-7　Ⓝ288.44

国友 一貫斎　くにとも・いっかんさい
⇒国友藤兵衛（くにとも・とうべえ）を見よ

国友 藤兵衛 〔1778～1840〕 くにとも・とうべえ
◇江戸の科学者―西洋に挑んだ異才列伝　新戸雅章著　平凡社　2018.4　251p　18cm　（平凡社新書 875）〈文献あり〉　820円　①978-4-582-85875-4　Ⓝ402.8
内容 第1章　究理の学へ（高橋至時―伊能忠敬を育てた「近代天文学の星」　志筑忠雄―西洋近代科学と初めて対した孤高のニュートン学者　ほか）　第2章　江戸科学のスーパースター（関孝和―江戸の数学を世界レベルにした天才　平賀源内―産業技術社会を先取りした自由人　ほか）　第3章　過渡期の異才たち―（司馬江漢―西洋絵画から近代を覗いた多才の人　国友一貫斎―反射望遠鏡をつくった鉄砲鍛冶）　第4章　明治科学の人々（緒方洪庵―医は仁術を実践した名教育者　田中久重―近代技術を開いた江戸の「からくり魂」　ほか）

邦永親王 〔1676～1726〕 くになかしんのう
◇四親王家実録　9　伏見宮実録　第9巻（邦永親王実録）　吉岡眞之,藤井讓治,岩壁義光監修　ゆまに書房　2015.10　578p　27cm　〈布装　宮内庁宮内公文書館所蔵の複製〉　25000円　①978-4-8433-4643-3　Ⓝ288.44

邦尚親王 〔1613～1654?〕 くになりしんのう
◇四親王家実録　8　伏見宮実録　第8巻（貞清親王実録・邦尚親王実録・邦道親王実録・貞致親王実録）　吉岡眞之,藤井讓治,岩壁義光監修　ゆまに書房　2015.10　433p　27cm　〈布装　宮内庁宮内公文書館所蔵の複製〉　25000円　①978-4-8433-4642-6　Ⓝ288.44

邦房親王 〔1566～1621〕 くにのぶしんのう
◇四親王家実録　7　伏見宮実録　第7巻（邦輔親王実録・貞康親王実録・邦房親王実録）　吉岡眞之,藤井讓治,岩壁義光監修　ゆまに書房　2015.10　371p　27cm　〈布装　宮内庁宮内公文書館所蔵の複製〉　25000円　①978-4-8433-4641-9　Ⓝ288.44

國廣 道彦 〔1932～〕 くにひろ・みちひこ
◇回想「経済大国」時代の日本外交―アメリカ・中国・インドネシア　國廣道彦著　吉田書店　2016.11　481p　20cm　〈年譜あり　解題：服部龍二ほか　（2009年刊）の増訂〉　4000円　①978-4-905497-45-5　Ⓝ319.1
内容 序章　揺籃期　第1章　駆け出し外交官――九五五～六〇年　第2章　経済外交の始まりへ――九六二～七〇年　第3章　国交正常化後の日中関係――九七〇～七四年　第4章　スハルトのインドネシア――九七四～七八年　第5章　エネルギー外交――九七八～八二年　第6章　日米経済摩擦――九八二～八六年　第7章　初代内閣外政審議室長――九八六～八八年　第8章　時代の転換期　外務審議官――九八八～八九年　第9章　駐インド大使――九八九～九二年　第10章　駐中国大使――九九二～九五年

邦道親王 〔1641～1654〕 くにみちしんのう
◇四親王家実録　8　伏見宮実録　第8巻（貞清親王実録・邦尚親王実録・邦道親王実録・貞致親王実録）　吉岡眞之,藤井讓治,岩壁義光監修　ゆまに書房　2015.10　433p　27cm　〈布装　宮内庁宮内公文書館所蔵の複製〉　25000円　①978-4-8433-4642-6　Ⓝ288.44

國安 正昭 〔1938～〕 くにやす・まさあき
◇山口県のド田舎から世界へ―元外交官の回顧録　國安正昭著　日本地域社会研究所　2018.11　156p　19cm　（コミュニティ・ブックス）

1400円　①978-4-89022-231-5　Ⓝ304
内容　基地問題　領土問題　自衛隊の存在意義　宇宙の神秘　情報収集活動の重要性　立川談志師匠の思い出　私の履歴書(前編)東大、外務省　私の履歴書(中編)フィリピン市民革命　私の履歴書(後編)母の思い出　外交政策〔ほか〕

国安仙人〔1860〜1912〕　くにやすせんにん
◇新・日本神人伝―近代日本を動かした霊的巨人たちと霊界革命の軌跡　不二龍彦著　太玄社　2017.4　391p　21cm　〈『日本神人伝』〔学研2001年刊〕の改題、増補改訂　文献あり　年表あり　索引あり〉　発売：ナチュラルスピリット〉　2600円　①978-4-906724-32-1　Ⓝ147.8
内容　第1章　仙powered寅吉　第2章　宮地常磐・水位、厳夫　第3章　国安仙人　第4章　黒住宗忠　第5章　金光大神　第6章　長南年恵　第7章　高島嘉右衛門　第8章　鷲谷日賢　第9章　友清歓真　第10章　出口王仁三郎　人物小伝

国安普明　くにやすふみょう
⇒国安仙人(くにやすせんにん)を見よ

邦頼親王〔1733〜1802〕　くによりしんのう
◇四親王家実録　13　伏見宮実録　第13巻（邦頼親王実録）　吉岡眞之、藤井譲治、岩壁義光監修　ゆまに書房　2016.3　538p　27cm　〈布装　宮内庁宮内公文書館所蔵の複製〉　25000円　①978-4-8433-4646-4　Ⓝ288.44

久野　収〔1910〜1999〕　くの・おさむ
◇残されたもの、伝えられたこと―60年代に蜂起した文革者烈伝　矢崎泰久著　街から舎　2014.6　268p　19cm　1620円　①978-4-939139-19-2　Ⓝ281.04
内容　脱原発の市民科学者―高木仁三郎　反戦軍事評論家としての矜持―小山内宏　J・J氏の華麗なる文化革命―植草甚一　革命思想家の孤高な生涯―羽仁五郎　革命・反革命の夢幻―竹中労　市民哲学者が残した足跡―久野収　公害に取り組んだ科学者―宇井純　文学と運動の狭間に生きた巨人―小田実　輝いたSF作家の青春―小松左京　ポップ・ミュージックの開拓者―中村とうよう　多国籍人間の見果てぬ夢―邱永漢　「わた史」を生涯かけて編む―小沢昭一　エロスこそ反権力の証し―若松孝二　何もなくて何もない宣言―なだいなだ　ノーベル物理学賞に最も近かった活動家―水戸巌

久野　浩司〔1971〜〕　くの・こうじ
◇LIFE IS THE JOURNEY―きっと、すべてはつながる！　久野浩司著　大阪　トーキングロック　2015.9　175p　19cm　1200円　①978-4-903868-13-4　Ⓝ289.1
＊『あなたは今までの人生に悔いはないと心から言うことはできますか？』レコード会社「トイズファクトリー」に長く勤務し、SPEED、ゆず、BRAHMANの活動に携わり、それぞれのヒットに貢献して近年はA&Rプロデューサーとして活躍してきた著者がなぜその充実した仕事を手放し、家族とともに海外に移住したのか。幼少期からの移住先のカナダに住むまでの著者の実体験をもとに綴った"人生を本当に楽しむためのガイドブック！"

虞美人〔?〜前202?〕　ぐびじん
◇中国史にみる女性群像―悲運と権勢のなかに生きた女性の虚実　田村実造著　清水書院　2017.7　236p　19cm　（新・人と歴史拡大版 17）〈1990年刊の再刊　索引あり〉　1800円　①978-4-389-44117-3　Ⓝ222.01
内容　1　項羽と虞美人（楚・漢の抗争　垓下の戦い）　2　漢の高祖をめぐる二人の女性（呂后と戚夫人との葛藤　政権を手中にした呂太后　項羽と劉邦の人物評価）　3　女流文学者班昭とその家系―班家の人びと（女流文学者班昭　班家の世系　『漢書』班超と西域経営）　4　異境に嫁いだ公主たち（烏孫王に嫁いだ細君　匈奴王に嫁いだ王昭君―その実像と虚像　吐蕃（ティベット）王に嫁いだ文成公主―唐とティベット王国との関係を背景に　「蔡文姫、都に帰る」史話）　5　政権を握った女性たち（北魏朝の文明太后　唐朝の則天武后　清朝の西太后）

クビライ〔1215〜1294〕
◇世界史の10人　出口治明著　文藝春秋　2015.10　293p　19cm　〈他言語標題：TEN LEADERS OF WORLD HISTORY　文献あり〉　1400円　①978-4-16-390352-1　Ⓝ280.4
内容　第1部　世界史のカギはユーラシア大草原にあり（バイバルス―奴隷からスルタンに上りつめた革命児　クビライ―五代目はグローバルなビジネスパーソン　バーブル―新天地インドを目指したベンチャー精神）　第2部　東も西も「五胡十六国」（武則天―「正史」では隠された女帝たちの実力　王安石―生まれるのが早すぎた改革の天才）　第3部　「ゲルマン民族」はいなかった？（アリエノール―「ヨーロッパの祖母」が聴いた子守唄　フェデリーコ二世―ローマ教皇を無視した正統派）　第4部　アジアはいつ誕生したのか（エリザベス一世―「優柔不断」こそ女王の武器　エカチェリーナ二世―ロシア最強の女帝がみせた胆力　ナポレオン三世―甥っ子は伯父さんを超えられたのか？）

◇悪の歴史―隠されてきた「悪」に焦点をあて、真実の人間像に迫る　東アジア編下　南・東南アジア編　上田信編著　清水書院　2018.8　469p　19cm　2400円　①978-4-389-50065-8　Ⓝ204
内容　東アジア編(下)（太宗(宋)―「燭影斧声の疑」のある準開国皇帝　王安石―北宋滅亡の元凶とされる「拗相公」　徽宗―「風流天子」と専権宰相蔡京　賈似道―宋王朝の滅亡を導いたとされる「蟋蟀宰相」　フビライ(世祖)―元朝建国の英雄の光と陰　[ほか]　南・東南アジア編（カニシュカ―中央アジアとインドの支配者　チャンドラグプタ二世―兄の王位を篡奪し、その妻を娶った帝王　ラッフルズ―住民の在地支配者への服属を強化した自由主義者　ガンディー―最晩年の挫折と孤立）

◇世界史の10人　出口治明著　文藝春秋　2018.9　322p　16cm　（文春文庫 て11-1）　760円　①978-4-16-791146-1　Ⓝ280
内容　第1部　世界史のカギはユーラシア大草原にあり（バイバルス―奴隷からスルタンに上りつめた革命児　クビライ―五代目はグローバルなビジネスパーソン　[ほか]）　第2部　東も西も「五胡十六国」（武則天―「正史」では隠された女帝たちの実力　王安石―生まれるのが早すぎた改革の天才）　第3部　「ゲルマン民族」はいなかった？（アリエノール―「ヨーロッパの祖母」が聴いた子守唄　フェデリーコ二世

くふしろ

―ローマ教皇を無視した近代人）　第4部 ヨーロッパはいつ誕生したのか（エリザベス一世―「優柔不断」こそ女王の武器　エカチェリーナ二世―ロシア最強の女帝がみせた胆力　ナポレオン3世―甥っ子は伯父さんを超えられたのか？）

久布白 落実〔1882～1972〕　くぶしろ・おちみ
◇福祉にとっての歴史 歴史にとっての福祉―人物で見る福祉の思想　細井勇，小笠原慶彰，今井小の実，蜂谷俊隆編著　京都　ミネルヴァ書房　2017.2　295,3p　22cm　〈索引あり〉　6000円　①978-4-623-07889-9　Ⓝ369.021
内容 石井十次とアメリカン・ボード―宣教師ペティーから見た岡山孤児院　小橋勝之助と私立愛隣夜学校の創立―博愛社をめぐる人々　田中太郎の感化教育論―「人道の闘士」の思想的基盤　園部マキの生涯と事業―信愛保育園　岩橋武夫と盲人社会事業―小説『動き行く墓場』からの出発　村嶋歸之の生涯と思想―寛容な社会活動家の足跡　奥むめおと社会事業―社会運動としての福祉実践　久布白落実の性教育論とその変遷―嬌風会における純潔教育・家族計画　沖縄から大阪への移住者に見られた社会主義思想とキリスト教―大阪における同郷集団の運動　常磐勝憲と日本最初の盲人専用老人ホーム―慈母園の設立過程　糸賀一雄と木村素衛―教養の思想を中心に福祉の近代史を研究すること―私の歩みと今後の課題の覚書

久保 猪之吉〔1874～1940〕　くぼ・いのきち
◇耳鼻咽喉科のパイオニア久保猪之吉―医学と文学の狭間で　評伝　柴田浩一著　福岡　梓書院　2018.9　243p　19cm　〈年譜あり　文献あり〉　1800円　①978-4-87035-630-6　Ⓝ289.1
内容 第1章 生い立ち　第2章 医師として立つ　第3章 九州帝国大学の創立　第4章「世界のイノ・クボ」猪之吉，欧米での活躍　第5章 教室創立20周年と久保記念館　第6章 文学への回帰　第7章 猪之吉・より江夫妻と文学者たち　第8章 猪之吉と俳句　第9章 猪之吉・より江夫妻の文学作品　第10章 猪之吉の面影と人物像　第11章 晩年の久保夫妻

久保 角太郎〔1892～1944〕　くぼ・かくたろう
◇久保角太郎―「父母双系の先祖供養仏教」誕生　久保克則著　春秋社　2015.11　467p　20cm　3200円　①978-4-393-13736-9　Ⓝ169.1
内容 第1章 久保角太郎　第2章 小谷安吉　第3章 青春　第4章 機　第5章 小谷喜美　第6章 活動　終章「願い」を形に

久保 克之〔1938～〕　くぼ・かつゆき
◇甲子園に挑んだ監督たち　八木澤高明著　辰巳出版　2018.7　255p　19cm　1600円　①978-4-7778-2118-1　Ⓝ783.7
内容 古屋文雄 神奈川・横浜商業高校元監督―マリンブルーに袖を通す者の矜持　小池啓之 北海道・旭川南高校前監督―魂と魂のぶつかり合いが甲子園へ導いた　大井道夫 新潟・日本文理高校総監督―迷わず好打し、大井野球はこうして生まれた　嶋崎久美 秋田・金足農業高校元監督―雪も降れ、雪国が生んだ嶋崎野球　山本泰 大阪・PL学園高校元監督―PLで勝ち，PLに敗れた名将　宮崎裕也 滋賀・北大津高校前監督―弱者が強者に勝つために　久保克之 鹿児島・鹿児島実業高校名誉監督―老将が今も心に刻

み続けること　山中直人 高知・伊野商業高校元監督/岡豊高校現監督―甲子園に勝る指導者なし

久保 紘一〔1972～〕　くぼ・こういち
◇日本バレエを変える―コーイチ・クボの挑戦　久保紘一著，田中久子編　チャイコ　2016.11　227p　22cm　〈他言語標題：The Challenge Koichi Kubo and Ballet in Japan　文献あり〉　2750円　①978-4-9907661-6-0　Ⓝ769.91
内容 第1章 バレエファミリーに生まれて　第2章 コンクール荒らし　第3章 いざ，モスクワ！　第4章 ニューヨーク，そしてボストン　第5章 コロラド・バレエ団　第6章 ライフ・イン・デンバー　第7章 ぼくのパートナー　第8章 増え続けるレパートリー　第9章 バレエ人生の激動期　第10章 退団の決意　第11章 コロラドにカムバック　終章 日本バレエのために働く

久保 聖〔1975～〕　くぼ・さとし
◇外壁塗装を100％成功させる方法―業界の革命児・ペイント王の職人社長が語る外壁塗装の裏側とは!?　久保聖著　京都　ライティング　2015.5　197p　19cm　〈発売：星雲社〉　1500円　①978-4-434-20631-3　Ⓝ525.58
内容 第1章 ペイント王，誕生秘話―社長・久保聖の半生　第2章 正しい塗装は時間がかかる！―手抜き工事の見分け方と防御策　第3章 ペイント王，会社の特徴―プロの塗装職人のパーフェクトテクニック　第4章 ペイント王の経営理念―塗り替え工事で守らなければならない十ヶ条　第5章 お客様の疑問を解決します！―外壁塗装工事のよくある質問集　第6章 ペイント王が選ばれた理由―お客様からの喜びの声　付録 親方が現場で気づいたこと―塗装のマイスター・職人親方のコラム集

久保 新二〔1949～〕　くぼ・しんじ
◇アデュ～ ポルノの帝王久保新二の愛と涙と大爆笑―エッチ重ねて50年!!　久保新二著，石動三六，小川晋編著　ポット出版　2015.1　269p　21cm　2000円　①978-4-7808-0216-0　Ⓝ778.21
内容 対談 滝田洋二郎×久保新二―久保チンは王道だ！　俺の生い立ち　若松組でデビュー　ピンクの時代　大ヒット当たり役・尾崎と仲間たち　ピンク映画を超えて　ピンク道驀進中　『未亡人下宿』シリーズ全解説

窪 世祥〔江戸時代後期〕　くぼ・せしょう
◇江戸前の石工 窪世祥　嘉津山清著　第一書房　2016.4　441p　27cm　〈文献あり 作品目録あり〉　7000円　①978-4-8042-0786-5　Ⓝ712.1
内容 石造物の制作　（石工について　職人としての石工の地位　江戸（御府内）の石工）　石碑の種類と時代性　（石碑と碑文　碑文の研究　石碑が出来るまで）　窪世祥と文化　（窪世祥との出会い　向島百華園と窪世祥　窪世祥と文化人　本門寺の久保石経碑　窪世祥建立結集碑について　隅田川の窪世祥　窪世祥と画像碑　窪世祥と窪世昌　窪世祥の生涯）　江戸の名所と石碑　（江戸前の石碑とは　江戸の名所と石碑）　窪世祥の作品・作風　図版

久保 恒彦〔1929～〕　くぼ・つねひこ
◇久保恒彦オーラル・ヒストリー―繊維から自動

車販売への「細胞分裂」、そして美術館　久保恒彦述，塩地洋，渡邊純子，芦田尚道，菊池航編　法政大学イノベーション・マネジメント研究センター　2018.6　141p　30cm　（Working paper series no.193）　非売品　Ⓝ537.067

久保 優太〔1987～〕　くぼ・ゆうた

◇K-1チャンピオンの億を稼ぐ株式投資術　久保優太著　双葉社　2018.9　191p　19cm　1500円　①978-4-575-31386-4　Ⓝ338.183

内容　第1章 僕の投資ヒストリー　第2章 さあ、投資を始めてみよう！　第3章 トレードのチャンピオンになる投資術　第4章 そもそもお金って何だろう？　第5章 投資で負けないための〝久保ルール〟　第6章 僕の格闘ヒストリー——七転八倒編　第7章 僕の格闘ヒストリー——チャンピオン編

久保 裕也〔1993～〕　くぼ・ゆうや

◇アホが勝ち組、利口は負け組——サッカー日本代表進化論　清水英斗著　秋田書店　2018.6　190p　19cm　1300円　①978-4-253-10106-6　Ⓝ783.47

内容　日本代表進化論　理想は進化、現実は退化　日本代表進化論　選手編（原口元気——モノクロームの元気　岡崎慎司——アホの岡崎　遠藤航——がんばれ！ニッポンの父！　宇佐美貴史——「行ってるやん」の絶壁　吉田麻也——〝大ボカ〟の汚名を返上だ！　柏木陽介——だって、人間だもの。　長谷部誠——キレっ早のキャプテン　長友佑都——左を制する者は、世界を制す！　柴崎岳——キャノンシュートの秘密は、弓槙野智章——カネでは買えない男！　ほか）

久保木 哲子〔1931～〕　くぼき・てつこ

◇愛あればこそ——回顧録　久保木哲子著　光言社　2015.5　211p　20cm　1500円　①978-4-87656-185-8　Ⓝ289.1

窪島 誠一郎〔1941～〕　くぼしま・せいいちろう

◇同じ時代を生きて　武田志房，窪島誠一郎著　三月書房　2017.12　158p　19cm　2000円　①978-4-7826-0229-4　Ⓝ773.28

内容　僕らの時代（戦後の暮らし　高度経済成長　父のこと・母のこと　戸籍主義　前山寺薪能）　酌めども尽きず秋の盃（決断力　想像力と喚起力　定められた道　日本の文化行政　海外公演　ほか）

窪塚 洋介〔1979～〕　くぼずか・ようすけ

◇コドナの言葉　窪塚洋介著　NORTH VILLAGE　2018.6　251p　19cm　（発売：サンクチュアリ出版）　1500円　①978-4-86113-375-6　Ⓝ778.21

内容　EPISODE 0 まだなんもはじまってねぇし　EPISODE 1 10代のイノセント　EPISODE 2 上京時代　EPISODE 3 芝居/役者/俳優/# 稽古　EPISODE 4 言葉/リリック/言霊/# HipHop　EPISODE 5 芝居/役者/俳優/# 阿吽　EPISODE 6 芸能界/ドラマ/# テレビに中指　EPISODE 7 自由/ルール/# 最低限の敬意　EPISODE 8 家族/仲間/# 結婚　EPISODE 9 やり直し/転機/#9階　EPISODE 10 卍LINE/音楽/# なりたい俺　EPISODE 11 芝居/役者/俳優/# 沈黙

窪田 空穂〔1877～1967〕　くぼた・うつぼ

◇明治の恋——窪田空穂、亀井藤野の往復書簡　窪田空穂，亀井藤野著，臼井和恵著　河出書房新社　2016.10　188p　18cm　〈文献あり〉　1500円　①978-4-309-92104-4　Ⓝ911.162

内容　懐かしき先生と教え子　恋の芽生え　断念しつつ終れず　愛は活きぬ　立ちはだかる壁——藤野の許婚の存在　水穂、藤野を動かす　朗報空穂の喜びと悩み　見合い（婚約）そして結婚へ　補遺1 結婚そして永訣　補遺2 空穂の恋歌——君を愛す

久保田 権四郎〔1870～1959〕　くぼた・ごんしろう

◇久保田権四郎——国産化の夢に挑んだ関西発の職人魂　沢井実著　京都　PHP研究所　2017.2　270p　20cm　（PHP経営叢書——日本の企業家4）〈年譜あり〉　2400円　①978-4-569-83424-5　Ⓝ289.1

内容　第1部 詳伝やってできないことがあるものか——久保田鉄工所の事業史とともに（少年期の発憤——眼に浮かぶ母の涙　創業期の困難　鋳鉄管事業の急拡大　第一次世界大戦期の多角化　戦間期の労使関係と事業動向）　第2部 論考 事業経営における連続と断絶——個人経営から法人企業へと移行する歴史の中で（技術蓄積のプロセス　多角化の論理　労使関係の構築　関西企業の「大陸」進出　同族経営と専門経営者　企業統治の変化）　第3部 人間像に迫る 権四郎が歩んだ「実業道」の姿——その発言とともに紐解く（経営観　人生・仕事観と実業の系譜　技術・技術者観　郷土愛）

久保田 貞視〔1939～〕　くぼた・さだみ

◇徒然の人生　久保田貞視著　〔八王子〕　〔久保田貞視〕　2016.4　111p　21cm　Ⓝ289.1

久保田 英夫〔1937～〕　くぼた・ひでお

◇負けてたまるか。オレは日本人だ！——友情を胸に、武道を心身に、海外へ雄飛した熱き男のロマン　久保田英夫著　求龍堂　2014.9　445p　19cm　〈年譜あり〉　1800円　①978-4-7630-1436-8　Ⓝ289.1

内容　第1章 家業と祖父。そして「でくの坊」の誕生　第2章 中学、高校、浪人、大学時代　第3章 日米会話学院と稲七海岸　第4章 久我山から経営へ、そしてたまプラーザ　第5章 会社遍歴　第6章 海外旅行。そして、祖父母と父の他界　第7章 ロサンゼルスからアラスカへ　第8章 ハリウッド柔道道場　第9章 紀文カナダ社、日航商事、ニッスイUSA社との取引　第10章 事業の発展、そして帰国

久保田 不二子〔1886～1965〕　くぼた・ふじこ

◇赤彦とアララギ——中原静子と太田喜志子をめぐって　福島はるか著　鳥影社　2015.6　655p　20cm　（季刊文科コレクション）〈文献あり　年譜あり〉　2800円　①978-4-86265-509-7　Ⓝ911.162

内容　プロローグ 武石村　第1章 桔梗ヶ原　第2章 広丘村　第3章 悩み　第4章 若山牧水　第5章 赤彦　第6章 八丈島　第7章 菩薩位

窪田 藤野〔1888～1917〕　くぼた・ふじの

◇明治の恋——窪田空穂、亀井藤野の往復書簡　窪

田空穂，亀井藤野著，臼井和恵著　河出書房新社　2016.10　188p　18cm　〈文献あり〉　1500円　Ⓘ978-4-309-92104-4　Ⓝ911.162

内容　懐かしき先生と教え子　恋の芽生え　断念しつつ終れず　愛は活きぬ　立ちはだかる壁―藤野の許婚の存在　水穂、藤野を動かす　朗報空穂の喜びと悩み　見合い（婚約）そして結婚　補遺1　結婚そして永訣　補遺2　空穂の恋歌―君を愛す

久保田 万太郎〔1889～1963〕くぼた・まんたろう

◇久保田万太郎の履歴書　大高郁子絵・編　大高郁子　2016.11　283p　17cm　1500円　Ⓝ910.268

◇鏡花、水上、万太郎　福田和也著　キノブックス　2017.2　287p　20cm　2000円　Ⓘ978-4-908059-63-6　Ⓝ910.26

内容　鏡花、水上、万太郎　"戯作者"―獅子文六の戦争私小説の路、主義者の道、みち、一佐多稲子　空っぽのトランクLa Valise vide―武田泰淳、檀一雄　ウィスキー・プリースト＆スマート・アニマルズ―武田泰淳、グレアム・グリーン　The day is done―小島信夫　銀座レクイエム―樋口修吉

◇久保田万太郎の履歴書　久保田万太郎著，大高郁子絵・編　河出書房新社　2018.2　300p　17cm　〈文献あり〉　2000円　Ⓘ978-4-309-02653-4　Ⓝ910.268

内容　私の履歴書より　句集『流萬抄』巻末より　『私の履歴書』以降　久保田万太郎の浅草（大高郁子）

久保田 豊〔1890～1986〕くぼた・ゆたか

◇土木技術者の気概―廣井勇とその弟子たち　高橋裕著，土木学会廣井勇研究会編集協力　鹿島出版会　2014.9　206p　19cm　〈文献あり　年表あり〉　1900円　Ⓘ978-4-306-09438-3　Ⓝ517.028

内容　廣井勇とその弟子たち（古の公威から廣井勇へ、近代化の扉を開く　天意を覚った真の技術者―青山士　生涯を台湾の民衆に捧げた八田與一　雄大な水力発電事業を実行した久保田豊　科学技術立国に一生を捧げた宮本武之輔　河川哲学を確立した安藝皎一）　今後のインフラ整備に向けて（今後のインフラをどうするか　今後のインフラ整備への条件）

久保山 菜摘〔1992～〕くぼやま・なつみ

◇なっちゃんの大冒険―ピアニスト久保山菜摘の平和活動　久保山千可子，久保山菜摘著　福岡花乱社　2015.5　251p　19cm　〈他言語標題：Adventure of Natchan〉　1500円　Ⓘ978-4-905327-47-9　Ⓝ762.1

内容　第1楽章　鍵盤に私の想いをのせて（私にとっての音楽・ピアノ　母の夢と憧れ　バレエとピアノ　ほか）　第2楽章　新しいピアニストの作り方（私の生い立ち　札幌から東京へ　ピアノを習い始める　ほか）　第3楽章　なっちゃんの大冒険に寄せて（なっちゃんとの一年間　なっちゃんとの思い出　なっちゃん、おめでとう！　ほか）

久保利 英明〔1944～〕くぼり・ひであき

◇破天荒弁護士クボリ伝　久保利英明，磯山友幸著　日経BP社　2017.11　258p　20cm　〈他言語標題：The Exceptional Lawyer KUBORI　著作目録あり　発売：日経BPマーケティング〉　1700円　Ⓘ978-4-8222-5548-0　Ⓝ327.14

内容　第1部　全身弁護士クボリ（弁護士になるまで　歩いた後に道ができる―弁護士と起業家精神　孤独なトップランナー）　第2部　闘争業としての弁護士（ライオンと防弾チョッキ　疾風怒涛のバブル戦記　革命は辺境から―弁護士とイノベーション　攻めのガバナンスを求めて―東電賠償請求・1票の格差訴訟　私の人物論）

隈 研吾〔1954～〕くま・けんご

◇建築家、走る　隈研吾著　新潮社　2015.9　249p　16cm　（新潮文庫　く-50-1）　490円　Ⓘ978-4-10-120036-1　Ⓝ523.1

内容　第1章　世界を駆け回る　第2章　歌舞伎座という挑戦　第3章　20世紀の建築　第4章　反・20世紀　第5章　災害と建築　第6章　弱い建築

◇隈研吾という身体―自らを語る　大津若果著　NTT出版　2018.12　306p　19cm　（建築・都市レビュー叢書 05）　2600円　Ⓘ978-4-7571-6076-7　Ⓝ523.1

内容　第1章　建築は経済に従う―隈の幼年時代　第2章　身体的感性―隈の学生時代　第3章　生きている伝統木造　第4章　商品ではない建築を目指して―隈の地方時代　第5章　汎コンクリートから場所・素材・技術へ　第6章　コンピュータを身体化する　第7章　世界の環境に愛される建築―隈の海外時代

久間 三千年〔～2008〕くま・みちとし

◇死刑執行された冤罪・飯塚事件―久間三千年さんの無罪を求める　飯塚事件弁護団編　現代人文社　2017.11　87p　21cm　（GENJINブックレット 65）〈年表あり　発売：大学図書〉　1200円　Ⓘ978-4-87798-685-8　Ⓝ326.23

内容　第1章　飯塚事件・再審請求審の特徴と求められる審理のあり方　第2章　DNA鑑定―4つの鑑定データを精査する　第3章　血液型鑑定―真犯人の血液型は何か　第4章　目撃証言その1―警察官に誘導された供述　第5章　目撃証言その2―科学的に不可解なカーブの目撃　第6章　繊維・染料鑑定―情況証拠としての価値はない　飯塚事件の経過一覧　久間三千年さんの妻からのメッセージ―必ず無実の人間に手を差し伸べてくれる裁判官に出会えると、心から信じています。

熊谷 久一〔1908～1983〕くまがい・きゅういち

◇あるハンセン病キリスト者の生涯と祈り―北島青葉『神の国をめざして』が語る世界　小林慧子著　同信社　2015.11　235p　19cm　〈年譜あり〉　1900円　Ⓘ978-4-88621-716-5　Ⓝ498.6

内容　第1章　北部保養院と『甲田の裾』誕生　第2章　北部保養院への道　第3章　北部保養院での日々　第4章　求道と回心　第5章　松岡学園教育部児童講師として　第6章　国立療養所東北新生園への転園　第7章　再び国立療養所松丘保養園へ　第8章　創作『辛夷の花』、『神の国をめざして』の取り組み　付章　顔も知らない叔父の姿を求める旅（後藤誠二）

熊谷 鉄太郎〔1883～1979〕くまがい・てつたろう

◇盲人福祉の歴史―近代日本の先覚者たちの思想

と源流　森田昭二著　明石書店　2015.6　313p　22cm　〈文献あり　索引あり〉　5500円　Ⓘ978-4-7503-4210-8　Ⓝ369.275

|内容| 序章　近代日本における盲人福祉史の源流を探る　第1章　新しい盲人福祉論の要求―好本督とイギリスの盲人福祉　第2章　近代盲人福祉の先覚者・好本督―「日本盲人会」の試み　第3章　中村京太郎と点字投票運動　第4章　中村京太郎と盲女子の保護問題―「関西盲婦人ホーム」を中心に　第5章　熊谷鉄太郎と盲人牧師への道　第6章　ジャーナリスト・中村京太郎と牧師・熊谷鉄太郎

熊谷　直実〔1141〜1208〕　くまがい・なおざね

◇熊谷直実―中世武士の生き方　高橋修著　吉川弘文館　2014.9　182p　19cm　（歴史文化ライブラリー　384）〈文献あり〉　1700円　Ⓘ978-4-642-05784-4　Ⓝ289.1

|内容| 熊谷直実の生き方―プロローグ　武士として起つ―埋もれた前半生　栄光と挫折と―治承・寿永内乱の中で　僧となった東国武士―法然との出会い　直実の末裔　熊谷直実の生涯―エピローグ

熊谷　信昭〔1929〜2018〕　くまがい・のぶあき

◇大阪大学とともに歩んで―熊谷信昭第12代総長回顧録　熊谷信昭述，大阪大学アーカイブズ，菅真城，阿部武司編　吹田　大阪大学出版会　2015.11　336p　20cm　〈著作目録あり　年譜あり　索引あり〉　4000円　Ⓘ978-4-87259-517-8　Ⓝ377.21

|内容| 第1章　誕生から阪大工学部学生時代まで　第2章　私の研究者歴　第3章　大学紛争と学生部長就任　第4章　大阪大学総長として―その1　第5章　大阪大学総長として―その2　第6章　大阪大学外での活動　第7章　阪大生へのメッセージ

熊谷　守一〔1880〜1977〕　くまがい・もりかず

◇蒼蠅　熊谷守一著　増補改訂版　求龍堂　2014.8　316p　図版28p　22cm　〈年譜あり〉　2900円　Ⓘ978-4-7630-1433-7　Ⓝ723.1

|内容| わたしのことなど　九十六の春　硯墨筆紙　美校にて　かまきり　友人

◇仙人と呼ばれた男―画家・熊谷守一の生涯　田村祥蔵著　中央公論新社　2017.11　269p　20cm　1600円　Ⓘ978-4-12-005027-5　Ⓝ723.1

|内容| 第1章　付知、岐阜、そして父　第2章　東京美術学校―友と師　第3章　樺太、「蠟燭」、裏木曽山中　第4章　結婚、二科会、貧乏、子供の死、描けない絵　第5章　新しい家、水墨画、書、広がるファンの輪　第6章　池袋モンパルナス、利行、「ヤキバノカエリ」、ギャルリ・ムカイ　終章　猫、再び書、赤ん坊、そして死

◇もっと知りたい熊谷守一―生涯と作品　池田良平監修・著，蔵屋美香著　東京美術　2017.12　79p　26cm　（アート・ビギナーズ・コレクション）〈文献あり　索引あり〉　1800円　Ⓘ978-4-8087-1092-7　Ⓝ723.1

|内容| 第1章　絵をやりたい―〇〜二十四歳（明治十三〜三十七年）　第2章　模索の日々―二十五〜五十八歳（明治三十八〜昭和十三年）　第3章　モリカズ様式の確立―五十九〜九十七歳（昭和十四〜五十二年）

◇いのちへのまなざし　熊谷守一評伝　福井淳子著　求龍堂　2018.2　376p　図版16p　20cm　2800円　Ⓘ978-4-7630-1801-4　Ⓝ723.1

|内容| 生い立ちの前に　生い立ち　美術学校前後　入谷の五人男　樺太行き　「蠟燭」、「蠟燭」から帰郷まで　付知帰郷　同時代の画家たちの動向　二科会参加の頃　アトリエ新築前後　特別な年一九三八年　表現の転機　後進への助言　戦中、戦後の熊谷　戦後の制作　一九五九年、第一の頂点―熊谷様式の完成　デパート展、第二の頂点―西洋的・東洋的　身のまわりの生きものと日常の生活　最晩年の深化　すべての自画像　晩年の回想と作品　没後の評価　終わりに

◇モリカズさんと私　沖田修一，田村祥蔵，藤森武，山崎努著　文藝春秋　2018.3　117p　21cm　1500円　Ⓘ978-4-16-390808-3　Ⓝ723.1

|内容| モリとの出会い（藤森武）　「モリ」日誌（山崎努）　撮影まで（沖田修一）　仙人から聞いた話（田村祥蔵）

熊沢　健一〔1953〜〕　くまざわ・けんいち

◇現代人の伝記　3　致知編集部編著　致知出版社　2014.11　97p　26cm　1000円　Ⓘ978-4-8009-1060-8　Ⓝ280.8

|内容| 1　坂村真民（詩人）―「念ずれば花ひらく」　2　坂岡嘉代子（はぐるまの家代表）―生きる喜びを求めて　3　熊沢健一（東京女子医科大学非常勤講師）―癌・告知　4　黒瀬昇次郎（ミリオン珈琲貿易相談役）―中村久子の生涯　5　河原成美（力の源カンパニー代表取締役）―ラーメン革命に夢を賭ける男　6　磯部則則（画家）―不遇への挑戦　7　村田兆治（野球評論家）／井村雅代（日本代表コーチ）―こうして人を強くする

熊沢　友雄〔1831〜1896〕　くまざわ・ともお

◇熊沢友雄日記　7　明治26年―明治28年　熊沢友雄著，岸和田市教育委員会編　〔岸和田〕　岸和田市教育委員会　2016.3　241p　26cm　（岸和田市史史料　第12輯）　Ⓝ289.1

熊田　千佳慕〔1911〜2009〕　くまだ・ちかぼ

◇熊田千佳慕のハイカラ人生記　熊田千佳慕著　求龍堂　2014.8　381p　20cm　〈「千佳慕の横浜ハイカラ少年記」（フレーベル館　2006年刊）と「千佳慕の横浜ハイカラ青年記」（フレーベル館　2007年刊）ほかの改題、合本〉　2000円　Ⓘ978-4-7630-1435-1　Ⓝ723.1

|内容| ハイカラ少年記（泣き虫ゴロチャン　ゴロチャンの春夏秋冬　ゴロチャンの育った横浜　関東大震災、その前後）　ハイカラ青年記（天真爛漫な中学時代　デザインに目ざめる　上野の森の青春時代　デザイン界の夜明け　戦火の中で）　ハイカラ貧乏記（絵本作家はビンボーズ　ビンボーズの醍醐味　チカボ・ルネッサンス　かがやける八十代　一日一日）

熊野　せいし〔1965〜〕　くまの・せいし

◇未来を診る―健康日本へ、命を守る新たな挑戦　熊野せいし著　第三文明社　2016.3　158p　19cm　833円　Ⓘ978-4-476-03354-0　Ⓝ289.1

|内容| 第1章　ヒューマンストーリー（小学校四年生のときに母が他界　父が連帯保証人に。取り立てに追われる日々　ほか）　第2章　放射線科専門医の道へ（医学部卒業後、放射線科を選択　大阪で最新の医学を

学び、後に再び大阪へ ほか） 第3章 Dr.熊野が行く地域医療の最前線（大阪―生命科学は「部品」から「全体」の解明へ　滋賀―顔の見える連携で全国の注目集める ほか）　第4章 スペシャル対談（熊野さんは健康と医療の宝石箱や！―彦摩呂さん（タレント）　医療と介護の未来を探る―結城康博さん（淑徳大学教授） ほか）　第5章 画像診断が医療を変える（画像診断の進歩（CT検査・MRI検査・PET検査）　がんの予防について（胃がん・大腸がん・乳がん・肺がん）） 付録 Dr.熊野の"健康チェック&アドバイス"

鳩摩羅什 〔350～409〕　くまらじゅう

◇鳩摩羅什三蔵伝―私本　望月海淑著　日蓮宗新聞社　2016.1　535p　20cm　2200円　Ⓘ978-4-89045-147-0　Ⓝ182.22

久米 明 〔1924～〕　くめ・あきら

◇僕の戦後舞台・テレビ・映画史70年　久米明著　河出書房新社　2018.11　285p　20cm　2850円　Ⓘ978-4-309-27985-5　Ⓝ772.1

|内容| 芝居の道へ―1945・48　「夕鶴」初演―1949　岡倉士朗演出の系譜―1950・54　ラジオからテレビへ急展開―1947・58　岡倉先生に先立たれて―1957・59　ぶどうの会解散への道―1959・64　「すばらしい世界旅行」牛山純一プロデューサーとの二十四年間―1959・90　黒澤明とハンフリー・ボガート―1968・72　福田恆存との出会い―1967・68　三百人劇場建設への曲折―1969・73　欅から昂へ、激動を越えて―1973・78　福田理事長との別れ―1980・96　朗読と「鶴瓶の家族に乾杯」―1996・

久米 清治 〔1915～*〕　くめ・せいじ

◇獣医学の狩人たち―20世紀の獣医偉人列伝　大竹修著　堺　大阪公立大学共同出版会　2017.5　406p　21cm　〈文献あり〉　2400円　Ⓘ978-4-907209-72-8　Ⓝ649.028

|内容| 序：日本における近代獣医学の夜明け　牛痘苗と狂犬病ワクチンの創始者―梅野信吉　人材育成の名人で家畜衛生学の先達―葛西勝弥　獣医寄生虫学を確立―板垣四朗　競走馬の研究に生涯を捧げた外科の泰斗―松葉重雄　ひよこの雌雄鑑別法を開発―増井清　幻に終わったノーベル賞―市川厚一　獣医外科・産科学の巨頭―黒澤亮助　顕微鏡とともに歩んだ偉大な神経病理学者―山極三郎　麻酔・自律神経研究の権威―木全春生 〔ほか〕

久米 信廣 〔1951～〕　くめ・のぶひろ

◇久米適と言われるいきかた―こんな会社経営があっていい　久米信廣著　第三企画出版　2016.3　155p　19cm　〈発売：創英社／三省堂書店〉　1300円　Ⓘ978-4-908272-05-9　Ⓝ289.1

|内容| 第1章 若者に語る（楽しい人生のために―高校生に語る　この瞬間こそ一回しかない―大学生に語る ほか）　第2章 平和の砦を築く（企業を久米適に経営する　あなた好みの第三企画 ほか）　第3章 RBAというゆきかた（RBAとは　RBAの仕事観 ほか）　第4章 社員に語る（地球への恩返し　共生の思想を体現する第三企画）　第5章 社員へメッセージする（人間に生まれてきた価値　「いま・ここ・あなた」に生きる ほか）

◇過去を変えた男―異色の経営者久米信廣　高校生活4年、さらに大学生活8年！　篠原勲著　ごま書房新社　2018.11　235p　19cm　1300円　Ⓘ978-4-341-08714-2　Ⓝ289.1

|内容| 第1章 明日への架け橋　第2章 カゴの中の鳥　第3章 母の愛、父のビンタ　第4章 燃えて経営　人間関係業　第5章 一人で生きられないから　第6章 世界の過去を変える

久米 宏 〔1944～〕　くめ・ひろし

◇久米宏です。―ニュースステーションはザ・ベストテンだった　久米宏著　世界文化クリエイティブ　2017.9　337p　19cm　〈文献あり　年譜あり　発売：世界文化社〉　1600円　Ⓘ978-4-418-17506-2　Ⓝ699.6

|内容| 第1章 青春のラジオ時代　第2章 テレビ番組大成功　第3章 生放送は暴走する　第4章『ニュースステーション』に賭ける　第5章 神は細部に宿る　第6章 ニュース番組の使命　第7章『ニュースステーション』が終わるとき　第8章 ラジオ再び

雲井 龍雄 〔1844～1870〕　くもい・たつお

◇「朝敵」と呼ばれようとも―維新に抗した殉国の志士　星亮一編　現代書館　2014.11　222p　20cm　2000円　Ⓘ978-4-7684-5745-0　Ⓝ281.04

|内容| 神保修理―その足跡を尋ねて　山本帯刀―会津に散る。長岡の若き家老　中島三郎助―幕府海軍を逸早く構想した国際通　春日左衛門―知られざる英傑　佐川官兵衛―会津の猛将から剛毅朴直の大警部へ　朝比奈азл太郎泰尚―水戸の執政、下総に散る　滝川充太郎―猪突猛進を貫いた若き猛将　森弥一左衛門陳明―桑名藩の全責任を負って切腹した　甲賀源吾―軍艦回天が賞賛した、宮古湾の勇戦　桂早之助―剣隼記　京都見廻組　玉虫左太夫―幕末東北を一つにまとめた悲運の国際人　雲井龍雄―米沢の俊英が夢見たもう一つの「維新」　赤松小三郎―日本近代化の礎を作った洋学者　松岡磐吉―榎本軍最後の軍艦「蟠龍」艦長

◇幕末―非命の維新者　村上一郎著　中央公論新社　2017.9　299p　16cm　〈中公文庫 む28-1〉〈角川文庫 1974年刊に対談「松陰の精神とその人間像」を増補　文献あり 年表あり〉　1000円　Ⓘ978-4-12-206456-0　Ⓝ281.04

|内容| 第1章 大塩平八郎　第2章 橋本左内　第3章 藤田三代―幽谷・東湖・小四郎　第4章 真木和泉守　第5章 三人の詩人―佐久良東雄・伴林光平・雲井竜雄　松陰の精神とその人間像（保田與重郎×村上一郎）

久山 康 〔1915～1994〕　くやま・やすし

◇久山康先生その思想と実践　『久山康先生その思想と実践』刊行・編集委員会編　西宮　関西学院大学出版会　2017.5　551p　21cm　〈著作目録あり 年譜あり〉　5600円　Ⓘ978-4-86283-239-9　Ⓝ289.1

|内容| 第1部 教育者・哲学者としての足跡（信仰と思想　久山先生の師と親友）　第2部 関西学院「第三の創造」を目指して（理事長・院長就任にあたって　創立者W.R.ランバスを再発見し、留学基金を設け、記念講座を作る　広報委員会・企画調査室の設置と役割　学園紛争の収拾とガバナンスの確立および財政の安定化　久山先生の自然観と祈り、そして美化活動　千刈キャンプ場の整備とセミナーハウスの建設　三田キャンパスの建設と二十一世紀への展望）　第3

部 学外における主な活動(基督教学徒兄弟団を結成し『兄弟』を発行された 国際日本研究所 甲山を守る会 第4部 追想(特別寄稿) 追想『兄弟』(四三八号、平成七年四月三十日発行)より 追想 寄稿)

倉沢 すみお〔1942〜〕　くらさわ・すみお
◇いつか僕を胴上げして　倉沢すみお著　愛育社　2015.6　151p　21cm　1300円　Ⓘ978-4-7500-0493-8　Ⓝ302.237
内容　住めば都　スポーツに国境なし　故郷の師を訪ねて　土俵開きと大鵬さん　新天地に根づく　タイの中のニッポン　百歳を迎える母へ　出家と出征　書店の未来　タイの少数民族　いつか僕を胴上げして　ぶらりバンコクの下町　未久ちゃん人形　明日につなぐ人たち　天空の長寿村へ　百歳母と行く、愛バッドジャーニー　「世界相撲選手権大会」奮闘記　母のルーツ探訪　タイで働く　果実の王と女王

倉澤 良仁〔1958〜〕　くらさわ・よしひと
◇田舎少年が挑んだ会議通訳者への道　倉澤良仁著　セルバ出版　2015.7　207p　19cm　〈発売：創英社／三省堂書店〉　1600円　Ⓘ978-4-86367-216-1　Ⓝ289.1
内容　第1章 英語への関心　第2章 英語学習の日々　第3章 学業と将来　第4章 ネパールでの日々　第5章 世界周遊・復学・米国での仕事　第6章 帰国・初通訳・再渡米　第7章 帰国・プロ通訳に向けて　第8章 会議通訳という職業　第9章 英語学習のヒント

倉田 貞子〔1936〜〕　くらた・さだこ
◇夢ちょうちん　倉田貞子著　〔神戸〕　友月書房　2015.1　137p　21cm　Ⓘ978-4-87787-641-8　Ⓝ289.1

倉田 徹也〔1954〜〕　くらた・てつや
◇川筋挽歌―そして、東京の夢　倉田徹也著　幻冬舎ルネッサンス　2014.8　439p　20cm　1400円　Ⓘ978-4-7790-1115-3　Ⓝ289.1
内容　第1章 筑豊で過ごした幼少時代　第2章 夢が舞う街 東京　第3章 現実と覚めない夢　第4章 父の死と夢の終わり　第5章 企業戦士　第6章 白血病との闘い　第7章 生かされた命　第8章 新潟での余生

倉田 洋二〔1927〜〕　くらた・ようじ
◇アンガウル、ペリリュー戦記―玉砕を生きのびて　星亮一著　潮書房光人社　2015.11　229p　16cm　〈光人社NF文庫　ほN-917〉〈河出書房新社 2008年刊の再刊　文献あり　年表あり〉　760円　Ⓘ978-4-7698-2917-1　Ⓝ916
内容　第1章 パラオ共和国　第2章 ガダルカナルに出兵　第3章 連合艦隊はどこに消えた　第4章 現地召集　第5章 アンガウル島玉砕　第6章 ペリリュー戦争　第7章 逃亡生活　第8章 玉砕は続いた　第9章 奇跡の生還　第10章 倉田洋二の戦後

倉富 勇三郎〔1853〜1948〕　くらとみ・ゆうざぶろう
◇倉富勇三郎日記　第3巻　大正一二年(一九二三) 大正一三年(一九二四)　倉富勇三郎著, 倉富勇三郎日記研究会編　国書刊行会　2015.2　1446,40p　22cm　〈索引あり〉　30000円　Ⓘ978-4-336-05303-9　Ⓝ210.6
内容　大正一二年(一九二三)(大正一二年一月　大正一二年二月　大正一二年三月　大正一二年四月　大正一二年五月　ほか)　大正一三年(一九二四)(大正一三年一月　大正一三年二月　大正一三年三月　大正一三年四月　大正一三年五月　ほか)

倉橋 輝信〔1937〜〕　くらはし・てるのぶ
◇みこころのままに―ボリビア宣教師とその仲間たち、愛の実践の危機　小野豊和著　幻冬舎メディアコンサルティング　2017.8　207p　19cm　〈文献あり　発売：幻冬舎〉　1300円　Ⓘ978-4-344-91265-6　Ⓝ198.22
内容　妻の誕生　再びボリビアへ　宣教師第一号、日本出発　サンファン日本人移住地　モンテーロを拠点に無償の愛を実践　政権交代があったが…　輝信少年の誕生　靴磨き少年に、第一の召し出し　第二の召し出し　司祭叙階　〔ほか〕

倉原 佳子　くらはら・よしこ
◇自分を責めないで―陽のあたる場所はかならずあるから　倉原佳子著　あさ出版　2018.4　190p　19cm　1300円　Ⓘ978-4-86667-065-2　Ⓝ762.1

倉持 榮一〔1891〜1945〕　くらもち・えいいち
◇倉持榮一日記―1930(昭和5)年旧制中学校教師の記録　倉持榮一著, 倉持道夫編　国分寺　光陽社出版　2015.7　271p　21cm　〈年譜あり〉　非売品　Ⓘ978-4-9907612-2-6　Ⓝ289.1

藏本 聰子〔1922〜2017〕　くらもと・さとこ
◇藏本聰子先生姉ちゃん先生おばちゃん先生おばあちゃんと共に　藏本博行, 藏本敏郎編　〔出版地不明〕　藏本博行　2018.4　234p　21cm　〈年譜あり〉　Ⓝ289.1

倉本 聰〔1934〜〕　くらもと・そう
◇見る前に跳んだ　倉本聰著　日本経済新聞出版社　2016.4　253p　20cm　〈私の履歴書〉〈年譜あり〉　1600円　Ⓘ978-4-532-16988-6　Ⓝ912.7
内容　第1部 私の履歴書(僕の行動美学　一月一日生まれ　大きな遺産　英字ビスケット　学童疎開　縁故疎開　麻布中学　父の死　ほか)　第2部 倉本聰その人と仕事(ちゃんと言えて、気がすんだ(山田太一〔脚本家〕)　倉本ドラマの魅力―「北の国から」を中心に(碓井広義(上智大学教授)))

倉本 美津留〔1959〜〕　くらもと・みつる
◇すべての「笑い」はドキュメンタリーである―『突ガバ』から『漫勉』まで倉本美津留とテレビの34年　木村元彦著　太田出版　2016.6　282p　19cm　Ⓘ978-4-7783-1368-5　Ⓝ289.1
内容　野暮なプロローグ　第1章 テレビ屋たちの夏　第2章 リビ童日記　第3章 怒りて言う視聴率に非ず　第4章 企画よ、お前はただの設定にすぎない　第5章 ともだち　エピローグ

九里 一平〔1940〜〕　くり・いっぺい
◇九里一平PAST ＆ FUTURE―all of IPPEI KURI　九里一平著　神戸　出版ワークス　2016.9　110p　30cm　〈発売：河出書房新社 東京〉　2800円　Ⓘ978-4-309-92094-8　Ⓝ726.101

くり

内容 1 京都から東京へ 2 兄との生活―漫画家デビュー 3 漫画家ハードデイズ 4 タツノコプロ誕生 5 タツノコプロを支えた個性と才能 6 発想と表現のオリジナリティ FUTURE クリエイターとしての九里一平と未来

久利 将輝〔1973～〕 くり・まさてる
◇ドイツの国家資格眼鏡マイスターへの道 久利将輝著 〔神戸〕 マイスター大学堂 2016.6 156p 19cm 〈発売:神戸新聞総合出版センター(神戸)〉 900円 ⓘ978-4-343-00879-4 Ⓝ535.89

内容 第1章 眼鏡創りへのこだわり 第2章 小学校～大学時代 第3章 いざ、ドイツへ 第4章 基礎職業学校時代 第5章 似て非なる国 日本とドイツ 第6章 マイスター学校時代 第7章 真摯な姿勢を貫くインタビュー 久利計一社長に聞く

栗城 史多〔1982～2018〕 くりき・のぶかず
◇弱者の勇気―小さな勇気を積み重ねることで世界は変わる 栗城史多著 学研パブリッシング 2014.10 243p 19cm 〈発売:学研マーケティング〉 1400円 ⓘ978-4-05-800373-2 Ⓝ786.1

内容 1 谷底から見上げた光―2012年エベレスト 2 言葉の幻想から心を解き放つ。(孤独 記録 限界 ほか) 3 弱者の勇気―2014年ブロードピーク

栗崎 由子〔1955～〕 くりさき・よしこ
◇女・東大卒、異国で失業、50代半ばから生き直し 栗崎由子著 バド・ウィメンズ・オフィス 2014.7 263p 19cm 2500円 ⓘ978-4-86462-078-9 Ⓝ289.1

内容 第1部 収入ゼロから定職へ、辿った山坂(2010年元旦、タケノコ生活を開始 まず現金―家庭教師なら失敗、おすし屋さんバイトに飛び込む お手玉の毎日を突っ走る…最低限、家賃を稼ぐのが目標 B社の日々―とにかく定職に近づいて行く 模索の日々 ほか) 第2部 50代半ばの私が、なぜ再就職できたのか? 仕事について考えを変えた 意外な仕事から、たくさん学んだ―何でも飛び込め 仕事を探していると言え―日本人の私が摑んだ欧州流自己アピール術 自分に投資―思い切って行動に移してきた 私を支え、助けてくれた友人たち ほか)

栗林 忠道〔1891～1945〕 くりばやし・ただみち
◇硫黄島 栗林中将の最期 梯久美子著 文藝春秋 2015.7 254p 16cm 〈文春文庫 か68-1〉 〈2010年刊に「文人将軍市丸利之助小伝」を加筆〉 600円 ⓘ978-4-16-790414-2 Ⓝ210.75

内容 ドキュメント1 栗林忠道 その死の真相 ドキュメント2 三人の若き指揮官の肖像 ドキュメント3 バロン西伝説は生きている ドキュメント4 文人将軍 市丸利之助小伝 ドキュメント5 父島人肉事件の封印を解く ドキュメント6 美智子皇后 奇跡の祈り

栗原 泉〔1969～〕 くりはら・いずみ
◇ブレない子育て―発達障害の子、「栗原類」を伸ばした母の手記 栗原泉著 KADOKAWA 2018.6 261p 19cm 1200円 ⓘ978-4-04-602047-5 Ⓝ289.1

内容 1 我が子が「発達障害」と診断されて始まった試行錯誤の日々(類が8歳の時、NYで発達障害と診断 まずは、我が子をじっくり観察するところから始めたほか) 2 私の中で「子育て理念」が固まった、私自身の育ってきた過去を振り返って(私の親が反面教師だった 私自身、なんでもスイスイ習得できる子だった ほか) 3「ブレない子育て」の実践8つのマイルール(周囲の雑音に振り回されない知識を持つ 「我が子に今何が必要か」をじっくり観察する ほか) 4 栗原類インタビュー「母への信頼・母が教えてくれたこと」

栗原 英三〔1930～1999〕 くりはら・えいぞう
◇プロメテウスの徒となりて―父子で駆け抜けた近代日本電力のもう一つの道 栗原信虎,栗原英三著,クリハラント編 大阪 クリハラント 2016.9 283p 21cm 〈年表あり〉 Ⓝ289.1

栗原 哲〔1923～〕 くりはら・さとし
◇愚直―戦前から戦後、九十年を愚直に生きた男の記録 栗原哲著 新潮社図書編集室 2016.1 251p 20cm 〈年表あり 発売:新潮社〉 1900円 ⓘ978-4-10-910062-5 Ⓝ289.1

栗原 忠二〔1886～1936〕 くりはら・ちゅうじ
◇大屋美那論文選集―印象派、ロダン、松方コレクション 大屋美那著,大屋美那論文選集刊行委員会編 大屋美那論文選集刊行委員会 2014.11 208p 21cm 〈著作目録あり〉 非売品 Ⓝ702.3

内容 印象派/ポスト印象派 「印象派」の命名をめぐって 1870年代前半のモネの絵画における黒についてロジャー・フライによるセザンヌ芸術研究に関する一考察 栗原忠二と英国印象派 イギリスにおける栗原忠二の足跡 「横たわる裸婦」をめぐる一試論 ロダンと近現代彫刻 松方コレクションのロダン彫刻に関する調査報告 ロダンの《エヴァ》について 「現実の幻視者」、ロダンとカリエール マルセル・デュシャンのレディメイドをめぐる一試論 松方コレクション フランク・ブラングィンと松方幸次郎 ヴェネツィア、ヘント、パリ フランク・ブラングィン、美術館のデザインと壁面装飾 松方幸次郎収集のロダンとブールデルの彫刻 新収作品ジョヴァンニ・セガンティーニ《羊の剪毛》 仏語論文 Rodin et Carrière Vingt ans de Rodin au Japon avec Jacques Vilain

栗原 信虎〔1888～1959〕 くりはら・のぶとら
◇プロメテウスの徒となりて―父子で駆け抜けた近代日本電力のもう一つの道 栗原信虎,栗原英三著,クリハラント編 大阪 クリハラント 2016.9 283p 21cm 〈年表あり〉 Ⓝ289.1

栗原 類〔1994～〕 くりはら・るい
◇発達障害の僕が輝ける場所をみつけられた理由 栗原類著 KADOKAWA 2016.10 237p 19cm 1200円 ⓘ978-4-04-601777-2 Ⓝ289.1

内容 PART1 僕はADD(注意欠陥障害) PART2 僕が輝く場所をみつけられるまで PART3 僕が輝く場所をみつけられた理由 PART4 彼はなぜ輝く場所をみつけられたのか

◇ブレない子育て―発達障害の子、「栗原類」を伸

ばした母の手記　栗原泉著　KADOKAWA　2018.6　261p　19cm　1200円　Ⓘ978-4-04-602047-5　Ⓝ289.1

内容　1 我が子が「発達障害」と診断されて始まった試行錯誤の日々（類が8歳の時、NYで発達障害と診断　まずは、我が子をじっくり観察するところから始めた ほか）　2 私の中で「子育て理念」が固まった、私自身の育ってきた過去を振り返って（私の親が反面教師だった　私自身、なんでもスイスイ習得できる子だった ほか）　3 「ブレない子育て」の実践8つのマイルール（周囲の雑音を蒔こう　使われる知識を持つ　「我が子に今何が必要か」をじっくり観察する ほか）　4 栗原類インタビュー「母への信頼・母が教えてくれたこと」

栗山　善四郎（8代）〔1883～1968〕　くりやま・ぜんしろう

◇近代茶人の肖像　依田徹著　京都　淡交社　2015.2　215p　18cm　〈淡交新書〉〈文献あり〉　1200円　Ⓘ978-4-473-03992-7　Ⓝ791.2

内容　井上馨（世外）―政界の雷親父は細心なる茶人　有栖川宮熾仁親王（霞堂）―親王の茶の湯に見る宮家と華族の社交界　安田善次郎（松翁）―慎しく陰徳を重ねた財産家の茶の湯　今泉雄作（常真）―茶道具再評価の種を蒔いた江戸っ子　平瀬亀之輔（露香）―大阪の茶の湯を牽引した「粋の神」　住友友純（春翠）―実業に文人趣味を融合させたエリート実業家　益田孝（鈍翁）―近代の茶の湯を双肩に担った巨人　馬越恭平（化生）―数々の逸話を残した「ビール王」寄斎者　黒柏貨一郎（探古斎）―土蔵に住んだ幻の数寄屋建築家　岡倉覚三（天心）―茶より酒を愛した『茶の本』の執筆者　正木直彦（十三松堂）―美術と茶道に橋を架けた美術学校長　貞明皇后―満州皇后を茶の湯でもてなした大正天皇妃　三井高棟（宗恭）―財閥の盛衰を見つめた三井家当主の茶の湯　團琢磨（狸山）―鈍翁から経営と茶の湯を受け継いだ男　大谷尊由（心斎）―茶の湯三昧の境地に遊んだ宗教家　前田利為（梅堂）―旧大名家軍人のたしなみとしての茶の湯　式守蝸牛（虎山）―悲運の宰相、戦時下の茶の湯　栗山善四郎（八百善）―江戸懐石を伝え、茶の湯を愛した料亭主人　加藤正治（犀水）―憲法の制定に携わった法学者ъы

栗山　大膳〔1591～1652〕　くりやま・たいぜん

◇栗山大膳―黒田騒動その後　小野重喜著　福岡　花乱社　2014.12　239p　20cm　〈文献あり〉　1700円　Ⓘ978-4-905327-40-0　Ⓝ289.1

内容　第1章 栗山備後利安・大膳の戦国時代（栗山家系とその由縁　九州での戦功）　第2章 福岡黒田藩の時代（関ヶ原の戦いと黒田長政　福岡黒田藩 ほか）　第3章 栗山大膳と黒田騒動（黒田長政の死と家康の感状　黒田忠之の放縦と栗山大膳の諫争 ほか）　第4章 流謫その後（流謫の地・南部盛岡　栗山大膳の流謫 ほか）　第5章 栗山家の子孫、その後（三奈木黒田家　秋月藩堀平右衛門正儔 ほか）

◇栗山大膳とその後裔　苫米地宣裕著　〔出版地不明〕　〔苫米地宣裕〕　〔2015〕　173,136p　22cm　〈年譜あり　文献あり〉　Ⓝ289.1

栗山　英樹〔1961～〕　くりやま・ひでき

◇栗山魂―夢を正夢に　栗山英樹著　河出書房新社　2018.10　230p　15cm　〈河出文庫　く19-1〉〈2017年刊の加筆〉　660円　Ⓘ978-4-309-41640-3　Ⓝ783.7

内容　第1章 ヒーローになりたかった、あの頃　第2章 自称天才、凡才に化し、夢から逃げる　第3章 夢がかなった、それは地獄の始まりだった　第4章 一生かけて、野球と生きていく　第5章 まさかの監督就任、大志を抱く　第6章 夢は正夢

久留島　武彦〔1874～1960〕　くるしま・たけひこ

◇久留島武彦 評伝―日本のアンデルセンと呼ばれた男　金成妍著　求龍堂　2017.2　175p　20cm　〈文献あり　年譜あり〉　1500円　Ⓘ978-4-7630-1701-7　Ⓝ910.268

内容　殿町一番地のお屋敷の若様　志を胸に　作家・尾上新兵衛の誕生　口演童話会とお伽芝居の始まり　お伽の種を蒔こう　世界一周の旅　早蕨幼稚園　アメリカへ　満州、台湾、そして朝鮮へ　ヨーロッパへ　日本にボーイスカウトを！　アンデルセンを日本に！　ともがき　わが黙せば石叫ぶべし　その足あとに咲いた花

来栖　三郎〔1912～1998〕　くるす・さぶろう

◇戦争と諜報外交―杉原千畝たちの時代　白石仁章著　KADOKAWA　2015.11　190p　19cm　〈角川選書　565〉〈文献あり　年表あり〉　1600円　Ⓘ978-4-04-703565-2　Ⓝ210.75

内容　第1章 日米の架け橋を夢見た大使斎藤博（口八丁手八丁な若きアメリカ大使　アメリカを知り尽くした男 ほか）　第2章 巨星杉村陽太郎（外務省の名物男　連盟事務次長就任まで ほか）　第3章 悲劇の外交官来栖三郎（来栖三郎の汚名　世界を股にかけた外交官 ほか）　第4章 インテリジェンスの鬼才杉原千畝（ヒューマニストは過小評価？　再検討すべき杉原千畝の功績　叩き上げの情報専門家 ほか）

車田　勝彦〔1941～〕　くるまだ・かつひこ

◇ズリ山の彼方に　車田勝彦著　八王子　清水工房（印刷）　2014.12　160p　21cm　Ⓝ289.1

車谷　長吉〔1945～2015〕　くるまたに・ちょうきつ

◇夫・車谷長吉　高橋順子著　文藝春秋　2017.5　277p　20cm　〈著作目録あり〉　1600円　Ⓘ978-4-16-390647-8　Ⓝ910.268

内容　1（絵手紙　出会いまで　『鹽壷の匙』のころ　結婚まで）　2（千駄木　宴　低送運　狂気）　3（『赤目四十八瀧心中未遂』のころ　直木賞受賞・光と影　終の住処　けったいな文士）　4（南半球一周航海へ　初恋の人のことなど　お遍路）　5（異変　永訣）　6（墨書展）

胡桃澤　盛〔1905～1946〕　くるみざわ・もり

◇「胡桃澤盛日記」の周辺―胡桃澤盛日記・別巻　「胡桃澤盛日記」刊行会編，飯田市歴史研究所監修　豊丘村（長野県）　「胡桃澤盛日記」刊行会　2015.8　295p　21cm　1500円　Ⓘ978-4-88411-133-5　Ⓝ289.1

黒板　勝美〔1874～1946〕　くろいた・かつみ

◇黒板勝美の思い出と私たちの歴史探究　黒板伸夫，永井路子編　吉川弘文館　2015.5　230p　19cm　2500円　Ⓘ978-4-642-08271-6　Ⓝ210

内容　1 黒板勝美の思い出（追想黒板勝美　プライバ

くろかみ

シー　普段着の勝美おじいちゃん　黒板勝美と国史学界の思い出　醍醐寺霊宝館の成立と発展　私の研究生活）　2　史料をさぐる（平安時代の文学と仏教―日本文化研究所第1回シンポジウム　陸奥掾置始実奉　王朝を旅する若き精神―山中裕氏の「人」・「歩み」・「学風」　歴史小説を書きながら―小説家、史料を読む　女性史と歴史小説―私の体験から）

黒紙　好作　くろかみ・こうさく
◇こんなに楽しい第二の人生切り絵師＆シンガーソングライター黒紙好作誕生！　黒紙彩切著　文芸社　2017.12　77p　19cm　900円　①978-4-286-18935-2　Ⓝ289.1

黒川　和雄〔1920～＊〕　くろかわ・かずお
◇獣医学の狩人たち―20世紀の獣医偉人列伝　大竹修著　堺　大阪公立大学共同出版会　2017.5　406p　21cm　〈文献あり〉　2400円　①978-4-907209-72-8　Ⓝ649.028

内容　序：日本における近代獣医学の夜明け　牛痘苗と狂犬病ワクチンの創始者―梅野信吉　人材育成の名人で家畜衛生学の先達―葛西勝弥　獣医寄生虫学を確立―板垣四郎　競走馬の研究に生涯を捧げた外科の泰斗―松葉重雄　ひよこの雌雄鑑別法を開発―増井清　幻に終わったノーベル賞―市川厚一　獣医外科・産科学の巨頭―黒澤亮助　顕微鏡とともに歩んだ偉大な神経病理学者―山極三郎　麻酔・自律神経研究の権威―木全春生〔ほか〕

黒川　紀章〔1934～2007〕　くろかわ・きしょう
◇メディア・モンスター―誰が「黒川紀章」を殺したのか？　曲沼美恵著　草思社　2015.4　615,9p　19cm　〈他言語標題：Media Monster　文献あり〉　2700円　①978-4-7942-2119-3　Ⓝ523.1

内容　第1章　ドン・キホーテ　第2章　ガガーリン・クロカワ　第3章　建築界の「鉄腕アトム」　第4章　狼がやってきた　第5章　ジャパン・アズ・ナンバーワン　第6章　共生の思想　第7章　サムライ

黒川　公明〔1933～〕　くろかわ・きみあき
◇変わらなきゃ―名古屋近郊・蟹江発　黒川公明著　横須賀　フジモト　2015.7　152p　20cm　〈発売：星雲社〉　800円　①978-4-434-20700-6　Ⓝ289.1

内容　第1章　黒川流変わらなきゃインタビュー（馬鹿な奴ほど救われる？　これが、ぼくが感銘を受けた人物、至言・名言　何事も一瞬でも手を抜いたら負ける　商売も変わらなきゃ！　父と祖父に教えられたこと　ほか）　第2章　変わらなきゃ（成功は運だけでは、つかめない　何事も一番を目指す野心を持ち続ける　リーダーは「親っさん」のままでいい　日本の繁栄と平和は、四つの奇蹟的な幸運のおかげさま　時代のスピードは想像をはるかに超えていく〔ほか〕

黒川　淳一〔1973～〕　くろかわ・じゅんいち
◇サブカルチャー"ヴァンダーブーフ"―くらしの記憶は名作とともに　黒川淳一著　幻冬舎メディアコンサルティング　2018.4　262p　18cm　〈幻冬舎ルネッサンス新書　く-6-1〉〈文献あり　発売：幻冬舎〉　800円　①978-4-344-91599-2　Ⓝ361.5

内容　ごく最近の作品などから…取扱い説明書のようなものを兼ねて　足がかりとして…幼少期の記憶が消えないうちに　少し寄り道…おたくになるにも色々な基礎知識を要する？　1979年から1985年頃にかけて　1985年頃の週刊少年誌　昭和の終わりにかけて　宮崎駿作品　銀河英雄伝説　おたくとカーストをめぐる考察　ゆうきまさみが描いてみせたおたくの理想郷と諸々〔ほか〕

黒川　つ江子〔1921～〕　くろかわ・つえこ
◇野にあるように一九十三歳の今　黒川つ江子著　札幌　旭図書刊行センター　2014.8　259p　22cm　①978-4-86111-127-3　Ⓝ289.1

黒駒勝蔵〔1832～1871〕　くろこまのかつぞう
◇アウトロー―近世遊侠列伝　高橋敏編　敬文舎　2016.9　255p　19cm　〈文献あり　年表あり〉　1750円　①978-4-906822-73-7　Ⓝ384.38

内容　近世社会秩序と博徒―二足草鞋論　国定忠治―遊侠の北極星　竹居安五郎―新島を抜け甦った甲州博徒の武闘派吃安　勢力富五郎―江戸を騒がせた『嘉永水滸伝』の主役　佐原喜三郎―鳥も人もなる八丈からの島抜けを記録に留めたインテリ博徒　小金井小次郎―多摩を仕切った、新門辰五郎の兄弟分　小川幸蔵―武州世直し一揆を鎮圧した博徒　石originally幸次郎―関東取締出役の無力を思い知らせた孤高の博徒　西保周太郎―短い一生を全力で駆け抜けた幕末期甲州博徒の草分け　黒駒勝蔵―清水次郎長と対決した謎多き甲州の大侠客　吉良仁吉―義理を通した若き三河博徒　原田常吉―一〇余年の遠島に服すも八五年の生涯を全うした真の遊侠

黒澤　明〔1910～1998〕　くろさわ・あきら
◇黒澤明―日本映画の巨人　映画監督〈日本〉　筑摩書房編集部著　筑摩書房　2014.10　189p　19cm　〈ちくま評伝シリーズ〈ポルトレ〉〉〈文献あり　作品目録あり　年譜あり〉　1200円　①978-4-480-76620-5　Ⓝ778.21

内容　第1章　映画人・クロサワの誕生　第2章　泣き虫のこんぺとさんから少年剣士、そしてプロレタリア運動家へ　第3章　表現者としての自由を得て　第4章　日本映画の頂点に君臨　第5章　どん底から這い上がった巨星　巻末エッセイ「とにかくワクワクする、鳥肌が立つ」(太田光（爆笑問題）)

◇ひとびとの精神史　第1巻　敗戦と占領―1940年代　栗原彬, 吉見俊哉編　岩波書店　2015.7　333p　19cm　2300円　①978-4-00-028801-9　Ⓝ281.04

内容　1　生と死のはざまで（大田昌秀―原点としての沖縄戦　大田洋子―原爆と言葉　水木しげる―ある帰還兵士の経験　黄容柱と朴鐘鳴―近代の成就と超克）　2　それぞれの敗戦と占領（茨木のり子―女性にとっての敗戦と占領　黒澤明―アメリカとの出会いそこない　花森安治―その時、何を着ていたか　堀越二郎―軍事技術から戦後のイノベーションへ）　3　改革と民主主義（中野重治―反復する過去　若月俊一―地域医療に賭けられたもの　西崎キク―大空から大地へ　北村サヨ―踊る宗教が拓く共生の風景）

◇黒澤明と三船敏郎　ステュアート・ガルブレイス4世著、櫻井英里子訳　亜紀書房　2015.10　703p　20cm　〈他言語標題：Akira Kurosawa and Toshiro Mifune　索引あり〉　6000円　①978-4-7505-1458-1　Ⓝ778.21

[内容] 記録のかけら　PCL映画製作所と、山さん　虎の尾を踏む　一九四六年―ニューフェイス　やくざ役、素晴らしき日曜日、酔いどれ天使　野良犬　新しい一〇年　世界への扉　踏み外し　生きる　華麗なる七人　黄金時代　生きものの記録　劇を基にした二本の映画　一〇〇％のエンターテインメント　風　桑畑と椿とサボテンと　天国と地獄　雨　世界のミフネ　火　電車馬鹿　浪人　シベリア　将軍とガイジン　雲　放浪の人　まあだだよ　雨あがる

◇人間黒澤明の真実―その創造の秘密　都築政昭著　山川出版社　2018.7　250p　19cm　〈文献あり　作品目録あり〉　1800円　①978-4-634-15141-3　Ⓝ778.21

[内容] 序章　巧妙に仕組まれた映画への道　第1章　黒澤明のルーツ　第2章　黒澤ヒューマニズムとエンターテインメント―『生きる』『七人の侍』、そして『用心棒』『天国と地獄』『赤ひげ』第3章　入魂―一作一生―僕から映画を引いたら何も残らない　第4章　黒澤家の食卓―酒とステーキと宴会伝説　第5章　孤高の人・黒澤明が心を開いた忘れ得ぬ人々　第6章　挑戦と挫折の果てに―日米合作『トラ・トラ・トラ！』の落とし穴　最終章　限りなき優しい魂―遺作『まあだだよ』で真の師弟愛を描く

黒澤　嘉兵衛〔1612～1691〕　くろさわ・かひょうえ

◇黒澤嘉兵衛物語―八重原新田開発の祖用水堰開削にささげた　黒澤夢都子著　東御　黒澤嘉兵衛物語刊行委員会　2016.11　281p　22cm　〈平成28年度長野県地域発元気づくり支援金事業　折り込1枚　年譜あり　文献あり〉　Ⓝ614.6152

黒澤　丈夫〔1913～2011〕　くろさわ・たけお

◇証言　零戦大空で戦った最後のサムライたち　神立尚紀著　講談社　2017.7　531p　15cm　（講談社＋α文庫 G296-2）〈年表あり〉　950円　①978-4-06-281723-3　Ⓝ392.8

[内容] 第1章　黒澤丈夫―「無敵零戦」神話をつくった名村長　第2章　岩井勉―「ゼロファイターゴッド（零戦の神様）」と呼ばれた天才戦闘機乗り　第3章　中島三教―米国本土の捕虜収容所で終戦を迎えた"腕利き"搭乗員　第4章　藤田怡與蔵―戦後、日本人初のジャンボ機長となった歴戦の飛行隊長　第5章　宮崎勇―空戦が「怖ろしくなった」という言葉に込められた思い　第6章　大原亮治―激戦地ラバウルで一年以上戦い抜いた伝説の名パイロット　第7章　土方敏夫―ペンを操縦桿に持ち替えて戦った「学鷲」に刻み込まれた海軍魂

黒澤　酉蔵〔1885～1982〕　くろさわ・とりぞう

◇"健土と健民"に虹を架けた農思想―黒澤酉蔵翁生誕一三〇年・遺訓を聴く　仙北富志和編著〔江別〕〔仙北富志和〕　2015.1　259p　20cm　〈年譜あり〉　非売品　Ⓝ612.11

◇酪翁自伝―黒澤酉蔵翁生誕一三〇年・記念　黒澤酉蔵著，酪農学園編　江別　酪農学園　2015.12　287p　22cm　〈年譜あり〉　Ⓝ289.1

◇二宮尊徳に学ぶ『報徳』の経営　田中宏司，水尾順一，蟻生俊夫編著　同友館　2017.10　308p　20cm　〈文献あり　年表あり〉　1900円　①978-4-496-05301-6　Ⓝ335.15

[内容] 特別寄稿　二宮尊徳の人と思想と一つの実践　プロローグ　現代に生きる「報徳」の経営　1　二宮尊徳の生き方に学ぶ（尊徳の一円観：ステークホルダー・マネジメント　尊徳の至誠（その1）：コンプライアンス　尊徳の至誠（その2）：顧客満足　尊徳の勤労（その1）：従業員満足　尊徳の勤労（その2）：危機管理　ほか）　2　二宮尊徳の教えの実践事例（「報徳思想」を現代につないだ岡田良一郎　「報徳思想と算盤」で明治維新を成し遂げた渋沢栄一　一寒村から世界の真珠王になった御木本幸吉　機械発明に人生を捧げた報徳思想の実践者・豊田佐吉　日本酪農の先覚者・黒澤酉蔵の「協同社会主義」と報徳経営　ほか）

黒澤　亮助〔1891～1973〕　くろさわ・りょうすけ

◇獣医学の狩人たち―20世紀の獣医偉人列伝　大竹修著　堺　大阪公立大学共同出版会　2017.5　406p　21cm　〈文献あり〉　2400円　①978-4-907209-72-8　Ⓝ649.028

[内容] 序：日本における近代獣医学の夜明け　牛痘苗と狂犬病ワクチンの創始者―梅野信吉　人材育成の名人で家畜衛生学の先達―葛西勝弥　獣医寄生虫学を確立―板垣四郎　競走馬の研究に生涯を捧げた外科の泰斗―松葉重雄　ひよこの雌雄鑑別法を開発―増井清　幻に終わったノーベル賞―市川厚一　獣医外科・産科学の巨頭―黒澤亮助　顕微鏡とともに歩んだ偉大な神経病理学者―山極三郎　麻酔・自律神経研究の権威―木全春生〔ほか〕

黒須　正明〔1948～〕　くろす・まさあき

◇研究者の省察　黒須正明著　近代科学社　2015.8　218p　21cm　〈索引あり〉　2200円　①978-4-7649-0485-9　Ⓝ002

[内容] 第1部　研究者としての足跡（小中高の時代　早稲田大学時代　早稲田大学大学院時代　ほか）　第2部　研究者のあり方（研究倫理ということ　研究へのモチベーション　時代と場所の制約　ほか）　第3部　研究者の生き方（研究への入り口　研究者としてのライフスパン　社会的活動としての研究　ほか）　付録　研究者と関連概念

黒住　宗忠〔1780～1850〕　くろずみ・むねただ

◇新・日本神人伝―近代日本を動かした霊の巨人たちと霊界革命の軌跡　不二龍彦著　太玄社　2017.4　391p　21cm　〈『日本神人伝』（学研 2001年刊）の改題、増補改訂　文献あり　年表あり　索引あり　発売：ナチュラルスピリット〉　2600円　①978-4-906724-32-1　Ⓝ147.8

[内容] 第1章　仙童寅吉　第2章　宮地常磐・水位・厳夫　第3章　国安仙人　第4章　黒住宗忠　第5章　金光大神　第6章　長南年恵　第7章　高島嘉右衛門　第8章　鷲谷日賢　第9章　友清歓真　第10章　出口王仁三郎　人物小伝

◇霊能者列伝　田中貢太郎著　河出書房新社　2018.12　230p　20cm　〈『明治大正実話全集 第7巻』（平凡社 1929年刊）の改題、一部割愛〉　1850円　①978-4-309-02668-8　Ⓝ169.1

[内容] 人としての丸山教祖　金光教祖物語　大本教物語　黒住教祖物語　飯野吉三郎の横顔　予言者宮崎

虎之助　神仙河野久　木食上人山下覚道　蘆原将軍の病院生活

黒瀬 昇次郎〔1921～〕　くろせ・しょうじろう
◇現代人の伝記　3　致知編集部編著　致知出版社　2014.11　97p　26cm　1000円　Ⓘ978-4-8009-1060-8　Ⓝ280.8
内容　1 坂村真民（詩人）―「念ずれば花ひらく」　2 坂岡嘉代子（はぐるまの家代表）―生きる喜びを求めて　3 熊沢健一（東京女子医科大学非常勤講師）―癌・告知　4 黒瀬昇次郎（ミリオン珈琲貿易相談役）―中村久子の生涯　5 河原成美（力の源カンパニー代表取締役）―ラーメン革命に夢を賭ける男　6 磯部則男（画家）―不遇への挑戦　7 村田兆治（野球評論家）/井村雅代（日本代表コーチ）―こうして人を強くする

黒田 官兵衛　くろだ・かんべえ
⇒黒田孝高（くろだ・よしたか）を見よ

黒田 喜夫〔1926～1984〕　くろだ・きお
◇燃えるキリン―黒田喜夫詩文撰　黒田喜夫著　東久留米　共和国　2016.1　399p　23cm　3200円　Ⓘ978-4-907986-25-4　Ⓝ914.6
内容　第1部 詩撰（最初の無名戦士　黍餅　詩書をあなたに　寡婦のうたえる　燃えるキリン　空想のゲリラ　私は間違っていたのか　ロマンセロ長靴　ハンガリヤの笑い　観念論　毒虫飼育　くらい日曜日　夜の街で舞う　非合法の午后　憑かれてる日のデッサン　狂反かえる　末裔の人々　原点破壊　食虫植物譚　地中の武器―パルチザンの日記から　十月の心　沈黙への断章　餓鬼図・抄　彼方へ―四月のうた　原野へ　遠くの夏―記・九月某日　涸れ川の岸で　男の児のラグタイム　老残士の昼休みの詩学）　第2部 散文撰（民謡をさぐる―伝統への挑戦　蒼ざめたる牛―わが暗殺志向　死者と詩法　死にいたる飢餓―あんにゃの系譜　拒絶の精神とは何か―われわれの基調は流亡にあり　飢えた子供には何ができるか―サルトルらの発言をめぐって　読書遍歴　詩と自由　亡びに立つ―土着とは虚構だったのか　歌形と異郷　生涯のように―対話による自伝）

黒田 清隆〔1840～1900〕　くろだ・きよたか
◇歌之介のさつまのボッケモン　鹿児島テレビ放送株式会社編著, 原口泉監修　復刻版　鹿児島　高城書房　2018.7　289p　19cm　〈KTS鹿児島テレビ開局50周年記念　文献あり〉　1500円　Ⓘ978-4-88777-165-9　Ⓝ281.97
内容　西郷隆盛1―こども時代の西郷さんの巻　西郷隆盛2―西郷さんとサイフの巻　大久保利通1―大久保さんはいたずらっこの巻　五代友厚―五代才助の世界地図の巻　黒田清隆1―きのうの敵はきょうの友の巻　村橋久成1―北海道に日本のビールを！の巻　大久保利通2―大久保さんは"まっしぐら"の巻　前田正名ほか―できたぞ！「薩摩辞書」の巻　長沢鼎―アメリカのブドウ王の巻　丹下梅子―初の帝大女子学生の巻〔ほか〕

黒田 源次〔1886～1957〕　くろだ・げんじ
◇有馬源内と黒田源次―父子二代の100年　砂川雄一, 砂川淑子著　増補改訂版　八王子　砂川雄一　2014.9　374p　図版 20枚　21cm　〈著作目録あり　年譜あり〉　非売品　Ⓝ289.1

黒田 重義〔1929～2006〕　くろだ・しげよし
◇遊行僧・円空と大工棟梁・黒田重義―二人の日本人「匠」の話　井爪謙治著　名古屋　三恵社　2016.7　108p　21cm　1111円　Ⓘ978-4-86487-545-5　Ⓝ712.1

黒田 如水　くろだ・じょすい
⇒黒田孝高（くろだ・よしたか）を見よ

黒田 真矢〔1933～〕　くろだ・しんや
◇時空の一粒　黒田真矢著　幻冬舎メディアコンサルティング　2016.2　335p　20cm　〈発売：幻冬舎〉　1600円　Ⓘ978-4-344-97437-1　Ⓝ289.1
内容　プロローグ　幼い頃のこと　蝉脱　萌芽　葛藤　憧憬　空転　恋慕　岐路　婚期　欲求　独歩　病巣　憂愁　朋友　相思　安息　天意のままに

黒田 泰蔵〔1946～〕　くろだ・たいぞう
◇黒田泰蔵　白磁へ　黒田泰蔵著　平凡社　2017.5　135p　22cm　2500円　Ⓘ978-4-582-24733-6　Ⓝ751.1
内容　アトリエづくり、庭づくり　いとおしいもの　近江湖東　兄の背中　密航　欧州航路　パリの出会い　ニューヨーク　ノース・ハトレー　益子　セントガブリエル　白磁を見つめて　轆轤について　白磁について　円筒について　西洋と東洋で仕事に取り組むこと　「思います」

黒田 東彦〔1944～〕　くろだ・はるひこ
◇黒田日銀最後の賭け　小野展克著　文藝春秋　2015.10　250p　18cm　〈文春新書 1047〉〈文献あり〉　780円　Ⓘ978-4-16-661047-1　Ⓝ338.3
内容　第1章 デフレと闘う黒田　第2章 なぜ、黒田が日銀総裁になったのか　第3章 黒田とは何者か　第4章 日銀は何を期待され、何をしてきたのか　第5章 黒田の異次元緩和は成功するのか

黒田 博樹〔1975～〕　くろだ・ひろき
◇決めて断つ―ぶれないために大切なこと　黒田博樹著　ベストセラーズ　2015.4　285p　15cm　〈ワニ文庫 P-266〉〈2012年刊の加筆、再編集〉　822円　Ⓘ978-4-584-39366-6　Ⓝ783.7
内容　第1章 挫折　第2章 起点　第3章 信念　第4章 挑戦　第5章 戦場　第6章 決断　第7章 広島　第8章 復帰

◇黒田博樹　男気の証明　堀治喜著　オークラ出版　2015.5　191p　19cm　〈文献あり〉　1400円　Ⓘ978-4-7755-2421-3　Ⓝ783.7
内容　第1章 父と母と（父のグラウンド　母の校庭　ロスで語った真意　捨てたものの重さ）　第2章 道（寡黙な大物　エースに課されたイニシエーション　「男気」の先輩たち　親分の衣鉢）　第3章 旅（決断への序章　ニューヨークへの最終便　オーラのないトップアスリート　時空を超えた因縁）　第4章 家路（ロサンゼルスの太陽　ペットショップの犬）　終章　巻末対談「黒田博樹カープ復帰を語る」著者×広尾晃

◇黒田博樹1球の重み　迫勝則著　宝島社　2016.1　223p　19cm　〈文献あり〉　1296円　Ⓘ978-

4-8002-4943-2　Ⓝ783.7
内容　第1章 男はカメのように生きる　第2章 苦しまずして栄光なし　第3章 清貧がカーブのエースを創る　第4章 男の心を動かしたもの　第5章 男の道を究める—黒田の投球　第6章 男の決断　第7章 夕陽は沈まず（2015年）　第8章 男らしさの原点

◇黒田博樹200勝の軌跡—永久保存版 The Best 10 games〜黒田博樹をめぐる10の物語〜　生島淳文　ヨシモトブックス　2016.10　79p　26cm　〈他言語標題：Follow the trajectory of the 200 wins of Hiroki Kuroda　発売：ワニブックス〉　1200円　Ⓘ978-4-8470-9485-9　Ⓝ783.7
内容　1 1997年4月25日・巨人vs広島戦—屈辱をバネにつかんだ1勝目　2 2002年9月7日・巨人vs広島戦—最後の同級生対決　3 2006年10月16日・広島vs中日戦—横断幕が示した"帰るべき"場所　4 2008年4月4日・パドレスvsドジャース戦—黒田博樹メジャー上陸　5 2008年10月12日・ドジャースvsフィリーズ戦—仲間を守ったサムライの1球　6 2012年10月14日・ヤンキースvsタイガース戦—讃えられた敗戦決死の中3日」　7 2013年7月31日・ドジャースvsヤンキース戦—黒田とカーショー運命の邂逅　8 2014年9月25日・ヤンキースvsオリオールズ戦—二つの別れと幸せな結末　9 2015年3月29日・広島vsヤクルト戦—熱狂に包まれて鮮やかな凱旋　10 2015年10月4日・阪神vs広島戦—土壇場で魅せた魂の熱投！　番外編 2015年7月18日・NPBオールスター第2戦—夢の球宴で見せた"勝負師"の性

◇黒田物語—永久欠番「15」の軌跡　中国新聞社編著　広島　中国新聞社　2017.2　72p　26cm　741円　Ⓘ978-4-88517-418-6　Ⓝ783.7
内容　カラーグラビア　レジェンド新春対談　黒田物語（終幕と原点　奮闘　リーダー　影響力　言葉の力）　略年譜、年度別成績

◇黒田博樹 人を導く言葉—エースの背中を追い続けた15年　森拓磨著　ヨシモトブックス　2017.10　214p　19cm　〈発売：ワニブックス〉　1200円　Ⓘ978-4-8470-9606-8　Ⓝ783.7
内容　第1章 黒田さんとの出会い2002〜2003年　第2章 試練に立ち向かう姿2004年　第3章 黒田さんに開かれた本気2005年　第4章 88勝目のウイニングボール2006年　第5章 海を渡る日2007年　第6章 メジャーリーグ2008〜2014年　第7章 最高の引き際2015〜2016年

黒田 裕子〔1941〜2014〕　くろだ・ひろこ
◇災害看護の本質—語り継ぐ黒田裕子の実践と思想　柳田邦男,酒井明子編著　日本看護協会出版会　2018.6　252,36p　21cm　2400円　Ⓘ978-4-8180-2123-5　Ⓝ492.916
内容　「死後生」を生きて（柳田邦男著）　現場主義と「最後の一人まで」（柳田邦男著）　黒田裕子さんとフローレンス・ナイチンゲール（南裕子著）　一つひとつのいのちに寄り添って（井戸敏三著）　その瞬間を生きる（似貝昏門著）　理念と責任（室﨑益輝著）　「現場こそが原点」（片田範子著）　寄り添いから繋がりへ（村井康清著）　黒田さんからの学び—「人間のいのちと暮らしを守る」（小原真理子著）　黒田裕子と孤独死（宇都幸子著）　よりよいコミュニティをつくる（高石好志著）　最後まで生ききること（石口房子著）　「人間」と「暮らし」と「地域」の一体化に向けた実践（酒井明子著）

黒田 穂積〔1946〜〕　くろだ・ほずみ
◇途絶えかけた道を走って—化学技術者としてがん患者として　黒田穂積著　文芸社　2016.8　287p　19cm　1400円　Ⓘ978-4-286-16583-7　Ⓝ289.1

黒田 孝高〔1546〜1604〕　くろだ・よしたか
◇戦国軍師列伝　井沢元彦著　光文社　2015.4　293p　20cm　1500円　Ⓘ978-4-334-97819-8　Ⓝ281.04
内容　序章 軍師とは何か　第1章 架空の人物とされていた軍師・山本勘助登場　第2章 戦国史上最強の軍師・竹中半兵衛登場　第3章 織田信長に軍師がいなかったのはなぜなのか　第4章 石田三成と黒田官兵衛の「関ヶ原の戦い」　第5章 家康に公然と嚙みついた直江兼続　第6章 源義経に始まり、大村益次郎、高杉晋作へと続く日本の軍師

◇官兵衛—鮮烈な生涯　播磨学研究所編　神戸　神戸新聞総合出版センター　2015.5　223p　20cm　1800円　Ⓘ978-4-343-00847-3　Ⓝ289.1
内容　軍師官兵衛とその時代　姫路の官兵衛—思想と行動の原点　幸圓—しなやかな播磨の女　秀吉と官兵衛—キリスト教史料にみる　肖像画・遺品からみた官兵衛像—官兵衛の文事　妙圓、熊之助—家族の数奇な運命　主人公としての官兵衛—大河ドラマ余話　軍師官兵衛の「姫路城」を推理する　城井谷の城館と豊前宇都宮氏—謀殺の真実　「関ヶ原」合戦と黒田家—黒田如水の動向を中心に　"大望"と挫折

◇官兵衛がゆく—敗者たちの栄光とともに　柳谷郁子著　姫路　スプリング　2016.4　39p　27cm　1600円　Ⓘ978-4-905449-08-9　Ⓝ289.1

黒田 龍之助〔1964〜〕　くろだ・りゅうのすけ
◇ロシア語だけの青春—ミールに通った日々　黒田龍之助著　現代書館　2018.3　188p　19cm　1500円　Ⓘ978-4-7684-5828-0　Ⓝ880.77
内容　プロローグ：東京の真ん中にロシアがあった　第1部 生徒として（ヘンな高校生の「入門」　笑えない笑い話との格闘　一生のバイブルとの出合い　途中から参加するドラマ　永久凍土と間欠泉　拝啓、グエン・バン・リン書記長殿）　第2部 教師として（M物産へ出張講師　22の不幸を笑わない　再びヘンな高校生の登場　レニングラードからペテルブルグへ）　第3部 再び教師として（突然の閉校　最後の講師として）　エピローグ：他のやり方は知らない

黒沼 貞志〔1947〜〕　くろぬま・さだし
◇しあわせの構図—続私的アンソロジー　黒沼貞志著　山形　SKソリューションズ　2017.11　156p　19×26cm　800円　Ⓝ289.1

黒野 義文〔?〜1918〕　くろの・よしぶみ
◇ドラマチック・ロシアin JAPAN　4　日露異色の群像30—文化・相互理解に尽くした人々　続　長塚英雄責任編集　生活ジャーナル　2017.12　531p　22cm　〈3の出版者：東洋書店〉　2800円　Ⓘ978-4-88259-166-5　Ⓝ319.1038
内容　レフ・メーチニコフ（1838・1888）西郷が呼んだロシアの革命家　ニコライ・ラッセル（1850・1930）子孫が伝える二〇世紀の世界人の記憶　黒野義文（?・1918）東京外語露語科からペテルブルグ大学東洋

語学部へ　小西増太郎(1861‐1939)トルストイとスターリンに会った日本人―激動の昭和を生きた祖父小西増太郎　ニコライ・マトヴェーエフ(1865‐1941)マトヴェーエフと戦後最初のロシア人観劇団　徳富蘆花(1868‐1927)日本におけるトルストイ受容の先駆者として　セルギイ・チホミーロフ(1871‐1945)日本の府主教セルギイ―その悲劇の半生　内田良平(1874‐1937)「黒龍会」内田良平のロシア観　瀬沼夏葉(1875‐1915)瀬沼夏葉とチェーホフ作品の翻訳　相馬黒光(1875‐1955)"アンビシャスガール"とロシア文化〔ほか〕

黒柳　徹子〔1933〜〕　くろやなぎ・てつこ

◇本物には愛が。―みんな一緒　黒柳徹子著　PHP研究所　2014.9　157p　20cm　(〔100年インタビュー〕)　1200円　①978-4-569-78422-9　Ⓝ772.1

内容　第1章　志高く生きる(時間は作るもの　元気の素ではない　ほか)　第2章　テレビ女優への道(六千人中の十三人　テレビ創成期の熱気　ほか)　第3章　生放送の現場で(生放送のハプニング　テレビによってもたらされる平和　ほか)　第4章　情熱がなければ伝わらない　司会者としての心構え〔ほか〕　第5章 「人間はみんな一緒なんだよ」(子どもたちへのまなざし　テレビへの期待)

◇トットひとり　黒柳徹子著　新潮社　2015.4　301p　20cm　1500円　①978-4-10-355007-5　Ⓝ914.6

内容　私の遅れてきた青春について　霞町マンションBの二　「ねえ、一回どう？」　私の母さん、私の兄ちゃん　初詣で　泰明ちゃんが教えてくれた「そのままが、いいんです！」　三十八歳だった　徹子のヘア　ある喜劇女優の死　二人の喜劇作家の親　幕が上がる時

◇トットチャンネル　黒柳徹子著　新版　新潮社　2016.3　474p　16cm　(新潮文庫　く-7-2)　710円　①978-4-10-133410-3　Ⓝ772.1

◇トットちゃんとソウくんの戦争　黒柳徹子、田原総一朗著　講談社　2016.7　253p　19cm　1400円　①978-4-06-219994-0　Ⓝ772.1

内容　第1章　戦争のあしおと(東京に生まれた少女が見たもの　彦根に生まれた少年が考えたこと)　第2章　戦争の記憶(トモエ学園と疎開先の日々　国民学校の日々)　第3章　戦争とテレビ(テレビに出ることは平和につながる　テレビに出来ることがある)

◇トットひとり　黒柳徹子著　新潮社　2017.11　373p　16cm　(新潮文庫　く-7-9)　630円　①978-4-10-133411-0　Ⓝ772.1

内容　私の遅れてきた青春について　霞町マンションBの二　「ねえ、一回どう？」　私の母さん、私の兄ちゃん　初詣で　泰明ちゃんが教えてくれた「そのままが、いいんです！」　三十八歳だった　徹子のヘア　ある喜劇女優の死〔ほか〕

◇偉人を生んだざんねんな子育て　三田晃史著　高陵社書店　2018.9　260p　19cm　〈文献あり〉　1500円　①978-4-7711-1031-1　Ⓝ599

内容　第1章　小学校1年生での退学―女優　黒柳徹子さん　第2章　父親からの無能との評価―科学者　湯川秀樹さん　第3章　暴力の中での成長―作家　曾野綾子さん　第4章　母に捨てられたとの思い―作家　井上靖さん　第5章　家出した父と幼くして亡くした弟の影―心理学者　河合隼雄さん　第6章　働かない父と憂鬱な母の狭間で―推理作家　アガサ・クリスティーさん　第7章　母の病と極貧の中から―喜劇王　チャールズ・チャップリンさん

桑澤　洋子〔1910〜1977〕　くわさわ・ようこ

◇ふつうをつくる―暮らしのデザイナー桑澤洋子の物語　沢良子著, 桑沢学園監修　美術出版社　2018.1　271p　19cm　〈文献あり　年譜あり〉　1800円　①978-4-568-22137-4　Ⓝ593.3

内容　第1章　神田川のほとりで　第2章　家族の思い出と絆　第3章　着もの姿から、モガスタイルへ　第4章　ジャーナリストの眼、手、足　第5章　戦time服飾デザイナーデビュー　第6章　焼跡、洋裁教育、そしてデザインへ　第7章　生活の風景、社会の風景が変わる　第8章　モダン・デザインの光と影のはざまで　第9章　素直にひたむきに

桑島　恕一〔1916〜1947〕　くわじま・じょいち

◇軍医大尉桑島恕一の悲劇―われ上海刑場の露となりしか　工藤美知尋著　潮書房光人社　2016.6　156p　20cm　〈文献あり〉　1800円　①978-4-7698-1618-8　Ⓝ289.1

内容　恕一の生い立ち　恕一、長井に帰還す　上海米軍裁判　戦犯裁判　上海監獄での虐待　処刑の実際　上海における戦犯裁判　BC級裁判の問題点　『戦犯裁判の実相』編纂の経緯　戦時国際法　恕一の遺書　何陋軒　長男・純一の死　遺族は今も悲劇を引きずっている

桑田　佳祐〔1956〜〕　くわた・けいすけ

◇MY LITTLE HOMETOWN―茅ヶ崎音楽物語　宮治淳一著　ポプラ社　2017.10　285p　19cm　〈文献あり　年表あり〉　1500円　①978-4-591-15637-7　Ⓝ764.7

＊「上を向いて歩こう」が世界中で感動を呼んだ作曲家・中村八大、海の街・茅ヶ崎のイメージを全国に拡散した大スター・加山雄三、作曲家として数々の名作歌謡曲を送り出した平尾昌晃、湘南サウンドの源流を作ったザ・ワイルドワンズの加瀬邦彦、「また逢う日まで」の大ヒットで一世を風靡した尾崎紀世彦、音楽シーンの最前線を走り続けるサザンオールスターズの桑田佳祐…なぜ、一地方都市に過ぎない茅ヶ崎が、これほど多くの音楽家を輩出しているのか？　その謎に迫るべく、茅ヶ崎と縁の深い10の名曲を入り口に、音楽のスターたちの人生を辿る。綿密な取材と研究をもとに、"茅ヶ崎"と"音楽"の特別な関係に迫った唯一無二の刺激的な音楽エッセイ！

◇サザンオールスターズが40年も愛される48の秘密―We Love SAS　SASウォッチャー編集部編　辰巳出版　2018.7　207p　19cm　〈文献あり　年譜あり〉　1000円　①978-4-7778-2135-8　Ⓝ764.7

内容　1　胸騒ぎのデビュー秘話　2　いなせなサザンのメンバーたち　3　茅ヶ崎マイホームタウン物語　4　サザンの名曲たち　デビューから80年代　5　サザンの名曲たち　90年代から現在　6 "伝説ライブ"のすべて　7　サザンを愛するアーティストたちの絆　巻末特集1　桑田サン語録　巻末特集2　サザンオールスターズ40周年の年表　巻末特集3 『ファン座談会―WE LOVE SAS』

桑田 真澄〔1968～〕　くわた・ますみ
◇挑む力―桑田真澄の生き方　桑田真澄著　集英社　2016.4　208p　16cm　〈集英社文庫　く31-1〉「野球の神様がくれたもの」(ポプラ社 2011年刊)の改題、大幅な加筆修正、再編集　年譜あり〉　580円　Ⓘ978-4-08-745438-3　Ⓝ783.7
内容　桑田真澄の原点（落ちこぼれからのスタート　中学校で芽生えた自信　ほか）　メジャーリーグへ（読売ジャイアンツ退団　野球が好きなのか、それともレギュラーやエースの座が好きなのか　ほか）　早稲田大学大学院へ（早稲田への夢　野球を勉強したかった　ほか）　野球を愛する皆さんへ（野球が好きな子供たちへ　少年野球の指導者たちへ　ほか）

桑田 ミサオ〔1927～〕　くわた・みさお
◇おかげさまで、注文の多い笹餅屋です―笹採りも製粉もこしあんも。年5万個をひとりで作る90歳の人生　桑田ミサオ著　小学館　2018.1　157p　19cm　〈年譜あり〉　1400円　Ⓘ978-4-09-388598-0　Ⓝ289.1
内容　第1章 笹餅にありがとう　第2章 60歳からの人生にありがとう　第3章 今の身体にありがとう　第4章 母に、家族にありがとう　第5章 津軽の実りにありがとう　桑田ミサオのレシピ集―こしあん、おはぎ、赤飯

桑原 誠次　くわばら・せいじ
◇人生の終い方―自分と大切な人のためにできること　NHKスペシャル取材班著　講談社　2017.5　194p　19cm　1400円　Ⓘ978-4-06-220614-3　Ⓝ367.7
内容　プロローグ 進行役の桂歌丸師匠も「終い方」を胸に秘めていた　第1章 写真にのこされた、笑顔、笑顔、笑顔 水木しげるさん　第2章 高座に上がる毎日が「終い中」桂歌丸師匠　第3章 団塊世代の父親から家族への最後の手紙 桑原誠次さん　第4章 幼い子どもに何をのこすか葛藤する35歳の父 小熊正申さん　第5章 障害がある娘にこの一冊で連客というお応援団 高松ハツエさん　第6章 自分らしい「終い方」500通のお便りから　エピローグ―視聴者に届い「生きる力」

桑山 市郎治〔1942～〕　くわやま・いちろうじ
◇天命―喜寿に向かって　桑山市郎治著　名古屋　桑山商会　2016.10　206p　31cm　〈年譜あり〉　Ⓝ289.1

桑山 忠明〔1932～〕　くわやま・ただあき
◇桑山忠明オーラル・ヒストリー　桑山忠明述, 富井玲子, 池上裕子インタヴュアー　〔出版地不明〕　日本美術オーラル・ヒストリー・アーカイヴ　2015.3　45p　30cm　〈他言語標題：Oral history interview with Kuwayama Tadaaki　ホルダー入〉　Ⓝ702.16

郡司 成忠〔1860～1924〕　ぐんじ・しげただ
◇「北洋」の誕生―場と人と物語　神長英輔著　横浜　成文社　2014.12　278p　22cm　〈文献あり　索引あり〉　3500円　Ⓘ978-4-86520-008-9　Ⓝ664.25
内容　序 北洋とは何か　第1部 場―露領漁業から北洋漁業へ（一九世紀後半のロシア極東漁業の概況　プリアムール総督府の漁業振興と漁業規制　日本の対サハリン島政策　戦争と漁業）　第2部 人―北洋をめぐる人々（郡司大尉の冒険　デンビー商会の盛衰　創業者 平塚常次郎）　第3部 物語―北洋物語の構造（北洋とは何か　北洋から北方領土へ　北洋物語の構造）　結論 関係性の束としての物語

【け】

鯨 布〔?～前196〕　げい・ふ
◇史記・三国志英雄列伝―戦いでたどる勇者たちの歴史　井波律子著　潮出版社　2015.11　221p　20cm　〈年表あり〉　2000円　Ⓘ978-4-267-02035-3　Ⓝ222.042
内容　第1章 群雄割拠の時代―始皇帝～項羽と劉邦（秦の始皇帝　陳勝・呉広の乱　反乱の拡大と秦王朝の滅亡　鴻門の会　劉邦の反撃　ほか）　第2章 激動の時代を生き抜く漢たち―漢の武帝～三国志の英雄たち（韓信・黥布の粛清、劉邦の死　呂后の専横と陣平・周勃の反撃　武帝の登場　最盛期の武帝　晩年の武帝　ほか）

景戒〔奈良後期～平安前期〕　けいかい
◇人物史の手法―歴史の見え方が変わる　五味文彦著　左右社　2014.11　229p　19cm　〈文献あり〉　1700円　Ⓘ978-4-86528-105-7　Ⓝ281.04
内容　第1章 聖徳太子―文明化の象徴　第2章 景戒―『日本霊異記』を追体験する　第3章 清少納言―なぜ『枕草子』は生まれたのか　第4章 藤原顕長―家の形成に心血を注いで　第5章 北条政子―生い立ちから人間像に迫る　第6章 兼好法師―新たな人物像を問う　第7章 世阿弥―父と子　第8章 武田信玄―丑年の決断

慶闇尼〔1508～1600〕　けいぎんに
◇戦国の女城主―井伊直虎と散った姫たち　髙橋伸幸著　徳間書店　2016.11　326p　15cm　〈徳間文庫カレッジ た2-1〉〈文献あり〉　830円　Ⓘ978-4-19-907073-0　Ⓝ281.04
内容　井伊直虎―男の名で生き、お家断絶の危機を救った女城主　甲斐姫―石田三成に立ち向かい城を守った姫武者　鶴姫―大内水軍を二度撃退した瀬戸内の戦士　おつやの方―信長の怒りをかい非業の死を遂げた岩村城主　慶闇尼―鍋島藩を生んだ押しかけ女房　吉岡妙林尼―男勝りの胆力で薩摩軍を撃退した女武者　立花誾千代―七歳にして女城主となり関ヶ原で西軍に与する　常盤―島津氏の基礎を作った妻女の決断　鶴姫―侍女三十四人を従えて敵陣に切り込んだ烈婦　富田信高の妻―関ヶ原の前哨戦で夫の窮地を救った女武者　寿桂尼―「女戦国大名」といわれ今川家を支える　天球院―夫に寝返をつかして縁を切った女傑　お市の方―「戦国一の美女」といわれ夫とともに自刃　細川ガラシャ―人質を拒否して殉教を選んだ烈女

瑩山紹瑾〔1268～1325〕　けいざんじょうきん
◇うちのお寺は曹洞宗―文庫オリジナル版　わが家の宗教を知る会著　双葉社　2015.2　237p

けいたいて

15cm 〈双葉文庫 わ08-02〉〈文献あり〉 602円 Ⓘ978-4-575-71431-9 Ⓝ188.8
内容 序章 ざっくりわかる曹洞宗Q&A 第1章 仏教の歴史と曹洞宗の誕生 第2章 両祖の生涯と曹洞宗の発展 第3章 キーワードで知る曹洞宗の教え 第4章 曹洞宗のしきたり 第5章 ぜひ訪ねたい曹洞宗のお寺

◇よくわかる曹洞宗―重要経典付き 瓜生中著 KADOKAWA 2016.7 230p 15cm 〔角川ソフィア文庫〕〔H113-3〕〈文献あり 年表あり〉 760円 Ⓘ978-4-04-400134-6 Ⓝ188.8
内容 第1章 禅と曹洞宗の基礎知識 第2章 道元の生涯と教え 第3章 道元以降の曹洞宗 第4章 曹洞宗の主な寺院 第5章 曹洞宗のお経 付録 曹洞宗の年中行事と要素

継体天皇〔?〜531〕 けいたいてんのう
◇継体天皇 篠川賢著 吉川弘文館 2016.2 247p 19cm 〈人物叢書 新装版 通巻283〉〈文献あり 年譜あり〉 2100円 Ⓘ978-4-642-05276-4 Ⓝ288.41
内容 第1 継体即位前の時代 第2 継体の生年と出自 第3 継体朝の成立 第4 継体朝の内政 第5 「磐井の乱」とその意義 第6 継体朝の外交 第7 継体の死とその後

桂林院殿 けいりんいんどの
⇒北条夫人（ほうじょうふじん）を見よ

下司 孝麿〔1914〜2011〕 げし・たかまろ
◇断酒会に寄り添って―下司孝麿伝 下司孝之著 高知 リーブル出版 2018.4 401p 21cm 〈著作目録あり 文献あり〉 2500円 Ⓘ978-4-86338-209-1 Ⓝ369.81
内容 第1章 医学への道（教育の大切さを知る 学究生活） 第2章 医療現場へ（故郷へ 高知女子医専の開校 ほか） 第3章 断酒会結成へ（敗北の医療から断酒会へ 松村さんとの邂逅 ほか） 第4章 アルコール医療へ（下司神経科の開設 アルコール医療 ほか） 第5章 出会いと提案（出会った人々 提案 ほか）

月海元昭 げっかいげんしょう
⇒売茶翁（ばいさおう）を見よ

月性〔1817〜1858〕 げっしょう
◇海防僧月性―明治維新を展いた男 秋田博著 人文書館 2018.3 268p 20cm 〈文献あり〉 3000円 Ⓘ978-4-903174-39-6 Ⓝ188.72
内容 序章 「月性はどんな人物だ」藩公が問う 第1章 山海の地勢が人をつくる 第2章 勤王と海防論に目覚める 第3章 海からの脅威・異国船と植民地化 第4章 耶蘇教侵入を鎮国制度で排除 第5章 海の危機、歴史と思想・制度を生む 第6章 海防・独立・尊王運動へ 第7章 維新回天へ黎明の風 第8章 倒幕・王政復古へ義兵を 第9章 内憂外患制して国家新生へ 第10章 皇国の大変革に備えよ 終章 明治維新 歴史が新しい時代をつくる

外道〔1969〜〕 げどう
◇To Be The外道―"レヴェルが違う！"生き残り術 外道著 ベースボール・マガジン社 2017.

12 335p 19cm 〈年表あり〉 1700円 Ⓘ978-4-583-10987-9 Ⓝ788.2
内容 第1章 生い立ちの記 第2章 山も谷もありすぎるプロレスラーへの道 第3章 ユニバ激闘篇 第4章 邪道＆外道参上！―血まみれのW★ING制圧 第5章 運命の分岐点―天龍率いるWARに参戦 第6章 さよなら冬木さん―流浪の時代 第7章 新日本プロレス移籍―生活は安定したけれど… 第8章 「暗黒時代」の乗り越え方 第9章 レインメーカー誕生―黄金時代の到来だ！

元 稹〔779〜831〕 げん・しん
◇貶謫文化と貶謫文学―中唐元和期の五大詩人の貶謫とその創作を中心に 尚永亮著, 愛甲弘志, 中木愛, 谷口高志訳 勉誠出版 2017.5 628, 17p 22cm 〈索引あり〉 13500円 Ⓘ978-4-585-29100-8 Ⓝ921.43
内容 導論 執着から超越へ―貶謫文化と貶謫文学の概要 第1章 元和の文化精神と五大詩人の政治的悲劇 第2章 五大詩人の生命の零落と苦悶 第3章 五大詩人の執着意識と超越意識 第4章 屈原から貶謫に至る貶謫文化発展の軌跡 第5章 元和の貶謫文学における悲劇的精神と芸術的特質

弦 哲也〔1947〜〕 げん・てつや
◇我、未だ旅の途中―音楽生活50周年記念 弦哲也著 廣済堂出版 2015.1 191p 20cm 〈作品目録あり〉 1500円 Ⓘ978-4-331-51907-3 Ⓝ767.8
内容 第1章 人生の道しるべ（はるかなる原風景 おばあちゃんの贈り物 寝ても覚めても傍らにギター ほか） 第2章 ともに歩んだ歌い手たち（川中美幸―かけがえのない「しあわせ演歌」のパートナー 石川さゆり―イメージチェンジを恐れない冒険者 石原裕次郎―昭和を照らした大きな太陽 ほか） 第3章 感謝。そして未来へ（我、未だ旅の途中 まだ見ぬ歌い手を探して 鳥肌が立つほどの出逢い ほか）

玄 秀盛〔1956〜〕 げん・ひでもり
◇駆け込み寺の男―玄秀盛― 佐々涼子著 早川書房 2016.8 274p 16cm 〈ハヤカワ文庫NF 474―〔人体験〕〉〈「駆け込み寺の玄さん」（ロングセラーズ 2011年刊）の改題、加筆・修正〉 680円 Ⓘ978-4-15-050474-8 Ⓝ289.2
＊新宿歌舞伎町「日本駆け込み寺」代表、玄秀盛。彼はDV、虐待、借金、ストーカーなど深刻な問題を抱える相談者を3万人以上救ってきた。それも無償でだ。近年は出所者を雇用・支援する居酒屋を始め、メディアを賑わせている。しかしこの強面の男はいったい何者なのか？ なぜ人助けにすべてを捧げるのか？ その答えは玄の壮絶すぎる過去にあった―開高健ノンフィクション賞作家の出世作。

厳 復〔1853〜1921〕 げん・ふく
◇中国名記者列伝―正義を貫き、その文章を歴史に刻み込んだ先人たち 第1巻 柳斌傑, 李東東編, 加藤青延監訳, 渡辺明次訳 日本僑報社 2016.9 221p 21cm 3600円 Ⓘ978-4-86185-224-4 Ⓝ070.16
内容 新聞・雑誌の政治評論の開拓者 王韜（おう・とう 1828・1897）『万国公報』の魂 蔡爾康（さい・じこう 1851・1921）西洋の学問を中国に取りこんだ

「西学東漸」の先駆　厳復（げん・ふく　1854‐1921）　民国時代の北京新聞界の元老　朱淇（しゅ・き　1858‐1931）　傑出した職業ジャーナリスト　汪康年（おう・こうねん　1860‐1911）　私財を打ち民衆のために新聞発行　彭翼仲（ほう・よくちゅう　1864‐1921）　公のために「直言」をいとわず　英斂之（えい・れんし　1867‐1926）　湖南省言論界一の健筆　唐才常（とう・さいじょう　1867‐1900）　清末民初の新聞政治評論家　章太炎（しょう・たいえん　1869‐1936）　人民の中の先覚者　陳少白（ちん・しょうはく　1869‐1934）　民国初期の北京新聞界の「怪傑」　劉少少（りゅう・しょうしょう　1870‐1929）　義侠心に燃えた女性ジャーナリスト　唐群英（とう・ぐんえい　1871‐1937）　海に身を投じた烈士　楊篤生（よう・とくせい　1872‐1911）　新聞発行のために私財を投げ打つ　卞小吾（べん・しょうご　1872‐1908）　新聞を創刊し維新を推進　梁啓超（りょう・けいちょう　1873‐1929）　マスコミ刷新の牽引者　狄楚青（てき・そせい　1873‐1941）　口語体新聞の先駆者　林白水（りん・はくすい　1874‐1926）　革命世論の旗手　陳去病（ちん・きょべい　1874‐1933）　傑出したマスコミ事業者　汪漢溪（おう・かんけい　1874‐1924）　革命党の大文豪　陳天華（ちん・てんか　1875‐1905）

GENKING 〔1985〜〕
◇GENKING STYLE　GENKING著　双葉社　2015.5　119p　21cm　〈本文は日本語〉　1400円　ⓘ978-4-575-30872-3　Ⓝ779.9
内容 LOVE HIGH FASHION　GENKING CLOSET　GENKING SNAP　PAINT ITEM COLLECTION　LOVE VACANCE　GENKING BEAUTY MYSELF　WELCOME TO MY HOME　SELFIE　FRIEND　WE ♡ (LOVE)　GENKING from follower　STAFF & SHOP LIST
◇僕は私を生みました。　GENKING著　双葉社　2018.1　191p　19cm　1300円　ⓘ978-4-575-31320-8　Ⓝ779.9
内容 第1章 性別適合手術 さようなら、元輝　第2章 生い立ち オカマと呼ばれて　第3章 芸能界デビュー GENKING、誕生！　第4章 ホルモン治療と睾丸切除 本当の自分を求めて　第5章 いざ、タイへ！ 命をかけた大手術　第6章 集中治療室 女は痛いよ！　第7章 戸籍変更 ママ、幸せだよ　第8章 女の子1年 もがきながら生きていく

源空 　げんくう
⇒法然（ほうねん）を見よ

兼好法師 　けんこうほうし
⇒吉田兼好（よしだ・けんこう）を見よ

兼寿 　けんじゅ
⇒蓮如（れんにょ）を見よ

建春門院 〔1142〜1176〕　けんしゅんもんいん
◇建春門院滋子　中島豊著　〈神戸〉　友月書房　2016.6　289p　22cm　〈平成28年度芸術文化活動育成・支援事業（兵庫県）　制作：交友プランニングセンター（神戸）〉　2778円　ⓘ978-4-87787-677-7　Ⓝ288.44

元昭 　げんしょう
⇒売茶翁（ばいさおう）を見よ

玄奘 〔602〜664〕　げんじょう
◇玄奘　三友量順著　新装版　清水書院　2016.4　203p　19cm　（Century books―人と思想106）〈文献あり　年譜あり　索引あり〉　1200円　ⓘ978-4-389-42106-9　Ⓝ188.212
内容 1 玄奘の時代と仏教（具象と抽象（中国的な思惟とインド的な思惟）　仏像の出現―抽象から具象へ（1）　経本崇拝―抽象から具象へ（2）　「法舎利」―抽象から具象へ（3））　2 唐代にいたる仏教の受容と変遷（インドから中国へ―中国仏教の展開　唐代の西域情勢と異民族・異宗教）　3 玄奘伝（おいたち　旅立ち　西域への旅　インド　釈尊の故郷　ナーランダー　東インドから南インドへの旅　帰路　帰朝）

見性院 〔1557〜1617〕　けんしょういん
◇戦国を生きた姫君たち　火坂雅志著　KADOKAWA　2016.9　170p　15cm　（角川文庫 ひ20-25）〈年表あり〉　600円　ⓘ978-4-04-400170-4　Ⓝ281.04
内容 1 女城主たちの戦い（井伊直虎―井伊直政の義母妙林尼―吉岡鎮興の妻　ほか）　2 危機を救う妻たち（お船の方―直江兼続の正室　小松姫―真田信之の正室　ほか）　3 愛と謎と美貌（小少将―長宗我部元親の側室　義姫―伊達政宗の生母　ほか）　4 才女と呼ばれた女たち（お初（常高院）―浅井三姉妹の次女　阿茶局―徳川家康の側室　ほか）　5 想いと誇りに殉じる（鶴姫―瀬戸内のジャンヌ・ダルク　淀殿―豊臣秀吉の側室　ほか）
◇日本の武将と女たち　田川清著　名古屋　中日出版　2016.11　79p　19cm　1200円　ⓘ978-4-908454-08-0　Ⓝ281
内容 1 源義仲と巴御前・葵御前・山吹　2 源義経と静御前　3 後醍醐天皇と妾・阿野廉子　4 北条仲時と妻・北の方　5 戦国武将と女たち（（一）浅井長政・柴田勝家・豊臣秀吉とお市の方　（二）豊臣秀吉と淀君　（三）荒木村重と妾・だし　（四）前田利家と妻・まつ　（五）山内一豊と妻・千代）　6 細川忠興と妻・ガラシャ夫人　7 将軍と大奥の女たち

元正天皇 〔680〜748〕　げんしょうてんのう
◇女帝のいた時代　つげのり子著　自由国民社　2015.5　235p　19cm　〈文献あり〉　1300円　ⓘ978-4-426-11925-6　Ⓝ288.41
内容 第1章 推古天皇―初代女性天皇誕生　第2章 皇極・斉明天皇―歴史を動かした「つなぎ役」　第3章 持統天皇―セレブ妻の意地を通した"女傑"天皇　第4章 元明天皇―"咲く花の匂うがごとし"平城京を完成　第5章 元正天皇―生涯独身も恋に生きる　第6章 孝謙・称徳天皇―箱入り娘の反逆　第7章 明正天皇―菊と葵のハーフ＆ハーフ　第8章 後桜町天皇―明治維新の原点となった女性天皇

源信 〔942〜1017〕　げんしん
◇源信　小原仁著　大阪　創元社　2016.5　206p　18cm　（日本人のこころの言葉）〈文献あり　年譜あり〉　1200円　ⓘ978-4-422-80070-7　Ⓝ188.63
内容 言葉編（人として生まれ、三宝に出会う　三界は安きことなし　浄土へのいざない　信心の心構え）

けんせい

生涯編（略年譜　源信の生涯）

元政〔1623～1668〕　げんせい
◇江戸の大詩人　元政上人―京都深草で育んだ詩心と仏教　植木雅俊著　中央公論新社　2018.12　270p　20cm　（中公叢書）〈文献あり　年譜あり〉　1900円　①978-4-12-005154-8　Ⓝ188.92
内容　第1章　深草隠棲　第2章　元政上人の漢詩　第3章　元政上人の和歌　第4章　紀行文『身延道の記』第5章　母の死を見届けて　第6章　元政上人の詩歌と仏教　第7章　ルーツはインド仏教に

玄宗（唐）　げんそう
⇒李隆基（り・りゅうき）を見よ

源田 実〔1904～1989〕　げんだ・みのる
◇航空作戦参謀 源田実―いかに奇才を揮って働いたのか　生出寿著　潮書房光人新社　2018.5　368p　16cm　（光人社NF文庫　お1067）〈徳間文庫　1995年刊の再刊　文献あり〉　870円　①978-4-7698-3067-2　Ⓝ289.1
内容　奇想天外　ハワイ奇襲に燃える　理想の名将　無我の境　幻の真珠湾第二撃進言　快勝また快勝　危うしインド洋作戦　乱れる連合艦隊司令部　その名も海軍士官　東郷・秋山と山本・黒島・源田　摩訶不思議な主力部隊出動　不覚の敵情判断　山口多聞の卓見　原田流用兵の破綻　大本営の誇大戦果発表　尊師大西瀧治郎　マリアナ基地航空部隊の潰滅　最後の奇策「T攻撃部隊」

源智〔1183～1239〕　げんち
◇一枚起請文のこころ　藤堂恭俊著　新装版　大阪　東方出版　2017.8　228p　20cm　〈年譜あり〉　2000円　①978-4-86249-290-6　Ⓝ188.64
内容　序の章　経典と同格視される『一枚起請文』―今にこだまする告白の真実　第1章　『一枚起請文』の背景　『一枚起請文』をめぐる師と弟子　『一枚起請文』の伝承とその類本）　第2章　『一枚起請文』の本意（『一枚起請文』の内容区分と題号　別解・別行者の説き行う念仏　法然上人の主唱される念仏の肝要　念仏者の上におのずから具わるもの　釈迦・弥陀二尊に誓いを立てて証を請う　智者の振舞いなく、ひたすら念仏すべし　究極の意志の表明）　結びの章　未来を今に生きる『一枚起請文』（未来を今に生きる　呼べばこたえる）

ケンドー・ナガサキ〔1948～〕
◇ケンドー・ナガサキ自伝　桜田一男著　辰巳出版　2018.5　255p　19cm　（G SPIRITS BOOK Vol.8）〈他言語標題：An Autobiography by Kendo Nagasaki〉　1400円　①978-4-7778-1967-6　Ⓝ788.2
内容　子供の頃、俺は網走刑務所で遊んでいた　俺が日本プロレスの道場で教わったこと　俺が大城勤をセメントで叩き潰した理由　韓国で『元祖タイガーマスク』に変身　天龍源一郎の「床山」としてアマリロ地区に出発　"最高の手本" キラー・カール・コックス　"スネーク奄美の使者" で若き日のブレット・ハートを指導　俺が見たアメリカマット界のドラッグ事情　謎の中国系マスクマン『チャン・チュン』の誕生〔ほか〕

ケンドー・カシン〔1968～〕
◇フツーのプロレスラーだった僕がKOで大学非常勤講師になるまで　ケンドー・カシン著　徳間書店　2017.8　286p　19cm　1650円　①978-4-19-864437-6　Ⓝ788.2
内容　01 光星学院高校レスリング部「日本根性会」　対談：ボンバー斉藤（全日本プロレスレフェリー・光星学院高校後輩）「ここより嫌な先輩がいるところって他にないんじゃないですか？」　02 新日本プロレスと「カ・シン」誕生　03 プロレス界に必要な人間じゃない　対談：青木謙治（元新日本プロレス管理部長・ベルト返還訴訟原告側）「カシンさんが辞めたのにベルト持ってるのは、社内的には僕のせいだった」　04 全日本プロレス移籍からの彷徨　05 はぐれていく者

顕如〔1543～1592〕　けんにょ
◇顕如―信長も恐れた「本願寺」宗主の実像　金龍静、木越祐馨編　京都　宮帯出版社　2016.6　330p　図版22p　22cm　〈年譜あり〉　3500円　①978-4-8016-0044-7　Ⓝ188.72
内容　若年の顕如／木越祐馨著　顕如の前半生／安藤弥著　永禄・元亀の政局／弓倉弘年著　一向一揆と織田武士団／川端泰幸著　寺内町の構造と展開／大澤研一著　雑賀衆と「石山合戦」／武内善信著　勅命講和／小谷利明著　教如教団の形成と性格／草野顕之著　大坂退出についての教如の動向／岡村喜史著　大坂拘様終結における顕如と教如／青木馨著　天満・京都時代の顕如本願寺と洛中本願寺屋敷／大原実代子著　顕如発給文書について／太田光俊著　下間頼廉名乗・花押考／金龍静著　寛政の顕如／塩谷菊美著

玄寧〔1812～1884〕　げんねい
◇北陸の学僧、碩学の近代―存在証明の系譜　高畑崇導著　金沢　北國新聞社出版局　2018.5　161p　21cm　2200円　①978-4-8330-2135-7　Ⓝ188.72
内容　石川舜台（一八四二～一九三一、天保十三～昭和六）―その存在証明の時　維新期の西欧からの仏教批判書と真宗教団―J.エドキンズ著『釈教正謬』正続二冊をめぐって　マックス・ミューラーの「東方聖書」と浄土の三部経　北條時敬と国泰寺雪門―西田幾多郎と鈴木大拙にかかわった二人の師　雪門玄松（一八五〇～一九一五、嘉永三～大正四）の国泰寺住持分年　真宗教義学の象徴―宣明とその学僧　藤懸得住　常徳寺の経蔵　真宗大谷派の学僧・玄寧（一八一二～一八八四、文化九～明治十七）の学問―新知見・志賀町常徳寺経蔵典籍五十冊　笠原研寿の学問

元伯宗旦　げんぱくそうたん
⇒千宗旦（せん・そうたん）を見よ

玄賓〔734～818〕　げんぴん
◇隠徳のひじり玄賓僧都の伝説　原田信之著　京都　法藏館　2018.6　273,7p　22cm　〈年譜あり　索引あり〉　2600円　①978-4-8318-6249-5　Ⓝ188.212
内容　玄賓僧都伝説の魅力と意味　備中国（岡山県）編（備中国における玄賓生誕地伝説と臍帯寺　備中国における玄賓僧都伝説―湯川寺・大椿寺・四王寺　「湯川寺縁起」と玄賓僧都伝説　玄賓僧都伝説と四王寺の文物　高梁市中井町の玄賓僧都伝説―定光寺・光林寺・榮倉神社

備中国における玄賓僧都伝説の諸相―「哲多郡」の意味するもの　備中国における玄賓終焉地伝説―大通寺・山野神社）　大和国（奈良県）・伯耆国（鳥取県）編（大和国三輪の玄賓僧都伝説―大神神社・玄賓庵　伯耆国の玄賓僧都伝説と阿弥陀寺）

見坊　豪紀〔1914～1992〕けんぼう・ひでとし
◇辞書になった男―ケンボー先生と山田先生　佐々木健一著　文藝春秋　2016.8　375p　16cm　（文春文庫　さ69-1）〈文献あり　年譜あり〉　800円　①978-4-16-790685-6　Ⓝ813.1
内容　はじめに　「光」と「影」　序幕　「三国」と『新明解』　第1幕　「天才」と「助手」　第2幕　「水」と「油」　第3幕　「かがみ」と「文明批評」　終幕　「人」と「人」　おわりに　こ・と・ば

元明天皇〔661～721〕げんめいてんのう
◇女帝のいた時代　つげのり子著　自由国民社　2015.5　235p　19cm　〈文献あり〉　1300円　①978-4-426-11925-6　Ⓝ288.41
内容　第1章　推古天皇―初代女性天皇誕生　第2章　皇極・斉明天皇―歴史を動かした「つなぎ役」　第3章　持統天皇―セレブ妻の意地を通した"女傑"天皇　第4章　元明天皇―「咲く花の匂うがごとし」平城京を完成　第5章　元正天皇―生涯独身も恋に生きる　第6章　孝謙・称徳天皇―箱入り娘の反逆　第7章　明正天皇―菊と葵のハーフ＆ハーフ　第8章　後桜町天皇―明治維新の原点となった女性天皇

釼持　芳生〔1947～〕けんもつ・よしたか
◇技術屋魂―電源開発、崖っぷちを歩いた40年　釼持芳生著　ファミリーヒストリー記録社　2017.5　97p　21cm　〈年譜あり〉　Ⓝ545.2

乾隆帝〔1711～1799〕けんりゅうてい
◇乾隆帝伝　後藤末雄著，新居洋子校注　国書刊行会　2016.8　414p　20cm　〈文献あり　年表あり〉　「乾隆帝傳」（生活社　昭和17年）の翻刻ほか　3400円　①978-4-336-05847-8　Ⓝ289.2
内容　『乾隆帝伝』（北京の宣教師とその会堂と円明園　第一次迫害の経過―雍正五年1736　第二次迫害の経過―乾隆二年1737　第三次迫害の経過―乾隆十一年1746　ほか）　「円明園の研究」（円明園の名称　円明園の創建と御製および四十景詩　円明園に関するアッチレの記述　円明園に西洋楼と噴水の築造　円明園における掠奪とその焼毀　ほか）

建礼門院徳子〔1155～1213〕けんれいもんいん　とくこ
◇山田昭全著作集　第8巻　平家物語と仏教　山田昭全著，清水宥聖，米山孝子，大場朗，森晴彦，魚尾孝久，鈴木治子，由井恭子，室賀和子，林克則編集委員　おうふう　2015.1　285p　22cm　〈布装〉　12000円　①978-4-273-03658-4　Ⓝ910.8
内容　第1編　『平家物語』と仏教（『平家物語』における生と死　『平家物語』と比叡山　『平家物語』と熊野　『平家物語』と仏教思想―法然義論争の検討にことよせて　『平家物語』の仏教観―盛者必衰・無常・修因感果・死生観　『平家物語』と『怨霊』　第2編　『平家物語』と『宝物集』の成立―『宝都婆流』延慶本作者が『宝物集』に依って創作した　『宝物集』と延慶本『平家物語』―引用に三態あり）　第3編　後白河院とその周辺（後白河院とその周辺　俊寛説話―その起点と流伝　『平家物語』における文覚像の造形　文覚と『平家物語』―強烈な個性をいかに描いたか　後鳥羽院像の二極分化）　第4編　『平家物語』における女性と仏教（『平家物語』に描かれた女性と仏教　仏教とロマン―六道をめぐった女人　女人往生―建礼門院平徳子の生涯）

【こ】

胡　鞍鋼〔1953～〕こ・あんこう
◇改革開放とともに40年―1978-2018 改革解放・鄧小平訪日40周年記念　胡鞍鋼著，日中翻訳学院訳　日本僑報社　2018.12　288p　19cm　〈著作目録あり〉　3600円　①978-4-86185-262-6　Ⓝ289.2
内容　第1章　人間の知識の発展方法　第2章　社会大学の八年（1969・1977）　第3章　私の学術大学一〇年（1978・1988）　第4章　国情研究一〇年間の成果（1989・1999）　第5章　清華大学での最初の一〇年（2000・2010）　第6章　清華大学第二の一〇年（2011・現在）　第7章　国情と世界情勢　第8章　中国の隆盛期を記す

古　永鏘〔1966～〕こ・えいそう
◇現代中国経営者列伝　高口康太著　星海社　2017.4　251p　18cm　（星海社新書 108）〈文献あり　発売：講談社〉　900円　①978-4-06-138613-6　Ⓝ332.8
内容　第1章　「下海」から世界のPCメーカーへ―柳傳志（レノボ）　第2章　日本企業を駆逐した最強の中国家電メーカー―張瑞敏（ハイアール）　第3章　ケンカ商法暴れ旅、13億人の胃袋をつかむ中国飲食品メーカー―娃哈哈（ワハハ）　第4章　米国が恐れる異色のイノベーション企業―任正非（ファーウェイ）　第5章　不動産からサッカー、映画まで！爆買い大富豪の正体とは―王健林（ワンダ・グループ）　第6章　世界一カオスなECは「安心」から生まれた―馬雲（アリババ）　第7章　世界中のコンテンツが集まる中国動画戦国時代―古永鏘（ヨーク）　第8章　ハードウェア業界の"無印良品"ってなんだ？―雷軍（シャオミ）　終章　次世代の起業家たち

胡　金銓〔1932～1997〕こ・きんせん
◇キン・フー武俠電影作法（さっぽう）―A TOUCH OF KING HU　キン・フー, 山田宏一, 宇田川幸洋著　新装版　草思社　2017.5　397p　21cm　〈作品目録あり　索引あり〉　3900円　①978-4-7942-2279-4　Ⓝ778.22239
内容　第1章　1932～48　第2章　1949～57　第3章　1958～65　第4章　1966～67　第5章　1968～70　第6章　1970～75　第7章　1976～80　第8章　1981～83　第9章　1984～89　第10章　1990～96　徐楓インタビュー

呉　敬璉〔1930～〕ご・けいれん
◇呉敬璉、中国経済改革への道　呉敬璉著，バリー・ノートン編・解説，曽根康雄監訳　NTT出版　2015.3　350p　22cm　（叢書《制度を考

こ

える》）〈年譜あり 索引あり〉 3800円 ⓘ978-4-7571-2339-7 Ⓝ332.22

[内容] 第1部 現在の課題：中国の改革からどのような21世紀型経済が現れるのか？（改革の再生に向けて—呉敬璉へのインタビュー 中国経済改革30年の制度的思考 ほか） 第2部 自叙伝：社会的に献身した知識人コミュニティーの数世代に跨る歴史（企業家精神で修業時代の理想を追い求める：母への追憶 私の経済観の背景—中国経済の振興から市場志向の改革にかかっている ほか） 第3部 中国の経済改革を設計する（経済体制中期（1988‐1995）改革計画綱要短・中期の経済体制改革の包括的設計） 第4部 改革アジェンダを拡大する（わが国の証券市場構築の大計 株式市場の何が問題なのか ほか）

呉 趼人〔1866～1910〕 ご・けんじん

◇呉趼人小論—'譴責'を超えて 松田郁子著 汲古書院 2017.12 253p 22cm 〈文献あり 著作目録あり 年譜あり 索引あり〉 7000円 ⓘ978-4-7629-6602-6 Ⓝ920.26

[内容] 序論—中国小説史上における呉趼人の位置づけ 第1章 清末小説と呉趼人 第2章 創作姿勢と生涯 第3章 "写情小説"創始の意義 第4章 "写情小説"における女性性の構築 第5章 "社会小説"—"暗黒世界"の"魑魅魍魎" 第6章 "理想科学小説"『新石頭記』における"救国" 第7章「上海遊驂録」における"厭世" 第8章 梁啓超との関係 結論

呉 広〔？～前208〕 ご・こう

◇史記・三国志英雄列伝—戦いでたどる勇者たちの歴史 井波律子著 潮出版社 2015.11 221p 20cm 〈年表あり〉 2000円 ⓘ978-4-267-02035-3 Ⓝ222.042

[内容] 第1章 群雄割拠の時代—始皇帝—項羽と劉邦（秦の始皇帝 陳勝・呉広の乱 反乱の拡大と秦王朝の滅亡 鴻門の会 劉邦の反撃 ほか） 第2章 激動の時代を生き抜く漢たち—漢の武帝—三国志の英雄たち（韓信・黥布の粛清、劉邦の死 呂后の専横と陳平・周勃の反撃 武帝の登場 最盛期の武帝 晩年の武帝 ほか）

呉 修竹〔1922～2015〕 ご・しゅうちく

◇在日台湾人の戦後史—呉修竹回想録 呉修竹著, 何義麟編 彩流社 2018.9 372p 22cm 3700円 ⓘ978-4-7791-2523-2 Ⓝ289.2

[内容] 第1部 呉修竹回想録（出自と学校生活 台湾学生連盟から華僑総会へ（一九四五～一九四七）「波瀾の歳月」に向けて（一九四七～一九五一）ほか） 第2部 呉修竹著作集（執筆年順）（呉修竹「学び方」の問題—文科の学生に興ふ（一）（二） 呉修竹「べら棒な華僑への税金」 呉修竹「対日講和と中国の立場」 ほか） 第3部 呉修竹翻訳集（呉修竹訳「中国共産党中央委員劉少奇の『国際主義と民族主義を論ず』—毛澤東はチトーではない」 姚立民作 宏文訳「ある贛員の記録」（原題「炉辺夜話の蔣総統秘録」） 魯冰山作 宏文訳「諷刺小説 孝子」 ほか）

辜 振甫〔1917～2005〕 こ・しんほ

◇日台関係を繋いだ台湾の人びと 浅野和生編著 展転社 2017.12 248p 19cm（日台関係研究会叢書 4）〈文献あり〉 1700円 ⓘ978-4-88656-450-4 Ⓝ319.22401

[内容] 第1章 辜振甫と日台関係（日本統治時代の辜振

甫「台湾独立計画」事件 ほか） 第2章 台湾経済の世界化を担った江丙坤（江丙坤の紹介 生い立ち・日本へのあこがれ ほか） 第3章 許世楷駐日代表と日台関係の発展（日本留学と政治活動 国民党による台湾統治 ほか） 第4章 曽永賢の生涯と日台関係（少年時代 日本留學 ほか） 第5章 蔡焜燦氏逝去に哭く（筆者がみた蔡焜燦氏 四大紙が伝える蔡焜燦氏 ほか）

胡 適〔1891～1962〕 こ・てき

◇胡適—1891-1962 中国革命の中のリベラリズム ジェローム・B.グリーダー著, 佐藤公彦訳 藤原書店 2018.1 577p 22cm 〈文献あり 年表あり 索引あり〉 8000円 ⓘ978-4-86578-156-4 Ⓝ125.9

コ, ハニョン〔1903～1983〕 高 漢容

◇京城のダダ、東京のダダ—高漢容と仲間たち 吉川凪著 平凡社 2014.7 223p 20cm 〈文献あり 年譜あり〉 2200円 ⓘ978-4-582-74432-3 Ⓝ929.1

[内容] 序章 ダダと名乗った男 第1章 ダダ以前 第2章 東京留学 第3章 京城にて 第4章 再び東京、そして宮崎 第5章 それから 付録 高ダダのエッセイ

コ, ヨンヒ〔1952～2004〕 高 容姫

◇女が動かす北朝鮮—金王朝三代「大奥」秘録 五味洋治著 文藝春秋 2016.4 255p 18cm（文春新書 1076）〈文献あり〉 780円 ⓘ978-4-16-661076-1 Ⓝ282.1

[内容] はじめに 北朝鮮女性たちの現実のドラマ 第1章 兄を継ぐ女帝候補—金与正、金雪松 第2章 トップ歌手からファースト・レディに—李雪主 第3章 国母はなぜ孤独死したか—金正淑、金聖愛 第4章 金正日に捨てられた国民的女優—成惠琳 第5章 国母になった大阪出身の踊り子—高容姫 第6章 金正日の心の支え—金敬姫と4番目の妻・金オク 第7章 運命に翻弄された女たち—喜び組、金賢姫、脱北者

五井 昌久〔1916～1980〕 ごい・まさひさ

◇五井せんせい—わが師と歩み来たりし道 髙橋英雄著 富士宮 白光真宏会出版本部 2016.10 285p 19cm 1650円 ⓘ978-4-89214-214-7 Ⓝ169.1

[内容] 序章 戻れない道 第1章『神と人間』出版される 第2章 母と子 第3章 美登里奥さまのこと 第4章 五井先生が畏敬した大聖 第5章 光明の合体 第6章 全託について 第7章 一言の力、一言の光 第8章 五井先生の縄跳び—ある日のお姿 第9章 書について 第10章 宇宙の翁の白いひげ 第11章 その晩年のこと 終章 ご帰神まで

恋川 純弥 こいかわ・じゅんや

◇斎藤一人良縁—成功する人の縁のつかみ方 恋川純弥著 学研プラス 2018.5 187p 19cm 1300円 ⓘ978-4-05-406636-6 Ⓝ772.1

[内容] 第1章 大衆演劇役者・恋川純弥の原点（良縁の始まりは、「親を選んで生まれてきたこと」 役者人生の転機となった「浜の兄弟」 ほか） 第2章 舞踊を通して縁をつなぐ（父親が最大のライバル!? 「1

人でもやる覚悟」が運気を上げる ほか） 第3章 良縁を引き寄せる人が大切にしている8つのこと（教えたことをすぐにやる人は成功する サービスを受けたらそれに見合う対価を払う ほか） 第4章 斎藤一人流・縁のつかみ方（本当に大切な人とは魂でつながっている 誰にでも同じが良縁の秘訣 ほか）

小池 勝蔵　こいけ・かつぞう
⇒黒駒勝蔵（くろこまのかつぞう）を見よ

小池 茂彦〔1926～〕　こいけ・しげひこ
◇私の英語遍歴―恩龍に支えられて　小池茂彦著　飯田　小池茂彦　2014.9　213p　26cm　Ⓝ289.1

小池 温男〔1980～〕　こいけ・はるお
◇誰も知らない社長の汗と涙の塩味物語　西川世一著　電波社　2017.4　225p　19cm　〈別タイトル：誰も知らない社長の汗と涙のCEO味物語〉　1300円　①978-4-86490-093-5　Ⓝ332.8

内容 1 東日本大震災ですべてを失った被災地にもう一度、光を灯す―有限会社まるしげ漁亭浜や代表取締役・佐藤智明　2 職人気質が生んだ己の未熟さ　一人の社員が起こした奇跡―ユニオンテック株式会社代表取締役社長・大川祐介　3 戦力外通告、消えない自己嫌悪…。人生と向き合う元Jリーガーたちの努力の証―株式会社ジールホールディングス代表取締役・藪崎真哉　4 兄弟・社員との絆があるからこそ「社員とは何か」を徹底的に追求した結果―株式会社あしたのチーム代表取締役社長・高橋恭介　5 「今日で辞めてもらいます」原点回帰で開いた再生のトビラ―トークノート株式会社代表取締役・小池温男　6 リーマンショックで八方塞がり 立ち止まらずに前進する勇気を持つ―株式会社ジオベック代表取締役・望月雅彦　7 兄の死、借金、ケガ、病気…、「一日一死」で乗り越えたサーカス人生―木下サーカス株式会社代表取締役社長・木下唯志　8 「芸人なのに副業!?」と言われたくない。二足の草鞋で駆け抜けた10年―株式会社田村道場代表取締役・田村憲司

小池 啓之〔1951～〕　こいけ・ひろゆき
◇甲子園に挑んだ監督たち　八木澤高明著　辰巳出版　2018.4　255p　19cm　1600円　①978-4-7778-2118-1　Ⓝ783.7

内容 古屋文雄 神奈川・横浜商業高校元監督―マリンブルーに袖を通す者の矜持　小池啓之 北海道・旭川南高校前監督―魂と魂のぶつかり合いで甲子園へ導いた　大井道夫 新潟・日本文理高校総監督―迷わず打て、大井野球はこうして生まれた　嶋崎久美 秋田・金足農業高校元監督―雪と鉄、雪国が生んだ嶋崎野球　山本泰 大阪・PL学園高校元監督―PLで勝ち、PLに敗れた名将　宮崎裕也 滋賀・北大津高校前監督―弱者が強者に勝つために　久保克之 鹿児島・鹿児島実業元監督・名誉監督―老将が今も心に刻み続けること　山中直人 高知・伊野商業高校元監督/岡豊高校現監督―甲子園に勝る指導者なし

小池 百合子〔1952～〕　こいけ・ゆりこ
◇挑戦―小池百合子伝　大下英治著　河出書房新社　2016.10　430p　19cm　〈「小池百合子の華麗なる挑戦」（2008年刊）の改題、増補〉　1600円　①978-4-309-24776-2　Ⓝ289.1

内容 第1章 アラブに学ぶ　第2章 通訳からキャスターへ　第3章 政治家への転身　第4章 自民党で闘う　第5章 華麗なる環境大臣　第6章 新たなる飛翔へ　第7章 二〇〇八年九月総裁選

◇小池百合子50の謎―人を惹きつける行動力の原点を探る　小池都政の政策を研究する会編　徳間書店　2017.6　191p　19cm　〈文献あり 年譜あり〉　1200円　①978-4-19-864420-8　Ⓝ318.236

内容 第1章 若き日の小池百合子の謎（小池百合子はなぜ、強い女性になったのか？　小池百合子はなぜ、英語が得意なのか？　ほか）　第2章 政治家・小池百合子の謎（小池百合子はなぜ、最初の政界入りに日本新党を選んだのか？　小池百合子はなぜ、政党は大きな中古車より小さな新車がいいというのか？　ほか）　第3章 東京都知事・小池百合子の謎（小池百合子はなぜ、都知事になりたかったのか？　小池百合子はなぜ、すぐに自民党を離党しなかったのか？　ほか）　第4章 人間・小池百合子の謎（小池百合子はなぜ、リビアに入れ込んでいるのか？　「頭の黒いネズミ」という表現も小池流ユーモアか？　ほか）

◇女は「政治」に向かないの？　秋山訓子著　講談社　2018.5　212p　19cm　1400円　①978-4-06-511764-4　Ⓝ314.18

内容 野田聖子―女性のキャリア変化とともに　小池百合子―不死鳥のような人　山尾志桜里―母だからできること　辻元清美―挫折からが本番　中川智子―おばちゃんの愛され力　高井美穂―「ふつう」が議員になってみた　嘉田由紀子―それは「サプライズ」ではなかった

小池 隆一〔1943～〕　こいけ・りゅういち
◇虚業―小池隆一が語る企業の闇と政治の呪縛　七尾和晃著　七つ森書館　2014.10　269p　20cm　〈文献あり〉　1700円　①978-4-8228-1416-8　Ⓝ289.1

内容 第1章 伝説の総会屋　第2章 「財界の床柱」上森子鉄　第3章 小池との旅路　第4章 田中角栄と木島力也　第5章 小川薫との訣別　第6章 事件の伏線　第7章 小甚ビルディング　第8章 ロビイスト　第9章 疑念　第10章 小池の釈明　第11章 対決

小池 龍之介〔1978～〕　こいけ・りゅうのすけ
◇坊主失格　小池龍之介著　幻冬舎　2016.8　220p　16cm　（幻冬舎文庫 こ-32-3）〈扶桑社2010年刊の再刊〉　460円　①978-4-344-42509-5　Ⓝ182.81

内容 第1章 渇愛・慢―煩悩の塊としての子供（"足リナイ"から始まる人生　根深い「慢」の煩悩 ほか）　第2章 怒り・嫉妬―道化を演じた高校時代（根本煩悩のエネルギー　「怒り」×「慢」＝クールな自分 ほか）　第3章 見・無知―狂気へ傾倒した大学時代（宗派仏教への幻滅　「自分は違う」という呪文 ほか）　第4章 変容と再生―修行で生まれた新自分（坐禅瞑想との出会い　内面の矛盾とシステムの矛盾 ほか）

小泉 秋江〔1953～〕　こいずみ・あきえ
◇中国と日本二つの祖国を生きて　小泉秋江著　福岡　集広舎　2018.9　269p　19cm　1500円　①978-4-904213-63-6　Ⓝ289.1

内容 父母それぞれの生い立ち　幼い子供たちへの挽歌　新中国の政治運動の嵐　恐怖と絶望の時代―私たち

こいすみ

家族の文革体験　下放の生き地獄　母の国へ　自立への道　新しい人生へ　駆け抜けた日々　会社設立後、病魔に襲われる　大切な家族　故郷を訪ねて

小泉 今日子〔1966～〕　こいずみ・きょうこ

◇黄色いマンション 黒い猫　小泉今日子著　スイッチ・パブリッシング　2016.4　165p　20cm　1600円　①978-4-88418-448-3　Ⓝ767.8

＊2007年～2016年まで、SWITCH連載「原宿百景」に綴った33篇＋特別書き下ろし1篇。1982年のデビュー以来、歌手、女優として、映画、舞台、テレビ、CM、そして執筆と活動の幅を広げながら、そのすべてを支持され、時を経てもぶれることのない圧倒的存在感を放つ、小泉今日子。本書は、彼女が十代の頃から親しみ、かつては住んでいたこともある原宿の町を再び歩き、変わり続ける街並に彼女の半世の思い出を重ねながら、9年間にわたって書き綴った自伝的エッセイ集です。

小泉 策太郎〔1872～1937〕　こいずみ・さくたろう

◇幕末明治人物誌　橋川文三著　中央公論新社　2017.9　308p　16cm　（中公文庫は73-1）　1000円　①978-4-12-206457-7　Ⓝ281

内容　吉田松陰―吉田松陰　坂本龍馬―維新前夜の男たち　西郷隆盛―西郷隆盛の反動性と革命性　後藤象二郎―明治的マキャベリスト　高山樗牛―高山樗牛　乃木希典―乃木伝説の思想　岡倉天心―岡倉天心の面影　徳冨蘆花―蘆花断想　内村鑑三―内村鑑三先生　小泉三申―小泉三申論　頭山満―頭山満

小泉 三申　こいずみ・さんしん

⇒小泉策太郎（こいずみ・さくたろう）を見よ

小泉 純一郎〔1942～〕　こいずみ・じゅんいちろう

◇政治の眼力―永田町「快人・怪物」列伝　御厨貴著　文藝春秋　2015.6　207p　18cm　（文春新書　1029）　750円　①978-4-16-661029-7　Ⓝ312.8

内容　安倍政権とは何か（貴族的感覚 祖父譲り―麻生太郎　「フツー」に秘める胆力―山口那津男　ほか）　自民党の力の秘密（「反時代」で独特の地位―古賀誠　権力への鋭いアンチ―野中広務　ほか）　チャレンジャーの資格（己を見つめる伝道師―石破茂（1）大政治家に化けうるか―細野豪志　ほか）　失敗の研究（道半ばのリアリズム―仙谷由人　「政策の調教師」次の道―与謝野馨　ほか）　清和会とは何か（時勢を見極める一手―森喜朗　二十一世紀型の首相―小泉純一郎　ほか）

◇小泉純一郎・進次郎秘録　大下英治著　イースト・プレス　2015.6　413p　18cm　（イースト新書　052）　907円　①978-4-7816-5052-4　Ⓝ312.1

内容　第1章 小泉純一郎と「原発ゼロ」小泉進次郎と福島（降り積もる深雪に耐えて　"原発安全神話"三つの嘘　ほか）　第2章 小泉家四代にわたる"血と骨"（入れ墨大臣・小泉又次郎の青春　郵政民営化闘士の原型 ほか）　第3章 小泉純一郎は信長政権である（小泉減少　自民党＝経世会をぶっ壊す―総理総裁就任　ほか）　第4章 小泉進次郎秘録（政界引退と進次郎後継指名 進次郎の苦悩 ほか）　第5章 小泉・細川連合「都知事選」決起の深層（3.11と小泉純一郎　電撃的「原発ゼロ」会見 ほか）　第6章 小泉政権と安倍政権の位相―政界の重鎮直撃（世耕官房副長官が語る、小泉政権と安倍政権の相違　キーマン・菅官房長官 ほか）

◇小泉純一郎独白　小泉純一郎述，常井健一著　文藝春秋　2016.2　157p　18cm　〈他言語標題：Junichiro Koizumi SPEAK OUT〉　1000円　①978-4-16-390415-3　Ⓝ312.1

内容　小泉純一郎独白（「原発は安全、安い、クリーン。これ全部ウソだ」「選挙に弱い政治家は圧力に弱いんだよ」「酒と女は二ゴウまでって（笑）」「小沢一郎は橋本龍太郎より面白かったな」「俺なら原発ゼロを総選挙の争点にする」「安倍さんは全部強引、先急いでいるね」「議員やめてから靖国に一度も行ってないよ」「自民党は総理に何言おうが自由だった」「進次郎の結婚は四十過ぎでいいよ」「政界っていうのは敵味方がすぐ変わるんだよ」「『女性遍歴を書いてください』と言われる（笑）」　小泉純一郎 講演先一覧）　小泉純一郎の実像を追う

◇日本を揺るがせた怪物たち　田原総一朗著　KADOKAWA　2016.3　293p　19cm　1500円　①978-4-04-601559-4　Ⓝ281.04

内容　第1部 政界の怪物たち（田中角栄―田原総一朗が最初に対峙した政界の怪物　中曽根康弘―「偉大な人はみんな風見鶏」　竹下登―調整能力にすぐれた「政界のおしん」　小泉純一郎―ワンフレーズに信念を込める言葉の天才　岸信介―左右「両岸」で力をふるった「昭和の妖怪」）　第2部 財界の怪物たち（松下幸之助―国家の経営に至った男　本田宗一郎―ボルト一本に情熱をかける技術の雄　盛田昭夫―失敗を恐れない超楽観主義者　稲盛和夫―「狂」と「心」が共存する経営）　第3部 文化人の怪物たち（大島渚―全身で国家の欺瞞と戦う男　野坂昭如―酒を飲むな「爆弾になる」底辺のアナーキスト　石原慎太郎―作家として政治を行う男）

◇YKK秘録　山崎拓著　講談社　2016.7　315p　20cm　1800円　①978-4-06-220212-1　Ⓝ312.1

内容　序章 運命の日　第1章 55年体制崩壊―宇野宗佑、海部俊樹、宮澤喜一内閣　第2章 小沢一郎の暗躍―細川護熙、羽田孜内閣　第3章 自・社・さ新時代―村山富市、橋本龍太郎内閣　第4章「加藤の乱」の真相―小渕恵三、森喜朗内閣　第5章 小泉純一郎ける

◇小泉官邸秘録―総理とは何か　飯島勲著　文藝春秋　2016.7　409p　16cm　（文春文庫 い101-1）〈日本経済新聞社 2006年刊の再刊 年譜あり〉　870円　①978-4-16-790662-7　Ⓝ312.1

内容　第1部 小泉内閣誕生 波高き船出（政権の形を作る　「官邸主導」の始動　危機管理体制の強化　北朝鮮外交への取り組み）　第2部 有言実行 小泉改革の着実な推進（道路公団の民営化　テロとの戦い―イラクへの自衛隊派遣　自然災害との戦い　年金改革　米国BSE事件―環境と経済の両立）　第3部 小泉改革の総仕上げ 郵政民営化（郵政民営化への長い道のり　郵政民営化シフト　民営化法案を巡る攻防　参議院での否決―郵政解散　衆議院選挙の勝利―郵政民営化法案成立　改革に終わりはない―更なる改革へ）

◇決断のとき―トモダチ作戦と涙の基金　小泉純一郎著，常井健一取材・構成　集英社　2018.2　266p　18cm　（集英社新書　0919）〈年譜あり〉

800円　①978-4-08-721019-4　Ⓝ312.1

内容　序章　ルポ・「涙」のアメリカ訪問記　第1章　仁　第2章　義　第3章　礼　第4章　智　終章　「信」を問う

◇YKK秘録　山崎拓著　講談社　2018.8　396p　15cm　（講談社＋α文庫　G317-1）〈2016年刊の加筆、改筆〉　950円　①978-4-06-512939-5　Ⓝ312.1

内容　序章　運命の日　第1章　55年体制崩壊―宇野宗佑、海部俊樹、宮澤喜一内閣　第2章　小沢一郎の暗躍―細川護熙、羽田孜内閣　第3章　自・社・さ新時代―村山富市、橋本龍太郎内閣　第4章　「加藤の乱」の真相―小渕恵三、森喜朗内閣　第5章　小泉純一郎首相の誕生、自民党幹事長に就任

小泉　進次郎〔1981～〕　こいずみ・しんじろう

◇小泉純一郎・進次郎秘録　大下英治著　イースト・プレス　2015.6　413p　18cm　（イースト新書　052）　907円　①978-4-7816-5052-4　Ⓝ312.1

内容　第1章　小泉純一郎と「原発ゼロ」小泉進次郎と福島（降り積もる深雪に耐えて　"原発安全神話"三つの嘘　ほか）　第2章　小泉家四代にわたる"血と骨"（入れ墨大臣・小泉又次郎の青春　郵政民営化闘士の原型　ほか）　第3章　小泉政権とは信長政権である（小泉減少　自民党＝経世会をぶっ壊す―総理総裁就任　ほか）　第4章　小泉進次郎秘録（政界引退と進次郎後継指名　進次郎の苦悩　ほか）　第5章　小泉・細川連合「都知事選」決起の深層（3.11と小泉純一郎電撃的「原発ゼロ」会見　ほか）　第6章　小泉政権と安倍政権の位相―政界の重鎮直撃（世耕官房副長官が語る、小泉政権と安倍政権の相違　キーマン・菅官房長官　ほか）

◇角栄と進次郎―人たらしの遺伝子　向谷匡史著　徳間書店　2018.4　191p　19cm　〈年譜あり〉　1500円　①978-4-19-864604-2　Ⓝ289.1

＊日中国交回復や日本列島改造論を成し遂げた昭和の大立者・田中角栄。次期総理候補として常に待望論が浮上する次代のホープ・小泉進次郎。片や尋常小学校卒のたたき上げで、片や総理経験者を父に持つサラブレッドで"出発点"は真逆だが、その手腕には「人たらしの遺伝子」が継承されている。激動の時代を前に、2人が織り成す人心掌握術に学べ！

◇小泉進次郎　日本の未来をつくる言葉　鈴木款著　扶桑社　2018.7　247p　18cm　（扶桑社新書　274）　830円　①978-4-594-07991-8　Ⓝ312.1

内容　第1章　決意―2004年～＠ニューヨーク　第2章　覚醒―2006年～＠ワシントンD.C.　第3章　挑戦―2009年＠初選挙　第4章　希望―2011年～＠復興支援　第5章　克己―2015年～＠農業改革　第6章　試練―2016年～＠人生100年時代　第7章　結集―2018年～＠2020年以降の経済社会構想会議　第8章　進化―2021年＠総理への道

小泉　信三〔1888～1966〕　こいずみ・しんぞう

◇伝記　小泉信三　神吉創二著　慶應義塾大学出版会　2014.7　231p　21cm　2400円　①978-4-7664-2159-0　Ⓝ289.1

内容　第1章　生い立ちと学生時代―テニス選手から勉強家へ（生い立ち　福澤諭吉との記憶　ほか）　第2章　教授時代―常に学生と共にある（大学を卒業して教員になる　ヨーロッパ留学　ほか）　第3章　塾長時代―戦争の中で（塾長になる　塾頭訓示　ほか）　第4章　戦後日本の巨星へ―勇気ある自由人（東宮御教育　初孫エリとヴァイニング夫人　ほか）

◇昭和思想史としての小泉信三―民主と保守の超克　楠茂樹，楠美佐子著　京都　ミネルヴァ書房　2017.1　368,6p　20cm　〈文献あり　索引あり〉　4000円　①978-4-623-07737-3　Ⓝ309.021

内容　序章　思想史としての小泉信三　第1章　明治期における小泉信三　第2章　経済学、経済学史、社会思想史研究　第3章　塾長時代における福澤との邂逅　第4章　戦後三部作における思想形成　第5章　「秩序ある進歩」に見る思想の構造　第6章　「保守」派の様相　第7章　ハイエクとの知的交錯　第8章　思想としての小泉主義

◇小泉信三―天皇の師として、自由主義者として　小川原正道著　中央公論新社　2018.11　210p　18cm　（中公新書　2515）〈文献あり　年譜あり〉　780円　①978-4-12-102515-9　Ⓝ289.1

内容　第1章　父と修学時代（父・小泉信吉―福沢諭吉との密な関係　青年期の記憶―公立小から慶應義塾へ　ほか）　第2章　論壇の若き経済学者―マルクス主義批判の旗手（ヨーロッパ留学―第一次世界大戦下の英独伊体験　反マルクス主義の展開と論争　ほか）　第3章　戦時下、慶應義塾長の苦悩―国家・戦争の支持（アメリカ旅行―ハーバード大学での体験　戦意高揚の主張、長男の死　ほか）　第4章　皇太子教育の全権委任者―「新しい皇室」像の構築（御進講覚書―「道徳的背骨」という前提　マルクス以上の追求―『ジョオジ五世伝』『帝室論』の読解　ほか）　第5章　オールド・リベラリストの闘い（講和論争―反共・現実主義者の平和論　六〇年安保改定問題　ほか）

小泉　八雲〔1850～1904〕　こいずみ・やくも

◇小泉八雲―日本を見つめる西洋の眼差し　作家・ジャーナリスト〈ギリシャ、日本〉　筑摩書房編集部著　筑摩書房　2015.12　188p　19cm　（ちくま評伝シリーズ〈ポルトレ〉）〈文献あり　年譜あり〉　1200円　①978-4-480-76631-1　Ⓝ930.268

内容　プロローグ　さすらい人の二つの旅　第1章　パトリックからラフカディオへ　第2章　辣腕記者ハーン　第3章　島から島へ　第4章　松江の幸福　第5章　「振り子」の力　第6章　東洋でも西洋でもない夢　巻末エッセイ　「むじな、または顔のない人」赤坂憲雄

◇ラフカディオ・ハーンの魅力　西川盛雄著　新宿書房　2016.2　285p　20cm　2800円　①978-4-88008-459-6　Ⓝ930.268

内容　プロローグ　ラフカディオ・ハーンの魅力―パッションからミッションへ　1（ハーンの遺産　ハーン最晩年の頃　ラフカディオ・ハーンと移民　小泉清―命の輪郭を求めて　ほか）　2（ラフカディオ・ハーンとアイルランド―「三つ子の魂百まで」の系譜　ハーンの言語観　ハーンと漱石の試験問題　ハーンと漱石のホイットマン観　ほか）　エピローグ　小泉さん追慕の詩―時さんの追憶

◇へるん百話―小泉八雲先生こぼれ話集　梶谷泰之著、内田融監修、村松真吾編注　改訂新版　松江　八雲会　2016.8　193p　21cm　（へるんさんの旅文庫　3）〈文献あり〉　1500円　Ⓝ930.

こいすみ

268
◇出雲に於ける小泉八雲　根岸磐井著，復刻版出雲に於ける小泉八雲編集委員会編　復刻版〔出版地不明〕　根岸道子　2016.9　205p　19cm　〈印刷：今井印刷〔米子〕〉　1111円　Ⓣ978-4-86611-042-4　Ⓝ930.268
◇ラフカディオ・ハーン、B.H.チェンバレン往復書簡　東洋文庫監修　勉誠出版　2016.10　2冊（セット）　32×24cm　〈東洋文庫善本叢書　第2期・欧文貴重書 1〉〈解説：平川祐弘　東洋文庫蔵の複製〉　140000円　Ⓣ978-4-585-28221-1　Ⓝ935.6
◇へるん先生の汽車旅行―小泉八雲と不思議の国・日本　芦原伸著　集英社　2017.3　286p　16cm　〈集英社文庫 あ79-1〉〈集英社インターナショナル 2014年刊の再刊　文献あり〉　600円　Ⓣ978-4-08-745558-8　Ⓝ930.268
内容　津軽　アムトラックの車窓から―ニューヨークからシンシナティへ　わが青春のシンシナティ　憂愁のカナダ横断鉄道―トロントからヴァンクーヴァーへ　東海道を行く（一）―横浜から焼津へ　東海道を行く（二）―焼津から姫路へ　中国山地越え、ハーンの変貌―姫路から松江へ　ハーン、不思議の国に入る―松江・出雲　ヘルンとセツの新婚旅行―日本海、伯耆国の旅　西南戦争の残影―熊本にて　神戸へ、新聞社への復帰―熊本から神戸へ　人生の終焉、東京へ―神戸から東京へ　文学神様
◇平川祐弘決定版著作集　第10巻　小泉八雲―西洋脱出の夢　平川祐弘著　勉誠出版　2017.4　390p　22cm　4800円　Ⓣ978-4-585-29410-8　Ⓝ908
内容　第1章 小泉八雲の心の眼　第2章 子供を捨てた父―ハーンの民話と漱石の『夢十夜』　第3章 泉の乙女―ハーンの再話文学の秘密　第4章 稲むらの火　第5章 異端児の霊の世界―来日以前と以後のハーン　第6章 草ひばりの歌―ハーンにおける民俗学と文学
◇平川祐弘決定版著作集　第15巻　ハーンは何に救われたか　平川祐弘著　勉誠出版　2017.6　527p　22cm　6000円　Ⓣ978-4-585-29415-3　Ⓝ908
内容　まえがき―日本でハーンは救われずに死んだのか　1（捨子は何に救われたか―ハーンと母なる海　『鳥取の布団の話』と『マッチ売りの少女』　ほか）　2（盆踊りの系譜―ハーンからモラエスへ　手にまつわる怪談―ハーン、ルファニュ、モーパッサン　ほか）　3（小泉八雲と永遠の女性　母親のいるふるさと―小泉八雲と萩原朔太郎　ほか）　4（ハーンと俳句　ハーンと神道　ほか）　5（ハーンにまつわる『初期英文伝記集成』について　英文『小泉八雲書簡集完全版』The Complete Letters of Lafcadio Hearn の刊行について　ほか）
◇小泉八雲、開かれた精神（オープン・マインド）の航跡。―小泉八雲記念館図録　小泉凡監修，小泉八雲記念館編集　第2版　松江　小泉八雲記念館　2018.11　103p　23cm　〈他言語標題：Lafcadio Hearn : Tracing the Fourney of an Open Mind　英語併я　訳：ヘザー・ディクソン　横山純子　文献あり　著作目録あり　年譜あり　発売：山陰中央新報社（松江）〉　1800円　Ⓣ978-4-87903-219-5　Ⓝ930.268

内容　第1章 小泉八雲記念館の収蔵品　第2章 小泉八雲の生涯　第3章 小泉八雲のオープン・マインド　第4章 小泉八雲記念館

小泉　よね〔1907～1973〕こいずみ・よね
◇ひとびとの精神史　第6巻　日本列島改造―1970年代　杉田敦編　岩波書店　2016.1　298, 2p　19cm　2500円　Ⓣ978-4-00-028806-4　Ⓝ281.04
内容　プロローグ　一九七〇年代―「公共性」の神話　1 列島改造と抵抗（田中角栄―列島改造と戦後日本政治　小泉よね―三里塚　宮崎省吾―住民自治としての「地域エゴイズム」　宇梶静江―関東アイヌの呼びかけ）　2 管理社会化とその底流（吉本隆明と藤田省三―「大衆の原像」の起源と行方　岩根邦雄―「おおぜいの私」による社会運動　小野木祥之―仕事のありかたを問う労働組合運動の模索）　3 アジアとの摩擦と連帯（小野田寛郎と横井庄一―豊かな社会に出現した日本兵　金芝河と日韓連帯運動を担ったひとびと　金順烈―アジアの女性たちを結ぶ）

小磯　国昭〔1880～1950〕こいそ・くにあき
◇葛藤の時代―近代日本と新庄の先駆者たち　小野正一著　文芸社　2015.1　300p　15cm　〈文献あり〉　800円　Ⓣ978-4-286-15751-1　Ⓝ289.1

小出　満二〔1879～1955〕こいで・みつじ
◇日本農業教育の碩学小出満二―その業績と追憶　加藤整著　神戸　交友プランニングセンター・友月書房　2014.11　180p　19cm　〈年譜あり　文献あり〉　1000円　Ⓣ978-4-87787-635-7　Ⓝ289.1
◇日本農業教育の碩学小出満二―その業績と追憶　補遺　加藤整編　神戸　交友プランニングセンター・友月書房　2015.5　99p　19cm　〈年譜あり　著作目録あり〉　Ⓣ978-4-87787-663-0　Ⓝ289.1

小出　義雄〔1939～2019〕こいで・よしお
◇マラソン哲学―日本のレジェンド12人の提言　小森貞子構成，月刊陸上競技編集　講談社　2015.2　352p　19cm　1600円　Ⓣ978-4-06-219348-1　Ⓝ782.3
内容　宗茂―双子の弟・猛と切磋琢磨　日本のマラソン練習の礎を築いた「宗兄弟」　宗猛―「自分たちを生かす道はこれしかない！」小学生のうちに気づいたマラソンへの道　瀬古利彦―マラソン15戦10勝の“レジェンド”　カリスマ指導者に導かれて世界を席巻　山下佐知子―女子マラソンで日本の「メダル第1号」東京世界選手権で銀、バルセロナ五輪は4位　有森裕子―陸上の五輪史上日本女子で唯一の複数メダル　マラソンは「生きていくための手段」　中山竹通―底辺からトップに這い上がった不屈のランナー　オリンピックは2大会連続で4位入賞　森下広一―"太く短く"マラソン歴はわずか3回　2連勝後のバルセロナ五輪は銀メダル　藤田敦史―運動オンチが長距離で信じられない飛躍　ある「きっかけ」が人生を180度変えた　高橋尚子―日本の五輪史に燦然と輝く金メダル　「人の倍やって人並み」を日々実践した賜物　高岡寿成―長いスパンで取り組んだマラソンへの道　トラックもマラソンも意識は常に「世界へ」　小出

義雄—女子マラソンで複数のメダリストを輩出「世界一になるには、世界一になるための練習をやるだけ」 藤田信之—女子の400mからマラソンまで数々の「日本記録ホルダー」を育成 野口みずきのマラソン金メダルはトラックの延長

◇ゴールへ駆けたガキ大将—女子マラソンに賭けた夢 小出義雄著 東京新聞 2016.2 189p 20cm 1500円 Ⓟ978-4-8083-1009-7 Ⓝ782.3

内容 序章 断酒の日々 第1章 かけっこガキ大将 第2章 青春をかけっこで駆けて 第3章 箱根駅伝と大学時代 第4章 ガキ大将が先生に 第5章 女子マラソン指導者として 終章 そして断酒の日々は続く

小岩井 浄 〔1897〜1959〕 こいわい・じょう

◇細迫兼光と小岩井淨—反ファシズム統一戦線のために 細迫朝夫著 高知 南の風社 2014.8 118p 21cm 1000円 Ⓟ978-4-86202-073-4 Ⓝ289.1

江 ごう
⇒崇源院(すうげんいん)を見よ

高 一涵 〔1885〜1968〕 こう・いちかん

◇中国名記者列伝—正義を貫き、その文章を歴史に刻み込んだ先人たち 第2巻 柳斌傑,李東東編,加藤青延監訳,黒金祥一訳 日本僑報社 2017.4 192p 21cm 3600円 Ⓟ978-4-86185-237-4 Ⓝ070.16

内容 鑑湖の女傑—秋瑾(1875 - 1907) 才知の記者—包天笑(1876 - 1973) 四つの素早さを持つ記者—陳其美(1878 - 1916) 「冷血」な時事評論家—陳景韓(1878 - 1965) 革命の元老記者—于右任(1879 - 1964) 五四運動の総司令官—陳独秀(1879 - 1942) 女性記者の先駆け—康同薇(1879 - 1974) 新聞界の重鎮—史量才(1880 - 1934) 嶺南報道界の英才—鄭貫公(1880 - 1906) ペンによって一人立つ—章士釗(1881 - 1973) 革命家にして記者—宋教人(1882 - 1913) 直言居士—邵力子(1882 - 1967) 革命新聞の元勲—馮自由(1882 - 1958) ニュースレポートの開拓者—黄遠生(1885 - 1915) 新文化運動の大衆指導者—高一涵(1885 - 1968) 比類なき逸材—朱執信(1885 - 1920) 民国初期の俊才—徐凌霄(1886 - 1961) 勇気ある辣腕家—邵飄萍(1886 - 1926) 詩と酒を愛した文豪—葉楚傖(1887 - 1946) 一代論宗—張季鸞(1888 - 1941)

項 羽 〔前233〜前202〕 こう・う

◇一勝百敗の皇帝—項羽と劉邦の真実 板野博行著 ベストセラーズ 2015.11 238p 19cm 〈文庫あり 年表あり〉 1200円 Ⓟ978-4-584-13681-2 Ⓝ222.041

内容 第1章 「項羽」と「劉邦」とは何者か(戦国最強の楚の覇王—項羽 項羽、挙兵の際に百人相手の大立ち回りをする ほか) 第2章 史上初の統一国家・秦と始皇帝(秦は始皇帝誕生前から近代的な国だった 「中国」という国をつくった始皇帝 ほか) 第3章 打倒秦! 関中一番乗りを目指せ(項羽と劉邦、運命の出会い 范増と張良—のちの楚漢両陣営の知恵袋登場 ほか) 第4章 両雄激突! 楚漢戦争(劉邦のもとにやってきた "戦の天才" 「国士無双」大将軍就任、そして、楚漢戦争勃発 ほか) 第5章 天を味方につけたのはどちらか(項羽と劉邦、本当に優れたリーダーはどちらだったのか 項羽が天下を取れなかっ

た最大の理由とは ほか)

◇史記・三国志英雄列伝—戦いでたどる勇者たちの歴史 井波律子著 潮出版社 2015.11 221p 20cm 〈年表あり〉 2000円 Ⓟ978-4-267-02035-3 Ⓝ222.042

内容 第1章 群雄割拠の時代—始皇帝→項羽と劉邦(秦の始皇帝 陳勝・呉広の乱 反乱の拡大と秦王朝の滅亡 鴻門の会 劉邦の反撃 ほか) 第2章 激動の時代を生き抜く漢たち—漢の武帝→三国志の英雄たち(韓信・黥布の粛清、劉邦の死 呂后の専権と陣平・周勃の反撃 武帝の登場 最盛期の武帝 晩年の武帝 ほか)

◇史記 4 逆転の力学 司馬遷著 和田武司,山谷弘之訳 徳間書店 2016.9 516p 15cm 〈徳間文庫カレッジ し3-4〉〈徳間文庫 2006年刊の再刊〉 1250円 Ⓟ978-4-19-907068-6 Ⓝ222.03

内容 1 項羽と劉邦(項羽の生い立ち 高祖劉邦の生い立ち 項羽、劉邦の先陣争い 鴻門の会) 2 楚漢の決戦(崩れる足もと—諸王諸侯の離反 対決の軌跡—漢の東征と楚の反撃 戦局の拡大—韓信の活躍 垓下の戦い—項羽の最期) 3 悲劇の様相(功成ったあと 悲劇の実力者—韓信) 4 幕下の群像(補佐役の身の処し方—蕭何 名参謀長—張良 知謀の士—陳平 直言の士—周昌)

黄 瀛 〔1906〜2005〕 こう・えい

◇宮沢賢治の詩友黄瀛の生涯—日本と中国二つの祖国を生きて 佐藤竜一著 コールサック社 2016.5 255p 19cm 〈年譜あり 著作目録あり〉〈日本地域社会研究所 1994年刊〉の新版〉 1500円 Ⓟ978-4-86435-251-2 Ⓝ921.7

黄 遠生 〔1885〜1915〕 こう・えんせい

◇中国名記者列伝—正義を貫き、その文章を歴史に刻み込んだ先人たち 第2巻 柳斌傑,李東東編,加藤青延監訳,黒金祥一訳 日本僑報社 2017.4 192p 21cm 3600円 Ⓟ978-4-86185-237-4 Ⓝ070.16

内容 鑑湖の女傑—秋瑾(1875 - 1907) 才知の記者—包天笑(1876 - 1973) 四つの素早さを持つ記者—陳其美(1878 - 1916) 「冷血」な時事評論家—陳景韓(1878 - 1965) 革命の元老記者—于右任(1879 - 1964) 五四運動の総司令官—陳独秀(1879 - 1942) 女性記者の先駆け—康同薇(1879 - 1974) 新聞界の重鎮—史量才(1880 - 1934) 嶺南報道界の英才—鄭貫公(1880 - 1906) ペンによって一人立つ—章士釗(1881 - 1973) 革命家にして記者—宋教人(1882 - 1913) 直言居士—邵力子(1882 - 1967) 革命新聞の元勲—馮自由(1882 - 1958) ニュースレポートの開拓者—黄遠生(1885 - 1915) 新文化運動の大衆指導者—高一涵(1885 - 1968) 比類なき逸材—朱執信(1885 - 1920) 民国初期の俊才—徐凌霄(1886 - 1961) 勇気ある辣腕家—邵飄萍(1886 - 1926) 詩と酒を愛した文豪—葉楚傖(1887 - 1946) 一代論宗—張季鸞(1888 - 1941)

高 啓 〔1336〜1374〕 こう・けい

◇田岡嶺雲全集 第6巻 田岡嶺雲著,西田勝編 法政大學出版局 2018.1 879p 20cm 20000円 Ⓟ978-4-588-11031-3 Ⓝ081.6

こう

|内容| 評傳(莊子　蘇東坡　屈原　髙青邱　王漁洋)　評論及び感想五(吾が見たる上海　上海に由て見たる支那　上海の天長節　異國かたり草(一)　『王漁洋』の批評の辯難　同情より出でたる節儉　ほか)

高 重茂〔南北朝時代〕こう・しげもち
◇高一族と南北朝内乱―室町幕府草創の立役者　亀田俊和著　戎光祥出版　2016.3　272p　19cm　(中世武士選書 32)〈文献あり　年譜あり〉　2600円　Ⓘ978-4-86403-190-5　Ⓝ288.2
|内容| 第1部 高一族の先祖たち(鎌倉幕府草創までの高一族　鎌倉時代の高一族)　第2部 南北朝初期の高一族嫡流(南北朝内乱の風雲児・高師直　師直の片腕・高師泰　関東で活躍した高師冬　優れた行政官であった高重茂　直義に味方した高師秋　その他の高一族―師春・師兼・定昌)　第3部 南北朝初期の高一族庶流と重臣(尊氏の「執事」となった南宗継　若狭守護を歴任した大高重成　幻の有力武将・大平義尚　師直の忠臣・河津氏明　もっとも活躍した師直の重臣・薬師寺公義)　第4部 観応の擾乱以降の高一族(西国における高一族　東国における高一族　高一族をめぐる諸問題)

高 青邱　こう・せいきゅう
⇒髙啓(こう・けい)を見よ

黄 庭堅〔1045～1105〕こう・ていけん
◇中国書人伝　中田勇次郎編　中央公論新社　2015.7　365p　16cm　(中公文庫 な66-1)〈中央公論社 1973年刊の再刊　年譜あり〉　1200円　Ⓘ978-4-12-206148-4　Ⓝ728.22
|内容| 王羲之・王献之―貝塚茂樹　鄭道昭・智永―小川環樹　唐太宗・虞世南・欧陽詢・褚遂良―加藤楸邨　顔真卿・柳公権―井上靖　李邕・張旭・懐素・楊凝式―土岐善麿　蘇軾・黄庭堅・米芾―寺田透　趙孟頫・張即之―武田泰淳　祝允明・文徵明・董其昌―杉浦明平　張瑞図―中田勇次郎　王鐸・金農・劉墉―三浦朱門　鄧石如・何紹基・趙之謙

康 同薇〔1879～1974〕こう・どうび
◇中国名記者列伝―正義を貫き、その文章を歴史に刻み込んだ先人たち　第2巻　柳斌傑,李東東編, 加藤青延監訳,黒金祥一訳　日本僑報社　2017.4　192p　21cm　3600円　Ⓘ978-4-86185-237-4　Ⓝ070.16
|内容| 鑑湖の女傑―秋瑾(1875・1907)　才知の記者―包天笑(1876・1973)　四つの素早さを持つ記者―陳其美(1878・1916)　「冷血」な時事評論家―陳景韓(1878・1965)　革命の元老記者―于右任(1879・1964)　五四運動の総司令官―陳独秀(1879・1942)　女性記者の先駆け―康同薇(1879・1974)　新聞界の重鎮―史量才(1880・1934)　嶺南報道界の英才―鄺貿公(1880・1906)　ペンによって一人立つ一章士釗(1881・1973)　革命家として記者―宋教仁(1882・1913)　直言居士―邵力子(1882・1967)　革命新聞の元勲―馮自由(1882・1958)　ニュースレポートの開拓者―陳独秀(1885・1915)　新文化運動の大衆指導者―高一涵(1885・1968)　比類なき逸材―朱執信(1885・1920)　民国初期の俊才―徐凌霄(1886・1961)　気骨ある辣腕家―邵飄萍(1886・1926)　詩と酒を愛した文豪―葉楚傖(1887・1946)　一代論宗―張季鸞(1888・1941)

江 丙坤〔1932～2018〕こう・へいこん
◇日台の架け橋として―居之無倦、行之以忠　江丙坤著, 中日文教基金会監修　日本工業新聞社　2016.11　307p　19cm　〈年譜あり　発売:産経新聞出版〉　1900円　Ⓘ978-4-86306-126-2　Ⓝ289.2
|内容| 第1部 祖国を離れて日本、南アフリカへ(飢えと戦乱の中で　日本へ　南アとの貿易強化に動く)　第2部 日本は同志か？宿敵か？(日台経済交流の最前線で　国交のない恥辱に耐え　バイからマルチの経済関係へ)　第3部 国際的地位確立に向けて(三大プロジェクトの挑戦　台湾機械民営化事業と原子力発電　"経済貿易特使"として　APECで中国と対決)　第4部 台湾の未来と両岸関係正常化の選択(官界から政界へ　破氷から和平へ　両岸トップ会談　両岸経済交流さらに拡大　海峡交流基金会を去る　日台交流に懸ける)

◇日台関係を繋いだ台湾の人びと　浅野和生編著　展転社　2017.12　248p　19cm　(日台関係研究会叢書 4)〈文献あり〉　1700円　Ⓘ978-4-88656-450-4　Ⓝ319.22401
|内容| 第1章 辜振甫と日台関係(日本統治時代の辜振甫　「台湾独立計画」事件 ほか)　第2章 台湾経済の世界化を担った江丙坤(江丙坤の紹介　生い立ち・日本へのあこがれ ほか)　第3章 許世楷駐日代表と日台関係の発展(日本留学と政治活動　国民党による台湾統治 ほか)　第4章 曽永賢の生涯と日台関係(少年時代　日本留學 ほか)　第5章 蔡焜燦氏逝去に哭く(筆者がみた蔡焜燦氏　四大紙が伝える蔡焜燦氏 ほか)

高 師秋〔南北朝時代〕こう・もろあき
◇高一族と南北朝内乱―室町幕府草創の立役者　亀田俊和著　戎光祥出版　2016.3　272p　19cm　(中世武士選書 32)〈文献あり　年譜あり〉　2600円　Ⓘ978-4-86403-190-5　Ⓝ288.2
|内容| 第1部 高一族の先祖たち(鎌倉幕府草創までの高一族　鎌倉時代の高一族)　第2部 南北朝初期の高一族嫡流(南北朝内乱の風雲児・高師直　師直の片腕・高師泰　関東で活躍した高師冬　優れた行政官であった高重茂　直義に味方した高師秋　その他の高一族―師春・師兼・定昌)　第3部 南北朝初期の高一族庶流と重臣(尊氏の「執事」となった南宗継　若狭守護を歴任した大高重成　幻の有力武将・大平義尚　師直の忠臣・河津氏明　もっとも活躍した師直の重臣・薬師寺公義)　第4部 観応の擾乱以降の高一族(西国における高一族　東国における高一族　高一族をめぐる諸問題)

高 師直〔?～1351〕こう・もろなお
◇高師直―室町新秩序の創造者　亀田俊和著　吉川弘文館　2015.8　228p　19cm　(歴史文化ライブラリー 406)〈文献あり〉　1700円　Ⓘ978-4-642-05806-3　Ⓝ289.1
|内容| 高師直は悪玉か―プロローグ　師直の先祖たち(清和源氏―足利氏への巨従　足利家執事)　室町幕府発足以前の高師直(鎌倉幕府―建武政権下の師直　建武の戦乱)　室町幕府初代執事高師直(足利家の執事から幕府の執事へ　北畠顕家との死闘　足利直義との対立　師直以外の高一族)　栄光と没落(四条畷の戦い　観応の擾乱　師直死後の意義　高師直の信仰と教養)　高師直の歴史的意義―エピローグ

◇高一族と南北朝内乱―室町幕府草創の立役者　亀田俊和著　戎光祥出版　2016.3　272p　19cm　（中世武士選書 32）〈文献あり　年譜あり〉　2600円　Ⓣ978-4-86403-190-5　Ⓝ288.2

内容　第1部　高一族の先祖たち（鎌倉幕府草創までの高一族　鎌倉時代の高一族）　第2部　南北朝初期の高一族嫡流（南北朝内乱の風雲児・高師直　師直の片腕・高師泰　関東で活躍した高師冬　優れた行政官であった高重茂　直義に味方した高師秋　その他の高一族―師春・師兼・定信）　第3部　南北朝初期の高一族庶流と重臣（尊氏の「執事」となった南宗継　若狭守護を歴任した大高重成　幻の有力武将・大平義尚　師直の忠臣・河津氏明　もっとも活躍した師直の重臣・薬師寺公義）　第4部　観応の擾乱以降の高一族（西国における高一族　東国における高一族　高一族をめぐる諸問題）

高　師冬〔？～1351〕　こう・もろふゆ
◇高一族と南北朝内乱―室町幕府草創の立役者　亀田俊和著　戎光祥出版　2016.3　272p　19cm　（中世武士選書 32）〈文献あり　年譜あり〉　2600円　Ⓣ978-4-86403-190-5　Ⓝ288.2

内容　第1部　高一族の先祖たち（鎌倉幕府草創までの高一族　鎌倉時代の高一族）　第2部　南北朝初期の高一族嫡流（南北朝内乱の風雲児・高師直　師直の片腕・高師泰　関東で活躍した高師冬　優れた行政官であった高重茂　直義に味方した高師秋　その他の高一族―師春・師兼・定信）　第3部　南北朝初期の高一族庶流と重臣（尊氏の「執事」となった南宗継　若狭守護を歴任した大高重成　幻の有力武将・大平義尚　師直の忠臣・河津氏明　もっとも活躍した師直の重臣・薬師寺公義）　第4部　観応の擾乱以降の高一族（西国における高一族　東国における高一族　高一族をめぐる諸問題）

高　師泰〔？～1351〕　こう・もろやす
◇高一族と南北朝内乱―室町幕府草創の立役者　亀田俊和著　戎光祥出版　2016.3　272p　19cm　（中世武士選書 32）〈文献あり　年譜あり〉　2600円　Ⓣ978-4-86403-190-5　Ⓝ288.2

内容　第1部　高一族の先祖たち（鎌倉幕府草創までの高一族　鎌倉時代の高一族）　第2部　南北朝初期の高一族嫡流（南北朝内乱の風雲児・高師直　師直の片腕・高師泰　関東で活躍した高師冬　優れた行政官であった高重茂　直義に味方した高師秋　その他の高一族―師春・師兼・定信）　第3部　南北朝初期の高一族庶流と重臣（尊氏の「執事」となった南宗継　若狭守護を歴任した大高重成　幻の有力武将・大平義尚　師直の忠臣・河津氏明　もっとも活躍した師直の重臣・薬師寺公義）　第4部　観応の擾乱以降の高一族（西国における高一族　東国における高一族　高一族をめぐる諸問題）

黄　容柱　こう・ようちゅう
◇ひとびとの精神史　第1巻　敗戦と占領―1940年代　栗原彬,吉見俊哉編　岩波書店　2015.7　333p　19cm　2300円　Ⓣ978-4-00-028801-9　Ⓝ281.04

内容　1　生と死のはざまで（大田昌秀―原点としての沖縄戦　大田洋子―原爆と言葉　水木しげる―ある帰還兵士の経験　黄容柱と朴鐘鳴―近代の成就と超克）　2　それぞれの敗戦と占領（茨木のり子―女性にとっての敗戦と占領　黒澤明―アメリカとの出会いそこない　花森安治―その時、何を着ていたか？　堀越二郎―軍事技術から戦後のイノベーションへ）　3　改革と民主主義（中野重治―反復する過去　若月俊一―地域医療に賭けられたもの　西崎キク―大空から大地へ　北村サヨ―踊る宗教が拓く共生の風景）

康　芳夫〔1937～〕　こう・よしお
◇虚人と巨人―国際暗黒プロデューサー康芳夫と各界の巨人たちの饗宴　平井有太著，康芳夫監修　辰巳出版　2016.9　320p　20cm　2500円　Ⓣ978-4-7778-1752-8　Ⓝ289.1

内容　第1部　虚人と巨人たち（康芳夫×木幡和枝（翻訳家・東京藝大先端芸術表現科名誉教授）　康芳夫×磯崎新（建築家）　康芳夫×堀江貴文（実業家）　ほか）　第2部　虚人、巨人を語る―虚人交遊録（Interview Date 2010・9～12）（三島由紀夫（作家）　澁澤龍彥（作家）　麻原彰晃（宗教家）　ほか）　第3部　巨人、虚人を語る（テリー伊藤―僕らは康さんに立ち向かうドン・キホーテだ（小学館週刊ポスト1998 5月1号より）　五木寛之―怪人コーサンの真実（小学館週刊ポスト1997 9月12号より）　嵐山光三郎―アリをおびえさせた人（小学館週刊ポスト1996 4月5号より）　ほか）　第4部　虚人、虚人を語る　巻末特典　康芳夫コレクション

上泉　伊勢守　こういずみ・いせのかみ
⇒上泉信綱（かみいずみ・のぶつな）を見よ

甲賀　源吾〔1839～1869〕　こうが・げんご
◇「朝敵」と呼ばれようとも―維新に抗した殉国の志士　星亮一編　現代書館　2014.11　222p　20cm　2000円　Ⓣ978-4-7684-5745-0　Ⓝ281.04

内容　神保修理―その足跡を尋ねて　山本帯刀―会津に散る！長岡の若き家老　中島三郎助―幕府海軍を逸早く構想した国際通　春日左衛門―知られざる英傑　佐川官兵衛―会津の猛将から剛毅朴直の大警部へ　朝比奈弥太郎泰尚―水戸の執政、下総に散る　滝川充太郎―猪突猛進を貫いた若き猛将　森弥一左衛門陳明―桑名藩の全責任を負って切腹した　甲賀源吾―東郷平八郎が賞賛した、台湾の勇戦　桂早之助―剣隼記　京都見廻組　玉虫左太夫―幕末東北を一つにまとめた悲運の国際人　雲井龍雄―米沢の俊英が夢見たもう一つの「維新」　赤松小三郎―日本近代化の礎を作った洋学者　松岡磐吉―榎本軍最後の軍艦「蟠龍」艦長

高河　ゆん〔1965～〕　こうが・ゆん
◇30－までだと思っていた道は、まだ先に続いている〈といいな〉―高河ゆん漫画家30周年記念本　高河ゆん著，ゼロサム編集部編　一迅社　2015.8　1冊　26cm　〈著作目録あり〉　2000円　Ⓣ978-4-7580-3083-0　Ⓝ726.101

光格天皇〔1771～1840〕　こうかくてんのう
◇天皇の歴史　6　江戸時代の天皇　大津透,河内祥輔,藤井讓治,藤田覚編集委員　藤田覚著　講談社　2018.5　361p　15cm　（講談社学術文庫2486）〈文献あり　年表あり　索引あり〉　1180円　Ⓣ978-4-06-511640-1　Ⓝ210.1

内容　第1章　江戸時代天皇の成立―後水尾天皇の時代　第2章　江戸時代天皇の確立―霊元天皇の時代　第3章　江戸中期の天皇・朝廷―安定と不満　第4章　江

こうきてい

戸時代天皇の諸相　第5章 朝幕関係の転換—光格天皇の時代　第6章 幕末政争と天皇の政治的浮上—孝明天皇の時代

◇光格天皇—自身を後にし天下万民を先とし　藤田覚著　京都　ミネルヴァ書房　2018.7　279,8p　20cm　〈ミネルヴァ日本評伝選〉〈文献あり　年譜あり　索引あり〉　3200円　①978-4-623-08387-9　Ⓝ288.41

内容　第1章 十八世紀末、時代と光格天皇　第2章 天皇の朝廷主導と意識　第3章 朝儀の再興・復古　第4章 朝幕関係の緊張—尊号一件　第5章 光格天皇と芸能　第6章 上皇時代の光格

康熙帝〔1654～1722〕こうきてい

◇大清帝国隆盛期の実像—第四代康熙帝の手紙から 1661-1722　岡田英弘著　第2版　藤原書店　2016.3　461p　20cm　〈清朝史叢書〉〈初版のタイトル：康熙帝の手紙　年表あり　索引あり〉　3800円　①978-4-86578-066-6　Ⓝ222.06

内容　康熙帝の手紙　モンゴル親征時の聖祖の満文書簡　ガルダンはいつ、いかにして死んだか　チベット・モンゴル文ジェブツンダンパ伝記資料五種　康熙帝の満文書簡に見るイエズス会士の影響　康熙帝と天文学　開元城新考

皇極天皇〔594～661〕こうぎょくてんのう

◇女帝のいた時代　つげのり子著　自由国民社　2015.5　235p　19cm　〈文献あり〉　1300円　①978-4-426-11925-6　Ⓝ288.41

内容　第1章 推古天皇—初代女性天皇誕生　第2章 皇極・斉明天皇—歴史を動かした「つなぎ」の女　第3章 持統天皇—セレブ妻の意地を通した"女傑"天皇　第4章 元明天皇—"咲く花の匂うがごとし"平城京を完成　第5章 元正天皇—生涯独身も恋に生きる　第6章 孝謙・称徳天皇—箱入り娘の反逆　第7章 明正天皇—菊と葵のハーフ&ハーフ　第8章 後桜町天皇—明治維新の原点となった女性天皇

◇古代東アジアの女帝　入江曜子著　岩波書店　2016.3　216p　18cm　〈岩波新書 新赤版 1595〉〈文献あり　年表あり〉　780円　①978-4-00-431595-7　Ⓝ220

内容　第1章 推古—東アジア最初の女帝　第2章 善徳—新羅の危機を救った予言　第3章 皇極—行政手腕の冴え　第4章 真徳—錦に織り込む苦悩　第5章 斉明—飛鳥に甦る使命　第6章 間人—禁断の恋に生きた幻の女帝　第7章 倭姫—王朝交代のミッシング・リンク　第8章 持統—遠謀にして深慮あり　第9章 武則天—男性社会への挑戦

孝謙天皇〔718～770〕こうけんてんのう

◇孝謙・称徳天皇—出家しても政を行ふに豈障らず　勝浦令子著　京都　ミネルヴァ書房　2014.10　345,7p　20cm　〈ミネルヴァ日本評伝選〉〈文献あり　年譜あり　索引あり〉　3500円　①978-4-623-07181-4　Ⓝ288.41

内容　第1章 阿倍女王の出生—光明子所生草壁皇統の女子　第2章 阿倍内親王の哀楽—弟夭折と母立后　第3章 女性皇太子への道—立太子計画と東宮教育　第4章 阿倍皇太子の苦悩—女性皇后と五節の舞　第5章 孝謙天皇の自覚—即位と崇仏天皇の継承　第6章 孝謙太上天皇の反撃—出家と恵美押勝打倒　第

7章 称徳天皇の矜持—尼天皇重祚と道鏡法王　第8章 称徳天皇の手腕—女帝としての政治　第9章 称徳天皇の夢思—出家者皇位継承の模索　第10章 女性天皇の終焉—晩年の祈りと「負の記憶」

◇女帝のいた時代　つげのり子著　自由国民社　2015.5　235p　19cm　〈文献あり〉　1300円　①978-4-426-11925-6　Ⓝ288.41

内容　第1章 推古天皇—初代女性天皇誕生　第2章 皇極・斉明天皇—歴史を動かした「つなぎ」の女　第3章 持統天皇—セレブ妻の意地を通した"女傑"天皇　第4章 元明天皇—"咲く花の匂うがごとし"平城京を完成　第5章 元正天皇—生涯独身も恋に生きる　第6章 孝謙・称徳天皇—箱入り娘の反逆　第7章 明正天皇—菊と葵のハーフ&ハーフ　第8章 後桜町天皇—明治維新の原点となった女性天皇

◇天平の三皇女—聖武の娘たちの栄光と悲劇　遠山美都男著　河出書房新社　2016.11　264p　15cm　〈河出文庫 と6-1〉〈『天平の三姉妹』(中央公論新社 2010年刊)の改題、大幅改稿　文献あり　年表あり〉　800円　①978-4-309-41491-1　Ⓝ288.4

内容　松虫寺の墓碑銘　三皇女の誕生　それぞれの出発　塩焼王流刑　遺詔　道祖王、杖下に死す　今帝、湖畔に果つ　姉妹の同床異夢　皇后の大逆罪　返逆の近親　松虫姫のゆくえ

◇最後の女帝 孝謙天皇　瀧浪貞子著　オンデマンド版　吉川弘文館　2017.10　230p　19cm　〈歴史文化ライブラリー 44〉〈原本：1998年刊〉　2300円　①978-4-642-75444-6　Ⓝ288.41

◇鳳凰三山 ～流された女帝～　松本茂雄著　文芸社　2017.12　182p　19cm　〈年表あり　文献あり〉　1300円　①978-4-286-18872-0　Ⓝ288.41

＊事実は小説より奇なり。奈良田の里の女帝とは？　鳳凰山と名付けた桓武天皇の想いとは？　時は、弓削道鏡、藤原百川、そして桓武天皇へと登場人物が移り変わる奈良時代。京から遠い南アルプスの地名や伝説、寺の由来にいにしえの女帝の姿が見え隠れする。天武系最後となる孝謙(称徳)天皇は、この山に流されたのか？　この疑問をさまざまな資料で検証する意欲作。

◇天皇の歴史 2 聖武天皇と仏都平城京　大津透, 河内祥輔, 藤井讓治, 藤田覚編集委員　吉川真司著　講談社　2018.1　361p　15cm　〈講談社学術文庫 2482〉〈文献あり　年表あり　索引あり〉　1180円　①978-4-06-292482-5　Ⓝ210.1

内容　序章 天皇の都・仏の都　第1章 飛鳥から平城へ　第2章 平城宮の儀礼と政務　第3章 聖武天皇　第4章 行基と知識と天皇　第5章 四字年号時代　第6章 桓武天皇　第7章 平安京の王権　第8章 仏都の命脈

皇后雅子〔1963～〕こうごうまさこ

◇ザ・プリンセス雅子妃物語　友納尚子著　文藝春秋　2015.1　399p　20cm　1500円　①978-4-16-390200-5　Ⓝ288.44

内容　幸せの黄色いワンピース　帰国子女の憂鬱　「根無し草にはなりたくない」　新人外交官の悩み、お妃候補への予感　皇太子妃選定「極秘プロジェクト」ご成婚—雅子さんのいちばん長い日　「新皇太子妃」に差す影　長官が尋ねた「お身体のこと」　愛子さ

まご誕生までの全舞台裏　涙が止まらない　「人格否定発言」初めて語られる真相　ようやく治療がはじまった　悠仁さま誕生―急転する皇室の運命

郷右近 隆夫〔1940～〕ごうこん・たかお

◇ご先祖に抱かれて―郷右近隆夫とその人生　郷右近隆夫著　〔出版地不明〕　郷右近隆夫　2017.10　167p　22cm　〈発行元：創栄出版　年譜あり〉　Ⓟ978-4-7559-0537-7　Ⓝ289.1

高坂 正堯〔1934～1996〕こうさか・まさたか

◇高坂正堯と戦後日本　五百旗頭真,中西寛編　中央公論新社　2016.5　286p　20cm　〈著作目録あり〉　2000円　Ⓟ978-4-12-004740-4　Ⓝ289.1
　内容　第1部（高坂正堯の戦後日本　外交史家としての高坂正堯―「歴史散歩」をする政治学者　「現実主義者」の誕生―高坂正堯の出発　社会科学者としての高坂正堯―一九六〇年代におけるアメリカ学派　高坂正堯の中国論　高坂正堯のアメリカ観―その「多様性」と「復元力」に魅せられて　二つのメディア変革期と高坂正堯　権力政治のアンチノミー―高坂正堯の日本外交論）　第2部（高坂先生の思い出と『一億の日本人』　半世紀前のハーヴァード、知識人の小さな共同体　「サンデープロジェクト」時代の高坂さん）

◇高坂正堯―戦後日本と現実主義　服部龍二著　中央公論新社　2018.10　410p　18cm　〈中公新書　2512〉〈文献あり　年譜あり〉　1000円　Ⓟ978-4-12-102512-8　Ⓝ210.7
　内容　序章　父・高坂正顕と二人の恩師―幼少期から学生時代まで　第1章　二八歳の論壇デビュー――「現実主義者の平和論」　第2章『宰相　吉田茂』と『国際政治』―三つの体系　第3章　佐藤栄作内閣のブレーン―沖縄返還からノーベル平和賞工作へ　第4章　『三角大福中』の時代―防衛政策と『古典外交の成熟と崩壊』　第5章　国際政治の地平と中曽根康弘内閣―文明論と『日本異質論』　第6章　冷戦終結から湾岸戦争へ――「道徳は朽ち果てる」　第7章　日本は衰亡するのか―「人間の責任」　終章　最期のメッセージ―四つの遺作

孔子〔前552～前479〕こうし

◇図説 孔子―生涯と思想　孔祥林著，浅見裕一監修，三浦吉明訳　科学出版社東京　2014.12　287p　27cm　〈文献あり　年譜あり　索引あり　発売：国書刊行会〉　8000円　Ⓟ978-4-336-05848-5　Ⓝ124.12
　内容　第1章　孔子の一生（悲惨な少年期　発憤した青年期ほか）　第2章　孔子の思想（政治思想　倫理思想ほか）　第3章　中国における孔子とその思想の貢献（孔子の貢献　中国史上における孔子の思想の効用）　第4章　世界における孔子の思想の影響（朝鮮半島への伝播と影響　日本への伝播と影響　ほか）

◇孔子と魯迅―中国の偉大な「教育者」　片山智行著　筑摩書房　2015.6　414p　19cm　〈筑摩選書　0114〉〈年表あり〉　1900円　Ⓟ978-4-480-01620-1　Ⓝ124.12
　内容　1　孔子の原像―人間性の確立（春秋時代の孔子　孔子の就職願望　実力発揮と「正名」論　孔子と周王朝　ほか）　2　魯迅の偉業―国民性の改革（周家の没落　少年魯迅の目覚め　民族主義の嵐―日本留学時代（一）　魯迅精神の原点―日本留学時代（二）　ほか）

◇論語のこころ　加地伸行著　講談社　2015.9　269p　15cm　〈講談社学術文庫　2320〉〈「すらすら読める論語」(2005年刊)の改題、大幅な加筆、再編集〉　920円　Ⓟ978-4-06-292320-0　Ⓝ123.83
　内容　『論語』の名句　『論語』を読む楽しさ　自分の幸せだけでいいのか　他者の幸せを求めて　「学ぶ」とは何か　教養人と知識人と　人間を磨く　若者との対話　修養時代用心ノート　孔子像　愛と死と孝と　孔子の生涯とその時代と

◇『論語』と孔子の生涯　影山輝國著　中央公論新社　2016.3　302p　20cm　〈中公叢書〉〈文献あり〉　1900円　Ⓟ978-4-12-004816-6　Ⓝ123.83
　内容　第1部　『論語』の世界（『論語』はどのような書物か　『論語義疏』の話）　第2部　孔子の生涯（遊歴以前　孔子の三大弟子　諸国遊歴と魯への帰国　古典の整理と孔子の死）

◇孔子　加地伸行著　KADOKAWA　2016.4　310p　15cm　〔角川ソフィア文庫〕　〔I402-1〕〈集英社文庫 1991年刊の再刊〉　960円　Ⓟ978-4-04-400045-5　Ⓝ124.12
　内容　時代　出生　青春　野望　不遇　権力　流浪　弟子　対話　終焉

◇孔子　内野熊一郎,西村文夫,鈴木總一共著　新装版　清水書院　2016.7　201p　19cm　〈Century Books―人と思想　2〉〈文献あり　年譜あり　索引あり〉　1200円　Ⓟ978-4-389-42002-4　Ⓝ124.12
　内容　1　孔子の横顔について（孔子をみる人の目　孔子の祖先たち　孔子の出生前後　孤児となった少年時代　十五歳で学問に志す　母を失う前後の青年時代　出国と帰国）　2　孔子の思想について（なぜ孔子を学ぶのか　個人生活への発言　家庭の倫理　国家社会の倫理　孔子をとりまく弟子群像―孔門の四科十哲について　孔子の思想を伝える書物）　3　近代以降の試錬に耐える孔子の思想（中国と西洋との接触　典礼問題おこる　フランス近代思想は、どう受け入れたか　現代哲学からの評価　現代中国における孔子）

◇孔子直系第77代孔徳成が説く孔子の思想　孔徳成著,淡島成高編訳　〔柏〕　麗澤大学出版会　2016.11　264p　図版20p　22cm　〈文献あり　年譜あり　発売：廣池学園事業部(柏)〉　1800円　Ⓟ978-4-89205-637-5　Ⓝ124.12
　内容　孔子の生涯と思想　孔子が重んじた道徳・知識・学問　孔子思想の東アジアへの影響　「孝」の本質　儒家の「伝統」観念　廣池千九郎博士の伝統についての考察―「伝統の日」に寄せる祝辞　孔子の思想と精神　孔子の処世訓　孔子の家庭教育についての考え方　現代社会と孔子の思想

◇文人伝―孔子からバルトまで　ウィリアム・マルクス著，本田貴久訳　水声社　2017.3　317p　20cm　〈文献あり　索引あり〉　3200円　Ⓟ978-4-8010-0180-6　Ⓝ902.8
　内容　誕生　身体　性別　時間割　教育　試験　書斎　経済　家　庭〔ほか〕

◇儒教―怨念と復讐の宗教　浅野裕一著　講談社

2017.8　310p　15cm　（講談社学術文庫 2442）〈「儒教ルサンチマンの宗教」（平凡社　1999年刊）の改題、加筆〉　1050円　①978-4-06-292442-9　Ⓝ124.1
|内容|第1章　孔子という男　第2章　受命なき聖人　第3章　まやかしの孔子王朝　第4章　神秘化される孔子　第5章　孔子、ついに王となる　第6章　儒教神学の完成　終章　ルサンチマンの宗教

糀本 美保　こうじもと・みほ
◇糀本美保　炎の命　愛と詩　石井喜博編著　文芸社　2017.4　228p　19cm　1400円　①978-4-286-18151-6　Ⓝ289.1

甲州 賢〔～2009〕　こうしゅう・まさる
◇プロフェッショナルセールスマン　神谷竜太編著　小学館　2016.9　196p　15cm　（小学館文庫プレジデントセレクト Pか1-1）〈プレジデント社 2011年刊の改稿〉　630円　①978-4-09-470010-7　Ⓝ673.3
|内容|甲州伝説1　セールスのためにここまでやるか!?　甲州伝説2　後輩たちに受け継がれた営業道　甲州伝説3　伝説のセールスマンはこうつくられた　甲州伝説4　自身も繰り返した成功への「つぶやき」　甲州伝説5　膨大な契約の引き継ぎが語る遺産　甲州伝説6　素顔の甲州賢、その原体験　甲州伝説7　セールスマンなら知っておきたいゴルフテクニック

香淳皇后〔1903～2000〕　こうじゅんこうごう
◇皇后四代の歴史―昭憲皇太后から美智子皇后まで　森暢平, 河西秀哉編　吉川弘文館　2018.6　222p　21cm　〈文献あり〉　2200円　①978-4-642-08333-1　Ⓝ288.44
|内容|第1章　近代化のなかでの皇后―昭憲皇太后一八六八～一九一四　第2章　貞明皇后の思考と行動・裕仁との関係から―貞明皇后一九一二～一九三一頃　第3章　皇太子妃良子の登場・国民教化と大衆人気のはざま―貞明・香淳皇后一九二〇頃～一九五一　第4章　総力戦体制のなかの香淳皇后―香淳皇后一九三一～一九四五　第5章　象徴天皇制への転換と香淳皇后―香淳皇后一九四五～一九五一　第6章　香淳皇后と美智子妃の連続と断絶―香淳皇后・美智子妃一九五二～一九六五頃　第7章　高度経済成長期の香淳皇后と美智子妃―香淳皇后・美智子妃一九六〇頃～一九八八　第8章　発信する「国民の皇后」―美智子皇后・雅子妃一九八九～二〇一八

江岑 宗左　こうしん・そうざ
⇒千宗左（4代）（せん・そうさ）を見よ

高祖（前漢）　こうそ
⇒劉邦（りゅう・ほう）を見よ

高宗　こうそう
⇒乾隆帝（けんりゅうてい）を見よ

国府田 敬三郎〔1882～1964〕　こうだ・けいざぶろう
◇太平洋戦争と日系アメリカ人の軌跡―日米関係史を考える　吉浜精一郎著　芙蓉書房出版　2016.8　282p　21cm　2700円　①978-4-8295-0685-1　Ⓝ334.453
|内容|第1章　記憶のなかの太平洋戦争（俘虜収容所　建物強制疎開　空襲　時代を生きた敗戦後の風景　戦争の甘い誘惑）　第2章　太平洋戦争と日系一世および二世（日系人強制収容の背景　強制収容所生活とその補償　「ライス・キング」国府田敬三郎の生涯　日系一世および二世たちの葛藤）　第3章　太平洋戦争と戦争花嫁（戦争と女性　占領下日本と女性　海を渡った戦争花嫁）　第4章　二つの祖国（もうひとつのアメリカ　変わりゆくアメリカ社会を生きた日系人女性　二つの祖国、そして土に還る日）

郷田 真隆〔1971～〕　ごうだ・まさたか
◇羽生世代の衝撃―対局日誌傑作選　河口俊彦著　マイナビ　2014.8　218p　19cm　（マイナビ将棋BOOKS）　1540円　①978-4-8399-5140-5　Ⓝ796
|内容|第1章　羽生善治デビュー（天才少年登場　十年に一度の天才　天才の真価を発揮　ほか）　第2章　佐藤康光、森内俊之登場（大器佐藤、まず一勝　チャイルドブランド達の特徴　強い者の寄せ ほか）　第3章　村山聖、丸山忠久、郷田真隆来る（天賦の才　両天才の一騎打ち　羽生の強さ　ほか）

幸田 稔〔1946～〕　こうだ・みのる
◇Jazz Spot Jの物語―バードマン幸田風雲録　幸田稔著　駒草出版　2018.10　222p 図版16p　20cm　〈他言語標題：Story of "Jazz Spot J"　年譜あり　年表あり〉　2500円　①978-4-909646-08-8　Ⓝ764.7
|内容|第1章　幸田稔、ジャズと出会う　第2章　ダンモ研での黄金の日々　第3章　順風満帆なサラリーマン時代、でも…　第4章　「J」の店主となり、赤塚不二夫さんと出会う　第5章　「J」と"ジャズな"人々　対談　ダンモ研に鑑賞部があった時代（バードマン幸田　岡崎正典）　特別座談会　すべては幸田から始まった（バードマン幸田　鈴木良雄　増尾好秋　菅原正二）

香田 誉士史〔1971～〕　こうだ・よしふみ
◇勝ち過ぎた監督―駒大苫小牧 幻の三連覇　中村計著　集英社　2016.8　427p　19cm　1700円　①978-4-08-789006-8　Ⓝ783.7
|内容|プロローグ　第1章　幼年期（一九九五・九七年）　第2章　少年期（一九九八・二〇〇〇年）　第3章　青年期（二〇〇一・〇三年）　第4章　壮年期（二〇〇四・〇五年）　幕間　第5章　田中将大（二〇〇六年）　第6章　老年期（二〇〇七・〇八年）　エピローグ

◇勝ち過ぎた監督―駒大苫小牧幻の三連覇　中村計著　集英社　2018.7　555p　16cm　（集英社文庫 な63-2）　840円　①978-4-08-745768-1　Ⓝ783.7
|内容|第1章　幼年期（一九九五・九七年）　第2章　少年期（一九九八・二〇〇〇年）　第3章　青年期（二〇〇一・〇三年）　第4章　壮年期（二〇〇四・〇五年）　第5章　田中将大（二〇〇六年）　第6章　老年期（二〇〇七・〇八年）

幸田 露伴〔1867～1947〕　こうだ・ろはん
◇幕末明治 異能の日本人　出久根達郎著　草思社　2015.12　270p　19cm　1700円　①978-4-7942-2174-2　Ⓝ281.04
|内容|1　無私の超人、二宮金次郎　2　知の巨人、幸田

露伴―近代文学再発掘　3　巡礼の歌人、天田愚庵・他―幕末明治群雄伝

高台院〔1548～1624〕　こうだいいん
◇戦国を生きた姫君たち　火坂雅志著　KADOKAWA　2016.9　170p　15cm　（角川文庫　ひ20-25）〈年表あり〉　600円　Ⓟ978-4-04-400170-4　Ⓝ281.04
　内容　1　女城主たちの戦い（井伊直虎―井伊直政の義母妙林尼―吉岡鎮興の妻　ほか）　2　危機を救う妻たち（お船の方―直江兼続の正室　小松姫―真田信之の正室　ほか）　3　愛と謎と美貌（小少将―長宗我部元親の側室　義姫―伊達政宗の生母　ほか）　4　才女と呼ばれた女たち（お初（常高院）―浅井三姉妹の次女　阿茶局―徳川家康の側室　ほか）　5　想いと誇りに殉じる（鶴姫―瀬戸内のジャンヌ・ダルク　淀殿―豊臣秀吉の側室　ほか）

耕地　四万夫〔1924～〕　こうち・しまお
◇反骨と愛の百歳物語―ある土佐人の足ずり人生　耕地四万夫著　文芸社　2016.11　294p　15cm　700円　Ⓟ978-4-286-17640-6　Ⓝ289.1

河内　徳丸　こうち・とくまる
◇自分流―自分とは自然界の中の一部分　河内徳丸著　東洋出版　2016.6　209p　20cm　1800円　Ⓟ978-4-8096-7833-2　Ⓝ289.1
　＊自然界、即ち大地も水も空気も生物も否々、もつと広義に宇宙全体の中の自分は針で突いた程の存在でもない。然し片眼を一億円で売れますか？　十億円で売れますか？　到底売ることは出来ない。其れ程尊大な価値が有るのが自分なのだ。
◇感動は心の喜び　河内徳丸著　東洋出版　2017.8　270p　20cm　900円　Ⓟ978-4-8096-7878-3　Ⓝ289.1
　＊無関心だったら身近に起こった事でも心に残らない。物事を心で見ると感動することが実に多い。人生を豊かにするためにも、心を振り向ける習慣がつけば感動が一層高まる。53年の会社経営で学んだ事は「感動は心の喜び」だった。

合戸　孝二〔1961～〕　ごうど・こうじ
◇執念―覚悟に潜む狂気　合戸孝二著　ベースボール・マガジン社　2018.1　192p　19cm　1400円　Ⓟ978-4-583-11116-2　Ⓝ781.5
　内容　第1章　"狂気の男"の生き様―半生記編（ブルース・リーに憧れて　歓喜の初優勝と"サバ味噌"に負けた夏　ひと回り年下の女神　自分の城を作り、仲間がいるという安心感が高重量へと駆り立たせる　決意の再出発　筋量は年平均三キロ増鬼のダブルスプリット　ほか）　第2章　"狂気の男"の作り方―トレーニング解剖編（たどりついた「筋肥大超特化型」　補助者がいるという安心感が高重量へと駆り立たせる　トレーニング大解剖（1）―胸＆上腕二頭筋　トレーニング大解剖（2）―背中　トレーニング大解剖（3）―脚　ほか）

神戸　直江〔1931～〕　ごうど・なおえ
◇回想―二人で生きた53年　神戸直江著　長野文藝時報　2015.12　271p　20cm　1389円　Ⓟ978-4-904406-10-5　Ⓝ289.1

幸徳　秋水〔1871～1911〕　こうとく・しゅうすい
◇幸徳秋水　絲屋壽雄著　新装版　清水書院　2015.9　232p　19cm　（Century Books―人と思想 51）〈文献あり　年譜あり〉　1000円　Ⓟ978-4-389-42051-2　Ⓝ289.1
　内容　第1章　幸徳の少年時代　第2章　中江兆民の門下として　第3章　新聞記者時代―自由党左派から社会主義へ　第4章　幸徳の社会主義思想―明治思想史上における位置　第5章　日露戦争における平民社の非戦運動と幸徳　第6章　日本社会運動の方向転換と幸徳の「直接行動論」　第7章　社会主義陣営の分裂と大逆事件・幸徳の処刑
◇兆民と秋水―自由と平等を求めて　崎myth裕著　さいたま　かりばね書房　2015.11　207p　19cm　〈文献あり〉　1500円　Ⓟ978-4-904390-12-2　Ⓝ289.1

江都公主〔前漢代〕　こうとこうしゅ
◇中国史にみる女性群像―悲運と権勢のなかに生きた女性の虚実　田村実造著　清水書院　2017.7　236p　19cm　（新・人と歴史拡大版 17）〈1990年刊の再刊　索引あり〉　1800円　Ⓟ978-4-389-44117-3　Ⓝ222.01
　内容　1　項羽と虞美人（楚・漢の抗争　垓下の戦い）　2　漢の高祖をめぐる二人の女傑人（呂后と戚夫人との葛藤　政権を手中にした呂太后　項羽と劉邦の人物評価）　3　女流文学者班昭とその家系―班家の人びと（女流文学者班昭　班家の世系　班固と『漢書』　班超と西域経営）　4　異境に嫁いだ公主たち（烏孫王に嫁いだ細君　匈奴王に嫁いだ王昭君―その実像と虚像　吐蕃（チベット）王に嫁いだ文成公主―唐とチベット王国との関係を背景に　「蔡文姫、都に帰る」史話）　5　政権を握った女性たち（北魏朝の文明太后　唐朝の則天武后　清朝の西太后）

河野　一郎〔1898～1965〕　こうの・いちろう
◇首相になれなかった男たち―井上馨・床次竹二郎・河野一郎　村瀬信一著　吉川弘文館　2014.9　394p　20cm　〈文献あり〉　3200円　Ⓟ978-4-642-03836-2　Ⓝ312.8
　内容　1　井上馨―「電光伯」の悲哀（苦闘の幕末　明治新政府への出仕　元勲級指導者への道　ほか）　2　床次竹二郎―「ポスト原」の彷徨（薩摩から官界へ　政友会入り　ポスト原のゆくえ　ほか）　3　河野一郎―「実力者」の隘路（生い立ち　新聞記者から政界へ　鳩山一郎との出会い　ほか）

河野　聖子　こうの・せいこ
◇流れる雲にのって―わたしの中の「昭和」　河野聖子著　丸善プラネット　2014.2　123p　20cm　（発売：丸善出版）　1200円　Ⓟ978-4-86345-193-3　Ⓝ289.1
　内容　第1章　幼少期―日本はずっと戦争をしていた　第2章　多感な少女時代―戦争が終わり、新しい生活が始まった　第3章　学生～秘書時代―毎日が楽しく、毎日が刺激的だった　第4章　夫とあゆんだ半世紀

河野　善福〔1937～〕　こうの・ぜんぷく
◇河野善福物語　上　第1章―第6章　河野善福著　〔出版地不明〕　〔河野善福〕　〔2016〕　80p　21cm　Ⓝ289.1
　内容　幼少時代―中学校時代
◇河野善福物語　中　第7章―第8章（資料編）　河

こうの

野善福著 〔出版地不明〕 〔河野善福〕 〔2016〕 80p 21cm Ⓝ289.1
内容 宇和島南校―信栄鍍金:付録資料編
◇河野善福物語 下 第9章 河野善福著 〔出版地不明〕 〔河野善福〕 〔2016〕 96p 21cm Ⓝ289.1
内容 平和食品工業株式会社

河野 久〔1836～1887〕 こうの・ひさし
◇霊能者列伝 田中貢太郎著 河出書房新社 2018.12 230p 20cm (「明治大正実話全集 第7巻」(平凡社 1929年刊)の改題、一部割愛) 1850円 Ⓘ978-4-309-02668-8 Ⓝ169.1
内容 人としての丸山教祖 金光教祖物語 大本教物語 黒住教祖物語 飯野吉三郎の横顔 予言者宮崎虎之助 神仙河野久 木食上人山下覚造 蘆原将軍の病院生活

河野 兵市〔1958～2001〕 こうの・ひょういち
◇未完の巡礼―冒険者たちへのオマージュ 神長幹雄著 山と渓谷社 2018.3 301p 20cm 〈文献あり〉 1700円 Ⓘ978-4-635-17822-8 Ⓝ281
内容 植村直己―時代を超えた冒険家 長谷川恒男―見果てぬ夢 星野道夫―生命へのまなざし 山田昇―十四座の壁 河野兵市―リーチングホーム 小西政継―優しさの代償

河野 洋平〔1937～〕 こうの・ようへい
◇日本外交への直言―回想と提言 河野洋平著 岩波書店 2015.8 216p 20cm 1900円 Ⓘ978-4-00-061056-8 Ⓝ319.1

河野 李由〔1662～1705〕 こうの・りゆう
◇近江の埋もれ人―井伊直弼の影武者 中川禄郎・松尾芭蕉の愛弟子 河野李由・蒲生野の鬼才画家 野口謙蔵 角省三著 彦根 サンライズ出版 2017.3 394p 19cm 1900円 Ⓘ978-4-88325-612-9 Ⓝ281.61
内容 1 月あかりのまち(朱色の庭―追想 井伊文子さん つわぶき咲く埋木舎 ほか) 2 お濠のうちそと(一徹の人―遠城謙道とその妻・繁子 鳩の声―歌人・木俣修とその父 ほか) 3 近江の埋もれ人(中川禄郎―直弼の開国論を支えた藩校教授 河野李由―芭蕉の足を彦根に運ばせた俳僧 ほか) 4 人に惹かれて(山鄉躅咲く―白洲次郎と白洲正子 東日本大震災に寄せて 流されなかったもの―言葉の力とドナルドキーン 夕映えの人―盲目の画家・曽宮一念さん ほか) 5 折々の断想―モーツァルトを聴く世界のミフネ ほか)

鴻池 清司〔1937～〕 こうのいけ・きよし
◇マイウェイ―21世紀にかける夢 中編 鴻池清司編 和歌山 鴻池清司 2014.9 68p 30cm 非売品 Ⓝ782
◇マイウェイ―21世紀にかける夢 後編 鴻池清司編 和歌山 鴻池清司 2018.4 35p 30cm 非売品 Ⓝ782

郷原 古統〔1887～1965〕 ごうばら・ことう
◇語られなかった日本人画家たちの真実―日本統治時代台湾 森美根子著 振学出版 2018.1 245p 19cm 〈年表あり〉 発売:星雲社 2000円 Ⓘ978-4-434-24140-6 Ⓝ702.224
内容 第1章 清朝芸術と日本人との邂逅 第2章 台湾近代美術の礎を築いた日本人画家 第3章 台湾美術展覧会誕生の萌芽 第4章 官民挙げての一大プロジェクト 台展とその実情 第5章 台展のインパクトとその後の美術運動 第6章 戦争末期から戦後へ―それぞれの情熱

豪姫〔1574～1634〕 ごうひめ
◇宇喜多秀家の周辺―論文集 大西泰正著 野々市 論文集宇喜多家の周辺刊行会 2015.12 63p 21cm 非売品 Ⓝ281
◇宇喜多秀家の周辺―論文集 大西泰正著 増補版 岡山 宇喜多家史談会 2016.12 109p 21cm 非売品 Ⓝ281
内容 はしがき/増補版刊行にあたって 樹正院の後半生 宇喜多孫九郎秀隆の基礎的考察 中村家正関係史料目録稿 『乙夜之書物』にみる宇喜多騒動 明石掃部の娘 明暦二年の浮田小平次 加賀藩前田家と八丈島宇喜多一類

高弁 こうべん
⇒明恵(みょうえ)を見よ

弘法大師 こうぼうたいし
⇒空海(くうかい)を見よ

光明皇后〔701～760〕 こうみょうこうごう
◇日本書人伝 中田勇次郎著 中央公論新社 2015.8 363p 16cm (中公文庫 な66-2)〈執筆:山本健吉ほか 中央公論社 1974年刊の再刊 年譜あり〉 1200円 Ⓘ978-4-12-206163-7 Ⓝ728.21
内容 聖徳太子 聖武天皇 光明皇后―山本健吉 空海―司馬遼太郎 最澄 嵯峨天皇 橘逸勢―永井路子 小野道風 藤原佐理―寺田透 藤原行成―白洲正子 西行 藤原俊成 藤原定家―中村真一郎 大燈国師 一休宗純―唐木順三 本阿弥光悦―花田清輝 池大雅 一辻邦生 良寛―水上勉 貫名菘翁―中田勇次郎
◇光明皇后―平城京にかけた夢と祈り 瀧浪貞子著 中央公論新社 2017.10 282p 18cm (中公新書 2457)〈文献あり 年譜あり〉 880円 Ⓘ978-4-12-102457-2 Ⓝ288.44
内容 第1章 父不比等と母三千代 第2章 父、逝く 第3章 皇太子の早世 第4章 母の死 第5章 四兄弟の急死 第6章 夫との別れ 第7章 娘への遺言

光明子 こうみょうし
⇒光明皇后(こうみょうこうごう)を見よ

高村 正彦〔1942～〕 こうむら・まさひこ
◇振り子を真ん中に 高村正彦著 日本経済新聞出版社 2017.11 208p 19cm (私の履歴書) 1100円 Ⓘ978-4-532-17628-0 Ⓝ312.1
内容 第1章 私の原点 第2章 政界へ 第3章 日本のトラブルシューター 第4章 派閥の領袖として 第5章 振り子を真ん中に 第6章 日本の将来を見据えて

孔明　こうめい
⇒諸葛亮（しょかつ・りょう）を見よ

孝明天皇〔1831〜1867〕こうめいてんのう
◇老いと病でみる幕末維新―人びとはどのように生きたか　家近良樹著　京都　人文書院　2014.7　270p　19cm　〈文献あり　索引あり〉　2600円　①978-4-409-52060-4　Ⓝ210.61
内容　第1部 中央政局に登場する著名人の老病死（長年の研究と近年の研究の特色　超高齢化社会の到来と問題点　中央政局に登場する著名人の老病死）　第2部 地域指導者と民衆の老病死（中村平左衛門と彼の家族　中村平左衛門の老いと病気　地域住民の暮らしと老病死　幕末最終段階の中村平左衛門と民衆）

◇天皇の歴史　6　江戸時代の天皇　大津透,河内祥輔,藤井譲治,藤田覚編集委員　藤田覚著　講談社　2018.5　361p　15cm　（講談社学術文庫2486）〈文献あり　年表あり　索引あり〉　1180円　①978-4-06-511640-1　Ⓝ210.1
内容　第1章 江戸時代天皇の成立―後水尾天皇の時代　第2章 江戸時代天皇の確立―霊元天皇の時代　第3章 江戸中期の天皇・朝廷―安定と不満　第4章 江戸時代天皇の諸相　第5章 朝幕関係の転換―光格天皇の時代　第6章 幕末政争と天皇の政治的浮上―孝明天皇の時代

コウメ太夫〔1972〜〕こうめだゆう
◇一発屋芸人列伝　山田ルイ53世著　新潮社　2018.5　236p　20cm　1300円　①978-4-10-351921-8　Ⓝ779.14
内容　レイザーラモンHG―発屋を変えた男　コウメ太夫―"出来ない"から面白い　テツandトモ―この違和感なんだろう　ジョイマン―「ここにいるよ」　ムーディ勝山と木村・木村のバスジャック事件　波田陽区―一発屋故郷へ帰る　ハローケイスケ―不遇の"0.5"発屋　とにかく明るい安村―裸の再スタート　キンタロー。―女一発屋　髭男爵―落ちこぼれのルネッサンス

河本 亀之助〔1867〜1920〕こうもと・かめのすけ
◇洛陽堂河本亀之助小伝―損をしてでも良書を出す・ある出版人の生涯　田中英夫著　大阪　燃焼社　2015.11　636,10p　20cm　〈年譜あり　索引あり〉　3200円　①978-4-88978-117-5　Ⓝ289.1
内容　1章 離郷　2章 印刷業　3章 洛陽堂草創期―一九〇九年〜一九一一年　4章 俊三と千代田印刷所―一九一二年〜一九一三年　5章 洛陽印刷所改称以後―一九一四年〜一九一六年　6章 雑誌経営の転機―一九一七年〜一九一八年　7章 亀之助経営の最後―一九一九年〜一九二〇年　8章 歿後

河本 大作〔1883〜1955〕こうもと・だいさく
◇満洲怪物伝―「王道楽土」に暗躍した人物たちの活躍とその後　歴史REAL編集部編　洋泉社　2015.9　255p　19cm　〈年表あり　索引あり〉　1800円　①978-4-8003-0719-4　Ⓝ281.04
内容　第1章 建国に暗躍した軍人たちの光と影（石原莞爾―満洲領有を唱えた「世界最終戦争論」とは？　土肥原賢二―満洲国の建国に尽力した「満洲のローレンス」　板垣征四郎―石原とコンビを組み、満洲事変を引き起こす　山口重次―石原莞爾を煽り関東軍の決起を促した活動家）　第2章 傀儡国家の申し子たち（甘粕正彦―満洲の文化を盛り立てた官僚の「実像」　愛新覚羅溥儀―数奇で残酷な運命を辿った「ラスト・エンペラー」　松岡洋右―満鉄で実力を発揮できなかった総裁　李香蘭―日中に引き裂かれた誠実な女優）　第3章 影の世界にうごめいたフィクサーたち（里見甫―阿片を用いて満洲のダークサイドを歩いた「里見夫」　辻政信―ノモンハンでの独断専行の参謀　河本大作―張作霖爆殺事件の首謀者　石井四郎―「悪魔の細菌部隊」七三一部隊を創設した男　川島芳子―華麗なエピソードに彩られた「男装の麗人」）　第4章 満洲国を牛耳った官僚と政治家たち（岸信介―昭和の妖怪と呼ばれた男の「一身二生」の人生　星野直樹―満洲国を「傀儡国家」たらしめた最重要人物　高碕達之助―満業を率いて日本人を守った経済人　古海忠之―満洲国の経済を動かした男）　特別企画 満洲人物伝―「王道楽土」の地で活躍した人物82（軍人・軍関係者　政治家・官僚　満鉄と経済人　文化人　女性　中国人）

高良 美世子〔1936〜1955〕こうら・みよこ
◇誕生を待つ生命―母と娘の愛と相克　高良美世子著, 高良留美子編著　自然食通信社　2016.6　422p　20cm　〈年譜あり〉　2500円　①978-4-916110-75-6　Ⓝ289.1
内容　詩 星が飛ぶ―高良とみ　高良美世子遺稿（中学一年（一九四九年四月〜一九五〇年三月）　中学二年（一九五〇年四月〜一九五一年三月）　中学三年（一九五一年四月〜一九五二年三月）　高校一年（一九五二年四月〜一九五三年三月）　高校二年（一九五三年四月〜一九五四年三月）　高校三年（一九五四年四月〜一九五五年三月））　追悼と手紙（高良美世子さんの印象など―大村新一郎　高良美世子、永遠の友―高階（石井）蒡子　追悼詩・真木への手紙―高良留美子　美世子、真木、留美子宛の便り―高良とみ・高良武久・高良登美）

肥沼 信次〔1907〜1946〕こえぬま・のぶつぐ
◇日独を繋ぐ "肥沼信次" の精神と国際交流―人と歴史　八王子の野口英世ドクター・コエヌマを知っていますか　川西重忠著　アジア・ユーラシア総合研究所　2017.10　172p　18cm　800円　①978-4-904794-89-0　Ⓝ289.1
内容　日独を繋ぐ 現代に生きる肥沼信次の精神と国際交流―八王子の野口英世「肥沼信次」の継承と八王子市民の会　日独を繋ぐ「肥沼信次」の精神―八王子市市制100周年に思う　歴史と未来　現代に生きる「肥沼信次」その来歴　NHK八王子文化センター講演"八王子の野口英世"ドクター肥沼を知っていますか！　肥沼信次と日本人の精神　肥沼先生から発展するものの偉大さ　肥沼信次と私　日独関係の歴史と未来―ウリーツエンの日本人医師ドクター・コエヌマの生涯を通じて（2005年11月、八王子市肥沼信次のゆかりの地を訪ねる視察団）　ウリーツエン市再訪　肥沼信次博命日墓参会　ベルリン・ウリーツエンにおける日独交流史―肥沼信次を巡る人々［ほか］

郡山 史郎〔1935〜〕こおりやま・しろう
◇九十歳まで働く！―こうすれば実現できる！　郡山史郎著　ワック　2017.7　189p　18cm　（WAC BUNKO B-259）　920円　①978-4-

こか

89831-759-4 Ⓝ289.1

内容 序章「わがソニー時代」を振り返れば…（英国ゴルフ場で知らされた社長人事 大賀はフィクションの名人 ほか） 第1章「下り線」の窓からの景色（社長は「忘年会の幹事」程度のもの もしもソニーの社長になっていたら… ほか） 第2章「還暦」＆「古稀」からの人生再稼働（「さくら」としてヘッドハンターお狩場に参加？ 「古稀」間近の私は見向きもされなくなった ほか） 第3章「シルバー男」が「新入社員」として入社し試行錯誤の日々（「新入社員は口を慎むべし」 パソコンにギブアップ？ ほか） 第4章「傘寿」を超えて「米寿」「白寿」「百寿」まで働くために（役立たない「健康食品」の数々 悪しき家父長制の名残り ほか）

古賀　栄吉〔江戸時代後期〕こが・えいきち
◇日本開闢以来之珎事ニ候―明治維新東京医学修行 古賀庸哉・栄吉親子の往復書簡より　古賀庸哉・栄吉著, 古賀英明編　改訂版　〔出版地不明〕　古賀英明　2015.8　241p 26cm　Ⓝ289.1

古賀　一則〔1950～〕こが・かずのり
◇わが道を行くフランス半生記　古賀一則著　東京図書出版　2015.7　107p 19cm　〈発売：リフレ出版〉　1000円　Ⓘ978-4-86223-858-0　Ⓝ289.1

内容 なぜ海外に興味を持ったのか？　欧州へ　ヨーロッパ再出発への挑戦　ドイツの大学へ留学　フランスへ　留学帰りでське活　30歳で国際結婚　中小企業勤務　30年のフランス駐在のスタートを切る　フランス現法のマネジメント挑戦　フランス人社員苦労話　ゴルフに救われる　ゴルフ熱狂者となる　世界旅行　原点は佐賀県にあり、フランス30年 そして新天地を目指す

古賀　穀堂〔1777～1836〕こが・こくどう
◇古賀穀堂―1777-1836　生馬寛信著　佐賀　佐賀県立佐賀城本丸歴史館　2015.3　110p 21cm　〈佐賀偉人伝 15〉〈年譜あり〉　952円　Ⓘ978-4-905172-14-7　Ⓝ289.1

内容 第1章 古賀穀堂とはどんな人か　第2章 古賀家の人々と友人たち　第3章 古賀精里の教育観　第4章 修養時代から教授時代―『学政管見』献策　第5章 世子貞丸の教導　第6章 天保の藩政・学政改革のはじまり　第7章 学政の発展

古賀　精里〔1750～1817〕こが・せいり
◇江戸詩人評伝集―詩誌『雅友』抄　1　今関天彭著, 揖斐高編　平凡社　2015.9　473p 18cm　（東洋文庫 863）〈布装〉　3200円　Ⓘ978-4-582-80863-6　Ⓝ919.5

内容 新井白石　室鳩巣　梁田蛻巌　祇園南海　六如上人　柴野栗山　頼春水　尾藤二洲　菅茶山　市河寛斎　古賀精里　頼杏坪　柏木如亭　大窪詩仏　菊池五山　宮沢雲山　広瀬淡窓　古賀侗庵

古賀　武夫〔1950～2008〕こが・たけお
◇地球を翔た異風者―古賀武夫伝　橋本和喜著　福岡　石風社　2018.6　335p 22cm　〈著作目録あり 年譜あり〉　2700円　Ⓘ978-4-88344-280-5　Ⓝ289.1

内容 プロローグ　泣き虫　悪友　バンカラ　自立　留学　結婚　地球市民の会　アジアへの視線　テラトピア　同志　道場　酒　人間の翼　ミャンマープロジェクト　家族　零戦　夢の学校　いのちのまつり　病魔　受け継がれる魂　エピローグ

古賀　忠道〔1903～1986〕こが・ただみち
◇獣医学の狩人たち―20世紀の獣医偉人列伝　大竹修著　堺　大阪公立大学共同出版会　2017.5　406p 21cm　〈文献あり〉　2400円　Ⓘ978-4-907209-72-8　Ⓝ649.028

内容 日本における近代獣医学の夜明け　牛痘苗と狂犬病ワクチンの創始者―梅野信吉　人材育成の名人で家畜衛生学の先達―葛西勝弥　獣医寄生虫学を確立―板垣四郎　競走馬の研究に生涯を捧げた外科の泰斗―松葉重雄　ひよこの雌雄鑑別法を開発―増井清　幻に終わったノーベル賞―市川厚一　獣医外科・産科学の巨頭―黒澤亮助　顕微鏡とともに歩んだ偉大な神経病理学者―山極三郎　麻酔・自律神経研究の権威―木全春生〔ほか〕

古賀　侗庵〔1788～1847〕こが・とうあん
◇江戸詩人評伝集―詩誌『雅友』抄　1　今関天彭著, 揖斐高編　平凡社　2015.9　473p 18cm　（東洋文庫 863）〈布装〉　3200円　Ⓘ978-4-582-80863-6　Ⓝ919.5

内容 新井白石　室鳩巣　梁田蛻巌　祇園南海　六如上人　柴野栗山　頼春水　尾藤二洲　菅茶山　市河寛斎　古賀精里　頼杏坪　柏木如亭　大窪詩仏　菊池五山　宮沢雲山　広瀬淡窓　古賀侗庵

古賀　俊彦〔1946～〕こが・としひこ
◇執着を捨て勝つための思考―M&Aの時代にさきがけ〝売れる企業〟をつくった破天荒な人生を駆け抜ける筆者が贈る、競争社会を勝ち抜くための思考と実践　古賀俊彦著　ベースボール・マガジン社　2015.2　207p 19cm　1500円　Ⓘ978-4-583-10805-2　Ⓝ289.1

内容 第1章 若者、よそ者、変わり者の意見を聞け　第2章 戦略的思考と実践的思考　第3章 福知山のガキ大将、ソフトテニス村へ　第4章 ソフトテニス改革試論

久我　晴通〔1519～1575〕こが・はるみち
◇織田信長権力論　金子拓著　吉川弘文館　2015.5　415,10p 22cm　〈索引あり〉　6500円　Ⓘ978-4-642-02925-4　Ⓝ210.48

内容 第1部 信長と同時代の人びと（室町幕府最末期の奉公衆三淵藤英　久我晴通の生涯と嫡嗣　織田信直と「伝織田又六画像」）　第2部 信長と寺社（賀茂別雷神社職中算用状の基礎的考察　春日社家日記のなかの織田信長文書―大和国宇陀郡の春日社領荘園と北畠氏に関する史料　法隆寺東寺・西寺相論と織田信長　織田信長の東大寺正倉院開封と朝廷）　第3部 信長と朝廷（天正二年―五年の絹衣相論の再検討　天正四年興福寺別当職相論と織田信長　天正四年興福寺別当職相論をめぐる史料　天正九年親町天皇譲位問題小考　誠仁親王の立場）

古賀　浩靖〔1947～〕こが・ひろやす
◇戦後70年日本人の証言　文藝春秋編　文藝春秋　2015.8　391p 16cm　（文春文庫 編6-16）

750円　①978-4-16-790433-3　Ⓝ210.76

内容 特別収録〈高倉健 最期の手記—病床で綴った、映画人生と、日本人への遺言 高倉健〉　昭和20年代〜—敗戦から復興へ〈玉音放送—敗戦の年の将校生徒 西村京太郎　東京裁判—A級戦犯の父を失った家族の戦後 木村торо ほか〉　昭和30年代〜—高度成長と戦後の青春〈美智子さまご成婚—アイゼンハワーからの贈り物 石井妙子　テレビ事始め—草創期の試行錯誤 小林信彦 ほか〉　昭和40年代〜—昭和元禄と戦後の曲がり角〈三島由紀夫自刃—介錯した男の後半生 高山文彦　あさま山荘事件—福島原発事故との共通点 佐々淳行 ほか〉　平成元年〜—バブル崩壊から現在まで〈バブル崩壊—イトマン事件と尾上縫の「後遺症」森功　Jリーグ開幕—サッカーバブルが残した"遺産" 三浦知良 ほか〉

古賀 博之　こが・ひろゆき

◇毀れぬ華—裸自叙伝　古賀博之著　幻冬舎メディアコンサルティング　2018.4　77p　20cm　〈発売：幻冬舎〉　1000円　①978-4-344-91621-0　Ⓝ289.1

内容 甘えっ子、幼児期　愚かな戦争　ピカピカの一年生　初恋が芽生えた二年生　我が集落に電気がきた　「博労一代」ロケーション　スポーツに心躍る中学生　我が集落に有線放送は　技術士を目指す高校生　個人病院へ就職〔ほか〕

古賀 誠〔1940〜〕　こが・まこと

◇政治の眼力—永田町「快人・怪物」列伝　御厨貴著　文藝春秋　2015.6　207p　18cm　（文春新書 1029）　750円　①978-4-16-661029-7　Ⓝ312.8

内容 安倍政権とは何か〈貴族的感覚 祖父譲り—麻生太郎　「フツー」に秘める胆力—山口那津男 ほか〉　自民党の力の秘密〈「反時代」で独特の地位—古賀誠　権力への鋭いアンチ—野中広務 ほか〉　チャレンジャーの資格〈己を見つめる伝道師—石破茂（1）　大政治家に化けうるか—細野豪志 ほか〉　失敗の研究〈道半ばのリアリズム—仙谷由人　「政策の調教師」次の道—与謝野馨 ほか〉　清和会とは何か〈時勢を見極め一手—森喜朗　二十一世紀型の首相—小泉純一郎 ほか〉

古賀 政男〔1904〜1978〕　こが・まさお

◇評伝 古賀政男—日本マンドリン＆ギター史　菊池清麿著　彩流社　2015.10　395p　21cm　〈作品目録あり　年譜あり〉　3500円　①978-4-7791-2078-7　Ⓝ767.8

内容 1 古賀政男とマンドリンオーケストラ・丘を越えて〈マンドリン歴史物語　日本マンドリン小史　「古賀正男」—マンドリンと故郷の風景　マンドリンオーケストラへの参画　マンドリンオーケストラと「古賀正男」　丘を越えて〉　2 ギターの詩人—影を慕いて〈日本ギター黎明の時代　影を慕いて　コロムビア専属作曲家—「古賀正男」から「古賀政男」へ　ギター歌曲の確立　テイチク黄金時代　新たな飛翔〉　3 古賀ギターの確立とマンドリンオーケストラの変遷〈湯の町エレジー　寂しきギターの調べ　悲しい酒　昭和演歌と古賀メロディ　エレキギターとマンドリンオーケストラの変遷〉

久我 通親　こが・みちちか
⇒源通親（みなもと・みちちか）を見よ

古賀 峯一〔1885〜1944〕　こが・みねいち

◇四人の連合艦隊司令長官—日本海軍の命運を背負った提督たちの指揮統率　吉田俊雄著　潮書房光人社　2017.9　408p　16cm　（光人社NF文庫 よ1027）〈文春文庫 1984年刊の再刊　文献あり〉　920円　①978-4-7698-3027-6　Ⓝ391.2074

内容 序章 四人の人間像　第1章 山本五十六の作戦　第2章 古賀峯一の作戦　第3章 豊田副武の作戦　第4章 小沢治三郎の作戦　終章 大西瀧治郎の言葉

古賀 庸哉〔1849〜1886〕　こが・ようさい

◇日本開闢以来之珎事ニ候—明治維新東京医学修行　古賀庸哉・栄吉親子の往復書簡より　古賀庸哉・栄吉著, 古賀英明編　改訂版　〔出版地不明〕　古賀英明　2015.8　241p　26cm　Ⓝ289.1

小金井 小次郎〔1818〜1881〕　こがねい・こじろう

◇アウトロー—近世遊俠列伝　高橋敏編　敬文舎　2016.9　255p　19cm　〈文献あり　年表あり〉　1750円　①978-4-906822-73-7　Ⓝ384.38

内容 近世社会秩序と博徒—二足草鞋論　国定忠治—遊俠の北極星　竹居安五郎—新島を抜けて甦った甲州博徒の武闘派吃安　勢力富五郎—江戸を騒がせた『嘉永水滸伝』の主役　佐原喜三郎—鳥も通わぬ八丈からの島抜けを記録に留めたインテリ博徒　小金井小次郎—多摩を仕切った、新門辰五郎の兄弟分　小川幸蔵—武州世直し一揆を鎮圧した博徒　石原財幸次郎—関東取締出役の無力を思い知らせた孤高の博徒　西保周太郎—短い一生を全力で駆け抜けた幕末期甲州博徒の草分け　黒駒勝蔵—清水次郎長と対決した謎多き甲州の大俠客　吉良仁吉—義理を通した若き三河俠客　原田常吉—一〇余年の遠島に服すも八五年の生涯を全うした真の遊俠

小金井 良精〔1858〜1944〕　こがねい・よしきよ

◇小金井良精日記　大正篇1913-1926・昭和篇1927-1942　小金井良精著　クレス出版　2015.12　656p,793p　22cm　〈布装　年譜あり　2冊セット〉　30000円（セット）　①978-4-87733-916-6　Ⓝ289.1

内容 大正篇一九一三・一九二六　昭和篇一九二七・一九四二

◇小金井良精日記　明治篇1900-1912・明治篇1883-1899　小金井良精著　クレス出版　2016.12　609p,675p　22cm　〈布装　文献あり　年譜あり　2冊セット〉　26000円（セット）　①978-4-87733-915-9　Ⓝ289.1

小苅米 瑞代〔1922〜2015〕　こがりまい・みずしろ

◇KOGARIMAI—ファミリーヒストリー いちのへストア物語　小苅米清弘著　盛岡 謙徳ビジネスパートナーズ　2017.7　357p　19cm　〈企画：小苅米清隆　発売：盛岡出版コミュニティー〉　1500円　①978-4-904870-40-2

こくすり

Ⓝ673.868

内容 第1部 道を拓く 創業者小苅米謙太郎・セキの遺したもの（一戸町に生をうけて　結婚そして養鶏を手掛ける　一戸鶏豚組合の盛岡販売所へ　盛岡で精肉販売業　一戸商店の急速な発展　謙太郎の事故死）第2部 スーパーマーケットのたびだち （株）いちのヘストア創業者小苅米瑞代の半生記―転業五十年の足跡（復員した瑞代が目にした実情　遠藤晴子との結婚　経営権の譲渡　スーパーマーケットへの転換　多店舗出店計画の展開　本町本店全焼　共同仕入機構センターの設立　社長退任と社名変更　株式の店頭公開へ）

小薬 正男〔1935～〕　こぐすり・まさお
◇のんびりなんて生きられない―ベルト一筋70年、生涯現役オヤジの冒険人生　小薬正男著　幻冬舎メディアコンサルティング　2018.5　234p　19cm　〈年譜あり　発売：幻冬舎〉　1200円　Ⓘ978-4-344-91464-3　Ⓝ289.1

内容 第1章 ガキ大将、ドジョウ捕りで商いに目覚める　第2章 浅草で丁稚奉公、ベルト道のはじまり　第3章 ワニをつかまえにアマゾンの奥地へ　第4章 ワシントン条約とワニ養殖失敗で大ピンチ　第5章 千住のユダヤ人、グローバル化の波に乗る　第6章 ヨーロッパ進出ならず、ワインに走る　第7章 中国という名の怪物　第8章 集中治療室から生還　第9章 のんびりなんて生きられない　巻末付録 会社概要、会社沿革、製品情報

国姓爺　こくせんや
⇒鄭成功（てい・せいこう）を見よ

穀田屋 十三郎〔1720～1777〕　こくだや・じゅうざぶろう
◇無私の日本人　磯田道史著　文藝春秋　2015.6　375p　16cm　（文春文庫 い87-3）〈文献あり〉　590円　Ⓘ978-4-16-790388-6　Ⓝ281

内容 穀田屋十三郎　中根東里　大田垣蓮月

國場 幸之助〔1973～〕　こくば・こうのすけ
◇われ、沖縄の架け橋たらん　國場幸之助著　K&Kプレス　2014.7　212p　20cm　1300円　Ⓘ978-4-906674-60-2　Ⓝ312.199

内容 第1章 普天間基地を県外へ　第2章 沖縄で、保守であること　第3章 「復帰っ子」として生まれて　第4章 強大化する中国にどう立ち向かうか　第5章 李登輝元総統の教え　第6章 沖縄と本土の距離を縮めるために　特別インタビュー 「慰霊の日」に沖縄を問い直す

国場 幸房〔1939～〕　こくば・ゆきふさ
◇光と風の建築―沖縄ん建築紀伝　国場幸房とその世界　国場幸房作　那覇　国建　2016.11　98p　30cm　〈年譜あり〉　Ⓝ523.1

國分 康孝〔1930～2018〕　こくぶ・やすたか
◇カウンセリングとともに生きる―存在への勇気　國分康孝著，國分久子監修　図書文化社　2018.6　215p　19cm　〈著作目録あり　作品目録あり〉　2000円　Ⓘ978-4-8100-8705-5　Ⓝ146.8

内容 Stage1 幼年期・少年期 私の原点―父と母、陸幼体験　Stage2 青年期 「満を持して放たず」の心意気　Stage3 壮年前期 アイデンティティ混乱期を経てカウンセリング・サイコロジストへ　Stage4 壮年中期― 日常に役立つカウンセリングを！　Stage5 そして、今 ほんとうのスクールカウンセリングの実践をめざして　カウンセリング界の五十年、次の五十年―私の経験した日本のカウンセリング界の到達点と始発点

小久保 德次〔1939～〕　こくぼ・とくじ
◇私とJAの六十年―小久保德次の記録・証言・感謝　小久保德次述，髙橋敏昭取材・執筆，埼玉新聞社編　さいたま　埼玉新聞社　2016.9　323p　22cm　〈年譜あり〉　2000円　Ⓘ978-4-87889-457-2　Ⓝ611.6134

小久保 晴行〔1936～〕　こくぼ・はるゆき
◇されど未来へ―「回想七十有余年」と「江戸川区の文化を支える人々」　小久保晴行著　イースト・プレス　2018.12　317p　20cm　1700円　Ⓘ978-4-7816-1732-9　Ⓝ289.1

内容 第1部 歳々年々、ひと、みち同じからず（いつも変わらぬパリだけに　「疎開世代」の私の出発点　芸術、美の巨人たちの世界へ　パリの留学生　会社経営に打ち込む ほか）　第2部 江戸川区の文化を支える人々（人生の原点、美術会、そして文化会　「葛西囃子」を各地で伝承する　「葛西の里神楽」に賭けるおしゃもじ保存会の創始者、藤本秀康さん　百歳を超えても現役の発明家と尺八 ほか）

小樽 雅章〔1937～〕　こぐれ・まさあき
◇花森さん、しずこさん、そして暮しの手帖編集部　小樽雅章著　暮しの手帖社　2016.6　399p　19cm　1850円　Ⓘ978-4-7660-0201-0　Ⓝ051.7

内容 1章 銀座の暮しの手帖編集部　2章 暮しの手帖研究室と日用品のテストの誕生　3章 なかのひとりはわれにして　4章 日用品のテストから本格的テストへ　5章 暮しの手帖研究室の暮し　6章 いろいろな記事の作り方　7章 編集部の泣き笑いの日々　8章 「戦争中の暮しの記録」　9章 1世紀100号から2世紀へ

古今亭 志ん生（5代）〔1890～1973〕　ここんてい・しんしょう
◇志ん生一家、おしまいの噺　美濃部美津子著　河出書房新社　2018.9　235p　15cm　（河出文庫 み31-1）〈「おしまいの噺」（アスペクト文庫2012年刊）の改題　年表あり〉　680円　Ⓘ978-4-309-41633-5　Ⓝ779.13

内容 第1章 子ども時分の家族の暮らし（父と母のなれそめ　地震で酒屋 ほか）　第2章 お父さんの襲名（『桃太郎』の噺　ささやかな初恋 ほか）　第3章 志ん朝の弟子入り（お父さん、大活躍　お見合い ほか）　第4章 お父さん倒れる（お父さん、危篤　「酒くれ！」 ほか）　第5章 おしまいの噺（お母さんの形見分け　また働きに出る ほか）

◇名人―志ん生、そして志ん朝　小林信彦著　朝日新聞出版　2018.10　265p　15cm　（朝日文庫 こ22-2）〈朝日新聞2003年刊の再刊　文献あり〉　660円　Ⓘ978-4-02-261945-7　Ⓝ779.13

内容 第1章 古今亭志ん朝（古今亭志ん朝の死　志ん朝日和（一九八一年～二〇〇一年）） 第2章 古今亭志ん生（ある落語家の戦後　志ん生幻想）　第3章 志

古今亭 志ん朝（3代）〔1938～2001〕　ここんてい・しんちょう
◇名人―志ん生、そして志ん朝　小林信彦著　朝日新聞出版　2018.10　265p　15cm　（朝日文庫 こ22-2）〔朝日新聞社 2003年刊の再刊　文献あり〕　660円　①978-4-02-261945-7　Ⓝ779.13

内容　第1章 古今亭志ん朝（古今亭志ん生の死　志ん朝日和（一九八一年～二〇〇一年））　第2章 古今亭志ん生（ある落語家の戦後　志ん生幻想）　第3章 志ん生、そして志ん朝（"路地"の消滅　志ん生、大ブレイク ほか）　第4章 落語・言葉・漱石（『落語鑑賞』と下町言葉　夏目漱石と落語）　笑わせの奥義は体調にあり―古今亭志ん朝×小林信彦

古在 由重〔1901～1990〕　こざい・よししげ
◇暗い時代の人々　森まゆみ著　亜紀書房　2017.5　294p　19cm　〈他言語標題：Men in Dark Times　文献あり　年表あり〉　1700円　①978-4-7505-1499-4　Ⓝ281

内容　第1章 斎藤隆夫―リベラルな保守主義者　第2章 山川菊栄―戦時中、鶏の卵を売って節は売らず　第3章 山本宣治―人生は短く、科学は長い　第4章 竹久夢二―アメリカで恐慌を、ベルリンでナチスの台頭を見た　第5章 九津見房子―戸惑いながら懸命に生きたミス・ソシアリスト　第6章 斎藤雷太郎と立野正一―「土曜日」の人々と京都の喫茶店フランソア　第7章 古在由重―ファシズムの嵐の中を航海した「唯物論研究」　第8章 西村伊作―終生のわがまま者にしてリベルタン

小坂 敬〔1937～〕　こさか・けい
◇日本に生まれ、米国で育ち銀座に生きて　小坂敬著　財界研究所　2016.6　266p　20cm　1500円　①978-4-87932-117-6　Ⓝ289.1

内容　第1章 銀座で商いを始めて　第2章 第二の祖国・アメリカ　第3章 フィリップスで学んだこと　第4章 小松ストアーに入社して　第5章 銀座とわたし　第6章 日本文化に魅せられて　第7章 これからの小松ストアー

小崎 弘道〔1856～1938〕　こざき・ひろみち
◇新島襄と明治のキリスト者たち―横浜・築地・熊本・札幌バンドとの交流　本井康博著　教文館　2016.3　389,7p　22cm　〈索引あり〉　3800円　①978-4-7642-9969-6　Ⓝ198.221

内容　1 新島襄と四つの「バンド」　2 横浜バンド（S.R.ブラウン　J.H.バラ　植村正久　井深梶之助　押川方義　本多庸一　松村介石　粟津高明）　3 築地バンド（C.カロザース　田村直臣　原胤昭）　4 熊本バンド（L.L.ジェーンズ　小崎弘道）　5 札幌バンド（W.S.クラーク　内村鑑三　新渡戸稲造　大島正健）

後桜町天皇〔1740～1813〕　ごさくらまちてんのう
◇女帝のいた時代　つげのり子著　自由国民社　2015.5　235p　19cm　〈文献あり〉　1300円　①978-4-426-11925-6　Ⓝ288.41

内容　第1章 推古天皇―初代女性天皇誕生　第2章 皇極・斉明天皇―歴史を動かした「つなぎ役」　第3章 持統天皇―セレブ妻の意地を通した「女傑」天皇　第4章 元明天皇―「咲く花の匂うがごとし」平城京を完成　第5章 元正天皇―生涯独身も恋に生きる　第6章 孝謙・称徳天皇―箱入りの娘の反逆　第7章 明正天皇―菊と葵のハーフ＆ハーフ　第8章 後桜町天皇―明治維新の原点となった女性天皇

小澤 蕭愼〔1924～〕　こざわ・しょうしん
◇わが人生の記録　小澤蕭愼著　野洲　小澤蕭愼　2016.12　331p　21cm　Ⓝ289.1

小澤 文子〔？～1988〕　こざわ・ふみこ
◇母の悲しみと愛　小澤蕭愼著　野洲　小澤蕭愼　2015.10　135p　19cm　Ⓝ289.1

後三条天皇〔1034～1073〕　ごさんじょうてんのう
◇後三条天皇―中世の基礎を築いた君主　美川圭著　山川出版社　2016.9　85p　21cm　（日本史リブレット人 021）〈文献あり　年表あり〉　800円　①978-4-634-54821-3　Ⓝ288.41

内容　時代を画する天皇　1 後三条天皇の即位　2 荘園整理令と記録所　3 内裏・大内裏復興　4 東北支配と河内・大和源氏　5 円宗寺と円融寺陵　6 後三条親政と院政　摂関政治の幕を引いた君主

コシノ ヒロコ〔1937～〕
◇HIROKO KOSHINO　コシノヒロコ著　丸善プラネット　2017.12　251p　31×31cm　〈日本語英語併記　布装　年譜あり　発売：丸善出版〉　22000円　①978-4-86345-345-6　Ⓝ593.3

内容　真の豊かさとは何か　発想の原点（安藤忠雄・建築家）　感性の力（蓑豊・兵庫県立美術館館長）　コシノヒロコの仕事（空 然 素 組　色即是空 空即是色　耕　遊　色　建築と衣服）

小柴 和正〔1931～〕　こしば・かずまさ
◇History 暮らしを変えた立役者―戦後流通5人のレジェンド　日経MJ編　日本経済新聞出版社　2017.10　255p　19cm　1600円　①978-4-532-32178-9　Ⓝ335.13

内容　第1章 名代富士そば―1杯300円の立ち食いそばで100億円・創業者・丹道夫（30歳過ぎからそば一筋―職を転々、山あり谷あり　差別なき経営、原点は幼少期―父のいじめ、つらい子ども時代 ほか）　第2章 イズミ―銭湯改装し、スーパー事業進出・創業者・山西義政（挫折も糧、走り続けた70年―掘り出しはヤミ市の一角　商いを学んだ少年時代―貝の行商で「お得意さん」 ほか）　第3章 ジャパネットたかた―ラジオでテレビでしゃべり続けた人生・創業者・高田明（「伝わる言葉」選ぶ出発点にーネジ機械の販売、欧州で経験　100人相手に「こっち向いて」―実家のカメラ店、観光で活況 ほか）　第4章 すかいらーく―ファミリーレストランを日本に・元社長・横川竟（「ブラック企業」からの出発―倉庫片隅で住み込み生活　築地の乾物問屋に「入学」―商売の神髄たたき込まれる ほか）　第5章 伊勢丹―毎日が新しい、ファッションの伊勢丹・元会長・小柴和正（「残業要員」で新宿本店へ―社内は「三越に追いつけ、追い越せ」　歴史に残る大量在庫―新設のカジュア

小柴 昌俊〔1926〜〕こしば・まさとし

◇ニュートリノと私―Not a miracle at all 小柴昌俊著 PHP研究所 2014.8 157p 20cm (〔100年インタビュー〕) 1200円 ①978-4-569-78408-3 Ⓝ289.1

内容 第1章 少年時代 第2章 青春の暗い谷間で 第3章 ヤマ勘が当たる理由 第4章 物理学への目覚め 第5章 恩師たちとの出会い 第6章 アメリカ留学の苦闘時代 第7章 結婚・家族 第8章 ニュートリノ検出への道のり 第9章 超新星爆発の奇跡 第10章 後進のために

小島 章伸〔1928〜〕こじま・あきのぶ

◇私のジャーナリスト人生―アジア国際報道との関わり 小島章伸著 日本経済新聞社日経事業出版センター 2015.11 97p 19cm Ⓝ070.16

小島 烏水〔1873〜1948〕こじま・うすい

◇小島烏水―山の風流使者伝 下 近藤信行著 平凡社 2014.10 385p 16cm (平凡社ライブラリー 819)〈創文社 1978年刊の増補〉 1700円 ①978-4-582-76819-0 Ⓝ289.1

内容 『日本山水論』前後 趣味の殿堂 日本山岳会の創立 あたらしき紀行文 山恋いの記 探検時代の主役として 『日本アルプス』刊行 「文庫」の終焉 穂高・槍ヶ岳縦走 大下藤次郎と岡野金次郎 美術研究か

古島 一雄〔1865〜1952〕こじま・かずお

◇一老政治家の回想 古島一雄著 改版 中央公論新社 2015.11 310p 16cm (中公文庫 こ7-2)〈初版:中央公論社 1951年刊〉 1000円 ①978-4-12-206189-7 Ⓝ312.1

内容 世の中に出るまで 新聞『日本』の思い出 歴史は信ずるに足らず 抛り出した基盤「信濃」 浪人に推されて政界入り 革命中国との因縁 憲政擁護の大火事 三宣言覚書の由来 いわゆる「宮中某重大事件」 普選問題を中心として 政革との斗い 政界引退 犬養内閣をつつむ雰囲気 人間木堂を語る それからは浮世のお礼奉公

小島 慶子〔1972〜〕こじま・けいこ

◇大黒柱マザー―夫が仕事をやめたから一家で海外に引っ越してみた! 小島慶子著 双葉社 2014.12 205p 19cm 1300円 ①978-4-575-30800-6 Ⓝ289.1

内容 第1章 夫が無職になりました(夫、47歳にして突然の離職宣言 無職の夫をどう受け入れるか ほか) 第2章 一家でオーストラリアに移住(人生の選択基準は面白いか、面白くないか 夫の直感と自信、勇気と覚悟 ほか) 第3章 日豪往復暮らしの悲喜こもごも(涙、涙の出稼ぎLIFE 離れていても、同じ部屋で暮らしている感 ほか) 第4章 オーストラリアで、こんな子育てをしています(その子にとっての「知の道」を見つけよう 世界には、いろんな家族のカタチがある ほか) 第5章 日豪生活1年。今、私が考えていること(仕事のために人生があるわけではない 先のことは、いつだってわからない ほか)

◇解縛―母の苦しみ、女の痛み 小島慶子著 新潮社 2016.8 222p 16cm (新潮文庫 こ-63-1) 460円 ①978-4-10-120506-9 Ⓝ289.1

内容 1章 母との遭遇(「アイ・ウォント・ブラッド!」角栄につつかれる ほか) 2章「トモダチ」のお母さん(夜、たったひとりで 洗練された先住民 ほか) 3章 15歳からの摂食障害(気がつくと、一人 「ママはパパしか知らないのよ」 ほか) 4章 憧れと敗北の女子アナウンサー(初めての一人暮らし 生来のお調子者 ほか) 5章 子を持つこと、そして不安障害(シアワセの象徴 肉でしかない ほか)

◇これからの家族の話をしよう―わたしの場合 小島慶子著 海竜社 2016.10 211p 19cm 1300円 ①978-4-7593-1502-8 Ⓝ289.1

内容 第1章 日豪「デュアル生活」続けてます(東京とパースを、2つ拠点の出稼ぎライフ "生まれ故郷"オーストラリアを選んだのには ほか) 第2章「棚卸し」と家族のはじまり(家族に安らぎを感じられるようになるまでに 「小島家の女の幸せ」と18歳の失恋 ほか) 第3章「育む」こととチームワーク(「ぼくはぼくだ」「余計なお世話だバカヤロウ」 ほか) 第4章 家族の「変遷」、夫婦の「成長」(しゃべり続ける妻、それに応える夫 「マーガレットリバー森の小道事件」と夫の思い込み癖 ほか) 第5章 これからの「家族」の話をしよう("大黒柱"になって初めて見えたこと 男と女、仕事観の違いはどこから? ほか)

◇るるらいらい―日豪往復出稼ぎ日記 小島慶子著 講談社 2017.6 186p 19cm 1350円 ①978-4-06-220616-7 Ⓝ289.1

内容 1 セキララ出稼ぎライフ(私は出稼ぎ母さん「夢中毒」から立ち直る ほか) 2 空と、海と、英語と。(インチキ英語の高い壁 ハエならぬ「ぱえ」!? ほか) 3 夫婦って? 家族って?(夫婦バトルの根っこにあるもの 絆と溝、どっちが同じ? ほか) 4「繋がる」のはたやすくないけれど(差別の芽はどこにある? 人見知りって、なに? ほか)

小島 蕉園〔1771〜1826〕こじま・しょうえん

◇諸国賢人列伝―地域に人と歴史あり 童門冬二著 ぎょうせい 2014.12 253p 19cm 1800円 ①978-4-324-09918-6 Ⓝ281.04

内容 浜口梧陵―稲むらの火/地域から日本を考えた-広村(和歌山県) 山田方谷―被治者の立場を貫いた巨人-備中松山(岡山県) 安藤野雁―万葉の心を信条に-桑折(福島県) 大原幽学―房総は学者の充電所-下総(千葉県) 小宮山楓軒―立ち枯れの村を復興-水戸(茨城県) 小島蕉園―減税と産業振興-甲府(山梨県) 三浦梅園―日本初の自然哲学者-杵築(大分県) 新井白石―不遇に生きる-江戸(東京都) 前田綱紀―文化行政で雇用創出-加賀(石川県) 河合曽良―旅に生きる-諏訪(長野県) 北島雪山―追放されて自由に生きた-肥後(熊本県) 羽生朝秀―壁を背に第三の道を-琉球(沖縄県) 松平信綱―名君・賢君を輩出-川越(埼玉県) 徳川義直―あゆち思想の実現-尾張(愛知県) 多久一族―「らしさ」を失わず-肥前(佐賀県) 古田織部―壊して創る-美濃(岐阜県) 北条幻庵―「勇」の底に「優」の心-小田原(神奈川県) 鴨長明―走り回る一滴の水-京都(京都府)

小島 善太郎〔1892〜1984〕こじま・ぜんたろう

◇恋文 小島善太郎,土方恒子著 日野 小島敦子 2016.6 54p 21cm 〈年譜あり〉 Ⓝ723.1

こしらかわ

小島 武夫〔1936〜2018〕 こじま・たけお
◇小島武夫ミスター麻雀のすべて　近代麻雀編集部編　竹書房　2018.8　223p　19cm　〈近代麻雀戦術シリーズ〉〈年譜あり〉　1500円　⑪978-4-8019-1570-1　Ⓝ797.5
　＊ミスター麻雀として昭和と平成を生きた小島武夫プロ。その一生を年代ごとに資料で忠実に再現。阿佐田哲也と新撰組を結成した秘話、日本プロ麻雀連盟設立の理由、麻雀最強位獲得時の観戦記事、九蓮宝燈の牌譜、その他、小島武夫が書いた戦術や小説、また漫画など多数収録。1973年以降の近代麻雀とプロ麻雀を掘り起こした、これ一冊で小島武夫のすべてがわかる、永久保存版です。

小島 健嗣〔1936〜　〕 こじま・たけし
◇私の八十年—マグロ漁から耐火物事業へ　小島健嗣著　日本経済新聞出版社日経事業出版センター　2017.9　291p　20cm　〈年譜あり〉　Ⓝ289.1

小嶋 千鶴子〔1916〜　〕 こじま・ちずこ
◇イオンを創った女—評伝 小嶋千鶴子 日本一の巨大流通グループ創業者、岡田卓也実姉の人生と経営哲学　東海友和著　プレジデント社　2018.11　218p　19cm　〈文献あり〉　1600円　⑪978-4-8334-2292-5　Ⓝ673.868
　内容　第1章 小嶋千鶴子を形成したもの—その生い立ちと試練　第2章 善く生きるということ—小嶋千鶴子の人生哲学　第3章 トップと幹部に求め続けたもの—小嶋千鶴子の経営哲学　第4章 人が組織をつくる—小嶋千鶴子の人事哲学　第5章 自立・自律して生きるための処方箋　終章 いま、なぜ「小嶋千鶴子」なのか？

小島 長生〔1941〜　〕 こじま・ちょうせい
◇「せど間」を駆け抜けた日々—故郷・長洲町〜子ども時代の宝物　小島長生著　文芸社　2016.12　134p　20cm　〈文献あり〉　1200円　⑪978-4-286-17812-7　Ⓝ289.1

小島 信夫〔1915〜2006〕 こじま・のぶお
◇鏡花、水上、万太郎　福田和也著　キノブックス　2017.2　287p　20cm　2000円　⑪978-4-908059-63-6　Ⓝ910.26
　内容　鏡花、水上、万太郎　"戯作者"—獅子文六の戦争私小説の路、主義者の道、みち、—佐多稲子　空っぽのトランクLa Valise vide—武田泰淳、檀一雄　ウィスキー・プリースト＆スマート・アニマルズ—武田泰淳、グレアム・グリーン　The day is done—小島信夫　銀座レクイエム—樋口修吉
◇文士たちのアメリカ留学 一九五三・一九六三　斎藤禎著　書籍工房早山　2018.12　327p　19cm　2500円　⑪978-4-904701-54-6　Ⓝ910.264
　内容　第1章 文士にとって留学は、夢のまた夢　第2章「文士留学の仕掛け人」坂西志保と、チャールズ・B.ファーズ　第3章 阿川弘之は「原爆小説」を書いたから、アメリカに招かれなかった　第4章 大岡昇平、安岡章太郎は、アメリカで、ことに南部で何を見たのか　第5章 江藤淳、英語と格闘する　第6章 庄野潤三と名作「ガンビア滞在記」の誕生　第7章 有吉佐和子は、アメリカ人社会では間違いなく「NOBODY」だった　第8章 小島信夫は、なぜ、単身でアメリカに行ったか？　第9章 アメリカから帰った福田恆存は、「文化人」の「平和論」を果敢に攻撃した　第10章 改めて考える。ロックフェラー財団による文士のアメリカ留学とは何だったのか

小島 政二郎〔1894〜1994〕 こじま・まさじろう
◇敵中の人—評伝・小島政二郎　山田幸伯著　白水社　2015.12　723,20p　20cm　〈文献あり 年譜あり 索引あり〉　7600円　⑪978-4-560-08470-0　Ⓝ910.268
　内容　序 なぜ余技なのか　第1章 永井荷風—愛憎無惨　第2章 今東光—不良と蒲柳　第3章 永井龍男—東京人の懸隔　第4章 松本清張—師友の死角　第5章 立原正秋—食通幻影

小島 康誉〔1942〜　〕 こじま・やすたか
◇シルクロードの現代日本人列伝—彼らはなぜ、文化財保護に懸けるのか？　白鳥正夫著　三五館　2014.10　238p 図版16p　19cm　〈文献あり 年表あり〉　1500円　⑪978-4-88320-622-3　Ⓝ709.2
　内容　序章 体験的シルクロードの旅—玄奘三蔵の足跡をたどる　第1章 求道と鎮魂、玄奘の道を追体験—平山郁夫・平和願い文化財赤十字への道　第2章 新疆ウイグルで遺跡保護研究—小島康誉・日中相互理解促進へ命燃やす　第3章 ウズベキスタンで遺跡調査—加藤九祚・九〇歳超えても発掘ロマン　第4章 バーミヤン遺跡の継続調査—前田耕作・アフガニスタン往還半世紀　終章 玄奘の生き方指針に平和の道へ—それぞれのシルクロード、わが想い

五社 英雄〔1929〜1992〕 ごしゃ・ひでお
◇鬼才五社英雄の生涯　春日太一著　文藝春秋　2016.8　317p　18cm　〈文春新書 1087〉〈文献あり〉　920円　⑪978-4-16-661087-7　Ⓝ778.21
　内容　序章　第1章 信念　第2章 突進　第3章 転落　第4章 復活　第5章 未練

小少将（長宗我部元親側室）〔戦国時代〕 こしょうしょう
◇戦国を生きた姫君たち　火坂雅志著　KADOKAWA　2016.9　170p　15cm　〈角川文庫 ひ20-25〉〈年表あり〉　600円　⑪978-4-04-400170-4　Ⓝ281.04
　内容　1 女城主たちの戦い（井伊直虎—井伊直政の義母 妙林尼—吉岡鎮興の妻 ほか）　2 危機を救う妻たち（お船の方—直江兼続の正室 小松姫—真田信之の正室 ほか）　3 愛と謎と美貌（小少将—長宗我部元親の側室 姫姫—伊達政宗の生母 ほか）　4 才女と呼ばれた女たち（お初（常高院）—浅井三姉妹の次女 阿茶局—徳川家康の側室 ほか）　5 想いと誇りに生きる（鶴姫—瀬戸内のジャンヌ・ダルク 淀殿—豊臣秀吉の側室 ほか）

後白河天皇〔1127〜1192〕 ごしらかわてんのう
◇中世の人物 京・鎌倉の時代編　第1巻 保元・平治の乱と平氏の栄華　元木泰雄編　大阪 清文堂出版　2014.3　412p　22cm　4500円　⑪978-4-7924-0994-4　Ⓝ281
　内容　鳥羽院・崇徳院（佐藤健治著）　藤原忠実（佐古愛己著）　藤原頼長（横内裕人著）　平忠盛（守田逸

人著） 源為義（須藤聡著） 覚仁と信実〜悪僧論〜（久野修義著） 阿多忠景と源為朝（栗林文夫著） 後白河院（髙橋典幸著） 藤原忠通と基実（樋口健太郎著） 信西（木村真美子著） 藤原信頼・成親（元木泰雄著） 藤原経宗（元木泰雄著） 源義朝（近藤好和著） 平清盛（川合康著） 池禅尼と二位尼（栗山圭子著） 平時忠と信範（松薗斉著） 藤原邦綱とその娘たち（佐伯智広著） 平重盛（平藤幸著） 西行（近藤好和著）

◇後白河天皇―日本第一の大天狗 美川圭著 京都 ミネルヴァ書房 2015.2 252,13p 20cm （ミネルヴァ日本評伝選）〈文献あり 年譜あり 索引あり〉 2800円 ①978-4-623-07292-7 Ⓝ288.41

内容 第1章 中継ぎの天皇（雅仁親王と今様 陰謀渦巻く即位） 第2章 保元・平治の乱（鳥羽法皇の死 保元の乱の勃発 保元新制と信西 反信西勢力の結集 平治の乱） 第3章 清盛との連携のなかで（二条親政の成立 後白河院政の確立と清盛落胤説 法住寺殿と蓮華王院宝蔵 日宋貿易と阿育王山舎利殿 後白河と清盛の亀裂） 第4章 平氏政権の成立（鹿ヶ谷事件 安徳誕生と後白河幽閉 平氏政権と以仁王挙兵 福原遷都 南都焼き討ちと清盛の死 北陸道追討軍大敗と平家都落ち） 第5章 後白河の軍事体制と大仏開眼（義仲入京と後鳥羽天皇践祚 十月宣旨と法住寺合戦 木曽義仲の敗死と源義経の入京 後白河と義経 大仏開眼とよりとも追討宣旨） 第6章 頼朝との対立と和解（廟堂粛清 摂関家領相論をめぐって 奥州合戦をめぐって 頼朝の上洛 最後のとき）

小杉 あさ〔1881〜1969〕 こすぎ・あさ
◇愛盲―小杉あさと静岡県の盲教育 足立洋一郎著 静岡 静岡新聞社 2014.7 173p 18cm （静新新書 046）〈文献あり 年譜あり〉 880円 ①978-4-7838-0369-0 Ⓝ289.1

内容 1 少女時代 2 東海訓盲院への入学と学校生活 3 困難な日々 4 経営安定への努力 5 県立化と盲聾教育分離をめざして 6 引退 7 斎藤実夫、春子との交流 8 日本のヘレン・ケラー 9 徳富蘇峰との交流 10 希望の丘 補論 静岡県盲教育史の断面

小杉 天外〔1865〜1952〕 こすぎ・てんがい
◇現代文士廿八人 中村武羅夫著 講談社 2018.6 217p 16cm （講談社文芸文庫 なU1）〈日高有倫堂 1909年刊の再編集〉 1600円 ①978-4-06-511864-1 Ⓝ910.261

内容 田山花袋 国木田独歩 生田葵山 夏目漱石 菊池幽芳 小川未明 小杉天外 内藤鳴雪 徳田秋声 水野葉舟〔ほか〕

小杉 弘 こすぎ・ひろし
◇この会社で幸せをつかもう―全員参加の経営 小杉昌弘著 善本社 2014.11 223p 19cm （心の経営シリーズ）〈年譜あり〉 1550円 ①978-4-7939-0466-0 Ⓝ537.1

内容 第1章 創業者小杉弘 人間的魅力とやまとのDNA（百姓家の次男坊として誕生する 笠井小学校高等科3年を卒業する 大阪で枡谷寅吉代議士に認められる 鉄材商として創業する 『やまと興業株式会社』を設立する ほか） 第2章 二代目社長小杉昌弘の軌跡（生い立ちは坊ちゃん 社会人の第一歩から家業を継ぐ 新社長就任はショックの洗礼・試練の連続 海外進出の失敗の教訓と十年後の再チャレンジ やまとブランドの自社商品を開発販売 ほか）

小杉 昌弘〔1944〜〕 こすぎ・まさひろ
◇この会社で幸せをつかもう―全員参加の経営 小杉昌弘著 善本社 2014.11 223p 19cm （心の経営シリーズ）〈年譜あり〉 1550円 ①978-4-7939-0466-0 Ⓝ537.1

内容 第1章 創業者小杉弘 人間的魅力とやまとのDNA（百姓家の次男坊として誕生する 笠井小学校高等科3年を卒業する 大阪で枡谷寅吉代議士に認められる 鉄材商として創業する 『やまと興業株式会社』を設立する ほか） 第2章 二代目社長小杉昌弘の軌跡（生い立ちは坊ちゃん 社会人の第一歩から家業を継ぐ 新社長就任はショックの洗礼・試練の連続 海外進出の失敗の教訓と十年後の再チャレンジ やまとブランドの自社商品を開発販売 ほか）

小菅 一憲〔1930〜〕 こすげ・かずのり
◇春夏秋冬の賦―ある下請け経営者が綴る人生と会社の歩み 小菅一憲著 さいたま さきたま出版会 2018.1 357p 20cm 1500円 ①978-4-87891-446-1 Ⓝ289.1

内容 春夏秋冬・壹（誕生・父母のこと 小学校入学から卒業の頃 ほか） 春夏秋冬・貳（東京へ、迷いの日々 安堵の日々 ほか） 春夏秋冬・参（欧州七カ国産業視察団への参加 積み重ねあっての成長 ほか） 春夏秋冬・肆（家族ひとりひとり 小菅家の系譜 ほか）

小菅 丹治〔1859〜1916〕 こすげ・たんじ
◇帯の伊勢丹 模様の伊勢丹―ファッションの伊勢丹創業者・初代小菅丹治 飛田健彦著 国書刊行会 2016.12 298p 19cm 〈文献あり〉 2000円 ①978-4-336-06106-5 Ⓝ289.1

内容 1 暖簾分け（丁稚からのスタート 小菅家への婿入り ほか） 2 柳原土手を足掛かりにして（創業時の決意どおりに 柳原土手に夜店を開く ほか） 3 日蓮主義に目覚めるまで（忠実服装一筋で 河越屋買収と店舗の増築 ほか） 4 帯と模様の伊勢丹（経営参加制度を導入 帯と模様の伊勢丹 ほか） 5 次代への教え（北海道への進出と絹綿の製造 帝国十業団計画 ほか）

後崇光院 ごすこういん
⇒貞成親王（さだふさしんのう）を見よ

小積 忠生〔1942〜〕 こずみ・ただお
◇いのち輝け―子供たちと共に 小積忠生著 アルファベータブックス 2016.5 240p 20cm 1600円 ①978-4-86598-014-1 Ⓝ914.6

内容 第1章 「豊かな社会」の代償（万引きは傷ついた子供の悲鳴 教育の歪み ほか） 第2章 "豆剣士"の生き方に学ぶ（愚かな指導者だった… 三年目の勝利 ほか） 第3章 母の愛は「宇宙的な愛」（裕福だったわが家が、一転、三千万押の借金生活に 家財道具を差し押さえられる ほか） 第4章 禅と修業時代の転機 井上希道老師との出会い 老師との対話 ほか） 第5章 「三方悪」から「三方よし」を超えて（物質文明の危機 大型スーパーに対抗し対面販売 ほか）

古瀬 兵次〔1903～1992〕こせ・へいじ
◇表面の古瀬兵次 松岡秀隆著 福崎町（兵庫県）松岡秀隆 2018.1 68p 18cm 〈私家版〉 非売品 Ⓝ289.1

五姓田 芳柳〔1827～1892〕ごせだ・ほうりゅう
◇絵師五姓田芳柳義松親子の夢追い物語―幕末明治西洋画師サバイバル 角田拓朗著 松戸 三好企画 2015.9 172p 21cm 〈年譜あり〉 1800円 Ⓘ978-4-908287-01-5
[内容]「ごせだ」誕生 絵師になりたい 横浜開港 ワーグマン・インパクト 江戸の終わりを見る旅 明治のはじまりと洋画 日本洋画の青春 洋画の元祖 五姓田家の人々 日本一の洋画家となる パリでの挑戦 五姓田の弟子たちと洋画の根付き 帰国後の義松 工房解体と五姓田派のその後 晩年の五姓田義松

五姓田 義松〔1855～1915〕ごせだ・よしまつ
◇五姓田義松 史料集 角田拓朗編 中央公論美術出版 2015.9 579p 図版16p 22cm 〈文献あり 年譜あり〉 16500円 Ⓘ978-4-8055-0744-5 Ⓝ723.1
[内容] 第1編 履歴 第2編 日記・旅行記 第3編 書簡 第4編 雑類 第5編 Le livre de Dépenses 第6編 潤筆料受領 第7編 各国之沿革幷諸有名家略伝手抄
◇絵師五姓田芳柳義松親子の夢追い物語―幕末明治西洋画師サバイバル 角田拓朗著 松戸 三好企画 2015.9 172p 21cm 〈年譜あり〉 1800円 Ⓘ978-4-908287-01-5 Ⓝ723.1
[内容]「ごせだ」誕生 絵師になりたい 横浜開港 ワーグマン・インパクト 江戸の終わりを見る旅 明治のはじまりと洋画 日本洋画の青春 洋画の元祖 五姓田家の人々 日本一の洋画家となる パリでの挑戦 五姓田の弟子たちと洋画の根付き 帰国後の義松 工房解体と五姓田派のその後 晩年の五姓田義松

五代 友厚〔1835～1885〕ごだい・ともあつ
◇商都大阪をつくった男 五代友厚 宮本又郎著 NHK出版 2015.12 221p 19cm 〈文献あり 年譜あり〉 1300円 Ⓘ978-4-14-081690-5 Ⓝ289.1
[内容] 第1章 薩摩藩士、五代友厚（変革期におけるリーダーの役割 明治初期の大阪 ほか） 第2章 産業のプロデューサーとしての五代友厚（実業界に転進 ―大鉱山王へ ほか） 第3章 五代友厚と近代大阪（幕末における大阪の地位 幻に終わった大阪遷都 ほか） 第4章 広岡浅子と五代友厚（近世日本屈指の豪商・三井越後屋の歴史 越後屋商法の革新 ほか） 附章 大阪経済の歴史的眺望―伝統と革新の系譜（四つの歴史的系譜 人口の推移からみた大阪の消長 ほか）
◇五代友厚―明治産業維新を始めた志士 桑畑正樹著 鹿児島 高城書房 2016.4 237p 19cm （鹿児島人物叢書 7）〈文献あり 年譜あり〉 1500円 Ⓘ978-4-88777-160-4 Ⓝ289.1
[内容] 出自と幼年時代 長崎での遊学 上海への渡航 薩英戦争 五代才助上申書 薩摩藩英国留学生 「廻国日記」、帰国 薩長同盟から「いろは丸」事件 戊辰戦争 神戸事件、堺事件、パークス襲撃事件 ［ほか］

◇歌之介のさつまのボッケモン 鹿児島テレビ放送株式会社編著, 原口泉監修 復刻版 鹿児島 高城書房 2018.7 289p 19cm 〈KTS鹿児島テレビ開局50周年記念 文献あり〉 1500円 Ⓘ978-4-88777-165-9 Ⓝ281.97
[内容] 西郷隆盛1―こども時代の西郷さんの巻 西郷隆盛2―西郷さんとサイフの巻 大久保利通1―大久保さんはいたずらっこの巻 五代友厚―五代才助の世界地図の巻 黒田清隆1―きゅうの敵はきょうの友の巻 村橋久成1―北海道に日本のビールを！ 大久保利通2―大久保さんは"まっしぐら"の巻 前田正名ほか―できたぞ！「薩摩辞書」の巻 長沢鼎―アメリカのブドウ王の巻 丹下梅子―初の帝大女子学生の巻 ［ほか］
◇五代友厚―富国強兵は「地球上の道理」 田付茉莉子著 京都 ミネルヴァ書房 2018.12 233,5p 20cm （ミネルヴァ日本評伝選）〈文献あり 年譜あり 索引あり〉 2800円 Ⓘ978-4-623-08499-9 Ⓝ289.1
[内容] 序章 幕末薩摩藩と五代友厚 第1章 西欧近代に学ぶ 第2章 日本の近代化に向けて 第3章 明治政府に出仕 第4章 実業界でのスタート 第5章 鉱山業の展開 第6章 製藍業の近代化と失敗 第7章 その他事業への出資 第8章 商法会議所と財界活動 終章 五代友厚の生涯、果たした役割

伍代 夏子〔1961～〕ごだい・なつこ
◇人生めぐり愛―いまがいちばん幸せ 伍代夏子著 ロングセラーズ 2015.4 201p 20cm 1389円 Ⓘ978-4-8454-2355-2 Ⓝ767.8
[内容] 第1章 いまがいちばん幸せ 第2章 歌うことが何より好きだった―「歌手・伍代夏子」が生まれるまで 第3章 演歌に込められた思い 第4章 「いつも元気」の方法 第5章 誰かのためにできること 第6章 悔いも未練もなし

後醍醐天皇〔1288～1339〕ごだいごてんのう
◇南北朝―日本史上初の全国的大乱の幕開け 林屋辰三郎著 朝日新聞出版 2017.12 227p 18cm （朝日新書 644）〈朝日文庫 1991年刊の再刊〉 760円 Ⓘ978-4-02-273744-1 Ⓝ210.45
[内容] 序章 内乱の前夜 第1章 結城宗広―東国武士の挙兵 第2章 楠木正成―公家勢力の基盤 第3章 足利尊氏―室町幕府の創設 第4章 後村上天皇―吉野朝廷の生活 第5章 佐々木道誉―守護大名の典型 第6章 足利義満―国内統一の完成 終章 内乱の余波
◇天皇の歴史 4 天皇と中世の武家 大津透, 河内祥輔, 藤井讓治, 藤田覚編集委員 河内祥輔, 新田一郎著 講談社 2018.3 375p 15cm （講談社学術文庫 2484）〈文献あり 年表あり 索引あり〉 Ⓘ978-4-06-292484-9 Ⓝ210.1
[内容] 第1部 鎌倉幕府と天皇（平安時代の朝廷とその動揺 朝廷・幕府体制の成立 後鳥羽院政と承久の乱 鎌倉時代中・後期の朝廷・幕府体制） 第2部「古典」としての天皇（朝廷の再建と南北朝の争い 足利義満の宮廷 「天皇家」の成立 古典を鑑とした世界） 近世国家への展望
◇後醍醐天皇 兵藤裕己著 岩波書店 2018.4 241,3p 18cm （岩波新書 新赤版 1715）〈文献あり 年譜あり〉 840円 Ⓘ978-4-00-431715-9 Ⓝ288.41

こたいら

内容 序 帝王の実像と虚像　第1章 後醍醐天皇の誕生　第2章 天皇親政の始まり　第3章 討幕計画　第4章 文観弘真とは何者か　第5章 楠正成と「草莽の臣」　第6章 建武の新政とその離題　第7章 バサラと無礼講の時代　第8章 建武の「中興」と王政復古

小平 邦彦〔1915〜1997〕　こだいら・くにひこ

◇小平邦彦―人と数学　日本数学会編　数学書房　2015.3　357p　22cm　〈文献あり〉　4500円　①978-4-903342-81-8　Ⓝ289.1

◇小平邦彦が拓いた数学　上野健爾著　岩波書店　2015.12　318p　22cm　〈文献あり　索引あり〉　4500円　①978-4-00-006316-6　Ⓝ414.73

内容 序 小平数学の概要　第1章 ワイルとの出会い　第2章 小平・ティチェマルシュの直交展開定理　第3章 調和積分論　第4章 調和積分論の発展と応用　第5章 層の理論　第6章 消滅定理と埋め込み定理　第7章 複素多様体の変形理論　第8章 解析曲面の分類理論

◇数学者・小平邦彦氏のこと―茅野市名誉市民　宮坂勝一著　〔出版地不明〕　宮坂勝一　2016.7　104p　21cm　Ⓝ289.1

◇数学をつくった天才たち　立田奨著　辰巳出版　2018.3　191p　19cm　(「天才たちのつくった数学の世界」(綜合図書 2015年刊)の改題、加筆・再編集)　1200円　①978-4-7778-2051-1　Ⓝ410.28

内容 1 数学の礎をつくった3人の巨匠(アルキメデス―人類史上第一級といえる科学者　アイザック・ニュートン―微分・積分学の祖　カール・フリードリヒ・ガウス―19世紀最大の数学者)　2 数学の歴史をつくった巨人たち(ベルンハルト・リーマン―未だ解かれることのない未解決問題を提唱　レオンハルト・オイラー―最高に美しい公式を作り上げた盲目の数学者　アンリ・ポアンカレ―宇宙の形の解明に一歩近った直観タイプの数学者　ほか)　3 数学の新たな道を開拓した天才たち(アレクサンドル・グロタンディーク―スキーム論を築き新しい数論を打ち立てた21世紀最大の数学者　小平邦彦―ヘルマン・ワイルに見いだされ日本人初のフィールズ賞を受賞　グレゴリー・ペレルマン―ポアンカレ予想を解決しても社会的名誉を辞退　ほか)

古髙 俊太郎〔1829〜1864〕　こだか・しゅんたろう

◇古髙俊太郎先生没後百五十年祭―日本の夜明けの礎 建国に情熱を捧げた勤王志士　古髙俊太郎先生遺徳顕彰会編　守山　古髙俊太郎先生遺徳顕彰会　2014.7　40p　19cm　〈年譜あり〉　Ⓝ289.1

小鷹 信光〔1936〜2015〕　こだか・のぶみつ

◇埼玉奇才列伝―自分流の生き方に徹し輝いた10人　佐々木明著　さいたま　さきたま出版会　2018.9　183p　21cm　1500円　①978-4-87891-462-1　Ⓝ281.34

内容 1 小鹿野のエジソン　赤岩松寿(発明家)　2 誰も真似られない前衛俳句　阿部完市(精神科医、俳人)　3 伝統を破り、作品を国内外で発表　今井満里(書家)　4 冤罪死刑囚と家族の支援に尽力　太田博也(童話作家、社会事業家)　5 元祖、釣りキャスター　金澤輝男(政党職員、釣り評論家)　6 世界の空を飛び新記録を残す　神田道夫(公務員、熱気球冒険家)　7 米国に魅せられミステリー翻訳九九冊　小鷹信光(翻訳家・作家)　8 創作民話と民話劇の巨匠　さねとうあきら(劇作家、民話作家)　9 世界の山を愛した超人　田部井淳子(登山家)　10 家庭教師と学習塾業界のカリスマ　古川のはる(教育評論家、事業家)

小谷 正一〔1912〜1992〕　こたに・まさかず

◇メディアの河を渡るあなたへ―小谷正一物語　岡田芳郎著　ボイジャー　2015.6　319p　19cm　〈年譜あり　文献あり〉　1800円　①978-4-86239-180-3　Ⓝ289.1

こだま

◇ここは、おしまいの地　こだま著　太田出版　2018.2　244p　18cm　1200円　①978-4-7783-1612-9　Ⓝ914.6

内容 父、はじめてのおつかい　雷おばさんの晩年　ふたりのおばさん　私の守り神　ここは、おしまいの地　金髪の豚　川本、またおまえか　モンシロチョウを棄てた街で　春の便り　先生のうわさ〔ほか〕

児玉 花外〔1874〜1943〕　こだま・かがい

◇長門ゆかりの詩人 児玉花外　〔長門〕　長門郷土文化研究会　2014.7　142p　26cm　〈生誕140年記念　年譜あり〉　Ⓝ911.52

小玉 和文〔1955〜〕　こだま・かずふみ

◇いつの日かダブトランペッターと呼ばれるようになった　こだま和文著　東京キララ社　2014.6　253p　19cm　〈年譜あり〉　1500円　①978-4-903883-04-5　Ⓝ764.7

児玉 清〔1934〜2011〕　こだま・きよし

◇人生とは勇気―児玉清からあなたへラストメッセージ　児玉清著　集英社　2014.10　190p　16cm　(集英社文庫 こ33-2)　430円　①978-4-08-745239-6　Ⓝ778.21

内容 第1章 きらめく言葉の花束―珠玉のインタビューより　第2章 エッセイ 祈りの旅路(祈りのこと　運不運ということ　子どものころのこと　月のこと　転機のこと　女神たちのこと　俳優人生のこと　僕を照らしてくれたもののこと　そして再び、祈りのこと)

児玉 源太郎〔1852〜1906〕　こだま・げんたろう

◇偉人伝/児玉源太郎―現代人が今一番目指すべき姿　前篇　木立順一著　メディアポート　2014.4　249p　22cm　①978-4-86558-011-2　Ⓝ210.6

◇偉人伝/児玉源太郎―現代人が今一番目指すべき姿　後篇　木立順一著　メディアポート　2014.6　249p　22cm　①978-4-86558-012-9　Ⓝ210.6

◇児玉源太郎―明治陸軍のリーダーシップ　大澤博明著　山川出版社　2014.9　95p　21cm　(日本史リブレット人 089)〈文献あり　年譜あり〉　800円　①978-4-634-54889-3　Ⓝ289.1

内容 明治陸軍のリーダーシップ　1 陸軍軍人として

2 政治家として　3 政治と軍事の統合を担う　4 日露戦後における児玉の位置

◇児玉源太郎関係文書　尚友倶楽部児玉源太郎関係文書編集委員会編　同成社　2015.1　475p　22cm　〈年譜あり〉　8000円　Ⓘ978-4-88621-690-8　Ⓝ289.1

内容 1 児玉源太郎宛書簡　2 児玉源太郎書簡　3 児玉源太郎日記・手帳　4 児玉源太郎意見書草稿・覚書　5 佐賀の乱・敬神党の乱・西南戦争関係　6 日清・日露戦争関係　7 その他の書類

◇史論児玉源太郎—明治日本を背負った男　中村謙司著　潮書房光人社　2017.1　238p　16cm　（光人社NF文庫　なN-987）〈光人社 2009年刊の再刊　文献あり　年譜あり〉　750円　Ⓘ978-4-7698-2987-4　Ⓝ289.1

内容 第1章 激動の生涯　第2章 台湾総督時代　第3章 対露戦争への布石　第4章 日露戦争　第5章 講和後　第6章 児玉が遺したもの、遺せなかったもの

ゴータマ・シッダールタ
⇒釈迦（しゃか）を見よ

児玉 日容〔1830～1890〕こだま・にちよう
◇児玉日容上人—本多日生師への伝灯　藤本俊昭編纂　岡山　丸善書店岡山シンフォニービル店出版サービスセンター　2018.10　206p　22cm　〈年譜あり〉　Ⓘ978-4-89620-254-0　Ⓝ188.92

小玉 正巳〔1911～2002〕こだま・まさみ
◇秋田のレスリングに賭けた夢—小玉正巳と秋田のレスラーたち　長尾景義著　秋田　秋田協同印刷　2014.7　253p　20cm　〈年譜あり〉　1500円　Ⓘ978-4-907159-15-3　Ⓝ788.2

児玉 芳子　こだま・よしこ
⇒杉千代（すぎ・ちよ）を見よ

五仲庵 有節〔1805～1872〕ごちゅうあん・ゆうせつ
◇俳人五仲庵有節　矢羽勝幸著　名古屋　ブイツーソリューション　2017.9　134p　19cm　2000円　Ⓝ911.35

小寺 正三〔1914～1995〕こてら・しょうぞう
◇大阪の俳人たち　7　大阪俳句史研究会編　大阪　和泉書院　2017.6　256p　20cm　（上方文庫　41—大阪俳句史研究会叢書）　2600円　Ⓘ978-4-7576-0839-9　Ⓝ911.36

内容 高浜虚子（明治7年2月22日～昭和34年4月8日）　川西和露（明治8年4月20日～昭和20年4月1日）　浅井啼魚（明治8年10月4日～昭和12年8月19日）　尾崎放哉（明治18年1月20日～大正15年4月7日）　橋本多佳子（明治32年1月15日～昭和38年5月29日）　小寺正三（大正3年1月16日～平成7年2月12日）　桂信子（大正8年11月1日～平成16年12月16日）　森雄雄（大正8年2月28日～平成22年8月11日）　山田弘子（昭和9年8月24日～平成22年2月7日）　摂津幸彦（昭和22年1月28日～平成8年10月13日）

後藤 朝太郎〔1881～1945〕ごとう・あさたろう
◇シナに魅せられた人々—シナ通列伝　相田洋著　研文出版（山本書店出版部）　2014.11　354p　20cm　（研文選書 123）　3000円　Ⓘ978-4-87636-388-9　Ⓝ222

内容 1 タフで骨太な民間シナ学研究家・後藤朝太郎（シナ服・シナ帽で市中を歩き回る男　少壮気鋭の言語学者・後藤朝太郎　ほか）　2 芥川龍之介を食傷させたシナ風物研究家・中野江漢（北京の風物狂・中野江漢　青雲の志を抱いて、シナに渡る　ほか）　3 魯迅に嫌われたシナ民衆文化研究家・井上紅梅（シナ五大道楽の案内人・井上紅梅　謎の前半期からシナに渡るまで　ほか）　4 芥川龍之介を驚嘆させた稀代の戯迷（京劇狂）・辻聴花（龍之介、その「怪声」に驚く　教育雑誌記者・辻聴花　ほか）　5 シナ怪異譚『聊斎志異』に魅せられた二人の聊斎癖・柴田天馬、平井雅尾（『聊斎志異』に魅せられた「聊斎癖」「聊斎癖」以前の柴田天馬　ほか）

五島 慶太〔1882～1959〕ごとう・けいた
◇五島慶太伝—東京都市大学グループの祖・五島慶太の立志伝　五島慶太翁生誕130年記念誌編纂委員会編、重永睦夫文　五島育英会　2014.4　218p　21cm　Ⓝ289.1

◇ライフスタイルを形成した鉄道事業　老川慶喜、渡邉恵一著　芙蓉書房出版　2014.8　239p　22cm　（シリーズ情熱の日本経営史 8）〈文献あり〉　2800円　Ⓘ978-4-8295-0616-5　Ⓝ686.21

内容 小林一三（郷里と生い立ち　三井銀行時代　箕面有馬電気軌道の創業　日本の小林一三へ）　堤康次郎（郷里と生い立ち　箱根土地会社の設立　鉄道事業と百貨店・新宿園・武蔵野デパート　戦後の事業）　五島慶太（生い立ち　官僚から実業家へ　鉄道事業の発展　戦時から戦後へ）　根津嘉一郎（はじめに　根津嘉一郎の経営理念　東武鉄道の経営再建　東武沿線の産業振興と日光の観光開発　日本の事業）

◇東京王—首都の背後に君臨した知られざる支配者たち　小川裕夫著　ぶんか社　2017.11　189p　19cm　〈文献あり〉　1300円　Ⓘ978-4-8211-4467-9　Ⓝ281.36

内容 東京の知性を育んだ初代総理の教育熱—伊藤博文　一大商都目指し奮闘した資本主義の父—渋沢栄一　東京を"建てた"男の栄光と未踏の夢—辰野金吾　東京発の"メイド・イン・ジャパン"—大久保利通　GHQをも退けた"電力の鬼"実業家—松永安左エ門　帝都に君臨する大財閥・三菱の創始者—岩崎弥太郎　下級武士から東京を創った成り上がり—後藤新平　四人の鉄道王が東京に残した巨大な足跡—小林一三　朝敵の罪を背負った徳川宗家の後継者—徳川家達　後進国・日本の逆襲を都市計画で実現—井上馨　人材育成の視点から日本実業界を醸成—福澤諭吉　片田舎の谷・渋谷に君臨した田園王—五島慶太　技術力で首都を開拓した地方藩出身者—大隈重信　都知事の座に最も長く君臨し続けた男—鈴木俊一

後藤 健二〔1967～2015〕ごとう・けんじ
◇ジャーナリスト後藤健二—命のメッセージ　栗本一紀著　法政大学出版局　2016.12　197p　20cm　〈年譜あり〉　1400円　Ⓘ978-4-588-67216-3　Ⓝ070.16

内容 第1章 ジャーナリストという職業　第2章 ジャーナリスト・後藤健二ができるまで　第3章 人としての信念　第4章 私たちの知らなかった後藤さん　第5章 ジャーナリズムの意義　第6章 最後の取材

ごとう

後藤 象二郎〔1838～1897〕 ごとう・しょうじろう

◇後藤象二郎と岩崎弥太郎―幕末維新を駆け抜けた土佐の両雄　志岐隆重著　長崎　長崎文献社　2016.11　194p　19cm　1400円　①978-4-88851-269-5　Ⓝ289.1

内容 第1章 弥太郎の青春　第2章 象二郎と「大政奉還」　第3章 幕府の滅亡と戊辰戦争　第4章 象二郎、下野　第5章 弥太郎の海運事業　第6章 弥太郎と象二郎の最期

◇幕末明治人物誌　橋川文三著　中央公論新社　2017.9　308p　16cm　(中公文庫 は73-1)　1000円　①978-4-12-206457-7　Ⓝ281

内容 吉田松陰―吉田松陰　坂本龍馬―維新前夜の男たち　西郷隆盛―西郷隆盛の反動性と革命性　後藤象二郎―明治のマキャベリスト　高山樗牛―高山樗牛　乃木希典―乃木伝説の思想　岡倉天心―岡倉天心の面影　徳冨蘆花―蘆花断想　内村鑑三―内村鑑三先生　小泉三申―小泉三申論　頭山満―頭山満

後藤 新平〔1857～1929〕 ごとう・しんぺい

◇後藤新平日本の羅針盤となった男　山岡淳一郎著　草思社　2014.12　492p　16cm　(草思社文庫 や1-2)〈文献あり〉　1200円　①978-4-7942-2092-9　Ⓝ289.1

内容 第1章 地獄の季節　第2章 疫病との戦い　第3章 台湾統治　第4章 満鉄創業　第5章 政争と政変のなかで　第6章 帝都壊滅　第7章 帝都復興―見果てぬ夢

◇後藤新平追想録　奥州市立後藤新平記念館編　改訂版　奥州　奥州市教育委員会　2015.2　137p　21cm　〈年譜あり〉　Ⓝ289.1

◇後藤新平の発信力　渡辺利夫, 奥田進一編著　補訂版　成文堂　2015.3　102p　22cm　(パースペクティヴズ 6)〈文献あり〉　1000円　①978-4-7923-9247-5　Ⓝ289.1

内容 各種法政策・制度(海水浴 樟脳 ほか)　鉄道・鉄道関連組織(台湾新幹線 阿里山森林鉄道 ほか)　メディア・通信(郵便諸制度(速達、内容証明、赤い郵便ポスト) かんぽ生命保険 ほか)　組織・建造物(伝染病研究所 警察学校 ほか)　震災復興(築地市場 東京の幹線道路 ほか)

◇まなざし　鶴見俊輔著　藤原書店　2015.11　270p　20cm　2600円　①978-4-86578-050-5　Ⓝ281.04

内容 序にかえて 話の好きな姉をもって　Ⅰ 石牟礼道子　金時鐘　岡部伊都子　吉川幸次郎　小田実　Ⅱ 高野長英　曽祖父・安場保和　祖父・後藤新平　父・鶴見祐輔　姉・鶴見和子　跋にかえて 同じ母のもとで 鶴見和子　結びにかえて 若い人に

◇経済・社会と医師たちの交差―ペティ、ケネー、マルクス、エンゲルス、安藤昌益、後藤新平たち　日野秀逸著　本の泉社　2017.10　175p　19cm　1300円　①978-4-7807-1653-5　Ⓝ498.04

内容 序に代えて―医師・医学と経済・社会　1部 マルクス・エンゲルスと医師・医学(マルクス・エンゲルス全集に登場する271人の医師たち　マルクス・エンゲルスと親族や友人の医師たち　マルクスたちは自然科学に強い関心を払った　医師と科学研究 経済学研究の先行者としての医師たち ほか)　2部 日本における先駆者たち―安藤昌益と後藤新平(安藤昌益(1703～1762)　後藤新平(1857～1929))

◇東京王―首都の背後に君臨した知られざる支配者たち　小川裕夫著　ぶんか社　2017.11　189p　19cm　〈文献あり〉　1300円　①978-4-8211-4467-9　Ⓝ281.36

内容 東京の知性を育んだ初代総理の教育熱―伊藤博文　一大商都目指し奮闘した資本主義の父―渋沢栄一　東京を"建てた"男の栄光と未踏の夢―辰野金吾　東京発の"メイド・イン・ジャパン"―大久保利通　GHQをも退けた"電力の鬼"実業家―松永安左エ門　帝都に君臨した大財閥・三菱の創始者―岩崎弥太郎　下級武士から東京を創った成り上がり―後藤新平　西の鉄道王が東京に残した巨大な足跡―小林一三　朝敵の罪に背負った徳川宗家の後継者―徳川家達　後進国・日本の逆襲を都市計画で実現―井上馨　人材育成の視点から日本実業界を醸成―福澤諭吉　片田舎の谷・渋谷に君臨した田部国王―五島慶太　技術力で首都を開拓した地方藩出身者―大隈重信　都知事の座に最も長く君臨し続けた男―鈴木俊一

後藤 宙外〔1867～1938〕 ごとう・ちゅうがい

◇現代文士廿八人　中村武羅夫著　講談社　2018.6　217p　16cm　(講談社文芸文庫 な U1)〈日高有倫堂 1909年刊の再編集〉　1600円　①978-4-06-511864-1　Ⓝ910.261

内容 田山花袋　国木田独歩　生田葵山　夏目漱石　菊池幽芳　小川未明　小杉天外　内藤鳴雪　徳田秋声　水野葉舟〔ほか〕

後藤 俊彦〔1945～〕 ごとう・としひこ

◇神と神楽の杜に生きる　後藤俊彦著, 宮日文化情報センター編　宮崎　宮日文化情報センター(印刷)　2017.10　225p　21cm　1500円　①978-4-904186-67-1　Ⓝ172

後藤 はつの〔1903～2017〕 ごとう・はつの

◇111歳、いつでも今から　後藤はつの著　河出書房新社　2015.2　126p　21cm　〈年譜あり〉　1300円　①978-4-309-02353-3　Ⓝ289.1

内容 第1章 73歳からの手習いで画家デビュー(73歳、イチから始めた絵にいつしか夢中に。もう遅い。そんなことはありません。　はつの写真館(1)―晴れた日はバラ園に ほか)　第2章 絵の原点、故郷・赤倉の思い出(絵のテーマは故郷の妙高山と赤倉温泉の暮らし。幼いころの思い出をあふれるように描きました。　別荘に豆腐を届けてはかわいがってもらった天心おじさん。作法や絵のこともさりげなく教えてくださいました。 ほか)　第3章 100歳超えて、海外へ(103歳で米国・西海岸へ。16日間の大旅行！ はつのスマイルで友達もたくさんできました。　106歳でニューヨークへ。世界の中心で展覧会を開きたい！ 体調不良で頓挫。でも、挑戦には胸を張りたい。 ほか)　第4章 日々新しく。ほほえみを忘れずに(ぶつかり事故の大怪我から赤い服を身につけるように。赤い服は元気の源、自らを守る知恵でもあります。　毎日おしゃれ。女性であることを楽しみたい。赤い口紅をさして。華やかな笑顔で。 ほか)

後藤 洋央紀〔1979～〕 ごとう・ひろおき
◇同級生—魂のプロレス青春録　後藤洋央紀, 柴田勝頼著　辰巳出版　2014.12　255p　19cm　(G SPIRITS BOOK Vol.4)〈年表あり〉1400円　Ⓘ978-4-7778-1317-9　Ⓝ788.2
[内容]第1章 生い立ち　第2章 中学時代　第3章 高校時代　第4章 それぞれの道　第5章 再会　第6章 迷走　第7章 荒武者誕生　第8章 転機　第9章 青春　後藤洋央紀/柴田勝頼年表

後藤 浩輝〔1974～2015〕 ごとう・ひろき
◇後藤浩輝「情熱510％」　後藤浩輝著　報知新聞社　2015.10　279p　19cm　1389円　Ⓘ978-4-8319-0146-0　Ⓝ788.5
＊スポーツ報知に連載されていたコラムから麻利絵夫人が選んだものを再録、加筆。
◇後藤の語！　後藤浩輝著　UMAJIN　2016.6　335p　20cm　2000円　Ⓘ978-4-907284-03-9　Ⓝ788.5
[内容]第1章 書き下ろし連載、スタートは突然に。　第2章 同期、後輩、外国人。そして、自分。　第3章 たくさんの人と馬と、出会いと再会と。　第4章 みんな、頑張れ、俺！　第5章 しーずん2 二度目の休養から、二度目の復帰へ。

後藤 文雄〔1929～〕 ごとう・ふみお
◇今ここに—「十五歳の巡礼」を歩き終えたら　後藤文雄著　講談社エディトリアル　2018.9　245p　19cm　〈他言語標題：Hic et Nunc〉1852円　Ⓘ978-4-86677-014-7　Ⓝ198.221
[内容]第1章 長兄ウマンス神父との別れ　第2章 母と父の思い出に抱かれて　第3章 Hic et Nunc—今ここに　第4章 私のイエス、私のマリア　第5章「旅する教会」の本当の旅　資料1 アマタックの十二年会報『ソックサバーイ』より　資料2 二つの受賞記念講演

後藤 真希〔1985～〕 ごとう・まき
◇今の私は　後藤真希著　小学館　2018.10　156p　21cm　〈年譜あり〉1600円　Ⓘ978-4-09-388647-5　Ⓝ767.8
[内容]まえがき ふつうの幸せ　第1章 モーニング娘。として　第2章 ひとりの女性として　第3章 下町暮らし　第4章 いまの私をつくるもの

後藤 昌幸〔1933～〕 ごとう・まさゆき
◇百の功績も一の過ちで全てを失う—経営の本音を語る うぬぼれるなへこたれるな　後藤昌幸著　高木書房（発売）　2014.12　223p　18cm　926円　Ⓘ978-4-88471-434-5　Ⓝ289.1
[内容]人生最大の失敗　後継者の資格をどう育て見極めるか　老舗企業が教える経営者の生き方　私の生い立ち　逃げて諦めては、成就はおぼつかない　私の初恋—二千通のラブレター　不良在庫処理、株券譲渡から始まった滋賀ダイハツ　岩崎社長の決断「君を社長に推挙する」　次のステージ登場「兵庫ダイハツ」　社員教育と人が活躍できる組織改革　師匠を持つ　再度滋賀ダイハツに復帰

後藤 又兵衛〔1560～1615〕 ごとう・またべえ
◇大坂の陣 秀頼七将の実像　三池純正著　洋泉社　2015.10　223p　18cm　(歴史新書)〈文献あり〉900円　Ⓘ978-4-8003-0755-2　Ⓝ210.52
[内容]序章 彼らはなぜ戦ったのか　第1章 秀頼七将の実像(真田信繁—敵方をも感動させた「日本一の兵」　長宗我部盛親—御家再興のため鉄壁の軍団を率いて入城　毛利勝永—家康本陣に突入したもう一人の猛将　後藤基次—家康に警戒され続けた多くの武功　明石全登—謎の生死が伝わるキリシタン武将　木村重成—秀頼一筋に奮戦した短い生涯　大野治房—大坂城内随一の強硬派）　第2章 再考！ 大坂の陣と豊臣秀頼
◇後藤又兵衛—大坂の陣で散った戦国武将　福田千鶴著　中央公論新社　2016.4　289p　18cm　(中公新書 2372)〈文献あり 年譜あり〉820円　Ⓘ978-4-12-102372-8　Ⓝ289.1
[内容]第1章 後藤又兵衛の系譜　第2章 主家黒田氏の発展と後藤又兵衛　第3章 乱世から天下静謐へ　第4章 大坂籠城への道—牢人たちの選択　第5章 大坂冬の陣・夏の陣　終章 戦国武将の実像
◇家康と播磨の藩主　播磨学研究所編　神戸新聞総合出版センター　2017.8　255p　20cm　1800円　Ⓘ978-4-343-00962-3　Ⓝ281.64
[内容]家康を見直す　賤ヶ岳七本槍の加古川城主・加須屋武則　"西国の将軍"姫路城主・池田輝政　山崎、福本に刻む池田輝澄・政直の足跡　林田藩主・建部政長　播磨の豪将・後藤又兵衛　海峡の町を創った明石城主・小笠原忠真　戦国の龍野城主・蜂須賀小六正勝　関ヶ原・大坂で家康に味方した一柳家　永井直勝の一族と赤穂藩主・永井直敬

後藤 眞理子〔1948～〕 ごとう・まりこ
◇いのちに向きあって—助産師・眞理子の半世紀　後藤眞理子著, 山野井孝有編集・制作　〔出版地不明〕〔後藤眞理子〕　2015.2　288p　21cm　〈年譜あり〉Ⓝ289.1

五嶋 みどり〔1971～〕 ごとう・みどり
◇偉大なるヴァイオリニストたち 2 チョン・キョンファから五嶋みどり、ヒラリー・ハーンまで　ジャン＝ミシェル・モルク著, 神奈川夏子訳　ヤマハミュージックメディア　2017.4　356,8p　21cm　〈文献あり〉3400円　Ⓘ978-4-636-92333-9　Ⓝ762.8
[内容]ボリス・ベルキン　チョン・キョンファ　ピンカス・ズーカーマン　オーギュスタン・デュメイ　ピエール・アモイヤル　ドミトリ・シトコヴェツキー　ナイジェル・ケネディ　シュロモ・ミンツ　ヴィクトリア・ムローヴァ　チョーリャン・リン［ほか］

後藤 基次 ごとう・もとつぐ
⇒後藤又兵衛（ごとう・またべえ）を見よ

後藤 米治〔1934～〕 ごとう・よねはる
◇私の生涯　後藤米治著　作品社　2018.8　155p　20cm　Ⓝ289.1

後藤 誉之助〔1916～1960〕 ごとう・よのすけ
◇もはや戦後ではない—経済白書の男・後藤誉之助　青地正史著　日本経済評論社　2015.5　204p　20cm　(同時代史叢書)〈文献あり〉3000円　Ⓘ978-4-8188-2383-9　Ⓝ289.1

ことうた

内容 第1章 日本の経済学の潮流　第2章 幼少期・青年期　第3章 復興期の日本　第4章 市場経済への出発　第5章 アメリカ滞在　第6章 白書のキャッチフレーズに見る高度成長期・初期　第7章 再発見：高度成長期　第8章 譽之助の死とリベンジ　第9章 現代と譽之助

後藤田 正晴〔1914～2005〕ごとうだ・まさはる
◇後藤田正晴と矢口洪一―戦後を作った警察・司法官僚　御厨貴著　筑摩書房　2016.7　302p　15cm　（ちくま文庫 み32-3）〈「後藤田正晴と矢口洪一の統率力」（朝日新聞出版 2010年刊）の改題〉　900円　①978-4-480-43377-0 Ⓝ289.1

内容 第1章 立身出世の階梯を昇る（後藤田式1 視野は広くとる　矢口式1 厳格にやる必要はない　後藤田式2 ポストは自分から希望しない　矢口式2 大局的に物事を見る　後藤田式3 任期はどんどん短くする　矢口式3 外に出て人脈と見聞を広げる）　第2章 人をよく見て判断する（後藤田式1 力の行使には限界がある　矢口式1 自分から物事を進めていく　後藤田式2 役人の世界を熟知する　矢口式2 多種多様な人材を集める　後藤田式3 暗黙知のネットワークを作る　矢口式3 あらゆる準備をしておく）　第3章 リーダーシップに磨きをかける（後藤田式1 激しい政治抗争で一皮むける　矢口式1 できるだけ見聞を広める　後藤田式2 無用な敵を作らない　矢口式2 最高裁の在り方を考え直す　後藤田式3「工程表」による決定過程を描く　矢口式3 調査・報告書の作成は若い人に頼め）

◇定本 後藤田正晴―異色官僚政治家の軌跡　保阪正康著　筑摩書房　2017.8　502.7p　15cm　（ちくま文庫 ほ16-5）〈「後藤田正晴」（文藝春秋 1993年刊）の改題　年譜あり〉　1200円　①978-4-480-43459-3 Ⓝ289.1

内容 序章 峠の記憶　第1章 現実をみる少年の目　第2章 国家への素朴な問い　第3章 自立した旧内務官僚の道　第4章 治安の総帥としての素顔　第5章「指導者の黒子」という衣　第6章 官房長官の闘い　第7章 政治改革とその時代　終章 幻の「後藤田内閣」　補章

琴欧洲 勝紀〔1983～〕ことおうしゅう・かつのり
◇今、ここで勝つために―琴欧洲自伝　琴欧洲勝紀著　徳間書店　2014.9　182p　19cm　1400円　①978-4-19-863860-3 Ⓝ788.1

内容 序章 引退を決めたとき　第1章 カロヤン少年、「琴欧洲」への道　第2章 外国人力士という孤独　第3章 いざ初土俵へ　第4章 家族という原動力　第5章 初の欧州出身大関の誕生　第6章 祖国ブルガリアのために何ができるか　第7章 出会いと別れが私を強くする　終章 花道の向こうに見えたのは

後鳥羽天皇〔1180～1239〕ごとばてんのう
◇中世の人物 京・鎌倉の時代編　第3巻　大阪 清文堂出版　2014.7　382p　22cm　4500円　①978-4-7924-0996-8 Ⓝ281

内容 後鳥羽院（美川圭著）　九条道家（井上幸治著）　西園寺公経（山岡瞳著）　藤原秀康（長村祥知著）　藤原定家（谷昇著）　源実朝（長村祥孝一著）　北条政子（黒嶋敏著）　北条義時（田辺旬著）　北条泰時（菊池紳一著）　北条時房と重時（久保田和彦著）　九条頼経・頼嗣（岩田慎平著）　竹御所と石山尼（小野翠著）　三浦義村（真鍋淳哉著）　大江広元と三善康信〈善信〉（佐藤雄基著）　宇都宮頼綱（野口実著）　慈円（菊地大樹著）　聖覚（平雅行著）　定豪（海老名尚著）　円爾（原田正俊著）　叡尊（細川涼一著）　公武権力の変容と仏教界（平雅行／編）

◇天皇の歴史　4　天皇と中世の武家　大津透, 河内祥輔, 藤井讓治, 藤田覚編集委員　河内祥輔, 新田一郎著　講談社　2018.3　375p　15cm　（講談社学術文庫 2484）〈文献あり　年表あり　索引あり〉　1210円　①978-4-06-292484-9 Ⓝ210.1

内容 第1部 鎌倉幕府と天皇（平安時代の朝廷とその動揺　朝廷・幕府体制の成立　後鳥羽院政と承久の乱　鎌倉時代中・後期の朝廷・幕府体制）　第2部「古典」としての天皇（朝廷の再建と南北朝の争い　足利義満の宮廷　「天皇家」の成立　古典を鑑とした世界）　近世国家への展望

小中 和子〔1932～〕こなか・かずこ
◇私の歩んだ道―私の昭和・私の平成　小中和子著　大阪　澪標　2015.8　163p　21cm　〈年譜あり〉　1600円　①978-4-86078-309-9 Ⓝ289.1

小浪 幸子〔1946～〕こなみ・さちこ
◇帝王のいない家―キャバレーミカドの娘たち　小浪幸子著　幻冬舎ルネッサンス　2014.11　263p　19cm　1400円　①978-4-7790-1130-6 Ⓝ289.1

内容 第1章 神戸での少女時代（美しい母との想い出　やんちゃでお転婆だった幼少期　ほか）　第2章 父の東京進出に伴って（趣味でも日本一主義！　父のユニークな性格　東洋一のキャバレー王への足掛かり、「ミカド」の買収　ほか）　第3章 社長就任（社長就任パーティ前後　新体制のもとで芸能改革を起こす　ほか）　第4章 新ビル「プラザミカド」（いよいよ「プラザミカド」竣工！　テナント探しに奔走の日々　一生忘れることがない、オープニング・パーティー　ほか）　第5章 ニューヨークでの新生活（妹の事故智子の結婚　ほか）

小西 邦彦〔1933～2007〕こにし・くにひこ
◇ピストルと荊冠―〈被差別〉と〈暴力〉で大阪を背負った男・小西邦彦　角岡伸彦著　講談社　2017.3　315p　15cm　（講談社＋α文庫 G299-1）〈2012年刊の加筆・修正　文献あり〉　740円　①978-4-06-281710-3 Ⓝ289.1

内容 第1章 支部長誕生　第2章 ふたつの顔　第3章 銭の花　第4章 母の教え　第5章 ゆがんだ棺

小西 孝子〔1939～〕こにし・たかこ
◇悔いのない人生―喜寿、感謝　小西孝子著　文芸社　2017.7　105p　20cm　1100円　①978-4-286-18444-9 Ⓝ289.1

小西 忠禮〔1941～〕こにし・ただのり
◇扉を開けろ―小西忠禮の突破力　髙久多美男著〔出版地不明〕　髙久多美男　2017.1　257p　22cm　〈発行所：フーガブックス　文献あり〉　1800円　①978-4-902487-27-5 Ⓝ289.1

内容 プロローグ 扉は開けるためにある　第1章 逆境が育む人間の根っこ　第2章 愚直さがつかんだ大きな果実　第3章 超一流の舞台での人生修業　第4章

小野正吉とアラン・シャペル　第5章　ホザナ幼稚園に結実した二人の思い　第6章　現場で培ったフィロソフィー　小西忠禮写真館　附録　フランス料理のいろは

小西　チヨ〔1926～〕　こにし・ちよ
◇波乱の道のり看護とともに　小西チヨ著，秋田魁新報社編　秋田　秋田魁新報社　2016.10　145p　18cm　（さきがけ新書 23―シリーズ時代を語る）〈年譜あり〉　800円　①978-4-87020-385-3　Ⓝ289.1

小西　博之〔1959～〕　こにし・ひろゆき
◇生きてるだけで150点！　小西博之著　毎日新聞出版　2017.7　189p　19cm　1200円　①978-4-620-32456-2　Ⓝ778.21
|内容|第1章　悪いことを素直に受け入れる（縮んでいく体　便器にトマトジュース　ほか）　第2章　壁のもう一歩先をイメージする（「徹子の部屋」に出演するんだ　壁のもう一歩先をイメージする　ほか）　第3章　すべてを前向きに考えよう（前向きな気持ちは人に伝わり自分に返ってくる　手術の傷は「勝利のVサイン」　ほか）　第4章　気楽に、喜楽に（「闘病」という言葉は使わない　「余命」はまったく当てにならない　ほか）　第5章　生きてるだけで150点！（命の大切さを伝えたい　ユッコちゃんが許せなかった　ほか）

小西　政継〔1938～1996〕　こにし・まさつぐ
◇未完の巡礼―冒険者たちへのオマージュ　神長幹雄著　山と溪谷社　2018.3　301p　20cm　〈文献あり〉　1700円　①978-4-635-17822-8　Ⓝ281
|内容|植村直己―時代を超えた冒険家　長谷川恒男―見果てぬ夢　星野道夫―生命へのまなざし　山田昇―十四座の壁　河野兵市―リーチングホーム　小西政継―優しさの代償

小西　増太郎〔1862～1940〕　こにし・ますたろう
◇ドラマチック・ロシアin JAPAN　4　日露異色の群像30―文化・相互理解に尽くした人々　続　長塚英雄責任編集　生活ジャーナル　2017.12　531p　22cm　〈3の出版者：東洋書店〉　2800円　①978-4-88259-166-5　Ⓝ319.1038
|内容|レフ・メーチニコフ（1838‐1888）西郷が呼んだロシアの革命家　ニコライ・ラッセル（1850‐1930）子孫が伝える二〇世紀の世界人の記憶　黒野義文（?‐1918）東京外語露語科からペテルブルグ大学東洋語学部へ　小西増太郎（1861‐1939）トルストイとスターリンに会った日本人―激動の昭和を生きた祖父小西増太郎　ニコライ・マトヴェーエフ（1865‐1941）マトヴェーエフと戦後最初のロシア人観光団　徳富蘆花（1868‐1927）日本におけるトルストイ受容の先駆者として　セルギイ・チホミーロフ（1871‐1945）日本の府主教セルギイ―その悲劇の半生　内田良平（1874‐1937）「黒龍会」内田良平のロシア観　瀬沼夏葉（1875‐1915）瀬沼夏葉とチェーホフ作品の翻訳　相馬黒光（1875‐1955）"アンビシャスガール"とロシア文化〔ほか〕

小西　行長〔?～1600〕　こにし・ゆきなが
◇再検証　小西行長―謎の武将が今よみがえる　第2集　宇土市教育委員会編　宇土　宇土市　2016.3　192p　図版 8p　21cm　〈年表あり〉　

譜あり〉　1000円　①978-4-9905359-2-6　Ⓝ289.1
◇鉄の首枷―小西行長伝　遠藤周作著　改版　中央公論新社　2016.8　306p　16cm　（中公文庫　え10-7）〈初版：中央公論社　1979年刊　年譜あり〉　660円　①978-4-12-206284-9　Ⓝ289.1
  ＊戦国の苛酷な権力者・太閤秀吉に仕えた堺商人の息子小西行長は、切支丹でありながら水軍の将として重要される。だが、それは世俗的な野望と、教えに背く朝鮮侵略戦争との板挟みとなることだった。苦悩の末、面従腹背の道を選び、朝鮮と密かな和平交渉を重ね続けるが…。行長の葛藤に充ちた生涯を描く。
◇再検証小西行長―謎の武将が今よみがえる　第3集　宇土市教育委員会編　宇土　熊本県宇土市　2018.3　264p　図版 8p　21cm　〈年譜あり〉　1000円　①978-4-9905359-3-3　Ⓝ289.1

小沼　治夫〔?～1989〕　こぬま・はるお
◇反骨の知将―帝国陸軍少将・小沼治夫　鈴木伸元著　平凡社　2015.10　253p　18cm　（平凡社新書 790）〈文献あり〉　800円　①978-4-582-85790-0　Ⓝ289.1
|内容|第1章　"反骨の知将"の誕生　第2章　実戦経験がもたらしたもの　第3章　日本は「近代戦」に勝てない　第4章　封印された警告　第5章　飢餓の島へ―歴史の皮肉　第6章　終戦―物言わぬ軍人　終章　多くを語らなかった戦後

近衛　秀麿〔1898～1973〕　このえ・ひでまろ
◇戦火のマエストロ　近衛秀麿　菅野冬樹著　NHK出版　2015.8　285p　20cm　〈文献あり〉　2500円　①978-4-14-081682-0　Ⓝ762.1
|内容|第1章　ベルリン・フィルを初めて指揮した日本人（留学生が成し遂げた快挙　ベルリン・フィルの番人　ほか）　第2章　ナチス政権下の音楽家たち（三一名の署名　「暗黙の了解」　ほか）　第3章　亡命トライアングル（新響の労働争議　秀麿、アメリカへ　ほか）　第4章　「近衛オーケストラ」の秘密（フルトヴェングラーの秘書からの依頼　フルトヴェングラー、アメリカ入国を拒否される　ほか）　第5章　最後の謎―米軍中尉ネルソンとの対話（「コンセール・コノエ」の演奏会評　秀麿、楽譜を隠す　ほか）
◇近衛秀麿―亡命オーケストラの真実　菅野冬樹著　東京堂出版　2017.12　382p　22cm　〈文献あり　年表あり〉　3800円　①978-4-490-20976-1　Ⓝ762.1
|内容|指揮者・近衛秀麿「最後の人道活動」　第1章　欧州での活躍　第2章　活動の軌跡を追って　第3章　ナチス占領下のポーランド公演　第4章　謎のオーケストラ「コンセール・コノエ」　第5章　亡命オーケストラとユダヤ人音楽家の国外脱出　第6章　「コンセール・コノエ」解散から終戦まで　近衛秀麿の出生から終戦までの活動年表

近衛　文麿〔1891～1945〕　このえ・ふみまろ
◇重臣たちの昭和史　上　勝田龍夫著　文藝春秋　2014.8　465p　16cm　（文春学藝ライブラリー―歴史 6）　1580円　①978-4-16-813024-3　Ⓝ210.7
|内容|第1章　大正デモクラシー・政党政治のころ―原

こはし

田・西園寺・木戸・近衛　第2章 敢然とファッショの風潮に立ち向かって―浜口遭難と宇垣の野望　第3章 国内と満州に同時にやろう―満州事変と十月事件、五・一五事件　第4章 ファッショに近き者は絶対に不可なり―斎藤内閣と帝人事件　第5章 議会主義の守り本尊・西園寺が牙城―岡田内閣と陸軍の内政干渉　第6章 朕自ラ近衛師団ヲ率イ、此ガ鎮圧ニ当ラン―二・二六事件　第7章 今の陸下は御不幸なお方だ―広田内閣と林内閣

◇重臣たちの昭和史　下　勝田龍夫著　文藝春秋　2014.8　478p　16cm　〈文春学藝ライブラリー―歴史 7〉　1690円　Ⓘ978-4-16-813025-0　Ⓝ210.7

[内容] 第8章 総権益を捨てるか、不拡大を放棄するか―蘆溝橋事件と近衛内閣　第9章 二つの国・陸軍という国と、それ以外の国がある―防共強化問題　第10章 どこに国を持って行くんだか、どうするんだか―三国同盟と西園寺の死　第11章 太平洋戦争を招く二つの誤算―独ソ開戦と日米交渉　第12章 終戦をめぐって―近衛と原田の死

◇近衛文麿「黙」して死す　鳥居民著　草思社　2014.12　252p　16cm　〈草思社文庫　と2-4〉　800円　Ⓘ978-4-7942-2095-0　Ⓝ210.75

[内容] 第1章 ミニ戦犯裁判　第2章 対敵諜報局員　第3章 内大臣　第4章 軍令部総長　第5章 深淵　第6章 暗闘　第7章 最終幕

◇大東亜戦争を敗戦に導いた七人　渡辺望著　アスペクト　2015.7　231p　18cm　1100円　Ⓘ978-4-7572-2412-4　Ⓝ210.75

[内容] 序論 戦争責任とは「敗戦責任」である　第1章 山本五十六―「必敗の精神」が生んだ奇襲攻撃と永続敗戦　第2章 米内光政―海軍善玉論の裏に隠された「無定見」　第3章 瀬島龍三―個人と国家のギリギリの境界線に生きたエージェント　第4章 辻政信―陰謀と謀略の味に溺れた「蔣介石の密使」　第5章 重光葵―超一流の外交官が犯した唯一にして最大の錯誤　第6章 近衛文麿、井上成美―歴史の大舞台に放り出された「評論家」の悲劇

◇近衛文麿　古川隆久著　吉川弘文館　2015.9　285p　19cm　〈人物叢書　新装版　通巻282〉〈文献あり　年譜あり〉　2200円　Ⓘ978-4-642-05275-7　Ⓝ289.1

[内容] 第1 生い立ち（家系　父篤麿 ほか）　第2 貴族政治家として（パリ講和会議に参加　国論一致をめざして ほか）　第3 首相となる（組閣事情　日中戦争の勃発 ほか）　第4 再び首相として（第二次内閣の組閣事情　第二次近衛内閣の政策 ほか）　第5 首相退任後（東条内閣期　近衛上奏文 ほか）

◇近衛文麿―「運命」の政治家　岡義武著　岩波書店　2016.7　249p　18cm　〈岩波新書〉〈第10刷（第1刷1972年）〉　860円　Ⓘ4-00-413133-2　Ⓝ289.1

[内容] 1 その若き日々　2 政界の「新星」　3 最初の組閣　4 幻を追って　5 破局への途　6 渦巻く戦雲の下で　7 敗戦とその死

◇昭和史講義　3　リーダーを通して見る戦争への道　筒井清忠編　筑摩書房　2017.7　302p　18cm　〈ちくま新書 1266〉　900円　Ⓘ978-4-480-06977-1　Ⓝ210.7

[内容] 加藤高明―二大政党政治の扉　若槻礼次郎―世論

を説得しようとした政治家の悲劇　田中義一―政党内閣期の軍人宰相　幣原喜重郎―戦前期日本の国際協調外交の象徴　浜口雄幸―調整型指導者と立憲民政党　犬養毅―野党指導者の奇遇　岡田啓介―「国を思う狸」の功罪　広田弘毅―「協和外交」の破綻から日中戦争へ　宇垣一成―「大正デモクラシー」が生んだ軍人　近衛文麿―アメリカという「幻」に賭けた政治家　米内光政―天皇の絶対的な信頼を得た海軍軍人　松岡洋右―ポピュリストの誤算　東条英機―ヴィジョンなき戦争指導者　鈴木貫太郎―選択としての「聖断」　重光葵―対中外交の可能性とその限界

◇近衛文麿―野望と挫折　林千勝著　ワック　2017.11　398p　20cm　〈文献あり〉　2300円　Ⓘ978-4-89831-465-4　Ⓝ289.1

[内容] はじめに―近衛文麿は自殺ではなかった！　第1章 この世をば　第2章 革命児たち　第3章 レールを敷く　第4章 果報は寝て待つ　第5章 戦後覇権を摑め　第6章 最後の我が闘争　おわりに―近衛文麿の大望は歴史から拒絶された

◇真実の日米開戦―隠蔽された近衛文麿の戦争責任　倉山満著　宝島社　2017.12　255p　19cm　1300円　Ⓘ978-4-8002-6966-9　Ⓝ210.6

[内容] 序章 怪物政治家・近衛文麿を現代に問う（かつては日本は賢い国だった　欧州大戦とウッドロー・ウィルソン ほか）　第1章 青年貴族・近衛文麿（アジア主義の源流　近衛の反米思想 ほか）　第2章 リベラルを自認する近衛文麿が日本を滅ぼした（革新右翼の台頭　腹切り問答、流産内閣、食い逃げ解散 ほか）　第3章 日本を地獄に落とした近衛内閣（一九三九年の国際状況　日独伊三国同盟と独ソ不可侵条約 ほか）　第4章 対米開戦を避けられなかった間抜けな理由（第三次近衛内閣と日米交渉　南部仏印進駐 ほか）

小橋 勝之助〔1863～1893〕こばし・かつのすけ

◇福祉にとっての歴史 歴史にとっての福祉―人物で見る福祉の思想　細井勇, 小笠原慶彰, 今井小の実, 蜂谷俊隆編著　京都　ミネルヴァ書房　2017.2　295,3p　22cm　〈索引あり〉　6000円　Ⓘ978-4-623-07889-9　Ⓝ369.021

[内容] 石井十次とアメリカン・ボード―宣教師ペティーから見た岡山孤児院　小橋勝之助と私立愛隣夜学校の創立―博愛社をめぐる人々　田中太郎の感化教育―「人道の闘士」の思想的基盤　園部マキの生涯と事業―信愛保育園　岩橋武夫と盲人社会事業―小説『動き行く墓場』からの出発　村嶋歸之の生涯と思想―寛容な社会運動家の足跡　原胤昭と社会事業―社会運動としての福祉実践　久布白落実の性教育論とその変遷―嬌風会における純潔教育・家族計画　沖縄から大阪への移住者に見られた社会主義思想とその限界―大阪における同郷集団の運動　常盤勝憲と日本最初の盲人専用老人ホーム―慈母園の設立過程　糸賀一雄と木村素衛―教養の思想を中心に福祉の近代史を研究すること―私の歩みと今後の課題への覚書

小橋 建太〔1967～〕こばし・けんた

◇全日本プロレス超人伝説　門馬忠雄著　文藝春秋　2014.7　218p　18cm　〈文春新書 981〉〈文献あり〉　800円　Ⓘ978-4-16-660981-9　Ⓝ788.2

[内容] ジャイアント馬場 王道プロレスの牽引者　ジャ

ンボ鶴田 完全無欠のエース ザ・デストロイヤー「日本のレスラー」になった魔王 アブドラ・ザ・ブッチャー 血染めの凶器使い ミル・マスカラス 千の顔を持つ男 大仁田厚 ジュニアヘビー級の尖兵 ザ・ファンクス テキサス・ブロンコの心意気 スタン・ハンセン&ブルーザー・ブロディ 不沈艦と超獣「最強コンビ」 ザ・グレート・カブキ 毒霧噴く"東洋の神秘" 三沢光晴 男気のファイター 小橋建太 病魔に勝った鉄人 天龍源一郎 不滅の負けじ魂 ジョー樋口 厳しく優しいプロレスの番人

◇小橋健太、熱狂の四天王プロレス 小橋建太著 ワニブックス 2016.2 303p 19cm 1600円 Ⓘ978-4-8470-9425-5 Ⓝ788.2

内容 序章 夢の始まり 第1章 希望への旅立ち 第2章 崖っ縁からの挑戦 第3章 四天王プロレスの胎動 第4章 絶望のその先に 第5章 不屈の燃える魂 第6章 革命の炎 最終章 俺の四天王プロレス

◇がんと生きる 小橋建太著 ワニブックス 2018.4 235p 19cm 1296円 Ⓘ978-4-8470-9650-1 Ⓝ788.2

内容 第1章 小橋建太、元気です!―知られざる引退からの5年 第2章 がんとの10年間の闘い―発覚、手術、回復までの道のり 第3章 がんとの向き合い方―前に進むためにすべきこと 第4章 家族とともにがんと闘う―あなたのそばにも支えてくれる人がいる 第5章 娘のため、家族のため、ファンのために―がんとの闘いは無制限一本勝負 スペシャル対談 60分一本勝負 小橋建太vs京谷和幸

小畠 和子〔1932〜〕こばたけ・かずこ
◇追憶 小畠和子著 〔横浜〕 〔小畠和子〕 2017.6 133p 19cm Ⓝ289.1

小波津 有希〔1990〜〕こはつ・ゆうき
◇沖縄のピカソと呼ばれた小波津有希―21年の軌跡 小波津智恵美著 西原町(沖縄県) 小波津智恵美 2018.2 85p 19cm 〈墨絵:小波津有希 共同刊行:球陽出版〉 1389円 Ⓘ978-4-9906737-6-5 Ⓝ721.9

小浜 廉太郎〔?〜2015〕こはま・れんたろう
◇奇跡の上司小浜廉太郎 吉村仁著 新潮社図書編集室 2017.3 197p 20cm 〈発売:新潮社〉 1300円 Ⓘ978-4-10-910090-8 Ⓝ289.1

小早川 秀秋〔1582〜1602〕こばやかわ・ひであき
◇小早川秀秋 黒田基樹著 戎光祥出版 2017.2 95p 21cm 〈シリーズ〈実像に迫る〉005〉〈文献あり 年譜あり〉 1500円 Ⓘ978-4-86403-228-5 Ⓝ289.1

内容 第1部 羽柴家一門の貴公子(秀吉の養子と羽柴家一門 小早川家を継ぎ大大名になる) 第2部 栄光、そして転落(運命を左右した朝鮮出兵の失態 関ケ原合戦での軍功 備前・美作二ケ国の太守)

小林 中〔1899〜1981〕こばやし・あたる
◇名銀行家(バンカー)列伝―社会を支えた"公器"の系譜 北康利著 新装版 金融財政事情研究会 2017.5 207p 20cm 〈初版:中央公論新社2012年刊 文献あり 発売:きんざい〉 1500円 Ⓘ978-4-322-13081-2 Ⓝ338.21

内容 第1章 わが国近代資本主義の父 渋沢栄一 第一国立銀行―世界に向けて発信したい"論語と算盤"の精神 第2章 銀行のことは安田に聞け! 安田善次郎 史上最後の銀行主に学ぶ克己堅忍と陰徳の精神 第3章 三井中興の祖 中上川彦次郎 三井銀行―銀行界の青年期を思わせる爽やかでダイナミックな名バンカー 第4章 国家を支え続けた銀行家 池田成彬 三井銀行―白洲次郎が"おっかなかった"と語った迫力あるその人生に迫る 第5章 政府系金融機関の範を示した名総裁 小林中 日本開発銀行―"影の財務総理"の功を誇らない生き方 第6章 財界の鞍馬天狗 中山素平 日本興業銀行―公取委と闘い続けた国士の中の国士 第7章 向こう傷をおそれるな! 磯田一郎 住友銀行―最強の住友軍団を築き上げた男の栄光と挫折 第8章 ナポレオン 松沢卓二 富士銀行―卓抜した先見性と正論を貫く姿勢で金融界を牽引した名銀行家

小林 郁子 こばやし・いくこ
◇現代人の伝記 4 致知編集部編著 致知出版社 2014.11 94p 26cm 1000円 Ⓘ978-4-8009-1061-5 Ⓝ280.8

内容 1 中丸三千繪(オペラ歌手)―歌うために私はいま、ここに生きる 2 辻口博啓(パティシエ)―スイーツの道を極める 3 小林郁子(エアーセントラル副操縦士)―諦めなかった大空への夢 4 福島智(東京大学先端科学技術研究センター教授)―苦難は人生の肥やしとなる 5 小川与志和(「和た与」店主)―いまあるものに感謝して生きる 6 上山博康(旭川赤十字病院第一脳神経外科部長・脳卒中センター長)―患者の人生を背負い命ある限り戦い続ける 7 小川三夫(鵤工舎代表)―師から学んだ精神を裏切らない仕事をする 8 八杉康夫(戦艦大和語り部)―戦艦大和からのメッセージ

小林 いずみ〔1959〜〕こばやし・いずみ
◇リーダーシップの哲学―12人の経営者に学ぶリーダーの育ち方 一條和生著 東洋経済新報社 2015.6 299p 20cm 〈他言語標題:The Leadership Journey〉 1800円 Ⓘ978-4-492-53361-1 Ⓝ332.8

内容 リーダーシップ・ジャーニーに終わりはない―藤森義明 誰にでも無限の可能性がある―澤田道隆 できるだけシンプルに考え、実行する―松本晃 経験しなくともわからない世界を知る―玉塚元一 ロールモデルに学び、自分流にアレンジする―志賀俊之 全員で「良い会社 "Good Company"」を創る―永野毅 恐れることなく変わり続ける―佐藤玖美 一瞬も一生も美しく、をめざして―新浪剛史 新しい場で学び続ける―樋口泰行 常に全力を尽くしながら視座を高める―松井忠三 ストレッチ経験で己を鍛え、実践知を蓄える―新貝康司 ストーリーで多様な人々を束ねる―小林いずみ あなたらしいリーダーシップを育む

小林 一三〔1873〜1957〕こばやし・いちぞう
◇ライフスタイルを形成した鉄道事業 老川慶喜, 渡邉恵一著 芙蓉書房出版 2014.8 239p 22cm 〈シリーズ情熱の日本経営史 8〉〈文献あり〉 2800円 Ⓘ978-4-8295-0616-5 Ⓝ686.21

内容 小林一三(郷里と生い立ち 三井銀行時代 箕面有馬電気軌道の創業 日本の小林一三へ) 堤康次郎(郷里と生い立ち 箱根土地会社の設立 鉄道事業と百貨店・新宿園・武蔵野デパート 戦後の事業)

こはやし

　　五島慶太(生い立ち　官僚から実業家へ　鉄道事業の発展　戦時から戦後へ)　根津嘉一郎(はじめに　根津嘉一郎の経営理念　東武鉄道の経営再建　東武沿線の産業振興と日光の観光開発　その他の事業)

◇小林一三の知的冒険—宝塚歌劇を生み出した男　伊井春樹著　本阿弥書店　2015.6　241p　20cm　2000円　①978-4-7768-1180-0　Ⓝ289.1
　内容　1 韋崎小学校から成器舎へ　2 東京での新生活　3 小説家への夢　4 俳句への傾倒　5『上方是非録』による大阪文化　6『曾根崎艶記』の執筆　7 文化人との交流　8 果てなき文化への希求

◇小林一三の贈り物—レール&ステージ　池田阪急文化財団　2015.9　59p　21cm　〈年譜あり〉　500円　Ⓝ289.1

◇逸翁自叙伝—阪急創業者・小林一三の回想　小林一三著　講談社　2016.4　315p　15cm　(講談社学術文庫　2361)〈図書出版社 1990年刊の再刊〉　1000円　①978-4-06-292361-3　Ⓝ289.1
　内容　第1章 初めて海を見た時代　第2章 二十代　第3章 その頃の大阪　第4章 その頃の名古屋　第5章 その頃の大阪(再び)　第6章 その頃の三井銀行　第7章 大阪町人として　第8章 結び

◇小林一三—都市型第三次産業の先駆的創造者　老川慶喜著　京都　PHP研究所　2017.3　333p　20cm　(PHP経営叢書—日本の企業家 5)〈年譜あり〉　2400円　①978-4-569-83425-2　Ⓝ289.1
　内容　第1部 祥伝・多才な企業家の生涯—現代につながるライフスタイルの革新(郷里と生い立ち　三井銀行時代　独創的な電鉄経営　宝塚の経営　阪急百貨店の開業と発展)　第2部 論考・大衆本位の事業と経営—独創的商法の底流にあるもの(小林一三の経営手法　日本型私鉄経営の原型　「大衆本位」の経営理念　統制による新資本主義)　第3部 人間像に迫る・「今太閤」の魅力と素顔—幅広い交友から探る「今太閤」と呼ばれて　経営者の心構えを学ぶ—岩下清周　半世紀にわたる友情—松永安左エ門　茶の湯の交流　交友録)

◇小林一三は宝塚少女歌劇にどのような夢を託したのか　伊井春樹著　京都　ミネルヴァ書房　2017.7　268,13p　20cm　〈文献あり　年表あり　索引あり〉　2800円　①978-4-623-07998-8　Ⓝ775.4
　内容　プロローグ　1 最も有望なる電車　2 箕面有馬電気軌道電車の発車　3 箕面動物園の開園　4 山林こども博覧会　5 嚴谷小波の演劇活動　6 大阪お伽芝居と高尾楓蔭　7 翠香殿のにぎわい　8 宝塚新温泉のオープン　9 宝塚パラダイスと少女歌劇のはじまり　10 宝塚少女歌劇の上演　エピローグ—あとがきにかえて

◇東京王—首都の背後に君臨した知られざる支配者たち　小川裕夫著　ぶんか社　2017.11　189p　19cm　〈文献あり〉　1300円　①978-4-8211-4467-9　Ⓝ281.36
　内容　東京の知性を育んだ初代総理の教育熱—伊藤博文　一大商都目指し奮闘した資本主義の父—渋沢栄一　東京を「建てた」男の栄光と未踏の夢—辰野金吾　東京発の「メイド・イン・ジャパン」—大久保利通　GHQをも退けた「電力の鬼」実業家—松永安左エ門　帝都の大財閥・三菱の創始者—岩崎弥太郎　下級武士から東京を創った成り上がり—後藤新平　西の鉄道王が東京に残した巨大な足跡—小林一三　朝敵の罪を背負った徳川宗家の後継者—徳川家達　後進国・日本の逆襲を都市計画で実現—井上馨　人材育成の視点から日本実業界を醸成—福澤諭吉　片田舎の谷・渋谷に君臨した田都国王—五島慶太　技術力で首都を開拓した地方藩出身者の大隈重信　都知事の座に最も長く君臨し続けた男—鈴木俊一

◇宝塚戦略—小林一三の生活文化論　津金澤聰廣著　吉川弘文館　2018.4　191p　19cm　(読みなおす日本史)〈講談社 1991年刊の再刊〉　文献あり　年譜あり　2200円　①978-4-642-06760-7　Ⓝ289.1
　内容　序 阪急沿線への散歩　1 楽園としての宝塚　2 情報・文化空間の創出　3 実業家、小林一三　4 清く正しく美しく　5 大正文化と宝塚モダニズム

◇小林逸翁——三翁の独創の茶　齋藤康彦著　京都　宮帯出版社　2018.4　392,12p　図版16p　20cm　(茶人叢書)〈文献あり　年譜あり　索引あり〉　3500円　①978-4-8016-0092-8　Ⓝ791.2
　内容　第1章 数寄の世界へ(高橋義雄との出会い　益田鈍翁と三井華精　ほか)　第2章 小林逸翁のネットワーク(関西での出会い　小林逸翁の茶界　ほか)　第3章 茶友の群像(先人根津嘉一郎　親友松永安左エ門　ほか)　第4章 小林逸翁の茶事(逸翁の好み　「目利き」の茶　ほか)　第5章 小林逸翁の茶道観(小林一三の茶の湯の著作　茶界の批判　ほか)

◇今太閤—小林一三が描いた夢と感動　向山建生著　〔韋崎〕　逸翁・耳庵研究所　2018.6印刷　169p　30cm　(雅俗の偉人　努力すれば夢は叶う 6)〈年譜あり　年表あり〉　Ⓝ289.1

◇松竹と東宝—興行をビジネスにした男たち　中川右介著　光文社　2018.8　392p　18cm　(光文社新書 960)〈文献あり〉　900円　①978-4-334-04366-7　Ⓝ772.1
　内容　発端 歌舞伎座開場　第1幕 京の芝居街の双子　第2幕 大阪の鉄道経営者　第3幕 宝塚と浅草の歌劇　第4幕 東京劇場の攻防　大詰 それぞれの戦後

◇今太閤—小林一三が描いた夢と感動　別冊　向山建生論文著作　〔韋崎〕　逸翁・耳庵研究所　2018.11印刷　34p　30cm　(雅俗の偉人　努力すれば夢は叶う 6)〈年譜あり　年表あり〉　Ⓝ289.1

◇小林一三—日本が生んだ偉大なる経営イノベーター　鹿島茂著　中央公論新社　2018.12　510p　20cm　〈年譜あり〉　2000円　①978-4-12-005151-7　Ⓝ289.1
　内容　なぜ今、小林一三なのか？　第1部 青雲立志(実業家なんてなりたくなかった？　銀行員時代1—仕事より舞妓の日々　銀行員時代2—耐えがたき憂鬱の時代　ほか)　第2部 全国進出(東京篇1—いちならずも東京進出　東京篇2—電力事業に着手する　劇場篇3—宝塚少女歌劇団、大ブレイクの時　ほか)　第3部 戦中・戦後(戦中篇—筋金入りの自由主義者、戦時下を生きる　戦後篇1—自由経済を求め、二度目の大臣就任へ　戦後篇2—東宝、分裂の危機　ほか)

小林　一茶〔1763〜1828〕こばやし・いっさ
◇「ちゅうくらい」という生き方—俳人一茶の思

想はどこからきたか　渡邊弘著　長野　信濃毎日新聞社　2015.11　328p　19cm　〈信毎選書17〉〈文献あり　年譜あり〉　1400円　①978-4-7840-7275-0　Ⓝ911.35
[内容]第1章　一茶とその時代(文化・文政期という時代　信州柏原の風土と四季　当時の柏原の生活)　第2章　一茶の生涯(幼き日　出郷・俳諧の群れへ　西国行脚〜修養の旅　漂泊の日々〜房総巡回　帰郷〜妻子の死と終焉)　第3章　一茶の思想(子ども観の背景と特徴　一茶の子ども観　"共感" "信頼" "賛美"のまなざし　一茶の生命観1—"うつくし"から"五分の魂"　一茶の生命観2"無常"と"遅しさ"へ　一茶の生命観・人生観　一茶の思想の継承)

いま、よみがえる小林一茶　宮川洋一著　文芸社　2017.8　207p　19cm　1300円　①978-4-286-18279-7　Ⓝ911.35
*北信濃は一茶のワンダーランド！　時代を超えていまよみがえる一茶のメッセージ。一茶のものの見方、それは私たちが忘れかけているもの……。五十歳のとき郷里の北信濃に戻った一茶は、亡くなるまでの十五年間をここで過ごした。北信濃における小林一茶の足跡をたどることで見えてくる一茶の実像にせまる。『北信ローカル』の大好評連載をまとめた、著者渾身の小林一茶評論エッセイ。

◇小林一茶—日本の古典　大谷弘至編　KADOKAWA　2017.9　286p　15cm　(〔角川ソフィア文庫〕〔A-4-3〕—ビギナーズ・クラシックス)〈文献あり　年譜あり　索引あり〉　760円　①978-4-04-400290-9　Ⓝ911.35
[内容]小林一茶の生涯　よく知られた一茶　修養時代　父の死　江戸での一茶(本所相生町時代)　江戸での一茶(『七番日記』の時代)　信濃での生活　『おらが春』の世界　晩年

◇一茶を読む・やけ土の浄土　松林尚志著　鳥影社　2018.7　175p　20cm　〈年譜あり〉　1600円　①978-4-86265-691-9　Ⓝ911.35
[内容]俳人一茶の出発と関西行脚　宗匠への道と父の死　女流門人の登場　相続争いの決着、帰郷へ　柏原定住、結婚へ　『三韓人』の出版と夏目成美　家庭生活と最後の江戸行脚　一茶の作風　『おらが春』を読む　家族の引き続く死　北信の社中たち　晩年の一茶　一茶の死とその後

小林　一美〔1937〜〕　こばやし・かずみ
◇わが昭和史、わが歴史研究の旅　小林一美著　諏訪　鳥影社・ロゴス企画　2018.2　456p　図版5枚　22cm　3200円　①978-4-86265-647-6　Ⓝ222.001
[内容]第1編　日本語文集(思い出の記　マックス・ヴェーバー的関心で検討し構成する中国史論、中国史像—栄光の中華帝国の負の遺産の構造　中華帝国の国家としての二面性—日本の国家社会としての比較して　日中戦争中の二人の日本軍兵士の記録　書評)　第2編　中国語文集

小林　一之〔1941〜〕　こばやし・かずゆき
◇私の年譜/覚え書—出版から台本まで　小林一之編　〔伊東〕　城ヶ崎文化資料館　2017.4　69,10p　図版〔11〕枚　21cm　700円　Ⓝ289.1

小林　和之〔1971〜〕　こばやし・かずゆき
◇密売　小林和之著　ミリオン出版　2016.11　203p　19cm　〈文献あり　発売：大洋図書〉　1300円　①978-4-8130-2273-2　Ⓝ289.1
[内容]初めまして、清原です　接点　あかぎ国体　16歳で覚醒剤　黒羽刑務所　懲りない日々　Dとの出会い　シャバの空気　Dの出所　清原さん薬物疑惑〔ほか〕

小林　カツ代〔1940〜2014〕　こばやし・かつよ
◇小林カツ代伝—私が死んでもレシピは残る　中原一歩著　文藝春秋　2017.1　254p　20cm　1500円　①978-4-16-390396-5　Ⓝ289.1
[内容]第1章　料理の鉄人　第2章　小林カツ代の家庭料理とは何か？　第3章　大阪大空襲　第4章　カツ代を育てたミナミの味　第5章　料理研究家・小林カツ代誕生　第6章　母として、女としての葛藤　第7章　天命

小林　かな〔1982〜〕　こばやし・かな
◇わたしは今日やっと休みです　小林かな著　ポエムピース　2016.9　1冊　15cm　1300円　①978-4-908827-02-0　Ⓝ289.1
[内容]隠し続けていたアートヌードモデルの仕事　選ばざるをえなかった"奴隷の人生"　性と犯罪、絶望という洗脳　アートヌードモデルへの転身　女神のスネコ　宝石のように光る言葉たち　カメラマンとモデル、鏡のようなわたしたち　誰しも持っている幸せになる本能　子宮委員長はるちゃんとの出会い　父と母と長女の4人の私。自己開示の魔法を信じて。緊張のカミングアウト、写真展の前夜　愛するパパとママへ　家族も来てくれた、人生最高のアートヌード写真展　すべての撮影が終わる、怒涛のラスト7日間　愛する自分へ安らぎの勧め

小林　教子〔1941〜〕　こばやし・きょうこ
◇今が最高！　お教が語る、七十六年の万華鏡人生　小林教子語り, 岩井うめよ著　宝塚　ハピネス出版　2017.12　182p　19cm　〈文献あり〉　1000円　①978-4-904381-01-4　Ⓝ289.1

小林　邦二〔1916〜2010〕　こばやし・くにじ
◇ひたむきに画道へ—小林邦二の生涯　小林一英著　弘報印刷出版センター　2015.8　524p　21cm　〈年譜あり〉　2500円　①978-4-907510-20-6　Ⓝ723.1

小林　古径〔1883〜1957〕　こばやし・こけい
◇古径—この地に生まれて　作品とゆかりの品々でたどる画家の足跡　古径画, 小林古径記念美術館編　上越　小林古径記念美術館　2015.3　72p　30cm　〈年譜あり〉　Ⓝ721.9

小林　次郎〔1891〜1967〕　こばやし・じろう
◇最後の貴族院書記官長小林次郎日記—昭和20年1月1日〜12月31日　小林次郎著, 尚友倶楽部史料調査室, 今津敏晃編　尚友倶楽部　2016.11　237p　21cm　(尚友ブックレット　31)〈年譜あり〉　Ⓝ289.1
◇最後の貴族院書記官長小林次郎日記—昭和20年1月1日〜12月31日　小林次郎著, 尚友倶楽部史

こはやし

料調査室,今津敏晃編集　芙蓉書房出版　2016.11　237p　21cm　（尚友ブックレット　31）〈年譜あり　国立国会図書館憲政資料室所蔵の翻刻〉　2500円　①978-4-8295-0699-8　Ⓝ289.1

内容　小林次郎日記（昭和二〇年一月一日〜一二月三一日）　「解題」小林次郎日記（今津敏晃）

小林　二郎〔1841〜1926〕こばやし・じろう
◇良寛を今に伝えた小林二郎伝――一幕臣の足跡　喜多村園子著　小学館スクウェア　2018.5　195p　22cm　〈文献あり　年譜あり〉　2000円　①978-4-7979-8754-6　Ⓝ289.1

内容　出自　兄片桐省介　精鋭隊　全生庵　村山半牧　精華堂・小林印刷所の出版物　青山延壽・南摩綱紀との交遊　新潟縣明訓学校設立へ寄付　高橋泥舟門人　良寛上人傳碑　（ほか）

小林　清次〔1929〜〕こばやし・せいじ
◇昭和残照　小林清次著　文芸社　2015.5　299p　15cm　〈『樹陰』（1995年刊）の改題、加筆・修正〉　700円　①978-4-286-16207-2　Ⓝ289.1

小林　善四郎〔1859〜1930〕こばやし・ぜんしろう
◇しまなみ人物伝　村上貢著　海文堂出版　2015.8　258p　20cm　〈年表あり〉　1800円　①978-4-303-63426-1　Ⓝ281.74

内容　第1部　日本の夜明けの時代に（伊能忠敬―民度周辺の測量　瀬戸田の仙太郎―幕末の海外漂流　永井重助―福音丸の海難と対米賠償交渉　水先人北野由兵衛―千島艦衝突事件）　第2部　未来を夢見た先輩たち（田坂初太郎―海運創成期のパイオニア　小林善四郎―初代弓削商船学校長の生涯　ビッケル船長―伝道船「福音丸」と弓削商船学校　中嶋貞五郎―「うらなり君」のモデルと今治　浜根厚太郎―初代・二代の生涯　濱田国太郎―海員組合草創時代　麻生イト―女傑の生涯　小山亮―嵐は強い木を育てる）

小林　高夫　こばやし・たかお
◇亜無亜危異ヒストリータブーの正体　亜無亜危異述、根本豪編集・文　シンコーミュージック・エンタテイメント　2018.12　311p　19cm　〈年譜あり〉　2315円　①978-4-401-64682-1　Ⓝ764.7

内容　異分子たちの生い立ち　5人の出会い―高校時代　メジャーデビュー前夜―アナーキー結成時代　メジャーデビュー時代の寵児―メジャーデビュー時代　転機と覚醒―ロンドンレコーディングの土産　不良性の進化と深化―1981年〜1985年　事件・変名・空洞化―THE ROCK BAND時代　都合三度の "一夜限りの復活" ―1994年 1996年　最新型の亜無亜危異―新生ANARCHY時代　ドタバタ四半世紀＋1―『内祝』レコーディング　17年ぶりの亜無亜危異ライブ―2013年、恵比寿リキッドルーム　マリとの別れ―2017年　新木場コーストからの決意　不完全復活―2018年〜未来

小林　多喜二〔1903〜1933〕こばやし・たきじ
◇愛の顛末―純愛とスキャンダルの文学史　梯久美子著　文藝春秋　2015.11　230p　20cm　1450円　①978-4-16-390360-6　Ⓝ910.26

内容　小林多喜二―恋と闘争　近松秋江―「情痴」の人　三浦綾子―「氷点」と夫婦のきずな　中島敦―ぬくもりを求めて　原民喜―「死と愛と孤独」の自画像　鈴木しづ子―性と生のうたびと　梶井基次郎―夭折作家の恋　中城ふみ子―恋と死のうた　寺田寅彦―三人の妻　八木重吉―素朴なこころ　宮柊二―戦場からの手紙　吉野せい―相剋と和解

◇愛の顛末―恋と死と文学と　梯久美子著　文藝春秋　2018.11　252p　16cm　（文春文庫　か68-2）　720円　①978-4-16-791181-2　Ⓝ910.26

内容　小林多喜二―恋と闘争　近松秋江―「情痴」の人　三浦綾子―「氷点」と夫婦のきずな　中島敦―ぬくもりを求めて　原民喜―「死と愛と孤独」の自画像　鈴木しづ子―性と生のうたびと　梶井基次郎―夭折作家の恋　中城ふみ子―恋と死のうた　寺田寅彦―三人の妻　八木重吉―素朴なこころ　宮柊二―戦場からの手紙　吉野せい―相剋と和解

小林　照子〔1935〜〕こばやし・てるこ
◇いくつになっても「転がる石」で―80歳のケセラセラ　小林照子著　講談社　2015.11　189p　19cm　1300円　①978-4-06-219846-2　Ⓝ289.1

内容　1　私、心配しないんです。70代からは「楽しいこと」が最優先！（「ああ、よく寝たわ！」何時に寝ても朝日とともに目覚めます　忙しいからこそ、優先順位は「楽しいことから」　ほか）　2　肌も心も、本当に差がつくのは更年期から。美容が力になってくれる（50代からは、肌と心の貧富が二極分化します　更年期には、100の症状があるんです　ほか）　3　人は見た目がほぼ10割。「外見力」と「言葉」でなりたい自分に！（50歳からは、年齢不詳でいいじゃない　「短所」は「長所」。「プラスの印象」にフォーカスすれば、人は輝く　ほか）　4　ずっと "壁ドン" で生きてきた。夢は、言い続けると必ずかなう（5人の親が授けてくれた、人生の予知能力　「当たり前の日常」を「ありがたき幸せ」　ほか）

小林　富次郎〔1852〜1910〕こばやし・とみじろう
◇新潟が生んだ七人の思想家たち　小松隆二著　論創社　2016.8　346p　20cm　3000円　①978-4-8460-1546-6　Ⓝ281.41

内容　相馬御風―早稲田大学校歌の作詞者で地方から俯瞰・発信した思想家　小川未明―童話を通して子どもと社会に向き合った思想家　市島謙吉（春城）―「随筆王」「早稲田大学四尊」と評価される大学人　土田杏村―優れた在野の自由人思想家　大杉栄―人間尊重の永遠の革命家　小林富次郎―法衣をまとい公益をかざした経営者　本間俊平―「左手に聖書・右手にハンマー」を持つ採石場経営者

小林　虎三郎〔1828〜1877〕こばやし・とらさぶろう
◇生き方と死に方―人間存在への歴史的省察　坂本保富著　振学出版　2016.3　213p　21cm　〈発売：星雲社〉　1200円　①978-4-434-21735-7　Ⓝ114

内容　第1章　人間存在の文化史的な考察（分際を弁え分相応に生きた日本人―人間存在をめぐる東西思想の根本相違　江戸時代における子供観の表と裏―子宝思想と子捨て子殺しのアンチノミー　ほか）　第2章　人間存在の教育史的な考察（中勘介『銀の匙』に描かれた明治の教育―愚昧な教師を見透かす子供の鋭い

眼差し　道徳の意味とその教育の再考―人と人とを結び、支え合い助け合う心　ほか）　第3章　人間存在の思想史的な考察（米百俵の主人公・小林虎三郎―恩師象山の思想を日本近代化に実践　幕末期の先覚思想家・佐久間象山―日本近代化と「東洋道徳・西洋芸術」思想　ほか）　第4章　青春の今をいかに生きるか―有限な人間存在を無限化する学びの実践（母校の宇都宮高校からの講演依頼　自我の目覚め―人生の難関に遭遇した小学生時代　ほか）　第5章　悩み迷える研究的半生の回顧と展望―死に甲斐を求めて生き甲斐の今を探究（研究的半生を省みて　私の研究関心と研究課題　ほか）

小林　ハル〔1900～2005〕こばやし・はる
◇瞽女キクイとハル―強く生きた盲女性たち　川野楠己著　宮崎　鉱脈社　2014.10　325p　19cm　（みやざき文庫 109）〈文献あり〉　2000円　Ⓘ978-4-86061-555-0　Ⓝ384.38

小林　春男〔1946～〕こばやし・はるお
◇イタズラっ子いなかっぺ春さんの人生劇場　小林春男著　宇都宮　随想舎　2017.9　137p　19cm　1000円　Ⓝ289.1

小林　春彦〔1986～〕こばやし・はるひこ
◇18歳のビッグバン―見えない障害を抱えて生きるということ　小林春彦著　あけび書房　2015.11　237p　19cm　1600円　Ⓘ978-4-87154-138-1　Ⓝ916
[内容]第1章　生い立ち―三田学園時代（音楽の流れる家―どこにでもある、ふつうの家族だった　地鳴りに目覚める阪神大震災―見知らぬ転校生がやってきた　ほか）　第2章　診断名「右中大脳動脈閉塞症・広範囲脳梗塞」（景色が歪んで遠のいていく意識―「朝までが峠だろう」　集中治療室で目覚める―まるで「金魚のまばたき」　ほか）　第3章　姿を現した障害との闘い（「病因をはっきりさせたい」―生死について考え続けた日々　まるでおとぎ話か下見、「不思議の国のアリス」みたい　ほか）　第4章　自分探しの日々（中邑賢龍先生と運命のチラシ―精神論から合理論への道標　「治す」ことよりも「気づく」こと―リハビリという迷路で光を探していた　ほか）　第5章　未来に向けて（多様性に開かれた共生社会に向けて―人はマジョリティとマイノリティを行き来する　障害を再定義せよ―フェイストゥフェイスの対話とリアリティ　ほか）

小林　秀雄〔1902～1983〕こばやし・ひでお
◇小林秀雄と河上徹太郎　坂本忠雄著　慶應義塾大学出版会　2017.4　253p　20cm　〈年譜あり〉　3000円　Ⓘ978-4-7664-2422-5　Ⓝ910.268
[内容]「厳島閑談」をめぐって　最後の対談「歴史について」　岡倉天心と内村鑑三の足跡　「本居宣長」の世界　「吉田松陰」の世界　「考えるヒント」と『日本のアウトサイダー』『私の人生観』と『私の詩と真実』　「モオツァルト」と「ドン・ジョヴァンニ」　大岡昇平、吉田健一との師弟関係　「無常という事」と「近代の超克」　「様々なる意匠」と「自然と純粋」　最晩年の作品と過去

◇小林秀雄　美しい花　若松英輔著　文藝春秋　2017.12　621p　20cm　〈索引あり〉　3000円　Ⓘ978-4-16-390687-4　Ⓝ910.268
[内容]第1部（美と見神　琥珀の時代　魔術に憑かれた男　ほか）　第2部（美しき羞恥―堀達雄（一）　すばらしい失敗―堀辰雄（二）　「Xへの手紙」と「テスト氏」　ほか）　第3部（正宗白鳥と「架空の国」　歴史と感情―『ドストエフスキイの生活』（一）　秘められた観念―『ドストエフスキイの生活』（二）　ほか）

◇小林秀雄　大岡昇平著　中央公論新社　2018.11　284p　16cm　（中公文庫 お2-17）　900円　Ⓘ978-4-12-206656-4　Ⓝ910.268
[内容]1（小林秀雄の小説　小林秀雄の世代　小林秀雄の書棚　ほか）　2（ソバ屋の思い出　文化勲章　旧友小林秀雄　青山二郎　ほか）　3（大きな悲しみ―小林秀雄追悼　小林さんのこと　教えられたこと　ほか）

◇小林秀雄のこと　二宮正之著　岩波書店　2018.12　429p　15cm　（岩波現代文庫―学術 397）　1480円　Ⓘ978-4-00-600397-5　Ⓝ910.268
[内容]序に代えて　小林秀雄のにがさ　1　小林秀雄をよむ（よむ―「叡智」または「知慧」　やくす―小林秀雄と訳すこと　かく―「随筆的方法」について　しんじる―「石」の意味するもの　審美体験・神秘体験―「神秘」と「合理」　からだ―経験談について　時間考　たましい―「魂」の領域　こえ―「無言」の境地）　2　小林秀雄と西欧作家（ジッドの訳者としての小林秀雄―実に滑稽だ。いや、なかなか面白い。　嫌いになった理由―小林秀雄とアンドレ・ジッド　「窮餘の一策」―小林秀雄とマルセル・プルースト）　3　日本の歴史の曲がり角に立つ小林秀雄（「近代の超克」と「文學界」　小林秀雄とその時代　小林秀雄と歴史の概念　「あたま」と「からだ」）

小林　ふみ子〔1925～〕こばやし・ふみこ
◇歩み―教職四十一年　小林ふみ子著　〔小林ふみ子〕　2015.1　382p　22cm　非売品　Ⓝ289.1

小林　正樹〔1916～1996〕こばやし・まさき
◇映画監督小林正樹　小笠原清、梶山弘子編　岩波書店　2016.12　677p　22cm　〈文献あり　年譜あり　索引あり〉　6800円　Ⓘ978-4-00-022295-2　Ⓝ778.21
[内容]1　人間を見つめて（生い立ち　上京、早稲田大学へ―師・會津八一　2　監督の条件（木下惠介、小林正樹を語る（木下惠介）　日本映画の中の小林正樹（篠田正浩）　ほか）　3　創作の地層（小林正樹というカオス（吉田剛）　「終」マークなき「東京裁判」への道程（小笠原清）　ほか）　4　作品を読む（小林正樹監督と郷里小樽の人々（玉川薫）　小林正樹の作品世界と會津八一（大橋一章）　ほか）　5　入魂の軌跡と未遂の夢（フィルモグラフィ　小林正樹関連書簡選―付　戦友回想記事　ほか）

小林　麻耶〔1979～〕こばやし・まや
◇しなくていいがまん　小林麻耶著　サンマーク出版　2018.11　213p　20cm　1400円　Ⓘ978-4-7631-3715-9　Ⓝ289.1
＊フリー転身、体調不良による強制終了、最愛の妹との別れ、そして運命の出会いを経て結婚。激動の時期を経たいまだからこそ見つけられた、自分らしさの在処。

小林　康夫〔1950～〕こばやし・やすお
◇オペラ戦後文化論　1　肉体の暗き運命1945-1970　小林康夫著　未來社　2016.3　222p

こはやし

20cm （ボイエーシス叢書 66） 2200円
①978-4-624-93266-4 Ⓝ910.264
[内容] 第1幕 火、共同体の問い　第2幕 風、実存の問い　第3幕 黄金、暴力の問い　第4幕 バッカナール　第5幕 フィナーレ・逆立崩壊

小林 勇貴 〔1990〜〕　こばやし・ゆうき

◇実録・不良映画術　小林勇貴著　洋泉社　2017.12　317p　19cm　（映画秘宝セレクション）　1600円　①978-4-8003-1372-0　Ⓝ778.21

[内容] 序章 静岡県富士宮市生まれ　第1章 不良、映画を撮る　第2章 『Super Tandem』編　第3章 『NIGHT SAFARI』編　第4章 『孤高の遠吠』編　第5章 『逆徒』編　終章 全員死刑

小林 祐希 〔1992〜〕　こばやし・ゆうき

◇壁を越えろ―走り続ける才能たち　安藤隆人著　実業之日本社　2017.8　210p　19cm　1500円　①978-4-408-33719-7　Ⓝ783.47

[内容] プロローグ 日本を代表する原石　第1章 苦悩するたちー小林祐希/柴崎岳（テクニックを磨くことだけ考えた　本田圭佑を彷彿とさせる生き方 ほか）　第2章 出会うべく運命だった二人の男―昌子源/植田直通（日本代表センターバックの未来図　挫折から這い上がる姿 ほか）　第3章 日本を救う男たち―浅野拓磨/南野拓実（恩師との出会い　ストライカーとしての覚醒 ほか）　第4章 ネクスト世代の躍動―堂安律（新世代の若き日本代表　ブレイクスルー）　エピローグ 走り続けるサッカー人生

◇アホが勝ち組、利口は負け組―サッカー日本代表進化論　清水英斗著　秋田書店　2018.6　190p　19cm　1300円　①978-4-253-10106-6　Ⓝ783.47

[内容] 日本代表進化論　理想は進化、現実は退化　日本代表進化論 選手編（原口元気―モノクロームの元気　岡崎慎司―アホの岡崎　遠藤航―がんばれ！ ニッポンの父！　宇佐美貴史―「行ってるやん」の絶壁　吉田麻也―"大ポカ"の汚名を返上せよ！　柏木陽介―だって、人間だもの。　長谷部誠―キレすぎのキャプテン　長友佑都―左を制する者は、世界を制す！　柴崎岳―キャノンシュートの秘密は、弓槙野智章―カネでは買えない男！ ほか）

小林 りん 〔1974〜〕　こばやし・りん

◇茶色のシマウマ、世界を変える―日本初の全寮制インターナショナル高校ISAKをつくった小林りんの物語　石川拓治著　ダイヤモンド社　2016.3　381p　19cm　1600円　①978-4-478-01764-7　Ⓝ376.9

[内容] プロローグ　第1章 世界のために何かをしたい。　第2章 世界の果てで自分と出会う。　第3章 日本を知り、天命を知る。　第4章 学校づくりの夢が動き出す。　第5章 壁を乗り越える。　第6章 ISAK開校

虎斑 〔1764〜1824〕　こはん

◇内にコスモスを持つ者―歩み入る者にやすらぎを去り行く人にしあわせ　岡本政晴著　長野ほおずき書籍　2016.2　270p　20cm　〈文献あり〉　発売:星雲社）　1800円　①978-4-434-21614-5　Ⓝ281.52

[内容] 1 はじめに　2 木曽を愛した人々（木曽の「セガンティーニの空の色」の下で暮らしたマロンの少女ジャーヌ・コビィ　生涯故郷木曽を心に抱きながら作品を書き続けた島崎藤村（一八七二〜一九四三）　詩と音楽をこよなく愛し、木曽を縦断したロマンの旅人　尾崎喜八（一八九二〜一九七四）　日本人の精神の源流を木曽で見出した亀井勝一郎（一九〇七〜一九六六））　3 木曽の水を飲んで水をながめて木曽を駆け抜けた人々（娵捨ての月をめざして木曽を歩いた月下の旅人　松尾芭蕉（一六四四〜一六九四）　心優しい歌二首を詠んで木曽路を急いだ良寛（一七五八〜一八三一）　「大蔵経」を求めて雨雪の木曽路を往復した虎斑和尚（一七六四〜一八二四）　軍靴の足音が聞こえる中、桜の花を浴びながら木曽路を開かした種田山頭火（一八八二〜一九四〇）　木曽人の心と木曽の自然に出会い日本画家になる決意をした東山魁夷（一九〇八〜一九九九））　4 眼すずしい人々（木曽川の洪水で亡くなった母を弔うために木曽川を遡った円空（一六三二〜一六九五）　セピア色の世界を追い求めてやまなかった島崎蓊助（一九〇八〜一九九二）　戦争のない平和な世界を願い、詩によって世界を包みこんだ坂村真民（一九〇九〜二〇〇六））　5 おわりに

甲平 信吉 〔1959〜〕　こびら・のぶよし

◇55年の軌跡　甲平信吉著　〔高粱〕　〔甲平信吉〕　2015.3　139p　21cm　〈年譜あり〉　Ⓝ289.1

後深草院二条 〔1258〜1306?〕　ごふかくさいんにじょう

◇とはずがたり　後深草院二条著，福田秀一校注　新装版　新潮社　2017.1　424p　20cm　（新潮日本古典集成）〈年表あり〉　2600円　①978-4-10-620851-5　Ⓝ915.4

＊後深草院の寵愛を受けながら、複数の男性との愛に苦悩し、出家して後は仏道修行のため諸国を遍歴した二条。奔放で波瀾に富んだ自らの生涯を大胆に告白する特異な日記文学。

小堀 遠州 〔1579〜1647〕　こぼり・えんしゅう

◇熊倉功夫著作集　第2巻　茶の湯と茶人の歴史　熊倉功夫著　京都　思文閣出版　2016.9　458,16p　22cm　〈布装　索引あり〉　7000円　①978-4-7842-1853-0　Ⓝ791.2

[内容] 1 千利休と山上宗二（新しい美を創造する　千利休の目　武野紹鷗と利休 ほか）　2 千家茶道の道統（千少庵伝断章　千宗旦の茶の湯と逸話 ほか）　3 小堀遠州とその周辺（茶の湯咄のなかの古田織部　小堀遠州の生涯と茶の湯 ほか）　4 大名の茶の湯（徳川秀忠の茶の湯　上田宗箇・人と茶の湯 ほか）

◇考証 風流大名列伝　稲垣史生著　立東舎　2016.10　254p　15cm　（立東舎文庫 い1-1）〈作品社 1983年刊の再刊　発売:リットーミュージック〉　800円　①978-4-8456-2867-4　Ⓝ281.04

[内容] 序章―殿様とは　徳川光圀―絹の道への幻想　徳川宗春―御深井の秘亭　伊達綱宗―遊女高尾斬りを笑う　井伊直部―この世は一期一会よ　織田秀親―鬼面の茶人寛永寺の刃傷　細川忠興―凄惨な夜叉の夫婦愛　前田吉徳―間違われた加賀騒動の主人公　小堀遠州―長く嶮しい道をゆく　安藤信正―『半七捕物帳』に縁ある　柳生宗矩―まほろしの名品平蜘蛛　松平不昧―父の風流入墨女の怪　浅野長矩―名

君の史料に事欠かぬ　島津重豪・島津斉興・島津斉彬―薩摩三代の過剰風流　有馬頼貴・鍋島勝茂―大名行列に犬を引いて

◇新・小堀遠州の書状　小堀宗実著　京都　思文閣出版　2017.3　150p　27cm　4200円　①978-4-7842-1886-8　Ⓝ289.1

[内容] 東海寺和尚宛―歳暮歌入りの文　春雨庵宛―御詠三首御礼　竜光院宛―大坂の陣出陣先より　江月和尚宛―若菜歌入りの文　板倉周防守宛―茶の湯招待への御礼　木下長嘯子宛―松の葉に歌入りの文　朽木民部宛―茶道具鑑定　朽木民部少輔宛―百合の御礼　細川忠利宛―粗饗への招待　岡将監宛―大膳の事〔ほか〕

◇茶人・小堀遠州の正体―寛永文化の立役者　矢部良明著　KADOKAWA　2017.4　291p　19cm　（角川選書　585）　1700円　①978-4-04-703597-3　Ⓝ791.2

[内容] 第1章　小堀遠州の茶歴　第2章　古田織部の茶の湯を継承した遠州　第3章　小堀遠州の茶道具観　第4章　小堀遠州に関わる書跡と茶杓　第5章　小堀遠州と中興瀬戸茶入　第6章　松平不昧が見た遠州所縁の中興様式と中興名物　第7章　晩年の小堀遠州の点前と会席

小堀　鞆音〔1864〜1931〕こぼり・ともと

◇小堀鞆音―歴史画は故実に拠るべし　小堀桂一郎著　京都　ミネルヴァ書房　2014.9　418,11p　20cm　（ミネルヴァ日本評伝選）〈文献あり　年譜あり　索引あり〉　4200円　①978-4-623-06392-5　Ⓝ721.9

[内容] 故郷と生家　少年時代　書画としての出発　歴史書への立志　代表作の産出　美術學校事件と日本美術院の發足　歴史畫論争の傍で　雌伏時代　國寶鎧の調査・復元　美校への復歸　大正の新時代を迎えて　晩年・聖徳記念繪畫館への盡瘁　精神史としての歴史畫

駒井　徳三〔1885〜1961〕こまい・とくぞう

◇満蒙をめぐる人びと　北野剛著　彩流社　2016.5　183p　19cm　（フィギュール彩　57）　1800円　①978-4-7791-7059-1　Ⓝ319.1022

[内容] プロローグ　満洲と日本人―石光真清　第1章　「満蒙」の先覚者―辻村楠造　第2章　満鉄と満洲日本人社会―相生由太郎　第3章　外交官の見た日露戦争の極東アジア―川上俊彦　第4章　中国の動乱と満蒙政策―宇都宮太郎　第5章　日本人「馬賊」と中国大陸―薄益三　第6章　第一次世界大戦後の馬賊―伊達順之助　第7章　「国策」の最前線―駒井徳三　第8章　「満蒙問題」と在満邦人―守田福松　エピローグ　理想国家の建設―笠木良明

駒崎　弘樹〔1979〜〕こまざき・ひろき

◇起業のリアル―田原総一朗×若手起業家　田原総一朗著　プレジデント社　2014.7　249p　19cm　1500円　①978-4-8334-5065-2　Ⓝ335.21

[内容] 儲けを追わずに儲けを出す秘密―LINE社長・森川亮　「競争嫌い」で年商一〇〇〇億円―スタートゥデイ社長・前澤友作　管理能力ゼロの社長兼クリエーター―チームラボ代表・猪子寿之　二〇二〇年、ミドリムシで飛行機が飛ぶ日―ユーグレナ社長・出雲充　保育NPO、社会起業家という生き方―フローレンス代表・駒崎弘樹　単身、最貧国で鍛えたあきらめない心―マザーハウス社長・山口絵理子　現役大学生、途上国で格安警備校を開く―e・エデュケーション代表・税所篤快　七四年ぶりに新規参入したワケ―ライフネット生命社長・岩瀬大輔　上場最年少社長の「無料で稼ぐカラクリ」―リブセンス社長・村上太一　四畳半から狙う電動バイク世界一―テラモーターズ社長・徳重徹　目指すは住宅業界のiPhone―innovation社長・岡崎富夢　三〇年以内に「世界銀行」をつくる―リビング・イン・ピース代表・慎泰俊　ハーバード卒、元体育教師の教育改革―ティーチ・フォー・ジャパン代表・松田悠介　四重苦を乗り越えた営業女子のリーダー―ベレフェクト代表・太田彩子　二代目社長が狙う「モバゲーの先」―ディー・エヌ・エー社長・守安功　ITバブル生き残りの挑戦―サイバーエージェント社長・藤田晋　特別対談　堀江貴文―五年後に花開く、商売の種のまき方

小町　定〔1920〜2012〕こまち・さだむ

◇ゼロファイター列伝―零戦搭乗員たちの戦中、戦後　神立尚紀著　講談社　2015.7　341p　19cm　〈年表あり〉　1500円　①978-4-06-219634-5　Ⓝ392.8

[内容] 第1章　三上一禧―「零戦初空戦」で撃墜した宿敵との奇跡の再会　第2章　羽切松雄―被弾して重傷を負っても復帰して戦い続けた不屈の名パイロット　第3章　原田要―幼児教育に後半生を捧げるゼロファイター　第4章　日高盛康―「独断専行」と指揮官の苦衷　第5章　小町定―真珠湾から海軍最後の空戦まで、大戦全期間を戦い抜く　第6章　志賀淑雄―半世紀の沈黙を破って　第7章　山田良市―ジェット時代にも飛び続けたトップガン

◇証言　零戦生存率二割の戦場を生き抜いた男たち　神立尚紀著　講談社　2016.11　527p　15cm　（講談社＋α文庫　G296-1）〈「ゼロファイター列伝」（2015年刊）の改題、加筆・修正　年表あり〉　860円　①978-4-06-281705-9　Ⓝ392.8

[内容] 第1章　三上一禧―「零戦初空戦」で撃墜した宿敵との奇跡の再会　第2章　田中國義―「日本海軍一」と言われた、叩き上げ搭乗員のプライド　第3章　原田要―幼児教育に後半生を捧げるゼロファイター　第4章　日高盛康―「独断専行」と指揮官の苦衷　第5章　小町定―真珠湾から海軍最後の空戦まで、大戦全期間を戦い抜く　第6章　志賀淑雄―半世紀の沈黙を破って　第7章　吉田勝義―豪州本土上空でスピットファイアを圧倒　第8章　山田良市―ジェット時代にも飛び続けたトップガン

小松　昭夫〔1944〜〕こまつ・あきお

◇天略―やくも立つ出雲から生まれた新たな「和」の経営理論　早川和宏著　三和書籍　2015.8　437p　20cm　〈他言語標題：The Management of Heaven's Strategy　文献あり〉　2500円　①978-4-86251-179-9　Ⓝ289.1

[内容] 序章　平和の事業家―「世界」の重要性　第1章　幸せの扉happy gate門番―「人生」の重要性　第2章　「人間自然科学研究所」の大偉人・廣瀬弥兵衛―「水」の重要性　第3章　クラウドの時代における水の情報インフラ―「経営」の重要性　第4章　一五年目の「太陽の國IZUMO」―「思想」の重要性　第5章　二〇一三年夏　元従軍慰安婦平和視察団の来訪―「歴史」の重要性　第6章　二〇一四年冬　政治的軋

こまつ

蝶が高まる中での中国の旅―「平和」の重要性　第7章 二一世紀のテロリスト―「時代」の重要性　第8章 日本の伝統的民主主義―「和」の重要性　終章 女性たちがつくる「花」プロジェクト―「理想」の重要性

小松 一三〔1935～〕　こまつ・いちぞう
◇「村長」メディア放浪記　小松一三著　〔熊本〕熊本日日新聞社　2016.9　126p　18cm　〈発売：熊日出版（熊本）〉　1000円　Ⓘ978-4-87755-541-2　Ⓝ289.1

内容 気付けば熊本で人生の半分　阪急「小林一三」にあやかる　疎開であちこち転々、終戦　つらい列車通学、中学再受験も　勉強で病気、ラジオとの出合い　高校不登校、米軍住宅入り浸り　すぎやまさんの音楽サークル　学園の放送設備更新に直談判　投稿、モニター、危うい卒業　成績は下から2番、日テレ入社〔ほか〕

小松 清廉　こまつ・きよかど
⇒小松帯刀（こまつ・たてわき）を見よ

小松 憲一〔1962～〕　こまつ・けんいち
◇愚心の告白―我が国家主義運動の事績　小松憲一著　大阪　風詠社　2016.1　372p　19cm　〈発売：星雲社〉　1500円　Ⓘ978-4-434-21498-1　Ⓝ311.3

内容 第1章 思想の目覚め（軍歌　三島由紀夫との「再会」　政治活動の構想　ほか）　第2章 右翼活動時代（自衛隊の神経質　東京都知事選　朝日新聞阪神支局襲撃事件　ほか）　第3章 人生における重要思想（実存主義―「死」を考える　愛国党分裂　反新右翼　ほか）

小松 耕輔〔1884～1966〕　こまつ・こうすけ
◇浅草オペラ舞台芸術と娯楽の近代　杉山千鶴, 中野正昭編　森話社　2017.2　290p　20cm　2800円　Ⓘ978-4-86405-108-8　Ⓝ766.1

内容 序論（浅草オペラという近代）　第1章 浅草オペラの源流（大正オペラの祖ローシーの"空白時代"を探る―バランシンに繋がった波瀾万丈なる生涯　浅草の翻訳歌劇の歌詞―ベアトリツェがベアトリ姉ちゃんになるまで）　第2章 浅草オペラの女たち（高木徳子とアイドルの時代　澤モリノの生涯―浅草オペラの「女王」の足跡）　第3章 浅草オペラの舞踊と演劇（浅草オペラの舞踊　オペラ座と音楽家・小松耕輔の仕事―浅草オペラにおける名作オペラのダイジェスト版）　第4章 浅草オペラのメディア（歌劇雑誌と浅草オペラ・ファン　浅草オペラから舞踊小唄まで―佐々紅華の楽歴）

小松 左京〔1931～2011〕　こまつ・さきょう
◇残されたもの、伝えられたこと―60年代に蜂起した文章者烈伝　矢崎泰久編　街から舎　2014.6　268p　19cm　1620円　Ⓘ978-4-939139-19-2　Ⓝ281.04

内容 脱原発の市民科学者―高木仁三郎　反戦軍事評論家としての矜持―小山内宏　J・J氏の華麗な文化革命―植草甚一　革命思想家の孤高な生涯―羽仁五郎　革命・反革命の夢幻―竹中労　市民哲学者が残した足跡―久野収　公害に取り組んだ科学者一宇井純　文学と運動の狭間に生きた巨人―小田実　輝いたSF作家の青春―小松左京　ポップ・ミュージックの開拓者―中村とうよう　多国籍人間の見果てぬ夢―邱永漢　「わた史」を生涯かけて編む―小沢昭一　エロスこそ反権力の証し―若松孝二　何もなくて何もない宣言―なだいなだ　ノーベル物理学賞に最も近かった活動家―水戸巌

◇小松左京さんと日本沈没秘書物語　乙部順子著　産経新聞出版　2016.11　215p　19cm　〈発売：日本工業新聞社〉　1300円　Ⓘ978-4-8191-1293-2　Ⓝ910.268

内容 第1章 日本列島に恋していた（最初は「原子力記者」だった　母から受け継いだ防災の精神　ほか）　第2章 未来を見通す「前向き思考」（出会いは「未来学」の学会　金魚鉢のような「エレクトロオフィス」　ほか）　第3章 お酒と冗談が生みだした「知」（「太陽の塔」を導いた勝手連研究会　チェルノブイリの2カ月後に訪ソ　ほか）　第4章 人間でいることのおもしろさ（祇園で「人生の味わい」を分かち合う　ひきつけられる異「性」人たち　ほか）　第5章 最後まで「人間を信じたい」（わが子に聞かせた「SFおとぎ話」　幸せは猫を数えてみんないる時　ほか）

小松 隆　こまつ・たかし
◇戦争を乗り越えた日米交流―日米協会の役割と日米関係1917～1960　飯森明子著　彩流社　2017.7　193,29p　22cm　〈年表あり〉　3200円　Ⓘ978-4-7791-2331-3　Ⓝ063

内容 第1章 初期日米協会の活動と金子堅太郎（一九一七・一九二四年）　第2章 戦前昭和期日米交流の発展とジレンマ（一九二四・一九三九年）　第3章 戦間期軍関係者の日米交流（一九一七・一九四〇年）　第4章 太平洋戦争前後の日米協会の連続性をさぐる（一九三九・一九五〇年）　第5章 戦後日米交流と日米協会の新たな模索―小松隆会長の活躍（一九五一・一九五五年）　第6章 日米交流の分化と日米協会―戦略化する交流（一九五五・一九六〇年）

小松 帯刀〔1835～1870〕　こまつ・たてわき
◇小松帯刀　荒田邦夫著　日置　日置市教育委員会　2016.3　39p　21cm　〈年譜あり〉　Ⓝ289.1

小松 政夫〔1942～〕　こまつ・まさお
◇時代とフザケた男―エノケンからAKB48までを笑わせ続ける喜劇人　小松政夫著　扶桑社　2017.8　239p　19cm　〈年譜あり〉　1400円　Ⓘ978-4-594-07767-9　Ⓝ779.9

内容 プロローグ アタシも芸歴五十年―樹木希林ちゃんと映画賞　第1章 奇跡的な時間ってあるんですね―デンセンマンとしらけ鳥とアタシ　第2章 人生なんとかなっちゃうもんなんだ―アタシが見た昭和のスターの素顔　第3章 時代を超えて飛び続けます―思い出の大女優とアタシ　第4章 コメディアンとして最高の幸せですよ―時代を作った男とアタシ　第5章 一生アチャラカやりますよ―アタシのого仕事たち　エピローグ おフザケ人生の始まりでした―植木のオヤジとアタシ

◇昭和と師弟愛―植木等と歩いた43年　小松政夫著　KADOKAWA　2017.9　222p　19cm　〈文献あり〉　1400円　Ⓘ978-4-04-893350-6　Ⓝ779.9

内容 幕前の口上 昭和と同時に始まった人生　1部 黄金時代（宴会王とセールスマン　ボーヤと運転手　ス

小松 みよ〔1918〜1985〕こまつ・みよ

◇イタイイタイ病との闘い原告小松みよ―提訴そして、公害病認定から五〇年　向井嘉之著　金沢　能登印刷出版部　2018.1　213p　21cm　1500円　①978-4-89010-722-3　Ⓝ519.12

内容 第1章 鉱毒―それは近代の始まりだった　第2章 下流に命あり―神通川と小松みよ　第3章 発病―小松みよと家族に起きたこと　第4章 イタイイタイ病―明らかになった人間被害　第5章 放置―イタイイタイ病の荒野　第6章 提訴―原告への道　第7章 判決―初の被害住民勝訴　第8章 まき返し―グロテスクな公害の構造　第9章 公害と近代化一五〇年

小松 美羽〔1984〜〕こまつ・みわ

◇世界のなかで自分の役割を見つけること―最高のアートを描くための仕事の流儀　小松美羽著　ダイヤモンド社　2018.3　228p　19cm　1400円　①978-4-478-10452-1　Ⓝ732.1

内容 1 つながるためのアート―「天地の守護獣」と大和力（アートは大でつながるための道具　大英博物館に所蔵された「しっぽを振る狛犬」ほか）　2 アートの原点―山犬さまとメタセコイアの夢（山犬さまに守られていた頃　チラシの裏の動物たち　ほか）　3 「自分の心」を超えていけ―「四十九日」までの日々（「自分の感受性くらい」　銅版画の「線」と出会う）　4 大和力を、世界へ。―出雲大社に授かった「新・風土記」　ニューヨークでの「アート強化合宿」　「四十九日」との決別　ほか）　5 未来のためのアート―「遺跡の門番」と自分の役割（「三年周期」で進めていく画家人生　南インドで生まれた「遺跡の門番」ほか）

小松姫〔1573〜1620〕こまつひめ

◇戦国を生きた姫君たち　火坂雅志著　KADOKAWA　2016.9　170p　15cm　（角川文庫 ひ20-25）〈年表あり〉　600円　①978-4-04-400170-4　Ⓝ281.04

内容 1 女城主たちの戦い（井伊直虎―井伊直政の義母 妙林尼―吉岡鎮興の妻　ほか）　2 危機を救う妻たち（お船の方―直江兼続の正室　小松姫―真田信之の正室　ほか）　3 愛と謎と美貌（小少将―長宗我部元親の側室　鍋晴院―伊達政宗の生母 ほか）　4 才女と呼ばれた女たち（お初（常高院）―浅井三姉妹の次女 阿茶局―徳川家康の側室　ほか）　5 想いと誇りに殉じる（鶴姫―瀬戸内のジャンヌ・ダルク　淀殿―豊臣秀吉の側室　ほか）

五味 太郎〔1945〜〕ごみ・たろう

◇五味太郎絵本図録　五味太郎著，五味太郎，内海陽子構成・執筆　京都　青幻舎　2016.8　218p　24cm　〈他言語標題：Gomi Taro Picture Book Catalogue　著作目録あり〉　2800円　①978-4-86152-523-0　Ⓝ726.601

内容 1 エポックメーキング50　2 五味太郎著作一覧1973‐2016　活字本22　3 五味太郎覚え書き　4 五味太郎を語る　5 海外出版一覧　6 27人のメッセージ＋Q＆A

後水尾天皇〔1596〜1680〕ごみずのおてんのう

◇天皇の歴史　5　天皇と天下人　大津透，河内祥輔，藤井讓治，藤田覚編集委員　藤井讓治著　講談社　2018.4　343p　15cm　（講談社学術文庫2485）〈年表あり　索引あり〉　1160円　①978-4-06-292485-6　Ⓝ210.1

内容 プロローグ―正親町天皇のキリシタン禁令　第1章 義昭・信長の入京　第2章 正親町天皇と信長　第3章 天下人秀吉の誕生　第4章 後陽成天皇と朝鮮出兵　第5章 後陽成・後水尾天皇と家康　エピローグ―「権現」か「明神」か

◇天皇の歴史　6　江戸時代の天皇　大津透，河内祥輔，藤井讓治，藤田覚編集委員　藤田覚著　講談社　2018.5　361p　15cm　（講談社学術文庫2486）〈文献あり　年表あり　索引あり〉　1180円　①978-4-06-511640-1　Ⓝ210.1

内容 第1章 江戸時代天皇の成立―後水尾天皇の時代　第2章 江戸時代天皇の確立―霊元天皇の時代　第3章 江戸中期の天皇・朝廷―安定と不満　第4章 江戸時代天皇の諸相　第5章 朝幕関係の転換―光格天皇の時代　第6章 幕末政争と天皇の政治的浮上―孝明天皇の時代

小峯 隆生〔1959〜〕こみね・たかお

◇若者のすべて―1980〜86「週刊プレイボーイ」風雲録　小峯隆生著　講談社　2014.10　294p　19cm　1600円　①978-4-06-219180-7　Ⓝ023.1

内容 パイレーツオブ九段　就職戦線異状なし　なんで、なんとなくクリスタル？　スモーク・オン・ザ・ウォーター　深夜、「深夜プラス1」にて　1983年WPB編集部　すばらしき週刊誌世界　熱血私が直す!!　傭兵部隊の真実　トツカマスク東奔西走!!〔ほか〕

小宮 孝泰〔1956〜〕こみや・たかやす

◇猫女房―妻が愛したネコと……ボク。　小宮孝泰著　秀和システム　2018.9　222p　19cm　1400円　①978-4-7980-5568-8　Ⓝ778.21

内容 第1章 妻のこと　第2章 猫旅　第3章 告知　第4章 ちょっとずつ、ちょっとずつ　猫女房写真館　妻が記した、がんのメモ　妻からの手紙　特別対談 落語家春風亭昇太vs小宮孝泰「芸と人生、結婚…を語る！」　おひとりさまの季節―エピローグにかえて

小宮 学〔1955〜〕こみや・まなぶ

◇我、市長選に挑戦す―クリーンで暮らしが第一の飯塚市政を目指して　小宮学著　福岡　海鳥社　2017.8　86p　21cm　〈文献あり〉　500円　①978-4-86656-009-0　Ⓝ318.291

小見山 摂子〔1914〜1996〕こみやま・せつこ

◇評伝　天草五十人衆　天草学研究会編　福岡　弦書房　2016.8　317p　22cm　〈文献あり　年表あり　索引あり〉　2400円　①978-4-86329-138-6　Ⓝ281.94

内容 ステージ1 五人衆の時代、そして…　ステージ2 天領天草の村々　ステージ3 祈りの島で　ステージ4 耕す、漁る　ステージ5 実業の世をひらく　ステージ6 潮路はるかに　ステージ7 文学・歴史・言論　ステージ8 あの頃、この人　ステージ9 島の現実、国の行く末　ステージ10 一筋の道　ステージ特

別編 群像二題(天草の石文化と松室五郎左衛門 牛深カツオ漁の男たち)

小宮山 楓軒〔1764～1840〕こみやま・ふうけん
◇諸国賢人列伝―地域に人と歴史あり 童門冬二著 ぎょうせい 2014.12 253p 19cm 1800円 ①978-4-324-09918-6 Ⓝ281.04

[内容] 浜口梧陵―稲むらの火/地域から日本を考えた-広村(和歌山県) 山田方谷―被治者の立場を貫いた巨人-備中松山(岡山県) 安藤野雁―万葉の心を信条に-桑折(福島県) 大原幽学―房総は学者の充電所-下総(千葉県) 小宮山楓軒―立ち枯れの村を復興-水戸(茨城県) 小島蕉園―減税と産業振興-甲府(山梨県) 三浦梅園―日本初の自然哲学者-杵築(大分県) 新井白石―不遇に生きる-江戸(東京都) 前田綱紀―文化行政で雇用創出-加賀(石川県) 河合曽良―旅に生きる-諏訪(長野県) 北島雪山―追放されて自由に生きた-肥後(熊本県) 羽地朝秀―壁を背に第三の道を-琉球(沖縄県) 松平信綱―名君・賢君を輩出-川越(埼玉県) 徳川義直―あゆち思想の実現-尾張(愛知県) 多久一族―「らしさ」を失わず-肥前(佐賀県) 古田織部―壊して創る-美濃(岐阜県) 北条幻庵―「勇」の底に「優」の心-小田原(神奈川県) 鴨長明―走り回る一滴の水-京都(京都府)

小宮山 量平〔1916～2012〕こみやま・りょうへい
◇昭和の名編集長物語―戦後出版史を彩った人たち 塩澤実信著 展望社 2014.9 308p 19cm 〈「名編集者の足跡」(グリーンアロー出版社 1994年刊)の改題改訂〉 1900円 ①978-4-88546-285-6 Ⓝ021.43

[内容] 大衆の無言の声を洞察する―池島信平と「文藝春秋」 一貫して問題意識をつらぬく―吉野源三郎と「世界」 ごまかしのない愚直な仕事を求める―花森安治と「暮しの手帖」 時間をかけ苦しみながらつくる―今井田勲と「ミセス」 人間くさいものをつくらねばならぬ―扇谷正造と「週刊朝日」 敢とチャレンジを試みる―佐藤亮一と「週刊新潮」 きびしさをもとめ妥協を許さない―大久保利通―維新の元勲と「群像」 妥協をしない、手を抜かない―坂本一亀と「文藝」 ホンモノを選び出す目を持つ―小宮山量平と『創作児童文学』 人間の価値を高めるものを―小尾俊人と『現代史資料』 [ほか]

小村 寿太郎〔1855～1911〕こむら・じゅたろう
◇明治史講義 人物篇 筒井清忠編 筑摩書房 2018.4 397p 18cm (ちくま新書 1319)〈文献あり〉 1100円 ①978-4-480-07140-8 Ⓝ210.6

[内容] 木戸孝允―「条理」を貫いた革命政治家 西郷隆盛―謎に包まれた超人気者 大久保利通―維新の元勲、明治政府の建設者 福澤諭吉―「文明」と「自由」 板垣退助―自らの足りなさを知る指導者 伊藤博文―日本型立憲主義の造形者 井上毅―明治維新を落ち着かせなげた官僚 大隈重信―政治対立の演出者 金玉均―近代朝鮮における「志士」たちの時代 陸奥宗光―『蹇蹇録』で読む日清戦争と朝鮮 [ほか]

◇日本の偉人物語 3 伊能忠敬 西郷隆盛 小村壽太郎 岡田幹彦著 光明思想社 2018.10 232p 20cm 1296円 ①978-4-904414-82-8 Ⓝ281

[内容] 第1話 伊能忠敬―前人未踏の日本地図作成(商人としての前半生 第二の人生―五十歳からの再出発 わが国科学史上の一大金字塔―二十一年間の測量と地図作成 ほか) 第2話 西郷隆盛―古今不世出の代表的日本人(日本を代表する偉人 日本の新生を目指して 明治維新の成就―日本国史の精華 ほか) 第3話 小村壽太郎―近代随一の政治家・外交家(前半生の苦難と試練 小村外交が導いた日露戦争 戦争に勝ち外交にも勝つ ほか)

小村 雪岱〔1887～1940〕こむら・せったい
◇意匠の天才 小村雪岱 原田治,平田雅樹,山下裕二 ほか著 新潮社 2016.6 143p 22cm (とんぼの本)〈文献あり 年譜あり〉 1600円 ①978-4-10-602268-5 Ⓝ721.9

[内容] 永遠に新しい、意匠の天才 第1章 小村雪岱の装幀(大胆にして端正、とびっきりの装幀家 雪岱装幀ベスト10 折衷の美―雪岱の装幀 傑作ぞくぞく、装幀ギャラリー) 第2章 小村雪岱の仕事(資生堂時代―資生堂でデザイナー修業 挿絵―多忙な多忙な挿絵画家稼業 舞台美術―役者が惚れた舞台美術家 肉筆画―そもそもは日本画家でした) 第3章 小村雪岱の横顔(めぐるひとびと セッタイ、あなたはナニモノだ?―小村雪岱のいる美術史へ)

後村上天皇〔1328～1368〕ごむらかみてんのう
◇南北朝―日本史上初の全国的大乱の幕開け 林屋辰三郎著 朝日新聞出版 2017.12 227p 18cm (朝日新書 644)〈朝日文庫 1991年刊の再刊〉 760円 ①978-4-02-273744-1 Ⓝ210.45

[内容] 序章 内乱の前夜 第1章 結城宗広―東国武士の挙兵 第2章 楠木正成―公家勢力の基盤 第3章 足利尊氏―室町幕府の創設 第4章 後村上天皇―吉野朝廷の生活 第5章 佐々木道誉―守護大名の典型 第6章 足利義満―国内統一の完成 付章 内乱の余波

小室 直樹〔1932～2010〕こむろ・なおき
◇評伝 小室直樹 上 学問と酒と猫を愛した過激な天才 村上篤直著 京都 ミネルヴァ書房 2018.9 679,70p 20cm 〈著作目録あり 索引あり〉 2400円 ①978-4-623-08384-8 Ⓝ289.1

[内容] 柳州国民学校―征夷大将軍になりたい 会津中学校―敗戦、ケンカ三昧の日々 会津高校―俺はノーベル賞をとる 京都大学―燃える"ファシスト"小室と"反戦・平和"弁論部 軍事科学研究会と平泉学派―烈々たる憂国の真情 大阪大学大学院経済学研究科―日本伏龍 小室直樹 米国留学、栄光と挫折―サムエルソンを成敗する! 東京大学大学院法学政治学研究科―社会科学の方法論的統合をめざして 田無寮―学問と酒と猫と 社会指標の研究―福祉水準をどう測定するか 小室ゼミの誕生と発展―君は頭がいいなぁ、素晴らしい 一般評価へ―日本一の頭脳、四四歳、独身、六畳一間暮らし 小室ゼミの拡大―橋爪大三郎の奮闘 瀕死の小室―すべては良い論文を書くために 出産の謎―父はマルクス、母はフロイト

◇評伝 小室直樹 下 現実はやがて私に追いつくであろう 村上篤直著 京都 ミネルヴァ書房 2018.9 685,45p 20cm 〈年譜あり 索引あり〉 2400円 ①978-4-623-08385-5 Ⓝ289.1

[内容] おそるべし、カッパ・ビジネス―俺はマスコミに

殺される　"旧約"の時代と"新約"の時代―奔走する担当編集者たち　田中角栄―検事を殺せッ！　対話―危惧、矜持、疑問、痴態、怒号、憧れ、感動　小室ゼミの終焉―最高のティーチャー　スナック・ドン―野良でも、血統書つきでも、猫は猫　日本近代化と天皇―方法論学者の本領発揮　誰も書けなかった韓国―"新約"編集者たちの活躍　昭和天皇―神であり、英雄である　結婚―俺の嫁、覚えててくれ　死、訣別、そして再会―寄る年波に抗えず　『原論』の時代―いい本は、最低限一〇回は読みなさい　晩年―人生は短い　会津彷徨―ある会津藩士の記録　没後―学恩に報いる道

コモエスタ神楽坂〔1959～〕　こもえすたかぐらざか
◇こんな漫画家になりたくなかった―風俗体験取材28年間の苦悩　コモエスタ神楽坂著　コアマガジン　2015.4　190p　18cm　〈コア新書011〉　787円　①978-4-86436-749-3　Ⓝ673.94
内容　風俗体験取材漫画家とは　ギャグ漫画家魂　女性編集長と行く風俗取材　待機部屋取材は面白い　半年間キャバクラ取材　漫画家の先輩Y氏　男と初の肉棒味比べ　悩み多き者たち　平成漫画家残酷物語　性病　風俗嬢との恋話　オレの初体験と性癖　風俗体験取材漫画家の最後っ屁

小森　治〔1940～〕　こもり・おさむ
◇小森治オーラル・ヒストリー　小森治述，松島茂編　法政大学イノベーション・マネジメント研究センター　2016.3　137p　30cm　〈Working paper series no.167〉　非売品　Ⓝ537.09

小森　隆弘〔1971～〕　こもり・たかひろ
◇サッカー通訳戦記―戦いの舞台裏で"代弁者"が伝えてきた言葉と魂　加部究著　カンゼン　2016.5　247p　19cm　1600円　①978-4-86255-320-1　Ⓝ783.47
内容　1 間瀬秀一　通訳から監督へ、オシムを超えようとする男　2 フローラン・ダバディ　激情をかみ砕くパリよりの使者　3 鈴木國弘　サッカーの神を間近で崇めた最高の信徒　4 鈴木density ワールドカップにもっとも近づいた日々の記憶　5 高橋建登 知られざる韓流スターの苦悩を解したハングルマスター　6 山内直　忠実に指揮官の怒りを伝えた無色透明な存在　7 中山和也　ブラジルと日本に愛された明朗快活の極意　8 小森隆弘、マルチリンガル、流れ流れてフットサル界の中枢へ　9 塚田貴志　空撃後のセルビアで憶えた言葉が生涯の友に　10 白沢敬典 ガンジーさんと呼ばれて―敬虔なる通訳の姿

小森　敏〔1887～1951〕　こもり・とし
◇日本の現代舞踊のパイオニア―創造の自由がもたらした革新性を照射する　片岡康子監修　新国立劇場運営財団情報センター　2015.3　122p　26cm　〈他言語標題：PIONEER of JAPAN CONTEMPORARY DANCE　発売：丸善出版〉　700円　①978-4-907223-07-6　Ⓝ769.1
内容　序章 西洋文化の流入と舞踊　第1章 石井漠―肉体とリズムの統合による純粋舞踊の探求　第2章 小森敏―静けさを愛する心を糧に　第3章 伊藤道郎―アメリカで道を拓いた国際派　第4章 高田雅夫・高田せい子―夫から妻へ繋いで拓いた叙情的の世界　第5章 江口隆哉・宮操子高らかに舞踊創作の灯をかかげて　第6章 執行正俊―芸術の美と愛の中を彷徨うバガバンド　第7章 檜健次―生命への洞察を根底とした魂の舞踊家　第8章 石井みどり―舞踊芸術の感動をすべての人々の胸に　第9章 同時代のふたりの舞踊家

小森　陽一〔1953～〕　こもり・よういち
◇コモリくん、ニホン語に出会う　小森陽一著　KADOKAWA　2017.6　286p　15cm　〈角川文庫 こ47-1〉〈「小森陽一ニホン語に出会う」(大修館書店 2000年刊) の改題、加筆・修正〉　720円　①978-4-04-105185-6　Ⓝ810
内容　第1部 日本語に出会う(ことばとの出会い(東京・プラハ/小学校時代)　帰国してから(東京/(小)中学校時代)　ことばの実践としての政治参加(東京/高校時代)　「国文科」進学(札幌/大学時代))　第2部 日本語と格闘する(アルバイト教師時代(札幌/大学院生)　日本文学を教える(東京/大学教師)　アメリカで日本語と出会う(カリフォルニア大学/客員教授)　声と身体で表現する日本語(東京/カリフォルニア))　第3部 日本語を教える(道場破り―小学校の巻　道場破り―中学校の巻　授業というライヴ―高校の巻

小谷田　勝五郎〔1815～1869〕　こやた・かつごろう
◇ほどくぼ小僧勝五郎生まれ変わり物語調査報告書　勝五郎生まれ変わり物語探求調査団編　日野　日野市郷土資料館　2015.9　146p　30cm　〈勝五郎誕二百年記念　年表あり〉　Ⓝ289.1

小柳　典子　こやなぎ・のりこ
◇ブレーメンからの手紙　小柳泰久,典子著　幻冬舎メディアコンサルティング　2018.4　258p　19cm　〈発売：幻冬舎〉　1200円　①978-4-344-91696-8　Ⓝ289.1
内容　貴方がブレーメンへ旅立った夜　十二月七日典子より　ブレーメンへの飛行機の中で　十二月八日泰久より　はじめてのお手紙を受けとって　十二月十三日典子より　ブレーメンに到着した翌日に　十二月十五日泰久より　新しい生活　十二月十六日(火)泰久より　純子から貴方への電話？　十二月十八日典子より　こどもたちへのプレゼントを求めて　十二月二十四日泰久より　貴方のいないクリスマス　十二月二十四日(水)典子より　ブレーメンでの貴方を思って　十二月二十五日典子より　ブレーメンでの暮らし　十二月二十六日泰久より〔ほか〕

小柳　昌之〔1939～2019〕　こやなぎ・まさゆき
◇北の男　第1部 激流篇　北海道出身快男児 小柳昌之の物語1 1939～1983　塩澤幸登著　茉莉花社　2016.4　494p　20cm　〈他言語標題：The Man,born in the North Land　文献あり　発売：河出書房新社〉　2300円　①978-4-309-92084-9　Ⓝ289.1
内容　序　神田須田町河水遠く流れて　写真アルバム 小柳昌之百四十六年写真館　深川市一巳屯田兵開拓村　美맥失われた街我路　夕張・一 少年時代　夕張・二 時代と場所の刻印　浪人三年東京物語　慶應義塾大学経済学部　フタバ食品弁当販売人　太平洋大学波高し〔ほか〕

こやなき

小柳 泰久〔1938〜2016〕こやなぎ・やすひさ
◇ブレーメンからの手紙　小柳泰久,典子著　幻冬舎メディアコンサルティング　2018.4　258p 19cm　〈発売：幻冬舎〉　1200円　Ⓘ978-4-344-91696-8　Ⓝ289.1
内容　貴方がブレーメンへ旅立った夜に　十二月七日典子より　ブレーメンへの飛行機の中で　十二月八日泰久より　はじめてのお手紙を受けとって　十二月十三日典子より　ブレーメンに到着した翌日に　十二月十五日泰久より　新しい生活　十二月十六日(火)泰久より　純子から貴方への電話？　十二月十八日典子より　こどもたちへのプレゼントを求めて　十二月二十日泰久より　貴方のいないクリスマス　十二月二十四日(水)典子より　ブレーメンでの貴方を思って　十二月二十五日典子より　ブレーメンでの暮らし　十二月二十六日泰久より〔ほか〕

小山 宇八郎　こやま・うはちろう
◇神技の系譜—武術稀人列伝　甲野善紀著　日貿出版社　2015.7　383p 20cm　〈文献あり〉　2500円　Ⓘ978-4-8170-6010-5　Ⓝ789.028
内容　第1章 松林左馬助 夢想願立(松林左馬助永吉誕生への系譜　異界との交流によって新流儀を開く　ほか)　第2章 加藤有慶 起倒流柔術(離れ業の名人加藤有慶　有慶の師 瀧野遊軒　ほか)　第3章 松野女之助・小山宇八郎 弓術(松野女之助、小山宇八郎兄弟　旗本の武士との矢ためし　ほか)　第4章 白井亨 天真兵法(勝海舟が感嘆した剣客・白井亨　白井亨、その生い立ち　ほか)　第5章 手裏剣術(混迷している現代の手裏剣像　手裏剣は最も原初的な武術の形態　ほか)

小山 松寿〔1875〜1959〕こやま・しょうじゅ
◇名古屋新聞・小山松寿関係資料集　第7巻　山田公平編　龍溪書舎　2015.11　761p 27cm　〈布装　年譜あり〉　30000円　Ⓘ978-4-8447-3343-0　Ⓝ070.2155
内容　1 小諸・東京専門学校・共済慈善会・早稲田大学関係資料　2 帝国議会衆議院議員時代関係資料　3 戦後時代関係資料　4 名古屋市政・経済界関係資料　5 愛知県政関係資料　6 小山家・小山松寿履歴関係　7 小山千鶴子回想談「父小山松寿と名古屋新聞をめぐる人々(二)」　8 小山松寿略年譜

小山 子壽〔1924〜〕こやま・ちかとし
◇剣の道に生かされて　小山子壽述、小山矩子編〔出版地不明〕〔小山子壽〕　2016.9　37p 31cm　Ⓝ289.1

小山 剛〔1955〜2015〕こやま・つよし
◇小山剛の拓いた社会福祉　萩野浩基編集　中央法規出版　2016.3　239p 21cm　2200円　Ⓘ978-4-8058-5319-1　Ⓝ369.021
内容　第1部 小山剛の社会福祉・介護理論(社会福祉改革から観た小山剛　小山剛を支えた長岡の精神文化 ほか)　第2部 介護福祉政策改革・福祉サービス改革への小山剛の影響(小山剛さんと介護サービスの革新　疾風のように駆け抜けた地域包括ケアのさきがけ ほか)　第3部 人間・小山剛(座談会 前園長小山剛さんを語る　小山剛園長のご逝去を悼んで ほか)　終章 小山剛とともに(将来に受け継ぐもの　いつまでも住み慣れた地域社会で暮らし続けるために)

小山 秀〔1828〜1898〕こやま・ひいで
◇評伝 天草五十人衆　天草学研究会編　福岡弦書房　2016.8　317p 22cm　〈文献あり 年表あり 索引あり〉　2400円　Ⓘ978-4-86329-138-6　Ⓝ281.94
内容　ステージ1 五人衆の時代、そして…　ステージ2 天領天草の村々　ステージ3 祈りの島で　ステージ4 耕す、漁る　ステージ5 実業の世をひらく　ステージ6 潮路はるかに　ステージ7 文学・歴史・言論　ステージ8 あの頃、この人　ステージ9 島の現実、国の行く末　ステージ10 一筋の道　ステージ特別編 群像二題(天草の石文化と松室五郎左衛門　牛深カツオ漁の男たち)

小山 亮〔1895〜1973〕こやま・まこと
◇しまなみ人物伝　村上貢著　海文堂出版　2015.8　258p 20cm　〈年表あり〉　1800円　Ⓘ978-4-303-63426-1　Ⓝ281.74
内容　第1部 日本の夜明けの時代に(伊能忠敬—尾道周辺の測量　瀬戸田の仙太郎—幕末の海外漂流　永井重助—福宮丸の海難と対米賠償交渉　先人北野由兵衛—千島艦衝突事件)　第2部 未来を夢見た先輩たち(田坂初太郎—海運創成期のパイオニア　小林善四郎—初代弓削商船学校長の生涯　ビッケル船長—伝道船「福音丸」と弓削商船学校　中堀таの生涯—「うらなり君」のモデルと今治　浜根岸太郎—初代・二代の生涯　濱田国太郎—海員組合草創時代　麻生イト—女傑の生涯　小山亮—嵐は強い木を育てる)

後陽成天皇〔1571〜1617〕ごようぜいてんのう
◇天皇の歴史 5　天皇と天下人　大津透,河内祥輔,藤井譲治,藤田覚編集委員　藤井譲治著　講談社　2018.4　343p 15cm　〈講談社学術文庫 2485〉〈文献あり 年表あり 索引あり〉　1160円　Ⓘ978-4-06-292485-6　Ⓝ210.1
内容　プロローグ—正親町天皇のキリシタン禁令　第1章 義昭・信長の入京　第2章 正親町天皇と信長　第3章 天下人秀吉の誕生　第4章 後陽成天皇と朝鮮出兵　第5章 後陽成・後水尾天皇と家康　エピローグ—「権現」か「明神」か

五來 欣造〔1875〜1944〕ごらい・きんぞう
◇五來欣造伝—大隈重信に仕えた国際ジャーナリストの生涯　森田信子著　五來文庫　2014.5　121p 21cm　〈著作目録あり 年譜あり 文献あり〉　3000円　Ⓘ978-4-9907798-0-1　Ⓝ289.1

呉陵軒可有〔?〜1788〕ごりょうけんあるべし
◇呉陵軒可有—文芸川柳の祖　尾藤三柳著　大阪新葉館出版　2015.5　127p 15cm　〈川柳公論叢書 第3輯 1〉〈柳多留250年記念〉　1000円　Ⓘ978-4-86044-597-3　Ⓝ911.45
内容　一章に問答　木綿句集　小説呉陵軒　雲霽れて　史料より 呉陵軒こぼればなし

是枝 裕和〔1962〜〕これえだ・ひろかず
◇映画を撮りながら考えたこと　是枝裕和著　ミシマ社　2016.6　414p 20cm　2400円　Ⓘ978-4-903908-76-2　Ⓝ778.21
内容　第1章 絵コンテでつくったデビュー作　第2章 青春期・挫折　第3章 演出と「やらせ」　第4章 白でもなく、黒でもなく　第5章 不在を抱えてどう生

きるか　第6章 世界の映画祭をめぐる　第7章 テレビによるテレビ論　第8章 テレビドラマでできること、その限界　第9章 料理人として　終章 これから「撮る」人たちへ

惟喬親王〔844〜897〕これたかしんのう
◇惟喬親王伝説を追う　中島伸男筆　〔東近江〕〔中島伸男〕　2014.10　125p　26cm　Ⓝ288.44

五郎丸 歩〔1986〜〕ごろうまる・あゆむ
◇不動の魂―桜の15番ラグビーと歩む　五郎丸歩著, 大友信彦編　実業之日本社　2014.12　275p　19cm　1600円　Ⓣ978-4-408-45528-0　Ⓝ783.48

内容　プロローグ 日本代表最多得点記録更新　第1章 福岡から佐賀 少年時代　第2章 早大時代　第3章 ヤマハ時代　第4章 エディ・ジャパン　エピローグ 不動の魂

◇五郎丸日記―Rugby World Cup 2015 England　小松成美著　実業之日本社　2016.1　327p　19cm　〈他言語標題：Goromaru diary〉　1600円　Ⓣ978-4-408-45583-9　Ⓝ783.48

内容　序章 誇りと涙を携え、イングランドの地へ　「五郎丸日記」　第1章 ジャパン・ウェイ―ワールドカップ戦記　第2章 本当のエディ・ジョーンズ　第3章 「ルーティン」完成への遥かなる道のり　終章 新たな挑戦の季節を迎えて

◇日本ラグビーヒーロー列伝―歴史に残る日本ラグビー名選手 All about JAPAN RUGBY 1970-2015　ベースボール・マガジン社編著　ベースボール・マガジン社　2016.2　175p　19cm　1500円　Ⓣ978-4-583-11001-1　Ⓝ783.48

内容　第1章 2015年 ワールドカップの英雄 (五郎丸歩　リーチ, マイケル　廣瀬俊朗　大野均　堀江翔太 ほか)　第2章 ヒーロー列伝 1970年〜2015年 (坂田好弘　原進　藤原優　森重隆　松尾雄治 ほか)

今 敏〔1963〜2010〕こん・さとし
◇プラスマッドハウス　1　今敏 復刻版　キネマ旬報社　2015.7　159p　21cm　〈他言語標題：PLUS MADHOUSE　発売：復刊ドットコム〉　2200円　Ⓣ978-4-8354-5228-9　Ⓝ778.77

内容　監督作品紹介 (パーフェクトブルー―生活の細部が喚起する恐怖　千年女優――途な想いを伝える反復の構造　東京ゴッドファーザーズ―東京という異界でこそ奇跡は起きる ほか)　FROM INSIDE―今敏監督ロングインタビュー (漫画に導かれた学生時代　大学卒業後の社会人生活　アニメーションの仕事 ほか)　FROM OUTSIDE (作品論・作家論 (今敏論　未麻の部屋から見えるもの)　インタビュー (宇佐田正彰 (漫画編集者)　飯塚昭三 (声優) ほか)　特別対談 筒井康隆×今敏　DATA編 今敏監督作品データ

金光大神〔1814〜1883〕こんこうだいじん
◇新・日本神人伝―近代日本を動かした霊的巨人たちと霊界革命の軌跡　不二龍彦著　太玄社　2017.4　391p　21cm　〈『日本神人伝』(学研 2001年刊) の改題、増補改訂　文献あり　年表あり　索引あり　発売：ナチュラルスピリット〉　2600円　Ⓣ978-4-906724-32-1　Ⓝ147.8

内容　第1章 仙童寅吉　第2章 宮地常磐・水位・厳夫　第3章 国安仙人　第4章 黒住宗忠　第5章 金光大神　第6章 長南年恵　第7章 高島嘉右衛門　第8章 鷲谷日賢　第9章 友清歓真　第10章 出口王仁三郎　人物小伝

◇霊能者列伝　田中貢太郎著　河出書房新社　2018.12　230p　20cm　〈『明治大正実話全集 第7巻』(平凡社 1929年刊) の改題、一部割愛〉　1850円　Ⓣ978-4-309-02668-8　Ⓝ147.8

内容　人としての丸山教祖　金光教祖物語　大本教物語　黒住教祖物語　飯野吉三郎の横顔　予言者宮崎虎之助　神仙河野久　木食上人山下覚道　蘆原将軍の病院生活

権左〔1717〜1739〕ごんざ
◇薩摩漂流船とゴンザ　上村忠昌著　鹿児島 南日本新聞開発センター (制作)　2014.12　231p　30cm　〈年表あり　標題紙のタイトル：薩摩漂流船とゴンザに関する総合的研究〉　1800円　Ⓣ978-4-86074-227-0　Ⓝ557.8

近藤 勇〔1834〜1868〕こんどう・いさみ
◇新選組真史　山村竜也著　産学社　2014.8　254p　19cm　〈historia〉〈文献あり〉　1350円　Ⓣ978-4-7825-3391-8　Ⓝ210.58

内容　第1章 試衛館の群像 (近藤勇の誕生　近藤家の養子となる ほか)　第2章 新選組結成 (天狗党の芹沢鴨　京都に残留した浪士たち ほか)　第3章 京都動乱 (旧友との再会　男色流行の噂 ほか)　第4章 士道散華 (鳥羽伏見の戦い　新選組、江戸に敗走する ほか)

◇新撰組顚末記　永倉新八著　KADOKAWA　2017.11　270p　18cm　〈角川新書 K-177〉〈新人物文庫 2009年刊に解説を加え、再編集〉　800円　Ⓣ978-4-04-082185-6　Ⓝ210.58

内容　浪士組上洛　新撰組結成　池田屋襲撃　禁門の変　高台寺党粛清　鳥羽伏見の激戦　近藤勇の最期　会津転戦　新撰組資料

近藤 啓太郎〔1920〜2002〕こんどう・けいたろう
◇色いろ花骨牌　黒鉄ヒロシ著　小学館　2017.5　267p　15cm　〈小学館文庫 く12-1〉〈講談社 2004年刊に「萩―生島治郎さん」を加え再刊〉　600円　Ⓣ978-4-09-406158-1　Ⓝ702.8

内容　雨―吉行淳之介さん　月―阿佐田哲也さん　桜―尾上辰之助さん (初代)　松―芦田伸介さん　菊―園山俊二さん　桐―柴田錬三郎さん　牡丹―秋山庄太郎さん　菖蒲―近藤啓太郎さん　萩―生島治郎さん

近藤 謙司〔1962〜〕こんどう・けんじ
◇ぼくは冒険案内人　近藤謙司著　山と渓谷社　2014.12　237p　19cm　〈年譜あり〉　1400円　Ⓣ978-4-635-17179-3　Ⓝ786.1

内容　第1章 ガイドのタマゴ　第2章 冬季チョモランマ登山隊　第3章 旅行業とアドベンチャーガイズ　第4章 日本で初めてのエベレスト公募登山隊　第5章 エベレストとローツェ登頂　第6章 山岳ガイドという仕事

こんとう

近藤 寿市郎〔1870～1960〕 こんどう・じゅいちろう
◇近藤寿市郎伝―豊川用水と東三河百年を構想した男　嶋津隆文著　公職研　2018.5　344p　20cm　〈文献あり　年譜あり〉　2000円　①978-4-87526-383-8　Ⓝ289.1

内容　1章 青春　2章 風雲　3章 政争　4章 構想　5章 失意　6章 晩年　7章 成就　8章 100年

近藤 真市〔1968～〕 こんどう・しんいち
◇マウンドに散った天才投手　松永多佳倫著　講談社　2017.6　284p　15cm　〈講談社＋α文庫 G306-1〉〈河出書房新社 2013年刊の加筆・修正〉　850円　①978-4-06-281720-2　Ⓝ783.7

内容　第1章 伊藤智仁 ヤクルト―ガラスの天才投手　第2章 近藤真市 中日―「江夏二世」と呼ばれた超大型左腕　第3章 上原晃 中日―150キロのダブルストッパー　第4章 石井弘寿 ヤクルト―サウスポー日本記録155キロ　第5章 森田幸一 中日―投げて打っての二刀流　第6章 田村勤 阪神―電光石火のクロスファイヤー　第7章 盛田幸妃 近鉄―脳腫瘍からの生還

権藤 成卿〔1868～1937〕 ごんどう・せいきょう
◇日本地方自治の群像　第9巻　佐藤俊一著　成文堂　2018.11　336p　20cm　〈成文堂選書62〉　3600円　①978-4-7923-3381-2　Ⓝ318.2

内容　第1章 「制度」から「精神」としての自治を歩んだ明治の異端児・田中正造（明治の異端児・田中正造の遍歴　幕藩期の村落自治から市制・町村制の「受容」へ　市制・町村制の"否定"から本源的自治村の復活へ）　第2章 近代報徳主義・運動における地域振興と地方自治―岡田良一郎・良平と一木喜徳郎（岡田家三代と一木喜徳郎の足跡　岡田良一郎・良平の報徳思想と地域振興論　一木喜徳郎の報徳主義（思想）地方自治論）　第3章 さまざまな権藤成卿像と彼の社稷自治・国家論（権藤成卿の生涯―大陸問題から内政問題へ　さまざまな権藤成卿像の整理　権藤成卿の社稷自治・国家論と市制・町村制批判）　第4章 中田鉄治夕張市長の観光開発政策と破綻・財政再建計画（中田鉄治市長の経歴とプロフィール　観光開発政策による財政破綻の結果と再建計画　中田鉄治市長の「炭鉱から観光へ」政策とその暴走）

近藤 精宏〔1945～〕 こんどう・せいこう
◇陶芸への道―そして瑞浪芸術館へ　近藤精宏著　里文出版　2017.9　237p　21cm　1800円　①978-4-89806-457-3　Ⓝ751.1

近藤 高顯〔1953～〕 こんどう・たかあき
◇ティンパニストかく語りき―"叩き上げ"オーケストラ人生　近藤高顯著　学研プラス　2017.9　247p　19cm　1500円　①978-4-05-800818-8　Ⓝ762.1

内容　第1章 "叩き上げ"人生のはじまり（運命を変えたLPのアンケートはがき　我が師、フォーグラーとの出会い　ほか）　第2章 オーケストラの現場で"叩き上げ"（留学を終えてはじまった現場での"叩き上げ"　マエストロ朝比奈との想い出　ほか）　第3章 "他流試合"で学んだこと（カラヤンの振り違い事件―1984年、ヘルベルト・フォン・カラヤン／ベルリン・フィル日本公演　ぶっつけ本番、"俎板の上の鯉"の私―1986年、セルジュ・チェリビダッケ／ミュンヘン・フィル日本公演　ほか）　第4章 ティンパニストの恐怖の一瞬（ティンパニストに求められるものとは？　またまた"心臓が口から飛び出すかと思った"あのとき!!　ほか）　第5章 大作曲家たちはティンパニをどのように書いたか？（ティンパニの進化は作曲家のアイディアを進化させた　オーケストラ曲での"ティンパニ・ソロ"　ほか）

近藤 ちよ〔1913～1996〕 こんどう・ちよ
◇桜梅桃李―創立者近藤ちよ生誕百周年記念誌　狭山ヶ丘学園出版部編著　入間　狭山ヶ丘学園　2014.9　495p　21cm　〈文献あり　年表あり〉　Ⓝ289.1

近藤 長次郎〔1838～1866〕 こんどう・ちょうじろう
◇至誠に生きて　冨成博著　右文書院　2014.10　227p　20cm　〈文献あり〉　1800円　①978-4-8421-0772-1　Ⓝ289.1

＊吉田松陰の妹・文（楫取美和子）の実録生涯を描く。志半ばで非業の死を遂げた近藤昶次郎の真相を克明に描く。

近藤 恒夫〔1941～〕 こんどう・つねお
◇真冬のタンポポ―覚せい剤依存から立ち直る　近藤恒夫著　双葉社　2018.2　219p　19cm　〈「拘置所のタンポポ」（2009年刊）の改題、加筆・改稿〉　1400円　①978-4-575-31338-3　Ⓝ368.81

内容　第1章 芸能人と覚せい剤　第2章 波乱だらけの私の半生　第3章 人はなぜクスリにハマるのか　第4章 だから恐ろしい覚せい剤　第5章 彼らがクスリを繰り返してしまう理由　第6章 立ち直るために、少しずつ歩めばいい

近藤 富蔵〔1805～1887〕 こんどう・とみぞう
◇辺境を歩いた人々　宮本常一著　河出書房新社　2018.6　287p　15cm　〈河出文庫 み19-7〉〈文献あり　年表あり　年譜あり〉　760円　①978-4-309-41619-9　Ⓝ281

内容　近藤富蔵（流され人　近藤重蔵と最上徳内　ほか）　松浦武四郎（えぞ地の探検　おいたちと諸国めぐり　ほか）　菅江真澄（じょうかぶりの真澄　浅間山の噴火　ほか）　笹森儀助（幕末の世に生まれて　牧場の経営　ほか）

近藤 兵太郎〔1888～1966〕 こんどう・ひょうたろう
◇台湾を愛した日本人　2　「KANO」野球部名監督―近藤兵太郎の生涯　古川勝三著　松山　アトラス出版　2015.12　234p　20cm　〈文献あり〉　1750円　①978-4-906885-24-4　Ⓝ289.1

内容　序章 顕彰碑「球は霊なり」　第1章 兵太郎少年、松山商業野球部へ　第2章 麗しの島「台湾」へ　第3章 北回帰線の街「嘉義」　第4章 さらば松山商業野球部監督　第5章 原住民野球チーム「能高団」　第6章 嘉義農林学校野球部　第7章 甲子園大会へ　第8章 「天下の嘉農」　第9章 台湾よ！ さらば　終章 嘉義の街を訪ねて

権藤 博〔1938〜〕 ごんどう・ひろし
◇もっと投げたくはないか―権藤博からのメッセージ 権藤博著 日刊スポーツ出版社 2014.10 157p 19cm 1500円 ⓘ978-4-8172-0325-0 Ⓝ783.7
内容 対談 権藤博×松山千春(一番最初に交渉した巨人 1年目にして429回3分の1イニング。これはいったい何なわけ? 常に自分の持ってる一番いいものを出そう。それがあなたが教えてくれた戦い方 98年の横浜は1試合1試合、面白かったですよ オレは今でも投げて潰れたとは思ってない 力のあるピッチャーは中4日にしてやらないと) 権藤博回顧録(アマチュア時代 稲尾フォーム養成練習 中日ドラゴンズ入団 権藤、権藤、雨、権藤 1961年中日全試合と権藤博全登板成績 2軍コーチを8年 教え過ぎてはいけない 近鉄、ダイエー、横浜でコーチ伝説の10・19 望外の日本一 無理せず、急がず、はみ出さず 投手の本能 もっと投げたくはないか)

近藤 藤守〔1855〜1917〕 こんどう・ふじもり
◇伝世近藤藤守 藤守先生百年祭奉迎委員会編 大阪 金光教難波教会 2017.1 313p 19cm 〈年譜あり 文献あり〉 Ⓝ178.72

近藤 筆吉〔?〜1907〕 こんどう・ふできち
◇幕末の下級武士はなぜイギリスに骨を埋めたのか 村田寿美著 祥伝社 2015.8 241p 19cm 1500円 ⓘ978-4-396-61532-1 Ⓝ289.1
内容 プロローグ(100年以上前の日本人・フデと出会う 筆吉は曲芸団の一員として英国にやってきた ほか) 第1章 三組の日本人芸人一座(渡航者に渡された三カ条の掟書き 帝国日本人一座、アメリカへ ほか) 第2章 曲芸師たちが生活した日本人村(タナカーブヒクロサンという謎の人物 曲芸の特訓か、幼児虐待か ほか) 第3章 日本との決別(筆吉の妻は未婚の母だった 深刻な社会問題となった私生児の育児 ほか) 第4章 1885年ナイツブリッジの奇跡(世界への扉、万国博覧会 ウィーン万国博覧会では日本村の展示が大評判に ほか) 第5章 ブライトンの下級武士(筆吉は日本で何をしていたのか 武士は生活に苦しんでいた ほか) エピローグ(日本での情報はほとんどつかめなかった ある下級武士の一生)

近野 兼史〔1924〜〕 こんの・けんじ
◇教育にすべてを捧げて―近野兼史・その教育と人生 近野兼史著, 菊地弘編著 米沢 近野教育振興会 2015.10 320p 21cm 〈発行所:創栄社 著作目録あり〉 ⓘ978-4-7559-0515-5 Ⓝ373.4

今野 こずえ〔1984〜〕 こんの・こずえ
◇永遠の彼―病気とともに、社会福祉の世界に生きる 今野こずえ著 文芸社 2015.10 94p 19cm 1000円 ⓘ978-4-286-16645-2 Ⓝ289.1

今野 大力〔1904〜1935〕 こんの・だいりき
◇北の詩人 小熊秀雄と今野大力 金倉義慧著 高文研 2014.8 438p 20cm 3200円 ⓘ978-4-87498-550-2 Ⓝ911.52
内容 旭川、小熊秀雄の登場・今野大力、二人の出会い 旭新聞、小熊秀雄の童話 小熊秀雄、新ロシア文学との出会い 小熊・今野、労農・革新運動高揚の中で 今野、小熊それぞれの上京 今野大力の旭川帰省・療養 今野大力「小ブル詩人の彼」をめぐって 大力・久子の結婚、その生涯 小熊秀雄「飛ぶ橇‐アイヌ民族の為めに‐」 小熊秀雄、小林葉子宛書簡から 今野大力「一疋の昆蟲」を読み解く小熊秀雄

金野 喜文〔1948〜〕 こんの・よしふみ
◇かたふり―船員生活44年間の手記と写真 金野喜文著 〔出版地不明〕 〔金野喜文〕 2017.3 63p 31cm Ⓝ683.8

紺谷 友昭〔1939〜〕 こんや・ともあき
◇山形へ帰る旅 紺谷友昭著 思想の科学社 2015.9 350p 20cm 2300円 ⓘ978-4-7836-0114-2 Ⓝ289.1
内容 第1部 山形へ帰る旅(山形に行くまで 桜の咲くころ 青葉茂るトネリコ 遍歴時代 青春別離 札幌にて) 第2部 見えない囲いのなかで(運命の別れ道 一九六一‐一九六二 新潟の春 一九六二‐一九六四 生と死 一九六四‐一九七〇 暗い谷 一九七一‐一九八〇 砂上の自由 一九八一‐二〇〇九)

【さ】

蔡 英文〔1956〜〕 さい・えいぶん
◇蔡英文 新時代の台湾へ 蔡英文著, 前原志保監訳, 阿部由理香, 篠原翔吾, 津村あおい訳 白水社 2016.6 281p 20cm 1900円 ⓘ978-4-560-09248-4 Ⓝ312.224
内容 序章 私たちは皆「英派」である 第1章 思考する小英 第2章 行動する小英 第3章 社会と小英 第4章 政治と小英 第5章 経済と小英 第6章 外交する小英 第7章 今ここにある希望
◇蔡英文の台湾―中国と向き合う女性総統 張瀞文著, 丸山勝訳 毎日新聞出版 2016.7 221p 18cm 〈年譜あり〉 1100円 ⓘ978-4-620-32395-4 Ⓝ312.224
内容 1 貿易交渉(想像外の旅路へ いばらの道 ほか) 2 政治の道へ…中台関係その一(中国の土を踏む 李登輝のスタッフに ほか) 3 山は揺れるか…中台関係その二(ECFAと「ひまわり」 中台首脳会談まで ほか) 4 民主の旗手(最初の女性総統 使命を知る ほか) Extra Part 経済革命(経済の救出と発展の戦略 中国とTPP)
◇蔡英文自伝―台湾初の女性総統が歩んだ道 蔡英文著, 前原志保訳 白水社 2017.2 270p 20cm 2000円 ⓘ978-4-560-09524-9 Ⓝ289.2
内容 序章 三人の涙 第1章 生命の中にある「真」・「善」・「美」 第2章 蔡式学習法 第3章 十年間の国際交渉 第4章 政治の嵐が巻き起こる 第5章 民進党を再び立て直す

蔡 温〔1682〜1761〕 さい・おん
◇琉球王国を導いた宰相蔡温の言葉 佐藤亮輔著 那覇 ボーダーインク 2016.3 197p 18cm (ボーダー新書 13)〈文献あり〉(20011年刊)の改訂〉 1000円 ⓘ978-4-89982-297-4 Ⓝ289.1
◇蔡温と林政八書の世界 仲間勇栄著 宜野湾

さい

榕樹書林　2017.7　325p　22cm　（沖縄学術研究双書 10）〈年表あり　文献あり〉　4800円
①978-4-89805-194-8　Ⓝ651.1

蔡 國強〔1957～〕　さい・こっきょう
◇空をゆく巨人　川内有緒著　集英社　2018.11　365p　19cm　〈文献あり〉　1700円　①978-4-08-781671-6　Ⓝ702.22
内容　生まれながらの商売人―いわき・一九五〇年　風水を信じる町に生まれて―泉州・一九五七年　空を飛んで、山小屋で暮らす―サンフランシスコ・一九七六年　爆発する夢―泉州・一九七八年　ふたつの星が出会うとき―東京・一九八六年　時代の物語が始まった―いわき・一九九三年　キノコ雲のある風景―ニューヨーク・一九九五年　最果ての地―レゾリュート・一九九七年　氷上の再会―レゾリュート・一九九七年　旅人たち―いわき・二〇〇四年　私は信じたい　怒りの桜　龍が駆ける美術館　夜桜　空をゆく巨人

蔡 焜燦〔1927～2017〕　さい・こんさん
◇日台関係を繋いだ台湾の人びと　浅野和生編著　展転社　2017.12　248p　19cm　（日台関係研究会叢書 4）〈文献あり〉　1700円　①978-4-88656-450-4　Ⓝ319.22401
内容　第1章　辜振甫と日台関係（日本統治時代の辜振甫　「台湾独立計画」事件　ほか）　第2章　台湾経済の世界化を担った江丙坤（江丙坤の紹介　生い立ち・日本へのあこがれ　ほか）　第3章　許世楷駐日代表と日台関係の発展（日本留学と政治活動　国民党による台湾統治　ほか）　第4章　曽永賢の生涯と日台関係（少年時代　日本留學　ほか）　第5章　蔡焜燦氏逝去に哭く（筆者がみた蔡焜燦氏　四大紙が伝える蔡焜燦氏　ほか）

蔡 爾康〔1851～1921〕　さい・じこう
◇中国名記者列伝―正義を貫き、その文章を歴史に刻み込んだ先人たち　第1巻　柳斌傑、李東東編、加藤青延監訳、渡辺明次訳　日本僑報社　2016.9　221p　21cm　3600円　①978-4-86185-224-4　Ⓝ070.16
内容　新聞・雑誌の政治評論の開拓者　王韜（おう・とう　1828‐1897）　『万国公報』の魂　蔡爾康（さい・じこう　1851‐1921）　西洋の学問を中国に取りこんだ「西学東漸」の先駆　厳復（げん・ふく　1854‐1921）　民国時代の北京新聞界の元老　朱淇（しゅ・き　1858‐1931）　傑出した職業ジャーナリスト　汪康年（おう・こうねん　1860‐1911）　家財を投げ打ち民衆のために新聞発行　彭翼仲（ほう・よくちゅう　1864‐1921）　公のために「直言」をいとわず　英斂之（えい・れんし　1867‐1926）　湖南省言論界一の健筆　唐才常（とう・さいじょう　1867‐1900）　清末民初の新聞政治評論家　章太炎（しょう・たいえん　1869‐1936）　人民の中の先覚者　陳少白（ちん・しょうはく　1869‐1934）　民国初期の北京新聞界の「怪傑」　劉少少（りゅう・しょうしょう　1870‐1929）　義侠心に燃えた女性ジャーナリスト　唐群英（とう・ぐんえい　1871‐1937）　海に身を投じた烈士　楊篤生（よう・とくせい　1872‐1911）　新聞発行のために私財を投げ打つ　卞小吾（べん・しょうご　1872‐1908）　新聞を創刊し維新を推進　梁啓超（りょう・けいちょう　1873‐1929）　マスコミ刷新の牽引者　狄楚青（てき・そせい　1873‐1941）　口語体新聞の先駆者　林白水（りん・はくすい　1874‐1926）　革命世論の旗手　陳去病（ちん・きょへい　1874‐1933）　傑出したマスコミ事業者　汪漢溪（おう・かんけい　1874‐1924）　革命党の大文豪　陳天華（ちん・てんか　1875‐1905）

蔡 成泰　さい・せいたい
◇ひとびとの精神史　第7巻　終焉する昭和―1980年代　杉田敦編　岩波書店　2016.2　333p　19cm　2500円　①978-4-00-028807-1　Ⓝ281.04
内容　1　ジャパン・アズ・ナンバーワン（中曽根康弘―「戦後」を終わらせる意志　上野千鶴子―消費社会と一五年安保のあいだ　高木仁三郎―「核の時代」と市民科学者　大橋正義―バブルに流されなかった経営者たち）　2　国際化とナショナリズム（ジョアン・トシエイ・マスコ―「第二の故郷」で挑戦する日系ブラジル人　安西賢誠―「靖国」と向き合った真宗僧侶　宮崎駿―職人共同体というユートピア　『地球の歩き方』創刊メンバー―日本型海外旅行の精神）　3　天皇と大衆（奥崎謙三―神軍平等兵の怨霊を弔うために　朴正恵、蔡成泰―民族教育の灯を守るために　美空ひばり―生きられた神話　知花昌一―日の丸を焼いた日）

蔡 崇信〔1964～〕　さい・そうしん
◇Alibabaアリババの野望―世界最大級の「ITの巨人」ジャック・マーの見る未来　王利芬、李翔著、鄭重、祖沁澄訳　KADOKAWA　2015.3　374p　20cm　〈年譜あり〉　1700円　①978-4-04-102746-2　Ⓝ673.36
内容　ジャック・マーは私の起業に最も影響を与えた人だった　一九九二年、最初の起業―海博翻訳社―起業分野の選択　「中国イエローページ」の成功と失敗―起業の方向性を見つける　一九九七年一二月、体外貿易経済合作部にて―起業チームの選択　一九九九年一月、「湖畔花園」でアリババを設立する―はっきりとしたヴィジョンを持つ　一九九九年、蔡崇信のアリババ加入―資本市場を理解する人材の必要性　一九九九年一〇月、一度目の資金調達・ゴールドマンサックス―いかにして投資を勝ち取るか　二〇〇〇年一月、ソフトバンク孫正義からの投資―理想的な投資家　二〇〇〇年、初めての危機、そしてリストラ―事業規模を拡大するときこそもっとも間違いを犯しやすい　二〇〇二年九月、西湖論剣、企業文化の形成―勢いを作る〔ほか〕

栽 弘義〔1941～2007〕　さい・ひろよし
◇沖縄を変えた男―栽弘義―高校野球に捧げた生涯　松永多佳倫著　集英社　2016.8　351p　16cm　（集英社文庫　ま26-1）〈ベースボール・マガジン社 2012年刊の再刊〉　680円　①978-4-08-745480-2　Ⓝ783.7
内容　第1章　背中の傷と差別　第2章　選手からの報復　第3章　狂気に満ちたスパルタ　第4章　女たらしの酒飲み教師　第5章　極貧からの快進撃　第6章　不可解なプロ入り、そして謹慎　第7章　荒くれ者の集まり　第8章　準優勝の行く手には　第9章　悲劇の裏側

西園寺 公経〔1171～1244〕　さいおんじ・きんつね
◇中世の人物　京・鎌倉の時代編　第3巻　大阪清文堂出版　2014.7　382p　22cm　4500円

さいきよう

ⓘ978-4-7924-0996-8　Ⓝ281
内容　後鳥羽院(美川圭著)　九条道家(井上幸治著)　西園寺公経(山岡瞳著)　藤原秀康(長村祥知著)　藤原定家(谷昇著)　源実朝(坂井孝一著)　北条政子(黒嶋敏著)　北条義時(田辺旬著)　北条泰時(菊池紳一著)　北条時房と重時(久保田和彦著)　九条頼経・頼嗣(岩田慎平著)　竹御所と石山尼(小野翠著)　三浦義村(真鍋淳哉著)　大江広元と三善康信〈善信〉(佐藤雄基著)　宇都宮頼綱(野口実著)　慈円(菊地大樹著)　聖覚(平雅行著)　定豪(海老名尚著)　円爾(原田正俊著)　叡尊(細川涼一著)　公武権力の変容と仏教界(平雅行著)

西園寺 公望〔1849〜1940〕　さいおんじ・きんもち
◇重臣たちの昭和史　上　勝田龍夫著　文藝春秋　2014.8　465p　16cm　(文春学藝ライブラリー—歴史 6)　1580円　ⓘ978-4-16-813024-3　Ⓝ210.7
内容　第1章 大正デモクラシー・政党政治のころ—原田・西園寺・木戸・近衛　第2章 敢然とファッショの風潮に立ち向かって—浜口遭難と宇垣の野望　第3章 国内と満州と同時にやろう—満州事変と十月事件、五・一五事件　第4章 ファッショに近き者は絶対にせぬなり—斎藤内閣と帝人事件　第5章 議会主義の守り本尊・西園寺が牙城—岡田内閣と陸軍の内政干渉　第6章 朕自ラ近衛師団ヲ率イ、此ガ鎮圧ニ当ラン—二・二六事件　第7章 今の陛下は御不幸なお方だ—広田内閣と林内閣

◇重臣たちの昭和史　下　勝田龍夫著　文藝春秋　2014.8　478p　16cm　(文春学藝ライブラリー—歴史 7)　1690円　ⓘ978-4-16-813025-0　Ⓝ210.7
内容　第8章 総権益を捨てるか、不拡大を放棄するか—蘆溝橋事件と近衛内閣　第9章 二つの国・陸軍という国と、それ以外の国がある—防共強化問題　第10章 どこに国を持って行くんだか、どうするんだか—三国同盟と西園寺の死　第11章 太平洋戦争を招く二つの誤算—独ソ開戦と日米交渉　第12章 終戦をめぐって—近衛と原田の死

◇近代政治家評伝—山縣有朋から東條英機まで　阿部眞之助著　文藝春秋　2015.10　397p　16cm　(文春学藝ライブラリー—雑英 20)〈文藝春秋新社 1953年刊の再刊〉　1250円　ⓘ978-4-16-813052-6　Ⓝ312.8
内容　山縣有朋　星亨　伊藤博文　大隈重信　西園寺公望　加藤高明　犬養毅　大久保利通　板垣退助　桂太郎　東條英機

◇西園寺公望—政党政治の元老　永井和著　山川出版社　2018.3　94p　21cm　(日本史リブレット人 090)〈文献あり　年譜あり〉　800円　ⓘ978-4-634-54890-9　Ⓝ289.1
内容　最後の元老　1 元老の役割　2 御下問範囲拡張問題　3 元老は園公で打止め　4 西園寺「最後の元老」となる　5 元老と政党政治

佐伯 敏子〔1919〜2017〕　さいき・としこ
◇原爆供養塔—忘れられた遺骨の70年　堀川惠子著　文藝春秋　2018.7　430p　16cm　(文春文庫 ほ24-1)〈文献あり〉　880円　ⓘ978-4-16-791109-6　Ⓝ210.75

内容　序章　第1章 慰霊の場　第2章 佐伯敏子の足跡　第3章 運命の日　第4章 原爆供養塔とともに　第5章 残された遺骨　第6章 納骨名簿の謎　第7章 二つの名前　第8章 生きていた"死者"　第9章 魂は故郷に　終章

西行〔1118〜1190〕　さいぎょう
◇中世の人物 京・鎌倉の時代編　第1巻　保元・平治の乱と平氏の栄華　元木泰雄編　大阪　清文堂出版　2014.3　412p　22cm　4500円　ⓘ978-4-7924-0994-4　Ⓝ281
内容　鳥羽院・崇徳院(佐藤健治著)　藤原忠実(佐古愛己著)　藤原頼長(横内裕人著)　平忠盛(守田逸人著)　源為義(須藤聡著)　覚仁と信実—悪僧論～(久野修義著)　阿多忠景と源為朝(栗林文夫著)　後白河院(高橋典幸著)　藤原忠通と基実(樋口健太郎著)　信西(木村真美子著)　藤原信頼・成親(元木泰雄著)　藤原経宗(元木泰雄著)　源義朝(近藤好和著)　平清盛(川合康著)　池禅尼と二位尼(栗山圭子著)　平時忠と信範(松薗斉著)　藤原邦綱とその娘たち(佐伯智広著)　平重盛(平藤幸著)　西行(近藤好和著)

◇自由人西行　名越護著　鹿児島　南方新社　2014.9　247p　19cm　〈文献あり　年譜あり〉　2000円　ⓘ978-4-86124-297-7　Ⓝ911.142
内容　第1章 西行武人の系譜　第2章 西行の出家　第3章 高野往来　第4章 讃岐慰霊の旅　第5章 西行の晩年　第6章 西行憧憬　第7章 西行の民俗学

◇日本書人伝　中田勇次郎編　中央公論新社　2015.8　363p　16cm　(中公文庫 な66-2)〈執筆：山本健吉ほか　中央公論社 1974年刊の再刊　年譜あり〉　1200円　ⓘ978-4-12-206163-7　Ⓝ728.21
内容　聖徳太子　聖武天皇　光明皇后—山本健吉　空海—司馬遼太郎　最澄　嵯峨天皇　橘逸勢—永井路子　小野道風　藤原佐理—寺田透　藤原行成—白洲正子　西行　藤原俊成　藤原定家—中村真一郎　大燈国師　一休宗純—唐木順三　本阿弥光悦—花田清輝　池大雅—辻邦生　良寛—水上勉　貫名菘翁—中田勇次郎

◇西行　渡部治著　新装版　清水書院　2015.9　235p　19cm　(Century Books—人と思想 140)〈文献あり　年譜あり　索引あり〉　1000円　ⓘ978-4-389-42140-3　Ⓝ911.142
内容　1 時代　2 出家　3 旅　4 自己をみつめて　5 新古今集の成立　6 生涯の花を求めて　7 追憶の西行をめぐって　8 和歌史梗概

◇桜と刀 俗人西行　火坂雅志著　PHP研究所　2016.1　198p　15cm　(PHP文芸文庫 ひ1-2)〈「西行その「聖」と「俗」(2012年刊)の改題、加筆・修正　文献あり　年譜あり〉　580円　ⓘ978-4-569-76494-8　Ⓝ911.142
内容　第1章 武人・西行(武芸の達人　武のエリート)　第2章 恋の人・西行(恋・戦さ・旅の謎)　第3章 政治と西行(崇徳院　平家　後白河院)

◇西行覚書　粟津則雄著　思潮社　2016.2　301p　20cm　2800円　ⓘ978-4-7837-3801-5　Ⓝ911.142
＊勇士と数寄者の血脈、道心への傾きと二十三歳での出家。複雑にうつろう時代に生き、矛盾や相反もなまなましく共存させた歌人・西行の、全身的

な「我が心」への問いと生き生きとした現実感が融け合った数々の名歌から、若き日の自己形成劇を凝視する。幼年から崇徳院没後の讃岐の旅まで、畢生の長編評論。

◇西行の思想史的研究　目崎徳衛著　オンデマンド版　吉川弘文館　2017.10　438,16p　22cm　〈印刷・製本：デジタルパブリッシングサービス　索引あり〉　14000円　①978-4-642-72087-8　Ⓝ911.142

内容　序説　西行の系累　佐藤氏と紀伊国田仲庄　佐藤義清の官歴　数奇と遁世　山里と修行　高野山における西行　円位書状の執筆年時について　伊勢における西行　西行の晩年と入滅　結論

◇日本の奇僧・快僧　今井雅晴著　吉川弘文館　2017.11　197p　19cm　（読みなおす日本史）〈講談社 1995年刊の再刊〉　2200円　①978-4-642-06755-3　Ⓝ182.88

内容　知的アウトサイダーとしての僧侶　道鏡─恋人は女帝　西行─放浪五〇年、桜のなかの死　文覚─生まれついての反逆児　親鸞─結婚こそ極楽への近道　日蓮─弾圧こそ正しさの証　一遍─捨てよ、捨てよ、捨てよ　尊雲（護良親王）─大僧正から征夷大将軍へ　木食─天下の破戒僧　山岡─心頭を滅却すれば火も自ら涼し　天海─超長寿の黒衣の宰相　エピローグ─僧侶と日本人

◇西行　わが心の行方　松本徹著　鳥影社　2018.6　356p　20cm　〈文献あり〉　1600円　①978-4-86265-654-4　Ⓝ911.142

内容　八角九重塔の下　契りある身　世を捨てる時　浮かれ出づる心　常盤　大原　醍醐　東山　嵯峨野　奥州への旅立ち　大峰と高野山　根本大塔を仰ぎつつ保元の乱　平治の乱と弔夢の数々〔ほか〕

斎宮女御　さいぐうのにょうご
⇒徽子女王（きしじょおう）を見よ

三枝 俊徳〔1823～1906〕　さいぐさ・しゅんとく
◇三枝俊徳日記　続　三枝俊徳著、三枝一雄編、三浦茂一監修、中澤惠子翻刻　流山　嵩書房出版　2016.10　270p　21cm　2800円　①978-4-8455-1207-2　Ⓝ490.2135

内容　第1編　翻刻資料（三枝俊國履歴　三枝俊久履歴　三枝俊徳が書き残した言葉　三枝俊久に残された書簡）　第2編（三枝俊徳翁　美和書初　祖母・美和を語る　両親・父・敏、母・しづ・を語る　夫婦俳句抄）

三枝 博音〔1892～1963〕　さいぐさ・ひろと
◇野散の哲　糸井秀夫著　杉並けやき出版　2016.5　142p　19cm　〈文献あり〉　発売：星雲社　1200円　①978-4-434-22006-7　Ⓝ121

内容　安藤昌益（鳥たちの会話　遺影を追う　昌益の著作を覗く　「法世」を批判する）　三浦梅園（幼時の思弁　イドラと「習気」　梅園の自然観　『玄語』『贅語』『敢語』　この時代）　三枝博音（三枝ワールド逍遙　技術の哲学　三枝のヘーゲル解説　鎌倉アカデミア　突然の死　残影追慕）

細君　さいくん
⇒江都公主（こうとこうしゅ）を見よ

西郷 吉之介　さいごう・きちのすけ
⇒西郷隆盛（さいごう・たかもり）を見よ

西郷 隆盛〔1827～1877〕　さいごう・たかもり
◇西郷隆盛紀行　橋川文三著　文藝春秋　2014.10　250p　16cm　（文春学藝ライブラリー—歴史 10）〈底本：朝日新聞社 1985年刊〉　1120円　①978-4-16-813031-1　Ⓝ289.1

内容　西郷隆盛の反動性と革命性　西郷隆盛と南の島々─島尾敏雄氏との対談　西郷隆盛と征韓論　西郷どんと竹内さんのこと　田原坂の春　日本の近代化と西郷隆盛の思想─安宇植氏との対談　西郷隆盛の謎─毛利敏彦『明治六年政変』にふれて

◇親友・西郷隆盛─伝承の日本史　斎木雲州著　藤沢　大元出版　2014.11　144p　22cm　2037円　①978-4-901596-13-8　Ⓝ289.1

内容　水戸藩の尊王思想　西郷隆盛の生い立ち　島津藩の徳川嫌い　毛利藩と土佐藩　開国と攘夷運動　公武合体と京都の騒動　京都戦乱と幕長戦争　薩長同盟と大政奉還　王政復古と江戸開城　東北反乱と明治改元　廃藩置県と西郷政治　明六の政変と大久保専制　反専制暴動と南九州の変

◇西郷隆盛文書　西郷隆盛著　オンデマンド版　東京大学出版会　2015.1　387p　22cm　（日本史籍協会叢書 102）〈印刷・製本：デジタルパブリッシングサービス　覆刻再刊 2003年刊〉　11000円　①978-4-13-009402-3　Ⓝ210.61

＊原題『西郷隆盛書翰集』は史籍協会が薩長その他諸家の家蔵中から、西郷の書簡をはじめ詩歌・文稿にいたるまでを、蒐集したもの。採録された書簡は安政二年八月より明治十年九月にいたる184篇で、有村雄介・蓑田伝兵衛・大久保利通・黒田清隆・木戸孝允・副島種臣・三条実美・篠原利武・大山巌・勝海舟・岩倉具視らに送った書簡を収む。

◇西郷南洲の筆蹟の真実　井上康史著，川副聡子編　福岡　花書院　2015.2　19,347p　30cm　〈年譜あり〉　10000円　①978-4-86561-008-6　Ⓝ289.1

◇大西郷の悟りの道─「敬天愛人」とキリスト教　坂本陽明著　鹿児島　南方新社　2015.4　238p　21cm　〈文献あり〉　2500円　①978-4-86124-311-0　Ⓝ289.1

内容　第1部「敬天愛人」と大西郷の思想（生き方）（「敬天愛人」＝「儒教」＋「キリスト教」　大西郷は、キリシタンだったか　「敬天愛人」と中村正直　大西郷の年譜─その人格形成　陽明学とキリスト教　陽明学とは、いかなる教えか）　第2部　大西郷をめぐる人々（斉彬と大西郷　大西郷と久光　大老・井伊直弼　その人物　大西郷と坂本龍馬）　第3部　西南戦争と大西郷の「敬天愛人」の生き方（西南戦争への道─大西郷をめぐる謎　明治六年政変　西南戦争への道─十字架への道）　第4部　付録（Appendix）（西郷隆盛と陽明学・キリスト教　西郷隆盛と大塩平八郎　西郷隆盛とリーダーシップ）

◇代表的日本人　内村鑑三著，ニーナ・ウェグナー英文リライト，牛原眞弓訳　IBCパブリッシング　2016.3　207p　19cm　（対訳ニッポン

さいこう

双書)〈奥付の出版年月(誤植):2015.9〉 1500円 ①978-4-7946-0399-9 Ⓝ281

内容 第1章 西郷隆盛・新日本の創設者 第2章 上杉鷹山・封建領主 第3章 二宮尊徳・農民聖者 第4章 中江藤樹・村の先生 第5章 日蓮上人・仏僧

◇大西郷という虚像―「明治維新という過ち」完結篇 「官」と「賊」を往復したこの男を解明せずに維新の実相は語れない 原田伊織著 悟空出版 2016.6 311p 19cm 〈文献あり〉 1500円 ①978-4-908117-21-3 Ⓝ210.61

内容 第1章 火の国薩摩(薩摩おごじょ 熊襲と隼人 肥後と薩摩 妙円寺詣り) 第2章 西郷と島津斉彬(蘭癖大名 お由羅騒動と斉彬 「郷中」が育んだ「テゲ」の文化) 第3章 西郷の幕末動乱(西郷と島津久光の流刑 密貿易の国・薩摩と薩英戦争 西郷登場 策謀 「赤報隊」という道具 無血開城という美談) 第4章 明治復古政権の成立と腐敗(戊辰戦争終結と会津戦争 賞典禄と西郷 明治復古政権の成立 新政府の腐敗) 終章 田原坂への道(岩倉使設団と西郷 明治六年政変と西郷)

◇代表的日本人 内村鑑三著,藤田裕行訳 アイバス出版 2016.9 221p 19cm 〈他言語標題:REPRESENTATIVE MEN OF JAPAN 発売:サンクチュアリ出版〉 1400円 ①978-4-86113-666-5 Ⓝ281

内容 西郷隆盛―新たな日本を築いた男(一八六八年、日本の革命 出生、教育、啓示 ほか) 上杉鷹山―封建領主(封建政府 人となりと事績 ほか) 二宮尊徳―農民聖者(十九世紀初頭の日本の農業 少年時代 ほか) 中江藤樹―村の先生(古き日本の教育 少年時代と意識の目覚め ほか) 日蓮上人―仏教僧 日本の仏教 誕生と出家 ほか)

◇首丘の人 大西郷 平泉澄著 新装版 錦正社 2016.11 368,9p 20cm 〈初版:原書房 1986年刊 索引あり〉 1800円 ①978-4-7646-0129-1 Ⓝ289.1

内容 武勇の仁義 維新第一等の功臣 遣韓問題 獄中感あり 武田耕雲斎 鳥羽伏見の戦 山岡鐵舟 勝海舟 参議に任ず 廃藩置県 〔ほか〕

◇西郷隆盛の明治 安藤優一郎著 洋泉社 2017.3 190p 18cm (歴史新書)〈文献あり 年譜あり〉 950円 ①978-4-8003-1180-1 Ⓝ289.1

内容 プロローグ なぜ西郷は江戸城総攻撃を中止したのか 第1章 なぜ西郷は政府入りせず薩摩藩に戻ったのか―戊辰戦争の後始末 第2章 なぜ西郷は島津久光の憎しみを買ったのか―鹿児島の混乱 第3章 西郷は明治政府で何をしたのか―政府トップの苦悩 第4章 なぜ西郷は大久保利通と訣別したのか―盟友関係の突然の終わり 第5章 なぜ西郷は西南戦争を起こしたのか―朝敵への転落 第6章 なぜ西郷は人気があるのか―西郷伝説のはじまり エピローグ 家庭での西郷はどうだったのか

◇西郷隆盛論―その知られざる人物像 堤克彦著 熊本 熊本出版文化会館 2017.4 252p 18cm (新熊本新書 2)〈発売:創流出版〔いわき〕〉 1200円 ①978-4-906897-42-1 Ⓝ289.1

内容 薩摩西郷氏の遠祖と出自 西郷隆盛の変名「菊池源吾」 奄美大島・龍郷紀行 西郷隆盛の写真の有無と肖像画 西郷隆盛余話あらかると 新聞にみる「西南戦争」の経緯 「西南戦争」と熊本関係三話 「熊本鎮台告論」と鎮台兵・軍夫の書翰

◇西郷隆盛 人を魅きつける力 童門冬二著 PHP研究所 2017.5 293p 15cm (PHP文庫 と1-39)〈西郷隆盛の人生訓〉新装版(2008年刊)の改題、加筆・修正 年表あり〉 720円 ①978-4-569-76718-5 Ⓝ336.3

内容 序章 いま、なぜ西郷か? 第1章 西郷の自己啓発 第2章 天才的人脈づくり 第3章 いかに山を動かすか 第4章 リーダー西郷の人望 第5章 危機管理の哲学 第6章 人生の真理・西郷語録 第7章 巨大なリーダーに学ぶこと 終章 現代におけるリーダーの人望とは

◇西郷どんとよばれた男 原口泉著 NHK出版 2017.8 219p 19cm 〈文献あり 年譜あり〉 1100円 ①978-4-14-081722-3 Ⓝ289.1

内容 1 なぜ「大西郷」でなく「西郷どん」か 2 西郷どんの生まれと育ち 3 西郷どんのデビューと使命 4 西郷どんの雌伏と愛の生活 5 西郷どんの出番と大舞台 6 西郷どんの失意と最期 7 西郷どんの遺したもの

◇西郷どん入門 北影雄幸著 勉誠出版 2017.8 223p 19cm 〈年譜あり〉 1800円 ①978-4-585-21533-2 Ⓝ289.1

内容 1 西郷どんの劇的な生涯を振り返る(少年時代 郡方書役助 ほか) 2 西郷どんの人間像を把握する(外見 西郷どんの性格) 3 西郷どんの思想を検証する(『南洲翁遺訓』の読み方 天の思想 ほか) 4 西郷どんを取り巻く人々を理解する(西郷家の人々 親戚の人々 ほか)

◇西郷隆盛―人を相手にせず、天を相手にせよ 家近良樹著 京都 ミネルヴァ書房 2017.8 567,12p 20cm (ミネルヴァ日本評伝選)〈文献あり 年譜あり 索引あり〉 4000円 ①978-4-623-08097-7 Ⓝ289.1

内容 序章 西郷とはいかなる人物か 第1章 誕生から青年時に至るまで 第2章 将軍継嗣運動に関わる 第3章 二度の流島生活 第4章 流島生活の終焉と中央政局への再登場 第5章 新たな段階へ―打倒の一桑をめざす 第6章 旧体制の打倒を実現 第7章 明治初年の西郷隆盛 第8章 明治六年の政変 第9章 西南戦争 終章 死後の神格化、そして「西郷さん」誕生

◇英傑の日本史 西郷隆盛・維新編 井沢元彦著 KADOKAWA 2017.8 268p 15cm (角川文庫 い13-60)〈年表あり〉 800円 ①978-4-04-400233-6 Ⓝ281.04

内容 薩摩隼人のルーツ 名門・島津家の誕生 戦国大名・島津の台頭 家康が恐れた東アジア最強軍 琉球王国征服計画 亡国の朱子学 「近思録崩れ」と「お由羅騒動」 島津斉彬と西郷隆盛の日本改革 奄美流罪と西郷待望論 大西郷の敬天愛人 倒幕と最後の奉公

◇誰も書かなかった西郷隆盛の謎 德永和喜監修 KADOKAWA 2017.9 222p 15cm (中経の文庫 C56と)〈文献あり 年譜あり〉 640円 ①978-4-04-602088-8 Ⓝ289.1

内容 序章 隆盛以前の西郷家と薩摩家(西郷家の出自とは? 薩摩藩はなぜ幕末の雄藩になれた? ほか) 第1章 隆盛の登場と幕末の動乱(隆盛の両親はどんな人物? 隆盛のきょうだいはどんな人物?

さいこう

ほか）　第2章　明治維新後の隆盛（帰藩後、西郷は京都でどんな仕事をした？　西郷が敵に対して見せた温情とは？　ほか）　第3章　西南戦争とその後の西郷（明治天皇は、西郷をどう evaluatedしていた？　西郷が下野したとき、薩摩はどんな状況だった？　ほか）

◇幕末明治　鹿児島県謎解き散歩　徳永和喜監修　KADOKAWA　2017.9　223p　15cm　（中経の文庫　C57と）〈文献あり〉　720円　①978-4-04-602089-5　Ⓝ219.706

内容　序章　西郷隆盛の生涯（西郷隆盛と薩摩藩、倒幕までの道のり　新政府からの下野と西南戦争）　第1章　西郷隆盛の誕生と幕末（西郷隆盛はどのような家庭環境に生まれた？　少年・西郷を変えた「妙円寺詣り」中の事件とは？　ほか）　第2章　明治維新と西郷隆盛の最期（西郷が新政府に参加していた理由とは？　明治新政府で西郷が果たした役割とは？　ほか）　第3章　西郷隆盛の家族（かつて西郷家は島津家と戦っていた？　西郷の父親の名前も"隆盛"って本当？　ほか）　第4章　鹿児島の群像（"大久保利通君誕生之地"は大久保利通の生家跡ではない？　大久保利通の銅像が近年まで鹿児島になかったのはなぜ？　ほか

◇幕末明治人物誌　橋川文三著　中央公論新社　2017.9　308p　16cm　（中公文庫は73-1）　1000円　①978-4-12-206457-7　Ⓝ281

内容　吉田松陰―吉田松陰　坂本龍馬―維新前夜の男たち　西郷隆盛―西郷隆盛の反動性と革命性　後藤象二郎―明治的マキャベリスト　高山樗牛―高山樗牛　乃木希典―乃木伝説の思想　岡倉天心―岡倉天心の面影　徳冨蘆花―蘆花断想　内村鑑三―内村鑑三先生　小泉三申―小泉三申論　頭山満―頭山満

◇西郷隆盛―滅びの美学　澤村修治著　幻冬舎　2017.9　281p　18cm　（幻冬舎新書　さ-19-1）〈文献あり〉　840円　①978-4-344-98467-7　Ⓝ289.1

内容　第1章　城山残兵記―明治日本は何を滅ぼしたのか　第2章　独立自信―変革の動力を生んだもの　第3章　西郷と陽明学―「和風」革命家の誕生　第4章　仁俠武士の悲歌―政治の冷酷と死者への思い　第5章　流入西郷伝―第一次南島時代　第6章　実践者の成長―第二次南島時代　第7章　無常のなかの祈り

◇西郷どんの真実　安藤優一郎著　日本経済新聞出版社　2017.9　282p　15cm　（日経ビジネス人文庫　あ8-1）〈「西郷隆盛伝説の虚実」（2014年刊）の改題、加筆修正　文献あり　年表あり〉　800円　①978-4-532-19833-6　Ⓝ289.1

内容　序章　西郷どんは、どんな人物だったのか　第1章　雌伏の日々　第2章　政局の表舞台に　第3章　とことん好かれるか、とことん嫌われるか　第4章　官軍の将として　第5章　薩摩藩消滅　第6章　朝敵への道―西南戦争の謎　終章　西郷伝説と明治維新

◇西郷どん評判記　北影雄幸著　勉誠出版　2017.9　255p　19cm　1800円　①978-4-585-21534-9　Ⓝ289.1

内容　家族が見た西郷どん　薩摩の武士が見た西郷どん　他国の武士が見た西郷どん　思想家が見た西郷どん　文化人が見た西郷どん　外国人が見た西郷どん　庶民が見た西郷どん　女性が見た西郷どん　子供が見た西郷どん

◇西郷隆盛―日本人はなぜこの英雄が好きなのか　宮崎正弘著　海竜社　2017.9　247p　19cm　〈文献あり〉　1500円　①978-4-7593-1563-9　Ⓝ289.1

内容　プロローグ　夜明け前の美しさ　第1章　「敬天愛人」の震源地　第2章　明治維新のダイナミズム　第3章　廃藩置県、地租改正、征韓論　第4章　西南戦争　第5章　西郷伝説、その神話　第6章　日本に蘇る「正気」　エピローグ　西郷隆盛の湯

◇西郷隆盛「神」行動力の磨き方　本郷陽二編著　実務教育出版　2017.9　230p　19cm　〈文献あり　年譜あり〉　1400円　①978-4-7889-1448-3　Ⓝ289.1

内容　第1章　時代を動かす志士の作り方―西郷の基礎をつくった「薩摩流」人間学（「何度もつらい経験をして、初めて志は固くなるものだ」―貧しいながらも実直な父母が西郷の気質をつくった　「私が勉強家になれたのは休吾のおかげです」―維新の志士を生んだ薩摩の英才教育と使用人の一言　ほか）　第2章　悲しみと苦しみの乗り越え方―苦難が西郷を大西郷に変えた（「もはや生き甲斐などありはしない。帰国して御墓前にて殉死して後を追い申します」―斉彬公を失い、途方に暮れた西郷の死の決心　「ふたつなき　道にこの身を捨小舟　波たばとて　風吹かばとて」―信じる道のためなら我が身を捨てても悔いはない　ほか）　第3章　天下・国家の論じ方―西郷が築いた近代日本の礎（「戦というものには二度と参加したくない。戦とは実につらいものだ」―禁門の変で目覚ましい戦いを見せた西郷の意外な言葉　「長州が私を殺せば彼らの立場は窮迫し、かえって問題解決が容易くなるではないか」―朝敵となった長州の処分を穏便にすませようと、敵地に乗り込む　ほか）　第4章　運命との向き合い方―西郷に学ぶ胆力・行動力の磨き方（「生涯で最も愉快なことです」―武力衝突を防ぐため、全権使節としての朝鮮行きを企てる　「仕方がないから鹿児島に引っ込むほかない」―全権使節の決定が覆り、鹿児島へ戻ることを決断する　ほか）

◇西郷どんの言葉―「やり抜く力」が磨かれる！　齋藤孝著　ビジネス社　2017.9　199p　19cm　1300円　①978-4-8284-1975-6　Ⓝ289.1

内容　第1章　若き日の情熱ほとばしる言葉（1854～1859）　第2章　理想と現実のギャップに悩める言葉（1860～1864）　第3章　リーダーとして才気あふれる言葉（1864～1868）　第4章　気合、失意、そして悟りの言葉（1869～1873）　第5章　人生50年、「智仁勇」の集大成となる言葉（1873～1877）　第6章　現代人の心に深くしみこむ「遺訓」　第7章　有名人の通信簿―西郷どん、一言でいうとこんな人　第8章　齋藤流、西郷どんの読み解き方

◇西郷隆盛十の「訓え」　西條章文著　三笠書房　2017.9　238p　19cm　1500円　①978-4-8379-2700-6　Ⓝ289.1

内容　1　迷ったときは、「損得」でなく「善悪」で判断せよ　2　「正道」を行ない、それを楽しめ　3　「分をわきまえる」ほど、強くなる　4　「勇気」だけは、誰にも負けてはならない　5　理不尽は理不尽のままでよい。自分が理不尽なことをせねばよい　6　「恩」は返せ。「恨み」は晴らせ　7　「当たり前」とは、不測の事態が起こること　8　自分を大事にしすぎるな。すべての恥はそこから生じる　9　恥は堂々とかけばいい　10　「天」に問え

◇西郷隆盛波乱に満ちた薩摩の英雄―2018年

◇NHK大河ドラマ「西郷どん」をトコトン楽しむ 教科書では教えてくれない「西郷隆盛」の真実 ロングランドジェイ 2017.9 97p 30cm 〈発売：ジーウォーク〉 900円 Ⓘ978-4-86297-707-6 Ⓝ289.1

◇権力に対峙した男―新・西郷隆盛研究 上巻 米村秀司著 鹿児島 ラグーナ出版 2017.9 295p 19cm 〈文献あり〉 2200円 Ⓘ978-4-904380-65-9 Ⓝ289.1

内容 第1章 勝者が語り継ぐ歴史と原資料(西郷隆盛暗殺未遂事件 異なる口供書(供述書) 原資料(底本)を探す 福沢諭吉(慶應義塾)と大隈重信(早稲田)の西郷観) 第2章 征韓論の真相と二人の関係(征韓論の舞台裏 決裂の閣議を再現 大久保は西郷を招かず 鹿児島残留の士族は質素、東京派遣の士族は驕奢) 第3章 西郷を見た人の証言(証言 西郷隆盛の実像を追う) 第4章 挑発から私闘へ(私学校の運営資金 西郷と大久保の私闘) 第5章 銅像建立へ(上野の西郷銅像建立秘話 西郷銅像(鹿児島)除幕式)

◇西郷隆盛伝説 佐高信著 改版 KADOKAWA 2017.10 398p 15cm 〔角川ソフィア文庫〕〔I146-1〕〈初版：角川文庫 2010年刊 年譜あり〉 720円 Ⓘ978-4-04-400244-2 Ⓝ289.1

内容 南洲墓地に眠る荘内の少年藩士 四つの南洲神社、秘史 西郷隆盛、二つの系譜―安岡正篤と四元義隆 西郷を憎む会津、西郷を愛する会津 薩長閥政府に挑む「北方政権」の夢 荘内藩と大西郷の攻防 荘内藩転封騒動 西郷と菅と本間郡兵衛 明治六年の政変 西南戦争前夜 西南戦争と荘内 「列外の人」、相楽総三と西郷 さまざまな西郷観

◇大西郷遺訓 西郷隆盛著 林房雄訳 中央公論新社 2017.10 166p 18cm (中公クラシックス J67)〈新人物文庫 2010年刊の再刊〉 1600円 Ⓘ978-4-12-160177-3 Ⓝ289.1

内容 序章(西郷は著作を残さなかった 庄内藩士との奇縁 「征韓論議」の真相 写真や画像を嫌った西郷) 本章「語録釈解」(廟堂 政事 「地下の同志」 人材 道は天地自然のもの 敬天愛人 ほか)

◇西郷隆盛―維新の功臣明治の逆賊 相川司著 中央公論新社 2017.10 373p 16cm (中公文庫 あ75-6)〈文献あり〉 800円 Ⓘ978-4-12-206468-3 Ⓝ289.1

内容 序章 西郷隆盛の生涯 第1章 薩摩藩の歴史 第2章 薩摩藩士西郷隆盛 第3章 激動する幕末京都 第4章 王政復古の実現 第5章 戊辰戦争の勃発 第6章 明治政府と西郷隆盛 第7章 最後の内乱・西南戦争

◇西郷隆盛101の謎 幕末維新を愛する会著 文藝春秋 2017.10 255p 16cm (文春文庫 編6-20)〈文献あり 年譜あり〉 630円 Ⓘ978-4-16-790951-2 Ⓝ289.1

＊軍人として戦い明治維新をもたらした立役者が、なぜ和服を着て上野に立っているのか？ 政府に叛旗を翻して死んだ男が、日本人のあいだで愛され続けているのか？ 薩摩の下級武士がやがて日本を動かす偉人となる、その生涯を詳細にたどり、知られざる実像に迫る。

◇西郷隆盛―天が愛した男 童門冬二著 成美堂出版 2017.10 319p 16cm (成美文庫 と

1-17)〈年譜あり〉 546円 Ⓘ978-4-415-40257-4 Ⓝ289.1

内容 1 藩主島津斉彬との出会い 2 奄美大島の日々 3 沖永良部島への遠島 4 久光の中央政界進出 5 指揮官、西郷の登場 6 勝、坂本との出会い 7 倒幕への道 8 大政奉還に戸惑う 9 戊辰戦争から城山終焉

◇西郷隆盛その生涯 不破俊輔著 明日香出版社 2017.10 289p 19cm 〈文献あり 年譜あり〉 1500円 Ⓘ978-4-7569-1932-8 Ⓝ289.1

内容 序章 上野銅像除幕式 1章 西郷隆盛の生い立ち―文政十年(一八二八)～ 2章 島津斉彬に見込まれる―弘化元年(一八四四)～ 3章 波乱の幕開け―安政三年(一八五六)～ 4章 倒幕か公武合体か―文久元年(一八六一)～ 5章 いよいよ表舞台へ 坂本龍馬と―元治元年(一八六四)～ 6章 江戸から明治へ 勝海舟と―慶応三年(一八六七)～ 7章 西郷隆盛の最期 大久保利通と―明治六年(一八七三)～明治十年(一八七七) 終章 残された家族

◇街歩き西郷どん！―奄美大島 沖永良部島 京都 江戸 林真理子監修 KADOKAWA 2017.11 127p 21cm 1500円 Ⓘ978-4-04-105676-9 Ⓝ291.093

内容 ふるさと鹿児島―郷中で切磋琢磨した少年時代 島津家の遺産―薩摩藩と「幕末」という時代 島の暮らし―「敬天愛人」思想を培う 歴史の表舞台へ―活躍の場は、京へ、江戸へ 再びふるさとへ―鹿児島に戻った西郷どんの運命は トークセッション 西郷どんとその家族を語る

◇工作員・西郷隆盛―謀略の幕末維新史 倉山満著 講談社 2017.11 219p 18cm (講談社＋α新書 781-1C) 840円 Ⓘ978-4-06-291509-0 Ⓝ289.1

内容 第1章 インテリジェンスの基礎固め(少年藩士育成の郷中教育 剣の道をきわめる ほか) 第2章 若いうちに人脈を作る(伝説のスパイ、明石元二郎 米艦隊を追い返した「祖法」 ほか) 第3章 挫折した時の勉強こそが糧(西郷の島流し生活 大久保利通の奮起 ほか) 第4章 時代を動かす(人斬り半次郎 喧嘩上手な高杉晋作 ほか) 第5章 最大の友に殺される悲劇(日本国家を打ち立てる 肥前の寝返り ほか)

◇西郷隆盛維新150年目の真実 家近良樹著 NHK出版 2017.11 233p 18cm (NHK出版新書 536)〈文献あり〉 820円 Ⓘ978-4-14-088536-9 Ⓝ289.1

内容 第1章 なぜ西郷は愛されてきたのか(現代に至る人気と評価の移り変わり 西郷を特別な存在たらしめたもの ほか) 第2章 残された七つの"謎"を解く―西郷にまつわる大小の謎(なぜ早い段階で自決しなかったのか なぜ商人町の人物を嫌ったのか ほか) 第3章 何が西郷を押し上げたのか(薩摩藩の置かれた地理的条件 朝幕双方と特別な関係に入ったこと ほか) 第4章 西郷の人格と周囲のライバルたち(世間が抱くイメージと実態の落差 立場を異にするようになった人々 ほか) 第5章 なぜ自滅したのか(なぜ過激な言論を吐くようになったのか 知られざる西南戦争の実態)

◇西郷隆盛100の言葉 加来耕三著 潮出版社 2017.11 221p 18cm (潮新書 013)〈文献あり〉 796円 Ⓘ978-4-267-02114-5 Ⓝ289.1

さいこう

◇『南洲翁遺訓』に訊く――西郷隆盛のことば　加来耕三著　河出書房新社　2017.11　241p　18cm　〈文献あり〉　840円　①978-4-309-22714-6　Ⓝ289.1

内容　序章　『南洲翁遺訓』とは　1章　西郷隆盛の人生　2章　志を立てることば　3章　器を広げることば　4章　信念を貫くことば　5章　信頼を得ることば

◇西郷どんと篤姫――知られざる幕末維新の舞台裏　中江克己著　青春出版社　2017.11　201p　15cm　（青春文庫　な-28）〈年譜あり〉　830円　①978-4-413-09682-9　Ⓝ289.1

内容　第1章　斉彬に見出された二人　第2章　吉之助、篤姫の輿入れに奔走する　第3章　島での潜居と新しい時代のうねり　第4章　篤姫と皇女和宮の和解　第5章　生涯たった一度の面談　第6章　吉之助の最期と篤姫の晩年

◇〈漢詩から読み解く〉西郷隆盛のこころ　諏訪原研著　大修館書店　2017.11　263p　19cm　〈文献あり　年表あり〉　1900円　①978-4-469-21366-9　Ⓝ289.1

内容　第1章　「死」の体験　第2章　二度の遠島　第3章　倒幕の先陣へ　第4章　鹿児島に一時帰国　第5章　維新政府の主役　第6章　隠遁生活　第7章　終焉

◇維新を創った男西郷隆盛の実像――明治維新150年に問う　粒山樹著　扶桑社　2017.11　351p　19cm　1600円　①978-4-594-07850-8　Ⓝ289.1

内容　第1章　プロローグ　第2章　敬天愛人――西郷の目指した理想像　第3章　島津斉彬――若き日の西郷　第4章　島津久光――不幸な出会いと確執　第5章　南島潜居――二度の挫折を乗り越えて　第6章　龍馬暗殺――西郷黒幕説について　第7章　江戸攪乱――西郷陰謀説の検証　第8章　明治政府――西郷の苦悩と決意　第9章　征韓論争――征韓論か遣韓論か？　第10章　西南戦争――挙兵に込められた真意

◇西郷隆盛53の謎――知っているようで知らない「せごどん」の真実　原口泉著　海竜社　2017.11　237p　19cm　〈文献あり〉　1400円　①978-4-7593-1544-8　Ⓝ289.1

内容　1　西郷という「人間」の謎（生まれの謎――なぜ、貧乏な下級藩士が天皇家との関係を大事にしたか　身分の謎――なぜ、薩摩では武士が農民同然だったのか　ほか）　2　西郷の目覚しい「出世」の謎（下加治屋町の謎――なぜ、西郷の生誕地から人材が輩出したか　教育の謎――なぜ、郷中教育が西郷を鍛えたか　ほか）　3　西郷が成し遂げた「偉業」の謎（禁門の変の謎――なぜ、西郷は久光の思い通りに動いたのか　三度目の結婚の謎――なぜ、西郷は三度目の結婚を承諾したのか　ほか）　4　西郷が後世に問う「叛乱」の謎（征韓論の謎1――なぜ、西郷＝征韓論になってしまったのか　征韓論の謎2――なぜ、西郷は遣韓論にこだわったのか　ほか）

◇真説西郷隆盛の生涯――2度の絶望から這い上がった「信念」と「実行力」　「幕末・維新」歴史研究会著　宝島社　2017.11　111p　30cm　〈文献あり　年表あり〉　700円　①978-4-8002-7602-5　Ⓝ289.1

内容　巻頭　西郷隆盛年表　特集　平成30年大河ドラマ『西郷どん』特別インタビュー　東京大学史料編纂所教授・本郷和人氏『西郷隆盛の二面性』　第1章　明治天皇が愛したラスト・サムライ西郷隆盛　第2章　歴史の表舞台で活躍する西郷隆盛　第3章　苦悩する西郷隆盛という生身の男　巻末付録　西郷隆盛ゆかりの地MAP

◇西郷隆盛と勝海舟　安藤優一郎著　洋泉社　2017.11　191p　18cm　（歴史新書）〈文献あり　年表あり〉　950円　①978-4-8003-1355-3　Ⓝ210.61

内容　第1章　頭角を現す――ペリー来航　第2章　人生の転機を迎える――雌伏の時　第3章　海舟との出会い――幕末史の岐路　第4章　幕府との対決――薩長同盟と長州征伐　第5章　海舟との再会――江戸城明け渡しをめぐる神経戦　終章　維新後の西郷と海舟――明治政府との関係

◇龍馬を殺した男　西郷隆盛　大野富次著　京都宮帯出版社　2017.11　214p　19cm　〈文献あり　年表あり〉　1800円　①978-4-8016-0129-1　Ⓝ289.1

内容　第1章　謀略家としての顔　第2章　龍馬暗殺の真相1　第3章　龍馬暗殺の真相2　第4章　戊辰戦争の火付け役　第5章　偽「錦の御旗」の威力　第6章　江戸城無血開城の真実　第7章　東北での光と影　第8章　国事からの逃避　第9章　賊から維新三傑へ

◇考証　西郷隆盛の正体　城島明彦著　カンゼン　2017.11　253p　19cm　〈文献あり　年譜あり〉　1500円　①978-4-86255-423-9　Ⓝ289.1

内容　序章　早わかり西郷隆盛の生涯　1　西郷さんはなぜ国民的人気者なのか――日本史上、空前絶後の人気者　2　西郷さんの愛と誠の日々！――人生は「敬天愛人」　3　実録「征韓論」――こうして西郷さんは陥られた！　4　西郷さんは生きていた!?――明治メディア・ウォーズ　5　上野の西郷像は「帝都の守護神」――肖像画と銅像の謎　どの顔が実物に近い!?　6　西郷さんが教えてくれる一人生捨てたもんじゃない

◇西郷どん大百科――多くの人々に愛される西郷どんのすべてを知る一冊！　ライブ編著　カンゼン　2017.11　191p　21cm　〈年譜あり〉　1800円　①978-4-86255-430-7　Ⓝ289.1

内容　第1章　西郷盛隆とはどんな人？（西郷が生まれた地　下加治屋町　西郷が仕えた時期の島津家とは？　島津斉彬に抜擢され江戸で大活躍！）　第2章　苦難を乗り越え徳川幕府を倒す！（西郷、島流しに！　人生最大の逆境!?　宿敵・長州藩と激突！　そのとき西郷は！　薩長同盟成立！　倒幕に突き進む！）　第3章　西郷、新政府の中心人物に　幻滅する西郷　日本一の権力者！　陸軍大将・近衛都督となる　私学校開設！　西郷は士族の側へ）　第4章　西尋問の筋これあり！　西南戦争勃発！　西南戦争勃発！　西郷は積極的だったのか？　薩軍参加者、延べ三万人！　戦いは終局へ　明治天皇も、政府側も…西郷を愛した人々）

◇西郷どんと薩摩藩物語　産業編集センター　2017.11　127p　21cm　（大人の学び旅　5）〈文献あり　年譜あり〉　1400円　①978-4-86311-170-7　Ⓝ291.9702

内容　旅する前に学んでおきたい！　明治維新の基礎知識　始めの一歩　西郷どん、始まりと青春の物語。（「下加治屋町」の奇跡　名君斉彬との出会い　失意と絶望の錦江湾）　第2章　薩摩に島津あり、その隆盛の物

語。(南九州の覇王　驚異的な斉彬の先見性)　第3章　西郷どん、熱き闘いの物語。(西郷の帰藩　薩長同盟という奇跡　江戸幕府消滅)　第4章　西郷どん、壮絶な最期の物語。(西郷の下野　西南戦争)

◇命もいらず名もいらず—西郷隆盛　北康利著　ワック　2017.11　390p　18cm　(WAC BUNKO B-265)〈『西郷隆盛』(2013年刊)の改題、改訂した新版　文献あり〉　926円　Ⓘ978-4-89831-765-5　Ⓝ289.1

内容　吾の源は菊池　生涯の主君・島津斉彬　黒船来航と将軍継嗣問題　島津斉彬の死と冬の錦江湾　奄美大島と愛加那　率兵上京と寺田屋事件　沖永良部島配流と敬天愛人　尊王攘夷の嵐と西郷赦免　勝海舟との出会い　倒幕を決定づけた薩長同盟　大政奉還と慶喜の壁　鳥羽・伏見から江戸無血開城へ　止まらぬ流血と吉二郎の死　廃藩置県断行　西郷留守内閣と明治六年の政変　ボウズヲシサツセヨ　第二の維新を夢見て　西郷星　晋どん、晋どん、もうここらでよか

◇私の西郷どん　井手窪剛著　方丈社　2017.11　286p　19cm　〈文献あり〉　1500円　Ⓘ978-4-908925-23-8　Ⓝ289.1

内容　1　辛苦―幼少時の西郷どん　2　研鑚―役人・斉彬時代の西郷どん　3　転生―斉彬の死・遠島の西郷どん　4　雄飛―幕末維新の西郷どん　5　残火―新政府の西郷どん　6　帰郷―鹿児島私学校・西南戦争の西郷どん　7　遠望―没後の西郷どん

◇徳川家が見た西郷隆盛の真実　徳川宗英著　KADOKAWA　2017.12　244p　18cm　(角川新書 K-180)〈文献あり　年譜あり〉　880円　Ⓘ978-4-04-082138-2　Ⓝ289.1

内容　プロローグ　西郷隆盛の実像　第1章　銅像と肖像画　第2章　薩摩藩お庭方・西郷善兵衛　第3章　中央政界進出　第4章　戊辰戦争　第5章　征韓論　第6章　西南戦争　第7章　名誉回復　エピローグ　「薩摩の巨星」の素顔と西郷どんの子孫たち

◇西郷隆盛の冤罪　明治維新の大誤解　古川愛哲著　講談社　2017.12　219p　18cm　(講談社+α新書 381-6C)　840円　Ⓘ978-4-06-291512-0　Ⓝ210.61

内容　はじめに―西郷隆盛の首を刎ねたのは桐野利秋だった　第1章　隠蔽された西郷隆盛の実像　第2章　征韓論の冤罪　第3章　西南戦争の冤罪　第4章　攘夷の実力　第5章　江戸の官軍と幕府軍　終章　西郷隆盛が生んだ医科大学　あとがき―明治の長州閥を彷彿とさせる「モリカケ問題」

◇未完の西郷隆盛―日本人はなぜ論じ続けるのか　先崎彰容著　新潮社　2017.12　268p　20cm　(新潮選書)〈文献あり〉　1300円　Ⓘ978-4-10-603820-4　Ⓝ289.1

内容　第1章　情報革命―福澤諭吉『丁丑公論』と西南戦争　第2章　ルソー中江兆民『民約訳解』と政治的自由　第3章　アジア―頭山満『大西郷遺訓講評』とテロリズム　第4章　天皇―橋川文三『西郷隆盛紀行』とヤポネシア論　第5章　戦争―江藤淳『南洲残影』と二つの敗戦　終章　未完―司馬遼太郎『翔ぶが如く』の問い

◇知識ゼロからの西郷隆盛入門　木村幸比古監修　幻冬舎　2017.12　175p　21cm　〈文献あり〉　1300円　Ⓘ978-4-344-90328-9　Ⓝ289.1

内容　巻頭カラー　CGで甦る！幕末・維新・西南戦争の世界　序章　徹底解剖！西郷隆盛—謎多き維新の巨星、その実像に迫る！　第1章　西郷隆盛の生涯「幕末編1」　幕末のカリスマを育てた出会いと別れ　第2章　西郷隆盛の生涯「幕末編2」　新時代を切り開いた討幕の志士たちとの交流　第3章　西郷隆盛の生涯「維新編1」　西郷の運命を決した明治新政府の人々とのつながり　第4章　西郷隆盛の生涯「維新編2」　西郷と西南の役を巡る群像

◇義の人西郷隆盛　誠の人山田方谷　みのごさく著　幻冬舎メディアコンサルティング　2017.12　211p　19cm　〈発売：幻冬舎〉　1200円　Ⓘ978-4-344-91494-0　Ⓝ289.1

内容　西郷どんと言志四録　島流し　維新の戦いの勝因　孝明天皇と明治天皇　蓄財と美妾　征韓論の実態　西南の役の原因　熊本城の戦い　菊池川の戦い　田原坂の戦い　可愛岳の逃走　西郷軍の敗因は何か　西南の役その後　西郷どんの人物評価と西郷評　南洲手抄言志四録一〇一か条　南洲翁遺訓

◇西郷隆盛―手紙で読むその実像　川道麟太郎著　筑摩書房　2017.12　515,10p　18cm　(ちくま新書 1293)〈索引あり〉　1200円　Ⓘ978-4-480-07112-5　Ⓝ289.1

内容　主君のもとで　安政五年　南嶼遠島　国事周旋　討幕へ　戊辰戦争　明治初年　朝鮮遣使論　政府大分裂　西郷党集団〔ほか〕

◇幕末青春伝　西郷隆盛―時代をかけぬけた男　澤村修治著　理論社　2017.12　239p　19cm　〈文献あり　年譜あり〉　1200円　Ⓘ978-4-652-20241-8　Ⓝ289.1

内容　第1部　試練のなかで(サムライの子　黒船の来襲　名君斉彬　ほか)　第2部　明治維新(家族との再会　沖永良部島　復活　ほか)　第3部　最後のサムライ(日当山温泉　廃藩置県　イギリスからの手紙　ほか)

◇西郷隆盛はなぜ犬を連れているのか―西郷どん愛犬史　仁科邦男著　草思社　2017.12　287p　19cm　〈年譜あり〉　1500円　Ⓘ978-4-7942-2312-8　Ⓝ289.1

内容　はじめに　戦い終わって犬三匹　第1章　犬と生きる喜びを知った奄美大島時代　第2章　犬と成した幕末維新　第3章　明治初年、犬と狩りと温泉ざんまい　第4章　官職を辞し、故郷で犬との日々　第5章　犬連れの西南戦争　第6章　狩りを始めた明治天皇―西郷への追憶　第7章　西郷と犬、銅像になる　終章　文明開化の果てに―絶滅した薩摩犬

◇代表的日本人―徳のある生きかた　内村鑑三著、道添進編訳　日本能率協会マネジメントセンター　2017.12　265p　19cm　(Contemporary Classics―今こそ名著)〈文献あり〉　1600円　Ⓘ978-4-8207-1983-0　Ⓝ281

内容　第1部　名著『代表的日本人』とは(『代表的日本人』が記された背景　一〇〇年以上読み継がれてきた理由　ほか)　第2部　現代日本語訳で読む『代表的日本人』(西郷隆盛―新しく日本を創った人　上杉鷹山―封建領主　二宮尊徳―農民聖人　中江藤樹―村の先生　日蓮上人―仏僧)　第3部　『代表的日本人』に学ぶ5つの信念(徳を高める　試練を好機と捉える　ほか)

◇無私、利他―西郷隆盛の教え　稲盛和夫監修、

さいこう

プレジデント書籍編集部編　プレジデント社　2017.12　206p　20cm　〈文献あり〉　1600円　①978-4-8334-2257-4　Ⓝ289.1

◇威ありて猛からず学知の人西郷隆盛　立元幸治著　新講社　2017.12　228p　19cm　《「器量と人望」（PHP研究所 2010年刊）の加筆　文献あり》　1400円　①978-4-86081-564-6　Ⓝ289.1

[内容]第1章 無私と野心　第2章 勁さと優しさ　第3章 知と情　第4章 度量と狭量　第5章 君子と凡夫　第6章 官と民　第7章 忠心と逆心　第8章 都と野と　第9章 天の道、人の道

◇仕末に困る人西郷吉之助―ひとりの人間の強さと大きさがある　時代を超える巨人西郷隆盛の英気を現代に!!　早川幹夫著　道義主義の会　2017.12　269p　19cm　〈文献あり　発売：出版文化社〉　1500円　①978-4-88338-632-1　Ⓝ289.1

[内容]第1章 仕末に困る人　第2章 信長と西郷　第3章 聖賢への道　第4章 廃藩置県　第5章 西郷と政　第6章 遣韓使節論　第7章 道義国家

◇一箇の大丈夫西郷吉之助―人間の強さと大きさと高さを求めた明治維新の英雄西郷隆盛の大いなる安心を！　早川幹夫著　道義主義の会　2017.12　273p　19cm　〈文献あり　発売：出版文化社〉　1500円　①978-4-88338-633-8　Ⓝ289.1

[内容]第1章 一箇の大丈夫　第2章 西郷と松陰　第3章 個を強くせよ　第4章 道を行う者　第5章 西郷魂　第6章 宇宙に立つ

◇道義国家を目指した西郷吉之助―人類の未来と人間の進化のために西郷の思想と哲学を!!　早川幹夫著　道義主義の会　2017.12　275p　19cm　〈文献あり　発売：出版文化社〉　1500円　①978-4-88338-634-5　Ⓝ289.1

[内容]第1章 西郷隆盛（外交官　西郷　民主主義論者　西郷　ほか）　第2章 道義主義（道義とは何か　西郷の言う道とは　ほか）　第3章 道義国家（国家の必要性　国家の存在目的とは　ほか）　第4章 廃藩置県（世界国家建設への流れ　世界国家思想「ほか）　第5章 四海同胞（地球人という意識　教育の大切さ　ほか）

◇西郷隆盛と徳之島―徳のある島…徳のある人との出会い…　益田宗児著　新装版　大阪　浪速社　2017.12　208p　21cm　〈文献あり〉　1389円　①978-4-88854-507-5　Ⓝ289.1

[内容]生い立ち　西郷隆盛幼少の逸話　お由良騒動の波紋　郡方書役デビュー　名君斉彬公との出会い　至純の心・月照和尚との入水　西郷隆盛の死生観　奄美・龍郷での暮らし　奄美・龍郷からの召喚　薄主久光公との軋轢〔ほか〕

◇西郷隆盛という生き方―「波瀾」に捧げた生涯が語るもの　桐野作人,調所一郎編著　里文出版　2017.12　279p　19cm　〈執筆：徳永和喜ほか　年譜あり〉　2000円　①978-4-89806-459-7　Ⓝ289.1

[内容]西郷隆盛・略伝―浮沈と波瀾の生涯（奄美潜居・沖永良部島流謫時代の西郷　京都政局での活躍と明治維新　征韓論から西南戦争へ）　西郷隆盛を語る（西郷隆盛のその生き様に残された謎とメッセージ　不平政府の乱　「敬天愛人」のひと　福岡孝弟公と西

郷隆盛）　西郷隆盛の妻イトと家族（一枚の肖像写真が語る、強く美しい凛として生きた女性の姿）　偉人が語った西郷隆盛（同時代を生きた人々のみた西郷隆盛とは）

◇超訳西郷隆盛語録―大きな心で生きろ　齋藤孝著　キノブックス　2017.12　221p　20cm　〈他言語標題：Saigo Takamori's Analects　文献あり　年譜あり〉　1500円　①978-4-908059-86-5　Ⓝ289.1

[内容]1章 天を敬い、人を愛する―敬天愛人　2章 困難をバネにする―氷心辛苦　3章 学んだことを実践する―聖賢の書　4章 とことん考え抜く―黙坐沈思　5章 筋道を通す―義の一字　6章 人を大切にする―水魚の交　7章 徳を磨く―智仁勇　8章 素顔の西郷どん―十五の逸話

◇西郷隆盛はどう語られてきたか　原口泉著　新潮社　2018.1　316p　16cm　〈新潮文庫　は-70-1〉　550円　①978-4-10-121096-4　Ⓝ289.1

[内容]第1章 同時代の人に、どう語られてきたか　第2章 家族・親族に、どう語られてきたか　第3章 明治の新聞・庶民に、どう語られてきたか　第4章 明治の知識人に、どう語られてきたか　第5章 異国の人間に、どう語られてきたか　第6章 大正から昭和へ、どう語られてきたか　第7章 右派・左派思想家に、どう語られてきたか　第8章 戦前・戦後の庶民に、どう語られてきたか　第9章 現代の作家・思想家に、どう語られてきたか　第10章 映画・ドラマに、どう語られてきたか

◇西郷隆盛と聖書―「敬天愛人」の真実　守部喜雅著　いのちのことば社フォレストブックス　2018.1　159p　19cm　〈聖書を読んだサムライたち〉〈文献あり〉　1200円　①978-4-264-03878-8　Ⓝ289.1

[内容]第1章 若き日の悲劇　第2章 歪曲の西郷像　第3章 代表的日本人　第4章 「敬天愛人」の謎　第5章 西郷が読んだ聖書　第6章 西郷と勝海舟　第7章 歴史証言「西郷さんが聖書を教えた」

◇政府に尋問の筋これあり―西郷隆盛の誤算　鈴木荘一著　毎日ワンズ　2018.1　277p　19cm　〈文献あり〉　1400円　①978-4-901622-97-4　Ⓝ210.58

[内容]第1章 江戸無血開城から西南戦争まで　第2章 島津斉彬に取り立てられた西郷　第3章 一橋慶喜の擁立を目指した斉彬と西郷　第4章 二度の島流しに遭う　第5章 再び登用された西郷の活躍　第6章 勝海舟に騙された西郷

◇その時、勤王志士・朝廷、慶喜政権、江戸幕府らは、西郷隆盛・大久保利通、薩摩藩年表帖　上巻　ペリー来航から王政復古まで、時系列でわかる！　京都　ユニプラン　2018.1　256p　21cm　〈文献あり〉　1300円　①978-4-89704-443-9　Ⓝ289.1

◇語り継がれた西郷どん―発掘！維新スクラップブック　一坂太郎著　朝日新聞出版　2018.2　313p　18cm　〈朝日新書 655〉　860円　①978-4-02-273755-7　Ⓝ210.61

[内容]第1章 薩英戦争体験談（生麦事件の憶い出―久木村知休　十七の初陣―児玉利純　ほか）　第2章 西郷隆盛はこんな人だった（大島謫居の南洲翁―山本混沌　西郷南洲翁 英雄の面影を偲ぶ―桃園生　ほか）

第3章 西郷隆盛賛歌（偉大なる南洲翁―枢密顧問官子爵 高島鞆之助　情に厚く義に強かりし南洲先生―元帥 海軍大将 伯爵 伊東祐亨 ほか）　第4章 戊辰戦争体験談（春日艦を貰った前後―松方正義〈戊辰当年三十三歳〉　難戦苦闘の白河関―樺山資紀〈戊辰当年三十一歳〉 ほか）　第5章 女たちが語る明治維新（西郷糸子夫人のこと　西郷家 武に帰住 代々の遺訓あり ほか）

◇新・西郷隆盛の実像―敬天愛人を貫いた人生　明治維新一五〇年最大の立役者西郷隆盛の実像と人物評　松田高明著　秀作社出版　2018.2　146p　19cm　〈他言語標題：THE REAL LIFE OF THE GREATEST SAIGO TAKAMORI　文献あり 年譜あり〉 1400円　①978-4-88265-604-3　Ⓝ289.1
内容　序章 「敬天愛天」を貫いた西郷隆盛（西郷隆盛は高士だった　「敬天愛天」思想の源泉 ほか）　第1章 西郷の波乱の生涯（下級武士の家に生まれる　西郷が受けた教育 ほか）　第2章 なぜ西郷は維新最大の立役者といわれるのか（明治維新以前　明治維新以後）　第3章 西郷隆盛はいかに語られてきたか（島津斉彬　大久保利通 ほか）　第4章 現代に生きる西郷のことば『南洲翁遺訓』西郷南洲顕彰会（南洲翁遺訓出版の由来　遺訓）

◇西郷どん。壊さない！「破壊の英雄」　武山憲明著　坂戸 音羽出版　2018.2　270p　19cm　〈文献あり〉 1300円　①978-4-901007-66-5　Ⓝ289.1
内容　第1章 西郷どん誕生！　第2章 江戸幕府の幕引から新しい日本の創成　第3章「土中の死骨」となり、奄美大島へ　第4章 二ヶ月半の滞在だった遠島二度目の「徳之島」　第5章「敬天愛人」発祥の地・沖永良部島　第6章 勝海舟が見抜いた新時代の旗手・西郷どん　第7章 倒幕から明治維新への道程　第8章「征韓論」問題に敗れて下野　第9章 私学校創設と西南戦争への道　番外編 西郷隆盛ゆかりの温泉めぐり

◇素顔の西郷隆盛　磯田道史著　新潮社　2018.3　269p　18cm　（新潮新書 760）〈文献あり〉 820円　①978-4-10-610760-3　Ⓝ289.1
内容　第1部 青春と挫折（伝説の先045・無敵齋 待望の「サラブレッド」誕生　ややこしいやつ ほか）　第2部 復活と策動（蘇生後の緩慢な自殺　革命思想を育んだ島暮らし　桜田門外の変、長州と薩摩の熱気 ほか）　第3部 失意と天命（明治新政府のスタート　位階も賞典禄も返上したい　妻子との束の間の家庭生活 ほか）

◇西郷隆盛の幻影―維新の英雄はいかにして作られたか　森田健司著　洋泉社　2018.3　223p　18cm　（歴史新書y 075）〈文献あり〉 980円　①978-4-8003-1438-3　Ⓝ289.1
内容　序章「西郷星」という希望　第1章 薩摩の「郷中教育」神話　第2章「常住死身」の哲学　第3章 西南戦争が創った西郷のイメージ　第4章「反政府のカリスマ」から「不世出豪傑＝西郷」へ　第5章 世の中が不安定になると復活する「西郷人気」　第6章 国民的英雄「上野の西郷さん」の完成

◇権力に対峙した男―新・西郷隆盛研究　下巻　米村秀司著　鹿児島 ラグーナ出版　2018.3　255p　19cm　〈文献あり〉 2200円　①978-4-904380-68-0　Ⓝ289.1

内容　第1章 西郷と月照―入水自殺の真相と秘話　第2章 西郷の死の真相　第3章 供養の歴史　第4章 イギリスとフランスの覇権争い　第5章 西郷隆盛に接近した異国人　第6章 作家が描く西郷隆盛像　第7章 戯曲に描かれた西郷隆盛　第8章 西郷隆盛の実像を追う2

◇大西郷の夢　村本正博著　鹿児島 南方新社　2018.4　153p　21cm　〈他言語標題：The dream of Great Saigo　英語併記〉 1600円　①978-4-86124-379-0　Ⓝ289.1
＊英語、日本語で読む西郷隆盛。日本の偉大な革命家、西郷隆盛の本当の姿、夢を世界の人々に知ってほしい。

◇明治史講義　人物篇　筒井清忠編　筑摩書房　2018.4　397p　18cm　（ちくま新書 1319）〈文献あり〉 1100円　①978-4-480-07140-8　Ⓝ210.6
内容　木戸孝允―「条理」を貫いた革命政治家　西郷隆盛―謎に包まれた超人気者　大久保利通―維新の元勲、明治政府の建設者　福澤諭吉―「文明」と「自由」　板垣退助―自らの足りなさを知る指導者　伊藤博文―日本型立憲主義の造形者　井上毅―明治維新を落ち着かせようとした官僚　大隈重信―政治対立の演出者　金玉均―近代朝鮮における「志士」たちの時代　陸奥宗光―『蹇蹇録』で読む日清戦争と朝鮮〔ほか〕

◇虚像の西郷隆盛　虚構の明治150年―明治維新という過ち 完結編　原田伊織著　講談社　2018.6　477p　15cm　（講談社文庫 は112-3）〈文献あり〉 860円　①978-4-06-511829-0　Ⓝ210.61
内容　はじめに グランドデザインの描けない社会は崩壊する　第1章「明治百五十年」という虚構の歴史　第2章 火の国 薩摩　第3章 嫌われ者西郷と島津斉彬　第4章「軍好き」西郷の幕末動乱　第5章 明治復古政権の成立と腐敗　第6章 西南の役　あとがきに代えて 明治百五十年、琉球と沖縄が訴えるもの

◇真実の西郷隆盛　副島隆彦著　コスミック出版　2018.6　255,6p　19cm　〈文献あり 年譜あり〉 1600円　①978-4-7747-9149-4　Ⓝ289.1
内容　第1章 西郷隆盛と陽明学・キリスト教（西郷＝キリシタン説　陽明学はキリスト教 ほか）　第2章 幕末：西郷隆盛をはじめとする情報将校たちの時代（情報収集、分析の専門家として育成された西郷　情報将校・西郷の前半5年間　海江田信義による抜擢・教育 ほか）　第3章 西郷隆盛の誕生から世に出るまで（薩摩藩の青年武士たちのリーダーとして　西郷家の生活 ほか）　第4章 遠島処分から政治の表舞台へ、倒幕に向かう（島津久光の実像と倒幕、維新への功績　薩摩藩の実力の源泉となった資金力の3本柱 ほか）　第5章 西郷隆盛と明治維新（徳川慶喜容認か、倒幕か　鳥羽・伏見の戦いから戊辰戦争へ ほか）

◇子孫が語る歴史を動かした偉人たち　善田紫紺著　洋泉社　2018.6　191p　18cm　（歴史新書）900円　①978-4-8003-1476-5　Ⓝ281
内容　第1部 志士の末裔たち（西郷隆盛曾孫 西郷文氏「何事も相手の身になって考える"敬天愛人"の精神」大久保利通曾孫 大久保利泰氏「自由にやらせて自分が責任を取る魅力的なリーダーシップ」　勝海舟曾孫 勝康氏「旺盛な好奇心から人十十倍の努力と克己心で生き抜いた」　榎本武揚曾孫 榎本隆充氏「国への恩返しを使命とし新政府にも尽くした」　陸奥

さいこう

宗光曾孫 伊達磯夫氏『いざという時は死を恐れず立ち向かう熱い志士の血』ほか） 第2部 殿さまの末裔たち（徳川宗家十八代当主 徳川恒孝氏『日本人の感性や伝統文化を守り伝えた江戸時代を評価したい』 前田家十八代当主 前田利祐氏『祭りや年中行事を親子で行い、人としての礼儀を継承する』 島津家三十三代 島津忠裕氏『薩摩人のDNAを引き継ぎ、鹿児島のあり方にフォーカスする』 伊達家十八代当主 伊達泰宗氏『見えぬところにこそ本当の価値がある"伊達もの"の美学』 山内家十九代当主 山内豊功氏『大事を成し遂げるは、心を閑にして物ごとの大勢を見る』 ほか）

◇勝海舟×西郷隆盛─明治維新を成し遂げた男の矜持 『氷川清話』『南洲翁遺訓』に共通する「ゆるぎない精神」 濱田浩一郎著 青月社 2018.7 173p 19cm 〈文献あり〉 1400円 ⓘ978-4-8109-1321-7 Ⓝ289.1

内容 序章 江戸開城談判 第1章 坦々たる大道のごとく─自己修養の道（畢竟、自己の修養いかんにあるのだ 人間は平生踏むところの筋道が大切 ほか） 第2章 円転滑達の妙境─こだわりを捨てる（横井の識見 物事に執着せず、拘泥せず ほか） 第3章 一時も休まず進歩すべし─現状を打破する（批評は人の自由、行蔵は我に存す 仕事をあせるものに、仕事の出来るものではない ほか） 第4章 人は捨つべきではない─海舟と西郷の組織論（どんな人物があるか、常に知っていなくては困る 役に立たないといっても、必ず何か一得はあるものだ ほか） 第5章 処世の秘訣は誠の一字─過去・現在・未来（知己を千載の下に求む 専心一意、ほかの事は考えない ほか）

◇歌之介のさつまのボッケモン 鹿児島テレビ放送株式会社編著, 原口泉監修 復刻版 鹿児島 高城書房 2018.7 289p 19cm 〈KTS鹿児島テレビ開局50周年記念 文献あり〉 1500円 ⓘ978-4-88777-165-9 Ⓝ281.97

内容 西郷隆盛1─こども時代の西郷さんの巻 西郷盛2─西郷さんとサイフの巻 大久保利通1─大久保さんはいたずらっこの巻 五代友厚─五代才助の世界地図の巻 黒田清隆1─きのうの敵はきょうの友の巻 村橋久成1─北海道に日本のビールを1 大久保利通2─大久保さんは"まっしぐら"の巻 前田正名ほか─できたぞ！「薩摩辞書」の巻 長沢鼎─アメリカのブドウ王の巻 丹下梅子─初の帝大女子学生の巻 ［ほか］

◇日本史 誤解だらけの英雄像 内藤博文著 河出書房新社 2018.8 221p 15cm （KAWADE夢文庫 K1097）〈文献あり〉 680円 ⓘ978-4-309-49997-0 Ⓝ281

内容 1章 織田信長─"戦国の革命児"という誤解 2章 坂本龍馬─"天衣無縫の風雲児"という誤解 3章 秀吉・家康─"無双の覇者"という誤解 4章 信玄・謙信─"常勝武将伝説"の誤解 5章 西郷隆盛・高杉晋作・勝海舟─"維新の立役者"の誤解 6章 聖徳太子・天智天皇・義経─"古代・中世の英雄"の誤解 7章 徳川吉宗・山本五十六─"近現代の巨星"の誤解

◇かたられる西郷隆盛─歴史学者は"大丈夫"か 川道麟太郎著 名古屋 風媒社 2018.10 288p 20cm 2000円 ⓘ978-4-8331-0580-4 Ⓝ289.1

内容 第1章 大家たちの論説（遠山茂樹と井上清 毛利敏彦 坂野潤治） 第2章 史料集の虚偽と踏襲（『西郷隆盛全集』『大久保利通文書』から 宮島誠一郎日記から） 第3章 二次史料の不実と踏襲（「一の秘策」『岩倉公実記』『明治天皇紀』 親説の等譲渡天皇への傾斜） 第4章 西郷遺使論を語る史料（「始末書」と呼ばれる史料 「最初のご趣意」 木戸の「征韓論」と西郷の主張 西郷の心事） 第5章 西南戦争を語る史料（桂久武宛明治九年十一月書簡 第6章 西南戦争勃発 敗走 第10章 城山 西郷を語る史料 西郷と当事者が語る史料）

◇明治維新に殺された男─桐野利秋が見た西郷隆盛の正体 西村正著 毎日ワンズ 2018.10 287p 19cm 1400円 ⓘ978-4-909447-03-6 Ⓝ210.61

内容 第1章 剣豪誕生 第2章 京の人斬り半次郎 第3章 半次郎、一生の後悔 第4章 京洛の動乱を制した大策謀家西郷と諜報員半次郎 第5章 戊辰戦争 第6章 始動した新国家の大分裂 第7章 下野した西郷 第8章 西南戦争勃発 第9章 敗走 第10章 城山

◇日本の偉人物語 3 伊能忠敬 西郷隆盛 小村壽太郎 岡田幹彦著 光明思想社 2018.10 232p 20cm 1296円 ⓘ978-4-904414-82-8 Ⓝ281

内容 第1話 伊能忠敬─前人未踏の日本地図作成（商人としての前半生 第二の人生─五十歳からの再出発 わが国科学史上の一大金字塔─二十一年間の測量と地図作成 ほか） 第2話 西郷隆盛─古今不世出の代表的日本人（日本を代表する偉人 日本の新生を目指して 明治維新の成就─日本国史の精華 ほか） 第3話 小村壽太郎─近代随一の政治家・外交家（前半生の苦難と試練 小村外交が導いた日露戦争 戦争に勝ち外交にも勝つ ほか）

西郷 頼母〔1830～1903〕 さいごう・たのも

◇史料が語る、保科近悳の晩年 佐瀬渉著 会津若松 歴史春秋出版 2016.2 239p 27cm 5000円 ⓘ978-4-89757-877-4 Ⓝ289.1

◇会津人探究─戊辰戦争生き延びし者たちにも大義あり 笠井尚著 ラピュタ 2018.8 237p 19cm 〈文献あり 索引あり〉 1800円 ⓘ978-4-905505-54-9 Ⓝ281.26

内容 序章 会津にとっての戊辰戦争 第1章 松平容保─至誠の人か政治家か 第2章 会津藩老・西郷頼母─孤高なる保守派 第3章 秋月悌次郎─古武士然とした開明派 第4章 山本覚馬─会津の開明派の筆頭 第5章 広沢安任─京都で公用方・洋式牧畜の祖 第6章 山川健次郎─晩年は清貧に徹す 第7章 新島八重─狭き神の門を叩く 第8章 会津と共に敗れしもたちの胸中

西光 万吉〔1895～1970〕 さいこう・まんきち

◇西光万吉 師岡佑行著 新装版 清水書院 2016.4 250p 19cm （Century Books─人と思想 110）〈文献あり 年譜あり 索引あり〉 1200円 ⓘ978-4-389-42110-6 Ⓝ289.1

内容 1 全国水平社の創立（苦悩を越えて 全国水平社の創立 農民運動から政治闘争へ） 2 高次的タカマノハラの展開をもとめて（獄中にて 国家社会主義の実現をめざして 奈良県柏原を中心に） 3 戦争の激化のなかで（日中戦争のもとで 穂積五一とともに） 4 戦後の主張─和栄政策（不戦への道 和栄政策の実現をめざして 日本と世界に）

税所 篤快〔1989～〕 さいしょ・あつよし

◇起業のリアル─田原総一朗×若手起業家 田原

総一朗著　プレジデント社　2014.7　249p　19cm　1500円　①978-4-8334-5065-2　Ⓝ335.21

内容　儲けを追わずに儲けを出す秘密—LINE社長・森川亮　"競争嫌い"で年商一〇〇〇億円—スタートトゥデイ社長・前澤友作　管理能力ゼロの社長兼クリエーター—チームラボ代表・猪子寿之　二〇二〇年、ミドリムシで飛行機が飛ぶ日—ユーグレナ社長・出雲充　保育NPO、社会起業家という生き方—フローレンス代表・駒崎弘樹　単身、最貧国で鍛えたあきらめない心—マザーハウス社長・山口絵理子　現役大学生、途上国で格安予備校を開く—e・エデュケーション代表・税所篤快　七四年ぶりに新規参入したワケ—ライフネット生命社長・岩瀬大輔　上場最年少社長の「無料で稼ぐカラクリ」—リブセンス社長・村上太一　四畳半から狙う電動バイク世界一—テラモーターズ社長・徳重徹　目指すは住宅業界のiPhone—innovation社長・岡崎慎夢　三〇年以内につくる—リビング・イン・ピース代表・慎泰俊　ハーバード卒、元体育教師の教育改革—ティーチ・フォー・ジャパン代表・松田悠介　四重苦を乗り越えた営業女子のリーダー—ベレフェクト代表・太田彩子　二代目社長が狙う「モバゲーの先」—ディー・エヌ・エー社長・守安功　ITバブル生き残りの挑戦—サイバーエージェント社長・藤田晋　特別対談　堀江貴文—五年後に花開く、商売の種のまき方

西城　秀樹〔1955〜2018〕　さいじょう・ひでき
◇蒼い空へ—夫・西城秀樹との18年　木本美紀著　小学館　2018.11　199p　19cm　1400円　①978-4-09-388643-7　Ⓝ767.8

内容　第1章　最期の日まで綱渡りの3週間（普段通りだった食卓　夏はハワイに行くよ　ほか）　第2章　芸能人との結婚（急な"お見合い"　クリスマスイブのプロポーズ　ほか）　第3章　明かせなかった病状（成田空港から病院へ　結婚した年に発覚　ほか）　第4章　家族全員で闘った（折れない心　背中を流してくれる息子達　ほか）　第5章　そして、今

西条　凡児〔1914〜1993〕　さいじょう・ぼんじ
◇話芸の達人—西条凡児・浜村淳・上岡龍太郎　戸田学著　青土社　2018.9　251p　19cm　〈文献あり〉　2000円　①978-4-7917-7093-9　Ⓝ779.14

内容　第1部　西条凡児の話芸（西条凡児の高座　西条凡児の経歴　西条凡児の漫談　ほか）　第2部　浜村淳の話芸（京都アクセントを生かす浜村淳　浜村淳の履歴　芸名「浜村淳」の誕生、そして東京へ　ほか）　第3部　上岡龍太郎の話芸（上岡龍太郎の引退　横山ノックへの弔辞　漫画トリオの時代　ほか）

最澄〔767〜822〕　さいちょう
◇入門お経の本—般若心経から法華経、大日経、浄土三部経まで現代社会を生き抜くための仏陀の言葉　釈徹宗　ほか著　洋泉社　2014.7　111p　30cm　〈「図説お経の本」(2013年刊)の改題　文献あり〉　1800円　①978-4-8003-0465-0　Ⓝ183

内容　プロローグ　仏陀・その人、その教え—釈迦八相図とともに見るブッダの生涯（誕生—ブッダは、迷いの生を終わらせるためにこの世に生まれた　出家—生、老、病、死の四苦に気づき出家を決意する　ほか）　1　仏教美術でわかるお経（般若心経—わずか二六二文字で「空」の理法を説く　維摩経—二辺を離れる「不二思想」の金字塔　ほか）　2　日本仏教クロニクル名僧列伝—仏教の伝来と初期の日本仏教（国家統合のシンボルから鎮護国家のシステムへ—聖徳太子　日本仏教の基礎を築いた平安仏教—最澄と空海　ほか）　3　あなたはお経を知っている！　お経と日本人（食—和食は、食材も調理法も仏教と深くかかわっている　茶道—"おもてなし"の心を育んだ茶道の精神　ほか）

◇最澄—天台宗　百瀬明治著　京都　淡交社　2014.10　195p　18cm　（京都・宗祖の旅）〈1990年刊の加筆・調整、再編集　年表あり〉　1200円　①978-4-473-03969-9　Ⓝ188.42

内容　1　最澄の生涯と教え（奈良仏教から平安・鎌倉新仏教へ　人智をこえた存在の感得者　最澄の誕生　ほか）　2　京都・最澄の旅（霊峰、比叡山　延暦寺根本中堂　東塔・西塔・横川　ほか）　3　天台宗の寺々（妙法院　青蓮院　三千院　ほか）

◇日本書人伝　中田勇次郎編　中央公論新社　2015.8　363p　16cm　（中公文庫な66-2）〈執筆：山本健吉ほか　中央公論社　1974年刊の再刊　年譜あり〉　1200円　①978-4-12-206163-7　Ⓝ728.21

内容　聖徳太子　聖武天皇　光明皇后—山本健吉　空海—司馬遼太郎　最澄　嵯峨天皇　橘逸勢—永井路子　小野道風　藤原佐理—寺田透　藤原行成—白洲正子　西行　藤原俊成　藤原定家—中村真一郎　大燈国師　一休宗純—唐木順三　本阿弥光悦—花田清輝　池大雅　一辻邦生　良寛—水上勉　貫名菘翁—中田勇次郎

◇平安の新京　石上英一, 鎌田元一, 栄原永遠男監修, 吉川真司編　大阪　清文堂出版　2015.10　396p　22cm　（古代の人物　4）〈索引あり〉　4500円　①978-4-7924-0571-7　Ⓝ281.04

内容　本巻のねらい　平安の新京　1　平城京と平安京（桓武天皇—中国的君主像の追求と「律令制」の転換　早良親王—「皇太子置して」の困難　坂上田村麻呂—征夷副将軍になるまでを中心に　高丘親王（真如）—菩薩の道、必ずしも一致せず）　2　王権の安定（嵯峨天皇—唐風を整え、幽境に遊ぶ　最澄—仏法具足の大日本国　空海—鎮護国家・国王護持の密教者　源信・常・定—臣ậら降下した皇子たち　有智子内親王—「文章経国」の時代の初代賀茂斎院　仁明天皇—宮廷の典型へ　讃岐永直—律令国家と明法道）　3　前期摂関政治へ（伴善男—逆臣か「良吏」か　円仁—東部ユーラシア史の変動を記録した入唐僧　藤原良房・基経—前期摂関政治の成立　藤原高子—廃后事件の背景と歴史的位置　藤原保則—激動の時代を生きた良吏）

◇最澄と空海—日本仏教思想の誕生　立川武蔵著　KADOKAWA　2016.5　302p　15cm　〔角川ソフィア文庫〕　〔H122-1〕〈講談社　1998年刊の再刊　年譜あり〉　880円　①978-4-04-400082-0　Ⓝ188.42

内容　1　仏教の源流（源流としてのインド仏教　中国—仏教のメタモルフォーゼ）　2　最澄—はじまりの人（日本仏教の転換　天台実相論　一念三千の哲学　最澄と天台の世界観）　3　空海—世界の聖化（密教の導入者　密教行者としての空海虚空蔵求聞持法　空海のマンダラ理論　空海と密教の世界観）

◇うちのお寺は天台宗　わが家の宗教を知る会著

さいつ

文庫オリジナル版　双葉社　2016.7　221p　15cm　〈双葉文庫　わ-08-07-「わが家の〈宗教を知る〉シリーズ」〉〈文献あり〉　602円　⊕978-4-575-71457-9　Ⓝ188.4
内容　序章　ざっくりわかる天台宗Q&A　第1章　仏教の歴史と天台宗の誕生　第2章　最澄の生涯と天台宗の発展　第3章　キーワードで知る天台宗の教え　第4章　天台宗のしきたり　第5章　ぜひ訪ねたい天台宗のお寺

◇〈語学教師〉の物語―日本言語教育小史　第1巻　塩田勉著　書肆アルス　2017.10　475p　21cm　〈索引あり〉　2800円　⊕978-4-907078-19-5　Ⓝ807
内容　1　上代―飛鳥時代　2　上代―奈良時代　3　中古―空海　4　中古―最澄　5　中古―円仁　6　中古―円珍・成尋　7　中世―栄西・重源　8　中世―道元

財津 一郎〔1934～〕　ざいつ・いちろう
◇聞いてチョウダイ根アカ人生　財津一郎著〔熊本〕　熊本日日新聞社　2015.9　134p　18cm　〈年譜あり　発売：熊日出版（熊本）〉　1000円　⊕978-4-87755-529-0　Ⓝ772.1
内容　人生変えた恩師の言葉　本名の「永栄」は先祖ゆかり　抑留の父待ち貧乏暮らし　おばあさんの白い大きな餅　命をつないでくれた母　貧しくとも誇らしき日本人　不発弾が爆発、犠牲に衝撃　水田に響いた母の絶叫　抑留で別人のような父　済々黌に再入学、合唱と出合う〔ほか〕

斎藤 磐〔1918～1989〕　さいとう・いわお
◇手は精神の出口―紅会創始者齊藤磐の志　矢倉久泰著　東金　日本刺繍紅会　2016.4　205p　図版8p　19cm　〈年譜あり〉　2500円　⊕978-4-9907-5792-2　Ⓝ753.7

斉藤 和巳〔1977～〕　さいとう・かずみ
◇どん底――一流投手が地獄のリハビリで見たもの　元永知宏著　河出書房新社　2018.5　205p　19cm　1350円　⊕978-4-309-27947-3　Ⓝ783.7
内容　第1章　森慎二―メジャーを目指した男の夢が消えた球　第2章　石井弘寿―WBC日本代表の苦悩　第3章　斉藤和巳―沢村賞投手の最後の6年　第4章　川崎憲次郎―FA移籍後のつらすぎる4年間　第5章　野村弘樹―ひじを痛めて引退した101勝サウスポー　第6章　西本聖―脊椎の手術からの奇跡の復活

齊藤 喜榮治〔1934～〕　さいとう・きえじ
◇やちぶき　齊藤喜榮治著　〔出版地不明〕　齊藤喜榮治　2016.10　250p　21cm　〈発行所：個人書店　年譜あり〉　Ⓝ289.1

斎藤 きち　さいとう・きち
⇒唐人お吉（とうじんおきち）を見よ

齋藤 絹子〔1931～〕　さいとう・きぬこ
◇私の身辺整理　齋藤絹子著　新聞編集センター　2014.9　246p　図版8p　21cm　1000円　Ⓝ289.1

斎藤 月岑〔1804～1878〕　さいとう・げっしん
◇大日本古記録　齋藤月岑日記　10　自明治七年至明治八年　附載　齋藤月岑著、東京大學史料

編纂所編纂　岩波書店　2016.3　454p　22cm　〈年譜あり　索引あり〉　11000円　⊕978-4-00-009981-3　Ⓝ210.58
内容　日記　第三十五冊―明治七年　日記　第三十六冊―明治八年

斎藤 賢道〔1878～1960〕　さいとう・けんどう
◇バイオサイエンスへの道を拓いた微生物学者齋藤賢道　中川浩一著　青山ライフ出版　2018.3　171p　21cm　〈文献あり〉　1500円　⊕978-4-86450-290-0　Ⓝ465

西東 三鬼〔1900～1962〕　さいとう・さんき
◇西東三鬼自伝・俳論　西東三鬼著　沖積舎　2014.6　355p　21cm　〈年譜あり〉　4800円　⊕978-4-8060-4766-7　Ⓝ911.362
内容　自伝（神戸　続「神戸」ほか）　評論・時評（新興俳句の趨向について　難解派の人々　ほか）　鑑賞・作品評（誓子氏の三つの作品について　「蘆刈」の鑑賞　ほか）　随想・雑記（崖の下雑記　海辺雑記　ほか）　年譜
◇俳人風狂列伝　石川桂郎著　中央公論新社　2017.11　280p　16cm　（中公文庫　い126-1）〈角川書店　1974年刊の再刊〉　1000円　⊕978-4-12-206478-2　Ⓝ911.362
内容　蛸の脚―高橋鏡太郎　此君亭奇録―伊庭心猿　行乞と水―種田山頭火　馭かずら―岩田昌寿　室咲の葦―岡本癖三酔　屑籠と棒秤―田尻得次郎　葉鶏頭―松根東洋城　おみくじの凶―尾崎放哉　水に映らぬ影法師―相良万吉　日陰のない道―阿部浪漫子　地上に堕ちたゼウス―西東三鬼

斎藤 昌三〔1887～1961〕　さいとう・しょうぞう
◇斎藤昌三書痴の肖像　川村伸秀著　晶文社　2017.6　502p　22cm　〈文献あり　著作目録あり　年譜あり　索引あり〉　5500円　⊕978-4-7949-6964-4　Ⓝ289.1
内容　座間に生まれる　『おいら』・我楽他宗・蔵票会　性ית探訪と坪井正五郎の見えない系　桃太郎の話　斎藤昌三　いもづる仲間と「芋蔓草紙」　『愛書趣味』と花醇歌子の謎　梅原北明のエロ・グロ出版　内田魯庵所蔵の芭蕉像　吉野作造の明治文化研究会への参加　書物展望社での苦楽の日々　ゲテ装本・書物展望社本・小雨荘の本　円本ブームと斎藤茂吉　『墨東綺譚』をめぐる荷風との対立　茅ヶ崎の郷土史家　『書痴往来』と書痴の晩年

斎藤 精輔〔1868～1937〕　さいとう・せいすけ
◇近代日本の礎を築いた七人の男たち―岩国セブン・ファーザーズ物語　佐古利南著　致知出版社　2016.7　170p　19cm　〈文献あり　年譜あり〉　1200円　⊕978-4-8009-1119-3　Ⓝ281.77
内容　偉大な人物を輩出した岩国藩の教育　「初代大審院長」玉乃世履翁―賄賂一切お断り　「解剖学のパイオニア」今田束先生―私の遺体を解剖するように！　「小銃製作の父」有坂成章翁―他に頼らず独学独歩が大切です　「電気の父」藤岡市助博士―僕は人に役立つことをしたい　「図書館の父」田中稲城翁―図書館は国民の大学です　「近代辞典製作の祖」斎藤精輔翁―人の一生は一事一業です　明治岩国人の特質は一名聞を好まず、「公」に生きる

さいとう・たかを〔1936〜〕
◇さいとう・たかを本　さいとうたかを著　小学館　2018.9　223p　21cm　(SHONEN SUNDAY COMICS SPECIAL―漫画家本 vol.7)〈著作目録あり　年譜あり〉　1300円　Ⓘ978-4-09-128616-1　Ⓝ726.101

斎藤 隆夫〔1870〜1949〕さいとう・たかお
◇合理的避戦論　小島英俊著，東郷和彦対論　イースト・プレス　2014.8　319p　18cm　(イースト新書 033)〈文献あり〉　907円　Ⓘ978-4-7816-5033-3　Ⓝ319.8

内容　対論 東郷和彦×小島英俊 この国は本当に戦争がしたいのか？　平和思想の近代史　「ねずみの殿様」斎藤隆夫の四二年間の奮闘　防空演習を嗤った桐生悠々　二〇年前から東京大空襲を予言した水野広徳　天才・北一輝の驚異　未来を見据えたエコノミスト・石橋湛山　陸軍唯一の哲学者・石原莞爾　国際通苦労人・清沢洌　戦前の「戦争と平和論」　戦後の「戦争と平和論」　皮肉なクロスロード・三島由紀夫と野中広務

◇回顧七十年　斎藤隆夫著　改版　中央公論新社　2014.9　289p　16cm　(中公文庫 さ4-2)　1000円　Ⓘ978-4-12-206013-5　Ⓝ289.1

内容　上京し、弁護士となる　アメリカに留学　衆議員議員に初当選　立憲同志会結党のころ　無念の内閣不信任案提出　議会で謝罪文を朗読　続けて二児を失う　利あらず落選　関東大震災　議席を回復〔ほか〕

◇暗い時代の人々　森まゆみ著　亜紀書房　2017.5　294p　19cm　〈他言語標題：Men in Dark Times　文献あり　年譜あり〉　1700円　Ⓘ978-4-7505-1499-4　Ⓝ281

内容　第1章 斎藤隆夫―リベラルな保守主義者　第2章 山川菊栄―戦時中、鶏の卵を売って節は売らず　第3章 山本宣治―人生は短く、科学は長い　第4章 竹久夢二―アメリカで恐慌を、ベルリンでナチスの台頭を見た　第5章 九津見房子―戸惑いながら懸命に生きたミス・ソシアリスト　第6章 斎藤雷太郎と立野正一―「土曜日」の人々と京都の喫茶店フランソア　第7章 古在由重―ファシズムの嵐の中を航海した「唯物論研究」　第8章 西村伊作―終生のわがまま者にしてリベルタン

齋藤 豪盛〔1936〜〕さいとう・たけもり
◇みちの奥の町工場物語　齋藤豪盛著　川崎近世初期文芸研究会　2016.6　141p　21cm　〈折り込 1枚　年表あり〉　非売品　Ⓝ289.1

斎藤 龍興〔1548〜1573〕さいとう・たつおき
◇斎藤道三と義龍・龍興―戦国美濃の下克上　横山住雄著　戎光祥出版　2015.9　236p　19cm　(中世武士選書 29)　2600円　Ⓘ978-4-86403-172-1　Ⓝ289.1

内容　第1章 道三の父・長井新左衛門（長井新左衛門尉の素性 灯油を売り歩く行商人となる ほか）　第2章 斎藤道三（土岐頼芸の台頭と本郷城 大洪水で流失した枝広館 ほか）　第3章 斎藤義龍（義龍への家督移譲 稲葉山城下に流れる妙な"うわさ" ほか）　第4章 斎藤龍興（龍興の家督継承 将軍に代初めを報じる ほか）　第5章 道三の一族（長井隼人佐 斎藤孫四郎 ほか）

齋藤 智恵子〔1926〜2017〕さいとう・ちえこ
◇浅草ロック座の母―伝説の女傑　齋藤智恵子著　竹書房　2017.11　254p　19cm　〈年表あり〉　2200円　Ⓘ978-4-8019-1271-7　Ⓝ289.1

内容　オープニング 女帝と呼ばれて　1区 旅立ち　2区 踊り子　3区 全国制覇　4区 本丸　5区 座頭市　6区 ママ　フィナーレ 卒寿に舞う

斎藤 司〔1979〜〕さいとう・つかさ
◇ハゲましの言葉―そんなにダメならあきらめちゃえば　斎藤司著　小学館　2017.6　205p　18cm　(小学館よしもと新書 Yと1-1)　800円　Ⓘ978-4-09-823506-3　Ⓝ779.14

内容　序章 「誰だと思ってんだ、斎藤さんだぞ！」…と言えるまで　第1章 少年時代からずっと原動力は女の子だぞ　第2章 友達ゼロの高校時代「黒歴史」の真実　第3章 遅れてきた青春時代に降りた髪のお告げ　第4章 売れっ子芸人になるために日々毛進！　第5章 『M-1』チャンピオンの向こう側　第6章 励ましの言葉―いまの僕だから言えること

齋藤 外市〔1865〜1926〕さいとう・といち
◇発明王齋藤外市　鈴木秀夫著　第3版　鶴岡秋山周三　2016.5　1冊　21cm　〈年譜あり〉　1300円　Ⓘ978-4-9906984-6-1　Ⓝ289.1

斎藤 道三〔1494〜1556〕さいとう・どうさん
◇斎藤道三と義龍・龍興―戦国美濃の下克上　横山住雄著　戎光祥出版　2015.9　236p　19cm　(中世武士選書 29)　2600円　Ⓘ978-4-86403-172-1　Ⓝ289.1

内容　第1章 道三の父・長井新左衛門（長井新左衛門尉の素性 灯油を売り歩く行商人となる ほか）　第2章 斎藤道三（土岐頼芸の台頭と本郷城 大洪水で流失した枝広館 ほか）　第3章 斎藤義龍（義龍への家督移譲 稲葉山城下に流れる妙な"うわさ" ほか）　第4章 斎藤龍興（龍興の家督継承 将軍に代初めを報じる ほか）　第5章 道三の一族（長井隼人佐 斎藤孫四郎 ほか）

◇国盗り道三　土山公仁監修　〔岐阜〕　岐阜新聞社　2018.7　250p　19cm　(岐阜新聞アーカイブズシリーズ 4)　1667円　Ⓘ978-4-87797-258-5　Ⓝ289.1

内容　序章 土岐氏の家督争い　第1章 道三、美濃へ　第2章 革手城から稲葉山城　第3章 道三、美濃を取る　第4章 義龍と龍興　終章 信長そして光秀

斉藤 徹〔1961〜〕さいとう・とおる
◇再起動リブート―波瀾万丈のベンチャー経営を描き尽くした真実の物語　斉藤徹著　ダイヤモンド社　2016.12　300p　19cm　1500円　Ⓘ978-4-478-06625-6　Ⓝ289.1

内容　第1話 ブレイクスルー―自由への始動　第2話 リアリティ―起業の現実　第3話 ブレイクアウェイ―依存心との訣別　第4話 ベンチャーバブル―狂乱の宴　第5話 ロックボトム―失意と戦いの日々　第6話 パラダイムシフト―再挑戦、そして覚醒　第7話 リブート―再起動

斎藤 利政 さいとう・としまさ
⇒斎藤道三(さいとう・どうさん)を見よ

斎藤 憲彦〔1957～〕 さいとう・のりひこ
◇iPod特許侵害訴訟―アップルから3.3億円を勝ち取った個人発明家 新井信昭著 日本経済新聞出版社 2018.9 261p 19cm 〈年表あり〉 1600円 Ⓘ978-4-532-32229-8 Ⓝ507.23
内容 第1章 齋藤憲彦という人物 第2章 創造せよ! 第3章 特許という武器が必要だ! 第4章 発明のプロセス 第5章 特許出願までの道のり 第6章 アイデアを売り込め! 第7章 アップルとの交渉 第8章 拒絶査定に打つ手なし? 第9章 勝つために戦え! 第10章 山が動いた 第11章 アップル事件から学ぶこと

斎藤 一〔1844～1915〕 さいとう・はじめ
◇斎藤一―新選組最強の剣客 相川司著 中央公論新社 2014.7 317p 16cm (中公文庫 あ 75-2)〈文献あり 年譜あり〉 820円 Ⓘ978-4-12-205988-7 Ⓝ289.1
内容 第1章 江戸の日々―山口一 第2章 壬生浪士組―斎藤一 第3章 新選組―斎藤一 第4章 御陵衛士―斎藤一 第5章 関東戦線―斎藤一 第6章 会津新選組―山口二郎 第7章 明治以降―藤田五郎

◇斎藤一―新選組論考集 三十一人会編 小島資料館 2016.4 277p 22cm 3240円 Ⓘ978-4-906062-10-2 Ⓝ289.1
内容 序章 斎藤一研究の夜明け前(林初代会長のコラム(再録) 新選組ブームと斉藤一 藤田五郎の容貌をあぐる) 第2章 生家、そして新選組時代(斎藤一生家考 土方歳三の帰京と新選組隊士第二次募集(再録) 斎藤一と高台寺党との関係(再録) 近藤勇の三浦休太郎宛書翰(再録) 土道と斉藤一) 第3章 戊辰戦争と斎藤一(流山と斉藤一(再録) 山口二郎と白河戦争 斎藤一会津転戦記(再録) 山口二郎と会津戦争) 第4章 斗南、そして西南戦争(会津の戦後、そして斗南藩藩庁時代 藤田五郎警部補の西南戦争 警視隊戦死者の霊を弔う(再録)) 終章(藤田五郎と明治警視庁剣術(再録) 藤田五郎の足跡)

斎藤 秀一〔1908～1940〕 さいとう・ひでかつ
◇特高に奪われた青春―エスペランティスト斎藤秀一の悲劇 工藤美知尋著 芙蓉書房出版 2017.8 200p 19cm 〈文献あり〉 1800円 Ⓘ978-4-8295-0717-9 Ⓝ289.1
内容 プロローグ 第1章 斎藤秀一とエスペラントの出会い 第2章 新しい「国際語」エスペラント語 第3章 治安維持法と特高 第4章 プロレタリア文化運動と斎藤秀一 第5章 特高が捏造した斎藤秀一事件 第6章 郷里山形の小学校教師に 第7章 秀一逮捕 第8章 薬包紙に綴った抵抗の詩

斎藤 博〔1886～1939〕 さいとう・ひろし
◇戦争と諜報外交―杉原千畝たちの時代 白石仁章著 KADOKAWA 2015.11 190p 19cm (角川選書 565)〈文献あり 年表あり〉 1600円 Ⓘ978-4-04-703565-2 Ⓝ210.75
内容 第1章 日米の架け橋を夢見た大使斎藤博(口八丁手八丁な若きアメリカ大使 アメリカを知り尽くした男 ほか) 第2章 巨星杉村陽太郎(外務省の名物男 連盟事務次長就任まで ほか) 第3章 悲劇の外交官来栖三郎(来栖三郎の汚名 世界を股にかけた外交官 ほか) 第4章 インテリジェンスの鬼才杉原千畝(ヒューマニストは過小評価? 再検討すべき杉原千畝の功績 叩き上げの情報専門家 ほか)

斉藤 博〔1948～〕 さいとう・ひろし
◇斉藤博物語―アルペンスキーに懸ける"想いと情熱" 茶木寿夫著 羽村 オートライフセンター寿インストラクションズ事業部 2017.5 122p 30cm 〈年譜あり 年表あり〉 非売品 Ⓝ784.33

◇斉藤博物語―アルペンスキーに懸ける"想いと情熱" 茶木寿夫著 第2版 羽村 オートライフセンター寿インストラクションズ事業部 2017.9 122p 30cm 〈年譜あり 年表あり〉 非売品 Ⓝ784.33

◇斉藤博物語―アルペンスキーに懸ける"想いと情熱" 別冊 補完版 茶木寿夫著 羽村 オートライフセンター寿インストラクションズ事業部 2018.10 12p 30cm 非売品 Ⓝ784.33

斎藤 文夫〔1928～〕 さいとう・ふみお
◇郷土を愛する心―社会奉仕に生涯を 斎藤文夫著 横浜 神奈川新聞社 2017.3 251p 図版10p 19cm (わが人生 13) 1500円 Ⓘ978-4-87645-564-5 Ⓝ289.1
内容 郷土愛に観光あり 第1章 川崎に生まれ育つ 第2章 県政へ そして国政へ 第3章 わが愛するまちとみなと 第4章 浮世絵を人生の友として 第5章 郷土愛に支えられ 第6章 追憶を記す 第7章 日本人の心

齊藤 政明〔1942～〕 さいとう・まさあき
◇奥浩平がいた―私的覚書 齊藤政明著 社会評論社 2017.12 317p 19cm (レッド・アーカイヴズ 03) 2200円 Ⓘ978-4-7845-9222-7 Ⓝ289.1
内容 第1章 横浜市立大学―戦闘的学生運動の再建へ 第2章 奥浩平の自殺 第3章 七〇年安保・沖縄闘争へ―福岡での常住活動 第4章 襲撃と反攻―ゲバルトの時代(1) 第5章 大衆運動との狭間で―ゲバルトの時代(2) 終章 離党と再起

斎藤 茂吉〔1882～1953〕 さいとう・もきち
◇斎藤茂吉―悩める精神病医の眼差し 小泉博明著 京都 ミネルヴァ書房 2016.3 362,8p 22cm (人と文化の探究 12)〈文献あり 索引あり〉 6000円 Ⓘ978-4-623-07541-6 Ⓝ911.162
内容 病者への眼差し 東京帝国大学医科大学時代 巣鴨病院時代 長崎医学専門学校教授時代 ウィーン大学神経学研究所への留学―欧州留学時代(1) ドイツ精神病学研究所での生活―欧州留学時代(2) 青山脳病院の再建 青山脳病院院長時代と紀一の死―昭和二年から昭和三年まで 青山脳病院院長としての仕事と病院の現状―昭和三年から昭和八年まで 青山脳病院院長の診療風景―昭和九年から昭和十九年まで 戦時下の青山脳病院と疎開―昭和二十年の青山脳病院 病気観 女性観―永井ふさ子との恋愛事件 作品に見る病者への眼差し 老いの諸

相　病者に寄り添う

◇斎藤茂吉―生きた足あと　藤岡武雄著　本阿弥書店　2016.11　349p　19cm　2900円　①978-4-7768-1278-4　Ⓝ911.162
内容　一枚のチラシから　短歌の出発　動揺波瀾　茂吉長崎物語　茂吉のヨーロッパ紀行　青天の霹靂　永井ふさ子との恋愛　疎開生活　老残の生

◇茂吉入門―歌人茂吉　人間茂吉　秋葉四郎著　飯塚書店　2016.12　206p　19cm　1600円　①978-4-7522-1040-5　Ⓝ911.162
内容　茂吉の出発　歌集『赤光』と茂吉の青春像　ドナウ源流行の歌　茂吉の声　茂吉の短歌写生論　「気」の写生歌、「虚」の写生歌　歌集『晩紅』の愛の歌　茂吉の滑稽（ユーモア）歌　戦争と茂吉　ふるさと山形と茂吉　晩年の茂吉　茂吉絶唱十首

◇斎藤茂吉　片桐顕智著　新装版　清水書院　2017.9　221p　19cm　（Century Books―人と作品）〈文献あり　年譜あり　索引あり〉　1200円　①978-4-389-40118-4　Ⓝ911.162
内容　第1編　斎藤茂吉の生涯（茂吉のふるさと　中学・一高時代　「赤光」から「あらたま」への時代　長崎時代　滞欧時代　ほか）　第2編　作品と解説（「赤光」の歌　「あらたま」の歌　「ともしび」の歌　「白桃」の歌　「小園」の歌　ほか）

斎藤　幸夫〔1931～2006〕　さいとう・ゆきお
◇死刑冤罪―戦後6事件をたどる　里見繁著　インパクト出版会　2015.9　359p　19cm　〈文献あり〉　2500円　①978-4-7554-0260-9　Ⓝ327.6
内容　第1章　雪冤は果たしたけれど―免田栄さんの場合　第2章　たった一人の反乱―財田川事件と矢野伊吉元裁判官　第3章　家族離散―松山事件と斎藤幸夫さん　第4章　冤罪警察の罠―赤堀政夫さんと大野萌子さん　第5章　再審開始へ向けて―無実のプロボクサー袴田巌さん　第6章　DNA鑑定の呪縛―飯塚事件と足利事件

斎藤　義龍〔1527～1561〕　さいとう・よしたつ
◇斎藤道三と義龍・龍興―戦国美濃の下克上　横山住雄著　戎光祥出版　2015.9　236p　19cm　（中世武士選書 29）　2600円　①978-4-86403-172-1　Ⓝ289.1
内容　第1章　道三の父・長井新左衛門（長井新左衛門尉の素性　灯油を売り歩く行商人となる　ほか）　第2章　斎藤道三（土岐頼芸の台頭と本郷城　大洪水で流失した枝広館　ほか）　第3章　斎藤義龍（義龍への家督移譲　稲葉山城下に流れる妙な"うわさ"　ほか）　第4章　斎藤龍興（龍興の家督継承　将軍に代初めを報じる　ほか）　第5章　道三の一族（長井隼人佐　斎藤孫四郎　ほか）

斎藤　雷太郎〔1903～1997〕　さいとう・らいたろう
◇暗い時代の人々　森まゆみ著　亜紀書房　2017.5　294p　19cm　〔他言語標題：Men in Dark Times〕　文献あり　年表あり　1700円　①978-4-7505-1499-4　Ⓝ281
内容　第1章　斎藤隆夫―リベラルな保守主義者　第2章　山川菊栄―戦時中、鶉の卵を売って節は売らず　第3章　山本宣治―人生は短く、科学は長い　第4章　竹久夢二―アメリカで恐慌をへ、ベルリンでナチスの台頭を見た　第5章　九津見房子―戸惑いながら懸命に生きたミス・ソシアリスト　第6章　斎藤雷太郎と立野正一―「土曜日」の人々と京都の喫茶店フランソア　第7章　古在由重―ファシズムの嵐の中を航海した「唯物論研究」　第8章　西村伊作―終生のわがままにしてリベルタン

齊藤　諒〔1991～〕　さいとう・りょう
◇齊藤諒の生きる力―四肢麻痺・人工呼吸器装着の僕が伝えたいこと　齊藤諒著　文芸社　2017.9　173p　19cm　〈文献あり〉　1000円　①978-4-286-18639-9　Ⓝ289.1

サイプレス上野〔1980～〕　さいぷれすうえの
◇ジャポニカヒップホップ練習帳―横浜のハズレで学んできたこと。　サイプレス上野著　双葉社　2016.11　237p　19cm　1400円　①978-4-575-31172-3　Ⓝ767.8
内容　ドリームランドの街で暮らす　HIPHOPミーツ俺　TITLE - Bで初めての "バケ"　「さんピンCAMP」と「大LB夏まつり」　真心込めて歌った応援歌には何をしたって勝てませんわ！　学校生活よりも「柵の外側」へ　「俺がオヤジ、奴が下吉ドリームハイツの面汚し」　シーンの主流から遠く離れた場所で　ドリームランドの閉園　『ヨコハマジョーカー』発売と「建設的」〔ほか〕

斎村　政広　さいむら・まさひろ
⇒赤松広英（あかまつ・ひろひで）を見よ

斉明天皇　さいめいてんのう
⇒皇極天皇（こうぎょくてんのう）を見よ

祭文　傀楽　さいもん・かいらく
◇桐竹遊生自伝―草莽の人形遣い　祭文傀楽著　〔出版地不明〕　祭文傀楽　2017.3　56p　22cm　Ⓝ777.1

最蓮房〔鎌倉時代〕　さいれんぼう
◇最蓮房と阿仏房―虚飾を剥ぎ真実に迫る　北林芳典著　報恩社　2017.11　429p　19cm　〈文献あり　発売：平安出版〉　2700円　①978-4-902059-08-3　Ⓝ188.92
内容　第1章　勧持品二十行の偈の身読（竜の口の法難と「光物」　右往左往する鎌倉幕府）　第2章　最蓮房の虚像と実像（歳月とともに醸成された最蓮房の虚像　誤った伝承に基づき『諸法実相抄』の一部を削除　最蓮房こと日興上人の佐渡期の戦い　ほか）　第3章　阿仏房の虚像と実像（阿仏房の真の姿　作られてきた阿仏房伝　『阿仏房御書』の御執筆年年について　ほか）

佐伯　景弘〔平安時代後期～鎌倉時代前期〕　さえき・かげひろ
◇もっと知りたい広島県の歴史　小和田哲男監修　洋泉社　2015.5　189p　18cm　（歴史新書）　〈文献あり　年表あり〉　980円　①978-4-8003-0651-7　Ⓝ217.6
内容　第1章　広島県の史跡篇―古墳・城郭・陣屋など（帝釈峡遺跡群（庄原市・神石高原町・府中市）でわかった旧石器―弥生の姿！　木ノ宗山遺跡群（広島市）出土品発見の意外な経緯とは？　ほか）　第2章　広島県の信仰篇―神社・仏閣など（県内最古ともい

われる横見廃寺跡（三原市）が示す畿内との関係とは？　備後国分寺（福山市）に伝えられた国宝金光明最勝王経の数奇な運命とは？　第3章　広島県の事件篇―合戦・事件など（安芸守平清盛の伊勢平氏はなぜ西国に地盤を有したのか？　守護職解任を生じさせた「安芸国人一揆」とは？　ほか）　第4章　広島県の人物篇―出身とゆかりの人たち（厳島神社興隆の立役者、佐伯景弘の生涯とは？　応永の乱後に備後守護となった山名時熙とは？　ほか）　第5章　広島県の文化・生活篇―ひろしま文化遺産（広島県に来なかった後鳥羽上皇の伝説がなぜ県域に残る？　「中国」地方の誕生はいつ？　ほか）

佐伯 祐正 〔1896～1945〕 さえき・すけまさ
◇光徳寺善隣館と佐伯祐正　渡辺祐子,河﨑洋充編　大阪　光徳寺善隣館　2014.11　375p　図版8p　22cm　〈年表あり〉　Ⓝ188.72

佐伯 泰造　さえき・たいぞう
⇒佐藤泰司（さとう・たいじ）を見よ

佐伯 チズ 〔1943～〕 さえき・ちず
◇まけないで―女は立ち上がるたびキレイになる　佐伯チズ著　講談社　2017.11　222p　19cm　1300円　①978-4-06-220892-5　Ⓝ289.1
[内容] 序章 予想外の「第二の人生」(気持ちはいつも「お客様第一」　70歳までの激動の10年　ほか)　第1章 かなった夢がさめるまで(いざ、銀座へ！　「人任せ」の代償　ほか)　第2章 70歳から人生、返り咲き(立ち上がる力を失って　縁は夜の中の夫　ほか)　第3章 憎しみの心に花束を(不運、挫折、裏切りを「生きる力」に　「左遷」には実力で対抗　ほか)　第4章 100歳まで夢がいっぱい(70代は自分から動く　「キレイ」を届けに全国を巡る　ほか)

三枝 成彰 〔1942～〕 さえぐさ・しげあき
◇人生の転機　桜の花出版編集部著　新装版　桜の花出版　2014.10　278p　18cm　〈表紙のタイトル：The Turningpoint　初版の出版者：維摩書房　発売：星雲社〉　890円　①978-4-434-19776-5　Ⓝ281.04
[内容] 第1章 三枝成彰氏(作曲家)　第2章 エズラ・ヴォーゲル氏(ハーバード大学教授)　第3章 牛尾治朗氏(ウシオ電機会長)　第4章 故・冨士信夫氏(歴史研究家)　第5章 故・轉法輪奏氏(大阪商船三井前会長)　第6章 故・佐原真氏(国立民族博物館館長)　第7章 千住博氏(日本画家)　第8章 吉原すみれ氏(パーカッショニスト)　第9章 故・渡邊侑氏(生命科学者・慶応大学名誉教授)　第10章 椎名武雄氏(日本IBM会長)

三枝 輝行 〔1940～〕 さえぐさ・てるゆき
◇日本一の「デパ地下」を作った男―三枝輝行 ナニワの逆転戦略　巽尚之著　集英社インターナショナル　2018.6　251p　20cm　〈発売：集英社〉　1600円　①978-4-7976-7355-5　Ⓝ673.838

早乙女 勝元 〔1932～〕 さおとめ・かつもと
◇その声を力に　早乙女勝元著　新日本出版社　2018.5　183p　19cm　1600円　①978-4-406-06255-8　Ⓝ910.268
[内容] 序 この夏のできごと　少年期　戦争　戦後を生きる　平和への思い　町工場で　声なき声をつたえ

る　忘れられぬ人　この日この時

早乙女 直枝 〔?～2008〕 さおとめ・なおえ
◇もしも君に会わなかったら　早乙女勝元著　新日本出版社　2014.9　173p　20cm　1400円　①978-4-406-05819-3　Ⓝ289.1
[内容] ひとり暮しで明日へ　脳の異常の発見　鳥追いうたを歌う　「なんで？　なんで？」　虚しさと寂しさの底で　霧の中のときめき　丘の上の西式の家へ　子育ての泣き笑い　枕木亭へ移る　きょうがきた　映画「戦争と青春」では　コスタリカでの大ピンチ　彼女がやり残したもの

早乙女 りん 〔1900～1996〕 さおとめ・りん
◇わが母の歴史―明治・大正・昭和をりんりんと生き抜いた　早乙女勝元著　新装改訂版　青風舎　2014.7　162p　19cm　〈初版：草の根出版会　1994年刊〉　1600円　①978-4-902326-47-5　Ⓝ289.1
[内容] 1章 結城の町とビアス号(母は前世紀の生まれ　文明開化の始まり　「君死にたまふことなかれ」　「近清」店傾く　犬丸熊蔵の面影)　2章 宇都宮での青春と結婚(ロシア革命と歌舞伎　勝馬との出会い　結婚式のないスタート　関東大震災がもとで　暗黒の木曜日)　3章 貧乏暮らしの子育て(荒川放水路のボート　私こと勝元の誕生　土手の上を行く浮浪者一家　日中戦争始まる　勝馬の生い立ち)　4章 働けど働けど楽にならざる日々(向島区寺島町へ　母は房州へ出稼ぎ　太平洋戦争の朝　父のもう一つの家　兄の出征)　5章 戦中戦後を楽天主義で生きる(「銃後」が戦場　東京大空襲とわが家　「戦やめるけふの日」　父の死　兄と姉のレッドパージ　それぞれが自立の道へ)

Saori 〔1986～〕
◇SEKAI NO OWARI―世界の終わり　SEKAI NO OWARI述　ロッキング・オン　2015.2　341p　22cm　2800円　①978-4-86052-120-2　Ⓝ767.8
[内容] 『幻の命』『EARTH』『天使と悪魔／ファンタジー』『INORI』『スターライトパレード』『眠り姫』『ENTERTAINMENT』『RPG』『炎と森のカーニバル2013』『スノーマジックファンタジー』『炎と森のカーニバル』『Dragon Night』『TOKYO FANTASY 2014』『Tree』

坂 一敬 〔1943～〕 さか・かずたか
◇蒐める！レトロスペース・坂会館―坂館長の趣味と好奇心に関する極私的な歴史　北野麦酒著　彩流社　2015.4　207p　19cm　〈文献あり〉　1800円　①978-4-7791-2087-9　Ⓝ790
[内容] 第1章 哲学者・坂館長　第2章 誤解を招く場所　第3章 ビスケットはこうして生まれた　第4章 蒐集の鬼

◇永遠なれ！レトロスペース・坂会館―蒐集に生涯をささげた男・坂一敬の数奇な昭和人生模様　北野麦酒著　彩流社　2016.7　190p　19cm　〈文献あり〉　1800円　①978-4-7791-2243-9　Ⓝ790
[内容] 第1章 われらのレトロがたいへんだぁ！　第2章 坂館長が見た『智恵子抄』の智恵子の幻のヌード写真　第3章 最後のコレクションに「蒐める」鬼

がいる 第4章 蒐集の鬼をめぐる女性たち 第5章 坂館長の不思議な趣味 第6章 レトロスペースは中本副館長も面白い 第7章 ヌード写真の智恵子 第8章 これからどうなるレトロスペース

◇全身蒐集家・レトロスペース坂館長 北野麦酒著 彩流社 2018.5 234p 19cm 2000円
①978-4-7791-2457-0 Ⓝ790
内容 第1章 増殖し続ける坂館長のコレクション 第2章 坂館長には果たして秘密はあるのかないのか 第3章 学生運動の闘士だった坂館長の仲間たち 第4章 永遠なれ！ われらのレトロスペース

嵯峨 是人〔1938～〕 さが・これひと
◇懐古録と旅日誌 嵯峨是人著 諏訪書房 2017.1 462p 21cm 1000円 ①978-4-903948-68-3 Ⓝ289.1

酒井 高徳〔1991～〕 さかい・ごうとく
◇アホが勝ち組、利口は負け組—サッカー日本代表進化論 清水英斗著 秋田書店 2018.6 190p 19cm 1300円 ①978-4-253-10106-6 Ⓝ783.47
内容 日本代表進化論 理想は進化、現実は退化 日本代表進化論 選手編（原口元気—モノクロームの元気 岡崎慎司—アホの岡崎 遠藤航—がんばれ！ニッポンの父！ 宇佐美貴史—「行ってるやん」の絶壁 吉田麻也—"大ポカ"の汚名を返上せよ！ 柏木陽介—だって、人間だもの。 長谷部誠—キレッ早のキャプテン 長友佑都—左を制する者は、世界を制す！ 柴崎岳—キャノンシュートの秘密は、弓 槙野智章—カネでは買えない男！ ほか）

坂井 犀水〔1871～1940〕 さかい・さいすい
◇坂井犀水の青春—その前半生をたどって 金沢が生んだ隠れた美の牽引者 西田孝司著 〔出版地不明〕 西田孝司 2014.4 98p 21cm 〈年譜あり〉

坂井 三郎〔1916～2000〕 さかい・さぶろう
◇坂井三郎「大空のサムライ」研究読本 郡義武著 新装版 潮書房光人社 2016.9 294p 21cm 〈初版：光人社 2009年刊 文献あり〉 2200円 ①978-4-7698-1626-3 Ⓝ391.2074
内容 第1章 ゼロこそ我が生命なり（われ比島上空にあり—昭和十六年十二月八日 「空の要塞」に初挑戦—つくられた空の軍神 スラバヤの大空中戦—浅井正雄大尉の最後 ほか） 第2章 死闘の果てに悔いなし（帰国の夢やぶれて—地獄のラバウルへ 『空の毒蛇』を血祭り—東部ニューギニア/ラエ基地へ進出 坂井の落基地拾い戦法—敵基地ポートモレスビー攻撃 ほか） 第3章 孤独なる苦闘の果てに（いざ、ガダル血戦場へ～九死一生、ソロモンの空戦 大空に散ったエースたち—笹井、太田、西沢の最後）

酒井 忠清〔1624～1681〕 さかい・ただきよ
◇徳川十五代闇将軍 熊谷充晃著 大和書房 2015.5 263p 15cm （だいわ文庫 269-2H） 〈文献あり〉 650円 ①978-4-479-30536-1 Ⓝ281.04
内容 第1章 幕藩体制の礎を築いた4代（初代「闇将軍」本多正信—家康から全幅の信頼を寄せられた「タヌキ親父」以上の「タヌキ」 2代「闇将軍」南光坊天海—幕府の宗教政策をひとりで完成させた「関東の大僧正」 3代「闇将軍」松平信綱—江戸時代で最大の内乱を鎮めて老中首座に上った「知恵伊豆」 4代「闇将軍」酒井忠清—生まれながらに老中を約束された後世の悪名が哀しい「下馬将軍」 第2章 将軍の権威を超越した3代（5代「闇将軍」柳沢吉保—失政や没落は皆無の史実 「極悪側用人」の評に異議あり 6代「闇将軍」新井白石—幕政の思想的柱石を創出したブレーンの「遅すぎた登壇」 7代「闇将軍」間部詮房—こぞ闇将軍にふさわしい「猿楽大名」の数奇なキャリア 第3章 中興の変革期を乗り越えた3代（8代「闇将軍」松平乗邑—「暴れん坊将軍」を抑えられた唯一の忠臣は経済政策の旗手 9代「闇将軍」大岡忠光—前代未聞かつ空前絶後の幕閣 日本史上唯一の「将軍の通訳」 10代「闇将軍」田沼意次—「贈収賄政治家」の正体は貨幣社会を目指した重商主義者 第4章 幕末動乱の一端となった3代（11代「闇将軍」松平定信—"寛政の改革"で失敗した後も影響力を保持し続けた元将軍候補 12代「闇将軍」水野忠邦—幕藩体制崩壊の序曲を聴いた「理想主義」を掲げる野心家 13代「闇将軍」徳川斉昭—頼もしいのか、ありがた迷惑か 御三家の慣例を破った「烈公」 第5章 維新の激動期に舵を取った2代（14代「闇将軍」井伊直弼—まさに闇将軍の代名詞 幕末期最大のキングメーカー 15代「闇将軍」島津久光—外様大名ですらなかったのに幕政を揺るがせた薩摩の国父）

坂井 忠〔1938～〕 さかい・ただし
◇ダメ元地方議員の不純マルクス教批判—NHKはもはやいらない 坂井忠著 文芸社 2014.10 242p 15cm 700円 ①978-4-286-15260-8 Ⓝ289.1

坂井 徳章〔1907～1947〕 さかい・とくしょう
◇汝、ふたつの故国に殉ず—台湾で「英雄」となったある日本人の物語 門田隆将著 KADOKAWA 2016.12 360p 20cm 〈文献あり〉 1800円 ①978-4-04-103538-2 Ⓝ289.1
内容 帰国する「英雄」 ルーツは「熊本」 父の死 マンゴーの里の「ガキ大将」 許せない「台湾人差別」 戦時下の東京 国家試験合格 台南での再出発 騒然とする台南 奮闘と失望 「二二八事件」勃発 「弾圧」か、「民主化」か 逮捕と拷問 「台湾人、万歳！」 正義と勇気の日

堺 敏男〔1934～〕 さかい・としお
◇生い立ちの記 堺敏男著 大阪 清風堂書店 2016.5 103p 19cm 〈背・表紙のタイトル：生いたちの記〉 Ⓝ289.1

堺 利彦〔1870～1933〕 さかい・としひこ
◇堺利彦—初期社会主義の思想圏 小正路淑泰編著 論創社 2016.6 508p 20cm 〈索引あり〉 3800円 ①978-4-8460-1544-2 Ⓝ289.1
内容 第1部 初期社会主義の思想圏（幸徳秋水と堺枯川—平民社を支えたもの 堺利彦の思想形成と非戦論—その平和的秩序観を中心に ほか） 第2部 「冬の時代」を越えて（堺利彦と「冬の時代」 堺利彦（枯川）、ふたたびの「熊野行」—遺家族服従の旅の途中で ほか） 第3部 無産戦線の統一と発展を目指して（プロレタリア文学の源流—堺利彦と「文芸戦線」系の人びと 『労農』同人時代の堺利彦 ほか） 第4部 資料紹介とエッセイ（ユーモアの裏にあるペー

さかい

ソス―木下順二作「冬の時代」を観て　祖父・藤岡淳吉と堺利彦―彰考書院版『共産党宣言』をめぐって　ほか〉

酒井　伴四郎〔1834〜?〕　さかい・はんしろう
◇紀州藩士酒井伴四郎関係文書　小野田一幸, 高久智広編　堺市　清文堂出版　2014.7　350p　22cm　〈清文堂史料叢書 第124冊〉〈神戸市立博物館所蔵の翻刻　東京都江戸東京博物館所蔵の翻刻ほか〉　8800円　Ⓘ978-4-7924-1022-3　Ⓝ210.58

＊紀州徳川家の酒井伴四郎が記録した日記類を丹念に翻刻した史料集。プチャーチン大坂湾来航時の警備参加記録、第二次長州戦争への動員に関わる記録、衣紋方として二度江戸に詰め、重臣の衣紋稽古に携わった日記(三井家にも出勤)など、下級家臣の目から見た幕末から明治初年にかけての日本社会動乱期の貴重な記録。編者小野田一幸氏による丁寧な解説を付して、読者の利用の便を図る。

◇下級武士の食日記―幕末単身赴任　青木直己著　増補版　筑摩書房　2016.9　282p　15cm　〈ちくま文庫 あ57-1〉〈初版：日本放送出版協会 2005年刊　文献あり〉　780円　Ⓘ978-4-480-43360-2　Ⓝ383.81

内容　第1章　江戸への旅立ち　第2章　藩邸と江戸の日々　第3章　男子厨房に入る―江戸の食材と料理　第4章　叔父様と伴四郎　第5章　江戸の楽しみ　第6章　江戸の季節　第7章　江戸との別れ　終章　伴四郎のその後

酒井　宏樹〔1990〜〕　さかい・ひろき
◇アホが勝ち組、利口は負け組―サッカー日本代表進化論　清水英斗著　秋田書店　2018.6　190p　19cm　1300円　Ⓘ978-4-253-10106-6　Ⓝ783.47

内容　日本代表進化論　理想は進化、現実は退化　日本代表進化論　選手編〈原口元気―モノクロームの元気　岡崎慎司―アホの岡崎　遠藤航―がんばれ！　ニッポンの父！　宇佐美貴史―「行ってるやん」の絶壁　吉田麻也―"大ポカ"の汚名を返上せよ！　柏木陽介―だって、人間だもの。　長谷部誠―キレッキレのキャプテン　長友佑都―左を制する者は、世界を制す！　柴崎岳―キャノンシュートの秘密は、弓槍野智章―カネでは買えない男！　ほか〉

酒井　抱一〔1761〜1829〕　さかい・ほういつ
◇琳派―響きあう美　河野元昭著　京都　思文閣出版　2015.3　836,34p　22cm　〈文献あり〉　9000円　Ⓘ978-4-7842-1785-4　Ⓝ721.5

内容　琳派と写意　1(光悦試論　宗達関係資料と研究史　ほか)　2(光琳水墨画の展開と源泉　光琳二大傑作の源泉と特質　ほか)　3(乾山の伝記と絵画　乾山と定家―十二か月花鳥和歌の世界　ほか)　4(抱一の伝記　抱一の有年紀作品　ほか)

◇酒井抱一―大江戸にあそぶ美の文人　玉蟲敏子著　山川出版社　2018.6　94p　21cm　〈日本史リブレット人 054〉〈文献あり　年譜あり〉　800円　Ⓘ978-4-634-54854-1　Ⓝ721.5

内容　大江戸にあそぶ文人、抱一の足跡　1　譜代大名、酒井家に出自して　2　朱門＝大名屋敷から、白屋＝侘び住まいへ　3　江戸文人社会の成立と抱一　4　東西交流―京から江戸へ、江戸から京へ　5　地域交流―御府内から朱引線の外へ　雨華庵の記憶

酒井　正幸〔1929〜2006〕　さかい・まさゆき
◇酒井正幸の軌跡―日本吹奏楽のレジェンド豊島の響　前田光男著　〔出版地不明〕　〔前田光男〕　2018.2　204p　21cm　2000円　Ⓝ764.6

坂井　道郎〔1948〜〕　さかい・みちろう
◇消費者に味方する者は最後の勝利者なり―未来へのメッセージ　坂井道郎著, 日刊経済通信社編　日刊経済通信社　2017.5　192p　19cm　Ⓝ660.67

酒井　光雄〔1941〜1998〕　さかい・みつお
◇漁人(すなどり)を生きたひと―酒井光雄十七回忌追悼　酒井久美子著　文芸社　2015.1　128p　15cm　〈富山新聞社 2004年刊の加筆修正〉　600円　Ⓘ978-4-286-15749-8　Ⓝ289.1

酒井　雄哉〔1926〜2013〕　さかい・ゆうさい
◇この世に命を授かりもうして　酒井雄哉著　幻冬舎　2016.8　180p　18cm　〈幻冬舎ルネッサンス　2013年刊の再刊〉　1000円　Ⓘ978-4-344-02987-3　Ⓝ188.42

内容　1　ガンを知る、おのれの不始末を知る　2　病と向き合う　3　死は怖いものではない　4　結縁　5　歩くことが生きること　6　「苦」を「楽」にする知恵　7　いま、この瞬間を大切に　8　夢と現実の狭間で見たもの　9　愛別離苦　10　この世に命を授かりもうして

◇この世に命を授かりもうして　酒井雄哉著　幻冬舎　2017.4　182p　16cm　〈幻冬舎文庫 心 い-1-1〉　500円　Ⓘ978-4-344-42604-7　Ⓝ188.44

内容　1　ガンを知る、おのれの不始末を知る　2　病と向き合う　3　死は恐いものではない　4　結縁　5　歩くことが生きること　6　「苦」を「楽」にする知恵　7　いま、この瞬間を大切に　8　夢と現実の狭間で見たもの　9　愛別離苦　10　この世に命を授かりもうして

坂井　義則〔1945〜2014〕　さかい・よしのり
◇一故人　近藤正高著　スモール出版　2017.4　415p　19cm　1800円　Ⓘ978-4-905158-42-4　Ⓝ281

内容　二〇一二年(浜田幸一　樋口廣太郎　ほか)　二〇一三年(大島渚　山内溥　ほか)　二〇一四年(永井一郎　坂井義則　ほか)　二〇一五年(赤瀬川隼　桂米朝　ほか)　二〇一六年(蜷川幸雄　中村紘子　ほか)

堺屋　太一〔1935〜2019〕　さかいや・たいち
◇堺屋太一が見た戦後七〇年七色の日本―自伝　堺屋太一著　朝日新聞出版　2015.11　284p　20cm　1600円　Ⓘ978-4-02-251331-1　Ⓝ289.1

内容　序章　人生のハイライト　第1章　「玉音放送」を聞く少年―騒がしい玄冬　第2章　万国博プロデューサー―淡い色彩の候　第3章　『油断！』誕生秘話―燃える日本の青春　第4章　列島改造論と沖縄本土復帰―湿った紫雨の季節　第5章　作家、エコノミスト、歴史家…「多芸」への道―波頭立つ、朱い夏へ　第6

章 実践！ 知価革命―日本の熟れた日々　第7章 経企庁長官と「変化の胎動」―白い秋に向かって　終章 「日本再生」に向けて
◇堺屋太一著作集　第18巻　団塊の秋／堺屋太一が見た戦後七〇年七色の日本　堺屋太一著　東京書籍　2014.8　485p　20cm　3900円　Ⓣ978-4-487-81028-4　Ⓝ918.68
内容　団塊の秋（さまよえる活力―二〇一五年　年金プラス十万円―二〇一七年　孫に会いたい！―二〇二〇年　孫の進路―二〇二二年　養護センターまで二千三百十六歩―二〇二五年　ほか）　堺屋太一が見た戦後七〇年七色の日本（修業時代のハイライト　「玉音放送」を聞く少年―騒がしい玄い冬　万国博プロデューサー―淡い色彩の候　『油断！』誕生秘話―燃える日本の青春　列島改造論と沖縄本土復帰―湿った紫雨の季節　ほか）　作者による解説　戦後、そして未来へ―創作、自伝、二つの手法で示したもの

坂岡 嘉代子〔1946～〕　さかおか・かよこ
◇現代人の伝記　3　致知編集部編著　致知出版社　2014.11　97p　26cm　1000円　Ⓣ978-4-8009-1060-8　Ⓝ280.8
内容　1 坂村真民（詩人）―「念ずれば花ひらく」　2 坂岡嘉代子（はぐるまの家代表）―生きる喜びを求めて　3 熊沢健一（東京女子医科大学非常勤講師）―癌・告知　4 黒瀬昇次郎（ミリオン珈琲貿易相談役）―中村久子の生涯　5 河原成美（力の源カンパニー代表取締役）―ラーメン革命に夢を賭ける男　6 磯部則男（画家）―不遇への挑戦　7 村田兆治（野球評論家）／井村雅代（日本代表コーチ）―こうして人を強くする

榊 佳之〔1942～〕　さかき・よしゆき
◇夢を追って　榊佳之著　名古屋　中部経済新聞社　2014.11　178p　18cm　（中経マイウェイ新書　021）　800円　Ⓣ978-4-88520-186-8　Ⓝ289.1

榊谷 仙次郎〔1877～1968〕　さかきだに・せんじろう
◇満洲の土建王榊谷仙次郎―土建国家「満洲国」の深層　岡田和裕著　潮書房光人社　2017.10　484p　20cm　〈文献あり　年譜あり〉　3600円　Ⓣ978-4-7698-1653-9　Ⓝ510.09225
内容　第1章 安泰線改築工事　第2章 四鄭線、鞍山製鉄所　第3章 榊谷組誕生　第4章 朝鮮、台湾　第5章 満洲事変　第6章 満洲国建国　第7章 関東軍と土建　第8章 日中戦争　第9章 日米開戦　第10章 満洲国の終焉

榊原 亀三郎〔1868～1925〕　さかきばら・かめさぶろう
◇幸せの風を求めて―榊原弱者救済所　西まさる著　改訂版　大阪　新葉館出版　2014.3　230p　19cm　1700円　Ⓣ978-4-86044-480-8　Ⓝ289.1

榊原 謙齋〔1840～1877〕　さかきばら・けんさい
◇榊原謙齋書状集―元・越後高田藩士新撰旅団小隊長の西南戦旅一五〇日　榊原謙齋著，榊原好恭著　〔安曇野〕　〔榊原好恭〕　2016.5　90p　21×30cm　〈年譜あり〉　Ⓝ289.1

榊原 仟〔1910～1979〕　さかきばら・しげる
◇君、それはおもしろい　はやくやりたまえ―日本で初めて心臓手術を行った外科医榊原仟の言葉　龍野勝彦著　日経BP社　2018.8　235p　19cm　〈発売：日経BPマーケティング〉　1500円　Ⓣ978-4-8222-5627-2　Ⓝ289.1
内容　第1章 榊原仟とは―日本初に挑み続けた天才心臓外科医　第2章 医師として　患者さんに向き合う心構え　第3章 プロとして　仕事を極める　第4章 教育者として　人を育てる極意　第5章 経営者として　組織をつくる　第6章 産業育成の視点　今後の時代を見据えて　第7章 君たち、もっともっとやりたまえ―対談　森清一氏（株式会社エムシー代表取締役社長）×龍野勝彦（タツノ内科・循環器科院長）

榊原 忠彦〔1926～〕　さかきばら・ただひこ
◇面影に立つ―師友たちよりの書簡拾遺集　榊原忠彦著　高知　共和印刷　2015.11　478p　20cm　3000円　Ⓝ289.1

榊原 亨〔1899～1992〕　さかきばら・とおる
◇「タブー」にメスを入れた外科医　榊原宣著　改訂第3版　田畑書店　2017.4　245p　18cm　〈初版：毎日新聞社 1993年刊　年譜あり〉　800円　Ⓣ978-4-8038-0341-9　Ⓝ289.1
内容　心臓外科のパイオニア　心臓外科の発展　臨床外科学会設立をめぐって　父の進路　病院の開設と開業医の生活　政治への後半生　医師にもどる

榊原 七太〔1931～〕　さかきばら・ひちた
◇努力と誠実に生きる　榊原七太著　半田　一粒書房　2016.4　134p　22cm　Ⓣ978-4-86431-499-2　Ⓝ289.1

坂口 安吾〔1906～1955〕　さかぐち・あんご
◇太宰と安吾　檀一雄著　KADOKAWA　2016.1　413p　15cm　〔角川ソフィア文庫〕　〔L125-1〕〈バジリコ 2003年刊の再刊〉　1160円　Ⓣ978-4-04-400086-8　Ⓝ910.268
内容　第1部 太宰治（文芸の完遂　おめざの要る男　光焔丈長し　太宰時間　赤門　ほか）　第2部 坂口安吾（坂口安吾論　安方町　安吾・川中島decisive戦録　坂口安吾の死　「わが人生観」解説　ほか）
◇安吾と桐生　桐生　安吾を語る会　2016.2　171p　21cm　〈年譜あり　年表あり〉　Ⓝ910.268
◇風と光と波の幻想　鳥居哲男著　開山堂出版　2017.12　223p　18cm　（アミターバ坂口安吾　第1部）　1200円　Ⓣ978-4-906331-51-2　Ⓝ910.268
内容　第1章 炎のフラッシュバック　第2章 "ふるさと"へ辿り着くまで　第3章 ふるさとも語ることあり　第4章 新生・東京の空の下で　第5章 異色の新進作家誕生まで　第6章 酒と女と、そして恋の季節　第7章 汚濁と極寒からの蘇生

阪口 竜也　さかぐち・たつや
◇世界は自分一人から変えられる―貧困と環境破壊をビジネスで解決した男の物語　阪口竜也著　大和書房　2017.8　223p　19cm　1400円　Ⓣ978-4-479-79609-1　Ⓝ289.1

内容 1 あんな大人にはなりたくない 2 世の中をひっくり返したい 3 100年後も地球があると誰が言えるのか？ 4 自然と人間は共存できる 5 環境にいいことをすると、経済が発展する仕組み 6 ぬか酵素洗顔クレンジング誕生 7 ビジネスにノウハウはいらない 8 ビジネスだからできること

阪口 之昌〔1931～〕 さかぐち・のぶよし
◇人間の狭間―昭和自分史 阪口之昌昭和自伝 阪口之昌著 東銀座出版社 2015.4 174p 20cm 1389円 Ⓘ978-4-89469-175-9 Ⓝ289.1
内容 妹よ プロデューサー 遠い記憶 空襲の恐怖 人間の狭間 ニコヨン街の三ちゃん 元旦の朝 灰色の一年間 校則違反 泡の贈り物 た一坊との三〇〇日 正月の失敗 争いの果てに 燕

坂口 三代次〔1925～〕 さかぐち・みよじ
◇特定郵便局長の家計簿 坂口優子著 グッドタイム出版 2017.7 143p 18cm 1000円 Ⓘ978-4-908993-01-5 Ⓝ289.1

坂口 安治〔1926～〕 さかぐち・やすじ
◇私の備忘録 坂口安治著 立川 けやき出版（制作） 2015.3 343p 22cm Ⓘ978-4-87751-535-5 Ⓝ289.1

坂倉 準三〔1901～1969〕 さかくら・じゅんぞう
◇磯崎新＋藤森照信のモダニズム建築談義 磯崎新、藤森照信著 六耀社 2016.8 331p 21cm 〈年表あり〉 3600円 Ⓘ978-4-89737-829-9 Ⓝ523.07
内容 序 語られなかった、戦前・戦中を切り抜けてきた「モダニズム」 第1章 アントニン・レーモンドと吉村順三―アメリカと深く関係した二人 第2章 前川國男と坂倉準三―戦中のフランス派 第3章 白井晟一と山口文象―戦前にドイツに渡った二人 第4章 大江宏と吉阪隆正―戦後一九五〇年代初頭に渡航、「国際建築」としてのモダニズムを介して自己形成した二人

坂田 亀吉 さかた・かめきち
◇木曽亀の祈り―下伊那で活躍した木曽出身の宮大工坂田亀吉 平田正宏著 追補版 飯田 南信州新聞社出版局 2014.3 42p 21cm 600円 Ⓘ978-4-904994-18-4 Ⓝ521.81

阪田 誠造〔1928～2016〕 さかた・せいぞう
◇阪田誠造―坂倉準三の精神を受けついだ建築家 阪田誠造、「阪田誠造 坂倉準三の精神を受けついだ建築家」編集委員編・著 建築画報社 2015.9 119p 26cm 〈年譜あり〉 4000円 Ⓘ978-4-901772-87-7 Ⓝ523.1
内容 第三走者・阪田誠造（横文彦著） 髙橋靗一（髙橋靗一述・山岡嘉彌インタビュアー） 内田祥哉（内田祥哉述・萬代恭壽インタビュアー） 池田武邦（池田武邦述・阿部助功インタビュアー） 高階秀爾（高階秀爾述・北村紀史インタビュアー） 馬場璋造（馬場璋造述・山本想太郎インタビュアー） 古谷誠章（古谷誠章述・今春大介、増田信也インタビュアー） 石井幹子（石井幹子述・藤井亮介、鶴蒔靖、山岡嘉彌インタビュアー） 坂倉準三、西澤文隆、そして阪田誠造（藤木忠善著） POST坂倉POST阪田（室伏次郎著） 設計の思考 あのメッセージの意味（中村拓志著） 建築のスタート地点で（秃真哉著） 明大阪田研究室の6年を顧みて（阪田誠造著） わがAS-SOCIATESの目指すもの（西澤文隆著） 坂倉建築研究所には何が起きてもそれらしい（鈴木博之著） 作品をめぐって（阪田誠造著） タイル雑考。（阪田誠造著） 社会の事象を見据えた新しい時代の建築を創りたい（阪田誠造著） 青柳正規＋阪田誠造（青柳正規、阪田誠造述）

坂田 祐〔1878～1969〕 さかた・たすく
◇「坂田祐日記」を読む 坂田祐著，坂田創解読，関東学院大学キリスト教と文化研究所坂田祐研究会編 〔横浜〕 関東学院大学キリスト教と文化研究所 2016.6 260p 26cm 〈奥付の編者：関東学院大学院大キリスト教と文化研究所関東学院大院大キリスト教と文化研究所坂田祐研究会 奥付の出版者：関東学院大院大キリスト教と文化研究所 年譜あり〉 Ⓝ198.62

阪田 寛夫〔1925～2005〕 さかた・ひろお
◇枕詞はサッちゃん―照れやな詩人、父・阪田寛夫の人生 内藤啓子著 新潮社 2017.11 247p 20cm 1600円 Ⓘ978-4-10-351361-2 Ⓝ910.268
内容 サッちゃん かぜのなかのおかあさん ああめんそうめん ところがトッコちゃん おとうさん チャンバラ時代 モモジロウ 年めぐり―しりとり唄 熊にまたがり 幾千万の母たち（戦いよ、終われ）〔ほか〕

坂田 靖子〔1953～〕 さかた・やすこ
◇総特集 坂田靖子―ふしぎの国のマンガ描き 坂田靖子著 河出書房新社 2016.2 192p 21cm 〈文献あり 著作目録あり 年譜あり〉 1800円 Ⓘ978-4-309-27695-3 Ⓝ726.101
内容 1 デビュー時代『花とゆめ』『LaLa』 2 ロングインタビュー「坂田靖子の宇宙学」 3 「バジル氏の優雅な生活」 4 坂田靖子 萩尾望都with城章子 スペシャル"金沢"対談 5 ファンタジーと異世界と 6 坂田靖子の仕事 7 「ベルデアボリカ」 8 ささやななえこ、佐川俊彦に聞く「坂田靖子と『JUNE』の時代」 資料再録：「坂田靖子と同人誌」

坂田 好弘〔1942～〕 さかた・よしひろ
◇日本ラグビーヒーロー列伝―歴史に残る日本ラグビー名選手 All about JAPAN RUGBY 1970-2015 ベースボール・マガジン社編著 ベースボール・マガジン社 2016.2 175p 19cm 1500円 Ⓘ978-4-583-11001-1 Ⓝ783.48
内容 第1章 2015年 ワールドカップの英雄（五郎丸歩 リーチ，マイケル 廣瀬俊朗 大野均 堀江翔太 ほか） 第2章 ヒーロー列伝 1970年～2015年（坂田好弘 原進 藤原優 森重隆 松尾雄治 ほか）

嵯峨天皇〔786～842〕 さがてんのう
◇日本書人伝 中田勇次郎編 中央公論新社 2015.8 363p 16cm 〈中公文庫 な66-2〉〈執筆：山本健吉ほか 中央公論社 1974年刊の再刊 年譜あり〉 1200円 Ⓘ978-4-12-206163-7 Ⓝ728.21
内容 聖徳太子 聖武天皇 光明皇后―山本健吉 空海―司馬遼太郎 最澄 嵯峨天皇 橘逸勢―永井路子 小

野道風　藤原佐理―寺田透　藤原行成―白洲正子　西行　藤原俊成　藤原定家―中村真一郎　大燈国師　一休宗純―唐木順三　本阿弥光悦―花田清輝　池大雅　一辻彭生　日寛―水上勉　貫名菘翁―中田勇次郎

◇平安の新京　石上英一, 鎌田元一, 栄原永遠男監修, 吉川真司編　大阪　清文堂出版　2015.10　396p　22cm　（古代の人物 4）〈索引あり〉　4500円　①978-4-7924-0571-7　Ⓝ281.04

内容　本巻のねらい　平安の新京　1 平城京と平安京（桓武天皇―中国的君主像の追求と「律令制」の転換　早良親王―「皇太子廃定」の困難　坂上田村麻呂―征夷副将軍になるまでを中心に　高丘親王（真如）―菩薩の道、必ずしも一致せず）　2 王権の安定（嵯峨天皇―唐風を整え、幽境に遊ぶ　最澄―仏法具足の大日本国　空海―鎮護国家・国王護持の密教者　源信・常・定―臣籍降下した皇子たち　有智子内親王―「文章経国」の時代の初代賀茂斎院　仁明天皇―宮廷の典型へ　讃岐永直―律令国家と明法道）　3 前期摂関政治へ（伴善男―逆臣か「良吏」か　円仁―東部ユーラシア史の変動を記録した入唐僧　藤原良房・基経―前期摂関政治の成立　藤原高子―廃后事件の背景と歴史的位置　藤原保則―激動の時代を生きた良吏）

坂根　嵩基〔1930〜〕　さかね・たかき
◇負けてたまるか―反戦一家と呼ばれて　坂根嵩基著　幻冬舎メディアコンサルティング　2017.7　242p　15cm　（幻冬舎ルネッサンス 2009年刊の再刊　発売：幻冬舎）　600円　①978-4-344-91271-7　Ⓝ289.1

内容　第1章 開戦前夜の少年時代（先祖は神職　母はお寺の娘　六人兄妹の三男として ほか）　第2章 戦争勃発（浜田中学校に入学　開戦直後から「敗戦」を公言　配属将校の軍事教練 ほか）　第3章 敗戦後の青春（家を取り戻す　中学復学と進駐軍侵入　操行三石人中三人の「可」 ほか）

坂根　正弘〔1941〜〕　さかね・まさひろ
◇ダントツの強みを磨け　坂根正弘著　日本経済新聞出版社　2015.10　213p　20cm　（私の履歴書）　1600円　①978-4-532-32011-9　Ⓝ289.1

内容　序章 ダントツの強みを磨け　第1章 ICTで進化する製造業　第2章 ピンチをチャンスに　第3章 日本企業の強さと弱さ　第4章 稼ぐ力を取り戻せ　第5章 生い立ち　第6章 コマツの教訓とこれからの日本

坂根　真実〔1977〜〕　さかね・まみ
◇解毒―エホバの証人の洗脳から脱出したある女性の手記　坂根真実著　KADOKAWA　2016.1　279p　19cm　1700円　①978-4-04-103709-6　Ⓝ198.99

内容　第1章 誕生　第2章 青春　第3章 結婚　第4章 師匠　第5章 脱会　第6章 自立

坂上　田村麻呂〔758〜811〕　さかのうえ・たむらまろ
◇平安の新京　石上英一, 鎌田元一, 栄原永遠男監修, 吉川真司編　大阪　清文堂出版　2015.10　396p　22cm　（古代の人物 4）〈索引あり〉　4500円　①978-4-7924-0571-7　Ⓝ281.04

内容　本巻のねらい　平安の新京　1 平城京と平安京（桓武天皇―中国的君主像の追求と「律令制」の転換　早良親王―「皇太子廃定」の困難　坂上田村麻呂―征夷副将軍になるまでを中心に　高丘親王（真如）―菩薩の道、必ずしも一致せず）　2 王権の安定（嵯峨天皇―唐風を整え、幽境に遊ぶ　最澄―仏法具足の大日本国　空海―鎮護国家・国王護持の密教者　源信・常・定―臣籍降下した皇子たち　有智子内親王―「文章経国」の時代の初代賀茂斎院　仁明天皇―宮廷の典型へ　讃岐永直―律令国家と明法道）　3 前期摂関政治へ（伴善男―逆臣か「良吏」か　円仁―東部ユーラシア史の変動を記録した入唐僧　藤原良房・基経―前期摂関政治の成立　藤原高子―廃后事件の背景と歴史的位置　藤原保則―激動の時代を生きた良吏）

◇坂上田村麻呂と大多鬼丸伝説―1200年のときを越えて、今甦る朝廷と蝦夷戦争　安藤勝著〔出版地不明〕　安藤勝　2017.3　105p　30cm〈年譜あり　発売：歴史春秋出版（会津若松）〉　1800円　①978-4-89757-899-6　Ⓝ212.6

内容　第1章 田村麻呂と大多鬼丸伝説（田村麻呂生誕　蝦夷征伐命令　国見城の悪呂丸　征討軍の進軍　田村麻呂と大多鬼丸の激戦　最後の戦い　三春地方の伝説　大滝根山北部の伝説）　第2章 田村麻呂ゆかりの地を訪ねる　第3章 解説 田村麻呂伝（朝廷と蝦夷戦争　蝦夷とは　阿弖流為と母礼　日高見国と連合軍　胆沢城とは　戦いの経歴と田村麻呂年譜　田村の起源と語源を考える　蝦夷近年の考え方　京都、奥州ゆかりの地）

坂村　真民〔1909〜2006〕　さかむら・しんみん
◇現代人の伝記 3　致知編集部編著　致知出版社　2014.11　97p　26cm　1000円　①978-4-8009-1060-8　Ⓝ280.8

内容　1 坂村真民（詩人）―「念ずれば花ひらく」　2 坂岡嘉代子（はぐるまの家代表）―生きる喜びを求めて　3 熊沢健一（東京女子医大ミリオン非常勤講師）―癌・告知　4 黒瀬昇次郎（ミリオン珈琲貿易相談役）―中村久子の生涯　5 河原成美（力の源カンパニー代表取締役）―ラーメン革命に夢を賭ける男　6 磯部則男（画家）―不遇への挑戦　7 村田兆治（野球評論家）/井村雅代（日本代表コーチ）―こうして人を強くする

◇内にコスモスを持つ者―歩み入る者にやすらぎを去り行く人にしあわせを　岡田政晴著　長野　ほおずき書籍　2016.2　270p　20cm　〈文献あり　発売：星雲社〉　1800円　①978-4-434-21614-5　Ⓝ281.52

内容　1 はじめに　2 木曽を愛した人々（木曽の「セガンティーニの空の色」の下で暮らしたマロンの少女ジャーヌ・コビー　生涯故郷木曽を心に抱きながら作品を書き続けた島崎藤村（一八七二〜一九四三）　詩と音楽をこよなく愛し、木曽を縦断したロマンの旅人 尾崎喜八（一八九二〜一九七四）　日本人の精神の源流を木曽で見出した 亀井勝一郎（一九〇七〜一九六六））　3 木曽の水を飲んで水をながめて木曽を駆け抜けた人々（姨捨の月をめでまじて木曽を歩いた月下の旅人 松尾芭蕉（一六四四〜一六九四）　心優しい歌二首を詠んで木曽路を急いだ良寛（一七五八〜一八三一）　「大蔵経」を求めて雨雪の木曽路を往復した虎斑和尚（一七六四〜一八二六）　軍шимの足音が聞こえる中、桜の花を浴びながら木曽路を闊歩した種田山頭火（一八八二〜一九四〇）　木曽人の心と木曽の自然に出合い日本画家になる決意をした東山魁夷（一九〇八〜一九九九））　4 眼すずしい

人々(木曽川の洪水で亡くなった母を弔うために木曽川を遡った円空〈一六三二〜一六九五〉　セピア色の世界を追い求めてやまなかった島崎藤助〈一九〇八〜一九九二〉　戦争のない平和な世界を願い、詩によって世界を包みこんだ坂村真民〈一九〇九〜二〇〇六〉）　5　おわりに

◇自分の花を咲かせよう―祈りの詩人　坂村真民の風光　神渡良平著　京都　PHP研究所　2017.6　254p　19cm　〈文献あり〉　1500円　Ⓘ978-4-569-83802-1　Ⓝ911.52

[内容]第1部　人々の心の灯火となった坂村真民さんの詩（茜地蔵のある横浜のお寺　暁天に祈る詩人　スポーツ指導者が捉えた真民さんの詩　二度とない人生にかけた思い　実家を奮起させた真民さんの詩）第2部　坂村真民さんの風光（ひ弱な少年が高校教師になった　参禅の日々と杉村春苔尼　捨聖と慕われた一遍さん　魂の父となった森信三先生　「千年のまなざし」と大宇宙大和楽）

坂本 篤〔1901〜1977〕　さかもと・あつし
◇〈坂本篤〉艶本狂詩曲（ラプソディー）―紙碑―本の周辺　備仲臣道著　皓星社　2016.6　197p　19cm　〈文献あり　年譜あり〉　1400円　Ⓘ978-4-7744-0614-5　Ⓝ289.1

[内容]1（誇り　紅い花　大地震　初手　様相）2（白足袋　逃亡　人脈　戦陣訓）3（復活　有光書房　気炎）4（国貞　起訴　こだわり　艶本につぐ艶本　敗訴）5（晩年　終わりに）

坂本 一亀〔1921〜2002〕　さかもと・かずき
◇昭和の名編集長物語―戦後出版史を彩った人たち　塩澤実信著　展望社　2014.9　308p　19cm　〈「名編集者の足跡」（グリーンアロー出版社　1994年刊）の改題改訂〉　1900円　Ⓘ978-4-88546-285-6　Ⓝ021.33

[内容]大衆の無言の要求を洞察する―池島信平と「文藝春秋」　一貫して問題意識をつらぬく―吉野源三郎と「世界」　ごまかしのない愚直な仕事を求める―花森安治と「暮しの手帖」　時間をかけ苦しみながらつくる―今井田勲と「ミセス」　人間くさいものをつくらねばならぬ―扇谷正造と「週刊朝日」　敢然とチャレンジを試みる―佐藤亮一と「週刊新潮」　きびしさをもとめ妥協を許さない―大久保房男と「群像」　妥協をしない、手を抜かない―坂本一亀と「文藝」　ホンモノを選び出す目を持つ―小宮山量平と『創作児童文学』　人間の価値を高めるものを―小尾俊人と『現代史資料』〔ほか〕

◇伝説の編集者　坂本一亀とその時代　田邊園子著　河出書房新社　2018.4　231p　15cm　〈河出文庫　た45-1）〈作品社　2003年刊の加筆修正　年譜あり〉　830円　Ⓘ978-4-309-41600-7　Ⓝ910.264

[内容]戦地からの生還、河出書房入社　野間宏『青年の環』と『真空地帯』椎名麟三『永遠の序章』　三島由紀夫『仮面の告白』　中村真一郎『シオンの娘等』など『死の影の下に』連作　埴谷雄高、武田泰淳、梅崎春生、船山馨など　推理小説と水上勉の登場　小田実『何でも見てやろう』　「文藝」復刊と「文藝」新人の会　高橋和巳、真継伸彦など　山崎正和、井上光晴など　黒井千次、丸谷才一など　平野謙『文藝時評』、いいだ・もも、辻邦生など　野間宏『青年の環』完結、高橋和巳の死　構想社設立と

引退、島尾敏雄の死

坂本 和清　さかもと・かずきよ
◇僕は貧乏大学卒業生―巡り合った人々の愛で綴る人生訓　坂本和清著　サイバー出版センター　2014.5　95p　19cm　1000円　Ⓘ978-4-9907800-0-5　Ⓝ289.1

坂本 金美〔1913〜〕　さかもと・かねみ
◇最前線指揮官の太平洋戦争―海と空の八人の武人の生涯　岩崎剛二著　新装版　潮書房光人社　2014.10　256p　16cm　（光人社NF文庫　いN-854）　750円　Ⓘ978-4-7698-2854-9　Ⓝ392.8

[内容]勇将のもとに弱卒なし―敵将が賞賛した駆逐艦長・春日均中佐の操艦　生きて祖国の礎となれ―初志を貫いた潜水艦長・南部伸清少佐の無念　被爆の身をも顧みず―第五航空艦隊参謀・今村正己中佐の至誠　遺骨なく遺髪なく―第十六戦隊司令官・左近允尚正中将の運命　われに後悔なく誇りあり―幸運に導かれた潜水艦長・坂本金美少佐の気概　蒼空の飛翔雲―歴戦の飛行隊長・高橋定少佐の航跡　見敵必殺の闘魂を秘めて―海軍の至宝と謳われた入佐俊家少将の信条　飢餓と砲爆撃に耐えて―孤島を死守した吉見中将の信念

坂本 九〔1941〜1985〕　さかもと・きゅう
◇坂本九ものがたり―六・八・九の九　永六輔著　筑摩書房　2017.7　301p　15cm　（ちくま文庫　え8-3）〈中公文庫　1990年刊の再刊〉　800円　Ⓘ978-4-480-43454-8　Ⓝ767.8

＊世界的な大ヒット曲「上を向いて歩こう」。作詞永六輔、作曲中村八大、歌手坂本九。彼が体験した戦中・戦後を背景に、それぞれが歩んだ人生と出会い、そして名曲の誕生を描く。1985年8月12日の日航機事故で突然の死を遂げた坂本九への痛切な思いを込め、その翌年に刊行された名著。戦後のラジオ・テレビ・歌謡界の貴重な記録でもある。

坂本 國継〔1931〜〕　さかもと・くにつぐ
◇農ひとすじわが自叙伝　坂本國継著　[佐賀]〔坂本國継〕　2016.3　161p　21cm　〈著作目録あり〉　926円　Ⓝ289.1

さかもと こうじ〔1940〜〕
◇二人は奇跡の人生　さかもとこうじ著　文芸社　2017.1　149p　15cm　700円　Ⓘ978-4-286-17857-8　Ⓝ289.1

坂本 小百合〔1949〜〕　さかもと・さゆり
◇小百合物語―星になった少年　続　坂本小百合著　光文社　2017.4　189p　20cm　〈他言語標題：Sayuri's true story〉　1500円　Ⓘ978-4-334-97926-3　Ⓝ289.1

[内容]第1章　白い壁と赤い屋根の家　第2章　栄光のモデル時代　第3章　初めての離婚　第4章　湘南動物プロダクション　第5章　失われた時を求めて　エピローグ　終わらない私の物語

阪本 四方太〔1873〜1917〕　さかもと・しほうだ
◇子規居士の周囲　柴田宵曲著　岩波書店　2018.2　434p　15cm　（岩波文庫　31-106-6）　950円　Ⓘ978-4-00-311066-9　Ⓝ911.362

阪本 周三　さかもと・しゅうぞう
◇編集者の生きた空間―東京・神戸の文芸史探検　高橋輝次著　論創社　2017.5　310p　21cm　2700円　①978-4-8460-1596-1　Ⓝ021.4

内容　第1部 編集部の豊穣なる空間(砂子屋書房編輯部の面々―「文筆」の随筆から　第三次「三田文学」編集部の面々―山川方夫と四人の仲間たち　ほか)　第2部 編集者の喜怒哀楽(彌生書房、女性社長の自伝を読む―津曲篤子『夢よ消えないで』から　あるヴェテラン児童文学編集者の喜怒哀楽―相原法則氏の歌集を読む　ほか)　第3部 神戸文芸史探検抄(エディション・カイエの編集者、阪本周三氏の生涯と仕事―幻の詩集を見つけるまで　戦後神戸の詩誌「航海表」の編集者とその同人たち―竹中郁と藤本義一、海尻巖を中心に　ほか)　第4部 知られざる古本との出逢い(海港詩人倶楽部の詩人と土田杏村・山村暮鳥往復書簡―橋本実俊『街頭の春』をめぐって　鴨居羊子さん再び/田能千世子『金髪のライオン』を読む・付・港野喜代子さんのこと　ほか)

坂本 進一郎〔1941〜〕　さかもと・しんいちろう
◇黙して大地に書く　坂本進一郎著,秋田魁新報社編　秋田　秋田魁新報社　2014.6　159p　18cm　(さきがけ新書―シリーズ時代を語る)　〈年譜あり　著作目録あり〉　800円　①978-4-87020-354-9　Ⓝ289.1

坂本 清馬〔1885〜1975〕　さかもと・せいま
◇残夢―大逆事件を生き抜いた坂本清馬の生涯　鎌田慧著　講談社　2015.7　395p　15cm　(講談社文庫　か20-23)〈金曜日 2011年刊の加筆訂正　年譜あり〉　800円　①978-4-06-293141-0　Ⓝ289.1

内容　我、唱和せず　首魁と書生　恩命特赦　封印列車　死刑執行　不問門　邂逅　革命修行　熊本時代　赤旗事件　多情多恨　放浪　恋と革命　逮捕　韓国処分　秋田監獄　獄中闘争　いごそう　南国土佐　転向　家庭生活　再審請求まで　市民運動　廬山は烟雨　再審ならず　遺言

阪本 民雄〔1946〜〕　さかもと・たみお
◇追憶　阪本民雄著　ブックコム　2016.7　64p　19cm　Ⓝ289.1

坂本 太郎〔1901〜1987〕　さかもと・たろう
◇古代をあゆむ　笹山晴生著　吉川弘文館　2015.7　192p　20cm　2500円　①978-4-642-08276-1　Ⓝ210.3

内容　1 古代史を見る目(日本古代史と飛鳥　古代の史料を読む　畿内王権論)　2 地域史と日本・アジア(古代出羽の史的位置　東北の古代社会と律令制　鞨羯私考と古代の西海道　景行天皇の九州巡幸説話)　3 先学に学ぶ(坂本太郎　井上光貞)

坂本 フジヱ〔1924〜〕　さかもと・ふじえ
◇産婆(さんばば)フジヤン―明日を生きる力をくれる、93歳助産師一代記　坂本フジヱ著、今井雅子聞き手　産業編集センター　2017.8　233p　19cm　〈年譜あり〉　1400円　①978-4-86311-159-2　Ⓝ289.1

内容　第1章 産婆フジヤン誕生　第2章 妻フジヤン、母フジヤン、娘フジヤン　第3章 フジヤン新天地へ

坂本 保富〔1947〜〕　さかもと・やすとみ
◇生き方と死に方―人間存在への歴史的省察　坂本保富著　振学出版　2016.3　213p　21cm　〈発売:星雲社〉　1200円　①978-4-434-21735-7　Ⓝ114

内容　第1章 人間存在の文化史的な考察(分際を弁え分相応に生きた日本人―人間存在をめぐる東西思想の根本相違　江戸時代における子供観の表と裏―子宝思想と子捨て子殺しのアンチノミー　ほか)　第2章 人間存在の教育史的な考察(中勘助『銀の匙』に描かれた明治の教育―愚昧な教師を見透かす子供の鋭い眼差し　道徳の意味とその教育の再考―人と人とを結び、支え合い助け合う心　ほか)　第3章 人間存在の思想史的な考察(米百俵の主人公・小林虎三郎―恩顧象山の思想を日本近代化に実践　幕末期の先覚思想家・佐久間象山―日本近代化と「東洋道徳・西洋芸術」思想　ほか)　第4章 青春の今をいかに生きるか―有限な人間存在を無限化する学びの実践(母校の宇都宮高校からの講演依頼　自我の目覚め―人生の離別に遭遇した小学生時代　ほか)　第5章 悩み迷える研究的半生の回顧と展望―死に甲斐を求めて生き甲斐の今を探究(研究的半生を省みて　私の研究関心と研究課題　ほか)

坂本 幸雄〔1947〜〕　さかもと・ゆきお
◇挑み続ける力―「プロフェッショナル仕事の流儀」スペシャル　NHK「プロフェッショナル」制作班著　NHK出版　2016.7　227p　18cm　(NHK出版新書 492)　780円　①978-4-14-088492-8　Ⓝ366.29

内容　1 変わらない力(AI時代への新たな決意―将棋棋士 羽生善治　淡々と、完璧を目指す―星野リゾート代表 星野佳路　人生にムダなどない)　2 生涯現役を貫け(プロフェッショナルに、終わりはない―元半導体メーカー社長 坂本幸雄　遠くは見ない、明日だけを見続ける―歌舞伎役者 坂東玉三郎)　3 大震災、そして新たなる飛躍(やりたいから、やる―作業療法士 藤原茂　地べたと向き合って生きる―建築家 伊東豊雄)　4 限界への挑戦(今の自分だからできること―バレリーナ 吉田都　情熱は一生、燃え続ける―プロサッカー選手 三浦知良　「逆転する力」の秘密―囲碁棋士 井山裕太)

坂本 義雄〔1931〜〕　さかもと・よしお
◇夢追い人生一代記―八十七年の記録　坂本義雄著　河出書房　2018.7　102p　19cm　1111円　Ⓝ289.1

坂本 龍一〔1952〜〕　さかもと・りゅういち
◇skmt坂本龍一とは誰か　坂本龍一,後藤繁雄著　筑摩書房　2015.11　387p　15cm　(ちくま文庫 さ43-1)〈「skmt坂本竜一」(リトル・モア 1999年刊)と「skmt 2」(NTT出版 2006年刊)の改題、合本〉　1000円　①978-4-480-43307-7　Ⓝ764.7

内容　skmt1(計画/この本はどのようにして書かれ、つ

くられるのか？　というのは…　skmtについてのいくつかのことがら　問いと答え　根拠なし　ほか）　skmt2（計画ヴァージョン2/この本はどのようにして書かれ、つくられるのか？　世紀末から新世紀へ1（DISCとBOOK）　世紀末から新世紀へ2　アメリカという幻想の終わり　帝国からの避難　ほか）

坂本 龍馬〔1835～1867〕　さかもと・りょうま

◇坂本龍馬からの手紙―全書簡現代語訳　坂本龍馬著，宮川禎一著　増補改訂版　教育評論社　2014.7　397p　19cm　〈文献あり　年譜あり〉　1900円　①978-4-905905-87-8　Ⓝ289.1
　内容　第1章　龍馬の青春（嘉永六年‐文久元年）　第2章　土佐脱藩と海軍（文久三年‐元治元年）　第3章　薩長同盟への道（慶応元年‐慶応二年三月）　第4章　長幕海戦と亀山社中（慶応二年六月‐十二月）　第5章　海援隊（慶応二年十二月‐慶応三年四月）　第6章　イロハ丸沈没（慶応三年四月‐七月）　第7章　イカルス号事件（慶応三年八月‐九月）　第8章　大政奉還（慶応三年十月‐十一月）　第9章　年月等不詳の手紙　第10章　新しく発見された手紙　補章　龍馬に関わった人々の手紙

◇坂本龍馬關係文書　1　岩崎英重編輯　オンデマンド版　東京大学出版会　2015.1　502p　22cm　（日本史籍協会叢書 115）〈印刷・製本：デジタルパブリッシングサービス　覆刻再刊　2003年刊〉　14000円　①978-4-13-009415-3　Ⓝ210.58
　＊大正五年秋、京都で行なわれた坂本・中岡両氏五十年祭典以来，十年間にわたり岩崎英重が諸家の記録・文書を渉獵し，坂本龍馬関係の文書を蒐集して底本としたもの。1は坂本龍馬の書簡を中心とする。

◇坂本龍馬關係文書　2　岩崎英重編輯　オンデマンド版　東京大学出版会　2015.1　548p　22cm　（日本史籍協会叢書 116）〈印刷・製本：デジタルパブリッシングサービス　覆刻再刊　2003年刊〉　14000円　①978-4-13-009416-0　Ⓝ210.58
　＊大正五年秋、京都で行なわれた坂本・中岡両氏五十年祭典以来，十年間にわたり岩崎英重が諸家の記録・文書を渉獵し，坂本龍馬関係の文書を蒐集して底本としたもの。2は「坂本龍馬手帳摘要」「雄魂姓名録」「海援隊日史」「海援隊商事秘記」「いろは丸航海日記」の手録・関係記録類，「木戸孝允覚書」をはじめとする土方久元・中厚邦平・谷千城らの回顧談などを収録する。

◇寒がりやの竜馬―幕末「国際関係」ミステリー　鷲山小彌太著　言視舎　2015.5　207p　19cm　〈文献あり〉　1600円　①978-4-86565-019-8　Ⓝ289.1
　内容　0　寒がりやの竜馬（寒がりやのハーン　蝦夷地を臨む吉田松陰　ほか）　1　蝦夷「開発」の始動（田沼意次と松平定信―蝦夷地開拓はいかにはじまり，なぜ挫折したか　高田屋嘉兵衛の「鎮圧」は儲かる!?　ほか）　2　竜馬慶応三年「北方の手紙」の検証（一八六七年二、三月、二通の手紙　竜馬の「竹島」調査計画　ほか）　3　竜馬、三つの「開国」「新国」を開く「藩」を開く　ほか）　4　竜馬血族の北海道「開拓」（「北の竜馬たち」　沢辺琢磨　ほか）

◇私塾・坂本竜馬　武田鉄矢著　小学館　2015.10　252p　15cm　（小学館文庫　た31-1）〈2010年刊
の加筆、修正〉　570円　①978-4-09-406225-0　Ⓝ289.1
　内容　竜馬を君の旗として　竜馬の声　よさこい、竜馬　竜馬の写真・竜馬の面構え　竜馬の写真・竜馬のなで肩　竜馬の写真・竜馬のブーツ　薩摩今昔紀行　竜馬、海へ　竜馬、そして神戸　竜馬、あれは恋、それも恋　竜馬、敵をつくらないというテクニック　竜馬と五平太たち　竜馬、だから長崎　竜馬、海援隊に立つ　竜馬、船中に策あり　我に余熱あり

◇龍馬の遺言―近代国家への道筋　小美濃清明著　藤原書店　2015.11　294p　20cm　〈文献あり　年譜あり　索引あり〉　2500円　①978-4-86578-052-9　Ⓝ289.1

◇坂本龍馬の謎を解く　嶋矢禮二著　〔出版地不明〕　〔嶋矢禮二〕　〔2016〕　115p　26cm　Ⓝ289.1

◇龍馬後記―after experience called death one still lives as in heaven so on earth　堀井豪粋人著　岡山　ER　2016.2　168p　30cm　〈英語併記〉　Ⓝ289.1

◇坂本龍馬に学ぶ「仲間をつくる力」　神谷宗幣著　きずな出版　2016.2　253p　19cm　〈年譜あり〉　1600円　①978-4-907072-51-3　Ⓝ289.1
　内容　序章　龍馬のように生きたい　第1章　人を動かす―龍馬の共感力　第2章　正しく判断する―龍馬の情報力　第3章　仲間を率いる―龍馬の経営マインド　第4章　へこたれない―龍馬の精神力　第5章　志を立てる―龍馬の世界観

◇坂本龍馬の手紙―歴史を変えた「この一行」　楠戸義昭著　三笠書房　2016.3　289p　15cm　（知的生きかた文庫　く22-5〔CULTURE〕）〈文献あり〉　650円　①978-4-8379-8393-4　Ⓝ289.1
　内容　序章　手紙から聞こえてくる「龍馬の声」―「幕末のスーパーヒーロー」はいかにできたのか　1章　自分を貫く哲学―「日本を今一度、洗濯してやろう」　2章　国を動かす器量―「国難を前にし、坂本家の家宝を私にください」　3章　家族に見せる素顔―「エヘン顔を密かにしています」　4章　同志への声―「君は人をつくってください。僕は船を得ます」　5章　絶対にあきらめない意志―「航行不能に死を覚悟！だが敵は「戦の常道」知らず命拾い」　6章　歴史を変える行動力―「鉄砲一千挺を買い求め、土佐を救いたい」　終章　突然の暗殺―死後「護国の鬼」となる　一最後まで「我が道」を貫いた男

◇坂本龍馬　大器の金言―幕末最大の革命家から学ぶ〈すべてを抱擁する〉生きざま　ダイアプレス　2016.5　191p　19cm　（DIA Collection）〈文献あり　年譜あり〉　815円　①978-4-8023-0154-1　Ⓝ289.1

◇坂本龍馬を歩く　一坂太郎著　山と溪谷社　2016.10　284p　15cm　（ヤマケイ文庫）〈改訂版　2006年刊の加筆・修正　年譜あり〉　800円　①978-4-635-04822-4　Ⓝ289.1
　内容　土佐から江戸へ（高知　江戸　浦賀）　龍馬、東奔西走（神戸　福井　長崎　鞆ノ浦　鹿児島　霧島　下関・山口　萩）　龍馬と幕末動乱の京（伏見　京都）

◇「霧島山登山図」は龍馬の絵か？―幕末維新史

雑記帳　宮川禎一著　教育評論社　2016.11　254p　19cm　〈年表あり〉　1600円　①978-4-86624-005-3　Ⓝ289.1

内容　第1部「霧島山登山図」は龍馬の絵か？（桶町千葉道場の月謝　「霧島山登山図」は龍馬の絵か？　ある姫君の生涯　千葉重太郎のその後　ほか）　第2部　墨消しの真実（矛盾する史料のはざま　洋書の謎　寺田屋遭難の一件　「浪華のことも夢のまた夢」　ほか）　第3部　考古学異聞（ストーンヘンジと夫婦岩）

◇龍馬おもしろばなし百話─新選組記念館青木繁男　調べ・知り・聞いた秘話を語る！　青木繁男,ユニプラン編集部著　京都　ユニプラン　2016.12　272p　21cm　〈文献あり〉　1500円　①978-4-89704-405-7　Ⓝ289.1

内容　1　龍馬のルーツとエピソード（龍馬のルーツは、滋賀の坂本だった　龍馬の先祖の中に一人の烈女がいた　龍馬は「寝小便たれ」だったのか？　ほか）　2　影響をあたえた人々（姉たちが、龍馬にあたえた影響　砲術は、佐久間象山に学ぶ　〈勝海舟1〉龍馬が、岡本とではなく、千葉と勝に会いに行った話　ほか）　3　龍馬の同志たち（なぜ、薩長勤王党は結成されたのか　土佐は、薩長畑の"こやし"になった　龍馬の脱藩に、「あだたぬ奴」だと云った、半平太の三文字切腹　ほか）　4　龍馬の海（勝海軍塾時代─龍馬、洋船に乗り、海軍にとりつかれる　亀山社中は、どんな会社だったのか　亀山社中に起った二つの悲劇─饅頭屋の切腹　ほか）　5　龍馬を巡る女たち（お龍、寺田屋お登勢、お徳、お元など　お慶の話　千葉さな子（佐那）との恋　ほか）　6　龍馬と事件（龍馬は、薩長同盟にどう関わったのか　龍馬を尾ける、幕府スパイ説　二挺拳銃の龍馬　ほか）　7　近江屋事件（龍馬暗殺諸説を検討する　1　見廻組説、2　薩摩藩説、3　井口家文書、及び血染めの屏風が語る説　龍馬暗殺、アラカルト─「新選組説」「見廻組説」「薩摩人説」「黒龍朝廷説」「薩摩・伝説説」「紀州藩黒幕説」「土佐藩黒幕説」　龍馬の刺客を追って─近江屋の二階に長廊下があった　ほか）　8　龍馬の死後と一族（龍馬と北海道、そして土佐　龍馬の子孫たちに隠し子がいた。その秘密をカナダに追うほか）　9　文献の中の龍馬（大正期）（珍書坂本竜馬奔走録）

◇龍馬・元親に土佐人の原点をみる　中城正堯著　高知　高知新聞総合印刷（発売）　2017.2　243p　20cm　1389円　①978-4-906910-59-5　Ⓝ289.1

内容　龍馬最後の帰郷と種崎潜伏　お龍さん、土佐の城下をゆく　龍馬「愚童伝説」に見る学びの原点　新発見「龍馬役者絵」と民権演劇　"海の一領具足"長宗我部水軍のなぞ　元親の夢厭る海の名城"浦戸城"　高知城築城と、その後の穴太衆　余、死を決すこと三度　高知県近代史学の開拓者・中城直正

◇日本の偉人物語　1　二宮尊徳　坂本龍馬　東郷平八郎　岡田幹彦著　光明思想社　2017.4　197p　20cm　1296円　①978-4-904414-58-3　Ⓝ281

内容　第1話　二宮尊徳─日本が世界に誇る古今独歩の大聖（金次郎を鍛え上げた二十年間の試練　一家を廃して万家を興す　農村復興の神様─桜町を再建した大慈大悲の至誠　至誠・報徳の真の日本の道）　第2話　坂本龍馬─「明き清き直き誠の心」「廃れ者」から維新の志士へ　龍馬の「攘夷」の精神　志士達が立つれた尊皇の心、国難打開に尽した無我献身の生涯）　第3話　東郷平八郎─全世界が尊敬する古今随一の海将（明治の日本海軍は　苦

難、試練を乗り越えて　日露戦争─世界史を変えた世紀の一戦　限りなき忠誠）

◇坂本龍馬最後の一カ月─大政奉還150周年　新たな国を夢みた龍馬の足跡　河合敦監修　WAVE出版　2017.8　87p　26cm　850円　①978-4-86621-074-2　Ⓝ289.1

内容　巻頭　坂本龍馬とは何者なのか　第1章　新たな国を夢みた龍馬の足跡を辿る（長州征伐への対処案六カ条、「薩長同盟」成立─慶応2（1866）年1月21日　伏見奉行所の捕り方による、寺田屋遭難事件が勃発─慶応2（1866）年1月23日　ほか）　第2章　最後の一カ月で描いた新しい国づくりの構想を探る（「海援隊約規」に垣間見る、新しい日本人の発想　「船中八策」から「大政奉還」、そして、「新政府綱領八策」へ　ほか）　第3章　龍馬を取り巻いた人と勢力（土佐藩　武市半平太　山内容堂　後藤象二郎　ほか）　第4章　龍馬暗殺、諸説のなぞを探る（龍馬暗殺までの一カ月の足跡を辿る　京都見廻り組説　ほか）

◇坂本龍馬の正体　加来耕三著　講談社　2017.9　404p　15cm　（講談社＋α文庫　E1-9）〈文献あり〉　950円　①978-4-06-281729-5　Ⓝ289.1

内容　序章　七変化する龍馬の虚構　第1章　龍馬の出自　第2章　龍馬が修めたもの　第3章　龍馬が目指した海軍　第4章　龍馬の栄光と挫折　終章　龍馬暗殺の真相

◇幕末明治人物誌　橋川文三著　中央公論新社　2017.9　308p　16cm　（中公文庫　は73-1）　1000円　①978-4-12-206457-7　Ⓝ281

内容　吉田松陰─吉田松陰　坂本龍馬─維新前夜の男たち　西郷隆盛─西郷隆盛の反動性と革命性　後藤象二郎─明治のマキャベリスト　高山樗牛─高山樗牛　乃木希典─乃木伝説の思想　岡倉天心─岡倉天心の影響　徳冨蘆花─蘆花断想　内村鑑三─内村鑑三先生　小泉三申─小泉三申論　頭山満─頭山満

◇坂本龍馬大鑑　小美濃清明著　KADOKAWA　2017.11　191p　31cm　〈他言語標題：Ryoma Sakamoto Treasures Encyclopedia　文献あり　年譜あり〉　15000円　①978-4-04-895913-1　Ⓝ289.1

◇坂本龍馬志の貫き方　岡信太郎著　カンゼン　2017.11　254p　20cm　〈文献あり〉　1600円　①978-4-86255-420-8　Ⓝ289.1

内容　第1章　心構え　第2章　行動力　第3章　人脈力　第4章　情報力　第5章　交渉力　第6章　人間力　第7章　先見力　第8章　覚悟の磨き方

◇正調土佐弁で龍馬を語る　土佐文雄著　〔高知〕　高知新聞社　2018.2　221p　20cm　〈発売：高知新聞総合印刷（高知）〉　1400円　①978-4-906910-68-7　Ⓝ289.1

◇坂本龍馬と明治維新　松浦光修述　伊勢　皇學館大学出版部　2018.4　62p　19cm　（皇學館大学講演叢書　第168輯）　477円　Ⓝ210.61

◇世界一よくわかる坂本龍馬　山村竜也著　祥伝社　2018.6　299p　16cm　（祥伝社黄金文庫　Gや11-3）〈「天翔る竜　坂本竜馬伝」（日本放送出版協会　2009年刊）の改題、修正　文献あり　年譜あり〉　700円　①978-4-396-31736-2　Ⓝ289.1

内容　第1章　龍馬と剣（龍馬の写真の謎　誕生伝説を探る　土佐藩と郷士　ほか）　第2章　龍馬と海（我の

みぞ知る　土佐を脱藩　龍名に恥じず　ほか）　第3章　龍馬と革命（通商航海の結社　薩長和解に向けて　薩摩の日々　ほか）

◇日本史　誤解だらけの英雄像　内藤博文著　河出書房新社　2018.8　221p　15cm　（KAWADE夢文庫 K1097）〈文献あり〉　680円　①978-4-309-49997-0　Ⓝ281
[内容] 1章 織田信長—「戦国の革命児」という誤解　2章 坂本龍馬—「天衣無縫の風雲児」という誤解　3章 秀吉・家康—「無双の覇者」という誤解　4章 信玄・謙信—「常勝武将伝説」の誤解　5章 西郷隆盛・高杉晋作・勝海舟—「維新の立役者」という誤解　6章 聖徳太子・天智天皇・義経—「古代・中世の英傑」の誤解　7章 徳川吉宗・山本五十六—「近現代の巨星」の誤解

◇坂本龍馬最強の人生哲学　百瀬昭次著　ロングセラーズ　2018.10　215p　18cm　（ロング新書）〈文献あり〉　1000円　①978-4-8454-5075-6　Ⓝ289.1
[内容] 1章 坂本龍馬 命を懸けて立ち上がった動乱の時代　2章 坂本龍馬「水の精神」と行動哲学　3章 坂本龍馬 天命を感知する　4章 坂本龍馬 事を為す　5章 坂本龍馬 世の為、人の為に尽くす　6章 坂本龍馬 夢を実現する

◇再考 寺田屋事件と薩長同盟—龍馬の手紙に見る幕末史　宮川禎一著　教育評論社　2018.10　269p　19cm　1600円　①978-4-86624-018-3　Ⓝ210.58
[内容] 1 再考 寺田屋事件と薩長同盟—大笑いの真意とは　2 新発見「新国家」の書簡をめぐって—龍馬と越前福井　3 大政奉還の直前、龍馬は何を考えていたか　4 龍馬の刀、手紙、遺品　5 犬夫棒当記　6 千葉重太郎と佐那のこと

相良 万吉〔1900〜1960〕　さがら・まんきち
◇俳人風狂列伝　石川桂郎著　中央公論新社　2017.11　280p　16cm　（中公文庫 い126-1）〈角川書店 1974年刊の再刊〉　1000円　①978-4-12-206478-2　Ⓝ911.362
[内容] 蛸の脚—高橋鏡太郎　此君亭奇録—伊庭心猿　どと火—種田山頭火　軋かずら—岩田昌寿　室咲の葦—岡本癖三酔　屑籠と棒秤—田尻得次郎　葉鶏頭—松根東洋城　おみくじの凶—尾崎放哉　水に映らぬ易法師—相良万吉　日陰のない道—阿部浪漫子　地上に墜ちしゼウス—西東三鬼

佐川 官兵衛〔1831〜1877〕　さがわ・かんべえ
◇「朝敵」と呼ばれようとも—維新に抗した殉国の志士　星亮一編　現代書館　2014.11　222p　20cm　2000円　①978-4-7684-5745-0　Ⓝ281.04
[内容] 神保修理—その足跡を尋ねて　山本帯刀—会津に散る！　長岡の若き家老　中島三郎助—幕府海軍を逸早く構想した国際通　春日左衛門—知られざる英傑　佐川官兵衛—会津の猛将から剛毅朴直の大警部へ　朝比奈弥太郎泰尚—水戸の執政、下総に散る　滝川充太郎—猪突猛進を貫いた若き猛将　森弥一左衛門陳明—桑名藩の全責任を負って切腹した　甲賀源吾—東郷平八郎が賞賛した　古宮内の勇戦　桂互之助—剣聘已 京都見廻組　玉虫左太夫—幕末東北を一つにまとめた悲運の国際人　雲井龍雄—米沢の俊英が夢見たもう一つの「維新」　赤松小三郎—日本近代化の礎を作った洋学者　松岡磐吉—榎本軍最後の軍艦「蟠龍」艦長

◇蘇った官兵衛—佐川官兵衛断片　松岡秀隆著　福崎町（兵庫県）　松岡秀隆　2017.6　128p　18cm　〈私家版〉　非売品　Ⓝ289.1

砂川 啓介〔1937〜2017〕　さがわ・けいすけ
◇娘になった妻、のぶ代へ　砂川啓介著　双葉社　2017.5　279p　15cm　（双葉文庫 さ-42-01）　602円　①978-4-575-71465-4　Ⓝ778.77
[内容] 第1章 失った「ドラえもんの記憶」　第2章 おしどり夫婦と呼ばれて　第3章 カミさんの病　第4章 認知症との闘い　第5章 公表を決意して　第6章 我が家にやってきた「娘」　第7章 ペコと僕の未来　特別企画01 初公開！ 2700日介護日記　特別企画02 ペコの特効薬—認知症の進行を遅らせ、元気に暮らすための砂川家10のススメ　特別企画03 砂川啓介＆大山のぶ代 夫婦対談「これからの2人」

佐川 眞人〔1943〜〕　さがわ・まさと
◇磁石の発明特許物語—六人の先覚者　鈴木雄一著　アグネ技術センター　2015.6　118p　21cm　〈索引あり〉　2000円　①978-4-901496-80-3　Ⓝ541.66
[内容] 第1話 本多光太郎とKS鋼　第2話 三島徳七とMK鋼　第3話 増本量とNKS鋼　第4話 渡辺三郎とFW鋼　第5話 加藤与五郎・武井武とフェライト磁石　第6話 トップの座に返り咲く

佐川 光晴〔1965〜〕　さがわ・みつはる
◇牛を屠る　佐川光晴著　双葉社　2014.7　170p　15cm　（双葉文庫 さ-28-03）〈解放出版社 2009年刊の加筆修正、再構成〉　528円　①978-4-575-71417-3　Ⓝ648.22
[内容] 1 働くまで　2 屠殺場で働く　3 作業課の一日　4 作業課の面々　5 大宮市営と畜場の歴史と現在　6 様々な闘争　7 牛との別れ　8 そして屠殺はつづく　文庫版オリジナル対談 佐川光晴×平松洋子—働くことの意味、そして輝かしさ

佐川 幸義〔1902〜1998〕　さがわ・ゆきよし
◇佐川幸義 神業の合気—力を超える奇跡の技法 "合気"への道標 大東流合気武術　『月刊秘伝』編集部編　BABジャパン　2015.3　184p　21cm　1600円　①978-4-86220-895-8　Ⓝ789.25
[内容] 第1章 伝統の武人佐川幸義宗範（日本武術の人遺産　佐川幸義宗範のすべて　大公開佐川道場の知られざる教伝内容　選ばれし者のみ奥秘の段階へ）　第2章 高弟が触れた佐川宗範の合気（木村達雄師範に聞く／佐川宗範の直弟子、名著『透明な力』の著者が語る／佐川幸義宗範の合気とは『透明な力』の実像 この2人だからこそ、語ることのできる新事実、ついに公開！　実弟佐川廣×十元師範木村達雄　不世出の武術家、佐川幸義宗範の"発掘者"が話す　天才の素顔　生涯鍛錬・功夫の人 佐川幸義宗範　追想 佐川道場入門から今　小原先輩との対談を終えて）　第3章 佐川宗範の鍛錬術（佐川伝大東流合気武術・高橋賢師範インタビュー 天才の偉業を辿る凡才の挑戦　天才を完成させた"努力"　佐川伝大東流の鍛錬　透明な力と合気基本体操　師曰「当身も大事だが、体捌当技が一番の合気の基礎」　佐川伝大東流"合気体操"）　第4章 武器法という"合気秘

◇合気修得への道―佐川幸義先生に就いた二十年　木村達雄著　新版　相模原　どう出版　2018.12　240p　22cm　2700円　Ⓟ978-4-904464-94-6　Ⓝ789.25

内容 カラー口絵　佐川幸義先生演武写真　第1章　佐川幸義先生演武写真集　第2章　数学の研究と合気修得に明け暮れた日々　第3章　大東流合気武術―佐川幸義先生　第4章　佐川先生の顕彰碑と津本陽氏の遺作『深淵の色は―佐川幸義伝』第5章　合気について　第6章　佐川幸義先生の修行時代―実弟・佐川廣氏談　第7章　佐川幸義先生語録　第8章　思い出アルバム

咲 セリ〔1979～〕　さき・せり

◇死にたいままで生きています。　咲セリ著　ポプラ社　2015.5　175p　19cm　1200円　Ⓟ978-4-591-14520-3　Ⓝ289.1

内容 第1章　いらない自分　第2章　自己否定感という病魔　第3章　心の病気を抱える現実　第4章　心の病気と生活　第5章　生きづらさと向きあう　第6章　つながりあう　第7章　だけど生きていくために　終章　生きてる「今」を抱きしめて

向坂 逸郎〔1897～1985〕　さきさか・いつろう

◇向坂逸郎評伝　上巻　1897～1950　石河康国著　社会評論社　2018.1　430p　21cm〈他言語標題：Itsuro Sakisaka Geschichte Seines Lebens　索引あり〉　4000円　Ⓟ978-4-7845-1848-7　Ⓝ289.1

内容 第1章　晩生の若木　第2章　野に放たれた虎　第3章　ファシズムと対峙　第4章　日本資本主義論争　第5章　戦中と戦時下をしのぐ　第6章　戦後戦略論議と『資本論』三昧　第7章　「前進」と「経済学方法論」のころ

◇向坂逸郎評伝　下巻　1951～1985　石河康国著　社会評論社　2018.3　386p　21cm〈他言語標題：Itsuro Sakisaka Geschichte Seines Lebens　年譜あり　索引あり〉　4000円　Ⓟ978-4-7845-1849-4　Ⓝ289.1

内容 第8章　左派社会党とともに　第9章　スターリン批判をはさんで　第10章　六〇年三池闘争前後　第11章　構造改革論争、『マルクス伝』第12章　社会主義協会の発展　第13章　最後の奮闘　第14章　最晩年

鷺巣 政安〔1932～〕　さぎす・まさやす

◇アニメ・プロデューサー鷺巣政安―さぎすまさやす・元エイケン製作者　鷺巣政安,但馬オサム著　ぶんか社　2016.5　223p　21cm〈文献あり〉　1800円　Ⓟ978-4-8211-4426-6　Ⓝ778.77

内容 序章　口上に代えて―　第1章　とりあえず、兄貴と僕のこと　第2章　TCJ入社　CMから「仙人部落」へ　第3章　弾よりも速く　ビルのまちにガォー　第4章　アニメとスポンサー　第5章　サザエさんの半世紀　第6章　さらなる可能性をもとめて　第7章　悔いの残った『ガラスの仮面』第8章　忘れ得ぬ人たち　特別対談　鷺巣政安×古谷敏　第9章　『キャプテン』とあきおちゃん　終章　初めよければすべてよし

佐喜眞 道夫〔1946～〕　さきま・みちお

◇アートで平和をつくる―沖縄・佐喜眞美術館の軌跡　佐喜眞道夫著　岩波書店　2014.7　71p　21cm（岩波ブックレット No.904）　660円　Ⓟ978-4-00-270904-8　Ⓝ706.9

内容 1　熊本の少年時代　2　学生運動から鍼灸師へ　3　軍用地代を使ったコレクション　4　丸木夫妻との出会い　5　「沖縄戦の図」を沖縄に　6　「もの想う空間」として　「沖縄戦の図」について―修学旅行生への説明

崎山 理〔1937～〕　さきやま・おさむ

◇ある言語学者の回顧録―七十瞼矩　崎山理著　大阪　風詠社　2017.11　195p　21cm〈発売：星雲社〉　1300円　Ⓟ978-4-434-23732-4　Ⓝ801

内容 留学・調査記（インドネシアに学んで　モロタイ島は遠かった―薄れゆく戦争の記憶　ほか）　報告・エッセイ・講演（言語学からの報告　マダガスカル語系統研究その後　ほか）　追悼文・伝記（村上次男先生の思い出　私と外語大と田島宏先生　ほか）　対談（姫神（音楽アーティスト）との言語と音楽と　湯浅浩史（民族植物学者）―マダガスカルから地球が見える・島大陸は好奇心のるつぼ　ほか

佐久 友朗〔1942～〕　さく・ともろう

◇だから、今がある一頑張った先には頑張った自分がいるのです　佐久友朗著　あけび書房　2016.6　237p　20cm　1700円　Ⓟ978-4-87154-143-5　Ⓝ289.1

内容 1　なぜ医師になろうと思ったのか　2　医師への道から遠ざかる　3　どんな医者を目指したのか　4　インターンとして生と死を見つめる　5　若葉マークの医師にできることは　6　大学をやめ、十慈堂病院をつくる　7　病院つぶしてなるものか　8　指導という名のいじめを受ける　9　インフルエンザ騒動で注目を浴びる　10　何もかもはできないが、何かはできる

策彦周良〔1501～1579〕　さくげんしゅうりょう

◇牧田諦亮著作集　第5巻　策彦入明記の研究　牧田諦亮著,『牧田諦亮著作集』編集委員会編　京都　臨川書店　2016.7　681,14p　23cm〈付属資料：4p：月報　索引あり〉　14000円　Ⓟ978-4-653-04205-1　Ⓝ182.22

内容 第1部　翻刻篇・解題（策彦和尚入明遺文集成）　第2部　研究篇（妙知三世策彦周良、策彦入明記の系譜　五山文学史上の策彦　策彦入明記にあらわれた明仏教　策彦将来の図相南北両京路程とその類書　漂海録と唐土行程記　漂海録　附録1　了庵桂悟と壬申入明記　附録2　唐土行程記談義）

作宮〔1689～1692〕　さくのみや

◇四親王家実録　21　桂宮実録　第2巻（智忠親王実録・穏仁親王実録・長仁親王実録・尚仁親王実録・作宮実録）　吉岡眞之,藤井譲治,岩壁義光監修　ゆまに書房　2016.10　295p　27cm〈布装　宮内庁宮内公文書館所蔵の複製〉　25000円　Ⓟ978-4-8433-5106-2　Ⓝ288.44

佐久間 象山〔1811～1864〕　さくま・しょうざん

◇佐久間象山　奈良本辰也,左方郁子共著　新装版　清水書院　2014.9　197p　19cm（Century Books―人と思想 48）〈文献あり　年

表あり 索引あり〉 1000円 Ⓘ978-4-389-42048-2 Ⓝ121.55
内容 1 儒学者をめざして（合理的精神の醸成 傲岸なる儒学者） 2「西洋芸術」の探究（彼を知り己を知る 「西洋芸術」の応用 予言の成就） 3 政治の中の思想（開国 志士、吉田松陰 幕府権威の失墜） 4「東洋道徳」の実践（落日への道 大命 時の痛み）

◇佐久間象山 上 松本健一著 中央公論新社 2015.1 393p 16cm （中公文庫 ま44-8)〈「評伝佐久間象山 上」(2000年刊)の改題〉 1200円 Ⓘ978-4-12-206068-5 Ⓝ121.55
内容 序章 象山暗殺 第1章 宇宙に実理は二つなし 第2章 非常の時、非常の人 第3章『省諐録』第4章 異貌のひと 第5章 東アジア世界図の中に 第6章 夷の術を以て夷を制す 第7章 黒船来航

◇佐久間象山 下 松本健一著 中央公論新社 2015.1 387p 16cm （中公文庫 ま44-9)〈「評伝佐久間象山 下」(2000年刊)の改題〉 1200円 Ⓘ978-4-12-206069-2 Ⓝ121.55
内容 第8章 開国 第9章 幽囚生活のなかで 第10章 再び幕末の動乱へ 第11章 統一国家のために 終章 人事の尽くるところ

◇生き方と死に方―人間存在への歴史的省察 坂本保富著 振学出版 2016.3 213p 21cm 〈発売：星雲社〉 1200円 Ⓘ978-4-434-21735-7 Ⓝ114
内容 第1章 人間存在の文化史的な考察（分際を弁え分相応に生きた日本人―人間存在をめぐる東西思想の根本相違 江戸時代における子供観の表と裏―子宝思想と子捨て子殺しのアンチノミー ほか） 第2章 人間存在の教育史的な考察（中勘介『銀の匙』に描かれた明治の教育―愚昧な教師を見透かす子供の鋭い眼差し 道徳の意味とその教育の再考―人と人を結び、支え合い助け合う心 ほか） 第3章 人間存在の思想史的な考察（米百俵の主人公・小林虎三郎―恩師象山の思想を日本近代化に実践 幕末期の先覚思想家・佐久間象山―日本近代化と「東洋道徳・西洋芸術」思想 ほか） 第4章 青春の今をいかに生きるか―有限な人間存在を無限化する学びの実践（母校の宇都宮高校からの講演依頼 自我の目覚め―人生の難問に遭遇した小学生時代 ほか） 第5章 悩み迷える研究的半生の回顧と展望―死に甲斐を求めて生き甲斐の今を探究（研究的半生を省みて 私の研究関心と研究課題 ほか）

佐久間 不干斎〔1556～1631〕 さくま・ふかんさい
◇利休と戦国武将―十五人の「利休七哲」 加来耕三著 京都 淡交社 2018.4 239p 19cm 1300円 Ⓘ978-4-473-04246-0 Ⓝ791.2
内容 第1章「七哲」の筆頭 蒲生氏郷 第2章 教養が生き残りの秘訣 細川三斎 第3章 信仰と茶の湯 高山右近・前田利長 第4章 悲運の茶人 瀬田掃部・豊臣秀次・木村常陸介 第5章 何処までも不可解な数寄者 荒木村重・芝山監物 第6章 滑稽味あふれるお人好し 織田常真・牧村兵部・佐久間不干斎 第7章 時代の転換期に出現 古田織部 第8章 自分の分限を知っていた 織田有楽・有馬玄蕃

佐久良 東雄〔1811～1860〕 さくら・あずまお
◇幕末―非命の維新者 村上一郎著 中央公論新社 2017.9 299p 16cm （中公文庫 む28-1)〈角川文庫 1974年刊に対談「松陰の精神とその人間像」を増補 文献あり 年表あり〉 1000円 Ⓘ978-4-12-206456-0 Ⓝ281.04
内容 第1章 大塩平八郎 第2章 橋本左内 第3章 藤田三代―幽谷・東湖・小四郎 第4章 真木和泉守 第5章 三人の詩人―佐久良東雄・伴林光平・雲井竜雄 松陰の精神とその人間像（保田與重郎×村上一郎）

さくら えみ〔1976～〕
◇プロレスという生き方―平成のリングの主役たち 三田佐代子著 中央公論新社 2016.5 253p 18cm （中公新書ラクレ 554）〈文献あり〉 840円 Ⓘ978-4-12-150554-5 Ⓝ788.2
内容 第1部 メジャーの矜持・インディーの誇り（中邑真輔―美しきアーティストが花開くまで 飯伏幸太―身体ひとつで駆け上がった星 高木三四郎―「大社長」がすごい理由 登坂栄児―プロレス界で一番の裏方 丸藤正道―運命を受け入れる天才） 第2部 女子プロレスラーという生き方（里村明衣子―孤高の横綱はなぜ仙台に行ったのか さくらえみ―突拍子もない革命家） 第3部 プロレスを支える人たち（和田京平―プロレスの本質を体現する番人 橋本和樹に学ぶ若手のお仕事 棚橋弘至―プロレスをもっと盛り上げるために）

桜 光雪〔1947～〕 さくら・こうせつ
◇剣道が恋人 桜光雪著 文芸社 2016.4 181p 15cm 600円 Ⓘ978-4-286-17007-7 Ⓝ289.1

紗倉 まな〔1993～〕 さくら・まな
◇高専生だった私が出会った世界でたった一つの天職 紗倉まな著 宝島社 2015.1 143p 19cm 〈他言語標題：WHEN I WAS EIGHTEEN,FOUND MY VOCATION〉 1300円 Ⓘ978-4-8002-3661-6 Ⓝ778.21
内容 第1章 AV女優：紗倉まなになる前のお話 第2章 18歳、今日からAV女優の仲間入り 第3章 一流のAV女優になるために私が心がけていること 第4章 AV業界で起こった衝撃のエピソード 第5章 教えてまなちゃん！AV業界のあれこれ 第6章 紗倉まなの思う恋愛と性のこと 第7章 生涯AV女優宣言

桜井 昌司〔1947～〕 さくらい・しょうじ
◇土芥寇雛超記―布川事件・櫻井昌司の獄中日記 二九年幽閉された青年の心の軌跡 塚越豊著 文藝春秋企画出版部 2017.10 737p 20cm 〈文献あり 年表あり〉 発売：文藝春秋 2778円 Ⓘ978-4-16-008910-5 Ⓝ326.23

櫻井 利憲〔1942～〕 さくらい・としかず
◇真っ赤な林檎 上巻 櫻井利憲著 文芸社 2017.5 226p 15cm 700円 Ⓘ978-4-286-18298-8 Ⓝ289.1
◇真っ赤な林檎 下巻 櫻井利憲著 文芸社 2017.5 235p 15cm 700円 Ⓘ978-4-286-18299-5 Ⓝ289.1

桜井 誠〔1972～〕 さくらい・まこと
◇ネットと愛国 安田浩一著 講談社 2015.11 501p 15cm （講談社+α文庫 G264-1）〈2012

年刊の加筆・修正〉　900円　①978-4-06-281632-8　Ⓝ361.65

内容　1 在特会の誕生―過激な"市民団体"を率いる謎のリーダー・桜井誠の半生　2 会員の素顔と本音―ごくごく普通の若者たちは、なぜレイシストに豹変するのか　3 犯罪というパフォーマンス―ついに逮捕者を出した「京都朝鮮学校妨害」「徳島県教組乱入」事件の真相　4 「反日」組織のルーツ―「行動する保守」「新興ネット右翼」勢力の面々　5 「在日特権」の正体―「在日コリアン＝特権階級」は本当か？　6 離反する大人たち―暴走を続ける在特会に、かつての理解者や民族派を失望し、そして去っていく　7 リーダーの豹変と虚実―身内を取材したことで激怒した桜井は私に牙を向け始めた…　8 広がる標的―反原発、パチンコ、フジテレビ…気に入らなければすべて「反日勢力」　9 在特会に加わる理由―疑似家族、承認欲求、人と人同士のつながり…みんな"何か"を求めている

桜井 政太郎〔1937～2016〕さくらい・まさたろう
◇「桜井政太郎」顕彰記念誌―日本の「視覚障がい者のための手でみる博物館」創設者　日本の「視覚障がい者のための手でみる博物館」創設者「桜井政太郎」顕彰記念誌編集委員会編　盛岡　岩手県視覚障害者福祉協会　2017.2　208p　30cm　〈年譜あり〉　非売品　Ⓝ289.1

櫻井 よしこ〔1945～〕さくらい・よしこ
◇何があっても大丈夫　櫻井よしこ著　新潮社　2014.7　438p　16cm　（新潮文庫　さ-41-9）　670円　①978-4-10-127229-0　Ⓝ289.1

内容　第1章 しっかり物を見なさい―母がくれた宝物（母の秘密　国破れて山河あり　モーボサンセン　ほか）　第2章 私たちは二番目なんだ―父からの自立（ミセス・ロングドレス　豹変　沙なスーツケース　ほか）　第3章 一体、何になりたいのか―ジャーナリストへの道（私には、出来ると思う　彼らの流儀　官邸の攻防　ほか）

桜田 一男　さくらだ・かずお
⇒ケンドー・ナガサキを見よ

桜田 治助（1代）〔1734～1806〕さくらだ・じすけ
◇評伝 鶴屋南北　古井戸秀夫著　白水社　2018.8　2冊（セット）　21cm　25000円　①978-4-560-09623-9　Ⓝ912.5

内容　第1巻（鶴屋南北の遺言　ふたつの出自　金井三笑と桜田治助　大谷徳次と坂東善次　三代目板東彦三郎と並木五瓶　尾上松助と怪談狂言）　第2巻（五代目松本幸四郎と生世話　五代目岩井半四郎と悪婆　七代目市川團十郎と色悪　三代目尾上菊五郎と「兼ル」役者）

桜庭 和志〔1969～〕さくらば・かずし
◇哀しみのぼく。　桜庭和志著　東邦出版　2014.8　223p　19cm　1400円　①978-4-8094-1238-7　Ⓝ788.2

内容　第1章 虚夢、見ざる―HERO'S、Dynamite!!DREAM、「PRIDE以降」の総合格闘技（攻撃は最大の防御なり　ザ・レスラー柴田勝頼という男　ハイブリッドな恐怖感　船木誠勝戦はすべてが未知！　ほか）　第2章 されど、泣かざる―家族について、父親について、命について、人生の悲喜交々（選手として理想的な幕の引き方とは　それでもぼくは闘いつづけたい　自分で自分の責任が取れる大人に　これがぼく流子育て論　ほか）　第3章 結末、聞かざる―初めての減量、耳の剝落、一本負け…。それでもぼくは闘いつづける（新世代グレイシーと対戦　前代未聞の"パンツ事件"発生!?　意味が異なるふたつの笑顔　メイヘム戦で初めての一本負け　ほか）　第4章 泣きごと、言わざる―新日本プロレスに参戦。中邑戦、永田戦、鈴木戦、そしてこれから（16年ぶりの新日本のリング　総合格闘技とプロレスの違いとは　そこはまるで濃霧に包まれた浜辺　そんななか、頼りになるのはあの男！　ほか）

桜町天皇〔1720～1750〕さくらまちてんのう
◇伏見院宸記 付桜町院宸筆御添状―歴代天皇寝筆集　桜町天皇著　宮内庁書陵部　2017.1　1軸　34cm　〈付属資料：5p；解題釈文　箱入　宮内庁書陵部蔵の複製　和装〉　Ⓝ210.55

ザ・グレート・カブキ〔1948～〕
◇全日本プロレス超人伝説　門馬忠雄著　文藝春秋　2014.7　218p　18cm　（文春新書 981）〈文献あり〉　800円　①978-4-16-660981-9　Ⓝ788.2

内容　ジャイアント馬場 王道プロレスの牽引者　ジャンボ鶴田 完全無欠のエース　ザ・デストロイヤー「日本のレスラー」になった魔王　アブドラ・ザ・ブッチャー 血染めの凶器使い　ミル・マスカラス 千の顔を持つ男　大仁田厚 ジュニアヘビー級の尖兵　ザ・ファンクス テキサス・ブロンコの心意気　スタン・ハンセン＆ブルーザー・ブロディ 不沈艦と最強コンビ　ザ・グレート・カブキ 毒霧噴く"東洋の神秘"　三沢光晴 男気のファイター　小橋建太 病魔に勝った鉄人　天龍源一郎 不滅の負けじ魂　ジョー樋口 厳しく優しいプロレスの番人

◇"東洋の神秘"ザ・グレート・カブキ自伝　ザ・グレート・カブキ著　辰巳出版　2014.11　255p　19cm　（G SPIRITS BOOK Vol.3）〈他言語標題：An Autobiography by The Great Kabuki〉　1350円　①978-4-7778-1393-3　Ⓝ788.2

内容　隠れ里伝承に包まれたミステリアスな俺の家系　15歳で日本プロレスに入門を直訴　リキ・パレスにあった「道場」という名の地獄　突然の人員整理と5万円の退職金　芳の里さんに授けられた「高千穂明久」の由来　生意気な後輩は制裁すべし！　"若獅子"アントニオ猪木と初対面　東南アジア遠征で暴動が発生　後輩・マサ斎藤とロサンゼルスで再会　デトロイトで「ヨシノ・サト」に変身　ほか

迫水 久常〔1902～1977〕さこみず・ひさつね
◇天皇陛下の御聖断―二・二六事件と終戦の真相　終戦七十周年記念講演録　中江克己著　はるかぜ書房　2015.11　229p　21cm　（発売：慧文社）　2000円　①978-4-86330-155-9　Ⓝ210.7

内容　序（中江克己の生い立ちと経歴　天皇陛下からお言葉を賜る）　前篇 二・二六事件の秘話（二・二六事件の序説　陸軍士官学校事件　永田軍務局長を斬殺した相沢事件　ほか）　後篇 終戦の真相（開戦前夜　天皇陛下のお気持ち　真珠湾攻撃による日米戦争の開戦　ほか）　むすび

さこんしよ

左近允 孝之進〔1870〜1909〕 さこんじょう・こうのしん
◇左近允孝之進—兵庫県の視覚障害者教育の父 松岡秀隆著 福崎町(兵庫県) 松岡秀隆 2014.6 131p 19cm 〈制作:交友プランニングセンター/友月書房(神戸)〉 3000円 ⓘ978-4-87787-619-7 Ⓝ289.1

左近允 尚正〔1890〜1948〕 さこんじょう・なおまさ
◇最前線指揮官の太平洋戦争—海と空の八人の武人の生涯 岩崎剛二著 新装版 潮書房光人社 2014.10 256p 16cm 〈光人社NF文庫 い N-854〉 750円 ⓘ978-4-7698-2854-9 Ⓝ392.8
|内容| 勇将のもとに弱卒なし—敵将が賞讃した駆逐艦長・春日均中佐の操艦 生きて祖国の礎となれ—初志を貫いた潜水艦長・南部伸清少佐の無念 被爆の身をも顧みず—第五航空艦隊参謀・今村正己中佐の至誠 遺髪なく遺骨なく—第十六戦隊司令官・左近允尚正中将の運命 われに後悔なく誇りあり—幸運に導かれた潜水艦長・坂本金美少佐の気概 蒼空の飛翔雲—歴戦の飛行隊長・髙橋定少佐の航跡 見敵必殺の闘魂を秘めて—海軍の至宝と謳われた入佐家少将の信条 飢餓と石爆撃に耐えて—孤島を死守した吉見信一少将の信念

笹井 芳樹〔1962〜2014〕 ささい・よしき
◇祈りをこめて—芳樹が生きていた証を 笹井珂代子著 〔出版地不明〕 笹井珂代子 2015.2 164p 21cm Ⓝ289.1

笹川 陽平〔1939〜〕 ささがわ・ようへい
◇宿命の子—笹川一族の神話 髙山文彦著 小学館 2014.12 701p 20cm 〈文献あり 年譜あり 索引あり〉 2500円 ⓘ978-4-09-379863-1 Ⓝ289.1
|内容| 私生児の空 A級戦犯容疑者 下男として生きて 父の家 巣鴨プリズン 天皇を守れ ボートレース創始 嫡男になる ハンセン病を制圧せよ 孤独な改革者 乱心と献身 お家騒動 巨魁秘録 新会長 曽野綾子 国連決議への道 世界の表と裏で 東日本大震災
◇宿命の戦記—笹川陽平、ハンセン病制圧の記録 髙山文彦著 小学館 2017.12 461p 20cm 〈文献あり 年譜あり〉 1900円 ⓘ978-4-09-379899-0 Ⓝ498.6
|内容| 神よ、なぜに見捨て給うか—インド/ムンバイ、プネー 砂嵐のあとで—エジプト/カイロ、アレキサンドリア 風光る国の奥には—アフリカ/マラウィ共和国 ピグミーの森、踊る大使—アフリカ/中央アフリカ共和国 ゼロの大地から—インド/チャティスガール州ライプール 引き裂かれた母子—ブラジル/リオデジャネイロ 愛を乞う者—ロシア/ウクライナ 忘れ得ぬ人びと—中央アジア/西ヨーロッパ/アフリカ 叫びと囁き—ブラジル/マットグロッソ州クイアバ 少女は拍手に包まれて—西太平洋/キリバス共和国 〔ほか〕

笹川 能孝〔1968〜〕 ささかわ・よしたか
◇笹川流 笹川能孝著 竹書房 2017.8 226p 19cm 〈文献あり〉 1800円 ⓘ978-4-8019-1155-0 Ⓝ289.1
|内容| 第1章 私について(父の予言 経営者としての師 ほか) 第2章 男の磨き方(男と男の子 イクメンの悪影響 ほか) 第3章 笹川良一のこと(鬼ジジイ、鬼ババア 殺してもええのか ほか) 第4章 Reframe Japan—この国の行方(天皇という世界唯一の存在 大きな和、小さな和 ほか)

笹川 良一〔1899〜1995〕 ささかわ・りょういち
◇宿命の子—笹川一族の神話 髙山文彦著 小学館 2014.12 701p 20cm 〈文献あり 年譜あり 索引あり〉 2500円 ⓘ978-4-09-379863-1 Ⓝ289.1
|内容| 私生児の空 A級戦犯容疑者 下男として生きて 父の家 巣鴨プリズン 天皇を守れ ボートレース創始 嫡男になる ハンセン病を制圧せよ 孤独な改革者 乱心と献身 お家騒動 巨魁秘録 新会長 曽野綾子 国連決議への道 世界の表と裏で 東日本大震災
◇米国国立公文書館機密解除資料 CIA日本人ファイル 第7巻・第12巻 加藤哲郎編・解説 現代史料出版 2014.12 6冊(セット) 30cm 190000円 ⓘ978-4-87785-303-7 Ⓝ319.1053
|内容| 第7巻(大川周明 笹川良一 重光葵 下村定) 第8巻(小野寺信) 第9巻(正力松太郎) 第10巻(辰巳栄一 和知鷹二 和智恆蔵) 第11巻(辻政信(1)) 第12巻(辻政信(2))

佐々木 あき〔1930〜〕 ささき・あき
◇平和をつなぐ—「昭和」を生きて 佐々木あき著 名古屋 ゆいぽおと 2018.2 190p 19cm 1000円 ⓘ978-4-905431-14-5 Ⓝ289.1

佐々木 明廣〔1941〜〕 ささき・あきひろ
◇島影を求めて 佐々木明廣著 幻冬舎メディアコンサルティング 2017.8 200p 19cm 〈発売:幻冬舎〉 1200円 ⓘ978-4-344-91278-6 Ⓝ289.1
|内容| 第1部 セールスエンジニアの世界へ(北の海からの別れ 呉の思い出 ほか) 第2部 冷戦時代の対ソ貿易(シベリウスの世界 OSB建材製造プラントの建設 ほか) 第3部 海へのロマン(再び海へ 西伊豆の魅力 ほか) 第4部 シーガル紀行(シーガル1号遂に石廊崎を越える ほか) 第5部 商社マンから起業家へ(ロングフレッシュ国産化 森繁さんとの出会い ほか)

佐々木 明〔1981〜〕 ささき・あきら
◇鬼攻め—魂削って 佐々木明著 横浜 アートオフィスプリズム 2014.10 193p 19cm 〈発売:報知新聞東京本社出版部〉 1296円 ⓘ978-4-8319-0145-3 Ⓝ784.33
|内容| 序章 戦いの果てに— 第1章 勝つために滑る 第2章 才能と限界 第3章 世界を魅了した日 第4章 家族の絆 第5章 片翼のスラローマー 第6章 アスリートの使命 第7章 剥奪されたプライド 第8章 Ski life goes on

佐々木 数修都〔1970〜〕 ささき・かずひろ
◇学歴がなくても、年収6億円を稼ぐ男の人生—「顧客目線」で不動産業界の常識を打ち壊す、佐々木数修都の型破り経営 鶴蒔靖夫著 IN通

信社　2018.6　230p　20cm　1800円　⑦978-4-87218-442-6　Ⓝ520.9

内容　第1章　過熱する不動産市場の現状と課題　第2章　投資用マンションで快進撃を続ける金太郎グループ　第3章　サービスを売る＝潰れない会社　第4章　強烈逆転人生・佐々木数修都の47年間　第5章　理念を込めた人材育成　第6章　地域社会に寄り添いながら歩む金太郎グループ

佐々木　邦〔1883～1964〕　ささき・くに

◇朗らかに笑え―ユーモア小説のパイオニア佐々木邦とその時代　松井和男著　講談社　2014.7　269p　20cm　1600円　⑦978-4-06-219049-7　Ⓝ910.268

内容　明治十九年の壮大なプロジェクト　負けない男・林蔵　伯林の三年間　帝国議会議事堂　青天の霹靂　胎動　邦の青春　作家の支度　ユーモア作家の誕生　家族の絆　邦と戦争　老いらくの恋

佐々木　松夕〔1722～1817〕　ささき・しょうせき

◇奥会津の画師　佐々木松夕　小林政一著　昭和村（福島県）ふるさと企画　2015.11　143p　21cm　〈年表あり　文献あり〉　1500円　Ⓝ721.4

佐々木　史朗〔1939～〕　ささき・しろう

◇時の過ぎゆくままに　佐々木史朗著、松田広子, 高崎俊夫, 田中ひろこ編　ワイズ出版　2018.11　353p　21cm　〈作品目録あり　年譜あり〉　2750円　⑦978-4-89830-322-1　Ⓝ778.21

内容　1　佐々木史朗ができるまで（アカシアの大連　異国への帰国　ほか）　2　ATGのビフォア＆アフター（はじめてのATG映画　なぜか映画を作ることに　ほか）　3　オフィス・シロウズ（いつもはじまりはイージーゴーイング　大女優アン・バンクロフトとの仕事　ほか）　4　次の時代は誰が…（「こんなことがあった」が一番面白いのだが　かつての若手監督たちではか）

佐々木　眞爾〔1926～2016〕　ささき・しんじ

◇佐久の大番頭―農村医療にかけた佐々木眞爾　佐久「佐久の大番頭」編集委員会　2018.6　261p　20cm　〈著作目録あり〉　Ⓝ611.99

佐々木　たいめい〔1950～〕　ささき・たいめい

◇自分を生きる　佐々木たいめい著　高木書房　2018.6　237p　19cm　1400円　⑦978-4-88471-812-1　Ⓝ289.1

内容　第1章　ヘアースタイリストの道へ、結婚直後に大きな試練　第2章　第十四回全日本綜合チャンピオン誕生物語　第3章　自分の人生を大きく変えたセミナー　第4章　持って生まれた使命を生きる　第5章　「自分を生きる」ために　第6章　法則に生きる

佐々木　高氏　ささき・たかうじ
⇒佐々木道誉（ささき・どうよ）を見よ

佐々木　孝丸〔1898～1986〕　ささき・たかまる

◇起て、飢えたる者よ〈インターナショナル〉を訳詞した怪優・佐々木孝丸　砂古口早苗著　現代書館　2016.11　246p　20cm　〈文献あり　年譜あり〉　2200円　⑦978-4-7684-5792-4　Ⓝ772.1

内容　序章　敗北者の逃走　第1章　大正の薫風　第2章　ああインターナショナル　第3章　昭和の暴風　第4章　戦後娯楽映画脇役半生　終章　怪優の陰翳

佐々木　毅〔1942～〕　ささき・たけし

◇知の創造を糧として　佐々木毅著, 秋田魁新報社編　秋田　秋田魁新報社　2017.6　145p　18cm　（さきがけ新書　26―シリーズ時代を語る）　800円　⑦978-4-87020-390-7　Ⓝ289.1

佐々木　正〔1915～2018〕　ささき・ただし

◇ロケット・ササキ―ジョブズが憧れた伝説のエンジニア・佐々木正　大西康之著　新潮社　2016.5　253p　20cm　〈文献あり〉　1500円　⑦978-4-10-350071-1　Ⓝ289.1

内容　プロローグ　孫正義の「大恩人」、スティーブ・ジョブズの「師」　第1章　台湾というコスモポリス　第2章　「殺人電波」を開発せよ　第3章　アメリカで学んだ「共創」　第4章　早川電機への転身　第5章　「ロケット・ササキ」の誕生　第6章　電卓戦争と電子立国への道　第7章　未来を創った男　エピローグ　独占に一利なし

佐々木　忠次〔1933～2016〕　ささき・ただつぐ

◇孤独な祝祭佐々木忠次―バレエとオペラで世界と闘った日本人　追分日出子著　文藝春秋　2016.10　396p　20cm　〈文献あり　年譜あり〉　1800円　⑦978-4-16-390550-1　Ⓝ769.9

内容　序章　東京バレエ団、パリ・オペラ座の舞台を踏む　第1章　目黒の美の殿堂　第2章　現実に絶望、虚構にのめり込む　第3章　舞台監督という仕事　第4章　東京バレエ団誕生「放浪」バレエ団からの出発　第5章　TOKYO BALLETが世界を行く　第6章　ミラノ・スカラ座への道　ベジャールの時代　第7章　怒りの人

佐々木　忠綱〔1898～1989〕　ささき・ただつな

◇満洲分村移民を拒否した村長―佐々木忠綱の生き方と信念　大日方悦夫著　長野　信濃毎日新聞社　2018.8　215p　19cm　（信毎選書　27）〈文献あり　年譜あり〉　1200円　⑦978-4-7840-7333-7　Ⓝ334.5152

内容　第1章　忠綱の原点―教育と医療への思い　第2章　自由大学で学ぶ―生涯の基軸　第3章　満洲移民とは―推進の背景・経緯と長野県　第4章　忠綱が見た満洲移民　第5章　分村移民を拒む―2回目村政での決心　第6章　教育と医療への情熱　第7章　満洲国の崩壊と忠綱の戦後

佐々木　常夫〔1944～〕　ささき・つねお

◇ビジネスマンが家族を守るとき　佐々木常夫著　WAVE出版　2016.1　207p　18cm　（Sasaki Pocket Series）〈「ビッグツリー」完全版（2012年刊）の改題、改訂・改稿〉　1000円　⑦978-4-87290-790-2　Ⓝ289.1

内容　何のための人生か　運命を引き受けるには何が必要か？　困難を乗り越えるには何が必要か？　多忙に流されないためには？　ひとりでがんばらないためには？　いったい父親は何をしているのか？　家族の一大事に仕事はどうしたらいいのか？　終わりなき、家族問題　生きていてよかった　家族が再び息を吹きかえすには？　人は変わることはで

きるのか？ 「人には言えない」社会でいのか？ 幸福は家族が導いてくれるもの

佐々木 到一〔1886～1955〕 ささき・とういち
◇帝国軍人の弁明―エリート軍人の自伝・回想録を読む 保阪正康著 筑摩書房 2017.7 205p 19cm （筑摩選書 0146） 1500円 Ⓘ978-4-480-01654-6 Ⓝ396.21
|内容| 序章 軍人の回想録・日記・自伝を読む 第1章 石原莞爾の『世界最終戦論』を読む 第2章 堀栄三『大本営参謀の情報戦記』を読む 第3章 武藤章『比島から巣鴨へ』を読む 第4章 佐々木到一『ある軍人の自伝』を読む 第5章 田中隆吉『日本軍閥暗闘史』を読む 第6章 河邊虎四郎『市ヶ谷台から市ヶ谷台へ』を読む 第7章 井本熊男『作戦日誌で綴る大東亜戦争』を読む 第8章 遠藤三郎『日中十五年戦争と私』を読む 第9章 磯部浅一『獄中日記』を読む 第10章 瀬島龍三『幾山河』を読む 終章 歴史に残すべき書

佐々木 道誉〔1306～1373〕 ささき・どうよ
◇南北朝―日本史上初の全国的大乱の幕開け 林屋辰三郎著 朝日新聞出版 2017.12 227p 18cm （朝日新書 644）〈朝日文庫 1991年刊の再刊〉 760円 Ⓘ978-4-02-273744-1 Ⓝ210.45
|内容| 序章 内乱の前夜 第1章 結城宗広―東国武士の挙兵 第2章 楠木正成―公家勢力の基盤 第3章 足利尊氏―室町幕府の創設 第4章 後村上天皇―吉野朝廷の生活 第5章 佐々木道誉―守護大名の典型 第6章 足利義満―国内統一の完成 付章 内乱の余波

佐々木 徹〔1929～〕 ささき・とおる
◇力の限り―出会いの人生八十五年 佐々木徹著, 板垣輝治編 札幌 佐々木徹 2014.11 212p 21cm 〈発行所：旭図書刊行センター〉 Ⓘ978-4-86111-133-4 Ⓝ289.1

佐々木 美智子〔1934～〕 ささき・みちこ
◇新宿、わたしの解放区 佐々木美智子著, 岩本茂之聞き書き 増補版 札幌 寿郎社 2017.8 287p 20cm 〈年譜あり〉 2500円 Ⓘ978-4-909281-01-2 Ⓝ289.1
|内容| 根室 函館、札幌 上京 映画の世界へ 恋人 写真の世界へ 新宿ゴールデン街 秋田くん 解放区 竜馬暗殺 〔ほか〕

佐々木 三和吉〔1883～1962〕 ささき・みわきち
◇田園都市の基礎を築いた初代遠野市長佐々木三和吉 岩533昭編著 矢巾町（岩手県） ツーワンライフ 2015.11 134p 31cm 〈背のタイトル：初代遠野市長佐々木三和吉 年表あり 年譜あり〉 Ⓝ318.222

佐々木 幸夫〔1933～〕 ささき・ゆきお
◇道を拓く―佐々木幸夫回想記 佐々木幸夫著 〔亀岡〕 佐々木幸夫 2018.11 142p 21cm 非売品 Ⓝ289.1

佐々木 伃利子 ささき・よりこ
◇人生はアンダンテで 佐々木伃利子著 名古屋 中部経済新聞社 2016.3 214p 18cm （中経マイウェイ新書 029）〈文献あり〉 800円 Ⓘ978-4-88520-198-1 Ⓝ762.1

佐々木 良三〔1935～〕 ささき・りょうぞう
◇絵をつくる人生を描く 佐々木良三著, 秋田魁新報社編 秋田 秋田魁新報社 2015.7 159p 18cm （さきがけ新書 19―シリーズ時代を語る）〈年譜あり〉 800円 Ⓘ978-4-87020-371-6 Ⓝ289.1

捧 洋子〔1943～〕 ささげ・ようこ
◇私の瞳は万華鏡 捧洋子著 文芸社 2015.8 108p 20cm 1200円 Ⓘ978-4-286-16401-4 Ⓝ289.1

笹本 恒子〔1914～〕 ささもと・つねこ
◇ライカでショット！―私が歩んだ道と時代 笹本恒子著 新潮社 2014.9 284p 16cm （新潮文庫 さ-84-1）〈清流出版 2002年刊の一部改稿〉 520円 Ⓘ978-4-10-126161-4 Ⓝ740.21
|内容| 戦前ヘズーミング（報道写真家への誘い 写真協会の喧噪と活気 無我夢中の大胆行動 突然の休職と母の死 再び写真協会へ ほか） 戦後のスナップショット（新聞記者一年生 総合病院のカルテ 復員服の魔法使い 新聞切り替えを機に 女性だけの新聞誕生 ほか）

◇好奇心ガール、いま101歳―しあわせな長生きのヒント 笹本恒子著 小学館 2015.10 253p 15cm （小学館文庫 さ23-1）〈『好奇心ガール、いま97歳』(2011年刊)の改題、加筆修正〉 570円 Ⓘ978-4-09-406223-6 Ⓝ740.21
|内容| 1章 楽しいひとりぼっち（97歳のひとり暮らしはこんなふうです "おいしいものを適度に"が食事の基本 老人ホームはやめてリフォームをしました 甘えない、頼りすぎないのが元気の秘訣かしら 96歳からの人生を変えたある日の出来事） 2章 女性報道写真家の道へ（はじめて耳にした「報道写真家」という仕事 瞬間勝負の仕事はハプニングがいっぱい 新しい時代を迎え、仕事は波瀾万丈） 3章 再出発は71歳（二十余年の寄り道の末、もう一度、写真家に 撮りたいテーマは迷わず実行 人生も恩師が教えてくれたこと） 4章 花は始めも終わりもよろしく（いくつになっても恋をして おしゃれをする心は昔もいまも 最期は大好きな人に手を握られて）

◇103歳。どこを向いても年下ばかり―いつでもときめいて生きる 笹本恒子著 京都 PHP研究所 2017.11 159p 19cm 1300円 Ⓘ978-4-569-83872-4 Ⓝ740.21
|内容| 人生103年を振り返れば 日本初の女性報道写真家誕生 年は取るものではなく捨てるもの ただいまシニアメゾンで いつも、いつも、ときめいていたい いつでも恋を 食べることは命を養うこと 時代を目撃してきました 明治生まれの女性たちに学ぶ なんでも一生懸命 まだまだやりたいことがたくさん！

笹森 儀助〔1845～1915〕 ささもり・ぎすけ
◇辺境を歩いた人々 宮本常一著 河出書房新社 2018.6 287p 15cm （河出文庫 み19-7）〈文献あり 年表あり 年譜あり〉 760円 Ⓘ978-4-309-41619-9 Ⓝ281
|内容| 近藤富蔵（流され人 近藤重蔵と最上徳内 ほか） 松浦武四郎（えぞ地の探検 おいたちと諸国めぐり

ほか) 菅江真澄(じょうかぶりの真澄 浅間山の噴火 ほか) 笹森儀助(幕末の世に生まれて 牧場の経営 ほか)

笹森 順造〔1886〜1976〕ささもり・じゅんぞう
◇剣道大臣—笹森順造と撓競技 山本甲一著 毛呂山町(埼玉県) 島津書房 2017.9 458p 21cm 〈文献あり〉 3200円 Ⓘ978-4-88218-165-1 Ⓝ789.3

内容 八月十五日 学校剣道禁止 衆議院選出馬 政治家 剣道部学生奔走 連立政権 剣道大臣 天皇巡幸 剣道家たち 撓競技誕生 浸透 薙刀支援 飛躍 日本独立 行事拡大 全日本剣道連盟 国民体育大会参加

篠屋 宗䃺〔?〜1625〕ささや・そうかん
◇篠屋宗䃺とその周縁—近世初頭・京洛の儒生 長坂成行著 汲古書院 2017.2 292,14p 22cm 〈文献あり 年譜あり 索引あり〉 8000円 Ⓘ978-4-7629-3632-6 Ⓝ121.53

内容 宗䃺探索の発端と資料 五山僧との交流、漢和聯句会への参加 宗䃺と西洞院時慶・加藤清正 宗䃺と文英清韓 中院通勝の源氏講釈と浅井左馬助・鳥丸光広 宗䃺と林羅山との交流 宗䃺と智仁親王、漢籍講釈 宗䃺と中院通村 宗䃺の加賀行きと松永昌三・王国鼎 松永昌三の『宗䃺老生詠拌叙』 篠屋宗䃺の生涯 多福文庫について

笹山 徳治〔1951〜2017〕ささやま・とくじ
◇さるかに共和国建国宣言—多文化共生の若葉塾物語 笹山徳治著 岡山 吉備人出版 2017.7 338p 19cm 2000円 Ⓘ978-4-86069-508-8 Ⓝ289.1

佐治 敬三〔1919〜1999〕さじ・けいぞう
◇佐治敬三と開高健最強のふたり 北康利著 講談社 2015.7 477p 20cm 〈文献あり 年譜あり〉 1800円 Ⓘ978-4-06-218612-4 Ⓝ289.1

内容 第1章 ふたつの戦争(シュタインヘーガー作戦 初戦惨敗 ほか) 第2章 佐治家 養子の謎(元祖やってみなはれ おでこにも蠅とまってるで ほか) 第3章 寿屋宣伝部とトリスバーの時代(ごぞんじ! 開高健 洋酒天国 ほか) 第4章 オールドショックと犬の生活(オールドでつかんだ世界一 『夏の闇』の"女" ほか) 第5章 悠々として急げ(モンゴルに見た夢 「毒蛇は急がず」と言うたやないか ほか)

◇佐治敬三と開高健最強のふたり 上 北康利著 講談社 2017.10 325p 15cm (講談社+α文庫 G310-1) 790円 Ⓘ978-4-06-281730-1 Ⓝ289.1

内容 序章 第1章 ふたつの戦争(シュタインヘーガー作戦 初戦惨敗 そろそろサジ投げるか? もうひとつの戦争 現代は輝ける闇である) 第2章 佐治家養子の謎(元祖やってみなはれ おでこに蠅とまってるで 「生命の水」に取り憑かれて 鳥井クニと佐治くに たび重なる試練 二代目社長を運命づけられたお目 神も仏もあるものか) 第3章 寿屋宣伝部とトリスバーの時代(ごぞんじ! 開高健)

◇佐治敬三と開高健最強のふたり 下 北康利著 講談社 2017.10 309p 15cm (講談社+α文庫 G310-2) 〈文献あり 年譜あり〉 790円 Ⓘ978-4-06-281731-8 Ⓝ289.1

内容 第3章 寿屋宣伝部とトリスバーの時代 "承前"(人生を観察することに専念 洋酒天国 幸運が引き寄せた芥川賞 「人間」らしくやりたいナ) 第4章 オールドショックと犬の生活(オールドでつかんだ世界一 『夏の闇』の"女" 「鮮烈な一言半句」はあるか 日本のメディチ家 ザ・ウイスキー 水商売もまた国家なり) 第5章 悠々として急げ(モンゴルに見た夢 「毒蛇は急がず」と言うたやないか 南無、森羅万象 最後の大旦那)

佐治 信忠〔1945〜〕さじ・のぶただ
◇リーダーズ・イン・ジャパン—日本企業いま学ぶべき物語 有森隆著 実業之日本社 2014.7 270p 19cm 〈他言語標題:Leaders in Japan〉 1400円 Ⓘ978-4-408-11077-6 Ⓝ332.8

内容 1「創業家」の精神(豊田章男(トヨタ自動車)—「あさって」を見つめている男は、持続的成長に向けて手綱緩めず 岡田卓也、岡田元也(イオン)—増殖を続ける流通帝国。肉食系のM&Aは岡田親子の遺伝子 鈴木修(スズキ)—「三兆円企業」の名物ワンマン社長の強気と苦悩) 2「カリスマ」の本気(孫正義(ソフトバンク)—大ボラを次々と現実のものにした「孫氏の兵法」を徹底解剖する 鈴木敏文(セブン&アイ)—息子に第三の創業を託すのか?「流通王」鈴木敏文の究極の選択 柳井正(ファーストリテイリング)—徒手空拳で小売業世界一に挑む男にゴールはない) 3「中興の祖」の逆襲(佐治信忠(サントリーホールディングス)—「やってみなはれ」の精神で佐治信忠は一世一代の大勝負に出る 高原豪久(ユニ・チャーム)—東南アジアに針路をとれ! 二代目社長、高原豪久の"第三の創業" 奥田務(J.フロントリテイリング)—「脱百貨店」の旗手、奥田務の正攻法に徹した改革) 4「異端児」の反骨(岡藤正広(伊藤忠商事)—野武士集団の復活を目指す伝説の繊維マン 津賀一宏(パナソニック)—テレビ社から自動車社への大転換。生き残りを懸け、エースが陣頭指揮 永井浩二(野村ホールディングス)—増資インサイダー事件で信用を失墜したガリバーを再生。変革に挑む営業のカリスマ)

佐瀬 一男〔1943〜〕させ・かずお
◇大学教授になった不良少年 佐瀬一男著 第三文明社 2015.8 174p 19cm 1200円 Ⓘ978-4-476-03346-5 Ⓝ289.1

佐多 稲子〔1904〜1998〕さた・いねこ
◇佐多稲子研究 戦後篇 北川秋雄著 大阪 大阪教育図書 2016.3 417p 22cm 7000円 Ⓘ978-4-271-21045-0 Ⓝ910.268

内容 1 戦後出発と戦争責任問題(「樹々のさやぎ」—敗戦直後の勧善懲悪小説 「私の東京地図」の迷論 佐多稲子の敗戦処理—「虚偽」「泡沫の記憶」を中心に 「夜を背に昼をおもてに」論—婦人民主クラブのことなど) 2 五〇年問題(佐多稲子の五〇年問題—「みどりの並木道」のことなど 「機械のなかの青春」前後—一九五一年党除名と復帰の間で) 3 党復帰から再除名まで(戦後の中間小説—「体の中を風が吹く」「愛とおもとに」「歯車」論—非合法時代 "正史"としての制約 「渓流」私注—三つの家と背後の闇 「虚偽」その後—「ある夜の客」「年賀状」のこと) 4 党から離れて、そして晩年(「塑像」私注—階級的と、人間的という 「重き流れに」「樹影」論—再除名からの反転

「時に佇つ」「夏の栞」論—美しいということ）補遺（ある時期の堀辰雄と佐多稲子 窪川鶴次郎の文学と佐多稲子 南方派遣と「若き妻たち」のこと 佐多稲子と播磨—姫路・相生・明石、そして西沢隆二 佐多稲子「たけくらべ」論資料について）

◇鏡花、水上、万太郎 福田和也著 キノブックス 2017.2 287p 20cm 2000円 Ⓘ978-4-908059-63-6 Ⓝ910.26

内容 鏡花、水上、万太郎 "戯作者"—獅子文六の戦争私小説の路、主義者の道、みち、—佐多稲子 空っぽのトランクLa Valise vide—武田泰淳、檀一雄 ウィスキー・プリースト＆スマート・アニマルズ—武田泰淳、グレアム・グリーン The day is done—小島信夫 銀座レクイエム—樋口修吉

貞敦親王〔1489〜1572〕 さだあつしんのう

◇四親王家実録 6 伏見宮実録 第6巻（邦高親王実録・貞敦親王実録） 吉岡眞之,藤井譲治,岩壁義光監修 ゆまに書房 2015.6 461p 27cm 〈布装 宮内庁宮内公文書館所蔵の複製〉 25000円 Ⓘ978-4-8433-4640-2 Ⓝ288.44

佐高 信〔1945〜〕 さたか・まこと

◇わが筆禍史 佐高信著 河出書房新社 2017.8 197p 20cm 1600円 Ⓘ978-4-309-24818-9 Ⓝ289.1

内容 筆禍史を支えた編集者 住友金属工業会長・日向方齊の抗議文 『文藝春秋』との一件 『ザ・ハウス・オブ・ノムラ』の訴訟騒ぎ 「イトマンは住友銀行のタンツボです」 「ニュースステーション」での失言 住友のドンへの筆誅 "カマトト評論家"と呼ばれて 『日経新聞』にパージされる 猪瀬直樹との激突対談 ほか

定吉ハートマン さだきちはーとまん

⇒ハートマン, サダキチを見よ

貞清親王〔1596〜1654〕 さだきよしんのう

◇四親王家実録 8 伏見宮実録 第8巻（貞清親王実録・邦尚親王実録・邦道親王実録・貞致親王実録） 吉岡眞之,藤井譲治,岩壁義光監修 ゆまに書房 2015.10 433p 27cm 〈布装 宮内庁宮内公文書館所蔵の複製〉 25000円 Ⓘ978-4-8433-4642-6 Ⓝ288.44

佐竹 忠〔1939〜〕 さたけ・ただし

◇終着駅の手前 佐竹忠著 名古屋 ブイツーソリューション 2017.12 248p 19cm 〈発売：星雲社〉 1204円 Ⓘ978-4-434-24087-4 Ⓝ289.1

内容 「田舎編」（中学生の頃 椎茸栽培の頃 友の遺書） 「サラリーマン編」（陸送屋の頃 タクシー運転手の頃 城北三菱電機商品販売の頃 ほか） 「鍵屋編」（鍵屋になったいきさつ 人生の谷底と借金払いの歳月 JAFとの付き合い ほか）

佐竹 順子〔1936〜〕 さたけ・まさこ

◇あなたに平安がありますように—七人の息子を育て福祉現場に生きて 佐竹順子著 大空社出版 2017.6 197p 21cm 〈文献あり〉 2000円 Ⓘ978-4-908926-07-5 Ⓝ289.1

佐竹 義直 さたけ・よしなお

⇒阿證（あしょう）を見よ

貞建親王〔1700〜1754〕 さだたけしんのう

◇四親王家実録 10 伏見宮実録 第10巻（貞建親王実録 1） 吉岡眞之,藤井譲治,岩壁義光監修 ゆまに書房 2015.10 456p 27cm 〈布装 宮内庁宮内公文書館所蔵の複製〉 Ⓘ978-4-8433-4644-0 Ⓝ288.44

◇四親王家実録 11 伏見宮実録 第11巻（貞建親王実録 2） 吉岡眞之,藤井譲治,岩壁義光監修 ゆまに書房 2015.10 469p 27cm 〈布装 宮内庁宮内公文書館所蔵の複製〉 Ⓘ978-4-8433-4644-0 Ⓝ288.44

貞常親王〔1425〜1474〕 さだつねしんのう

◇四親王家実録 5 伏見宮実録 第5巻（貞常親王実録） 吉岡眞之,藤井譲治,岩壁義光監修 ゆまに書房 2015.6 467p 27cm 〈布装 宮内庁宮内公文書館所蔵の複製〉 25000円 Ⓘ978-4-8433-4639-6 Ⓝ288.44

貞教親王〔1836〜1862〕 さだのりしんのう

◇四親王家実録 19 伏見宮実録 第19巻（貞教親王実録） 吉岡眞之,藤井譲治,岩壁義光監修 ゆまに書房 2016.3 259p 27cm 〈布装 宮内庁宮内公文書館所蔵の複製〉 25000円 Ⓘ978-4-8433-4649-5 Ⓝ288.44

貞成親王〔1372〜1456〕 さだふさしんのう

◇四親王家実録 2 伏見宮実録 第2巻（貞成親王実録 1） 吉岡眞之,藤井譲治,岩壁義光監修 ゆまに書房 2015.6 624p 27cm 〈布装 宮内庁宮内公文書館所蔵の複製〉 Ⓘ978-4-8433-4638-9 Ⓝ288.44

◇四親王家実録 3 伏見宮実録 第3巻（貞成親王実録 2） 吉岡眞之,藤井譲治,岩壁義光監修 ゆまに書房 2015.6 519p 27cm 〈布装 宮内庁宮内公文書館所蔵の複製〉 Ⓘ978-4-8433-4638-9 Ⓝ288.44

◇四親王家実録 4 伏見宮実録 第4巻（貞成親王実録 3） 吉岡眞之,藤井譲治,岩壁義光監修 ゆまに書房 2015.6 484p 27cm 〈布装 宮内庁宮内公文書館所蔵の複製〉 Ⓘ978-4-8433-4638-9 Ⓝ288.44

◇日記で読む日本史 13 日記に魅入られた人々—王朝貴族と中世公家 倉本一宏監修 松薗斉著 京都 臨川書店 2017.4 206p 20cm 〈文献あり〉 2800円 Ⓘ978-4-653-04353-9 Ⓝ210.08

内容 第1章 人生を仕上げた男—藤原宗忠『中右記』 第2章 日記の中のジキルとハイド—藤原頼長『台記』 第3章 父と姉と娘と息子—藤原定家『明月記』 第4章 経光くんの恋—藤原経光『民経記』 第5章 やさしい宮様（中世の夫婦喧嘩日記）—貞成親王『看聞日記』 第6章 戦国の「渡る世間」—三条西実隆『実隆公記』 第7章 言継さんの診察カルテ—山科言継『言継卿記』 第8章 天皇様を支えます!!—戦国の禁裏女房たち『御湯殿上日記』

貞行親王〔1760～1772〕 さだもちしんのう
◇四親王家実録 12 伏見宮実録 第12巻（邦忠親王実録・貞行親王実録） 吉岡眞之,藤井讓治,岩壁義光監修 ゆまに書房 2015.10 225p 27cm 〈布装 宮内庁宮内公文書館所蔵の複製〉 25000円 Ⓘ978-4-8433-4645-7 Ⓝ288.44

貞康親王〔1547～1568〕 さだやすしんのう
◇四親王家実録 7 伏見宮実録 第7巻（邦輔親王実録・貞康親王実録・邦房親王実録） 吉岡眞之,藤井讓治,岩壁義光監修 ゆまに書房 2015.10 371p 27cm 〈布装 宮内庁宮内公文書館所蔵の複製〉 25000円 Ⓘ978-4-8433-4641-9 Ⓝ288.44

貞致親王〔1632～1694〕 さだゆきしんのう
◇四親王家実録 8 伏見宮実録 第8巻（貞清親王実録・邦尚親王実録・邦道親王実録・貞致親王実録） 吉岡眞之,藤井讓治,岩壁義光監修 ゆまに書房 2015.10 433p 27cm 〈布装 宮内庁宮内公文書館所蔵の複製〉 25000円 Ⓘ978-4-8433-4642-6 Ⓝ288.44

貞敬親王〔1775～1841〕 さだよししんのう
◇四親王家実録 14 伏見宮実録 第14巻（貞敬親王実録 1） 吉岡眞之,藤井讓治,岩壁義光監修 ゆまに書房 2016.3 586p 27cm 〈布装 宮内庁宮内公文書館所蔵の複製〉 Ⓘ978-4-8433-4647-1 Ⓝ288.44
◇四親王家実録 15 伏見宮実録 第15巻（貞敬親王実録 2） 吉岡眞之,藤井讓治,岩壁義光監修 ゆまに書房 2016.3 626p 27cm 〈布装 宮内庁宮内公文書館所蔵の複製〉 Ⓘ978-4-8433-4647-1 Ⓝ288.44

佐々 紅華〔1886～1961〕 さっさ・こうか
◇浅草オペラ巡業―佐々紅華・妻からのたより 清島利典編 刊行社 2015.8 137p 21cm 3200円 Ⓘ978-4-906153-20-6 Ⓝ766.1
◇浅草オペラ舞台芸術と娯楽の近代 杉山千鶴,中野正昭編 森話社 2017.2 290p 20cm 2800円 Ⓘ978-4-86405-108-8 Ⓝ766.1
 内容 序論（浅草オペラという近代） 第1章 浅草オペラの源流（大正オペラの祖ローシーの"空白時代"を探る―バランシンに繋がった波瀾万丈なる生涯 浅草の翻訳歌劇の歌詞―ベアトリツェがベアトリ姉ちゃんになるまで） 第2章 浅草オペラの女たち（高木徳子とアイドルの時代 澤モリノの生涯―浅草オペラの「女王」の足跡） 第3章 浅草オペラの舞踊と演劇 オペラ座と音楽家・小松耕輔の仕事―浅草オペラにおける名作オペラのダイジェスト版） 第4章 浅草オペラのメディア（歌劇雑誌と浅草オペラ・ファン 浅草オペラから舞踊小唄まで―佐々紅華の楽歴）

佐々 成政〔?～1588〕 さっさ・なりまさ
◇武者の覚え―戦国越中の覇者・佐々成政 萩原大輔著 富山 北日本新聞社 2016.7 165p 図版 4p 19cm 〈年譜あり 文献あり〉 1600円 Ⓘ978-4-86175-093-9 Ⓝ289.1

 内容 プロローグ 秀吉も認めて厚遇 名声,天下にとどろく 巻1 信長の親衛隊 巻2 越中国主への歩み 巻3 本能寺の変の衝撃 巻4 秀吉との攻防 巻5 予期せぬ厚遇と転落 巻6 変転するイメージ エピローグ 天下人の時代への役割 成政の資質と力量

薩摩 治兵衛〔1831～1909〕 さつま・じへえ
◇近江の豪商薩摩家三代記―薩摩治兵衛とその孫バロン薩摩 古川博康編著 豊郷町（滋賀県） 芙蓉会 2017.9 197p 21cm 〈年譜あり 文献あり〉 1400円 Ⓘ978-4-9907-8362-4 Ⓝ288.3

薩摩 治郎八〔1901～1976〕 さつま・じろはち
◇近江の豪商薩摩家三代記―薩摩治兵衛とその孫バロン薩摩 古川博康編著 豊郷町（滋賀県） 芙蓉会 2017.9 197p 21cm 〈年譜あり 文献あり〉 1400円 Ⓘ978-4-9907-8362-4 Ⓝ288.3
◇戦前の大金持ち 稲泉連,山川徹著,出口治明編 小学館 2018.6 221p 18cm （小学館新書 329）〈文献あり〉 780円 Ⓘ978-4-09-825329-6 Ⓝ332.8
 内容 第1章 "革命プロデューサー"梅屋庄吉 第2章 "パリの蕩尽王"薩摩治郎八 第3章 "初もの喰い狂"大倉喜八郎 第4章 "吉野の山林王"土倉庄三郎 第5章 "相場の神様"山崎種二 第6章 "世界の真珠王"御木本幸吉 最終章 "庭園日本一"足立全康

里井 浮丘〔1799～1866〕 さとい・ふきゅう
◇幕末泉州の文化サロン―里井浮丘と京坂文化人 北脇洋子著 展望社 2016.4 271p 19cm 〈文献あり〉 2000円 Ⓘ978-4-88546-312-9 Ⓝ121.52
 内容 浮丘が里井家を嗣ぐまで 画師楽亭,国学者隆正来る 京坂文化人との交わり 日根対山を世に出す 対山,京洛第一の画人となる 妹なを（千賀）の御殿奉公―浮丘の「なを」（千賀）宛青簡を中心に 落魄の楽亭 広瀬旭荘来る 尊攘派志士らとの交流 京坂文人社会の崩壊 浮丘の人間像 なお酩めがたき夢の浮橋

佐藤 昭子〔1928～2010〕 さとう・あきこ
◇昭―田中角栄と生きた女 佐藤あつ子著 講談社 2014.9 293p 15cm （講談社文庫 さ109-1）〈文献あり〉 770円 Ⓘ978-4-06-277883-1 Ⓝ289.1
 内容 序章 母の最期 第1章 オヤジからの手紙 第2章 出生の秘密 第3章 過剰な愛情 第4章 母の絶頂と転落 第5章 自殺未遂 第6章 やがて淋しき越山会の女王 第7章 母の対話 終章 柏崎にて
◇田中角栄と越山会の女王 大下英治著 イースト・プレス 2016.9 431p 19cm 1600円 Ⓘ978-4-7816-1475-5 Ⓝ289.1
 内容 田中角栄と越山会の女王―特別鼎談 佐藤敦子/朝賀昭/大下英治 田中角栄と生きた女―運命の出逢い 修羅場への第一歩 昇り龍の陰で 田中派の「オヤジ」と「ママ」 総理大臣・田中角栄の誕生 「早そう喜そうとしている奴ばかりだ」 「淋しき越山会の女王」と呼ばれて 田中軍団に走る亀裂 オヤジが倒れた 果たされなかった約束 佐藤昭子イ

ンタビュー

佐藤 一斎〔1772～1859〕 さとう・いっさい
◇苦しみとの向き合い方―言志四録の人間学　神渡良平著　PHP研究所　2015.8　315p　19cm　〈文献あり〉　1600円　①978-4-569-82625-7　Ⓝ121.55
内容　第1章 道を切り拓いた男たちの闘い（W杯南ア大会の快挙の背後にあったもの―岡田武史元サッカー日本代表監督と白石豊教授の闘い　新聞配達少年がとうとう文科相になった！―下村博文文部科学相の軌跡と論語で人づくりに励む―熊谷和穂剣道師範の教育実践　正師に出会わざれば、学ばざるに如かず―古典を熟読して自分を磨く平山金吾さん）　第2章 益がなくても、意味がある（下坐に下りて、終始一貫これを貫く―イエローハット創業者鍵山秀三郎さんの生きざま　生きているだけではいけませんか？―錨を下ろす港がない子どもたちと生活を共にした辻光文先生　人々に喜びを届ける現代の花咲か爺さん―日本とトルコを結ぶ桜の親善大使・齋藤宏社長の楽しみ　経営は最高の自分磨き―心のこもった仕事をめざす運送会社を率いる木南一志さん）　第3章 大病や窮乏から深い気づきをいただいた（病気は軌道修正させるための天の計らい―脳腫瘍から生還した岡部明美さんがつかんだもの　やむにやまれぬ思いで行動して、骨髄バンク運動を牽引してきた大谷貴子さん　「人は死なない」―人間の体は天の入れ物だ―矢作直樹東大教授のメッセージ「日本の世明け」を告げる歌―瀬戸龍介さんを通してのメッセージ）　第4章 百世の鴻儒・佐藤一斎がもたらしたもの（岩村藩とその城下町・岩村　佐藤一斎の生い立ちと昌平黌の儒官　西郷隆盛と『言志四録』佐藤一斎は吉田茂の曽祖父）　第5章 戦後70年のレクイエム（英霊が眠る里・知覧―靖国神社に祀られた英霊の願いを無駄にしない　父が戦ったインパール作戦―現状を乗り越える私たちにできることは何なのか　自虐思想の淵源を探る―占領軍の「ウォー・ギルト・インフォメーション・プログラム」　日本は本当に侵略国家だったのか？―大東亜戦争、東京裁判、そして占領時代を検討する）

佐藤 栄作〔1901～1975〕 さとう・えいさく
◇佐藤栄作―最長不倒政権への道　服部龍二著　朝日新聞出版　2017.12　439,14p　19cm（朝日選書 966）〈年譜あり 索引あり〉　1800円　①978-4-02-263066-7　Ⓝ289.1
内容　序章 華麗なる一族―市郎・信介・栄作の三兄弟と松岡洋右　第1章 鉄道省の「鈍足」、そして「三段跳びの栄作」　第2章 「吉田学校の優等生」―政治家への転身　第3章 「待ちの政治」―岸内閣蔵相から池田内閣通産相へ　第4章 「社会開発」と「自主外交」―第一次佐藤内閣　沖縄返還と「密約」―第二次佐藤内閣　第6章 最長不倒二七九七日―第三次佐藤内閣　終章 ノーベル平和賞―晩年の栄光と急逝

佐藤 修〔1942～〕 さとう・おさむ
◇どうせこの世は仮住まい―音楽業界の変遷を見て　佐藤修著　悠雲舎　2015.6　227p　19cm　〈他言語標題：Just a Little While to Stay Here　発売：金融ブックス〉　1250円　①978-4-904192-64-1　Ⓝ760.69
内容　第1章 就職 日本ビクターへ入社する　第2章 大阪から東京へ　第3章 ニュー・ソウルキャンペーン　第4章 東京音楽祭　第5章 3つの新レーベル　第6章 新ジャンル「フュージョン」を売り出す　第7章 積極拡大へ　第8章 取締役就任―運ということ　第9章 BMGビクター　第10章 ポニーキャニオン入社

佐藤 香〔1965～〕 さとう・かおり
◇ゆっくりするのはあの世でケッコー―思い起こせば笑いの宝庫！モッタイナイから書きました　佐藤香著　セルバ出版　2016.6　167p　19cm　〈発売：創英社/三省堂書店〉　1500円　①978-4-86367-276-5　Ⓝ289.1
内容　第1章 どん底の東京（銭湯でザビエル　なぜ？ハゲた！ほか）　第2章 引き寄せる女（股に子豚　競輪選手かじいさん ほか）　第3章 先取り韓流（男性以外は寄ってくる　とうとう出会う ほか）　第4章 借金人生（結婚　安産のはずが ほか）　第5章 一笑懸命（差押え　喫茶店で離婚届 ほか）

佐藤 勝〔1915～〕 さとう・かつ
◇三橋美智也の生涯―民謡と歌謡曲の頂点に　佐藤勝の生涯―映画音楽に命をかける　下山光雄著，合田一道著　札幌　北海道科学文化協会　2014.11　121p　21cm（北海道青少年叢書 32―北国に光を掲げた人々 32）〈下位シリーズの責任表示：北海道科学文化協会/編　年譜あり〉　Ⓝ767.8

佐藤 克郎〔1933～〕 さとう・かつろう
◇新しい自分の再発見―八十二歳、自分史への挑戦　佐藤克郎編著　〔飯田〕　〔佐藤克郎〕　2015.4　88p　21cm　〈年譜あり〉　Ⓝ289.1
◇新しい自分の再発見　続　佐藤克郎編著　〔飯田〕　〔佐藤克郎〕　2016.10　133p　21cm　〈年譜あり〉　「続」のタイトル関連情報：罪赦された罪人の生〉　Ⓝ289.1

佐藤 菊夫〔1929～〕 さとう・きくお
◇指揮棒はわが最愛の楽器なり　佐藤菊夫著，秋田魁新報社編　秋田　秋田魁新報社　2016.10　207p　18cm　（さきがけ新書 24―シリーズ時代を語る）　800円　①978-4-87020-386-0　Ⓝ762.1

佐藤 きよ子〔1919～2019〕 さとう・きよこ
◇きよ子95歳の人生奮闘記―生きた愛した闘った日本初の女性国会議員　佐藤きよ子著　伊丹　宝塚出版　2014.8　75p　26cm　〈年譜あり〉　1000円　①978-4-924334-09-0　Ⓝ289.1

佐藤 玖美　さとう・くみ
◇リーダーシップの哲学―12人の経営者に学ぶリーダーの育ち方　一條和生著　東洋経済新報社　2015.6　299p　20cm　〈他言語標題：The Leadership Journey〉　1800円　①978-4-492-53361-1　Ⓝ332.8
内容　リーダーシップ・ジャーニーに終わりはない―藤森義明　誰にでも無限の可能性がある―澤田道隆　できるだけシンプルに考え、実行する―松本晃　経験しないとわからない世界がある―玉塚元一　ロールモデルに学び、自分流にアレンジする―志賀俊之　全員で「良い会社 "Good Company"」を創る―永

野毅　恐れることなく変わり続ける─佐藤玖美　一瞬も一生も美しく、をめざして─前田新造　新しい場で学び続ける─樋口泰行　常に全力を尽くしながら視座を高める─松井忠三　ストレッチ経験で己を鍛え、実践知を蓄える─新貝康司　ストーリーで多様な人々を束ねる─小林いずみ　あなたらしいリーダーシップを育む

佐藤 慶次郎〔1927～2009〕さとう・けいじろう
◇禅の作曲家 佐藤慶次郎─こころの軌跡とその作品　中嶋恒雄著　東京堂出版　2017.4　333p　22cm　〈文献あり　作品目録あり　年譜あり〉　3800円　Ⓘ978-4-490-20965-5　Ⓝ762.1
[内容] 第1章 詩作の時期　第2章 作曲の時期　第3章 音楽領域の拡大─サウンド・ディスプレイの創作　第4章 エレクトロニック・オブジェの創作　第5章 佛道修行　第6章 悟後の佛道修行　第7章 エミリ・ディキンスン詩の解読　第8章 佛道修行者としての自覚　第9章 佛道修行の深まり　第10章 佛道参究から音楽への回帰

佐藤 堅一〔1979～〕さとう・けんいち
◇元自衛官の自分でも社長になれた─革新的ビジネスモデルのヒントがここにある！　佐藤堅一著　学研プラス　2017.10　195p　22cm　1200円　Ⓘ978-4-05-406569-7　Ⓝ289.1
[内容] 第1章 生い立ち　第2章 陸上自衛隊へ入隊　第3章 起業家への転身　第4章 逆境の連続　第5章 チャンス到来、そして全国展開へ

佐藤 憲一〔1915～2000〕さとう・けんいち
◇佐藤憲一の生涯─星の如く虹の如く　生誕100年記念誌　佐藤憲一顕彰会編　[出版地不明]　佐藤憲一顕彰会　2016.3　142p　30cm　Ⓝ289.1

佐藤 元萇〔1818～1897〕さとう・げんちょう
◇起居注　2　佐藤元萇著，安藤昌益と千住宿の関係を調べる会事務局編　安藤昌益と千住宿の関係を調べる会　2014.9　64p　22cm　（佐藤元萇日記　第4巻）　500円　Ⓝ289.1
◇起居注　3　佐藤元萇著，安藤昌益と千住宿の関係を調べる会事務局編　安藤昌益と千住宿の関係を調べる会　2015.5　60p　22cm　（佐藤元萇日記　第5巻）　500円　Ⓝ289.1
◇伴鶯日記　1　佐藤元萇著，安藤昌益と千住宿の関係を調べる会事務局編　安藤昌益と千住宿の関係を調べる会　2015.12　36p　22cm　（佐藤元萇日記　第6巻）　500円　Ⓝ289.1
◇伴鶯日記　2　佐藤元萇著，安藤昌益と千住宿の関係を調べる会事務局編　安藤昌益と千住宿の関係を調べる会　2016.12　68p　22cm　（佐藤元萇日記　第7巻）　500円　Ⓝ289.1

佐藤 紅緑〔1874～1949〕さとう・こうろく
◇子規居士の周囲　柴田宵曲著　岩波書店　2018.2　434p　15cm　（岩波文庫 31-106-6）　950円　Ⓘ978-4-00-311066-9　Ⓝ911.362
[内容] 1 子規居士の周囲（子規居士の周囲　内藤鳴雪　愚庵　陸羯南　夏目漱石　五百木飄亭）　2 明治俳壇の人々（数藤五城　阪本四方太　今成無事庵　新海非風　吉野左衛門　佐藤紅緑　末永戯道　福田把栗）

佐藤 さとる〔1928～2017〕さとう・さとる
◇オウリィと呼ばれたころ─終戦をはさんだ自伝物語　佐藤さとる作　理論社　2014.10　249p　20cm　1600円　Ⓘ978-4-652-20050-6　Ⓝ910.268
[内容] 生い立ち　別れ　卒業式　仮入所式と精密検診　横浜大空襲　母の決断　倶楽部　出発　北上記（東北本線　東北本線の続き　青函連絡船）　北海道ほか

佐藤 栞里〔1990～〕さとう・しおり
◇ちゃまてばこ　佐藤栞里著　集英社　2016.10　135p　22cm　1400円　Ⓘ978-4-08-780796-7　Ⓝ289.1
[内容] ちゃま旅　ちゃま着（デニムのない毎日なんて！　デニムのない人生なんて！　ミッドナイト・イン・Tシャツ　雨なんてへっちゃら　26歳の"一生もの"。）　ちゃま身（小さな小さな妄想恋ものがたり　コーヒーと、四つ葉のクローバー　ある日、ぶらりちゃま散歩　いとうあさこさんとまさかの！　ノーブラ癒し旅　水卜麻美さんとおいしくお肉を食べるの会　ありさと栞里　佐藤さんこんにちは　佐藤栞里を知る20人の証言者、佐藤栞里が愛される20の理由）　ちゃま髪／ちゃま顔　ちゃま語り（とっつぃーとママの子育て論　佐藤栞里の笑顔の奥）

佐藤 重夫〔1912～2003〕さとう・しげお
◇巻雲─思杳・佐藤重夫の光跡　佐藤重夫著，古川修文編　早島町（岡山県）　佐藤迪彦　2017.8　434p　21cm　〈著作目録あり　年譜あり〉　Ⓝ289.1

佐藤 純彌〔1932～2019〕さとう・じゅんや
◇映画監督佐藤純彌─映画よ憤怒の河を渉れ　佐藤純彌著，野村正昭，増當竜也聞き手　DU BOOKS　2018.12　470p　図版16p　21cm　〈他言語標題：MOVIE DIRECTOR JUNYA SATO　作品目録あり　発売：ディスクユニオン〉　2800円　Ⓘ978-4-86647-076-4　Ⓝ778.21
[内容] 対権力、対暴力への抗い─佐藤映画の根源は疎開先での過酷なイジメにあった　助監督奮闘記　監督としてのデビューと女性映画路線作品の模索　ヤクザ映画と海外ロケと黒澤映画への参加　仕事としての"ヤクザ映画"─そこにいかに自分の想いをもちこむか　安藤昇主演の"脱"ヤクザ映画　"国際派"監督への道　映画業界を席捲した角川春樹との出会いと『証明』二作品　映画人生を変えた大きな転換点『未完の対局』制作へ　二年目、国際派監督としてのキャリアを極めた大スペクタクル作品『敦煌』へ　海外ロケのキャリアを仕上げて向かったのは、異色のドキュメンタリー的作品二タイトル　全く違う三つのジャンルの作品に脈々と流れる佐藤作品の血流と、集大成　番外編─TVドラマ監督 佐藤純彌

佐藤 輔子〔1871～1895〕さとう・すけこ
◇佐藤輔子─藤村永遠の恋人　及川和男著　改訂版　仙台　本の森　2017.6　310p　19cm　〈文献あり〉　2000円　Ⓘ978-4-904184-92-9　Ⓝ289.1

さとう

佐藤 進〔1845～1921〕 さとう・すすむ
◇佐藤進関係史料　茨城県立歴史館史料学芸部編　水戸　茨城県立歴史館　2018.3　394,31p　22cm　〈茨城県立歴史館史料叢書 21〉〈著作目録あり　年譜あり〉　Ⓝ289.1

佐藤 泰司〔1939～〕 さとう・たいじ
◇太陽を作り出した男　佐伯泰造著　幻冬舎メディアコンサルティング　2016.10　278p　19cm　〈発売：幻冬舎〉　1300円　Ⓘ978-4-344-91013-3　Ⓝ289.1
内容　第1章 ルーツと生い立ち　第2章 中学時代　第3章 高校時代　第4章 明治電機製造（株）時代　第5章 常磐製作所時代　第6章 日商プラント時代　第7章 三鈴電機製造時代　第8章 ベンチャー企業佐伯技研工業（株）設立　第9章 人工太陽照明灯開発　第10章 こども発明教室での活動

佐藤 哲章〔1948～〕 さとう・たかあき
◇Winding road　佐藤哲章著　高千穂町（宮崎県）　佐藤哲章　2018.6　177p　26cm　〈本文は日本語〉　Ⓝ289.1

佐藤 健雄〔1899～1993〕 さとう・たけお
◇玉椎の木霊―佐藤健雄追想録　佐藤健雄著　〔出版地不明〕　古関マリ子　2016.1　195p　22cm　〈私家版　年譜あり　著作目録あり〉　Ⓝ289.1

佐藤 武〔1947～〕 さとう・たけし
◇時空を駆ける青春　佐藤武著　札幌　中西出版　2016.11　186p　20cm　1500円　Ⓘ978-4-89115-331-1　Ⓝ723.1

佐藤 玉枝　さとう・たまえ
◇わたしの台湾　佐藤玉枝著　さいたま　アジェンダ　2014.10　162p　22cm　Ⓝ289.1

佐藤 たまき〔1972～〕 さとう・たまき
◇フタバスズキリュウもうひとつの物語　佐藤たまき著　ブックマン社　2018.8　215p　21cm　〈他言語標題：Futabasaurus suzukii ANOTHER STORY〉　1700円　Ⓘ978-4-89308-906-9　Ⓝ457.87
内容　第1章 フタバスズキリュウの研究に至るまで（恐竜博士になりたくて　目指すは古生物学者　首長竜との出会い　留学準備 ほか）　第2章 フタバスズキリュウの名づけ親になる（有名竜を記載するということ　先人の足跡を辿る　最初の原稿　果報は寝て待つ ほか）　対談 白亜紀の「窓」を広げた（鈴木直×佐藤たまき）　鼎談 フタバスズキリュウ記載までの38年と日本の古生物研究の発展（長谷川善和×真鍋真×佐藤たまき）

佐藤 竹善〔1963～〕 さとう・ちくぜん
◇シング・ライク・トーキング　佐藤竹善著―いつか見た風景いつか見る風景～Keeps Me Runnin'～ THE FINEST OF CHIKUZEN SINCE 1963 SHINKO MUSIC 20161122　シンコーミュージック・エンタテイメント　2016.12　201p　21cm　〈タイトルは奥付・背による.標題紙・表紙のタイトル：Sing Like Talking Chikuzen Sato　作品目録あり〉　2315円　Ⓘ978-4-401-64349-3　Ⓝ767.8
内容　伝えるべきこと（小田和正）　第1章 対談 佐藤竹善×根本要（スターダスト☆レビュー）「僕らの伝えるべきこと」　PHOTO DOCUMENT　第2章 「佐藤竹善」を語ろう　緊急アンケート「竹善さん、ちょっと語らせていただきます」　第3章 スタッフだけが知っている「佐藤竹善」　第4章 佐藤竹善 語り下ろしロングインタビュー　ディスコグラフィー　コラム「竹善、カバーを語る」

佐藤 忠良〔1912～2011〕 さとう・ちゅうりょう
◇語られる佐藤忠良―彫刻・デザイン・美術教育　小川幸造，藤井匡，前田朗編　八王子　桑沢学園　2017.12　213p　26cm　〈桑沢文庫 11〉〈発売：アイノア〉　3000円　Ⓘ978-4-88169-170-0　Ⓝ712.1
内容　第1部 佐藤忠良の遺したもの（佐藤忠良の生涯　佐藤忠良と日本近代彫刻　西洋美術史における佐藤忠良 ほか）　第2部 佐藤忠良の弟子たち（人と違うことだけが個性ではない　佐藤忠良の人柄と言葉　三木俊治はいかに佐藤忠良に逆らってきたか ほか）　第3部 講座の内容と知見（「佐藤忠良の美術とデザイン」の各講義を振り返って）

佐藤 照幸〔1932～〕 さとう・てるゆき
◇遠い記憶をたどって―サハリンとイーハトーヴで育った少年　佐藤照幸著　再刊版　〔出版地不明〕　佐藤照幸先生を偲ぶ会　2014.12　1冊　21cm　〈文献あり〉　Ⓝ289.1

佐藤 登左衛門〔1936～2015〕 さとう・とうざえもん
◇瞬時の判断―ゴー・ポイント　佐藤登左衛門著　〔山形〕　山形文庫　2016.3　188p　20cm　〈発行所：企業組合リンクシップ〉　Ⓝ289.1

佐藤 俊子　さとう・としこ
⇒田村俊子（たむら・としこ）を見よ

佐藤 冨五郎〔1906～1945〕 さとう・とみごろう
◇マーシャル、父の戦場―ある日本兵の日記をめぐる歴史実践　大川史織編　みずき書林　2018.7　406p　21cm　〈他言語標題：The Marshall Islands,My Father's Battlefield〉　2400円　Ⓘ978-4-909710-04-8　Ⓝ210.75
内容　巻頭特別インタビュー 名もなき人びとへの想像力―平和のための芸術（大林宣彦）　第1章 冨五郎をめぐる歴史―近代日本と南洋群島　第2章 南洋と日本をつなぐ―日記解読のはじまり　第3章 冨五郎日記に導かれて―わたしの"タリナイ"　第4章 ドキュメンタリー映画『タリナイ』誕生　第5章 兵士としての冨五郎の心理―従軍日記・遺書に見る日本兵の死生観　第6章 冨五郎日記を体験する―佐藤冨五郎、三九年の生涯　第7章 古代史と現代史をつなぐ・日記解読のおわり―「佐藤冨五郎日記」を映し出す・赤外線観察を通じて考えたこと　第8章 マーシャルをめぐる世界と私（誰が海を閉じたのか―日米間における記憶喪失の群島　マーシャル諸島の民からみつめる戦争・核・環境―第二次世界大戦と「その後」）　第9章 歴史をつないでいく意志―日本と南洋・餓死した兵士の声を伝える

佐藤　智明〔1963～〕　さとう・ともあき
◇誰も知らない社長の汗と涙の塩味物語　西川世一著　電波社　2017.4　225p　19cm　〈別タイトル：誰も知らない社長の汗と涙のCEO味物語〉　1300円　Ⓘ978-4-86490-093-5　Ⓝ332.8
内容　1 東日本大震災ですべてを失った被災地にもう一度、光を灯す―有限会社まるしげ漁亭浜や代表取締役・佐藤智明　2 職人気質が生んだ己の未熟さ 一人の社員が起こした奇跡―ユニオンテック株式会社代表取締役社長・大川祐介　3 戦力外通告、消えない自己嫌悪…。人生と向き合う元Jリーガーの努力の証―株式会社ジールホールディングス代表取締役・薮崎真哉　4 兄・社員との絆があるからこそ「社員とは何か」を徹底的に追及する―株式会社ましたのチーム代表取締役社長・高橋恭介　5 「今日で辞めさせてもらいます」原点回帰で開いた再生のトビラ―トークノート株式会社代表取締役・小池温男　6 リーマンショックで八方塞がり 立ち止まらずに前進する勇気を持つ―株式会社ジオベック代表取締役・望月雅彦　7 兄の死、借金、ケガ、病気…、「一日一死」で乗り越えたサーカス人生―木下サーカス株式会社代表取締役社長・木下唯志　8「芸人なのに副業!?」と言われたくない。二足の草鞋で駆け抜けた10年―株式会社田村道場代表取締役・田村憲司

佐藤　豊〔1925～〕　さとう・とよ
◇卒寿の昭和史　佐藤豊著　〔出版地不明〕〔佐藤豊〕　2016.4　114p　19cm　Ⓝ289.1

佐藤　東洋士〔1944～〕　さとう・とよし
◇桜美林大学・佐藤東洋士　平山一城著　悠光堂　2018.9　177p　21cm　（聞き語りシリーズ―リーダーが紡ぐ私立大学史　2）〈年表あり〉　1500円　Ⓘ978-4-909348-13-5　Ⓝ377.28
内容　第1章「カリスマ・清水の大学」を継承・拡大（「桜美林は良い学校」、皇后さまのお言葉　佐藤家と清水との「3代に渡るつき合い」　国際学部の開設、転機となる大学人の言葉　ほか）　第2章「愛の教育」はこうして実を結んだ（祖父と清水安三をめぐる不思議な縁「弱い者」への視線、コミュニティへの関心　人種や男女を差別しない教育のルーツ　ほか）　第3章　覚悟の「快進撃」、そして100周年へ（カリスマの"個人商店"的経営からの転換　今「キリスト教大学」が担うべき使命　「大学の勢い」、学園の100周年に向けて）

佐藤　信男〔1935～〕　さとう・のぶお
◇おれの八百屋一代記　佐藤信男著，秋田魁新報社編　秋田　秋田魁新報社　2014.7　137p　18cm　（さきがけ新書―シリーズ時代を語る）〈年譜あり〉　800円　Ⓘ978-4-87020-358-7　Ⓝ289.1

佐藤　信夫〔1942～〕　さとう・のぶお
◇諦めない力―フィギュアスケートから教えられたこと　佐藤信夫著　扶桑社　2018.3　189p　19cm　1500円　Ⓘ978-4-594-07924-6　Ⓝ784.65
内容　第1章 スケートとの出会い　第2章 世界で戦うための挑戦　第3章 日本フィギュアスケート界初の銅メダル　第4章 どんなときも選手を守る　第5章 コーチの生活とはどういうものか　第6章 挑戦させるとき・させないとき　第7章 努力はときに想像を超える

佐藤　信淵〔1769～1850〕　さとう・のぶひろ
◇日本精神研究―GHQ発禁図書開封　大川周明著　徳間書店　2018.9　334p　18cm　1100円　Ⓘ978-4-19-864699-8　Ⓝ121
内容　第1 横井小楠の思想及び信仰　第2 佐藤信淵の理想国家　第3 平民の教師石田梅岩　第4 純情の人平野二郎国臣　第5 剣の人宮本武蔵　第6 近代日本の創設者織田信長　第7 上杉鷹山の政道　第8 戦える僧上杉謙信　第9 頼朝の事業及び人格

佐藤　典雅〔1971～〕　さとう・のりまさ
◇カルト脱出記―エホバの証人元信者が語る25年間のすべて　佐藤典雅著　河出書房新社　2017.1　381p　15cm　（河出文庫　さ37-1）〈「ドアの向こうのカルト」（2013年刊）の改題　文献あり〉　880円　Ⓘ978-4-309-41504-8　Ⓝ198.99
内容　第1章 カルト生活の幕開け　第2章 自己アイデンティティの上書　第3章 信者としての自覚の芽生え　第4章 信者としてのアイデンティティ　第5章 激動の活動時代　第6章 芽生える疑問　第7章 アイデンティティとの闘い　第8章 脱宗教洗脳　第9章 ミッション・インポッシブル―親族洗脳解約　第10章 死と再生―修業時代バージョン2.0

佐藤　初女〔1921～2016〕　さとう・はつめ
◇自分を信じて　佐藤初女，朴木暎著　藤原書店　2016.6　227p　20cm　〈年譜あり〉　1800円　Ⓘ978-4-86578-071-0　Ⓝ289.1
内容　序章 二曲一双　第1章 海に抱かれて　第2章 出会いは未来をひらく　第3章 いのちの声を聴く　第4章 宿命としての母性　第5章 自分を信じて―初女さんとの対話　第6章 わかちあう手紙　終章 空の旅

佐藤　春夫〔1892～1964〕　さとう・はるお
◇佐藤春夫読本　辻本雄一監修，河野龍也編著　勉誠出版　2015.10　385p　21cm　〈年譜あり〉　3200円　Ⓘ978-4-585-29083-4　Ⓝ910.268
内容　新資料　春夫文学入門　春夫文学のふるさと　佐藤春夫と同時代人　佐藤春夫の文学世界　資料紹介
◇佐藤春夫と大逆事件　山中千春著　論創社　2016.6　293p　20cm　〈文献あり〉　2800円　Ⓘ978-4-8460-1531-2　Ⓝ910.268
内容　第1章 大逆事件の衝撃（「愚者の死」をめぐる諸問題　新宮中学校停学処分と精神的危機―「若き鷲の子」前後の時代状況　ほか）　第2章 大逆事件後における佐藤春夫の近代批判（「愚者の死」以後　大逆事件の余波と教育制度批判　ほか）　第3章 "美しい町"のユートピア（"美しい町"計画と景観　水辺のユートピア　ほか）　第4章 大逆事件の痕跡、ユートピアの母胎（無名時代の佐藤春夫とその周辺　大石七分の病　ほか）

佐藤　久男〔1943～〕　さとう・ひさお
◇あなたを自殺させない―命の相談所「蜘蛛の糸」佐藤久男の闘い　中村智志著　新潮社　2014.10　302p　20cm　〈文献あり〉　1500円　Ⓘ978-4-10-306702-3　Ⓝ368.3

さとう

|内容| 皇居まで走ってごらん　針の穴ほどの光を　また来週会いましょう　終着駅は始発駅　暗夜を憂うること勿れ　ゆっくり、きっちり、じっくり　魔の活断層　灯台になる　被災地へ　花　絆館　命の伝導師

◇命のまもりびと—秋田の自殺を半減させた男　中村智志著　新潮社　2017.6　418p　16cm　（新潮文庫 な－69-2）〈「あなたを自殺させない」（2014年刊）の改題　文献あり〉　670円　Ⓘ978-4-10-130182-2　Ⓝ368.3

|内容| 第1章 針の穴ほどの光を　第2章 また来週会いましょう　第3章 終着駅は始発駅　第4章 暗夜を憂うること勿れ　第5章 ゆっくり、きっちり、じっくり　第6章 魔の活断層　第7章 灯台になる　第8章 被災地へ　第9章 花　第10章 絆館

佐藤 寿人〔1982～〕　さとう・ひさと
◇あきらめない勇気—困難に立ち向かう君に贈る75の道標　佐藤勇人, 佐藤寿人著　東邦出版　2017.8　284p　19cm　1500円　Ⓘ978-4-8094-1476-3　Ⓝ783.47

|内容| プロローグ　1「邂逅」佐藤勇人—幼少期/ジュニアユース　2「距離」佐藤寿人—幼少期/ジュニアユース　3「思春」佐藤勇人—ユース　4「変化」佐藤勇人—ジェフユナイテッド市原/セレッソ大阪　6「衝撃」佐藤勇人—ジェフユナイテッド市原/ジェフユナイテッド千葉　7「苦悶」佐藤勇人—京都サンガF.C.　8「未来」佐藤勇人—ジェフユナイテッド千葉　9「決断」佐藤寿人—ベガルタ仙台/サンフレッチェ広島/名古屋グランパス　10 手紙

佐藤 仙務〔1991～〕　さとう・ひさむ
◇寝たきりだけど社長やってます—十九歳で社長になった重度障がい者の物語　佐藤仙務著　彩図社　2014.7　190p　15cm　〈「働く、ということ」（2012年刊）の改題、再編集〉　590円　Ⓘ978-4-8013-0003-3　Ⓝ289.1

|内容| 第1章 寝たきり社長の日常（寝たきり社長の仕事道具　仙拓の相棒 松元とは？　仕事は喧嘩半分 ほか）　第2章 僕が会社を作るまで（なぜ、会社を立ち上げたのか？　余命は5年から10年　高校生は現実的に ほか）　第3章 これからの仙拓が目指すこと（念願の会社設立　周囲の反応　スタートダッシュ ほか）

◇寝たきり社長 佐藤仙務の挑戦—指先1センチの起業家　塩田芳享著　致知出版社　2018.5　252p　19cm　1400円　Ⓘ978-4-8009-1176-6　Ⓝ289.1

|内容| 第1章 人生を変えた衝撃—「僕たちがここまでできるっていうことを社会に証明してやる！」　第2章 佐藤仙務の少年時代—障害は工夫で克服しろ！　第3章 松元拓也の少年時代—障害があっても、できないことだけを介助してもらえれば、普通なんですよ　第4章 「仙拓」誕生—お客さんに喜んでもらってこそ、仕事となる　第5章「寝たきり社長」誕生—二人で障害者のイメージを変えてやろう！　第6章 多彩な人脈づくり—一人から応援されたければ、まず自分が応援できる存在になれ！　第7章 障害を持った仲間たちのために—障害がキミの武器になる！　第8章 それぞれの道へ—第二ラウンドはそれぞれの道で闘っていこう！

佐藤 浩〔1921～2008〕　さとう・ひろし
◇あなたはさとうひろしという一編の詩でした　横山静恵, 鶴賀イチ著　会津若松　歴史春秋出版　2018.12　214p　21cm　〈文献あり 年譜あり〉　1500円　Ⓘ978-4-89757-937-5　Ⓝ289.1

|内容| 天　天命の「子どもと詩」（児童詩との出会い　「青い窓」の誕生　子どもの夢の「青い窓」ほか）　知　知性の人「さとうひろしの文学」（詩—作品に触れて 1　小説・随筆・童話—作品に触れて 2　短歌・俳句・一行詩—作品に触れて 3 ほか）　人　人間さとうひろし「電話講演会」　想　さとうひろしと私（佐藤浩先生と「眼聴耳視」　約束の10秒　佐藤浩と明日の会 ほか）　資料

佐藤 正能〔1901～1979〕　さとう・まさよし
◇荘内館と佐藤正能先生　阿部博行著　〔出版地不明〕『荘内館と佐藤正能先生』刊行会　2015.10　353,9p　22cm　〈年譜あり　文献あり〉　Ⓝ289.1

佐藤 優〔1960～〕　さとう・まさる
◇先生と私　佐藤優著　幻冬舎　2014.1　328p　20cm　1700円　Ⓘ978-4-344-02519-6　Ⓝ289.1

|内容| 僕の両親　あさま山荘　山田義塾　哲学と神様　スカウト　数学の先生　革命　進路相談　高校受験　春休み　塩狩峠　稚内　帯広　一等席特急券　父の背中

◇紳士協定—私のイギリス物語　佐藤優著　新潮社　2014.11　405p　16cm　（新潮文庫 さ－62-7）　670円　Ⓘ978-4-10-133177-5　Ⓝ289.1

|内容| モスクワのテーブルマナー　フレミングス・ホテル　ステーキ・アンド・キドニー・パイ　ジェシー　フィッシュ・アンド・チップス　チャイナタウン　フォイルズ　コレッツ　スコッチ　郊外電車　ヨークシャ・プディング　家族　プール　オフィサーズ・メス　戦場のメリークリスマス　フカヒレスープ　北京ダックの飼育法　忠告　運び屋　グレン

◇プラハの憂鬱　佐藤優著　新潮社　2015.3　332p　20cm　1600円　Ⓘ978-4-10-475208-9　Ⓝ289.1

|内容| あたかもバルコニーの上で　インタープレス　チェコ人の存在論　チェコスロバキア・クラブ　インコグニト　神父　召命　ジョージ・ホテル　ダンスパーティの夜　「ミッション」　亡命ロシア人　ブラシュコ先生　最終講義　カウンターパート

◇同志社大学神学部—私はいかに学び、考え、議論したか　佐藤優著　光文社　2015.10　373p　18cm　（光文社新書 779）〈2012年刊の加筆修正〉　920円　Ⓘ978-4-334-03882-3　Ⓝ289.1

|内容| 第1章 時代遅れの酒場（時代遅れの酒場　1969年の公開大衆討論 ほか）　第2章 同志社大学神学部（野本教授の「愛のリアリティ」　緒方教授の「政治における固有の悪」 ほか）　第3章 「フィールドはこの世界だ」（外交官試験　フロマートカ神学 ほか）　第4章 エクソドス（外に出る）（別れ道　情報収集 ほか）

◇先生と私　佐藤優著　幻冬舎　2016.4　413p　16cm　（幻冬舎文庫 さ－38-1）　650円　Ⓘ978-4-344-42462-3　Ⓝ289.1

|内容| 僕の両親　あさま山荘　山田義塾　哲学と神様

スカウト　数学の先生　革命　進路相談　高校受験　春休み　塩狩峠　稚内　帯広　立席特急券　父の背中

◇亡命者の古書店―続・私のイギリス物語　佐藤優著　新潮社　2018.2　445p　16cm　〔新潮文庫　さ-62-9〕〈「プラハの憂鬱」(2015年刊)の改題〉　670円　Ⓘ978-4-10-133179-9　Ⓝ289.1

内容　あたかもバルコニーの上で　インタープレス　チェコ人の存在論　チェコスロバキア・クラブ　インコグニト　神父　召命　ジョージ・ホテル　ダンスパーティーの夜　「ミッション」　亡命ロシア人　ブラシュコ先生　最終講義　カウンターパート

◇十五の夏　上　佐藤優著　幻冬舎　2018.3　433p　20cm　1800円　Ⓘ978-4-344-03270-5　Ⓝ289.1

内容　第1章　YSトラベル　第2章　社会主義国　第3章　マルギット島　第4章　フィフィ　第5章　寝台列車

◇十五の夏　下　佐藤優著　幻冬舎　2018.3　435p　20cm　1800円　Ⓘ978-4-344-03271-2　Ⓝ289.1

内容　第6章　ソ友の会　第7章　モスクワ放送局　第8章　中央アジア　第9章　バイカル号　第10章　その後

佐藤 守〔1951～〕　さとう・まもる
◇介護に生きる―事務職からヘルパー、さらに介護事業経営者に転身するまで　佐藤守著　幻冬舎メディアコンサルティング　2018.3　298p　15cm　〔幻冬舎ルネッサンス　2011年刊の再刊　発売：幻冬舎〕　600円　Ⓘ978-4-344-91675-3　Ⓝ369.261

内容　第1章　旅立ち　第2章　介護の現場へ　第3章　発展　第4章　苦難の独立　第5章　最大の試練　第6章　新たな船出

佐藤 幹夫〔1928～〕　さとう・みきお
◇佐藤幹夫の数学　佐藤幹夫　ほか著，木村達雄編　増補版　日本評論社　2014.9　490p　22cm　5000円　Ⓘ978-4-535-78587-8　Ⓝ410.4

内容　第1部　自己を語る（佐藤幹夫氏へのインタヴュー　私の数学―佐藤超函数とその周辺）　第2部　数学を語る（現代数学を語る　素数からみた数学の発展　数と函数　オイラーの数学―代数解析の立場から　方程式について　方程式に秘匿された世界構造　代数解析の周辺　佐藤超函数論の成立と展開，ほか　D加群と非線型可積分系　Weil予想とRamanujan予想）　第3部　佐藤幹夫の数学（佐藤超関数とは何か？　佐藤幹夫先生との会見―佐藤のゲーム、D加群、マイクロ関数、概局所計算法、など　概均質ベクトル空間とは？　数理物理と佐藤幹夫先生　特異摂動論への一つの誘い　佐藤sim2-予想の話　佐藤-テイト予想の解決）　第4部　増補（私の学生時代　対談：数学の方向　マヤ・ゲームの数学的理論―佐藤幹夫氏講演　超函数の理論）

佐藤 三千夫〔1900～1922〕　さとう・みちお
◇西伯利亞出兵物語―大正期、日本軍海外派兵の苦い記憶　土井全二郎著　潮書房光人社　2014.8　276p　20cm　〈文献あり〉　2200円　Ⓘ978-4-7698-1575-4　Ⓝ210.69

内容　第1章　シベリアお菊　第2章　風雲児　島田元太郎　第3章　諜報員　石光真清　第4章　おらが総理　田中義一　第5章　アタマン・セミヨノフ　第6章　社会主義中尉　長山直厚　第7章　パルチザン　佐藤三千夫　第8章　革命軍飛行士　新保清　第9章　尼港副領事　石田虎松　第10章　「無名の師」総決算

佐藤 貢〔1898～1999〕　さとう・みつぎ
◇佐藤貢の生涯―天地人の恩澤に感謝　佐藤貢著，酪農学園後援会監修，酪農学園編　江別　酪農学園後援会　2016.3　207p　22cm　Ⓝ289.1

左藤 恵〔1924～〕　さとう・めぐむ
◇七転び八起きで、九十まで　左藤恵著　高槻　出版樹々（制作）　2015.10　222p　図版〔16〕枚　22cm　2000円　Ⓝ289.1

◇七転び八起きで、九十まで―雑記　左藤恵著　高槻　出版樹々（制作）　2015.10　232p　21cm　Ⓝ289.1

佐藤 守男〔1932～〕　さとう・もりお
◇晩学のすすめ―学問と向き合った元自衛官の人生　佐藤守男著　芙蓉書房出版　2018.7　150p　19cm　〈年表あり〉　1500円　Ⓘ978-4-8295-0739-1　Ⓝ289.1

佐藤 泰志〔1949～1990〕　さとう・やすし
◇佐藤泰志　そこに彼はいた　福間健二著　河出書房新社　2014.11　449p　20cm　〈年譜あり〉　2900円　Ⓘ978-4-309-02345-8　Ⓝ910.268

内容　第1章（百二才にて死ぬ―書斎／人生計画　ぼくは、ぼくを知らない―青函連絡船のこと／函館の朝市／猫背／さまようぼく　ほか）　第2章（真に傷ついています―背中ばかりなのです　一瞬のせりあがりと痙攣―ぼく　ほか）　第3章（一夜を生き抜いて―もうひとつの朝　深刻な面なんか糞くらえだ―颱風伝説／草の響き／ディトリッヒの夜　ほか）　第4章（誰が悲しいだなんていった―僕は書きはじめるんだ／画家ティファニー／僕が行こうと思っていた村には／誰が悲しいだなんていった／僕の渡る多くの河／そこのみにて光輝く　書いても書いても足りないからだ―防空壕のある庭／オーバー・フェンス／風が洗う　ほか）

佐藤 康光〔1969～〕　さとう・やすみつ
◇羽生世代の衝撃―対局日誌傑作選　河口俊彦著　マイナビ　2014.8　218p　19cm　（マイナビ将棋BOOKS）　1540円　Ⓘ978-4-8399-5140-5　Ⓝ796

内容　第1章　羽生善治デビュー（天才少年登場　十年に一度の天才　天才の真価を発揮　ほか）　第2章　佐藤康光、森内俊之登場（大器佐藤、まず一勝　チャイルドブランド達の特徴　強い者の寄せ　ほか）　第3章　村山聖、丸山忠久、郷田真隆来る（天賦の才　両天才の一騎打ち　羽生の強さ　ほか）

◇純粋なるもの―羽生世代の青春　島朗著　河出書房新社　2018.9　209p　18cm　920円　Ⓘ978-4-309-02713-5　Ⓝ796

内容　1　多彩な時間とある断片―若き棋士たちの将棋ワールドと（白鳥女史との　サラブレッドと優雅さと　一対○は差ではない　ほか）　2　勝ちと日常の空間で―いくつもの季節を駆け抜けて（図形の記憶　気分のよい午後　青年が成長する時　ほか）　エピローグ　その後の「純粋なるもの」（エピローグのその後　二十代後半の夏　果てしなき道）

さとう

佐藤 休〔1908～2003〕 さとう・やすむ
◇記憶のなかの日露関係―日露オーラルヒストリー　日口歴史を記録する会編　彩流社　2017.5　387p　22cm　4000円　①978-4-7791-2328-3　Ⓝ334.438
　内容　1 小野寺百合子　2 佐藤休　3 丸山直光　4 伊藤弘　5 中田光男　6 フセヴォロド・ヴァシーリエヴィチ・チェウソフ　7 都行沢雄　8 ヴィクトル・マカーロヴィチ・キム　9 レオン・アブラーモヴィチ・ストリジャーク

佐藤 勇人〔1982～　〕　さとう・ゆうと
◇あきらめない勇気―困難に立ち向かう君に贈る75の道標　佐藤勇人, 佐藤寿人著　東邦出版　2017.8　284p　19cm　1500円　①978-4-8094-1476-3　Ⓝ783.47
　内容　プロローグ　1「邂逅」佐藤勇人―幼少期/ジュニアユース　2「距離」佐藤寿人―幼少期/ジュニアユース　3「思春」佐藤勇人―ユース　4「変化」佐藤勇人―ジェフユナイテッド市原　5「雪解」佐藤寿人―ユース/ジェフユナイテッド市原/セレッソ大阪　6「衝撃」佐藤勇人―ジェフユナイテッド市原/ジェフユナイテッド千葉　7「苦悶」佐藤勇人―京都サンガF.C.　8「未来」佐藤勇人―ジェフユナイテッド千葉　9「決断」佐藤寿人―ベガルタ仙台/サンフレッチェ広島/名古屋グランパス　10 手紙

佐藤 陽〔1921～2001〕　さとう・よう
◇佐藤陽物語―創造と貢献の生涯　サトーホールディングス創業者公益財団法人佐藤陽国際奨学財団設立者　佐藤陽国際奨学財団　2016.6　102p　21cm　〈共同刊行：サトー ホールディングス　年譜あり〉　Ⓝ289.1

佐藤 芳次郎　さとう・よしじろう
◇ある樺太聴電信官の回想　佐藤守著　青林堂　2018.7　243p　20cm　2000円　①978-4-7926-0629-9　Ⓝ289.1
　内容　第1部 少年よ、大志を抱け　第2部 挫折　第3部 再び樺太へ　第4部 官吏生活　第5部 樺太庁内務部通信課勤務に発令　第6部 国境　第7部 転身

佐藤 亮一〔1924～2001〕　さとう・りょういち
◇昭和の名編集長物語―戦後出版史を彩った人たち　塩澤実信著　展望社　2014.9　308p　19cm　〈「名編集者の足跡」（グリーンアロー出版社 1994年刊）の改題改訂〉　1900円　①978-4-88546-285-6　Ⓝ021.33
　内容　大衆の無言の要求を洞察する―池島信平と「文藝春秋」　一貫して問題意識をつらぬく―吉野源三郎と「世界」　ごまかしのない愚直な仕事を求める―花森安治と「暮しの手帖」　時間をかけ苦しみながらつくる―今井田勲と「ミセス」　人間くさいものをつくらねばならぬ―扇谷正造と「週刊朝日」　敢然とチャレンジを試みる―佐藤亮一と「週刊新潮」　きびしさをもとめ妥協を許さない―大久保房男と「群像」　妥協をしない、手を抜かない―田代一亀と「文藝」　ホンモノを選び出す目を持つ―小宮山量平と「創作児童文学」　人間の価値を高めるものを―小尾俊人と「現代史資料」〔ほか〕

佐藤 良一〔1961～　〕　さとう・りょういち
◇なぜ走る　佐藤良一著　カエルユナイテッド　2017.11　255p　19cm　〈企画制作：YAMANOVA〉　1300円　①978-4-909445-00-1　Ⓝ782.3

佐藤バート ジュリアン〔1927～　〕　さとうばーと・じゅりあん
◇早稲田のラストサムライ―グローバルリーダーを先駆けた男　先﨑寛著　慧文社　2016.1　269p　20cm　〈文献あり〉　2000円　①978-4-86330-071-2　Ⓝ289.1
　内容　第1部 日米開戦の狭間に生きた青春像（国際結婚で大正ロマンの華開く―Jバートの幼年期　父逝去と自我の成長―Jバートの少年期　日本の国情と軍国主義の台頭―Jバートの青年期　第二次世界大戦への国民総参戦―Jバートの早稲田時代　エスカレートする日本戦争の狭間で―Jバート苦悩と煩悶時代　戦争末期の極限状態の中で―Jバートのサムライ魂時代　終戦と玉音放送―Jバート終戦期　敗戦・占領軍神戸駐留―Jバート敗戦で日米両国の狭間時代　アメリカ駐留軍と激論―Jバート軍政部軍属時代）　第2部 強靭なグローバルリーダーを先駆けた男（世界のビジネスへ羽ばたく―Jバート、ビジネスマン時代　グローバリゼーションとビジネス―Jバート、高端期と対峙する　母校早稲田ビジョン150とグローバリゼーション―Jバートグローバルリーダー期　終章と人生の生き甲斐―Jバート86歳からの人生期）　終章 サンフランシスコベイエリアの風をうけて

里田 啓〔1930～　〕　さとだ・けい
◇車両を造るという仕事―元営団車両部長が語る地下鉄発達史　里田啓著　交通新聞社　2014.4　285p　18cm　〈交通新聞社新書 066〉〈文献あり〉　800円　①978-4-330-46014-7　Ⓝ546.5
　内容　鉄道少年だった頃　鉄道をめざして　新米車両課員の日々　日比谷線3000系の開発　車両基地の新設と改良計画　新造車両輸送の仕事　5000系アルミ車両の設計　千代田線6000系の開発　初めての海外出張　千代田線直通運転と6000系量産車　新交通システムへの関与　ボルスタレス台車の試作　半蔵門線8000系の開発　車両部長の仕事　銀座線の近代化と01系　二兎を追う者

里見 甫〔1896～1965〕　さとみ・はじめ
◇満洲怪物伝―「王道楽土」に暗躍した人物たちの活躍とその後　歴史REAL編集部編　洋泉社　2015.9　255p　19cm　〈年表あり　索引あり〉　1800円　①978-4-8003-0719-4　Ⓝ281.04
　内容　第1章 建国に暗躍した軍人たちの光と影（石原莞爾―満洲領有を唱えた「世界最終戦争論」とは？　土肥原賢二―満洲国の建国に尽力した「満洲のローレンス」　板垣征四郎―石原とコンビを組み、満洲事変を引き起こす　山口重次―石原莞爾を煽り関東軍の決起を促した活動家）　第2章 傀儡国家の申し子たち（甘粕正彦―満洲の文化を盛り立てた官僚の「実像」　愛新覚羅溥儀―数奇で残酷な運命を辿った「ラスト・エンペラー」　松岡洋右―満鉄で実力を発揮できなかった総裁　李香蘭―日中に引き裂かれた誠実な女優）　第3章 影の世界にうごめいたフィクサーたち（里見甫―阿片を用いて満洲のダークサイドを歩いた「里見夫」　辻政信―ノモンハンでの

独断専行の参謀　河本大作―張作霖爆殺事件の首謀者　石井四郎―「悪魔の細菌部隊」七三一部隊を創設した男　川島芳子―華麗なエピソードに彩られた「男装の麗人」）　第4章　満洲国を牛耳った官僚と政治家たち（岸信介―昭和の妖怪と呼ばれた男の「一身二生」の人生　星野直樹―満洲国を「傀儡国家」たらしめた最重要人物　高碕達之助―満業を率いて日本人を守った経済人　古海忠之―満洲国の経済を動かした男）　特別企画　満洲人物伝―「王道楽土」の地で活躍した人物82（軍人・軍関係者　政治家・官僚　満鉄と経済人　文化人　女性　中国人）

里美 ゆりあ〔1984～〕　さとみ・ゆりあ

◇SEX & MONEY―私はそれを我慢できない　里美ゆりあ著　モッツコーポレーション　2017.11　208p　19cm　〈作品目録あり　発売：展望社〉　1600円　①978-4-88546-333-4　Ⓝ778.21

内容　第1章　寂しさを男で紛らわせていた十代（十二歳で初体験　突然の再婚　ほか）　第2章　AV女優・里美ゆりあ誕生（エロ本に出て後ろ指を差される　スカウトされてAVデビュー　ほか）　第3章　人生は甘くない（突然の訪問者　留置場に入れられる　ほか）　第4章　ゆりあが考えていること（AVの現場　痴女もつらいよ　ほか）

里見 りゅうじ〔1967～〕　さとみ・りゅうじ

◇愛知の未来をつくる―すべては「ひとり」のために　里見りゅうじ著　潮出版社　2016.1　150p　19cm　759円　①978-4-267-02045-2　Ⓝ289.1

内容　第1章　「世界」への扉を開け！（ふるさとは「日本全国」　いつも温かく見守ってくれた母　ほか）　第2章　「悩める一人」のために動く（現場の実感を知った、ハローワークと労基署勤務　雇用保険法改正とあいりん地区でのアルバイト　ほか）　第3章　「息子の死」が教えてくれたこと（イギリス赴任で学んだ最前線のニート対策　G8労働大臣会合とロンドン同時多発テロ　ほか）　第4章　すべては「ひとり」のために（「ひとりを大切に」「現場第一主義」との信条で　暮らしと雇用を守り、だれもが実感できる景気回復を　ほか）

里村 明衣子〔1979～〕　さとむら・めいこ

◇プロレスという生き方―平成のリングの主役たち　三田佐代子著　中央公論新社　2016.5　253p　18cm　（中公新書ラクレ　554）〈文献あり〉　840円　①978-4-12-150554-5　Ⓝ788.2

内容　第1部　メジャーの矜持・インディーの誇り（中邑真輔―美しきアーティストが花開くまで　飯伏幸太―一身体ひとつで駆け上がった男　高木三四郎―「大社長」がすごい理由　登坂栄児―プロレス界で一番の裏方　丸藤正道―運命を受け入れる天才）　第2部　女子プロレスラーという生き方（里村明衣子―孤高の横綱はなぜ仙台に行ったのか？　さくらえみ―突拍子もない革命家）　第3部　プロレスを支える人たち（和田京平―プロレスの本質を体現する番人　橋本和樹に聞く若手のお仕事　棚橋弘至―プロレスをもっと盛り上げるために）

◇「かっこいい」の鍛え方―女子プロレスラー里村の報われない22年の日々　里村明衣子著　インプレス　2017.11　181p　19cm　（しごとのわ）　1500円　①978-4-295-00228-4　Ⓝ788.2

内容　第1章　そして何もかもなくなった　第2章　「女の子なのに」と言われても　第3章　報われない日々　第4章　コンプレックスとの戦い　第5章　やめるという選択肢がない　第6章　自分だけの強さよりも　第7章　「かっこいい」を鍛える

真田 信治〔1946～〕　さなだ・しんじ

◇変わりゆく時見るごとに―私のライフステージ　真田信治著　富山　桂書房　2016.2　183p　18cm　1500円　①978-4-905345-98-5　Ⓝ289.1

真田 信繁　さなだ・のぶしげ

⇒真田幸村（さなだ・ゆきむら）を見よ

真田 信綱〔1537～1575〕　さなだ・のぶつな

◇真田四代と信繁　丸島和洋著　平凡社　2015.11　302p　18cm　（平凡社新書　793）〈文献あり　年譜あり〉　800円　①978-4-582-85793-1　Ⓝ288.3

内容　1章　真田幸綱―真田家を再興させた智将（真田家の系図主張　滋野氏の発祥　ほか）　2章　真田信綱―長篠の戦いに散った悲劇の将（正室「於北」と信綱の家督相続　四阿山信仰と真田氏　ほか）　3章　真田昌幸―柔軟な発想と決断力で生きのびた「表裏比興者」（人質からの出世　正室山之手殿の出自　ほか）　4章　真田信繁―戦国史上最高の伝説となった「日本一の兵」（実名と生没年　木曽での人質生活　ほか）　5章　真田信之―松代一〇万石の礎を固めた藩祖（上野在城とふたりの妻　豊臣政権下の信幸　ほか）

◇真田氏三代と信濃・大坂の合戦　中澤克昭著　吉川弘文館　2016.12　159p　21cm　（人をあるく）〈文献あり　年譜あり〉　2000円　①978-4-642-06794-2　Ⓝ288.2

内容　メディアミックスヒーロー　1　真田氏の履歴書（真田氏の本籍地　先祖と幸綱の経歴　信綱と昌幸の経歴　信幸と信繁の経歴　真田氏の肖像画）　2　真田父子、かく戦った（第一次上田合戦と新出絵図　第二次上田合戦と上田城　大坂の陣と真田丸）　3　真田氏の本拠をあるく（発祥の地　原の館と町　上田城とその城下）

真田 信之〔1566～1658〕　さなだ・のぶゆき

◇真田四将伝―幸隆・昌幸・幸村・信之　清水昇著　長野　信濃毎日新聞社　2014.11　334p　19cm　〈文献あり　年譜あり〉　1600円　①978-4-7840-7250-7　Ⓝ288.2

内容　序章　真田氏の出自―信濃国真田郷　第1章　真田幸隆―失地回復の戦術　第2章　真田昌幸―生き残りの処世術　第3章　真田幸村（信繁）―忠義を貫いた武将の意地　第4章　真田信之―真田家を守り抜いた生涯　第5章　真田氏五百年の系譜―名族の血脈を伝える

◇大いなる謎　真田一族―最新研究でわかった100の真実　平山優著　PHP研究所　2015.9　349p　15cm　（PHP文庫　ひ39-1)〈文献あり　年譜あり〉　750円　①978-4-569-76370-5　Ⓝ288.3

内容　第1章　真田幸綱編―謎だらけの出自、本領の失陥と奪還、冴えわたる調略の数々（真田氏は、いつ、どのようにして誕生したのか？　幸綱登場前の真田家の歩みは、どのようなものだったのか？　真田「幸綱」と真田「幸隆」、どちらが正しいのか？　ほか）　第2章　真田昌幸編―信玄の薫陶、勝頼時代の飛躍、独立大名への道、そして関ヶ原（いつ、ど

さなた

こで生まれたのか？　いつから、信玄に仕えるようになったのか？　信玄の奥近習として、どんな務めを果たしていたのか？　ほか）　第3章　真田信之・信繁編—好対照の前半生、決別とそれぞれの戦い、そして真田家の危機（信之と信繁はいつ、どこで生まれたのか？　なぜ、信繁は幸村と呼ばれるのか？　武田家滅亡時、二人はどこにいたのか？　ほか）

◇真田幸綱・昌幸・信幸・信繁—戦国を生き抜いた真田氏三代の歴史　柴辻俊六著　岩田書院　2015.10　220p　21cm　〈文献あり　年表あり〉　2800円　Ⓘ978-4-86602-932-0　Ⓝ288.2

内容　1 真田幸綱（戦国期の信濃　真田氏と海野一族　ほか）　2 真田昌幸（武田信玄の側近として　武田家足軽大将として　ほか）　3 真田信幸（信幸生誕から初陣まで　第一次上田合戦から徳川氏帰属まで　ほか）　4 真田信繁（生誕から上杉家出仕まで　秀吉出仕から上田帰参まで　ほか）

◇知られざる名将真田信之　相川司監修，MYST歴史部著　大和書房　2015.11　244p　15cm　（だいわ文庫　307-1H）〈文献あり〉　700円　Ⓘ978-4-479-30564-4　Ⓝ289.1

内容　第1章　若き名将—父・昌幸と信幸　第2章　合戦の日々—徳川氏と信幸　第3章　犬伏の別れ—上杉征伐と関ヶ原の戦い　第4章　大阪の陣—信幸から信之へ　第5章　真田家・松代藩—信之の晩年　第6章　付録・真田氏の源流—幸隆の時代

◇真田四代と信繁　丸島和洋著　平凡社　2015.11　302p　18cm　（平凡社新書 793）〈文献あり　年譜あり〉　800円　Ⓘ978-4-582-85793-1　Ⓝ288.3

内容　1章 真田幸綱—真田家を再興させた智将（真田家の系図主張　滋野氏の発祥　ほか）　2章 真田信綱—長篠の戦いに散った悲劇の将（正室「於北」と信綱の家督相続　四阿山信仰と真田氏　ほか）　3章 真田昌幸—柔軟な発想と決断力で生きのびた「表裏比興者」（人質からの出世　正室山之手殿の出自　ほか）　4章 真田信繁—戦国日本史上最高の伝説となった「日本一の兵」（実名と生没年　木曽での人質生活　ほか）　5章 真田信之—松代一〇万石の礎を固めた藩祖（上野在城とふたりの妻　豊臣政権下の信幸　ほか）

◇智謀の一族 真田三代　三池純正著　改訂新版　洋泉社　2015.11　286p　18cm　（歴史新書y 056）〈初版のタイトル：真説・智謀の一族真田三代　文献あり〉　950円　Ⓘ978-4-8003-0778-1　Ⓝ288.3

内容　第1部 真田家三つの謎—本拠地・金箔瓦・出自（修験者・山伏の「本拠地」でもあった真田郷の歴史　信州上田城と上州沼田城を結ぶ「金箔瓦」の謎　真田家の「出自」は名門・滋野姓海野氏につながるのか？）　第2部 真田幸隆—一族の没落を救った「智将」の生涯（真田郷からの敗走と名門・海野氏継承の謎　一族の再興を武田信玄に賭ける　上州の軍事進出と「真田一族の夢」）　第3部 真田昌幸—信玄に育てられ、上杉、徳川、北条氏と渡り合った豪将（三男・昌幸の家督相続と上州攻防戦　「武田氏滅亡」と次々と主君を替える昌幸の思惑　本拠地・上田城築城と「秀吉・家康の駆け引き」　「徳川・北条同盟」に楔を打ち込んだ秀吉・昌幸の連携　「金箔瓦」の上田城と家康包囲網に参加した昌幸）　第4部 真田信之・信繁—「陰の功労者」信之と「叛骨精神」のシンボル信繁（関ヶ原の合戦で一族の命運を分けた信之・信繁兄弟　大坂の陣に散った「叛骨精神」の華・信繁　「陰の大功労者」信之と秘められた叛骨精神）

◇真田三代　弱者の戦略—ランチェスターの法則で読み解く　福永雅文著　日本実業出版社　2015.12　249p　19cm　〈文献あり〉　1500円　Ⓘ978-4-534-05335-0　Ⓝ288.3

内容　序章 ランチェスターの法則が導き出す、"小"が"大"に勝つ四原則　第1章 砥石城乗っ取り—幸隆、徒手空拳で成り上がる　第2章 第一次上田防衛戦—昌幸・信之、徳川軍を撃退す　第3章 信州の関ヶ原（第二次上田防衛戦）—昌幸・幸村、徳川本軍を翻弄す　第4章 大坂の陣—幸村、徳川本陣を突き崩す　終章 "小"が"大"に勝つ真田の兵法—弱者の戦略をどう活かすか

◇疾風六文銭真田三代と信州上田　週刊上田新聞社編　改訂2版　上田　週刊上田新聞社　2015.12（第5刷）　140p　21cm　〈上田市観光ガイド・マップ付　折り込 1枚　年表あり　年譜あり〉　800円　Ⓘ978-4-915770-16-6　Ⓝ291.52

内容　よみがえる真田スピリット　戦国信濃の華真田　真田氏発祥の地　幸隆の登場　風林火山の時代　自立する昌幸　上田城攻防戦　幸村、大坂城で奮戦　十勇士伝説　信之、武門の誇りを伝える　上田市観光ガイド

◇真田幸村と真田一族のすべて—これ1冊でまるわかり！　歴史謎解き研究会著　双葉社　2016.1　221p　15cm　（双葉文庫 れ-03-01）〈文献あり〉　556円　Ⓘ978-4-575-71448-7　Ⓝ288.3

内容　第1章 一族復活を果たした幸村の祖父・真田幸隆（真田家が天皇家につながる家系ってホント？　真田家が育った地「真田郷」はどこにある？　ほか）　第2章 「表裏比興の者」と呼ばれた幸村の父・真田昌幸（三男の昌幸が、なぜ真田家を継いだのか？　吾妻郡に移った幸村・幸村父子と真田家の関係は？　ほか）　第3章 真田家存続に尽力した幸村の兄・真田信之（幸村と1歳違いの兄・信之の少年時代とは？　家康に近かった信之、秀吉と親しかった幸村　ほか）　第4章 豊臣家に忠節を誓った日本一の兵・真田幸村（本名は「信繁」なのに、なぜ「幸村」と呼ばれるのか？　なぜ幸村は兄・信幸と別れたのか？　ほか）　第5章 江戸時代、幸村たちの子孫はどうなった？（北で生き延びた幸村の子孫を追う　江戸幕府の藩主となった真田本家のその後は？　ほか）

◇真田信之—真田家を継いだ男の半生　黒田基樹著　KADOKAWA　2016.3　234p　19cm　（角川選書 569）〈文献あり〉　1700円　Ⓘ978-4-04-703584-3　Ⓝ289.1

内容　第1章 関ヶ原合戦までの信之　第2章 徳川政権との関係　第3章 領国と家臣団の再編成　第4章 親しき人々との交流と別れ　第5章 領国支配の再編成　第6章 大坂の陣における信之　第7章 沼田城から上田城へ

◇真田信之—父の知略に勝った決断力　平山優著　PHP研究所　2016.9　414p　18cm　（PHP新書 1064）〈文献あり〉　940円　Ⓘ978-4-569-83043-8　Ⓝ289.1

内容　第1章 信之の生い立ちと家族の群像　第2章 武田氏滅亡の衝撃と天正壬午の乱　第3章 真田昌幸と信之の飛翔　第4章 信之の決断　第5章 苦難の連続だった信之の内政　第6章 大坂の陣と信之　第7章

上田から松代へ　第8章「土呑み裁判」からキリシタン対策まで―もめごと、さまざま　第9章 相次ぐ不幸　第10章 信之、最後の戦い

◇真田氏三代と信濃・大坂の合戦　中澤克昭著　吉川弘文館　2016.12　159p　21cm　(人をあるく)〈文献あり　年譜あり〉2000円　Ⓘ978-4-642-06794-2　Ⓝ288.2

内容　メディアミックスヒーロー　1 真田氏の履歴書(真田氏の本籍地　先祖と幸綱の経歴　信綱と昌幸の経歴　信幸と信繁の経歴　真田氏の肖像画)　2 真田父子、かく戦えり(第一次上田合戦と新出絵図　第二次上田合戦と上田城　大坂の陣と真田丸)　3 真田氏の本拠をあるく(発祥の地 原の館と町　上田城とその城下)

◇真田信之　黒田基樹編著　戎光祥出版　2017.4　397p　21cm　(シリーズ・織豊大名の研究 5)　6500円　Ⓘ978-4-86403-237-7　Ⓝ289.1

内容　総論 真田信之発給文書の概要　第1部 真田信之の生涯(真田信之文書の基礎的考察　真田氏の沼田領支配　真田氏時代　真田信之時代　真田信政時代)　第2部 真田信之の諸問題(真田氏時代における織豊系城郭上田城の再検討　古文書講座(第27回) 伏島家文書について　史料紹介 真田信之の隠居・三代藩主の擁立に関わる文書　松代藩初代藩主「真田信之画像」)　第3部 真田信之発給文書目録

真田 昌幸〔1547～1611〕さなだ・まさゆき

◇真田四将伝―幸隆・昌幸・幸村・信之　清水昇著　長野 信濃毎日新聞社　2014.11　334p　19cm 〈文献あり　年譜あり〉 1600円　Ⓘ978-4-7840-7250-7　Ⓝ288.2

内容　序章 真田氏の出自―信濃国真田郷　第1章 真田幸隆―失地回復の戦術　第2章 真田昌幸―生き残りの処世術　第3章 真田幸村(信繁)―忠義を貫いた武将の意地　第4章 真田信之―真田家を守り抜いた生涯　第5章 真田氏五百年の系譜―名族の血脈を伝える

◇真田幸村と真田一族のすべて―決定版　小林計一郎編　KADOKAWA　2015.7　319p　19cm 〈年表あり〉　1800円　Ⓘ978-4-04-601142-8　Ⓝ288.3

内容　不撓不屈の真田一族　幸村の父/表裏比興の雄 真田昌幸　日本一の兵 真田幸村　真田家の治政　「真田十勇士」考　豊臣方浪人の背景と評価　真田一族人物事典　真田一族関係人物事典　真田関係年表

◇真田一族と幸村の城　山名美和子著　KADOKAWA　2015.9　222p　18cm (角川新書 K-50)〈文献あり〉　800円　Ⓘ978-4-04-082035-4　Ⓝ289.1

内容　第1章 戦国の大乱と真田の苦闘―「甲斐の虎」と「越後の龍」の間で　第2章「本能寺の変」と真田家の運命―真田の変貌、北条氏の下へ　第3章 真田一族の選択―秀吉と家康の間で　第4章 天下分け目の関ヶ原―高まる真田の武名　第5章 大坂冬の陣・夏の陣―幸村・日本一の兵　第6章 真田十勇士とは何者なのか―調略・諜報・外交・武力・影武者・小姓として　第7章 幸村の城と「真田丸」―真田ゆかりの古城、名城

◇大いなる謎 真田一族―最新研究でわかった100の真実　平山優著　PHP研究所　2015.9　349p　15cm　(PHP文庫 ひ39-1)〈文献あり　年譜あ

り〉　750円　Ⓘ978-4-569-76370-5　Ⓝ288.3

内容　第1章 真田幸綱編―謎だらけの出自、本領の失陥と奪還、冴えわたる調略の数々(真田氏は、いつ どのようにして誕生したのか？　幸綱登場前の真田家の歩みは、どのようなものだったのか？　真田「幸綱」と真田「幸隆」、どちらが正しいのか？ ほか)　第2章 真田昌幸編―信玄の薫陶、勝頼時代の飛躍、独立大名への道、そして関ヶ原(いつ、どこで生まれたのか？　いつから、信玄に仕えるようになったのか？　信玄の奥近習として、どんな務めを果たしていたのか？　ほか)　第3章 真田信之・信繁編―好対照の前半生、決別とそれぞれの戦い、そして真田家の危機(信之と信繁はいつ、どこで生まれたのか？　なぜ、信繁は幸村と呼ばれるのか？　武田家滅亡時、二人はどこにいたのか？ ほか)

◇真田幸綱・昌幸・信幸・信繁―戦国を生き抜いた真田氏三代の歴史　柴辻俊六著　岩田書院　2015.10　220p　21cm 〈文献あり　年表あり〉　2800円　Ⓘ978-4-86602-932-0　Ⓝ288.2

内容　1 真田幸綱(戦国期の信濃　真田氏と海野一族 ほか)　2 真田昌幸(武田信玄の側近として　武田家足軽大将として ほか)　3 真田信幸(信幸生誕から初陣まで　第一次上田合戦から徳川家帰属まで ほか)　4 真田信繁(生誕から上杉家出仕まで　秀吉出仕から上田帰参まで ほか)

◇真田三代と真田丸のすべて　小和田哲男監修　小学館　2015.11　112p　21cm (他言語標題: The Story of SANADA　「新説戦乱の日本史 4」(2008年刊)と「新説戦乱の日本史 20」(2008年刊)の改題、追加執筆、再構成、合本　年表あり)　1200円　Ⓘ978-4-09-388451-8　Ⓝ289.1

内容　初代幸綱二代昌幸と、上田合戦(初代幸綱、真田家を興す　二代昌幸、戦国大名として頭角をあらわす　千曲川沿いの断崖上に築かれた上田城　第1次上田合戦(1585年閏8月～11月)　小田原合戦(1590年) ほか)　三代信繁(幸村)と、真田丸の攻防(戦国時代最後の名将、真田幸村　方広寺鐘銘事件　上町台地に築かれた天然の要害、大阪城　大坂冬の陣(1614年10月～11月)　偽りの和睦(1614年12月18～19日) ほか)

◇真田昌幸―徳川、北条、上杉、羽柴と渡り合い大名にのぼりつめた戦略の全貌　黒田基樹著　小学館　2015.11　255p　19cm 〈文献あり〉　1600円　Ⓘ978-4-09-626326-6　Ⓝ289.1

内容　序章「国衆」から「大名」へ(真田昌幸の出発点とその父幸綱　武田家の宿老として ほか)　第1章 武田氏と北条氏の抗争(謙信の死後、「御館の乱」勃発　上杉領をうかがう真田昌幸 ほか)　第2章 真田昌幸の沼田領経略(上野での抗争が始まる　小川氏の従属 ほか)　第3章 天正壬午の乱における真田昌幸(武田氏の滅亡　織田氏に従属する ほか)　第4章 秀吉・家康の対立のなかの真田昌幸(上田城の構築　矢沢頼綱が上杉氏に従属するほか)　第5章 秀吉への従属と「沼田領問題」の展開(徳川家康の秀吉従属　秀吉から討伐命令を出される ほか)　第6章「沼田領問題」の帰結と小田原合戦(「沼田領」の三分の二の引き渡し　名胡桃城事件 ほか)　終章 豊臣大名となった真田氏(真田信幸の沼田領支配開始　豊臣大名としての真田氏)

◇真田四代と信繁　丸島和洋著　平凡社　2015.11　302p　18cm　(平凡社新書 793)〈文献あ

さなた

り 年譜あり〉 800円 ⓘ978-4-582-85793-1 Ⓝ288.3

内容 1章 真田幸綱—真田家を再興させた智将（真田家の系図主張 滋野氏の発祥 ほか） 2章 真田信綱—長篠の戦いに散った悲劇の将（正室「於北」と信綱の家督相続 四阿山信仰と真田氏 ほか） 3章 真田昌幸—柔軟な発想と決断力で生きのびた「表裏比興者」（人質からの出世 正室山之手殿の出自 ほか） 4章 真田信繁—戦国史上最高の伝説となった「日本一の兵」（実名と生没年 木曽での人質生活 ほか） 5章 真田信之—松代一〇万石の礎を固めた藩祖（上野在城とふたりの妻 豊臣政権下の信幸 ほか）

◇智謀の一族 真田三代 三池純正著 改訂新版 洋泉社 2015.11 286p 18cm 歴史新書y 056)〈初版のタイトル：真説・智謀の一族真田三代 文献あり〉 950円 ⓘ978-4-8003-0778-1 Ⓝ288.3

内容 第1部 真田家三つの謎—本拠地・金箔瓦・出自（修験者・山伏の「本拠地」でもあった真田郷の歴史 信州上田城と上州沼田城を結ぶ「金箔瓦」の謎 真田家の「出自」は名門・滋野姓海野氏につながるのか？） 第2部 真田幸隆—一族の危機を救った「智将」の生涯（真田郷からの敗走と名門・海野氏継承の謎 一族の再興を武田信玄に賭ける 上州の軍事進出と「真田一族の夢」） 第3部 真田昌幸—信玄に育てられ、上杉、徳川、北条氏と渡り合った豪将（三男・昌幸の家督相続と上州攻防戦 「武田氏滅亡」と次々に主君を替える昌幸の思惑 本拠地・上田城築城と「秀吉・家康の駆け引き」 「徳川・北条同盟」に楔を打ち込んだ秀吉・昌幸の連携 「金箔瓦」の上田城と家康包囲網に参加した昌幸） 第4部 真田信之・信繁—「陰の功労者」信之と「叛骨精神」のシンボル信繁（関ヶ原の合戦で一族の命運を分けた信之・信繁兄弟 大坂の陣に散った「叛骨精神」の華・信繁 「陰の大功労者」信之と秘められた叛骨精神）

◇真田三代 弱者の戦略—ランチェスターの法則で読み解く 福永雅文著 日本実業出版社 2015.12 249p 19cm〈文献あり〉 1500円 ⓘ978-4-534-05335-0 Ⓝ288.3

内容 序章 ランチェスターの法則が導き出す、"小"が"大"に勝つ四原則 第1章 砥石城乗っ取り—幸隆、徒手空拳で成り上がる 第2章 第一次上田防衛戦—昌幸・信之、徳川軍を撃退す 第3章 信州の関ヶ原（第二次上田防衛戦）—昌幸・信繁、徳川本軍を翻弄す 第4章 大坂の陣—幸村、徳川本陣を突き崩す 終章 "小"が"大"に勝つ真田の兵法—弱者の戦略をどう活かすか

◇疾風六文銭真田三代と信州上田 週刊上田新聞社編 改訂2版 上田 週刊上田新聞社 2015.12（第5刷） 140p 21cm〈上田市観光ガイド・マップ付 折り込1枚 年表あり 年譜あり〉 800円 ⓘ978-4-915770-16-6 Ⓝ291.5

内容 よみがえる真田スピリット 戦国信濃の華真田 真田氏発祥の地 幸隆の登場 風林火山の時代 自立する昌幸 上田城攻防戦 幸村、大阪城で奮戦 十勇士伝説 信之、武門の誇りを伝える 上田市観光ガイド

◇真田三代—驚きの戦術をあみだした戦国最強の一族 『歴史街道』編集部編 PHP研究所 2016.1 95p 26cm〈年譜あり〉 800円

ⓘ978-4-569-82979-1 Ⓝ288.3

内容 真田三代とは何者か—戦国を彩った智謀の一族 第1部 真田幸隆（総論 真田三代の祖・幸隆のしたたかな戦略眼と本領回復への執念 真田の旗印・六文銭に込められた幸隆の強い意志 要害・岩櫃城を落とした幸隆の智謀） 第2部 真田昌幸（総論 主家を次々にかえ、独自の戦術を展開した昌幸の巧妙な処世術 父譲りの手腕で上州の要衝・沼田を奪う昌幸 「存分に相手をしてくれる」第一次上田合戦・激闘のドラマ 真田三代にまつわる武将列伝） 第3部 真田幸村（総論 父祖伝来の「真田の兵法」を見事に昇華させた、幸村の誇り高き戦い 「六文銭に恥じぬ戦を」兄とわかれ、十数倍の敵を上田で迎え撃つ 九度山での蟄居の日々、そして「浮浪の群れ」とともに大坂城へ 大坂冬の陣—関東勢を痛撃する真田丸の采配 大坂夏の陣—幸村最後の戦い）

◇真田幸村と真田一族のすべて—これ1冊でまるわかり！ 歴史謎解き研究会著 双葉社 2016.1 221p 15cm （双葉文庫 れ-03-01)〈文献あり〉 556円 ⓘ978-4-575-71448-7 Ⓝ288.3

内容 第1章 一族復活を果たした幸村の祖父・真田幸隆（真田家が天皇家につながる家系ってホント？ 真田家が育った地"真田郷"はどこにある？ ほか） 第2章 「表裏比興の者」と呼ばれた幸村の父・真田昌幸（三男の昌幸が、なぜ真田家を継いだのか？ 吾妻郡に移った昌幸・幸村父子と北条家との関係は？ ほか） 第3章 真田家存続に尽力した幸村の兄・真田信之（幸村と1歳違いの兄・信之の少年時代とは？ 家康に近かった信之、秀吉と親しかった幸村 ほか） 第4章 豊臣家に忠節を誓った日本一の兵・真田幸村（本名は「信繁」なのに、なぜ「幸村」と呼ばれるのか？ なぜ幸村は兄・信幸と別れたのか？ ほか） 第5章 江戸時代、幸村たちの子孫はどうなった？（北で生き延びた幸村の子孫を追う 江戸幕府の藩主となった真田本家のその後は？ ほか）

◇真田丸への道 武山憲明著 ぶんか社 2016.1 315p 18cm 〈「戦国最強軍団真田六文銭合戦記」（ぶんか社文庫 2007年刊）の改題改訂 文献あり〉 880円 ⓘ978-4-8211-4427-3 Ⓝ288.3

内容 第1章 多くの謎に包まれた真田家のルーツ（真田家が代々「幸」の字を名乗ったのはなぜか？ 幸隆が海野家の嫡流を称したわけは？ ほか） 第2章 戦国真田家の礎を築いた初代・幸隆（父の死後、母の実家・海野本家で養育された幸隆 祖父・棟綱を死に追いやったのは幸隆だった!? ほか） 第3章 家康の生涯の天敵となった二代目・昌幸（父、長兄、次兄が相次いで亡くなり家督を継ぐ もしも勝頼が昌幸の進言に従っていたら… ほか） 第4章 不思議なる弓取り・幸村（なぜ幸村という名前が定着したのか？ イケメン俳優がお об婆になった幸村だが、本当はどんな顔だった？ ほか） 最終章 そして幸村は伝説になった！（幸村はどうやって九度山を脱出したか？ 真田丸でまたまた徳川軍を撃破！

◇眠れないほど面白い父と子と真田丸 由良弥生著 セブン＆アイ出版 2016.1 303p 19cm〈文献あり〉 722円 ⓘ978-4-86008-675-6 Ⓝ289.1

内容 1章 動乱の時代 2章 武田家の滅亡と真田家の独立 3章 大名にのしあがる真田昌幸 4章 北条征伐と真田父子のその後 5章 第二次上田合戦とその後の真田家 6章 「大坂冬の陣」と「真田丸」 7章 「大坂夏の陣」と真田信繁

◇英傑の日本史　智謀真田軍団編　井沢元彦著　KADOKAWA　2016.1　249p　15cm　（角川文庫　い13-59）〈年表あり〉　800円　①978-4-04-400013-4　Ⓝ281.04

内容　第1章　野望渦巻く信濃国　第2章　知将・真田幸隆の攻防　第3章　武田信玄の死　第4章　戦国大名・真田昌幸の誕生　第5章　戦国の闇を支えた謀報機関　第6章　武田氏滅亡　第7章　策士・真田昌幸の飛躍　第8章　真田親子が歩んだ二つの道　第9章「日本一の兵」真田幸村―激闘、真田丸

◇信濃の戦国武将たち　笹本正治著　京都　宮帯出版社　2016.4　295p　19cm　2500円　①978-4-8016-0011-9　Ⓝ281.52

内容　第1章　神の血筋―諏方頼重　第2章　信濃守護の系譜―小笠原長時　第3章　二度も信玄を破る―村上義清　第4章　信玄を支える―真田幸綱　第5章　表裏比興の者―真田昌幸　第6章　武田氏を滅亡に追い込む―木曽義昌　第7章　武田氏滅亡と地域領主たち

◇真田氏三代と信濃・大坂の合戦　中澤克昭著　吉川弘文館　2016.12　159p　21cm　（人をあるく）〈文献あり　年譜あり〉　2000円　①978-4-642-06794-2　Ⓝ288.2

内容　メディアミックスヒーロー　1　真田氏の履歴書（真田氏の本籍地　先祖と幸綱の経歴　信綱と昌幸の経歴　信幸と信繁の経歴　真田氏の肖像画）　2　真田父子、かく戦えり（第一次上田合戦と新出絵図　第二次上田合戦と上田城　大坂の陣と真田丸）　3　真田氏の本拠をあるく（発祥の地　原の館と町　上田城とその城下）

真田　幸隆〔1513～1574〕　さなだ・ゆきたか

◇真田四代伝―幸隆・昌幸・幸村・信之　清水昇著　長野　信濃毎日新聞社　2014.11　334p　19cm　〈文献あり　年譜あり〉　1600円　①978-4-7840-7250-7　Ⓝ288.2

内容　序章　真田氏の出自―信濃国真田郷　第1章　真田幸隆―失地回復の戦術　第2章　真田昌幸―生き残りの処世術　第3章　真田幸村（信繁）―忠義を貫いた武将の意地　第4章　真田信之―真田家を守り抜いた生涯　第5章　真田氏五百年の系譜―名族の血脈を伝える

◇真田一族と幸村の城　山名美和子著　KADOKAWA　2015.9　222p　18cm　（角川新書　K-50）〈文献あり〉　800円　①978-4-04-082035-4　Ⓝ289.1

内容　第1章　戦国の大乱と真田の苦闘―「甲斐の虎」と「越後の龍」の間で　第2章「本能寺の変」と真田家の運命の変貌、北条氏の下へ　第3章　真田一族の選択―秀吉と家康の間で　第4章　天下分け目の関ヶ原―高まる真田の武名　第5章　大坂冬の陣・夏の陣―幸村・日本一の兵　第6章　真田十勇士とは何者なのか―調略・諜報・外交・武力・影武者・小姓として　第7章　幸村の城と「真田丸」―真田ゆかりの古城、名城

◇大いなる謎　真田一族―最新研究でわかった100の真実　平山優著　PHP研究所　2015.9　349p　15cm　（PHP文庫　ひ39-1）〈文献あり　年譜あり〉　750円　①978-4-569-76370-5　Ⓝ288.3

内容　第1章　真田幸綱編―謎だらけの出自、本領の失陥と奪還、冴えわたる調略の数々（真田氏は、いつどのようにして誕生したのか？　幸綱登場前の真田家の歩みは、どのようなものだったのか？　真田「幸綱」と真田「幸隆」、どちらが正しいのか？　ほか）　第2章　真田昌幸編―信玄の薫陶、勝頼時代の飛躍、独立大名への道、そして関ヶ原（いつ、どこで生まれたのか？　いつから、信玄に仕えるようになったのか？　信玄の奥近習として、どんな務めを果たしていたのか？　ほか）　第3章　真田信之・信繁編―好対照の前半生、決別とそれぞれの戦い、そして真田家の危機（信之と信繁はいつ、どこで生まれたのか？　なぜ、信繁は幸村と呼ばれるのか？　武田家滅亡時、二人はどこにいたのか？　ほか）

◇真田幸綱・昌幸・信幸・信繁―戦国を生き抜いた真田氏三代の歴史　柴辻俊六著　岩田書院　2015.10　220p　21cm　〈文献あり　年表あり〉　2800円　①978-4-86602-932-0　Ⓝ288.2

内容　1　真田幸綱（戦国期の信濃　真田氏と海野一族　ほか）　2　真田昌幸（武田信玄の側近として　武田家足軽大将として　ほか）　3　真田信幸（信幸生誕から初陣まで　第一次上田合戦から徳川氏帰属まで　ほか）　4　真田信繁（生誕から上杉家出仕まで　秀吉出仕から上田帰参まで　ほか）

◇真田三代と真田丸のすべて　小和田哲男監修　小学館　2015.11　112p　21cm　〈他言語標題：The Story of SANADA　「新説戦乱の日本史4」（2008年刊）と「新説戦乱の日本史 20」（2008年刊）の改題、追加執筆、再構成、合本　年表あり〉　1200円　①978-4-09-388451-8　Ⓝ289.1

内容　初代幸綱二代信幸と、上田合戦（初代幸綱、真田家を興す　二代昌幸、戦国大名として頭角をあらわす　千曲川沿いの断崖上に築かれた上田城　第1次上田合戦（1585年閏8月～11月）　ほか）　三代信幸（幸村）と、真田丸の攻防（戦国時代最後の名将、真田幸村　方広寺鐘銘事件　上町台地に築かれた天然の要害、大坂城　大坂冬の陣（1614年10月～11月）　偽りの和睦（1614年12月18～19日）　ほか）

◇真田四代と信繁　丸島和洋著　平凡社　2015.11　302p　18cm　（平凡社新書　793）〈文献あり　年譜あり〉　800円　①978-4-582-85793-1　Ⓝ288.3

内容　1章　真田幸綱―真田家を再興させた智将（真田家の系図主張　滋野氏の発祥　ほか）　2章　真田信綱―長篠の戦いに散った悲劇の将（正室「於北」と信綱の家督相続　四阿山信仰と真田氏　ほか）　3章　真田昌幸―柔軟な発想と決断力で生きのびた「表裏比興者」（人質からの出世　正室山之手殿の出自　ほか）　4章　真田信繁―戦国史上最高の伝説となる「日本一の兵」（実名と生没年　木曽での人質生活　ほか）　5章　真田信之―松代一〇万石の礎を固めた藩祖（上野在城とふたりの妻　豊臣政権下の信幸　ほか）

◇智謀の一族　真田三代　三池純正著　改訂新版　洋泉社　2015.11　286p　18cm　（歴史新書y 056）〈初版のタイトル：真説・智謀の一族真田三代　文献あり〉　950円　①978-4-8003-0778-1　Ⓝ288.3

内容　第1部　真田家三つの謎―本拠地・金箔瓦・出自（修験者・山伏の「本拠地」から築かれた真田郷の歴史　信州上田氏と上州沼田城を結ぶ「金箔瓦」の謎　真田家の「出自」は名門・滋野姓海野氏につながるの

か?) 第2部 真田幸隆—一族の没落を救った「智将」の生涯(真田郷からの敗走と名門・海野氏継承の謎 一族の再興を武田信玄に賭ける 上州の軍事進出と「真田一族の夢」) 第3部 真田昌幸—信玄に育てられ、上杉、徳川、北条氏と渡り合った豪将(三男・昌幸の家督相続と上州攻防戦 「武田氏滅亡」と次々と主君を替える昌幸の思惑 本拠地・上田築城と「秀吉・家康の駆け引き」 「徳川・北条同盟」に楔を打ち込んだ秀吉・昌幸の連携 「金箔瓦」の上田城と家康包囲網に参加した昌幸) 第4部 真田信之・信繁—「陰の功労者」信之と「叛骨精神」のシンボル信繁(関ヶ原の合戦で一族の命運を分けた信之・信繁兄弟 大坂の陣に散った「叛骨精神」の華・信繁 「陰の大功労者」信之と秘められた叛骨精神)

◇真田信繁「勝利」への条件 千田嘉博著 三笠書房 2015.11 222p 19cm 〈文献あり 年表あり〉 1300円 ①978-4-8379-2614-6 Ⓝ289.1
[内容] 第1章 戦国最強の出城「真田丸」(天下人の城をめぐる「戦国最後」の戦い 知将・真田信繁、大坂城へ ほか) 第2章 「日本一の兵」真田信繁が生まれた時代(数多くの「伝説」と「謎」を残した名将の魅力 戦国の乱世に誕生する「兵」 ほか) 第3章 時代を分ける「関ヶ原の戦い」と真田一族(真田流「戦術」の秘密 幻の岩櫃「籠城」策 ほか) 第4章 「大坂の陣」—歴史の転換点となった戦国最後の戦い(ついに開戦!「大坂冬の陣」 信繁、誇りをかけた戦い—「大坂夏の陣」) 第5章 豊臣が頼り、徳川が恐れた知謀の「真田三代」(波乱の生涯を生きた初代・幸隆 武田信玄の評価を勝ち取った活躍 ほか)

真田三代 弱者の戦略—ランチェスターの法則で読み解く 福永雅文著 日本実業出版社 2015.12 249p 19cm 〈文献あり〉 1500円 ①978-4-534-05335-0 Ⓝ288.3
[内容] 序章 ランチェスターの法則が導き出す、"小"が"大"に勝つ四原則 第1章 砥石城乗っ取り—幸隆、徒手空拳で成り上がる 第2章 第一次上田防衛戦—昌幸・信之、徳川軍を撃退す 第3章 信州の関ヶ原(第二次上田防衛戦)—昌幸・信繁、徳川本軍を翻弄す 第4章 大坂の陣—幸村、徳川本陣を突き崩す 終章 "小"が"大"に勝つ真田の兵法—弱者の戦略をどう活かすか

◇疾風六文銭真田三代と信州上田 週刊上田新聞社編 改訂2版 上田 週刊上田新聞社 2015.12(第5刷) 140p 21cm 〈上田市観光ガイド・マップ付 折り込 1枚 年表あり 年譜あり〉 800円 ①978-4-915770-16-6 Ⓝ291.52
[内容] よみがえる真田スピリット 戦国信濃の華真田 真田氏発祥の地 幸隆の登場 風林火山の時代 自立する昌幸 上田城攻防戦 幸村、大阪城で奮戦 十勇士伝説 信之、武門の誇りを伝える 上田市観光ガイド

真田三代—驚きの戦術をあみだした戦国最強の一族 『歴史街道』編集部編 PHP研究所 2016.1 95p 26cm 〈年譜あり〉 800円 ①978-4-569-82979-1 Ⓝ288.3
[内容] 真田三代とは何者か—戦国を彩った智謀の一族 第1部 真田幸隆(総論 真田三代の祖・幸隆のしたたかな戦略眼と本領回復への執念 真田の旗印・六文銭に込められた幸隆の強い意志 要害・岩櫃城を落とした幸隆の智謀) 第2部 真田昌幸(総論 主家の処遇を次々にかえ、独自の戦術を展開した昌幸の巧みな処世術 父譲りの手腕で上州の要衝・沼田を奪う昌幸 「存分に相手をしてくれる」第一次上田合戦・激闘のドラマ 真田三代にまつわる武将列伝) 第3部 真田幸村(総論 父祖伝来の「真田の兵法」を見事に昇華させた、幸村の誇り高き戦い 「六文銭に恥じぬ戦を」兄とわかれ、十数倍の敵を上田で迎え撃つ 九度山での蟄居の日々、そして「浮浪の群れ」とともに大坂城へ 大坂冬の陣—関東勢を痛撃した真田丸の采配 大坂夏の陣—幸村最後の戦い)

◇真田幸村と真田一族のすべて—これ1冊でまるわかり! 歴史謎解き研究会著 双葉社 2016.1 221p 15cm 〈双葉文庫 れ-03-01〉〈文献あり〉 556円 ①978-4-575-71448-7 Ⓝ288.3
[内容] 第1章 一族復活を果たした幸村の祖父・真田幸隆(真田家が天皇家につながる家系ってホント? 真田家が育った地"真田郷"はどこにある? 真田郷 ほか) 第2章 「表裏比興の者」と呼ばれた幸村の父・真田昌幸(三男の昌幸が、なぜ真田家を継いだのか? 吾妻郡に移った昌幸・幸村父子と北条家との関係は? ほか) 第3章 真田家存続に尽力した幸村の兄・真田信之(幸村と1歳違いの兄・信之の少年時代とは? 家康に近かった信之、秀吉と親しかった幸村 ほか) 第4章 豊臣家に忠節を誓った日本一の兵・真田幸村(本名は"信繁"なのに、なぜ"幸村"と呼ばれるのか? なぜ幸村は兄・信幸と別れたのか? ほか) 第5章 江戸時代、幸村たちの子孫はどうなった?(北で生き延びた幸村の子孫を追う 江戸幕府の藩主となった真田本家のその後は? ほか)

◇真田丸への道 武山憲明著 ぶんか社 2016.1 315p 18cm 〈戦国最強軍団真田六文銭合戦記」(ぶんか社文庫 2007年刊)の改題改訂 文献あり〉 880円 ①978-4-8211-4427-3 Ⓝ288.3
[内容] 第1章 多くの謎に包まれた真田家のルーツ(真田家が代々「幸」の字を名乗ったのはなぜか? 幸隆が海野家の嫡流を称したわけは? ほか) 第2章 戦国真田家の礎を築いた初代・幸隆(父の死後、母の実家・海野本家で養育された幸隆 祖父・棟綱を死に追いやったのは幸隆だった⁉ ほか) 第3章 家康の生涯の天敵となった二代目・昌幸(父、長兄、次兄が相次いで亡くなり家督を継ぐ もしも勝頼が昌幸の進言に従っていたら…? ほか) 第4章 不思議なる弓取り・幸村(なぜ幸村という名前が定着したのか? イケメン俳優がお約束になった幸村だが、本当はどんな顔だった? ほか) 最終章 そして幸村は伝説になった!(幸村はどうやって九度山を脱出したか? 真田丸でまたまた徳川軍を撃破! ほか)

◇英傑の日本史 智謀真田軍団編 井沢元彦著 KADOKAWA 2016.1 249p 15cm 〈角川文庫 い13-59〉〈年表あり〉 800円 ①978-4-04-400013-4 Ⓝ281.04
[内容] 第1章 野望渦巻く信濃国 第2章 知将・真田幸隆の攻防 第3章 武田信玄の死 第4章 戦国大名・真田昌幸の誕生 第5章 戦国の闇を支えた謀報機関 第6章 武田氏滅亡 第7章 義士・真田昌幸の飛躍 第8章 真田親子が歩んだ二つの道 第9章 「日本一の兵」真田幸村—激闘、真田丸

◇信濃の戦国武将たち 笹本正治著 京都 宮帯出版社 2016.4 295p 19cm 2500円 ①978-4-8016-0011-9 Ⓝ281.52
[内容] 第1章 神の血筋—諏方頼重 第2章 信濃守護の系譜—小笠原長時 第3章 二度も信玄を破る—村上

義清　第4章　信玄を支える―真田幸綱　第5章　表裏比興の者―真田昌幸　第6章　武田氏を滅亡に追い込む―木曽義昌　第7章　武田氏滅亡と地域領主たち

◇真田氏三代と信濃・大坂の合戦　中澤克昭著　吉川弘文館　2016.12　159p　21cm　〈人をあるく〉〈文献あり　年譜あり〉　2000円　①978-4-642-06794-2　Ⓝ288.2

内容　メディアミックスヒーロー　1　真田氏の履歴書（真田氏の本籍地　先祖と幸綱の経歴　信綱と昌幸の経歴　信幸と信繁の経歴　真田氏の肖像画）　2　真田父子、かく戦えり（第一次上田合戦と新出絵図　第二次上田合戦と上田城　大坂の陣と真田丸）　3　真田氏の本拠をあるく（発祥の地　原の館と町　上田城とその城下）

真田　幸綱　さなだ・ゆきつな
⇒真田幸隆（さなだ・ゆきたか）を見よ

真田　幸村〔1567～1615〕　さなだ・ゆきむら

◇真田四将伝―幸隆・昌幸・幸村・信之　清水昇著　長野　信濃毎日新聞社　2014.11　334p　19cm　〈文献あり　年譜あり〉　1600円　①978-4-7840-7250-7　Ⓝ288.2

内容　序章　真田氏の出自―信濃国真田郷　第1章　真田幸隆―失地回復の戦術　第2章　真田昌幸―生き残りの処世術　第3章　真田幸村（信繁）―忠義を貫いた武将の意地　第4章　真田信之―真田家を守り抜いた生涯　第5章　真田氏五百年の系譜―名族の血脈を伝える

◇真田幸村と伊達家　小西幸雄著　〔仙台〕　大崎八幡宮仙台・江戸学実行委員会　2015.1　70p　21cm　（国宝大崎八幡宮仙台・江戸学叢書 65）〈発行所：大崎八幡宮　文献あり〉　Ⓝ288.2

◇真田幸村―英雄の実像　山村竜也著　河出書房新社　2015.4　199p　15cm　（河出文庫 や30-1）〈PHP研究所 2005年刊の再刊　文献あり　年譜あり〉　720円　①978-4-309-41365-5　Ⓝ289.1

内容　第1章　信州の六文銭（幸村誕生―祖父・父は武田二十四将　柔和な性格―「国虎を支配する本当の侍」　ほか）　第2章　関ヶ原と九度山配流（家康の野望―婚姻政策、三成襲撃、大坂入城…　三成の謀略―上杉家と家康挟撃作戦　ほか）　第3章　決戦・大坂の陣（九度山村脱出―村人の監視をどうやってかわしたか　大坂入城―名刀を帯びた山伏　ほか）　終章　幸村伝説（日本一の兵―敵味方からの大賛辞　幸村伝説―語り継がれる「正義のヒーロー」物語）

◇真田幸村と真田丸―大坂の陣の虚像と実像　渡邊大門著　河出書房新社　2015.4　219p　19cm　（河出ブックス 081）〈文献あり〉　1500円　①978-4-309-62481-5　Ⓝ289.1

内容　第1章　真田一族と関ヶ原合戦（真田一族の来歴と基盤　真田幸綱のこと　ほか）　第2章　大坂冬の陣の開戦前夜（ステレオタイプで語られた大坂の陣　豊臣家と徳川家の「二重公儀体制」　ほか）　第3章　真田丸の攻防（真田信之の無念　木津川口の戦い　ほか）　第4章　和睦の決裂（和睦の事情―編纂物に見る　和睦交渉の経過　ほか）　第5章　真田夏の陣がはじまる（牢人たちの心情―埴直之の手紙　信繁の心情を語る逸話　ほか）　第6章　信繁の最期と真田伝説（運命の天王寺・岡山の戦い　信繁の献策　ほか）

◇真田幸村と真田一族のすべて―決定版　小林計一郎編　KADOKAWA　2015.7　319p　19cm　〈年表あり〉　1800円　①978-4-04-601142-8　Ⓝ288.3

内容　不撓不屈の真田一族　幸村の父／表裏比興の雄　真田昌幸　日本一の兵　真田幸村　真田家の治政　「真田十勇士」考　豊臣方浪人の背景と評価　真田一族人物事典　真田一族関係人物事典　真田関係年表

◇真田幸村と大坂の陣　三池純正著　第三文明社　2015.7　223p　19cm　〈文献あり〉　1200円　①978-4-476-03345-8　Ⓝ289.1

◇真田幸村と大坂の陣―〈猛〉列伝　渡邊大門著　ロングセラーズ　2015.7　249p　18cm　（〔ロング新書〕）〈文献あり〉　900円　①978-4-8454-0957-0　Ⓝ210.52

内容　第1章　大坂の陣とは？　第2章　真田一族の謎を探る　第3章　大坂の陣の謎を探る　第4章　真田信繁（幸村）の謎を探る　第5章　大坂の陣の人々　第6章　信繁（幸村）の最期の戦い

◇真田一族と幸村の城　山名美和子著　KADOKAWA　2015.9　222p　18cm　（角川新書 K-50）〈文献あり〉　800円　①978-4-04-082035-4　Ⓝ289.1

内容　第1章　戦国の大乱と真田の苦闘―「甲斐の虎」と「越後の龍」の間で　第2章　「本能寺の変」と真田家の運命―真田氏の変貌、北条氏の下へ　第3章　真田一族の選択―秀吉と家康の間で　第4章　天下分け目の関ヶ原―高まる真田の武名　第5章　大坂冬の陣・夏の陣―幸村・日本一の兵　第6章　真田十勇士とは何者なのか―調略・諜報・外交・武力・影武者・小姓として　第7章　幸村の城と「真田丸」―真田ゆかりの古城、名城

◇闘将真田幸村―大坂の陣・真田丸の攻防　清水昇著　河出書房新社　2015.9　214p　15cm　（河出文庫 し18-2）〈文献あり　年表あり〉　660円　①978-4-309-41397-6　Ⓝ289.1

内容　序章　幸村の魅力　第1章　信濃小県郡の豪族　第2章　関ヶ原合戦の決断　第3章　昌幸・幸村父子、九度山流罪　第4章　闘将・幸村の奮戦―大坂の陣　第5章　幸村不死伝説と真田忍者・十勇士

◇大いなる謎真田一族―最新研究でわかった100の真実　平山優著　PHP研究所　2015.9　349p　15cm　（PHP文庫 ひ39-1）〈文献あり　年譜あり〉　750円　①978-4-569-76370-5　Ⓝ288.3

内容　第1章　真田幸綱編―謎だらけの出自、本領の失陥と奪還、冴えわたる調略の数々（真田氏は、いつどのようにして誕生したのか？　幸綱登場前の真田家の歩みは、どのようなものだったのか？　真田「幸綱」と真田「幸隆」、どちらが正しいのか？　ほか）　第2章　真田昌幸編―信玄の薫陶、勝頼時代の飛躍、独立大名への道、そして関ヶ原（いつ、どこで生まれたのか？　いつから、信玄に仕えるようになったのか？　信玄の奥近習として、どんな務めを果たしていたのか？　ほか）　第3章　真田信之・信繁編―好対照の前半生、決別とそれぞれの戦い、そして真田家の危機（信之と信繁はいつ、どこで生まれたのか？　なぜ、信繁は幸村と呼ばれるのか？　武田家滅亡時、二人はどこにいたのか？　ほか）

さなた

◇真田幸村その生涯　不破俊輔著　明日香出版社　2015.9　252p　19cm　〈文献あり　年譜あり〉　1500円　①978-4-7569-1793-5　Ⓝ289.1

内容　第1章 幸村の生い立ち　第2章 犬伏の別れ　第3章 九度山幽閉　第4章 家康、征夷大将軍となる　第5章 秀頼の大仏造営　第6章 大坂方の挙兵　第7章 大坂冬の陣（慶長十九年冬）　第8章 和睦交渉　第9章 大坂夏の陣（慶長二十年夏）　第10章 その後

◇真田幸村の凛とした生き方―志と知恵と仲間力　野中根太郎著　アイバス出版　2015.9　219p　20cm　〈文献あり　発売：サンクチュアリ出版〉　1500円　①978-4-86113-602-3　Ⓝ289.1

内容　1部 真田幸村の生涯 凛とした生き方（真田家の人々　幸村、若き修業時代　幸村飛翔、日本一の兵）　2部 熱き言葉編（義に生きる～勇子の本懐　戦いに勝つ基本は「機先を制する」にあり　利より大事な人としての義がある　一日を一生と思い全力で生きる　友を思う心、子を思う心　ほか）　附録 真田十勇士

◇真田信繁―幸村と呼ばれた男の真実　平山優著　KADOKAWA　2015.10　383p　19cm　〈角川選書 563〉〈文献あり〉　1800円　①978-4-04-703563-8　Ⓝ289.1

内容　序「不思議なる弓取」と呼ばれた男　第1章 真田信繁の前半生　第2章 父昌幸に寄り添う　第3章 関ヶ原合戦と上田城攻防　第4章 九度山での雌伏　第5章 真田丸の正体　第6章 大坂冬の陣　第7章 大坂夏の陣　終章 真田信繁から幸村へ

◇真田信繁―戦国乱世の終焉　相川司著　中央公論新社　2015.10　314p　16cm　〈中公文庫　あ75-4〉〈文献あり〉　820円　①978-4-12-206182-8　Ⓝ289.1

内容　序章 真田信繁ガイダンス　第1章 真田創世記―真田幸隆　第2章 独立大名への道―真田昌幸　第3章 豊臣公儀―真田昌幸・信幸・信繁　第4章 大坂冬の陣―真田信繁　第5章 大坂夏の陣―真田信繁

◇真田幸村　小林計一郎著　文藝春秋　2015.10　239p　16cm　（文春学藝ライブラリー――歴史 18）〈新人物往来社 1979年刊の再刊　年譜あり〉　1050円　①978-4-16-813054-0　Ⓝ289.1

内容　真田三代　関ガ原の戦と上田城死守　九度山　大坂冬の陣と真田丸　大坂夏の陣の戦死　"英雄"真田幸村

◇真田幸村と真田丸の真実―徳川家康が恐れた名将　渡邊大門著　光文社　2015.10　263p　18cm　（光文社新書 781）〈文献あり〉　800円　①978-4-334-03884-7　Ⓝ289.1

内容　真田一族と関ヶ原合戦　高野山へ　貧困に喘ぐ信繁　真田家入城の謎　大坂冬の陣と真田丸　"軍師"信繁と真田十勇士　真田丸での激闘　和睦へ　真田丸の破却　大坂夏の陣　信繁の最期　ヒーローは死なない

◇なぜ幸村は家康より日本人に愛されるのか　本郷和人著　幻冬舎　2015.10　210p　18cm　1100円　①978-4-344-02849-4　Ⓝ289.1

内容　真田幸村はなぜかっこいいのか？―（少し長めの）はじめに　第1章 関ヶ原を、改めて、考えてみよう　第2章 関ヶ原の敗者は豊臣秀頼である　第3章 徳川家康とはどんな男か？　第4章 家康って、案外いい人だと思う　第5章 大坂城にはスパイがいっぱい!?　第6章 北陸から、家康が愛した女性たちの話へ　第7章 大坂城の男たち　第8章 大坂城の女たち　第9章 幸村の何が人をひきつけるのか

◇知識ゼロからの真田幸村入門　小和田哲男著　幻冬舎　2015.10　190p　21cm　〈文献あり　年譜あり〉　1300円　①978-4-344-90305-0　Ⓝ289.1

内容　第1章 真田三代の歴史をひもとく（真田家のはじまり 信濃の豪族から派生？ 謎に包まれた出自　真田幸隆 武田信玄に仕え、軍略家として腕を振るう　ほか）　第2章 真田一族と幸村の姿を追う（真田家系譜 幸村は兄弟が11人、四男八女をもうける　幸村の家族、血縁　ほか）　第3章 真田家をとりまく人物（戦国大名と真田家関係概略図　主 武田信玄 幸隆が臣従し、武略で仕えた「甲斐の虎」　ほか）　第4章 真田軍団の戦術、戦略を解く（真田の戦術 智謀と武勇を兼ね備えた「武略」に優れる　真田軍団1 最大でも4000騎。小勢ながら負け知らず　ほか）　第5章 幸村ゆかりの地を巡る（真田家父祖の地 上田に本拠を置き、治める―真田郷　最初の居城 真田郷のほぼ真ん中に位置―真田山城　ほか）

◇真田幸村逆転の決断術―相手の心を動かす「義」の思考方法　野中根太郎著　誠文堂新光社　2015.10　238p　20cm　〈文献あり　年譜あり〉　1500円　①978-4-416-71595-6　Ⓝ289.1

内容　第1章 混乱の中で、日本人の礎が築かれた―天文10年（1541年）・天正10年（1582年）武田家時代　第2章 不遇の時代にこそ、縦横無尽に躍動せよ―天正10年（1582年）・天正13年（1585年）真田家苦難の時代　第3章 人を見、話を聞き、自らを成長させる―天正14年（1586年）・慶長3年（1598年）幸村の修行時代　第4章 大義を貫く決断が、夢を飛翔させる力になる―慶長5年（1600年）関ヶ原の戦い　第5章 たとえ苦境でも、自らを磨き、高められる―慶長5年（1600年）・慶長19年（1614年）雌伏の時代　第6章 満を持して、大義を実現する―慶長19年（1614年）大坂冬の陣　第7章 義に生き、華と散る美しさ―慶長20年（1615年）大坂夏の陣

◇真田幸村「英雄伝説のウソと真実」　跡部蛮著　双葉社　2015.10　257p　18cm　（双葉新書 114）〈文献あり　年譜あり〉　840円　①978-4-575-15465-8　Ⓝ289.1

内容　第1章 真田一族と父・真田昌幸の活躍（一五四一～一五八五）（真田家のルーツは捏造されていたか？―「幸村の祖父」の謎　幸村の人生にも深くかかわる「長篠の合戦」の謎―父・昌幸が世に出るきっかけとは…　本名「信繁」と俗称「幸村」の名に隠された謎―幸村の家族　ほか）　第2章 幸村初陣から九度山蟄居までの真田父子の軌跡と苦悩（一五八六～一六一三）（幸村の「人質奪還計画」は本当にあったのか―「上杉から逃げた」幸村の「人質生活」　幸村の「初陣」をめぐる謎―名胡桃事件と小田原ノ役　名シーン「犬伏の別れ」は捏造されている！―東軍か、西軍か「関ヶ原の合戦」で父子、兄弟が袂をわかった本当の理由　ほか）　第3章 幸村鮮烈デビュー！大坂ノ役勃発（一六一四～一六一五）（通説とはちがう「二条城の会見」と「方広寺鐘銘事件」の真相―秀頼の「覚悟」と家康の「思惑」　"幸村、大坂入城！"の知らせに、家康はなぜ胸を撫で下ろしたのか―「九度山脱出」の謎と幸村の「意外な評判」　大坂方の「勝利の方程式」が実現しなかった本当の理由―幸村の「積極策」を拒否した大野治長の本音　ほか）

◇大坂の陣 秀頼七将の実像 三池純正著 洋泉社 2015.10 223p 18cm 〈歴史新書〉〈文献あり〉 900円 ⓘ978-4-8003-0755-2 Ⓝ210.52

内容 序章 彼らはなぜ戦ったのか 第1章 秀頼七将の実像（敵方たちを感動させた「日本一の兵」長宗我部盛親―御家再興のため鉄壁の軍団を率いて入城 毛利勝永―家康本陣に突入したもう一人の猛将 後藤基次―家康に警戒され続けた多くの武功 明石全登―謎の生死が伝わるキリシタン武将 木村重成―秀頼一筋に奮戦した短い生涯 大野治房―大坂城内随一の強硬派） 第2章 再考！大坂の陣と豊臣秀頼

◇《図説》真田幸村がよくわかる本 「大人のための歴史」研究会著 三笠書房 2015.10 237p 15cm 〈知的生きかた文庫 あ62-1―〔CULTURE〕〉〈文献あり 年表あり〉 590円 ⓘ978-4-8379-8365-1 Ⓝ288.2

内容 第1章 戦国最強！「真田三代」の系譜（真田幸村―真田の武名を後世に残した"日本一の兵" 真田幸隆―武田家へ仕官して信濃制圧に貢献した「真田家の祖」 ほか） 第2章 「真田幸村」を生んだのは？―人質時代―上田城の戦い（上杉家時代―幸村、九歳にして人質デビューを飾る 第一次上田城の戦い―華々しい活躍が伝わる幸村、実は参加してない？ ほか） 第3章 大坂冬の陣―五人のサムライと「真田丸」の戦い（片桐且元と「大坂の陣」前史―家康の策略に振り回された能吏 家康の戦略 大坂攻めの大義名分づくり―開戦へ追い込んだ「方広寺鐘銘事件」 ほか） 第4章 大坂夏の陣―幸村と大坂方将兵たちの"奮戦"（米村権右衛門と大坂再征―家康が起こす、戦国最後の戦乱 家康の戦略 再征準備―尾張義直の婚儀を隠れ蓑に大坂へのチェックメイト ほか）

◇真田幸綱・昌幸・信幸・信繁―戦国を生き抜いた真田氏三代の歴史 柴辻俊六著 岩田書院 2015.10 220p 21cm 〈文献あり 年表あり〉 2800円 ⓘ978-4-86602-932-0 Ⓝ288.2

内容 1 真田幸綱（戦国期の信濃 真田氏と海野一族 ほか） 2 真田昌幸（武田信玄の側近として 武田家足軽大将として ほか） 3 真田信幸（信幸生誕から初陣まで 第一次上田合戦から徳川氏帰属まで ほか） 4 真田信繁（生誕から上杉家出仕まで 秀吉出仕から上田帰参まで ほか）

◇今こそ知りたい！真田幸村50の謎 歴史読本編集部編 KADOKAWA 2015.11 175p 18cm 〈文献あり 年表あり〉 1000円 ⓘ978-4-04-601463-4 Ⓝ289.1

内容 第1章 幸村以前の真田家の謎（真田氏の本当の先祖とは？ なぜ真田館跡は三ヵ所もある？ ほか） 第2章 幸村の登場と上田合戦の謎（なぜ、兄・信之の幼名が「源三郎」なのか？ 幸村はなぜ二度も人質に出されたか？ ほか） 第3章 幸村と大坂の陣の謎（正しくは「信繁」なのに、なぜ「幸村」と称すのか？ 九度山でのどのようなものだったか？ ほか） 第4章 その後の真田家の謎（大坂の陣のあと、豊臣家はどうなった？ 徳川家康には好かれた信之が、秀忠から憎まれたわけとは？ ほか）

◇真田三代と真田丸のすべて 小和田哲男監修 小学館 2015.11 112p 21cm 〈他言語標題：The Story of SANADA 「新説戦乱の日本史 4」（2008年刊）と「新説戦乱の日本史 20」（2008年刊）の改題、追加執筆、再構成、合本 年表あり〉 1200円 ⓘ978-4-09-388451-8 Ⓝ289.1

内容 初代幸綱二代昌幸と、上田合戦（初代幸綱、真田家を興す 二代目幸、戦国大名として頭角をあらわす 千曲川沿いの断崖上に築かれた上田城 第1次上田合戦(1585年閏8月～11月) 小田原合戦(1590年) 三代信繁（幸村）と、最後の攻防（戦国時代最後の名将、真田幸村 方広寺鐘銘事件 上町台地に築かれた天然の要害、大坂城 大坂冬の陣（1614年10月～11月） 偽りの和睦（1614年12月18～19日）ほか）

◇真田丸の顛末 信繁の武士道 中江克己著 青春出版社 2015.11 205p 15cm 〈青春文庫 な-26〉〈文献あり 年譜あり〉 760円 ⓘ978-4-413-09632-4 Ⓝ289.1

内容 第1章 徳川軍に挑む真田軍 第2章 真田家の関ヶ原 第3章 家康の企みと信繁の決断 第4章 大坂冬の陣はじまる 第5章 真田丸の攻防 第6章 信繁、夏の陣へ

◇名将真田幸村 童門冬二著 成美堂出版 2015.11 271p 16cm 〈成美文庫 と-1-15〉〈年譜あり〉 546円 ⓘ978-4-415-40252-9 Ⓝ289.1

内容 1 名将たちに学ぶ 2 秀吉と家康との争いの狭間で 3 昌幸と家康の密約 4 九度山の流人生活 5 大坂城外に真田丸を構える 6 決戦の前にまず講和 7 白鳥天に飛び立つ

◇真田四代と信繁 丸島和洋著 平凡社 2015.11 302p 18cm 〈平凡社新書 793〉〈文献あり 年譜あり〉 800円 ⓘ978-4-582-85793-1 Ⓝ288.3

内容 1章 真田幸綱―真田家を再興させた智将（真田家の系図主張 滋野氏の発祥 ほか） 2章 真田信綱―長篠の戦いに散った悲劇の将（正室「於北」と信綱の家督相続 四阿山信仰と真田氏 ほか） 3章 真田昌幸―柔軟な発想と決断力で生きのびた「表裏比興者」（人質からの出世 正室山之手殿の出自 ほか） 4章 真田信繁―戦国史上最高の伝説となった「日本一の兵」（実名と生没年 木曽での人質生活 ほか） 5章 真田信之―松代一〇万石の礎を固めた藩祖（上野在城とふたりの妻 豊臣政権下の信幸 ほか）

◇「真田丸」を歩く 星亮一編、歴史塾著 現代書館 2015.11 219p 20cm 1800円 ⓘ978-4-7684-5770-2 Ⓝ289.1

内容 「芽城録」(大阪市) 長野・松代を歩く(長野市) 故郷・上田と「智将」真田の男たち(長野県上田市) 「強者どもが夢の跡」沼田藩の悲劇(群馬県・埼玉県) 都心に眠る真田一族の面影(東京都・神奈川県) 真田父子犬伏の別れの地(栃木県佐野市) 長篠・設楽原合戦と信綱・昌輝兄弟墓碑(愛知県新城市) 大珠院 真田信繁夫妻墓(京都市右京区龍安寺山内) 伏見城の変遷(京都市伏見区) 宮城に残る仙台真田氏の足跡(宮城県白石市・蔵王町) 真田幸村の頌徳碑(岡山県倉敷市) 肥前名護屋城と真田陣跡(佐賀県唐津市) 羽後亀田藩に眠る「真田六連銭」(秋田県由利本荘市)

◇直系子孫が明かす！真田幸村の真実 真田徹監修 宝島社 2015.11 127p 21cm 1200円 ⓘ978-4-8002-4703-2 Ⓝ289.1

内容 対談 激闘から四〇〇年 恩讐を超えて今語る、家康＆幸村！―徳川宗家18代当主 徳川恒孝氏×仙台

さなた

真田家14代当主 真田徹氏 仙台真田家の真実 なぜ幸村の子孫が生き残れたのか。 仙台真田家の秘宝 仙台真田家十四代目の見立て 真田幸村をめぐる謎と真実 全国各地、こんなにある真田幸村伝説 真田幸村ゆかりの地ガイド 特別メッセージ NHK大河ドラマ『真田丸』時代考証担当 平山優氏が語る最新の真田幸村(信繁)像

◇智謀の一族 真田三代 三池純正著 改訂新版 洋泉社 2015.11 286p 18cm 〈歴史新書y 056〉〈初版のタイトル:真説・智謀の一族真田三代 文献あり〉 950円 Ⓘ978-4-8003-0778-1 Ⓝ288.3

[内容] 第1部 真田家三つの謎―本拠地・金箔瓦・出自 (修験者・山伏の「本拠地」でもあった真田郷の歴史 信州上田城と上州沼田城を結ぶ「金箔瓦」の謎 真田家の「出自」は名門・滋野姓海野氏につながるのか?) 第2部 真田幸隆――一族の没落を救った「智将」の生涯(真田郷からの敗走と名門・海野氏継承の謎 一族の再興を武田信玄に賭ける 上州の軍事進出と「真田一族の夢」) 第3部 真田昌幸―信玄に育てられ、上杉、徳川、北条氏と渡り合った豪将(三男・昌幸の家督相続と上州攻防戦 「武田氏滅亡」と次々と主君を替える昌幸の思惑 本拠地・上田城築城と「秀吉・家康の駆け引き」 「徳川・北条同盟」に楔を打ち込んだ秀吉・昌幸の連携 「金箔瓦」の上田城と家康包囲網に参加した昌幸) 第4部 真田信繁―「陰の功労者」信繁と「叛骨精神」のシンボル信繁(関ヶ原の合戦で一族の命運を分けた信之・信繁兄弟 大坂の陣に散った「叛骨精神」の華・信繁 「陰の大功労者」信之と秘められた叛骨精神)

◇真田信繁「勝利」への条件 千田嘉博著 三笠書房 2015.11 222p 19cm 〈文献あり 年表あり〉 1300円 Ⓘ978-4-8379-2614-6 Ⓝ289.1

[内容] 第1章 戦国最強の出城「真田丸」(天下人の城をめぐる「戦国最強」の戦い 知将・真田信繁、大坂城へ ほか) 第2章「日本一の兵」真田信繁が生まれた時代(数多くの「伝説」と「謎」を残した名将の魅力 戦国の乱世に誕生する!? ほか) 第3章 天下を分ける「関ヶ原の戦い」と真田一族(真田流「戦術」の秘密 幻の岩櫃「篭城」策 ほか) 第4章「大坂の陣」―歴史の転換点となった戦国最後の戦い(ついに開戦!―「大坂冬の陣」 信繁、魂をかけた戦い―「大坂夏の陣」) 第5章 豊臣が頼り、徳川が恐れた知謀の「真田三代」(波乱の生涯を生きた初代・幸隆 武田信玄の評価を勝ち取った次代・昌幸 ほか)

◇真田幸村―家康をもっとも追いつめた男 河合敦著 小学館 2015.12 221p 18cm 〈小学館新書 242〉〈文献あり〉 760円 Ⓘ978-4-09-825242-8 Ⓝ289.1

[内容] 第1章 真田幸村 最後の一日(死にがいを見つけた幸村 真田幸村と真田三代 ほか) 第2章 三代 戦いの血脈(真田の里 真田幸隆の選択 ほか) 第3章 関ヶ原の戦いと幸村の蟄居(秀吉の死と家康の豹変 平気で主君を裏切る真田家臣団 ほか) 第4章 いざ、大坂の陣(いかにして酒宴の九度山から脱出できたのか 大阪城に入城する牢人たち ほか) 第5章 家康との対峙(講和交渉役の裏切り 大坂夏の陣前哨戦 ほか)

◇真田三代 弱者の戦略―ランチェスターの法則で読み解く 福永雅文著 日本実業出版社 2015.12 249p 19cm 〈文献あり〉 1500円 Ⓘ978-4-534-05335-0 Ⓝ288.3

[内容] 序章 ランチェスターの法則が導き出す、"小"が"大"に勝つ四原則 第1章 砥石城乗っ取り―幸隆、徒手空拳で成り上がる 第2章 第一次上田防衛戦―昌幸・信之、徳川軍を撃退す 第3章 信州の関ヶ原(第二次上田防衛戦)―昌幸・幸村、徳川本軍を翻弄す 第4章 大坂の陣―幸村、徳川本陣を突き崩す 終章 "小"が"大"に勝つ真田の兵法―弱者の戦略をどう活かすか

◇真田幸村のすべて―大坂城決戦!「真田丸」への道 渡邊大門著 毎日新聞出版 2015.12 111p 21cm 〈文献あり 年表あり〉 1200円 Ⓘ978-4-620-32335-0 Ⓝ289.1

[内容] 第1章「真田丸」前史(真田氏系図の謎 真田幸綱・昌幸の活躍 ほか) 第2章 若き日の真田信繁(幸村)(「真田幸村」と呼ばれた男 逆転!第一次上田合戦 ほか) 第3章 九度山に蟄居する真田父子(父が残した必勝の策 真田信繁の極貧生活 ほか) 第4章 決戦!大坂の陣(真田信繁の大坂城入城 明らかになった本当の「真田丸」 ほか)

◇真田幸村―「弱者」の必勝戦術ここにあり 江坂彰,白石一郎,百瀬明治,土門周平,南原幹雄,滝口康彦,新井英生著 新装版 プレジデント社 2015.12 206p 19cm 〈年表あり〉 1400円 Ⓘ978-4-8334-5084-3 Ⓝ289.1

[内容] 序 功名心を捨てよ。人はそこについてくる 第1章「日本一のつわもの」真田幸村 第2章「戦争芸術家」の悲愴なる闘い 第3章「大坂夏の陣」一点集中突破の威力 第4章「不惜身命」六連銭の気概 第5章「表裏比興の雄」真田昌幸 第6章 上田城守備戦と「詭計」「謀略」

◇覚悟のススメ―真田幸村の教え 大杉学著 総合法令出版 2015.12 229p 19cm 1300円 Ⓘ978-4-86280-483-9 Ⓝ289.1

[内容] 第1章 覚悟を決め、策略をめぐらせ、考え抜いて、チームを守り抜く―父・真田昌幸と武田信玄に学ぶ 第2章 自分の義を貫いて生きる―上杉景勝・直江兼続に学ぶ 第3章 優れた人材をしっかり活用する―兄・信之、徳川家康に学ぶ 第4章 どこまでも人を愛し、自分の人生を豪快に生きる―豊臣秀吉、大谷吉継に学ぶ 第5章 自分の考え方をしっかりと持ち(覚悟し)、ブレないで生きる―大坂冬の陣 第6章 覚悟を秘め、全力を尽くして、その日を最高に生きる―大坂夏の陣

◇疾風六文銭真田三代と信州上田 週刊上田新聞社編 改訂2版 上田 週刊上田新聞社 2015.12(第5刷) 140p 21cm 〈上田市観光ガイド・マップ付 折り込1枚 年表あり 年譜あり〉 800円 Ⓘ978-4-915770-16-5 Ⓝ291.52

[内容] よみがえる真田スピリット 戦国信濃の華真田氏発祥の地 幸隆の登場 風林火山の時代 自立する昌幸 真田上田城攻防戦 幸村、大阪城で奮戦 十勇士伝説 信之、武門の誇りを伝える 上田市観光ガイド

◇真田幸村と十勇士―猿飛佐助/霧隠才蔵/三好清海入道/三好為三入道/由利鎌之助/穴山小助/海野六郎/望月六郎/筧十蔵/根津甚八 山村竜也著 幻冬舎 2016.1 230p 18cm 〈幻冬舎新書 や-12-1〉 800円 Ⓘ978-4-344-98411-0 Ⓝ289.1

内容 第1章 真田昌幸と幸村(幸村が「幸村」と名乗った時期がある? きわめて穏やかだった男 幸村の永禄十年誕生説は誤りだった ほか) 第2章 大坂の陣と真田丸(窮乏する幸隆が送った手紙 幸村に訪れた最後のチャンス 浅野長晟を欺いた村人たち ほか) 第3章 真田十勇士の誕生(「立川文庫」真田十勇士の誕生 猿飛佐助―十勇士筆頭の超絶忍者 霧隠才蔵―佐助と双璧の凄腕忍者 ほか)

◇真田三代―驚きの戦術をあみだした戦国最強の一族 『歴史街道』編集部編 PHP研究所 2016.1 95p 26cm 〈年譜あり〉 800円 ①978-4-569-82979-1 Ⓝ288.3

内容 真田三代とは何者か―戦国を彩った智謀の一族 第1部 真田幸隆(総論 真田三代の祖・幸隆のしたたかな戦略眼と本領回復への執念 真田の旗印・六文銭に込められた幸隆の強い意志 要害・岩櫃城を落とした幸隆の智謀) 第2部 真田昌幸(総論 主家を次々にかえ、独自の戦術を展開した昌幸の巧妙な処世術 父譲りの手腕で上州の要衝・沼田を奪う昌幸 「存分に相手をしてくれる」第一次上田合戦・激闘のドラマ 真田三代にまつわる武将列伝) 第3部 真田幸村(総論 父祖伝来の「真田の兵法」を見事に昇華させた、幸村の誇り高き戦い 「六文銭に恥じぬ戦を」兄とわかれ、十数倍の敵を上田で迎え撃つ 九度山での蟄居の日々、そして「浮浪の群れ」とともに大坂城へ 大坂冬の陣―関東勢を痛撃した真田丸の采配 大坂夏の陣―幸村最後の戦い)

◇真田幸村と真田一族のすべて―これ1冊でまるわかり! 歴史謎解き研究会著 双葉社 2016.1 221p 15cm (双葉文庫 れ-03-01)〈文献あり〉 556円 ①978-4-575-71448-7 Ⓝ288.3

内容 第1章 一族復活を果たした幸村の祖父・真田幸隆(真田家が天皇家につながるなんてホント? 真田家が育った地"真田郷"はどこにある? ほか) 第2章「表裏比興の者」と呼ばれた幸村の父・真田昌幸(三男の昌幸が、なぜ真田家を継いだのか? 吾妻郡に移った昌幸・幸村父子と北条家との関係は? ほか) 第3章 真田家存続に尽力した幸村の兄・真田信之(幸村と1歳違いの兄・信之の少年時代とは? 家康に近かった信之、秀吉と親しかった幸村 ほか) 第4章 豊臣家に忠節を誓った日本一の兵・真田幸村(本名は"信繁"なのに、なぜ"幸村"と呼ばれるのか? なぜ幸村は兄・信幸と別れたのか? ほか) 第5章 江戸時代、幸村たちの子孫はどうなった?(北で生き延びた幸村の子孫を追う 江戸幕府の藩主になった真田本家のその後は? ほか) 最終章 そして幸村は伝説になった!(幸村はどうやって九度山を脱出したか? 真田丸でまたまた徳川軍を撃破! ほか)

◇眠れないほど面白い父と子と真田丸 由良弥生著 セブン&アイ出版 2016.1 303p 19cm 〈文献あり〉 722円 ①978-4-86008-675-6 Ⓝ289.1

内容 1章 動乱の時代 2章 武田家の滅亡と真田家の独立 3章 大名にのしあがる真田昌幸 4章 北条征伐と真田父子のその後 5章 第二次上田合戦とその後の真田家 6章「大坂冬の陣」と「真田丸」 7章「大坂夏の陣」と真田信繁

◇真田丸のナゾ!―一級史料でいま明かされる 横山茂彦著 サイゾー(発売) 2016.1 259p 19cm 〈他言語標題:Secret Of Sanadamaru 文献あり 年表あり〉 1300円 ①978-4-904209-89-9 Ⓝ289.1

内容 第1部 信繁の親族たち(真田丸とは、荒波を越えた真田一族の船である 第一の荒波―信濃騒乱で武田氏に従属する ほか) 第2部 真田の戦略・戦術(真田の籠城戦術 第一次上田合戦 ほか) 第3部 信繁の時代の群雄たち(天下布武という思想 歴史探究 本能寺の変 ほか) 第4部 忍者と真田一族(実在したのか? 真田十勇士 猿飛佐助と霧隠才蔵―甲賀と伊賀のライバル忍者 ほか)

◇英傑の日本史 智謀真田軍団編 井沢元彦著 KADOKAWA 2016.1 249p 15cm (角川文庫 い13-59)〈年表あり〉 800円 ①978-4-04-400013-4 Ⓝ281.04

内容 第1章 野望渦巻く信濃国 第2章 知将・真田幸隆の攻防 第3章 武田信玄の死 第4章 戦国大名・真田昌幸の誕生 第5章 戦国の闇を支えた謀報機関 第6章 武田氏滅亡 第7章 策士・真田昌幸の飛躍 第8章 真田親子が歩んだ二つの道 第9章「日本一の兵」真田幸村―激闘、真田丸

◇真田幸村は生きていた!―日本各地の「不死伝説」の謎に迫る 川口素生著 PHP研究所 2016.2 298p 15cm (PHP文庫 か36-13)〈文献あり〉 760円 ①978-4-569-76489-4 Ⓝ289.1

内容 第1章 真田幸村は討死しなかった! 第2章 徳川家康は大坂夏の陣で討死した! 第3章 幸村は九州・四国で生きていた! 第4章 幸村・大助父子は本州で生きていた! 第5章 幸村の嫡子・大助は堺・紀伊で生きていた! 第6章 豊臣秀頼・国松父子は九州で生きていた!

◇幸村公と政宗公ゆかりめぐり旅 プロジェ・ド・ランディ著 双葉社 2016.2 111p 21cm 1300円 ①978-4-575-30998-0 Ⓝ289.1

内容 緋の篇 真田幸村(上田・バトルフィールド 高野山・充電の時 大坂・日本一の散りぎわ) 月の篇 伊達政宗(岩出山・主のいない城 仙台・夢のつづき 白石・絆をたどって)

◇真田信繁の書状を読む 丸島和洋著 星海社 2016.9 285p 18cm (星海社新書 95)〈文献あり 発売:講談社〉 900円 ①978-4-06-138601-3 Ⓝ289.1

内容 第1章 史料を読むということ(古文書とは何か 一次史料と二次史料―「史料批判」という作業 ほか) 第2章 少年期の書状(元服前の信繁が出した平仮名書きの書状 木曾に人質として行った理由 ほ

さぬき

か）　第3章　秀吉馬廻時代の書状（原本が新発見された文書　「信繁」署名の初見文書と小田原合戦参陣　ほか）　第4章　丸度山配流期の書状（丸度山への配流　年次比定と信繁の入洛　ほか）　第5章　大坂の陣時代の書状（徳川からの寝返り工作　大坂冬の陣の終結　ほか）

◇真田信繁　黒田基樹著　戎光祥出版　2016.10　93p　21cm　〈シリーズ〈実像に迫る〉001〉〈文献あり　年譜あり〉　1500円　Ⓘ978-4-86403-217-9　Ⓝ289.1

内容：第1部　定めなき浮世にて候へば（人質としてたらい回しにされた幼少期　秀吉御馬廻時代の活動）　第2部　真田は日本一の兵よ（想定外だった関ヶ原の敗戦　獅子奮迅の活躍をした大坂の陣　信繁の人柄と家族）

◇真田氏三代と信濃・大坂の合戦　中澤克昭著　吉川弘文館　2016.12　159p　21cm　（人をあるく）〈文献あり　年譜あり〉　2000円　Ⓘ978-4-642-06794-2　Ⓝ288.2

内容：メディアミックスヒーロー　1　真田氏の履歴書（真田氏の本籍地　先祖と幸綱の経歴　信綱と昌幸の経歴　信幸と信繁の経歴　真田氏の肖像画）　2　真田父子、かく戦えり（第一次上田合戦と新出絵図　第二次上田合戦と上田城　大坂の陣と真田丸）　3　真田氏の本拠をあるく（発祥の地　原の館と町　上田城とその城下）

讃岐　永直〔783～862〕　さぬき・ながなお
◇平安の新京　石上英一、鎌田元一、栄原永遠男監修，吉川真司編　大阪　清文堂出版　2015.10　396p　22cm　（古代の人物　4）〈索引あり〉　4500円　Ⓘ978-4-7924-0571-7　Ⓝ281.04

内容：本巻のねらい　平安の新京　1　平城京と平安京（桓武天皇―中国的君主像の追求と「律令制」の転換　早良親王―「皇太子廃立」の困難　坂上田村麻呂―征夷副将軍になるまでを中心に　高丘親王（真如）―菩薩の道、必ずしも一致せず）　2　菩薩の世界（嵯峨天皇―唐風を整え、幽境に遊ぶ　最澄―仏法具足の大日本国　空海―鎮護国家・国王護持の密教者　源信・常・定―臣籍降下した皇子たち　有智子内親王―「文章経国」の時代の初代賀茂斎院　仁明天皇―宮廷の典型へ　讃岐永直―律令国家と明法道）　3　前期摂関政治へ（伴善男―逆臣か「良吏」か　円仁―東欧ユーラシア史の変動を記録した入唐僧　藤原良房・基経―前期摂関政治の成立　藤原高子―廃后事件の背景と歴史的位置　藤原保則―激動の時代を生きた良吏）

実重　毎子〔1933～〕　さねしげ・かずこ
◇毎子の踏跡　3　実重毎子著　〔安来〕　〔実重毎子〕　2014.9　272p　21cm　〈年譜あり〉　Ⓝ289.1
◇毎子の踏跡　1　実重毎子著　第3版　安来　実重毎子　2015.10　312p　21cm　Ⓝ289.1
◇毎子の踏跡　4　実重毎子著　安来　実重毎子　2016.3　252p　21cm　Ⓝ289.1

さねとう　あきら〔1935～2016〕
◇埼玉奇才列伝―自分流の生き方に徹し輝いた10人　佐々木明著　さいたま　さきたま出版会　2018.9　183p　21cm　1500円　Ⓘ978-4-87891-462-1　Ⓝ281.34

内容：1　小鹿野のエジソン　赤岩松寿（発明家）　2　誰も真似られない前衛俳句　阿部完市（精神科医、俳人）　3　伝統を破り、作品を国内外で発表　今井満里（書家）　4　冤罪死刑囚と家族の支援に尽力　太田博也（童話作家、社会事業家）　5　元祖、釣りキャスター　金澤輝男（政党職員、釣り評論家）　6　世界の空を飛び新記録を残す　神田道夫（公務員、熱気球冒険家）　7　米国に魅せられミステリー翻訳九九冊　小鷹信光（翻訳家・作家）　8　創作民話と民話劇の巨匠　さねとうあきら（劇作家、民話作家）　9　世界の山を愛した超人　田部井淳子（登山家）　10　家庭教師と学習塾業界のカリスマ　古川のぼる（教育評論家、事業家）

実平　雄飛〔1983～〕　さねひら・ゆうひ
◇絶望色の空　実平雄飛著　文芸社　2017.2　147p　15cm　600円　Ⓘ978-4-286-17946-9　Ⓝ289.1

佐野　有美〔1990～〕　さの・あみ
◇歩き続けよう―手と足のない私にできること　佐野有美，藤本美郷著　文庫版　飛鳥新社　2015.9　245p　15cm　〈2012年刊の加筆・修正〉　602円　Ⓘ978-4-86410-433-3　Ⓝ916

内容：1　修業時代は小さな「希望」の積み重ね（私が生まれたときのこと　右足の「1本の指」　大好きなジェニーちゃんは私の分身　「お友達になってね」は魔法の言葉）　2　「挑戦」こそ成長の扉を開く（創意工夫で食事の楽しさを知る　ひとりで着替えができるまで　私が一般の小学校に入るまで　私の相棒「ピンクの電動車イス」　100メートル泳げるようになった理由）　3　たったひとつの「気づき」で未来が変わる（嫌われた理由は「障害」ではなく「性格」だった　姉の気持ちを初めて知った日　私のできることって何？）　4　「信じる」ことで道は開ける（人に助けてもらうこと　弁論大会で優勝したこと　就職できなくて辛かった日々）　5　できないことを嘆くより、できることに「感謝」する（一般事務職で働いたときのこと　お化粧で、かわいくなりたい！　CDデビューまでの道のり　今の私にできること）

佐野　氏忠　さの・うじただ
⇒北条氏忠（ほうじょう・うじただ）を見よ

佐野　鼎〔1828～1877〕　さの・かなえ
◇軍艦発機丸と加賀藩の俊傑たち　徳田寿秋著　金沢　北國新聞社　2015.5　283p　19cm　〈文献あり　年表あり〉　1800円　Ⓘ978-4-8330-2029-9　Ⓝ214.3

内容：1　軍艦発機丸の軌跡―加賀藩最初の洋式汽走帆船（宮腰沖に姿を見せた黒船の正体　加賀藩の軍艦事始めと黒船への関心　乗組員が決定し冬の荒海に乗り出す　ほか）　2　乗船者群像―発機丸から雄飛した俊傑たち（発機丸を横浜から国許へ廻航　佐野鼎―遣米使節に加わり見聞録を遺す　発機丸の艦将として将軍上洛を供奉　岡田雄次郎―中級武士から公儀人や大参事に　発機丸の機関方棟取として活躍　浅津富之助―下級陪臣から貴族院議員に　ほか）　3　付録（「跡戻り記」　発機丸関係略年表）

佐野　碩〔1905～1966〕　さの・せき
◇佐野碩―人と仕事―1905-1966　菅孝行編　藤原書店　2015.12　790p　22cm　〈他言語標題：

Seki Sano,vida y obra　年譜あり　索引あり〉　9500円　①978-4-86578-055-0　Ⓝ772.1

内容 佐野碩の演劇と世界/田中道子著　佐野碩の時代の政治演劇とその外延/藤田富士男著　日本脱出までの佐野碩と映画/岩本憲児著　コミンテルンと佐野碩/加藤哲郎著　佐野碩とピスカートア/萩原健著　モスクワの佐野碩/伊藤愉著　佐野碩一九三九─一九六六/吉川恵美子著　佐野碩、師、演出家/スサーナ・ウェインン著　西村英一郎訳　佐野碩とアメリカの劇作家/ホビータ・ミジャン・カランサ著　西村英一郎訳　劇評から見る佐野碩/ギジェルミーナ・フエンテス・イバーラ著　西村英一郎訳　佐野碩の現代的意義/菅孝行著　MNZIST MANIFESTO 第一回公演に就いて/谷一著　「舞台」対「観客席」の問題/伊丹徹著　イェスナーとグラノフスキー/新井貞三著　演劇力学/ハントリー・カーター著　谷一訳．スカパ・フロー/ラインハルト・ゲーリンク著　内海謙三訳　R・S・F・S・Rに就いて/伊丹徹著　二階の男/アプトン・シンクレーア著　佐野碩訳　「探照灯」と「地獄の審判」/久板栄二郎、水野正次、佐野碩 ほか述　小堀甚二論/久板栄二郎、水野正次、佐野碩 ほか述　前号の作品から/久板栄二郎、水野正次、佐野碩 ほか述　炭坑夫/ル・メルテン著　佐野碩訳　葉山嘉樹論/林房雄、小堀甚二、前田河広一郎 ほか述　前衛座宣言　「解放されたドン・キホーテ」演出後記/佐野碩著　文芸戦線/山田清三郎、前田河広一郎、佐野碩 ほか著　前衛座の稽古部屋から/千田是也、佐野碩、佐々木孝丸述　お前は戦争に行くのか！/マルセル・マルチネ著　『巡洋艦ザリャー』に就いて/佐野碩著　プロレタリア演劇運動当面の任務/佐野碩、中村栄二著　ダントンの死/村山知義、佐野碩、佐々木孝丸 ほか述　同志佐藤武夫を悼むに/佐野碩著　演劇・無声映画・発声映画/佐野碩著　左翼劇場」現勢図/佐野碩著　演劇に於けるプロレタリア・レアリズムの問題/佐野碩著　プロレタリア演劇運動の害虫について/佐野碩著　反動化した築地小劇場/杉本良吉著　プロレタリア演劇の思い出/秋多雨雀、久板栄二郎、村山知義 ほか述．「拡大」のための「強化」へ/佐野碩著　ソヴィエット作家大会印象記/佐野碩著　〈役を生きる演技〉の俳優訓練における三つの主要な環/佐野碩著　吉川恵美子訳

佐野 常民〔1822～1902〕　さの・つねたみ
◇日赤の創始者佐野常民　吉川龍之著　オンデマンド版　吉川弘文館　2018.10　220p　19cm　(歴史文化ライブラリー 118)〈年譜あり　文献あり　原本：2001年刊〉　2300円　①978-4-642-75518-4　Ⓝ289.1

佐野 利道〔1917～1999〕　さの・としみち
◇明治から平成に生きた人物─加藤虎之助と佐野利道　下田の人物像　田中省三著　〔静岡〕〔田中省三〕　2015.10　77p　21cm　〈年表あり〉　1000円　Ⓝ289.1

佐野 友三郎〔1864～1920〕　さの・ともさぶろう
◇人物でたどる日本の図書館の歴史　小川徹、奥泉和久、小黒浩司著　青弓社　2016.6　660p　22cm　〈索引あり〉　8000円　①978-4-7872-0060-0　Ⓝ010.21

内容 第1篇 佐野友三郎伝(佐野友三郎の足跡　補論資料)　第2篇 新宮市立図書館長浜畑栄造更迭始末(新宮の2つの図書館　浜畑栄造と大逆事件　「新宮の町は恐懼せり」)　第3篇 忘れられた図書館員、田所糧助─図書館員として歩んだ道のりをたどって(図書館創設請負人、田所糧助　田所糧助 東京市立図書館の復興計画と田所糧助　深川図書館時代─1927-35年)　第4篇 「図書館の自由に関する宣言」淵源考─韋塚三三郎の生涯(青年期の韋塚　県立図書館長としての韋塚)　第5篇 森博、図書館実践とその思想(論考：森博、図書館実践とその思想　森博と4人の図書館員─インタビュー記録)

佐野 ぬい〔1932～〕　さの・ぬい
◇ル・ソワール回想　佐野ぬい著　松戸　三好企画　2014.10　211p　21cm　〈他言語標題：Le Soir：Recollection　文献あり　作品目録あり　年譜あり〉　2500円　①978-4-938740-93-1　Ⓝ723.1

内容 青森での想い出　学生時代　画家として　「東京絵日記」　新制作展出品作を中心に　紙上創作展おんな　動く抽象地図の時代　「雪は山ほど積りけり…」　ユニオンスクゥエアの線　Yellow Page　マンハッタン ほか

佐野 稔〔1955～〕　さの・みのる
◇羽生結弦が生まれるまで─日本男子フィギュアスケート挑戦の歴史　宇都宮直子著　集英社　2018.2　239p　19cm　〈文献あり〉　1600円　①978-4-08-780834-6　Ⓝ784.65

内容 第1章 佐野稔のいた時代(過去と現在　都築章一郎コーチ ほか)　第2章 本田武史のいた時代(「今とはぜんぜん違う別のスポーツ」　長久保裕コーチ ほか)　第3章 高橋大輔のいた時代(バンクーバーオリンピック　豊饒の低いメダリスト ほか)　第4章 羽生結弦のいる時代(至高の人　絆 ほか)　第5章 宇野昌磨、始まる(ふたりの目指すところ　二〇一四・二〇一五シーズン ほか)

佐野 洋子〔1938～2010〕　さの・ようこ
◇佐野洋子─あっちのヨーコこっちの洋子　佐野洋子絵と文　オフィス・ジロチョー編　平凡社　2017.2　127p　22cm　(コロナ・ブックス 208)〈年譜あり〉　1600円　①978-4-582-63507-2　Ⓝ726.601

内容 1 うまれてきた絵本　2 妹だったとき　3 乙女のコッコ　4 あっちのヨーコ　5 描く気まんまん　6 こっちの洋子

◇親愛なるミスタ崔─隣の国の友への手紙　佐野洋子、崔禎鎬著　クオン　2017.3　183p　19cm　(日韓同時代人の対話シリーズ 2)　2000円　①978-4-904855-67-6　Ⓝ726.601

内容 第1章 一九六七年　第2章 一九七一年　第3章 一九七七年～一九八二年　第4章 一九八九年～一九九四年　第5章 一九九六年～二〇〇五年

佐原 真〔1932～2002〕　さはら・まこと
◇人生の転機　桜の花出版編集部著　新装版　桜の花出版　2014.10　278p　18cm　〈表紙のタイトル：The Turningpoint　初版の出版者：維摩書房　発売：星雲社〉　890円　①978-4-434-19776-5　Ⓝ281.04

内容 第1章 三枝成彰氏(作曲家)　第2章 エズラ・ヴォーゲル氏(ハーバード大学教授)　第3章 牛尾治朗氏(ウシオ電機会長)　第4章 故・冨士信夫氏(歴

史研究家）　第5章 故・轉法輪奏氏（大阪商船三井前会長）　第6章 故・佐原真氏（国立民族博物館館長）　第7章 千住博氏（日本画家）　第8章 吉原すみれ氏（パーカッショニスト）　第9章 故・渡邊格氏（生命科学者・慶応大学名誉教授）　第10章 椎名武雄氏（日本IBM会長）

佐原 洋子〔1926～〕　さはら・ようこ

◇花も盛りの88歳！―向島百花園のスーパーレディ一代記　佐原洋子著　KADOKAWA　2014.5　191p　19cm　〈文献あり〉　1200円　①978-4-04-066740-9　Ⓝ289.1

　内容　第1章 江戸から昭和へ、百花がつなぐ縁―向島百花園の誕生と、祖父が残してくれたこと（向島百花園を開いた初代佐原鞠塢　文化・文政時代。町人の粋な文化が結実した庭に　ほか）　第2章 徒然なるまに花園で四季を過ごす―向島百花園で暮らす日々と、寄せる思い（「小町娘」の庭。向島百花園の魅力　植物が元気を与えてくれます　ほか）　第3章 私の人生、財産は家族―ありがたくも米寿を迎えて人生の覚え書き（弓道で心身を鍛えた、下町生まれの少女時代　白鬚神社は心のふるさと　ほか）　第4章 生きてりゃいろんな発見がある―私を元気にしてくれる大切な宝物（お茶との出会いと、江戸千家のこと　和気藹藹と、お茶会へのご招待　ほか）

佐分利 貞男〔1879～1929〕　さぶり・さだお

◇藪のかなた―駐華公使・佐分利貞男変死事件　樋口正士著　グッドタイム出版　2014.11　185p　19cm　〈文献あり 年表あり　発売：エコー出版（昭島）〉　1200円　①978-4-904446-34-8　Ⓝ289.1

　内容　人物―佐分利貞男の生涯　事件―佐分利貞男変死事件（ある会合　もう一つの会合　計画　決行　捜査状況　その後　流れ　筆者総括）　時代―事件を生んだ歴史的背景（幣原喜重郎について　王正廷について　日本陸軍の状態について　戦前の右翼について）

サマーズ・ロビンズ, 正子〔1928～2016〕　さまーず・ろびんす・まさこ

◇自由を求めて！　画家 正子・R・サマーズの生涯―沖縄からアメリカ　正子・R・サマーズ著, 原義和編, 宮城晴美監修・解説　高文研　2017.9　207p　19cm　1600円　①978-4-87498-634-9　Ⓝ723.53

　＊4歳の頃、那覇市にあった遊廓に売られた正子・R・サマーズは、沖縄戦に巻き込まれて米軍に保護されたのち、米軍人と結婚。渡米後、画家となった…。本人が英語で書いた手記を日本語訳し、インタビューなどとともに収録する。

サマンサ華月〔1966～〕　さまんさかげつ

◇異世界を生きてきた私―独りぼっちのスピリチュアルジャーニー　サマンサ華月著　文芸社　2015.3　131p　15cm　600円　①978-4-286-15583-8　Ⓝ289.1

サム・パッチ
⇒仙太郎（せんたろう）を見よ

佐村河内 守〔1963～〕　さむらごうち・まもる

◇ペテン師と天才―佐村河内事件の全貌　神山典士著　文藝春秋　2014.12　321p　20cm　1500円　①978-4-16-390184-8　Ⓝ762.1

　内容　第1部 奇妙な出会い　二重人格　衝撃の告白（バランスの悪い会話　2013年の軋轢 その1―不協和音　2013年の軋轢 その2―大人は嘘つきだ　衝撃の告白）　第2部 二つの三角形　転機　メディアの饗宴（出会い 96年8月　とにかく大きなことをしでかしたい―S極・野望に満ちた男　貧しくても好きな道を歩む幸せ―N極・早熟な天才　交響曲第一番HIROSHIMA　最初の三角形の完成　二つ目の三角形の完成　障害児とのかかわり　メディアの狂宴　疑義まみれのNHKスペシャル）　第3部 説得　懺悔　虚構の上塗り（松本からのメール　謝罪と強弁　二つの記者会見　もう一人のゴーストライターを探せ　『ソナチネ』の行方は）

鮫島 十内〔1852～1904〕　さめしま・じゅうない

◇評伝 天草五十人衆　天草学研究会編　福岡弦書房　2016.8　317p　22cm　〈文献あり 年表あり　索引あり〉　2400円　①978-4-86329-138-6　Ⓝ281.94

　内容　ステージ1 五人衆の時代、そして…　ステージ2 天領天草の村々　ステージ3 祈りの島で　ステージ4 耕す、漁る　ステージ5 実業の世をひらく　ステージ6 潮路はるかに　ステージ7 文学・歴史・言論　ステージ8 あの頃、この人　ステージ9 島の現実、国の行く末　ステージ10 一筋の道　ステージ特別編 群像二題（天草の石文化と松室五郎左衛門　牛深カツオ漁の男たち）

鮫島 貴子〔1963～〕　さめしま・たかこ

◇あるものづくり人の20年―山手線にある鍛金工房 hammered metal　鮫島貴子著　アーティス　2015.10　87p　21cm　〈発売：BookWay〔姫路〕〉　2000円　①978-4-86584-070-4　Ⓝ756.1

鮫島 宗範〔1907～1979〕　さめじま・むねのり

◇炎の軌跡―種子島・屋久島・鹿児島・枕崎旅順・北京・金州・大連の回想　鮫島宗範著　八王子　鮫島薫　2016.3　235p　21cm　〈年譜あり〉　Ⓝ289.1

左門 米造〔1873～1944〕　さもん・よねぞう

◇奈良まち奇豪列伝　安達正興著　奈良　奈良新聞社　2015.7　335p　20cm　1500円　①978-4-88856-134-1　Ⓝ281.65

　内容　第1章 石崎勝蔵（生地　生い立ちと修行時代　ほか）　第2章 工藤利三郎（生い立ち　奈良へ行こう　ほか）　第3章 左門米造（『古都の草飛行』北村信昭　米造さんと飛行機　ほか）　第4章 ヴィリヨン神父（奈良にある伴天連　迫害あり、恩寵あり　ほか）　付録 吉村長慶（『清国事情』抜粋現代訳　解説 蚕食される清帝国を旅した文明論）

沙也可〔1571～1643〕　さやか

◇サヤカと萱島木兵衛―四百年の謎解き　冨田嘉信著　大阪　かんよう出版　2015.10　174p　19cm　1500円　①978-4-906902-48-4　Ⓝ210.49

　内容　第1章 サヤカ（金忠善）は実在の人物である　第2章 朝鮮総督府が歴史から葬ろうとした人物、萱島木兵衛　第3章 「朝鮮史」の奇怪と「サヤカ・萱島別人説」　第4章 私の「サヤカ・萱島同一人論」　第

5章 萱島木兵衛とは何もの　第6章 サヤカ(萱島木兵衛)の二つの仇討　第7章 証明資料(実録・朝鮮史対比図他)

鞘師 里保〔1998〜〕　さやし・りほ
◇17歳の決断　鞘師里保著　オデッセー出版　2016.3　159p　19cm　〈発売：ワニブックス〉　1852円　Ⓣ978-4-8470-4826-5　Ⓝ767.8
内容　幼稚園〜アクターズスクール広島時代　入学でハプニング　「ダンス！ダンス！ダンス！」　さまざまなオーディションを経験　『ファッショナブル』　『モーニング娘。9期メンバーオーディション』　オーディションの合宿模様はテレビでも　合格発表は、広島の実家で　家族の応援　『Hello！ Project 2011 WINTER』初お披露目でリーダー宣言　無我夢中な日々〔ほか〕

佐山 サトル〔1957〜〕　さやま・さとる
◇真説・佐山サトル—タイガーマスクと呼ばれた男　田崎健太著　集英社インターナショナル　2018.7　515p　20cm　〈文献あり　発売：集英社〉　2400円　Ⓣ978-4-7976-7356-2　Ⓝ788.2
内容　佐山サトルへの挑戦状　父親のシベリア抑留　プロレス狂いの少年　ガチンコの練習　「格闘技大戦争」　サミー・リー、イギリスを席巻　タイガーマスク誕生　結婚とクーデター　電撃引退　"格闘プロレス"UWF〔ほか〕

佐山 透〔1940〜〕　さやま・とおる
◇葉山喜寿婚の浜　佐山透著　展望社　2017.4　247p　21cm　1800円　Ⓣ978-4-88546-326-6　Ⓝ289.1
内容　初めに 海を舞ったふたつのM　1 聖母被昇天　2 美と芸術の女神　3 ふたつの心のためらい　4 ふたりの世界　5 花散る下で　6 音楽に乾杯　7 いまを生きる　8 来年は喜寿か　9 清い心、清い夜　10 最終章

澤 穂希〔1978〜〕　さわ・ほまれ
◇チャンスの波に乗りなさい　澤満壽子著　徳間書店　2016.1　190p　19cm　1200円　Ⓣ978-4-19-864094-1　Ⓝ783.47
内容　第1章 言葉にではなく背中で見せる(最初に興味を持ったのはラグビーボール　お腹にいた時代からサッカー選手 ほか)　第2章 やられたらやり返しなさい(うちの娘で新しい歴史を作ってください　好きこそものの上手なれ ほか)　第3章 チャンスの波に乗りなさい(チャンスの波に乗りなさい　クイック・サワの異名をとる ほか)　第4章 世界一のサッカー選手に(華やかさの裏で　世界一のサッカー選手に ほか)　第5章 母娘対談(お転婆少女　大人になると不思議と勉強したくなる ほか)
◇夢はみるものではなく、かなえるもの　澤穂希著　京都　PHP研究所　2017.2　141p　20cm　(100年インタビュー保存版)　1300円　Ⓣ978-4-569-83466-5　Ⓝ783.47
内容　サッカーとの出会い　日本代表を目指して　たった一人でアメリカ挑戦　支えてくれた人　オリンピック出場をかけた一戦　「なでしこジャパン」誕生、そして北京オリンピック　世界の頂点に立つ　引退最後のゴール　新天地・仙台にて　第二のサッカー人生　夢はみるものではなく、かなえるもの

澤 正彦〔1939〜1989〕　さわ・まさひこ
◇日韓の架け橋となったキリスト者—乗松雅休から澤正彦まで　中村敏著　いのちのことば社　2015.4　110p　19cm　〈年表あり〉　1000円　Ⓣ978-4-264-03347-9　Ⓝ192.1
内容　第1章 乗松雅休—日本最初の海外宣教師　第2章 田内千鶴子(尹鶴子)—三〇〇〇人の韓国人孤児の母となった日本人女性　第3章 浅川巧—白磁と植林事業を通して日韓の架け橋となったキリスト者　第4章 渕澤能恵—韓国女子教育を通して日韓の架け橋となったキリスト者　第5章 曾目嘉伊智—韓国孤児の慈父と慕われた日本人　第6章 織田楢次—生涯を韓国人伝道に捧げた宣教師　第7章 桝富安左衛門—農場経営と教育と伝道で架け橋となったキリスト者　第8章 澤正彦—韓国に対して贖罪的求道者として生きたキリスト者

澤 恩〔1923〜〕　さわ・めぐみ
◇家族の記憶—歴史の中の足跡　八谷みち文〔青梅〕　〔八谷みち〕　2014.10　137p　21cm　〈文献あり〉　Ⓝ289.1

澤 モリノ〔1890〜1933〕　さわ・もりの
◇あゝ浅草オペラ—写真でたどる魅惑の「インチキ」歌劇　小針侑起著　えにし書房　2016.5　228p　21cm　(ぐらもくらぶシリーズ 2)　2500円　Ⓣ978-4-908073-26-7　Ⓝ766.1
内容　1 浅草オペラ略史　2 浅草オペラと大正カストリ文化　3 大正文化とお伽歌劇　4 東京少女歌劇物語　5 アヴァンギャルド・浅草　6 「女軍出征」考　7 或るバレリーナの生涯〜澤モリノ　8 浅草オペラ女優・浦辺粂子!?　9 考証・浅草オペラの歌手　10 浅草オペラスター名鑑
◇浅草オペラ舞台芸術と娯楽の近代　杉山千鶴、中野正昭編　森話社　2017.2　290p　20cm　2800円　Ⓣ978-4-86405-108-8　Ⓝ766.1
内容　序論(浅草オペラという近代)　第1章 浅草オペラの源流(大正オペラの祖ローシーの"空白時代"を探る—バランシンに繋がった波瀾万丈なる生涯　浅草の翻訳歌劇の歌詞—ベアトリツェがベアトリ姉ちゃんになるまで)　第2章 浅草オペラの女たち(高木徳子とアイドルの時代　澤モリノの生涯—浅草オペラの「女王」の足跡)　第3章 浅草オペラの舞踊と演劇(浅草オペラの舞踊　オペラ座と音楽家・小松耕輔の仕事—浅草オペラにおける名作オペラのダイジェスト版)　第4章 浅草オペラのメディア(歌劇雑誌と浅草オペラ・ファン　浅草オペラから舞踊小唄まで—佐々紅華の楽歴)

沢 来太郎〔1865〜1923〕　さわ・らいたろう
◇反骨の政治家の生涯—臥牛澤来太郎伝　鈴木徳明著　栗原　澤来太郎伝記刊行会　2015.3　147p　21cm　〈著作目録あり　年譜あり〉　1667円　Ⓝ289.1

澤井 健一〔1903〜1988〕　さわい・けんいち
◇拳聖　澤井健一先生—太氣拳開武七十周年記念増補版　佐藤嘉道著　増補版　気天舎　2017.3　259p　20cm　〈発売：星雲社〉　2500円　Ⓣ978-4-434-22937-4　Ⓝ789.23
内容　第1章 太気至誠拳法(気・立禅・這・練　有形無形 ほか)　第2章 武道の神髄(私の二人の恩師　師

匠と私 ほか) 第3章 拳聖への道(郭雲深先生の話 修行時代―隻流館→武徳殿→講道館 ほか) 第4章 永遠なる魂―弟子から弟子へ(鉄人澤井先生との組手 超人的な技に魅せられる ほか) 追章 御跡を踏みつつ(立禅 揺―組手 ほか)

澤田 伊四郎〔1904～1988〕 さわだ・いしろう
◇龍星閣 澤田伊四郎造本一路 澤田大多郎編 龍星閣 2018.8 272p 22cm 〈年譜あり 著作目録あり〉 Ⓝ023.067

沢田 泰司〔1966～2011〕 さわだ・たいじ
◇TAIJI ―沢田泰司― 赤塚友美著 宝島社 2015.7 253p 19cm 〈作品目録あり 年譜あり〉 1400円 ⓘ978-4-8002-3598-5 Ⓝ767.8
[内容] 第1章 航空機事件に包まれた死 (運命の2011年7月 マスコミによる検証 真実を追い求めて… 再びサイパンへ ほか) 第2章 闘病とリハビリ、そして病の克服 (怪我と病のデパート 理解されにくい心の病 分裂する人格 ほか) 第3章 TAIJIさんとの日常 (透明なTAIJIさん 密度が濃い時間が流れた日々 必然を感じた再会の連続 ほか) 巻末特典 沢田泰司が生きた証

澤田 秀雄〔1951～〕 さわだ・ひでお
◇変な経営論―澤田秀雄インタビュー 澤田秀雄述、桐山秀樹、丸本忠之聞き手 講談社 2017.11 200p 18cm 〈講談社現代新書 2448〉 780円 ⓘ978-4-06-288448-8 Ⓝ335.13
[内容] 第1章 テーマパークで学んだこと (なんでこんな場所に建てたんだ 最悪のロケーション ほか) 第2章 観光ビジネス都市への道 (ラグーナテンボスはさらに難しい ハウステンボスの方法論を持ち込む ほか) 第3章 「変なホテル」はどこが変か? (割り切ったほうが進化は早まる 予想外に注目された ほか) 第4章 なぜエネルギー事業なのか (エネルギーを外に売る メガソーラーで発電 ほか) 第5章 旅行業の未来 (総合旅行会社は消えていく それでも実店舗は必要だ ほか)

澤田 洋史 さわだ・ひろし
◇BREAK!「今」を突き破る仕事論 川内イオ著 双葉社 2017.3 255p 19cm 1400円 ⓘ978-4-575-31236-2 Ⓝ281
[内容] 1 どん底から這い上がる (井崎英典(バリスタ) DJ Shintaro(DJ) 岡本美鈴(プロフリーダイバー)) 2 直感を信じて突き進む (内山高志(プロボクサー) 三和由香利(ヨガインストラクター) 村瀬美幸(フロマジェ) 澤田洋史(バリスタ)) 3 遊びを極める (徳田耕太郎(フリースタイルフットボーラー) 池田貴広(BMXプロライダー) 阿井慶太(プロゲーマー))

沢田 美喜〔1901～1980〕 さわだ・みき
◇GHQと戦った女 沢田美喜 青木冨貴子著 新潮社 2015.7 253p 20cm 〈他言語標題: SAWADA MIKI The Woman Who Fought GHQ 文献あり〉 1500円 ⓘ978-4-10-373207-5 Ⓝ289.1
[内容] 第1章 鐘をつく男 第2章 進駐軍との孤独な戦い 第3章 岩崎邸の令嬢 第4章 女彌太郎と岩崎と戦争と 第5章 五番街の聖トーマス教会 第6章 「サワダ・ハウス」と「本郷ハウス」 第7章 米情報部とサンダース・ホーム 第8章 澤田信一の告白 第9章 マヨルカ島

◇GHQと戦った女 沢田美喜 青木冨貴子著 新潮社 2018.2 335p 16cm 〈新潮文庫 あ-58-3〉〈文献あり〉 550円 ⓘ978-4-10-133753-1 Ⓝ289.1
[内容] 第1章 鐘をつく男 第2章 進駐軍との孤独な戦い 第3章 岩崎邸の令嬢 第4章 女彌太郎と岩崎と戦争と 第5章 五番街の聖トーマス教会 第6章 「サワダ・ハウス」と「本郷ハウス」 第7章 米情報部とサンダース・ホーム 第8章 澤田信一の告白 第9章 マヨルカ島

澤田 道隆〔1955～〕 さわだ・みちたか
◇リーダーシップの哲学―12人の経営者に学ぶリーダーの育ち方 一條和生著 東洋経済新報社 2015.6 299p 20cm 〈他言語標題: The Leadership Journey〉 1800円 ⓘ978-4-492-53361-1 Ⓝ332.8
[内容] リーダーシップ・ジャーニーに終わりはない―藤森義明 誰にでも無限の可能性がある―澤田道隆 できるだけシンプルに考え、実行する―松本晃 経験しないとわからない世界がある―玉塚元一 ロールモデルに学び、自分流にアレンジする―志賀俊之 全員で「良い会社 "Good Company"」を創る―永野毅 恐れることなく変わり続ける―佐藤玖美 一瞬も一生も美しく、をめざして―前田新造 新しい場で学び続ける―樋口泰行 常に全力を尽くしながら視座を高める―松井忠三 ストレッチ経験で己を鍛え、実践知を蓄える―新貝康司 ストーリーで多様な人々を束ねる―小林いずみ あなたらしいリーダーシップを育む

澤幡 仁〔1933～〕 さわはた・じん
◇Furusato 澤幡仁著 諏訪書房 2016.5 149p 19cm 〈本文は日本語〉 1000円 ⓘ978-4-903948-66-9 Ⓝ289.1

沢村 栄治〔1917～1944〕 さわむら・えいじ
◇兵隊になった沢村栄治―戦時下職業野球連盟の偽装工作 山際康之著 筑摩書房 2016.6 286p 18cm 〈ちくま新書 1191〉〈文献あり〉 880円 ⓘ978-4-480-06900-9 Ⓝ783.7
[内容] 序章 外交野球 第1章 職業野球はじまる 第2章 軍服を着た選手 第3章 迷走する連盟 第4章 軍を欺け 第5章 連盟を存続せよ 第6章 戦火の運命

沢村 貞子〔1908～1996〕 さわむら・さだこ
◇老いの楽しみ 沢村貞子著 筑摩書房 2014.8 254p 15cm 〈ちくま文庫 さ30-4〉〈底本:岩波現代文庫 2000年刊〉 740円 ⓘ978-4-480-43198-1 Ⓝ778.21
[内容] 1 (執着・みれん 年寄りはブラブラ 普通の暮らし 老いを思い知る 白髪いとし ほか) 2 (わたしの昭和 海外派遣だけはやめて! わたしの乱読体験 父のうしろ姿 食べもの雑記 ほか) 対談 老いる幸福 (河合隼雄/沢村貞子)

◇老いの道づれ―二人で歩いた五十年 沢村貞子著 筑摩書房 2014.11 222p 15cm 〈ちくま文庫 さ30-5〉〈底本:岩波現代文庫 2000年刊〉 680円 ⓘ978-4-480-43223-0 Ⓝ778.21

◇沢村貞子という人　山崎洋子著　新座　埼玉福祉会　2017.6　298p　21cm　（大活字本シリーズ）〈底本：新潮文庫「沢村貞子という人」〉3000円　①978-4-86596-178-2 Ⓝ778.21

内容　マネージャーってナニ？　仕事を決める話　大橋さんのこと　せっかち　おせっかい　衝立　創る　食事　すきやき弁当　おしゃれ〔ほか〕

◇わたしのおせっかい談義　沢村貞子著　新装版　光文社　2017.9　252p　16cm　（光文社文庫　さ7-5）　600円　①978-4-334-77530-8 Ⓝ778.21

内容　第1章　自ら選んだ脇役の道　第2章　幸せ願望のつまずき　第3章　食べることの楽しさ　第4章　すてがたい和風の暮らし　第5章　女優生活五十年　第6章　年齢に応じた生き方

早良親王〔750〜785〕　さわらしんのう

◇平安の新京　石上英一、鎌田元一、栄原永遠男監修，吉川真司編　大阪　清文堂出版　2015.10　396p　22cm　（古代の人物　4）〈索引あり〉4500円　①978-4-7924-0571-7 Ⓝ281.04

内容　本巻のねらい　平安の新京　1　平城京と平安京（桓武天皇—中国的君主像の追求と「律令制」の転換　早良親王—「皇太子置定」の困難　坂上田村麻呂—征夷副将軍になるを中心に　高丘親王（真如）—菩薩の道、必ずしも一致せず）　2　王権の安定（嵯峨天皇—唐風を整え、幽境に遊ぶ　最澄—仏法具足の日本国　空海—鎮護国家・国王護持の密教者　源信・常・空—一臣籍降下した皇子たち　有智子内親王—「文章経国」の時代の初代賀茂斎院　仁明天皇—宮廷の典型へ　讃岐永直—律令国家と明法道）　3　前期摂関政治へ（伴善男—逆臣か「良吏」か　円仁—東部ユーラシア史の変動を記録した入唐僧　藤原良房・基経—前期摂関政治の成立　藤原高子—廃后事件の背景と歴史的位置　藤原保則—激動の時代を生きた良吏）

佐原喜三郎〔1806〜1845〕　さわらのきさぶろう

◇アウトロー—近世遊侠列伝　高橋敏編　敬文舎　2016.9　255p　19cm　〈文献あり　年表あり〉1750円　①978-4-906822-73-7 Ⓝ384.38

内容　近世社会秩序と博徒—二足草鞋論　国定忠治—遊侠の北極星　竹居安五郎—新島を抜け甦った甲州博徒の武闘派吃安　勢力富五郎—江戸を騒がせた『嘉永水滸伝』の主役　佐原喜三郎—鳥も通わぬ八丈からの島抜けを記録に留めたインテリ博徒　小金井小次郎—多摩を仕切った、新門辰五郎の兄弟分　小川幸蔵—武州世直し一揆を鎮圧した博徒　石原村幸次郎—関東取締出役の無力を思い知らせた孤高の博徒　西保周太郎—短い一生を全力で駆け抜けた幕末期甲州博徒の草分け　黒駒勝蔵—清水次郎長と対決した謎多き甲州の大侠客　吉良仁吉—義理を通した若き三河博徒　原田常吉—一〇余年の遠島に服すも八五年の生涯を全うした真の遊侠

三条　実美〔1837〜1891〕　さんじょう・さねとみ

◇三条実美—孤独の宰相とその一族　刑部芳則著　吉川弘文館　2016.6　262p　21cm　〈文献あり〉2500円　①978-4-642-08294-5 Ⓝ289.1

内容　三条実美は「無能」で「お人好し」な宰相か　1　幕末と維新の個性（幕末の政局　維新政権の宰相　明治六年の政変）　2　条実美と宗親族（正親町三条実愛の努力と限界　菊亭脩季の夢と現実　東三条公恭の栄光と挫折）　3　明治政府と華族の調停者と華族制度（華族会館と華族制度　内大臣の役割）　孤独の宰相とその一族

三条西　実隆〔1455〜1537〕　さんじょうにし・さねたか

◇日記で読む日本史　13　日記に魅入られた人々—王朝貴族と中世公家　倉本一宏監修　松薗斉著　京都　臨川書店　2017.4　206p　20cm　〈文献あり〉2800円　①978-4-653-04353-9 Ⓝ210.08

内容　第1章　人生を仕上げた男—藤原宗忠『中右記』　第2章　日記の中のジキルとハイド—藤原頼長『台記』　第3章　父と姉と娘と息子—藤原定家『明月記』　第4章　経光くんの恋—藤原経光『民経記』　第5章　やさしい宮様（中世の夫婦善哉日記）—貞成親王『看聞日記』　第6章　戦国の「渡る世間…」—三条西実隆『実隆公記』　第7章　言継さんの診察カルテ—山科言継『言継卿記』　第8章　天皇様を支えます!!—戦国の禁裏女房たち『御湯殿上日記』

三蔵法師（玄奘）　さんぞうほうし
⇒玄奘（げんじょう）を見よ

三田谷　啓〔1881〜1962〕　さんだや・ひらく

◇山路越えて　三田谷啓著　復刻　芦屋　三田谷治療教育院　2018.3　199p　21cm Ⓝ289.1

内容　山路越えて（日曜世界社　1931年刊）　山路越えて（日本児童協会　1950年刊）　山路越えて　続篇

山東　京伝〔1761〜1816〕　さんとう・きょうでん

◇近世物之本江戸作者類類　曲亭馬琴著，徳田武校注　岩波書店　2014.6　402,20p　15cm　（岩波文庫　30-225-7）〈文献あり　索引あり〉1020円　①978-4-00-302257-3 Ⓝ913.5

内容　赤本作者部（丈阿　近藤助五郎清奉　ほか）　洒落本并中本作者部（遊子　風来山人　ほか）　中本作者部（重田一九　振鷺亭　ほか）　読本作者部第一（吸露庵綾足　風来山人　ほか）

山藤　せい子〔1926〜〕　さんとう・せいこ

◇それも人生これも人生　山藤せい子著　文芸社　2018.4　91p　15cm　500円　①978-4-286-18126-4 Ⓝ289.1

山東　直砥〔1839〜1904〕　さんとう・なおと

◇明治の一郎　山東直砥　中井けやき著　百年書房　2018.4　489p　19cm　〈文献あり　年譜あり　索引あり〉　2500円　①978-4-907081-39-3 Ⓝ289.1

内容　黄口の巻　青雲の巻　朱墨の巻　紫嵐の巻　緑水の巻　墨花の巻

◇山東直砥—明治を駆けぬけた紀州人　中井けやき著　百年書房　2018.4　175p　18cm　（「明治の一郎山東直砥」（2018年4月刊）の改題、再構成　年譜あり）　1300円　①978-4-907081-40-9 Ⓝ289.1

内容　1　少年山東（生まれは紀州和歌山　高野山で修

行 ほか〉　2 幕末の志士(尊皇攘夷　松本奎堂 ほか)　3 多忙な日々(陸奥宗光と津田出　北門社新塾 ほか)　4 新しい時代(鹿島岩蔵と平瀬露香　親友、児玉仲児 ほか)　5 晩年の山東(大火傷と信仰 『悔改事歴(クイアラタメノモトスエ)』ほか)

山東 英子〔1940〜〕さんとう・ひでこ

◇私の人生行路　山東英子著　文芸社　2017.4　205p　19cm　1400円　Ⓘ978-4-286-18112-7　Ⓝ289.1

三本木 健治〔1938〜〕さんぼんぎ・けんじ

◇故郷の学校と恩師の思い出　三本木健治著　三本木健治　2016.9　72p　21cm　Ⓝ289.1

サン村田〔1940〜〕さんむらた

◇僕には明日しかない！　サン・ムラタ著　熊本伽鹿舎　2018.4　127p　18cm　926円　Ⓘ978-4-908543-10-4

|内容| ひとりぼっちで夜空を飛ぶとき"Skylark"　なるほどいい修業時代だね"THE GOOD LIFE"　僕ら気にしないだろ"By the Beautiful Sea"　笑顔を忘れずにいいね"SMILE"　なんにもがんばらなくって、いい！"DOWN ST.THOMAS WAY"　友達がいるんだ"You've Got A Friend"　とっておきの道さ！"ROUTE66"　夢が見えている"NICA'S DREAM"　僕と踊ろう"CHEEK TO CHEEK"　どこか日陰で休みたいぜ"WORK SONG"〔ほか〕

三遊亭 円歌(3代)〔1929〜〕さんゆうてい・えんか

◇三遊亭圓歌ひとり語り全部ウソ。　三遊亭圓歌著　田中聡聞き書き　河出書房新社　2014.11　258p　20cm　1750円　Ⓘ978-4-309-27537-6　Ⓝ779.13

|内容| 中沢家の人々　少年時代　戦争と新大久保駅　落語家になる　師匠と弟子　戦後混乱期の芸人たち　爆笑落語家への道　人気落語家、歌奴　多忙な毎日　三代目圓歌襲名　嵐の時代　落語協会会長　忘れ得ぬ人びと　あの世まで

三遊亭 円朝〔1839〜1900〕さんゆうてい・えんちょう

◇三遊亭円朝と江戸落語　須田努著　吉川弘文館　2015.3　159p　21cm　(人をあるく)〈文献あり　年譜あり〉　2000円　Ⓘ978-4-642-06787-4　Ⓝ779.13

|内容| 名人・天才三遊亭円朝の風貌　1 円朝の履歴書(家系と家族　幕末の円朝　明治時代の円朝)　2 円朝の作品世界(「真景累ケ淵」「怪談牡丹燈籠」「塩原多助一代記」「黄金餅」「文七元結」)　3 円朝をあるく(ゆかりの地　「真景累ケ淵」「怪談牡丹燈籠」「塩原多助一代記」「黄金餅」「文七元結」　東京の寄席)

◇円朝全集　別巻2　三遊亭円朝著、倉田喜弘、清水康行、十川信介、延広真治編集、佐藤至子、佐々木亭、山本和明、延広真治、清水康行、佐藤かつら、磯部敦、吉田弥生、倉田喜弘校注　岩波書店　2016.6　924p　22cm　付属資料: 12p: 月報 15　布装　年譜あり　索引あり〉　13000円　Ⓘ978-4-00-092755-0　Ⓝ913.7

|内容| 口演による文芸　点取り・草稿・覚書　紀行　談話　俳諧・狂歌・都々逸・端唄　雑纂　補遺　書簡

◇三遊亭円朝と民衆世界　須田努著　有志舎　2017.8　271,5p　22cm〈索引あり〉　5000円　Ⓘ978-4-908672-14-9　Ⓝ779.13

|内容| 第1部 歴史学の素材としての三遊亭円朝(個人史・言語論的転回・主体　天保生まれの三遊亭円朝―描かれた人生)　第2部 文明開化という状況と民衆芸能(文明開化という状況(構造)とAIEフィールドとしての寄席　文明開化期の寄席と芸人)　第3部 作品解析(「真景累ケ淵」「怪談牡丹燈籠」「塩原多助一代記」「文七元結」)　第4部 記憶の近代(暴力の記憶　江戸―町の記憶　差別の記憶　北関東の記憶)

【し】

施 伝月〔1918〜2009〕し・でんげつ

◇台湾少女、洋裁に出会う―母とミシンの60年　鄭鴻生著、天野健太郎訳　紀伊國屋書店　2016.9　268p　18cm〈文献あり〉　1700円　Ⓘ978-4-314-01143-3　Ⓝ289.2

|内容| 序―六〇年の洋裁人生　目覚めのころ 1931 - 36　学びのころ 1936 - 44　戦中戦後の混乱を生きる 1944 - 53　独立のころ 1953　夢中で仕事をしていた 1953 - 60　路地裏で花開く洋裁学校の全盛期 1960 - 74　終わりの季節―1974 - 94　終わりに　最後の盛装

史 明〔1917〜〕し・めい

◇理想はいつだって煌めいて、敗北はどこか懐かしい―100歳の台湾人革命家・史明自伝　史明著、田中淳構成　講談社　2018.12　207p　19cm〈文献あり　年譜あり〉　1500円　Ⓘ978-4-06-220872-7　Ⓝ289.2

|内容| 第1章 暁の風(アーマとアフイの輝ける日々　憂国のヒーロー・蔣渭水 ほか)　第2章 紅い潮(スパイ・林明)の暗躍　親父はアヘンで人助け ほか)　第3章 刃の山(それでも「働いたら負け」　吹き荒れる密告と弾圧の嵐 ほか)　第4章 蘇る魂(祖国よ、40年ぶりの台湾よ　騒がしかろうが街宣カー ほか)

史 量才〔1880〜1934〕し・りょうさい

◇中国名記者列伝―正義を貫き、その文章を歴史に刻み込んだ先人たち　第2巻　柳斌傑、李東東編、加藤青延監訳、黒金祥一訳　日本僑報社　2017.4　192p　21cm　3600円　Ⓘ978-4-86185-237-4　Ⓝ070.16

|内容| 鑑湖の女傑―秋瑾(1875 - 1907)　才知の記者―包天笑(1876 - 1973)　四つの素早さを持つ記者―陳其美(1878 - 1916)　「冷血」な時事評論家―陳景韓(1878 - 1965)　革命の元老記者―于右任(1879 - 1964)　五四運動の総司令官―邵飄萍(1879 - 1942)　女性記者の先駆け―康同薇(1879 - 1974)　新聞界の重鎮―史量才(1880 - 1934)　嶺南報道界の英才―鄭貫公(1880 - 1906)　ペンにによって人立つ―章士釗(1881 - 1973)　革命家にして記者―宋教人(1882 - 1913)　直言居士―邵力子(1882 - 1967)　革命新聞の元勲―馮自由(1882 - 1958)

ニュースレポートの開拓者—黄遠生（1885‐1915） 新文化運動の大衆指導者—高一涵（1885‐1968） 比類なき逸材—朱執信（1885‐1920） 民国初期の俊才—徐凌霄（1886‐1961） 勇気ある辣腕家—邵飄萍（1886‐1926） 詩と酒を愛した文豪—葉楚傖（1887‐1946） 一代論宗—張季鸞（1888‐1941）

椎木 正和〔1928～2016〕 しいき・まさかず
◇一身二生 椎木正和著 鹿児島 アド企画 2015.5 117p 26cm 〈他言語標題：Isshin nisho a life of Masakazu Shiiki 年譜あり〉 Ⓒ978-4-9908288-1-3 Ⓝ289.1

椎名 武雄〔1929～〕 しいな・たけお
◇人生の転機 桜の花出版編集部著 新装版 桜の花出版 2014.10 278p 18cm 〈表紙のタイトル：The Turningpoint 初版の出版者：維摩書房 発売：星雲社〉 890円 Ⓒ978-4-434-19776-5 Ⓝ281.04
内容 第1章 三枝成彰氏（作曲家） 第2章 エズラ・ヴォーゲル氏（ハーバード大学教授） 第3章 牛尾治朗氏（ウシオ電機会長） 第4章 故・冨士信夫氏（歴史研究家） 第5章 故・轉法輪奏氏（大阪商船三井前会長） 第6章 故・佐原真氏（国立民族博物館館長） 第7章 千住博氏（日本画家） 第8章 吉原すみれ氏（パーカッショニスト） 第9章 故・渡邊格氏（生命科学者・慶応大学名誉教授） 第10章 椎名武雄氏（日本IBM会長）

慈雲 じうん
⇒飲光（おんこう）を見よ

慈円〔1155～1225〕 じえん
◇中世の人物 京・鎌倉の時代編 第3巻 大阪 清文堂出版 2014.7 382p 22cm 4500円 Ⓒ978-4-7924-0996-8 Ⓝ281
内容 後鳥羽院（美川圭著） 九条道家（井上幸治著） 西園寺公経（山岡瞳著） 藤原秀康（長村祥知著） 藤原定家（谷昇著） 源実朝（坂井孝一著） 北条政子（黒島敏著） 北条義時（田辺旬著） 北条泰時（菊池紳一著） 北条時房と重時（久保田和彦著） 九条頼経・頼嗣（岩田慎平著） 三浦義村（真鍋淳哉著） 大江広元と三善康信〈善信〉（佐藤雄基著） 宇都宮頼綱（野口実著） 慈円（菊池大樹著） 聖覚（平雅行著） 定豪（海老名尚著） 円observed（原田正俊著） 公胤（細川涼一著） 公武権力の変容と仏教界（平雅行／編）
◇慈圓の研究 多賀宗隼著 オンデマンド版 吉川弘文館 2017.10 506p 22cm 〈印刷・製本：デジタルパブリッシングサービス 著作目録あり〉 15000円 Ⓒ978-4-642-72551-4 Ⓝ188.42

塩川 香世〔1959～〕 しおかわ・かよ
◇ありがとう—意識の世界への架け橋 塩川香世著 河南町（大阪府） UTAブック 2016.6 241p 22cm 〈かんぽうサービス 2006年刊の復刻版〉 1500円 Ⓒ978-4-908193-08-8 Ⓝ289.1
内容 父の病気と他力への道 私の結婚 夫の病気と死 ようやくセミナーに集えました 父の病気と真実への道 田池留吉氏との出会いがすべてでした ホームページについて Fさんの反省

塩川 正隆〔1944～〕 しおかわ・まさたか
◇ものいわぬ人々に—若者を再び戦場に送るな 塩川正隆著 〔出版地不明〕 塩川正隆 2015.8 281p 20cm 〈文献あり 発売：朝日新聞出版〉 1389円 Ⓒ978-4-02-100249-6 Ⓝ210.75
内容 第1章 こうして戦争は作られた（ペリー来航から明治維新・太平洋戦争へ 無謀だった太平洋戦争 ほか） 第2章 戦争に翻弄された国民（塩川家兄弟4人の軍歴 戦地沖縄からの便り ほか） 第3章 社会人、そして闘争の時代（就職・野球部 組合活動・劣悪な労働条件との闘い ほか） 第4章 戦没者に不戦を誓う旅（150回を超えた沖縄行き レイテ島で ほか） 第5章 若者を再び戦場に送るな（「いつか来た道」ひた走る安倍政権 自衛官を危険にさらすな ほか）

塩沢 みどり〔1947～〕 しおざわ・みどり
◇現代人の伝記 2 致知編集部編著 致知出版社 2014.11 85p 26cm 1000円 Ⓒ978-4-8009-1059-2 Ⓝ280.8
内容 1 大平光代（弁護士）/清水哲—悲しみとの出会いが教えてくれたもの 2 永守重信（日本電産社長）—「すぐやる、必ずやる、出来るまでやる」 3 塩沢みどり（スペース水輪代表理事）—純度百％の愛と祈り、そして誠 4 畠山重篤（牡蠣の森を慕う会代表）—「森は海の恋人」運動で心を動かし、環境を変える 5 奥崎祐子（ホテル松政女将）—思いっきり自分らしく女将の夢を追う 6 草間吉夫（東北福祉大学職員）—血縁は薄くとも他人の縁に恵まれて 7 尾車浩一（尾車部屋親方）/大橋秀行（大橋ボクシングジム会長）——道に賭ける者の人間学

塩尻 公明〔1901～1969〕 しおじり・こうめい
◇塩尻公明と戦没学徒木村久夫—「或る遺書について」の考察 中谷彪著 岡山 大学教育出版 2014.7 199p 19cm 〈年譜あり〉 1800円 Ⓒ978-4-86429-306-8 Ⓝ289.1
◇「わだつみ」木村久夫遺稿—父が編集 「東京新聞」の誤報を質す 中谷彪著 大阪 中谷彪 2014.9 170p 30cm 〈年譜あり〉 Ⓝ289.1
◇塩尻公明—その生き方・考え方 中谷彪編著 大阪 森ノ宮医療大学・教職課程 2015.12 1冊 30cm（教育研究資料）〈年譜あり 著作目録あり〉 Ⓝ289.1
◇現代に生きる塩尻公明と木村久夫—真に生甲斐のある人生とは何か 中谷彪著 アジア・ユーラシア総合研究所 2018.2 384p 19cm 2400円 Ⓒ978-4-909663-02-3 Ⓝ289.1
◇河合栄治郎から塩尻公明への手紙—師弟関係の真髄 中谷彪著 アジア・ユーラシア総合研究所 2018.7 324p 19cm 2000円 Ⓒ978-4-909663-04-7 Ⓝ289.1

潮谷 義子〔1939～〕 しおたに・よしこ
◇命を愛する—前熊本県知事、日本社会事業大理事長潮谷義子聞き書き 潮谷義子述、一瀬文秀著 福岡 西日本新聞社 2017.6 263p 21cm 〈年譜あり〉 1111円 Ⓒ978-4-8167-

しおつき

0937-1　Ⓝ289.1
[内容]第1章 金太郎誕生、「うりゃー」　第2章 東京の日々、青春の日々　第3章 苦労は幸せ、家族とならば　第4章 居場所のない人をつくらない　第5章 運命にいざなわれ、県知事に　第6章 ユニバーサルデザインを掲げる　第7章 川辺川ダム建設は是か非か　第8章 ハンセン病元患者宿泊拒否事件　第9章 水俣病は終わっていない　第10章 3期目の立候補を見送る　第11章 命を愛でる春巡る

塩月 桃甫〔1886～1954〕しおつき・とうほ

◇語られなかった日本人画家たちの真実―日本統治時代台湾　森美根子著　振学出版　2018.1　245p　19cm　〈年表あり　発売：星雲社〉　2000円　①978-4-434-24140-6　Ⓝ702.224
[内容]第1章 清朝芸術と日本人との邂逅　第2章 台湾近代美術の礎を築いた日本人画家　第3章 台湾美術展覧会誕生の萌芽　第4章 官民挙げての一大プロジェクト 台展とその実情　第5章 台展のインパクトとその後の美術運動　第6章 戦争末期から戦後へ―それぞれの情熱

塩野 和夫〔1952～〕しおの・かずお

◇キリスト教教育と私　中篇　塩野和夫著　教文館　2015.10　221p　20cm　1500円　①978-4-7642-9968-9　Ⓝ198.321
[内容]第1章 同志社大学入学　第2章 橋の下での出会い　第3章 お地蔵さん　第4章 押し出された言葉　第5章 立ちすくむ　第6章 希望の家へ　第7章 湖に沈む　第8章 小さなたき火　附録
◇キリスト教教育と私　後篇　塩野和夫著　教文館　2018.3　328p　20cm　2000円　①978-4-7642-9975-7　Ⓝ198.321

塩谷 信男〔1902～2008〕しおのや・のぶお

◇すべてを叶える「宇宙無限力」―「正心調息法」創始者・塩谷信男伝　錦城ひかり著　文芸社　2016.12　133p　19cm　〈著作目録あり〉　1200円　①978-4-286-17843-1　Ⓝ498.3

塩原 勝美〔1943～〕しおばら・かつみ

◇人橋を架ける―起業・独立次に続く立志の若者へのメッセージ　塩原勝美、鵜飼俊吾、村山壮人著　全国編集プロダクション協会　2018.2　280p　21cm　〈発売：三恵社(名古屋)〉　2250円　①978-4-86487-799-2　Ⓝ335.35
[内容]第1章 自分の気持ちに正直に生き抜いてきた(「人生を顧みて思うこと―総括」　故郷での生活 上京、就職そして転職　ほか)　第2章 受けた恩は「恩返し」「恩送り」、それを次世代へ(岐阜県瑞浪市に生まれる　名古屋で会社を設立するも、わずか三年で倒産　安岡正篤師との出会い　ほか)　第3章 一度きりしかない人生(一度きりしかない人生なんです　おばあちゃん、大好き　われ十有五にして学に志し　ほか)　第4章 鼎談・たった一度の人生、自分の人生は自らの手で切り開くしかない

塩原 太助〔1743～1816〕しおばら・たすけ

◇塩原太助―その実像と真実　大野富次著　叢文社　2018.3　135p　19cm　〈文献あり　年表あり〉　1500円　①978-4-7947-0775-8　Ⓝ289.1
[内容]太助の先祖と幼少期　塩原太助出郷を検証　奉公人の鑑　薪炭屋開業　事象から見えてくる塩原太助の実像　「塩原太助」の名が全国津々浦々に知れ渡った背景　塩原太助顕彰の推移　塩原太助関係書簡　塩原家を継承した角右衛門家　『塩原多助一代記』落語・歌舞伎の舞台を検証　『塩原多助一代記』創作にあたって説話を取り入れたか？　塩原太助ゆかりの地

汐見 文隆〔1924～2016〕しおみ・ふみたか

◇医師・汐見文隆の行跡　汐見文隆著　〔和歌山〕和歌山から公害をなくす市民のつどい　2016.10　35,199p　20cm　〈他言語標題：The works of Fumitaka Shiomi　著作目録あり〉　Ⓝ519.6

塩見 泰之〔1947～〕しおみ・やすゆき

◇峠を越えて　塩見泰之著　大阪　清風堂書店　2017.7　167p　22cm　〈年表あり〉　Ⓝ289.1

紫園 香〔1958～〕しおん・かおり

◇愛の風がきこえる―音楽家の人生～妻、母、女性として　紫園香著　いのちのことば社フォレストブックス　2015.10　135p　17cm　(Forest Books)　1200円　①978-4-264-03315-8　Ⓝ762.1

志賀 忠重〔1950～〕しが・ただしげ

◇空をゆく巨人　川内有緒著　集英社　2018.11　365p　19cm　〈文献あり〉　1700円　①978-4-08-781671-6　Ⓝ702.22
[内容]生まれながらの商売人―いわき・一九五〇年　風水を信じる町に生まれて―泉州・一九五七年　空を飛んで、山小屋で暮らす―サンフランシスコ・一九七六年　爆発する夢―泉州・一九七八年　ふたつの星が出会うとき―東京・一九八六年　時代の物語が始まった―いわき・一九九三年　キノコ雲のある風景―ニューヨーク・一九九七年　最果ての地―レゾリュート・一九九七年　氷上の再会―レゾリュート・一九九七年　旅人たち―いわき・二〇〇四年　私は信じたい　怒りの桜　龍が駆ける美術館　夜桜　空をゆく巨人

志賀 哲太郎〔1865～1924〕しが・てつたろう

◇志賀哲太郎小傳　松野陽子、白濱裕、増田隆策編、松野國葉、澤田寛旨監修　〔益城町(熊本県)〕　志賀哲太郎顕彰会　2017.2　87p　21cm　〈年譜あり〉　Ⓝ289.1
◇志賀哲太郎資料集―熊本が生んだ台湾大甲の聖人　増田隆策編著、澤田寛旨、白濱裕、折田豊生監修　〔益城町(熊本県)〕　志賀哲太郎顕彰会　2017.12　171p　30cm　〈年譜あり　文献あり〉　非売品　Ⓝ289.1

志賀 俊之〔1953～〕しが・としゆき

◇リーダーシップの哲学―12人の経営者に学ぶリーダーの育ち方　一條和生著　東洋経済新報社　2015.6　299p　20cm　〈他言語標題：The Leadership Journey〉　1800円　①978-4-492-53361-1　Ⓝ332.8
[内容]リーダーシップ・ジャーニーに終わりはない―藤森義明　誰にでも無限の可能性がある―澤田道隆　できるだけシンプルに考え、実行する―松本晃　経験しないとわからない世界がある―玉塚元一　ロー

ルモデルに学び、自分流にアレンジする―志賀俊之　全員で「良い会社 "Good Company"」を創る―永野毅　恐れることなく変わり続ける―佐藤玖美　一瞬も一生も美しく、をめざして―前田新造　新しい場で学び続ける―樋口泰行　常に全力を尽くしながら視座を高める―松井忠三　ストレッチ経験で己を鍛え、実践知を基っ―新貝康司　ストーリーで多様な人々を束ねる―小林いずみ　あなたらしいリーダーシップを育む

志賀 直哉〔1883〜1971〕　しが・なおや
◇志賀直哉の尾道時代　寺杣雅人著　尾道　尾道市立大学芸術文化学部日本文学科　2015.3　109p　19cm　Ⓝ910.268
◇志賀直哉　栗林秀雄著, 福田清人編　新装版　清水書院　2016.8　196p　19cm　(Century Books―人と作品)〈文献あり　年譜あり　索引あり〉　1200円　Ⓘ978-4-389-40110-8　Ⓝ910.268
内容　第1編　志賀直哉の行路(幼少年期　青年期　和解から調和へ　静かな創作生活)　第2編　作品と解説(三つの処女作品　処女短編集『留女』清兵衛と瓢箪　城の崎にて　和解　小僧の神様　暗夜行路　灰色の月)

志賀 義雄〔1901〜1989〕　しが・よしお
◇獄中十八年　徳田球一, 志賀義雄著　講談社　2017.12　189p　16cm　(講談社文芸文庫 と K1)〈時事通信社 1947年刊の修正〉　1500円　Ⓘ978-4-06-290368-4　Ⓝ289.1
内容　徳田球一篇(小さな正義派　親孝行でとおる　小学校で最初のストライキ　七高生から代用教員　郡役所書記 ほか)　志賀義雄篇(おいたち　中学生で米騒動に参加　一高入学―学生運動へ　三・一五　牢獄は革命家の試金石 ほか)

志賀 淑雄〔1914〜2005〕　しが・よしお
◇ゼロファイター列伝―零戦搭乗員たちの戦中、戦後　神立尚紀著　講談社　2015.7　341p　19cm　〈年表あり〉　1500円　Ⓘ978-4-06-219634-5　Ⓝ392.8
内容　第1章　三上一禧―「零戦初空戦」で撃墜した宿敵との奇跡の再会　第2章　羽切松雄―被弾して重傷を負っても復帰して戦い続けた不屈の名パイロット　第3章　原田要―幼児教育に後半生を捧げるゼロファイター　第4章　日高盛康―「独断専行」と指揮官の苦衷　第5章　小町定―真珠湾から海軍最後の空戦まで、大戦全期間を戦い抜く　第6章　志賀淑雄―半世紀の沈黙を破って　第7章　山田良市―ジェット時代にも飛び続けたトップガン

◇証言　零戦生存率二割の戦場を生き抜いた男たち　神立尚紀著　講談社　2016.11　527p　15cm　(講談社＋α文庫 G296-1)〈「ゼロファイター列伝」(2015年刊)の改題、加筆・修正　年表あり〉　860円　Ⓘ978-4-06-281705-9　Ⓝ392.8
内容　第1章　三上一禧―「零戦初空戦」で撃墜した宿敵との奇跡の再会　第2章　田中國義―「日本海軍一」と言われた、叩き上げ搭乗員のプライド　第3章　原田要―幼児教育に後半生を捧げるゼロファイター　第4章　日高盛康―「独断専行」と指揮官の苦衷　第5章　小町定―真珠湾から海軍最後の空戦まで、大戦全期間を戦い抜く　第6章　志賀淑雄―半世紀の沈黙を破って　第7章　吉田勝義―豪州本土上空でスピットファイアを圧倒　第8章　山田良市―ジェット時代にも飛び続けたトップガン

慈覚大師　じかくだいし
⇒円仁(えんにん)を見よ

四方 修〔1930〜〕　しかた・おさむ
◇双頭の頂―元警察官僚四方修自叙伝　四方修著　幻冬舎メディアコンサルティング　2017.9　458p　20cm　〈発売：幻冬舎〉　1500円　Ⓘ978-4-344-91361-5　Ⓝ289.1
内容　第1章　幼少期から大学時代まで　第2章　警察庁採用からの三年間(見習無き三年間)　第3章　警察官僚の始まり　第4章　初めての警察庁勤務　第5章　大阪府勤務後を、警察庁へ戻る　第6章　茨城県、交通局審議官、次いで愛知県、大阪府警察本部へ　第7章　第二の人生を民間で、と決意す　補遺　僕の人生

志岐 常雄〔1899〜1982〕　しき・つねお
◇志岐常雄の記録―海軍大佐・東亞工機経営者　志岐常文編　鹿島　東亞工機　2015.1　177p　21cm　〈年譜あり〉　非売品　Ⓝ289.1

志岐 麟泉〔1510?〜1598?〕　しき・りんせん
◇評伝　天草五十人衆　天草学研究会編　福岡　弦書房　2016.8　317p　22cm　〈文献あり　年表あり　索引あり〉　2400円　Ⓘ978-4-86329-138-6　Ⓝ281.94
内容　ステージ1　五人衆の時代、そして…　ステージ2　天領天草の村々　ステージ3　祈りの島で　ステージ4　耕す、漁る　ステージ5　実業の世をひらく　ステージ6　潮路はるかに　ステージ7　文学・歴史・言論　ステージ8　あの頃、この人　ステージ9　島の現実、国の行く末　ステージ10　一筋の道　ステージ特別編　群像二題(天草の石文化と松室五郎左衛門　牛深カツオ漁の男たち)

式子内親王〔?〜1201〕　しきしないしんのう
◇中世文学の世界　久保田淳著　新装版　東京大学出版会　2014.9　264p　19cm　(UPコレクション)　2900円　Ⓘ978-4-13-006522-1　Ⓝ910.24
内容　1(中世文学史への試み　中世文学の成立　転換期の文学―『平家物語』と歴史)　2(貴族の世界―色好みの衰退　怨み深き女生きながら鬼になる事―『閑居友』試論　魔界に堕ちた人々―『比良山古人霊託』とその周辺　『徒然草』の文体　兼好と西行)　3(心と詞覚え書　藤原定家における古典と現代―『近代秀歌』試論　式子内親王―その生涯と作品)

◇式子内親王―たえだえかかる雪の玉水　奥野陽子著　京都　ミネルヴァ書房　2018.6　378, 16p　20cm　(ミネルヴァ日本評伝選)〈索引あり〉　3500円　Ⓘ978-4-623-08360-2　Ⓝ911.132
内容　第1章　斎院以前　第2章　斎院時代　第3章　定家に出会うまで　第4章　二つの百首歌　第5章　晩年の式子内親王　第6章　伝説の式子内親王　第7章　式子内親王と和歌

式町 水晶〔1996〜〕　しきまち・みずき
◇脳性まひのヴァイオリニストを育てて―母子で奏でた希望の音色　式町啓子著　主婦と生活社　2018.4　193p　19cm　〈年譜あり〉　1204円

①978-4-391-15175-6　Ⓝ762.1
内容 第1章 障がいを持って生まれても(32週、1836gで生まれた命　生後2か月での離婚 ほか)　第2章 折れそうな心を支えて(町田市での貧乏暮らしが始まる　じいちゃんが家を売る ほか)　第3章 ヴァイオリンがくれた希望(思春期、すさんでいく心　東日本大震災、「僕に何ができるのか」 ほか)　第4章 私たちのこれから(ついにデビューへ。動き出した運命　脳性まひのわが子を育てて。母の思い ほか)

式守 蝸牛(7代)〔1875～1946〕 しきもり・かぎゅう

◇近代茶人の肖像　依田徹著　京都　淡交社　2015.2　215p　18cm　〈淡交新書〉〈文献あり〉1200円　①978-4-473-03992-7　Ⓝ791.2

内容 井上馨(世外)―一政界の雷親父は細心なる茶人　有栖川宮熾仁親王(霞堂)―親王の茶の湯に見る宮家と華族の社交界　安田善次郎(松翁)―慎しく陰徳を重ねた財産家の茶の湯　今泉雄作(常真)―茶道具再評価の種を蒔いた江戸っ子　平瀬亀之輔(露香)―大阪の茶の湯を牽引した「粋の神」　住友友純(春翠)―茶の湯に文人趣味を融合させたエリート実業家　益田孝(鈍翁)―近代の茶の湯を双肩に担った巨人　馬越恭平(化生)―数々の逸話を残した「ビール王」数寄者　柏木貨一郎(探古斎)―土蔵に住んだ幻の数寄屋建築家　岡倉覚三(天心)―茶より酒を愛した『茶の本』の執筆者　正木直彦(十三松堂)―美術と茶道に橋を架けた美術学校長　貞明皇后―満州皇帝を茶の湯でもてなした大正天皇妃　三井高棟(宗恭)―財閥の盛衰を見つめた三井家当主の茶の湯　團琢磨(狸山)―鈍翁から経営と茶の湯を受け継いだ男　大谷尊由(心斎)―茶の湯三昧の境地に遊んだ宗教家　前田利為(梅昱)―旧大名家軍人のたしなみとしての茶の湯　式守蝸牛(虎山)―悲運の宰相、戦時下の茶の湯　栗山善四郎(八百善)―江戸懐石を伝え、茶の湯を愛した料亭主人　加藤正治(犀水)―憲法の制定に携わった法学者茶人

執行 草舟〔1950～〕 しぎょう・そうしゅう

◇お、ポポイ！―その日々へ還らむ　執行草舟著　京都　PHP研究所　2017.3　493p　20cm　2300円　①978-4-569-83483-2　Ⓝ289.1

内容 運命への愛　無点に非ず　啐啄(そったく)の機　夏日烈風　青春の沈黙　愛しのクレメンタイン　音楽の泉　愚かなる熱情　骨力の思想　白き雲の歌　アンドロメダの精神　慟哭の恋　絶対美を問う　菊花の約

執行 正俊〔1908～1989〕 しぎょう・まさとし

◇日本の現代舞踊のパイオニア―創造の自由がもたらした革新性を照射する　片岡康子監修　新国立劇場運営財団情報センター　2015.3　122p　26cm　〈他言語標題：PIONEER of JAPAN CONTEMPORARY DANCE　発売：丸善出版〉　700円　①978-4-907223-07-6　Ⓝ769.1

内容 序章 西洋文化の流入と舞踊　第1章 石井漠―肉体とリズムの統合による純粋舞踊の探求　第2章 小森敏―静けさを愛する心を糧に　第3章 伊藤道郎―アメリカで道を拓いた国際派　第4章 高田雅夫・高田せい子―夫から妻へ繋いで拓いた叙情の世界　第5章 江口隆哉・宮操子―ともに舞踊創作の灯をかかげて　第6章 執行正俊―芸術の美と愛の中を彷徨うバガボンド　第7章 檜健次―生命への洞察を根底にした魂の舞踊家　第8章 石井みどり―舞踊芸術の感動をすべての人々の胸に　第9章 同時代のふたりの舞踊家

時雨 音羽〔1899～1980〕 しぐれ・おとわ

◇「リンゴの唄」の作曲家万城目正の生涯　空と海と大地を詩に時雨音羽の生涯　下山光雄著、合田一道著　札幌　北海道科学文化協会　2017.8　125p　21cm　〈北海道青少年叢書 35―北国に光を掲げた人々 35〉〈下位シリーズの責任表示：北海道科学文化協会／編　年譜あり〉Ⓝ767.8

重野 安繹〔1827～1910〕 しげの・やすつぐ

◇重野安繹における外交・漢文と国史―大阪大学懐徳堂文庫西村天囚旧蔵写本三種　陶徳民編著　吹田　関西大学東西学術研究所　2015.3　234p　図版12p　31cm　〈関西大学東西学術研究所資料集刊 37〉〈奥付のタイトル(誤植)：重野安繹の外交・漢文と国史　発行所：関西大学出版部〉　6000円　①978-4-87354-608-7　Ⓝ289.1

内容 本編 大阪大学懐徳堂文庫西村天囚重野安繹関係写本三種(『横濱應接記』『漢文講義』『先師國史講演草案』『大日本歴史略説』))　補編 重野安繹の生涯事蹟に関する資料と論文(東京帝国大學名誉教授陞敍從三位勳二等文學博士重野先生碑銘(小牧昌業撰)　天才少年重野に関する西村天囚の考証筆記　西村天囚編『先師遺事』所収の訃報と追憶談　成齋先生と岡鹿門(岡百世)　重野安繹直話「余が命懸けの事業」 ほか)

重見 高好〔1982～〕 しげみ・たかよし

◇小さな村のウルトラランナー―重見高好の挑戦　大川卓弥著　NHK出版　2015.3　213p　19cm　1400円　①978-4-14-081668-4　Ⓝ782.3

内容 第1章 村の再生のために走る　第2章 ウルトラランナーの孤独　第3章 白山白山湖一〇〇キロマラソン　第4章 走る村の挑戦　第5章 なぜ、あなたは走るのか?　第6章 二四時間耐久マラソン

重光 葵〔1887～1957〕 しげみつ・まもる

◇米国国立公文書館機密解除資料 CIA日本人ファイル　第7巻・第12巻　加藤哲郎編・解説　現代史料出版　2014.12　6冊(セット)　30cm　190000円　①978-4-87785-303-7　Ⓝ319.1053

内容 第7巻(大川周明　笹川良一　重光葵　下村定)　第8巻(小野寺信)　第9巻(正力松太郎)　第10巻(辰巳栄一　和知鷹二　和智恒蔵)　第11巻(辻政信(1))　第12巻(辻政信(2))

◇大東亜戦争を敗戦に導いた七人　渡辺望著　アスペクト　2015.7　231p　18cm　1100円　①978-4-7572-2412-4　Ⓝ210.75

内容 序論 戦争責任とは「敗戦責任」である　第1章 山本五十六―「必敗の精神」が生んだ奇襲攻撃と永続敗戦　第2章 米内光政―海軍善玉論の裏に隠された「無定見」　第3章 瀬島龍三―個人と国家のギリギリの境界線に生きたエージェント　第4章 辻政信―陰謀と謀略の味に溺れた「蔣介石の密使」　第5章 重光葵―超一流の外交官が犯した一にして最大の錯誤　第6章 近衛文麿、井上成美―歴史の大舞台に放り出された「評論家」の悲劇

◇戦後政治家論―吉田・石橋から岸・池田まで　阿部眞之助著　文藝春秋　2016.4　439p　16cm　（文春学藝ライブラリー―雑英 25）〈「現代政治家論」（文藝春秋新社 1954年）の改題、再刊〉　1400円　Ⓘ978-4-16-813061-8　Ⓝ312.8

内容　岸信介論　重光葵論　池田勇人論　木村篤太郎論　和田博雄論　三木武吉論　西尾末廣論　吉田茂論　石橋湛山論　徳田球一論　緒方竹虎論　大野伴睦論　芦田均論　鳩山一郎論　鈴木茂三郎論

◇昭和史講義　3　リーダーを通して見る戦争への道　筒井清忠編　筑摩書房　2017.7　302p　18cm　（ちくま新書 1266）　900円　Ⓘ978-4-480-06977-1　Ⓝ210.7

内容　加藤高明―二大政党政治の扉　若槻礼次郎―世論を説得しようとした政治家の悲劇　田中義一―政党内閣期の軍人宰相　幣原喜重郎―戦前期日本の国際協調外交の象徴　浜口雄幸―調整型指導者と立憲民政党　犬養毅―野党指導者の奇遇　岡田啓介―「国を思う狸」の功罪　広田弘毅―「協和外交」の破綻から日中戦争へ　宇垣一成―「大正デモクラシー」が生んだ軍人　近衛文麿―アメリカという「幻」に賭けた政治家　米内光政―天皇の絶対的信頼を得た海軍軍人　松岡洋右―ポピュリストの誤算　東条英機―ヴィジョンなき戦争指導者　鈴木貫太郎―選択としての「聖断」　重光葵―対中外交の可能性とその限界

重本 ことり〔1996～〕　しげもと・ことり
◇黒い小鳥　重本ことり著　鉄人社　2017.10　174p　19cm　1296円　Ⓘ978-4-86537-103-1　Ⓝ767.8

重盛 親聖〔1937～〕　しげもり・しんしょう
◇頑坊一代記―道ひとすじに生きた男　重盛親聖著　呉　重盛親聖　2018.6　224p　図版〔16〕枚　21cm　〈年譜あり〉　Ⓘ978-4-9910145-1-2　Ⓝ289.1

始皇帝〔前259～前210〕　しこうてい
◇人間・始皇帝　鶴間和幸著　岩波書店　2015.9　266p　19cm　（岩波新書 新赤版 1563）〈文献あり　年譜あり〉　800円　Ⓘ978-4-00-431563-6　Ⓝ289.2

内容　第1章 趙正出生―生誕の秘密（一歳）　第2章 秦王即位―帝王誕生の背景（一三歳）　第3章 ろうあいの乱―彗星は語る（二二歳）　第4章 暗殺未遂―刺客の人物像（三三歳）　第5章 皇帝巡行―「統一」の実像（三九歳）　第6章 中華の夢―長城と焚書坑儒（四七歳）　第7章 帝王の死―遺言の真相（五〇歳）　第8章 帝国の終焉―永遠の始皇帝

◇史記・三国志英雄列伝―戦いでたどる勇者たちの歴史　井波律子著　潮出版社　2015.11　221p　20cm　〈年表あり〉　2000円　Ⓘ978-4-267-02035-3　Ⓝ222.042

内容　第1章 群雄割拠の時代―始皇帝―項羽と劉邦（秦の始皇帝　陳勝・呉広の乱　反乱の拡大と秦王朝の滅亡　鴻門の会　劉邦の反撃　ほか）　第2章 激動の時代を生き抜く漢たち―漢の武帝―三国志の英雄たち（韓信・酈布の粛清、英雄の死　呂后の専横と陳平・周勃の反撃　武帝の登場　最盛期の武帝　晩年の武帝　ほか）

◇史記　3　独裁の虚実　司馬遷著　丸山松幸,守屋洋訳　徳間書店　2016.8　452p　15cm　（徳間文庫カレッジ し-3-3）〈徳間文庫 2005年刊の再刊〉　1250円　Ⓘ978-4-19-907064-8　Ⓝ222.03

内容　1 皇帝への道（出生の秘密―始皇帝と呂不韋（1）　「父」との争い―始皇帝と呂不韋（2）　ほか）　2 絶対者の光と影（新しい支配の形―皇帝と帝国　人間を超えるもの―方士と封禅）　3 絶対者の死と後継（死の到来　遺体に群がる野心―趙高と李斯　ほか）　4 崩壊への過程（迷走する二世皇帝―胡亥　功臣の没落―李斯　ほか）　5 反逆者たち（反逆の原点―陳勝、呉広　罪人あがり―鯨布　ほか）

◇秦の始皇帝―伝説と史実のはざま　鶴間和幸著　オンデマンド版　吉川弘文館　2018.10　219p　19cm　（歴史文化ライブラリー 132）〈年表あり　原本：2001年刊〉　2300円　Ⓘ978-4-642-75532-0　Ⓝ222.041

四國 五郎〔1924～2014〕　しこく・ごろう
◇ヒロシマを伝える―詩画人・四國五郎と原爆の表現をたどる　永田浩三著　WAVE出版　2016.7　277p　20cm　〈文献あり　年譜あり〉　2000円　Ⓘ978-4-86621-008-7　Ⓝ369.37

内容　第1章 市民が描いた原爆の絵　第2章 原爆を初期から伝えようとしたひとびと　第3章 シベリアの四國五郎　第4章 立ち上がるヒロシマの若者たち　第5章 『われらの詩』の仲間たち　第6章 「原爆の図」が広島にやってきた　第7章 峠と四國、ふたりで作った『原爆詩集』　第8章 広島平和美術展　第9章 ヒロシマを伝える、そして今

志澤 彰〔1950～〕　しざわ・あきら
◇私の40年間の足跡―合唱を活かし、活かされた記憶　志澤彰著　名古屋　三恵社　2017.6　67p　26cm　1000円　Ⓘ978-4-86487-716-9　Ⓝ767.4

志澤 勝〔1944～〕　しざわ・まさる
◇食は命！　養豚にロマンを―わが人生　志澤勝著　増補版　〔出版地不明〕　〔志澤勝〕　2018.9　253p　20cm　1200円　Ⓝ289.1

獅子 文六〔1893～1969〕　しし・ぶんろく
◇鏡花、水上、万太郎　福田和也著　キノブックス　2017.2　287p　20cm　2000円　Ⓘ978-4-908059-63-6　Ⓝ910.26

内容　鏡花、水上、万太郎　"戯作者"―獅子文六の戦争私小説の路、主義者の道、みち、―佐多稲子　空っぽのトランク La Valise vide―武田泰淳、檀一雄　ウィスキー・プリースト＆スマート・アニマルズ―武田泰淳、グレアム・グリーン　The day is done―小島信夫　銀座レクイエム―樋口修吉

G.G.佐藤〔1978～〕　じーじー・さとう
◇妄想のすすめ―夢をつかみとるための法則48　G.G.佐藤著　ミライカナイブックス　2014.7　237p　19cm　1300円　Ⓘ978-4-907333-01-0　Ⓝ783.7

内容　第1章 成功体験が妄想を育てる―僕の少年時代（願い続ければ夢は必ずかなう。　早い挫折に感謝

ししと

しよう。自分を強くしてくれる。 ほか） 第2章 見あげると満天の星がある―アメリカ修業時代（自分に問いかければ道は見えてくる。 他人の意見を聞こう。 他人は絵具で、自分はパレット。 ほか） 第3章 自分マーケティングで勝つ―日本のプロ野球に挑む（テストされてうれしい！ そう思えたら上手くいく。 自分を切り替えるスイッチをつくろう。 ほか） 第4章 妄想は牙をむく―北京オリンピックで得たもの（マイナスの妄想は現実化する。 エラーの連鎖を止めるためには、目の前の課題に集中する。 ほか） 第5章 野球を知らない国で知ったこと―イタリアへ、そしてロッテへ（疲れたときは自分の原点に還ろう。 ときには「当たり前」を問い直そう。 ほか）

宍戸 左行〔1888～1969〕 ししど・さこう

◇長編マンガの先駆者たち―田河水泡から手塚治虫まで 小野耕世著 岩波書店 2017.5 281p 22cm 3400円 ①978-4-00-023890-8 Ⓝ726.101

内容 日本は長編マンガの王国 珍品のらくろ草をたずねて―田河水泡論 三百六十五日のフシギ旅行―茂田井武論 一九四〇年、火星への旅―大城のぼる論 人造心臓の鼓動がきこえる―横山隆一論 新バグダットのメカ戦争―松下井知夫論その1 モセス・マンがやってくる―松下井知夫論その2 モセスマンのふしぎな国―横井福次郎論 その1 冒険王ターザン、原子爆弾の島へ―横井福次郎論その2 ターザン、南の日本へ飛ぶ―横井福次郎論その3 スピード太郎の世界地図―宍戸左行論 人類連盟本部にて―藤子不二雄論 ある少年マンガ家の冒険―田川紀久雄論 戦後ストーリー・マンガの出発点―手塚治虫論

慈周 じしゅう

⇒六如（りくにょ）を見よ

静御前〔平安時代後期～鎌倉時代初期〕 しずかごぜん

◇伝承静御前 横井寛著 文芸社 2015.12 149p 15cm 〈文献あり 年表あり〉 600円 ①978-4-286-16750-3 Ⓝ289.1

◇日本の武将と女たち 田川清著 名古屋 中日出版 2016.11 79p 19cm 1200円 ①978-4-908454-08-0 Ⓝ281

内容 1 源義仲と巴御前・葵御前・山吹 2 源義経と静御前 3 後醍醐天皇と妾・阿野廉子 4 北条仲時と妻・北の方 5 戦国武将と女たち（（一）浅井長政・柴田勝家・豊臣秀吉とお市の方 （二）豊臣秀吉と淀君 （三）荒木村重と妾・だし （四）前田利家と妻・まつ （五）山内一豊と妻・千代） 6 細川忠興と妻・ガラシャ夫人 7 将軍と大奥の女たち

◇静御前の伝承 白井哲哉監修、久喜市教育委員会文化財保護課編 久喜 久喜市教育委員会 2017.3 59p 21cm （歴史資料でよむ久喜市ゆかりの人物ブックレット 2）〈年表あり〉 Ⓝ289.1

志筑 忠雄〔1760～1806〕 しずき・ただお

◇江戸の科学者―西洋に挑んだ異才列伝 新戸雅章著 平凡社 2018.4 251p 18cm （平凡社新書 875）〈文献あり〉 820円 ①978-4-582-85875-4 Ⓝ402.8

内容 第1章 究理の学へ（高橋至時―伊能忠敬を育てた「近代天文学の星」 志筑忠雄―西洋近代科学と初めて対峙した孤高のニュートン学者 ほか） 第2章 江戸科学のスーパースター（関孝和―江戸の数学を世界レベルにした天才 平賀源内―産業技術社会を先取りした自由人 ほか） 第3章 過渡期の異才たち―（司馬江漢―西洋絵画から近代を覗いた多才の人 国友一貫斎―反射望遠鏡をつくった鉄砲鍛冶） 第4章 明治科学をつくった人々（緒方洪庵―医は仁術を実践した名教育者 田中久重―近代技術を開いた江戸の「からくり魂」 ほか）

志田 鉀太郎〔1868～1951〕 しだ・こうたろう

◇志田鉀太郎の生涯―日本商法・保険法のパイオニア 志田俊郎著 文芸社 2015.11 439p 20cm 〈年譜あり〉 1700円 ①978-4-286-16599-8 Ⓝ289.1

志田 忠儀〔1916～2016〕 しだ・ただのり

◇ラスト・マタギ―志田忠儀・98歳の生活と意見 志田忠儀著 KADOKAWA 2014.11 203p 20cm 〈他言語標題：LAST MATAGI〉 1500円 ①978-4-04-101518-6 Ⓝ289.1

内容 第1章 クマを撃つ（手負いクマが向かってきた 初めてのクマ狩り ほか） 第2章 魚を捕まえ、動物を追う（子どもの頃から魚を捕る ヤブをこいで渓流釣りへ ほか） 第3章 山に生まれ、自然とともに暮らす（水とともにある暮らし 生活の糧になったテン ほか） 第4章 岳人を助ける（高校山岳部の遭難 気象条件の変わりやすい朝日連峰 ほか）

◇山人として生きる―8歳で山に入り、100歳で天命を全うした伝説の猟師の知恵 志田忠儀著 KADOKAWA 2017.3 207p 15cm （角川文庫 し60-1)〈「ラスト・マタギ」（2014年刊）の改題、加筆修正〉 600円 ①978-4-04-105379-9 Ⓝ289.1

内容 第1章 クマを撃つ（手負いのクマが向かってきた！ 初めてのクマ狩り ほか） 第2章 魚を捕まえ、動物を追う（子どもの頃から魚を捕る ヤブをこいで渓流釣りへ ほか） 第3章 山に生まれ、自然とともに暮らす（水とともにある暮らし 生活の糧になったテン ほか） 第4章 岳人を助ける（高校山岳部の遭難 気象条件の変わりやすい朝日連峰 ほか）

耳鳥斎〔江戸時代中期〕 じちょうさい

◇耳鳥齋アーカイヴズ―江戸時代における大坂の戯画 中谷伸生著 吹田 関西大学東西学術研究所 2015.3 209p 31cm （関西大学東西学術研究所資料集刊 36）〈発行所：関西大学出版部 文献あり 索引あり〉 5500円 ①978-4-87354-670-0 Ⓝ721.025

内容 図版（大石氏祇園一力康楽之図 見立西行図 ほか） 第1章 耳鳥齋とその時代（耳鳥齋を忘却した近代社会 笑う蕪菰堂肖像―耳鳥齋と大坂商人の学芸 ほか） 第2章 耳鳥齋、その生涯と戯画作品（評価されない耳鳥齋と大坂の戯画 鳥羽絵の誕生と流行 ほか） 第3章 制作時期をめぐる分類試論（耳鳥齋という戯画作者 第一分類作品群 ほか） 第4章 耳鳥齋の版本挿絵における作風展開（『絵本水や空』（安永九年・一七八〇年）『畫話耳鳥齋』（天明二年・一七八二年） ほか） 作品解説

実相寺 昭雄〔1937～2006〕 じっそうじ・あきお

◇実相寺昭雄 才気の伽藍―鬼才映画監督の生涯と作品 樋口尚文著 アルファベータブックス 2016.12 278p 22cm 〈叢書・20世紀の芸術と文学〉〈著作目録あり 作品目録あり 年譜あり〉 2500円 ①978-4-86598-024-0 Ⓝ778.21

内容 総門―「光学」と「電泳」の租界で魔笛を鳴らす男 山門―幼少期・青春期 回廊―テレビドラマ・テレビ映画 仏殿―映画作品 法堂―ビデオ作品・TVコマーシャル 鐘楼―音楽作品 禅堂―小説・随筆 後餓鬼―終章にかえて 大庫裏―実相寺昭雄主要作品リスト

四手井 綱英〔1911～2009〕 しでい・つなひで

◇震度0 船越富士子著 大阪 風詠社 2015.4 253p 19cm 〈発売：星雲社〉 1400円 ①978-4-434-20479-1 Ⓝ911.56

内容 第1部 娘から見た父・四手井綱英の素顔（人としての死の迎え方 私が生まれる前の父「我詩」（徴兵中のノートより）） 第2部 詩集 震度0（震度0 1月3日 馬よ 馬や 「理由」 ほか）

幣原 喜重郎〔1872～1951〕 しではら・きじゅうろう

◇外交五十年 幣原喜重郎著 改版 中央公論新社 2015.4 356p 16cm （中公文庫 し5-2） 1100円 ①978-4-12-206109-5 Ⓝ319.1

内容 第1部 外交五十年（朝鮮の思い出 樺太を拾った話 アメリカの排日問題 ワシントン会議 佐分利公使の怪死事件 ほか） 第2部 回想の人物・時代（外務省に入るまで ロンドン赤毛布 デニソンを憶う サー・エドワード・グレーのこと 外交調査会の前後 ほか）

◇日本国憲法をつくった男―宰相幣原喜重郎 塩田潮著 朝日新聞出版 2017.1 535p 15cm （朝日文庫 し49-2）〈文春文庫 1998年刊の再刊 文献あり〉 980円 ①978-4-02-261893-1 Ⓝ289.1

内容 最後のご奉公 憲法成立の謎 外交官への道 英米派誕生 外務大臣 幣原外交復活 臨時首相代理 失意の時代 政権の座 揺れる天皇制 憲法改正問題 最後の聖断

◇幣原喜重郎―外交と民主主義 服部龍二著 増補版 吉田書店 2017.4 483p 20cm 〈初版のタイトル等：幣原喜重郎と二十世紀の日本（有斐閣 2006年刊） 年譜あり 索引あり〉 4000円 ①978-4-905497-52-3 Ⓝ289.1

内容 生い立ち 第1部 栄光―明治・大正期（釜山、東京、ワシントン 第一次外相期） 第2部 挫折―昭和戦前期（田中内閣に抗して 第二次外相期 日中戦争から太平洋戦争へ） 第3部 再起―戦後（占領初期の首相 東京裁判を超えて 幣原没後） 外交と民主主義

◇昭和史講義 3 リーダーを通して見る戦争への道 筒井清忠編 筑摩書房 2017.7 302p 18cm （ちくま新書 1266） 900円 ①978-4-480-06977-1 Ⓝ210.7

内容 加藤高明―二大政党政治の扉 若槻礼次郎―世論を説得しようとした政治家の悲劇 田中義一―政党内閣期の軍人宰相 幣原喜重郎―戦前日本の国際協調外交の象徴 浜口雄幸―調整型指導者と立憲政党 犬養毅―野党指導者の奇遇 岡田啓介―「国を思う狸」の功罪 広田弘毅―「協和外交」の破綻から日中戦争へ 宇垣一成―「大正デモクラシー」が生んだ軍人 近衛文麿―アメリカという「幻」に賭けた政治家 米内光政―天皇の絶対的な信頼を得た海軍軍人 松岡洋右―ポピュリストの誤算 東条英機―ヴィジョンなき戦争指導者 鈴木貫太郎―選択としての「聖断」 重光葵―対中外交の可能性とその限界

持統天皇〔645～702〕 じとうてんのう

◇女帝のいた時代 つげのり子著 自由国民社 2015.5 235p 19cm 〈文献あり〉 1300円 ①978-4-426-11925-6 Ⓝ288.41

内容 第1章 推古天皇―初代女性天皇誕生 第2章 皇極・斉明天皇―歴史を動かした「つなぎ役」 第3章 持統天皇―セレブ妻の意地を通した"女傑"天皇 第4章 元明天皇―"咲く花の匂うがごとし"平城京を完成 第5章 元正天皇―生涯独身も恋に生きる 第6章 孝謙・称徳天皇―箱入り娘の反逆 第7章 明正天皇―菊と葵のハーフ&ハーフ 第8章 後桜町天皇―明治維新の原点となった女性天皇

◇持統天皇 血塗られた皇祖神 関裕二著 ベストセラーズ 2016.1 270p 15cm （ワニ文庫 P-283―異端の古代史 6）〈「謎の女帝・持統」（2002年刊）の改題、加筆修正を行った再編集版 文献あり〉 685円 ①978-4-584-39383-3 Ⓝ288.41

内容 第1章 持統天皇という女傑（持統天皇の罪 ヤマト建国とヤマトの王の歴史 ほか） 第2章 大津皇子の謀反が語ること（『万葉集』が語る持統の天武への愛 天武の愛情の行方 ほか） 第3章 正史ではなく木簡が語る真実（持統の選んだ道 持統に対する歴史的評価 ほか） 第4章 藤原氏に葬られた女帝（神話として消し去られた実像 アマテラスは持統そのものだった！ ほか）

◇古代東アジアの女帝 入江曜子著 岩波書店 2016.3 216p 18cm （岩波新書 新赤版 1595）〈文献あり 年表あり〉 780円 ①978-4-00-431595-7 Ⓝ220

内容 第1章 推古―東アジア最初の女帝 第2章 善徳―新羅の危機を救った予言 第3章 皇極―行政手腕の冴え 第4章 真徳―錦に織り込む苦悩 第5章 斉明―飛鳥に甦る使命 第6章 間人―禁断の恋に生きた幻の女帝 第7章 倭姫―王朝交代のミッシング・リンク 第8章 持統―遠謀にして深慮あり 第9章 武則天―男性社会への挑戦

シーナ〔1953～2015〕

◇シーナの夢―若松、博多、東京,HAPPY HOUSE 鮎川誠語り、栗田善太郎、寺井到、松本康開き手 福岡 西日本新聞社 2016.8 221p 19cm 1400円 ①978-4-8167-0923-4 Ⓝ767.8

内容 第1章 HAPPY HOUSE 第2章 YOU MAY DREAM 続章 ROKKET RIDE

品川 洋子〔1931～〕 しながわ・ひろこ

◇ひらく校長として女性として―学校図書館と関わりながら 品川洋子著 中央公論事業出版（発売） 2015.12 425p 22cm 〈著作目録あり 年譜あり〉 2500円 ①978-4-89514-451-3

しなかわ

Ⓝ289.1
内容 第1部 「朝に星明かりを抱き」―戦後の新制大学一期生から女性の校長として(大学一期生から中学校教諭 教頭職、校長職に就く 北九州市と全国の女性学校管理職 女性の学校管理職へ伝えたいこと) 第2部 「遠くを見つつ種を播く」―読書と学校図書館(学習情報センター)活用をすすめて(読む本を求めて 学校図書館の係に 読書と「私の選んだミニ研究」のすすめ) 第3部 「夕べに月影を踏む」―大学の講師や地域文化に関わって(福岡教育大学の教諭講習の講師 地域文化として小倉における森鴎外)

品川 弥二郎〔1843〜1900〕しながわ・やじろう
◇品川弥二郎関係文書 8 尚友倶楽部品川弥二郎関係文書編纂委員会編 尚友倶楽部 2017.11 557p 22cm 〈尚友叢書 2〉 非売品 Ⓝ289.1
◇品川弥二郎関係文書 8 尚友倶楽部品川弥二郎関係文書編纂委員会編 山川出版社 2017.11 557p 22cm 7000円 ①978-4-634-51080-7 Ⓝ289.1
内容 山県有朋 山県伊三郎 山県たか 山口矯介 山口素臣 山田顕義 山田春三 山田省三郎 山田正 山田徳明〔ほか〕

品川 弥太男〔1927〜〕しながわ・やたお
◇最高最幸上気元―たどり来し道 品川弥太男著 京都 品川弥太男 2016.3 144p 21cm 〈年譜あり〉 2000円 Ⓝ289.1

師任堂申夫人 しにんどうしんふじん
⇒シン,サイムダンを見よ

篠塚 清〔1935〜〕しのずか・きよし
◇狭い路を一途に―堺化学と共に五十年余の歩み 篠塚清著 日本図書刊行会 2016.1 424p 19cm 非売品 Ⓝ570.9
◇社歴を振り返りて 篠塚清著 日本図書刊行会 2016.1 229p 19cm 非売品 Ⓝ570.9

篠田 邦雄 しのだ・くにお
◇六〇年安保―センチメンタル・ジャーニー 西部邁著 文藝春秋 2018.6 231p 16cm 〈文春学藝ライブラリー―思想 19〉 1250円 ①978-4-16-813074-8 Ⓝ377.96
内容 序章 空虚な祭典―安保闘争 ブント 私 第1章 哀しき勇者―唐牛健太郎 第2章 優しい破壊者―篠田邦雄 第3章 純な「裏切者」―東原吉伸 第4章 苦悩せる理想家―島成郎 第5章 善良な策略家―森田実 第6章 寡黙な煽動家―長崎浩 終章 充実への幻想―思い出の人々

篠田 桃紅〔1913〜〕しのだ・とうこう
◇百歳の力 篠田桃紅著 集英社 2014.6 185p 18cm 〈集英社新書 0743〉 700円 ①978-4-08-720743-9 Ⓝ728.216
内容 第1話 常識の世界に生きなかったから、長生きできた 第2話 苦労なんかしてないわね。したいこと、してるだけ 第3話 人間としてやることはもう全部やっちゃったみたい 第4話 人生というものをトシで決めたことはない 第5話 "美"とは、相反する両極を持つこと。そこに一切がある 第6話 人生の予測は立てられない。すべてなりゆきまかせ
◇その日の墨 篠田桃紅著 河出書房新社 2014.12 251p 15cm 〈河出文庫 し21-1〉 840円 ①978-4-309-41335-8 Ⓝ728
内容 かりのすみか―君看よ雙眼色 朱華―柿の実 二藍―日蝕の電話 雪―兆し 墨―すみのいろ 拾―ものの味 古日―時間

篠原 有司男〔1933〜〕しのはら・うしお
◇篠原有司男オーラル・ヒストリー 篠原有司男述、池上裕子, 富井玲子インタヴュアー 〔出版地不明〕 日本美術オーラル・ヒストリー・アーカイヴ 2015.3 102p 30cm 〈他言語標題:Oral history interview with Shinohara Ushio ホルダー入〉 Ⓝ723.1

篠原 信一〔1973〜〕しのはら・しんいち
◇規格外 篠原信一著 幻冬舎 2015.10 196p 19cm 1300円 ①978-4-344-02843-2 Ⓝ789.2
内容 第1章 はみ出し柔道人生(決勝前、タバコを1本吸っていたら 砕け散ったガッツポーズ ほか) 第2章 ガサツで下世話でやかましい人間でも愛されてしまう方法(ジャニーズ入れたんちゃうかなと思う人にされたことは覚えておけ、自分のしたことは忘れてよし ほか) 第3章 天才を目指さない。人を羨ましがらない(誰かのために頑張ると負ける 天才って、目指すものではないでしょ? ほか) 第4章 愛情とか確認しなくて大丈夫(わざわざ確認せんでもええやん 「年頃」にびくびくしない ほか)

篠原 助市〔1876〜1957〕しのはら・すけいち
◇日本教育学の系譜―吉田熊次・篠原助市・長田新・森昭 小笠原道雄, 田中毎実, 森昭尚人, 矢野智司著 勁草書房 2014.8 408,18p 22cm 〈年表あり 索引あり〉 4600円 ①978-4-326-25098-1 Ⓝ371.21
内容 戦後教育学の来歴を語り継ぐために 第1章 若き日の吉田熊次―社会的教育学と国民道徳論と(吉田熊次のヒストリオグラフィー 学校との出会い―生い立ち ほか) 第2章 京都学派としての篠原助市―「自覚の教育学」の誕生と変容(日本の教育学の失われた環 「新カント学派」としての西田幾多郎 ほか) 第3章 長田新の教育学―教育学形成の荒野のなかで(長田新教育学の前提 長田新の教育学 ほか) 第4章 森昭における教育的公共性から世代継承的公共性へ(啓蒙と自律、臨床化と公共性 著作を読む(1)―『教育人間学』へ ほか)

篠原 保司〔1920〜1945〕しのはら・やすし
◇沖縄一中鉄血勤皇隊―学徒の盾となった隊長篠原保司 田村洋三著 潮書房光人社 2015.9 449p 16cm 〈光人社NF文庫 たN-907〉〈光人社 2010年刊の再刊 文献あり〉 900円 ①978-4-7698-2907-2 Ⓝ210.75
内容 地獄の戦火の中でも 憧れの青年将校 サシバの渡りと "10・10空襲" 一中壕を掘る 学び舎を覆う戦雲 養秀寮寮監 熊本のアスリート 揺れた学徒動員構想 見通していた敗戦 鉄血勤皇隊隊長 "鉄の暴風"と米軍上陸 惨めな戦場生活 手づくりの墓標 情けの除隊命令 相次ぐ犠牲に苛立つ 本部、保栄茂へ撤退 首里復帰を拒否 郷土部隊かく戦えり 当てどなき戦場彷徨 島尻に死すそれぞ

れの地獄　戦没者墓苑に眠る

篠宮 龍三〔1976～〕　しのみや・りゅうぞう
◇素潜り世界――人体の限界に挑む　篠宮龍三著　光文社　2014.7　238p　18cm　（光文社新書 706）　820円　Ⓘ978-4-334-03810-6　Ⓝ785.23
内容　第1章 フリーダイビングとは？（競技人口は一体どれくらい？　深海は最後のフロンティア ほか）　第2章 アンダーウォーター～グラン・ブルーの世界（「自分」は「自然の一部分」　月の満ち欠けに従って行動 ほか）　第3章 フリーダイバーはつらいよ（当初はすべて手探りだった　食事は"本物"を摂るほか）　第4章 暗黒の2年間――ブラックアウトと友人の死（日本記録を打ち立て有頂天に　敬意を忘れ、剥き出しになったエゴ ほか）　第5章 それでも世界一の深みを目ざす（日本人の強みは忍耐力　「心」に始まり「心」に戻る ほか）

司馬 懿〔179～251〕　しば・い
◇「三国志」の世界　孔明と仲達　狩野直禎著　新訂版　清水書院　2017.3　255p　19cm　（新・人と歴史拡大版 02）〈文献あり　年譜あり　索引あり〉　1800円　Ⓘ978-4-389-44102-9　Ⓝ222.043
内容　1 臥竜（三人の英雄　曹操、頭角をあらわす　三顧の礼）　2 荊州より益州へ（曹操の荊州占領　赤壁の戦い　劉備の益州占領　劉備、荊州を失う）　3 孔明、丞相となる（魏の建国と劉備の死　西南夷と魏の動向）　4 大業ならず（出師の表　北征三たび成功せず）　5 孔明の死と仲達の栄達（五丈原　実力者、仲達　浮華の徒　クーデタ　むすび）

司馬 光〔1019～1086〕　しば・こう
◇よき人々の系譜　阿部祐太著　阿部出版　2015.1　413p　20cm　〈文献あり〉　2000円　Ⓘ978-4-87242-326-6　Ⓝ280
内容　第1章 無限の未知を受け入れる（司馬光「誠実な者こそ正しく勇ましい」　ディドロ「学問の目的は、真理を知る喜びにある」　シュンペーター「人間的な営みの積み重ねが社会の向上をもたらす」）　第2章 語りえぬもの、見えぬものに本質がある（マティス「目に見えない真理を描く」　世阿弥「魂に沿うことで人は喜び感動する」　シュレンマー「有限な身体と無限の意識は表裏一体」）　第3章 生かされて生きていることの自覚（道元「無常の中で常なるものを知る」　ヤスパース「幸せに生きることは、幸せに死ぬこと」　ブランクーシ「無私が大いなる力を引き寄せる」）　第4章 自然と自分のつながりを再認識する（トルストイ「幸福とは自然と共にあること」　ナポレオン「人間は自然界に生かされる弱き者である」　ヴェルヌ「科学は万能ではない」）　第5章 人生の行方は自分で決める（勝海舟「経験が自分を育てる」　サン＝テグジュペリ「真理も幸福も自分の内より創造する　ミレー「現実はすべて崇高なり」）

司馬 江漢〔1747～1818〕　しば・こうかん
◇江戸の科学者――西洋に挑んだ異才列伝　新戸雅章著　平凡社　2018.4　251p　18cm　（平凡社新書 875）〈文献あり〉　820円　Ⓘ978-4-582-85875-4　Ⓝ402.8
内容　第1章 究理の学へ（高橋至時――伊能忠敬を育てた「近代天文学の星」　志筑忠雄――西洋近代科学に初めて対した孤高のニュートン学者 ほか）　第2章 江戸科学のスーパースター（関孝和――江戸の数学を世界レベルにした天才　平賀源内――産業技術社会を先取りした自由人 ほか）　第3章 過渡期の異才たち――（司馬江漢――西洋絵画から近代を覗いた多才の人　国友一貫斎――反射望遠鏡をつくった鉄砲鍛冶）　第4章 明治科学をつくった人々（緒方洪庵――医は仁術を実践した名教育者　田中久重――近代技術を開いた江戸の「からくり魂」 ほか）
◇司馬江漢――「江戸のダ・ヴィンチ」の型破り人生　池内了著　集英社　2018.10　317p　18cm　（集英社新書 0951）〈文献あり　著作目録あり　年譜あり〉　940円　Ⓘ978-4-08-721051-4　Ⓝ723.1
内容　司馬江漢略年譜　著作一覧　第1章 絵の道に入るまで　第2章 町絵師江漢の誕生と成長　第3章 旅絵師江漢　第4章 窮理師江漢　第5章 地動説から宇宙論へ　第6章 こうまんうそ八　第7章 退隠・偽年・偽死　第8章 不言・無言・桃言

柴 五郎〔1859～1945〕　しば・ごろう
◇ある明治人の記録――会津人柴五郎の遺書　石光真人編著　改版　中央公論新社　2017.12　182p　18cm　（中公新書 252）〈年譜あり〉　700円　Ⓘ978-4-12-180252-1　Ⓝ289.1
内容　第1部 柴五郎の遺書（血涙の辞　故郷の山河　悲劇の発端　憤激の城下　散華の布陣 ほか）　第2部 柴五郎翁とその時代（遺書との出会い　流涕の回顧　翁の中国観　会津人の気質　痛恨の永眠）
◇明治の兄弟――柴太一郎、東海散士柴四朗、柴五郎　中井けやき著　増補版　文芸社　2018.10　612p　19cm　〈文献あり　年譜あり　索引あり〉　1900円　Ⓘ978-4-286-20061-3　Ⓝ281

柴 四朗〔1852～1922〕　しば・しろう
◇明治の兄弟――柴太一郎、東海散士柴四朗、柴五郎　中井けやき著　増補版　文芸社　2018.10　612p　19cm　〈文献あり　年譜あり　索引あり〉　1900円　Ⓘ978-4-286-20061-3　Ⓝ281

芝 祐靖〔1935～〕　しば・すけやす
◇伶倫楽遊――芝祐靖と雅楽の現代　寺内直子編著　アルテスパブリッシング　2017.12　263,9p　19cm　〈文献あり　作品目録あり　年譜あり　索引あり〉　2200円　Ⓘ978-4-86559-173-6　Ⓝ768.2

司馬 遷〔前145～前86〕　しば・せん
◇老子　高橋進著　新装版　清水書院　2015.9　204p　19cm　（Century Books――人と思想 1）〈文献あり　索引あり〉　1000円　Ⓘ978-4-389-42001-7　Ⓝ124.22
内容　1 老子と『老子』書（概説　漢代の学問　司馬遷父子の思想と生涯　『史記』の老子伝　『史記』老子伝の問題点　老子および『老子』書をどうみるか）　2 『老子』書の背景（春秋・戦国時代　百花斉放、百家争鳴）　3 老子の思想（哲学の意義　道について　徳について　聖人の徳　治政――聖王の治　もとに帰る）
◇司馬遷と『史記』の成立　大島利一著　清水書院　2017.8　207p　19cm　（新・人と歴史拡大

版 19)〈1984年刊を表記や仮名遣い等一部を改めて再刊　文献あり　年譜あり　索引あり〉 1800円　Ⓘ978-4-389-44119-7　Ⓝ289.2

内容　1 ひとつの青春（龍門の人　勉学時代）　2 天下漫遊（古跡を訪ねて　古代文化の源流　つわものどもが夢のあと）　3 権力の世界（官僚への道　武帝の積極政策　官僚政治　随行と使出）　4 歴史家の誕生（父の遺言　『史記』の執筆　李陵の禍）　5 憤りを発して（中書令となる　漢民族の通史　晩年）

◇史記〔列伝〕　5　青木五郎著, 向嶋亜由美編　明治書院　2017.9　162p　18cm　（新書漢文大系 38）　1000円　Ⓘ978-4-625-66429-8　Ⓝ222.03

内容　儒林列伝　酷吏列伝　大宛列伝　游侠列伝　佞幸列伝　滑稽列伝　日者列伝　亀策列伝　貨殖列伝　太史公自序

柴 太一郎〔1839～1923〕　しば・たいちろう

◇明治の兄弟―柴太一郎、東海散士柴四朗、柴五郎　中井けやき著　増補版　文芸社　2018.10　612p　19cm　〈文献あり　年譜あり　索引あり〉　1900円　Ⓘ978-4-286-20061-3　Ⓝ281

司馬 談〔?～前110?〕　しば・たん

◇老子　高橋進著　新装版　清水書院　2015.9　204p　19cm　（Century Books―人と思想 1）〈文献あり　索引あり〉　1000円　Ⓘ978-4-389-42001-7　Ⓝ124.22

内容　1 老子と『老子』書（概説　漢代の学問　司馬遷父子の思想と生涯　『史記』老子伝の問題点　老子および『老子』書をどうみるか）　2 『老子』書の背景（春秋・戦国時代　百花斉放、百家争鳴）　3 老子の思想（哲学の意義　道について　徳について　聖人の徳　治政―聖王の治　もとに帰す）

芝 寛〔1914～2010〕　しば・ひろし

◇芝寛　ある時代の上海・東京―東亜同文書院と企画院事件　志真斗美恵著　績文堂出版　2015.6　227p　20cm　〈年譜あり〉　1800円　Ⓘ978-4-88116-139-5　Ⓝ289.1

内容　第1部 青春の上海・たたかいの東京（上海―東亜同文書院時代　東京―京浜労働者グループと企画院事件）　第2部 芝寛遺稿　豊多摩刑務所の伊藤律（スパイとは　スパイもしくは当局への協力者とは？　伊藤律と宮下との出会い―第一の時代　伊藤律の与えたもの―第二の時代　伊藤律の獲得したもの―第三の時代　重要な情報提供者の役割）

芝 三光〔1928～1999〕　しば・みつあきら

◇江戸しぐさの正体―教育をむしばむ偽りの伝統　原田実著　星海社　2014.8　222p　18cm　（星海社新書 52）〈文献あり　発売：講談社〉　820円　Ⓘ978-4-06-138555-9　Ⓝ371.6

内容　はじめに　「江戸しぐさ」を読み解く三つの視点　第1章「江戸しぐさ」を概観する　第2章 検証「江戸しぐさ」―パラレルワールドの中の「江戸」　第3章「江戸しぐさ」の展開―越川禮子と桐山勝　第4章「江戸しぐさ」の誕生―創始者・芝三光と反骨の生涯　第5章 オカルトとしての「江戸しぐさ」―偽史が教育をむしばむ　第6章「江戸しぐさ」教育を弾劾する―歴史教育、そして歴史学の敗北　おわりに　「江戸しぐさ」は最後の歴史捏造ではない

斯波 義淳〔?～1433〕　しば・よしあつ

◇管領斯波氏　木下聡編著　戎光祥出版　2015.2　421p　21cm　（シリーズ・室町幕府の研究 1）　6500円　Ⓘ978-4-86403-146-2　Ⓝ288.2

内容　総論 斯波氏の動向と系譜　第1部 斯波義将の時代　第2部 斯波義重・義淳の時代　第3部 斯波義敏・義寛の時代　第4部 戦国期の斯波氏　第5部 斯波氏関係史料

志波 惠子〔1930～〕　しば・よしこ

◇花万華―恵子八十余年の記　志波惠子著　〔寒川町（神奈川県）〕　〔志波惠子〕　2015.3　125p　21cm　Ⓝ289.1

斯波 義重〔1371～1418〕　しば・よししげ

◇管領斯波氏　木下聡編著　戎光祥出版　2015.2　421p　21cm　（シリーズ・室町幕府の研究 1）　6500円　Ⓘ978-4-86403-146-2　Ⓝ288.2

内容　総論 斯波氏の動向と系譜　第1部 斯波義将の時代　第2部 斯波義重・義淳の時代　第3部 斯波義敏・義寛の時代　第4部 戦国期の斯波氏　第5部 斯波氏関係史料

斯波 義良　しば・よしすけ
⇒斯波義寛（しば・よしひろ）を見よ

斯波 義敏〔?～1508〕　しば・よしとし

◇管領斯波氏　木下聡編著　戎光祥出版　2015.2　421p　21cm　（シリーズ・室町幕府の研究 1）　6500円　Ⓘ978-4-86403-146-2　Ⓝ288.2

内容　総論 斯波氏の動向と系譜　第1部 斯波義将の時代　第2部 斯波義重・義淳の時代　第3部 斯波義敏・義寛の時代　第4部 戦国期の斯波氏　第5部 斯波氏関係史料

斯波 義寛〔1457～1513〕　しば・よしひろ

◇管領斯波氏　木下聡編著　戎光祥出版　2015.2　421p　21cm　（シリーズ・室町幕府の研究 1）　6500円　Ⓘ978-4-86403-146-2　Ⓝ288.2

内容　総論 斯波氏の動向と系譜　第1部 斯波義将の時代　第2部 斯波義重・義淳の時代　第3部 斯波義敏・義寛の時代　第4部 戦国期の斯波氏　第5部 斯波氏関係史料

斯波 義将〔1350～1410〕　しば・よしまさ

◇管領斯波氏　木下聡編著　戎光祥出版　2015.2　421p　21cm　（シリーズ・室町幕府の研究 1）　6500円　Ⓘ978-4-86403-146-2　Ⓝ288.2

内容　総論 斯波氏の動向と系譜　第1部 斯波義将の時代　第2部 斯波義重・義淳の時代　第3部 斯波義敏・義寛の時代　第4部 戦国期の斯波氏　第5部 斯波氏関係史料

司馬 遼太郎〔1923～1996〕　しば・りょうたろう

◇司馬遼太郎　司馬遼太郎著, 司馬遼太郎記念財団企画編集　改訂　東大阪　司馬遼太郎記念財団　2015.10（第3刷）　116p　22×24cm　Ⓝ910.268

◇司馬さん、みつけました。　山野博史著　大阪　和泉書院　2018.4　202p　20cm　2000円

Ⓘ978-4-7576-0874-0　Ⓝ910.268

内容 司馬さん、みつけました。(主人公の名は電話帳から「原作者のことば」完全版　竜馬と全学連の架空会見　ほか)　司馬遼太郎短篇筆暦(作家司馬遼太郎誕生のころ　直木賞を受賞するまで　『梟の城』で直木賞受賞のころ　ほか)　司馬さんの風景(『街道をゆく』の旅立ちまで　三島由紀夫との淡い交流　明石海峡往来に胸躍らせる　ほか)　司馬遼太郎

◇司馬遼太郎がゆく　半藤一利,山折哲雄,童門冬二 ほか著　小学館　2018.6　285p　15cm　(小学館文庫プレジデントセレクト　Pは1-1)　〈愛蔵版　プレジデント社　2001年刊の改稿〉　750円　Ⓘ978-4-09-470022-0　Ⓝ910.268

内容 第1章 日本人の心には「天然の無常」が宿っている―司馬遼太郎vs山折哲雄　第2章 あの人は本当に命懸けでやっていた　第3章 「坂の上の雲」と日本人　第4章 司馬作品の魅力　第5章 司馬遼太郎の勉強法　第6章 司馬遼太郎を旅する　第7章 司馬遼太郎記念館に託した「想い」

柴家　茂〔1925～〕　しばいえ・しげる

◇一人の父親が息子の為に書いた自分史―付録:65年昔の手紙　柴家茂著,柴家嘉明編　東京図書出版　2016.9　176p　20cm　〈他言語標題:A father's life written for his sons　発売:リフレ出版〉　1200円　Ⓘ978-4-86223-980-8　Ⓝ289.1

内容 出生・生い立ち及び幼年期　小学校時代　工業学校時代　日立鉱山勤務時代　陸軍士官学校時代　大工、百姓時代　第五高等学校時代　大学時代　壮年及び熟年時代　老年時代　付録

柴崎　岳〔1992～〕　しばさき・がく

◇壁を越えろ―走り続ける才能たち　安藤隆人著　実業之日本社　2017.8　210p　19cm　1500円　Ⓘ978-4-408-33719-7　Ⓝ783.47

内容 プロローグ 日本を代表する原石　第1章 苦悩する者たち―小林祐希/柴崎岳(テクニックを磨くことだけ考えた　本田圭佑を彷彿とさせる生き方　ほか)　第2章 出会うべく運命だった二人の男―昌子源/植田直通(日本代表センターバックの未来図　挫折から這い上がる姿　ほか)　第3章 日本を救う男たち―浅野拓磨/南野拓実(恩師との出会い　ストライカーとしての覚醒　ほか)　第4章 ネクスト世代の躍動―堂安律(新世代の若き日本代表　ブレイクスルー)　エピローグ 走り続けるサッカー人生

◇アホが勝ち組、利口は負け組―サッカー日本代表進化論　清水英斗著　秋田書店　2018.6　190p　19cm　1300円　Ⓘ978-4-253-10106-6　Ⓝ783.47

内容 日本代表進化論 理想は進化、現実は退化　日本代表進化論 選手編(原口元気―モノクロームの元気　岡崎慎司―アホの岡崎　遠藤航―がんばれ!ニッポンの父!　宇佐美貴史―「行ってるやん」の絶壁　吉田麻也―"大ボカ"の汚名を返上せよ!　柏木陽介―だって、人間だもの。　長谷部誠―キレっ早のキャプテン　長友佑都―左を制する者は、世界を制す!　柴崎岳―キャノンシュートの秘密は、弓槙野智章―カネでは買えない男!　ほか)

芝田　暁〔1965～〕　しばた・あきら

◇共犯者―編集者のたくらみ　芝田暁著　駒草出版株式会社ダンク出版事業部　2018.11　323p　20cm　〈文献あり〉　1800円　Ⓘ978-4-909646-04-0　Ⓝ021.4

内容 序章 激震　第1章 梁石日と出会う　第2章 『血と骨』誕生　第3章 『夜を賭けて』映画化　第4章 『血と骨』映画化　第5章 写真俳句の発見　終章 退場

柴田　勝家〔1522～1583〕　しばた・かついえ

◇柴田勝家と支えた武将たち　小野之裕著　名古屋 ゆいぽおと　2018.1　102p　19cm　〈奥付のタイトル(誤植):柴田勝家と支えた武将　発売:KTC中央出版〉　1000円　Ⓘ978-4-87758-469-6　Ⓝ289.1

内容 第1章 柴田勝家の足跡を追って(敵対から家臣に　「瓶割り柴田」のエピソード　北庄城の城主に ほか)　第2章 勝家を支えた武将たち(佐久間盛政　柴田勝政　毛受家照　柴田勝豊)　第3章 ゆかりの地探訪(下社城、末森城　清洲城　賎ケ岳古戦場　ほか)

柴田　勝頼〔1979～〕　しばた・かつより

◇同級生―魂のプロレス青春録　後藤洋央紀,柴田勝頼著　辰巳出版　2014.12　255p　19cm　(G SPIRITS BOOK Vol.4)〈年表あり〉　1400円　Ⓘ978-4-7778-1317-9　Ⓝ788.2

内容 第1章 生い立ち　第2章 中学時代　第3章 高校時代　第4章 それぞれの道　第5章 再会　第6章 迷走　第7章 荒武者誕生　第8章 転機　第9章 青春 後藤洋央紀/柴田勝頼年表

柴田　喜八〔1931～〕　しばた・きはち

◇七回目の未歳を迎えて―身障者ながら現役は続く　柴田喜八著　〔調子府町〕（北海道）〕　柴田喜八　2015.1　63p　30cm　Ⓝ289.1

◇長くて短かい八十五年を顧みて　柴田喜八著　調子府町（北海道）　柴田喜八　2017.1　72p　30cm　〈奥付のタイトル:長くて短い八十五年を顧みて〉　Ⓝ289.1

柴田　敬〔1902～1986〕　しばた・けい

◇柴田敬―資本主義の超克を目指して　牧野邦昭著　日本経済評論社　2015.3　234p　20cm　(評伝日本の経済思想)〈文献あり　年譜あり　索引あり〉　2500円　Ⓘ978-4-8188-2373-0　Ⓝ331.21

内容 第1章 講師になるまで　第2章 簡単化されたワルラス方程式　第3章 貨幣と景気循環　第4章 シュンペーターとケインズ　第5章 戦争の中で　第6章 壊禍の法則　第7章 政治と学問との間で

柴田　紗希〔1991～〕　しばた・さき

◇柴田紗希　柴田紗希著　学研プラス　2017.4　109p　21cm　1300円　Ⓘ978-4-05-406547-5　Ⓝ289.1

内容 World―柴田紗希の住む世界　Fashion―人生を変えてくれたもの　Seasons―季節で変わる心と服　IMAGINATION―誰かを想って選ぶ服　Technique―"しばさき流"の極意　Morning―朝の小さなハッピーは大きなハッピー　Room―好きを詰め込んだ小さな城　Holiday―休日はインプットの時間　Work―全力で走り続ける　Culture―無心にな

柴田 信〔1930～2016〕　しばた・しん
◇口笛を吹きながら本を売る―柴田信、最終授業　石橋毅史著　晶文社　2015.4　211p　20cm　1600円　Ⓘ978-4-7949-6877-7　Ⓝ024.1
＊85歳の今も岩波ブックセンターの代表として、神保町の顔として、日々本と向きあっている柴田さん。柴田さんの書店人生を辿ると、本屋と出版社が歩んできた道のり、本屋の未来を考える礎、これからの小商いの在りかたが見えてくる……。1965年4月、芳林堂書店に入社以来50年、書店の現場から〈本・人・街〉を見つめつづける名翁に、『本屋』は死なない』の石橋毅史が3年にわたり密着した渾身書きろし。

柴田 大輔　しばた・だいすけ
⇒工藤明男（くどう・あきお）を見よ

柴田 天馬〔1872～1963〕　しばた・てんま
◇シナに魅せられた人々―シナ通列伝　相ույ洋著　研文出版（山本書店出版部）　2014.11　354p　20cm　（研文選書 123）　3000円　Ⓘ978-4-87636-388-9　Ⓝ222
内容　1 タフで骨太な民間シナ学研究家・後藤朝太郎（シナ服・シナ帽で市中を歩き回る男　少壮気鋭の言語学者・後藤朝太郎 ほか）　2 芥川龍之介を食傷させたシナ風物研究家・中野江漢（北京の風物狂・中野江漢　青雲の志を抱いて、シナに渡る ほか）　3 魯迅に嫌われたシナ民衆文化研究家・井上紅梅（シナ五大道楽の案内人・井上紅梅　謎の前半期からシナに渡るまで ほか）　4 芥川龍之介を驚嘆させた稀代の戯迷（同劇狂）・辻聴花（龍之介、その「怪声」に驚く　教育雑誌記者・辻聴花 ほか）　5 シナ怪異譚『聊斎志異』に魅せられた二人の聊斎癖・柴田天馬、平井雅尾（『聊斎志異』に魅せられた「聊斎癖」　「聊斎癖」以前の柴田天馬 ほか）

柴田 智子　しばた・ともこ
◇年齢を重ねるほど幸せになる生き方―Not anti-aging,but fun-aging　柴田智子著　主婦の友社　2017.1　191p　19cm　1300円　Ⓘ978-4-07-419963-1　Ⓝ762.1
内容　1 挫折だらけの人生。でも、回り道した分、幸せが待っていた（2001年9月11日、私は米同時多発テロの現場にいた　テロに遭遇して呼吸ができなくなり、パニック障害にも ほか）　2 幸せを呼び込むマインドトレーニング法（クリエイティブに生きる人に依存しないで、自分で判断するほか）　3 これからの人生が素敵に変わる生活術（50歳から生活リズムを変える　食生活がなにより大切。体にいいものを食べよう ほか）　4 歌うことは最大のファン・エイジング！40歳からは歌が助けてくれる（歌はメンタルにも驚くほどの効果が！　幸せホルモンが増え、脳も活性化。　歌うことは体の中から若くしてくれるフィジカルトレーニング ほか）

柴田 直人〔1958～〕　しばた・なおと
◇柴田直人自伝　柴田直人著　シンコーミュージック・エンタテイメント　2018.7　303p　19cm　（BURRN！叢書 20）〈他言語標題：NAOTO SHIBATA THE AUTOBIOGRAPHY〉　1852円　Ⓘ978-4-401-64638-8　Ⓝ764.7
内容　第1章 アンセム前史　第2章 運命の出会い　第3章 栄光から解散へ　第4章 再出発

柴田 花子〔1933～〕　しばた・はなこ
◇犠牲という名の宝物　柴田花子著　文芸社　2015.6　44p　20cm　900円　Ⓘ978-4-286-16290-4　Ⓝ289.1

柴田 昌治〔1937～〕　しばた・まさはる
◇私の履歴書―think positive　柴田昌治著　日本経済新聞出版社日経事業出版センター　2018.2　199p　20cm　Ⓝ289.1

柴田 元幸〔1954～〕　しばた・もとゆき
◇ケンブリッジ・サーカス　柴田元幸著　新潮社　2018.8　270p　16cm　（新潮文庫　し-44-3）〈スイッチ・パブリッシング 2010年刊に「バレンタイン」（新書館 2006年刊）から9編を追加〉　520円　Ⓘ978-4-10-127932-9　Ⓝ915.6
内容　1 六郷育ち―東京　2 僕とヒッチハイクと猿―ロンドン・リバプール　3 ポール・オースターの街―ニューヨーク　4 妄想間奏曲1―脳内　5 兄とスモールタウン―オレゴン　6 スチュアート・ダイベックと京浜工業地帯を歩く―東京　7 妄想間奏曲2―脳内　8 東大・本郷キャンパス迷走中―東京

柴田 錬三郎〔1917～1978〕　しばた・れんざぶろう
◇色いろ花骨牌　黒鉄ヒロシ著　小学館　2017.5　267p　15cm　（小学館文庫　く12-1）〈講談社 2004年刊に「萩―生島治郎さん」を加え再刊〉　600円　Ⓘ978-4-09-406158-1　Ⓝ902.68
内容　雨―吉行淳之介さん　月―阿佐田哲也さん　桜―尾上辰之助さん（初代）　松―芦田伸介さん　菊―園山俊二さん　桐―柴田錬三郎さん　牡丹―秋山庄太郎さん　菖蒲―近藤啓太郎さん　萩―生島治郎さん
◇柴田錬三郎の世界　熊代正英、綾目広治編著　岡山　日本文教出版　2017.10　156p　15cm　（岡山文庫 308）〈文献あり〉　900円　Ⓘ978-4-8212-5308-1　Ⓝ910.268
内容　無頼の青春（熊代正英）（錬三郎の肖像　少年時代　中学時代　大学時代　初の長編小説執筆　錬三郎入隊　生死の狭間、漂流体験　東京で奮闘）　柴田錬三郎の文学（綾目広治）（戦前の短編小説　戦後の短編小説　長編時代小説と『図々しい奴』『眠狂四郎』シリーズ　『決闘者宮本武蔵』　その後の時代小説と柴錬版『三国志』）

柴野 栗山〔1736～1807〕　しばの・りつざん
◇江戸詩人評伝集―詩誌『雅友』抄　1　今関天彭著、揖斐高編　平凡社　2015.9　473p　18cm　（東洋文庫 863）〈布装〉　3200円　Ⓘ978-4-582-80863-6　Ⓝ919.5
内容　新井白石　室鳩巣　梁田蛻巌　祇園南海　六如上人　柴野栗山　頼春水　尾藤二洲　菅茶山　市河寛斎　古賀精里　頼杏坪　柏木如亭　大窪詩仏　菊池五山　宮沢雲山　広瀬淡窓　古賀侗庵

柴原 公夫〔1933～〕　しばはら・いさお
◇棲息の跡　柴原公夫著　〔大津〕　〔柴原公夫〕

2016.11　245p　19cm　非売品　Ⓝ289.1

柴山　元昭　しばやま・げんしょう
⇒売茶翁（ばいさおう）を見よ

芝山　監物〔安土桃山時代〕　しばやま・けんもつ
◇利休と戦国武将—十五人の「利休七哲」　加来耕三著　京都　淡交社　2018.4　239p　19cm　1300円　Ⓘ978-4-473-04246-0　Ⓝ791.2
[内容]第1章 "七哲"の筆頭 蒲生氏郷　第2章 教養が生き残りの秘訣 細川三斎　第3章 信仰と茶の湯 高山右近・前田利長　第4章 悲運の茶人 瀬田掃部・豊臣秀次・木村常陸介　第5章 何処までも不可解な数寄者 荒木村重・芝山監物　第6章 滑稽味あふれるお人好し 織田常真・牧村兵部・佐久間不干斎　第7章 時代の転換期に出現 古田織部　第8章 自分の分限を知っていた 織田有楽・有馬玄番

芝山　孝〔1953～〕　しばやま・たかし
◇ありがとよ築地—魚河岸と生きた四十年　芝山孝著　廣済堂出版　2015.8　204p　19cm　〈文献あり〉　1400円　Ⓘ978-4-331-51954-7　Ⓝ675.5
[内容]第1章 私と築地（築地魚市場はこんな所　初めての築地 ほか）　第2章 おじいさんと築地（全ては芝山専蔵から始まった　日本橋の魚市場はこんなところだった ほか）　第3章 築地を離れて（芝専をくびになる　京都へ行く ほか）　第4章 神勝時代（神勝入社　結婚して家族を持つ ほか）　第5章 芝専とともに生きる（芝専に戻る　自分にできる仕事は何か ほか）

柴山　文夫〔1941～〕　しばやま・ふみお
◇経営の座標軸　柴山文夫著　致知出版社　2017.8　200p　20cm　1400円　Ⓘ978-4-8009-1155-1　Ⓝ335.13
[内容]第1章 志を高く掲げて（志は心の方向を示している　志の持続こそが最も大切なこと ほか）　第2章 リーダーの条件、リーダーの仕事（リーダーに欠かせない七つの武器　リーダーが直すべき二十の悪い癖 ほか）　第3章 わが師、稲盛和夫さんから学んだこと（経営理念なき企業は生き残れない　稲盛和夫さんから教わった経営者の十の心構え ほか）　第4章 経営者のための幸福論（アンチエイジング企業の秘密　この瞬間をどう思うか ほか）　第5章 心を高める知的冒険の実践（率先垂範の経営～「俺は、中小企業のおやじ』を読んで　「肉体上の耐久力」を試す旅～アルゼンチン・チリ・パタゴニア紀行 ほか）

渋川　玄耳〔1872～1926〕　しぶかわ・げんじ
◇玄耳と東京法学院の時代　岡村惇著　八王子　中央大学出版部　2014.5　214p　19cm　〈文献あり〉　2000円　Ⓘ978-4-8057-6184-7　Ⓝ289.1
[内容]第1章 人材の驥北・花の都へ（玄耳の上京　時代の変革期 ほか）　第2章 「国制知」の姿（当時の学校　五大法律学校と卒業生の資格の変遷 ほか）　第3章 東京法学院の時代（英吉利法律学校から東京法学院へ—三学院連合構想　入学試験 ほか）　第4章 熊本の時代（六ံ団法官部理事試補任官　漱石訪問 ほか）　第5章 ジャーナリスト玄耳（「東京朝日」社会部長　文学者達との交わり ほか）

渋川　春海〔1639～1715〕　しぶかわ・はるみ
◇澁川春海と谷重遠—双星煌論　志水義夫著　新典社　2015.3　191p　19cm　（新典社選書 70）〈索引あり〉　1400円　Ⓘ978-4-7879-6820-3　Ⓝ289.1
[内容]1 谷重遠と澁川春海　2 澁川春海の学問　3 谷重遠、東遊　4 新蘆面命　5 瓊矛拾遺　6 江戸の休日　7 江戸を離れて
◇渋川春海—失われた暦を求めて　林淳著　山川出版社　2018.11　95p　21cm　（日本史リブレット人 050）〈文献あり 年譜あり〉　800円　Ⓘ978-4-634-54850-3　Ⓝ289.1
[内容]1 暦と改暦　2 渋川春海と保科正之　3 改暦までの道のり　4 改暦の社会的影響　5 春海と土御門泰福の交流

渋沢　栄一〔1840～1931〕　しぶさわ・えいいち
◇若き日の渋沢栄一——事上磨練の人生　新井慎一著　深谷　深谷ててて編集局　2014.5　21cm　（ててて叢書 第1巻）〈年譜あり〉　文献あり〉　926円　Ⓘ978-4-990778-70-5　Ⓝ289.1
◇原典でよむ 渋沢栄一のメッセージ　島田昌和編　岩波書店　2014.7　213p　19cm　（岩波現代全書 039）　2100円　Ⓘ978-4-00-029139-2　Ⓝ289.1
[内容]第1部 会社組織のメッセージ（官尊民卑の打破は合本法で生み出す　殖産興業のための商業金融路線の確立　逃げずに、根気強く、株主総会で共通利害を生み出す　国に頼らず、外資に耐えうる企業体質）　第2部 教育を通じてのメッセージ（若き"キャプテン・オブ・インダストリー"への忠告　私学の雄・早稲田の杜を守り抜く　女子のあるべき姿を求めて　新しい商人は卑屈になるな）　第3部 国際社会へのメッセージ（宗教の根源を求めて—帰一協会のメッセージ　初めての米国訪問　関東大震災への対応—天譴と復興　最後の賭け、青い目の人形交流）　第4部 国家・社会へのメッセージ（社会事業を切り開き、人生の最後まで捧げる　道理正しいビジネス　労使協調といういばらの道を進む）
◇渋沢栄一物語—社会人になる前に一度は触れたい論語と算盤勘定　田中直隆著　三冬社　2014.7　220p　20cm　〈文献あり 年譜あり〉　1500円　Ⓘ978-4-904022-85-6　Ⓝ289.1
◇記憶と記録のなかの渋沢栄一　平井雄一郎, 高田知和編　法政大学出版局　2014.8　341p　22cm　〈索引あり〉　5000円　Ⓘ978-4-588-32705-6　Ⓝ289.1
[内容]第1部「渋沢栄一その人」から「渋沢栄一像」へ（渋沢敬三による渋沢栄一の顕彰—方法的な側面から　近代日本における「実業」の位相—渋沢栄一を中心に　郷里からみた渋沢栄一—歴史と地域社会の一側面）　第2部「渋沢栄一像」、その生成・展開・変遷（銅像・置物　二人の渋沢栄一—銅像からのキャラまで　*肖像写真・肖像画 渋沢栄一、流通する肖像　*伝記・歴史小説 渋沢栄一の「事実／真実」から「存在の証」へ　新聞・雑誌・ネット イメージの収奪と拡散—多様化するメディアと渋沢像）　第3部 渋沢栄一をめぐるアーカイブズの過去・現在・未来（ブリコルールへの贈り物ができるまで—『渋沢栄一伝記資料』生成の背景　『渋沢栄一伝記資料』を

しふさわ

紙から解き放つ　渋沢史料館というテクノロジー）

◇澁澤榮一滯佛日記　澁澤榮一著　オンデマンド版　東京大学出版会　2015.1　504p　22cm　（日本史籍協会叢書 126）〈印刷・製本：デジタルパブリッシングサービス〉　12000円　①978-4-13-009426-9　Ⓝ210.5935

内容　航西日記　巴里御在館日記　御巡國目録　英國御巡行日誌

◇渋沢栄一に学ぶ「論語と算盤」の経営　田中宏司，水尾順一，蟻生俊夫編著　同友館　2016.5　257p　20cm　〈文献あり　年譜あり〉　1800円　①978-4-496-05197-5　Ⓝ335

内容　1 渋沢栄一の生き方に学ぶ（人間「渋沢栄一」の素顔とこころざし　渋沢栄一の学問的基礎　渋沢栄一と職業倫理　渋沢栄一の教育イノベーション　渋沢栄一とコーポレート・ガバナンス　渋沢栄一と社会貢献活動　渋沢栄一と神宮創建・永遠の杜　ドラッカーが見た渋沢栄一の魅力）　2 渋沢栄一の実践事例に学ぶ（実業が国の本／東京商工会議所　もっともっと東京を明るくしたい／東京ガス　算盤勘定だけではない企業経営／IHI　まちづくりに生きる渋沢栄一の理念／東京急行電鉄　『航西日記』から学ぶアデランス　「道徳経済合一説」から学ぶ味の素　実践で生かす「論語と算盤」の経営―チェックリスト）

◇渋沢栄一とフランクリン―2人の偉人に学ぶビジネスと人生の成功法則　齋藤孝著　致知出版社　2016.5　190p　19cm　〈他言語標題：Eiichi Shibusawa and Franklin　年譜あり〉　1500円　①978-4-8009-1108-7　Ⓝ289.1

内容　第1章　資本主義の父といわれた二人の男　第2章　フランクリンの足跡―アメリカの資本主義の礎を築く　第3章　渋沢栄一の足跡―国家社会の為に此の事業を起こす　第4章　フランクリンの「十三徳」　第5章　渋沢栄一の『論語』　第6章　渋沢栄一とフランクリンから何を学ぶか

◇渋沢栄一と近代中国　周見著，西川博史訳　現代史料出版　2016.10　227p　22cm　〈発売：東出版〉　2800円　①978-4-87785-329-7　Ⓝ333.6

内容　第1章　日本における近代資本主義の父―渋沢栄一　第2章　渋沢栄一の対中経済拡張の活動　第3章　渋沢栄一の対中経済拡張の思想　第4章　渋沢栄一と対中経済拡張の主力軍三井財閥　第5章　渋沢栄一と孫中山（孫文）　第6章　渋沢栄一の中国訪問　第7章　中国への災害救援と慈善活動　第8章　渋沢栄一の『論語』解説　第9章　渋沢栄一研究の回顧と現状

◇渋沢栄一―日本近代の扉を開いた財界リーダー　宮本又郎編著　PHP研究所　2016.11　398p　20cm　（PHP経営叢書―日本の企業家 1）〈年譜あり〉　2200円　①978-4-569-83421-4　Ⓝ289.1

内容　第1部　評伝　私ヲ去リ　公ニ就ク―「公益」追求の先駆者が歩んだ軌跡（渋沢栄一の登場　日本の経済制度づくりに奔走する日々　明治初期の企業家行動―銀行業と製紙業を中心に　多角的な事業展開の光と影　民間事業育成に力を尽くす　実業界の世話役として生きる　完全引退してその後の人生）　第2部　論考　歴史に刻印される企業家の価値―合本主義・財界リーダー・道徳経済合一説（激動の時代に生まれて　商才の芽生え　「合本主義」の唱道と実践　財

界リーダーとしての渋沢栄一　道徳経済合一説　結語）　第3部　人間像に迫る　「渋沢栄一」という行き方―江戸後期から昭和初期まで生きた日本人の実像（曾孫・渋沢雅英氏に訊く　同時代人たちの評価）

◇大奥の女たちの明治維新―幕臣、豪商、大名―敗者のその後　安藤優一郎著　朝日新聞出版　2017.2　231p　18cm　（朝日新書 605）〈文献あり〉　760円　①978-4-02-273705-2　Ⓝ210.61

内容　第1章　篤姫が住んだ大奥とはどんな世界だったのか（1.男子禁制・大奥の実像と虚像　2.大奥を去った御台所・篤姫の戦い　3.師匠になった奥女中たち）　第2章　失業した三万余の幕臣はどうなったのか（1.静岡藩で塗炭の苦しみを味わう幕臣たち　2.旗本だった福沢諭吉の華麗なる転身　3.明治政府にヘッドハンティングされた渋沢栄一）　第3章　将軍家御典医・桂川家の娘が歩んだ数奇な運命　第4章　日本最初の帰国子女、津田梅子の奮戦　第5章　東京に転居した大名とその妻はどうなったのか　第6章　東京の街は、牧場と桑畑だらけになった　第7章　江戸を支えた商人や町人はどうなったのか

◇名銀行家（バンカー）列伝―社会を支えた"公器"の系譜　北康利著　新装版　金融財政事情研究会　2017.5　207p　20cm　〈初版：中央公論新社 2012年刊　文献あり　発売：きんざい〉　1500円　①978-4-322-13081-2　Ⓝ338.28

内容　第1章　わが国近代資本主義の父　渋沢栄一　第一国立銀行―世界に向けて発信したい"論語と算盤"の精神　第2章　銀行のことは安田に聞け！　安田善次郎　安田銀行―史上最強の銀行主に学ぶ堅忍と陰徳の精神　第3章　三井中興の祖　中上川彦次郎　三井銀行―銀行界の青年期を思わせる爽やかでダイナミックな名バンカー　第4章　国家を支え続けた銀行家　池田成彬　三井銀行―白洲次郎が「おっかなかった」と語った迫力ある人生に迫る　第5章　政府系金融機関の範を示した名総裁　小林中　日本開発銀行―"影の財務総理"の功を誇らない生き方　第6章　財界の鞍馬天狗　中山素平　日本興業銀行―公取委と闘い続けた国士の中の国士　第7章　向こう傷をおそれるな！　磯田一郎　住友銀行―最強の住友軍団を築き上げた男の栄光と挫折　第8章　ナポレオン　松沢卓二　富士銀行―卓抜した先見性と正論を貫く姿勢で金融界を牽引した名銀行家

◇太平洋にかける橋―渋沢栄一の生涯　渋沢雅英著　復刻版　不二出版　2017.8　486p　20cm　〈初版：読売新聞社 1970年刊　文献あり　年譜あり〉　3800円　①978-4-8350-8158-8　Ⓝ289.1

◇二宮尊徳に学ぶ『報徳』の経営　田中宏司，水尾順一，蟻生俊夫編著　同友館　2017.10　308p　20cm　〈文献あり　年表あり〉　1900円　①978-4-496-05301-6　Ⓝ335.15

内容　特別寄稿　二宮尊徳の人と思想と一つの実践　プロローグ　現代に生きる『報徳』の経営　1 二宮尊徳の生き方に学ぶ（報徳の一円観：ステークホルダー・マネジメント　尊徳の至誠（その1）：コンプライアンス　尊徳の至誠（その2）：顧客満足　尊徳の勤労（その1）：従業員満足　尊徳の勤労（その2）：危機管理 ほか）　2 二宮尊徳の教えの実践事例（「報徳思想」を現代につないだ岡田良一郎　「報徳思想と算盤」で明治維新を成し遂げた渋沢栄一　尊徳の教えから世界の真珠王になった御木本幸吉　機械発明に人生を捧げた報徳思想の実践者・豊田佐吉　日本酪農の先覚者・黒澤酉蔵の「協同社会主義」と報徳経

◇東京王―首都の背後に君臨した知られざる支配者たち　小川裕夫著　ぶんか社　2017.11　189p　19cm　〈文献あり〉　1300円　Ⓘ978-4-8211-4467-9　Ⓝ281.36

内容　東京の知性を育んだ初代総理の教育熱―伊藤博文　一大都市目指し奮闘した資本主義の父―渋沢栄一　東京を"建てた"男の栄光と未鞘の夢―辰野金吾　東屋発の"メイド・イン・ジャパン"―大久保利通　GHQをも退けた"電力の鬼"実業家―松永安左エ門　帝都に君臨する大財閥・三菱の創始者―岩崎弥太郎　下級武士から東京を創った成り上がり―後藤新平　西の鉄道王が東京に残した巨大な足跡―小林一三　朝敵の罪を背負った徳川宗家の後継者―徳川家達　後進国・日本の逆襲を都市計画で実現―井上馨　人材育成の視点から日本実業界を醸成―福澤諭吉　片田舎の谷・渋谷に君臨した田園王―五島慶太　技術力で首都を開拓した地方藩出身者―大隈重信　都知事の座に最も長く君臨し続けた男―鈴木俊一

◇渋沢栄一　商業立国の人づくり―栄一と商業教育　山本安夫著　半田　一粒書房　2017.11　259p　21cm　〈年表あり　年譜あり〉　1300円　Ⓘ978-4-86431-638-5　Ⓝ289.1

◇日本経済の心臓　証券市場誕生！　日本取引所グループ著、鹿島茂監修　集英社　2017.12　254p　20cm　〈文献あり　年表あり〉　1800円　Ⓘ978-4-08-786084-9　Ⓝ338.15

内容　1 江戸期―証券取引の夜明け（米は大坂を目指す　蔵屋敷と大坂米市場の概要　ほか）　2 明治・大正期―兜町と北浜（明治初期の堂島米会所取引所設立の背景―武家の退職手当（秩禄公債・金禄公債）の売買　取引所設立の背景―生糸と洋銀取引と明治期の新しい経済人　ほか）　3 昭和期戦後の証券市場復興と隆盛（戦争下の兜町（昭和20年）　終戦―新円交換と集団売買（昭和20～24年）「国民一人一人が株主に」―その1 財閥解体・財産税の物納・特別機関解体　ほか）

◇渋沢栄一　日本の経営哲学を確立した男　山本七平著　さくら舎　2018.3　220p　19cm　1500円　Ⓘ978-4-86581-142-1　Ⓝ289.1

内容　第1章　最も注目すべきは渋沢栄一（大経営者「渋沢栄一」ができるまで　「渋沢栄一の十一年間」から学ぶべきこと）　第2章　日本を動かした「論語」の本質は何か（なぜ「論語」だけが日本人に読まれたか　超プラグマティックな思考　ほか）　第3章　老荘の知恵の生かし方（老荘についてはじめて話す　老子の思想を読む　ほか）　第4章　日本人への十二戒（一戒―畏れ―が文明の喪失である　二戒―過ちを犯さぬために歴史を学ぶ　ほか）

渋沢　敬三〔1896～1963〕　しぶさわ・けいぞう

◇歴史の立会人―昭和史の中の渋沢敬三　由井常彦, 武田晴人編　日本経済評論社　2015.1　360p　20cm　2800円　Ⓘ978-4-8188-2367-9　Ⓝ289.1

内容　第1部　経済人渋沢敬三（渋沢敬三の学問、思想と人格形成―前半生を中心として　銀行家渋沢敬三　経済人としての渋沢敬三　渋沢敬三にとっての一九五〇年代）　第2部　渋沢敬三、その前半生の研究（渋沢敬三と土屋喬雄の学生時代―人格主義の教養と実証主義の学問　渋沢敬三とロンドン時代　晩年の渋沢栄一と渋沢敬三―橘川武郎編『渋沢栄一と合本主義』によせて）　第3部　シンポジウム記録「歴史の立会人渋沢敬三」

◇渋沢敬三と竜門社―「伝記資料編纂所」と「博物館準備室」の日々　大谷明史著　勉誠出版　2015.3　279p　20cm　〈文献あり　年譜あり　索引あり〉　2800円　Ⓘ978-4-585-22112-8　Ⓝ330.6

内容　第1章　渋沢栄一永眠と竜門社（晩年の渋沢栄一と敬三（1909～1930年）　栄一永眠（1931年）　ほか）　第2章　第2次伝記資料編纂と日本実業史博物館計画（1）（第2次伝記資料編纂の開始（1936～1937年度）　日本実業史博物館建設計画（1937～1938年度）　ほか）　第3章　第2次伝記資料編纂と日本実業史博物館計画（2）（博物館準備室と竜門社運営（1940～1941年度）「伝記資料」全体構成の確定（1940～1941年度）　ほか）　第4章　第2次伝記資料編纂と日本実業史博物館計画（3）（博物館開館準備と断念（1943～1944年度）　伝記資料刊行開始と中断（1943～1944年度）　ほか）　第5章　昭和戦前期竜門社運営と渋沢敬三（敬三における伝記資料編纂と実業史博物館計画の意味　昭和戦前期竜門社における敬三の意義）　参考資料

澁澤　龍彥〔1928～1987〕　しぶさわ・たつひこ

◇澁澤龍彥玉手匣（エクラン）　澁澤龍彥著、東雅夫編　河出書房新社　2017.7　207p　18cm　〈表紙のタイトル：un é cran doraconia〉　1600円　Ⓘ978-4-309-02596-4　Ⓝ914.6

内容　プロローグ　夢の玉手箱　ドラコニア　オブジェ　文学　美術　生涯　エピローグ　澁澤龍彥という夢

◇澁澤龍彥考／略伝　回想　巌谷國士著　勉誠出版　2017.10　315,3p　22cm　〈澁澤龍彥論コレクション 1〉〈「渋沢竜彦考」(河出書房新社1990年刊)の改題、増補、加筆・修正　索引あり〉　3200円　Ⓘ978-4-585-29461-0　Ⓝ910.268

内容　1（澁澤さん―回想記）　2「旅」のはじまり（「サド復活」のころ　ほか）　3（望遠鏡をもった作家―花田清輝と澁澤龍彥　『神聖受胎』再読　ほか）　4（澁澤龍彥と「反時代」　澁澤龍彥とシュルレアリスム）　略伝と回想―増補エッセイ集（「幻想文学館」展のために　折々のオマージュ　ほか）

◇回想の澁澤龍彥〈抄〉／澁澤龍彥を読む　巌谷國士著　勉誠出版　2017.12　393p　22cm　（澁澤龍彥論コレクション 5　トーク篇2）　3800円　Ⓘ978-4-585-29465-8　Ⓝ910.268

内容　回想の澁澤龍彥〈抄〉（「澁澤君」のこと　兄の力について　『夢の宇宙誌』から　次元が違う　直線の人「シブタツ」　胡桃の中と外）　澁澤龍彥を読む（翻訳家としての澁澤龍彥　繁茂する植物界　デザイナー、澁澤龍彥　アンソロジストの本領　『大理石』とイタリア体験　モダンな親王澁澤龍彥　『澁澤龍彥全集』刊行に寄せて　澁澤龍彥と新しい意識　澁澤龍彥を旅する）

澁谷　耕一〔1954～〕　しぶや・こういち

◇逆境は飛躍のチャンス―リッキーと共に　澁谷耕一著　再版　リッキービジネスソリューション　2016.2　203p　19cm　1200円　Ⓘ978-4-99084-891-0　Ⓝ289.1

＊元祖「イクメン、イクボス」ストーリー！　最愛の

しぶや

妻「リッキー」を亡くし、大手銀行を退職して起業。幼い3人の子育てと仕事に奮闘しながら、逆境を乗り越えた澁谷社長。あらためて家族の大切さ、仕事の喜びとは何かを考えさせられる一冊です。

渋谷 三郎〔1888〜1945〕 しぶや・さぶろう
◇満洲に死す―渋谷三郎の生涯を辿る 川名昭宣著 川崎 川名昭宣 2015.12 108p 21cm 〈私家版〉 Ⓝ289.1

渋谷 清寿〔1933〜〕 しぶや・せいじゅ
◇道の空―懸命に歩いてきた道 渋谷清寿 「道の空」編集委員会編 「道の空」編集委員会 2015.3 205p 27cm 〈年表あり〉 Ⓝ581

澁谷 久代〔1954〜〕 しぶや・ひさよ
◇ぼちぼちいこか―今日も、前を向いて 澁谷久代著 海拓舎出版 2018.1 178p 19cm 〈発売:素材図書〉 1200円 ①978-4-908064-08-1 Ⓝ772.1
内容 第1章 それは、ある日突然に 第2章 わたしは女優、滝田女路 第3章 出会い。そして、別れ 第4章 さようなら、滝田女路。 第5章 こんにちは、澁谷久代 第5章 妻で、母で、劇団の姉妹分 第6章 澁谷家の今 最終章 今日も、前を向いて

澁谷 弘利〔1931〜〕 しぶや・ひろとし
◇心に青春を―夢は大きく足元は盤石に 澁谷弘利著 金沢 北國新聞社 2014.6 211p 22cm 2500円 ①978-4-8330-1988-0 Ⓝ289.1

渋谷 光重〔鎌倉時代〕 しぶや・みつしげ
◇鎌倉御家人渋谷権守太郎光重の決断 重永良和著 藤沢 湘南社 2015.5 552p 22cm 〈年表あり 文献あり〉 Ⓝ289.1

シベリアお菊 しべりあおきく
⇒出上キク(でがみ・きく)を見よ

島 一春〔1930〜2008〕 しま・かずはる
◇評伝 天草五十人衆 天草学研究会編 福岡 弦書房 2016.8 317p 22cm 〈文献あり 年表あり 索引あり〉 2400円 ①978-4-86329-138-6 Ⓝ281.94
内容 ステージ1 五人衆の時代、そして… ステージ2 天領天草の村々 ステージ3 祈りの島で ステージ4 耕す、漁る 実業の世をひらく ステージ5 ステージ6 潮路はるかに ステージ7 文学・歴史・言論 ステージ8 あの頃、この人 ステージ9 島の現実、国の行く末 ステージ10 一筋の道 ステージ特別編 群像二題(天草の石文化と松室五郎左衛門 牛深カツオ漁の男たち)

島 和代〔1937〜2013〕 しま・かずよ
◇紀州のエジソンの女房―島精機を支えた肝っ玉母さん・島和代物語 梶山寿子著 中央公論新社 2016.11 266p 20cm 1500円 ①978-4-12-004913-2 Ⓝ289.1
内容 第1章 青年発明家との出会い 第2章 夢追い人を支えて 第3章 嫁として、一男三女の母として 第4章 子どもたちの巣立ち 第5章 人生、山あり谷あり 第6章 和歌山の母「ホエール和代」 第7章 愛をありがとう

島 成郎〔1931〜2000〕 しま・しげお
◇評伝 島成郎―ブントから沖縄へ、心病む人びとのなかへ 佐藤幹夫著 筑摩書房 2018.3 351p 20cm 〈文献あり〉 2600円 ①978-4-480-81846-1 Ⓝ289.1
内容 プロローグ 島成郎の沖縄入域、これを拒否する 第1部 沖縄へ向かうこころ(「医」の初心 "歌のわかれ" 沖縄、ヴ・ナロード(心病む人びとのなかへ) 玉木病院と「Open door policy」) 第2部 一九六〇年日米安保闘争とその後(喘息と戦争と敗戦の光景 ブント(共産主義者同盟)創設まで 六〇年安保闘争の始まりと終わり 漂流、復学、そして医師になる) 第3部 治療共同体へ(島成郎の治療論と「久米島でのひとつの試み」 北の風土と医師たちの治療共同体 沖縄再会―"やんばる"に全開放病院を) エピローグ 島成郎、沖縄に死す

◇六〇年安保―センチメンタル・ジャーニー 西部邁著 文藝春秋 2018.6 231p 16cm (文春学藝ライブラリー―思想 19) 1250円 ①978-4-16-813074-8 Ⓝ377.96
内容 序章 空虚な祭典―安保闘争 ブント 私 第1章 哀しき勇者―唐牛健太郎 第2章 優しい破壊者―篠田邦雄 第3章 純な「裏切り者」―東原吉伸 第4章 苦悩せる理想家―島成郎 第5章 善良な策略家―森田実 第6章 寡黙な煽動家―長崎浩 終章 充実への幻想―思い出の人々

島 徳蔵〔1875〜1938〕 しま・とくぞう
◇実録 7人の勝負師 鍋島高明著 パンローリング 2017.8 367p 20cm 2000円 ①978-4-7759-9151-0 Ⓝ676.7
内容 1 成金鈴久(鈴木久五郎)―伝説の大盤振舞い、権花一日の栄 2 松谷天一坊(松谷元三郎)―文無しで received 乗っ取る 3 非命の栄之助(岩本栄之助)―悲運、されど公会堂と共に在る 4 白眉の丸入大将軍(村上太三郎)―売りで勝負、大々相場師 5 梟雄島徳(島徳蔵)―「悪名でもいい、名前よりましだ」 6 不敗の山昭(霜村昭平)―相場こそわが人生 7 天下の雨敬(雨宮敬次郎)―投機界の魔王は事業の鬼

島尾 伸三〔1948〜〕 しまお・しんぞう
◇小高へ―父島尾敏雄への旅 島尾伸三著 増補新版 河出書房新社 2018.3 195p 20cm 2400円 ①978-4-309-02661-9 Ⓝ910.268
内容 第1章 父 第2章 妹 第3章 叔父叔母 第4章 小岩から 第5章 小高へ 第6章 琉球旅行 第7章 骨

◇小岩へ―父敏雄と母ミホを探して 島尾伸三著 河出書房新社 2018.8 221p 20cm 2400円 ①978-4-309-02723-4 Ⓝ910.268
内容 第1章 生き物たち 第2章 出神戸 第3章 小岩へ 第4章 砂おろし 第5章 かたわらの子ども 第6章 笑うな 第7章 ねずみ色の景色

島尾 忠男〔1924〜〕 しまお・ただお
◇島尾忠男先生卒寿記念―回顧と将来への展望 結核予防会島尾忠男先生卒寿記念誌刊行会編 島尾忠男先生卒寿記念誌刊行会 2014.9 187p 図版 8p 26cm 〈著作目録あり 文献あり〉 非売品 Ⓝ493.89

島尾 敏雄〔1917〜1986〕 しまお・としお
◇島尾敏雄とミホ―沖縄・九州 島尾伸三, 志村有弘編 鼎書房 2015.2 219p 21cm 2000円 Ⓘ978-4-907282-18-9 Ⓝ910.268
＊敏雄とミホの沖縄・鹿児島での作家活動を中心に、遺族とその周辺の文芸評論家が不世出の作家を解明する。
◇島尾敏雄 比嘉加津夫著 言視舎 2016.6 354p 20cm （言視舎評伝選）〈文献あり〉 3500円 Ⓘ978-4-86565-055-6 Ⓝ910.268
[内容]作家になるということ 幼少の目覚め 『こをろ』と矢川哲治 戦時と文学 日記が語る戦後 戦後の文学活動 東京での生活 『死の棘』の世界へ 病妻小説へ 作家と「場所」 帰還と出発 島尾敏雄の晩年
◇狂うひと―「死の棘」の妻・島尾ミホ 梯久美子著 新潮社 2016.10 666p 20cm 〈文献あり 年譜あり〉 3000円 Ⓘ978-4-10-477402-9 Ⓝ910.268
[内容]「死の棘」の妻の場合 戦時下の恋 二人の父 終戦まで 結婚 夫の愛人 審判の日 対決 精神病棟にて 奄美へ 書く女へ 死別 最期
◇島尾敏雄・ミホ 愛の往復書簡 島尾敏雄, 島尾ミホ著 中央公論新社 2017.3 285p 20cm （中公選書 027）〈年譜あり〉 2400円 Ⓘ978-4-12-110027-6 Ⓝ915.6
[内容]愛の往復書簡（昭和二〇年） 磯づたふ旅人の書付け
◇小高へ―父島尾敏雄への旅 島尾伸三著 増補新版 河出書房新社 2018.3 195p 20cm 2400円 Ⓘ978-4-309-02661-9 Ⓝ910.268
[内容]第1章 父 第2章 妹 第3章 叔父叔母 第4章 小岩から 第5章 小高へ 第6章 琉球旅行 第7章 骨
◇小岩へ―父敏雄と母ミホを探して 島尾伸三著 河出書房新社 2018.8 221p 20cm 2400円 Ⓘ978-4-309-02723-4 Ⓝ910.268
[内容]第1章 生き物たち 第2章 出神戸 第3章 小岩へ 第4章 砂おろし 第5章 かたわらの子ども 第6章 笑うな 第7章 ねずみ色の景色

島尾 ミホ〔1919〜2007〕 しまお・みほ
◇島尾敏雄とミホ―沖縄・九州 島尾伸三, 志村有弘編 鼎書房 2015.2 219p 21cm 2000円 Ⓘ978-4-907282-18-9 Ⓝ910.268
＊敏雄とミホの沖縄・鹿児島での作家活動を中心に、遺族とその周辺の文芸評論家が不世出の作家を解明する。
◇狂うひと―「死の棘」の妻・島尾ミホ 梯久美子著 新潮社 2016.10 666p 20cm 〈文献あり 年譜あり〉 3000円 Ⓘ978-4-10-477402-9 Ⓝ910.268
[内容]「死の棘」の妻の場合 戦時下の恋 二人の父 終戦まで 結婚 夫の愛人 審判の日 対決 精神病棟にて 奄美へ 書く女へ 死別 最期
◇島尾敏雄・ミホ 愛の往復書簡 島尾敏雄, 島尾ミホ著 中央公論新社 2017.3 285p 20cm （中公選書 027）〈年譜あり〉 2400円 Ⓘ978-4-12-110027-6 Ⓝ915.6
[内容]愛の往復書簡（昭和二〇年） 磯づたふ旅人の書付け
◇小岩へ―父敏雄と母ミホを探して 島尾伸三著 河出書房新社 2018.8 221p 20cm 2400円 Ⓘ978-4-309-02723-4 Ⓝ910.268
[内容]第1章 生き物たち 第2章 出神戸 第3章 小岩へ 第4章 砂おろし 第5章 かたわらの子ども 第6章 笑うな 第7章 ねずみ色の景色

島岡 和子 しまおか・かずこ
◇生きる―窪川原発阻止闘争と農の未来 島岡幹夫著 〔四万十町（高知県）〕 島岡幹夫 2015.3 188p 20cm （発売：高知新聞総合印刷） 1500円 Ⓘ978-4-906910-33-5 Ⓝ543.5
[内容]序章 土の匂い 第1章 揺れる農の心 第2章 タラート村の光景 第3章 再録・窪川原発闘争史 第4章 島岡幹夫を囲む座談会「私たちは何に向き合うべきか」 第5章 評伝「幹夫」と「和子」 第6章 記憶の彼方へ

島岡 幹夫〔1938〜〕 しまおか・みきお
◇生きる―窪川原発阻止闘争と農の未来 島岡幹夫著 〔四万十町（高知県）〕 島岡幹夫 2015.3 188p 20cm （発売：高知新聞総合印刷） 1500円 Ⓘ978-4-906910-33-5 Ⓝ543.5
[内容]序章 土の匂い 第1章 揺れる農の心 第2章 タラート村の光景 第3章 再録・窪川原発闘争史 第4章 島岡幹夫を囲む座談会「私たちは何に向き合うべきか」 第5章 評伝「幹夫」と「和子」 第6章 記憶の彼方へ

島木 赤彦〔1876〜1926〕 しまき・あかひこ
◇赤彦とアララギ―中原静子と太田喜志子をめぐって 福田はるか著 鳥影社 2015.6 655p 20cm （季刊文科コレクション）〈文献あり 年譜あり〉 2800円 Ⓘ978-4-86265-509-7 Ⓝ911.162
[内容]プロローグ 武石村 第1章 桔梗ヶ原 第2章 広丘村 第3章 悩み 第4章 若山牧水 第5章 赤彦 第6章 八丈島 第7章 菩薩位
◇今も生きる「奨善の心」―島木赤彦の教育精神 青柳直良著 長野 龍鳳書房 2015.6 93p 21cm （龍鳳ブックレット―歴史研究シリーズ） 900円 Ⓘ978-4-947697-51-6 Ⓝ376.2152
◇歌人赤彦 湯澤千秋著 現代短歌社 2016.3 235p 18cm （現代短歌社新書）〈文献あり〉 1389円 Ⓘ978-4-86534-151-5 Ⓝ911.162

島倉 千代子〔1938〜2013〕 しまくら・ちよこ
◇或る少女の一生とその時代―私論島倉千代子物語 大野一夫著 〔足利〕 〔大野一夫〕 2016.11 419p 図版〔16〕枚 20cm 〈文献あり〉 Ⓝ767.8
◇美空ひばりと島倉千代子―戦後歌謡史「禁断の12000日」を解き明かす 小菅宏著 アルファベータブックス 2018.8 303p 19cm 〈文献あり〉 2000円 Ⓘ978-4-86598-058-5 Ⓝ767.8
[内容]序幕「禁断の空白」を読み解く 第1幕 二人の天才歌手（戦後歌謡史と女性の象徴） 第2幕 家族、

島倉 幸江 しまくら・ゆきえ
◇盗みにくる母 島倉幸江著 文芸社 2018.6 119p 19cm 1000円 ①978-4-286-19207-9 Ⓝ289.1
[内容] 第一章 小さき身体に荷を背負い 第二章 離れても切れない家族の縁 第三章 鬼という宿命 第四章 逃れられない苦しみの果てに

島崎 葊助〔1908〜1992〕 しまざき・おうすけ
◇内にコスモスを持つ者―歩み入る者にやすらぎを去り行く人にしあわせを 岡田政晴著 長野 ほおずき書籍 2016.2 270p 20cm〈文献あり 発売:星雲社〉 1800円 ①978-4-434-21614-5 Ⓝ281.52
[内容] 1 はじめに 2 木曽を愛した人々(木曽の「セゲンティーニの空の色」の下で暮らしたマロンの少女 ジャーヌ・コビー 生涯故郷木曽を心に抱きながら作品を書き続けた島崎藤村(一八七二〜一九四三) 詩と音楽をこよなく愛し、木曽を縦断したロマンの旅人 尾崎喜八(一八九二〜一九七四) 日本人の精神の源流を木曽で見出した 亀井勝一郎(一九〇七〜一九六六)) 3 木曽の水を飲んで水をながめて木曽を駆け抜けた人々(姨捨ての月をめざして木曽を歩いた月下の旅人 松尾芭蕉(一六四四〜一六九四) 心優しい歌二首を詠んで木曽路を急いだ良寛(一七五八〜一八三一) 「大蔵経」を求めて雨雪の木曽路を往復した虎斑和尚(一七六四〜一八二四) 軍靴の足音が聞こえる中、桜の花を浴びながら木曽路を闊歩した種田山頭火(一八八二〜一九四〇) 木曽人の心と木曽の自然に出合い日本画家になる決意をした東山魁夷(一九〇八〜一九九九)) 4 眼すずしい人々(木曽川の洪水で亡くなった母を弔うために木曽川を遡った円空(一六三二〜一六九五) セピア色の世界を追い求めてやまなかった島崎葊助(一九〇八〜一九九二) 戦争のない平和な世界を願い、詩によって世界を包みこんだ坂村真民(一九〇九〜二〇〇六)) 5 おわりに

島崎 藤村〔1872〜1943〕 しまざき・とうそん
◇内にコスモスを持つ者―歩み入る者にやすらぎを去り行く人にしあわせを 岡田政晴著 長野 ほおずき書籍 2016.2 270p 20cm〈文献あり 発売:星雲社〉 1800円 ①978-4-434-21614-5 Ⓝ281.52
[内容] 1 はじめに 2 木曽を愛した人々(木曽の「セゲンティーニの空の色」の下で暮らしたマロンの少女 ジャーヌ・コビー 生涯故郷木曽を心に抱きながら作品を書き続けた島崎藤村(一八七二〜一九四三) 詩と音楽をこよなく愛し、木曽を縦断したロマンの旅人 尾崎喜八(一八九二〜一九七四) 日本人の精神の源流を木曽で見出した 亀井勝一郎(一九〇七〜一九六六)) 3 木曽の水を飲んで水をながめて木曽を駆け抜けた人々(姨捨ての月をめざして木曽を歩いた月下の旅人 松尾芭蕉(一六四四〜一六九四) 心優しい歌二首を詠んで木曽路を急いだ良寛(一七五八〜一八三一) 「大蔵経」を求めて雨雪の木曽路を往復した虎斑和尚(一七六四〜一八二四) 軍靴の足音が聞こえる中、桜の花を浴びながら木曽路を闊歩した種田山頭火(一八八二〜一九四〇) 木曽人の心と木曽の自然に出合い日本画家になる決意をした東山魁夷(一九〇八〜一九九九)) 4 眼すずしい人々(木曽川の洪水で亡くなった母を弔うために木曽川を遡った円空(一六三二〜一六九五) セピア色の世界を追い求めてやまなかった島崎葊助(一九〇八〜一九九二) 戦争のない平和な世界を願い、詩によって世界を包みこんだ坂村真民(一九〇九〜二〇〇六)) 5 おわりに

◇我が愛する詩人の伝記 室生犀星著 講談社 2016.8 277p 16cm (講談社文芸文庫 むA9)〈中公文庫 1974年刊の再刊 年譜あり〉 1400円 ①978-4-06-290318-9 Ⓝ914.6
[内容] 北原白秋 高村光太郎 萩原朔太郎 釈迢空 堀辰雄 立原道造 津村信夫 山村暮鳥 百田宗治 千家元麿 島崎藤村

◇島崎藤村 佐々木徹著, 福田清人編 新装版 清水書院 2017.9 210p 19cm (Century Books―人と作品)〈表紙等の責任表示(誤植):佐々木冬流 文献あり 年譜あり 索引あり〉 1200円 ①978-4-389-40113-9 Ⓝ910.268
[内容] 第1編 島崎藤村の生涯(木曽馬籠と東京 悩める青春の心 青春の詩 自然主義文学の成立 パリの前後 ほか) 第2編 作品と解説(藤村詩集 千曲川のスケッチ 破戒 春 家 ほか)

◇現代文士廿八人 中村武羅夫著 講談社 2018.6 217p 16cm (講談社文芸文庫 なU1)〈日高有倫堂 1909年刊の再編集〉 1600円 ①978-4-06-511864-1 Ⓝ910.261
[内容] 田山花袋 国木田独歩 生田葵山 夏目漱石 菊池幽芳 小川未明 小杉天外 内藤鳴雪 德田秋声 水野葉舟〔ほか〕

嶋崎 久美〔1948〜〕 しまざき・ひさみ
◇甲子園に挑んだ監督たち 八木澤高明著 辰巳出版 2018.7 255p 19cm 1600円 ①978-4-7778-2118-1 Ⓝ783.7
[内容] 古屋文雄 神奈川・横浜商業高校元監督―マリンブルーに袖を通すその矜持 小池啓之 北海道・旭川南高校前監督―魂と魂のぶつかり合いが甲子園へ導いた 大井道夫 新潟・日本文理高校総監督―迷わず打て、大井野球はこうして生まれた 嶋崎久美 秋田・金足農業高校元監督―雪よ降れ、雪国が生んだ嶋崎野球 山本泰 大阪・PL学園高校元監督―PLで勝ち、PLに敗れた名将 宮崎裕也 滋賀・北大津高校前監督―弱者が強者に勝つために 久保克之 鹿児島・鹿児島実業高校名誉監督―老将が今も心に刻み続けること 山中直人 高知・伊野商業高校元監督/岡豊高校現監督―甲子園に勝る指導者なし

島津 家久〔1547〜1587〕 しまず・いえひさ
◇島津四兄弟―義久・義弘・歳久・家久の戦い 栄村顕久著 鹿児島 南方新社 2016.12 242p 21cm〈文献あり〉 2000円 ①978-4-86124-346-2 Ⓝ288.3
[内容] 序章 戦国大名島津氏の誕生と島津四兄弟について 第1章 島津四兄弟と三州統一 第2章 島津四兄弟と九州制覇 第3章 島津四兄弟と豊臣秀吉 第4章 義久・義弘と徳川家康 第5章 関ヶ原の合戦と義久・義弘 結章 晩年の義久・義弘、島津四兄弟の残したもの

します

島津 御屋地　しまず・おやじ
⇒御屋地（おやじ）を見よ

島津 兼治〔1938～〕　しまず・けんじ
◇甲冑拳法（やわら）柳生心眼流　島津兼治著　増補改訂版　日貿出版社　2016.12　327p　26cm　〈初版：日東書院　1979年刊〉　3600円　Ⓘ978-4-8170-6016-7　Ⓝ789
[内容]　序章　第1章 基本　第2章 入門基本技術　第3章 素振り二十一ヶ條　第4章 柔術編　第5章 武具之術　第6章 甲冑之術　第7章 竹之雫集　第8章 殺活法術に関する考察と「秘技・剛身」　第9章 島津兼治小伝

島津 重豪〔1745～1833〕　しまず・しげひで
◇考証 風流大名列伝　稲垣史生著　立東舎　2016.10　254p　15cm　（立東舎文庫 い1-1）〈作品社 1983年刊の再刊　発売：リットーミュージック〉　800円　Ⓘ978-4-8456-2867-4　Ⓝ281.04
[内容]　序章―殿様とは　徳川光圀―絹の道への幻想　徳川宗春―御深井の秘亭　伊達綱宗―遊女高尾斬りを笑う　井伊直弼―この世は一期一会　織田秀親―鬼面の茶人寛永寺の刃傷　細川忠興―凄惨な夜叉の夫婦愛　前田吉徳―間違われた加賀騒動の主人公　小堀遠州―長く嶮しい道をゆく　安藤信正―『半七捕物帳』に縁ある　柳生宗矩―まぼろしの名品平蜘蛛　松平不昧―父の遺風入墨女の怪　浅野長矩―名君の史料に事欠かぬ　島津重豪・島津斉興・島津斉彬―薩摩三代の過剰風流　有馬頼貴・鍋島勝茂―大名行列に犬を引いて

島津 貴久〔1514～1571〕　しまず・たかひさ
◇島津貴久―戦国大名島津氏の誕生　新名一仁著　戎光祥出版　2017.4　238p　19cm　（中世武士選書 37）〈文献あり 年譜あり〉　2500円　Ⓘ978-4-86403-242-1　Ⓝ289.1

島津 忠久〔？～1227〕　しまず・ただひさ
◇島津忠久と鎌倉幕府　野村武士著　鹿児島　南方新社　2016.11　346p　21cm　〈文献あり〉　2800円　Ⓘ978-4-86124-345-5　Ⓝ210.42
[内容]　島津忠久の家系　武士の出現　平安時代の幕引き　平安末期における鎮西　鎌倉幕府の幕開け　平家の都落ち　源氏の争乱　源頼朝と遊女経　源頼朝の日本国惣地頭　源頼朝と奥州合戦　源頼朝と王朝公家　鎌倉の権力闘争　後鳥羽上皇と承久の乱　東国国家としての鎌倉

◇島津忠久とその周辺―薩摩・大隅建国事情散策　続　江平望著　鹿児島　高城書房　2017.3　153p　19cm　〈正までの出版者：高城書房出版　年譜あり〉　1500円　Ⓘ978-4-88777-161-1　Ⓝ219.704
[内容]　1部 島津忠久とその周辺（島津氏初代忠久の生涯―朝河貫一博士『島津忠久の生い立ち』に接して　鎌倉・南北朝時代の河辺郡・知覧院・頴娃郡　島津佐多氏の由来について）　2部 薩摩・大隅建国事情散策（薩摩・大隅両国誕生記　古代「衣評」はどこにあったか　薩摩・大隅古代史の謎をめぐり）

島津 常盤〔1472～1525〕　しまず・ときわ
◇戦国の女城主―井伊直虎と散った姫たち　高橋伸幸著　徳間書店　2016.11　326p　15cm　（徳間文庫カレッジ た2-1）〈文献あり〉　830円　Ⓘ978-4-19-907073-0　Ⓝ281.04
[内容]　井伊直虎―男の名で生き、お家断絶の危機を救った女城主　甲斐姫―石田三成に立ち向かい城を守った姫武者　鶴姫―大内水軍を二度撃退した瀬戸内の戦士　おつやの方―信長の怒りをかい非業の死を遂げた岩村城主　慶闇尼―鍋島藩を生んだ押しかけ女房　吉岡妙林尼―男勝りの胆力で薩摩軍を撃退した女武者　立花闇千代―七歳にして女城主となり関ヶ原で西軍に与する　常盤―島津氏の基礎を作った妻女の決断　鶴姫―侍女三十四人を従えて敵陣に切り込んだ烈婦　富田信高の妻―関ヶ原の前哨戦で夫の窮地を救った女武者　寿桂尼―"女戦国大名"といわれ今川家を支える　天球院―夫に愛想をつかして縁を切った女傑　お市の方―「戦国一の美女」といわれ夫とともに自刃　細川ガラシャ―人質を拒否して殉教を選んだ烈女

島津 歳久〔1537～1592〕　しまず・としひさ
◇島津四兄弟―義久・義弘・歳久・家久の戦い　栄村顕久著　鹿児島　南方新社　2016.12　242p　21cm　〈文献あり〉　2000円　Ⓘ978-4-86124-346-2　Ⓝ288.3
[内容]　序章 戦国大名島津氏の誕生と島津四兄弟について　第1章 島津四兄弟と三州統一　第2章 島津四兄弟と九州制覇　第3章 島津四兄弟と豊臣秀吉　第4章 義久・義弘と徳川家康　第5章 関ヶ原の合戦と義久・義弘　結章 晩年の義久・義弘、島津四兄弟の残したもの

島津 斉彬〔1809～1858〕　しまず・なりあきら
◇考証 風流大名列伝　稲垣史生著　立東舎　2016.10　254p　15cm　（立東舎文庫 い1-1）〈作品社 1983年刊の再刊　発売：リットーミュージック〉　800円　Ⓘ978-4-8456-2867-4　Ⓝ281.04
[内容]　序章―殿様とは　徳川光圀―絹の道への幻想　徳川宗春―御深井の秘亭　伊達綱宗―遊女高尾斬りを笑う　井伊直弼―この世は一期一会　織田秀親―鬼面の茶人寛永寺の刃傷　細川忠興―凄惨な夜叉の夫婦愛　前田吉徳―間違われた加賀騒動の主人公　小堀遠州―長く嶮しい道をゆく　安藤信正―『半七捕物帳』に縁ある　柳生宗矩―まぼろしの名品平蜘蛛　松平不昧―父の遺風入墨女の怪　浅野長矩―名君の史料に事欠かぬ　島津重豪・島津斉興・島津斉彬―薩摩三代の過剰風流　有馬頼貴・鍋島勝茂―大名行列に犬を引いて

◇島津斉彬　松尾千歳著　戎光祥出版　2017.7　103p　21cm　（シリーズ〈実像に迫る〉011）〈文献あり 年表あり〉　1500円　Ⓘ978-4-86403-254-4　Ⓝ289.1
[内容]　第1部 海外文化に接して育つ（海洋国家・薩摩　斉彬の登場）　第2部 日本を強く豊かに（琉球外交問題とお遊羅騒動　集成館と日本の近代化）　第3部 混迷を極める日本の中で（公武合体と将軍継嗣問題　斉彬急死）

島津 斉興〔1791～1859〕　しまず・なりおき
◇考証 風流大名列伝　稲垣史生著　立東舎　2016.10　254p　15cm　（立東舎文庫 い1-1）〈作品社 1983年刊の再刊　発売：リットー

ミュージック〉 800円 ①978-4-8456-2867-4 Ⓝ281.04

内容 序章―殿様とは 徳川光圀―絹の道への幻想 徳川宗春―御deep井の秘亭 伊達綱宗―遊女高尾斬りを笑う 井伊直弼―この世は一期一会と 織田秀親―鬼面の茶人寛永寺の刃傷 細川忠興―凄惨な夜叉の夫婦愛 前田吉徳―間違われた加賀騒動の主人公 小堀遠州―長く嶮しい道をゆく 安藤信正―『半七捕物帳』に縁ある 柳生宗矩―まぼろしの名品平蜘蛛 松平不昧―父の風流入墨女の怪 浅野長矩―名君の史料に事欠かぬ 島津重豪・島津斉興・島津斉彬三代の過剰風流 有馬頼寧・鍋島勝茂―大名行列に犬を引いて

島津 久光 〔1817〜1887〕 しまず・ひさみつ

◇徳川十五代闇将軍 熊谷充晃著 大和書房 2015.5 263p 15cm （だいわ文庫 269-2H）〈文献あり〉 650円 ①978-4-479-30536-1 Ⓝ281.04

内容 第1章 幕藩体制の礎を築いた4代（初代「闇将軍」本多正信―家康から全幅の信頼を寄せられた「タヌキ親父」以上の「タヌキ」 2代「闇将軍」南光坊天海―幕府の宗教政策をひとりで完成させた「関東の大僧正」 3代「闇将軍」保科正綱―江戸時代で最大の内乱を鎮めて老中首座に上った「知恵伊豆」 4代「闇将軍」酒井忠清―生まれながらに老中を約束された後世の悪名が哀しい「下馬将軍」） 第2章 将軍の権威を超越した3代（5代「闇将軍」柳沢吉保―失政や没落とは無縁の史実「極悪側用人」の評に異議あり 6代「闇将軍」新井白石―幕政の思想的柱石を創出したブレーンの「遅すぎた登壇」 7代「闇将軍」間部詮房―これぞ闇将軍にふさわしい「猿楽大名」の数奇なキャリア） 第3章 中興の変革期を乗り越えた3代（8代「闇将軍」松平乗邑―「暴れん坊将軍」を抑えられた唯一の忠臣は経済政策の旗手 9代「闇将軍」大岡忠光―前代未聞かつ空前絶後の幕閣 日本史上唯一の「将軍の通訳」 10代「闇将軍」田沼意次―「贈収賄政治家」の正体は貨幣社会を目指した重商主義者） 第4章 幕末動乱の一端となった3代（11代「闇将軍」松平定信―「寛政の改革」で失敗した後も影響力を保持し続けた元将軍候補 12代「闇将軍」水野忠邦―幕藩体制崩壊の序曲を聴いた「理想主義」を掲げる野心家 13代「闇将軍」徳川家昭―頼もしいのか、ありがた迷惑か 御三家の慣例を破った「烈公」） 第5章 維新の激動期に舵を取った2代（14代「闇将軍」井伊直弼―まさに闇将軍の代名詞 幕末最大のキングメーカー 15代「闇将軍」島津久光―外様大名ですらなかったのに幕政を揺るがせた薩摩の国父）

◇島津久光公實紀 1 新装版,オンデマンド版 東京大学出版会 2016.3 13,322p 22cm （続日本史籍協会叢書 44）〈原本：2000年刊〉 16000円 ①978-4-13-009567-9 Ⓝ210.58

◇島津久光公實紀 2 新装版,オンデマンド版 東京大学出版会 2016.3 458p 22cm （続日本史籍會叢書 45）〈印刷・製本：デジタルパブリッシングサービス〉 18000円 ①978-4-13-009568-6 Ⓝ210.58

◇島津久光公實紀 3 新装版,オンデマンド版 東京大学出版会 2016.3 388p 22cm （続日本史籍会叢書 46）〈原本：2000年刊〉 16000円 ①978-4-13-009569-3 Ⓝ210.58

◇島津久光の明治維新―西郷隆盛の"敵"であり続けた男の真実 安藤優一郎著 イースト・プレス 2017.11 335p 19cm 〈文献あり 年表あり〉 1600円 ①978-4-7816-1613-1 Ⓝ210.58

内容 第1章 すべてのはじまり―名家島津家誕生 第2章 徳川家との因縁―薩摩藩の成立 第3章 薩摩幕末史の幕開け―島津斉彬・久光兄弟の登場 第4章 毛利家との複雑な関係―薩長闘争の勃発 第5章 討幕か否か―分裂状態の薩摩藩 第6章 徳川家との開戦―新時代の主導権争い 第7章 明治政府への抵抗―薩摩藩の不満 第8章 一時代の終焉―西南戦争という結末 終章 華族のトップとして―島津公爵家の誕生

島津 三一郎 〔1907〜2016〕 しまず・みいちろう

◇108年の幸せな孤独―キューバ最後の日本人移民,島津三一郎 中野健太著 KADOKAWA 2017.1 238p 19cm 〈文献あり〉 1700円 ①978-4-04-103842-0 Ⓝ334.4591

内容 第1章 テレビが繋いでくれた90年の空白 第2章 島津さんが暮らす小さな島へ 第3章 敵国視された第二次世界大戦、移民排除の空気のなかで 第4章 キューバ革命を闘った日系人 第5章 革命がもたらした平等、そして夢の終わり 第6章 108回目の誕生日

島津 義久 〔1533〜1611〕 しまず・よしひさ

◇関ヶ原合戦の深層 谷口央編 高志書院 2014.11 226p 21cm 2500円 ①978-4-86215-142-1 Ⓝ210.48

内容 関ケ原合戦の位置づけと課題 第1部 政権の中枢（増田長盛と豊臣の「公儀」―秀吉死後の権力闘争 毛利氏の関ケ原 上杉景勝の勘気と越後一揆） 第2部 政権の周辺（関ケ原合戦と尾張・美濃 関ケ原合戦と長宗我部氏のカタストロフィ 島津義久"服属"の内実―関ケ原への道程）「関ケ原合戦図屏風」―作品概要と研究の現状

◇島津四兄弟―義久・義弘・歳久・家久の戦い 栄村顕久著 鹿児島 南方新社 2016.12 242p 21cm 〈文献あり〉 2000円 ①978-4-86124-346-2 Ⓝ288.3

内容 序章 戦国大名島津氏の誕生と島津四兄弟について 第1章 島津四兄弟と三州統一 第2章 島津四兄弟と九州制覇 第3章 島津四兄弟と豊臣秀吉 第4章 義久・義弘と徳川家康 第5章 関ケ原の合戦と義久・義弘 結章 晩年の義久・義弘、島津四兄弟の残したもの

◇戦国大名―歴史文化遺産 五味文彦監修 山川出版社 2018.6 238p 21cm 1800円 ①978-4-634-15134-5 Ⓝ210.47

内容 1 戦国乱世の幕開け（北条早雲 北条氏康 上杉謙信 ほか） 2 群雄たちの覇権（織田信長 長宗我部元親 毛利元就 ほか） 3 争乱から天下人へ（豊臣秀吉 島津義久 伊達政宗 ほか）

島津 義弘 〔1535〜1619〕 しまず・よしひろ

◇島津四兄弟―義久・義弘・歳久・家久の戦い 栄村顕久著 鹿児島 南方新社 2016.12 242p 21cm 〈文献あり〉 2000円 ①978-4-86124-346-2 Ⓝ288.3

内容 序章 戦国大名島津氏の誕生と島津四兄弟につい

て　第1章 島津四兄弟と三州統一　第2章 島津四兄弟と九州制覇　第3章 島津四兄弟と豊臣秀吉　第4章 義久・義弘と徳川家康　第5章 関ヶ原の合戦と義久・義弘、結章 晩年の義久・義弘、島津四兄弟の残したもの

島田　叡〔1901～1945〕　しまだ・あきら
◇10万人を超す命を救った沖縄県知事・島田叡　TBSテレビ報道局『生きろ』取材班著　ポプラ社　2014.8　221p　18cm　（ポプラ新書 039）〈文献あり〉　780円　Ⓘ978-4-591-14125-0　Ⓝ318.299
内容　第1章 赴任直後に県政を再生　第2章 移動を続ける県庁を指揮　第3章 島田叡という人間を作ったもの　第4章 名選手から異色の官僚へ　第5章 今をもって県庁を解散する　第6章 島田叡の目指した道

島田　謹二〔1901～1993〕　しまだ・きんじ
◇島田謹二伝―日本人文学の「横綱」　小林信行著　京都　ミネルヴァ書房　2017.7　498,11p　22cm　（人と文化の探究 13）〈文献あり　年譜あり　索引あり〉　8000円　Ⓘ978-4-623-07623-9　Ⓝ289.1
内容　第1部 少・青年期（一九〇一～一九二八）（日本橋・神田岩本町・お茶の水・神田一ツ橋界隈　東北米沢・仙台へ　憧れの大学へ）　第2部 壮年期（一九二九～一九五五）（台湾での生活　祖国への帰還　若く美しい学問）　第3部 円熟期（一九五六～一九八五）（比較文学の確立　明治ナショナリズム研究の発展　ヨーロッパ各国・アメリカへの旅）　第4部 晩年（一九八六～一九九三）（花見をするように人生は面白い　名残の夢）

嶋田　久仁彦〔1935～〕　しまだ・くにひこ
◇感動をユーザーに―埼玉トヨタ自動車3代目70年史 地域で愛される仕事・企業 "販売の原点はユーザーにあり" 会長嶋田久仁彦　埼玉新聞社編　さいたま　埼玉新聞社　2016.12　419p　22cm　〈年表あり〉　2000円　Ⓘ978-4-87889-459-6　Ⓝ537.09
内容　第1章 血―父・嶋田光衛の背中見て　第2章 魂―私を育んだ満州の大地　第3章 志―埼玉トヨタ誕生と私　第4章 技―熱血下町セールスマン　第5章 誉―決断と挑戦の企業経営　第6章 命―地元埼玉に恩返しを　第7章 心―人生折々の多彩な宝物　会長・社長特別対談

嶋田　敬三〔1974～〕　しまだ・けいぞう
◇私のライフワーク―徳の貯金を積む　嶋田敬三著　福岡　梓書院　2016.12　157p　19cm　〈文献あり〉　1000円　Ⓘ978-4-87035-589-7　Ⓝ289.1
内容　第1章 学生時代　第2章 社会人　第3章 自我基盤の形成に費やす　第4章 毎日実践していること　第5章 学んだこと　第6章 福岡に徳を積む旅　一日目　第7章 福岡に徳を積む旅　二日目　第8章 ゴミも捨てられていない世の中を目指して

嶋田　繁太郎〔1883～1976〕　しまだ・しげたろう
◇海軍大将嶋田繁太郎備忘録・日記　1　備忘録第一～第五　嶋田繁太郎著, 軍事史学会編, 黒沢文貴, 相澤淳監修　錦正社　2017.9　16,444p　22cm　〈索引あり〉　9500円　Ⓘ978-4-7646-0346-2　Ⓝ397.21
内容　備忘録第一（軍令部次長 自昭和十年十二月～至十一年十二月）　備忘録第二（軍令部次長 自昭和十二年一月～至八月）　備忘録第三（軍令部次長 自昭和十二年九月～至十二月）　備忘録第四（第二艦隊、呉鎮守府、支那方面艦隊司令長官 自昭和十二年十二月～至十六年四月）　備忘録第五（支那方面艦隊司令長官、海軍大臣 自昭和十六年四月～至十九年五月）

◇五人の海軍大臣―太平洋戦争に至った日本海軍の指導者の蹉跌　吉田俊雄著　潮書房光人新社　2018.1　366p　16cm　（光人社NF文庫　よ1047）〈文春文庫 1986年刊の再刊　文献あり〉　860円　Ⓘ978-4-7698-3047-4　Ⓝ397.21
内容　序章 五人の人間像（永野修身　米内光政　吉田善吾 及び川古志郎　嶋田繁太郎）　第1章 永野修身（二・二六事件　満州事変　永野の登　軍部大臣現役武官制　日独防衛協定　永野人事か）　第2章 米内光政（盧溝橋の銃声　上海事変―日華事変　オレンジ計画　三国同盟問題）　第3章 吉田善吾（米内内閣への期待　アメリカの対日不信　近衛公に大命降下）　第4章 及川古志郎（日独伊三国同盟締結へ　暗号解読さる　日米交渉　日蘭交渉　第一委員会　日ソ中立条約締結　野村―ハル会談　独ソ開戦　なだ波風たちさわぐらむ　日米交渉の完ןון　総理に一任）　第5章 嶋田繁太郎（白紙還元　「十二月初頭開戦」を決意　ハル・ノート　ニイタカヤマノボレ一二〇八）

島田　達之助〔1933～〕　しまだ・たつのすけ
◇美川仏壇職人の譜　島田達之助著　金沢　北國新聞社（発売）　2017.5　241p　20cm　1300円　Ⓘ978-4-8330-2102-9　Ⓝ583.7
内容　唄ごころ　とある割烹にて　丁稚奉公　昭和二十五年　越中峠越えと大宴会　昭和二十六年一月　絵ごころ　女学生と若者　昭和二十六年一月　母からの手紙　昭和二十六年四月十四日　出会い　江差追分の集い　昭和二十六年四月　車季明け前後　昭和二十八年五月　密告　昭和三十年　父、倒れる　昭和三十一年〔ほか〕

島田　廣〔1919～2013〕　しまだ・ひろし
◇二人の舞踊家―指導者服部智恵子 振付師島田廣　森龍朗著　文藝春秋企画出版部　2018.10　735p　22cm　〈文献あり　年譜あり〉　発売：文藝春秋　4500円　Ⓘ978-4-16-008939-6　Ⓝ769.91

島田　文六〔1932～〕　しまだ・ぶんろく
◇失権　島田文六著　幻冬舎メディアコンサルティング　2017.12　211p　19cm　〈発売：幻冬舎〉　1100円　Ⓘ978-4-344-99456-0　Ⓝ289.6
内容　序 黄昏　神戸乗馬倶楽部　幻のオリンピック候補選手　昭和二〇年の夏　小さな本家　密命の打診　児玉誉士夫の影　神鋼・尼鉄の合併成立　夜の秘書課長　虚像「島田のブンブン」　震災バブル　虚像「シマブンBBビル」　失権　名義株裁判　利他の誇り　こころの石垣　神戸の空

嶋田　正義〔1935～〕　しまだ・まさよし
◇嶋田町政の折々　嶋田正義著　〔福崎町（兵庫県）〕　〔嶋田正義〕　2016.7　317p　19cm

島田 元太郎〔1870～1945〕しまだ・もとたろう
◇西伯利亞出兵物語―大正期、日本軍海外派兵の苦い記憶　土井全二郎著　潮書房光人社　2014.8　276p　20cm　〈文献あり〉　2200円　①978-4-7698-1575-4　Ⓝ210.69
内容　第1章 シベリアお菊　第2章 風雲児 島田元太郎　第3章 諜報員 石光真清　第4章 おらが総理 田中義一　第5章 アタマン・セミヨノフ　第6章 社会主義中尉 長山直厚　第7章 パルチザン 佐藤三千夫　第8章 革命軍飛行士 新保清　第9章 尼港副領事 石田虎松　第10章 「無名の師」総決算

島田 洋七〔1950～〕しまだ・ようしち
◇洋七・おかんのがばい介護日記　島田洋七著　朝日新聞出版　2015.2　205p　19cm　1200円　①978-4-02-331367-5　Ⓝ779.14
内容　佐賀に家を建てる　おかんが倒れた　母が倒れた―妻から　疲れ果てた晩に　家出のススメ　故郷へ帰る―妻から　消えたおはぎ　良い嘘と悪い嘘　アホでよかった　俺のプライド　誰かに頼ってみよう―妻から　人に謝らない　親孝行は最高の行事　開けっぴろげがいい　嫁の優しさ　父とおとんのこと―妻から　最期のとき

◇笑ってなんぼじゃ！―佐賀のがばいばあちゃんスペシャル　上　島田洋七著　徳間書店　2018.9　366p　15cm　（徳間文庫　し26-10）　700円　①978-4-19-894391-2　Ⓝ779.14
＊何が何だかわからないまま、広島駅でかあちゃんに汽車に押し込まれ、着いたところが佐賀のばあちゃんの家。小学2年生の昭広少年を待っていたのは、がばい（すごい）ばあちゃんとの貧乏だが楽しい毎日だった…！シリーズ総計550万部の国民的大ベストセラー、待望の新作登場！抱腹絶倒の新たなエピソードも加え、生きる勇気と知恵がわいてくる現代人必読の一冊。

◇笑ってなんぼじゃ！―佐賀のがばいばあちゃんスペシャル　下　島田洋七著　徳間書店　2018.12　460p　15cm　（徳間文庫　し26-11）　750円　①978-4-19-894419-3　Ⓝ779.14
内容　3 夢はしょせん夢、かなわなくてええ　4 人生は浮き沈みがあるから面白い　5 一つのトランクを二人で引っ張れ　6 男がやると決めたら最後までやるもんよ！　7 漫才ブームの幕開け、そして終焉　8 もっと高い山がいっぱいあるぞ

島村 光一〔1939～〕しまむら・こういち
◇商人の倅―昭和横浜ものがたり　島村光一著　幻冬舎メディアコンサルティング　2018.4　286p　19cm　〈発売：幻冬舎〉　1300円　①978-4-344-91666-1　Ⓝ289.1
内容　第1章 幼年の頃の記憶　第2章 私と家業　第3章 私にとっての商売　第4章 小学校時代の思い出　第5章 昨今の社会の変容と私の飛び込んだ社会　第6章 商人として身につけたこと　第7章 W大での生活について　第8章 受験期に考えたこと　第9章 誰のためにある社会か　第10章 家業から会社設立まで　第11章 移ろいゆく当たり前

島村 鼎甫〔1830～1881〕しまむら・ていほ
◇岡山の蘭学者島村鼎甫と石井信義―幕末・明治初年の日本医学を支えた蘭医たち　津下健哉著　岡山　吉備人出版　2016.3　155p　21cm　〈年譜あり　文献あり　年表あり〉　1500円　①978-4-86069-452-4　Ⓝ289.1

島村 速雄〔1858～1923〕しまむら・はやお
◇元帥島村速雄伝　中川繁丑著　復刻版　周南　マツノ書店　2017.4　1冊　22cm　〈年譜あり　原本：中川繁丑　昭和8年刊〉　Ⓝ289.1

島村 抱月〔1871～1918〕しまむら・ほうげつ
◇ドラマチック・ロシア in JAPAN　4　日露異色の群像30―文化・相互理解に尽くした人々　続　長塚英雄責任編集　生活ジャーナル　2017.12　531p　22cm　〈3の出版者：東洋書店〉　2800円　①978-4-88259-166-5　Ⓝ319.1038
内容　レフ・メーチニコフ（1838 - 1888）西郷が呼んだロシアの革命家　ニコライ・ラッセル（1850 - 1930）子孫が伝える二〇世紀の世界人の記憶　黒野義文（？- 1918）東京外語露語科からペテルブルグ大学東洋語学部へ　小西増太郎（1861 - 1939）トルストイとスターリンに会った日本人―激動の昭和を生きた祖父小西増太郎　ニコライ・マトヴェーエフ（1865 - 1941）マトヴェーエフと戦後最初のロシア人観光団　徳富蘆花（1868 - 1927）日本におけるトルストイ受容の先駆者として　セルギイ・チホミーロフ（1871 - 1945）日本の府主教セルギイ―その悲劇の半生　内田良平（1874 - 1937）「黒龍会」内田良平のロシア観　瀬沼夏葉（1875 - 1915）瀬沼夏葉とチェーホフ作品の翻訳　相馬黒光（1875 - 1955）"アンビシャスガール"とロシア文化〔ほか〕

◇現代文士廿八人　中村武羅夫著　講談社　2018.6　217p　16cm　（講談社文芸文庫　なU1）〈日高有倫堂 1909年刊の再編集〉　1600円　①978-4-06-511864-1　Ⓝ910.261
内容　田山花袋　国木田独歩　生田葵山　夏目漱石　菊池幽芳　小川未明　小杉天外　内藤鳴雪　徳田秋声　水野葉舟〔ほか〕

島本 和彦〔1961～〕しまもと・かずひこ
◇島本和彦本　島本和彦著　小学館　2017.12　223p　21cm　（SHONEN SUNDAY COMICS SPECIAL―漫画家本 vol.3）〈著作目録あり〉　1300円　①978-4-09-128072-5　Ⓝ726.101

島本 小雪〔1940～〕しまもと・こゆき
◇ロダンのミラクル―往年の自叙伝　島本小雪著　文芸社　2014.8　165p　19cm　1300円　①978-4-286-14766-6　Ⓝ289.1

嶋本 昭三〔1928～2013〕しまもと・しょうぞう
◇嶋本昭三オーラル・ヒストリー　嶋本昭三述, 加藤瑞穂, 池上裕子インタヴュアー　〔出版地不明〕　日本美術オーラル・ヒストリー・アーカイヴ　2015.3　56p　30cm　〈ホルダー入〉　Ⓝ702.16

島本 順光〔1946～〕しまもと・のぶてる
◇元航空自衛官が20年間国会議員秘書をやってみた　島本順光著　ワニブックス　2014.12　191p　18cm　（ワニブックス｜PLUS｜新書

130) 830円 ①978-4-8470-6556-9 Ⓝ314.18
内容 第1章 知られざる議員秘書の舞台裏（秘書が命を懸けてまで守ったこととは　議員と秘書は、戦国武将と家臣の関係と同じ　ほか）　第2章 '14年都知事選の田母神候補の戦い（私と田母神俊雄氏との出会い　何の支持団体もなかった田母神氏をサポート　ほか）　第3章 私が議員秘書二〇年で見てきたもの（私が航空自衛官から秘書になった理由とは　田村さんとの関わりと自衛隊での仕事　ほか）　第4章 議員秘書の「裏技」仕事術（選挙終了後も危険管理が必要　"風"で通った議員が二期目の選挙で負けるワケ　ほか）　第5章 二〇年の秘書生活から見えてきたこと（国会議員が政治資金を集めるさまざまな方法　問題が発生しがちな企業、個人からの寄付　ほか）

しみけん〔1979～〕
◇AV男優しみけん光り輝くクズでありたい　しみけん著　扶桑社　2015.6　231p　19cm　1300円　①978-4-594-07262-9　Ⓝ778.21
内容 第1章 AVの素朴な疑問に答えるAV男優あるある（AV男優はベンガルトラなみの絶滅危惧種!?　撮影現場での大敵とは!?　ほか）　第2章 AV男優になるまで（初体験は高校1年生　AVの素晴らしさに目覚める　ほか）　第3章 1日2現場が基本!?AV男優の日常生活（AV男優の1日　AV男優の食事　ほか）　第4章 AV男優になれる人、なれない人 AV男優としての仕事論（「可愛いコじゃとダメ」では男優は務まらない　若手AV男優が育たないワケ　ほか）　第5章 AV男優だから知っているワザ。女性を喜ばせるしみテクを直伝（SEXが、女性の体を使ったオナニーになっていないか？　SEXの前にボディメンテナンス　ほか）

ジミー桜井〔1963～〕　じみーさくらい
◇世界で一番ジミー・ペイジになろうとした男　ジミー桜井,田坂圭共著　リットーミュージック　2018.7　319p　19cm　（Guitar magazine）〈他言語標題：MR.JIMMY the man who would be jimmy page〉　1800円　①978-4-8456-3251-0　Ⓝ764.7
内容 まえがき―ギター・ヒーローの新しいカタチ　第1章 レッド・ツェッペリンに憧れて　第2章 ジミー・ペイジに向かう道　第3章 すべての楽器が教えてくれる　第4章 飛躍へのステップ　第5章 運命を賭したアメリカ進出　第6章 次なる夢への決断　第7章 リバイバル・バンドの挑戦　第8章 もっとペイジらしく、もっと自分らしく

清水 幾太郎〔1907～1988〕　しみず・いくたろう
◇清水幾太郎―異彩の学匠の思想と実践　庄司武史著　京都　ミネルヴァ書房　2015.10　407,4p　22cm　（人と文化の探究 11）〈文献あり　年譜あり　索引あり〉　6500円　①978-4-623-07418-1　Ⓝ289.1
内容 第1部 批判的社会学者として（社会学とマルクス主義とのはざまで　初期のオーギュスト・コント研究　社会学成立史の問題と『社会と個人』構想　清水周辺のコント研究）　第2部 思想家として立つ（デューイ受容とその帰結　結ばれたデューイとコント　社会集団論と市民社会論）　第3部 現実との苦闘のなかで（戦時下の現実―昭和研究会と読売新聞社説委員　戦後「啓蒙」の寵児―再建の時代　思想としての機械時代―清水の戦後社会観　六〇年安保の思想前史―内灘の理想と現実　一九七〇年代の地震論―「地震後派」の環境観　衰えなかった気概―時代の移り変わりとともに　書き手として、紹介者として―文章論と翻訳　浮かび上がる思想家・清水幾太郎）
◇清水幾太郎の覇権と忘却―メディアと知識人　竹内洋著　中央公論新社　2018.2　423p　16cm　（中公文庫 た74-4）〈「メディアと知識人」（2012年刊）の改題　文献あり　年譜あり　索引あり〉　1100円　①978-4-12-206545-1　Ⓝ289.1
内容 序章 メディア知識人の原型　1章 インテリになりたい　2章 断たれた東大教授への道　3章 迎合・抵抗・差異化　4章 スターダムに　5章 スランプ・陶酔・幻滅　6章 アラーミストに　終章 覇権と忘却

清水 卯三郎〔1829～1910〕　しみず・うさぶろう
◇歴史に隠れた大商人清水卯三郎　今井博昭著　幻冬舎メディアコンサルティング　2014.12　222p　18cm　（幻冬舎ルネッサンス新書　い-3-2）〈文献あり　年譜あり　発売：幻冬舎〉　778円　①978-4-344-97123-3　Ⓝ289.1
内容 第1章 学問に目覚める　第2章 日本の開国　第3章 外国語の習得　第4章 薩英戦争　第5章 パリ万国博覧会　第6章 瑞穂屋を開業する　第7章 仮名文字の普及を提唱　第8章 近代歯科医学の発展に貢献

清水 喜市〔1893～1940〕　しみず・きいち
◇清水喜市―播磨の部落解放運動家　人の世に熱あれ人間に光あれ　松岡秀隆著　福崎町（兵庫県）　松岡秀隆　2017.10　98p　18cm　〈私家版〉　非売品　Ⓝ289.1

清水 金一〔1912～1966〕　しみず・きんいち
◇昭和芸人七人の最期　笹山敬輔著　文藝春秋　2016.5　249p　16cm　（文春文庫 さ67-1）〈文献あり〉　620円　①978-4-16-790625-2　Ⓝ779.9
内容 第1章 榎本健一・65歳没―片脚の宙返り　第2章 古川ロッパ・57歳没―インテリ芸人の孤独　第3章 横山エンタツ・74歳没―運命のコンビ解散　第4章 石田一松・53歳没―自惚れた歌ネタ芸人　第5章 清水金一・54歳没―主役しかできない人　第6章 柳家金語楼・71歳没―元祖テレビ芸人の帰る家　第7章 トニー谷・69歳没―占領下が生んだコメディアン　特別インタビュー 最後の喜劇人、芸人の最期を語る―伊東四朗

清水 健〔1976～〕　しみず・けん
◇笑顔のママと僕と息子の973日間―シングルファーザーは今日も奮闘中　清水健著　小学館　2017.10　207p　19cm　1300円　①978-4-09-388582-9　Ⓝ289.1
内容 第1章 壁を作ってしまったキャスター（シングルファーザーになって　発熱　ほか）　第2章 パパは替えがきかない（大阪マラソン　泣き止むCD　ほか）　第3章 失敗連続の子育て（息子との時間　よーい、ドン！　ほか）　第4章 講演のあとで…（初めての講演「シミケン、がんばれ！」　ほか）　奈緒へ（ママはいつも笑顔だった　息子はこんなに大きくなった　ほか）

清水 興〔1956～〕 しみず・こう
◇五人の狂詩曲—NANIWA EXPRESS自伝　NANIWA EXPRESS著　国分寺　アルファノート　2018.9　287p　19cm　1980円　①978-4-906954-75-9　⑭764.7
内容 1章 NANIWA EXPRESS40年の狂詩曲　2章 清水興狂詩曲　3章 岩見和彦狂詩曲　4章 中村建治狂詩曲　5章 東原力哉狂詩曲　6章 青柳誠狂詩曲

清水 志佳子〔1929～2007〕 しみず・しかこ
◇志佳子さん—二人で一人の物語 極私的昭和史　木村木實著　王子通信　2015.11　69p　26cm　〈和装〉　⑭289.1

清水 順三〔1946～〕 しみず・じゅんぞう
◇明るく楽しく元気な会社に　清水順三著　名古屋　中部経済新聞社　2016.6　166p　18cm　（中経マイウェイ新書 31）　800円　①978-4-88520-201-8　⑭289.1

清水 省三 しみず・しょうぞう
◇「誘われる」転職術—世界一を獲った保険営業マンが教える　清水省三著　カナリアコミュニケーションズ　2015.10　163p　19cm　1500円　①978-4-7782-0315-3　⑭289.1
内容 はじめに 「うちへおいで」と言われ、世界一を受賞した私　第1章 高校→大工→配管工 人生にムダはない！ 失敗、挫折がきっかけで歩みはじめた職人の道　第2章 配管工→学生→実習助手 社会のために！ 現場仕事と両立し、教育者を目指す　第3章 実習助手→バリ島勤務 二度のチャンスをGET！ あらゆる能力を生かし働いた日々　第4章 バリ島勤務→保険営業マン 未来のために！ アートセンスを生かして「保険営業マン」へ転職　第5章 保険営業マン→世界一の賞 ナンバー1！ 世界が認めた、清水流のお客様サービス　あとがき 「明日のために」清水省三が今考えている5つのこと

清水 成駿〔1948～2016〕 しみず・せいしゅん
◇成駿伝—孤独の◎は永遠に—　「成駿伝」製作委員会監修　ベストセラーズ　2017.4　220p　21cm　〈年譜あり〉　1852円　①978-4-584-13787-1　⑭289.1
内容 1998年ダービー—ボールドエンペラー◎特集 同年齢の盟友が明かすブレない予想と「成駿らしい」印　特別寄稿 ダービー馬の母はセイミュンだったこの男はタダ者じゃない—成駿押し！「予想家アンカツ」の太鼓判　特別対談 好敵手であり、盟友 酒が紡いだ3人の絆　"後継者"に託されたダービー予想の教え—皐月賞の読過後を見逃すな ウオッカ、マカヒキ、レッツゴードンキ…伝説の東スポ1面その舞台裏　2007年ダービー秘話—「ウオッカ」をもう一杯！「西の仕掛人」が語る名コラム誕生の瞬間—「スーパーショット」の仕掛人 コレがあったから「孤独の◎」が打てた！—情報収集、分析力、そして想像力　16年7月、オレたちは清水さんの病室を訪れた—あの日、最後の取材で聞いたこと "声"に魅せられたファンに捧げるエピソード—実況事故！？ 絶叫と呟きが入っちゃった　不世出のエンターテイナーに贈る惜別の辞—「予想家の時代」の次に何をすべきか みんなの成駿—ファンの心に生き続ける予想の数々

清水 哲〔1966～〕 しみず・てつ
◇現代人の伝記 2　致知編集部編著　致知出版社　2014.11　85p　26cm　1000円　①978-4-8009-1059-2　⑭280.8
内容 1 大平光代（弁護士）/清水哲—悲しみとの出会いが教えてくれたもの　2 永守重信（日本電産社長）—「すぐやる、必ずやる、出来るまでやる」　3 塩沢みどり（スペース水輪代表理事）—純度百％の愛と祈り、そして誠　4 畠山重篤（牡蠣の森を慕う会代表）—「森は海の恋人」運動で心を動かし、環境を変える　5 奥崎祐子（ホテル松政女将）—思いっきり自分らしく女将の夢を追う　6 草間吉夫（東北福祉大学職員）—血縁は薄くとも他人の縁に恵まれて　7 尾車浩一（尾車部屋親方）/大橋秀行（大橋ボクシングジム会長）——道に賭ける者の人間学

清水 藤太郎〔1886～1976〕 しみず・とうたろう
◇まず薬局へおいでなさい—薬学の巨人清水藤太郎　天野宏,百瀬弥寿徳著　みみずく舎　2014.10　203p　20cm　〈文献あり 著作目録あり 年譜あり　発売：医学評論社〉　1900円　①978-4-86399-268-9　⑭289.1

清水 直美〔1977～〕 しみず・なおみ
◇経営学と幸せの法則　清水直美著　ゴマブックス　2016.8　95p　21cm　1380円　①978-4-7771-1841-0　⑭289.1
内容 第1章 経営学は日常に応用できる　第2章 人間関係に活きる経営学　第3章 台所でも活きる経営学　第4章 育児に活きる経営学　第5章 美容に活きる経営学　第6章 幸せになるための経営学

清水 文雄〔1903～1998〕 しみず・ふみお
◇清水文雄「戦中日記」—文学・教育・時局　清水文雄著,清水明雄編　笠間書院　2016.10　616,8p　22cm　〈著作目録あり 年譜あり 索引あり〉　3700円　①978-4-305-70816-8　⑭289.1
内容 日本文学の会日誌(昭和十三年(一九三八)三十五歳　昭和十五年(一九四〇)三十七歳　昭和十六年(一九四一)三十八歳)　戦中日記(その1)(昭和十二年～十五年(一九三七～四〇)三十四歳～三十七歳　昭和十八年(一九四三)四十歳　昭和十九年二月・六月(一九四四)四十一歳 ほか)　戦中日記(その2)(昭和十九年九月(一九四四) 昭和十九年十月　昭和十九年十一月・十二月 ほか)

清水 富美加　しみず・ふみか
⇒千眼美子（せんげん・よしこ）を見よ

清水 正博〔1947～〕 しみず・まさひろ
◇走りながら祈る—制御不能な神秘体験　清水正博著　姫路　きれい・ねっと　2015.1　245p　19cm　〈発売：星雲社〉　1500円　①978-4-434-20234-6　⑭289.1
内容 第1章 阪神大震災と奇跡体験　第2章 二つのサイババの物質化現象　第3章 二足のわらじの始まり　第4章 メキシコからキューバへの道　第5章 社会に出てみれば　第6章 出会えるべき出会い 会報「出会い」より　第7章 3・11津波からのメッセージ

清水 マリ〔1936～〕 しみず・まり
◇鉄腕アトムと共に生きて—声優が語るアニメの

世界 清水マリ著 さいたま さきたま出版会 2015.6 287p 19cm 1800円 ⓘ978-4-87891-420-1 Ⓝ778.77

清水 ミチコ〔1960〜〕 しみず・みちこ
◇主婦と演芸 清水ミチコ著 幻冬舎 2016.2 283p 16cm （幻冬舎文庫 し-31-2） 600円 ⓘ978-4-344-42433-3 Ⓝ779.9
内容 2006年 誰か"ヒッコミ芸"でデビューして！ 2007年 最近の映画館はなんて冷たいの!? 2008年 普通にいるだけで面白い人、黒柳徹子さん 2009年 私は犬が大好きすぎて飼えません！ 2010年 街で拾った名言「忘れ物に理由なんてない」 2011年「同じお名前ですね」。皇后さまのお言葉に私はもう失神寸前！ 2012年 マルベル堂でブロマイド撮ってきました！

清水 安三〔1891〜1988〕 しみず・やすぞう
◇清水安三と中国 続 太田哲男著 町田 太田哲男 2018.12 114p 30cm 〈私家版 「続」のタイトル関連情報：その人的ネットワークと学校〉 Ⓝ198.321

清水 梁山〔1864〜1928〕 しみず・りょうさん
◇シリーズ日蓮 5 現代世界と日蓮 小松邦彰、西山茂、上杉清文、末木文美士、花野充道編集委員 上杉清文、末木文美士責任編集 著 春秋社 2015.5 410p 22cm 〈他言語標題：Series NICHIREN〉 4000円 ⓘ978-4-393-17355-8 Ⓝ188.92
内容 序章 一九六八年の思想と立正安国 1 近代教学と日蓮思想（日蓮教学の展開と論争―近世から近代へ 戦後の日蓮宗 世俗化と日蓮仏教―松戸行雄の「凡夫本仏論」をめぐって） 2 国家と日蓮思想（国家・国体と日蓮思想（田中智学を中心に） 清水梁山の生涯と思想） 超国家主義と日蓮思想―最後の山崎樗牛 宗教と暴力―日蓮の思想と信仰を中心に） 3 他者と日蓮思想（上原専禄の生涯と思想―日蓮と死者をめぐって 他者と日蓮認識―上原専禄を中心として 他者との関わり―法華 日蓮系新宗教における他者と公共性 悲しみの日蓮―死者・回向・葬式仏教） 4 生命と日蓮思想（修羅の科学者 宮沢賢治 霊性の宇宙―宮沢賢治と法華経 生命論と日蓮思想 環境と共生）

清水次郎長〔1820〜1893〕 しみずのじろちょう
◇幕末明治 異能の日本人 出久根達郎著 草思社 2015.12 270p 19cm 1700円 ⓘ978-4-7942-2174-2 Ⓝ281.04
内容 1 無私の超人、二宮金次郎 2 知の巨人、幸田露伴―近代文学再発掘 3 巡礼の歌人、天田愚庵・他―幕末明治群雄伝

志村 和男〔1904〜1989〕 しむら・かずお
◇志村和男人と作品 志村三郎監修 川崎 シムス 2016.6 232p 30cm 非売品 Ⓝ289.1

志村 ふくみ〔1924〜〕 しむら・ふくみ
◇遺言―対談と往復書簡 志村ふくみ、石牟礼道子著 筑摩書房 2014.10 221p 20cm 2200円 ⓘ978-4-480-81677-1 Ⓝ914.6
内容 二〇一一（平成二十三）年（志村ふくみより石牟礼道子へ 三月十三日 志村ふくみより石牟礼道子へ 七月三十日 志村ふくみより石牟礼道子へ 八月八日 ほか） 二〇一二（平成二十四）年（石牟礼道子より志村ふくみへ 一月二十日 志村ふくみより石牟礼道子へ 一月三十日 石牟礼道子より志村ふくみへ 二月二十四日 ほか） 二〇一三（平成二十五）年（石牟礼道子から志村ふくみ、洋子へ 五月円三日 石牟礼道子より志村ふくみ、洋子へ 五月二十七日 石牟礼道子より志村ふくみ、洋子へ 五月三十日）
◇緋の舟―往復書簡 志村ふくみ、若松英輔著 求龍堂 2016.10 279p 20cm 〈文献あり〉 2800円 ⓘ978-4-7630-1628-7 Ⓝ914.6
＊いかに手紙で伝えるか。染織作家と批評家の魂の交感。

志村 亮〔1966〜〕 しむら・りょう
◇プロ野球を選ばなかった怪物たち 元永知宏著 イースト・プレス 2018.11 238p 19cm 〈文献あり〉 1500円 ⓘ978-4-7816-1723-7 Ⓝ783.7
内容 第1章 山根佑太―東京六大学のスラッガーはなぜ野球をやめたのか 第2章 杉浦正則―世界の頂点を目指した"ミスター・オリンピック" 第3章 鍛治舎巧―パナソニック人事部長から高校野球の名監督に 第4章 志村亮―ビジネスマンを選んだ伝説の左腕 第5章 應武篤良―"プロ"へと育てる"アマチュア"球界の名将 第6章 山中正竹―"小さな大投手"は球界の第一人者で 番外 遠藤良平―プロに挑戦した東大のエース

志茂 太郎〔1900〜1980〕 しも・たろう
◇志茂太郎と蔵書票の世界―日本書票協会の創設者 倉敷ぶんか倶楽部編 岡山 日本文教出版 2018.10 156p 15cm （岡山文庫 311）〈年譜あり〉 900円 ⓘ978-4-8212-5311-1 Ⓝ024.9
内容 1章 蔵書票ってなんですか？（蔵書票ってなんですか？ 蔵書票には文字がある ほか） 2章 志茂太郎と日本書票協会（「書票」という名称について 「書窓」の創刊 ほか） 3章 志茂太郎に協力した版画家たち 4章 志茂太郎と久米南町図書館（志茂太郎と久米南町図書館 久米南町図書館の書票の顕彰活動 ほか） 5章 資料編（再録 蔵書票のはなし 志茂太郎の略歴 ほか）

下出 隼吉〔1897〜1931〕 しもいで・しゅんきち
◇下出民義父子の事業と文化活動 愛知東邦大学地域創造研究所編 唯学書房 2017.10 114p 21cm （地域創造研究叢書 no.28）〈著作目録あり 文献あり 年表あり 発売：アジール・プロダクション〔東京〕〉 2000円 ⓘ978-4-908407-13-0 Ⓝ602.155
内容 第1章 下出隼吉の生涯 第2章『明治文化全集』と下出隼吉 第3章 昭和戦前期における下出義雄の活動と思想―東邦学園所蔵『東邦商業新聞』を手がかりとして 第4章 八重垣劇場誕生とその時代 第5章 東邦商業野球部の黄金時代と野球統制 第6章 寒川恒貞による水力発電開発と電気製鋼事業の草創 第7章 木曽川電力と大同電気製鋼所木曽福島工場の変遷

下出 民義〔1861〜1952〕 しもいで・たみよし
◇下出民義父子の事業と文化活動 愛知東邦大学

地域創造研究所編　唯学書房　2017.10　114p　21cm　(地域創造研究叢書 no.28)〈著作目録あり　文献あり　年表あり　発売：アジール・プロダクション〔東京〕〉　2000円　Ⓘ978-4-908407-13-0　Ⓝ602.155

内容　第1章 下出隼吉の生涯　第2章 『明治文化全集』と下出隼吉　第3章 昭和戦前期における下出義雄の活動と思想―東邦学園所蔵『東邦商業新聞』を手がかりとして　第4章 八重垣劇場誕生とその時代　第5章 東邦商業野球部の黄金時代と野球統制　第6章 寒川恒貞による水力発電開発と電気製鋼事業の草創　第7章 木曽川電力と大同電気製鋼所木曽福島工場の変遷

下川 浩平〔1944～〕　しもかわ・こうへい
◇意あれば道は拓く　下川浩平著　名古屋　中部経済新聞社　2015.9　214p　18cm　(中経マイウェイ新書 026)　800円　Ⓘ978-4-88520-194-3　Ⓝ289.1

下川 眞季〔1957～〕　しもかわ・まさき
◇「かわいい」のわざが世界を変える―フィールウェアという発想　下川眞季著　彩流社　2017.6　174p　19cm　〈文献あり〉　1800円　Ⓘ978-4-7791-2322-1　Ⓝ501.84

内容　第1章 フィールウェア物語(モノづくり・匠の技はフィールウェアの時代へ　ハードウェアは「身体」、ソフトウェアは「頭脳」、フィールウェアは「心・感性」ほか)　第2章 世界に挑戦したフィールウェア(「ハイパージャパン」への挑戦　発掘！「フィールウェア」匠たち ほか)　第3章 感性モノづくりの世界(モノづくりを取り巻く社会の現状　ビジネスにならなかった七十六パーセントのタネ ほか)　第4章 フィールウェアの未来(フィールウェアのオーナーショップ開設　誕生！フィールウェア倶楽部 ほか)

下川 美奈〔1972～〕　しもかわ・みな
◇テレビ報道記者　下川美奈著　ワック　2016.12　178p　19cm　1300円　Ⓘ978-4-89831-453-1　Ⓝ699.64

内容　プロローグ 「オウムイヤー」の暑い夏　第1章 駆け出しの社会部記者は泣いたり、怒鳴ったり―一九九六～二〇〇三　第2章 再び警視庁クラブへ―二〇〇三～二〇〇六　第3章 警視庁クラブで最初の女性キャップ―二〇〇六～二〇〇八　第4章 社会部デスクとキャスター 二足の草鞋―二〇〇九～二〇一一　第5章「情報ライブ ミヤネ屋」と「深層NEWS」―二〇一一～　エピローグ 酒とゴルフと男と女

下里 知足〔1640～1704〕　しもざと・ちそく
◇下里知足の文事の研究　第2部論文篇　第3部年表篇　森川昭著　大阪　和泉書院　2015.1　878p　22cm　〈布装〉　18000円　Ⓘ978-4-7576-0728-6　Ⓝ911.33

内容　第二部 論文篇(下里知足の生涯　延宝四年西鶴歳旦帳　延宝七己未名古屋歳旦板行之写シ　知足時代の鳴海歳旦事情　大柿壇海桑名名古屋四ツ替リ新出芭蕉評巻二点をめぐって　喚続集の成立　西鶴と知足 ほか)　第三部 年表篇

下沢 隆〔1930～2016〕　しもざわ・たかし
◇生涯変わらなかった情熱 下沢隆先生の研究生活と教育活動―追悼記念誌　追悼記念誌編集委員会編　〔出版地不明〕　追悼記念誌編集委員会　2017.9　110p　30cm　〈著作目録あり〉　非売品　Ⓝ430

下敷領 節子〔1923～2009〕　しもしきりょう・せつこ
◇イッシー音頭の下敷領節子・作曲の歩み　下敷領節子作曲・保存会編著　指宿　下敷領節子作曲・保存会　〔2018〕　148p　26cm　1000円　Ⓝ762.1

下重 雅子〔?～1988〕　しもじゅう・まさこ
◇母の恋文　下重暁子著　KADOKAWA　2016.6　167p　18cm　〈他言語標題：Mother's Love Letters〉　1000円　Ⓘ978-4-04-601547-1　Ⓝ289.1

内容　プロローグ 一九三五年、命の芽生え―父が描いた一枚の絵　第1章 不幸な結婚を乗り越えて　第2章 まだ見ぬ人につのる恋心　第3章 別れを思い、心乱れる日々　第4章 自分の意志を貫き、思いをぶつける　第5章 大切な人を信じて、待つ　エピローグ 二〇一二年、旅順―陸軍官舎前で

下條 武男〔1931～〕　しもじょう・たけお
◇360度思考で生涯現役―楽しくダイナミックに！　続　下條武男著　日刊工業新聞社　2017.3　219p　19cm　1500円　Ⓘ978-4-526-07700-5　Ⓝ007.35

内容　第1部 ヘソ曲がりの紆余曲折の人生(私が密かに信ずる「大自然の法則」　大自然にも人にも謙虚であれ　経営者に必要な「運・根・鈍」　健康法も「大自然の法則」をもとに　三六〇度思考の「嗜好」と「鈍」の精神で　創業者としての経験から―ベンチャー企業を起こす人が増えるための教育―「ベンチャーが経済、社会を活性化する」という主張は四十年以上前から　ベンチャー企業を起こす人が増えると同時に、失敗を減らすために―起業に向いている人と向いていない人がいる　熟考し冷静な判断を　教育も既成概念、固定観念にとらわれず、三六〇度思考(志向)で変えよう　言葉の大きな役割 相手の言うことを理解し、正しく伝えることの難しさ―「頭を白紙にし、先入観なしで」　大切な「聞く心を持つ」という姿勢　現代社会における技術開発の恩恵と限界―私は元システムエンジニアだが、パソコンも携帯電話も使わない)　第2部 戦争も争いもない理想の世界を願って(NPO法人アジア起業家村推進機構で国境を越えて、共に発展しよう　"地球全州国"を目指そう！　資本主義と共産主義のミックス型社会を)

下條 英敏〔1935～〕　しもじょう・ひでとし
◇大連から日本へ―子供時代の記憶 激動の戦中・戦後を生き抜いた庶民生活のちぎり絵　下條英敏著　大阪　パレード　2017.8　113p　19cm　(Parade books)〈年表あり〉　Ⓘ978-4-86522-124-4　Ⓝ289.1

下田 歌子〔1854～1936〕　しもだ・うたこ
◇凛として―近代日本女子教育の先駆者 下田歌子　仲俊二郎著　栄光出版社　2014.11　241p　20cm　〈文献あり〉　1500円　Ⓘ978-4-7541-0146-6　Ⓝ913.6

内容 1 ぬれぎぬ　2 忍び寄る危機　3 四面楚歌　4 招かれざる嵐　5 極貧にもめげず　6 青雲の大志に燃えて　7 夜明け前　8 宮中出仕　9 桃夭女塾を創立　10 華族女学校時代　11 満を持して実践女学校を創立

◇近代日本を創った7人の女性　長尾剛著　PHP研究所　2016.11　314p　15cm　（PHP文庫 な34-15）〈文献あり〉　640円　①978-4-569-76639-3　Ⓝ281.04

内容 序章として―二人の、ある女性の話　津田梅子―近代女子教育の先駆者　羽仁もと子―日本初の女性ジャーナリスト　福田英子―自由を求めた東洋のジャンヌ・ダルク　下田歌子―明治国家に愛された女子教育者　吉岡彌生―女性医師の道を切り開いた教育者　岡本かの子―剥き出しの愛を文学にたたきつけた作家　山田わか―数奇な半生を経て母性の力を訴えた思想家

下田　靖司〔1933〜〕　しもだ・せいじ
◇反骨の街道を行く　下田靖司著　盛岡　岩手復興書店　2014.7　206p　21cm　1000円　①978-4-907100-24-7　Ⓝ289.1

下谷　政弘〔1944〜〕　しもたに・まさひろ
◇随想経済学と日本語　下谷政弘著　日本経済評論社　2016.2　178p　19cm　2000円　①978-4-8188-2416-4　Ⓝ331.049

内容 すべては往事渺茫―まえがきに代えて　裏日本と小京都　日本海と地域語　私の研究遍歴　―Q六九　堀江英一先生の大転換　『日本窒素史への証言』と鎌田正二さん　大阪経済大学から京大へ　ワード・プロセッサー　ハーバード・イェンチン研究所〔ほか〕

下出　義雄〔1890〜1958〕　しもいで・よしお
◇下出義雄の社会的活動とその背景　愛知東邦大学地域創造研究所編　唯学書房　2018.3　106p　21cm　（地域創造研究叢書 no.29）〈年譜あり〉　発売：アジール・プロダクション〉　2000円　①978-4-908407-15-4　Ⓝ289.1

内容 第1部 下出義雄の教育活動（下出義雄と「下出文庫」　下出義雄のめざした教育に応えた教師たち　大同製鋼の技術者養成）　第2部 下出義雄の経済活動（『中央日本經濟大観』と下出義雄の一文　下出文庫史料に見る電力会社の概要　東條英機の大同製鋼視察とその時代　ほか）　第3部 下出義雄の文化・社会活動（下出書店と杉原三郎　ボーイスカウトを教育に導入した下出義雄）　附録 東邦保育園の足跡

下中　弥三郎〔1878〜1961〕　しもなか・やさぶろう
◇下中彌三郎―アジア主義から世界連邦運動へ　中島岳志著　平凡社　2015.3　383p　20cm　〈平凡社創業一〇〇周年記念出版　文献あり　年譜あり〉　2400円　①978-4-582-82474-2　Ⓝ289.1

内容 第1章 若き日（生い立ち　父の死　ほか）　第2章 革新の時代（『や、此は便利だ』平凡社の誕生　ほか）　第3章 皇国日本による世界統一（愛国勤労党　無産政党の合同　ほか）　第4章 世界連邦・非武装中立・平和憲法（東京裁判と公職追放　世界連邦運動への参画　ほか）

◇平凡社百年史―1914-1973　別巻　下中彌三郎と平凡社の歩み　尾崎秀樹著　平凡社　2015.6　264p　27cm　①978-4-582-45005-7　Ⓝ023.067

下野　六太〔1964〜〕　しもの・ろった
◇君のために走り続けたい！―国は人がつくる人は教育がつくる　しもの六太著　鳳書院　2018.10　94p　21cm　463円　①978-4-87122-193-1　Ⓝ373.1

内容 序章 やればできる！　第1章 たくましき庶民の誇り　第2章 一人も置き去りにしない　第3章 夢は必ず叶う　第4章 未来への扉　しもの式体育「世界一受けたい教育"鉄棒・マット"」（林家まる子さん　こっちゃん　しもの六太）　教育対談「日本を『教育立国』に」（水谷修さん（夜回り先生）　しもの六太）

下総　皖一〔1898〜1962〕　しもふさ・かんいち
◇下總皖一―「野菊」「たなばたさま」などの作曲家　中島睦雄著　さいたま　さきたま出版会　2018.12　94p　21cm　（もっと知りたい埼玉のひと）〈文献あり　著作目録あり　年表あり〉　1200円　①978-4-87891-453-9　Ⓝ762.1

内容 利根川のほとりで　魅惑のオルガンの音　自分のリズムをつかむ　上野の杜で学ぶ　音楽学校の一番が何になる　覚三から皖一へ　憧れのドイツ留学　世界最高峰のヒンデミットに　飛んでゆく霊魂　丸ちゃん・ガッチャン　名曲「野菊」の誕生　美しい歌の数々　西洋音楽と日本音楽の橋渡し　音楽は楽しく素晴らしい　日本の和声学の神様　厳しさと優しさと　文学者を夢みて　音楽者として初の音楽学部長　おじいこ　『たなばたさま』に送られて

下村　治〔1910〜1989〕　しもむら・おさむ
◇ひとびとの精神史　第4巻　東京オリンピック―1960年代　苅谷剛彦編　岩波書店　2015.10　329p　19cm　2500円　①978-4-00-028804-0　Ⓝ281.04

内容 1 高度成長とナショナリズム（下村治―国民のための経済成長　十河信二―新幹線にかける「夢」　河西昌枝―引退できなかった「東洋の魔女」　手塚治虫―逆風が育てた「マンガの神様」　原田正純―胎児性水俣病の「発見」）　2 民族大移動―農村と都市の変貌（高村三郎と永山則夫―集団就職という体験　大牟羅良―農村の変貌と岩手の農民　室原知幸―公共事業のあり方を問い続けた「蜂の巣城主」　千石剛賢―日本的家族観に抗した「イエスの方舟」）　3 ベトナム戦争と日本社会（小田実―平等主義と言論で世界の人びとをつなぐ　岡村昭彦―ベトナム戦争を直視して　鶴見良行―「足の人」はいかに思考したか）

下村　定〔1887〜1968〕　しもむら・さだむ
◇米国国立公文書館機密解除資料　CIA日本人ファイル　第7巻‐第12巻　加藤哲郎編・解説　現代史料出版　2014.12　6冊（セット）　30cm　190000円　①978-4-87785-303-7　Ⓝ319.1053

内容 第7巻（大川周明　笹川良一　重光葵　下村定）　第8巻（小野寺信）　第9巻（正力松太郎）　第10巻（辰巳栄一　和知鷹二　和智恒蔵）　第11巻（辻政信（1））　第12巻（辻政信（2））

霜村　昭平〔1931〜〕　しもむら・しょうへい
◇実録 7人の勝負師　鍋島高明著　パンローリン

グ　2017.8　367p　20cm　2000円　Ⓘ978-4-7759-9151-0　Ⓝ676.7

内容　1 成金鈴久（鈴木久五郎）—伝説の大盤振舞い、槿花一日の栄　2 松谷天一坊（松谷元三郎）—一文無しで堂島乗っ取る　3 非命の栄之助（岩本栄之助）—悲運、されど公会堂と共に在る　4 白眉の丸人将軍（村上太三郎）—売りで勝負、大々相場師　5 梟雄島徳（島徳蔵）—「悪名でもいい、無名よりましだ」　6 不敗の山昭（霜村昭平）—相場こそわが人生　7 天下の雨яг（雨宮敬次郎）—投機界の魔王は事業の鬼

下村　博文〔1954～〕　しもむら・ひろふみ
◇9歳で突然父を亡くし新聞配達少年から文科大臣に—教育を変える挑戦　下村博文著　海竜社　2014.6　287p　19cm　1500円　Ⓘ978-4-7593-1369-7　Ⓝ289.1

内容　第1章 悔いのない人生を生きる　第2章 政治家を志す　第3章 教育への覚醒め　第4章 政界への進出　第5章 世界一やりがいのある仕事　第6章 人を育てる教育　第7章 日本再生の起爆剤・東京オリンピック　第8章 教育立国のグランドデザインを描く

◇苦しみとの向き合い方—言志四録の人間学　神渡良平著　PHP研究所　2015.8　315p　19cm　〈文献あり〉　1600円　Ⓘ978-4-569-82625-7　Ⓝ121.55

内容　第1章 道を切り拓いた男たちの闘い（W杯／ア大会の快挙の背後にあったもの—岡田武史元サッカー日本代表監督と白石豊教授の闘い　新聞配達少年がとうとう文科相相になった！—下村文文科学相の軌跡　剣道と論語で人づくりに励む—熊谷和穂剣道師範の教育実践　正師に出会わざれば、学ばざるに如かず—古典を熟読して自分を磨く平山金吾さん）　第2章 益がなくても、意味がある（下座に下りて、終始一貫これを貫く—イエローハット創業者鍵山秀三郎さんの生きざま　生きているだけではいけませんか—錨を下ろす港がない子どもたちと生活を共にした辻光文先生　人々に喜びを届ける現代の花咲か爺さん—日本とトルコを結ぶ桜の親善大使・齋藤宏社長の楽しみ　経営は最高の自己磨き—心のこもった仕事をめざす運送会社を率いる木南一志さん）　第3章 大病や窮乏から深い気づきをいただいた（病気は軌道修正させるための天の計らい—脳腫瘍から生還した岡部明美さんがつかんだもの　やむにやまれぬ思いで行動して—骨髄バンク運動を牽引してきた大谷貴子さん　「人は死なない」—人間の体は天の入れ物だ—矢作直樹東大教授のメッセージ「日本の世明け」を告げる歌—瀬戸龍介さんを通してのメッセージ）　第4章 百世の鴻儒・佐藤一斎がもたらしたもの（岩村藩とその城下町・岩村　佐藤一斎の生い立ちと昌平黌の儒官　西郷隆盛と『言志四録』　佐藤一斎は吉田茂の曽祖父）　第5章 戦後70年のレクイエム（英霊が眠る里・知覧—靖国神社に祀られた英霊の願いを無駄にしない　父が戦ったインパール作戦—現状を乗り越えていくものは何なのか　自虐思想の淵源を探る—占領軍の「ウォー・ギルト・インフォメーション・プログラム」　日本は本当に侵略国家だったのか？—大東亜戦争、東京裁判、そして占領時代を検討する）

下山　静香　しもやま・しずか
◇裸足のピアニスト—スペインで学んだ豊かな表現と生き方　下山静香著　ヤマハミュージックエンタテインメントホールディングス出版部　2017.11　229p　19cm　1800円　Ⓘ978-4-636-94969-8　Ⓝ762.1

内容　第1部 裸足の足跡（ピアノとの日々　トランクひとつで出会ったスペイン　第2部 私を動かしている言葉、私を変えた言葉（言葉の花を手渡してくれた人々のこと　諦めずに続けていれば、そのときがきます　ピアニストは、三〇歳からが勝負です　"自分印の音"を持つこと　あなたは、外国に行かなきゃダメ ほか）

下山　好誼〔1947～〕　しもやま・よしみ
◇ボートハウスの奇跡—一枚のトレーナーに込められた夢　下山好誼著　ゴマブックス　2017.9　215p　19cm　〈年譜あり〉　1400円　Ⓘ978-4-7771-1948-6　Ⓝ289.1

内容　序章 キャプテンの情熱　第1章 炭鉱町の映画少年、15歳で上京　第2章 未来へと導いてくれたVANとの出会い　第3章 ジョイマーク・デザイン出航　第4章 熱狂の『ボートハウス』　第5章 キャプテンサンタとキャプテンの夢　第6章 仲間たちへの感謝と未来への航路　特別収録 GWスペシャル期間限定ショップ "BLUE TRADITIONAL IVY"「銀座アイビーファッションの文化」トークショー

謝　長廷〔1946～〕　しゃ・ちょうてい
◇日台関係を繋いだ台湾の人びと　2　浅野和生編著　展転社　2018.12　244p　19cm　（日台関係研究会叢書　5）〈文献あり〉　1700円　Ⓘ978-4-88656-470-2　Ⓝ319.22401

内容　第1章 戦後の日台関係と林金莖（代理教員から正式の文官へ　高等文官、司法試験、外交官試験に合格 ほか）　第2章 愛国者、林金莖の情熱（日本における林金莖　駐日代表としての林金莖 ほか）　第3章 国連職員から駐日代表へ—羅福全の半生と日台関係（生い立ち・幼少期の日本生活と台湾生活　台湾大学で経済学を学ぶ ほか）　第4章 日本留学から台湾民主化の旗手へ—民進党の名付け親、謝長廷の半生（生い立ち、そして打鐵街の記憶　白色テロの思い出 ほか）

謝　枋得〔1226～1289〕　しゃ・ほうとく
◇靖献遺言　浅見絅斎著，濱田浩一郎訳・解説　晋遊舎　2016.7　253p　20cm　〈文献あり〉　1800円　Ⓘ978-4-8018-0531-6　Ⓝ121.54

内容　第1部 封印された尊王思想書『靖献遺言』の謎（山崎闇斎と浅見絅斎の師弟決別　靖献遺言とは、「君主に仕えて忠義を尽くした義士が残した最期の言葉」）　第2部 『靖献遺言』を読む（国が亡びるのを黙って見ているくらいならいっそ死んだほうがましである（屈原）　今より以後、諸君のなかで、国家に忠誠を誓う者は、遠慮なく私の過失を責めてくれ。そうすれば、天下の大事も定まり、賊は滅びるであろう（諸葛亮孔明）　わずかな給料を得るために、官職についてへいこらしていられるか。仕官の誘いもあったが、二君に仕えることはできない。私は仮住まいたるこの世を辞して、永久に本宅たるあの世へと帰る（陶淵明）　君命である。どのような事があっても君命を避けることはできない（顔真卿）　王朝の危機に際し一騎として馳せ参じる者がいない。私はこれを深く恨む。だから私は、自分の非力を省みず、身命を賭して祖国を守ろうとするのだ（文天祥）　孝孺は死の間際になっても、燕王（永楽帝）の不義を罵り続けた。燕王は周囲の者に

命じて、孝孺の口を刀で抉らせた。口は耳まで裂かれ、血が流れた。それでも、孝孺は燕王を罵倒した。七日間、その声が聞こえた（謝枋得/劉因/方孝孺）

◇靖献遺言 浅見絅斎著，近藤啓吾訳注 講談社 2018.12 557p 15cm （講談社学術文庫 2535）〈「靖献遺言講義」（国書刊行会 1987年刊）の再編集〉 1790円 ⓘ978-4-06-514027-7 Ⓝ121.54

内容 巻の1 屈平 巻の2 諸葛亮 巻の3 陶潜 巻の4 顔真卿 巻の5 文天祥 巻の6 謝枋得 巻の7 劉因 巻の8 方孝孺

ジャイアント馬場〔1938〜1999〕 じゃいあんとばば

◇全日本プロレス超人伝説 門馬忠雄著 文藝春秋 2014.7 218p 18cm （文春新書 981）〈文献あり〉 800円 ⓘ978-4-16-660981-9 Ⓝ788.2

内容 ジャイアント馬場 王道プロレスの牽引者 ジャンボ鶴田 完全無欠のエース ザ・デストロイヤー 「日本のレスラー」になった魔王 アブドーラ・ザ・ブッチャー 血染めの凶器使い ミル・マスカラス 千の顔を持つ男 大仁田厚 ジュニアヘビー級の尖兵 ザ・ファンクス テキサス・ブロンコの心意気 スタン・ハンセン&ブルーザー・ブロディ 大巨艦と超獣 「最強コンビ」 ザ・グレート・カブキ 毒霧噴き“東洋の神秘” 三沢光晴 男気のファイター 小橋健太 病魔に勝った鉄人 天龍源一郎 不滅のけじ魂 ジョー樋口 厳しく優しいプロレスの番人

◇1964年のジャイアント馬場 柳澤健著 双葉社 2014.11 587p 19cm 〈文献あり〉 1900円 ⓘ978-4-575-30785-6 Ⓝ788.2

内容 力道山の後継者 白球の青春 創造主・力道山 アメリカンプロレスの洗礼 NWA世界ヘビー級王者の物語 憧れのバディ・ロジャース 憎き東洋の大巨人 ジェラシーの一時帰国 三大世界タイトル連続挑戦 力道山の逆襲 人を使う苦しみ 時代遅れの考え 優しい神様

◇巨人軍の巨人 馬場正平 広尾晃著 イースト・プレス 2015.12 299p 20cm 〈文献あり 年譜あり〉 1852円 ⓘ978-4-7816-1372-7 Ⓝ788.2

内容 1章 次男の末っ子 2章「巨人」の系譜 3章 幸せな日々 4章 祈り、モルモン教との出会い 5章 短い夏 6章 巨人の一員になる 7章 長嶋茂雄前夜 8章 プロの壁 9章 大手術 10章 キャリアハイ 11章 挫折と転生

◇昭和プロレス正史 上巻 斎藤文彦著 イースト・プレス 2016.9 485p 20cm 〈文献あり〉 2400円 ⓘ978-4-7816-1472-4 Ⓝ788.2

内容 序章 “活字プロレス”の原点 1章 力道山1 プロレス入り 2章 力道山2 昭和29年、巌流島の決闘 3章 力道山3 インター王座のなぞ 4章 力道山4 出自 5章 力道山5 プロレスとメディア 6章 馬場と猪木1 デビュー

◇昭和プロレス正史 下巻 斎藤文彦著 イースト・プレス 2017.3 541p 20cm 〈文献あり〉 2500円 ⓘ978-4-7816-1523-3 Ⓝ788.2

内容 7章 馬場と猪木2・独立（猪木バッシング 日本プロレス乗っ取り事件の真相？ NWA幻想に翻弄された猪木） 8章 馬場と猪木3・NWAという歴史修正主義（名勝負1―カール・ゴッチ対アントニオ猪木 名勝負2―アントニオ猪木対ストロング小林 名勝負3―ジャイアント馬場対ジャック・ブリスコ 政治ドラマとしてのNWA総会 名勝負4―バーン・ガニア対ビル・ロビンソン テレビ解説者という東スポ・ナラティブ） 9章 馬場と猪木4・格闘技世界一決定戦（猪木対アリをプロレス・マスコミはどう報じたか 猪木対アリ、証言としての櫻井ナラティブ） 10章 馬場と猪木5・異種格闘技戦からIWGPへ（異種格闘技戦シリーズ 新米記者の、ある夏の一日 第一回IWGP、猪木舌出し失神KO事件 ミネアポリスで遭遇したふたりの日本人レスラー） 11章 馬場と猪木6・UWF・週プロ・プロディ（“神様”ゴッチとUWF “週刊誌の時代”が変えたもの 新しいオピニオンリーダー、前田日明 『ギブUPまで待てない!!』顛末記 プロディ革命と活字プロレス）

◇三沢と橋本はなぜ死ななければならなかったのか―90年代プロレス血戦史 西花池湖南著 河出書房新社 2017.11 316p 20cm 〈文献あり〉 1800円 ⓘ978-4-309-02622-0 Ⓝ788.2

内容 1章 1990年三沢光晴の重荷―寡黙な男が背負わざるを得なかった全日本の未来 2章 1991年ジャンボ鶴田の絶頂―新世代の障壁となった怪物、最後の輝き 3章 1992年大仁田厚の爆風―猪木の遺産を食みながら開花したハードコアプロレス 4章 1993年天龍源一郎の入魂―“約束の地”に向かった男が創造した新日本の栄華 5章 1994年橋本真也の確立―天龍越えで実現した「肥満体型レスラー」のエース襲名 6章 1995年武藤敬司の驀進―プロレス・バブルの黄昏時に打ち砕かれた“UWF神話” 7章 1996年川田利明の鬱屈―ガラパゴス化した馬場・全日本がついに“鎖国”を解く 8章 1997年蝶野正洋の襲来―黒いカリスマ率いるヒール軍団が変えた新日本の景色 9章 1998年高田延彦の別離―プロレス人気を破綻させた男が向かった新たな世界 10章 1999年そして、2000年―規範を失ったプロレス界が露呈した世代間の断絶

釈迦〔生没年不詳〕 しゃか

◇入門お経の本―般若心経から法華経、大日経、浄土三部経まで現代社会を生き抜くための仏陀の言葉 釈徹宗 ほか著 洋泉社 2014.7 111p 30cm 〈「図説お経の本」（2013年刊）の改題 文献あり〉 1800円 ⓘ978-4-8003-0465-0 Ⓝ183

内容 プロローグ 仏陀・その人、その教え―釈迦八相図とともに見るブッダの生涯（誕生―ブッダは、迷いの生を終わらせるためにこの世に生まれた 出家―生、老、病、死の四苦に気づき出家を決意するか） 1 仏教美術でわかるお経（般若心経―わずか二六二文字で「空」の理法を説く 維摩経―二辺を離れて「不二思想」の金字塔 ほか） 2 日本仏教クロニクル名僧列伝―仏教の伝来と初期の日本仏教（国家統合のシンボルから鎮護国家のシステムへ―聖徳太子 日本仏教の基礎を築いた平安仏教―最澄と空海 ほか） 3 あなたはお経を知っている！ お経と日本人（食―和食は、食材も調理法も仏教と深くかかわっている 茶道―“おもてなし”の心を育んだ茶道の精神 ほか）

◇ブッダの言葉 中村元訳, 丸山勇写真 新潮社 2014.8 175p 19cm 1400円 ⓘ978-4-10-336311-8 Ⓝ183

しゃか

|内容| 慈しみ　幸福　道を歩む　怒り　怨み　世に生きる　執着を離れる　死と向き合う　真理とは　心つとめ励む　ブッダの生涯

◇はじまりのブッダ─初期仏教入門　平野純著　河出書房新社　2014.8　219p　20cm　〈文献あり〉　1900円　Ⓘ978-4-309-23089-4　Ⓝ182.8
|内容| 第1章 ブッダは輪廻を信じたか　第2章 ブッダは何者だったか　第3章 「異端」ブッダのライバルたち　第4章 ブッダは霊魂を信じたか　第5章 「諸行無常」とはなにか　第6章 古代インドの「実証科学」　第7章 異端思想家サンジャヤの悲劇　第8章 異端ブッダの死

◇原始仏典を読む　中村元著　岩波書店　2014.9　380p　15cm　（岩波現代文庫─学術　317）　1360円　Ⓘ978-4-00-600317-3　Ⓝ180
|内容| 第1講 パーリ語原始仏典について（パーリ語仏典─総説　最古の経典─『スッタニパータ』　修業時代の指針─『ダンマパダ』　真理をたたえる─『ウダーナヴァルガ』　ブッダ最後の旅─『大パリニッバーナ経』　仏弟子の告白─『テーラガーター』　尼僧の告白─『テーリーガーター』）　第2講 ゴータマ・ブッダの生涯─文庫本『ブッダのことば』を中心として（歴史的人物としてのゴータマ・ブッダ　誕生　修業時代に関する反省─出家修行　教化活動）　第3講 最後の旅路─文庫本『ブッダ最後の旅』にもとづいて（故郷を目ざして　商業都市ヴェーサーリーにて　最後の説法）　第4講 ブッダ（ブッダとは何か？　仏を拝む）　第5講 基本となる教え─法の観念（ゴータマ・ブッダの教えの特質　法の観念の源流　自己を認識せよ）　第6講 釈尊を慕う人々─集いの成立（平等の原則　目ざめられた人々　理想の共同集いの成立）　第7講 慈悲の理想─人間はどう生きるべきか（慈悲　慈悲の徳　慈悲の理想　なぜ他人を愛するのか　修業時代の幸福　人間の理法）　第8講 経済倫理の問題（原始仏教の社会性　仏典の中の経済倫理）

◇ブッダをたずねて─仏教二五〇〇年の歴史　立川武蔵著　集英社　2014.9　238p　18cm　（集英社新書　0754）　760円　Ⓘ978-4-08-720754-5　Ⓝ182.8
|内容| 第1章 ブッダの一生（ブッダとは誰か─阿弥陀仏や大日如来も　インドの宗教史─誕生の地で亡んだ仏教　ほか）　第2章 ブッダの面影と新しい仏（椅子というシンボル─仏像のなかった時代も　仏教とヘレニズム─仏像の出現に深く関係　ほか）　第3章 アジアに広がった仏たち（ネパールの密教─インド的な要素が残る　スワヤンブー仏塔─仏の身体表す眼と鼻　ほか）　第4章 日本に花開いた仏教（日本の仏教─その家の祖先の遺骨を祀る　最澄─晩年、奈良仏教の学僧と論争　ほか）　終章 回帰するブッダ（ブッダの生涯─常に仏教徒たちの出発点　三人のブッダ─重なる釈迦、阿弥陀、大日）

◇慈しみに満ちた人、ブッダ─生き方を原始仏教に学ぶ　吉村圭司著　幻冬舎ルネッサンス　2014.9　190p　20cm　〈文献あり〉　1400円　Ⓘ978-4-7790-1093-4　Ⓝ182.8
|内容| 第1章 ブッダの苦難に満ちた生涯（苦しみを知る　死を前にして）　第2章 ブッダの教えの真髄（自分の心と向き合う　自己を知り自己を磨く　戒めを胸に幸せでありたいなら）　第3章 ブッダ、未来の教え（信としての信仰　未来を開くために）

◇お坊さんも学ぶ仏教学の基礎　1　インド編　大正大学仏教学科編　大正大学出版会　2015.3　336p　21cm　〈索引あり〉　1500円　Ⓘ978-4-924297-78-4　Ⓝ182.2
|内容| 第1篇 釈尊伝と初期仏教（現代のインド事情と仏教の現状　インド仏教の展開と伝播　古代インドの歴史と思想　釈尊の生涯　仏陀の教え　仏教者の生活　戒律　部派仏教の歴史と思想　インド仏教の美術）　第2篇 大乗仏教（大乗仏教とは何か　大乗仏教　大乗仏教の経典　大乗仏教の思想的展開　密教の発生と展開　インド仏教の終焉と大乗仏教の伝播）

◇ブッダ伝─生涯と思想　中村元著　KADOKAWA　2015.5　408p　15cm　（〔角川ソフィア文庫〕　〔H117-1〕）〈「ブッダの人と思想　上・下」（日本放送出版協会　1995年刊）の改題、および章タイトルを改めたうえ、文庫化〉　1000円　Ⓘ978-4-04-408914-6　Ⓝ182.8
|内容| われ一切世間に違わず　さとりにいたる道　降魔成道　なにを説法したか　理法は永遠なり　無我と非我　慈悲の心とは　善き友、ブッダ　「空」と「中道」　仏弟子たち　生死を超える涅槃　入滅の時

◇釈迦　副島正光著　新装版　清水書院　2015.9　180p　19cm　（Century Books─人と思想　4）〈文献あり　年譜あり　索引あり〉　1000円　Ⓘ978-4-389-42004-8　Ⓝ182.8
|内容| 1 釈迦の生涯（誕生　少・青年時代　当時のインドの社会　出家　苦行時代　覚者となる　仏道布教の時代　伝道の旅から旅へ　旅の途上での死）　2 釈迦の思想（仏教の根本思想　原始仏教の探究　第一の仏教　第二の仏教　社会的基盤との関係）

◇仏教通史─「弘法さんかわら版」講座　大塚耕平著　大法輪閣　2015.10　230p　19cm　〈文献あり　年表あり〉　1400円　Ⓘ978-4-8046-1377-2　Ⓝ182.1
|内容| 第1章 お釈迦様の生涯　第2章 仏教伝来　第3章 古代日本史と聖徳太子の生涯　第4章 飛鳥・奈良時代の仏教　第5章 最澄と空海　第6章 最澄・空海以後の仏教

◇ブッダは実在しない　島田裕巳著　KADOKAWA　2015.11　251p　18cm　（角川新書　K-57）〈文献あり〉　800円　Ⓘ978-4-04-082024-8　Ⓝ182.8
|内容| 第1章 「勧進帳」の罡篳沙弥　第2章 近代仏教学が教えてくれたブッダの生涯　第3章 ブッダの教えは本当に残されているのか　第4章 「仏伝」はどのようにして生み出されてきたのか　第5章 ブッダの教えとは何か　第6章 仏教はどのように誕生したのか

◇シャカムニ・ブッダのさとり─「苦」の思想構造　中川雅舟著　大阪　パレード　2015.12　167p　20cm　（Parade Books）〈文献あり　発売：星雲社〉　1460円　Ⓘ978-4-434-21251-2　Ⓝ182.8
|内容| 第1章 インドの古代思想（バラモン教　ウパニシャッドの哲学　業と輪廻　ミリンダ王の問い　受容と批判）　第2章 沙門ゴータマの登場（釈迦という名前　その生い立ち　その生活　出家の理由　成道）　第3章 「さとり」の核心（梵天勧請と初転法輪　縁起とは　「苦」の思想構造　「さとり」の核心）　第4章 涅槃へ（その後のブッダ　最後の旅　涅槃へ最後の瞑想　二つの涅槃）

◇河口慧海著作選集　11　西蔵伝印度仏教歴史　河口慧海著　慧文社　2015.12　285p　22cm　〈布装　貝葉書院 1922年刊の再編集、改訂〉　8000円　Ⓘ978-4-86330-156-6　Ⓝ180.8

内容　第1章　拝語より藍毘尼苑名義の起原に至る　第2章　釈迦牟尼仏本生略伝　第3章　仏誕生より防水工事まで　第4章　四門出遊より成道まで　第5章　初転法輪より霊鷲山説法に至る　第6章　戒律成立より大迦葉波に半座を頒つに至る　第7章　阿闍世王の父王逆殺より牛角山の讖言に至る　第8章　釈尊入滅の宣言より入滅に至る

◇大乗と小乗の世界―ブッダは何を教えたか四つの真理と八正道　永井一夫著　大阪　東方出版　2016.3　209p　20cm　〈MBC21大阪南支局・ゆめいろ出版　1995年刊の再編集〉　1600円　Ⓘ978-4-86249-259-3　Ⓝ180

内容　第1部　仏教の成立とブッダの歩み（ブッダ（仏陀）の誕生から出家するまで　菩提樹下の悟り　ほか）　第2部　大乗（日本の仏教　大乗仏教への展開）　第3部　悟り（ブッダの悟り　螺旋階段の悟り　ほか）　第4部　ブッダの心（ブッディズム総論　再び教えの要約　ほか）

◇〈徹底比較〉仏教とキリスト教　大法輪閣編集部編　大法輪閣　2016.5　162p　21cm　1800円　Ⓘ978-4-8046-1383-3　Ⓝ180.4

内容　第1章　仏教とキリスト教ここが違う（ブッダとキリストの生涯　仏教とキリスト教の教え）　第2章　仏教を、より深く知るために（ブッダの魅力　ブッダの生涯　ほか）　第3章　キリスト教を、より深く知るために（イエス・キリストという希望の光　イエス・キリストの生涯に学ぶ　ほか）　第4章　キリスト教相互理解のために（仏教はキリスト教に何を学べるか　キリスト者が仏教から学んだこと　ほか）

◇ブッダは実在しないのか？　島田裕巳,藤本晃著　サンガ　2016.7　243p　18cm　〈サンガ新書　069〉　800円　Ⓘ978-4-86564-054-0　Ⓝ182.8

内容　第1章　「実在しないブッダ」を探す（東大、ヤマギシ会、オウム、創価学会　近代仏教学と相いれない日本仏教　ほか）　第2章　ブッダの人物像と悟り（ブッダと釈尊　釈尊まで遡れるテーラワーダ仏教　ほか）　第3章　文献学的考察（パーリ語研究の現在　パーリ経典にあるブッダの言葉とそれ以外　ほか）　第4章　仏教伝来の真実（現代に対応できないブッダの教え　パーリ経典に書かれたブッダの事実ほか）　第5章　日本型テーラワーダ仏教は可能か（信仰と研究のこじれ　「浄土真宗本願寺派」からの離脱　ほか）

◇ブッダと法然　平岡聡著　新潮社　2016.9　236p　18cm　（新潮新書　684）〈文献あり〉　760円　Ⓘ978-4-10-610684-2　Ⓝ182.8

内容　第1章　宗教に運命づけられた人間（二つの大山　ブッダと法然の歴史性　ほか）　第2章　自利から利他へ（出家の動機　悪魔に誘惑されるブッダ　ほか）　第3章　対照的な晩年（日本仏教の特異性　順風満帆だったブッダ　ほか）　第4章　魅力の根源を探る（はじめてみたつる思想　バラモン教に逆らったブッダ　ほか）　第5章　生ききること、死にきること（不退転の決意　真空から妙有へ　ほか）　付録　それぞれの生涯・思想・歴史

◇団姫流お釈迦さま物語　露の団姫著　春秋社　2017.3　188p　19cm　1500円　Ⓘ978-4-393-13595-2　Ⓝ182.8

内容　第1章　誕生と青年時代（お釈迦さまの父と母　マーヤーの夢　ほか）　第2章　修行と悟り（出家　マガダ国とビンビサーラ王　ほか）　第3章　説法の旅と仏弟子たち（鹿野苑で初説法　一人歩む道　ほか）　第4章　お釈迦さまの教え（初転法輪―五人に教えを説く　中道　ほか）　第5章　涅槃への道（お釈迦さまに忍び寄る老いと病い―自灯明・法灯明　沈黙のアーナンダ　ほか）

◇南伝　ブッダ年代記　アシン・クサラダンマ著,奥田昭則訳　大阪　東方出版　2017.3　368p　21cm　〈他言語標題：Chronicle of The BUDDHA　文献あり〉　3800円　Ⓘ978-4-86249-278-4　Ⓝ182.8

＊これまでの日本には類例のないスタイルで、年号を整理し歴史表記した画期的な初のブッダ年代記。膨大なパーリ三蔵経典から精選した69話で構成。初期仏教の全体像を俯瞰して見渡すことができるパノラマ風読み物。読みやすく親しみやすいブッダの真理ガイドブック。ブッダの過去生から入滅後の仏典結集までを平易に描く。

◇裸の仏教　平野純著　芸術新聞社　2017.4　231p　19cm　1850円　Ⓘ978-4-87586-509-4　Ⓝ182.8

内容　第1章　「問題児」ブッダの誕生　第2章　「私は妻子を捨てます」―王子ブッダ、宣言　第3章　ブッダの妻ヤショーダラー、怒りを爆発させる　第4章　「悟ってはみたけれど」―修行者ブッダの大いなる挑戦の日々　第5章　ブッダ「非情な父親」の素顔をみせる　第6章　ブッダを暗殺しようとした男―伝説のデーヴァダッタ　第7章　ブッダ、旅の夜に死す―沙羅の樹の下の別れ

◇くらべてわかる！ブッダとキリスト―原典から読み解く「宗教二大スター」の教えと生涯　中村圭志著　サンガ　2017.7　159p　21cm　〈他言語標題：ANALYZING BUDDHA & CHRIST〉　1300円　Ⓘ978-4-86564-097-7　Ⓝ182.8

内容　ブッダとキリストABC　1　ブッダ編（ブッダの生涯―王宮を出て苦行へ　ブッダの指導―悟りをめざす教団　ブッダと菩薩の神話―輪廻と救済）　2　キリスト編（イエスと社会―「神の国」の福音　キリストの神話―奇跡的な生と死　キリストの神学―救済と審き）

◇仏陀―その人と思想　佐良土茂文,井上秀一画,清水書院編集部編著　清水書院　2017.11　215p　19cm　（マンガと図解で知る）〈文献あり〉　1300円　Ⓘ978-4-389-50068-9　Ⓝ182.8

内容　第1編　仏陀の生涯（仏陀（ブッダ）はいつ生まれたか　誕生　王としての教育　結婚　「四門出遊」と出家の伝説）　第2編　仏陀の思想（悪魔の誘惑　無記（形而上学的問題の廃棄）　中道　対機説法―人を見て法を説く　現実主義　ほか）

◇仏典をよむ　1　ブッダの生涯　中村元著,前田專學監修　岩波書店　2017.12　188p　15cm　（岩波現代文庫―学術　373）　940円　Ⓘ978-4-00-600373-9　Ⓝ183

内容　第1回　ブッダの生涯―『スッタニパータ』（1）　第2回　ブッダのことば―『スッタニパータ』（2）　第

しゃく

回 悪魔の誘惑―『サンユッタ・ニカーヤ』(1) 第4回 生きる心がまえ―『サンユッタ・ニカーヤ』(2) 第5回 ブッダ最後の旅―『大パリニッバーナ経』解説

◇釈尊の生涯と法華経 富士信 大日蓮出版 2018.4 87p 19cm 〈入門シリーズ 1〉 300円 ①978-4-905522-69-0 Ⓝ182.8

◇これならよく分かる釈尊伝 井上希道著 致知出版社 2018.6 401p 20cm 〈文献あり 著作目録あり〉 2000円 ①978-4-8009-1178-0 Ⓝ182.8

内容 第1期 前生期 釈尊の前生 第2期 苦悶期 降誕より出家まで 第3期 修行期 大悟するまで 第4期 伝法期 大悟されてより入滅されるまで 第5期 その後の釈尊

釈 月性 しゃく・げっしょう
⇒月性（げっしょう）を見よ

釈 宗演〔1860～1919〕 しゃく・そうえん

◇禅の名僧に学ぶ生き方の知恵 横田南嶺著 致知出版社 2015.9 271p 20cm 〈他言語標題：ZEN Wisdom 文献あり〉 1800円 ①978-4-8009-1083-7 Ⓝ188.82

内容 第1講 無学祖元―円覚寺の「泣き開山」 第2講 夢窓疎石―世界を自分の寺とする 第3講 正受老人―正念相続の一生涯 第4講 白隠慧鶴―いかにして地獄から逃れるか 第5講 誠拙周樗―円覚寺中興の祖 第6講 今北洪川―至誠の人 第7講 釈宗演―活雄偉、明晰俊敏

◇釈宗演と明治―ZEN初めて海を渡る 中島美千代著 ぷねうま舎 2018.5 263p 20cm 〈文献あり〉 2800円 ①978-4-906791-81-1 Ⓝ188.82

内容 序章 ふるさと若狭高浜―青葉山と白い砂浜の町 第1章 出家―雛僧が修行を終えるまで 第2章 慶應義塾で洋学を学ぶ―仏教の革新をめざして 第3章 セイロン遊学―孤独と貧困と絶望と 第4章 管長就任―任重くして才無くも… 第5章 シカゴ万国宗教会議―初めての海外布教 第6章 欧米布教―再びのアメリカとインド仏跡礼拝 第7章 南船北馬―布教伝道と第二の人生 終章 ZENは世界へ―弟子たちの苦難の道は遠く

釈 迢空 しゃく・ちょうくう
⇒折口信夫（おりぐち・しのぶ）を見よ

釈 道安〔314～385〕 しゃく・どうあん

◇中国初期の佛教の伝道者の物語―神異の宝庫 竺佛図澄・初期佛教の理解者 釈道安伝 望月海淑著 仙台 創栄出版 2014.12 131p 19cm 〈発売：星雲社〉 1100円 ①978-4-434-20004-5 Ⓝ913.6

内容 神異の宝庫・竺佛図澄の物語 初期佛教の理解者・釈道安の物語

シャクシャイン〔?～1669〕

◇シャクシャインの戦い 平山裕人著 札幌 寿郎社 2016.12 322p 20cm 〈文献あり〉 2500円 ①978-4-902269-93-2 Ⓝ211

内容 第1章 松前藩の成立 第2章 シャクシャインの青年期 第3章 シャクシャインの決起 第4章 クンヌイの決戦 第5章 シャクシャインが謀殺される 第6章 後志海岸の抵抗 第7章 ハウカセ外交 第8章 サンタン交易圏とラッコ交易圏 第9章 シャクシャインの戦いと現代

ジャッキー・チェン
⇒チェン, ジャッキーを見よ

ジャック・マー
⇒馬雲（ば・うん）を見よ

写楽 しゃらく
⇒東洲斎写楽（とうしゅうさい・しゃらく）を見よ

ジャンボ鶴田〔1951～2000〕 じゃんぼつるた

◇全日本プロレス超人伝説 門馬忠雄著 文藝春秋 2014.7 218p 18cm 〈文春新書 981〉 〈文献あり〉 800円 ①978-4-16-660981-9 Ⓝ788.2

内容 ジャイアント馬場 王道プロレスの牽引者 ジャンボ鶴田 完全無欠のエース ザ・デストロイヤー 「日本のレスラー」になった魔王 アブドーラ・ザ・ブッチャー 血染めの凶器使い ミル・マスカラス 千の顔を持つ男 大仁田厚 ジュニアヘビー級の尖兵 ザ・ファンクス テキサス・ブロンコの心意気 スタン・ハンセン＆ブルーザー・ブロディ 不沈艦と超獣「最強コンビ」 ザ・グレート・カブキ 毒霧噴く「東洋の神秘」 三沢光晴 男気のファイター 小橋建太 病魔に勝った鉄人 天龍源一郎 不滅の負けじ魂 ジョー樋口 厳しく優しいプロレスの番人

◇三沢と橋本はなぜ死ななければならなかったのか―90年代プロレス血戦史 西花池湖南著 河出書房新社 2017.11 316p 20cm 〈文献あり〉 ①978-4-309-02622-0 Ⓝ788.2

内容 1章 1990年三沢光晴の重荷―寡黙な男が背負わざるを得なかった全日本の未来 2章 1991年ジャンボ鶴田の絶頂―新世代の障壁となった怪物、最後の輝き 3章 1992年大仁田厚の爆風―猪木の遺産を食みながら開花したハードコアプロレス 4章 1993年天龍源一郎の入魂―「約束の地」に向かった男が創造した新日本の栄華 5章 1994年橋本真也の確立―天龍越えで実現した「肥満体型レスラー」のエース襲名 6章 1995年武藤敬司の驀進―プロレス・バブルの黄昏時に打ち砕かれた「UWF神話」 7章 1996年川田利明の鬱屈―ガラパゴス化した馬場・全日本がついに「鎖国」を解く 8章 1997年蝶野正洋の襲来―黒いカリスマ率いるヒール軍団が変えた新日本の景色 9章 1998年高田延彦の別離―プロレス人気を破綻させた男が向かった新たな世界 10章 1999年そして、ジャイアント馬場の死―規範を失ったプロレス界が露呈した世代間の断絶

朱 淇〔1858～1931〕 しゅ・き

◇中国名記者列伝―正義を貫き、その文章を歴史に刻み込んだ先人たち 第1巻 柳斌傑、李東東編，加藤青延監訳，渡辺明次訳 日本僑報社 2016.9 221p 21cm 3600円 ①978-4-86185-224-4 Ⓝ070.16

内容 新聞・雑誌の政治評論の開拓者 王韜（おう・とう 1828・1897）『万国公報』の魂 蔡爾康（さい・じこう 1851・1921） 西洋の学問を中国に取りこんだ「西学東漸」の先駆 厳復（げん・ふく 1854・1921）

民国時代の北京新聞界の元老　朱淇（しゅ・き 1858 - 1931）　傑出した職業ジャーナリスト　汪康年（おう・こうねん 1860 - 1911）　家財を投げ打ち民衆のために新聞発行　彭翼仲（ほう・よくちゅう 1864 - 1921）　公のために「直言」をいとわず　英斂之（えい・れんし 1867 - 1926）　湖南省言論界一の健筆　唐才常（とう・さいじょう 1867 - 1900）　清末民初の新聞政治評論家　章太炎（しょう・たいえん 1869 - 1936）　人民の中の先覚者　陳少白（ちん・しょうはく 1869 - 1934）　民国初期の北京新聞界の「怪傑」　劉少少（りゅう・しょうしょう 1870 - 1929）　義侠心に燃えた女性ジャーナリスト　唐群英（とう・ぐんえい 1871 - 1937）　海に身を投じた烈士　楊篤生（よう・とくせい 1872 - 1911）　新聞発行のために私財を投げ打て　卞小吾（べん・しょうご 1872 - 1908）　新聞を創刊し維新を推進　梁啓超（りょう・けいちょう 1873 - 1929）　マスコミ刷新の牽引者　狄楚青（てき・そせい 1873 - 1941）　口語体新聞の先駆者　林白水（りん・はくすい 1874 - 1926）　革命世論の旗手　陳去病（ちん・きょへい 1874 - 1933）　傑出したマスコミ事業者　汪漢溪（おう・かんけい 1874 - 1924）　革命党の大文豪　陳天華（ちん・てんか 1875 - 1905）

朱　熹〔1130～1200〕　しゅ・き
◇朱子と王陽明―新儒学と大学の理念　間野潜龍著　清水書院　2018.4　242p　19cm　〈新・人と歴史拡大版 24〉〈「朱子と王陽明 新儒学と大学の理念」(1984年刊)の改題、表記や仮名遣い等一部を改めて再刊　文献あり　年譜あり　索引あり〉　1800円　Ⓘ978-4-389-44124-1　Ⓝ125.4
内容 1 新儒学の形成(唐宋の変革　古文復興と新儒学の胎動 ほか)　2 宋代の社会と新儒学(宋の新官僚階級　新儒学の成立 ほか)　3 朱子とその時代(朱子の出現　朱子の学術と社会政策 ほか)　4 朱子と大学(宋元の儒学の展開　『大学衍義』から『大学衍義補』へ)　5 王陽明とその時代(陸九淵と王陽明　王陽明の活躍 ほか)

朱　子　しゅ・し
⇒朱熹（しゅ・き）を見よ

朱　執信〔1885～1920〕　しゅ・しっしん
◇中国名記者列伝―正義を貫き、その文章を歴史に刻み込みし先人たち　第2巻　柳斌傑、李東東編、加藤青延翻訳、黒金祥一訳　日本僑報社　2017.4　192p　21cm　3600円　Ⓘ978-4-86185-237-4　Ⓝ070.16
内容 鑑湖の女傑―秋瑾（1875 - 1907）　才知の記者―包天笑（1876 - 1973）　四つの素早さを持つ記者―陳其美（1878 - 1916）　「冷血」な時事評論家―陳景韓（1878 - 1965）　革命の元老記者―于右任（1879 - 1964）　五四運動の総司令官―陳独秀（1879 - 1942）　女性記者の先駆け―康同薇（1879 - 1974）　新聞界の重鎮―史量才（1880 - 1934）　嶺南報道界の英才―鄭貫公（1880 - 1906）　ペンによって一人立つ―章士釗（1881 - 1973）　革命家にして記者―宋教人（1882 - 1913）　直言居士―邵力子（1882 - 1967）　革命新聞の元勲―馮自由（1882 - 1958）　ニュースレポートの開拓者―黄遠生（1885 - 1915）　新文化運動の大衆指導者―高一涵（1885 - 1968）　比類なき逸材―朱執信（1885 - 1920）　民国初期の俊才―徐凌霄（1886 - 1961）　勇気ある辣腕家―邵飄萍（1886 - 1926）　詩と酒を愛した文豪―葉楚傖（1887 - 1946）　一代論宗―張季鸞（1888 - 1941）

シュ・シャオメイ〔1949～〕
◇永遠のピアノ―毛沢東の収容所からバッハの演奏家へある女性の壮絶な運命　シュ・シャオメイ著、槙賀七代日本語監修、大湾宗定、後藤直樹、阪口勝弘、釣馨訳　芸術新聞社　2015.5　385p　20cm　〈文献あり〉　1950円　Ⓘ978-4-87586-393-9　Ⓝ762.22
内容 1(厳粛な時　母の本棚　初めての先生　転落 ほか)　2(自由の国で　西洋の師　オリバーと共に　愛の行為 ほか)

朱　鎔基〔1928～〕　しゅ・ようき
◇朱鎔基総理の時代　青木俊一郎著　アジア・ユーラシア総合研究所　2017.10（第2刷）　258p　19cm　〈年譜あり〉　1800円　Ⓘ978-4-904794-85-2　Ⓝ312.22
◇朱鎔基総理の時代　青木俊一郎著　増補改訂版　アジア・ユーラシア総合研究所　2018.7　258p　19cm　〈年譜あり〉　1800円　Ⓘ978-4-904794-90-6　Ⓝ312.22
内容 建国から改革開放政策の前夜まで　改革開放のスタート時の一〇年間の進展と六・四天安門事件まで　朱鎔基の成人までの成長経緯　青年官僚エリートから反党右派への転落　帽子をかぶり顔を隠した寒い冬の歳月　天命の年よりの活躍開始　上海に於ける大改革の成功　「六四」事件の武力を用いない穏健な解決　浦東開発と南巡講話　副総理に昇任、社会主義市場経済への転換〔ほか〕

周　愛蓮　しゅう・あいれん
⇒益田愛蓮（ますだ・あいれん）を見よ

周　恩来〔1898～1976〕　しゅう・おんらい
◇二十世紀と格闘した先人たち―一九〇〇年アジア・アメリカの興隆　寺島実郎著　新潮社　2015.9　390p　16cm　〈新潮文庫　て-10-2〉〈「二十世紀から何を学ぶか 下 一九〇〇年への旅 アメリカの世紀、アジアの自尊」(2007年刊)の改題、加筆・修正〉　630円　Ⓘ978-4-10-126142-3　Ⓝ280.4
内容 第1章 アメリカの世紀がアジア太平洋にもたらしたもの(太平洋の転換点となった米西戦争での米国の勝利　明治の青年に夢を与えたクラーク博士の実像と足跡　ヘンリー・ルース、「アメリカの世紀」を推進した男　フランクリン・ルーズベルトの対日観の歴史的変遷　敗戦後の日本を「支配」した「極端な人」マッカーサー　付マッカーサー再考への旅―呪縛とトラウマからの脱却）　第2章 国際社会と格闘した日本人(「太平洋の橋」になろうとした憂国の国際人、新渡戸稲造　キリストに生きた武士、内村鑑三の高尚なる生涯　禅の精神を世界に発信した、鈴木大拙という存在　六歳の津田梅子を留学させた明治という時代　「亡命学者」野口英世の生と死　高峰譲吉の栄光とその悲しみ　日本近代史を予言した男、朝河貫一の苦闘と日米関係の深化　近代石炭産業の功労者、松本健次郎と日本の二十世紀　情報戦争の敗北者だった大島浩駐独大使）　第3章 アジアの自尊を追い求めた男たち(アジアの再興を図ろうとした岡倉天心の夢　「偉大なる魂」ガンディーの重い問い掛け　インドが見つめている―チャンドラ・

ボースとパル判事　革命家・孫文が日本に問いかけたもの　魯迅が否定した馬々虎々　不倒翁・周恩来の見た日本）　第4章　二十世紀再考―付言しておくべきことと総括（一九〇〇年エルサレム―アラブ・イスラエル紛争に埋め込まれたもの　一九〇〇年香港―英国のアジア戦略　総括―結局、日本にとって二十世紀とは何だったか）

◇毛沢東、周恩来と溥儀　王慶祥著，松田徹訳　科学出版社東京　2017.11　395p　22cm　〈年譜あり〉　6400円　Ⓘ978-4-907051-21-1　Ⓝ289.2

内容　初めての試み　偉大な懐　引き渡し　撫順に「匿われる」　北から南への帰郷　聞き取り調査　最高会議での決定　手紙の往来から面会まで　高い塀の内外　特赦「011号」〔ほか〕

◇周恩来の述懐　曹応旺著，吉田修誠，吉田理華訳　中国出版トーハン　2018.7　501p　23cm　3000円　Ⓘ978-4-7994-0007-4　Ⓝ289.2

内容　周恩来の中日関係観　生まれ故郷　生きる苦しみを知る　南開学校で受けた啓蒙教育　志を立て実行する　信じられる理想を求めて　友を得れば昼夜忘れず　自由自在の春に向かって　黄埔軍校の政治教官に就任　生命の五分の一を削った交渉　予言は確実に　総理としての責任感　国際舞台への登壇　学び続ける姿勢　二十年来の関心事　生涯、謙虚さを貫く　すべてを祖国に捧げる

秋　瑾〔1875〜1907〕しゅう・きん

◇秋風秋雨人を愁殺す―秋瑾女士伝　武田泰淳著　筑摩書房　2014.9　263p　15cm　（ちくま学芸文庫　タ43-1）〈年譜あり〉　1000円　Ⓘ978-4-480-09638-8　Ⓝ289.2

内容　第1章　秋風秋雨人を愁殺す　第2章　なかば血痕なかば涙痕　第3章　紹興の雨　第4章　「謀反人は誰じゃ」　第5章　落水狗と共に　第6章　銃の叫び響く

◇中国名記者列伝―正義を貫き、その文章を歴史に刻み込んだ先人たち　第2巻　柳斌傑、李東東編，加藤青延監訳，黒金祥一訳　日本僑報社　2017.4　192p　21cm　3600円　Ⓘ978-4-86185-237-4　Ⓝ070.16

内容　鑑湖の女侠―秋瑾（1875‐1907）　才知の記者―包天笑（1876‐1973）　四つの素早さを持つ記者―陳其美（1878‐1916）　「冷血」な時事評論家―陳景韓（1878‐1965）　革命の元老記者―于右任（1879‐1964）　五四運動の総司令官―陳独秀（1879‐1942）　女性記者の先駆け―康同薇（1879‐1974）　新聞界の重鎮―史量才（1880‐1934）　嶺南報道界の英才―鄭貫公（1880‐1906）　ペンによって一人立つ―章士釗（1881‐1973）　革命家にして記者―宋教仁（1882‐1913）　直言居士―邵力子（1882‐1967）　革命新聞の元勲―馮自由（1882‐1958）　ニュースレポートの開拓者―黄遠生（1885‐1915）　新文化運動の大衆指導者―高一涵（1885‐1968）　比類なき記者―朱執信（1885‐1920）　民国初期の俊才―徐凌霄（1886‐1961）　勇気ある辣腕家―邵飄萍（1886‐1926）　詩と酒を愛した文豪―葉楚傖（1887‐1946）　一代論宗―張季鸞（1888‐1941）

習　近　平〔1953〜〕しゅう・きんぺい

◇習近平―なぜ暴走するのか　矢板明夫著　文藝春秋　2014.9　376p　16cm　（文春文庫　や60-1）〈2012年刊の加筆　文献あり　年表あり〉　670円　Ⓘ978-4-16-790193-6　Ⓝ312.22

内容　第1部　習近平はなぜ選ばれたのか（習近平はどんな人物なのか　指導者はどのように選ばれるか　太子党とはなにか　長老政治が復活するのか　権力闘争激化の時代へ　派閥対抗はどう変遷するのか）　第2部　謎に満ちた習近平の人間像（波瀾万丈の家族史　青春期の原点を訪ねて　浮上する学歴詐称疑惑　性格のわかるエピソード　政治人生を支えた家族　趣味と仲間たち）　第3部　習近平時代の中国はどうなるのか（習近平は軍を掌握できるのか　中国の外交はなぜ強硬路線に転じたのか　少数民族問題は命取りになるのか　言論統制はいつまでできるのか　習近平時代の中国は崩壊するのか

◇チャイナ・セブン―〈紅い皇帝〉習近平　遠藤誉著　朝日新聞出版　2014.11　307p　19cm　〈他言語標題：The China Seven　文献あり〉　1600円　Ⓘ978-4-02-331340-8　Ⓝ312.22

内容　序章　中国の苦悩　第1章　延安の誓い―"紅い皇帝"への道　第2章　雌伏のとき―"紅い皇帝"への道　第3章　中央へ昇る―"紅い皇帝"への道　第4章　李克強と五人の男たち　第5章　次期・次次期チャイナ・セブン候補　第6章　"紅い皇帝"は13億人をどこへ導くのか？　終章　香港デモの真相―金か、人間の尊厳か

◇十三億分の一の男―中国皇帝を巡る人類最大の権力闘争　峯村健司著　小学館　2015.3　318p　19cm　〈文献あり　年表あり〉　1400円　Ⓘ978-4-09-389754-9　Ⓝ312.22

内容　第1章　愛人たちが暮らす村　第2章　習近平の一人娘を探せ　第3章　紅く染まった星条旗　第4章　ドキュメント新皇帝誕生　第5章　反日狂騒曲　第6章　不死身の男　第7章　サラブレッドの悲劇　第8章　クーデター　第9章　紅二代

◇習近平の肖像―スターリン的独裁者の精神分析　崔虎敏著，宇田川敬介訳・解説　飛鳥新社　2015.4　246p　18cm　1111円　Ⓘ978-4-86410-395-4　Ⓝ312.22

内容　はじめに　中国人から来た手紙（尊敬する日本の友人たちへ　薄熙来と習近平の違い　決定的だった幼少期　エリート教育を受けられなかった影響　習近平の個人信条　父の教えを守る　共産主義という「負の遺産」　人民のためではなく、父と自分のために出世する　福建省で見せた行政手腕のなさ　中華民族の「復興」とは何か　世界に害をなす外交下手　悪夢の始まりだった薄熙来事件　中国に未来はあるか）　訳者解説（中国政治における縛熙来事件の意味　経済の実態　中華人民共和国はどこに向かうのか）

◇習近平の闘い―中国共産党の転換期　富坂聰著　KADOKAWA　2015.9　237p　18cm　（角川新書　K-49）　800円　Ⓘ978-4-04-082017-0　Ⓝ312.22

内容　第1章　「習近平VS腐敗官僚」の現場―1日500回の「ハエ叩き」（反腐敗キャンペーンと贅沢禁止令　贅沢禁止令による景気後退論　官僚たちの冬の時代）　第2章　大トラ3頭の捕獲―周永康、令計画、徐才厚（周永康事件とは何だったのか　周永康事件の誤った読み方　穴に落ちたエリート・トラの捕獲劇　軍のトラ退治と軍部改革　キツネとデブネズミの捕獲　周永康事件の結末）　第3章　「格差社会」と「報復社会」（胡錦涛が習近平に遺した「負の遺産」　「報復社会」に脅かされる日常　市民感情に火をつける

「環境問題」　「人肉検索」で攻撃するネチズンたち　習近平がとった「毛沢東時代」への回帰）　第4章　習近平が抱く警戒感（潜在的な警戒感―大国としての欧米社会への対抗心　新たなる警戒感―腐敗の根絶は可能なのか？　習近平による自己評価と戦闘続投宣言）

◇習近平の権力闘争　中澤克二著　日本経済新聞出版社　2015.9　309p 20cm　〈他言語標題：Xi Jinping and Power Struggles in China〉　1600円　①978-4-532-35656-9　Ⓝ312.22

内容　第1章　苛烈な「院政」つぶし　第2章　フェラーリ政局　第3章　密謀　第4章　法治の幻　第5章　親父が反面教師　第6章　砂の万里の長城　第7章　ひとまず西へ　第8章　習が求めた首脳会談　第9章　後継者は俺が決める

◇習近平の政治思想形成　柴田哲雄著　彩流社　2016.3　189p 19cm　（フィギュール彩 50）〈文献あり　年譜あり〉　1900円　①978-4-7791-7052-2　Ⓝ312.22

内容　プロローグ　習仲勲・習近平父子の生涯　第1章　断章―習近平の思想形成とその周辺　第2章　習近平の福建省在任時期における経済・政治思想　第3章　習近平の福建省在任時期における外交政策の原像と対台湾政策　第4章　習仲勲の民主化志向の政治改革をめぐる姿勢、並びにその擁護の背景にある前半生の経歴　終章　日本はどのように習近平政権と向き合うべきか

◇世界を動かす巨人たち　政治家編　池上彰著　集英社　2016.4　222p 18cm　（集英社新書 0828）〈文献あり　年譜あり〉　740円　①978-4-08-720828-3　Ⓝ280

内容　第1章　東西対立を再燃させる男ウラジーミル・プーチン　第2章　第二の「鉄の女」アンゲラ・メルケル　第3章　アメリカ初の女性大統領をめざすヒラリー・クリントン　第4章　第二の「毛沢東」が習近平　第5章　独裁者化するレジェップ・タイイップ・エルドアン　第6章　イランの「最高指導者」アリー・ハメネイ

◇習近平と永楽帝―中華帝国皇帝の野望　山本秀也著　新潮社　2017.8　223p 18cm　（新潮新書 730）〈文献あり　年譜あり〉　760円　①978-4-10-610730-6　Ⓝ312.22

内容　序章　帝国の残照と現代中国　第1章　永楽帝誕生　第2章　習近平の半生　第3章　王朝創始者の権威利用　第4章　粛清の系譜　第5章　「盛世」の夢　第6章　「天下」の拡大と「大一統」　終章　習近平は永楽帝になり得るのか

◇宿命　習近平闘争秘史　峯村健司著　文藝春秋　2018.6　383p 16cm　（文春文庫 み57-1)〈「十三億分の一の男」（小学館　2015年刊）の改題　文献あり　年表あり〉　940円　①978-4-16-791075-4　Ⓝ312.22

内容　序章　「習近平新時代」　第1章　愛人たちが暮らす村　第2章　習近平の一人娘を探せ　第3章　染まった星条旗　第4章　ドキュメント新皇帝誕生　第5章　反日狂騒曲　第6章　不死身の男　第7章　サラブレッドの悲劇　第8章　クーデター　第9章　紅二代　終章　宿命　特別収録　エズラ・ボーゲルインタビュー「習近平は最強の独裁者なのか？」

周 桂生〔?～1985〕　しゅう・けいせい

◇百年漂泊―a lotus 悲しい20世紀の記憶　益田（周）愛蓮著　創英社/三省堂書店　2014.11　401p 20cm　1500円　①978-4-88142-886-3　Ⓝ289.2

内容　中国編（生霊塗炭雪上霜（塗炭の苦に、雪霜重なりて）　俯首甘為孺子牛（甘んじて孺子の牛とならん）　魯迅の詩より　西望長安不見佳（西のかた長安を望めば良いことは無し）李白の詩より　烽火童年涙残痕（洞庭湖界隈での青春時代を語りましょう）　洞庭往事話青春（洞庭湖界隈での青春時代を語りましょう）　中華人民共和国時代（一九四九年～一九五四年）　山雨欲来風満楼（ことが起こるには前兆がある）　改造思想献丹心（従来の考え方を変えて、丹心を尽くす）」　日本編（千里姻縁一線牽（出会いは千里の彼方を結ぶ）　帰路遙隔万重山（帰り道は幾山が隔たり遠く）　惜別神州入扶桑（惜別の情で中国と別れて日本へ）　夫妻天子幼路茫々（夫は亡くなり、子は幼く、先は果てしない））　総括編（札根東瀛視如帰（日本に根を下ろし、最後の帰宿とする））

周 昌〔?～前191〕　しゅう・しょう

◇史記　4　逆転の力学　司馬遷著　和田武司, 山谷弘之訳　徳間書店　2016.9　516p 15cm　（徳間文庫カレッジ し3-4)〈徳間文庫　2006年刊の再刊〉　1250円　①978-4-19-907068-6　Ⓝ222.03

内容　1　項羽と劉邦（項羽の生い立ち　高祖劉邦の生い立ち　項羽、劉邦の先陣争い　鴻門の会）　2　楚漢の決戦（崩れる足もと―諸王諸侯の離反　対決の軌跡―漢の東征と楚の反撃　戦局の拡大―韓信の活躍　垓下の戦い―項羽の最期）　3　悲喜の様相（功成ったあと　悲劇の実力者―韓信）　4　幕下の群像（補佐役の身の処し方―蕭何　名参謀長―張良　知謀の士―陳平　直言の士―周昌）

習 仲勲〔1913～2002〕　しゅう・ちゅうくん

◇習近平の政治思想形成　柴田哲雄著　彩流社　2016.3　189p 19cm　（フィギュール彩 50）〈文献あり　年譜あり〉　1900円　①978-4-7791-7052-2　Ⓝ312.22

内容　プロローグ　習仲勲・習近平父子の生涯　第1章　断章―習近平の思想形成とその周辺　第2章　習近平の福建省在任時期における経済・政治思想　第3章　習近平の福建省在任時期における外交政策の原像と対台湾政策　第4章　習仲勲の民主化志向の政治改革をめぐる姿勢、並びにその擁護の背景にある前半生の経歴　終章　日本はどのように習近平政権と向き合うべきか

◇習仲勋の生涯―改革開放の立役者　夏蒙, 王小強著　水野衛子訳　科学出版社東京　2017.9　323p 22cm　〈年譜あり〉　5200円　①978-4-907051-20-4　Ⓝ289.2

＊習仲勋とは、中国国家主席習近平の父親であり、改革開放の実質的推進者として新中国を拓いた1人である。本書は、習仲勋が亡くなる二〇〇二年五月二四日までの八九年にわたる一生を、三九項目に及ぶエピソードで構成しています。若き時代での考えや行動、毛沢東との出会い、中央人民政府、また改革開放時代での各事業における活躍そして冤罪による下放、さらに家族とのきずななど、その多難な人生を貴重かつ豊富な写真をもとにまとめ

しゅう

周 斌〔1934〜〕 しゅう・ひん
◇私は中国の指導者の通訳だった―中日外交最後の証言 周斌著，加藤千洋，鹿雪瑩訳 岩波書店 2015.2 338,5p 20cm 〈索引あり〉 4200円 ⓘ978-4-00-061021-6 Ⓝ319.1022

内容 第1章 日本語通訳への道―北京大学での苦学通訳業務の基礎を築く 第2章 よき通訳になるための基本条件（できるだけ堅実な二カ国語の能力を備えること―できるだけ豊富な知識を備えること ほか） 第3章 通訳の責任と範囲（よき通訳員になること―よき服務員になること ほか） 第4章 忘れ難い十回の通訳（小堀女史に付き添って病院に行った時のこと―笑いものになった通訳 『蝶々夫人』で指導者に甘えたこと―悔やんでも悔やみきれなかった通訳 ほか） 第5章 忘れ難い中国人（周恩来 陳毅 ほか） 第6章 忘れ難い日本人（北大東方語学部の日本語専門家教育組 田中角栄 ほか）

周 福清〔1838〜1904〕 しゅう・ふくせい
◇現在に生きる魯迅像―ジェンダー・権力・民衆の時代に向けて 湯山トミ子著 東方書店 2016.3 447p 21cm 〈他言語標題：LU-XUN FOR THE FUTURE 文献あり 年譜あり 索引あり〉 4000円 ⓘ978-4-497-21605-2 Ⓝ920.278

内容 魯迅における弱者観―二つの形成基盤 前期魯迅―「人」なき中国に「人」を求めて 転換期の思想形成（南下前史 「性の復権」と「生の定立」 社会権力との闘い―奪権なき革命と文学者魯迅の使命 民衆の時代―弱者の力と支配的権力との闘い 魯迅の祖父周福清（魯迅の祖父周福清試論―事跡とその人物像をめぐって・増補版） 魯迅と毛沢東―求められたのは「生命か奪権か？」

周 勃〔?〜前169〕 しゅう・ぼつ
◇史記・三国志英雄列伝―戦いでたどる勇者たちの歴史 井波律子著 潮出版社 2015.11 221p 20cm 〈年表あり〉 2000円 ⓘ978-4-267-02035-3 Ⓝ222.042

内容 第1章 群雄割拠の時代―始皇帝―項羽と劉邦（秦の始皇帝 陳勝・呉広の乱 反乱の拡大と秦王朝の滅亡 鴻門の会 劉邦の反撃 ほか） 第2章 激動の時代を生き抜く漢たち―漢の武帝―三国志の英雄たち（韓信・黥布の粛清、劉邦の死 呂后の専横と陳平・周勃の反撃 武帝の登場 最盛期の武帝 晩年の武帝 ほか）

獣神サンダーライガー〔1964〜〕 じゅうしんさんだーらいがー
◇獣神サンダー・ライガー自伝 上 獣神サンダー・ライガー著 イースト・プレス 2017.7 279p 19cm （新日本プロレスブックス）〈年表あり〉 1600円 ⓘ978-4-7816-1551-6 Ⓝ788.2

内容 1 新日本プロレス入門 2 山田恵一デビュー 3 海外武者修行 4 凱旋帰国 5 獣神誕生 6 ジュニアの名優たち 7 伝説の第1回『スーパーJカップ』 8 長期欠場 9 ジュニア8冠統一トーナメント 10 90年代後半の新日本ジュニア 11 ヘビー級との遭遇

◇獣神サンダー・ライガー自伝 下 獣神サンダー・ライガー著 イースト・プレス 2017.10 277p 19cm （新日本プロレスブックス）〈年譜あり〉 1600円 ⓘ978-4-7816-1552-3 Ⓝ788.2

内容 『G1 CLIMAX』初出場 『スーパージュニア』全勝優勝 パンクラスで鈴木みのると激突 CTU始動 新日本プロレス暗黒期 『レジェンド』結成 獣神再生 ブシロード体制 ライガー最終章 特別対談 永井豪（漫画家/ライガー生みの親）×獣神サンダー・ライガー〔ほか〕

宗峰妙超〔1282〜1337〕 しゅうほうみょうちょう
◇日本書人伝 中田勇次郎編 中央公論新社 2015.8 363p 16cm （中公文庫 な66-2）〈執筆：山本健吉ほか 中央公論社 1974年刊の再刊 年譜あり〉 1200円 ⓘ978-4-12-206163-7 Ⓝ728.21

内容 聖徳太子 聖武天皇 光明皇后―山本健吉 空海―司馬遼太郎 最澄 嵯峨天皇 橘逸勢―永井路子 小野道風 藤原佐理―寺田透 藤原行成―白洲正子 西行 藤原俊成 藤原定家―中村真一郎 大燈国師 一休宗純―唐木順三 本阿弥光悦―花田清輝 池大雅―辻邦生 良寛―水上勉 貫名菘翁―中田勇次郎

◇禅とは何か―それは達磨から始まった 水上勉著 中央公論新社 2018.12 396p 16cm （中公文庫 み10-23）〈新潮社 1988年刊の再刊 文献あり〉 960円 ⓘ978-4-12-206675-5 Ⓝ188.82

内容 それは達磨から始まった 臨済禅を築いた祖師たち 反時代者道元希玄の生き方 曹洞大教団の誕生 一休宗純の風狂破戒 三河武士鈴木正三の場合 沢庵宗彭体制内からの視線 雲渓桃水と白隠禅師の自由自在 日本禅の沈滞を破る明国からの波 大愚良寛「無住の住」の生涯 故郷乞食行の胸の内 心ひとつを定めかねつも 民衆が純粋を支える

寿岳 文章〔1900〜1992〕 じゅがく・ぶんしょう
◇甲南リベラリズムの源流を求めて―平生釟三郎の建学精神と地域開発をめぐって 神戸 甲南大学総合研究所 2018.1 67p 21cm （甲南大学総合研究所叢書 132） 非売品 Ⓝ289.1

内容 人間平生釟三郎（安西敏三著） 文化遺産としての向日庵（中島俊郎著）

祝 允明〔1461〜1527〕 しゅく・いんめい
◇中国書人伝 中田勇次郎編 中央公論新社 2015.7 365p 16cm （中公文庫 な66-1）〈中央公論社 1973年刊の再刊 年譜あり〉 1200円 ⓘ978-4-12-206148-4 Ⓝ728.22

内容 王義之・王献之―貝塚茂樹 鄭道昭・智永―小川環樹 唐太宗・虞世南・欧陽詢・褚遂良―加藤楸邨 顔真卿・柳公権―井上靖 李邕・張旭・懐素・楊凝式―土岐善麿 蘇軾・黄庭堅・米芾―寺田透 趙孟頫・張即之―武田泰淳 祝允明・文徴明・董其昌―杉浦明平 張瑞図―中田勇次郎 王鐸・金農・劉墉―三浦朱門 鄧石如・何紹基・趙之謙

宿澤 広朗〔1950〜2006〕 しゅくざわ・ひろあき
◇宿澤広朗 運を支配した男 加藤仁著 講談社 2016.1 313p 15cm （講談社+α文庫 G273-1）〈文献あり〉 720円 ⓘ978-4-06-281644-1 Ⓝ289.1

内容 プロローグ 神々の嫉妬 第1章 伝説の男 第2章 文武両道 第3章 二足のわらじ 第4章 全戦全勝のディーラー 第5章 空中戦と地上戦 第6章 取締役への道 第7章 書斎なき家庭人 第8章 突然の解任 第9章 松下電器との攻防 第10章 最後のプロジェクト エピローグ 真っ赤な薔薇を抱いて

寿桂尼〔?～1568〕 じゅけいに

◇戦国を生きた姫君たち 火坂雅志著 KADOKAWA 2016.9 170p 15cm （角川文庫 ひ20-25）〈年表あり〉 600円 ⓘ978-4-04-400170-4 Ⓝ281.04

内容 1 女城主たちの戦い（井伊直虎―井伊直政の義母 妙林尼―吉岡鎮興の妻 ほか） 2 危機を救う妻たち（お船の方―直江兼続の正室 小松姫―真田信之の正室 ほか） 3 愛と謎と美貌（小少将―長宗我部元親の側室 義姫―伊達政宗の生母 ほか） 4 才女と呼ばれた女たち（お初（常高院）―浅井三姉妹の次女 阿茶局―徳川家康の側室 ほか） 5 想いと誇りに殉じる（鶴姫―瀬戸内のジャンヌ・ダルク 淀殿―豊臣秀吉の側室 ほか）

◇戦国の女城主―井伊直虎と散った姫たち 髙橋伸幸著 徳間書店 2016.11 326p 15cm （徳間文庫カレッジ た2-1）〈文献あり〉 830円 ⓘ978-4-19-907073-0 Ⓝ281.04

内容 井伊直虎―男の名で生き、お家断絶の危機を救った女城主 甲斐姫―石田三成に立ち向かい城を守った姫武者 鶴姫―大内水軍を二度撃退した瀬戸内の女戦士 おつやの方―信長の怒りをかい非業の死を遂げた岩村城主 慶誾尼―鍋島藩を生んだ押しかけ女房 吉岡妙林尼―男勝りの胆力で薩摩軍を撃退した女武者 立花闇千代―七歳にして女城主となり関ケ原で西軍に与する 常盤―島津氏の基礎を作った妻女の決断 鶴姫―侍女三十四人を従えて敵陣に切り込んだ烈婦 富田信高の妻―関ケ原の前哨戦で夫の窮地を救った女武者 寿桂尼―「女戦国大名」といわれ今川家を支える 天球院―夫に愛想をつかして縁を切った女傑 お市の方―「戦国一の美女」といわれ夫とともに自刃 細川ガラシャ―人質を拒否して殉教を選んだ烈女

◇井伊直虎と戦国の女傑たち―70人の数奇な人生 渡邊大門著 光文社 2016.12 307p 16cm （光文社知恵の森文庫 tわ3-2）〈文献あり〉 780円 ⓘ978-4-334-78712-7 Ⓝ281.04

内容 第1部 女戦国大名・井伊直虎と井伊一族 第2部 地方別 戦国の女傑たち（東北・北陸の戦国女性 関東・中部の戦国女性 近畿・中国の戦国女性 四国・九州・海外の戦国女性） 第3部 戦国女性の真相を語る（「戦国大名」今川氏親の妻・寿桂尼 「女戦国大名」赤松政則の妻・洞松院尼 戦国女性の日常生活 軍師官兵衛を支えた妻・光 戦国に輝いた浅井三姉妹の生涯）

◇今川氏滅亡 大石泰史著 KADOKAWA 2018.5 303p 19cm （角川選書 604）〈文献あり〉 1800円 ⓘ978-4-04-703633-8 Ⓝ288.3

内容 第1章 戦国大名今川氏の登場（氏親以前の今川氏 「戦国大名」氏親の登場から死没 ほか） 第2章 寿桂尼と氏輝（家督継承者と「家督代行者」 寿桂尼の位置づけ ほか） 第3章 義元の時代（義元の栄華 領国西方の維持） 第4章 氏真の生涯（"通説"今川氏真 離反する国衆たち） 第5章 今川領国の崩壊（氏真の実像を探る 氏真の発給文書）

寿福院〔1570～1631〕 じゅふくいん

◇寿福院―徳田のおりん伝承 加賀藩前田利常公生母 平野由朗著 〔出版地不明〕 〔平野由朗〕 2017.6 89p 21cm Ⓝ289.1

壽福院 美屋子〔1941～〕 じゅふくいん・みやこ

◇耐えることは美しい 壽福院美屋子著 開発社 2015.12 166p 19cm 1500円 ⓘ978-4-7591-0151-5 Ⓝ289.1

内容 父母のこと 私が生まれ育った所はこんなところ お寺参り 愛犬マル（米泥棒） 優しい姉たち ミスコンテスト 夢の中に母が 長男の誕生 次男の誕生 バイオリン教室・水泳教室〔ほか〕

徐 福〔秦代〕 じょ・ふく

◇徐福と日本神話の神々 前田豊著 彩流社 2016.1 203p 19cm 2000円 ⓘ978-4-7791-2193-7 Ⓝ210.3

内容 第1編 日本の徐福伝承（古代日本列島への渡来者 日本各地の徐福渡来伝承 中国地方・近畿の徐福情報 東海の徐福伝承 関東―相模の徐福情報 富士山麓の徐福伝承 東北、伊豆諸島の徐福伝承 日本古代史における徐福の位置づけ） 第2編 徐福に関する論説（徐福と富士古文献の関係について 竹内文書と富士古文献の繋がり 徐福の民族的考察 東三河の秘史から推定される徐福 イワクラ信仰と徐福・秦氏の関係 日本精神文化の基層―神仙思想と不老不死の世界）

徐 復観〔1903～1982〕 じょ・ふくかん

◇儒教と革命の間―東アジアにおける徐復観 黄俊傑著, 緒形康訳 福岡 集広舎 2018.6 427,4p 20cm 〈年譜あり 索引あり〉 2750円 ⓘ978-4-904213-60-5 Ⓝ125.9

＊全体主義体制と生涯をかけて闘った思想家！ 民衆が歴史上こうむってきた差別や抑圧を解放することをミッションとし、中国政治の革新を目指したそのすがたを多様な角度から明らかにする。

徐 市 じょ・ふつ

⇒徐福（じょ・ふく）を見よ

徐 凌霄〔1886～1961〕 じょ・りょうしょう

◇中国名記者列伝―正義を貫き、その文章を歴史に刻み込んだ先人たち 第2巻 柳斌傑, 李東東編, 加藤青延監訳, 黒金祥一訳 日本僑報社 2017.4 192p 21cm 3600円 ⓘ978-4-86185-237-4 Ⓝ070.16

内容 鑑湖の女傑―秋瑾（1875‐1907） 才知の記者―包天笑（1876‐1973） 四つの素早さを持つ記者―陳天美（1878‐1916） 「冷血」な時事評論家―陳景韓（1878‐1965） 革命の元老記者―于右任（1879‐1964） 五四運動の総司令官―陳独秀（1879‐1942） 女性記者の先駆け―康同薇（1879‐1974） 新聞界の重鎮―史量才（1880‐1934） 嶺南報道界の英才―鄭貫公（1880‐1906） ペンによる一人立つ―章士釗（1881‐1973） 革命家にして記者―宋教仁（1882‐1913） 直言居士―邵力子（1882‐1967） 革命新聞の元勲―馮自由（1882‐1958） ニュースレポートの開拓者―黄遠生（1885‐1915） 新文化運動の大衆指導者―高一涵（1885‐1968） 比類なき逸材―朱執信（1885‐1920） 民国初期の

俊才―徐凌霄（1886‐1961） 勇気ある辣腕家―邵飄萍（1886‐1926） 詩と酒を愛した文豪―葉楚傖（1887‐1946） 一代論宗―張季鸞（1888‐1941）

尚 円〔1415～1476〕 しょう・えん

◇尚氏と首里城 上里隆史著 吉川弘文館 2016.1 151p 21cm （人をあるく）〈文献あり 年譜あり〉 2000円 Ⓘ978-4-642-06789-8 Ⓝ219.9

内容 天下人・尚巴志と尚円（二つの島 真物・尚巴志ほか） 1 尚氏の履歴書―琉球王国の盛衰（「戦国」と「交易」の時代到来 尚巴志の登場と第一尚氏王朝の成立 ほか） 2 アジアのなかの琉球王国（華人ネットワークと中国・東南アジア貿易 倭人ネットワークと日本・朝鮮貿易 ほか） 3 首里城と古琉球の史跡をあるく（佐敷グスク 島添大里グスク ほか）

蕭 何〔?～前193〕 しょう・か

◇史記 4 逆転の力学 司馬遷著 和田武司, 山谷弘之訳 徳間書店 2016.9 516p 15cm （徳間文庫カレッジ し3-4）〈徳間文庫 2006年刊の再刊〉 1250円 Ⓘ978-4-19-907068-6 Ⓝ222.03

内容 1 項羽と劉邦（項羽の生い立ち 高祖劉邦の生い立ち 項羽、劉邦の先陣争い 鴻門の会） 2 楚漢の決戦（崩れる足もと―諸王諸侯の離反 対決の軌跡―漢の東征と楚の反撃 戦局の拡大―韓信の活躍 垓下の戦い―項羽の最期） 3 悲喜の様相（功成ったあと 悲劇の実力者―韓信） 4 幕下の群像（補佐役の身の処し方―蕭何 名参謀長―張良 知謀の士―陳平 直言の士―周昌）

蔣 介石〔1887～1975〕 しょう・かいせき

◇蔣介石の「国際的解決」戦略：1937-1941―「蔣介石日記」から見る日中戦争の深層 鹿錫俊著 東方書店 2016.2 324p 22cm 〈文献あり 索引あり〉 4000円 Ⓘ978-4-497-21602-1 Ⓝ319.22

内容 第1章 「国際的解決」戦略の論理と日中戦争の長期化 第2章 危機と転機、そしてヨーロッパ情勢への対応 第3章 独ソ不可侵条約とヨーロッパ戦争開戦をめぐって―日記から見る蔣介石の政策決定過程 第4章 「二つの同時」論と「世界的規模収拾策」―異なる「国際的解決」戦略の対峙 第5章 西方への援中ルート閉鎖期間の試練―1940年夏における対独・対日政策の再選択 第6章 日独伊三国同盟をめぐる多角外交 第7章 独ソ戦争への予測と対処 第8章 日米交渉期の攻防―日本の対応と蔣介石の反応 終章 蔣介石外交の評価

◇近代中国指導者評論集成 1 蔣介石 松本和久編・解題 石丸藤太著 ゆまに書房 2016.5 386,10p 22cm 〈布装 春秋社 昭和12年刊の複製〉 17000円 Ⓘ978-4-8433-5017-1 Ⓝ222.07

蔣 宏 しょう・こう

◇歌を掛け合う人々―東アジアの歌文化 真下厚, 手塚恵子, 岡部隆志, 張正軍著 三弥井書店 2017.8 252p 19cm 〈文献あり〉 2500円 Ⓘ978-4-8382-3325-0 Ⓝ385.4

内容 第1章 奄美島唄に生きる―徳之島のウタシャ治井秋喜氏の場合 第2章 野のうたびと―中国壮族蔣宏の生涯 第3章 歌垣とともに生きて―中国白族施珍華へのインタビュー 第4章 歌を作る人々―中国湖南省鳳凰県苗族の村から

聶 耳〔1912～1935〕 じょう・じ

◇歌で革命に挑んだ男―中国国歌作曲者・聶耳と日本 岡崎雄兒著 新評論 2015.7 279p 19cm 〈文献あり 作品目録あり 年表あり〉 2800円 Ⓘ978-4-7948-1009-0 Ⓝ762.22

内容 序章 一九三五年七月一七日、神奈川県鵠沼海岸 第1章 雲南―「革命音楽家」を育んだ日々（生い立ち 音楽への情熱、思想の目覚め ほか） 第2章 激動の上海―音楽の研鑽と初恋の行方（タバコ問屋で働く 聯華歌舞団に入る ほか） 第3章 映画界に入る（左翼映画に携わる日々 レコード会社での仕事 ほか） 第4章 亡命と客死（東京での生活 湘南での休暇 ほか） 第5章 国歌への道（抗日救国合唱運動の高まりの中で 新中国の成立、暫定国歌には ほか） 終章 「義勇軍行進曲」の作曲者と日本

◇田漢 聶耳中国国歌八十年 田偉著 論創社 2016.1 145p 20cm 〈文献あり〉 1500円 Ⓘ978-4-8460-1495-7 Ⓝ767.522

内容 第1部 作詞者・田漢と作曲者・聶耳 中国国歌の誕生（中国国歌の作詞者「田漢」 田漢先生とわたし 田漢先生のおいたち ほか） 第2部 田漢がたどった数奇な運命（田漢先生の逮捕と聶耳の中国脱出 約四ヶ月の拘束の後、釈放される 新中国建設の原動力となった『義勇軍進行曲』 ほか） 第3部 「中国から来た花嫁」と呼ばれて（縁あって日本に嫁いできた 夫がガンの宣告を受ける 阪神・淡路大震災は大きな転機だった ほか）

章 士釗〔1881～1973〕 しょう・ししょう

◇中国名記者列伝―正義を貫き、その文章を歴史に刻み込んだ先人たち 第2巻 柳斌傑, 李東東編, 加藤青延監訳, 黒金祥一訳 日本僑報社 2017.4 192p 21cm 3600円 Ⓘ978-4-86185-237-4 Ⓝ070.16

内容 鑑湖の女傑―秋瑾（1875‐1907） 才知の記者―包天笑（1876‐1973） 四つの素早さを持つ記者―陳其美（1878‐1916） 「冷血」な時事評論家―陳景韓（1878‐1965） 革命の元老記者―于右任（1879‐1964） 五四運動の総司令官―陳独秀（1879‐1942） 女性記者の先駆け―康同薇（1879‐1974） 新聞界の重鎮―史量才（1880‐1934） 嶺南報道界の英才―鄭貫公（1880‐1906） ペンによって一人立つ一章士釗（1881‐1973） 革命家にして記者―宋教人（1882‐1913） 直言居士―邵力子（1882‐1967） 革命新聞の元勲―馮自由（1882‐1958） ニュースレポートの開拓者―黄遠生（1885‐1915） 新文化運動の大衆指導者―高一涵（1885‐1968） 比類なき逸材―朱執信（1885‐1920） 民国初期の俊才―徐凌霄（1886‐1961） 勇気ある辣腕家―邵飄萍（1886‐1926） 詩と酒を愛した文豪―葉楚傖（1887‐1946） 一代論宗―張季鸞（1888‐1941）

城 純一 じょう・じゅんいち

◇社会福祉を牽引する人物 城純一 城純一, 塚口伍差夫対談者, 野嶋納美, 辻尾朋子編集 岡山大学教育出版 2017.3 81p 19cm 〈企画：福祉サービス経営調査会〉 1000円 Ⓘ978-4-86429-447-8 Ⓝ289.1

内容 第1章 城純一の生い立ち、社会福祉の道に入っ

しょう

た動機　第2章 伝統を生かす　第3章 経営困難法人への援助　第4章 地域政治に関わって　第5章 地域ボランティアとしても活躍　第6章 資格取得で自己の向上を　第7章 後に続く事業者への提言　城ノブの業績

城　資永〔?〜1181〕　じょう・すけなが

◇中世の人物 京・鎌倉の時代編　第2巻 治承〜文治の内乱と鎌倉幕府の成立　野口実編　大阪 清文堂出版　2014.6　426p　22cm　〈文献あり〉　4500円　Ⓘ978-4-7924-0995-1　Ⓝ281

内容　源頼政と以仁王（生駒孝臣著）　甲斐源氏（西川広平著）　木曾義仲（長村祥知著）　源義経と範頼（宮田敬三著）　平宗盛（田中大喜著）　平氏の新旧家人たち（西村隆著）　藤原秀衡（三好俊文著）　源頼朝（元木泰雄著）　大庭景親（森幸夫著）　城助永と助職〈長茂〉（高橋一樹著）　千葉常胤（野口実著）　和田義盛と梶原景時（滑川敦子著）　北条時政と牧の方（落合義明著）　源頼家（藤本頼人著）　八条院（高松百香著）　藤原兼実（高橋秀樹著）　源通親（佐伯智広著）　法然と貞慶・明恵（平雅行著）　重源（久野修義著）　栄西（中尾良信著）

城　助職　じょう・すけもと

⇒城長茂（じょう・ながもち）を見よ

鍾　清漢〔1928〜2017〕　しょう・せいかん

◇二人の妻—我が人生の回顧録と随想集　鍾清漢著　アジア文化総合研究所出版会　2016.3　358p　21cm　（アジア文化選書 18—鍾清漢文選 第2集）〈下位シリーズの責任著者：鍾清漢/〔著〕〉　2778円　Ⓘ978-4-901738-45-3　Ⓝ289.2

章　太炎〔1869〜1936〕　しょう・たいえん

◇中国名記者列伝—正義を貫き、その文章を歴史に刻み込んだ先人たち　第1巻　柳斌傑, 李東東編, 加藤青延監訳, 渡辺明次訳　日本僑報社　2016.9　221p　21cm　3600円　Ⓘ978-4-86185-224-4　Ⓝ070.16

内容　新聞・雑誌の政治評論の開拓者 王韜（おう・とう 1828 - 1897）『万国公報』の魂 蔡爾康（さい・じこう 1851 - 1921）　西洋の学問を中国に取りこんだ「西学東漸」の先駆 厳復（げん・ふく 1854 - 1921）　民国時代の北京新聞界の元老 朱淇（しゅ・き 1858 - 1931）　傑出した職業ジャーナリスト 汪康年（おう・こうねん 1860 - 1911）　家財を投げ打ち民衆のために新聞発行 彭翼仲（ほう・よくちゅう 1864 - 1921）　公のために「直言」をいとわず 夏曉之（えい・れんし 1867 - 1926）　湖南省言論界一の健筆 唐才常（とう・さいじょう 1867 - 1900）　清末民初の新聞政治評論家 章太炎（しょう・たいえん 1869 - 1936）　人民の中の先覚者 陳少白（ちん・しょうはく 1869 - 1934）　民国初期の北京新聞界の「怪傑」劉少少（りゅう・しょうしょう 1870 - 1929）　義侠心に燃えた女性ジャーナリスト 唐群英（とう・ぐんえい 1871 - 1937）　海に身を投じた烈士 楊篤生（よう・とくせい 1872 - 1911）　新聞発行のために私財を投じ打つ 卞小吾（べん・しょうご 1872 - 1908）　新聞を創刊し維新を推進 梁啓超（りょう・けいちょう 1873 - 1929）　マスコミ刷新の牽引者 狄楚青（てき・そせい 1873 - 1941）　口語体新聞の先駆者 林白水（りん・はくすい 1874 - 1926）　革命世論の旗手 陳去病（ちん・きょへい 1874 - 1933）　傑出したマスコミ事業者 汪漢溪（おう・かんけい 1874 - 1924）　革命党の大文豪 陳天華（ちん・てんか 1875 - 1905）

城　常太郎〔1863〜1905〕　じょう・つねたろう

◇日本で初めて労働組合をつくった男評伝・城常太郎　牧民雄著　同時代社　2015.6　322p　22cm　〈文献あり 年譜あり〉　3200円　Ⓘ978-4-88683-783-7　Ⓝ289.1

内容　ひい爺さんは「元祖」だったのよ　少年・常太郎、数奇な運命　夢のサンフランシスコ　深まる軋轢、白人vsジャパニーズ　闇に埋もれた「まぼろしの檄文」　矯風会米国からのメッセージ　持ち帰った、パイオニアのビジョン　働くまよ、夜明けは近い　演説会のトップバッター　出るクギは襲われる　孤軍奮闘、関西に種をまく　明治三十二年はエポックイヤー　天津で春が来た　捧げつくす、命つきるまで

城　長茂〔1151〜1201〕　じょう・ながもち

◇中世の人物 京・鎌倉の時代編　第2巻 治承〜文治の内乱と鎌倉幕府の成立　野口実編　大阪 清文堂出版　2014.6　426p　22cm　〈文献あり〉　4500円　Ⓘ978-4-7924-0995-1　Ⓝ281

内容　源頼政と以仁王（生駒孝臣著）　甲斐源氏（西川広平著）　木曾義仲（長村祥知著）　源義経と範頼（宮田敬三著）　平宗盛（田中大喜著）　平氏の新旧家人たち（西村隆著）　藤原秀衡（三好俊文著）　源頼朝（元木泰雄著）　大庭景親（森幸夫著）　城助永と助職〈長茂〉（高橋一樹著）　千葉常胤（野口実著）　和田義盛と梶原景時（滑川敦子著）　北条時政と牧の方（落合義明著）　源頼家（藤本頼人著）　八条院（高松百香著）　藤原兼実（高橋秀樹著）　源通親（佐伯智広著）　法然と貞慶・明恵（平雅行著）　重源（久野修義著）　栄西（中尾良信著）

尚　巴志〔1372〜1439〕　しょう・はし

◇尚氏と首里城　上里隆史著　吉川弘文館　2016.1　151p　21cm　（人をあるく）〈文献あり 年譜あり〉　2000円　Ⓘ978-4-642-06789-8　Ⓝ219.9

内容　天下人・尚巴志と尚円（二つの島　真物・尚巴志ほか）　1　尚氏の履歴書—琉球王国の盛衰（「戦国」と「交易」の時代到来　尚巴志の登場と第一尚氏王朝の成立　ほか）　2　アジアのなかの琉球王国（華人ネットワークと中国・東南アジア貿易　倭人ネットワークと日本・朝鮮貿易 ほか）　3　首里城と古琉球の史跡をあるく（佐敷グスク　島添大里グスク　ほか）

邵　飄萍〔1886〜1926〕　しょう・ひょうへい

◇中国名記者列伝—正義を貫き、その文章を歴史に刻み込んだ先人たち　第2巻　柳斌傑, 李東東編, 加藤青延監訳, 黒金祥一訳　日本僑報社　2017.4　192p　21cm　3600円　Ⓘ978-4-86185-237-4　Ⓝ070.16

内容　鑑湖の女傑—秋瑾（1875 - 1907）　才知の記者—包天笑（1876 - 1973）　四つの素早さを持つ記者—陳其美（1878 - 1916）　「冷血」な時事評論家—陳景韓（1878 - 1933）　革命の元老記者—于右任（1879 - 1964）　五四運動の総司令官—陳独秀（1879 - 1942）　女性記者の先駆け—康同薇（1879 - 1974）　新聞界の重鎮—史量才（1880 - 1934）　嶺南報道界の英才—鄭貫公（1880 - 1906）　ペンによって一

人立つ—章士釗(1881‐1973)　革命家にして記者—宋教人(1882‐1913)　直言居士—邵力子(1882‐1967)　革命新聞の元勲—馮自由(1882‐1958)　ニュースレポートの開拓者—黄遠生(1885‐1915)　新文化運動の大衆指導者—高一涵(1885‐1968)　比類なき逸材—朱執信(1885‐1920)　民国初期の俊才—徐凌霄(1886‐1961)　勇気ある辣腕家—邵飄萍(1886‐1926)　詩と酒を愛した文豪—葉楚傖(1887‐1946)　一代論宗—張季鸞(1888‐1941)

邵　力子〔1882〜1967〕　しょう・りきし
◇中国名記者列伝—正義を貫き、その文章を歴史に刻み込んだ先人たち　第2巻　柳斌傑、李東東編、加藤青延監訳、黒金祥一訳　日本僑報社　2017.4　192p　21cm　3600円　①978-4-86185-237-4　Ⓝ070.16

[内容]　鑑湖の女傑—秋瑾(1875‐1907)　才知の記者—包天笑(1876‐1973)　四つの素早さを持つ記者—陳其美(1878‐1916)　「冷血」な時事評論家—陳景韓(1878‐1965)　革命の元老記者—于右任(1879‐1964)　五四運動の総司令官—陳独秀(1879‐1942)　女性記者の先駆け—康同薇(1879‐1974)　新聞界の重鎮—史量才(1880‐1934)　嶺南報道界の英才—鄭貫公(1880‐1906)　ペンによって一人立つ—章士釗(1881‐1973)　革命家にして記者—宋教人(1882‐1913)　直言居士—邵力子(1882‐1967)　革命新聞の元勲—馮自由(1882‐1958)　ニュースレポートの開拓者—黄遠生(1885‐1915)　新文化運動の大衆指導者—高一涵(1885‐1968)　比類なき逸材—朱執信(1885‐1920)　民国初期の俊才—徐凌霄(1886‐1961)　勇気ある辣腕家—邵飄萍(1886‐1926)　詩と酒を愛した文豪—葉楚傖(1887‐1946)　一代論宗—張季鸞(1888‐1941)

聖一国師　しょういちこくし
⇒円爾(えんに)を見よ

乗因〔1683〜1739〕　じょういん
◇徳川時代の異端の宗教—戸隠山別当乗因の挑戦と挫折　曽根原理著　岩田書院　2018.1　181p　21cm　2600円　①978-4-86602-018-1　Ⓝ188.42

[内容]　第1章 山王一実神道の展開—乗因を対象として　第2章 乗因の神道説の異端的性格—戸隠修験・『大成経』との関係から　第3章 別伝と乗因—彦山修験から戸隠修験へ伝えられたもの　第4章 戸隠山別当乗因の弟子たち　第5章 乗因と霊空　補論 日光三所権現と東照三所再現　第6章 霊宗神道説の広がり

聖覚　しょうかく
⇒聖覚(せいかく)を見よ

青岳尼　しょうがくに
⇒青岳尼(せいがくに)を見よ

紹喜　じょうき
⇒快川紹喜(かいせんじょうき)を見よ

紹瑾　じょうきん
⇒瑩山紹瑾(けいざんじょうきん)を見よ

貞慶〔1155〜1213〕　じょうけい
◇中世の人物 京・鎌倉の時代編　第2巻　治承〜文治の内乱と鎌倉幕府の成立　野口実編　大阪清文堂出版　2014.6　426p　22cm　〈文献あり〉　4500円　①978-4-7924-0995-1　Ⓝ281

[内容]　源頼政と以仁王(生駒孝臣著)　甲斐源氏(西川広平著)　木曾義仲(長村祥知著)　源義経と範頼(宮田敬三著)　平宗盛(田中大喜著)　平氏の新旧家人たち(西村隆著)　藤原秀衡(三好俊文著)　源頼朝(元木泰雄著)　大庭景親(森幸夫著)　城助永と助職(長茂)(髙橋一樹著)　千葉常胤(野口実著)　和田義盛と梶原景時(滑川敦子著)　北条時政と牧の方(落合義明著)　源頼家(藤本頼人著)　八条院(髙松百香著)　藤原兼実(髙橋秀樹著)　源通親(佐伯智広著)　法然と貞慶・明恵(平雅行著)　重源(久野修義著)　栄西(中尾良信著)

昭憲皇太后〔1849〜1914〕　しょうけんこうたいごう
◇美しきみこころとおすがた—昭憲皇太后を偲び奉る　明治神宮国際神道文化研究所編　明治神宮　2014.4　227p　22cm　〈昭憲皇太后百年祭〉　非売品　Ⓝ288.44

◇女官—明治宮中出仕の記　山川三千子著　講談社　2016.7　337p　15cm　(講談社学術文庫2376)〈実業之日本社 1960年刊の再刊〉　1050円　①978-4-06-292376-7　Ⓝ288.4

[内容]　宮中へ奉仕　明治天皇と昭憲皇太后 両陛下の御日常　内侍の生活　昔の女官気質　女官の行楽　次ぎ、清と忌服　夏の日の思い出　年中行事　明治天皇崩御まで　大正の御代を迎えて　晩年の昭憲皇太后　故郷に帰る

◇皇后四代の歴史—昭憲皇太后から美智子皇后まで　森暢平、河西秀哉編　吉川弘文館　2018.6　222p　21cm　〈文献あり〉　2200円　①978-4-642-08333-1　Ⓝ288.44

[内容]　第1章 近代化のなかでの皇后—昭憲皇太后—一八六八〜一九一四　第2章 貞明皇后の思考と行動・裕仁との関係から—貞明皇后—一九一二〜一九三一頃　第3章 皇太子妃良子の登場・国民教化と大衆人気のはざま—貞明・香淳皇后—一九二〇頃〜一九三一　第4章 総力戦体制のなかの香淳皇后—香淳皇后—一九三一〜一九四五　第5章 象徴天皇制への転換と香淳皇后—貞明・香淳皇后—一九四五〜一九五二　第6章 香淳皇后と美智子皇太子妃の連続と断絶—香淳皇后・美智子妃—一九五二〜一九六五頃　第7章 高度経済成長期の香淳皇后と美智子妃—香淳皇后・美智子妃—一九六〇頃〜一九八八　第8章 発信する「国民の皇后」—美智子皇后・雅子妃—八九〜二〇一八

◇宮中五十年　坊城俊良著　講談社　2018.10　148p　15cm　(講談社学術文庫 2527)〈明徳出版社 1960年刊の再刊〉　680円　①978-4-06-513382-8　Ⓝ288.4

[内容]　明治天皇に近侍して(大きなお声の陛下　質実剛健な宮中生活 ほか)　昭憲皇太后のこと(明治天皇と昭憲皇太后　優しい皇后様と少年たち ほか)　平民的な大正天皇(明朗仁慈のご性格　隔てなき人間天皇 ほか)　「山の宮様」の思い出(若き日の秩父宮殿下の鴨猟 ほか)　終戦後の貞明皇后(皇太后宮大夫として人のまごころ ほか)

正眼国師　しょうげんこくし
⇒盤珪永琢(ばんけいようたく)を見よ

定豪〔1152〜1238〕じょうごう
◇中世の人物　京・鎌倉の時代編　第3巻　大阪　清文堂出版　2014.7　382p　22cm　4500円　①978-4-7924-0996-8　Ⓝ281
内容　後鳥羽院(美川圭著)　九条道家(井上幸治著)　西園寺公経(山岡瞳著)　藤原秀康(長村祥知著)　藤原定家(谷昇著)　源実朝(坂井孝一著)　北条政子(黒嶋敏著)　北条義時(田辺旬著)　北条泰時(菊池紳一著)　北条時房と重時(久保田和彦著)　九条頼経・頼嗣(岩田慎平著)　竹御所と石山尼(小野翠著)　三浦義村(真鍋淳哉著)　大江広元と三善康信〈善信〉(佐藤雄基著)　宇都宮頼綱(野口実著)　慈円(菊地大樹著)　聖覚(平雅行著)　定豪(海老名尚著)　円爾(原田正俊著)　叡尊(細川涼一著)　公武権力の変容と仏教界(平雅行/編)

上甲　晃〔1941〜〕じょうこう・あきら
◇松下幸之助に学んだ人生で大事なこと　上甲晃著　致知出版社　2018.10　258p　20cm　1500円　①978-4-8009-1191-9　Ⓝ289.1
内容　第1章 人生のはじまり　第2章 松下電器と松下幸之助　第3章 営業の極意を学ぶ　第4章 松下政経塾へ　第5章 素晴らしき師たちとの出会い　第6章 政治との出会い　第7章 松下幸之助の求めたものを求める　第8章 生きた証としてのデイリーメッセージ　第9章 これから立つ!

上甲　正典〔1947〜2014〕じょうこう・まさのり
◇夢叶うまで挑戦—四国の名将・上甲正典が遺したもの　丹羽政善著　ベースボール・マガジン社　2015.7　238p　19cm　1500円　①978-4-583-10859-9　Ⓝ783.7
内容　第1章 宇和島に上甲あり　第2章 上甲野球とは　第3章 スパルタ指導の真相　第4章 名将の実像　第5章 上甲伝説　第6章 最後の時間　特別掲載『上甲ノート』

上皇明仁〔1933〜〕じょうこうあきひと
◇皇太子の窓　E・G・ヴァイニング著,小泉一郎訳　文藝春秋　2015.4　493p　16cm　(文春学藝ライブラリー—雑英 14)〈1989年刊の再刊〉　1550円　①978-4-16-813044-1　Ⓝ288.41
＊戦後まもなく、当時の皇太子(現在の天皇)の英語家庭教師となったヴァイニング夫人が、ともに過ごした日々を瑞々しく綴った回想録。皇太子の成長期であり、敗戦後の日本の姿が皇室の日常とともに描き出された歴史的な書。戦後の皇室に新たな風を吹き込んだ女性家庭教師の感慨深い回想録。

◇天皇家と生物学　毛利秀雄著　朝日新聞出版　2015.4　301p　19cm　(朝日選書 932)〈文献あり〉　1500円　①978-4-02-263032-2　Ⓝ288.4
内容　君主と学問(外国の君主と学問の関係　わが国の皇室と学問)　第1章 初代昭和天皇(昭和天皇のおいたち　東宮学問所時代　ほか)　第2章 第二代今上(明仁)天皇と常陸宮(皇居と御用邸　天皇家と馬　東京大学理学部動物学教室と植物学教室　明仁天皇のおいたち　ご成婚から平成の時代へ　ほか)　第3章 第三代秋篠宮と黒田清子さん(秋篠宮のおいたちとご経歴　秋篠宮のご業績、ナマズ研究とニワトリの分子系統　ほか)　第4章 国際生物学賞について(生物学のノーベル賞を—国際生物学賞　国際生物学賞の受賞者たち　ほか)

◇明仁天皇と平和主義　斉藤利彦著　朝日新聞出版　2015.7　237p　18cm　(朝日新書 526)〈文献あり〉　760円　①978-4-02-273626-0　Ⓝ288.41
内容　何を思い、何を考えて成長していったのか　1 明仁天皇の自己形成—戦争という時代の下で(皇太子の誕生と幼年期　学習院初等科への入学)　2 象徴天皇の理念と平和主義(日本国憲法の下での薫陶　明仁天皇の公務と意志—普遍的な価値としての平和の創出　穏やかな表情)

◇天皇のイングリッシュ　保阪正康著　廣済堂出版　2015.12　213p　18cm　(廣済堂新書 063)〈年表あり〉　800円　①978-4-331-51991-2　Ⓝ288.41
内容　第1章 昭和天皇とヴァイニング夫人—家庭教師を招請した先帝の真意(玉音放送から始まった民主化　米国人教師は非戦主義　ほか)　第2章 皇太子と太平洋戦争—軍国主義下の少年時代(昭和天皇の自己反省　絶対の皇国史観　ほか)　第3章 新時代の皇太子教育—マッカーサーの口頭試問(アメリカとの邂逅　素晴らしい民主主義　ほか)　第4章 ヴァイニングは何を教えたか—様々な英語副読本(皇太子にもっと広い世界を　天皇とマッカーサーの"黙契"　ほか)　第5章 明仁天皇は戦後民主主義の体現者—女王戴冠式と美智子妃との御成婚(昭和天皇はなぜ開戦を許したのか　「銀ブラ事件」　ほか)

◇天皇への道　吉田伸弥著　講談社　2016.5　487p　15cm　(講談社文庫 よ43-1)〈読売新聞社 1991年刊の加筆修正　文献あり　年譜あり　索引あり〉　860円　①978-4-06-293371-1　Ⓝ288.41
内容　誕生　皇子御殿　東宮仮御所　学習院初等科　太平洋戦争　疎開　敗戦　焼け跡　小金井　バイニング夫人　友だち　象徴　高等科　小泉信三　青春　外遊　聴講生　結婚

◇明仁天皇と戦後日本　河西秀哉著　洋泉社　2016.6　191p　18cm　(歴史新書y 059)〈文献あり　年譜あり〉　950円　①978-4-8003-0968-6　Ⓝ313.61
内容　第1章 新しい皇太子像の創出(誕生から敗戦まで　GHQによる天皇制民主化策　ほか)　第2章 ミッチー・ブームとその後(「ご成婚」への評価　先例としての孝宮の結婚　ほか)　第3章 次期天皇への芽生え(積極的な外交のスタート　アメリカ訪問の再浮上と日米のかけひき　ほか)　第4章 新天皇の意志(天皇に即位　「国民と苦楽をともにする」　ほか)　終章 慰霊への思いと戦後日本(相次ぐ災害と被災地への思い　戦争の記憶への取り組み ほか)

◇随行記—天皇皇后両陛下にお供して　川島裕著　文藝春秋　2016.8　261p　図版12p　22cm　〈年譜あり〉　2500円　①978-4-16-390503-7　Ⓝ288.48
内容　第1部 慰霊の旅(サイパン慰霊にお供して—平成十七年六月二十七日〜二十八日　「玉砕の島」ペリリュー島へ—平成二十七年四月八日〜九日)　第2部 友好の旅(シンガポール、マレーシア、タイ 南西アジア歴訪—平成十八年六月八日〜十五日　スウェーデン、バルト三国、英国　ヨーロッパ歴訪—平成十九

年五月二十一日～三十日　カナダ　五十六年ぶりのご訪問—平成二十一年七月三日～十七日　英国ご訪問　歴史と向き合い続けた六十年—平成二十四年五月十六日～二十日　思い出の菩提樹の下で　インドご訪問—平成二十五年十一月三十日～十二月六日）　第3部　被災地を訪ねて（東日本大震災発生　両陛下の一週間—平成二十三年三月十一日～十八日　七週連続・一都六県　被災者お見舞い—平成二十三年三月三十日～五月十一日　両陛下　厄災から五年間の祈り—平成二十三年三月十一日～平成二十八年三月十一日）

◇知られざる天皇明仁　橋本明著　講談社　2016.10　292p　20cm　1850円　Ⓘ978-4-06-220301-2　Ⓝ288.41

内容　第1章　父と子　第2章　学習院初・中等科時代　第3章　学習院高等科—青年・皇太子の悩み　第4章「立太子礼」を経て　第5章　世紀のご成婚ブーム　第6章　沖縄への想い　第7章　開かれた皇室に向けて

◇天皇陛下83年のあゆみ　山下晋司，小田部雄次，久能靖，別冊宝島編集部著　宝島社　2016.12　127p　30cm　〈年譜あり〉　980円　Ⓘ978-4-8002-6220-2　Ⓝ288.41

内容　天皇陛下の「お気持ち」全文　天皇陛下の半生—ご誕生から生前退位—実現したら具体的に何が起こるのかの軌跡　生前退位—実現したら具体的に何が起こるのか　魚類学者としての一面をもつ天皇陛下　ご家族とのひととき　陛下が見せる祖父としての一面　4人の孫とのひととき　昭和天皇と明仁親王殿下　天皇陛下が「次代」の皇太子さまに寄せる期待　天皇陛下の外国訪問　天皇陛下はどのようなお仕事をされているのか

常高院〔?～1633〕　じょうこういん

◇戦国を生きた姫君たち　火坂雅志著　KADOKAWA　2016.9　170p　15cm　（角川文庫　ひ20-25）〈年表あり〉　600円　Ⓘ978-4-04-400170-4　Ⓝ281.04

内容　1　女城主たちの戦い（井伊直虎—井伊直政の義母　妙林尼—吉岡鎮興の妻　ほか）　2　危機を救う妻たち（お船の方—直江兼続の正室　小松姫—真田信之の正室　ほか）　3　愛と謎と美貌（小少将—長宗我部元親の側室　愛姫—伊達政宗の生母　ほか）　4　才女と呼ばれた女たち（お初（常高院）—浅井三姉妹の次女　阿茶局—徳川家康の側室　ほか）　5　想いと誇りに殉じる（鶴姫—瀬戸内のジャンヌ・ダルク　淀殿—豊臣秀吉の側室　ほか）

◇井伊直虎と戦国の女傑たち—70人の数奇な人生　渡邊大門著　光文社　2016.12　307p　16cm　（光文社知恵の森文庫　tわ3-2）〈文献あり〉　780円　Ⓘ978-4-334-78712-7　Ⓝ281.04

内容　第1部　戦国大名・井伊直虎と井伊一族　第2部　地方別　戦国の女傑たち（東北・北陸の戦国女性　関東・中部の戦国女性　近畿・中国の戦国女性　四国・九州・海外の戦国女性）　第3部　戦国女性の真実を語る「戦国大名」今川氏親の妻・寿桂尼　「女戦国大名」赤松政則の妻・洞松院尼　戦国女性の日常生活　軍師官兵衛を支えた妻・光　戦国に輝いた浅井三姉妹の生涯）

浄光院殿〔?～1581〕　じょうこういんどの

◇北条氏康の子供たち—北条氏康生誕五百年記念論文集　黒田基樹，浅倉直美編　京都　宮帯出版社　2015.12　357p　22cm　〈年譜あり〉　3500円　Ⓘ978-4-8016-0017-1　Ⓝ288.2

内容　総論　北条氏康の子女について　第1章　北条氏康の息子たち（北条氏政　北条氏照　北条氏邦　北条氏規　北条氏忠　北条氏光　上杉景虎）　第2章　北条氏康の娘たち（早川殿—今川氏真の室　七曲殿—北条氏繁の室　長林院—太田氏資の室　浄光院殿—足利義氏の室　桂林院殿—武田勝頼の室）　第3章　戦国北条氏の居城（小田原城　韮山城跡　鉢形城跡　唐沢山城　玉縄城）　付録

上皇后美智子〔1934～〕　じょうこうごうみちこ

◇布・ひと・出逢い—美智子皇后のデザイナー植田いつ子　植田いつ子著　集英社　2015.2　261p　16cm　（集英社文庫　う9-2）〈1997年刊の再編集　年譜あり〉　540円　Ⓘ978-4-08-745286-0　Ⓝ593.3

内容　第1章　皇后美智子さまの素顔　第2章　熊本—私の心象風景　第3章　美しいものを創りたい　第4章　デザイナーとしての再出発　第5章　贈り物じょうずの友がいて　第6章　こころを遊ばせる私的空間　第7章　私の服づくり

◇ふたり—皇后美智子と石牟礼道子　髙山文彦著　講談社　2015.9　300p　20cm　1700円　Ⓘ978-4-06-219708-3　Ⓝ519.2194

内容　序章　天皇の言葉　第1章　ふたりのミチコ　第2章　会いたい　第3章　精霊にみちびかれて　第4章　もだえ神様　第5章　闘う皇后　終章　義理と人情

◇皇后の真実　工藤美代子著　幻冬舎　2015.10　461p　20cm　〈文献あり〉　1700円　Ⓘ978-4-344-02831-9　Ⓝ288.44

内容　第1章　皇太子妃決定と抵抗勢力　第2章　三島由紀夫「お見合い説」の真相　第3章　正田家の「質素」の美学と小和田家の特質　第4章　マッカーサーと聖心女子大学　第5章　浩宮誕生の日から広がる「嫁・姑問題」　第6章　「聖書事件」から流産への悲劇　第7章　新たな命と昭和の終焉　第8章　なぜ「皇后バッシング」は起こったのか　第9章　終戦の夏、祈りの旅路

◇日本を支えた12人　長部日出雄著　集英社　2016.2　310p　16cm　（集英社文庫　お20-3）　680円　Ⓘ978-4-08-745419-2　Ⓝ281.04

内容　聖徳太子　天武天皇　行基　聖武天皇　本居宣長　明治天皇　津田左右吉　棟方志功　太宰治　小津安二郎　木下惠介　美智子皇后陛下

◇随行記—天皇皇后両陛下にお供して　川島裕著　文藝春秋　2016.8　261p　図版12p　22cm　〈年譜あり〉　2500円　Ⓘ978-4-16-390503-7　Ⓝ288.48

内容　第1部　慰霊の旅（サイパン慰霊にお供して—平成十七年六月二十七日～二十八日　「玉砕の島」ペリリュー島へ—平成二十七年四月八日～九日）　第2部　友好の旅（シンガポール、マレーシア、タイ　東南アジア歴訪—平成十八年六月八日～十五日　スウェーデン、バルト三国、英国　ヨーロッパ歴訪—平成十九年五月二十一日～三十日　カナダ　五十六年ぶりのご訪問—平成二十一年七月三日～十七日　英国ご訪問　歴史と向き合い続けた六十年—平成二十四年五月十六日～二十日　思い出の菩提樹の下で　インドご訪問—平成二十五年十一月三十日～十二月六日）　第3部　被災地を訪ねて（東日本大震災発生　両陛下の一週間—平成二十三年三月十一日～十八日　七週連続・一都六県　被災者お見舞い—平成二十三年三月

三十日〜五月十一日　両陛下　厄災から五年間の祈り―平成二十三年三月十一日〜平成二十八年三月十一日〉

◇美智子皇后の真実　工藤美代子著　幻冬舎　2017.12　565p　16cm　（幻冬舎文庫　く-15-6）〈「皇后の真実」（2015年刊）の改題　文献あり〉　840円　①978-4-344-42676-4　Ⓝ288.44

◇皇后四代の歴史―昭憲皇太后から美智子皇后まで　森暢平，河西秀哉編　吉川弘文館　2018.6　222p　21cm　〈文献あり〉　2200円　①978-4-642-08333-1　Ⓝ288.44

内容　第1章　近代化のなかでの皇后―昭憲皇太后一八六八〜一九一四　第2章　貞明皇后の思考と行動・裕仁との関係から―貞明皇后一九一二〜一九三一頃　第3章　皇太子妃良子の登場・国民教化と大衆人気のはざま―貞明・香淳皇后一九二〇頃〜一九三一　第4章　総力戦体制のなかの香淳皇后―香淳皇后一九三一〜一九四五　第5章　象徴天皇制への転換と香淳皇后―貞明・香淳皇后一九四五〜一九五二　第6章　香淳皇后と美智子妃の連続と断絶―香淳皇后・美智子妃一九五二〜一九六五頃　第7章　高度経済成長期の香淳皇后と美智子妃―香淳皇后・美智子妃一九六〇頃〜一九八八　第8章　発信する「国民の皇后」―美智子皇后・雅子妃一九八九〜二〇一一

◇心にとどめておきたい美智子さまの生き方38　渡邉みどり著　朝日新聞出版　2018.10　257p　15cm　（朝日文庫　わ10-3）〈「美智子さま38のいい話」（2014年刊）の改題、加筆・修正　文献あり　年譜あり〉　680円　①978-4-02-261944-0　Ⓝ288.44

内容　第1章　お心遣い―謙虚に、そしてしなやかに生きる（郷に入っては郷に従う　御慈はいつまでも忘れない　ほか）　第2章　伝統と革新―守るべきものと変えていくもの（決してあきらめない　温かい家庭、幸せな家族のために　ほか）　第3章　家族の輪―親のこと、子のこと、母として（忙しさを言い訳にしない母親としての頑張り　ほか）　第4章　未来へ―戦争の記憶を伝え、平和の種をまく（平和を祈る　敗戦の傷跡を乗り越えて　ほか）

◇ふたり―皇后美智子と石牟礼道子　髙山文彦著　講談社　2018.11　381p　15cm　（講談社文庫　た131-1）　740円　①978-4-06-513418-4　Ⓝ519.2194

内容　序章　天皇の言葉　第1章　ふたりのみちこ　第2章　会いたい　第3章　精霊にみちびかれて　第4章　もだえ神様　第5章　闘う皇后　終章　義理と人情

松斎宗詮　しょうさいそうせん
⇒木津松斎（きづ・しょうさい）を見よ

庄司 恵子〔1941〜〕　しょうじ・けいこ

◇笑顔が一番だっちゃ。一母・庄司恵子は"天然記念人物"　たらさわかすみ著　仙台　ブレーン・ワークス　2017.12　177p　19cm　（ひらく選書　人びとの心と未来をひらく珠玉の一冊　7）　1200円　①978-4-9909857-0-7　Ⓝ767.51

内容　第1章　庄司恵子の生い立ち（大豆事件　トロッコ　ほか）　第2章　娘・かすみ（かすみ誕生　かつお節ほか）　第3章　母との仕事（芸能界　苦難のバリ島ツアー　ほか）　第4章　"天然記念人物"母・庄司恵子（九死に一生　ズーズー弁の英会話　ほか）　第5章　母から学ぶ人生（宮城の恥さらし　ぐいらむずってほか）

昌子 源〔1992〜〕　しょうじ・げん

◇壁を越えろ―走り続ける才能たち　安藤隆人著　実業之日本社　2017.8　210p　19cm　1500円　①978-4-408-33719-7　Ⓝ783.47

内容　プロローグ　日本を代表する原石　第1章　苦悩する者たち―小林祐希／柴崎岳（テクニックを磨くことだけ考えた　本田圭佑を彷彿とさせる生き方　ほか）　第2章　出会うべくして運命だった二人の男―昌子源／植田直通（日本代表センターバックの未来図　挫折から這い上がる姿　ほか）　第3章　日本を救う男たち―浅野拓磨／南野拓実（恩師との出会い　ストライカーとしての覚醒　ほか）　第4章　ネクスト世代の躍動―堂安律（新世代の若き日本代表　ブレイクスルー）　エピローグ　走り続けるサッカー人生

◇アホが勝ち組、利口は負け組―サッカー日本代表進化論　清水英斗著　秋田書店　2018.6　190p　19cm　1300円　①978-4-253-10106-6　Ⓝ783.47

内容　日本代表進化論　理想は進化、現実は退化　日本代表進化論　選手編（原口元気―モノクロームの元気　岡崎慎司―アホの岡崎　遠藤航―がんばれ、ニッポンの父！　宇佐美貴史―「行ってるやん」の絶壁　吉田麻也―"大ポカ"の汚名を返せよ！　柏木陽介―だって、人間だもの。　長谷部誠―キレキレのキャプテン　長友佑都―左を制する者は、世界を制す！　柴崎岳―キャノンシュートの秘密は、弓　槙野智章―カネでは買えない男！　ほか）

松寿院〔1797〜1865〕　しょうじゅいん

◇松寿院―種子島の女殿様　村川元子著　鹿児島　南方新社　2014.7　523p　22cm　〈文献あり　年譜あり〉　2800円　①978-4-86124-287-8　Ⓝ913.6

内容　第1章　黎明（薩摩鶴丸城大奥―一歳（薩摩）　ハイハイ上手―二歳（薩摩）　ほか）　第2章　曙（御そもじ様―十六歳（薩摩）　和歌の浦―十七歳（薩摩）　ほか）　第3章　燦々（名跡の始まり―三十四歳（薩摩）　七島遠島―三十五歳（薩摩）　ほか）　第4章　満珠（大浦川の畔に立つ―五十九歳（種子島）　塩田計画―六十歳（種子島）　ほか）　第5章　散華（松寿院の最期―六十九歳（種子島））

摂受心院　しょうじゅしんいん
⇒伊藤友司（いとう・ともじ）を見よ

正受老人　しょうじゅろうじん
⇒道鏡慧端（どうきょうえたん）を見よ

成尋〔1011〜1081〕　じょうじん

◇〈語学教師〉の物語―日本言語教育小史　第1巻　塩田勉著　書肆アルス　2017.10　475p　21cm　〈索引あり〉　2800円　①978-4-907078-19-5　Ⓝ807

内容　1　上代―飛鳥時代　2　上代―奈良時代　3　中古―空海　4　中古―最澄　5　中古―円仁　6　中古―珍・成尋　7　中世―栄西・重源　8　中世―道元

◇石井正敏著作集　2　遣唐使から巡礼僧へ　石井正敏著　村井章介，榎本渉，河内春人編　勉誠出版　2018.7　462,26p　22cm　〈索引あり〉

10000円 ①978-4-585-22202-6 Ⓝ210.182

内容 1 遣唐使(外交関係―遣唐使を中心に 遣唐使の貿易活動 遣唐使と新羅・渤海 唐の「将軍呉懐實」について 大伴古麻呂奏言について―虚構説の紹介とその問題点 いわゆる遣唐使の停止について―『日本紀略』停止記事の検討 寛平六年の遣唐使計画について 寛平六年の遣唐使計画と新羅の海賊 『古語拾遺』の識語について 宇佐八幡黄金説話と遣唐使 遣唐使と語学) 2 巡礼僧と成尋(遣唐使以後の中国渡航者とその出国手続きについて 入宋巡礼僧 入宋僧奝然の人物上の評価をめぐって 成尋―見するための百関に努めた入宋僧 成尋生没年考 入宋僧成尋の夢と備中国新山寺「成尋阿闍梨母集」にみえる成尋ならびに従僧の書状について 源隆国宛成尋書状について 入宋成尋のことなど 『参天台五臺山記』研究所感―虚心に資料を読む、ということ 『参天台五臺山記』にみえる「間官」について)

笑生十八番〔1951〜〕 しょうせいおはこ
◇落語は人を救う―笑生十八番伝 笑生十八番著 彩流社 2014.12 181p 19cm 〈文献あり〉 1800円 ①978-4-7791-2068-8 Ⓝ779.13

内容 はじめに 一番太鼓 第1章 前座 第2章 座布団 第3章 二ツ目 第4章 仲入り 第5章 真打ち おわりに 追い出し

昌尊〔1590〜1651〕 しょうそん
◇座禅院昌尊の生涯―日光山の終焉と上三川今泉家 恩田浩孝著 宇都宮 随想舎 2015.10 287p 20cm 〈文献あり〉 1800円 ①978-4-88748-312-5 Ⓝ188.42

内容 第1章 座禅院昌尊(昌尊の生い立ち 日光山の歴史 昌尊の青年期 昌尊、座禅院に就任 離山の理由と諸説 判明した昌尊の没年 昌尊関連年表) 第2章 上三川城主今泉家(今泉元朝(いまいずみもととも) 今泉盛朝(いまいずみもりとも) 今泉盛泰(いまいずみもりやす) 今泉盛高(いまいずみもりたか) 今泉泰高(いまいずみやすたか) 今泉泰光(いまいずみやすあき) 今泉高光(いまいずみたかあき) 今泉宗高(いまいずみむねたか) 今泉家当主 今泉淳)

正田 樹〔1981〜〕 しょうだ・いつき
◇永遠の一球―甲子園優勝投手のその後 松永多佳倫,田沢健一郎著 河出書房新社 2014.7 306p 15cm (河出文庫 ま12-1) 740円 ①978-4-309-41304-4 Ⓝ783.7

内容 第1章 流転・生涯不良でいたい―横浜高校・愛甲猛・一九八〇年優勝 第2章 酷使―曲がったままの肘―銚子商業高校・土屋正勝・一九七四年優勝 第3章 飢餓・静かなる執着―帝京高校・吉岡雄二・一九八九年優勝 第4章 逆転・「リストラの星」と呼ばれて―池田高校・畠山準・一九八二年優勝 第5章 解放・夢、かつてより大きく―桐生第一高校・正田樹・一九九九年優勝 第6章 鎮魂・桑田・清原を破った唯一の男―取手第二高校・石田文樹・一九八四年優勝 特別章 破壊・七七三球に託された思い―沖縄水産高校・大野倫・一九九一年準優勝

聖徳太子〔574〜622〕 しょうとくたいし
◇入門お経の本―般若心経から法華経、大日経、浄土三部経まで現代社会を生き抜くための仏陀の言葉 釈徹宗 ほか著 洋泉社 2014.7 111p 30cm 〈「図説お経の本」(2013年刊)の改題 文献あり〉 1800円 ①978-4-8003-0465-0 Ⓝ183

内容 プロローグ 仏陀・その人、その教え―釈迦八相図とともに見るブッダの生涯(誕生―ブッダは、迷いの生を終わらせるためにこの世に生まれた 出家―生、老、病、死の四苦に気づき出家を決意する ほか) 1 仏教美術でわかるお経(般若心経―わずか二六二文字で「空」の理法を説く 維摩経―二辺を離れる「不二思想」の金字塔 ほか) 2 日本仏教クロニクル名僧列伝―仏教の伝来と初期の日本仏教(国家統合のシンボルから鎮護国家のシステムへ―聖徳太子 日本仏教の基礎を築いた平安仏教―最澄と空海 ほか) 3 あなたはお経を知っている! お経と日本人(食―和食は、食材も調理法も仏教と深くかかわっている 茶道―"おもてなし"の心を育んだ茶道の精神 ほか)

◇人物史の手法―歴史の見え方が変わる 五味文彦著 左右社 2014.11 229p 19cm 〈文献あり〉 1700円 ①978-4-86528-105-7 Ⓝ281.04

内容 第1章 聖徳太子―文明化の象徴 第2章 景戒―『日本霊異記』を追体験する 第3章 清少納言―なぜ『枕草子』は生まれたのか 第4章 藤原顕長―家の形成に心血を注いで 第5章 北条政子―生い立ちから人間像に迫る 第6章 兼好法師―新たな人物像を問う 第7章 世阿弥―父と子 第8章 武田信玄―丑年の決断

◇日本仏教思想のあゆみ 竹村牧男著 講談社 2015.3 347p 15cm (講談社学術文庫 2285) 〈浄土宗 2012年刊の再刊〉 1100円 ①978-4-06-292285-2 Ⓝ182.1

内容 第1章 日本仏教概観(仏教の伝来と南都六宗 平安仏教から鎌倉仏教へ) 第2章 聖徳太子の思想(太子の生涯と思想の底流 『三経義疏』にこめられたもの) 第3章 南都六宗の思想(南都六宗とは 三論宗の思想 法相宗の思想 華厳宗の思想 律宗の思想 大乗仏教における戒律と南都六宗のまとめ) 第4章 平安仏教の思想(最澄の思想 空海の思想 平安後期の仏教思想) 第5章 鎌倉新仏教の思想(日本浄土教の思想(法然 親鸞 一遍) 日本禅宗の思想 日蓮の思想)

◇日本書人伝 中田勇次郎編 中央公論新社 2015.8 363p 16cm (中公文庫 な66-2) 〈執筆:山本健吉ほか 中央公論社 1974年刊の再刊 年譜あり〉 1200円 ①978-4-12-206163-7 Ⓝ728.21

内容 聖徳太子 聖武天皇 光明皇后―山本健吉 空海―司馬遼太郎 最澄 嵯峨天皇 橘逸勢―永井路子 小野道風 藤原佐理―寺田透 藤原行成―白洲正子 西行 藤原俊成 藤原定家―中村真一郎 大燈国師 一休宗純―唐木順三 本阿弥光悦―花田清輝 池大雅―辻邦生 良寛―水上勉 貫名菘翁―中田勇次郎

◇仏教通史―「弘法さんかわら版」講座 大塚耕平著 大法輪閣 2015.10 230p 19cm 〈文献あり 年表あり〉 1400円 ①978-4-8046-1377-2 Ⓝ182.1

内容 第1章 お釈迦様の生涯 第2章 仏教伝来 第3章 古代日本史と聖徳太子の生涯 第4章 飛鳥・奈良時代の仏教 第5章 最澄と空海 第6章 最澄・空海以

後の仏教
◇斑鳩の幻影―聖徳太子ものがたり 古代維新のトップランナー 山本勝之著 名古屋 ブイツーソリューション 2015.11 172p 21cm 800円 ①978-4-86476-367-7 Ⓝ210.33
◇聖徳太子―実像と伝説の間 石井公成著 春秋社 2016.1 257p 20cm 〈文献あり〉 2200円 ①978-4-393-13587-7 Ⓝ288.44
内容 第1章 聖徳太子観の変遷(聖徳太子観の変遷 聖徳太子虚構説の問題点) 第2章 誕生と少年時代(呼び名の多様さ 誕生と名前の由来 ほか) 第3章 蘇我馬子との共同執政と仏教興隆(立太子記事の検証 三宝興隆の詔 ほか) 第4章 斑鳩移住とその後(斑鳩移住と法隆寺・四天王寺の建立 支える氏族 ほか) 第5章 病死、そして残された人々(病死と慧慈の嘆き 法隆寺金堂釈迦三尊像銘 ほか)
◇日本を支えた12人 長部日出雄著 集英社 2016.2 310p 16cm (集英社文庫 お20-3) 680円 ①978-4-08-745419-2 Ⓝ281.04
内容 聖徳太子 天武天皇 行基 聖武天皇 本居宣長 明治天皇 津田左右吉 棟方志功 太宰治 小津安二郎 木下惠介 美智子皇后陛下
◇聖徳太子と斑鳩三寺 千田稔著 吉川弘文館 2016.7 151p 21cm (人をあるく)〈文献あり 年表あり〉 2000円 ①978-4-642-06792-8 Ⓝ288.44
内容 聖人伝説―聖徳太子の説話と信仰 1 聖徳太子の履歴書(誕生伝結と橘寺(五七四年?) 上宮時代(五七四?‐六〇五年) 豊浦宮(五九二年 ほか) 2 太子敬慕と信仰(釈迦三尊像光背銘と天寿国繍帳 法隆寺西院伽藍の成立 斑鳩寺再建・非再建論争 ほか) 3 聖徳太子ゆかりの地を歩く(飛鳥 斑鳩 ほか)
◇聖徳太子 本当は何がすごいのか 田中英道著 育鵬社 2017.7 207p 19cm 〈共同刊行:扶桑社 年譜あり 発売:扶桑社〉 1500円 ①978-4-594-07760-0 Ⓝ288.44
内容 第1章 いまなぜ「聖徳太子」なのか(新しい国づくりに指導的な役割を果たした聖徳太子 なぜ「廐戸王(聖徳太子)」という表記が生まれたのか ほか) 第2章 聖徳太子は実在した(聖徳太子の実在を示す決定的な発見 聖徳太子の発案ではじまった「天王寺舞楽」 ほか) 第3章 世界史の中で見た聖徳太子(「和を以て貴しと為す」に聖徳太子がこめた意味 「和」を「やわらぎ」と読んだ当時の人たち ほか) 第4章 日本人にとって聖徳太子とは何か(太子信仰と太子批判の歴史をたどる 聖徳太子が紙幣の肖像に使われたわけ、そして消えたわけ ほか)
◇日本史 誤解だらけの英雄像 内藤博文著 河出書房新社 2018.8 221p 15cm (KAWADE夢文庫 K1097)〈文献あり〉 680円 ①978-4-309-49997-0 Ⓝ281
内容 1章 織田信長―"戦国の革命児"という誤解 2章 坂本龍馬―"天衣無縫の風雲児"という誤解 3章 秀吉・家康―"無双の覇者"という誤解 4章 信玄・謙信―"常勝武将伝説"の誤解 5章 西郷隆盛・高杉晋作・勝海舟―"維新の立役者"という誤解 6章 聖徳太子・天智天皇・義経―"古代・中世の英雄"の誤解 7章 徳川吉宗・山本五十六―"近現代の巨星"の誤解

称徳天皇 しょうとくてんのう
⇒孝謙天皇(こうけんてんのう)を見よ

庄野 潤三〔1921～2009〕 しょうの・じゅんぞう
◇文士たちのアメリカ留学 一九五三‐一九六三 斎藤禎著 書籍工房早山 2018.12 327p 19cm 2500円 ①978-4-904701-54-6 Ⓝ910.264
内容 第1章 文士にとって留学は、夢のまた夢 第2章 「文士留学の仕掛け人」坂西志保と、チャールズ・B・ファーズ 第3章 阿川弘之は「原爆小説」を書いたから、アメリカに招かれたのか 第4章 大岡昇平、安岡章太郎は、アメリカで、ことに南部で何を見たのか 第5章 江藤淳、英語と格闘す 第6章 庄野潤三と名作『ガンビア滞在記』の誕生 第7章 有吉佐和子は、アメリカ人社会では間違いなく「NOBODY」だった 第8章 小島信夫は、なぜ、単身でアメリカに行ったか？ 第9章 アメリカから帰った福田恆存は、「文化人」の「平和論」を果敢に攻撃した 第10章 改めて考える。ロックフェラー財団による文士のアメリカ留学とは何だったのか

生野 文介 しょうの・ふみすけ
◇撃墜王は生きている！ 井上和彦著 小学館 2015.6 253p 20cm 1400円 ①978-4-09-389756-3 Ⓝ916
内容 序章 日本にも戦争英雄がいた 第1章 B29に二度体当たりして生還した「イケメンスター」板垣政雄軍曹 第2章 一撃離脱で敵機を撃ち墜とした「空の狩人」生野文介大尉 第3章 戦後の自衛隊のトップに立った「帝都防空の達人」竹田五郎大尉 第4章 二人のスーパーエースの列機を務めた「紫電改の職人」笠井智一上等飛行兵曹 第5章 武士道で戦い抜いた「空戦の人間国宝」本田稔少尉 終章 航空自衛隊を作ったのは日本軍のパイロットだった
◇撃墜王は生きている！ 井上和彦著 小学館 2017.7 253p 15cm (小学館文庫 い15-1)〈2015年刊の改稿 文献あり〉 570円 ①978-4-09-406429-2 Ⓝ916
内容 序章 日本にも戦争英雄がいた 第1章 B29に二度体当たりして生還した「イケメンスター」板垣政雄軍曹 第2章 一撃離脱で敵機を撃ち墜とした「空の狩人」生野文介大尉 第3章 戦後の自衛隊のトップに立った「帝都防空の達人」竹田五郎大尉 第4章 二人のスーパーエースの列機を務めた「紫電改の職人」―笠井智一上等飛行兵曹 第5章 武士道で戦い抜いた「空戦の人間国宝」―本田稔少尉 終章 航空自衛隊を作ったのは日本軍のパイロットだった

笙野 頼子〔1956～〕 しょうの・よりこ
◇未闘病記―膠原病、「混合性結合組織病」の 笙野頼子著 講談社 2014.7 258p 20cm 1800円 ①978-4-06-219016-9 Ⓝ916
＊2013年2月、突然の高熱と激痛に襲われた作家は膠原病の一種、混合性結合組織病と診断される。不治、希少、専門医にも予測が難しいその病状…劇薬の副作用、周囲からの誤解、深まる孤立感。だが長年苦しんできたこの「持病」ゆえの、生き難さは創作の源だった。それと知らぬままに始まった「同行二人」で生き、書き続けた半生をここに―。芥川賞作家のアラ還"教授"と15歳猫の静かな日常、猫は闘病中そして飼い主は難病と判明!!!あとがき「去年は満開の桜を静かに見ていた」書下ろし収録。

笑福亭 鶴瓶〔1951～〕　しょうふくてい・つるべ
◇笑福亭鶴瓶論　戸部田誠著　新潮社　2017.8　270p　18cm　（新潮新書 728）　820円　Ⓘ978-4-10-610728-3　Ⓝ779.13
内容　第1章 スケベな男（鶴瓶とは"スケベ"である　日本で一番サインをしている男 ほか）　第2章 スケベな芸人人生（ケンカ人生　チンポ丸出しの人生 ほか）　第3章 スケベな家族（オモロイ家族のオモロイ思い出　若き笑福亭鶴瓶の純情 ほか）　第4章 スケベな縁（明石家さんまとのイタズラ　新野新という"ぬかるみ" ほか）　第5章 スケベな哲学（『家族に乾杯』が体現する鶴瓶の思想　鶴瓶噺と私落語と古典落語 ほか）

笑福亭 松之助（2代）〔1925～2019〕　しょうふくてい・まつのすけ
◇草や木のように生きられたら　笑福亭松之助著　ヨシモトブックス　2016.4　383p　19cm　〈発売：ワニブックス〉　1600円　Ⓘ978-4-8470-9424-8　Ⓝ779.13
内容　第1章 人生のこと　第2章 芸のこと　第3章 日々のこと

紹明　しょうみょう
⇒南浦紹明（なんぽしょうみょう）を見よ

聖武天皇〔701～756〕　しょうむてんのう
◇日本書人伝　中田勇次郎編　中央公論新社　2015.8　363p　16cm　（中公文庫 な66-2）〈執筆：山本健吉ほか　中央公論社 1974年刊の再刊　年譜あり〉　1200円　Ⓘ978-4-12-206163-7　Ⓝ728.21
内容　聖徳太子　聖武天皇　光明皇后―山本健吉　空海―司馬遼太郎　最澄、嵯峨天皇、橘逸勢―永井路子　小野道風　藤原佐理―寺田透　藤原行成―白洲正子　西行　藤原俊成　藤原定家―中村真一郎　大燈国師　一休宗純―唐木順三　本阿弥光悦―白crystal清輝　池大雅　一辻邦生　良寛―水上勉　貫名菘翁―中田勇次郎
◇日本を支えた12人　長部日出雄著　集英社　2016.2　310p　16cm　（集英社文庫 お20-3）　680円　Ⓘ978-4-08-745419-2　Ⓝ281.04
内容　聖徳太子　天武天皇　行基　聖武天皇　本居宣長　関孝和　津田左右吉　棟方志功　太宰治　小津安二郎　木下惠介　美智子皇后陛下
◇天皇の歴史 2　聖武天皇と仏都平城京　大津透, 河内祥輔, 藤井讓治, 藤田覚編集委員　吉川真司著　講談社　2018.1　361p　15cm　（講談社学術文庫 2482）〈文献あり 年表あり 索引あり〉　1180円　Ⓘ978-4-06-292482-5　Ⓝ210.1
内容　序章 天皇の都・仏の都　第1章 飛鳥から平城へ　第2章 平城宮の儀礼と政務　第3章 聖武天皇　第4章 行基と知識と天皇　第5章 四字年号時代　第6章 大仏開眼　第7章 平安京の王権　第8章 仏都の命脈

上藍天中〔1746～1818〕　じょうらんてんちゅう
◇評伝 天草五十人衆　天草学研究会編　福岡弦書房　2016.8　317p　22cm　〈文献あり 年表あり 索引あり〉　2400円　Ⓘ978-4-86329-138-6　Ⓝ281.94
内容　ステージ1 五人衆の時代、そして…　ステージ2 天領天草の村々　ステージ3 祈りの島で　ステージ4 耕す、漁る　ステージ5 実業の世をひらく　ステージ6 潮絡はるかに　ステージ7 文学・歴史・言論　ステージ8 あの頃、この人　ステージ9 島の現実、国の行く末　ステージ10 一筋の道　ステージ特別編 群像二題（天草の石文化と松室五郎左衛門　牛深カツオ漁の男たち）

正力 松太郎〔1885～1969〕　しょうりき・まつたろう
◇米国国立公文書館機密解除資料 CIA日本人ファイル　第7巻‐第12巻　加藤哲郎編・解説　現代史料出版　2014.12　6冊（セット）　30cm　190000円　Ⓘ978-4-87785-303-7　Ⓝ319.1053
内容　第7巻（大川周明　笹川良一　重光葵　下村定）　第8巻（小野寺信）　第9巻（正力松太郎）　第10巻（辰巳栄一　和知鷹二　和智恒蔵）　第11巻（辻政信(1)）　第12巻（辻政信(2)）

昭和天皇〔1901～1989〕　しょうわてんのう
◇昭和天皇七つの謎　加藤康男著　ワック　2015.1　342p　20cm　〈文献あり〉　1600円　Ⓘ978-4-89831-430-2　Ⓝ288.41
内容　第1章「よもの海」は替え歌だった　第2章「宮中某重大事件」の謎　第3章 天皇周辺の赤いユダ　第4章「神」と「人間宣言」の狭間で　第5章「ご巡幸」と「ヤミ米」列車の怪　第6章 天皇の財布と「隠し財産」　第7章 皇居から聞こえる讚美歌
◇昭和天皇 第6部 聖断　福田和也著　文藝春秋　2015.2　405p　16cm　（文春文庫 ふ12-13）　770円　Ⓘ978-4-16-790302-2　Ⓝ288.41
＊昭和16年、真珠湾攻撃により日米開戦の火蓋は切られた。だがミッドウェー海戦を境に戦況は悪化の一途を辿る。神風特攻隊、東京大空襲、沖縄戦、原爆投下…大日本帝国の終焉が迫る中、彼の人は、いかにして、最後の決断を下されたのか―膨大な資料をもとに昭和を描く著者渾身のライフワーク、ついにクライマックスへ！
◇侍従長の回想　藤田尚徳著　講談社　2015.3　237p　15cm　（講談社学術文庫 2284）　840円　Ⓘ978-4-06-292284-5　Ⓝ288.41
内容　空襲下の四方拝　酒と侍従　天皇、軍を叱る　和平に動く吉田茂氏　天皇の終戦秘密工作　陽の目を見た近衛上奏文　御意志に遠い重臣の奏上　皇居炎上す　宣戦の人、鈴木首班　挫折した聖断特使　聖断下る　再び聖断を仰ぐ　録音盤争奪事件　慟哭、二重橋前　天皇、マ元帥会談への苦慮　近衛公自殺への私見　異例、天皇の心境吐露　人間宣言と退位をめぐって
◇「昭和天皇実録」の謎を解く　半藤一利, 保阪正康, 御厨貴, 磯田道史著　文藝春秋　2015.3　302p　18cm　（文春新書 1009）　880円　Ⓘ978-4-16-661009-9　Ⓝ288.41
内容　第1章 明治三十四年～大正元年―初めて明かされる幼年期の素顔　第2章 大正十年～昭和十六年―青年期の栄光と挫折　第3章 昭和六年～昭和十一年―昭和天皇の三つの「顔」　第4章 昭和十二年～昭和十六年―世界からの孤立を止められたか　第5章 昭和十六年―開戦へと至る心理　第6章 昭和十七年～昭和二十年―天皇の終戦工作　第7章 昭和二十年～昭和二十二年―八月十五日を境にして　第8章 昭和二十年～昭和六十三年―"記憶の王"として

◇昭和天皇の戦い―昭和二十年一月～昭和二十六年四月　加瀬英明著　勉誠出版　2015.3　482p　20cm　〈「天皇家の戦い」(新潮文庫　1983年刊)の改題〉　2800円　Ⓘ978-4-585-22116-6　Ⓝ288.41

内容　1　昭和二十年一月～三月　2　昭和二十年三月～五月　3　昭和二十年五月～六月　4　昭和二十年五月～八月　5　昭和二十年八月～九月　6　昭和二十年九月　7　昭和二十年十月～十一月　8　昭和二十年十二月～二十一年二月　9　昭和二十一年二月～十月　10　昭和二十一年十月～二十六年四月

◇昭和天皇実録　第1　自明治三十四年至大正二年　宮内庁著　東京書籍　2015.3　710p　23cm　1890円　Ⓘ978-4-487-74401-5　Ⓝ288.41

＊かつてない激動の時代の予感の中、「裕仁」と名づけられた。明治国家を築いた人々に囲まれ成長される。明治天皇の崩御と、師・乃木希典の衝撃的な死。戦争と平和、人間と国家の実像を描ききり、明治から昭和という、未曾有の「歴史」そのものを目撃する19冊。いよいよ刊行開始!

◇昭和天皇実録その表と裏　1　太平洋戦争の時代　保阪正康著　毎日新聞社　2015.3　203p　20cm　1600円　Ⓘ978-4-620-32303-9　Ⓝ288.41

内容　序章　日本人への新しいメッセージ(『昭和天皇実録』を読むための前提　「民」の側の視点で理解する　日本人への新しいメッセージ)　第1章　太平洋戦争　開戦(開戦に至る昭和天皇の心理―「反対・懐疑・決意」　非戦への強い意思表示　天皇を追いつめる軍事指導者たち　ほか)　第2章　太平洋戦争　戦時下(懊悩する戦時下の天皇　木戸幸一を相手に戦争終結の形を模索　天皇への「偽りの報告」　ほか)

◇昭和天皇実録　第2　自大正三年至大正九年　宮内庁著　東京書籍　2015.3　669p　23cm　1890円　Ⓘ978-4-487-74402-2　Ⓝ288.41

＊学習院初等学科を卒業後、東郷平八郎を総裁とする東宮御学問所での文武両道の日々が始まる。各国との親善交流も深まる中、欧州では大戦が勃発、日本も宣戦布告。世界情勢の激流に身を置きながら、大正という新時代を皇太子として生きた青年時代を記す。

◇昭和天皇の時代―特別愛蔵版　戦後七十年をことほぎ、先帝と昭和の御代を回想。　日本改革政治連盟　2015.4　350p　31cm　59000円　Ⓝ288.41

◇天皇家と生物学　毛利秀雄著　朝日新聞出版　2015.4　301p　19cm　(朝日選書　932)〈文献あり〉　1500円　Ⓘ978-4-02-263032-2　Ⓝ288.4

内容　君主と学問(外国の君主と学問の関係　わが国の皇室と学問)　第1章　初代明仁天皇のおいたち　東宮御学問所時代　ほか)　第2章　第二代今上(明仁)天皇と常陸宮(皇居と御用邸　天皇家と馬　東京大学理学部動物学教室と植物学教室　明仁天皇のおいたち　ご成婚から平成の時代へ　ほか)　第3章　第三代秋篠宮と黒田清子さん(秋篠宮のおいたちとご経歴　秋篠宮のご業績、ナマズ研究とニワトリの分子系統　ほか)　第4章　基礎生物学賞について(生物学のノーベル賞を―国際生物学賞　国際生物学賞の受賞者たち　ほか)

◇昭和天皇とその時代　小堀桂一郎著　新版　PHP研究所　2015.6　415p　20cm　〈初版のタイトル：昭和天皇(1999年刊)　文献あり〉　2500円　Ⓘ978-4-569-82399-7　Ⓝ288.41

内容　第1章　御幼少時代から御学問所修了まで(御誕生　幼稚園的風景　学習院初等科生徒　明治の終焉　御学問所の設立準備　杉浦重剛と白鳥庫吉　授業風景　世界的変動の波紋)　第2章　日録・欧洲御巡遊(発案者とその動機　往路　欧州御滞在の前半・英本国の三週間　大陸諸国歴訪・御威と学籍　帰国の航海)　第3章　摂政御就任・御成婚・践祚、そして難題の続出(宮中某重大事件　御成婚前後　昭和の出發　張作霖殺害事件　全国御巡幸のたび　統帥権干犯」問題)　第4章　昭和の動乱(満州事変前夜　事変勃発　上海事変　国際聯盟脱退　天皇機関説論争　二・二六事件　支那事変勃発)　第5章　大東亜戦争(大凶の日独伊三国同盟　日米交渉　日米戦争の根本動機、そしてハル・ノートの挑発　宣戦の詔書　終戦の詔書)　第6章　停戦、そして泰平の世へ(マッカーサーとの御会見　全国御巡幸のたび　果たされなかった想い)　終章　崩御(兆候　「富田メモ」への疑惑　「稲の方はどうか」)

◇昭和天皇の戦後日本―〈憲法・安保体制〉にいたる道　豊下楢彦著　岩波書店　2015.7　302,4p　20cm　〈文献あり　年表あり〉　2400円　Ⓘ978-4-00-061055-1　Ⓝ210.76

内容　第1部　昭和天皇の"第一の危機"―天皇制の廃止と戦犯訴追(「憲法改正」問題　「東京裁判」問題　「全責任者」的位置づけ)　第2部　昭和天皇の"第二の危機"―共産主義の脅威(転換点としての一九四七年　昭和天皇の「二つのメッセージ」　「安保国体」の成立　立憲主義と昭和天皇)　第3部　「憲法・安保体制」のゆくえ―戦後日本の岐路に立って(昭和天皇と"憲法・安保体制"　岐路に立つ戦後日本　明仁天皇の立ち位置)

◇昭和天皇晩年の想い出　伊東貞三著　医学出版社　2015.7　141p　21cm　「「回想の昭和」(2007年刊)の改題、改訂」　1200円　Ⓘ978-4-87055-131-2　Ⓝ288.41

◇昭和天皇実録その表と裏　2　太平洋戦争敗戦・満州事変とファシズムの時代　保阪正康著　毎日新聞出版　2015.7　220p　20cm　〈1の出版者：毎日新聞社〉　1600円　Ⓘ978-4-620-32315-2　Ⓝ288.41

内容　軍部に抗う天皇　第1章　太平洋戦争敗戦(昭和天皇が闘った「終戦への道」　「ポツダム宣言」受諾の意思を披瀝　天皇の終戦への熱意は行動に　第2章　改元、そしてテロの時代へ(改元の日の全容が明らかになる　「昭和」という元号に秘められた「協和万邦」　張作霖爆殺事件はいつ陛下に報告されたか　ほか)　第3章　満州事変とファシズム(天皇の怒りの形成過程を書き残す　軍紀粛正を命じた天皇　大権干犯をやむなく追認　ほか)

◇昭和最後の日―テレビ報道は何を伝えたか　日本テレビ報道局天皇取材班著　新潮社　2015.8　524p　16cm　(新潮文庫　に-31-1)〈日本テレビ放送網　1989年刊の再刊〉　750円　Ⓘ978-4-10-126011-2　Ⓝ288.41

内容　第1章　予兆(六十二年夏　異変　天皇誕生日ほか)　第2章　手術(執刀　輸血　術後会見　ほか)　第3章　小康(運命　沖縄・秋　親任式　ほか)　第4章　六十三年(お出まし　マスコミ対策　皇后

しようわて

◇「昭和天皇実録」と戦争　栗原俊雄著　山川出版社　2015.8　254p　20cm　〈文献あり〉　1600円　①978-4-634-15090-4　Ⓝ210.75

内容　序章『昭和天皇実録』とは何か　第1章『昭和天皇実録』にみる新発見　第2章 太平洋戦争開戦まで　第3章 太平洋戦争敗戦まで　第4章 そぎ落とされた肉声　第5章 戦後の動向をどう伝えたか

◇「昭和天皇実録」を読む　原武史著　岩波書店　2015.9　259,7p　18cm　（岩波新書　新赤版1561）　800円　①978-4-00-431561-2　Ⓝ288.41

内容　序論「神」と「人間」の間─何がよみとれるのか　第1講 幼少期の家庭環境─明治時代　第2講 「和風」と「洋風」のはざまで─大正時代　第3講 実母との確執─昭和戦前・戦中期　第4講 退位か改宗か─占領期　第5講 象徴天皇制の定着─独立回復期

◇昭和天皇の祈りと大東亜戦争─「昭和天皇実録」を読み解く　勝岡寛次著　明成社　2015.9　55p　21cm　600円　①978-4-905410-36-2　Ⓝ288.41

内容　第1章 開戦に至るまで（大東亜戦争の遠因について　支那事変と昭和天皇　大東亜戦争勃発に至るまでのご苦悩）　第2章 大東亜戦争と昭和天皇の祈り（開戦の詔書と御告文　開戦一年後の伊勢神宮への御告文　終戦直前の御祭文をめぐって）　第3章 終戦と昭和天皇のお覚悟（終戦の詔書と終戦時の御製「ふりつもるみ雪」の御製の意味するもの　『昭和天皇実録』に見る、占領下の宮中祭祀）　資料

◇昭和天皇実録 評解─裕仁はいかにして昭和天皇になったか　小田部雄次著　敬文舎　2015.9　383p　22cm　〈年譜あり〉　2000円　①978-4-906822-70-6　Ⓝ288.41

内容　第1部 皇孫時代（1901〜12）（生誕から学習院入学まで（1901〜08）　学習院初等学科入学のころ（1906〜12））　第2部 皇太子時代（1912〜26）（皇太子裕仁の公私（1912〜14）　第一次世界大戦から講和後（1914〜21）　欧州旅行（1921）　摂政宮裕仁（1921〜26））

◇昭和天皇実録　第3　自大正十年至大正十二年　宮内庁著　東京書籍　2015.9　989p　23cm　1890円　①978-4-487-74403-9　Ⓝ288.41

内容　巻7 大正十年一月〜五月　巻8 大正十年六月〜十二月　巻9 大正十一年　巻10 大正十二年

◇昭和天皇実録　第4　自大正十三年至昭和二年　宮内庁著　東京書籍　2015.9　849p　23cm　1890円　①978-4-487-74404-6　Ⓝ288.41

内容　巻11 大正十三年　巻12 大正十四年　巻13 大正十五年・昭和元年　巻14 昭和二年

◇昭和天皇の研究─その実像を探る　山本七平著　祥伝社　2015.10　383p　18cm　（祥伝社新書441）〈1989年刊の再刊　年譜あり〉　980円　①978-4-396-11441-1　Ⓝ288.41

内容　天皇の自己規定─あくまでも憲法絶対の立憲君主　天皇の教師たち(1)─倫理担当に杉浦重剛を起用した時代の意図　「三種の神器」の非神格化─道徳を絶対視しつつ、科学を重んじる杉浦の教育方針　天皇の教師たち(2)─歴史担当・白鳥博士の「神代史」観とその影響　「捕虜の長」としての天皇─敗戦、そのときの身の処し方と退位問題　三代目「守成の明君」の養成─マッカーサー会談に見せた「勇気」は、どこから来たか　「錦旗革命・昭和維新」の欺瞞─なぜ、日本がファシズムに憧れるようになったか　天皇への呪詛─二・二六事件の首謀者・磯部浅一が、後世に残した重い遺産　盲信の悲劇─北一輝は、なぜ処刑されねばならなかったか　「憲政の神様」の不敬罪─東条英機は、なぜ尾崎行雄を起訴したのか　三代目・天皇と、三代目・国民─尾崎行雄が記した国民意識の移り変わりと天皇の立場　立憲君主の「命令」─国難近し、天皇に与えられた意思表示の手段とは　「人間」・「象徴」としての天皇─古来、日本史において果たしてきた天皇家の位置と役割　天皇の「功罪」─そして「戦争責任」をどう考えるか　「平成」への遺訓

◇「昭和天皇実録」講義─生涯と時代を読み解く　古川隆久、森暢平、茶谷誠一編　吉川弘文館　2015.11　218p　21cm　〈文献あり〉　1800円　①978-4-642-08285-3　Ⓝ288.41

内容　『昭和天皇実録』を読む前に─概要と意義　1 戦前編（幼少期と帝王教育─一九〇一年四月〜二一年九月　皇太子としての活動から昭和恐慌へ─一九二一年一〇月〜二九年七月　戦争の時代と天皇─一九二九年七月〜四五年八月　メディア史から見た天皇の生活）　2 戦後編（退位問題と新憲法─一九四五年八月〜五二年四月　戦後もつづく政治への意識─一九五二年四月〜六九年十二月　昭和天皇の外遊とその晩年─一九七〇年一月〜八九年一月　公文書と『昭和天皇実録』　『昭和天皇実録』の史料的性格

◇天皇陛下の私生活─1945年の昭和天皇　米窪明美著　新潮社　2015.12　222p　20cm　〈文献あり〉　1400円　①978-4-10-339751-9　Ⓝ288.41

内容　第1章 前代未聞の四方拝　第2章 天皇は宮中の時計　第3章 リンカーンとダーウィン　第4章 2月のクリスマスツリー　第5章 息子として、兄として　第6章 叛乱、鎮圧、玉音放送　第7章 進化論と三種の神器　第8章 思いがけない「君が代」

◇昭和天皇御製にたどるご生涯─和歌だけにこめられたお心　秦澄美枝著　PHP研究所　2015.12　400p　22cm　〈文献あり　索引あり〉　2700円　①978-4-569-82743-8　Ⓝ288.41

内容　序章 "先の大戦"に、終戦の"御聖断"から"天皇となされての普遍性"へ　第1章 叙景歌に象徴される歴史　第2章 神祇歌による"祈り"　第3章 「国の夜明け」新憲法から、"君民體ヲーニス"民と一体となられての日本再生へ　第4章 "平和条約"独立後の"国創り"吉田茂への大御心　第5章 昭和天皇御本来のお姿に"大御心の普遍性"へ　第6章 昭和天皇最晩年の御境地 祈りと御慶び 憂いと御無念 感性と美意識　終章 天皇の永遠性 範となされた天智天皇 思慕された後鳥羽上皇

◇昭和天皇実録その表と裏　3　二・二六事件・日中戦争の時代　保阪正康著　毎日新聞出版　2016.2　211p　20cm　1600円　①978-4-620-32316-9　Ⓝ288.41

内容　序章 戦争に追いこまれていく天皇　第1章 二・二六事件前後（国体明徴運動、永田鉄山惨殺、そして二・二六事件へ　軍事独裁は天皇抜きで進められた　天皇は「徹底鎮圧」に加え「戒厳令の悪用」に

◇昭和天皇実録　第5　自昭和三年至昭和六年　宮内庁著　東京書籍　2016.3　946p　23cm　1890円　Ⓘ978-4-487-74405-3　Ⓝ288.41

＊大正天皇の諒闇が明け、「昭和」という新時代への期待のなか、即位礼、大嘗祭の盛儀がおこなわれた。しかし現実は内外ともに多難であった。大陸では張作霖爆殺事件が発生し、処分をめぐり田中義一首相を叱責、内閣は総辞職する。世界恐慌と金解禁断行による大不況、統帥権干犯問題などで国内が動揺、そして満洲事変が勃発する。

◇昭和天皇実録　第6　自昭和七年至昭和十年　宮内庁著　東京書籍　2016.3　863p　23cm　1890円　Ⓘ978-4-487-74406-0　Ⓝ288.41

＊満洲事変に続き、上海事変が勃発。大陸での戦線拡大のなか、清朝最後の皇帝溥儀を擁し満洲国が建国される。日本は国際聯盟を脱退し、国際的な孤立が始まる。国内では血盟団事件に続き、五・一五事件が発生。政党政治が終わりを告げる。そうしたなか、待望の皇太子（今上天皇）が誕生。日本中が歓喜に包まれた。天皇機関説問題、永田鉄山刺殺事件などが起こるなか、陸軍の派閥抗争は、未曾有の不祥事件を引き起こそうとしていた。

◇昭和天皇実録　第7　自昭和十一年至昭和十四年　宮内庁著　東京書籍　2016.3　908p　23cm　1890円　Ⓘ978-4-487-74407-7　Ⓝ288.41

＊記録的な大雪が続いた帝都において、二・二六事件が発生、信頼する重臣が銃弾に斃れる。昭和天皇は断固たる決意をもって鎮圧を命じた。翌年七月、盧溝橋の発砲事件をきっかけに中国との全面戦争に突入する。大本営設置、国家総動員法公布など、戦時体制は着々と整えられてゆく。激動する内外の情勢のなか、昭和天皇がいかに行動されたかを記す。

◇昭和天皇は何と戦っていたのか―『実録』で読む87年の生涯　井上亮著　小学館　2016.4　415p　19cm　1600円　Ⓘ978-4-09-389766-2　Ⓝ288.41

内容　第1章　「かごの鳥」・欧州巡遊―広き世界の国々の変わる姿を見て来むと　第2章　摂政・即位・軍の暴走―我まつりごといかにかあるらむ　第3章　満州事変・二・二六事件・日中戦争―真綿にて我が首を絞めるのか　第4章　三国同盟・太平洋戦争―など波風のたちさわくらむ　第5章　占領・巡幸・退位論―身寡薄なれども負荷の重きにたえん　第6章　象徴の新制度・戦争の記憶―やすらけき世いまだならず

◇昭和天皇とスポーツ―〈玉体〉の近代史　坂上康博著　吉川弘文館　2016.5　266p　19cm　（歴史文化ライブラリー　425）　1800円　Ⓘ978-4-642-05825-4　Ⓝ288.41

内容　"玉体"とスポーツ―プロローグ　体質改善と御運動―幼稚園時代　武道との出会いと遊び―学習院初等科時代　帝王学と―御学問所時代　新しい皇室像の発信―ヨーロッパ外遊　スポーツと伝統の相克―摂政時代　権威とスポーツとの親和―昭和天皇の誕生　大元帥としての健康維持―戦争の時代　"玉体"とスポーツの戦前・戦後―エピローグ

◇昭和天皇実録　第8　自昭和十五年至昭和十七年　宮内庁著　東京書籍　2016.9　875p　23cm　1890円　Ⓘ978-4-487-74408-4　Ⓝ288.41

内容　巻27　昭和十五年　昭和十六年一月～六月　巻29　昭和十六年七月～十二月　巻30　昭和十七年

◇昭和天皇実録　第9　自昭和十八年至昭和二十年　宮内庁著　東京書籍　2016.9　944p　23cm　1890円　Ⓘ978-4-487-74409-1　Ⓝ288.41

内容　巻31　昭和十八年　巻32　昭和十九年　巻33　昭和二十年一月～六月　巻34　昭和二十年七月～十二月

◇昭和天皇　第7部　独立回復〈完結篇〉　福田和也著　文藝春秋　2016.11　281p　16cm　（文春文庫　ふ12-14）〈文献あり　索引あり〉　700円　Ⓘ978-4-16-790736-5　Ⓝ288.41

内容　宮様内閣　マッカーサー進駐　近衛自決　人間宣言　巡幸　東京裁判　吉田内閣　ヴァイニング夫人来日　新憲法公布　A級戦犯死刑執行　朝鮮戦争講和条約

◇昭和天皇の戦争―『昭和天皇実録』に残されたこと・消されたこと　山田朗著　岩波書店　2017.1　303p　20cm　〈文献あり〉　2400円　Ⓘ978-4-00-061177-0　Ⓝ288.41

内容　第1部　大元帥としての天皇―軍事から見た「昭和天皇実録」の特徴（国務と統帥の統合者としての昭和天皇　軍事と政治・儀式のはざま）　第2部　昭和天皇の戦争―即位から敗戦まで（軍部独走への批判から容認へ―満洲事変期　戦争指導・作戦指導の確立―日中戦争期　アジアとの戦争/欧米との戦争―南進と開戦　悪化する戦況と「国体護持」―戦争指導と敗戦）

◇側近日誌―侍従次長が見た終戦直後の天皇　木下道雄著，高橋紘編　中央公論新社　2017.2　571p　16cm　（中公文庫　き45-1）〈文藝春秋1990年刊の再刊　文献あり〉　1400円　Ⓘ978-4-12-206368-6　Ⓝ210.76

内容　側近日誌（昭和二十年　昭和二十一年）　関係文書（侍従職記録　聖談拝聴録原稿（木下のメモ）1「緒言」ほか）　父のこと（はじめに　父・木下道雄のこと）　解説　昭和天皇と『側近日誌』の時代（宮中改革　皇子たちの教育問題　ほか）

◇昭和天皇実録　評解　2　大元帥・昭和天皇はいかに戦ったか　小田部雄次著　敬文舎　2017.3　383p　22cm　2000円　Ⓘ978-4-906822-71-3　Ⓝ288.41

内容　第1部　昭和改元から盧溝橋事件へ（1926～37・6）（大正から昭和へ（1926～29）　軍拡派の台頭（1930～33）　暴走する軍国主義（1934～37・6））　第2部　盧溝橋事件から対米英開戦へ（1937～41）（日中全面戦争（1937・7～39）　行きづまる中国戦線（1940～41））　第3部　開戦から敗戦へ（1942～45・8）（緒戦の勝利（1942～43）　大日本帝国の崩壊（1944～45・8））

◇昭和天皇実録　第10　自昭和二十一年至昭和二十四年　宮内庁著　東京書籍　2017.3　954p　23cm　1890円　Ⓘ978-4-487-74410-7　Ⓝ288.41

＊戦後、GHQ指導のもと様々な改革がなされるなか、

しょうわて

新憲法の制定作業が開始される。GHQとの息詰まる交渉、帝国議会・枢密院の審議をへて、日本国憲法は公布された。戦後の混乱が続くなか、天皇は、全国への巡幸を決意する。各被爆災地を始め、戦災者・引揚者援護施設、学校、病院、工場などを精力的に巡り、慰問と激励の御言葉を繰り返す。国民は各地の奉迎場においても、天皇を熱狂的に迎えた。日本の戦後復興を天皇の御動静とともに描く。

◇昭和天皇実録 第11 自昭和二十五年至昭和二十九年 宮内庁著 東京書籍 2017.3 778p 23cm 1890円 Ⓣ978-4-487-74411-4 Ⓝ288.41
　＊東西冷戦が本格化するなかでの朝鮮戦争勃発。マッカーサーの突然の解任。サンフランシスコ平和条約が締結され、日本は国際社会に復帰する。日米安全保障条約も結ばれ、その後、防衛庁、自衛隊が発足する。戦後巡幸は、四国、京都・滋賀・奈良・三重と巡り、北海道におよぶ。平和と文化国家の建設を願う、昭和天皇50代前半の足跡を記す。

◇昭和天皇実録 第12 自昭和三十年至昭和三十四年 宮内庁著 東京書籍 2017.3 712p 23cm 1890円 Ⓣ978-4-487-74412-1 Ⓝ288.41
　＊「もはや戦後ではない」といわれたこの時代、国際連合への加盟が承認され、東京オリンピックの開催も決定。昭和三十四年には、皇太子の御成婚もあり、日本中が祝賀の空気につつまれた。日本各地への行幸をはじめとする多忙な御公務。そして生物学の御研究として、葉山での海洋生物御採集、那須や皇居での野外観察をされる日々を記す。

◇立憲君主昭和天皇 上巻 川瀬弘至著 産経新聞出版 2017.6 429p 20cm 〈発売：日本工業新聞社〉 1900円 Ⓣ978-4-8191-1313-7 Ⓝ288.41
　内容 第1部 君主とはどうあるべきか（かくて「聖断」は下された 昇陽の日々 帝王教育 天子への道） 第2部 君主は政治とどう関わるべきか（青年君主の苦悩 満洲事変と国際孤立 万歳とファッショ 二・二六事件）

◇立憲君主昭和天皇 下巻 川瀬弘至著 産経新聞出版 2017.6 413p 20cm 〈文献あり 発売：日本工業新聞社〉 1900円 Ⓣ978-4-8191-1314-4 Ⓝ288.41
　内容 第3部 平和のため君主はどう動いたか（泥沼の日中戦争 欧州の戦雲と三国同盟 開戦前夜 太平洋の死闘 占領下の戦い 国民とともに 永遠の昭和）

◇昭和天皇七つの謎 加藤康男著 ワック 2017.8 309p 18cm （WAC BUNKO B-260） 〈2015年刊の加筆、訂正 文献あり〉 926円 Ⓣ978-4-89831-760-0 Ⓝ
　内容 第1章「よもの海」は替え歌だった 第2章「宮中某重大事件」の謎 第3章 天皇周辺の赤いユダ 第4章「退位」回避への強い意思 第5章「ご巡幸」と「ヤミ米」列車の怪 第6章 天皇の戦利と「隠し財産」 第7章 皇居から聞こえる讃美歌

◇昭和天皇実録 第13 自昭和三十五年至昭和三十九年 宮内庁著 東京書籍 2017.9 745p 23cm 1890円 Ⓣ978-4-487-74413-8 Ⓝ288.41
　内容 巻四十四（承前）昭和三十五年 巻四十五（昭和三十六年 昭和三十七年） 巻四十六（昭和三十八年 昭和三十九年）

◇昭和天皇実録 第14 自昭和四十年至昭和四十四年 宮内庁著 東京書籍 2017.9 743p 23cm 1890円 Ⓣ978-4-487-74414-5 Ⓝ288.41
　内容 巻四十七（昭和四十年 昭和四十一年） 巻四十八（昭和四十二年 昭和四十三年） 巻四十九（昭和四十四年）

◇昭和天皇実録 第15 自昭和四十五年至昭和四十八年 宮内庁著 東京書籍 2017.9 784p 23cm 1890円 Ⓣ978-4-487-74415-2 Ⓝ288.41
　内容 巻四十九（承前）昭和四十五年 巻五十（昭和四十六年） 巻五十一（昭和四十七年） 巻五十二（昭和四十八年）

◇昭和天皇、退位せず─共産革命を憂慮した天皇 更級悠哉著 青山ライフ出版 2017.10 281p 20cm 〈発売：星雲社〉 1500円 Ⓣ978-4-434-23747-8 Ⓝ210.7
　内容 第1部 誕生から皇太子まで（裕仁親王誕生 ロシアの満州支配と日露戦争 ほか） 第2部 青年天皇（裕仁皇太子は天皇に即位、大元帥に 世界大恐慌と社会主義経済 ほか） 第3部 開戦詔書と戦局の悪化（満州匪賊は現在のIS兵士 ヒットラーのドイツ共産党潰し ほか） 第4部 敗戦と天皇の戦争責任（ポツダム宣言に軍部は執拗に抵抗 天皇、ポツダム宣言受諾を懇請 ほか） 第5部 天皇退位せず、留位を決意（退位か留意か、皇族と政府の考え 天皇は神に非ず、人間宣言 ほか）

◇昭和天皇とその時代 伊東貞三著 青山ライフ出版 2017.11 159p 26cm 1600円 Ⓣ978-4-86450-280-1 Ⓝ288.41

◇昭和天皇実録 第16 自昭和四十九年至昭和五十三年 宮内庁著 東京書籍 2018.3 775p 23cm 1890円 Ⓣ978-4-487-74416-9 Ⓝ288.41
　内容 巻52（承前） 昭和四十九年 巻53 昭和五十年 巻54 昭和五十一年・昭和五十二年 巻55 昭和五十三年

◇昭和天皇実録 第17 自昭和五十四年至昭和五十八年 宮内庁著 東京書籍 2018.3 679p 23cm 1890円 Ⓣ978-4-487-74417-6 Ⓝ288.41
　内容 巻55（承前） 昭和五十四年 巻56 昭和五十五年・昭和五十六年 巻57 昭和五十七年・昭和五十八年

◇昭和天皇実録 第18 自昭和五十九年至昭和六十四年 宮内庁著 東京書籍 2018.3 772p 23cm 1890円 Ⓣ978-4-487-74418-3 Ⓝ288.41
　内容 巻58 昭和五十九年・昭和六十年 巻59 昭和六十一年・昭和六十二年 巻60 昭和六十三年・昭和六十四年

◇昭和天皇戦後巡幸資料集成 第1巻 北海道 上 瀬畑源監修 〔復刻〕 ゆまに書房 2018.4 224p 22cm 〈布装 「北海道行幸啓誌」（札幌

市役所 1955年刊)の複製〉 10000円 Ⓘ978-4-8433-5347-9 Ⓝ288.48

◇昭和天皇戦後巡幸資料集成 第2巻 北海道 下 瀬畑源監修 〔復刻〕 ゆまに書房 2018.4 323p 22cm 〈布装 「北海道行幸啓誌」(北海道 1957年刊)の複製〉 14000円 Ⓘ978-4-8433-5348-6 Ⓝ288.48

◇昭和天皇戦後巡幸資料集成 第3巻 岩手 瀬畑源監修 〔復刻〕 ゆまに書房 2018.4 408p 22cm 〈布装 「岩手県行幸誌」(岩手県庁秘書課 1949年刊)の複製〉 18000円 Ⓘ978-4-8433-5349-3 Ⓝ288.48

◇昭和天皇戦後巡幸資料集成 第4巻 山形・福島・茨城・栃木 瀬畑源監修 〔復刻〕 ゆまに書房 2018.4 484p 22cm 〈布装 「御巡幸録」(山形県 1948年刊)の複製 「御巡幸録」(福島県 1948年刊)の複製ほか〉 17000円 Ⓘ978-4-8433-5350-9 Ⓝ288.48

◇昭和天皇戦後巡幸資料集成 第5巻 神奈川・山梨・長野・静岡・愛知 瀬畑源監修 〔復刻〕 ゆまに書房 2018.4 620p 22cm 〈布装 「行幸を仰ぎ奉りて」(浦賀引揚援護局 1946年刊)の複製 「山梨県御巡幸誌」(山梨県巡幸誌刊行会 1947年刊)の複製ほか〉 20000円 Ⓘ978-4-8433-5351-6 Ⓝ288.48

◇昭和天皇戦後巡幸資料集成 第6巻 三重 瀬畑源監修 〔復刻〕 ゆまに書房 2018.4 403p 22cm 〈布装 「御巡幸の記」(三重県 1951年刊)の複製〉 17000円 Ⓘ978-4-8433-5352-3 Ⓝ288.48

◇昭和天皇の名言―永遠に記憶したい皇室の御心 山下晋司監修, 別冊宝島編集部編 宝島社 2018.5 223p 19cm 〈年譜あり〉 1000円 Ⓘ978-4-8002-8227-9 Ⓝ288.41
  内容 第1章 若き日の志(承け継がれてきた魂 停戦を望む ほか) 第2章 前を向く(侍従長に語った戦争責任論 どうすれば戦争を回避できたのか ほか) 第3章 立ち上がる(パレードをテレビで見守る 戦没者を悼む ほか) 第4章 前に進む者を見守る(鳥のように自由に羽ばたく パリの思い出 ほか)

◇天皇陛下の私生活―1945年の昭和天皇 米窪明美著 新潮社 2018.7 287p 16cm 〈新潮文庫 よ-41-1)〈文献あり 年表あり〉 520円 Ⓘ978-4-10-121496-2 Ⓝ288.41
  内容 第1章 前代未聞の四方拝 第2章 天皇は宮中の時計 第3章 リンカーンとダーウィン 第4章 2月のクリスマスツリー 第5章 息子として、兄として 第6章 叛乱、鎮圧、玉音放送 第7章 進化論と三種の神器 第8章 思いがけない「君が代」

◇天皇の歴史 8 昭和天皇と戦争の世紀 大津透, 河内祥輔, 藤井讓治, 藤田覚編集委員 加藤陽子著 講談社 2018.7 499p 15cm 〈講談社学術文庫 2488)〈2011年刊に「補章」等を加筆 文献あり 年表あり 索引あり〉 1490円 Ⓘ978-4-06-512290-7 Ⓝ210.1
  内容 序章 昭和天皇とその時代 第1章 大正期の政治と宮中の活性化 第2章 昭和の船出と激動する世界 第3章 内なる戦い 第4章 大陸と太平洋を敵として 終章 戦いすんで 補章 象徴天皇の昭和・平成

◇昭和天皇戦後巡幸資料集成 第7巻 富山 瀬畑源監修・解説 ゆまに書房 2018.9 7,336p 22cm 〈折り込 1枚 複製〉 14000円 Ⓘ978-4-8433-5353-0 Ⓝ288.48
  内容 富山県行幸記録(吉波彦作編)(富山県 昭和24年刊)

◇昭和天皇戦後巡幸資料集成 第8巻 新潟・石川・福井 瀬畑源監修・解説 ゆまに書房 2018.9 366p 22cm 〈折り込 1枚 複製〉 19000円 Ⓘ978-4-8433-5354-7 Ⓝ288.48
  内容 新潟県行幸記念誌(新潟県 昭和24年刊) 聖駕を迎えて(石川県 昭和23年刊) 昭和二十二年十月福井県巡幸誌(福井県 昭和25年刊)

◇昭和天皇戦後巡幸資料集成 第9巻 滋賀 瀬畑源監修・解説 ゆまに書房 2018.9 422p 22cm 〈複製〉 13000円 Ⓘ978-4-8433-5355-4 Ⓝ288.48
  内容 滋賀県行幸誌(滋賀県行幸事務局編)(滋賀県 昭和28年刊) 御巡幸記念誌(彦根市役所 昭和27年刊) 湖国巡幸(滋賀県行幸事務局記録係編纂)(滋賀県 昭和27年刊)

◇昭和天皇戦後巡幸資料集成 第10巻 大阪・和歌山 瀬畑源監修・解説 ゆまに書房 2018.9 654p 22cm 〈複製〉 14000円 Ⓘ978-4-8433-5356-1 Ⓝ288.48
  内容 昭和二十二年関西行幸記録(大阪鉄道局 昭和23年刊) 大阪府行幸記録(大阪府 昭和23年刊) 昭和二十二年和歌山県行幸記録(和歌山県編纂)(昭和23年刊)

◇昭和天皇戦後巡幸資料集成 第11巻 兵庫 瀬畑源監修・解説 ゆまに書房 2018.9 414p 22cm 〈折り込 3枚 複製〉 20000円 Ⓘ978-4-8433-5357-8 Ⓝ288.48
  内容 兵庫県行幸誌(兵庫県 昭和23年刊) 淡路行幸誌(兵庫県 昭和27年刊)

◇昭和天皇戦後巡幸資料集成 第12巻 鳥取・島根 瀬畑源監修・解説 ゆまに書房 2018.9 440p 22cm 〈複製〉 16000円 Ⓘ978-4-8433-5358-5 Ⓝ288.48
  内容 鳥取県行幸誌/占志太郎編纂・執筆代表者(鳥取県庁内「行幸誌」編纂委員会)(鳥取県 昭和23年刊) 天皇陛下御巡幸誌/島根県庶務課編(島根県 昭和23年刊)

◇天皇と国民の絆―占領下の苦難を越えて 勝岡寛次著 明成社 2018.10 356p 19cm 1900円 Ⓘ978-4-905410-50-8 Ⓝ288.41
  内容 第1章 終戦の大詔と国体護持をめぐつて 第2章 天皇と国民の絆 第3章 占領下の憲法と皇室典範をめぐる攻防 第4章 占領下の国体論争 第5章 昭和天皇の全国ご巡幸 第6章 ご巡幸の中止と昭和天皇のご苦悩 第7章 ご巡幸の再開と国民 第8章 講和条約と「おことば」をめぐつて 第9章 昭和天皇と今上天皇 第10章 光格天皇の祈りと今上天皇の祈り 最終章 今上天皇の「おことば」の意味を考へる

しょかつ

諸葛 孔明 しょかつ・こうめい
⇒諸葛亮（しょかつ・りょう）を見よ

諸葛 亮〔181～234〕 しょかつ・りょう
◇靖献遺言 浅見絅斎著，濱田浩一郎訳・解説 晋遊舎 2016.7 253p 20cm 〈文献あり〉 1800円 Ⓘ978-4-8018-0531-6 Ⓝ121.54
内容 第1部 封印された尊王思想書『靖献遺言』の謎（山崎闇斎と浅見絅斎の師弟決別 靖献遺言とは，「君主に仕えて忠義を尽くした義士が残した最期の言葉」） 第2部『靖献遺言』を読む（国が亡びるのを黙って見ているくらいならいっそ死んだほうがましである（屈原） 今より以後、諸葛のなかで，国家に忠誠を誓う者は、遠慮なく私の過失を責めてくれ。そうすれば、天下の大事も定まり、賊は滅びるであろう（諸葛亮孔明） わずかな給料を得るために、官職についてへいこらしていられるか。仕官の誘いもあったが、二君に仕えることはできない。私は仮住まいたるこの世を辞して、永久に本宅たるあの世へと帰る（陶淵明） 君命である。臣下たる者、どのような事があっても君命を避けることはできない（顔真卿） 王朝の危機に際し一騎として馳せ参じる者がいない。私はこれを深く恨む。だから私は、自分の非力を省みず、身命を賭して祖国を守ろうとするのだ（文天祥） 孝孺は死の間際になっても、燕王（永楽帝）の不義を罵り続けた。燕王は周囲の者に命じて、孝孺の口を刀で抉らせた。口は耳まで裂かれ、血が流れた。それでも、孝孺は燕王を罵倒した。七日間、その声が聞こえた（謝枋得／劉因／方孝孺））

◇「三国志」の世界 孔明と仲達 狩野直禎著 新訂版 清水書院 2017.3 255p 19cm 〈新・人と歴史拡大版 02〉〈文献あり 年譜あり 索引あり〉 1800円 Ⓘ978-4-389-44102-9 Ⓝ222.043
内容 1 臥竜（三人の英雄 曹操、頭角をあらわす 三顧の礼） 2 荊州より益州へ（曹操の荊州占領 赤壁の戦い 劉備の益州占領 劉備、荊州を失う） 3 孔明、丞相となる（魏の建国と劉備の死 西南夷と魏の動向） 4 大業ならず（出師の表 北征三たび成功せず） 5 孔明の死と仲達の栄光（五丈原 実力者、仲達 浮華の徒 クーデタ むすび）

◇劉備と諸葛亮―カネ勘定の『三国志』 柿沼陽平著 文藝春秋 2018.5 263p 18cm （文春新書 1171）〈文献あり〉 880円 Ⓘ978-4-16-661171-3 Ⓝ222.043
内容 序章 三国志の世界へ 第1章 落日の漢帝国 第2章 劉備の生い立ち 第3章 群雄割拠 第4章 諸葛亮の登場 第5章 蜀漢建国への道 第6章 漢中王から皇帝へ 第7章 南征 第8章 北伐 終章 大義と犠牲

◇靖献遺言 浅見絅斎著，近藤啓吾訳注 講談社 2018.12 557p 15cm （講談社学術文庫 2535）〈『靖献遺言講義』（国書刊行会 1987年刊）の再編集〉 1790円 Ⓘ978-4-06-514027-7 Ⓝ121.54
内容 巻の1 屈平 巻の2 諸葛亮 巻の3 陶潜 巻の4 顔真卿 巻の5 文天祥 巻の6 謝枋得 巻の7 劉因 巻の8 方孝孺

式子内親王 しょくしないしんのう
⇒式子内親王（しきしないしんのう）を見よ

ジョセフ・ヒコ
⇒浜田彦蔵（はまだ・ひこぞう）を見よ

ジョニー大倉〔1952～2014〕 じょにーおおくら
◇ジョニー大倉ラストシャウト！―ロックンロールの神様に愛された、ひとりの少年の物語 森永博志著 KADOKAWA 2015.4 253p 19cm 1300円 Ⓘ978-4-04-067496-4 Ⓝ767.8
内容 その星は父の叫びをつれてやってくる 奴はトラブル・メーカー 港で、海の彼方を夢見て ある日、人は生まれ変わることができる ミート・ザ・ビートルズ！ それは肉体の叫びだった 中島敦と『用心棒』貨物列車とヘタクソなギター 母にささげる愛の証 シャウトするのは自分だ！〔ほか〕

ジョー樋口〔1929～2010〕 じょーひぐち
◆全日本プロレス超人伝説 門馬忠雄著 文藝春秋 2014.7 218p 18cm （文春新書 981）〈文献あり〉 800円 Ⓘ978-4-16-660981-9 Ⓝ788.2
内容 ジャイアント馬場 王道プロレスの牽引者 ジャンボ鶴田 完全無欠のエース ザ・デストロイヤー 「日本のレスラー」になった魔王 アブドラ・ザ・ブッチャー 血染めの凶器使い ミル・マスカラス 千の顔を持つ男 大仁田厚 ジュニアヘビー級の尖兵 ザ・ファンクス テキサス・ブロンコの心意気 スタン・ハンセン＆ブルーザー・ブロディ 不沈艦と超獣「最強コンビ」 ザ・グレート・カブキ 毒霧噴く"東洋の神秘" 三沢光晴 男気のファイター 小橋建太 病魔に勝った鉄人 天龍源一郎 不滅の負けじ魂 ジョー樋口 厳しく優しいプロレスの番人

ジョン万次郎〔1828～1898〕 じょんまんじろう
◇ジョン万次郎―日米両国の友好の原点 中濱京著 冨山房インターナショナル 2014.10 89p 21cm 〈他言語標題：John Manjiro 英語併記〉 1300円 Ⓘ978-4-905194-80-4 Ⓝ289.1
内容 万次郎はどこで生まれたの？ 大冒険の始まり 鳥島 サバイバル生活 救出 ジョン・ハウランド号の航海日誌 「多くのものが一つになって」 アメリカ捕鯨 フェアヘーブン 船長の家〔ほか〕

◇幕末と帆船―ジョン万次郎が歩んだ道 草柳俊二著 （香美） 高知社会基盤システム 2018.1 179p 21cm 〈文献あり 発売：英水社〉 1000円 Ⓘ978-4-87097-183-7 Ⓝ556.7
内容 第1章 西洋帆船の日本来航（大航海時代の到来 南蛮貿易と帆船 ほか） 第2章 ジョン万次郎と帆船（ジョン万次郎の人生と船 標流し鳥島に流れ着いた漁船 ほか） 第3章 幕末の帆船とジョン万次郎（幕末の西洋型帆船建造技術 「箱館丸」の建造 ほか） 第4章 ジョン万次郎帆船模型博物館による地域振興構想（観光施設建設計画の根幹 成熟社会に適合する観光施設 ほか）

◇ネバー・ギブアップ ジョン万次郎―どんな時も強く生きる 中濱武彦著 ロングセラーズ 2018.5 328p 18cm （ロング新書）〈他言語標題：Never Give Up,John Mung 「ジョン万次郎に学ぶ日本人の強さ」（2012年刊）の改題、

改訂　文献あり〉　1000円　①978-4-8454-5062-6　Ⓝ289.1
＊貧しい漁師の家に生まれた少年は、単身、未知の国アメリカにわたりました。そして、船長はじめ多くのアメリカ市民の善意と愛情に支えられ、自主独立と自由の大切さを学び、民主・平等社会で貴重な体験をし、高等数学・航海術等を学んだ青春時代がありました。そして、万次郎は鎖国下の日本へ命がけの帰国をします。そこで伝えたかったこととは…。

紫雷 イオ〔1990〜〕　しらい・いお
◇覚悟―「天空の逸女」紫雷イオ自伝　紫雷イオ著　彩図社　2017.7　207p　19cm　1389円　①978-4-8013-0235-8　Ⓝ788.1
内容　第1章 紫雷イオ以前の私　第2章 プロレスラー紫雷イオ誕生　第3章 スターダム入団と冤罪事件　第4章 ワールド・オブ・スターダム王座　第5章 紫雷イオの"これから"について　第6章 10周年を迎えていま思うこと

白井　健三〔1996〜〕　しらい・けんぞう
◇子どもに夢を叶えさせる方法―背中を押し続ければ、子どもは必ず強くなる　白井勝晃著　廣済堂出版　2015.10　221p　18cm（ファミリー新書 005）　800円　①978-4-331-51970-7　Ⓝ379.9
内容　1 親を驚かせたわが子の不思議な能力―健三は神の子か？（夢に見ていた場面が現実に　息子は「神の子」？　ほか）　2 子どもの背中を押し続ける―10万時間の法則（子どもの背中を押し続ける　大事なのは親の後押しと育む遊び場　ほか）　3 子どもが伸びる環境―家庭は常にリラックス空間（のびのび遊べる環境を整える　子どもにストレスをかけない　ほか）　4 夢に近づく子どもは、ここが違う―練習を楽しむ、緊張を楽しむ（夢に近づく子どもの特長　非常に効率的な「健三式勉強法」　ほか）　5 夢に近づく子どもの親の共通点―不思議なまでの一致点とは？（誰の子どもでも応援できる　わが子の一番のファンでいる　ほか）

白井　晟一〔1905〜1983〕　しらい・せいいち
◇磯崎新と藤森照信のモダニズム建築談義　磯崎新, 藤森照信著　六耀社　2016.8　331p　21cm〈年表あり〉　3600円　①978-4-89737-829-9　Ⓝ523.07
内容　序 語られなかった、戦前・戦中を切り抜けてきた「モダニズム」　第1章 アントニン・レーモンドと吉村順三―アメリカと深く関係した二人　第2章 前川國男と坂倉準三―戦中のフランス派　第3章 白井晟一と山口文象―戦前にドイツに渡った二人　第4章 大江宏と吉阪隆正―戦後一九五〇年代初頭に渡航、「国際建築」としてのモダニズムを介して自己形成した二人

白井　鐵造〔1900〜1983〕　しらい・てつぞう
◇白井鐵造と宝塚歌劇―「レビューの王様」の人と作品　田畑きよ子著　青弓社　2016.2　293p　19cm　2800円　①978-4-7872-7386-4　Ⓝ775.4
内容　第1章 白井鐵造レビューへの道のり―一九一三‐二一年　第2章 デビュー作で生み出した作劇法―一九二一‐二九年　第3章 『モン・パリ』と『パリゼット』を比較して―一九二七‐三〇年　第4章 宝塚の進むべき道―レビューからオペレッタへ：戦前篇　第5章 黄金期の白井作品―戦後の活躍　第6章 白井鐵造を語る―インタビューでつづるその姿　第7章 海外公演と白井鐵造　第8章 白井レビューは、次世代へ

白井　亨〔1783〜1843〕　しらい・とおる
◇神技の系譜―武術稀人列伝　甲野善紀著　日貿出版社　2015.7　383p　20cm〈文献あり〉　2500円　①978-4-8170-6010-5　Ⓝ789.028
内容　第1章 松林左馬助 夢想順立（松林左馬助永吉誕生への系譜　異界との交流によって新流儀を開くほか）　第2章 加藤有慶 起倒流柔術（離れ業の名人加藤有慶　有慶の師 瀧野遊軒　ほか）　第3章 松野女之助 小山宇八郎 弓術（松野女之助、小山宇八郎兄弟　旗本の武士との矢ためし　ほか）　第4章 白井亨 天真兵法（勝海舟が感嘆した剣客・白井亨　白井亨、その生い立ち　ほか）　第5章 手裏剣術（混迷している現代の手裏剣像　手裏剣は最も原初的な武術の形態　ほか）

白井　松次郎〔1877〜1951〕　しらい・まつじろう
◇松竹と東宝―興行をビジネスにした男たち　中川右介著　光文社　2018.8　392p　18cm（光文社新書 960）〈文献あり〉　900円　①978-4-334-04366-7　Ⓝ772.1
内容　発端 歌舞伎座開場　第1幕 京の芝居街の双子　第2幕 大阪の鉄道経営者　第3幕 宝塚と浅草の歌劇　第4幕 東京劇界の攻防　大詰 それぞれの戦後

白石　正一郎〔1811〜1880〕　しらいし・しょういちろう
◇渦潮の底―白石正一郎とその一族　冨成博著　右文書院　2015.6　256p　20cm〈文献あり　年譜あり〉　3800円　①978-4-8421-0775-2　Ⓝ289.1
内容　序の章 過去帳（米屋惣吉　白石ヤナ）　第1章 白石一族の人（白石開祖　白石本家の家宅　ほか）　第2章 白石正一郎の人物像（白石正一郎の顕彰　正一郎の風貌　ほか）　第3章 勤王商人の道（西郷隆盛入来　白石廉作と薩摩交易の試練　ほか）　第4章 志士の時代（馬関攘夷戦　奇兵隊　ほか）　第5章 晩年の正一郎（晩年の心情　歴史の証言　ほか）

◇維新の商人（あきびと）―語り出す白石正一郎日記　古川薫著　毎日新聞出版　2017.11　252p　20cm〈文献あり〉　1800円　①978-4-620-32480-7　Ⓝ289.1
内容　第1章 浜門　第2章 煙はうすし　第3章 内憂外患　第4章 山河燃ゆ　第5章 落花斜日　第6章 仁人君子の荒野

白石　恵美〔1987〜2006〕　しらいし・めぐみ
◇いっしょに育つ―恵美さんがのこしたもの　島田治子著　〔出版地不明〕　〔島田治子〕　2018.8　133p　20cm　Ⓝ289.1

白石　元治郎〔1867〜1945〕　しらいし・もとじろう
◇頸城野近代の思想家往還　村山和夫著, 石塚正英編　社会評論社　2017.10　251p　20cm　2500円　①978-4-7845-1560-8　Ⓝ214.106
内容　第1部 くびき野を訪れし人士済々（勝海舟―越

しらか

後の勝家の祖と頸城の地　福沢諭吉―上越に二度も訪れることとなる　東郷平八郎―海将が頸城の地に残したもの　ほか）　第2部　くびき野に生まれし人士済々（竹内金太郎―日本の大事件に関わった弁護士　白石元治郎―横浜に白石町の名を残した鋼管王　竹村良貞―事業新聞の先覚者、帝国通信社長　ほか）　第3部　特記二件（小林古径記念美術館設置を迎えて会津藩士と越後高田）

白髪 一雄〔1924～2008〕　しらが・かずお
◇白髪一雄オーラル・ヒストリー　白髪一雄述，加藤瑞穂，池上裕子インタヴュアー　〔出版地不明〕　日本美術オーラル・ヒストリー・アーカイヴ　2015.3　37p　30cm　〈他言語標題：Oral history interview with Shiraga Kazuo ホルダー入〉Ⓝ723.1

白川 静〔1910～2006〕　しらかわ・しずか
◇私の白川静―対談　立命館大学白川静記念東洋文字文化研究所編，津崎史，西川照子，芳村弘道著　八幡　エディシオン・アルシーヴ　2017.10　135p　20cm　926円　Ⓘ978-4-900395-08-4　Ⓝ289.1
　内容　序章　「白川静」の掌に乗る―遊べ、遊べ、遊べ　第1章　歌・白川静が歌う―神への申し文　第2章　笑・白川静が笑う―親爺ギャグ　第3章　神・白川静が恋う―母恋し　第4章　白川静が書く―卜文・金文　第5章　遊・白川静が楽しむ―「孤独」の喜び　終章　白川静先生を想う―桂東の教え

白川 方明〔1949～〕　しらかわ・まさあき
◇中央銀行―セントラルバンカーの経験した39年　白川方明著　東洋経済新報社　2018.10　758，9p　20cm　〈文献あり　索引あり〉　4500円　Ⓘ978-4-492-65485-9　Ⓝ338.3
　内容　激動の5年間　第1部　日本銀行でのキャリア形成期（日本銀行でのキャリアのスタート　バブル経済　バブル崩壊と金融危機　日本銀行法の改正　ゼロ金利政策と量的緩和政策　「大いなる安定」の幻想）　第2部　総裁時代（日本銀行総裁に就任　リーマン破綻　デフレ論議の高まり　日本経済の真の課題　欧州債務危機　「包括緩和政策」　政府・日本銀行の共同声明）　第3部　中央銀行の使命（中央銀行の役割　非伝統的金融政策　国際通貨制度　「失われた20年」と「日本の教訓」　独立性とアカウンタビリティ　組織としての中央銀行）　終わりなき挑戦

白川 優子〔1973～〕　しらかわ・ゆうこ
◇紛争地の看護師　白川優子著　小学館　2018.7　271p　19cm　1400円　Ⓘ978-4-09-389778-5　Ⓝ498.06
　内容　第1章　「イスラム国」の現場から―モスル＆ラッカ編　第2章　看護師になる―日本＆オーストラリア編　第3章　病院は戦場だった―シリア前編　第4章　医療では戦争を止められない―シリア後編　第5章　15万人が難民となった瞬間―南スーダン編　第6章　現場復帰と失恋と―イエメン編　第7章　世界一巨大な監獄で考えたこと―パレスチナ＆イスラエル編　最終章　戦争に生きる子供たち

白崎 映美〔1962～〕　しらさき・えみ
◇鬼うたひ　白崎映美著　亜紀書房　2016.7　199p　22cm　〈タイトルは奥付・背による．標題紙のタイトル：ONIUTAI〉　2500円　Ⓘ978-4-7505-1466-6　Ⓝ767.8
　内容　第1章　東日本大震災と歌　第2章　酒田での少女時代　第3章　上京、そして上々颱風へ　第4章　大阪・西成物語　第5章　「白崎映美」の旅立ち

白沢 久一〔1935～2002〕　しらさわ・きゅういち
◇シリーズ福祉に生きる　70　白沢久一　津曲裕次編　宮武正明著　大空出版　2017.7　190p　19cm　〈年譜あり　文献あり〉　2000円　Ⓘ978-4-908926-13-6　Ⓝ369.028

白沢 敬典〔1969～〕　しらさわ・たかのり
◇サッカー通訳戦記―戦いの舞台裏で"代弁者"が伝えてきた言葉と魂　加部究著　カンゼン　2016.5　247p　19cm　1600円　Ⓘ978-4-86255-320-1　Ⓝ783.47
　内容　1　間瀬秀一　通訳から監督へ、オシムを超えようとする男　2　フローラン・ダバディ　激情をかみ砕くパリよりの使者　3　鈴木國弘　サッカーの神を間近で崇めた最高の信徒　4　鈴木徳昭　ワールドカップにもっとも近づいた日々の記憶　5　高橋建ер　知られざる韓流スターの苦悩を解したハングルマスター　6　山内直　忠実に指揮官の怒りを伝えた無色透明な存在　7　中山和也　ブラジルと日本に愛された明朗快活の極意　8　小森隆弘　マルチリンガル、流れ流れてフットサル界の中枢へ　9　塚田貴志　空爆後のセルビアで憶えた言葉が生涯の友に　10　白沢敬典　ガンジーさんと呼ばれて一敬愛なる通訳の姿

白沢 英子〔1930～〕　しらさわ・ひでこ
◇英雲童女―母に捧ぐ自分史　白沢英子著　足利　渡良瀬通信　2015.12　113p　22cm　Ⓝ289.1

白洲 次郎〔1902～1985〕　しらす・じろう
◇白洲家の日々―娘婿が見た次郎と正子　牧山圭男著　新潮社　2015.3　264p　16cm　（新潮文庫　し-20-52）　520円　Ⓘ978-4-10-137952-4　Ⓝ289.1
　内容　1　家族のこと、家のこと（円満の秘訣　直言は親譲り　可愛い孫との秘密　ほか）　2　スポーツマンシップ（ゴルフクラブライフ　お洒落について　軽井沢の思い出　ほか）　3　仕事と友情と（公私混同するなかれ　夜中の対決　肝を冷やした一言　ほか）
◇白洲次郎という生き方　別冊宝島編集部編　宝島社　2017.1　253p　16cm　（宝島SUGOI文庫　Aへ-1-197）〈2015年刊の改訂　文献あり〉　580円　Ⓘ978-4-8002-6615-6　Ⓝ289.1
　内容　序章　白洲次郎とは何者か　第1章　白洲次郎の仕事　第2章　白洲次郎のくらし　第3章　白洲次郎の交流　第4章　ベスト・オブ・次郎「語録」
◇技術は人なり心なり―石原裕次郎から空海までの技術者魂　原稔明著　彦根　サンライズ出版　2018.6　167p　19cm　〈文献あり〉　1300円　Ⓘ978-4-88325-641-9　Ⓝ517.72
　内容　第1章　「黒部の太陽」と「南極の太陽」、そして原発事故に思う―黒四ダムの技術的挑戦と第一次南極越冬隊長・西堀栄三郎の科学技術論（映画『黒部の太陽』を見て44年前にワープ　映画『黒部の太陽』ほか）　第2章　話題の男"白洲次郎"はダム屋の大先輩だった（白洲次郎の略歴　ダム屋かつ機械技術屋

しん

白田 庫夫〔1935～2014〕 しろた・くらお
◇父の足跡―家で看取る、家族で看取るということ　秋永幸子著　文芸社　2015.5　166p　20cm　1200円　①978-4-286-16281-2　Ⓝ289.1

白鳥 省吾〔1890～1973〕 しろとり・せいご
◇詩人・白鳥省吾―佐藤吉一評論集　佐藤吉一著　コールサック社　2014.7　655p　21cm　〈文献あり　著作目録あり　作品目録あり　索引あり〉　2000円　①978-4-86435-154-6　Ⓝ911.52
[内容] 第1章 生い立ち―明治二十三年～三十四年（一八九〇～一九〇一）　第2章 中学時代の背景―明治三十五年～四十年（一九〇二～一九〇七）　第3章 早稲田大学入学前後―明治四十一年～四十三年（一九〇八～一九一〇）　第4章 第一詩集『世界の一人』出版―明治四十四年～大正三年（一九一一～一九一四）　第5章 「詩話会」誕生―大正四年～六年（一九一五～一九一七）　第6章 民衆詩派誕生―大正七年（一九一八）　第7章 民衆詩派全盛の頃―大正八年～十一年（一九一九～一九二二）　第8章 民衆詩派の凋落―大正十二年～十五年（一九二三～一九二六）　第9章 白鳥省吾論　第10章 白鳥省吾主宰詩誌『地上楽園』―大正十五年～昭和十三年（一九二六～一九三八）　第11章 資料集

城間 晃〔1953～〕 しろま・あきら
◇鉄骨クラブの偉人―オリンピアン7人を育てた街の体操指導者・城間晃　浅沢英著　KADOKAWA　2016.3　316p　20cm　1800円　①978-4-04-103982-3　Ⓝ781.5
[内容] 序章 町クラブ　第1章 傑作　第2章 器　第3章 「V」　第4章 回帰行　第5章 熱　第6章 金字塔　第7章 結実　終章 取材

シン, ギス〔1931～2002〕 辛 基秀
◇辛基秀 朝鮮通信使に掛ける夢―世界記憶遺産への旅　上野敏彦著　明石書店　2018.7　380p　20cm　〈『辛基秀と朝鮮通信使の時代』（2005年刊）の改題、増補改訂版　文献あり〉　2800円　①978-4-7503-4697-7　Ⓝ289.2
[内容] 第1章 映像にかける志　第2章 通信使の足跡たどる旅　第3章 架橋の人　第4章 人間の連帯を目指して　第5章 秀吉の侵略と降倭　第6章 見果てぬロマン　第7章 父の夢を実現

シン, サイムダン〔1504～1551〕 申 師任堂
◇師任堂のすべて―朝鮮時代に輝いた女性芸術家　劉禎恩著, 青島昌子訳, 小幡倫裕監修　キネマ旬報社　2017.8　421p　19cm　〈文献あり　年譜あり〉　2800円　①978-4-87376-453-5　Ⓝ722.1
[内容] 第1章 女性の住空間で誕生した君子―朝鮮時代との宿命的な出会い（男が「婿入り婚」する時代　婦女子から文字を奪う ほか）　第2章 師任堂の再評価―家父長的イデオロギーから見た師任堂の「不都合な」真実（妙なる文字に残る清らかな墨跡―徳を備えた画家　聖賢誕生も当然―栗谷の母 ほか）　第3章 真なる賢母の教育 師任堂の教育哲学（賢い母は犠牲にならない―模範となる生き方　嫁した夫でありながら、実父を三年喪で弔った娘 ほか）　第4章 師任堂の芸術世界 時代の限界を克服した天才芸術家（芸術家 師任堂の高らかな姿　詩で父母に仕える

としての白洲次郎 ほか）　第3章 三島由紀夫とダム（ダムを舞台とした小説を書いた三島由紀夫との出会い　短編小説「山の魂」とその舞台となった小牧ダム ほか）　第4章 空海に学ぶ築土構木の原点―対話と体得（「土木」という言葉の由来、「築土構木」について　満濃池修築にみる空海の智慧 ほか）　第5章 技術は人なり心なり（「技術はひとなり」と人間学 ソサエティ（Society）5.0と人間性と「心」 ほか）

白洲 正子〔1910～1998〕 しらす・まさこ
◇白洲家の日々―娘婿が見た次郎と正子　牧山圭男著　新潮社　2015.3　264p　16cm　（新潮文庫 し-20-52）　520円　①978-4-10-137952-4　Ⓝ289.1
[内容] 1 家族のこと、家のこと（円満の秘訣　直言は親譲り　可愛い孫との秘密 ほか）　2 スポーツマンシップ（ゴルフクラブライフ　お洒落について　軽井沢の思い出 ほか）　3 仕事と友情と（公私混同するなかれ　夜中の対決　肝を冷やした一言 ほか）

白相 六郎〔1936～〕 しらそう・ろくろう
◇私の歩んできた道　白相六郎著　〔出版地不明〕　〔白相六郎〕　2018.1　186p　22cm　Ⓝ289.1

白土 三平〔1932～〕 しらと・さんぺい
◇廃墟の残響―戦後漫画の原像　桜井哲夫著　NTT出版　2015.3　249p　19cm　〈他言語標題：The echoes from ruins〉　2100円　①978-4-7571-4342-5　Ⓝ726.101
[内容] 序章 水木しげるの戦争（劣等生、召集される　「総員玉砕せよ！」）　第1章 満洲国の崩壊のなかで（敗戦前の満洲国　帝国の崩壊　敗戦後の日々 ほか）　第2章 廃墟にたたずむ手塚治虫（手塚治虫の昭和二十年　敗戦間際の死　敗戦直後の習作漫画 ほか）　第3章 赤本ブームから貸本文化へ（焼跡の漫画雑誌と赤本漫画　手塚治虫と酒井七馬『新宝島』の衝撃 ほか）　第4章 尖端に立つ―白土三平とその父（白戸三平の生い立ち　ウサギを飼う少年　紙芝居画家「ノボル」 ほか）　第5章 若者たち―トキワ荘グループと劇画工房（『漫画少年』創刊　トキワ荘に集う若者たち　主舞台から消えた寺田ヒロオ ほか）　第6章 青年漫画の時代（長井勝一と『忍者武芸帳』『ガロ』と『COM』　「青年漫画」とは何か ほか）　終章 「廃墟」に向き合う（『新世紀エヴァンゲリオン』と廃墟の不在　「廃墟」の隠蔽）

白鳥 つな〔1926～〕 しらとり・つな
◇よきかな人生―九十年の回想　白鳥文彦, 白鳥つな著　佐久　八岳堂　2017.2　146p　20cm　Ⓝ289.1

白鳥 文彦〔1926～〕 しらとり・ふみひこ
◇よきかな人生―九十年の回想　白鳥文彦, 白鳥つな著　佐久　八岳堂　2017.2　146p　20cm　Ⓝ289.1

白金や 絹子〔1968～〕 しろがねや・きぬこ
◇銀座女将の解体新書　白金や絹子著　文芸社　2016.12　358p　19cm　1400円　①978-4-286-12586-2　Ⓝ289.1

しん

―詩人、師任堂 ほか

申 師任堂　しん・しにんどう
⇒シン, サイムダンを見よ

シン, テジュン〔1981～〕　慎 泰俊
◇起業のリアル―田原総一朗×若手起業家　田原総一朗著　プレジデント社　2014.7　249p　19cm　1500円　Ⓘ978-4-8334-5065-2　Ⓝ335.21

[内容] 儲けを追わずに儲けを出す秘密―LINE社長・森川亮　「競争嫌い」で年商一〇〇〇億円―スタートゥディ社長・前澤友作　管理能力ゼロの社長兼クリエーター―チームラボ代表・猪子寿之　二〇二〇年、ミドリムシで飛行機が飛ぶ日―ユーグレナ社長・出雲充　保育NPO、社会起業家という生き方―フローレンス代表・駒崎弘樹　単身、最貧国で鍛えたあきらめない心―マザーハウス社長・山口絵理子　現役大学生、途上国で格安予備校を開く―e‐エデュケーション代表・税所篤快　七四年ぶりに新規参入したワケ―ライフネット生命社長・岩瀬大輔　上場最年少社長の「無料で稼ぐカラクリ」―リブセンス社長・村上太一　四畳半から銀行狙う電動バイク世界一―テラモーターズ社長・徳重徹　目指すは住宅業界のiPhone―innovation社長・岡崎富夢　三〇年以内に「世界銀行」をつくる―リビング・イン・ピース代表・慎泰俊　ハーバード卒、元体育教師の教育改革―ティーチ・フォー・ジャパン代表・松田悠介　四重苦を乗り越えた営業女子のリーダー―ベレフェクト代表・太田知彩子　二代目社長が狙う「モバゲーの先」―ディー・エヌ・エー社長・守安功　ITバブル生き残りの挑戦―サイバーエージェント社長・藤田晋　特別対談　堀江貴文―五年後に花開く、商売の種のまき方

新貝 康司　しんがい・やすし
◇リーダーシップの哲学―12人の経営者に学ぶリーダーの育ち方　一條和生著　東洋経済新報社　2015.6　299p　20cm　〈他言語標題：The Leadership Journey〉　1800円　Ⓘ978-4-492-53361-1　Ⓝ332.8

[内容] リーダーシップ・ジャーニーに終わりはない―藤森義明　誰にでも無限の可能性がある―澤田道隆　できるだけシンプルに考え、実行する―松本晃　経験しないとわからない世界がある―玉塚元一　ロールモデルに学び、自分流にアレンジする―志賀俊之　全員で「良い会社 "Good Company"」を創る―永野毅　恐れることなく変わり続ける―佐藤玖美　一瞬も一生も美しく、をめざして―前田新造　新しい場で学び続ける―樋口泰行　常に全力を尽くしながら視座を高める―松井忠三　ストレッチ経験で己を鍛え、実践知を蓄える―新貝康司　ストーリーで多様な人を束ねる―小林いずみ　あなたらしいリーダーシップを育む

ジンギス・カン
⇒チンギス・カンを見よ

新宮 涼庭〔1787～1854〕　しんぐう・りょうてい
◇新宮涼庭傳　山本四郎著　京都　ミネルヴァ書房　2014.8　314,10p　22cm　（ミネルヴァ・アーカイブズ）〈年譜あり 索引あり　1968年刊の複製〉　10000円　Ⓘ978-4-623-07135-7　Ⓝ289.1

[内容] 序論　新宮涼庭とその時代　第1部　本伝（家系と郷里時代　長崎遊学時代　京都における涼庭）　第2部　各論（理財家としての涼庭　順正書院　医書と医説　涼庭雑思　新宮涼庭論―結びにかえて）　付録　資料篇

信実〔平安時代末期〕　しんじつ
◇中世の人物　京・鎌倉の時代編　第1巻　保元・平治の乱と平氏の栄華　元木泰雄編　大阪　清文堂出版　2014.3　412p　22cm　4500円　Ⓘ978-4-7924-0994-4　Ⓝ281

[内容] 鳥羽院・崇徳院（佐藤健治著）　藤原忠実（佐古愛己著）　藤原頼長（横内裕人著）　平忠盛（守田逸人著）　源為義（須藤聡著）　覚仁と信実―悪僧論～（久野修義著）　阿多忠景と源為朝（栗林文夫著）　後白河院（髙橋典幸著）　藤原忠通と基実（樋口健太郎著）　信西（木村真美子著）　藤原信頼・成親（元木泰雄著）　藤原経宗（元木泰雄著）　源義朝（近藤好和著）　平清盛（川合康著）　池禅尼と二位尼（栗山圭子著）　平時忠と信範（松薗斉著）　藤原邦綱とその娘たち（佐伯智広著）　平重盛（平藤幸著）　西行（近藤好和著）

新庄 剛志〔1972～〕　しんじょう・つよし
◇わいたこら。―人生を超ポジティブに生きる僕の方法　新庄剛志著　学研プラス　2018.10　265p　19cm　1300円　Ⓘ978-4-05-406623-6　Ⓝ783.7

[内容] プロローグ　僕は見事に、しくじった　第1章　人生のどん底で、僕はこんなことを考えた　第2章「スター・新庄」ができるまで　第3章　僕が持っていた運と、不思議な力　第4章　家族のこと　第5章　そして、今の僕のこと　エピローグ　これからの、僕のサクセスストーリー

新庄 俊郎〔1948～〕　しんじょう・としろう
◇団塊世代のヤマセミ狂い外伝　新庄俊郎著　プラスエール　2015.4（第2刷）325p　26cm　〈切手 1枚貼付〉　Ⓝ289.1

信松尼〔1561～1616〕　しんしょうに
◇戦国を生きた姫君たち　火坂雅志著　KADOKAWA　2016.9　170p　15cm　（角川文庫 ひ20-25）〈年表あり〉　600円　Ⓘ978-4-04-400170-4　Ⓝ281.04

[内容] 1　女城主たちの戦い（井伊直虎―井伊直政の義母　妙林尼―吉岡鎮興の妻　ほか）　2　危機を救う妻たち（お船の方―直江兼続の正室　小松姫―真田信之の正室　ほか）　3　愛と謎と美貌（小少将―長宗我部元親の側室　義姫―伊達政宗の生母　ほか）　4　才女と呼ばれた女たち（お初（常高院）―浅井三姉妹の次女　阿茶局―徳川家康の側室　ほか）　5　想いと誇りに殉じる（鶴姫―瀬戸内のジャンヌ・ダルク　淀殿―豊臣秀吉の側室　ほか）

しんしん〔1970～〕
◇愛された記憶―母ちゃんとおいらの物語　しんしん著　セルバ出版　2016.2　175p　19cm　〈発売：創英社／三省堂書店〉　1400円　Ⓘ978-4-86367-245-1　Ⓝ289.1

[内容] 第1章　おいらの家族　第2章　おいらの多感な幼少期　第3章　家族崩壊の危機!?　第4章　おじさんと軍曹　第5章　18歳の春　上京　第6章　おじさんの死

第7章 母ちゃんの介護　第8章 母ちゃんに捧げる愛のかたち　第9章 この愛をカンボジアの子どもたちへ　第10章 愛された記憶

信西〔1106～1160〕しんぜい
◇中世の人物 京・鎌倉の時代編　第1巻　保元・平治の乱と平氏の栄華　元木泰雄編　大阪　清文堂出版　2014.3　412p　22cm　4500円
①978-4-7924-0994-4　Ⓝ281

内容　鳥羽院・崇徳院（佐藤健治著）　藤原忠実（佐古愛己著）　藤原頼長（横内裕人著）　平忠盛（守田逸人著）　源為義（須藤聡著）　覚仁と信実～悪僧論～（久野修義著）　阿多忠景と源為朝（栗林文夫著）　後白河院（高橋典幸著）　藤原忠通と基実（樋口健太郎著）　信西（木村真美子著）　藤原信頼・成親（元木泰雄著）　藤原経宗（元木泰雄著）　源義朝（近藤好和著）　平清盛（川合康著）　池禅尼と二位尼（栗山圭子著）　平時忠と信範（松薗斉著）　藤原邦綱とその娘たち（佐伯智広著）　平重盛（平藤幸著）　西行（近藤好和著）

新藤 兼人〔1912～2012〕しんどう・かねと
◇スクリーンの向こうに新藤兼人の遺したもの　新藤兼人著，新藤次郎編　NHK出版　2014.11　252p　20cm　〈作品目録あり〉　1800円
①978-4-14-081659-2　Ⓝ778.21

内容　第1章 故郷・広島への想い　第2章 一家離散から，映画の世界を目指す　第3章 戦争体験と原爆，放射能の恐ろしさ，そして怒り　第4章 映画作りへの飽くなき情熱　第5章 兼人と映画でかかわった人たち　第6章 100歳まで生涯現役を貫く

◇百年の風貌—新藤監督との対話　小野民樹著　芸術新聞社　2015.2　265p　20cm　〈文献あり〉　2400円　①978-4-87586-430-1　Ⓝ778.21

内容　1 還暦映画監督（走馬灯のごとく　闘う男の顔　ほか）　2 古稀の地平線（姉さんの荒野へ　モノクロームの母は…　ほか）　3 赤坂八十の坂（人生の午後に　愛妻物語完結編　ほか）　4 人生は三段階だ（ふくろうが見ている　シナリオの奥は深く　ほか）

進藤 三郎〔191～2000〕しんどう・さぶろう
◇証言 零戦真珠湾攻撃，激戦地ラバウル，そして特攻の真実　神立尚紀著　講談社　2017.11　469p　15cm　（講談社＋α文庫 G296-3）〈年表あり〉　1000円　①978-4-06-281735-6　Ⓝ392.8

内容　第1章 進藤三郎—重慶上空初空戦，真珠湾攻撃で零戦隊を率いた伝説の指揮官　第2章 羽切松雄—敵中強行着陸の離れ業を演じた海軍の名物パイロット　第3章 渡辺秀夫—「武功抜群」ソロモン航空戦を支えた下士官搭乗員の不屈の闘魂　第4章 加藤清一—スピットファイアを相手に「零戦は空戦では無敵」を証明　第5章 中村佳雄—激戦地ラバウルで最も長く戦った歴戦の搭乗員　第6章 角田和男—特攻機の突入を見届け続けたベテラン搭乗員の真情　第7章 外伝 一枚の写真から

真徳女王〔?～654〕しんとくじょおう
◇古代東アジアの女帝　入江曜子著　岩波書店　2016.3　216p　18cm　（岩波新書 新赤版 1595）〈文献あり 年表あり〉　780円　①978-4-00-431595-7　Ⓝ220

内容　第1章 推古—東アジア最初の女帝　第2章 善徳—新羅の危機を救った予言　第3章 皇極—行政手腕の冴え　第4章 真徳—錦に織り込む苦悩　第5章 斉明—飛鳥に甦る使命　第6章 間人—禁断の恋に生きた幻の女帝　第7章 倭姫—王朝交代のミッシング・リンク　第8章 持統—遠謀にして深慮あり　第9章 武則天—男性社会への挑戦

陣内 孝則〔1958～〕じんない・たかのり
◇トーキング・プラネッツ 003　陣内孝則—ザ・のぼせ者　高野育郎責任編集　陣内孝則著　グループアム　2015.11　207p　26cm　〈他言語標題：Talking Planets　俳優編　発売：星雲社〉　1500円　①978-4-434-20315-2　Ⓝ778.21

内容　第1章 苦節時代，とか—陣内孝則×高野育郎対談○一　第2章 映画談義，とか—陣内孝則×高野育郎対談○二　第3章 怪優—出演作を語る　第4章 陣内孝則への三十問　第5章 陣内孝則への応援歌　第6章 音楽談義，とか—陣内孝則×高野育郎対談○三　第7章 誕生から現在まで—陣内孝則クロニクル

陣内河畔生〔1908～1980〕じんないかはんせい
◇望郷 陣内河畔生—待て，而して希望せよ　陣内河畔生著，中村元子編纂　日本図書刊行会　2015.10　305p　20cm　〈発売：近代文藝社〉　2200円　①978-4-8231-0923-2　Ⓝ289.1

内容　第1部 貧窮に喘ぐ（復員後代書業開業—昭和23年7月1日　代書業傍ら兎を飼う—昭和24年4月27日　たばこ屋—昭和24年7月12日　ほか）　第2部 法廷闘争の終結（司法書士一ヶ年の回想—昭和27年11月13日　戦地にて—昭和27年11月16日　再び私の悲願，家屋の明渡請求について—昭和27年11月17日　ほか）　第3部 大団円，心身の安寧を得て（一代記の構想，自伝—昭和32年11月30日　小さな「のさり」—昭和32年5月31日　ナス—昭和32年8月9日　ほか）

◇望郷 陣内河畔生—待て，而して希望せよ　陣内河畔生著，中村元子編纂　改訂版　近代文藝社　2017.5　301p　20cm　〈初版：日本図書刊行会 2015年刊〉　2400円　①978-4-7733-8038-5　Ⓝ289.1

内容　第1部 貧窮に喘ぐ（復員後代書業開業—昭和23年7月1日　代書業傍ら兎を飼う—昭和24年4月27日　たばこ屋—昭和24年7月12日　ほか）　第2部 法廷闘争の終結（司法書士一ヶ年の回想—昭和27年11月13日　戦地にて—昭和27年11月16日　再び私の悲願，家屋の明渡請求について—昭和27年11月17日　ほか）　第3部 大団円，心身の安寧を得て（一代記の構想，自伝—昭和32年11月30日　小さな「のさり」—昭和32年5月31日　ナス—昭和32年8月9日　ほか）

真如　しんにょ
⇒高岳親王（たかおかしんのう）を見よ

神野 直彦〔1946～〕じんの・なおひこ
◇経済学は悲しみを分かち合うために—私の原点　神野直彦著　岩波書店　2018.6　202p　19cm　1800円　①978-4-00-061277-7　Ⓝ331

内容　序章 自分の「生」と「思想」に向き合う　第1章 破局に向かう世界で—経済学はいま　第2章 大切なものはお金では買えない—私の思考の原点　第3章 社会を選び取る責任—「知」と格闘するなかで　第4章 人が生きる場に真理を求めて—大学を離れて生産の現場へ　第5章 経済学は何をすべきか—研究

神野 政夫〔1925～〕 じんの・まさお
◇遥かなる人生路―マッサの旅　神野政夫著　文芸社　2014.12　211p　20cm　1200円　Ⓘ978-4-286-15859-4　Ⓝ289.1

新橋 喜代三〔1903～1963〕 しんばし・きよぞう
◇百萬両の女喜代三　小野公宇一著　彩流社　2016.10　192p　19cm　（フィギュール彩 71）〈他言語標題：KIYOZO, A WOMAN OF A MILLION RYO　文献あり〉　1800円　Ⓘ978-4-7791-7076-8　Ⓝ778.21

内容『丹下左膳餘話 万萬兩の壷』に魅せられて　お子さま芸者　夜逃げ屋家業　「カチューシャの唄」流行りし後に　芝居小屋にて　初めてのラブレター　鹿児島への帰還　自ら花柳界へ　新米芸者　源氏名の八重丸［ほか］

神保 勝世〔1902～1994〕 じんぽ・かつよ
◇心をつくし力をつくし―神保勝世先生の思い出　加藤重・編集会議委員会編著　〔横浜〕〔加藤重・編集会議委員会〕　2017.12　120p　21cm　〈年表あり〉　Ⓝ289.1

新保 清 しんぽ・きよし
◇西伯利亞出兵物語―大正期、日本軍海外派兵の苦い記憶　土井全二郎著　潮書房光人社　2014.8　276p　20cm　〈文献あり〉　2200円　Ⓘ978-4-7698-1575-4　Ⓝ210.69

内容第1章 シベリアお菊　第2章 風雲児 島田元太郎　第3章 諜報員 石光真清　第4章 おらが総理 田中義一　第5章 アタマン・セミョノフ　第6章 社会主義中尉 長山直厚　第7章 パルチザン 佐藤三千夫　第8章 革命軍飛行士 新保清　第9章 尼港副領事 石田虎松　第10章「無名の師」総決算

神保 修理〔?～1868〕 じんぽ・しゅり
◇「朝敵」と呼ばれようとも―維新に抗した殉国の志士　星亮一編　現代書館　2014.11　222p　20cm　2000円　Ⓘ978-4-7684-5745-0　Ⓝ281.04

内容神保修理―その足跡を尋ねて　山本帯刀―会津に散る！　長岡の若き家老　中島三郎助―幕府海軍を逸早く構想した国際派　春日左衛門―知られざる英傑　佐川官兵衛―会津の猛将から剛毅朴直の大警部へ　朝比奈弥太郎泰尚―水戸の執政、下総に散る　滝川充太郎―猪突猛進を貫いた若き猛将　森弥一左衛門陳明―桑名藩の全責任を負って切腹した　甲賀源吾―東郷平八郎が賞賛した、宮古湾の勇戦　桂早之助―剣隼記 京都見廻組　玉虫左太夫―幕末東北を一つにまとめた悲運の国際人　雲井龍雄―米沢の俊英が夢見たもう一つの「維新」　赤松小三郎―日本近代化の礎を作った洋学者　松岡磐吉―榎本軍最後の軍艦「蟠龍」艦長

新堀 通也〔1921～2014〕 しんぽり・みちや
◇新堀通也、その仕事　新堀通也先生追悼集刊行委員会編　東信堂　2015.6　282p　22cm　〈著作目録あり 年譜あり〉　3600円　Ⓘ978-4-7989-1291-2　Ⓝ371.3

内容1 略年譜・主要著作目録（略年譜　主要著作目録）　2 新堀通也、その仕事の検証（教育社会学者としての歩み―新堀通也氏への聞き書きを交えて　愛に生きた人の肖像―新堀通也『教育愛の構造』へのささやかなオマージュ　ルソー研究・デュルケーム研究・教育社会学 ほか）　3 追悼のなかの新堀先生（追憶のなかの新堀先生　新堀先生追悼「往時茫々」　亡き新堀通也氏を偲んで）

新村 出〔1876～1967〕 しんむら・いずる
◇広辞苑はなぜ生まれたか―新村出の生きた軌跡　新村恭著　京都　世界思想社　2017.8　236p　20cm　〈文献あり 年譜あり〉　2300円　Ⓘ978-4-7907-1703-4　Ⓝ289.1

内容1 新村出の生涯（萩の乱のなかで生を享ける―父は山口県会　親元離れて漢学修業―小学校は卒業してない　静岡は第一のふるさと　文学へのめざめ、そして言語学の高みへ―高・東大時代　荒川豊子との恋愛、結婚　転機、欧州留学　水に合った京都大学―言語学講座、図書館長、南蛮舌利支丹　戦争のなかでの念想　京都での暮らし―晩年・最晩年　新村出が萌に残したもの）　2 真説『広辞苑』物語（『辞苑』の刊行と改訂作業　岩波書店から『広辞苑』刊行へ　『広辞苑』刊行のあとに）　3 交友録（徳川慶喜の八女国子―初恋の人　高峰秀子　佐佐木信綱　川田順　そのほかの人びと）

新村 利夫〔1932～〕 しんむら・としお
◇利夫の想い出ボレロ―昭和初期―平成26年　傘寿を超えて　history　新村利夫著　〔出版地不明〕　Mass Support　2014.12　40p　30cm　Ⓝ289.1

◇利夫の想い出ボレロ―昭和初期―平成26年　傘寿を超えて　process　新村利夫著　〔出版地不明〕　Mass Support　2014.12　69p　30cm　〈折り込 1枚 年譜あり 年表あり〉　Ⓝ289.1

親鸞〔1173～1263〕 しんらん
◇梅原猛の仏教の授業 法然・親鸞・一遍　梅原猛著　PHP研究所　2014.9　247p　15cm　（PHP文庫 うら-5-4）〈文献あり〉　700円　Ⓘ978-4-569-76225-8　Ⓝ188.62

内容法然の授業（恩師が導いた法然上人との出会い　鎌倉新仏教に共通する思想「草木国土悉皆成仏」とは ほか）　親鸞の授業（親鸞上人の四つの謎　人を殺すも殺さないも因縁に過ぎない ほか）　一遍の授業（一遍上人を知る為の四つのキーワード　妻子をおいて旅に出る ほか）　共生の授業（新たな哲学を求めて　日本の伝統思想の原点は「縄文文化」にある ほか）

◇苦悩を超えて歩む　宮森忠利著　京都　真宗大谷派宗務所出版部（東本願寺出版部）　2014.12　71p　15cm　（真宗文庫―真宗教育シリーズ 5）　350円　Ⓘ978-4-8341-0493-6　Ⓝ188.74

内容1 はじめに（どの子も子どもは星　苦悩を超えて歩む）　2 教えられ、育てられ（生きることを学ぶ　親鸞聖人のお膝もとで　中村久子さんに学ぶ　死と向き合う）　3 師との出会い（親鸞聖人に学んだ方々との出会い　ひとすじの道）　4 親鸞という生き方（法然上人との出会い　念仏の教えに出会った人　称名　流罪―「たとえ死刑になっても」　弁円との出会い　恩徳讃　真実の自分に帰る）

しんらん

◇親鸞聖人を学ぶ　伊藤健太郎, 仙波芳一著　1万年堂出版　2014.12　333p　20cm　〈文献あり　年譜あり　年表あり〉　1500円　①978-4-925253-85-7　Ⓝ188.72

内容 第1章　二十九歳までの、決死の求道　第2章　法然上人の弟子としての活躍　第3章　権力者と仏教諸宗からの総攻撃　第4章　関東布教の二十年　第5章　関東から京都へ　第6章　晩年の聖人、京都でのご苦労　第7章　親鸞聖人は何を教えられたのか

◇親鸞とキェルケゴールにおける「信心」と「信仰」―比較思想的考察　スザ ドミンゴス著　京都　ミネルヴァ書房　2015.1　273,7p　20cm　(南山大学学術叢書)〈文献あり　索引あり〉　4500円　①978-4-623-07219-4　Ⓝ188.82

内容 「信心」と「信仰」は共通の本質を有するか　第1部　親鸞における信心(親鸞の生涯と思想　信心という概念　悪の自覚と信心　信心と歴史　如来回向としての信心　信心と倫理的実践)　第2部　キェルケゴールにおける信仰(キェルケゴールの生涯と思想　信仰という概念　罪の意識と信仰　信仰と歴史　信仰の二つの側面―神の恩寵と人間の決断　信仰と倫理的実践)　宗教間の相互理解と対話の可能性

◇親鸞と歎異抄　今井雅晴著　吉川弘文館　2015.1　214p　19cm　(歴史文化ライブラリー　392)　1700円　①978-4-642-05792-9　Ⓝ188.72

内容 親鸞の一生(親鸞の生まれた時代　京都の親鸞　ほか)　歎異抄の書誌(歎異抄の歴史　歎異抄の著者と執筆意図)　親鸞のこころ(歎異抄第一章　歎異抄第二章　ほか)　唯円の周辺(唯円の人物像　唯円を囲む環境　ほか)　唯円の思い(歎異抄第十一章　歎異抄第十二章　ほか)

◇うちのお寺は浄土真宗―文庫オリジナル版　わが家の宗教を知る会著　双葉社　2015.2　237p　15cm　(双葉文庫　わ08-01)〈文献あり〉　602円　①978-4-575-71430-2　Ⓝ188.7

内容 序章　ざっくりわかる浄土真宗Q&A　第1章　仏教の歴史と浄土真宗の誕生　第2章　親鸞・蓮如の生涯と浄土真宗の発展　第3章　キーワードで知る浄土真宗の教え　第4章　浄土真宗のしきたり　第5章　ぜひ訪ねたい浄土真宗のお寺

◇真宗の教えと宗門の歩み　真宗大谷派宗務所編集　第4版　京都　真宗大谷派宗務所出版部(東本願寺出版部)　2015.2　222p　19cm　〈文献あり　年表あり〉　500円　①978-4-8341-0496-7　Ⓝ188.7

内容 第1章　同朋会運動とは　第2章　宗祖親鸞聖人のご生涯(誕生と出家　法然上人とのであい　ほか)　第3章　真宗の教え―正信偈に学ぶ(正信偈とは　法蔵菩薩　ほか)　第4章　真宗門徒の生活―お内仏のお給仕(お内仏の荘厳　平常の荘厳とお給仕　ほか)　第5章　宗門の歩み(本願寺の成立　蓮如上人と真宗再興　ほか)　第6章　同朋会運動のいま(真宗本廟奉仕団　推進員養成講座)

◇もうひとつの親鸞伝―伝絵・絵伝を読み解く　岸田緑渓著　藤沢　湘南社　2015.3　320p　21cm　〈文献あり　発売：星雲社〉　3000円　①978-4-434-20430-2　Ⓝ188.72

内容 「伝絵」と「絵伝」　上巻第一段「出家学道」　上巻第二段「吉水入室」　上巻第三段「六角夢想」　上巻第四段「蓮位夢想」　上巻第五段「選択付属」　上巻第六段「信行両座」　上巻第七段「信心諍論」　上巻第八段「入西鑑察」　下巻第一段「師資遷謫」　下巻第二段「稲田興法」　下巻第三段「弁円済度」　下巻第四段「箱根霊告」(附「一切経校合」)　下巻第五段「熊野霊告」　下巻第六段「洛陽遷化」　下巻第七段「廟堂創立」

◇親鸞　古田武彦著　新装版　清水書院　2015.9　250p　19cm　(Century Books―人と思想　8)〈文献あり　年譜あり　索引あり〉　1000円　①978-4-389-42008-6　Ⓝ188.72

内容 1　半生の霧(生きた親鸞を探究しよう　伝説から光が！　山を降りる)　2　斗いと思想の生涯―裏切らざる人生(人間に会う！　天皇が法に背いた　師を失った孤独の中で　思想は弾圧にうちかつ)　3　永遠の対話―『歎異抄』(『歎異抄』―解説　『歎異抄』―親鸞のことばと私のこたえ　宗教は滅び親鸞はよみがえる)

◇よくわかる浄土真宗―重要経典付き　瓜生中著　KADOKAWA　2015.10　279p　15cm　〔角川ソフィア文庫〕　〔H113-2〕〈文献あり〉　800円　①978-4-04-408916-0　Ⓝ188.7

内容 第1章　浄土真宗の基礎知識(釈迦の生い立ち　出家　ほか)　第2章　親鸞の生涯と教え(比叡山で出家　六角堂に篭る　ほか)　第3章　親鸞以降の浄土真宗(大谷祖廟の成立と本願寺の誕生　停滞した本願寺　ほか)　第4章　浄土真宗の主な寺院と親鸞ゆかりの寺院(真宗十派の本山　二十四輩のお寺)　第5章　浄土真宗のお経(仏説無量寿経(讃仏偈)　仏説無量寿経(重誓偈))

◇絵物語親鸞聖人御絵伝―絵で見るご生涯とご事蹟　岡村喜史監修, 本願寺出版社編集　京都　本願寺出版社　2015.11　79p　26cm　〈年表あり〉　1000円　①978-4-89416-066-8　Ⓝ188.72

内容 本願寺聖人親鸞伝絵　上(出家学道　吉水入室　六角夢想　蓮位夢想　選択付属　ほか)　本願寺聖人親鸞伝絵　下(師資遷謫　稲田興法　弁円済度　箱根霊告　熊野霊告　ほか)　附録(「御絵伝」関連人名解説　「御絵伝」関連年表　「御絵伝」関連地図)

◇はじめての親鸞　五木寛之著　新潮社　2016.3　181p　18cm　(新潮新書　658)　700円　①978-4-10-610658-3　Ⓝ188.72

内容 第1講　親鸞を想う―その時代と人々(義侠で論理的な人　すべては推定の親鸞像　親鸞もコーラスボーイだった？　ほか)　第2講　親鸞とは何者か―「悪」を見つめて(金子みすゞと橘曙覧のあいだで　われわれはすべて「屠沽の下類」　体制に寄らずアウトカーストの親鸞　ほか)　第3講　親鸞のほうへ―仏教と人生をめぐる雑話(小説『親鸞』三部作を通して　人生に先の見通しを　仏教の伝播と変容を想う　ほか)

◇親鸞―主上臣下、法に背く　末木文美士著　京都　ミネルヴァ書房　2016.3　311,8p　20cm　(ミネルヴァ日本評伝選)〈文献あり　年譜あり　索引あり〉　2800円　①978-4-623-07581-2　Ⓝ188.72

内容 第1章　親鸞と鎌倉仏教　第2章　若き親鸞　第3章　思想の成熟　第4章　晩年の親鸞　第5章　伝承と物語の形成　終章　親鸞をどう読み直すか

◇法然と親鸞　山折哲雄著　中央公論新社　2016.5　263p　16cm　(中公文庫　や56-3)〈年表あ

しんらん

り〉　800円　Ⓘ978-4-12-206260-3　Ⓝ188.62

内容　法然の道、親鸞の道　法然臨終　「七箇条起請文」(一)—法然の弟子たちと親鸞　「七箇条起請文」(二)—善信と住蓮、蓮生、幸西、行空　二つの証言　師signal神　親鸞の弟子捨て　師と弟子の関係軸　ユダとアーナンダの物語　親鸞、法然のもとへ　思想の継承と離反　『大無量寿経』をめぐる解釈　分割相続か単独相続か

◇親鸞聖人の生涯　梯實圓著　京都　法藏館　2016.5　206p　21cm〈年譜あり〉　1800円　Ⓘ978-4-8318-8744-3　Ⓝ188.72

内容　よき人との出遇い(誕生・出家・得度　比叡山での学問修行　ほか)　承元の念仏弾圧(七箇条の制誡　興福寺奏状　ほか)　非僧非俗として(非僧非俗の心　親鸞聖人の結婚　ほか)　晩年の親鸞聖人(親鸞聖人の帰洛の事情　関東教団の乱れ　ほか)

◇浄土真宗とは何か—親鸞の教えとその系譜　小山聡子著　中央公論新社　2017.1　272p　18cm〈中公新書2416〉〈文献あり〉　860円　Ⓘ978-4-12-102416-9　Ⓝ188.72

内容　序章　浄土真宗の前夜　第1章　法然とその門弟　第2章　親鸞の生涯　第3章　親鸞の信仰　第4章　家族それぞれの信仰—恵信尼・善鸞・覚信尼　第5章　継承者たちの信仰—如信・覚如・存覚　第6章　浄土真宗教団の確立—蓮如とその後　終章　近代の中の浄土真宗—愚の自覚と現在

◇日本仏教を変えた法然の先鋭性—親鸞にとっての「真宗」　根津茂章著　京都　法藏館　2017.2　339p　19cm〈文献あり　年表あり〉　1300円　Ⓘ978-4-8318-7712-3　Ⓝ188.62

内容　第1部　法然の求道(法然の誕生と父の遺言　大いなる願い伝来と鮮明な課題をもった学び　ほか)　第2部　民衆のための仏教(宗教の本質と法然の平等精神　阿弥陀仏の本願とは　ほか)　第3部　仏教の一大革命(絶対平等の救いの確立　悪人正機　ほか)　第4部　法難と教義の継承そして親鸞へ(「興福寺奏状」から見える専修念仏への弾圧　流罪の地で法難を思う　ほか)

◇イラストで知る浄土真宗—うちのお寺がよくわかる　川添泰信監修　洋泉社　2017.5　191p　21cm〈文献あり　年表あり〉　1400円　Ⓘ978-4-8003-1198-6　Ⓝ188.7

内容　第1章　浄土真宗と親鸞の生涯(浄土真宗の本尊「阿弥陀如来」その本願によりすべての人が救われる　「南無阿弥陀仏」とは何を意味するのか　ほか)　第2章　早わかり親鸞の教え(『歎異抄』—親鸞の思想を肉声として記録　『教行信証』—浄土の真実を明らかにした教義の根本聖典　ほか)　第3章　浄土真宗と本願寺教団の歴史(親鸞の末娘・覚信尼が初代留守職に就任　覚如、「本願寺」の成立　ほか)　第4章　浄土真宗の「お内仏」おつとめの作法としきたり(浄土の世界をかたどった「お内仏」　本尊とお脇掛　ほか)

◇歴史のなかの親鸞—真実のおしえを問う　名畑崇著　京都　東本願寺出版(真宗大谷派宗務所出版部)　2017.7　333p　19cm〈真宗文庫〉〈シリーズ親鸞　第1巻〉(筑摩書房　2010年刊)の改題、加筆・修正〉　750円　Ⓘ978-4-8341-0558-2　Ⓝ188.72

内容　第1章　近代からの視点　第2章　世紀のおわり—南都炎上　第3章　師・源空の至徳　第4章　念仏批判と停止　第5章　浄土真宗をひらく　第6章　教化の充実　終章　浄土真宗のコスモロジー

◇釈尊から親鸞へ—七祖の伝統　狐野秀存著　京都　東本願寺出版(真宗大谷派宗務所出版部)　2017.7　317p　15cm〈真宗文庫〉〈「シリーズ親鸞　第3巻」(筑摩書房　2010年刊)の改題、加筆・修正〉　750円　Ⓘ978-4-8341-0560-5　Ⓝ188.71

内容　序章　仏教の核心　第1章　真宗七祖　第2章　龍樹の仏教　第3章　天親の仏教　第4章　曇鸞の仏教　第5章　道綽の仏教　第6章　善導の仏教　第7章　源信の仏教　終章　法然の仏教

◇愚禿釈親鸞の行実—東国常陸の仏教事情　西谷隆義著　UG開発マネジメント　2017.7　325p　22cm〈布装　文献あり　年表あり〉　3000円　Ⓘ978-4-87273-453-9　Ⓝ188.72

内容　1　東国仏教を開いた徳一菩薩　2　最仙という僧の"謎"を探る　3　天台宗を外護した東国平氏　4　浄土思想の拡大と鎌倉新仏教の誕生　5　親鸞はなぜ常陸国に来て、二十年後に帰洛したのか　6　親鸞没後に開創された浄土真宗

◇いまこそ知りたい日本の思想家25人　小川仁志著　KADOKAWA　2017.9　254p　19cm〈他言語標題：25 Japanese thinkers you need to know now　文献あり〉　1700円　Ⓘ978-4-04-400234-3　Ⓝ121.028

内容　第1章　日本思想の黎明期(空海　道元　親鸞　吉田兼好　世阿弥)　第2章　日本の近世の葛藤(山本常朝　荻生徂徠　本居宣長　安藤昌益　二宮尊徳)　第3章　日本の近代の幕開け(横井小楠　吉田松陰　福沢諭吉　新渡戸稲造　内村鑑三)　第4章　「日本哲学」の始まり(西周　西田幾多郎　九鬼周造　三木清　和辻哲郎)　第5章　世界における日本思想の独自性(北一輝　鈴木大拙　柳田國男　丸山眞男　吉本隆明)

◇三木清遺稿「親鸞」—死と伝統について　子安宣邦編著、三木清著　白澤社　2017.9　149p　19cm〈発売：現代書館〉　1600円　Ⓘ978-4-7684-7967-4　Ⓝ188.72

内容　序　遺稿「親鸞」から三木清を読む　1　親鸞　2　死について(『人生論ノート』より)　3　孤独について(『人生論ノート』より)　4　宗教について(「手記」より)　附録　結語　三木の死と遺稿「親鸞」の生命

◇日本の奇僧・快僧　今井雅晴著　吉川弘文館　2017.11　197p　19cm〈読みなおす日本史〉〈講談社　1995年刊の再刊〉　2200円　Ⓘ978-4-642-06755-3　Ⓝ182.88

内容　知的アウトサイダーとしての僧侶　道鏡—恋人は女帝　西行—放浪五〇年、桜のなかの死　文覚—生まれついての反逆児　親鸞—結婚こそ極楽への近道　日蓮—弾圧こそ正しさの証　一遍—捨てよ、捨てよ、捨てよ　尊雲(護良親王)—大僧正から征夷大将軍へ、一休—天下の破戒僧　快川—心頭を滅却すれば火も自ら涼し　天海—超長寿の黒衣の宰相　エピローグ—僧侶と日本人

◇親鸞の伝記—『御伝鈔』の世界　草野顕之著　京都　東本願寺出版(真宗大谷派宗務所出版部)　2018.2　261p　15cm〈真宗文庫〉〈「シリーズ親鸞　第6巻」(筑摩書房　2010年刊)の改題、加

筆・修正〉　750円　Ⓘ978-4-8341-0570-4　Ⓝ188.72
[内容] 第1章 『親鸞伝絵』の成立と背景　第2章 親鸞の俗姓　第3章 比叡山・吉水時代の親鸞　第4章 承元の法難　第5章 越後の親鸞　第6章 関東の親鸞　第7章 親鸞の帰洛　第8章 親鸞の示寂

◇私の親鸞聖人伝　板倉耕整著　京都　自照社出版　2018.2　69p　19cm　1000円　Ⓘ978-4-86566-051-7　Ⓝ188.72
[内容] 親鸞聖人ご誕生の頃の時代の様子　親鸞聖人がご出家・得度された理由とその様子　比叡山でのご修行と学問　下山された理由　六角堂の参籠　法然聖人との出遇い　法然聖人の門下生としての学びと出来事　法然聖人門下の専修念仏教団が弾圧を受ける　親鸞聖人と恵信尼公との結婚について　流罪地越後でのご生活〔ほか〕

◇法然と親鸞の信仰　倉田百三著　新版　講談社　2018.4　375p　15cm　（講談社学術文庫 2432）〈『法然と親鸞の信仰 上・下』（1997年刊）の合本〉　1210円　Ⓘ978-4-06-292432-0　Ⓝ188.64
[内容] 上篇——一枚起請文を中心として（内容一般　法然の生涯（その時代的背景）　一枚起請文講評）　下篇——歎異鈔を中心として（内容一般　親鸞聖人の生涯　歎異鈔講評）

◇六十三歳の親鸞—沈黙から活動の再開へ　今井雅晴著　〔京都〕　自照社出版　2018.4　82p　19cm　（帰京後の親鸞　明日にともしびを 1）　800円　Ⓘ978-4-86566-053-1　Ⓝ188.72
[内容] 1 親鸞の関東からの帰京　2 親族と家族の動向　3 親鸞帰京前後の京都の政治社会情勢　4 「鎌倉幕府の念仏禁止・念仏者弾圧」の虚構　5 さまざまな専修念仏　6 親鸞と聖覚の活動　7 聖覚の没と親鸞の活動再開

◇日本史のなかの親鸞聖人—歴史と信仰のはざまで　岡村喜史著　京都　本願寺出版社　2018.10　253p　19cm　〈文献あり　年譜あり〉　1200円　Ⓘ978-4-89416-492-5　Ⓝ188.72
[内容] 第1章 時代の波と転機（親鸞聖人の誕生　移り変わる時代　ほか）　第2章 青年期の苦悩（出家得度の理由　得度の戒師・慈円　ほか）　第3章 出会いと別離（専修念仏に帰す　法然聖人の門弟たち ほか）　第4章 伝道の日々（僧にあらず俗にあらず　罪人としての苦労　ほか）　第5章 晩年の生活とその後（帰洛の目的　京都での門弟　ほか）

◇親鸞と道元　五木寛之,立松和平著　祥伝社　2018.11　350p　18cm　（祥伝社新書 554）〈2010年刊の再刊　文献あり　年譜あり〉　980円　Ⓘ978-4-396-11554-8　Ⓝ188.72
[内容] 第1章 私の道元、私の親鸞　第2章 戒律を守った、破戒した親鸞　第3章 「宿業」とは何か　第4章 親鸞と道元は、何が新しかったのか　第5章 言葉に置き換えられない真実の教え　第6章 なぜ、いま『歎異抄』なのか　第7章 宗教は何かの役に立つのか　第8章 現代における道元と親鸞

神龍院梵舜〔1553〜1632〕しんりゅういんぼんしゅん
◇〈シリーズ〉日本文学の展望を拓く 3　宗教文芸の言説と環境　小峯和明監修　原克昭編　笠間書院　2017.11　386p　22cm　〈索引あり〉　9000円　Ⓘ978-4-305-70883-0　Ⓝ910.2
[内容] 総論—宗教文芸の沃野を拓くために　第1部 宗教文芸の射程（"仏教文芸"論—『方丈記』の古典と現代　天竺神話のいくさをめぐって—帝釈天と阿修羅の戦いを中心に　ほか）　第2部 信仰空間の表現史（蘇民将来伝承の成立—『備後国風土記』逸文考　『八幡愚童訓』甲本にみる異国像—その枠組み・論理・主張　ほか）　第3部 多元的実践の叡知（平安朝の謡言・訛言・妖言・伝言と怪異説話の生成について　虎関師錬の十宵観—彼の作品を中心に　ほか）　第4部 聖地霊場の磁場（伊勢にいざなう西行　詩歌、石仏、縁起が語る湯殿山信仰—室町末期から江戸初期まで　ほか）

【 す 】

瑞溪院〔?〜1590〕ずいけいいん
◇北条氏康の妻 瑞溪院—政略結婚からみる戦国大名　黒田基樹著　平凡社　2017.12　287p　19cm　（中世から近世へ）〈文献あり　年譜あり〉　1700円　Ⓘ978-4-582-47736-8　Ⓝ289.1
[内容] はじめに 合戦や外交だけでは見えない大名家の実像　第1章 実家・今川家の人びと（名家・今川家の生まれ　クーデターで今川家当主となった父・今川氏親　ほか）　第2章 夫・氏康と子どもたち（北条氏康に嫁ぐ　北条家は今川家と同等になる　ほか）　第3章 氏康と今川の狭間で（今川氏輝・彦五郎の急死　「花蔵の乱」の勃発　ほか）　第4章 北条家の御前様（御前様として　相次ぐ子どもたちの婚儀　ほか）　第5章 子どもたちとの別れ（御太方様になる　早川殿との別離　ほか）

推古天皇〔554〜628〕すいこてんのう
◇女帝のいた時代　つげのり子著　自由国民社　2015.5　235p　19cm　〈文献あり〉　1300円　Ⓘ978-4-426-11925-6　Ⓝ288.41
[内容] 第1章 推古天皇—初代女性天皇誕生　第2章 皇極・斉明天皇—歴史を動かした「つなぎ役」　第3章 持統天皇—セレブ妻の意地を通した"女傑"天皇　第4章 元明天皇—"咲く花の匂うがごとし"平城京を完成　第5章 元正天皇—生涯独身も恋に生きる　第6章 孝謙・称徳天皇—箱入り娘の反逆　第7章 明正天皇—菊と葵のハーフ&ハーフ　第8章 後桜町天皇—明治維新の原点となった女性天皇

◇古代東アジアの女帝　入江曜子著　岩波書店　2016.3　216p　19cm　（岩波新書　新赤版 1595）〈文献あり　年表あり〉　780円　Ⓘ978-4-00-431595-7　Ⓝ220
[内容] 第1章 推古—東アジア最初の女帝　第2章 善徳—新羅の危機を救った予言　第3章 皇極—行政手腕の冴え　第4章 真徳—錦に織り込む誓문　第5章 斉明—飛鳥に甦る使命　第6章 間人—禁断の恋に生きた幻の女帝　第7章 倭姫—王朝交代のミッシング・リンク　第8章 持統—遠謀にして深慮あり　第9章 武則天—男性社会への挑戦

水道橋博士〔1962〜〕すいどうばしはかせ
◇キッドのもと　浅草キッド著　筑摩書房　2016.8　341p　15cm　（ちくま文庫 あ54-1）〈学研パブリッシング 2010年刊の再刊〉　760円

①978-4-480-43370-1　Ⓝ779.1.37
内容 第1章「少年時代」のもと（倉敷キッド　20世紀少年 ほか）　第2章「浅草キッド」のもと（フランス留学　名付け親 ほか）　第3章「芸」のもと（裸がユニフォーム　ルポライター芸人 ほか）　第4章「家族」のもと（同居人　キッド ほか）

崇源院〔1573～1626〕すうげんいん
◇井伊直虎と戦国の女傑たち―70人の数奇な人生　渡邊大門著　光文社　2016.12　307p　16cm　（光文社知恵の森文庫 tわ3-2）〈文献あり〉780円　①978-4-334-78712-7　Ⓝ281.04
内容 第1部 戦国大名・井伊直虎と井伊一族　第2部 地方別 戦国の女傑たち（東北・北陸の戦国女性　関東・中部の戦国女性　近畿・中国の戦国女性　四国・九州・海外の戦国女性）　第3部 戦国女性の真相を語る（「女戦国大名」今川氏親の妻・寿桂尼　「女戦国大名」赤松政則の妻・洞松院尼　戦国女性の日常生活　軍師官兵衛を支えた妻・光　戦国に輝いた浅井三姉妹の生涯）

末井　昭〔1948～〕すえい・あきら
◇生きる　末井昭著　太田出版　2018.3　159p　19cm　1300円　①978-4-7783-1617-4　Ⓝ289.1
内容 第1章 自分は闇の中にいる―自殺、いじめ、表現への執着　第2章 嘘の始まり―結婚、浮気、恋愛　第3章 ギャンブルの川と世の支配者―借金、ギャンブル、お金　第4章 悪魔が入ってこなくなった―聖書、離婚、愛

末次　一郎〔1919～2005〕すえつぐ・いちろう
◇ドラマチック・ロシアin JAPAN　4　日露異色の群像30―文化・相互理解に尽くした人々　続　長塚英雄責任編集　生活ジャーナル　2017.12　531p　22cm　〈3の出版social者：東洋書店〉　2800円　①978-4-88259-166-5　Ⓝ319.1038
内容 レフ・メーチニコフ（1838‐1888）西郷が呼んだロシアの革命家　ニコライ・ラッセル（1850‐1930）子孫が伝える二〇世紀の世界人の記憶　黒野義文（？‐1918）東京外国語露語科からペテルブルグ大学東洋語学部へ　小西増太郎（1861‐1939）トルストイとスターリンに会った日本人―激動の昭和を生きた祖父小西増太郎　ニコライ・マトヴェーエフ（1865‐1941）マトヴェーエフと戦後最初のロシア人観光団　徳富蘆花（1868‐1927）日本におけるトルストイ受容の先駆者として　セルギイ・チホミーロフ（1871‐1945）日本の府主教セルギイ―その悲劇の半生　内田良平（1874‐1937）「黒龍会」内田良平のロシア観　瀬沼夏葉（1875‐1915）瀬沼夏葉とチェーホフ作品の翻訳　相馬黒光（1875‐1955）"アンビシャスガール"とロシア文化〔ほか〕

末永　戯道　すえなが・ぎどう
⇒末永純一郎（すえなが・じゅんいちろう）を見よ

末永　純一郎〔1867～1913〕すえなが・じゅんいちろう
◇子規居士の周囲　柴田宵曲著　岩波書店　2018.2　434p　15cm　（岩波文庫 31-106-6）　950円　①978-4-00-311066-9　Ⓝ911.362
内容 1 子規居士の周囲（子規居士の周囲　内藤鳴雪　愚庵　陸羯南　夏目漱石　五百木飄亭）　2 明治俳壇の人々（数藤五城　阪本四方太　今成無事庵　新海非風　吉野左衛門　佐藤紅緑　末永戯道　福田把栗）

末永　鉄巌　すえなが・てつがん
⇒末永純一郎（すえなが・じゅんいちろう）を見よ

末永　敏事〔1887～1945〕すえなが・びんじ
◇反戦主義者なる事通告申上げます―反軍を唱えて消えた結核医・末永敏事　末永玲青著　花伝社　2017.7　227p　19cm　〈文献あり　発売：共栄書房〉　1500円　①978-4-7634-0825-9　Ⓝ289.1
内容 序章　1章 米国へ　2章 帰郷　3章 暗転　4章 思想弾圧　5章 静江の軌跡　6章 謎　終章

末永　節〔1869～1960〕すえなが・みさお
◇無庵放談―末永節遺稿集　末永節著、浅野秀夫編　福岡　芳香会　2016.3　336,6p　22cm　〈年譜あり　索引あり　発売：海鳥社（福岡）〉　2800円　①978-4-87415-970-5　Ⓝ289.1
内容 聞書―末永節無庵放談（処士の道　肇国会 ほか）　日清戦争従軍記（艦中日記　雲涛日録）　政治論集（狼嘯月系　浪人本義 ほか）　詩歌と筑前琵琶（勅題歌―和歌、漢詩　筑前琵琶 ほか）

末松　貞子〔1909～1977〕すえまつ・さだこ
◇貞子の恋　香山マリエ著　鳥影社　2014.6　249p 図版12p　20cm　1500円　①978-4-86265-459-5　Ⓝ289.1

末盛　千枝子〔1941～〕すえもり・ちえこ
◇「私」を受け容れて生きる―父と母の娘　末盛千枝子著　新潮社　2016.3　284p　20cm　1600円　①978-4-10-340021-9　Ⓝ910.268
内容 人生は生きるに値する―まえがきにかえて　千枝子という名前　卒業五十年　父の葉書　母、その師その友、そして家族　IBBYと私、私たちの幸せ　皇后様のこと　最初の夫、末盛憲彦のこと　絵本のこと、ブックフェアのこと　再婚しないはずだったのに　逝きし君ら　出会いの痕跡

末吉　興一〔1934～〕すえよし・こういち
◇末吉興一かく奮闘せり―無私を貫き二十年　市川喜男著　〔出版地不明〕　末吉興一　2017.1　599p　22cm　非売品　Ⓝ318.291

須賀　敦子〔1929～1998〕すが・あつこ
◇須賀敦子の旅路―ミラノ・ヴェネツィア・ローマ、そして東京　大竹昭子著　文藝春秋　2018.3　487p　16cm　（文春文庫 お74-1）〈「須賀敦子のミラノ」（河出書房新社 2001年刊）と「須賀敦子のヴェネツィア」（河出書房新社 2001年刊）ほかからの改題、加筆改稿し、書下ろしを追加　年譜あり〉　1100円　①978-4-16-791041-9　Ⓝ910.268
内容 ミラノ（電車道　ムジェッロ街の家 ほか）　ヴェネツィア（島　橋づくし、小路めぐり ほか）　ローマ（アヴェンティーノの丘　カンポ・マルツィオ彷徨 ほか）　東京（空白の二十年　文体との出会い ほか）　ことばを探す旅　ロングインタビュー

菅 勝彦〔1943～〕　すが・かつひこ
◇雑観あおもり―地方紙記者三十六年　菅勝彦著　青森　菅勝彦　2017.9　14,444p　22cm　〈私家版　年譜あり〉　2700円　Ⓝ289.1

スガ シカオ〔1966～〕
◇愛と幻想のレスポール　スガシカオ著　KADOKAWA　2017.4　273p　19cm　（別冊カドカワの本）〈作品目録あり〉　1528円　Ⓘ978-4-04-895988-9　Ⓝ767.8
> 内容　第1章　二度目のデビュー　第2章　成功と迷い　第3章　個人という時代　第4章　ファンクの美学、音楽という自由　第5章　エロスと死　第6章　下町と家族のこと　第7章　仲間たち　第8章　ヒットの先へ

須賀 次郎〔1935～〕　すが・じろう
◇ニッポン潜水グラフィティ　須賀次郎著　成山堂書店　2014.7　234p　19cm　〈年表あり〉　1800円　Ⓘ978-4-425-94821-5　Ⓝ785.28
> 内容　父娘巻頭インタビュー　ダイビング界のレジェンド・須賀次郎が語る　日本のスクーバダイビングの曙　ただ海が好きだった　葉山　奄美大島　潜水実習　潜水クラブ創設　伝説の「潜水研究所」　卒業論文　エア切れ〔ほか〕

菅 虎雄〔1864～1943〕　すが・とらお
◇夏目漱石号外伝―菅虎雄先生生誕百五十周年記念文集　久留米　菅虎雄先生顕彰会　2014.10　191p　22cm　〈文献あり〉　1000円　Ⓝ910.268

菅 なな子〔1996～〕　すが・ななこ
◇アイドル受験戦記―SKE48をやめた私が数学0点から偏差値69の国立大学に入るまで　菅なな子著　文藝春秋　2016.3　191p　19cm　1200円　Ⓘ978-4-16-390432-0　Ⓝ376.8
> 内容　第1章　私がアイドルに？　第2章　選抜メンバー入り、でも多難な学校生活　第3章　悩みぬいて、SKE卒業を決断　第4章　第一志望は偏差値69　第5章　本格的な受験生活へ　第6章　髪を切り、スマホをガラケーに　第7章　なな子の受験勉強環境づくり七カ条　第8章　センター試験での失敗　第9章　合格発表の日

菅 義偉〔1948～〕　すが・よしひで
◇影の権力者内閣官房長官菅義偉　松田賢弥著　講談社　2016.1　329p　15cm　（講談社＋α文庫 G119-4）〈文献あり〉　820円　Ⓘ978-4-06-219742-7　Ⓝ312.1
> 内容　第1章　血涙の歴史の落とし子　第2章　集団就職の世代　第3章　小沢一郎と菅義偉　第4章　権力闘争の渦中で　第5章　安倍政権の中枢で　第6章　権力を体現する政治家

◇総理の影―菅義偉の正体　森功著　小学館　2016.8　317p　19cm　1400円　Ⓘ978-4-09-379891-4　Ⓝ312.1
> 内容　第1章　橋下徹の生みの親　第2章　菅一家の戦争体験　第3章　上野駅から　第4章　港のキングメーカー　第5章　自民党の反乱分子　第6章　メディア支配　第7章　出口の見えない沖縄　第8章　消えたカジノとUSJ　第9章　知られざる人脈とカネ

菅 裸馬　すが・らば
⇒菅礼之助（すが・れいのすけ）を見よ

菅 礼之助〔1883～1971〕　すが・れいのすけ
◇俳人菅裸馬　長瀬達郎著　新版　角川文化振興財団　2017.7　238p　19cm　〈他言語標題：Suga Raba　年譜あり　文献あり　発売：KADOKAWA　初版：角川書店 2011年刊〉　1500円　Ⓘ978-4-04-876472-8　Ⓝ911.36
> ＊俳句結社「同人」の二代目主宰、俳人・菅裸馬。生前の政財界で活躍した菅礼之助の足跡と、俳人としての菅裸馬の姿を辿り、十七文字に込められた思いを蘇らせ、人物像に迫る。

菅江 真澄〔1754～1829〕　すがえ・ますみ
◇探究の人菅江真澄　菊池勇夫著　秋田　無明舎出版　2017.4　150p　21cm　1700円　Ⓘ978-4-89544-632-7　Ⓝ289.1
> 内容　第1章　菅江真澄の魅力は何か　第2章　「蝦夷」への憧れ―松前渡海まで　第3章　「いにしへ」探究の真澄の旅・学　第4章　クニコトバの生活世界　第5章　真澄の「ひがおもひ」―金花咲く「みちのく山」探索　第6章　「絵引」をする菅江真澄　第7章　日記から地誌へ―日記体地誌の位置づけ　第8章　真澄の地誌と『郡邑記』―消えた村への関心　第9章　菅江真澄の著作と学問について

◇辺境を歩いた人々　宮本常一著　河出書房新社　2018.6　287p　15cm　（河出文庫 み19-7）〈文献あり　年表あり　年譜あり〉　760円　Ⓘ978-4-309-41619-9　Ⓝ281
> 内容　近藤富蔵（流され人　近藤重蔵と最上徳内　ほか）　松浦武四郎（えぞ地の探検　おいたちと諸国めぐり　ほか）　菅江真澄（じょうかぶりの真澄　浅間山の噴火　ほか）　笹森儀助（幕末の世に生まれて　牧場の経営　ほか）

菅田 實〔1934～〕　すがた・まこと
◇生かされて八十年　菅田實著　八尾　ドニエプル出版　2015.12　90p　22cm　（親孝行叢書1）〈年譜あり〉　Ⓝ289.1

菅谷 政雄〔1914～1981〕　すがたに・まさお
◇山口組と東映ヤクザ映画―伝説のヤクザ・菅谷政雄組長の激しき生涯と華麗なる芸能界人脈　木村勝美著　かや書房　2018.11　319p　19cm　〈文献あり〉　1800円　Ⓘ978-4-906124-82-4　Ⓝ368.51
> 内容　序章　菅谷政雄元組長の肉声テープ　第1章　刎頸の友　第2章　芸妓おそめ　第3章　懲役18年　第4章　菅谷政雄と柳川次郎　第5章　田岡三代目と「おそめ」　第6章　菅谷政雄vs山本健一　終章　葬送曲

菅沼 孝行〔1941～〕　すがぬま・たかゆき
◇かげろうの向こうの家族―戦争遺児として逆境を乗り越えて　菅沼孝行著　幻冬舎メディアコンサルティング　2017.10　122p　20cm　〈年譜あり　発売：幻冬舎〉　1000円　Ⓘ978-4-344-91432-2　Ⓝ289.1
> 内容　かげろうの向こうの家族　灰色と希望の時を越えて　教師の一歩、そして妻との出会い　母との再会はバイト宅　書きまくった通信3220号の道　職員

菅沼 勇基〔1985〜〕　すがぬま・ゆうき
◇私が偏差値27から年商10億円の社長になれた理由　菅沼勇基著　ダイヤモンド社　2017.1　231p　19cm　1500円　①978-4-478-10072-1　Ⓝ289.1
　内容　Prologue 横浜ランドマークタワー38階　1 偏差値27!　2 一念発起! このままじゃダメなんだ!　3 一発逆転! ダメな自分の戦い方　4 内定率100％! の就活戦略　5 年商10億円! その先に見えたもの　Epilogue 夢はいつでも無限大!

菅野 成雄〔1943〜〕　すが の・しげお
◇そば打ち一代—浅草・蕎亭大黒屋見聞録　上野敏彦著　平凡社　2017.5　188p　20cm　〈文献あり〉　1700円　①978-4-582-83758-2　Ⓝ673.971
　内容　序章 秘蔵の弟子　第1章 裏通りの実力派　第2章 蕎聖・片倉康雄　第3章 孤高の文士　第4章 ソバを育む風土　第5章 在来種探す旅　第6章 吉原の今昔細見

菅野 晴夫〔1925〜2016〕　すがの・はるお
◇悠々たる大河菅野晴夫先生—常に先を見ていたがん研究者　菅野晴夫先生記念誌「菅野晴夫先生を偲ぶ文集」編集委員会　2018.7　207p　28cm　〈年譜あり〉　Ⓝ289.1

菅家 利和　すがや・としかず
◇孤高の法医学者が暴いた足利事件の真実　梶山天善　金曜日　2018.3　282p　19cm　1400円　①978-4-86572-025-9　Ⓝ368.61
　内容　第1部 足利事件(事件発生　逮捕　裁判　弁護前哨戦　再鑑定　鑑定批撃　再審そして真犯人　水面下の動き)

菅原 勲〔1928〜〕　すがわら・いさお
◇コピーで綴る自分史略史—母と兄の示す大道を歩んで　菅原勲編　〔出版地不明〕　菅原勲　2015.1　1冊　30×43cm　Ⓝ289.1

菅原 貞敬〔1939〜〕　すがわら・さだとし
◇バレーボールに明け暮れて　菅原貞敬著，秋田魁新報社編　秋田　秋田魁新報社　2017.9　152p　18cm　〈さきがけ新書 29—シリーズ時代を語る〉〈年譜あり〉　800円　①978-4-87020-395-2　Ⓝ783.2

菅原 精造〔1884〜1937〕　すがわら・せいぞう
◇パリの漆職人　菅原精造　熱田充克著　白水社　2016.9　335p　20cm　〈文献あり　年譜あり〉　4800円　①978-4-560-09508-9　Ⓝ750.236
　内容　スガワラという男　アイリーンという女　巴里という街　一九〇〇年　カギは酒田にあった　娘がいた! スガワラの居場所　揺れる大地と少年期　石碑に刻まれた男たち　運命の分岐点　東京美術学校　ジャポン　それは漆という神秘　図南の翼，パリへ! 不協和音とテアトル長屋　菅原と日本人洋画家たち　パリからの叫び「漆がほしい!」　漆は洋上で輝く　ジャン・デュナン　家族，そして独立　日仏映画秘史　オオスダを探せ　最期の地"鷲の農場"　「私はここ」に導かれて　菅原はどういう工芸家だったのか?

菅原孝標女〔1008〜?〕　すがわら・たかすえのむすめ
◇更級日記 全注釈　福家俊幸著　KADOKAWA　2015.2　382p　22cm　〈日本古典評釈・全注釈叢書〉〈文献あり　年譜あり　索引あり〉　15000円　①978-4-04-653875-8　Ⓝ915.36
　＊物語作者として見直しが進む菅原孝標女の半生を再検討。夢幻的な表現世界の向こうに潜められたメッセージを読み解き，新しい孝標女像を樹立する。従来の『更級日記』研究に転換を促す，最新の注釈書。

◇更級日記—全訳注　菅原孝標女著，関根慶子訳注　新版　講談社　2015.12　376p　15cm　(講談社学術文庫 2332)〈年表あり〉　1180円　①978-4-06-292332-3　Ⓝ915.36
　内容　東国にて物語ゆかしさまさる　門出よりいかだまで　昔のあと・くろとの浜　まつさと　たけしば　すみだ河・もろこしが原　足柄山　横走・富士山・清見が関など　富士河　遠江を行く〔ほか〕

◇日本文学全集 03　竹取物語　伊勢物語　堤中納言物語　土佐日記　更級日記　池澤夏樹個人編集　森見登美彦訳，川上弘美訳，中島京子訳，紀貫之著，堀江敏幸訳，菅原孝標女著，江國香織訳　河出書房新社　2016.1　530p　20cm　〈付属資料：1枚：月報 2016.1〉　2800円　①978-4-309-72873-5　Ⓝ918
　内容　竹取物語　伊勢物語　堤中納言物語　土左日記　更級日記

◇更級日記　菅原孝標女著，秋山虔校注　新装版　新潮社　2017.12　195p　20cm　(新潮日本古典集成)〈年譜あり　索引あり〉　1600円　①978-4-10-620827-0　Ⓝ915.36
　＊物語の世界に憧れていたひとりの少女。しかし夢は砕かれ，孤独な晩年が待っていた。菅原孝標女が嘆きつつも清冽に綴る自らの生涯。

菅原 文太〔1933〜2014〕　すがわら・ぶんた
◇一故人　近藤正高著　スモール出版　2017.4　415p　19cm　1800円　①978-4-905158-42-4　Ⓝ281
　内容　二〇一二年(浜田幸一　樋口廣太郎　ほか)　二〇一三年(大島渚　山内溥　ほか)　二〇一四年(永井一郎　坂井義則　ほか)　二〇一五年(赤瀬川隼　桂米朝　ほか)　二〇一六年(蜷川幸雄　中村紘子　ほか)

菅原 美枝子〔1955〜〕　すがわら・みえこ
◇バービーはピアニスト　菅原美枝子著　大阪　星湖舎　2016.4　358p　19cm　〈年譜あり〉　1500円　①978-4-86372-076-3　Ⓝ762.1
　内容　第1部 大切な思い出たち(井田川の家　父のこと　母のこと　祖父母のこと　ほか)　第2部 生い立ち(幼少のころ　三重大教育学部附属中学　芸高　東京芸大　ほか)

菅原 道真〔845〜903〕 すがわら・みちざね

◇天神への道 菅原道真 松本徹著 試論社 2014.4 341p 20cm 〈文献あり〉 2400円 ⓘ978-4-903122-16-8 Ⓝ289.1
＊無実の罪により流刑となった菅原道真の足跡と天神信仰を捉え直す。道真に関わりのある場所を訪ね歩き、見聞きしたことを軸に、「菅家文草」「菅家後集」に注釈を加える。各地の伝承、各社の縁起も取り上げる。

◇文人伝―孔子からバルトまで ウィリアム・マルクス著, 本田貴久訳 水声社 2017.3 317p 20cm 〈文献あり 索引あり〉 3200円 ⓘ978-4-8010-0180-0 Ⓝ902.8
内容 誕生 身体 性別 時間割 教育 試験 書斎 経済 家庭〔ほか〕

杉 梅太郎 すぎ・うめたろう
⇒杉民治(すぎ・みんじ)を見よ

杉 瀧子〔1807〜1890〕 すぎ・たきこ

◇吉田松陰の母 福本義亮著 周南 マツノ書店 2014.6 224,4p 21cm 〈誠文堂新光社昭和16年刊の復刻版〉 Ⓝ289.1

◇吉田松陰とその家族―兄を信じた妹たち 一坂太郎著 中央公論新社 2014.10 268p 18cm (中公新書 2291)〈年譜あり〉 880円 ⓘ978-4-12-102291-2 Ⓝ121.59
内容 第1章「山宅」の思い出 第2章 歪な幼少期 第3章 松陰の旅立ち 第4章 アメリカ密航未遂事件 第5章 野山獄から幽囚室へ 第6章 松下村塾を主宰する 第7章 志を貫き倒れる 第8章 松陰の復権 第9章 明治を生きた松陰の家族たち

◇松陰先生にゆかり深き婦人―山口県教育会蔵版 広瀬敏子著 周南 マツノ書店 2014.11 150,4p 21cm 〈山口縣教育會昭和11年刊 4版の複製〉 Ⓝ121.59
＊一 杉瀧子(生母) 二 吉田久満子(養母) 三 兒玉千代(長妹) 四 楫取壽子(次妹) 附 野村望東尼と楫取夫妻 五 久坂文子(末妹) 六 入江滿智子(門弟の母)

◇杉家の女たち―吉田松陰の母と3人の妹 鳥越一朗著 京都 ユニプラン 2015.1 224p 19cm 1300円 ⓘ978-4-89704-339-5 Ⓝ289.1
内容 嫁入り―持参金付き花嫁だった松陰の母・瀧 神童―「勉強オタク」の松陰を案じる瀧 毛利家―松陰の才能を見抜いた？「そうせい侯」 仲良し兄妹―長女・千代が抱いた疎外感 父と娘―百合之助と千代の2人暮らし 九州遊学―好男子・松陰に憧れる二女・寿 脱藩―松陰の「友達思い」に呆れる寿 寿の結婚―相手は松陰お墨付きの人格者 密航未遂―松陰の「ノーふんどし」を笑う寿 牢獄―松陰の、女囚との交流を冷やかす千代〔ほか〕

◇吉田松陰 杉・村田家の系譜 熊井清雄著 東洋出版 2016.8 278p 図版10p 19cm 〈文献あり〉 1800円 ⓘ978-4-8096-7838-7 Ⓝ121.59
内容 吉田松陰とその一族 松陰の生涯 松陰余話 松陰母、滝子の生涯 松陰を支えた兄民治(梅太郎) 松陰が愛した千代(児玉芳子)と敏三郎 幕末、明治に活躍した楫取素彦と寿子 松門の双璧、久坂玄瑞と文 楫取素彦の県令辞任以後、没年まで 松陰母の生家、村田家とその消滅(離村) 明治以降の杉家ゆかりの人々 楫取寿子発願の前橋、正覚山清光寺物語

杉 千代〔1832〜1924〕 すぎ・ちよ

◇松陰先生にゆかり深き婦人―山口県教育会蔵版 広瀬敏子著 周南 マツノ書店 2014.11 150,4p 21cm 〈山口縣教育會昭和11年刊 4版の複製〉 Ⓝ121.59
＊一 杉瀧子(生母) 二 吉田久滿子(養母) 三 兒玉千代(長妹) 四 楫取壽子(次妹) 附 野村望東尼と楫取夫妻 五 久坂文子(末妹) 六 入江滿智子(門弟の母)

◇杉家の女たち―吉田松陰の母と3人の妹 鳥越一朗著 京都 ユニプラン 2015.1 224p 19cm 1300円 ⓘ978-4-89704-339-5 Ⓝ289.1
内容 嫁入り―持参金付き花嫁だった松陰の母・瀧 神童―「勉強オタク」の松陰を案じる瀧 毛利家―松陰の才能を見抜いた？「そうせい侯」 仲良し兄妹―長女・千代が抱いた疎外感 父と娘―百合之助と千代の2人暮らし 九州遊学―好男子・松陰に憧れる二女・寿 脱藩―松陰の「友達思い」に呆れる寿 寿の結婚―相手は松陰お墨付きの人格者 密航未遂―松陰の「ノーふんどし」を笑う寿 牢獄―松陰の、女囚との交流を冷やかす千代〔ほか〕

◇吉田松陰 杉・村田家の系譜 熊井清雄著 東洋出版 2016.8 278p 図版10p 19cm 〈文献あり〉 1800円 ⓘ978-4-8096-7838-7 Ⓝ121.59
内容 吉田松陰とその一族 松陰の生涯 松陰余話 松陰母、滝子の生涯 松陰を支えた兄民治(梅太郎) 松陰が愛した千代(児玉芳子)と敏三郎 幕末、明治に活躍した楫取素彦と寿子 松門の双璧、久坂玄瑞と文 楫取素彦の県令辞任以後、没年まで 松陰母の生家、村田家とその消滅(離村) 明治以降の杉家ゆかりの人々 楫取寿子発願の前橋、正覚山清光寺物語

杉 敏三郎〔1845〜1876〕 すぎ・としさぶろう

◇吉田松陰 杉・村田家の系譜 熊井清雄著 東洋出版 2016.8 278p 図版10p 19cm 〈文献あり〉 1800円 ⓘ978-4-8096-7838-7 Ⓝ121.59
内容 吉田松陰とその一族 松陰の生涯 松陰余話 松陰母、滝子の生涯 松陰を支えた兄民治(梅太郎) 松陰が愛した千代(児玉芳子)と敏三郎 幕末、明治に活躍した楫取素彦と寿子 松門の双璧、久坂玄瑞と文 楫取素彦の県令辞任以後、没年まで 松陰母の生家、村田家とその消滅(離村) 明治以降の杉家ゆかりの人々 楫取寿子発願の前橋、正覚山清光寺物語

杉 寿 すぎ・ひさ
⇒楫取寿子(かとり・ひさこ)を見よ

杉 文 すぎ・ふみ
⇒楫取美和子(かとり・みわこ)を見よ

杉 民治〔1828〜1910〕 すぎ・みんじ

◇吉田松陰とその家族―兄を信じた妹たち 一坂太郎著 中央公論新社 2014.10 268p 18cm (中公新書 2291)〈年譜あり〉 880円 ⓘ978-4-12-102291-2 Ⓝ121.59
内容 第1章「山宅」の思い出 第2章 歪な幼少期 第

3章 松陰の旅立ち　第4章 アメリカ密航未遂事件　第5章 野山獄から幽囚室へ　第6章 松下村塾を主宰する　第7章 志を貫き倒れる　第8章 松陰の復権　第9章 明治を生きた松陰の家族たち

◇吉田松陰 杉・村田家の系譜　熊井清雄著　東洋出版　2016.8　278p 図版10p 19cm　〈文献あり〉　1800円　Ⓘ978-4-8096-7838-7　Ⓝ121.59

[内容] 吉田松陰とその一族　松陰の生涯　松陰余話　松陰母、滝の生涯　松陰を支えた兄民治（梅太郎）　松陰が愛した千代（児玉芳子）と敏三郎　幕末、明治に活躍した楫取素彦と寿子　松門の双璧、久坂玄瑞と文　楫取素彦の県令離任以後、没年まで　松陰母の生家、村田家とその消滅（離村）　明治以降の杉家ゆかりの人々　楫取寿子発願の前橋、正覚山清光寺物語

杉　百合之助〔1804〜1865〕すぎ・ゆりのすけ

◇吉田松陰とその家族—兄を信じた妹たち　一坂太郎著　中央公論新社　2014.10　268p 18cm（中公新書 2291）〈年譜あり〉　880円　Ⓘ978-4-12-102291-2　Ⓝ121.59

[内容] 第1章 「山宅」の思い出　第2章 歪な幼少期　第3章 松陰の旅立ち　第4章 アメリカ密航未遂事件　第5章 野山獄から幽囚室へ　第6章 松下村塾を主宰する　第7章 志を貫き倒れる　第8章 松陰の復権　第9章 明治を生きた松陰の家族たち

杉　良太郎〔1944〜〕すぎ・りょうたろう

◇媚びない力　杉良太郎著　NHK出版　2014.9　220p 18cm　（NHK出版新書 443）　740円　Ⓘ978-4-14-088443-0　Ⓝ778.21

[内容] 第1章 ワンカットに命をかけてきた　第2章 「舞台役者・杉良太郎」の誕生　第3章 芸の常識は世間の非常識　第4章 本気で人と付き合う　第5章 すべては妄想からはじまる　第6章 日本へのお裁き　第7章 「杉良太郎」のままで死にたい

杉内　俊哉〔1980〜〕すぎうち・としや

◇水のように—松坂世代の最強左腕が振り返る我が半生　杉内俊哉著　ベースボール・マガジン社　2018.12　167p 19cm 1500円　Ⓘ978-4-583-11199-5　Ⓝ783.7

[内容] 第1章 引退の決断　第2章 幼少期　第3章 鹿児島実業高校時代　第4章 三菱重工長崎時代　第5章 ホークス時代1（2002〜06年）　第6章 ホークス時代2（2007〜11年）　第7章 巨人時代　第8章 家族　第9章 「松坂世代」と引退

杉浦　功修〔1971〜〕すぎうら・いさお

◇俺、失敗しないので　杉浦功修著　モッツコーポレーション　2018.1　212p 19cm　〈発売：展望社〉　1600円　Ⓘ978-4-88546-343-3　Ⓝ494.17

[内容] 第1章 私がカウンセリングを重視する理由　第2章 岡崎で東京ヒルズクリニックを開業するまで　第3章 美容外科のウソ・ホント　第4章 男性美容事情　第5章 美容外科ビフォーアフター集　対談・杉浦功修×高須基仁（出版プロデューサー）—大手美容外科から独立したスター医師が語る「俺、失敗しないので」の本当の意味とは？

杉浦　正則〔1968〜〕すぎうら・まさのり

◇プロ野球を選ばなかった怪物たち　元永知宏著　イースト・プレス　2018.11　238p 19cm　〈文献あり〉　1500円　Ⓘ978-4-7816-1723-7　Ⓝ783.7

[内容] 第1章 山根佑太—東京六大学のスラッガーはなぜ野球をやめたのか　第2章 杉浦正則—世界の頂点を目指した"ミスター・オリンピック"　第3章 鍛治舎巧—パナソニック人事部長から高校野球の名監督に　第4章 志村亮—ビジネスマンを選んだ伝説の左腕　第5章 應武篤良—"プロ"へと育てる"アマチュア"球界の名将　第6章 山中正竹—"小さな大投手"は球界の第一人者へ　番外 遠藤良平—プロに挑戦した東大のエース

杉浦　明平〔1913〜2001〕すぎうら・みんぺい

◇杉浦明平 暗夜日記1941-45—戦時下の東京と渥美半島の日常　杉浦明平著, 若杉美智子, 鳥羽耕史編　一葉社　2015.7　575p 20cm　〈年譜あり〉　5000円　Ⓘ978-4-87196-057-1　Ⓝ915.6

[内容] 一九四一（昭和十六）年　一九四二（昭和十七）年　一九四三（昭和一八）年　一九四四（昭和十九）年　一九四五（昭和二十）年

杉尾　英子〔1927〜〕すぎお・えいこ

◇わが青春に悔いなし—自分史　杉尾英子著　弘報印刷出版センター　2015.5　46p 20cm　Ⓝ289.1

◇私の歩み—自分史　杉尾英子著　〔神戸〕交友プランニングセンター・友月書房　2017.10　83p 19cm　Ⓘ978-4-87787-729-3　Ⓝ289.1

杉尾　玄有〔1928〜2012〕すぎお・げんゆう

◇宇宙妙音—杉尾玄有の思い出　杉尾三重子編　福岡　創言社　2015.3　202p 21cm　非売品　Ⓝ289.1

杉岡　華邨〔1913〜2012〕すぎおか・かそん

◇杉岡華邨　杉岡華邨書, 奈良市杉岡華邨書道美術館監修　芸術新聞社　2015.2　157p 26cm（墨ニュークラシック・シリーズ 次世代に伝える21世紀の新古典）〈年譜あり〉　3600円　Ⓘ978-4-87586-431-8　Ⓝ728.216

[内容] 作品選（代表作　一九四六〜一九六一　一九六二〜一九七八〜一九八九　一九九〇〜二〇〇九　二〇一〇〜二〇一二）　資料（杉岡華邨の書業　杉岡華邨の言葉　フォトアルバム　年譜）

杉田　玄白〔1733〜1817〕すぎた・げんぱく

◇知の開拓者 杉田玄白—『蘭学事始』とその時代　片桐一男著　勉誠出版　2015.1　301p 19cm　〈文献あり 著作目録あり 年表あり〉　2400円　Ⓘ978-4-585-22109-8　Ⓝ402.105

[内容] 勇気と知恵の書『蘭学事始』と杉田玄白　『蘭学事始』執筆の目的　『蘭学事始』『蘭東事始』『和蘭事始』　鎖国と南蛮流外科と南蛮流外科　阿蘭陀通詞とオランダ語学習　徳川吉宗と野呂元丈・青木昆陽　前野良沢と一節斎とオランダ語　オランダ文字と後藤梨春・安富尚碩　長崎屋訪問と良沢・玄白の目的　田沼時代とオランダの流行〔ほか〕

◇杉田玄白晩年の世界—『鷧斎日録』を読む　松

崎欣一著　慶應義塾大学出版会　2017.11　507,13p　22cm　〈文献あり　索引あり〉　8400円　Ⓘ978-4-7664-2249-8　Ⓝ289.1

内容　序章　江戸の学者・文人社会―杉田玄白と市川団十郎　1『鷧斎日録』―玄白晩年の日記　2　多忙な日常―臨床医として　3　日々の楽しみ―教養人として　4　社会への目―記録者として　5　玄白をめぐる人々　6　晩年における諸著作の執筆と刊行

杉田 成道〔1943〜〕すぎた・しげみち

◇願わくは、鳩のごとくに　杉田成道著　扶桑社　2014.8　363p　16cm　(扶桑社文庫　す3-1)　650円　Ⓘ978-4-594-07090-8　Ⓝ289.1

内容　第1章　結婚。　第2章　第一子誕生。　第3章　第一子その後。　第4章　第二子誕生。　第5章　二人の兄妹と、僕の従兄妹。　第6章　第三子誕生。　最終章　家族。

杉田 鈴　すぎた・すず

◇ある豪農一家の近代―幕末・明治・大正を生きた杉田家　家近良樹著　講談社　2015.2　269p　19cm　(講談社選書メチエ　594)〈文献あり　年譜あり〉　1700円　Ⓘ978-4-06-258597-2　Ⓝ288.3

内容　第1章　幕末期の杉田家(仙十郎の誕生―内憂外患の時代　大庄屋として　仙十郎の二つの転機―近代の入り口　ほか)　第2章　明治期の杉田家(維新政権への期待―天皇・万機公論・身分制解体　留守政府への不満―廃藩置県以後　地租軽減運動の先頭に立つ　ほか)　第3章　大正・昭和期の杉田家(中央の政治か地方の利害か　鈴の死と定一　定一の死)

杉田 仙十郎〔1820〜1893〕すぎた・せんじゅうろう

◇ある豪農一家の近代―幕末・明治・大正を生きた杉田家　家近良樹著　講談社　2015.2　269p　19cm　(講談社選書メチエ　594)〈文献あり　年譜あり〉　1700円　Ⓘ978-4-06-258597-2　Ⓝ288.3

内容　第1章　幕末期の杉田家(仙十郎の誕生―内憂外患の時代　大庄屋として　仙十郎の二つの転機―近代の入り口　ほか)　第2章　明治期の杉田家(維新政権への期待―天皇・万機公論・身分制解体　留守政府への不満―廃藩置県以後　地租軽減運動の先頭に立つ　ほか)　第3章　大正・昭和期の杉田家(中央の政治か地方の利害か　鈴の死と定一　定一の死)

杉田 定一〔1851〜1929〕すぎた・ていいち

◇ある豪農一家の近代―幕末・明治・大正を生きた杉田家　家近良樹著　講談社　2015.2　269p　19cm　(講談社選書メチエ　594)〈文献あり　年譜あり〉　1700円　Ⓘ978-4-06-258597-2　Ⓝ288.3

内容　第1章　幕末期の杉田家(仙十郎の誕生―内憂外患の時代　大庄屋として　仙十郎の二つの転機―近代の入り口　ほか)　第2章　明治期の杉田家(維新政権への期待―天皇・万機公論・身分制解体　留守政府への不満―廃藩置県以後　地租軽減運動の先頭に立つ　ほか)　第3章　大正・昭和期の杉田家(中央の政治か地方の利害か　鈴の死と定一　定一の死)

杉田 久女〔1890〜1946〕すぎた・ひさじょ

◇久女〈探索〉―《付》久女未収録俳句拾遺　増田連著　北九州　櫻の森通信社　2014.12　304p　19cm　2000円　Ⓘ978-4-9905053-7-0　Ⓝ911.362

内容　第1部　杉田久女雑記(冴よ、ひびけ―久女から虚子を観る　「白菊会句報」をめぐって　「菊枕」の〈独言独笑〉をめぐって　"杉田久女・外伝"桂都と正子と　石昌子さんの思い出)　第2部　"杉田久女"参考文献解説　第3部　久女未収録俳句拾遺

◇田辺聖子の恋する文学―一葉、晶子、芙美子　田辺聖子著　新潮社　2015.9　184p　16cm　(新潮文庫　た-14-31)〈「田辺聖子の古典まんだら　続」(2013年刊)の改題、加筆、訂正〉　430円　Ⓘ978-4-10-117531-7　Ⓝ910.2

内容　恋が執筆の原動力　樋口一葉　嫉妬を文学に昇華させた与謝野晶子　ノラになりたかった杉田久女の友情　吉屋信子　男の本質をつかんでいた林芙美子

◇真実の久女―悲劇の天才俳人1890-1946　坂本宮尾著　藤原書店　2016.10　387p　20cm　〈文献あり　年譜あり　索引あり〉　3200円　Ⓘ978-4-86578-082-6　Ⓝ911.362

内容　第1章　俳人久女の誕生まで―大正時代　第2章　俳人として立つ決意―昭和六年まで　第3章　主宰誌「花衣」―昭和七年　第4章　創作活動に没頭―昭和八年から十年まで　第5章　句集出版の難航―昭和八年から　第6章　同人削除以後―昭和十一年から　第7章　虚子の「国子の手紙」再考　第8章　久女の没後補章　新資料の発見から

杉田 瑞子〔1929〜1975〕すぎた・みずこ

◇物書きブライ漢　杉田瑞子―秋田出身の芥川賞候補作家　石塚政吾著　新典社　2018.11　301p　21cm　〈文献あり　年譜あり〉　2850円　Ⓘ978-4-7879-7861-5　Ⓝ910.268

杉原 千畝〔1900〜1986〕すぎはら・ちうね

◇杉原千畝―戦場の外交官　櫻ль啓著　PHP研究所　2015.8　253p　15cm　(PHP文庫　さ64-1)〈文献あり　年表あり〉　660円　Ⓘ978-4-569-76404-7　Ⓝ289.1

＊人としてやるべきことをやる―本国外務省の方針に背き、リトアニアに逃れてきたユダヤ人のために、日本通過ビザを発給した杉原千畝。そして託されたその命のバトンを受け継いだ4人の男達の勇気ある行動…。本書は、第二次世界大戦の戦況を織り交ぜながら、のちに「日本のシンドラー」と呼ばれる杉原と、それぞれの立場で信念を貫き通した男達の生き様をドラマチックに描く。

◇杉原千畝―情報に賭けた外交官　白石仁章著　新潮社　2015.10　328p　16cm　(新潮文庫　し-79-1)〈「諜報の天才杉原千畝」(2011年刊)の改題、大幅な加筆修正〉　550円　Ⓘ978-4-10-120066-8　Ⓝ289.1

内容　プロローグ　杉原の耳は長かった　第1章　インテリジェンス・オフィサー誕生す　第2章　満洲国外交部と北満鉄道譲渡交渉　第3章　ソ連入国拒否という謎　第4章　バルト海のほとりへ　第5章　リトアニア諜報網　第6章　「命のヴィザ」の謎に迫る　第7章

プラハでも発給し続けたヴィザ　第8章 凄腕外交官の真骨頂　エピローグ インテリジェンス・オフィサーの無念

◇戦争と諜報外交―杉原千畝たちの時代　白石仁章著　KADOKAWA　2015.11　190p　19cm　（角川選書 565）〈文献あり 年表あり〉　1600円　Ⓘ978-4-04-703565-2　Ⓝ210.75

内容 第1章 日米の架け橋を夢見た大使斎藤博（口八丁手八丁な若きアメリカ大使　アメリカを知り尽くした男 ほか）　第2章 巨星杉原陽太郎（外務省の名物男　連盟事務次長就任まで ほか）　第3章 悲劇の外交官来栖三郎（来栖三郎の汚名　世界を股にかけた外交官 ほか）　第4章 インテリジェンスの鬼才杉原千畝（ヒューマニストは過小評価？ 再検討すべき杉原千畝の功績　叩き上げの情報専門家 ほか）

◇千畝――万人の命を救った外交官杉原千畝の謎　ヒレル・レビン著，諏訪澄，篠輝久監修・訳　新装版　清水書院　2015.12　484p　19cm　2000円　Ⓘ978-4-389-50046-7　Ⓝ289.1

内容 序章 "汝の隣人の血の上に立つなかれ"　第1章 少年期の千畝が生きた時代　第2章 セルゲイ・パブロビッチ・スギハラ　第3章 外交官と諜報活動　第4章 カウナスへの道―思い出の街　第5章 カウナス領事館の外側―一九四〇年春　インターメッツォ（間奏曲）―千畝に届かなかった手紙　第6章「慣例として通過ヴィザ発行には…」　終章 カウナスからの一救助者と生存者

◇杉原千畝とその時代―6千人の命を救った男　ダイアプレス　2016.2　189p　19cm　（DIA Collection）〈文献あり 年譜あり〉　815円　Ⓘ978-4-8023-0119-0　Ⓝ289.1

◇日本人なら知っておくべき「日本人」の名前　デュラン・れい子著　講談社　2016.5　190p　18cm　（講談社＋α新書 358-5C）〈文献あり〉　840円　Ⓘ978-4-06-272941-3　Ⓝ289.1

内容 プロローグ―キュラソーから来た男　第1章 ユダヤ人への偏見がなかった「日本人」　第2章 日本の"原風景"を名前に持った「日本人」　第3章 貧しさが恥ではなかった時代の「日本人」　第4章 人種差別をしない「日本人」　第5章「武士道」の国の「日本人」　エピローグ―キュラソー・ビザの謎がとけた

◇素描・杉原千畝　小谷野裕子著　横浜　春風社　2017.3　214p　19cm　1800円　Ⓘ978-4-86110-528-9　Ⓝ210.75

内容 前篇 希望の声（一九八六～二〇〇二）「彼らも聴いたその声」（『金色の瞑想』より）　後篇 慈しみのまなざし（二〇〇三～二〇一七）

◇せんぽ―The World of Chiune Sugihara　合本　杉原千畝研究会編　大正出版　2018.9　487p　21cm　8000円　Ⓘ978-4-8117-0320-6　Ⓝ289.1

杉原 親憲〔1543～1615〕　すぎはら・ちかのり

◇水原常陸介親憲の事―水原常陸介親憲公没後四百年記念誌　御水弥太郎著　〔出版地不明〕　御水弥太郎　2016.9　97p　21cm　〈年譜あり〉　Ⓝ289.1

杉原 美津子〔1944～2014〕　すぎはら・みつこ

◇炎を越えて―新宿西口バス放火事件後三十四年の軌跡　杉原美津子著　文藝春秋　2014.7　252p　20cm　〈年譜あり〉　1400円　Ⓘ978-4-16-390092-6　Ⓝ289.1

内容 第1章 炎（鎮魂　加害者，Mさん　償い）　第2章 追憶（母　兄と妹）　第3章 甦生（加害者としての責任　「被害者」としての役割）

杉村 楚人冠〔1872～1945〕　すぎむら・そじんかん

◇「知の巨人」熊楠と新聞人楚人冠―杉原楚人冠記念館南方熊楠生誕150年記念展示解説書　我孫子市杉村楚人冠記念館編　我孫子　我孫子市教育委員会文化・スポーツ課　2017.10　52p　30cm　（我孫子市文化財報告 第14集）　Ⓝ289.1

杉村 太蔵〔1979～〕　すぎむら・たいぞう

◇バカでも資産1億円―「儲け」をつかむ技術　杉村太蔵著　小学館　2014.10　222p　19cm　1200円　Ⓘ978-4-09-396529-3　Ⓝ289.1

内容 第1章 挫折を乗り越え、人生を好転させるには？―時給800円清掃員から外資系証券マンに　第2章 バカでも出世を叶える働き方の知恵―証券会社で着実にキャリアアップ　第3章 人生を変える転機と出会うための心得―ヒラリーマンから国会議員に　第4章 失敗を糧に前向きに進む力―料亭発言バッシングで始まった議員1年目　第5章 バカでも出世を叶える働き方の知恵―議員2年目から任期終了、落選まで　第6章 自己プロデュースで得する人、損する人―タレントデビューと「杉村商事」設立　第7章 誰にでもできる資産を1億円にする極意―株式投資で4000万円超の利益

杉村 孝〔1937～〕　すぎむら・たかし

◇独眼流一石―杉村孝といふ男　岡村直子著　静岡　静岡新聞社　2015.3　221p　20cm　1800円　Ⓘ978-4-7838-9896-2　Ⓝ712.1

内容 1 幼年時代　2 小川国夫との出会い　3 県内の石造物　4 石子順造との出会い

杉村 太郎〔1963～2011〕　すぎむら・たろう

◇杉村太郎、愛とその死―人生の「絶対」を信じて生きた　杉村貴子著　茉莉花社　2017.1　358p　20cm　〈文献あり〉　発売：河出書房新社　1600円　Ⓘ978-4-309-92115-0　Ⓝ289.1

内容 発病　出会い　結婚　留学まで　ハーバード告知　誓い　闘病　七年目の再発　生と死　彼が実現したかった世界

杉村 春子〔1906～1997〕　すぎむら・はるこ

◇忘れられないひと、杉村春子　川良浩和著　新潮社　2017.6　236p　20cm　〈文献あり〉　1800円　Ⓘ978-4-10-351031-4　Ⓝ772.1

内容 第1部 大女優への道（戦前―ヒロシマから東京へ　戦後―大輪の華）　第2部「杉村春子」を語る（齢とともに、なお美しく　相手役を一番多くつとめた男―北村和夫　美意識が引き合う一人形作家ホリ・ヒロシ　時分の花、老木の花）　第3部 杉村春子の素顔―居間に遺された手紙をたずねて（若い女性の見た杉村の素顔　黒柳徹子の七枚の葉書　ある女優―萩生田千津子の場合　二人の大女優―杉村春子と森光子　もうひとつの「女の一生」―呉服屋の

女将、小川ヤエ)

杉村 陽太郎〔1884〜1939〕 すぎむら・ようたろう
◇戦争と諜報外交―杉原千畝たちの時代　白石仁章著　KADOKAWA　2015.11　190p　19cm　(角川選書 565)〈文献あり　年表あり〉　1600円　①978-4-04-703565-2　Ⓝ210.75
内容　第1章 日米の架け橋を夢見た大使斎藤博(口八丁手八丁の若きアメリカ大使　アメリカを知り尽くした男　ほか)　第2章 巨星杉村陽太郎(外務省の名物男　連盟事務次長就任まで　ほか)　第3章 悲劇の外交官来栖三郎(来栖三郎の汚名　世界を股にかけた外交官　ほか)　第4章 インテリジェンスの鬼才杉原千畝(ヒューマニストは過大評価?　再検討すべき杉原千畝の功績　叩き上げの情報専門家　ほか)

杉本 昭典〔1928〜〕 すぎもと・あきのり
◇杉本昭典と尼崎の政治・労働運動　前田裕晤監修、江藤正修、広畑貞昭聞き手・記録　西宮　鹿砦社　2015.12　155p　21cm〈年表あり〉1380円　①978-4-8463-1084-4　Ⓝ366.62164
内容　軍国少年・杉本昭典　戦後混乱期の中からの再出発　党活動と労働組合運動に専念する若き青年　党内亀裂が深化した五〇年問題　軍事路線(Y)と混迷する国際派　労働者解放同盟　五〇年問題(補遺)―軍事路線と大衆運動の狭間　六全協と党内外の人間模様　六〇年安保闘争と共産党との決別　尼崎にこだわった左翼結集　旗幟を鮮明に、市議選挙と反戦・労works運動に　左翼の総結集と三里塚闘争　右翼労働運動再編に抗して

杉本 鉞子〔1873〜1950〕 すぎもと・えつこ
◇武士の娘―日米の架け橋となった鉞子とフローレンス　内田義雄著　講談社　2015.6　327p　16cm　(講談社＋α文庫 G255-1)〈『鉞子』(2013年刊)の改題〉　840円　①978-4-06-281605-2　Ⓝ289.1
内容　エツ・イナガキ・スギモト　幕末維新に翻弄される父と娘　戊辰戦争と明治の稲垣家　婚約、そして東京へ　空白の五年間　アメリカへの旅立ち　フローレンス・ウイルソン　帰国　賛賛された「不屈の精神」　協力者の死と戦争への道　鉞子が遺したこと　黒船(The Black Ships)
◇今を生きる『武士の娘』―鉞子へのファンレター　星野知子編著　講談社　2015.8　94p　19cm〈文献あり　年譜あり〉　1200円　①978-4-06-219670-3　Ⓝ289.1
内容　長岡・幼少時代　思い出は七色の虹になって　婚約・上京　花嫁修業は受け継がれて　女学校時代　「自由」に目覚めて　アメリカ生活　日本人の誇りを抱いて　里帰り・出帆　ふるさとに別れを告げて　その後の鉞子　『武士の娘』以後　稲垣家の梅の木にこだわったバトンタッチ
◇武士の娘―新訳　杉本鉞子著，小坂恵理訳　PHPエディターズ・グループ　2016.4　347p　19cm　(発売：PHP研究所)　1500円　①978-4-569-82778-0　Ⓝ289.1
＊凜として美しく、真に品格のある日本女性の生き方がわかる一冊。激動の時代、世界を感動させた日本女性の生き方に触れる本。

杉本 キクイ　すぎもと・きくい
⇒杉本キクエ(すぎもと・きくえ)を見よ

杉本 キクエ〔1898〜1983〕 すぎもと・きくえ
◇瞽女キクイとハル―強く生きた盲女性たち　川野楠己著　宮崎　鉱脈社　2014.10　325p　19cm　(みやざき文庫 109)〈文献あり〉　2000円　①978-4-86061-555-0　Ⓝ384.38
＊視覚障害をもちながら、厳しい修行に耐え、伝統芸の世界に生きてきたごぜ。その芸を代表する杉本キクイ(高田ごぜ)と小林ハル(長岡ごぜ)の二人の生涯と、あたたかく見守った人びととの交流もまじえて、伝統を守り受け継いで強く生きてきた盲女性を描く。

杉本 ひかり〔1945〜〕 すぎもと・ひかり
◇星の子一句文集　杉本ひかり著　狭山　北溟社　2015.10　185p　19cm　2000円　①978-4-89448-720-8　Ⓝ289.1

杉本 宏之〔1977〜〕 すぎもと・ひろゆき
◇30歳で400億円の負債を抱えた僕が、もう一度、起業を決意した理由　杉本宏之著　ダイヤモンド社　2014.7　256p　19cm　1500円　①978-4-478-02734-9　Ⓝ673.99
内容　第1章 絶頂―ワンルーム販売から、総合不動産業。そして都市開発へ　第2章 暗雲―「傲り」を象徴する出来事が僕を蝕み始めていた　第3章 地獄―暗闇の断崖を転げ落ちながらも必死でもがき続けた　第4章 奈落―民事再生、自己破産、絶望しそうな淵の底で　第5章 希望―2年間は修行と決めて真にやりたい事業を見つけ出す　第6章 感謝―どん底で知った感謝とともに新しい道を歩いていく

杉本 錬堂　すぎもと・れんどう
◇神々の試練―世界のシャーマンに認められた男　少年期・青春期1　杉本錬堂著　高木書房　2015.1　111p　15cm　(ワンコインブックス 1)　500円　①978-4-88471-435-2　Ⓝ289.1
内容　第1章 少年期(牛小屋で生まれた少年　親父と炭焼き小屋　長生き出来なかった不思議な事　少年期の怖い話　手製のヨットで海に出る　生まれて初めて出会ったシャーマン)　第2章 青春期1(サーファーを目指す　弱虫中学生　無免許事故事故の後、学校で…　初めての裁判所　減らず口の高校生　虚弱児の弱虫が海上自衛隊入隊　自衛隊で得たもの…)
◇神々の試練―世界のシャーマンに認められた男　青春期2　杉本錬堂著　高木書房　2016.12　110p　15cm　(ワンコインブックス 2)　500円　①978-4-88471-450-5　Ⓝ289.1
内容　第3章 青春期2(スキューバーを始める　パティシエになる　自立、自分の店を持つ　思惑は…大外れ　易者が妙なことを言った　ウインド・サーフィンにはまる　パラグライダーを始める　下血と幽体離脱)
◇神々の試練―世界のシャーマンに認められた男　ヨーロッパ紀行　杉本錬堂著　高木書房　2017.9　94p　15cm　(ワンコインブックス 3)　500円　①978-4-88471-454-3　Ⓝ289.1
内容　第4章 天地人(世界温泉博でドイツ人四人に日

本の温泉文化を紹介　ドイツからドイツへの招待状が届く　悪天候で飛行機が飛ばない時…踊ろうぜ　預けた荷物が届かない　ベルリンからツアーブライフェに向う　トルコハマムというトルコ風呂に感激　粗めの塩、熱めのスチーム、そして蜂蜜…　熱い、冷たい、サウナを使ったラシアン・ハマム　何万年前からの木々の葉の堆積を活かした泥風呂　お返しに試みたトルコハマムで「ボナバ」　ほか

杉山 岩三郎〔1841～1913〕　すぎやま・いわさぶろう
◇岡山蘭学の群像　2　山陽放送学術文化財団編著　岡山　山陽放送学術文化財団　2017.4　232p　21cm　〈発売：吉備人出版（岡山）〉　1400円　Ⓘ978-4-86069-515-6　Ⓝ402.105
内容　4　開国へ　幕末外交の裏舞台で奔走─箕作阮甫（基調講演・幕末の外交と箕作阮甫の役割　基調講演・箕作阮甫、その学者としての系譜　対談・箕作阮甫の人物像とは？）　5　初めてのジャーナリストと呼ばれた男─岸田吟香（基調講演・傑人岸田吟香、美作より現る　講演・アジアの中の岸田吟香─混沌の時代を走り抜けたメディア人　講演・描き、描かれた岸田吟香　対談・吟香を読み解く一質問に答えて）　6　オランダ技術で海を割った男─杉山岩三郎（基調講演・オランダ技術の国内・岡山への影響　パネルディスカッション・オランダ技術で海を割った男─杉山岩三郎）

すぎやま こういち〔1931～〕
◇KOICHI SUGIYAMA works─勇者すぎやんLV85　ドラゴンクエスト30thアニバーサリー　スクウェア・エニックス　2016.7　191p　27cm　〈文献あり　作品目録あり　年譜あり〉　3241円　Ⓘ978-4-7575-5046-9　Ⓝ762.1
内容　1章　すぎやまこういちヒストリー1（誕生そして作曲家へ…　すぎやまこういちSpecial Talk vol.1　音楽に愛を　ほか）　2章　すぎやまこういちヒストリー2（ドラゴンクエストとともに　1986・1990　ほか）　3章　すぎやまこういちの音楽論（すぎやまこういちのSCORE GALLEY　すぎやまこういちの創作NOTE GALLEY　ほか）　4章　すぎやまこういちとドラゴンクエスト音楽（ドラゴンクエスト音楽をもっと楽しむための基礎知識123　ドラゴンクエスト1　ほか）　5章　広がるすぎやまこういちの世界（ドラゴンクエストコンサート─もうひとつのライフワーク　ドラゴンクエストコンサートの歴史　ほか）　6章　すぎやまこういち解体新書（ある日のすぎ散歩　谷中～浅草編　ある日のすぎ散歩　京都編　ほか）

杉山 恒太郎〔1948～〕　すぎやま・こうたろう
◇僕と広告　杉山恒太郎著　グーテンベルクオーケストラ　2018.11　287p　15cm　1500円　Ⓘ978-4-9910576-0-1　Ⓝ674

杉山 茂丸〔1864～1935〕　すぎやま・しげまる
◇近世快人伝─頭山満から父杉山茂丸まで　夢野久作著　文藝春秋　2015.6　245p　16cm　（文春学藝ライブラリー：雑英　16）　980円　Ⓘ978-4-16-813046-5　Ⓝ281.04
＊頭山満、杉山茂丸、奈良原到といった玄洋社の猛者たちと魚屋の破天荒な人生を面白おかしく描き上げた痛快な人物評伝。奇人、怪人、豪傑

杉山 進〔1932～〕　すぎやま・すすむ
◇遥かなスキー　杉山進著　実業之日本社　2014.12　239p　20cm　〈年譜あり〉　2300円　Ⓘ978-4-408-02607-7　Ⓝ784.3
内容　第1章　野沢温泉、飯山北高時代　第2章　長野電鉄時代　第3章　オーストリア留学時代　第4章　スキースクール創設時代　第5章　日本職業スキー教師協会時代　第6章　スキー教師のあるべき姿　第7章　スキーを通じて出会った人々　第8章　スキーの変遷

杉山 龍丸〔1919～1987〕　すぎやま・たつまる
◇「ふたつの悲しみ」秘話─夢野久作の長男杉山龍丸とファミリーヒストリー　杉山満丸著　長崎　長崎文献社　2016.10　285p　21cm　〈年譜あり〉　2000円　Ⓘ978-4-88851-265-7　Ⓝ289.1
内容　第1部　杉山龍丸の著作から（『声なき声のたより』（声なき声の会・会報）より　『印度を歩いて』より　『グリーンファーザーの青春譜』より）　第2部　杉山家の系譜と生き様（公の歴史に現れるものとは　杉山家の歴史　明治の大変革のなかで消されたもの・生まれたもの　ほか）　第3部　杉山龍丸の人生（幼少期～少年期　少年期～青年期　満州～フィリピンへ　ほか）

杉山 平一〔1914～2012〕　すぎやま・へいいち
◇軌跡の小片─事業家　杉山平一をたどる　中村廣人著　大阪　澪標　2016.2　104p　19cm　1300円　Ⓘ978-4-86078-323-5　Ⓝ911.52

助川 征雄〔1944～〕　すけがわ・ゆきお
◇ふたりぼっち─精神科ソーシャルワーカーからの手紙　助川征雄著　万葉舎　2015.6　303p　18cm　（万葉新書　005）〈2002年刊の再刊〉　1000円　Ⓘ978-4-86050-070-2　Ⓝ369.92
内容　第1章　身をもって知った社会の壁（かけられなかった「ひと言」─不慮の死をとげたTさんへ　精神病を受け容れる─盗聴器を探していたNさんへ　ほか）　第2章　出会い、ふれあい、そして別れ（ふたりぼっち　精神分裂病だったWさんへ　君からもらった大切なもの─うまく自分の気持ちを話せなかったKちゃんへ　ほか）　第3章　ノーマライゼーションへの確かな歩み（地域生活支援をめぐるせめぎあい─尊敬するO先生へ　精神科ソーシャルワーカーに課せられてきた使命─保健所の後輩ワーカーMさんへ1　ほか）　第4章　精神保健の異国見聞録（はじめてのイギリスへの旅─長年の親友Sへ1　ベルグローブ通りのひとびと─パキスタン人の友、Aへ　ほか）

菅生 新〔1959～〕　すごう・あらた
◇スゴー家の人々─自叙伝的子育て奮戦記　菅生新著　トランスワールドジャパン　2017.12　318p　19cm　（TWJ BOOKS）　1400円　Ⓘ978-4-86256-214-2　Ⓝ289.1
内容　第1章　長男大将の誕生　第2章　父として　第3章　私の少年時代　第4章　ちょんまげ付けて学費を捻出　第5章　第二のスタート　第6章　菅生大将から菅田将暉へ　第7章　大将、仮面ライダーに抜擢される　第8章　スゴー家の人々　第9章　妻と私の子育て対談　おわりに　「大部屋俳優」の父から主演の息子へ

調所 広郷〔1776〜1849〕 ずしょ・ひろさと
◇江戸のCFO―藩政改革に学ぶ経営再建のマネジメント　大矢野栄次著　日本実業出版社　2017.12　222p　19cm　〈文献あり〉　1400円　Ⓣ978-4-534-05540-8　Ⓝ332.105
[内容] 序章　なぜ、江戸時代の武士社会は「改革」を必要としたのか　第1章　恩田木工・松代藩真田家―インセンティブの導入で収入増を実現した「前代未聞の賢人」　第2章　上杉鷹山・米沢藩上杉家―産業振興策で「輸出立国」をめざした江戸時代随一の敏腕経営者　第3章　山田方谷・備中松山藩板倉家―地元産品のブランド化と藩札の信用回復で借金一〇万両を完済したCFO　第4章　村田清風・長州藩毛利家―特産品の高付加価値化と商社事業で倒幕資金の捻出に成功　第5章　調所広郷・薩摩藩島津家―偽金づくり、搾取、密貿易…汚れ役に徹して巨額の負債と心中した男

鈴木 明子〔1985〜〕 すずき・あきこ
◇笑顔が未来をつくる―私のスケート人生　鈴木明子著　岩波書店　2015.9　166p　19cm　1500円　Ⓣ978-4-00-022297-6　Ⓝ784.65
◇「等身大」で生きる―スケートで学んだチャンスのつかみ方　鈴木明子著　NHK出版　2015.12　215p　18cm　(NHK出版新書　475)　740円　Ⓣ978-4-14-088475-1　Ⓝ784.65
[内容] 第1章　引退の決意　第2章　社会人の第一歩　第3章　ぶつかった壁　第4章　初心からの再スタート　第5章　ニュース番組での学び　第6章　新しい挑戦

鈴木 勲〔1925〜〕 すずき・いさお
◇虹―日本弘道会のさらなる発展のために　鈴木勲(第9代会長・元文化庁長官)の「道徳復権」への挑戦　平山一城著　悠光堂　2017.11　239p　19cm　〈年表あり〉　1500円　Ⓣ978-4-906873-97-5　Ⓝ154.06
[内容] 第1章　皇室への敬愛、国家の根幹(日本弘道会、「道義国家」目指し140年　再び訪れた「道徳の空白」を埋める　「人生の師」の導きで「会長」就任　「日本人の背骨」を取り戻す覚悟　「愛する国」のため教育にかける　西村茂樹の精神が呼び起こすもの)　第2章　文部官僚として信念を貫く(教育界のなれ合い・腐敗を徹底追及　目数組のどうかつも裁判で勝利　外交圧力から「教科書検定」守り抜く　一国の教育は、美しい「虹」のように)　第3章　人生の師・野口明の教え(「陸上」での успех、疾風怒濤の再出発　「遅れてきた青年」、4つも年下の同級生　野口家の「読書会」で幅広い知識吸収　「永遠の二高校長」画集に教え子たちの結束　新渡戸、内村の誇り、故郷・東北で伝える)　第4章　道徳復活から「品格ある国家」へ(道徳教科化を「絵に描いたモチ」にするな　西村茂樹の思想がいま再評価される　日本には「皇室」があって良かった)　おわりに―「愛する国」のため貫く美しい人生

鈴木 一朗　すずき・いちろう
⇒イチローを見よ

鈴木 梅太郎〔1874〜1943〕 すずき・うめたろう
◇ビタミン発見―鈴木梅太郎博士の生涯　鈴木臻著　静岡　鈴木臻　2017.10　96p　22cm　〈年譜あり　文献あり　(2015年刊)の改訂版〉　800円　Ⓝ289.1

鈴木 えみ〔1985〜〕 すずき・えみ
◇13―EMI SUZUKI　鈴木えみ著　宝島社　2016.4　141p　25cm　〈本文は日本語〉　1600円　Ⓣ978-4-8002-5262-3　Ⓝ289.1
[内容] Girly mind　Femininity　Work　Beauty time　Stay in shape　Fashionholic　LOVE　Playful mood　Internet　Family　Toughness　Lonely　Freedom　A Look back on my Life…　Message from Emi

鈴木 修〔1930〜〕 すずき・おさむ
◇リーダーズ・イン・ジャパン―日本企業いま学ぶべき物語　有森隆著　実業之日本社　2014.7　270p　19cm　〈他言語標題：Leaders in Japan〉　1400円　Ⓣ978-4-408-11077-6　Ⓝ332.8
[内容] 1「創業家」の精神(豊田章男(トヨタ自動車)―「あさって」を見つめている男は、持続的成長に向けて手綱緩めず　岡田卓也、岡田元也(イオン)―増殖を続ける流通帝国。肉食系のM&Aは岡田親子の遺伝子　鈴木修(スズキ)―「三兆円企業」の名物ワンマン社長の強気と苦悩)　2「カリスマ」の本気(孫正義(ソフトバンク)―大ボラを次々と現実のものにした「孫氏の兵法」を徹底解剖する　鈴木敏文(セブン&アイ)―息子に第三の創業を託すのか?「流通王」鈴木敏文の究極の選択　柳井正(ファーストリテイリング)―徒手空拳で小売業世界一に挑む男にゴールはない)　3「中興の祖」の逆襲(佐治信忠(サントリーホールディングス)―「やってみなはれ」の精神で佐治信忠は一世一代の大勝負に出る　高原豪久(ユニ・チャーム)―東南アジアに針路をとれ! 二代目社長、高原豪久の"第三の創業"　奥田務(J.フロントリテイリング)―「脱百貨店」の旗手、奥田務の正攻法に徹した改革)　4「異端児」の反骨(岡藤正広(伊藤忠商事)―野武士集団の復活を目指す伝説の繊維マン　津賀一宏(パナソニック)―テレビから自動車部品へ大転換。生き残りを懸け、エースが陣頭指揮　永井浩二(野村ホールディングス)―増資インサイダー事件で信用を失墜したガリバーを再生。変革に挑む営業のカリスマ)

鈴木 克昌〔1943〜〕 すずき・かつまさ
◇国と地方への挑戦―ある政治家の軌跡　鈴木克昌著　〔蒲郡〕　穂の国三河政経研究会　2018.6　299p　19cm　1200円　Ⓝ312.1

鈴木 克美〔1934〜〕 すずき・かつみ
◇水族館日記―いつでも明日に夢があった　鈴木克美著　秦野　東海大学出版部　2014.12　273p　21cm　3200円　Ⓣ978-4-486-02053-0　Ⓝ480.76
[内容] 東洋一の水族館へ(海と生きものが好きだった江ノ島水族館のナチュラリスト ほか)　無理を通して道理に変える(外国だった沖縄からサンゴ礁魚を初輸入　気難しかった日本海の魚たち ほか)　技術研究と学術研究のはざま(サクラダイの大群に惚れて通った西伊豆の海　イワシとマグロの水族館飼育に先駆ける ほか)　水族館の忘れ物(海を知らないクマノミはかわいそう?　「魚の尾はどこからか」をもう一度 ほか)

すすき

鈴木 貫太郎〔1867～1948〕 すずき・かんたろう
◇宰相鈴木貫太郎の決断―「聖断」と戦後日本 波多野澄雄著 岩波書店 2015.7 268p 19cm （岩波現代全書 069） 2400円 ⓘ978-4-00-029169-9 Ⓝ210.7
内容 第1章 組閣と対ソ外交（鈴木首班の浮上 近衛文麿の終戦論 ほか）第2章 鈴木内閣と対米工作（大東亜大使会議宣言と重慶工作 「無条件降伏」と対日メッセージ ほか） 第3章 徹底抗戦論の波紋（迷走する「国策転換」構想 臨時議会と戦時緊急措置法 ほか） 第4章「時局収拾試案」と対ソ交渉（木戸と「時局収拾試案」 天皇の決意 ほか） 第5章 近衛特使案とポツダム宣言（近衛特使案と「天皇親書」和平交渉案 ほか） 第6章 第一回聖断―二つの「外圧」（ソ連参戦と原爆 八月九日の「聖断」ほか） 第7章 バーンズ回答と第二回聖断（バーンズ回答をめぐる葛藤 再照会論 ほか） 第8章 終戦と「国体」問題（「聖断」の構造 「聖断」の波紋）

◇終戦時宰相鈴木貫太郎―昭和天皇に信頼された海の武人の生涯 小松茂朗著 潮書房光人社 2015.10 213p 16cm （光人社NF文庫 こN-912）〈光人社 1995年刊の再刊 年譜あり〉 720円 ⓘ978-4-7698-2912-6 Ⓝ289.1
内容 第1章 関宿の人々（泉州の陣屋 月見草の花 ほか） 第2章 砲弾の中（江田島の四季 ウォシング・シーメン ほか） 第3章 生と死の間（神仏の御加護 加藤大佐の発案 ほか） 第4章 雪の日の惨劇（二・二六事件の顛末 生き残った鈴木侍従長 ほか） 第5章 終戦への道（老首相の気概 新聞発表のウソ ほか）

◇鈴木貫太郎―用うるに玄黙より大なるはなし 小堀桂一郎著 京都 ミネルヴァ書房 2016.11 451,9p 20cm （ミネルヴァ日本評伝選）〈文献あり 年譜あり 索引あり〉 4200円 ⓘ978-4-623-07842-4 Ⓝ289.1
内容 少年時代 海軍兵学校 日清戦争従軍とその後 海軍大学・欧洲留学時代 日露戦争での活躍 海上勤務・艦隊司令官時代 軍政面での奉公 艦隊勤務への復帰・遠洋航海 最高の顕職へ 予備役編入・侍従長時代 終戦工作の大業 晩年と終焉

◇昭和史講義 3 リーダーを通して見る戦争への道 筒井清忠編 筑摩書房 2017.7 302p 18cm （ちくま新書 1266） 900円 ⓘ978-4-480-06977-1 Ⓝ210.7
内容 加藤高明―二大政党政治の扉 若槻礼次郎―世論を説得しようとした政治家の悲劇 田中義一―政党内閣期の軍人宰相 幣原喜重郎―戦前期日本の国際協調外交の象徴 浜口雄幸―調整型指導者と立憲民政党 犬養毅―野党指導者の奇蹟 田中啓介―「国を思う狸」の功罪 広田弘毅―「協和外交」の破綻から日中戦争へ 宇垣一成―「大正デモクラシー」が生んだ軍人 近衛文麿―アメリカという「幻」に賭けた政治家 米内光政―天皇の絶対的な信頼を得た海軍軍人 松岡洋右―ポピュリストの誤算 東条英機―ヴィジョンなき戦争指導者 鈴木貫太郎―選択としての「聖断」 重光葵―対中外交の可能性とその限界

鈴木 其一〔1796～1858〕 すずき・きいつ
◇鈴木其一―琳派を超えた異才 鈴木其一画, 河野元昭著 東京美術 2015.2 151p 26cm （ToBi selection）〈他言語標題：Kiitsu Suzuki 文献あり 年譜あり 索引あり〉 2800円 ⓘ978-4-8087-1025-5 Ⓝ721.5
内容 第1章 草書落款時代（文化十年（一八一三）～天保三年（一八三二））―画風成立期 抱一の愛弟子として 第2章 菁々落款時代（天保四年（一八三三）～天保十四年（一八四三））―画風昂揚期 宗達・光琳の再学習から独自の画風へ 第3章 菁々落款時代（弘化元年（一八四四）～安政五年（一八五八））―画風洗練期 円熟味を増す個性的な造形美

鈴木 久五郎〔1877～1943〕 すずき・きゅうごろう
◇実録 7人の勝負師 鍋島高明著 パンローリング 2017.8 367p 20cm 2000円 ⓘ978-4-7759-9151-0 Ⓝ676.7
内容 1 成金鈴久（鈴木久五郎）―伝説の大盤振舞い、樺花一日の栄 2 松谷天一坊（松谷元三郎）―文無しで堂島乗っ取る 3 非命の栄之助（岩本栄之助）―悲運、されど公会堂と共に在る 4 白眉の入丸将軍（村上太三郎）―売りで勝負、大々相場を長期徳（島徳蔵）―「悪名でもいい、無名よりましだ」 6 不敗の山昭（霜村昭平）―相場こそがわが人生 7 天下の雨敬（雨宮敬次郎）―投機界の魔王は事業の鬼

鈴木 金兵衛〔1781～1849?〕 すずき・きんべえ
◇古帳庵 鈴木金兵衛をめぐって 越生町教育委員会編 増補改訂版 越生町（埼玉県） 越生町教育委員会 2018.3 244p 21cm （越生叢書 5）〈年譜あり〉 Ⓝ911.35
＊越生郡黒岩村出身の江戸日本橋の商人、鈴木金兵衛（俳号・古帳庵）の事績をまとめた。

鈴木 邦男〔1943～〕 すずき・くにお
◇これからどこへ向かうのか 鈴木邦男著 札幌 柏艪舎 2016.9 215p 18cm 〈発売：星雲社〉 1400円 ⓘ978-4-434-22381-5 Ⓝ289.1
内容 第1章 鈴木邦男はどこからきたのか（母と「生長の家」 弟が語る両親 親父の教え ほか） 第2章 鈴木邦男はなにものか（ガンジーに学ぶ 現代の「アジア主義」 愛国心と万教帰一 ほか） 第3章 鈴木邦男はどこへいくのか（あなたにとって最も必要なもの、最も不要なものを挙げてみて下さい。 あなたの生き甲斐は何ですか。 あなたにとって死とは ほか）

鈴木 邦雄〔1948～〕 すずき・くにお
◇ハマの大学！ 学長のおさらい 鈴木邦雄著 ジアース教育新社 2017.8 163p 19cm 1650円 ⓘ978-4-86371-432-8 Ⓝ377.28
内容 第1章 肩書「学長」の重さと軽さ 第2章 学長で大学が変わるのか 第3章 グローバル化を考える 第4章 現場から教わったこと 感じたこと 第5章 震災と大学の対応 第6章 私自身のこと 第7章 終わりに代えて

鈴木 國弘〔1955～〕 すずき・くにひろ
◇サッカー通訳戦記―戦いの舞台裏で"代弁者"が伝えてきた言葉と魂 加部究著 カンゼン 2016.5 247p 19cm 1600円 ⓘ978-4-86255-320-1 Ⓝ783.47
内容 1 間瀬秀一 通訳から監督へ、オシムを超えよう

とする男　2 フローラン・ダバディ　激情をかみ砕くパリよりの使者　3 鈴木國弘　サッカーの神を間近で崇めた最高の信徒　4 鈴木徳昭　ワールドカップにもっとも近づいた日々の記憶　5 高橋建登　知られざる韓流スターの苦悩を解したハングルマスター　6 山内直　忠実に指揮官の怒りを伝えた無色透明な存在　7 中山和也　ブラジルと日本に愛された明朗快活の極意　8 小森隆弘、マルチリンガル、流れ流れてフットサル界の中枢へ　9 塚田貴志　空爆後のセルビアで憶えた言葉が生涯の友に　10 白沢敬典　ガンジーさんと呼ばれて―敬虔なる通訳の姿

鈴木　啓子〔1951～〕　すずき・けいこ
◇心からこころへ―絵手紙　鈴木啓子著　遊行社　2017.3　95p　30cm　2200円　①978-4-902443-40-0　Ⓝ726.5
内容　1章 人の巡り会いで育てられ　2章 竹筆・葛筆作り　3章 教室を持つ　4章 自分の文字が商品になる　5章 東日本大震災と絵手紙　6章 絵手紙二十年のあゆみ

鈴木　惠子　すずき・けいこ
◇「明日の教室」発！子どもの力を引き出す魔法の学級経営―伝説の教師 鈴木惠子　鈴木惠子著，糸井登，池田修著　学事出版　2014.8　191p　20cm　1800円　①978-4-7619-2065-4　Ⓝ374.12
内容　第1章 鈴木惠子の学級経営（教員生活が終わった今、思うこと　先生、僕たち、ばらばらなんだよ　自己肯定感を引き出すために大切なこと　ほか）　第2章 鈴木惠子の授業（授業記録（国語）『ごんぎつね』　先ほどは「叱り方」でしたが、逆に子どもへの「ほめ方」は、どのようにされていましたか？　今まで先生が担任されてきた子どもの中で、この子はどんなアプローチをしても「変わらなかったなぁ…」という子は、いましたか？　ほか）　第3章 私が追い求めた鈴木惠子先生の背中（教師としての原風景　一〇〇〇人を魅了した授業　高洲南小学校の奇跡　ほか）

鈴木　啓示〔1947～〕　すずき・けいし
◇神は背番号に宿る　佐々木健一著　新潮社　2017.1　222p　20cm　〈文献あり〉　1400円　①978-4-10-350631-7　Ⓝ783.7
内容　1回 数ница　2回 「28」江夏豊の完全　3回 「11」「20」村山実の誇りと眞鍋勝己の裏切り　4回 「36」「1」池山隆寛の継承　5回 「14」「41」谷沢健一の運命　6回 「4」「14」永久欠番と死　7回 「15」藤井将雄の永遠　8回 「1」鈴木啓示の不滅　9回 幻

鈴木　玄吉〔1901～1993〕　すずき・げんきち
◇艦褸々々一路　鈴木玄吉著，鈴木大亮追記　志學社　2017.7　200p　20cm　1400円　①978-4-904180-75-4　Ⓝ289.1
内容　第1部 艦褸々々一路（私の人生観　最近、私が受けた「よろこび」　略歴と想い出　満洲時代　養父の想い出　ほか）　第2部 鈴木大亮の記録（再出版にあたり　私と中国　終戦時の思い出　鈴木大亮の歩み　北京及び満洲、再訪問　ほか）

鈴木　健志　すずき・けんじ
◇レッツわがままライフ♪　鈴木健志著　藤枝アイランド出版　2014.10　370p　19cm　〈発売：星雲社〉　1100円　①978-4-434-19886-1　Ⓝ289.1
内容　第1章 やりたいことを探す―15 years old　第2章 美容師への道のり―18 years old　第3章 社会の厳しさを知る―20 years old　第4章 役者スタート―21 years old　第5章 劇団に入団―22 years old　第6章 辛すぎるバーテン修行―24 years old　第7章 自分の店への道のり―25 years old　第8章 サンクチュアリオープン！―26 years old　第9章 自伝の出版を目指せ！―30 years old

鈴木　重成〔1587～1653〕　すずき・しげなり
◇評伝 天草五十人衆　天草学研究会編　福岡弦書房　2016.8　317p　22cm　〈文献あり　年表あり　索引あり〉　2400円　①978-4-86329-138-6　Ⓝ281.94
内容　ステージ1 五人衆の時代、そして…　ステージ2 天領天草の村々　ステージ3 祈りの島で　ステージ4 耕す、漁る　ステージ5 実業の世をひらく　ステージ6 潮路はるかに　ステージ7 文学・歴史・言論　ステージ8 あの頃、この人　ステージ9 島の現実、国の行く末　ステージ10 一筋の道　ステージ特別編 群像二題（天草の石文化と松室五郎左衛門　牛深カツオ漁の男たち）

鈴木　茂〔1951～〕　すずき・しげる
◇自伝鈴木茂のワインディング・ロード―はっぴいえんど、BAND WAGONそれから　鈴木茂著，近藤正義構成・文　リットーミュージック　2016.3　275,9p　21cm　〈作品目録あり〉　1800円　①978-4-8456-2793-6　Ⓝ767.8
内容　少年時代　ベンチャーズがやってきた　アマチュア・バンド時代　伝説のバンドはっぴいえんど誕生　歴史的名盤『風街ろまん』解散への序章　ラスト・アルバム『HAPPY END』　ティン・パン・アレー『バンドワゴン』　その後のティン・パン・アレーとハックルバック　ソロ・アルバム　スタジオ・ミュージシャン/アレンジャーとして　サポート中心の九〇年代　二〇〇〇年代以降の活動

鈴木　しづ子〔1919～〕　すずき・しずこ
◇愛の顛末―純愛とスキャンダルの文学史　梯久美子著　文藝春秋　2015.11　230p　20cm　1450円　①978-4-16-390360-6　Ⓝ910.26
内容　小林多喜二―恋と闘争　近松秋江―「情痴」の人　三浦綾子―「氷点」と夫婦のきずな　中島敦―ぬくもりを求めて　原民喜―「死と愛と孤独」の自画像　鈴木しづ子―性と生のうたびと　梶井基次郎―夭折作家の恋　中城ふみ子―恋と死のうた　寺田寅彦―三人の妻　八木重吉―素朴なこころ　宮柊二―戦場からの手紙　吉野せい―相克と和解

◇愛の顛末―恋と死と文学と　梯久美子著　文藝春秋　2018.11　252p　16cm　（文春文庫　か68-2）　720円　①978-4-16-791181-2　Ⓝ910.26
内容　小林多喜二―恋と闘争　近松秋江―「情痴」の人　三浦綾子―「氷点」と夫婦のきずな　中島敦―ぬくもりを求めて　原民喜―「死と愛と孤独」の自画像　鈴木しづ子―性と生のうたびと　梶井基次郎―夭折作家の恋　中城ふみ子―恋と死のうた　寺田寅彦―三人の妻　八木重吉―素朴なこころ　宮柊二―戦場からの手紙　吉野せい―相克と和解

すすき

鈴木 俊一〔1910～2010〕 すずき・しゅんいち
◇東京王―首都の背後に君臨した知られざる支配者たち　小川裕夫著　ぶんか社　2017.11　189p　19cm　〈文献あり〉　1300円　Ⓘ978-4-8211-4467-9　Ⓝ281.36
内容　東京の知性を育んだ初代総理の教育熱―伊藤博文　一大商都目指し奮闘した資本主義の父―渋沢栄一　東京を"建てた"男の栄光と未踏の夢―辰野金吾　東京発の"メイド・イン・ジャパン"―大久保利通　GHQをも退けた"電力の鬼"実業家―松永安左エ門　帝都に君臨する大財閥・三菱の創始者―岩崎弥太郎　下級武士から東京を創った成り上がり―後藤新平　西の鉄道王が東京に残した巨大な足跡―小林一三　朝敵の罪を背負った徳川宗家の後継者―徳川家達　後進国・日本の逆襲を都市計画で実現―井上馨　人材育成の視点から日本実業界を醸成―福澤諭吉　片田舎の谷・渋谷に君臨した田都国王―五島慶太　技術力で首都を開拓した地方藩出身者―大隈重信　都知事の座に最も長く君臨し続けた男―鈴木俊一

鈴木 正三〔1579～1655〕　すずき・しょうさん
◇禅とは何か―それは達磨から始まった　水上勉著　中央公論新社　2018.12　396p　16cm　(中公文庫　み10-23)〈新潮社　1988年刊の再刊　文献あり〉　960円　Ⓘ978-4-12-206675-5　Ⓝ188.82
内容　それは達磨から始まった　臨済禅を築いた祖師たち　反時代者道元希玄の生き方　曹洞大教団の誕生　一休宗純の風狂破戒　三河武士鈴木正三の場合　沢庵宗彭体制内からの視線　雲渓französischen白隠禅師の自由自在　日本禅の沈滞を破る明国からの波　大愚良寛「無住の住」の生涯　故郷乞食行の胸の内　心ひとつを定めかねつも　民衆が純禅を支える

鈴木 伸一〔1933～〕　すずき・しんいち
◇トキワ荘青春日記―1954-60　藤子不二雄A著　復刊ドットコム　2016.12　219p　19cm　〈光文社　1996年刊の新規装丁〉　2000円　Ⓘ978-4-8354-5441-2　Ⓝ726.101
内容　トキワ荘と、おかしな仲間たち　昭和二十九年　二十歳　昭和三十年　二十一歳　昭和三十一年　二十二歳　昭和三十二年　二十三歳　昭和三十四年　二十五歳　昭和三十六年　昭和五十六年　四十七歳　青春は、トキワ荘とともにあった

鈴木 鎮一〔1898～1998〕　すずき・しんいち
◇「スズキ・メソード」世界に幼児革命を―鈴木鎮一の愛と教育　小島正美著　新版　創風社　2016.4　366p　図版44p　19cm　〈初版のタイトル等：「「スズキメソッド」世界に幼児革命を」(共同音楽出版社　1985年刊)　著作目録あり　年譜あり〉　1852円　Ⓘ978-4-88352-220-0　Ⓝ371.5
内容　第1章　アメリカ革命　第2章　社会教育運動の開始―鈴木の教育運動はどのように各地へ普及していったか　第3章　鈴木弼美―同志たちとの出会いと軌跡　第4章　鈴木式教育法とはどんなものだったか　第5章　なぜ松本で才能教育運動が始まったか　第6章　松本音楽院の創世期　第7章　松本音楽院の発展と名物指導者たち　第8章　鈴木私塾と1960年代の黄金期　第9章　学校や幼稚園での実験　第10章　スズキ・メソードのゆくえ―どこへ向かうべきか

鈴木 信太郎(フランス文学者)〔1895～1970〕　すずき・しんたろう
◇フランス文学者の誕生―マラルメへの旅　鈴木道彦著　筑摩書房　2014.10　286p　20cm　3300円　Ⓘ978-4-480-83649-6　Ⓝ289.1
内容　富多村下吉妻　神田佐久間町　総領息子の教育方針　中学時代　高校から大学へ　大学時代　『玫瑰珠(ろざりよ)』と同人たち　フランス遊学　草創期の東大佛蘭西文学科　昭和期の信太郎と佛蘭西文学科　太平洋戦争の時代　敗戦とその後

鈴木 信太郎(洋画家)〔1895～1989〕　すずき・しんたろう
◇緑の画家　鈴木信太郎―喪失と祈り　安藤京子著　慶應義塾大学出版会　2014.10　140p　20cm　〈年譜あり〉　2700円　Ⓘ978-4-7664-2188-0　Ⓝ723.1
内容　1　織物の町・八王子と車人形　2　自然に対する敬虔な祈り　奈良・長崎・伊豆　3　絵の虫・歌の虫　4　「三田文学」との出会いから装幀・挿絵・商業デザインの世界へ　5　喜びを育てあげる

鈴木 弼美〔1899～1990〕　すずき・すけよし
◇未完の戦時下抵抗―屈せざる人びとの軌跡　細川嘉六　鈴木弼美　浅見仙作　竹中彰元　浪江虔　田中伸尚著　岩波書店　2014.7　318,4p　20cm　〈文献あり〉　3200円　Ⓘ978-4-00-024871-6　Ⓝ281
内容　第1章　屈せざる人　細川嘉六　第2章　「土の器」のキリスト者　鈴木弼美　第3章　「剣を収めよ」　浅見仙作　第4章　言うべきことを言った非戦僧侶　竹中彰元　第5章　図書館に拠る　浪江虔

鈴木 清一〔1911～1980〕　すずき・せいいち
◇外食産業創業者列伝　牛田泰正著　弘前　路上社　2018.5　130p　21cm　〈他言語標題：Biographies of restaurant founders〉　1000円　Ⓘ978-4-89993-079-2　Ⓝ673.97
内容　第1章　メインディッシュ(創業者編)(グリーンハウス・田沼文蔵―人に喜ばれてこそ会社は発展する/感謝貢献　ダスキン・鈴木清一―われ損の道をゆく/あんた、やってみなはれ　ケンタッキーフライドチキン・大河原毅―ピープルズ・ビジネス/死線を超えた救出　すかいらーく・横川端―外食王の夢/今以上を夢見て進む　ベニハナ・オブ・トーキョウ・ロッキー青木―リングからアメリカ/ノウハウよりノウフー　ほか)　第2章　アラカルト(青森編)(芝田商店―赤字経営から脱出！/メニューエンジニアリング　一幸食堂―利は元にあり/原価率35%の王道を行く　戸田うちわ餅店―素材のおいしさで勝負/じょっぱりを売る戸田のお餅　長谷川牧場―長谷川式こだわりの自然牧場/養豚に労力惜しまず　成田専蔵珈琲店―藩士の珈琲が香る街/一杯のコーヒーで心豊かに　ほか)

鈴木 大拙〔1870～1966〕　すずき・だいせつ
◇東京ブギウギと鈴木大拙　山田奨治著　京都　人文書院　2015.4　249p　19cm　〈文献あり　年譜あり〉　2300円　Ⓘ978-4-409-41081-3

Ⓝ188.82
内容 第1章 出生の秘密（もらわれてきた子 大拙の両親 参禅時代 ほか） 第2章 不良少年（格子なき牢獄 大拙の不安 大拙の教育観 ほか） 第3章 秀才の片りん（日米学生会議 アラン、禅を語る 城山三郎の誤解 ほか） 第4章 東京ブギウギ（上海 池真理子との再会 「東京ブギウギ」誕生 ほか） 第5章 大拙とビート世代（アメリカの「きょうだい」たち 超絶主義の下地 初期の伝道 ほか） 第6章 不宵の息子（その間のアラン 大拙の帰国 事件 ほか）

◇二十世紀と格闘した先人たち——一九〇〇年アジア・アメリカの興隆　寺島実郎著　新潮社　2015.9　390p　16cm　〈新潮文庫　て－10-2〉　〈「二十世紀から何を学ぶか 下　一九〇〇年への旅 アメリカの世紀、アジアの自尊」（2007年刊）の改題、加筆・修正〉　630円　Ⓘ978-4-10-126142-3　Ⓝ280.4
内容 第1章 アメリカの世紀がアジア太平洋にもたらしたもの（太平洋の転換点となった米西戦争での米国の勝利　明治の青年に夢を与えたクラーク博士の実像と足跡　ヘンリー・ルース、「アメリカの世紀」を推進した男　フランクリン・ルーズベルトの対日観の歴史的変遷　敗戦後の日本を「支配」した「極端な人」マッカーサー 付マッカーサー再考への旅——呪縛とトラウマからの脱出） 第2章 国際社会と格闘した日本人（「太平洋の橋」になろうとした憂国の国際人、新渡戸稲造　キリストに生きた武士、内村鑑三の高尚なる生涯　禅の精神を世界に発信した、鈴木大拙という存在　六歳の津田梅子を留学させた明治という時代　「亡命学者」野口英世の生と死　高峰譲吉の栄光とその悲しみ　日本近代史を予言した男、朝河貫一の苦闘と日米関係　近代石炭産業の功労者、松本健次郎の二十世紀　情報戦争の敗北者だった大島浩駐独大使） 第3章 アジアの自尊を追い求めた男たち（アジアの再興を図ろうとした岡倉天心の夢　「偉大な魂」ガンディーの重い問い掛け　パトリオットが見つめていたもの　チャンドラ・ボースとパル判事　革命家・孫文が日本に問いかけたもの　魯迅が否定した馬々虎々　不倒翁・周恩来の見た日本） 第4章 二十世紀再考―付言しておくべきことと総括（一九〇〇年エルサレム―アラブ・イスラエル紛争に埋め込まれたもの　一九〇〇年香港―英国のアジア戦略　総括―結局、日本にとって二十世紀とは何だったか）

◇鈴木大拙の原風景　西村惠信著　新装改訂版　大法輪閣　2016.6　369p　20cm　〈初版：大蔵出版 1993年刊〉　3000円　Ⓘ978-4-8046-1384-0　Ⓝ188.82
内容 1 鈴木大拙の原風景（逆境と宗教性の胎動　心友山本良吉のこと　初めての旅、そして上京　禅僧とはこういうものか　近代の禅者釈宗演との邂逅 ほか） 2 大拙小論（鈴木大拙における個人と世界　明治青年僧たちの気骨　ポール・ケーラスの宗教思想　上向く「大拙」下向く「寸心」　老博士の涙 ほか）

◇鈴木大拙の金沢　松田章一著　金沢　北國新聞社（制作・発売）　2017.3　157p　18cm　1000円　Ⓘ978-4-8330-2093-0　Ⓝ188.82
内容 第1章 大拙貞太郎の家族　第2章 美川教員時代の大拙　第3章 西片町久徴館の大拙　第4章 学習院時代の大拙　第5章 北条時敬と学習院　第6章 大拙あれこれ　第7章 「大拙記念館」設立への胎動

8章 鈴木大拙館建立　第9章 鈴木大拙館開館式典

◇いまこそ知りたい日本の思想家25人　小川仁志著　KADOKAWA　2017.9　254p　19cm　〈他言語標題：25 Japanese thinkers you need to know now　文献あり〉　1700円　Ⓘ978-4-04-400234-3　Ⓝ121.028
内容 第1章 日本思想の黎明期（空海　道元　親鸞　吉田兼好　世阿弥） 第2章 日本の近世の葛藤（山本常朝　荻生徂徠　本居宣長　安藤昌益　二宮尊徳） 第3章 日本の近代の幕開け（横井小楠　吉田松陰　福沢諭吉　新渡戸稲造　内村鑑三） 第4章 「日本哲学」の始まり（西周　西田幾多郎　九鬼周造　三木清　和辻哲郎） 第5章 世界における日本思想の独自性（北一輝　鈴木大拙　柳田國男　丸山眞男　吉本隆明）

◇鈴木大拙　竹村牧男著　大阪　創元社　2018.6　206p　18cm　（日本人のこころの言葉）〈文献あり　年譜あり〉　1200円　Ⓘ978-4-422-80072-1　Ⓝ188.82
内容 言葉編（大拙の禅―無心ということ　大拙の禅―即非の論理　日本的霊性―浄土教と禅　大悲に生き禅と西洋など）　生涯編

◇大拙　安藤礼二著　講談社　2018.10　350p　20cm　2700円　Ⓘ978-4-06-512969-2　Ⓝ188.82
内容 第1章 インド　第2章 アメリカ　第3章 スエデンボルグ　第4章 ビアトリスと西田幾多郎　第5章 戦争と霊性　第6章 華厳　第7章 禅　第8章 芸術

鈴木 大地〔1967～〕すずき・だいち
◇僕がトップになれたのは、いつも人と違うことを考えていたから　鈴木大地著　マガジンハウス　2014.7　183p　19cm　1300円　Ⓘ978-4-8387-2672-1　Ⓝ785.2
内容 第1章 ソウル五輪で学んだ自己コントロール術（泳げない人が一人もいない世の中にしたい　ブルーオーシャン戦略で成功を収める ほか） 第2章 挫折こそ、人生の糧（ピンチは心を鍛える大チャンス　人生プランを考えておく ほか） 第3章 自分を育て、他者を動かす（人生はチャレンジしてこそ面白い　スペシャリストであり、ジェネラリストであれ ほか） 第4章 人生の流れに身を任せる（社会貢献が自分を磨く　人生の流れに逆らうことなくトライする ほか） 第5章 史上最年少の水連会長（選手の目線で考える　世界の強豪に臆さない ほか）

鈴木 孝夫〔1926～〕すずき・たかお
◇言語生態学者 鈴木孝夫　矢崎祥行著　冨山房インターナショナル　2014.11　262p　19cm　〈文献あり〉　1800円　Ⓘ978-4-905194-83-5　Ⓝ289.1
内容 第1章 幼少期 父母と家庭環境　第2章 学童期 病気 自然 中西悟堂との出会い　第3章 時代との遭遇 戦前と戦中　第4章 「異」文化との出会い OCCUPIED JAPAN 結婚と留学　第5章 魅力ある師 出会いと別れ　番外編 エピソード・さまざまな反応

鈴木 陸夫〔1931～〕すずき・たかお
◇遠くて近い若かりし日々　鈴木陸夫著　文芸社　2017.2　257p　19cm　（鈴木陸夫回顧録 2）　1200円　Ⓘ978-4-286-17565-2　Ⓝ289.1

鈴木 尚広〔1978〜〕 すずき・たかひろ
◇一瞬に賭ける生き方—覚悟を決めれば道は拓ける　鈴木尚広著　河出書房新社　2017.9　191p　19cm　〈企画・編集：夢の設計社〉　1400円　Ⓘ978-4-309-27874-2
内容 序章 引退への決心（盗塁成功率に比例して精神的重圧も高まっていく　自分より先に、家族が気づいていた引退への兆候 ほか）　1章 崖っぷちを歩く（ついたあだ名は「骨折くん」、ゼロどころかマイナスからのスタート　自信がないから、冷静に客観的に自分を見ることができる ほか）　2章「超二流」への葛藤（1軍と2軍の違いは失敗が許されるかどうか　「スタートを切らなければお前の価値はない」ほか）　3章 覚悟の境地（自分を必要としてくれる環境でさらなる高みを目指す　セオリー外の一瞬の判断ができる選手に「代えのきかない選手」ほか）　4章「一瞬」ではない未来へ（「野球人生」を締めくくっていただいた盛大なセレモニー　勝負の世界から新たなステージへの挑戦 ほか）

鈴木 琢也〔1986〜〕 すずき・たくや
◇バカヤンキーでも死ぬ気でやれば世界の名門大学で戦える。　鈴木琢也著　ポプラ社　2015.10　331p　19cm　1400円　Ⓘ978-4-591-14697-2　Ⓝ289.1

鈴木 武幸〔1945〜〕 すずき・たけゆき
◇夢（スーパーヒーロー）を追い続ける男　鈴木武幸著　講談社　2018.11　393p　19cm　1680円　Ⓘ978-4-06-513762-8　Ⓝ778.8
内容 はじめに—私とテレビの出会い　東映に入社して　初めて担当した『がんばれ!!ロボコン』—視聴率29.2パーセントに　JACを起用した『アクマイザー3』低予算に喘いで—『超神ビビューン』　二匹目のドジョウはいなかった—『ロボット110番』　矢島信男さんに特撮魂を見た—『冒険ファミリー　ここは惑星0番地』　テレビアニメのプロデューサーに—『氷河戦士ガイスラッガー』　長浜忠夫さんとの出会い—『闘将ダイモス』　売れた超合金玩具—『未来ロボ ダルタニアス』〔ほか〕

鈴木 忠勝〔1907〜1990〕 すずき・ただかつ
◇白神山地マタギ伝—鈴木忠勝の生涯　根深誠著　七つ森書館　2014.9　274p　20cm　2800円　Ⓘ978-4-8228-1410-6　Ⓝ384.35
内容 第1章 水没集落　第2章 白神山地とマタギ　第3章 クマ狩り　第4章 山々に残る伝承　第5章 山の暮らし　第6章 白神山地をめぐる歴史　終章 ひとつの山村の消滅と将来について

◇白神山地マタギ伝—鈴木忠勝の生涯　根深誠著　山と溪谷社　2018.4　350p　15cm　〈ヤマケイ文庫〉〈七つ森書館 2014年刊の一部加除改訂版〉　900円　Ⓘ978-4-635-04850-7　Ⓝ384.35
内容 第1章 水没集落　第2章 白神山地とマタギ　第3章 クマ狩り　第4章 山々に残る伝承　第5章 山の暮らし　第6章 白神山地をめぐる歴史　終章 ひとつの山村の消滅と将来について

鈴木 保〔1926〜2012〕 すずき・たもつ
◇鈴木保の生涯—赤坂の画狂人　赤見正行著　新潟　太陽書房　2015.5　219p　21cm　〈文献あり〉　2400円　Ⓘ978-4-86420-142-1　Ⓝ723.1

鈴木 貞一〔1888〜1989〕 すずき・ていいち
◇昭和史講義　軍人篇　筒井清忠編　筑摩書房　2018.7　301p　18cm　（ちくま新書 1341）　900円　Ⓘ978-4-480-07163-7　Ⓝ210.7
内容 昭和陸軍の派閥抗争—まえがきに代えて　東条英機—昭和の悲劇の体現者　梅津美治郎—「後始末」に尽力した陸軍大将　阿南惟幾—「徳業即戦力」を貫いた武将　鈴木貞一—背広を着た軍人　武藤章—「政治的軍人」の実像　石原莞爾—悲劇の鬼才か、鬼才による悲劇か　牟田口廉也—信念と狂信の間　今村均—「ラバウルの名将」から見る日本陸軍の悲劇　山本五十六—その避戦構想と挫折　米内光政—終末点のない戦争指導　永野修身—海軍「主流派」の選択　高木惣吉—昭和海軍の語り部　石川信吾—「日本海軍最強硬論者」の実像　堀悌吉—海軍軍縮派の悲劇

鈴木 藤三郎〔1855〜1913〕 すずき・とうざぶろう
◇シナリオで読む　砂糖王鈴木藤三郎の報徳　地福進一編　藤沢　二宮尊徳の会　2018.12　64p　30cm　Ⓝ289.1

鈴木 徳昭〔1961〜〕 すずき・とくあき
◇サッカー通訳戦記—戦いの舞台裏で"代弁者"が伝えてきた言葉と魂　加部究著　カンゼン　2016.5　247p　19cm　1600円　Ⓘ978-4-86255-320-1　Ⓝ783.47
内容 1 間瀬秀一　通訳から監督へ、オシムを超えようとする男　2 フローラン・ダバディ　激情をかみ砕くパリよりの使者　3 鈴木國弘　サッカーの神を間近で崇めた最高の信徒　4 鈴木徳昭　ワールドカップにもっとも近づいた日々の記憶　5 高橋建登　知られざる韓流スターの苦悩を解したハングルマスター　6 山内直　忠実に指揮官の怒りを伝えた無色透明な存在　7 中山和也　ブラジルと日本を繋げた明朗快活の極意　8 小薬隆弘　マルチリンガル、流れ流れてフットサル界の中枢へ　9 塚田貴志　空爆後のセルビアで憶えた言葉が生涯の友に　10 白沢敬典　ガンジーさんと呼ばれて—敬虔なる通訳の姿

鈴木 利枝〔1986〜〕 すずき・としえ
◇職業は津軽三味線奏者—引きこもりから夢への挑戦　鈴木利枝著　文芸社　2015.10　103p　19cm　1000円　Ⓘ978-4-286-16601-8　Ⓝ768.11

鈴木 敏重〔1947〜〕 すずき・とししげ
◇子供の情景　鈴木敏重著　多賀城　鈴木敏重　2016.7　59p　21cm　Ⓝ289.1

鈴木 敏文〔1932〜〕 すずき・としふみ
◇リーダーズ・イン・ジャパン—日本企業いま学ぶべき物語　有森隆著　実業之日本社　2014.7　270p　19cm　〈他言語標題：Leaders in Japan〉　1400円　Ⓘ978-4-408-11077-6　Ⓝ332.8
内容 1「創業家」の精神（豊田章男（トヨタ自動車）—

「あさって」を見つめている男は、持続的成長に向けて手網緩めず　岡田卓也、岡田元也（イオン）―増殖を続ける流通帝国。肉食系のM&Aは岡田親子の遺伝子　鈴木修（スズキ）―「三兆円企業」の名物ワンマン社長の強気と苦悩　2「カリスマ」の本気（孫正義（ソフトバンク）―大ボラを次々と現実のものにした「孫氏の兵法」を徹底解剖する　鈴木敏文（セブン＆アイ）―息子に第三の創業を託すのか？「流通王」鈴木敏文の究極の選択　柳井正（ファーストリテイリング）―徒手空拳で小売業世界一に挑む男にゴールはない）　3「中興の祖」の逆襲（佐治信忠（サントリーホールディングス）―「やってみなはれ」の精神で佐治信忠は一世一代の大勝負に出る　高原豪久（ユニ・チャーム）―グローバルに針路をとれ！　二代目社長、高原豪久の"第三の創業"　奥田務（J.フロントリテイリング）―「脱百貨店」の旗手、奥田務の正攻法に徹した改革）　4「異端児」の反骨（岡藤正広（伊藤忠商事）―野武士集団の復活を目指す伝説の繊維マン　津賀一宏（パナソニック）―テレビから自動車部品へ大転換。生き残りを懸け、エースが陣頭指揮　永井浩二（野村ホールディングス）―増資インサイダー事件で信用を失墜したガリバーを再生。変革に挑む営業のカリスマ）

◇挑戦我がロマン　鈴木敏文著　日本経済新聞出版社　2014.12　347p　15cm　〈日経ビジネス人文庫　す7-1―私の履歴書〉〈2008年刊の加筆年譜あり〉　800円　Ⓘ978-4-532-19750-6　Ⓝ289.1
内容　第1章　常識打破が仕事の原点　第2章　「やるべきこと」に挑戦する日々　第3章　日本の流通を変えたセブン・イレブン創業　第4章　「業革」の徹底と変化対応　第5章　絶えることなき不可能への挑戦　第6章　流通革新の第2ステージへ向けて

◇鈴木敏文　孤高　日経ビジネス編　日経BP社　2016.12　372p　19cm　〈発売：日経BPマーケティング〉　1600円　Ⓘ978-4-8222-3663-2　Ⓝ673.868

鈴木　信男　〔1932～〕　すずき・のぶお
◇負けてたまるか老船頭の回想録―栄光のカムチャッカ出漁から東日本大震災まで　鈴木信男著　文芸社　2016.3　168p　20cm　〈年譜あり〉　1200円　Ⓘ978-4-286-16730-5　Ⓝ289.1

鈴木　宏　〔1947～〕　すずき・ひろし
◇風から水へ―ある小出版社の三十五年　鈴木宏著　創企社　2017.6　373p　20cm　3000円　Ⓘ978-4-8460-1597-8　Ⓝ023.067
内容　第1部　学生時代とその前後（笠井潔と文芸部を横浜の田舎者　ほか）　第2部　出版界へ（出版界で働くキッカケ／『幻想と怪奇』"même/borges"を刊行するまで　ほか）　第3部　創業する　創業する　初期の出版物　ほか）　第4部　水声社の現状（水声社への「復帰」経営の「理念」（？）／編集方針　ほか）

鈴木　博見　〔1951～〕　すずき・ひろみ
◇世界を見ずして日本を語るなかれ　鈴木博見著　文芸社　2016.9　198p　19cm　1000円　Ⓘ978-4-286-17588-1　Ⓝ289.1

鈴木　浩充　〔1963～〕　すずき・ひろみつ
◇ありがとうU.W.F.―母さちに贈る　鈴木浩充著　Mikhoto出版　2018.7　502p　19cm　2700円　Ⓘ978-4-9910229-0-6　Ⓝ788.2
＊30年近く口を閉ざしていたU.W.F.の専務取締役だった鈴木浩充。自ら経験したことだけを書き下ろしたドキュメンタリーストーリー。U.W.F.とは何だったのか？　何が、どのように動いてそうなったのか？　誕生、崩壊、再生、そして終焉。ひょんな事から生まれて間もないユニバーサル・プロレスに参加し、その後、新日本プロレスとの業務提携を経、U.W.F.の専務取締役となり、その営業・経理の全てを取り仕切っていた鈴木。裏方として全てを守って支え続けた、後始末を付けた後は、きっぱりプロレス界と縁を切った著者。社会現象とまで言われたU.W.F.の当事者が、何故、今の時に！　何の為に！

鈴木　富志郎　〔1932～〕　すずき・ふじお
◇私が歩んだ蹊　2　京都・豊橋・そして茅ヶ崎　鈴木富志郎著　立川　けやき出版（制作）　2014.10　93p　21cm　Ⓘ978-4-87751-521-8　Ⓝ289.1

鈴木　正治　〔1919～2008〕　すずき・まさはる
◇鈴木正治の軌跡―津軽が生んだ魂の造形　工藤正義著　青森　草雪舎　2014.11　239p　21cm　〈文献あり　年譜あり〉　1800円　Ⓘ978-4-9903913-2-4　Ⓝ712.1
内容　美術への目覚め　恩師・工藤繁造との出会い　中国戦線へ　画家を志して―中央美術学園入学　アメリカン・クラブ　読売アンデパンダン展と個展　松木満史との出会いと結婚　新進彫刻家として　公募展への挑戦　美術グループ「脈」を結成　岩手県岩手町石彫シンポジウム　イタリア・ピエトラサンタ　アトリエ沢山と野外彫刻の制作　「ちきゅうの子」ピエール・バルーとの出会い　カービング・スタジオ　燃え尽きるまで

鈴木　勝　〔？～1971〕　すずき・まさる
◇東京ブギウギと鈴木大拙　山田奨治著　京都　人文書院　2015.4　249p　19cm　〈文献あり　年譜あり〉　2300円　Ⓘ978-4-409-41081-3　Ⓝ188.82
内容　第1章　出生の秘密（もらわれてきた子　大拙の両親　参柳時代　ほか）　第2章　不良少年（格子なき牢獄　大拙の不安　大拙の教育観　ほか）　第3章　秀才の片りん（日米学生会議　アラン、禅を語る　城山三郎の誤解か　ほか）　第4章　東京ブギウギ（上海　池真理子との再会　「東京ブギウギ」誕生　ほか）　第5章　大拙とビート世代（アメリカの「きょうだい」たち　超絶主義の下地　初期の伝道　ほか）　第6章　不宵の息子（その間のアラン　大拙の帰国　事件　ほか）

鈴木　三枝子　〔1958～2008〕　すずき・みえこ
◇道を継ぐ　佐藤友美著　逗子　アタシ社　2017.3　201p　19cm　〈文献あり〉　1400円　Ⓘ978-4-9908436-4-9　Ⓝ673.96
内容　第1章　その瞬間まで、自分でいられるか　第2章　お客さまに育てて貰う　第3章　神は先っぽに宿る　第4章　欲望と義務のシーソーゲーム　第5章　怒濤の叱られ自慢　第6章　カラスは白か黒か問題　第7章　愛と情熱のかめはめ波　第8章　愛だろ、愛　第9章　MINXを、頼む　第10章　伝承

鈴木 道彦〔1757～1819〕 すずき・みちひこ
◇俳人鈴木道彦の生涯と作品　矢羽勝幸著　上田　矢羽勝幸　2014.12　243p　20cm　〈年譜あり〉　2000円　Ⓝ911.35

鈴木 みのる〔1968～〕 すずき・みのる
◇プロレスで〈自由〉になる方法　鈴木みのる著　毎日新聞出版　2015.10　271p　19cm　1500円　①978-4-620-32332-9　Ⓝ788.2
[内容] 第1章 リングの最前線から（三冠ベルトを踏みつける　フリーランスの覚悟　ほか）　第2章 「強さ」をめぐって（カール・ゴッチの手紙　練習器具へのこだわり　ほか）　第3章 プロレス開眼（ノアで体感した未知のプロレス　小橋プロレスの構造　ほか）　第4章 レスラーの真の武器（「もらう」から「つくる」へ　ギャラの交渉について　ほか）　第5章 生きるための闘い（引退するつもりだった　藤原喜明とのスパーリング　ほか）

鈴木 宗男〔1948～〕 すずき・むねお
◇ムネオの遺言──逆境から立ち上がる37の方策　鈴木宗男著　講談社ビーシー　2015.11　215p　18cm　〈発売：講談社〉　926円　①978-4-06-219750-2　Ⓝ289.1
[内容] 第1章 足寄に生まれ政治家をめざす（「子供の頃の苦労は買ってでもすれ」　ものは言い様と思えほか）　第2章 恩師中川一郎の死を乗り越えて（これもまた人と人との巡り合わせ　言葉の重みを考えて決断するほか）　第3章 順風満帆にして政界でのし上がっていく（「悪名は無名に勝る」と思え　目いっぱい、手抜きしないでやれ　ほか）　第4章 暗転「ムネオ疑惑」──検察そしてガンとの闘い（出る杭は打たれる、出過ぎた杭は抜かれる　一つ言えば百返ってくる　ほか）　第5章 「どん底」刑務所暮らしから政界復帰へ（とにかく前向きに考えるべし　猫をかぶってぶつかるな　ほか）
◇政治人生──国難を憂い、国益を求む　鈴木宗男著　中央公論新社　2018.2　189p　18cm　（中公新書ラクレ　610）〈年譜あり〉　800円　①978-4-12-150610-8　Ⓝ312.1
[内容] 第1章 「国益」とは何ですか（「官邸に来てください」　国益の意味合い違い　ほか）　第2章 外交のすすめ（鈴木宗男事件とは何だったのか　外交とインテリジェンス　ほか）　第3章 日本とロシアのこれから（安倍晋太郎とゴルバチョフ　「時間はかかっていいから、北方領十間題を解決してく」ほか）　第4章 あるべき政治家像（父にできなかった親孝行　中川一郎に捧げた秘書人生　ほか）　第5章 私には夢がある─国難の時代の政治（北海道は食料自給率200％　過疎のスパイラルに陥る地方　ほか）

鈴木 茂三郎〔1893～1970〕 すずき・もさぶろう
◇戦後政治家論──吉田・石橋から岸・池田まで　阿部眞之助著　文藝春秋　2016.4　439p　16cm　（文春学藝ライブラリー──雑英　25）〈「現代政治家論」（文藝春秋新社　1954年）の改題、再刊〉　1400円　①978-4-16-813061-8　Ⓝ312.8
[内容] 岸信介論　重光葵論　池田勇人論　木村篤太郎論　和田博雄論　三木武吉論　西尾末廣論　吉田茂論　石橋湛山論　徳田球一論　緒方竹虎論　大野伴睦論　芦田均論　鳩山一郎論　鈴木茂三郎論

鈴木 安蔵〔1904～1983〕 すずき・やすぞう
◇フクシマ・抵抗者たちの近現代史──平田良衛・岩本忠夫・半谷清寿・鈴木安蔵　柴田哲雄著　彩流社　2018.2　253p　20cm　〈文献あり〉　2200円　①978-4-7791-2449-5　Ⓝ281.26
[内容] 第1章 平田良衛──南相馬市小高区に根差した農民運動家（戦前の共産主義運動　出獄後　ほか）　第2章 岩本忠夫──双葉町の酒屋の主人の反原発と「転向」（反原発運動のリーダー　反原発運動の行き詰まり　ほか）　第3章 半谷清寿──富岡町夜ノ森に根差した警世家（若き日の立志　実業家としての試行錯誤　ほか）　第4章 鈴木安蔵──南相馬市小高区出身の日本国憲法の実質的起草者（学連事件　ファシズム批判　ほか）

鈴木 雄介〔1944～〕 すずき・ゆうすけ
◇でっかいことはいいことだ！──はみ出し者の人生論　鈴木雄介著　泰文堂　2015.10　254p　19cm　1200円　①978-4-8030-0772-5　Ⓝ289.1

鈴木 慶則〔1936～2010〕 すずき・よしのり
◇鈴木慶則オーラル・ヒストリー　鈴木慶則述、本阿弥清,加治屋健司インタヴュアー　〔出版地不明〕　日本美術オーラル・ヒストリー・アーカイヴ　2015.3　20p　30cm　〈他言語標題：Oral history interview with Suzuki Yoshinori　ホルダー入〉　Ⓝ723.1

鈴木 良太郎〔～2016〕 すずき・りょうたろう
◇100年恋するウエディング──ウエディングに生涯をかけた鈴木良太郎からのメッセージ　鈴木啓太編　オータパブリケイションズ　2017.12　223p　19cm　1500円　①978-4-903721-70-5　Ⓝ673.93
[内容] 第1章 プランナーへ（結婚式の仕事は好きですか　志事　ほか）　第2章 アニバーサリー（結婚と記念日の家　メゾン・ド・アニヴェルセル　私が愛するスタッフ　ほか）　第3章 未来の大人たちへ（想いは伝わる　真剣に返事しよう　ほか）　第4章 結婚するおふたりへ（「ふたりの道」　「幸せの価値観」　ほか）

鈴木 亘〔1970～〕 すずき・わたる
◇経済学者日本の最貧困地域に挑む──あいりん改革3年8カ月の全記録　鈴木亘著　東洋経済新報社　2016.10　470p　19cm　2200円　①978-4-492-44434-4　Ⓝ318.763
[内容] 面倒だから、やる　区長をやってください！　労働者のまち、釜ヶ崎　福祉のまち、あいりん　アイディアと人材の宝庫　いきなりの逆境スタート　「七人の侍」の闘い　ドブ板行脚の日々　橋下市長の知られざる実像　子どもの家学校　特区構想3本の矢　毒を食らわば皿まで　そんな予算はありません！　官民協働の小さな成功体験　まちづくり合同会社　西成警察署の変身　府市合わせの現場　アゴラのススメ　綱渡りのまちづくり会議　直接民主主義の勝利

薄田 泣菫〔1877～1945〕 すすきだ・きゅうきん
◇倉敷市蔵　薄田泣菫宛書簡集　詩歌人篇　倉敷市編著　八木書店古書出版部　2015.3　250p　22cm　〈布装　発売：八木書店〉　9800円　①978-4-8406-9677-7　Ⓝ911.52

内容 薄田泣菫宛書簡(石川啄木　上田敏　大町桂月　荻原井泉水　河井醉茗　ほか)　解説(与謝野寛(鉄幹)・晶子書簡　島崎藤村の"寂寥"と画家三宅克巳一作品　「爺」執筆の周辺のことなども　薄田泣菫との接点―上田敏、柳原白蓮、日夏耿之介　泣菫・有明と、その次の世代の詩人たち―明治期象徴詩の盛衰　青春の奇縁―泣菫・晩翠・善麿　ほか)

◇倉敷市蔵 薄田泣菫宛書簡集 文化人篇　倉敷市編著　八木書店古書出版部　2016.3　221, 26p　22cm　〈布装　発売：八木書店〉　9800円　Ⓘ978-4-8406-9696-8　Ⓝ911.52

内容 薄田泣菫宛書簡 文化人篇(赤松麟作　内田魯庵　金尾種次郎　鹿子木孟郎　鏑木清方　久保田万太郎　厨川白村　後藤宙外　島村抱月　鈴木鼓村　ほか)　座談会 倉敷市蔵薄田泣菫宛書簡　収集・調査・公開

鈴藤 勇次郎〔1826～1868〕　すずふじ・ゆうじろう
◇「咸臨丸難航図」を描いた幕府海軍士官―激動の幕末での海軍士官の半生　粟宮一樹著　文芸社　2015.3　325p　20cm　〈文献あり〉　1600円　Ⓘ978-4-286-15954-6　Ⓝ289.1

鈴村 興太郎〔1944～　〕　すずむら・こうたろう
◇厚生と権利の狭間　鈴村興太郎著　京都　ミネルヴァ書房　2014.7　364,14p　20cm　〈シリーズ「自伝」my life my world〉〈著作目録あり　年譜あり　索引あり〉　3500円　Ⓘ978-4-623-07107-4　Ⓝ289.1

内容 第1章 古窯の町、常滑に生まれて　第2章 大学と大学院時代の遍歴―"黄金の夏"と研究生活への出発　第3章 母校からの跳躍と世界への挑戦　第4章 厚生経済学と社会的選択の理論(1)―第1期の播種と収穫　第5章 母校への帰還―"冬の時代"を経て再び世界へ　第6章 厚生経済学の実践的側面―産業政策・通商政策・競争政策　第7章 厚生経済学と社会的選択の理論(2)―第2期の播種と収穫　第8章 日本の学術の一層の発展のために　第9章 厚生経済学と社会的選択の理論(3)―展望と評価　第10章 忘れえぬ恩師たち

鈴山 雅子〔1942～2014〕　すずやま・まさこ
◇この凝縮の軌跡―男女共同参画社会をめざして　鈴山雅子追悼集　鈴山雅子追悼事業実行委員会編、鈴山雅子追悼集編集委員会編纂　〔出版地不明〕　〔鈴山雅子追悼事業実行委員会〕　2015.5　106p　26cm　〈年譜あり　著作目録あり〉　Ⓝ289.1

須田 信英〔1933～2010〕　すだ・のぶひで
◇七十余年の軌跡　須田信英著　武蔵野　須田茂子　2016.8　267p　22cm　〈年譜あり〉　Ⓝ289.1

菅田 将暉〔1993～　〕　すだ・まさき
◇スゴー家の人々―自叙伝的子育て奮戦記　菅生新著　トランスワールドジャパン　2017.12　318p　19cm　〈TWJ BOOKS〉　1400円　Ⓘ978-4-86256-214-2　Ⓝ289.1

内容 第1章 長男大将の誕生　第2章 父として　第3章 私の少年時代　第4章 ちょんまげ付けて学費を捻出　第5章 第二のスタート　第6章 菅生大将から菅田将暉へ　第7章 大将、仮面ライダーに抜擢される　第8章 スゴー家の人々　第9章 妻と私の子育て対談　おわりに　「大部屋俳優」の父から主演の息子へ

須田 満親〔1526～1598〕　すだ・みつちか
◇信濃の戦国武将たち　笹本正治著　京都　宮帯出版社　2016.4　295p　19cm　2500円　Ⓘ978-4-8016-0011-9　Ⓝ281.52

内容 第1章 神の血筋―諏方頼重　第2章 信濃守護の系譜―小笠原長時　第3章 二度も信玄を破る―村上義清　第4章 信玄を支える―真田幸綱　第5章 表裏比興のきれ者―真田昌幸　第6章 武田氏を滅亡に追い込む―木曽義昌　第7章 武田氏滅亡と地域領主たち

須藤 かく〔1861～1963〕　すどう・かく
◇須藤かく―日系アメリカ人最初の女医　広瀬寿秀著　〔出版地不明〕　広瀬寿秀　2017.8　62p　26cm　〈発売：北方新社(弘前)〉　800円　Ⓘ978-4-89297-240-9　Ⓝ289.1

内容 プロローグ　父、須藤新吉郎　上京　英語修業　共立女学校　岡見京　阿部はな　アデリン・ケルシー　渡米　シンシナティ　シンシナティ美術館　日本への帰国　横浜婦人慈善会病院　失意の再渡米　成田一家　おわりに

須藤 元気〔1978～　〕　すどう・げんき
◇須藤元気のつくり方　須藤元気著　イースト・プレス　2016.4　203p　15cm　〈文庫ぎんが堂〉　667円　Ⓘ978-4-7816-7144-4　Ⓝ788

内容 1章 格闘家になる　2章 逆輸入ファイターの誕生　3章 格闘ブームの中で　4章 引退、そして一歩front　終章 WORLD ORDER　巻末特別対談 吉田豪×須藤元気―「テレビ格闘技」の時代があった！

数藤 五城〔1871～1915〕　すどう・ごじょう
◇子規居士の周囲　柴田宵曲著　岩波書店　2018.2　434p　15cm　〈岩波文庫 31-106-6〉　950円　Ⓘ978-4-00-311066-9　Ⓝ911.362

内容 1 子規居士の周囲(子規居士の周囲　内藤鳴雪　愚庵　陸羯南　夏目漱石　五百木飄亭)　2 明治俳壇の人々(数藤五城　阪本四方太　今ään無事庵　新海非風　吉野左衛門　佐藤紅緑　末永鉄道　福田把栗

首藤 正治〔1956～　〕　すどう・まさはる
◇君、市長にならないか？―地域経営現場からの地方創生論　首藤正治著　宮崎　鉱脈社　2017.10　240p　19cm　1500円　Ⓘ978-4-86061-680-9　Ⓝ318.296

須藤 祐司〔1939～　〕　すどう・ゆうじ
◇LET IT GO ありのままに―ノーマライゼーションに一生を捧げて　須藤祐司著　幻冬舎メディアコンサルティング　2017.3　198p　20cm　〈発売：幻冬舎〉　1000円　Ⓘ978-4-344-91135-2　Ⓝ289.1

内容 プロローグ ありのままに　第1章 父の教え、母の愛　第2章 少年時代　第3章 医学部時代　第4章 透析センター　第5章 自閉症の人たちに向き合って　第6章 何度かの危機　第7章 医療の承継

すとうてん

崇道天皇 すどうてんのう
⇒早良親王（さわらしんのう）を見よ

崇徳天皇〔1119～1164〕 すとくてんのう
◇中世の人物 京・鎌倉の時代編 第1巻 保元・平治の乱と平氏の栄華 元木泰雄編 大阪 清文堂出版 2014.3 412p 22cm 4500円 ⓘ978-4-7924-0994-4 Ⓝ281
[内容] 鳥羽院・崇徳院（佐藤健治著） 藤原忠実（佐古愛己著） 藤原頼長（横内裕人著） 平忠盛（守田逸人著） 為義（須藤聡著） 覚仁と信実―悪僧論～（久野修義著） 阿多忠景と源為朝（栗林文夫著） 後白河院（髙橋典幸著） 藤原忠通と基実（樋口健太郎著） 信西（木村真美子著） 藤原信頼・成親（元木泰雄著） 藤原経宗（元木泰雄著） 源義朝（近藤好和著） 平清盛（川合康著） 池禅尼と二位尼（栗山圭子著） 平時忠と信範（松薗斉著） 藤原邦綱とその娘たち（佐伯智広著） 平重盛（平藤幸著） 西行（近藤好和著）

◇崇徳院怨霊の研究 山田雄司著 オンデマンド版 京都 思文閣出版 2016.2 293,11p 21cm 〈印刷・製本：デジタルパブリッシングサービス 文献あり 索引あり〉 6400円 ⓘ978-4-7842-7005-7 Ⓝ210.38
[内容] 怨霊研究序説 崇徳院の生涯 『保元物語』の虚構 崇徳院怨霊の胎動 崇徳院怨霊の鎮魂 崇徳院怨霊譚の誕生 『保元物語』とその時代

砂子 賢馬〔1929～〕 すなこ・けんま
◇陽炎―太平洋戦争のかげろう知られざる"少年海員" Japanese version 砂子賢馬著 〔出版地不明〕〔砂子賢馬〕〔2018〕 95p 23cm ⓘ9781983486746 Ⓝ683.8

砂澤 たまゑ〔1922～2009〕 すなさわ・たまゑ
◇お稲荷さんと霊能者―伏見稲荷の謎を解く 内藤憲吾著 洋泉社 2017.1 255p 19cm 1800円 ⓘ978-4-8003-1123-8 Ⓝ387.3
[内容] 1 不思議な人に出会う（不思議な噂 噂の主に会いに行く 人生の大きな変化 先の見えない職探し 伏見稲荷大社を訪ねる 謎めいた予言） 2 不思議な人の話を聞く（正体が判明する 霊聴ができる霊能者 ほか） 3 霊能力を観察する（神様を招く霊臭と再生 ほか） 4 稲荷信仰の謎を解く（風の便り 庶民の信仰を記録する 白狐の謎を解く 稲荷信仰の原像 霊能力の謎を解く）

砂村 新左衛門〔1601～1667〕 すなむら・しんざえもん
◇砂村新左衛門―江戸時代最強のデベロッパー 溝手正儀執筆 増補改訂版 横須賀 溝手正儀 2017.10 98p 26cm 〈文献あり〉 1500円 Ⓝ289.1

周布 公平〔1850～1921〕 すふ・こうへい
◇周布公平関係文書 尚友倶楽部史料調査室, 松田好史編 尚友倶楽部 2015.10 173p 21cm （尚友ブックレット 29）〈年譜あり〉 Ⓝ289.1
◇周布公平関係文書 尚友倶楽部史料調査室, 松田好史編集 芙蓉書房出版 2015.10 173p 図版14p 21cm （尚友ブックレット 29）〈年譜あり 翻刻〉 2500円 ⓘ978-4-8295-0661-5 Ⓝ289.1
[内容] 第1部 周布公平宛諸家書翰 第2部 周布公平日記―明治二十二年十月二十五日～二十三年二月十一 解説 周布公平―人物と史料

角 弘二〔1942～〕 すみ・こうじ
◇糸は束ねられたか―名もなき男の仕事伝 角弘二著 〔岐阜〕 岐阜新聞社 2015.11 351p 図版10p 20cm 〈発売：岐阜新聞社出版室（岐阜）〉 1800円 ⓘ978-4-87797-220-2 Ⓝ289.1
[内容] 第1部 職業転戦の記（興人鵜沼住宅地 東京・酒井建設書生時代 千代田グラビア・本社勤務 ほか） 第2部 自治会活動奮戦の記（自治会結成準備段階 創設から基礎固めの時代（昭和51年度～53年度） 八木山校下体制づくりの時代（昭和54年度～59年度） ほか） 第3部 市議会議員粉骨砕身の記（"住民代表"選抜母体「新風会」の結成 第1期 平成9年3月～13年2月 森市政支持の意思表明と「翔政会」の結成 第2期 平成13年3月～17年2月 鵜沼地区等の大型事業と子育て支援事業 ほか）

淑子内親王〔1829～1881〕 すみこないしんのう
◇四親王家実録 26 桂宮実録 第7巻（盛仁親王実録・節仁親王実録・淑子内親王実録） 吉岡眞之, 藤井讓治, 岩壁義光監修 ゆまに書房 2017.3 341p 27cm 〈布装 宮内庁宮内公文書館所蔵の複製〉 25000円 ⓘ978-4-8433-5110-9 Ⓝ288.44

住友 友純〔1865～1926〕 すみとも・ともいと
◇近代茶人の肖像 依田徹著 京都 淡交社 2015.2 215p 18cm （淡交新書）〈文献あり〉 1200円 ⓘ978-4-473-03992-7 Ⓝ791.2
[内容] 井上馨（世外）―政界の雷親父は細心なる茶人 有栖川宮熾仁親王（霞堂）―親王の茶の湯に見る宮家と華族の社交界 安田善次郎（松翁）―慎しく陰徳を重ねた財産家の茶の湯 今泉雄作（常真）―茶道具再評価の種を蒔いた江戸っ子 平瀬亀之輔（露香）―大阪の茶の湯を牽引した「粋の神」 住友友純（春翠）―茶の湯に文人趣味を融合させたエリート実業家 益田孝（鈍翁）―近代の茶の湯を双肩に担った巨人 馬越恭平（化生）―数々の逸話を残した「ビール王」数寄者 柏木貨一郎（探古斎）―土蔵に住んだ幻の数寄屋建築家 岡倉覚三（天心）―茶より酒を愛した『茶の本』の執筆者 正木直彦（十三松堂）―美術と茶道に橋を架けた美術学校長 満州皇后―財閥の盛衰を見つめた三井家当主の茶の湯 團琢磨（狸山）―鈍翁から経営と茶の湯を受け継いだ男 大谷尊由（心斎）―茶の湯三昧の境地に遊んだ宗教家 前田利為（梅堂）―旧大名家軍人のたしなみとしての茶の湯 式守蝸牛（虎山）―悲運の宰相、戦時下の茶の湯 栗山善四郎（八百善）―江戸懐石を伝え、茶の湯を愛した料亭主人 加藤正治（犀水）―憲法の制定に携わった法学者茶人

住永 幸三郎〔1940～〕 すみなが・こうざぶろう
◇今が今、一生懸命―益城町長2期8年 住永幸三郎著 熊本 熊日出版（制作） 2016.12 265p 19cm 1200円 ⓘ978-4-908313-18-9 Ⓝ318.294

角倉 素庵〔1571～1632〕すみのくら・そあん

◇角倉素庵 林屋辰三郎著 吉川弘文館 2017.7 235p 19cm 〈読みなおす日本史〉〈朝日新聞社 1978年刊の再刊 文献あり 年譜あり〉2200円 ⓘ978-4-642-06727-0 Ⓝ289.1

内容 嵯峨の春秋—浄土から郷土へ 元亀二年—素庵の誕生 父祖の家—医術の伝統 角倉宗家—土倉の発展 慶長八年—素庵の修業時代 「船」への執心—朱印船と高瀬舟 嵯峨本の世界—風流と出版事業 水とのたたかい—父業への協力 素庵の時代—文人と県令の生活 元和の日々—家庭の素庵 寛永の明暗—晩年の風流 『塵劫記』の世界—角倉家の精神

住吉 順二〔1941～〕すみよし・じゅんじ

◇順二の生きざま・危ない道—自伝 住吉順二文 十日町 十日町新聞社 2018.3 320p 22cm 非売品 Ⓝ289.1

陶山 富之〔1940～〕すやま・とみゆき

◇富士を仰いで—陶山富之・伝 冨士製作所からフジ・プロダクトとアークマリンサービスへ〔出版地不明〕フジ・プロダクト株式会社創業45周年有限会社アークマリンサービス創業10周年記念誌制作チーム 2015.9 191p 20cm 〈年譜あり〉Ⓝ289.1

諏訪 哲史〔1969～〕すわ・てつし

◇偏愛蔵書室 諏訪哲史著 国書刊行会 2014.10 317p 20cm 2500円 ⓘ978-4-336-05828-7 Ⓝ019.9

内容 不治の言語病患者 「チャンドス卿の手紙」(ホフマンスタール) 倦厭の闇、一瞬の光源 『檸檬』(梶井基次郎) 世界を造形するまなざし 『リルケ詩集』(リルケ) 「リアル」ということ 『遠野物語』(柳田国男) 漫画のなかの「詩性」 『赤色エレジー』(林静一) 「無限」に触れる筆力 『伝奇集』(ボルヘス) 「起承転結」の小説 「子之吉の舌」ほか(島尾敏雄) 「幼年」という名の庭 「トムは真夜中の庭で」(ピアス) 選ばれた「文体」と「生」「青炎抄」ほか(内田百閒) 小説—「過剰性」の言語 『泥棒日記』(ジュネ)〔ほか〕

諏方 頼重〔1516～1542〕すわ・よりしげ

◇信濃の戦国武将たち 笹本正治著 京都 宮帯出版社 2016.4 295p 19cm 2500円 ⓘ978-4-8016-0011-9 Ⓝ281.52

内容 第1章 神の血筋—諏方頼重 第2章 信濃守護の系譜—小笠原長時 第3章 二度も信玄を破る—村上義清 第4章 信玄を支える—真田幸綱 第5章 裏比興の者—真田昌幸 第6章 武田氏を滅亡に追い込む—木曽義昌 第7章 武田氏滅亡と地域領主たち

諏訪御料人〔1530?～1555〕すわごりょうにん

◇戦国を生きた姫君たち 火坂雅志著 KADOKAWA 2016.9 170p 15cm 〈角川文庫 ひ20-25〉〈年表あり〉600円 ⓘ978-4-04-400170-4 Ⓝ281.04

内容 1 女城主たちの戦い(井伊直虎—井伊直政の義母 妙林尼—吉岡鎮興の妻 ほか) 2 危機を救う妻たち(お船の方—直江兼続の正室 小松姫—真田信之の正室 ほか) 3 愛と謎と美貌(小少将—長宗我部元親の側室 義姫—伊達政宗の生母 ほか) 4 才女と呼ばれた女たち(お初(常高院)—浅井三姉妹の次女 阿茶局—徳川家康の側室 ほか) 5 想いと誇りに殉じる(鶴姫—瀬戸内のジャンヌ・ダルク 淀殿—豊臣秀吉の側室 ほか)

諏訪部 浩一〔1970～〕すわべ・こういち

◇アメリカ小説をさがして 諏訪部浩一著 松柏社 2017.3 424p 20cm 〈文献あり〉2900円 ⓘ978-4-7754-0240-5 Ⓝ930.29

内容 第1部(能動と受動の狭間で—『グレート・ギャッツビー』における語り手の揺らぎ 若きフィクション作家の肖像—『ガープの世界』論 隠喩としてのヒトラー—『黒い時計の旅』における三角形的欲望 「だとすれば、おまえはあまりに罪深いよ!」—『デイジー・ミラー』におけるセクシュアリティの抑圧 『日はまた昇る』のジェンダー ダーク・レディの死とロマンスの死—『プライズデイル・ロマンス』におけるカヴァデイルのナラティヴ "Rider Was One of the MaCaslin Negroes"—「黒衣の道化師」におけるライダーの無名性 「それは男の本だ」—『グレート・ギャッツビー』における、フィッツジェラルドのダブル・ヴィジョンとニック・キャラウェイのナラティヴ/ジェンダー・ストラタジー "There Is No Such Things Was"—「昔あった話」とアイザック・ビーチャム・マッキャスリン アメリカ現代文学の起源—『ワインズバーグ・オハイオ』再読) 第2部(人間対コンピュータ 王座戦観戦記 将棋・文学・アメリカ 好きなことを仕事にする)

諏訪間 幸平〔1976～〕すわま・こうへい

◇自叙伝 諏訪魔—俺は逃げない絶対に! 諏訪間幸平著 ザメディアジョン・リング 2015.7 144p 19cm 〈年表あり〉発売:ザメディアジョン(広島)〉1000円 ⓘ978-4-86250-372-5 Ⓝ788.2

内容 第1章 分裂騒動から再生へ 第2章 俺の少年～青年時代 第3章 俺のサラリーマン時代(アマチュアの頃) 第4章 俺の下積み時代 第5章 王者と苦悩の時代 第6章 俺の想い

【せ】

世阿弥〔1363～1443〕ぜあみ

◇花と幽玄の覚書 石橋妙子著 本阿弥書店 2014.11 269p 20cm 〈文献あり〉3000円 ⓘ978-4-7768-1147-3 Ⓝ773.2

内容 「時分の花」「真の花」 秘すれば花 二曲・三体 花と幽玄 離見の見 してみてよきにつくべし 序破急成就 花を知る 無心の感 我意分〔ほか〕

◇人物史の手法—歴史の見え方が変わる 五味文彦著 左右社 2014.11 229p 19cm 〈文献あり〉1700円 ⓘ978-4-86528-105-7 Ⓝ281.04

内容 第1章 聖徳太子—文明化の象徴 第2章 景戒—『日本霊異記』は体験したのか 第3章 清少納言—なぜ『枕草子』は生まれたのか 第4章 藤原顕長—家の形成に心血を注いで 第5章 北条政子—生い立ちから人間像に迫る 第6章 兼好法師—新たな人物像を問う 第7章 世阿弥—父と子 第8章 武田信玄—丑年の決断

せいかく

◇よき人々の系譜　阿部祐太著　阿部出版　2015.1　413p　20cm　〈文献あり〉　2000円　⑰978-4-87242-326-6　Ⓝ280

内容　第1章 無限の未知を受け入れる（司馬光「誠実な者こそ正しく勇ましい」　ディドロ「学問の目的は、真理を知る喜びにある」　シュンペーター「人間的な営みの積み重ねが社会の向上をもたらす」）　第2章 語りえぬもの、見えぬものに本質がある（マティス「目に見えない真理を描く」　世阿弥「魂に沿うことで人は喜び感動する」　シュレンマー「有限な身体と無限の意識は表裏一体」）　第3章 生かされて生きていることの自覚（道元「無常の中で常なるものを知る」　ヤスパース「幸せに生きることは、幸せに死ぬこと」　ブランクーシ「無私が大いなる力を引き寄せる」）　第4章 自然と自分のつながりを再認識する（トルストイ「幸福とは自然と共にあること」　ナポレオン「人間は自然界に生かされる弱き者である」　ヴェルヌ「科学は万能ではない」）　第5章 人生の行方は自分で決める（勝海舟「経験が自分を育てる」　サン＝テグジュペリ「真理も幸福も自分の内より創造する　ミレー「現実はすべて崇高なり」）

◇世阿弥の世界　増田正造著　集英社　2015.5　253p　18cm　（集英社新書 0787）　760円　⑰978-4-08-720787-3　Ⓝ773.28

内容　第1章 序の段 スーパースター世阿弥の栄光―心より心に伝ふる花（ギリシャ劇と能と　演劇の誕生　スーパースター世阿弥十二歳　稀代の美少年・鬼夜叉　世阿弥が発見されて百年　世界につながる世阿弥―フランスとの交流の例）　第2章 破の段 世阿弥の創った能（風の巻 能の本を書くことこの道の命なり　姿の巻 演劇としての能 動十分心 動七分身　花の巻 世阿弥語録抄 初心忘るべからず　伝の巻 世阿弥流転　万一少し廃るる時ありとも）　第3章 急の段 世阿弥の継承―時に用いるをもて花と知るべし（『八帖本花伝書』の存在　家康が読んだ『風姿花伝』　武と能と世阿弥と　観世元章の改革と世阿弥　新作能のシテと世阿弥　名人は世阿弥を語る　梅若万三郎兄弟と喜多六平太の場合　世阿弥への回帰　観世寿夫　世阿弥復元の時代　世阿弥がだんだん遠くなる　附祝言 世阿弥が咲かせた野の花 黒川能は）

◇世阿弥の謎　森田恭二著　創英社／三省堂書店　2016.6　171p　19cm　1600円　⑰978-4-88142-983-9　Ⓝ773.21

内容　第1章 中世猿楽者の存在形態（「新猿楽記」に見られる猿楽者　修正会・修二会等と寺辺の猿楽者　祭礼・神事と群小猿楽座　祝福芸能と声聞師系猿楽者）　第2章 世阿弥の生涯（寺辺の猿楽者の系譜　世阿弥の出自 佐渡遠島　世阿弥以後）　第3章 宇治猿楽の時代―群小猿楽座の実態（宇治猿楽の起源をめぐって　宇治猿楽と興福寺　「看聞御記」に見る猿楽並びに代えて―群小猿楽座の存在形態）　第4章「大乗院寺社雑事記」に見る薪猿楽関連資料の検討（「大乗院寺社雑事記」に見る薪猿楽関連史料の検討）

◇世阿弥を学び、世阿弥に学ぶ―12人の専門家が「世阿弥」を語る 講演・対談集　大槻文藏監修、天野文雄編集　吹田 大阪大学出版会　2016.7　317p　19cm　（阪大リーブル 057）〈年表あり〉　2300円　⑰978-4-87259-439-3　Ⓝ773

内容　「能」に期待する　世阿弥にどう向き合うか　第1部 世阿弥の人と芸術（世阿弥、その生涯　『頼政』をめぐって　世阿弥、その作品と芸風　『恋重荷』をめぐって　世阿弥、その理論　『班女』をめぐって　世阿弥、その先達と後継者　『融』をめぐって　世阿弥、その環境　『井筒』をめぐって）　第2部 世阿弥の能、その魅力（世阿弥と私　『実盛』―世阿弥が確立した「軍体」の能　『松風』―世阿弥が仕上げた「幽玄無上」の能　世阿弥の亡霊（シテ）演出法　「記念能」を語る）

◇能『高砂』にあらわれた文学と宗教のはざま　島村眞智子著　冨山房インターナショナル　2017.7　385p　22cm　6800円　⑰978-4-86600-034-3　Ⓝ773.2

内容　序章 能『高砂』にあらわれた文学と宗教のはざま―阿蘇大宮司と住吉大社　第1編 北方の古儀復興と再編（中世の時空と神々　神々と舞歌―院政期の舞歌と児）　第2編 脇能の成立と奉幣使（脇能と世阿弥　北朝の奉幣使発遣）　第3編 中世日本紀と能（能から見る中世日本紀の展開　中世の出雲信仰）　終章 神々の変容―児世阿弥と脇能

◇いまこそ知りたい日本の思想家25人　小川仁志著　KADOKAWA　2017.9　254p　19cm　〈他言語標題：25 Japanese thinkers you need to know now　文献あり〉　1700円　⑰978-4-04-400234-3　Ⓝ121.028

内容　第1章 日本思想の黎明期（空海　道元　親鸞　吉田兼好　世阿弥）　第2章 日本の近世の葛藤（山本常朝　荻生徂徠　本居宣長　安藤昌益　二宮尊徳）　第3章 日本の近代の幕開け（横井小楠　吉田松陰　福沢諭吉　新渡戸稲造　内村鑑三）　第4章「日本哲学」の始まり（西周　西田幾多郎　九鬼周造　三木清　和辻哲郎）　第5章 世界における日本思想の独自性（北一輝　鈴木大拙　柳田國男　丸山眞男　吉本隆明）

聖覚〔1167～1235〕　せいかく

◇中世の人物 京・鎌倉の時代　第3巻　大阪 清文堂出版　2014.7　382p　22cm　4500円　⑰978-4-7924-0996-8　Ⓝ281

内容　後鳥羽院（美川圭著）　九条道家（井上幸治著）　西園寺公経（山岡瞳著）　藤原秀康（長村祥知著）　藤原定家（谷昇著）　源実朝（坂井孝一著）　北条政子（黒嶋敏著）　北条義時（田辺旬著）　北条泰時（菊池紳一著）　北条時房と重時（久保田和彦著）　九条頼経・頼嗣（岩田慎平著）　竹御所と石山尼（小野翠著）　三浦義村（真鍋淳哉著）　大江広元と三善康信〈善信〉（佐藤雄基著）　宇都宮頼綱（野口実著）　慈円（菊地大樹著）　聖覚（平雅行著）　定豪（海老名尚著）　円爾（原田正俊著）　叡尊（細川涼一著）　公武権力の変容と仏教界（平雅行／編）

青岳尼〔室町時代後期〕　せいがくに

◇青岳尼幻想―鎌倉尼五山第一位太平寺住持の実相　木村敢著　鎌倉 かまくら春秋社　2017.6　197p　20cm　1300円　⑰978-4-7740-0719-9　Ⓝ188.82

静寛院宮　せいかんいんのみや
⇒和宮（かずのみや）を見よ

清家 謙次〔1938～〕　せいけ・けんじ

◇報恩感謝―セイワパーク創業者清家謙次自伝　清家謙次著　福岡 梓書院　2018.2　254p

19cm 1500円 ①978-4-87035-623-8 Ⓝ289.1

内容 序章 創業前夜（漁師の四男として生まれて 太平洋戦争末期―小学校入学 ほか） 第1章 立体駐車場でつかんだ事業の基盤（39歳の脱サラ―数多くの友人に支えられ 妻・紀子のおかげで ほか） 第2章 受難と脱皮―土地バブルを経験して（専業企業を目指して社名変更、メンテナンスにも進出 土地の含み損を解消する ほか） 第3章 時代と共に生きる（駐車場のトータルカンパニーを目指して、セイワパークマネジメント（株）を設立 SPM（ソフトウェア）部門で経営が安定 ほか） 第4章 これからの皆さんへ（経営の心得 本業とかけ離れたところに青い鳥はいない ほか）

清少納言〔966頃～1025頃〕せいしょうなごん

◇人物史の手法―歴史の見え方が変わる 五味文彦著 左右社 2014.11 229p 19cm 〈文献あり〉 1700円 ①978-4-86528-105-7 Ⓝ281.04

内容 第1章 聖徳太子―文明化の象徴 第2章 景戒―『日本霊異記』を追体験する 第3章 清少納言―なぜ『枕草子』は生まれたのか 第4章 藤原顕長―一家の形成に心血を注いで 第5章 北条政子―生い立ちから人間像に迫る 第6章 兼好法師―新たな人物像を問う 第7章 世阿弥―父と子 第8章 武田信玄―丑年の決断

◇清少納言と紫式部―和漢混淆の時代の宮の女房 丸山裕美子著 山川出版社 2015.10 94p 21cm （日本史リブレット人 020）〈文献あり 年表あり〉 800円 ①978-4-634-54820-6 Ⓝ914.3

内容 和漢混淆の時代の女流文学 1 一条天皇とその後宮 2 女房たちの世界 3 受領の娘、受領の妻 4 女性の日記と男性の日記 5 歴史の流れのなかで

誠拙周樗〔1745～1820〕せいせつしゅうちょ

◇禅の名僧に学ぶ生き方の知恵 横田南嶺著 致知出版社 2015.9 271p 20cm 〈他言語標題：ZEN Wisdom 文献あり〉 1800円 ①978-4-8009-1083-7 Ⓝ188.82

内容 第1講 無学祖元―円覚寺の「泣き開山」 第2講 夢窓疎石―世界を自分の寺とする 第3講 正受老人―正念相続の一生涯 第4講 白隠慧鶴―いかにして地獄から逃れるか 第5講 誠拙周樗―円覚寺中興の祖 第6講 今北洪川―至誠の人 第7講 釈宗演―一活達雄偉、明晰俊敏

成祖 せいそ

⇒永楽帝（えいらくてい）を見よ

西太后〔1835～1908〕せいたいこう

◇西太后秘録―近代中国の創始者 上 ユン・チアン著, 川副智子訳 講談社 2015.2 292p 図版16p 20cm 1800円 ①978-4-06-219402-0 Ⓝ289.2

内容 第1部 嵐の時代の妃（一八三五～一八六一年）（皇帝の側室（一八三五～一八五六年） アヘン戦争から円明園炎上まで（一八三九～一八六〇年） ほか） 第2部 垂簾聴政（一八六一～一八七五年）（近代化への長い道のりの第一歩（一八六一～一八六九年） 西欧への初渡航（一八六一～一八七一年） ほか） 第3部 養子を通しての支配（一八七五～一八八九年）（皇帝にされた三歳の子（一八七五年） 加速する近代化（一八七五～一八八九年） ほか） 第4部 光緒帝、跡を継ぐ（一八八九～一八九八年）（遠ざけられた光緒帝（一八七五～一八九四年） 頤和園（一八八六～一八九四年） ほか）

◇西太后秘録―近代中国の創始者 下 ユン・チアン著, 川副智子訳 講談社 2015.2 300p 図版16p 20cm 〈文献あり〉 1800円 ①978-4-06-219403-7 Ⓝ289.2

内容 第4部 光緒帝、跡を継ぐ（一八八九～一八九八年）（承前）（中国を没落させた和平（一八九五年） 中国争奪戦（一八九五～一八九八年） ほか） 第5部 表舞台へ（一八九八～一九〇一年）（戊戌の変法（一八九八年） 慈禧暗殺の筋書き（一八九八年九月） 光緒帝廃位に燃やした執念（一八九八～一九〇〇年） ほか） 第6部 近代中国の真の革命（一九〇一～一九〇八年）（北京への帰還（一九〇一～一九〇二年） 欧米人との友好（一九〇二～一九〇七年） 慈禧の革命（一九〇二～一九〇八年） ほか）

◇西太后秘録―近代中国の創始者 上 ユン・チアン著, 川副智子訳 講談社 2018.5 381p 15cm （講談社＋α文庫 G280-5） 1000円 ①978-4-06-281661-8 Ⓝ289.2

内容 第1部 嵐の時代の妃（一八三五～一八六一年）（皇帝の側室（一八三五～一八五六年） アヘン戦争から円明園炎上まで（一八三九～一八六〇年） ほか） 第2部 垂簾聴政（一八六一～一八七五年）（近代化への長い道のりの第一歩（一八六一～一八六九年） 西欧への初渡航（一八六一～一八七一年） ほか） 第3部 養子を通しての支配（一八七五～一八八九年）（皇帝にされた三歳の子（一八七五年） 加速する近代化（一八七五～一八八九年） ほか） 第4部 光緒帝、跡を継ぐ（一八八九～一八九八年）（遠ざけられた光緒帝（一八七五～一八九四年） 頤和園（一八八六～一八九四年） ほか）

◇西太后秘録―近代中国の創始者 下 ユン・チアン著, 川副智子訳 講談社 2018.5 365p 15cm （講談社＋α文庫 G280-6） 1000円 ①978-4-06-281662-5 Ⓝ289.2

内容 第4部 光緒帝、跡を継ぐ（一八八九～一八九八年）（承前）（中国を没落させた和平（一八九五年） 中国争奪戦（一八九五～一八九八年） ほか） 第5部 表舞台へ（一八九八～一九〇一年）（戊戌の変法（一八九八年） 慈禧暗殺の筋書き（一八九八年九月） 光緒帝廃位に燃やした執念（一八九八～一九〇〇年） 世界を敵にまわして一義和団と組む（一八九九～一九〇〇年） ほか） 第6部 近代中国の真の革命（一九〇一～一九〇八年）（北京への帰還（一九〇一～一九〇二年） 欧米人との友好（一九〇二～一九〇七年） 慈禧の革命（一九〇二～一九〇八年） 投票！（一九〇五～一九〇八年） ほか）

勢力 富五郎〔1813/17～1849〕せいりき・とみごろう

◇アウトロー―近世遊侠列伝 高橋敏編 敬文舎 2016.9 255p 19cm 〈文献あり 年表あり〉 1750円 ①978-4-906822-73-7 Ⓝ384.38

内容 近世社会秩序と博徒―二足草鞋論 国定忠治―遊侠の北極星 竹居安五郎―新島を抜けり甦った甲州博徒の武闘派吃安 勢力富五郎―江戸を騒がせた『嘉永水滸伝』の主役 佐原喜三郎―鳥も通わぬ八丈からの島抜けを記録に留めたインテリ博徒 小金井小

次郎―多摩を仕切った、新門辰五郎の兄弟分　小川幸蔵―武州直し一揆を鎮圧した博徒　石原村幸次郎―関東取締出役の無力を思い知らせた孤高の博徒　西保周太郎―短い一生を全力で駆け抜けた幕末期甲州博徒の草分け　黒駒勝蔵―清水次郎長と対決した謎多き甲州の大侠客　吉良仁吉―義理を通した若き三河博徒　原田常吉―一〇余年の遠島に服すも八五年の生涯を全うした真の遊侠

瀬川 晶司〔1970～〕　せがわ・しょうじ

◇奇跡の六番勝負―サラリーマンがプロ棋士になった日　古田靖著　河出書房新社　2018.8　256p　15cm　〈河出文庫　ふ17-1〉〈「瀬川晶司はなぜプロ棋士になれたのか」(2006年刊)の改題、一部修正〉　780円　Ⓘ978-4-309-41626-7　Ⓝ796

内容　平成8年(挫折)　平成17年(始動　嘆願　思惑　説得　採決　混乱　挑戦　試練　結実)　奇跡　補記　その後

瀬川 冨美子〔1928～〕　せがわ・とみこ

◇母―昭和と平成の残像　瀬川久志著　名古屋　ブイツーソリューション　2016.9　245p　20cm　〈文献あり　発売：星雲社〉　1500円　Ⓘ978-4-434-22337-2　Ⓝ289.1

内容　第1部 父の死(雪景色は母の香り　憐憫の情は薄紅色　女の意地　天国への旅立ち)　第2部 ジェンダーの内面構造(戦争と少女　癌発覚　薄紅の記憶残像)　第3部 ジェンダーを生きた寺庭婦人(二重人格　梅の香に)

瀬川 康男〔1932～2010〕　せがわ・やすお

◇担雲亭に住んだひと―画家・絵本作家瀬川康男の日乗　瀬川朱々子著, 瀬川康男画　長野　一兎舎　2014.10　239p　20cm　1600円　Ⓘ978-4-904699-09-6　Ⓝ726.501

内容　第1章 詩・句・想い　第2章 北軽井沢の日々　第3章『絵巻平家物語』を描く　第4章 自作絵本への道　第5章 担雲亭たべもの記　第6章 いのちの時間

関 茂子〔1936～1964〕　せき・しげこ

◇闇にあっても光を　関茂子著　大阪　風詠社　2014.12　163p　19cm　〈こずえ 1974年刊の修正　発売：星雲社〉　1000円　Ⓘ978-4-434-19830-4　Ⓝ916

内容　第1章 遺稿―昭和23年～32年(発病から　少女時代　高校時代　家族のこと)　第2章 遺稿―昭和32年～34年10月(死線を越えて　東大病院　逆境の恩寵　春夏秋冬　舎舎の病院　キリストに従う)　第3章 遺稿―昭和34年11月～昭和36年6月(必死の闘病記　第二回東大病院　その後の一年間　ユーレイになってでも　一喀血　脳血栓)　第4章 最後に

関 祖衡〔江戸時代前期～中期〕　せき・そこう

◇改訂 関祖衡の軌跡―地誌・地図の先駆者発見！　笠井一弘著　改訂版　神戸　神戸新聞総合出版センター　2018.11　249p　19cm　1600円　Ⓘ978-4-343-01015-5　Ⓝ289.1

内容　第1章 なぜ関祖衡を探すのか？ 並河誠所、曽良との交流　第2章 探索の手掛かり　第3章 儒者との交流から候補者を発見　第4章 タイムカプセル開封の旅―小石川から水戸へ　第5章 先祖は武田家臣から徳川家臣へ　第6章『人国記』謎解きの旅　第7章『日本分域指掌図』閲覧の旅　第8章 石河定political交流　第9章『伊香保道記』第10章 関祖衡の生涯と功績―浄土寺が関祖衡の菩提寺

関 孝和〔1643頃～1708〕　せき・たかかず

◇三上義夫著作集　第2巻　関孝和研究　三上義夫著, 佐々木力総編集, 柏崎昭文編集補佐　日本評論社　2017.1　456p　22cm　10000円　Ⓘ978-4-535-60216-8　Ⓝ410.21

内容　1 関孝和伝研究(関孝和先生伝に就いて　再び関孝和先生伝に就いて　関孝和伝論評　関孝和伝に就いて　沢口一之と関孝和の関係　川北朝隣と関孝和伝)　2 関流形成史論考(関孝和の業績と京坂の算家並に支那の算法との関係及び比較　関流数学の免許段階の制定と変遷　関流数学の免許段階の制定と変遷に就いて―長沢規矩也氏に答う　歴史の考証に対する科学的批判の態度)　3 円理史論(円理の発明に関する論証―日本数学史上の難問題　円理の発明に就て　関孝和と微分学　宅間流の円理)

◇江戸の科学者―西洋に挑んだ異才列伝　新戸雅章著　平凡社　2018.4　251p　18cm　〈平凡社新書 875〉〈文献あり〉　820円　Ⓘ978-4-582-85875-4　Ⓝ402.8

内容　第1章 究理の学へ(高橋至時―伊能忠敬を育てた「近代天文学の星」　志筑忠雄―西洋近代科学と初めて対した孤高のニュートン学者 ほか)　第2章 江戸科学のスーパースター(関孝和―江戸の数学を世界レベルにした天才　平賀源内―産業技術社会を先取りした自由人 ほか)　第3章 過渡期の異才たち―(司馬江漢―西洋絵画から近代を覗いた多才の人　国友一貫斎―反射望遠鏡をつくった鉄砲鍛冶)　第4章 明治科学をつくった人々(緒方洪庵―医は仁術を実践した名教育者　田中久重―近代技術を開いた江戸の「からくり魂」)

関 千枝子〔1932～〕　せき・ちえこ

◇関千枝子 中山士朗 ヒロシマ往復書簡　第1集 2012-2013　関千枝子, 中山士朗著　西田書店　2015.11　227p　19cm　1500円　Ⓘ978-4-88866-598-8　Ⓝ210.75

内容　初めての手紙　原爆症認定をめぐって　生死の分かれ目　プールとピアノ　記憶の継承、記憶の場所　広島、天城旅館のこと　宇品のわが家とその歴史　友人たちの証言、執念の追跡　死者に生かされる　池田昭夫君〔ほか〕

◇関千枝子 中山士朗 ヒロシマ往復書簡　第2集 2013-2014　関千枝子, 中山士朗著　西田書店　2016.6　244p　19cm　1600円　Ⓘ978-4-88866-604-6　Ⓝ210.75

内容　養輪豊子さんと山口仙二さんの生き方　意見広告の原動力　「戦中のアナウンサー」来栖琴子さん　歎き続ける国家　和泉舞さんの舞踏と栗原貞子さんの護憲の碑　原子野と枕崎台風　冬瓜と南瓜　女優、藤川夏子をめぐって　はぐるま座のこと　一九五〇年代の一側面〔ほか〕

◇関千枝子 中山士朗 ヒロシマ往復書簡　第3集 2014-2016　関千枝子, 中山士朗著　西田書店　2017.6　249p　19cm　1600円　Ⓘ978-4-88866-616-9　Ⓝ210.75

内容:「花」によせて　七〇年の記憶をたどる旅　再び「生」と「死」を考える　鶴見橋─「炎の古里」　「ある悔恨」のこと　文学と証言　大田洋子と長岡弘芳について　江利昭子さんの仕事　被爆七〇年─行動と引用　閉ざされていた写真　ほか

関 信義〔1937～〕　せき・のぶよし
◇至高の靴職人─関信義─手業とその継承に人生を捧げた男がいた　竹川圭著　小学館　2014.12　190p　20cm　1500円　①978-4-09-388391-7　Ⓝ289.1

内容:序章　つぎはぎだらけの靴　第1章　はじめての弟子　第2章　弟弟子　第3章　四ująceガラス　第4章　大八車と衛生サック、ハンマーの重低音─夜明け前　第5章　渡り職人　第6章　水商売の女のような色気　第7章　足数制限と賃金一律─手製靴職人の終焉　最終章　枯れる

関 一〔1873～1935〕　せき・はじめ
◇「大大阪」時代を築いた男─評伝・関一〈第7代目大阪市長〉　大山勝男著　公人の友社　2016.2　307p　20cm〈文献あり　年譜あり〉　2600円　①978-4-87555-679-4　Ⓝ318.263

内容:第1章　グランドデザインを描いた学者市長、関一　第2章　新進気鋭の花形教授に就任　第3章　池上市長から筆頭助役就任の要請　第4章「池上市長なくして関市長はない」　第5章　東の後藤新平、西の関一と並び称される　第6章「特別市制」の実現を目指し運動　第7章　大阪の恩人、信念に殉ず　補章(『スーパー指定都市』の提言を　"第2の東京"を目指すのでなく、大阪の『都市格』を大切に　"大阪の父"関一の都市行政の思想を現代に)

関 行男〔1921～1944〕　せき・ゆきお
◇天皇と特攻隊─送るものと送られるもの　太田尚樹著　潮書房光人社　2015.4　281p　16cm（光人社NF文庫　おN-880）〈講談社 2009年刊の再刊　文献あり〉　780円　①978-4-7698-2880-8　Ⓝ210.75

内容:第1章　特攻を知らされた天皇（昭和二十年元旦の天皇　特攻隊員最後の料理　ほか）　第2章　第一陣発進（特攻を告げる司令長官の沈黙　悲劇のはじまり　ほか）　第3章　統率の外道（「戦争は経済学」から生まれた答え　創案者は誰なのか　ほか）　第4章　大西瀧治郎─特攻のスイッチを押した男（丹波の寒村農家に生まれる　航空指揮官の素養　ほか）　第5章　関行男─若き"特攻第一号"の足跡"貧困""不自然な家庭環境"をバネに　憧れの兵学校での洗礼　ほか）　第6章　特攻に行く者と行かせる者（「反対したらぶった斬る」　特攻を続けた大西の嘆息　ほか）　第7章　システムの軋みが生んだ奇形（特攻は敗戦後の国民の士気高揚のため　天皇の存在が不可欠　ほか）　第8章　特攻は戦争の弔鐘（毒をもって毒を制する人事　米内海相の怒りの矛先　ほか）

◇敷島隊の五人─海軍大尉　関行男の生涯　森史朗著　改訂版　潮書房光人社　2016.8　647p　20cm〈初版：光人社 1986年刊　文献あり〉　3800円　①978-4-7698-1624-9　Ⓝ916

内容:第1部　関行男の場合（鬼教官　孤独な魂　ほか）　第2部　それぞれの青春（試練の日々　赤トンボ　ほか）　第3部　旅立ち（母の面会　戦地　ほか）　第4部　特攻への道（比島基地　元帥会議　ほか）　第5部　最後の日々（隊長関行男　水盃　ほか）

関 洋子〔1936～〕　せき・ようこ
◇雨上がりの空　関洋子著　講談社エディトリアル　2018.5　293p　20cm　1500円　①978-4-86677-009-3　Ⓝ289.1

内容:第1章　心豊かな幼少期　第2章　大人になっていく時期　第3章　苦難の日々　第4章　人助けに奮闘する日々　第5章　人や生き物から学んだ大切なこと　第6章　病気の遍歴　第7章　今を大切に　第8章　これからもより良く生きる

関口 享二〔1802～1862〕　せきぐち・きょうじ
◇江戸城大奥をめざす村の娘─生麦村関口千恵の生涯　大口勇次郎著　山川出版社　2016.7　249p　22cm〈文献あり　年譜あり〉　4500円　①978-4-634-52021-9　Ⓝ289.1

内容:1部　千恵の生涯（農家の娘　商家に嫁す　江戸城大奥　村に生きる　財布と資産　千恵の最期）　2部　享二の江戸留学（漢学塾に学ぶ　漢詩集の刊行）

関口 周一〔1991～〕　せきぐち・しゅういち
◇テニスプロはつらいよ─世界を飛び、超格差社会を闘う　井山夏生著　光文社　2016.8　199p　18cm（光文社新書　838）　740円　①978-4-334-03941-7　Ⓝ783.5

内容:第1章　10歳では遅すぎる─「テニス親」はつらいよ（テニスとの出会い　アンドレ・アガシがアイドル　ほか）　第2章　プロになるためのテスト期間（IMGトライアウト　日本のジュニア代表選手に　ほか）　第3章　テニスプロはつらいよ（大学からの勧誘　初めての獲得賞金は50ドル　ほか）　第4章　24歳はもう若くない（幸先のいい優勝　テニス選手の日常　ほか）

関口 千恵〔1797～1865〕　せきぐち・ちえ
◇江戸城大奥をめざす村の娘─生麦村関口千恵の生涯　大口勇次郎著　山川出版社　2016.7　249p　22cm〈文献あり　年譜あり〉　4500円　①978-4-634-52021-9　Ⓝ289.1

内容:1部　千恵の生涯（農家の娘　商家に嫁す　江戸城大奥　村に生きる　財布と資産　千恵の最期）　2部　享二の江戸留学（漢学塾に学ぶ　漢詩集の刊行）

関口 開〔1842～1884〕　せきぐち・ひらき
◇高木貞治とその時代─西欧近代の数学と日本　高瀬正仁著　東京大学出版会　2014.8　406, 39p　20cm〈他言語標題：Teiji Takagi and His Era　文献あり　年譜あり　索引あり〉　3800円　①978-4-13-061310-1　Ⓝ410.28

内容:第1章　学制の変遷とともに　第2章　西欧近代の数学を学ぶ　第3章　関口開と石川県加賀の数学　第4章　西田幾多郎の青春　第5章　青春の夢を追って　第6章「考へ方」への道─藤森良蔵の遺産　附録

関口 雄三〔1948～〕　せきぐち・ゆうぞう
◇「ふるさと東京」再生─本当の豊かさとはなにか。次世代の子どもたちに残し、伝えたいもの─　関口雄三著　幻冬舎メディアコンサルティング　2018.4　205p　19cm〈年譜あり　発売：幻冬舎〉　1300円　①978-4-344-91253-3　Ⓝ519.81365

関口 芳弘〔1947〜〕　せきぐち・よしひろ

◇夢一途―ぬいぐるみづくりは幸せづくり　関口芳弘著　毎日新聞出版　2017.2　237p　20cm　1600円　①978-4-620-32436-4　Ⓝ289.1

内容　1 葛飾・セルロイド工場・応援団（少年～青年時代）　2 慶應・ヨット・アメリカ旅行（大学時代）　3 商社・結婚・営業三昧（社会人人生スタート）　4 独立・会社設立・グッズ販売（20代後半）　5 モンチッチ輸出・世界展開（サン・アロー初期）　6 国内市場でヒットを飛ばす（1980年代前半）　7 となりのトトロ・絶好調・社長就任（1990年前後）　8 テディベアミュージアム・ぬいぐるみ文化（1990年代）　9 遊び・ゴルフ・クラシックカー（オフ・タイム）　10 がん闘病・未来・希望（いま、そして次の100年）

関口 亮共〔1913〜1982〕　せきぐち・りょうきょう

◇教誨師関口亮共とBC級戦犯―シンガポール・チャンギー刑務所一九四六―一九四七　布川玲子, 伊藤京子編著　日本評論社　2017.7　152p　21cm　2300円　①978-4-535-58707-6　Ⓝ329.67

内容　「手記」と「手紙」の発見　亮共の略歴と人となり（関口亮共略年譜　戦地から家族に宛てた手紙　教誨師・亮共）　チャンギー刑務所に亮共を辿る（若松斉氏によって描かれた姿　『世紀の遺書』と教誨師・亮共　筆教誨師面談記録―『印度洋殉難録』より抜粋）　「明長寺資料」（チャンギー編）ノンフィクションエッセー「秋の日」―作者は亮共か　阿部宏元鉄道第五連隊・中尉の手記　Pホール（死刑囚房）より生還した受刑者からの便り）　日本編）

石山尼　せきざんに

◇中世の人物 京・鎌倉の時代編　第3巻　大阪　清文堂出版　2014.7　382p　22cm　4500円　①978-4-7924-0996-8　Ⓝ341

内容　後鳥羽院（美川圭著）　九条道家（井上幸治著）　西園寺公経（山岡瞳著）　藤原秀康（長村祥知著）　藤原定家（谷昇著）　源実朝（坂井孝一著）　北条政子（黒嶋敏著）　北条義時（田辺旬著）　北条泰時（菊池紳一著）　北条時房と重時（久保田和彦著）　九条頼経（岩田慎平著）　竹御所（小野翠著）　三浦義村（真鍋淳哉著）　大江広元と三善康信〈善信〉（佐藤雄基著）　宇都宮頼綱（野口実著）　慈円（菊地大樹著）　聖覚（平雅行著）　定豪（海老名尚著）　叡尊（原田正俊著）　公武権力の変容と仏教界（平雅行／編）

関戸 由義〔1829〜1888〕　せきど・よしつぐ

◇港都神戸を造った男―《怪商》関戸由義の生涯　松田裕之著　大阪　風詠社　2017.3　244p　19cm　〈文献あり　年譜あり　索引あり　発売：星雲社〉　1500円　①978-4-434-23148-3　Ⓝ289.1

内容　第1章 謎の前半生　第2章 失態と下積み　第3章 密航、そして神戸　第4章 同時代人の記録　第5章 兵庫県庁の能吏　第6章 不動産取引の内実　第7章 鉱山開発の顛末　第8章 斜陽の風景

関根 正二〔1899〜1919〕　せきね・しょうじ

◇ふくしま人　1　福島民報社編　福島　福島民報社　2015.4　143p　19cm　〈年譜あり　文献あり〉　1000円　①978-4-904834-28-2　Ⓝ281.26

＊ふくしまの近現代を彩った人物たちの評伝。1は、新島八重、関根正二、磯村春子、吉野せい、水野仙子を選び、業績や評価だけでなく、その人の日常生活にも踏み込んで深く掘り下げる。『福島民報』連載を書籍化。

関根 麻里〔1984〜〕　せきね・まり

◇上機嫌のわけ　関根麻里著　ワニブックス　2014.6　183p　19cm　1250円　①978-4-8470-9243-5　Ⓝ779.9

内容　1章 関根家の愉快な生活　2章 気分上々の思春期　3章 いざ！アメリカ生活　4章 お仕事は毎日が試験　5章 私の大好きな人たち　6章 私のこと

関根 要八〔1873〜1956〕　せきね・ようはち

◇日本基督教団矢吹教会の創立者遠元青山学院理事長・元東洋汽船株式会社専務取締役元帝国ホテル常任監査役、元日本鋳造株式会社代表取締役社長關根要八―關根要八とともに矢吹教会の設立・発展に尽力した元白河医師会副会長山田英太郎　矢吹町初の女性議員會田キン　庄司一幸著　〔郡山〕　庄司一幸　2016.1　73p　26cm　〈文献あり　年譜あり　著作目録あり〉　Ⓝ281

戚夫人〔?～前194〕　せきふじん

◇中国史にみる女性群像―悲運と権勢のなかに生きた女性の虚実　田村実造著　清水書院　2017.7　236p　19cm　〈新・人と歴史拡大版 17〉　〈1990年刊の再刊　索引あり〉　1800円　①978-4-389-44117-3　Ⓝ222.01

内容　1 項羽と虞美人（楚・漢の抗争　垓下の戦い）　2 漢の高祖をめぐる二人の女性（呂后と戚夫人との葛藤　政権を手中にした呂太后　項羽と劉邦の人物評価）　3 女流文学者班昭とその家系―班家の人びと（女流文学者班昭　班家の世系　班固と『漢書』班超と西域経営）　4 異域に嫁いだ公主たち（烏孫王に嫁いだ細君　匈奴王に嫁いだ王昭君―その実像と虚像　吐蕃（ティベット）王に嫁いだ文成公主―唐とティベット王国との関係を背景に　「蔡文姫、都に帰る」史話）　5 政権を握った女性たち（北魏朝の文明太后　唐朝の則天武后　清朝の西太后）

関本 賢太郎〔1978〜〕　せきもと・けんたろう

◇惜別球人―プロ野球時代を彩った男たち　山本昌　木佐貫洋　東出輝裕　谷繁元信　関本賢太郎　谷佳知　松田裕司、長谷川晶一、五反田康彦、宇佐美ын右、松下雅一郎、矢崎良一著　ミライカナイブックス　2015.12　252p　19cm　1400円　①978-4-907333-07-2　Ⓝ783.7

[内容] 第1章 届かなかったあと1勝—50歳の野球少年が見てきた光景 山本昌（中日） 第2章 そして、日記は3冊目に一。木佐貫洋（巨人・オリックス・北海道日本ハム） 第3章 野球小僧に聞こえたある『福音』 東出輝裕（広島） 第4章 悔しさとともに積み上げた3021試合 谷繁元信（横浜・中日） 第5章 生涯タテジマを貫いた男の真実 関本賢太郎（阪神） 第6章 現役最後まで失わなかった感覚 谷佳知（オリックス・巨人・オリックス）

◇虎一筋。必死のパッチの19年—もがき続けた野球人生 関本賢太郎著 ベースボール・マガジン社 2016.4 207p 19cm 1500円 ①978-4-583-10994-7 Ⓝ783.7

[内容] 第1章 引退—「まだできる」と言われたけれど 第2章 プロへの道—誰にも負けないと思っていた 第3章 苦闘—もがき続けた日々 第4章 関本スタイル—「究極のレギュラー」へ 第5章 代打の神様襲名—ため息との闘い スペシャル対談 川藤幸三×関本賢太郎

関本 大介〔1981〜〕 せきもと・だいすけ

◇劣等感 関本大介著 ワニブックス 2017.8 236p 19cm 1389円 ①978-4-8470-9582-5 Ⓝ788.2

[内容] 第1章 呪縛—明徳義塾で懲役6年。野球からプロレスへ 第2章 危機—相次ぐ選手の退団、観客動員の激減、団体の経営難 第3章 救世主—奇跡の新エース誕生。復活の大日本 第4章 光—世界一のプロレス団体を目指して

關谷 貞子〔1932〜〕 せきや・さだこ

◇東の空は茜いろ 關谷貞子著 〔出版地不明〕〔關谷貞子〕 2018.5 231p 21cm 〈年譜あり〉 Ⓝ289.1

関矢 ツヤ〔1905〜1975〕 せきや・つや

◇産婆ツヤさん奮闘記—生涯で8400人の赤ちゃんを取り上げた豪雪地帯新潟県北魚沼郡広神村の助産師 関矢ツヤ助産筆録, 河野洋子著 〔武蔵野〕 武蔵野デジタル出版 2015.4 97p 21cm 〈年譜あり〉 1500円 ①978-4-907591-09-0 Ⓝ498.14

関屋 貞三郎〔1875〜1950〕 せきや・ていさぶろう

◇関屋貞三郎日記 第1巻 大正一五年/昭和元年〈一九二六〉〜昭和五年〈一九三〇〉 関屋貞三郎著, 茶谷誠一編 国書刊行会 2018.6 439, 41p 22cm 〈索引あり〉 18000円 ①978-4-336-06271-0 Ⓝ210.7

[内容] 大正一五年/昭和元年（一九二六） 昭和二年（一九二七） 昭和三年（一九二八） 昭和四年（一九二九） 昭和五年（一九三〇） 関屋貞三郎宛牧野伸顕書簡

関矢 留作〔1905〜1936〕 せきや・とめさく

◇忘れられた農村問題研究者関矢留作一人と業績 船津功編著 札幌 亜璃西社 2016.9 525p 22cm 〈年譜あり 著作目録あり〉 7500円 ①978-4-906740-23-9 Ⓝ611.921

瀬古 利彦〔1956〜〕 せこ・としひこ

◇マラソンと日本人 武田薫著 朝日新聞出版 2014.8 313,19p 19cm （朝日選書 923）〈文献あり 索引あり〉 1600円 ①978-4-02-263023-0 Ⓝ782.3

[内容] 走り出した日本人 金栗四三—学生の大志と箱根駅伝 孫基禎—「内鮮一体」の表裏 "ボストンマラソン"と戦後復興 円谷幸吉と東京オリンピック 祭りのあとの空白—ポスト君原健二 瀬古利彦の栄光と挫折 中山竹通のたった独りの反乱 女子マラソンと夏のメダル ケニア参入と日本の内向化 川内優輝—鈍足のエリートと"東京マラソン"

◇マラソン哲学—日本のレジェンド12人の提言 小森貞子構成, 月刊陸上競技編集 講談社 2015.2 352p 19cm 1600円 ①978-4-06-219348-1 Ⓝ782.3

[内容] 宗茂—双子の弟・猛と切磋琢磨 日本のマラソン練習の礎を築いた「宗兄弟」 宗猛—「自分たちを生かす道はこれしかない！」小学生のうちに気づいたマラソンへの道 瀬古利彦—マラソン15戦10勝の"レジェンド" カリスマ指導者に導かれて世界を席巻 山下佐知子—女子マラソンで日本の「メダル第1号」東京世界選手権で銀、バルセロナ五輪は4位 有森裕子—陸上の五輪史上日本女子で唯一の複数メダル マラソンは「生きていくための手段」 中山竹通—底辺からトップに這い上がった不屈のランナー オリンピックは2大会連続で4位入賞 森下広一—"太く短く"マラソン歴はわずか3回 2連勝後のバルセロナ五輪は銀メダル 藤田敦史—運動オンチが長距離で信じられない飛躍 ある「きっかけ」が人生を180度変えた 髙橋尚子—日本の五輪史に燦然と輝く金メダル 「人の倍やって人並み」を日々実践した賜物 高岡寿成—長いスパンで取り組むマラソンへの道 トラックもマラソンも意識は常に「世界へ」 小出義雄—女子マラソンで複数のメダリストを輩出「世界一になるには、世界一になるための練習をやるだけ」 藤田信二—女子の400mからマラソンまで数々の「日本記録ホルダー」を育成 野口みずきのマラソン金メダルはトラックの延長

妹島 和世〔1956〜〕 せじま・かずよ

◇妹島和世論—マキシマル・アーキテクチャー 1 服部一晃著 NTT出版 2017.3 262p 19cm （建築・都市レビュー叢書 01）〈文献あり 年表あり〉 2400円 ①978-4-7571-6070-5 Ⓝ523.1

[内容] 序 きっと「作品」が悪いのだ 1 亀裂は絶対見過ごせない—「妹島和世の原風景」 2 建築論に食らいつけ—「多木・篠原・伊東・坂本のちょっと難しい建築」 3 家具もまた建築である—「大橋の建築家具・倉俣のヒエラルキー批判」 4 最初の亀裂、躓きの予感—「キャラクター論の失敗とコーリン・ロウ」 5 どうして覆われなければならないのか—「伊東事務所からの巣立ち」 6 同一化から相互規定へ—"PLATFORM2"と「再春館」 7 追いかけるほど遠ざかる世界—「地面・外形・ファサード・時間」 8 許してみる、頼ってみる、ただし慎重に—「ラカトン&ヴァッサル」の「芝浦」のブレース」 9 誰がやわらかくしたのか—「西沢立衛の手裂女ポエジー」 終 私であり、作品であるもの

瀬島 龍三〔1911〜2007〕 せじま・りゅうぞう

◇大東亜戦争を敗戦に導いた七人 渡辺望著 アスペクト 2015.7 231p 18cm 1100円

せしも

①978-4-7572-2412-4　Ⓝ210.75
内容　序論　戦争責任とは「敗戦責任」である　第1章　山本五十六—「必殺の精神」が生んだ奇襲攻撃と永続敗戦　第2章　米内光政—海軍善玉論の裏に隠された「無定見」　第3章　瀬島龍三—個人と国家のギリギリの境界線に生きたエージェント　第4章　辻政信—陰謀と謀略の淵に溺れた「蔣介石の密使」　第5章　重光葵—超一流の外交官が犯した唯一にして最大の錯誤　第6章　近衛文麿、井上成美—歴史の大舞台に放り出された「評論家」の悲劇

◇帝国軍人の弁明—エリート軍人の自伝・回想録を読む　保阪正康著　筑摩書房　2017.7　205p　19cm　（筑摩選書　0146）　1500円　①978-4-480-01654-6　Ⓝ396.21
内容　序章　軍人の回想録・日記・自伝を読む　第1章　石原莞爾の『世界最終戦論』を読む　第2章　堀栄三『大本営参謀の情報戦記』を読む　第3章　武藤章『比島から巣鴨へ』を読む　第4章　佐々木到一『ある軍人の自伝』を読む　第5章　田中隆吉『日本軍閥暗闘史』を読む　第6章　河邊虎四郎『市ヶ谷台から市ヶ谷台へ』を読む　第7章　井本熊男『作戦日誌で綴る大東亜戦争』を読む　第8章　遠藤三郎『日中十五年戦争と私』を読む　第9章　磯部浅一「獄中日記」を読む　第10章　瀬島龍三『幾山河』を読む　終章　歴史に残すべき書

瀬下　忠良〔1939〜〕　せしも・ただよし
◇明日死んでもいいより　瀬下忠良企画・編集　再版　佐久　瀬下忠良　2014.12　186p　21cm　（リアリー）〈奥付のタイトル：明日死んでもいい〉　Ⓝ289.1

世祖　せそ
⇒クビライを見よ

瀬田　栄之助〔1916〜1971〕　せた・えいのすけ
◇戦場のファンタスティックシンフォニー—人道作家・瀬田栄之助の半生　志水雅明著　名古屋　人間社　2017.12　203p　19cm　（樹林舎叢書）　1600円　①978-4-908627-26-2　Ⓝ289.1
内容　第1章　朗読劇「人道作家・瀬田栄之助の半生」　第2章　偽りの青春　第3章　日本にあった外国人捕虜収容所——通訳の手記　第4章　瀬田栄之助・万之助の実像を追って

瀬田　掃部〔1548〜1595〕　せた・かもん
◇利休と戦国武将—十五人の「利休七哲」　加来耕三著　京都　淡交社　2018.4　239p　19cm　1300円　①978-4-473-04246-0　Ⓝ791.2
内容　第1章　"七哲"の筆頭　蒲生氏郷　第2章　教養が生き残りの秘訣　細川三斎　第3章　信仰と茶の湯　高山右近・前田利長　第4章　悲運の茶人　瀬田掃部・豊臣秀次・木村常陸介　第5章　何処までも不可解な数寄者　荒木村重・芝山監物　第6章　滑稽味あふれるお人好し　織田常真・牧村兵部・佐久間不干斎　第7章　時代の転換期に出現　古田織部　第8章　自分の分限を知っていた　織田有楽・有馬玄蕃

瀬田　伊繁　せた・これしげ
⇒瀬田掃部（せた・かもん）を見よ

瀬田　貞二〔1916〜1979〕　せた・ていじ
◇子どもの本のよあけ—瀬田貞二伝　荒木田隆子著　福音館書店　2017.1　477,24p　21cm　〈著作目録あり　年譜あり〉　3200円　①978-4-8340-8315-6　Ⓝ726.601
内容　第1章　『児童百科事典』の時代　第2章　『絵本論』——「がらがらどん」と「おだんごぱん」　第3章　『落穂ひろい』の日々　第4章　『児童文学論』——子どもへの憧れ　第5章　瀬田先生の「旅」　資料編（瀬田貞二著『絵本論』をすすめる—絵本の選択のために（松岡享子）　郵便机（余寧金之助））

瀬田　正忠　せた・まさただ
⇒瀬田掃部（せた・かもん）を見よ

雪村〔室町末期〕　せっそん
◇雪村　謎の生涯を追う　冨山章一著　水戸　茨城新聞社　2017.3　151p　19cm　（いばらきBOOKS 15）〈文献あり　年譜あり〉　800円　①978-4-87273-455-3　Ⓝ721.3
内容　第1部　生誕から出国（二つの生誕説　出身は佐竹氏　出身地論争　ほか）　第2部　画聖への道（会津の蘆名氏　鹿沼の今宮神社　長林寺　ほか）　第3部　追慕の軌跡（一元紹碩　尾形光琳の思い　立原翠軒の記録　ほか）

攝津　幸彦〔1947〜1996〕　せっつ・ゆきひこ
◇大阪の俳人たち　7　大阪俳句史研究会編　大阪　和泉書院　2017.6　256p　20cm　（上方文庫　41—大阪俳句史研究会叢書）　2600円　①978-4-7576-0839-9　Ⓝ911.36
内容　高浜虚子（明治7年2月22日〜昭和34年4月8日）　川西和露（明治8年4月20日〜昭和20年4月1日）　浅井啼魚（明治8年10月4日〜昭和12年8月1日）　尾崎放哉（明治18年1月20日〜大正15年4月7日）　橋本多佳子（明治32年1月15日〜昭和38年5月29日）　小寺正三（大正3年7月16日〜平成7年2月12日）　桂信子（大正3年11月1日〜平成16年12月16日）　森澄雄（大正8年2月28日〜平成22年8月18日）　山田弘子（昭和9年8月24日〜平成22年2月7日）　攝津幸彦（昭和22年1月28日〜平成8年10月13日）

雪門玄松〔1850〜1915〕　せつもんげんしょう
◇北陸の学僧、碩学の近代—存在証明の系譜　高畑崇導著　金沢　北國新聞社出版局　2018.5　161p　21cm　①978-4-8330-2135-7　Ⓝ188.72
内容　石川舜台（一八四二〜一九三一、天保十三〜昭和六）—その存在証明の時　維新期の西欧からの仏教批判書と真宗教団—J.エドキンズ著『釈教正謬』正続二冊をめぐって　マックス・ミューラー編『東方聖書』と浄土の三部経　北條時敬と国泰寺雪門—西田幾多郎と鈴木大拙にかかわった二人の師　雪門玄松（一八五〇〜一九一五、嘉永三〜大正四）の国泰寺住持十年　真宗教義学の象徴—宣明とその時代　藤懸得住　常徳寺の経蔵　真宗大谷派の学僧・玄寧（一八一二〜一八八四、文化九〜明治十七）の学問—新知見・志賀町常徳寺経蔵典籍五千冊　笠原研寿の学問

瀬戸　和美〔1943〜〕　せと・かずみ
◇己が源　瀬戸和美著　小田原　セトプリント　2017.12　200p　19cm　〈年表あり〉　Ⓝ749.067

瀬戸内 寂聴〔1922～〕　せとうち・じゃくちょう
◇寂聴伝　続　拈華微笑　齋藤愼爾著　白水社　2017.5　495p　20cm　3600円　Ⓘ978-4-560-09233-0　Ⓝ910.268
　内容　第1章 苦文と黙示録　第2章 管野須賀子再考　第3章 寂聴と樋口一葉　第4章 寂聴と海外作家　第5章 寂聴と『源氏物語』　第6章 寂聴と宗教
◇おちゃめに100歳！　寂聴さん　瀬尾まなほ著　光文社　2017.11　269p　19cm　1300円　Ⓘ978-4-334-97960-7　Ⓝ910.268
　内容　寂庵の一日―あなたの寿命が縮んで、私が延びる　縁―「わたしなんか」という人間はいらない。あなたはこの世に一人だけなのだから　一生現役―書くことに命をかける　戦争、そして覚醒―自分がやろうと思えば何だってできる　寂庵の食卓―お肉食べないと、書けない　初めての試練―いいときも、悪いときも続くことはないの　若返った！―若き日にバラを摘め　恋のこと―理屈じゃないのが本当の恋愛　緊急入院―もう、100まで生きるよ！　若草プロジェクト―自分のことばかり考えてはダメ。自分と日本、自分と世界、自分と宇宙。といつも意識しなさい　天台寺―私は人にパワーを与えていると思っていたけれど、違ってた。同じだけ出会った人から私がもらっている

瀬戸山 隆三〔1953～〕　せとやま・りゅうぞう
◇現場を生かす裏方力―プロ野球フロント日記　瀬戸山隆三著　同友館　2018.9　181p　19cm　1600円　Ⓘ978-4-496-05373-3　Ⓝ783.7
　内容　1 軌跡―ダイエー・ロッテ・オリックス フロントとして歩いた30年（ダイエー編　ロッテ編　オリックス編）　2 野球ビジネス―フロントとしての矜持、球団経営のこと（プロ野球フロント論　球界再編騒動―プロ野球界が問われた　3人のリーダー・球団と球場一体化改革　もう一つのプロ野球、「独立リーグ」という挑戦　ほか）

瀬名 あゆむ〔1985～〕　せな・あゆむ
◇元アイドルのAVギャル瀬名あゆむ、アイドルプロデューサーになる　瀬名あゆむ著　コアマガジン　2017.8　191p　18cm　（コア新書 024）　787円　Ⓘ978-4-86653-063-5　Ⓝ289.1
　内容　第1章 アイドル時代からAV寸前まで（11歳で「アイドルになりたい！」　芸能スクール入学、1期上に紅白歌手・ZONE ほか）　第2章 AVギャル瀬名あゆむ誕生（私はAVをやる気になったのか　単体女優を目指すには… ほか）　第3章 アイドルプロデューサーになる（1回5000万円!?のアイドルライブ　アイドルビジネスはそんな甘いもんじゃない ほか）　第4章 地下アイドルとAVのリアル（アイル恋愛禁止問題のリアル　地下アイドル、お金もらえてないんじゃないか問題 ほか）　第5章 私達が襲われたネットストーカー事件（ツイッター破壊予告サイバーポリス出動事件　オメー絶対刺されるよ・誰から消していこうかな ほか）

瀬長 亀次郎〔1907～2001〕　せなが・かめじろう
◇「米軍（アメリカ）が恐れた不屈の男」瀬長亀次郎の生涯　佐古忠彦著　講談社　2018.1　270p　19cm　〈文献あり〉　1600円　Ⓘ978-4-06-220950-2　Ⓝ289.1
　内容　プロローグ 瀬長亀次郎とは何者だったのか　第1章 沖縄を魅了した演説　第2章 米軍vs.カメジロー　第3章 獄中日記　第4章 「抵抗者」の軌跡　第5章 那覇市長・カメジローの奮闘　第6章 父として、夫として　第7章 国会へ―佐藤首相と対峙　第8章 亀次郎の思想　エピローグ 亀次郎の遺したもの

銭屋佐兵衛（4代）　ぜにやさへえ
◇両替商銭屋佐兵衛　1　四代佐兵衛評伝　逸身喜一郎、吉田伸之編　東京大学出版会　2014.10　408,22p 図版16p　22cm　〈年表あり　索引あり〉　Ⓘ978-4-13-026237-8　Ⓝ338.2163
　内容　1 四代左兵衛評伝（家督相続前後（天保四年まで）　佐治兵衛・佐兵衛の体制（天保年間）　佐兵衛「ワンマン体制」の確立（弘化から安政まで）　退隠の準備（慶応年間から明治初期まで）　退隠の後）

瀬沼 夏葉〔1875～1915〕　せぬま・かよう
◇ドラマチック・ロシアin JAPAN　4　日露異色の群像30―文化・相互理解に尽くした人々　続　長塚英雄責任編集　生活ジャーナル　2017.12　531p　22cm　〈3の出版者：東洋書店〉　2800円　Ⓘ978-4-88259-166-5　Ⓝ319.1038
　内容　レフ・メーチニコフ（1838‐1888）西郷が呼んだロシアの革命家　ニコライ・ラッセル（1850‐1930）子孫が伝える二〇世紀の世界人の記憶　黒野義文（？‐1918）東京外語露科からペテルブルグ大学東洋語学部へ　小西増太郎（1861‐1939）トルストイとスターリンに会った日本人―激動の昭和を生きた祖父小西増太郎　ニコライ・マトヴェーエフ（1865‐1941）マトヴェーエフと戦後最初のロシア人観光団　徳富蘆花（1868‐1927）日本におけるトルストイ受容の先駆者として　セルギイ・チホミーロフ（1871‐1945）日本の府主教セルギー―その悲劇の半生　内田良平（1874‐1937）「黒龍会」内田良平のロシア観　瀬沼夏葉（1875‐1915）瀬沼夏葉とチェーホフ作品の翻訳　相馬黒光（1875‐1955）"アンビシャスガール"とロシア文化〔ほか〕

妹尾 兼康〔1123～1183〕　せのお・かねやす
◇妹尾太郎兼康を『平家物語』諸本から読み比べる　妹尾次男著　岡山　吉備人出版　2015.6　281p　20cm　〈文献あり〉　2000円　Ⓘ978-4-86069-433-3　Ⓝ289.1
　内容　「殿下乗合」　「西光被斬」　「小教訓」　「教訓状」から　「烽火の沙汰」　「阿古屋之松」　「無文」　「奈良炎上」　「飛脚到来」　「築島」　「北国下向」　「倶利伽羅落」　「生け捕り」と「降人」を考える　「妹尾最期」

妹尾 義郎〔1889～1961〕　せのお・ぎろう
◇大凡の日々―妹尾義郎と宗教弾圧　理崎啓著　新座　哲山堂　2016.5　209p　19cm　（理崎啓の偉人発掘シリーズ）〈文献あり　年譜あり〉　1500円　Ⓘ978-4-9905122-9-3　Ⓝ182.1

瀬谷 ルミ子〔1977～〕　せや・るみこ
◇職業は武装解除　瀬谷ルミ子著　朝日新聞出版　2015.5　230p　15cm　（朝日文庫 せ9-1）　580円　Ⓘ978-4-02-261828-3　Ⓝ319.8
　内容　1 群馬の田舎から世界を目指す（生意気だった子ども時代　修業時代が変わった瞬間 ほか）　2 武装解除の現場に立って（内戦中のシエラレオネへ　子

せらかき

瀬良垣 りんじろう〔1965～〕 せらがき・りんじろう
◇気がつけばみんな同じだったりする—統合失調症の母とオイラの日常 瀬良垣りんじろう著 那覇 ボーダーインク 2017.12 167p 19cm 1200円 ①978-4-89982-328-5 Ⓝ289.1

芹澤 鴨〔?～1863〕 せりざわ・かも
◇新選組局長芹澤鴨 箱根紀千也著 名古屋 ブイツーソリューション 2015.12 199p 18cm 〈発売：星雲社〉 908円 ①978-4-434-21388-5 Ⓝ289.1
|内容| 第1章 新選組芹澤鴨の出生（新選組結成の理由「玉造勢」下村嗣次と芹澤鴨 ほか） 第2章 新選組芹澤鴨と下村嗣次（「下村嗣次」が釈放された可能性 万延二（文久元）年の「佐原騒動」と「玉造勢」 ほか） 第3章 新選組芹澤鴨の最期（芹澤と近藤勇の関係 大坂力士乱闘事件と大和屋焼き打ち事件 ほか） 第4章 新選組芹澤鴨と新見錦と水戸藩浪士（幕末の水戸藩と芹澤家 芹澤又衛門尉孝斡らの活動 ほか）

◇新選組水府派の史実捜査—芹澤鴨・新見錦・平間重助 箱根紀千也著 名古屋 ブイツーソリューション 2016.11 254p 18cm 〈発売：星雲社〉 1360円 ①978-4-434-22645-8 Ⓝ289.1
|内容| 第1章 芹澤家本家について 第2章 芹澤家分家に関連して 第3章 下村嗣次 第4章 長谷川庄七 第5章 芹澤鴨を論じる前の基礎的事項 第6章 証明せずに通説になった事 第7章 新見錦の新たな事実

芹沢 銈介〔1895～1984〕 せりざわ・けいすけ
◇芹沢銈介の静岡時代 静岡市立芹沢銈介美術館監修 静岡 静岡新聞社 2016.8 215p 21cm 〈文献あり〉 2000円 ①978-4-7838-1431-3 Ⓝ753.8
|内容| 芹沢の生家 子ども時代 デザイン志望へ 結婚、そして再び静岡へ 広告デザイン、染物、そして収集 染色家デビューと「工藝」の創刊 巻末 特別インタビュー『師 芹沢銈介のこと』

◇芹沢銈介三十六通の手紙—武内潔眞宛 芹沢銈介著, 海野雅央編 横浜 海野雅央 2018.3 56p 30cm 1852円 Ⓝ753.8

芹沢 光治良〔1896～1993〕 せりざわ・こうじろう
◇芹沢光治良 戦中戦後日記 芹沢光治良著 勉誠出版 2015.3 551p 20cm 3200円 ①978-4-585-29086-5 Ⓝ915.6
|内容| 昭和十六（一九四一）年 昭和十七（一九四二）年 昭和十八（一九四三）年 昭和十九（一九四四）年 疎開日記 疎開日誌 昭和二十一（一九四六）年 昭和二十二（一九四七）年 昭和二十三（一九四八）年

芹沢 長介〔1919～2006〕 せりざわ・ちょうすけ
◇石の虚塔—発見と捏造、考古学に憑かれた男たち 上原善広著 新潮社 2014.8 287p 20cm 〈文献あり〉 1500円 ①978-4-10-336251-7 Ⓝ210.025
|内容| 序章 オレたちの神様 第1章 岩宿の発見 第2章 人間・相澤忠洋 第3章 芹沢長介と登呂の鬼 第4章 前期旧石器狂騒 第5章 孤立する芹沢 第6章 暴かれる神の手 最終章 神々の黄昏

◇発掘狂騒史—「岩宿」から「神の手」まで 上原善広著 新潮社 2017.2 366p 16cm 〈新潮文庫 う－23-1〉〈『石の虚塔』（2014年刊）の改題 文献あり〉 590円 ①978-4-10-120686-8 Ⓝ210.025
|内容| 序章 オレたちの神様 第1章 岩宿の発見 第2章 人間・相澤忠洋 第3章 芹沢長介と登呂の鬼 第4章 前期旧石器狂騒 第5章 孤立する芹沢 第6章 暴かれる神の手 最終章 神々の黄昏

世礼 国男〔1897～1950〕 せれい・くにお
◇世礼国男と沖縄学の時代—琉球古典の探求者たち 末次智著 森話社 2017.3 289p 22cm 〈文献あり 索引あり〉 5800円 ①978-4-86405-113-2 Ⓝ911.6
|内容| 1 世礼国男の仕事（人生と研究の軌跡 『おもろさうし』研究 身体の楽譜—琉球古典音楽野村流と世礼国男の「声楽譜」 戦時中の琉球神道研究 幻の詩集『阿旦のかげ』を求めて） 2 新おもろ学派とその周辺（島袋全発と比嘉盛章 伊波普猷と新おもろ学派 宮城真治と新おもろ学派 小野重朗の分離解読法） 3 資料編（宮城真治草稿翻刻—「『おもろさうし』の読法 展読法の研究』に対する卑見」 世礼国男関係年譜 世礼国男著作一覧）

ZEN〔1993～〕
◇FLY ZEN著 小学館集英社プロダクション 2016.7 159p 21cm （ShoPro Books）〈本文は日本語〉 1800円 ①978-4-7968-7630-8 Ⓝ782.3
|内容| 10月25日の衝撃 やっと自分を好きになれた 人が変わった 人生を変えたアメリカ 必要な人間になるために 食うための道具にしない パルクールのプライドで 初出場で大番狂わせ 「アスリートオンリー」の屈辱 全て捨てて壊す覚悟 ほか

千 玄室〔1923～〕 せん・げんしつ
◇茶のこころを世界へ—平和への祈り 千玄室著 PHP研究所 2014.12 113p 20cm 1200円 ①978-4-569-78434-2 Ⓝ791.2
|内容| 第1章 茶人として生きる（又新にて—「和敬清寂」「茶のこころ」 家元でなく大宗匠として 家元の長男として） 第2章 平和への思いを胸に（特攻隊の日々 生き残った負い目を抱えて 「茶のこころ」が導く平和 親子でアメリカの和の学校） 第3章 「茶のこころ」「思うところ」（茶がつむぐもの（「の」の関係） 利休のこころを今に 一盌からピースフルネスを）

◇千玄室あゆみ草 千玄室著 京都 淡交社 2015.10 303p 20cm 1900円 ①978-4-473-03991-0 Ⓝ791.2
|内容| 1 直心は是れ道場—平成二十五年 卒寿をむか

えて(六歳の六月六日　祖母のもとで茶の稽古　ほか)　2　海軍での日々―平成二十六年　戦時を回想して(厳冬の舞鶴へ　過酷な訓練の日々 ほか)　3　和を築く―平成二十一年　祖国に想いを寄せて(見識と胆識　不動の信念 ほか)　4　想い出の中で―平成二十一年　我が来し方を顧みつつ「布施」ということ　国際ロータリー ほか)

千　宗左(4代)〔1613〜1672〕　せん・そうさ

◇四代 江岑　不審菴文庫編　京都　不審菴　2016.2　98p　26cm　〈年譜あり〉　2000円　Ⓝ791.2
　＊而妙斎千宗左監修。表千家歴代家元の事績や人となりを紹介する新シリーズの第4冊目。表千家不審菴の基盤を築き、千家茶道の確立に力をつくした四代江岑への理解を深める。

千　宗旦〔1578〜1659〕　せん・そうたん

◇元伯宗旦の研究　中村静子著　京都　思文閣出版　2014.7　410,10p　22cm　〈索引あり〉　7800円　Ⓘ978-4-7842-1760-1　Ⓝ791.2
　内容　第1章 元伯宗旦研究序説　第2章 宗旦の生涯をめぐる諸問題　第3章 茶の湯者宗旦形成にかかわる要因　第4章 宗旦の茶の諸相　第5章 宗旦の侘び茶　第6章 宗旦の後継者たち

◇三代 元伯　不審菴文庫編　京都　不審菴　2018.1　110p　26cm　〈年譜あり〉　Ⓝ791.2
　＊而妙斎千宗左監修。表千家歴代家元の事績や人となりを紹介する新シリーズの第6冊目。利休のわび茶を守り伝えることに徹し、今日につづく三千家の礎を築いた三代元伯への理解を深める。

千　利休〔1522〜1591〕　せん・りきゅう

◇千利休の「わび」とはなにか　神津朝夫著　KADOKAWA　2015.1　253p　15cm　(角川ソフィア文庫 F140-1)(角川学芸出版 2005年刊の再刊　文献あり)　840円　Ⓘ978-4-04-408009-9　Ⓝ791.2
　内容　第1章 虚構のなかの利休(はじめに　『南方録』と『山上宗二記』)　第2章 辻玄哉の弟子だった利休(武野紹鷗と「わび」　利休の師はだれか　抹殺された辻玄哉)　第3章 誤解されていた利休の茶の湯(利休茶会の記録　運び点前の創案　利休と唐物)　第4章 茶室待庵はなぜつくられたか(利休以前の茶室　待庵と利休)　第5章 利休にとっての茶祖珠光(珠光の実像　珠光と利休)

◇利休切腹―豊臣政権と茶の湯　中村修也著　洋泉社　2015.4　351p　19cm　〈文献あり 年表あり〉　2400円　Ⓘ978-4-8003-0644-9　Ⓝ791.2
　内容　第1章 利休追放(秀吉の置かれた状況　二月十三日夜 ほか)　第2章 大徳寺山門の木像事件(金毛閣「利休居士伝書」 ほか)　第3章 秀吉と利休(朝顔の茶会　イベント茶会 ほか)　第4章 奥羽一揆(関東惣無事令　奥州遠征 ほか)　第5章 秀長の死(石田光成の思惑　秀吉の家臣団 ほか)　第6章 天正十九年の京(秀吉の朝鮮出兵政策の影響　家康の様子 ほか)　第7章 二月二十八日(歓修寺晴豊の日記　二月二十五日〜二十九日)　西洞院時慶の日記(二月十五日〜二十九日) ほか)　第8章 細川三斎(三斎の謎の発見　「千利休由緒書」 ほか)　終章 利休生存(幻の上杉警護隊　利休遺偈の問題 ほか)

◇千利休　熊倉功夫著　大阪　創元社　2015.9　206p　18cm　〈日本人のこころの言葉〉〈文献あり 年譜あり〉　1200円　Ⓘ978-4-422-80069-1　Ⓝ791.2
　内容　言葉編(茶の湯のこころ　人と人、物と物、人と物の出会い　俗世を離れる　利休の生き方)　生涯編(略年譜　千利休の生涯)

◇千利休　八尾嘉男著　京都　淡交社　2016.12　259p　18cm　(茶道教養講座 5)〈文献あり〉　1200円　Ⓘ978-4-473-04135-7　Ⓝ791.2
　内容　第1章 佗び茶のはじまりと珠光　第2章 利休登場前夜、珠珠と武野紹鷗　第3章 千利休のあゆみ　第4章 同時代の茶会記からみる等身大・利休の茶の湯　第5章 利休を知る世代たち―「茶の湯」から「佗び茶」へ　第6章 茶聖化する利休―「南方録」をめぐって　第7章 千家の道統と利休ブームの変遷

◇利休の生涯と伊達政宗―茶の湯は文化の下剋上　生形貴重著　京都　河原書店　2017.6　419,15p　21cm　〈索引あり〉　2500円　Ⓘ978-4-7611-0176-3　Ⓝ791.2
　内容　序章 与四郎から宗易へ　第1章 信長の登場　第2章 戦国武将と利休の茶の湯　第3章 秀吉の天下取りと利休　第4章 関白秀吉と利休居士　第5章 天下人秀吉の茶の湯　第6章 秀吉の茶の湯と利休の佗び茶　第7章 秀吉の天下統一と伊達政宗　第8章 伊達政宗問題と利休自刃の背景　第9章 利休追放から自刃へ

◇利休と戦国武将―十五人の「利休七哲」　加来耕三著　淡交社　2018.4　239p　19cm　1300円　Ⓘ978-4-473-04246-0　Ⓝ791.2
　内容　第1章 "七哲"の筆頭 蒲生氏郷　第2章 教養が生き残りの秘訣 細川三斎　第3章 信仰と茶の湯 高山右近、珠と武野利長　第4章 悲運の茶人 瀬田掃部・豊臣秀次・木村常陸介　第5章 何処までも不可解な数寄者 荒木村重・芝山監物　第6章 滑稽味あふれるお人好し 織田常真・牧村兵部・佐久間不干斎　第7章 時代の転換期に出現 古田織部　第8章 自分の分限を知っていた 織田有楽・有馬玄番

仙厓義梵〔1751〜1837〕　せんがいぎぼん

◇仙厓 無法の禅　玄侑宗久著　PHP研究所　2015.6　127p　21cm　〈文献あり 年譜あり〉　1500円　Ⓘ978-4-569-82516-8　Ⓝ188.82
　内容　第1章 若き日の身心行脚(自在な心のはたらきこそ一聯「霊山拈華一場敗闕」「多子分座満面慚紅」弓箭との一致「石鞏図」　音の描写―「香厳撃竹図」ほか)　第2章 博多の仙厓(扶桑最初禅窟入山―「自画像賛賛」　無事是貴人一二字書「無事」　衆生済度―「布袋画賛」 ほか)　第3章 みんな同い年―(同慶と「遊」―「指月布袋画賛」　みんな同い年―「老人六歌仙画賛」　不肖の弟子―「南泉斬猫画賛」 ほか)

◇かわいい禅画―白隠と仙厓　矢島新著　東京美術　2016.5　119p　21cm　〈他言語標題：Zen Paintings：Kawaii？　文献あり 索引あり〉　1800円　Ⓘ978-4-8087-1062-0　Ⓝ721.7
　内容　序章 そもそも宗教美術に"かわいい"ってアリ!?　1章 禅画のかわいい？　2章 かわいい白隠(生涯と画業で知る―白隠ってどんな人？　白隠の人物表現　白隠の生きもの)　3章 かわいい仙厓(生涯と画業で知る―仙厓ってどんな人？　仙厓の人物表現　仙厓の生きもの　仙厓の聖像)

せんけ

千家 元麿〔1888～1948〕 せんげ・もとまろ
◇我が愛する詩人の伝記　室生犀星著　講談社　2016.8　277p　16cm　（講談社文芸文庫　むA9）〈中公文庫　1974年刊の再刊　年譜あり〉　1400円　Ⓘ978-4-06-290318-9　Ⓝ914.6
[内容] 北原白秋　高村光太郎　萩原朔太郎　釈迢空　堀辰雄　立原道造　津村信夫　山村暮鳥　百田宗治　千家元麿　島崎藤村

千眼 美子〔1994～〕 せんげん・よしこ
◇全部、言っちゃうね。―本名・清水富美加、今日、出家します。　千眼美子著　幸福の科学出版　2017.2　147p　19cm　1200円　Ⓘ978-4-86395-881-4　Ⓝ169.1
[内容] 1 でも今日、出家します。(全部がうそだったわけじゃないけど　「死にたい」は普通じゃない？　ほか)　2 死にたかった7年、死ななかった7年。(「死にたい」っていつも思ってた　給料制のことで事務所とモメた　ほか)　3 私の生い立ち(庶民ど真ん中の普通の暮らし　陰口は二度と言わない　ほか)　4 ずっと幸福の科学(神様が見てるって思えば大きく間違わない　死んだら終わりじゃない　ほか)

千石 剛賢〔1923～2001〕 せんごく・たけよし
◇ひとびとの精神史　第4巻　東京オリンピック―1960年代　苅谷剛彦編　岩波書店　2015.10　329p　19cm　2500円　Ⓘ978-4-00-028804-0　Ⓝ281.04
[内容] 1 高度成長とナショナリズム(下村治―国民のための経済成長　十河信二―新幹線をめぐる「夢」河西昌枝―引退できなかった「東洋の魔女」　手塚治虫―逆風が育んだ「マンガの神様」　原田正純―胎児性水俣病の「発見」)　2 民族大移動―農村と都市の変貌(高村三郎と永山則夫―集団就職という体験　大牟羅良―農村の変貌と岩手の農民　室原知幸―公共事業のあり方を問い続けた「蜂の巣城主」　千石剛賢―日本的家族観に抗った「イエスの方舟」)　3 ベトナム戦争と日本社会(小田実―平等主義と誇りで世界の人びとをつなぐ　岡村昭彦―ベトナム戦争を直視して　鶴見良行―「足の人」はいかに思考したか)

仙谷 由人〔1946～2018〕 せんごく・よしと
◇政治の眼力―永田町「快人・怪物」列伝　御厨貴著　文藝春秋　2015.6　207p　18cm　（文春新書　1029）　750円　Ⓘ978-4-16-661029-7　Ⓝ312.8
[内容] 安倍政権とは何か(貴族的感覚　祖父譲り―麻生太郎　「フツー」に秘める胆力―山口那津男　ほか)　自民党の力の秘密(「反時代」で独特の地位―古賀誠　権力への鋭いアンチ―野中広務　ほか)　チャレンジャーの資格(己を見つめる伝道師―石破茂(1)　大政治家に化けうるか―細野豪志　ほか)　失敗の研究(道半ばのリアリズム―仙谷由人　「政策の調教師」次の道と与謝野馨　ほか)　清和会とは何か(時勢を見極めた一手―森喜朗　二十一世紀型の首相―小泉純一郎　ほか)

先崎 学〔1970～〕 せんざき・まなぶ
◇うつ病九段―プロ棋士が将棋を失くした一年間　先崎学著　文藝春秋　2018.7　190p　19cm　1250円　Ⓘ978-4-16-390893-9　Ⓝ796

*『ふざけんな、ふざけんな、みんないい思いしやがって』空前の藤井フィーバーに沸く将棋界、突然の休場を余儀なくされた羽生世代の棋士。うつ病闘病末期の"患者"がリハビリを兼ねて綴った世にも珍しい手記。

選子内親王〔964～1035〕 せんしないしんのう
◇斎王研究の史的展開―伊勢斎宮と賀茂斎院の世界　所京子著　勉誠出版　2017.1　249,11p　22cm　〈索引あり〉　3600円　Ⓘ978-4-585-22163-0　Ⓝ210.3
[内容] 伊勢斎王は「神の朝廷の御代代」　伊勢斎王の井上内親王　漢詩にみる賀茂斎王有智子内親王　和歌にみる伊勢斎王の世界　斎宮女御　徽子女王の前半生　徽子女王をめぐる人々　篤信の「大斎院」選子内親王　退下後の斎王たち　王朝びとの「辛崎の祓」考　「橘の小島の崎」の再検討　斎宮善子内親王と母女御藤原道子―付、斎宮跡出土「いろは歌」墨書土器の書風対比　斎王の登場する散逸物語―『風葉和歌集』の場合

千住 博〔1958～〕 せんじゅ・ひろし
◇人生の転機　桜の花出版編集部著　新装版　桜の花出版　2014.10　278p　18cm　〈表紙のタイトル：The Turningpoint　初版の出版者：維摩書房　発売：星雲社〉　890円　Ⓘ978-4-434-19776-5　Ⓝ281.04
[内容] 第1章 三枝成彰氏(作曲家)　第2章 エズラ・ヴォーゲル氏(ハーバード大学教授)　第3章 牛尾治朗氏(ウシオ電機会長)　第4章 故・冨士singer夫氏(歴史研究家)　第5章 故・轟法輪奏氏(大阪商船三井前会長)　第6章 故・佐原真氏(国立民族博物館館長)　第7章 千住博氏(日本画家)　第8章 吉原すみれ氏(パーカッショニスト)　第9章 故・渡邊格氏(生命科学者・慶応大学名誉教授)　第10章 椎名武雄氏(日本IBM会長)

千住 文子〔1926～2013〕 せんじゅ・ふみこ
◇千住家、母娘(ははこ)の往復書簡―母のがん、心臓病を乗り越えて　千住真理子, 千住文子著　文藝春秋　2015.12　301p　16cm　（文春文庫　せ9-2）〈『命の往復書簡』(2013年刊)の改題、写真を大幅に追加〉　670円　Ⓘ978-4-16-790518-7　Ⓝ762.1
[内容] 1 母のがん　2 ヴァイオリンとの出会い　3 師・江藤俊哉　4 三人の子供　5 芸術とは何か　6 女性としての生き方　7 生きる

千住 真理子〔1962～〕 せんじゅ・まりこ
◇千住家、母娘(ははこ)の往復書簡―母のがん、心臓病を乗り越えて　千住真理子, 千住文子著　文藝春秋　2015.12　301p　16cm　（文春文庫　せ9-2）〈『命の往復書簡』(2013年刊)の改題、写真を大幅に追加〉　670円　Ⓘ978-4-16-790518-7　Ⓝ762.1
[内容] 1 母のがん　2 ヴァイオリンとの出会い　3 師・江藤俊哉　4 三人の子供　5 芸術とは何か　6 女性としての生き方　7 生きる

扇谷 ちさと〔1962～〕 せんたに・ちさと
◇よさこい魂　踊れば夢は叶う　扇谷ちさと著　幻冬舎　2015.10　222p　18cm　1200円

①978-4-344-02848-7　Ⓝ386.1

内容　第1章「家庭環境」が突然変わった　第2章 ダンスが上手で、喧嘩が強い女子中学生　第3章「学歴」より「地方」と「地頭」。本格的にダンスの世界へ　第4章 19歳、よさこいダンスチームのリーダーから主宰者へ　第5章 扇谷ちさとの流儀　第6章 世界のみんなの祝祭へニューヨーク・タイムズスクエアへの道

仙太郎〔1832～1874〕せんたろう

◇しまなみ人物伝　村上貢著　海文堂出版　2015.8　258p　20cm〈年表あり〉1800円　①978-4-303-63426-1　Ⓝ281.74

内容　第1部 日本の夜明けの時代に（伊能忠敬―尾道周辺の測量　瀬戸田の仙太郎―幕末の海外漂流　永井重助―福宮丸の海難と対米賠償交渉　水先人北野由兵衛―千島艦衝突事件）　第2部 未来を夢見た先輩たち（田坂和太郎―海運創成期のパイオニア　小林善四郎―初代弓削商船学校長の生涯　ビッケル船長―伝道船「福音丸」と弓削商船学校　中堀貞五郎―「うらなり君」のモデルと今治　浜根岸太郎―初代・二代の生涯　濱国国太郎―海員組合草創時代　麻生イトー女傑の生涯　小山亮一嵐は強い木を育てる）

善徳女王　ぜんとくじょおう
⇒善徳女王（そんどくじょおう）を見よ

宣明〔1750～1821〕せんみょう

◇北陸の学僧、碩学の近代―存在証明の系譜　高畑崇導著　金沢　北國新聞社出版局　2018.5　161p　21cm　2200円　①978-4-8330-2135-7　Ⓝ188.72

内容　石川舜台（一八四二～一九三一、天保十三～昭和六）―その存在証明の時　維新期の西欧からの仏教批判書と真宗教団―J.エドキンズ著『釈教正謬』正続二冊をめぐって　マックス・ミュラー編「東方聖書」と浄土の三部経　北條時敬と国泰寺雪門―西田幾多郎と鈴木大拙にかかわった二人の師　雪門玄松（一八五〇～一九一五、嘉永三～大正四）の国泰寺住持中年　真宗教義学の象徴―宣明とその時代　藤懸得住　常徳寺の経蔵　真宗大谷派の学僧・玄寧（一八一二～一八八四、文化九～明治十七）の学問―新知見・志賀町常徳寺経蔵典籍五十冊　笠原研寿の学問

千本倖生〔1942～〕せんもと・さちお

◇あなたは人生をどう歩むか―日本を変えた起業家からの「メッセージ」　千本倖生著　中央公論新社　2018.6　229p　20cm　1600円　①978-4-12-005104-3　Ⓝ335

内容　第1章 なぜ私は起業し続けることができたのか―必要なのは出会いとミッション、そしてリスク　第2章 とにかく「考える」―世界を変える権利は考え抜く人だけに与えられる　第3章 その時にどう「行動」すべきか―留まる人には何も残らない　第4章「チーム」なくして成長なし―最強の組織の作り方　第5章 見据えるべきは「世界」―それはグローバル体験とセレンディピティが導く　最終章 なぜ狭き「道」を歩めるのか―「導かれる」という確信こそ

【そ】

蘇軾〔1036～1101〕そ・しょく

◇中国書人伝　中田勇次郎編　中央公論新社　2015.7　365p　16cm（中公文庫 な66-1）〈中央公論社 1973年刊の再刊　年譜あり〉1200円　①978-4-12-206148-4　Ⓝ728.22

内容　王羲之・王献之―貝塚茂樹　鄭道昭・智永―小川環樹　唐太宗・虞世南・欧陽詢・褚遂良―加藤楸邨　顔真卿・柳公権―井上靖　李邕・張旭・懐素・楊凝式―土岐善麿　蘇軾・黄庭堅・米芾―寺田透　趙孟頫・張即之―武田泰淳　祝允明・文徴明・董其昌―杉浦明平　張瑞図―中田勇次郎　王鐸・金農・劉墉―三浦朱門　鄧石如・何紹基・趙之謙

◇田岡嶺雲全集　第6巻　田岡嶺雲著、西田勝編　法政大學出版局　2018.1　879p　20cm　20000円　①978-4-588-11031-3　Ⓝ081.6

内容　評傳（荘子　蘇東坡　屈原　高青邱　王漁洋）　評論及び感想五（吾が見たる上海 上海に到りて見たる支那　上海の天長節　異國かたり草（一）『王漁洋』の批評の辯難　同情より出でたる節俭　ほか）

蘇童〔1963～〕そ・どう

◇歴史の周縁から―先鋒派作家格非、蘇童、余華の小説論　森岡優紀著　東方書店　2016.11　229p　20cm〈文献あり　著作目録あり〉2400円　①978-4-497-21611-3　Ⓝ920.27

内容　第1部 先鋒派のはじまり（蘇州の少年時代"蘇童"　大人の世界への旅立ち"余華"「意味」を探し求めて"格非"）　第2部 先鋒派と記憶（虚構のちから"蘇童"　深層の記憶"格非"　文化大革命と六〇年代世代"蘇童"）　第3部 先鋒派と周縁（歴史の周縁から"格非"　新しい「現実」の構築へ向けて"余華"）　付録 先鋒派作家インタビュー（蘇童訪問録　格非訪問録）

蘇東坡　そ・とうば
⇒蘇軾（そ・しょく）を見よ

荘明義〔1944～〕そう・あきよし

◇わが人生と味の道　荘明義著　柏　イーグレープ　2015.4　209p　19cm　①978-4-903748-90-0　Ⓝ289.2

曽永賢〔1924～〕そう・えいけん

◇日台関係を繋いだ台湾の人びと　浅野和生編著　展転社　2017.12　248p　19cm（日台関係研究会叢書 4）〈文献あり〉1700円　①978-4-88656-450-8　Ⓝ319.22401

内容　第1章 辜振甫と日台関係（日本統治時代の辜振甫「台湾独立計画」事件　ほか）　第2章 台湾経済の世界化を担った江丙坤（江丙坤の紹介　生い立ち・日本へのあこがれ　ほか）　第3章 許世楷駐日代表と日台関係の発展（日本留学と政治活動　国民党による台湾統治　ほか）　第4章 曽永賢の生涯と日台関係（少年時代　日本留学　ほか）　第5章 蔡焜燦氏逝去に哭く（筆者がみた蔡焜燦氏　四大紙が伝える蔡焜燦氏　ほか）

そう

宋 教仁〔1882～1913〕 そう・きょうじん
◇中国名記者列伝―正義を貫き、その文章を歴史に刻み込んだ先人たち 第2巻 柳斌傑, 李東東編, 加藤青延監訳, 黒金祥一訳 日本僑報社 2017.4 192p 21cm 3600円 ⓘ978-4-86185-237-4 Ⓝ070.16
[内容] 鑑湖の女傑―秋瑾(1875-1907) 才知の記者―包天笑(1876-1973) 四つの素早さを持つ記者―陳其美(1878-1916) 「冷血」な時事評論家―陳景韓(1878-1965) 革命の元老記者―于右任(1879-1964) 五四運動の総司令官―陳独秀(1879-1942) 女性記者の先駆け―康同薇(1879-1974) 新聞界の重鎮―史量才(1880-1934) 嶺南報道界の英才―鄭貫公(1880-1906) ペンによって一人立つ―章士釗(1881-1973) 革命家にして記者―宋教仁(1882-1913) 直言居士―邵力子(1882-1967) 革命新聞の元勲―馮自由(1882-1958) ニュースレポートの開拓者―黄遠生(1885-1915) 新文化運動の大衆指導者―高一涵(1885-1968) 比類なき逸材―朱執信(1885-1920) 民国初期の俊才―徐凌霄(1886-1961) 勇気ある辣腕記者―邵飄萍(1886-1926) 詩と酒を愛した文豪―葉楚傖(1887-1946) 一代論宗―張季鸞(1888-1941)

宗 瑾 そう・きん
◇隣居(リンジュ)―私と「あの女」が見た中国 田口佐紀子著 潮出版社 2014.11 189p 19cm 1400円 ⓘ978-4-267-01994-4 Ⓝ222.077
[内容] 第1章 宋瑾との出会い(八宝山革命墓 外国人専門家制度 転換の時代 ドリアンの実る国 現代の「三つの山」 嵐嵐の青春) 第2章 共産党政権と文化大革命(北京育英小学校 劉志剛 騒劇 宋家の文革 内蒙古の砂漠) 第3章「故郷」への旅(中国共産党政権を遡る 延安 宋瑾の誕生と延安脱出 革命旧蹟めぐり 毛沢東は高層アパートを見上げる)

宋 慶齢〔1893～1981〕 そう・けいれい
◇宋慶齢―人間愛こそ正義 久保田博子著 汲古書院 2016.4 343p 22cm 〈年譜あり〉 5000円 ⓘ978-4-7629-6565-4 Ⓝ289.2

曽 国藩〔1811～1872〕 そう・こくはん
◇曾國藩―「中国思想家評伝」簡明読本 謝世誠著, 河野明訳 大阪 河野明 2017.4 109p 21cm 〈私家版〉 Ⓝ289.2

宗 茂〔1953～〕 そう・しげる
◇マラソン哲学―日本のレジェンド12人の提言 小森貞子構成, 月刊陸上競技編集 講談社 2015.2 352p 19cm 1600円 ⓘ978-4-06-219348-1 Ⓝ782.3
[内容] 宗茂―双子の弟・猛と切磋琢磨 日本のマラソン練習の礎を築いた「宗兄弟」 宗猛―「自分たちを生かす道はこれしかない!」小学生のうちに気づいたマラソンへの道 瀬古利彦―マラソン15戦10勝の「レジェンド」カリスマ指導者に導かれて世界を席巻 山下佐知子―女子マラソンで日本の「メダル第1号」東京世界選手権で銀、バルセロナ五輪は4位 有森裕子―陸上の五輪史上日本女子で唯一の複数メダル マラソンは「生きていくための手段」 中山竹通―底辺からトップに這い上がった不屈のランナー オリンピックは2大会連続で4位入賞 森下広一―"太く短く"マラソン歴はわずか3回 2連勝後のバルセロナ五輪は銀メダル 藤田敦史―運動オンチが長距離で信じられない飛躍 ある「きっかけ」が人生を180度変えた 高橋尚子―日本の五輪史に燦然と輝く金メダル「人の倍やって人並み」を日々実践した賜物 高岡寿成―長いスパンで取り組んだマラソンへの道 トラックもマラソンも意識は常に「世界へ」 小出義雄―女子マラソンで複数のメダリストを輩出「世界一になるには、世界一になるための練習をやるだけ」 藤田信之―女子の400mからマラソンまで数々の「日本記録ホルダー」を育成 野口みずきのマラソン金メダルはトラックの延長

荘 周 そう・しゅう
⇒荘子(そうし)を見よ

曹 操〔155～220〕 そう・そう
◇曹操―乱世をいかに生きるか 酒井穣著 PHP研究所 2015.6 252p 19cm 〈年表あり〉 1500円 ⓘ978-4-569-82527-4 Ⓝ289.2
[内容] 第1章 三国志とはなんだったのか(三国志の歴史的な時代背景:人口激減の悲惨な時代 三国志の二大英傑、曹操と孔明の決定的な違い ほか) 第2章 曹操の人生について(曹操の生涯:他人からばかにされたくなかった悪童 曹操のコンプレックスと反骨精神:「濁流」に生まれて ほか) 第3章 曹操の功罪について(文学者としての曹操:その功績と日本文学に与えた影響 政治家としての曹操:ソフト・パワー重視の国家経営戦略の原点 ほか) 第4章 曹操の創造性について(生涯のパートナー、荀彧の存在:参謀、師匠、友として 曹操と天才的な創造性を発揮する人の共通点:「経験に対して開放的」という性格 ほか) 第5章 現代社会に生きる曹操(沈みゆくタイタニック号の中で何をするのか 瞑想による明晰な思考の獲得 ほか)
◇三国志曹操―「曹操=悪役」が根底から覆る! 別冊宝島編集部編 宝島社 2016.3 127p 26cm 〈『三国志曹操孟徳伝』(2003年刊)の改題、再編集 文献あり 年表あり〉 800円 ⓘ978-4-8002-5115-2 Ⓝ289.2
[内容] 巻頭特集 盗掘で見つかった幻の曹操墓(映像編―複雑な人間関係がわかる中国ドラマ「三国志」「曹操」 ゲーム編―歴史をリアルに感じながら盗掘のスリルも堪能できる歴史シミュレーションゲーム「三國志」 漫画編―曹操への認識を変えた「蒼天航路」) 曹操の実像と戦い―統治力、戦闘能力、人間性に迫る 曹操の実像(曹操の戦い)
◇三国志最強の男曹操の人望力 加来耕三著 すばる舎 2016.5 287p 20cm 〈文献あり〉 1800円 ⓘ978-4-7991-0497-2 Ⓝ289.2
[内容] 序章 素の曹操 第1章 環境 第2章 邂逅 第3章 試練 第4章 成就 終章 天命知命

宗 猛〔1953～〕 そう・たけし
◇マラソン哲学―日本のレジェンド12人の提言 小森貞子構成, 月刊陸上競技編集 講談社 2015.2 352p 19cm 1600円 ⓘ978-4-06-219348-1 Ⓝ782.3
[内容] 宗茂―双子の弟・猛と切磋琢磨 日本のマラソン練習の礎を築いた「宗兄弟」 宗猛―「自分たちを生かす道はこれしかない!」小学生のうちに気づいたマラソンへの道 瀬古利彦―マラソン15戦10勝の

"レジェンド"カリスマ指導者に導かれて世界を席巻　山下佐知子―女子マラソンで日本の「メダル第1号」東京世界選手権で銀、バルセロナ五輪は4位　有森裕子―陸上の五輪史上日本女子で唯一の複数メダル　マラソンは「生きていくための手段」　中山竹通―底辺からトップに這い上がった不屈のランナー　オリンピックは2大会連続で4位入賞　森下広一―"太く短く"マラソン歴はわずか3回　2連勝後のバルセロナ五輪は銀メダル　藤田敦史―運動オンチが長距離で信じられない飛躍　ある「きっかけ」が人生を180度変えた　高橋尚子―日本の五輪史に燦然と輝く金メダル　「人の倍やって人並み」を日々実践した賜物　高岡寿成―長いスパンで取り組んだマラソンへの道　トラックもマラソンも意識は常に「世界へ」　小出義雄―女子マラソンで複数のメダリストを輩出「世界一になるには、世界一になるための練習をやるのだけ」　藤田信之―女子の400mからマラソンまで数々の「日本記録ホルダー」を育成　野口みずきのマラソン金メダルはトラックの延長

宋 美齢〔1898～2003〕　そう・びれい

◇国と世紀を変えた愛―張学良と宋美齢、六六年目の告白　富永孝子著　KADOKAWA　2014.6　322p　20cm　〈他言語標題：Love which changed the country and the century　文献あり〉　1700円　Ⓘ978-4-04-110686-0　Ⓝ289.2

内容　はじめに　二〇世紀一〇〇年の歴史を生きた男　第1章　一四歳の初体験―父・張作霖　第2章　世紀の離婚状―最高の妻・于鳳至　第3章　軍閥を支えた物理学者―第二夫人・谷瑞玉　第4章　"主義"を変えた純情―ムッソリーニ令嬢、伊公使夫人・エッダ　第5章　幽閉を支えた手―秘書、そして最後の妻・趙一荻　第6章　六六年目の愛の告白―蔣介石夫人・宋美齢　第7章　最高の女友達―中央銀行総裁貝祖貽夫人・蔣士雲　おわりに　愛と革命に殉じよ

◇近代中国指導者評論集成　2　宋美齢　松本むら編・解題　村田孜郎著　ゆまに書房　2016.5　293,10p　22cm　〈布装　ヘラルド雑誌社　昭和14年刊の複製〉　13000円　Ⓘ978-4-8433-5018-8　Ⓝ222.07

◇張学良秘史―六人の女傑と革命、そして愛　富永孝子著　KADOKAWA　2017.7　364p　15cm　〔角川ソフィア文庫〕〔M119-1〕〈「国と世紀を変えた愛」(2014年刊)の改題、加筆修正　文献あり〉　1080円　Ⓘ978-4-04-400279-4　Ⓝ289.2

内容　序章　二〇世紀一〇〇年の歴史を生きた男　第一章　一四歳の初体験―父・張作霖　第二章　世紀の離婚状―最高の妻・于鳳至　第三章　軍閥を支えた物理学者―第二夫人・谷瑞玉　第四章　"主義"を変えた純情―ムッソリーニ令嬢、伊公使夫人・エディ　第五章　幽閉を支えた手―秘書、そして最後の妻・趙一荻　第六章　六六年目の愛の告白―蔣介石夫人・宋美齢　第七章　最高の女友達―中央銀行総裁孔祥熙夫人・蔣士雲　終章　愛と革命に殉じよ

相応〔831～918〕　そうおう

◇相応さん―回峰行の祖　天台宗祖師先徳鑽仰大法会　相応和尚一千百年御遠忌記念　天台宗典編纂所監修　大津　天台宗祖師先徳鑽仰大法会事務局　2017.3　151p　21cm　〈文献あり　発売：探究社〔京都〕〉　1000円　Ⓘ978-4-88483-984-0　Ⓝ188.42

内容　第1章　相応さんの生涯(近江国・湖北の北野に生まれる　子どもの誕生を願う両親　幼いころから仏法を尊び、出家に憧れる　ほか)　第2章　解説・千日回峰行(歴代の行者が磨き上げた回峰行　回峰行が成立するまで　御山に残る修行の足跡　ほか)　第3章　阿闍梨さんに聞く(上原行照師に聞く　釜堀浩元師に聞く)

増賀〔917～1003〕　ぞうが

◇増賀上人という生き方　松岡秀隆著　福崎町(兵庫県)　松岡秀隆　2015.3　73p　19cm　〈年表あり　制作：交友プランニングセンター／友月書房(神戸)〉　1500円　Ⓘ978-4-87787-650-0　Ⓝ188.42

宗祇〔1421～1502〕　そうぎ

◇室町の権力と連歌師宗祇―出生から種玉庵結庵まで　廣木一人著　三弥井書店　2015.5　234p　20cm　2800円　Ⓘ978-4-8382-3285-7　Ⓝ911.2

内容　第1章　連歌師宗祇の登場(最初の連歌　「法楽何路百韻」　ほか)　第2章　前半生(前半生の謎　出生地　ほか)　第3章　関東下向(離京時期　出京期の京都の様相　ほか)　第4章　種玉庵(種玉庵という庵　種玉庵の規模　ほか)

◇連歌師宗祇の伝記的研究―旅の足跡と詳細年譜　両角倉一著　勉誠出版　2017.6　337,61p　22cm　〈索引あり〉　10000円　Ⓘ978-4-585-29145-9　Ⓝ911.2

内容　第1部　宗祇の文芸の旅(東国の旅　西国の旅　北国の旅と終焉の旅)　第2部　宗祇詳細年譜(初期(連歌師自立まで)―応永二十八年(一四二一)誕生から寛正六年(一四六五)四十五歳まで　前期(東国地方の歴遊)―寛正七年・文正元年(一四六六)四十六歳から文明五年(一四七三)五十三歳まで　中期(京都庵住と旅行)―文明六年(一四七四)五十四歳から文明十九年・長享元年(一四八七)六十七歳まで　後期(幕府朝廷の重用)―長享二年(一四八八)六十八歳から明応八年(一四九九)七十九歳まで　末期(越後と終焉の旅)―明応九年(一五〇〇)八十歳から文亀二年(一五〇二)八十二歳、死去まで)

荘子〔中国・戦国時代〕　そうし

◇荘子　鈴木修次著　新装版　清水書院　2016.3　206p　19cm　〔Century Books―人と思想　38〕〈文献あり　年表あり　索引あり〉　1200円　Ⓘ978-4-389-42038-3　Ⓝ124.25

内容　1　荘周と『荘子』(荘周という人物　『荘子』という書物　『荘子』の特色)　2　『荘子』の思想(認識論　人生論　政治論　儒家批判　『荘子』の思想基盤)　3　『荘子』の影響(不老不死と道教　清談と『荘子』　禅と『荘子』　文学と『荘子』)

◇田岡嶺雲全集　第6巻　田岡嶺雲著、西田勝編　法政大學出版局　2018.1　879p　20cm　20000円　Ⓘ978-4-588-11031-3　Ⓝ081.6

内容　評傳(荘子　蘇東坡　屈原　高青邱　王漁洋)　評論及び感想五(吾が見たる上海　上海に由て見たる支那　上海の天長節　異國かたり草(一)　『王漁洋』の批評の辯難　同情より出でたる節儉　ほか)

宗純 そうじゅん
⇒一休宗純(いっきゅうそうじゅん)を見よ

そうすけ〔1976〜〕
◇最速123キロ、僕は40歳でプロ野球選手に挑戦した　そうすけ著　ベストセラーズ　2017.2　221p　19cm　1500円　Ⓘ978-4-584-13771-0　Ⓝ779.14
|内容| プロローグ　第1章 プロ入り3日間　第2章 トライアウト　第3章 プロ入り4日目以降　第4章 開幕　第5章 大きな課題　第6章 初先発と優勝　第7章 証言　第8章 挑戦の意味　エピローグ　対談・正田樹

相馬 愛蔵〔1870〜1954〕　そうま・あいぞう
◇新宿ベル・エポック―芸術と食を生んだ中村屋サロン　石川拓治著　小学館　2015.4　207p　19cm　1800円　Ⓘ978-4-09-388406-8　Ⓝ289.1
|内容| 第1章 士族の花嫁〈世界の果て　兄と姉と弟　仙台の家 ほか〉　第2章 書生パン屋〈ふたたび峠を越える　居抜きの店　商売の「快味」 ほか〉　第3章 彫刻家の誕生〈極貧留学生　ロダンとの出会い　自然を師とする ほか〉　第4章 サロンの人々〈碌山の置き土産　インドの志士　エロシェンコ ほか〉　終章 古き良き時代〈中村屋の秘密　勝利の味のカリー　愛蔵と黒光の作ったもの ほか〉

相馬 御風〔1883〜1950〕　そうま・ぎょふう
◇新潟が生んだ七人の思想家たち　小松隆二著　論創社　2016.8　346p　20cm　3000円　Ⓘ978-4-8460-1546-6　Ⓝ281.41
|内容| 相馬御風―早稲田大学校歌の作詞者で地方から俯瞰・発信した思想家　小川未明―童話を通して子どもと社会に向き合った思想家　市島謙吉(春城)―「随筆王」「早稲田大学四尊」と評価される大学人　土田杏村―優れた在野の自由人思想家　大杉栄―人間ның永遠の革命家　小林寅次郎―法衣をまとい公益をかざした経営者　本間俊平―「左手に聖書・右手にハンマー」を持つ採石場経営者

相馬 黒光〔1876〜1955〕　そうま・こっこう
◇新宿ベル・エポック―芸術と食を生んだ中村屋サロン　石川拓治著　小学館　2015.4　207p　19cm　1800円　Ⓘ978-4-09-388406-8　Ⓝ289.1
|内容| 第1章 士族の花嫁〈世界の果て　兄と姉と弟　仙台の家 ほか〉　第2章 書生パン屋〈ふたたび峠を越える　居抜きの店　商売の「快味」 ほか〉　第3章 彫刻家の誕生〈極貧留学生　ロダンとの出会い　自然を師とする ほか〉　第4章 サロンの人々〈碌山の置き土産　インドの志士　エロシェンコ ほか〉　終章 古き良き時代〈中村屋の秘密　勝利の味のカリー　愛蔵と黒光の作ったもの ほか〉

◇ドラマチック・ロシアin JAPAN　4　日露異色の群像30―文化・相互理解に尽くした人々　続　長塚英雄責任編集　生活ジャーナル　2017.12　531p　22cm　〈3の出版者:東洋書店〉　2800円　Ⓘ978-4-88259-166-5　Ⓝ319.1038
|内容| レフ・メーチニコフ(1838 - 1888)西郷が呼んだロシアの革命家　ニコライ・ラッセル(1850 - 1930)子孫が伝える二〇世紀の世界人の記憶　黒岩義文(? - 1918)東京外国語露科からペテルブルグ大学東洋語学部へ　小西増太郎(1861 - 1939)トルストイとスターリンに会った日本人―激動の昭和を生きた祖父小西増太郎　ニコライ・マトヴェーエフ(1865 - 1941)マトヴェーエフと戦後最初のロシア人観光団徳富蘆花(1868 - 1927)日本におけるトルストイ受容の先駆者として　セルギイ・チホミーロフ(1871 - 1945)日本の府主教セルギイ―その悲劇の半生　内田良平(1874 - 1937)「黒龍会」内田良平のロシア観　瀬沼夏葉(1875 - 1915)瀬沼夏葉とチェーホフ作品の翻訳　相馬黒光(1875 - 1955)"アンビシャスガール"とロシア文化 〔ほか〕

相馬 貞三〔1908〜1989〕　そうま・ていぞう
◇相馬貞三　菅勝彦著　青森　會田秀明　2015.9　397p　22cm　〈私家版　年譜あり〉　3500円　Ⓝ289.1

相馬 師常〔1139〜1205〕　そうま・もろつね
◇千葉常胤とその子どもたち　千葉氏顕彰会編　啓文社書房　2018.12　144p　21cm　〈千葉氏入門ブックレット　1〉〈発売:啓文社〉　1200円　Ⓘ978-4-89992-051-9　Ⓝ288.3
|内容| 第1章 「千葉」をおこした父(千葉常胤)　第2章 「千葉」をひろげた息子たち(長男 千葉胤正　次男 相馬師常　三男 武石胤盛 ほか)　第3章 千葉氏こぼれ話(千葉氏の妻と息女たち　常胤のライバルたち　軍記・史伝の中の常胤 ほか)

荘光 茂樹〔1933〜〕　そうみつ・しげき
◇梅桜共栄―「自助」「人助」「天助」の人生　83歳回顧録(1933年―)　荘光茂樹著　〔出版地不明〕　〔荘光茂樹〕　2016.10　151p　30cm　〈年譜あり〉　Ⓝ289.1

添川 栗〔1803〜1858〕　そえかわ・りつ
◇評伝 添川廉齋―治乱を燭し昏暗を救う国の蠟燭たらん　木部誠二著　木部誠二　2018.6　196p　21cm　〈発行所:添川廉齋遺徳顕彰会　年譜あり〉　2000円　Ⓘ978-4-9902608-0-4　Ⓝ919.5

添田 啞蟬坊〔1872〜1944〕　そえだ・あぜんぼう
◇啞蟬坊伝―演歌と社会主義のはざまに　藤城かおる著　えにし書房　2017.8　351p　21cm　〈折り込 1枚　年表あり　文献あり〉　3000円　Ⓘ978-4-908073-41-0　Ⓝ779.7
|内容| 1 かあちゃんごらんよ　2 流行歌と日本社会党　3 「社会党ラッパ節」の検証　4 男三郎とそゑ　5 そもそもの「ラッパ節」　6 革命は近づけり　7 国民的歌謡の供給者　おわりに―演歌のゆくえ

添野 義二〔1947〜〕　そえの・よしじ
◇添野義二　極真鎮魂歌―大山倍達外伝　添野義二述, 小島一志著　新潮社　2018.2　492p　20cm　〈文献あり〉　2200円　Ⓘ978-4-10-301454-6　Ⓝ789.23
|内容| 序章 別れ　第1章 大山倍達との出逢い　第2章 キックボクシング参戦　第3章 第一回全日本大会と梶原一騎　第4章 世界大会と武道館問題、そして少林寺襲撃事件　第5章 幻のクーデター計画　第6章 映画を巡る大山と梶原の確執　第7章 「プロ空手」への渇望と挫折　第8章 ウィリーの暴走劇とプロレスへの接近　第9章 ウィリー猪木戦、地に墜ちた極真との決別　終章 されど、いまだ道半ば

蘇我 稲目〔?~570〕 そが・いなめ

◇蘇我氏の古代　吉村武彦著　岩波書店　2015.12　260,16p　18cm　(岩波新書 新赤版 1576)〈文献あり　年表あり　索引あり〉　800円　①978-4-00-431576-6　Ⓝ210.3

[内容] 1 氏の誕生—氏の名を名のる(王の名をめぐって—中国の史書から　「倭の五王」の姓と名　大伴氏と物部氏—「職能」を名のる氏)　2 蘇我氏の登場(葛城氏と蘇我氏　蘇我氏の系譜をたどる　列島の開発と蘇我稲目　仏教の導入と馬子)　3 発展と権勢の時代(推古女帝の即位　推古朝における馬子の活躍　飛鳥の地と蝦夷・入鹿　蘇我氏と「天皇」)　4 大化改新—蘇我氏本宗の滅亡(東アジアの情勢からみた「乙巳の変」　大化の改革と蘇我倉山田石川麻呂　生き延びる蘇我氏傍系—七世紀後半の蘇我氏石川氏の活躍)　5 蘇我氏から藤原氏へ(藤原氏の誕生と不比等—名負いの氏からの離脱　律令法と氏・氏族　奈良時代と藤原氏)

◇蘇我氏—古代豪族の興亡　倉本一宏著　中央公論新社　2015.12　272p　18cm　(中公新書2353)〈文献あり　年表あり〉　800円　①978-4-12-102353-7　Ⓝ210.3

[内容] 第1章 蘇我氏の成立と稲目　第2章 大王推古と厩戸王子と島大臣馬子　第3章 豊浦大臣蝦夷・林太郎入鹿と乙巳の変　第4章 大化改新から壬申の乱へ　第5章 律令官人石川氏と皇位継承　第6章 ソガ氏への復辟　第7章 摂関期における生き残り

◇消えた古代豪族「蘇我氏」の謎　『歴史読本』編集部編, 古川順弘執筆　KADOKAWA　2016.5　190p　15cm　(中経の文庫 C21れ)〈文献あり〉　640円　①978-4-04-601651-5　Ⓝ210.3

[内容] 第1章 蘇我氏の興亡(蘇我氏の軌跡1 謎の豪族・蘇我氏の出自とは？　蘇我氏の軌跡2 蘇我氏の台頭　ほか)　第2章 蘇我氏、謎の一族を追う(蘇我稲目—「蘇我氏四代」の初代　蘇我馬子—蘇我氏を古代最強の豪族に導く　ほか)　第3章 蘇我氏をめぐる史跡と謎(都塚古墳—近年、もっとも注目されている蘇我氏関連遺跡　飛鳥寺—馬子創建の蘇我氏のシンボルとも言える寺　ほか)　第4章 梅原猛「日本史のなかの蘇我氏」

◇蘇我大臣家—倭王権を支えた雄族　佐藤長門著　山川出版社　2016.5　103p　21cm　(日本史リブレット人 003)〈文献あり　年表あり〉　800円　①978-4-634-54803-9　Ⓝ210.32

[内容] 大臣と合議制　1 蘇我稲目(系譜と出自　政治的台頭の背景　ほか)　2 蘇我馬子(六世紀後半の王権継承　蘇我系大王の誕生　ほか)　3 蘇我蝦夷・入鹿(推古の後継問題と蘇我氏の族長権争い/百済宮家と斑鳩宮家　ほか)　その後の蘇我氏

◇蘇我氏と飛鳥　遠山美都男著　吉川弘文館　2017.3　157p　21cm　(人をあるく)〈文献あり　年譜あり〉　2000円　①978-4-642-06795-9　Ⓝ210.32

[内容] 飛鳥の開発と蘇我氏—プロローグ　1 蘇我氏の履歴書(稲目以前—つくられた祖先系譜　初代稲目　二代馬子　ほか)　2 蘇我氏が創った飛鳥の都(飛鳥前史　豊浦宮から小墾田宮へ　飛鳥岡本宮、そして板蓋宮　ほか)　3 蘇我氏の飛鳥をあるく(豊浦寺跡　島庄遺跡　甘樫丘東麓遺跡　ほか)

蘇我 入鹿〔?~645〕 そが・いるか

◇蘇我氏の古代　吉村武彦著　岩波書店　2015.12　260,16p　18cm　(岩波新書 新赤版 1576)〈文献あり　年表あり　索引あり〉　800円　①978-4-00-431576-6　Ⓝ210.3

[内容] 1 氏の誕生—氏の名を名のる(王の名をめぐって—中国の史書から　「倭の五王」の姓と名　大伴氏と物部氏—「職能」を名のる氏)　2 蘇我氏の登場(葛城氏と蘇我氏　蘇我氏の系譜をたどる　列島の開発と蘇我稲目　仏教の導入と馬子)　3 発展と権勢の時代(推古女帝の即位　推古朝における馬子の活躍　飛鳥の地と蝦夷・入鹿　蘇我氏と「天皇」)　4 大化改新—蘇我氏本宗の滅亡(東アジアの情勢からみた「乙巳の変」　大化の改革と蘇我倉山田石川麻呂　生き延びる蘇我氏傍系—七世紀後半の蘇我氏石川氏の活躍)　5 蘇我氏から藤原氏へ(藤原氏の誕生と不比等—名負いの氏からの離脱　律令法と氏・氏族　奈良時代と藤原氏)

◇蘇我氏—古代豪族の興亡　倉本一宏著　中央公論新社　2015.12　272p　18cm　(中公新書2353)〈文献あり　年表あり〉　800円　①978-4-12-102353-7　Ⓝ210.3

[内容] 第1章 蘇我氏の成立と稲目　第2章 大王推古と厩戸王子と島大臣馬子　第3章 豊浦大臣蝦夷・林太郎入鹿と乙巳の変　第4章 大化改新から壬申の乱へ　第5章 律令官人石川氏と皇位継承　第6章 ソガ氏への復辟　第7章 摂関期における生き残り

◇蘇我氏の正義 真説・大化の改新　関裕二著　ベストセラーズ　2016.5　263p　15cm　(ワニ文庫 P-292—異端の古代史 7)〈『「入鹿と鎌足」謎と真説』(学研M文庫 2007年刊)の改題、加筆修正を行った再編集版　文献あり〉　685円　①978-4-584-39392-5　Ⓝ210.32

[内容] 第1章 「蘇我の都」飛鳥の謎(なぜ日本人は「飛鳥」に郷愁を感じるのか　飛鳥は都にふさわしい地ではなかった？　ほか)　第2章 蘇我入鹿の正義(解明されてきたヤマト建国の経緯　中央集権国家の嚆矢は五世紀の雄略天皇　ほか)　第3章 中臣鎌足の正体(中臣鎌足の出自がよくわからない不思議　中臣氏と鎌足の祖の「記紀」での扱い方　ほか)　第4章 入鹿と鎌足—逆転の図式(聖徳太子一族と蘇我氏の本当の関係　聖徳太子は守旧派・蘇我馬子に十された？　ほか)

◇蘇我大臣家—倭王権を支えた雄族　佐藤長門著　山川出版社　2016.5　103p　21cm　(日本史リブレット人 003)〈文献あり　年表あり〉　800円　①978-4-634-54803-9　Ⓝ210.32

[内容] 大臣と合議制　1 蘇我稲目(系譜と出自　政治的台頭の背景　ほか)　2 蘇我馬子(六世紀後半の王権継承　蘇我系大王の誕生　ほか)　3 蘇我蝦夷・入鹿(推古の後継問題と蘇我氏の族長権争い/百済宮家と斑鳩宮家　ほか)　その後の蘇我氏

◇蘇我氏と飛鳥　遠山美都男著　吉川弘文館　2017.3　157p　21cm　(人をあるく)〈文献あり　年譜あり〉　2000円　①978-4-642-06795-9　Ⓝ210.32

[内容] 飛鳥の開発と蘇我氏—プロローグ　1 蘇我氏の履歴書(稲目以前—つくられた祖先系譜　初代稲目　二代馬子　ほか)　2 蘇我氏が創った飛鳥の都(飛鳥前史　豊浦宮から小墾田宮へ　飛鳥岡本宮、そして

そが

板蓋宮 ほか） 3 蘇我氏の飛鳥をあるく（豊浦寺跡 島庄遺跡 甘樫丘東麓遺跡 ほか）

蘇我 馬子〔?～626〕 そが・うまこ

◇蘇我氏の古代 吉村武彦著 岩波書店 2015.12 260,16p 18cm （岩波新書 新赤版 1576）〈文献あり 年表あり 索引あり〉 800円 Ⓘ978-4-00-431576-6 Ⓝ210.3
 内容 1 氏の誕生―氏の名を名のる（王の名をめぐって―中国の史書から 「倭の五王」の姓と名 大伴氏と物部氏―「職能」を名のる氏） 2 蘇我氏の登場（葛城氏と蘇我氏 蘇我氏の系譜をたどる 列島の開発と蘇我稲目 仏教の導入と馬子） 3 発展と権勢の時代（推古女帝の即位 推古朝における馬子の活躍 飛鳥の地と蝦夷・入鹿 蘇我氏と「天皇」） 4 大化改新―蘇我氏本宗の滅亡（東アジアの情勢からみた「乙巳の変」 大化の改革と蘇我倉山田石川麻呂 生き延びる蘇我氏傍系―七世紀後半の蘇我氏石川氏の活躍） 5 蘇我氏から藤原氏へ（藤原氏の誕生と不比等―名負いの氏からの離脱 律令法と氏・氏族 奈良時代と藤原氏）

◇蘇我氏―古代豪族の興亡 倉本一宏著 中央公論新社 2015.12 272p 18cm （中公新書 2353）〈文献あり 年表あり〉 800円 Ⓘ978-4-12-102353-7 Ⓝ210.3
 内容 第1章 蘇我氏の成立と稲目 第2章 大王推古と厩戸王子と島大臣馬子 第3章 豊浦大臣蝦夷・林太郎入鹿と乙巳の変 第4章 大化改新から壬申の乱へ 第5章 律令官人石川氏と皇位継承 第6章 ソガ氏への復権 第7章 摂関期における生き残り

◇消えた古代豪族「蘇我氏」の謎 『歴史読本』編集部編, 古川順弘執筆 KADOKAWA 2016.5 190p 15cm （中経の文庫 C21れ）〈文献あり〉 640円 Ⓘ978-4-04-601651-5 Ⓝ210.3
 内容 第1章 蘇我氏の興亡（蘇我氏の軌跡1 謎の豪族・蘇我氏の出自とは？ 蘇我氏の軌跡2 蘇我氏の台頭 ほか） 第2章 蘇我氏、謎の一族を追う（蘇我稲目―「蘇我氏四代」の初代 蘇我馬子―蘇我氏を古代最強の豪族に導く ほか） 第3章 蘇我氏をめぐる史跡と謎（都塚古墳―近年、もっとも注目されている蘇我氏関連遺跡 飛鳥寺―馬子創建の蘇我氏のシンボルとも言える寺 ほか） 第4章 梅原猛「日本史のなかの蘇我氏」

◇蘇我大臣家―倭王権を支えた雄族 佐藤長門著 山川出版社 2016.5 103p 21cm （日本史リブレット人 003）〈文献あり 年表あり〉 800円 Ⓘ978-4-634-54803-9 Ⓝ210.32
 内容 大臣と合議制 1 蘇我稲目（系譜と出自 政治的台頭の背景 ほか） 2 蘇我馬子（六世紀後半の王権継承 蘇我系大王の誕生 ほか） 3 蘇我蝦夷・入鹿（推古の後継問題と蘇我氏の族長権争い/百済宮家と斑鳩宮家 ほか） その後の蘇我氏

◇蘇我氏と飛鳥 遠山美都男著 吉川弘文館 2017.3 157p 21cm （人をあるく）〈文献あり 年譜あり〉 2000円 Ⓘ978-4-642-06795-9 Ⓝ210.32
 内容 飛鳥の開発と蘇我氏―プロローグ 1 蘇我氏の履歴書（稲目以前一つくられた祖先系譜 初代稲目 二代馬子 ほか） 2 蘇我氏が創った飛鳥の都（飛鳥前史 豊浦宮から小墾田宮へ 飛鳥岡本宮、そして板蓋宮 ほか） 3 蘇我氏の飛鳥をあるく（豊浦寺跡 島庄遺跡 甘樫丘東麓遺跡 ほか）

蘇我 蝦夷〔?～645〕 そが・えみし

◇蘇我氏の古代 吉村武彦著 岩波書店 2015.12 260,16p 18cm （岩波新書 新赤版 1576）〈文献あり 年表あり 索引あり〉 800円 Ⓘ978-4-00-431576-6 Ⓝ210.3
 内容 1 氏の誕生―氏の名を名のる（王の名をめぐって―中国の史書から 「倭の五王」の姓と名 大伴氏と物部氏―「職能」を名のる氏） 2 蘇我氏の登場（葛城氏と蘇我氏 蘇我氏の系譜をたどる 列島の開発と蘇我稲目 仏教の導入と馬子） 3 発展と権勢の時代（推古女帝の即位 推古朝における馬子の活躍 飛鳥の地と蝦夷・入鹿 蘇我氏と「天皇」） 4 大化改新―蘇我氏本宗の滅亡（東アジアの情勢からみた「乙巳の変」 大化の改革と蘇我倉山田石川麻呂 生き延びる蘇我氏傍系―七世紀後半の蘇我氏石川氏の活躍） 5 蘇我氏から藤原氏へ（藤原氏の誕生と不比等―名負いの氏からの離脱 律令法と氏・氏族 奈良時代と藤原氏）

◇蘇我氏―古代豪族の興亡 倉本一宏著 中央公論新社 2015.12 272p 18cm （中公新書 2353）〈文献あり 年表あり〉 800円 Ⓘ978-4-12-102353-7 Ⓝ210.3
 内容 第1章 蘇我氏の成立と稲目 第2章 大王推古と厩戸王子と島大臣馬子 第3章 豊浦大臣蝦夷・林太郎入鹿と乙巳の変 第4章 大化改新から壬申の乱へ 第5章 律令官人石川氏と皇位継承 第6章 ソガ氏への復権 第7章 摂関期における生き残り

◇蘇我大臣家―倭王権を支えた雄族 佐藤長門著 山川出版社 2016.5 103p 21cm （日本史リブレット人 003）〈文献あり 年表あり〉 800円 Ⓘ978-4-634-54803-9 Ⓝ210.32
 内容 大臣と合議制 1 蘇我稲目（系譜と出自 政治的台頭の背景 ほか） 2 蘇我馬子（六世紀後半の王権継承 蘇我系大王の誕生 ほか） 3 蘇我蝦夷・入鹿（推古の後継問題と蘇我氏の族長権争い/百済宮家と斑鳩宮家 ほか） その後の蘇我氏

◇蘇我氏と飛鳥 遠山美都男著 吉川弘文館 2017.3 157p 21cm （人をあるく）〈文献あり 年譜あり〉 2000円 Ⓘ978-4-642-06795-9 Ⓝ210.32
 内容 飛鳥の開発と蘇我氏―プロローグ 1 蘇我氏の履歴書（稲目以前一つくられた祖先系譜 初代稲目 二代馬子 ほか） 2 蘇我氏が創った飛鳥の都（飛鳥前史 豊浦宮から小墾田宮へ 飛鳥岡本宮、そして板蓋宮 ほか） 3 蘇我氏の飛鳥をあるく（豊浦寺跡 島庄遺跡 甘樫丘東麓遺跡 ほか）

曽我 蕭白〔1730～1781〕 そが・しょうはく

◇辻惟雄集 6 若冲と蕭白 辻惟雄著, 青柳正規,河野元昭,小林忠,酒井忠康,佐藤康宏,山下裕二編集委員 岩波書店 2014.9 244,18p 23cm ［布装 著作目録あり〕 3400円 Ⓘ978-4-00-028656-5 Ⓝ702.1
 内容 伊藤若冲 伊藤若冲筆《象と鯨図屛風》 奇想横溢 曽我蕭白筆《群仙図屛風》 興聖寺の蕭白一族の墓および過去帳の記載について 視覚の驚き、または、型と型やぶり 林十江の表現主義 「真景」の系譜

則天武后〔624?〜705〕そくてんぶこう

◇世界史の10人　出口治明著　文藝春秋　2015.10　293p　19cm　〈他言語標題：TEN LEADERS OF WORLD HISTORY　文献あり〉　1400円　①978-4-16-390352-1　Ⓝ280.4

内容　第1部 世界史のカギはユーラシア大草原にあり（バイバルス―奴隷からスルタンに上りつめた革命児　クビライ―五代目はグローバルなビジネスパーソン　バーブル―新天地インドを目指したベンチャー精神）　第2部 東も西も「五胡十六国」（武則天―「正史」では隠された女帝たちの実力　王安石―生まれるのが早すぎた改革の天才）　第3部 「ゲルマン民族」はいなかった？（アリエノール―「ヨーロッパの祖母」が聴いた子守唄　フェデリーコ二世―ローマ教皇を無視した近代人）　第4部 ヨーロッパはいつ誕生したのか（エリザベス一世―「優柔不断」こそ女王の武器　エカチェリーナ二世―ロシア最強の女帝がみせた胆力　ナポレオン三世―甥っ子は伯父さんを超えられたのか？）

◇古代東アジアの女帝　入江曜子著　岩波書店　2016.3　216p　18cm　（岩波新書 新赤版 1595）〈文献あり　年表あり〉　780円　①978-4-00-431595-7　Ⓝ220

内容　第1章 推古―東アジア最初の女帝　第2章 善徳―新羅の危機を救った予言　第3章 皇極―行政手腕の冴え　第4章 真徳―錦に織り込む苦悩　第5章 斉明―飛鳥に甦る使命　第6章 間人―禁断の恋に生きた幻の女帝　第7章 倭姫―王朝交代のミッシング・リンク　第8章 持統―遠謀にして深慮あり　第9章 武則天―男性社会への挑戦

◇則天武后　氣賀澤保規著　講談社　2016.11　349p　15cm　（講談社学術文庫 2395）〈「中国歴史人物選 第4巻」（白帝社 1995年刊）の改題・修正　文献あり　年表あり〉　1180円　①978-4-06-292395-8　Ⓝ289.2

内容　則天武后の生卒年　隋末の動乱と唐の決起　玄武門の変　唐太宗と貞観の治　太宗後継問題　武照の出生と武士彠　武照、太宗の後宮へ　高宗朝の女の争い　武昭儀、皇后の座に　二聖と垂簾の政〔ほか〕

◇中国史にみる女性群像―悲運と権勢のなかに生きた女性の虚実　田村実造著　清水書院　2017.7　236p　19cm　（新・人と歴史拡大版 17）〈1990年刊の再刊　索引あり〉　1800円　①978-4-389-44117-3　Ⓝ222.01

内容　1 項羽と虞美人（楚・漢の抗争　垓下の戦い）　2 漢の高祖をめぐる二人の女性（呂后と戚夫人との葛藤　政権を手中にした呂太后　項羽と劉邦の人物評価）　3 女流文学者班昭とその家系―班家の人びと（女流文学者班昭　班家の世系　班固と『漢書』班超と西域経営）　4 異境に嫁いだ公主たち（烏孫王に嫁いだ細君　匈奴王に嫁いだ王昭君―その実像と虚像　吐蕃（ティベット）王に嫁いだ文成公主―唐とティベット王国との関係を背景に　「蔡文姫、都に帰る」史話）　5 政権を握った女性たち（北魏朝の文明太后　唐朝の則天武后　清朝の西太后）

◇世界史の10人　出口治明著　文藝春秋　2018.9　322p　16cm　（文春文庫 て11-1）　760円　①978-4-16-791146-1　Ⓝ280

内容　第1部 世界史のカギはユーラシア大草原にあり（バイバルス―奴隷からスルタンに上りつめた革命児　クビライ―五代目はグローバルなビジネスパーソン　ほか）　第2部 東も西も「五胡十六国」（武則天―「正史」では隠された女帝たちの実力　王安石―生まれるのが早すぎた改革の天才）　第3部 「ゲルマン民族」はいなかった？（アリエノール―「ヨーロッパの祖母」が聴いた子守唄　フェデリーコ二世―ローマ教皇を無視した近代人）　第4部 ヨーロッパはいつ誕生したのか（エリザベス一世―「優柔不断」こそ女王の武器　エカチェリーナ二世―ロシア最強の女帝がみせた胆力　ナポレオン3世―甥っ子は伯父さんを超えられたのか？）

祖元　そげん

⇒無学祖元（むがくそげん）を見よ

十河 信二〔1884〜1981〕そごう・しんじ

◇新幹線を走らせた男―国鉄総裁十河信二物語　髙橋団吉著　デコ　2015.10　735p　19cm　〈文献あり〉　1900円　①978-4-906905-12-6　Ⓝ686.21

◇ひとびとの精神史　第4巻　東京オリンピック―1960年代　苅谷剛彦編　岩波書店　2015.10　329p　19cm　2500円　①978-4-00-028804-0　Ⓝ281.04

内容　1 高度成長とナショナリズム（下村治―国民のための経済成長　十河信二―新幹線にかける「夢」　河西昌枝―引退できなかった「東洋の魔女」　手塚治虫―逆風が育んだ「マンガの神様」　原田正純―胎児性水俣病の「発見」）　2 民族大移動―農村と都市の変貌（村村三郎と永山則夫―集団就職という体験　大牟羅良―農村の変貌と岩手の農民　室原知幸―公共事業のあり方を問い続けた「蜂の巣城太」　千石剛賢―日本的家族観に抗した「イエスの方舟」）　3 ベトナム戦争と日本社会（小田実―平等主義と誇りで世界の人びとをつなぐ　岡村昭彦―ベトナム戦争を直視して　鶴見良行―「足の人」はいかに思考したか）

曾田 嘉伊智〔1867〜1962〕そだ・かいち

◇日韓の架け橋となったキリスト者―乗松雅休から澤正彦まで　中村敏著　いのちのことば社　2015.4　110p　19cm　〈年表あり〉　1000円　①978-4-264-03347-9　Ⓝ192.1

内容　第1章 乗松雅休―日本最初の海外宣教師　第2章 田内千鶴子（尹鶴子）―三〇〇〇人の韓国人孤児の母となった日本人女性　第3章 浅川巧―白磁と植林事業を通して日韓の架け橋となったキリスト者　第4章 渕澤能恵―韓国女子教育を通して日韓の架け橋となったキリスト者　第5章 曾田嘉伊智―韓国孤児の慈父と慕われた日本人　第6章 織田楢次―生涯を韓国人伝道に捧げた宣教師　第7章 桝富安左衛門―農場経営と教育と伝道で架け橋となったキリスト者　第8章 澤正彦―韓国に対して贖罪的求道者として生きたキリスト者

啐啄斎〔1744〜1808〕そったくさい

◇八代 啐啄　不審菴文庫編　京都　不審菴　2017.2　171p　26cm　①791.2

＊而妙斎千宗左監修。表千家歴代家元の事績や人となりを紹介する新シリーズの第5冊目。天明の大火に遭遇しながらも家元を復興して利休二百年忌を営み、江戸中期に千家の茶の湯を守り伝えた八代啐啄斎への理解を深める。

そとこは

外木場 義郎〔1945～〕 そとこば・よしろう
◇二人のエース—広島カープ弱小時代を支えた男たち　鎮勝也著　講談社　2016.10　317p　15cm　（講談社＋α文庫 G284-2）〈文献あり〉660円　Ⓘ978-4-06-281703-5　Ⓝ783.7
内容　第1章 1975年（歓喜の日　外国人監督　ほか）　第2章 お荷物球団（沖縄から来た男　初勝利　ほか）　第3章 礎を築く（カープ創成期　故郷愛、チーム愛　ほか）　第4章 有終の美学（阪神のクローザー　飲む、打つ、投げる　ほか）

曽根 中生〔1937～2014〕 そね・ちゅうせい
◇曽根中生自伝—人は名のみの罪の深さよ　曽根中生著,文遊社編集部編　文遊社　2014.8　496p　22cm　〈他言語標題：The Autobiography of Chusei SONE　作品目録あり〉　3900円　Ⓘ978-4-89257-108-4　Ⓝ778.21
内容　第1章 河岸段丘と坂と（河岸段丘と坂と　混雑する田舎　ほか）　第2章 万年フォース助監督（補欠監督椅子　ほか）　第3章 人間中（ロマンポルノ時代劇（71～72）　猥褻を撮る（72～76）　ほか）　第4章 灰が磁石にくっ付いた（いまだ果されない湯布院の約束　奇蹟　ほか）

曽根 ミサホ　そね・みさほ
◇私の歩いた道—曽根ミサホ　柿澤（曽根）佳子編　柿澤佳子　2017.9　82p　30cm　Ⓝ289.1

曽野 綾子〔1931～〕 その・あやこ
◇曽野綾子自伝—この世に恋して　曽野綾子著　ワック　2016.8　205p　18cm　（WAC BUNKO B-238）〈「この世に恋して」（2012年刊）の改題、改訂、新版〉　920円　Ⓘ978-4-89831-738-9　Ⓝ910.268
内容　父の姿—表と裏を知る　母の作文教室　シスターの教え　戦争から学んだこと　「小説になろう」　小生意気な仲間たち　初めての原稿料五万円　ゴミ箱の横に運命の人　二十代、執筆と育児の日々　不眠、うつ—米国で快方　ほか
◇偉人を生んだざんねんな子育て　三田晃史著　高陵社書店　2018.9　260p　19cm　〈文献あり〉　1500円　Ⓘ978-4-7711-1031-1　Ⓝ599
内容　第1章 小学校1年生での退学—女優　黒柳徹子さん　第2章 父親からの無能との評価—科学者　湯川秀樹さん　第3章 暴力の中での成長—作家　曾野綾子さん　第4章 母に捨てられたとの思い—作家　井上靖さん　第5章 家出した父と幼くして亡くした弟の死—心理学者　河合隼雄さん　第6章 働かない父と憂鬱な母の狭間で—推理作家　アガサ・クリスティーさん　第7章 母の病と極貧の中から—喜劇王チャールズ・チャップリンさん

園田 湖城〔1886～1968〕 そのだ・こじょう
◇園田湖城論—印人追慕　宮澤昇著　長野　静観堂　2016.9　216p　26cm　〈文献あり　年譜あり〉　Ⓝ739

園田 直〔1913～1984〕 そのだ・すなお
◇評伝 天草五十人衆　天草学研究会編　福岡　弦書房　2016.8　317p　22cm　〈文献あり　年表あり　索引あり〉　2400円　Ⓘ978-4-86329-138-6　Ⓝ281.94
内容　ステージ1 五人衆の時代、そして…　ステージ2 天領天草の村々　ステージ3 祈りの島で　ステージ4 耕す、漁る　ステージ5 実業の世をひらく　ステージ6 海路はるかに　ステージ7 文学・歴史・言論　ステージ8 あの頃、この人　ステージ9 島の現実、国の行く末　ステージ10 一筋の道　ステージ特別編 群像二題（天草の石文化と松室五郎左衛門　牛深カツオ漁の男たち）

園田 天光光〔1919～2015〕 そのだ・てんこうこう
◇96歳の姉が、93歳の妹に看取られ大往生　松谷天星丸著　幻冬舎　2015.12　238p　18cm　1000円　Ⓘ978-4-344-02866-1　Ⓝ369.26
内容　第1章 私は家族の看取りびと（「宿命じゃ！」というオマジナイ　姉の宿命、私の宿命　ほか）　第2章 老姉妹、一つ屋根の下（姉妹の共同下宿生活　元気と病気をくり返す中で　ほか）　第3章 見守る幸せ、ゆだねる幸せ（天光光はなぜ、死ぬ二日前まで仕事ができたのか　年をとったら、「きょういく」と「きょうよう」　ほか）　第4章 旅立つ前まで現役で生きるということ（「年だから」という自覚はなかった　老人性ウツとどう付き合えばいいか　ほか）

其田 三夫〔1923～〕 そのだ・みつお
◇獣医学の狩人たち—20世紀の獣医偉人列伝　大竹修著　堺　大阪公立大学共同出版会　2017.5　406p　21cm　〈文献あり〉　2400円　Ⓘ978-4-907209-72-8　Ⓝ649.028
内容　序：日本における近代獣医学の夜明け　牛痘苗と狂犬病ワクチンの創始者—梅野信吉　人材育成の名人で家畜寄生虫学の先達—葛西勝弥　獣医寄生虫学を確立—板垣四郎　競走馬の研究に生涯を捧げた外科の泰斗—松葉重雄　ひよこの雌雄鑑別法を開発—増井清　幻に終わったノーベル賞—市川厚一　獣医外科・産科学の巨頭—黒澤亮助　顕微鏡とともに歩んだ偉大な神経病理学者—山極三郎　麻酔・自律神経研究の権威—木全春生〔ほか〕

園部 志郎〔1923～1995〕 そのべ・しろう
◇人間ポンプ—ひょいとでてきたカワリダマ園部志郎の俺の場合は内臓だから　筏丸けいこ著　坂戸　フラミンゴ社　2017.9　177p　18cm　1389円　Ⓘ978-4-9908587-1-1　Ⓝ779.7

園部 マキ　そのべ・まき
◇福祉にとっての歴史 歴史にとっての福祉—人物で見る福祉の思想　細井勇,小笠原慶彰,今井小の実,蜂谷俊隆編著　京都　ミネルヴァ書房　2017.2　295,3p　22cm　〈索引あり〉　6000円　Ⓘ978-4-623-07889-9　Ⓝ369.021
内容　石井十次とアメリカン・ボード—宣教師ペティーから見た岡山孤児院　小橋勝之助と私立愛隣夜学校の創立—博愛社をめぐる人々　田中太郎の感化教育論—「人道の闘士」の思想的基盤　園部マキの生涯と事業—信愛保育園　岩橋武夫と盲人社会事業—小説『動き行く墓場』からの出発　村嶋歸之の生涯と思想—寛容な社会活動家の足跡　奥むめおと社会事業—社会運動としての福祉実践　久布白落実の性教育論とその変遷—嬌風会における純潔教育・家族計画　沖縄から大阪への移住者に見られた社会主義思想とその限界—大阪における同郷集団の運動　常盤

勝憲と日本最初の盲人専用老人ホーム—慈母園の設立過程　糸賀一雄と木村素衛—教養の思想を中心に福祉の近代史を研究すること—私の歩みと今後の課題への覚書

園山　俊二〔1935～1993〕　そのやま・しゅんじ
◇色いろ花骨牌　黒鉄ヒロシ著　小学館　2017.5　267p　15cm　（小学館文庫　く12-1）〈講談社2004年刊に「萩—生島治郎さん」を加え再刊〉　600円　Ⓘ978-4-09-406158-1　Ⓝ702.8
内容　雨—吉行淳之介さん　月—阿佐田哲也さん　桜—尾上辰之助さん（初代）　松—芦田伸介さん　菊—園山俊二さん　桐—柴田錬三郎さん　牡丹—秋山庄太郎さん　菖蒲—近藤啓太郎さん　萩—生島治郎さん

園山　真希絵〔1978～〕　そのやま・まきえ
◇戦場と孤独のフードビジネスを生き抜く　園山真希絵著　クロスメディア・パブリッシング　2015.10　179p　19cm　〈発売：インプレス〉　1380円　Ⓘ978-4-8443-7434-3　Ⓝ289.1
内容　第1章　「食」への目覚め—天職というものと出会うための運命と宿命（コンプレックスばかりだった少女時代　原点はお弁当づくり　ほか）　第2章　『園山』第一創業物語—飲食店開業。賽は投げられ、ルビコン川を渡る（名付け親　紹介制のお店　ほか）　第3章　『そのやま』第二創業物語—決意も新たに再び戦場へ。プロとしての誇りをもって（再起を決意　マイナスからのスタート　ほか）　第4章　戦場と孤独のフードビジネスを生き抜く—それでも挑み続ける理由（インナーワールドとしての戦場　孤独という長所と欠点　ほか）

祖父江　逸郎〔1921～〕　そぶえ・いつろう
◇私の本　祖父江逸郎著　半田　一粒書房　2016.7　68p　B5版　6p　19cm　〈著作目録あり〉　Ⓘ978-4-86431-521-0　Ⓝ289.1

祖父江　慎〔1959～〕　そぶえ・しん
◇工作舎物語—眠りたくなかった時代　臼田捷治著　左右社　2014.12　292p　19cm　〈文献あり　索引あり〉　2200円　Ⓘ978-4-86528-109-5　Ⓝ023.1
内容　第1章　松ãtag剛—なにもかも分けない方法　第2章　戸田ツトム—小さな声だからこそ遠くまで届く　第3章　芦澤泰偉—遅いという文句は出ない　工藤強勝—報酬はタブーの世界　山口信博—間違えるのも能力　松田行正—密度がとにかく濃い　羽良多平吉—最後までなじめなかった）　第4章　森本常美—夢を見ていたよう　第5章　祖父江慎—おどろきしまくりの日々

曽宮　一念〔1893～1994〕　そみや・いちねん
◇曽宮一念、藤枝静男宛書簡—裾野の「虹」が結んだ交遊　曽宮一念著，和久田雅之監修，浜松文芸館，増渕邦夫編　静岡　羽衣出版　2015.2　282p　22cm　〈年譜あり　文献あり〉　1852円　Ⓘ978-4-907118-13-6　Ⓝ910.268

曾良　そら
⇒河合曾良（かわい・そら）を見よ

曽和　照之〔1925～〕　そわ・てるゆき
◇地域に生きるてるてる坊主—元小学校長一代記　曽和照之著　大阪　清風堂書店　2016.9　141p　19cm　〈年表あり〉　1000円　Ⓘ978-4-88313-850-0　Ⓝ289.1
内容　第1章　戦前の巻（小学校入学まで　小学生の頃　青年期　軍隊生活）　第2章　戦後の巻（再出発　中学校への転勤　教育委員会へ　教頭の頃の思い出　校長期にはどんなことが　退職後）

孫　婉〔1896～1979〕　そん・えん
◇孫婉—孫文愛嬢の波瀾の生涯　孫霄著，岡井禮子訳　大阪　日中言語文化出版社　2017.6　282p　19cm　〈年譜あり〉　1500円　Ⓘ978-4-905013-10-5　Ⓝ289.2
内容　第1章　風雲変幻の時代　第2章　アメリカ留学　第3章　孫婉の家庭的事件　第4章　父親の遺訓を大切に守る　第5章　父親の偉大さを悟る　第6章　三人の母親　第7章　戴恩賽の官僚人生　第8章　家庭の運命を変えた戴永豊　第9章　母娘の別離と再会　第10章　孫婉養女を迎える　第11章　戴成功の北への旅

ソン，ギジョン〔1912～2002〕　孫　基禎
◇マラソンと日本人　武田薫著　朝日新聞出版　2014.8　313,19p　19cm　（朝日選書　923）〈文献あり　索引あり〉　1600円　Ⓘ978-4-02-263023-0　Ⓝ782.3
内容　走り出した日本人　金栗四三—学生の大志と箱根駅伝　孫基禎—「内鮮一体」の表裏　"ボストンマラソン"と戦後復興　円谷幸吉と東京オリンピック　祭りのあとの空白—ポスト君原健二　瀬古利彦の栄光と挫折　中山竹通のたった一度の反乱　女子マラソンと夏のメダル　ケニア参入と日本の内向化　川内優輝—鈍足のエリートと"東京マラソン"

孫　基禎　そん・きてい
⇒ソン，ギジョンを見よ

ソン，クンチョル〔1952～〕　宋　君哲
◇長いは短い、短いは長い—なにわの事務長「発明奮闘記」　宋君哲著　ころから　2014.11　206p　19cm　1500円　Ⓘ978-4-907239-11-4　Ⓝ507.1
内容　第1部　発明記（ミエールクリップの発明　ウォールファイルの発明　レシートクリップの発明　アンチラバルファイルの発明　往復封筒の開発　往復封筒の可能性）　第2部　半生記（在日コリアンに生まれて　青春時代　大阪での「再生」

孫　斗八〔1925～1963〕　そん・とうはち
◇逆うらみの人生—死刑囚・孫斗八の生涯　丸山友岐子著　インパクト出版会　2017.1　269p　19cm　〈社会評論社1981年刊の再刊　年譜あり〉　1800円　Ⓘ978-4-7554-0273-9　Ⓝ289.2
内容　日本のチェスマン　生いたち　兇行　第一審で死刑の判決　大阪拘置所は監獄闘争の花ざかり　ポシャゲた無実の訴え　拘置所長を告訴　第二審でも死刑　死刑確定　原告として法廷に立つ　死神との闘い　社会の扉を押し開く　監獄の人権を争う行政

そん

訴訟で勝訴 孫斗八の助命運動 社会からのきびしい風当り 孫斗八・第二の「所長時代」 恋人の登場 死刑訴訟の敗退、所長の交替 遂にやってきた死 葬式の参列者たち

孫文〔1866～1925〕 そん・ぶん
◇**孫文** 横山英,中山義弘共著 新装版 清水書院 2014.9 197p 19cm 〈Century Books—人と思想 27〉〈文献あり 年譜あり 索引あり〉 1000円 ①978-4-389-42027-7 Ⓝ125.9
内容 1 孫文の生涯(近代的知識人への道 異民族王朝の打倒をめざして 立憲共和国の建設をめざして 独立と統一を求めて) 2 孫文の思想(孫文思想の特徴と体系 旧い三民主義思想 新しい三民主義思想 実践哲学・歴史観・社会観 孫文思想の継承)

◇**二十世紀と格闘した先人たち——一九〇〇年アジア・アメリカの興隆** 寺島実郎著 新潮社 2015.9 390p 16cm 〈新潮文庫 て-10-2〉〈「二十世紀から何を学ぶか 下 一九〇〇年への旅 アメリカの世紀、アジアの自尊」(2007年刊)の改題、加筆・修正〉 630円 ①978-4-10-126142-3 Ⓝ280.4
内容 第1章 アメリカの世紀がアジア太平洋にもたらしたもの(太平洋の転換点となった米西戦争での米国の勝利 明治の青年に夢を与えたクラーク博士の実像と足跡 ヘンリー・ルース、「アメリカの世紀」を推進した男 フランクリン・ルーズベルトの対日観の歴史的変遷 敗戦後の日本を「支配」した「極端な人」マッカーサー 付マッカーサー再考への旅——呪縛とトラウマからの脱却) 第2章 国際社会と格闘した日本人(「太平洋の橋」になろうとした憂国の国際人、新渡戸稲造 キリストに生きた武士、内村鑑三の高尚なる生涯 禅の精神を世界に発信した、鈴木大拙という存在 六歳の津田梅子を留学させた明治という時代 「亡命学者」野口英世の生と死 高峰譲吉の栄光とその恩しみ 日本近代史を予言した男、朝河貫一の苦闘と日米関係 近代石炭産業の功労者、松本健次郎と日本の二十世紀 情報戦争の敗北者だった大島浩駐独大使) 第3章 アジアの自尊を追い求めた男たち(アジアの再興を図ろうとした岡倉天心の夢 「偉大なる魂」ガンディーの重い問い掛け インドが見つめている——チャンドラ・ボースという存在 革命家・孫文が日本に問いかけたもの 魯迅が否定した馬々虎々 不倒翁・周恩来の見た日本) 第4章 二十世紀再考—付言しておくべきことと総括(一九〇〇年エルサレム—アラブ・イスラエル紛争に埋め込まれたもの 一九〇〇年香港—英国のアジア戦略 総括—結局、日本にとって二十世紀とは何だったか)

◇**孫文—近代化の岐路** 深町英夫著 岩波書店 2016.7 219,9p 18cm 〈岩波新書 新赤版 1613〉〈年譜あり 索引あり〉 840円 ①978-4-00-431613-8 Ⓝ125.9
内容 第1章 天は高く皇帝は遠し(帝国の片隅で 興中会 世界を味方に) 第2章 漂泊の預言者(弟たちに 中国同盟会 橋頭堡を求めて) 第3章 千載一遇(地殻変動 辛亥革命 新紀元) 第4章 ヤヌスの誕生(うたかたの夢 中華革命党 孤高の領袖) 第5章 最後の挑戦(危うい橋頭堡 中国国民党改組 共和国の首都へ)

◇**孫文と陳独秀—現代中国への二つの道** 横山宏章著 平凡社 2017.2 286p 18cm 〈平凡社新書 837〉 860円 ①978-4-582-85837-2 Ⓝ222.07
内容 第1章 甲午の役(日清戦争)と庚子の役(義和団) 第2章 中国同盟会の結成と陳独秀の東京留学 第3章 中華民国の誕生 第4章 『新青年』と「新文化運動」 第5章 中華革命党と党治論、愚民論 第6章 マルクス主義者となった中国共産党創設 第7章 広東軍政府の建設とコミンテルンの支援 第8章 孫・陳提携と「国共合作」

ソン,ヘリム〔1937～2002〕 成 蕙琳
◇**女が動かす北朝鮮—金王朝三代「大奥」秘録** 五味洋治著 文藝春秋 2016.4 255p 18cm 〈文春新書 1076〉〈文献あり〉 780円 ①978-4-16-661076-1 Ⓝ282.1
内容 はじめに 北朝鮮女性たちの現実のドラマ 第1章 兄を継ぐ女帝候補—金与正、金雪松 第2章 トップ歌手からファースト・レディに—李雪主 第3章 国母はなぜ孤独死したか—金正淑、金聖愛 第4章 金正日に捨てられた国民的女優—成蕙琳 第5章 国母になれなかった大阪出身の美女—高容姫 第6章 金正日の心の支え—金敬姫と4番目の妻・金オク 第7章 運命に翻弄された女たち—喜び組、金賢姫、脱北者

孫 正義〔1957～〕 そん・まさよし
◇**リーダーズ・イン・ジャパン—日本企業いま学ぶべき物語** 有森隆著 実業之日本社 2014.7 270p 19cm 〈他言語標題：Leaders in Japan〉 1400円 ①978-4-408-11077-6 Ⓝ332.8
内容 1「創業家」の精神(豊田章男(トヨタ自動車)—「あさって」を見ながら、持続的成長に向けて手綱緩めず 岡田卓也、岡田元也(イオン)—増殖を続ける流通帝国。肉食系のM&Aは岡田親子の遺伝子 鈴木修(スズキ)—「三兆円企業」の名物ワンマン社長の強さと苦悩) 2「カリスマ」の本気(孫正義(ソフトバンク)—大ボラを次々と現実のものにした「孫氏の兵法」を徹底解剖する 鈴木敏文(セブン&アイ)—息子に第三の創業を託するか。「流通王」鈴木敏文の究極の選択 柳井正(ファーストリテイリング)—徒手空拳で小売業世界一に挑む男にゴールはない) 3「中興の祖」の逆襲(佐治信忠(サントリーホールディングス)—「やってみなはれ」の精神で佐治信忠は一世一代の大勝負に出る 高原豪久(ユニ・チャーム)—東南アジアに針路をとれ! 二代目社長、高原豪久の"第三の創業" 奥田務(J.フロントリテイリング)—「脱百貨店」の旗手、奥田務の正攻法に徹した改革) 4「異端児」の反骨(岡藤正広(伊藤忠商事)—野武士集団の復活を目指す伝説の繊維マン 津賀一宏(パナソニック)—テレビから自動車部品へ大転換。生き残りを懸け、エースが陣頭指揮 永井浩二(野村ホールディングス)—増資インサイダー事件で信用を失墜したガリバーを再生。変革に挑む営業のカリスマ)

◇**あんぽん—孫正義伝** 佐野眞一著 小学館 2014.9 508p 15cm 〈小学館文庫 さ19-1〉〈2012年刊の加筆 文献あり〉 750円 ①978-4-09-406084-3 Ⓝ289.1

◇**志高く—孫正義正伝** 井上篤夫著 新版 実業之日本社 2015.2 461p 16cm 〈実業之日本

【た】

社文庫　い2-2）〈文献あり〉　741円　ⓘ978-4-408-55215-6　Ⓝ289.1
内容　第1部（正夢　男の出発　飛び級　ほか）　第2部（青春のドン・キホーテ　巨人と天才　事を成す　ほか）　第3部（不退転　夢の実現　三〇〇年先の未来　ほか）

◇孫正義秘録　大下英治著　イースト・プレス　2015.4　446p　18cm　（イースト新書 047）〈「巨頭孫正義」（2012年刊）の改題、加筆修正、再編集〉　907円　ⓘ978-4-7816-5047-0　Ⓝ007.35
内容　序章　世界を買う！　孫正義とソフトバンクの深層　第1章　3・11と孫正義　第2章　孫正義、魂の屹立　第3章　ソフトバンク最強経営戦略　第4章　ソフトバンク、疾風怒濤のM&A史　第5章　球団買収と王貞治　第6章　アジアを制する者が世界を制する　第7章　ソフトバンクの未来像

◇なぜあの経営者はすごいのか―数字で読み解くトップの手腕　山根節著　ダイヤモンド社　2016.6　282p　19cm　1600円　ⓘ978-4-478-06959-2　Ⓝ335.13
内容　第1章　孫正義―巨大財閥をもくろむ大欲のアントレプレナー　第2章　松本晃―「右手に基本、左手にクレド」のシンプル経営実行者　第3章　永守重信―電動モーターに人生を賭けるエバンジェリスト　第4章　似鳥昭雄―猛勉を続ける執念のオープン・イノベーター　第5章　新浪剛史―自ら「やってみなはれ」続けるイントラプレナー　第6章　岡藤正広―言霊パワーを駆使するビッグビジネス・リーダー　第7章　星野佳路―お客と社員の「おもてなし」プロフェッショナル

◇現代中国経営者列伝　高口康太著　星海社　2017.4　251p　18cm　（星海社新書 108）〈文献あり　発売：講談社〉　900円　ⓘ978-4-06-138613-6　Ⓝ332.8
内容　第1章　「下海」から世界のPCメーカーへ―柳傳志　第2章　日本企業を駆逐した最強の中国家電メーカー―張瑞敏（ハイアール）　第3章　ケンカ商法幕れ旅、13億人の胃袋をつかむ中国飲食品メーカー―娃哈哈（ワハハ）　第4章　米国が恐れる異色のイノベーション企業―任正非（ファーウェイ）　第5章　不動産からサッカー、映画まで！　爆買い大富豪の正体とは―王健林（ワンダ・グループ）　第6章　世界一カオスなECが「安心」から生まれた―馬雲（アリババ）　第7章　世界中のコンテンツが集まる中国動画戦国時代―古永鏘（ヨーク）　第8章　ハードウェア業界の"無印良品"ってなんだ？―雷軍（シャオミ）　終章　次世代の起業家たち

善徳女王〔？～647〕　そんどくじょおう
◇古代東アジアの女帝　入江曜子著　岩波書店　2016.3　216p　18cm　（岩波新書 新赤版 1595）〈文献あり　年表あり〉　780円　ⓘ978-4-00-431595-7　Ⓝ220
内容　第1章　推古―東アジア最初の女帝　第2章　善徳―新羅の危機を救った予言　第3章　皇極―行政手腕の冴え　第4章　真徳―錦に織り込む苦悩　第5章　斉明―飛鳥に甦る使命　第6章　間人―禁断の恋に生きた幻の女帝　第7章　倭姫―王朝交代のミッシング・リンク　第8章　持統―遠謀にして深慮あり　第9章　武則天―男性社会への挑戦

他阿真円〔1919～〕　たあしんえん
◇生かされて生きる―「捨ててこそ」の実践　他阿真円著　横浜　神奈川新聞社　2016.1　209p　19cm　（わが人生 11）　1389円　ⓘ978-4-87645-548-5　Ⓝ188.692
内容　第1章　96歳～8度目の年男　第2章　2度の死線を超えて　第3章　生かされた命を生きる　第4章　諦めてあきらめない

田井 安曇〔1930～2014〕　たい・あずみ
◇田井安曇　ある日ある時―飯山復活教会歌碑建立記念　田井安曇の歌碑を建立する有志の会事務局編集事務　飯山　我妻英雄　2016.11　10, 85p　21cm　〈年譜あり　著作目録あり〉　1000円　Ⓝ911.162

大願憲海〔1798～1864〕　たいがんけんかい
◇会津と大願憲海―仏教図像・田村月樵遺稿画調査報告　松尾芳樹著, 阿住義彦編　会津若松　真言宗豊山派自在院　2016.9　189p　30cm　（自在院史料集　第6集）〈文献あり〉　Ⓝ721.1

大工原 章〔1917～2012〕　だいくはら・あきら
◇伝説のアニメ職人（クリエーター）たち―アニメーション・インタビュー　第1巻　星まこと編・著　まんだらけ出版部　2018.5　277p　21cm　〈索引あり〉　1800円　ⓘ978-4-86072-142-8　Ⓝ778.77
内容　大工原章・アニメーター、画家　森川信英・アニメーター　うしおそうじ（鷺巣富雄）・漫画家、元ピープロダクション社長　石黒昇・演出家　荒木伸吾・アニメーター・イラストレーター　金山明博・アニメーター・絵師　鳥海永行・演出家・作家　北原健雄・アニメーター　巻末特別企画　十九年目の「アニメーション・インタビュー」金山明博　解説（五味洋子・アニメーション研究家）

醍醐天皇〔885～930〕　だいごてんのう
◇日記で読む日本史　7　平安宮廷の日記の利用法―『醍醐天皇御記』をめぐって　倉本一宏監修　堀井佳代子著　京都　臨川書店　2017.7　270p　20cm　〈文献あり〉　3000円　ⓘ978-4-653-04347-8　Ⓝ210.08
内容　はじめに（『醍醐天皇御記』の成り立ち　天皇の日記の位置）　第1章　『醍醐天皇御記』から見た醍醐天皇（即位までの醍醐天皇　少年期・青年期の醍醐天皇と儀式　醍醐天皇の判断基準―『内裏式』と享和例　壮年期の醍醐天皇　父としての醍醐天皇）　第2章　『醍醐天皇御記』の利用（醍醐天皇の死　天皇による利用　天皇以外の利用）　第3章　摂関期における『醍醐天皇御記』の利用（宮中架蔵本の散逸　宮中以外の流布の状況）

◇天皇の歴史　3　天皇と摂政・関白　大津透, 河内祥輔, 藤井讓治, 藤田覚編集委員　佐々木恵介著　講談社　2018.2　361p　15cm　（講談社学術文庫 2483）〈文献あり　年表あり　索引あり〉

たいこもち

1180円　①978-4-06-292483-2　Ⓝ210.1

内容　序章 天皇の変貌と摂関政治　第1章 摂政・関白の成立と天皇　第2章「延喜・天暦の治」の時代　第3章 摂関政治の成熟　第4章 王権をめぐる人々　第5章 儀式・政務と天皇　第6章 仏と神と天皇　第7章 摂関期の財政と天皇　終章 天皇像の変容

太鼓持あらい〔1946～〕たいこもちあらい

◇我が太鼓持ち人生の裏座敷　あらい正三著　坂井エクシート　2018.9　110p　21cm　1000円　①978-4-9008-5833-6　Ⓝ384.9

内容・好きな事だけしてきた男　今でも生きている男芸者の太鼓持ち　太鼓持ちの発生　花街に興味を持つ　太鼓持ち遊びの現状　太鼓持ちの事を調べる　京都花街でのお茶屋遊び　北陸での太鼓持ち調査　お座敷遊び専用パンフレット作り　初めての京芸妓・舞妓遊び体験　太鼓持ちの販売戦略　太鼓持ちに必要な着物購入　福井にも芸妓伝統育成会　太鼓持ち販売戦略　私が太鼓持ち始めた頃の東京の太鼓持ち　お座敷遊びの資料作り　ラジオのレギュラー出演　大転換パソコンとの出会い　新聞にも連載決定　映画の指導　「間の極意」出版　ホームページに英・仏文追加　NHKテレビにゲスト出演　初めての海外行き　海外からの太鼓持ち指名　絶頂期から衰退期へ　終わりに

大乗院〔戦国～安土桃山時代〕だいじょういん

◇戦国を生きた姫君たち　火坂雅志著　KADOKAWA　2016.9　170p　15cm　〈角川文庫 ひ20-25〉〈年表あり〉　600円　①978-4-04-400170-4　Ⓝ281.04

内容　1 女城主たちの戦い（井伊直虎―井伊直政の義母　妙林尼―吉岡鎮興の妻 ほか）　2 危機を救う妻たち（お船の方―直江兼続の正室　小松姫―真田信之の正室 ほか）　3 愛と謎と美貌（小少将―長宗我部元親の側室　愛姫―伊達政宗の生母 ほか）　4 才女と呼ばれた女たち（お初（常高院）―浅井三姉妹の次女　阿茶局―徳川家康の側室 ほか）　5 想いと誇りに殉じる（鶴姫―瀬戸内のジャンヌ・ダルク　淀殿―豊臣秀吉の側室 ほか）

大正天皇〔1879～1926〕たいしょうてんのう

◇大正天皇　原武史著　朝日新聞出版　2015.4　368,5p　15cm　〈朝日文庫 は41-1〉〈朝日新聞社 2000年刊の再刊　年譜あり　索引あり〉　820円　①978-4-02-261827-6　Ⓝ288.41

内容　序章 悲劇の天皇　第2章 結婚まで　第3章 はつらつと全国を回る　第4章 天皇に代わって全国を回る　第5章 巡啓スタイルを確立する　第6章 天皇になる　終章「昭和」の幕開け

◇大正天皇実録　第1　自明治十二年至明治三十三年　宮内省図書寮編修　補訂版/岩壁義光/補訂　ゆまに書房　2016.12　667p　23cm　〈年表あり〉　8800円　①978-4-8433-5039-3　Ⓝ288.41

＊大正天皇は近代日本における最初の皇太子であった。「実録」には、皇位を継承すべき皇子として、初めてランドセルを背負って通学するまで、養育や教育の実態がつぶさに記され、「嚆矢」となる記事が随所に見られる。近代史を読み解く、新たな鍵の発見である。

◇大正天皇と楽の音―百三十七年の時空を超えて　潑溂としておられた皇太子時代　宮内孝子著　改訂版　文藝春秋企画出版部　2017.1　239p　20cm　〈初版：私家版 2012年刊　文献あり　年表あり　発売：文藝春秋〉　2000円　①978-4-16-008890-0　Ⓝ288.41

◇天皇家のお葬式　大角修著　講談社　2017.10　270p　18cm　〈講談社現代新書 2449〉〈文献あり〉　840円　①978-4-06-288450-1　Ⓝ210.094

内容　はじめに―時代の変化を映す天皇の葬儀　天皇の葬儀に関する用語　明治天皇陵と明治神宮の創建―京都と東京の「都」争い　古代の天皇の葬儀―古墳時代まで　中世の天皇の葬儀―鎌倉・室町時代　近世の天皇と葬儀―江戸時代　尊皇の潮流―王政復古への道　山陵の復活と孝明天皇陵―古代神話の再生　近代国家の天皇・象徴への道　明治天皇の大葬―モダン化する伝統　大正天皇の生涯と大葬―東宮御所のニューファミリー　昭和天皇の時代―大戦を超えて　昭和天皇の大葬―新憲法のもとで

◇大正天皇実録　第2　自明治三十四年至明治四十年　宮内省図書寮編修　補訂版/岩壁義光/補訂　ゆまに書房　2017.11　398p　23cm　8800円　①978-4-8433-5040-9　Ⓝ288.41

＊主な内容：咸仁親王、東宮補導となり、皇太子養育の全権を委任される（明治三十二年～明治三十六年）。宮内裕仁親王、誕生。信越・北関東地方巡啓。淳宮雍仁親王（秩父宮）誕生。和歌山・瀬戸内地方巡啓。日露戦争開戦。第二十回帝国議会開院式に初めて参列。光宮宣仁親王（高松宮）誕生。日露講和条約締結。講和条約反対運動おこる。韓国統監府設置。山陰地方巡啓。韓国行啓。南九州・高知巡啓。

◇大正天皇婚約解消事件　浅見雅男著　KADOKAWA　2018.6　215p　15cm　〔角川ソフィア文庫〕〔M122-1〕〈「皇太子婚約解消事件」（角川書店 2010年刊）の改題　文献あり〉　840円　①978-4-04-400389-0　Ⓝ288.4

内容　序章 もう一つの「宮中某重大事件」　第1章 幼少期の嘉仁親王　第2章 皇太子妃内定まで　第3章 最古の宮家　第4章 内定解消　第5章 九条節子浮上　第6章 噴出する不満　第7章 それからの伏見宮父娘　終章「宮中某重大事件」

◇大正天皇実録　第3　自明治四十一年至明治四十四年　宮内省図書寮編修　補訂版/岩壁義光/補訂　ゆまに書房　2018.8　326p　23cm　8800円　①978-4-8433-5041-6　Ⓝ288.41

内容　巻37 明治四十一年（一月～六月）　巻38 明治四十一年（七月～九月）　巻39 明治四十一年（十月～十二月）　巻40 明治四十二年（一月～六月）　巻41 明治四十二年（七月～十二月）　巻42 明治四十三年（一月～六月）　巻43 明治四十三年（七月～九月）　巻44 明治四十三年（十月～十二月）　巻45 明治四十四年（一月～六月）　巻46 明治四十四年（七月～十二月）

◇宮中五十年　坊城俊良著　講談社　2018.10　148p　15cm　〈講談社学術文庫 2527〉〈明徳出版社 1960年刊の再刊〉　680円　①978-4-06-513382-8　Ⓝ288.4

内容　明治天皇に近侍して（大きなお声の陛下　質実剛健な宮中生活 ほか）　昭憲皇太后のこと（明治天皇と昭憲皇太后　優しい皇后様と少年たち ほか）　平民的な大正天皇（明仁慈のご性格　隔てなき人間

大翔鳳 昌巳〔1967〜1999〕 だいしょうほう・まさみ
◇平成の北海道 大相撲—三横綱がいた時代　宗像哲也著　札幌　北海道新聞社　2016.10　223p　19cm　1400円　①978-4-89453-844-3　Ⓝ788.1
内容　昭和の千秋楽　第1章 道産子名力士列伝（千代の富士 大乃国 北勝海 ほか）　第2章 道産子力士の素顔（「北海道出身？」だった初代・若乃花　満身創痍 番付は生き物 ほか）　第3章 北海道大相撲なんでも百科（連勝記録 連勝を止めた力士 新弟子検査 ほか）

太宗（宋）〔939〜997〕 たいそう
◇独裁君主の登場 宋の太祖と太宗　竺沙雅章著　清水書院　2017.8　214p　19cm　〈新・人と歴史拡大版 20〉〈1984年刊を表記や仮名遣い等一部を改めて再刊　文献あり　年表あり　索引あり〉　1800円　①978-4-389-44120-3　Ⓝ222.053
内容　1 五代乱離（混乱の世 若き日の太祖と太宗 民族の苦悩 英士national）　2 統一国家の建設（陳橋の変 中央集権の強化 統一への道程）　3 独裁君主の登場（太祖から太宗へ 文化国家の建設 外征の失敗 独裁君主たる太宗）

◇悪の歴史―隠されてきた「悪」に焦点をあて、真実の人間像に迫る　東アジア編下　南・東南アジア編　上田信編　清水書院　2018.8　469p　19cm　2400円　①978-4-389-50065-8　Ⓝ204
内容　東アジア編（下）（太宗（宋）―「燭影斧声の疑」のある準開国皇帝　王安石―北宋滅亡の元凶とされる「拗相公」　徽宗―「風流天子」と専権宰相蔡京　賈似道―宋王朝の滅亡を導いたとされる「蟋蟀宰相」　フビライ（世祖）―元朝建国の英雄の光と陰 ほか）　南・東南アジア編（カニシュカ―中央アジアとインドの支配者　チャンドラグプタ二世―兄の王位を簒奪し、その妻を娶った帝王　ラッフルズ―住民の在地支配者への服属を強化した自由主義者　ガンディー―最晩年の挫折と孤立）

太宗（唐）〔598〜649〕 たいそう
◇中国書人伝　中田勇次郎編　中央公論新社　2015.7　365p　16cm　〈中公文庫 な66-1〉〈中央公論社 1973年刊の再刊　年譜あり〉　1200円　①978-4-12-206148-4　Ⓝ728.22
内容　王羲之・王献之―貝塚茂樹　鄭道昭・智永―小川環樹　唐太宗・虞世南・欧陽詢・褚遂良―加藤楸邨　顔真卿・柳公権―井上靖　李邕・張旭・懐素・楊凝式―土岐善麿　蘇軾・黄庭堅・米芾―寺田透　趙孟頫・張即之―武田泰淳　祝允明・文徴明・董其昌―杉浦明平　張瑞図―中田勇次郎　王鐸・金農・鄭燮―三浦朱門　鄧石如・何紹基・趙之謙

◇隋の煬帝と唐の太宗―暴君と明君、その虚実を探る　布目潮渢著　清水書院　2018.5　243p　19cm　〈新・人と歴史拡大版 27〉〈「つくられた暴君と明君 隋の煬帝と唐の太宗」（1984年刊）の改題、表記や仮名遣い等一部を変更　文献あり　年表あり　索引あり〉　1800円　①978-4-389-44127-2　Ⓝ222.047
内容　1 隋の成立　2 楊広の登場　3 煬帝の治世　4 李世民の登場　5 太宗の治世　6 太宗の晩年

太祖（宋） たいそ
⇒趙匡胤（ちょう・きょういん）を見よ

太祖（李朝） たいそ
⇒イ，ソンゲを見よ

泰澄〔682〜768〕 たいちょう
◇泰澄和尚伝記―現代語訳　佐野光臣著　〔勝山〕　佐野光臣　2014.4　35p　30cm　〈年譜あり　文献あり〉　Ⓝ188.592
◇伝説の高僧・泰澄大師―藤原不比等が最も惧れた男 実は天武天皇の嫡孫であった　長谷川義倫著　福井　国山古代史研究所　2015.1　303p　19cm　〈年表あり　文献あり〉　1900円　①978-4-9908170-0-8　Ⓝ188.592
◇泰澄和尚と古代越知山・白山信仰　堀大介著　雄山閣　2018.11　350p　22cm　6800円　①978-4-639-02594-8　Ⓝ188.592
内容　第1編　『泰澄和尚伝記』と関係諸伝の成立過程（研究史と諸本の検討　『元亨釈書』『真言伝』所収泰澄伝の検討 ほか）　第2編 古代越知山信仰の諸相（福井県大谷寺遺跡の成立に関する一考察　越知山山岳信仰の遺跡群―大谷寺遺跡を中心に ほか）　第3編 古代白山信仰の成立と展開（越知山・白山一体観の信仰に関する一考察　古代白山信仰の考古学的検討　『泰澄和尚伝記』の風景を求めて）　終編 泰澄は実在したのか（泰澄の思想と信仰―『根本説一切有部毘奈耶雑事』巻第二一の検討を中心に）

大燈国師 だいとうこくし
⇒宗峰妙超（しゅうほうみょうちょう）を見よ

大塔宮 だいとうのみや
⇒護良親王（もりながしんのう）を見よ

大福御前〔？〜1593〕 だいふくごぜん
◇戦国を生きた姫君たち　火坂雅志著　KADOKAWA　2016.9　170p　15cm　〈角川文庫 ひ20-25〉〈年表あり〉　600円　①978-4-04-400170-4　Ⓝ281.04
内容　1 女城主たちの戦い（井伊直虎―井伊直政の義母　妙林尼―吉岡鎮興の妻 ほか）　2 危機を救う妻たち（お船の方―直江兼続の正室　小松姫―真田信之の正室 ほか）　3 愛と謎と美貌（小少将―長宗我部元親の側室　義姫―伊達政宗の生母 ほか）　4 才女と呼ばれた女たち（お初（常高院）―浅井三姉妹の次女　阿茶局―徳川家康の側室 ほか）　5 想いと誇りに殉じる（鶴姫―瀬戸内のジャンヌ・ダルク　淀殿―豊臣秀吉の側室 ほか）

大法正眼国師 たいほうしょうげんこくし
⇒盤珪永琢（ばんけいようたく）を見よ

大松 博文〔1921〜1978〕 だいまつ・ひろぶみ
◇近代オリンピックのヒーローとヒロイン　池井優著　慶應義塾大学出版会　2016.12　365p　20cm　〈文献あり〉　2600円　①978-4-7664-2389-1　Ⓝ780.28
内容　ピエール・ド・クーベルタン―近代オリンピック

の創始者　嘉納治五郎―日本初代のIOC委員　金栗四三―"日本マラソンの父"となったオリンピックの敗者　人見絹枝―日本女子初のメダリスト　西竹一―バロン西と呼ばれた馬術大障害の優勝者　織田幹雄―日本人最初のゴールドメダリスト　「前畑がんばれ！」―日本初のオリンピック女子金メダリスト　西田修平・大江季雄―ベルリンの死闘と"友情のメダル"　ジェシー・オーエンス―ベルリンで四つの金メダルを獲った黒人選手　清川正二―オリンピックの金メダリスト、IOC委員　古橋廣之進―戦後日本に希望を与えてくれた"フジヤマのトビウオ"　猪谷千春―冬季五輪初のメダリスト、そしてIOC委員　アベベ・ビキラ―ローマ、東京と二大会を制覇したマラソンの王者　大松博文―"東洋の魔女"に金メダルを獲らせた"鬼"の指導者　日本サッカー界を改革したドイツ人コーチ―デットマール・クラマーと日本代表チーム　ベラ・チャスラフスカ―「プラハの春」にゆれた体操の女王　男子バレーボールに革命をもたらした監督―松平康隆と日本男子バレーボール　モスクワ五輪ボイコットに泣いた選手たち―政治に翻弄されたオリンピック　北島康介―オリンピック三大会でメダル獲得のスイマー

平良　愛香〔1968～〕　たいら・あいか

◇あなたが気づかないだけで神様もゲイもいつもあなたのそばにいる　平良愛香著　学研プラス　2017.12　279p　19cm　1300円　Ⓟ978-4-05-406611-3　Ⓝ367.97

内容　第1章 自分らしく生きなさい　第2章 本当の僕を知ってほしい　第3章 さとうきび畑の向こうに　第4章 神が与えられた十字架　第5章 ひとりじゃない　第6章 性と差別にまつわる特別講義

平　清盛〔1118～1181〕　たいら・きよもり

◇中世の人物 京・鎌倉の時代編　第1巻　保元・平治の乱と平氏の栄華　元木泰雄編　大阪　清文堂出版　2014.3　412p　22cm　4500円　Ⓟ978-4-7924-0994-4　Ⓝ281

内容　鳥羽院・崇徳院(佐藤健治著)　藤原忠実(佐古愛己著)　藤原頼長(横内裕人著)　平忠盛(守田逸人著)　源為義(須藤聡著)　覚仁と信実～悪僧論～(久野修義著)　阿多忠景と源為朝(栗林文夫著)　後白河院(高橋典幸著)　藤原忠通と基実(樋口健太郎著)　信西(木村真美子著)　藤原信頼・成親(元木泰雄著)　藤原経宗(元木泰雄著)　源義朝(近藤好和著)　平清盛(川合康著)　池禅尼と二位尼(栗山圭子著)　平時忠と信範(松薗斉著)　藤原邦綱とその娘たち(佐伯智広著)　平重盛(平藤幸著)　西行(近藤好和著)

◇権勢の政治家 平清盛　安田元久著　清水書院　2017.3　234p　19cm　(新・人と歴史拡大版01)〈1984年刊を、表記や仮名遣い等一部を改めて再刊　文献あり 年譜あり 索引あり〉　1800円　Ⓟ978-4-389-44101-2　Ⓝ289.1

内容　1 激動の時代と歴史的人物　2 伊勢平氏　3 武門の貴公子　4 平清盛の台頭　5 権勢への道　6 平氏の政権とその危機

平　重盛〔1138～1179〕　たいら・しげもり

◇中世の人物 京・鎌倉の時代編　第1巻　保元・平治の乱と平氏の栄華　元木泰雄編　大阪　清文堂出版　2014.3　412p　22cm　4500円　Ⓟ978-4-7924-0994-4　Ⓝ281

内容　鳥羽院・崇徳院(佐藤健治著)　藤原忠実(佐古愛己著)　藤原頼長(横内裕人著)　平忠盛(守田逸人著)　源為義(須藤聡著)　覚仁と信実～悪僧論～(久野修義著)　阿多忠景と源為朝(栗林文夫著)　後白河院(高橋典幸著)　藤原忠通と基実(樋口健太郎著)　信西(木村真美子著)　藤原信頼・成親(元木泰雄著)　藤原経宗(元木泰雄著)　源義朝(近藤好和著)　平清盛(川合康著)　池禅尼と二位尼(栗山圭子著)　平時忠と信範(松薗斉著)　藤原邦綱とその娘たち(佐伯智広著)　平重盛(平藤幸著)　西行(近藤好和著)

平　忠盛〔1096～1153〕　たいら・ただもり

◇中世の人物 京・鎌倉の時代編　第1巻　保元・平治の乱と平氏の栄華　元木泰雄編　大阪　清文堂出版　2014.3　412p　22cm　4500円　Ⓟ978-4-7924-0994-4　Ⓝ281

内容　鳥羽院・崇徳院(佐藤健治著)　藤原忠実(佐古愛己著)　藤原頼長(横内裕人著)　平忠盛(守田逸人著)　源為義(須藤聡著)　覚仁と信実～悪僧論～(久野修義著)　阿多忠景と源為朝(栗林文夫著)　後白河院(高橋典幸著)　藤原忠通と基実(樋口健太郎著)　信西(木村真美子著)　藤原信頼・成親(元木泰雄著)　藤原経宗(元木泰雄著)　源義朝(近藤好和著)　平清盛(川合康著)　池禅尼と二位尼(栗山圭子著)　平時忠と信範(松薗斉著)　藤原邦綱とその娘たち(佐伯智広著)　平重盛(平藤幸著)　西行(近藤好和著)

平　時子〔1126～1185〕　たいら・ときこ

◇中世の人物 京・鎌倉の時代編　第1巻　保元・平治の乱と平氏の栄華　元木泰雄編　大阪　清文堂出版　2014.3　412p　22cm　4500円　Ⓟ978-4-7924-0994-4　Ⓝ281

内容　鳥羽院・崇徳院(佐藤健治著)　藤原忠実(佐古愛己著)　藤原頼長(横内裕人著)　平忠盛(守田逸人著)　源為義(須藤聡著)　覚仁と信実～悪僧論～(久野修義著)　阿多忠景と源為朝(栗林文夫著)　後白河院(高橋典幸著)　藤原忠通と基実(樋口健太郎著)　信西(木村真美子著)　藤原信頼・成親(元木泰雄著)　藤原経宗(元木泰雄著)　源義朝(近藤好和著)　平清盛(川合康著)　池禅尼と二位尼(栗山圭子著)　平時忠と信範(松薗斉著)　藤原邦綱とその娘たち(佐伯智広著)　平重盛(平藤幸著)　西行(近藤好和著)

平　時忠〔?～1189〕　たいら・ときただ

◇中世の人物 京・鎌倉の時代編　第1巻　保元・平治の乱と平氏の栄華　元木泰雄編　大阪　清文堂出版　2014.3　412p　22cm　4500円　Ⓟ978-4-7924-0994-4　Ⓝ281

内容　鳥羽院・崇徳院(佐藤健治著)　藤原忠実(佐古愛己著)　藤原頼長(横内裕人著)　平忠盛(守田逸人著)　源為義(須藤聡著)　覚仁と信実～悪僧論～(久野修義著)　阿多忠景と源為朝(栗林文夫著)　後白河院(高橋典幸著)　藤原忠通と基実(樋口健太郎著)　信西(木村真美子著)　藤原信頼・成親(元木泰雄著)　藤原経宗(元木泰雄著)　源義朝(近藤好和著)　平清盛(川合康著)　池禅尼と二位尼(栗山圭子著)　平時忠と信範(松薗斉著)　藤原邦綱とその娘たち(佐伯智広著)　平重盛(平藤幸著)　西行(近藤好和著)

平 徳子　たいら・とくこ
⇒建礼門院徳子（けんれいもんいんとくこ）を見よ

平 信範〔1112～1187〕　たいら・のぶのり
◇中世の人物 京・鎌倉の時代編　第1巻　保元・平治の乱と平氏の栄華　元木泰雄編　大阪　清文堂出版　2014.3　412p　22cm　4500円　①978-4-7924-0994-4　Ⓝ281
内容　鳥羽院・崇徳院（佐藤健治著）　藤原忠実（佐古愛己著）　藤原頼長（横内裕人著）　平忠盛（守田逸人著）　源為義（須藤聡著）　覚仁と信実─悪僧論へ（久野修義著）　阿多忠景と源為朝（栗林文夫著）　後白河院（高橋典幸著）　藤原忠通と基実（樋口健太郎著）　信西（木村真美子著）　藤原信頼・成親（元木泰雄著）　藤原経宗（元木泰雄著）　源義朝（近藤好和著）　平清盛（川合康著）　池禅尼と二位尼（栗山圭子著）　平時忠と信範（松薗斉著）　藤原邦綱とその娘たち（佐伯智広著）　平重盛（平藤幸著）　西行（近藤好和著）

平 将門〔?～940〕　たいら・まさかど
◇将門伝説の歴史　樋口州男著　吉川弘文館　2015.8　226p　19cm　（歴史文化ライブラリー　407）〈文献あり〉　1700円　①978-4-642-05807-0　Ⓝ289.1
内容　語りつがれる将門─プロローグ　平将門の乱と『将門記』（将門の乱勃発　私闘から叛逆へ　乱の終焉とその後）　伝説の中の将門─萌芽期から中世まで（異なる将門観　『将門記』の新皇即位記事をめぐって　再び、中世江戸の将門伝説）　近世文芸の中の将門伝説（『前太平記』にみる将門伝説　山東京伝が描く将門伝説　馬琴の考証と幕末江戸の将門伝説）　叛臣将門とその復権運動─明治期の将門伝説（神田神社の祭神論争　織田完之の将門雪冤運動）　将門伝説が語るもの─エピローグ

平 政子　たいら・まさこ
⇒北条政子（ほうじょう・まさこ）を見よ

平 宗盛〔1147～1185〕　たいら・むねもり
◇中世の人物 京・鎌倉の時代編　第2巻　治承～文治の内乱と鎌倉幕府の成立　野口実編　大阪　清文堂出版　2014.6　426p　22cm　〈文献あり〉　4500円　①978-4-7924-0995-1　Ⓝ281
内容　源頼政と以仁王（生駒孝臣著）　甲斐源氏（西川広平著）　木曾義仲（長村祥知著）　源義経（宮田敬三著）　平宗盛（田中大喜著）　平氏の新日家人たち（西村隆著）　藤原秀衡（三好俊文著）　源頼朝（元木泰雄著）　大庭景親（森幸夫著）　城助永と助職（長茂）（高橋一樹著）　千葉常胤（野口実著）　和田盛綱と梶原景時（滑川敦子著）　北条時政と牧の方（落合義明著）　源頼家（藤本頼人著）　八条院（高松百香著）　源家兼実（高橋秀樹著）　源通親（佐伯智広著）　法然と貞慶・明恵（平雅行著）　重源（久野修義著）　栄西（中尾良信著）

平 康頼〔平安時代〕　たいら・やすより
◇山田昭全著作集　第2巻　宝物集研究　山田昭全著，清水宥聖，米山孝子，大場朗，森晴彦，魚尾孝久，鈴木治子，臼井恭子，室賀和子，林克則編集委員　おうふう　2015.1　589p　22cm　〈布装〉　12000円　①978-4-273-03652-2　Ⓝ910.8
内容　第1編『宝物集』伝本研究（『宝物集』と『三国伝記』─玄棟は一巻本『宝物集』を見ていた　片仮名古活字三巻本『宝物集』をめぐって　『宝物集』三巻本・七巻本・元禄本の相互関係　ほか）　第2編『宝物集』の方法と思想（平康頼の資料蒐集と処理方法─『宝物集』の場合　『宝物集』の仏典受容─仏教の日本化の一過程　『宝物集』の登場物語─主役は何をしたか　ほか）　第3編　作者研究（平康頼伝記研究　康頼和歌の類従と略注　五味文彦氏『宝物集』祐盛著者説を嗤う）

田上 明〔1961～〕　たうえ・あきら
◇小橋健太、熱狂の四天王プロレス　小橋建太著　ワニブックス　2016.2　303p　19cm　1600円　①978-4-8470-9425-5　Ⓝ788.2
内容　序章 夢の始まり　第1章 希望への旅立ち　第2章 崖っ縁からの挑戦　第3章 四天王プロレスの胎動　第4章 絶望のその先に　第5章 不屈の魂　第6章 革命の炎　最終章 俺の四天王プロレス

田内 千鶴子〔1912～1968〕　たうち・ちずこ
◇日韓の架け橋となったキリスト者─乗松雅休から澤正彦まで　中村敏著　いのちのことば社　2015.4　110p　19cm　〈年表あり〉　1000円　①978-4-264-03347-9　Ⓝ192.1
内容　第1章 乗松雅休─日本最初の海外宣教師　第2章 田内千鶴子（尹鶴子）─三〇〇〇人の韓国人孤児の母となった日本人女性　第3章 浅川巧─白磁と植林事業を通して日韓の架け橋となったキリスト者　第4章 渕澤能恵─韓国女子教育を通して日韓の架け橋となったキリスト者　第5章 曾田嘉伊智─韓国孤児の慈父と慕われた日本人　第6章 織田楢次─生涯を韓国人伝道に捧げた宣教師　第7章 枡富安左衛門─農場経営と教育と伝道で架け橋となったキリスト者　第8章 澤正彦─韓国に対して贖罪的求道者として生きたキリスト者

田岡 一雄〔1913～1981〕　たおか・かずお
◇完本山口組三代目 田岡一雄自伝　田岡一雄著　徳間書店　2015.6　621p　15cm　（徳間文庫カレッジ）〈『山口組三代目 田岡一雄自伝 第1部～第3部』新装版（徳間文庫 2009年刊）の改題、再編集、合本　年譜あり〉　1400円　①978-4-19-907034-1　Ⓝ289.1
内容　第1部 電撃篇（貧しく孤独な幼少時代　母の死　神戸の叔父　ほか）　第2部 迅雷篇（土建業山口組浪曲興行、大成功　川田晴久を後援　ほか）　第3部 仁義篇（広島代理戦争　打越昌夫とやくざの系譜　崩れた力の均衡　ほか）

◇お父さんの石けん箱　田岡由伎著　筑摩書房　2015.6　282p　15cm　（ちくま文庫 た77-1）　780円　①978-4-480-43278-0　Ⓝ289.1
内容　おゆうぎ踊ったお父さん　タバコは身体にわるいです　普通の「田岡由伎」　お父さんが土下座した　「ゴッドファーザー」は本物　お義姉さんの自認　「結婚」はむずかしい　たったひとことの愛の告白　浮気の朝はシャイ　埃だらけのへそくり　指は詰めるなんて、大嫌い　首は撃ちぬかれていた　憂国ってどんなこと?　ピラミッド・パワー　臨終の時

高井 としを〔1902～1983〕 たかい・としお

◇わたしの「女工哀史」　高井としを著　岩波書店　2015.5　308p　15cm　(岩波文庫 38-116-1)〈草土文化 1981年刊の再刊〉　780円　①978-4-00-381161-0　Ⓝ366.38

内容　1『女工哀史』日記（炭焼きの子　下宿住まいの小学生　妹も死んだ、弟も死んだ　ほか）　2 ヤミ屋日記（一粒のあめ　地獄図　腹いっぱいたべさせたい　ほか）　3 ニコヨン日記（日給百六十円　労働組合をつくろう　組合PRに映画見物　ほか）

高井 美穂〔1971～〕 たかい・みほ

◇女は「政治」に向かないの？　秋山訓子著　講談社　2018.5　212p　19cm　1400円　①978-4-06-511764-4　Ⓝ314.18

内容　野田聖子—女性のキャリア変化とともに　小池百合子—不死鳥のような人生　山尾志桜里—母だからできること　辻元清美—挫折からが本番　中川智子—おばちゃんの愛され力　高井美穂—「ふつう」が議員になってみた　嘉田由紀子—それは「サプライズ」ではなかった

高井 保弘〔1945～〕 たかい・やすひろ

◇代打の神様—ただひと振りに生きる　澤宮優著　河出書房新社　2014.12　205p　19cm　〈文献あり〉　1600円　①978-4-309-27551-2　Ⓝ783.7

内容　桧山進次郎—代打の神様がバットを置くとき　高井保弘—世界一の代打本塁打王　八木裕—元祖・虎の代打の神様　広永益隆—メモリアル男　平田薫—恐怖の"左殺し"　秦真司—ツバメの最強代打男　町田公二郎—最後までレギュラーを　石井義人—戦力外通告の果てに　竹之内雅史—サムライ「死球王」の代打の極意　麻生実男—代打一号

高家 博成〔1941～〕 たかいえ・ひろしげ

◇虫博士の育ち方仕事の仕方—生き物と遊ぶ心を伝えたい　虫のあしはなぜ6本？　高家博成文, 中山れいこ編・解説　本の泉社　2014.7　303p　21cm　〈文献あり　索引あり〉　1800円　①978-4-7807-1173-8　Ⓝ486

内容　丹後にいた頃　大学生時代　動物園に勤める　標本室の展示構成の工夫　動物園内の大きなニュース　新しい展示昆虫を求めてオーストラリアへ　南園飼育係長時代　井の頭自然文化園水生物館長時代　昆虫飼育係長時代　定年・嘱託昆虫時代　大学の非常勤講師　世界と日本　日本人の動物観　昆虫教室・昆虫相談　生き物を楽しむ　絵本を作る　この頃

高石 近夫〔1926～〕 たかいし・ちかお

◇私のたどった道—自分史・改訂版　高石近夫著　〔出版地不明〕　高石近夫　2016.7　359p　20cm、〈発行所=創栄出版　年譜あり〉　①978-4-7559-0532-2　Ⓝ289.1

高岩 とみ〔1893～1984〕 たかいわ・とみ

◇ある昭和の家族—「火宅の人」の母と妹たち　笠耐著　岩波書店　2014.12　168p　20cm　（シリーズここで生きる）　1900円　①978-4-00-028728-9　Ⓝ289.1

内容　花に逢わん—兄檀一雄の晩年　丘の上の家—昭和初期の子供の情景　石楠花の庭—疎開生活との奮闘　自由の季節—家族それぞれの新生活　「火宅」の傍らで—石神井の兄と私　草花に彩られ—中央林間での母の暮らし　武家の面影—母の幼き日々　心の宝物—晩年の母　笑顔とともに—母の最期　思い出の地へ—母亡き後の旅

高尾 紳路〔1976～〕 たかお・しんじ

◇高尾紳路 不惑の出発　高尾紳路著　日本棋院　2017.8　207p　21cm　1800円　①978-4-8182-0661-8　Ⓝ795

内容　第1章 10年ぶり復冠（最強・井山名人に挑む　七番勝負開幕　第41期名人戦第1局　ほか）　第2章 成長の日々（囲碁との出会い　山下少年に敗れる　第7回少年少女大会決勝　ほか）　第3章 絶頂期の到来（はじめての七番勝負　第60期本因坊戦第5局　是が非でも防衛を　第61期本因坊戦第6局　ほか）　第4章 長い足踏み（史上六度目の大逆転　第63期本因坊戦第7局　タイトル戦で勝てない　ほか）　第5章 いまを生きる（秀行先生の思い出　引退碁、唯一の互先　藤沢秀行引退碁第3局　ほか）

高岡 聡子〔1929～2015〕 たかおか・としこ

◇私は細胞の母になった—組織培養の曙を生きた研究者の回想　高岡聡子著　〔出版地不明〕　尾崎史郎　2018.8　300p　22cm　Ⓝ289.1

高岡 寿成〔1970～〕 たかおか・としなり

◇マラソン哲学—日本のレジェンド12人の提言　小森貞子構成, 月刊陸上競技編集　講談社　2015.2　352p　19cm　1600円　①978-4-06-219348-1　Ⓝ782.3

内容　宗茂—双子の弟・猛と切磋琢磨 日本のマラソン練習の礎を築いた「宗兄弟」　宗猛—「自分たちを生かす道はこれしかない！」小学生のうちに気づいたマラソンへの道　瀬古利彦—マラソン15戦10勝の"レジェンド" カリスマ指導者に導かれて世界を席巻　山下佐知子—女子マラソンで日本の「メダル第1号」東京世界選手権で銀、バルセロナ五輪は4位　有森裕子—陸上の五輪史上日本女子で唯一の複数メダル マラソンは「生きていくための手段」　中山竹通—底辺からトップに這い上がった不屈のランナー オリンピックは2大会連続で4位入賞　森下広一—"太く短く"マラソン歴はわずか3回 2連勝後のバルセロナ五輪は銀メダル　藤田敦史—運動オンチが長距離で信じられない飛躍 ある「きっかけ」が人生を180度変えた　高橋尚子—日本の五輪史に燦然と輝く金メダル 「人の倍やって人並み」を日々実践した賜物　高岡寿成—長いスパンで取り組まれたマラソンへの道 トラックもマラソンも意識は常に「世界へ」　小出義雄—女子マラソンで複数のメダリストを輩出「世界一になるには、世界一になるための練習をやるだけ」　藤田信之—女子の400mからマラソンまで数々の「日本記録ホルダー」を育成 野口みずきのマラソン金メダルはトラックの延長

高岡 正明〔1909～2001〕 たかおか・まさあき

◇陽光桜—非戦の誓いを桜に託した、知られざる偉人の物語　高橋玄著　集英社　2015.8　215p　19cm　1400円　①978-4-08-781577-1　Ⓝ289.1

内容　第1章 高岡正明の源流　第2章 告白 ふたつの出来事　第3章 受け継ぐもの　第4章 伯方の塩の物語　第5章 陽光　第6章 花咲かじいさんの冒険　第7章 ファミリーツリー　第8章 宇宙人、天に還る　第9章 地球を花園に

高岳親王〔799～865〕 たかおかしんのう

◇平安の新京　石上英一，鎌田元一，栄原永遠男監修，吉川真司編　大阪　清文堂出版　2015.10　396p　22cm　（古代の人物 4）〈索引あり〉　4500円　①978-4-7924-0571-7　Ⓝ281.04

内容　本巻のねらい　平安の新京　1 平安京と平安京（桓武天皇—中国的君主像の追求と「律令制」の転換　早良親王—「皇太子置定」の困難　坂上田村麻呂—征夷副将軍になるまでを中心　高丘親王（真如）—菩薩の道，必ずしも一致せず）　2 王権の安定（嵯峨天皇—唐風を整え，幽境に遊ぶ　最澄—仏法具足の大日本国　空海—鎮護国家・国王護持の密教　源信・常・定—臣籍降下した皇子たち　有智子内親王—「文章経国」の時代の初代賀茂斎院　仁明天皇—宮廷の典型へ　讚岐永直—律令国家と明法道）　3 前期摂関政治へ（伴善男—逆臣か「良吏」か　円仁—東部ユーラシア史の変動を記録した入唐僧　藤原良房・基経—前期摂関政治の成立　藤原高子—廃后事件の背景と歴史的位置　藤原保則—激動の時代を生きた良吏）

髙垣 千恵　たかがき・ちえ

◇「しゃあないな」で開き直り，「やってみよか」で生きてきた—崖っぷちの人生から奇跡を起こした幸せになる方法　髙垣千恵著　セルバ出版　2018.4　183p　19cm　〈発売：創英社/三省堂書店〉　1600円　①978-4-86367-407-3　Ⓝ289.1

内容　第1章 弟の死が私の進む道を示してくれた　第2章 夢を追っての看護師へ　第3章 一回目の結婚　第4章 障害児を抱えてシングルマザーへ　第5章 和歌山で再婚　第6章 三回目の結婚　第7章 「しゃあないな」で夢は必ず叶う

高木 兼寛〔1849～1920〕 たかき・かねひろ

◇脚気と軍隊—陸海軍医団の対立　荒木肇著　並木書房　2017.10　327p　19cm　〈文献あり〉　2000円　①978-4-89063-365-4　Ⓝ493.13

内容　第1章 脚気の始まり　第2章 西洋医学の導入　第3章 脚気への挑戦　第4章 陸軍の脚気対策　第5章 森林太郎の登場　第6章 日露戦争の脚気惨害　第7章 臨時脚気病調査委員会

高木 喜代市〔1894～1972〕 たかき・きよいち

◇柔道一如—柔道家高木喜代市とその周辺　堀江朋子著　図書新聞　2015.11　282p　20cm　〈文献あり〉　2000円　①978-4-88611-464-8　Ⓝ789.2

内容　巣鴨プリズンの寄せ書き　第1章 高木喜代市の柔道と生涯（若き日の高木喜代市　講道館　戦時下の柔道と高木喜代市　戦後の柔道界と高木喜代市）　第2章 柔道（柔術）・三つの流れ（柔道の源流　講道館柔道　大日本武徳会　高専柔道）　巣鴨プリズン慰問その後と高木喜代市が目指した柔道

高木 三四郎〔1970～〕 たかぎ・さんしろう

◇プロレスという生き方—平成のリングの主役たち　三田佐代子著　中央公論新社　2016.5　253p　18cm　（中公新書ラクレ 554）〈文献あり〉　840円　①978-4-12-150554-5　Ⓝ788.2

内容　第1部 メジャーの矜持・インディーの誇り（中邑真輔—美しきアーティストが花開くまで　飯伏幸太—身体ひとつで駆け上がった星　高木三四郎—「大社長」がすごい理由　登坂栄児—プロレス界で一番の裏方　丸藤正道—運命を受け入れる天才）　第2部 女子プロレスラーという生き方（里村明衣子—孤高の横綱はなぜ仙台に行ったのか？　さくらえみ—突拍子もない革命家）　第3部 プロレスを支える人たち（和田京平—プロレスの本質を体現する番人　橋本和樹に聞く若手のお仕事　棚橋弘至—プロレスをもっと盛り上げるために）

高木 仁三郎〔1938～2000〕 たかぎ・じんざぶろう

◇残されたもの，伝えられたこと—60年代に蜂起した文革者烈伝　矢崎泰久著　街から舎　2014.6　268p　19cm　1620円　①978-4-939139-19-2　Ⓝ281.04

内容　脱原発の市民科学者—高木仁三郎　反戦軍事評論家としての矜持—小山内宏　J・J氏の華麗な文化革命—植草甚一　革命思想家の孤高な生涯—羽仁五郎　革命・反革命の夢幻—竹中労　市民哲学者が残した足跡—久野収　公害に取り組られた科学者—宇井純　文学と運動の狭間に生きた巨人—小田実　輝けるSF作家の青春—小松左京　ポップ・ミュージックの開拓者—中村とうよう　多国籍人間の見果てぬ夢—邱永漢　「わた史」を生涯かけて編む—小沢昭一　エロスこそ反権力の証し—若松孝二　何もなくて何もない宣言—なだいなだ　ノーベル物理学賞に最も近かった活動家—水戸巌

◇ひとびとの精神史　第7巻　終焉する昭和—1980年代　杉田敦編　岩波書店　2016.2　333p　19cm　2500円　①978-4-00-028807-1　Ⓝ281.04

内容　1 ジャパン・アズ・ナンバーワン（中曽根康弘—「戦後」を終わらせる意志　上野千鶴子—消費社会と一五年安保のあいだ　高木仁三郎—「核の時代」と市民科学者　大橋正義—バブルに流されなかった経営者たち）　2 国際化とナショナリズム（ジョアン・トシエイ・マスコー「第二の故郷」で挑戦する日系ブラジル人　安西賢誠—「靖国」と向き合った真宗僧侶　宮崎駿—職人共同体というユートピア　『地球の歩き方』創刊メンバー—日本型海外旅行の精神）　3 天皇と大衆（奥崎謙三—神軍平等兵の怨霊を弔うために　朴正恵と蔡成泰—民族教育の灯を守るために　美空ひばり—生きられた神話　知花昌一—日の丸を焼いた日）

高木 新二郎〔1935～2018〕 たかぎ・しんじろう

◇事業再生と民事司法にかけた熱き思い—高木新二郎の軌跡　高木新二郎述，須藤正彦，小林信明，山本和彦編集　商事法務　2016.4　208p　20cm　〔他言語標題：Burning Passion for Business Reorganization and Civil Justice　著作目録あり　年譜あり〕　2500円　①978-4-7857-2419-1　Ⓝ325.247

内容　弁護士になるまで　倒産事件をやるようになったのは　会社更生事件，会社整理事件，特別清算事件　東京弁護士会倒産法部と東西倒産実務研究会　一般事件や病気や趣味の話　倒産再建法の勉強　アメリカ倒産法の勉強　裁判官時代（在官の経緯と倒産再建事件　一般民商事事件等）　学者になったが現場に復帰　様変わりしていた事業再生の実務〔ほか〕

高木 晋哉〔1980～〕 たかぎ・しんや

◇一発屋芸人列伝　山田ルイ53世著　新潮社

2018.5　236p　20cm　1300円　Ⓘ978-4-10-351921-8　Ⓝ779.14

内容　レイザーラモンHG──一発屋を変えた男　コウメ太夫──「出来ない」から面白い　テツandトモ──この違和感なんだろう　ジョイマン──「ここにいるよ」　ムーディ勝山と天津・木村──バスジャック事件　波田陽区──一発屋故郷へ帰る　ハローケイスケ──不遇の"0・5"発屋　とにかく明るい安村──裸の再スタート　キンタロー。──女一発屋　髭男爵──落ちこぼれのルネッサンス

高木 惣吉〔1893～1979〕たかぎ・そうきち
◇昭和史講義　軍人篇　筒井清忠編　筑摩書房　2018.7　301p　18cm　（ちくま新書 1341）　900円　Ⓘ978-4-480-07163-7　Ⓝ210.7

内容　昭和陸軍の派閥抗争──まえがきに代えて　東条英機──昭和の悲劇の体現者　梅津美治郎──「後始末」に尽力した陸軍大将　阿南惟幾──「徳義即戦力」を貫いた武将　鈴木貞一──背広を着た軍人　武藤章──「政治的軍人」の実像　石原莞爾──悲劇の鬼才か、鬼才による悲劇か　牟田口廉也──信念と狂信の間　今村均──「ラバウルの名将」から見る日本陸軍の悲劇　山本五十六──その避戦構想と挫折　米内光政──終末点のない戦争指導　永野修身──海軍「主流派」の選択　高木惣吉──昭和期海軍の語り部　石川信吾──「日本海軍最強硬論者」の実像　堀悌一──海軍軍縮派の悲劇

高木 貞治〔1875～1960〕たかぎ・ていじ
◇高木貞治とその時代──西欧近代の数学と日本　高瀬正仁著　東京大学出版会　2014.8　406, 39p　20cm　〈他言語標題：Teiji Takagi and His Era　文献あり　年譜あり　索引あり〉　3800円　Ⓘ978-4-13-061310-1　Ⓝ410.28

内容　第1章　学制の変遷とともに　第2章　西欧近代の数学を学ぶ　第3章　関口開と石川県加賀の数学　第4章　西田幾多郎の青春　第5章　青春の夢を追って　第6章　「考へ方」への道──藤森良蔵の遺産　附録

高木 徳子〔1891～1919〕たかぎ・とくこ
◇浅草オペラ舞台芸術と娯楽の近代　杉山千鶴, 中野正昭編　森話社　2017.2　290p　20cm　2800円　Ⓘ978-4-86405-108-8　Ⓝ766.1

内容　序論（浅草オペラという近代）　第1章　浅草オペラの源流（大正オペラの祖ローシーの"空白時代"を探る──バランシンに繋がった波瀾万丈なる生涯　浅草の翻訳歌劇の歌詞──ベアトリツェがベアトリ姉ちゃんになるまで）　第2章　浅草オペラの女たち（高木徳子とアイドルの時代　澤モリノの生涯──浅草オペラの「女王」の足跡）　第3章　浅草オペラの舞踊と演劇（浅草オペラの舞踊　オペラ座と音楽家・小松耕輔の仕事──浅草オペラにおける名作オペラのダイジェスト版）　第4章　浅草オペラのメディア（歌劇雑誌と浅草オペラ・ファン　浅草オペラから舞踊小唄まで──佐々紅華の楽歴）

高木 利誌〔1932～〕たかぎ・としじ
◇おかげさま──奇蹟の巡り逢い　高木利誌著　明窓出版　2017.12　219p　20cm　1800円　Ⓘ978-4-89634-383-0　Ⓝ289.1

内容　父母について　幼少期　小学生時代　中学、高校時代　大学時代　警察官になって　結婚　退職後　高木特殊工業設立　外国視察と技術導入　娘の結婚　脳こうそくと癌を乗り越えて　時代の変遷と技術開発　講演会の開催と講師招聘　私にとって経営とは　現在　教え

高木 友枝〔1858～1943〕たかぎ・ともえ
◇高木友枝──台湾衛生学の父　石原あえか, 森孝之, 大久保美穂子企画・編集　北里研究所　2018.3　131p　26cm　（北里柴三郎研究シリーズ 創刊号）〈年譜あり　文献あり〉　Ⓝ498

高木 康政〔1966～〕たかぎ・やすまさ
◇パティシエ高木康政の成功のルールは∞　高木康政著　中央公論新社　2016.2　237p　20cm　〈別タイトル：パティシエ高木康政の成功のルールは無限大〉　1500円　Ⓘ978-4-12-004822-7　Ⓝ289.1

内容　第1章　人生のスタートライン　第2章　修業時代　第3章　新たなる道を拓くために　第4章　心に残る人と言葉　第5章　高木流「経営哲学」　第6章　企業と仕事をする

高倉 健〔1931～2014〕たかくら・けん
◇「高倉健」という生き方　谷充代著　新潮社　2015.2　197p　18cm　（新潮新書 606）　720円　Ⓘ978-4-10-610606-4　Ⓝ778.21

内容　プロローグ　ニッポンの顔　屋台コーヒーの思い出　都わすれに落ちた涙　"終の棲家"をさがして　本当の贅沢ということ　女性は買い物を、お母さんにはお土産を　一言だけの日記　ペリカンの矜持　任俠肌の男いやり　「船上での最期」の話

◇健さんからの手紙──何を求める風の中ゆく　近藤勝重著　幻冬舎　2015.2　189p　18cm　1100円　Ⓘ978-4-344-02725-1　Ⓝ778.21

内容　ご一緒したいと思います　「人を想う量が人生」の一文、心に刻みました　疲れないのかといわれるほど饒舌です　叶うなら、一度授業をお受けしたいと思いました　「何の利害関係もない人とのつながり」印象に残りました　爽やかな風に吹かれていたいと思います　経済優先の付けが回ってきた時代、これからの世代には心の追求をして欲しい　重い言葉、胸に刻んで過ごしております　次回作は「何を求める風の中ゆく」の心境です　幸せを感じる最中を届けさせていただきます　気象が警鐘を鳴らしているように思えてなりません　僕が死ぬまで死なないで下さい　健さん、精一杯書かせていただきました

◇健さんを探して──最後の銀幕スターの秘密　相原斎と日刊スポーツ特別取材班著　青志社　2015.6　221p　20cm　1400円　Ⓘ978-4-86590-007-1　Ⓝ778.21

内容　高倉健インタビュー（松田秀彦記者の取材　俳優生活50周年を迎えて　ほか）　第1章　歯がみ（俳優不適格宣言　美空ひばりの添え物　ほか）　第2章　愚痴（新婚間もない高倉がこぼした言葉　「裏に人生しょってる」三田佳子　ほか）　第3章　不器用（「網走番外地」外伝　高倉健のドル箱シリーズ誕生　ほか）　第4章　憎めない（藤純子、高倉への特別な思い　ブルーフィルムと苦い体験　ほか）　第5章　貫く（八代亜紀、21歳の邂逅　「僕は加賀まりこは嫌い、いつも逃げ出したくなる」ほか）　第6章　孤高の人（時代の変化には敏感だった　高倉を怒らせた「動乱」タイアップ事件　ほか）

◇戦後70年日本人の証言　文藝春秋編　文藝春秋　2015.8　391p　16cm　（文春文庫 編6-16）

750円　①978-4-16-790433-3　Ⓝ210.76

内容　特別収録〈高倉健 最期の手記―病床で綴った、映画人生と、日本人への遺言 高倉健〉　昭和20年代〜―敗戦から復興へ〈玉音放送―敗戦の年の将校生徒 西村京太郎　東京裁判―A級戦犯の父を失った家族の戦後 木村大郎 ほか〉　昭和30年代〜―高度成長と戦後の青春〈美智子さまご成婚―アイゼンハワーからの贈り物 石井妙子　テレビ事始め―草創期の試行錯誤 小林信彦 ほか〉　昭和40年代〜―昭和元禄と戦後の曲がり角〈三島由紀夫自刃―介錯した男の後半生 高山文彦　あさま山荘事件―福島原発事故との共通点 佐々淳行 ほか〉　平成元年〜―バブル崩壊から現在まで〈バブル崩壊―イトマン事件と尾上縫の「後遺症」森功　Jリーグ開幕―サッカーバブルが残した「遺産」三浦知良 ほか〉

◇少年時代　高倉健著、唐仁原教久画　集英社　2016.11　93p　25cm　1700円　①978-4-08-789007-5　Ⓝ778.21

内容　父のカメラ　僕の「秋田犬」　一銭の満足　許されぬ言い訳　母の看病と、嘘と孤独　母の"辛抱"　少し哀しい転校生　苛めっ子の心　宝塚山情景　父の孤独〔ほか〕

◇高倉健―Ken Takakura 1956-2014　文藝春秋編　文藝春秋　2016.11　354p　16cm　〈文春文庫 編2-56〉〈作品目録あり〉　800円　①978-4-16-790738-9　Ⓝ778.21

内容　特別手記〈高倉健というプライド―小田貴（養女）病床で振り返った83年の人生　最後の手記―高倉健独占インタビュー　健さんと生きた五十七年―降旗康男（映画監督）　特別寄稿〈深い海の底に―高倉健さんの死―沢木耕太郎（作家）　憂魂、高倉健―横尾忠則（美術家）　スペシャル対談　高倉健×国谷裕子（キャスター）　各界の著名人20人が語るとっておきの秘話　健さんと私　高倉健を男にした男たち―坪内祐三（評論家）　映画通8人による205作品鑑賞ガイド　健さんは二度遭難した　南極物語撮影裏話―角谷優（元フジテレビプロデューサー）　ガンと闘った人情医師との往復書簡―藤岡勇貴（サンテレビ報道記者、当時、青森朝日放送アナウンサー）　高倉健はなぜ中国で「熱烈歓迎」されたのか―劉文兵（映画評論家、東大大学院研究員）　痛快！ 健さん名言録―吉田豪（プロ書評家）　自ら答えた「一問一答」　遺品コレクション

◇高倉健の背中―監督・降旗康男に遺した男の立ち姿　大下英治著　朝日新聞出版　2017.1　348p　19cm　1800円　①978-4-02-251417-2　Ⓝ778.21

内容　第1章『冬の華』第2章『駅 STATION』第3章 高倉健と降旗康男の邂逅　第4章『居酒屋兆治』　第5章『夜叉』　第6章『あ・うん』　第7章『鉄道員』　第8章『ホタル』　第9章『あなたへ』

◇一故人　近藤正高著　スモール出版　2017.4　415p　19cm　1800円　①978-4-905158-42-4　Ⓝ281

内容　二〇一二年〈浜田幸一　樋口廣太郎 ほか〉　二〇一三年〈大島渚　山内溥 ほか〉　二〇一四年〈永井一郎　坂井義則 ほか〉　二〇一五年〈赤瀬川隼　桂米朝 ほか〉　二〇一六年〈蜷川幸雄　中村紘子 ほか〉

◇高倉健―七つの顔を隠し続けた男　森功著　講談社　2017.8　287p　20cm　1600円　①978-4-06-220551-1　Ⓝ778.21

内容　序章 京都の隠れ家　第1章 大物ヤクザがリスペクトした男　第2章 先祖に祈る男　第3章 銀幕のプレイボーイ　第4章 純愛の男　第5章 長嶋茂雄の親友　第6章 義理と人情に支配された男　第7章 謎の養女一心に闇を抱えた男　終章 瀬田の墓と鎌倉の墓

高倉 徳太郎〔1885〜1934〕　たかくら・とくたろう

◇高倉徳太郎日記　高倉徳太郎著, 秋山憲兄編　秋山眞兄　2014.12　905p　20cm　〈年譜あり　発売：新教出版社〉　5000円　①978-4-400-21321-5　Ⓝ198.321

高崎 晃〔1961〜〕　たかさき・あきら

◇雷神Rising―高崎晃自伝　高崎晃述, 増田勇一取材・文　リットーミュージック　2015.12　230p　19cm　〈Guitar Magazine〉〈作品目録あり〉　1800円　①978-4-8456-2717-2　Ⓝ767.8

内容　第1章 誕生前夜〈ギターを抱いた大阪の野球少年　中学時代に生まれたラウドネス　テレビの向こうにあった「東京」という世界　ロック・バンド？ それとも芸能人？〉　第2章 ラウドネス始動〈本来の、あるべき姿に戻るために　期せずして扉が開かれた、未知の領域への扉　極東の雷鳴、世界に轟く〉　第3章 別離と邂逅〈「日本のバンド」からのさらなる逸脱　相次ぐ交代劇と、先導者（リーダー）を欠いた船　「インド三部作」という本質追究の答え〉　第4章 ソロ・ワークの流儀〈ギタリストの枠すらも超えて〉　第5章 ライジング・アゲイン（復活編という名の切り札　"永遠の先輩"が遺した意志　立ち止まらないラウドネス　未踏の領域、新たな夜明けへと続く道　この先の道へ〉

高碕 達之助〔1885〜1964〕　たかさき・たつのすけ

◇満洲怪物伝―「王道楽土」に暗躍した人物たちの活躍とその後　歴史REAL編集部編　洋泉社　2015.9　255p　19cm　〈年表あり　索引あり〉　1800円　①978-4-8003-0719-4　Ⓝ281.04

内容　第1章 建国に暗躍した軍人たちの光と影〈石原莞爾―満洲領有を唱えた「世界最終戦争論」とは？　上肥原賢二　満洲国の建国に尽力した「満洲のローレンス」　板垣征四郎―石原とコンビを組み、満洲事変を引き起こす　山口重次―石原莞爾を煽り関東軍の決起を促した活動家〉　第2章 傀儡国家の申し子たち〈甘粕正彦―満洲の文化を盛り立てた官僚の「実像」　愛新覚羅溥儀―数奇で残酷な運命を辿った「ラスト・エンペラー」　松岡洋右―満鉄で実力を発揮できなかった総裁　李香蘭―日中に引き裂かれた二重女優〉　第3章 影の世界にうごめいたフィクサーたち〈里見甫―阿片を用いて満洲のダークサイドを歩いた「里見夫」　辻政信―ノモンハンでの独断専行の参謀　河本大作―張作霖爆殺事件の首謀者　石井四郎―「悪魔の細菌部隊」七三一部隊を創設した男　川島芳子―華麗なエピソードに彩られた「男装の麗人」〉　第4章 満洲国を牛耳った官僚と政治家たち〈岸信介―昭和の妖怪と呼ばれた男の「一身二生」の人生　星野直樹―満洲国を「傀儡国家」たらしめた最重要人物　高碕達之助―満業を率いて日本人を守った経済人　古海忠之―満洲国の経済を動かした男〉　特別企画 満洲人物伝―「王道楽土」の地で活躍した人物82〈軍人・軍関係者　政治家・

たかした

官僚　満鉄と経済人　文化人　女性　中国人）

高下 恭介〔1882〜?〕　たかした・きょうすけ
◇高下日記　第6集　昭和18年—昭和21年　高下恭介著，大和市文化振興課市史・文化財担当編　大和　大和市　2014.3　210p 図版 4p 26cm　（大和市史資料叢書 14）〈文献あり〉　Ⓝ289.1
◇高下日記　第7集　昭和22年—昭和25年　高下恭介著，大和市文化振興課市史・文化財担当編　大和　大和市　2016.3　252p 図版 2p 26cm　（大和市史資料叢書 15）〈文献あり〉　Ⓝ289.1
◇高下日記　第8集　山下日記—昭和四年　昭和26年　高下恭介著，大和市文化スポーツ部文化振興課市史・文化財担当編，山下武雄著，大和市文化スポーツ部文化振興課市史・文化財担当編　大和　大和市　2018.3　179p 図版 4p 26cm　（大和市史資料叢書 16）〈文献あり〉　Ⓝ289.1

髙階 髙〔1925〜〕　たかしな・たか
◇思い出の小凾をあけて　続　髙階髙著　秋田　書肆えん　2017.7　492p 22cm　2778円　①978-4-904151-63-1　Ⓝ289.1
＊秋田の梅ちゃん先生とよばれる、大仙市の髙階先生。卒寿をこえ、なお溌剌とした髙階先生が、こころの玉手箱から紡ぐ、懐かしい故郷のこと、開かれなくなった方言のこと、携わってきた医学のこと、愛する家族のこと、旅行記など…。

高島 嘉右衛門〔1832〜1914〕　たかしま・かえもん
◇新・日本神人伝—近代日本を動かした霊的巨人たちと霊界革命の軌跡　不二龍彦著　太玄社　2017.4　391p 21cm　「日本神人伝」（学研2001年刊）の改題、増補改訂　文献あり　年表あり　索引あり　発売：ナチュラルスピリット〉　2600円　①978-4-906724-32-1　Ⓝ147.8
内容　第1章 仙童寅吉　第2章 宮地常磐・水位・厳夫　第3章 国安仙人　第4章 黒住宗忠　第5章 金光大神　第6章 長南年恵　第7章 高島嘉右衛門　第8章 鷲谷日賢　第9章 友清歓真　第10章 出口王仁三郎　人物小伝

高島 秋帆〔1798〜1866〕　たかしま・しゅうはん
◇明治なりわいの魁—日本に産業革命をおこした男たち　植松三十里著　ウェッジ　2017.2　192p 21cm　〈文献あり 年表あり〉　1800円　①978-4-86310-176-0　Ⓝ281
内容　1章 魁の時代（高島秋帆—長崎豪商の西洋砲術と波乱の生涯　江川坦庵—伊豆韮山に現存する反射炉と品川台場　片寄平蔵—蒸気船の燃料を供給した常磐炭鉱の開祖）　2章 技の時代（鍋島直正—佐賀の反射炉と三重津海軍所の創設　本木昌造—日本語の活版印刷を広めた元長崎通詞　堤磯右衛門—公共事業の請負から石鹸の祖に　上田寅吉—船大工から日本造船史上の一大恩人へ　大島高任—鉄の産地で高炉を建設した南部藩士）　3章 人の時代（尾高惇忠—富岡製糸場初代場長の知られざる来歴　ファン・ドールン—猪苗代湖からの疎水開発を実現　加唐為一—生命保険に医療を取り入れて発展　油屋熊八—別府温泉で本格的な観光業をスタート　竹鶴政孝—本物のウィスキーを日本にもたらす　松永安左

エ門—電力再編の三年間のためにあった長き生涯）
◇イノベーターたちの日本史—近代日本の創造的対応　米倉誠一郎著　東洋経済新報社　2017.5　313p 20cm　〈他言語標題：Creative Response Entrepreneurial History of Modern Japan〉　2000円　①978-4-492-37120-6　Ⓝ210.6
内容　第1章 近代の覚醒と高島秋帆　第2章 維新官僚の創造的対応—大隈重信 志士から官僚へ　第3章 明治政府の創造的対応—身分を資本へ　第4章 士族たちの創造的対応—ザ・サムライカンパニーの登場　第5章 創造的対応としての財閥—企業家が創り出した三井と三菱　第6章 科学者たちの創造的対応—知識ベースの産業立国　終章 近代日本の創造的対応を振り返る
◇高島秋帆　宮川雅一著　長崎　長崎文献社　2017.12　189,9p 19cm　（長崎偉人伝）〈年譜あり〉　1600円　①978-4-88851-282-4　Ⓝ289.1

高島 豊蔵〔?〜2017〕　たかしま・とよぞう
◇高島豊蔵自伝—北海道の子どもたちの夢と希望をひらいた真の教育者　高島豊蔵著，白濱洋征監修　日本地域社会研究所　2017.11　153p 19cm　（コミュニティ・ブックス）　1300円　①978-4-89022-196-7　Ⓝ289.1
内容　第1章 幼児教育の原点をつくった生い立ち（ふるさとの自然に育てられる　教育の原点となった幼児期 ほか）　第2章 戦時下の教師生活—いつも子どもの中に（落合第二小学校　吐鯤保沢小学校 ほか）　第3章 教材製作会社経営の苦闘（まず行商から　娘に死の宣告は…）　第4章 理想の幼児教育を求めて（最後の仕事、幼児教育へ　光の泉幼稚園 ほか）

高嶋 秀武〔1942〜〕　たかしま・ひでたけ
◇高嶋ひでたけの読むラジオ　高嶋秀武著　小学館　2017.6　175p 19cm　1000円　①978-4-09-343444-7　Ⓝ289.1
内容　第1章 天にも昇る（「NHKでもできるよ」　「国会は…、国会は…」ほか）　第2章 初心忘れず（「真っ赤な太陽がぐらぐらと…」　「出ました必殺技光返し！」ほか）　第3章 体で覚える（「もっと冒険。心は少年」　「まさか、ないですよね」ほか）　第4章 心は昭和（「まだ昭和でメシを食っている」　「強風で立っていられない？」ほか）

高島 弘之〔1934〜〕　たかしま・ひろゆき
◇「ビートルズ！」をつくった男—レコード・ビジネスへ愛をこめて　高嶋弘之著　DU BOOKS　2014.9　207p 19cm　〈発売：ディスクユニオン〉　1680円　①978-4-907583-23-1　Ⓝ767.8

高島 北海〔1850〜1931〕　たかしま・ほっかい
◇ジオパークの開祖・高島北海—若き日にみた夢の実現　金折裕司著　〔萩〕　萩ものがたり　2016.4　55p 21cm　（萩ものがたり vol 49）〈文献あり〉　473円　Ⓝ721.9

高須 克弥〔1945〜〕　たかす・かつや
◇かっちゃんねるYes！ 高須降臨！　高須克弥，かっちゃん研究会著　悟空出版　2018.3　159p 19cm　〈別タイトル：Kacchannel Yes！　高須

降臨！〕 1100円 ⓘ978-4-908117-46-6 Ⓝ289.1

内容 1 かっちゃん大図鑑(「むきむきかっちゃん」誕生秘話 高須帝国勢力図 ほか) 2 語り尽くそう！ かっちゃんヒストリー(防空壕の中で誕生 いじめられっ子の白ブタ君 ほか) 3 人生は別れと出会いだ(父の思い出 妻との別れ ほか) 4 教えて！かっちゃん(かっちゃんにとってサイバラ先生はどんな存在？ 自分に合った生き方はどうやって見つければいいの？ ほか) 5 これからを生きる君たちへ！(生きているうちに起こったことは、生きているうちに解決せよ！ 人は欠損に恋をするものだ！ ほか)

高杉 晋作 〔1839〜1867〕 たかすぎ・しんさく

◇高杉晋作 情熱と挑戦の生涯 一坂太郎著 KADOKAWA 2014.7 254p 15cm 〔角川ソフィア文庫〕 〔I120-1〕〈「高杉晋作」(文藝春秋 2002年刊)の改題、加筆・修正 文献あり 年譜あり〉 720円 ⓘ978-4-04-409210-8 Ⓝ289.1

内容 第1章 出自 第2章 松陰との出会い 第3章 マサとの結婚 第4章 海外へ 第5章 内憂外患 第6章 変革へのエネルギー 第7章 決起する 第8章「面白きこともなき世に…」

◇吉田松陰と高杉晋作の志 一坂太郎著 ベストセラーズ 2014.10 240p 18cm (ベスト新書 452)〈「松陰と晋作の志」(2005年刊)の改題、加筆・修正、再編集〉 800円 ⓘ978-4-584-12452-9 Ⓝ121.59

内容 第1章 スイッチマン登場 第2章 情報収集の旅 第3章 黒船来る 第4章 めだかの学校 第5章 志を残す 第6章 残された者たち 第7章 世界を敵にして 第8章 幕府との決戦

◇晋作語録 一坂太郎著 増補決定版 第三文明社 2014.12 286p 19cm 〈初版：山口新聞社 2000年刊 文献あり 年譜あり〉 1500円 ⓘ978-4-476-03340-3 Ⓝ289.1

内容 第1章 松下村塾・江戸で学ぶ(困ったと言うなかれ 三本指を突いて、あやまれ ほか) 第2章 上海渡航と奇兵隊結成(外国行きの内命下る 手習いをしなさい ほか) 第3章 内憂外患の危機(死してもわすれ申さず 生死は度外視して働く ほか) 第4章 最後の戦い(来原の跡を踏ましては 元就といえば勝てる ほか)

◇高杉晋作と久坂玄瑞 池田諭著 新装版 大和書房 2015.2 237p 19cm 〈文献あり 年譜あり〉 1800円 ⓘ978-4-479-86025-9 Ⓝ289.1

内容 第1部 松陰に導かれる二つの才能(村塾の竜虎 兄の遺志を受け継ぐ玄瑞 明倫館にあきたらぬ晋作 村塾時代 学びながら行動する 師弟の対立 松陰の死をいかすもの) 第2部 村塾の理念を実践へ(村塾をひきいる二本の柱 長井の航海策略策と玄瑞 晋作が上海で見たもの イギリス公使館撃撃攘夷の急先鋒玄瑞 晋作の苦悶 奇兵隊創設) 第3部 袂を分かつ晋作と玄瑞(二人の進む二つの道 玄瑞の最後 長州藩の危機 クーデターによる藩論統一 新しい舞台 晋作の死)

◇吉田松陰と長州五傑 頭山満、伊藤痴遊、田中光顕著 国書刊行会 2015.7 239p 19cm 1800円 ⓘ978-4-336-05944-4 Ⓝ281.77

内容 桜の下の相撲 吉田松陰(先駆者 松下村塾 ほか) 久坂玄瑞(地蔵様 久坂、高杉と水戸学 ほか) 高杉晋作(武侠勇断第一人 絢爛たるその生涯 ほか) 伊藤博文、井上馨(伊藤博文の生涯(軽輩 独り立ち ほか) 伊藤公と井上侯の血気時代(松陰門下 象山の気風 ほか)) 木戸孝允(木戸孝允の壮士時代(長州排斥 七卿 ほか))

◇高杉晋作—桜山神社創建一五〇年記念 細田利正,幕末を熱く語ろう実行委員会編 〔出版地不明〕 細田利正 2015.9 142p 21cm (幕熱文庫)〈共同刊行：幕末を熱く語ろう実行委員会 発行所：幕熱会〉 962円 Ⓝ289.1

◇高杉晋作と幕末の群像—高杉東行先生百五十回忌記念 東行庵記念誌刊行プロジェクト編 山陽小野田 創林舎 2016.4 135p 21cm (幕末ブックレット)〈年譜あり〉 1000円 ⓘ978-4-9908912-0-6 Ⓝ289.1

◇わが夫、高杉晋作 一坂太郎著 〔萩〕 萩ものがたり 2016.10 77p 21cm (萩ものがたり vol 52) 574円 ⓘ978-4-908242-02-1 Ⓝ289.1

◇高杉晋作—維新の先駆けとなった長州の異端児 相澤邦衛著 文芸社 2018.1 321p 15cm 〈文献あり〉 800円 ⓘ978-4-286-18864-5 Ⓝ289.1

◇日本史 誤解だらけの英雄像 内藤博文著 河出書房新社 2018.8 221p 15cm (KAWADE夢文庫 K1097)〈文献あり〉 680円 ⓘ978-4-309-49997-0 Ⓝ281

内容 1章 織田信長—"戦国の革命児"という誤解 2章 坂本龍馬—"天衣無縫の風雲児"という誤解 3章 秀吉・家康—"無双の覇者"という誤解 4章 信玄・謙信—"常勝武将伝説"の誤解 5章 西郷隆盛・高杉晋作・勝海舟—"維新の立役者"という誤解 6章 聖徳太子・天智天皇・義経—"古代・中世の英傑"の誤解 7章 徳川吉宗・山本五十六—"近現代の巨星"の誤解

高瀬 露 〔1901〜1970〕 たかせ・つゆ

◇本統の賢治と本当の露 鈴木守著 矢巾町(岩手県) ツーワンライフ 2018.4 179p 22cm 〈文献あり 索引あり〉 1500円 ⓘ978-4-907161-96-5 Ⓝ910.268

内容 第1章 本統の宮澤賢治(「修訂 宮澤賢治年譜」「賢治神話」検証七点 「賢治研究」の更なる発展のために) 第2章 本当の高瀬露(あやかし"悪女・高瀬露" 陰謀や虚構の可能性 「ライスカレー事件」「一九二八年の秋の日」の「下根子桜訪問」 ほか)

髙瀬 英雄 〔1939〜〕 たかせ・ひでお

◇悔いなき人生七〇年—満州引揚げ 貧困時代のり越え感謝喜びを求めつづけての人生 髙瀬英雄著 弘報印刷出版センター 2016.5 87p 31cm Ⓝ289.1

高瀬 ひろみ 〔1981〜〕 たかせ・ひろみ

◇SMILE—未来へ、福岡から。 高瀬ひろみ著 鳳書院 2016.2 109p 図版16p 21cm 833円 ⓘ978-4-87122-186-3 Ⓝ289.1

高田 明〔1948～〕 たかた・あきら
◇伝えることから始めよう 高田明著 東洋経済新報社 2017.1 271p 20cm 1600円 ⓘ978-4-492-04590-9 Ⓝ289.1
内容 第1章 今を生きる(今を生きる。過去にとらわれない。未来に翻弄されない 家業のカメラ店を手伝う ほか) 第2章 どんなこともつながっている(どんなことも、どこかでつながっている 三丁目の夕日の世界で育つ ほか) 第3章 できる理由を考える(ラジオショッピング幕開け 救世主現る—ラジオショッピングの全国展開 ほか) 第4章 伝わるコミュニケーション(スキルとパッション、そしてミッション ミッションで感動を届ける ほか) 第5章 自己更新(問題から逃げない—顧客情報流出事件 100年続く企業にする ほか)

◇History 暮らしを変えた立役者—戦後流通5人のレジェンド 日経MJ編 日本経済新聞出版社 2017.10 255p 19cm 1600円 ⓘ978-4-532-32178-9 Ⓝ335.13
内容 第1章 名代富士そば—1杯300円の立ち食いそばで100億円・創業者・丹道夫(30歳過ぎてからそば一筋—職を転々、苦労が谷あり 差別なき経営、原点は幼少期—父のいじめ、つらい子ども時代 ほか) 第2章 イズミ—銭湯改装し、スーパー事業進出・創業者・山西義政(挫折も糧、走り続けた70年—掘り出しヤミ市の一角 商いを学んだ少年時代—貝の行商で「お得意さん」 ほか) 第3章 ジャパネットたかた—ラジオでテレビでしゃべり続けた人生・創業者・高田明(「伝わる言葉」選ぶ出発点に—ネジ機械の販売、欧州で経験 100人相手に「こっち向いて」—実家のカメラ店、観光で活況 ほか) 第4章 すかいらーく、ファッションセンターしまむら、元社長・横川竟(「ブラック企業」からの出発—倉庫片隅で住み込み生活 築地の乾物問屋に「入学」—商売の神髄たたき込まれる ほか) 第5章 伊勢丹—毎日が新しい、ファッションの伊勢丹・元会長・小柴和正(「残業要員」で新宿本店へ—社内は「三越に追いつけ、追い越せ」 歴史に残る大量在庫—新設のカジュアルショップを担当 ほか)

◇90秒にかけた男 高田明著, 木ノ内敏久聞き手 日本経済新聞出版社 2017.11 228p 18cm (日経プレミアシリーズ 361) 〈年譜あり〉 850円 ⓘ978-4-532-26361-4 Ⓝ673.36
内容 1章 バトンタッチ 2章 伝える力 3章 「TV通販王」の経営道 4章 譲れぬ企業理念 5章 新たな世界へ 6章 カリスマ去りし後

高田 和夫〔1939～〕 たかだ・かずお
◇カズの歩んだ道—ある放射線防護研究者の生涯 自分史 高田和夫著 文昇堂(印刷) 2014.12 331p 20cm 〈年譜あり 著作目録あり〉 Ⓝ289.1

高田 賢三〔1939～〕 たかだ・けんぞう
◇夢の回想録—高田賢三自伝 高田賢三著 日本経済新聞出版社 2017.12 275p 20cm 1900円 ⓘ978-4-532-17629-7 Ⓝ593.3
内容 第1部 夢の回想録(夢追い人 生まれ故郷 姫路空襲 芽生え ガリ勉 上京 文化服装学院 花の九期生 就職 パリへ) 第2部 夢をつくった時代、場所、人たち(ファッションデザイナーという夢 ケンゾーと賢三、二つの故郷)

高田 三郎〔1913～2000〕 たかた・さぶろう
◇高田三郎祈りの音楽—典礼聖歌と二大合唱作品の研究 佐野智子編著 音楽之友社 2015.12 359p 21cm 〈文献あり〉 3500円 ⓘ978-4-276-13278-8 Ⓝ762.1
内容 序章 高田三郎の生い立ちと作品概要(誕生から東京音楽学校学生時代まで 高田三郎の器楽作品と声楽作品 ほか) 第1部 日本語による典礼聖歌(日本のカトリック聖歌の歴史 現代の日本の『典礼聖歌』 ほか) 第2部 歌い継がれる合唱作品—組曲"水のいのち"と"心の四季"の分析(合唱組曲"水のいのち" 合唱組曲"心の四季" ほか) 第3部 資料編(高田三郎略年譜 高田三郎作品全般に関する資料 ほか) 第4部 演奏活動編—高田合唱作品の名手たち(大久保混声合唱団 グリーン・ウッド・ハーモニー ほか)

高田 せい子〔1895～1977〕 たかた・せいこ
◇日本の現代舞踊のパイオニア—創造の自由がもたらした革新性を照射する 片岡康子監修 新国立劇場運営財団情報センター 2015.3 122p 26cm 〈他言語標題:PIONEER of JAPAN CONTEMPORARY DANCE 発売:丸善出版〉 700円 ⓘ978-4-907223-07-6 Ⓝ769.1
内容 序章 西洋文化の流入と舞踊 第1章 石井漠—肉体としての統合による純粋舞踊の探求 第2章 小森敏—静けさを愛する心を糧に 第3章 伊藤道郎—アメリカで道を拓いた国際派 第4章 高田雅夫・高田せい子—夫から妻へ繋いで拓いた叙情の世界 第5章 江口隆哉・宮操子高らかに舞踊創作の灯をかかげて 第6章 執行正俊—芸術の美と愛の中を彷徨うバガボンド 第7章 檜健次—生命への洞察を根底とした魂の舞踊家 第8章 石井みどり—舞踊芸術の感動をすべての人々の胸に 第9章 同時代のふたりの舞踊家

高田 武〔1938～〕 たかだ・たけし
◇地下潜行—高田裕子のバラード 高田武著 社会評論社 2018.9 366p 19cm (RED ARCHIVES 04) 2700円 ⓘ978-4-7845-9223-4 Ⓝ289.1
内容 第1部 野暮な男が新左翼運動に(武が上京した出会い 独自任務を自己流でこなし) 第2部 それぞれの試練(武は地下潜行へ 爆取裁判—明治の亡霊) 第3部 どこで生きていくの(地下から浮上、だが追放が待っていた 最終の地) 解題 橋の下をたくさんの水が流れて(川口顕)

高田 知己〔1967～〕 たかだ・ともき
◇車いす弁護士奮闘記 高田知己著 金融財政事情研究会 2017.1 191p 19cm 〈発売:きんざい〉 1500円 ⓘ978-4-322-13055-3 Ⓝ327.14
内容 第1章 車いす生活になるまで 第2章 交通事故を乗り越えて大学生に 第3章 司法試験を突破 第4章 司法修習を経て独立開業 第5章 弁護士としての1日 第6章 弁護士業務の魅力 第7章 バリアフリーの将来

高田 延彦〔1962～〕 たかだ・のぶひこ
◇三沢と橋本はなぜ死ななければならなかったのか—90年代プロレス血戦史 西花池湖南著 河

出書房新社　2017.11　316p　20cm　〈文献あり〉　1800円　Ⓘ978-4-309-02622-0　Ⓝ788.2

内容　1章　1990年三沢光晴の重荷―寡黙な男が背負わざるを得なかった全日本の未来　2章　1991年ジャンボ鶴田の絶筆―新世代の障壁となった怪物、最後の輝き　3章　1992年大仁田厚の爆風猪木の遺産を食みながら開花したハードコアプロレス　4章　1993年天龍源一郎の入魂―"約束の地"に向かった男が創造した新日本の栄華　5章　1994年橋本真也の確立―天龍越えで実現した「肥満体型レスラー」のエース襲名　6章　1995年武藤敬司の驀進―プロレス・バブルの黄昏時に打ち砕かれた"UWF神話"　7章　1996年川田利明の鬱屈―ガラパゴス化した馬場・全日本がついに"鎖国"を解く　8章　1997年蝶野正洋の襲来―黒いカリスマ率いるヒール軍団が変えた新日本の景色　9章　1998年高田延彦の別離―プロレス人気を破綻させた男が向かった新たな世界　10章　1999年そして、ジャイアント馬場の死―規範を失ったプロレス界が露呈した世代間の断絶

高田　文夫〔1948～〕　たかだ・ふみお

◇誰も書けなかった「笑芸論」―森繁久彌からビートたけしまで　高田文夫著　講談社　2015.3　236p　18cm　1250円　Ⓘ978-4-06-219400-6　Ⓝ779.021

内容　第1章　体験的の「笑芸」六〇年史（森繁久彌　三木のり平　青島幸男　渥美清　林家三平　永六輔　古今亭志ん朝　森田芳光　立川談志　三波伸介　景山民夫　大瀧詠一　坂本九）　第2章　ビートたけし誕生　第3章　自伝的「東京笑芸論」

◇誰も書けなかった「笑芸論」―森繁久彌からビートたけしまで　高田文夫著　講談社　2017.3　249p　15cm　（講談社文庫　た58-4）〈2015年刊の加筆・修正〉　600円　Ⓘ978-4-06-293567-8　Ⓝ779.021

内容　第1章　体験的の「笑芸」六〇年史（森繁久彌　三木のり平　青島幸男　ほか）　第2章　ビートたけし誕生　第3章　自伝的「東京笑芸論」

高田　雅夫〔1895～1929〕　たかた・まさお

◇日本の現代舞踊のパイオニア―創造の自由がもたらした革新性を照射する　片岡康子監修　新国立劇場運営財団情報センター　2015.3　122p　26cm　〈他言語標題：PIONEER of JAPAN CONTEMPORARY DANCE　発売：丸善出版〉　700円　Ⓘ978-4-907223-07-6　Ⓝ769.1

内容　序章　西洋文化の流入と舞踊　第1章　石井漠―肉体とリズムの統合による純粋舞踊の探求　第2章　小森敏―静けさを愛する心を糧に　第3章　伊藤道郎―アメリカで道を拓いた国際派　第4章　高田雅夫・高田せい子―夫から妻へ繋いで拓いた叙情の世界　第5章　江口隆哉・宮操子高らかに舞踊創作の灯をかかげて　第6章　執行正俊―芸術の美と愛の中を彷徨うバガボンド　第7章　檜健次―生命への洞察を根底とした魂の舞踊家　第8章　石井みどり―舞踊芸術の感動をすべての人々の胸に　第9章　同時代のふたりの舞踊家

高田　裕子〔?～2012〕　たかだ・ゆうこ

◇地下潜行―高田裕子のバラード　高田武著　社会評論社　2018.9　366p　19cm　（RED ARCHIVES 04）　2700円　Ⓘ978-4-7845-9223-4　Ⓝ289.1

内容　第1部　野暮な男が新左翼運動に（武が上京した出会い　独自任務を自己流でこなし）　第2部　それぞれの試練（武は地下潜行へ　爆取裁判―明治の亡霊）　第3部　どこで生きていくの（地下から浮上、だが追放が待っていた　最終の地）　題解　橋の下をたくさんの水が流れて（川口顕）

高田　豊〔1905～1967〕　たかだ・ゆたか

◇高田渡と父・豊の「生活の柄」　本間健彦著　増補改訂版　社会評論社　2016.5　270p　19cm　2000円　Ⓘ978-4-7845-1916-3　Ⓝ911.52

内容　明治の男、祖父高田馬吉の話から　燃えながら燻っている炎みたいな青春　この道の端れに明日はあるのかい　三代にわたる戦争嫌いの血筋　国敗れて山河あり、郷里北方での再出発　引越し貧乏一家の東京巡礼　深川ニコヨン・ブルース　「東京の穴」に墜ちた、父と息子たち　高田豊の死と四人の息子たちの巣立ち　父と仲が良かった佐賀の叔母さん　自転車に乗って駆け抜けた肥前鹿島の日々　フォークソング吟遊詩人の旅立ち　骨壷と花瓶―アディオス、渡！　疾風怒涛の京都フォークリポート　夕暮れに仰ぎ見る"私の青空"

高田　燿山〔1945～〕　たかだ・ようざん

◇ヤクザとシノギ―稲川会系元総長の波乱の回顧録　高田燿山著　双葉社　2015.5　255p　19cm　1500円　Ⓘ978-4-575-30876-1　Ⓝ368.51

内容　第1章　稼業入りと盃（博徒と的屋と愚連隊　親分子分の盃　ほか）　第2章　カジノとシノギ（拳銃を持って殴り込み　バカラと手本引き　ほか）　第3章　ヤクザと震災（「暴力団排除」が日本をつぶす　大地震発生は）　第4章　ジャパニーズ・ギャンブラー（ラテンアメリカへ　本部長に大勝　ほか）　第5章　さらば総長（暴走族退治　総長の錯乱　ほか）　第6章　逮捕（カジノとゴルファー　プロゴルファー事務所銃撃事件　ほか）　第7章　懲役（神戸刑務所へ　三代目山口組田岡親分の死　ほか）

髙田　良信〔1941～2017〕　たかだ・りょうしん

◇髙田長老の法隆寺いま昔　髙田良信著　朝日新聞出版　2017.10　270p　19cm　（朝日選書　963）〈年譜あり〉　1500円　Ⓘ978-4-02-263063-6　Ⓝ188.215

内容　東大寺から法隆寺へ　瓦礫法師の誕生　人間一生勉強や　年表、奈良六大寺大観、再現壁画　夢殿開扉の謎　昭和天皇をお迎えする　途絶えた法要を復興する　藤ノ木古墳、救世観音、百済観音　世界遺産ってなに？　梅原猛さんと対決？　焼損壁画を公開　百済観音堂に突っ走る

高田　緑郎〔1915～2010〕　たかだ・ろくろう

◇おおば比呂司の生涯―ほのぼの漫画で笑いを誘う　高田緑郎の生涯―"太鼓のロクさん"奮戦す　佐々木信恵著，合田一道著　札幌　北海道科学文化協会　2015.10　137p　21cm　（北海道少年叢書　33―北国に光を掲げた人々　33）〈下位シリーズの責任表示：北海道科学文化協会／編　年譜あり〉　Ⓝ726.101

高田　渡〔1949～2005〕　たかだ・わたる

◇マイ・フレンド―高田渡青春日記1966-1969

高田渡著,高田漣編　河出書房新社　2015.4　372p 図版16p　19cm　〈他言語標題：my friend〉　2500円　Ⓘ978-4-309-27590-1　Ⓝ767.8
内容　1冊目　2冊目　3冊目　4冊目　5冊目

◇高田渡と父・豊の「生活の柄」　本間健彦著　増補改訂版　社会評論社　2016.5　270p　19cm　2000円　Ⓘ978-4-7845-1916-3　Ⓝ911.52
内容　明治の男、祖父高田馬吉の話から　燃えながら燻っている炎みたいな青春　この道の端れに明日はあるのかい　三代にわたる戦争嫌いの血筋　日本し国敗れて山河あり、郷里北方での再出発　引越し貧乏一家の東京巡礼　深川ニコヨン・ブルース　「東京の穴」に墜ちた、父と息子たち　高田豊の死と四人の息子たちの巣立ち　父と仲が良かった佐賀の叔父さん　自転車に乗って駆け抜けた肥前鹿島の日々　フォークソング吟遊詩人の旅立ち　骨壷と花瓶—アディオス、渡！　疾風怒涛の京都フォークリポート　夕暮れに仰ぎ見る"私の青空"

高津　仲三郎〔1827～1877〕　たかつ・ちゅうさぶろう
◇高津仲三郎—徳川慶喜を痛罵した男　松岡秀隆著　福崎町（兵庫県）　松岡秀隆　2017.9　95p　18cm　〈私家版〉　非売品　Ⓝ289.1

鷹司　誓玉〔1929～　〕　たかつかさ・せいぎょく
◇仏の道衣の道—善光寺大本願鷹司誓玉上人　鷹司誓玉述　長野　善光寺大本願　2017.10　107p　20cm　〈布装〉　2000円　Ⓘ978-4-7840-8816-4　Ⓝ188.62
内容　其の1　小袖屏風—母の思い出　其の2　黒振袖—長野に向かった日に　其の3　白無垢—仏門に嫁ぐ心がまえで　其の4　手作りの袈裟—尼僧寺院を守って　其の5　組みひも—深見重助さんとの出会い　其の6　唐組平絎—一冊の本に　其の7　花結び—残りひもを生かす　鷹司誓玉上人の大切な品々から

髙辻　亮一〔1883～1921〕　たかつじ・りょういち
◇獨逸だより　ライプツィヒ篇　ニキシュを聴いた日本人　髙辻玲子著　中央公論事業出版（発売）　2017.10　248p　20cm　2300円　Ⓘ978-4-89514-481-0　Ⓝ289.1
内容　ライプツィヒ篇への道　寅彦と亮一　亮一とみつ二つの実況記録　ゲッティンゲンからライプツィヒへ　ジーモント君　シュレーダーさんの食卓　散歩の日々　戦争記念碑（工事中）　シラーの家〔ほか〕

髙梨　仁三郎〔1904～1993〕　たかなし・にさぶろう
◇コカ・コーラで5兆円市場を創った男—「黒いジュース」を日本一にした怪物　髙梨仁三郎　太田猛著,市川覚峯監修　WAVE出版　2017.1　182p　19cm　〈文献あり〉　1500円　Ⓘ978-4-86621-047-5　Ⓝ588.4
内容　第1章　どん底でコカ・コーラビジネスをつかむ　第2章　経営破綻、四面楚歌を切り抜ける　第3章　挑戦と先見力で成功へと導く　第4章　どのように人と接するか　第5章　戦略家仁三郎の巧妙な作戦　第6章　「みんなで幸せになろう」の実現

髙荷　義之〔1935～　〕　たかに・よしゆき
◇髙荷義之—鋼の超絶技巧画報　TAKANI ART WORKS　髙荷義之著,堀江あき子編　河出書房新社　2014.10　159p　21cm　〈らんぷの本—mascot〉〈文献あり　作品目録あり　年譜あり〉　1900円　Ⓘ978-4-309-75010-1　Ⓝ726.5
内容　第1章　プラモデル・ボックスアートの世界　第2章　新たなる挑戦　アニメ・メカの世界　第3章　少年雑誌の仕事　第4章　挿絵画家・髙荷義之の世界　第5章　近年の仕事　生い立ちからデビューまで　第7章　タカニワールド

髙根　敏臣〔1922～　〕　たかね・としおみ
◇歩み—夢に挑んだ青年教師時代　髙根敏臣著　文芸社　2015.10　194p　19cm　〈碧天舎2005年刊の再刊〉　1000円　Ⓘ978-4-286-16605-6　Ⓝ289.1

高野　公彦〔1941～　〕　たかの・きみひこ
◇ぼくの細道　うたの道—高野公彦インタビュー　高野公彦編著,栗木京子聞き手　本阿弥書店　2017.10　415p　19cm　〈コスモス叢書第1130篇〉　3000円　Ⓘ978-4-7768-1343-9　Ⓝ911.162
内容　生いたちから上京まで　宮柊二との出会い　「コスモス」に入会　『水木』の推敲について　『汽水の光』出版、また編集者として　第三歌集『淡青』、第四歌集『雨月』のころ　宮柊二逝去と第五歌集『水行』の歌を中心に　第七歌集『地中銀河』、第八歌集『天泣』のころ　第九歌集『水苑』、第十歌集『渾円球』、『明月記を読む』連載のころ　第十一歌集『甘雨』、第十二歌集『天平の水煙』のころ　第十三集『河骨川』、第十四歌集『流木』のころ　『うたの回廊』『わが秀歌鑑賞』『短歌練習帳』など　第十四歌集『流木』、第十五歌集『無縫の海』高野公彦氏への20の質問

高野　圭〔1984～　〕　たかの・けい
◇たのしく教師デビュー—通信教育で教員免許を取得し営業マンから高校教師になったボクの話　高野圭著　仮説社　2018.8　221p　19cm　〈文献あり〉　1800円　Ⓘ978-4-7735-0287-9　Ⓝ374.3
内容　1年目（最初の授業でイイ先入観を—ラブレターみたいな感想をもらってニンマリ　「先生が一番たのしそう！」だなんて—高校2年生と"もしも原子が見えたなら"　ほか）　2年目（別れと出会いの新学期—さびしいけれど、うれしいことも　相談できる人がいてよかった！—たくさんのヒトやモノに助けられてます　ほか）　番外編（そうだ、教師になろう！　1—高校時代から二度目の大学入学まで　そうだ、教師になろう！　2—小原先生との出会いから教員採用試験合格まで　ほか）　3年目（バスケ部の主顧問になっちゃった！—涙から始まった1年半の主顧問生活　知識の丸暗記よりも大切なこと—日常の感覚や自分自身の経験も大事！　ほか）

高野　茂〔1930～　〕　たかの・しげる
◇日々是好日　高野茂著　新潟　高野茂　2015.5　203p　22cm　〈年譜あり　制作印刷：喜怒哀楽書房（新潟）〉　Ⓝ289.1

高野 辰之〔1876〜1947〕 たかの・たつゆき
◇高野辰之と唱歌の時代―日本の音楽文化と教育の接点をもとめて　権藤敦子著　東京堂出版　2015.8　519p　22cm　〈文献あり　年譜あり　索引あり〉　7500円　①978-4-490-20913-6　Ⓝ375.76
内容　第1部　高野辰之の業績とその背景（高野辰之像の再検討　国語・国文学とのかかわり　音楽とのかかわり）　第2部　高野辰之の邦楽観（明治後期から昭和初期の音楽観　邦楽観の形成　邦楽における演歌の位置づけ　高野辰之の民謡観）　第3部　高野辰之における日本の音楽と教育との接点（唱歌教育期におけるわらべうたの位置づけ　唱歌教育への批判　音楽文化の将来への言及）

高野 長英〔1804〜1850〕 たかの・ちょうえい
◇まなざし　鶴見俊輔著　藤原書店　2015.11　270p　20cm　2600円　①978-4-86578-050-5　Ⓝ281.04
内容　序にかえて　話の好きな姉をもって　Ⅰ　石牟礼道子　金時鐘　岡部伊都子　吉川幸次郎　小田実　Ⅱ　高野長英　曾祖父・安場保和　祖父・後藤新平　父・鶴見祐輔　姉・鶴見和子　跋にかえて　同じ星のもとで　鶴見和子　結びにかえて　若い人に
◇長英の夢と人生―高野長英顕彰　「長英の夢と人生」編集委員会編著　〔出版地不明〕　高野長英顕彰会　2017.7　278p　30cm　〈発行所：高野長英記念館　文献あり　年譜あり　年表あり〉　Ⓝ289.1

高野 秀行〔1966〜〕 たかの・ひでゆき
◇間違う力　高野秀行著　KADOKAWA　2018.3　213p　18cm　（角川新書 K-195）〈メディアファクトリー 2010年刊の再編集、加筆修正　年譜あり〉　800円　①978-4-04-082198-6　Ⓝ289.1
内容　第1条　他人のやらないことは無意味でもやる　第2条　長期スパンで物事を考えない　第3条　合理的に奇跡を狙う　第4条　他人の非常識な言い分を聞く　第5条　身近にあるものを無理やりでも利用する　第6条　怪しい人にはついていく　第7条　過ぎたるは及ばざるよりずっといい　第8条　フクをするためには努力を惜しまない　第9条　奇襲に頼る　第10条　一流より二流をめざす

たかの 友梨〔1948〜〕 たかの・ゆり
◇不運は神様からのおくりもの―美の伝道者「たかの友梨」ができるまで　たかの友梨著　IN通信社　2015.10　245p　20cm　1800円　①978-4-87218-413-6　Ⓝ289.1
内容　序章　たかの友梨美容専門学校　第1章　出生のハンディキャップを努力のバネにして　第2章　美しさに目覚め、「たかの友梨」誕生へ　第3章　新時代のエステティックのための歩み　第4章　美とエステティックの神髄を求めて　最終章　永遠の「たかの友梨」ブランド

髙橋 昭雄〔1948〜〕 たかはし・あきお
◇TOYOの熱血―"生涯青春"を貫く名将の軌跡　髙橋昭雄著　ベースボール・マガジン社　2018.5　199p　19cm　1600円　①978-4-583-11164-3　Ⓝ783.7
内容　第1章　青年監督誕生（大学時代は副将　恩師・野本喜一郎監督　ほか）　第2章　栄光と挫折（1976年秋、悲願の初優勝　初優勝の立役者　ほか）　第3章　黄金時代（2007年、初の春秋連覇―黄金時代の幕開け　大場がチームを成長させた　ほか）　第4章　東都リーグ最多542勝へ（2011年秋、東都リーグ史上最多の通算502勝　エース藤岡が大黒柱に成長　ほか）　第5章　「生涯青春」の人材育成（「育てた」のではなく「育った」　日本一になった教え子たち　ほか）

高橋 鮎生〔1960〜〕 たかはし・あゆお
◇OUTSIDE SOCIETY―あるサイケデリック・ボーイの音楽遍歴　AYUO著　調布　月曜社　2018.9　263p　19cm　〈作品目録あり〉　2000円　①978-4-86503-064-8　Ⓝ764.7
内容　1（一番最初の記憶　3歳、ベルリン行きの飛行機　ケネディー暗殺　ほか）　2（1970年前後に見たロック・コンサート　キンクス　ホークウィンド　ほか）　3（サイケデリックとは何か？　三島由紀夫　横尾忠則とサイケデリズム　ほか）

高橋 市次郎〔1920〜〕 たかはし・いちじろう
◇水車の宿―追想・人生95年　高橋市次郎著　奥州　あべ印刷（印刷）　2015.3　195p　21cm　Ⓝ289.1

高橋 映子〔1941〜〕 たかはし・えいこ
◇晩恋―映子と爺のラブメール　高橋映子, 宮原一武著　京都　京都通信社　2017.7　384p　19cm　1800円　①978-4-903473-23-9　Ⓝ289.1
内容　二人の物語、ふたたび（映子さんを京都に招待します　それぞれに歩んだ空白の時間　ほか）　それは同志社ハワイ寮から始まった！（あなたの写真、あなたの声で…　美しい過去と聖書と教会、そして牧師と宣教師たち（英米人との英語生活―それがアルバイト？　映子さんに、愛をこめて　ほか）　愛がつくる亀裂と闘いのなかで（それぞれのグリーフ・ケア　游子さんの愛の姿と苦しみ　ほか）　愛のある穏やかな日々のために（新たな一歩を踏み出したい　母なる映子さん、人間としての映子さん　ほか）

高橋 和史〔1944〜〕 たかはし・かずし
◇流れに坐して―無名記者の履歴書　高橋和史著　改訂版　高橋法務行政書士事務所　2017.5　288p　19cm　Ⓝ289.1

高橋 和巳〔1931〜1971〕 たかはし・かずみ
◇高橋和巳―世界とたたかった文学　河出書房新社　2017.2　237p　21cm　〈年譜あり〉　1900円　①978-4-309-02549-0　Ⓝ910.268
内容　高橋和巳、その人と時代　入門対談　陣野俊史×小林垠揚　いま、高橋和巳を読むために　「苦悩」と「妄想」から遠く離れて　インタビュー　田邊園子―編集者から見た高橋和巳　インタビュー　高橋和巳　私の文学を語る（聞き手・秋山駿）　高橋和巳と想像力の問い（大江健三郎）　破局への参加―高橋和巳への追悼（埴谷雄高）　文学は自己指導か（梅原猛）　ついに書かれなかった「幻の国」（高橋たか子）　対談　三島由紀夫×高橋和巳　大いなる過渡期の論理　視野脱落をおそれた人（武田泰淳）　ほか〉
◇高橋和巳の文学と思想―その〈志〉と〈憂愁〉の

彼方に　太田代志朗,田中寛,鈴木比佐雄編　コールサック社　2018.11　478p　22cm　〈文献あり　著作目録あり　年譜あり〉　2200円　Ⓘ978-4-86435-360-1　Ⓝ910.268

|内容| 1部 文学と思想の可能性　2部 作品論・批評論の諸相　3部 遺稿　4部 中国論・中国文学研究　5部 回想・同時代の風　6部 書誌研究　7部 高橋和巳年譜

高橋　恭介〔1974～〕　たかはし・きょうすけ

◇誰も知らない社長の汗と涙の塩味物語　西川世一著　電波社　2017.4　225p　19cm　〈別タイトル：誰も知らない社長の汗と涙のCEO味物語〉　1300円　Ⓘ978-4-86490-093-5　Ⓝ332.8

|内容| 1 東日本大震災ですべてを失った被災地にもう一度、光を灯す―有限会社まるしげ漁亭浜や代表取締役・佐藤智明　2 職人気質が生んだ己の未熟さ　一人の社員が起こした奇跡―ユニオンテック株式会社代表取締役社長・大川祐介　3 戦力外通告、消えない自己嫌悪…。人生と向き合う元Jリーガーの努力の証―株式会社ジールホールディングス代表取締役・藪崎真哉　4 兄弟・社員との絆があるからこそ「社員とは何か」を徹底的に追及する―株式会社あしたのチーム代表取締役社長・高橋恭介　5 「今日で辞めさせてもらいます」原点回帰で開いた再生のトビラ―トークノート株式会社代表取締役・小池温男　6 リーマンショックで八方塞がり　立ち止まらずに前進する勇気を持つ―株式会社ジオベック代表取締役・望月雅彦　7 兄の死、借金、ケガ、病気…、「一日一死」で乗り越えたサーカス人生―木下サーカス株式会社代表取締役社長・木下唯志　8 「芸人なのに副業!?」と言われたくない。二足の草鞋で駆け抜けた10年―株式会社田村道場代表取締役・田村憲司

◇覚悟の人生―人事評価産業を創る起業家　高橋恭介著　幻冬舎　2018.6　214p　20cm　〔[新起業家シリーズ]〕　1500円　Ⓘ978-4-344-03315-3　Ⓝ289.1

|内容| 第1章 二人の父　第2章 ドロップアウト　第3章 大企業のサラリーマン　第4章 ベンチャー最前線　第5章 黒字化への道　第6章 経営者は孤独である　第7章 倒産か死か　第8章 私であること、私であり続けること

高橋　鏡太郎〔1913～1962〕　たかはし・きょうたろう

◇俳人風狂列伝　石川桂郎著　中央公論新社　2017.11　280p　16cm　(中公文庫　い126-1)〈角川書店 1974年刊の再刊〉　1000円　Ⓘ978-4-12-206478-2　Ⓝ911.362

|内容| 蛸の脚―高橋鏡太郎　此君亭奇録―伊庭心猿　行乞と水―種田山頭火　靫かずら―岩田昌寿　室咲の葦―永田耕衣　屑籠と棒杯―相馬遷子　葉鶏頭―松根東洋城　おみくじの凶―尾崎放哉　水に映らぬ影法師―相良万吉　日陰のない道―阿部浪漫子　地上に墜ちたゼウス―西東三鬼

高橋　國重〔1942～〕　たかはし・くにしげ

◇何事にも負けぬ虐待児―昭和・平成の60年を生きる　髙橋國重著　文芸社　2015.11　227p　19cm　1300円　Ⓘ978-4-286-16767-1　Ⓝ289.1

高橋　系吾〔1910～2008〕　たかはし・けいご

◇その一言―高橋系吾九十八年の軌跡 全ての保育者に語り継ぎたい　故高橋系吾「その一言」編纂委員編　第2版　〔出版地不明〕　故高橋系吾「その一言」編纂委員　2014.3　367p　26cm　〈共同刊行：道灌山学園　年譜あり　著作目録あり〉　Ⓝ376.1

◇子どもの心の育て方としつけ　高橋系治編纂　星の環会　2018.12　172p　19cm　1300円　Ⓘ978-4-89294-575-5　Ⓝ599

|内容| 幼児教育で今求めているもの　子どもは見ている　ほんとうの「育児ママ」は子どもに心を豊かにします　"遊び"こそが子どもの能力を育てる生命です　わたしの見たドイツ　親と子の愛情　高橋系吾先生とお母さん方との教育講習会から　しかりかた・しかりかた　この世に一冊だけの手作り絵本を　高橋系吾の歩み　その一言・壁新聞二十編

高橋　建登〔1960～〕　たかはし・けんと

◇サッカー通訳戦記―戦いの舞台裏で"代弁者"が伝えてきた言葉と魂　加部究著　カンゼン　2016.5　247p　19cm　1600円　Ⓘ978-4-86255-320-1　Ⓝ783.47

|内容| 1 間瀬秀一 通訳から監督へ、オシムを超えようとする男　2 フローラン・ダバディ 激情をかみ砕くパリよりの使者　3 鈴木國弘 サッカーの神を間近で崇めた最高の信徒　4 鈴木徳昭 ワールドカップにもっとも近づいた日々の記憶　5 高橋建登 知られざる韓流スターの苦悩を解したハングルマスター　6 山内直 忠実に指揮官の怒りを伝えた無色透明な存在　7 中山和也 ブラジルと日本に愛された明朗快活の極意　8 小森隆弘 マルチリンガル、流れ流れてフットサル界の中枢へ　9 塚田貴志 空爆後のセルビアで伝えた言葉は仲間の友に　10 白沢敬典 ガンジーさんと呼ばれて―敬虔なる通訳の姿

高橋　是清〔1854～1936〕　たかはし・これきよ

◇日本銀行と高橋是清―金融財政ガバナンスの研究序説　佐藤政則著　〔柏〕　麗澤大学出版会　2016.3　235p　22cm　〈索引あり　発売：廣池学園事業部(柏)〉　2100円　Ⓘ978-4-89205-635-2　Ⓝ338.3

|内容| 第1章 高橋是清の立身と日本銀行　第2章 金融政策の転回―1901年金融恐慌　第3章 明治末正貨危機と金融政策　第4章 日銀引受国債発行とシンジケート運営　むすび 2.26事件の金融史研究へ　補論1 阪谷芳郎の明治―日清戦後の経済構想　補論2 1890年代の金融構造をめぐって　補論3 国際金本位制下の金融政策をめぐって

◇人生を逆転させた男・高橋是清　津本陽著　PHP研究所　2017.11　380p　15cm　(PHP文芸文庫　つ1-9)〈「生を踏んで恐れず」(幻冬舎文庫 2002年刊)の改題　文献あり〉　840円　Ⓘ978-4-569-76804-5　Ⓝ913.6

|内容| 陽気なダルマ宰相　不敵な少年　浮きつ沈みつ転身　日露の風雲　日本勝った　二・二六

◇高橋是清自伝　上　高橋是清著, 上塚司編　改版　中央公論新社　2018.3　407p　16cm　(中公文庫　た5-3)〈初版：中央公論社 1976年刊〉　1000円　Ⓘ978-4-12-206565-9　Ⓝ289.1

|内容| 1 私の生い立ち時代　2 海外流浪時代　3 帰朝と青年教師時代　4 放蕩時代　5 大蔵省出仕・失職・文部省・校長・浪人　6 養蚕業・翻訳稼ぎ・相場　7 外官途へ―専売特許所長　8 欧米視察の旅―米・英・仏・独　9 旋風時代の国情　10 ペルー銀山の失敗とその後の落魄時代

◇高橋是清自伝　下　高橋是清著, 上塚司編　改版　中央公論新社　2018.3　377p 16cm （中公文庫 た5-4）〈初版：中央公論社 1976年刊〉　960円　①978-4-12-206566-6　Ⓝ289.1

|内容| 11 実業界への転身とその修業時代　12 日清戦争の頃―日銀馬関支店長時代　13 正金銀行支配人時代　14 正金副頭取から日銀副総裁へ　15 日露戦争の勃発　16 外債募集に使して　17 第五回外債成立までの経路と対英米独仏財界の回顧　附録 高橋翁の実家および養家の略記

◇随想録　高橋是清著, 上塚司編　中央公論新社　2018.4　437p 16cm　（中公文庫 た5-5）〈千倉書房 1936年刊の改訂　年譜あり〉　1000円　①978-4-12-206577-2　Ⓝ289.1

|内容| 明治大帝の御高徳　原が刺さるる朝　原君や牧野君らのこと　政治家の第一歩・山本権兵衛氏のこと　経済演説の嚆矢　政党の内情と困った人達　護憲運動と私の立場　予の「決意」　田中義一君のこと　井上準之助君の死を聞いて〔ほか〕

高橋 貞樹〔1905～1935〕　たかはし・さだき
◇部落史の先駆者・高橋貞樹―青春の光芒　沖浦和光著　筑摩書房　2015.12　329p 20cm　2600円　①978-4-480-88531-9　Ⓝ289.1

|内容| 序章 水軍の末裔　第1章 高橋貞樹との邂逅　第2章 水平社結成と第一次日本共産党　第3章 『特殊部落一千年史』の衝撃　第4章 上海・ウラジオストック・シベリア鉄道　第5章 モスクワ留学時代　第6章 一九二七年の「日本問題に関する決議」　第7章 地下より浮上した革命運動　第8章 転向の時代

高橋 定〔1912～2015〕　たかはし・さだむ
◇最前線指揮官の太平洋戦争―海と空の八人の武人の生涯　岩崎剛二著　新装版　潮書房光人社　2014.10　256p 16cm　（光人社NF文庫 いN-854）　①978-4-7698-2854-9　Ⓝ392.8

|内容| 勇将のもとに弱卒なし―敵将が賞賛した駆逐艦長・春日均中佐の操艦　生きて祖国の礎となれ―初志を貫いた潜水艦長・南部伸清少佐の無念　被爆の身をも顧みず―第五航空艦隊参謀・寺村正己中佐の至誠　遺骨なく遺髪なく―第十六戦隊司令官・左近允尚正中将の運命　われに悔いなく誇りあり―幸運に導かれた潜水艦長・坂本金美少佐の気概　蒼空の飛翔雲―歴戦の飛行隊長・高橋定少佐の航跡　見敵必殺の闘魂を秘めて―海軍の至宝と謳われた入佐俊家少将の信条　飢餓と砲爆撃に耐えて―孤島を死守した吉見信一少将の信念

高橋 茂人　たかはし・しげと
◇ハイジが生まれた日―テレビアニメの金字塔を築いた人々　ちばかおり著　岩波書店　2017.1　158p 19cm　〈文献あり〉　1800円　①978-4-00-024482-4　Ⓝ778.77

|内容| 1 ハイジと出会った男―高橋茂人（幼年期から修業時代へ　コマーシャル制作が育てたテレビアニメーション　『ムーミン』という試金石）　2 『ハイジ』を作った人々（企画を通す　本物を作ろう　『ハイジ』を取り巻く音楽家たち　アニメ職人の技術　過酷な制作現場　『ハイジ』がもたらしたもの）

高橋 志保〔1980～〕　たかはし・しほ
◇ビジネスに大切なことは男で学んだ　高橋志保著　日新報道　2014.5　255p 19cm　1500円　①978-4-8174-0772-6　Ⓝ289.1

|内容| 1章 転落への軌跡　2章 子どもがくれた生きる勇気　3章 風俗業界の舞台裏　4章 二度目の結婚　5章 三度目の正直　6章 モトフー起業家・志保の野望　7章 私の体験を生かした事業戦略

高橋 秀〔1930～〕　たかはし・しゅう
◇祭りばやしのなかで―評伝 高橋秀　谷藤史彦著　水声社　2015.11　221p 図版16p 22cm　3800円　①978-4-8010-0132-9　Ⓝ723.1

|内容| 第1章 芸術と社会を考える（芸術と社会の関わり　若者を育てる）　第2章 画家になる（祭の準備　画家になるまで　最初の評価　安井賞を受賞する）　第3章 イタリアで考えたこと（空白の一年間　新しい空間を求めて　エロティシズムの芽生え　建築空間への挑戦）　第4章 エロスの画家の誕生（エロスの画家　愛と生の造形表現　イタリアでの生活）　第5章 日本への回帰（大型化するエロスの絵画　日本への回帰）

高橋 シュン〔1914～2013〕　たかはし・しゅん
◇高橋シュン その人生と看護　聖路加国際大学大学史編纂・資料室編　聖路加国際大学　2014.7　107p 21cm　（聖路加ブックレット St. Luke's College of Nursing booklet 2）〈文献あり　年譜あり〉　Ⓝ492.907

高橋 伸二〔1941～〕　たかはし・しんじ
◇欅の如く―弁護士高橋伸二痛快伝　高橋伸二著　前橋　上毛新聞社事業局出版部　2018.12　185p 22cm　1200円　①978-4-86352-179-7　Ⓝ289.1

高橋 信次〔1927～1976〕　たかはし・しんじ
◇誰も書かなかった 高橋信次 巨星の実像　菅原秀著　新版　成甲書房　2017.3　316p 19cm　〈初版のタイトル等：「誰も書かなかった高橋信次」（明窓出版 1995年刊）〉　1800円　①978-4-88086-356-6　Ⓝ169.1

|内容| 第1章 驚くべき奇跡の数々を見せた現代の霊人　第2章 私と高橋信次との出会い　第3章 高橋信次はどういう人だったのか　第4章 高橋信次は何を目指していたのか　第5章 高橋信次はなぜ教団を形成したか―その死までの歩み　第6章 高橋信次死後のGLA　第7章 私にとって高橋信次とは　巻末資料 高橋信次を知るための用語事典

高橋 新二〔1906～1997〕　たかはし・しんじ
◇日月―詩人高橋新二とその時代　関根宏幸著　会津若松　歴史春秋出版　2018.12　424p 21cm　3000円　①978-4-89757-941-2　Ⓝ911.52

|内容| 霊山　『桑の實』と新二の初恋　丘陵に集う青春群像　福島師範の時代　摺上の源流にて　君孔雀と夫人　帝都の日々　都の西北　新二と善助　太

陽学校　弾圧の嵐　朝鮮行　戦火の下で―マリ子の死　新しい風　揺籃と懐郷―横光利一への旅　チャンホラン憧憬　文洋社の時代　「氷河を横ぎる蟬」と県文学賞　夢の境界　郷土への想い　血脈　空まで響け　ぼくらの校歌　地方詩人の矜持　詩史遍歴と笑嘲詩の世界　小さい別れの手　詩碑建立　日月―Let it be

髙橋　澄夫　たかはし・すみお
◇下町っ子の昭和　高橋澄夫著　文芸社　2015.4　206p　15cm　600円　①978-4-286-15879-2　Ⓝ289.1

高橋　清明〔1946〜〕　たかはし・せいめい
◇現代サラリーマンのための〈資本論〉　高橋清明著　紫波町（岩手県）　桜出版　2015.5　611p　19cm　〈文献あり　年表あり〉　2300円　①978-4-903156-18-7　Ⓝ331.6
[内容] 第1編　総論　第2編　産業資本　第3編　商業資本　第4編　金融資本　第5編　競争社会　第6編　社会総資本　第7編　世界資本　第8編　未来社会

髙橋　大輔〔1986〜〕　たかはし・だいすけ
◇2000days―過ごした日々が僕を進ませる　高橋大輔著　祥伝社　2015.1　1冊（ページ付なし）　26cm　2500円　①978-4-396-45003-8　Ⓝ784.65
＊高橋大輔オフィシャルBOOK。特典メイキングDVD付。自らふり返る競技人生20年と、今後の人生。今こそ明かせる本音の数々があふれ出る。密着6年間のオン・オフリンク写真が700点以上！
◇羽生結弦が生まれるまで―日本男子フィギュアスケート挑戦の歴史　宇都宮直子著　集英社　2018.2　239p　19cm　〈文献あり〉　1600円　①978-4-08-780834-6　Ⓝ784.35
[内容] 第1章　佐野稔のいた時代（過去と現在　都築章一郎コーチ　ほか）　第2章　本田武史のいた時代（「今とはぜんぜん違う別のスポーツ」　長久保裕コーチ　ほか）　第3章　高橋大輔のいた時代（バンクーバーオリンピック　腰の低いメダリスト　ほか）　第4章　羽生結弦のいる時代（至高の人　絆　ほか）　第5章　宇野昌磨、始まる（ふたりの目指すところ　二〇一四‐二〇一五シーズン　ほか）

高橋　孝雄〔1929〜〕　たかはし・たかお
◇熱血記者に転身した元少年兵の奮戦記―警察担当記者ならではの岩手の事件簿取材秘話　高橋孝雄著　矢巾町（岩手県）　ツーワンライフ　2015.8　166p　19cm　1200円　①978-4-907161-53-8　Ⓝ289.1
[内容] 少年時代（プロローグ　予科練時代　終戦、そして帰郷）　地方記者、駆けた（戦後、模索の時代　岩手日報入社―新人記者時代　舞鶴へ―父娘の再会、帰る人、迎える人、涙、涙　結婚、遠野支局時代、本社勤務時代　釜石支局時代　盛岡本社勤務時代　ハワイへの船旅　全日空機墜落事故　南米視察　東京支社長時代）　警察記者時代―「続・警察記者十年」より（国鉄職員の八幡平遭難事故　調理師一家三人皆殺し事件　釜石市女子職員殺し事件　雑貨商夫婦射殺事件　一本木の交通殺人事件

高橋　徹〔1941〜〕　たかはし・とおる
◇インターネット私史―その礎を築いた友たちへ　高橋徹著　インプレスR&D　2014.11　166p　21cm　（インプレスR&D〈next publishing〉―New thinking and new ways）〈年譜あり〉　①978-4-8443-9652-9　Ⓝ007.35
＊日本、アジアのインターネットの普及に尽力し、日本人で初めてインターネットの殿堂（Internet Society's Hall of Fame）に選ばれた高橋徹が、インターネットとの出合いからこれまでの道のりを振り返る「私的」なインターネット史。インターネット時代の礎を共に築いた多くの人々との交流の日々や、商用インターネット市場の初期段階での葛藤、アジア太平洋地域における整備など、赤裸々に語られるエピソードの中に、その発展に人生を掛けた人々の歩みから、インターネット文化の本質が語られる。

高橋　俊隆〔1950〜〕　たかはし・としたか
◇北京の合歓の花―私と中国・中国語　高橋俊隆著　白帝社　2017.10　373p　19cm　〈年表あり〉　1800円　①978-4-86398-317-5　Ⓝ289.1
[内容] 第1部（高校時代　大学時代　日中学院　初訪中　中国語研修学校　会社　訪問した街）　第2部（日本語と中国語　中国の外来語　中国の方言　中国の成語）　第3部（漢詩　俳句　和歌）

髙橋　利巳〔1929〜〕　たかはし・としみ
◇ある外交官の回想激動の昭和に生きて―戦中・戦後の真実　高橋利巳著　展転社　2018.10　254p　19cm　1500円　①978-4-88656-465-8　Ⓝ319.106
[内容] 生い立ち　東京へ、父と兄の入隊　少年時代、教育勅語と八紘一宇　支那事変　東京大空襲　敗戦・玉音放送　進駐軍　占領時代、公職追放と教育改革　日本建国の歴史　引揚調査と慰安婦問題〔ほか〕

高橋　利幸〔1959〜〕　たかはし・としゆき
◇高橋名人のゲーム35年史　高橋名人著　ポプラ社　2018.7　237p　18cm　（ポプラ新書　153）　800円　①978-4-591-15936-5　Ⓝ798.5
[内容] 序章　高橋名人前夜（名人誕生と子どもの頃の原体験　音楽少年だった中学・高校時代　ほか）　第1章　高橋名人誕生（名人とファミコンの出会い　「裏技」という言葉はなぜ生まれたのか　ほか）　第2章　高橋名人とファミコンの時代（バタバタの中のキャラバン準備　毛利名人との出会い　ほか）　第3章　ファミコン後の高橋名人（高橋名人とPCエンジンの意外な関係　高橋名人とスーパードッジ　ほか）　第4章　これまでに名人が触れてきたゲーム機・ゲームソフト（テレビゲームの歴史　PCエンジン　ほか）

高橋　富夫〔1953〜〕　たかはし・とみお
◇酒好きフツーのサラリーマンでもできるギネス世界記録達成　高橋富夫著　文芸社　2016.1　118p　19cm　1000円　①978-4-286-16955-2　Ⓝ289.1

高橋　とよ〔1903〜1981〕　たかはし・とよ
◇「仕事クラブ」の女優たち　青木笙子著　河出書房新社　2016.6　453p　20cm　〈文献あり　索引あり〉　2700円　①978-4-309-92090-0　Ⓝ778.21
[内容] 序幕　第1幕　細川ちか子　第2幕　高橋とよ（豊

子） 第3幕 土方梅子　第4幕 山本安英

高橋 尚子〔1972〜〕　たかはし・なおこ
◇マラソン哲学―日本のレジェンド12人の提言　小森貞子構成，月刊陸上競技編集　講談社　2015.2　352p　19cm　1600円　Ⓘ978-4-06-219348-1　Ⓝ782.3

内容　宗茂―双子の弟・猛と切磋琢磨 日本のマラソン練習の礎を築いた「宗兄弟」　宗猛―「自分たちを生かす道はこれしかない！」小学生のうちに気づいたマラソンへの道　瀬古利彦―マラソン15戦10勝の"レジェンド" カリスマ指導者に導かれて世界を席巻　山下佐知子―女子マラソンで日本の「メダル第1号」東京世界選手権で銀，バルセロナ五輪は4位　有森裕子―陸上の五輪史上日本女子で唯一の複数メダル マラソンは「生きていくための手段」　中山竹通―底辺からトップに這い上がった不屈のランナー オリンピックは2大会連続で4位入賞　森下広一―"太く短く"マラソン歴はわずか3回 2連勝後のバルセロナ五輪は銀メダル　藤田敦史―運動オンチが長距離で信じられない飛躍 ある「きっかけ」が人生を180度変えた　高橋尚子―女子の五輪史に燦然と輝く金メダル 「人の倍やって人並み」を日々実践した賜物　高岡寿成―長いスパンで取り組んだマラソンへの道 トラックもマラソンも意識は常に「世界へ」　小出義雄―女子マラソンで複数のメダリストを輩出 「世界一になるには，世界一になるための練習をやるだけ」　藤田信之―女子の400mからマラソンまで数々の「日本記録ホルダー」を育成　野口みずきのマラソン金メダルはトラックの延長

高橋 長明　たかはし・ながあき
◇昔話に始まり昔話に終わる　髙橋長明著　〔出版地不明〕　劇団新児童　2014.10　227p　21cm　Ⓝ289.1

髙橋 信夫〔1933〜〕　たかはし・のぶお
◇やまびこの足跡（うた）―ある特養施設長，理事長の記　髙橋信夫著　〔出版地不明〕　〔髙橋信夫〕　2018.6　367p　19cm　Ⓝ289.1

髙橋 宣雄〔1931〜〕　たかはし・のぶお
◇お宝切手鑑定士髙橋宣雄の疾風人生　髙橋宣雄著　日本郵趣出版　2016.2　184p　22cm　〈発売：郵趣サービス社〉　2500円　Ⓘ978-4-88963-794-6　Ⓝ289.1

内容　第1章 2万種のコレクション―切手少年の時代　第2章 シャッターチャンス！―ニュースカメラマンになる　第3章 門前の小僧―手彫切手の先達たち　第4章 とうとう始めてしまった―切手商事始め　第5章 欧州切手行脚―ヨーロッパの日本人切手商　第6章 切手業界よもやま話―郵趣界のエポック・メイキング　第7章 思い出の切手たち―私の名品切手奇譚　第8章 鑑定士・タカハシノブオ―TV出演を通して　第9章 切手商として生きて―2021年に向けて

高橋 信之〔1957〜〕　たかはし・のぶゆき
◇オタク稼業秘伝の書―Deluxe a Go！Go!! タカハシノブユキ仕事作法　髙橋信之著，山中伊知郎聞き手　山中企画　2017.6　214p　19cm　〈標題紙・背・表紙のタイトル（誤植）：オタク稼業秘伝ノ書　発売：星雲社〉　1500円　Ⓘ978-4-434-23364-7　Ⓝ361.5

内容　話のはじまり…「聞き手」は語る　第1章 「オタク起業で大儲け！」　第2章 「落とし穴にスッポリとハマる」　第3章 「そりゃ，もちろん再起！」　第4章 「チャンスメーカーでありたいんだ！」　第5章 「ぼくが出会ったこんな人，あんな人」　第6章 「ぼくが，ずっと思ってること」

髙橋 秀治〔1932〜〕　たかはし・ひではる
◇秀治の自分史　髙橋秀治著　横手 イズミヤ出版　2018.5　216p　20cm　2000円　Ⓝ289.1

髙橋 宏〔1933〜〕　たかはし・ひろし
◇喧嘩の作法―アメリカが怖れた男の交渉術　髙橋宏著　講談社　2015.3　173p　19cm　1400円　Ⓘ978-4-06-219417-4　Ⓝ289.1

内容　第1章 「ダーティーハリー・オブ・ジャパン」　第2章 少年時代の学び　第3章 大学時代　第4章 石原流「喧嘩の作法」　第5章 憧れの日本郵船。しかし…　第6章 海外へ　第7章 郵船航空から首都大学東京へ　第8章 いざ，虚無僧尺八三昧生活　川淵三郎×髙橋宏―対談 日本を背負う若者たちへ

髙橋 弘〔1935〜〕　たかはし・ひろし
◇101歳の道程―神奈川新聞 わが人生　髙橋弘著　小田原 万葉倶楽部　2017.6　187p　20cm　1500円　Ⓝ289.1

高橋 ふみ〔1901〜1945〕　たかはし・ふみ
◇おふみさんに続け！女性哲学者のフロンティア―西田幾多郎の姪高橋ふみの生涯と思想　浅見洋著　町田 ポラーノ出版　2017.3　219p　19cm　〈文献あり 年譜あり〉　2000円　Ⓘ978-4-908765-08-7　Ⓝ121.6

内容　序 高橋ふみ 女性哲学者のフロンティア　1 生い立ち―育みしもの　2 生徒の頃―夢物語からの出発　3 東京女子大学時代―おふみさんの誕生　4 東北帝国大学時代―哲学研究者へ　5 自由学園教師時代―教育・研究に伴う寂しさ　6 飛躍―大都市ベルリンでの留学生活　7 学都フライブルク―思索と対話　8 帰国―志半ばにして　9 託されしもの

髙橋 まこと〔1954〜〕　たかはし・まこと
◇スネア　髙橋まこと著　立東舎　2017.8　375p　15cm　（立東舎文庫 た4-1）〈マーブルトロン2007年刊の加筆修正　発売：リットーミュージック〉　900円　Ⓘ978-4-8456-3042-4　Ⓝ764.7

内容　1章 青の時代（1954年〜1973年）　2章 夜明け前（1974年〜1981年）　3章 酒とバラの日々（1982年〜1993年）　4章 楽しき人生（1994年〜2007年）　5章 親友たち・そして家族　6章 THE GREAT ROCK'N ROLL LIFE（2008年〜2017年：文庫版新章）

髙橋 操〔1932〜〕　たかはし・みさお
◇清風自到―日本の戦後国際医療協力黎明期を歩んだ一人の男の記録　髙橋操著　文芸社　2016.10　170p　19cm　1200円　Ⓘ978-4-286-17401-3　Ⓝ498.022

高橋 みつお〔1977〜〕　たかはし・みつお
◇世界を駆けた，確かなチカラ。　髙橋みつお著

潮出版社　2018.10　138p　21cm　〈別タイトル：世界を駆けた、確かな即戦力〉　833円　Ⓘ978-4-267-02171-8　Ⓝ289.1

内容　第1章 負けず嫌いだった少年時代　第2章 夢に挑んだ学生時代　第3章 世界を駆ける人材に　第4章 平和外交の最前線で　第5章 高橋みつおビジョン　高橋みつおスペシャル対談　漫画・まるごと高橋みつおSTORY

高橋 虫麻呂〔奈良時代〕　たかはし・むしまろ
◇高橋虫麻呂の万葉世界―異郷と伝承の受容と創造　大久保廣行著　笠間書院　2018.6　293p　20cm　〈年譜あり〉　2800円　Ⓘ978-4-305-70865-6　Ⓝ911.122

＊旅と伝説を詠んだ異色の歌人虫麻呂は歌の奥に何を見極めようとしたのか。万葉集に36首を残す男に迫るため、律令官人組織や歴史的背景の視点を導入する。中でも直属の上司である藤原宇合を鏡に用いて、虫麻呂の全体像を浮かび上がらせ、人から作品を見直す。官人として異郷を巡るなか、出遇った風景・風俗・伝承をどう歌として再創造したのか。作歌の時と場や動機を確かめ、虫麻呂歌の秘密の中核を明らかにする。虫麻呂のことがわかる究極の一冊！

高橋 メアリージュン〔1987〜〕　たかはし・めありーじゅん
◇わたしの「不幸」がひとつ欠けたとして―Difficult？　Yes.Impossible？…No　高橋メアリージュン著　ベストセラーズ　2018.2　213p　19cm　1400円　Ⓘ978-4-584-13844-1　Ⓝ289.1

内容　1 幸せについて考える（つらい経験は、優しさを与えてくれる　お金がないことが不幸なのではない。それを不幸と感じることが不幸なのだ　ほか）　2 信頼する人たちに囲まれている（信頼したい人のことを知ろうとする　愛されているという信頼は「守るべきものがある」と自分を強くする　ほか）　3 演技に生かされて（「対等でいこうな、対等な」　「女優顔じゃない」難しいことに挑戦するから意味があるほか）　4 未来を生きる（つらい経験は「全力でできること」への達成感を教えてくれる　美しい人がかもし出す「美」の理由は容姿だけじゃない　ほか）　5 子宮頸がんとわたし（子宮頸がんにかかって伝えたいこと　「またね」は「また会える」という願掛けほか）

高橋名人　たかはし・めいじん
⇒高橋利幸（たかはし・としゆき）を見よ

高橋 恩〔1947〜2017〕　たかはし・めぐむ
◇ゲバルトボーイ　高橋恩著　京都　文理閣　2018.7　362p　20cm　〈他言語標題：Gewalt boy〉　2000円　Ⓘ978-4-89259-831-9　Ⓝ289.1

高橋 靖子〔1941〜〕　たかはし・やすこ
◇時をかけるヤッコさん　高橋靖子著　文藝春秋　2015.7　254p　19cm　1580円　Ⓘ978-4-16-390290-6　Ⓝ289.1

内容　1 時をかけるヤッコさん（旅のはじまり　David Bowie Is ほか）　2 原宿を走ってたらロンドン、NYに着いた！（You are so beautiful　イギー・ポップと「見つけてこわそう」　ほか）　3 ロックをごくごく飲みはして（矢沢永吉還暦コンサート　ロックン

ロールの夢　ほか）　4「新しいシゴト」の生まれる場所（リンゴの音　少年Char、そして「ひこうき雲」ほか）　5 おかげで今でもお転婆です！（ギターで跳んだ！　パチパチパーティ！　ほか）

高橋 優〔1983〜〕　たかはし・ゆう
◇高橋優自伝―Mr.Complex Man　高橋優著　シンコーミュージック・エンタテイメント　2017.1　317p　20cm　1852円　Ⓘ978-4-401-64373-8　Ⓝ767.8

内容　第1章 いじめられっ子、いじめっ子　第2章 中学時代　第3章 チェリーボーイの反抗　第4章 札幌のロックンローラー　第5章 アミューズ　第6章 スター　第7章 心のドアは内側からしか開けられない　第8章 実のある稲穂は頭を垂れる

高橋 悠治〔1938〜〕　たかはし・ゆうじ
◇高橋悠治という怪物　青柳いづみこ著　河出書房新社　2018.9　263p　20cm　2850円　Ⓘ978-4-309-27976-3　Ⓝ762.1

内容　第1章 グレン・グールド　第2章 連弾、やる？　第3章 一九六〇年草月アートセンター　第4章 痩身・黒髪の"マッド・ピアニスト"　第5章 小澤征爾と「不安の時代」　第6章 一九六〇〜七〇年代の録音から　第7章 水牛のように　第8章 別れと追悼　第9章 カフカ三部作　第10章 解体された『ゴルトベルク』と漂いするようなショパン　第11章『春の祭典』　第12章 引き裂くドラゴンと地上の天使

高橋 恭久〔1970〜〕　たかはし・ゆきひさ
◇インプラント武者修行―海外留学・製品開発への挑戦！　高橋恭久著　クインテッセンス出版　2018.7　110p　21cm　1600円　Ⓘ978-4-7812-0628-8　Ⓝ289.1

高橋 裕〔1927〜〕　たかはし・ゆたか
◇河川工学者三代は川をどう見てきたのか―安藝皎一、高橋裕、大熊孝と近代河川行政一五〇年　篠原修著　農文協プロダクション　2018.3　447p　19cm　〈文献あり　年表あり　索引あり〉　発売：農山漁村文化協会　3500円　Ⓘ978-4-540-18140-5　Ⓝ517.091

内容　内務省河川行政の時代（川との付き合い方、議論のポイント　内務省土木局の河川行政　安藝皎一の登場　ほか）　復興・高度成長と河川（戦後大水害の時代（昭和二〇〜三四年）　高橋裕と安藝皎一の出会い　水害論争　ほか）　環境・景観・自治の河川へ（大熊家、長岡へ　高橋裕の土木学会　市民工学者・大熊孝　ほか）

高橋 陽一〔1960〜〕　たかはし・よういち
◇キャプテン翼のつくり方　高橋陽一著　志木　repicbook　2018.7　271p　19cm　1400円　Ⓘ978-4-908154-14-0　Ⓝ726.101

内容　第1章 東京の下町・葛飾で生まれる　第2章 初めての読者は弟たちと友だち　第3章 自分が進むべき未来とは　第4章 高校卒業後、平松伸二先生のアシスタントに　第5章 1978年ワールドカップから受けた影響　第6章 3度目の正直　第7章 作品を彩る個性的なキャラクターたちの登場　第8章 コミックスの第1巻に感動　第9章 多くの学びがあった海外取材　第10章『キャプテン翼』に込めてきた思い

高橋 良雄　たかはし・よしお
◇刑壇に消ゆ―典獄・高橋良雄と12人の死刑囚　海原卓著　日本経済評論社　2015.8　144p　20cm　〈文献あり〉　1800円　Ⓘ978-4-8188-2391-4　Ⓝ326.52

内容　片づけましょう（テレビドラマ『裁かれしもの』コラム『筆洗』ほか）　第1章　死刑と憲法（死刑の執行　刑場の公開　ほか）　第2章　犯罪と回心（バー「カサブランカ」強盗殺人事件　正木弁護人の驚き　ほか）　第3章　落花流水（会食と転出　戒名はいらない　ほか）

高橋 至時〔1764～1804〕　たかはし・よしとき
◇江戸の科学者―西洋に挑んだ異才列伝　新戸雅章著　平凡社　2018.4　251p　18cm　（平凡社新書　875）〈文献あり〉　820円　Ⓘ978-4-582-85875-4　Ⓝ402.8

内容　第1章　究理の学へ（高橋至時―伊能忠敬を育てた「近代天文学の星」　志筑忠雄―西洋近代科学と初めて対した孤高のニュートン学者　ほか）　第2章　江戸科学のスーパースター（関孝和―江戸の数学を世界レベルにした天才　平賀源内―産業技術社会を先取りした自由人　ほか）　第3章　過渡期の異才たち―（司馬江漢―西洋絵画から近代を覗いた多才の人　国友一貫斎―反射望遠鏡をつくった鉄砲鍛冶）　第4章　明治科学をつくった人々（緒方洪庵―医は仁術を実践した名教育者　田中久重―近代技術を開いた江戸の「からくり魂」　ほか）

髙橋 祥元〔1940～〕　たかはし・よしもと
◇革新挑戦―中小小売商の灯を消すな　江釣子SC「パル」理事長、髙橋祥元という生き方　松田十刻著　〔北上〕　江釣子ショッピングセンター　2015.4　261p　20cm　〈共同刊行：イー・エス・シー　発行所：盛岡出版コミュニティー　文献あり　年譜あり〉　1700円　Ⓘ978-4-904870-33-4　Ⓝ289.1

内容　第1章　故郷で生きる―小売業が天職と悟る（歴史ある江釣子村で生まれ育つ　二十歳の父と十八歳の母　ほか）　第2章　成すべきを成す―SC誕生までの苦闘（外売で成長した「登美屋」を法人化　アメリカのSCに圧倒される　ほか）　第3章　革新と挑戦―パルの成長物語（祥元を支えた二人の盟友　偉大なるローカルブランドをめざして　ほか）　第4章　商人道―人道一人となり（日本SC協会副会長など多彩な活動　岡田卓也とのきずな　ほか）

高畑 かずこ〔1947～〕　たかはた・かずこ
◇家系の宿命―城に支えられて　高畑かずこ著　〔大阪〕　心斎橋大学　2018.4　191p　19cm　〈共同刊行：たる出版　発売：たる出版（大阪）〉　1200円　Ⓘ978-4-905277-24-8　Ⓝ289.1

内容　第1章　おいたち　第2章　中学高校生時代　第3章　家族からの悲しい言葉　第4章　発病と手術　第5章　先祖調べ　第6章　イスラエルを旅して　第7章　私の宿命　第8章　父と母の永眠　第9章　実家の片付け　第10章　自分史を書くきっかけ

高畠 式部〔1785～1881〕　たかばたけ・しきぶ
◇わが道の真実一路―歴史随想　億劫の花に咲く十話　1　山田一生編著　松阪　夕刊三重新聞社　2014.3　152p　19cm　〈文献あり〉　1800円　Ⓘ978-4-89658-003-7　Ⓝ281.04

内容　第1話　長慶天皇ご本紀と行宮伝説の研究　第2話　蒲生氏郷とキリスト教　第3話　上田秋成（号・無腸）"相擁ぞて京に住いけり妻しあれば"の句作について　第4話　潮田長助と赤穂義士又之丞高教の生涯　第5話　骨董商S氏との好日…中川乙由と森川千代女と加賀千代女　第6話　風雲の陶芸人　上島弥兵衛　第7話　俳家奇人　子英　第8話　剛力無双の鎌田又八　第9話　松阪が生んだ神童棋士　小川道的　第10話　麦の舎　高畠式部

高畠 素之〔1886～1928〕　たかばたけ・もとゆき
◇高畠素之の亡霊―ある国家社会主義者の危険な思想　佐藤優著　新潮社　2018.5　475p　20cm　（新潮選書）〈年譜あり〉　1900円　Ⓘ978-4-10-603826-6　Ⓝ289.1

内容　不良神学生　ソ連論　性悪説　貧困　消費　ニヒリズム　支配　階級闘争　プロレタリア独裁　窮乏化論　テロル　社会主義と国家（上）　社会主義と国家（下）　軍隊　法律　消費　選挙　有権者　宗教　変貌　出版資本主義　死者と生者　ファシズムの誘惑

高浜 虚子〔1874～1959〕　たかはま・きょし
◇大阪の俳人たち　7　大阪俳句史研究会編　大阪　和泉書院　2017.6　256p　20cm　（上方文庫　41―大阪俳句史研究会叢書）　2600円　Ⓘ978-4-7576-0839-9　Ⓝ911.36

内容　高浜虚子（明治7年2月22日～昭和34年4月8日）　川西和露（明治8年4月20日～昭和20年4月1日）　浅井啼魚（明治8年10月4日～昭和12年8月19日）　尾崎放哉（明治18年1月20日～大正15年4月7日）　橋本多佳子（明治32年1月15日～昭和38年5月29日）　小寺正三（大正3年1月16日～平成7年2月12日）　桂信子（大正3年11月1日～平成16年12月16日）　森澄雄（大正8年2月28日～平成22年8月18日）　山田弘子（昭和9年8月24日～平成22年2月7日）　摂津幸彦（昭和22年1月28日～平成8年10月13日）

◇高浜虚子　前田登美著，福田清人編　新装版　清水書院　2018.4　187p　19cm　（Century Books―人と作品）〈文献あり　年譜あり　索引あり〉　1200円　Ⓘ978-4-389-40122-1　Ⓝ911.362

内容　第1編　高浜虚子の生涯（子規文学を継いで　自然に育まれた幼年の日　貧しさに負けず　俳人として立つ　文学への執念　円熟期をむかえる　春風胎蕩としていた晩年）　第2編　作品と解説（花鳥諷詠の道　写生文の道）

◇俳句の五十年　高浜虚子著　中央公論新社　2018.8　269p　16cm　（中公文庫　た91-1）　860円　Ⓘ978-4-12-206626-7　Ⓝ914.6

内容　序　維新の松山　学生の気風　「同窓学誌」と碧梧桐　家庭の雰囲気　文学への関心　子規との文通　青並から出発した子規　子規の交友　碧梧桐と「乙二七部集」〔ほか〕

高原 豪久〔1961～〕　たかはら・たかひさ
◇リーダーズ・イン・ジャパン―日本企業いま学ぶべき物語　有森隆著　実業之日本社　2014.7　270p　19cm　〈他言語標題：Leaders in Japan〉　1400円　Ⓘ978-4-408-11077-6　Ⓝ332.8

たかはら

> 内容 1「創業家」の精神（豊田章男（トヨタ自動車））―「あさって」を見つめている男は、持続的成長に向けて手綱緩めず　岡田卓也、岡田元也（イオン）―増殖を続ける流通帝国。肉食系のM&Aで岡田親子の遺伝子　鈴木修（スズキ）―「三兆円企業」の名物ワンマン社長の強気と苦悩　2「カリスマ」の本気（孫正義（ソフトバンク））―大ボラを次々と現実のものにした「孫氏の兵法」を徹底解剖する　鈴木敏文（セブン＆アイ）―息子に第三の創業を託すのか？「流通王」鈴木敏文の究極の選択　柳井正（ファーストリテイリング）―徒手空拳で小売業世界一に挑む男にゴールはない）　3「中興の祖」の逆襲（佐治信忠（サントリーホールディングス）―「やってみなはれ」の精神で佐治信忠は一世一代の大勝負に出る　高原豪久（ユニ・チャーム）―東南アジアに針路をとれ！ 二代目社長、高原豪久の"第三の創業"　奥田務（J.フロントリテイリング）―「脱百貨店」の旗手、奥田務の正攻法に徹した改革　4「異端児」の反骨（岡藤正広（伊藤忠商事）―野武士集団の復活を目指す伝説の繊維マン　津曽一宏（パナソニック）―テレビから自動車部品へ大転換。生き残りを懸け、エースが陣頭指揮　永井浩二（野村ホールディングス）―増資インサイダー事件で信用を失墜したガリバーを再生。変革に挑む営業のカリスマ）

高原 千代の〔1925～〕　たかはら・ちよの
◇駅―福井の"おっ母ちゃん"と5人の子供たち　高原則夫，高原隆義著　日刊現代　2014.8　189p　20cm　〈奥付の発売者（誤植）：発行　人間の科学新社　発売：人間の科学新社〉　1300円　①978-4-8226-0314-4　Ⓝ289.1

> 内容 第1章 見送り　第2章 敗戦・結婚　第3章 絶望　第4章 夜逃げ　第5章 女駅長　第6章 明日の幸せを夢見て

高町 りょう〔1940～〕　たかまち・りょう
◇たそがれの決意　高町りょう著　文芸社　2016.7　98p　15cm　500円　①978-4-286-17349-8　Ⓝ289.1

高松 ハツエ　たかまつ・はつえ
◇人生の終い方―自分と大切な人のためにできること　NHKスペシャル取材班著　講談社　2017.5　194p　19cm　1400円　①978-4-06-220614-3　Ⓝ367.7

> 内容 ブログ 進行役の桂歌丸師匠も「終い方」を胸に秘めていた　第1章 写真にのこされた、笑顔、笑顔、笑顔　水木しげるさん　第2章 高座に上がる毎日が「終い中」 桂歌丸師匠　第3章 団塊世代の父親から家族への最後の手紙　桑原誠次さん　第4章 幼い子どもに何をのこすか葛藤する35歳の父　小熊正申さん　第5章 障害がある娘にのこした常連客という応援団　高松ハツエさん　第6章 自分らしい「終い方」 500通のお便りからエピローグ―視聴者に届い「生きる力」

高松 凌雲〔1836～1916〕　たかまつ・りょううん
◇高松凌雲翁経歴談・函館戦争史料　オンデマンド版　東京大学出版会　2016.3　327p　22cm　（続日本史籍協會叢書 60）〈複製　印刷・製本：デジタルパブリッシングサービス〉　16000円　①978-4-13-009535-8　Ⓝ210.61

高松宮 宣仁〔1905～1987〕　たかまつのみや・のぶひと
◇高松宮と終戦工作―和平を希求した宣仁親王の太平洋戦争　工藤美知尋著　潮書房光人社　2014.8　223p　16cm　（光人社NF文庫〈N-843〉〈文献あり〉　740円　①978-4-7698-2843-3　Ⓝ288.44

> 内容 第1部（高松宮、細川護貞に情報収集を依頼　ミッドウェー海戦に敗北、日本海軍劣勢となる　危険を伴う細川の活動　ほか）　第2部（細川の活動、活発となる　東条内閣打倒の動き　細川、高木の工作、俄然活発化する　ほか）　第3部（東条内閣崩壊　三笠宮を巻き込んだテロ工作　高松宮、左遷される―横須賀海軍砲術学校教頭に就任　ほか）

高見 映　たかみ・えい
⇒高見のっぽ（たかみ・のっぽ）を見よ

鷹見 久太郎〔1875～1945〕　たかみ・きゅうたろう
◇鷹見久太郎と絵雑誌『コドモノクニ』古河文学館編　古河　古河文学館　2015.10　128p　15cm　〈年譜あり〉　Ⓝ051.8

高見 順〔1907～1965〕　たかみ・じゅん
◇われは荒磯の生れなり―最後の文士高見順　上巻　川口信夫著　福井　創文堂印刷　2016.1　217p　21cm　〈文献あり〉　1112円　①978-4-9907285-3-3　Ⓝ910.268
◇われは荒磯の生れなり―最後の文士高見順　中巻ノ1　川口信夫著　福井　創文堂印刷　2018　1冊　21cm　1300円　Ⓝ910.268
＊高見順の半生を貴重な資料とともに届ける第2弾。

鷹見 泉石〔1785～1858〕　たかみ・せんせき
◇泉石と雪の殿様―鷹見泉石ガイドブック　市原敬子著，鷹見本雄監修　岩波ブックセンター（制作）　2014.11　79p　21cm　〈年譜あり〉　1000円　①978-4-904241-46-2　Ⓝ289.1
◇蘭学家老 鷹見泉石の来翰を読む　政治篇　鷹見家文書研究会著　〔出版地不明〕　鷹見本雄　2017.6　183,3p　31cm　〈複製を含む〉　7000円　①978-4-909195-01-2　Ⓝ289.1

高見 龍也　たかみ・たつや
◇しくじって よかった　高見龍也著　パブフル　2017.10　256p　21cm　Ⓝ289.1

> 内容 第1章 土方の飯場生活を体験する（建設作業員の作業員宿舎生活を体験する）　第2章 自転車で東京から長崎まで帰省する　第3章 キリスト教思想を持った尊敬すべき友人との出会い　第4章 農家に住み込みで農業に従事する　第5章「国際教育センター」を創立　第6章 三菱オートリース株式会社に中途採用で入社　第7章 父の急逝　第8章 長崎に帰郷し、離島向け航空会社に就職したが…　第9章 教員採用試験を受けるための浪人時代と、妻との結婚　第10章 37歳で長崎県教員採用試験に合格！　第11章 教員生活20年での栄光と苦悩　第12章「終活」、残された20年をどう生きようか…　第13章「幸せ」を感じるには法則がある!?

高見 のっぽ〔1934～〕　たかみ・のっぽ
◇夕暮れもとぼけて見れば朝まだきーノッポさん自伝　高見のっぽ著　岩波書店　2017.11　176p　20cm　1600円　Ⓘ978-4-00-025427-4　Ⓝ772.1
[内容] 竜安寺道の役者長屋　向島の長屋の坊や　戦争が始まった　戦争が終った　鞄持ち　習いごと　悔い改めた鞄持ち　不思議なあと押し　失職四年　芸名〔ほか〕

高峰 譲吉〔1854～1922〕　たかみね・じょうきち
◇高峰譲吉生誕150年記念展ータカジアスターゼとアドレナリンを発見　国立科学博物館/高峰高峰譲吉生誕150年記念展実行委員会2004　高峰譲吉博士研究会　2015.1　67p　30cm　〈背のタイトル：高峰譲吉　年譜あり〉　Ⓝ289.1
◇二十世紀と格闘した先人たちー一九〇〇年アジア・アメリカの興隆　寺島実郎著　新潮社　2015.9　390p　16cm　〈新潮文庫　て-10-2〉〈『二十世紀から何を学ぶか　下　一九〇〇年への旅　アメリカの世紀、アジアの自尊』(2007年刊)の改題、加筆・修正〉　630円　Ⓘ978-4-10-126142-3　Ⓝ280.4
[内容] 第1章 アメリカの世紀がアジア太平洋にもたらしたもの（太平洋の転換点となった米西戦争での米国の勝利　明治の青年に夢を与えたクラーク博士の実像と足跡　ヘンリー・ルース、「アメリカの世紀」を推進した男、フランクリン・ルーズベルトの対日観の歴史的変遷　敗戦後の日本を「支配」した「極端な人」マッカーサー　付マッカーサー再考への旅ー呪縛とトラウマからの脱却）　第2章 国際社会と格闘した日本人「太平洋の橋」になろうとした憂国の国際人、新渡戸稲造　キリストに生きた武士、内村鑑三の高尚なる生涯　禅の精神を世界に発信した、鈴木大拙という存在　六歳の津田梅子を留学させた明治という時代　「亡命学者」野口英世の生と死　高峰譲吉の栄光とその悲しみ　日本近代史を予言した男、朝河貫一の苦闘と日本近代　近代石炭産業の功労者、松本健次郎と日本の二十世紀　情報戦争の敗北者だった大島浩駐独大使）　第3章 アジアの自覚め始めた男たち（アジアの再興を図ろうとした岡倉天心の夢　「偉大な魂」ガンディーの重い問い掛け　インドが見つめているーチャンドラ・ボースとパル判事　革命家・孫文が日本に問いかけたもの　魯迅が否定した馬々虎々　不倒翁・周恩来の見た日本）　第4章 二十世紀再考ー付言しておくべきことと総括（一九〇〇年エルサレムーアラブ・イスラエル紛争に埋め込まれたもの　一九〇〇年香港ー英国のアジア戦略　総括ー結局、日本にとって二十世紀とは何だったか）

◇イノベーターたちの日本史ー近代日本の創造的対応　米倉誠一郎著　東洋経済新報社　2017.5　313p　20cm　〈他言語標題：Creative Response Entrepreneurial History of Modern Japan〉　2000円　Ⓘ978-4-492-37120-6　Ⓝ210.6
[内容] 第1章 近代の覚醒と高島秋帆　第2章 維新官僚の創造的対応ー大隈重信　志士から官僚へ　第3章 明治政府の創造的対応ー身分を資本へ　第4章 士族たちの創造的対応ーザ・サムライカンパニーの登場　第5章 創造的対応としての財閥ー企業家が創り出した三井と三菱　第6章 科学者たちの創造的対応ー知識ベースの産業立国　終章 近代日本の創造的対応を振り返る

高峰 秀子〔1924～2010〕　たかみね・ひでこ
◇つづりかた巴里　高峰秀子著　中央公論新社　2014.10　314p　16cm　〈中公文庫　た46-8〉　740円　Ⓘ978-4-12-206030-2　Ⓝ778.21
[内容] 「巴里」と「結婚」（私はパリで結婚を拾った　昭和三十年三月二十六日、私はパリで結婚した　ほか）　巴里ひとりある記（パリひとりある記　パリひとりある記　パリひとりある記　ほか）　こころの友だち（結婚して旅行魔と化した私たち　ミスター・高建＝シンガポール　ほか）　私の人生劇場（私の人生は「遊び」の旅　顔　ほか）　ふたたび巴里ふたり旅（「裏方さんよ」さようなら）
◇高峰秀子解体新書　斎藤明美著　京都　PHP研究所　2015.2　111p　22cm　〈文献あり　作品目録あり　年表あり〉　1800円　Ⓘ978-4-569-82234-1　Ⓝ778.21
[内容] キーワードで読み解く高峰秀子86年の人生　肉体の部位で解き明かす高峰秀子　随筆　オッパイ讃歌　人物交友図　高峰秀子の家の履歴書　高峰秀子を知るための目的別書籍ガイド全34作　映画出演作一覧169/300余本　生涯年表
◇まいまいつぶろ　高峰秀子著　河出書房新社　2015.4　168p　15cm　〈河出文庫　た35-1〉〈河出書房 1956年刊の再刊〉　550円　Ⓘ978-4-309-41361-7　Ⓝ778.21
[内容] 私の顔　私の歴史　縁の下の人たち　私はこんなに支えられて仕事をしている　雑記帳から　「二十四の瞳」小豆島ロケ先にて　平凡で、誠実で、ありのままで　私の見た内側の人物像（外側は書けない）　いきコトやんのこと　結婚まで　小さいコトやんのこと
◇高峰秀子が愛した男　斎藤明美著　河出書房新社　2017.1　213p　21cm　〈ハースト婦人画報社 2012年刊の増補新装版〉　1800円　Ⓘ978-4-309-02543-8　Ⓝ778.21
[内容] 「かあちゃんは小さい時から働いて、働いて…だからきっと神様が、可哀そうだと思って、とうちゃんみたいな人と逢わせてくれたんだね」「とうちゃんはハンサムだからね」「とうちゃんは子供の頃、あだ名が『キュウリ』だったんだって」「僕はボーっとした子供で、頭も悪かった。いつも友達に苛められてましたよ」「とうちゃんが子供の時、その頃はお醤油って量り売りだったから空き瓶を持って買いにいくんだけど、とうちゃんがお使いでお醤油を買って帰ってきたら、玄関でいきなりお父さんに殴られたんだって。涙を垂らしてるって。ひどいでしょ。でもとうちゃんは兄弟の中で一番偉くなって、お父さんに家を建ててあげたのよ」「なんて素直な人だろうと思った」「夢のようでしたよ」「私みたいなノータリンでいいのだと思った」「我慢の向こうには必ず笑いがある、幸せがある。必ず期待するものが見えるはずだと、僕は信じてます」「土方やってでも養っていきます」〔ほか〕
◇高峰秀子の捨てられない荷物　斎藤明美著　筑摩書房　2017.8　426p　15cm　〈ちくま文庫　さ45-1〉〈文藝春秋 2001年刊の再刊〉　950円　Ⓘ978-4-480-43462-3　Ⓝ778.21
[内容] 一本のクギ　仮面と鎧　荷物　敵　人間嫌い　鶏卵　一日一笑　ふたり

◇女優にあるまじき高峰秀子　斎藤明美著　草思社　2018.12　230p　19cm　1400円　①978-4-7942-2363-0　Ⓝ778.21

内容　待たせない　自作を観ない　マネージャー、付き人を持たない　自分のポートレートを飾らない　話が短い　化粧が薄い　美容整形をしなかった　年齢を多くサバよむ　主演女優なのに演技力がある　トロフィーを捨てた　落ちぶれなかった　太らなかった　自然に引退した　目立つのが嫌い　人の手を煩わせない　「私」を押し出さない　子役から大成した前編　子役から大成した後編　弱い者の味方だった　特別扱いを嫌った　人を地位や肩書で見ない　その1　人を地位や肩書で見ない　その2　貧乏な男と結婚した　家庭を優先した　金と権力になびかず　女優じゃない女優が嫌いだった

高村　光太郎〔1883〜1956〕　たかむら・こうたろう

◇大東亜戦争と高村光太郎―誰も書かなかった日本近代史　岡田年正著　ハート出版　2014.7　253p　19cm　〈文献あり〉　2000円　①978-4-89295-983-7　Ⓝ911.52

内容　第1章 高村光太郎という存在（高村光太郎の生涯　その孤高を友とする詩人　愛の詩人）　第2章 戦争期の光太郎（崇高で澄明な詩　大東亜戦争勃発に当たって　祖国勝利への祈り　少年少女への視点）　第3章 敗戦期の光太郎（祖国敗戦という現実　自己流謫という名の生活　湧き上がった戦争責任論　蔣介石についての二つの詩）　第4章 戦争責任についての疑問（聖戦か侵略か　平成からの視点　光太郎の生き方の総括として）　附録　ある少女のイマージュ

◇高村光太郎　山居七年　佐藤隆房著　改訂新版　花巻　花巻高村光太郎記念会　2015.5　415p　19cm　〈序詩：草野心平〉　1800円　①978-4-908412-00-4　Ⓝ911.52

◇映画「高村光太郎」を提案します―映像化のための謎解き評伝　福井次郎著　言視舎　2016.4　240p　19cm　1800円　①978-4-86565-049-5　Ⓝ911.52

内容　第1章 高村光太郎という迷宮　第2章 ミステリー「智恵子抄」　第3章 不可思議なる転向　第4章「乙女の像」の謎

◇我が愛する詩人の伝記　室生犀星著　講談社　2016.8　277p　16cm　（講談社文芸文庫　むA9）〈中公文庫 1974年刊の再刊　年譜あり〉　1400円　①978-4-06-290318-9　Ⓝ914.6

内容　北原白秋　高村光太郎　萩原朔太郎　釈迢空　堀辰雄　立原道造　津村信夫　山村暮鳥　百田宗治　千家元麿　島崎藤村

◇高村光太郎小考集　西浦基著　牧歌舎東京本部　2018.1　377p　21cm　〈文献あり　発売：星雲社〉　1800円　①978-4-434-24049-2　Ⓝ911.52

内容　第1部 高村光太郎小考集（高村光太郎の詩：「レモン哀歌」、他　高村光太郎の選択―流された選択・迷¬った選択・断固たる選択　愛に燃え　ロダンとロダンに師事した荻原守衛とロダンに私淑した高村光太郎と　高村光太郎の「伊太利亜遍歴」を見る　一枚の写真　ほか）　第2部 楽の断片（旅愁のパリ（フランス：二〇〇九年七月）　怒濤の嵐、船内のジャズ（イギリス：二〇一〇年秋）　哀の六根　楽の六根　官能のシックスセンス　歴史のひとこま―ガリレオ　美しき国ドイツ：二〇一一年秋　ほか）

◇高村光太郎　堀江信男著，福田清人編　新装版　清水書院　2018.4　213p　19cm　（Century Books―人と作品）〈文献あり　年譜あり　索引あり〉　1200円　①978-4-389-40121-4　Ⓝ911.52

内容　第1編 高村光太郎の生涯（宿命　ヨーロッパ留学　美に生きる　智恵子の死　モニュマン）　第2編 作品と解説（詩人光太郎の誕生　道程　雨にうたるるカテドラル　猛獣篇　智恵子抄　典型）

◇高村光太郎論　中村稔著　青土社　2018.4　534p　20cm　2800円　①978-4-7917-7055-7　Ⓝ911.52

内容　第1章 西欧体験　第2章 疾風怒涛期―「寂寥」まで　第3章「智恵子抄」の時代（その前期）　第4章「猛獣篇」（第一期）の時代　第5章「智恵子抄」（その後期）と「猛獣篇」（第二期）　第6章 アジア太平洋戦争の時代　第7章「自己流謫」七年

高村　三郎〔1942〜1999〕　たかむら・さぶろう

◇ひとびとの精神史　第4巻　東京オリンピック―1960年代　苅谷剛彦編　岩波書店　2015.10　329p　19cm　2500円　①978-4-00-028804-0　Ⓝ281.04

内容　1 高度成長とナショナリズム（下村治―国民のための経済成長　十河信二―新幹線にかける「夢」　河西昌枝―引退できなかった「東洋の魔女」　手塚治虫―逆風が育んだ「マンガの神様」　原田正純―胎児性水俣病の「発見」）　2 民族大移動―農村と都市の変貌（高村三郎と永山則夫―集団就職という体験　大牟羅良―農村の変貌と岩手の農民　室原知幸―公共事業のあり方を問い続けた「蜂の巣城主」　千石剛賢―十戒的家族観に抗った「イエスの方舟」）　3 ベトナム戦争と日本社会（小田実―平等主義と誇りで世界の人びとをつなぐ　岡村昭彦―ベトナム戦争を直視して　鶴見良行―「足の人」はいかに思考したか）

高村　智恵子〔1886〜1938〕　たかむら・ちえこ

◇スケッチで訪ねる『智恵子抄』の旅―高村智恵子52年間の足跡　坂本富江著　増補改訂版　牧歌舎東京本部　2015.12　227p　21cm　〈文献あり　年譜あり　発売：星雲社〉　2200円　①978-4-434-21080-8　Ⓝ289.1

内容　故郷　学び舎の頃　画家への道　光太郎との恋愛の暮らし　病と転地療養　ゼームス坂病院と紙絵　晩年の光太郎　智恵子の油絵が展示されている山梨の美術館　絵が誘う点と線　新作画「智恵子抄」　智恵子さんへの手紙

高村　友也〔1982〜〕　たかむら・ともや

◇僕はなぜ小屋で暮らすようになったか―生と死と哲学を巡って　高村友也著　同文舘出版　2015.12　181p　19cm　（DO BOOKS）　1550円　①978-4-495-53321-2　Ⓝ289.1

内容　第1章 無縁、無常、何もない家―河川敷のテント暮らし　第2章 死の観念、人生、私的体験―少年時代一　第3章 愛、信頼、自由―少年時代二　第4章 不純さ、ホンモノ病、羞恥心―高校時代　第5章 喪失、哲学、真理―大学時代　第6章 人格の二重性、過去との断絶、憎悪―大学院時代　第7章 自分自身であること―路上生活　第8章 孤独、私的生きにく

高村 直助〔1936〜〕 たかむら・なおすけ
◇歴史研究と人生―我流と幸運の七十七年　高村直助著　日本経済評論社　2015.7　216p　21cm　〈著作目録あり　年譜あり〉　2900円　Ⓘ978-4-8188-2396-9　Ⓝ289.1
内容 歴史研究と人生―我流と幸運の七十七年（回顧談）（生い立ちから学生時代まで　大学院・東大社研・横浜国大　東大文学部時代　横浜とフェリス）鶏肋抄　さ、自我―雑木林の小屋暮らし

髙谷 朝子〔1924〜2018〕 たかや・あさこ
◇皇室の祭祀と生きて―内掌典57年の日々　髙谷朝子著　河出書房新社　2017.3　371p　15cm（河出文庫 た42-1)〈「宮中賢所物語」（ビジネス社 2006年刊）の改題、大幅な加筆・修正〉　840円　Ⓘ978-4-309-41518-5　Ⓝ210.09
内容 上がりましてからのこと　内掌典の御用　次清のこと　お正月の御用　お正月の御神饌　節分からの御用と候所の行事　六月からの御用　着物のこと　内掌典の重儀　戦中戦後のこと　昭和天皇・皇后両陛下の思い出　御大礼　今上陛下・皇后陛下のこと　賢所の式　賢所を下がって

高安 月郊〔1869〜1944〕 たかやす・げっこう
◇高安月郊研究―明治期京阪演劇の革新者　後藤隆基著　京都　晃洋書房　2018.2　221,9p　22cm　〈作品目録あり　年譜あり　索引あり〉　4200円　Ⓘ978-4-7710-2991-0　Ⓝ912.6
内容 第1章 高安月郊研究のために　第2章 高安家の系譜―未紹介資料『系図書及御先祖戒名』を視座として　第3章 劇作家・高安月郊の出発―明治三十年代京都文壇/劇壇と京都演劇改良会　第4章 京都演劇改良会再考―第三回改良演劇の実体と、その挫折　第5章 「江戸城明渡」考―川上音二郎との協劇と東京進出　第6章 「浮世之責」考―明治期における『レ・ミゼラブル』の翻案と "独白" 問題　第7章 「さくら時雨」初演考―明治三十年代京都劇壇と高安月郊交流圏　第8章 高安月郊と明治大正期の楽劇（歌劇）

高柳 重信〔1923〜1983〕 たかやなぎ・しげのぶ
◇高柳重信の一〇〇句を読む―俳句と生涯　澤好摩著　飯塚書店　2015.12　197p　19cm　1500円　Ⓘ978-4-7522-2076-3　Ⓝ911.362
内容 金魚玉明日は歴史の試験かな　人恋ひてかなしきときを昼寝かな　とかげ瑠璃一本の藁くぐりけり　秋さびしあきこりやこりやとうたへども　友はみな征けりとおもふ佛手　ふるさとの墓地に蝉鳴く此の日はや　遠雷や去年にはじまる一つの忌　きみ嫁ぎ逝き遠つ訊に似たり　蓬髪が感ずる遠い夜の風雨　身をそらす虹の/絶巓/処刑台［ほか］

高山 敦 たかやま・あつし
◇前科者経営者―どん底からの逆転人生　髙山敦著　プレジデント社　2018.9　198p　19cm　1400円　Ⓘ978-4-8334-2291-8　Ⓝ289.1
内容 プロローグ 前科者が会社を立ち上げた　第1章 転落人生のはじまり　第2章 人としての尊厳を捨てた日　第3章 迷いのトンネルを抜け出せた日　第4章 自分を信じて一歩を踏み出したときからすべてははじまる　第5章 思いひとつで流れは変わる　エピローグ 人生、大逆転を起こすために

高山 右近〔1552〜1615〕 たかやま・うこん
◇高山右近の生涯―日本初期キリスト教史　ヨハネス・ラウレス著、溝部脩監修、やなぎやけいこ現代語訳　長崎　聖母の騎士社　2016.8　622p　15cm（聖母文庫）　1000円　Ⓘ978-4-88216-371-8　Ⓝ198.221
内容 都における教会の基礎　情勢の変転　高山ダリオと都の教会　高山氏の高槻領有　高槻における布教　日本教会の全貌　最初の試練　ヴァリニャーノの中日本訪問　武将右近　使徒右近［ほか］

◇キリシタン大名 高山右近とその時代　川村信三著　教文館　2016.10　253,16p　20cm　〈文献あり　年譜あり　索引あり〉　2700円　Ⓘ978-4-7642-6116-7　Ⓝ198.221
内容 第1章 新時代の到来とキリシタン高山右近の生きた時代　第2章 右近の生きた時空（その一）―「権威」と「勢力」の均衡崩壊と畿内の混乱　第3章 右近の生きた時空（その二）―摂津・河内キリシタンの誕生　第4章 高槻城主・右近の苦悩―和田惟長との闘争と荒木村重の謀反　第5章 戦国武将・右近の明暗と信仰の覚悟―山崎と賤ヶ岳、二つの戦いを結ぶもの　第6章 キリシタン・右近と天下人・秀吉―明石転封（一五八五年）と伴天連追放令（八七年）　第7章 祈りの人・右近―追放と最後の旅

◇高山右近―その霊性をたどる旅 歴史・人物ガイド 祝列福　ドン・ボスコ社　2017.2　127p　26cm　〈年譜あり〉　1000円　Ⓘ978-4-88626-614-9　Ⓝ289.1

◇利休と戦国武将―十五人の「利休七哲」　加来耕三著　京都　淡交社　2018.4　239p　19cm　1300円　Ⓘ978-4-473-04246-0　Ⓝ791.2
内容 第1章 "七哲"の筆頭 蒲生氏郷　第2章 教養が生き残りの秘訣 細川三齋　第3章 信仰と茶の湯 高山右近・前田利長　第4章 悲運の茶人 瀬田掃部・豊臣秀次・木村常陸介　第5章 何処までも不可解な数寄者 荒木村重・芝山監物　第6章 滑稽味あふれるお人なし 織田常真・牧村兵部・佐久間不干斎　第7章 時代の転換期に出現 古田織部　第8章 自分の分限を知っていた 織田有楽・有馬玄蕃

髙山 嘉津間 たかやま・かつま
⇒寅吉（とらきち）を見よ

髙山 清司〔1947〜〕 たかやま・きよし
◇弘道会の野望―司六代目と髙山若頭の半生　木村勝美著　メディアックス　2015.9　283p　19cm　1500円　Ⓘ978-4-86201-664-5　Ⓝ368.51
内容 第1章 極道デビュー　第2章 出会い　第3章 弘道会創立　第4章 中京統一　第5章 金脈　第6章 山口組乗っ取り　第7章 弘道会の野望

髙山 重城〔1899〜1969〕 たかやま・じゅうじょう
◇河童九千坊と名のりし父髙山重城　浦橋幸子著、浦橋信俊,浦橋幸子編　〔出版地不明〕〔浦橋信俊〕　2018.4　183p　19cm　Ⓝ289.1

高山 樗牛〔1871〜1902〕 たかやま・ちょぎゅう
◇高山樗牛研究資料集成 第1巻 『樗牛兄弟』・『人文』花澤哲文編・解説 クレス出版 2014.9 1冊 22cm 〈布装 有朋館 大正4年刊の複製 樗牛会 大正5年〜8年刊の複製〉 10000円 ①978-4-87733-828-2 Ⓝ910.268
内容 小學時代の樗牛/野田寛治著 中學時代の樗牛/中桐碓太郎著 高等學校時代の樗牛/井上準之助著 大學時代の樗牛/井上哲次郎著 文學者としての樗牛/桑木嚴翼著 樗牛と日蓮/姉崎正治著 樗牛傳の補遺/上田萬年著 樗牛の菅公論について/大隈重信著 嗚呼寂しい哉樗牛逝きて/谷本富著 樗牛に對する思想/佐々醒雪著 樗牛兄弟/佐々木信綱著 帝國文學と樗牛/岡田正美著 樗牛の肖像に題す/登張竹風著 樗牛の挑戰的態度/坪谷水哉著 赤裸々の樗牛/長谷川天溪著 樗牛に就ての思ひ出/嚴谷小波著 嗚呼樗牛！土井晩翠著 樗牛の病床を訪ふ/茅原華山著 死期を豫言せる樗牛/水野繁太郎著 傳道者樗牛/笹川臨風著 學界の勇者樗牛/若杉三郎著 樗牛に對する刹那の印象/杉山重義著 樗牛を憶ふ/坪内逍遙著 瀧口入道を讀みて/杉箇子著 亡兄高山樗牛/野の人著 樗牛を弔ふ/田中智學著 男らしき態度の樗牛/佐藤鐵太郎著 樗牛を哭す/田中智學著 日蓮上人を見出した樗牛/山田三良著 日蓮主義先驅者樗牛/柴田一能著 樗牛の日蓮上人觀/山川智應著 日蓮主義者樗牛/瀨戸東洲著 樗牛の幸福/太田資順著 樗牛の生ひ立ち 樗牛兄弟の系圖 餘白録 良太の一生/田中一貞著 良太を懐ふ/田中一寧著 良太より兄樗牛へ消息 鳥海山に遊ふ記 秋夜讀書 古戰場を過くる記 野の人信策小傳/小山東助著 野の人の追懐/ラファエル・フォン・ケーベル著 野の人の思ひ出/小山東助著 嗚呼野の人/姉崎正治著 逝ける野の人/藤井瑞枝著 第三帝國を叫びたる人/野の人/内ケ崎作三郎著 根氣の野の人/宮本和吉著 野の人と希臘語研究/石原謙著 野の人に對する思ひ出/三浦吉兵衞著 不滅の野の人/島地大等著 野の生ひ立ち 樗牛兄弟の消息 野の人より姉崎博士（洋行先）へ樗牛逝去の通信 野の人より姉崎博士（洋行先）へ樗牛埋骨の通信 野の人遺言 野の人の臨終前後/太田資順著 『人文』樗牛会
◇高山樗牛研究資料集成 第6巻 秋山正香・長谷川義記 花澤哲文編・解説 クレス出版 2014.9 232,266,7p 22cm 〈布装 年譜あり 「高山樗牛―その生涯と思想」(積文館 昭和32年刊)の複製 「樗牛―青春夢残」(晩書房 昭和57年刊)の複製〉 11000円 ①978-4-87733-833-6 Ⓝ910.268
内容 高山樗牛―その生涯と思想/秋山正香著 樗牛―青春夢残/長谷川義記著
◇哲人 高山樗牛 西宮藤朝著 立川 人間文化研究機構国文学研究資料館 2016.1 326p 19cm 〈リプリント日本近代文学 281〉〈泰山房 大正6年刊の複製 発売：平凡社〉 3800円 ①978-4-256-90281-3 Ⓝ910.268
◇幕末明治人物誌 橋川文三著 中央公論新社 2017.9 308p 16cm 〈中公文庫 は73-1〉 1000円 ①978-4-12-206457-7 Ⓝ281
内容 吉田松陰―吉田松陰 坂本龍馬―維新前夜の男たち 西郷隆盛―西郷隆盛の反動性と革命性 後藤象二郎―明治のマキャベリスト 高山樗牛―高山樗牛 乃木希典―乃木伝説の思想 岡倉天心―岡倉天心の面影 徳冨蘆花―蘆花断想 内村鑑三―内村鑑三先生 小泉三申―小泉三申論 頭山満―頭山満

高山 トモヒロ〔1968〜〕 たかやま・ともひろ
◇ベイブルース―25歳と364日 高山トモヒロ著 幻冬舎 2014.9 264p 16cm 〈幻冬舎よしもと文庫 Y-25-1〉〈ヨシモトブックス 2009年刊の再刊〉 600円 ①978-4-344-42252-0 Ⓝ779.14
内容 第1章 高山少年 第2章 河もっちゃん 第3章 NSC 第4章 ベイブルース 第5章 兆し 第6章 25歳と364日 第7章 光

高山 直子〔1984〜〕 たかやま・なおこ
◇NAOKO balance 高山直子著 双葉社 2016.9 141p 21cm 〈本文は日本語〉 1500円 ①978-4-575-31170-9 Ⓝ289.1
内容 ABOUT MY RULE―私らし"いられる5つのルール 1 FASHION―やっぱり服が好きだから(DENIM PANTS LONG LENGTH OVERALL ONE - PIECE MILITARY T‐SHIRTS GRAY KNIT SHOES) 2 BEAUTY―美には貪欲な私(SKIN CARE BODY CARE MAKE‐UP HAIR ARRANGE NAIL) 3 ABOUT MYSELF―子どもの頃、上京、そして起業(HISTORY Q&A) 4 END‐ALL―とにかく、旅が好き(OKINAWA NEW YORK KOREA)

高山 訓昌〔1919〜2001〕 たかやま・のりまさ
◇民謡地図 別巻 民謡名人列伝 竹内勉著 本阿弥書店 2014.12 285p 20cm 〈布装 年表あり〉 3200円 ①978-4-7768-1157-2 Ⓝ388.91
内容 初代浜田喜一―主役だけを演じた江差追分の名人 浅利みき―津軽じょんがら節をじょっぱりだけで歌う 木田林松栄―一の糸を叩き抜いた津軽三味線弾き 成田雲竹―津軽民謡の神様 菊池淡水―民謡界の偉人 後藤桃水先生の教えを守った尺八奏者 赤間森水―声を意のままに使いこなして歌う 樺沢芳勝―からっ風の上州の風土を体現する声で 大出直三郎―負けん気がすべて越élの唄 明山千代―両津甚句でみせた天下一のキレのよさ 吉田喜正―漁船四杯と取り替えたしげさ節 高山訓昌―音戸の舟唄を歌う写実の職人 赤坂小梅―押さえ押さえ引かけ押せの黒田節

宝田 明〔1934〜〕 たからだ・あきら
◇銀幕に愛をこめて―ぼくはゴジラの同期生 宝田明著、のむみち構成 筑摩書房 2018.5 297,10p 20cm 〈文献あり 作品目録あり 索引あり〉 2000円 ①978-4-480-81543-9 Ⓝ778.21
内容 第1章 満洲時代 第2章 東宝ニューフェイスの仲間たち 第3章 ゴジラは同期生 第4章 活気ある撮影所 第5章 巨匠たちとの出会い 第6章 国際的活躍の始まり 第7章 特撮、アクション、そしてコメディ 第8章 華麗なるミュージカルの舞台へ 第9章 その後の映画界で 第10章 体験的演技論

宝田 弥三郎(3代)〔1810〜1890〕 たからだ・やさぶろう
◇幕末から明治にかけて越中国新川郡のある新田

才許の自叙伝―『高柳村弥三郎こと宝田三世正楽伝』の翻刻と現代語訳　浦田正吉翻刻・現代語訳・解説　富山　楓工房　2018.3　119p　30cm　〈年譜あり〉　1852円　Ⓘ978-4-906655-52-6　Ⓝ289.1

田川 紀久雄　たがわ・きくお
◇長編マンガの先駆者たち―田河水泡から手塚治虫まで　小野耕世著　岩波書店　2017.5　281p　22cm　3400円　Ⓘ978-4-00-023890-8　Ⓝ726.101
内容　日本は長編マンガの王国　珍品のらくろ草をたずねて―田河水泡論　三百六十五日のフシギ旅行―茂田井武論　一九四〇年、火星への旅―大城のぼる論　人造心臓の鼓動がきこえる―横山隆一論　新バグダッドのメカ戦争―松下井知夫論その1　モス・マンがやってくる―松下井知夫論その2　ブッチャーふしぎな国―横井福次郎論その1　冒険王ターザン、原子爆弾の島へ―横井福次郎論その2　ターザン、大震災の日本へ飛ぶ―横井福次郎論その3　スピード太郎の世界地図―宍戸左行論　人類連盟本部にて―藤子不二雄論　ある少年マンガ家の冒険―田川紀久雄論　戦後ストーリー・マンガの出発点―手塚治虫論

田河 水泡〔1899～1989〕　たがわ・すいほう
◇長編マンガの先駆者たち―田河水泡から手塚治虫まで　小野耕世著　岩波書店　2017.5　281p　22cm　3400円　Ⓘ978-4-00-023890-8　Ⓝ726.101
内容　日本は長編マンガの王国　珍品のらくろ草をたずねて―田河水泡論　三百六十五日のフシギ旅行―茂田井武論　一九四〇年、火星への旅―大城のぼる論　人造心臓の鼓動がきこえる―横山隆一論　新バグダッドのメカ戦争―松下井知夫論その1　モス・マンがやってくる―松下井知夫論その2　ブッチャーふしぎな国―横井福次郎論 その1　冒険王ターザン、原子爆弾の島へ―横井福次郎論その2　ターザン、大震災の日本へ飛ぶ―横井福次郎論その3　スピード太郎の世界地図―宍戸左行論　人類連盟本部にて―藤子不二雄論　ある少年マンガ家の冒険―田川紀久雄論　戦後ストーリー・マンガの出発点―手塚治虫論

滝 鶴台〔1709～1773〕　たき・かくだい
◇滝鶴台と妻竹女　河村太市著　〔山口〕　マルニ　2014.11　176p　21cm　〈文献あり　年譜あり〉　Ⓝ121.56

滝鶴台の妻　たき・かくだいのつま
⇒竹女（たけじょ）を見よ

瀧上 伸一郎〔1978～〕　たきうえ・しんいちろう
◇肘神様が生まれた街　瀧上伸一郎著　KADOKAWA　2018.8　254p　19cm　〈他言語標題：The Birthplace of HijiGami-sama〉　1111円　Ⓘ978-4-04-068799-5　Ⓝ779.14
内容　岐阜のこと（肘神様が生まれた街　浅井企画のTAKAHIROと瀧上が教える本当の飛騨高山　ニュー・タキウエ・パラダイス　ほか）　飛騨高山時代の瀧上アルバム　瀧上のこと（田舎の本家の長男の可愛がられ方は異常　超中二病だったあの頃。　家族に言っちゃダメなヤツ!!　ほか）　流れ星のこと（マッハの浅井　ちゅうえい以外でコンビを組むならこいつだと思った男の話　流れ星のネタは僕が作っています。　ほか）　流れ星対談　ちゅうえい×瀧上

瀧川 儀作〔1874～1963〕　たきがわ・ぎさく
◇瀧川儀作伝―「マッチ王」辨三を継いで　横田健一著,濱田泰彰編　姫路　ブックウェイ　2014.12　410p　21cm　〈「日本のマッチ工業と滝川儀作翁」の改題〉　2000円　Ⓘ978-4-907439-85-9　Ⓝ289.1

滝川 具綏　たきがわ・ともやす
⇒滝川充太郎（たきがわ・みつたろう）を見よ

滝川 充太郎〔1850～1877〕　たきがわ・みつたろう
◇「朝敵」と呼ばれようとも―維新に抗した殉国の志士　星亮一編　現代書館　2014.11　222p　20cm　2000円　Ⓘ978-4-7684-5745-0　Ⓝ281.04
内容　神保修理―その足跡を尋ねて　山本帯刀―会津に散る　長岡の若き家老　中島三郎助―幕府海軍を逸早く構想した国際通　春日左衛門―知られざる英傑　佐川官兵衛―会津の猛将から剛毅朴直の大警部へ　関鉄之助奈珎太郎泰尚―水戸の執政、下総に散る　滝川充太郎―猪突猛進を貫いた若き猛将　森弥一左衛門陳明―桑名藩の全責任を負って切腹した　甲賀源吾―東郷平八郎が賞賛した、宮古湾の勇戦　桂早之助―剣隼記　京都見廻組　玉虫左太夫―幕末東北を一つにまとめた悲運の国際人　雲井龍雄―米沢の俊英が夢見たもう一つの「維新」　赤松小三郎―日本近代化の礎を作った洋学者　松岡磐吉―榎本軍最後の軍艦「蟠龍」艦長

瀧川 鯉昇〔1953～〕　たきがわ・りしょう
◇鯉のぼりの御利益―ふたりの師匠に導かれた芸道　瀧川鯉昇著　東京かわら版　2016.7　274p　18cm　（東京かわら版新書 3）　1112円　Ⓝ779.13

瀧口 義弘〔1941～〕　たきぐち・よしひろ
◇ストリップの帝王　八木澤高明著　KADOKAWA　2017.12　314p　20cm　〈文献あり〉　1700円　Ⓘ978-4-04-105164-1　Ⓝ779.17
内容　第1章　芸界―銀行マン、ストリップ業界に入る　第2章　台頭―ダイナマイトを巻いて警察に乗り込む　第3章　全国指名手配から逃げる　第4章　帝王―経営再建の名手となる　第5章　挫折―後継者育成に行き詰まる　第6章　劇場―最後の公演を見届ける

滝沢 克己〔1909～1984〕　たきざわ・かつみ
◇カール・バルト＝滝沢克己往復書簡―1934-1968　S・ヘネッケ,A・フェーネマンス編，寺園喜基訳，カール・バルト,滝沢克己著　新教出版社　2014.12　275p　20cm　〈他言語標題：Karl Barth-Katsumi Takizawa Briefwechsel　索引あり〉　2700円　Ⓘ978-4-400-31075-4　Ⓝ191.9
内容　滝沢からバルトへ―ボン　一九三四年一〇月二四日　滝沢からバルトへ―ボン　一九三四年一二月四日　滝沢からバルトへ―ボン　一九三五年四月三日　滝沢からバルトへ―マールブルク　一九三五年四月三

日　滝沢からバルトヘ—マールブルク　一九三五年五月一九日　滝沢からバルトヘ—ボイロン　一九三五年七月一九日　滝沢からバルトヘ—ボイロン　一九三五年八月一〇日　滝沢からバルトヘ—キルヒドルフ　一九三五年八月一七日　滝沢からバルトヘ—キルヒドルフ　一九三五年八月二五日　複写—キルヒドルフ　一九三五年八月一九日〔ほか〕

◇西田幾多郎と瀧澤克己—交流の真実　前田保著　七月堂　2018.9　489,18p　19cm　〈日本哲学成立下の真実　第1巻〉〈文献あり　索引あり〉　4000円　Ⓣ978-4-87944-323-6　Ⓝ121.63

[内容]第1部 書簡にみる交流（西田・滝沢、交流の真実　西田の滝沢宛て全書簡 ほか）　第2章 テキストにみる交流（二人の思想的交流　何が西田を喜ばせたか…思想的交流の第一期 ほか）　第3部 宗教論にみる交流（秋月の指摘から問題の再構成へ　「場所的論理と宗教的世界観」の成立経緯について ほか）　第4部 交流の真実（逆対応と不可逆　西田と滝沢における仏教とキリスト教 ほか）

滝沢 武久〔1942〜〕　たきざわ・たけひさ
◇こころの病いときょうだいのこころ—精神障害者の兄弟姉妹への手紙　滝沢武久著　京都 松籟社　2017.9　206p　19cm　〈文献あり〉　1500円　Ⓣ978-4-87984-358-6　Ⓝ369.28

[内容]きょうだいとして生きた内面の記録（きょうだいの発病とこころの歩み　ソーシャルワーカーとしての歩み　制度改革への歩み）　みちしるべ—精神障害者のきょうだいのために（病気について　人間関係について　自分のことについて　サポートについて　不安を乗り越えるために）

滝沢 馬琴　たきざわ・ばきん
⇒曲亭馬琴（きょくてい・ばきん）を見よ

滝沢 美恵子〔1922〜〕　たきざわ・みえこ
◇音楽に導かれて—東京音楽学校の思い出 桜咲き黄葉の時まで　滝沢美恵子著　滝沢美恵子　2016.7　89p　27cm　Ⓝ289.1

滝澤 三枝子　たきざわ・みえこ
◇世界に架けた平和の橋—スペインに魅せられて　滝澤三枝子著　グランドライン　2016.5　197p　19cm　(発売：サンクチュアリ出版)　1500円　Ⓣ978-4-86113-224-7　Ⓝ762.1

[内容]第1章 音への目覚め　第2章 地球を巡る　第3章 日本の母親の鏡　第4章 平和への願い　第5章 メッセージ—滝澤三枝子さんを語る　第6章 批評

瀧島 祐介〔1939〜〕　たきしま・ゆうすけ
◇獄中で聴いたイエスタデイ　瀧島祐介著　鉄人社　2015.9　223p　19cm　〈文献あり　年表あり〉　1300円　Ⓣ978-4-86537-040-9　Ⓝ289.1

[内容]カツアゲ、売血…生きるためには何でもするしかなかった　地元のヤクザが急襲！　胸を槍で刺され、瀕死の重体に　密室トリックを使った火災保険金詐欺の手口とは　留置場から出てみたら世の中がビートルズ一色だった！　まさか組が解散しているなんて　私とポールの人生を支えた「妻の存在」　日本刀でメッタ刺しに。寝込みを襲ってきた相手は　私がストリッパーの派遣業で大儲けしていた時、ポールは　私がフィリピン・マニラ

で、商売仲間を射殺した理由〔ほか〕

滝田 樗陰〔1882〜1925〕　たきた・ちょいん
◇木佐木日記　下　名物編集長・滝田樗陰と関東大震災　木佐木勝著　中央公論新社　2016.11　486p　20cm　〈図書新聞 1965年刊の復刊　索引あり〉　2800円　Ⓣ978-4-12-004904-0　Ⓝ210.69

[内容]大正十二年（一九二三）九月十日〜大正十三年（一九二四）　大正十四年（一九二五）　新出史料 日記原本

◇滝田樗陰—『中央公論』名編集者の生涯　杉森久英著　中央公論新社　2017.4　264p　16cm　（中公文庫 す4-3）〈中央公論 1966年刊の増補〉　900円　Ⓣ978-4-12-206398-3　Ⓝ289.1

[内容]序章 樗陰とその時代　第1章 文芸欄を設けるまで　第2章 新人の発掘　第3章 嶋中雄作と波多野秋子　第4章 熱と意気の人　滝田樗陰追憶記　巻末エッセイ 父・滝田樗陰の思い出

滝野 文恵〔1932〜〕　たきの・ふみえ
◇85歳のチアリーダー　滝野文恵著　扶桑社　2017.8　199p　19cm　1200円　Ⓣ978-4-594-07755-6　Ⓝ289.1

[内容]第1章 私の人生を駆け足で（「不良娘」と呼ばれて　アメリカかぶれの女の子 ほか）　第2章 食べたいものを食べ、寝たいときに寝る（85歳、最近ようやく、老いを感じます　一人暮らしほど結構なものはない ほか）　第3章 おばさんのおせっかいは大嫌い（ホストファミリーが教えてくれた「ありがとう」　もっと気楽に「ごめんなさい」 ほか）　第4章 老いと死への覚悟（アメリカで学んだ老年学　死をいつも意識して生きてきた ほか）

瀧野 遊軒〔1695〜1762〕　たきの・ゆうけん
◇神技の系譜—武術稀人列伝　甲野善紀著　日貿出版社　2015.7　383p　20cm　〈文献あり〉　2500円　Ⓣ978-8170-6010-5　Ⓝ789.028

[内容]第1章 松林左馬助 夢想願立（松林左馬助永吉誕生への系譜　異界との交流によって新流儀を開く ほか）　第2章 加藤有慶 起倒流柔術（離れ業の名人 加藤有慶　有慶の師 瀧野遊軒 ほか）　第3章 松野女之助、小山宇八郎 弓術（松野女之助、小山宇八郎兄弟　旗本の武士との矢ためし ほか）　第4章 白井亨 天真兵法（勝海舟が感嘆した剣客・白井亨　白井亨、その生い立ち ほか）　第5章 手裏剣術（混迷している現代の手裏剣像　手裏剣は最も原初的な武術の形態 ほか）

瀧山 和〔1915〜〕　たきやま・かのお
◇心に響いた蒋介石の本音—工夫と閃きの百年 瀧山和自伝　瀧山和著　〔出版地不明〕　瀧山和　2016.3　175p　22cm　Ⓝ289.1

沢庵宗彭〔1573〜1646〕　たくあんそうほう
◇禅とは何か—それは達磨から始まった　水上勉著　中央公論新社　2018.12　396p　16cm　（中公文庫 み10-23）〈新潮社 1988年刊の再刊　文献あり〉　960円　Ⓣ978-4-12-206675-5　Ⓝ188.82

[内容]それは達磨から始まった　臨済禅を築いた祖師たち　反時代者道元希玄の生き方　曹洞大教団の誕

生　一休宗純の風狂破戒　三河武士鈴木正三の場合　沢庵宗彭体制内からの視線　雲渓桃水と白隠禅師の自由自在　日本禅の沈滞を破る明国からの波　大愚良寛「無住の住」の生涯　故郷乞食行の胸の内　心ひとつを定めかねつも　民衆が純禅を支える

田口　喜久雄〔1949～〕　たぐち・きくお
◇大夢─「まごころ」と「思いやり」で歩んだ経営人生　田口喜久雄著　日立　ダイムラ　2015.2　219p　20cm　〈発売：朝日新聞出版〉　1200円　Ⓣ978-4-02-100238-0　Ⓝ289.1
内容　第1章　生い立ち　第2章　東京での学生時代　第3章　会社員として学んだこと　第4章　共栄ゴム工業の創業　第5章　経営者としての自問自答　第6章　あくなき挑戦と創意工夫　第7章　大きな夢に向かって　第8章　私の交友録

田口　功一〔1942～〕　たぐち・こういち
◇気がつけば古希を過ぎ─人生の四季を生きる　田口功一著　金沢　能登印刷出版部（発売）　2018.6　257p　19cm　〈年譜あり〉　1500円　Ⓣ978-4-89010-730-8　Ⓝ289.1
内容　序の章（戦後10年ごとの節目　人生の分岐点　ほか）　春の章（生い立ちから終戦後　両親と相母　ほか）　夏の章（熊田君との夏山登山　在職38年の思い出の仕事から　ほか）　秋の章（私の三縁　球縁・碁縁・仏縁　三人の孫との絆　ほか）　冬の章（死にかけたこと　終活本番　ほか）　人生かるた

田口　竜二〔1967～〕　たぐち・りゅうじ
◇敗者復活─地獄をみたドラフト1位、第二の人生　元永知宏著　河出書房新社　2017.10　223p　19cm　1300円　Ⓣ978-4-309-27889-6　Ⓝ783.7
内容　150キロ右腕が引退を選んだ理由─増渕竜義（2006年、東京ヤクルトスワローズ1位／『King Effect』代表、野球スクール『Go every baseball』塾長）　少しぐらいバカにされてもいいでしょう謙虚で一人来祐作（1996年、読売ジャイアンツ1位／福岡ソフトバンクホークス三軍コーチ）　野球の才能は別の世界で通用しない─檜山泰浩（1985年、近鉄バファローズ1位／司法書士）　「2年目のジンクス」に敗れた新人王候補─真木将樹（1997年、近鉄バファローズ1位／法政大学野球部コーチ）　覚醒しなかった三拍子揃った大型内野手─渡辺正人（1997年、千葉ロッテマリーンズ1位／石川ミリオンスターズ監督）　野球をやめたら「人間」という武器を手にした─田口竜二（1984年、南海ホークス1位／白寿生科学研究所人材開拓課課長）　「巨人のドラ1」のプライドが消えた瞬間─横山忠夫（1971年、読売ジャイアンツ1位／手打ちうどん『立山』店主）

宅間　守〔1963～2004〕　たくま・まもる
◇凶獣　石原慎太郎著　幻冬舎　2017.9　205p　20cm　〈文献あり〉　1500円　Ⓣ978-4-344-03174-6　Ⓝ289.1
内容　第1章　事件　第2章　公判　第3章　奇行　第4章　結婚　第5章　発端　第6章　長谷川臨床心理士取材インタビュー　第7章　心奥　第8章　戸谷弁護士取材インタビュー　第9章　不条理

武　豊〔1969～〕　たけ・ゆたか
◇誰も書かなかった武豊　決断　島田明宏著　徳間書店　2017.10　317p　15cm　（徳間文庫　し40-1）〈「決断」（2014年刊）の改題、書き下ろしを加えて再刊〉　670円　Ⓣ978-4-19-894259-5　Ⓝ788.5
＊20年来の"心友"作家が初めて明かした、天才の苦悩、逆境、確執。どん底からこうして這い上がった。天才が語った「こころの葛藤」全記録。

武井　武雄〔1894～1983〕　たけい・たけお
◇武井武雄─イルフの王様　イルフ童画館編著　河出書房新社　2014.5　159p　21cm　（らんぷの本─mascot）〈文献あり　著作目録あり　年譜あり〉　1800円　Ⓣ978-4-309-75008-8　Ⓝ726.601
内容　第1章　ラムラム王の正体　第2章　時空を超える魔術師　第3章　芸術作品として本を作る　第4章　版画家武井武雄の実像　第5章　余技作品　第6章　資料編

武井　武〔1899～1992〕　たけい・たけし
◇磁石の発明特許物語─六人の先覚者　鈴木雄一著　アグネ技術センター　2015.6　118p　21cm　〈索引あり〉　2000円　Ⓣ978-4-901496-80-3　Ⓝ541.66
内容　第1話　本多光太郎とKS鋼　第2話　三島徳七とMK鋼　第3話　増本量とNKS鋼　第4話　渡辺三郎とFW鋼　第5話　加藤与五郎・武井武とフェライト磁石　第6話　トップの座に返り咲く

竹居　安五郎〔1811～1862〕　たけい・やすごろう
◇アウトロー─近世遊侠列伝　高橋敏編　敬文舎　2016.9　255p　19cm　〈文献あり　年表あり〉　1750円　Ⓣ978-4-906822-73-7　Ⓝ384.38
内容　近世社会秩序と博徒─二足草鞋論　国定忠治─遊侠の北極星　竹居安五郎─新島を脱走した甲州博徒の武闘派吃安　勢力富五郎─江戸を騒がせた『嘉永水滸伝』の主役　佐ھ喜三郎─鳥も通わぬ八丈からの島抜けを記録に留めたインテリ博徒　小金井小次郎─多摩を仕切った、新門辰五郎の兄弟分　小川幸蔵─武州世直し一揆を鎮圧した博徒　石原村幸次郎─関東取締出役の無力を思い知らせた孤高の博徒　西保周太郎─短い一生を全力で駆け抜けた幕末期甲州博徒の草分け　黒駒勝蔵─清水次郎長と対決した謎多き甲州の大俠客　吉良仁吉─義理を通した若き三河博徒　原田常吉──〇余年の遠島に服すも八五年の生涯を全うした真の遊侠

武石　浩玻〔1884～1913〕　たけいし・こうは
◇空飛ぶ冒険者武石浩玻『米国日記』─民間パイロット国内最初の犠牲者　武石浩玻著、佐々木靖章編　水戸　YMT　2015.5　324p　26cm　〈付・『航海日記』共同刊行：川又書店〉　2700円　Ⓣ978-4-9908030-0-1　Ⓝ538

武石　胤盛〔1146～1215〕　たけいし・たねもり
◇千葉常胤とその子どもたち　千葉氏顕彰会編　啓文社書房　2018.12　144p　21cm　（千葉氏入門ブックレット　1）〈発売：啓文社〉　1200円　Ⓣ978-4-89992-051-9　Ⓝ288.3
内容　第1章　「千葉」をおこした父（千葉常胤）　第2章　「千葉」をひろげた息子たち（長男　千葉胤正　次男　相馬師常　三男　武石胤盛　ほか）　第3章　千葉氏こぼれ話（千葉氏の妻と息女たち　常胤のライバルた

ち 軍記・史伝の中の常胤 ほか〕

竹居の吃安 たけいのどもやす
⇒竹居安五郎(たけい・やすごろう)を見よ

竹内 和子〔1927～〕 たけうち・かずこ
◇戦中戦後を生きた九十歳の手記 竹内和子著 大阪 新葉館出版 2016.4 223p 21cm 1200円 Ⓘ978-4-86044-617-8 Ⓝ289.1

竹内 金太郎〔1870～1957〕 たけうち・きんたろう
◇頸城野近代の思想家往還 村山和夫著, 石塚正英編 社会評論社 2017.10 251p 20cm 2500円 Ⓘ978-4-7845-1560-8 Ⓝ214.106
〔内容〕第1部 くびき野を訪れし人士済々(勝海舟―越後の勝家の祖と頸城の地 福沢諭吉―上越に二度も訪れることとなる 東郷平八郎―海将が頸城の地に残したもの ほか) 第2部 くびき野に生まれし人士済々(竹内金太郎―日本の大事件に関わった弁護士 白石元治郎―横浜に白石町の名を残した鋼管王 竹村良貞―事業新聞の先覚者, 帝国通信社長 ほか) 第3部 特記二件(小林古径記念美術館設置を迎えて 会津藩士と越後高田)

竹内 浩三〔1921～1945〕 たけうち・こうぞう
◇骨のうたう―"芸術の子"竹内浩三 小林察著 藤原書店 2015.7 247p 20cm 〈年譜あり〉 2200円 Ⓘ978-4-86578-034-5 Ⓝ911.52
〔内容〕序章 竹内浩三とはどんな詩人か 第1章 若い詩人の肖像―その運命の軌跡 第2章 青春に忍び寄る戦争の影 第3章 芸術の子, 竹内浩三 第4章 兵士竹内浩三の詩魂 第5章 「骨のうたう」―無名兵士の有名な詩 第6章 竹内浩三と死者の視点 第7章 詩人竹内浩三の姿を追いつづけて

竹内 孝〔1950～2016〕 たけうち・たかし
◇団子坂塾竹内孝 竹内美佐編 中央公論事業出版(製作) 2017.1 167p 20cm 1000円 Ⓝ289.1

竹内 常一〔1935～〕 たけうち・つねかず
◇竹内常一に導かれて―戦後教育学と教育実践 宮原廣司著 高文研 2016.6 462p 21cm 〈年表あり 索引あり〉 4200円 Ⓘ978-4-87498-597-7 Ⓝ372.107
〔内容〕プロローグ 竹内常一の生い立ち―研究者として登場するまで 第1章 生活指導をめぐる論争 第2章 生活指導と集団づくりのめざす教育像 第3章 学級集団づくりの発展的展開 第4章 子どもの発達疎外, 非行・校内暴力にきりこむ 第5章 「子どもの自分くずしと自分つくり」不登校問題―思春期における人格の再統合 第6章 集団づくりの新しい展開・世界に開かれた学校 第7章 新たな荒れ―発達異変のなかの子どもたち 第8章 21世紀の生活指導を求めて

竹内 敏晴〔1925～2009〕 たけうち・としはる
◇竹内敏晴 今野哲男著 言視舎 2015.6 318p 20cm 〈言視舎評伝選〉〈文献あり〉 2900円 Ⓘ978-4-86565-024-2 Ⓝ771.6
〔内容〕第1章 竹内敏晴とその時代―あるいはなぜ, いま, 彼を語るのか 第2章 七八年/レッスン, あるいはエチュードの感触 第3章 存在論的な根拠―生い立ちと, その物語性について 第4章 浦和中学と旧制第一高等学校 第5章 マイナスからの出発/戦後の連続性 第6章 ことばが嚏かれたとき 第7章 レッスンの検証としての湊川 第8章 拾遺

竹内 智香〔1983～〕 たけうち・ともか
◇私, 勝ちにいきます―自分で動くから, 人も動く 竹内智香著 小学館 2014.7 213p 19cm 1300円 Ⓘ978-4-09-388374-0 Ⓝ784.39
〔内容〕第1章 高みを目指す(「不細工」な赤ちゃんと木登り娘 実業家, 跡継ぎ, オリンピック選手からどれを選ぶか ほか) 第2章 心について(勝ちたいと願っているうちは勝てない 安定を求めた時, その先はない ほか) 第3章 行動について(「時間5分前行動はやめてくれ」と言うコーチ セカンドキャリアを持つ ほか) 第4章 人間関係について(優等生にならなくていい。毎朝, 鏡を見て笑う 正直に自分の言葉で話せば, 思いは通じる ほか) 第5章 喜びについて(健康の秘訣と「本当の美しさ」について 「ありがとう」に「こちらこそありがとう」 ほか)

竹内 百太郎〔1831～1865〕 たけうち・ひゃくたろう
◇竹内百太郎と伊東甲子太郎―つながるワタシたち かすみがうら市郷土資料館監修 〔かすみがうら〕 かすみがうら市 2015.2 96p 21cm (かすみがうら市の先人シリーズ)〈かすみがうら市市制10周年記念〉 Ⓝ289.1

竹内 明太郎〔1860～1928〕 たけうち・めいたろう
◇ダットサンの忘れえぬ七人―設立と発展に関わった男たち 下風憲治著, 片山豊監修 新訂版 〔出版地不明〕 片山豊記念館 2017.10 247p 20cm 〈他言語標題：SEVEN KEY PEOPLE IN THE HISTORY OF DATSUN 発売：三樹書房〉 2000円 Ⓘ978-4-89522-679-0 Ⓝ537.92
〔内容〕1 橋本増治郎(一八七五・一九四四) 2 田健治郎(一八五五・一九三〇) 3 青山禄郎(一八七四・一九四〇) 4 竹内明太郎(一八六〇・一九二八) 5 鮎川義介(一八八〇・一九六七) 6 ウィリアム・ゴーハム(一八八八・一九四九) 7 片山豊(一九〇九・二〇一五)

竹内 資浩〔1945～2014〕 たけうち・もとひろ
◇政治一直線―己を捨て為に生きる 徳島 教育出版センター 2015.4 309p 20cm Ⓘ978-4-905702-77-1 Ⓝ289.1

竹内 桃子 たけうち・ももこ
⇒ちゃんもも◎を見よ

竹内 好〔1910～1977〕 たけうち・よしみ
◇吉本隆明質疑応答集 2 思想 吉本隆明著 論創社 2017.9 273p 20cm 2200円 Ⓘ978-4-8460-1612-6 Ⓝ914.6
〔内容〕1(現代とマルクス 一九六七年十月十二日―中央大学生会館常任委員会主催による講演後 ナショ

ナリズム―国家論（原題・「国家論No.2―ナショナリズム」）　一九六七年十月二十一日―早大独立左翼集団主催による講演後　人間にとって思想は何か―『言語にとって美とはなにか』および『共同幻想論』にふれて　一九六六年十一月二十一日―国学院大学文芸部・国学院大学文化団体連合会共催による講演後　幻想としての日本　一九六七年十一月二十六日―関西大学学生図書委員会主催による講演後　国家・共同体の原理的位相　一九七一年十二月十九日―名古屋ウニタ書店主催による講演後　ほか）　2（竹内好の生涯（原題・竹内好について）（竹内好の会）　一九七七年十月一日―山口県有志（山口県内吉本さんを呼ぶ会）主催による講演後　"アジア的"ということ　一九七九年七月七日―北九州市小倉・金榮堂主催による講演後　アジア的ということ5（原題・"アジア的ということ"―そして日本）　一九八一年七月四日―北九州市小倉・金榮堂主催による講演後　ポーランド問題とは何か―「連帯」の社会主義構想（原題・ポーランドへの寄与）　一九八二年十一月五日―岩手大学新聞社主催による講演後　共同幻想の時間と空間―柳田国男の周辺　一九八六年六月八日―「吉本隆明を読む会」主催による講演後）

◇竹内好とその時代―歴史学からの対話　黒川みどり，山田智編　有志舎　2018.3　7,316p　22cm　〈文献あり〉　5000円　Ⓘ978-4-908672-19-4　Ⓝ220

内容　総論　竹内好と"歴史学"との対話　第1部　生涯と思想―評伝編（"魯迅"にいたる道―復員まで　"ドレイ"からの脱却を求めて―戦後社会のなかで）　第2部　思想と近現代史―各論編（"共通の広場"の模索―竹内好と第三次『思想の科学』明治維新新論の展開　"朝鮮"というトポスからみた「方法としてのアジア」）

竹越　与三郎〔1865～1950〕　たけこし・よさぶろう

◇竹越与三郎―世界的見地より経綸を案出す　西田毅著　京都　ミネルヴァ書房　2015.9　441,9p　20cm　（ミネルヴァ日本評伝選）〈文献あり　年譜あり　索引あり〉　4000円　Ⓘ978-4-623-07424-2　Ⓝ289.1

内容　序章　「文人政治家」晩年の心境　第1章　修学と思想形成―キリスト教・明治啓蒙思想・自由民権論　第2章　民友社時代―青年運動家から政論家へ　第3章　三叉史論の特徴　第4章　開拓社創設と『世界之日本』刊行　第5章　批評家から実践家へ　第6章　大正政変と三叉　第7章　衆院選落選と『日本経済史編纂会』の発足　第8章　貴族院・枢密顧問官の時代　終章　ファシズムに抗して

竹澤　恭子〔1966～〕　たけざわ・きょうこ

◇偉大なるヴァイオリニストたち　2　チョン・キョンファから五嶋みどり、ヒラリー・ハーンまで　ジャン＝ミシェル・モルク著，神奈川夏子訳　ヤマハミュージックメディア　2017.4　356,8p　21cm　〈文献あり〉　3400円　Ⓘ978-4-636-92333-9　Ⓝ762.8

内容　ボリス・ベルキン　チョン・キョンファ　ピンカス・ズーカーマン　オーギュスタン・デュメイ　ピエール・アモイヤル　ドミトリ・シトコヴェツキー　ナイジェル・ケネディ　シュロモ・ミンツ　ヴィクトリア・ムローヴァ　チョーリャン・リン〔ほか〕

竹澤　恒男〔1952～〕　たけざわ・つねお

◇求刑死刑―タイ・重罪犯専用刑務所から生還した男　竹澤恒男著　彩図社　2017.8　223p　19cm　1200円　Ⓘ978-4-8013-0246-4　Ⓝ289.1

竹沢　龍千代〔1913～1999〕　たけざわ・りゅうちよ

◇顔で笑って、心で泣いて。―忘れられない母のことば　梅沢劇団創立80周年記念出版　梅沢富美男著　ブックマン社　2018.1　212p　図版16p　19cm　〈文献あり〉　1500円　Ⓘ978-4-89308-892-5　Ⓝ775.5

内容　第1章　ダイヤモンドの指輪　第2章　女の園　第3章　父との再会　第4章　師匠の死と、龍千代の結婚　第5章　郷に入れば、郷に従え　第6章　龍千代、母になる　第7章　戦争と旅一座　第8章　七人目の子ども　最終章　おまえを生んでよかった

武志　伊八郎信由〔1751～1824〕　たけし・いはちろうのぶよし

◇名工波の伊八、そして北斎―伊八五代の生涯　片岡栄著　文芸社　2015.5　339p　19cm　〈文献あり　年譜あり　作品目録あり〉　1300円　Ⓘ978-4-286-15931-7　Ⓝ712.1

＊躍動感と立体感の溢れる卓越した波の彫手であった彫物大工「波の伊八」。その作品と葛飾北斎の「神奈川沖浪裏」の類似性に注目し、両者の接点を探究しながら、伊八とその名を継いだ五代目までの業績を紹介する。

武下　和平〔1933～〕　たけした・かずひら

◇唄者武下和平のシマ唄語り　武下和平著，清眞人聞き手　大阪　海風社　2014.7　204p　21cm　（南島叢書　96）　2000円　Ⓘ978-4-87616-029-7　Ⓝ388.9199

内容　第1部　誌上シマ唄入門教室（シマ唄基礎知識　シマ唄誌上教室）　第2部　祝い唄・教訓唄・シマ誉め唄（祝い唄　教訓唄　シマ誉め唄　奄美シマ唄を日本全国に知らしめる彗星　それが夫にとっての武下さんの唄だった）　第3部　唄者への道―武下和平回想録（二人の唄者との出会い　「武下流」の創立は山田さんが勧めてくれたことだった　奄美を出た人々の望郷の想いこそがシマ唄を育てる　言葉の力を信じ遊ぶ、それが奄美の文化）

竹下　しづの女〔1887～1951〕　たけした・しづのじょ

◇詩から死へ―安楽死・尊厳死をどう受け止めますか　秋山素子著　幻冬舎メディアコンサルティング　2016.7　228p　20cm　〈文献あり　年譜あり〉　発売：幻冬舎　1400円　Ⓘ978-4-344-99372-3　Ⓝ911.362

内容　序章　安楽死・尊厳死を考える　第1章　龍骨「成層圏」にみる若き才能の軌跡　第2章　しづの女子を詠む

◇竹下しづの女―理性と母性の俳人1887-1951　坂本宮尾著　藤原書店　2018.7　392p　20cm　〈文献あり　年譜あり　索引あり〉　3600円　Ⓘ978-4-86578-173-1　Ⓝ911.362

たけした

竹下 登〔1924〜2000〕 たけした・のぼる
◇日本を揺るがせた怪物たち　田原総一朗著　KADOKAWA　2016.3　293p　19cm　1500円　①978-4-04-601559-4　Ⓝ281.04
　内容　第1部 政界の怪物たち（田中角栄―田原総一朗が最初に対峙した政界の怪物　中曽根康弘―「偉大なる大衆はみんな風見鶏」　竹下登―調整能力にすぐれた「政界のおしん」　小泉純一郎―ワンフレーズに信念を込める言葉の天才　岸信介―左右「両岸」で力をふるった「昭和の妖怪」）　第2部 財界の怪物たち（松下幸之助―国家の経営に至った男　本田宗一郎―ボルト一本に情熱をかける技術の雄　盛田昭夫―失敗を恐れない超楽観主義者　稲盛和夫―「狂」と「心」が共存する経営）　第3部 文化人の怪物たち（大島渚―全身で国家の欺瞞と戦う男　野坂昭如―酒を飲むと「爆弾になる」徹底的なアナーキスト　石原慎太郎―作家として政治を行う男）
◇宮澤喜一と竹下登―戦後保守の栄光と挫折　御厨貴著　筑摩書房　2016.7　280p　15cm　（ちくま文庫 み32-2）〈『知と情』（朝日新聞出版 2011年刊）の改題〉　900円　①978-4-480-43376-3　Ⓝ289.1
　内容　序章 派閥解体　第1章 原点（エリートだけど孤独　オプティミズムとシニシズム　昭和十四年に直感したアメリカの力 ほか）　第2章 昇華（自民党を派閥史的に見る　垂直統合と水平統合　池田勇人と佐藤栄作 ほか）　第3章 異種融合（田中角栄の語り「量」が「質」を凌駕する　言葉による政治 ほか）
◇田中角栄とその時代―駕籠に乗る人担ぐ人　早坂茂三著　PHP研究所　2016.9　286p　15cm　（PHP文庫 は65-2）〈『駕籠に乗る人担ぐ人』（集英社文庫 1994年刊）の改題〉　620円　①978-4-569-76630-0　Ⓝ315.1
　内容　第1章 権力の司祭への道―非凡なる平凡・竹下登が、なぜ権力を握ったか　第2章 トメばあさんの一票―大衆が信用するのは何か―竹下登に見る人の心の掴み方　第3章 現金配達人―どう使えば、カネは活きるか　第4章 二代目、三代目―帝王学を身につけるための条件　第5章 その姿を私は忘れない―影の政治家秘書の生きざま　第6章 三人の総理大臣―政治家は仕事の結果で評価するしかない　第7章 双頭の鷲―権力への執念を実らせるものは何か　第8章 先頭ランナー―権力への階段をどう登るか、そこに何が待っているか

竹下 龍骨〔1914〜1945〕 たけした・りゅうこつ
◇詩から死へ―安楽死・尊厳死をどう受け止めますか　秋山素子著　幻冬舎メディアコンサルティング　2016.7　228p　20cm　〈文献あり　年譜あり　発売:幻冬舎〉　1400円　①978-4-344-99372-3　Ⓝ911.362
　内容　序章 安楽死・尊厳死を考える　第1章 龍骨「成層圏」にみる若き才能の軌跡　第2章 しづの女 子を詠む

武島 政勝〔1931〜〕 たけしま・まさかつ
◇佐川清と闘った男　武島政勝著　幻冬舎メディアコンサルティング　2018.7　220p　20cm　〈文献あり　発売:幻冬舎〉　1500円　①978-4-344-91855-9　Ⓝ289.1
　内容　序章 佐川清との闘い　第1章 不可思議との出会い　第2章 私の生い立ち　第3章 北海道進出　第4章 死闘　終章 闘いの後

竹女〔1721〜1797〕 たけじょ
◇滝鶴台と妻竹女　河村太市著　〔山口〕　マルニ　2014.11　176p　21cm　〈文献あり　年譜あり〉　Ⓝ121.56

竹添 進一郎〔1842〜1917〕 たけぞえ・しんいちろう
◇評伝 天草五十人衆　天草学研究会編　福岡　弦書房　2016.8　317p　22cm　〈文献あり　年表あり　索引あり〉　2400円　①978-4-86329-138-6　Ⓝ281.94
　内容　ステージ1 五人衆の時代、そして…　ステージ2 天領天草の村々　ステージ3 祈りの島で　ステージ4 耕す、漁る　ステージ5 実業の世をひらく　ステージ6 潮路はるかに　ステージ7 文学・歴史・言論　ステージ8 あの頃、この人　ステージ9 島の現実、国の行く末　ステージ10 一筋の道　ステージ特別編 群像二題（天草の石文化と牡蛎五郎左衛門　牛深カツオ漁の男たち）

武田 有義〔?〜1200〕 たけだ・ありよし
◇武田有義と甲斐源氏　田中尚純著　文芸社　2015.7　279p　19cm　〈『武田有義とかんかん地蔵』（2004年刊）の改題、大幅の加筆・修正　文献あり　年表あり〉　1500円　①978-4-286-16258-4　Ⓝ289.1

武田 勝頼〔1546〜1582〕 たけだ・かつより
◇武田氏滅亡　平山優著　KADOKAWA　2017.2　751p　19cm　（角川選書 580）〈文献あり〉　2800円　①978-4-04-703588-1　Ⓝ289.1
　内容　諏訪勝頼から武田勝頼へ　長篠合戦への道　織田・徳川の攻勢と武田勝頼　甲相越三国和睦構想と甲相同盟　御館の乱と武田勝頼　甲相同盟の決裂と武田勝頼　苦悩する武田勝頼　武田勝頼と北条氏政の死闘　斜陽　武田氏滅亡　勝者のふるまい　残響
◇武田勝頼―試される戦国大名の「器量」　丸島和洋著　平凡社　2017.9　383p　19cm　〈中世から近世へ〉〈文献あり　年表あり〉　1900円　①978-4-582-47732-0　Ⓝ289.1
　内容　はじめに―勝頼は信長となにが違ったのか　第1章 勝頼の出生と高遠諏方氏相続　第2章 思いがけない武田復姓　第3章 武田氏の家督相続と不安定な基盤　第4章 長篠合戦　第5章 内政と外交の再編　第6章 甲相同盟崩壊と領国の再拡大　第7章 武田氏の滅亡―戦国大名の本質

竹田 圭吾〔1964〜2016〕 たけだ・けいご
◇一〇〇万回言っても、言い足りないけど―ジャーナリスト竹田圭吾を見送って　竹田裕子著　新潮社　2016.12　172p　19cm　1200円　①978-4-10-350591-4　Ⓝ916
　内容　第1章 「がん」という言葉は使わない　第2章 竹田君、あなたが心配です　第3章 ジャーナリストへの道　第4章 「NO」と言わないお父さん　第5章 まだ打つ手はある　第6章 がんは「闘う」ものではない　第7章 ニューオリンズへ　最終章 一通の手紙

武田 五一 〔1872～1938〕 たけだ・ごいち

◇評伝 武田五一――茶室からアール・ヌーヴォー、スパニッシュ様式へ 研究図録 谷藤史彦執筆, ふくやま美術館編 福山 ふくやま美術館 2016.3 143p 26cm 〈年譜あり〉 非売品 Ⓝ523.1

◇武田五一の建築標本―近代を語る材料とデザイン LIXIL出版 2017.3 74p 21×21cm (LIXIL BOOKLET)〈他言語標題：GOICHI TAKEDA'S ARCHITECTURAL SPECIMENS 文献あり 年譜あり〉 1800円 Ⓘ978-4-86480-517-9 Ⓝ524.2

内容 武田五一の横顔 京都に残した建築デザイン標本（新たなる材料 時代の流行 近代的生活 古典再考 二十世紀初頭のデザイン表現） 武田五一が伝えたもの（石田潤一郎）

竹田 五郎 〔1921～〕 たけだ・ごろう

◇撃墜王は生きている！ 井上和彦著 小学館 2015.6 253p 20cm 1400円 Ⓘ978-4-09-389756-3 Ⓝ916

内容 序章 日本にも戦争英雄がいた 第1章 B29に二度体当たりして生還した「イケメンスター」板垣政雄軍曹 第2章 一撃離脱で敵機を撃ち墜とした「空の狩人」生野文介大尉 第3章 戦後の自衛隊のトップに立った「帝都防空の達人」竹田五郎大尉 第4章 二人のスーパーエースの列機を務めた「紫電改の職人」笠井智一上等飛行兵曹 第5章 武士道で戦い抜いた「空戦の人間国宝」本田稔少尉 終章 航空自衛隊を作ったのは日本軍のパイロットだった

◇撃墜王は生きている！ 井上和彦著 小学館 2017.7 253p 15cm (小学館文庫 い15-1)〈2015年の改稿 文献あり〉 570円 Ⓘ978-4-09-406429-2 Ⓝ916

内容 序章 日本にも戦争英雄がいた 第1章 B29に二度体当たりして生還した「イケメンスター」―板垣政雄軍曹 第2章 一撃離脱で敵機を撃ち墜とした「空の狩人」―生野文介大尉 第3章 戦後の自衛隊のトップに立った「帝都防空の達人」―竹田五郎大尉 第4章 二人のスーパーエースの列機を務めた「紫電改の職人」―笠井智一上等飛行兵曹 第5章 武士道で戦い抜いた「空戦の人間国宝」―本田稔少尉 終章 航空自衛隊を作ったのは日本軍のパイロットだった

武田 信玄 〔1521～1573〕 たけだ・しんげん

◇人物史の手法―歴史の見え方が変わる 五味文彦著 左右社 2014.11 229p 19cm 〈文献あり〉 1700円 Ⓘ978-4-86528-105-7 Ⓝ281.04

内容 第1章 聖徳太子―文明化の象徴 第2章 景戒―『日本霊異記』を追体験する 第3章 清少納言―なぜ『枕草子』は生まれたのか 第4章 藤原顕ートー家の形成に心血を注いで 第5章 北条政子―生い立ちから人間像に迫る 第6章 兼好法師―新たな人物像を問う 第7章 世阿弥―父と子 第8章 武田信玄―丑年の決断

◇武田信玄謎解き散歩 萩原三雄編著 KADOKAWA 2015.3 255p 15cm (新人物文庫 は-7-2)〈文献あり〉 850円 Ⓘ978-4-04-600426-0 Ⓝ289.1

内容 第1章 武田信玄編（武田信玄の誕生の地はどこ？ 信玄の画像はどれが実像？ ほか） 第2章 武田一族編（「武田」という姓はどこで起こったのか？ なぜ甲府の地が武田氏の本拠に選ばれたのか？ ほか） 第3章 武田二十四将・家臣編（武田二十四将は本当に実在したのか？ 武田家臣の偏諱にはなぜ「信」「昌」「虎」が多い？ ほか） 第4章 ゆかりの神社・仏閣、史跡、祭り編（信玄堤はそのあたりに造られた堤防の総称だった!? 軍用道路の「棒道」は本当にあったのか？ ほか） 第5章 上杉、今川、北条から見た武田家（信玄は謙信をどう評価していたのか？ 川中島の戦いはなぜ終わったのか？ ほか）

◇孫子の盲点―信玄はなぜ敗れたか？ 海上知明著 ベストセラーズ 2015.11 285p 15cm (ワニ文庫 P-280)〈「信玄の戦争」(2006年刊)の改題、加筆修正〉 694円 Ⓘ978-4-584-39380-2 Ⓝ289.1

内容 序章 武田信玄の新しい見方 第1章 『孫子』の効用―甲斐統一から信濃制圧（甲斐の地勢と地政 権力の確立と甲斐の強化 ほか） 第2章 『孫子』対『呉子』―川中島の戦い（川中島の地政と上杉謙信の登場 天文二十二年の合戦から弘治三年の合戦まで ほか） 第3章 『孫子』対『孫子』―東海進出と関東との抗争（新たな膨張先・上野 勢力均衡の崩壊と東海進出―出遅れた『孫子』 ほか） 第4章 『孫子』の限界―『君主論』との比較（上洛の意味 上洛作戦 ほか）

◇智謀の一族 真田三代 三池純正著 改訂新版 洋泉社 2015.11 286p 18cm (歴史新書y 056)〈初版のタイトル：真説・智謀の一族真田三代 文献あり〉 950円 Ⓘ978-4-8003-0778-1 Ⓝ288.3

内容 第1部 真田家三つの謎―本拠地・金箔瓦・出自（修験者・山伏の「本拠地」であった真田郷の歴史 信州上田城と上州沼田城を結ぶ「金箔瓦」の謎 真田家の「出自」は名門・滋野姓海野氏につながるのか？） 第2部 真田幸隆―一族の没落を救った「智将」の生涯（真田郷からの敗走と名門・海野氏継承の謎 一族の再興を武田信玄に賭ける 上州の軍事進出と「真田一族の夢」） 第3部 真田昌幸―信玄に育てられ、織田、徳川、北条氏と渡り合った武将（三男・昌幸の家督相続と上州攻防戦 「武田氏滅亡」と次々と主君を替える昌幸の思惑 本拠地・上田城築城と「秀吉・家康の駆け引き」「徳川・北条同盟」に楔を打ち込んだ秀吉・昌幸の連携 「金箔瓦」の上田城と家康包囲網に参加した昌幸） 第4部 真田信之・信繁―「陰の功労者」信之と「叛骨精神」のシンボル信繁（関ヶ原の合戦で一族の命運を分けた信之・信繁兄弟 大坂の陣に散った「叛骨精神」の華・信繁 「陰の大功労者」信之と秘められた叛骨精神）

◇武田信玄大全 二木謙一著 ロングセラーズ 2016.8 268p 18cm 〈文献あり 年譜あり〉 1000円 Ⓘ978-4-8454-0984-6 Ⓝ289.1

内容 1章 風林火山・甲斐の信玄が動き出す！―甲州軍団進軍、信濃・関東・駿河盗りの展開 2章 戦国ロマン「川中島合戦」のすべて―龍虎十二年戦争の表と裏 3章 武田軍団が恐れられた強さの秘密―"戦国最強"のメカニズムを探る 4章 大将・信玄の人を動かす究極一手―"鉄の結束"に学ぶ統率力 5章 天下盗りへの見果てぬ夢―絶好調の真ただ中での死とその後の武田氏 6章 兜をはずした素顔の武田信玄―知られざるもうひとつの名将の姿 7章 名

統治家・信玄の富国策―現在も、なお評価高き信玄の領国経営

◇蒲生氏郷/武田信玄/今川義元　幸田露伴著　講談社　2016.9　221p　16cm　〈講談社文芸文庫　こH4〉「蒲生氏郷」(角川文庫　1955年刊)の改題　年譜あり〉　1300円　Ⓘ978-4-06-290323-3　Ⓝ913.6
　内容　蒲生氏郷　武田信玄　今川義元

◇信玄・謙信の領国経営―歴史に学ぶ地方政権　村田吉優監修, 地域再生推進機構調査研究班編著　創生社　2017.11　239p　21cm　〈歴史に学ぶシリーズ〉〈年譜あり〉　1500円　Ⓘ978-4-9908103-4-4　Ⓝ289.1

◇戦国大名―歴史文化遺産　五味文彦監修　山川出版社　2018.6　238p　21cm　1800円　Ⓘ978-4-634-15134-5　Ⓝ210.47
　内容　1　戦国乱世の幕開け(北条早雲　北条氏康　上杉謙信ほか)　2　群雄たちの覇権(織田信長　長宗我部元親　毛利元就)　3　争乱から天下人へ(豊臣秀吉　島津義久　伊達政宗　ほか)

◇日本史　誤解だらけの英雄像　内藤博文著　河出書房新社　2018.8　221p　15cm　〈KAWADE夢文庫　K1097〉〈文献あり〉　680円　Ⓘ978-4-309-49997-0　Ⓝ281
　内容　1章　織田信長―「戦国の革命児」という誤解　2章　坂本龍馬―「天衣無縫の風雲児」という誤解　3章　秀吉・家康―「無双の覇者」という誤解　4章　信玄・謙信―「常勝武将伝説」の誤解　5章　西郷隆盛・高杉晋作・勝海舟―「維新の立役者」という誤解　6章　聖徳太子・天智天皇・義経―「古代・中世の英傑」の誤解　7章　徳川吉宗・山本五十六―「近現代の巨星」の誤解

◇武田信玄像の謎　藤本正行著　オンデマンド版　吉川弘文館　2018.10　215p　19cm　〈歴史文化ライブラリー　206〉〈文献あり　原本：2006年刊〉　2300円　Ⓘ978-4-642-75606-8　Ⓝ289.1

武田　惣角〔1860～1943〕　たけだ・そうかく
◇大東流合気武道百十八ヵ条―武田惣角伝　石橋義久著　BABジャパン　2015.2　381p　26cm　2800円　Ⓘ978-4-86220-890-3　Ⓝ789.25
　内容　第1編　大東流合気武道の研究(大東流合気武道の本質を探る　武田惣角師の生涯　武田時宗師伝　一刀流と合気柔術　合気の研究)　第2編　大東流合気武道の基本技法(基本動作と共通動作　基本訓練と鍛錬法)　第3編　大東流合気武道百十八ヵ条(技法解説　大東流基本形の百十八本、まとめ　大東流合気之小太刀の型)　大東流合気武道の用語手控え

武田　泰淳〔1912～1976〕　たけだ・たいじゅん
◇鏡花、水上、万太郎　福田和也著　キノブックス　2017.2　287p　20cm　2000円　Ⓘ978-4-908059-63-6　Ⓝ910.26
　内容　鏡花、水上、万太郎　"戯作者"―獅子文六の戦争私小説の路、主義者の道、みち、―佐多稲子　空っぽのトランクLa Valise vide―武田泰淳、檀一雄　ウィスキー・プリースト&スマート・アニマルズ―武田泰淳、グレアム・グリーン　The day is done―小島信夫　銀座レクイエム―樋口修吉

武田　正〔1930～2013〕　たけだ・ただし
◇私の昔話学への道　武田正著, 石井正己, 佐藤晃編　〔小金井〕　東京学芸大学　2014.12　96p　21cm　〈文献あり　著作目録あり　(1979年刊)の改題〉　Ⓝ388.1

武田　晴信　たけだ・はるのぶ
⇒武田信玄(たけだ・しんげん)を見よ

竹田　文策〔1864～1931〕　たけだ・ぶんさく
◇河本稔家文書―播磨国赤穂郡井上村　竹田文石・竹田文策関係史料を中心として　竹本敬市編著　姫路　姫路大学　2016.7　89p　30cm　〈年譜あり　年表あり〉　Ⓝ289.1

竹田　文石〔1828～1895〕　たけだ・ぶんせき
◇河本稔家文書―播磨国赤穂郡井上村　竹田文石・竹田文策関係史料を中心として　竹本敬市編著　姫路　姫路大学　2016.7　89p　30cm　〈年譜あり　年表あり〉　Ⓝ289.1

武田　朴陽〔1875～1935〕　たけだ・ぼくよう
◇本原流武田朴陽の生涯―宇宙の摂理に幽玄の世界を目指した花道家　せとかつえ著　仙台　けやきの街　2018.1　194p　19cm　1389円　Ⓘ978-4-906218-56-1　Ⓝ793.2

武田　専〔1923～2013〕　たけだ・まこと
◇らくだ君の「直言流」―武田専の痛快人生　吉村克己著　出版芸術社　2014.9　319p　20cm　〈文献あり　年譜あり〉　1800円　Ⓘ978-4-88293-472-1　Ⓝ289.1
　内容　第1章　「らくだ君」は規格外　第2章　らくだ君の学徒出陣　第3章　精神分析に生きる　第4章　泣き虫「オビーさん」　第5章　理想と現実

武田　雅俊〔1949～〕　たけだ・まさとし
◇精神医学徒然草―教室の窓辺から　武田雅俊著　新興医学出版社　2015.4　455p　21cm　4500円　Ⓘ978-4-88002-857-6　Ⓝ493.7
　内容　第1章　生い立ち・精神医学との出会い・和風会　第2章　育てていただいた先生方　第3章　贈る言葉　第4章　精神医学の研究とは　第5章　精神医学の論考　第6章　精神医学エッセイ　第7章　日本精神神経学会のこと

武田　志房〔1942～〕　たけだ・ゆきふさ
◇同じ時代を生きて　武田志房, 窪島誠一郎著　三月書房　2017.12　158p　19cm　2000円　Ⓘ978-4-7826-0229-4　Ⓝ773.28
　内容　僕らの時代(戦後の暮らし　高度経済成長　父のこと・母のこと　戸籍主義　前山寺薪能)　酌めども尽きず秋の盃(決断力　想像力と喚起力　定められた道　日本の文化行政　海外公演　ほか)

竹田　美文〔1935～〕　たけだ・よしふみ
◇下痢の細菌を追っかけて五〇年―それは腸炎ビブリオから始まった　竹田美文著　クバプロ　2017.8　232p　22cm　〈年譜あり〉　2800円　Ⓘ978-4-87805-153-1　Ⓝ289.1

武市 瑞山　たけち・ずいざん
⇒武市半平太(たけち・はんぺいた)を見よ

武市 半平太〔1829～1865〕たけち・はんぺいた
◇武市瑞山關係文書　1　オンデマンド版　東京大学出版会　2015.1　762p　22cm　(日本史籍協会叢書 137)〈印刷・製本:デジタルパブリッシングサービス　覆刻再刊 2003年刊〉　17000円　Ⓘ978-4-13-009437-5　Ⓝ210.58
　＊土佐勤王党の領袖武市瑞山に関する史料を岩崎英重氏が蒐集編次したもので、瑞山往復の書簡および同志より瑞山に宛てた書簡がその大半を占め、付するに諸種の関係文書をもってする。1は系図および安政三年七月より元治元年十二月晦日にいたる関係史料。

◇武市瑞山關係文書　2　オンデマンド版　東京大学出版会　2015.1　706p　22cm　(日本史籍協会叢書 138)〈印刷・製本:デジタルパブリッシングサービス　覆刻再刊 2003年刊　年譜あり〉　16000円　Ⓘ978-4-13-009438-2　Ⓝ210.58
　＊土佐勤王党の領袖武市瑞山に関する史料を岩崎英重氏が蒐集編次したもので、瑞山往復の書簡および同志より瑞山に宛てた書簡の大半を占め、付するに諸種の関係文書をもってする。2は慶応元年正月二日より同年五月十一日までの関係史料を収録し、瑞山の詩歌および関係者の日記・手記などを付録とする。

◇武市半平太　松岡司著　戎光祥出版　2017.4　103p　21cm　(シリーズ〈実像に迫る〉008)〈文献あり　年表あり〉　1500円　Ⓘ978-4-86403-238-4　Ⓝ289.1
　内容　第1部　尊王攘夷と土佐勤王党(剣術に明け暮れた土佐での生活　土佐勤王党を結成する)　第2部　天誅からの投獄生活(天誅、そして攘夷へ　山内容堂との対立　獄中での生活と闘争)

武智 文雄〔1926～2013〕たけち・ふみお
◇生きて還る―完全試合投手となった特攻帰兵武智文雄　小林信也著　集英社インターナショナル　2017.10　221p　20cm　(発売:集英社)　1600円　Ⓘ978-4-7976-7344-9　Ⓝ783.7
　内容　序章　零戦で還って来た男　第1章　野球との出会いと決別　第2章　桜花特攻隊　第3章　愚連隊　第4章　自由を許す　第5章　完全試合　第6章　幻の完全試合　第7章　近鉄消滅の危機　終章　文雄の還る家

竹鶴 威〔1924～2014〕たけつる・たけし
◇父・マッサンの遺言　竹鶴威著、竹鶴孝太郎監修　KADOKAWA　2014.12　205p 図版16p　19cm　〈文献あり〉　1150円　Ⓘ978-4-04-731697-3　Ⓝ289.1
　内容　プロローグ　竹鶴政孝物語―琥珀色の約束　第1章(終戦と電報　北海道へ　余市の冬　ほか)　第2章(特別なウイスキー　勝率が良い理由　次の一手　ほか)　第3章(新川との出会い　花嫁衣裳　『竹鶴』ほか)

竹鶴 政孝〔1894～1979〕たけつる・まさたか
◇ウイスキーと私　竹鶴政孝著　NHK出版　2014.8　191p　20cm　〈ニッカウヰスキー株式会社 1972年刊(非売品)の改訂復刻、新たに巻末寄稿を加えたもの〉　1500円　Ⓘ978-4-14-081655-4　Ⓝ588.57
　内容　宿命的なウイスキー人生(多くの人々の助力で)生家はつくり酒屋(物心ついたときから酒の世界)小学校で鼻を大ケガ(池田元首相をしごいた中学の寮)　二人の兄がきらった醸造科に入学(洋酒に興味持ち"押しかけ就職")　はじめての洋酒づくり(鳥井さんとも知り合う)　ウイスキーの勉強に英国へ(反対の両親を社長が口説く)　米国で、ぶどう酒と英語の勉強(仏・伊と違う大量生産方式)　軍用船で大洋を渡る(グラスゴー大学に入学)　ウイリアム教授の尽力で(スコッチ・ウイスキー工場で実習)　原酒づくりに体当たり(素朴で親切な人たち)　不安と責任感が重なり(オーロラの輝く北の夜空に泣く)　異郷で芽ばえた愛(Xマスの占いが"将来"を予見)　湖畔で誓い合った"将来"(二人の愛を知らず義父は急逝)〔ほか〕

◇マッサンとリタ―ジャパニーズ・ウイスキーの誕生　オリーヴ・チェックランド著、和気洋子訳　NHK出版　2014.8　237p　20cm　〈「リタとウイスキー」(日本経済評論社 1998年刊)の改題、増補・改訂　文献あり　年譜あり〉　2000円　Ⓘ978-4-14-081656-1　Ⓝ289.1
　内容　ウイスキー修業時代(日本から来た青年　日本酒とイミテーション・ウイスキー　ほか)　寿屋勤務時代(本格ウイスキーへの夢―山崎　遙かなる異郷のリタ　ほか)　起業家時代(企業創立へ―余市ウイスキー蒸溜所　夕日のリタ　ほか)　挑戦、そして成功(マッサンとリタの四〇年　竹鶴政孝、「命の水」ウスケボー)

◇竹鶴政孝とウイスキー　土屋守著　東京書籍　2014.9　243p　20cm　〈他言語標題:Taketsuru's Life and Whisky　文献あり　年表あり〉　1400円　Ⓘ978-4-487-80907-3　Ⓝ588.57
　内容　1　ウイスキーという物語(スコットランド・余市・六本木　酒造家という運命　国産ウイスキーの夜明け　ほか)　2『竹鶴ノート』を読み解く(序　原料　麦芽製造　ほか)　3　約束の地へ―竹鶴威氏に聞く(竹と鶴　爆撃の街で　余市へ　ほか)

◇竹鶴とリタの夢―余市とニッカウヰスキー創業物語　千石涼太郎著　双葉社　2014.9　223p　19cm　〈文献あり〉　1300円　Ⓘ978-4-575-30744-3　Ⓝ289.1
　内容　第1章　ウイスキーの父、広島の造り酒屋に生まれる　第2章　本場スコットランドでリタと出会う　第3章　鳥井信治郎と日本初のウイスキーづくり　第4章　新たなる旅立ち、新天地余市へ　第5章　ニッカの再出発、そして別れのとき　付章　リタが愛した町・余市　特別ガイド　余市蒸溜所の歩き方

◇ウイスキーとダンディズム―祖父・竹鶴政孝の美意識と暮らし方　竹鶴孝太郎著　KADOKAWA　2014.10　234p　18cm　(角川oneテーマ21 D-43)〈文献あり　年譜あり〉　800円　Ⓘ978-4-04-102372-3　Ⓝ289.1
　内容　第1章　食事と酒を楽しみ、人生を豊かに過ごす(竹鶴家のルールとマナー　テーブルマナーは子どものころから厳しく躾けた　ほか)　第2章　よく遊び、よく仕事をする(余市川での鮎釣り　接待は鮎釣りと鮎料理　ほか)　第3章　信念を貫いて生きる(転んでもただでは起きない―嗅覚を鋭敏にした(?)鼻の

たけつる

ケガ　機を見るに敏な性格　ほか）　第4章　政孝とリタ（「柔道」は日本のウイスキー史の隠れたキーワード　政孝とリタの恋　ほか）　第5章　お洒落は自分らしいスタイルで（自分のスタイルを持て　ウイスキーを学ぶことはお洒落を学ぶこと　ほか）

◇マッサン語録―ニッカ創業者・竹鶴政孝と妻リタの生きた道　菊地秀一著　宝島社　2014.10　127p　21cm　〈文献あり　年譜あり〉　1200円　①978-4-8002-3194-9　Ⓝ289.1

内容　第1章　「共に歩んだリタへの言葉」（恋している相手のためなら、どんな苦労も厭わない　師・弟子の連係プレーで国際結婚を両親に認めさせた　ほか）　第2章　「ウイスキーへの愛の言葉」（小さなことでもノートに記録したからこそ、日本初のウイスキーができた　ウイスキーづくりはからだで覚えるものだ　ほか）　第3章　「経営者・竹鶴の言葉」（ウイスキーを完成させるために用意された雇用期間は10年だった　余市こそがウイスキーづくりにうってつけの場所だった　ほか）　第4章　「竹鶴政家、人生を語る」（長じて人生を振り返るたび、天命を強く感じるようになった　少年期の自炊生活が私の味覚をつくりあげた　ほか）

◇父・マッサンの遺言　竹鶴威著，竹鶴孝太郎監修　KADOKAWA　2014.12　205p　図版16p　19cm　〈文献あり〉　1150円　①978-4-04-731697-3　Ⓝ289.1

内容　プロローグ　竹鶴政孝物語―琥珀色の約束　第1章（終戦と電報　北海道へ　余市の冬　ほか）　第2章（特別なウイスキー　勝率が良い理由　次の一手　ほか）　第3章（新川との出会い　花嫁衣裳　『竹鶴』　ほか）

◇明治なりわいの魁―日本に産業革命をおこした男たち　植松三十里著　ウェッジ　2017.2　192p　21cm　〈文献あり　年表あり〉　1800円　①978-4-86310-176-0　Ⓝ281

内容　1章　魁の時代（高島秋帆―長崎豪商の西洋砲術と波乱の生涯　江川坦庵―伊豆韮山に現存する反射炉と品川台場　片寄平蔵―蒸気船の燃料を供給した常磐炭鉱の開祖）　2章　技の時代（鍋島直正―佐賀の反射炉と三重津海軍所の創設　本木昌造―日本語の活版印刷ված広めた元長崎通詞　堤磯右衛門―公共事業の請負から石鹸の祖に　上田寅吉―船大工から日本造船史上の一大恩人へ　大島高任―鉄の産地で高炉を建設した南部藩士）　3章　生業の時代（尾高惇忠―富岡製糸場初代場長の知られざる実績　ファン・ドールン―猪苗代湖からの疎水開削を実現　加唐為重―生命保険に医療を取り入れて発展　油屋熊八―別府温泉で本格的な観光業をスタート　竹鶴政孝―本物のウイスキーを日本にもたらす　松永安左エ門―電力再編の三年間のためにあった長き生涯）

竹鶴　リタ〔1894〜1961〕　たけつる・りた

◇マッサンとリタ―ジャパニーズ・ウイスキーの誕生　オリーヴ・チェックランド著，和気洋子訳　NHK出版　2014.8　237p　20cm　〈『リタとウイスキー』（日本経済評論社　1998年刊）の改題、増補・改訂　文献あり　年譜あり〉　2000円　①978-4-14-081656-1　Ⓝ289.1

内容　ウイスキー修業時代（日本から来た青年　日本酒とイミテーション・ウイスキー　ほか）　寿屋勤務時代（本格ウイスキーへの夢―山崎　遙かなる異郷のリタ　ほか）　起業家時代（企業創立へ―余市ウイスキー蒸留所　夕日のリタ　ほか）　挑戦、そして成功（マッサンとリタの四〇年　竹鶴政孝、「命の水」ウスケボー）

◇リタの鐘が鳴る―竹鶴政孝を支えたスコットランド女性の生涯　早瀬利之著　朝日新聞出版　2014.9　247p　15cm　〈朝日文庫　は40-1〉〈朝日ソノラマ　1995年刊の加筆訂正〉　600円　①978-4-02-264746-7　Ⓝ289.1

＊スコットランドの田舎で暮らしていたリタは、日本からウイスキー造りを学びに来た留学生・竹鶴政孝と恋をして結ばれる。竹鶴の人生は苦労の連続だったが、リタは「あなたのウイスキーが必ず喜ばれるときがくる」と、折れそうになる夫を励まし続けた。一人の女性の純愛物語。

◇竹鶴とリタの夢―余市とニッカウヰスキー創業物語　千石涼太郎著　双葉社　2014.9　223p　19cm　〈文献あり〉　1300円　①978-4-575-30744-3　Ⓝ289.1

内容　第1章　ウイスキーの父、広島の造り酒屋に生まれる　第2章　本場スコットランドでリタと出会う　第3章　鳥井信治郎と日本初のウイスキーづくり　第4章　ニッカの旅立ち、新天地余市へ　第5章　ニッカの再出発、そして別れのとき　付章　リタが愛した町・余市　特別ガイド　余市蒸溜所の歩き方

◇ウイスキーとダンディズム―祖父・竹鶴政孝の美意識と暮らし方　竹鶴孝太郎著　KADOKAWA　2014.10　234p　18cm　〈角川oneテーマ21　D-43〉〈文献あり　年譜あり〉　800円　①978-4-04-102372-3　Ⓝ289.1

内容　第1章　食事と酒を楽しみ、人生を豊かに過ごす（竹鶴家のルールとマナー　テーブルマナーのちから厳しく躾けるほか）　第2章　よく遊び、よく仕事をする（余市川での鮎釣り　接待は鮎釣りと鮎料理　ほか）　第3章　信念を貫いて生きる（転んでもただでは起きない―嗅覚を鋭敏にしておく　鼻のケガ　機を見るに敏な性格　ほか）　第4章　政孝とリタ（「柔道」は日本のウイスキー史の隠れたキーワード　政孝とリタの恋　ほか）　第5章　お洒落は自分らしいスタイルで（自分のスタイルを持て　ウイスキーを学ぶことはお洒落を学ぶこと　ほか）

◇マッサン語録―ニッカ創業者・竹鶴政孝と妻リタの生きた道　菊地秀一著　宝島社　2014.10　127p　21cm　〈文献あり　年譜あり〉　1200円　①978-4-8002-3194-9　Ⓝ289.1

内容　第1章　「共に歩んだリタへの言葉」（恋している相手のためなら、どんな苦労も厭わない　師・弟子の連係プレーで国際結婚を両親に認めさせた　ほか）　第2章　「ウイスキーへの愛の言葉」（小さなことでもノートに記録したからこそ、日本初のウイスキーができた　ウイスキーづくりはからだで覚えるものだ　ほか）　第3章　「経営者・竹鶴の言葉」（ウイスキーを完成させるために用意された雇用期間は10年だった　余市こそがウイスキーづくりにうってつけの場所だった　ほか）　第4章　「竹鶴政家、人生を語る」（長じて人生を振り返るたび、天命を強く感じるようになった　少年期の自炊生活が私の味覚をつくりあげた　ほか）

◇「マッサンの妻」竹鶴リタが大切にしたもの―IN LOVING MEMORY OF RITA TAKETSURU　竹鶴孝太郎著　集英社　2015.1　92p　21cm　〈文献あり　年譜あり〉　1000

円　①978-4-08-781565-8　Ⓝ289.1
内容 竹鶴リタという女性　祖母、竹鶴リタのこと。　1 スコットランドの日々　2 大阪、横浜時代　3 余市時代　4 晩年　竹鶴家の食卓よりリタさん直伝スコットランド料理レシピ　リタの愛用品。　リタを知る15のキーワード。　スペシャル対談 竹鶴孝太郎×シャーロット・ケイト・フォックス「竹鶴リタという生き方。」

◇リタと旅する。―日本のウイスキーの父「竹鶴政孝」を支えた妻　いのちのことば社フォレストブックス　2015.1　95p　17cm　（Forest Books）〈文献あり　年譜あり〉　1200円　①978-4-264-03304-2　Ⓝ289.1
内容 1章 旅のはじまり。（竹鶴リタ 100年前の国際結婚　ほか）　2章 大阪を旅する。（大阪での生活 ふたりの住んだ街　ほか）　3章 鎌倉・小樽・余市を旅する。（きっと違って見えた横浜の港　夫婦に関する聖書の教え　ほか）　4章 リタと旅する。（リタと戦争　政孝からのラブレター　ほか）

竹中 繁〔1875～1968〕　たけなか・しげ
◇女性記者・竹中繁のつないだ近代中国と日本―一九二六―二七年の中国旅行日記を中心に　山﨑眞紀子、石川照子、須藤瑞代、藤井敦子、姚毅著　研文出版　2018.2　461,23p　22cm　〈文献あり　著作目録あり　年譜あり〉　8500円　①978-4-87636-433-6　Ⓝ289.1

竹中 重治　たけなか・しげはる
⇒竹中半兵衛（たけなか・はんべえ）を見よ

竹中 彰元〔1867～1945〕　たけなか・しょうげん
◇未完の戦時下抵抗―屈せざる人びとの軌跡　細川嘉六　鈴木弼美　浅見仙作　竹中彰元　浪江虔　田中伸尚著　岩波書店　2014.7　318,4p　20cm　〈文献あり〉　3200円　①978-4-00-024871-6　Ⓝ281
内容 第1章 屈せざる人 細川嘉六　第2章 「土の器」のキリスト者 鈴木弼美　第3章 「剣を収めよ」浅見仙作　第4章 言うべきことを言った非戦僧侶 竹中彰元　第5章 図書館に拠る 浪江虔

◇自分を耕せ―支え合う社会を願って　河合聡著　西田書店　2015.5　149p　19cm　〈私家版　2013年刊の改訂　文献あり〉　1200円　①978-4-88866-593-3　Ⓝ304
内容 第1章 一途に駆け抜けた修業時代（平塚らいてうの歩んだ道　わたしは「自己の解放」と「人間的成熟」は二人三脚　第2章 人類の明るい未来は自然には訪れない（人はその時代の社会的価値観の洗礼を受ける　権力に抗して信条を貫くことは容易ではない　「個の確立」を阻害する因子）　第3章 「個の確立」はどうしたら可能か（竹中彰元の生涯　「個の確立」に向けて　「いのち」は留まることを許されない）　第4章 支え合う社会を願って（文化の継承に学ぶ　「個の確立」と社会の成熟は依存し合う　支え合う社会に向けて）　第5章 文学作品の中にみる　「個の確立」（橘のない川・第一部～第四部：住井すゑ　冬の標：乙川優三郎　貧しき人々の群：宮本百合子　続・悩む力：姜尚中　「新しい人」の方へ：大江健三郎　涙をたらした神：吉野せい　心ときめきするもの：清川妙）

竹中 武〔1943～2008〕　たけなか・たけし
◇「ごじゃ」の一分―竹中武最後の任俠ヤクザ　牧村康正著　講談社　2017.4　337p　20cm　1700円　①978-4-06-220607-5　Ⓝ368.51
内容「男で死にたい」　播州ヤクザ　山口組直系竹中組　四代目山口組の暗雲　山広の苦悩　五代目選びの苦悩　山口組離脱　山竹抗争　宅見暗殺　雪解け　中野会と弘道会　新生竹中組　遺志を継ぐ者

武長 太郎〔1977～〕　たけなが・たろう
◇20歳で起業した僕の会社がやっと20歳になりました　武長太郎著　幻冬舎　2018.2　301p　19cm　〔新起業家シリーズ〕　1400円　①978-4-344-03253-8　Ⓝ673.9
内容 第1章 20歳の社長、誕生　第2章 僕が育ってきた環境　第3章 若輩経営者の苦悩　第4章 出会いが新しい道を開く　第5章 ゼロからのブライダルビジネス　第6章 上場企業への道　第7章 未来への挑戦

竹中 労〔1928～1991〕　たけなか・つとむ
◇残されたもの、伝えられたこと―60年代に蜂起した文革者烈伝　矢崎泰久著　街から舎　2014.6　268p　19cm　1620円　①978-4-939139-19-2　Ⓝ281.04
内容 脱原発の市民科学者―高木仁三郎　反戦軍事評論家としての矜持―小山内宏　J・J氏の華麗な文化革命―植草甚一　革命思想家の孤高な生涯―羽仁五郎　革命・反革命の夢幻―竹中労　市民哲学者が残した足跡―久野収　公害に取り組んだ科学者―宇井純　文学と運動の狭間に生きた巨人―小田実　輝けるSF作家の青春―小松左京　ポップ・ミュージックの開拓者―中村とうよう　多国籍人間の見果てぬ夢―邱永漢　「わた史」を生涯かけて編む―沢辺昭一　エロスこそ反権力の証し―若松孝二　何もなくて何もない宣言―なだいなだ　ノーベル物理学賞に最も近かった活動家―水戸巌

竹中 直人〔1956～〕　たけなか・なおと
◇役者は下手なほうがいい　竹中直人著　NHK出版　2016.12　205p　18cm　（NHK出版新書 504）　740円　①978-4-14-088504-8　Ⓝ778.21
内容 第1章 加山雄三になりたかった（自分ではない人間になる憧れ　「竹中のままでやれ」ほか）　第2章 愛がなければ映画はない（森崎東監督の言葉　忘れられない『ロケーション』の現場ほか）　第3章 役者は下手なほうがいい（役者の仕事は「現場に行く」こと　『無能の人』を撮るきっかけ　ほか）　第4章 「無能の人」として生きる（役者とハマり役　転機になった作品　ほか）

竹中 半兵衛〔1544～1579〕　たけなか・はんべえ
◇戦国軍師列伝　井沢元彦著　光文社　2015.4　293p　20cm　1500円　①978-4-334-97819-8　Ⓝ281.04
内容 序章 軍師とは何か　第1章 架空の人物とされていた軍師・山本勘助登場　第2章 戦国史上最強の軍師・竹中半兵衛登場　第3章 織田信長に軍師がいなかったのはなぜなのか　第4章 石田三成と黒田官兵衛の「関ヶ原の戦い」　第5章 家康に公然と噛みついた直江兼続　第6章 源義経に始まり、大村益次郎、高杉晋作へと続く日本の軍師

竹中 正夫〔1925〜2006〕 たけなか・まさお
◇竹中正夫―没後十年記念　竹中百合子編　西宮　竹中百合子　2016.8　60p　21cm　Ⓝ289.1

竹中 正久〔1933〜1985〕 たけなか・まさひさ
◇山口組四代目の光と影―竹中正久組長の実像　木村勝美著　メディアックス　2014.9　285p　19cm　〈文献あり〉　1500円　Ⓘ978-4-86201-661-4　Ⓝ289.1
　|内容| 第1章　姫路のグレン隊　第2章　山口組直参への道　第3章　軽挙妄動　第4章　山口組執行部入り　第5章　手打ち破りの風評　第6章　1億円の隠し預金　第7章　凶弾に散る　終章　溶融する竹中組

竹中 労　たけなか・ろう
　⇒竹中労（たけなか・つとむ）を見よ

竹内 啓〔1828〜1867〕 たけのうち・ひらく
◇獣医学の狩人たち―20世紀の獣医偉人列伝　大竹修著　堺　大阪公立大学共同出版会　2017.5　406p　21cm　〈文献あり〉　2400円　Ⓘ978-4-907209-72-8　Ⓝ649.028
　|内容| 序：日本における近代獣医学の夜明け　牛痘苗と狂犬病ワクチンの創始者―梅野信吉　人材育成の名人で家畜衛生学の先達―葛西勝弥　獣医寄生虫学を確立―板垣四郎　競走馬の研究に生涯を捧げた外科の泰斗―松葉重雄　ひよこの雌雄鑑別法を開発―増井清　幻に終わったノーベル賞―市川厚一　獣医外科・産科学の巨頭―黒澤亮助　顕微鏡とともに歩んだ偉大な神経病理学者―山極三郎　麻酔・自律神経研究の権威―木全春生　〔ほか〕

竹之内 雅史〔1945〜〕 たけのうち・まさし
◇代打の神様―ただひと振りに生きる　澤宮優著　河出書房新社　2014.12　205p　19cm　〈文献あり〉　1600円　Ⓘ978-4-309-27551-2　Ⓝ783.7
　|内容| 桧山進次郎―代打の神様がバットを置くとき　高井保弘―世界一の代打本塁打王　八木裕―元祖・虎の代打の神様　広永益隆―メモリアル男　平田薫―恐怖の一発屋　秦真司―ツバメの最強代打男　町田公二郎―最後までレギュラーを　石井義人―戦力外通告の果てに　竹之内雅史―サムライ「死球王」の代打の極意　麻生実男―代打一号

竹御所〔1203〜1234〕 たけのごしょ
◇中世の人物　京・鎌倉の時代編　第3巻　大阪　清文堂出版　2014.7　382p　22cm　4500円　Ⓘ978-4-7924-0996-8　Ⓝ281
　|内容| 後鳥羽院（美川圭著）　九条道家（井上幸治著）　西園寺公経（山岡瞳著）　藤原秀康（長村祥知著）　藤原定家（谷昇著）　源実朝（坂井孝一著）　北条政子（川嶋敏文著）　北条義時（田辺旬著）　北条泰時（菊池紳一著）　北条時房と重時（久保田和彦著）　九条頼経・頼嗣（岩田慎平著）　竹御所と石山尼（小野翠著）　三浦義村（真鍋淳哉著）　大江広元と三善康信〈善信〉（佐藤雄基著）　宇都宮頼綱（野口実著）　慈円（菊地大樹著）　聖覚（平雅行著）　定豪（海老名尚著）　円爾（原田正俊著）　叡尊（細川涼一著）　公武権力の変容と仏教界（平雅行/編）

武信 由太郎〔1863〜1930〕 たけのぶ・よしたろう
◇武信由太郎伝　森悟著　〔米子〕　今井出版（発売）　2016.7　156p　21cm　〈年譜あり〉　1200円　Ⓘ978-4-86611-029-5　Ⓝ830.7

竹林 征三〔1943〜〕 たけばやし・せいぞう
◇風土工学への道―挫折の人生から生まれた起死回生の工学論　竹林征三著　矢巾町（岩手県）　ツーワンライフ　2016.7　304p　26cm　〈著作目録あり　年譜あり　年表あり〉　2037円　Ⓘ978-4-907161-67-5　Ⓝ510
　|内容| 第1部　序章（挫折の人生を振り返る　風土工学とは）　第2部　七転八倒・苦闘の末の風土工学誕生（土木実務での七転八倒・四面楚歌・苦悩の時代　全て原点に返って考えよ！　神様の啓示・感性工学と"お経"で学ぶ　風土工学誕生・「知」「敬」「馴」）　第3部　風土工学の普及啓発・苦悩の末の三つの研究所（公務員卒業・稼業の道が閉ざされた　普及啓発・つくばに「風土工学研究所」を開設　多くの方々に支え導かれ感謝・感謝　大学教授業と大学院附属「風土工学研究所」開設　3つめの研究所・特定非営利活動法人「風土工学デザイン研究所」開設　風土工学・十years　風土工学誕生に導き支えてくれた、その道の第一人者　仕事の心を教えていただいた人生の達人・諸先輩　友として共に悩み支えてくれた人達）　第4部　風土工学の芽生え・ルーツを訪ねる（わが生い立ちの記　遊びに夢中の時代（小学生時代）　自己流学びの道　実学として・世の名・人の為）　第5部　終章（独立独歩 "我が道を行く"　波瀾万丈・二倍の人生）　参考資料

竹原 慎二〔1972〜〕 たけはら・しんじ
◇見落とされた癌　竹原慎二著　双葉社　2017.6　269p　19cm　1300円　Ⓘ978-4-575-31261-4　Ⓝ788.3
　|内容| 第1章　告知（「癌だね」…あっさりそう言ったもし浸潤していれば、膀胱全摘しかなくなる　ほか）　第2章　闘い（折り合いをつけてやっていくしかない恐怖の正体　ほか）　第3章　手術（「世界戦のときと、どっちが緊張する？」　麻酔で見た「無」の世界　ほか）　第4章　経過（血尿が出た　1回目の検診　ほか）

竹久 夢二〔1884〜1934〕 たけひさ・ゆめじ
◇夢二外遊記―竹久夢二遺稿　竹久夢二著，長田幹雄編，竹久みなみ監修　復刊　教育評論社　2014.6　231p　26cm　〈初版：日本愛書會1945年刊〉　2200円　Ⓘ978-4-905706-85-4　Ⓝ726.501
　|内容| 第1部　日記帳、スケッチ帖から　第2部（島をたつ　手帳・断章　日本の同胞へ寄す　旅をする人はみんな好い人です　サンフランシスコの花嫁　東行国際列車　滞欧画信　望春　島へ帰りつく　旅中備忘録）

◇夢二と久允―二人の渡米とその明暗　逸見久美著　風間書房　2016.4　151p　20cm　2000円　Ⓘ978-4-7599-2134-2　Ⓝ726.501
　|内容| ふとした機縁から　落ちぶれた夢二の再起をはかる久允　翁久允とは　夢二との初対面の印象　夢二画への加担　榛名山の夢二の小屋からアメリカ行き　夢二と久允の世界漫遊の旅と夢二ファン　久允の『移植樹』と『宇宙人は語る』・『道なき道』の出版

久允の朝日時代　いよいよアメリカへ向かう前後の二人　「世界漫遊」に於ける報道のさまざま　夢二にとって初の世界漫遊の船旅　ハワイへ向かう船中の二人とハワイの人々　ホノルルに於ける夢二と久允の記事の数々　いよいよアメリカ本土へ　「沿岸太平記」―「世界漫遊」の顛末　年譜にみる夢二の一生　渡米を巡っての夢二日記）

◇夢二を変えた女(ひと)　笠井彦乃　坂原冨美代著　論創社　2016.6　329p 図版16p　20cm　〈文献あり　年譜あり〉　2200円　Ⓣ978-4-8460-1518-3　Ⓝ726.501

内容　序章　第1章 出逢い　第2章 新たな関係　第3章 京都の日々　第4章 光彩陸離　第5章 湯涌へ　第6章 別れの序章　最終章 追慕

◇暗い時代の人々　森まゆみ著　亜紀書房　2017.5　294p　19cm　〈他言語標題：Men in Dark Times　文献あり　年表あり〉　1700円　Ⓣ978-4-7505-1499-4　Ⓝ281

内容　第1章 斎藤隆夫―リベラルな保守主義者　第2章 山川菊栄―戦時中、鶏の卵を売って節は売らず　第3章 山本宣治―人生は短く、科学は長い　第4章 竹久夢二―アメリカで恐慌を、ベルリンでナチスの台頭を見た　第5章 九津見房子―戸惑いながら懸命に生きたミス・ソシアリスト　第6章 斎藤雷太郎と立野正一―「土曜日」の人々と京都の喫茶店フランソア　第7章 古在由重一ファシズムの嵐の中を航海した「唯物論研究」　第8章 西村伊作―終生のわがまま者にしてリベルタン

盛仁親王〔1810～1811〕　たけひとしんのう
◇四親王家実録　26　桂宮実録　第7巻（盛仁親王実録・節仁親王実録・淑子内親王実録）　吉岡眞之、藤井讓治、岩壁義光監修　ゆまに書房　2017.3　341p　27cm　〈布装　宮内庁宮内公文書館所蔵の複製〉　25000円　Ⓣ978-4-8433-5110-9　Ⓝ288.44

建部 政長〔1603～1672〕　たけべ・まさなが
◇家康と播磨の藩主　播磨学研究所編　神戸　神戸新聞総合出版センター　2017.8　255p　20cm　1800円　Ⓣ978-4-343-00962-3　Ⓝ281.64

内容　家康を見直す　賤ヶ岳七本槍の加古川城主・加須屋武則　"西国の将軍"姫路城主・池田輝政　山崎、福本に刻む池田輝澄・政直の足跡　林田藩主・建部政長　播磨の豪将・後藤又兵衛　海峡の町を創った明石城主・小笠原忠真　戦国の龍野城主・蜂須賀家政　関ヶ原・大坂で家康に味方した一柳家　永井直勝の一族と赤穂藩主・永井直敬

竹前 義子〔1919～2012〕　たけまえ・よしこ
◇義江家と竹前義子　竹前紀樹記　〔長野〕〔竹前紀樹〕　2017.9　51,61p　30cm　Ⓝ288.3

武満 徹〔1930～1996〕　たけみつ・とおる
◇武満徹―現代音楽で世界をリードした作曲家　作曲家〈日本〉　筑摩書房編集部著　筑摩書房　2016.1　166p　19cm　〈ちくま評伝シリーズ〈ポルトレ〉〉　〈文献あり　年譜あり〉　1200円　Ⓣ978-4-480-76633-5　Ⓝ762.1

内容　第1章 音楽との出会い　第2章 音楽を求めて　第3章 音楽の生活　第4章 世界の武満　第5章 音の環のようにつらなって　巻末エッセイ「武満ファンだった若走の恥ずかしい話を聞いてくださいな」大友良英

◇武満徹・音楽創造への旅　立花隆著　文藝春秋　2016.2　781p　20cm　4000円　Ⓣ978-4-16-390409-2　Ⓝ762.1

内容　1（食糧基地で聞いたシャンソン　敗戦とヤミ屋と貸しピアノ　下駄をはいた不肖の弟子　早坂文雄の棺　映画音楽のこと　ほか）　2（突然の訃報に接し「時間の園丁」　夢と作曲の関係　ブラームスを再評価する　ほか）

◇武満徹―ある作曲家の肖像　小野光子著　音楽之友社　2016.9　448,21p　22cm　〈年譜あり　索引あり〉　5500円　Ⓣ978-4-276-22690-6　Ⓝ762.1

内容　第1章 音楽との出会い―1930‐49年（0歳から19歳）　第2章 切磋琢磨の日々～友情と愛、生と死―1950‐57年（20歳から27歳）　第3章 前衛の時代―1958‐63年（28歳から33歳）　第4章 武満からTAKEMITSUへ―1964‐69年（34歳から39歳）　第5章 日本を拠点に、世界に窓を開く―1970‐79年（40歳から49歳）　第6章 普遍の卵を抱えて―1980‐89年（50歳から59歳）　第7章 希望―1990‐96年（60歳から65歳）

◇武満徹―世界に橋をかけた音楽家　小野光子著　ヤマハミュージックエンタテインメントホールディングス　2017.6　111p　26cm　〈日本の音楽家を知るシリーズ〉〈文献あり　作品目録あり〉　1800円　Ⓣ978-4-636-94330-6　Ⓝ762.1

竹村 良貞〔1861～1940〕　たけむら・よしさだ
◇頸城野近代の思想家往還　村山和夫著、石塚正英編　社会評論社　2017.10　251p　20cm　2500円　Ⓣ978-4-7845-1560-8　Ⓝ214.106

内容　第1部 くびき野を訪れし人士済々（勝海舟―越後の勝家の río と頸城の地　東郷平八郎―海将が頸城の地に残したもの　ほか）　第2部 くびき野に生まれし人士済々（竹内金太郎―日本の大事件に関わった弁護士　白石元治郎―横浜に白石町の名を残した鋼管王　竹村良貞―事業新聞の先覚者、帝国通信社長　ほか）　第3部 特記二件（小林古径記念美術館設置を迎えて会津藩士と高田）

竹本 住大夫（7代）〔1924～2018〕　たけもと・すみたゆう
◇人間、やっぱり情でんなぁ　竹本住大夫著　文藝春秋　2014.10　255p　20cm　1700円　Ⓣ978-4-16-390138-1　Ⓝ777.1

内容　第1章 春のなごりに―引退まで　第2章 師匠、先輩、弟子―修業とリハビリの日々　第3章 貧乏には勝たなあかん―三和会の長い旅　第4章 デンデンに行こう―私が育った戦前の大阪　第5章 文楽道場に生きる―教えること・教わること　第6章 そして文楽はつづく

◇七世竹本住大夫 私が歩んだ90年　竹本住大夫著、高遠弘美,福田逸聞き手　講談社　2015.11　287p　20cm　〈年譜あり〉　2200円　Ⓣ978-4-06-219773-1　Ⓝ777.1

内容　第1章 幼少年時代（誕生から小学校卒業まで）（出生　北新地という場所　ほか）　第2章 青春時代

（中学入学から敗戦まで）（大阪商業へ入学　学業　ほか）　第3章　修業の時代（豊竹古住大夫時代）（入門　弟子時代の苦労　ほか）　第4章　円熟の時代（竹本文字大夫襲名から現在まで）（文字大夫襲名　嬶会　ほか）

◇人間、やっぱり情でんなぁ　竹本住大夫著　文藝春秋　2018.8　255p　16cm　（文春文庫　た70-2）　690円　Ⓘ978-4-16-791129-4　Ⓝ777.1

内容　第1章　春のなごりに―引退まで　第2章　師匠、先輩、弟子―修業とリハビリの日々　第3章　貧乏には勝たなあかん―三和会の長い旅　第4章　デンデンに行こう―私が育った戦前の大阪　第5章　文楽道場に生きる―教わること・教わること　第6章　そして文楽はつづく　ええ星の下に生まれましたなぁ―あとがきにかえて

竹元　林蔵〔1926～〕たけもと・りんぞう

◇生かされて天意求道　竹元林蔵著　大阪　パレード　2018.6　243p　20cm　（Parade books）　Ⓘ978-4-86522-153-4　Ⓝ289.1

竹森　満佐一〔1907～1990〕たけもり・まさいち

◇竹森満佐一の説教―信仰をぶつける言葉　加藤常昭著　教文館　2016.11　295p　19cm　2900円　Ⓘ978-4-7642-6122-8　Ⓝ198.34

内容　第1部　竹森満佐一の生涯と説教（学びの課題　素描・竹森満佐一牧師の生涯　竹森満佐一の説教に関わる著書　竹森満佐一の説教理解　付録　私たち夫婦と竹森満佐一牧師との出会い　説教を読み始めましょう）　第2部　説教を読む（ルカによる福音書第二章一・二〇節　マルコによる福音書第一五章三三・四一節　ヨハネによる福音書第二・二八節　ローマ人への手紙第一章一九・二〇節　ローマ人への手紙第五章三・五節　ローマ人への手紙第五章六・一一節　ガラテヤ人への手紙第四章一六・二〇節）

竹山　道雄〔1903～1984〕たけやま・みちお

◇手紙を通して読む竹山道雄の世界　平川祐弘編著　藤原書店　2017.12　381p　22cm　〈年譜あり　索引あり〉　4600円　Ⓘ978-4-86578-151-9　Ⓝ910.268

多胡　辰敬〔?～1562〕たこ・ときたか

◇語り伝えたい石見の戦国武将多胡辰敬の教えと郷土―辰敬教訓状　中山光夫著　改訂版　邑南町（島根県）　邑南郷土史研究会　2015.10　125p　30cm　〈年表あり〉　Ⓝ289.1

多胡　羊歯〔1900～1979〕たご・ようし

◇くらら咲くころに―童謡詩人　多胡羊歯　魂への旅　向井嘉之著　梧桐書院　2015.4　243p　20cm　1600円　Ⓘ978-4-340-40213-7　Ⓝ911.52

内容　第1章　多胡羊歯の故郷　胡桃　第2章「赤い鳥」との出会い　第3章　くらら咲く頃　第4章　児童詩指導の教育者　第5章　戦時下の童謡詩人　第6章　終戦　幻のノートから　第7章　童心の復活　第8章　悪夢そして失意の日々　第9章　くらら咲ける朝に

太宰　治〔1909～1948〕だざい・おさむ

◇今蘇る太宰治―貴種流離譚　花崎兵庫著　横浜　ココデ出版　2015.1　112p　19cm　〈他言語標題：やつしの人生：知られざる甲府居住時代の軌跡　年譜あり〉　2000円　Ⓘ978-4-903703-89-3　Ⓝ910.268

◇もっと太宰治―太宰治がわかる本　太宰治倶楽部編　ロングセラーズ　2015.8　219p　18cm　（〈ムック〉の本）〈1989年刊の再刊　文献あり　年譜あり〉　900円　Ⓘ978-4-8454-0961-7　Ⓝ910.268

内容　1　太宰治の作品―大宰文学誕生秘話　2　太宰治の青春―さまよいつづけた天才児　3　太宰治の恥―ひとごとながら恥ずかしい　4　太宰治と女―あぁ華麗なる女性遍歴！　5　太宰治の実像―案外フツーの人なんですね　6　太宰治の友人―広い交遊関係が示す人柄　7　太宰治の性格―本当に変わり者だったの？　8　太宰治の死後―高まる太宰文学の評価

◇太宰と安吾　檀一雄著　KADOKAWA　2016.1　413p　15cm　（角川ソフィア文庫）〔L125-1〕）〈バジリコ 2003年刊の再刊〉　1160円　Ⓘ978-4-04-400086-8　Ⓝ910.268

内容　第1部　太宰治（文芸の完遂　おめざの要る男　光焔万丈長し　太宰時間　赤門　ほか）　第2部　坂口安吾（坂口安吾論　安方町　安吾・川中島決戦録　坂口安吾の死　「わが人生観」解説　ほか）

◇日本を支えた12人　長部日出雄著　集英社　2016.2　310p　16cm　（集英社文庫　お20-3）　680円　Ⓘ978-4-08-745419-2　Ⓝ281.04

内容　聖徳太子　天武天皇　行基　聖武天皇　本居宣長　明治天皇　津田左右吉　棟方志功　太宰治　小津安二郎　木下惠介　美智子皇后

◇太宰治　板垣信著、福田清人編　新装版　清水書院　2016.8　206p　19cm　（Century Books 一人と作品）〈文献あり　年譜あり　索引あり〉　1200円　Ⓘ978-4-389-40101-6　Ⓝ910.268

内容　第1編　太宰治の生涯（地主の子　青春　処女作前後　戦火の中で　栄光と死と）　第2編　作品と解説（晩年　ダス・ゲマイネ　姥捨　富嶽百景　走れメロス　津軽　お伽草紙　ヴィヨンの妻　斜陽　人間失格）

◇三つの空白―太宰治の誕生　鵜飼哲夫著　白水社　2018.5　388p　20cm　〈文献あり〉　3000円　Ⓘ978-4-560-09628-4　Ⓝ910.268

内容　序章　第1章　空白以前（津軽・金木町　叔母キヱと子守のタケ　ほか）　第2章　第一の空白（旧制弘前高等学校時代　「細胞文藝」の創刊と挫折　ほか）　第3章　第二の空白（帝大入学・四方八方破れかぶれ　実家からの分家除籍　ほか）　第4章　第三の空白（入院　初代の不義　ほか）　終章

◇太宰よ！　45人の追悼文集―さよならの言葉にかえて　河出書房新社編集部編　河出書房新社　2018.6　311p　15cm　（河出文庫　か0-10）〈年譜あり〉　830円　Ⓘ978-4-309-41614-4　Ⓝ910.268

内容　1　太宰よ！　2　あの日のこと　3　死を悼む　4　太宰とわたし　5　太宰の文学　6　追慕の太宰

◇太宰治の手紙―返事は必ず必ずいりません　太宰治著, 小山清編　河出書房新社　2018.6　218p　15cm　（河出文庫　た5-2）〈河出書房1954年刊の再刊〉　760円　Ⓘ978-4-309-41616-8　Ⓝ910.268

内容 木山捷平宛(昭8・3・1)　木山捷平宛(昭8・5・3)　木山捷平宛(昭8・9・11)　小館京宛(昭9・8・14)　山岸外史宛(昭和10・6・3)　小館善四郎宛(昭和10.7.31)　小館善四郎宛(昭8・8・21)　今官一宛(昭10・8・31)　今官一宛(昭10・9・2)　神戸雄一宛(昭10・10・4)〔ほか〕

◇太宰治　井伏鱒二著　中央公論新社　2018.7　281p　16cm　〈中公文庫 い38-4〉〈筑摩書房1989年刊の増補〉　900円　Ⓘ978-4-12-206607-6　Ⓝ910.268

内容 1(太宰治の死　亡友―鎌滝のころ　十年前頃―太宰治に関する雑用事　点滴　ほか)　2(あの頃の太宰君　「ダス・ゲマイネ」の頃　御坂峠にいた頃のこと　「懶惰の歌留多」について　ほか)　3(あとがき(『富嶽百景・走れメロス』)　解説(『太宰治集上』))

◇太宰治の三鷹時代　相原悦夫著　文芸社　2018.8　350p　20cm　〈文献あり　年譜あり〉　800円　Ⓘ978-4-286-19522-3　Ⓝ910.268

＊三鷹の風土に焦点を当てた、太宰治の生と作品の核心を照射した文学評伝。美知子夫人の『回想の太宰治』、太宰にかかわり合いのある作家や評論家のエッセイ、出版関係者の回想などを随所に引用している。郷土史研究家である著者が、歴史書で使われる「資料に語らせる」手法を用いて、臨場感ある太宰の実相・実像に迫る！　三鷹の風土が太宰文学を開花させたといえる。

田坂 初太郎〔1851/52～1921〕　たさか・はつたろう

◇しまなみ人物伝　村上貢著　海文堂出版　2015.8　258p　20cm　〈年表あり〉　1800円　Ⓘ978-4-303-63426-1　Ⓝ281.74

内容 第1章 日本の夜明けの時代に(伊能忠敬―尾道周辺の測量　瀬戸田の仙太郎―幕末の海外密流　永井重助―福宮丸の海難と対米賠償交渉　水先人北野由兵衛―千島艦衝突事件)　第2部 未来を夢見た先輩たち(田坂初太郎―海運創成期のパイオニア　小林善四郎―初代弓削商船学校長の生涯　ビッケル船長―伝道船「福音丸」と弓削商船学校　中堀貞五郎―「うらなり君」のモデルと今治　浜根岸太郎―初代・二代の生涯　濱田国太郎―海員組合草創時代　麻生イト―女傑の生涯　小山亮―嵐は強い木を育てる)

田﨑 藤藏〔1870～1922〕　たさき・とうぞう

◇花火師田﨑藤藏　資料編　〔出版地不明〕　田﨑藤藏敬慕会　2014.9　61p　30cm　非売品　Ⓝ289.1

田崎 広助〔1898～1984〕　たさき・ひろすけ

◇東洋の心―絵筆と共に八十年　田崎廣助著、八女市「八女市田崎廣助美術館」企画・監修　新版　福岡　西日本新聞社　2018.2　213p　21cm　〈年譜あり　西日本新聞社 昭和53年刊の復刻〉　1500円　Ⓘ978-4-8167-0951-7　Ⓝ723.1

内容 芽生え―幼児期　飛形山―小学校時代　八女中学校　美校を断念、福岡師範へ　上妻高等小学校に奉職　紅欄社(美術結社)　"十二円"で絵が売れた上京、勘当　坂本繁二郎先生　大震災、校庭で救援活動〔ほか〕

だし〔1558?～1580〕

◇日本の武将と女たち　田川清著　名古屋　中日出版　2016.11　79p　19cm　1200円　Ⓘ978-4-908454-08-0　Ⓝ281

内容 1 源義仲と巴御前・葵御前・山吹　2 源義経と静御前　3 後醍醐天皇と妾・阿野廉子　4 北条仲時と妻・北の方　5 戦国武将と女たち　(一)浅井長政・柴田勝家・豊臣秀吉とお市の方　(二)豊臣秀吉と淀君　(三)荒木村重と妾・だし　(四)前田利家と妻・まつ　(五)山内一豊と妻・千代　(六)細川忠興と妻・ガラシャ夫人　7 将軍と大奥の女たち

田島 梅子〔1889～1911〕　たじま・うめこ

◇「冬の時代」の光芒―夭折の社会主義歌人・田島梅子　碓田のぼる著　光陽出版社　2016.12　245p　20cm　〈文献あり〉　1500円　Ⓘ978-4-87662-602-1　Ⓝ911.162

内容 第1章 秩父の里　第2章 『常陸国風土記』の里　第3章 「かくめいの其一言に恋成りぬ」　第4章 「大逆事件」の渦の中で―夫とともに　第5章 田島梅子の明治四十四年(一九一一年)　第6章 思想の心　第7章 民衆短歌の源流

田島 勝爾〔1890～1988〕　たじま・かつじ

◇田島勝爾の生涯と田島精神　鹿島市民立生涯学習・文化振興財団執筆・編集　鹿島　鹿島市　2018.3　89p　21cm　〈鹿島市明治維新百五十年記念事業　年譜あり〉　Ⓝ625.32

田嶼 碩朗〔1878～1946〕　たじま・せきろう

◇彫刻家 田嶼碩朗　山﨑貞子著　札幌　共同文化社　2016.1　414p　21cm　〈文献あり〉　3000円　Ⓘ978-4-87739-277-2　Ⓝ712.1

内容 田嶼碩朗作品グラビア　はじめに　第一章 田嶼碩朗の生涯　第二章 クラーク博士像の誤報と真実　第三章 田嶼碩朗の足跡を訪ねる旅　作品目録　参考資料　人名索引　あとがき

田島 文雄〔1912～1945〕　たじま・ふみお

◇田島文雄書翰集　田島文雄著　佐久　田島正平　2016.9　511p 図版 8p　22cm　〈梨の家 第3部〉〈家蔵本　折り込 2枚〉　Ⓝ289.1

田尻 得次郎〔1915～1964〕　たじり・とくじろう

◇俳人風狂列伝　石川桂郎著　中央公論新社　2017.11　280p　16cm　〈中公文庫 い126-1〉〈角川書店 1974年刊の再刊〉　1000円　Ⓘ978-4-12-206478-2　Ⓝ911.362

内容 蛸の脚―高橋鏡太郎　此君亭奇録―伊庭心猿　行乞と水―種田山頭火　虱かずら―岩田昌寿　室咲の葦―岡本癖三酔　屑籠と棒秤―田尻得次郎　葉鶏頭―松根東洋城　おみくじの凶―尾崎放哉　水に映らぬ影法師―相良万吉　日陰のない道―阿部浪漫子　地上に堕ちたゼウス―西東三鬼

田代 安定　たしろ・あんてい　⇒田代安定(たしろ・やすさだ)を見よ

田代 勇夫〔1935～〕　たしろ・いさお

◇だから、「人生第二ステージ」はおもしろい　田代勇夫著　現代書林　2017.2　175p　18cm　950円　Ⓘ978-4-7745-1603-5　Ⓝ289.1

内容 第1章 いまの自分をつくってくれた、厳しかった会社勤め 第2章 アメリカ生活で学んだ企業人としての大切なこと 第3章 第二の人生、スタートするなら早いほうがいい 第4章 懐かしい故郷が、私を待っていてくれた 第5章 50歳から始めたフルート演奏が、人生に彩りを 第6章 健康な体、健康な心が生み出す人生のエネルギー

田代 まさし〔1956〜〕 たしろ・まさし
◇マーシーの薬物リハビリ日記 田代まさし著, 北村ヂン漫画 アース・スターエンターテイメント 2015.3 143p 21cm 〈発売：泰文堂〉 1200円 Ⓘ978-4-8030-0672-8 Ⓝ779.9

内容 第1章 人気絶頂から地獄の「転落人生」へ(リハビリへの第一歩─薬物依存症の回復施設に入所 ダルクでの生活─「薬物依存症」の仲間との支え合い はじめての覚醒剤─鈴木雅之と出会ってデビューへ ほか) 第2章 世にも奇妙な!?「刑務所」の日々(警察に逮捕─留置場・拘置所の生活 ついに刑務所へ─3年6カ月の懲役刑が確定 刑務所の変!?な規則─刑務所には「4(よん)」はない？ ほか) 第3章「薬物依存症」のマーシーです！リハビリの日々(ダルクに入所一本当に薬物をやめられたのか 「薬物依存症」という病気─ダルクでのリハビリ 仲間同士での支え合い─元ヤクザ・Tさんとの再会 ほか)

田代 安定〔1857〜1928〕 たしろ・やすさだ
◇田代安定─南島植物学、民俗学の泰斗 名越護著 鹿児島 南方新社 2017.3 167p 21cm 〈文献あり 年譜あり〉 2800円 Ⓘ978-4-86124-351-6

内容 第1章 青年期(下級武士の長男 明治天皇の前でフランス語朗読 ほか) 第2章 八重山諸島を本格調査(困難待ち受ける調査 マラリアに罹患 ほか) 第3章 南島の人類学的な調査(琉球の「ノロ」 琉球諸島の「結縄文字」 ほか) 第4章 台湾総督府時代(日清戦争に従軍 台湾総督府の初代殖産部員に ほか)

多田 海庵 ただ・かいあん
⇒多田弥太郎(ただ・やたろう)を見よ

多田 等観〔1890〜1967〕 ただ・とうかん
◇多田等観先生の思い出─お聞きしたいくつかのこと 星達雄著 〔日高〕 〔星達雄〕 2017.8 87p 21cm Ⓝ289.1

多田 富雄〔1934〜2010〕 ただ・とみお
◇多田富雄のコスモロジー─科学と詩学の統合をめざして 多田富雄著, 藤原書店編集部編 藤原書店 2016.5 265p 19cm 〈著作目録あり 年譜あり〉 2200円 Ⓘ978-4-86578-067-3 Ⓝ289.1

内容 1 免疫学と生命(対談・スーパーシステムとゲノムの認識学 ファジーな自己─行為としての生体利己的DNA ほか) 2 能と現代(新作能一石仙人 異界からの使者たち 右能と左能 ほか) 3 自分という存在(遠い夏の日の川 二つの母校 戦後初めての少年 ほか)

多田 駿〔1882〜1948〕 ただ・はやお
◇多田駿伝─「日中和平」を模索し続けた陸軍大将の無念 岩井秀一郎著 小学館 2017.3 317p 19cm 〈文献あり 年譜あり〉 1700円 Ⓘ978-4-09-379876-1 Ⓝ289.1

内容 プロローグ "終の住処"を訪ねて 序章 参謀次長の涙─「日中和平」ならず 第1章「弱い者いじめ」が大嫌い─仙台から満洲・天津へ 第2章 不拡大派"最後の砦"─「中国通」参謀次長の本懐 第3章 失われた良識─熾烈な権力抗争の中で 第4章 幻の陸軍大臣─東條英機の対極として 第5章 房総での閉日月─自責の念を抱えた将軍 終章 相馬御風への手紙─良寛を介して溢れる心情 エピローグ 友とともに

多田 宏〔1929〜〕 ただ・ひろし
◇合気道に活きる 多田宏著 日本武道館 2018.10 377p 20cm 〈発売：ベースボール・マガジン社〉 2400円 Ⓘ978-4-583-11194-0 Ⓝ789.25

内容 第1章 生い立ち 第2章 師との出会い 第3章 生き方の方針 第4章 植芝盛平先生の教えと稽古 第5章 合気道の普及 第6章 呼吸法(調気の法) 終章 稽古を顧みる

多田 眞行〔1943〜〕 ただ・まさゆき
◇浮き草人生回顧録─ホップ！ステップ！タイピング！ 多田眞行著 さいたま イシクラ 2017.12 80p 27cm 〈折り込3枚 年譜あり〉 Ⓝ289.1

多田 弥太郎〔1826〜1864〕 ただ・やたろう
◇泊園書院の明治維新─政策者と企業家たち 横山俊一郎著 大阪 清文堂出版 2018.3 309p 22cm 〈文献あり 索引あり〉 7800円 Ⓘ978-4-7924-1085-8 Ⓝ121.6

内容 序論 大阪漢学と明治維新─東アジアの視座からの問い 第1部 近世の"政策者"たち(多田海庵の海防意識─幕末の"実務家"としての儒者の一事例 多田海庵の政教構想─諸教折衷をそれを支える「三徳」観 雨森精斎の政治実践─幕末維新の"実務家"としての儒者の一事例 安達清風の学術交流と開拓事業─泊園塾・昌平黌出身者の活動的軌跡) 第2部 近代の"企業家"たち(男爵本多政以の思想と事業─泊園学と禅宗 山口県佐波郡における泊園書院出身者の事業活動の一考察─実業家尾中郁太・古谷熊三を中心に 永田仁助の経済倫理─天人未分と武士道の精神) 結論 泊園書院の人々による変革と儒教─近世・近代を生きた"実務家"たちの実践的軌跡

但木 土佐〔1818〜1869〕 ただき・とさ
◇幕末戊辰仙台藩の群像─但木土佐とその周辺 栗原伸一郎著 〔仙台〕 大崎八幡宮仙台・江戸学実行委員会 2015.4 70p 21cm (国宝大崎八幡宮仙台・江戸学叢書 56)〈発行所：大崎八幡宮 文献あり〉 Ⓝ212.3

多田野 数人〔1980〜〕 ただの・かずひと
◇ドライチープロ野球人生『選択の明暗』 田崎健太著 カンゼン 2017.10 271p 20cm 〈文献あり〉 1700円 Ⓘ978-4-86255-424-6 Ⓝ783.7

内容 1 辻内崇伸 2 多田野数人 3 的場寛一 4 古木克明 5 大越基 6 元木大介 7 前田幸長 8 荒木大輔

正仁親王〔1694〜1716〕 ただひとしんのう
◇四親王家実録 29 有栖川宮実録 第3巻〔正仁親王実録〕 吉岡眞之,藤井讓治,岩壁義光監修 ゆまに書房 2018.1 261p 27cm 〈布装 宮内庁宮内公文書館所蔵の複製〉 25000円 ⓘ978-4-8433-5327-1 Ⓝ288.44

鑪 幹八郎〔1934〜〕 たたら・みきはちろう
◇境界を生きた心理臨床家の足跡―鑪幹八郎からの口伝と継承 岡本祐子編著,鑪幹八郎語り手,山本力,岡本祐子聴き手 京都 ナカニシヤ出版 2016.10 338p 22cm 〈世代継承性シリーズ 2〉〈他言語標題:The Footsteps of a Clinical Psychologist Living at Boundary 年譜あり 索引あり〉 4500円 ⓘ978-4-7795-1093-9 Ⓝ146
内容 第1部 心理臨床家人生の物語とわが国の心理臨床学の足跡(こころの探究の原点―アイデンティティの起源としての家族 「育ち」からの脱却―自分とは何か 臨床心理学の黎明期の物語 精神分析家になるための訓練―自分がつくり変えられた体験 わが国の臨床心理学の土台作りと発展 心理臨床学(界・会)を牽引する 残された仕事と次世代に伝えるもの) 第2部 受け継ぐ側の思索(鑪幹八郎とは何者か―師弟関係からの論考 「師の人生の物語」からの省察―「私」が創られていく土台、その連続性と非連続性 鼎談を終わって)

立花 誾千代〔1569〜1602〕 たちばな・ぎんちよ
◇戦国を生きた姫君たち 火坂雅志著 KADOKAWA 2016.9 170p 15cm 〈角川文庫 ひ20-25〉〈年表あり〉 600円 ⓘ978-4-04-400170-4 Ⓝ281.04
内容 1 女城主たちの戦い(井伊直虎―井伊直政の義母 妙林尼―立岡鎮興の妻 ほか) 2 危機を救たち(お船の方―直江兼続の正室 小松姫―真田信之の正室 ほか) 3 愛と謎と美貌(小少将―長宗我部元親の側室 義姫―伊達政宗の生母 ほか) 4 才女と呼ばれた女たち(お初(常高院)―浅井三姉妹の次女 阿茶局―徳川家康の側室 ほか) 5 想いと誇りに殉じる(鶴姫―瀬戸内のジャンヌ・ダルク 淀殿―豊臣秀吉の側室 ほか)

◇戦国の女城主―井伊直虎と散った姫たち 髙橋伸幸著 徳間書店 2016.11 326p 15cm 〈徳間文庫カレッジ た2-1〉〈文献あり〉 830円 ⓘ978-4-19-907073-0 Ⓝ281.04
内容 井伊直虎―男の名で生き、お家断絶の危機を救った女城主 甲斐姫―石田三成に立ち向かい城を守った姫武者 鶴姫―大内水軍を二度撃退した瀬戸内の戦士 おつやの方―信長の怒りをかい非業の死を遂げた岩村城主 慶闇尼―鍋島藩を生んだ押しかけ女房 吉岡妙林尼―男勝りの胆力で薩摩軍を撃退した女武者 立花誾千代―七歳にして女城主となり関ヶ原で西軍に与する 常盤―島津氏の基礎をきずいた妻の決断 鶴姫―侍女三十四人を従えて敵陣に切り込んだ烈婦 富田信高の妻―関ヶ原の前哨戦で夫の窮地を救った女武者 寿桂尼―「女戦国大名」といわれ今川家を支えた女傑 天球院―夫に愛想をつかして縁を切った女傑 お市の方―「戦国一の美女」といわれ夫とともに自刃 細川ガラシャ―人質を拒否して殉教を選んだ烈女

橘 小夢〔1892〜1970〕 たちばな・さゆめ
◇橘小夢―幻の画家 謎の生涯を解く 加藤宏明,加藤千鶴監修,中村圭子編 河出書房新社 2015.3 159p 21cm 〈らんぷの本―mascot〉〈文献あり 年譜あり〉 1800円 ⓘ978-4-309-75016-3 Ⓝ721.9
内容 テーマ1 伝説 小夢の生涯(明治二〇年代〜明治末―幼少期―画学生時代 大正初年代―挿絵画家として出発 大正中期―日本画家として立つ 大正末〜昭和初期―挿絵の円熟期 昭和初年代〜一〇年代―夜華異相画廊にて版画を自費出版 昭和初期〜昭和二〇年代―衣裳デザイン 昭和三〇〜昭和四〇年代―家族のために描く) テーマ2 滅び テーマ3 幽霊

橘 逸勢〔?〜842〕 たちばな・はやなり
◇日本書人伝 中田勇次郎編 中央公論新社 2015.8 363p 16cm 〈中公文庫 な66-2〉〈執筆:山本健吉ほか 中央公論社 1974年刊の再刊 年譜あり〉 1200円 ⓘ978-4-12-206163-7 Ⓝ728.21
内容 聖徳太子 聖武天皇 光明皇后―山本健吉 空海―司馬遼太郎 最澄 嵯峨天皇 橘逸勢―永井路子 小野道風 藤原佐理―寺田透 藤原行成―白洲正子 西行 藤原俊成 藤原定家―中村真一郎 大燈国師 一休宗純―唐木順三 本阿弥光悦―花田清輝 池大雅―辻邦生 良寛―水上勉 貫名菘翁―中田勇次郎

立花 宗茂〔1569〜1643〕 たちばな・むねしげ
◇立花宗茂―将軍相伴衆としての後半生 生誕四百五十年記念出版 岡宏憲著 京都 宮帯出版社 2017.12 206p 19cm 〈宮帯茶人ブックレット〉〈文献あり 年譜あり〉 2500円 ⓘ978-4-8016-0136-9 Ⓝ791.2
内容 第1章 武将としての事績 第2章 宗茂の茶の湯の先行研究 第3章 宗茂と大徳寺 第4章 京都商人 富士谷家 第5章 徳川秀忠・家光の御伽衆 第6章 細川忠興との親交 第7章 宗茂の茶道具 第8章 おわりに

橘 由之〔?〜1634〕 たちばな・よしゆき
◇「橘由之日記」の研究 矢澤昇治編著 専修大学出版局 2014.8 256p 22cm 〈文献あり 年譜あり〉 3600円 ⓘ978-4-88125-288-8 Ⓝ291.4
内容 1 「橘由之日記」 2 日記の事項解説 3 橘由之と良寛禅師(由之とその家族 由之と良寛禅師 由之の人間性 由之と良寛の交流) 4 資料―年譜と日記行程譜(橘由之関係年譜 日記行程譜)

橘木 俊詔〔1943〜〕 たちばなき・としあき
◇青春放浪から格差の経済学へ 橘木俊詔著 京都 ミネルヴァ書房 2016.8 331,41p 20cm 〈シリーズ「自伝」my life my world〉〈著作目録あり 年譜あり 索引あり〉 3500円 ⓘ978-4-623-07690-1 Ⓝ289.1
内容 放浪期と学術生活期 日本での放浪 世界での放浪 大阪大学での研究・教育 研究に没頭した京都大学経済研究所時代 国外の研究所での研究・教育 国内の研究所での共同研究 学部教育へのコミットと経済学部への移籍 心地よい同志社大学時代 どのよ

うな内容の研究を行ったか　学会、コンファレンス活動　政策への関与と啓蒙活動　教え子は財産　資本主義とは何か

立原　道造〔1914～1939〕　たちはら・みちぞう
◇我が愛する詩人の伝記　室生犀星著　講談社　2016.8　277p　16cm　（講談社文芸文庫　む A9）〈中公文庫 1974年刊の再刊　年譜あり〉　1400円　①978-4-06-290318-9　Ⓝ914.6
[内容]　北原白秋　高村光太郎　萩原朔太郎　釈迢空　堀辰雄　立原道造　津村信夫　山村暮鳥　百田宗治　千家元麿　島崎藤村

太刀山　美樹　たちやま・みき
◇前傾姿勢でいいじゃない―子育て、起業、いま女子大生　太刀山美樹著　福岡　西日本新聞社　2015.10　161p　19cm　1300円　①978-4-8167-0908-1　Ⓝ289.1
[内容]　第1章 挫折はすべて財産（なぜ、幼児教育界のなまはげなの？　できない子の見本の私が…　ほか）　第2章 出会いは人を変える（すぐすすむ、すぐすむテキトーな父からの教え　ほか）　第3章 働くときは体当たり（お金がなくても体当たり戦法がある　働くことは、誰かの「ありがとう」　ほか）　第4章 子どもに学ぶ子育て（子どもの携帯代が高いので、100万円投げました　親もたまには失敗する　ほか）　第5章 どんなときも前向きに（総理を口説いた「5枠」の私　チャンスが来たら楽しむべし　ほか）

辰野　勇〔1947～〕　たつの・いさむ
◇軌跡　辰野勇著　大阪　ネイチュアエンタープライズ　2014.11　265p　22cm　（mont-bell BOOKS）　2000円　①978-4-9908067-0-5　Ⓝ589.75

辰野　金吾〔1854～1919〕　たつの・きんご
◇辰野金吾―美術は建築に応用されざるべからず　河上眞理, 清水重敦著　京都　ミネルヴァ書房　2015.3　229,5p　20cm　（ミネルヴァ日本評伝選）〈文献あり　年譜あり　索引あり〉　2500円　①978-4-623-07360-3　Ⓝ523.1
[内容]　第1章 辰野金吾という人（人間辰野金吾　唐津から東京へ）　第2章 工部大学校における造家学の修学（工部省と工部大学校　工部寮への入校と造家学の選択　造家学の修学）　第3章 イギリス留学とグランド・ツアー（『辰野金吾滞欧学帳』　イギリス留学　グランド・ツアー）　第4章 建築界の造形（敗者としての工部大学校　帝国大学工科大学での建築教育　辰野が求めた建築界の輪郭）　第5章 "美術建築"を目指して（"美術建築"との出会い　辰野金吾と美術界　"美術建築"の実践）　第6章 建築家辰野金吾（初期―工部省・辰野建築事務所時代　中期―日本銀行時代　後期―「辰野式」建築時代　「終焉の記」）

◇東京王―首都の背後に君臨した知られざる支配者たち　小川裕夫著　ぶんか社　2017.11　189p　19cm　〈文献あり〉　1300円　①978-4-8211-4467-9　Ⓝ281.36
[内容]　東京の知性を育んだ初代総理の教育熱―伊藤博文　一大商都目指し奮闘した資本主義の父―渋沢栄一　東京を"建てた"男の栄光と未踏の夢―辰野金吾　東京発の"メイド・イン・ジャパン"―大久保利通　GHQをも退けた"電力の鬼"実業家―松永安左エ門　帝都に君臨する大財閥・三菱の創始者―岩崎弥太郎　下級武士から東京を創った成り上がり―後藤新平　西の鉄道王が東京に残した巨大な足跡―小林一三　朝敵の罪を背負った徳川宗家の後継者―徳川家達　後進国・日本の逆襲を都市計画で実現―井上馨　人材育成の視点から日本実業界を醸成―福澤諭吉　片田舎の谷・渋谷に君臨した田部国王―五島慶太　技術力で首都を開拓した地方藩出身者―大隈重信　都知事の座に最も長く君臨し続けた男―鈴木俊一

辰野　隆〔1888～1964〕　たつの・ゆたか
◇忘れ得ぬ人々と谷崎潤一郎　辰野隆著　中央公論新社　2015.2　285p　16cm　（中公文庫　た 87-1）「辰野隆選集 第4巻」（改造社 1949年刊）の改題、増補・訂正〉　820円　①978-4-12-206085-2　Ⓝ914.6
[内容]　忘れ得ぬ風丰　最初の文化勲章―幸田・佐佐木両博士　逝ける人々　露伴先生の印象　上田万年と斎藤緑雨　夏目漱石　漱石・乃木将軍・赤彦・茂吉　寺田寅彦　長谷川如是閑　鈴木三重吉との因縁―喧嘩口論は酒の下物〔ほか〕

辰巳　栄一〔1895～1988〕　たつみ・えいいち
◇米国国立公文書館機密解除資料 CIA日本人ファイル　第7巻・第12巻　加藤哲郎編・解説　現代史料出版　2014.12　6冊（セット）　30cm　190000円　①978-4-87785-303-7　Ⓝ319.1053
[内容]　第7巻（大川周明　笹川良一　重光葵　下村定）　第8巻（小野寺信）　第9巻（正力松太郎）　第10巻（辰巳栄一　和知鷹二　和智恒蔵）　第11巻（辻政信（1））　第12巻（辻政信（2））

巽　孝之丞〔1864～1931〕　たつみ・こうのじょう
◇人生の住処　巽豊彦著, 巽孝之編　彩流社　2016.11　254p　20cm　〈年譜あり　索引あり〉　2500円　①978-4-7791-2274-3　Ⓝ930.26
[内容]　英文学への招待（英文と英語と英文学　偶然の世界）　第1部 イギリス小説の紳士像（オースティンにおける紳士像　トロロップにおける紳士像　ウォーとカトリシズム　ディケンズにおける紳士像―Great Expextationの場合　ニューマンの大学論―理想としての自由教育）　第2部 上智大学とカトリシズム（ニューマン・岩下・吉満―復興への軌跡　舟川一彦著『十九世紀オックスフォード人文学の宿命』戦後の高揚期を偲びつつ―追憶の『ソフィア』　安堵の沙汰やみ―刈田元司教授回想　極右と極左―秋山健教授追悼）　第3部 終の避暑地で（松目への道　プブノワさんと富士見　ある修道士の生涯―アロイジオ神父のこと　大学誘致の夢）　第4部 ある伝記の試み―父・巽孝之丞（巽孝之丞小伝（草稿）

巽　聖歌〔1905～1973〕　たつみ・せいか
◇たきびの詩人 巽聖歌　日野市郷土資料館編　日野　日野市郷土資料館　2018.3　64p　21cm　（日野市郷土資料館ブックレット 2）〈年譜あり　著作目録あり〉　Ⓝ911.52

辰巳　正夫〔1936～〕　たつみ・まさお
◇エール送って駆けて60年―早稲田の応援団長から大阪市議へ　辰巳正夫著　大阪　清風堂書店　2017.1　307p　22cm　〈年譜あり〉　1500円

①978-4-88313-853-1　Ⓝ289.1
内容　幼少期から高校卒業まで―1936年から1954年　早稲田大学に入学―1954年から1958年3月　思い出すままに―早稲田の思い出　大学院政治学研究科に入学―1958年4月から12月　早稲田精神昂揚会を結成、初代の会長に―1959年1月から1961年3月　歴史的な安保闘争　健康を守る会への就職、入党―1961年2月から1964年12月　住民運動のただなかに―1965年1月から1975年4月　あたらしい革新コンビが誕生―1975年4月から2003年4月　わが町、西淀川佃コープの団地生活　定数「1」の選挙に挑戦を決意　妻　春江の獅子奮迅　私の家族

辰巳　ヨシヒロ〔1935〜2015〕　たつみ・よしひろ
◇劇画暮らし　辰巳ヨシヒロ著　KADOKAWA　2014.10　424p　15cm　（角川文庫 た75-1）〈本の雑誌社 2010年刊の加筆・修正　著作目録あり〉　840円　①978-4-04-102308-2　Ⓝ726.101
内容　1 手塚治虫に出会った　2 貸本まんがの世界へ　3 『影』とまんが青年たち　4 劇画誕生　5 劇画工房狂想曲　6 終わりなき劇画暮らし

辰巳　良一〔1914〜2005〕　たつみ・りょういち
◇黒滝樽丸仕辰巳良一日記抄　下　昭和13年―18年　辰巳良一著, 日浦義文編注　黒滝村（奈良県）　黒滝村教育委員会　2014.10　239p　30cm　〈文献あり〉　Ⓝ289.1
◇黒滝樽丸仕辰巳良一日記抄　上　昭和7年　辰巳良一著, 日浦義文編注　黒滝村（奈良県）　黒滝村教育委員会　2017.3　267p　30cm　Ⓝ289.1
◇黒滝樽丸仕辰巳良一日記抄　中　昭和8年―12年　辰巳良一著, 日浦義文編注　黒滝村（奈良県）　黒滝村教育委員会　2017.3　304p　30cm　Ⓝ289.1

辰吉　丈一郎〔1970〜〕　たつよし・じょういちろう
◇魂の言葉 辰吉丈一郎　辰吉丈一郎著　ベースボール・マガジン社　2015.8　229p　19cm　1500円　①978-4-583-10883-4　Ⓝ788.3
内容　魂の言葉2015　魂の言葉1998・2009　「手記」今、俺が考えていること―　第1章 父から学んだ哲学　第2章「辰吉」の名を知らしめる　第3章 自分で決めて自分の人生を歩く　第4章 挫折したことは一回もない　辰吉丈一郎プロ全成績

伊達　公子〔1970〜〕　だて・きみこ
◇後藤正治ノンフィクション集　第10巻　後藤正治著　大阪　ブレーンセンター　2016.3　752p　15cm　2400円　①978-4-8339-0260-1　Ⓝ918.68
内容　清冽（倚りかからず　花の名　母の家 ほか）　奇蹟の画家（画廊　発掘　最期の一枚 ほか）　孤独の戦い人（2）（中断　冷めた炎　三四郎三代 ほか）
◇Date of DATE―伊達公子の日　伊達公子, 金子達仁著　文藝春秋　2018.7　345p　19cm　1500円　①978-4-16-390801-4　Ⓝ783.5
内容　1 SECOND BIRTH 2008.3.10―第2の伊達公子が生まれた日（金子達仁）　2 ALWAYS SMILE 2008・2017―セカンドキャリア（「わたしとテニスと日本と」　「2度目の引退を考えた」　「なぜわたしは、それでも現役を続けるのか」　「やることをやってきた人生だから」　「やり残したことはもうないけれど」　「未練は…あるかな」）（伊達公子）　3 REAL RETIREMENT 2017.9.12―現役最後の日（金子達仁）

伊達　順之助〔1892〜1948〕　だて・じゅんのすけ
◇満蒙をめぐる人びと　北野剛著　彩流社　2016.5　183p　19cm　（フィギュール彩 57）　1800円　①978-4-7791-7059-1　Ⓝ319.1022
内容　プロローグ　満洲と日本人―石光真清　第1章「満蒙」の先覚者―辻村楠造　第2章　満鉄と満洲日本人社会―相生由太郎　第3章 外交官の見た日露戦争の極東アジア―川上俊彦　第4章 中国の動乱と満蒙政策―宇都宮太郎　第5章 日本人「馬賊」と中国大陸―薄益三　第6章 第一次世界大戦後の馬賊―伊達順之助　第7章「国策」の最前線―駒井徳三　第8章「満蒙問題」と在満邦人―守田福松　エピローグ　理想国家の建設―笠木良明

伊達　綱宗〔1640〜1711〕　だて・つなむね
◇考証　風流大名列伝　稲垣史生著　立東舎　2016.10　254p　15cm　（立東舎文庫 い1-1）〈作品社 1983年刊の再刊　発売：リットーミュージック〉　800円　①978-4-8456-2867-4　Ⓝ281.04
内容　序章―殿様とは　徳川光圀―絹の道への幻想　徳川宗春―御深井の秘亭　伊達綱宗―遊女高尾斬りを笑う　井伊直弼―この世は一期一会よ　織田秀親―鬼面の茶人寛永寺の刃傷　細川忠興―凄惨な夜叉の夫婦愛　前田吉徳―間違われた加賀騒動の主人公　小堀遠州―長く嶮しい道をゆく　安藤信正―『半七捕物帳』にえにし　柳生宗矩―まほろしの名品平蜘蛛　松平不昧―父の風流入墨女の怪　浅野長矩―名君の史料に事欠かぬ　島津重豪・島津斉興・島津斉彬―薩摩三代の過剰風流　有馬頼貴・鍋島勝茂―大名行列に犬を引いて

伊達　斉邦〔1817〜1841〕　だて・なりくに
◇少年藩主と天保の危機―大災害下の仙台藩主・伊達斉邦の軌跡　佐藤大介著　〔仙台〕大崎八幡宮仙台・江戸学実行委員会　2017.2　70p　21cm　（国宝大崎八幡宮仙台・江戸学叢書 68）〈発行所：大崎八幡宮〉　Ⓝ289.1

伊達　政宗〔1567〜1636〕　だて・まさむね
◇伊達政宗―秀吉・家康が一番恐れた男　星亮一著　さくら舎　2014.9　322p　19cm　1600円　①978-4-906732-87-6　Ⓝ289.1
内容　信長という教典　神の子政宗誕生　二人の天才、信長と小十郎　撫で斬りの小手森城　九死に一生―苦難の人生の始まり　大崎、佐竹、相馬との戦い　摺上原の決戦―奥州制覇の大一番　秀吉と初対面―死装束で対決　奥州仕置、秀吉の非情　絶体絶命！　磔柱の入京　伊達者正宗参上　斬り死に覚悟の上洛　正宗と家康の天下取り　慶長地震の大津波　最後の賭けスペイン軍事同盟　家康の遺言　遠のく夢の懸け橋　正宗、家光の誓約
◇幸村公と政宗公ゆかりめぐり旅　プロジェ・ド・ランディ著　双葉社　2016.2　111p　21cm　1300円　①978-4-575-30998-0　Ⓝ289.1

内容　緋の篇　真田幸村（上田・バトルフィールド　高野山・充電の時　大坂・日本一の散りざま）　月の篇　伊達政宗（岩出山・主のいない城　仙台・夢のつづき　白石・絆をたどって）

◇隠れキリシタンと政宗　栗村芳實著　宇都宮随想舎　2017.1　95p　18cm　（ずいそうしゃ新書 18）〈文献あり　年譜あり　年表あり〉1000円　Ⓘ978-4-88748-336-1　Ⓝ198.22131
　内容　第1章　宍戸のマリア　第2章　良子と由佳―探索の始まり　第3章　ひたちなか市のマリア像　第4章　隠れキリシタン調査の「まとめ」　第5章　政宗の生い立ち　第6章　政宗藩主となる　第7章　政宗の夢

◇伊達政宗文書　仙台市博物館編、明石治郎、菅野正道、佐々木徹、佐藤健治、菅原美咲、村岡淳子執筆　仙台　仙台市博物館　2017.3　123p　21cm　（仙台市博物館収蔵資料図録 9）〈年譜あり〉Ⓝ289.1

◇伊達政宗の研究　小林清治著　新装版　吉川弘文館　2017.6　479p　22cm　〈文献あり〉9000円　Ⓘ978-4-642-02937-7　Ⓝ289.1
　内容　1　戦国大名（誕生伝説考　政宗の「独眼竜」と虎哉宗乙　政宗家督相続の前提　美作守補任辞退　宗の和戦―天正十六年郡山合戦等を中心に　権力と領国構造）　2　近世大名（豊臣政権と政宗　仙台築城の歴史的意義　支倉遣欧のこと　仙台藩経営）　3　政宗文書の研究（政宗の書札礼　政宗と自筆書状判物と印判状）

戦国大名―歴史文化遺産　五味文彦監修　山川出版社　2018.6　238p　21cm　1800円　Ⓘ978-4-634-15134-5　Ⓝ210.47
　内容　1　戦国乱世の幕開け（北条早雲　北条氏康　上杉謙信　ほか）　2　群雄たちの覇権（織田信長　長宗我部元親　毛利元就）　3　争乱から天下人へ（豊臣秀吉　島津義久　伊達政宗　ほか）

◇子孫が語る歴史を動かした偉人たち　善田紫紺著　洋泉社　2018.6　191p　18cm　（歴史新書）　900円　Ⓘ978-4-8003-1476-5　Ⓝ281
　内容　第1部　志士の末裔たち（西郷隆盛曾孫　西郷隆文氏『何事も相手の身になって考える"敬天愛人"の精神』大久保利通曾孫　大久保利泰氏『自由にやらせて自分が責任を取る魅力的なリーダーシップ』　勝海舟曾孫　勝康氏『旺盛な好奇心に人十倍の努力と克己心で生き抜いた』　榎本武揚曾孫　榎本隆充氏『国への恩返しを使命とし新政府にも尽くした』　陸奥宗光曾孫　陸奥磯大氏『いざという時は死を恐れず立ち向かう熱い志士の血』　ほか）　第2部　殿さまの末裔たち（徳川宗家十八代当主　徳川恒孝氏『日本人の感性や伝統文化を守り伝えた江戸時代を評価したい』　前田家十八代当主　前田利祐氏『祭りや年中行事を親子で行い、人としての礼儀を継承する』　島津家三十三代　島津忠裕氏『薩摩人のDNAを引き継ぎ、鹿児島のあり方、日本人に十倍のフォーカスする』　伊達家十八代当主　伊達泰宗氏『見えぬところにこそ本当の価値がある"伊達もの"の美学』　山内家十九代当主　山内豊功氏『大事を成し遂げるときは、心を閑にして物ごとの大勢を見る』　ほか）

◇伊達天正日記天正十五年　南奥羽戦国史研究会編　岩田書院　2018.11　110,20p　21cm　（岩田書院史料選書 7）　1600円　Ⓘ978-4-86602-059-4　Ⓝ289.1

伊達　宗徳〔1830〜1905〕　だて・むねえ

◇伊達宗徳公在京日記　慶応四年七月廿二日より明治元辰十月十八日着城迄―宇和島・仙台伊達家戊辰戦争関連史料　その2　宇和島伊達文化保存会監修、近藤俊文、水野浩一編纂　創泉堂出版　2018.9　135,6p　21cm　（宇和島伊達家叢書 6）　1800円　Ⓘ978-4-902416-43-5　Ⓝ218.305
　内容　史料　伊達宗徳公在京日記　慶応四辰七月廿二日より明治元辰十月十八日着城迄　解説　「伊達宗徳公在京日記　慶応四辰七月廿二日より明治元辰十月十八日着城迄」

伊達　宗城〔1818〜1892〕　だて・むねなり

◇伊達宗城隠居関係史料　宇和島伊達文化保存会監修、藤田正編集・校注　創泉堂出版　2014.10　68p　21cm　（宇和島伊達家叢書 第2集）　1250円　Ⓘ978-4-902416-31-2　Ⓝ289.1

◇伊達宗城在京日記　伊達宗城著　オンデマンド版　東京大学出版会　2015.1　726p　22cm　（日本史籍協会叢書 139）〈印刷・製本：デジタルパブリッシングサービス　覆刻　昭和47年刊〉16000円　Ⓘ978-4-13-009439-9　Ⓝ210.58

◇伊達宗城公御日記―慶應三四月より明治元二月初旬　伊達宗城著, 宇和島伊達文化保存会監修、近藤俊文, 水野浩一編纂　創泉堂出版　2015.6　111p　21cm　（宇和島伊達家叢書 第3集―慶應四年三大攘夷事件関連史料　その1)　1600円　Ⓘ978-4-902416-35-0　Ⓝ218.3
　内容　史料及び現代語訳　伊達宗城公御日記　慶應三四月より明治元二月初旬　解題　慶應三年から四年初頭における伊達宗城日記類の基本構成　解説　歴史史料としての「御日記　慶應三四月より明治元二月初旬」

◇伊達宗城公御日記―明治元辰二月末より四月迠在京阪　伊達宗城著, 宇和島伊達文化保存会監修、近藤俊文, 水野浩一編纂　創泉堂出版　2016.3　94,7p　21cm　（宇和島伊達家叢書 第4集―慶応四年三大攘夷事件関連史料　その2・その他）　1600円　Ⓘ978-4-902416-37-4　Ⓝ218.3
　内容　史料及び現代語訳　伊達宗城公御日記　明治元辰二月末より四月迠　在京阪　解説　「御日記　明治元辰二月末より四月迠　在京阪」

◇伊達宗城隠居関係史料　宇和島伊達文化保存会監修、藤田正編集・校注　改訂版/仙波ひとみ/改訂　創泉堂出版　2016.11　66p　21cm　（宇和島伊達家叢書 2）　1250円　Ⓘ978-4-902416-38-1　Ⓝ289.1
　内容　史料　伊達宗城隠居関係史料（伊達宗城隠居関係史料　伊達宗紀・宗城宛井伊直弼書翰　逸事史補関係）

◇伊達宗城公御日記―明治元辰四月末より六月迄在京阪　伊達宗城著, 宇和島伊達文化保存会監修、近藤俊文, 水野浩一編纂　創泉堂出版　2017.8　119,7p　21cm　（宇和島伊達家叢書 第5集―宇和島・仙台伊達家戊辰戦争関連史料　その1・その他）　1600円　Ⓘ978-4-902416-39-8　Ⓝ218.305
　内容　史料及び現代語訳　伊達宗城公御日記　明治元辰

四月末より六月迄 在京阪 解説 「御日記 明治元辰四月末より六月迄 在京阪」 仙台・宇和島・吉田 伊達家と徳川旗本内匠山口家略系図

伊達 盛重〔1553～1615〕 だて・もりしげ
◇政宗が殺(け)せなかった男―秋田の伊達さん 古内泰生著 現代書館 2014.10 267p 20cm 〈文献あり 年表あり〉 2200円 Ⓘ978-4-7684-5744-3 Ⓝ289.1

内容 伊達盛重の生涯(伊達盛重概論 盛重亡命後の国分氏 ほか) 秋田の伊達さんへの道・概説(江戸時代の秋田の伊達さんと家紋 伊達宜宗と大塚権之助 ほか) 女たちの戦い(伊達盛重の娘たち 伊達晴宗の久保姫略奪婚 ほか) 秋田の伊達さんへの道・詳説(伊達盛重の常陸亡命と「予定調和」 伊達盛重の亡命と佐竹氏の対応 ほか)

立石 一夫〔1947～〕 たていし・かずお
◇立石高3物語 立石一夫著 鶴書院 2015.8 193p 19cm 〈文献あり 発売:星雲社〉 1100円 Ⓘ978-4-434-20909-3 Ⓝ289.1

内容 一月 January 二月 February 三月 March 四月 April 五月 May 六月 June 七月 July 八月 August 九月 September 十月 October 十一月 November 十二月 December

立石 鐵臣〔1905～1980〕 たていし・てつおみ
◇語られなかった日本人画家たちの真実―日本統治時代台湾 森美根子著 振学出版 2018.1 245p 19cm 〈年表あり 発売:星雲社〉 2000円 Ⓘ978-4-434-24140-6 Ⓝ702.224

内容 第1章 清朝芸術と日本人との邂逅 第2章 台湾近代美術の礎を築いた日本人画家 第3章 台湾美術展覧会誕生の萌芽 第4章 官民挙げての一大プロジェクト 台展とその実情 第5章 台展のインパクトとその後の美術運動 第6章 戦争末期から戦後へ―それぞれの情熱

立石 晴康〔1941～〕 たていし・はるやす
◇都議・立石晴康の「孤高の真実」 平山一城著 悠光堂 2017.3 195p 19cm 〈年表あり〉 1200円 Ⓘ978-4-906873-88-3 Ⓝ318.236

内容 第1章 この都議こそ、いま東京が求めている(「政変」直前の都政報告会 都議歴30年、相次ぐ知事辞職に怒る ほか) 第2章 逆境が生んだ「草の根」政治家(自民党に2度「反抗」の正義とは 少年期の病気が精神を鍛える ほか) 第3章 グローバルな視点で代々知事と論戦(議会質問も誰もがわかる言葉で 鈴木都政弘、「マイタウン構想」で都の骨格 ほか) 第4章 「都議人生」支えた思い、これからも(聖徳太子、親鸞が教えた「愛と正義」 新しいコミュニティ、地域を愛する心 ほか) 第5章 小池知事と協力し、「世界一の都市」へ(都政改革へ、3度目の挑戦にかけ 都議会を支配した「闇将軍の理論」 ほか)

立川 談春〔1966～〕 たてかわ・だんしゅん
◇赤めだか 立川談春著 扶桑社 2015.11 306p 16cm 〈扶桑社文庫 た15-1〉〈2008年刊の加筆修正〉 650円 Ⓘ978-4-594-07362-6 Ⓝ779.13

内容 「これはやめとくか」と談志は云った。 新聞配達少年と修業のカタチ 談志の初稽古、師弟の想い 青天の霹靂、築地魚河岸修業 己の嫉妬と一門の元旦 弟子の食欲とハワイの夜 高田文夫と雪夜の牛丼 生涯一度の寿限無と五万円の大勝負 揺らぐ談志と弟子の罪―立川流後輩達に告ぐ 誰も知らない小さんと談志―小さん、米朝、ふたりの人間国宝

立川 理道〔1989～〕 たてかわ・はるみち
◇ハルのゆく道―日本ラグビーの至宝 立川理道の成長物語 村上晃一著 天理 天理教道友社 2016.10 245p 19cm 〈年表あり〉 1400円 Ⓘ978-4-8073-0603-9 Ⓝ783.48

内容 第1章 少年時代(理道、誕生 やまのベラグビー教室 ほか) 第2章 天理ラグビー(選手、指導者は多士済々 天理教二代真柱 ほか) 第3章 世界への序章(フラットパス スタンドオフとしての気づき ほか) 第4章 栄光と挫折(エディー・ジョーンズ オーストラリアでの苦悩 ほか) 第5章 そして、未来へ(スーパーラグビー参戦 感謝のオープニングマッチ ほか)

立野 正一〔1908～1995〕 たての・しょういち
◇暗い時代の人々 森まゆみ著 亜紀書房 2017.5 294p 19cm 〈他言語標題:Men in Dark Times 文献あり 年表あり〉 1700円 Ⓘ978-4-7505-1499-4 Ⓝ281

内容 第1章 斎藤隆夫―リベラルな保守主義者 第2章 山川菊栄―戦時中、鶉の卵を売って節は売らず 第3章 山本宣治―人生は短く、科学は長い 第4章 竹久夢二―アメリカで恐慌に、ベルリンでナチスの台頭を見た 第5章 九津見房子―戸惑いながら懸命に生きたミス・ソシアリスト 第6章 斎藤雷太郎と立野正一―「土曜日」の人々と京都の喫茶店フランア 第7章 古在由重―ファシズムの嵐の中を航海した「唯物論研究」 第8章 西村伊作―終生のわがまま者にしてリベルタン

舘野 仁美〔1960～〕 たての・ひとみ
◇エンピツ戦記―誰も知らなかったスタジオジブリ 舘野仁美著,平林享子構成 中央公論新社 2015.11 236p 20cm 1400円 Ⓘ978-4-12-004793-0 Ⓝ778.77

内容 1 エンピツ戦士、ジブリ王国の門をくぐる 2 ジブリの森で宮崎監督に雷を落とされる 3 師匠たちに怒られながら、腕をみがく日々 4 トレスマシンと格闘し、スケジュールに追いかけられる 5 光があれば、闇もある。表現者はなにを考え、どう動くべきか 6 いいアニメーターの条件とは? 教える立場になって思ったこと 7 ジブリを巣立つ日。そして人生は続く

立松 和平〔1947～2010〕 たてまつ・わへい
◇振り返れば私が、そして父がいる 立松和平,横松心平著 宇都宮 随想舎 2016.8 309p 20cm 1800円 Ⓘ978-4-88748-327-9 Ⓝ910.268

内容 第1部 振り返れば私がいる(ゆっくりした出発 不思議の国への旅 早稲田大学に入学す 自己を武器化せよ はじめての異国の景色 ほか) 第2部 振り返れば父がいる(父からのボール 眠る父のまわりで 南無妙法蓮華経 さるやま団地へ 旅も釣りも仕事 ほか)

田所 糧助 たどころ・りょうじょ
◇人物でたどる日本の図書館の歴史 小川徹, 奥

たなあみ

泉和久, 小黒浩司著　青弓社　2016.6　660p　22cm　〈索引あり〉　8000円　Ⓘ978-4-7872-0060-0　Ⓝ010.21

内容　第1篇　佐野友三郎伝(佐野友三郎の足跡　補論資料)　第2篇　新宮市立図書館長浜畑栄造更迭始末(新宮の2つの図書館　浜畑栄造と大逆事件　「新宮の町は恐懼せり」)　第3篇　忘れられた図書館員、田所糧助—図書館員として歩んだ道をたどって(図書館創設請負人、田所糧助　東京市立図書館の復興計画と田所糧助　深川図書館時代—1927-35年)　第4篇　「図書館の自由に関する宣言」淵源考—韮塚一三郎の生涯(青年期の韮塚　県立図書館長としての韮塚)　第5篇　森博、図書館実践とその思想(論考：森博、図書館実践とその思想　森博と4人の図書館員—インタビュー記録)

田名網 敬一〔1936〜〕　たなあみ・けいいち
◇夢の悦楽　田名網敬一著　東京キララ社　2017.2　327p　25cm　〈他言語標題：DREAM on DREAMER〉　4800円　Ⓘ978-4-903883-20-5　Ⓝ723.1

内容　DREAM CATALOGUE　夢の分析　日付のある夢　夢の編集　恐ろしい闇　瞼の裏側の儀式　DREAMS AND HALLUCINATIONS AND MONONOKE　日付のない夢　浮遊する夢　記憶を編集したものが夢

田中 一村〔1908〜1977〕　たなか・いっそん
◇評伝　田中一村　大矢鞆音著　生活の友社　2018.7　708p　22cm　〈文献あり　年譜あり　索引あり〉　4500円　Ⓘ978-4-908429-19-4　Ⓝ721.9

内容　第1章　生誕の栃木と東京での暮らし(才能を育てた環境　東京美術学校の同級生たち　ほか)　第2章　千葉時代(千葉への移住　南画から「新しい日本画へ」　ほか)　第3章　奄美時代の一村—奄美第一期(国直の海岸で　何故奄美だったのか　ほか)　第4章　再びの奄美—奄美第二期(再びの奄美　一村の散歩コース　ほか)

田中 糸平　たなか・いとへい
⇒田中平八(たなか・へいはち)を見よ

田中 稲城〔1856〜1925〕　たなか・いなぎ
◇近代日本の礎を築いた七人の男たち—岩国セブン・ファーザーズ物語　佐治利南著　致知出版社　2016.7　170p　19cm　〈文献あり　年譜あり〉　1200円　Ⓘ978-4-8009-1119-3　Ⓝ281.77

内容　偉大な人物を輩出した岩国藩の教育　「初代大審院長」玉乃世履翁—賄賂一切お断り　「解剖学のパイオニア」今田東先生に—私の遺体を解剖するように！　「小銃製作の父」有坂成章翁—他に頼らず独学独成が大切です　「電気の父」藤岡市助博士—僕は人に役立つことをしたい　「図書館の父」田中稲城翁は国民の大学です　「近代辞典製作の祖」斎藤精輔翁—一人の一生は一事一業です　明治岩国人の特質は名聞を好まず、「公」に生きる

田中 栄蔵〔1857〜1932〕　たなか・えいぞう
◇評伝　天草五十人衆　天草学研究会編　福岡　弦書房　2016.8　317p　22cm　〈文献あり　年表あり　索引あり〉　2400円　Ⓘ978-4-86329-138-6　Ⓝ281.94

内容　ステージ1　五人衆の時代、そして…　ステージ2　天領天草の村々　ステージ3　祈りの島で　ステージ4　耕す、漁る　ステージ5　実業の世をひらく　ステージ6　胸路はるかに　ステージ7　文学・歴史・言論　ステージ8　あの頃、この人　ステージ9　島の現実、国の行く末　ステージ10　一筋の道　ステージ特別編　群像二題(天草の石文化と松室五郎左衛門　牛深カツオ漁の男たち)

田中 薫〔1941〜〕　たなか・かおる
◇ハモニカ長屋の頃—昭和二十年代の北浦和　田中薫著　さいたま　さきたま出版会　2016.2　250p　19cm　1500円　Ⓘ978-4-87891-427-0　Ⓝ289.1

内容　入間からハモニカ長屋へ　幼稚園を中退、そして入園へ　長屋完成以前と住宅改造工事　二十二年四月、木崎小学校へ入学　埼玉大学附属小学校へ途中入学　紙芝居、少年王者、ターザンごっこ　浅草でカンカン娘の映画を観た　メダカとドジョウがいくらでも捕れた頃　二十四年一月、宗吉じいさんが亡くなった　二十四年、オヤジは相続とサッカーに忙しかった　石井さんという変わったおじさんがいた　メンコとクジと駄菓子屋さん　「デパート」といえば上野の松坂屋　春秋二回ずつあった学芸会と運動会　補習、街頭テレビ、そして東大力増進会　箱根の修学旅行で枕投げ合戦　オヤジ校長に、北浦和の県営アパートへ

田中 角栄〔1918〜1993〕　たなか・かくえい
◇田中角栄権力の源泉　大下英治著　イースト・プレス　2014.12　444p　18cm　(イースト新書　041)　907円　Ⓘ978-4-7816-5041-8　Ⓝ312.1

内容　第1章　田中角栄の青春、小佐野賢治と昭和(人間は、働かなくちゃいかん　角栄の初恋と魂の上京　ほか)　第2章　権力の階段—角栄と小佐野の天下取り(越山会の原型—下からの盛り上がり　いざというとき、敵にまわらないための「指導料」　ほか)　第3章　今太閤、田中角栄、政商・小佐野賢治の絶頂(田中派旗揚げ、福田派のスパイ　「オヤジ、小佐野さんと佐藤昭さんを切ってください」　ほか)　第4章　ロッキード事件の深層(ロッキード事件発覚　"小佐野 - 児玉 - ロッキード社"の点と線　ほか)　第5章　闇将軍・田中角栄の執念と最期(キングメーカー角栄　後藤田正晴指揮による大ローラー作戦　ほか)

◇田中角栄—最後の秘書が語る情と智恵の政治家　朝賀昭著．福永文夫，服部龍二，雨宮昭一，若月秀和編　第一法規　2015.3　239p　19cm　1800円　Ⓘ978-4-474-02917-0　Ⓝ312.1

内容　第1話　二十六歳の「若き血は叫ぶ」—田中角栄の原点　二十六歳の角栄との出会い　若き日の田中角栄　田中角栄の素顔　ほか　第2話　「中原に駒を進める」—総理大臣にのぼりつめるまで(政策家としての顔　権力への道　角福戦争)　第3話　「今太閤」の栄光と転落「田中ブーム」　日本列島改造論　日中国交正常化　ほか　第4話　「一国の総理に起こるはずがない」—ロッキード事件　第5話　「闇将軍」と呼ばれて(福田・大平の密約　キングメーカー　予期せぬ幕引き)　第6話　草の庵を結ぶ

◇人は理では動かず情で動く—田中角栄　人心収攬の極意　向谷匡史著　ベストブック　2015.6　191p　19cm　(ベストセレクト)〈文献あり〉　1200円　Ⓘ978-4-8314-0197-7　Ⓝ289.1

|内容| 第1章 心をつかむ技術(人を引き寄せる「稚気」の使い方 人は、人によって磨かれる ほか) 第2章 味方につける技術(すべての責任を取る覚悟 「同朋意識」で接することで心酔者を増やす ほか) 第3章 角栄式 "知"の金銭哲学(角栄式「カネの哲学」借りたカネは忘れるな。貸したカネは忘れろ ほか) 第4章 心の隙間に入り込む技術(人の悪口は便所のなかでつぶやけ 味方をつくる前以前に敵を減らせ ほか) 第5章 取り込む技術(プライドの高い人間に人は寄ってこない 確かな情報で即断即決、相手の喜びを倍増させる行動 ほか)

◇丸山眞男と田中角栄—「戦後民主主義」の逆襲 佐高信、早野透著 集英社 2015.7 222p 18cm (集英社新書 0794)〈年譜あり〉 740円 ①978-4-08-720794-1 Ⓝ312.1

|内容| 第1章 戦争は罪である—丸山と角栄の二等兵体験(戦後民主主義を体現するふたり 岸信介と中曽根康弘の戦争 ほか) 第2章 はみ出し者の民主主義—丸山学派と田中派(敗戦を直感した角栄 経済官僚と軍事官僚 ほか) 第3章 市民か庶民か有象無象か—丸山思想から角栄を解説する(デモクラシーとは少数意見の保護である 角栄は少数派を多数派にしようとした ほか) 第4章 精神のリレーと断絶—民主主義の実践者たちの系譜(小田実、辻元清美、雨宮処凛 悔恨共同体から『丸山眞男』をひっぱたきたい」へ ほか) 第5章 民主主義の永久革命—「超国家主義の論理と心理」「日本列島改造論」そして未来へ(敗戦直後の精神的事件 角栄の農村の民主化と、丸山的自由な主体 ほか)

◇角栄の「遺言」—「田中軍団」最後の秘書朝賀昭 中澤雄大著 講談社 2015.12 478p 15cm (講談社+α文庫 G269-1)〈「角栄のお庭番朝賀昭」(2013年刊)の改題、一部修正 文献あり〉 880円 ①978-4-06-281636-6 Ⓝ312.1

|内容| オヤジとの出会い 目白の面々—オヤジと秘書佐藤ママと娘 列島改造前夜 「田中学校」 小沢一郎代議士誕生 ポスト佐藤をめぐって—田中政権誕生前夜 田中政権誕生—権力とカネ 日中国交回復、列島改造 政権崩壊前夜—オイルショック 落日—金脈と、越山会の女王 列島改造の女王—まさかの逮捕 「田中軍団」四十日抗争 オヤジ倒れる—「創政会」旗揚げ、「田中支配」崩壊

◇田中角栄の青春 栗原直樹著 青志社 2016.1 322p 19cm 〈文献あり〉 1500円 ①978-4-86590-021-7 Ⓝ289.1

|内容| 第1章 忘れ雪—田中家の暮らし 第2章 青嵐—したたかさ 第3章 黒南風—戦争特集 第4章 炎風—「運」と「ツキ」 第5章 たち雲—総理への助走 第6章 彩雲—王として 第7章 花の雲—追われざる者

◇ひとびとの精神史 第6巻 日本列島改造—1970年代 杉田敦編 岩波書店 2016.1 298,2p 19cm 2500円 ①978-4-00-028806-4 Ⓝ281.04

|内容| プロローグ 一九七〇年代—「公共性」の神話 1 列島改造と抵抗(田中角栄—列島改造と戦後日本政治 小泉よね—三里塚の一本杉 宮崎省吾—住民自治としての「地域エゴイズム」 宇梶静江—関東アイヌの呼びかけ) 2 管理社会化とその底流(吉本隆明と藤田省三—「大衆の原像」の起源と行方 岩根邦雄—「おおぜいの私」による社会運動 小野木祥之—仕事のありかたを問う労働組合運動の模索) 3 アジアとの摩擦と連帯(小野田寛郎と横井庄一—豊かな社会に出現した日本兵 金芝河と日韓連帯運動を担ったひとびと 金順烈—アジアの女性たちを結ぶ)

◇日本を揺るがせた怪物たち 田原総一朗著 KADOKAWA 2016.3 293p 19cm 1500円 ①978-4-04-601559-4 Ⓝ281.04

|内容| 第1部 政界の怪物たち(田中角栄—田原総一朗が最初に対峙した政界の怪物 中曽根康弘—「偉大な人はみんな風見鶏」 竹下登—調整能力にすぐれた「政界のおしん」 小泉純一郎—ワンフレーズに信念を込める言葉の天才 岸信介—左右「両岸」で力をふるった「昭和の妖怪」) 第2部 財界の怪物たち(松下幸之助—国家の経営に至った男 本田宗一郎—ボルト一本に情熱をかける技術の雄 盛田昭夫—失敗を恐れない超楽観主義者 稲盛和夫—「狂」と「心」が共存する経営) 第3部 文化人の怪物たち(大島渚—全身で国家の欺瞞と戦う男 野坂昭如—酒を飲むと「爆弾になる」徹底的なアナーキスト 石原慎太郎—作家として政治を行う男)

◇田中角栄の酒—「喜びの酒」「悲しみの酒」「怒りの酒」 大下英治著 大阪 たる出版 2016.4 282p 19cm 1500円 ①978-4-905277-15-6 Ⓝ289.1

|内容| 第1章 田中角栄議員誕生す 第2章 我が息子「京」への思慕 第3章 「日本列島改造論」裏ばなし 第4章 総理まで上り詰めた田中角栄 第5章 「喜びの酒」「悲しみの酒」「怒りの酒」

◇田中角栄巨魁伝 大下英治著 朝日新聞出版 2016.5 306p 15cm (朝日文庫 お75-1)〈「田中角栄秘録」(イースト・プレス 2013年刊)の改題、大幅に加筆〉 740円 ①978-4-02-261860-3 Ⓝ312.1

|内容| 序章 田中角栄情は武器になり(角栄と石破親子の接点 エリート官僚を篭絡させる "角栄の涙" ほか) 第1章 越山 田中角栄の戦後(不惑までやることをやって死ぬ 刎頸の友 ほか) 第2章 上昇気流(出しゃばると叩かれるぞ ケンカ太郎vs.「軽量三役」ほか) 第3章 権力の階段(角栄にとっての小沢一郎 金は渡し方を間違うと死に金になる ほか) 第4章 栄光と挫折—その死(一五六票! 小佐野が総裁選に使った六〇億 ほか)

◇田中角栄と安倍晋三—昭和史でわかる「劣化ニッポン」の正体 保阪正康著 朝日新聞出版 2016.6 261p 18cm (朝日新書 567) 780円 ①978-4-02-273667-3 Ⓝ312.1

|内容| 序章 昭和から平成へ—「7・5・3の法則」 第1章 昭和天皇と今上天皇—戦争の清算 第2章 田中角栄と安倍晋三—系譜の相克 第3章 政治劣化の元凶—55年体制と小選挙区制の陥穽 第4章 青年たちの反乱—2・26事件から地下鉄サリン事件へ 第5章 戦間期の思想—魔性の科学者 終章 「田中角栄」からの批判

◇田中角栄 頂点をきわめた男の物語—オヤジとわたし 早坂茂三著 PHP研究所 2016.6 314p 15cm (PHP文庫 は65-1)〈「オヤジとわたし」(集英社文庫 1993年刊)の改題〉 620円 ①978-4-569-76605-8 Ⓝ289.1

|内容| 私はオヤジの家来になった 未来は青年のものだ 北辺のハナタレ小僧 土方は地球の彫刻家である 右手の拇指に残るかすかな青い線 一言—「体だけは気をつけてください」 友情は風雪にさらさ

たなか

れて育つ　田んぼの中から一言、「泣くな！」　米よこせデモのプラカード　マリア様なのかもしれない〔ほか〕

◇人を動かす天才田中角栄の人間力　後藤謙次監修　小学館　2016.7　221p　15cm　〈小学館文庫プレジデントセレクト　Pこ1-1〉〈「田中角栄に訊け！」（プレジデント社　2011年刊）の改題　文献あり　年譜あり〉　630円　①978-4-09-470005-3　Ⓝ289.1

内容　1 決断　2 実行力　3 才覚　4 志　5 気概　6 人心掌握　7 豪胆　8 度量　9 献身　10 見識

◇田中角栄の時代　山本七平著　祥伝社　2016.7　239p　19cm　〈「『御時世』の研究」（文藝春秋1986年刊）の改題〉　1250円　①978-4-396-61565-9　Ⓝ312.1

内容　1 角栄の御時世（午後三時の太陽　角栄が「家康」に見えた日　「暖国政治」への挑戦者　「角栄」を育てた雪国の黒衣たち　ナショナル・リーダーの落魄生）　2 早すぎた新聞の弔辞

◇我が父、田中角栄─男の中の男　政治家、人間、そして父親として、最高の男だった！　田中京著　青林堂　2016.7　241p　19cm　〈文献あり〉　1400円　①978-4-7926-0557-5　Ⓝ289.1

内容　第1章 政治家、田中角栄　第2章 我が生い立ちの中の田中角栄　第3章 父と母、出会いからロッキード事件まで　第4章 新しい家族、そして永遠の別れ　第5章 日中国交回復はいかにして成されたか　特別編 日本のコメ、中国への輸出、農業問題

◇冤罪─田中角栄とロッキード事件の真相　石井一著　産経新聞出版　2016.7　275p　19cm　〈文献あり　年表あり　発売：日本工業新聞社〉　1400円　①978-4-8191-1287-1　Ⓝ326.21

内容　第1章 オヤジの側近として事件の渦中に　第2章 ロッキード裁判は間違っていた　第3章 真相を求め米国へ　第4章 米国の「陰謀」─その構図　第5章 何がオヤジを「闇将軍」にしたか　第6章 苦悩のゴルフとオールドパー　第7章 オヤジが枕元に置いた小冊子

◇田中角栄池田勇人かく戦えり　栗原直樹著　青志社　2016.7　272p　19cm　〈文献あり〉　1400円　①978-4-86590-029-3　Ⓝ312.1

内容　第1章 青雲の志　第2章 邂逅　第3章 豪腕と野望　第4章 跳梁跋扈　第5章 城取り　第6章 角栄の「権謀術数」　第7章 田中角栄、池田勇人、かく戦えり

◇田中角栄を葬ったのは誰だ　平野貞夫著　K&Kプレス　2016.7　254p　19cm　〈「ロッキード事件『葬られた真実』」（講談社　2006年刊）の改題、加筆修正〉　1600円　①978-4-906674-67-1　Ⓝ326.21

内容　第1章 ロッキード国会の舞台裏　第2章 茶番の国会証人喚問　第3章 三木首相と検察の暗闘　第4章 「日米司法決裂」の真相　第5章 暗躍する中曽根幹事長　第6章 前尾衆議院議長の苦悩　第7章 田中元首相の逮捕は、「権力の犯罪」　対談「政治家・田中角栄」平野貞夫×佐高信

◇大宰相田中角栄─ロッキード裁判は無罪だった　田原総一朗著　講談社　2016.8　639p　15cm　〈講談社＋α文庫　G109-3〉〈「戦後最大の宰相田

中角栄　上・下」（2004年刊）の改題、特別対談を付して、合本　文献あり〉　1000円　①978-4-06-281690-8　Ⓝ312.1

内容　第1部 ロッキード裁判は無罪である　第2部「地球の彫刻家」たらんとす　第3部 コンピュータ付きブルドーザー　第4部 葬られた列島改造論　第5部「唯物史観」政界を席巻す　第6部 角栄われてなお「角影」は続く　巻末特別対談 石原慎太郎・田原総一朗「田中角栄にあって、安倍晋三にないもの」

◇田中角栄回想録　早坂茂三著　集英社　2016.8　348p　16cm　〈集英社文庫　は16-17〉〈1993年刊の改訂〉　680円　①978-4-08-745479-6　Ⓝ312.1

内容　序章 ひとつの時代のはじまり、そして、終わり　第1章 青年代議士・田中角栄がみた戦後デモクラシー　第2章 池田・佐藤政権の屋台骨を支えつづけた十年　第3章「列島改造」は田中政治のライトモチーフ　第4章 教育、職業、宗教についての見方、考え方　第5章 貿易自由化、経済自由化の本質　第6章 決断と実行 田中内閣波乱のスタート　第7章 日ソ外交史に残る田中・ブレジネフ会談　第8章 政治家の評価、官僚の評価、政党の評価　第9章 自民党最大派閥田中派の役割と実績

◇田中角栄伝説　佐高信著　光文社　2016.8　271p　16cm　〈光文社知恵の森文庫　aさ2-18〉〈「未完の敗者田中角栄」（2014年刊）の改題、加筆修正　文献あり〉　680円　①978-4-334-78704-2　Ⓝ312.1

内容　序章 テレビに伸びた母の手　第1章 魅力の源泉、三つの宿命（女の中の男　吃音者　高等小学校卒）　第2章 さまざまな田中角栄像（田中に老婆心あり」と言った保利茂　田中に惚れこんだ河野謙三　田中擁立で佐藤栄作に絶交された木村武雄 ほか）　第3章 角栄伝説の検証（吉田茂、佐藤栄作の系譜にあらず　反官僚か、親官僚か　民営化という名の会社化に反対 ほか）　終章 未完の敗者

◇実録 田中角栄　上　大下英治著　朝日新聞出版　2016.8　414p　15cm　〈朝日文庫　お75-2〉　760円　①978-4-02-261869-6　Ⓝ312.1

内容　第1章 田中角栄の政治の原点　第2章 権力の階段を昇る龍　第3章 究極の人心収攬術　第4章 田中軍団のはじまり　第5章 角福戦争─周到なる敵陣進攻　第6章「今太閣」の誕生　第7章 日中国交正常化に燃える　第8章「石油ショック」の激流に呑まれて

◇実録 田中角栄　下　大下英治著　朝日新聞出版　2016.8　407p　15cm　〈朝日文庫　お75-3〉〈文献あり〉　760円　①978-4-02-261870-2　Ⓝ312.1

内容　第9章 失意の金脈退陣　第10章「ロッキード事件」炸裂！　第11章「キングメーカー」の誕生　第12章 田中軍団の「結束と掟」　第13章「角影」政権─真の最高権力者　第14章 下克上─「創政会」旗揚げ　第15章 田中支配の終焉　エピローグ

◇田中角栄─昭和の光と闇　服部龍二著　講談社　2016.9　355p　18cm　〈講談社現代新書　2382〉　920円　①978-4-06-288382-5　Ⓝ312.1

内容　序章 一五歳の上京─「理研は俺の大学だった」　第1章 大陸体験と初当選　第2章 保守本流、そして最強の建設族　第3章 政界の中枢へ─「二つのハシ

ゴ」　第4章「汚れ役」の天下取り―『日本列島改造論』　第5章　首相の八八六日―屈辱の「列島改造論」撤回　第6章　誤算と油断―ロッキード事件　第7章「闇将軍」と「田中支配」　終章　失意の晩年―角栄が夢見た「日本の未来」

◇田中角栄とその時代―駕籠に乗る人担ぐ人　早坂茂三著　PHP研究所　2016.9　286p　15cm　（PHP文庫　は65-2）〈「駕籠に乗る人担ぐ人」（集英社文庫　1994年刊）の改題〉　620円　①978-4-569-76630-0　Ⓝ315.1

[内容]　第1章　権力の司祭への道―非凡なる平凡・竹下登が、なぜ権力を握ったか　第2章　トメばあさんの一票―大衆が信用するのは何か―田中角栄に見る人の心の摑み方　第3章　現金配達人―どう使えば、カネは活きるか　第4章　二代目、三代目―帝王学を身につけるための条件　第5章　その姿を私は忘れない―影の宰相・政治家秘書の生きざま　第6章　三人の総理大臣―政治家は仕事の結果で評価するしかない　第7章　双頭の鷲―権力への執念を実らせるものは何か　第8章　先頭ランナー―権力への階段をどう登るか、そこに何が待っているか

◇田中角栄と越山会の女王　大下英治著　イースト・プレス　2016.9　431p　19cm　1600円　①978-4-7816-1475-5　Ⓝ289.1

[内容]　田中角栄と越山会の女王―特別鼎談　佐藤敦子／朝賀昭／大下英治　田中角栄と生きた女―運命の出逢い　修羅場への第一歩　昇り龍の陰で　田中派の「オヤジ」と「ママ」　総理大臣・田中角栄の誕生「早く潰そうとしている奴ばかりだ」　「淋しき越山会の女王」と呼ばれて　田中軍団に走る亀裂　オヤジが倒れた　果たされなかった約束　佐藤昭子インタビュー

◇田中角栄という生き方　別冊宝島編集部編　宝島社　2016.10　269p　16cm　（宝島SUGOI文庫　Aヘ-1-195）〈2014年刊の改訂　文献あり〉　555円　①978-4-8002-6344-5　Ⓝ289.1

[内容]　巻頭特別グラビア　報道写真家・山本皓一の秘蔵写真「田中角栄」知られざる素顔　第1章　田中角栄10大伝説（尋常高等小学校卒　日本列島改造論　ほか）　第2章　田中角栄の仕事術（タイミングを逃さない　葬儀を経験して一人前　ほか）　第3章　私と田中角栄（「創政会」設立をオヤジに報告　そのとき砂防会館が揺れ動いた―渡部恒三（元衆議院議員）　料亭に呼び出され「演説」5時間！　大蔵官僚から見た「角さん」の実像―相沢英之（元衆議院議員）　ほか）　第4章　ベスト・オブ・角栄「語録」

◇田中角栄と早坂茂三　山形三吉編　いちい書房　2016.10　206p　19cm　1200円　①978-4-900424-79-1　Ⓝ289.1

[内容]　第1部　早坂茂三の田中角栄90話（「あのときに姉がおふくろに送ってくれた一円札を封筒から抜いて舐めてみたら、姉の涙で、札は塩辛かっただろう」（8話）　「土建屋でも国会議員になれば立法権を行使できる世の中になってる」（10話）　「やることはやる。できないことはやらない。しかし、すべての責任は、この田中角栄が背負う。以上」（20話）　「中曽根康弘は遠目の富士山だ。遠くに見る富士は颯爽として美しい。近くに行けば瓦礫の山さ。石ころばかりだ」　「三木武夫は芸達者な婆さん芸者だ。芸のある芸者は生き残ることができる」（16話）　「池田、佐藤は京大、東大だ。財界の連中もだいたい、そうだ。みんな先輩、後輩、身内の仲間なんだ。オレは小学校出身だ。ひがみじゃないが、オレは、彼らに頭を下げて、おめおめとカネをもらいに行く気はない」（6話）　「日中を一気にやる。俺は毛沢東、周恩来という男たちを信用している。連中は共産党だ。だけど、死線を何十回も超えてきた。修羅場を何百回もくぐり抜けてきている。そうした"叩き上げ創業者オーナー"というのは、大事を決するときに信用できる」（8話）　「アメリカのメジャーからいろんな横ヤリがあるだろうとはわかっていたが、それはしょうがない。殺されないうちに逃げればいいんだと思っていた。短兵急だったかな―とは思ったが、構わずに、やったわけだ」（8話）　「私が大切にしているのは人間との接し方だ。戦略や戦術ではない」（10話）　「大都市や産業が主人公の社会ではなく、人間と太陽と緑が主人公となる"人間復権"の新しい時代を迎えることは決して不可能ではない」（4話））　第2部　早坂茂三の自分史（角栄の家来になるまで）（早坂茂三出生とその時代背景　戦時体制下での幼少年時代　敗戦、教師不信から二浪、そして早稲田へ　民主主義科学者協会早大班の時代　読売新聞を落とされて東京タイムズに入る　六十年安保と、社会党への期待の消滅　渡邊恒雄、若き日の厚情　田中角栄を初めて間近に、直接見る　「俺は一〇年後、天下を盗る。お前、片棒を担げ」

◇田中角栄と河井継之助、山本五十六―怨念の系譜　早坂茂三著　東洋経済新報社　2016.11　316p　17cm　〈「怨念の系譜」（2001年刊）の改題　文献あり〉　1100円　①978-4-492-06203-6　Ⓝ281

[内容]　序章　継之助、五十六、そして角栄へ―歴史は繰り返す（合縁奇縁の主従　三人の共通点は）　第1章　河井継之助―逆賊と貶められた先覚者（栴檀は双葉より芳し　江戸遊学　ほか）　第2章　山本五十六―太平洋戦争の軍神にされた男（逆восходのエースとして　軍政家・山本五十六　ほか）　第3章　田中角栄―金権政治の権化と蔑まれた異能鬼才（「二二万七六一一票は百姓一揆」　人々はなぜ角栄党になったか　ほか）　終章　そして怨念が残った

◇角さん、ほめられ過ぎですよ！―異常人気の「角栄本」の正しい読み方　中尾庸蔵著　扶桑社　2016.11　199p　18cm　（扶桑社新書　225）〈文献あり〉　800円　①978-4-594-07590-3　Ⓝ289.1

[内容]　第1章　ロッキード事件と角さん、40年前　第2章　事実誤認が目立つ、大ベストセラー『天才』　第3章　なぜか讃えられる独特の金銭哲学　第4章　秘書、書生が活躍した角さん　第5章　美化されてきた角さんの訓話と政治的背景　第6章　ロッキード裁判「角さんは無罪！」　田原総一朗氏の追及　第7章　地元で見る角さん　角さんが尽くす「地元」とはどこか　第8章　実録　田中金脈・鳥屋野潟の場合　第9章　ロッキード事件と角さん、40年後　「決断と実行」の「実行」へ、角さん異常な執念―あとがきにかえて

◇田中角栄失脚―『文藝春秋』昭和49年11月号の真実　塩田潮著　朝日新聞出版　2016.12　372p　15cm　（朝日文庫　し49-1）〈文藝春秋2002年刊の再刊　文献あり〉　840円　①978-4-02-261886-3　Ⓝ312.1

[内容]　序章　昭和四十七年七月　第1章　政治家田中角栄　第2章　日中復交と列島改造　第3章　落日・石油危機以後　第4章　立花隆・児玉隆也　第5章　「事実」の発掘　第6章　権力と雑誌ジャーナリズム　第7章

たなか

『文藝春秋』昭和四十九年十一月号　第8章 政権崩壊　終章 幕が下りて

◇田中角栄と中曽根康弘―戦後保守が裁く安倍政治　早野透、松田喬和著　毎日新聞出版　2016.12　253p　20cm　〈文献あり　年譜あり〉　1800円　①978-4-620-32397-8　Ⓝ312.1

内容 第1章 今、なぜ角栄が待望されるのか　第2章 永遠のライバル、角栄と中曽根の戦後保守論　第3章「国土」の角栄、「国家」の中曽根　第4章 田中内閣の落日―ロッキード事件の「点」と「線」　第5章「田中曽根内閣」の誕生と自立　第6章 戦後保守の可能性

◇図解田中角栄に学ぶ最強の実戦心理術　昭和史研究会編　彩図社　2017.2　223p　19cm　〈他言語標題：Let's Learned from Kakuei Tanaka.The control way of the hearts of the people　年譜あり〉　880円　①978-4-8013-0205-1　Ⓝ289.1

◇父と私　田中眞紀子著　日刊工業新聞社　2017.3　305p　20cm（B&Tブックス）　1600円　①978-4-526-07676-3　Ⓝ289.1

◇角栄―凄みと弱さの実像　平野貞夫著　ベストセラーズ　2017.3　255p　19cm　〈文献あり　年表あり〉　1400円　①978-4-584-13780-2　Ⓝ289.1

内容 第1章 敗戦と憲法と「土方」デモクラシー―"裏日本"で生まれた男の若き血の叫び　第2章 生まれた土地で不幸になるのはおかしい―ヒト・モノ・カネの流れを変えよ　第3章 愛なのか、宿縁なのか―角栄が"等しく"愛した女たち　第4章 殴打の痛み―帝国陸軍二等兵の平和外交論　第5章 なぜ総理大臣になりたかったのか―角栄「天下取り」の組織論　第6章 金権一人角栄だけが裁かれるのか　第7章 民衆の心―日本人はなぜ角栄が好きなのか　第8章 土に還った日―死して、"地霊"となり、よみがえる角栄

◇田中角栄 政治家の条件―戦後日本の輝きとその体現者　小室直樹著　ビジネス社　2017.4　235p　19cm　1500円　①978-4-8284-1946-6　Ⓝ210.76

内容 第1章 対談・田中角栄元首相『1982年を睨む』第2章 異説田中角栄　第3章 角栄に無罪にせよ―私の真意　第4章 角栄選挙解剖―日本の選挙風土に「汚職」は無関係　第5章「世論」と裁判　第6章 緊急提言・田中角栄待望論　第7章 さらば！田中角栄―天才政治家が戦後日本政治に残した功罪　第8章 角栄学序説―田中角栄引退後の「日本政治」を憂う　第9章 田中角栄以前、以後

◇田中角栄最後のインタビュー　佐藤修著　文藝春秋　2017.5　287p　19cm（文春新書 1124）　880円　①978-4-16-661124-9　Ⓝ289.1

＊未公開インタビュー記事をもとによみがえる天才宰相の知性と魅力。

◇田中角栄の流儀　向谷匡史著　青志社　2017.12　332p　19cm　〈文献あり〉　1500円　①978-4-86590-056-9　Ⓝ289.1

内容 プロローグ　第1章 縄張は男の勲章（縄張　男っぷりに惚れる　ほか）　第2章 人を動かす要諦は"損得"（政界の寝業師　GHQが認めた"日本のカポネ"　ほか）　第3章 ウラ社会と表社会は相似形をなす（桜は水の清濁を選ばずして花を咲かせる　吉田首班のキーパーソン　ほか）　第4章 ヤクザ式「権謀術数」の醍醐味（盟友大平と作った組閣名簿　錚々たる親分衆に学ぶ　ほか）　エピローグ

◇田中角栄攻めのダンディズム　向谷匡史著　双葉社　2018.2　188p　19cm　〈他言語標題：Kakuei Tanaka,and his Aggressive Dandyism　文献あり〉　1500円　①978-4-575-31339-0　Ⓝ289.1

内容 第1章 ダンディズムとは―"男の品位"を失わないことである（「やる」と約束したら何がなんでもやりぬく　「運」を追わず、人に甘えず　ほか）　第2章 ダンディズムとは―"自分流"を貫くことである（みずから退路を絶って自分を追い込む　自分流に行動し現実主義を貫く　ほか）　第3章 ダンディズムとは―"本物の情"を持つことである（自分の夢に執着せず、恩義に報いる　人が困っているときほど優しくする　ほか）　第4章 ダンディズムとは―"かっこよく"生きることである（オシャレをしていても相手に悟らせない　札束で相手の頬を張らない　ほか）

◇神楽坂純愛―田中角栄と辻和子　深井美野子著　さくら舎　2018.2　209p　19cm　1400円　①978-4-86581-136-0　Ⓝ289.1

内容 プロローグ 宿縁か必然か　第1章 初めての出会い　第2章 料亭「金満津」　第3章 過酷な日々から安住の地へ　第4章 坂の町の男と女　第5章 お座敷の表と裏　第6章「素人さん」の生活　第7章 大きな愛　エピローグ 人生は短し

◇角栄一代　小林吉弥著　愛蔵版　セブン＆アイ出版　2018.3　239p　19cm　〈初版：ネスコ 1990年刊　文献あり〉　1300円　①978-4-86008-760-9　Ⓝ289.1

内容 第1章 旅立ち　第2章 挑戦　第3章 知恵と才覚　第4章 野望　第5章 雌伏の時　第6章 頂点　第7章 照る日、曇る日

◇角栄と進次郎―人たらしの遺伝子　向谷匡史著　徳間書店　2018.4　191p　19cm　〈年譜あり〉　1500円　①978-4-19-864604-2　Ⓝ289.1

＊日中国交回復や日本列島改造論を成し遂げた昭和の大立者・田中角栄。次期総理候補として常に待望論が浮上する次代のホープ・小泉進次郎。片や尋常小学校卒のたたき上げで、片や総理経験者を父に持つサラブレッドと"出発点"は真逆だが、その手腕には「人たらしの遺伝子」が継承されている。激動の時代を前に、2人が織り成す人心掌握術に学べ！

◇田中角栄の悲劇―米国外交機密文書が明かす「失脚の真相」　徳本栄一郎著　光文社　2018.5　381p　16cm（光文社知恵の森文庫 tき3-1）〈「角栄失脚歪められた真実」（2004年刊）の改題、加筆・修正　文献あり　年表あり〉　880円　①978-4-334-78743-1　Ⓝ326.21

内容 第1章 キッシンジャーとの秘密会談　第2章 角栄・最後の栄華　第3章 転落の始まり　第4章 さまざまな陰謀説　第5章 ディーク社の闇　第6章 陰謀説はこうして生まれた　第7章 策略という名の外交　第8章 第二のロッキード事件

◇人間・田中角栄　別冊宝島編集部編　宝島社　2018.5　255p　19cm　〈文献あり　年譜あり〉　1200円　①978-4-8002-8353-5　Ⓝ289.1

[内容] 1章 涙(早坂茂三秘書の涙 ある女優の決意 ほか) 2章 愛(「テーソク」との友情 「角福戦争」の深奥 ほか) 3章 心(タイとイワシ ある老婆の陳情 ほか) 4章 情(オナラして「失敬」 竹下登の涙 ほか) 5章 志(飛び上がった鯉 娘が見せた「愛」 ほか)

◇素顔の田中角栄—カラー版 密着! 最後の1000日間 山本皓一著 宝島社 2018.7 239p 18cm (宝島社新書 500)〈年譜あり〉 1000円 ①978-4-8002-8593-5 Ⓝ289.1

＊没後四半世紀を経て、いまなお国民に絶大な人気を誇る政治家・田中角栄。雪国の貧家に生まれ育った名もなき少年が、一国の宰相に登りつめた「今太閤」伝説は、戦後の高度成長時代を生きた日本人の心象風景と見事に重なり合う。総理退陣後、ロッキード事件で逮捕され、一転「巨悪」と指弾され続けた1980年代の角栄に密着し、病に倒れるまでの1000日間を撮り続けた報道写真家が初めて明かす「角さん」の素顔と知られざる逸話。そこには善悪を超えた人間の深奥が垣間見える。政治家としての田中角栄を歴史のなかに正しく位置づけるための貴重なカラー写真を多数収録した完全保存版。

◇乱世を生き抜いた知恵—岸信介、甘粕正彦、田中角栄 太田尚樹著 ベストセラーズ 2018.8 239p 18cm (ベスト新書 586)〈文献あり〉 880円 ①978-4-584-12586-1 Ⓝ289.1

[内容] 第1章 怨念を背負った男たち 第2章 男が惚れる男の条件 第3章 金銭哲学 第4章 人情の機微に通じた男—庶民への目線と気配り 第5章 政治哲学 第6章 それぞれの人生哲学

◇田中角栄—同心円でいこう 新川敏光著 京都 ミネルヴァ書房 2018.9 281,7p 20cm (ミネルヴァ日本評伝選)〈文献あり 年譜あり 索引あり〉 2400円 ①978-4-623-08425-8 Ⓝ289.1

[内容] 序 蘇る田中角栄 第1章 革創の時代 第2章 若き血の叫び 第3章 実力者への道 第4章 田中政治のアイディアの源泉 第5章 首相時代 第6章 目白の闇将軍 第7章 田中伝説 第8章 田中政治とは何だったのか 終 ポスト田中政治の行方

田中 和雄 たなか・かずたけ

◇大真面目に波瀾万丈人生—シニアになっても直球勝負 田中和雄著 カナリアコミュニケーションズ 2016.5 191p 19cm 1400円 ①978-4-7782-0359-7 Ⓝ289.1

[内容] 第1部 山古志村を出て世界を駆け巡り、そして植木屋へ (故郷山古志村 母の躾 ブラジル渡航 航海記録 銀行員 パナマ移住 エンジニアリング会社 弟トシオ 植物への思い入れ 神様はいるでしょう? 私が植木屋になった訳 山古志村の幼友達 ケンちゃん頑張ろう) 第2部 ミャンマーで農業革命を起こす!(孤児院と私 10年目の正直 インパール作戦 運命論 自分でやるしかない 実習生派遣 農業革命を起こす)

田中 克彦 〔1934〜〕 たなか・かつひこ

◇田中克彦自伝—あの時代、あの人びと 田中克彦著 平凡社 2016.12 291p 20cm〈索引あり〉 2300円 ①978-4-582-83748-3 Ⓝ289.1

[内容] 第1章 但馬から(薄明のなかの幼少時代 ぼくの氏素性について 少年時代 中学生になって) 第2章 東京へ(高校生となる 大学生時代 一橋大学大学院時代) 第3章 海外へ(東京外語への就職 一九六四年—はじめてのモスクワ ボン大学への留学 はじめてのモンゴル行き(一九六七年) 日本モンゴル親善協会のモンゴル行き(一九六九年) 三回目のモンゴル行きと北朝鮮大使館(一九七一年)) 第4章 大学巡歴(東京外語を去って岡山大学へ 一橋大学へ移る 中京大学への就職)

◇田中克彦セレクション 1 カルメンの穴あきくつした—自伝的小篇と読書ノート 田中克彦著 新泉社 2017.11 423p 20cm 〈他言語標題:Katsuhiko Tanaka Selection〉 3200円 ①978-4-7877-1821-1 Ⓝ914.6

[内容] 第1章 大学流浪(山紫水明・地方大学のすすめ 西先生がお住持になるのをやめた話 ほか) 第2章 読書ノート("本から本へ"誤解と理解 "本から本"帝国の現実—ソ連の民族問題 ほか) 第3章 亀井孝先生との思い出(亀井先生と過ごした日々 亀井孝先生と共にあった日々 ほか) 第4章 モンゴルに向って("読書ノート"『トゥバ紀行』"新聞連載コラム"私空間 ほか) 第5章 ことばと状況("新聞連載コラム"随想 兵庫県の北と南 ほか)

田中 亀雄 〔1928〜〕 たなか・かめお

◇自己中物語—教え児に生きてるかぎり青春だ 田中亀雄著 蒼空社 2015.2 241p 19cm 1800円 ①978-4-908009-02-0 Ⓝ289.1

田中 義一 〔1864〜1929〕 たなか・ぎいち

◇西伯利亞出兵物語—大正期、日本軍海外派兵の苦い記憶 土井全二郎著 潮書房光人社 2014.8 276p 20cm〈文献あり〉 2200円 ①978-4-7698-1575-4 Ⓝ210.69

[内容] 第1章 シベリアお菊 第2章 風雲児 島田元太郎 第3章 諜報員 石光真清 第4章 おらが総理 田中義一 第5章 アタマン・セミョーノフ 第6章 社会主義中尉 長山直厚 第7章 パルチザン 佐藤三千夫 第8章 革命軍飛行士 新保清 第9章 尼港副領事 石田虎松 第10章「無名の師」総決算

◇昭和史講義 3 リーダーを通して見る戦争への道 筒井清忠編 筑摩書房 2017.7 302p 18cm (ちくま新書 1266) 900円 ①978-4-480-06977-1 Ⓝ210.7

[内容] 加藤高明—二大政党政治の扉 若槻礼次郎—世論を説得しようとした政治家の悲劇 田中義一—政党内閣期の軍人宰相 幣原喜重郎—戦前期日本の国際協調外交の象徴 浜口雄幸—調整型指導者と立憲政党 犬養毅—野党指導者の奇遇 岡田啓介—「国を思う期」の功罪 広田弘毅—「協和外交」の破綻から日中戦争へ 宇垣一成—「大正デモクラシー」が生んだ軍人 近衛文麿—アメリカという「幻」に賭けた政治家 米内光政—天皇の絶対的な信頼を得た海軍軍人 松岡洋右—ポピュリストの誤算 東条英機—ヴィジョンなき戦争指導者 鈴木貫太郎—選択としての「聖断」 重光葵—対中外交の可能性とその限界

◇日本政治史の中のリーダーたち—明治維新から敗戦後の秩序変容まで 伊藤之雄, 中西寛編 京都 京都大学学術出版会 2018.3 480p 22cm〈索引あり〉 4800円 ①978-4-8140-0140-8 Ⓝ312.1

[内容] 第1部 近代国家日本の軌跡—「文明標準」とそ

の解体の中で(危機の連鎖と近代軍の建設—明治六年政変から西南戦争へ 明治日本の危機と帝国大学の"結社の哲学"—初代総長渡邉洪基の思想的背景(一 忘れられた初代"東京大学"総長 二 その生涯 三 帝国大学への道 四 帝国大学創設の思想的背景 五 渡邉の見た「夢」——帝国大学体制の虚実) 東アジア「新外交」の開始—第一次世界大戦後の新四国借款団交渉と「旧制度」の解体 ほか) 第2部 リーダーシップを見る視点(木戸孝允と薩長同盟—慶応元年から慶応三年 第一次護憲運動と松田正久—「松田内閣」の期待 幣原喜重郎と国際協調—北京関税会議・北伐をめぐる外交再考 田中義一と山東出兵—政治主導の対外派兵とリーダーシップ(一「おらが宰相」の失敗——はじめに 二 生い立ちと軌跡 三 陸相時代の「転換」から政党総裁へ 四 第一次山東出兵——政治主導の出兵過程 五 第二次・第三次山東出兵——軍事衝突とリーダーシップの崩壊 六 天皇・宮中との対立、張作霖爆殺事件の真相公表をめぐって一)ほか)

◇寺内正毅宛田中義一書翰 田中義一著, 尚友倶楽部史料調査室, 伊藤隆編集 尚友倶楽部 2018.7 233p 21cm (尚友ブックレット 33)〈文献あり 年譜あり〉 Ⓝ289.1

◇寺内正毅宛田中義一書翰 田中義一著, 尚友倶楽部史料調査室, 伊藤隆編集 芙蓉書房出版 2018.7 233p 21cm (尚友ブックレット 33)〈年譜あり 国立国会図書館憲政資料室所蔵の翻刻〉 2600円 ⓘ978-4-8295-0741-4 Ⓝ289.1

内容 明治(27)年12月13日 明治28年1月1日 明治(35)年6月10日 明治(37)年8月15日 明治(37)年9月5日 明治(38)年2月7日 明治(38)年6月1日 明治(38)年8月29日 明治(45)年2月21日 明治(45)年(3)月20日 〔ほか〕

田中 絹代〔1909〜1977〕 たなか・きぬよ
◇映画監督田中絹代 津田なおみ著 〔出版地不明〕 津田なおみ 2018.5 163p 19cm 〈文献あり 年譜あり 発売:神戸新聞総合出版センター(神戸)〉 1600円 ⓘ978-4-343-00997-5 Ⓝ778.21

内容 1 女優・田中絹代 2 なぜ監督になったのか 3 監督までの道筋—初監督作『恋文』までの経緯 4 作品前期—監督初期二作品 5 作品後期—監督としての独り立ち 6 彼女が人生をかけて残したもの

田中 きみ〔1926〜〕 たなか・きみ
◇カーテンは閉めないで—生きるために生きる 田中きみ著 山愛書院 2014.9 225p 19cm 〈文献あり 年譜あり 発売:星雲社〉 1800円 ⓘ978-4-434-19714-7 Ⓝ289.1

内容 第1部 学ぶ喜び、教える楽しさ(教員免許状の取得 清泉女子大学へ 心に残ること) 第2部 清泉女子大学のレポート(日本語日本文学科 文化史学科)

田中 恭一〔1931〜〕 たなか・きょういち
◇無から有を創造する楽しさ 田中恭一著 名古屋 中部経済新聞社 2014.4 214p 18cm (中経マイウェイ新書 018) 800円 ⓘ978-4-88520-183-7 Ⓝ289.1

田中 清玄〔1906〜1993〕 たなか・きよはる
◇評伝 田中清玄—昭和を陰で動かした男 大須賀瑞夫著, 倉重篤郎編集 勉誠出版 2017.2 389p 20cm 3200円 ⓘ978-4-585-22168-5 Ⓝ289.1

内容 1 函館時代(田中のルーツ 母アイの生き様、清玄への愛情 函館という地が育んだもの 思索期、亀井勝一郎との親交) 2 武装共産党時代(弘前高校時代の清玄 活動家として八面六臂 日本共産党の再建活動 非合法活動異聞) 3 獄中転向から土建業へ(獄中転向 土建業「神中組」時代) 4 昭和天皇、占領、狙撃事件(天皇とのたった一度の会見 象徴天皇制へのかかわり 占領軍と諜報活動 反共主義者・清玄の生き様 狙撃事件の深層) 5 石油、鄧小平、オットー大公(国際石油人脈 鄧小平とアジアリーグの夢 オットー大公との日々)

田中 國義〔1917〜2011〕 たなか・くによし
◇証言 零戦生存率二割の戦場を生き抜いた男たち 神立尚紀著 講談社 2016.11 527p 15cm (講談社+α文庫 G296-1)〈「ゼロファイター列伝」(2015年刊)の改題、加筆・修正 年表あり〉 860円 ⓘ978-4-06-281705-9 Ⓝ392.8

内容 第1章 三上一禧—「零戦初空戦」で撃墜した宿敵との奇跡の再会 第2章 田中國義—「日本海軍一」と言われた、叩き上げ搭乗員のプライド 第3章 原田要—幼児教育に後半生を捧げたゼロファイター 第4章 日高盛康—「独断専行」と指揮官の苦衷 第5章 小町定—真珠湾から海軍最後の空戦まで、大戦全期間を戦い抜く 第6章 志賀淑雄—半世紀の沈黙を破って 第7章 吉田勝義—豪州本土上空でスピットファイアを圧倒 第8章 山田良市—ジェット時代にも飛び続けたトップガン

田中 慶子 たなか・けいこ
◇不登校の女子高生が日本トップクラスの同時通訳者になれた理由(わけ) 田中慶子著 KADOKAWA 2016.11 223p 19cm 〈他言語標題:This is why a troubled high school girl could become a first-class interpreter in Japan〉 1300円 ⓘ978-4-04-892542-6 Ⓝ289.1

内容 第1章 不登校、フリーター…人生に迷う(義務教育が終わったら 「志望校」って? ほか) 第2章 思いつきでアメリカに…もう1回の高校生活(学校に行きたい 友、ありがたし ほか) 第3章 勉強がしたかったのだ…大学生になる(ついに!大学生になる 父からの手紙 ほか) 第4章 日本社会に不適合…またしても迷う(「一人前」になる前に… 就職 ほか) 第5章 天職は簡単には見つからない…同時通訳者に!(ついに天職が見つかる!? 残務処理の地獄 ほか) 付録 「学んだ英語」を「使える英語」に

田中 玄宰〔1748〜1808〕 たなか・げんさい
◇なぜ会津は希代の雄藩になったか—名家老・田中玄宰の挑戦 中村彰彦著 PHP研究所 2016.8 334p 18cm (PHP新書 1057)〈文献あり 年表あり〉 920円 ⓘ978-4-569-82679-0 Ⓝ289.1

内容 第1章 天明の大飢饉 第2章 人口動態から見た改革の必要性 第3章 政務についての建策 第4章

田中　佐太郎〔9代〕〔1948〜〕　たなか・さたろう
◇鼓に生きる―歌舞伎囃子方田中佐太郎　田中佐太郎，氷川まりこ著　京都　淡交社　2018.11　187p　20cm　〈年譜あり〉　2500円　Ⓘ978-4-473-04275-0　Ⓝ774.7
内容　序幕　出生〜九代目佐太郎襲名（千尋の谷へ　稽古を日常とせよ　黒御簾うちの女性　妻・田中佐太郎を語る―「魔物」を作りあげた人（亀井忠雄））　2幕目　能の稽古，結婚まで（早く下手になれ　初心忘るべからず　母・田中佐太郎を語る―自分を貫いた「凜とした女性」（亀井広忠））　3幕目　父の教え，自ら教えてきたこと（時分の花　教えることで教えられたこと　稽古の心得　母・田中佐太郎を語る―天下一品の教育者（十三世田中傳左衞門））　大詰　次代への継承（継ぐを以て家とす　鼓の家　鼓の未来へ　母・田中佐太郎を語る―生涯「佐太郎」のままで（田中傳左次郎）　孫たちへの稽古）

田中　志津〔1917〜〕　たなか・しず
◇志津回顧録―短歌と随筆で綴る齢97の光彩　田中志津著　武蔵野書院　2014.7　199p　20cm　〈年譜あり〉　2000円　Ⓘ978-4-8386-0453-1　Ⓝ910.268
内容　第1章　短歌（平成26年創作）（結婚直後―昭和16年12月から　小千谷へ疎開―昭和19年から（大東亜戦争）　新宿時代―昭和26年から　生き物たち　風に吹かれて（江の島）　ほか）　第2章　随筆（平成26年創作）（佐渡金山顕彰碑　小樽　救急車　車椅子　ソチ五輪　ほか）

田中　正造〔1841〜1913〕　たなか・しょうぞう
◇田中正造　布川清司著　新装版　清水書院　2015.9　225p　19cm　（Century Books―人と思想 50）〈文献あり　年譜あり　索引あり〉　1000円　Ⓘ978-4-389-42050-5　Ⓝ289.1
内容　第1編　思想の醸成期―自力と他力　思想の展開期（一）―他力依存　思想の展開期（二）―自力依存　思想の完成期―自力から他力へ　思想の反省期　第2編　政治倫理思想　田中正造における近世と近代）
◇論稿田中正造　関根徳男著　〔佐野〕　思門出版会　2016.11　80p　20cm　700円　Ⓘ978-4-921168-34-6　Ⓝ289.1
◇田中正造と松下竜一―人間の低みに生きる　新木安利著　福岡　海鳥社　2017.3　435p　19cm　〈年譜あり〉　2500円　Ⓘ978-4-86656-002-1　Ⓝ289.1
内容　松下竜一の文学と社会化　清き空気を，深き緑　美しき海を　"民衆の敵"と"ランソの兵"　大山と津和野にて　戦殺・被戦殺　村田久の闘い　福沢諭吉の権謀　田中正造の受難
◇田中正造と足尾鉱毒問題―土から生まれたリベラル・デモクラシー　三浦顕一郎著　有志舎　2017.3　312p　20cm　〈文献あり〉　2600円　Ⓘ978-4-908672-10-1　Ⓝ289.1
内容　第1章　原体験　第2章　自由民権運動時代　第3章　足尾鉱毒問題と田中正造　第4章　鉱毒問題の激化　第5章　川俣事件　第6章　第二次鉱毒調査委員会　第7章　谷中村廃村　第8章　晩年
◇義人田中正造翁　柴田三郎著，越川栄子編　復刻版　〔出版地不明〕　越川栄子　2017.4　208,2p,p256-274　19cm　〈年譜あり　敬文館大正2年刊.の増補〉　Ⓝ289.1
◇小松裕の忘れ物―田中正造に生きる　小松裕著，田中正造研究会編　〔宇土〕　〔田中正造研究会〕　2017.8　124p　21cm　〈年譜あり〉　Ⓝ289.1
◇晩年の日記　田中正造著，林広吉編　新装復刻版　日本評論社　2018.5　4,291p　19cm　〈原本：日本評論社　昭和23年刊〉　3000円　Ⓘ978-4-535-59614-6　Ⓝ289.1
◇世界で初めて公害に挑んだ男―政治家の中の政治家　義人・田中正造　早乙女伸著　新装版　東京図書出版　2018.5　371p　19cm　〈文献あり　年表あり　発売：リフレ出版〉　1500円　Ⓘ978-4-86641-150-7　Ⓝ289.1
内容　渡良瀬川流域住民の生活　古河市兵衛の生い立ち　田中正造の生い立ち　田中正造の第一歩　土地成金　田中政治家への第一歩　鬼の三島県令　加波山事件　汚染された大地　田中正造の闘い　〔ほか〕
◇日本地方自治の群像　第9巻　佐藤俊一著　成文堂　2018.11　336p　20cm　（成文堂選書 62）　3600円　Ⓘ978-4-7923-3381-2　Ⓝ318.2
内容　第1章　「制度」から「精神」としての自治を歩んだ明治の異端児・田中正造（明治の異端児・田中正造の遍歴　幕藩期の村落自治から市制・町村制の"受容"へ　市制・町村制の"否定"から本源的自治村の復活へ）　第2章　近代報徳主義・運動における地域振興と地方自治―岡田良一郎・良平と一木喜徳郎（岡田家三代と一木喜徳郎の足跡　岡田良一郎・良平の報徳思想と地域振興論　一木喜徳郎の報徳主義（思想）地方自治論）　第3章　さまざまな権藤成卿像と彼の社稷自治・国家論（権藤成卿の生涯―大陸問題から内政問題へ　さまざまな権藤成卿像の整理　権藤成卿の社稷自治・国家論と市制・町村制批判）　第4章　中田鉄治夕張市長の観光開発政策と破綻・財政再建団体へ（中田鉄治市長の経歴とプロフィール　観光開発政策と破綻の計画　中田鉄治市長による財政破綻の結果と再建計画　中田鉄治市長の「炭鉱から観光へ」政策とその暴走）

田中　寿美子〔1909〜1995〕　たなか・すみこ
◇田中寿美子の足跡―20世紀を駆け抜けたフェミニスト　井上輝子監修，田中寿美子さんの足跡をたどる会編　女性会議　2015.2　271p　21cm　〈年譜あり　著作目録あり〉　1500円　Ⓝ289.1

田中　たつ〔1892〜1985〕　たなか・たつ
◇初めての女性代議士田中たつ関係資料集　第2集　田中たつと大正時代―その時米子の女性は　田中たつ・女性史の会編　〔米子〕　〔田中たつ・女性史の会〕　2017.7　45p　30cm　Ⓝ289.1

田中　太郎　たなか・たろう
◇福祉にとっての歴史　歴史にとっての福祉―人物で見る福祉の思想　細井勇，小笠原慶彰，今井小の実，蜂谷俊隆編著　京都　ミネルヴァ書房　2017.2　295,3p　22cm　〈索引あり〉　6000円

たなか

①978-4-623-07889-9　Ⓝ369.021
内容　石井十次とアメリカン・ボード—宣教師ペティーから見た岡山孤児院　小橋勝之助と私立愛隣夜学校の創立—博愛社をめぐる人々　田中太郎の感化教育論—「人道の闘士」の思想的基盤　園部マキの生涯と事業—信愛保育園　岩橋武夫と盲人社会事業—小説「動き行く墓場」からの出発　村嶋帰之の生涯と思想—寛容な社会活動家の足跡　奥むめおと社会事業—社会運動としての福祉実践　久布白落実の性教育論とその変遷—嬌風会における純潔教育・家族計画　沖縄から大阪への移住者に見られた社会主義思想とその限界—大阪における同郷集団の運動　常盤勝憲と日本最初の盲人専用老人ホーム—慈母園の設立過程　糸賀一雄と木村素衛—教養の思想を中心に福祉の近代史を研究すること—私の歩みと今後の課題への覚書

田中　千足〔1946〜〕　たなか・ちたる
◇わが修業時代—36歳からの「ヒポクラテスたち」青春記　田中千足著　文芸社　2017.9　158p　20cm　1200円　①978-4-286-18547-7　Ⓝ289.1

田中　長徳〔1947〜〕　たなか・ちょうとく
◇佃日記—2001-2003　田中長徳著　大津　大隅書店　2015.9　509p　22cm　15000円　①978-4-905328-12-4　Ⓝ740.21

田中　貞吉〔1857〜1905〕　たなか・ていきち
◇近代日本の礎を築いた七人の男たち—岩国セブン・ファーザーズ物語　佐古利南著　致知出版社　2016.7　170p　19cm　〈文献あり　年譜あり〉　1200円　①978-4-8009-1119-3　Ⓝ281.77
内容　偉大な人物を輩出した岩国藩の教育　「初代大審院長」玉乃世履翁—賄賂の申し出お断り　「解剖学のパイオニア」今目東先生—私の遺体を解剖するように！　「小銃製作の父」有坂成章翁—他に頼らず独学独成が大切です　「電気の父」藤岡市助博士—僕は大学に役立つことをしたい　「図書館の父」田中稲城翁—図書館は国民の大学です　「近代辞典製作の祖」斎藤精輔翁—人の一生は一事一業です　明治岩国人の特質は名聞を好まず、「公」に生きる

田中　俊雄〔1930〜〕　たなか・としお
◇あるがまゝに　田中俊雄著　〔横浜〕　〔田中俊雄〕　2018.10　195p　21cm　Ⓝ289.1

田中　直哉〔1853〜1885〕　たなか・なおや
◇西郷に抗った鹿児島士族—薩摩川内平佐の民権論者、田中直哉　尾曲巧著　鹿児島　南方新社　2018.5　80p　21cm　(南方ブックレット 6)〈年譜あり〉　1000円　①978-4-86124-381-3　Ⓝ219.705
内容　1 薩摩の武家支配　2 薩摩の教育　3 薩摩藩における浄土真宗(一向宗)の禁止　4 西郷隆盛　5 西南戦争前夜の田中直哉　6 大久保・川路密偵記　7 民権運動と田中直哉の死

田中　典子〔1954〜〕　たなか・のりこ
◇父のアルバム　伊藤巌,田中典子著　横浜　春風社　2015.9　135p　22cm　1800円　①978-4-86110-467-1　Ⓝ289.1
内容　典子の揺籃(1954)　典子の躍動(1955)　典子の成長(1956)　典子の四季(1957)

田中　隼磨〔1982〜〕　たなか・はゆま
◇闘走心——一戦一勝一瞬に身を捧げる覚悟　田中隼磨著　カンゼン　2016.5　237p　19cm　1600円　①978-4-86255-345-4　Ⓝ783.47
内容　序章 覚悟—新天地・松本山雅FCを選んだ理由　第1章 故郷—「サッカー」がまだない時代の夢　第2章 決意—15歳、単身越境で志したプロ　第3章 光明—実力主義のなかであらがいながら　第4章 栄光—有言実行した「Jリーグ優勝」　第5章 未来—「勝利」の街のための闘い

田中　玄宰　たなか・はるなか
⇒田中玄宰(たなか・げんさい)を見よ

田中　久男　たなか・ひさお
◇群れず　田中久男著　名古屋　中部経済新聞社　2018.5　218p　18cm　(中経マイウェイ新書 039)　800円　①978-4-88520-216-2　Ⓝ289.1

田中　久重〔1799〜1881〕　たなか・ひさしげ
◇東芝の祖からくり儀右衛門—日本の発明王田中久重伝　林洋海著　現代書館　2014.10　278p　20cm　〈文献あり〉　2000円　①978-4-7684-5748-1　Ⓝ289.1
内容　第1章 国家プロジェクト　第2章 からくり儀右衛門　第3章 人の役にたつモノづくり　第4章 万年自鳴鐘(万年時計)成る　第5章 念願の蒸気船建造へ　第6章 近代化へはしる久留米藩　第7章 藩難事件と久重の試練　第8章 受け継がれる「久重のあくなき探究精神」
◇江戸の科学者—西洋に挑んだ異才列伝　新戸雅章著　平凡社　2018.4　251p　18cm　(平凡社新書 875)〈文献あり〉　820円　①978-4-582-85875-4　Ⓝ402.8
内容　第1章 究理の学へ(高橋至時—伊能忠敬を育てた「近代天文学の星」　志筑忠雄—西洋近代科学と初めて対した孤高のニュートン学者　ほか)　第2章 江戸科学のスーパースター(関孝和—江戸の数学を世界レベルにした天才　平賀源内—産業技術社会を先取りした自由人　ほか)　第3章 過渡期の異才たち—(司馬江漢—西洋絵画から近代を覗いた多才の人　国友一貫斎—反射望遠鏡をつくったング鍛冶)　第4章 明治科学をつくった人々(緒方洪庵—医は仁術を実践した名教育者　田中久重—近代技術を開いた江戸の「からくり魂」　ほか)

田中　裕明〔1959〜2004〕　たなか・ひろあき
◇田中裕明の思い出　四ッ谷龍著　調布　ふらんす堂　2018.8　179p　19cm　2500円　①978-4-7814-1050-0　Ⓝ911.362
内容　1 田中裕明の思い出(田中裕明の点晴—句集『夜の客人』読後　田中裕明の思い出　田中裕明と私　ほか)　2 講演「田中裕明『夜の形式』とは何か」(田中裕明「夜の形式」とは何か)　3 田中裕明の俳句(良質の言語感覚　田中裕明句集『櫻姫譚』未見の母郷を目指して—『櫻姫譚』のころ　ほか)

田中　浩〔1926〜〕　たなか・ひろし
◇田中浩集　第10巻 思想学事始め　田中浩著　未來社　2015.4　415,12p　22cm　〈布装　索引あり〉　7500円　①978-4-624-90050-2　Ⓝ311.2

〔内容〕第1部 敗戦から「哲学」専攻をめざすまで―「玉音放送」・「東亜連盟」・「旧制高校時代」(敗戦の日から帰郷まで 「東亜連盟」運動から「旧制佐高」(文科乙類)入学まで 旧制高校から「哲学」専攻を定めるまで ホッブズ研究をめざして) 第2部 近代政治思想研究の歩み―ホッブズ・シュミット・如是閑(研究の時代区分(総論) トマス・ホッブズ研究について カール・シュミット研究 如是閑研究について) 第3部 現代史研究―世界と日本―へ向けて

田中 史朗〔1985〜〕 たなか・ふみあき
◇負けるぐらいなら、嫌われる―ラグビー日本代表、小さきサムライの覚悟 田中史朗著 ベストセラーズ 2016.2 221p 19cm 1400円 ①978-4-584-13702-4 Ⓝ783.48
〔内容〕第1章 念願の勝利 第2章 決断 第3章 信は力なり 第4章 コミュニケーション力 第5章 ラグビーをブームから文化に 対談 妻への感謝

田中 平八〔1834〜1884〕 たなか・へいはち
◇日本経済の心臓 証券市場誕生! 日本取引所グループ著, 鹿島茂監修 集英社 2017.12 254p 20cm 〈文献あり 年表あり〉 1800円 ①978-4-08-786084-9 Ⓝ338.15
〔内容〕1 江戸期―証券取引の夜明け(米は大坂を目指す 蔵屋敷と米切手 大坂米市場の概要 ほか) 2 明治・大正期―兜町と北浜(明治初期の堂島米会所 取引所設立の背景―武家の退職手当(秩禄公債・金禄公債)の売買 取引所設立の背景―生糸と洋銀取引と明治期の新しい経済人 ほか) 3 昭和期戦後の証券市場復興と隆盛(戦争下の兜町(昭和20年) 終戦―新円交換と集団売買(昭和20〜24年) 「国民一人一人が株主に」―その1 財閥解体・財産税の物納・特別機関解体 ほか)

田中 真紀子〔1944〜〕 たなか・まきこ
◇父と私 田中眞紀子著 日刊工業新聞社 2017.3 305p 20cm (B&Tブックス) 1600円 ①978-4-526-07676-3 Ⓝ289.1

田中 正人〔1967〜〕 たなか・まさと
◇アドベンチャーレースに生きる! 田中正人, 田中陽希著 山と溪谷社 2017.3 246p 19cm 1300円 ①978-4-635-17189-2 Ⓝ786
〔内容〕第1章 田中陽希―アドベンチャーレーサーとしての僕の道(白銀の世界から飛び込んだアドベンチャーレース あの頃、誰かのせいにしていた弱い自分 ほか) 第2章 田中正人―人生すべてをアドベンチャーレースに捧げて(研究者からプロ・アドベンチャーレーサーへの転身 極貧時代を共に過ごした仲間たち ほか) 第3章 仲間たちが語る―自分にとってのイーストウインド(白石康次郎―イーストウインドは僕の青春だった 白戸太朗―本音でぶつかりあった仲間 ほか) 第4章 田中陽希―現在地を知り、未来の道をつくる(山北が離れ、新たなチーム編成に 『2016年オーストラリア世界選手権』への始動 ほか)

田中 将大〔1988〜〕 たなか・まさひろ
◇無敗の男―田中将大―「強さ」をつくった師の流儀 古内義明著 大和書房 2014.4 229,5p 19cm 〈文献あり 年譜あり〉 1300円 ①978-4-479-79435-6 Ⓝ783.7
〔内容〕第1章 野球の神様に微笑まれて(弟が引き寄せた、野球との出会い ライバルは巨人軍の坂本勇人 ほか) 第2章 敗北を糧にして(田中将大の三大能力 田中に伝えた裏方としての経験 ほか) 第3章 師の言葉を受け継いで(バランス感覚のある子 「監督、ピッチャーがやりたいです」 ほか) 第4章 愛すべき男(親は子の応援団 "24勝0敗"不敗神話はこうして生まれた ほか)

◇田中将大、ニューヨーク・ヤンキースの超新星 マイケル・パート著, 堤理華訳 作品社 2015.2 195p 20cm 1500円 ①978-4-86182-521-7 Ⓝ783.7
〔内容〕第1部 二〇一四年春(新メジャーリーガーの誕生 オープン戦初の先発登板 インタビューで見せた素顔 ほか) 第2部 二〇一四年シーズン(ヤンキー・スタジアム初登板 記録更新の三試合目 崩れない不敗神話 ほか) 第3部 栄光と挫折(メジャーリーグに現れた「新たなゴジラ」 エースの資格 ヤンキース初の月間MVP新人投手 ほか)

田中 美絵子〔1975〜〕 たなか・みえこ
◇ロリータ少女、政治家になる。 田中美絵子著 ヨシモトブックス 2014.7 239p 19cm 〈他言語標題:THE LOLITA BECAME A POLITICIAN 発売:ワニブックス〉 1250円 ①978-4-8470-9236-7 Ⓝ289.1
〔内容〕第1章 暗黒時代 第2章 ロリータ時代 第3章 就職浪人、OL、派遣社員時代 第4章 そして政治家へ 第5章 恩返し ロリータ対談 雨宮処凜×田中美絵子

田中 美津〔1943〜〕 たなか・みつ
◇ひとびとの精神史 第5巻 万博と沖縄返還―1970年前後 吉見俊哉編 岩波書店 2015.11 331p 19cm 2500円 ①978-4-00-028805-7 Ⓝ281.04
〔内容〕1 劇場化する社会(三島由紀夫―魂を失った未来への反乱 山本義隆―自己否定を重ねて 岡本太郎―塔にひきよせられるひとびと 牛山純一―テレビに見た「夢」) 2 沖縄―「戦後」のはじまり(仲宗根政善―方言研究に込めた平和への希求 マリー米軍兵士と日本人の間で戦ったひとびと 比嘉康雄と東松照明―二人の写真家の"沖縄") 3 声を上げたひとびと(田中美津―"とり乱しの弁証法"としてのウーマン・リブ 川本輝夫―水俣病の"岩盤"を穿つ 横塚晃一―障害者は主張する 大地を守る会―紛争の経験を地域の実践へ 木村守江―「原発村」の誕生と浜通り)

田中 實〔1930〜〕 たなか・みのる
◇丘の切り株 田中實著 文芸社 2017.7 298p 19cm 1500円 ①978-4-286-18331-2 Ⓝ289.1

田中 森一〔1943〜2014〕 たなか・もりかず
◇遺言―闇社会の守護神と呼ばれた男、その懺悔と屈辱 田中森一著 双葉社 2014.9 326p 20cm 〈文献あり〉 1600円 ①978-4-575-30726-9 Ⓝ289.1
〔内容〕序章 再発 第1章 転落 第2章 検察の正体 第3章 獄中生活 第4章 闇社会 第5章 死病 第6章 国策捜査 第7章 生還 終章 戦友・許永中

たなか やすこ〔1937〜〕
◇三度戦争に行った父と私の物語　たなかやすこ著　大阪　たなかやすこおはなしの会　2015.5　74p　21cm　800円　Ⓝ289.1

田中 陽希〔1983〜〕　たなか・ようき
◇アドベンチャーレースに生きる！　田中正人,田中陽希著　山と溪谷社　2017.3　246p　19cm　1300円　Ⓘ978-4-635-17189-2　Ⓝ786

内容　第1章 田中陽希―アドベンチャーレーサーとしての僕の道（白銀の世界から飛び込んだアドベンチャーレース　あの頃、誰かのせいにしていた弱い自分 ほか）　第2章 田中正人―人生すべてをアドベンチャーレースに捧げて（研究者からプロ・アドベンチャーレーサーへの転身　極貧時代を共に過ごした仲間たち ほか）　第3章 仲間たちが語る―自分にとってのイーストウインド（白石康次郎―イーストウインドは僕の青春だった　戸子太朗―本音でぶつかりあった仲間 ほか）　第4章 田中陽希―現在地を知り、未来の道をつくる（山北が離れ、新たなチーム編成に「2016年オーストラリア世界選手権」への始動 ほか）

田中 義廉〔1841〜1879〕　たなか・よしかど
◇古田東朔近現代日本語生成史コレクション　第6巻　東朔夜話―伝記と随筆　古田東朔著、鈴木泰、清水康行、山東功、古田啓編集　清水康行、古田啓解説・校訂　くろしお出版　2014.12　501p　22cm　〈著作目録あり　年譜あり〉　9200円　Ⓘ978-4-87424-642-9　Ⓝ810.8

内容　大庭雪齋　大庭雪齋訂補の『歴象新書』大庭雪齋の業績　堀達之助と『英和対訳袖珍辞書』　柳河春三　福沢諭吉―その国語観と国語教育観　福沢諭吉その他補遺　古川正雄　田中義廉補遺　中根淑　「遠山左衛門尉」の登場―中根淑・依田学海の文章　大槻文彦伝　東朔夜話　芦田先生と私　西尾実先生の想い出　学習院高等科時代の小高さん　森山隆さんを悼む　原稿用紙の字詰

田中 吉政〔1548〜1609〕　たなか・よしまさ
◇トップの資質―信長・秀吉・家康に仕えた武将田中吉政から読み解くリーダーシップ論　半田隆夫,箱島八郎,宇野秀史著　福岡　梓書院　2015.2　261p　19cm　〈文献あり　年譜あり〉　1500円　Ⓘ978-4-87035-544-6　Ⓝ289.1

内容　第1章 天下人との出会い―企業として生き残る道を探る　第2章 秀吉を支え、戦国時代を駆け昇る―現状分析と問題解決力/諦めず、成功するまでやる/ブランド構築/広告費を惜しまない/常識に囚われない　第3章 秀次の筆頭家老―とことん仕える/手柄は部下に、責任は自分に/いつでも馬護を斬る/周囲の協力を得る　第4章 吉政の国づくり―現場を重視する/人を活かす/あれる者久しからず　謙虚さは自信の表れ　第5章 時代を読む力―時代を読む/「仁」「義」「礼」を疎かにしない/トップとしての品格を保つ　第6章 筑後国主―夢を示すこと/デザイン力を養う　第7章 土木の神様―部下のやる気と可能性を引き出す/部下の幸せを追求する/見た目の数字ではなく、質を大切にする/弱音を吐かない、常に強気でいる　余禄　改易、そしてその後の田中氏

◇田中吉政―天下人を支えた田中一族　箱島八郎原作、半田隆夫監修、松本康史漫画　福岡　梓書院　2018.1　203p　19cm　〈文献あり　年譜

あり〉　1000円　Ⓘ978-4-87035-619-1　Ⓝ289.1

内容　第1部(漫画 三成と吉政　天下人との出会い　戦国時代を駆けのぼる　秀次の筆頭家老　吉政の国づくり　時代を読む力）　第2部(漫画 東洋のヴェネツィア　筑後国主　土木の神様　吉政と共に活躍した田中一族　改易、そしてその後の田中家）

田中 四〔1955〜〕　たなか・よん
◇神の国　田中四著　文芸社　2016.8　95p　19cm　1100円　Ⓘ978-4-286-16795-4　Ⓝ289.1

田中 隆吉〔1893〜1972〕　たなか・りゅうきち
◇帝国軍人の弁明―エリート軍人の自伝・回想録を読む　保阪正康著　筑摩書房　2017.7　205p　19cm　（筑摩選書 0146）　1500円　Ⓘ978-4-480-01654-6　Ⓝ396.21

内容　序章 軍人の回想録・日記・自伝を読む　第1章 石原莞爾の『世界最終戦論』を読む　第2章 堀栄三『大本営参謀の情報戦記』を読む　第3章 武藤章『比島から巣鴨へ』を読む　第4章 佐々木到一『ある軍人の自伝』を読む　第5章 田中隆吉『日本軍閥暗闘史』を読む　第6章 河邊虎四郎『市ヶ谷台から市ヶ谷台へ』を読む　第7章 井本熊男『作戦日誌で綴る大東亜戦争』を読む　第8章 遠藤三郎『日中十五年戦争と私』を読む　第9章 磯部浅一『獄中日記』を読む　第10章 瀬島龍三『幾山河』を読む　終章 歴史に残すべき書

田中 玲子　たなか・れいこ
◇心の金メダル―夢を持てば光が見える　田中玲子著　高木書房（発売）　2018.5　254p　20cm　1400円　Ⓘ978-4-88471-811-4　Ⓝ289.1

内容　第1章 2017ハーモニカ世界大会出場物語　第2章 ドイツ その後の私　第3章 目が見えなくなった幼少時代　第4章 恋をし失恋もし鍼灸師として独立　第5章 虚弱体質だった私の水泳挑戦物語＆結婚　第6章 第1回世界盲人マラソン大会初優勝物語　第7章 第2回世界盲人マラソン大会優勝までの物語　第8章 その後のマラソン人生と主人との絆　第9章 挑戦することを諦めない私の人生！

棚橋 鮎子〔1937〜〕　たなはし・あゆこ
◇"踊りごころ"につき動かされ―モダンダンス創作ひと筋に　棚橋鮎子著、秋田魁新報社編　秋田　秋田魁新報社　2018.8　169p　18cm　（さきがけ新書 32―シリーズ時代を語る）〈年譜あり〉　800円　Ⓘ978-4-87020-402-7　Ⓝ769.1

内容　踊ること、創ること　能代に生まれ育つ　石井漠の弟子に学ぶ　公演デビュー　わらび座と出会う　入賞、入選に自信得て　能代ミュージカルのことなど　創作の魅力は尽きず　年譜

棚橋 一郎〔1932〜〕　たなはし・いちろう
◇私の都市計画人生―石川栄耀先生の教えとその実践　棚橋一郎著　つくば　棚橋一郎　2017.11　373p　21cm　〈著作目録あり　年譜あり〉　Ⓝ518.8

棚橋 弘至〔1976〜〕　たなはし・ひろし
◇棚橋弘至はなぜ新日本プロレスを変えることができたのか　棚橋弘至著　文庫版　飛鳥新社　2015.12　297p　15cm　〈2014年刊の加筆・修

正　年譜あり〉　630円　①978-4-86410-448-7　Ⓝ788.2

内容　序章 壊れた夢を再び　第1章 プロレスファンが見た夢　第2章 新日本プロレス入門、そして事件　第3章 迷走する会社、相次ぐ離脱者　第4章 新日本プロレスファンを敵に回して　第5章 全力プロモーション　第6章 浮上のとき　第7章 なぜ僕は新日本プロレスを変えられたのか　第8章 夢の途中

◇プロレスという生き方—平成のリングの主役たち　三田佐代子著　中央公論新社　2016.5　253p　18cm　（中公新書ラクレ 554）〈文献あり〉　840円　①978-4-12-150554-5　Ⓝ788.2

内容　第1部 メジャーの矜持・インディーの誇り（中邑真輔—美しきアーティストが花開くまで　飯伏幸太—身体ひとつで駆け上がった星　高木三四郎—「大社長」がすごい理由　登坂栄児—プロレス界で一番の裏方　丸藤正道—運命を受け入れる天才）　第2部 女子プロレスラーという生き方（里村明衣子—孤高の横綱はなぜ仙台に行ったのか？　さくらえみ—突拍子もない革命家）　第3部 プロレスを支える人たち（和田京平—プロレスの本質を体現する番人　橋本和樹に聞く若手のお仕事　棚橋弘至—プロレスをもっと盛り上げるために）

田辺 明雄〔1930〜2002〕　たなべ・あきお
◇師父と親しむ—文学者田辺明雄とともに　杉本増生著　沖積舎　2015.12　229p　19cm　〈年譜あり〉　2300円　①978-4-8060-4124-5　Ⓝ910.268

内容　1 富恵三郎君　2「愛妻記」抜書き　3 よりちゃん　4 "へ"について ほか　5 師父　6 田辺明雄年譜　7 一冊の本—あとがきにかえて

田邉 古邨〔1903〜1980〕　たなべ・こそん
◇田邉古邨全集　第8巻 作品、書簡選・余録　田邉古邨著　書道一元會　2017.1　498p　22cm　〈年譜あり 索引あり〉　6875円　①978-4-87586-468-4　Ⓝ728.08

内容　田邉古邨作品・書簡選　『野菊』掲載の短歌と文　国語国字問題　講演録・随想・書籍選　書簡　慶辞弔辞他　自伝・年譜

田邊 剛〔1934〜〕　たなべ・つよし
◇辛抱する木に花が咲く　田邊剛著　〔新潟〕〔田邊剛〕　2014.11　254p　20cm　Ⓝ289.1

田辺 哲人〔1942〜〕　たなべ・てつんど
◇スポチャン物語　田辺哲人著　叢文社　2015.7　303p 図版16p　19cm　1300円　①978-4-7947-0744-4　Ⓝ789.3

内容　第1部 スポチャン（ポコポコ先輩　9才の技　田辺一座　極意騒気楼　世界チャンピオンの力 ほか）　第2部 スポチャンのはじまり（パラオから、母の実家二宮へ　やたら元気なワルガキたち　スコイ　チャンバラごっこは泣いたら負け　こらぁ、テツボー、逃げるのか、逃げるならお母ちゃんの買ったゲタだぁ、おいてけーだって ほか）

田辺 元〔1885〜1962〕　たなべ・はじめ
◇京都学派　菅原潤著　講談社　2018.2　264p　18cm　（講談社現代新書 2466）〈文献あり〉　900円　①978-4-06-288466-2　Ⓝ121.6

内容　プロローグ なぜ今、京都学派なのか　第1章 それは東大から始まった—フェノロサから綱島梁川まで　第2章 京都学派の成立—西田幾多郎と田辺元　第3章 京都学派の展開—京大四天王の活躍と三木清　第4章 戦後の京都学派と新京都学派—三宅剛一と上山春平　エピローグ 自文化礼賛を超えて—京都学派のポテンシャル

田辺 寿〔1931〜〕　たなべ・ひさし
◇二人者　田辺寿著　文芸社　2016.11　121p　20cm　〈他言語標題：Die Beiden　年譜あり〉　1000円　①978-4-286-15501-2　Ⓝ289.1

田辺 雅文〔1935〜〕　たなべ・まさぶみ
◇GOING MY WAY—なせば成る君にも展ける自分の道　田辺雅文著　文芸社　2015.12　130p　20cm　1100円　①978-4-286-16818-0　Ⓝ289.1

田辺 茂一〔1905〜1981〕　たなべ・もいち
◇わが町・新宿　田辺茂一著　紀伊國屋書店　2014.12　373p　19cm　〈旺文社文庫 1981年刊の再刊〉　2000円　①978-4-314-01124-2　Ⓝ914.6

内容　明治の終わり　大正のはじめ　大正の中ごろ　大正の終わり　因果のはじまり　ほてい屋百貨店進出　紀伊國屋書店開店　画廊のハシリ　若き日の作家群　身を粉にしての遊び癖〔ほか〕

谷 干城　たに・かんじょう
⇒谷干城（たに・たてき）を見よ

谷 重遠　たに・しげとお
⇒谷秦山（たに・じんざん）を見よ

谷 時中〔1599〜1649〕　たに・じちゅう
◇谷時中・谷秦山　山根三芳著　明徳出版社　2015.9　233p　20cm　（叢書・日本の思想家 3）〈文献あり 年譜あり〉　2800円　①978-4-89619-603-0　Ⓝ121.54

内容　谷時中（略伝　『大学章句』考　『中庸章句』考　道友考　谷時中略年譜）　谷秦山（略伝　秦山の詩　炳丹録序考　五箴并序考　谷秦山略年譜）

谷 秦山〔1663〜1718〕　たに・じんざん
◇澁川春海と谷重遠—双星煌論　志水義夫著　新典社　2015.3　191p　19cm　（新典社選書 70）〈索引あり〉　1400円　①978-4-7879-6820-3　Ⓝ289.1

内容　1 谷重遠と澁川春海　2 澁川春海の学問　3 谷重遠、東遊　4 新蘆面命　5 瓊牙拾遺　6 江戸の休日　7 江戸を離れて

◇谷時中・谷秦山　山根三芳著　明徳出版社　2015.9　233p　20cm　（叢書・日本の思想家 3）〈文献あり 年譜あり〉　2800円　①978-4-89619-603-0　Ⓝ121.54

内容　谷時中（略伝　『大学章句』考　『中庸章句』考　道友考　谷時中略年譜）　谷秦山（略伝　秦山の詩　炳丹録序考　五箴并序考　谷秦山略年譜）

◇学聖・谷秦山—その生涯と秦山学大成への道　没後300年特集号　香美史談会谷秦山冊子編纂

委員会編纂　香美　香美史談会　2018.2　60p　30cm　〈著作目録あり　年譜あり　年表あり〉　Ⓝ121.54

谷 干城〔1837～1911〕　たに・たてき
◇熊本城を救った男 谷干城　嶋岡晨著　河出書房新社　2016.10　236p　15cm　(河出文庫 れ16-2)〈「明治の人」(学芸書林 1981年刊)の改題〉　660円　Ⓘ978-4-309-41486-7　Ⓝ289.1

◇子爵谷干城傳　平尾道雄編　復刻版　周南　マツノ書店　2018.4　1冊　22cm　〈年譜あり〉　Ⓝ289.1

◇明治史講義　人物篇　筒井清忠編　筑摩書房　2018.4　397p　18cm　(ちくま新書 1319)〈文献あり〉　1100円　Ⓘ978-4-480-07140-8　Ⓝ210.6

[内容]　木戸孝允―「条理」を貫いた革命政治家　西郷隆盛―謎に包まれた超人気者　大久保利通―維新の元勲、明治政府の建設者　福澤諭吉―「文明」と「自由」　板垣退助―自らの足りなさを知る指導者　伊藤博文―日本型立憲主義の造形者　井上毅―明治維新を落ち着かせようとした官僚　大隈重信―政治対立の演出者　金玉均―近代朝鮮における「志士」たちの時代　陸奥宗光―『蹇蹇録』で読む日清戦争と朝鮮〔ほか〕

谷 ちえ子〔1959～〕　たに・ちえこ
◇だって谷ちえ子だもん―谷ちえ子半生記本　KAZUHO著　〔朝霞〕　プロダクションカナン　2017.12　100p　27cm　〈原案：谷ちえ子　年譜あり　発売：いのちのことば社〉　1500円　Ⓘ978-4-264-03888-7　Ⓝ767.8

谷 佳知〔1973～〕　たに・よしとも
◇惜別球人―プロ野球時代を彩った男たち　山本昌　木佐貫洋　東出輝裕　谷繁元信　関本賢太郎　谷佳知　松田裕司　長谷川晶一、五反田康彦、宇佐美圭右、松下雄一郎、矢板良一著　ミライカナイブックス　2015.12　252p　19cm　1400円　Ⓘ978-4-907333-07-2　Ⓝ783.7

[内容]　第1章 届かなかったあと1勝―50歳の野球少年が見てきた光景 山本昌(中日)　第2章 そして、日記は3冊目に―。 木佐貫洋(巨人・オリックス・北海道日本ハム)　第3章 野球小僧に聞こえたある『福音』 東出輝裕(広島)　第4章 悔しさとともに積み上げた3021試合 谷繁元信(横浜・中日)　第5章 生涯タテジマを貫いた男の真実 関本賢太郎(阪神)　第6章 現役最後まで失わなかった感覚 谷佳知(オリックス・巨人・オリックス)

谷川 浩司〔1962～〕　たにがわ・こうじ
◇中学生棋士　谷川浩司著　KADOKAWA　2017.9　217p　18cm　(角川新書 K-162)〈文献あり〉　800円　Ⓘ978-4-04-082174-0　Ⓝ796

[内容]　第1章 最年少の新星・藤井聡太(藤井四段の自宅を訪ねる　謎に覆われた少年 ほか)　第2章 藤井将棋の強さと凄み(強さの源となった詰将棋　デビュー後の幸運 ほか)　第3章 将棋の才能とは何か(テッド・ウィリアムズの伝説　周囲の人々の奇跡的な連携 ほか)　第4章 自分が中学生棋士だったころ(史上二人目の中学生棋士・谷川浩司　住職だった父の教え ほか)　第5章 中学生棋士たちの群像―羽生善治、渡辺明、加藤一二三(史上三人目の中学生棋士・羽生善治　局面を複雑にする羽生将棋 ほか)

谷川 士清〔1709～1776〕　たにかわ・ことすが
◇木内石亭を巡る奥田士亨と谷川士清の交遊　山田一生著　松阪　夕刊三重新聞社　2017.4　153p　21cm　(歴史随想わが道の真実一路 2)〈文献あり〉　2000円　Ⓘ978-4-89658-010-5　Ⓝ121.56

谷川 順子〔1934～〕　たにかわ・じゅんこ
◇ダルマさんが転んだ　完結編　谷川順子著　谷川写植社　2015.3　185p　21cm　1200円　Ⓝ289.1

谷川 俊太郎〔1931～〕　たにかわ・しゅんたろう
◇詩人なんて呼ばれて　谷川俊太郎語り手・詩、尾崎真理子聞き手・文　新潮社　2017.10　380, 63, 6p　20cm　〈著作目録あり　年譜あり　索引あり〉　2100円　Ⓘ978-4-10-401806-2　Ⓝ911.52

[内容]　第1章 哲学者と詩人と　インタビュー1「詩人になろうなんて、まるで考えていなかった」　第2章 詩壇の異星人　インタビュー2「詩人は、全世界を引き受けようとするんだ」　第3章 独創を独走する　インタビュー3「意識から出てくる言葉じゃない」　第4章 佐野洋子の魔法　インタビュー4「滑稽な修羅場もありました」　第5章 無限の変奏　インタビュー5「運がいいと、それを詩に書けるかもしれない」

谷川 憲子〔1938～〕　たにがわ・のりこ
◇朝倉の詩人 谷川憲子　草altボ哲夫編著　朝倉　朝倉書林　2016.9　255p　21cm　〈年譜あり　著作目録あり〉　1200円　Ⓝ911.52

谷口 愛〔1967～〕　たにぐち・あい
◇どん底からでも人生は逆転できる。　谷口愛著　世界文化社　2015.6　206p　19cm　1300円　Ⓘ978-4-418-15508-8　Ⓝ289.1

[内容]　プロローグ 自分を幸せにできるのは自分だけ　第1章 どん底―突然の差し押さえ！ 家族の危機。自分にできることを、やり抜く心がまえを持つ　第2章 浮上―無心で借金返済だけ目指したホステス時代 悩んだら「目的」を思い出せ　第3章 転機―学ぶことで広がる"可能性" 急がば回れ！ 近道は「学ぶ」こと　第4章 情熱―チャンスは与えられるものではない 心から求めよ！ さすれば得られん。　第5章 起業―打開する「心の強さ」を身につける チャンスがなければ、自分で作れ！　第6章 時は金なり―持たざる者の挽回の流儀 誰にでもあるもの、それは「時間」　エピローグ 人間の価値は「今」決まるものではない

谷口 藹山〔1816～1899〕　たにぐち・あいざん
◇気韻生動の軌跡―南画家 谷口藹山の生涯　安田良榮著　富山　桂書房　2016.11　137p　28cm　〈文献あり　年譜あり〉　3000円　Ⓘ978-4-86627-018-0　Ⓝ721.9

[内容]　第一期　第二期ノ一　第二期ノ二　第三期　第四期　第五期　第六期ノ一　第六期ノ二

谷口 ジロー〔1947~2017〕 たにぐち・じろー
◇谷口ジロー―描くよろこび　コロナ・ブックス編集部編　平凡社　2018.10　128p　22cm（コロナ・ブックス 215）〈著作目録あり　年譜あり〉　1800円　①978-4-582-63514-0　Ⓝ726.101
|内容| 原画ギャラリー　論考　原作より　私と"谷口ジロー"　松本大洋インタビュー―谷口ジローさんは、絵も人柄もやさしい漫画家でした。　谷口ジローの見た武蔵野―『歩くひと』を歩く　エッセイ『歩くひと』　谷口ジローとの二、三の思い出（関川夏央）　谷口ジローの本棚　谷口ジロー略年譜　谷口ジロー発表作品初出誌＆単行本データ　特別附録幻のデビュー作・単行本未収録作品「声にならない鳥のうた」

谷口 稜曄〔1929~2017〕 たにぐち・すみてる
◇谷口稜曄聞き書き　原爆を背負って　谷口稜曄述，久知邦著　福岡　西日本新聞社　2014.8　253p　19cm　〈年譜あり〉　1500円　①978-4-8167-0888-6　Ⓝ289.1
|内容| 第1章 被爆、長い苦しみの始まり　第2章 3年7カ月の入院生活　第3章 生き抜くと誓った青春時代　第4章 注目された核の恐怖　第5章 生涯の伴侶を得て　第6章 原水禁運動の分裂　第7章 世に出た「赤い背中」　第8章 被爆の実相、世界に訴え　第9章 援護の拡大を求めて　第10章 核兵器廃絶への道のり　第11章 子孫に託す前に―

谷口 誠治〔1959~〕 たにぐち・せいじ
◇夢は叶えるもの！―ボイメンを創った男　谷口誠治著　Sweet Thick Omelet　2017.1　211p　19cm　1600円　①978-4-907061-25-8　Ⓝ289.1
|内容| 第1章 名古屋へ―ボイメンの誕生　第2章 ボイメンのルーツを探る―少年時代～青年時代　第3章 ローラースケートこそ人生―エンターテイメントへの挑戦の始まり　第4章 東京・芸能事務所時代―大病からの復活　第5章 BOYS AND MEN―メンバーとの出逢い　第6章 ボイメン・ストーリー―全国制覇への道　第7章 未来へ

谷口 浩〔1972~〕 たにぐち・ひろし
◇フリーバード自由と孤独　谷口浩著　中央公論新社　2018.7　253p　20cm〈他言語標題：FREE BIRD〉　1400円　①978-4-12-005096-1　Ⓝ289.1
|内容| スピード違反　初めてのフィジー　ピンチはチャンス！　スクール☆ウォーズ　FBI対CIA　聖人・善人・俗人―タガバ・コナテとセント・アガタ　ノー家出・ノーライフ　「何ができるんだ？」を考えろ！　フィジー国籍に！　フィジーで国会議員に！　株式上場へのリベンジ　日本人やめました　仕事ってなんだ？

谷口 蕪村　たにぐち・ぶそん
⇒与謝蕪村（よさ・ぶそん）を見よ

谷口 雅春〔1893~1985〕 たにぐち・まさはる
◇新編生命の實相　第31巻　自伝篇―神示を受くる迄　上　谷口雅春著，生長の家社会事業団谷口雅春著作編纂委員会責任編集　光明思想社　2018.10　185,19p　20cm　〈索引あり〉　1524円　①978-4-904414-83-5　Ⓝ169.1

|内容| 第1章 幼少時代　第2章 少年及び青年初期　第3章 芸術至上主義時代　第4章 憐憫愛への転向　第5章 工場生活時代
◇新編　生命の實相　第32巻　自伝篇―神示を受くる迄　中　谷口雅春著，生長の家社会事業団谷口雅春著作編纂委員会責任編集　光明思想社　2018.10　181,30p　20cm　〈索引あり〉　1524円　①978-4-904414-84-2　Ⓝ169.1
|内容| 第6章 転身

谷口 安平〔1934~〕 たにぐち・やすへい
◇終わりなき好奇心―谷口安平オーラル・ヒストリー　グローバル・ジュリストへの軌跡　谷口安平著，菊間千乃聞き手　京都　北大路書房　2018.11　297,3p　20cm　〈他言語標題：endless curiosity　著作目録あり〉　3300円　①978-4-7628-3043-3　Ⓝ289.1
|内容| 第1章 生い立ちの秘密を語る　第2章 鴨沂高校、京都大学学生時代の秘話　第3章 在学中司法試験合格から京都大学法学部助教授へ　第4章 海外留学・講義のはじまり―学問・語学力・趣味の開花　第5章 グローバル・ジュリストの原点―米国民事裁判体験　第6章 日本に帰ってからの民事訴訟法研究の成果　第7章 増える海外講義と中国とのかかわり　第8章 WTO上級委員時代の苦労話　第9章 京都からわざわざ東京に出てきたのはなぜ？　第10章 仲裁とADRの専門家として　第11章 奥様とご家族、そしていまとこれから

谷口 義明〔1954~〕 たにぐち・よしあき
◇谷口少年、天文学者になる―銀河の揺り籠＝ダークマター説を立証　谷口義明著　海鳴社　2015.12　217p　19cm　1600円　①978-4-87525-323-5　Ⓝ289.1
|内容| 第1部 なぜ、天文学者を目指したか？（子供心に浮かぶ将来の夢　大学　大学院　職業としての天文学者へ―ポスドクから助手へ）　第2部 学者の生活（天文学者とは何か？―会社員のような　旅の空）　第3部 学者の心がけ（好奇心　集中力　"継続力"　"ひらめき力"　研究のスタイル　"パラダイム"の功罪　オリジナリティーとは何か？　虚心坦懐）

谷崎 潤一郎〔1886~1965〕 たにざき・じゅんいちろう
◇谷崎潤一郎の恋文―松子・重子姉妹との書簡集　谷崎潤一郎，谷崎松子，渡辺重子著，千葉俊二編　中央公論新社　2015.1　593p　20cm　〈文献あり〉　2700円　①978-4-12-004688-9　Ⓝ915.6
|内容| 1 出会いから「盲目物語」出版へ　2 恋愛の高揚と「春琴抄」　3 新婚生活と「源氏物語」現代語訳　4 戦時下の生活と「細雪」執筆　5 終戦から「雪後庵夜話」まで
◇谷崎潤一郎　没後五十年　尾高修也著　作品社　2015.11　327p　20cm　2300円　①978-4-86182-563-7　Ⓝ910.268
|内容| 1（谷崎潤一郎　没後五十年　谷崎潤一郎を探して　三十年の愉楽　ほか）　2（谷崎潤一郎の「西洋体験」　谷崎と芥川の中国体験　ほか）　3（谷崎潤一郎の「旅」　谷崎潤一郎の神戸　夢のあと　ほか）　4（「蓼喰ふ虫」　「盲目物語」　ほか）

◇谷崎潤一郎文学の着物を見る—耽美・華麗・悪魔主義　大野らふ,中村圭子編著　河出書房新社　2016.3　159p　21cm　〈らんぷの本—mascot〉〈文献あり　年譜あり〉　1900円　Ⓘ978-4-309-75021-7　Ⓝ910.268

内容　第1章 細雪　第2章 谷崎潤一郎の人生と作品(幼少期からデビューまで　鬼の面　薹　月の囁き ほか)　第3章 谷崎文学の魅力(悪魔主義(刺青　秘密　おざと巳之介)　猫好き(猫と庄造と二人のをんな)　探偵小説の元祖(友田と松永の話)　足フェチ(富美子の足　瘋癲老人日記))

◇食魔 谷崎潤一郎　坂本葵著　新潮社　2016.5　238p　18cm　〈新潮新書 669〉〈文献あり〉　760円　Ⓘ978-4-10-610669-9　Ⓝ910.268

内容　第1章 谷崎文学と食の哲学(美食は芸術である　食の原風景 ほか)　第2章 美食小説を読む(人間のクズたちがグルメを極める　なぜ他人の食卓が気になるのか ほか)　第3章 料理百花繚乱(東西味くらべ　かくも美しき和食の世界 ほか)　第4章 グロテスクな食い物たち(アンチ・グルメの美学　まずいもの ほか)　第5章 谷崎潤一郎・食魔の生涯(味の原点、幼少期　一中、一高、帝大時代 ほか)

◇谷崎潤一郎　平山城児著, 福田清人編　新装版　清水書院　2016.8　190p　19cm　〈Century Books—人と作品〉〈文献あり　年譜あり　索引あり〉　1200円　Ⓘ978-4-389-40107-8　Ⓝ910.268

内容　第1編 谷崎潤一郎の生涯　青春彷徨　転機　円熟、そして精選)　第2編 作品と解説(刺青　母を恋ふる記　痴人の愛　蓼喰ふ虫　吉野葛　芦刈　春琴抄　細雪　随筆その他)

◇谷崎潤一郎全集　第16巻　武州公秘話 恋愛及び色情 青春物語　谷崎潤一郎著　中央公論新社　2016.8　580p　20cm　〈付属資料：4p：月報 16〉　6800円　Ⓘ978-4-12-403576-6　Ⓝ918.68

内容　武州公秘話　倚松庵随筆(倚松庵随筆序　懶惰の説　恋愛及び色情　現代口語文の欠点について　「つゆのあとさき」を読む　私の見た大阪及び大阪人　佐藤春夫に与へて過去半生を語る書)　青春物語(緒言(『青春物語』)　青春物語 藝談)　雑纂(正宗白鳥氏の批評を読んで　無題(『饒太郎』断書)　倚松庵詠草(未発表原稿)　むかしばなし　「武州公秘話」続篇について　新聞小説を書いた経験　歌一首(「読売新聞」))

◇ほろ酔い文学談義 谷崎潤一郎—その棲み家と女　たつみ都志著　幻冬舎メディアコンサルティング　2016.10　193p　18cm　〈文献あり　年譜あり　発売：幻冬舎〉　800円　Ⓘ978-4-344-99433-1　Ⓝ910.268

内容　第1部 谷崎文学・いいとこ取り(傑作の作品紹介)(居酒屋"ほろ酔い states"　トッシーとの出会い　トッシーの最終議義)　第2部 谷崎の棲み家と女(『蓼喰ふ蟲』の家と女　『細雪』の家と女　『猫と庄造と二人のをんな』の家と女　『夢の浮橋』の家と女　『痴人の愛』の家と女)

◇谷崎潤一郎全集　第26巻　日記 記事 年譜 索引　谷崎潤一郎著　中央公論新社　2017.6　589p　20cm　〈付属資料：4p：月報 26　著作目録あり　年譜あり　索引あり〉　6800円　Ⓘ978-4-12-403586-5　Ⓝ918.68

内容　日記(日記(1)DIARY(昭和三十三年七月十一日～同年十一月二十六日)　日記(2)自由日記(昭和三十四年二月一日～同年十月二十四日)　日記(3)自由日記(昭和三十四年十月二十五日～同年十二月三十一日)　日記(4)自由日記(昭和三十五年一月一日～同年十一月十八日)　日記(5)自由日記(昭和三十五年十一月十九日～昭和三十六年九月十八日)　日記(6)自由日記(昭和三十六年九月十九日～昭和三十七年五月七日)　日記(7)DIARY(昭和三十七年五月八日～同年十一月二十四日)　日記(8)自由日記(昭和三十七年十一月二十五日～昭和三十八年二月目))　記事(文壇の彗星谷崎潤一郎 ほか六十一編)　参考(主おもむろに語るの記(谷崎松子筆)　十八公日記(谷崎松子筆)　KYOTO: Her Nature, Food…and Women)　補遺(金太郎君と私)

◇父より娘へ—鮎子宛書簡二六二通を読む 谷崎潤一郎書簡集　谷崎潤一郎著, 千葉俊二編　中央公論新社　2018.10　321p　20cm　2800円　Ⓘ978-4-12-005123-4　Ⓝ910.268

内容　鮎子宛谷崎潤一郎書簡　母鮎子のことなど(竹田長男)

谷崎 松子〔1903〜1991〕　たにざき・まつこ

◇谷崎潤一郎の恋文—松子・重子姉妹との書簡集　谷崎潤一郎,谷崎松子,渡辺重子著,千葉俊二編　中央公論新社　2015.1　593p　20cm　〈文献あり〉　2700円　Ⓘ978-4-12-004688-9　Ⓝ915.6

内容　1 出会いから「盲目物語」出版へ　2 恋愛の高揚と「春琴抄」　3 新婚生活と「源氏物語」現代語訳　4 戦時下の生活と「細雪」執筆　5 戦後から「雪後庵夜話」まで

谷繁 元信〔1970〜〕　たにしげ・もとのぶ

◇惜別球人—プロ野球時代を彩った男たち　山本昌　木佐貫洋　東出輝裕　谷繁元信　関本賢太郎　谷佳知　松田裕司,長谷川晶一,五反田康彦,宇佐美圭右,松下雄一郎,矢崎良一著　ミライカナイブックス　2015.12　252p　19cm　1400円　Ⓘ978-4-907333-07-2　Ⓝ783.7

内容　第1章 届かなかったあと1勝—50歳の野球少年が見てきた光景　山本昌(中日)　第2章 そして、日記は3冊目に—。　木佐貫洋(巨人・オリックス・北海道日本ハム)　第3章 野球小僧に聞こえたある『福音』　東出輝裕(広島)　第4章 悔しさとともに積み上げた3021試合　谷繁元信(横浜・中日)　第5章 生涯タテジマを貫いた男の真実　関本賢太郎(阪神)　第6章 現役最後まで失わなかった感覚　谷佳知(オリックス・巨人・オリックス)

谷田 男二〔1919〜〕　たにだ・だんじ

◇戦争と繁栄の世紀—九十六年の回顧　谷田男二著　千葉　谷田男二　2016.12　381p　27cm　非売品　Ⓝ289.1

谷野 作太郎〔1936〜〕　たにの・さくたろう

◇外交証言録アジア外交—回顧と考察　谷野作太郎著,服部龍二,若月秀和,昇亜美子編　岩波書店　2015.12　315p　22cm　〈年譜あり〉　6400円　Ⓘ978-4-00-022089-7　Ⓝ319.102

内容　チャイナ・ウォッチング—香港総領事館副領事　ベトナム戦争の時代—アジア局南アジア課、経済協力局技術協力課　モスクワから北京へ—駐ソ大使館一等書記官、駐中大使館一等書記官　福田赳夫首

相とASEAN―アジア局南東アジア第二課長　大平正芳首相と中国―アジア局中国課長　鈴木善幸首相を支えて―総理大臣秘書官　中曽根康弘首相と日韓関係―駐韓公使　東アジアの激動―アジア局審議官　天安門事件―アジア局長（1）　金丸訪朝とカンボジア和平―アジア局長（2）　歴史問題に取り組む―内閣外政審議室長　「世界最大の民主主義国」―駐インド大使　世紀転換期の日中関係―駐中国大使

谷村 亜惟子〔1929～〕　たにむら・あいこ

◇生かされて　続　谷村亜惟子著　国民みらい出版　2016.2　115p　22cm　〈「続」のタイトル関連情報：私のいろは歌〉　Ⓝ289.1

谷村 元珉〔1755～1819〕　たにむら・げんみん

◇谷村元珉純甫資料集成―伊予国大洲藩医師　谷村元珉純甫著, 谷村英彦編　学研プラス　2016.2　98p　22×31cm　〈文献あり〉　1500円　Ⓘ978-4-05-406365-5　Ⓝ289.1

内容　第1部 谷村元珉純甫日記（日記注釈　日記資料（一．～七．）　医師入門ノ際 誓書）　第2部 聴言録　第3部 鯨記（絵図）（エピソード）　第4部 葆斉秘録（医師の処方箋　紅毛流吉雄先生巻木綿之図　約束処方一覧表）

谷山 豊〔1927～1958〕　たにやま・ゆたか

◇谷山豊全集　谷山豊著, 杉浦光夫, 佐武一郎, 清水達雄, 山崎圭次郎編　新版　日本評論社　2018.12　386p　27cm　〈他言語標題：THE COMPLETE WORKS OF YUTAKA TANIYAMA　著作目録あり　年譜あり〉　10000円　Ⓘ978-4-535-78886-2　Ⓝ412

内容　第1部（Jacobian Varieties and Number Fields　Jacobian Varieties and Number Fields ほか）　第2部（ABEL函数体ノn-分割ニツイテ　日本数学会講演アブストラクト　第3部（書簡　遺書）　第4部（新人紹介Peter Roquette　A. Weil「ゼータ函数の育成について」 ほか）　第5部（谷山豊の生涯（杉浦光夫）　谷山豊とSSS（高瀬正仁））

田沼 意次〔1719～1788〕　たぬま・おきつぐ

◇徳川十五代闇将軍　熊谷充晃著　大和書房　2015.5　263p　15cm　（だいわ文庫 269-2H）　〈文献あり〉　650円　Ⓘ978-4-479-30536-1　Ⓝ281.04

内容　第1章 幕藩体制の礎を築いた4代（初代「闇将軍」本多正信―家康から全幅の信頼を寄せられた「タヌキ親父」以上の「タヌキ」　2代「闇将軍」南光坊天海―幕府の宗教政策をひとりで完成させた「関東の大僧正」　3代「闇将軍」松平信綱―江戸時代で最大の内乱を鎮めて老中首座に上った「知恵伊豆」　4代「闇将軍」酒井忠清―生まれながらに老中を約束された後世の悪名が哀しい「下馬将軍」　第2章 将軍の権威を超越した3代（5代「闇将軍」柳沢吉保―失政や没落とは皆無の史実　「極悪側用人」の評に異議あり　6代「闇将軍」新井白石―幕政の思想的柱石を創出したブレーンの「遅すぎた登壇」　7代「闇将軍」間部詮房―これぞ闇将軍にふさわしい「猿楽大名」の数奇なキャリア）　第3章 中興の変革期を乗り越えた3代（8代「闇将軍」松平乗邑―「暴れん坊将軍」を抑えられた唯一の忠臣は経済政策の旗手　9代「闇将軍」大岡忠光―前代未聞かつ空前絶後の幕閣　日本史上唯一の「将軍の通訳」　10代「闇将軍」田沼意次―「贈収賄政治家」の正体は貨幣社会を目指した重商主義者）　第4章 幕末動乱の一端となった3代（11代「闇将軍」松平定信―"寛政の改革"で失敗した後も影響力を保持し続けた元将軍候補　12代「闇将軍」水野忠邦―幕藩体制崩壊の序曲を聴いた「理想主義」を掲げる野心家　13代「闇将軍」徳川斉昭―頼もしいのか、ありがた迷惑か　御三家の慣例を破った「烈公」）　第5章 維新の激動期に舵を取った2代（14代「闇将軍」井伊直弼―まさに闇将軍の代名詞　幕末期最大のキングメーカー　15代「闇将軍」島津久光―外様大名ですらなかったのに幕政を揺るがせた薩摩の国父）

田沼 文蔵〔1918～2000〕　たぬま・ぶんぞう

◇外食産業創業者列伝　牛田泰正著　弘前　路上社　2018.5　130p　21cm　〈他言語標題：Biographies of restaurant founders〉　1000円　Ⓘ978-4-89993-079-2　Ⓝ673.97

内容　第1章 メインディッシュ（創業者編）（グリーンハウス・田沼文蔵―人に喜ばれてこそ会社は発展する／感謝貢献　ダスキン・鈴木清一―われ損の道をゆく／あんた、やってみなはれ　ケンタッキーフライドチキン・大河原毅―ピープルズ・ビジネス／死線を超えた救出　すかいらーく・横川端―外食王の夢／今以上を夢見て進む　ベニハナ・オブ・トーキョウ・ロッキー青木―リングはアメリカ／ノウハウよりノウフー ほか）　第2章 アラカルト（青森編）（芝田商店―赤字経営から脱出！／メニューエンジニアリング　一幸食堂―利は元にあり／原価率35％の王道を行く　戸田うちわ餅店―素材のおいしさで勝負／じょっぱりを売る戸田のお餅　長谷川牧場―長谷川式こだわりの自然牧場／養豚に労力惜しまず　成田専蔵珈琲店―藩士の珈琲が香る街／一杯のコーヒーで心豊かに ほか）

種田 山頭火〔1882～1940〕　たねだ・さんとうか

◇其中庵時代の山頭火　川島条監修, 有松陽子著　山口　山口市小郡文化資料館　2015.3　53p　21cm　〈文献あり〉　Ⓝ911.362

◇山頭火の病蹟―ころり往生、喪失体験、アルコール依存　人見一彦著　大阪　せせらぎ出版　2015.7　253p　19cm　〈文献あり〉　1750円　Ⓘ978-4-88416-238-2　Ⓝ911.362

内容　第1章「ころり往生」の精神病理（句と酒の行乞流転　夢遊病者の日記　泥酔、自問自答、懺悔　山頭火と芭蕉　終焉の地四国へ　ころり往生を念願　ころり往生に至る精神病理）　第2章 自殺未遂の精神病理（カルモチンによる自殺未遂　自殺未遂の二週間　自殺未遂に至る一年半の生活　昭和十年という年）　第3章 喪失体験の精神病理（母親の喪失　悪夢　故郷）　第4章 両価性の精神病理（山頭火と妻　山頭火と息子）　第5章 依存性の精神病理（山頭火と同人たち　山頭火の心友、緑平　山頭火の支え手たち）

◇内にコスモスを持つ者―歩み入る者にやすらぎを去り行く人にしあわせを　岡田政晴著　長野　ほおずき書籍　2016.2　270p　20cm　〈文献あり　発売：星雲社〉　1800円　Ⓘ978-4-434-21614-5　Ⓝ281.52

内容　1 はじめに　2 木曽を愛した人々（木曽の「セガンティーニの空の色」の下で暮らしたマロンの少女ジャーヌ・コビー　生涯故郷木曽を心に抱きながら

作品を書き続けた島崎藤村(一八七二〜一九四三) 詩と音楽をこよなく愛し、木曽を縦断したロマンの旅人 尾崎喜八(一八九二〜一九七四) 日本人の精神の源流を木曽で見出した 亀井勝一郎(一九〇七〜一九六六)) 3 木曽の水を飲んで水をながめて木曽を駆け抜けた人々(姨捨ての月をめざして木曽を歩いた月下の旅人 松尾芭蕉(一六四四〜一六九四) 心優しい歌二首を詠んで木曽路を急いだ良寛(一七五八〜一八三一) 「大蔵経」を求めて雨雪の木曽路を往復した虎斑和尚(一七七六〜一八二四) 軍靴の足音が聞こえる中、桜の花を浴びながら木曽路を闊歩した種田山頭火(一八八二〜一九四〇) 木曽人の心と木曽の自然に出会い日本画家になる決意をした東山魁夷(一九〇八〜一九九九)) 4 眼すずしい人々(木曽川の洪水で亡くなった母を弔うために木曽川を遡った円空(一六三二〜一六九五) セピア色の世界を追い求めてやまなかった島崎蕃助(一九〇八〜一九九二) 戦争のない平和な世界を願い、詩によって世界を包みこんだ坂村真民(一九〇九〜二〇〇六)) 5 おわりに

◇そうだったのか、山頭火—教室で見た山頭火のこころと句 西本正彦著 春陽堂書店 2016.7 223p 20cm 〈文献あり 年譜あり〉 1600円 ①978-4-394-90326-0 Ⓝ911.362

内容 序章 山頭火俳句の生い立ち 第1章 文芸、自由律句、放浪の三段跳び 第2章 熊本市電事件 第3章 憂いの放浪から、満ち足りた放浪へ 第4章 日記焼き捨て事件 第5章 其中庵の平穏 第6章 酒と愛 第7章 解体心書 第8章 独り風に立つ

◇種田山頭火論 首藤保著 三鷹 A文学会 2017.6 159p 19cm 〈文献あり〉 1000円 ①978-4-9907904-4-8 Ⓝ911.362

内容 1 はじめに 2 山頭火の人柄 3 山頭火の予言 4 山頭火の句作 5 山頭火の禅味 6 山頭火俳句の評価 7 おわりに

◇山頭火意外伝 井上智重著 〔熊本〕 熊本日日新聞社 2017.7 311p 19cm 〈発売:熊日出版(熊本)〉 2000円 ①978-4-87755-556-6 Ⓝ911.362

内容 山頭火意外伝(ささやかな店をひらきぬ桐青し 兵列おごそかに過ぎゆきて若葉影あり けさも雨なりモナリザのつめたき瞳 活動の看板畫など観てありくこのひとときはたふとかりけり 海よ海よふるさとの海の青さよ ほか) 大正・昭和を彩った文芸家たち(汀女が封印した青春とは 人物に見る熊本の青春 光岡明と福島次郎)

◇俳人風狂列伝 石川桂郎著 中央公論新社 2017.11 280p 16cm (中公文庫 い126-1) 〈角川書店 1974年刊の再刊〉 1000円 ①978-4-12-206478-2 Ⓝ911.362

内容 蛸の脚—高橋鏡太郎 此君亭奇録—伊庭心猿 行乞と水—種田山頭火 馼かずら—岩田昌寿 室咲の葦—岡本癖三酔 屑籠と棒秤—田尻得次郎 葉鶏頭—松根東洋城 あみくじこの—尾崎放哉 水に見らぬ影法師—相良万吉 日陰のない道—阿部浪漫子 地上に墜ちたゼウス—西東三鬼

種村 直樹〔1936〜2014〕 たねむら・なおき
◇伝説の鉄道記者たち—鉄道に物語を与えた人々 堤哲著 交通新聞社 2014.12 270p 18cm (交通新聞社新書 074) 〈文献あり〉 800円 ①978-4-330-52514-3 Ⓝ070.16

内容 第1章 鉄道操觚者・木下立安(1866〜1953)(慶応をトップで卒業、「時事新報」入社 「鉄道時報」を創刊、鉄道操觚者に ほか) 第2章 伝説の特ダネ記者・青木槐三(1897〜1977)(日本八景 駆け出し時代 ほか) 第3章 忠犬ハチ公をめぐる鉄道記者たち—細井吉造、林謙一、渡邊紳一郎(社会部記者の鉄道クラブ誕生 忠犬ハチ公をめぐる3記者 ほか) 第4章 『国鉄物語』の門田勲(1902〜84)(鉄道記者の教科書 無人運転 ほか) 第5章 レイルウェイ・ライター・種村直樹(1936〜2014)(鉄道開通の記事 鉄道100年 ほか)

田野瀬 良太郎〔1943〜〕 たのせ・りょうたろう
◇田舎に帰った青年が三バン〈地盤・看板・鞄〉もなく国会議員になった話 田野瀬良太郎著 主婦の友社 2017.8 223p 19cm 2000円 ①978-4-07-425544-3 Ⓝ289.1

内容 第1章 政治家になろうと思ったのか(五條の自然に囲まれて 大正生まれのシングルマザー ほか) 第2章 政治家になるには(遥か遠い政治の世界 妻、久子との出会い ほか) 第3章 市議から県議、そして国会議員へ(人づくりとは教育である 「日本一の学校」を目指した西大和学園 ほか) 第4章 選挙に勝つということ(「40代で国政へ」は間に合うか ぎりぎりいっぱいの初当選 ほか) 第5章 次世代の政治家たちへ(派閥を飛び出しても義は尽くせ 一宿一飯の恩義で引き受けた負け戦 ほか) 特別寄稿 政治家・田野瀬良太郎という男

田場 盛義〔1894〜1937〕 たば・せいぎ
◇沖縄初の外交官田場盛義の生涯とその時代 又吉盛清、国吉美恵子編 同時代社 2016.3 136p 26cm 2500円 ①978-4-88683-795-0 Ⓝ289.1

内容 第1章 『沖縄初の外交官 田場盛義の生涯とその時代』の発刊に当たって 第2章 田場の足跡を中国に訪ねて—香港・アモイ・福州・上海 第3章 田場が発表した論文集 第4章 新聞報道に見る通州事件と田場の死去 第5章 田場と共に激動の時代を生きて 第6章 伯父との思い出、家族のきずな 第7章 沖縄と東アジアの歴史・文化・平和的な共生を目指して、次世代へのメッセージ

田畑 政治〔1898〜1984〕 たばた・まさじ
◇評伝 田畑政治—オリンピックに生涯をささげた男 杢代哲雄著 新装版 国書刊行会 2018.6 289p 19cm 〈年譜あり〉 1300円 ①978-4-336-06267-3 Ⓝ289.1

内容 田畑さんの横顔 古橋廣之進選手らは何を食べて泳いだか 戦後初のアメリカ遠征 織田幹雄さんとマッカーサー 日米対抗水上大会 ロサンゼルス大会の熱気 ヒトラーのベルリン大会 JOCの初仕事 戦後のオリンピック参加 フレンケルの勧告 東京オリンピック組織委づくり 事務総長を辞したいきさつ 無役時代の福吉町事務所 札幌の事務総長を支援せよ 青年平和友好祭の好判断 労働者スポーツ協会創立に協力 田畑副会長就任の絵島 挨拶 河野一郎さんとの大構想 モスクワ大会ボイコットに激怒 ヤン・デンマンのスポーツ馬鹿論 田畑さんの極東大会回想 中倉、菅井ドライバーの話

◇田畑政治—五輪一筋 この男の生きざまを見よ 松尾良一著 浜松 田畑政治を顕彰する会浜松 2018.8 246p 20cm 〈文献あり 年譜あり〉

1380円 ①978-4-9908359-2-7 Ⓝ289.1
◇金栗四三と田畑政治―東京オリンピックを実現した男たち 青山誠著 KADOKAWA 2018.9 221p 15cm （中経の文庫 C65あ）〈文献あり 年譜あり〉 650円 ①978-4-04-602311-7 Ⓝ780.69
内容 第1章 "地下足袋の王者"とストックホルムの挫折 第2章 日本のマラソン黎明期、パリで見つけた希望の灯 第3章 日本水泳界の若きリーダー・田畑政治とロサンゼルスの歓喜 第4章 しのび寄る戦争の影と幻となった東京大会 第5章 再びオリンピックの舞台へ、止まった時間が動き出す 第6章 ついにその時が来た、1964年、歓喜の東京オリンピック 第7章 尽きぬオリンピックへの思い、聖火は再び東京へ

田原 総一朗〔1934～〕 たはら・そういちろう
◇トットちゃんとソウくんの戦争 黒柳徹子, 田原総一朗著 講談社 2016.7 253p 19cm 1400円 ①978-4-06-219994-0 Ⓝ772.1
内容 第1章 戦争のあしおと（東京に生まれた少女が見たもの 彦根に生まれた少年が考えたこと） 第2章 戦争の記憶（トモエ学園と疎開先の日々 国民学校の日々） 第3章 戦争とテレビ（テレビに出ることは平和につながる テレビにできることがある）

田原 千菊〔1941～〕 たはら・ちぎく
◇連理の枝―追憶の中のあなた 田原千菊著 文芸社 2015.12 174p 19cm 1000円 ①978-4-286-16793-0 Ⓝ289.1

田淵 幸一〔1946～〕 たぶち・こういち
◇衣笠祥雄 最後のシーズン 山際淳司著 KADOKAWA 2018.8 287p 18cm （角川新書 K-223） 840円 ①978-4-04-082265-5 Ⓝ783.7
内容 第1章 名将（メルセデスにて オールド・ボーイズ・オブ・サマー） 第2章 名投手（"サンデー兆治"のこと 二〇〇勝のマウンド ほか） 第3章 強打者（アウトコース 田淵の夏の終わり ほか） 終章 引退（一本杉球場にて）

田淵 安一〔1921～2009〕 たぶち・やすかず
◇たそがれのパリ―田淵安一 妻への手紙 田淵安一著, 平井杏子編 〔出版地不明〕 平井杏子 2014.12 223p 20cm （製作：新潮社図書編集室） 非売品 Ⓝ723.1

田淵 行男〔1905～1989〕 たぶち・ゆきお
◇白い山脈 齋藤禎一編著 〔出版地不明〕 齋藤禎一 2014.3 268p 31cm 〈他言語標題：White mountain range 年譜あり 文献あり〉 Ⓝ726.501
◇安曇野のナチュラリスト田淵行男 近藤信行著 山と溪谷社 2015.11 413p 図版24p 20cm 〈文献あり 著作目録あり 年譜あり〉 2600円 ①978-4-635-31035-2 Ⓝ740.21
内容 序章 常念岳の麓 第1章 孤独の淵 第2章 心の彷徨 第3章 雌伏のとき 第4章 安曇野の博物誌 第5章 高山蝶との出会い 第6章 山岳写真と生態写真 第7章 大雪の蝶 第8章 安曇野挽歌 終章 命

ひとつ

田部井 淳子〔1939～2016〕 たべい・じゅんこ
◇私には山がある―大きな愛に包まれて 田部井淳子著 PHP研究所 2015.6 141p 20cm （〔100年インタビュー〕） 1200円 ①978-4-569-78479-3 Ⓝ786.1
内容 第1章 病弱な子ども時代 第2章 憧れの東京、苦悩の日々 第3章 山に夢中 第4章 大切な出会い 第5章 エベレストへの道 第6章 女性だけの登山 第7章 登山と子育て―両立のはざまで 第8章 "下り"も楽しむ人生 第9章 「がん」になって 第10章 "一歩一歩"未来をひらく
◇人生、山あり時々谷あり 田部井淳子著 潮出版社 2015.10 157p 19cm 1100円 ①978-4-267-02034-6 Ⓝ786.1
◇それでもわたしは山に登る 田部井淳子著 文藝春秋 2016.4 228p 16cm （文春文庫 た 97-1）〈2013年刊に写真を追加 年譜あり〉 630円 ①978-4-16-790599-6 Ⓝ786.1
内容 第1章 山から学んだこと（大切なものを守るために 墜落と平常心 偏らずに見る 声が大きい人には気をつける 疲れている時はまちがえやすい ほか） 第2章 それでもわたしは山に登る（がんのはじまり 乳がんのこと そうだ、騒ぐな、オタオタするな 山とシャンソンと抗がん剤 こんな山に登ったほか）
◇再発！ それでもわたしは山に登る 田部井淳子著 文藝春秋 2016.12 223p 19cm 〈年譜あり〉 1400円 ①978-4-16-390588-4 Ⓝ786.1
内容 予兆 転移 ガンマナイフ治療 ソコトラ島最高峰ハジュル山 新たな抗がん剤治療開始 怖いもの知らずの女たちin長崎 エベレスト四十周年感謝の会 夫と ガンマナイフ治療終了 オマーン最高峰ジュベル・シャムス南峰 独særの哲学を持つ先生 スマトラ島最高峰クリンチ山 中国 怖いもの知らずの女たちin佐渡 最後の富士登山
◇てっぺん―我が妻・田部井淳子の生き方 田部井政伸著 宝島社 2017.7 230p 19cm 1200円 ①978-4-8002-7025-2 Ⓝ786.1
内容 第1章 山で結ばれた2人（歩けなくなった高校生 就職してすぐに山岳会へ 石橋淳子との出会い 義母に大反対された結婚 ヨーロッパ3大北壁へ） 第2章 妻とエベレストと私（女性クライマーと女性の社会進出という機運 エベレストをめざして 日本－エベレスト往復書簡） 第3章 山とともに生きる（「登山愛好家」の山の楽しみ 妻は妻、私は私 沼尻高原が与えてくれたもの 定年後の山登り 「女性が登ること」へのこだわり 東日本大震災を経験して 闘病とリハビリ登山 妻の病状の変化）
◇埼玉奇才列伝―自分流の生き方に徹し輝いた10人 佐々木明著 さいたま さきたま出版会 2018.9 183p 21cm 1500円 ①978-4-87891-462-1 Ⓝ281.34
内容 1 小鹿野のエジソン 赤岩松寿（発明家） 2 誰も真似られない前衛俳句 阿部完市（精神科医、俳人） 3 伝統を破り、作品を国内外で発表 今井満里（書家） 4 冤罪死刑囚と家族の支援に尽力 太田博也（童話作家、社会事業家） 5 元祖、釣りキャスター 金澤輝男（教員職員、釣り評論家） 6 世界の空を飛び新記録を残す 神田道夫（公務員、熱気球冒

険家）　7 米国に魅せられミステリー翻訳九九冊　小鷹信光（翻訳家・作家）　8 創作民話と民話劇の巨匠さねとうあきら（劇作家、民話作家）　9 世界の山を愛した超人　田部井淳子（登山家）　10 家庭教師と学習塾業界のカリスマ　古川のほる（教育評論家、事業家）

玉麻　秀一〔1952〜〕　たま・しゅういち
◇42年プラスアルファ―地方公務員としての自分史　ふるさと耶馬溪の「地域おこし」　玉麻秀一企画編著　中津　高橋印刷所　2016.1　206p　21cm　Ⓝ318.295

玉楮　象谷〔1807〜1869〕　たまかじ・ぞうこく
◇玉楮象谷伝―自在に生きた香川漆芸の祖　香川県監修、住谷晃一郎編纂・執筆　求龍堂　2016.9　267p　21cm　〈文献あり　年譜あり　索引あり〉　3000円　Ⓘ978-4-7630-1627-0　Ⓝ752.2
内容　享楽の時代―技巧主義とマンネリ打破　破格の値段―豪邸千円の時代に七千円　生家はどこ―藤森神社隣、戦災で焼失　紅華緑葉堂―二階の物干し台は「実験室」　生まれた年―信憑性の高い一八〇六年誕生説　公園の銅像―親類の寺院贔屓から、再現された銅像　金毘羅参詣―活発な様子、滑稽本も描く　父・理右衛門―鮮やかな彫りの技、息子へ　修行期の謎―京都で氷楽保全らと親交　保全の影響―保全の方法論学び、作風を確立〔ほか〕

玉川　良一〔1939〜〕　たまがわ・りょういち
◇光と影　玉川良一著　ルネッサンス・アイ　2016.9　146p　30cm　（発売：白順社）　3000円　Ⓘ978-4-8344-0196-7　Ⓝ289.1
内容　第1部　写真集　第2部　エッセイ・自分史（子供時代の父と母　高校時代　大学時代　税理士試験と妻の支え　どう生きるべきか・人生に思い　遊びと仕事のバランス　税理士会と衆議院議員の後援会　不幸と思わずに生きる）　第3部　エッセイ・釣り紀行（みちのく写真旅『千人風呂と乙女の像』『二人酒』『河烏』　岩ној桃源郷『渓流釣りに思いを馳せて』　知床連山のオショロコマ『網走と居酒屋』　函館の大岩魚『スピード違反と大岩魚』　アメマス釣り紀行『音別川の女狐』　然別湖の天然記念物『然別湖のミヤベイワナ』　日本の最南端紀行『沖縄波照間島』）　第4部　俳句集

玉城　厚志〔1963〜〕　たまき・あつし
◇カラテ不滅の"倒し"テク―小さくても勝てます！　空手黄金時代を駆け抜けた小兵が語るワザと半生　玉城厚志著、フル・コム編　東邦出版　2015.3　235p　21cm　（BUDO-RA BOOKS）　1800円　Ⓘ978-4-8094-1308-7　Ⓝ789.23
内容　第1章　空手の世界へ　第2章　常勝軍団　第3章　激闘の歴史　第4章　倒しのセオリー　第5章　防御からテイクダウンへ　第6章　心輝会の稽古　第7章　心輝会の理念

玉田　永教〔1756〜1836〕　たまだ・ながのり
◇玉田永教と玉田三兄弟　三矢田光著　大阪　金光教島之内教会　2016.8　69p　19cm　Ⓝ288.3

玉塚　元一〔1962〜〕　たまつか・げんいち
◇リーダーシップの哲学―12人の経営者に学ぶリーダーの育ち方　一條和生著　東洋経済新報社　2015.6　299p　20cm　〈他言語標題：The Leadership Journey〉　1800円　Ⓘ978-4-492-53361-1　Ⓝ332.8
内容　リーダーシップ・ジャーニーに終わりはない―藤森義明　誰にでも無限の可能性がある―澤田道隆　できるだけシンプルに考え、実行する―松本晃　経験しないとわからない世界がある―玉塚元一　ロールモデルに学び、自分流にアレンジする―志賀俊之　全員で「良い会社"Good Company"」を創る―永野毅　恐れることなく変わり続ける―佐藤玖美　一瞬も一生も美しく、をめざして―前田新造　新しい場で学び続ける―樋口泰行　常に全力を尽くしながら視座を高める―松井忠三　ストレッチ経験で己を鍛え、実践知を蓄える―新貝康司　ストーリーで多様な人々を束ねる―小林いずみ　あなたらしいリーダーシップを育む

玉乃　世履〔1825〜1886〕　たまの・せいり
◇近代日本の礎を築いた七人の男たち―岩国セブン・ファーザーズ物語　佐古利南著　致知出版社　2016.7　170p　19cm　〈文献あり　年譜あり〉　1200円　Ⓘ978-4-8009-1119-3　Ⓝ281.77
内容　偉大な人物を輩出した岩国藩の教育　「初代大審院長」玉乃世履翁―賄賂一切お断り　「解剖学のパイオニア」今田東先生―私の遺体を解剖するように！　「小銃製作の父」有坂成章翁―他に頼らず独学独成が大切です　「電気の父」藤岡市助博士―僕は人に役立つことをしたい　「図書館の父」田中稲城翁―図書館は国民の大学です　「近代辞典製作の祖」斎藤精輔翁―人の一生は一事一業です　明治岩国人の特質は「名聞を好まず、「公」に生きる

玉袋　筋太郎〔1967〜〕　たまぶくろ・すじたろう
◇キッドのもと　浅草キッド著　筑摩書房　2016.8　341p　15cm　（ちくま文庫　あ54-1）〈学研パブリッシング2010年刊の再刊〉　760円　Ⓘ978-4-480-43370-1　Ⓝ779.14
内容　第1章　「少年時代」のもと（倉敷キッド　20世紀少年ほか）　第2章　「浅草キッド」のもと（フランス留学　名付け親ほか）　第3章　「芸」のもと（裸がユニフォーム　ルポライター芸人ほか）　第4章「家族」のもと（同居人　キッドほか）

玉虫　左太夫〔1823〜1869〕　たまむし・さだゆう
◇「朝敵」と呼ばれようとも―維新に抗した殉国の志士　星亮一編　現代書館　2014.11　222p　20cm　2000円　Ⓘ978-4-7684-5745-0　Ⓝ281.04
内容　神保修理―その足跡を尋ねて　山本帯刀―会津に散る！　長岡の若き家老　中島三郎助―幕府海軍を逸早く構想した国際通　春日左衛門―知られざる英傑　佐川官兵衛―会津の猛将から剛毅朴直の大警部へ　朝比奈弥太郎泰尚―水戸の執政、下総に散る　滝川充太郎―猪突猛進を貫いた若き猛将　森弥一左衛門陳明―桑名藩の全責任を負って切腹した　甲賀源吾―東郷平八郎が賞賛した、宮古湾の勇戦　桂早之助―剣聖　京都見廻組　玉虫左太夫―幕末東北を一つにまとめた悲運の国際人　雲井龍雄―米次の俊英が夢見たもう一つの「維新」　赤松小三郎―日本近代化の礎を作った洋学者　松岡磐吉―榎本軍最後の軍艦「蟠龍」艦長

田丸 きぬ〔1884～1946〕 たまる・きぬ
◇田丸きぬ遺文―日記・通信 田丸きぬ著,岡田隆編 京都 さえら 2015.5 167p 21cm 〈年譜あり〉 Ⓝ289.1

田宮 二郎〔1935～1978〕 たみや・じろう
◇田宮二郎の真相 石田伸也著 青志社 2018.11 220p 19cm 〈作品目録あり 年譜あり〉 1400円 Ⓘ978-4-86590-073-6 Ⓝ778.21
内容 第1章 未亡人の告白 第2章 不穏の始まり 第3章 崩落の足音 第4章 予兆の時代 第5章 M資産と愛人 第6章 1978・12・28 第7章 再生 特別収録 水辺の太地喜和子

田村 淳〔1973～〕 たむら・あつし
◇日本人失格 田村淳著 集英社 2017.2 199p 18cm 〈集英社新書 0868〉 720円 Ⓘ978-4-08-720868-9 Ⓝ779.14
内容 第1章 芸能界は息苦しい 第2章 サラリーマンも窮屈だ 第3章 田村淳はどのようにして誕生したか 第4章 『一隅を照らす』生き方 第5章 なぜみんなに認められたいの? 第6章 思考停止と依存体質を脱するために

たむら けんじ〔1973～〕
◇誰も知らない社長の汗と涙の塩味物語 西川世一著 電波社 2017.4 225p 19cm 〈別タイトル:誰も知らない社長の汗と涙のCEO味物語〉 1300円 Ⓘ978-4-86490-093-5 Ⓝ332.8
内容 1 東日本大震災ですべてを失った被災地にもう一度、光を灯す―有限会社まるしげ浜亭代表取締役・佐藤智明 2 職人気質が生んだ己の未熟さ ―一人の社員が起こした奇跡―ユニオンテック株式会社代表取締役社長・大川祐介 3 戦力外通告、消えない自己嫌悪…。人生と向き合う元Jリーガーの努力の証―株式会社ジールホールディングス代表取締役・籔崎真哉 4 兄弟・社員との絆があるからこそ「社員とは何か」を徹底的に追及する―株式会社ましたのチーム代表取締役社長・高橋恭介 5 「今日で辞めさせてもらいます」原点回帰で開いた再生のトビラートークノート株式会社代表取締役・小池温男 6 リーマンショックで八方塞がり 立ち止まらずに前進する勇気を持つ―株式会社ジオベック代表取締役・望月雅彦 7 兄の死、借金、ケガ、病気…。「一日一死」で乗り越えたサーカス人生―木下サーカス株式会社代表取締役社長・木下唯志 8 「芸人なのに副業!?」と言われたくない。二足の草鞋で駆け抜けた10年―株式会社田村道場代表取締役・田村憲司

田村 忠義〔1930～〕 たむら・ただよし
◇戦歴管理―軍歴を抹殺された旧海軍少年兵 田村忠義,田村雅義著 東洋出版 2018.2 143p 21cm 1200円 Ⓘ978-4-8096-7901-8 Ⓝ369.37
内容 序章 この国は被爆者をなおざりにしていないか 第1章 基礎資料1 厚生労働省発行の証明資料の正確度 第2章 基礎資料2 兄・海軍軍人(少年兵)の出征から復員までの履歴 第3章 基礎資料3 長崎駅から兄と一緒に復員・帰郷した海軍軍人 第4章 基礎資料4 被爆者健康手帳交付申請を却下する 第5章 原爆余聞 終章 ふり返ってみれば

田村 勤〔1965～〕 たむら・つとむ
◇マウンドに散った天才投手 松永多佳倫著 講談社 2017.6 284p 15cm 〈講談社+α文庫 G306-1〉〈河出書房新社 2013年刊の加筆・修正〉 850円 Ⓘ978-4-06-281720-2 Ⓝ783.7
内容 第1章 伊藤智仁 ヤクルト―ガラスの天才投手 第2章 近藤真市 中日―「江夏二世」と呼ばれた超大型左腕 第3章 上原晃 中日―150キロのダブルストッパー 第4章 石井弘寿 ヤクルト―サウスポー日本記録155キロ 第5章 森田幸一 中日―投げてとっての二刀流 第6章 田村勤 阪神―電光石火のクロスファイヤー 第7章 盛田幸妃 近鉄―脳腫瘍からの生還

田村 敏雄〔1903～1963〕 たむら・としお
◇田村敏雄伝 小林英夫著 教育評論社 2018.2 269p 20cm 〈文献あり 年譜あり〉 2000円 Ⓘ978-4-86624-012-1 Ⓝ289.1
内容 第1章 少年時代 第2章 東京帝大へ 第3章 大蔵省へ 第4章 満洲国官史として 第5章 満洲国政府の中枢へ 第6章 敗戦からシベリア抑留 第7章 帰国、そして冷戦の激流のなかで 第8章 宏池会事務局長と高度成長政策立案 第9章 池田内閣と高度成長政策の展開

田村 俊子〔1884～1945〕 たむら・としこ
◇21世紀日本文学ガイドブック 7 田村俊子 小平麻衣子,内藤千珠子著 ひつじ書房 2014.10 195p 22cm 〈文献あり 年譜あり 索引あり〉 2000円 Ⓘ978-4-89476-514-6 Ⓝ910.2
内容 第1部 作家を知る(俊子の人生 作品案内 研究のキーワード 研究案内) 第2部 テクストを読む(初出「あきらめ」と化粧品広告―女性作家をブレイクさせたジェンダー力学 境界を歩くひと―小説世界にみられる表象のコード 「女作者」論―テクストに融ける恋する身体 悦の愛の書簡とその陥穽―大正教養主義にふれて 双子型ストーリーの謎をひらく―「カリホルニア物語」を中心に)

田村 直臣〔1858～1934〕 たむら・なおおみ
◇新島襄と明治のキリスト者たち―横浜・築地・熊本・札幌バンドとの交流 本井康博著 教文館 2016.3 389,7p 22cm 〈索引あり〉 3800円 Ⓘ978-4-7642-9969-6 Ⓝ198.321
内容 1 新島襄と四つの「バンド」 2 横浜バンド(S.R.ブラウン J.H.バラ 植村正久 井深梶之助 押川方義 本多庸一 松村介石 粟津高明) 3 築地バンド(C.カロザース 田村直臣 原胤昭) 4 熊本バンド(L.L.ジェーンズ 小崎弘道) 5 札幌バンド(W.S.クラーク 内村鑑三 新渡戸稲造 大島正建)

田村 直幸〔1931～〕 たむら・なおゆき
◇軍国少年はなぜ研究者になったのか―放射線利用とともに半世紀 田村直幸著 蒼空社 2016.2 315p 21cm 2300円 Ⓘ978-4-908009-05-1 Ⓝ289.1
＊軍国少年は、戦後、「目に見えないもの」の研究に惹かれ、放射線利用の道を開拓。ジャカルタに滞在し、途上国協力に従事。人間味溢れる、生活と研究のエッセイ集。

たむら

田村 元〔1924〜2014〕　たむら・はじめ
◇田村元とその時代—55年体制を生きた政治家　盛山正仁編著　創英社/三省堂書店　2015.12　1106p 図版32p　22cm　〈文献あり 年表あり〉　3700円　①978-4-88142-936-5　Ⓝ312.1
内容　第1部 田村元の歩み（生い立ちと戦後日本の復興（昭和27(1952)年7月まで）　政治の世界に（昭和27(1952)年8月〜昭和30(1955)年1月）　初当選（昭和30(1955)年2月〜昭和35(1960)年6月、当選1期〜2期）　ほか）　第2部 田村元と55年体制（経済復興・国民生活の安定　派閥の群雄割拠と合従連衡　政治姿勢　ほか）　第3部 田村元の思い出（相沢英之　愛知和男　赤松良子　ほか）

田村 麻美　たむら・まみ
◇ブスのマーケティング戦略　田村麻美著　文響社　2018.12　317p 19cm　〈文献あり〉　1500円　①978-4-86651-095-8　Ⓝ159.6
内容　自分を商品と考える　性欲をエネルギーに変えて商品力を高める　神童からただのブスへ　ブスが処女を捨てるとき　100回の合コンで学ぶ　ブスにとっての肩書きの重要性　ブス自身も顧客であったブスの結婚　ブスの起業　ブスの成功すごろくと美人の経年劣化

田村 豊〔1926〜〕　たむら・ゆたか
◇思い出の記　田村豊著　〔横浜〕　〔田村豊〕　2018.7　163p　22cm　Ⓝ289.1

溜池 ゴロー〔1964〜〕　ためいけ・ごろー
◇溜池家の流儀—AV夫婦の仲良し㊙夫婦生活　溜池ゴロー, 川奈まり子著　双葉社　2015.5　201p　18cm　1200円　①978-4-575-30875-4　Ⓝ778.21
内容　第1章 溜池ゴローの履歴書　第2章 川奈まり子の履歴書　第3章 川奈まり子の恋愛とAVと結婚　第4章 夫婦が語る結婚裏話　第5章 夫から妻へ、妻から夫へ　夫婦人生相談—夫婦の悩み編　第6章 溜池家のルール　夫婦人生相談—家族&性癖の悩み編　第7章 溜池家の教育　第8章 すべての中高年へ

田母神 俊雄〔1948〜〕　たもがみ・としお
◇田母神裁判傍聴記　瀬戸弘幸著　青林堂　2017.5　203p 19cm　1200円　①978-4-7926-0591-9　Ⓝ326.26
内容　第1章 田母神先生と水島氏の確執　第2章 突然、始まった水島氏の田母神先生批判と検察への告発　第3章 二つのビデオの存在　第4章 渡辺眞先生と諸橋会長との対談　第5章 第5回裁判　第6章 第6・7回裁判　第7章 島本順光事務局長裁判報告　第8章 平成28(2016)年12月の攻防　第9章 平成29(2017)年1月〜2月の攻防　第10章 今村直樹氏の闘い　第11章 平成29(2017)年3月10日最後の公判廷
◇不徳を恥じるも私心なし　冤罪獄中記　田母神俊雄著　ワック　2017.6　230p 20cm　1500円　①978-4-89831-460-9　Ⓝ326.26
内容　プロローグ　東京地方検察庁特捜部との闘いはこうして始まった　第1章 消えた四千万円の政治資金の謎　第2章 検察の勇み足　強制捜査すれども横領容疑は立件できず　第3章 「小菅ヒルズ」の不自由で優雅なる獄中生活　第4章 拘置所での我が思索　獄中ノートから　第5章 法廷は踊る、されど真相解明は進まず　エピローグ　「田母神俊雄」は有罪か無罪か

保 直次〔1916〜2012〕　たもつ・なおじ
◇人生遍路—人生は誰に、そして何に導かれて歩くのか…？　伊藤昭義著　〔出版地不明〕　伊藤昭義　2015.10　209p　20cm　〈制作: 南日本新聞開発センター〔鹿児島〕〉　1500円　①978-4-86074-235-5　Ⓝ289.1

タモリ〔1945〜〕
◇タモリと戦後ニッポン　近藤正高著　講談社　2015.8　346p　18cm　（講談社現代新書 2328）〈文献あり〉　920円　①978-4-06-288328-3　Ⓝ779.9
内容　序章 "偽郷"としての満洲　第1章 坂とラジオ、そしてジャズ—祖父母に育てられて　第2章 大学紛争とダンモ狂騒曲—森田一義から「タモリ」へ　第3章 空白の七年間—ボウリングブームのなかで　第4章 ニッポン最後の居候—タモリ出現　第5章 テレビ界「お笑い」革命—芸能人と文化人のあいだで　第6章 "変節"と"不変"—フジテレビの絶頂と『笑っていいとも!』　第7章 「リスペクト・フォー・タモリ」ブーム—テレビは終わらない　終章 タモリとニッポンの"老後"

田山 花袋〔1871〜1930〕　たやま・かたい
◇田山花袋　石橋とくゑ著, 福田清人編　新装版　清水書院　2017.9　206p 19cm　（Century Books—人と作品）〈文献あり 年譜あり 索引あり〉　1200円　①978-4-389-40119-1　Ⓝ910.268
内容　第1編 田山花袋の生涯（没落士族　上京（一）　悲しみの館林生活　上京（二）　三度の館林生活　ほか）　第2編 作品と解説（重右衛門の最後　蒲団　生田舎教師　時は過ぎゆく　ほか）
◇現代文士廿八人　中村武羅夫著　講談社　2018.6　217p 16cm　（講談社文芸文庫 なU1）〈日高有倫堂 1909年刊の再編集〉　1600円　①978-4-06-511864-1　Ⓝ910.261
内容　田山花袋　国木田独歩　生田葵山　夏目漱石　菊池幽芳　小川未明　小杉天外　内藤鳴雪　徳田秋声　水野葉舟　〔ほか〕

田山 利三郎〔1897〜1952〕　たやま・りさぶろう
◇頭は文明に体は野蛮に—海洋地質学者、父・田山利三郎の足跡　海老名卓三郎著, 中陣隆夫監修　近代文藝社　2014.10　97p 21cm　〈文献あり 著作目録あり〉　1500円　①978-4-7733-7955-6　Ⓝ289.1
内容　第1章 パラオ共和国(1)・バイ（集会所）　第2章 ニューギニア島(3)・カニバリズム（人肉嗜食）　第3章 南洋群島の珊瑚礁・田山海釜(4)・田山ギョー(5)　第4章 明神礁(6)爆発・天皇海山列(8)　第5章 癩と結核の差別物語

達磨〔6世紀〕　だるま
◇禅とは何か—それは達磨から始まった　水上勉著　中央公論新社　2018.12　396p 16cm　（中公文庫 み10-23）〈新潮社 1988年刊の再刊　文献あり〉　960円　①978-4-12-206675-5　Ⓝ188.82

内容 それは達磨から始まった　臨済禅を築いた祖師たち　反時代者道元希玄の生き方　曹洞大教団の誕生　一休宗純の風狂破戒　三河武士鈴木正三の場合　沢庵宗彭幕府体制内からの離脱　白隠禅師の自由自在　日本禅の沈滞を破る明国からの波　大愚良寛「無住の住」の生涯　故郷乞食行の胸の内　心ひとつを定めかねつも　民衆が純禅を支える

田渡 優　たわたり・まさる

◇ラン＆ガン―東洋大学京北高等学校バスケットボール部監督　田渡優の流儀　田渡優著　洋泉社　2018.4　199p　19cm　〈他言語標題：Run & Gun〉　1400円　①978-4-8003-1450-5　Ⓝ783.1

内容 第1章「俺、すごいんじゃない？」―勘違いの新人監督　第2章「僕もこういう人になりたい」―バスケットボール、そして恩師との出会い　第3章「引き出しがなくなったら勉強しに行くよ」―常に学ぶ　第4章「自分の思う練習ができない」―アシスタントコーチとしての出発　第5章「僕らで勝てるチームを作ろう」―青山学院大学での経験　第6章「考えろ！すぐに動け！」―京北のバスケットボールスタイル　第7章「こいつらの気持ちに応えたい」―京北高校の選手育成　特別編　田渡優という指導者

俵 万智〔1962～〕　たわら・まち

◇俵万智―揺るぎなきもの　小澤京子著　本阿弥書店　2015.6　236p　19cm　〈文献あり〉　2300円　①978-4-7768-1171-8　Ⓝ911.162

内容 第1章「サラダ記念日」の青春像（俵万智に出会う『サラダ記念日』ほか）　第2章「かぜのてのひら」のつなぐもの（第一歌集発行の頃　第二歌集『かぜのてのひら』ほか）　第3章『チョコレート革命』で革命は成しえたか（『チョコレート革命』発刊　ほか）　第4章「プーさんの鼻」―揺るぎなきもの（新しい生命　『恋文』ほか）

團 伊玖磨〔1924～2001〕　だん・いくま

◇團伊玖磨―芸術と教養を旅した求道者　團紀彦監修、原伸夫、新・3人の会著　ヤマハミュージックエンタテインメントホールディングス　2018.5　111p　26cm（日本の音楽家を知るシリーズ）〈文献あり〉　1800円　①978-4-636-95140-0　Ⓝ762.1

内容 第1章　伊玖磨の少年時代（團伊玖磨という人　祖父は團琢磨男爵　ほか）　第2章　伊玖磨の青年時代（東京音楽学校入学　芥川寸士志との出会い　ほか）　第3章　楽壇デビュー（"交響曲イ調"　木下順二とぶどうのお酒　ほか）　第4章　多彩な活動を辿る旅（九州と伊玖磨の縁　伊玖磨と大陸文化　ほか）　第5章　伊玖磨の音楽（伊玖磨の交響曲　最後の交響曲第6番　ほか）

団 鬼六〔1931～2011〕　だん・おにろく

◇赦す人―団鬼六伝　大崎善生著　新潮社　2015.6　570p　16cm（新潮文庫 お-67-3）〈文献あり〉　790円　①978-4-10-126573-5　Ⓝ910.268

内容 御殿を追われて　少年時代　はじめての夜逃げ　純文学作家として　教壇とSM小説　奇妙な隠遁生活　「エロ事師」開眼　鬼プロの興亡　不貞の季節　「新宿の殺し屋」現る　すべてを将棋に　最後の愛人　遊びの果てに

◇SMに市民権を与えたのは私です―団鬼六自伝　団鬼六著　立東舎　2016.1　350p　15cm（立東舎文庫）〈「蛇のみちは」（幻冬舎アウトロー文庫 1997年刊）の改題　発売：リットーミュージック〉　800円　①978-4-8456-2754-7　Ⓝ914.6

＊SMという言葉がまだ存在せず、嗜虐趣味がタブー視されていた時代に、アブノーマルな世界に光を与えた男がいた！　小説、映画、雑誌、写真と、あらゆる表現方法でSMの世界を追求した著者の、"山も谷もありすぎる"半生記。SM業界はもとより映画業界からクリエイター、市井の人々との交流もユーモラスに活写され、貴重な昭和史の記録となっています。主な登場人物は、高島忠夫、中野實、野上彰、火野葦平、芳村真理、美濃村晃、新高恵子、谷ナオミ、鈴木則文、たこ八郎、本木荘二郎、辻村隆、宇野亜喜良、篠山紀信、渥美清、立川談志などなど多士済済。

檀 一雄〔1912～1976〕　だん・かずお

◇ある昭和の家族―「火宅の人」の母と妹たち　笠耐著　岩波書店　2014.12　168p　20cm（シリーズここで生きる）　1900円　①978-4-00-028728-9　Ⓝ289.1

内容 花に逢わん―兄檀一雄の晩年　丘の上の家―昭和初期の子供の情景　石楠花の庭―疎開生活と母の奮闘　自由の季節―家族それぞれの新生活　「火宅」の傍らで―石神井の兄と私　草花に彩られ―中央林間での母の暮らし　武家の面影―母の幼き日々　心の宝物―母の母　笑顔とともに―母の最期　思い出の地へ―母亡き後の旅

◇鏡花、水上、万太郎　福田和也著　キノブックス　2017.2　287p　20cm　2000円　①978-4-908059-63-6　Ⓝ910.26

内容 鏡花、水上、万太郎　"戯作者"―獅子文六の戦争私小説の路、主義者の道、みち、―佐多稲子　空っぽのトランクLa Valise vide―武田泰淳、檀一雄　ウィスキー・プリースト＆スマート・アニマルズ―武田泰淳、グレアム・グリーン　The day is done―小島信夫　銀座レクイエム―樋口修吉

團 琢磨〔1858～1932〕　だん・たくま

◇近代茶人の肖像　依田徹著　京都　淡交社　2015.2　215p　18cm（淡交新書）〈文献あり〉　1200円　①978-4-473-03992-7　Ⓝ791.2

内容 井上馨（世外）―政界の雷親父は細心なる茶人　有栖川宮熾仁親王（霞堂）―親王の茶の湯に見る宮家と華族の社交界　安田善次郎（松翁）―慎しく陰徳を重ねた財産家の茶の湯　今泉雄作（常真）―茶道具毎年評価の種を蒔いた江戸っ子　平瀬亀之輔（露香）―大阪の茶の湯を牽引した「粋の神」　住友友純（春翠）―茶の湯に文人趣味を融合させたエリート実業家　益田孝（鈍翁）―近代の茶の湯を双肩に担った巨人　馬越恭平（化生）―数々の逸話を残した「ビール王」数寄者　柏木貨一郎（探古斎）―土蔵に住んだ幻の数寄屋建築家　岡倉覚三（天心）―茶より酒を愛した『茶の本』の執筆者　正木直彦（十三松堂）―美術と茶道に橋を架けた美術学校長　貞明皇后―満州皇帝を茶の湯でもてなした大正天皇妃　三井高棟（宗泰）―財閥の盛衰を見つめた三井家当主の茶の湯　團琢磨（狸山）―鈍翁から経営と茶の湯を受け継い

だ男　大谷尊由（心斎）―茶の湯三昧の境地に遊んだ宗教家　前田利為（梅堂）―旧大名家軍人のたしなみとしての茶の湯　式守蝸牛（虎山）―悲運の宰相、戦時下の茶の湯　栗山善四郎（八百善）―江戸懐石を伝え、茶の湯を愛した料亭主人　加藤正治（犀水）―憲法の制定に携わった法学者茶人

弾 直樹〔1823〜1889〕だん・なおき

◇最後の弾左衛門―十三代の維新　塩見鮮一郎著　河出書房新社　2018.11　166p　20cm　〈文献あり　年譜あり〉　1650円　Ⓘ978-4-309-22754-2　Ⓝ289.1

内容 第1章 十三代になぜ抜擢か（白紙の原稿用紙　生誕地が判明　江戸時代の部落　関東の譜代と外様　関西各地の反応）　第2章 江戸の金融資本（小太郎の十三代弾左衛門襲名まで　問屋禁止令は武士対町人　鼻緒一揆は農民対部落民　本命は皮革業　小太郎の覚醒）　第3章 維新の渦に巻かれて（幕府軍の一員　順天堂の医師　小太郎の解放令　周司、最後の夢　徳川と決別する）　第4章 弾直樹の頂点（洋靴起業と茶利革　弾家存続か賤称廃止か　弾直樹の頂点　反対一揆の敵　弾直樹の晩年）　補章 直樹の望みは生かされたか

団 野村〔1957〜〕だん・のむら

◇ドラガイ―ドラフト外入団選手たち　田崎健太著　カンゼン　2018.10　271p　20cm　〈文献あり〉　1700円　Ⓘ978-4-86255-482-6　Ⓝ783.7

内容 1 石井隆朗（88年ドラフト外 横浜大洋ホエールズ）　2 石毛博史（88年ドラフト外 読売ジャイアンツ）　3 亀山努（87年ドラフト外 阪神タイガース）　4 大野豊（76年ドラフト外 広島東洋カープ）　5 団野村（77年ドラフト外 ヤクルトスワローズ）　6 松沼博久・雅之（78年ドラフト外 西武ライオンズ）

団 まりな〔1940〜2014〕だん・まりな

◇里山のまりな　惣川徹著　東京図書出版　2018.4　288p　20cm　〈発売：リフレ出版〉　1400円　Ⓘ978-4-86641-099-9　Ⓝ914.6

内容 第1章 命を宿すのは細胞　第2章 里山のジャム　第3章 人間として…　第4章 ただ一つの贈り物　第5章 白鳥の歌　第6章 里山のまりな

丹 道夫〔1935〜〕たん・みちお

◇History 暮らしを変えた立役者―戦後流通5人のレジェンド　日経MJ編　日本経済新聞出版社　2017.10　255p　19cm　1600円　Ⓘ978-4-532-32178-9　Ⓝ335.13

内容 第1章 名代富士そば―1杯300円の立ち食いそばで100億円・創業者・丹道夫（30歳過ぎからそば一筋―職を転々、山あり谷あり　差別なき経営、原点は幼少期―父のいじめ、つらい子ども時代 ほか）　第2章 イズミ―銭湯改装し、スーパー事業進出・創業者・山西義政（挫折も糧、走り続けた70年―掘り出しはヤミ市の一角　商いを学んだ少年時代―貝の行商で「お得意さん」ほか）　第3章 ジャパネットたかた―ラジオでテレビでしゃべり続けた人生・創業者・高田明（「伝わる言葉」選ぶ出発点に―ネジ機械の販売、欧州で経験　100人相手に「こっち向いて」―実家のカメラ店、観光で活況 ほか）　第4章 すかいらーく―ファミリーレストランを日本に・元社長・横川竟（「ブラック企業」からの出発―倉庫片隅で住み込み生活　築地の乾物問屋に「入学」―商売の神

髄たたき込まれる ほか）　第5章 伊勢丹―毎日が新しい、ファッションの伊勢丹・元会長・小柴和正（「残業要員」で新宿本店へ―社内は「三越に追いつけ、追い越せ」　歴史に残る大量在庫―新設のカジュアルショップを担当 ほか）

壇 蜜〔1980〜〕だん・みつ

◇蜜の味　壇蜜著　小学館　2014.6　205p　15cm　（小学館文庫 た28-1）　480円　Ⓘ978-4-09-406056-0　Ⓝ779.9

内容 第1章 蜜の芽　第2章 蜜の蕾　第3章 蜜の華　第4章 蜜の露　第5章 蜜の匂い　第6章 蜜の滴り　最終章 蜜の雫

譚 璐美〔1950〜〕たん・ろみ

◇近代中国への旅　譚璐美著　白水社　2017.12　198p　20cm　1900円　Ⓘ978-4-560-09578-2　Ⓝ319.1022

内容 1 日中のはざまで　2 起点としての「天安門」　3 "歴史ノンフィクション"という方法

丹下 梅子〔1873〜1955〕たんげ・うめこ

◇歌之介のさつまのポケモン　鹿児島テレビ放送株式会社編著，原口泉原監修　復刻版　鹿児島　高城書房　2018.7　289p　19cm　〈KTS鹿児島テレビ開局50周年記念　文献あり〉　1500円　Ⓘ978-4-88777-165-9　Ⓝ281.97

内容 西郷隆盛1―こども時代の西郷さんの巻　西郷隆盛2―西郷さんとサイフの巻　大久保利通1―大久保さんはいたずらっこの巻　五代友厚―五代才助の世界地図の巻　黒田清隆1―きのうの敵はきょうの友の巻　村橋久成1―北海道に日本のビールを！の巻　大久保利通2―大久保さんは"まっしぐら"の巻　前田正名ほか―できたぞ！「薩摩辞書」の巻　長沢鼎―アメリカのブドウ王の巻　丹下梅子―初の帝大女子学生の巻

丹下 健三〔1913〜2005〕たんげ・けんぞう

◇丹下健三―戦後日本の構想者　豊川斎赫著　岩波書店　2016.4　224p　18cm　（岩波新書 新赤版 1603）〈文献あり〉　840円　Ⓘ978-4-00-431603-9　Ⓝ523.1

内容 序 残酷な建築のテーゼ　第1章 焼野ケ原からの復興（平和を生産する工場―広島平和記念公園　首都の人口過密と経済発展の止揚―東京都庁舎　地方自治と民主主義のプロトタイプ―香川県庁舎）　第2章 高度成長のシンボルを創る―東京オリンピックと大阪万博（情報化社会に向けて　象徴の創造―国立屋内総合競技場　成長の先にある未来像―大阪万博お祭り広場）　第3章 バブルと超高層ビル（中東諸国へ　アフリカへ　シンガポール、ふたたび東京へ）　第4章 丹下とどう対峙するか―丹下シューレのたどった道（国土・都市・建築―浅田孝と下河辺淳部分からの回想―大谷幸夫と槇文彦　父殺しとポストモダン―磯崎新と黒川紀章　言空一致による新しい建築の創造―神谷宏治と谷口吉生）　おわりに 丹下の投げかけたもの―戦後一〇〇年を視野に入れた建築をどう構想するか

◇磯崎新と藤森照信のモダニズム建築談義　磯崎新，藤森照信著　六耀社　2016.8　331p　21cm　〈年表あり〉　3600円　Ⓘ978-4-89737-829-9　Ⓝ523.07

【ち】

チェ, ギュハ〔1919～2006〕　崔　圭夏
◇韓国大統領実録　朴永圭著，金重明訳　キネマ旬報社　2015.10　494p　22cm　〈文献あり　年表あり　索引あり〉　3600円　Ⓘ978-4-87376-435-1　Ⓝ312.21
内容　第1章　李承晩大統領実録　第2章　尹潽善大統領実録　第3章　朴正煕大統領実録　第4章　崔圭夏大統領実録　第5章　全斗煥大統領実録　第6章　盧泰愚大統領実録　第7章　金泳三大統領実録　第8章　金大中大統領実録　第9章　盧武鉉大統領実録　第10章　李明博大統領実録

チェ, ジョンホ
⇒チョエ, ジョンホを見よ

チェ, ソミョン
⇒チオエ, ソミョンを見よ

チェ, ソンエ〔1960～〕　崔　善愛
◇十字架のある風景　崔善愛著　いのちのことば社　2015.9　175p　19cm　〈年表あり〉　1500円　Ⓘ978-4-264-03436-0　Ⓝ762.1

チェ, チャンファ
⇒チオエ, チャンファを見よ

智永〔陳～隋代〕　ちえい
◇中国書人伝　中田勇次郎編　中央公論新社　2015.7　365p　16cm　(中公文庫　な66-1)〈中央公論社1973年刊の再刊　年譜あり〉　1200円　Ⓘ978-4-12-206148-4　Ⓝ728.22
内容　王羲之・王献之―貝塚茂樹　鄭道昭・智永―小川環樹　唐太宗・欧陽詢・褚遂良―加藤楸邨　顔真卿・柳公権―井上靖　李邕・張旭・懐素・楊凝式―土岐善麿　蘇軾・黄庭堅・米芾―寺田透　趙孟頫・張即之・祝允明・文徴明・董其昌―杉浦明平　張瑞図―中田勇次郎　王鐸・金農・劉墉―三浦朱門　鄧石如・何紹基―趙之謙

チェン, ジャッキー〔1954～〕
◇永遠の少年―ジャッキー・チェン自伝　ジャッキー・チェン,朱墨著，鄭重訳　楓書店　2016.1　589p　図版32枚　19cm　〈発売：ダイヤモンド社〉　2700円　Ⓘ978-4-478-06828-1　Ⓝ778.22229
内容　第1章　向こう見ずな成金野郎　第2章　思うこと　第3章　追憶　第4章　いかに生きるか　第5章　我が愛しき人々　第6章　龍になるまで

チオエ, ソミョン〔1926～〕　崔　書勉
◇韓国研究の魁　崔書勉―日韓関係史を生きた男　橋本明著　未知谷　2017.5　249p　20cm　〈年譜あり〉　2500円　Ⓘ978-4-89642-526-0　Ⓝ289.2
内容　第1章　征韓論を排す　第2章　閔妃弑逆と金九　第3章　崔書勉に死刑求刑　第4章　日本密航　第5章　名士交流　第6章　第三共和制　第7章　日本情勢を韓国へ　第8章　金芝河問題と日本ペンクラブ　第9章　未来に向けて　最終章　崔書勉に友あり

チオエ, チャンファ〔1930～1995〕　崔　昌華
◇行動する預言者　崔昌華―ある在日韓国人牧師の生涯　田中伸尚著　岩波書店　2014.8　357,7p　20cm　〈文献あり　年譜あり〉　3000円　Ⓘ978-4-00-022935-7　Ⓝ289.2
内容　第1章　ディアスポラ　第2章　転生　第3章　エクソダス　第4章　わが名はチオエ・チャンホア　第5章　指紋　第6章　終わりなき闘い

近角　常観〔1870～1941〕　ちかずみ・じょうかん
◇近代仏教と青年―近角常観とその時代　岩田文昭著　岩波書店　2014.8　307,5p　20cm　〈年譜あり　索引あり〉　3600円　Ⓘ978-4-00-025988-0　Ⓝ188.72
内容　第1部　近角常観の生涯とその活動（西洋近代との出会い―本郷の求道会館　幼少年時代―琵琶湖のほとり　学生時代―仏教青年会運動と回心　青年常観の政治活動―『政教時報』　壮年常観の信仰運動―『求道』　信徒からみた常観の説教　家族観にみる前近代と近代　晩年の宗門運動―『信界建現』）　第2部　常観と青年知識人たち（宗教と精神分析―古澤平作の阿闍世コンプレックス　宗教と文学（嘉村礒多の私小説　宮澤賢治一族と常観）　宗教と哲学―三木清の宗教哲学）
◇近代仏教のなかの真宗―近角常観と求道者たち　碧海寿広著　京都　法藏館　2014.8　225p　20cm　（日本仏教史研究叢書）　3000円　Ⓘ978-4-8318-6043-9　Ⓝ188.72
内容　序章　近代仏教研究の現在と真宗の位置　第1章　"近代真宗"の形成―清沢満之論の系譜　第2章　哲学から体験へ―近角常観の宗教思想　第3章　近代真宗とキリスト教―近角常観の布教戦略　第4章　人格の仏教と近代―近角常観と明治後期・大正期の宗教言説　第5章　近代仏教とジェンダー―女性信徒の内面を読む　第6章　法主と国家―昭和初期の大谷派宗門革新運動　終章　真宗の伝統と近代

近松　秋江〔1876～1944〕　ちかまつ・しゅうこう
◇愛の顚末―純愛とスキャンダルの文学史　梯久美子著　文藝春秋　2015.11　230p　20cm　1450円　Ⓘ978-4-16-390360-6　Ⓝ910.26
内容　小林多喜二―恋と闘争　近松秋江―「情痴」の人　三浦綾子―「氷点」と夫婦のきずな　中島敦―ぬくもりを求めて　原民喜―「死と愛と孤独」の自画像　鈴木しづ子―性と生のうたびと　梶井基次郎―夭折作家の恋　中城ふみ子―恋と死のうた　寺田寅彦―三人の妻　八木重吉―素朴なこころ　宮柊二―戦場からの手紙　吉野せい―神と人と和解
◇現代文士廿八人　中村武羅夫著　講談社　2018.6　217p　16cm　（講談社文芸文庫　なU1）〈日

高有倫堂 1909年刊の再編集〉 1600円 ⓘ978-4-06-511864-1 Ⓝ910.261
内容 田山花袋　国木田独歩　生田葵山　夏目漱石　菊池幽芳　小川未明　小杉天外　内藤鳴雪　徳田秋声　水野葉舟ー

◇愛の顚末―恋と死と文学と　梯久美子著　文藝春秋　2018.11　252p　16cm　〈文春文庫　か68-2〉　720円　ⓘ978-4-16-791181-2　Ⓝ910.26
内容 小林多喜二―恋と闘争　近松秋江―「情痴」の人　三浦綾子―「氷点」と夫婦のきずな　中島敦―ぬくもりを求めて　原民喜―「死と愛と孤独」の自画像　鈴木しづ子―性と生のうたびと　梶井基次郎―夭折作家の恋　中城ふみ子―恋と死のうた　寺田寅彦―三人の妻　止原重吉―素朴なこころ　宮柊二―戦場からの手紙　吉野せい―相剋と和解

◇近松秋江伝―情痴と報国の人　小谷野敦著　中央公論新社　2018.12　346p　20cm　〈文献あり　年譜あり　索引あり〉　3000円　ⓘ978-4-12-005149-4　Ⓝ910.268
内容 第1章 備前の人　第2章 「別れたる妻」　第3章 あとの「黒髪」、前田志う　第4章 子の愛の為に　第5章 「水野越前守」まで　第6章 斎藤実盛のごとく　第7章 暗い晩年

智顗〔538～597〕　ちぎ
◇天台四教儀義―法華経理解を深める天台学へのいざない　三友健容著　大法輪閣　2016.3　703p　20cm　〈文献あり〉　8000円　ⓘ978-4-8046-1381-9　Ⓝ188.41
内容 1 天台教学概説 『法華経』の編纂と思想　『法華経』のテキスト　智顗の思想基盤と著作　『法華玄義』の概要　ほか　2 本論 『天台四教儀』述作の由来　五時八教説―釈尊の転法輪・鹿苑時・方等時・般若時・法華涅槃時の漢訳　五時・五味と化儀の四教　化法の四教　観心の大綱　ほか　3 要語解説

◇『摩訶止観』を読む　池田魯參著　春秋社　2017.3　366p　20cm　3000円　ⓘ978-4-393-17165-3　Ⓝ188.43
内容 天台山の浄行者・天台智者大師の生涯―説法最も第一なり　『摩訶止観』の構成と核心―五略を生起して十広をあらわす　記録者潅頂の評価―円頓は、初めより実相を縁ず　転機になる心―感応道交して発心を論ず　発心の行方―六即は凡に始まり聖に終わる　坐禅の一行―ただ専ら縁を法界に繋け　修行の機縁―悪は仏道を妨げず　修行のねらい―菩薩の大果報を期らさん　止観の意義―空・仮・中のことわり　修行生活の諸要件―つには五縁を具え 〔ほか〕

◇法華経思想史から学ぶ仏教　菅野博史著　オンデマンド版　大蔵出版　2018.10　238p　19cm　〈印刷・製本：デジタルパブリッシングサービス　文献あり　索引あり〉　2800円　ⓘ978-4-8043-9738-2　Ⓝ183.3
内容 第1章 仏教の死生観と中国思想との対決　第2章 『法華経』の現代的意義　第3章 『法華経』の実践的思想―常不軽菩薩の礼拝行　第4章 中国仏教の歴史的特色と現状　第5章 中国仏教の経典観　第6章 中国仏教における『法華経』　第7章 中国仏教の大成者、天台大師智顗の人と思想　第8章 智顗は果たして法華経至上主義者か　第9章 日本仏教における『法華経』　第10章 如来の使い、日蓮

千種 忠顕〔?～1336〕　ちぐさ・ただあき
◇建武の新政 後醍醐天皇ときららの殿千種忠顕卿　田川清著　名古屋　中日出版　2016.6　67p　19cm　1200円　ⓘ978-4-908454-04-2　Ⓝ210.45
内容 第1章 比叡山きらら坂での戦い（黒木御所）　第2章 後醍醐天皇の目指した『建武の新政』とは（後醍醐天皇の寵姫「阿野廉子」とは、どんな女だったか　両統並立　南北朝時代についてのまとめ）　第3章 きららの殿千種忠顕卿　第4章 忠顕とさちの生涯

筑紫 哲也〔1935～2008〕　ちくし・てつや
◇不敵のジャーナリスト筑紫哲也の流儀と思想　佐高信著　集英社　2014.7　205p　18cm　〈集英社新書　0747〉〈年譜あり〉　720円　ⓘ978-4-08-720747-7　Ⓝ289.1
内容 第1章 生涯を貫いた三本の軸（筑紫の骨格をなす「三本の軸」　少数派の立場に立つ「三木派担当」が物語ること　ほか）　第2章 根っからのカントリーボーイ（カントリーボーイの原風景　臆病な人間からの脱却　ほか）　第3章 平熱のジャーナリスト（声低く語りかけた捕手～時代が高熱化かされた時、筑紫の低音が響く　「多事争論」の底流にあるもの　ほか）　第4章 風圧のなかで（批判は覚悟のうえ～「TBSは死んだ」発言の波紋　風圧は目立てば受けるもの　ほか）　第5章 人間嫌いの人間好き（もともとは人間嫌い？　「人好き」への"変身"　ほか）

地崎 広〔1941～〕　ちざき・ひろし
◇チーちゃんの自分史　地崎広著　文芸社　2018.8　147p　15cm　600円　ⓘ978-4-286-19598-8　Ⓝ289.1

智者大師　ちしゃだいし
⇒智顗（ちぎ）を見よ

智証大師　ちしょうだいし
⇒円珍（えんちん）を見よ

千々石 ミゲル〔1569?～1633?〕　ちぢわ・みげる
◇天正遣欧使節千々石ミゲル―鬼の子と呼ばれた男　大石一久著　長崎　長崎文献社　2015.5　403p　21cm　〈他言語標題：Chigiva Don Miguel〉　2800円　ⓘ978-4-88851-236-7　Ⓝ198.221
内容 第1章 運命の起点・千々石（鬼の子・ミゲル　幼少期の謎　大村への逃避とミゲルの決意）　第2章 ミゲルが生きた時代（キリスト教伝来と日本人　住民パワーとキリスト教　異文化蔑視とインカルチュレーション　キリシタン伝道と日本の事情）　第3章 天正遣欧使節とその時代（ローマに立った最初の日本人ベルナルド　天正遣欧使節）　第4章 苦悩と脱会―千々石ミゲルは何故にイエズス会を脱会したか（イエズス会脱会　大村藩での伴天連追放と黒いうわさ）　第5章 棄教問題の本質（脱会の背景　脱会と棄教問題）

◇黒マリア流転―天正遣欧少年使節千々石ミゲル異聞　安藤三佐夫著　幻冬舎メディアコンサルティング　2018.10　115p　15cm　〈文献あり　年表あり　発売：幻冬舎〉　600円　ⓘ978-4-344-91902-0　Ⓝ913.6
内容 序の章　修験者日照坊（安土城の信長公　ゴアで

買い求めたマリア像　日の沈む国「西洋」へ　ポルトガルの首都リスボン　夢のローマへ　西洋の街々に立ち寄る　通夜のような長崎の港　転向を迫る拷問の残酷さ　ローマ渡航の同志たち　これからどう生きるか　ほか〉　結びの章

智真　ちしん
⇒一遍（いっぺん）を見よ

チーテルマン, クララ
⇒松野クララ（まつの・くらら）を見よ

智内 威雄〔1976〜〕　ちない・たけお
◇ピアノ、その左手の響き―歴史をつなぐピアニストの挑戦　智内威雄著　太郎次郎社エディタス　2016.2　222p　20cm　1800円　Ⓘ978-4-8118-0789-8　Ⓝ762.1
内容　第0話　響きを創造する―プロローグ　第1話　ピアノの下にゆりかご―ピアノが子守唄だった幼少期　第2話　早朝練習とラジコン・マニュアルの日々―小学生のころ　第3話　没頭少年と疾走するピアノ―思春期の挑戦　第4話　図書館が世界への扉だった―聴きまくり弾きまくる高校生　第5話　イタリアへ、ドイツへ―ピアニストへの道を選ぶ　第6話　ジストニアから学んだこと―留学時代、難病から再起まで　第7話　ピアニストへの道の向―関西に移り住むまで　第8話　「左手のアーカイブ」の活動―ピアノのための道をつくる

智努王　ちぬおう
⇒文室浄三（ふんや・きよみ）を見よ

地濃 誠治〔1940〜〕　ちのう・せいじ
◇無菌室のボーカル　地濃誠治著　ヨベル（発売）　2018.5　131p　19cm　1000円　Ⓘ978-4-907486-73-0　Ⓝ198.72
＊35年前の忘れがたい煌めきを回顧する。『OneWay』スペシャルに本篇は好評掲載された！　赴任先の龍野（現・たつの市）で出会ったパンクロックのリードボーカル、木村直樹さん。キリストを受け入れわずか22歳で夭逝した彼との出会いと別れが、随想「無菌室のボーカル」へと結晶、社会に大きな反響を呼んだ。長い牧師人生とその中で一瞬交差した35年前の忘れがたい煌めきを回顧した、地濃誠治牧師の牧会の半生をも綴った証しの結晶でもある。

千葉 一夫〔1925〜2004〕　ちば・かずお
◇僕は沖縄を取り戻したい―異色の外交官・千葉一夫　宮川徹志著　岩波書店　2017.8　251p　20cm　2400円　Ⓘ978-4-00-024797-9　Ⓝ319.1053
内容　序章　"鬼"と呼ばれた男　第1章　戦争の影を背負って―一九四五年・沖縄戦と原爆　第2章　「僕は沖縄を取り戻したい」―外務省入省　第3章　「ポトマック川を渡れ」―在米大使館にて　第4章　北米第一課長就任―屋良朝苗主席との出会い　第5章　"核抜き・本土並み"は可能か―返還のシナリオを描く　第6章　佐藤・ニクソン共同声明―返還「大枠合意」の舞台裏　第7章　屋良との約束―"基地縮小"の模索　第8章　返還協定の締結―残された課題　第9章　「沖縄は変わった、しかし、沖縄は変わらない」―晩年

千葉 繁〔1834〜?〕　ちば・しげる
◇明治の「性典」を作った男―謎の医学者・千葉繁を追う　赤川学著　筑摩書房　2014.9　227p　19cm　（筑摩選書　0099）　1500円　Ⓘ978-4-480-01606-5　Ⓝ289.1
内容　第1章　明治の性典『造化機論』の誕生　第2章『造化機論』には何が書いてあるのか―オナニー有害論と三種の電気説　第3章　千葉繁というミステリー　第4章　ここにいたのか、千葉繁　第5章　浜松藩の千葉繁　第6章　鶴舞藩の千葉繁　第7章　横浜の千葉繁　第8章『造化機論』のあと　第9章　誰か千葉繁を知らないか―「セクシュアリティの近代」のゆくえ

千葉 卓三郎〔1852〜1883〕　ちば・たくさぶろう
◇ガイドブック五日市憲法草案―日本国憲法の源流を訪ねる　鈴木富雄著　大阪　日本機関紙出版センター　2015.3　153p　19cm　〈文献あり〉　1300円　Ⓘ978-4-88900-917-0　Ⓝ213.65
内容　第1章　五日市憲法草案とは（なぜ今、五日市憲法草案に大きな関心が…　発見の経緯　主な条文と対応する日本国憲法条文　内外の研究者から高い評価）　第2章　なぜ五日市憲法草案は作られたのか（自由民権運動を背景に―農民一揆と不平士族の反乱　なぜ五日市であったのか　五日市学芸講談会とは）　第3章　五日市憲法草案は誰が書いたのか（起草者千葉卓三郎　人権の先覚者―千葉卓三郎波瀾の生涯　千葉卓三郎の思想と制法論　深澤家とのかかわり　卓三郎亡きあとの深澤権八　その後の深澤家　その後の自由民権運動　困民党の運動に）　第4章　五日市憲法草案と日本国憲法（五日市憲法草案の精神はどのように日本国憲法に受け継がれているのか　GHQが原案作成に着手した背景　GHQ原案策定を3つの側面から見ると）

◇五日市憲法草案とその起草者たち　色川大吉編著　日本経済評論社　2015.11　312p　20cm　（「民衆憲法の創造」（評論社 1970年刊）の改題新版）　3000円　Ⓘ978-4-8188-2408-9　Ⓝ213.65
内容　第1部　五日市憲法の創造（五日市学芸講談会と起草者千葉卓三郎　人権の先覚者―千葉卓三郎波瀾の生涯）　第2部　埋もれた多摩の人脈（歴史に埋もれた人びと　民衆憲法を生みだした山村共同体　"地域"研究と市民の歴史学―ある運動の理論的総括）　第3部　五日市憲法草案と嚶鳴社憲法草案の研究（五日市憲法草案の研究　嚶鳴社憲法草案の研究）　第4部　世界の模範・「日本国憲法」（自由民権期の民衆憲法と日本国憲法の源流―五日市憲法草案からみるもの　現憲法の理想の実現こそが人類の歴史に新しいページを開く―現憲法成立の経緯から「押しつけ憲法」論を批判する）　史料　五日市憲法草案、嚶鳴社憲法草案全文

◇五日市憲法　新井勝紘著　岩波書店　2018.4　214p　18cm　（岩波新書　新赤版 1716）〈文献あり〉　820円　Ⓘ978-4-00-431716-6　Ⓝ213.65
内容　第1章　「開かずの蔵」からの発見　第2章　五日市憲法とは何か　第3章　憲法の時代　第4章　千葉卓三郎　探究の旅へ　第5章　自由権下不驚郡浩然ノ気　村貴重番智―千葉卓三郎の生涯　終章　五日市憲法のその後

千葉 胤雄〔1898〜1950〕　ちば・たねお
◇この道にたえなる灯（ともしび）を―鎮西学院第18代院長千葉胤雄の生涯　鎮西学院院長千葉胤雄伝刊行委員会編著　諫早　鎮西学院　2014.12　233p　20cm　〈布装　文献あり　年譜あり〉

1500円　①978-4-904561-81-2　Ⓝ289.1

内容　第1章 千葉胤雄の生きた時代のミッション・スクール　第2章 生い立ち―故郷、家族にはぐくまれて　第3章 米国留学、そして宗教主任として　第4章 鎮西学院の原爆被災と千葉胤雄の日記　第5章 千葉ブランと鎮西学院復興、そして千葉院長の召天　第6章 復興した鎮西学院の歩み　終章 鎮西学院一三五年と未来―千葉院長の遺志を力として

千葉 胤正〔1141～1203〕　ちば・たねまさ

◇千葉常胤とその子どもたち　千葉氏顕彰会編　啓文社書房　2018.12　144p　21cm　（千葉氏入門ブックレット 1）〈発売：啓文社〉　1200円　①978-4-89992-051-9　Ⓝ288.3

内容　第1章 「千葉」をおこした父（千葉常胤）　第2章 「千葉」をひろげた息子たち（長男 千葉胤正　次男 相馬師常　三男 武石胤盛 ほか）　第3章 千葉氏こぼれ話（千葉氏の妻と息女たち　常胤のライバルたち　軍記・史伝の中の常胤 ほか）

千葉 常胤〔1118～1201〕　ちば・つねたね

◇中世の人物 京・鎌倉の時代編　第2巻　治承～文治の内乱と鎌倉幕府の成立　野口実編　大阪 清文堂出版　2014.6　426p　22cm　〈文献あり〉　4500円　①978-4-7924-0995-1　Ⓝ281

内容　源頼政と以仁王（生駒孝臣著）　甲斐源氏（西川広平著）　木曾義仲（長村祥知著）　源義経と範頼（宮田敬三著）　平宗盛（田中大喜著）　平氏の新旧家人たち（西村隆著）　藤原秀衡（三好俊文著）　源頼朝（元木泰雄著）　大庭景親（森幸夫著）　城助永と助職〈長茂〉（髙橋一樹著）　千葉常胤（野口実著）　和田義盛と梶原景時（滑川敦子著）　北条時政と牧の方（落合義明著）　源親家（藤本頼人著）　八条院（髙松百香著）　藤原兼実（髙橋秀樹著）　源通親（佐伯智広著）　法然と貞慶・明恵（平雅行著）　重源（久野修義著）　栄西（中尾良信著）

◇千葉常胤とその子どもたち　千葉氏顕彰会編　啓文社書房　2018.12　144p　21cm　（千葉氏入門ブックレット 1）〈発売：啓文社〉　1200円　①978-4-89992-051-9　Ⓝ288.3

内容　第1章 「千葉」をおこした父（千葉常胤）　第2章 「千葉」をひろげた息子たち（長男 千葉胤正　次男 相馬師常　三男 武石胤盛 ほか）　第3章 千葉氏こぼれ話（千葉氏の妻と息女たち　常胤のライバルたち　軍記・史伝の中の常胤 ほか）

ちば てつや〔1939～〕

◇屋根うらの絵本かき―ちばてつや自伝　ちばてつや著　新日本出版社　2016.12　205p　19cm　1900円　①978-4-406-06108-7　Ⓝ726.101

千葉 伸郎〔1939～〕　ちば・のぶろう

◇旅の終わりに　千葉伸郎著　横手 イズミヤ出版　2015.1　295p　19cm　2000円　Ⓝ289.1

知花 昌一〔1948～〕　ちばな・しょういち

◇ひとびとの精神史　第7巻　終焉する昭和―1980年代　杉田敦編　岩波書店　2016.2　333p　19cm　2500円　①978-4-00-028807-1　Ⓝ281.04

内容　1 ジャパン・アズ・ナンバーワン（中曽根康弘―「戦後」を終わらせる意志　上野千鶴子―消費社会と一五年安保のあいだ　高木仁三郎―「核の時代」と市民科学者　大橋正義―バブルに流されなかった経営者たち）　2 国際化とナショナリズム（ジョアン・トシエイ・マスコ―「第二の故郷」で挑戦する日系ブラジル人　安茂賢誠―「靖国」と向き合った真宗僧侶　宮崎駿―職人共同体というユートピア　『地球の歩き方』創刊メンバー―日本型海外旅行の精神）　3 天皇と大衆（奥崎謙三―神軍平等兵の怨霊を弔うために　朴正恵と蔡成泰―民族教育の灯を守るために　美空ひばり―生きられた神話　知花昌一―日の丸を焼いた日）

チャコ瀬戸山〔1949～〕　ちゃこせとやま

◇ゼロになれることは素晴らしい―その時が新たな出発点　チャコ瀬戸山著　東洋出版　2015.11　198p　19cm　〈文献あり〉　1200円　①978-4-8096-7806-6　Ⓝ289.1

内容　第1章 英語スキル・ゼロからの出発（「できない」は伸び率一〇〇パーセント　スモール・トークで吸収力アップ ほか）　第2章 キャリア・ゼロからの賭け（何もできない人は何にでもなれる　強運を呼ぶ家選びのコツ ほか）　第3章 ビジネスシーンでゼロの力を発揮（成功は借金を返すことから始まる　ブームはアメーバ感覚でつかみとれ ほか）　第4章 今、再びゼロへの回帰（モノを欲しがる時代は終わった　「お金は天下の回りもの」を肝に銘じておこう ほか）

茶々　ちゃちゃ

⇒淀殿（よどどの）を見よ

ちゃんもも◎〔1991～〕

◇イマドキ、明日が満たされるなんてありえない。だから、リスカの痕ダケ整形したら死ねると思ってた。　竹内桃子著　ワニブックス　2014.11　144p　19cm　〈背のタイトル：だから、リスカの痕ダケ整形したら死ねると思ってた。〉　1100円　①978-4-8470-9283-1　Ⓝ779.9

内容　第1章 さくら色の骨―母の死　第2章 天国からの誕生日プレゼント―父の死　第3章 貧乏で幸せなお家　第4章 かわいい顔　第5章 女の子の価値　第6章 おそろいの左手　第7章 渋家　第8章 新しい家族　第9章 ちゃんもも◎

中華珪法〔1588～1663〕　ちゅうかけいほう

◇評伝 天草五十人衆　天草学研究会編　福岡 弦書房　2016.8　317p　22cm　〈文献あり　年表あり　索引あり〉　2400円　①978-4-86329-138-6　Ⓝ281.94

内容　ステージ1 五人衆の時代、そして…　ステージ2 天領天草の村々　ステージ3 祈りの島で　ステージ4 耕す、漁る　ステージ5 実業の世をひらく　ステージ6 潮路はるかに　ステージ7 文学・歴史・言論　ステージ8 あの頃、この人　ステージ9 島の現実、国の行く末　ステージ10 一筋の道　ステージ特別編 群像二題（天草の石文化と松室五郎左衛門　牛深カツオ漁の男たち）

中條 聖子〔1965～1995〕　ちゅうじょう・せいこ

◇聖子―夢は終わらない　中條鉄子著　神戸 エピック　2015.1　223p　19cm　1500円　①978-4-89985-186-8　Ⓝ289.1

内容　第1章 1995年1月17日（神戸市魚崎中町、早暁　寝屋川市香里園 ほか）　第2章 別れ（避難勧告 加

西へ ほか〉　第3章 抱き続けた夢〈遺品 憧れ ほか〉　第4章 聖子になる日々〈父 愛くるしい子〉　第5章 想い出と生きる〈診察室の聖子 私の原点 ほか〉

中條 毅〔1920～〕　ちゅうじょう・たけし
◇「ウシホ」から産業関係学への道―中條毅自叙伝　中條毅著　コンポーズ・ユニ　2018.11　157p　20cm　〈年譜あり　著作目録あり〉　1100円　Ⓘ978-4-906697-36-6　Ⓝ289.1

チョ, ジョンジェ〔1951～〕　趙 政済
◇民族教育ひとすじ四〇年―東京朝高元教員の手記　趙政済著　三一書房　2017.8　231p　19cm　1800円　Ⓘ978-4-380-17005-8　Ⓝ289.2
内容　家族〈アボジ　オモニ ほか〉　幼少年時代〈山口県での生活　転校、朝鮮学校へ ほか〉　青年時代〈一九六七～一九七五〉〈高校浪人　マルクス主義への目覚め ほか〉　民族学校教員に〈東京朝鮮中高級学校に配置　商業科教育の重要性 ほか〉　在日本朝鮮人中央教育会での活動〈学校運営の資金づくりに奔走　アボジの遺骨を故郷へ ほか〉

褚 遂良〔596～658〕　ちょ・すいりょう
◇中国書人伝　中田勇次郎編　中央公論新社　2015.7　365p　16cm　〈中公文庫 な66-1〉〈中央公論社 1973年刊の再刊　年譜あり〉　1200円　Ⓘ978-4-12-206148-4　Ⓝ728.22
内容　王羲之・王献之―貝塚茂樹　鄭道昭・智永―小川環樹　唐太宗・虞世南・欧陽詢・褚遂良―加藤楸邨　顔真卿・柳公権―井上靖　李邕・張旭・懐素・楊凝式―土岐善麿　蘇軾・黄庭堅・米芾―寺田透　趙孟頫・張即之―武田泰淳　祝允明・文徴明・董其昌―杉浦明平　張瑞図―中田勇次郎　王鐸・金農・劉墉―三浦朱門　鄧石如・何紹基・趙之謙

長 卯平〔1759～1837〕　ちょう・うへい
◇長卯平伝―真実の像に迫る　新大間他仕掛水路開鑿起工二百周年記念誌　福岡県糟屋郡粕屋町粕屋町立歴史資料館編　粕屋町（福岡県）　粕屋町教育委員会　2016.3　52p　30cm　〈粕屋町文化財調査報告書 第40集〉〈特別調査事業　年譜あり〉　Ⓝ289.1

張 榮發〔1927～〕　ちょう・えいはつ
◇本心―張榮發の本音と真心　張榮發述，陳俍任インタビュー・文，宮下和大,邱瑋琪訳〔柏〕麗澤大学出版会　2015.12　226p　21cm　〈発売：廣池学園事業部（柏）〉　1200円　Ⓘ978-4-89205-631-4　Ⓝ289.2
内容　第1部 思　第2部 志　第3部 識　第4部 愛　第5部 真　第6部 善　第7部 伝

張 学良〔1901～2001〕　ちょう・がくりょう
◇国と世紀を変えた愛―張学良と宋美齢、六六年目の告白　富永孝子著　KADOKAWA　2014.6　322p　20cm　〈他言語標題：Love which changed the country and the century　文献あり〉　1700円　Ⓘ978-4-04-110686-0　Ⓝ289.2
内容　はじめに　二〇世紀一〇〇年の歴史を生きた男　第1章 一四歳の初体験―父・張作霖　第2章 世紀の離婚状―最高の妻・于鳳至　第3章 軍閥を支えた物理学者―第二夫人・谷瑞玉　第4章 "主義"を変えた純情―ムッソリーニ令嬢、伊公使夫人・エッダ　第5章 幽閉を支えた手―秘書、そして最後の妻・趙一荻　第6章 六六年目の愛の告白―蒋介石夫人・宋美齢　第7章 最高の女友達―中央銀行総裁貝祖貽夫人・蒋士雲　おわりに　愛と革命に殉じよ
◇近代中国指導者評論集成 4　張学良の横顔　松本和久編・解題　吉本浩三著　ゆまに書房　2016.5　434,10p　22cm　〈布装　赤鑪閣書房　昭和7年刊の複製〉　19000円　Ⓘ978-4-8433-5020-1　Ⓝ222.07
◇張学良秘史―六人の女傑と革命、そして愛　富永孝子著　KADOKAWA　2017.7　364p　15cm　〈角川ソフィア文庫〉〔M119-1〕〈「国と世紀を変えた愛」（2014年刊）の改題、加筆修正　文献あり〉　1080円　Ⓘ978-4-04-400279-4　Ⓝ289.2

趙 匡胤〔927～976〕　ちょう・きょういん
◇独裁君主の登場　宋の太祖と太宗　竺沙雅章著　清水書院　2017.8　214p　19cm　〈新・人と歴史拡大版 20〉〈1984年刊を表記や仮名遣い等一部を改めて再刊　文献あり　年譜あり　索引あり〉　1800円　Ⓘ978-4-389-44120-3　Ⓝ222.053
内容　1 五代乱離〈混乱の世　若き日の太祖と太宗　民族の苦悩　英主世宗〉　2 統一国家の建設〈陳橋の変　中央集権の強化　統一への道程〉　3 独裁君主の登場〈太祖から太宗へ　文化国家の建設　外征の失敗　独裁君主たる太宗〉

張 旭〔唐代〕　ちょう・きょく
◇中国書人伝　中田勇次郎編　中央公論新社　2015.7　365p　16cm　〈中公文庫 な66-1〉〈中央公論社 1973年刊の再刊　年譜あり〉　1200円　Ⓘ978-4-12-206148-4　Ⓝ728.22
内容　王羲之・王献之―貝塚茂樹　鄭道昭・智永―小川環樹　唐太宗・虞世南・欧陽詢・褚遂良―加藤楸邨　顔真卿・柳公権―井上靖　李邕・張旭・懐素・楊凝式―土岐善麿　蘇軾・黄庭堅・米芾―寺田透　趙孟頫・張即之―武田泰淳　祝允明・文徴明・董其昌―杉浦明平　張瑞図―中田勇次郎　王鐸・金農・劉墉―三浦朱門　鄧石如・何紹基・趙之謙

張 季鸞〔1888～1941〕　ちょう・きらん
◇中国名記者列伝―正義を貫き、その文章を歴史に刻み込んだ先人たち　第2巻　柳斌傑,李東東編，加藤青延監訳，黒金祥一訳　日本僑報社　2017.4　192p　21cm　3600円　Ⓘ978-4-86185-237-4　Ⓝ070.16
内容　鑑湖の女傑―秋瑾（1875・1907）　才知の記者―包天笑（1876・1973）　四つの素早さを持つ記者―陳其美（1878・1916）　「冷血」な時事評論家―陳景韓（1878・1965）　革命の元老記者―于右任（1879・1964）　五四運動の総司令官―陳独秀（1879・1942）　女性記者の先駆け―康同薇（1879・1974）　新聞界の重鎮―史量才（1880・1934）　嶺南報道界の英才―鄭貫公（1880・1906）　ペンによって一人立つ―章士釗（1881・1973）　革命家にして記者―宋教人（1882・1913）　直言居士―邵力子（1882・1967）　革命新聞の元勲―馮自由（1882・1958）　ニュースレポートの開拓者―黄遠生（1885・1915）　新文化運動の大衆指導者―高一涵（1885・1968）

ちよう

比類なき逸材―朱執信（1885‐1920）　民国初期の俊才―徐凌霄（1886‐1961）　勇気ある辣腕家―邵飄萍（1886‐1926）　詩と酒を愛した文豪―葉楚傖（1887‐1946）　一代論宗―張季鸞（1888‐1941）

張 謇〔1853～1926〕　ちょう・けん
◇近代中国指導者評論集成　10　張謇自訂年譜　松本和久編・解題　張謇著，鈴木択郎訳　ゆまに書房　2016.11　234,2,9p　22cm　〈布装　内山書店 昭和17年刊の複製〉　11000円　ⓘ978-4-8433-5026-3　Ⓝ222.07

張 騫〔?～前114〕　ちょう・けん
◇張騫とシルク-ロード　長沢和俊著　新訂版　清水書院　2017.6　237p　19cm　〈新・人と歴史拡大版 12〉〈文献あり 年表あり 索引あり〉　1800円　ⓘ978-4-389-44112-8　Ⓝ220
[内容]　1　シルク・ロードの夜明け（シルク・ロードとは　早く開けた西アジア　謎を秘めたセリカの国　匈奴と漢）　2　張騫の登場（アジアのコロンブス　西トルキスタンの国々　西南ルートの開拓）　3　シルク・ロードの開拓（匈奴と烏孫　張騫の第三次遣使　西域貿易の開始　西域貿易の繁栄）　4　漢の西域進出（西トルキスタンへの進出　漢の中央アジア支配　漢代のシルク・ロード）　5　東西文化の交流（シルク・ロードの変遷　東西文化の伝播・交流　むすび）

趙 元任〔1892～1982〕　ちょう・げんにん
◇清華の三巨頭　京都大学人文科学研究所附属東アジア人文情報学研究センター編，井波陵一，古勝隆一，池田巧著　研文出版　2014.9　191p　21cm　〈京大人文研漢籍セミナー 3〉　1800円　ⓘ978-4-87636-382-7　Ⓝ
[内容]　王国維―過去に希望の火花をかきたてる―（井波陵一）　陳寅恪―"教授の教授"その生き方―（古勝隆一）　趙元任―見えざることばを描き出す―（池田巧）

張 作霖〔1875～1928〕　ちょう・さくりん
◇近代中国指導者評論集成　7　怪傑張作霖　松本和久編・解題　園田一亀著　ゆまに書房　2016.11　399,15,9p　22cm　〈布装　年譜あり　中華堂 大正11年刊の複製〉　18000円　ⓘ978-4-8433-5023-2　Ⓝ222.07
◇近代中国指導者評論集成　8　大元帥張作霖　松本和久編・解題　浅野虎涯著　ゆまに書房　2016.11　257,12,10p　22cm　〈布装　年譜あり　日華實業社 昭和3年刊の複製〉　11000円　ⓘ978-4-8433-5024-9　Ⓝ222.07
◇張作霖―爆殺への軌跡一八七五―一九二八　杉山祐之著　白水社　2017.2　356p　20cm　〈文献あり 年表あり〉　2600円　ⓘ978-4-560-09534-8　Ⓝ289.2
[内容]　第1章　満洲の大地で　第2章　馬上の戦い　第3章　辛亥革命　第4章　奉天を手に　第5章　大軍、華北に出現す　第6章　中原の宿敵　第7章　天下、夢のごとし　第8章　運命の日　終章　黒巷の彼方
◇馬賊の「満洲」―張作霖と近代中国　澁谷由里著　講談社　2017.6　266p　15cm　〈講談社学術文庫 2418〉「馬賊で見る「満洲」」(2004年刊)の改題　文献あり 年表あり〉　940円　ⓘ978-4-06-292434-4　Ⓝ222.5
[内容]　第1章　「馬賊」はなぜ現れたのか？（「馬賊」のイメージ　軍隊へのまなざし ほか）　第2章　張作霖登場―「馬賊」から「軍閥」へ（張作霖はなぜ「馬賊」になったのか？　帰順とその後の活躍 ほか）　第3章　王永江と内政改革―軍閥期の「満洲」（張作霖と王永江の出会い　王永江の奉天省財政改革 ほか）　第4章　日本人と「馬賊」（第一次「満蒙独立」運動（一九一一～一二年）　第二次「満蒙独立」運動（一九一五～一七年）ほか）　終章　現代日本にとっての「満洲」「馬賊」「馬賊」とは何だったのか　新しい「満洲」像へ）

趙 之謙〔1829～1884〕　ちょう・しけん
◇中国書人伝　中田勇次郎編　中央公論新社　2015.7　365p　16cm　〈中公文庫 な66-1〉〈中央公論社 1973年刊の再刊　年譜あり〉　1200円　ⓘ978-4-12-206148-4　Ⓝ728.22
[内容]　王義之・王献之―貝塚茂樹　鄭道昭・智永―小川環樹　唐太宗・虞世南・欧陽詢・褚遂良―加藤楸邨　顔真卿・柳公権―井上靖　李邕・張旭・懐素・楊凝式―土岐善麿　蘇軾・黄庭堅・米芾―寺田透　趙孟頫・張即之―武田泰淳　祝允明・文徵明・董其昌―杉浦明平　張瑞図―中田勇次郎　王鐸・金農・劉墉―三浦朱門　鄧石如・何紹基・趙之謙

張 瑞図〔1570～1641〕　ちょう・ずいと
◇中国書人伝　中田勇次郎編　中央公論新社　2015.7　365p　16cm　〈中公文庫 な66-1〉〈中央公論社 1973年刊の再刊　年譜あり〉　1200円　ⓘ978-4-12-206148-4　Ⓝ728.22
[内容]　王義之・王献之―貝塚茂樹　鄭道昭・智永―小川環樹　唐太宗・虞世南・欧陽詢・褚遂良―加藤楸邨　顔真卿・柳公権―井上靖　李邕・張旭・懐素・楊凝式―土岐善麿　蘇軾・黄庭堅・米芾―寺田透　趙孟頫・張即之―武田泰淳　祝允明・文徵明・董其昌―杉浦明平　張瑞図―中田勇次郎　王鐸・金農・劉墉―三浦朱門　鄧石如・何紹基・趙之謙

張 瑞敏〔1949～〕　ちょう・ずいびん
◇現代中国経営者列伝　高口康太著　星海社　2017.4　251p　18cm　〈星海社新書 108〉〈文献あり　発売：講談社〉　900円　ⓘ978-4-06-138613-6　Ⓝ332.8
[内容]　第1章　「下海」から世界のPCメーカーへ―柳傳志（レノボ）　第2章　日本企業を駆逐した最強の中国家電メーカー―張瑞敏（ハイアール）　第3章　ケンカ商法暴れ旅、13億人の胃袋をつかむ中国飲食品メーカー―娃哈哈（ワハハ）　第4章　米国が恐れる異色のイノベーション企業―任正非（ファーウェイ）　第5章　不動産からサッカー、映画まで！　爆買い大富豪の正体とは―王健林（ワンダ・グループ）　第6章　世界一カオスなECは"安心"から生まれた―馬雲（アリババ）　第7章　世界中のコンテンツが集まる中国動画戦国時代―古永鏘（ヨーク）　第8章　ハードウェア業界の"無印良品"ってなんだ？―雷軍（シャオミ）　終章　次世代の起業家たち

張 即之〔1186～1266〕　ちょう・そくし
◇中国書人伝　中田勇次郎編　中央公論新社　2015.7　365p　16cm　〈中公文庫 な66-1〉〈中央公論社 1973年刊の再刊　年譜あり〉　1200円　ⓘ978-4-12-206148-4　Ⓝ728.22

内容　王義之・王献之―貝塚茂樹　鄭道昭・智永―小川環樹　唐太宗・虞世南・欧陽詢・褚遂良―加藤楸邨　顔真卿・柳公権―井上靖　李邕・張旭・懐素・楊凝式―土岐善麿　蘇軾・黄庭堅・米芾―寺田透　趙孟頫・張即之―武田泰淳　祝允明・文徴明・董其昌―杉浦明平　張瑞図―中田勇次郎　王鐸・金農・劉墉―三浦朱門　鄧石如・何紹基・趙之謙

張　南垣　ちょう・なんえん

◇造園家　張南垣の仕事　曹汛著, 蒋露, 張路訳　左右社　2015.10　187p　13×19cm　〈中国庭園の世界〉　①978-4-86528-129-3　Ⓝ629.22

＊第一人者が描きだす、ある造園家の評伝。中国庭園が黄金時代を迎えた明末に数多くの園を手がけた張南垣の事跡を、文献と実地調査で丹念に追う。最新の発見やはじめて日本語化される情報を多数収めた本書は、中国の庭園文化が絶頂を迎えた時代がわかる案内書とも読むことができる。

趙　南富　〔1935〜2011〕　ちょう・なんぷ

◇失郷民―趙南富とその時代　中田哲三著　作品社　2014.5　399p　20cm　〈文献あり〉　2000円　①978-4-86182-476-0　Ⓝ289.2

内容　済州島　安徳丸　四・三蜂起　韓国動乱　日本密航　神戸市長田　結婚　北送事業　在留許可　帰郷、父の葬儀　民団の仕事　大統領からの手紙　青瓦台訪問　「大統領有故」　未来へ

趙　孟頫　〔1254〜1322〕　ちょう・もうふ

◇中国書人伝　中田勇次郎編　中央公論新社　2015.7　365p　16cm　(中公文庫 な66-1)〈中央公論社 1973年刊の再刊　年譜あり〉　1200円　①978-4-12-206148-4　Ⓝ728.22

内容　王義之・王献之―貝塚茂樹　鄭道昭・智永―小川環樹　唐太宗・虞世南・欧陽詢・褚遂良―加藤楸邨　顔真卿・柳公権―井上靖　李邕・張旭・懐素・楊凝式―土岐善麿　蘇軾・黄庭堅・米芾―寺田透　趙孟頫・張即之―武田泰淳　祝允明・文徴明・董其昌―杉浦明平　張瑞図―中田勇次郎　王鐸・金農・劉墉―三浦朱門　鄧石如・何紹基・趙之謙

張　良　〔？〜前186〕　ちょう・りょう

◇史記　4　逆転の力学　司馬遷著　和田武司,山谷弘之訳　徳間書店　2016.9　516p　15cm　(徳間文庫カレッジ し3-4)〈徳間文庫 2006年刊の再刊〉　1250円　①978-4-19-907068-6　Ⓝ222.03

内容　1　項羽と劉邦(項羽の生い立ち　高祖劉邦の生い立ち　項羽、劉邦の先陣争い　鴻門の会)　2　楚漢の決戦(崩れる足もと―諸王諸侯の離反　対決の軌跡―東征と楚の反撃　戦局の拡大―韓信の活躍　垓下の戦い―項羽の最期)　3　悲喜の様相(功成ったあと　悲劇の実力者―韓信)　4　幕下の群像(補佐役の身の処し方―蕭何　名参謀長―張良　知謀の士―陳平　直言の士―周昌)

鳥海　青児　〔1902〜1972〕　ちょうかい・せいじ

◇鳥海青児　絵を耕す　原田光著　せりか書房　2015.12　471p　22cm　〈年譜あり〉　5500円　①978-4-7967-0348-2　Ⓝ723.1

＊日本の湿潤な歴史的風土における油絵の可能性を追求した鳥海青児。大正から戦後まで激動する時代のなかで悪戦苦闘する画家の修羅を描くととも

に、数多くのメチエ(厚塗りの技法等)の秘密を解き明かす。『繪』連載を単行本化。

長慶天皇　〔1343〜1394〕　ちょうけいてんのう

◇わが道の真実一路―歴史随想　億劫の花に咲く十話　1　山田一生編著　松阪　夕刊三重新聞社　2014.3　152p　19cm　〈文献あり〉　1800円　①978-4-89658-003-7　Ⓝ281.04

内容　第1話　長慶天皇ご本紀と行宮伝説の研究　第2話　蒲生氏郷とキリスト教　第3話　上田秋成(号・無腸)"相撲ミて京に住けり妻しあれば"の句作に就いて　第4話　潮田長助と赤穂義士之丞高教の生涯　第5話　骨董商S氏との好日…中川乙由と森川千代女と加賀千代女　第6話　風雲の陶芸人　上島弥兵衛　第7話　俳家奇人　子菟　第8話　剛力無双の鎌田又八　第9話　松阪が生んだ神童棋士　小川道的　第10話　麦の舎　高畠式部

重源　〔1121〜1206〕　ちょうげん

◇中世の人物　京・鎌倉の時代編　第2巻　治承〜文治の内乱と鎌倉幕府の成立　野口実編　大阪　清文堂出版　2014.6　426p　22cm　〈文献あり〉　4500円　①978-4-7924-0995-1　Ⓝ281

内容　源頼政と以仁王(生駒孝臣著)　甲斐源氏(西川広平著)　木曾義仲(長村祥知著)　源義経と範頼(宮田敬三著)　平宗盛(田中大喜著)　平氏の新旧家人たち(西村隆著)　藤原秀衡(三好俊文著)　源頼朝(元木泰雄著)　大庭景親(森幸夫著)　城助永と助職(長茂)(高橋一樹著)　千葉常胤(野口実著)　和田義盛と梶原景時(滑川敦子著)　北条時政と牧の方(落合義明著)　源頼家(藤本頼人著)　八条院(高松百香著)　藤原兼実(高橋秀樹著)　源通親(佐伯智広著)　法然と貞慶・明恵(平雅行著)　重源(久野修義著)　栄西(中尾良信著)

◇〈語学教師〉の物語―日本言語教育小史　第1巻　塩田勉著　書肆アルス　2017.10　475p　21cm　〈索引あり〉　2800円　①978-4-907078-19-5　Ⓝ807

内容　1　上代―飛鳥時代　2　上代―奈良時代　3　中古―空海　4　中古―最澄　5　中古―円仁　6　中古―円珍・成尋　7　中世―栄西・重源　8　中世―道元

長州　力　〔1951〜〕　ちょうしゅう・りき

◇真説・長州力―1951-2015　田崎健太著　集英社インターナショナル　2015.7　491p　20cm　〈文献あり　発売:集英社〉　1900円　①978-4-7976-7286-2　Ⓝ788.2

内容　プロローグ　端っこの男　もうひとつの苗字　ミュンヘンオリンピック韓国代表　プロレスへの戸惑い　「長州力」の名付け親　メキシコに「逃げる」　「噛ませ犬」事件の"謎"　タイガーマスク引退とクーデター　ジャパンプロレスの野望　長州を恨む男　現場監督の秘密　消されたUWF　アントニオ猪木と大仁田厚　WJプロレスの躓き　どん底　再び、「ど真ん中」に　エピローグ　赤いパスポート

◇真説・長州力―1951-2018　田崎健太著　集英社　2018.7　547p　16cm　(集英社文庫 た89-1)〈集英社インターナショナル 2015年刊の加筆改稿　文献あり〉　1000円　①978-4-08-745770-4　Ⓝ788.2

内容　プロローグ　端っこの男　もうひとつの苗字　ミュンヘンオリンピック韓国代表　プロレスへの戸惑

ちょうそか

い 「長州力」の名付け親 メキシコに「逃げる」 「噛ませ犬」事件の"謎" タイガーマスク引退とクーデター ジャパンプロレスの野望 長州を恨む男 現場監督の秘密 消されたUWF アントニオ猪木と大仁田厚 WJプロレスの躓き どん底 再び、「ど真ん中」に

◇長州力 最後の告白―誰にも語れなかったプロレス重大事件その真相と顚末 長州力著,水道橋博士聞き手 宝島社 2018.8 277p 19cm 〈文献あり 年譜あり〉 1500円 Ⓘ978-4-8002-8437-2 Ⓝ788.2

内容 第1章 プロレスへの苦悩と「噛ませ犬」発言 第2章 前田日明と「長州顔面蹴撃」の先 第3章 90年代ドーム興行連発の"インパクト" 第4章 「1・4事変」と橋本真也への思い 第5章 長州力引退と「大仁田劇場」の結末 第6章 格闘技と「新日本暗黒時代」の長州力 特別収録 長州力×水道橋博士対談「プロレス芸人論」 詳細 長州力完全年表

長宗我部 元親 〔1539〜1599〕 ちょうそかべ・もとちか

◇長宗我部元親 平井上総編著 戎光祥出版 2014.10 364p 21cm (シリーズ・織豊大名の研究 1) 6500円 Ⓘ978-4-86403-125-7 Ⓝ218.4

内容 総論 長宗我部元親の四国侵攻と外交関係 第1部 権力論(永禄末期における長宗我部氏の権力構造―「一宮再興人夫割帳」の分析を中心に 織豊期長宗我部氏の一側面―土佐一条家との関係(御所体制)をめぐって 湯築城跡出土の瓦について 伊予国における長宗我部氏系築城技術の導入について―愛媛県東部の事例を中心に) 第2部 元親の周辺(長宗我部元親夫人の出自にについて 土佐における女性の知行―『長宗我部地検帳』を中心に) 第3部 土佐国の領主たち(戦国末期の国人本山茂辰とその家族たち 中近四国における西遷武士団のその後―土佐国久礼城主佐竹氏を中心にして) 第4部 史料論(土佐に於ける禅僧餘談 仁淀集堯と長宗我部国親 長宗我部氏史界の開拓者谷秦山 試論 長宗我部元親発給文書に関する若干の考察―永禄期〜天正後期を中心にして 長宗我部元親の右筆とその周辺)

◇長宗我部元親・盛親―四国一篇に切随へ、恋に威勢を振ふ 平井上総著 京都 ミネルヴァ書房 2016.8 288,11p 20cm (ミネルヴァ日本評伝選)〈文献あり 年譜あり 索引あり〉 3500円 Ⓘ978-4-623-07762-5 Ⓝ289.1

内容 第1章 長宗我部家の黎明 第2章 長宗我部元親の登場と土佐国統一 第3章 土佐から四国へ 第4章 豊臣政権下の元親と盛親 第5章 豊臣期の領国支配 第6章 長宗我部家の落日

◇龍馬・元親に土佐人の原点をみる 中城正堯著 高知 高知新聞総合印刷(発売) 2017.2 243p 20cm 1389円 Ⓘ978-4-906910-59-5 Ⓝ289.1

内容 龍馬最後の帰郷と種崎潜伏 お龍さん、土佐の城下をゆく 龍馬「愚童伝説」に見る学びの原点 新発見「龍馬役者絵」と民権演劇 "海の一領具足"長宗我部水軍のなぞ 元親の夢眠る海の名城"浦戸城" 高知城築城と、その後の穴太衆 龍、死を決すこと三度 高知県近代史学の開拓者・中城直正

◇戦国大名―歴史文化遺産 五味文彦監修 山川出版社 2018.6 238p 31cm 1800円 Ⓘ978-4-634-15134-5 Ⓝ210.47

内容 1 戦国乱世の幕開け(北条早雲 北条氏康 上杉謙信 ほか) 2 群雄たちの覇権(織田信長 長宗我部元親 毛利元就) 3 争乱から天下人へ(豊臣秀吉 島津義久 伊達政宗 ほか)

長宗我部 盛親 〔1575〜1615〕 ちょうそかべ・もりちか

◇大坂の陣 秀頼七将の実像 三池純正著 洋泉社 2015.10 223p 18cm (歴史新書)〈文献あり〉 900円 Ⓘ978-4-8003-0755-2 Ⓝ210.52

内容 序章 彼らはなぜ戦ったのか 第1章 秀頼七将の実像(真田信繁―敵方をも感動させた「日本一の兵」 長宗我部盛親―御家再興のため鉄壁の軍団を率いて入城 毛利勝永―家康本陣に突入したもう一人の猛将 後藤基次―家康に警戒され続けた多くの武功 明石全登―謎の生死が伝わるキリシタン武将 木村重成―秀頼一筋に奮戦した短い生涯 大野治房―大坂城内随一の強硬派) 第2章 再考! 大坂の陣と豊臣秀頼

◇長宗我部元親・盛親―四国一篇に切随へ、恋に威勢を振ふ 平井上総著 京都 ミネルヴァ書房 2016.8 288,11p 20cm (ミネルヴァ日本評伝選)〈文献あり 年譜あり 索引あり〉 3500円 Ⓘ978-4-623-07762-5 Ⓝ289.1

内容 第1章 長宗我部家の黎明 第2章 長宗我部元親の登場と土佐国統一 第3章 土佐から四国へ 第4章 豊臣政権下の元親と盛親 第5章 豊臣期の領国支配 第6章 長宗我部家の落日

長南 年恵 ちょうなん・としえ
⇒長南年恵(おさなみ・としえ)を見よ

蝶野 正洋 〔1963〜〕 ちょうの・まさひろ

◇闘魂三銃士30年―今だから明かす武藤敬司、蝶野正洋、橋本真也、それぞれの生きざま 武藤敬司,蝶野正洋,橋本かずみ著 ベースボール・マガジン社 2014.12 287p 19cm 1900円 Ⓘ978-4-583-10780-6 Ⓝ788.2

内容 武藤敬司(年下の同期たちとの中で一番出世した新人時代 2人一緒にされたくなかった三銃士結成 表裏一体だった橋本vs小川のドラマとnWo 個を追及したあとには組織…一国一城の主に 一番同じ立場で一番話したかった橋本の死) 蝶野正洋(入門自初から一人だった 海外遠征、本当は"避難"だった 栄光と代償 1・4、それは逆・力動vs木村 どうして何かやってあげられなかったのか) 橋本真也(橋本かずみ)(出会い 生い立ち〜新人時代 時は来た! ドタバタの中で始まった結婚生活 小川の生爪を1枚ずつ剥がす夢をみた あれから10年。天国の真也クンへ)

◇生涯現役という生き方 武藤敬司,蝶野正洋著 KADOKAWA 2016.6 249p 19cm 1400円 Ⓘ978-4-04-601403-0 Ⓝ788.2

内容 武藤敬司の章(人生に引退はない 昨日の自分に少し勝つ どんなギャンブルよりも人生という真剣勝負の方が面白い 見たつだけでもいいから誇れるものを持つ 身につけた技術で細く長くしたたかに生きる ほか) 蝶野正洋の章(大一番で失敗しないマインド メリハリをつけて「今」この瞬間に集中する プロレスとは、そして人生とは痛みである ストレスとうまく付き合う2つの対処法 オフの自

◇三沢と橋本はなぜ死ななければならなかったのか——90年代プロレス血戦史　西花池湖南著　河出書房新社　2017.11　316p　20cm　〈文献あり〉　1800円　Ⓘ978-4-309-02622-0　Ⓝ788.2

内容　1章 1990年三沢光晴の重荷—寡黙な男が背負わざるを得なかった全日本の未来　2章 1991年ジャンボ鶴田の絶頂—新世代の障壁となった怪物、最後の輝き　3章 1992年大仁田厚の爆風—猪木の遺産を食みながら開花したハードコアプロレス　4章 1993年天龍源一郎の入魂—"約束の地"に向かった男が創造した新日本の栄華　5章 1994年橋本真也の確立—天龍使えで実現した「肥満体型レスラー」のエース襲名　6章 1995年武藤敬司の驀進—プロレス・バブルの黄昏時に打ち砕かれた"UWF神話"　7章 1996年川田利明の鬱屈—ガラパゴス化した馬場・全日本がついに"鎖国"を解く　8章 1997年蝶野正洋の襲来—黒いカリスマ率いるヒール軍団が変えた新日本の景色　9章 1998年高田延彦の別離—プロレス人気を破綻させた男が向かった新たな世界　10章 1999年そして、ジャイアント馬場の死—規範を失ったプロレス界が露呈した世代間の断絶

長林院〔戦国時代〕　ちょうりんいん
◇北条氏康の子供たち—北条氏康生誕五百年記念論文集　黒田基樹, 浅倉直美編　京都　宮帯出版社　2015.12　357p　22cm　〈年譜あり〉　3500円　Ⓘ978-4-8016-0017-1　Ⓝ288.2

内容　総説 北条氏康の子女について　第1章 北条氏康の息子たち（北条氏政　北条氏照　北条氏邦　北条氏規　北条氏忠　北条氏光　上杉景虎）　第2章 北条氏康の娘たち（早川殿—今川氏真の室　七曲殿—北条氏繁の室　長林院—太田氏資の室　浄光院殿—足利義氏の室　桂林院殿—武田勝頼の室）　第3章 戦国北条氏の居城（小田原城　韮山城跡　鉢形城跡　唐沢山城　玉縄城）　付録

チョエ, ジョンホ〔1933～〕　崔禎鎬
◇親愛なるミスタ崔（チョエ）—隣の国の友への手紙　佐野洋子, 崔禎鎬著　クオン　2017.3　183p　19cm　（日韓同時代人の対話シリーズ 2）　2000円　Ⓘ978-4-904855-67-6　Ⓝ726.601

内容　第1章 一九六七年　第2章 一九七一年　第3章 一九七七年—一九八二年　第4章 一九八九年—一九九四年　第5章 一九九六年—二〇〇五年

千代鶴 是秀〔1874～1957〕　ちよづる・これひで
◇職人の近代—道具鍛冶 千代鶴是秀の変容　土田昇著　みすず書房　2017.2　313p　20cm　〈文献あり〉　3700円　Ⓘ978-4-622-08593-5　Ⓝ583.8

内容　第1章 大工道具鍛冶、千代鶴是秀の修業時代（道具鍛冶への弟子入り　栗原信義の彫刻刀 ほか）　第2章 逸脱の始まり（旦那衆、栗原波月との出会い　栗原自作のケサン ほか）　第3章 試練の時（実用道具の運命—磨滅・減退・消滅　アイヌのペーパーナイフ ほか）　第4章 職人の不器用、職人の道徳（大正から昭和はじめまでの身辺　名人大工、江戸熊の大入組鑿 ほか）

千代尼　ちよに
⇒加賀千代女（かが・ちよじょ）を見よ

千代の富士 貢〔1955～2016〕　ちよのふじ・みつぐ
◇平成の北海道 大相撲—三横綱がいた時代　宗像哲也著　札幌　北海道新聞社　2016.10　223p　19cm　1400円　Ⓘ978-4-89453-844-3　Ⓝ788.1

内容　昭和の千秋楽　第1章 道産子名力士列伝（千代の富士　大乃国　北勝海 ほか）　第2章 道産子力士の素顔（「北海道出身？」だった初代・若乃花　満身創痍 番付は生き物 ほか）　第3章 北海道大相撲なんでも百科（連勝記録　連勝を止めた力士　新弟子検査 ほか）

◇千代の富士treasure book　CSI　2017.11　159p　31cm　〈年譜あり〉　14630円　Ⓘ978-4-908580-02-4　Ⓝ788.1

チョン, ガプス〔1954～〕　鄭 甲寿
◇ハナーワンコリア道草回顧録　鄭甲寿著　ころから　2015.11　318p　22cm　〈年表あり〉　2700円　Ⓘ978-4-907239-17-6　Ⓝ319.21

内容　第1章 3つの国のはざまに生まれて　第2章 ワンコリアフェスティバルにむけて　第3章 ワンコリアフェスティバル草創期　第4章 「アジア市民」の理想に向けて　第5章 南北が主人公になる時　第6章 海を越えたワンコリア

チョン, キョンファ〔1948～〕　鄭 京和
◇偉大なるヴァイオリニストたち 2　チョン・キョンファから五嶋みどり、ヒラリー・ハーンまで　ジャン=ミシェル・モルク著, 神奈川夏子訳　ヤマハミュージックメディア　2017.4　356,8p　21cm　〈文献あり〉　3400円　Ⓘ978-4-636-92333-9　Ⓝ762.8

内容　ボリス・ベルキン　チョン・キョンファ　ピンカス・ズーカーマン　オーギュスタン・デュメイ　ピエール・アモイヤル　ドミトリ・シトコヴェツキー　ナイジェル・ケネディ　シュロモ・ミンツ　ヴィクトリア・ムローヴァ　チョーリャン・リン [ほか]

チョン, ジュンユン〔1919～2014〕　全 仲潤
◇インスタントラーメンが海を渡った日—日韓・麺に賭けた男たちの挑戦　村山俊夫著　河出書房新社　2014.12　197p　20cm　〈文献あり 年譜あり〉　1600円　Ⓘ978-4-309-24685-7　Ⓝ588.97

内容　第1章 戦後の混沌を開く—奥井清澄の挑戦　第2章 がれきの山からの再起—全仲潤の決意　第3章 インスタントラーメンに賭ける—奥井清澄の選択　第4章 国民の空腹を満たすために—全仲潤の転身　第5章 邂逅——九六三年、春　第6章 インスタントラーメンが海を渡った日

チョン, ドゥファン〔1931～〕　全 斗煥
◇韓国大統領実録　朴永圭著, 金重明訳　キネマ旬報社　2015.10　494p　22cm　〈文献あり 年表あり 索引あり〉　3600円　Ⓘ978-4-87376-435-1　Ⓝ312.21

内容　第1章 李承晩大統領実録　第2章 尹潽善大統領実録　第3章 朴正熙大統領実録　第4章 崔圭夏大統

ちり

領実録　第5章　全斗煥大統領実録　第6章　盧泰愚大統領実録　第7章　金泳三大統領実録　第8章　金大中大統領実録　第9章　盧武鉉大統領実録　第10章　李明博大統領実録

知里 幸恵〔1903～1922〕　ちり・ゆきえ
◇北の詩と人―アイヌ人女性・知里幸恵の生涯　須知徳平著　盛岡　岩手日報社　2016.5　429p　22cm　〈年譜あり〉　2750円　Ⓘ978-4-87201-417-4　Ⓝ913.6
内容　第1章 離郷　第2章 愛と不信　第3章 試練　第4章 出会い　第5章 銀の滴　第6章 手紙と日記　第7章 神々の謡

血脇 守之助〔1870～1947〕　ちわき・もりのすけ
◇歯科医療の現在と血脇守之助　安藤三男著　三栄会出版部　2017.9　225p　19cm　〈文献あり〉　1200円　Ⓘ978-4-9909685-0-2　Ⓝ497

陳 寅恪〔1890～1969〕　ちん・いんかく
◇清華の三巨頭　京都大学人文科学研究所附属東アジア人文情報学研究センター編，井波陵一，古勝隆一，池田巧著　研文出版　2014.9　191p　21cm　(京大人文研漢籍セミナー 3)　1800円　Ⓘ978-4-87636-382-7　Ⓝ222
内容　王国維―過去に希望の火花をかきたてる―(井波陵一)、陳寅恪―"教授の教授"その生き方―(古勝隆一)、趙元任―見えざることばを描き出す―(池田巧)

陳 其美〔1877～1916〕　ちん・きび
◇中国名記者列伝―正義を貫き、その文章を歴史に刻み込んだ先人たち　第2巻　柳斌傑，李東東編，加藤青延監訳，黒金祥一訳　日本僑報社　2017.4　192p　21cm　3600円　Ⓘ978-4-86185-237-4　Ⓝ070.16
内容　鑑湖の女傑―秋瑾(1875-1907)　才知の記者―包天笑(1876-1973)　四つの素早さを持つ記者―陳其美(1878-1916)　「冷血」な時事評論家―陳景韓(1878-1965)　革命の元老記者―于右任(1879-1964)　五四運動の総司令官―陳独秀(1879-1942)　女性記者の先駆け―康同薇(1879-1974)　新聞界の重鎮―史量才(1880-1934)　嶺南報道界の英才―鄭貫公(1880-1906)　ペンによって一人立つ―章士釗(1881-1973)　革命家にして記者―宋教人(1882-1913)　直言居士―邵力子(1882-1967)　革命新聞の元勲―馮自由(1882-1958)　ニュースレポートの開拓者―黄遠生(1885-1915)　新文化運動の大衆指導者―高一涵(1885-1968)　比類なき逸材―朱執信(1885-1920)　民国初期の俊才―徐凌霄(1886-1961)　勇気ある辣腕家―邵飄萍(1886-1926)　詩と酒を愛した文豪―葉楚傖(1887-1946)　一代論宗―張季鸞(1888-1941)

陳 去病〔1874～1933〕　ちん・きょへい
◇中国名記者列伝―正義を貫き、その文章を歴史に刻み込んだ先人たち　第1巻　柳斌傑，李東東編，加藤青延監訳，渡辺明次訳　日本僑報社　2016.9　221p　21cm　3600円　Ⓘ978-4-86185-224-4　Ⓝ070.16
内容　新聞・雑誌の政治評論の開拓者　王韜(おう・とう 1828-1897)　『万国公報』の魂 蔡爾康(さい・じこう 1851-1921)　西洋の学問を中国に取りこんだ「西学東漸」の先駆 厳復(げん・ふく 1854-1921)　民国時代の北京新聞界の元老 朱洪(しゅ・き 1858-1931)　傑出した職業ジャーナリスト 汪康年(おう・こうねん 1860-1911)　家財を投げ打ち民衆のために新聞発行 彭翼仲(ほう・よくちゅう 1864-1921)　公のために「直言」をいとわず 英敏之(えい・れんし 1867-1926)　湖南省言論界一の健筆 唐才常(とう・さいじょう 1867-1900)　清末民初の新聞政治評論家 章太炎(しょう・たいえん 1869-1936)　人民の中の先覚者 陳少白(ちん・しょうはく 1869-1934)　民国初期の北京新聞界の「怪傑」 劉少少(りゅう・しょうしょう 1870-1929)　義俠心に燃えた女性ジャーナリスト 唐群英(とう・ぐんえい 1871-1937)　海に身を投じた烈士 楊篤生(よう・とくせい 1872-1911)　新聞発行のために私財を打ち打つ 卞小吾(べん・しょうご 1872-1908)　新聞を創刊し維新を推進 梁啓超(りょう・けいちょう 1873-1929)　マスコミ刷新の牽引者 狄楚青(てき・そせい 1873-1941)　口語体新聞の先駆者 林白水(りん・はくすい 1874-1926)　革命世論の旗手 陳去病(ちん・きょへい 1874-1933)　傑出したマスコミ事業者 汪漢渓(おう・かんけい 1874-1924)　革命党の大文豪 陳天華(ちん・てんか 1875-1905)

陳 景韓〔1878～1965〕　ちん・けいかん
◇中国名記者列伝―正義を貫き、その文章を歴史に刻み込んだ先人たち　第2巻　柳斌傑，李東東編，加藤青延監訳，黒金祥一訳　日本僑報社　2017.4　192p　21cm　3600円　Ⓘ978-4-86185-237-4　Ⓝ070.16
内容　鑑湖の女傑―秋瑾(1875-1907)　才知の記者―包天笑(1876-1973)　四つの素早さを持つ記者―陳其美(1878-1916)　「冷血」な時事評論家―陳景韓(1878-1965)　革命の元老記者―于右任(1879-1964)　五四運動の総司令官―陳独秀(1879-1942)　女性記者の先駆け―康同薇(1879-1974)　新聞界の重鎮―史量才(1880-1934)　嶺南報道界の英才―鄭貫公(1880-1906)　ペンによって一人立つ―章士釗(1881-1973)　革命家にして記者―宋教人(1882-1913)　直言居士―邵力子(1882-1967)　革命新聞の元勲―馮自由(1882-1958)　ニュースレポートの開拓者―黄遠生(1885-1915)　新文化運動の大衆指導者―高一涵(1885-1968)　比類なき逸材―朱執信(1885-1920)　民国初期の俊才―徐凌霄(1886-1961)　勇気ある辣腕家―邵飄萍(1886-1926)　詩と酒を愛した文豪―葉楚傖(1887-1946)　一代論宗―張季鸞(1888-1941)

陳 建民〔1919～1990〕　ちん・けんみん
◇陳建民―四川料理を日本に広めた男　料理家〈中国・日本〉　筑摩書房編集部著　筑摩書房　2015.9　181p　19cm　(ちくま評伝シリーズ〈ポルトレ〉)〈文献あり 年譜あり〉　1200円　Ⓘ978-4-480-76635-9　Ⓝ289.2
内容　序章 麻婆豆腐が食卓にならんだ日　第1章 さすらいの料理人　第2章 四川料理、日本上陸　第3章 少し味のある料理　第4章 三つの家族　第5章 中華の神様　巻末エッセイ「「少しの嘘」が、みんなを幸せにした理由」(平松洋子)

陳 光誠〔1971～〕　ちん・こうせい
◇不屈―盲目の人権活動家陳光誠の闘い　陳光誠

ちん

著,河野純治訳　白水社　2017.5　406,6p　図版16p　19cm　〈索引あり〉　2400円　Ⓘ978-4-560-09544-7　Ⓝ289.2

内容　プロローグ―脱出　孤独な子供時代　自然の手によって　特殊な教育　もう後戻りはできない　私たちの権利を守る　新しい草の根　仮面を脱いだ悪　誘拐　裁判と投獄　自宅軟禁　自由への脱出　嵐の目　約束の地へ　エピローグ―新たな生活

陳　舜臣〔1924～2015〕　ちん・しゅんしん

◇神戸ものがたり　陳舜臣著　神戸　神戸新聞総合出版センター　2017.4　295p　19cm　（のじぎく文庫）〈平凡社 1998年刊に「わが心の自叙伝」を加え、再刊〉　1800円　Ⓘ978-4-343-00945-6　Ⓝ915.6

内容　神戸ものがたり（まえがき　新しい土地　金星台から　異人館地帯　南北の道　ほか）　わが心の自叙伝（少数派―台湾での情景鮮明に　作家としての原点―子供心に抱いた混乱、疑問　神戸校のころ―大家族と友人に囲まれて　三色の家―船と港を眺め、夢見た海外　祖父のこと―フィクションに生きた気質　ほか）

陳　勝〔?～前209〕　ちん・しょう

◇史記・三国志英雄列伝―戦いでたどる勇者たちの歴史　井波律子著　潮出版社　2015.11　221p　20cm　〈年表あり〉　2000円　Ⓘ978-4-267-02035-3　Ⓝ222.042

内容　第1章 群雄割拠の時代―始皇帝～項羽と劉邦（秦の始皇帝　陳勝・呉広の乱　反乱の拡大と秦王朝の滅亡　鴻門の会　劉邦の反撃　ほか）　第2章 激動の時代を生き抜く漢たち―漢の武帝～三国志の英雄たち（韓信・黥布の粛清、劉邦の死　呂后の専横と陳平・周勃の反撃　武帝の登場　最盛期の武帝　晩年の武帝　ほか）

陳　昌祖〔1904～1994〕　ちん・しょうそ

◇陳昌祖回想録・汪精衛との日々　陳昌祖著,下田貴美子訳　羊亭社　2014.12　273p　21cm　（羊亭社の歴史の証言シリーズ 1）　1400円　Ⓝ289.2

陳　少白〔1869～1934〕　ちん・しょうはく

◇中国名記者列伝―正義を貫き、その文章を歴史に刻み込んだ先人たち　第1巻　柳斌傑、李東東編,加藤青延監訳,渡辺明次訳　日本僑報社　2016.9　221p　21cm　3600円　Ⓘ978-4-86185-224-4　Ⓝ070.16

内容　新聞・雑誌の政治評論の開拓者　王韜（おう・とう 1828 - 1897）　『万国公報』の魂　蔡爾康（さい・じこう 1851 - 1921）　西洋の学問を中国に取りこんだ「西学東漸」の先駆　厳復（げん・ふく 1854 - 1921）　民国時代の北京新聞界の元老　朱淇（しゅ・き 1858 - 1931）　傑出した職業ジャーナリスト　汪康年（おう・こうねん 1860 - 1911）　家財を投げ打ち民衆のために新聞発行　彭翼仲（ほう・よくちゅう 1864 - 1921）　公のために「直言」をいとわず　英斂之（えい・れんし 1867 - 1926）　湖南省言論界一の健筆　唐才常（とう・さいじょう 1867 - 1900）　清末民初の新聞政治評論家　章太炎（しょう・たいえん 1869 - 1936）　人民の中の先覚者　陳少白（ちん・しょうはく 1869 - 1934）　民国初期の北京新聞界の「怪傑」劉少少（りゅう・しょうしょう 1870 - 1929）　義侠心に燃えた女性ジャーナリスト　唐群英（とう・ぐんえい 1871 - 1937）　海に身を投じた烈士　楊篤生（よう・とくせい 1872 - 1911）　新聞発行のために私財を投げ打つ　卞小吾（べん・しょうご 1872 - 1908）　新聞を創刊し維新を推進　梁啓超（りょう・けいちょう 1873 - 1929）　マスコミ刷新の牽引者　狄楚青（てき・そせい 1873 - 1941）　口語体新聞の先駆者　林白水（りん・はくすい 1874 - 1926）　革命世論の旗手　陳去病（ちん・きょへい 1874 - 1933）　傑出したマスコミ事業者　汪康渓（おう・かんけい 1874 - 1924）　革命党の大文豪　陳天華（ちん・てんか 1875 - 1905）

陳　澄波〔1895～1947〕　ちん・ちょうは

◇上山満之進と陳澄波―山口県と台湾の友好をめざして　井竿富雄,吉永敦征,安渓遊地編著　山口　山口県立大学　2017.3　119p　21cm　（山口県立大学ブックレット「新やまぐち学」no. 7）〈文部科学省「地(知)の拠点整備事業（大学COC事業）」〉　Ⓘ978-4-90913-707-4　Ⓝ289.1

陳　天華〔1875～1905〕　ちん・てんか

◇中国名記者列伝―正義を貫き、その文章を歴史に刻み込んだ先人たち　第1巻　柳斌傑、李東東編,加藤青延監訳,渡辺明次訳　日本僑報社　2016.9　221p　21cm　3600円　Ⓘ978-4-86185-224-4　Ⓝ070.16

内容　新聞・雑誌の政治評論の開拓者　王韜（おう・とう 1828 - 1897）　『万国公報』の魂　蔡爾康（さい・じこう 1851 - 1921）　西洋の学問を中国に取りこんだ「西学東漸」の先駆　厳復（げん・ふく 1854 - 1921）　民国時代の北京新聞界の元老　朱淇（しゅ・き 1858 - 1931）　傑出した職業ジャーナリスト　汪康年（おう・こうねん 1860 - 1911）　家財を投げ打ち民衆のために新聞発行　彭翼仲（ほう・よくちゅう 1864 - 1921）　公のために「直言」をいとわず　英斂之（えい・れんし 1867 - 1926）　湖南省言論界一の健筆　唐才常（とう・さいじょう 1867 - 1900）　清末民初の新聞政治評論家　章太炎（しょう・たいえん 1869 - 1936）　人民の中の先覚者　陳少白（ちん・しょうはく 1869 - 1934）　民国初期の北京新聞界の「怪傑」劉少少（りゅう・しょうしょう 1870 - 1929）　義侠心に燃えた女性ジャーナリスト　唐群英（とう・ぐんえい 1871 - 1937）　海に身を投じた烈士　楊篤生（よう・とくせい 1872 - 1911）　新聞発行のために私財を投げ打つ　卞小吾（べん・しょうご 1872 - 1908）　新聞を創刊し維新を推進　梁啓超（りょう・けいちょう 1873 - 1929）　マスコミ刷新の牽引者　狄楚青（てき・そせい 1873 - 1941）　口語体新聞の先駆者　林白水（りん・はくすい 1874 - 1926）　革命世論の旗手　陳去病（ちん・きょへい 1874 - 1933）　傑出したマスコミ事業者　汪康渓（おう・かんけい 1874 - 1924）　革命党の大文豪　陳天華（ちん・てんか 1875 - 1905）

陳　独秀〔1879～1942〕　ちん・どくしゅう

◇陳独秀―反骨の志士、近代中国の先導者　長堀祐造著　山川出版社　2015.10　95p　21cm　（世界史リブレット人 90）〈文献あり 年譜あり〉　800円　Ⓘ978-4-634-35090-8　Ⓝ289.2

内容　陳独秀とは誰か　1 辛亥革命期までの陳独秀　2 新文化運動期の陳独秀　3 中共の建党とその指導者

◇孫文と陳独秀―現代中国への二つの道　横山宏章著　平凡社　2017.2　286p　18cm　〈平凡社新書 837〉　860円　Ⓘ978-4-582-85837-2　Ⓝ222.07

内容　第1章 甲午の役（日清戦争）と庚子の役（義和団）　第2章 中国同盟会の結成と陳独秀の東京留学　第3章 中華民国の誕生　第4章『新青年』と「新文化運動」　第5章 中華革命党と党治論、愚民論　第6章 マルクス主義者となった中国共産党創設　第7章 広東軍政府の建設とコミンテルンの支援　第8章 孫・陳提携と「国共合作」

◇中国名記者列伝―正義を貫き、その文章を歴史に刻み込んだ先人たち　第2巻　柳斌傑、李東東編，加藤青延監訳，黒金祥一訳　日本僑報社　2017.4　192p　21cm　3600円　Ⓘ978-4-86185-237-4　Ⓝ070.16

内容　鑑湖の女傑―秋瑾（1875‐1907）　才知の記者―包天笑（1876‐1973）　四つの素早さを持つ記者―陳其美（1878‐1916）　「冷血」な時事評論家―陳景韓（1878‐1965）　革命の元老記者―于右任（1879‐1964）　五四運動の総司令官―陳独秀（1879‐1942）　女性記者の先駆け―康同薇（1879‐1974）　新聞界の重鎮―史量才（1880‐1934）　嶺南報道界の英才―鄭貫公（1880‐1906）　ペンによって一人立つー章士釗（1881‐1973）　革命家にして記者―宋教仁（1882‐1913）　直言居士―邵力子（1882‐1967）　革命新聞の元勲―馮自由（1882‐1958）　ニュースレポートの開拓者―黄遠生（1885‐1915）　新文化運動の大衆指導者―高一涵（1885‐1968）　比類なき逸材―朱執信（1885‐1920）　民国初期の俊才―徐凌霄（1886‐1961）　勇気ある辣腕家―邵飄萍（1886‐1926）　詩と酒を愛した文豪―葉楚傖（1887‐1946）　一代論宗―張季鸞（1888‐1941）

◇陳独秀文集　3　政治論集　2（1930-1942）　陳独秀著　江田憲治，長堀祐造編訳　平凡社　2017.4　501p　18cm　〈東洋文庫 881〉〈布装　年譜あり　索引あり〉　3400円　Ⓘ978-4-582-80881-0　Ⓝ125.9

内容　第1部 トロツキー派指導者時期（1930‐1932）（インターナショナルに答える書簡　いわゆる「紅軍」問題について　ほか）　第2部 獄中期間（1932‐1937）（弁訴状　いくつかの論争問題　ほか）　第3部 出獄後（1937‐1942）（私の魯迅認識　どのようにすれば民衆を動員できるのか―十一月武漢大学での講演　ほか）　第4部 陳独秀最後の論文と書信（訳者解題　論文編　ほか）　第3巻解説（トロツキスト指導者として―上海期　一九三〇年三月～三二年十月）　獄中での思索と主張―南京期（一九三二年十一月～三七年八月）ほか

陳　平〔?～前178〕　ちん・ぺい

◇史記・三国志英雄列伝―戦いでたどる勇者たちの歴史　井波律子著　潮出版社　2015.11　221p　20cm　〈年表あり〉　2000円　Ⓘ978-4-267-02035-3　Ⓝ222.042

内容　第1章 群雄割拠の時代―始皇帝～項羽と劉邦（秦の始皇帝　陳勝・呉広の乱　反乱の拡大と秦王朝の滅亡　鴻門の会　劉邦の反撃　ほか）　第2章 激動の時代を生き抜く漢たち―漢の武帝～三国志の英雄たち（韓信・黥布の粛清、劉邦の死　呂氏の専横と陳平・周勃の反撃　武帝の登場　最盛期の武帝　ほか）

◇史記　4　逆転の力学　司馬遷著　和田武司，山谷弘之訳　徳間書店　2016.9　516p　15cm　〈徳間文庫カレッジ し3-4〉〈徳間文庫 2006年刊の再刊〉　1250円　Ⓘ978-4-19-907068-6　Ⓝ222.03

内容　1 項羽と劉邦（項羽の生い立ち　高祖劉邦の生い立ち　項羽、劉邦の先陣争い　鴻門の会）　2 楚漢の決戦（崩れる足もと―諸王諸侯の離反　対決の軌跡―漢の東征と楚の反撃　戦局の拡大―韓信の活躍　垓下の戦い―項羽の最期）　3 悲喜の様相（功成ったあと　悲劇の実力者―韓信）　4 幕下の群像（補佐役の身の処し方―蕭何　名参謀長―張良　知嚢の士―陳平　直言の士―周昌）

チンギス・カン〔1162～1227〕

◇チンギス・カンとその時代　白石典之編　勉誠出版　2015.9　374p　22cm　〈年表あり〉　3800円　Ⓘ978-4-585-22127-2　Ⓝ222.6

内容　チンギス・カンの国づくり　チンギス・カン時代の国際関係　チンギス・カン世界戦略の「道」　出土銭からみたモンゴル社会　チンギス・カン時代の文字利用　中央ユーラシアの自然環境とその変遷　森林と草原の移り変わり　モンゴル帝国の食生活　チンギス・カン時代の住生活　モンゴル帝国初期の鉄生産　武器と防具　モンゴルの弓矢　チンギスカン防塁―西夏の北辺防備　チンギス・カンの墓　「チンギス崇拝」と近代内モンゴル

◇チンギス・ハーンとその子孫―もうひとつのモンゴル通史　岡田英弘著　ビジネス社　2016.1　333p　20cm　〈「チンギス・ハーン」（朝日文庫 1994年刊）の改題、改訂　年譜あり〉　2500円　Ⓘ978-4-8284-1859-9　Ⓝ289.2

内容　第1章 チンギス・ハーンの出現　第2章 草原の覇者から世界の帝王へ　第3章 チンギス・ハーンの祖先たち　第4章 遊牧世界の夜明け　第5章 チンギス・ハーンの子孫たち　第6章 モンゴル高原のハーンたち　第7章 現代のチンギス・ハーン

◇チンギス・ハーン　Sh.ナツァグドルジ著，T.ムンフツェツェグ監修，吉本るり子訳　奈良　アルド書店　2016.8　326p　21cm　〈モンゴル文庫 1〉〈年表あり　文献あり〉　2500円　Ⓘ978-4-908814-00-6　Ⓝ289.2

◇草原の覇者 成吉思汗　勝藤猛著　新訂版　清水書院　2017.5　229p　19cm　〈新・人と歴史 拡大版 08〉〈文献あり　年譜あり　索引あり〉　1800円　Ⓘ978-4-389-44108-1　Ⓝ222.6

内容　1 草原の世界（世界史上の遊牧民　モンゴル族の開国伝説）　2 王者への道（成吉思汗の登場　成吉思汗国家の組織）　3 世界の征服者（城郭都市への攻勢　西域遠征）　成吉思汗―その人と国家

◇モンゴル帝国誕生―チンギス・カンの都を掘る　白石典之著　講談社　2017.6　241p　19cm　〈講談社選書メチエ 652〉〈文献あり　年譜あり　索引あり〉　1650円　Ⓘ978-4-06-258655-9　Ⓝ222.6

内容　第1章 実像を追う―尽きない謎　第2章 転機を読む―チンギスの誕生　第3章 寒さに克つ―モンゴルの自然環境　第4章 馬を育む―圧倒的な機動力　第5章 鉄を求める―資源をめぐる争い　第6章 道を

拓く―首都とネットワーク　第7章 故郷を慈しむ―国づくりのヴィジョン

【つ】

TwiGy〔1971～〕
◇十六小節　TwiGy著, 山田文大聞き手・構成　Pヴァイン　2016.6　254p　20cm　(ele-king books)〈作品目録あり　発売：日販アイ・ピー・エス〉　2000円　Ⓘ978-4-907276-54-6　Ⓝ767.8

通天〔1947～〕　つうてん
◇色彩は魂のクリスタル―画家通天のこと　絵森ミチル著　彩流社　2015.9　181p　19cm　〈他言語標題：Color-Crystal of the Soul〉　1800円　Ⓘ978-4-7791-2175-3　Ⓝ723.1

津賀 一宏〔1956～〕　つが・かずひろ
◇リーダーズ・イン・ジャパン―日本企業いま学ぶべき精神　有森隆著　実業之日本社　2014.7　270p　19cm　〈他言語標題：Leaders in Japan〉　1400円　Ⓘ978-4-408-11077-6　Ⓝ332.8
[内容] 1「創業家」の精神 (豊田章男〈トヨタ自動車〉―「あさって」を見つめている男は、持続的成長に向けて手綱緩めず　岡田卓也、岡田元也〈イオン〉―増殖を続ける流通帝国。肉食系のM&Aは岡田親子の遺伝子　鈴木修〈スズキ〉―「三兆円企業」の名物ワンマン社長の強気と苦悩)　2「カリスマ」の本気 (孫正義〈ソフトバンク〉―大ボラを次々と現実のものにした「孫氏の兵法」を徹底解剖する　鈴木敏文〈セブン＆アイ〉―息子に第三の創業を託すのか…「流通王」鈴木敏文の究極の選択　柳井正〈ファーストリテイリング〉―徒手空拳で小売業世界一に挑む男にゴールはない)　3「中興の祖」の逆襲 (佐治信忠〈サントリーホールディングス〉―「やってみなはれ」の精神で佐治信忠は一世一代の大勝負に出る　高原豪久〈ユニ・チャーム〉―東南アジアに針路をとれ！　二代目社長、高原豪久の"第三の創業"　奥田務 (J.フロントリテイリング)―「脱百貨店」の旗手、奥田務の正攻法に徹した改革)　4「異端児」の反骨 (岡藤正広〈伊藤忠商事〉―野武士集団の復活を目指す伝説の繊維マン　津賀一宏〈パナソニック〉―テレビから自動車部品へ大転換。生き残りを懸け、エースが陣頭指揮　永井浩二〈野村ホールディングス〉―増資インサイダー事件で信用を失墜したガリバーを再生。変革に挑む営業のカリスマ)

つか こうへい〔1948～2010〕
◇つかこうへい正伝―1968-1982　長谷川康夫著　新潮社　2015.11　559p　20cm　〈文献あり　年譜あり〉　3000円　Ⓘ978-4-10-339721-2　Ⓝ912.6
[内容] 第1章 つかこうへいの誕生―詩人から劇作家へ　第2章 演劇界への船出　第3章 プロへの助走　第4章 ブームの胎動　第5章「教祖」への道　第6章 頂点でのピリオド

司 忍〔1942～〕　つかさ・しのぶ
◇弘道会の野望―司六代目と髙山若頭の半生　木村勝美著　メディアックス　2015.9　283p　19cm　1500円　Ⓘ978-4-86201-664-5　Ⓝ368.51
[内容] 第1章 極道デビュー　第2章 出会い　第3章 弘道会創設　第4章 中京統一　第5章 金脈　第6章 山口組乗っ取り　第7章 弘道会の野望

塚田 貴志〔1978～〕　つかだ・たかし
◇サッカー通訳戦記―戦いの舞台裏で"代弁者"が伝えてきた言葉と魂　加部究著　カンゼン　2016.5　247p　19cm　1600円　Ⓘ978-4-86255-320-1　Ⓝ783.47
[内容] 1 間瀬秀一 通訳から監督へ、オシムを超えようとする男　2 フローラン・ダバディ 激情をかみ砕くパリよりの使者　3 鈴木國弘 サッカーの神を間近で崇めた最高の信徒　4 鈴木徳昭 ワールドカップにもっとも近づいた日々の記憶　5 高橋建登 知られざる韓流スターの苦悩を解したハングルマスター　6 山内直也 忠実に指揮官の怒りを伝えた無色透明な存在　7 中山和也 ブラジルと日本に愛された明朗快活の極意　8 小森隆弘 マルチリンガル、流れ流れてフットサル界の中枢へ　9 塚田貴志 空爆後のセルビアで憶えた言葉が生涯の友に　10 白沢敬典 ガンジーさんと呼ばれて一敬虔なる通訳の姿

津金 寉仙〔1900～1960〕　つがね・かくせん
◇津金寉仙　津金寉仙書　芸術新聞社　2016.6　157p　26cm　(墨ニュークラシック・シリーズ 次世代に伝える21世紀の新古典)〈年譜あり〉　3600円　Ⓘ978-4-87586-481-3　Ⓝ728.216
[内容] 津金寉仙作品選　資料　津金寉仙の言葉　歴訪・津金寉仙氏　津金さんをしのぶ　読まれなかった弔詞　津金寉仙「述志」寉仙 自由奔放で飄逸　フォトアルバム　年譜

塚原 直也〔1977～〕　つかはら・なおや
◇体操五輪書―体操を追究する男が選んだ「天下無双」の生き方　塚原直也著　日本文化出版　2017.2　190p　20cm　1481円　Ⓘ978-4-89084-251-3　Ⓝ781.5
[内容] 第1章 地の巻―体操選手・塚原直也 (人生の師　運命のコーチ就任 ほか)　第2章 水の巻―成長の歩み (生い立ち　中国人コーチとの出会い ほか)　第3章 火の巻―シドニーオリンピック後の戦い (オリンピックおじさんとの出会い　「コールマン」落下のトラウマ ほか)　第4章 風の巻―違う世界を見る (他の人のやり方にも挑戦したい　周囲が全力でバックアップしてくれた ほか)　第5章 空の巻―人生の成功者になる (食べ物の好き嫌いが多いのはなぜか　国によって体操も違う ほか)

塚本 邦雄〔1920～2005〕　つかもと・くにお
◇わが父 塚本邦雄　塚本靑史著　白水社　2014.12　285p　20cm　〈著作目録あり 年譜あり〉　2600円　Ⓘ978-4-560-08406-9　Ⓝ911.162
[内容] 第1章 生誕―敗戦まで (一九二〇～一九四五) 年　第2章 青年―結婚と闘病 (一九四五～一九五四) 年　第3章 壮年1―社会復帰と「極」(一九五五～一九六五) 年　第4章 壮年2―寺山修司と百合若 (一九六六～一九七五) 年　第5章 壮年3―執筆専業と政田岑生 (一九七六～一九八四) 年　第6章 初老―玲瓏と賞 (章) (一九八五～一九九五) 年　第7章 晩年―全集 (一九九五～二〇〇五) 年

つかもと

◇肖てはるかなれ―斜交から見える父　塚本青史著　短歌研究社　2017.6　299p　19cm　2800円　Ⓘ978-4-86272-529-5　Ⓝ911.162

塚本 晋也〔1960〜〕つかもと・しんや
◇冒険監督　塚本晋也著　ぱる出版　2018.11　207p　19cm　〈作品目録あり〉　1400円　Ⓘ978-4-8272-1152-8　Ⓝ778.21
内容　第1章 新境地に立つ新作映画『斬、』見参！　第2章 冒険への序章 少年映画監督誕生す　第3章 カルトエンターテインメント世界を巡る　第4章 映画作りは頓智合戦　第5章 宣伝監督 映画を観客のもとに届ける冒険　第6章 時代を映す映画のテーマ　第7章 家族への想いそして新たなる航海へ

塚本 高史〔1982〜〕つかもと・たかし
◇トーキング・プラネッツ―俳優編 001　塚本高史―オン・ザ・ロード　高野育郎責任編集　塚本高史著　グループアム　2014.9　175p　26cm　〈他言語標題：Talking Planets　発売：星雲社〉　1500円　Ⓘ978-4-434-19740-6　Ⓝ778.21

塚本 哲也〔1929〜2016〕つかもと・てつや
◇我が家の昭和平成史―がん医師とその妻、ピアニストと新聞記者の四重奏　塚本哲也著　文藝春秋企画出版部　2016.5　533p,517p　21cm　〈年譜あり　発売：文藝春秋　2巻組み，函入り（分売不可）〉　Ⓘ978-4-16-008869-6　Ⓝ289.1

塚本 稔〔1955〜〕つかもと・みのる
◇二人の京都市長に仕えて―知っているようで知らない京都市政　塚本稔著　京都　リーフ・パブリケーションズ　2018.3　222p　19cm　〈文献あり〉　1700円　Ⓘ978-4-908070-41-9　Ⓝ318.262
内容　礎を得る―学び（京都市に新規採用 初めての職場「隣保館」勤務 秘書課へ いざ秘書課へ、最初の職務 ほか）　疾走する―市政真っ只中へ（秘書課長に転ずる 秘書課長の職務 大将タイプの桝本市長と）　俯瞰する―市長と共に（理事に就く 政策調整・広報担当局長という新しいポスト スピーディーな仕事とホウレンソウの徹底 ほか）

津川 主一〔1896〜1971〕つがわ・しゅいち
◇津川主一の生涯と業績―神と人と音楽とに仕えて　丸山忠璋著　国分寺　スタイルノート　2016.6　253p　20cm　〈文献あり 年譜あり〉　3000円　Ⓘ978-4-7998-0152-9　Ⓝ762.1
内容　第1章 津川主一の生涯―社会的活動を中心に　第2章 津川主一の業績―著作物を中心に　第3章 合唱音楽の開拓者として　第4章 津川主一と讃美歌　第5章 賀川豊彦を師と仰ぎ　第6章 日本におけるフォスター像の確立　第7章 黒人たちの音楽への思い　第8章 『教会音楽五千年史』の執筆

月岡 芳年〔1839〜1892〕つきおか・よしとし
◇最後の浮世絵師 月岡芳年　月岡芳年画，平松洋著　KADOKAWA　2017.11　199p　18cm　（角川新書 K-178）〈『衝撃の絵師月岡芳年』（新人物往来社 2011年刊）の改題、加筆、再編集　文献あり 年譜あり〉　1100円　Ⓘ978-4-04-082200-6　Ⓝ721.9087
内容　総論 芳年、「血みどろ」「狂気」のイメージを越えて　第1章 怪異の百物語―和漢百物語　第2章 血みどろの恍惚―無残絵の世界　第3章 ○○そうな女―風俗三十二相　第4章 躍動する英雄―武者絵のダイナミズム　第5章 狂おしき色恋―描かれた情感　第6章 妖怪たちの宴―新形三十六怪撰

◇月岡芳年伝―幕末明治のはざまに　菅原真弓著　中央公論美術出版　2018.8　422p 図版24p　22cm　〈他言語標題：Life and Works of TSUKIOKA Yoshitoshi　文献あり 年譜あり〉　3600円　Ⓘ978-4-8055-0854-1　Ⓝ721.9
内容　序 月岡芳年の肖像　第1部 月岡芳年の人物像（語られてきた月岡芳年　月岡芳年の人生―伝記資料を基に）　第2部 月岡芳年と「幕末」（幕末の芳年―習作期の様相　「血みどろ絵」の時代）　第3部 月岡芳年と明治の「媒体」（「西南戦争錦絵」という媒体 ほか）　第4部 月岡芳年と「江戸」（「月百姿」とその時代―「江戸への回帰」とその文化的背景　戻れない「江戸」への回帰―大判二枚続作品と掛物絵判を中心に）

◇鬼才月岡芳年の世界―浮世絵スペクタクル　月岡芳年画，加藤陽介著　平凡社　2018.9　119p　22cm　（コロナ・ブックス 213）〈年譜あり〉　1800円　Ⓘ978-4-582-63512-6　Ⓝ721.9
内容　第1章（血を描く　神話を描く　世相を描く　戦争を描く　幻想を描く　花顔を描く　物語を描く）　第2章（芳年武者无類）　月岡芳年 浮世絵の夕焼け　西井正氣氏Q&A　月岡芳年略年譜

月形 潔〔1847〜1894〕つきがた・きよし
◇評伝 月形潔―北海道を拓いた福岡藩士　桟比呂子著　福岡　海鳥社　2014.9　247p　19cm　〈文献あり 年譜あり〉　1600円　Ⓘ978-4-87415-911-8　Ⓝ289.1
内容　福岡大変（月形潔誕生　月形家の人々　ペリー来航 ほか）　北海道を拓く（北海道へ　北海道回覧記　集治監建設へ ほか）　ふるさとへ（九州鉄道会社発足　三池集治監　第二回衆議院選挙 ほか）

築地 俊造〔1934〜2017〕つきじ・しゅんぞう
◇楽しき哉、島唄人生―唄者築地俊造自伝　築地俊造著，梁川英俊聞き手・構成　鹿児島　南方新社　2017.7　218p　21cm　〈作品目録あり〉　2500円　Ⓘ978-4-86124-364-6　Ⓝ767.5197
内容　第1章 島唄人生の始まり　第2章 民謡日本一へ　第3章 島唄、海外へ　第4章 失敗談を少々　第5章 あの頃の奄美　第6章 思い出の唄者　第7章 島唄あれこれ　第8章 これからの島唄　付録 座談会（第三回奄美民謡新人大会を前に　「新春座談会」奄美民謡を考える　全国に響いた奄美の古典メロディー　島唄、その深みと継承）

津久井 督六〔1936〜〕つくい・すけろく
◇介護の会社の創業者の思い―建設から介護へ　津久井督六著　横浜　神奈川新聞社　2014.1　199p　19cm　〈年譜あり〉　1000円　Ⓘ978-4-87645-513-3　Ⓝ289.1
内容　1章 幼少期　2章 上京　3章 開業　4章 発展　5章 拡大

佃 治彦〔1958～〕　つくだ・はるひこ
◇突破力―人生を変える突破力のつくり方　佃治彦著　キラジェンヌ　2018.1　335p　19cm　〈他言語標題：Breakthrough Force〉　1500円　Ⓘ978-4-906913-73-2　Ⓝ289.1
内容　起業編　介護編　食養編　内観編　人生からの贈り物編　発信編

辻 和子〔1927～2009〕　つじ・かずこ
◇神楽坂純愛―田中角栄と辻和子　深井美野子著　さくら舎　2018.2　209p　19cm　1400円　Ⓘ978-4-86581-136-0　Ⓝ289.1
内容　プロローグ　宿縁か必然か　第1章　初めての出会い　第2章　料亭「金満津」　第3章　過酷な日々から安住の地へ　第4章　坂の町の男と女　第5章　お座敷の表と裏　第6章　「素人さん」の生活　第7章　大きな愛　エピローグ　人生は短し

辻 一弘〔1969～〕　つじ・かずひろ
◇顔に魅せられた人生―特殊メイクから現代アートへ　辻一弘著，福原顕志構成　宝島社　2018.7　251p　19cm　1300円　Ⓘ978-4-8002-8476-1　Ⓝ702.16
内容　プロローグ　アカデミー賞で得た本当のもの　第1章　もの作りに明け暮れた幼少期　第2章　下積み時代「趣味」が「仕事」に変わった瞬間　第3章　夢のハリウッド　第4章　撮影現場という苦悩　第5章　ハリウッドを離れる決断　第6章　現代アートの世界へ　第7章　顔に魅せられた作品づくり　第8章　『ウィストン・チャーチル/ヒトラーから世界を救った男』エピローグ　夢を追いかける人に覚えていてほしいこと

辻 聴花〔1868～1931〕　つじ・ちょうか
◇シナに魅せられた人々―シナ通列伝　相田洋著　研文出版（山本書店出版部）　2014.11　354p　20cm　（研文選書 123）　3000円　Ⓘ978-4-87636-388-9　Ⓝ222
内容　1　タフで骨太なシナ学研究家・後藤朝太郎（シナ服・シナ帽で市中を歩き回る男　少壮気鋭の言語学者・後藤朝太郎　ほか）　2　芥川龍之介を食傷させたシナ風物研究家・中野江漢（北京の風物狂・中野江漢　青雲の志を抱いて、シナに渡る　ほか）　3　魯迅に嫌われたシナ民衆文化研究家・井上紅梅（シナ五大楽楽の案内人・井上紅梅　謎の前半期からシナに渡るまで　ほか）　4　芥川龍之介を驚嘆させた稀代の戯迷（京劇狂）・辻聴花（龍之介、その「怪声」に驚く　教育雑誌記者・辻聴花　ほか）　5　シナ怪異譚『聊斎志異』に魅せられた二人の聊斎迷・柴田天馬、平井雅尾（『聊斎志異』を魅了した「聊斎」「聊斎癖」以前の柴田天馬　ほか）

辻 政信〔1902～1968〕　つじ・まさのぶ
◇米国立公文書館機密解除資料　CIA日本人ファイル　第7巻・第12巻　加藤哲郎編・解説　現代史料出版　2014.12　6冊（セット）　30cm　190000円　Ⓘ978-4-87785-303-7　Ⓝ319.1053
内容　第7巻（大川周明　笹川良一　重光葵　下村定）　第8巻（小野寺信）　第9巻（正力松太郎）　第10巻（辰巳栄一　和知鷹二　和智恒蔵）　第11巻（辻政信（1））　第12巻（辻政信（2））
◇大東亜戦争を敗戦に導いた七人　渡辺望著　アスペクト　2015.7　231p　18cm　1100円　Ⓘ978-4-7572-2412-4　Ⓝ210.75
内容　序論　戦争責任とは「敗戦責任」である　第1章　山本五十六―「必敗の精神」が生んだ奇襲攻撃と永続敗戦　第2章　米内光政―海軍善玉論の裏に隠された「無定見」　第3章　瀬島龍三―個人と国家のギリギリの境界線に生きたエージェント　第4章　辻政信―陰謀と謀略の味に溺れた"蔣介石の密使"　第5章　重光葵―超一流の外交官が犯した唯一にして最大の錯誤　第6章　近衛文麿、井上成美―歴史の大舞台に放り出された「評論家」の悲劇
◇満洲怪物伝―「王道楽土」に暗躍した人物たちの活躍とその後　歴史REAL編集部編　洋泉社　2015.9　255p　19cm　〈年表あり　索引あり〉　1800円　Ⓘ978-4-8003-0719-4　Ⓝ281.04
内容　第1章　建国に暗躍した軍人たちの光と影（石原莞爾―満洲領有を唱えた「世界最終戦争論」とは？　土肥原賢二―満洲国の建国に尽力した「満洲のローレンス」　板垣征四郎―石原とコンビを組み、満洲事変を引き起こす　山口重次―石原莞爾を煽り関東軍の決起を促した活動家）　第2章　満洲国の申し子たち（甘粕正彦―満洲の文化を盛り立てた官僚の「実像」　愛新覚羅溥儀―数奇で残酷な運命を辿った「ラスト・エンペラー」　松岡洋右―満鉄で実力を発揮できなかった総裁　李香蘭―日中に引き裂かれた誠実な女優）　第3章　影の世界にうごめいたフィクサーたち（里見甫―阿片を用いて満洲のダークサイドを歩いた「里見机」　辻政信―ノモンハンでの独断専行の参謀　河本大作―張作霖爆殺事件の首謀者　石井四郎―「悪魔の細菌部隊」七三一部隊を創設した男　川島芳子―華麗なエピソードで彩られた「男装の麗人」）　第4章　満洲国を牛耳った官僚と政治家たち（岸信介―昭和の妖怪と呼ばれた男の「一身二生」の人生　星野直樹―満洲国と「傀儡国家」たらしめた最重要人物　高碕達之助―満業を率いて日本人を守った経済人　古海忠之―満洲国の経済を動かした男）　特別企画　満洲人物伝―「王道楽土」の地で活躍した人物82（軍人・軍閥関係者　政治家・官僚　満鉄と経済人　文化人　女性　中国人）

辻 保彦〔1943～〕　つじ・やすひこ
◇菜の花の夢　辻保彦著　名古屋　中部経済新聞社　2016.12　206p　18cm　（中経マイウェイ新書 32）　800円　Ⓘ978-4-88520-204-9　Ⓝ289.1

辻井 喬　つじい・たかし
⇒堤清二（つつみ・せいじ）を見よ

辻内 崇伸〔1987～〕　つじうち・たかのぶ
◇ドライチ―プロ野球人生「選択の明暗」　田崎健太著　カンゼン　2017.10　271p　20cm　〈文献あり〉　1700円　Ⓘ978-4-86255-424-6　Ⓝ783.7
内容　1　辻内崇伸　2　多田野数人　3　的場寛一　4　古木克明　5　大越基　6　元木大介　7　前田幸長　8　荒木大輔

辻口 博啓〔1967～〕　つじぐち・ひろのぶ
◇現代人の伝記　4　致知編集部編著　致知出版社　2014.11　94p　26cm　1000円　Ⓘ978-4-8009-1061-5　Ⓝ280.8
内容　1　中丸三千繪（オペラ歌手）―歌うために私はいま、ここに生きる　2　辻口博啓（パティシエ）―ス

イーツの道を極める　3 小林郁子(エアーセントラル副操縦士)―諦めなかった大空への夢　4 福島智(東京大学先端科学技術研究センター教授)―苦難は人生の肥やしとなる　5 小川与志和「和たら」店主)―いまあるものに感謝して生きる　6 上山博康(旭川赤十字病院第一脳神経外科部長・脳卒中センター長)―患者の人生を背負い命ある限り戦い続ける　7 小川三夫(鵤工房代表)―師から学んだ精神を裏切らない仕事をする　8 八杉康夫(戦艦大和語り部)―戦艦大和からのメッセージ

◇スーパーパティシエ辻口博啓―和をもって世界を制す　輔忠心著　文藝春秋　2015.4　233p　16cm　〈文春文庫 す21-1〉〈文献あり 年譜あり〉　580円　①978-4-16-790353-4　Ⓝ289.1

内容　第1部 モンサンクレール(出会い「辻口くんの家には、こんなおいしいもの、ないやろ？」　上京「博啓、おまえに刀を一本渡しておく」　紅屋倒産「俺は、サラリーマンになるために生まれてきたんやない」　すべてはコンクールに勝つために「コンクールで勝つのだったら、母は許してくれる」　パリと工事現場「いける。この先、きっと世界で一番になれる」　モンサンクレール開店「一億五〇〇〇万円、貸してください」)　第2部 和をもって世界を制す(3・11「スイーツで世の中をよくしていく」　ソウル出店「成功の秘訣は、お菓子オタクになること」　二つ目の世界一を求めて「生きていくのは冒険だ」)

◇パティシエ世界一―東京自由が丘「モンサンクレール」の厨房から　辻口博啓、浅妻千映子著　PHP研究所　2015.4　269p　15cm　〈PHP文庫 つ9-1〉〈光文社 2002年刊の加筆・修正〉　640円　①978-4-569-76346-0　Ⓝ596.65

内容　ショートケーキ　シュークリームとプリン　焼き菓子　ショコラ　コンフィズリー　ヴィエノワズリとトゥレトゥール　モンサンクレールの栗　ケーキいろいろ　フランスの修業時代　モンサンクレールの厨房　世界一のパティシエになる　お菓子と夢

対馬 一誠　〔1960〜〕　つしま・いっせい

◇愛と涙とロマンの対馬海峡―荒波ストーリー　対馬一誠著、武井こうじ監修　三安社　2018.10　237p　19cm　2000円　①978-4-86563-041-1　Ⓝ767.8

内容　愛と涙とロマンの対馬海峡『写真でつづる荒波ストーリー』　はじめに(20周年のあゆみ　コンサート　皆さまと共に　介護施設での歌のつどい―愛加那(神奈川県津久井派)　ほか)　愛と涙とロマンの対馬海峡『荒波ストーリー』(「少年期」〜「思春期」「離島」〜「旅立ち」〜「サラリーマン」「のど自慢荒らし」　対馬一誠ディスコグラフィー―20年のあゆみ・メジャーデビュー　ほか)

津島 佑子　〔1947〜2016〕　つしま・ゆうこ

◇津島佑子の世界　井上隆史編　水声社　2017.8　274p　20cm　〈著作目録あり 年譜あり〉　2500円　①978-4-8010-0261-6　Ⓝ910.268

内容　1 津島佑子の世界(津島文学の原点　津島文学の多層性　津島佑子と二十一世紀の世界文学　津島文学の投げかけるもの)　2 津島佑子と白百合学園(白百合学園の日々　回想の白百合学園)

辻村 楠造　つじむら・くすぞう

◇満蒙をめぐる人びと　北野剛著　彩流社　2016.5　183p　19cm　(フィギュール彩 57)　1800円　①978-4-7791-7059-1　Ⓝ319.1022

内容　プロローグ　満洲と日本人―石光真清　第1章「満蒙」の先覚者―辻ННら楠造　第2章 満鉄と満洲日本人社会―相生由太郎　第3章 外交官の見た日露戦争の極東アジア―川上俊彦　第4章 中国の動乱と満蒙政策―宇都宮太郎　第5章 日本人「馬賊」と中国大陸―薄益三　第6章 第一次世界大戦後の馬賊―伊達順之助　第7章 「国策」の最前線―駒井徳三　第8章 「満蒙問題」と在満邦人―守田福松　エピローグ　理想国家の建設―笠木良明

辻元 清美　〔1960〜〕　つじもと・きよみ

◇女は「政治」に向かないの？　秋山訓子著　講談社　2018.5　212p　19cm　1400円　①978-4-06-511764-4　Ⓝ314.18

内容　野田聖子―女性のキャリア変化とともに　小池百合子―不死鳥のような人生　山尾志桜里―母だからできること　辻元清美―挫折からが本番　中川智子―おばちゃんの愛され力　高井美穂―「ふつう」が議員になってみた　嘉田由紀子―それは「サプライズ」ではなかった

都築 章一郎　〔1938〜〕　つづき・しょういちろう

◇挑戦者たち―男子フィギュアスケート平昌五輪を超えて　田村明子著　新潮社　2018.3　220p　20cm　1400円　①978-4-10-304034-7　Ⓝ784.65

内容　プロローグ―2018年2月12日　第1章 ディック・バトン「楽しんだ選手が勝つ」　第2章 パトリック・チャン「自分がいたいのはこの場なのほかに他にない」　第3章 エフゲニー・プルシェンコ「ぼくにはスケートが必要」　第4章 都築章一郎「彼の中ではイメージができている」　第5章 ハビエル・フェルナンデス「ハッピーな気持ちで終えるために」　第6章 羽生結弦「劇的に勝ちたい」　第7章 ネイサン・チェン「プレッシャーは感じるけれど」　第8章 宇野昌磨「成長していく自分を見てもらいたい」　第9章 平昌オリンピック 決戦の時　エピローグ―2018年2月18日

津田 梅子　〔1864〜1929〕　つだ・うめこ

◇二十世紀と格闘した先人たち―一九〇〇年アジア・アメリカの興隆　寺島実郎著　新潮社　2015.9　390p　16cm　〈新潮文庫 て-10-2〉〈「二十世紀から何を学ぶか 下 一九〇〇年への旅 アメリカの世紀、アジアの自尊」(2007年刊)の改題、加筆・修正〉　630円　①978-4-10-126142-3　Ⓝ280.4

内容　第1章 アメリカの世紀がアジア太平洋にもたらしたもの(太平洋の転換点としての米西戦争での米国の勝利　明治の青年に夢を与えたクラーク博士の実像と足跡　ヘンリー・ルース、「アメリカの世紀」を推進した男　フランクリン・ルーズベルトの対日観の歴史的変遷　敗戦後の日本を「支配」した、「極端な人」マッカーサー　付マッカーサー再考への旅―呪縛とトラウマからの脱却)　第2章 国際社会と格闘した日本人(「太平洋の橋」になろうとした憂国の国際人、新渡戸稲造　キリストに生きた武士、内村鑑三の高尚なる生涯　禅の精神を世界に発信した、鈴木大拙という存在　六歳の津田梅子を留学させた明治という時代　「亡命学者」野口英世の生と死　高峰譲吉の栄光とその悲しみ　日本近代史を

◇予言した男、朝河貫一の苦闘と日米関係　近代石炭産業の功労者、松本健次郎と日本の二十世紀　情戦争の敗北者だった大鳥浩駐独大使）　第3章　アジアの自尊を追い求めた男たち（アジアの再興を図ろうとした岡倉天心の夢　「偉大な魂」ガンディーの重い問い掛け　インドが見つめている―チャンドラ・ボースとパル判事　革命家・孫文が日本に問いかけたもの　魯迅が否定した馬々虎々　不倒翁・周恩来の見た日本）　第4章　二十世紀再考―付言しておくべきことと総括（一九〇〇年エルサレム―アラブ・イスラエル紛争に埋め込まれたもの　一九〇〇年香港―英国のアジア戦略　総括―結局、日本にとって二十世紀とは何だったか）

◇少女たちの明治維新―ふたつの文化を生きた30年　ジャニス・P・ニムラ著, 志村昌子, 藪本多恵子訳　原書房　2016.4　387p　20cm　〈文献あり〉　2500円　①978-4-562-05303-2　Ⓝ281.04

内容　第1部（一八七一年十一月九日　侍の娘　龍の年の戦　"ほんのわずかのパン種"　"実務を視察する者たちの遠征隊"）　第2部　"気になる客人たち"　家族を求めて　アメリカ人として育つ　ヴァッサー大学にて　"祖国"への旅）　第3部（ふたつの結婚　ひとりで生きていく　アリス、東京に来る　前進と後退　女子英学塾　晩年）

◇津田梅子　古木宜志子著　新装版　清水書院　2016.8　242p　19cm　(Century Books―人と思想 116)〈文献あり　年譜あり　索引あり〉　1200円　①978-4-389-42116-8　Ⓝ289.1

内容　第1章　渡米とその背景　第2章　最初の女子留学生　第3章　アメリカ時代　第4章　帰国　第5章　模索と失意　第6章　華族女学校と鹿鳴館時代　第7章　ブリンマー留学　第8章　塾設立に向けて　第9章　女子英学塾開校　第10章　大震災と復興　結び

◇近代日本を創った7人の女性　長尾剛著　PHP研究所　2016.11　314p　15cm　(PHP文庫　な34-15)〈文献あり〉　640円　①978-4-569-76639-3　Ⓝ281.04

内容　序章として―二人の、ある女性の話　津田梅子―近代女子教育の先駆者　羽仁もと子―日本初の女性ジャーナリスト　福田英子―自由を求めた東洋のジャンヌ・ダルク　下田歌子―明治国家に愛された女子教育者　吉岡彌生―女性医師の道を切り開いた教育者　岡本かの子―剥き出しの愛を文学にたたきつけた作家　山田わか―数奇な半生を経て母性の力を訴えた思想家

◇大奥の女たちの明治維新―幕臣、豪商、大名―敗者のその後　安藤優一郎著　朝日新聞出版　2017.2　231p　18cm　(朝日新書 605)〈文献あり〉　760円　①978-4-02-273705-2　Ⓝ210.61

内容　第1章　篤姫が住んだ大奥はどんな世界だったのか（1.男子禁制・大奥の実像と虚像　2.大奥を去った御台所・篤姫の戦い　3.師匠になった奥女中たち）　第2章　失業した三万余の幕臣はどうなったのか（1.静岡藩で塗炭の苦しみを味わう幕臣たち　2.旗本になった福沢諭吉の華麗なる転身　3.明治政府にヘッドハンティングされた渋沢栄一）　第3章　将軍家御典医・桂川家の奥方が歩んだ数奇な運命　第4章　日本最初の帰国子女、津田梅子の奮戦　第5章　東京に転居した大名とその妻はどうなったのか　第6章　東京の街は、牧場と桑畑だらけになった　第7章　江戸を支えた商人や町人はどうなったのか

津田　青楓　〔1880～1978〕　つだ・せいふう

◇短歌でつづる河上肇・津田青楓と言う時代　小木宏著　生活ジャーナル　2017.8　224p　19cm　〈文献あり〉　1482円　①978-4-88259-164-1　Ⓝ289.1

内容　1 学生時代　2 「貧乏物語」前後　3 「山川を超えて超えて」たどりつきし道　4 津田青楓の人と短歌　5 獄中の歌　6 出獄・行きかふ人を美しと見し　7 あとがき

津田　左右吉　〔1873～1961〕　つだ・そうきち

◇津田左右吉、大日本帝国との対決―天皇の軍服を脱がせた男　大井健輔著　勉誠出版　2015.3　383p　20cm　〈年譜あり〉　3200円　①978-4-585-22111-1　Ⓝ289.1

内容　第1章　煩悶する明治青年の肖像―藤村操自殺の衝撃（底流としての佐幕　一茶論に現れる理想的人間像　一年で東京専門学校を卒業する　ほか）　第2章　大正デモクラシー時代の国民性批判―エルテルからファウストへ（鷗外『かのやうに』が示す歴史家の宿命　自らの来歴を説明できない日本人　宿命を乗り越える理想　ほか）　第3章　昭和の日本で無く世界の日本であれ―昭和に現れた「脱亜論」（本居宣長の「からごころ」批判　内藤湖南、井上哲次郎らへの批判　不機嫌な日本人　ほか）　第4章　大日本帝国との対決―「軍人天皇」から「国民の天皇」へ（帝国日本の正統性を問う裁判　帝国の唯物主義　宿命としての軍人天皇　ほか）　第5章　戦後日本人への頂門の一針―成なき日本人へ（敗戦　戦争中から「去勢」されていた日本人　生活は「なる」ことではなくして「する」ことである　ほか）

◇日本を支えた12人　長部日出雄著　集英社　2016.2　310p　16cm　(集英社文庫　お20-3)　680円　①978-4-08-745419-2　Ⓝ281.04

内容　聖徳太子　天武天皇　行基　聖武天皇　本居宣長　明治天皇　津田左右吉　棟方志功　太宰治　小津安二郎　木下惠介　美智子皇后陛下

津田　恒美　〔1960～1993〕　つだ・つねみ

◇甦る炎のストッパー　津田恒美　堀治喜著　学陽書房　2015.7　207p　19cm　〈文献あり〉　1400円　①978-4-313-81606-0　Ⓝ783.7

内容　第1章　故郷（「利他」を育んだ土地　母校の顕彰碑）　第2章　弱気のムシ（ソフトボールの怪童　小さな争奪戦　ほか）　第3章　熟成（プロ入り回避　気持ちの距離感　ほか）　第4章　"炎のストッパー"誕生（新人王　ひょうきんなルーキー　ほか）　終章　セーブできなかった生命（闘病のスコア）

津田　久子　〔1928～2018〕　つだ・ひさこ

◇私の過去帖―どんなときにも道しるべがあった　津田久子著　大阪　星湖舎　2018.4　114p　19cm　1300円　①978-4-86372-096-1　Ⓝ289.1

内容　第1章　私の履歴書　第2章　私のめぐり逢い　第3章　私のよろこび

津田　政隣　〔1756～1814〕　つだ・まさちか

◇政隣記　宝暦11-安永7年　記録拾壱　津田政隣,高木喜美子校訂・編集　富山　桂書房　2015.2　402p　21cm　3000円　①978-4-905345-81-7　Ⓝ214.3

◇政隣記　安永8年―天明2年　耳目甄録　12　津田政隣著,高木喜美子校訂・編集代表　富山　桂書房　2016.4　431p　21cm　3000円　Ⓘ978-4-86627-002-9　Ⓝ214.3
　内容　安永八年　安永九年　天明元年　天明二年
◇政隣記　天明3年―6年　耳目甄録　13　津田政隣著,高木喜美子校訂・編集代表　富山　桂書房　2017.6　571p　21cm　3500円　Ⓘ978-4-86627-025-8　Ⓝ214.305
◇政隣記　従天明7年―到寛政元年　耳目甄録　14　津田政隣著,高木喜美子校訂・編集代表　富山　桂書房　2017.9　362p　21cm　3000円　Ⓘ978-4-86627-035-7　Ⓝ214.305
　内容　天明七年　天明八年　天明九年　内容一覧
◇政隣記　従寛政2年―到寛政4年　耳目甄録　15・16　津田政隣著,高木喜美子校訂・編集代表　富山　桂書房　2018.6　474p　21cm　3000円　Ⓘ978-4-86627-050-0　Ⓝ214.305

蔦谷　龍岬〔1868～1933〕つたや・りゅうこう
◇慥かな轍―日本画家：蔦谷龍岬没後80　井の頭文化圏につながる人びと　髙木克美著　創英社/三省堂書店　2014.11　220p 図版12p　21cm　〈文献あり〉　1500円　Ⓘ978-4-88142-879-5　Ⓝ721.9
　内容　第1章　蔦谷龍岬　芸術の道を辿る（蔦谷龍岬作品と批評　「追悼の言葉」同志：竹内俊吉、門弟：竹原嘲風、同門：矢澤弦月　師：寺崎広業と川合玉堂、朦朧派、鵁派の百年　ほか）　第2章　明治神宮聖徳記念絵画館（岩倉大使欧米派遣図の三校の謎）　第3章　井の頭文化圏百年2017（井の頭公園開園百年　地域文化圏を結ぶ井の頭音頭　地域を結ぶ井畔：明水亭　ほか）

土川　元夫〔1903～1974〕つちかわ・もとお
◇土川元夫―「歴史」に魅せられた人　松岡秀隆著　福崎町（兵庫県）　松岡秀隆　2018.8　140p　18cm　〈私家版〉　非売品　Ⓝ289.1

土田　英順〔1937～　〕つちだ・えいじゅん
◇チェロ弾き英順音楽の人生（たび）　土田英順著　〔出版地不明〕　〔土田英順〕　2014.7　151p　19cm　〈道新マイブック〉〈製作協力：北海道新聞社事業局出版センター〉　1389円　Ⓘ978-4-86368-040-1　Ⓝ762.1

土田　杏村〔1891～1934〕つちだ・きょうそん
◇新潟が生んだ七人の思想家たち　小松隆二著　論創社　2016.8　346p　20cm　3000円　Ⓘ978-4-8460-1546-6　Ⓝ281.41
　内容　相馬御風―早稲田大学校歌の作詞者で地方から俯瞰・発信した思想家　小川未明―童話を通して子どもと社会に向き合った思想家　市島謙吉（春城）―「随筆王」「早稲田大学四翁」と評価される大学人　土田杏村―優れた在野の自由人思想家　大杉栄―人間尊重の永遠の革命家　小林富次郎―法衣をまとい公益をかざした経営者　本間俊平―「左手に聖書・右手にハンマー」を持つ採石場経営者

土田　博和〔1949～　〕つちだ・ひろかず
◇なるほど！選挙に出てわかった野党が勝てない理由―民主党、維新から出馬した外科医が見た政治のウラ側　土田ひろかず著　ファーストプレス　2016.4　265p　19cm　1500円　Ⓘ978-4-904336-91-5　Ⓝ314.85
　内容　第1章　「59歳の政治の素人」が「民主党公認候補」になれた理由　第2章　有権者が知らない「選挙活動」の舞台ウラ　第3章　労働組合、新興宗教…。「組織票」を獲得せよ！　第4章　「民主党公認候補」は何をしなくてはいけないか　第5章　「民主党旋風」で圧勝！―そのとき何が起きたのか？　第6章　半年だけの国会議員ライフ　第7章　「維新の会」から出馬した「民主の裏切り者」

土淵　英〔1856～1890〕つちぶち・はなぶさ
◇八坂神社初代宮司　土淵英―日野の近代化に命を懸けた早世の人　土淵眞佐子著　日野　土淵眞佐子　2016.2　135p　26cm　〈年譜あり　年表あり〉　Ⓝ172

土御門　通親　つちみかど・みちちか
⇒源通親（みなもと・みちちか）を見よ

土屋　浩〔1925～　〕つちや・ひろし
◇九十歳の回想記―ほろ苦く、ほの甘く―わが戦後・わが壮年期　土屋浩著　〔出版地不明〕　〔土屋浩〕　2015.3　207p　22cm　〈年表あり〉　Ⓝ289.1

土屋　正勝〔1956～　〕つちや・まさかつ
◇永遠の一球―甲子園優勝投手のその後　松永多佳倫、田沢健一郎著　河出書房新社　2014.7　306p　15cm　（河出文庫　ま12-1）　740円　Ⓘ978-4-309-41304-4　Ⓝ783.7
　内容　第1章　流転・生涯不良でいたい―横浜高校・愛甲猛・一九八〇年優勝　第2章　酷使・曲がったままの肘―銚子商業高校・土屋正勝・一九七四年優勝　第3章　飢餓・静かなる執着―帝京高校・吉岡雄二・一九八九年優勝　第4章　逆転・「リストラの星」と呼ばれて―池田高校・畠山準・一九八二年優勝　第5章　解放・夢、かつてより大きく―桐生第一高校・正田樹・一九九九年優勝　第6章　鎮魂・桑田・清原を破った唯一の男―取手第二高校・石田文樹・一九八四年優勝　特別章　破壊・七七三球に託された思い―沖縄水産高校・大野倫・一九九一年準優勝

土屋　美代子〔1923～　〕つちや・みよこ
◇過ぎた歳月　土屋美代子著　日本文学館　2015.8　113p　15cm　500円　Ⓘ978-4-7765-3905-6　Ⓝ289.1
　内容　故郷のこと　家族のこと　七歳の頃　一年生に入学　ひらがなを覚えて（二年生の作文の一部）　祭のこと　海軍病院時代　弟の戦死　弟の慰霊五十年祭をおえて　弟の現地慰霊をして―旧海軍航空隊佐世保基地にて　初期癌と宣告されて　愁傷　命ある日々　振り返っての歩み

土屋　義彦〔1926～2008〕つちや・よしひこ
◇がき大将よっちゃん―世界に平和の種をまく　北村茜著　丸善プラネット　2015.11　197p　図版12p　19cm　〈文献あり　著作目録あり　年譜

あり　発売：丸善出版〉　1600円　①978-4-86345-272-5　Ⓝ289.1

筒井 康隆〔1934～〕　つつい・やすたか
◇読書の極意と掟　筒井康隆著　講談社　2018.7　229p　15cm　（講談社文庫　つ1-9）〈「漂流」（朝日新聞出版　2011年刊）の改題〉　590円　①978-4-06-512261-7　Ⓝ019.9

内容　第1章　幼少年期　一九三四年～（田河水泡『のらくろ』江戸川乱歩『少年探偵團』ほか）　第2章　演劇青年時代　一九五〇年～（アルツィバーシェフ『サアニン』ショーペンハウエル『随想録』ほか）　第3章　デビュー前夜　一九五七年～（フィニィ『盗まれた街』三島由紀夫『禁色』ほか）　第4章　作家になる　一九六五年～（生島治郎『黄土の奔流』リースマン『孤独な群衆』ほか）　第5章　新たなる飛躍　一九七七年～（コルタサル『遊戯の終り』大江健三郎『同時代ゲーム』ほか）

筒香 嘉智〔1991～〕　つつごう・よしとも
◇空に向かってかっ飛ばせ！―未来のアスリートたちへ　para la calle　筒香嘉智著　文藝春秋　2018.11　190p　19cm　1400円　①978-4-16-390936-3　Ⓝ783.7

内容　プロローグ　ドミニカに僕の野球の原点があった　第1章　バリー・ボンズになりたかった　第2章　兄が導いてくれた道　第3章　バッティングに悩み続けた頃　第4章　「勝利至上主義」が子供たちの未来を奪う　第5章　堺ビッグボーイズの試み　エピローグ　「空に向かってかっ飛ばせ！」（para la calle）

堤 磯右衛門〔1833～1891〕　つつみ・いそえもん
◇明治なりわいの魁―日本に産業革命をおこした男たち　植松三十里著　ウェッジ　2017.2　192p　21cm　〈文献あり　年表あり〉　1800円　①978-4-86310-176-0　Ⓝ281

内容　1章　魁の時代（高島秋帆―長崎豪商の西洋砲術と波乱の生涯　江川坦庵―伊豆韮山に現存する反射炉と品川台場　片寄平蔵―蒸気船の燃料を供給した常磐炭鉱の開拓）　2章　技の時代（鍋島直正―佐賀の反射炉と三重津海軍所の創設　本木昌造―日本語の活版印刷を広めた元長崎通詞　堤磯右衛門―公共事業の請負から石鹸の祖に　上田寅吉―船大工から日本造船史上の一大恩人へ　大島高任―鉄の産地で高炉を建設した南部藩士）　3章　生業の時代（尾高惇忠―富岡製糸場初代場長の知られざる来歴　ファン・ドールン―猪苗代湖からの疎水開削を実現　唐為重―生命保険に医療を取り入れて発展　油屋熊八―別府温泉で本格的な観光業をスタート　竹鶴政孝―本物のウィスキーを日本にもたらす　松永安左エ門―電力再編の三年間のためにあった長き生涯）

堤 清二〔1927～2013〕　つつみ・せいじ
◇堤清二と昭和の大物　松崎隆司著　光文社　2014.11　303p　19cm　〈文献あり　年譜あり〉　1600円　①978-4-334-97801-3　Ⓝ289.1

内容　堤家の呪縛　左翼思想の芽生えと作家への道　東大細胞と刎頸の友　衆議院議長秘書　実業家への道―西武百貨店取締役店長　堤康次郎の遺産　西武百貨店再生の道　パルコ誕生　作家の先達　西武鉄道グループから独立し西武流通グループが誕生　愛国の人　総理の器　急成長する西武流通グループ　"二足の草鞋"を脱ぐ

◇わが記憶、わが記録―堤清二×辻井喬オーラルヒストリー　堤清二述，御厨貴，橋本寿朗，鷲田清一編　中央公論新社　2015.11　327p　22cm　〈年譜あり　索引あり〉　3200円　①978-4-12-004777-0　Ⓝ289.1

内容　第1部　マイヒストリー（戦争の記憶、学校の記憶　敗戦と共産党入党　父の秘書として、西武百貨店店長として　結核、父の死、事業拡大）　第2部　堤清二と辻井喬（作家活動、三島由紀夫との交遊　渋谷進出、無印良品、事業の苦戦）「反体制」　スカウト失敗、事業の苦戦）　第3部　忘れ得ぬ人々（政治家との関係、弟・義明という存在　妹・邦子、セゾン文化の位置づけ　反「流通革命」、コンビニの失敗　海外との交流）　第4部　次代への期待（政治家たちとの丁々発止　作家への期待、財界への苦言）

◇堤清二　罪と業―最後の「告白」　児玉博著　文藝春秋　2016.7　190p　20cm　1400円　①978-4-16-390494-8　Ⓝ289.1

内容　第1章　父との約束　第2章　西武王国崩壊の予兆　第3章　母操と妹邦子　その愛と死　第4章　堤康次郎の遺訓　第5章　堕落した父　第6章　独裁者の「血脈」　第7章　清二と義明　宿命の兄弟

◇辻井喬論　中村不二夫著　土曜美術社出版販売　2016.8　407p　20cm　〈文献あり　著作目録あり〉　3000円　①978-4-8120-2301-3　Ⓝ910.268

内容　辻井喬の詩的出発　戦後的現在と『わたつみ　三部作』詩集『自伝詩のためのエスキース』を読む　ユートピア幻想と崩壊　セゾン文化の盛衰　小説『沈める城』の神話性　二つの城と測量技師の眼　『風の生涯』と水野成夫　小説『虹の岬』の美意識　矢内原忠雄と東大細胞　辻井喬論補遺

◇セゾン―堤清二が見た未来　鈴木哲也著　日経BP社　2018.9　309p　20cm　〈他言語標題：SAISON　文献あり　発売：日経BPマーケティング〉　1800円　①978-4-8222-5605-0　Ⓝ335.5

内容　1章　無印良品　2章　西武百貨店　3章　パルコ　4章　専門店　5章　ホテル・レジャー　6章　チェーンオペレーション　7章　人間・堤清二

堤 清六〔1880～1931〕　つつみ・せいろく
◇ドラマチック・ロシアin JAPAN　4　日露異色の群像30―文化・相互理解に尽くした人々　続　長塚英雄責任編集　生活ジャーナル　2017.12　531p　22cm　〈3の出版者：東洋書店〉　2800円　①978-4-88259-166-5　Ⓝ319.1038

内容　レフ・メーチニコフ（1838 - 1888）西郷が呼んだロシアの革命家　ニコライ・ラッセル（1850 - 1930）子孫が伝える二〇世紀の世界人の記憶　黒野義文（? - 1918）東京外国語露語科からペテルブルグ大学東洋語学部へ　小西増太郎（1861 - 1939）トルストイとスターリンに会った日本人―激動の昭和を生きた祖父小西増太郎　ニコライ・マトヴェーエフ（1865 - 1941）マトヴェーエフと戦後最初のロシア人観光団　徳富蘆花（1868 - 1927）日本におけるトルストイ受容の先駆者として　セルギイ・チホミロフ（1871 - 1945）日本の府主教セルギイ―その悲劇の半生　内田良平（1874 - 1937）「黒龍会」内田良平のロシア観　瀬沼夏葉（1875 - 1915）瀬沼夏葉とチェーホフ作品の翻訳　相馬黒光（1875 - 1955）"アンビシャスガール"とロシア文化〔ほか〕

つつみ

堤 稔子〔1930～〕 つつみ・としこ
◇満州から引き揚げて―八十五年の思い出　堤稔子著　大阪　風詠社　2016.2　126p　20cm　〈発売：星雲社〉　1000円　Ⓣ978-4-434-21651-0　Ⓝ289.1
内容　1 思い出の和歌浦（生い立ち　小学校時代　和歌浦の移り変わり　正木屋のはなし）　2 思い出の満州（満州への旅立ち　敗戦下での体験）　3 思い出のきょうだい・家族（戦後の生活　新たな門出　悲しみの連続　息子と娘の成長　楽しかった旅行）　4 人生は宝物（わが家の火事騒ぎ　主人との別れ　感謝の日々）

堤 康次郎〔1889～1964〕 つつみ・やすじろう
◇ライフスタイルを形成した鉄道事業　老川慶喜, 渡邉恵一著　芙蓉書房出版　2014.8　239p　22cm　〈シリーズ情熱の日本経営史 8〉〈文献あり〉　2800円　Ⓣ978-4-8295-0616-5　Ⓝ686.21
内容　小林一三（郷里と生い立ち　三井銀行時代　箕面有馬電気軌道の創業　日本の小林一三へ）　堤康次郎（郷里と生い立ち　箱根土地会社の設立　鉄道事業と百軒店・新宿駅・武蔵野デパート　戦後の事業）　五島慶太（生い立ち　官僚から実業家へ　鉄道事業の発展　戦時から戦後へ）　根津嘉一郎（はじめに　根津嘉一郎の経営理念　東武鉄道の経営再建　東武沿線の産業振興と日光の観光開発　その他の事業）
◇誰も語りたがらない鉄道の裏面史　佐藤充著　彩図社　2015.6　221p　15cm　〈文献あり〉　619円　Ⓣ978-4-8013-0074-3　Ⓝ686.21
内容　第1章　事件と事故の鉄道史（信楽高原鐵道列車衝突事故　ローカル線で起こった正面衝突事故　石勝線列車脱線事故　トンネル内で起こった列車火災　上尾事件と首都圏国電暴動事件　現代では考えられない凶暴な107名もの死者を出した未曾有の大惨事「福知山線脱線事故」　狙われた東京の地下鉄　同時多発テロ「地下鉄サリン事件」）　第2章　国鉄とJRの裏面史（下山事件　初代国鉄総裁は轢死体になった　夢丸列車の夢　東京発北京行の新幹線　分割民営化騒動記　朽ち果てた国鉄からJRへ）　第3章　金が動かした鉄道史（異彩を放つ堤康次郎の生涯　西武王国の野望　公共施設や土地買収をめぐる疑惑　新幹線の利権を手にしたのは誰か？　鉄道会社と企業買収　村上ファンドに買収された阪神電鉄）

常川 公男〔1938～2017〕 つねかわ・きみお
◇あなたへ―ゼロから会社を立ち上げた夫婦の物語　常川泰子, 宝照レン著　幻冬舎メディアコンサルティング　2018.4　163p　19cm　〈文献あり　年譜あり　発売：幻冬舎〉　1100円　Ⓣ978-4-344-91617-3　Ⓝ589.2
内容　第1章　白光（関が育ててくれた　互いに好意を深めた ほか）　第2章　暗闇に光（支援の手　韓国進出 ほか）　第3章　赤光（経営の虎　上海から一〇〇キロメートルの武漢 ほか）　第4章　青光（中国だけに頼らない経営　中国からラオスへ ほか）　第5章　黄光（報恩感謝　仏事最優先 ほか）

常川 泰子〔1938～〕 つねかわ・やすこ
◇あなたへ―ゼロから会社を立ち上げた夫婦の物語　常川泰子, 宝照レン著　幻冬舎メディアコンサルティング　2018.4　163p　19cm　〈文献あり　年譜あり　発売：幻冬舎〉　1100円　Ⓣ978-4-344-91617-3　Ⓝ589.2
内容　第1章　白光（関が育ててくれた　互いに好意を深めた ほか）　第2章　暗闇に光（支援の手　韓国進出 ほか）　第3章　赤光（経営の虎　上海から一〇〇キロメートルの武漢 ほか）　第4章　青光（中国だけに頼らない経営　中国からラオスへ ほか）　第5章　黄光（報恩感謝　仏事最優先 ほか）

常木 誠太郎〔1941～2017〕 つねき・せいたろう
◇過去にも囚われず、未来にも囚われず、只今を精一杯生きた―私のサラリーマン人生　常木誠太郎著　名古屋　ブイツーソリューション　2018.6　307p　19cm　1800円　Ⓣ978-4-86476-605-0　Ⓝ289.1

恒田 義見〔1951～〕 つねだ・よしみ
◇ロックンロールマイウェイ　恒田義見著　uuuUPSbooks　2017.9　212p　18cm　〈他言語標題：Rock'n roll my way〉　1000円　Ⓣ978-4-9908842-2-2　Ⓝ764.7

恒藤 恭〔1888～1967〕 つねとう・きょう
◇恒藤恭「戦中日記」 1941-1945年　恒藤恭著　大阪　大阪市立大学大学史資料室　2016.3　245p　26cm　〈恒藤記念室叢書 6〉　Ⓝ289.1
◇恒藤恭「商大学長時代日記／講演等レジュメ」 1946-1947年　恒藤恭著　大阪　大阪市立大学大学史資料室　2018.3　268p　26cm　〈恒藤記念室叢書 7〉　Ⓝ289.1

恒成 巧〔1932～〕 つねなり・たくみ
◇激動―戦前、戦後を生きた一教師の記録　恒成巧著　北九州　せいうん　2017.6　173p　19cm　2100円　Ⓣ978-4-907573-15-7　Ⓝ289.1

角田 和男〔1918～2013〕 つのだ・かずお
◇証言 零戦真珠湾攻撃、激戦地ラバウル、そして特攻の真実　神立尚紀著　講談社　2017.11　469p　15cm　〈講談社＋α文庫 G296-3〉〈年表あり〉　1000円　Ⓣ978-4-06-281735-6　Ⓝ392.8
内容　第1章　進藤三郎―重慶上空初空戦、真珠湾攻撃で零戦隊を率いた伝説の指揮官　第2章　羽切松雄―敵中強行着陸の離れ業を演じた海軍の名物パイロット　第3章　渡辺秀夫―「武功抜群」ソロモン航空戦を支えた下士官搭乗員の不屈の闘魂　第4章　加藤清―スピットファイアを相手に「零戦は空戦では無敵」を証明　第5章　中村佳雄―激戦地ラバウルで最も長く戦った歴戦の搭乗員　第6章　角田和男―特攻機の突入を見届け続けたベテラン搭乗員の真情　第7章　外伝　一枚の写真から

つのだ じろう〔1936～〕
◇トキワ荘青春日記―1954-60　藤子不二雄A著　復刊ドットコム　2016.12　219p　19cm　〈光文社 1996年刊の新規装丁〉　2000円　Ⓣ978-4-8354-5441-2　Ⓝ726.101
内容　トキワ荘と、おかしな仲間たち　昭和二十九年　二十歳　昭和三十年　二十一歳　昭和三十一年　二十二歳　昭和三十二年　二十三歳　昭和三十四年　二十五歳　昭和三十五年　二十六歳　昭和五十六年　四十七歳　青春は、トキワ荘とともにあった

角田 文衛〔1913〜2008〕つのだ・ぶんえい
◇角田文衞の古代学 4 角田文衞自叙伝 角田文衞著, 古代学協会編 京都 古代学協会 2017.10 406p 22cm 〈布裝 発売：吉川弘文館〉 5000円 Ⓣ978-4-642-07899-3 Ⓝ201
内容 第1部 角田文衞の生涯(自叙伝 角田文衞年譜 古代学協会の沿革 角田史学の構想) 第2部 理想の研究機関の構想(『古代学』創刊の辞 財団法人古代学協会設立の趣旨と沿革 勧修院大学設立趣意書 平安博物館設立趣意書) 第3部 初期論文(伊達の読方の史的一考察 郷土史前学の研究に就いて——地歴館の落成に際して 近代における女性憎悪の潮流 メガロン)

円谷 英二〔1901〜1970〕つぶらや・えいじ
◇円谷英二と阪妻そして内田吐夢—知られざる巣鴨撮影所時代の物語 渡邉武男著 西田書店 2014.10 210p 19cm 〈文献あり〉 1500円 Ⓣ978-4-88866-587-2 Ⓝ778.21
◇ゴジラは円谷英二である—航空教育資料製作所秘史 指田文夫著 えにし書房 2016.12 203p 19cm 〈他言語標題：Godzilla is Eiji Tsuburaya 文献あり〉 1800円 Ⓣ978-4-908073-32-8 Ⓝ778.21
内容 ゴジラの故郷はどこか ゴジラとは何か 円谷英二という人 東宝入社までの円谷英二 映画産業ができるまで 東宝の複合性 一九三〇年代以降の日本映画界の状況 戦意高揚映画は観られていた 合資会社航空教育資料製作所の設立 松崎啓次という異才 航空教育資料製作所の意義 円谷英二の戦後 敗戦直後の日本と東宝スタジオ 敗戦直後の東宝スタジオの変貌 ゴムホースの水を浴びて 『ゴジラ』の大成功 一九五四年という時代 『空の大怪獣ラドン』『地球防衛軍』『モスラ』『世界大戦争』日本の原爆と昭和天皇 特撮怪獣映画における音 円谷プロの設立と航空教育資料製作所の終焉 ゴジラ、ウルトラマン、『シン・ゴジラ』を貫くもの 円谷英二の功績

円谷 幸吉〔1940〜1968〕つぶらや・こうきち
◇マラソンと日本人 武田薫著 朝日新聞出版 2014.8 313,19p 19cm (朝日選書 923)〈文献あり 索引あり〉 1600円 Ⓣ978-4-02-263023-0 Ⓝ782.3
内容 走り出した日本人 金栗四三—学生の大志と箱根駅伝 孫基禎—「内鮮一体」の表裏 「ボストンマラソン」と戦後復興 円谷幸吉と東京オリンピック 祭りのあとの空白—ポスト君原健二 瀬古利彦の栄光と挫折 中山竹通のたった独りの反乱 女子マラソンと夏のメダル ケニア参入と日本の内向化 川内優輝—鈍足のエリートと「東京マラソン」

坪井 俊二〔1928〜〕つぼい・しゅんじ
◇松飾り、数の子珍味、きょうの春—生協の五十年 坪井俊二著 所沢 坪井俊二 2016.3 207p 19cm 500円 Ⓝ365.85

坪井 正五郎〔1863〜1913〕つぼい・しょうごろう
◇人猿同祖ナリ・坪井正五郎の真実—コロボックル論とは何であったか 三上徹也著 六一書房 2015.8 389p 21cm 3700円 Ⓣ978-4-86445-071-3 Ⓝ469.6
内容 第1章 日本人類学の立ち上げ 第2章 コロボックル論争前夜 第3章 横穴論とその論争 第4章 コロボックル論とその論争 第5章 日本石器時代に「ない」とされた二つへの挑戦 第6章 坪井の真実

坪井 龍文〔1939〜2017〕つぼい・たつふみ
◇オーラル・ヒストリー日本の安全保障と防衛力 3 坪井龍文(元内閣官房内閣安全保障室長) 防衛省防衛研究所戦史研究センター編 坪井龍文述 防衛省防衛研究所 2018.3 176p 30cm Ⓣ978-4-86482-065-3 Ⓝ392.1076

坪内 逍遙〔1859〜1935〕つぼうち・しょうよう
◇坪内逍遙 小林芳仁著, 福田清人編 新装版 清水書院 2018.4 202p 19cm (Century Books—人と作品)〈文献あり 年譜あり 索引あり〉 1200円 Ⓣ978-4-389-40130-6 Ⓝ910.268
内容 第1編 坪内逍遙の生涯(故郷とその幼年時代 少年時代 青年時代 小説の革新 「早稲田文学」のころ ほか) 第2編 作品と評論(当世書生気質 細君 桐一葉 新曲浦島 役の行者 ほか)

坪内 知佳〔1986〜〕つぼうち・ちか
◇荒くれ漁師をたばねる力—ド素人だった24歳の専業主婦が業界に革命を起こした話 坪内知佳著 朝日新聞出版 2017.9 215p 19cm 1400円 Ⓣ978-4-02-251473-8 Ⓝ661.7
内容 第1章 「社長になってくれ」と頼まれて 第2章 荒くれ者たちとの戦い 第3章 漁師たちの反乱 第4章 心をたばねる 第5章 強く、熱い風になる 第6章 命を輝かせて働くということ

坪倉 鹿太郎〔1856〜1921〕つぼくら・しかたろう
◇米山と茶村—明治末・大正期における日野郡の地方史編纂と先駆者 谷口房男著 〔出版地不明〕〔谷口房男〕 2017.10印刷 332p 19cm〈年表あり 文献あり〉 非売品 Ⓝ289.1

津村 節子〔1928〜〕つむら・せつこ
◇道づれの旅の記憶—吉村昭・津村節子伝 川西政明著 岩波書店 2014.11 437p 20cm 〈文献あり〉 3000円 Ⓣ978-4-00-024874-7 Ⓝ910.268
内容 戦争・入間川の青春 放浪 少女小説 佐渡相川・八丈島 智恵子と登美子 会津の娘 越前福井 戦史を極める 幕末・維新史を極める 地震と津波 死
◇夫婦の散歩道 津村節子著 河出書房新社 2015.11 217p 15cm (河出文庫 つ3-2) 〈2012年刊に「自分らしく逝った夫・吉村昭」を再録〉 780円 Ⓣ978-4-309-41418-8 Ⓝ914.6
内容 1 夫婦の歳月(二人の散歩道 しあわせ教 ほか) 2 記憶の旅路(ひたむきな取材 異国文化の味 ほか) 3 思い出深き人々(大きな手—八木義德 十七音の風景—鈴木真砂女 ほか) 4 愛すべき故郷(神と紙の祭を訪ねて 福井県に代って ほか) 5 家族とともに(戦艦ミズーリと、武蔵 越後のたより ほか)
◇時の名残り 津村節子著 新潮社 2017.3

つむら

247p　20cm　1600円　Ⓝ978-4-10-314712-1　Ⓝ914.6
内容　1　夫の面影（号外　雪国の町　ほか）　2　小説を生んだもの（佐渡慕情　やきものを求めて　ほか）　3　故郷からの風（四日間の奮闘　ある町の盛衰　ほか）　4　移ろう日々の中で（箱根一人旅　二十八組の洗濯挟み　ほか）

◇明日への一歩　津村節子著　河出書房新社　2018.4　203p　20cm　1600円　Ⓘ978-4-309-02664-0　Ⓝ914.6
内容　1　夫・吉村昭の手紙（ひとりごと　飛脚の末裔　ほか）　2　物書き同士の旅（長い道のり　初めての歴史小説　ほか）　3　移りゆく歳月（初詣　段飾り　ほか）　4　わが師、友を偲ぶ（私の宝―室生犀星　竹の精霊の宿る里―水上勉　ほか）　5　わが心のふるさと（ふるさと　二人旅　ほか）

津村　信夫〔1909～1944〕　つむら・のぶお
◇我が愛する詩人の伝記　室生犀星著　講談社　2016.8　277p　16cm　〈講談社文芸文庫　むA9〉〈中公文庫　1974年刊の再刊　年譜あり〉　1400円　Ⓘ978-4-06-290318-9　Ⓝ914.6
内容　北原白秋　高村光太郎　萩原朔太郎　釈迢空　堀辰雄　立原道造　津村信夫　山村暮鳥　百田宗治　千家元麿　島崎藤村

津留　健二　つる・けんじ
◇教職の道に生きて―出会いに学ぶ回想録　津留健二著　那覇　ボーダーインク　2014.11　263p　22cm　2000円　Ⓘ978-4-89982-263-9　Ⓝ372.199

劔　樹人〔1979～〕　つるぎ・みきと
◇あの頃。―男子かしまし物語　劔樹人著　イースト・プレス　2014.5　205p　21cm　1186円　Ⓘ978-4-7816-1192-1　Ⓝ726.1
内容　物語のはじまり？　ドッキドキ！　CD・Rソをつかざるを得なかった男　恐怖！　真昼の大学祭ジャック　阿倍野連続首絞め強盗事件　接触！　セクシー美女！　ドタキャンが生んだ悲劇　激突！　30男vs女子小学生　続・30男vs女子小学生　そして喫茶店襲撃！〔ほか〕

津留崎　義孝〔1963～〕　つるさき・よしたか
◇ルアーフィッシング「俺流」戦術―キャリア50年のカリスマが明かす最強ロジック　津留崎義孝著　つり人社　2018.7　127p　26cm　1400円　Ⓘ978-4-86447-320-0　Ⓝ787.1
内容　01　「自分の釣り」を表現するツールとしてのタックル（ロッド論　リール論　ほか）　02　行動スタイル（渓流の釣り　ショアから青ものを釣りあげるために　ほか）　03　ライフワーク、そして遊び（ヒラスズキ　クロダイ　ほか）　04　取材後記（自分の釣りを見せるとき　津留崎健さんとの取材行　ほか）

鶴田　潔〔1906～1989〕　つるた・きよし
◇鶴田潔―戦前・戦中・戦後の官庁営繕を担った建築技術者　鶴田徹編著　鶴鳴社　2017.6　116,2p　30cm　〈著作目録あり〉　Ⓝ289.1
◇鶴田潔―戦前・戦中・戦後の官庁営繕を担った建築技術者　鶴田徹編著　増補改訂版　鶴鳴社　2017.10　191,2p　30cm　〈付鶴田和子短歌・文章集　年譜あり　著作目録あり〉　Ⓝ289.1

鶴田　国昭〔1936～〕　つるた・くにあき
◇主張できる日本人になる　吉村克己著　川口　コミー　2016.2　171p　18cm　〈コミー物語選書　1〉　880円　Ⓘ978-4-9908-9590-7　Ⓝ289.1

鶴田　宏〔1903～1995〕　つるた・ひろし
◇画家鶴田宏―藤田嗣治・君代夫妻が心を許した　鶴田徹著　鶴鳴社　2017.3　59p　30cm　〈年譜あり〉　Ⓝ723.1

鶴田　文史〔1936～2014〕　つるた・ぶんし
◇西海天草のわが人生―人として生きて何を遺したか　鶴田文史先生追悼文集―合冊　鶴田文史著，天草史談会，天草文芸会編　長崎　長崎文献社　2015.3　158,115p　21cm　〈年譜あり〉　2000円　Ⓘ978-4-88851-234-3　Ⓝ289.1

弦念　丸呈〔1940～〕　つるねん・まるてい
◇使命―ツルネン・マルテイの自叙伝　ツルネンマルテイ著　皓星社　2017.12　270p　20cm　〈他言語標題：MISSION〉　2000円　Ⓘ978-4-7744-0648-0　Ⓝ289.1
内容　第1章　ヤーコンヴァーラ村から日本へ（故郷はヤーコンヴァーラ村　故郷を離れる　ほか）　第2章　難局に立つ（苦しい別れの挨拶　日本人パートナーを探す　ほか）　第3章　青い目の議員誕生（不意の閃き　選挙の助人が現れる　ほか）　第4章　国会議員としての一二年間（喜びと感謝と責任感　通らなかった法案　ほか）　第5章　終の棲家（二〇一三年、最後の選挙　鎌倉の「ルオムの家」　ほか）

鶴姫（大祝安用の娘）〔1526?～1543?〕　つるひめ
◇戦国を生きた姫君たち　火坂雅志著　KADOKAWA　2016.9　170p　15cm　〈角川文庫　ひ20-25〉〈年表あり〉　600円　Ⓘ978-4-04-400170-4　Ⓝ281.04
内容　1　女城主たちの戦い（井伊直虎―井伊直政の義母　妙林尼―吉岡鎮興の妻　ほか）　2　危機を救う妻たち（お船の方―直江兼続の正室　小松姫―真田信之の正室　ほか）　3　愛と謎と美貌（小少将―長宗我部元親の側室　義姫―伊達政宗の生母　ほか）　4　才女と呼ばれた女たち（お市（常高院）―浅井三姉妹の次女　阿茶局―徳川家康の側室　ほか）　5　想いと誇りに殉じる（鶴姫―瀬戸内のジャンヌ・ダルク　淀殿―豊臣秀吉の側室　ほか）

◇戦国の女城主―井伊直虎と散った姫たち　高橋伸幸著　徳間書店　2016.11　326p　15cm　〈徳間文庫カレッジた2-1〉〈文献あり〉　830円　Ⓘ978-4-19-907073-0　Ⓝ281.04
内容　井伊直虎―男の名で生き、お家断絶の危機を救った女城主　甲斐姫―石田三成に二度力城を許した姫武者　鶴姫―大内水軍を二度撃退した瀬戸内の戦士　おつやの方―信長の怒りをかい非業の死を遂げた岩村城主　慶閏尼―鍋島藩を生んだ押しかけ女房　吉岡妙林尼―男勝りの胆力で薩摩軍を撃退した女武者　立花誾千代―七歳にして女城主となり関ヶ原で西軍に与する　常盤―島津氏の基礎を作った妻女の決断　鶴姫―侍女三十四人を従えて敵陣に切り込んだ烈婦　富田信高の妻―関ヶ原の前哨戦で夫の

窮地を救った女武者　寿桂尼―"女戦国大名"といわれ今川家を支える　天球院―夫に愛想をつかして縁を切った女傑　お市の方―「戦国一の美女」といわれ夫とともに自刃　細川ガラシャ―人質を拒否して殉教を選んだ烈女

鶴姫（上野隆徳の室）〔安土桃山時代〕つるひめ
◇戦国の女城主―井伊直虎と散った姫たち　髙橋伸幸著　徳間書店　2016.11　326p　15cm　（徳間文庫カレッジ　た2-1）〈文献あり〉　830円　①978-4-19-907073-0　Ⓝ281.04
内容　井伊直虎―男の名で生き、お家断絶の危機を救った女城主　甲斐姫―石田三成に立ち向かい城を守った姫武者　鶴姫―大内水軍を二度撃退した瀬戸内の戦士　おつやの方―信長の怒りをかい非業の死を遂げた岩村城主　慶閏尼―鍋島藩を生んだ押しかけ女房　吉岡妙林尼―男勝りの胆力で薩摩軍を撃退した女武者　立花誾千代―七歳にして女城主となり関ヶ原で西軍に与する　常盤―島津氏の基礎を作った妻女の決断　鶴姫―侍女三十四人を従えて敵陣に切り込んだ烈婦　富田信高の妻―関ヶ原の前哨戦で夫の窮地を救った女武者　寿桂尼―"女戦国大名"といわれ今川家を支える　天球院―夫に愛想をつかして縁を切った女傑　お市の方―「戦国一の美女」といわれ夫とともに自刃　細川ガラシャ―人質を拒否して殉教を選んだ烈女

鶴見　和子〔1918～2006〕つるみ・かずこ
◇南方熊楠の謎―鶴見和子との対話　松居竜五編、鶴見和子、雲藤等、千田智子、田村義也著　藤原書店　2015.6　281p　20cm　2800円　①978-4-86578-031-4　Ⓝ289.1
内容　第1部　鶴見和子とその南方熊楠研究（鶴見和子と南方熊楠　鶴見和子の熊楠研究の到達点　今後の南方熊楠研究へ）　第2部　南方熊楠の謎「座談会」鶴見和子さんを囲んで（南方熊楠像と南方曼陀羅　熊楠とエコロジー思想　熊楠の人間関係と曼陀羅モデル論　鶴見和子と熊楠の出会い　熊楠はオンナかオトコか　内発的発展論と熊楠評価の行方）
◇まなざし　鶴見俊輔著　藤原書店　2015.11　270p　20cm　2600円　①978-4-86578-050-5　Ⓝ281.04
内容　序にかえて　話の好きな姉をもって　I　石牟礼道子　金時鐘　岡部伊都子　吉川幸次郎　小田実　II　高野長英　曾祖父・安場保和　祖父・後藤新平　父・鶴見祐輔　姉・鶴見和子　跋にかえて　同じ母のもとで　鶴見和子　結びにかえて　若い人に
◇遺言―朗れてのち元まる　鶴見和子著　増補新版　藤原書店　2018.7　25,302p　20cm　〈著作目録あり〉　2800円　①978-4-86578-180-9　Ⓝ361.5
内容　1　遺言（姉・鶴見和子の病床日誌（二〇〇六年五月三十一日・七月三十一日）（内山章子）　2　最終講演（朗れてのち元まる―命耀くとき）　3　思想（弱者の立場から日本を開く　私の回生―シンポジウム「生命のリズム」から　静の足跡を辿って　きもの文化と自前の思想　諸文明の対話の思想、曼荼羅ほか）　4　時論（鶴見和子の言いたい放題　国連外交と日本の立場（対談・緒方貞子））

鶴見　俊輔〔1922～2015〕つるみ・しゅんすけ
◇鶴見俊輔　村瀬学著　言視舎　2016.5　334p　20cm　（言視舎評伝選）〈文献あり〉　2800円　①978-4-86565-052-5　Ⓝ289.1
内容　1「貴種」を体験する―思春期まで（幼年期―「貴種」の芽ばえ　少年期―「貴種」のおごり、「悪人」への親和　クロポトキンとの出会い・「貴種」への恐れ―『再読』を再読する）　2　アメリカにて（アメリカで　戦時中の体験）　3　日本からの出発（「日本語を失う」という体験から―わかりやすい言葉を求めて　「かるた」とは何か―知恵を生む仕掛けの探索　最も大事な思想―「日常性」の発見へ）　4　六〇年代の思考（プラグマティズム―「相互主義」の自覚へ　天皇制・転向・戦争責任の問題へ　『限界芸術論』考）　5　人生の「折り返し」から（四十五歳からの「母」の語り―改めて鶴見俊輔の「二人の母」を考える　「うつ」に苦しむ鶴見俊輔　最後の「問い」へ―三・一一、原発事故を受けて）
◇雑誌「朝鮮人」と、その周辺　姜在彦、小野誠之、関谷滋、黒川創著　京都　編集グループSure　2017.8　143p　19cm　（鶴見俊輔さんの仕事4）〈奥付の責任表示：小野誠之、関谷滋、黒川創著〉　1500円　①Ⓝ334.41
◇鶴見俊輔伝　黒川創著　新潮社　2018.11　545,21p　20cm　〈文献あり　年譜あり　索引あり〉　2900円　①978-4-10-444409-0　Ⓝ289.1
内容　第1章　政治の家に育つ経験　一九二二・三八（女たちと「平城」　祖父・新平と父・祐輔　ほか）　第2章　米国と戦場のあいだ　一九三八・四五（佐野碩のこと　「一番病」の始まりと終わり　ほか）　第3章「思想の科学」をつくる時代　一九四五・五九（編集から始まる　軽井沢　ほか）　第4章　時代が、変わっていく　一九五九・七三（保守的なものとしての世界　一九六〇年六月一五日　ほか）　第5章　未完であることの意味　二〇一五（「世界小説」とは何か　家と「民芸」　ほか）

鶴見　祐輔〔1885～1973〕つるみ・ゆうすけ
◇まなざし　鶴見俊輔著　藤原書店　2015.11　270p　20cm　2600円　①978-4-86578-050-5　Ⓝ281.04
内容　序にかえて　話の好きな姉をもって　I　石牟礼道子　金時鐘　岡部伊都子　吉川幸次郎　小田実　II　高野長英　曾祖父・安場保和　祖父・後藤新平　父・鶴見祐輔　姉・鶴見和子　跋にかえて　同じ母のもとで　鶴見和子　結びにかえて　若い人に

鶴見　良行〔1926～1994〕つるみ・よしゆき
◇ひとびとの精神史　第4巻　東京オリンピック―1960年代　苅谷剛彦編　岩波書店　2015.10　329p　19cm　2500円　①978-4-00-028804-0　Ⓝ281.04
内容　1　高度成長とナショナリズム（下村治―国民のための経済成長　十河信二―新幹線にかける「夢」　河西昌枝―引退できなかった「東洋の魔女」　手塚治虫―逆風が育んだ「マンガの神様」　原田正純―胎児性水俣病の「発見」）　2　民族大移動―農村と都市の変貌（高村三郎と永山則夫―集団就職という体験　大牟羅良―農村の変貌と岩手の農民　室原知幸―公共事業のあり方を問い続けた「蜂の巣城主」　千石剛賢―日本の家族観に抗した「イエスの方舟」）　3　ベトナム戦争と日本社会（小田実―平等主義と誇りで世界の人びとをつなぐ　岡村昭彦―ベトナム戦争を直視して　鶴見良行―「足の人」はいかに思考し

鶴谷 到暉子〔1928〜〕 つるや・ときこ
◇素敵な修業時代ありがとう　鶴谷到暉子著　金沢　北國新聞社　2018.12　157p　22cm　1000円　①978-4-8330-2159-3　Ⓝ728.216
内容　作品回顧その一　プロローグ 神戸の海を見下ろして　第1章 運命の訪れ　作品回顧その二　第2章 書の道へ　作品回顧その三　第3章 悲願成就　作品回顧その四

鶴屋 南北(4代)〔1755〜1829〕 つるや・なんぼく
◇評伝 鶴屋南北　古井戸秀夫著　白水社　2018.8　2冊（セット）　21cm　25000円　①978-4-560-09623-9　Ⓝ912.5
内容　第1巻〈鶴屋南北の遺言　ふたつの出自　金井三笑と桜田治助　大谷徳次と坂東善次　三代目坂東彦三郎と並木五瓶　尾上松助と怪談狂言〉　第2巻〈五代目松本幸四郎と生世話　五代目岩井半四郎と悪婆　七代目市川團十郎と色悪　三代目尾上菊五郎と「兼ル」役者

つんく♂〔1968〜〕
◇だから、生きる。　つんく♂著　新潮社　2015.9　220p　20cm　1300円　①978-4-10-339591-1　Ⓝ767.8
◇だから、生きる。　つんく♂著　新潮社　2018.4　265p　16cm　（新潮文庫 つ-39-1）　520円　①978-4-10-121196-1　Ⓝ767.8
内容　序章 新たな一歩（2015.4）　第1章 最後のステージ（2013.8〜2014.2）　第2章 終わりのない悪夢（2014.2〜2014.10）　第3章 仕事漬けの日々（1992〜2006）　第4章 守るべきもの（2006〜2011）　第5章 永遠の別れ（2014.10〜2015.4）　終章 未来へ続く扉（2015.4〜）

【て】

鄭 観応〔1842〜1922〕 てい・かんおう
◇鄭観応伝　夏東元著，河野明訳　大阪　河野明　2016.4　362p　22cm　〈私家本〉　Ⓝ125.6

鄭 貫公〔1880〜1906〕 てい・かんこう
◇中国名記者列伝—正義を貫き、その文章を歴史に刻み込んだ先人たち　第2巻　柳斌傑, 李東東編, 加藤青延監訳, 黒金祥一訳　日本僑報社　2017.4　192p　21cm　3600円　①978-4-86185-237-4　Ⓝ070.216
内容　鑑湖の女傑—秋瑾（1875・1907）　才知の記者—包天笑（1876・1973）　四つの素早さを持つ記者—陳其美（1878・1916）　「冷血」な時事評論家—陳景韓（1878・1965）　革命の元老記者—于右任（1879・1964）　五四運動の総司令官—陳独秀（1879・1942）　女性記者の先駆け—康同薇（1879・1974）　新聞界の重鎮—史量才（1880・1934）　嶺南報道界の英才—鄭貫公（1880・1906）　ペンによって一人立つ—章士釗（1881・1973）　革命にして記者—宋教人（1882・1913）　直言居士—邵力子（1882・1967）　革命新聞の元勲—馮自由（1882・1958）　ニュースレポートの開拓者—黄遠生（1885・1915）　新文化運動の大衆指導者—高一涵（1885・1968）　比類なき逸材—朱執信（1885・1920）　民国初期の俊才—徐凌霄（1886・1961）　勇気ある辣腕家—邵飄萍（1886・1926）　詩と酒を愛した文豪—葉楚傖（1887・1946）　一代論宗—張季鸞（1888・1941）

鄭 経〔1642〜1681〕 てい・けい
◇鄭成功—南海を支配した一族　奈良修一著　山川出版社　2016.8　86p　21cm　（世界史リブレット人　42）〈文献あり 年譜あり〉　800円　①978-4-634-35042-7　Ⓝ289.2
内容　南海を支配した一族　1 明代の状況　2 鄭芝龍の登場　3 鄭成功の生涯　4 鄭成功死後の台湾　5 鄭成功の評価

鄭 芝龍〔1604〜1661〕 てい・しりゅう
◇台湾の開祖 国姓爺鄭成功　森本繁著　国書刊行会　2014.10　355p　20cm　〈文献あり〉　2600円　①978-4-336-05820-1　Ⓝ289.2
内容　地の巻 鄭芝龍の南海制覇（平戸島　紐差診療所　川内浦　ほか）　空の巻 国姓爺鄭成功の登場（鄭成功明国へ渡る　泉州安平鎮　明王朝の滅亡　ほか）　天の巻 国姓爺の台湾攻略（台湾事情　遷界令　台湾海峡浪高し　ほか）
◇鄭成功—南海を支配した一族　奈良修一著　山川出版社　2016.8　86p　21cm　（世界史リブレット人　42）〈文献あり 年譜あり〉　800円　①978-4-634-35042-7　Ⓝ289.2
内容　南海を支配した一族　1 明代の状況　2 鄭芝龍の登場　3 鄭成功の生涯　4 鄭成功死後の台湾　5 鄭成功の評価

鄭 成功〔1624〜1662〕 てい・せいこう
◇台湾の開祖 国姓爺鄭成功　森本繁著　国書刊行会　2014.10　355p　20cm　〈文献あり〉　2600円　①978-4-336-05820-1　Ⓝ289.2
内容　地の巻 鄭芝龍の南海制覇（平戸島　紐差診療所　川内浦　ほか）　空の巻 国姓爺鄭成功の登場（鄭成功明国へ渡る　泉州安平鎮　明王朝の滅亡　ほか）　天の巻 国姓爺の台湾攻略（台湾事情　遷界令　台湾海峡浪高し　ほか）
◇鄭成功—南海を支配した一族　奈良修一著　山川出版社　2016.8　86p　21cm　（世界史リブレット人　42）〈文献あり 年譜あり〉　800円　①978-4-634-35042-7　Ⓝ289.2
内容　南海を支配した一族　1 明代の状況　2 鄭芝龍の登場　3 鄭成功の生涯　4 鄭成功死後の台湾　5 鄭成功の評価

鄭 道昭〔?〜516〕 てい・どうしょう
◇中国書人伝　中田勇次郎編　中央公論新社　2015.7　365p　16cm　（中公文庫 な66-1）〈中央公論社 1973年刊の再刊　年譜あり〉　1200円　①978-4-12-206148-4　Ⓝ728.22
内容　王羲之・王献之—貝塚茂樹　鄭道昭・智永—小川環樹　唐太宗・虞世南・欧陽詢・褚遂良—加藤楸邨　顔真卿・柳公権—井上靖　李邕・張旭・懐素—楊凝式—土岐善麿　蘇軾・黄庭堅・米芾—寺田透　趙孟頫・張即之—武田泰淳　祝允明・文徴明・董其昌

一杉浦明平　張瑞図―中田勇次郎　王鐸・金農・劉墉―三浦朱門　鄧石如・何紹基・趙之謙

鄭 和〔1371～1435〕てい・わ
◇世界航海史上の先駆者 鄭和　寺田隆信著　清水書院　2017.8　230p　19cm　（新・人と歴史拡大版 21）〈「中国の大航海者 鄭和」（1984年刊）の改題、表記や仮名遣い等一部を改めて刊行　文献あり　年譜あり　索引あり〉　1800円　①978-4-389-44121-0　Ⓝ289.2

内容　1 海のシルクロード（唐宋時代　モンゴル時代　明王朝の成立　成祖の治世）　2 中国人の海から（宦官제독와 古里国　暹羅国と柯枝国　満剌加国と錫蘭国）　3 アラビア海をこえて（蘇門答剌国と忽魯謨斯国　溜山国と阿丹国　木骨都束国と卜剌哇国　天方国と榜葛剌国）　4 大航海のあとに（大事業を生みだしたもの　「鄭和航海図」　西洋取宝船 鄭和以後）

DJ Shintaro
◇BREAK！「今」を突き破る仕事論　川内イオ著　双葉社　2017.3　255p　19cm　1400円　①978-4-575-31236-2　Ⓝ281

内容　1 どん底から這い上がる（井崎英典（バリスタ）　DJ Shintaro（DJ）　岡本美鈴（プロフリーダイバー））　2 直感を信じて突き進む（内山高志（プロボクサー）　三和由香利（ヨガインストラクター）　村瀬美幸（フロマジェ）　澤田洋史（バリスタ））　3 遊びを極める（徳田耕太郎（フリースタイルフットボーラー）　池田貴広（BMXプロライダー）　阿井慶太（プロゲーマー））

DJ LOVE〔1985～〕
◇SEKAI NO OWARI―世界の終わり　SEKAI NO OWARI述　ロッキング・オン　2015.2　341p　22cm　2800円　①978-4-86052-120-2　Ⓝ767.8

内容　『幻の命』『EARTH』　『天使と悪魔／ファンタジー』　『INORI』　『スターライトパレード』　『眠り姫』　『ENTERTAINMENT』　『RPG』　『炎と森のカーニバル2013』　『スノーマジックファンタジー』　『炎と森のカーニバル』　『Dragon Night』　『TOKYO FANTASY 2014』　『Tree』

貞心尼〔1798～1872〕ていしんに
◇良寛―愛語は愛よりおこる　持田鋼一郎著　作品社　2018.3　279p　20cm　〈文献あり　年譜あり〉　2000円　①978-4-86182-682-5　Ⓝ188.82

内容　1 良寛さまをめぐる逸話　2 生い立ちと少年時代　3 出家と修行　4 行脚一代路の雛　5 郷里の帰国　6 五合庵の四季　7 良寛をめぐる人々　8 良寛と子供たち　9 良寛の書　10 貞心尼の出現と遷化

貞明皇后〔1884～1951〕ていめいこうごう
◇近代茶人の肖像　依田徹著　京都　淡交社　2015.2　215p　18cm　（淡交新書）〈文献あり〉　1200円　①978-4-473-03992-7　Ⓝ791.2

内容　井上馨（世外）―政界の重親父は純になる茶人　有栖川宮熾仁親王（霞堂）―親王の茶の湯に見る宮家と華族の社交界　安田善次郎（松翁）―慎しく陰徳を重ねた財産家の茶の湯　今泉雄作（常真）―茶道具再評価の種を蒔いた江戸っ子　平瀬亀之輔（露香）―大阪の茶の湯を牽引した「粋の神」　住友友純（春翠）―茶の湯に文人趣味を融合させたエリート実業家　益田孝（鈍翁）―近代の茶の湯を双肩に担った巨人　馬越恭平（化生）―数々の逸話を残した「ビール王」数寄者　柏木貨一郎（探古斎）―十蔵に住んだ幻の数寄屋建築家　岡倉覚三（天心）―茶より酒を愛した『茶の本』の執筆者　正木直彦（十三松堂）―美術と茶道に橋を架けた美術学校長　貞明皇后―満州皇帝を茶の湯でもてなした大正皇妃　三井高棟（宗恭）―財閥の盛衰を見つめた三井家当主の茶の湯　團琢磨（狸山）―鈍翁から経営と茶の湯を継いだ男　大谷尊由（心斎）―茶の湯三昧の境地に遊んだ宗教家　前田利為（梅堂）―旧大名家軍人のたしなみとしての茶の湯　式守蝸牛（虎山）―悲運の宰相、戦時下の茶の湯　栗山善四郎（八百善）―江戸懐石を伝え、茶の湯を愛した料亭主人　加藤正治（犀水）―憲法の制定に携わった法学者茶人

◇孤高の国母　貞明皇后―知られざる「昭和天皇の母」　川瀬弘至著　産経新聞出版　2018.3　445p　20cm　〈文献あり　発売：日本工業新聞社〉　2200円　①978-4-8191-1332-8　Ⓝ288.44

内容　九条の黒姫　運命の歯車　試練の日々　揺れる想い　皇后への道　即位と変玫　皇天発病　皇后の涙　天皇崩御　母子対立　軍靴の響き　夜明け

◇皇后四代の歴史―昭憲皇太后から美智子皇后まで　森暢平, 河西秀哉編　吉川弘文館　2018.6　222p　21cm　〈文献あり〉　2200円　①978-4-642-08333-1　Ⓝ288.44

内容　第1章 近代化のなかでの皇后―昭憲皇太后一八六八～一九一四　第2章 貞明皇后の思考と行動・裕仁との関係から―貞明皇后一九一二～一九三一頃　第3章 皇太子妃良子の登場・国民教化と大衆人気のはざま―貞明・香淳皇后一九一二～第4章 総力戦体制のなかの香淳皇后―香淳皇后一九三一～一九四五　第5章 象徴天皇制への転換と香淳皇后―香淳皇后一九四五～一九五二　第6章 香淳皇后と美智子妃の連続と断絶―香淳皇后・美智子妃一九五二～一九六五頃　第7章 高度経済成長期の香淳皇后と美智子妃―香淳皇后・美智子妃一九六〇頃～一九六八　第8章 発信する「国民の皇后」―美智子皇后と雅子妃一九八九～二〇一八

◇宮中五十年　坊城俊良著　講談社　2018.10　148p　15cm　（講談社学術文庫 2527）〈明徳出版社 1960年刊の再刊〉　680円　①978-4-06-513382-8　Ⓝ288.4

内容　明治天皇に近侍して（大きなお声の陛下　質実剛健な宮中生活　ほか）　昭憲皇太后のこと（明治天皇と昭憲皇太后　優しい皇后様と少年たち　ほか）　平民的な大正天皇（明仁慈のご性格　隔てなき人間天皇　ほか）　「山の宮様」の思い出（若き日の秩父宮殿下の鴨猟　ほか）　終戦後の貞明皇后（皇太后宮大夫として人のまごころ　ほか）

出上 キク〔1878～1926〕でがみ・きく
◇西伯利亞出兵物語―大正期、日本軍海外派兵の苦い記憶　土井全二郎著　潮書房光人社　2014.8　276p　20cm　〈文献あり〉　2200円　①978-4-7698-1575-4　Ⓝ210.69

内容　第1章 シベリアお菊　第2章 風雲児 島田元太郎　第3章 諜報員 石光真清　第4章 おらが総理 田中義一　第5章 アタマン・セミョノフ　第6章 社会主義中尉 長山直厚　第7章 パルチザン 佐藤三千夫　第

8章 革命軍飛行士 新保清　第9章 尼港副領事 石田虎松　第10章 「無名の師」総決算

出川 秀征〔1942～〕でがわ・ひでゆき

◇夕日輝く　出川秀征著　改訂第2版　〔香芝〕〔出川秀征〕　2014.11　162p　30cm　〈年譜あり〉　Ⓝ289.1

◇夕日輝く―自分史 法務大臣表彰受彰記念　出川秀征著　改訂第3版　〔香芝〕〔出川秀征〕　2018.11　172p　30cm　〈年譜あり〉　Ⓝ289.1

狄 楚青〔1873～1941〕てき・そせい

◇中国名記者列伝―正義を貫き、その文章を歴史に刻み込んだ先人たち　第1巻　柳斌傑,李東東編, 加藤青延監訳, 渡辺明次訳　日本僑報社　2016.9　221p　21cm　3600円　①978-4-86185-224-4　Ⓝ070.16

内容　新聞・雑誌の政治評論の開拓者 王韜（おう・とう 1828 - 1897）　『万国公報』の魂 蔡爾康（さい・じこう 1851 - 1921）　西洋の学問を中国に取りこんだ「西学東漸」の先駆 厳復（げん・ふく 1854 - 1921）　民国時代の北京新聞界の元老 朱淇（しゅ・き 1858 - 1931）　傑出した職業ジャーナリスト 汪康年（おう・こうねん 1860 - 1911）　家財を投げ打ち民衆のために新聞発行 彭翼仲（ほう・よくちゅう 1864 - 1921）　公のために「直言」をいとわず 英斂之（えい・れんし 1867 - 1926）　湖南省言論界一の健筆 唐才常（とう・さいじょう 1867 - 1900）　清末民初の新聞政治評論家 章太炎（しょう・たいえん 1869 - 1936）　人民の中の先覚者 陳少白（ちん・しょうはく 1869 - 1934）　民国初期の北京新聞界の「怪傑」 劉少少（りゅう・しょうしょう 1870 - 1929）　義侠心に燃えた女性ジャーナリスト 唐群英（とう・ぐんえい 1871 - 1937）　海に身を投じた烈士 楊篤生（よう・とくせい 1872 - 1911）　新聞発行のために私財を投げ打つ 卞小吾（べん・しょうご 1872 - 1908）　新聞を創刊し維新を推進 梁啓超（りょう・けいちょう 1873 - 1929）　マスコミ刷新の牽引者 狄楚青（てき・そせい 1873 - 1941）　口語体新聞の先駆者 林白水（りん・はくすい 1874 - 1926）　革命世論の旗手 陳去病（ちん・きょへい 1874 - 1933）　傑出したマスコミ事業者 汪漢溪（おう・かんけい 1874 - 1924）　革命党の大文豪 陳天華（ちん・てんか 1875 - 1905）

出口 王仁三郎〔1871～1948〕でぐち・おにさぶろう

◇聖なる英雄のドキュメント　出口王仁三郎著, みいづ舎編集　亀岡　みいづ舎　2014.12　330p　19cm　2000円　①978-4-908065-05-7　Ⓝ169.1

＊大本教総師・出口王仁三郎の智慧や親しみ、一つの枠に収まらない多様な言動と感性の豊かさ、知られざる人間性を綴る。新聞記者、ジャーナリスト、側近そして身内の人々による、今から70～90年前の手記を蒐集して編集。

◇新・日本神人伝―近代日本を動かした霊的巨人たちと霊界革命の軌跡　不二龍彦著　太玄社　2017.4　391p　21cm　（「日本神人伝」（学研2001年刊）の改題、増補改訂　文献あり　年表あり　索引あり　発売：ナチュラルスピリット）　2600円　①978-4-906724-32-1　Ⓝ147.8

内容　第1章 仙童寅吉　第2章 宮地常磐・水位・厳夫　第3章 国安仙人　第4章 黒住宗忠　第5章 金光大神　第6章 長南年恵　第7章 高島嘉右衛門　第8章 鷲谷日賢　第9章 友清歓真　第10章 出口王仁三郎　人物小伝

◇出口なお・王仁三郎―世界を水晶の世に致すぞよ　川村邦光著　京都　ミネルヴァ書房　2017.9　473,9p　20cm　（ミネルヴァ日本評伝選）〈文献あり　年譜あり　索引あり〉　3800円　①978-4-623-08120-2　Ⓝ178.92

内容　序章 峠を往還する　第1章 「因縁の身魂」と神がかり　第2章 人助けと艮の金神講社　第3章 若き日の王仁三郎と修行　第4章 なおと王仁三郎の相剋と共鳴　第5章 大正維新と立替え・立直し　第6章 第一次大本弾圧事件と再建　第7章 人類愛善会運動と昭和維新　第8章 昭和神聖会と第二次大本弾圧事件前夜　第9章 第二次大本弾圧事件　終章 新生する大本

出口 常順〔1900～1994〕でぐち・じょうじゅん

◇笙の風―出口常順の生涯　出口善子著　大阪　東方出版　2018.12　336p　20cm　〈年譜あり〉　2800円　①978-4-86249-351-4　Ⓝ188.992

内容　ザボン　干し柿　べんずりさん　藪の中　三高受験　紅もゆる　画帳を懐に　結婚、そしてパリへ　菩提樹の下で　室戸台風来襲　［ほか］

出口 なお〔1836～1918〕でぐち・なお

◇出口なお・王仁三郎―世界を水晶の世に致すぞよ　川村邦光著　京都　ミネルヴァ書房　2017.9　473,9p　20cm　（ミネルヴァ日本評伝選）〈文献あり　年譜あり　索引あり〉　3800円　①978-4-623-08120-2　Ⓝ178.92

内容　序章 峠を往還する　第1章 「因縁の身魂」と神がかり　第2章 人助けと艮の金神講社　第3章 若き日の王仁三郎と修行　第4章 なおと王仁三郎の相剋と共鳴　第5章 大正維新と立替え・立直し　第6章 第一次大本弾圧事件と再建　第7章 人類愛善会運動と昭和維新　第8章 昭和神聖会と第二次大本弾圧事件前夜　第9章 第二次大本弾圧事件　終章 新生する大本

◇霊能者列伝　田中貢太郎著　河出書房新社　2018.12　230p　20cm　〈『明治大正実話全集 第7巻』（平凡社 1929年刊）の改題、一部割愛〉　1850円　①978-4-309-02668-8　Ⓝ169.1

内容　人としての丸山教祖　金光教祖物語　大本教物語　黒住教祖物語　飯野吉三郎の横顔　予言者宮崎虎之助　神仙河野久　木食上人山下覚造　蘆原将軍の病院生活

出口 直日〔1902～1990〕でぐち・なおひ

◇天地和合―大本三代教主出口直日の生涯　大本本部開教百二十年記念事業事務局（百二十年史）編　〔亀岡〕　天声社　2015.11　463p　20cm　〈年譜あり〉　2500円　①978-4-88756-085-7　Ⓝ169.1

内容　第1章 天心のままに―明治三十四年・大正七年　第2章 波乱を超え、至福のときへ―大正八年・昭和十年　第3章 暗転―昭和十年・昭和十七年　第4章 ひとすじの道―昭和十八年・昭和二十六年　第5章 神約の三代を継承―昭和二十七年・昭和四十六年

第6章 世界にひらく―昭和四十七年・昭和五十七年　第7章 神約実現のとき―昭和五十九年・昭和六十年　第8章 桜花風に舞う―昭和六十年・平成二年

勅使河原 蒼風〔1900～1979〕てしがはら・そうふう

◇前衛のランナー―勅使河原蒼風と勅使河原宏　柴橋伴夫著　釧路　藤田印刷エクセレントブックス　2018.5　439p　22cm　〈文献あり　年譜あり〉　3000円　⑰978-4-86538-074-3　Ⓝ793.2

勅使河原 宏〔1927～2001〕てしがわら・ひろし

◇前衛のランナー―勅使河原蒼風と勅使河原宏　柴橋伴夫著　釧路　藤田印刷エクセレントブックス　2018.5　439p　22cm　〈文献あり　年譜あり〉　3000円　⑰978-4-86538-074-3　Ⓝ793.2

手島 郁郎〔1910～1973〕てしま・いくろう

◇わが父・手島郁郎を語る　手島佑郎著　七つ森書館　2016.3　160,12p　17cm　〈文献あり〉　1700円　⑰978-4-8228-1654-4　Ⓝ198.321

内容 第1章 手島郁郎が目指していたもの　第2章 幕屋主義からの変化　第3章 原始福音運動とその変容

手塚 治虫〔1928～1989〕てずか・おさむ

◇手塚治虫の芸術　ヘレン・マッカーシー著, 小巻靖子, 有枝春訳　ゆまに書房　2014.10　271p　32cm　〈文献あり　索引あり〉　8500円　⑰978-4-8433-4579-5　Ⓝ726.101

内容 01章 若き日の手塚治虫―写真で見るその人生　02章 キャラクター紹介―スター・システム　03章 ロケットマン　04章 少年少女のための冒険ファンタジー　05章 すばらしい新世界―1960年代　06章 苦悩のとき―1970年代　07章 晩年の活躍―1980年代　08章 失くしたもの―未完の作品　09章 手塚治虫という遺産

◇手塚治虫と戦災孤児　菅富士夫著　阪南　中井書店　2015.7　297p　22cm　〈布装　発売：耕文社（大阪）〉　2400円　⑰978-4-86377-039-3　Ⓝ726.101

内容 第1章 手塚治虫の戦争と空襲（手塚治虫の学生時代　軍国少年・手塚治（本名）　原水爆に反対するマンガを描き始める　ほか）　第2章 大阪における敗戦後の浮浪児・孤児と全国孤児調査（大阪における市民生活の状態　厚生省と大阪市の統計による浮浪児・孤児の数の推移―人数の男女差の"アポリア"　大阪でなぜ浮浪児・孤児が生じたのか　ほか）　第3章 手塚治虫と戦災孤児たち（戦災浮浪児を描くまで　1950年代に戦災浮浪児をどう描いたか　1960年代に戦災孤児をどう描いたか　ほか）

◇ひとびとの精神史　第4巻　東京オリンピック―1960年代　苅谷剛彦編　岩波書店　2015.10　329p　19cm　2500円　⑰978-4-00-028804-0　Ⓝ281.04

内容 1 高度成長とナショナリズム（下村治―国民のための経済計画　十河信二―新幹線にかける「夢」　河西昌枝―引退できなかった「東洋の魔女」　手塚治虫―逆風が育った「マンガの神様」　原田正純―胎児性水俣病の「発見」）　2 民族大移動―農村と都市の変貌（高村三郎と永山則夫―集団就職という体験　大牟羅良―農村の変貌と岩手の農民　室原知幸―公共事業のあり方を問い続けた「蜂の巣城主」　千石剛賢―日本的家族観に抗した「イエスの方舟」）　3 ベトナム戦争と日本社会（小田実―平等主義と誇りで生きる人びととつなぐ　岡村昭彦―ベトナム戦争を直視して　鶴見良行―「足の人」はいかに思考したか）

◇ぼくはマンガ家　手塚治虫著　立東舎　2016.7　447p　15cm　（立東舎文庫　て1-1）〈角川文庫2000年刊を新たに編集　発売：リットーミュージック〉　900円　⑰978-4-8456-2821-6　Ⓝ726.101

内容 書き出しがむずかしい　プロローグ　1 やぶれかぶれの少年期　2 廃墟のあちこちで　3 仙花紙文化　4 漫画少年のふところ　5 児漫長屋紳士録　6 第二の戦後のなかで　7 死にものぐるいの季節　いばらと泥濘　エピローグ　付 ボクのまんが記

◇回想私の手塚治虫―『週刊漫画サンデー』初代編集長が明かす、大人向け手塚マンガの裏舞台　峯島正行著　山川出版社　2016.12　373p　20cm　2000円　⑰978-4-634-15110-9　Ⓝ726.101

内容 M・A・N・G・A旅行団の世界一周　ベレー帽の生涯　漫画集団に加入　手塚、馬場、小島の個性　二人の友から得たもの　疾風怒涛の日々　大人漫画を描く　『人間ども集まれ！』の連載　戦争で鍛えられたヒューマニズムの精神　『R.U.R.』から『鉄腕アトム』へ　手塚独創のロボット生誕　生殖ロボット第一号　『上を下へのジレッタ』の新機軸　爆笑、微笑、冷笑、苦笑　夢のアニメ制作　虫プロの出発　日本製のテレビアニメ『鉄腕アトム』の成功　虫プロ経営の実体　アニメラマの成功でも追いつかず　小林一三の恩恵

◇定本 オサムシに伝えて　手塚るみ子著　立東舎　2017.2　415p　15cm　（立東舎文庫　て2-1）〈「オサムシに伝えて」（知恵の森文庫　2003年刊）の改題、加筆・修正　発売：リットーミュージック〉　900円　⑰978-4-8456-2988-6　Ⓝ726.101

内容 最初に育った大きな家　蛙の子は蛙　お転婆ウラン　名前の由来　マコとチーコ　我が家は映館　父とクリスマス　赤玉ワインにゴーゴー　北風は冷たく雪を運ぶ　絵を描く楽しみ〔ほか〕

◇親友が語る手塚治虫の少年時代　田浦紀子, 高坂English章編著　大阪　和泉書院　2017.4　174p　21cm　〈文献あり〉　1750円　⑰978-4-7576-0833-7　Ⓝ726.101

内容 第1章 講演録 手塚治虫の少年時代（手塚治虫の少年時代　家庭における手塚治虫）　第2章 講演録 手塚治虫と昆虫　第3章 講演録 アニメで語る手塚治虫　第4章 講演録 紙の砦 手塚治虫と通年動員　第5章 インタビュー（「手塚治虫物語」に描かれた手塚治虫の少年時代について　伴俊男さんご自身のことについて　「紙の砦」のエピソード 終戦の日を迎えた旧阪急梅田駅コンコースについて　「アドルフに告ぐ」について　「どついたれ」について）

◇長編マンガの先駆者たち―田河水泡から手塚治虫まで　小野耕世著　岩波書店　2017.5　281p　22cm　3400円　⑰978-4-00-023890-8　Ⓝ726.101

内容 日本は長編マンガの王国　珍品のらくろ草をた

ずねて―田河水泡論　三百六十五日のフシギ旅行―茂田井武論　一九四〇年、火星への旅―大城のぼる論　人造心臓の鼓動がきこえる―横山隆一論　新バグダットのメカ戦争―松下井知夫論その1　モスモ・マンがやってくる―松下井知夫論その2　ブッチャーのふしぎな国―横井福次郎論その1　冒険王ターザン、原子爆弾の島へ―横井福次郎論その2　ターザン、大震災の日本へ飛ぶ―横井福次郎論その3　スピード太郎の世界地図―宍戸左行論　人類連盟本部にて―藤子不二雄論　ある少年マンガ家の冒険―田川紀久雄論　戦後ストーリー・マンガの出発点―手塚治虫論

◇手塚治虫エッセイ集成ぼくの旅行記　手塚治虫著　立東舎　2017.12　319p　15cm　〈立東舎文庫　て1-9〉〈発売：リットーミュージック〉900円　Ⓘ978-4-8456-3157-5　Ⓝ726.101

[内容] ぼくの旅行記(味覚採点　ゲテモノ食い　ニューヨーク博見てある記　わが夢の公開　せめてこの程度の楽園をどうぞ　おれは野次馬　にせ物の創作か)　巻末付録―自作回想(頑固で、なおかつ欲張りで　らくがき事典　私の苦労時代　手塚漫画の主人公たち　1952年年賀状　ほか)

◇手塚治虫エッセイ集成わが想い出の記　手塚治虫著　立東舎　2018.2　383p　15cm　〈立東舎文庫　て1-10〉〈発売：リットーミュージック〉900円　Ⓘ978-4-8456-3190-2　Ⓝ726.101

[内容] メモワール　日記から　家族について　私の日常生活　自作回想　次世代へのメッセージ　単行本未収録エッセイ

手塚 修文〔1940～〕　てずか・たかふみ

◇珍奇な体験　手塚修文著　大阪　風詠社　2015.10　382p　20cm　〈星雲社〉　1500円　Ⓘ978-4-434-21062-4　Ⓝ289.1

[内容] 1　就学以前の体験(誕生の地は竹の古里　父方の祖母と祖父　『あっくいちゃめ』に噛まれた　大人との初交歓　お仕置き　ほか)　2　就学以後の体験(就学時の国語の教科書　就学時の出来事　蛇足を実際に見た　運動会で親子リレーに出場　突然の兄弟　ほか)

手束 正昭〔1944～〕　てずか・まさあき

◇恩寵燦々と―聖霊論的自叙伝　上　雌伏の時代　手束正昭著　キリスト新聞社　2017.3　397p　19cm　2000円　Ⓘ978-4-87395-719-7　Ⓝ198.321

[内容] 満州での母との死別―臨終の祈りの声が聞こえる　瞼の父―際立った幸運の人、しかし　祖父の愛と気骨―そこに「父なる神」の現象があった　厳しく気丈な祖母―中江藤樹の母の如く　「特攻隊くずれ」の粗暴な叔父―私の「守護聖人」だった　母親代わりの叔母―別離と喪失の悲しみからのいやし　希望に満ちた中学時代1―仰げば尊し我が師の恩　希望に満ちた中学時代2―友を選ばば書を読みて、六部の侠気、四分の意気　光と出会った高校時代1―"夢砕き"、しかしそのどん底の淵で　光と出会った高校時代2―教会へ―「こんな世界があったのか」〔ほか〕

テツ〔1970～〕

◇一発屋芸人列伝　山田ルイ53世著　新潮社　2018.5　236p　20cm　1300円　Ⓘ978-4-10-351921-8　Ⓝ779.14

[内容] レイザーラモンHG―一発屋を変えた男　コウメ太夫―"出来ない"から面白い　テツandトモ―この違和感なんでだろう　ジョイマン―「ここにいるよ」　ムーディ勝山と天津・木村―バスジャック事件　波田陽区―一発屋故郷へ帰る　ハローケイスケ―不遇の"0.5"発屋　とにかく明るい安村―裸の再スタート　キンタロー。―一女一発屋　髭男爵―落ちこぼれのルネッサンス

鉄川 與助〔1879～1976〕　てつかわ・よすけ

◇天主堂建築のパイオニア・鉄川與助―長崎の異才なる大工棟梁の偉業　喜田信代著　日貿出版社　2017.2　375p　21cm　〈文献あり〉　2800円　Ⓘ978-4-8170-8231-2　Ⓝ526.19

[内容] 第1章　鉄川與助の生涯と業績　第2章　建築技術者・棟梁　鉄川與助の仕事―天主堂・学校・寺院　第3章　新しい建築材料と長崎の天主堂　第4章　宣教師が伝えた教会建築　第5章　天主堂の普請と工事費の清算　第6章　棟梁の暮らし―與助の『手帳』覚え書　資料編

手中 明王太郎景元〔1819～1906〕　てなか・みょうおうたろうかげもと

◇明王太郎日記―堂宮大工が見た幕末維新　上　明王太郎著，手中正，小沢朝江編著　平塚　東海大学出版部　2017.8　428p　27cm　〈索引あり　翻刻〉　7500円　Ⓘ978-4-486-02073-8　Ⓝ210.58

[内容] 第1章　嘉永七年(一八五四)三月～安政三年(一八五六)九月"史料一～一二"　第2章　安政三年(一八五六)八月～万延元年(一八六〇)十二月"史料一三～二〇"　第3章　安政七年(一八六〇)正月～文久三年(一八六三)十二月"史料二一～三八"　第4章　文久四年(一八六四)二月～明治二年(一八六九)十月"史料三九～四八"　附章『萬覚帳』"史料三"嘉永二年二月～明治二年四月

デーモン閣下　でーもんかっか

◇デーモン閣下悪魔的歌唱論　デーモン閣下著　リットーミュージック　2016.8　237p　19cm　2000円　Ⓘ978-4-8456-2777-6　Ⓝ767.8

[内容] 第1章　音楽への目覚め(世を忍ぶ仮の"誕生"　ゼウスの妨害　ほか)　第2章　プロ・ヴォーカリストの仕事(プロとは何か？　やらなきゃいけないことはしっかりやる　ほか)　第3章　悪魔のヴォーカル・テクニック(大学入学時の歌唱力　高い声が出したかった　ほか)　第4章　世のヴォーカリストたちへ(ヴォーカリストたちよ、ウマぶるな　若いヴォーカリストに向けて　ほか)　第5章　デーモン閣下のヴォーカル・スタイル分析(閣下のように歌うには　悪魔を知るには、まず人間から　ほか)

出山 テル〔1908～2006〕　でやま・てる

◇大野屋物語―family history　出山正著　横浜　出山正　2015.8　297p　21cm　〈折り込 2枚〉　Ⓝ289.1

出山 俊次〔1903～1974〕　でやま・としつぐ

◇大野屋物語―family history　出山正著　横浜　出山正　2015.8　297p　21cm　〈折り込 2枚〉　Ⓝ289.1

DUKE H. MYURA〔1942〜〕
◇ルネサンス・マン―世界を変幻自在に渡り歩いた男　DUKE H.MYURA著　文芸社　2014.9　205p　15cm　700円　①978-4-286-11689-1　Ⓝ289.1
内容　ナイトクラブとファッションショー/夢のアメリカ上陸/美容学校に入学/ナホトカ航路でモスクワへ/列車でヨーロッパを横断/さて、就職活動だ/ストックホルムのサロンで働く/アンナとの出会い/カナダ入国/家庭を持つ/その他

寺内　寿一〔1879〜1946〕　てらうち・ひさいち
◇防長尚武館の寺内正毅・寿一関係資料　伊藤幸司編著，安渓遊地監修　防府　東洋図書出版　2016.3　77p　30cm　（山口県立大学ブックレット「新やまぐち学」no.5）〈文部科学省「地（知）の拠点整備事業（大学COC事業）」〉①978-4-88598-044-2　Ⓝ289.1

寺内　正毅〔1852〜1919〕　てらうち・まさたけ
◇寺内正毅と帝国日本―桜圃寺内文庫が語る新たな歴史像　伊藤єєɾ，永島広紀, 日比野利信編　勉誠出版　2015.8　275p　27cm　〈年譜あり〉8500円　①978-4-585-22121-0　Ⓝ289.1
内容　第1部　桜圃寺内文庫の可能性―新出資料が語る近代日本（桜圃寺内文庫と寺内正毅関係資料　三つの「寺内正毅関係文書」その可能性　陸軍長州閥と寺内正毅　朝鮮総督・寺内正毅　座談会・桜圃寺内文庫の可能性―新出資料が語る近代日本）　第2部　資料が語る寺内正毅とその時代（宮野の宰相・寺内正毅とその時代　桜圃寺内文庫の乃木希典書簡　参考資料）　第3部　桜圃寺内文庫寺内正毅関係資料目録（一紙・冊子之部　軸巻之部　写真之部）

◇防長尚武館の寺内正毅・寿一関係資料　伊藤幸司編著，安渓遊地監修　防府　東洋図書出版　2016.3　77p　30cm　（山口県立大学ブックレット「新やまぐち学」no.5）〈文部科学省「地（知）の拠点整備事業（大学COC事業）」〉①978-4-88598-044-2　Ⓝ289.1

◇寺内正毅宛田中義一書翰　田中義一著, 尚友倶楽部史料調査室, 伊藤隆編　尚友倶楽部　2018.7　233p　21cm　（尚友ブックレット 33）〈文献あり　年譜あり〉Ⓝ289.1

◇寺内正毅宛田中義一書翰　田中義一著, 尚友倶楽部史料調査室, 伊藤隆編集　芙蓉書房出版　2018.7　233p　21cm　（尚友ブックレット 33）〈年譜あり　国立国会図書館憲政資料室所蔵の翻刻〉2600円　①978-4-8295-0741-4　Ⓝ289.1
内容　明治（27）年12月13日　明治28年1月1日　明治（35）年6月10日　明治（37）年8月15日　明治（37）年9月5日　明治（38）年2月7日　明治（38）年6月1日　明治（38）年8月29日　明治（45）年2月21日　明治（45）年（3）月20日〔ほか〕

寺尾　玄〔1973〜〕　てらお・げん
◇行こう、どこにもなかった方法で　寺尾玄著　新潮社　2017.4　253p　20cm　1600円　①978-4-10-350941-7　Ⓝ289.1
内容　可能性　1部（旅の始まり　小さな家　ライフ・イズ・ショート　巣立ち）　2部（十七歳の旅　天才　夢の終わり　創業）　3部（手作りの会社　夢の扇風機　エイプリルフール）　その後

寺尾　五郎〔1921〜1999〕　てらお・ごろう
◇安藤昌益に魅せられた人びと―みちのく八戸からの発信　近藤悦夫著　農山漁村文化協会　2014.10　378p　19cm　（ルーラルブックス）2000円　①978-4-540-14213-0　Ⓝ121.59
内容　狩野亨吉　依田荘介　ハーバート・ノーマン　山田鑑二　上杉修　八戸在住発見後の研究　渡辺没後の研究　村上壽秋　石垣忠吉　三宅正彦　寺尾五郎『全集』後の周辺　『儒道統之図』をめぐって　還俗後の活動　昌益医学を継承する数々の医書　稿本『自然真営道』の完成に向けて

寺岡　信芳〔1959〜〕　てらおか・のぶよし
◇亜無亜危異ヒストリータブーの正体　亜無亜危異述, 根本豪編集・文　シンコーミュージック・エンタテイメント　2018.12　311p　19cm　〈年譜あり〉2315円　①978-4-401-64682-1　Ⓝ764.7
内容　異分子たちの生い立ち　5人の出会い―高校時代　メジャーデビュー前夜―アナーキー結成時代　時代の寵児―メジャーデビュー時代　転機と覚醒―ロンドンレコーディングの土産　不良性の進化と深化―1981年〜1985年　事件・変名・空洞化―THE ROCK BAND時代　都合三度の"一夜限りの復活"―1994年〜1996年　最新型の亜無亜危異―新生ANARCHY時代　ドタバタ四半世紀＋1―『内祝』レコーディング　17年ぶりの亜無亜危異ライブ―2013年、恵比寿リキッドルーム　マリとの別れ―2017年　新木場コーストからの決意　不完全復活―2018年〜未来

寺川　奈津美〔1983〜〕　てらかわ・なつみ
◇はれますように―気象キャスター寺川奈津美　未来はきっと変えられる　寺川奈津美著　トランスワールドジャパン　2015.11　173p　19cm　（TWJ BOOKS）〈文献あり〉1600円　①978-4-86256-165-7　Ⓝ289.1
内容　第1章「寺川はアナウンサーに向いている」（故郷　リケジョ　ほか）　第2章 6回目の気象予報士試験（気象予報士試験とは　なかなか受からない！　ほか）　第3章　鳥取でのキャスター時代（コンプレックス　子ども番組　ほか）　第4章　気象キャスターとしての役割（試練のはじまり　気象キャスターって??　ほか）　第5章　日々のこと（先輩　ダンス　ほか）

寺川　正人〔?〜1992〕　てらかわ・まさと
◇戦前海外へ渡った写真師たち　資料・2　アルゼンチン編　寺川正人等　寺川騏一郎著　国立　寺川騏一郎　2014.7　75p　30cm　非売品　Ⓝ740.21

寺島　武志〔1982〜〕　てらしま・たけし
◇夢を跳ぶ。―寺島武志、セパタクローに生きる　岩本勝暁文, 髙須力写真　日本写真企画　2018.9　1冊（ページ付なし）21cm　1000円　①978-4-86562-078-8　Ⓝ783.2
内容　第1章　出会い　第2章　タイ修行、そして仲間　第3章　家族　第4章　夢を跳ぶ―アジア大会2018

寺田 健一〔1941～〕 てらだ・けんいち
◇秋田よ変われ 寺田県政12年 寺田健一著 秋田 秋田魁新報社 2016.3 597p 18cm 〈さきがけ新書 21〉〈年表あり 文献あり〉 1000円 ①978-4-87020-378-5 Ⓝ318.224

寺田 隆尚〔1928～〕 てらだ・たかなお
◇時は流れつづける―あの頃この頃 寺田隆尚著 文藝書房 2015.1 146p 20cm 1200円 ①978-4-89477-446-9 Ⓝ289.1
内容 三つのクラス会 遠くて近いふるさと 忘れ得ぬ母校の先生 折々の読書 弓射の道に学ぶ

寺田 寅彦〔1878～1935〕 てらだ・とらひこ
◇寺田寅彦―わが師の追想 中谷宇吉郎著 講談社 2014.11 333p 15cm 〈講談社学術文庫 2265〉〈『寺田寅彦の追想』(甲文社 1947年刊)の改題、一部を割愛〉 1000円 ①978-4-06-292265-4 Ⓝ910.268
内容 第1部(寺田寅彦の追想 文化史上の寺田寅彦 指導者としての寅彦先生 実験室の思い出 札幌に於ける寺田先生) 第2部(寅彦夏話 冬彦夜話―漱石先生に関することども 寒月の『首締りの力学』その他 『光線の圧力』の話 線香花火 電柱と白粉の話 球皮事件 先生を囲る話) 第3部(墨流しの物理的研究 墨並びに硯の物理学的研究 『物理学序説』の後書)

◇愛の顛末―純愛とスキャンダルの文学史 梯久美子著 文藝春秋 2015.11 230p 20cm 1450円 ①978-4-16-390360-6 Ⓝ910.26
内容 小林多喜二―恋と闘争 近松秋江―「情痴」の人 三浦綾子―「氷点」と夫婦のきずな 中島敦―ぬくもりを求めて 原民喜―「死と愛と孤独」の自画像 鈴木しづ子―性と生のうたびと 梶井基次郎―夭折作家の恋 中城ふみ子―恋と死のうた 寺田寅彦―三人の妻 八木重吉―素朴なこころ 宮柊二―戦場からの手紙 吉野せい―相剋と和解

◇愛の顛末―恋と死と文学と 梯久美子著 文藝春秋 2018.11 252p 16cm (文春文庫 か68-2) 720円 ①978-4-16-791181-2 Ⓝ910.26
内容 小林多喜二―恋と闘争 近松秋江―「情痴」の人 三浦綾子―「氷点」と夫婦のきずな 中島敦―ぬくもりを求めて 原民喜―「死と愛と孤独」の自画像 鈴木しづ子―性と生のうたびと 梶井基次郎―夭折作家の恋 中城ふみ子―恋と死のうた 寺田寅彦―三人の妻 八木重吉―素朴なこころ 宮柊二―戦場からの手紙 吉野せい―相剋と和解

寺田 ヒロオ〔1931～1992〕 てらだ・ひろお
◇トキワ荘青春日記―1954-60 藤子不二雄A著 復刊ドットコム 2016.12 219p 19cm 〈光文社 1996年刊の新規装丁〉 2000円 ①978-4-8354-5441-2 Ⓝ726.101
内容 トキワ荘と、おかしな仲間たち 昭和二十九年 二十歳 昭和三十年 二十一歳 昭和三十一年 二十二歳 昭和三十二年 二十三歳 昭和三十三年 二十四歳 昭和三十五年 二十六歳 昭和五十六年 四十七歳 青春は、トキワ荘とともにあった

寺前 恒規〔1941～〕 てらまえ・つねき
◇感謝と悔悟の坂道―紀州・北山村で生まれて 寺前恒規著 文藝春秋企画出版部 2017.5 190p 20cm 〈発売：文藝春秋〉 1111円 ①978-4-16-008900-6 Ⓝ289.1

寺本 清二〔1935～〕 てらもと・せいじ
◇牛も千里、馬も千里―(株)寺本鉄工寺本清二の歩み 寺本清二著 名古屋 デイズ生き様工房事業部 2016.4 122p 21cm ①978-4-9904018-9-4 Ⓝ289.1

寺山 修司〔1935～1983〕 てらやま・しゅうじ
◇編集少年 寺山修司 久慈きみ代著 論創社 2014.8 423p 20cm 〈文献あり 著作目録あり〉 3800円 ①978-4-8460-1346-2 Ⓝ910.268
内容 1部 たった一人の編集者からの出発(「週刊古中」「野脇中學校新聞」の時代 新資料文芸誌『白鳥』を読む 「青高新聞」の時代 青森高校「生徒会誌」にみる寺山修司 「三ツ葉」との交流) 2部 作品投稿の日々(「東奥日報」女性名のペンネームによる投稿 「青森よみうり文芸」への投稿―寺山短歌誕生の萌し 『寂光』と寺山修司 『暖鳥』と寺山修司 「青年俳句」と寺山修司

◇寺山修司のラブレター 寺山修司,九條今日子著 KADOKAWA 2015.4 109p 26cm 〈他言語標題：The Love Letter〉 1700円 ①978-4-04-102831-5 Ⓝ910.268
内容 1 手紙魔の恋―1960(昭和35)年 2 恋人たち 3 新婚時代―1962(昭和37)年 4 アングラ夫妻―1967(昭和42)年、劇団創立 5 アヴァンギャルドな男と女―1970(昭和45)年12月、離婚 6 旅する劇団 7 寺山のエンディング 8 九條のエンディング

◇望郷のソネット―寺山修司の原風景 白石征著 深夜叢書社 2015.8 259p 19cm 2400円 ①978-4-88032-424-1 Ⓝ910.268
内容 1 ニースからの絵葉書 2 見果てぬ夢 3 疾走が止まる時―編集ノート 4 寺山修司のラジオ・デイズ―地獄めぐり 5 寺山修司、オン・ステージ―悲しみの原風景 6 遊びせんとや生まれけむ

◇〈境界〉を生きる思想家たち 栩木玲子著 法政大学出版局 2016.3 221p 19cm (国際社会人叢書 2) 1900円 ①978-4-588-05312-2 Ⓝ280
内容 第1章 E.H.カー(1892・1982)―「自己意識」の歴史学 第2章 ハンナ・アーレント(1906・1975)―20世紀の暴力を「思考」した女 第3章 オクタビオ・パス(1914・1998)―異文化との対話者 第4章 ジャン・ルーシュ(1917・2004)―関係の生成を撮る映像人類学者 第5章 エドゥアール・グリッサン(1928・2011)―「関係」の詩学から全・世界へ 第6章 山口昌男(1931・2013)―「知」的なピーターパンのために 第7章 アマルティア・セン(1933・)―自由と正義のアイデア 第8章 寺山修司(1935・1983)―ポエジイによって越境した"詩人" 第9章 ベネディクト・アンダーソン(1936・2015)―地域研究から世界へ

◇原稿の下に隠されしもの―遠藤周作から寺山修司まで 久松健一著 笠間書院 2017.7 307,18p 19cm 〈索引あり〉 2500円 ①978-4-305-70830-4 Ⓝ910.268
内容 第1章 原稿の下に隠されしもの―遠藤周作から寺山修司まで(遠藤周作から 寺山修司へ) 第2章

無名時代の寺山修司―「チェホフ祭」に至るまでの文学神童の歩み(小学校時代(昭和十七年〜二十三年) 中学時代(昭和二十三年〜二十六年) ほか) 第3章 遠藤周作の秘密―年譜から見えてくるもの(秘密の真価 秘密の淵源 ほか) 第4章 測深鉛をおろす―遠藤周作訳『テレーズ・デスケールー』を繰る(惚れこんだ作品 愛人訳の背景 ほか)

◇反―寺山修司論 永山則夫著 復刻版 アルファベータブックス 2016.8 378p 21cm 〈初版:JCA 1977年刊〉 3000円 ⓘ978-4-86598-039-4 Ⓝ289.1

内容 戦端(さらば,津軽 2=永山則夫の犯罪 寺山修司) 第1章 ニセ津軽人と偽善の華々(1青森には,むかしから「なんじょ」がある。…) 第2章 ハイエナ売文屋を駁す(2母恋春歌調…) 第3章 昭和元禄と"連続射殺魔"(3寺山修司の『幸福論』…) 第4章 デマゴーグを駁す(4偏見と差別…) 結論

テリー伊藤 〔1949〜〕 てりー・いとう

◇オレとテレビと片腕少女 テリー伊藤著 KADOKAWA 2016.10 270p 19cm 1500円 ⓘ978-4-04-104318-9 Ⓝ289.1

内容 第1章 船上生活の美少女チヨちゃん 第2章 スーパースターとマドンナと人類 第3章 築地にテレビがやってきた! 第4章 月光仮面にあこがれて 第5章 オヤジ、テレビの中に入る! 第6章 泥棒中学生の事件簿 第7章 学生運動と白衣の天使 第8章 口紅少女との旅立ち 第9章 小悪魔サーヤに気をつけろ! 第10章 片腕少女が教えてくれたこと

照井 千尋 〔1937〜〕 てるい・ちひろ

◇コロラドの青い空の下で―孫をたずねて10,000キロ 照井千尋著 文芸社 2015.9 248p 19cm 1400円 ⓘ978-4-286-16572-1 Ⓝ289.1

照菊 てるぎく

◇芥川龍之介の長崎―芥川龍之介はなぜ文学の舞台に日本西端の町を選んだのか 龍之介作品五篇つき 新名規明著 長崎 長崎文献社 2015.5 260p 19cm 1200円 ⓘ978-4-88851-237-4 Ⓝ910.268

内容 第1部 評論 芥川龍之介の長崎 第2部 長崎を舞台とする芥川龍之介作品(ロレンゾオの恋物語 煙草と悪魔 奉教人の死 じゅりあの・吉助 おぎん 作品解説) 第3部 芥川龍之介をめぐる長崎人(永見徳太郎―長崎文化の伝道者 渡辺庫輔―郷土史家としての大成 蒲原春夫―郷土作家としての活躍 照菊―風流の女神)

照屋 勇賢 〔1973〜〕 てるや・ゆうけん

◇照屋勇賢オーラル・ヒストリー 照屋勇賢述,手塚美和子,由ме みどりインタヴュアー 〔出版地不明〕 日本美術オーラル・ヒストリー・アーカイヴ 2015.3 29p 30cm 〈ホルダー入〉 Ⓝ702.16

テレサ・テン 〔1953〜1995〕

◇テレサ・テンが見た夢―華人歌星伝説 平野久美子著 筑摩書房 2015.4 395,7p 15cm (ちくま文庫 ひ24-1)〈晶文社 1996年刊の増補改訂 文献あり 作品目録あり 年譜あり〉

1000円 ⓘ978-4-480-43251-3 Ⓝ767.8

内容 プロローグ 進む伝説化 第1章 中華民国(台湾) 第2章 日本 第3章 香港 第4章 中国大陸 第5章 パリ 第6章 祖国を求めて エピローグ テレサ・テンが見た夢

田 漢 〔1898〜1968〕 でん・かん

◇田漢 聶耳中国国歌八十年 田偉著 論創社 2016.1 145p 20cm 〈文献あり〉 1500円 ⓘ978-4-8460-1495-7 Ⓝ767.522

内容 第1部 作詞者・田漢と作曲者・聶耳 中国国歌の誕生(中国国歌の作詞者「田漢」 田漢先生とわたし 田漢先生のおいたち ほか) 第2部 中国国歌がたどった数奇な運命(田漢先生の逮捕と聶耳の中国脱出 約四ヶ月の拘束の後、釈放される 新中国建設の原動力となった『義勇軍進行曲』 ほか) 第3部 「中国から来た花嫁」と呼ばれて(縁あって日本に嫁いできた 夫がガンの宣告を受ける 阪神・淡路大震災は大きな転機だった ほか)

田 健治郎 〔1855〜1930〕 でん・けんじろう

◇田健治郎日記 4 大正七年〜大正九年 田健治郎著 尚友倶楽部,広瀬順晧編 芙蓉書房出版 2014.9 508p 22cm 〈布装〉 7200円 ⓘ978-4-8295-0630-1 Ⓝ289.1

＊貴族院議員、通信大臣、台湾総督、農商務大臣兼司法大臣、枢密顧問官を歴任した官僚出身の政治家、田健治郎(1855〜1930)が、明治後期から死の1か月前まで書き続けた日記を翻刻。

◇田健治郎日記 5 大正10年―大正12年 田健治郎著,季武嘉也編 尚友倶楽部 2015.11 558p 22cm 〈尚友叢書 14-5〉 非売品 Ⓝ289.1

◇田健治郎日記 5 大正十年〜大正十二年 田健治郎著 尚友倶楽部,季武嘉也編 芙蓉書房出版 2015.11 558p 22cm 〈布装〉 7200円 ⓘ978-4-8295-0662-2 Ⓝ289.1

内容 大正十年 大正十一年 大正十二年

◇田健治郎日記 6 大正13年―昭和3年 田健治郎著,尚友倶楽部,櫻井良樹編 尚友倶楽部 2016.12 539p 22cm 〈尚友叢書 14-6〉 非売品 Ⓝ289.1

◇田健治郎日記 6 大正十三年〜昭和三年 田健治郎著 尚友倶楽部,櫻井良樹編 芙蓉書房出版 2016.12 539p 22cm 〈布装〉 7200円 ⓘ978-4-8295-0700-1 Ⓝ289.1

内容 大正十三年 大正十四年 大正十五年・昭和元年 昭和二年 昭和三年

◇ダットサンの忘れえぬ七人―設立と発展に関わった男たち 下風憲治著,片山豊監修 新訂版 片山豊記念館 2017.10 247p 20cm 〈他言語標題:SEVEN KEY PEOPLE IN THE HISTORY OF DATSUN 発売:三樹書房〉 2000円 ⓘ978-4-89522-679-0 Ⓝ537.92

内容 1 橋本増治郎(一八七五・一九四四) 2 田健治郎(一八五五・一九三〇) 3 青山禄郎(一八七四・一九四〇) 4 竹内明太郎(一八六〇・一九二八) 5 鮎川義介(一八八〇・一九六七) 6 ウィリアム・

てん

ゴーハム（一八八八・一九四九）　7　片山豊（一九〇九・二〇一五）

◇田健治郎日記　7　昭和4年―昭和5年、書簡・人名索引　田健治郎著，尚友倶楽部，広瀬順晧，季武嘉也，櫻井良樹，内藤一成，松田好史編　尚友倶楽部　2018.3　553p　22cm　（尚友叢書 14-7）　非売品　Ⓝ289.1

◇田健治郎日記　7　昭和四年～昭和五年、書簡、人名索引　田健治郎著　尚友倶楽部，広瀬順晧，季武嘉也，櫻井良樹，内藤一成，松田好史編　芙蓉書房出版　2018.3　553p　22cm　〈布装〉　7500円　Ⓘ978-4-8295-0735-3　Ⓝ289.1
内容　昭和四年　昭和五年　田健治郎書簡（田艇吉宛書簡　松本剛吉宛書簡）　田健治郎宛書簡（伊藤博文書簡　伊東巳代治書簡　大石熊吉書簡　大隈重信書簡　桂太郎書簡　ほか）

田 捨女〔1634～1698〕　でん・すてじょ

◇古典の小径―記紀から『夜明け前』まで　外村展子著　大阪　新葉館出版　2017.9　331p　20cm　3000円　Ⓘ978-4-86044-633-8　Ⓝ910.2
内容　1　古代（竹取物語と富士山―祭神になりそこねたかぐや姫　住吉明神―和歌三神　屋島城―古代の渡来人　ほか）　2　中世（作州誕生寺―法然の伝記　浄土自堕落―悪人正機説　熊谷直実と平敦盛―『平家物語』の虚実　ほか）　3　近世（出雲のおくに―見飽き候　この世の極楽、あの世の地獄―無間の鐘　俳人から歌人へ―田捨女の生涯　ほか）

天海〔1536～1643〕　てんかい

◇徳川十五代闇将軍　熊谷充晃著　大和書房　2015.5　263p　15cm　（だいわ文庫 269-2H）〈文献あり〉　650円　Ⓘ978-4-479-30536-1　Ⓝ281.04
内容　第1章　幕藩体制の礎を築いた4代（初代「闇将軍」本多正信―家康から全幅の信頼を寄せられた「タヌキ親父」以上の「タヌキ」　2代「闇将軍」南光坊天海―幕府の宗教政策をひとりで完成させた「関東の大僧正」　3代「闇将軍」松平信綱―江戸時代で最大の内乱を鎮めて老中首座に上った「知恵伊豆」　4代「闇将軍」酒井忠清―生まれながらに老中を約束された後世の悪名が哀しい「下馬将軍」）　第2章　将軍の権威を超越した3代（5代「闇将軍」柳沢吉保―失政や没落とは無実の史実　「極悪専用人」の評に異議あり　6代「闇将軍」新井白石―幕政の思想的柱石を創出したブレーン、「遅すぎた登壇」　7代「闇将軍」間部詮房―これぞ闇将軍にふさわしい「猿楽大名」の数奇なキャリア）　第3章　中興の変革期を乗り越えた3代（8代「闇将軍」松平乗邑―「暴れん坊将軍」を抑えられた唯一の忠臣は経済政策の旗手　9代「闇将軍」大岡忠光―前代未聞かつ空前絶後の幕閣　日本史上唯一の「暗君の通訳」）　10代「闇将軍」田沼意次―「贈収賄政治家」の正体は貨幣社会を目指した重商主義者）　第4章　幕末動乱の一端となった3代（11代「闇将軍」松平定信―「寛政の改革」で失敗した後も影響力を保持していた元将軍候補　12代「闇将軍」水野忠邦―幕藩体制崩壊の序曲を聴いた「理想主義」を掲げる野心家　13代「闇将軍」徳川斉昭―頼もしいのか、ありがた迷惑か　御三家の慣例を破った「烈公」）　第5章　維新の激動期に舵を取った2代（14代「闇将軍」井伊直弼―まさに闇将軍の代名詞　幕末期最大のキングメーカー　15代「闇将軍」島津久光―外様大名ですらなかったのに幕政を揺るがせた薩摩の国父）

◇日本の奇僧・快僧　今井雅晴著　吉川弘文館　2017.11　197p　19cm　（読みなおす日本史）〈講談社 1995年刊の再刊〉　2200円　Ⓘ978-4-642-06755-3　Ⓝ182.88
内容　知的アウトサイダーとしての僧侶　道鏡―恋人は女帝　西行―放浪五〇年、桜のなかの死　文覚―生まれついての反逆児　親鸞―結婚こそ極楽への近道　日蓮―弾圧こそ正しさの証　一遍―捨てよ、捨てよ、捨てよ　尊雲（護良親王）―大僧正から征夷大将軍へ　一休―一天下の破戒僧　快川―心頭を滅却すれば火も自ら涼し　天海―超長寿の黒衣の宰相　エピローグ―僧侶と日本人

天球院〔1567～1614〕　てんきゅういん

◇戦国の女城主―井伊直虎と散った姫たち　髙橋伸幸著　徳間書店　2016.11　326p　15cm　（徳間文庫カレッジ た2-1)〈文献あり〉　830円　Ⓘ978-4-19-907073-0　Ⓝ281.04
内容　井伊直虎―男の名で生き、お家断絶の危機を救った女城主　甲斐姫―石田三成に立ち向かい城を守った姫武者　鶴姫―大内水軍を二度撃退した瀬戸内の戦士　おつやの方―信長の怒りをかい非業の死を遂げた岩村城主　慶聞尼―鍋島藩を生んだ押しかけ女房　吉岡妙林尼―男勝りの胆力で薩摩軍を撃退した女武者　立花誾千代―七歳にして女城主となり関ヶ原で西軍に与する　常盤―島津氏の基礎を作った妻女の決断　鶴姫―侍女三十四人を従えて敵陣に切り込んだ烈婦　富田信高の妻―関ヶ原の前哨戦で夫の窮地を救った女武者　寿桂尼―「女戦国大名」といわれ今川家を支える　天球院―夫に愛想をつかして縁を切った女傑　お市の方―「戦国一の美女」といわれ夫とともに自刃　細川ガラシャ―人質を拒否して殉教を選んだ烈女

伝教大師　でんきょうだいし
⇒最澄（さいちょう）を見よ

天竺 徳兵衛〔1612～1707〕　てんじく・とくべえ

◇高砂の偉人天竺徳兵衛『天竺渡海道中記』を読む　天竺徳兵衛著，『天竺渡海道中記』刊行会編　〔高砂〕　『天竺渡海道中記』刊行会　2017.11　105p　21cm　〈複製を含む　文献あり〉　Ⓝ289.1

天智天皇〔626～671〕　てんじてんのう

◇天智天皇　森公章著　吉川弘文館　2016.9　307p　19cm　（人物叢書 新装版 通巻287）〈文献あり　年譜あり〉　2300円　Ⓘ978-4-642-05280-1　Ⓝ210.34
内容　第1　舒明・皇極朝の中大兄　第2　乙巳の変と改新詔　第3　孝徳朝の改革のなかで　第4　斉明朝と飛鳥の荘厳化　第5　百済救援の出兵と称制　第6　即位への道程　第7　近江朝廷の日々　第8　律令国家創始者像の創出

◇日本史 誤解だらけの英雄像　内藤博文著　河出書房新社　2018.8　221p　15cm　（KAWADE夢文庫 K1097）〈文献あり〉　680円　Ⓘ978-4-309-49997-0　Ⓝ281
内容　1章　織田信長―"戦国の革命児"という誤解　2章　坂本龍馬―"天衣無縫の風雲児"という誤解　3章　秀

吉・家康—"無双の覇者"という誤解　4章 信玄・謙信—"常勝武将伝説"の誤解　5章 西郷隆盛・高杉晋作・勝海舟—"維新の立役者"という誤解　6章 聖徳太子・天智天皇・義経—"古代・中世の英傑"の誤解　7章 徳川吉宗・山本五十六—"近現代の巨星"の誤解

天秀尼〔1609〜1645〕　てんしゅうに
◇天秀尼の生涯—豊臣家最後の姫　三池純正著　潮出版社　2017.3　235p　19cm　〈「豊臣家最後の姫」(洋泉社 2013年刊)の改題、大幅な加筆・修正　文献あり　年表あり〉　1600円
Ⓘ978-4-267-02079-7　Ⓝ210.48
＊大坂城落城によって滅亡した豊臣家一。実は、秀頼の実子奈姫が生き延びていた。奈姫は東慶寺で天秀尼となって仏法に帰依し、虐げられた江戸時代において、虐げられた女性の人権を守り、それを徳川幕府にまで認めさせた先駆者であった。そして、秀頼の実子としての誇りと、義母千姫の愛情を胸に、自身の宿命に真っ向から立ち向かっていった。宿命を使命にかえ、桜花のごとく生きた女性。東慶寺で寺法を守り抜き、女性の人権を守った先駆者、天秀尼の知られざる生涯。

天璋院〔1836〜1883〕　てんしょういん
◇幕末明治動乱　「文」の時代の女たち　熊谷充晃著　双葉社　2014.7　207p　19cm　〈文献あり〉　1400円　Ⓘ978-4-575-30702-3　Ⓝ281.04
内容 第1章 「文」の少女・青春時代—幕末維新動乱期から明治へ(1853年、文10歳—ペリー浦賀に来航開国のとき刻々と迫る！　1858年、文15歳—井伊直弼大老就任 安政の大獄始まる！　1863年、文20歳—下関戦争勃発 高杉晋作が奇兵隊を創設！　ほか)　第2章 激動の時代を駆け抜けた個性あふれる女性たち(吉田松陰の妹にして「松下村塾」の一俊英の妻、後年は貴族院議員夫人・「文」　3日3晩の「生き晒し」刑に耐え抜いた井伊直弼の腹心・長野主膳の妾—村山寿栄江　ほか)　第3章 動乱を生きる熱き男を支えた妻たちの群像(病弱の13代将軍に輿入れした実家よりも嫁ぎ先に殉じた薩摩の豪傑姫君—天璋院篤姫　若くして未亡人となった「悲劇の皇女」のイメージは事実とちょっと違う？—和宮　ほか)　第4章 幕末〜明治初期の女性たちの生活や風習(「三指ついてお出迎え」は、はしたない？　離婚率が高かった明治時代　ほか)

◇大奥の女たちの明治維新—幕臣、豪商、大名—敗者のその後　安藤優一郎著　朝日新聞出版　2017.2　231p　18cm　(朝日新書 605)〈文献あり〉　760円　Ⓘ978-4-02-273705-2　Ⓝ210.61
内容 第1章 篤姫が住んだ大奥とはどんな世界だったのか(1.男子禁制・大奥の実像と虚像　2.大奥を去った御台所・篤姫の戦い　3.師匠になった奥女中たち)　第2章 失業した三万余の幕臣はどうなったのか(1.静岡藩で塗炭の苦しみを味わう幕臣たち　2.旗本だった福沢諭吉の華麗なる転身　3.明治政府にヘッドハンティングされた渋沢栄一)　第3章 将軍家御典医・桂川家の娘が歩んだ数奇な運命　第4章 日本最初の帰国女子、津田梅子の奮戦　第5章 東京に転居した大名とその妻はどうなったのか　第6章 東京の街は、牧場と桑畑だらけになった　第7章 江戸を支えた商人や町人はどうなったのか

◇西郷どんと篤姫—知られざる幕末維新の舞台裏　中江克己著　青春出版社　2017.11　201p　15cm　(青春文庫 な-28)〈年譜あり〉　830円　Ⓘ978-4-413-09682-9　Ⓝ289.1
内容 第1章 斉彬に見出された二人　第2章 吉之助、篤姫の輿入れに奔走する　第3章 島での潜居と新しい時代のうねり　第4章 篤姫と皇女和宮との和解　第5章 生涯たった一度の面談　第6章 吉之助の最期と篤姫の晩年

天津 木村　てんしん きむら
⇒木村卓哉(きむら・たくひろ)を見よ

天津 向　てんしん むかい
⇒向清太朗(むかい・せいたろう)を見よ

天台大師　てんだいだいし
⇒智顗(ちぎ)を見よ

天童 頼直〔？〜1410〕　てんどう・よりなお
◇郷土の礎を築いた武将天童頼直公　天童　成生地区地域づくり委員会　2016.3　133p　30cm　〈年表あり　文献あり〉　Ⓝ289.1

天皇徳仁〔1960〜〕　てんのうなるひと
◇新天皇と日本人—友が見た素顔、論じ合った日本論　小山泰生著　海竜社　2018.11　311p　19cm　〈文献あり〉　1500円　Ⓘ978-4-7593-1642-1　Ⓝ288.44
内容 1章 友人・皇太子殿下と語り合った天皇家のこと　2章 「ナルちゃん憲法」で育った三つ子の魂と人柄　3章 皇太子殿下との深い縁につながる私のルーツ　4章 新天皇のライフワークと新たな国際的公務　5章 新天皇の時代に見直すべき日本史と天皇制　6章 明治憲法から始まった天皇の意思表明　7章 新天皇に期待する「新しい時代」

轉法輪 奏〔1929〜1998〕　てんぽうりん・すすむ
◇人生の転機 桜の花出版編集部著　新装版　桜の花出版　2014.10　278p　18cm　〈表紙のタイトル：The Turningpoint 初版の出版者：維摩書房　発売：星雲社〉　890円　Ⓘ978-4-434-19776-5　Ⓝ281.04
内容 第1章 三枝成彰氏(作曲家)　第2章 エズラ・ヴォーゲル氏(ハーバード大学教授)　第3章 牛尾治朗氏(ウシオ電機会長)　第4章 故・冨士信夫氏(歴史研究家)　第5章 故・轉法輪奏氏(大阪商船三井前会長)　第6章 故・佐原真氏(国立民族博物館館長)　第7章 千住博氏(日本画家)　第9章 故・渡邊格氏(生命科学者・慶応大学名誉教授)　第10章 椎名武雄氏(日本IBM会長)

天武天皇〔631〜686〕　てんむてんのう
◇日本を支えた12人　長部日出雄著　集英社　2016.2　310p　16cm　(集英社文庫 お20-3)　680円　Ⓘ978-4-08-745419-2　Ⓝ281.04
内容 聖徳太子　天武天皇　行基　聖武天皇　本居宣長　明治天皇　津田左右吉　棟方志功　太宰治　小津安二郎　木下惠介　美智子皇后陛下

天毛 伸一〔1974〜〕　てんもう・しんいち
◇独立不羈　天毛伸一著　ダイヤモンド社　2015.7　322p　20cm　1300円　Ⓘ978-4-478-02959-6　Ⓝ289.1
内容 第1章 旅のはじまり　第2章 アメリカ　第3章

就職　第4章 起業　第5章 東京進出　第6章 買収　第7章 十年後

天龍〔1718～1810〕 てんりゅう

◇天龍道人の偉業と人生―鹿島が生んだ文人画人天龍道人　松尾和義編著　〔鹿島〕　〔松尾和義〕　2016.3　192p　21cm　〈年譜あり〉　4200円　Ⓝ721.7

◇天龍道人の偉業と人生―鹿島が生んだ文人画人天龍道人　松尾和義編著　〔鹿島〕　〔松尾和義〕　2016.4　192p　22cm　〈年譜あり〉　4200円　Ⓝ721.7

◇天龍道人ゆかりの人々―「天龍道人の偉業と人生」続々編　松尾和義編著　〔鹿島〕　〔松尾和義〕　2017.12　186p　22cm　〈年譜あり〉　2500円　Ⓝ721.7

天龍 源一郎〔1950～〕 てんりゅう・げんいちろう

◇全日本プロレス超人伝説　門馬忠雄著　文藝春秋　2014.7　218p　18cm　（文春新書 981）〈文献あり〉　800円　Ⓘ978-4-16-660981-9　Ⓝ788.2

内容　ジャイアント馬場 王道プロレスの牽引者　ジャンボ鶴田 完全無欠のエース　ザ・デストロイヤー「日本のレスラー」になった魔王　アブドーラ・ザ・ブッチャー 血染めの凶器使い　ミル・マスカラス 千の顔を持つ男　大仁田厚 ジュニアヘビー級の尖兵　ザ・ファンクス テキサス・ブロンコの心意気　スタン・ハンセン＆ブルーザー・ブロディ 不沈艦と超獣「最強コンビ」　ザ・グレート・カブキ 毒霧噴く"東洋の神秘"　三沢光晴 男気のファイター　小橋建太 病魔に勝った鉄人　天龍源一郎 不滅の負けじ魂　ジョー樋口 厳しく優しいプロレスの番人

◇レボリューション―天龍源一郎自伝　天龍源一郎著　ベースボール・マガジン社　2015.11　278p　19cm　〈年譜あり〉　1700円　Ⓘ978-4-583-10906-0　Ⓝ788.2

内容　第1章 13歳、旅立ちの冬 1950‐1976　第2章 26歳、孤独の先 1976‐1980　第3章 35歳、本当の人生、始まる 1980‐1987　第4章 37歳、革命という名の青春 1987‐1990　第5章 40歳、新天地の光と影 1990‐1992　第6章 42歳、冒険とロマンの旅へ 1992‐1998　第7章 48歳、激動のメトロノーム 1998‐2007　第8章 65歳、反骨か、愛か 2007‐2015

◇革命終焉　天龍源一郎、嶋田まき代、嶋田紋奈共著　辰巳出版　2015.11　255p　19cm　（G SPIRITS BOOK Vol.5）　1380円　Ⓘ978-4-7778-1589-0　Ⓝ788.2

内容　第1章 すべては「最悪のお見合い」から始まった　第2章 日本テレビから秘密裏に手渡された小切手　第3章 放蕩の限りを尽くした天龍同盟時代の家庭事情　第4章「天龍は金で動いた」とバッシングされた日々　第5章 長女・紋奈がプロレスデビューを断念した瞬間　第6章 家族から見た全日本プロレスへの電撃復帰　第7章 家庭内でも意見が対立…ハッスル参戦は是か非か？　第8章「死に場所」と「手術」―現役最後の5年間

◇完本 天龍源一郎―LIVE FOR TODAY－いまを生きる－　天龍源一郎著　竹書房　2016.9　475p　20cm　〈「瞬間を生きろ！」（1994年刊）の改題、加筆・修正、書下ろしを追加〉　2800円　Ⓘ978-4-8019-0844-4　Ⓝ788.2

内容　最後の花道　出発1950‐1963　青春1964‐1976　放浪1976‐1981　昇龍1981‐1987　革命1987‐1989　逆流1990‐1992　闘いと冒険1992‐1994　反骨1994‐1998　帰郷1998‐2003　流転2003‐2009　至境2009‐2015　終止符2015‐2016：LIVE FOR TODAY

◇三沢と橋本はなぜ死ななければならなかったのか―90年代プロレス血戦史　西花池湖南著　河出書房新社　2017.11　316p　20cm　〈文献あり〉　1800円　Ⓘ978-4-309-02622-0　Ⓝ788.2

内容　1章 1990年三沢光晴の重荷―寡黙な男が背負わざるを得なかった全日本の未来　2章 1991年ジャンボ鶴田の絶頂―新世代の障壁となった怪物、最後の輝き　3章 1992年大仁田厚の爆風―猪木の遺産を食みながら開花したハードコアプロレス　4章 1993年天龍源一郎の入魂―"約束の地"に向かった男が創造した新日本の栄華　5章 1994年橋本真也の確立―天龍越えで実現した「肥満体型レスラー」のエース襲名　6章 1995年武藤敬司の邁進―プロレス・バブルの黄昏時に打ち砕かれた"UWF神話"　7章 1996年川田利明の鬱屈―ガラパゴス化した全日本がついに"鎖国"を解く　8章 1997年蝶野正洋の襲来―黒いカリスマ率いるヒール軍団が変えた新日本の景色　9章 1998年高田延彦の別離―プロレス人気を破綻させた男が向かった新たな世界　10章 1999年そして、ジャイアント馬場の死―規範を失ったプロレス界が露呈した世代間の断絶

【と】

杜甫〔712～770〕 と・ほ

◇杜甫　鈴木修次著　新装版　清水書院　2014.9　238p　19cm　（Century Books―人と思想 57）〈年表あり 索引あり〉　1000円　Ⓘ978-4-389-42057-4　Ⓝ921.43

内容　1 杜甫の文学時代（杜甫とその時代　祖父杜審言の活躍　盛唐の文学と杜甫　杜甫の交友）　2 杜甫の生涯（杜甫の家系・家族　長い浪人生活　社会詩人への脱皮　役人生活と「詩史」　「三吏三別」と免官　放浪の旅立ち　成都の時代　晩年の旅―江上の放浪）　3 杜甫の文学思想（古典主義詩人の自覚　言語造形の格闘　たゆみなき脱皮と前衛芸術の可能性　「詩聖杜甫」の評価）

◇杜甫の詩と生活―現代訓読文で読む　古川末喜著　知泉書館　2014.12　302,8p　21cm　（佐賀大学文化教育学部研究叢書 9）〈年譜あり 索引あり〉　2800円　Ⓘ978-4-86285-201-4　Ⓝ921.43

内容　第1部 成都期（四十七歳に至る　同谷（四十八歳）　成都草堂（四十九歳）ほか）　第2部 夔州期（雲安（五十四歳）　夔州の西閣、赤甲（五十五歳）　夔州の西閣、赤甲（五十六歳）ほか）　第3部 両湖期（江陵（五十七歳）　湘江（五十八歳）　湘江～岳陽（五十九歳））

◇杜甫と玄宗皇帝の時代　松原朗編　勉誠出版　2018.6　270p　21cm　（アジア遊学 220）

十朱 幸代〔1942～〕 とあけ・ゆきよ

◇愛し続ける私 十朱幸代著 集英社 2018.10 207p 19cm 1700円 ①978-4-08-333155-8 Ⓝ778.21

内容 第1章 「バス通り裏」を通り抜けて 第2章 駆け出し女優 第3章 ひとつひとつ階段を上る 第4章 脱皮 第5章 私を成長させた恋 第6章 痛みと大手術からの生還 第7章 孤独と自由を愛して

土居 清良〔1546～1629〕 どい・きよよし

◇土居清良―戦国伊予の聖雄 竹葉秀雄著 西条ひのの心を継ぐ会 2017.12 131p 21cm 〈年表あり〉 1000円 Ⓝ289.1

土井 邦雄〔1939～〕 どい・くにお

◇学長の回顧録―在米40年, シカゴ大学名誉教授の波瀾万丈研究人生 土井邦雄著 インナービジョン 2014.4 160p 19cm 700円 ①978-4-902131-29-1 Ⓝ289.1

土居 光華〔1847～1918〕 どい・こうか

◇土居光華関係書簡群調査報告書 松阪市教育委員会文化課郷土資料室編 〔松阪〕 松阪市教育委員会 2016.3 109p 30cm Ⓝ289.1

戸井 十月〔1948～2013〕 とい・じゅうがつ

◇戸井十月 全仕事―「シャコタン・ブギ」から「五大陸走破」まで世界を駆け抜けた作家の軌跡 戸井十月著,『戸井十月全仕事』編集委員会編 小学館 2016.6 862p 図版16p 19cm 〈他言語標題：The Complete Jugatsu Toi 年譜あり〉 3000円 ①978-4-09-379860-0 Ⓝ918.68

内容 序章 戸井十月はどこから来て、どこへ行ったのか 第1章 「誕生」から「反抗」まで―学生運動、武蔵美中退、「旗とポスター」の頃 第2章 鬱屈の「フラストレーター」―熱すぎる「プレス75」時代 第3章 ルポ・小説・映画…反逆の詩『シャコタン・ブギ』『爆裂都市』そして『風の国』 第4章 旅に病んで、夢は荒野を……北米縦横断からパパ参戦、そしてアジアへ 第5章 憧憬のラテン・アメリカ―ゲバラ、カストロの大いなる影を追って 第6章 先人の言葉を残す仕事―小野田寛郎、植木等から金子兜太まで 第7章 「五大陸走破」に挑む―バイクで地を這う旅で見えてきた「世界」 第8章 「人生最後の旅」へ―「今までで一番すごい冒険をしてしまった」 終章 レクイエム―各界から寄せられた追悼文＆ブログ

土井 たか子〔1928～2014〕 どい・たかこ

◇ありがとう！ 土井たか子さん―追悼集 追悼集『ありがとう！ 土井たか子さん』編集委員会 2015.6 63p 21cm 〈年譜あり〉 300円 Ⓝ289.1

◇一故人 近藤正高著 スモール出版 2017.4 415p 19cm 1800円 ①978-4-905158-42-4 Ⓝ281

内容 二〇一二年（浜田幸一 樋口廣太郎 ほか） 二〇一三年（大島渚 山内溥 ほか） 二〇一四年（永井一郎 坂井義則 ほか） 二〇一五年（赤瀬川隼 桂米朝 ほか） 二〇一六年（蜷川幸雄 中村紘子 ほか）

土居 健郎〔1920～2009〕 どい・たけお

◇治療者としてのあり方をめぐって―土居健郎が語る心の臨床家像 土居健郎,小倉清著 三鷹 遠見書房 2017.10 154p 19cm 〈遠見ここライブラリー〉 チーム医療 1995年刊の訂正追加、書下ろし「アメリカ修行時代」を加えて再刊〉 2000円 ①978-4-86616-036-8 Ⓝ493.72

内容 第1部 土居先生と小倉先生（対談 治療者としてのあり方をめぐって） 第2部 それぞれの経験（精神療法の訓練について 背中を見て育つ 横浜精神療法研究会と私 アメリカ修行時代 カール・メニンガー先生のことさまざま）

◇こころの病に挑んだ知の巨人―森田正馬・土居健郎・河合隼雄・木村敏・中井久夫 山竹伸二著 筑摩書房 2018.1 302p 18cm 〈ちくま新書 1303〉 900円 ①978-4-480-07118-7 Ⓝ493.7

内容 序章 日本の心の治療を支えてきた人々 第1章 森田正馬―思想の矛盾を超えて 第2章 土居健郎―「甘え」理論と精神分析 第3章 河合隼雄―無意識との対話 第4章 木村敏―現象学から生命論へ 第5章 中井久夫―「世に棲む」ための臨床 終章 文化を超えた心の治療へ

樋端 久利雄〔1903～1943〕 といばな・くりお

◇ソロモンに散った聯合艦隊参謀―伝説の海軍軍人樋端久利雄 髙嶋博視著 芙蓉書房出版 2017.3 333p 19cm 〈文献あり 年譜あり 索引あり〉 2200円 ①978-4-8295-0707-0 Ⓝ289.1

内容 第1章 山本五十六元帥夫人の弔問 第2章 樋端（といばな）のはじまり 第3章 海軍航空の魁になる！ 第4章 活躍の場を軍政へ 第5章 軍令から軍政へ 第6章 ソロモンに散った俊秀 第7章 久利雄の残したもの

土肥原 賢二〔1883～1948〕 どいはら・けんじ

◇満洲怪物伝―「王道楽土」に暗躍した人物たちの活躍とその後 歴史REAL編集部編 洋泉社 2015.9 255p 19cm 〈年表あり 索引あり〉 1800円 ①978-4-8003-0719-4 Ⓝ281.04

内容 第1章 建国に暗躍した軍人たちの光と影（石原莞爾―満洲領有を唱えた「世界最終戦争論」とは？ 土肥原賢二―満洲国の建国に尽くした「満洲のローレンス」 板垣征四郎―石原とコンビを組み、満洲事変を引き起こす 山口重次―石原莞爾を煽り関東軍の決起を促した活動家） 第2章 傀儡国家の申し子たち（甘粕正彦―満洲の文化を盛り立てた官僚の「実像」 愛新覚羅溥儀―数奇で残酷な運命を辿った「ラスト・エンペラー」 松岡洋右―満鉄で実力を発揮できなかった総裁 李香蘭―日中に引き裂かれた誠実な女優） 第3章 影の世界にうごめいたフィクサーたち（里見甫―阿片を用いて満洲のダークサイドを歩いた「里見ハン」 辻政信―ノモンハンの独断専行の参謀 河本大作―張作霖爆殺事件の首謀者 石井四郎―「悪魔の細菌部隊」七三一部隊を創

とう

設した男　川島芳子―華麗なエピソードに彩られた「男装の麗人」）　第4章　満洲国を牛耳った官僚と政治家たち（岸信介―昭和の妖怪と呼ばれた男の「一身二生」の人生　星野直樹―満洲国を「傀儡国家」たらしめた最重要人物　髙碕達之助―満業を率いて日本人を守った経済人　古海忠之―満洲国の経済を動かした男）　特別企画　満洲人物伝―「王道楽土」の地で活躍した人物82（軍人／軍関係者　政治家・官僚　満鉄と経済人　文化人　女性　中国人）

唐 寅〔1470～1523〕　とう・いん

◇唐寅　内山知也監修, 明清文人研究会編　白帝社　2015.11　395p　21cm　〈文献あり　年譜あり〉　4000円　Ⓘ978-4-86398-212-3　Ⓝ920.25

内容　唐寅の生涯と蘇州文壇　唐寅の交友関係　唐寅の詩と詩論　唐寅の詞について　唐寅の散文　唐寅の曲　唐寅の虚像と実像　唐寅の書　唐寅の絵画

陶 淵明〔365～427〕　とう・えんめい

◇靖献遺言　浅見絅斎著, 濱田浩一郎訳・解説　晋遊舎　2016.7　253p　20cm　〈文献あり〉　1800円　Ⓘ978-4-8018-0531-6　Ⓝ121.54

内容　第1部　封印された尊王思想書『靖献遺言』の謎（山崎闇斎と浅見絅斎の師弟決別　靖献遺言とは、「君主に仕えて忠義を尽くした義士が残した最期の言葉」）　第2部　『靖献遺言』を読む（国が亡びるのを黙って見ているくらいならいっそ死んだほうがましである（屈原）　今より以後、諸君のなかで、国家に忠誠を誓う者は、遠慮なく私の過失を責めてくれ。そうすれば、天下の大事も定まり、賊は滅びるであろう（諸葛亮孔明）　わずかな給料を得るために、官職についてへいこらしていられるか。仕官の誘いもあったが、二君に仕えることはできない。私は仮住まいたるこの世を辞して、永久に本宅たるあの世へと帰る（陶淵明）　君命である。臣下たる者、どのような事があっても君命を避けることはできない（顔真卿）　王朝の危機に際し一騎として馳せ参じる者がいない。私はこれを深く恨む。だから私は、自分の非力を省みず、身命を賭して祖国を守ろうとするのだ（文天祥）　孺孺は死の間際になっても、燕王（永楽帝）の不義を罵り続けた。燕王は周囲の者に命じて、孺孺の口を刀で抉らせた。口は耳まで裂かれ、血が流れた。それでも、孺孺は燕王を罵倒した。七日間、その声が聞こえた（謝枋得／方孝孺））

◇靖献遺言　浅見絅斎著, 近藤啓吾訳注　講談社　2018.12　557p　15cm　（講談社学術文庫 2535）〈『靖献遺言講義』（国書刊行会　1987年刊）の再編集〉　1790円　Ⓘ978-4-06-514027-7　Ⓝ121.54

内容　巻の1　屈平　巻の2　諸葛亮　巻の3　陶潜　巻の4　顔真卿　巻の5　文天祥　巻の6　謝枋得　巻の7　劉因　巻の8　方孝孺

董 其昌〔1555～1636〕　とう・きしょう

◇中国書人伝　中田勇次郎編　中央公論新社　2015.7　365p　16cm　（中公文庫 な66-1）〈中央公論社 1973年刊の再刊　年譜あり〉　1200円　Ⓘ978-4-12-206148-4　Ⓝ728.22

内容　王羲之・王献之―貝塚茂樹　鄭道昭・智永―小川環樹　唐太宗・虞世南・欧陽詢・褚遂良―加藤楸邨　顔真卿・柳公権―井上靖　李邕・張旭・懐素・楊凝式―土岐善麿　蘇軾・黄庭堅・米芾―寺田透　趙孟頫・張即之―武田泰淳　祝允明・文徴明・董其昌―杉浦明平　張瑞図―中田勇次郎　王鐸・金農・劉墉―三浦朱門　鄧石如・何紹基・趙之謙

唐 群英〔1871～1937〕　とう・ぐんえい

◇中国名記者列伝―正義を貫き、その文章を歴史に刻み込んだ先人たち　第1巻　柳斌傑、李東東編, 加藤青延監訳, 渡辺明次訳　日本僑報社　2016.9　221p　21cm　3600円　Ⓘ978-4-86185-224-4　Ⓝ070.16

内容　新聞・雑誌の政治評論の開拓者　王韜（おう・とう 1828 - 1897）　『万国公報』の魂　蔡爾康（さい・じこう 1851 - 1921）　西洋の学問を中国に取りこんだ「西学東漸」の先駆　厳復（げん・ふく 1854 - 1921）　民国時代の北京新聞界の元老　朱淇（しゅ・き 1858 - 1931）　傑出した職業ジャーナリスト　汪康年（おう・こうねん 1860 - 1911）　家財を投げ打ち民衆のために新聞発行　彭翼仲（ほう・よくちゅう 1864 - 1921）　公のために「直言」をいとわず　英斂之（えい・れんし 1867 - 1926）　湖南省言論界一の健筆　唐才常（とう・さいじょう 1867 - 1900）　清末民初の新聞政治論家　章太炎（しょう・たいえん 1869 - 1936）　人民の中の先覚者　陳少白（ちん・しょうはく 1869 - 1934）　民国初期の北京新聞界の「怪傑」　劉少少（りゅう・しょうしょう 1870 - 1929）　義侠心に燃えた女性ジャーナリスト　唐群英（とう・ぐんえい 1871 - 1937）　海に身を投じた烈士　楊篤生（よう・とくせい 1872 - 1911）　新聞発行のために私財を投げ打つ　卞小吾（べん・しょうご 1872 - 1908）　新聞を創刊し維新を推進　梁啓超（りょう・けいちょう 1873 - 1929）　マスコミ副刊の牽引者　狄楚青（てき・そせい 1873 - 1941）　口語体新聞の先駆者　林白水（りん・はくすい 1874 - 1926）　革命世論の旗手　陳去病（ちん・きょへい 1874 - 1933）　傑出したマスコミ事業者　汪漢渓（おう・かんけい 1874 - 1924）　革命党の大文豪　陳天華（ちん・てんか 1875 - 1905）

鄧 洪徳　とう・こうとく
⇒和睦（わぼく）を見よ

唐 才常〔1867～1900〕　とう・さいじょう

◇中国名記者列伝―正義を貫き、その文章を歴史に刻み込んだ先人たち　第1巻　柳斌傑、李東東編, 加藤青延監訳, 渡辺明次訳　日本僑報社　2016.9　221p　21cm　3600円　Ⓘ978-4-86185-224-4　Ⓝ070.16

内容　新聞・雑誌の政治評論の開拓者　王韜（おう・とう 1828 - 1897）　『万国公報』の魂　蔡爾康（さい・じこう 1851 - 1921）　西洋の学問を中国に取りこんだ「西学東漸」の先駆　厳復（げん・ふく 1854 - 1921）　民国時代の北京新聞界の元老　朱淇（しゅ・き 1858 - 1931）　傑出した職業ジャーナリスト　汪康年（おう・こうねん 1860 - 1911）　家財を投げ打ち民衆のために新聞発行　彭翼仲（ほう・よくちゅう 1864 - 1921）　公のために「直言」をいとわず　英斂之（えい・れんし 1867 - 1926）　湖南省言論界一の健筆　唐才常（とう・さいじょう 1867 - 1900）　清末民初の新聞政治論家　章太炎（しょう・たいえん 1869 - 1936）　人民の中の先覚者　陳少白（ちん・しょうはく 1869 - 1934）　民国初期の北京新聞界の「怪傑」　劉少少（りゅう・しょうしょう 1870 - 1929）　義侠心に燃えた女性ジャーナリスト　唐群英（とう・ぐんえい 1871 - 1937）　海に身を投じた烈士　楊篤生（よう・とくせい 1872 - 1911）　新聞発行のため

に私財を投げ打つ 卞小吾（べん・しょうご 1872 - 1908） 新聞を創刊し維新を推進 梁啓超（りょう・けいちょう 1873 - 1929） マスコミ刷新の牽引者 狄楚青（てき・そせい 1873 - 1941） 口語体新聞の先駆者 林白水（りん・はくすい 1874 - 1926） 革命世論の旗手 陳去病（ちん・きょへい 1874 - 1933） 傑出したマスコミ事業者 汪漢渓（おう・かんけい 1874 - 1924） 革命党の大文豪 陳天華（ちん・てんか 1875 - 1905）

鄧 小平 〔1904〜1997〕 とう・しょうへい

◇すべては1979年から始まった―21世紀を方向づけた反逆者たち クリスチャン・カリル著，北川知子訳 草思社 2015.1 467,19p 19cm 〈文献あり〉 2300円 Ⓘ978-4-7942-2102-5 Ⓝ209.75

内容 不安の高まり 辰年 「粗野だが、歓迎すべき無秩序状態」 革命家の帝王 トーリー党の暴徒 旅する教皇ヨハネ・パウロ二世 イマーム 銃を片手に 預言者のプロレタリアート 事実に基づき真実を求める〔ほか〕

◇鄧小平 エズラ・F・ヴォーゲル著，橋爪大三郎聞き手 講談社 2015.11 253p 18cm （講談社現代新書 2345）〈年譜あり〉 800円 Ⓘ978-4-06-288345-0 Ⓝ289.2

内容 第1章 鄧小平とは何者か 第2章 革命家、鄧小平 第3章 国共内戦から新中国成立へ 第4章 文化大革命 第5章 鄧小平の改革開放 第6章 天安門事件 終章 これからの中国

鄧 石如 〔1743〜1805〕 とう・せきじょ

◇中国書人伝 中田勇次郎編 中央公論新社 2015.7 365p 16cm （中公文庫 な66-1）〈中央公論社1973年刊の再刊 年譜あり〉 1200円 Ⓘ978-4-12-206148-4 Ⓝ728.22

内容 王羲之・王献之―貝塚茂樹 鄭道昭・智永い―小川環樹 唐太宗・虞世南・欧陽詢・褚遂良―加藤楸邨 顔真卿・柳公権―井上靖 李邕・張旭・懐素―駒田信二 一土岐善麿 蘇軾・黄庭堅・米芾―寺田透 趙孟頫・張即之―武田泰淳 祝允明・文徴明・董其昌―杉浦明平 張瑞図―中田勇次郎 王鐸・金農・劉墉―三浦朱門 鄧石如・何紹基・趙之謙

陶潜 とう・せん

⇒陶淵明（とう・えんめい）を見よ

堂安 律 〔1998〜〕 どうあん・りつ

◇壁を越えろ―走り続ける才能たち 安藤隆人著 実業之日本社 2017.8 210p 19cm 1500円 Ⓘ978-4-408-33719-7 Ⓝ783.47

内容 プロローグ 日本を代表する原石 第1章 苦悩する者たち―小林祐希/柴崎岳（テクニックを磨くことだけ考えた 本田圭佑を彷彿とさせる生き方 ほか） 第2章 出会うべく運命だった二人の男―昌子源/植田直通（日本代表センターバックの未来図 挫折から這い上がる姿 ほか） 第3章 日本を救う男たち―浅野拓磨/南野拓実（恩師との出会い ストライカーとしての覚醒 ほか） 第4章 ネクスト世代の躍動―堂安律（新世代の若き日本代表 ブレイクスルー） エピローグ 走り続けるサッカー人生

洞院 公賢 〔1291〜1360〕 とういん・きんかた

◇内乱のなかの貴族―南北朝と「園太暦」の世界 林屋辰三郎著 吉川弘文館 2015.7 232p 19cm （読みなおす日本史）〈角川書店 1991年刊の再刊 年譜あり〉 2200円 Ⓘ978-4-642-06590-0 Ⓝ210.45

内容 序章 日本の貴族 第1章 西園寺家と洞院公賢 第2章 複眼でみる建武新政 第3章 北朝左大臣拝任 第4章 貞和の戦局 第5章 京都の生活と風聞 第6章 和談は踊る 第7章 天下一統の春 第8章 後光厳天皇 第9章 文和の時勢粧 第10章 戦争と平和 第11章 晩年の公賢 第12章 筆のあと 結章 新しい武家貴族の登場

道鏡 〔？〜772〕 どうきょう

◇あなたの内なる道鏡へ 本田義幾著 大崎 本田義幾 2015.4 56p 21cm 〈1993年刊の増訂〉 Ⓝ289.1

◇あなたの内なる道鏡へ 2 道鏡誤解の根源をたねる 本田義幾著 大崎 本田義幾 2017.4 56p 21cm Ⓝ289.1

◇日本の奇僧・快僧 今井雅晴著 吉川弘文館 2017.11 197p 19cm （読みなおす日本史）〈講談社 1995年刊の再刊〉 2200円 Ⓘ978-4-642-06755-3 Ⓝ182.88

内容 知的アウトサイダーとしての僧侶 道鏡―恋人は女帝 西行―放浪五〇年、桜のなかの死 文覚―生まれついての反逆児 親鸞―結婚こそ極楽への近道 日蓮―弾圧こそ正しさの証 一遍―捨てよ、捨てよ、捨てよ 尊雲（護良親王）―大僧正から征夷大将軍へ 一休―天下の破戒僧 快川―心頭を滅却すれば火も自ら涼し 天海―超長寿の黒衣の宰相 エピローグ―僧侶と日本人

◇天皇と貴族の古代政治史 鷺森浩幸著 塙書房 2018.2 390,13p 22cm 〈索引あり〉 12000円 Ⓘ978-4-8273-1295-9 Ⓝ210.35

内容 第1部 政治過程と制度（王家と貴族 内外階制と貴族 奈良時代の侍従 正倉院北倉の出納体制） 第2部 氏族のアウトロの地位と構造（大伴氏 阿倍氏 中臣氏） 第3部 人物と事件（聖武天皇と藤原八束・市原王 藤原八束（真楯）の妻 道鏡の生涯 藤原緒嗣の辞職上表 仁明天皇の三人の女御と皇位継承）

道鏡慧端 〔1642〜1721〕 どうきょうえたん

◇禅の名僧に学ぶ生き方の知恵 横田南嶺著 致知出版社 2015.9 271p 20cm 〈他言語標題：ZEN Wisdom 文献あり〉 1800円 Ⓘ978-4-8009-1083-7 Ⓝ188.82

内容 第1講 無学祖元―円覚寺の「泣き開山」 第2講 夢窓疎石―世界を自分の寺とする 第3講 正受老人―正念相続の一生涯 第4講 白隠慧鶴―いかにして地獄から逃れるか 第5講 誠拙周樗―円覚寺中興の祖 第6講 今北洪川―至誠の人 第7講 釈宗演―活達雄偉、明晰俊敏

道元 〔1200〜1253〕 どうげん

◇道元 山折哲雄著 新装版 清水書院 2014.9 219p 19cm （Century Books―人と思想 42）〈文献あり 年表あり 索引あり〉 1000円 Ⓘ978-4-389-42042-0 Ⓝ188.82

内容 1 師を殺し、師を求めて―遍歴の時代（手がかりをつかもう！ 比叡山へ 山を降りる 新天地・中国へ 正師・如浄との邂逅） 2 真理と人間の探

とうけん

究―創造の時代(坐禅のすすめ　興聖寺僧団の形成　越前へ　永平寺を開く)　3 国家と死のはざまで―苦悩の時代(鎌倉への下向　北条時頼との対決　出家主義に回帰―ふたたび山へ　「活きながら、黄泉に陥つ」)

◇道元―曹洞宗　百瀬明治著　京都　淡交社　2014.12　198p　18cm　(京都・宗periodの旅)〈1990年刊の再編集　年譜あり〉　1200円　①978-4-473-03982-8　Ⓝ188.82

内容 1 道元の生涯と教え(道元の出生　無常に思いをひそめ　末法思想と最後の審判　出家への道　ほか)　2 京都・道元の旅(木幡山荘跡と誕生寺　比叡山横川　建仁寺　安養院跡と欣浄寺　ほか)

◇よき人々の系譜　阿部祐太著　阿部出版　2015.1　413p　20cm　〈文献あり〉　2000円　①978-4-87242-326-6　Ⓝ280

内容 第1章 無限の未知を受け入れる(司馬光「誠実な者こそ正しく勇ましい」　ディドロ「学問の目的は、真理を知る喜びにある」　シュンペーター「人間的な営みの積み重ねが社会の向上をもたらす」　第2章 語りえぬもの、見えぬものに本質がある(マティス「目に見えない真理を描く」　世阿弥「魂に沿うことで人は喜び感動する」　シュレンマー「有限な身体と無限の意識は表裏一体」)　第3章 生かされて生きていることの自覚(道元「無常の中で常なるものを知る」　ヤスパース「幸せに生きることは、幸せに死ぬこと」　プランクーシ「無私が大いなる力を引き寄せる」)　第4章 自然と自分のつながりを再認識する(トルストイ「幸福とは自然と共にあること」　ナポレオン「人間は自然界に生かされる弱き者である」　ヴェルヌ「科学は万能ではない」)　第5章 人生の行方は自分で決める(勝海舟「経験が自分を育てる」　サン＝テグジュペリ「真理も幸福も自分の内より創造する　ミレー「現実はすべて崇高なり」)

◇うちのお寺は曹洞宗―文庫オリジナル版　わが家の宗教を知る会著　双葉社　2015.2　237p　15cm　(双葉文庫　わ08-02)〈文献あり〉　602円　①978-4-575-71431-9　Ⓝ188.8

内容 序章 ざっくりわかる曹洞宗Q&A　第1章 仏教の歴史と曹洞宗の誕生　第2章 両祖の生涯と曹洞宗の発展　第3章 キーワードで知る曹洞宗の教え　第4章 曹洞宗のしきたり　第5章 ぜひ訪ねたい曹洞宗のお寺

◇道元禅の参究　杉尾玄有著　春秋社　2015.10　619p　22cm　〈著作目録あり〉　9800円　①978-4-393-15229-4　Ⓝ188.82

内容 第1章 『正法眼蔵』の編集の課題(道元参究序説―原事実の発見　道元禅の参究　ほか)　第2章 道元の伝記の諸問題(御教示仰ぎたき二問題―「面授時脱落」のこと及び『普勧坐禅儀』の書風のこと　源実朝の入宋企図と道元禅師　ほか)　第3章 『正法眼蔵』の本文研究(『正法眼蔵』註解書批判の試み―「有時」の巻を例として　道元における「三界唯心」の意義―観念論的「眼蔵」解釈批判　ほか)　第4章 道元と文学・語学(実朝から道元へ―太宰治を巡って　「傘松道詠」「春は花」一首考―道元の新古今歌壇批判　ほか)

◇道元―仏であるがゆえに坐す　石井清純著　佼成出版社　2016.1　181p　19cm　(構築された仏教思想)〈文献あり　年譜あり〉　1400円　①978-4-333-02727-9　Ⓝ188.82

内容 序章 禅の基礎知識　第1章 道元の略伝　第2章 道元の著作　第3章 初心の仏道　第4章 修行と坐禅　第5章 歩むべき道の確信　第6章 永平寺の運営　終章 道元禅の読み方

◇よくわかる曹洞宗―重要経典付き　瓜生中著　KADOKAWA　2016.7　230p　15cm　(〔角川ソフィア文庫〕　[H113-3])〈文献あり　年表あり〉　760円　①978-4-04-400134-6　Ⓝ188.8

内容 第1章 禅と曹洞宗の基礎知識　第2章 道元の生涯と教え　第3章 道元以降の曹洞宗　第4章 曹洞宗の主な寺院　第5章 曹洞宗のお経　付録 曹洞宗の年中行事と法要

◇いまこそ知りたい日本の思想家25人　小川仁志著　KADOKAWA　2017.9　254p　19cm　〈他言語標題：25 Japanese thinkers you need to know now　文献あり〉　1700円　①978-4-04-400234-3　Ⓝ121.028

内容 第1章 日本思想の黎明期(空海　道元　親鸞　吉田兼好　世阿弥)　第2章 日本の近世の巨藤(山本常朝　荻生徂徠　本居宣長　安藤昌益　二宮尊徳)　第3章 日本の近代の幕開け(横井小楠　吉田松陰　福沢諭吉　新渡戸稲造　内村鑑三)　第4章 「日本哲学」の始まり(西周　西田幾多郎　九鬼周造　三木清　和辻哲郎)　第5章 世界における日本思想の独自性(北一輝　鈴木大拙　柳田國男　丸山眞男　吉本隆明)

◇〈語学教師〉の物語―日本言語教育小史　第1巻　塩田勉著　書肆アルス　2017.10　475p　21cm　〈索引あり〉　2800円　①978-4-907078-19-5　Ⓝ807

内容 1 上代―飛鳥時代　2 上代―奈良時代　3 中古―空海　4 中古―最澄　5 中古―円仁　6 中古―円珍・成尋　7 中世―栄西・重源　8 中世―道元

◇道元禅師の心　窪田慈雲著　春秋社　2018.6　306p　20cm　2500円　①978-4-393-13423-8　Ⓝ188.82

内容 第1章 道元禅師の生涯(誕生から入宋まで　入宋後の修行　帰国後の最初の教え　ほか)　第2章 正法眼蔵と道元禅師の心(一顆明珠の巻　即心是仏の巻　谿声山色の巻　ほか)　第3章 道元禅師が伝えたかった心(参禅は大悟の体験が必須であること　大悟への執着もまた迷いであること　因果無人の生活に徹すること　ほか)

◇道元禅師の伝記と思想研究の軌跡　吉田道興編著　名古屋　あるむ　2018.7　608p　27cm　15000円　①978-4-86333-130-3　Ⓝ188.82

内容 伝記編(伝記研究入門　道元禅師伝の粉飾的記事　新到位列問題　諸種の伝記史料における書誌学的研究　道元禅師の「絵伝」　ほか)　思想編(仏法の全道　道元禅師の修証観「修証一等」　道元禅師における諸種の観点　道元禅師の受戒と伝戒　宗門祖師の嗣法観　ほか)

◇道元伝―第一作第二作合冊版　圭室諦成著　書肆心水　2018.10　350p　22cm　(「日本仏教聖者伝 第8巻」(日本評論社 1935年刊)と「道元」(三笠書房 1941年刊)の改題、合本　年譜あり〉　6900円　①978-4-906917-84-6　Ⓝ188.82

内容 道元 第一作(南都と北嶺　雲遊萍寄　栄西と明全　禅林の展望　禅林の遍歴　ほか)　道元 第二作

（天台と真言　新興の浄土　日本の臨済　本場の禅宗　正伝の祖道　ほか）

◇親鸞と道元　五木寛之, 立松和平著　祥伝社　2018.11　350p　18cm　（祥伝社新書 554）〈2010年刊の再刊　文献あり　年譜あり〉　980円　①978-4-396-11554-8　Ⓝ188.72

内容　第1章 私の道元、私の親鸞　第2章 戒律を守った道元、破戒した親鸞　第3章「宿業」とは何か　第4章 親鸞と道元は、何が新しかったのか　第5章 言葉に置き換えられない真実の教え　第6章 なぜ、いま『歎異抄』なのか　第7章 宗教は何の役に立つのか　第8章 現代における道元と親鸞

◇禅とは何か―それは達磨から始まった　水上勉著　中央公論新社　2018.12　396p　16cm　（中公文庫　み10-23）〈新潮社 1988年刊の再刊　文献あり〉　960円　①978-4-12-206675-5　Ⓝ188.82

内容　それは達磨から始まった　臨済禅を築いた祖師たち　反時代者道元希玄の生き方　曹洞大教団の誕生　一休宗純の風狂破戒　三河武士鈴木正三の場合　沢庵宗彭体制内からの視線　雲渓桃水と白隠禅師の自由自在　日本禅の沈滞を破る関門からの波　大愚良寛「無住の住」の生涯　江戸時代の印　江戸時代の禅乞食行の胸の内　心ひとつを定めかねつつ　民衆が純禅を支える

東郷 文彦〔1915～1985〕　とうごう・ふみひこ

◇返還交渉―沖縄・北方領土の「光と影」　東郷和彦著　PHP研究所　2017.3　266p　18cm　（PHP新書 1090）　820円　①978-4-569-83226-5　Ⓝ319.1053

内容　序章 沖縄返還交渉と北方領土交渉　第1章 二元外交のはじまり―六七年佐藤・ジョンソン共同声明　第2章 沖縄の核抜き返還―六九年佐藤・ニクソン共同声明　第3章 二元外交の外交的評価　第4章 若泉と東郷の思想　第5章 ソ連時代の北方領土交渉　第6章 ロシアとの北方領土交渉　終章 正念場の北方領土交渉

東郷 平八郎〔1848～1934〕　とうごう・へいはちろう

◇昭和天皇に背いた伏見宮元帥―軍令部総長の失敗　生出寿著　潮書房光人社　2016.10　353p　16cm　（光人社NF文庫　おN-971）〈徳間文庫 1991年刊の再刊　文献あり〉　860円　①978-4-7698-2971-3　Ⓝ397.21

内容　第1章 危機の萌芽（天皇の失望　三人の寵臣　孤立した左皇　自信過剰の海軍首脳）　第2章 天皇に背く首脳たち（反米英の先駆　お家騒動の発端　軍令部は不同意　策謀家たち　伏見宮と東郷平八郎）　第3章 軍令部総長の不明（かつがれた軍令部長　権力強奪　特急昇進　海軍自体の慢心　まず兵を去れ）　第4章 海軍滅亡へ（陸軍との対決　悪魔に魅入られた夏　離任　特攻主張）

◇日本の偉人物語　1　二宮尊徳　坂本龍馬　東郷平八郎　岡田幹彦著　光明思想社　2017.4　197p　20cm　1296円　①978-4-904414-58-3　Ⓝ281

内容　第1話 二宮尊徳―日本が世界に誇る古今独歩の大聖（金次郎を鍛え上げた二十年間の試練　一家を廃して万家を興す　農村復興の神様―桜町を再建した大慈大悲の至誠　至誠・報徳の真の日本人の道）　第2話 坂本龍馬―「明き清き直き誠の心」「廃れ者」

から維新の志士へ　龍馬の「攘夷」の精神　志士達が立上った原動力―尊皇の心　国難打開に尽した無我献身の生涯）　第3話 東郷平八郎―全世界が尊敬する古今随一の海将（明治の日本海軍を背負って　苦難、試練を乗り越えて　日露戦争―世界史を変えた世紀の一戦　限りなき忠誠）

登舟（江戸）〔安永～天明頃〕　とうしゅう

◇俳諧師登舟―柳下亭登舟と閑鷗亭登舟　竹内千代子編著, 武田由美子著　高崎　武田由美子　2016.1　94p　21cm　〈私家版〉　Ⓝ911.34

登舟（上毛）〔安永～寛政頃〕　とうしゅう

◇俳諧師登舟―柳下亭登舟と閑鷗亭登舟　竹内千代子編著, 武田由美子著　高崎　武田由美子　2016.1　94p　21cm　〈私家版〉　Ⓝ911.34

東洲斎 写楽〔江戸時代中期〕　とうしゅうさい・しゃらく

◇写楽の謎―阿波徳島藩の古画と古文書で暴く～藩は不祥事として隠蔽～　田村善昭著　美術の杜出版　2015.12　287p　21cm　〈発売：星雲社〉　2000円　①978-4-434-21540-7　Ⓝ721.8

内容　写楽の背景　阿波徳島について　市井の浮世絵愛好家　故・瀬尾長氏　阿波徳島藩お抱え絵師　矢野栄教典博　写楽風の宗教の絵見つかる　文部省国立資料館（当時の）　お時の方の手文庫　元藩主・蜂須賀重喜　江戸時代の絵に写楽の印　江戸時代の画稿大量に見つかる　日本最古の解剖図〔ほか〕

◇写楽―江戸人としての実像　中野三敏著　中央公論新社　2016.9　257p　16cm　（中公文庫　な67-1）〈2007年刊に「快刀乱麻を断つ」、「解説」を加えて再刊〉　740円　①978-4-12-206294-8　Ⓝ721.8

内容　第1章 江戸文化における「雅」と「俗」―写楽跡追い前段　第2章 すべては『浮世絵類考』に始まる　第3章 斎藤月岑という人　第4章 『江戸方角分』の出現　第5章 『江戸方角分』と写楽　第6章 大団円　補章 もう一人の写楽斎

道昭〔629～700〕　どうしょう

◇道昭―三蔵法師から禅を直伝された僧の生涯　石川逸子著, 鈴木比佐雄, 座馬寛彦編　コールサック社　2016.11　478p　19cm　〈文献あり〉　1800円　①978-4-86435-274-1　Ⓝ188.212

内容　「異神」の渡来　馬子とウマヤト　大王の座　上宮一族のほろび　血したたる刃　遣反人　遣唐使船　先住民族の歌語り　朝鮮高僧譚　唐王室と玄奘三蔵〔ほか〕

東條 かつ子〔1890～1982〕　とうじょう・かつこ

◇軍神の母、シドニーに還る―生き残り学徒兵の「取材ノート」から　南雅也著　潮書房光人新社　2018.7　229p　16cm　（光人社NF文庫　み1078）〈「この壮烈なる戦士たち」（泰流社 1982年刊）の改題　文献あり〉　760円　①978-4-7698-3078-8　Ⓝ916

内容　第1章 軍神、この母たち（軍神の母、シドニーに還る　かあちゃんと百三十八人の人間魚雷）　第2章 われ降伏を拒否す（慟哭の島・硫黄島へ再び　散るべき時は今なるぞ）　第3章 声なき雄叫び（抗戦に

殉じた人びと　名将・今村均と自衛官たち　東条カツ夫人の生涯　国士・瀬島龍三に学ぶ）　終章　戦い未だ終わらず―"自分史"に代えて

東條　英機〔1884〜1948〕　とうじょう・ひでき

◇人間東條英機　真新解釈　真砂千広編著　増補改訂版　〔出版地不明〕　〔真砂千広〕　2014.5　238p　15cm　1200円　①978-4-907628-12-3　Ⓝ289.1

◇近代政治家評伝―山縣有朋から東條英機まで　阿部眞之助著　文藝春秋　2015.10　397p　16cm　（文春学藝ライブラリー――雑ು 20）〈文藝春秋新社 1953年刊の再刊〉　1250円　①978-4-16-813052-6　Ⓝ312.8

内容　山縣有朋　星亨　原敬　伊藤博文　大隈重信　西園寺公望　加藤高明　犬養毅　大久保利通　板垣退助　桂太郎　東條英機

◇昭和史講義　3　リーダーを通して見る戦争への道　筒井清忠編　筑摩書房　2017.7　302p　18cm　（ちくま新書 1266）　900円　①978-4-480-06977-1　Ⓝ210.7

内容　加藤高明―二大政党政治の扉　若槻礼次郎―世論を説得しようとした政治家の中庸　田中義一―政党内閣期の軍人宰相　幣原喜重郎―戦前期日本の国際協調外交の象徴　浜口雄幸―調整型指導者と立憲民政党　犬養毅―野党指導者の奇跡　岡田啓介―「国を思う狸」の功罪　広田弘毅―「協和外交」の破綻から日中戦争へ　宇垣一成―「大正デモクラシー」が生んだ軍人　近衛文麿―アメリカという「幻」に賭けた政治家　米内光政―天皇の絶対的な信頼を得た海軍軍人　松岡洋右―ポピュリストの誤算　東条英機―ヴィジョンなき戦争指導者　鈴木貫太郎―選択としての「聖断」　重光葵―対中外交の可能性とその限界

◇東條英機は悪人なのか　鈴木晟著　展転社　2018.6　262p　19cm　1800円　①978-4-88656-461-0　Ⓝ289.1

内容　なぜ東條英機なのか　父と子　昭和改元　飛躍―満洲の大地から　陽の当たる場所に　明けて昭和一六年　破局に向かって　図らずも総理大臣の印綬を帯びる　関頭に立つ　一二月八日　はたして独裁者か　以って瞑すべし　下獄―巣鴨へ　東京裁判―そして最期　罪なき者まず石もて投げすてよ

◇昭和史講義　軍人篇　筒井清忠編　筑摩書房　2018.7　301p　18cm　（ちくま新書 1341）　900円　①978-4-480-07163-7　Ⓝ210.7

内容　昭和陸軍の派閥抗争―まえがきに代えて　東条英機―昭和陸軍の悲劇の体現者　梅津美治郎―「後始末」に尽力した陸軍大将　阿南惟幾―「徳義即戦力」を貫いた武将　鈴木貞一―背広を着た軍人　武藤章―「政治的軍人」の実像　石原莞爾―悲劇の鬼才か、鬼才による悲劇か　牟田口廉也―信念と狂信の間　今村均―「ラバウルの名将」から見る日本陸軍の悲劇　山本五十六―その避戦構想と挫折　米内光政―終末点のない戦争指導　永野修身―海軍「主流派」の選択　高木惣吉―昭和海軍の語り部　石川信吾―「日本海軍最強硬論者」の実像　堀悌吉―海軍軍縮派の悲劇

◇それでも東條英機は太平洋戦争を選んだ―昭和天皇が信頼した男の正体　鈴木荘一著　勉誠出版　2018.11　251p　18cm　〈文献あり〉　800円　①978-4-585-22226-2　Ⓝ210.7

内容　第1章　政党政治に順応した日本陸軍　第2章　陸軍四派閥の並立　第3章　皇道派と統制派の抗争としての二・二六事件　第4章　統制派の支配下にあった広田弘毅内閣と林銑十郎内閣　第5章　支那事変の和平努力を潰した東條英機　第6章　包囲された日本　第7章　松岡外相が三国同盟に固執し日米諒解案を潰す　第8章　東條陸相の支邦撤兵拒否により第三次近衛内閣において日米交渉決裂　第9章　東條英機の太平洋戦争

洞松院〔1461?〜?〕　とうしょういん

◇井伊直虎と戦国の女傑たち―70人の数奇な人生　渡邊大門著　光文社　2016.12　307p　16cm　（光文社知恵の森文庫　tわ3-2）〈文献あり〉　780円　①978-4-334-78712-7　Ⓝ281.04

内容　第1部　女戦国大名・井伊直虎と井伊一族　第2部　地方別　戦国の女傑たち（東北・北陸の戦国女性　関東・中部の戦国女性　近畿・中国の戦国女性　四国・九州・海外の戦国女性）　第3部　戦国女性の真相を語る「女戦国大名」今川氏親の妻・寿桂尼　「女戦国大名」赤松政則の妻・洞松院尼　戦国女性の日常生活　軍師官兵衛を支えた妻・光　戦国に輝いた浅井三姉妹の生涯

唐人お吉〔1841〜1890〕　とうじんおきち

◇安直楼始末記―真斎藤きち伝　幕末お吉研究会編　改訂版　横浜　でじブックス　2017.5　274p　21cm　〈年譜あり　文献あり〉　1667円　Ⓝ289.1

桃水雲渓〔1612〜1683〕　とうすいうんけい

◇禅とは何か―それは達磨から始まった　水上勉著　中央公論新社　2018.12　396p　16cm　（中公文庫　み10-23）〈新潮社 1988年刊の再刊　文献あり〉　960円　①978-4-12-206675-5　Ⓝ188.82

内容　それは達磨から始まった　臨済禅を築いた祖師たち　反時代者道元希玄の生き方　曹洞大教団の誕生　一休宗純の風狂破戒　三河武士鈴木正三の場合　沢庵宗彭体制内からの視線　雲渓桃水と白隠禅師の自由自在　日本禅の沈滞を破る明国からの波　大愚良寛「無住の住」の生涯　故郷乞食行の胸の内　心ひとつを定めかねつも　民衆が純粋を支える

堂園　晴彦〔1952〜〕　どうぞの・はるひこ

◇ともにあり続けること　堂園晴彦著　女子パウロ会　2018.12　102p　19cm　1000円　①978-4-7896-0799-5　Ⓝ490.14

内容　戸を開けて春風にそよごうよ　第1章　患者さんの五感から学ぶ（生活臨床とは、ともにある医療）　第2章　思いは時空を超えて（星に導かれた最期の航海　異国の丘で ほか）　第3章　マザー・テレサへの道（コルカタの風景　ボランティア活動の体験 ほか）　第4章　明日に架ける橋（二十一世紀の社会保障―医療と福祉が寄り添うために　良医を育てるシステム作りを早急に ほか）　春はまた巡ってくる

陶汰〔1947〜〕　とうた

◇証と闇　陶汰著　福岡　櫂歌書房　2016.6　284p　19cm　〈発売：星雲社〉　1389円　①978-4-434-22194-1　Ⓝ289.1

内容　第1部　生い立ち〜青年期（証）（漁師の子として　父・長兄・次兄・妹のこと　妻のこと　長女のこと

藤堂 高虎〔1556〜1630〕とうどう・たかとら

◇7人の主君を渡り歩いた男 藤堂高虎という生き方 江宮隆之著 KADOKAWA 2015.12 254p 18cm 〈文献あり 年表あり〉 1000円 ①978-4-04-601464-1 Ⓝ289.1

内容 序章 七転八起—生き方を教えるその人生 第1章 強い意志を培う 第2章 感謝に目覚める 第3章 人生を変える人との出会い 第4章 期待に応える 第5章 信頼こそ第一 第6章 潔さの果てにあるもの 第7章 選択を誤らない 第8章 真心で尽くすことも仁 第9章 私事を除き、公に尽くす 終章 晩年をより良く生きるために

◇築城の名手藤堂高虎 福井健二著 戎光祥出版 2016.11 201p 21cm (図説日本の城郭シリーズ 4)〈文献あり 年譜あり〉 2200円 ①978-4-86403-225-4 Ⓝ521.823

内容 序章 藤堂高虎とその家系 第1章 若き日の高虎と賤ヶ嶽の戦い 第2章 宇和島城の構築と関ヶ原合戦 第3章 膳所城・伏見城・今治城の構築 第4章 江戸城・駿府城・亀山城などを構築する 第5章 伊賀上野城・津城の構築 第6章 大坂冬の陣・夏の陣と大坂城の修築 第7章 高虎晩年の造営事業 第8章 高虎の最期と藤堂家の人々

◇藤堂高虎論—初期藩政史の研究 藤田達生著 塙書房 2018.11 404,14p 22cm 〈年譜あり〉 12000円 ①978-4-8273-1296-6 Ⓝ289.1

内容 藤堂高虎と初期藩政史研究 第1部 都市論(中世都市を移転する—港湾都市安濃津から城下町津へ 本城城下町をつくる—伊勢津 領内都市をつくる—伊勢・一身田寺内町 本城をつくる—伊予松山城 支城をつくる—湯築城から塩原城へ) 第2部 家臣団論(養子の処遇—名張藤堂家の誕生 重臣の統治知識—『統集懐録』を読む 防衛体制を敷く—郷士制度 初期御家騒動の構造—陸奥会津藩 藩誕生期の地方巧者・伊予松山藩足立重信) 寛永期の西国大名配置

東野 英治郎〔1907〜1994〕とうの・えいじろう

◇漫遊役者東野英治郎—昭和芸能「情と葛藤」の人生 東野英心著 ラピュタ 2015.7 298p 19cm (ラピュタブックス—LJライブラリー 1)(「私説父物語」(サリュート 1996年刊)の改題、増補 文献あり 年譜あり) 1800円 ①978-4-905055-31-0 Ⓝ772.1

内容 第1部 改編・私説父物語(夢の果て! 長寿番組『水戸黄門』上州富岡、身分は丁稚小僧 剣道と初恋! 青春真っ盛り 憧れの新劇、新劇との出会い 弾圧下の新劇公演活動 劇団俳優座創設と戦後の決意) 第2部 補遺—評伝東野英治郎(上州富岡から東京、京都へ 劣等生として 劇団俳優座への思い 英治郎交友録 英治郎と家族 東野英治郎の遺志)

東畑 精一〔1899〜1983〕とうはた・せいいち

◇大槻正男と東畑精一—経済主体論と戦争 横山淳人著 奈良 淳星堂書房 2015.9 161,20p 21cm 〈文献あり〉 3000円 ①978-4-9904681-1-8 Ⓝ611

東原 吉伸〔1938〜〕とうはら・よしのぶ

◇六〇年安保—センチメンタル・ジャーニー 西部邁著 藝春秋 2018.6 231p 16cm (文春学藝ライブラリー—思想 19) 1250円 ①978-4-16-813074-8 Ⓝ377.96

内容 序章 空虚な祭典—安保闘争 ブント 私 第1章 哀しき勇者—唐牛健太郎 第2章 優しい破壊者—篠田邦雄 第3章 純な「裏切者」—東原吉伸 第4章 苦悩せる理想家—島成郎 第5章 善良な策略家—森田実 第6章 寡黙な煽動家—長崎浩 終章 充実への幻想—思い出の人々

東福寺 泰作〔1821〜1901〕とうふくじ・たいさく

◇松代藩の和算家・測量家東福寺泰作 山本行雄著 長野 信毎書籍出版センター 2017.4 263,8p 22cm 〈年表あり 文献あり〉 1800円 ①978-4-88411-141-0 Ⓝ419.1

東睦〔江戸時代〕とうぼく

◇東睦和尚の事—紀州田辺海蔵寺十五世 多屋謙吉著, 久保卓哉構成, 熊野歴史懇話会企画 田辺 あおい書店 2015.9 52p 21cm 463円 Ⓝ188.82

東松 照明〔1930〜2012〕とうまつ・しょうめい

◇ひとびとの精神史 第5巻 万博と沖縄返還—1970年前後 吉見俊哉編 岩波書店 2015.11 331p 19cm 2500円 ①978-4-00-028805-7 Ⓝ281.04

内容 1 劇場化する社会(三島由紀夫—魂を失った未来への反乱 山本義隆—自己否定を重ねて 岡本太郎—塔にひきよせられるひとびと 牛山純一—テレビに見た「夢」) 2 沖縄—「戦後」のはじまり(仲宗根政善—方言research に込めた平和への希求 マリー—米軍兵士と日本人の間で戦ったロックの女王 比嘉康雄と東松照明—二人の写真家の"沖縄") 3 声を上げたひとびと(田中美津—"とり乱しの弁証法"としてのウーマン・リブ 川本輝夫—水俣病の"岩盤"を穿つ 横塚晃一—障害者は主張する 大地を守る会—紛争の経験を地域の実践へ 木村september—「原発村」の誕生と浜通り)

東宮 鐵男〔1892〜1937〕とうみや・かねお

◇満蒙開拓、夢はるかなり—加藤完治と東宮鐵男 上 牧久著 ウェッジ 2015.7 310p 20cm 1600円 ①978-4-86310-147-0 Ⓝ334.51

内容 序章 「渡満道路」を辿る 第1章 農本主義教育者・加藤完治の誕生 第2章 軍人・東宮鐵男と中国大陸 第3章 国民高等学校運動と加藤グループ 第4章 満蒙移民の胎動と満州事変 第5章 送り出した満蒙開拓移民 第6章 第一次武装試験移民(弥栄村)の入植

◇満蒙開拓、夢はるかなり—加藤完治と東宮鐵男 下 牧久著 ウェッジ 2015.7 326p 20cm 〈文献あり〉 1600円 ①978-4-86310-148-7 Ⓝ334.51

内容 第7章 土龍山事件と饒河少年隊 第8章 国策となった「満州開拓移民」 第9章 満蒙開拓青少年義勇軍 第10章 変容する「満州国」と満州移民 第

11章 関東軍の南方転用と根こそぎ動員　第12章 満蒙開拓団八万人の悲劇　第13章 加藤完治の戦後と新たな開拓　終章 二〇一四年夏、満州開拓の足跡を辿って

◇捨石たらん！ 満蒙開拓移民の父 東宮鉄男　樋口正士著　カクワークス社　2016.3　277p　21cm　〈文献あり〉　1600円　Ⓘ978-4-907424-06-0　Ⓝ334.51

|内容| 第1章 大陸へ　第2章 大陸再来　第3章 先遣隊の入植　第4章 満洲を去る　第5章 その後

堂本 尚郎〔1928～2013〕 どうもと・ひさお

◇堂本尚郎オーラル・ヒストリー　堂本尚郎述，池上裕子，粟田大輔インタヴュアー　〔出版地不明〕　日本美術オーラル・ヒストリー・アーカイヴ　2015.3　54p　30cm　〈ホルダー入〉　Ⓝ723.1

頭山 満〔1855～1944〕 とうやま・みつる

◇近代快人伝—頭山満から父杉山茂丸まで　夢野久作著　文藝春秋　2015.6　245p　16cm　（文春学藝ライブラリー―雑英 16）　980円　Ⓘ978-4-16-813046-5　Ⓝ281.04

＊頭山満、杉山茂丸、奈良原到といった玄洋社の猛者たちと魚屋の大将の破天荒な人生を面白おかしく描き上げた痛快な人物評伝。奇人、怪人、豪傑たちがユーモア溢れる筆致でいきいきと動き出す。

◇頭山満伝―ただ一人で千万人に抗した男　井川聡著　潮書房光人社　2015.9　621p　20cm　〈文献あり〉　3400円　Ⓘ978-4-7698-1602-7　Ⓝ289.1

|内容| 第1章 新しい旗印　第2章 玄洋社立つ　第3章 一人でも淋しくない　第4章 身を殺して仁を成す　第5章 アジア独立の礎　第6章 東洋平和のためならб　第7章 最後の戦い　第8章 不滅の頭山精神

◇頭山満思想集成　頭山満著　増補新版　書肆心水　2016.12　396p　22cm　〈『頭山満言志録』（2006年刊）と「頭山満直話集」（2007年刊）の合本〉　6400円　Ⓘ978-4-906917-62-4　Ⓝ289.1

|内容| 大西郷遺訓を読む（大西郷遺訓　頭山満評）　直話集1（自己を語る　人物評・訓話）　直話集2（一代回顧談）　附録 頭山満先生（夢野久作著）　附録 頭山満写真集

◇幕末明治人物誌　橋川文三著　中央公論新社　2017.9　308p　16cm　（中公文庫 は73-1）　1000円　Ⓘ978-4-12-206457-7　Ⓝ281

|内容| 吉田松陰―吉田松陰　坂本龍馬―維新前夜の男たち　西郷隆盛―西郷隆盛の反動性と革命性　後藤象二郎―明治的マキャベリスト　高山樗牛―高山樗牛　乃木希典―乃木伝説の思想　岡倉天心―岡倉天心の面影　徳冨蘆花―蘆花断想　内村鑑三―内村鑑三先生　小泉三申―小泉三申論　頭山満―頭山満

遠山 雲如〔1810～1863〕 とおやま・うんじょ

◇江戸詩人評伝集―詩誌『雅友』抄 2　今関天彭著，揖斐高編　平凡社　2015.11　447p　18cm　（東洋文庫 866）〈布装〉　3200円　Ⓘ978-4-582-80866-7　Ⓝ919.5

|内容| 梁川星巌　（補篇）梁川星巌の学風　広瀬旭荘　遠山雲如　小野湖山　大沼枕山　森春涛　江戸時代京都中心の詩界　明清詩風の影響

遠山 詠一〔1932～〕 とおやま・えいいち

◇ハーモニカひとつから世界へ羽ばたく　遠山詠一著　〔出版地不明〕　遠山詠一　2016.3　121p 図版 35p　22cm　〈他言語標題：Flew to the world from one small harmonica　年譜あり〉　3241円　Ⓘ978-4-904849-25-5　Ⓝ762.1

遠山 景元〔1793～1855〕 とおやま・かげもと

◇遠山金四郎の時代　藤田覚著　講談社　2015.8　260p　15cm　（講談社学術文庫 2317）〈校倉書房 1992年刊の再刊〉　900円　Ⓘ978-4-06-292317-0　Ⓝ210.58

|内容| 第1章 遠山の金さん像の虚実　第2章 繁栄の江戸か寂れた江戸か　第3章 寄席の撤廃をめぐって　第4章 芝居所替をめぐって　第5章 株仲間解散をめぐって　第6章 床見世の撤去をめぐって　第7章 人返しの法をめぐって　第8章 近世後期の町奉行たち　第9章 「遠山の金さん」の実像

遠山 一行〔1922～2014〕 とおやま・かずゆき

◇語られた自叙伝　遠山一行著，長谷川郁夫編　作品社　2015.12　191p　20cm　〈著作目録あり　年譜あり〉　1400円　Ⓘ978-4-86182-562-0　Ⓝ289.1

|内容| 1 語られた自叙伝（遠山の家のこと　幼稚園から小学校へ　中学・高校時代　東大入学から軍隊生活まで　音楽批評家としての出発　ほか）　2 未刊エッセイ（私の軽井沢　音楽深淵―音楽その合理性と幽邃なるもの　イップスのこと　音楽における雨　追悼寺西春雄　ほか）

遠山 金四郎　とおやま・きんしろう

⇒遠山景元（とおやま・かげもと）を見よ

遠山 啓〔1909～1979〕 とおやま・ひらく

◇水源をめざして―自伝的エッセー　遠山啓著　オンデマンド版　太郎次郎社エディタス　2017.3　254p　19cm　〈原本：太郎次郎社 昭和52年刊〉　2500円　Ⓘ978-4-8118-0488-0　Ⓝ914.6

|内容| 湿った酒、乾いた酒　学問の切り売り　読書の七癖　縦축から横축へ　小さな橋　つづり方開眼　エピローグ 水源に向かって歩く

◇遠山啓―行動する数楽者の思想と仕事　友兼清治編著，遠山啓著　太郎次郎社エディタス　2017.3　398p　20cm　〈著作目録あり　年譜あり〉　3000円　Ⓘ978-4-8118-0799-7　Ⓝ289.1

|内容| 第1章 学問・文学と出会うまで―一九〇九年・一九三〇年（十歳・二十歳代）　第2章 先駆的な数学研究への情熱―一九四〇年代（三十歳代）　第3章 数学教育の改革運動へ―一九五〇年代（四十歳代）　第4章 「水道方式」と「量の体系」を創る―一九六〇年代（五十歳代）1　第5章 数学教育の現代化をめざして―一九六〇年代（五十歳代）2　第6章 人間の文化としての数学―一九六〇年代（五十歳代）3　第7章 知の分け前―教育と学問・科学・芸術（ミドルサマリー）　第8章 原点としての障害児教育へ―一九七〇年代（六十歳代）1　第9章 競争原理・序列主義への挑戦―一九七〇年代（六十歳代）2　第10章 "術・学・観"の教育論―一九七〇年代（六十歳代）3　第11章 「ひと」運動のしごと―最晩年・一九七二

年‐一九七九年

富樫 康明〔1954～〕 とがし・やすあき
◇それでも人生にYESを 富樫康明著 WAVE出版 2015.6 151p 20cm 〈文献あり〉 1300円 ①978-4-87290-751-3 Ⓝ289.1
内容 小さな、小さな、とても小さな芽 つぶされたおにぎり うれしい涙 幸せの杖 失敗にこそ感謝 いのちのうたを歌う人たち 生きて来た日のカウントアップ でくのぼう 奇跡のブルーリボン 小さな小さな奇跡 あの人にもう一度逢いたい 一瞬の笑顔に「ありがとう」 人生って悪いものじゃあない 天国を望む少女 死なないでください 一夜賢者

栂野 眞二〔1963～〕 とがの・しんじ
◇タワシ王子の人生ゲーム 栂野眞二著 ポプラ社 2015.8 252p 19cm 1500円 ①978-4-591-14628-6 Ⓝ289.1
内容 第1章 ニュージーランド編「俺は英語がわからん！ここに書け！」 第2章 アジア放浪編「ポットが撃たれて死んだ。トックモだ」 第3章 タワシ編「栂野君、柄付きタワシの柄の長さを一二七ミリから一二〇ミリに変えればあと十五銭は仕入れ値を下げられるって、去年の十一月に言ったよね」 第4章 うどん編「まさかほんとに作るとは思わなかったよ！」

戸川 残花〔1856～1924〕 とがわ・ざんか
◇油うる日々―明治の文人 戸川残花の生き方 目時美穂著 芸術新聞社 2015.3 381p 20cm 〈文献あり 索引あり〉 3000円 ①978-4-87586-425-7 Ⓝ198.321
内容 第1章 今や昔三千石のお旗本（築地戸川屋敷「勤皇実効」の旗本） 第2章 剣と十字架と筆（「遊学」時代 キリスト者になる 煉瓦の街で十字架を立てる ほか） 第3章 調和をもとめて（菅そ春という人 記者をしてみる 一葉女史 ほか） 第4章 紙の墓碑（旧幕臣として明治の臣民として武士道なるもの） 第5章 旧き袋をも猥に毀つ（ここにつくりしだいかくは 当世風『女大学』和服楽でより、洋服便利でよし ほか） 第6章 喝、エーメン、南無阿弥陀仏（記憶樹が語ること たぬき鼓と桜囃子 楽しき油売る日々）

戸川 秋骨〔1871～1939〕 とがわ・しゅうこつ
◇現代文士廿八人 中村武羅夫著 講談社 2018.6 217p 16cm（講談社文芸文庫 なU1）〈日高有倫堂 1909年刊の再編集〉 1600円 ①978-4-06-511864-1 Ⓝ910.261
内容 田山花袋 国木田独歩 生田葵山 夏目漱石 菊池幽芳 小川未明 小杉天外 内藤鳴雪 徳田秋声 水野葉舟 ほか

土岐 哀果〔1885～1980〕 とき・あいか
◇啄木の遺志を継いだ土岐哀果―幻の文芸誌『樹木と果実』から初の『啄木全集』まで 長浜功著 社会評論社 2017.5 237p 20cm 〈文献あり 年表あり〉 1700円 ①978-4-7845-1918-7 Ⓝ911.162
内容 1章 幻の『樹木と果実』(啄木を支えた三人の男たち 土岐哀果 ほか) 2章 啄木の死とその後（病床の呻吟 啄木の死 ほか） 3章『生活と芸術』創刊(『樹木と果実』以後 『近代思想』と哀果 ほか) 4章 哀果が編んだ初の『啄木全集』（初の『啄木全集』の刊行 哀果以降の『全集』）

土岐 善麿〔1885～1980〕 とき・ぜんまろ
◇明治・大正・昭和を生き抜いた孤高の歌人 土岐善麿 長浜功著 社会評論社 2018.4 362p 20cm 〈文献あり 年譜あり〉 3400円 ①978-4-7845-1141-9 Ⓝ911.162

時實 黙水〔1896～1993〕 ときざね・もくすい
◇黙水さんと寒風古窯跡群 寒風ボランティア協議会企画・編集 瀬戸内 寒風ボランティア協議会 2015.3 48p 21cm 〈年譜あり 発売：吉備人出版（岡山）〉 900円 ①978-4-86069-418-0 Ⓝ289.1
内容 紙芝居「黙水さん」 黙水さんが発見した寒風古窯跡群とは？ 考古学との運命的な出会い 三度の食事より発掘が好き 岡山県の考古学の大先達 偉大なる"スカートのおじさん" 素朴な黙水さんの華麗なる交友関係 幅広い知識を裏付ける膨大な蔵書 文学青年だった、若き日の黙水さん 邑久郡各地の民俗資料をを集める

時實 和一 ときざね・わいち
⇒時實黙水（ときざね・もくすい）を見よ

鴇田 とみ ときた・とみ
◇藤田嗣治―パリからの恋文 湯原かの子著 新潮社 2015.7 315p 19cm 2000円 ①978-4-10-448802-5 Ⓝ723.35
内容 第1章 妻とみに宛てた書簡（藤田嗣治と鴇田とみ 房州海岸の恋 ほか） 第2章 第一次世界大戦下のフランス（第一次世界大戦勃発 赤十字救護隊 ほか） 第3章 エコール・ド・パリ（新しい芸術運動 ボヘミアンたちのコミュニティー ほか） 第4章 第二次世界大戦と戦争画（二度目の帰国 壁画『秋田の行事』 ほか） 第5章 国境を越えて（パリ、ふたたびフジヤマ、芸者、フジタ ほか）

鴇田 登美子 ときた・とみこ
⇒鴇田とみ（ときた・とみ）を見よ

時津風 定次 ときつかぜ・さだじ
⇒双葉山定次（ふたばやま・さだじ）を見よ

ときど〔1985～〕
◇東大卒プロゲーマー―論理は結局、情熱にかなわない ときど著 PHP研究所 2014.7 222p 18cm（PHP新書 938） 760円 ①978-4-569-81962-4 Ⓝ798.5
内容 序章 職業、プロゲーマー 第1章 空気は読めないがゲームはうまかった日々 第2章 東大で研究に没頭、そして転落 第3章 大学院を辞め、プロゲーマーになる 第4章 プロ以降―情熱は論理に勝る 終章 いい人だけが勝てる世界がある

常盤 ときわ
⇒島津常盤（しまず・ときわ）を見よ

常盤 勝憲〔1930～1988〕 ときわ・しょうけん
◇福祉にとっての歴史 歴史にとっての福祉―人物で見る福祉の思想 細井勇, 小笠原慶彰, 今井

小の実, 蜂谷俊隆編著　京都　ミネルヴァ書房　2017.2　295,3p　22cm　〈索引あり〉　6000円　①978-4-623-07889-9　Ⓝ369.021

内容 石井十次とアメリカン・ボード—宣教師ペティーから見た岡山孤児院　小橋勝之助と私立愛隣夜学校の創立—博愛社をめぐる人々　田中太郎の感化教育論—「人道の闘士」の思想的基盤　園部マキの生涯と事業—信愛保育園　岩橋武夫と盲人社会事業—小説『動き行く墓標』からの出発　村嶋歸之の生涯と思想—寛容な社会活動家の足跡　奥むめおと社会事業—社会運動としての福祉実践　久布白落実の性教育論とその変遷—嬌風会における純潔教育・家族計画　沖縄から大阪への移住者に見られた社会主義思想とその限界—大阪における同郷集団の運動　常盤勝憲と日本最初の盲人専用老人ホーム—慈母園の設立過程　糸賀一雄と木村素衛—教養の思想を中心に　福祉の近代史を研究すること—私の歩みと今後の課題への覚書

常盤 新平〔1931〜2013〕　ときわ・しんぺい
◇翻訳出版編集後記　常盤新平著　幻戯書房　2016.6　317p　19cm　3400円　①978-4-86488-098-5　Ⓝ023.1

内容 一九六七年十一月—初めてのアメリカ　ポール・レイノルズとトーランド　ノヴェライゼーション出版への疑問　「ホリデイ」の失敗　「PW」誌の思い出　ニューヨークで出会った人々　わずかな部数を大切にした時代　敗者をいつも理解した人　楽しさ、面白さを味わう　HAYAKAWA BOOKS〔ほか〕

常盤 峻士〔1947〜〕　ときわ・みちお
◇波濤を越えて—医師・常盤峻士の挑戦　杉本禮著　文藝春秋企画出版部(制作)　2016.6　291p　図版4p　20cm　〈年譜あり　文献あり〉　Ⓝ289.1

徳一〔平安時代前期〕　とくいち
◇徳一と勝常寺　白岩孝一著　会津若松　歴史春秋出版　2016.12　562p　20cm　〈文献あり〉　2700円　①978-4-89757-900-9　Ⓝ188.212

内容 第1章 正史に見る「徳一の生きた時代」　第2章 徳一時代の寺院　第3章 徳一時代の僧侶　第4章 徳一時代の会津　第5章 徳一の実像を推理する　第6章 創建時の勝常寺を推理する

徳川 昭武〔1853〜1910〕　とくがわ・あきたけ
◇徳川昭武滞欧記録 1　オンデマンド版　東京大学出版会　2015.1　516p　22cm　(日本史籍協会叢書 146)〈印刷・製本：デジタルパブリッシングサービス〉　14000円　①978-4-13-009446-7　Ⓝ210.5935

◇徳川昭武滞欧記録 2　オンデマンド版　東京大学出版会　2015.1　522p　22cm　(日本史籍協会叢書 147)〈印刷・製本：デジタルパブリッシングサービス〉　14000円　①978-4-13-009447-4　Ⓝ210.5935

◇徳川昭武滞欧記録 3　オンデマンド版　東京大学出版会　2015.1　522p　22cm　(日本史籍協会叢書 148)〈印刷・製本：デジタルパブリッシングサービス〉　14000円　①978-4-13-009448-1　Ⓝ210.5935

徳川 家達〔1863〜1940〕　とくがわ・いえさと
◇東京王—首都の背後に君臨した知られざる支配者たち　小川裕夫著　ぶんか社　2017.11　189p　19cm　〈文献あり〉　1300円　①978-4-8211-4467-9　Ⓝ281.36

内容 東京の知性を育んだ初代総理の教育熱—伊藤博文　一大商都目指し奮闘した資本主義の父—渋沢栄一　東京を"建てた"男の栄光と未踏の夢—辰野金吾　東京発の"メイド・イン・ジャパン"—大久保利通　GHQをも退けた"電力の鬼"実業家—松永安左エ門　帝都に君臨する大財閥・三菱の創始者—岩崎弥太郎　下級武士から東京を創った成り上がり—後藤新平　二匹の鉄道王が東京に残した巨大な足跡—小林一三　朝敵の罪を背負った徳川宗家の後継者—徳川家達　後進国・日本の逆襲を都市計画で実現—井上馨　人材育成の視点から日本実業界を醸成—福澤諭吉　片田舎の谷・渋谷に君臨した田都国王—五島慶太　技術力で首都を開拓した地方藩出身者—大隈重信　都知事の座に最も長く君臨し続けた男—鈴木俊一

◇貴族院議長・徳川家達と明治立憲制　原口大輔著　吉田書店　2018.10　281,8p　22cm　〈他言語標題：THE CHAIRMEN OF THE JAPANESE HOUSE OF PEERS　年譜あり　索引あり〉　4000円　①978-4-905497-68-4　Ⓝ314.16

内容 序章 議会政治史からみる徳川宗家の近代　第1章 貴族院議長の「誕生」—帝国議会の開幕　第2章 貴族院議長・近衛篤麿の議会指導とその限界　第3章 徳川家達と大正三年政変「公平」と「院議」のはざまで　補論 柳田国男書記官長との確執—貴族院議長と貴族院事務局　第4章 ワシントン会議全権委員への選出とその影響　第5章 憲政常道期の貴族院議長・徳川家達　第6章 徳川家達の「重臣」化構想　終章 貴族院議長・徳川家達と明治立憲制

徳川 家康〔1543〜1616〕　とくがわ・いえやす
◇駿河土産　大道寺友山著，岡崎市立中央図書館古文書翻刻ボランティア会編　〔岡崎〕　岡崎市立中央図書館　2014.10　123p　30cm　〈複製及び翻刻　共同刊行：岡崎市立中央図書館古文書翻刻ボランティア会〉　Ⓝ289.1

◇東海神暉岩洞夜話　大道寺友山著，岡崎市立中央図書館古文書翻刻ボランティア会編　〔岡崎〕　岡崎市立中央図書館　2014.10　141p　30cm　〈複製及び翻刻　共同刊行：岡崎市立中央図書館古文書翻刻ボランティア会〉　Ⓝ289.1

◇家康は関ヶ原で死んでいた—二代目家康が駿府で見た夢と野望　島右近著　竹書房　2014.10　215p　18cm　(竹書房新書 035)〈文献あり〉　840円　①978-4-8019-0019-6　Ⓝ289.1

内容 第1章 徳川家康は三度死んだ　第2章 桶狭間死亡説「願人坊主・浄慶、松平元康となる」　第3章 関ヶ原死亡説「世良田二郎三郎元信、家康となる」　第4章 大坂夏の陣死亡説「小笠原秀政、大御所となる」　第5章 二つの異なる政権「徳川幕府」と「駿府王国」　第6章 二代目家康が夢見た黄金の日本合衆国

◇駿河土産(全五巻)　大道寺友山著，岡崎市立中央図書館古文書翻刻ボランティア会編　〔岡崎〕

◇岡崎市立中央図書館　2015.1　117p　30cm　〈複製及び翻刻　共同刊行：岡崎市立中央図書館古文書翻刻ボランティア会〉）Ⓝ289.1

◇徳川家康を「神」にした男たち　熊谷充晃著　河出書房新社　2015.2　222p　19cm　〈文献あり〉　1400円　①978-4-309-22623-1　Ⓝ289.1

|内容| 第1章　「神」になる前の徳川家康（2代続けて横死した松平家…悲運の若君　人質として過ごした少年時代 ほか）　第2章　家康ついに「神」になる（家康の墓所はいくつもある　大明神か大権現か…南光坊天海と金地院崇伝の「神号論争」ほか）　第3章　江戸時代中期の「神君」家康（家康の「神格化」を後押しした後光明天皇の決断　ひとりの大名がせっせと植林した「日光杉並木」 ほか）　第4章　幕末期以降の「神君」家康（「神君以来の伝統」が攘夷のための「錦の御旗」に　会津藩を苦難の道に進ませた「神君」あっての「御家訓」 ほか）　第5章　家康を「神」に押し上げた益荒男たち（幼少期から家康をサポートした最年長「四天王」―酒井忠次　名槍・蜻蛉切の使い手で秀吉が「東の横綱」と激賞―本多忠勝 ほか）　第6章　家康が「神」になる道すじをつけた群雄（徳川の世を決定づける一言で土佐一国の主に―山内一豊　猛将は「豊臣家おんなの子」を貫いてさびしい晩年を一福島正則 ほか）　第7章　「神君家康公」にまつわる史跡（御三家もそれぞれ建てた東照宮　天海が主導して建てられた日光以外の東照宮 ほか）

◇徳川家康と16人の子どもたち　熊谷充晃著　祥伝社　2015.4　299p　16cm　〈祥伝社黄金文庫Gく9-1〉〈文献あり〉　680円　①978-4-396-31664-8　Ⓝ288.3

|内容| 序章　「神君」家康の生涯　第1章　息子たちの後継者争いレース　第2章　世継ぎじゃないけど多士済々！　第3章　「晩年の三兄弟」=「御三家」の始祖　第4章　時代に父に翻弄された家康の娘たち　第5章　家康を愛した・家康に愛された女性たち

◇天下人の実像　市橋章男著　正文館書店岡崎　2015.4　188p　21cm　1389円　①978-4-907240-20-2　Ⓝ289.1

|内容| 1　家康公はタヌキ親父か　2　家康公生誕の物語　3　家康公自立への道　4　家康公堪忍の先へ　5　家康公撓まず屈せず　6　家康公その遺産

◇家康その一言―精神科医がその心の軌跡を辿る静岡　静岡県文化財団　2015.5　173p　19cm　〈しずおかの文化新書 19―地域をめぐる知の冒険〉　476円　①978-4-905300-18-2　Ⓝ289.1

◇岡崎記　岡崎市立中央図書館古文書翻刻ボランティア会編　〔岡崎〕　岡崎市立中央図書館　2015.7　147p　30cm　〈複製及び翻刻　共同刊行：岡崎市立中央図書館古文書翻刻ボランティア会〉　Ⓝ289.1

◇天下統一―秀吉から家康へ　黒嶋敏著　講談社　2015.11　247p　18cm　〈講談社現代新書2343〉〈文献あり〉　800円　①978-4-06-288343-6　Ⓝ210.48

|内容| 序章　天下統一とは何か　第1章　天下統一の裏側―内からの承認（天皇の名のもとに　島津氏と伊達氏の服属　豊臣政権の構造的問題　天下人は境界を目指す）　第2章　秀吉の中華―膨張する武威（アジアのなかの天下統一　境界の先に向かう武威　上下の関係　出兵へ　読み替えられる「日本国王」　再出兵と秀吉の死）　第3章　家康の中華―武威と現実（すでに幕は上がっていた　コップの中の関ヶ原　海の支配者―　国王の出仕　家康の妥協と挫折）　終章武威の落としどころ

◇家康伝説の嘘　渡邊大門編　柏書房　2015.11　307p　19cm　1900円　①978-4-7601-4645-1　Ⓝ289.1

|内容| 第1部　権力確立期の家康（「徳川四天王」の実像　松平信康事件は、なぜ起きたのか？　家康の領国支配は、どのように行なわれたか？　本能寺の変前後における家康の動きとは？）　第2部　豊臣政権下の家康（小牧・長久手の戦いで家康は負けたのか？　なぜ家康は江戸に入ったのか？　豊臣五大老としての家康　最初から家康は石田三成と仲が悪かったのか？）　第3部　関ヶ原の戦い・大坂の陣における家康（小山評定は本当にあったのか？　「直江状」は本物なのか？　家康と秀頼との関係―「二重公儀体制」を巡って　方広寺鐘銘事件の真相とは？）　第4部　家康の戦略（家康は戦さ巧者だったのか？　家康はどのように大名統制を進めたか？　家康と天皇・公家衆　徳川氏は清和源氏の流れを汲むのか？）

◇家康公が愛したまち静岡―家康公四百年祭記録集　平成27年家康公四百年祭　〔出版地不明〕徳川家康公顕彰四百年記念事業静岡部会　2016.3　102p　30cm　〈年表あり　年譜あり〉　Ⓝ289.1

◇徳川家康と日光東照社　田邉博彬著　宇都宮　随想舎　2016.5　282p　19cm　〈文献あり〉　2000円　①978-4-88748-324-8　Ⓝ289.1

|内容| 第1章　徳川家康の生涯　第2章　家康の死と久能山　第3章　神号論争と権現号　第4章　日光東照社造営と改修　第5章　日光東照社遷宮　第6章　日光元和東照社の再現　付章　第二章以降に採用した一次史料と著者紹介

◇徳川家康大全　小和田哲男著　ロングセラーズ　2016.7　242p　18cm　〈年譜あり〉　1000円　①978-4-8454-0982-2　Ⓝ289.1

|内容| 1章　人間家康、苦難の門出　2章　天下盗りへの戦略・戦術　3章　信長・秀吉・家康の国盗り合戦　4章　「将の器」―天下を制した家康の器量　5章　徹底分析！家康勝利の秘策　6章　徳川家康―太平国家への総仕上げ

◇烈祖成績―序・一・二・三　安積覚著，岡崎市立中央図書館古文書翻刻ボランティア会編　〔岡崎〕　岡崎市立中央図書館　2016.10　390p　30cm　〈複製及び翻刻〉　Ⓝ289.1

◇家康研究の最前線―ここまでわかった「東照神君」の実像　日本史史料研究会監修，平野明夫編　洋泉社　2016.11　286p　18cm　〈歴史新書y 066〉　950円　①978-4-8003-1084-2　Ⓝ289.1

|内容| 第1部　戦国大名への道（家康のルーツ・三河松平八代―松平氏の系譜と徳川「正史」のあいだ　人質時代の家康―家康は、いつ、今川氏から完全に自立したのか　領国支配と一向宗―「三河一向一揆」は、家康にとって何であったのか　家康の譜代家臣―家康の家臣団は、どのように形成されたのか）　第2部　戦国大名　徳川家康（今川氏真と家康―義元の死後、家康と今川家との関係はどうなったのか　名将たちと家康の関係―信長・信玄・謙信を相

とくかわ

手に独自外交を展開した家康　北条氏と家康―徳川氏と北条氏の関係は、関東にいかなる影響を与えたのか）　第3部　豊臣政権下の家康（秀吉と家康―豊臣政権の中枢で、積極的な役割を果たした家康　五か国総検地と太閤検地―家康の検地は、秀吉に比べ時代遅れだったのか　関東転封と領国整備―家康の「関東転封」は、何をもたらしたのか　家康と奥州―「関東入国」直後、「奥羽仕置」で大活躍した家康）　第4部　天下人　徳川家康（イギリス商人の家康理解―大御所　徳川家康はエンペラーかキングか　大御所・家康と駿府―家康最晩年の「政権移譲構想」と隠居問題とは　家康の信仰と宗教政策―東照大権現への神格化は、家康の意志だったのか）

◇徳川家康―われ一人腹を切て、万民を助くべし　笠谷和比古著　京都　ミネルヴァ書房　2016.12　435,13p　20cm　（ミネルヴァ日本評伝選）〈標題紙のタイトル関連情報（誤植）：われ一人腹を切て、万人を助くべし　文献あり　年譜あり　索引あり〉　3500円　①978-4-623-07869-1　Ⓝ289.1
　内容　第1章　家康の誕生と幼少時代　第2章　桶狭間の戦いと松平家の独立　第3章　織田・徳川同盟―永禄五年～天正一〇年　第4章　豊臣政権への帰順　第5章　関東移封と江戸入国　第6章　徳川家の分裂と秀吉の死　第7章　関ヶ原合戦―新しい歴史像　第8章　徳川幕府の成立　第9章　大坂の陣と徳川幕藩体制の確立　終章　家康の政治と文化　付論　家康の親族と女縁

◇江戸始図でわかった「江戸城」の真実　千田嘉博,森岡知範著　宝島社　2017.6　194p　18cm　（宝島社新書 478）　740円　①978-4-8002-7129-7　Ⓝ521.823
　内容　第1章　「江戸始図」の意味と価値　第2章　計画都市・江戸　第3章　城としての江戸城　第4章　江戸の城下　第5章　家康入府以前の江戸の歴史　第6章　家康の生涯と城

◇徳川家康―境界の領主から天下人へ　柴裕之著　平凡社　2017.7　287p　19cm　（中世から近世へ）〈文献あり　年譜あり〉　1700円　①978-4-582-47731-3　Ⓝ289.1
　内容　第1章　松平氏の時代―三河国衆としての動き　第2章　家康の再出発―戦国大名徳川氏の誕生　第3章　織田・武田両氏との狭間で―同盟・離叛と内紛の時代　第4章　天正壬午の乱とその後―信長死後の五ヵ国統治　第5章　羽柴家康―豊臣政権下の徳川氏　第6章　江戸開幕への過程―天下一統の行方　終章　家康の実像とその時代

◇参河記　岡崎市立中央図書館古文書翻刻ボランティア会編　〔岡崎〕　岡崎市立中央図書館　2018.1　261p　30cm　〈複製及び翻刻　共同刊行〉：岡崎市立中央図書館古文書翻刻ボランティア会〉Ⓝ289.1

◇烈祖成蹟―四・五・六・七　安積覚著,岡崎市立中央図書館古文書翻刻ボランティア会編　〔岡崎〕　岡崎市立中央図書館　2018.2　523p　30cm　〈複製及び翻刻〉Ⓝ289.1

◇天皇の歴史　5　天皇と天下人　大津透,河内祥輔,藤井讓治,藤井覚編集委員　藤井讓治著　講談社　2018.4　343p　15cm　（講談社学術文庫 2485）〈文献あり　年表あり〉　1160円　①978-4-06-292485-6　Ⓝ210.1
　内容　プロローグ―正親町天皇のキリシタン禁令　第1章　義昭・信長の入京　第2章　正親町天皇と信長　第3章　天下人秀吉の誕生　第4章　後陽成天皇と朝鮮出兵　第5章　後陽成・後水尾天皇と家康　エピローグ―「権現」か「明神」か

◇戦国大名―歴史文化遺産　五味文彦監修　山川出版社　2018.6　238p　21cm　1800円　①978-4-634-15134-5　Ⓝ210.47
　内容　1　戦国乱世の幕開け（北条早雲　北条氏康　上杉謙信 ほか）　2　群雄たちの覇権（織田信長　長宗我部元親　毛利元就）　3　争乱から天下人へ（豊臣秀吉　島津義久　伊達政宗 ほか）

◇徳川家康という男　平尾栄滋著　郁朋社　2018.7　195p　19cm　〈文献あり　年譜あり〉　1000円　①978-4-87302-670-1　Ⓝ289.1
　内容　第1章　家康に関する史実の調査と検証（家康が生きた時代の国内事情と世界の情勢　松平氏の流れ ほか）　第2章　強運の家康とその人間性（運にも恵まれた家康　家康の人間的成長）　第3章　家康と二人の作家（筆者とふたりの作家との出会い　山岡荘八が描いた家康像　ほか）　第4章　徳川家康の真実（家康公遺訓を読み解く　家康は神といえるのか）

◇日本史　誤解だらけの英雄像　内藤博文著　河出書房新社　2018.8　221p　15cm　（KAWADE夢文庫 K1097）〈文献あり〉　680円　①978-4-309-49997-0　Ⓝ281
　内容　1章　織田信長―「戦国の革命児」という誤解　2章　坂本龍馬―「天衣無縫の風雲児」という誤解　3章　秀吉・家康―「無双の覇者」という誤解　4章　信玄・謙信―「常勝武将伝説」の誤解　5章　西郷隆盛・高杉晋作・勝海舟―「維新の立役者」という誤解　6章　聖徳太子・天智天皇・義経―「古代・中世の英雄」の誤解　7章　徳川吉宗・山本五十六―「近現代の巨星」の誤解

徳川　綱吉〔1646～1709〕とくがわ・つなよし

◇犬将軍―綱吉は名君か暴君か　ベアトリス・M・ボダルト＝ベイリー著,早川朝子訳　柏書房　2015.2　558p　22cm　〈索引あり〉　3800円　①978-4-7601-4492-1　Ⓝ210.52
　内容　親から譲り受けたもの　養育係が男性でなくてはならなかった時　館林城主　儒教政体　偉大で優れた君主　不幸な年　第8章　堀田正俊の台頭と没落　将軍の新しい家臣たち　生類憐みの令　犬公方　四十七人の義士　財政問題　貨幣生産　車の両輪　荻生徂徠の「徒弟期間」　晩年　遺産

徳川　斉昭〔1800～1860〕とくがわ・なりあき

◇水戸学の復興―幽谷・東湖そして烈公　宮田正彦著　錦正社　2014.7　253p　19cm　（水戸史学選書）　2800円　①978-4-7646-0118-5　Ⓝ121.58
　内容　第1章　水戸学の復興　第2章　幽谷の政治論―封事を中心として　第3章　送原子簡序　第4章　東湖先生の面目　第5章　小梅水鶏舎記　第6章　君臣水魚　第7章　弘道館記の精神　第8章　弘道館記の成立と烈公の苦心　第9章　烈公の魅力―家臣への手紙から　第10章　烈公と『北茨志』　第11章　父と子―烈公と慶喜公　第12章　史余閑談

◇徳川十五代闇将軍　熊谷充晃著　大和書房　2015.5　263p　15cm　（だいわ文庫 269-2H）

〈文献あり〉 650円 Ⓘ978-4-479-30536-1 Ⓝ281.04

内容 第1章 幕藩体制の礎を築いた4代(初代「闇将軍」本多正信―家康から全幅の信頼を寄せられた「タヌキ複父」以上の「タヌキ」 2代「闇将軍」南光坊天海―幕府の宗教政策をひとりで完成させた「関東の大僧正」 3代「闇将軍」松平信綱―江戸時代で最大の内乱を鎮めて老中首座に上った「知恵伊豆」 4代「闇将軍」酒井忠清―生まれながらに老中を約束された後世の悪名が哀しい「下馬将軍」) 第2章 将軍の権威を超越した3代(5代「闇将軍」柳沢吉保―失政や没落とは皆無の史実「極悪側用人」の評に異議あり 6代「闇将軍」新井白石―幕政の思想的柱石を創出したブレーンの「遅すぎた登壇」 7代「闇将軍」間部詮房―これぞ闇将軍にふさわしい「猿楽大名」の数奇なキャリア) 第3章 中興の変革期を乗り越えた3代(8代「闇将軍」松平乗邑―「暴れん坊将軍」を抑えうた唯一の忠臣は経済政策の旗手 9代「闇将軍」大岡忠光―前代未聞かつ空前絶後の幕閣 日本史上唯一の「将軍の通訳」 10代「闇将軍」田沼意次―「贈収賄政治家」の正体は貨幣社会を目指した重商主義者) 第4章 幕末動乱の一端となった3代(11代「闇将軍」松平定信―「寛政の改革」で失脚した後も影響力を保持し続けた元将軍候補 12代「闇将軍」水野忠邦―幕府崩壊の序曲を聴いた「理想主義」を掲げる野心家 13代「闇将軍」徳川斉昭―頼もしいのか、ありがた迷惑か 御三家の慣例を破った「烈公」) 第5章 維新の激動期に舵を取った2代(14代「闇将軍」徳川慶喜―まさに闇将軍の代名詞 幕末期最大のキングメーカー 15代「闇将軍」島津久光―外様大名ですらなかったのに幕政を揺るがせた薩摩の国父)

徳川 光圀〔1628～1701〕 とくがわ・みつくに
◇徳川光圀―悩み苦しみ、意志を貫いた人 吉田俊純著 明石書店 2015.1 223p 20cm 3500円 Ⓘ978-4-7503-4127-9 Ⓝ289.1

内容 第1章 世子決定事情(光圀世子決定の問題点 頼房と側室たち ほか) 第2章 初政の人事(問題の所在 役方の人事 ほか) 第3章 苦悶の西山隠棲(西山隠棲の問題点 藩政の混乱 ほか) 第4章 寺社整理と村落(研究史と問題点 寺社整理の方針 ほか)

◇考証 風流大名列伝 稲垣史生著 立東舎 2016.10 254p 15cm (立東舎文庫 い1-1) 〈作品社 1983年刊の再刊〉 発売:リットーミュージック〉 800円 Ⓘ978-4-8456-2867-4 Ⓝ281.04

内容 序章―殿様とは 徳川光圀―絹の道への幻影 徳川宗春―御深井の秘亭 伊達綱宗―遊女高尾斬りを笑う 井伊直弼―この世は一期一会よ 織田秀親―鬼面の茶人寛永寺の刃傷 細川忠興―凄惨な夜叉の夫婦愛 前田吉徳―間違われた加賀騒動の主人公 小堀遠州―長く嶮しい道をゆく 安藤信正―『半七捕物帳』に縁ある 柳生宗矩―まぼろしの名品平蜘蛛 松平不昧―父の風流入墨女の怪 浅野長矩―名君の史料に事欠かぬ 島津重豪・島津興斉・島津斉彬―薩摩三代の過剰風流 有馬頼貴・鍋島勝茂―大名行列に犬を引いて

徳川 夢声〔1894～1971〕 とくがわ・むせい
◇夢声戦中日記 徳川夢声著 中央公論新社 2015.8 482p 16cm (中公文庫 と28-2) 〈「夢声戦争日記 第1巻～第5巻」(1960年刊)の改題、抜粋、再編集〉 1300円 Ⓘ978-4-12-206154-5 Ⓝ916

内容 昭和十六年 昭和十七年 昭和十八年 昭和十九年 昭和二十年

徳川 宗春〔1696～1764〕 とくがわ・むねはる
◇考証 風流大名列伝 稲垣史生著 立東舎 2016.10 254p 15cm (立東舎文庫 い1-1) 〈作品社 1983年刊の再刊〉 発売:リットーミュージック〉 800円 Ⓘ978-4-8456-2867-4 Ⓝ281.04

内容 序章―殿様とは 徳川光圀―絹の道への幻影 徳川宗春―御深井の秘亭 伊達綱宗―遊女高尾斬りを笑う 井伊直弼―この世は一期一会よ 織田秀親―鬼面の茶人寛永寺の刃傷 細川忠興―凄惨な夜叉の夫婦愛 前田吉徳―間違われた加賀騒動の主人公 小堀遠州―長く嶮しい道をゆく 安藤信正―『半七捕物帳』に縁ある 柳生宗矩―まぼろしの名品平蜘蛛 松平不昧―父の風流入墨女の怪 浅野長矩―名君の史料に事欠かぬ 島津重豪・島津興斉・島津斉彬―薩摩三代の過剰風流 有馬頼貴・鍋島勝茂―大名行列に犬を引いて

徳川 義直〔1600～1650〕 とくがわ・よしなお
◇諸国賢人列伝―地域に人と歴史あり 童門冬二著 ぎょうせい 2014.12 253p 19cm 1800円 Ⓘ978-4-324-09918-6 Ⓝ281.04

内容 浜口梧陵―稲むらの火/地域から日本を考えた人-広村(和歌山県) 山田方谷―被治者の立場を貫いた巨人-備中松山(岡山県) 安藤野雁―万葉の心を信条に-桑折(福島県) 大原幽学―房総は学者の充電所-下総(千葉県) 小林一茶―立ち枯れの村を復興-水戸(茨城県) 小島蕉園―減税と産業振興-甲府(山梨県) 三浦梅園―日本初の自然哲学者-杵築(大分県) 新井白石―不遇に生きる-江戸(東京都) 前田綱紀―文化行政で雇用創出-加賀(石川県) 河合曽良―旅に生きる 諏訪(長野県) 北島雪山―追放されて自由に生きる-肥後(熊本県) 羽地朝秀―藩を背に第三の道を-琉球(沖縄県) 松平信綱―名君・賢君を輩出-川越(埼玉県) 徳川義直―あゆち思想の実現-尾張(愛知県) 多久ら一族―「らしさ」を失わず-肥前(佐賀県) 古田織部―壊して創る-美濃(岐阜県) 北条幻庵―「勇」の底に「優」の心-小田原(神奈川県) 鴨長明―走り回る一滴の水-京都(京都府)

◇源敬様御代御記録 第1 自慶長五年十一月至寛永七年十二月 徳川黎明会徳川林政史研究所編集, 深井雅海, 川島孝一校訂 八木書店古書出版部 2015.7 276p 22cm (史料纂集―古記録編)〈付属資料:4p:月報 第180号 発売:八木書店〉 15000円 Ⓘ978-4-8406-5180-6 Ⓝ289.1

◇源敬様御代御記録 第2 自寛永八年正月至寛永十六年十二月 徳川黎明会徳川林政史研究所編集, 深井雅海, 川島孝一, 藤田英昭校訂 八木書店古書出版部 2016.7 302p 22cm, (史料纂集―古記録編)〈付属資料:4p:月報 第185号 発売:八木書店〉 15000円 Ⓘ978-4-8406-5185-1 Ⓝ289.1

内容 寛永八年 寛永九年 寛永十年 寛永十一年 寛永十二年 寛永十三年 寛永十四年 寛永十五年

とくかわ

寛永十六年
◇源敬様御代御記録　第3　自寛永十七年正月至正保三年十二月　徳川黎明会徳川林政史研究所編纂，深井雅海，川島孝一，藤田英昭校訂　八木書店古書出版部　2018.2　285p　22cm，（史料纂集―古記録編）〈付属資料：4p：月報　第195号　発売：八木書店〉　15000円　Ⓒ978-4-8406-5195-0　Ⓝ289.1

徳川 慶喜〔1837～1913〕　とくがわ・よしのぶ
◇老いと病でみる幕末維新―人びとはどのように生きたか　家近良樹著　京都　人文書院　2014.7　270p　19cm　〈文献あり　索引あり〉　2600円　Ⓒ978-4-409-52060-4　Ⓝ210.61
　内容　第1部　中央政局に登場する著名人の老病死（長年の研究と近年の研究の特色　超高齢化社会の到来と問題点　中央政局に登場する著名人の老病死）　第2部　地域指導者と民衆の老病死（中村平左衛門と彼の家族　中村平左衛門の老いと病気　地域住民の暮しと老病死　幕末最終段階の中村平左衛門と民衆）

◇秀吉と慶喜―二人の最高権力者　真実か空想か神のみぞ知る二人の謎に迫る　九王寺将理著〔出版地不明〕　九王寺将理〔2016〕　1冊（ページ付なし）　26cm　〈年表あり〉　Ⓝ289.1

◇名君保科正之―歴史の群像　中村彰彦著　完全版　河出書房新社　2016.3　295p　15cm　（河出文庫　な37-1）〈初版：文春文庫　1996年刊〉　880円　Ⓒ978-4-309-41443-0　Ⓝ281.04
　内容　第1部　名君 保科正之と遺臣たち（名君 保科正之―その一　生い立ちと業績　名君 保科正之―その二　名君 保科正之―その三　清らかさと慈愛と無私の心　ほか）　第2部　保科正之以前（蜂須賀正勝―天下取りに尽力した帷幄の名将　宇喜多直家―刺客を繰る鬼謀の将　宇喜多秀家―配流生活に耐えさせた望郷の思い　ほか）　第3部　保科正之以降（川路聖謨―幕府に殉じたエリート官僚　勝海舟　徳川慶喜―その一　ほか）

◇徳川慶喜公伝　史料篇1　渋沢栄一編　新装版，オンデマンド版　東京大学出版会　2016.3　667p　22cm　（続日本史籍協会叢書 75）〈原本：1997年刊〉　16000円　Ⓒ978-4-13-009570-9　Ⓝ210.58

◇徳川慶喜公伝　史料篇2　渋沢栄一編　新装版，オンデマンド版　東京大学出版会　2016.3　522p　22cm　（続日本史籍協会叢書 76）〈原本：1997年刊〉　14000円　Ⓒ978-4-13-009571-6　Ⓝ210.58

◇徳川慶喜公伝　史料篇3　渋沢栄一編　新装版，オンデマンド版　東京大学出版会　2016.3　664p　22cm　（続日本史籍協会叢書 77）〈原本：1997年刊〉　16000円　Ⓒ978-4-13-009572-3　Ⓝ210.58

◇その後の慶喜―大正まで生きた将軍　家近良樹著　筑摩書房　2017.1　255,5p　15cm　（ちくま文庫　い90-1）〈講談社 2005年刊の再刊　文献あり　索引あり〉　780円　Ⓒ978-4-480-43422-7　Ⓝ289.1
　内容　プロローグ　表舞台から姿を消した徳川慶喜　第1部　静岡時代の徳川慶喜（恭順表明から静岡に至るまで　言動を律する趣味人―明治初年代　取り戻されたゆとり―明治十年代　身内・知己の死と新しいものへの関心―明治二十年代）　第2部　東京時代の徳川慶喜（修復された皇室との関係―公爵授与以前　老いと自分史への協力―公爵授与以後）　エピローグ　家範の制定と慶喜の死

◇幕末の天才　徳川慶喜の孤独―平和な「議会の時代」を目指した文治路線の挫折　鈴木荘一著　勉誠出版　2018.11　217p　18cm　〈文献あり〉　800円　Ⓒ978-4-585-22224-8　Ⓝ210.58
　内容　第1章　ペリー来航と将軍後継問題　第2章　戊午の密勅　第3章　尊皇攘夷運動の猛威　第4章　木戸孝允の謀略　第5章　薩長同盟における龍馬という虚像　第6章　議会開設を目指した大政奉還　第7章　鳥羽伏見の戦い　補論　象徴天皇制と天皇親政論の間を揺れた昭和天皇

徳川 吉宗〔1684～1751〕　とくがわ・よしむね
◇紀州藩主徳川吉宗―明君伝説・宝永地震・隠密御用　藤本清二郎著　吉川弘文館　2016.12　225p　19cm　（歴史文化ライブラリー　439）〈文献あり〉　1700円　Ⓒ978-4-642-05839-1　Ⓝ289.1
　内容　紀州からの出発、紀州からの発信―プロローグ　吉宗の誕生と成長―幼少時代（誕生伝説の錯誤　成長過程　将軍謁見）　青年大名吉宗「大名」取り立て　初代での「大名」生活　主税頭頼方の台頭）　紀伊徳川五代藩主吉宗（紀伊徳川家の吉宗―吉宗の妻子たち　吉宗期の藩政と財政）　災害・復興と吉宗（宝永大地震　復興と災害対策　正徳四年大凶作・飢饉　岡山時鐘堂と在火消）　参勤交代と情報取集・御庭方（参勤交代路の推移　城下の隠密御用―内証御用と御庭番前史　将軍職への準備）　紀州藩財政改革は成功したか―エピローグ

◇日本史　誤解だらけの英雄像　内藤博文著　河出書房新社　2018.8　221p　15cm　（KAWADE夢文庫　K1097）〈文献あり〉　680円　Ⓒ978-4-309-49997-0　Ⓝ281
　内容　1章　織田信長―「戦国の革命児」という誤解　2章　坂本龍馬―「天衣無縫の風雲児」という誤解　3章　秀吉・家康―「無双の覇者」という誤解　4章　信玄・謙信―「常勝武将伝説」の誤解　5章　西郷隆盛・高杉晋作・勝海舟―「維新の立役者」という誤解　6章　聖徳太子・天智天皇・義経―「古代・中世の英傑」の誤解　7章　徳川吉宗・山本五十六―「近現代の巨星」の誤解

徳重 徹〔1970～〕　とくしげ・とおる
◇起業のリアル―田原総一朗×若手起業家　田原総一朗著　プレジデント社　2014.7　249p　19cm　1500円　Ⓒ978-4-8334-5065-2　Ⓝ335.21
　内容　儲けを追わずに儲けを出す秘密―LINE社長・森川亮　「競争嫌い」で年商一〇〇〇億円―スタートゥデイ社長・前澤友作　管理能力ゼロの社長兼クリエーター―チームラボ代表・猪子寿之　二〇二〇年、ミドリムシで飛行機が飛ぶ―ユーグレナ社長・出雲充　保育NPO、社会起業家という生き方―フローレンス代表・駒崎弘樹　単身、最貧国で鍛えたあきらめない心―マザーハウス社長・山口絵理子　現役大学生、途上国で格安予備校を開く―e・エデュケーション代表・税所篤快　七四年ぶりに新規参入

したワケ―ライフネット生命社長・岩瀬大輔　上場最年少社長の「無料で稼ぐカラクリ」―リブセンス社長・村上太一　四畳半から狙う電動バイク世界一―テラモーターズ社長・徳重徹　目指すは住宅業界のiPhone―innovation社長・岡崎宣夢　三〇年以内に「世界銀行」をつくる―リビング・イン・ピース代表・慎泰俊　ハーバード卒、元体育教師の教育改革―ティーチ・フォー・ジャパン代表・松田悠介　四重苦を乗り越えた営業女子のリーダー―ベレフェクト代表・太田彩子　二代目社長が狙う「モバゲーの先」―ディー・エヌ・エー社長・守安功　ITバブル生き残りの挑戦―サイバーエージェント社長・藤田晋　特別対談　堀江貴文―五年後に花開く、商売の種のまき方

徳田　球一〔1894〜1953〕　とくだ・きゅういち
◇戦後政治家論―吉田・石橋から岸・池田まで　阿部眞之助著　文藝春秋　2016.4　439p　16cm　〈文春学藝ライブラリー―雑英 25〉「『現代政治家論』(文藝春秋新社1954年)の改題、再刊〉　1400円　①978-4-16-813061-8　Ⓝ312.8
内容　岸信介論　重光葵論　池田勇人論　木村篤太郎論　和田博雄論　三木武吉論　西尾末廣論　徳田茂石橋湛山論　徳田球一論　緒方竹虎論　大野伴睦論　芦田均論　鳩山一郎論　鈴木茂三郎論
◇獄中十八年　徳田球一,志賀義雄著　講談社　2017.12　189p　16cm　〈講談社文芸文庫　とK1〉〈時事通信社 1947年刊の修正〉　1500円　①978-4-06-290368-4　Ⓝ289.1
内容　徳田球一篇(小さな正義派　親孝行でとおる　小学校で最初のストライキ　七高生から代用教員　郡役所書記(おいたち　中学生で米騒動に参加　一高入学―学生運動へ　三・一五牢獄は革命家の試金石　ほか)

徳田　耕太郎〔1991〜〕　とくだ・こうたろう
◇BREAK！「今」を突き破る仕事論　川内イオ著　双葉社　2017.3　255p　19cm　1400円　①978-4-575-31236-2　Ⓝ281
内容　1 どん底から這い上がる(井崎英典(バリスタ)　DJ Shintaro(DJ)　岡本美鈴(プロフリーダイバー))　2 直感を信じて突き進む(内山高志(プロボクサー)　三和由香利(ヨガインストラクター)　村瀬美幸(フロマジェ)　澤田洋史(バリスタ))　3 遊びを極める(徳田耕太郎(フリースタイルフットボーラー)　池田貴広(BMXプロライダー)　阿井慶太(プロゲーマー))

徳田　秋聲〔1871〜1943〕　とくだ・しゅうせい
◇21世紀日本文学ガイドブック　6　徳田秋聲　紅野謙介,大木志門編　ひつじ書房　2017.2　241p　22cm　〈文献あり　年譜あり　索引あり〉　2000円　①978-4-89476-513-9　Ⓝ910.2
内容　第1部 作家を知る(徳田秋聲という作家　作品案内　研究案内　研究案内　キーワード　研究案内)　第2部 テクストを読む(徳田秋聲のクリティカル・ポイント　秋聲と関東大震災　「ファイヤ・ガン」私注―爆弾と消火器　秋聲文学における「自然主義」と「私小説」の結節点―明治四〇年代短篇小説の達成　徳田秋聲『黴』における中断と反復の構造　徳田秋聲「花が咲く」の修辞的リアリズム)
◇現代文士廿八人　中村武羅夫著　講談社　2018.6　217p　16cm　〈講談社文芸文庫　なU1〉〈日高有倫堂 1909年刊の再編集〉　1600円　①978-4-06-511864-1　Ⓝ910.261
内容　田山花袋　国木田独歩　生田葵山　夏目漱石　菊池幽芳　小川未明　小杉天外　内藤鳴雪　徳田秋声　水野葉舟　[ほか]
◇徳田秋聲の時代　松本徹著　鼎書房　2018.6　414p　20cm　〈松本徹著作集　1〉　3800円　①978-4-907282-42-4　Ⓝ910.268
内容　その企て(徳田秋聲は新しい　洋装する徳田秋聲―明治三十年代後半の翻訳・翻案から『凋落』まで　ほか)　その多面さ(秋聲の出発期　大阪の若き秋聲―習作「ふぶき」を中心に　ほか)　時代への沈潜と超出(作家の自伝　徳田秋聲　作家案内　徳田秋聲　ほか)　野口冨士男(野口冨士男の「発見」―徳田秋聲、川端康成との係り　故野口冨士男さんの深慮　ほか)

徳田　虎雄〔1938〜〕　とくだ・とらお
◇神になりたかった男徳田虎雄―医療革命の軌跡を追う　山岡淳一郎著　平凡社　2017.11　319p　20cm　〈文献あり　年譜あり〉　1800円　①978-4-582-82486-5　Ⓝ289.1
内容　第1章 アメリカ帰り(医療砂漠　「僕に生命保険を掛けるんや」　ほか)　第2章 けものみち(医師会との闘い　政治家の医師会(上)　ほか)　第3章 エデンの東(やくざと選挙　二度の落選　ほか)　第4章 政界漂流(自民に未練　政治資金マシン　ほか)　第5章 王国崩壊、生き残ったものは…(ALS発症　ファミリーの眼　ほか)
◇徳田虎雄　病院王外伝―国内最大病院を巡る闘いの舞台裏　大平誠著　京都　PHP研究所　2018.10　212p　19cm　1500円　①978-4-569-84028-4　Ⓝ289.1

Drまあや〔1975〜〕
◇カラフルデブを生きる―ネガティブ思考を強みに変える女医の法則40　Drまあや著　セブン＆アイ出版　2016.7　191p　19cm　〈年譜あり〉　1380円　①978-4-86008-688-6　Ⓝ289.1
内容　第1章 「Drまあや」が生まれるまで―ネガティブ思考と向き合う法則20(どんな家族でも、それが家族　ネガティブ思考を受け入れる　「おもしろいか、おもしろくないか」で判断する　おもしろい＋空気を読む＋客観性＝嫌われずにすむ　教科書は女性週刊誌　ほか)　第2章 それでも意外と楽しく生きているワケ―ネガティブ思考を好きになる法則20(自分の仕事にプライドをもつ　仕事場では「いい女」にならない　ネガティブ思考こそが生きる原動力！　社会を動かすのは女性。迷ったらシンプルに頭の整理がつかないときは、脳内ビジュアル化！　ほか)

徳富　蘇峰〔1863〜1957〕　とくとみ・そほう
◇戦中と戦後の責任―徳富蘇峰と加藤完治の場合　藤沢俊昭著　七つ森書館　2014.8　181p　19cm　〈文献あり〉　1500円　①978-4-8228-1411-3　Ⓝ289.1
内容　第1部 徳富蘇峰(戦中篇―『必勝國民讀本』戦後篇―『勝利者の悲哀』)　第2部 加藤完治(戦中篇―『日本農村教育』　戦後篇「公道」)

とくとみ

◇徳富蘇峰終戦後日記―頑蘇夢物語　徳富蘇峰著　講談社　2015.6　436p　15cm　(講談社学術文庫 2300)〈年譜あり〉　1230円　①978-4-06-292300-2　Ⓝ210.76

|内容|『頑蘇夢物語』1巻(敗戦空気濃化と予　陛下の玉音を謹聴して　ほか)　『頑蘇夢物語』2巻(戦争犯罪者と戦争挑発者　駐日米国大使と会見の顛末　ほか)　『頑蘇夢物語』3巻(日本軍人と降伏　陛下のマ元帥御訪問はすべて　ほか)　『頑蘇夢物語』4巻(更にまた『此頃十首』マッカーサーの手、宮内省に及ぶほか)　『頑蘇夢物語』5巻(首相東條と予　戦争犯罪容疑者裁判において弁護人となるべきを牧野良三氏に依嘱せるについて松山常次郎氏に宛てたる書翰　ほか)

◇植手通有集　2　徳富蘇峰論　植手通有著　あっぷる出版社　2015.6　223p　22cm　3000円　①978-4-87177-331-7　Ⓝ121.6

|内容|第1章　自由民権から平民主義へ(「官民の調和を論ず」『政治家の資格』『自由、道徳、及儒教主義』)　第2章　平民主義の思想(『新日本之青年』『将来之日本』)　第3章　平民主義から国家膨張主義へ(『吉田松陰』『大日本膨張論』)　第4章　大日本帝国イデオロギーの構造(『時務一家言』『時務一家言』つづき)

◇新島襄と五人の門弟―師弟の絆とその系譜　徳富蘇峰・湯浅治郎・深井英五・柏木義円・湯浅八郎　志村和次郎編　前橋　みやま文庫　2017.1　205p　19cm　(みやま文庫 224)〈文献あり　年譜あり〉　1500円　Ⓝ198.321

◇現代文士廿八人　中村武羅夫著　講談社　2018.6　217p　16cm　(講談社文芸文庫　なU1)〈日高有倫堂 1909年刊の再編集〉　1600円　①978-4-06-511864-1　Ⓝ910.261

|内容|田山花袋　国木田独歩　生田葵山　夏目漱石　菊池幽芳　小川未明　小杉天外　内藤鳴雪　徳田秋声　水野葉舟　ほか

徳冨 蘆花 〔1868～1927〕　とくとみ・ろか

◇幕末明治人物誌　橋川文三著　中央公論新社　2017.9　308p　16cm　(中公文庫　は73-1)　1000円　①978-4-12-206457-7　Ⓝ281

|内容|吉田松陰―吉田松陰　坂本龍馬―維新前夜の男たち　西郷隆盛―西郷隆盛の反動性と革命性　後藤象二郎―明治的マキァベリスト　高山樗牛―高山樗牛　乃木希典―乃木伝説の思想　岡倉天心―岡倉天心の面影　徳冨蘆花―蘆花断想　内村鑑三―内村鑑三先生　小泉三申―小泉三申論　頭山満―頭山満

◇ドラマチック・ロシアin JAPAN　4　日露異色の群像30―文化・相互理解に尽くした人々　続　長塚英雄責任編集　生活ジャーナル　2017.12　531p　22cm　〈3の出版者：東洋書店〉　2800円　①978-4-88259-166-5　Ⓝ319.1038

|内容|レフ・メーチニコフ(1838‐1888)西郷が呼んだロシアの革命家　ニコライ・ラッセル(1850‐1930)子孫が伝える二〇世紀の世界人の記憶　黒野義文(?‐1918)東京外語露科からペテルブルグ大学東洋語学部へ　小西増太郎(1861‐1939)トルストイとスターリンに会った日本人―激動の昭和を生きた祖父小西増太郎　ニコライ・マトヴェーエフ(1865‐1941)マトヴェーエフと戦後最初のロシア人観光団　徳冨蘆花(1868‐1927)日本におけるトルストイ受容の先駆者として　セルギイ・チホミーロフ(1871‐1945)日本の府主教セルギイ―その悲劇の半生　内田良平(1874‐1937)「黒龍会」内田良平のロシア観　瀬沼夏葉(1875‐1915)瀬沼夏葉とチェーホフ作品の翻訳　相馬黒光(1875‐1955)"アンビシャスガール"とロシア文化〔ほか〕

◇徳冨蘆花　岡本正臣著，福田清人編　新装版　清水書院　2018.4　208p　19cm　(Century Books―人と作品)〈文献あり　年譜あり　索引あり〉　1200円　①978-4-389-40128-3　Ⓝ910.268

|内容|第1編　徳冨蘆花の生涯(公卿衆の子　遭難　はなやかなデビュー　心的革命　自然の中へ)　第2編　作品と解説(不如帰　灰燼　自然と人生　思出の記　黒潮　ほか)

徳永 歌子 〔1868～1927〕　とくなが・うたこ

◇逆境の恩寵―祈りに生きた家族の物語　徳永徹著　新教出版社　2015.2　229p　19cm　1800円　①978-4-400-52073-3　Ⓝ198.321

|内容|第1章　最後まで耐え忍ぶ人―徳永規矩(生い立ち　上京、西南戦争、そして入信　熊本英学校の設立　雪中の喀血　事業の挫折、そして不治の病　ほか)　第2章　愛によって歩む人―徳永歌子(生い立ち　京都の同志社へ　徳永規矩との結婚　妻として、母として　規矩の死　ほか)

徳永 徹 〔1927～2018〕　とくなが・とおる

◇曲がりくねった一本道―戦後七十年を生きて　徳永徹著　作品社　2016.11　237p　19cm　1600円　①978-4-86182-603-0　Ⓝ289.1

|内容|第1章　戦後のはじまり―一九四五年八月～四六年(原爆、そして敗戦　敗戦の秋　ほか)　第2章　冷戦の狭間で―一九四六年～一九五五年(「鉄のカーテン」と「防壁日本」―一九七六年　三人の大学一年生―一九四八年　ほか)　第3章　さまざまな国と時代の点描―一九五九年～一九九三年(私の研究事始め、そして「六〇年安保」―一九五九～六〇年　感染性DNA、そして「キューバ危機」―一九六二～六三年　ほか)　第4章　女子教育の現場で―一九九四年～二〇一二年(変えてはならぬもの、変えねばならぬもの　生徒、学生に語る)　第5章　いま、思うこと(老後の初心―老人の使命　広角複眼レンズ　ほか)

徳永 規矩 〔1861～1903〕　とくなが・もとのり

◇逆境の恩寵―祈りに生きた家族の物語　徳永徹著　新教出版社　2015.2　229p　19cm　1800円　①978-4-400-52073-3　Ⓝ198.321

|内容|第1章　最後まで耐え忍ぶ人―徳永規矩(生い立ち　上京、西南戦争、そして入信　熊本英学校の設立　雪中の喀血　事業の挫折、そして不治の病　ほか)　第2章　愛によって歩む人―徳永歌子(生い立ち　京都の同志社へ　徳永規矩との結婚　妻として、母として　規矩の死　ほか)

徳間 康快 〔1921～2000〕　とくま・やすよし

◇メディアの怪人徳間康快　佐高信著　講談社　2016.6　285p　15cm　(講談社+α文庫 G282-1)〈『飲水思源』(金曜日 2012年刊)の改題〉　720円　①978-4-06-281675-5　Ⓝ289.1

|内容|第1章　読売新聞への愛憎(「オレはだまされた」　後輩・渡邉恒雄と氏家齊一郎　ほか)　第2章　先輩にかわいがられる(松本重治という先達　真善美社専

土倉 庄三郎〔1840〜1917〕どくら・しょうざぶろう
◇戦前の大金持ち　稲泉連, 山川徹著, 出口治明編　小学館　2018.6　221p　18cm　（小学館新書 329）〈文献あり〉　780円　①978-4-09-825329-6　Ⓝ332.8
内容　第1章 "革命プロデューサー"梅屋庄吉　第2章 "パリの蕩尽王"薩摩治郎八　第3章 "初もの喰い狂"大倉喜八郎　第4章 "吉野の山林王"土倉庄三郎　第5章 "相場の神様"山崎種二　第6章 "世界の真珠王"御木本幸吉　最終章 "庭園日本一"足立全康

土光 敏夫〔1896〜1988〕どこう・としお
◇土光敏夫―ビジョンとバイタリティをあわせ持つ改革者　橘川武郎著　京都　PHP研究所　2017.1　289p　20cm　（PHP経営叢書―日本の企業家 3）〈年譜あり〉　2400円　①978-4-569-83423-8　Ⓝ289.1
内容　第1部 評伝 危機を根源的に解決する―「財界名医」土光敏夫の生涯（生い立ちと青年時代　「タービンの土光」　石川島重工業の再建　東芝の再建　経団連会長時代　臨調・行革審会長として）　第2部 論考 日本経済の再生と土光敏夫の経営思想―今、何が求められているのか（現実化した土光の危惧　日本的経営と土光敏夫　土光の経営思想の今日的意義　合理的精神・ビジョン・バイタリティ）　第3部 人間像に迫る 名言で綴る土光敏夫の生き様―シンプルゆえに生まれた魅力（一八の名言　素顔の土光敏夫―長男・土光陽一郎氏に聞く）

◇難題が飛び込む男　土光敏夫　伊丹敬之著　日本経済新聞出版社　2017.9　270p　20cm　〈文献あり　年譜あり〉　1800円　①978-4-532-32164-2　Ⓝ289.1
内容　序章 再建の連続という人生　第1章 人間タービンの誕生　第2章 しょっぴかれるように、本社社長に　第3章 大型経営者の登場　第4章 東芝再建への苦闘　第5章 メザシの土光さん　第6章 母の教え　第7章 現場の達人、凛とした背中　終章 日に新たに、日々に新たなり

床次 竹二郎〔1866〜1935〕とこなみ・たけじろう
◇首相になれなかった男たち―井上馨・床次竹二郎・河野一郎　村瀬信一著　吉川弘文館　2014.9　394p　20cm　〈文献あり〉　3200円　①978-4-642-03836-2　Ⓝ312.8
内容　1 井上馨―「電光伯」の悲哀（苦闘の幕末　明治新政府への出仕　元勲級指導者への道　ほか）　2 床次竹二郎―「ポスト原」の彷徨（薩摩から官界へ　政友会入り　ポスト原のゆくえ　ほか）　3 河野一郎―「実力者」の陥穽（生い立ち　新聞記者から政界へ　鳩山一郎との出会い　ほか）

常世田 長翠〔1750〜1813〕とこよだ・ちょうすい
◇漂泊の俳人 常世田長翠　矢ין勝幸著　名古屋　ブイツーソリューション　2015.12　195p　20cm　〈年譜あり　文献あり〉　2000円　①978-4-86476-348-6　Ⓝ911.34

登坂 栄児〔1971〜〕とさか・えいじ
◇プロレスという生き方―平成のリングの主役たち　三田佐代子著　中央公論新社　2016.5　253p　18cm　（中公新書ラクレ 554）〈文献あり〉　840円　①978-4-12-150554-5　Ⓝ788.2
内容　第1部 メジャーの矜持・インディーの誇り（中邑真輔―美しきアーティストが花開くまで　飯伏幸太―身体ひとつで駆け上がった星　高木三四郎―「大社長」がすごい理由　登坂栄児―プロレス界で一番の裏方　丸藤正道―運命を受け入れる天才）　第2部 女子プロレスラーという生き方（里村明衣子―孤高の横綱はなぜ仙台に行ったのか？　さくらえみ―突拍子もない革命家）　第3部 プロレスを支える人たち（和田京平―プロレスの本質を体現する番人　橋本和樹に聞く若手のお仕事　棚橋弘至―プロレスをもっと盛り上げるために）

戸坂 潤〔1900〜1945〕とさか・じゅん
◇ある戦時下の抵抗―哲学者・戸坂潤と「唯研」の仲間たち　岩倉博著　花伝社　2015.8　250, 12p　20cm　〈文献あり　年表あり　索引あり　発売：共栄書房〉　2000円　①978-4-7634-0750-4　Ⓝ121.6
内容　第1章 若き京都学派―戸坂潤と三木清　一九二一年〜二九年　第2章 唯研創設　一九二九年〜三二年　第3章 唯研の奴ら　一九三二年〜三四年　第4章 おけばど　一九三五年〜三六年　第5章 唯研解散　一九三七年〜三九年　第6章 獄死　一九三九年〜四五年

戸沢 充則〔1932〜2012〕とざわ・みつのり
◇考古学の道標―考古学者・戸沢充則の軌跡　戸沢充則著,「考古学の道標」編集委員会編　新泉社　2014.11　325p　22cm　〈著作目録あり　年譜あり〉　3800円　①978-4-7877-1413-8　Ⓝ210.025
内容　第1部 論考（1948‐1956　1965‐1978　1989‐2012）　第2部 業績目録・年譜（著作目録　講演一覧　年譜）

Toshl〔1965〜〕
◇洗脳―地獄の12年からの生還　Toshl著　講談社　2014.7　269p　20cm　1600円　①978-4-06-218657-5　Ⓝ767.8
内容　1章 1993〜1997―地獄への切符（仕組まれた地獄への入り口　家族の崩壊　ほか）　2章 1997〜1998―洗脳男（血判状　X JAPAN解散　ほか）　3章 1998〜2006―騙し続ける妻の残虐性（完全支配　ボランティアと称した営業活動　ほか）　4章 2006〜2009―逃亡、暴力、そして拉致監禁（X JAPANの再結成　一筋の光　ほか）　5章 2009〜現在―奇跡の出会い（「洗脳」からの脱出　歌をやめる決意　ほか）

としたたし

智忠親王〔1619～1662〕　としただしんのう
◇四親王家実録　21　桂宮実録　第2巻（智忠親王実録・穏仁親王実録・長仁親王実録・尚仁親王実録・作宮実録）　吉岡眞之，藤井讓治，岩壁義光監修　ゆまに書房　2016.10　295p　27cm　〈布装　宮内庁宮内公文書館所蔵の複製〉　25000円　Ⓣ978-4-8433-5106-2　Ⓝ288.44

智仁親王〔1579～1629〕　としひとしんのう
◇四親王家実録　20　桂宮実録　第1巻（智仁親王実録）　吉岡眞之，藤井讓治，岩壁義光監修　ゆまに書房　2016.10　382p　27cm　〈布装　宮内庁宮内公文書館所蔵の複製〉　25000円　Ⓣ978-4-8433-5105-5　Ⓝ288.44

戸嶋 靖昌〔1934～2006〕　としま・やすまさ
◇孤高のリアリズム―戸嶋靖昌の芸術　執行草舟著　講談社エディトリアル　2016.3　428p　23cm　〈布装　年譜あり〉　5400円　Ⓣ978-4-907514-42-6　Ⓝ723.1
　内容　第1部　戸嶋芸術へのオマージュ（魅せられたる魂　戸嶋靖昌とは何か　苦痛の幾何学　ほか）　第2部　無に非ず―戸嶋靖昌の痕跡（出会い　ひとつの直接性　全体が大切なのだ　ほか）　第3部　戸嶋靖昌存在の地層（グラナダというトポス　暗い森から　スペインとの邂逅　ほか）　第4部　「戸嶋靖昌」の記録

戸田 氏共〔1854～1936〕　とだ・うじたか
◇お殿様、外交官になる―明治政府のサプライズ人事　熊田忠雄著　祥伝社　2017.12　262p　18cm　〈祥伝社新書　522〉〈文献あり〉　840円　Ⓣ978-4-396-11522-7　Ⓝ319.1
　内容　序章　ツルの一声　1章　鍋島直大―圧倒的な財力で外交の花を演じる　2章　浅野長勲―洋行経験なく、外交官生活も二年で終了　3章　戸田氏共―当代一の美人妻が醜聞に見舞われる　4章　蜂須賀茂韶―妾を同伴で海外赴任を敢行　5章　岡部長職―高い能力で明治の世をみごとに渡る　6章　柳原前光―権力者におもねらず、ライバルに水をあけられる　7章　榎本武揚―朝敵から一転、引く手あまたの「使える男」

戸田 敬子〔1937～2014〕　とだ・けいこ
◇敬子を記念して―77年の生涯の軌跡　「戸田（八尾）敬子」記念誌刊行会編　連合出版　2015.10　550p　20cm　〈他言語標題：In memory of Keiko　私家版〉　Ⓝ289.1

戸田 城聖〔1900～1958〕　とだ・じょうせい
◇戸田城聖―偉大なる「師弟」の道　新装普及版　潮出版社　2015.7　127p　19cm　〈年譜あり〉　600円　Ⓣ978-4-267-02009-4　Ⓝ188.982
　＊民衆の幸福のために人生を賭した創価学会第二代会長の生涯と思想、活動を綴る！
◇戸田城聖―創価学会　日隈威德著　復刻版　本の泉社　2018.6　262p　20cm　〈初版：新人物往来社　1971年刊　年譜あり〉　1700円　Ⓣ978-4-7807-1647-4　Ⓝ188.982
　内容　1　事業家をめざして（「浮沈これ人生」　青春―奉公時代　ほか）　2　日蓮正宗との出会い（創価教育学会の誕生―教育から宗教へ　折伏の開始　ほか）　3　創価学会の旗あげ（出獄　法華経の講義　ほか）　4　折伏大行進（倒産　法華経理論　ほか）　5　王仏冥合（タヌキ祭り　親衛隊―青年部　ほか）

戸田 忠祐〔1928～〕　とだ・ただすけ
◇Gook manノート―卒寿からの提言　戸田忠祐著　文芸社　2018.12　479p　19cm　〈年表あり〉　1700円　Ⓣ978-4-286-19996-2　Ⓝ289.1

戸田 達雄〔1904～1988〕　とだ・たつお
◇東京モノクローム―戸田達雄・マヴォの頃　戸田桂太著　文生書院　2016.5　263p　20cm　〈年譜あり〉　2500円　Ⓣ978-4-89253-602-1　Ⓝ723.1
◇私の過去帖　戸田達雄著，戸田桂太編　増補　文生書院　2016.11　411,10p　20cm　〈付：絵画・銅版画・装幀作品、未発表原稿「マヴォのこと」　原本：佐々木孝　昭和47年刊〉　4500円　Ⓣ978-4-89253-607-6　Ⓝ723.1

戸田 帯刀〔1898～1945〕　とだ・たてわき
◇封印された殉教　上　佐々木宏人著　フリープレス　2018.8　438p　19cm　〈発売：星雲社〉　2000円　Ⓣ978-4-434-24981-5　Ⓝ198.221
　内容　序章　戸田帯刀神父射殺事件　第1章　光は山脈の彼方に（帯刀少年の瞳に映った「坂の上の雲」　ローマへの司祭叙階までの曲折　ウルバノ大学という"場"　第2章　活発な教区司祭（昭和モダンの光と影の中で　伸びやかなカトリックに忍び寄る暗い影　司祭戸田帯刀の実像　ほか）　第3章　破局への序章（風にそよぐ葦）
◇封印された殉教　下　佐々木宏人著　フリープレス　2018.10　439p　19cm　〈年表あり　索引あり　発売：星雲社〉　2000円　Ⓣ978-4-434-24982-2　Ⓝ198.221
　内容　4章　神の愛に生きる者の受難（軍部独裁下、強まる外国人迫害　戦場化する本土・苦悩する教区長）　第5章　破局への道（ヴィア・ドロローサ）（追い込まれた日本と教区長の苦悩　断末魔の戦局下・戸田師の闘い　バチカンと戸田師と憲兵と　「時代に抗うカトリック」の頓挫　"ミカドの諜報機関"）　第6章　衝撃波（終戦三日後の惨劇　司祭たちの8・18　「教区長の殉教」封印へ　マッカーサーと日本のカトリック　「バチカン資料館」から届いた「文書」　第7章　出頭した射殺犯と残る謎（犯人の自首は時効後だったのか　日本の教会の戦争責任告白は十分か）

戸田 ツトム〔1951～〕　とだ・つとむ
◇工作舎物語―眠りたくなかった時代　臼田捷治著　左右社　2014.12　292p　19cm　〈文献あり　索引あり〉　2200円　Ⓣ978-4-86528-109-5　Ⓝ023.1
　内容　第1章　松岡正剛―なにもかも分けない方法　第2章　戸田ツトム―小さな声だからこそ遠くまで届く　第3章（芦澤泰偉―遅いという文句は出ない　工藤強勝―報酬はタブーの世界　山口信博―間違えるのも能力　松田行正―密度がとにかく濃い　羽良多平吉―最後までなじめなかった）　第4章　森本常美―夢を見ていたか　第5章　祖父江慎―おどろきしまくりの日々

戸田 奈津子〔1936～〕　とだ・なつこ
◇KEEP ON DREAMING　戸田奈津子　戸田奈

津子，金子裕子著　双葉社　2014.10　223p　19cm　〈作品目録あり〉　1400円　Ⓘ978-4-575-30764-1　Ⓝ289.1

内容 PROLOGUE 母との別れ・ネコのこと　1 生い立ち・戦争・学生時代　2 就職・アルバイト，コッポラ監督との出会い　3 字幕翻訳・通訳・セレブとの交流　4 旅行・グルメ　5 戸田奈津子×金子裕子（対談）

戸田　冨美子〔1930～〕　とだ・ふみこ
◇過去とりどりの物語　戸田冨美子著　文芸社　2016.8　136p　19cm　1100円　Ⓘ978-4-286-17109-8　Ⓝ289.1

＊戸田家ゆかりの地をM先生とともに訪れた著者。15年かけて広島，山口，和歌山，兵庫，京都，滋賀，岐阜，愛知，長野，関東に足を運び，大詰めとなった長崎の島原では火の神を見る不思議な体験も。前著『涙涙で歩いたあの道この道』に続き自身がたどった苦しい道のりをふりかえり，その経験を感謝の言葉に変えて心の底より平和を願い，次代への望みを託す思いを綴った半生記。

DOTAMA〔1984～〕
◇怒れる頭　DOTAMA著　ディー・エル・イー　2018.5　255p　19cm　1389円　Ⓘ978-4-9909586-6-4　Ⓝ767.8

内容 イントロダクション　栃木のラッパー　第1章 MCバトルという場所　第2章 「怒り」の原点　第3章 出会いと別れ　第4章 上京　第5章 葛藤　第6章 UMB GRAND CHAMPIONSHIP 2017

栃木山　守也〔1892～1959〕　とちぎやま・もりや
◇探訪　栃木山—横綱昇進百年　板橋雄三郎著　宇都宮　随想舎　2018.7　302p　22cm　〈文献あり　年譜あり〉　2500円　Ⓘ978-4-88748-358-3　Ⓝ788.1

内容 序 栃木山探訪　第1部 赤麻に生まれて（やっと生まれた跡取り息子　言い出したら聞くっちゃねえなんであんなに力があったものか）　第2部 天下無双の栃木山（小兵でもきっと勝てるはず　無敵に勝って全国区　近代相撲を築き上げ　花のうちにと言うけれど）　第3部「角誠」栃木山守也（土俵の鬼か栃木山　角界支えし屋台骨）　補遺　栃木山余聞

栃光　正之〔1933～1977〕　とちひかり・まさゆき
◇評伝　天草五十人衆　天草学研究会編　福岡　弦書房　2016.8　317p　22cm　〈文献あり　年表あり　索引あり〉　2400円　Ⓘ978-4-86329-138-6　Ⓝ281.94

内容 ステージ1 五人衆の時代，そして…　ステージ2 天草天草の村々　ステージ3 祈りの島で　ステージ4 耕す，漁る　ステージ5 実業の世をひらく　ステージ6 潮路はるかに　ステージ7 文学・歴史・言論　ステージ8 あの頃，この人　ステージ9 島の現実，その行く末　ステージ10 一筋の道　ステージ特別編 群像二題（天草の石文化と松室五郎左衛門　牛深カツオ漁の男たち）

戸塚　祥太〔1986～〕　とつか・しょうた
◇ジョーダンバットが鳴っている　戸塚祥太著　KADOKAWA　2018.3　299p　21cm　〈他言語標題：JORDAN'S BAT IS RUMBLING〉　3000円　Ⓘ978-4-04-069724-6　Ⓝ767.8

内容 1 ジョーダンバットが鳴っている　対談 伊坂幸太郎×戸塚祥太　対談 阿部和重×戸塚祥太　2 書店員，やってみました　3 戸塚祥太と本の話　4 A.B.C-Z メンバーインタビュー　5 書き下ろし小説「光」

鳥取　春陽〔1900～1932〕　とっとり・しゅんよう
◇鳥取春陽—日本モダニズムのなかの演歌師　杉座秀親著　〔町田〕　くんぷる　2016.2　348p　20cm　〈年譜あり〉　2800円　Ⓘ978-4-87551-046-8　Ⓝ767.8

とにかく明るい安村〔1982～〕　とにかくあかるいやすむら
◇一発屋芸人列伝　山田ルイ53世著　新潮社　2018.5　236p　20cm　1300円　Ⓘ978-4-10-351921-8　Ⓝ779.14

内容 レイザーラモンHG—一発屋を変えた男　コウメ太夫—"出来ない"から面白い　テツandトモ—この違和感なんでだろう　ジョイマン—「ここにいるよ」　ムーディ勝山と天津・木村—バスジャック事件　波田陽区—一発屋故郷へ帰る　ハローケイスケ—不遇の"0・5"発屋　とにかく明るい安村—裸の再スタート　キンタロー。—女一発屋　髭男爵—落ちこぼれのルネッサンス

トニー谷〔1917～1987〕　とにーたに
◇昭和芸人七人の最期　笹山敬輔著　文藝春秋　2016.5　249p　16cm　〈文春文庫 さ67-1〉〈文献あり〉　620円　Ⓘ978-4-16-790625-2　Ⓝ779.9

内容 第1章 榎本健一・65歳没—片脚の宙返り　第2章 古川ロッパ・57歳没—インテリ芸人の孤独　第3章 横山エンタツ・74歳没—運命のコンビ解散　第4章 石田一松・53歳没—自惚れた歌ネタ芸人　第5章 清水金一・54歳没—主役しかできない人　第6章 柳家金語楼・71歳没—元祖テレビ芸人の帰る家　第7章 トニー谷・69歳没—占領下が生んだコメディアン　特別インタビュー 最後の喜劇人，芸人の最期を語る—伊東四朗

外村　仁〔1938～〕　とのむら・ひとし
◇野村證券グローバルハウスの火種　外村仁著　きんざい　2015.1　183p　19cm　1680円　Ⓘ978-4-322-12586-3　Ⓝ338.17

内容 1回目のロンドン—日本を売り込め　サッチャー政権とウィンブルドン現象—シティの大変動　債券引受けビジネスとリーグテーブル—知恵比べ，激烈な競争　ノムラハウスの建設—思い出のランドマーク　バンコ・サンタンデールとボティン会長—世紀の風雲児　2回目のロンドン—未知への挑戦　ガイ・ハンズとプリンシパル・ファイナンス—証券化のマジシャン　パブの買取—飲み屋開業じゃないよ　二つ目の案件—エンジェルトレイン　軍人住宅—英国でいちばんの家主になった　アセット・トレーディング—仕事も遊びも　ボーナス談義—生まれ変わったら外資系？　東欧ビジネス—大きな歴史のうねり　終わりに—一期を込めて

殿山　泰司〔1915～1989〕　とのやま・たいじ
◇殿山泰司ベスト・エッセイ　殿山泰司著，大庭萱朗編　筑摩書房　2018.10　381p　15cm

(ちくま文庫 と10-9) 950円 ①978-4-480-43552-1 Ⓝ772.1

内容 1(『三文役者のニッポン日記』『三文役者あなあきい伝 PART1』『三文役者あなあきい伝 PART2』) 2(『三文役者の無責任放言録』 『三文役者のニッポン日記』 「独り言」 ほか) 3(「三文映画俳優の溜息」 「恋愛とはナニかいな」 「三文役者の"うえのバラアド"」 ほか)

鳥羽天皇〔1103～1156〕 とば・てんのう

◇中世の人物 京・鎌倉の時代編 第1巻 保元・平治の乱と平氏の栄華 元木泰雄編 大阪 清文堂出版 2014.3 412p 22cm 4500円 ①978-4-7924-0994-4 Ⓝ281

内容 鳥羽院・崇徳院(佐藤健治著) 藤原忠実(佐古愛己著) 藤原頼長(横内裕人著) 平忠盛(守田逸人著) 源為義(須藤聡著) 覚仁と信実～悪僧論～(久野修義著) 阿多忠景と源為朝(栗林文夫著) 後白河院(高橋典幸著) 藤原忠通と基実(樋口健太郎著) 信西(木村真美子著) 藤原信頼・成親(元木泰雄著) 藤原宗家(元木泰雄著) 源義朝(近藤好和著) 平清盛(川合康著) 池禅尼と二位尼(栗山圭子著) 平時忠と信範(松薗斉著) 藤原邦綱とその娘たち(佐伯智広著) 平重盛(平藤幸著) 西行(近藤好和著)

飛 才三〔1940～〕 とび・さいぞう

◇サムライTODAY 飛才三著 文芸社 2015.6 139,52p 15cm 600円 ①978-4-286-16261-4 Ⓝ289.1

◇サムライTODAY 2 飛才三著 文芸社 2016.12 119,120p 15cm 600円 ①978-4-286-17695-6 Ⓝ289.1

◇サムライTODAY 3 飛才三著 文芸社 2018.3 77,52p 15cm 〈英語併記〉 600円 ①978-4-286-19220-8 Ⓝ289.1

苫米地 千代子〔1889～?〕 とまべち・ちよこ

◇千代女覚え帖 苫米地千代子著, 苫米地英人監修 開拓社 2018.3 253p 22cm 〈私家版1980年刊に人物相関図などを加えて再刊 年譜あり〉 3000円 ①978-4-7589-7021-1 Ⓝ289.1

内容 父のこと 熊本を立つ 本郷西片町に住む 父母の不和 小説を読み始める お茶の水に入学 クラスメートの結婚 その頃の寄席と芝居 母の故郷会津へ 母の死 〔ほか〕

泊 和幸〔1955～〕 とまり・かずゆき

◇北の動物カメラマン 泊和幸 北野麦酒著 彩流社 2016.7 188p 19cm 〈文献あり〉 1800円 ①978-4-7791-2251-4 Ⓝ740.21

内容 第1章 海ワシに魅せられて 第2章 野生動物カメラマンとは何か 第3章 人生とは何か 第4章 ミサゴが教えてくれること 第5章 飛べなくなった白鳥のハク 第6章 東京・銀座での写真展 第7章 会うは別れの始めなり

都丸 信二〔1937～〕 とまる・のぶじ

◇雑草の詩 都丸信二著 文芸社 2015.6 127p 15cm 600円 ①978-4-286-15950-8 Ⓝ289.1

冨恵 洋次郎〔1979～2017〕 とみえ・ようじろう

◇カウンターの向こうの8月6日―広島バー スワロウテイル「語り部の会」の4000日 冨恵洋次郎著 光文社 2017.7 230p 19cm 〈他言語標題：August 6th in the Counter 文献あり〉 1400円 ①978-4-334-97939-3 Ⓝ369.37

内容 はじめに マクワウリの奇跡 第1章 被爆者から教わった真実 第2章 すべてを失っても這い上がる 第3章 自殺大国日本で生きるメッセージ 第4章 幾度も襲う困難を乗り越えて 第5章 中沢啓治さんが遺した麦の種 第6章 「証言者の会」は永遠に不滅 おわりに "余命2カ月"を乗り越えて

富岡 鉄斎〔1837～1924〕 とみおか・てっさい

◇セザンヌと鉄斎―同質の感動とその由縁 山岸恒雄著 京都 思文閣出版 2015.5 334p 22cm 〈文献あり 索引あり〉 2800円 ①978-4-7842-1796-0 Ⓝ723.35

内容 第1章 本書の目的(ブルーノ・タウトの言及 タウト以外の評論 印象批評から論証へ) 第2章 研究の方法と基礎資料(直接的な影響関係の有無 『セザンヌの手紙』精読 鉄斎画賛の研究 作品の熟覧と模写) 第3章 セザンヌの自然観(長く豊かな自然との接触 セザンヌの手紙 セザンヌの東洋的な自然観 セザンヌ絵画理論の新たな解釈) 第4章 鉄斎の実像(万里の路 画賛に表れた鉄斎の本音 儒者を標榜する神官鉄斎 アイヌ風俗画の意味) 第5章 同質の感動とその由縁(二人の画家に共通するもの タンペラマンと気韻生動について 絵画の同質性 タウトの感性)

富岡 弘昭〔1944～2016〕 とみおか・ひろあき

◇富岡弘昭―追想 まぁ、ええじゃないか 松山 富岡法子 2017.10 233p 26cm 〈年譜あり〉 Ⓝ289.1

冨川 清一〔1824～1895〕 とみかわ・せいいち

◇評伝 天草五十人衆 天草学研究会編 福岡 弦書房 2016.8 317p 22cm 〈文献あり 年表あり 索引あり〉 2400円 ①978-4-86329-138-6 Ⓝ281.94

内容 ステージ1 五人衆の時代、そして… ステージ2 天領天草の村々 ステージ3 祈りの島で ステージ4 耕す、漁る ステージ5 実業の世をひらく ステージ6 潮路はるかに ステージ7 文学・歴史・言論 ステージ8 あの頃、この人 ステージ9 島の現実、国の行く末 ステージ10 一筋の道 ステージ特別編 群像二題(天草の石文化と松室五郎左衛門 牛深カツオ漁の男たち)

富澤 公晴 とみざわ・きみはる

◇富澤公晴―その人生 宮本武著 大阪 たる出版 2017.2 199p 20cm 〈折り込１枚〉 1800円 ①978-4-905277-19-4 Ⓝ289.1

内容 第1章 新田義貞に見る太田の歴史(新田荘 大光院呑龍と金山城跡 ほか) 第2章 足利銀行設立のころ(富澤家 富澤分家 ほか) 第3章 市議会議員での活躍(戦後の生活 富士工業時代 演劇 ほか) 第4章 その後の太田(国際交流 市議会議長になる ほか) 補章 知られざる高山彦九郎(高山彦九郎 広い友好と多大な影響力 ほか)

富澤　清行〔1946〜〕　とみざわ・きよゆき
◇オレの人生、恵知運寶（けちんぼう）―自然の恵みを活かす。これこそが次代の経営　富澤清行著　千葉　千葉日報社　2014.11　162p　19cm　1500円　Ⓘ978-4-904435-53-3　Ⓝ289.1

富島　健夫〔1931〜1998〕　とみしま・たけお
◇「ジュニア」と「官能」の巨匠　富島健夫伝　荒川佳洋著　河出書房新社　2017.1　317p　20cm　〈年譜あり〉　2900円　Ⓘ978-4-309-02541-4　Ⓝ910.268
内容　序章　一所懸命　第1章　二人の外地引揚者　第2章　『街』の創刊と『文学者』第3章　頭を下げるのはいやだ　第4章　「ジュニア小説」の開拓者　第5章　『おさな妻』の毀誉褒貶　第6章　アジりつづける作家　第7章　転戦する作家　終章　晩年

富田　勲〔1932〜2016〕　とみた・いさお
◇冨田勲―伝統と革新を融合させた巨星　妹尾理恵監修　ヤマハミュージックエンタテインメントホールディングス　2017.8　109p　26cm　(日本の音楽家を知るシリーズ)〈文献あり　作品目録あり〉　1800円　Ⓘ978-4-636-94329-0　Ⓝ762.1
内容　第1章　出生と歩み　第2章　音楽家への第一歩　第3章　映像音楽の作曲者　第4章　シンセサイザーとの出会い　第5章　シンセサイザー音楽家という生き方　第6章　大いなる晩年

富田　隆〔1958〜〕　とみた・たかし
◇オウム真理教元幹部の手記　富田隆著　青林堂　2018.12　212,30p　19cm　1500円　Ⓘ978-4-7926-0640-4　Ⓝ169.1
内容　第1章　故郷八戸、霊的なものとの関わりの原点（霊的な存在を疑わなかった幼少期の家庭環境　キリスト教系幼稚園に学んだ幼児期、剣道、空手に夢中になった少年期　念願の極真空手に入門！　ほか）　第2章　麻原との出会いと教団の実態（圧倒的だった麻原のパワー　オウムの修行法と教義　オウムの「戒律」ほか）　第3章　松本サリン事件とオウム脱出（松本サリン事件前日　なかなか来ない村井（秀夫）にいら立った新実（智光）　ついにサリンを散布！　保江邦夫先生への手紙

富田　鐵之助〔1835〜1916〕　とみた・てつのすけ
◇海舟日記に見る幕末維新のアメリカ留学―日銀総裁富田鐵之助のアメリカ体験　髙橋秀悦著　日本評論社　2018.9　412p　22cm　〈文献あり　索引あり〉　6000円　Ⓘ978-4-535-55911-0　Ⓝ377.6
内容　第1部　富田鐵之助のアメリカ留学と戊辰戦争（海舟日記と富田鐵之助のアメリカ留学　戊辰戦争と仙台藩）　第2部　アメリカ留学の政治経済学（海舟日記アメリカ留学の経済学　ほか）　第3部　アメリカ留学事始（アメリカ・プロテスタンティズムと日本での宣教拡大活動　ニュージャージー州ニューブランズウィック　ほか）　第4部　その後の富田鐵之助―副領事就任と結婚と商法講習所（ニューヨーク領事館とワシントン公使館　海舟日記　ほか）

富田信高の妻〔安土桃山〜江戸時代〕　とみた・のぶたかのつま
◇戦国の女城主―井伊直虎と散った姫たち　髙橋伸幸著　徳間書店　2016.11　326p　15cm　(徳間文庫カレッジ　た2-1)〈文献あり〉　830円　Ⓘ978-4-19-907073-0　Ⓝ281.04
内容　井伊直虎―男の名で生き、お家断絶の危機を救った女城主　甲斐姫―石田三成に立ち向かい城を守った姫武者　鶴姫―大内水軍を二度撃退した瀬戸内の戦士　おつやの方―信長の怒りをかい非業の死を遂げた岩村城主　慶順尼―鍋島藩を生んだ哲の妻　吉岡妙林尼―男勝りの胆力で薩摩軍を撃退した女武者　立花誾千代―七歳にして女城主となり関ヶ原で西軍に与する　常盤―島津氏の基礎を作った妻女の決断　鶴姫―侍女三十四人を従えて敵陣に切り込んだ烈婦　富田信高の妻―関ヶ原の前哨戦で夫の窮地を救った女武者　寿桂尼―「女戦国大名」といわれ今川家を支える　天球院―夫に愛想をつかして縁を切った女傑　お市の方―「戦国一の美女」といわれ夫とともに自刃　細川ガラシャ―人質を拒否して殉教を選んだ烈女

冨永　愛〔1982〜〕　とみなが・あい
◇Ai愛なんて大っ嫌い　冨永愛著　ディスカヴァー・トゥエンティワン　2014.10　228p　19cm　〈年譜あり〉　1400円　Ⓘ978-4-7993-1575-0　Ⓝ289.1
内容　第1章　切り取られた写真　第2章　抹殺されたわたし　第3章　ニューヨークのAi　第4章　愛と復讐のランウェイ　第5章　ファッションなんて大っ嫌い　第6章　愛なんて大っ嫌い！　第7章　引退宣言　第8章　母と息子　第9章　父と娘　終章　愛の居場所

冨永　信吉〔1839〜1894〕　とみなが・しんきち
◇評伝　天草五十人衆　天草学研究会編　福岡　弦書房　2016.8　317p　22cm　〈文献あり　年表あり　索引あり〉　2400円　Ⓘ978-4-86329-138-6　Ⓝ281.94
内容　ステージ1　五人衆の時代、そして…　ステージ2　天領天草の村々　ステージ3　祈りの島で　ステージ4　耕す、漁る　ステージ5　実業の世を拓く　ステージ6　潮路はるかに　ステージ7　文学・歴史・言論　ステージ8　あの頃、この人　ステージ9　島の現実、国の行く末　ステージ10　一筋の道　ステージ特別編　群像二題（天草の石文化と松室五郎左衛門　牛深カツオ漁の男たち）

冨永　隼太〔1857〜1926〕　とみなが・はやた
◇長崎がうんだ奇妙な列伝　江越弘人著　朗文堂　2016.4　145p　20cm　1600円　Ⓘ978-4-947613-93-6　Ⓝ281.93
内容　第1章　祥平じいさんの大旅行（日本の果てからこんにちは）（プロローグ（大旅行家宮原祥平さんの人となり）　祥平さん、旅に目覚める　祥平さんの旅、いよいよ佳境にはいる　ほか）　第2章　長崎の自由民権運動（富永隼太の敗北）（自由民権運動ってなあに　遅れた長崎の自由民権運動　富永隼太の登場　ほか）　第3章　まじめ人間『長崎七兵衛物語』（七兵衛を語るにあたって　長崎七兵衛の生い立ち　まじめで元気、気配りの平蔵（七兵衛））

冨永　裕輔〔1984〜〕　とみなが・ゆうすけ
◇自分実現力―The Catch！　冨永裕輔著　言

とみもと

視舎 2017.10 211p 19cm 1600円 Ⓘ978-4-86565-107-2 Ⓝ767.8

内容 1 The Catch！夢見る少年（子ども時代、幼少期　中学校時代　高校時代）　2 The Catch！夢をつかむ（早稲田大学アカペラサークル　プロデビュー　ライブ＆バイト生活）　3 The Catch！新しい瞬間を（いざ九州へ　全国各地、そして世界へ　見渡せば仲間がいる　何度でも立ち上がる）

富本 一枝〔1893～1966〕 とみもと・かずえ

◇『青鞜』の冒険―女が集まって雑誌をつくるということ　森まゆみ著　集英社　2017.3　365p　16cm　（集英社文庫 も26-8）〈平凡社 2013年刊の再刊　文献あり　年表あり〉　740円　Ⓘ978-4-08-745559-5　Ⓝ910.261

内容 第1章 五人の若い女が集まって雑誌をつくること　第2章 いよいよ船出のとき　第3章 広告から見えてくる地域性　第4章 尾竹紅吉、あるいは後記の読み方　第5章 伊藤野枝の登場　第6章 『青鞜』の巣鴨時代　第7章 保持研の帰郷　第8章 『青鞜』の終焉

富安 厚〔1936～〕 とみやす・あつし

◇私の歴史―或る侍の末裔の足跡　富安厚著〔出版地不明〕〔富安厚〕　2016.7　285p　19cm　Ⓝ289.1

トモ〔1970～〕

◇一発屋芸人列伝　山田ルイ53世著　新潮社　2018.5　236p　20cm　1300円　Ⓘ978-4-10-351921-8　Ⓝ779.14

内容 レイザーラモンHG──一発屋を変えた男　コウメ太夫―笑えない"から面白い　テツandトモ―この違和感なんでだろう　ジョイマン―「ここにいるよ」　ムーディ勝山と天津・木村―バスジャック事件　波田陽区―一発屋故郷へ帰る　ハローケイスケ―不遇の"0・5"発屋　とにかく明るい安村―裸の再スタート　キンタロー。―女一発屋　髭男爵―落ちこぼれのルネッサンス

巴御前〔平安時代末期〕 ともえごぜん

◇日本の武将と女たち　田川清著　名古屋　中日出版　2016.11　79p　19cm　1200円　Ⓘ978-4-908454-08-0　Ⓝ281

内容 1 源義仲と巴御前・葵御前・山吹　2 源義経と静御前　3 後醍醐天皇と妾・阿野廉子　4 北条仲時と妻・北の方　5 戦国武将と女たち（（一）浅井長政・柴田勝家・豊臣秀吉とお市の方　（二）豊臣秀吉と淀君　（三）荒木村重と妾・だし　（四）前田利家と妻・まつ　（五）山内一豊と妻・千代）　6 細川忠興と妻・ガラシャ夫人　7 将軍と大奥の女たち

友清 歓真〔1888～1952〕 ともきよ・よしさね

◇新・日本神人伝―近代日本を動かした霊的巨人たちと霊界革命の軌跡　不二龍彦著　太玄社　2017.4　391p　21cm　〈『日本神人伝』（学研2001年刊）の改題、増補改訂　文献あり　年表あり　索引あり　発売：ナチュラルスピリット〉　2600円　Ⓘ978-4-906724-32-1　Ⓝ147.8

内容 第1章 仙童寅吉　第2章 宮地常磐・水位・厳夫　第3章 国安仙人　第4章 黒住宗忠　第5章 金光大神　第6章 長南年恵　第7章 高島嘉右衛門　第8章 鷲﨑日賢　第9章 友清歓真　第10章 出口王仁三郎　人物小伝

朝永 振一郎〔1906～1979〕 ともなが・しんいちろう

◇見える光、見えない光―朝永作品と編集者　中桐孝志著　武蔵野　夏葉社　2018.11　157p　20cm　2300円　Ⓘ978-4-904816-29-5　Ⓝ289.1

伴 善男〔811～868〕 とものよしお

◇平安の新京　石上英一、鎌田元一、栄原永遠男監修、吉川真司編　大阪　清文堂出版　2015.10　396p　22cm　（古代の人物 4）〈索引あり〉　4500円　Ⓘ978-4-7924-0571-7　Ⓝ281.04

内容 本巻のねらい 平安の新京　1 平城京と平安京（桓武天皇―中国的君主像の追求と「律令制」の転換　早良親王―「皇太子置定」の困難　坂上田村麻呂―征夷副将軍になるまでを中心に　高丘親王（真如）―菩薩の道、必ずしも一致せず）　2 王権の安定（嵯峨天皇―唐風を整え、幽境に遊ぶ　最澄―仏法具足の大日本国　空海―鎮護国家・律令国家と明法道　源信・常・定―臣籍降下した皇子たち　有智子内親王―「文章経国」の時代の初代賀茂斎院　仁明天皇―宮廷の典型へ　讃岐永直―律令国家と明法道）　3 前期摂関政治へ（伴善男―逆臣か「良吏」か　円仁―東部ユーラシア史の変動を記録した入唐僧　藤原良房・基経―前期摂関政治の成立　藤原高子―廃后事件の背景と歴史的位置　藤原保則―激動の時代を生きた良吏）

伴林 光平〔1813～1864〕 ともばやし・みつひら

◇幕末―非命の維新者　村上一郎著　中央公論新社　2017.9　299p　16cm　（中公文庫 む28-1）〈角川文庫 1974年刊に対談「松陰の精神とその人間像」を増補　文献あり　年表あり〉　1000円　Ⓘ978-4-12-206456-0　Ⓝ281.04

内容 第1章 大塩平八郎　第2章 橋本左内　第3章 藤田三代―幽谷・東湖・小四郎　第4章 真木和泉守　第5章 三人の詩人―佐久良東雄・伴林光平・雲井竜雄　松陰の精神とその人間像（保田與重郎×村上一郎）

土門 拳〔1909～1990〕 どもん・けん

◇我が師、おやじ・土門拳　牛尾喜道, 藤森武著　朝日新聞出版　2016.11　151p　19cm　1600円　Ⓘ978-4-02-331571-6　Ⓝ740.21

内容 弟子入り志願　カミナリとパンチ　最初の仕事　個性派ぞろいの外弟子たち　先生の撮影旅　お洒落へのこだわり　先生の衣食住　『るみえちゃんはお父さんが死んだ』　『古寺巡礼』の撮影機材　ベストアングルへのこだわり　『古寺巡礼』秘話（1）　先生の『嗜好品』　「鬼がついた」　女優と文化財　『古寺巡礼』撮影余話　もう一つの土門美学　続・『古寺巡礼』撮影余話　サウスポーとなった土門先生　師匠を超えて、親として　土門学校の卒業　見えない絆　最後の撮影　土門先生とカメラ

都谷森 茂〔1923～2016〕 とやもり・しげる

◇義兄都谷森茂さんの手紙　都谷森茂著, 都谷森孝子監修　〔むつ〕〔都谷森孝子〕　2018.11　71p　26cm　〈私家版〉　Ⓝ289.1

台与〔3世紀〕 とよ

◇台与（トヨ）の正体―邪馬台国・卑弥呼の後継女

王のゆくえ　関裕二著　河出書房新社　2016.8　197p　19cm　〈文献あり〉　1600円　①978-4-309-22677-4　Ⓝ210.273

内容　第1章 台与と邪馬台国と神功皇后（神功皇后の西征はヤマトと北部九州の争い　けっして侮ることができない「邪馬台国近江説」ほか）　第2章 ヤマト建国と近江（琵琶湖と巨椋池という日本のジャンクション　琵琶湖の水運は本当に使われていたのかほか）　第3章 ヤマト建国の真相『日本書紀』はヤマト建国の歴史を熟知していたから抹殺した　『日本書紀』によってヤマト建国の活躍を消された地域ほか）　第4章 神功皇后と近江（王家に女人を入れていた息長氏　近江の豪族と王家の濃い関係　ほか）　第5章 神功皇后と台与の正体（『万葉集』にも残った神功皇后伝説　天皇扱いされた神功皇后　ほか）

豊澤 團隅〔1878～1940〕　とよさわ・だんすみ
◇豊澤團隅と小杉家―越中富山浄瑠璃と盲目の義太夫 我が小杉家のルーツを訪ねて 盲目の義太夫師匠―祖父小杉幸之助・芸名豊澤團隅―の足跡を追って　小杉善一郎著　［小杉善一郎］　2014.10　53p　30cm　〈年譜あり〉　1800円　Ⓝ768.5

豊重 哲郎〔1941～〕　とよしげ・てつろう
◇日本への遺言―地域再生の神様《豊重哲郎》が起こした奇跡　出町譲著　幻冬舎　2017.5　152p　18cm　〈文献あり〉　1100円　①978-4-344-03109-8　Ⓝ601.197

内容　ゼロからの出発　情熱で人を動かせ　感動が人を動かす　全員野球　眠れる財産を再生せよ　リーダーとは何か？　自分たちのことは自分でやる　教育とは「変わること」　ボーナスの出る村　ビジネス感覚で人を呼ぶ　行政にはないスピードで　知恵を出し、汗を流せ　小さな村から世界の村へ　お金はなくとも　バトンタッチをする勇気

豊島 智恵子〔1945～〕　とよしま・ちえこ
◇混迷アメリカ青春行路―幸せは自分で築こう　豊島智恵子著　半田　一粒書房　2016.9　345p　20cm　①978-4-86431-536-4　Ⓝ289.1

豊田 章男〔1956～〕　とよだ・あきお
◇リーダーズ・イン・ジャパン―日本企業いま学ぶべき物語　有森隆著　実業之日本社　2014.7　270p　19cm　〈他言語標題：Leaders in Japan〉　1400円　①978-4-408-11077-6　Ⓝ332.8

内容　1「創業家」の精神（豊田章男（トヨタ自動車）―「あさって」を見つめている男は、持続的成長に向けて手綱緩めず　岡田卓也、岡田元也（イオン）―増殖を続ける流通帝国。肉食系のM&Aは岡田親子の遺伝子　鈴木修（スズキ）―「三兆円企業」の名物ワンマン社長の強さと苦悩）　2「カリスマ」の本気（孫正義（ソフトバンク）―大ボラを次々と現実のものにした「孫式の兵法」を徹底解明する　鈴木敏文（セブン＆アイ）―息子に第三の創業を託すのか？「流通王」鈴木敏文の究極の選択　柳井正（ファーストリテイリング）―徒手空拳で小売業界一に挑む男にゴールはない）　3「中興の祖」の逆襲（佐治信忠（サントリーホールディングス）―「やってみなはれ」の精神で佐治信忠は一世一代の大勝負に出る　高原豪久（ユニ・チャーム）―東南アジアに針路を

とれ！ 二代目社長、高原豪久の"第三の創業" 奥田務（J.フロントリテイリング）―「脱百貨店」の旗手、奥田務の正攻法に徹した改革）　4「異端児」の反骨（岡藤正広（伊藤忠商事）―野武士集団の復活を目指す伝説の繊維マン　津賀一宏（パナソニック）―テレビから自動車部品へ大転換。生き残りを懸け、エースが陣頭指揮　永井浩二（野村ホールディングス）―増資インサイダー事件で信用を失墜したガリバーを再生。変革に挑む営業のカリスマ）

◇豊田章男が愛したテストドライバー　稲泉連著　小学館　2016.3　318p　20cm　1600円　①978-4-09-389765-5　Ⓝ537.09

内容　第1章 運転の師　第2章 幻の第七技術部　第3章 聖地ニュルブルクリンクへ　第4章 社長育成　第5章 幸福な時間　第6章 弔辞

豊田 恵美子〔1948～2008〕　とよだ・えみこ
◇お父さん、一緒に死のう―永遠の恋人 永遠の宝物　豊田実正著　東洋出版　2014.11　543p　19cm　1500円　①978-4-8096-7758-8　Ⓝ289.1

内容　永遠の恋人、永遠の宝物　恵美子が亡くなりました　生い立ち　出逢い　再会　結婚　関西サンテクを設立　女にも息抜きがほしい　カーテンの向こうの水平線に浮かぶヨット　芦屋でマンション購入〔ほか〕

豊田 一夫〔1927～2010〕　とよだ・かずお
◇豊田一夫会長の想い出　芹山素一著,古家隆亮編　［出版地不明］［芹山素一］　2016.3　111p　22cm　Ⓝ289.1

豊田 喜一郎〔1894～1952〕　とよだ・きいちろう
◇トヨタの自助論―豊田佐吉と豊田喜一郎　日下部山,古屋敷仁著　アイバス出版　2015.9　233p　19cm　〈他言語標題：Theory of Toyota　発売：サンクチュアリ出版〉　1400円　①978-4-86113-599-6　Ⓝ289.1

内容　1 豊田佐吉（無口だったが、心優しい少年だった豊田佐吉　自分を変えたいと願う少年　ほか）　2 自助論（天は自ら助くるものを助く　政治というものは国民の繁栄にすぎない　ほか）　3 豊田喜一郎（淋しかった幼少時代　無口で多くを語らない喜一郎。しかし心は温かく、そして熱かった　ほか）　4 豊田佐吉、喜一郎と自助論（『自助論』と二宮尊徳、武士道の教えは今も日本人を動かす　豊田佐吉と『自助論』　ほか）

◇カイゼン魂―トヨタを創った男豊田喜一郎　野口均著　ワック　2016.1　341p　18cm　（WAC BUNKO B-231）〈「トヨタを創った男豊田喜一郎」（2002年刊）の改題・改訂した新版〉　930円　①978-4-89831-731-0　Ⓝ289.1

内容　第1章 豊田家の父と子　第2章 喜一郎の才能の萌芽　第3章 紡織業から機械メーカーへの転進　第4章 なぜ自動車参入か　第5章 喜一郎、走り出す　第6章 トヨタ生産方式始動　第7章 喜一郎の不遇

豊田 佐吉〔1867～1930〕　とよだ・さきち
◇トヨタの自助論―豊田佐吉と豊田喜一郎　日下部山,古屋敷仁著　アイバス出版　2015.9　233p　19cm　〈他言語標題：Theory of Toyota　発売：サンクチュアリ出版〉　1400円

とよた

①978-4-86113-599-6　Ⓝ289.1
内容　1 豊田佐吉（無口だったが、心優しい少年だった 豊田佐吉　自分を変えたいと願う少年　ほか）　2 自助論（天は自ら助くるものを助く　政治というものは国民の繁栄にすぎない　ほか）　3 豊田喜一郎（淋しかった幼少時代　無口で多くを語らない喜一郎。しかし心は温かく、そして熱かった　ほか）　4 豊田佐吉、喜一郎と自助論（『自助論』と二宮尊徳、武士道の教えは今も日本人を動かす　豊田佐吉と『自助論』　ほか）

◇二宮尊徳に学ぶ『報徳』の経営　田中宏司, 水尾順一, 蟻生俊夫編著　同友館　2017.10　308p　20cm　〈文献あり　年表あり〉　1900円　①978-4-496-05301-6　Ⓝ335.15
内容　特別寄稿　二宮尊徳の人と思想と一つの実践　プロローグ　現代に生きる「報徳」の経営　1 二宮尊徳の生き方に学ぶ（尊徳の一円観：ステークホルダー・マネジメント　尊徳の至誠（その1）：コンプライアンス　尊徳の至誠（その2）：顧客満足　尊徳の勤労（その1）：従業員満足　尊徳の勤労（その2）：危機管理　ほか）　2 二宮尊徳の教えの実践事例（「報徳思想」を現代につないだ岡田良一郎　「報徳思想と算盤」で明治維新を成し遂げた渋沢栄一　尊徳の教えから世界の真珠王になった御木本幸吉　機械発明に人生を捧げた報徳思想の実践者・豊田佐吉　日本酪農の先覚者・黒澤酉蔵の「協同社会主義」と報徳経営　ほか）

豊田 章一郎〔1925～〕　とよだ・しょういちろう
◇未来を信じ一歩ずつ　豊田章一郎著　日本経済新聞出版社　2015.7　281p　20cm　（私の履歴書）〈年譜あり〉　1600円　①978-4-532-32005-8　Ⓝ289.1
内容　第1章　父・喜一郎と（幼少のころ　父・喜一郎　ほか）　第2章　トヨタとともに（特殊研究　クラウン　ほか）　第3章　未来を信じ一歩ずつ（経団連副会長　経団連会長　ほか）　第4章　モノづくり人づくり（現場力　豊田工業大学　ほか）

豊田 副武〔1885～1957〕　とよだ・そえむ
◇最後の帝国海軍―軍令部総長の証言　豊田副武著　中央公論新社　2017.7　306p　16cm　（中公文庫　と32-1）〈世界の日本社　1950年刊の「豊田口述書」「軍事裁判所判決文」を割愛し再刊〉　860円　①978-4-12-206436-2　Ⓝ289.1
内容　第1篇　生い立ちの記　第2篇　海軍生活　第3篇　太平洋上の暗雲　第4篇（その1）　十二月八日前後　第4篇（その2）　ミッドウェイ大海戦　第5篇　偽れる軍艦マーチ　第6篇　最後の連合艦隊司令長官　第7篇　サイパン敗戦記　第8篇　斜陽下の太平洋　第9篇　暗夜行　第10篇　終戦への陣痛　第11篇　無罪になる

◇四人の連合艦隊司令長官―日本海軍の命運を背負った提督たちの指揮統率　吉田俊雄著　潮書房光人社　2017.9　408p　16cm　（光人社NF文庫　よ1027）〈文春文庫　1984年刊の再刊　文献あり〉　920円　①978-4-7698-3027-6　Ⓝ391.2074
内容　序章　四人の人間像　第1章　山本五十六の作戦　第2章　古賀峯一の作戦　第3章　豊田副武の作戦　第4章　小沢治三郎の作戦　終章　大西瀧治郎の言葉

豊田 長正〔?～2011〕　とよだ・ながまさ
◇若き軍醫の手紙　豊田長正著　亀山　入山紀美子　2015.4　236p　22cm　〈折り込　2枚〉　Ⓝ289.1

豊田 芙雄〔1845～1941〕　とよだ・ふゆ
◇豊田芙雄と同時代の保育者たち―近代幼児教育を築いた人々の系譜　前村晃著　名古屋　三恵社　2015.11　446p　26cm　〈年表あり〉　4500円　①978-4-86487-423-6　Ⓝ376.121
内容　豊田芙雄と家族の人々　自由主義教育の理想を掲げた田中不二麿　ヒューマニスト・中村正直と幼稚園教育　元間課の幼稚園監事・関信三の功績　クララの来日と幼稚園教育の夜明け　小西信八監事の視座と事蹟　近藤はまと幼児教育の開拓　氏原銀・木村末と大阪模範幼稚園　愛珠幼稚園を創った人々と保育の特徴　仙台に幼稚園を創設した人々　武藤やちと函館の幼稚園教育　古市静子と幼児教育の展開　矢島樹子・湯浅初子・宗方光と幼稚園　海老名リンと会津若松の幼児教育　八王子の幼児教育を拓いた横川楳子

◇豊田芙雄―人格高き女子を造れ　小野孝尚編著　那珂　茨城女子短期大学　2017.5　117p　26cm　〈茨城女子短期大学開学50周年記念出版　年譜あり〉　1200円　Ⓝ289.1

豊田 実正　とよだ・みちまさ
◇お父さん、一緒に死のう―永遠の恋人　永遠の宝物　豊田実正著　東洋出版　2014.11　543p　19cm　1500円　①978-4-8096-7758-8　Ⓝ289.1
内容　永遠の恋人、永遠の宝物　恵美子が亡くなりました　生い立ち　出会い　再会　結婚　豊田サンテックを設立　女にも息抜きがほしい　カーテンの向こうの水平線に浮かぶヨット　芦屋でマンション購入　ほか

豊竹 呂太夫（6代）〔1947～〕　とよたけ・ろだゆう
◇文楽・六代豊竹呂太夫―五感のかなたへ　六代豊竹呂太夫, 片山剛著　大阪　創元社　2017.3　223p　19cm　〈年譜あり　索引あり〉　2000円　①978-4-422-70112-7　Ⓝ768.5
内容　大序　徳島と十代豊竹若太夫　序切　東京のエトランゼ　二段目　大阪への回帰　三段目　艱難から希望へ　四段目（道行　花房開く）　大詰　六代豊竹呂太夫

豊臣 秀次〔1568～1595〕　とよとみ・ひでつぐ
◇豊臣秀次　藤田恒春著　吉川弘文館　2015.3　264p　19cm　（人物叢書　新装版　通巻280）〈文献あり　年譜あり〉　2200円　①978-4-642-05273-3　Ⓝ289.1
内容　第1　生い立ち　第2　三好氏時代　第3　八幡山城主　第4　関白一門として　第5　尾張清須城主　第6　関白就任　第7　太閤と関白　第8　秀次事件の真相とその影響　第9　秀次像の形成

◇関白秀次の切腹　矢部健太郎著　KADOKAWA　2016.4　301p　18cm　〈他言語標題：The Mystery of Hidetsugu's SEPPUKU　年表あり〉　1000円　①978-4-04-601545-7　Ⓝ289.1

とよとみ

|内容| 1 豊臣政権の評価と「秀次事件」 2 事件の概要と疑問点・矛盾点 3 秀次の前半生 4 丸一ヶ月に及んだ「修羅場」 5 「イメージ」の源流を探る—「秀次事件」像の分水嶺 6 秀吉は切腹を命じたのか—『甫庵太閤記』と秀吉朱印状写の矛盾点 7 秀次切腹の衝撃—後付けされた罪状

◇利休と戦国武将—十五人の「利休七哲」 加来耕三著 京都 淡交社 2018.4 239p 19cm 1300円 ①978-4-473-04246-0 Ⓝ791.2
|内容| 第1章 "七哲"の筆頭 蒲生氏郷 第2章 教養が生き残りの秘訣 細川三斎 第3章 信仰と茶の湯 高山右近・前田利長 第4章 悲運の茶人 瀬川掃部・豊臣秀次・木村常陸介 第5章 何処までも不可解な数寄者 荒木村重・芝山監物 第6章 滑稽味あふれるお人好し 織田常真・牧村兵部・佐久間不干斎 第7章 時代の転換期に出現 古田織部 第8章 自分の分限を知っていた 織田有楽・有馬玄蕃

豊臣 秀吉 〔1536〜1598〕 とよとみ・ひでよし

◇豊臣秀吉と大坂城 跡部信著 吉川弘文館 2014.8 159p 21cm〈人をあるく〉〈文献あり〉 2000円 ①978-4-642-06784-3 Ⓝ289.1
|内容| 謎の巨城の独裁者 1 秀吉の履歴書—人と生涯（信長に仕える 天下統一と内政 伝統的制度への姿勢 大陸侵攻と対外観 信仰と死） 2 豊臣大坂城の光芒（秀吉の大坂築城 政権構想のなかでの大坂城 大坂城をめぐる事件史・人物誌） 3 秀吉の大坂城をあるく（謎の巨大城郭 描かれた豊臣大坂城 豊臣大坂城の痕跡探訪）

◇秀吉研究の最前線—ここまでわかった「天下人」の実像 日本史史料研究会編 洋泉社 2015.8 318p 18cm〈歴史新書y 055〉 950円 ①978-4-8003-0710-1 Ⓝ289.1
|内容| 第1部 政治権力者としての実像とは（五大老・五奉行は、実際に機能していたのか 秀吉は、「大名統制」をどの程度できていたのか ほか） 第2部 誰もが知っている秀吉が命じた政策（「太閤検地」は、秀吉の革新的な政策だったのか 「刀狩」は、民衆の武装解除をめざしたのか ほか） 第3部 秀吉の宗教・文化政策の実像（秀吉は、なぜ京都東山に大仏を造立したのか 秀吉は、なぜキリスト教を「禁止」したのか ほか） 第4部 秀吉の人生で気になる三つのポイント（秀吉の出自は、百姓・農民だったのか 秀吉は、本能寺の変後から全国統一をめざしていたのか ほか）

◇秀吉と伏見時代—「桃山時代」と呼ぶのは間違いである。 中川正照著 京都 ウインかもがわ 2015.8 117p 21cm〈「伏見・戦と街」（2013年刊）の改題、加筆・修正 文献あり 発売：かもがわ出版（京都）〉 1000円 ①978-4-903882-72-7 Ⓝ210.48
|内容| 天下人秀吉 浄土真宗本願寺と一向一揆 秀吉と本願寺 紀州攻め 秀吉、九州を支配下に 北野大茶会と佐々成政事件 聚楽第造営 刀狩りと方広寺大仏殿の造営 小田原城攻め 秀吉による京の改造「御土居」〔ほか〕

◇天下統一—秀吉から家康へ 黒嶋敏著 講談社 2015.11 247p 18cm〈講談社現代新書 2343〉〈文献あり〉 800円 ①978-4-06-288343-6 Ⓝ210.48
|内容| 序章 天下統一とは何か 第1章 天下統一の裏側—内からの承認（天皇の名のもとに 島津氏と伊達氏の服属 豊臣政権の構造的問題 天下人は境界を目指す） 第2章 秀吉の中華—膨張する武威（アジアのなかの天下統一 境界の先に向かう武威 上下の関係 出兵から 読み替えられる「日本国王」 再出兵と秀吉の死） 第3章 家康の中華—武威と現実（すでに幕は上がっていた コップの中の関ヶ原 海の支配者へ 国王の出仕 家康の妥協と挫折） 終章 武威の落としどころ

◇秀吉と慶喜—二人の最高権力者 真実か空想か 神のみぞ知る二人の謎に迫る 九王寺将理著〔出版地不明〕 九王寺将理〔2016〕 1冊（ページ付なし） 26cm〈年表あり〉 Ⓝ289.1

◇秀吉の虚像と実像 堀新,井上泰至編 笠間書院 2016.7 407p 21cm〈執筆：湯浅佳子ほか〉 2800円 ①978-4-305-70814-4 Ⓝ289.1
|内容| 秀吉の生まれと容貌 秀吉の青年時代 浅井攻め 秀吉の出世 高松城水攻めと中国大返し 清須会議と天下簒奪 秀吉と女性 秀吉と天皇 秀吉はなぜ関白になったのか 文禄・慶長の役/壬辰戦争の原因 秀次事件の真相 豊臣政権の政務体制 関ヶ原の戦いから大坂の陣へ 秀吉の神格化

◇秀吉の武威、信長の武威—天下人はいかに服属を迫るのか 黒嶋敏著 平凡社 2018.2 318p 19cm〈中世から近世へ〉〈文献あり〉 1700円 ①978-4-582-47737-5 Ⓝ210.48
|内容| 序章 「武威」から見える天下統一の実態 第1章 秀吉の「停戦令」 第2章 秀吉の奥羽「惣無事」 第3章 秀吉の武威と静謐 第4章 信長と奥羽 第5章 信長と九州 第6章 信長の武威と東夷 終章 「武威」から見えた二人の違い

◇豊国大明神の誕生—変えられた秀吉の遺言 野村玄著 平凡社 2018.3 286p 19cm〈中世から近世へ〉〈文献あり〉 1800円 ①978-4-582-47738-2 Ⓝ289.1
|内容| 第1章 豊臣秀吉の遺体の出土・損壊とその背景（豊国秀吉の三百年祭を目前にした衝撃 明治新政府と豊国神社・豊国廟 ほか） 第2章 豊臣秀吉の遺言とその奏上（さまざまな秀吉の遺言 フランシスコ・パシオとジョアン・ロドゥリーゲスの証言 ほか） 第3章 秀吉の遺言変更と豊国大明神（遺言奏上の時期をめぐる政治的意味 アレシャンドゥロ・ヴァリニャーノによる新八幡批判 ほか） 第4章 秀吉の遺言を改変した者たちのねらい（誰が秀吉の遺言を改変したのか 北政所（高台院）の行動の意味 ほか） 第5章 その後の徳川家康と豊国大明神（徳川家康の大坂城西之丸への入城 伏見城落城・関ヶ原合戦と豊国大明神 ほか）

◇経済で読み解く豊臣秀吉—東アジアの貿易メカニズムを「貨幣制度」から検証する 上念司著 ベストセラーズ 2018.3 253p 18cm 1111円 ①978-4-584-13857-1 Ⓝ332.104
|内容| 信長と秀吉 第1部 「貨幣制度」が歴史を作る（「悪貨」が「良貨」を駆逐する？ 東アジアの貿易メカニズム） 第2部 秀吉の国内政策（信長の遺志を受け継いだ秀吉 牙をぬかれた寺社勢力） 第3部 秀吉の対外政策（キリスト教国の脅威 「朝鮮出兵」失敗の本質）

◇天皇の歴史 5 天皇と天下人 大津透,河内祥輔,藤井譲治,藤田覚編集委員 藤井譲治著 講談社 2018.4 343p 15cm〈講談社学術文庫

とよとみ

2485)〈文献あり 年表あり 索引あり〉 1160円
①978-4-06-292485-6 Ⓝ210.1
内容 プロローグ―正親町天皇のキリシタン禁令 第1章 義昭・信長の入京 第2章 正親町天皇と信長 第3章 天下人秀吉の誕生 第4章 後陽成天皇と朝鮮出兵 第5章 後陽成・後水尾天皇と家康 エピローグ―「権現」か「明神」か

◇戦国大名―歴史文化遺産 五味文彦監修 山川出版社 2018.6 238p 21cm 1800円
①978-4-634-15134-5 Ⓝ210.47
内容 1 戦国乱世の幕開け(北条早雲 北条氏康 上杉謙信 ほか) 2 群雄たちの覇権(織田信長 長宗我部元親 毛利元就) 3 争乱から天下人へ(豊臣秀吉 島津義久 伊達政宗 ほか)

◇日本史 誤解だらけの英雄像 内藤博文著 河出書房新社 2018.8 221p 15cm (KAWADE夢文庫 K1097)〈文献あり〉 680円
①978-4-309-49997-0 Ⓝ281
内容 1章 織田信長―「戦国の革命児」という誤解 2章 坂本龍馬―「天衣無縫の風雲児」という誤解 3章 秀吉・家康―「無双の覇者」という誤解 4章 信玄・謙信―「常勝武将伝説」の誤解 5章 西郷隆盛・高杉晋作―「維新の立役者」という誤解 6章 聖徳太子・天智天皇・義経―「古代・中世の英傑」の誤解 7章 徳川吉宗・山本五十六―「近現代の巨星」の誤解

豊臣 秀頼〔1593〜1615〕 とよとみ・ひでより
◇豊臣秀頼 福田千鶴著 吉川弘文館 2014.10 214p 19cm (歴史文化ライブラリー 387)〈文献あり〉 1700円 ①978-4-642-05787-5 Ⓝ289.1
内容 なぜ豊臣秀頼なのか―プロローグ 誕生から元服まで 父の死と関ヶ原合戦 消えない秀頼の存在 秀頼と家康の攻防 最終章 秀頼の最期―エピローグ

◇ここまでわかった! 大坂の陣と豊臣秀頼 『歴史読本』編集部編 KADOKAWA 2015.8 347p 15cm (新人物文庫 れ-1-61)〈年譜あり〉 800円 ①978-4-04-601202-9 Ⓝ210.52
内容 第1部 ここまでわかった! 大坂の陣の真相(「豊臣体制」解体と大坂の陣 検証! 大坂の陣 図説・大坂の陣の激闘 ほか) 第2部 徹底研究! 豊臣秀頼の生涯(秀頼誕生以前の豊臣一族 秀吉の関白辞官と豊臣家 秀頼の誕生と後継者問題 ほか) 第3部 激闘! 大坂の陣を戦った男たち(武士としての名誉と意地、旧領地復活の夢 豊臣方の諸将 徳川方の諸将 ほか)

◇大坂城と大坂の陣―その史実・伝承 北川央著 大阪 新風書房 2016.10 241p 19cm 1500円 ①978-4-88269-846-3 Ⓝ210.52
内容 豊臣家の最期―今も残る秀頼の薩摩落ち伝説 豊臣秀頼の実像―徳川家をしのぐ摂関家の当主 妖怪巣食う城―怪物の正体、徳川側の罪悪感 神になった秀吉・秀頼の怨霊―徳川再興の城、落雷で大爆発 天守閣の色―「豊臣」「徳川」めぐり臆説横行 真田幸村の最期―影武者、薩摩落ちの異説も… 柴田勝家・お市の墓―大阪に住んだ子孫・徳翁が建立 後藤又兵衛の首―泥田に隠し伊予に届ける 豊臣大坂城の屏風絵―欧州に知られた"世界第八の奇観"〔ほか〕

豊増 昇〔1912〜1975〕 とよます・のぼる
◇ピアノの巨人 豊増昇―「ベルリン・フィルとの初協演」「バッハ全曲連続演奏」 小澤征爾, 小澤幹雄編著 川崎 小澤昔ばなし研究所 2015.12 159p 22cm〈他言語標題: Bach Specialist Noboru Toyomasu 文献あり 著作目録あり 年譜あり〉 1700円 ①978-4-902875-72-0 Ⓝ762.1
内容 「ちょっとさん」が語る豊増昇(序 故郷で開かれた生誕百年音楽祭 生い立ち 東京音楽学校時代 ヨーロッパ留学・デビュー 出会い・結婚 鍵盤の小さいピアノ 戦時下の生活 戦後初の渡欧―新バッハ協会・各地でのリサイタル) バッハの豊増(豊増昇とバッハ ベルリン・フィルとの協演) 音楽教育者として(バイエル 音楽教科書) 恩師を語る(「スモール豊増」の思い出 ピアノとラグビー、小澤君指揮もあるよ 憶う日に 「昇叔父さん」のこと)

寅吉〔江戸時代後期〕 とらきち
◇新・日本神人伝―近代日本を動かした霊的巨人たちと霊界革命の軌跡 不二龍彦著 太玄社 2017.4 391p 21cm 〈『日本神人伝』(学研 2001年刊)の改題、増補改訂 文献あり 年表あり 索引あり 発売:ナチュラルスピリット〉 2600円 ①978-4-906724-32-1 Ⓝ147.8
内容 第1章 仙童寅吉 第2章 宮地常磐・水位・巌夫 第3章 国安仙人 第4章 黒住宗忠 第5章 金光大神 第6章 長南年恵 第7章 高島嘉右衛門 第8章 鷲谷日賢 第9章 友清歓真 第10章 出口王仁三郎 人物小伝

鳥居 とりい
◇セーラー服の歌人 鳥居―拾った新聞で字を覚えたホームレス少女の物語 岩岡千景著 KADOKAWA 2016.2 271p 19cm 1300円 ①978-4-04-865632-0 Ⓝ911.162
内容 第1章 追憶 第2章 喪失 第3章 苦闘 第4章 絶望 第5章 孤独 第6章 光明 第7章 創作 第8章 独学 第9章 開花 第10章 居場所 第11章 遺産

鳥井 信治郎〔1879〜1962〕 とりい・しんじろう
◇美酒一代―鳥井信治郎伝 杉森久英著 改版 新潮社 2014.7 255p 15cm (新潮文庫) 490円 ①978-4-10-149301-5 Ⓝ588.57
内容 第1章 やってみなはれ "ワイン編"(独立への道 それは太陽の色だった 宣伝の鬼 ほか) 第2章 舶来を要せず "ウイスキー編"(寿屋の誕生 ウイスキー造りへの執念 理想の地「山崎峡」ほか) 第3章 時代をみつめた男(先んじて立つ 混乱の中から 自由販売の復活 ほか)

◇「死んでたまるか」の成功術―名企業家に学ぶ 河野守宏著 ロングセラーズ 2016.10 203p 18cm〈文献あり〉 1000円 ①978-4-8454-0992-1 Ⓝ332.8
内容 鳥井信治郎―ウイスキーはわしの命だ。いまに見ておれ! 本田宗一郎―世界最高のオートバイ・レース "TTレース" に参加して優勝する! 稲盛和夫―いまのやり方ではダメだし、戦法を変えようそうだ! うちの製品をアメリカから輸入させればよ

い　出光佐三―殺せるものなら殺してみろ。わしは死なん　松下幸之助―断じて行なえば必ずものは成り立つ！　野村徳七―命を賭けた大相撲に勝った！　河村瑞賢―おれにもツキがまわってきたぞ　江戸一番の分限者になってみせる！　岩崎弥太郎―恥がなんだ、面目がなんだ　生きてさえいれば、なんとかなる！　浅野総一郎―誰もしがやれる商売では駄目なのだ　要は、人が目を向けないところに目をつけることだ！　益田孝―最後に勝てばよいのだ！　江崎利一――こっちから頼んで歩かなくても向こうから売らせてくれと頼みにくるにきまっている！

鳥居 強右衛門〔?～1575〕 とりい・すねえもん

◇鳥居強右衛門―語り継がれる武士の魂　金子拓著　平凡社　2018.9　295p　19cm　(中世から近世へ)〈文献あり〉　1800円　Ⓟ978-4-582-47741-2　Ⓝ289.1

内容　第1部　鳥居強右衛門とは何者か(長篠の戦いに至るまで　長篠城攻防戦と鳥居強右衛門　鳥居強右衛門伝説の成立)　第2部　落合左平次道次背旗は語る(目撃者・落合左平次道次　旗指物の伝来と鳥居強右衛門像の流布　指物としての「背旗」　よみがえる「落合左平次指物」)　第3部　伝承される鳥居強右衛門像(近代の鳥居強右衛門　三河武士鳥居強右衛門)

鳥居 素川〔1867～1928〕 とりい・そせん

◇大正デモクラシーと鳥居素川―評伝　冨田啓一郎著　熊本　熊本出版文化会館　2017.12　415p　21cm　〈年譜あり〉　発売：創流出版〔いわき〕〉　3000円　Ⓟ978-4-906897-45-2　Ⓝ289.1

内容　生い立ち　済々黌のころ　上京、ドイツ学に専念　日清貿易研究所に転ず　雌伏の京都時代　新聞「日本」からスタート　「大阪朝日」に入社、大正デモクラシーへの道　ドイツへ社費留学　留学の成果「社会新論」を読む　日露戦争　主戦論と講和反対　発議した漱石招聘、信念が親交結ぶ　素川と西村天囚の確執　憲政擁護と白虹筆禍事件　「大正日日新聞」創刊と挫折　鳥居素川という人　思想形成の過程

鳥居 信平〔1883～1946〕 とりい・のぶへい

◇八田與一と鳥居信平―台湾にダムをつくった日本人技師　「紳士の工学」と「報徳の精神」　藤沢　二宮尊徳の会　2017.12　216p　21cm　〈年譜あり〉　900円　Ⓝ289.1

鳥居 龍蔵〔1870～1953〕 とりい・りゅうぞう

◇鳥居龍蔵日本人の起源を探る旅　前田速夫編　アーツアンドクラフツ　2015.6　215p　21cm　(やまかわうみ別冊)〈年譜あり〉　2000円　Ⓟ978-4-908028-08-3　Ⓝ289.1

内容　口絵　鳥居龍蔵のアジア調査写真　鳥居龍蔵　不世出のワンダリング・スカラー　首を狩るひと―鳥居龍蔵の台湾フィールド写真　解題　鳥居龍蔵「論考＋エッセイ」(アジア学術探検　日本人の起源を探る　先住民への眼差し)　鳥居きみ子　夫と共に「歴史」を歩む

◇鳥居龍蔵博士の思い出　複製版　徳島　鳥居龍蔵記念博物館パワーアップ事業実行委員会　2016.2　196p　26cm　(徳島県立鳥居龍蔵記念博物館開館5周年記念講演会「鳥居龍蔵の再発見―国内外の視点からー」参考資料 2)〈平成27年度文化庁地域の核となる美術館・歴史博物館支援事業鳥居龍蔵記念博物館パワーアップ事業II　原本：徳島県立鳥居記念博物館　昭和45年刊〉　Ⓝ289.1

◇図説鳥居龍蔵伝　複製版　徳島　鳥居龍蔵記念博物館パワーアップ事業実行委員会　2016.2　149p　26cm　(徳島県立鳥居龍蔵記念博物館開館五周年記念講演会「鳥居龍蔵の再発見―国内外の視点からー」参考資料 1)〈平成27年度文化庁地域の核となる美術館・歴史博物館支援事業鳥居龍蔵記念博物館パワーアップ事業II　年譜あり　原本：鳥居博士顕彰会　昭和40年刊〉　Ⓝ289.1

鳥海 永行〔1941～2009〕 とりうみ・ひさゆき

◇伝説のアニメ職人(クリエーター)たち―アニメーション・インタビュー　第1巻　星まこと編・著　まんだらけ出版部　2018.5　277p　21cm　〈索引あり〉　1800円　Ⓟ978-4-86072-142-8　Ⓝ778.77

内容　大工原章・アニメーター、画家　森川信英・アニメーター　うしおそうじ(鷺巣富雄)・漫画家、元ピープロダクション社長　石黒昇・演出家　荒木伸吾・アニメーター・イラストレーター　金山明博・アニメーター・絵師　鳥海永行・演出家・作家　北原健雄・アニメーター　巻末特別企画　十九年目の「アニメーション・インタビュー」金山明博　解説(五味洋子・アニメーション研究家)

鳥谷 敬〔1981～〕 とりたに・たかし

◇キャプテンシー　鳥谷敬著　KADOKAWA　2016.3　189p　18cm　(角川新書 K-70)　800円　Ⓟ978-4-04-082068-2　Ⓝ783.7

内容　第1章　「覇気がない」と言われ続けて　第2章　天才ではなかったアマチュア時代　第3章　「二番手」の誇り　第4章　野球は仕事。だからがんばれる　第5章　生涯タイガース　第6章　「勝つキャプテン」が「いいキャプテン」である

鳥海 修〔1955～〕 とりのうみ・おさむ

◇文字を作る仕事　鳥海修著　晶文社　2016.7　235p　20cm　1800円　Ⓟ978-4-7949-6928-6　Ⓝ022.7

内容　1　書体を作るということ(私は書体設計士　たかが文字、されど文字　ほか)　2　書体作りのきっかけ(めざすはカーデザイナー　二人の先生　ほか)　3　人がいて、文字がある(理想の本文書体とは―橋本和夫さんのこと　おまえとは一緒にやらない―鈴木勉さんのこと　ほか)　4　文字を伝える(書体の作り方を繋ぐ　理想の文字)

鳥濱 トメ〔1902～1992〕 とりはま・とめ

◇なぜ若者たちは笑顔で飛び立っていったのか　鳥濱初代著　致知出版社　2014.8　186p　20cm　〈文献あり〉　1400円　Ⓟ978-4-8009-1044-8　Ⓝ289.1

内容　第1章　鳥濱トメの思いを引き継ぐ　第2章　特攻の母として―鳥濱トメの歩んだ道　第3章　魂の交わり―トメと特攻隊員の最期の日々　第4章　鳥濱トメ、

◇知覧いのちの物語―「特攻の母」と呼ばれた鳥濱トメの生涯　鳥濱明久著　きずな出版　2015.4　234p　20cm　〈文献あり〉　1600円　①978-4-907072-29-2　Ⓝ289.1

内容　第1章 ホタル帰る―散りゆく命を見つめて（鳥濱トメと少年飛行兵たち　特攻隊員たちが残した手紙　ほか）　第2章 トメの生い立ち―貧しい生活の中で（なぜ、知覧だったのか　トメの生まれた町・坊津　ほか）　第3章 知覧という場所―トメと富屋食堂（「富屋食堂」の誕生　知覧が特攻基地になった日　ほか）　第4章 「特攻の母」―隊員とその遺族とのつながり（少年兵士たちの過酷な日々　二度と帰れぬ旅を前にしおり）　第5章 敗戦の日本―進駐軍のママと呼ばれて（弔いつづけると決心した日　進駐軍のためのレストラン　ほか）　第6章 みんな、うちの子―戦災孤児を家族に迎える（ふえていく家族　長女・美阿子の結婚　ほか）　第7章 トメの晩年―時代が流れるなかで（「納税おばさん」　祖母としてのトメ　ほか）　第8章 いのちを語り継ぐ―使命を生きる覚悟（受け入れがたい転機　トメと石原慎太郎との出会い　ほか）

鳥山 英雄〔1924～〕　とりやま・ひでお
◇学究生活七十年―北大で学び東京女子大学で講じたこと　鳥山英雄著　南窓社　2014.10　254p 図版7枚　22cm　〈著作目録あり〉　3200円　①978-4-8165-0421-1　Ⓝ289.1

内容　1 私の歩みと恩師たちのこと　2 東京女子大学における私の歩み　3 東京女子大学における講義抄　4 教育についてのエッセイ　5 次世代への課題　6 海外紀行抄

トロック 祥子〔1944～〕　とろっく・さちこ
◇炎女―私史エッセイ　トロック祥子著　岡山吉備人出版　2017.9　328p　19cm　〈文献あり〉　1800円　①978-4-86069-520-0　Ⓝ289.1

内容　第1章 国際結婚　第2章 ニューヨーク・長男　第3章 カリフォルニア・陶芸との出会い　第4章 ニューヨーク・長女　第5章 イギリス・次女　第6章 東京・備前　第7章 ボルネオ・備前　第8章 ロンドン大学・バンコック　第9章 備前・初窯　第10章 生きる

【な】

ナ, グムチュ〔1938～〕　羅 錦秋
◇韓国農楽と羅錦秋―女流名人の人生と近現代農楽史　神野知恵著　風響社　2016.10　62p　21cm　〈ブックレット《アジアを学ぼう》43〉〈文献あり　年表あり〉　800円　①978-4-89489-791-5　Ⓝ386.821

内容　1 農楽との出会いとその多様な姿（大学農楽サークルの在り方　農楽伝授館と地域の祭り　ほか）　2 女性農楽団の誕生とその背景（女性農楽団とは　先行研究の不足と筆者の立場　ほか）　3 羅錦秋のライフヒストリーと近現代農楽史（幼少期～国劇団との出会い（一九三八～一九五六年頃）　南原国楽院時代、パンソリと農楽の学習（一九五七年～一九五九年頃）　ほか）　4 羅錦秋農楽キャンプを通じて見た個人奏者の役割（女性農楽団出身者たちのその後　羅錦秋による教育活動の現状　ほか）

ナ, ヘソク〔1896～1948〕　羅 蕙錫
◇評伝 羅蕙錫―女性画家、朝鮮近代史を生きる　浦川登久恵著　白帝社　2017.12　215p　20cm　〈文献あり　著作目録あり　年譜あり〉　2600円　①978-4-86398-310-6　Ⓝ723.21

内容　東京女子美術学校　「キョンヒ」の世界　激動の一九一九年　風変わりな新婚旅行　葛藤・女の文筆　安東副領事の妻　朝鮮美術展覧会　欧州・近代・反帝国主義　社会改革への思い　離婚宣告　経済的自由への苦闘　反撃・貞操論　「ヒョンスク」の世界　晩年　静かなる絵画と仏の道　羅蕙錫の「再評価」をめぐって

ナ, ヨンギュン〔1929～〕　羅 英均
◇わたしが生きてきた世の中―身辺からみつめた戦後韓国、激動の歴史　羅英均著、堀千穂子訳　言叢社　2015.10　258p　20cm　2600円　①978-4-86209-057-7　Ⓝ289.2

内容　植民地から解放されて（1945‐1948）　大韓民国政府樹立（1948‐1953）　休戦協定締結（1953‐1959）　政変（1960‐1965）　朴正熙の時代（1963‐1979）　全斗煥の時代（1979‐1988）　ソウルオリンピック（1988）　子どもたち　金泳三の時代（1992‐1997）　停年退任して（1995‐2003）　盧武鉉の時代（2003‐2008）　李明博から朴槿恵の時代へ（2008‐2015）

内藤 岩雄〔1874～1944〕　ないとう・いわお
◇米山と茶村―明治末・大正期における日野郡の地方史編纂と先駆者　谷口房男著　〔出版地不明〕〔谷口房男〕　2017.10印刷　332p　19cm　〈年表あり　文献あり〉　非売品　Ⓝ289.1

内藤 湖南〔1866～1934〕　ないとう・こなん
◇内藤湖南・十湾書簡集―内藤湖南生誕一五〇年記念　鹿角市先人顕彰館調査資料　内藤湖南・十湾著　鹿角　鹿角市教育委員会　2016.8　231p　30cm　Ⓝ289.1

◇内藤湖南―近代人文学の原点　高木智見著　筑摩書房　2016.11　391,6p　20cm　〈索引あり〉　3300円　①978-4-480-84744-7　Ⓝ289.1

内容　序章 今こそ内藤湖南―湖南とは何者か　第1章 中国学者・湖南の誕生―湖南はいかにして「湖南」になったのか　第2章 孟子と湖南―早期湖南はなぜ激越だったのか　第3章 歴史認識とその背景―湖南はなぜ面白いのか　第4章 湖南史学の形成―面白い歴史はいかにして書かれたのか　第5章 湖南史学の核心・心知―テキストはいかに理解するのか　第6章 湖南を以て湖南を読む―湖南執筆文をいかに鑑別するのか　終章 湖南の面白さの意味―誠と恕の精神

内藤 充真院〔1801～1880〕　ないとう・じゅうしんいん
◇幕末大名夫人の知的好奇心―日向国延岡藩内藤充真院　神崎直美著　岩田書院　2016.3　213p　21cm　〈文献あり　年譜あり〉　2700円　①978-

4-86602-953-5　Ⓝ289.1

内藤 十湾〔1832～1908〕　ないとう・じゅうわん
◇内藤湖南・十湾書簡集—内藤湖南生誕一五〇年記念　鹿角市先人顕彰館調査資料　内藤湖南・十湾著　鹿角　鹿角市教育委員会　2016.8　231p　30cm　Ⓝ289.1

内藤 多郎助〔1783～1858〕　ないとう・たろうすけ
◇文人の測量家内藤多郎助—清水流規矩術免許皆伝　『越後輿地全図』を測量・作図した男　全国最多種の刊行国絵図を作った男　亀井功著　新潟　亀井功　2017.9　363p　30cm　（『越後輿地全図』三部作シリーズ 第3巻）〈年譜あり〉3519円　①978-4-9904625-3-6　Ⓝ512.021

内藤 哲也〔1982～〕　ないとう・てつや
◇トランキーロ—内藤哲也自伝　EPISODIO 1　内藤哲也著　イースト・プレス　2018.7　255p　19cm　（新日本プロレスブックス）〈年譜あり〉1700円　①978-4-7816-1687-2　Ⓝ788.2
内容 1 プロレス少年　2 新日本プロレス入門　3 プロデビュー　4『BEST OF THE SUPER Jr.』参戦　5 NO LIMIT　6 IWGPジュニアタッグ戴冠　7 長期海外遠征　8 凱旋帰国　9 ヘビー級トップ戦線

内藤 正成〔1527～1602〕　ないとう・まさなり
◇内藤正成の活躍　吉岡孝監修，久喜市教育委員会文化財保護課編　久喜　久喜市教育委員会　2018.3　59p　21cm　（歴史資料でよむ久喜市ゆかりの人物ブックレット 3）　Ⓝ289.1

内藤 鳴雪〔1847～1926〕　ないとう・めいせつ
◇現代文士廿八人　中村武羅夫著　講談社　2018.6　217p　16cm　（講談社文芸文庫 なU1）〈日高有倫堂1909年刊の再編集〉　1600円　①978-4-06-511864-1　Ⓝ910.261
内容 田山花袋　国木田独歩　生田葵山　夏目漱石　菊池幽芳　小川未明　小杉天外　内藤鳴雪　徳田秋声　水野葉舟〔ほか〕

苗村 七郎〔1921～2012〕　なえむら・しちろう
◇特攻を見送った男の契り　清武英利著　ワック　2015.7　219p　18cm　（WAC BUNKO B-223）〈『「同期の桜」は唄わせない』(2013年刊)の改題，改訂，新版〉　920円　①978-4-89831-723-5　Ⓝ369.37
内容 プロローグ 斎場の万歳三唱　第1章 幻の特攻基地　第2章「海商十一代目」の夢　第3章 墓守たちの戦後　第4章 物書く元兵士　第5章 三十四年目の祈念館　エピローグ 最後の一千万円

Nao☆〔1988～〕
◇NegiccoヒストリーRoad to BUDOKAN 2003-2011　小島和宏著　白夜書房　2017.8　223p　19cm　〈年表あり〉　1389円　①978-4-86494-151-8　Ⓝ767.8
内容 13年目の「ゼロ地点」Perfumeと運命の共演　Negicco結成前夜 バラバラの夢を見る3人　3人の人生と運命を乗せた Negiccoオーディション開催　「ぽんこつなのに、かっこいい」"あの人"も目撃した幻のデビュー戦　順調すぎた充実の滑り出し！ ロコドルブームと人生の分岐点　NHK全国放送デビューで「売れる！」と確信 されど仕事がまったく増えない「残酷な現実」　スクール廃校で浮上したグループ消滅の危機 不思議な「縁」が呼び寄せた運命的な出会い　新事務所で「熊さん」と再スタートも…　「振り付けも自分で!?」リーダーNaoの苦悩　非情にも拒絶されたファンサービス 絶望、傷心、葛藤…はじまった迷走　『もうNegicco辞めちゃいなよ！』友人から助言にNao☆は東京へ…〔ほか〕

直江 兼続〔1560～1620〕　なおえ・かねつぐ
◇戦国軍師列伝　井沢元彦著　光文社　2015.4　293p　20cm　1500円　①978-4-334-97819-8　Ⓝ281.04
内容 序章 軍師とは何か　第1章 架空の人物とされていた軍師・山本勘助登場　第2章 戦国史上最強の軍師・竹中半兵衛登場　第3章 織田信長に軍師がいなかったのはなぜなのか　第4章 石田三成と黒田官兵衛の「関ヶ原の戦い」　第5章 家康に公然と嚙みついた直江兼続　第6章 源義経に始まり、大村益次郎、高杉晋作へと続く日本の軍師
◇越後の英雄　宮本徹著　東洋出版　2016.7　103p　19cm　1000円　①978-4-8096-7839-4　Ⓝ281.41
内容 上杉謙信（上杉謙信の一生　上杉謙信をめぐる問題）　直江兼続（謙信と与六　上杉家をささえる）　河井継之助（陽明学　改革）　山本五十六（山本五十六の一生　名将山本五十六）　越後の英雄クイズ

直木 三十五〔1891～1934〕　なおき・さんじゅうご
◇知られざる文豪 直木三十五—病魔・借金・女性に苦しんだ「畸人」　山﨑國紀著　京都 ミネルヴァ書房　2014.7　394,8p　20cm　〈文献あり　年譜あり　索引あり〉　3500円　①978-4-623-07063-3　Ⓝ910.268
内容 第1部 幼年期から青年期へ　第2部 社会の荒波に漕ぎ出す　第3部 直木の大阪時代　第4部 映画製作への進出　第5部 小説家として専念　第6部 二つの歴史小説に注目　第7部 郷里・大阪への回帰と終焉

直木 倫太郎〔1876～1943〕　なおき・りんたろう
◇技術者の自立・技術の独立を求めて—直木倫太郎と宮本武之輔の歩みを中心に　土木学会土木図書館委員会直木倫太郎・宮本武之輔研究小委員会編　土木学会　2014.11　34,301p　23cm　〈年表あり　年譜あり　発売：丸善出版〉　3600円　①978-4-8106-0811-3　Ⓝ510.921
内容 本書の課題と戦前の「国土づくり」　直木倫太郎にみる技術者の不満　宮本武之輔の決意　大正から昭和初頭の技術者運動—宮本武之輔を中心に　土木技術の発展—橋梁技術を中心に　直木倫太郎と帝都復興事業　宮本橋梁の建造　大陸進出と技術者　南満州鉄道と大陸経営　「満州国」の「国土づくり」　宮本武之輔の企画院次長就任　大陸に渡った技術者たち　戦前の技術者の活躍、技術者運動を考える—新たな技術者像を目指して

なおひとし

尚仁親王〔1671～1689〕　なおひとしんのう
◇四親王家実録　21　桂宮実録　第2巻（智忠親王実録・穏仁親王実録・長仁親王実録・尚仁親王実録・作宮実録）　吉岡眞之, 藤井讓治, 岩壁義光監修　ゆまに書房　2016.10　295p　27cm〈布装　宮内庁宮内公文書館所蔵の複製〉25000円　Ⓘ978-4-8433-5106-2　Ⓝ288.44

中新井 邦夫〔1932～1981〕　なかあらい・くにお
◇たたかいはいのち果てる日まで—医師中新井邦夫の愛の実践　向井承子著　エンパワメント研究所, 筒井書房〔発売〕　2017.8　286,32p　19cm〈復刻：2007年刊〉　1600円　Ⓘ978-4-907576-18-9　Ⓝ916
　内容　宣告—死路への旅立ち　萌芽—戦時下の幼年期　青春—廃墟の哲学から医学へ　構築—医学への挑戦　岐路—医療と福祉の谷間で　出奔—白い巨塔との訣別　共生—コロニーの日々に知る　嗚咽—障害をもつ子との出会い　理念—日常に生きる専門性とは　挑戦—限りある日々を地域に　鬼神—たたかいはいのち果てる日まで

永井 一郎〔1931～2014〕　ながい・いちろう
◇一故人　近藤正高著　スモール出版　2017.4　415p　19cm　1800円　Ⓘ978-4-905158-42-4　Ⓝ281
　内容　二〇一二年（浜田幸一　樋口廣太郎　ほか）　二〇一三年（大島渚　山内溥　ほか）　二〇一四年（永井一郎　坂井義則　ほか）　二〇一五年（赤瀬川隼　桂米朝　ほか）　二〇一六年（蜷川幸雄　中村紘子　ほか）

長井 雅楽〔1819～1863〕　ながい・うた
◇長井雅楽詳伝　中原邦平著　再版, 特装版　周南　マツノ書店　2015.7　256p　22cm　8000円　Ⓝ289.1

永井 ゑい子　ながい・えいこ
⇒松本英子（まつもと・えいこ）を見よ

永井 荷風〔1879～1959〕　ながい・かふう
◇永井荷風　断腸亭東京だより—生誕135年没後55年　河出書房新社　2014.9　191p　21cm〈文芸の本棚〉〈著作目録あり　年譜あり〉　1700円　Ⓘ978-4-309-02327-4　Ⓝ910.268
　内容　最初の妻、ヨネのこと（川本三郎）　偏奇館の高み（須賀敦子）　荷風先生覚え書（正岡容）　濹東挿画余談（木村荘八）　荷風百句（永井荷風）　勲章（永井荷風）　牡丹の客（永井荷風）　吾妻橋（永井荷風）　深川の唄（永井荷風）　夏すがた　発禁小説（永井荷風）〔ほか〕
◇おひとりさま荷風　高山修一著　流山　崙書房出版　2014.11　146p　18cm〈ふるさと文庫211〉〈文献あり　年譜あり〉　1200円　Ⓘ978-4-8455-0211-0　Ⓝ910.268
　内容　隠れ里・市川に親しみ　荷風の世界を歩く　おひとり様・荷風　荷風の衣食住　雪子の茶漬け　五叟一家の受難　パトロンの妾宅　「荷風引越。大バカもの」　相磯凌霜の弁護　西瓜や瓜は下賤　ボケた荷風　ケチは本当です　ケチには訳がある　「窮死するは文士の本分」　どう生きる老いの山坂
◇「社会（コンヴィヴィアリテ）」のない国、日本—ドレフュス事件・大逆事件と荷風の悲嘆　菊谷和宏著　講談社　2015.3　250p　19cm〈講談社選書メチエ　595〉〈文献あり〉　1650円　Ⓘ978-4-06-258598-0　Ⓝ210.6
　内容　第1章　ドレフュス事件（「事件」の事実経過　エミール・ゾラ—人間の社会的な真実を見据え国家の虚偽を暴く者　エミール・デュルケーム—近代実証主義社会学の創始者　国家の道具性と社会の人間性）　第2章　永井荷風1—生い立ち〜渡米〜渡仏（洋行前　アメリカ体験—真実としての普遍性への接近　フランス体験—経験的普遍性の獲得—人間的生の現実、美、社会）　第3章　大逆事件（「事件」の事実経過—幸徳秋水を中心に　幸徳秋水—人間の社会的な事実を見据え国家の虚偽を暴く者）　第4章　永井荷風2—帰朝〜大逆事件〜太平洋戦争〜敗戦（帰朝後の永井荷風とその時代—『断腸亭日乗』より　社会と人間—永井荷風の社会思想）　結論　日本「社会」（荷風の恥辱　国家、共同体、社会　日本国と日本社会　日本社会の不在　総括—日本社会の創造）
◇老いの荷風　川本三郎著　白水社　2017.6　238p　20cm　2400円　Ⓘ978-4-560-09556-0　Ⓝ910.268
　内容　1（『問はずがたり』—隠棲への思い　終戦前後のこと—菅原明朗、永井智子、宅孝二らとの交友　『来訪者』の面白さ　ほか）　2（発禁本（初版）『ふらんす物語』の行方　『ふらんす物語』に見る陋巷趣味—発禁の理由を考える　ふらんすへ行きたしと思へど　ほか）　3（荷風家のお手伝い　福田とよ　荷風の旧幕びいき　『断腸亭日乗』の漢語　ほか）　4（市川移住で生まれた戦後の諸短篇）
◇永井荷風　網野義紘著, 福田清人編　新装版　清水書院　2017.9　229p　19cm〈Century Books—人と作品〉〈文献あり　年譜あり　索引あり〉　1200円　Ⓘ978-4-389-40120-7　Ⓝ910.268
　内容　第1編　永井荷風の生涯（山の手の子　文学修業　洋行時代　戯作者的姿勢　独居凄涼）　第2編　作品と解説（『あめりか物語』『ふらんす物語』『花火』と「散柳窓夕栄」　『腕くらべ』『濹東綺譚』）
◇荷風を追って—1945夏・岡山の80日　三ツ木茂著　岡山　山陽新聞社　2017.10　398p　20cm〈文献あり　索引あり〉　1800円　Ⓘ978-4-88197-752-1　Ⓝ915.6
　内容　正午岡山着—一日目（六月十二日）・四日目（六月十五日）　旅館「松月」—五日目（六月十六日）・八日目（六月十九日）　京橋界隈・岡山城—九日目（六月二十日）・十日目（六月二十一日）　前水—十一日目（六月二十二日）・十三日目（六月二十四日）　ツバメ—十四日目（六月二十五日）・十六日目（六月二十七日）　空襲—十七日目（六月二十八日）・十九日目（六月三十日）　天竺葵の家—二十日目（七月一日）・二十七日目（七月八日）　白雲行く—二十八日目（七月九日）・三十一日目（七月十二日）　白桃—三十二日目（七月十三日）・三十五日目（七月十六日）　山あいの道—三十六日目（七月十七日）・四十一日目（七月二十二日）〔ほか〕
◇慶應義塾文学科教授永井荷風　末延芳晴著　集英社　2018.12　317p　18cm〈集英社新書　0959〉〈文献あり　年譜あり〉　940円　Ⓘ978-4-08-721059-0　Ⓝ910.268
　内容　「黒い服」を着た紳士がもたらしたもの　真正

モダニスト永井荷風の誕生 孤立する新帰朝文学者 森鷗外と上田敏の推挙で文学科教授に就任 三田山上に現出した「文学的自由空間」 「三田文學」創刊―反自然主義文学の旗手として 「三田文學」から飛び立った荷風門下生 荷風教授、三田山上を去る 永井荷風が百年後の慶應に遺したもの

永井 華了〔1896~1980〕 ながい・かりょう

◇異端―華道家永井華了の生涯 足立宙南編 丹波 足立又男 2016.11 141p 21cm 〈年譜あり 文献あり〉 1200円 Ⓝ793.2

永井 豪〔1945~〕 ながい・ごう

◇永井豪のヴィンテージ漫画館 永井豪著 河出書房新社 2015.9 240p 15cm (河出文庫 な34-1)〈ワニブックス 1998年刊の増補 著作目録あり〉 740円 Ⓘ978-4-309-41398-3 Ⓝ726.101

内容 初期名作編 ハレンチ学園 あばしり一家 魔王ダンテ デビルマン マジンガーZ バイオレンスジャック グレートマジンガー キューティーハニー けっこう仮面 格闘技編 最終回 自筆年譜 マンガ オカルト編 漫画家入門教室 永井豪に訊く45の質問 永井豪自身による作品解説 永井豪40年のキセキ 巻末特別インタビュー

永井 浩二〔1959~〕 ながい・こうじ

◇リーダーズ・イン・ジャパン―日本企業いま学ぶべき物語 有森隆著 実業之日本社 2014.7 270p 19cm 〈他言語標題：Leaders in Japan〉 1400円 Ⓘ978-4-408-11077-6 Ⓝ332.8

内容 1「創業家」の精神(豊田章男(トヨタ自動車)―「あさって」を見つめている男は、持続的成長に向けて手綱緩めず 岡田卓也、岡田元也(イオン)―増殖を続ける流通帝国。肉食系のM&Aは岡田親子の遺伝子 鈴木修(スズキ)―「三兆円企業」の名物ワンマン社長の強気と苦悩) 2「カリスマ」の本気(孫正義(ソフトバンク)―大ボラを次々と現実のものにした「孫氏の兵法」を徹底解剖する 鈴木敏文(セブン&アイ)―息子に第三の創業を託すのか?「流通王」鈴木敏文の究極の選択 柳井正(ファーストリテイリング)―徒手空拳で小売業世界一に挑む男にゴールはない) 3「中興の祖」の逆襲(佐治信忠(サントリーホールディングス)―「やってみなはれ」の精神で佐治信忠は一世一代の大勝負に出る 高原豪久(ユニ・チャーム)―東南アジアに針路をとれ! 二代目社長、高原豪久の"第三の創業" 奥田務(J.フロントリテイリング)―「脱百貨店」の旗手、奥田務の正攻法に徹した改革) 4「異端児」の反骨(岡藤正広(伊藤忠商事)―野武士集団の復活を目指す伝説の繊維マン 津賀一宏(パナソニック)―テレビから自動車部品へ大転換。生き残りを懸け、エースが陣頭指揮 永井浩二(野村ホールディングス)―増資インサイダー事件で信用を失墜したガリバーを再生。変革に挑む営業のカリスマ)

永井 修二〔1953~〕 ながい・しゅうじ

◇夢とマグロを追いかけて―在米38年、魚の行商から始まったアメリカ起業顛末記 永井修二著 青山ライフ出版 2015.8 255p 19cm 〈発売：星雲社〉 1500円 Ⓘ978-4-434-20697-9 Ⓝ673.5

内容 第1章 100ドルから始まったアメリカ起業 第2章 魚屋さんから水産卸し会社へ 第3章 マグロを追って駆け巡る 第4章 大企業への道のり 第5章 組織の苦悩 第6章 ふたたびハワイへ

永井 重助〔1834頃~1900〕 ながい・じゅうすけ

◇しまなみ人物伝 村上貢著 海文堂出版 2015.8 258p 20cm 〈年表あり〉 1800円 Ⓘ978-4-303-63425-1 Ⓝ281.74

内容 第1部 日本の夜明けの時代に(伊能忠敬―尾道周辺の測量 瀬戸田の仙太郎―幕末の海外漂流 永井重助―福宮丸の海難と対米賠償交渉 水先人北野由兵衛―千島艦衝突事件) 第2部 未来を夢見た先輩たち(田坂初太郎―海運創成期のパイオニア 小林善四郎―初代弓削商船学校長の生涯 ビッケル船長―伝道船「福音丸」と弓削商船学校 中堀貞五郎―「うらなり君」のモデルと今治 浜岸岸太郎―初代・二代の生涯 濱田国太郎―海員組合草創時代 麻生イト―女傑の生涯 小山亮―嵐は強い木を育てる)

永井 真平〔1918~2014〕 ながい・しんぺい

◇ディス・イズ・マイ・ストーリー 永井真平著 悠雲舎 2015.4 193p 図版 4p 19cm 〈他言語標題：This is my story 発売：金融ブックス〉 Ⓘ978-4-904192-60-3 Ⓝ289.1

永井 進〔1931~〕 ながい・すすむ

◇人生80余年プラスチックと共に60年 永井進著 プラスチックス・エージ 2015.10 173p 29cm 非売品 Ⓝ578.4

永井 隆〔1908~1951〕 ながい・たかし

◇永井隆―原爆の荒野から世界に「平和を」 片山はるひ著 日本キリスト教団出版局 2015.3 126p 21cm (ひかりをかかげて)〈文献あり 年譜あり〉 1200円 Ⓘ978-4-8184-0910-1 Ⓝ289.1

内容 第1章 永井隆ってどんな人? 第2章 島根から長崎へ 第3章 入隊、そして洗礼と結婚 第4章 おかしな戦争 第5章 医学者として 第6章 原子爆弾 第7章 再び、浦上へ 第8章 如己堂 第9章 平和を

◇永井隆博士の思想を語る―永井博士生誕百周年の記念講演会録 山内清海著 文芸社 2017.3 210p 15cm 700円 Ⓘ978-4-286-18046-5 Ⓝ289.1

◇永井隆―1908-1951 小川内清孝著 長崎 長崎文献社 2018.8 242p 19cm (長崎偉人伝)〈年譜あり 文献あり〉 1600円 Ⓘ978-4-88851-299-2 Ⓝ289.1

永井 龍男〔1904~1990〕 ながい・たつお

◇評伝 永井龍男―芥川賞・直木賞の育ての親 乾英治郎著 青山ライフ出版 2017.4 319p 21cm (SIBAA BOOKS)〈文献あり 年譜あり 索引あり〉 発売：星雲社 2000円 Ⓘ978-4-434-23072-1 Ⓝ910.268

内容 第1部 永井龍男の少年時代―明治三七(一九〇四)年・大正八(一九一九)年(幼年時代 小学校時代 ほか) 第2部 新進作家・永井龍男―大正九(一九二〇)年・昭和二(一九二七)年(一六歳の新人作家 加藤武雄の弟子 ほか) 第3部 編集者・永井龍

永井 利光〔1964~〕 ながい・としみつ
◇夢の途中に―ドラマー永井利光自叙伝 永井利光著 シンコーミュージック・エンタテイメント 2017.4 314p 19cm 〈年表あり〉 1852円 ⓘ978-4-401-64416-2 Ⓝ764.7

内容：第1章 都城、宮崎、東京 第2章 プロフェッショナル 第3章 氷室京介 第4章 GLAY 第5章 幸せな奇跡 第6章 ドラマーとして生きるということ 第7章 GLAYが語る永井利光―パーソナル・インタビュー

永井 直勝〔1563~1625〕 ながい・なおかつ
◇家康と播磨の藩主 播磨学研究所編 神戸 神戸新聞総合出版センター 2017.8 255p 20cm 1800円 ⓘ978-4-343-00962-3 Ⓝ281.64

内容：家康を見直す 賤ヶ岳七本槍の加古川城主・加須屋武則 "西国の将軍"姫路城主・池田輝政 山崎、福本に刻む池田輝澄・政直の足跡 林田藩主・建部政長 播磨の豪将・後藤又兵衛 海峡の町を創った明石城主・小笠原忠真 戦国の龍野城主・蜂須賀小六正勝 関ヶ原・大坂で家康に味方した一柳家 永井直勝の一族と赤穂藩主・永井直敬

永井 直敬〔1664~1711〕 ながい・なおひろ
◇家康と播磨の藩主 播磨学研究所編 神戸 神戸新聞総合出版センター 2017.8 255p 20cm 1800円 ⓘ978-4-343-00962-3 Ⓝ281.64

内容：家康を見直す 賤ヶ岳七本槍の加古川城主・加須屋武則 "西国の将軍"姫路城主・池田輝政 山崎、福本に刻む池田輝澄・政直の足跡 林田藩主・建部政長 播磨の豪将・後藤又兵衛 海峡の町を創った明石城主・小笠原忠真 戦国の龍野城主・蜂須賀小六正勝 関ヶ原・大坂で家康に味方した一柳家 永井直勝の一族と赤穂藩主・永井直敬

永井 尚政〔1587~1668〕 ながい・なおまさ
◇永井尚政―数寄に通じた幕府の重鎮 三百五十年遠忌記念出版 深谷信子著 京都 宮帯出版社 2017.10 302p 19cm （宮帯茶人ブックレット）〈文献あり 年譜あり〉 2700円 ⓘ978-4-8016-0124-6 Ⓝ289.1

内容：第1章 父・永井直勝の功績 第2章 永井尚政の人物像 第3章 家老・佐川田（喜六）昌俊の連歌 第4章 新たなる遠州像と尚政 第5章 瀧本坊「空中茶室」の客・尚政 第6章 永井尚政の文化的交流 第7章 永井尚政の弟と子孫 付録

永井 尚志〔1816~1891〕 ながい・なおむね
◇永井尚志―皇国のため徳川家のため 高村直助著 京都 ミネルヴァ書房 2015.9 331,5p 20cm （ミネルヴァ日本評伝選）〈文献あり 年譜あり 索引あり〉 3500円 ⓘ978-4-623-07423-5 Ⓝ289.1

内容：第1章 嵐を前に抜擢（目付抜擢と対外論上申 大名の子が旗本の養子に ほか） 第2章 長崎での開眼（長崎表取締御用見目付け 英・蘭との折衝 ほか） 第3章 海軍創設の先頭に（海軍伝習準備 長崎海軍伝習所開設 ほか） 第4章 条約・将軍継嗣問題で奮闘（ハリス出府前後 将軍継嗣問題 ほか） 第5章 雌伏三年、戦争の京都へ（閉居の時 一橋派復活、尚志復帰 ほか） 第6章 対長州の最前線で（禁門の変後長同藩詰問使 ほか） 第7章 大政奉還に奔走（将軍慶喜のもとで 孤立する慶喜 ほか） 第8章 対決と妥協のはざまで（またも政情混沌 王政復古クーデタ ほか） 第9章 意地の蝦夷地（敢えて反旗を 函館奉行 ほか） 第10章 短い出仕、長い晩年（四年間の官員時代 長い清貧の余生 ほか）

中井 久夫〔1934~〕 なかい・ひさお
◇こころの病に挑んだ知の巨人―森田正馬・土居健郎・河合隼雄・木村敏・中井久夫 山竹伸二著 筑摩書房 2018.1 302p 18cm （ちくま新書1303） 900円 ⓘ978-4-480-07118-7 Ⓝ493.7

内容：序章 日本の心の治療を支えてきた人々 第1章 森田正馬―思想の矛盾を超えて 第2章 土居健郎―「甘え」理論と精神分析 第3章 河合隼雄―無意識との対話 第4章 木村敏―現象学から生命論へ 第5章 中井久夫―「世に棲む」ための臨床 終章 文化を超えた心の治療へ

中居 正広〔1972~〕 なかい・まさひろ
◇中居正広という生き方 太田省一著 青弓社 2015.7 196p 19cm 〈文献あり〉 1400円 ⓘ978-4-7872-7379-6 Ⓝ778.21

内容：第1章 中居正広と本 第2章 中居正広とヤンキー 第3章 中居正広とMC 番外篇 中居正広と『FNS27時間テレビ』 第4章 中居正広と笑い 第5章 中居正広と野球 第6章 中居正広とダンス 第7章 中居正広と演技 第8章 中居正広と結婚 第9章 中居正広とジャニーズ 第10章 中居正広とエンターテインメント

永井 守彦〔1940~〕 ながい・もりひこ
◇歩いて走って闘って人生これからだ 永井守彦著 大阪 日本機関紙出版センター 2017.6 304p 19cm 1500円 ⓘ978-4-88900-949-1 Ⓝ289.1

内容：第1章 わが師わが道 第2章 大阪市役所・泣いて笑うて40年 第3章 気軽に走ろう・ジョギングは愉しい―高石ともやさんとの出会い 第4章 家族・ともにくらした生きものたち 第5章 ぼくはひとりぼっちの高齢者―高齢者運動とのであい 第6章 人生これからだ・羽ばたけ年金者組合

中井 祐樹〔1970~〕 なかい・ゆうき
◇希望の格闘技 中井祐樹著 イースト・プレス 2014.8 220p 19cm 1400円 ⓘ978-4-7816-1223-2 Ⓝ789.2

内容：私の闘い（わがレスリング―高校時代 わが高専柔道―大学時代 ほか） 1章 勝負論を超えて（私の岐路 ライバルたち ほか） 2章 人生を肯定する格闘技（格闘技で食べていくこと 「働く」と「生きる」 ほか） 3章 増田俊也×中井祐樹特別対談「"大きい筋肉"を使って生きる」（自分の代わりに生徒が勝てばいい 技を隠さないでやってきた ほか）

◇VTJ前夜の中井祐樹 増田俊也著 イースト・プレス 2014.12 189p 20cm 〈文献あり〉 1400円 ⓘ978-4-7816-1270-6 Ⓝ788

内容 VTJ前夜の中井祐樹　超二流と呼ばれた柔道家　死者たちとの夜　対談　和泉唯信×増田俊也「思いを、繋げ」

◇VTJ前夜の中井祐樹——七帝柔道記外伝　増田俊也著　KADOKAWA 2018.12　205p　15cm　（角川文庫　ま39-2）〈イースト・プレス2014年刊の増補　文献あり〉　640円　①978-4-04-107000-0　Ⓝ789

内容 VTJ前夜の中井祐樹　超二流と呼ばれた柔道家　死者たちとの夜　対談　和泉唯信×増田俊也「思いを、繋げ」　対談　増田俊也×山田直樹「29年目の青春の決着」

仲井戸 麗市〔1950～〕　なかいど・れいち

◇ロックの感受性　仲井戸麗市著　立東舎　2016.3　223p　15cm　（立東舎文庫）〈平凡社2002年刊の再刊　発売：リットーミュージック〉　800円　①978-4-8456-2782-0　Ⓝ767.8

内容 1 ビートルズから始まった——新宿・60年代・音楽（東京の原っぱの子供　学校はあまり好きじゃなかった　ほか）　2 ロックの感受性——ある日の雑記帳（恋する夏へひとっとび　ラウソング（さよならマスター）　ほか）　3 ブルースを探して——アメリカ南部の旅日記'93（ブルース発祥の地へ　メンフィス到着——ビール・ストリートの夜　ほか）　4 そして旅は続く——キープ・オン・ロッキン

中居屋 重兵衛〔1820～1861〕　なかいや・じゅうべえ

◇横浜を創った人々　冨川洋著　講談社エディトリアル　2016.9　278p　19cm　1700円　①978-4-907514-59-4　Ⓝ281.37

内容 第1章 吉田勘兵衛と新田開発　第2章 井伊直弼と横浜開港　第3章 中居屋重兵衛の光と影　第4章 甲州屋、若尾逸平と甲州財閥　第5章 原善三郎と茂木惣兵衛　第6章 実業家原富太郎と文化人三溪　第7章 大谷嘉兵衛とティーロード　第8章 ヘボン博士と横浜開化

中内 㓛〔1922～2005〕　なかうち・いさお

◇中内㓛——理想に燃えた流通革命の先導者　石井淳蔵著　京都　PHP研究所　2017.5　341p　20cm　（PHP経営叢書——日本の企業家 6）〈年譜あり〉　2400円　①978-4-569-83426-9　Ⓝ289.1

内容 第1部 詳伝・よい品をどんどん安く——デモクラシーの思想のもとに（ダイエー前史　ダイエー創業——流通革命前夜　流通革命　流通新秩序　絶えざる革命　「デモクラシー」の思想で社会に挑む　一代の革命児、逝去！）　第2部 論考・"流通革命の先導者"とは何者か——一つの出会いと一つの別れ（二つの「流通革命」——中内㓛と中内力　中内㓛と河島博——ロマンティストとプラグマティスト）　第3部 人間像に迫る・時代を駆け抜けた革命児の残像——心を揺さぶる数々の言葉とともに（「流通革命家」の魂　「経営者」としての姿　「思想家」の情熱）

◇闘う商人中内㓛——ダイエーは何を目指したのか　小榑雅章著　岩波書店　2018.4　286p　20cm　〈文献あり〉　1800円　①978-4-00-024177-9　Ⓝ673.868

内容 プロローグ 辞表　1 ジャングル、飢餓・闇市　2 日本型スーパーマーケット創業　3 規制との闘い、メーカーとの戦い　4 日本一の小売業　5 臨時教育審議会委員になって　6 気にかかること　7 流通科学大学　8 SKHとドーム球場と宴の後　9 日本型GMSの土台が崩れてゆく　10 諫言・辞表、そしてダイエー崩壊　エピローグ 旅のおわり

中内 敏夫〔1930～〕　なかうち・としお

◇日本近代の誕生——村から教育家族へ　中内敏夫著　〔出版地不明〕　〔中内敏夫〕　2015.4　61p　20cm　Ⓝ289.1

中江 克己〔1946～〕　なかえ・かつみ

◇天皇陛下の御聖断——二・二六事件と終戦の真相　終戦七十周年記念講演録　中江克己著　はるかぜ書房　2015.11　229p　21cm　〈発売：慧文社〉　2000円　①978-4-86330-155-9　Ⓝ210.7

内容 序（中江克己の生い立ちと経歴　天皇陛下からお言葉を賜る）　前篇 二・二六事件の秘話（二・二六事件の序説　陸軍士官学校事件　永田軍務局長を斬殺した相沢事件　ほか）　後篇 終戦の真相（開戦前夜　天皇陛下のお気持ち　真珠湾攻撃による日米戦争の開戦　ほか）　むすび

中江 兆民〔1847～1901〕　なかえ・ちょうみん

◇中江兆民評伝　上　松永昌三著　岩波書店　2015.10　317p　15cm　（岩波現代文庫——学術 332）〈1993年刊の2分冊〉　1300円　①978-4-00-600332-6　Ⓝ289.1

内容 第1章 土佐・長崎・江戸　第2章 フランス留学をめぐって　第3章 在官時代　第4章 自由民権期の兆民（漢学修業　東洋自由新聞　『政理叢談』と『民約訳解』　仏学塾　自由新聞　日本出版会社　結婚）　第5章 翻訳・著述活動——民権運動の理論

◇中江兆民評伝　下　松永昌三著　岩波書店　2015.10　412p　15cm　（岩波現代文庫——学術 333）〈1993年刊の2分冊　年譜あり〉　1420円　①978-4-00-600333-3　Ⓝ289.1

内容 第6章 明治憲法体制と兆民（三大事件建白運動と兆民　東雲新聞時代の兆民　明治憲法発布と東京復帰　自由党の再興と憲法点闘論　政党結党の成立　第一議会と兆民　北門新報）　第7章 実業活動期の兆民（紙問屋から鉄道事業へ　国民党結成と『百零一』　遊郭設置問題、兆民の女性論　国民同盟会参加と『毎夕新聞』）　第8章 "一年有半"の世界　第9章 兆民と現代

◇兆民と秋水——自由と平等を求めて　崎村裕著　さいたま　かりばね書房　2015.11　207p　19cm　〈文献あり〉　1500円　①978-4-904390-12-2　Ⓝ289.1

中江 藤樹〔1608～1648〕　なかえ・とうじゅ

◇中江藤樹と大洲と　芳我一章著，愛媛新聞サービスセンター編　改訂版　〔大洲〕　〔芳我一章〕　2015.5　334p　22cm　〈文献あり〉　Ⓝ121.55

◇中江藤樹　渡部武著　新装版　清水書院　2015.9　205p　19cm　（Century Books——人と思想 45）〈文献あり　年譜あり　索引あり〉　1000円　①978-4-389-42045-1　Ⓝ121.55

内容 1 若き日、聖人を志して（新しい社会の誕生　少

年の日々　士道と儒道）　2 学問と生活の一致をめざして（脱藩帰郷　村の生活　朱子学への懐疑　『翁問答』の思想）　3 わが人生ついに空しかるべきか（『孝経』の研究進む　藤樹と蕃山の出会い　心学を唱える　宗教思想について）　4 心学の完成をめざして（晩年の五年間　片時も早く良知に至りたし　藤樹の死　虚像と実像）

◇代表的日本人　内村鑑三著，ニーナ・ウェグナー英文リライト，牛原眞弓訳　IBCパブリッシング　2016.3　207p　19cm　（対訳ニッポン双書）〈奥付の出版年月（誤植）：2015.9〉　1500円　Ⓘ978-4-7946-0399-9　Ⓝ281

内容　第1章 西郷隆盛・新日本の創設者　第2章 上杉鷹山・封建領主　第3章 二宮尊徳・農民聖者　第4章 中江藤樹・村の先生　第5章 日蓮上人・仏僧

◇代表的日本人　内村鑑三著，藤田裕行訳　アイバス出版　2016.9　221p　19cm　〈他言語標題：REPRESENTATIVE MEN OF JAPAN　発売：サンクチュアリ出版〉　1400円　Ⓘ978-4-86113-666-5　Ⓝ281

内容　西郷隆盛―新たな日本を築いた男（一八六八年、日本の革命　出生、教育、啓示　ほか）　上杉鷹山―封建政府　人となりと事績　ほか）　二宮尊徳―農民聖者（十九世紀初頭の日本の農業　少年時代　ほか）　中江藤樹―村の先生（古き日本の教育　少年時代と意識の目覚め　ほか）　日蓮上人―仏教僧（日本の仏教　誕生と出家　ほか）

◇〈評伝〉中江藤樹―日本精神の源流・日本陽明学の祖　林田明大著　三五館　2017.10　318p　20cm　〈文献あり〉　1800円　Ⓘ978-4-88320-713-8　Ⓝ121.55

内容　プロローグ 中江藤樹が生まれて生きた時代　1 幼少期・修学時代　2 前期・朱子学時代―「四書」中心　3 後期・朱子学時代―「五経」中心　4 前期・陽明学時代―陽明学との出合い、そして模索　5 中期・陽明学時代―王龍渓の教えとの出合い　6 後期・陽明学時代―大悟　7 藤樹の教え―「信じること」と「五事を正す」　8 藤樹後学時代

◇代表的日本人―徳のある生きかた　内村鑑三著，道添進編訳　日本能率協会マネジメントセンター　2017.12　265p　19cm　（Contemporary Classics―今こそ名著）〈文献あり〉　1600円　Ⓘ978-4-8207-1983-0　Ⓝ281

内容　第1部 名著『代表的日本人』とは（『代表的日本人』が今もって広く読み継がれてきた理由　ほか）　第2部 現代日本語訳で読む『代表的日本人』（西郷隆盛―新しく日本を創った人　上杉鷹山―封建領主　二宮尊徳―農民聖人　中江藤樹―村の先生　日蓮上人―仏僧）　第3部『代表的日本人』に学ぶ5つの信念（徳を高める　試練を好機と捉える　ほか）

◇中江藤樹の心学と会津・喜多方　吉田公平，小山國三著　研文出版　2018.8　263p　19cm　〈文献あり　年表あり〉　2300円　Ⓘ978-4-87636-437-4　Ⓝ121.55

内容　1 中江藤樹の心学（中江藤樹が生きた時代　中江藤樹が学んだ朱子学・陽明学　朱子学の特色　王陽明の心学　中江藤樹の心学の特色）　2 中江藤樹の心学を学び伝え続けた会津の人々（藤樹心学の会津における学祖―大河原養伯と荒井真庵　大河原養伯と荒井真庵の帰国後の動き　藤樹心学御制禁　藤樹心学解禁後の会津　北方後三子と北川親懿　ほか）

中尾　彬〔1942～〕　なかお・あきら

◇終活夫婦　中尾彬, 池波志乃著　講談社　2018.4　190p　19cm　1300円　Ⓘ978-4-06-221049-2　Ⓝ778.21

内容　第1章 積極的「終活」のきっかけ　第2章 中尾家の終活の「カタチ」　第3章 処分には「体力」がいる　第4章 いい形で手放す　第5章 一緒の時間を慈しむ　第6章 旅を道連れに　第7章 終活は楽しく

長尾　景虎　ながお・かげとら

⇒上杉謙信（うえすぎ・けんしん）を見よ

長尾　景仲〔1388～1463〕　ながお・かげなか

◇長尾景仲―鎌倉府を主導した陰のフィクサー　黒田基樹著　戎光祥出版　2015.4　215p　19cm　（中世武士選書 26）〈文献あり　年表あり〉　2500円　Ⓘ978-4-86403-160-8　Ⓝ289.1

内容　第1章 景仲の登場　第2章 景仲の台頭と永享の乱　第3章 景仲と結城合戦　第4章 山内上杉氏の家宰になる　第5章 昌賢（景仲）と江の島合戦　第6章 昌賢（景仲）と享徳の乱の勃発　第7章 昌賢（景仲）から信景へ

中尾　時久〔1935～〕　なかお・ときひさ

◇オーラル・ヒストリー日本の安全保障と防衛力　2　防衛省防衛研究所戦史研究センター編　防衛省防衛研究所　2018.3　304p　30cm　Ⓘ978-4-86422-064-6　Ⓝ392.1076

内容　中尾時久〈元中部方面総監〉

中尾　聰子〔1925～2013〕　なかお・としこ

◇つなぐ命つなげる心―東京大空襲を乗り越えて　無名偉人伝町医者・中尾聰子　平野久美子著　中央公論事業出版（発売）　2015.10　243p　20cm　〈文献あり　年譜あり〉　1700円　Ⓘ978-4-89514-449-0　Ⓝ289.1

内容　序章 五十三年目の閉院　第1章 紅蓮の炎　第2章 スカイツリーのふもとで　第3章 北の大地と開拓者魂　第4章 再びの歩み・命をつなぐ日々　第5章 家族の安らぎを得て　第6章 患者の側に立った医療　終章 無名の偉人

中尾　政信〔1925～〕　なかお・まさのぶ

◇老い行く人生沙漠　中尾政信著　文芸社　2016.1　93p　15cm　500円　Ⓘ978-4-286-16906-4　Ⓝ289.1

長岡　興就〔1816～1869〕　ながおか・おきなり

◇評伝 天草五十人衆　天草学研究会編　福岡弦書房　2016.8　317p　22cm　〈文献あり　年表あり　索引あり〉　2400円　Ⓘ978-4-86329-138-6　Ⓝ281.94

内容　ステージ1 五人衆の時代、そして…　ステージ2 天領天草の村々　ステージ3 祈りの島で　ステージ4 耕す、漁る　ステージ5 実業の世をひらく　ステージ6 潮路はるかに　ステージ7 文学・歴史・言論　ステージ8 あの頃、この人　ステージ9 島の現実、国の行く末　ステージ10 一筋の道　ステージ特

別編　群像二題（天草の石文化と松室五郎左衛門　牛深カツオ漁の男たち）

長岡　國男〔1924～〕　ながおか・くにお
◇戦前、戦中、戦後を、確かに、誰かに、見守られ、導かれてきた、男の物語　長岡國男著　改訂版　〔富山〕　〔長岡國男〕　2017.2　221p　19cm　〈タイトルは標題紙による〉　Ⓝ289.1

長岡　省吾　ながおか・しょうご
◇原爆─広島を復興させた人びと　石井光太著　集英社　2018.7　317p　20cm　〈文献あり〉　1600円　Ⓘ978-4-08-771150-7　Ⓝ217.606
内容　第1章　原爆投下　第2章　破壊の痕跡　第3章　広島平和記念資料館　第4章　悲劇を継ぐ　第5章　原子力の平和利用　第6章　原爆ドーム

中岡　俊哉〔1926～2001〕　なかおか・としや
◇コックリさんの父─中岡俊哉のオカルト人生　岡本和明, 辻堂真理著　新潮社　2017.8　283p　20cm　〈文献あり　著作目録あり〉　1500円　Ⓘ978-4-10-324533-9　Ⓝ289.1
内容　プロローグ　一九七四年三月七日の「奇跡」　第1章　三度の臨死体験　第2章　超常現象との出会い　第3章　ユリ・ゲラーと超能力ブーム　第4章　コックリさんと心霊写真　第5章　クロワゼット、衝撃の透視力　第6章　ハンドパワー、そして「死後の世界」へ　エピローグ　予知されていた寿命

長岡　久人〔1950～〕　ながおか・ひさと
◇わが完全変態の軌跡─complete metamorphosis　蝶と共に山野人界を舞ったMr.ベニヒカゲ人生録　長岡久人著　三鷹　長岡久人　2018.1　265p　22cm　〈著作目録あり〉　非売品　Ⓝ486.8

長岡　秀貴〔1973～〕　ながおか・ひでたか
◇サムライフ　長岡秀貴著　ポプラ社　2015.1　269p　16cm　（ポプラ文庫ピュアフル な12-1）〈HID BOOKS 2007年刊の再刊〉　620円　Ⓘ978-4-591-14271-4　Ⓝ376.7
内容　心を込めて花束を　ハル　アキ　おっぱじめようぜ！　ケンジ襲来　始動　尖ったナイフ　モモレンジャー　帰国　鼓動　渾身のクロスカウンター　サムライフ

長岡　三重子〔1914～〕　ながおか・みえこ
◇私は、100歳世界最高の現役スイマー　長岡三重子著　光文社　2014.7　171p　19cm　1300円　Ⓘ978-4-334-97792-4　Ⓝ289.1
内容　プロローグ　一〇〇歳の大記録樹立！　第1章　人生は何事も一生懸命　第2章　一〇〇歳世界最高スイマー誕生！　第3章　元気ハツラツの秘訣　エピローグ　一〇〇歳からの目標

長岡　安平〔1842～1925〕　ながおか・やすへい
◇長岡安平　浦崎真一著　長崎　長崎文献社　2017.12　214p　19cm　（長崎偉人伝）〈年譜あり〉　1600円　Ⓘ978-4-88851-284-8　Ⓝ289.1
内容　第1章　長岡安平の生い立ちと東京府時代　第2章　長岡が活躍した時代と、日本の公園　第3章　長岡安平、全国への躍進　第4章　人づきあいからみえる長岡安平の人物像　第5章　ランドスケープアーキテクト長岡安平　第6章　終焉と、長岡が残したもの

中川　昭義〔1930～〕　なかがわ・あきよし
◇私の人生　中川昭義著　青山ライフ出版　2016.8　459p　19cm　Ⓘ978-4-86450-239-9　Ⓝ289.1

中川　乙由〔1675～1739〕　なかがわ・おつゆう
◇わが道の真実一路─歴史随想　億劫の花に咲く十話　1　山田一生編著　松阪　夕刊三重新聞社　2014.3　152p　19cm　〈文献あり〉　1800円　Ⓘ978-4-89658-003-7　Ⓝ289.1
内容　第1話　慶應天皇ご本紀と行宮伝説の研究　第2話　蒲生氏郷とキリスト教　第3話　上田秋成（号・無腸）"相撲老て京に住けり妻しあれば"の句作について　第4話　潮田長助と赤穂義士又之丞高教の生涯　第5話　骨董商S氏との好日…中川乙由と森川千代女と加賀千代女　第6話　風雲の陶芸人　上島弥兵衛　第7話　俳家奇人　子英　剛力無双の鎌田又八　第9話　松阪が生んだ神童棋士　小川道明　第10話　麦の舎　高畠式部

長川　一雄〔1938～〕　ながかわ・かずお
◇四つん這い修業時代　長川一雄著　東京図書出版　2015.10　132p　19cm　〈発売：リフレ出版〉　1000円　Ⓘ978-4-86223-881-8　Ⓝ916
内容　生い立ち　絶望、そして希望　東京から、富山へ　森井家の人達と、その日々　曽祖母のこと　学校へ行きたかった　自分の周りは全て学校　学校ごっこ外で皆と遊びたい　迷わず途を切り拓け〔ほか〕

中川　勝行〔1944～〕　なかがわ・かつゆき
◇私の歩んだ道　中川勝行著　半田　一粒書房　2016.10　124p　26cm　〈年表あり　年譜あり〉　Ⓘ978-4-86431-549-4　Ⓝ289.1

中川　清秀〔1542～1583〕　なかがわ・きよひで
◇摂州茨木十二万石　中川清秀伝─荒木村重・明智光秀謀反の真相と史実を解く　石田道仁著　eブックランド社　2015.6　289p　19cm　〈文献あり　年譜あり〉　1380円　Ⓘ978-4-86521-110-8　Ⓝ289.1

中川　五郎〔1949～〕　なかがわ・ごろう
◇ディランと出会い、歌いはじめる　中川五郎著　京都　編集グループSure　2017.12　159p　19cm　2000円　Ⓝ289.1

中川　三郎〔1916～〕　なかがわ・さぶろう
◇リズミーハーツータップの父・中川三郎から受け取ったもの～中川裕季子の生き方　山田麗華著　集英社　2017.6　287p　19cm　〈他言語標題：Rhythmy Hearts　文献あり　年譜あり〉　1500円　Ⓘ978-4-08-781637-2　Ⓝ769.1
内容　第1章　インスピレーションの女　中川裕季子との出会い　第2章　夢のような新世界　家族バンド「中川ツルーパーズ」　第3章　スターダンサー、誕生　三郎、栄光と挫折のニューヨーク　第4章　中川三郎、その人間的魅力とは？　モテる男を取り巻く女たち　第5章　銀幕デビュー・ニューヨーク・引退…　裕季子・女優時代　第6章　日本のディスコの生みの親は

私、ビジネスウーマン・裕季子　第7章 踊ることが好き、舞台が好き！　ダンサー、そしてインストラクターとしての再起　第8章 父・三郎とタップへの恩返し　裕季子がこれからも伝承していきたいもの　特別対談 水谷豊×中川裕季子 タップが教えてくれるリズムとハートの心地よいバランス

中川 千代〔1907～1996〕なかがわ・ちよ

◇民謡地図　別巻　民謡名人列伝　竹内勉著　本阿弥書店　2014.12　285p　20cm　〈布装　年表あり〉　3200円　①978-4-7768-1157-2　Ⓝ388.91

内容　初代浜田喜一——主役だけを演じた江差追分の名人　浅利みき——津軽じょんがら節をじょっぱりだけで歌う　木田林松栄——一の糸を叩き抜いた津軽三味線弾き　成田雲竹——津軽民謡の神様　菊池淡水——民謡界の偉人後藤桃水先生の教えを守った尺八奏者　赤間森水——声を意のままに使いこなして歌う　樺沢芳勝——からっ風の上州の風土を体現する声で　大出直三郎——負けん気がすべてで歌う越後の舟唄　中川千代——両津甚句でみせた天下一のキレのよさ　吉田喜正——漁船四杯と取り替えたしげさ節　高山訓昌——音戸の舟唄を歌う写実の職人　赤坂小梅——押さば押せ引かば押せの黒田節

中川 千代治〔1905～1972〕なかがわ・ちよじ

◇世界絶対平和萬歳の鐘——中川千代治の生涯　大野二郎著　〔宇和島〕　〔大野二郎〕　2017.8　47p　21cm　〈年譜あり〉　900円　①978-4-9909831-0-4　Ⓝ289.1

中川 智子〔1947～〕なかがわ・ともこ

◇「はみだし」市長の宝塚日記　中川智子著　京都　かもがわ出版　2017.1　94p　21cm　700円　①978-4-7803-0892-1　Ⓝ289.1

内容　第1章 「はみだし」市長の誕生（「ふるさと」は行方不明　「土井チルドレン」ほか）　第2章 宝塚よいとこ、一度はおいで～（わたしの「ふるさと自慢」）　第3章 「はみだし」市長、市役所へ（最初の訓示　まずは「入札制度改革」から　ほか）　第4章 子どもたちの未来のために（えっ、図書室に入れない？　安全な食事を子どもたちへ　ほか）　第5章 これからへの思い——希望に向かって（命を大切にしたい市民と行政の協働で、持続可能なまちづくり　ほか）

◇女は「政治」に向かないの？　秋山訓子著　講談社　2018.5　212p　19cm　1400円　①978-4-06-511764-4　Ⓝ314.18

内容　野田聖子——女性のキャリア変化とともに　小池百合子——不死鳥のような人生　山尾志桜里——母だからできること　辻元清美——挫折からが本番　中川智子——おばちゃんの愛され力　高井美穂——「ふつう」が議員になってみた　嘉田由紀子——それは「サプライズ」ではなかった

中川 智正〔1962～2018〕なかがわ・ともまさ

◇サリン事件死刑囚中川智正との対話　アンソニー・トゥー著　KADOKAWA　2018.7　227p　19cm　1400円　①978-4-04-102970-1　Ⓝ326.23

内容　サリン事件解決に協力する　オウムのテロへの道のり　中川死刑囚との面会　中川死刑囚の獄中での生活　オウムの生物兵器の責任者、遠藤誠一　オウムの化学兵器の中心人物、土谷正実　麻原の主治医、中川智正　3人の逃走犯　中川死刑囚が語るオウム信者の人物像　上九一色村とサリン被害者の現在〔ほか〕

中川 直人〔1944～〕なかがわ・なおと

◇中川直人オーラル・ヒストリー　中川直人述、富井玲子、池上裕子インタヴュアー　〔出版地不明〕　日本美術オーラル・ヒストリー・アーカイヴ　2015.3　51p　30cm　〈他言語標題：Oral history interview with Nakagawa Naoto ホルダー入〉　Ⓝ723.1

仲川 遥香〔1992～〕なかがわ・はるか

◇ガパパ！——AKB48でパッとしなかった私が海を渡りインドネシアでもっとも有名な日本人になるまで　仲川遥香著　ミライカナイ　2016.12　235p　19cm　1380円　①978-4-907333-14-0　Ⓝ767.8

内容　第1章 愛と渋滞のインドネシアへようこそ！　第2章 この国でもっとも有名な日本人になるまで　第3章 バリじゃなかった！「神様はジャカルタにいる」　第4章 私がたった半年でインドネシア語を使いこなせるようになったわけ　第5章 椰子の木の道で「あなたの解雇を夢に見る」と言われてしまったら私の10年間はどう終わってしまうのか、私なりに何ヵ月かジタバタした上でのやや気恥ずかしい解決策のようなもの　第6章 今の自分のままでうまくいく！　最高に輝ける場所を見つけるための「7つのポイント」

中川 裕季子〔1945～〕なかがわ・ゆきこ

◇リズミーハーツ——タップの父・中川三郎から受け取ったもの～中川裕季子の生き方　山田麗華著　集英社　2017.6　287p　19cm　〈他言語標題：Rhythmy Hearts　文献あり　年譜あり〉　1500円　①978-4-08-781637-2　Ⓝ769.1

内容　第1章 インスピレーションの女　中川裕季子との出会い　第2章 夢のような別世界　家族バンド「中川ツルーパーズ」　第3章 スターダンサー、誕生　三郎、栄光と挫折のニューヨーク　第4章 中川三郎、その人間的魅力とは？　モテる男を取り巻く女たち　第5章 銀幕デビュー・ニューヨーク・引退… 裕季子・女優時代　第6章 日本のディスコの生みの親は私、ビジネスウーマン・裕季子　第7章 踊ることが好き、舞台が好き！　ダンサー、そしてインストラクターとしての再起　第8章 父・三郎とタップへの恩返し　裕季子がこれからも伝承していきたいもの　特別対談 水谷豊×中川裕季子 タップが教えてくれるリズムとハートの心地よいバランス

中川 よし〔1886～1922〕なかがわ・よし

◇大いなる慈母——東本初代・中川よしの道　高橋定嗣著　天理　天理教友社　2017.3　356p　15cm　（道友社文庫）　700円　①978-4-8073-0608-4　Ⓝ169.1

中川 懐春　なかがわ・よしはる

◇中川スピリッツ　松山一美企画構成　〔出版地不明〕　川合弘　2017.9　285p　27cm　〈他言語標題：Nakagawa-spirits〉　Ⓝ336.3

中川 芳洋〔1944～〕なかがわ・よしひろ

◇出会い——だめセールスマンから校長になりまし

て　中川芳洋著　名古屋　ブイツーソリューション　2017.7　285p　19cm　1000円　Ⓟ978-4-86476-513-8　Ⓝ289.1

中川　李枝子〔1935〜〕　なかがわ・りえこ
◇ママ、もっと自信をもって　中川李枝子著　日経BP社　2016.4　207p　19cm　〈発売：日経BPマーケティング〉　1200円　Ⓟ978-4-8222-7248-7　Ⓝ910.268
内容　第1部　子どもと本が教えてくれた―私の保育士時代、子ども時代(保育園の子どもたちに教えてもらったこと―目指したのは日本一の保育士　みんな、本が教えてくれた―子どもは大人をしっかり見ている　子どもに学んだ童話の書き方―『いやいやえん』「ぐりとぐら」が生まれるまで　お母さんはみんなきらきらしている―育てる楽しみを味わって)　第2部　ママ、もっと自信をもって―悩めるママと中川李枝子さんの子育てQ&A(1歳の娘にどう遊んであげればいいかわかりません　イヤイヤ期の3歳の長男についついら立ってしまいます　「保育園に預けるのはかわいそう」と母に言われたら　どんなときに「ダメ！」と子どもに言えばいいのでしょう　保育園と幼稚園、どちらがいいのでしょう？　わが子の成長をついほかの子と比べてしまいます　天使だった息子が言うことを聞いてくれなくなりました　PTA活動、働く女性が専業ママと仲よくする方法は？　子どもと一緒に読むおすすめの絵本を教えてください　みどり保育園のクリスマス会について教えてください)

中川　禄郎〔1796〜1854〕　なかがわ・ろくろう
◇近江の埋もれ人―井伊直弼の影武者　中川禄郎・松尾芭蕉の愛弟子　河野李由・蒲生野の鬼才画家　野口謙蔵　角省三著　彦根　サンライズ出版　2017.3　394p　19cm　1900円　Ⓟ978-4-88325-612-9　Ⓝ281.61
内容　1　月あかりのまち(朱色の庭―追想　井伊文子さん　つわぶき咲く埋木舎　ほか)　2　お豪のうちそと(一徹の人―遠城謙道とその妻・子ども　鳰の声―歌人・木俣修とその父　ほか)　3　近江の埋もれ人(中川禄郎―直弼の開国論を支えた藩校授　河野李由―芭蕉の足を彦根に運ばせた俳僧　ほか)　4　人に惹かれて(山鄭躅咲く―白洲次郎と白洲正子　東日本大震災に寄せて　流されなかったもの―言葉の力とドナルドキーン　夕映えの人―盲目の画家・曽宮一念さん　ほか)　5　折々の断想(モーツァルトを聴く世界のミフネ　ほか)

長久保　赤水〔1717〜1801〕　ながくぼ・せきすい
◇續長久保赤水書簡集―現代語訳　長久保赤水著,高萩郷土史研究会編　高萩　長久保赤水顕彰会　2014.11　149p　26cm　〈原本：「長久保赤水書簡集．續」(横山功　編著 2012.7刊)　年譜あり〉　1000円　Ⓟ978-4-9907959-0-0　Ⓝ289.1
◇長久保赤水書簡集―現代語訳　長久保赤水著,高萩郷土史研究会編　高萩　長久保赤水顕彰会　2016.1　169p　26cm　〈付・鶚奠談　年譜あり〉　1000円　Ⓟ978-4-9907959-1-7　Ⓝ289.1
◇清學の士　長久保赤水　横山洸涼著　増補版　名古屋　ブイツーソリューション　2016.2　322p　19cm　〈初版のタイトル：清学の士長久保赤水　文献あり　発売：星雲社〉　1500円

Ⓟ978-4-434-21661-9　Ⓝ913.6
内容　第1章　錬磨(赤水誕生　学問との出会い　ほか)　第2章　松岡七友(玄淳の秘策　研学の場　ほか)　第3章　長崎への旅(西海の交友　道中日記　ほか)　第4章　立命(農村の窮状　京坂遊学　ほか)
◇長久保赤水の一生―マンガ　原康隆マンガ制作,高萩郷土史研究会編　高萩　長久保赤水顕彰会　2017.1　189p　26cm　〈付：赤水先生為学入門抄・志学警現代語訳　年譜あり〉　1000円　Ⓟ978-4-9907959-2-4　Ⓝ289.1
◇長久保赤水書簡集　續續　長久保赤水著,横山功編著　水戸　川田プリント(印刷)　2017.11　293p　26cm　〈他言語標題：Sekisui Nagakubo's collected letters　年譜あり　文献あり〉　非売品　Ⓝ289.1
◇新聞記事に見る長久保赤水―30.8.23-25.8.2　高萩　長久保赤水顕彰会　2018.9　64p　30cm　非売品　Ⓝ289.1

永倉　新八〔1839〜1915〕　ながくら・しんぱち
◇剣豪夜話　津本陽著　文藝春秋　2016.11　250p　20cm　1400円　Ⓟ978-4-16-390561-7　Ⓝ789.3
内容　第1話　近藤勇と比肩した男　第2話　永倉新八の竜尾の剣　第3話　明治政府の剣豪　第4話　江戸幕府最後の侍と明治維新　第5話　薩摩隼人と示現流　第6話　龍馬暗殺現場の試剣　第7話　見事な死にざま　第8話　柳生新陰流の極意　第9話　大東流・佐川先生の俤　最終話　夜半の素振り
◇新撰組顚末記　永倉新八著　KADOKAWA　2017.11　270p　18cm　(角川新書 K-177)〈新人物文庫 2009年刊に解説を加え、再編集〉　800円　Ⓟ978-4-04-082185-6　Ⓝ289.1
内容　浪士組上洛　新撰組結成　池田屋襲撃　禁門の変　高台寺党粛清　鳥羽伏見の激戦　近藤勇の最期　会津転戦　新撰組資料

長崎　七兵衛　ながさき・しちべえ
◇長崎がうんだ奇妙人列伝　江越弘人著　朗文堂　2016.4　145p　20cm　1600円　Ⓟ978-4-947613-93-6　Ⓝ281.93
内容　第1章　祥平じいさんの大旅行(日本の果てからこんにちは)(プロローグ(大旅行家宮原祥平さんの人となり)　祥平さん、旅に目覚める　祥平さんの旅、いよいよ佳境にはいる　ほか)　第2章　長崎の自由民権運動(富永隼太の敗北)(自由民権運動ってなあに　遅れた長崎の自由民権運動　富永隼太の登場　ほか)　第3章　まじめ人間『長崎七兵衛物語』(七兵衛を語るにあたって　長崎七兵衛の生い立ち　まじめで元気、気配りの平蔵(七兵衛)　ほか)

長崎　浩〔1937〜〕　ながさき・ひろし
◇六〇年安保―センチメンタル・ジャーニー　西部邁著　文藝春秋　2018.6　231p　16cm　(文春学藝ライブラリー―思想 19)　1250円　Ⓟ978-4-16-813074-8　Ⓝ377.96
内容　序章　空虚な祭典―安保闘争　プント　私　第1章　哀しき勇者―唐牛健太郎　第2章　優しい破壊者―篠田邦雄　第3章　純な「裏切者」―東原吉伸　第4章　苦悩せる理想家―島成郎　第5章　善良な策略家―森

田実　第6章 寡黙な煽動家―長崎浩　終章 充実への幻想―思い出の人々

中里 重利〔1930〜2015〕　なかざと・しげとし
◇古唐津復興―陶工 中里重利　中里重利作、坂本美紀監修、下村佳史文、坂本大編集　福岡　西日本新聞社　2017.4　112p　26cm　〈他言語標題：Reconstruction of KARATSU Ware　年譜あり〉　3400円　Ⓘ978-4-8167-0934-0　Ⓝ751.1087
内容 器ごとに味わう古唐津の妙　中里家と古唐津―土に魅せられた一族　唐津の叩き技法　重利の作品（重利しゃんとの思い出〈十四代 中里太郎右衛門〉　重利先生と私〈萩焼十三代 田原陶兵衛〉）　重利回想録「古唐津復興」（プロローグ　弱気な少年と職人の世界　古唐津の栄華と衰退　よみがえる古の杖　自分の形を求めて　作陶の極地　中里重利さんの思い出　唐津での作陶風景）

長沢 鼎〔1852〜1934〕　ながさわ・かなえ
◇カリフォルニアのワイン王薩摩藩士・長沢鼎―宗教コロニーに一流ワイナリーを築いた男　上坂昇著　明石書店　2017.5　258p　20cm　〈文献あり　年表あり　索引あり〉　2600円　Ⓘ978-4-7503-4517-8　Ⓝ289.1
内容 第1章 欧米に目覚めた幕末期（イギリス公使館襲撃事件　生麦事件から薩英戦争へ　イギリスへ留学生の派遣）　第2章 ロンドンでの留学生（グラバー家の支援と薩摩藩　学び始めた留学生）　第3章 日本人留学生を導いた二人の宗教家（オリファントとハリス　ハリスの宗教コロニー　分裂する日本人留学生）　第4章 トマス・レイク・ハリスとは何者か？（新生国家日本のビジョン　宗教コロニーの歴史的背景　三つの異なるタイプのコロニー　ハリス・コロニーの神学）　第5章 長沢鼎のワイナリー経営（カリフォルニアに新天地を求めて　ワイン・キング長沢の歩み　カリフォルニアの名士と移民排斥　晩年の厳しい試練　今日に生きる長沢鼎）

◇歌之介のさつまのポッケモン　鹿児島テレビ放送株式会社編著、原口泉監修　復刻版　鹿児島　高城書房　2018.7　289p　19cm　〈KTS鹿児島テレビ開局50周年記念　文献あり〉　1500円　Ⓘ978-4-88777-165-9　Ⓝ281.97
内容 西郷隆盛1―こども時代の西郷さんの巻　西郷隆盛2―西郷さんとサイフの巻　大久保利通1―大久保さんはいたずらっこの巻　五代友厚―五代才助の世界地図の巻　黒田清隆1―きのうの敵はきょうの友の巻　村橋久成1―北海道に日本のビールを！の巻　大久保利通2―大久保さんは"まっしぐら"の巻　前田正名ほか―できたぞ！「薩摩辞書」の巻　長沢鼎―アメリカのブドウ王の巻　丹下梅子―初の帝大女子学生の巻

◇長沢鼎―武士道精神と研究者精神で生き抜いたワインメーカー　森孝晴著　鹿児島　高城書房　2018.8　234p　19cm　〈鹿児島人物叢書 8〉　〈他言語標題：The biography of Kanae Nagasawa, wine king　年表あり　文献あり〉　1500円　Ⓘ978-4-88777-166-6　Ⓝ289.1

中澤 圭二〔1963〜〕　なかざわ・けいじ
◇旅する江戸前鮨―「すし匠」中澤圭二の挑戦　一志治夫著　文藝春秋　2018.4　215p　19cm　〈文献あり〉　1300円　Ⓘ978-4-16-390826-7　Ⓝ673.971

中澤 三郎〔1933〜〕　なかざわ・さぶろう
◇心の絆を友として―戦後から現在まで、医療の世界を駆け抜けた、一人の男のものがたり　中澤三郎著　LUFTメディアコミュニケーション　2018.6　87p　21cm　1200円　Ⓘ978-4-906784-47-9　Ⓝ289.1

中澤 正七〔1870〜1944〕　なかざわ・しょうしち
◇中澤正七―北陸女学校と北陸伝道にささげた生涯　楠本史郎著　日本キリスト教団出版局　2015.8　134,16p　19cm　〈文献あり　著作目録あり　年表あり〉　1200円　Ⓘ978-4-8184-0925-5　Ⓝ289.1

中澤 秀一〔1959〜〕　なかざわ・ひでかず
◇グローブから介護（ケア）へ―元巨人軍選手からの転身　中澤秀一著　ヨベル　2015.4　223p　18cm　（YOBEL新書 029）　1000円　Ⓘ978-4-907486-20-4　Ⓝ289.1

永澤 光義〔1943〜〕　ながざわ・みつよし
◇一所懸命―愚直に生きた七十余年　永澤光義著　大阪　読売ライフ　2016.5　189p　21cm　〈折り込み1枚　年譜あり〉　Ⓝ289.1

長澤 理玄〔1815〜1863〕　ながさわ・りげん
◇館林藩医長澤理玄考察―館林牛痘会所　小堀直人著　館林　小堀直人　2017.8　74,26p　21cm　〈文献あり　年表あり　発売：聞聲堂書店（館林）〉　750円　Ⓝ289.1

長沢 蘆雪〔1754〜1799〕　ながさわ・ろせつ
◇もっと知りたい長沢蘆雪―生涯と作品　金子信久著　東京美術　2014.12　79p　26cm　（アート・ビギナーズ・コレクション）〈文献あり　索引あり〉　2000円　Ⓘ978-4-8087-1021-7　Ⓝ721.6
内容 1部 蘆雪の足跡（前半期―出生から天明六年まで　紀南行き―天明六年から七年頃　後半期―天明八年から亡くなるまで）　2部 蘆雪を楽しむ、考える（主題　技法　造形感覚　作品の趣）

◇長沢芦雪―かわいいこわいおもしろい　岡田秀之著　新潮社　2017.7　126p　22cm　（とんぼの本）〈文献あり　年譜あり〉　1600円　Ⓘ978-4-10-602276-0　Ⓝ721.6
内容 グラフ 芦雪ワールド千変万化（かわいいものを描く　小さきものを描く　幼きものを描く　さまざまな顔を描く　妖しきものを描く　大きいものを小さく描く　切りとって描く　対比させて描く　酔って描く　一筆で描く　指で描く　その場で描く　しつこく描く　対談 辻惟雄×河野元昭「『人工の奇想』の画家・芦雪の魅力を語り尽くす」）　生涯 芦雪ものがたり（1754・1786―謎につつまれた出自から、当代の絵師・応挙先生に入門まで　1786・1790―南紀でのびのび襖絵を描きまくり、芦雪らしさ爆発　1790・1799―ますます「奇」の度合いは増して、晩年のスタイル極まれり）

中島 敦〔1909〜1942〕　なかじま・あつし
◇愛の顛末―純愛とスキャンダルの文学史　梯久

美子著　文藝春秋　2015.11　230p　20cm　1450円　①978-4-16-390360-6　⑩910.26

内容　小林多喜二―恋と闘争　近松秋江―「情痴」の人　三浦綾子―「氷点」と夫婦のきずな　中島敦―ぬくもりを求めて　原民喜―「死と愛と孤独」の自画像　鈴木しづ子―性と生のうたびと　梶井基次郎―夭折作家の恋　中城ふみ子―恋と死のうた　寺田寅彦―三人の妻　八木重吉―素朴なこころ　宮柊二―戦場からの手紙　吉野せい―相克と和解

◇愛の顚末―恋と死と文学と　梯久美子著　文藝春秋　2018.11　252p　16cm　（文春文庫　か68-2）　720円　①978-4-16-791181-2　⑩910.26

内容　小林多喜二―恋と闘争　近松秋江―「情痴」の人　三浦綾子―「氷点」と夫婦のきずな　中島敦―ぬくもりを求めて　原民喜―「死と愛と孤独」の自画像　鈴木しづ子―性と生のうたびと　梶井基次郎―夭折作家の恋　中城ふみ子―恋と死のうた　寺田寅彦―三人の妻　八木重吉―素朴なこころ　宮柊二―戦場からの手紙　吉野せい―相剋と和解

長島　義介〔1938～〕　ながしま・ぎすけ

◇アザミの唄―自分史　長島義介著　新潟　長島義介　2016.8　102p　21cm　⑩289.1

中島　潔〔1943～〕　なかしま・きよし

◇絵描き―中島潔地獄絵1000日　西所正道著　エイチアンドアイ　2015.5　222p　図版6枚　20cm　〈文献あり〉　1800円　①978-4-908110-02-3　⑩726.501

内容　1章　お天道様が見ている　2章　起点―母との別れ　3章　地獄絵に書かれた「心」　4章　誰にも見せない「箱」の中　5章　運を鷲づかみする　6章　地獄絵と救済　7章　パリ市民を感動させた「鰯」　8章　母なる慈悲に包まれて

中島　月空〔1937～〕　なかしま・げっくう

◇月空ワールド　中島月空著　岐阜　岐阜新聞社総合メディア局出版室　2017.6　177p　19cm　2315円　①978-4-87797-241-7　⑩289.1

内容　第1章　中島泰弘として　第2章　島田画伯との出会い　第3章　全国五千日行脚　第4章　「月空記念館」完成　第5章　『言霊交流誌シャンバラ』との出会い　第6章　再婚、そして妻千恵子の死　第7章　三人目の花嫁　第8章　道友の言霊　第9章　月空詩歌　第10章　月空ワールドラストメッセージ（高野山巡礼）

中島　沙織〔1979～〕　なかじま・さおり

◇わすれなうた―名もなき歌うたいが、父のためにできたこと　中島沙織著　文芸社　2015.6　142p　19cm　1000円　①978-4-286-16289-8　⑩289.1

中島　貞夫〔1934～〕　なかじま・さだお

◇遊撃の美学―映画監督中島貞夫　上　中島貞夫著, 河野眞吾編　ワイズ出版　2014.10　511p　15cm　（ワイズ出版映画文庫　7）〈2004年刊の改稿、再編集、2分冊〉　1400円　①978-4-89830-283-5　⑩778.21

内容　第1章　映画への道　第2章　東映京都撮影所監督　第3章　東映京都撮影所監督　第4章　任侠映画と叛任侠映画　第5章　状況・映画・ドキュメント　第6章　たかが映画、されど映画　第7章　叛実録、遊撃の彼方　第8章　実録映画との併走　第9章　大作映画の苦悩

◇遊撃の美学―映画監督中島貞夫　下　中島貞夫著, 河野眞吾編　ワイズ出版　2015.4　485p　15cm　（ワイズ出版映画文庫　9）〈2004年刊の改稿、再編集、増補、2分冊〉　1400円　①978-4-89830-288-0　⑩778.21

内容　第10章　夢のアナーキズム（『総長の首』『真田幸村の謀略』　ほか）　第11章　女性映画のイコン（『序の舞』『瀬降り物語』　ほか）　第12章　やくざ映画をふたたび、あゝ撮影所魂（『激動の1750日』『新・極道の妻たち』　ほか）　エッセイ（ギリシャ悲劇を上演して　"風俗"を超えて"思考"の回復へ―時代劇に再び青春を！　ほか）　フィルモグラフィー

中島　三郎助〔1820～1869〕　なかじま・さぶろうすけ

◇「朝敵」と呼ばれようとも―維新に抗した殉国の志士　星亮一編　現代書館　2014.11　222p　20cm　2000円　①978-4-7684-5745-0　⑩281.04

内容　神保修理―その足跡を尋ねて　山本帯刀―会津に散る　長岡の若き家老　中島三郎助―幕府海軍を逸早く構想した国際通　春日左衛門―知られざる英傑　佐川官兵衛―会津の猛将から剛毅朴直の大警部　朝比奈弥太郎泰尚―水戸の執政、下総に散る　滝川充太郎―猪突邁進を貫いた若き猛将　森弥一左衛門陳明―桑名藩の全責任をとって切腹した　甲賀源吾―東郷平八郎が賞賛した、宮古湾の勇戦　桂早之助―剣隼征　京都見廻組　玉虫左太夫―幕末東北を一つにまとめた悲運の国際人　雲井龍雄―米沢の俊英が明治新政府の猛反撃にもう一つの「維新」　赤松小三郎―日本近代化の礎を作った洋学者　松岡磐吉―榎本軍最後の軍艦「蟠龍」艦長

◇長島雪操六兵衛伝―中島三郎助と共に見た幕末　溝手正儀執筆・編集　（横須賀）　久里浜古文書の会　2017.11　350p　26cm　非売品　⑩721.7

長嶋　茂雄〔1936～〕　ながしま・しげお

◇蜃気楼―「長嶋茂雄」という聖域　織田淳太郎著　宝島社　2014.8　223p　19cm　1300円　①978-4-8002-2914-4　⑩783.7

内容　1章　向日葵の憂鬱（「W国民栄誉賞」と空を切ったバット　「死ぬまでピエロでありつづけるだろう」　ほか）　2章　「週刊誌」とミスター（納会に遅刻した8人の選手とその理由　「キミは週刊誌の記者か？」　ほか）　3章　最大のタブー（長嶋夫人記事「連載中止」とその切り返し　「長嶋スキャンダル」が週刊誌に少ない理由　ほか）　4章　「長嶋茂雄」という夢（編集部に届いた一通の「告発状」　「長嶋茂雄の後見人」との出会い　ほか）　5章　「神話」と「象徴」の形成（忘れ去られた「長嶋の生家」　話題にもされなかった「国民栄誉賞」　ほか）

◇長嶋茂雄最後の日。―1974.10.14　鷲田康著　文藝春秋　2014.10　223p　20cm　〈文献あり〉　1450円　①978-4-16-390152-7　⑩783.7

内容　序章　ファンあってのプロ野球　第1章　葛藤のラスト・シーズン　第2章　後楽園に"名画"の舞台を　第3章　ラストホームランと予告なき場内一周　第4章　涙の場内一周、それぞれの思い　第5章　9201打席目の併殺打　第6章　スピーチに秘められた"ミスターG"の誇り

◇長嶋と王―グラウンド外の真実　江尻良文著　双葉社　2015.3　237p　19cm　〈年譜あり〉　1400円　①978-4-575-30835-8　Ⓝ783.7

内容　第1章 食と酒（「食の哲学」1 居酒屋派のОと個室派のN　「食の哲学」2 ОNそれぞれの"勝負飯"　ほか）　第2章 愛情（「結婚の哲学」交際6年6か月のОと40日のN　「亭主の哲学」同じ亭主関白でも正反対のОとN　ほか）　第3章 家庭（「子育ての哲学」厳格に接したОと放任主義のN　「家族の哲学」長嶋家の子供たちと王家の娘たち　ほか）　第4章 金銭（「カネの哲学」ОN共通の徹底したクリーンさ　「CMの哲学」重視するのは人間関係　ほか）　第5章 気配り（「人脈の哲学」来るも拒まないОと石橋を叩くN　「海外人脈の哲学」メジャーでも"記録"のОと"記憶"のN　ほか）　第6章 リーダー（「組織の哲学」妥協を知らないОと義理に生きるN　「監督の哲学」1 "動けなくなったらやめる"のN　「監督の哲学」2 "帝王学は二軍で監督で学べ"のО）　第7章 教育（「師弟の哲学」1 "Оとイチロー"そして"Nと松井"　「師弟の哲学」2 対照的だった「原と江川」への視線　ほか）　第8章生きる（「闘病の哲学」脳梗塞と胃がん それぞれの闘い　「マスコミの哲学」平等主義のОと努力に報いるN　ほか）

◇長嶋茂雄物語かたり取材記―ミスタージャイアンツを訪ねて　山田雅人著　晋遊舎　2015.6　206p　18cm　〈文献あり 年譜あり〉　800円　①978-4-8018-0249-0　Ⓝ783.7

内容　プロローグ 僕はなぜ「長嶋茂雄」をかたりはじめたのか　第1章 茂雄少年は野性児のごとく　第2章 長嶋茂雄と相まみえた名選手たち　第3章 幾重もの奇跡が重なった天覧試合　第4章 選手を心身ともに鍛えあげた長嶋監督　第5章 愛弟子松井秀喜への想い　エピローグ 新たな時代の「長嶋茂雄物語」を目指して

◇ОNの"メッセージ"―NHK『サンデースポーツ』司会：星野仙一「長嶋茂雄×王貞治対談」完全版　長嶋茂雄，王貞治述，星野仙一司会　ぴあ　2015.10　159p　20cm　1500円　①978-4-8356-2849-3　Ⓝ783.7

内容　第1章 ОN誕生　第2章 ふたつの個性　第3章 ОNとライバルたち　第4章 引退　第5章 監督としてのОN　第6章 日の丸を背負う　第7章 ОNのメッセージ

◇野球人は1年ごとに若返る　長嶋茂雄著　KADOKAWA　2016.2　223p　20cm　1500円　①978-4-04-601505-1　Ⓝ783.7

内容　第1章 人生に引退はない（リハビリは嘘をつかない　健康は前向きな気持から　健康維持の土台はウォーキング　ほか）　第2章 四季折々に野球に触れて（野球カレンダー　野球選手が少年に戻るキャンプ・イン　5月病の克服には全力でジタバタやる　ほか）　第3章 やはり野球は面白い（松井秀喜との素振りの日々　守りの名手が消えた　頭と体。野球の面白さを発見するのは？　ほか）

◇ミスタープロ野球・魂の伝言　長嶋茂雄著　京都　PHP研究所　2016.11　189p　20cm　（100年インタビュー保存版）　1300円　①978-4-569-83451-1　Ⓝ783.7

内容　第1章 少年時代　第2章 六大学野球のスター　第3章 巨人入団，新人で二冠を獲る　第4章 破竹のV9，そして引退　第5章 スーパースターの孤独　第6章 波乱の監督時代　第7章 愛弟子に託したメジャーへの夢　第8章 アテネ五輪直前，病に倒れる　第9章 国民栄誉賞，野球の将来

◇もうひとりの4番サードN　内田今朝雄著　東洋出版　2018.3　113p　19cm　〈文献あり〉　1300円　①978-4-8096-7904-9　Ⓝ783.7

内容　第0章 長嶋茂雄と難波昭二郎　第1章 難波昭二郎―誕生～高校　第2章 関西大学1年～3年　第3章 大学4年～長嶋と初対決～入団決意　第4章 キャンプ～プロ野球開幕　第5章 プロ野球2年～4年　第6章 引退～デュプロ　第7章 パイオニア～晩年

中島　重徳〔1939～2012〕　なかしま・しげのり
◇蛍と共に生きて―中島重徳72年の足跡　溝田徳子編　大木町（福岡県）　中島玖美子　2017.3　256p　30cm　〈年譜あり〉　Ⓝ486.6

中島　重〔1888～1946〕　なかじま・しげる
◇中島重と社会的基督教―暗い谷間を照らした一筋の光芒　倉田和四生著　西宮　関西学院大学出版会　2015.8　282p　22cm　4200円　①978-4-86283-203-0　Ⓝ198.321

内容　序論 中島重を育んだ故郷―新島襄が伝道したキリスト教の町　1章 多元的国家論　2章 海老名弾正総長と中島重教授の栄光と苦難　3章 中島重が学んだ二人のキリスト教思想家―海老名弾正と賀川豊彦　4章 天皇機関説事件の波紋―中島重の苦悩　5章『発展する全体』の考察　6章「わが屍を乗り越えて進め」―暗い谷間の中島重と「社会的基督教」　7章 久山康の「SCM」論評と竹中正夫・嶋田啓一郎・山谷省吾の「社会的基督教」批判　8章 竹内愛二の開拓伝道と「社会基督教」の復刊

中島　静子〔1936～〕　なかじま・しずこ
◇日々是笑顔　中島静子著　文芸社　2014.12　117p　20cm　（2011年刊の加筆・修正）　1000円　①978-4-286-15754-2　Ⓝ289.1

中島　庄一〔1937～〕　なかじま・しょういち
◇我が人生に乾杯！　中島庄一著　〔豊橋〕〔中島庄一〕　2016.8　250p　19cm　2000円　Ⓝ289.1

中島　翔也〔1994～〕　なかじま・しょうや
◇アホが勝ち組，利口は負け組―サッカー日本代表進化論　清水英斗著　秋田書店　2018.6　190p　19cm　1300円　①978-4-253-10106-6　Ⓝ783.47

内容　日本代表進化論 理想は進化，現実は退化　日本代表進化論 選手編（原口元気―モノクロームの元気　岡崎慎司―アホの岡崎　遠藤航―がんばれ！ ニッポンの父」　宇佐美貴史―「行ってるやん」の絶壁　吉田麻也―"大ポカ"の汚名を返上せよ！　柏木陽介―だって，人間だもの。　長谷部誠―キレッキレのキャプテン　長友佑都―左を制する者は，世界を制す！　柴崎岳―キャノンシュートの秘密は，弓槻野智章―カネでは買えない男！　ほか）

中島　真一　なかじま・しんいち
⇒Nakajin（なかじん）を見よ

中島　捨次郎〔1904～*〕　なかじま・すてじろう
◇我が大地の半生　中島捨次郎著　大阪　澪標

2016.5 331p 21cm 〈年譜あり〉 3000円 ①978-4-86078-324-2 Ⓝ289.1

長島 雪操〔1818～1896〕 ながしま・せっそう
◇長島雪操六兵衛伝―中島三郎助と共に見た幕末 溝手正儀執筆・編集 〔横須賀〕 久里浜古文書の会 2017.11 350p 26cm 非売品 Ⓝ721.7

中島 卓也〔1991～〕 なかしま・たくや
◇中島卓也メッセージBOOK―思いは届く 中島卓也著 廣済堂出版 2016.5 158p 21cm 〈他言語標題：TAKUYA NAKASHIMA MESSAGE BOOK〉 1600円 ①978-4-331-52019-2 Ⓝ783.7
内容 第1章 上へ 第2章 リスタート 第3章 結ぶ 第4章 信は力 第5章 素質 第6章 卓論

永島 達司〔1926～1999〕 ながしま・たつじ
◇ビートルズを呼んだ男 野地秩嘉著 小学館 2017.4 396p 15cm 〈小学館文庫のあ4-6〉〈幻冬舎文庫 2001年刊に加筆修正を施し新章と解説を加えた〉 670円 ①978-4-09-406413-1 Ⓝ289.1
内容 三十二年前の記憶 ミシシッピーを渡って グレン・ミラーの思い出 結婚 興行の現場 呼び屋という仕事 トゥー・ヤング リンボーダンスとサーカス インテレクチュアル・プロパティ 若者の音楽 ロンドンでの交渉 守る男たち 見に行くものたち 来日前夜 日本到着 脱出 聴こえた…。音は聴こえた 余熱 呼び屋の終わり セント・マーチン教会で

中島 知久平〔1884～1949〕 なかじま・ちくへい
◇歴史のなかの中島飛行機 桂木洋二著 増補新訂版 グランプリ出版 2017.5 223p 21cm 〈文献あり 年表あり〉 1800円 ①978-4-87687-350-0 Ⓝ538.021
内容 プロローグ・太平洋戦争と飛行機 日本の特殊事情と中島飛行機のこと 草創期の航空機界と中島知久平 外国人による航空ショーの盛衰 民間航空界の先駆者・磯部鉄吉の足跡 民間の飛行機製作で実績を残した伊藤音次郎 岸の赤羽飛行機製作所と初期の国産エンジン開発 大正時代の陸海軍航空部隊の活動 初期の中島飛行機の経営 川西との対立と独立体制の確立 成長をとげるための試練 中島の航空機用エンジン生産開始の頃 水冷の三菱と中島の空冷エンジンと 航空機の競争試作による開発時代 政治家中島知久平の誕生、そして戦争への道 空冷エンジン開発でしのぎを削る三菱と中島 戦時体制のなかの三菱と中島の戦闘機開発 飛行機の生産体制の日米比較 戦時中の中島飛行機の活動 エピローグ・戦後に残したもの

中島 輝 なかしま・てる
◇大丈夫。そのつらい日々も光になる。 中島輝著 PHP研究所 2017.11 222p 19cm 1200円 ①978-4-569-83699-7 Ⓝ146.8
内容 第1章 誰も信じられない 「家族」がどういうものか、よくわからない 本当の子どものようにかわいがってくれた人 ほか 第2章 自分を好きになれない (ゴルフボール大の円形脱毛症になる 雨の日の前夜に、制服を着て布団に入る ほか 第3章 外に

出るのが怖い (潰瘍性大腸炎になる 会社の借金名義を肩代わりする ほか 第4章 少しずつ前へ (自殺未遂 「できない自分」を受け入れる ほか 第5章 進むべき道があるのか (もっと、遠くへ… 大切な人の死を超えて ほか

中島 春雄〔1929～2017〕 なかじま・はるお
◇怪獣人生―元祖ゴジラ俳優・中島春雄 中島春雄著 洋泉社 2014.8 303p 18cm 〈新書y 283〉〈2010年刊の加筆修正 作品目録あり 年譜あり〉 925円 ①978-4-8003-0461-2 Ⓝ778.21
内容 第1章 一九五四―円谷英二との出会い・『ゴジラ』 第2章 一九二九～一九五〇―生い立ち・戦争・東宝入社 第3章 一九五五―一九七二―栄光のゴジラシリーズ 第4章 一九五五―一九七〇―東宝特撮怪獣の世界 第5章 一九六六―一九七〇―ブラウン管の中の中島怪獣 第6章 一九五〇―一九七二―大部屋俳優として 第7章 一九七〇―円谷英二の死・引退・そして現在

中島 撫山〔1829～1911〕 なかじま・ぶざん
◇中島撫山の生涯 村山吉廣監修、久喜市教育委員会文化財保護課編 久喜 久喜市教育委員会 2017.3 63p 21cm 〈歴史資料でよむ久喜市ゆかりの人物ブックレット 1〉〈年譜あり〉 Ⓝ121.6

中嶋 正雄〔1947～〕 なかしま・まさお
◇伝統の左官技術―匠の技 失敗を乗り越えて50年 中嶋正雄著 理工図書 2015.9 185p 19cm 〈文献あり〉 1600円 ①978-4-8446-0821-9 Ⓝ525.58
内容 序章 失敗の始り (漆喰を食う) 第1章 失敗だらけ (お城の壁が浮く 麻縄が粉になる ほか) 第2章 左官の技 (草を入れて壁土を作る 材料作りが八割 ほか) 第3章 左官の世界へ (小学生で芽生えた、経営の才 お爺さんを魅了した、粘土細工 ほか) 第4章 左官の未来 (左官は雑工事 何とかならんか、年度末工期と労働時間 ほか)

中島 政希〔1953～〕 なかじま・まさき
◇戦いなければ哲学なし―中島政希回想録 中島政希述、関口秀紀、津山悟編 政党政治研究所 2016.4 497p 20cm 非売品 Ⓝ289.1

長嶋 まさこ ながしま・まさこ
◇美肌戦争―肌で運命が変わる！ 長嶋まさこ著 講談社エディトリアル 2017.6 175p 19cm 1200円 ①978-4-907514-84-6 Ⓝ673.96
内容 第1章 「汚肌」に苦しめられた私の半生 (美肌は生まれつき／いいえ、違います！ 顔に大ケガを負った幼少期の不幸な事故 みんなに「半魚人」と呼ばれていた私 ほか) 第2章 進め！ 私のエステ道 (大手エステ会社に中途採用で入社成功！ 前代未聞！ 全コースの試験に落ちてしまった私 職場での壮絶ないじめ。そして、無視され続ける日々 ほか) 第3章 みんなのキレイを応援したい！―独自開発化粧品が生まれるまで (ケイ素に可能性を見いだした 私の背中を押してくれた「大切な人」 独自開発原料1 Siプラントファーメント ほか)

中島 三教 なかじま・みつのり
◇証言 零戦大空で戦った最後のサムライたち

神立尚紀著　講談社　2017.7　531p　15cm　（講談社＋α文庫　G296-2）〈年表あり〉　950円　①978-4-06-281723-3　Ⓝ392.8
[内容]　第1章　黒澤丈夫―「無敵零戦」神話をつくった名村長　第2章　岩井勉―「ゼロファイターゴッド（零戦の神様）」と呼ばれた天才戦闘機乗り　第3章　中島三教―米国本土の捕虜収容所で終戦を迎えた"腕利き"搭乗員　第4章　藤田怡與藏―戦後、日本人初のジャンボ機長となった歴戦の飛行隊長　第5章　宮崎勇―空戦が「怖ろしくなった」という言葉に込められた思い　第6章　大原亮治―激戦地ラバウルで一年以上戦い抜いた伝説の名パイロット　第7章　土方敏夫―ペンを操縦桿に持ち替えて戦った「学鷲」に刻み込まれた海軍魂

中嶋　嶺雄〔1936～2013〕　なかじま・みねお
◇素顔の中嶋嶺雄―追想録　中嶋嶺雄著作選集刊行記念　東京外国語大学「中嶋ゼミの会」、桜美林大学北東アジア総合研究所共編　相模原　桜美林大学北東アジア総合研究所　2015.7　214p　18cm　（北東アジア新書―人と歴史）　800円　①978-4-904794-60-9　Ⓝ289.1

中嶋　保弘〔1920～2008〕　なかじま・やすひろ
◇あしあと　中嶋保弘著　第2版　市井社　2018.11　291p　20cm　1500円　①978-4-88208-160-9　Ⓝ289.1
[内容]　第1章　成功、運、努力―わが半生をふりかえる　第2章　九死に一生―インパール作戦から奇跡の生還　第3章　失敗して学ぶ―さまざまな商売を手がけた頃　第4章　人生裏表―本に書いてない社会学　第5章　繁栄を支える影の力―産業廃棄物にとりくんで

中島　らも〔1952～2004〕　なかじま・らも
◇中島らも　エッセイ・コレクション　中島らも著，小堀純編　筑摩書房　2015.7　381p　15cm　（ちくま文庫　な48-1）　950円　①978-4-480-43283-4　Ⓝ914.6
[内容]　第1章　あの日の風景―生い立ち・生と死（幼時の記憶　ナイトメア　ほか）　第2章　酒の正体―酒・煙草・ドラッグ（ひかり号で飲む　酒の正体ほか）　第3章　エンターテイメント職人の心得―文学・映画・笑い（なにわのへらず口　デマゴーグ　ほか）　第4章　こわい話―不条理と不可思議（ミクロとマクロについて　人は死ぬとどうなるのか　ほか）　第5章　サヨナラにサヨナラ―性・そして恋（保久良山　Dedicate to the one I love　ほか）
◇らぶれたあ―オレと中島らもの6945日　鮫肌文殊著　講談社　2016.11　317p　19cm　1700円　①978-4-06-220360-9　Ⓝ910.268
[内容]　「らもさんが死んだ」　「番組のブレーンになってくれへんかな」　「君の胃袋はクラインの壺やな」　「これでブロン買うてきてくれへんか」　「たまに喋る置物、中島らも」　「もう少しで殺人犯になるところだった」　「ホントに豆腐10丁食べられるね？」　「伝説の"なげやり倶楽部"のつくり方」　「こんなとこでオメコする気ィか？」　「舞台やったら何のタブーもないやろ」ほか

中城　ふみ子〔1922～1954〕　なかじょう・ふみこ
◇愛の顛末―純愛とスキャンダルの文学史　梯久美子著　文藝春秋　2015.11　230p　20cm　1450円　①978-4-16-390360-6　Ⓝ910.26
[内容]　小林多喜二―恋と闘争　近松秋江―「情痴」の人　三浦綾子―「氷点」と夫婦のきずな　中島敦―ぬくもりを求めて　原民喜―「死と愛と孤独」の自画像　鈴木しづ子―性と生のうたびと　梶井基次郎―夭折作家の恋　中城ふみ子―恋と死のうた　寺田寅彦―三人の妻　八木重吉―素朴なこころ　宮柊二―戦場からの手紙　吉野せい―相克と和解
◇愛の顛末―恋と死と文学と　梯久美子著　文藝春秋　2018.11　252p　16cm　（文春文庫　か68-2）　720円　①978-4-16-791181-2　Ⓝ910.26
[内容]　小林多喜二―恋と闘争　近松秋江―「情痴」の人　三浦綾子―「氷点」と夫婦のきずな　中島敦―ぬくもりを求めて　原民喜―「死と愛と孤独」の自画像　鈴木しづ子―性と生のうたびと　梶井基次郎―夭折作家の恋　中城ふみ子―恋と死のうた　寺田寅彦―三人の妻　八木重吉―素朴なこころ　宮柊二―戦場からの手紙　吉野せい―相剋と和解

Nakajin〔1985～〕
◇SEKAI NO OWARI―世界の終わり　SEKAI NO OWARI述　ロッキング・オン　2015.2　341p　22cm　2800円　①978-4-86052-120-2　Ⓝ767.8
[内容]　『幻の命』『EARTH』　『天使と悪魔／ファンタジー』　『INORI』　『スターライトパレード』　『眠り姫』『ENTERTAINMENT』『RPG』「炎と森のカーニバル2013」『スノーマジックファンタジー』「炎と森のカーニバル」『Dragon Night』「TOKYO FANTASY 2014」『Tree』

長洲　一二〔1919～1999〕　ながす・かずじ
◇地方の時代と長洲県政―未萌の機を察して　神奈川県が変われば日本が変わる　中出征夫著　茅ヶ崎　中出征夫　2015.4　153p　19cm　Ⓝ318.237

永杉　喜輔〔1909～2008〕　ながすぎ・きすけ
◇永杉喜輔の教育思想―下村湖人・ルソーとともに　野口周一著　世音社　2018.3　152p　21cm　〈文献あり〉　2000円　①978-4-921012-21-2　Ⓝ289.1
[内容]　第1章　永杉喜輔論（永杉喜輔の経歴　永杉喜輔の教育活動　永杉喜輔の教育観及び人生観）　第2章　永杉喜輔と煙仲間（滋賀から群馬への下村湖人の集いとともに　和田本次郎、大塚康平との出会い　二日会の集い）　第3章　「生活の発見会」運動と家庭教育の復権（森田療法と「生活の発見会」運動　永杉喜輔の家庭教育論）　その後の研究状況

長瀬　精子〔1932～〕　ながせ・せいこ
◇これからも、感謝をこめて一生懸命　長瀬精子著，文藝春秋企画出版部編　文藝春秋企画出版部（制作）　2018.7　119p　図版8p　20cm　1500円　Ⓝ289.1

仲宗根　政善〔1907～1995〕　なかそね・せいぜん
◇ひとびとの精神史　第5巻　万博と沖縄返還―1970年前後　吉見俊哉著　岩波書店　2015.11　331p　19cm　2500円　①978-4-00-028805-7　Ⓝ281.04
[内容]　1　劇場化する社会（三島由紀夫―魂を失った未来

への反乱　山本義隆―自己否定を重ねて　岡本太郎―塔にひきよせられるひとびと　牛山純一―テレビに見た「夢」　2　沖縄―「戦後」のはじまり（仲宗根政善―方言研究に込めた平和への希求　マリー―米軍兵士と日本人の間で戦ったロックの女王　比嘉康雄と東松照明―二人の写真家の"沖縄"）　3　声を上げたひとびと（田中美津―"とり乱しの弁証法"としてのウーマン・リブ　川本輝夫―水俣病の"岩盤"を穿つ　横塚晃一―障害者は主張する　大地を守る会―紛争の経験を地域の実践へ　木村守江―「原発村」の誕生と浜通り）

仲宗根 稔〔1939～〕　なかそね・みのる
◇霧中の岐路でチャンスをつかめ　仲宗根稔著　幻冬舎メディアコンサルティング　2017.11　223p　19cm　〈発売：幻冬舎〉　1200円　①978-4-344-91492-6　Ⓝ289.1
内容　第1章 ほうりでわたる　第2章 ゼロからのスタート　第3章 「できない」と言わない　第4章 何歳になってもチャレンジ　第5章 病魔との闘い　エピローグ 和菓子屋を始める

中曽根 康弘〔1918～〕　なかそね・やすひろ
◇中曽根康弘―「大統領的首相」の軌跡　服部龍二著　中央公論新社　2015.12　348p　18cm　（中公新書 2351）〈年譜あり〉　900円　①978-4-12-102351-3　Ⓝ289.1
内容　序章 幼少期―材木商から内務省へ　第1章 出征と敗戦―海軍主計中尉　第2章 「青年将校」―野党時代　第3章 保守合同と初入閣―岸内閣科学技術庁長官　第4章 「キル・ザ・タイム」から派閥の領袖へ　第5章 非核三原則と「自主防衛」―佐藤内閣運輸相・防衛庁長官　第6章 「新自由主義」と石油危機―田中内閣運輸相　第7章 「三角大福中」の時代―幹事長・総務会長・行政管理庁長官　第8章 首相の一八〇六日―「大統領的首相」を求めて　終章 「命の限り蟬しぐれ」―首相退任後の三〇年

◇ひとびとの精神史　第7巻　終焉する昭和―1980年代　杉田敦編　岩波書店　2016.2　333p　19cm　2500円　①978-4-00-028807-1　Ⓝ281.04
内容　1 ジャパン・アズ・ナンバーワン（中曽根康弘―「戦後」を終わらせる意志　上野千鶴子―消費社会と一五年安保のあいだ　高木仁三郎―「核の時代」と市民科学者　大橋正義―バブルに流されなかった経営者たち）　2 国際化とナショナリズム（ジョアン・トシエイ・マスコ―「第二の故郷」づくりの日系ブラジル人　安西賢誠―「靖国」と向き合った真宗僧侶　宮崎駿―職人共同体というユートピア　『地球の歩き方』創刊メンバー―日本型海外旅行の精神）　3 天皇と大衆（奥崎謙三―神軍平等兵の怨霊を弔うために　朴正恵と蔡成泰―民族教育の灯を守るために　美空ひばり―生きられた神話　知花昌一―日の丸を焼いた日）

◇日本を揺るがせた怪物たち　田原総一朗著　KADOKAWA　2016.3　293p　19cm　1500円　①978-4-04-601559-4　Ⓝ281.04
内容　第1部 政界の怪物たち（田中角栄―田原総一朗が最initialに対峙した政界の怪物たち　「偉大な人はみんな風見鶏」 竹下登―調整能力にすぐれた「政界のおしん」　小泉純一郎―ワンフレーズに信念を込める言葉の天才　岸信介―左右"両岸"で力をふるった「昭和の妖怪」）　第2部 財界の怪物た

ち（松下幸之助―国家の経営に至った男　本田宗一郎―ボルト一本に情熱をかける技術の雄　盛田昭夫―失敗を恐れない超楽観主義者　稲盛和夫―「狂」と「心」が共存する経営）　第3部 文化人の怪物たち（大島渚―全身で国家の欺瞞と戦う男　野坂昭如―酒を飲むと「爆弾になる」徹底的なアナーキスト石原慎太郎―作家として政治を行う男）

◇田中角栄と中曽根康弘―戦後保守が裁く安倍政治　早野透、松田喬和著　毎日新聞出版　2016.12　253p　20cm　〈文献あり　年譜あり〉　1800円　①978-4-620-32397-8　Ⓝ312.1
内容　第1章 今、なぜ角栄が待望されるのか　第2章 永遠のライバル、角栄と中曽根の戦後保守論　第3章 「国土」の角栄、「国家」の中曽根　第4章 田中内閣の落日―ロッキード事件の「点」と「線」　第5章 「田中曽根内閣」の誕生と自立　第6章 戦後保守の可能性

◇戦争を知っている最後の政治家―中曽根康弘の言葉　鈴木哲夫著　ブックマン社　2017.8　270p　19cm　〈文献あり　年譜あり〉　1500円　①978-4-89308-884-0　Ⓝ312.1
内容　第1章 政治論　第2章 政治家としての原点　第3章 戦後政治、激闘の時代　第4章 戦後日本「五五年体制」時代　第5章 「総理大臣」中曽根の本音　第6章 日本への提言

永田 耕衣〔1900～1997〕　ながた・こうい
◇耕衣自伝―わが俳句人生　永田耕衣著　沖積舎　2015.9　233p　19cm　〈1992年刊の再刊　著作目録あり〉　2300円　①978-4-8060-4123-8　Ⓝ911.362
内容　私の人生　浮世蠅談　中庸談稿―浮世蠅談補説　後記　著書目録

永田 鉄山〔1884～1935〕　ながた・てつざん
◇永田鉄山昭和陸軍「運命の男」　早坂隆著　文藝春秋　2015.6　278p　18cm　（文春新書 1031）〈文献あり〉　780円　①978-4-16-661031-0　Ⓝ289.1
内容　第1章 諏訪時代（故郷に佇む胸像　生誕　高島尋常小学校　ほか）　第2章 陸軍軍人への道（ドイツ語の習得　岡村寧次との出会い　陸軍中央幼年学校　ほか）　第3章 国防への意識（教育総監部　軍令部第一号の制定　ドイツへの赴任　ほか）　第4章 総動員体制の構築を目指して（学校配属将校制度　整備局　自動車産業の育成　ほか）　第5章 満洲事変への対処（満洲事変の勃発　事変への対応　十月事件ほか）　第6章 派閥抗争（統制派と皇道派　深まる対立　某大尉とのやりとり　ほか）　第7章 揺れる陸軍（真崎甚三郎の辞職　相沢三郎　相沢の思想　ほか）　最終章 暗殺（一人の侵入者　真昼の凶行　広がる動揺　ほか）　エピローグ（林銑十郎の辞任　公判　相沢狂人説　ほか）

永田 仁助〔1863～1927〕　ながた・にすけ
◇泊園書院の明治維新―政策者と企業家たち　横山俊一郎著　大阪 清文堂出版　2018.3　309p　22cm　〈文献あり　索引あり〉　7800円　①978-4-7924-1085-8　Ⓝ121.6
内容　序論 大阪漢学と明治維新―東アジアの視座からの問い　第1部 近世の"政策者"たち（多田海although海防意識―幕末の"実務家"としての儒者の一事例　多

田海庵の政教構想―諸教折衷とそれを支える「三徳」観　雨森精斎の政治実践―幕末維新の"実務家"としての儒者の一事例　安達清風の学術交流と開拓事業―泊園塾・昌平黌出身者の実践的軌跡　第2部　近代の"企業家"たち(男爵本多政以の思想と事業―泊園学と禅宗　山口県佐波郡における泊園書院出身者の事業活動の一考察―実業家尾中郁太・古谷熊三を中心に　永田仁助の経済倫理―天人未分と武士道の精神　結論　泊園書院の人々による変革と儒教―近世・近代を生きた"実務家"たちの実践的軌跡

永田 廣志〔1904〜1947〕　ながた・ひろし
◇君なお生きて我らの中に―永田廣志の生涯　永田廣志研究会編　花伝社　2016.9　155p　20cm　〈文献あり 年譜あり〉　発売：共栄書房〉　1500円　Ⓘ978-4-7634-0792-4　Ⓝ121.6
内容　序章 永田廣志を探しに　第1章 少年時代　第2章『古城中学』時代の永田廣志　第3章 十八歳の決意　第4章 専門職を求めて海外へ　第5章 父の言葉と旅立ちの決意　第6章 哲学者の道を　第7章 栄光と苦悩の研究者生活　第8章 戦争と哲学　終章 永田廣志と現代

永田 雅一〔1906〜1985〕　ながた・まさいち
◇東京スタジアムがあった―永田雅一、オリオンズの夢　澤宮優著　河出書房新社　2015.4　189p　19cm　〈文献あり〉　1600円　Ⓘ978-4-309-27580-2　Ⓝ783.7
内容　第1章 永田雅一の夢(標榜木ひとつない跡地　人情家のワンマンオーナー　プロ野球の変革期 ほか)　第2章 下町に咲く「光の球場」東京スタジアム完成(デラックスな球場　盛大な開場式　スタジアム初戦から三連勝 ほか)　第3章 世紀のトレード(永田のトレード論　山内一弘・小山正明「世紀のトレード」断行　小山正明、パームボール開発 ほか)　第4章 チーム変革期(若手スターが続々入団　誘拐事件犯人自供　「キミの力投は知る人ぞ知るだ」 ほか)　第5章 スタジアムはやはり明るかった(球団経営の懸念　足長おじさんアルトマン　ヤジもまた魅力 ほか)　第6章 悲願の優勝までの序曲(「ミスター・ロッテ」有藤通世人入団　日本陸上最強のスプリンター入団　野球と陸上は違う… ほか)　第7章 永田オーナーを胴上げしたい！(過剰な明るさの裏にあったもの　不正を怒る永田の一言　五月二十七日、ついに首位に立つ ほか)　第8章 日本シリーズ惜敗と永田の涙(まさかの三連敗　さらばロッテナイン　涙の挨拶 ほか)　第9章 東京スタジアムが遺したもの(ロッテがスタジアムから去る　草野球に解放される　永田雅一、歿す)　第10章 下町の太陽と東京スタジアム(天才・榎本もチームを去っていた　成田文男、運命を変えた肩痛　球界と縁を切って ほか)

中田 美知子〔1950〜〕　なかた・みちこ
◇少女は、いまでも海の夢を見る　中田美知子著　札幌　亜璃西社　2018.6　238p　19cm　1500円　Ⓘ978-4-906740-33-8　Ⓝ914.6
内容　第1章 放送界、事始め(常識と非常識　ソレニハ意味ハ、ナーイ ほか)　第2章 時代と生きる(きのこ雲で平和は来ない　架空のアイドル ほか)　第3章 旅して想う(ヨーロッパにて　海を越えて ほか)　第4章 母として女として(六年目の離婚　娘に顔を忘れられたママ ほか)　第5章 北海道、わが愛(女性四人が歴史の語り部　長唄三味線ライブ ほか)

中田 光男〔1918〜〕　なかた・みつお
◇記憶のなかの日露関係―日露オーラルヒストリー　日口歴史を記録する会編　彩流社　2017.5　387p　22cm　4000円　Ⓘ978-4-7791-2328-3　Ⓝ334.438
内容　1 小野寺百合子　2 佐藤休　3 丸山直光　4 伊藤弘　5 中田光男　6 フセヴォロド・ヴァシーリエヴィチ・チェウソフ　7 都沢行雄　8 ヴィクトル・マカーロヴィチ・キム　9 レオン・アブラーモヴィチ・ストリジャーク

中台 澄之〔1972〜〕　なかだい・すみゆき
◇「想い」と「アイデア」で世界を変える―ゴミを宝に変えるすごい仕組み株式会社ナカダイの挑戦　中台澄之著　SBクリエイティブ　2016.12　157p　19cm　1300円　Ⓘ978-4-7973-8879-4　Ⓝ519.7
内容　1 生い立ち　2 証券会社からの転身、そして産廃処理業へ　3 古い業界に「アイデア」でイノベーションを起こす　4 新たな挑戦と逆風　5 モノ：ファクトリーに込めた想い　6 「想い」を「アイデア」に変える仕組み

仲代 達矢〔1932〜〕　なかだい・たつや
◇仲代達矢が語る 日本映画黄金時代　春日太一著、仲代達矢述　完全版　文藝春秋　2017.9　309p　16cm　〈文春文庫 か71-3〉〈初版：PHP研究所 2013年刊　作品目録あり〉　790円　Ⓘ978-4-16-790932-1　Ⓝ778.21
内容　序 役者・仲代達矢の誕生　第1章 俳優デビューと『人間の條件』　第2章 黒澤明との仕事―『用心棒』『椿三十郎』『天国と地獄』　第3章 京都の撮影所と時代劇―『炎上』『鍵』『股旅 三人やくざ』『切腹』　第4章 仏の喜八―『大菩薩峠』『殺人狂時代』『激動の昭和史 沖縄決戦』　第5章 成瀬巳喜男と木下惠介と女優たち　第6章 海外進出、前衛、左翼、俳優座　第7章 五社英雄と名優たちの情念―『御用金』『人斬り』『闇の狩人』『鬼龍院花子の生涯』　第8章 黒澤明と勝新太郎―『影武者』『乱』　第9章 小林正樹と日本映画の落日―『上意討ち』『怪談』、幻の『敦煌』　文庫版特典1 仲代達矢の現在地　文庫版特典2 "現場ルポ"時代劇『果し合い』での激闘

中谷 治〔1930〜〕　なかたに・おさむ
◇昭和の映画館主(こやぬし)奮闘記―映写機かついで…　中谷治著　長野　龍鳳書房　2018.1　301p　21cm　〈企画：中谷冨美子　文献あり〉　1500円　Ⓘ978-4-947697-57-8　Ⓝ778.09
内容　第1部 映画興行奮闘記(開拓者の源流 新天地を求めて　映写機かついで…巡回移動映画興行　映画興行はサバイバル 昭和の映画館舞台裏　映画の衰退…その時なにをしたか　長野グランドシネマズ誕生秘話)　第2部 映画の歴史と長野市内映画館のあゆみ(長野の映画館誕生期　戦前・戦中の映画館事情　戦後復興を後押しした映画館　昭和の映画館あれこれ　全盛と凋落の映画界　映画製作の多様化とシネマコンプレックスの登場　デジタル化後の映画館)　付録 懐かしの映画ポスターギャラリー

中谷 一馬〔1983〜〕　なかたに・かずま
◇だから政治家になった。―矛盾だらけの世の中

で正論を叫ぶ　中谷一馬著　幻冬舎　2017.1　273p　18cm　1100円　⓵978-4-344-03059-6　Ⓝ312.1
内容　第1章　貧困ヤンキー、政治家を目指す（両親が離婚、貧しい母子家庭で育った　大阪の小学校で激しい洗礼を受ける　ほか）　第2章　県政史上最年少の神奈川県議会議員が誕生（県議会議員選挙に必要な費用は1000万円　選挙で得るもの失うもの　ほか）　第3章　なぜ国政を目指すのか（県議会の1年生議員が衆議院議員選挙の公認候補を目指す道のり　総支部から県連へ―滝田孝徳県連幹事長　ほか）　第4章　日本を立て直す具体的政策（目の前にあるあたりまえの生活がいつまでも続く持続的な社会づくり　中谷一馬の考える5つの具体的政策　ほか）

中津　はる子〔1916～〕　なかつ・はるこ
◇倖はわがつくるもの―中津はる子自叙伝　中津はる子著　松戸　東京創作出版　2017.8　99p　19cm　〈年譜あり〉　1200円　⓵978-4-903927-29-9　Ⓝ289.1

長塚　節〔1879～1915〕　ながつか・たかし
◇反戦平和の歌人―芦田高子・長塚節　安江速正著　金沢　安江速正　2015.11　183p　19cm　800円　Ⓝ911.168

中津川　丹〔1943～〕　なかつがわ・あきら
◇あずらちゃん大ピンチ！―そつげなごど聞いてねえぞ　中津川丹著　創英社/三省堂書店　2015.4　225p　19cm　1300円　⓵978-4-88142-910-5　Ⓝ289.1
内容　第1章　米澤時代（上杉藩の城下町―米澤の情景　米澤の冬　五十騎町でのこと　ほか）　第2章　千葉時代（米澤から千葉へ　本町小学校　都川での雑魚釣り　ほか）　第3章　東京時代（千葉から東京へ　再度の改名　弟の誕生　ほか）

長門　芳郎〔1950～〕　ながと・よしろう
◇パイドパイパー・デイズ―私的音楽回想録1972-1989　長門芳郎著　リットーミュージック　2016.7　1冊　21cm　〈他言語標題：PIED PIPER DAYS〉　2400円　⓵978-4-8456-2827-8　Ⓝ764.7
内容　DO YOU BELIEVE IN MAGIC？　Prologue（幼少期の記憶　音楽への没頭　ほか）　ADD SOME MUSIC TO YOUR DAY 1972・1977（ディスク・チャート　真夜中のセッション　ほか）　MAGICAL CONNECTION 1978・1989（パイドパイパーハウス入店　独自のヒット作　ほか）　LOOKIN' FOR YOU Epilogue（新しい会社を設立　ジョン・サイモンの新作　ほか）

中臣　鎌足　なかとみ・かまたり
⇒藤原鎌足（ふじわら・かまたり）を見よ

長友　佑都〔1986～〕　ながとも・ゆうと
◇アホが勝ち組、利口は負け組―サッカー日本代表進化論　清水英斗著　秋田書店　2018.6　190p　19cm　1300円　⓵978-4-253-10106-6　Ⓝ783.47
内容　日本代表進化論　理想は進化、現実は退化　日本代表進化論　選手編（原口元気―モノクロームの元気　岡崎慎司―アホの岡崎　遠藤航―がんばれ！ニッポンの父！　宇佐美貴史―「行ってるやん」の絶壁　吉田麻也―"大ボカ"の汚名を返上せよ！　柏木陽介―だって、人間だもの。　長谷部誠―キレッ早のキャプテン　長友佑都―左を制する者は、世界を制す！　柴崎岳―キャノンシュートの秘密は、弓槙野智章―カネでは買えない男！　ほか）

中西　悟堂〔1895～1984〕　なかにし・ごどう
◇自然―中西悟堂生誕百二十周年記念　〔出版地不明〕　中西悟堂生誕百二十周年記念出版制作委員会　2015.11　149p　図版12p　26cm　1500円　Ⓝ289.1

中西　成忠〔1938～2006〕　なかにし・しげただ
◇種をまく人　中西成忠著，岸健史編　〔出版地不明〕　中西ルツ子　2015.9　175p　28cm　〈他言語標題：Sower　年譜あり　制作：文藝春秋企画出版部〉　Ⓝ689.6

中西　珠子〔1919～2008〕　なかにし・たまこ
◇母中西珠子の思い出と中西家の人々　中西徹著　千葉　中西徹　2014.7　138p　26cm　〈年譜あり〉　1000円　Ⓝ289.1

中西　亨〔1925～〕　なかにし・とおる
◇中西亨88年のあゆみ―平成25年9月29日まで　中西亨著　〔京都〕　〔中西亨〕　2014.8　133p　27cm　〈年譜あり　著作目録あり（1996年刊）の増訂〉　Ⓝ289.1

中西　麻耶〔1985～〕　なかにし・まや
◇ラスト・ワン　金子達仁著　日本実業出版社　2014.12　251p　19cm　1500円　⓵978-4-534-05238-4　Ⓝ782.3
内容　第1章　右足切断の事故　第2章　明豊高校ソフトテニス部　第3章　障害者陸上の現実　第4章　アメリカへわたる決意　第5章　Stairway to He…（天獄への階段）　第6章　ロンドン・パラリンピック　第7章　We are the Champions

永沼　ふじゑ〔1886～1978〕　ながぬま・ふじえ
◇永沼家の人々　亀山桃子著　Kadokawa　2014.12　85p　20cm　〈共同刊行：角川学芸出版〉　非売品　⓵978-4-04-652903-9　Ⓝ289.1

長沼　守敬〔1857～1942〕　ながぬま・もりよし
◇明治期のイタリア留学―文化受容と語学習得　石井元章著　吉川弘文館　2017.1　329,5p　20cm　〈年表あり　索引あり〉　3200円　⓵978-4-642-08307-2　Ⓝ377.6
内容　第1章　井尻儀三郎―現地でイタリア語を習得し首席を通した十二歳（不世出の努力家　トリノ王立イタリア国際学院　ほか）　第2章　緒方惟直―万博のフランス語通訳となり、国際結婚をした洪庵の息子（出生から三度目のヨーロッパまで　長男でない惟直　ほか）　第3章　川村清雄―ヨーロッパ人に伍して新しい美術を模索したポリグロットの洋画家（誕生からヴェネツィア到着まで　ヴェネツィア美術学校での勉学　ほか）　第4章　長沼守敬―原敬、森鷗外とも親交のあった洋風彫刻の創始者（出生からヴェネツィア留学まで　イタリア渡航と最初の困難　ほか）

中沼 了三〔1816〜1896〕 なかぬま・りょうぞう

◇中沼了三伝—幕末から明治維新を駆けた先覚者の生涯 中沼郁著, 中沼了三先生顕彰会編 松江 ハーベスト出版 2016.11 213p 21cm 〈年譜あり 文献あり〉 1500円 Ⓘ978-4-86456-214-0 Ⓝ289.1

内容 「中沼了三伝」概論/牧尾実著 中沼了三/中沼郁著(中沼了三先生顕彰会 1977年刊) 中沼了三先生と十津川/松實豊繁著

中根 巖〔1937〜〕 なかね・いわお

◇本物だけを世界から—商標権と真贋問題を乗り越えて 中根巖著 ダイヤモンド・ビジネス企画 2016.11 246p 20cm 〈年譜あり 発売:ダイヤモンド社〉 1500円 Ⓘ978-4-478-08398-7 Ⓝ678.21

内容 履歴書—起業するまで 履歴書 起業—起業 昭和四七年五月/設立 昭和四八年二月 御器所時代 昭和四七年〜昭和五〇年 暗中模索 コンパースブーム到来—金山時代 昭和五〇年〜昭和六〇年 業績急拡大 営業拠点拡大 海外現地法人設立—上前津(大須)時代 昭和六一年〜平成三年 拡大に次ぐ拡大 売上高一七人億円〜平成三年 中村・東宿時代1 平成三年〜平成八年 金融恐慌到来、終戦処理—中村・東宿時代2 平成九年〜平成一六年 中区・栄時代から現在まで—平成一八年 商標権(真贋)と訴訟問題について 商品構成からみたロイヤル 敗軍の将、兵を語る その他もろもろ 巡り合えた人々

中根 東里〔1694〜1765〕 なかね・とうり

◇無私の日本人 磯田道史著 文藝春秋 2015.6 375p 16cm 〈文春文庫 い87-3〉〈文献あり〉 590円 Ⓘ978-4-16-790388-6 Ⓝ281

内容 穀田屋十三郎 中根東里 大田垣蓮月

永野 修身〔1880〜1947〕 ながの・おさみ

◇五人の海軍大臣—太平洋戦争に至った日本海軍の指導者の蹉跌 吉田俊雄著 潮書房光人新社 2018.1 366p 16cm 〈光人社NF文庫 そ1047〉〈文春文庫 1986年刊の再刊〉〈文献あり〉 860円 Ⓘ978-4-7698-3047-4 Ⓝ397.21

内容 序章 五人の人間像(永野修身 米内光政 吉田善吾 及川古志郎 嶋田繁太郎) 第1章 永野修身(二・二六事件 満州事変 永野の登 軍部大臣現役制 日独防衛協定 永野人事か) 第2章 米内光政(盧溝橋の銃声 上海事変—日華事変 オレンジ計画 三国同盟問題) 第3章 吉田善吾(米内内閣への期待 アメリカの対日不信 近衛公に大命降下) 第4章 及川古志郎(日独伊三国同盟締結 暗号解読さる 日米交渉 日蘭交渉 第一委員会 日ソ中立条約締結 野村—ハル会談 独ソ開戦 など波風たちさわぐらま 日米交渉の完敗 総理に一任) 第5章 嶋田繁太郎(白紙還元 「十二月初頭開戦」を決意 ハル・ノート ニイタカヤマノボレ一二〇八)

◇昭和史講義 軍人篇 筒井清忠編 筑摩書房 2018.7 301p 18cm 〈ちくま新書 1341〉 900円 Ⓘ978-4-480-07163-7 Ⓝ210.7

内容 昭和陸軍の派閥抗争—まえがきに代えて 東条英機—昭和の悲劇の体現者 梅津美治郎—「後始末」に尽力した陸軍大将 阿南惟幾—「徳義即戦力」を貫いた武将 鈴木貞一—背広を着た軍人 武藤章—「政治的軍人」の実像 石原莞爾—悲劇の鬼才か、鬼才による悲劇か 牟田口廉也—信念と狂信の間 今村均—「ラバウルの名将」から見る日本陸軍の悲劇 山本五十六—その避戦構想と挫折 米内光政—終末点のない戦争指導 永野修身—海軍「主流派」の選択 高木惣吉—昭和海軍の語り部 石川信吾—「日本海軍最強硬論者」の実像 堀悌吉—海軍軍縮派の悲劇

中野 克彦〔1933〜〕 なかの・かつひこ

◇自分づくり—次代を担う若者へ 中野克彦著 幻冬舎メディアコンサルティング 2015.4 254p 20cm 〈発売:幻冬舎〉 1500円 Ⓘ978-4-344-97213-1 Ⓝ289.1

内容 第1章 生い立ち—家族の絆を感じて育つ 第2章 学生生活—人生観の芽生え 第3章 サラリーマン生活—荒波に揉まれながらの自分づくり 第4章 仕事と監督 第5章 経営に思う一人づくり、「企業は人なり」 第6章 社員に思う 第7章 充実した余生を 第8章 自分づくり、人づくり一人を動かす言葉、それは己の行動指針

中野 清〔1936〜〕 なかの・きよし

◇川越を愛し、国政に尽くした菓子屋と政治家の八〇年——一生懸命が福を呼ぶ 中野清著 第三企画出版 2016.1 389p 22cm 〈人物シリーズ〉〈発売:創英社/三省堂書店〉 2300円 Ⓘ978-4-908272-04-2 Ⓝ289.1

内容 第1部 商人および政治家として歩んだ道(菓子屋の息子が政治家になるまで 政治の世界に飛び込む ほか) 第2部 日本を支える中小企業を守れ(中小企業が直面する企業金融の諸問題 リレーションシップバンキング ほか) 第3部 川越市を中心とした政令指定都市に向けて(広域都市圏へのこれまでの動きと今後への課題 広域都市圏への関連施策の動向と外先進事例の検証 ほか) 第4部 商店街が生き残る道(「シャッター通り」と発生する「買い物難民」 身勝手な大企業の儲け主義 ほか) 第5部 中野家のルーツ

中野 江漢〔1889〜1950〕 なかの・こうかん

◇シナに魅せられた人々—シナ通列伝 相田洋著 研文出版(山本書店出版部) 2014.11 354p 20cm 〈研文選書 123〉 3000円 Ⓘ978-4-87636-388-9 Ⓝ222

内容 1 タフで骨太な民間シナ学研究家・後藤朝太郎(シナ帽・シナ靴で市中を歩き回る男 少壮気鋭の言語学者・後藤朝太郎 ほか) 2 芥川龍之介を食傷させたシナ風物研究家・中野江漢(北京の風物狂・中野江漢 青雲の志を抱いて、シナに渡る ほか) 3 魯迅に嫌われたシナ民衆文化研究家・井上紅梅(シナ五大道楽の案内人・井上紅梅 謎の前半期からシナに渡るまで ほか) 4 芥川龍之介を驚嘆させた稀代の戯း曲作家(京劇狂)・辻聴花(龍之介、その「怪声」に驚く 教育雑誌記者・辻聴花 ほか) 5 シナ怪異譚『聊斎志異』に魅せられた二人の聊斎癖・柴田天馬、平井肇『聊斎志異』に魅せられた「聊斎癖」 『聊斎志異』以前の柴田天馬 ほか)

中野 重治〔1902〜1979〕 なかの・しげはる

◇ひとびとの精神史 第1巻 敗戦と占領—1940年代 栗原彬,吉見俊哉編 岩波書店 2015.7 333p 19cm 2300円 Ⓘ978-4-00-028801-9 Ⓝ281.04

内容 1 生と死のはざまで(大田昌秀―原点としての沖縄戦 大田洋子―原爆と言葉 水木しげる―ある帰還兵士の経験 黄容柱と朴鐘鴻―近代の成就と超克) 2 それぞれの敗戦と占領(茨木のり子―女性にとっての敗戦と占領 黒澤明―アメリカとの出会いそこない 花森安治―その時、何を着ていたか? 堀越二郎―軍事技術から戦後のイノベーションへ) 3 改革と民主主義(中野重治―反復する過去 若月俊一―地域医療に賭けられたもの 西崎キク―大空から大地へ 北村サヨ―踊る宗教が拓く共生の風景)

◇中野重治・堀田善衞 往復書簡1953-1979 竹内栄美子, 丸山珪一編, 中野重治, 堀田善衞著 影書房 2018.11 325p 20cm 〈年譜あり〉 3800円 Ⓘ978-4-87714-480-7 Ⓝ915.6

内容 第1部 本文編(中野重治・堀田善衞往復書簡 資料(中野重治小論 墓からの声―中野重治追悼)) 第2部 解説編(中野重治と堀田善衞―戦後史のなかで 中野重治・堀田善衞交流小史 思想家としての中野重治 『路上の人』及び堀田善衞 中野重治―自分の中の古い自分 ほか)

仲野茂〔1960～〕 なかの・しげる

◇亜無亜危異ヒストリータブーの正体 亜無亜危異述, 根本豪編集・文 シンコーミュージック・エンタテイメント 2018.12 311p 19cm 〈年譜あり〉 2315円 Ⓘ978-4-401-64682-1 Ⓝ764.7

内容 異分子たちの生い立ち 5人の出会い―高校時代 メジャーデビュー前夜―アナーキー結成時代 時代の寵児―メジャーデビュー時代 転機と覚醒―ロンドンレコーディングの土産 不良性の進化と深化―1981年～1985年 事件・変名・空洞化―THE ROCK BAND時代 都合三度の"一夜限りの復活"―1994年・1996年 最新型の亜無亜危異―新生ANARCHY時代 ドタバタ四半世紀+1―『内祝』レコーディング 17年ぶりの亜無亜危異ライブ―2013年、恵比寿リキッドルーム マリとの別れ―2017年 新木場コーストからの決意 不完全復活―2018年～未来

長野主膳〔1815～1862〕 ながの・しゅぜん

◇安政の大獄―井伊直弼と長野主膳 松岡英夫著 中央公論新社 2014.12 233p 16cm (中公文庫 ま37-2)〈文献あり 年譜あり〉 1000円 Ⓘ978-4-12-206058-6 Ⓝ210.58

内容 安政の大獄とは何か 前半生不明の長野主膳 主膳出生にかかわる諸説 井伊直弼と主膳の初対面 彦根の新藩主、直弼を直撃する難局 欧米諸国のアジア侵略 井伊大老の出現 主膳は京都へ 主膳は「生きた書状」 主膳は「京の大老」 江戸で対策を練る直弼と主膳 井伊大老の対京都武力弾圧の決意 安政の大獄の狙い 安政の大獄と主膳の役割 大獄の終結 明治維新への進行と、直弼と主膳の死

長野士郎〔1917～2006〕 ながの・しろう

◇長野士郎岡山県政回顧 長野士郎著, 長野士郎「岡山県政回顧」刊行会編 岡山 山陽新聞社 2014.8 420p 20cm 〈年譜あり〉 2315円 Ⓘ978-4-88197-742-2 Ⓝ318.275

内容 「全学連知事」と言われて―自民現職と大勝負 基本理念は「人間尊重・福祉優先」―長野県政スタート 降って湧いた多くの問題―積年の懸案解決も中国・四国全域をにらんで―広域交通網の整備 逆転の発想で構想―吉備高原都市の建設 若手職員のアイデア生かす―情報化時代への備え 世界に開かれた岡山へ―国際化への対応 重い決断―議論の嵐の中で 地域の歴史・文化への想い―ナショナルトラスト県版も 厄介だった公害・産廃問題―後始末と環境保全 支え合う福祉―地域福祉システム 瀬戸大橋時代と産業振興―交通利便性を生かす 難しかった農業分野―成果も悪戦苦闘の連続 ハード事業にも文化的視点―流域下水道には反省も 「全人教育」の試み―公設民営で全寮制高校 多方面の協力に感謝―振り返って

中野太郎〔1936～〕 なかの・たろう

◇悲憤 中野太郎著, 宮崎学監修 講談社 2018.12 237p 20cm 〈年譜あり〉 1600円 Ⓘ978-4-06-513628-7 Ⓝ368.51

内容 第1章 宅見勝頭射殺事件 第2章 凄惨な報復のなかで 第3章 私のヤクザ人生 第4章 京都理髪店銃撃事件の闇 第5章 山口組の迷走 第6章 中野会解散

永野毅〔1952～〕 ながの・つよし

◇リーダーシップの哲学―12人の経営者に学ぶリーダーの育ち方 一條和生著 東洋経済新報社 2015.6 299p 20cm 〈他言語標題:The Leadership Journey〉 1800円 Ⓘ978-4-492-53361-1 Ⓝ332.8

内容 リーダーシップ・ジャーニーに終わりはない―藤森義明 誰にでも無限の可能性がある―澤田道隆 できるだけシンプルに考え、実行する―松本晃 経験しないとわからない世界がある―玉塚元一 ロールモデルに学び、自分流にアレンジする―志賀俊之 全員で「良い会社 "Good Company"」を創る―永野毅 恐れることなく変わり続ける―佐藤玖美 一瞬も一生も美しく、をめざして―前田新造 新しい場で学び続ける―樋口泰行 常に全力を尽くしながら視座を高める―松井忠三 ストレッチされた力を鍛え、実践知を蓄える―新貝康司 ストーリーで多様な人々を束ねる―小林いずみ あなたらしいリーダーシップを育む

中野昭慶〔1935～〕 なかの・てるよし

◇特技監督中野昭慶 中野昭慶, 染谷勝樹著 ワイズ出版 2014.7 523p 15cm (ワイズ出版映画文庫 6)〈2007年刊の加筆・再編集、改稿 文献あり 作品目録あり〉 1400円 Ⓘ978-4-89830-280-4 Ⓝ778.4

内容 第1章 生い立ちから青春時代を語る 第2章 東宝入社から助監督時代を語る 第3章 円谷作品回顧録 第4章 中野昭慶の仕事―自作を語る 第5章 インタビューを終えて 第6章 文庫化記念スペシャルインタビュー 特別寄稿「ゴジラと闘った五人の精鋭」

長野業政〔1499～1561〕 ながの・なりまさ

◇長野業政と箕輪城 久保田順一著 戎光祥出版 2016.12 93p 21cm (シリーズ〈実像に迫る〉003)〈文献あり 年譜あり〉 1500円 Ⓘ978-4-86403-223-0 Ⓝ289.1

内容 第1部 山内上杉氏の重臣として(長野一族の発展 山内上杉氏と業政 河越合戦・佐久との活躍) 第2部 主家再興をめぐる北条氏との激闘(山内上杉

家の再興と小田原攻め　業政の死と一族のゆくえ〉

中野　武営〔1848〜1918〕　なかの・ぶえい
◇香川県「独立の父」中野武営　高松　中野武営顕彰会　2018.10　64p　30cm　〈明治維新150年置県130年中野武営翁没後100年記念出版　年譜あり〉　Ⓝ289.1

中野　邦一〔1884〜1965〕　なかの・ほういち
◇中野邦一の挑戦—民族の誇りを追求し日本再建に立ち向かった男　中野邦観編著　大阪　パレード　2014.4　131p　19cm　(Parade books)　978-4-86522-017-9　Ⓝ289.1

中野　北溟〔1923〜〕　なかの・ほくめい
◇海のアリア—中野北溟　柴橋伴夫著　札幌　共同文化社　2014.6　377p　22cm　〈年譜あり　文献あり〉　3000円　Ⓘ978-4-87739-254-3　Ⓝ728.216

長野　義言　ながの・よしとき
⇒長野主膳（ながの・しゅぜん）を見よ

中院雅忠女　なかのいんまさただのむすめ
⇒後深草院二条（ごふかくさいんにじょう）を見よ

中大兄皇子　なかのおおえのおうじ
⇒天智天皇（てんじてんのう）を見よ

中橋　文夫〔1952〜〕　なかはし・ふみお
◇わらじで舞踏会—私がビジネスマンから大学教授へ転身できた理由　中橋文夫著　水曜社　2015.3　190p　19cm　1500円　Ⓘ978-4-88065-352-5　Ⓝ377.13
内容　1章 わずかなチャンスをモノにした　2章 体験型スキルアップの方法　3章 クロスボーダー世界の社会人大学院　4章 崖っぷちで博士論文を書いた　5章 大学教授の仕事は曼荼羅模様　6章 大学教授の立ち居ふるまい　7章 大学教授になれた理由

中浜　万次郎　なかはま・まんじろう
⇒ジョン万次郎（じょんまんじろう）を見よ

中原　市五郎〔1867〜1941〕　なかはら・いちごろう
◇考証　中原市五郎史伝　日本歯科大学校友会創立者伝記編纂委員会編　日本歯科大学校友会　2014.6　218,96p　29cm　〈年譜あり　文献あり〉　Ⓝ289.1

長原　和宣〔1968〜〕　ながはら・かずのり
◇長原さん、わたしも生まれ変わります—実体験でつかんだ迷路からの脱却　斎藤信二著, 長原和宣監修　高木書房　2017.7　254p　19cm　1400円　Ⓘ978-4-88471-808-4　Ⓝ289.1
内容　序章 生きる価値を知った長原和宣さん　第1章 帯広少年院での講演　第2章 中学校、高等学校で体験を語る　第3章 悪の道に進んだ中学、高校時代　第4章 真面目に頑張った陸上自衛隊時代　第5章 覚せい剤に嵌る　その1 堕落の道へ　第6章 覚せい剤に嵌る　その2 更正　第7章 長原和宣さんのこぼれ話

中原　静子〔1890〜1956〕　なかはら・しずこ
◇赤彦とアララギ—中原静子と太田喜志子をめぐって　福田はるか著　鳥影社　2015.6　655p　20cm　(季刊文科コレクション)〈文献あり　年譜あり〉　2800円　Ⓘ978-4-86265-509-7　Ⓝ911.162
内容　プロローグ　武石村　第1章 桔梗ヶ原　第2章 広丘村　第3章 悩み　第4章 若山牧水　第5章 赤彦　第6章 八丈島　第7章 菩薩位

中原　中也〔1907〜1937〕　なかはら・ちゅうや
◇中原中也の鎌倉　福島泰樹著　鎌倉　冬花社　2014.6　245p　20cm　〈文献あり〉　1800円　Ⓘ978-4-925236-96-6　Ⓝ911.52
内容　鎌倉哀魂　病棟挽歌　「蛙声」考—永劫回帰、人間の運命　鎌倉の中原中也（西川マリエ　鎌倉は鉋屑の匂い—静御前、忠度、代三のことなど　詩と永遠　小林秀雄の友情—季節が流れる、城砦が見える）
◇中原中也　青木健編著　新装版　河出書房新社　2017.10　207p　21cm　(年表作家読本)〈索引あり〉　1800円　Ⓘ978-4-309-02614-5　Ⓝ911.52
内容　第1章 幼年期（明治四〇年・大正二年）　第2章 少年期（大正三年・大正一二年三月）　第3章 出会いと別れ（長谷川泰子・富永太郎）（大正一二年四月・一四年）　第4章 「朝の歌」から『白痴群』へ（大正一五年・昭和五年）　第5章 『山羊の歌』の時代（昭和六年・九年）　第6章 『在りし日の歌』の時代（昭和一〇年・一二年一〇月）　第7章 没後史

中原　敏子〔1920〜2014〕　なかはら・としこ
◇弥勒の手—金沢歌舞伎「森田屋」一族の書簡　中原文角編　金沢　北國新聞社出版局　2017.7　257p　19cm　1000円　Ⓘ978-4-8330-2109-8　Ⓝ289.1
内容　母79歳　母80歳　母81歳　母82歳　母83歳　母84歳　母85歳　母86歳　母87歳　母88歳　母89歳　母90歳　母91歳　母92歳　母93歳

中原　猶介〔1832〜1868〕　なかはら・なおすけ
◇中原猶介—『葉隠』精神の薩摩武士　松岡秀隆著　福崎町（兵庫県）　松岡秀隆　2017.9　62p　18cm　〈私家版〉　非売品　Ⓝ289.1

中原　英孝〔1945〜〕　なかはら・ひでたか
◇お前たちなら必ずできる—選手を信じて力を伸ばす　中原野球の真髄　中原英孝著　洋泉社　2018.8　191p　19cm　1400円　Ⓘ978-4-8003-1529-8　Ⓝ783.7
内容　第1章 筑北村からの挑戦—ウェルネス筑北（2015－）　第2章 会染村出身の野球少年　第3章 22歳の新米監督—松商学園（1968・1972）　第4章 車のセールスマンに転身（1972・1988）　第5章 高校野球界への復帰—松商学園（1989・2004）　第6章 自分の力を試したい—長野日大（2005・2014）　第7章 創意工夫の中原野球　巻末資料

長原　實〔1935〜2015〕　ながはら・みのる
◇100年に一人の椅子職人—長原實とカンディハウスのデザイン・スピリッツ　川嶋康男編著　新評論　2016.5　278p　20cm　〈文献あり〉

2500円 ①978-4-7948-1038-0 Ⓝ758.021

内容 第1章 椅子を旭川家具の主流に 第2章 アメリカへ、ヨーロッパへ 第3章 世界一の木製家具デザインコンペ「国際家具デザインフェア旭川」 第4章 長原實のデザイン・スピリッツ 第5章 世界と向き合う「旭川家具」 第6章 たった一脚の椅子で気分が変わる 第7章 カンディハウス二一世紀の羅針盤 第8章「国際家具デザインフェア旭川」から公立「ものづくり大学」 終章「メイドイン旭川」の本懐 付録 カンディハウスの椅子コレクション

中原 和郎〔1896〜1976〕 なかはら・わろう

◇シルビア物語 中村和夫著 宇都宮 随想舎 2018.12 145p 19cm 1200円 ①978-4-88748-363-7 Ⓝ486.8

内容 序章 契機と資料 第1章 フェントン(フェントンの来日 東北での採集旅行 北海道での採集旅行) 第2章 中原和郎 第3章 戦後の再発見 第4章 シルビア嬢の墓碑

長渕 剛〔1956〜〕 ながぶち・つよし

◇長渕剛論―歌え、歌い殺される明日まで 杉田俊介著 毎日新聞出版 2016.4 318p 19cm 1500円 ①978-4-620-32377-0 Ⓝ767.8

内容 第1章 長渕剛という人間 第2章 日本人にとって男らしさとは何か 第3章 家族の一人として 第4章 弱さとやさしさ 補論 無限のごとき堂々巡りの中で 第5章 非暴力的な男らしさ、寛容な愛国心はありうるのか 第6章 明日を始めるために 第7章 長渕剛との対話 終章 母なる歌を歌い殺すということ

中堀 貞五郎〔1857〜1947〕 なかほり・さだごろう

◇しまなみ人物伝 村上貢著 海文堂出版 2015.8 258p 20cm 〈年表あり〉 1800円 ①978-4-303-63426-1 Ⓝ281.74

内容 第1部 日本の夜明けの時代に(伊能忠敬―尾道周辺の測量 瀬戸内の仙太郎―幕末の海外漂流 朱井重助―福富丸の海難と対米賠償交渉 水先人北野由兵衛―千島艦衝突事件) 第2部 未来を夢見た先輩たち(田坂初太郎―海運創成期のパイオニア 小林善四郎―弓削商船学校長の生涯 ビッケル船長―伝道船「福音丸」と弓削商船学校 中堀貞五郎―「うらなり君」のモデルと今治 浜根岸太郎―初代・二代の生涯 濱田国太郎―海員組合草創時代 麻生イト―女傑の生涯 小山亮―嵐は強い木を育てる)

永松 昇〔1910〜1975〕 ながまつ・のぼる

◇時知りてこそ―ヤクルト創業者・永松昇 井上茂著 福岡 海鳥社 2018.2 204p 19cm 〈文献あり 年表あり〉 1700円 ①978-4-86656-021-2 Ⓝ289.1

内容 岐路―ヨーグルトとの出合い(母の里・宇佐 炭鉱景気に沸く北九州 ほか) 而立―ヤクルト時代(ヤクルト研究所設立 強力な味方・シロタ株 ほか) 不惑―クロレラへの道(クロレラへ傾注 永松の退陣 ほか) 知命―永松の死(家族のこと、父親として 病に臥すほか)

中松 義郎〔1928〜〕 なかまつ・よしろう

◇私は死んでる暇がない―サムライスピリッツで正々堂々とガンと闘う! 23の頭脳を持つ超発明家からのメッセージ ドクター・中松著 ヒカルランド 2016.7 234p 19cm 〈他言語標題:I have no time to be dead〉 1667円 ①978-4-86471-394-8 Ⓝ289.1

内容 はじめに 23の頭脳を持つサー中松博士 第1章 余命宣告―絶対絶命 第2章 中松博士 私がサー中松博士です。ドクター・中松で知られています 第3章 私が発明した「ミサイルUターン」で敵のミサイルをUターンさせる 第4章 すべては飛行機から始まった 第5章 世界内閣のトップに選ばれた! 第6章 お母様のDNA

中丸 薫〔1937〜〕 なかまる・かおる

◇私は歩む愛と光の地球ワンワールドの道―幸せに輝く人生のあり方 中丸薫著 ヒカルランド 2017.1 285p 19cm 〈文献あり〉 1843円 ①978-4-86471-450-1 Ⓝ289.1

内容 序章 大海原に一人、旅立ったあの日から「光と愛」の新ステージが始まった! 第1章 幼少時代からアメリカ留学、世界へ踏み出した若き日々 第2章 国際的なジャーナリズムでの活躍から「人間復興を通しての世界平和」の道へ 第3章 「心の壁」「宗教の壁」を超える出会いと不思議な「縁」/北朝鮮、ホピ族、サナトクマラ…第4章 天上界からのメッセージ/教えてくれたこと、夫・中丸忠雄との絆 第5章 世界に「平和」を伝えるこれからの取り組み/心と体の浄化で地球の波動を変えていこう

中丸 三千繪〔1960〜〕 なかまる・みちえ

◇現代人の伝記 4 致知編集部編著 致知出版社 2014.11 94p 26cm 1000円 ①978-4-8009-1061-5 Ⓝ280.8

内容 1 中丸三千繪(オペラ歌手)―歌うために私はいま、ここに生きる 2 辻口博啓(パティシエ)―スイーツの道を極める 3 小林郁子(エアーセントラル副操縦士)―諦めなかった大空への夢 4 福島智(東京大学先端科学技術研究センター教授)―苦難は人生の肥やしとなる 5 小川与志和(「和たな与」店主)―いきあるものに感謝して生きる 6 上山083康生(旭川赤十字病院第一脳神経外科部長・脳卒中センター長)―患者の人生を背負い命ある限り戦い続ける 7 小川三夫(鵤工房代表)―師から学んだ精神を裏切らないお客様に仕事をする 8 八杉康夫(戦艦大和語り部)―戦艦大和からのメッセージ

永見 德太郎〔1890〜1950〕 ながみ・とくたろう

◇芥川龍之介の長崎―芥川龍之介はなぜ文学の舞台に日本西端の町を選んだのか 龍之介作品五篇つき 新名規明著 長崎 長崎文献社 2015.5 260p 19cm 1200円 ①978-4-88851-237-4 Ⓝ910.268

内容 第1部 評論 芥川龍之介の長崎 第2部 長崎を舞台とする芥川龍之介作品(ロレンゾオの恋物語 煙草と悪魔 奉教人の死 じゅりあの・吉助 おぎん 作品解説) 第3部 芥川龍之介をめぐる長崎人(永見德太郎―長崎文化の伝道者 渡辺庫輔―郷土史家としての大成 蒲原春夫―郷土作家としての活躍 照菊―風流の女神)

中上川 彦次郎〔1854〜1901〕 なかみがわ・ひこじろう

◇名銀行家(バンカー)列伝―社会を支えた"公器"の系譜 北康利著 新装版 金融財政事情

研究会　2017.5　207p　20cm　〈初版：中央公論新社　2012年刊　文献あり　発売：きんざい〉　1500円　Ⓘ978-4-322-13081-2　Ⓝ338.28

内容　第1章　わが国近代資本主義の父　渋沢栄一　第一国立銀行―世界に向けて発信したい"論語と算盤"の精神　第2章　銀行のことは安田に聞け！　安田善次郎　安田銀行―史上最強の銀行主に学ぶ克己堅忍と陰徳の精神　第3章　三井中興の祖　中上川彦次郎　三井銀行―銀行界の青年期を思わせる爽やかでダイナミックな名バンカー　第4章　国家を支え続けた銀行家　池田成彬　三井銀行―白洲次郎が"おっかなかった"と語った迫力あるその人生に迫る　第5章　政府系金融機関の範を示した名総裁　小林中　日本開発銀行―"影の財界総理"の功を誇らない生き方　第6章　財界の鞍馬天狗　中山素平　日本興業銀行―公取委と闘い続けた国士の中の国士　第7章　向こう傷をおそれるな！　磯田一郎　住友銀行―最強の住友軍団を築き上げた男の栄光と挫折　第8章　ナポレオン　松沢卓二　富士銀行―卓抜した先見性と正論を貫く姿勢で金融界を牽引した名銀行家

仲道 郁代　なかみち・いくよ

◇ピアニストはおもしろい　仲道郁代著　春秋社　2015.2　319p　20cm　2000円　Ⓘ978-4-393-93587-3　Ⓝ762.1

内容　ピアノの子（日本編　アメリカ編　ドイツ編）　子連れピアニストがゆく　ピアニストと賢者の意思　社会の中のピアニスト　ピアニストという生物がいる　いつも心にピアノ

中村 うさぎ〔1958～〕　なかむら・うさぎ

◇あとは死ぬだけ　中村うさぎ著　太田出版　2016.7　214p　18cm　〈著作目録あり〉　1400円　Ⓘ978-4-7783-1522-1　Ⓝ910.268

内容　一番古い記憶　両親との別れ　転校生とイカロスの翼　私が女として作られるまで　現実という名の不安　女とは何者なのか　ゲイから教えてもらったこと　「結婚」が教えてくれたこと　物書きという職業　売春は堕落なのか　「中村うさぎ」と「中村典子」

中村 勝己〔1924～2013〕　なかむら・かつみ

◇学問・教育・信仰―中村勝己先生が遺されたもの　中村先生追悼集刊行会　2015.3　125p　27cm　〈年譜あり　著作目録あり〉　Ⓝ289.1

中村 勘九郎（5代）　なかむら・かんくろう

⇒中村勘三郎（18代）（なかむら・かんざぶろう）を見よ

中村 勘三郎（18代）〔1955～2012〕　なかむら・かんざぶろう

◇浅草の勘三郎―夢は叶う、平成中村座の軌跡　荒井修著　小学館　2015.4　253p　20cm　1800円　Ⓘ978-4-09-388415-0　Ⓝ774.28

内容　第1章　浅草でみる歌舞伎の夢（浅草にふたたび歌舞伎を　江戸の芝居町に憧れて　ほか）　第2章　「平成中村座」誕生（十七代目逝く、時代は平成に　平成の世に江戸の中村座を　ほか）　第3章　みんなの平成中村座（盟友三津五郎の襲名　江戸開府四百年と歌舞伎誕生四百年　ほか）　第4章　永遠のロングラン公演（十年目に起きた異変　「待っていたとはありがてえ」　ほか）

◇勘三郎伝説　関容子著　文藝春秋　2015.10　284p　16cm　（文春文庫　せ2-5）　630円　Ⓘ978-4-16-790473-9　Ⓝ774.28

◇天才と名人―中村勘三郎と坂東三津五郎　長谷部浩著　文藝春秋　2016.2　255p　18cm　（文春新書　1066）　830円　Ⓘ978-4-16-661066-2　Ⓝ774.28

内容　勘三郎の死―勘三郎七十七歳、三津五郎五十六歳　元気でやんちゃな勘九郎ちゃん―勘九郎三歳　粋にいなせに　勘三郎―八十助六歳、彗星のように―勘九郎八歳、八十助七歳　テレビの虜囚―商業演劇の誘惑―勘九郎二十四歳、八十助二十三歳　狂言を踊る―勘九郎二十八歳、八十助二十七歳　二代目松緑、その技藝の継承―八十助三十歳　十七代目の金の粉―勘九郎三十三歳　納涼歌舞伎が始まる―勘九郎三十五歳、八十助三十四歳　『春興鏡獅子』と『京鹿子娘道成寺』―勘九郎三十六歳〔ほか〕

◇一故人　近藤正高著　スモール出版　2017.4　415p　19cm　1800円　Ⓘ978-4-905158-42-4　Ⓝ281

内容　二〇一二年（浜田幸一　樋口廣太郎　ほか）　二〇一三年（大島渚　山内溥　ほか）　二〇一四年（永井一郎　坂井義則　ほか）　二〇一五年（赤瀬川原平　桂米朝　ほか）　二〇一六年（蜷川幸雄　中村紘子　ほか）

中村 吉右衛門（2代）〔1944～〕　なかむら・きちえもん

◇二代目―聞き書き中村吉右衛門　中村吉右衛門述、小玉祥子著　朝日新聞出版　2016.12　291p　15cm　（朝日文庫　こ37-1）〈毎日新聞社2009年刊の加筆　文献あり　年譜あり〉　840円　Ⓘ978-4-02-261887-0　Ⓝ774.28

内容　1（誕生　初舞台　名優の死　長兵衛と長松　初代との別れ）　2（立役と女方　新劇とスクリーン　自主公演　萬之助と辰次郎と　東宝入り　進路　恋と苦衷　ばあばあの死）　3（襲名発表　三大女優との共演　心中天網島　熊谷陣屋　木の芽会　東宝離脱　結婚）　4（菊五郎劇団　声　歌右衛門　弱点　白鸚　こんぴら歌舞伎　実母　長谷川平蔵　海外公演　継承　松貫四　俊寛　四姉妹　歌舞伎座　娘の結婚　秀山祭）

中村 京太郎〔1880～1964〕　なかむら・きょうたろう

◇盲人福祉の歴史―近代日本の先覚者たちの思想と源流　森田昭二著　明石書店　2015.6　313p　22cm　〈文献あり　索引あり〉　5500円　Ⓘ978-4-7503-4210-8　Ⓝ369.275

内容　序章　近代日本における盲人福祉史の源流を探る　第1章　新しい盲人福祉の要求―好本督とイギリスの盲人福祉　第2章　近代盲人福祉の先覚者・好本督―「日本盲人会」の試み　第3章　中村京太郎と点字投票運動　第4章　中村京太郎と盲女子の保護問題―「関西盲婦人ホーム」を中心に　第5章　熊谷鉄太郎と盲人牧師への道　第6章　ジャーナリスト・中村京太郎と牧師・熊谷鉄太郎

中村 桂子〔1936～〕　なかむら・けいこ

◇中村桂子―ナズナもアリも人間も　中村桂子著、のこす言葉編集部編・構成　平凡社　2018.

11　108p　19cm　（のこす言葉KOKORO BOOKLET）〈年譜あり〉　1200円　Ⓘ978-4-582-74116-2　Ⓝ289.1
内容　ふつうの女の子　DNAに魅せられて　「生きる」って何だろう　日常をていねいに

中村　圭三〔1947～〕　なかむら・けいぞう
◇自然と感動の記録　中村圭三著　〔四街道〕〔中村圭三〕　2018.7　93p　30cm　〈著作目録あり〉　Ⓝ450.9

中村　憲剛〔1980～〕　なかむら・けんご
◇残心―Jリーガー中村憲剛の挑戦と挫折の1700日　飯尾篤史著　講談社　2016.4　317p　19cm　1500円　Ⓘ978-4-06-219962-9　Ⓝ783.47
内容　1章 落選―運命の一日　2章 激闘―南アフリカでの葛藤　3章 渇望―高まる移籍熱　4章 波瀾―思わぬすれ違い　5章 新風―理想のサッカーとの出会い　6章 焦心―揺れ動く日本代表への想い　7章 疾走―史上最高の中村憲剛　8章 閃光―届かなかったブラジル　終章 熱源―いつだって未来は明るい

中村　建治〔1956～〕　なかむら・けんじ
◇五人の狂詩曲―NANIWA EXPRESS自伝　NANIWA EXPRESS著　国分寺　アルファノート　2018.9　287p　19cm　1980円　Ⓘ978-4-906954-75-9　Ⓝ764.7
内容　1章 NANIWA EXPRESS40年の狂詩曲　2章 清水興狂詩曲　3章 岩見和彦狂詩曲　4章 中村建治狂詩曲　5章 東原力哉狂詩曲　6章 青柳誠狂詩曲

中村　琴〔1927～〕　なかむら・しげる
◇雲外に蒼天あり―我が人生の記録　中村琴著　大阪　あざみエージェント　2017.3　163p　21cm　2000円　Ⓘ978-4-906849-29-1　Ⓝ289.1

中村　茂〔1921～〕　なかむら・しげる
◇心の接木　中村茂著　東洋出版　2017.3　185p　19cm　1400円　Ⓘ978-4-8096-7865-3　Ⓝ289.1
内容　生い立ち　ふるさと　海軍志願　新兵気質　彼女からの手紙　カレーライス　ネズミ上陸（外出）　乾パンとコンデンスミルク　下宿　実験用動物「猿」のエサ　〔ほか〕
◇鵜の目鷹の目96才翁の目　中村茂著　東洋出版　2018.4　184p　19cm　1200円　Ⓘ978-4-8096-7906-3　Ⓝ289.1
内容　人　栴檀は双葉より芳し　もう一人の栴檀　医者になり損なった　T医院　二男のこと　引き続き三代目の馬鹿　人それぞれ　恩返し（仇がえし）　認知症　〔ほか〕

中村　修二〔1954～〕　なかむら・しゅうじ
◇中村修二の反乱　畠山憲司著　KADOKAWA　2014.11　239p　15cm　（角川文庫 は51-1）〈角川書店 2001年刊の加筆〉　480円　Ⓘ978-4-04-102587-1　Ⓝ289.1
内容　序章 ノーベル物理学賞受賞　第1章 目覚めよ！―東京　第2章 本当に追い詰められたのはだれか？―サンタバーバラ　第3章 燎原の火―四国　終章 ノーベル物理学賞受賞までの十四年
◇中村修二劇場　日経BP社特別編集班編　日経BP社　2014.11　295p　19cm　〈他言語標題：The Story of Shuji Nakamura　発売：日経BPマーケティング〉　1600円　Ⓘ978-4-8222-7646-1　Ⓝ289.1
内容　第1幕 ノーベル賞を受賞した今、何を思う　第2幕 青色LED開発前に学んだ2つのこと　第3幕 世紀の発明、その道程　第4幕 僕が会社をやめたわけ　第5幕 僕が会社を訴えたわけ　第6幕 中村裁判とは、何だったのか　第7幕 私には何に負けたのか　巻末資料 高輝度青色LED、技術誌が報じた発明の軌跡
◇中村修二ノーベル物理学賞受賞までの闘い―日本を捨てた男が日本を変える　杉田望著　文芸社　2014.12　350p　15cm　（文芸社文庫 す1-1）〈「日本を捨てた男が日本を変える」（徳間書店 2002年刊）の改題、加筆・修正〉　720円　Ⓘ978-4-286-16117-4　Ⓝ913.6
内容　第1章 依頼人は反乱者　第2章 四国・佐田岬大久浜　第3章 現代版糟糠の妻　第4章 切れた男の研究テーマ　第5章 反乱者への報復　第6章 東京地裁民事第46部法廷

中村　俊輔〔1978～〕　なかむら・しゅんすけ
◇中村俊輔 サッカー覚書　中村俊輔, 二宮寿朗著　文藝春秋　2018.2　267p　19cm　（Sports Graphic Number Books）　1500円　Ⓘ978-4-16-390799-4　Ⓝ783.47
内容　プロローグ 経験に無駄なものなど一つもない　1 海外で学んだこと　2 日本代表で学んだこと　3 「フリーキックとトップ」論　4 Jリーグで学んだこと　エピローグ 40歳の発見 まだまだ新しい自分に出会える

中邑　真輔〔1980～〕　なかむら・しんすけ
◇中邑真輔自伝 キング・オブ・ストロングスタイル―1980-2004　中邑真輔著　イースト・プレス　2014.6　253p 図版16p　19cm　（新日本プロレスブックス）〈他言語標題：SHINSUKE NAKAMURA KING OF STRONG STYLE　年譜あり〉　1667円　Ⓘ978-4-7816-1194-5　Ⓝ788.2
内容　1 幼少期～中学時代1980.2・1995.4　2 高校時代1995.4・1998.3　3 大学時代1998.4・2002.3　4 入門～デビュー2002.3・2002.8　5 海外修行・猪木の薫陶2002.9・2002.11　6 総合格闘技出陣2002.12・2003.7　7 『G1』初出場・ブラジル遠征2003.8・2003.9　8 アレクセイ・イグナショフ戦2003.10・2004.1　9 決死の覚悟・運命の再戦2004.1・2004.5　SHINSUKE NAKAMURA HISTORY1998.2・2004.5
◇中邑真輔自伝 キング・オブ・ストロングスタイル―2005-2014　中邑真輔著　イースト・プレス　2014.11　264p 図版16p　19cm　（新日本プロレスブックス）〈表紙のタイトル：SHINSUKE NAKAMURA KING OF STRONG STYLE　年譜あり〉　1667円　Ⓘ978-4-7816-1266-9　Ⓝ788.2
内容　1 新闘魂三銃士誕生―2004.6・2004.9　2 棚橋と初対決―2004.10・2005.4　3 イタリア＆メキシコ遠征―2005.5・2006.2　4 ブラックニュー

ジャパン・RISE—2006.3・2007.12 5 CHAOS結成—2008.1・2009.9 6 IWGPヘビー防衛ロード—2009.10・2010.12 7 『G1』初制覇—2011.1・2011.12 8 IWGPインターコンチ獲得—2012.1・2012.8 9 1.4桜庭戦—2012.8・2013.12 10 10年ぶりの柴田戦—2014.1・2014.10 SHINSUKE NAKAMURA HISTORY 2004.06・2014.10

◇プロレスという生き方—平成のリングの主役たち 三田佐代子著 中央公論新社 2016.5 253p 18cm (中公新書ラクレ 554)〈文献あり〉 840円 ⓘ978-4-12-150554-5 Ⓝ788.2

[内容] 第1部 メジャーの矜持・インディーの誇り(中邑真輔—美しきアーティストが花開くまで 飯伏幸太—一身体ひとつで駆け上がった星 高木三四郎—「大社長」がすごい理由 登坂栄児—プロレス界で一番の裏方 丸藤正道—運命を受け入れる天才) 第2部 女子プロレスラーという生き方(里村明衣子—孤高の横綱はなぜ仙台に行ったのか? さくらえみ—突拍子もない革命家) 第3部 プロレスを支える人たち(和田京平—プロレスの本質を体現する番人 橋本和樹に聞く若手のお仕事 棚橋弘至—プロレスをもっと盛り上げるために)

◇SHINSUKE NAKAMURA USA DAYS 中邑真輔著 イースト・プレス 2017.9 218p 19cm (本文は日本語) 1600円 ⓘ978-4-7816-1553-0 Ⓝ788.2

[内容] 01 ありがとう、新日本プロレス 02 WWEデビュー 03 アメリカでの日常—PART1 04 WWEでレスリングをするということ 05 アメリカでの日常—PART2 06 NXTでの1年 07 スマックダウン昇格 08 裏・中邑真輔

中村 扇雀(3代)〔1960〜〕 なかむら・せんじゃく

◇三代目扇雀を生きる 中村扇雀著 論創社 2017.2 170p 19cm 1600円 ⓘ978-4-8460-1584-8 Ⓝ774.28

[内容] 第1章 学業優先の御曹司 第2章 役者の運命 第3章 扇雀流芝居づくり 第4章 三六五日舞台の軌跡 第5章 伝統芸能を娯楽に 第6章 人生語り

中村 高明〔1940〜〕 なかむら・たかあき

◇サラリーマンから中小企業家への歩み—人間尊重の経営 中村高明著 福岡 梓書院 2016.8 357p 21cm 2000円 ⓘ978-4-87035-578-1 Ⓝ335.35

[内容] 第1章 同友会理念「よい会社をめざす」「よい経営者になろう」「自主・民主・連帯の精神」(サラリーマンから中小企業家への歩み—人間尊重の経営・同友会運動と企業経営は不離一体「中小企業における労使関係の見解」一人を生かす経営 営業のしくみづくり 経営者の財務分析 経営者保証(個人保証)の恐ろしさと経営者保証を外す企業づくり 同友会理念に基づく事業承継計画表の作成) 第2章 同友会理念「よい経営環境をめざす」(金融アセスメント法制定運動 中小企業憲章制定運動 外形標準課税導入の反対運動) 第3章 同友会理念「国民や地域と共に歩む中小企業」(地域づくり・仕事づくり・人づくり—中小企業振興基本条例制定運動) 第4章 同友会の組織と活動(中小企業家同友会全国協議会 同友会運動の歴史・理念とその発展 同友会運動における広報・情報化の原点 支部長・支部役員の役割 未設立地域筑豊支部設立の歩み 東日本大震災3・11と福岡同友会50周年事業とREES)

中村 天風〔1876〜1968〕 なかむら・てんぷう

◇中村天風伝 1 若き日の天風—ヨーガへの道 おおいみつる著 春秋社 2015.4 285p 20cm 「戦場と瞑想」(1989年刊)の改題、新版 1800円 ⓘ978-4-393-13731-4 Ⓝ913.6

[内容] 唸る青龍刀 爺の一声 修猷館 明道館 軍事探偵への道 日本の行方 諜報の戦 誘拐 コサックの宿舎 味噌倉の中 刑場への道 後方攪乱 瞑想と満明

◇中村天風伝 2 ヨーガに生きる—中村天風とカリアッパ師の歩み おおいみつる著 新版 春秋社 2015.5 259p 20cm 〈初版のタイトル:ヨーガに生きる〉 1800円 ⓘ978-4-393-13732-1 Ⓝ913.6

[内容] ヒマラヤの山々 邂逅 ヨーガの里 生いたち 壺の中の水 満月の夜 断崖の山径 花園と墓場 気になる傷口 われいずこより来る 三日三晩の眠り 生きる歓び 生命の復活 蟻の這う音 天の声 クンバハカ

◇中村天風伝 3 ヨーガを転ず—心身統一の哲学 おおいみつる著 春秋社 2015.5 283p 20cm 「心機を転ず」(1997年刊)の改題、新版 1800円 ⓘ978-4-393-13733-8 Ⓝ913.6

[内容] 1 磐城の炭鉱事件 2 転換の機 3 大道口演始まる 4 慾望の真相 5 風雲急 6 終戦前夜の反乱 7 戦後の説法三昧 8 大事な自覚

◇中村天風を学ぶ—三人の弟子が語る「泰然自若」の生き方 遠藤靖子,稲松信雄,松本光正著 ザ・ブック 2015.10 197p 20cm (発売:河出書房新社) 1400円 ⓘ978-4-309-92072-6 Ⓝ289.1

[内容] 第1部 天風先生と出会う(ウツがいつの間にか消えていた 私は先生に導かれてきた ほか) 第2部 天風先生の素顔(少年のような笑顔だった 大きな耳と鷹のような鋭い目 ほか) 第3部 天風先生の教え(言葉ひとつで人生は変わる 怒らず惧れず悲しまず ほか) 第4部 天風先生と医療(医者として必要なことはすべて先生から学んだ 「取り越し苦労」厳禁を唱えた先生 ほか)

中村 とうよう〔1932〜2011〕 なかむら・とうよう

◇残されたもの、伝えられたこと—60年代に蜂起した文革者烈伝 矢崎泰久著 街から舎 2014.6 268p 19cm 1620円 ⓘ978-4-939139-19-2 Ⓝ281.04

[内容] 脱原発の市民科学者—高木仁三郎 反戦軍事評論家としての矜持—小山内宏 J・J氏の華麗なる文化革命—植草甚一 革命思想家の孤高の生涯—羽仁五郎 革命・反革命の夢なり—竹中労 日本哲学者が残した足跡—久野収 公害に取り組むられた科学者—宇井純 文学と運動の狭間に生きた巨人—小田実 輝けるSF作家の青春—小松左京 ポップ・ミュージックの開拓者—中村とうよう 多国籍人間の見果てぬ夢—邱永漢 「わた史」を生涯かけて編む—小沢昭一 エロスこそ反権力の証し—若松孝二 何もなくて何もない宣言—なだいなだ ノーベル物理学賞に最も

近かった活動家―水戸巌
◇中村とうよう―音楽評論家の時代　田中勝則著　広島　大和プレス　2017.7　585p　22cm　〈発売：二見書房〉　3800円　Ⓘ978-4-576-17100-5　Ⓝ764.7
　内容　音楽評論家の突然の死　京都府峰山町で過ごした少年時代　京都大学時代にポピュラー音楽に目覚める　さらに音楽にハマった東京での銀行員時代　苦しかった下積み時代　新人評論家、フォークと格闘する　『ニューミュージック・マガジン』編集長時代　ブラック・ミュージックへの道　燃えひろがるブラック・ミュージック　『ニューミュージック・マガジン』から『ミュージック・マガジン』へ　大衆音楽の真実が見えてきた　ワールド・ミュージックへの道　「名誉会長」になっても続く制作意欲　20世紀のポピュラー音楽を総括　透徹した音楽観に辿りついた晩年　武蔵野美術大学での最後の仕事

中村　俊夫〔1935～〕　なかむら・としお
◇風の中の自叙伝―素敵に燃えた青春　中村俊夫著　幻冬舎メディアコンサルティング　2017.6　180p　図版16p　19cm　〈発売：幻冬舎〉　1200円　Ⓘ978-4-344-91306-6　Ⓝ289.1
　内容　第1章　楽しかりき、我が人生（楽しかった子供の頃　偉かった父　終戦の頃　ほか）　第2章　家内と趣味で楽しい人生を（ハワイアンに魅せられた頃　ハワイアンに危機が/人魚姫での幸運な出会い　社交ダンスに魅せられた頃　ほか）　第3章　我が心の中の自叙伝（良いことがあれば悪いことがある、悪いことがあれば良いことがある　自然はよくできています　何事も自然にそってすることです　人事を尽くして天命を待つ　ほか）

中村　富十郎(5代)〔1929～2011〕　なかむら・とみじゅうろう
◇父、中村富十郎―その愛につつまれて　渡邊正恵編　冨山房インターナショナル　2017.11　135p　26cm　3800円　Ⓘ978-4-86600-040-4　Ⓝ774.28

中村　元〔1912～1999〕　なかむら・はじめ
◇仏教学者　中村元―求道のことばと思想　植木雅俊著　KADOKAWA　2014.7　238p　19cm　（角川選書　543）〈文献あり　著作目録あり　年譜あり〉　1800円　Ⓘ978-4-04-703543-0　Ⓝ289.1
　内容　生い立ちと学問への目覚め　東京帝大入学から博士論文の完成まで　『東洋人の思惟方法』で世界へ　念願のインドの大地へ　原始仏教の研究に見る中村の独創性　『佛教語大辞典』と『中村元選集』の刊行　「比較思想」の提唱　東方研究会・東方学院にかける理想　中村元と足利学校　研究の集大成　中村元の遺志の継承　この夫人ありて、中村元あり

中村　八大〔1931～1992〕　なかむら・はちだい
◇坂本九ものがたり―六・八・九の九　永六輔著　筑摩書房　2017.7　301p　15cm　（ちくま文庫　え8-3）〈中公文庫　1990年刊の再刊〉　800円　Ⓘ978-4-480-43454-8　Ⓝ767.8
　＊世界的な大ヒット曲「上を向いて歩こう」。作詞永六輔、作曲中村八大、歌手坂本九。3人が体験した戦中・戦後を背景に、それぞれが歩んだ人生と出会い、そして名曲の誕生を描く。1985年8月12日の日航機事故で突然の死を迎えた坂本九への痛切な思いを込め、その翌年に刊行された名著。戦後のラジオ・テレビ・歌謡界の貴重な記録でもある。
◇MY LITTLE HOMETOWN―茅ケ崎音楽物語　宮治淳一著　ポプラ社　2017.10　285p　19cm　〈文献あり　年表あり〉　1500円　Ⓘ978-4-591-15637-7　Ⓝ764.7
　＊「上を向いて歩こう」が世界中で感動を呼んだ作曲家・中村八大、海の街・茅ヶ崎のイメージを全国に拡散したビッグスター・加山雄三、作曲家として数々の名作歌謡曲を送り出した平尾昌晃、湘南サウンドの源流を作ったザ・ワイルド・ワンズの加瀬邦彦、「また逢う日まで」の大ヒットで一世を風靡した尾崎紀世彦、音楽シーンの最前線を走り続けるサザンオールスターズの桑田佳祐―なぜ、一地方都市に過ぎない茅ヶ崎が、これほど多くの音楽家を輩出しているのか？その謎に迫るべく、茅ヶ崎と縁の深い10の名曲を入り口に、音楽のスターたちの人生を辿る。綿密な取材と研究をもとに、"茅ヶ崎"と"音楽"の特別な関係に迫った唯一無二の刺激的な音楽エッセイ！

中村　初雄〔1911～2006〕　なかむら・はつお
◇父母の面影―父がいて、母がいて　〔出版地不明〕　中村宗敬　2016.11　155p　22cm　〈年譜あり　著作目録あり〉　Ⓝ289.1

中村　半次郎　なかむら・はんじろう
⇒桐野利秋（きりの・としあき）を見よ

中村　久子〔1897～1968〕　なかむら・ひさこ
◇ビハーラと『歎異抄』による救い　ビハーラ医療団編　京都　自照社出版　2017.8　250p　19cm　（ビハーラ医療団講義集　パート6）　1800円　Ⓘ978-4-86566-042-5　Ⓝ490.16
　内容　1（中村久子と『歎異抄』『歎異抄』で死を超えていった念仏者たち）　2『歎異抄』に学ぶビハーラの道―人は自力から他力へどう転回するのか？　老病死の受容と『歎異抄』第九章―ヒトから人間へ人間から仏へ　ビハーラと『歎異抄』と人生の解決　真実の慈悲　病院での死・自宅での死―緩和ケア病棟と在宅緩和ケアを経験して気づいたこと　解説『歎異抄』について

中村　紘子〔1944～2016〕　なかむら・ひろこ
◇一故人　近藤正高著　スモール出版　2017.4　415p　19cm　1800円　Ⓘ978-4-905158-42-4　Ⓝ281
　内容　二〇一二年（浜田幸一　樋口廣太郎　ほか）　二〇一三年（大島渚　山内溥　ほか）　二〇一四年（永井一郎　坂井義則　ほか）　二〇一五年（赤瀬川隼　桂米朝　ほか）　二〇一六年（蜷川幸雄　中村紘子　ほか）
◇ピアニストだって冒険する　中村紘子著　新潮社　2017.6　300p　20cm　1800円　Ⓘ978-4-10-351051-2　Ⓝ762.1
　内容　第1章　ピアニストの大冒険（先生が恐い　「聴き手」という師　ほか）　第2章　コンクールの審査席（隣のレフ・ブラセンコ　切ない私の「海馬」　ほか）　第3章　日本のピアニストが「陳情」する　芸術文化立国ジャパン！　ほか）　第4章　思い出のマロングラッセ（大人になりたくない　継続は力なり　ほか）

◇キンノヒマワリ―ピアニスト中村紘子の記憶　高坂はる香著　集英社　2018.1　319p　20cm　〈文献あり〉　1700円　①978-4-08-781647-1　Ⓝ762.1

内容　第1章 中村紘子のキャリア確立（戦後の混沌が生んだ最高の教育環境―子供のための音楽教室　振袖を着た天才少女　単身海外へ―ジュリアードでの苦労とショパンコンクールでの成功）　第2章 時代の流れとともに特別な存在となっていった中村紘子（高度経済成長とバブル景気　彼女が憧れになるまで　天は二物を与える―中村紘子の文才　戦後の女性として生きていく）　第3章 中村紘子の音楽（ステージに立つ中村紘子　レパートリーが物語る、中村紘子の想いと音楽性　中村紘子が求めた音）　第4章 ピアノ界を牽引、指導する立場となった中村紘子（業界のオピニオンリーダーとして　社交の女王　コンクール審査員界の顔となる　浜松国際ピアノコンクール　日本の若手を育てることへの情熱　お茶目な親分は、嫌われ役を恐れない）　第5章 中村紘子が育てた日本のピアノ界と今後（無念の審査委員長退任―そして新たな夢　アンチ「出る杭は打たれる」の意志をつないで）

中村　寛〔1914～2007〕　なかむら・ひろし
◇獣医学の狩人たち―20世紀の獣医偉人列伝　大竹修善著　堺　大阪公立大学共同出版会　2017.5　406p　21cm　〈文献あり〉　2400円　①978-4-907209-72-8　Ⓝ649.028

内容　序：日本における近代獣医学の夜明け　牛痘苗と狂犬病ワクチンの創始者―梅野信吉　人材育成の名人で家畜衛生学の先達―葛西勝弥　獣医寄生虫学を確立―板垣四郎　競走馬の研究に生涯を捧げた外科の泰斗―松葉重雄　ひよこの雌雄鑑別法を開発―増井清　幻に終わったノーベル賞―市川厚一　獣医外科・産科学の巨頭―黒澤亮助　顕微鏡とともに歩んだ偉大な神経病理学者―山極三郎　麻酔・自律神経研究の権威―木全春生〔ほか〕

中村　不折〔1866～1943〕　なかむら・ふせつ
◇日本藝術の創跡　23（2018年度版）　明治150年―文明開化と近代日本芸術の絢爛　クオリアート　2018.11　311p　31cm　〈他言語標題：The History of Artistic Creation in Japan　英語併記　布装　索引あり　発売：出版文化社（大阪）〉　8000円　①978-4-88338-652-9　Ⓝ702.16

内容　巻頭特集 明治の美術　日本画（評論―没後100年・幽艶典雅な明治の美意識、渡辺省亭の再評価　日本画の先駆者たち）　洋画（評論 黒田清輝―その信念と諦念　洋画の先駆者たち）　彫塑・工芸・写真（評論 天皇をかたどる―貴顕の像と明治の終焉　評論 明治工芸再評価の機運　彫塑・工芸・写真の先駆者たち）　書道（評論 中村不折―その生涯と書活動　書道の先駆者たち）

中村　文子〔1913～2013〕　なかむら・ふみこ
◇軍国教師から沖縄・平和運動へ―中村文子の生涯　吉田賢治著　福岡　西日本新聞社　2015.6　175p　19cm　〈年表あり〉　1500円　①978-4-8167-0902-9　Ⓝ319.8

内容　第1章 軍国教師への道（ソテツ地獄　師範学校に合格　ほか）　第2章 沖縄戦を追体験（アンマーが犠牲に　名前を変える　ほか）　第3章 米軍政下の沖縄（屈辱の日　映画「ひめゆりの塔」ほか）　第4章 1フィート運動を展開（海洋博の陰で　トートーメーほか）　第5章 草の根は叫ぶ（平和の礎　少女暴行事件再び　ほか）

中村　平左衛門〔1793～1867〕　なかむら・へいざえもん
◇老いと病でみる幕末維新―人びとはどのように生きたか　家近良樹著　京都　人文書院　2014.7　270p　19cm　〈文献あり　索引あり〉　2600円　①978-4-409-52060-4　Ⓝ210.61

内容　第1部 中央政局に登場する著名人の老病死（長年の研究と近年の研究の特色　超高齢化社会の到来と問題点　中央政局に登場する著名人の老病死）　第2部 地域指導者と民衆の老病死（中村平左衛門と彼の家族　中村平左衛門の老いと病気　地域住民の暮しと老病死　幕末最終段階の中村平左衛門と民衆）

中村　誠〔1936～〕　なかむら・まこと
◇一所懸命―ラグビーは教育だ！　中村誠著　鉄筆　2018.4　268p　19cm　〈発行者：國學院大學久我山ラグビー部OB会　文献あり〉　2000円　①978-4-907580-15-5　Ⓝ783.48

中村　昌子〔?～2008〕　なかむら・まさこ
◇おかあさんと一緒―大正・昭和・平成を生きた私の母　奥野理恵子著　蒼空社　2015.1　194p　21cm　非売品　①978-4-908009-01-3　Ⓝ289.1

中村　正子〔1928～1960〕　なかむら・まさこ
◇中村正子の詩と人生―結核に倒れた小学校教師　中村正子著、美濃部俊裕、苗村吉昭、西島敏史編　大阪　澪標　2014.10　103p　21cm　〈年譜あり〉　1200円　①978-4-86078-284-9　Ⓝ911.56

内容　中村正子詩集「胸の底の川原で」全篇（笑顔の底で　胸の底の川原で　亡き母に　虐げられる者　母　死んだ娘に　私の場所で　小さな胸の中に　類似　観察室点描　夜中に　広告　果てのうた　海を前に　無題）　資料編　解説

中村　正雪〔1926～〕　なかむら・まさゆき
◇教育に捧げた一生―激動の昭和、そして平成を生きる　中村正雪著　名古屋　デイズ生き様工房事業部　2017.6印刷　123p　22cm　〈年譜あり〉　①978-4-9909405-0-8　Ⓝ289.1

中村　正義〔1924～1977〕　なかむら・まさよし
◇中村正義の世界―反抗と祈りの日本画　大塚信一著　集英社　2017.8　222p　18cm　〈集英社新書―ヴィジュアル版 043V〉〈文献あり〉　1400円　①978-4-08-720894-8　Ⓝ721.9

内容　プロローグ Kさんへの手紙　第1部 中村正義の生涯　第2部 中村正義の絵画、その秘密（なぜ舞妓を描き続けたのか　仏画と風景画の意味　顔の画家）　エピローグ Kさんへの第二信

中村　光夫〔1911～1988〕　なかむら・みつお
◇文士たちのアメリカ留学　一九五三―一九六三　斎藤禎著　書籍工房早山　2018.12　327p　19cm　2500円　①978-4-904701-54-6　Ⓝ910.264

内容　第1章 文士にとって留学は、夢のまた夢　第2章

「文士留学の仕掛け人」坂西志保と、チャールズ・B.ファーズ　第3章　阿川弘之は「原爆小説」を書いたから、アメリカに招かれたのか　第4章　大岡昇平、安岡章太郎は、アメリカで、ことに南部で何を見たのか　第5章　江藤淳、英語と格闘す　第6章　庄野潤三と名作『ガンビア滞在記』の誕生　第7章　有吉佐和子は、アメリカ人社会では間違いなく「NOBODY」だった　第8章　小島信夫は、なぜ、単身でアメリカに行ったか？　第9章　アメリカから帰った福田恆存は、「文化人」の「平和論」を果敢に攻撃した　第10章　改めて考える。ロックフェラー財団による文士のアメリカ留学とは何だったのか

中村　メイコ〔1934〜〕　なかむら・めいこ
◇もう言っとかないと　中村メイコ著，古舘伊知郎聞き手　集英社インターナショナル　2018.6　207p　19cm　〈発売：集英社〉　1300円　Ⓘ978-4-7976-7349-4　Ⓝ778.21
＊初めて乗った飛行機は戦闘機、初めて乗った船は潜水艦。親友は美空ひばり、初恋は吉行淳之介。84歳で芸歴82年、生涯女優…。スーパーおばあさんの、スーパー人生！　友人知人が鬼籍に入り、戦争のこと、芸能界の黎明期から現在まで、そこで活躍していた才能ゆたかな盟友たちのことを語れる人がいなくなった。彼らが活躍していた頃には話せなかったこと、秘めた恋、スキャンダル、そして介護生活も経験した家族への思い…。古舘さんに全部話したから、あとは死ぬだけ一。

中村　康彦〔1943〜〕　なかむら・やすひこ
◇回顧録落ちこぼれ奮闘記―望月さんからやっと鬼に成れた亀人生　中村康彦著　〔出版地不明〕　Think　2015.11　158p　30cm　〈著作目録あり〉　Ⓝ289.1

なかむら　陽子〔1941〜〕　なかむら・ようこ
◇つり姫たちよ―自分史エッセイ　なかむら陽子著　東銀座出版社　2014.7　241p　20cm　1389円　Ⓘ978-4-89469-166-7　Ⓝ289.1
内容　つり姫たちよ―妹・眞理子と標高六百米、夢の山小屋（土産　楽しかあ！　ほか）　閉じない瞳―子どもの辿から巣立ちまで（閉じない瞳　싻싻花　ほか）　フェンネル―子育て、そして未亡人になるまで（マルヨシ荘　大根の瑞し　ほか）　そめかえばや―六十四歳と七十七歳の新婚生活（そめかえばやに寄せて　ほか）

中村　佳雄　なかむら・よしお
◇証言　零戦真珠湾攻撃、激戦地ラバウル、そして特攻の真実　神立尚紀著　講談社　2017.11　469p　15cm　〈講談社＋α文庫 G296-3〉〈年表あり〉　1000円　Ⓘ978-4-06-281735-6　Ⓝ392.8
内容　第1章　進藤三郎―重慶上空初空戦、真珠湾攻撃で零戦隊を率いた伝説の指揮官　第2章　羽切松雄―敵中強行着陸の離れ業を演じた海軍の名物パイロット　第3章　渡辺秀夫―「武功抜群」ソロモン航空戦を支えた下士官搭乗員の不屈の闘志　第4章　加藤清一スピットファイアを相手に「零戦は空戦では無敵」を証明　第5章　中村佳雄―激戦地ラバウルで最も長く戦った歴戦の搭乗員　第6章　角田和男―特攻機の突入を見届けつづけたベテラン搭乗員の真情　第7章　外伝　一枚の写真から

中村　良雄〔1930〜2014〕　なかむら・よしお
◇我が人生の軌跡―奇蹟の出逢い　中村良雄遺稿集　中村良雄著　岩国　小田睦　2016.4　222p　21cm　1500円　Ⓝ289.1

中村　蘭台（1代）〔1856〜1915〕　なかむら・らんたい
◇初世・二世中村蘭臺研究　宮澤昇著　長野　静観堂　2018.7　137p　図版45p　26cm　〈年譜あり　文献あり〉　Ⓝ739.021

中村　蘭台（2代）〔1892〜1969〕　なかむら・らんたい
◇初世・二世中村蘭臺研究　宮澤昇著　長野　静観堂　2018.7　137p　図版45p　26cm　〈年譜あり　文献あり〉　Ⓝ739.021

中本　新一〔1945〜〕　なかもと・しんいち
◇今日一日だけ―アル中教師の挑戦　中本新一著　社会評論社　2015.9　287p　19cm　〈SQ選書 03〉〈文献あり〉　2000円　Ⓘ978-4-7845-1497-7　Ⓝ289.1
内容　プロローグ（変わり果てた日本人　私の人生を決定づけたもの　ほか）　第1章　我がこころ石にあらず（祖父の負けじ魂　泥んこになって遊ぶ子どもたち　ほか）　第2章　一杯の盃にいのちを賭けて（アルコール依存症者は奈良漬けみたいなものだ　例会に出席すれば、酒はやめつづけることができる　ほか）　第3章　やってみなはれ！（問題が多発する困難校の毎日　毎日、家庭訪問に明け暮れる　ほか）　終章　力になりあってこそ人の世（困難校から来た教師はからかわれる　進学校の生徒たちのおかしさ　ほか）

中本　誠司〔1939〜2000〕　なかもと・せいし
◇野人、中本誠司。　大内光子著　〔出版地不明〕　大内光子　2017.6　187p　22cm　〈年譜あり〉　3800円　Ⓘ978-4-907151-20-1　Ⓝ723.1

中本　忠子〔1934〜〕　なかもと・ちかこ
◇ばっちゃん―子どもたちの居場所。広島のマザー・テレサ　伊集院要著　扶桑社　2017.11　214p　19cm　1200円　Ⓘ978-4-594-07819-5　Ⓝ327.85
内容　第1章　いろんな"はじまり"（取材のはじまり　はじめての保護観察所　ほか）　第2章　子どもたちが生きている世界（威嚇する子どもたち　子どもの本音　ほか）　第3章　子どもに届く"声"とは（大人嫌い　「善」「悪」の階調（グラデーション）　ほか）　対談　なぜ続けてこられたのか？―伊集院要（NHKディレクター）×ばっちゃん（中本忠子さん）　第4章　罪を犯した者の居場所（唯一気にしている数字　「排除する社会」の危険　ほか）

中本　嘉彦〔1940〜〕　なかもと・よしひこ
◇私の茜島―家相学と風水学　中本嘉彦著　大阪　パレード　2017.12　64p　19cm　（Parade books）　1000円　Ⓘ978-4-86522-139-8　Ⓝ289.1

中森　明菜〔1965〜〕　なかもり・あきな
◇松田聖子と中森明菜―一九八〇年代の革命　中川右介著　増補版　朝日新聞出版　2014.12

367p　15cm　〈朝日文庫　な36-3〉〈初版：幻冬舎 2007年刊　文献あり〉　900円　①978-4-02-261814-6　Ⓝ767.8

内容　第1章 夜明け前――一九七二年～七九年　第2章 遅れてきたアイドル――一九八〇年　第3章 忍び寄る真のライバル――一九八一年　第4章 阻まれた独走――一九八二年　第5章 激突――一九八三年　第6章 前衛と孤独――一九八四年　第7章 華燭と大賞――一九八五年　第8章 緩やかな下降線――一九八六年～八八年

永守　重信〔1944～〕　ながもり・しげのぶ

◇現代人の伝記　2　致知編集部編著　致知出版社　2014.11　85p　26cm　1000円　①978-4-8009-1059-2　Ⓝ280.8

内容　1 大平光代（弁護士）/清水哲―悲しみとの出会いが教えてくれたもの　2 永守重信（日本電産社長）――「すぐやる、必ずやる、出来るまでやる」　3 塩沢みどり（スペース水輪代表理事）――純度百％の愛と祈り、そして誠　4 畠山重篤（牡蠣の森を慕う会代表）――「森は海の恋人」運動で心を動かし、環境を変える　5 奥崎祐子（ホテル松政女将）――思いっきり自分らしく女将の夢を追う　6 早間貴夫（東北福祉大学職員）――血縁は薄くとも他人の縁に恵まれて　7 尾車浩一（尾車部屋親方）/大橋秀行（大橋ボクシングジム会長）――一道に賭ける者の人間学

◇なぜあの経営者はすごいのか―数字で読み解くトップの手腕　山根節著　ダイヤモンド社　2016.6　282p　19cm　1600円　①978-4-478-06959-2　Ⓝ335.13

内容　第1章 孫正義―巨大財閥をもくろむ大欲のアントレプレナー　第2章 松本晃―「右手に基本、左手にクレド」のシンプル経営実行者　第3章 永守重信―電動モーターに人生を賭けるエバンジェリスト　第4章 似鳥昭雄―猛勉を続ける執念のオープン・イノベーター　第5章 新浪剛史―自ら「やってみなはれ」続けるイントラプレナー　第6章 岡藤正広―言霊パワーを駆使するビッグビジネス・リーダー　第7章 星野佳路―お客と社員の「おもてなし」プロフェッショナル

中谷　宇吉郎〔1900～1962〕　なかや・うきちろう

◇中谷宇吉郎―人の役に立つ研究をせよ　杉山滋郎著　京都　ミネルヴァ書房　2015.7　359,9p　20cm　〈ミネルヴァ日本評伝選〉〈文献あり　年譜あり　索引あり〉　3500円　①978-4-623-07413-6　Ⓝ289.1

内容　第1章 出生から留学まで（加賀の文化にはぐくまれる　東京で学びて、海外へ留学）　第2章 まだ平和な時代に（雪の研究　大活躍の一九三六年　別の潮流　ほか）　第3章 戦争一色の時代に（凍上の研究　低温科学研究所　着氷の研究　ほか）　第4章 貧しくも希望に満ちた時代に（農業物理研究所　科学の啓蒙　水害の研究　ほか）　第5章 新しい世界へ（オスロでの学会　アメリカへ　カナダとアメリカの旅　ほか）　第6章 対立の時代に（アメリカでの二年間の研究生活　米軍研究費めぐる問題　SIPREとは　ほか）　第7章 氷の世界へ（南極観測　グリーンランドへ　書きつづける）　終章 科学研究はどうあるべきか（「基礎科学」をめぐって　「軍事研究」をどう考えるか　「立派な人生だったよ」）

◇人工雪を作り出した中谷宇吉郎の生涯　昭和新山の生成を描く三松正夫の生涯　紺谷充彦著、合田一道著　札幌　北海道科学文化協会　2016.10　133p　21cm　〈北海道青少年叢書 34―北国に光を掲げた人々 34〉〈下位シリーズの責任表示：北海道科学文化協会／編　年譜あり〉　Ⓝ289.1

◇回想の中谷宇吉郎―家族、関係者の証言などでつづる　没後55年記念出版　北國新聞社出版局編　金沢　北國新聞社　2018.3　184p　21cm　〈文献あり〉　1500円　①978-4-8330-2130-2　Ⓝ289.1

内容　プロローグ グリーンランドと由布院を結ぶ糸　娘と甥が受け継ぐ中谷博士の心　1 片山津から小松中、四高へ　2 東京帝大から理研へ　3 北海道帝大で人工雪を作る　4 世界に知られた雪博士　5 雪の科学館とゆかりの地

中山　美石〔1775～1843〕　なかやま・うまし

◇中山美石書簡集―旧新居本陣飯田家所蔵　中山美石著，羽田野敬雄研究会編　〔出版地不明〕　羽田野敬雄研究会　2018.3　117p　21cm　〈年表あり〉　Ⓝ121.52

永山　和美〔1955～〕　ながやま・かずみ

◇死刑囚永山則夫の花嫁―「奇跡」を生んだ461通の往復書簡　永山則夫，永山和美著，嵯峨仁朗，柏艪舎編　札幌　柏艪舎　2017.2　331p　19cm　〈［ネプチューン〈ノンフィクション〉シリーズ］〉〈文献あり　著作目録あり　年譜あり　発売：星雲社〉　1700円　①978-4-434-22970-1　Ⓝ289.1

内容　1 暗い海　2 愛の往復書簡 アメリカより　3 ミミ　4 愛の往復書簡 日本にて　5 永山則夫の花嫁　6 生と死と　7 網走にて　8 エピローグ

中山　和也〔1978～〕　なかやま・かずや

◇サッカー通訳戦記―戦いの舞台裏で"代弁者"が伝えてきた言葉と魂　加部究著　カンゼン　2016.5　247p　19cm　1600円　①978-4-86255-320-1　Ⓝ783.47

内容　1 間瀬秀一　通訳から監督へ、オシムを超えようとする男　2 フローラン・ダバディ　激情をかみ砕くパリよりの使者　3 鈴木國弘　サッカーの神を間近で崇めた最高の信徒　4 鈴木徳昭　ワールドカップにもっとも近づいた日々の記憶　5 高橋建登　知られざる韓流スターの苦悩を解したハングルマスター　6 山内直　忠実に指揮官の怒りを伝えた無色透明な存在　7 中山和也　ブラジルと日本に愛された明朗快活の極意　8 小森隆弘　マルチリンガル、流れ流れてフットサル界の中枢へ　9 塚田貴志　空爆後のセルビアで憶えた言葉が生涯の友に　10 白沢敬典　ガンジーさんと呼ばれて―敬虔なる通訳の姿

中山　義秀〔1900～1969〕　なかやま・ぎしゅう

◇中山義秀、絶望のなかのキリスト―歿後五〇年、臨終の前日に受洗した福島県最初の芥川賞作家　庄司一幸著　〔郡山〕　〔庄司一幸〕　2018.10　66p　30cm　〈年譜あり〉　Ⓝ910.268

中山　久蔵〔1828～1919〕　なかやま・きゅうぞう

◇中山久蔵の足跡を辿って―寒地・米づくりの祖　調査記録編　橋本博編著　〔出版地不明〕　中

山久蔵を顕彰する会　2014.1　702p　22cm　〈寒地稲作発祥・札幌本道開通140年記念　文献あり〉　4000円　Ⓝ289.1

中山 恒明〔1910〜2005〕　なかやま・こうめい
◇鬼手仏心―一世紀の外科医・中山恒明の教書　高崎健著, 日本医療学会編　日経メディカル開発　2016.6　285p　20cm　〈発売：日経BPマーケティング〉　2000円　①978-4-931400-78-8　Ⓝ289.1
内容　序章　後世に語り継ぐ　第1章　世紀の外科医　第2章　世界初の食道がん手術成功　第3章　中山恒明の手術学　第4章　外科医の心得　第5章　医療関連事項に対する中山流の考え方　第6章　なぜ消化器病センターを設立したのか　第7章　中山先生のがん撲滅運動　第8章　勲一等叙勲

中山 正善〔1905〜1967〕　なかやま・しょうぜん
◇雪に耐えて梅花潔し―フランス柔道の父・粟津正蔵と天理教二代真柱・中山正善　永尾教昭著　天理　天理教道友社　2015.4　222p　20cm　1400円　①978-4-8073-0590-2　Ⓝ789.2
内容　序章　フランス在住の老柔道家　第1章　渡仏前夜（生い立ち　柔道の道　フランス上陸　練習開始）　第2章　フランスでの指導（妻の来仏　パリでの暮らし　日本柔道敗れる―ヘーシンクの出現）　第3章　二代真柱との交流（海外巡教　初めての邂逅　フランスに残る　十三年ぶりの帰国）　第4章　東京オリンピック（故国にて　奇跡の東京オリンピック　柔道、正式種目となる　悲願ならず）　第5章　天理柔道（天理教の進出　天理柔道の憧れ　天理の教えと柔道家たち　天理からヨーロッパへ）　第6章　柔道人生（なぜ、フランスなのか　橋渡し役として　別れ　栄冠）

中山 士朗〔1930〜〕　なかやま・しろう
◇関千枝子　中山士朗　ヒロシマ往復書簡　第1集　2012-2013　関千枝子, 中山士朗著　西田書店　2015.11　227p　19cm　1500円　①978-4-88866-598-8　Ⓝ210.75
内容　初めの手紙　原爆症認定をめぐって　生死の分かれ目　プールとピアノ　記憶の継承、記憶の場所　広島、天城旅館のこと　宇品のわが家とその歴史　友人たちの証言、執念の追跡　死者に生かされる　池田昭夫君〔ほか〕

◇関千枝子　中山士朗　ヒロシマ往復書簡　第2集　2013-2014　関千枝子, 中山士朗著　西田書店　2016.6　244p　19cm　1600円　①978-4-88866-604-6　Ⓝ210.75
内容　蓑輪豊子さんと山口仙二さんの生き方　意見広告の原動力　「戦中のアナウンサー」来栖琴子さん　欺き続ける国家　和泉舞さんの舞踏と栗原貞子さんの護憲の碑　原子野と枕崎台風　冬瓜と南瓜　女優、藤川夏子をめぐって　はぐるま座のこと　一九五〇年代の一側面〔ほか〕

◇関千枝子　中山士朗　ヒロシマ往復書簡　第3集　2014-2016　関千枝子, 中山士朗著　西田書店　2017.6　249p　19cm　1600円　①978-4-88866-616-9　Ⓝ210.75
内容　「花」によせて　七〇年の記憶をたどる旅　再び「生」と「死」を考える　鶴見橋―「炎の古里」「あ

る悔恨」のこと　文学と証言　大田洋子と長岡弘芳について　江刺昭子さんの仕事　被爆七〇年―行動と引用　閉ざされていた写真〔ほか〕

中山 信一〔1945〜〕　なかやま・しんいち
◇志布志事件は終わらない　木村朗, 野平康博編著　大阪　耕文社　2016.11　280p　21cm　〈年表あり〉　1850円　①978-4-86377-045-4　Ⓝ327.6
内容　第1部　志布志事件とは何であったのか（志布志事件の刑事弁護活動を振り返って　調査報道で暴いた志布志事件捜査の違法性　「まだ終わるわけにはいかない」―その思いで闘い続けた二人の「叩き割り」訴訟の浜野博さん「踏み字」事件の川畑幸夫さん　元捜査第二課長がみた志布志事件―国賠訴訟判決を読んで　取調べの全面可視化の法制化を必ず実現させよう　志布志事件とは何であったのか―再犯防止のため真相究明と責任追及を！）　第2部　当事者と支援者からの訴え（志布志事件の主犯とされた中山信一　志布志事件について　「住民の人権を考える会」の設立　住民の人権は守られているか　明日は我が身　でっち上げ志布志事件　事件をめぐる経過と県議会での取組み―「志布志事件は終わらない」　特別編　大崎事件（無実の罪を晴らしてから死にたい―最高齢の再審請求人・原口アヤ子さん）　第3部　資料編（志布志事件の経過と「住民の人権を考える会」の活動　無罪国賠訴訟・意見陳述書）

中山 素平〔1906〜2005〕　なかやま・そへい
◇名銀行家（バンカー）列伝―社会を支えた"公器"の系譜　北康利著　新装版　金融財政事情研究会　2017.5　207p　20cm　〈初版：中央公論新社　2012年刊　文献あり　発売：きんざい〉　1500円　①978-4-322-13081-2　Ⓝ338.28
内容　第1章　わが国近代資本主義の父　渋沢栄一　第一国立銀行―世界に向けて発信したい「論語と算盤」の精神　第2章　銀行のことは安田に聞け！　安田善次郎　安田銀行―史上最強の銀行主に学ぶ克己堅忍と陰徳の精神　第3章　三井中興の祖　中上川彦次郎　三井銀行―銀行界の青年期を思わせる爽やかでダイナミックな名バンカー　第4章　国家を支え続けた銀行家　池田成彬　三井銀行―白洲次郎が「おっかなかった」と語った迫力あるその人生に迫る　第5章　政府系金融機関の範を示した名総裁　小林中　日本開発銀行―"影の財界総理"の功を誇らない生き方　第6章　財界の鞍馬天狗　中山素平　日本興業銀行―公取委と闘い続けた国士の中の国士　第7章　向こう傷をおそれるな！　磯田一郎　住友銀行―最強の住友軍団を築き上げた男の栄光と挫折　第8章　ナポレオン　松沢卓二　富士銀行―卓抜した先見性と正論を貫く姿勢で金融界を牽引した名銀行家

中山 隆雄〔1949〜〕　なかやま・たかお
◇中山隆雄物語―人情、友情、愛情に支えられて生きる情熱の記録　中山隆雄著　文芸社　2016.9　93p　20cm　1000円　①978-4-286-17374-0　Ⓝ289.1

中山 竹通〔1959〜〕　なかやま・たけゆき
◇マラソンと日本人　武田薫著　朝日新聞出版　2014.8　313,19p　19cm　（朝日選書　923）〈文献あり　索引あり〉　1600円　①978-4-02-263023-0　Ⓝ782.3
内容　走り出した日本人　金栗四三―学生の大志と箱

根駅伝 孫基禎―「内鮮一体」の表裏 "ボストンマラソン"と戦後復興 円谷幸吉と東京オリンピック 祭りのあとの空白―ポスト君原健二 瀬古利彦の栄光と挫折 中山竹通のたった独りの練習と反乱 マラソンと夏のメダル ケニア参入と日本の内向化 川内優輝―鈍足のエリートと"東京マラソン"

◇マラソン哲学―日本のレジェンド12人の提言 小森貞子構成,月刊陸上競技編集 講談社 2015.2 352p 19cm 1600円 ⓘ978-4-06-219348-1 Ⓝ782.3

[内容] 宗茂―双子の弟・猛と切磋琢磨 日本のマラソン練習の礎を築いた「宗兄弟」 宗猛―「自分たちを生かす道はこれしかない！」小学生のうちに気づいたマラソンへの道 瀬古利彦―マラソン15戦10勝の"レジェンド" カリスマ指導者に導かれて世界を席巻 山下佐知子―女子マラソンで日本の「メダル第1号」東京世界選手権で銀、バルセロナ五輪は4位 有森裕子―陸上の五輪史上日本女子で唯一の複数メダル マラソンは「生きていくための手段」 中山竹通―底辺からトップに這い上がった不屈のランナー オリンピックは2大会連続で4位入賞 森下広一―"太く短く"マラソン歴はわずか3回 2連勝後のバルセロナ五輪は銀メダル 藤田敦史―運動オンチが長距離で信じられぬ飛躍 ある「きっかけ」が人生を180度変えた 高橋尚子―日本の五輪史に燦然と輝く金メダル 「人の倍やって人並み」を日々実践した賜物 高岡寿成―長いスパンで取り組んだマラソンへの道 トラックもマラソンも意識は常に「世界へ」 小出義雄―女子マラソンで複数のメダリストを輩出「世界一になるには、世界一になるための練習をやるだけ」 藤田信二―女子の400mからマラソンまで数々の「日本記録ホルダー」を育成 野口みずきのマラソン金メダルはトラックの延長

中山 忠能〔1809～1888〕 なかやま・ただやす

◇中山忠能日記 1 中山忠能著 オンデマンド版 東京大学出版会 2015.1 498p 22cm （日本史籍協会叢書 155）〈印刷・製本：デジタルパブリッシングサービス 覆刻 1973年刊〉 15000円 ⓘ978-4-13-009455-9 Ⓝ210.58

◇中山忠能履歴資料 1 中山忠能著 オンデマンド版 東京大学出版会 2015.1 42,504p 22cm （日本史籍協会叢書 159）〈印刷・製本：デジタルパブリッシングサービス 覆刻 1973年刊 年譜あり〉 14000円 ⓘ978-4-13-009459-7 Ⓝ210.58

◇中山忠能日記 2 中山忠能著 オンデマンド版 東京大学出版会 2015.1 372p 22cm （日本史籍協会叢書 156）〈印刷・製本：デジタルパブリッシングサービス 覆刻 1973年刊〉 11000円 ⓘ978-4-13-009456-6 Ⓝ210.58

◇中山忠能履歴資料 2 中山忠能著 オンデマンド版 東京大学出版会 2015.1 438p 22cm （日本史籍協会叢書 160）〈印刷・製本：デジタルパブリッシングサービス 覆刻 1973年刊〉 12000円 ⓘ978-4-13-009460-3 Ⓝ210.58

◇中山忠能日記 3 中山忠能著 オンデマンド版 東京大学出版会 2015.1 690p 22cm （日本史籍協会叢書 157）〈印刷・製本：デジタルパブリッシングサービス 覆刻 1973年刊〉 15000円 ⓘ978-4-13-009457-3 Ⓝ210.58

◇中山忠能履歴資料 3 中山忠能著 オンデマンド版 東京大学出版会 2015.1 462p 22cm （日本史籍協会叢書 161）〈印刷・製本：デジタルパブリッシングサービス 覆刻 1973年刊〉 12000円 ⓘ978-4-13-009461-0 Ⓝ210.58

◇中山忠能日記 4 中山忠能著 オンデマンド版 東京大学出版会 2015.1 720p 22cm （日本史籍協会叢書 158）〈印刷・製本：デジタルパブリッシングサービス 覆刻 1973年刊〉 15000円 ⓘ978-4-13-009458-0 Ⓝ210.58

◇中山忠能履歴資料 4 中山忠能著 オンデマンド版 東京大学出版会 2015.1 500p 22cm （日本史籍協会叢書 162）〈印刷・製本：デジタルパブリッシングサービス 覆刻 1973年刊〉 14000円 ⓘ978-4-13-009462-7 Ⓝ210.58

◇中山忠能履歴資料 5 中山忠能著 オンデマンド版 東京大学出版会 2015.1 456p 22cm （日本史籍協会叢書 163）〈印刷・製本：デジタルパブリッシングサービス 覆刻 1973年刊〉 12000円 ⓘ978-4-13-009463-4 Ⓝ210.58

◇中山忠能履歴資料 6 中山忠能著 オンデマンド版 東京大学出版会 2015.1 502p 22cm （日本史籍協会叢書 164）〈印刷・製本：デジタルパブリッシングサービス 覆刻 1974年刊〉 14000円 ⓘ978-4-13-009464-1 Ⓝ210.58

◇中山忠能履歴資料 7 中山忠能著 オンデマンド版 東京大学出版会 2015.1 466p 22cm （日本史籍協会叢書 165）〈印刷・製本：デジタルパブリッシングサービス 覆刻 1974年刊〉 12000円 ⓘ978-4-13-009465-8 Ⓝ210.58

◇中山忠能履歴資料 8 中山忠能著 オンデマンド版 東京大学出版会 2015.1 476p 22cm （日本史籍協会叢書 166）〈印刷・製本：デジタルパブリッシングサービス 覆刻 1974年刊〉 12000円 ⓘ978-4-13-009466-5 Ⓝ210.58

◇中山忠能履歴資料 9 中山忠能著 オンデマンド版 東京大学出版会 2015.1 542p 22cm （日本史籍協会叢書 167）〈印刷・製本：デジタルパブリッシングサービス 覆刻 1974年刊〉 14000円 ⓘ978-4-13-009467-2 Ⓝ210.58

◇中山忠能履歴資料 10 中山忠能著 オンデマンド版 東京大学出版会 2015.1 511p 22cm （日本史籍協会叢書 168）〈印刷・製本：デジタルパブリッシングサービス 覆刻 1975年刊〉 14000円 ⓘ978-4-13-009468-9 Ⓝ210.58

中山 千夏〔1948～〕 なかやま・ちなつ

◇芸能人の帽子―アナログTV時代のタレントと芸能記事 中山千夏著 講談社 2014.11 541p 20cm 2500円 ⓘ978-4-06-219222-4 Ⓝ778.21

[内容] 第1章 前口上 第2章 劇界の有望株を採点する―宝石（新年特別号一九六七年一月号） 第3章 かわいい"娘"東宝専務菊田一夫と中山千夏―週刊平凡（一九六六年六月二日号） 第4章 明るく伸びやかな20才/中山千夏―若い生活（一九六八年一一月号） 第5章 "女"になった名子役、ボインも評判の中山千

夏ががめつく青島幸男センセイの女秘書志願―週刊明星（一九六八年一二月八日号）　第6章　才女ブス中山千夏時代がくる!!―ヤングレディ（一九六九年三月二四日号）　第7章　連載スターを斬る！4　竹中労の芸能社会評論"駅弁才女"なんてつまらない―週刊読売（一九七〇年三月六日号）　第8章　芸能人の逃走

長山　直厚　ながやま・なおあつ
◇西伯利亞出兵物語―大正期、日本軍海外派兵の苦い記憶　土井全二郎著　潮書房光人社　2014.8　276p　20cm　〈文献あり〉　2200円　①978-4-7698-1575-4　Ⓝ210.69

[内容]　第1章　シベリアお菊　第2章　風雲児　島田元太郎　第3章　諜報員　石光真清　第4章　おらが総理　田中義一　第5章　アタマン・セミヨノフ　第6章　社会主義中尉　長山直厚　第7章　パルチザン　佐藤三千夫　第8章　革命軍飛行士　新保清　第9章　尼港副領事　石田虎松　第10章　「無名の師」総決算

永山　則夫　〔1949～1997〕　ながやま・のりお
◇誰が永山則夫を殺したのか―死刑執行命令書の真実　坂本敏夫著　幻冬舎　2014.12　332p　16cm　（幻冬舎アウトロー文庫 O-127-1）〈「死刑執行命令」（日本文芸社 2010年刊）の改題　文献あり〉　690円　①978-4-344-42294-0　Ⓝ326.41

[内容]　第1章　死刑執行命令―永山則夫の真実　第2章　刑死の作法―死刑囚の死に様　第3章　東京拘置所死刑囚舎房―刑務官と死刑囚　第4章　レクイエム―宗教家と死刑囚　第5章　冤罪の正体―免田栄さんからの手紙　第6章　死刑の境界―極刑を逃れた男

◇ひとびとの精神史　第4巻　東京オリンピック―1960年代　苅谷剛彦編　岩波書店　2015.10　329p　19cm　2500円　①978-4-00-028804-0　Ⓝ281.04

[内容]　1　高度成長とナショナリズム（下村治―国民のための経済成長　十河信二―新幹線にかける「夢」　河西昌枝―引退できなかった「東洋の魔女」　手塚治虫―逆風が育んだ「マンガの神様」　原田正純―胎児性水俣病の「発見」）　2　民族大移動―農村と都市の変貌（村井三郎と永山則夫―集団就職という体験　大牟羅良―農村の変貌と岩手の農民　室原知幸―公共事業のあり方を問い続けた「蜂の巣城主」　千石剛賢―日本的家族観に抗った「イエスの方舟」）　3　ベトナム戦争と日本社会（小田実―平等主義と誇りで世界の人びとをつなぐ　岡村昭彦―ベトナム戦争を直視して　鶴見良行―「足の人」はいかに思考したか）

◇インディアス群書　14　子どもと共に生きる―ペルーの「解放の神学」者が歩んだ道　アレハンドロ・クシアノビッチ著，五十川大輔編訳　現代企画室　2016.10　286p　22cm　〈付属資料：2枚：月報 15〉　2800円　①978-4-7738-1610-5　Ⓝ295.5

[内容]　第1章　自由な存在となるために（わたしたちは搾取されている大勢の人たちのひとり）　第2章　子どもたちは本当に権利の主体として扱われているのだろうか？（内戦の傷跡　出生証明書を持たない子どもたち　危機の時代の子どもたち）　第3章　働く子どもたち―それはスキャンダルか、憐みの対象か、尊厳ある存在か（働く子どもたち、それは二〇世紀末の特筆すべき社会問題　働く子どもたちと「最悪な形態の労働」が孕む逆説　貧しい者たちの歴史の一部としての働く子どもたちの歴史）　第4章　主役としての子どもたち（子ども主導組織の先駆的経験として――九四〇年代初頭　真の子ども主導組織の誕生――九七〇年代半ば　補章　ペルーの働く子どもたちと日本との出会い（ペルーの働く子どもたちが永山則夫を知ったとき（太田昌国／義井豊）　永山記念集会へのメッセージ（アレハンドロ・クシアノビッチ）「働く子・青少年のための教育機関」の誕生（インファント－永山則夫））

◇死刑の基準―「永山裁判」が遺したもの　堀川惠子著　講談社　2016.12　407p　15cm　（講談社文庫 ほ41-3）〈日本評論社 2009年刊の再刊　文献あり〉　780円　①978-4-06-293529-6　Ⓝ326.41

[内容]　第1章　生いたちから事件まで　第2章　一審「死刑」　第3章　二審「無期懲役」　第4章　再び、「死刑」　第5章　「永山基準」とは何か

◇死刑囚永山則夫の花嫁―「奇跡」を生んだ461通の往復書簡　永山和美，嵯峨仁朗，柏艪舎編　札幌　柏艪舎　2017.2　331p　19cm　（〔ネプチューン〈ノンフィクション〉シリーズ〕）〈文献あり　著作目録あり　年譜あり　発売：星雲社〉　1700円　①978-4-434-22970-1　Ⓝ289.1

[内容]　1　暗い海　2　愛の往復書簡　アメリカより　3　ミミ　4　愛の往復書簡　日本にて　5　永山則夫の花嫁　6　生と死と　7　網走へ　8　エピローグ

◇永山則夫―封印された鑑定記録　堀川惠子著　講談社　2017.4　486p　15cm　（講談社文庫 ほ41-4）〈岩波書店 2013年刊の再刊　文献あり〉　860円　①978-4-06-293628-6　Ⓝ289.1

[内容]　序章　事件　第1章　語らぬ少年　第2章　医師の覚悟　第3章　家族の秘密　第4章　母と息子　第5章　兄と弟　第6章　絶望の果て　第7章　別離　終章　二枚の写真

◇永山則夫の罪と罰―せめて二十歳のその日まで　井口時男著　コールサック社　2017.8　223p　19cm　1500円　①978-4-86435-299-4　Ⓝ289.1

◇反－寺山修司論　永山則夫著　復刻版　アルファベータブックス　2017.8　378p　21cm　〈初版：JCA 1977年刊〉　3000円　①978-4-86598-039-4　Ⓝ289.1

[内容]　戦端（さらば、津軽 2＝永山則夫の犯罪　寺山修司）　第1章　ニセ津軽人と偽善の華々（青森には、むかしから「なんじょ」がある。）　第2章　ハイエナ売文屋を駁す（2母恋春歌調…）　第3章　昭和元禄と「連続射殺魔」（3寺山修司の「幸福論」…）　第4章　デマゴーグを駁す（4偏見と差別…）　結論

中山　雅史　〔1967～〕　なかやま・まさし
◇魂の在処　中山雅史，時見宗和著　幻冬舎　2014.7　175p　20cm　1300円　①978-4-344-02610-0　Ⓝ783.47

[内容]　なにもないから中山雅史　いま、悪いということはこれからかならず良くなるということだ　ウルトラマンになるようなつもりだったのかな　走りつづけ、意地を張りとおすだけは　生涯最高のゴールは？と質問されたら　見えない枠のなかでプレイし

ているかのようだった　開いた穴を放っておくと、どんどんくずれていく　監督と衝突しようとは思わない　達成感を味わったことは一度もなかった　いくら泳いでも岸にたどりつけないような気分だった〔ほか〕

中山　嘉子　なかやま・よしこ
⇒新橋喜代三(しんばし・きよぞう)を見よ

中山　律子〔1942～〕　なかやま・りつこ
◇中山律子の「この道」パーフェクトじゃない人生　中山律子著　東京新聞　2014.12　183p　20cm　〈年譜あり〉　1500円　Ⓘ978-4-8083-0997-8　Ⓝ783.9
内容 第1章 人生最高の瞬間　第2章 出生から学生、社会人時代　第3章 ボウリング下積み時代　第4章 プロ・草創期の思い出　第5章 天下のライバル・須田開代子　第6章 けがからの復活　第7章 日々のひとひら　終章 いま思うこと

名川　義紘〔1924～〕　ながわ・よしひろ
◇最後の陸軍青年将校の半生とその想い　名川義紘著　仙台　創栄出版　2016.3　157p　19cm　〈発売：星雲社〉　1300円　Ⓘ978-4-434-21563-6　Ⓝ916
内容 われ武装解除されず―終戦時、北満州にて　日ソ開戦の頃　関東軍敗戦への若干の疑問　関東軍第一二三師団の大方将兵は如何にして生還することが出来たか　今次大戦は聖戦か侵略戦争か　反戦への途―戦争勃発の本質的究明　八紘一宇再論議　奇説。ことの真相如何に―米ソをめぐる必然的戦争論理　日本軍は何故敗けたか―日本軍の戦略・組織論的検討　大東亜戦争の戦争責任、戦犯とは　シベリア抑留回想記　追憶　危うく米軍のスパイに―昭和二十四年の復員直後　敗け馴れない国、日本　讃 陸士五十六期　米寿に思う　尖閣等をめぐる中国問題について思う　片言遺言

南雲　仁〔1931～〕　なぐも・あい
◇おっかさまの人生料理―酒蔵に嫁いで六十年。「八海山」と共に歩いた南雲仁さんの生きかた　森田洋編著　デナリパブリッシング　2017.11　135p　20cm　〈年譜あり　発売：ぶんしん出版（三鷹）〉　1200円　Ⓘ978-4-89390-136-1　Ⓝ289.1
内容 はじめに"おっかさま"のこと　第1章 嫁ぐ前―島崎時代のこと　第2章 嫁いでからの苦労？　第3章 念願の接客用座敷が完成した　第4章 子どもたちが語る母の姿　特別寄稿 暮らしの軸―南雲仁さんのこと（池内紀）　巻末カラー保存版 おっかさまの手づくり料理六〇選

南雲　忠一〔1887～1944〕　なぐも・ちゅういち
◇提督の責任南雲忠一―最強空母部隊を率いた男の栄光と悲劇　星亮一著　潮書房光人社　2017.2　312p　16cm　(光人社NF文庫 ほN-993)　〈「南雲忠一」（PHP文庫 2008年刊）の改題　文献あり〉　860円　Ⓘ978-4-7698-2993-5　Ⓝ289.1
内容 第1章 エトロフ島　第2章 トラトラトラ　第3章 アメリカの衝撃　第4章 ミッドウェー海戦　第5章 膨大な犠牲者　第6章 誰の責任か　第7章 南雲のその後

那須　重治〔1930～〕　なす・しげじ
◇花火記―灯籠記 続　那須重治著　文芸社　2018.5　94p　20cm　1200円　Ⓘ978-4-286-19433-2　Ⓝ289.1

那須川　天心〔1998～〕　なすかわ・てんしん
◇覚醒　那須川天心著　クラーケン　2017.12　189p　19cm　1389円　Ⓘ978-4-909313-01-0　Ⓝ788.3
内容 第1章 誕生からプロデビューまで（天に心を持て 父親の運動神経と母親のメンタル ほか）　第2章 キックで世界制圧へ（キック1戦目―vs有松朝 キック2戦目―vsアレクサンドロ・ヒデオ ほか）　第3章 キックとMMAの二刀流（キック14戦目―vsタリック・トッツ キック15戦目―vsリン・ビン ほか）　最終章 これから（秒殺の極意 減量について ほか）

なだ　いなだ〔1929～2013〕
◇残されたもの、伝えられたこと―60年代に蜂起した文革者烈伝　矢崎泰久著　街から舎　2014.6　268p　19cm　1620円　Ⓘ978-4-939139-19-2　Ⓝ281.04
内容 脱原発の市民科学者―高木仁三郎　反戦軍事評論家としての矜持―小山内宏　J・Jにみる華麗な文化革命―植草甚一　革命思想家の孤高な生涯―羽仁五郎　革命・反革命の夢幻―竹中労　市民哲学者が残した足跡―久野収　公害に取り組んだ科学者―宇井純　文学と運動の狭間に生きた巨人―小田実　輝けるSF作家の青春―小松左京　ポップ・ミュージックの開拓者―中村とうよう　多国籍人間の見果てぬ夢―邱永漢　「わた史」を生涯かけて編む―小沢昭一　エロスこそ反権力の証し―若松孝二　何もなくて何もない宣言―なだいなだ　ノーベル物理学賞に最も近かった活動家―水戸巌

名田　惣二郎〔1933～〕　なだ・そうじろう
◇而今　名田惣二郎著　福岡　海鳥社　2014.8　191p　20cm　1600円　Ⓘ978-4-87415-916-3　Ⓝ289.1

那知　国松〔1897～1973〕　なち・くにまつ
◇大島桜―那知国松の生涯　永田肥子編　弘報印刷出版センター　2015.11　120p　21cm　〈年譜あり〉　Ⓝ289.1

夏目　鏡子〔1877～1963〕　なつめ・きょうこ
◇漱石文学の虚実―子孫に伝わる『坊ちゃん』と『草枕』の背景　相川良彦著　幻冬舎メディアコンサルティング　2017.12　351p　19cm　〈文献あり　発売：幻冬舎〉　1400円　Ⓘ978-4-344-91502-2　Ⓝ910.268
内容 1章 漱石先生と松山中学生との関係―作家の体験に関連づけた『坊っちゃん』論　2章 松山中学の学校騒動と教師たちのモデル―『坊っちゃん』に描かれた時代の社会相　3章 赤シャツのもう一人のモデル―落語の影響と風刺小説　4章 うらなりのモデル中堀貞五郎と先妻・律―モデル探し論の功罪　5章 婆さんたちの正体と中堀の転勤事情―『坊っちゃん』のまとめ　6章 漱石夫人・鏡子の噂とその出所―山形ナツの回顧と漱石をめぐる親戚ネットワーク　7章 鏡子密通の状況証拠と『草枕』―噂の真相と『草

枕』への痕跡

夏目 漱石〔1867～1916〕　なつめ・そうせき

◇夏目漱石外伝―菅虎雄先生生誕百五十周年記念文集　久留米　菅虎雄先生顕彰会　2014.10　191p　22cm　〈文献あり〉　1000円　Ⓝ910.268

◇夏目漱石『三四郎』をどう読むか　石原千秋責任編集　河出書房新社　2014.10　223p　21cm　（文芸の本棚）　1750円　Ⓘ978-4-309-02332-8　Ⓝ913.6

内容　『三四郎』はどう読まれてきたか（石原千秋）　対談（文芸漫談　夏目漱石『三四郎』を読む（奥泉光　いとうせいこう）　三四郎、百年の孤独（姜尚中　栗坪良樹））　鼎談　差別と文学―漱石『三四郎』を読み直す（小森陽一　富岡多恵子　西成彦）　エッセイ（三四郎は名古屋で同衾すべきだった（東浩紀）　近代ごっこ。青年は次に誰を見下す？（荻上チキ）　ほか）　講演『三四郎』（吉本隆明）　評伝　漱石の二十世紀―『三四郎』と明治四十一年の東京（関川夏央）　評論（夏目漱石『三四郎』本郷（前田愛）　『三四郎』論の前提（千種キムラスティーブン）　ほか）

◇天才を生んだ孤独な少年期―ダ・ヴィンチからジョブズまで　熊谷高幸著　新曜社　2015.3　222p　20cm　〈文献あり　索引あり〉　1900円　Ⓘ978-4-7885-1424-9　Ⓝ141.18

内容　1章　天才と孤独　2章　レオナルド・ダ・ヴィンチ　3章　アイザック・ニュートン　4章　トーマス・アルヴァ・エジソン　5章　夏目漱石　6章　アルベルト・アインシュタイン　7章　スティーブ・ジョブズ　8章　天才と現代

◇漱石の新婚旅行　小宮洋子　福岡　海鳥社　2015.6　259p　19cm　〈文献あり〉　1700円　Ⓘ978-4-87415-948-4　Ⓝ910.268

内容　第1章　漱石の新婚旅行（裏長屋氏の珍な結婚　俳人の鋳々たる者　ほか）　第2章　漱石のヒロイン鏡子（天上の恋　地上の愛　ほか）　第3章　漱石と小天温泉の女（鏡子「自殺未遂」　結婚二年、五月の危機　ほか）　第4章　作家漱石の誕生へ（鏡子のラブレター　留学後の誤算　ほか）

◇となりの漱石　山口謠司著　ディスカヴァー・トゥエンティワン　2015.10　287p　18cm　（ディスカヴァー携書 156）〈文献あり　年譜あり〉　1000円　Ⓘ978-4-7993-1768-6　Ⓝ910.268

内容　1章　はらぺこ漱石　2章　漱石とおんなたち　3章　明治人　漱石　4章　家庭人　漱石　5章　漱石と友、弟子　6章　意地っ張り　漱石　7章　漱石　懐事情　8章　漱石　迷う

◇夏目漱石　赤木桁平著　講談社　2015.12　298p　15cm　（講談社学術文庫 2337）〈新潮社1917年刊の追加、訂正　年譜あり〉　980円　Ⓘ978-4-06-292337-8　Ⓝ910.268

内容　前編　生涯の輪郭（幼年時代・学生時代　慶応三年・明治二十六年）　教師時代（明治二十六年・明治四十年）　創作家時代（明治四十一年・大正五年）　中編　業績の概観（ロマンチシズムの時代（『漾虚集』・『四篇』）　転向の時代（『虞美人草』・『門』）　リアリズムの時代（『彼岸過迄』・『明暗』）　後編　芸術の本質（芸術的要素の変遷　構想の技巧の様式　描写の傾向及び特質　文章―文体・文格）

◇漱石追想　十川信介編　岩波書店　2016.3　465p　15cm　（岩波文庫 31-201-1）　900円　Ⓘ978-4-00-312011-8　Ⓝ910.268

内容　1（「猫」の頃（高浜虚子）　腕白時代の夏目君（篠本二郎）　ほか）　2（夏目先生を憶う（吉田美里）　私の見た漱石先生（木部守一）　ほか）　3（漱石君を悼む（鳥居素川）　始めて聞いた漱石の講演（長谷川如是閑）　ほか）　4（雨月荘断片（真鍋嘉一郎）　漱石先生と私（佐藤恒祐）　ほか）　5（松山と千駄木（久保より江）　真面目な中に時々剽軽なことを仰しゃる方（山田房子）　ほか）

◇父・夏目漱石　夏目伸六著　文藝春秋　2016.4　334p　16cm　（文春文庫　な24-2）　700円　Ⓘ978-4-16-790601-6　Ⓝ910.268

内容　父夏目漱石　父の日記と子供達　面会日　父と中村是公さん　「文鳥」　一葉と漱石の原稿料　「草枕」の出来るまで　英語嫌いの漱石　父の手紙と森田さん　「道草」の頃　博士嫌いと夏目博士　父の書画　漱石の母とその里　「猫の墓」　父の家族と道楽の血　父の胃病と「則天去私」　父・臨終の前後　晴衣　母のこと　墓標の下

◇夏目漱石博物館―絵で読む漱石の明治　石﨑等、中山繁信著　彰国社　2016.6　103p　26cm　〈他言語標題：Natsume Soseki Museum　1985年刊の加筆・修正　文献あり　年譜あり〉　2000円　Ⓘ978-4-395-32064-6　Ⓝ910.268

内容　第1章　漱石の生涯（喜久井町と夏目坂　神楽坂寄席　新富座　お茶の水界隈　ほか）　第2章　作品とその世界（吾輩は猫である　坊っちゃん　野分　虞美人草　三四郎　ほか）

◇漱石を読みなおす　小森陽一著　岩波書店　2016.7　273p　15cm　（岩波現代文庫―文芸279）〈筑摩書房 1995年刊の増補・改訂〉　980円　Ⓘ978-4-00-602279-2　Ⓝ910.268

内容　第1章　猫と金之助　第2章　子規と漱石　第3章　ロンドンと漱石　第4章　文学と科学―『文学論』の可能性　第5章　大学帰りから新聞屋へ　第6章　文学と権力　第7章　漱石の女と男　第8章　意識と無意識　第9章　個人と戦争

◇夏目金之助ロンドンに狂せり　末延芳晴著　新装版　青土社　2016.7　529p　図版16p　20cm　〈文献あり　年譜あり〉　3400円　Ⓘ978-4-7917-6939-1　Ⓝ910.268

内容　金之助、ロンドンに留学す　不安と戸惑いの横浜出航　船酔いに苦しむ金之助　光と影―イギリス植民地支配とアジアの現実　ノット夫人の一等船室で　砂漠の国の海を抜けて地中海へ　汽車の旅で難儀する金之助　初めての単独旅行―パリからロンドンへ　ロンドンの街頭に迷う金之助　『倫敦塔』―漱石自身による漱石殺し　最初から挫折した留学の夢　女の「過去の臭ひ」―ミルデ家の謎　東京海上保険ロンドン支店長が見たミルデ家　謎の少女アグニスの眼　賢く生きたくない日本人　おしゃべりペンの奇妙な友情　下宿に引きこもる金之助　『文学論』―強いられたプロジェクト　金之助、ロンドンに狂せり―自我の拠り所などを求めて　帰国―内なる流離と引きこもりに向けて

◇夏目漱石　網野義紘著, 福田清人編　新装版　清水書院　2016.8　198p　19cm　（Century books―人と作品）〈文献あり　年譜あり　索引あり〉　1200円　Ⓘ978-4-389-40102-3　Ⓝ910.268

なつめ

◇漱石の思ひ出　夏目鏡子述，松岡讓筆録　岩波書店　2016.9　432p　20cm　〈改版　2003年刊の新装幀　年譜あり〉　4600円　①978-4-00-023733-8　Ⓝ910.268

内容　第1編　夏目漱石の生涯（里子から養子へ　立志のころ　世の中へ　イギリス留学　作家の道　晩年）　第2編　作品と解説（吾輩は猫である　坊っちゃん　草枕　三四郎　こゝろ）

内容　松山行　見合ひ　結婚式　新家庭　父の死　上京　養子に行つた話　「草枕」の素材　書生さん　長女誕生（ほか）

◇子規と漱石―友情が育んだ写実の近代　小森陽一著　集英社　2016.10　247p　18cm　（集英社新書 0854）　760円　①978-4-08-720854-2　Ⓝ910.268

内容　第1章　子規、漱石に出会う　第2章　俳句と和歌の革新へ　第3章　従軍体験と俳句の「写実」　第4章　「歌よみに与ふる書」と「デモクラティック」な言説空間　第5章　「写生文」における空間と時間　第6章　「写生文」としての『叙事文』第7章　病床生活を写生する『明治三十三年十月十五日記事』　第8章　生き抜くための「活字メディア」　終章　僕ハモーダメニナッテシマッタ

◇夏目漱石　十川信介著　岩波書店　2016.11　300p　18cm　（岩波新書　新赤版 1631）〈年譜あり〉　840円　①978-4-00-431631-2　Ⓝ910.268

内容　不安定な育ち　子規との交友　松山と熊本　ロンドンの孤独　作家への道　小説記者となる　『三四郎』まで　『それから』の前後　修善寺の大患　講演の旅に出る　心の奥底を探る　生きている過去　「道草」から『明暗』へ　明暗のかなた　晩年の漱石とその周辺

◇夏目漱石―人間は電車ぢやありませんから　佐々木英昭著　京都　ミネルヴァ書房　2016.12　397,10p　20cm　（ミネルヴァ日本評伝選）〈文献あり　年譜あり　索引あり〉　3500円　①978-4-623-07893-6　Ⓝ910.268

内容　序章　日本人の先生　第1章　七人の親たち　第2章　"Be studious"（勉強するんだぞ）　第3章　文科大学の偉物「狂にくみせん」　第4章　一本の錐さへあれば　第5章　松山・熊本の俳人教師　第6章　ロンドンで世界を構想する　第7章　東京帝大講師、小説家として登場　第8章　「烈しい精神」の文学へ　第9章　「描いた功徳」が罪悪を清める

◇漱石と『資本論』　小島英俊,山﨑耕一郎著　祥伝社　2017.2　242p　18cm　（祥伝社新書 496）〈文献あり〉　800円　①978-4-396-11496-1　Ⓝ331.6

内容　第1章　漱石とマルクス（漱石の生い立ち　イギリス留学　ほか）　第2章　『資本論』大意・要約（第1巻　資本の生産過程　第2巻　資本の流通過程　ほか）　第3章　『資本論』受容とマルクシズム（初版は1000部　日本への上陸　ほか）　第4章　漱石と社会主義（『資本論』が難解である理由　なぜ漱石は理解できなかったのか　ほか）　第5章　今も生きる『資本論』（ソ連崩壊後のマルクシズム　日本共産党の変化　ほか）

◇夏目漱石解体全書　香日ゆら著　河出書房新社　2017.5　127p　21cm　〈文献あり　著作目録あり　年表あり〉　1300円　①978-4-309-02575-9　Ⓝ910.268

内容　1　夏目漱石を知る（漱石人生双六　夏目先生解体図　漱石アルバム　先生の日常　夏目家系図）　2　漱石ゆかりの地へ（東京漱石1日ツアー　記念館へ行こう！　漱石引っ越し録　漱石作品に登場する飲食店）　3　漱石をめぐる人々（人物相関図　漱石をめぐる人々　生年一覧表　漱石をめぐる人々をめぐる記念館・文学館・ゆかりの地ガイド）　4　作品・文献ガイド（先生の作品　美しい本は好きですか？　漱石本装幀の世界　オススメ漱石文献　吾輩は登場人物である）

◇夏目漱石と西田幾多郎―共鳴する明治の精神　小林敏明著　岩波書店　2017.6　240,3p　18cm　（岩波新書　新赤版 1667）〈文献あり　年譜あり〉　840円　①978-4-00-431667-1　Ⓝ910.268

内容　序章　西田はなぜ漱石に手紙を書いたのか　第1章　没落する家から生まれる独立の精神　第2章　人と知のネットワークのなかで　第3章　一生の宿題となった公案の問い　第4章　ベストセラーは何をもたらしたか　第5章　戦争時代のメンタリティ　第6章　内省を表現するとはどういうことか

◇漱石ゴシップ　長尾剛著　完全版　朝日新聞出版　2017.9　311p　15cm　（朝日文庫 な48-1）〈初版：文春文庫 1997年刊　文献あり〉　840円　①978-4-02-261914-3　Ⓝ910.268

内容　吾輩は猫である　坊っちゃん　草枕　虞美人草　三四郎　それから　門　彼岸過迄　行人　こゝろ　道草　明暗　夏目漱石の生涯　"これから"の漱石

◇夏目狂セリ―ロンドンで何が起きたのか　三上命著　長野　満天地　2017.11　165p　19cm　〈文献あり〉　1500円　①978-4-9909633-2-3　Ⓝ910.268

内容　初日の講演（漱石は狂人か　英国留学中の悩乱　勝とう勝とうの心　劣等を嫌う劣等者　リール婆さん　リール婆さんとの戦い）　二日目の講演（肥大した自我　汚れなき者の汚れ　「私の個人主義」　大学卒業後の悩乱　囊から出られない　悩乱のメカニズム）

◇漱石文学の虚実―子孫に伝わる『坊ちゃん』と『草枕』の背景　相川良彦著　幻冬舎メディアコンサルティング　2017.12　351p　19cm　〈文献あり　発売：幻冬舎〉　1400円　①978-4-344-91502-2　Ⓝ910.268

内容　1章　漱石先生と松山中学生との関係―作家の体験に関連づけた『坊っちゃん』論　2章　松山中学の学校騒動と教師たちのモデル―『坊っちゃん』に描かれた時代の社会相　3章　赤シャツのもう一人のモデル―落語の影響と風刺小説　4章　うらなりのモデル中堀貞五郎と先妻・律―モデル探し論の功罪　5章　婆さんたちの正体と中堀の転勤事情―『坊っちゃん』のまとめ　6章　漱石夫人・鏡子の噂とその出所―山形ナツの回顧と漱石をめぐる親戚ネットワーク　7章　鏡子密通の状況証拠と『草枕』―噂の真相と『草枕』への痕跡

◇定本　漱石全集　別巻　漱石言行録　猪野謙二編　岩波書店　2018.2　633p　20cm　〈付属資料：10p；月報 14〉　4800円　①978-4-00-092849-6　Ⓝ918.68

内容　『墨汁一滴』より（正岡子規）　漱石と子規（赤木格堂）　漱石と自分（狩野亨吉）　予備門時代の漱石

（太田達人）　意地張で親切　坊主になる勧告（中村是公）　夏目君と僕と僕の家（斎藤阿具）　漱石の思ひ出（松本文三郎）　学生時代の夏目君（大塚保治）　夏目君の書簡（菅虎雄）　熊本時代の漱石と米山天然居士（長谷川貞一郎）〔ほか〕

◇定本　漱石全集　第19巻　日記・断片　上　夏目金之助著　岩波書店　2018.4　545p　20cm　〈付属資料：8p：月報 15〉　4200円　Ⓘ978-4-00-092839-7　Ⓝ918.68
＊英国留学中の日記、作品執筆の構想、日常の断想などから漱石の思考をたどる。明治三十一〜四十一年頃の日記・断片を収録。

◇漱石の長襦袢　上　半藤末利子著　新座　埼玉福祉会　2018.5　248p　21cm　（大活字本シリーズ）〈底本：文春文庫「漱石の長襦袢」〉　2800円　Ⓘ978-4-86596-238-3　Ⓝ910.268
内容　第1章 ロンドンからの手紙（中根家の四姉妹　ロンドンからの手紙　漱石夫人と猫　ほか）　第2章 漱石の長襦袢（まぼろしの漱石文学館　漱石の長襦袢　家相のよい家　ほか）　第3章 子規の庭（ソーセキ君子規の庭　送られてきた拾円玉　ほか）

◇漱石の長襦袢　下　半藤末利子著　新座　埼玉福祉会　2018.5　223p　21cm　（大活字本シリーズ）〈底本：文春文庫「漱石の長襦袢」〉　2800円　Ⓘ978-4-86596-239-0　Ⓝ910.268
内容　第4章 漱石山房の復元（漱石山房の復元　漱石の修善寺　「漱石枕流」の集い　記念講演「坊っちゃん」は私の子守歌 ほか）　第5章 呉の海軍墓地（『星の王子さま』の会　昭和史散歩　呉の海軍墓地　羽二重団子と東京初空襲　初めてのエステ　ほか）

◇現代文士廿八人　中村武羅夫著　講談社　2018.6　217p　16cm　（講談社文芸文庫　なU1）〈日高有倫堂 1909年刊の再編集〉　1600円　Ⓘ978-4-06-511864-1　Ⓝ910.261
内容　田山花袋　国木田独歩　生田葵山　夏目漱石　菊池幽芳　小川未明　小杉天外　内藤鳴雪　徳田秋声　水野葉舟〔ほか〕

◇編集者 漱石　長谷川郁夫著　新潮社　2018.6　355p　22cm　〈索引あり〉　3500円　Ⓘ978-4-10-336392-7　Ⓝ910.268
内容　第1章 正岡子規　第2章 松山、熊本、ロンドンへ　第3章 ロンドン滞在　第4章 小説家誕生　第5章 早稲田南町七番地　第6章 透明な伽藍　第7章「東京朝日新聞」文藝欄　第8章 小さな未来図　第9章 しい「真」

◇定本 漱石全集　第20巻　日記・断片　下　夏目金之助著　岩波書店　2018.6　719p　20cm　〈付属資料：10p：月報 16〉　4600円　Ⓘ978-4-00-092840-3　Ⓝ918.68
内容　明治四十二年　明治四十三年　明治四十三、四年頃　明治四十四年　明治四十五年／大正元年　大正二年　大正五年

◇胃弱・癇癪・夏目漱石—持病で読み解く文士の生涯　山崎光夫著　講談社　2018.10　317p　19cm　（講談社選書メチエ　685）〈文献あり〉　1900円　Ⓘ978-4-06-513381-1　Ⓝ910.268
内容　はじめに ミザンスロピック病　第1章 変人医者が生きかたのお手本　第2章 円覚寺参禅をめぐって　第3章 左利きの文人　第4章 朝日入社前後　第5章 新聞文士　第6章 神経衰弱の実相　第7章 胃が悲鳴をあげている　第8章 森田療法と漱石　第9章 修善寺の大患　第10章 急逝の裏に　むすびに 原稿用紙上の死

◇夏目漱石の明治—自由民権運動と「大逆」事件を中心にして　小宮洋著　大阪　風詠社　2018.10　305p　19cm　〈文献あり　発売：星雲社〉　1700円　Ⓘ978-4-434-25270-9　Ⓝ910.268
内容　第1章 明治十四年の夏目漱石（実母の死、鳴動する時代　自由民権運動のただ中で ほか）　第2章 漱石と『こゝろ』の世界（"奥さん"—と—共に—生きる"の衝撃　「御嬢さん」ではなく「静」としてほか）　第3章 明治四十三年の夏目漱石（修善寺の大患と「大逆」事件　啄木—テロリストの悲しき心 ほか）　第4章 たたかう夏目漱石（博士の学位を頂きたくないのであります　漱石は「王」に屈服したか ほか）

◇夏目漱石論—現代文学の創出　鶴山裕司著　金魚屋プレス日本版　2018.12　399p　19cm　（日本近代文学の言詠像 2）　1800円　Ⓘ978-4-905221-06-7
内容　1 序論—漱石と「夏目学」　2 漱石小伝—『漱石とその時代』を未完のまま自死した江藤淳に　3 英文学研究と文学のヴィジョン—『文学論』『文学評論』『野分』4 写生文小説—『吾輩は猫である』5 漱石的主題—『琴のそら音』『趣味の遺伝』『坊っちゃん』『草枕』『野分』　6 写生文小説の限界—『文芸の哲学的基礎』『虞美人草』『坑夫』『文鳥』『夢十夜』7 大衆小説三部作—『三四郎』『それから』『門』　8 前衛小説三部作—『思ひ出す事など』『彼岸過迄』『行人』『心』　9 小説への回帰—『私の個人主義』『硝子戸の中』『道草』　10 現代文学の創出—『明暗』

夏目 忠雄〔1908〜1997〕　なつめ・ただお
◇夏目忠雄の出発いくたび　夏目雄平 ほか著　長野　柏企画　2015.10　175p　19cm　1300円　Ⓘ978-4-907788-26-1　Ⓝ289.1
内容　第1部 それぞれに見た人間夏目忠雄（夏目忠雄の次男として　記憶の中の大きな存在　水道を通じての日中友好の絆　長野大通りの開設と景観について　戦後まもなくのこと　父たちの友情　無派閥議員の『提言』と『造反』夏目忠雄略年表）　第2部 故郷の山に向かって（ふるさとでの戦後出発　新妻・母親としての人生　中国大陸　離島に渡った中年の初年兵）　関係文献　長野市長時代の新春あいさつ

七曲殿（北条氏繁正室）〔戦国時代〕　ななまがりどの
◇北条氏康の子供たち—北条氏康生誕五百年記念論文集　黒田基樹, 浅倉直美編　京都　宮帯出版社　2015.12　357p　22cm　〈年譜あり〉　3500円　Ⓘ978-4-8016-0017-1　Ⓝ288.2
内容　総論 北条氏康の子女について　第1章 北条氏康の息子たち（北条氏政　北条氏照　北条氏邦　北条氏規　北条氏忠　北条氏光　上杉景虎）　第2章 北条氏康の娘たち（早川殿—今川氏真の室　長林院—北条氏繁の室　浄光院殿—足利義氏の室　桂林院殿—武田勝頼の室）　第3章 戦国北条氏の居城（小田原城　韮山城跡　鉢形城　唐沢山城　玉縄城）　付録

なべ おさみ〔1939～〕

◇やくざと芸能界 なべおさみ著 講談社 2015.12 338p 15cm (講談社＋α文庫 G270-1) 〈「やくざと芸能と」(イースト・プレス 2014年刊)の改題、一部改筆〉 680円 ①978-4-06-281620-5 Ⓝ779.14

内容 第1章 生まれは江戸前(役者になりたい 日本語が下手な恩人・金井さん ほか) 第2章 渡辺プロ黄金時代(渡辺プロ移籍を決めた勘違い 水原弘の付人初日 ほか) 第3章 「本物」のやくざを教えよう(アウトローの発生 二つのやくざ ほか) 第4章 政治家と明大裏口入学事件(私の親分は安倍晋太郎先生 私の好きな政治家、そして ほか)

鍋島 勝茂〔1580～1657〕 なべしま・かつしげ

◇考証 風流大名列伝 稲垣史生著 立東舎 2016.10 254p 15cm (立東舎文庫 い1-1) 〈作品社 1983年刊の再刊 発売：リットーミュージック〉 800円 ①978-4-8456-2867-4 Ⓝ281.04

内容 序章―殿様とは 徳川光圀―絹の道への幻想 徳川宗春―御深井の秘亭 伊達綱宗―遊女高尾斬りを笑う 井伊直弼―この世は一期一会より 織田秀親―鬼面の茶人寛永寺の刃傷 細川忠興―凄惨な夜叉の夫婦愛 前田吉徳―間違われた加賀騒動の主人公 小堀遠州―長く嶮しい道をゆく 安藤信正―『半七捕物帳』に縁ある 柳生宗矩―まぼろしの名品平蜘蛛 松平不昧―父の風流入墨女の怪 浅野長矩―名君の史料に事欠かぬ 島津重豪・島津斉興・島津斉彬―薩摩三代の過剰風流 有馬頼貴・鍋島勝茂―大名行列に犬を引いて

鍋島 直茂〔1538～1618〕 なべしま・なおしげ

◇鍋島直茂 岩松要輔著 戎光祥出版 2016.12 88p 21cm (シリーズ〈実像に迫る〉 004) 〈文献あり 年譜あり〉 1500円 ①978-4-86403-227-8 Ⓝ289.1

内容 第1部 龍造寺の仁王門(鍋島氏の由緒と勢力拡大 龍造寺隆信の客将となる 揺れる龍造寺家) 第2部 大名としての自立(秀吉の島津征伐・朝鮮出兵と直茂 関ヶ原から大坂の陣とかけぬけた晩年)

◇龍造寺家と鍋嶋直茂 市丸昭太郎著 〔佐賀〕佐賀新聞社 2016.12 335p 21cm 〔年表あり 文献あり 発売：佐賀新聞プランニング(佐賀)〉 1800円 ①978-4-88298-218-0 Ⓝ288.2

鍋島 直大〔1846～1921〕 なべしま・なおひろ

◇お殿様、外交官になる―明治政府のサプライズ人事 熊田忠雄著 祥伝社 2017.12 262p 18cm (祥伝社新書 522)〈文献あり〉 840円 ①978-4-396-11522-7 Ⓝ319.1

内容 序章 ツルの一声 1章 鍋島直大―圧倒的な財力で外交の花を演じる 2章 浅野長勲―洋行経験なく、外交官生活も二年で終了 3章 戸田氏共―当代一の美人妻が醜聞に見舞われる 4章 蜂須賀茂韶―妾を同伴で海外赴任を敢行 5章 岡部長職―高い能力で明治の世をみごとに渡る 6章 柳原前光―権力者におもねらず、ライバルに水をあけられる 7章 榎本武揚―朝敵から一転、引く手あまたの「使える男」

鍋島 直正〔1814～1871〕 なべしま・なおまさ

◇明治なりわいの魁―日本に産業革命をおこした男たち 植松三十里著 ウェッジ 2017.2 192p 21cm 〈文献あり 年表あり〉 1800円 ①978-4-86310-176-0 Ⓝ281

内容 1章 魁の時代(高島秋帆―長崎豪商の西洋砲術と波乱の生涯 江川坦庵―伊豆韮山に現存する反射炉と品川台場 片寄平蔵―蒸気船の燃料を供給した常磐炭礦の開掘) 2章 技の時代(鍋島直正―佐賀の反射炉と三重津海軍所の創設 本木昌造―日本語の活版印刷を広めた元長崎通詞 堤磯右衛門―公共事業の請負から石鹸の祖に 上田寅吉―船大工から日本造船史上の一大恩人へ 大島高任―鉄の産地で高炉を建設した南部藩士) 3章 生業の時代(尾高惇忠―富岡製糸場初代場長の知られざる来歴 ファン・ドールン―猪苗代湖からの疎水開削を実現 加唐為重―生命保険に医療を取り入れて発展 油屋熊八―別府温泉で本格的な観光業をスタート 竹鶴政孝―本物のウィスキーを日本にもたらす 松永安左エ門―電力再編の三年間のためにあった長き生涯)

鍋谷 尭爾〔1930～〕 なべたに・ぎょうじ

◇ある医学生の友情―病床の友との往復書簡 鍋谷尭爾,兼川平和共著 〔出版地不明〕 鍋谷尭爾 2015.11 237p 19cm 〈発売：いのちのことば社〉 1300円 ①978-4-264-03459-9 Ⓝ198.321

＊数々のエピソードで綴られた結核療養所での体験とその友を励まし続けた医学生との心の交流。日本を代表する旧約学者を生み出した若き日の魂の原風景をたどる。

生江 孝之〔1867～1957〕 なまえ・たかゆき

◇生江孝之著作集 第6巻 生江孝之著 学術出版会 2014.9 713,25p 図版13枚 22cm (学術著作集ライブラリー)〈著作目録あり 年譜あり 生江孝之君古稀記念會 昭和13年刊の複製 発売：日本図書センター〉 ①978-4-284-10426-5 Ⓝ369.08

内容 慈善局設置の必要〈明治三十九年六月〉 恤救規則の改正に關する考察〈昭和二年五月〉 傷害救護機關設設の必要〈昭和二年十二月〉 民衆娯樂問題〈昭和四年九月〉 社會事業の政策化への新展望〈昭和三年十一月〉 社會事業の統制に關する一考察〈昭和六年一月〉 私設社會事業の社會的使命〈昭和六年三月〉 社會事業に於ける「人」と「組織」〈昭和八年一月〉 社會事業に於ける育兒事業の地位〈昭和九年十月〉 保育所の社會的及教育的意義〈昭和十年用月〉 保健所の使命と小兒保健所に對する希望〈昭和十一年六月〉 收容保護に於ける小家族分立主義に就いて〈昭和九年七月〉 義務教育年限延長に伴ふ二三の重要問題〈昭和十二年三月〉 日本農村の特異性を檢討して滿洲移民問題に及ぶ〈昭和八年五月〉 麻藥中毒者救護問題〈昭和九年十二月〉 我が國に於ける感化院の起原及び感化の語原に就いて〈昭和二年七月〉 避妊公許の和蘭〈大正九年三月〉 産兒制限問題私見〈昭和三年十二月〉 チヤルマア博士の追想〈大正十三年七月〉 ラウントリイ氏と其の事業〈大正十三年十一月〉 文藝復興に於ける慈善事業の變革に關する一考察〈昭和三年二月〉 中世紀の基督教と慈善事業〈昭和三年六月〉 生江孝之君古稀記念：解説／略年譜〔論叢〈慈善局設置の必要〉〈明治三十九年六月〉 恤救規則の改正に關する考察〈昭和二年五月〉 ほか〕 年譜及小傳 著作目録(年次別 種類別) 經過報告

浪江 虔〔1910〜1999〕　なみえ・けん
◇未完の戦時下抵抗―屈せざる人びとの軌跡　細川嘉六　鈴木弼美　浅見仙作　竹中彰元　浪江虔　田中伸尚著　岩波書店　2014.7　318,4p　20cm　〈文献あり〉　3200円　Ⓘ978-4-00-024871-6　Ⓝ281
内容　第1章 屈せざる人 細川嘉六　第2章 「土の器」のキリスト者 鈴木弼美　第3章 「剣を収めよ」浅見仙作　第4章 言うべきことを言った非戦僧侶 竹中彰元　第5章 図書館に拠る 浪江虔

◇浪江虔・八重子往復書簡　浪江虔, 浪江八重子著, 『浪江虔・八重子往復書簡』刊行委員会編　ポット出版　2014.8　349p　20cm　2400円　Ⓘ978-4-7808-0209-2　Ⓝ289.1
内容　第1部 昭和十六年一月〜十七年五月まで　第2部 判決後（昭和十七年六月〜十九年一月まで）　浪江虔・八重子の足跡

浪江 八重子〔1910〜1993〕　なみえ・やえこ
◇浪江虔・八重子往復書簡　浪江虔, 浪江八重子著, 『浪江虔・八重子往復書簡』刊行委員会編　ポット出版　2014.8　349p　20cm　2400円　Ⓘ978-4-7808-0209-2　Ⓝ289.1
内容　第1部 昭和十六年一月〜十七年五月まで　第2部 判決後（昭和十七年六月〜十九年一月まで）　浪江虔・八重子の足跡

並木 五瓶(1代)〔1747〜1808〕　なみき・ごへい
◇評伝 鶴屋南北　古井戸秀夫著　白水社　2018.8　2冊(セット)　21cm　25000円　Ⓘ978-4-560-09623-9　Ⓝ912.5
内容　第1巻(鶴屋南北の遺言　ふたつの出自　金井三笑と桜田治助　大谷徳次と周五郎　三代目坂東彦三郎と並木五瓶　尾上松助と怪談狂言)　第2巻(五代目松本幸四郎と世世話　五代目岩井半四郎と悪婆　七代目市川團十郎と色悪　三代目尾上菊五郎と「兼ル」役者)

並木 秀之〔1953〜〕　なみき・ひでゆき
◇死ぬな―生きていれば何とかなる　並木秀之著　新潮社　2014.9　190p　18cm　(新潮新書 587)　700円　Ⓘ978-4-10-610587-6　Ⓝ289.1

波の伊八　なみのいはち
⇒武志伊八郎信由(たけし・いはちろうのぶよし)を見よ

波平 初〔1943〜1995〕　なみひら・はつ
◇女ともだち　桐ヶ谷まり著　鎌倉　冬花社　2018.7　173p　19cm　1500円　Ⓘ978-4-908004-28-5　Ⓝ289.1

行方 洋一〔1943〜〕　なめかた・よういち
◇音職人・行方洋一の仕事―伝説のエンジニアが語る日本ポップス録音史　行方洋一著　DU BOOKS　2018.8　246p　19cm　〈他言語標題：YOICHI NAMEKATA'S WORKS〉　発売：ディスクユニオン　2200円　Ⓘ978-4-86647-057-3　Ⓝ547.33
内容　第1章 黎明期の日本ポップス録音業界へ　第2章 和製ポップスから始まった60年代　第3章 歌謡曲の時代と録音　第4章 テレビ主題歌とCMソング　第5章 アルバイトする東芝社員　第6章 高音質録音・再生への挑戦　第7章 なんでも録音してやろう　第8章 フリー・エンジニアとして生きる

納谷 広美〔1939〜〕　なや・ひろみ
◇前へ、そして世界へ　納谷廣美著　創英社/三省堂書店　2016.3　335p　20cm　1500円　Ⓘ978-4-88142-946-4　Ⓝ377.1
内容　序章 曙光―私の歩み(故郷　青春時代　学生時代　法学教師　最終講義録)　第1章 明治大学・学長メッセージ(学長就任―決意と総括　年頭所感　学生に贈る言葉(入学式・卒業式の告辞)　折々の所感)　第2章 これからの大学(大学改革・高等教育　国際連携)　第3章 大学基準協会・会長メッセージ(会長あいさつ　これからの認証評価制度)　終章 挑戦―回顧と展望(第三者の評価「山上浩二郎の大学取れたて便」　私立大学のガバナンス)

奈良 勝子〔1940〜〕　なら・かつこ
◇かっちゃんの宝もの―奈良勝子ものがたり　私家版　奈良勝子著　〔徳島〕　〔奈良勝子〕　2017.12　58p　26cm　Ⓝ289.1

奈良 武次〔1868〜1962〕　なら・たけじ
◇奈良武次とその時代―陸軍中枢・宮中を歩んだエリート軍人　波多野勝著　芙蓉書房出版　2015.3　343p　19cm　〈年譜あり〉　2500円　Ⓘ978-4-8295-0641-7　Ⓝ289.1
内容　第1章 青年将校時代　第2章 日露戦争時代　第3章 第一次世界大戦と日本　第4章 対中外交刷新とシベリア出兵問題　第5章 奈良、宮中に入る　第6章 昭和の始まり　第7章 国際協調時代　第8章 満州事変と宮中　第9章 武官長退任後

楢崎 皐月〔1899〜1974〕　ならさき・こうげつ
◇カタカムナへの道―潜象物理入門　関川二郎著, 稲田芳弘編　第3版　札幌　Eco・クリエイティブ　2017.11　366p　21cm　3300円　Ⓘ978-4-9909592-3-4　Ⓝ147
内容　序章 潜象道研修塾　第1章 序論　第2章 日本語48音の思念　第3章 楢崎の生涯と宇野多美恵　第4章 カタカムナ解読の推移　第5章 楢崎の直観物理の概要　第6章 宇野と三人の師　第7章 カタカムナから宇野が得たもの　第8章 宇野が開発した鍛錬法　第9章 まとめ―筆者が得たもの　カタカムナ単音字典

奈良橋 陽子〔1947〜〕　ならはし・ようこ
◇ハリウッドと日本をつなぐ　奈良橋陽子著　文藝春秋　2014.9　246p　20cm　1350円　Ⓘ978-4-16-390132-9　Ⓝ778.3
内容　プロローグ 終わりのない旅　第1章 キャスティング・ディレクターという仕事　第2章 キャスティングの舞台裏　第3章 つながれった人生　第4章 英語なんて怖くない　第5章 世界に通用する作品と俳優を　第6章 ハリウッド映画をつくる　第7章 広がる仕事　エピローグ 真実の瞬間

奈良原 至〔1857〜1917〕　ならはら・いたる
◇近世快人伝―頭山満から父杉山茂丸まで　夢野久作著　文藝春秋　2015.6　245p　16cm　(文春学藝ライブラリー―雑英 16)　980円

ⓘ978-4-16-813046-5 Ⓝ281.04
 ＊頭山満、杉山茂丸、奈良原到といった玄洋社の猛者たちと魚屋の大将の破天荒な人生を面白おかしく描き上げた痛快な人物評伝。奇人、怪人、豪傑たちがユーモア溢れる筆致でいきいきと動き出す。

奈良原 一高〔1931～〕　ならはら・いっこう
◇太陽の肖像―文集　奈良原一高著　白水社　2016.5　381p　22cm　〈年譜あり〉　3400円　ⓘ978-4-560-08496-0　Ⓝ740.21
　内容　第1章 廃墟からの旅立ち　第2章 もうひとつの僕にいたるまで　第3章 ヨーロッパの詩　第4章 ジャパネスク　第5章 Ikko's AMERICA　第6章 時空の翼　第7章 身体という宇宙

成澤 俊輔〔1985～〕　なりさわ・しゅんすけ
◇大丈夫、働けます。　成澤俊輔著　ポプラ社　2018.3　227p　19cm　〈文献あり〉　1400円　ⓘ978-4-591-15838-8　Ⓝ366.28
　内容　1章 それぞれの再出発―就労して修業時代が変わった人たち（夢の会社に入って1年後、引きこもりに（舘山昌人さん）　発達障がいだからこその集中力を活かして（石塚弘基さん）ほか）　2章 "人"と"仕事"をつなげたい―就労困難者のリアル（仕事は、人をよりよい方向に導く　就労困難者3000万人、それぞれの事情 ほか）　3章 ちょっと変わった僕の生い立ち―仕事の原点（九州男児で医者の父、それを支える母　姉の病気と死、そしてメッセージ ほか）　4章 強みは、ひとつあればいい―就労支援の手法（FDAの場合）（長いお付き合いになるオール・イン・ワンの支援　どんな人が、どんな理由でやってくるか ほか）　5章 あらゆる人材が戦力になる―これからのスタンダード（ライターと、ストローと、僕が目指す道　親にできることは「頭を下げる」「お金を払う」のふたつではない ほか）

成田 雲竹〔1888～1974〕　なりた・うんちく
◇民謡地図　別巻　民謡名人列伝　竹内勉著　本阿弥書店　2014.12　285p　20cm　〈布装　年表あり〉　3200円　ⓘ978-4-7768-1157-2　Ⓝ388.91
　内容　初代浜田喜一―主役だけを演じた江差追分の名人　浅利みき―津軽じょんがら節をじょっぱりだけで歌う　木田林松栄―一の糸を叩き抜いた津軽三味線弾き　成田雲竹―津軽民謡の神様　菊池淡水―民謡界の偉人後藤桃水先生の教えを守った尺八奏者　赤間森水―声を意のままに使いこなして歌う　樺沢芳勝―からっ風の上州の風土を体現する声で　大出直三郎―負けん気がすべてで歌う越名の舟唄　中川千代―両津甚句でみせた天下一のキレのよさ　吉田喜正―漁船四杯と取り替えたしげさ節　高山訓昌―音戸の舟唄を歌う写実の職人　赤坂小梅―押さば押し引かば押せの黒田節

成田 攻〔1944～〕　なりた・おさむ
◇吾亦紅　成田攻著　府中（東京都）　三九出版　2015.4　471p　図版8p　20cm　Ⓝ289.1

成田 青畔〔1941～2002〕　なりた・せいはん
◇夫、成田青畔　成田夕紀子著　高森町（長野県）　高遠書房　2016.10　117p　19cm　1800円　ⓘ978-4-925026-45-1　Ⓝ712.1
　内容　第1章（赤い糸　タッツはやんちゃだった ほか）　第2章（凝る　質屋通い ほか）　第3章（最後の日々　姿は見えないけれど ほか）　第4章（成田青畔記念館（やまぶき邸）　韻 ほか）

成田 光雄〔1937～〕　なりた・みつお
◇私の履歴書とCBM株式会社50年の歩み　〔名古屋〕　成田光雄　2017.4　162p　31cm　〈年表あり〉　Ⓝ007.35

成島 柳北〔1837～1884〕　なるしま・りゅうほく
◇幕末明治 新聞ことはじめ―ジャーナリズムをつくった人びと　奥武則著　朝日新聞出版　2016.12　278p　19cm　（朝日選書 952）　1500円　ⓘ978-4-02-263052-0　Ⓝ070.21
　内容　序章 清八と宇平衛の受難―ジャーナリズム以前　第1章 ジョセフ・ヒコの悲哀―「新聞の父」再考　第2章 ハンサードの志―新聞がやってきた　間奏その1 青年旗本の悲劇―池田長発　第3章 柳河春三の無念―原点としての「中外新聞」　第4章 岸田吟香の才筆―新聞記者の誕生　間奏その2 旧幕臣の矜持―成島柳北　第5章 福地源一郎の言い分―「御用記者」と呼ばれて　間奏その3 鉛活字の誕生まで―本木昌造　第6章 ブラックの栄光―「日新真事誌」の時代

成瀬 仁蔵〔1858～1919〕　なるせ・じんぞう
◇成瀬仁蔵―100年の計に立つ憂国熱血の人　平和生著　ジョセフ・ヒコ〔山口〕（平和生）　2014.3　478p　22cm　〈文献あり〉　非売品　Ⓝ289.1
◇成瀬仁蔵研究―教育の革新と平和を求めて　中嶌邦著　ドメス出版　2015.9　477p　22cm　〈著作目録あり　年譜あり　索引あり〉　5600円　ⓘ978-4-8107-0818-9　Ⓝ289.1

成瀬 弘〔1943～2010〕　なるせ・ひろむ
◇豊田章男が愛したテストドライバー　稲泉連著　小学館　2016.3　318p　20cm　1600円　ⓘ978-4-09-389765-5　Ⓝ537.09
　内容　第1章 運転の師　第2章 幻の第七技術部　第3章 聖地ニュルブルクリンクへ　第4章 社長育成　第5章 幸福な時間　第6章 弔辞

鳴瀬 益幸〔1935～〕　なるせ・ますゆき
◇ワンペダル誕生への道―発明家の半生　津村重光著　熊本　トライ　2017.11　105p　19cm　1000円　ⓘ978-4-903638-57-7　Ⓝ289.1
　内容　序章 熱き人との衝撃的な出会い　第1章 真実に気づき、先を見通す能力　第2章 熊本鉄工所で技術開発の夢へ　第3章 熊本鉄工所から歯磨車製作所へ　第4章 独立して海苔分野での挑戦　第5章 自社工場とナルセ機材の誕生　第6章 ワンペダルの誕生　終章 非常識が突破力だ

鳴瀬 喜博〔1949～〕　なるせ・よしひろ
◇ナルチョのおれにもトコトン思いっきし言わして♪　鳴瀬喜博著　リットーミュージック　2015.6　285p　21cm　2500円　ⓘ978-4-8456-2601-4　Ⓝ764.78
　内容　第1章 おっちょこちょいに訪れた運命の出会い☆～な日々　第2章 バンドにディスコにプロ・デビュー！―悩み悩みの青春大奮闘！～な日々　第3章 オイラのソロ時代スタート―曲作りに、黒船に、なんやかんやで打ち上げ三昧～な日々　第4章 また

またバンド時代突入ダァー迷わず進むぞっ体力勝負〜な日々　第5章　またまたウロウロベースライフバンド〜ソロ一ヨーヤル気は満々アッチコッチ〜な日々　第6章　カンレキかぁ〜？フンガー一宴暦だってば！Keep On ンベンベ〜な日々

徳仁天皇　なるひとてんのう
⇒天皇徳仁（てんのうなるひと）を見よ

成宮 アイコ〔1983〜〕　なるみや・あいこ
◇あなたとわたしのドキュメンタリー―死ぬな、終わらせるな、死ぬな　成宮アイコ著　福岡　書肆侃侃房　2017.9　191p　19cm　1500円　⓵978-4-86385-277-8　Ⓝ911.52
内容　わたしのドキュメンタリー　朗読詩・最後の光　イトーヨーカドーのベンチ　命の重み　朗読詩・再会の歌　簡単な約束をしよう　ハードルは低く　朗読詩・あなたのハードルを全力でぶっ倒したい　血縁だからできないこと、他人だからできること　お誕生日おめでとう〔ほか〕

南郷 茂光　なんごう・しげみつ（もちてる）
⇒浅津富之助（あさず・とみのすけ）を見よ

南光坊天海　なんこうぼうてんかい
⇒天海（てんかい）を見よ

難波 昭二郎〔1935〜2009〕　なんば・しょうじろう
◇もうひとりの4番サードN　内田今朝雄著　東洋出版　2018.3　113p　19cm　〈文献あり〉　1300円　⓵978-4-8096-7904-9　Ⓝ783.7
内容　第0章　長嶋茂雄と難波昭二郎　第1章　難波昭二郎―誕生〜高校　第2章　関西大学1年〜3年　第3章　大学4年〜長嶋と初対決〜入団決意　第4章　キャンプ〜プロ野球開幕　第5章　プロ野球2年〜4年　第6章　引退〜デュプロ　第7章　パイオニア〜晩年

南部 伸清　なんぶ・のぶきよ
◇最前線指揮官の太平洋戦争―海と空の八人の武人の生涯　岩崎剛二著　新装版　潮書房光人社　2014.10　256p　16cm　（光人社NF文庫　いN-854）　750円　⓵978-4-7698-2854-9　Ⓝ392.8
内容　勇将のもとに弱卒なし―敵将が賞賛した駆逐艦長・春日均中佐の奮闘　生きて祖国の礎となれ―初志を貫いた潜水艦長・南部伸清少佐の無念　被爆の身をも顧みず―第五航空艦隊参謀・今村正中佐の至誠　遺憾なく遭撃なく―第十六戦隊司令官・左近允尚正中将の運命　われに後悔なく誇りあり―幸運に導かれた潜水艦長・坂本金美少佐の気概　蒼空の飛翔雲―歴戦の飛行隊長・高橋定少佐の航跡　見敵必殺の闘魂を秘めて―海軍の至宝と謳われた入佐俊家少将の信条　飢餓と砲爆撃に耐えて―孤島を死守した吉見信一少将の信念

南部 信直〔1546〜1599〕　なんぶ・のぶなお
◇南部信直―戦国の北奥羽を制した計略家　森嘉兵衛著　戎光祥出版　2016.11　240p　19cm　（中世武士選書　35）「津軽南部の抗争」（人物往来社　1967年刊）の改題、訂正　年譜あり〉　2500円　⓵978-4-86403-220-9　Ⓝ289.1
内容　第1章　中世の北奥と南部氏の系譜（北奥の行政構造　二流に分かれた南部氏の系譜　ほか）　第2章　南部氏の台頭（八戸南部氏が急速に衰頽したのはなぜか　安東氏を蝦夷島に逐う　ほか）　第3章　信直による南部藩の創設（信直暗殺未遂事件と家督継承時期の謎　南部家督をめぐる石川高信と九戸政実の争い　ほか）　第4章　天下への道（緊迫する領内情勢　田中清六を通じて秀吉に贈り物を献上　ほか）　第5章　信直の内政（新たな居城不来方城の建設　秀吉の許可はいつ得られたのか　ほか）

南部 畔李〔1765〜1835〕　なんぶ・はんり
◇天野桃隣と太白堂の系譜並びに南部畔李の俳諧　松尾真知子著　大阪　和泉書院　2015.1　256p　22cm　（研究叢書　453）〈文献あり　索引あり〉　8500円　⓵978-4-7576-0727-9　Ⓝ911.33
内容　1　天野桃隣（芭蕉と桃隣　桃隣の俳諧活動―『陸奥衙』を中心として　『栗津原』の時代　桃隣発句集）　2　東都蕉門―太白堂（大練舎桃翁　二世桃隣　石河積翠　三世桃隣　四世桃隣　五世葉石　六世孤月　明治代以後の太白堂）　3　八戸藩主南部畔李公（伝記　作品　畔李発句集）

南部 松雄〔1932〜〕　なんぶ・まつお
◇迦陵頻物語―附「海に入りて一慈信坊善鸞に―」「その他随想」　南部松雄著　京都　自照社出版　2015.8　100p　19cm　〈文献あり〉　1500円　⓵978-4-86566-017-3　Ⓝ768.21
内容　迦陵頻物語（念仏の衆生を極楽に迎える鳥　推古時代、三宝の供養に伎楽を用いる　江戸から明治、四天王寺や本願寺との関わりか　ほか）　きっとまた会える（拓かれた言の葉―遠藤秀善老五十回忌によせて　フェイド・アウェイ）　海にいりて一慈信坊善鸞に（東国門徒の師への質問と答え　「東国は東国である」　古びた朱塗りの椀　ほか）

南部 靖之〔1952〜〕　なんぶ・やすゆき
◇日本を壊す政商―パソナ南部靖之の政・官・芸能人脈　森功著　文藝春秋　2015.11　271p　20cm　1500円　⓵978-4-16-390276-0　Ⓝ289.1
内容　第1章　三度目の改正派遣法案　第2章　中小企業の経営者だった父親の教え　第3章　知られざるアングラ人脈　第4章　ベンチャー三銃士と呼ばれて　第5章　芸能・スポーツ界の著名人　第6章　「仁風林」官界人脈のキーマン　第7章　自民と民主「二股外交」の狙い　第8章　公共ビジネスのうまみ　終章　政商かベンチャー企業家

南部 陽一郎〔1921〜2015〕　なんぶ・よういちろう
◇一故人　近藤正高著　スモール出版　2017.4　415p　19cm　1800円　⓵978-4-905158-42-4　Ⓝ281
内容　二〇一二年（浜田幸一　樋口廣太郎　ほか）　二〇一三年（大鳥渚　山内溥　ほか）　二〇一四年（永井一郎　坂井義則　ほか）　二〇一五年（赤瀬川隼　桂米朝　ほか）　二〇一六年（蜷川幸雄　中村紘子　ほか）

南浦紹明〔1235〜1308〕　なんぽしょうみょう
◇禅とは何か―それは達磨から始まった　水上勉著　中央公論新社　2018.12　396p　16cm　（中公文庫　み10-23）〈新潮社　1988年刊の再刊　文献あり〉　960円　⓵978-4-12-206675-5

Ⓝ188.82
内容 それは達磨から始まった 臨済禅を築いた祖師たち 反時代者道元希玄の生き方 曹洞大教団の誕生 一休宗純の風狂破戒 三河武士鈴木正三の場合 沢庵宗彭体制内からの視線 雲渓柳水と白隠禅師の自由自在 日本禅の沈滞を破る明国からの波 大愚良寛「無住の住」の生涯 故郷乞食行の胸の内 心ひとつを定めかねつも 民衆が純禅を支える

南摩 羽峰 なんま・うほう
⇒南摩綱紀（なんま・つなのり）を見よ

南摩 綱紀〔1823～1909〕 なんま・つなのり
◇南摩羽峰と幕末維新期の文人論考 小林修著 八木書店古書出版部 2017.3 355,15p 22cm 〈布装 索引あり 発売：八木書店〉 9800円 ①978-4-8406-9766-8 Ⓝ289.1
内容 第1部 南摩羽峰 考証と論究（羽峰・南摩綱紀論 幕末維新期の南摩羽峰 高田藩謹慎と赦免後の正心学舎 大坂滞在と西国遊歴 遊歴記録『負笈管見』攘夷と洋学と—遣米使節随行の挫折 明治初年の南摩羽峰—乃チ甲冑ヲ解キ儒冠ヲ著ク（永訣詞）） 第2部 羽峰の周辺（松田正助—大阪本屋仲間行司 石井密太郎—埋もれた洋学者 松浦武四郎—羽峰の蝦夷地代官時代を中心に 安達凮風—新出日記に記された桜田門外の変 あるいは『下谷叢話』の一挿話 秋月韋軒—西国遊歴と『観光集』） 第3部 幕末維新の残影（フランク松浦と島崎藤村—"黒船"の残影 中根香亭—あるいは『兵要日本地理小誌』伝説 飯島半十郎と飯島虚心—『家事経済書』のこと）

【に】

新居 格〔1888～1951〕 にい・いたる
◇杉並区長日記—地方自治の先駆者・新居格 新居格著 虹霓社 2017.10 268p 19cm 〈「区長日記」（学芸通信社 1955年刊）の改題、改訂、追加〉 1600円 ①978-4-9909252-0-8 Ⓝ318.2361
内容 区長日記（区長はスタンプ・マシンなり 文人の眼・官僚の眼 大臣以上の村長さんなり 覚書（民主化は小地域からというわたしの持論 政治的蜃気楼 出馬という言葉 ほか） 区長落第記（親愛なる都職支部諸君へ ユートピアを幻滅すること 区長落第記） 小伝「地方自治・地方行政の鑑」新居格の生涯と業績—典型的な自由人・アナキスト エッセイ 新居格と「世界の村」のことなど

新垣 隆〔1970～〕 にいがき・たかし
◇ペテン師と天才—佐村河内事件の全貌 神山典士著 文藝春秋 2014.12 321p 20cm 1500円 ①978-4-16-390184-8 Ⓝ762.1
内容 第1部 奇妙な出会い 二重人格 衝撃の告白（バランスの悪い会話 2013年の軋轢 その1—不協和音 2013年の軋轢 その2—大人は嘘つきだ 衝撃の告白） 第2部 二つの三角形 転機 メディアの饗宴（出会い 96年8月 とにかく大きなことをしでかしたい—S極・野望に満ちた男 貧しくても好きな道を歩む幸せ—N極・早熟な天才 交響曲第一番HIROSHIMA 最初の三角形の完成 二つ目の三角形の完成 障害児とのかかわり メディアの狂宴 疑義まみれのNHKスペシャル） 第3部 説明 懺悔 虚構の上塗り（松本からのメール 謝罪と強弁 二つの記者会見 もう一人のゴーストライターを探せ 『ソナチネ』の行方は）
◇音楽という〈真実〉 新垣隆著 小学館 2015.6 207,16p 19cm 1300円 ①978-4-09-388421-1 Ⓝ762.1
内容 第1章 ベートーヴェンになりたい！ 第2章 音楽ばかりの青春 第3章 もうひとりの「ベートーヴェン」 第4章『HIROSHIMA』をめぐる賭け 第5章 肥大する虚像 第6章 終わり、そして始まり 第7章 現在そして未来

新島 襄〔1843～1890〕 にいじま・じょう
◇襄のライフは私のライフ 本井康博著 京都 思文閣出版 2014.5 314,15p 20cm （新島襄を語る 別巻4）〈索引あり〉 1900円 ①978-4-7842-1757-1 Ⓝ289.1
内容 「八重の桜」時代考証を終えて—大河ドラマのウラ・オモテ 九州から見た「八重の桜」 「八重の桜」と南北戦争 「熊本バンド」—「過激な転校生」の真相 丸の変身—ジェンス・ダルクからハンサム・ウーマンへ 「襄のライフは私のライフ」（八重）—川崎尚之助と新島襄 三人のナイチンゲール—瓜生岩子、新島八重、大山捨松 新島襄・八重と大山捨松 覚馬の全国デビュー 覚馬・八重の改宗騒動—信仰遍歴の真相を探る 群馬県安中と八重 桜の学校と梅の学校—清水安三と新島襄
◇志を継ぐ 本井康博著 京都 思文閣出版 2014.11 332,17p 20cm （新島襄を語る 10）〈索引あり〉 1900円 ①978-4-7842-1782-3 Ⓝ198.321
内容 志を継ぐ—襄の同志となる 「新島襄を語る」シリーズが完結—『千里の志』から『志を継ぐ』までの十年 志を刻む—私がつけた同志社の館名・施設名 自由人・新島襄のキリスト教（会衆主義者への道 教会合同運動をめぐって） 富岡の夜明け—廿楽教会創世記 徳富蘇峰一家、八重、諭吉をめぐって 補足・蘇峰に関する三つの資料 新島襄と安部磯雄—奇しき師弟関係 「JOEプログラム」で自分探し—「なりたい自分」と「なるべき自分」 新島襄の三つの志—男子校、女学校、教会 新島襄流の溺れ方
◇新島襄物語—良心へ向かう志 冨田正樹, 山本真司著 新教出版社 2015.4 71p 21cm 〈文献あり 年譜あり 年表あり〉 1200円 ①978-4-400-51758-0 Ⓝ198.321
内容 新島襄とその時代 誕生と幼年時代 少年時代と学問への目覚め 新しい世界への旅立ち アメリカへの旅立ち アメリカでの出会いと学び 帰国 同志社の創立と結婚 教育と伝道 志半ばにして 襄の足跡
◇新島襄 和田洋一著 岩波書店 2015.10 313p 15cm （岩波現代文庫—社会 294）〈日本基督教団出版局 1973年刊に写真、図版を新たに掲載 文献あり 年譜あり〉 1040円 ①978-4-00-603294-4 Ⓝ198.321
内容 序章（幕末の国外脱出者 新島襄の誕生と家系 ほか） 第1章 自由と文明へのあこがれ（海のかな

たへの関心　不安と動揺の一年二か月　ほか）　第2章　長期にわたるアメリカ滞在（無一文の亡命客　清教徒的風土の中で　ほか）　第3章　京都に同志社を創立（帰国　イエス・キリストの奴隷　ほか）　第4章　東に奔り西に走る（自責の杖　マジメ人間の道楽　ほか）

◇新島襄と明治のキリスト者たち―横浜・築地・熊本・札幌バンドとの交流　本井康博著　教文館　2016.3　389,7p　22cm　〈索引あり〉　3800円　Ⓘ978-4-7642-9969-6　Ⓝ198.321
　内容　1　新島襄と四つの「バンド」　2　横浜バンド（S.R.ブラウン　J.H.バラ　植村正久　井深梶之助　押川方義　本多庸一　松村介石　粟津高明）　3　築地バンド（C.カロザース　田村直臣　原胤昭）　4　熊本バンド（L.L.ジェーンズ　小崎弘道）　5　札幌バンド（W.S.クラーク　内村鑑三　新渡戸稲造　大島正健）

◇新島襄の師友たち―キリスト教界における交流　本井康博著　京都　思文閣出版　2016.10　437,12p　22cm　〈索引あり〉　4200円　Ⓘ978-4-7842-1867-7　Ⓝ198.321
　内容　1　新島襄（略歴　思想・行動の特色　ほか）　2　アメリカ人との交流（総説　H.ハーディ　ほか）　3　組合教会派との交流（澤山保羅　成瀬仁蔵　ほか）　4　他教派との交流（第三回全国基督教徒大親睦会　津田仙　ほか）　5　家族（資料と講演）（山本覚馬　新島八重　ほか）

◇自己発見のピルグリム　本井康博著　京都　思文閣出版　2016.12　249,11p　20cm　（新島襄を語る　別巻5）　1900円　Ⓘ978-4-7842-1874-5　Ⓝ198.321
　内容　新島襄あれこれ―新情報＆よくある誤解　越後伝道における夢―新島襄の遺訓　リベラル・アーツ・カレッジで学ぶ―アーモスト・同志社・ICU・敬和　同志社は不滅か―同志社Foreverへの秘策　志in同志社　クリスマス・ツリーものがたり―地上の星＠同志社　いまどきの小学生―同志社国際学院初等部の場合　「同志社に、教会があってよかった！」　「志ある学園」で学んだ友へ―「志ある人生」を目指す　広岡浅子と土倉庄三郎―朝ドラ「あさが来た」をめぐって　奈良広岡は大和郡山から―新島襄・公義と成瀬仁蔵　新島旧邸をガイドして―新島襄・八重のベース・キャンプ　ヴォーリズと同志社―高尚なる同志

◇二人の近代―諭吉と襄　坂井誠著　岡山　大学教育出版　2016.12　428p　22cm　〈文献あり　索引あり〉　3600円　Ⓘ978-4-86429-418-8　Ⓝ121.6
　＊明治の日本近代化（文明化）という同時代の二人であるが、その志は大きく異なる。福沢はよりはやい文明化により日本の独立維持をはかろうと、啓蒙主義を唱え、新島の立場はキリスト教受容により、平民主義を肯定するものとして、両者の国家に対わる姿勢の違いなど

◇新島襄と五人の門弟―師弟の絆とその系譜　徳富蘇峰・湯浅治郎・深井英五・柏木義円・湯浅八郎　志村和次郎著　前橋　みやま文庫　2017.1　205p　19cm　（みやま文庫　224）〈文献あり　年譜あり〉　1500円　Ⓝ198.321

◇新編　同志社の思想家たち　上　沖田行司編著　京都　晃洋書房　2018.5　217p　19cm　〈他言語標題：THINKERS of DOSHISHA〉　2200円　Ⓘ978-4-7710-3055-8　Ⓝ121.02
　内容　第1章　新島襄―「私立」する精神　第2章　山本覚馬―京都の近代化と同志社創設の立役者　第3章　横井時雄―「日本風」のキリスト教の模索　第4章　海老名弾正―「実験」に支えられた「異端」者の生涯　第5章　浮田和民―「半宗教家」「全教育家」として　第6章　元良勇次郎―日本初の心理学者　第7章　原田助―国際主義を唱えた同志社人　第8章　大西祝―短き生涯が遺したもの　第9章　山室軍平―神と平民の為に　第10章　安部磯雄―理想と現実のはざまで

新島　八重〔1845〜1932〕　にいじま・やえ
◇襄のライフは私のライフ　本井康博著　京都　思文閣出版　2014.5　314,15p　20cm　（新島襄を語る　別巻4）〈索引あり〉　1900円　Ⓘ978-4-7842-1757-1　Ⓝ289.1
　内容　「八重の桜」時代考証を終えて―大河ドラマのウラ・オモテ　九州から見た「八重の桜」　「八重の桜」と南北戦争　「熊本バンド」―「過激な転校生」の真相　八重の変身―ジャンヌ・ダルクからハンサム・ウーマンへ　「襄のライフは私のライフ」―川崎尚之助と新島襄　三人のナイチンゲール―瓜生岩子、新島八重、大山捨松　新島襄・八重と大山捨松　覚馬の全国デビュー　覚馬・八重の改宗騒動―信仰遍歴の真相を探る　群馬県安中と八重　桜の学校と梅の学校―清水安三と八重

◇ふくしま人　1　福島民報社編　福島　福島民報社　2015.4　143p　19cm　〈年譜あり　文献あり〉　1000円　Ⓘ978-4-904834-28-2　Ⓝ281.26
　＊ふくしまの近現代を彩った人物たちの評伝。1は、新島八重、関根正二、磯村春子、吉野せい、水野仙子を選び、業績や評価だけでなく、その人の日常生活にも踏み込んで深く掘り下げる。『福島民報』連載を書籍化。

◇会津人探究―戊辰戦争生き延びし者たちにも大義あり　笠井尚著　ラピュタ　2018.8　237p　19cm　〈文献あり　索引あり〉　1800円　Ⓘ978-4-905055-54-9　Ⓝ281.26
　内容　序章　会津にとっての戊辰戦争　第1章　松平容保―至誠の人か政治家か　第2章　会津藩老・西郷頼母―孤高なる保守派　第3章　秋月悌次郎―古武士然とした開明派　第4章　山本覚馬―会津の開明派の筆頭　第5章　広沢安任―京都で公用方・洋式牧畜の租　第6章　山川健次郎―晩年は清貧に徹す　第7章　新島八重―狭き神の門を叩く　第8章　会津と共に敗れし者たちの胸中

新舘　豊〔1924〜〕　にいだて・ゆたか
◇受けた恩は石に刻み与えた恩は砂にかけ　新舘豊著　文芸社　2015.9　247p　20cm　1500円　Ⓘ978-4-286-16234-8　Ⓝ289.1

新津　春子〔1970〜〕　にいつ・はるこ
◇世界一清潔な空港の清掃人　新津春子著　朝日新聞出版　2015.12　158p　19cm　1000円　Ⓘ978-4-02-331466-5　Ⓝ289.1
　内容　第1章　歩いてきた道（私たちも人間なんですよ。今日より明日、明日よりあさって、いい生活をしたい、と思うでしょ。　ほか）　第2章　私の生きかた

にいなみ

(人と比べるのではなく、私は自分と自分を比べます。 隠しても、いずれバレることなんですよ。 ほか)　第3章 仕事について (私も、清掃の仕事が大好きです。 ひとつひとつ、全部意味があるんですよ。 ほか)　第4章 家族について (「私、全国大会一位をとらないと、結婚しません」　どんなに二日酔いになっても、毎日、出勤前に一時間掃除します。 ほか)

◇清掃はやさしさ―世界一清潔な空港を支える職人の生き様　新津春子著　ポプラ社　2016.3　222p 19cm 1400円　Ⓘ978-4-591-14940-9　Ⓝ289.1

内容　序章 空港は私の居場所　第1章 中国から日本へ―「私ってなに？ と問い続けた」　第2章 運命の決断―「できるのは清掃だけだった」　第3章 私の道―「私の道、ついに見つけた！」　第4章 清掃のプロへの一歩―「ビルクリーニング技能士になる」　第5章 日本一の称号―「これで少しは恩返しができた！」　第6章 恩人の死―「常務、どうして死んじゃったの？」　第7章 2年連続世界一清潔な空港―「空港をきれいにする。それが私の使命」

◇新津春子。世界一のおそうじマイスター！　若月としこ著　岩崎書店　2016.4 155p 22cm　〈ノンフィクション・生きるチカラ 22〉 1400円　Ⓘ978-4-265-08310-7　Ⓝ289.1

内容　羽田空港で　中国人だったころ　お父さんのおみやげ　日本鬼子 (リーベンクイツ)　二宝 (アルバオ)　日本への「帰国」　勉強したい！　高校時代　運命の出会い　挑戦　たくさんの仕事の顔　いつくしみの心で

新浪 剛史〔1959～〕　にいなみ・たけし

◇プロ経営者 新浪剛史―ローソン再生、そしてサントリーへ　吉岡秀子著　朝日新聞出版　2014.11 287p 19cm　〈『砂漠で梨をつくる』(2010年刊) の改題改訂　文献あり〉 1400円　Ⓘ978-4-02-331346-0　Ⓝ673.868

内容　第1章 砂漠にやってきた　第2章 イノベーション、芽吹く　第3章 業界の「新常識」を育てる　第4章 震災で何かが変わった　第5章 脱コンビニ 「異なる」を武器に　第6章 日本を元気にしたい　第7章 新たなチャレンジへ

◇なぜあの経営者はすごいのか―数字で読み解くトップの手腕　山根節著　ダイヤモンド社　2016.6 282p 19cm 1600円　Ⓘ978-4-478-06959-2　Ⓝ335.13

内容　第1章 孫正義―巨大財閥をもくろむ大欲のアントレプレナー　第2章 松本晃―「右手に基本、左手にクレド」のシンプル経営実行者　第3章 永守重信―電動モーターに人生を賭けるエバンジェリスト　第4章 似鳥昭雄―猛勉を続ける執念のオープン・イノベーター　第5章 新浪剛史―自ら「やってみなはれ」続けるイントラプレナー　第6章 岡藤正広―言霊パワーを駆使するビッグビジネス・リーダー　第7章 星野佳路―お客と社員の「おもてなし」プロフェッショナル

二位尼　にいのあま
　⇒平時子 (たいら・ときこ) を見よ

新海 非風〔1870～1901〕　にいのみ・ひふう
◇子規居士の周囲　柴田宵曲著　岩波書店　2018.

2 434p 15cm　〈岩波文庫 31-106-6〉 950円　Ⓘ978-4-00-311066-9　Ⓝ911.362

内容　1 子規居士の周囲 (子規居士の周囲　内藤鳴雪　愚庵　陸羯南　夏目漱石　五百木瓢亭)　2 明治俳壇の人々 (数藤五城　阪本四方太　今成無事庵　新海非風　吉野左衛門　佐藤紅緑　末永戯道　福田把栗)

二井原 実〔1960～〕　にいはら・みのる
◇二井原実自伝 真我Singer　二井原実著　リットーミュージック　2018.3 270p 19cm　〈作品目録あり〉 1800円　Ⓘ978-4-8456-3211-4　Ⓝ767.8

内容　第1章 誕生前夜―THE BIRTHDAY EVE　第2章 ラウドネス始動―LOUD ALIVE　第3章 アメリカへ―THUNDER IN THE EAST　第4章 決別、再生―DREAMS OF DUST　第5章 再会、出航―THE SUN WILL RISE AGAIN　第6章 そして未来へ―RISE TO GLORY　第7章 家族よ―ONE

新堀 寛己〔1934～〕　にいぼり・ひろき
◇愛のサウンドを広めて―新堀ギター60年 心の糧になる音楽を　神奈川新聞連載「わが人生」より　新堀寛己著　藤沢　新堀芸術学院出版局　2017.3 269p 19cm 1700円　Ⓝ762.1

新美 南吉〔1913～1943〕　にいみ・なんきち
◇生きるためのことば―いま読む新美南吉　斎藤卓志著　名古屋　風媒社　2016.12 251p 20cm　〈文献あり 年譜あり〉 2000円　Ⓘ978-4-8331-2091-3　Ⓝ910.268

内容　序章 南吉の死のお手本は広重、緑雨　第1章 火種 (大正十一年・昭和五年)　第2章 出逢い (昭和六年・昭和十一年)　第3章 蹲る (昭和十二年・昭和十三年)　第4章 希望の泉 (昭和十四年・昭和十六年)　第5章 時に遇う (昭和十七年・昭和十八年)　特別寄稿 新美南吉先生と私 (大村ひろ子)

新見 錦〔1836～1863〕　にいみ・にしき
◇新選組水府派の史実捜査―芹澤鴨・新見錦・平間重助　箱根紀千也著　名古屋　ブイツーソリューション　2016.11 254p 18cm　〈発売: 星雲社〉 1360円　Ⓘ978-4-434-22645-8　Ⓝ289.1

内容　第1章 芹澤家本家について　第2章 芹澤家分家に関連して　第3章 下村嗣次　第4章 長谷川庄七　第5章 芹澤を論じる前の基礎的事項　第6章 証明せずに通説になった事　第7章 新見錦の新たな事実

新村 善兵衛(3代)〔1881～1920〕　にいむら・ぜんべえ
◇大逆事件と新村善兵衛　石山幸弘著　須坂　川辺書林　2017.11 191p 21cm　〈年譜あり 索引あり〉 1500円　Ⓘ978-4-906529-89-6　Ⓝ210.68

内容　序章 新村兄弟のこと　第1章 善兵衛と爆発物取締則違反　第2章 千葉監獄での獄中生活―新発見資料「新村善兵衛の獄中記録」と「獄中書簡」から　第3章 減刑の真相と仮出獄　第4章 人生打開への挑戦―その後の善兵衛　巻末資料1 新発見資料「新村善兵衛の獄中記録」翻刻　巻末資料2 新村善兵衛千

新納 季温子〔1952～〕 にいろ・きおこ

葉獄中書簡・その他

◇見えない私の生活術　新納季温子著　京都　クリエイツかもがわ　2016.2　158p　21cm　1500円　Ⓘ978-4-86342-177-6　Ⓝ369.275

内容　1 白杖と口で怖いものなし？　2 支えられて楽しむショッピング　3 子育てあの手この手　4 私のおすすめクッキング　5 エレガント？　においしく食べる　6 旅の楽しみいろいろ　7 広がる文字環境　8 どんな人が好き？

二階 俊博〔1939～〕 にかい・としひろ

◇二階俊博の政界戦国秘録　第1巻　田中角栄との邂逅　大下英治著　御坊　紀州新聞社　2016.2　348p　15cm　740円　Ⓝ312.1

◇永田町知謀戦―二階俊博と田中角栄　大下英治著　さくら舎　2016.7　268p　19cm　1600円　Ⓘ978-4-86581-060-8　Ⓝ312.1

内容　はじめに　「角栄学校」の輝き　第1章 田中角栄の闘い　第2章 政治家の萌芽　第3章 権力抗争の舞台裏　第4章 影の実力者　第5章 政治家の才能　第6章 「日中新時代」への熱情

◇永田町知謀戦 2 竹下・金丸と二階俊博　大下英治著　さくら舎　2017.7　339p　19cm　1800円　Ⓘ978-4-86581-108-7　Ⓝ210.7

内容　第1章 田中角栄と竹下登の暗闘　第2章 「最強」幹事長の先手必勝　第3章 小沢一郎の深謀遠慮　第4章 自民党政権の崩壊　第5章 阪神・淡路大震災と新進党二階の激走　第6章 政権を動かす自由党国会対策委員長　第7章 自由連立政権の野望と破綻　第8章 小沢一郎と二階俊博の決別

◇二階俊博全身政治家　石川好著　日本僑報社（発売）　2017.12　307p　20cm　2200円　Ⓘ978-4-86185-251-0　Ⓝ312.1

内容　第1章 二階俊博という「運命」（政治家とは何か　二階俊博とは何者なのだ ほか）　第2章 二階俊博という「風土」（遠藤三郎について　遠藤三郎の遺訓 ほか）　第3章 二階俊博という「不器」（大地震の後官僚とどう付き合うのか ほか）　第4章 二階俊博という「政治芸」（政治とは選挙のことである　私の選挙体験 ほか）　第5章 二階俊博という「外交芸」（インドにおける外交芸　中国における外交芸）　第6章 二階俊博という「方法」

◇永田町知謀戦 3 小泉・安倍と二階俊博　大下英治著　さくら舎　2018.10　300p　19cm　1800円　Ⓘ978-4-86581-170-4　Ⓝ210.7

内容　はじめに　流れをつくる　第1章 自公保連立政権の治績　第2章 「保守新党」成立の動乱　第3章 自民党への合流と「新しい波」結成　第4章 小泉政権の"核"となった二階総務局長　第5章 二階委員長、郵政民営化を前線指揮　第6章 小泉郵政選挙の圧勝の真因　第7章 新しい日中外交の仕掛人　第8章 安倍政権の衆院選大勝の舞台裏

西 周〔1829～1897〕 にし・あまね

◇近代日本哲学の祖・西周―生涯と思想　松島弘著　文藝春秋企画出版部　2014.11　335p　20cm　〈文献あり 年表あり〉　発売：文藝春秋　2200円　Ⓘ978-4-16-008817-7　Ⓝ121.6

◇いまこそ知りたい日本の思想家25人　小川仁志著　KADOKAWA　2017.9　254p　19cm　〈他言語標題：25 Japanese thinkers you need to know now　文献あり〉　1700円　Ⓘ978-4-04-400234-3　Ⓝ121.028

内容　第1章 日本思想の黎明期（空海　道元　親鸞　吉田兼好　世阿弥）　第2章 日本の近世の葛藤（山本常朝　荻生徂徠　本居宣長　安藤昌益　二宮尊徳）　第3章 日本の近代の幕開け（横井小楠　吉田松陰　福沢諭吉　新渡戸稲造　内村鑑三）　第4章 「日本哲学」の始まり（西周　西田幾多郎　九鬼周造　三木清　和辻哲郎）　第5章 世界における日本思想の独自性（北一輝　鈴木大拙　柳田國男　丸山眞男　吉本隆明）

西 修〔?～2014〕 にし・おさむ

◇ここにいるよ―オサム奮闘記 至平成26年12月　西豊子著　大阪　パレード　2015.12　125p　20cm　（Parade Books）〈発売：星雲社〉　1000円　Ⓘ978-4-434-21389-2　Ⓝ289.1

内容　中木原の山　農免道路 帖地　新牧 上温湯の山　鈴 指宿 池田の山　大嫌いな蜂　熊ヶ谷の山　お父さんの仕事　昭和　美意識 [ほか]

西 晋一郎〔1873～1943〕 にし・しんいちろう

◇昭和天皇をポツダム宣言受諾に導いた哲学者―西晋一郎、昭和十八年の御進講とその周辺　山内廣隆著　京都　ナカニシヤ出版　2017.7　171p　19cm　〈文献あり〉　1800円　Ⓘ978-4-7795-1162-2　Ⓝ121.6

内容　序章 歴史から抜け落ちた哲学者　第1章 西晋一郎という人　第2章 国体学講座　第3章 西晋一郎御進講　第4章 『国民道徳』講義を読む―西哲学の展開　第5章 西晋一郎と教育　終章 「きれいなもの」との向き合い方　付録 昭和天皇はいつ鈴木貫太郎に「子貢問政章」について語られたのか

西 竹一〔1902～1945〕 にし・たけいち

◇近代オリンピックのヒーローとヒロイン　池井優著　慶應義塾大学出版会　2016.12　365p　20cm　〈文献あり〉　2600円　Ⓘ978-4-7664-2389-1　Ⓝ780.28

内容　ピエール・ド・クーベルタン―近代オリンピックの創始者　嘉納治五郎―日本初代のIOC委員　金栗四三―"日本マラソンの父"となったオリンピックの敗者　人見絹枝―日本女子初のメダリスト　西竹一―バロン西と呼ばれた馬術大障害の優勝者　織田幹雄―日本人最初のゴールドメダリスト　「前畑がんばれ！」―日本初のオリンピック女子金メダリスト西田修平・大江季雄―ベルリンの死闘と「友情のメダル」　ジェシー・オーエンス―ベルリンで四つの金メダルを獲った黒人選手　清川正二―オリンピックの金メダリスト、IOC委員　古橋廣之進―戦後日本に希望を与えてくれた「フジヤマのトビウオ」　猪谷千春―冬季五輪初のメダリスト、そしてIOC委員　アベベ・ビキラ―ローマ、東京と二大会の優勝マラソンの王者　大松博文―「東洋の魔女」に金メダルを獲らせた"鬼"の指導者　日本サッカー界を改革したドイツ人コーチ―デットマール・クラマーと日本代表チーム　ベラ・チャスラフスカ―「プラハの春」にゆれた体操の女王　男子バレーボールに革命をもたらした監督―松平康隆と日本男子バレーボール　モスクワ五輪ボイコットに泣いた選手たち―政治に翻弄されたオリンピック　北島康介―オリ

にし

ンピック三大会でメダル獲得のスイマー

西 徳二郎〔1847～1912〕 にし・とくじろう
◇近代中央アジアの群像―革命の世代の軌跡　小松久男著　山川出版社　2014.9　103p　21cm〈世界史リブレット人　80〉〈文献あり　年表あり〉　800円　①978-4-634-35080-9　Ⓝ229.6
内容　ロシア領トルキスタンの成立と西徳二郎の観察　1　啓蒙運動と自治構想　2　革命の前夜　3　革命と内戦　4　三人のその後

西岩 忍〔1976～〕 にしいわ・しのぶ
◇たたき上げ―若の里自伝　西岩忍著　大空出版　2016.5　223p　19cm　1200円　①978-4-903175-65-2　Ⓝ788.1
内容　第1章　相撲との出会い、そして旅立ち　第2章　稽古漬けの青春　第3章　大関取りへの道は険しく　第4章　引退の花道に、こらえきれず涙　第5章　たたき上げの誇り

西内 ひろ〔1989～〕 にしうち・ひろ
◇準グランプリ―BECAUSE OF THE 2nd. NEXT JOURNEY　西内ひろ著　宝島社　2014.7　167p　21cm　1500円　①978-4-8002-2979-3　Ⓝ289.1
内容　INラスベガス（初めてのラスベガス　ラスベガス到着　芸能界に入ってしまった!!　ほか）　GOヨーロッパ（現実に戻った1年間　「1週間後に私、旅にでるから」　初めての景色　ほか）　MISSユニバース（MUJを受けたきっかけ　東京代表に至るまで　1次審査　ほか）

西浦 英次〔1944～〕 にしうら・えいじ
◇西浦英次オーラル・ヒストリー　西浦英次述,片山郁夫,長谷川直哉編　法政大学イノベーション・マネジメント研究センター　2018.3　57p　30cm　(Working paper series no.187) 非売品　Ⓝ339.5

西尾 幹二〔1935～〕 にしお・かんじ
◇西尾幹二全集　第15巻　少年記　西尾幹二著　国書刊行会　2016.7　526p　22cm　〈付属資料：8p・月報 15　布装〉　6500円　①978-4-336-05394-7　Ⓝ081.6
内容　遠い日の幻影　二つの夏休み　疎開まで　特攻隊志願の夢　空襲　コンパスの占い　終戦　感情のとどこおり　夜明け　「僕は猫の『クリ』である」〔ほか〕

西尾 末廣〔1891～1981〕 にしお・すえひろ
◇戦後政治家論―吉田・石橋から岸・池田まで　阿部眞之助著　文藝春秋　2016.4　439p　16cm　〈文春学藝ライブラリー；雑英 25〉「現代政治家論」（文藝春秋新社 1954年）の改題、再刊〉　1400円　①978-4-16-813061-8　Ⓝ312.8
内容　岸信介論　重光葵論　池田勇人論　木村篤太郎論　和田博雄論　三木武吉論　西尾末廣論　吉田茂論　石橋湛山論　緒方竹虎論　徳田球一論　大野伴睦論　芦田均論　鳩山一郎論　鈴木茂三郎論

西岡 琳奈〔1995～〕 にしおか・りな
◇それでも生きて、生き抜く　西岡琳奈著　ブッ

クコム　2014.9　79p　19cm　800円　①978-4-907446-21-5　Ⓝ289.1

西角 友宏〔1944～〕 にしかど・ともひろ
◇スペースインベーダーを創った男　西角友宏に聞く　フロラン・ゴルジュ聞き書き，ミズキ・ゴルジュ訳　アンビット　2018.2　188p　21cm　〈文献あり　年譜あり　発売：徳間書店〉　1850円　①978-4-19-864579-3　Ⓝ798.5
内容　1　空襲の時代に生まれる　2　パシフィック工業のメカマスター　3　日本のビデオゲームの父　4　インベーダーがやって来た！　5　未来をデザインする

西川 悟平〔1974～〕 にしかわ・ごへい
◇7本指のピアニスト　西川悟平著　朝日新聞出版　2015.4　213p　19cm　1500円　①978-4-02-251138-6　Ⓝ762.1
内容　第1部　アメリカンドリーム（遅いスタート　音楽ならなんでもありの家庭環境　今津先輩のピアノの衝撃　ほか）　第2部　どん底（積み重なるプレッシャー　またもコンプレックスの暗雲がわりばしが割れる　ほか）　第3部　再び夢へ（ピアノ教師の職を得る　マンハッタンで1人暮らし　思い出深いアパートメントホテルの仕事　ほか）

西川 忠敬〔1944～〕 にしかわ・ただたか
◇須磨寺・月見山時代　西川忠敬著〔神戸〕友月書房　2014.7　168p　図版 8p　19cm　〈制作：交友プランニングセンター（神戸）〉　①978-4-87787-478-0　Ⓝ289.1

西川 遥輝〔1992～〕 にしかわ・はるき
◇西川遥輝メッセージBOOK―ONE OF A KIND―唯一無二の存在　西川遥輝著　廣済堂出版　2015.5　159p　21cm　〈他言語標題：HARUKI NISHIKAWA MESSAGE BOOK〉　1600円　①978-4-331-51937-0　Ⓝ783.7
内容　第1章　決意　第2章　家族　第3章　就職活動　第4章　変心、変身　第5章　自分　第6章　無類

西川 ミツ〔1925～2011〕 にしかわ・みつ
◇県南生れの元気印母さん　三河秀一郎著　矢巾町（岩手県）　ツーワンライフ　2017.1　138p　21cm　1000円　①978-4-907161-80-4　Ⓝ289.1

西口 文也〔1972～〕 にしぐち・ふみや
◇自然体　西口文也著　ベースボール・マガジン社　2015.12　181p　19cm　1500円　①978-4-583-10947-3　Ⓝ783.7
内容　第1章　引退　第2章　プロ入り　第3章　原点　第4章　投球スタイル　第5章　未遂3回　第6章　変わったこと変わらないこと　第7章　獅子一筋

錦織 博義〔1933～〕 にしこおり・ひろよし
◇ひとりの伝道者に注がれた神のまなざし　錦織博義著　決定版　ヨベル　2016.10　262p　18cm　〈YOBEL新書 039〉〈初版のタイトル：神の底抜けの恵み　後編〉　1100円　①978-4-907486-37-2　Ⓝ198.321
内容　プロローグ　深川で仕える　1968年（昭和43年）～　祈られ聖別された場所（大島泉の家）　1970年代

〜　わが家のことなど 1968年〜　教会の戦いと祝福 1970年代〜　北米南米伝道旅行　地域に仕える 1990年代〜　聖地旅行 1990年代　事務所で仕える　出版に仕える　エピローグ　説教

錦織　圭〔1989〜〕　にしこり・けい
◇頂点への道　錦織圭，秋山英宏著　文藝春秋　2015.4　370p　20cm　〈他言語標題：The Road to Top〉　1550円　Ⓣ978-4-16-390251-7　Ⓝ783.5
内容　プロローグ　〜2009年　1　復活—2010年（20歳）　2　模索—2011年（21歳）　3　飛躍—2012年（22歳）　4　苦闘—2013年（23歳）　5　変化—2014年（24歳）　6　頂点—2015年（25歳）
◇錦織圭さらなる高みへ—新たな記録がつくられる　塚越亘著　廣済堂出版　2015.5　151p　24cm　1500円　Ⓣ978-4-331-51934-9　Ⓝ783.5
内容　錦織圭，誕生（1989・1999）　小学生時代の活躍（1999・2001）　修造チャレンジで世界への扉が開かれた（2001・2003）　大きな成長を遂げたジュニア時代（2003・2007）　プロ宣言。プロデビューはジャパンオープン（2007）17歳　ツアー初優勝は18歳、予選から（2008）18歳　怪我によるツアー離脱、試練のとき（2009）19歳　ATPランク外から再始動、カムバックへの道（2010）20歳　「プロジェクト45」達成を目指せ（2011）21歳　勝利が何よりの自信になっていく（2012）22歳　トップテンが見えてきた（2013）23歳　M・チャンのコーチング。（2014）24歳　新たなる挑戦2015（2015）25歳
◇錦織圭リターンゲーム—世界に挑む9387日の軌跡　内田暁著　学研プラス　2015.11　334p　19cm　〈文献あり〉　1500円　Ⓣ978-4-05-800563-7　Ⓝ783.5
内容　1989・2001　ファミリーテニス　2001・2003　世界との出会い　2003・2006　成長　2007　プロ転向　2008　18歳の躍動　2009　戦線離脱　2010　ゼロからの再スタート　2011　決意と力　2012　迷走からの脱出　2013　最後の一片を求めて　2014　異次元への疾走　2015　夢の途中　錦織圭、未来を語る　インタビュー

西崎　キク〔1912〜1979〕　にしざき・きく
◇ひとびとの精神史　第1巻　敗戦と占領—1940年代　栗原彬，吉見俊哉編　岩波書店　2015.7　333p　19cm　2300円　Ⓣ978-4-00-028801-9　Ⓝ281.04
内容　1　生と死のはざまで（大田昌秀—原点としての沖縄戦　大田洋子—原爆と言葉　水木しげる—ある帰還兵士の経験　黄淳柱と朴鐘鴻—近代の成就と超克）　2　それぞれの敗戦と占領（茨木のり子—女性にとっての敗戦と占領　黒澤明—アメリカとの出会いそこない　花森安治—その時、何を着ていたか？　堀越二郎—軍事技術から戦後のイノベーションへ）　3　改革と民主主義（中野重治—反復する過去　若月俊一—地域医療に賭けられたもの　西崎キク—大空から大地へ　北村サヨ—踊る宗教が拓く共生の風景）

西崎　保孝〔1941〜〕　にしざき・やすたか
◇ああそうだったんか！—二代目社長の潮時　西崎保孝著　文藝春秋企画出版部（制作）　2016.5　245p　20cm　1200円　Ⓝ289.1

西崎　義展〔1934〜2010〕　にしざき・よしのぶ
◇「宇宙戦艦ヤマト」をつくった男　西崎義展の狂気　牧村康正，山田哲久著　講談社　2015.9　350p　19cm　〈文献あり〉　1500円　Ⓣ978-4-06-219674-1　Ⓝ778.77
内容　第1章　アニメ村の一匹狼　第2章　芝居とジャズと歌謡ショー　第3章　ヤマトは一日にして成らず　第4章　栄光は我にあり　第5章　勝利者のジレンマ　第6章　砂上のビッグ・カンパニー　第7章　破滅へのカウントダウン　第8章　獄中戦記　第9章　復活する魂
◇「宇宙戦艦ヤマト」をつくった男　西崎義展の狂気　牧村康正，山田哲久著　講談社　2017.12　447p　15cm　（講談社＋α文庫 G311-1）〈2015年刊の加筆・修正　文献あり〉　920円　Ⓣ978-4-06-281737-0　Ⓝ778.77
内容　序章　いつ消されてもおかしくない男　第1章　アニメ村の一匹狼　第2章　芝居とジャズと歌謡ショー　第3章　ヤマトは一日にして成らず　第4章　栄光は我にあり　第5章　勝利者のジレンマ　第6章　砂上のビッグ・カンパニー　第7章　破滅へのカウントダウン　第8章　獄中戦記　第9章　復活する魂　終章　さらば、ニシザキ

西嶋　八兵衛〔1596〜1680〕　にしじま・はちべえ
◇西嶋八兵衛と栗林公園—治水利水の先覚者　藤田勝重著　復刻版　高松　美巧社　2015.9　64p　21cm　〈年表あり〉　500円　Ⓣ978-4-86387-064-2　Ⓝ629.21

西田　篤史〔1956〜〕　にしだ・あつし
◇広島のローカルタレントあっちゃん，—西田篤史初の自伝　西田篤史著　広島　ザメディアジョン　2015.2　196p　19cm　1300円　Ⓣ978-4-86250-354-1　Ⓝ779.9

西田　厚聰〔1943〜2017〕　にしだ・あつとし
◇テヘランからきた男　西田厚聰と東芝壊滅　児玉博著　小学館　2017.11　300p　20cm　〈年表あり〉　1500円　Ⓣ978-4-09-389774-7　Ⓝ542.067
内容　序章　戦犯と呼ばれた男　第1章　覇者の経営　第2章　土光敏夫とイラン革命　第3章　雨降る故郷　第4章　パソコン神話　第5章　愚かな争い　第6章　名門陥落はいつ起きたか　第7章　盟主なき帝国　終章　最後の対話　年表

西田　幾多郎〔1870〜1945〕　にしだ・きたろう
◇近代哲学の根本問題　K・リーゼンフーバー著，村井則夫監訳　知泉書館　2014.7　408,14p　22cm　（上智大学中世思想研究所中世研究叢書）〈索引あり〉　6500円　Ⓣ978-4-86285-190-1　Ⓝ133
内容　第1部　言葉と歴史（解釈学と言語分析—対話への手掛かり　歴史哲学と歴史理解　時間と歴史　呼びかけへの傾聴—言語の超越論的構成機能について）　第2部　自由とその根底（自由な自己規定と意味への関わり　意味と価値—言語論的観点から　価値と存在—リンテレンの価値哲学から　無の概念と現象）　第3部　超越理解と宗教論—フィヒテ、ハイデガーをめぐって（フィヒテと現象学—フィヒテ

思想(一八○四‐○六年)における現象概念について フィヒテの宗教思想の生成—『浄福なる生への導き』を中心に フィフテの宗教哲学的思惟の発展 ハイデガーにおける神学と神への問い 第4部 純粋経験と宗教—西田哲学をめぐって(西田幾多郎一生涯と思想 「純粋経験」の宗教的側面 前期西田における自己意識と自由意志 純粋経験と絶対意思)

◇高木貞治とその時代—西欧近代の数学と日本 高瀬正仁著 東京大学出版会 2014.8 406,39p 20cm 〈他言語標題：Teiji Takagi and His Era 文献あり 年譜あり 索引あり〉 3800円 ①978-4-13-061310-1 ⑩410.28

[内容] 第1章 学制の変遷とともに 第2章 西欧近代の数学を学ぶ 第3章 関口開と石川県加賀の数学 第4章 西田幾多郎の青春 第5章 青春の夢を追って 第6章 「考へ方」への道—藤森良蔵の遺産 附録

◇夏目漱石と西田幾多郎—共鳴する明治の精神 小林敏明著 岩波書店 2017.6 240,3p 18cm (岩波新書 新赤版 1667)〈文献あり 年譜あり〉 840円 ①978-4-00-431667-1 ⑩910.268

[内容] 序章 西田はなぜ漱石に手紙を書いたのか 第1章 没落する家から生まれる独立の精神 第2章 人とネットワークのなかで 第3章 一生の宿題となった公案の問い 第4章 ベストセラーは何をもたらしたか 第5章 戦争時代のメンタリティ 第6章 内省を表現するとはどういうことか

◇いまこそ知りたい日本の思想家25人 小川仁志著 KADOKAWA 2017.9 254p 19cm 〈他言語標題：25 Japanese thinkers you need to know now 文献あり〉 1700円 ①978-4-04-400234-3 ⑩121.028

[内容] 第1章 日本思想の黎明期(空海 道元 親鸞 吉田兼好 世阿弥) 第2章 日本の近世の葛藤(山本常朝 荻生徂徠 本居宣長 安藤昌益 二宮尊徳) 第3章 日本の近代の幕開け(横井小楠 吉田松陰 福沢諭吉 新渡戸稲造 内村鑑三) 第4章 「日本哲学」の始まり(西周 西田幾多郎 九鬼周造 三木清 和辻哲郎) 第5章 世界における日本思想の独自性(北一輝 鈴木大拙 柳田國男 丸山眞男 吉本隆明)

◇京都学派 菅原潤著 講談社 2018.2 264p 18cm (講談社現代新書 2466)〈文献あり〉 900円 ①978-4-06-288466-2 ⑩121.6

[内容] プロローグ なぜ今、京都学派なのか 第1章 それは東大から始まった—フェノロサから綱島梁川まで 第2章 京都学派の成立—西田幾多郎と田辺元 第3章 京都学派の展開—京大四天王の活躍と三木清 第4章 戦後の京都学派と新京都学派—三宅剛一と上山春平 エピローグ 自文化礼賛を超えて—京都学派のポテンシャル

◇西田幾多郎と瀧澤克己—交流の真実 前田保著 七月堂 2018.9 489,18p 19cm (日本哲学成立下の真実 第1巻)〈文献あり 索引あり〉 4000円 ①978-4-87944-323-6 ⑩121.63

[内容] 第1部 書簡にみる交流(西田・滝沢、交流の真実 西田の滝沢宛て全書簡 ほか) 第2部 テキストにみる交流(二人の思想的交流 何が西田を喜ばせたか…思想的交流の第一期 ほか) 第3部 宗教論にみる交流(秋月の指摘から問題の再編成へ 「場所的論理と宗教的世界観」の成立経緯について ほか) 第4部 交流の真実(逆対応と不可逆 西田と滝沢における仏教とキリスト教 ほか)

西田 清美〔1932～〕 にしだ・きよみ

◇ブラジャーで勲章をもらった男—QUADRILLE NISHIDA 西田清美著 集英社 2016.10 311p 20cm 〈文献あり 年譜あり〉 1600円 ①978-4-08-786069-6 ⑩589.22

[内容] プロローグ ブラジャー一〇号 1 「ケンカしい」の誕生 2 和江商事で社会人としてスタート 3 どん底時代を経て、創業へ 4 ブラジャーというもの 5 ライセンスビジネスに取り組む エピローグ カドリールニシダの今 特別編 高橋弘(現・社長付顧問)が語る西田清美

西田 修平〔1910～1997〕 にしだ・しゅうへい

◇近代オリンピックのヒーローとヒロイン 池井優著 慶應義塾大学出版会 2016.12 365p 20cm 〈文献あり〉 2600円 ①978-4-7664-2389-1 ⑩780.28

[内容] ピエール・ド・クーベルタン—近代オリンピックの創始者 嘉納治五郎—日本初代IOC委員 金栗四三—"日本マラソンの父"となったオリンピックの敗者 人見絹枝—日本女子初のメダリスト 西竹一—バロン西と呼ばれた馬術大障害の優勝者 織田幹雄—日本人最初のゴールドメダリスト 「前畑がんばれ！」—日本初のオリンピック女子金メダリスト 西田修平・大江季雄—ベルリンの死闘と"友情のメダル" ジェシー・オーエンス—ベルリンで四つの金メダルを獲った黒人選手 清川正二—オリンピックの金メダリスト、IOC委員 古橋廣之進—戦後日本に希望をあたえてくれた「フジヤマのトビウオ」 猪谷千春—冬季五輪初のメダリスト、そしてIOC委員 アベベ・ビキラ—ローマ、東京と二大会を制覇したマラソンの王者 大松博文—"東洋の魔女"に金メダルを獲らせた"鬼"の指導者 日本サッカー界を改革したドイツ人コーチ—デットマール・クラマーと日本代表チーム ベラ・チャスラフスカ—「プラハの春」にゆれた体操の女王 男子バレーボールに革命をもたらした監督—松平康隆と日本男子バレーボール モスクワ五輪ボイコットに泣いた選手たち —政治に翻弄されたオリンピック 北島康介—オリンピック三大会でメダル獲得のスイマー

西田 達朗〔1949～〕 にしだ・たつろう

◇人間は鍛えなければいけない時がある—児童自立支援施設の実践 少年たちとの日々 西田達朗著 大津 三学出版 2015.11 187p 19cm 1700円 ①978-4-903520-99-5 ⑩327.85

[内容] 第1章 兵庫県立明石学園十一年の実践から(明石学園の生活 学園で流した汗と涙は一生忘れない(英訳) ほか) 第2章 三重県立国児学園二十四年の実践から(日々の生活 社会的自立をめざす) 第3章 創立百周年記念式典に集まった青年たち(五人の卒園生からの言葉) 第4章 人生の軌跡(学生時代 明石学園で十一年 ほか) 終章 今日まで支えていただいた方々への感謝(原風景のなかの人たちへの感謝 父母、下関の母への感謝 ほか)

西田 天香〔1872～1968〕 にしだ・てんこう

◇"遣わされて"来た人 西田天香 村田正喜著 〔京都〕 一燈園生活研究所 2016.7 289p 20cm 〈発売：燈影舎〔京都〕〉 2500円 ①978-4-86094-028-7 ⑩169.1

> 内容 地獄の話　人間のどん底―天香さん・新生活への「転機」について　天香さん―その宗教的培体　"食"にはじまる　"王雲"と"一帰四礼"―坐脱立亡の行法　自然に適うた生活"ということ　"遣わされて"来た人…西田天香と「天華香開録」と、"懺悔の生活"の間　生きてあり、教育勅語―世界に生きる人倫規範　失われた生命の教育―からの出発　愛と善と"無怨"の祈り　現代の維摩天香さん―その路頭、托鉢の生涯　民話「竹取物語」に学ぶ―"預かる"ということ　トルストイと天香さん　"行願歌"から見えてくる「天香」像

◇許されて生きる―西田天香と一燈園の同人が下坐に生きた軌跡　神渡良平著　廣済堂出版　2018.12　413p　19cm　〈文献あり〉　1700円　①978-4-331-52203-5　Ⓝ169.1

> 内容 第1章 みなしごの卯一　第2章 産ぶ声を上げた新生涯　第3章「光」誌を創刊　第4章 青春の彷徨　第5章 関東大震災と懺悔の祈り　第6章 満州に置かれた捨て石　第7章 奉天一燈園が開園　第8章 敗戦、そしてソ連の強制収容所　第9章 二百数十万人の引揚事業　第10章 日本の再建に向けた祈り

西田 敏行〔1947〜〕　にしだ・としゆき
◇役者人生、泣き笑い　西田敏行著　河出書房新社　2016.10　277p　20cm　〈文献あり〉　1600円　①978-4-309-02506-3　Ⓝ778.21

> 内容 映画が「僕の学校」だった　東京さ行って映画俳優になるぞう　ターニングポイントは『写楽考』の舞台　テレビ小説『北の家族』のレギュラーに抜擢　モロに"地"を出して大ブレーク　「愛妻」プラス「子煩悩」という生き方　「悪友」は「良友」だべ　大河ドラマで『秀吉』と『西郷』を演じて学んだこと　西田式役者術のヒミツ　憧れの吉永小百合さんとワクワクドキドキ共演　"極地三部作"で命の限界に挑んだ！　『釣りバカ日誌』世の中バカがいなきゃ面白くない　"真似る"は"学び"　役者ほど面白い仕事はない　取り戻したい"故郷・福島"

虹田 涅洋〔1967〜〕　にじだ・ねよう
◇ジンカン50年　虹田涅洋著　名古屋　ブイツーソリューション　2016.8　182p　19cm　〈他言語標題：Life is merely 50 years〉　1000円　①978-4-86476-426-1　Ⓝ289.1

西田 税〔1901〜1937〕　にしだ・みつぎ
◇昭和維新―日本改造を目指した"草莽"たちの軌跡　田中健之著　学研プラス　2016.3　579p　20cm　〈文献あり 年表あり〉　2800円　①978-4-05-406123-1　Ⓝ210.7

> 内容 第1部「昭和維新」の胎動（昭和維新への前奏曲―昭和維新運動の始まりと二人の中心人物の思想　浜口首相狙撃事件―「昭和維新」の号砲となった一発の銃声　桜会と三月事件―国家改造を企図した幻のクーデター計画　錦旗革命事件―満州事変に呼応した国家改造計画とその失敗　血盟団事件―一人一殺 僧形の革命家が主導した国家革新テロ）　第2部 五・一五事件から二・二六事件へ（五・一五事件 その1―海軍の青年将校が中心となって起こした襲撃事件　五・一五事件 その2―幻に終わった「世界の喜劇王」の暗殺計画　天行会および独立青年社事件―五・一五事件の背後で胎動していた新たな計画　神兵隊事件―内乱予備罪に問われた民間壮士の蹶起計画　救国埼玉青年挺身隊事件―二・二六事件の序章となった民間人のクーデター事件　少年血盟団事件―昭和維新運動に影響された「興国東京神命党」の蹶起）　第3部 二・二六事件と「昭和維新」の挫折（陸軍士官学校事件―真実か？ 捏造か？　士官候補生によるクーデター計画　真崎教育総監更迭問題―激化する陸軍内部の派閥抗争　永田鉄山斬殺事件―陸軍省内で起こった軍務局長の暗殺　相澤事件公判闘争―二・二六事件の前哨戦となった相澤中佐擁護運動　民間壮士の「二・二六事件」―思想家・西田税の昭和維新に賭けた生涯　東條英機暗殺計画―憲兵政治と戦った筑前勤皇党の後裔と軍人）

西館 好子〔1940〜〕　にしだて・よしこ
◇家族戦争―うちよりひどい家はない!?　西舘好子著　幻冬舎　2018.2　187p　18cm　1100円　①978-4-344-03257-6　Ⓝ289.1

> 内容 第1幕 異なる夫婦のどっちもどっち―家族の黎明期（夫婦喧嘩は一生ついてまわる　天と地ほどにかけ離れていた ほか）　第2幕 神よ！ 悪魔よ！ 原稿よ！　家族の全盛期（一心同体の夫婦が心と体に なる　増長する夫婦間の不満 ほか）　第3幕 悩み苦しんだ親子の巣立ち―家族の衰退期（夫と妻の幸福戦争　家族を抱えているのは俺だ ほか）　第4幕 切っても切れない深い結びつき―家族の晩期（戦いに明け暮れて　せめて、さようならを ほか）

西出 剛士〔1956〜〕　にしで・たかひと
◇迷走人生Nやんの奇跡―きっと、いいことあるさ　西出剛士著　幻冬舎メディアコンサルティング　2017.4　149p　19cm　〈発売：幻冬舎〉　1100円　①978-4-344-91165-9　Ⓝ289.1

> 内容 奇跡は突然やってきた！　幼少時代　和泉市時代　堺市時代　競輪選手を目指して！　天下茶屋、ミナミ時代　タクシードライバー時代　人生最悪の出来事！　新天地、愛知県へ！　新天地でのタクシードライバー時代と競輪　心臓病であやうく命を!!　数年前に両親が亡くなってたとは…。　突然、朗報が飛び込んできた！

西洞院 時慶〔1552〜1640〕　にしのとういん・ときよし
◇時慶記　第5巻　慶長十五年、十八年　西洞院時慶記. 時慶記研究会編　京都　臨川書店　2016.11　347,36p　22cm　〈索引あり〉　11000円　①978-4-653-03765-1　Ⓝ915.5

> 内容 慶長十五年正月一日〜十二月三十日　慶長十八年正月一日〜十二月三十日

西畠 清順〔1980〜〕　にしはた・せいじゅん
◇プラントハンター西畠清順―人の心に植物を植える　NHKスペシャル　NHK取材班編　小学館クリエイティブ　2015.9　175p　19cm　〈他言語標題：Plant Hunter Nishihata Seijun　発売：小学館〉　1400円　①978-4-7780-3516-7　Ⓝ470.73

> 内容 プロローグ　1 11年間に地球10周 魅惑の植物を求めて　2 150年続く植物卸問屋「花宇」　3 いざ！ アルゼンチンへ　4 日本の伝統文化 活け花に原点あり　5 オリーブの古木を日本の街づくりに　6 バラボラッチョがやってきた　エピローグ

西原 健吾〔?〜1964〕　にしはら・けんご
◇花と銃弾―安藤組幹部西原健吾がいた―　向谷

匡史著　青志社　2016.9　253p　19cm　1400円　①978-4-86590-031-6　Ⓝ368.51

内容　第1章　青嵐(西原健吾十八歳、花形敬二十二歳　安藤昇一。新しき時代の象徴　ほか)　第2章　烈風(狂気と熟情　愛しの赤い糸　ほか)　第3章　薫風(格闘技ビジネスへの礎　「大凶」のおみくじ、波乱の予感　ほか)　第4章　疾風(人を泣かせて甘い汁は許せない　最高幹部、非常招集　ほか)　第5章　花の露(弱いところから侵食されていく　不器用に生きてこそ"漢"　ほか)

西原　春夫〔1928～〕にしはら・はるお

◇私の刑法研究―人生は大事なことほど偶然で決まる、ではどう生きるか　西原春夫著　成文堂　2015.5　258p　20cm　3000円　①978-4-7923-7105-0　Ⓝ326

西保周太郎〔1797～1821〕にしぶのしゅうたろう

◇アウトロー―近世遊俠列伝　高橋敏編　敬文舎　2016.9　255p　19cm　〈文献あり　年表あり〉　1750円　①978-4-906822-73-7　Ⓝ384.38

内容　近世社会秩序と博徒―二足草鞋論　国定忠治―遊俠の北極星　竹居安五郎―新島を抜けて甦った甲州博徒の武闘派吃安　勢力富五郎―江戸を騒がせた『嘉永水滸伝』の主役　佐原喜三郎―鳥も通わぬ八丈からの島抜けを記録に留めたインテリ博徒　小金井小次郎―多摩を仕切った、新門辰五郎の兄弟分　小川幸蔵―武州世直し一揆を鎮圧した博徒　石原村幸次郎―関東取締出役の無力を思い知らせた孤高の博徒　西保周太郎―短い一生を全力で駆け抜けた幕末期甲州博徒の草分け　黒駒勝蔵―清水次郎長と対決した謎多き甲州の大俠客　吉良仁吉―義理を通した若き三河博徒　原田常吉―〇余年の遠島に服すも八五年の生涯を全うした真の遊俠

西部　邁〔1939～2018〕にしべ・すすむ

◇生と死、その非凡なる平凡　西部邁著　新潮社　2015.4　269p　20cm　〈他言語標題：Vita et mors,earum mediocritas egregia〉　1900円　①978-4-10-367506-8　Ⓝ914.6

内容　合理主義という名の虚無　霊魂は有りや無しや　素人賭博の末路　信頼おくあたわざる顔と声　数理教の魅力　空飛ぶ人の情け　懲りない面　特攻隊の共産党員　得るも与えるもなき望郷の念　叫びつづけた伯母〔ほか〕

◇ファシスタたらんとした者　西部邁著　中央公論新社　2017.6　389p　20cm　〈他言語標題：Ceaseless but unsuccessful life of a would-be fascista〉　1850円　①978-4-12-004986-6　Ⓝ289.1

内容　「敗北」を目の当たりにした少年の「鬱勃たる憂鬱」　社会に快楽で誘われ苦痛を与えられた少年は鮪のなかに入った　背信を受ける肌触りと背徳を為す手触り　愚かでも若ければ細い網を知らぬ間に渡ってしまう　連合赤軍事件を契機に大衆批判に「起ち」、外国の地で保守擁護に「惑わなかった」　時代錯誤を承知の上での相対主義の峻拒　東大と喧嘩し、マスコミと政治に触れ、そして知らされた批評家の立場　自死への思い、雑誌の発刊そしてAUMとの擦れ違いに思い知らされた「状況」の際なさ　大東亜戦争の戦跡をたずね、犠牲の死者たちとの「交話の歌」

を妻と心身に迫る危機を察しつつ、心中でうたいつづけた　テロリストの味方と呼ばれるにつれ深まりゆくテロ(恐怖)への理解　『マニフェスト』の流行をみて世間の陥る愚昧には底がないと知る　世界大戦の足音を聞きながらナチ・ファッショを夢想する　世界大戦の足音を聞きながらナチ・ファッショを夢想する(続)　「自分の死」としての「連れ合いの死」　そして「死相の世界」のなかでの「エッセイイストの末期」　実存への省察、実践への冒険、近代への懐疑、保守への模索、それらをエッセイ(試論)で束ねるのがファシズモ

◇六〇年安保―センチメンタル・ジャーニー　西部邁著　文藝春秋　2018.6　231p　16cm　〈文春学藝ライブラリー―思想　19〉　1250円　①978-4-16-813074-8　Ⓝ377.96

内容　序章　空虚な祭典―安保闘争　ブント　私　第1章　哀しき勇者―唐牛健太郎　第2章　優しい破壊者―篠田邦雄　第3章　純な「裏切者」―東原吉伸　第4章　苦悩せる理家想―島成郎　第5章　善良な策略家―森田実　第6章　寡黙な煽動家―長崎浩　終章　充実への幻想―思い出の人々

◇西部邁日本人への警告―わが国にとって「保守vs.革新」とは何だったのか　西村幸祐, 富岡幸一郎, 三浦小太郎著　イースト・プレス　2018.6　206p　18cm　〈知的発見！BOOKS 029〉　999円　①978-4-7816-1676-6　Ⓝ289.1

内容　第1章　西部邁と"知性"の終焉("知性"と言わずして、なんと言えばいいのか　"常識"が完全に崩壊した日本　ほか)　第2章　西部邁は何と闘ってきたのか(「若い人たちを中心にやってくれ」　六〇年安保と「平和」という魔語　ほか)　第3章　「昭和」時代の西部邁(大衆社会やマスコミを斬る「錆びない刃」　思索の原点としての「硫黄島の砂」　ほか)　第4章　西部邁とは何者であったか―西村幸祐×富岡幸一郎×三浦小太郎鼎談(西部邁と私たち　西部邁と「死生論」　ほか)　特別付録　「主権」とは何か―西部邁講演録(バーチャル・リアリティとしての「主権回復」　日本国憲法の偽善と無国籍性　ほか)

◇友情―ある半チョッパリとの四十五年　西部邁著　青志社　2018.10　267p　20cm　〈新潮社2005年刊の新装復刊〉　1600円　①978-4-86590-071-2　Ⓝ289.1

内容　序　野野さんが死んだわよ　本気でやる気なのかこの店のお情けで生きているんだ　ジュリアン・ソレルの気持ち、わかるよ　御馳走さまでした　世間に迷惑をかけちゃいけないよ　アレを持ってきてお父さん、行っちゃ駄目だあ　不良少年U君が颯爽と登場した　事故に吸い寄せられていった　ねぇちゃん、なぜ俺を捨てたんだ　朝鮮人だとどうしてわかったんだい　俺の家族にだって正義があるんだ　赤猫は許さねえ　死ぬしかない、死ぬのは恐くない、そういうことだ　この記憶さえ無かったらなあ　結　海野さんの足跡はもう消えたのみ

西村　昭男〔1930～〕にしむら・あきお

◇北緯43度のドン・キホーテ　西村昭男著　札幌財界さっぽろ　2017.6　288p　20cm　1700円　①978-4-87933-519-7　Ⓝ289.1

内容　第1章　ドン・キホーテの青春(西村家の一族　4人兄妹　ほか)　第2章　ドン・キホーテの錬磨(血管外科　最初で最後の出張　ほか)　第3章　ドン・キホーテの冒険(傷心の単身赴任　野戦病院　ほか)　第4章

西村 伊作〔1884〜1963〕 にしむら・いさく
◇暗い時代の人々　森まゆみ著　亜紀書房　2017.5　294p　19cm　〈他言語標題：Men in Dark Times　文献あり　年表あり〉　1700円　Ⓘ978-4-7505-1499-4　Ⓝ281
内容　第1章 斎藤隆夫―リベラルな保守主義者　第2章 山川菊栄―戦時中、鶏の卵を売って節は売らず　第3章 山本宣治―人生は短く、科学は長い　第4章 竹久夢二―アメリカで恐慌、ベルリンでナチスの台頭を見た　第5章 九津見房子―戸惑いながら懸命に生きたミス・ソシアリスト　第6章 斎藤雷太郎と土野正一―「土曜日」の人々と京都の喫茶店フランソア　第7章 古在由重―ファシズムの嵐の中を航海した「唯物論研究」　第8章 西村伊作―終生のわがまま者にしてリベルタン

西村 京太郎〔1930〜〕 にしむら・きょうたろう
◇十五歳の戦争―陸軍幼年学校「最後の生徒」　西村京太郎著　集英社　2017.8　249p　18cm　(集英社新書　0895)〈文献あり〉　760円　Ⓘ978-4-08-720895-5　Ⓝ914.6
内容　第1章 十五歳の戦争(世界大恐慌の時に生れた東京陸軍幼年学校の日々)　第2章 私の戦後―特に昭和二十二人の二〇(前半は戦争、後半は平和だった時代)(戦後はゼロから始まったというのは、嘘である　憲法改正問題　日本全体が飢餓状態　戦後を生き抜く一作家になるまでの紆余曲折)　第3章 日本人は戦争に向いていない(日本の軍人には、現代戦がわからなかった　現代戦に向かない性格と国民性　なぜ、日本の軍人は、死を生の上に置くのか　国の義務は兵士を見捨てないことであり、兵士の義務は国を見捨てないことである)

西村 郡司〔1814〜1895〕 にしむら・ぐんじ
◇史料主体西村郡司翁伝―西村翁没後百二十年記念企画　八街郷土史研究会編著　〔八街〕　八街郷土史研究会　2015.1　163p　26cm　(会誌「郷土八街」臨時号)〈複製を含む　年譜あり〉　Ⓝ289.1

西村 賢太〔1967〜〕 にしむら・けんた
◇一私小説書きの独語―随筆集　西村賢太著　KADOKAWA　2014.6　236p　20cm　1600円　Ⓘ978-4-04-110682-2　Ⓝ914.6
内容　一私小説書きの独語　韓国みやげ　藤澤清造著『藤澤清造短篇集』(新潮文庫)解説　下向きながらも求めたきは…　(創る人五十二人の二〇一一日リレー)　畏怖と畏敬―山田花子に寄せて　新発見作も付して―西村賢太編『藤澤清造短篇集』まだ時期尚早(あなたは橋下徹総理を支持しますか?)　私小説書きの素朴な疑問(「平成維新」12人の公開質問状)〔ほか〕

◇一私小説書きの独語―随筆集　西村賢太著　KADOKAWA　2016.11　245p　15cm　(角川文庫に18-4)　920円　Ⓘ978-4-04-104950-1　Ⓝ914.6
内容　一私小説書きの独語　韓国みやげ　藤澤清造著『藤澤清造短篇集』(新潮文庫)解説　下向きながらも　求めたきは…　(創る人五十二人の二〇一一日リレー)　畏怖と畏敬―山田花子に寄せて　新発見作も付して―西村賢太編『藤澤清造短篇集』まだ時期尚早(あなたは橋下徹総理を支持しますか?)　私小説書きの素朴な疑問(「平成維新」12人の公開質問状)〔ほか〕

西村 公朝〔1915〜2003〕 にしむら・こうちょう
◇祈りの造形―評伝・西村公朝の時空を歩く　大成栄子著　新潮社図書編集室　2015.4　303p　20cm　〈文献あり　発売：新潮社〉　1500円　Ⓘ978-4-10-910042-7　Ⓝ718.3

西村 七兵衛〔1934〜〕 にしむら・しちべえ
◇立きる愛した残した一我が人生八十年の歩み　西村七兵衛著　京都　西村七兵衛　2016.2　143p　21cm　〈年譜あり〉　Ⓝ289.1

西村 健夫〔1927〜〕 にしむら・たけお
◇回顧九十年　西村健夫著　南窓社　2018.6　177p　20cm　1200円　Ⓘ978-4-8165-0442-6　Ⓝ289.1

西村 定雅〔1744〜1826〕 にしむら・ていが
◇俳仙堂　西村定雅　肥田美知子著　〔池田〕〔肥田美知子〕　2016.2　314p　21cm　〈私家版　文献あり〉　Ⓝ911.34

西村 裕美〔1947〜〕 にしむら・ひろみ
◇私のトランスオーシャン・イヤギ―米国・英国・韓国暮らしを通して語る"自分史"　西村裕美著　大阪　かんよう出版　2015.9　211p　19cm　1800円　Ⓘ978-4-906902-45-3　Ⓝ289.1
内容　第1章 米国・ベンドルヒル(ベンドルヒル到着　どうして私が米国に?　ホームステイーエルキントン家に)〔ほか〕　第2章 英国・ウッドブルック(ウッドブルックでの新たな生活　ウッドブルックの一日　アフリカが近い　ほか)　第3章 韓国・梨花(憧れのソウル暮らしが実現　梨大アジア女性学センター言語教育院でハングルを学ぶ　ほか)

西村 広休〔1806〜1889〕 にしむら・ひろよし
◇伊勢商人西村広休の本草物産学　小玉道明編　〔松阪〕　光出版　2015.12　638,10p　21cm　Ⓝ289.1

西村 正雄〔1932〜2006〕 にしむら・まさお
◇絶頂の一族―プリンス・安倍晋三と六人の「ファミリー」　松田賢弥著　講談社　2015.2　233p　20cm　〈文献あり〉　1500円　Ⓘ978-4-06-219434-1　Ⓝ289.1
内容　プロローグ ゴッドマザー・安倍洋子を軸にした三代　第1章 祖父・岸信介―安倍晋三が追う幻影の正体　第2章 父・安倍晋太郎―「岸の女婿」といわれ続けた男の悲劇　第3章 叔父・西村正雄―唯一晋三を批判できた晋太郎の異父弟　第4章 隠れた弟を追って―父・晋太郎が築こうとしたもう一つの家庭　第5章 妻・安倍昭恵―奔放な「家庭内野党」で洋子との確執は続く　第6章 母・安倍洋子―晋三に賭けるゴッド・マザーの執念

◇絶頂の一族―プリンス・安倍晋三と六人の「ファミリー」　松田賢弥著　講談社　2015.9

285p 15cm （講談社＋α文庫 G119-3）〈2015年2月刊の加筆・修正 文献あり〉 740円 ①978-4-06-281617-5 Ⓝ289.1

内容 プロローグ ゴッドマザー・安倍洋子を軸にした三代 第1章 祖父・岸信介—安倍晋三が追う幻影の正体 第2章 父・安倍晋太郎—「岸の女婿」と言われ続けた男の悲劇 第3章 叔父・西村正雄—唯一晋三を批判できた晋太郎の異父弟 第4章 隠れた弟を追って—父・晋太郎が築こうとしたもう一つの家庭 第5章 妻・安倍昭恵—奔放な「家庭内野党」で洋子との確執は続く 第6章 母・安倍洋子—晋三にかけるゴッドマザーの執念

西村 泰重〔1935～〕 にしむら・やすしげ
◇J：COM創業記—商社マン、ケーブルテレビを拓く 西村泰重著 KADOKAWA 2014.8 269p 20cm 1400円 ①978-4-04-621325-9 Ⓝ289.1

西村 喜雄〔1913～1945〕 にしむら・よしお
◇つなぐこころ—戦地の夫から妻へ さいたま 新井道子 2018.8 61p 21cm Ⓝ289.1

西本 聖〔1956～〕 にしもと・たかし
◇どん底—一流投手が地獄のリハビリで見たもの 元永知宏著 河出書房新社 2018.5 205p 19cm 1350円 ①978-4-309-27947-3 Ⓝ783.7

内容 第1章 森慎二—メジャーを目指した男の夢が消えた१秋 第2章 石井弘寿—WBC日本代表の苦悩 第3章 斉藤和巳—沢村賞投手の最後の6年 第4章 川崎憲次郎—FA移籍後のつらすぎる4年間 第5章 野村弘樹—ひじを痛めて引退した101勝サウスポー 第6章 西本聖—脊椎の手術からの奇跡の復活

西森 博之〔1963～〕 にしもり・ひろゆき
◇西森博之本 西森博之著 小学館 2018.9 223p 21cm （SHONEN SUNDAY COMICS SPECIAL—漫画家本 vol.8）〈著作目録あり 年譜あり〉 1300円 ①978-4-09-128617-8 Ⓝ726.101

西森 洋一〔1979～〕 にしもり・よういち
◇声を出して笑っていただきたい本 西森洋一著 ヨシモトブックス 2018.12 414p 19cm 〈発売：ワニブックス〉 1300円 ①978-4-8470-9738-6 Ⓝ779.14

内容 親父が倒れた 給料明細 洗濯物が舞う 河川敷でゴルフ練習 村上君 美容院 スプリンターレノ、通称「86」 小田もうすぐ死ぬ 聞こえてくる 逆にしてみよう〔ほか〕

西山 夘三〔1911～1994〕 にしやま・うぞう
◇超絶記録！ 西山夘三のすまい採集帖 Lixil出版 2017.6 112p 21×21cm （Lixil booklet）〈他言語標題：Record extraordinaire！ Uzo Nishiyama's notebooks on houses and living 年譜あり〉 1800円 ①978-4-86480-518-6 Ⓝ523.1

内容 1 漫画家志望 デザイナーズ住宅批判の向こうにある社会革命 2 実証的 住み方調査 3 体系的すまい採集帖 4 自伝的 住み方記録 5 おそるべし、記録魔 西山住宅学とは何だったのか 国土・都市・景観を探究する執念 西山夘三の生涯と仕事—自身の生活史に関わる著作と西山文庫所蔵資料から

西山 禾山〔1837～1917〕 にしやま・かさん
◇西山禾山 坂本石創著 復刻 八幡浜 泰申会出版 2015.7 60p 26cm 〈原本禪文學會 昭和22年刊〉 非売品 Ⓝ188.82

西山 菊翁〔1922～〕 にしやま・きくお
◇風雪—風雪自然を育み人を磨く 西山菊翁著 ダイナミックセラーズ出版 2015.9 306p 20cm 1800円 ①978-4-88493-355-5 Ⓝ289.1

西山 俊太郎〔1945～〕 にしやま・しゅんたろう
◇西山俊太郎オーラル・ヒストリー 西山俊太郎述、宇田川勝、四宮正親、真保智行編 法政大学イノベーション・マネジメント研究センター 2017.2 96p 30cm （Working paper series no.175） 非売品 Ⓝ537.067

西山 徹〔1974～〕 にしやま・てつ
◇MY LIFE IS THIS LIFE—「WTAPS」西山徹をひもとく40のキーワード 西山徹著 マガジンハウス 2014.9 127p 21cm 2000円 ①978-4-8387-2707-0 Ⓝ289.1
＊渋谷発のトップクリエイター「WTAPS」西山徹ができるまで。

西山 泊雲〔1877～1944〕 にしやま・はくうん
◇芋銭泊雲来往書簡集 芋銭, 泊雲著. 北畠健著 丹波 西山酒造場 2018.7 547p 22cm 〈奥付のタイトル：小川芋銭西山泊雲来往書簡集〉 3000円 Ⓝ721.9

西山 彌太郎〔1893～1966〕 にしやま・やたろう
◇高度成長を引きずり出した男—サラリーマン社長・西山彌太郎の夢と決断 伊丹敬之著 PHP研究所 2015.11 317p 20cm 〈文献あり 年譜あり〉 1800円 ①978-4-569-82680-6 Ⓝ564.09

内容 序章 高度成長のパイオニア 第1章 鋼になった石—生い立ちから製鋼課長まで 第2章 銑鋼一貫の夢—製鋼課長から製鋼所長まで 第3章 壮大な構想、そして突進—川鉄独立から千葉一号高炉定礎まで 第4章 夢実現への険阻な道—高炉建設から銑鋼一貫体制の実現まで 第5章 休むことを知らないエネルギー—すぐに水島へ 第6章 未来へのバトンタッチ—後継者指名の苦悩 第7章 高い志、低い目線、不屈の実行力—経営者としての彌太郎 第8章 誠実、敢闘、そして情—彌太郎の人となり 終章 なぜ彌太郎は大きな経営者に育ったか

西山 由之〔1942～〕 にしやま・よしゆき
◇今やれすぐやれ早くやれ!! 西山由之著 幻冬舎メディアコンサルティング 2018.6 234p 18cm 〈発売：幻冬舎〉 800円 ①978-4-344-91613-5 Ⓝ289.1

内容 第1章 疾風怒涛編（徒手空拳、孤立無援でつかんだ100億円 ダスキンで日本一 ほか） 第2章 青春編（社員食堂業で独立開業 出せし料理 ほか） 第3章 出世ノウハウ編（社員教育こそが原点 黒帯六段 ほか） 第4章 痛快編（アメリカ作戦 そこでフ

ラワーリースだ ほか）　第5章 Nac発展歴史の証言（始まりは四帖半「ダスキン鶴川」から　夫の強い意志 ほか）

西脇 順三郎〔1894～1982〕にしわき・じゅんざぶろう
◇詩人西脇順三郎　その生涯と作品　加藤孝男, 太田昌孝著　クロスカルチャー出版　2017.5　168p　21cm　（CPCリブレ　エコーする〈知〉No.7）〈年譜あり〉　1800円　①978-4-908823-16-9　N911.52
内容　第1章 西脇順三郎の魂にふれる旅—少年, 青年時代の西脇（故郷・小千谷にて）　第2章 西脇順三郎の魂にふれる旅—英国留学時代の西脇　第3章 西脇順三郎の魂にふれる旅—東京, 小千谷を歩く旅人　第4章 西脇順三郎の詩の魅力をあじわう

日奥〔1565～1630〕にちおう
◇日奥聖人とその後継者たち　岡山　御遠忌記念事業執行委員会　2015.6　2冊　21cm　非売品　N188.92
内容　第1部 日奥聖人　第2部 内信から再興

日像〔1269～1342〕にちぞう
◇日像菩薩歴徳行略絵伝　常円寺日蓮仏教研究所編　京都　京都本山妙覺寺　2018.10　95p　15×21cm　〈御生誕七五〇年記念　年譜あり〉　非売品　N188.92

日遥〔1580～1659〕にちよう
◇望郷の被虜人と渡来文化　姜健栄著　大阪　かんよう出版　2018.1　118p　26cm　〈他言語標題：Nostalgia of Prisoners and the Introduced Korean Culture〉　2200円　①978-4-906902-92-7　N210.49
内容　第1章 豊臣秀吉軍による被虜人たち（豊臣秀吉軍に被虜された人々（一）—文禄・慶長の役（一五九二～一五九八）　豊臣秀吉軍に被虜された人々（二）—石川県, 熊本県と山口県　被虜人日遥上人（余大男）の生涯 ほか）　第2章 渡来文化財（高僧行基の功績　石川県大徳寺の朝鮮半島由来文化財と正祐寺鐘　朝鮮通信使遺品と高麗版一切経—相国寺慈照院と経蔵 ほか）　第3章 芸術, 絵画, 日本人の貢献（金剛山の襖絵—龍安寺と皐月画伯　石井柏亭の絵画と東大寺白磁壺　『朝鮮古書画総覧』と李英介について ほか）

日蓮〔1222～1282〕にちれん
◇シリーズ日蓮　2　日蓮の思想とその展開　小松邦彰, 西山茂, 上杉清文, 末木文美士, 花野充道編集委員　小松邦彰, 花野充道責任編集　春秋社　2014.11　465p　22cm　〈他言語標題：Series NICHIREN〉　4800円　①978-4-393-17352-7　N188.92
内容　1 日蓮の生涯とその思想（日蓮の生涯とその思想　日蓮遺文の年系と真偽の考証　日蓮図讃大曼荼羅の考証　鎌倉仏教と日蓮の思想　日蓮の思想と天台本覚思想）　2 日蓮の教義とその展開（日蓮の本尊論とその展開—本尊の人法問題を中心に　日蓮の成仏論とその展開　日蓮の題目論とその継承　日蓮の成仏論とその展開　日蓮教学における顕本論　日蓮の種脱論とその展開　日蓮の摂折論とその展開）　3 遺文の編集とその研究（日蓮遺文の編纂と刊行　日蓮遺文の注釈・研究史　日蓮教団における法華経注釈書・談義書について　日蓮数学の体系化　日蓮教学研究の現状と課題）

◇日蓮—日蓮宗　藤井寛清著　京都　淡交社　2015.2　219p　18cm　（京都・宗祖の旅）〈1990年刊の再編集　文献あり 年譜あり〉　1200円　①978-4-473-03989-7　N188.92
内容　1 日蓮の生涯と教え（誕生と出家　法華経を見出す　法華経流布 ほか）　2 京都の日蓮教団（日像の京都布教　日像以後　分派分立の図式 ほか）　3 京都・日蓮ゆかりの寺々（日蓮ゆかりの霊跡　京都十六本山寺院　その他の日蓮宗寺院）

◇本朝沙門日蓮　田中智學著　平成復刻版　さいたま　はちす文庫　2015.4　44p　21cm　〈法華教会開所20周年報恩出版　原本：天業民報社昭和10年刊〉　N188.92

◇ほんとうの日蓮　島田裕巳著　中央公論新社　2015.5　238p　18cm　（中公新書ラクレ 524）　800円　①978-4-12-150524-8　N188.92
内容　顔の見える宗教家—はじめに　1章 日蓮は戦闘的な宗教家だったのか　2章 本物か偽者か—日蓮の書誌学　3章 日本に希有な体系的な思想　4章 日蓮が『立正安国論』を著した理由はなにか　5章 数々の法難は日蓮をどう変えたのか　6章 思想を深化させる日蓮—佐渡流罪の経験　7章 人間日蓮—身延の日蓮　最後の原理主義者—おわりに

◇日蓮—殉教の如来使　田村芳朗著　吉川弘文館　2015.11　229p　19cm　（読みなおす日本史）〈日本放送出版協会 1975年刊の再刊　文献あり 年譜あり〉　2200円　①978-4-642-06594-8　N188.92
内容　1 真実一路の旅　2 警世の予言者　3 殉教の如来使　4 孤高の宗教者　5 永遠への思慕　6 日蓮の継承者

◇うちのお寺は日蓮宗　わが家の宗教を知る会著　文庫オリジナル版　双葉社　2016.1　221p　15cm　（双葉文庫 わ‐08‐06—「わが家の〈宗教を知る〉シリーズ」）〈文献あり〉　602円　①978-4-575-71450-0　N188.9
内容　序章 ざっくりわかる日蓮宗Q&A　第1章 仏教の歴史と日蓮宗　第2章 日蓮の生涯と日蓮宗の発展　第3章 キーワードで知る日蓮宗の教え　第4章 日蓮宗のしきたり　第5章 ぜひ訪ねたい日蓮宗のお寺

◇代表的日本人　内村鑑三著, ニーナ・ウェグナー英文リライト, 牛原眞弓訳　IBCパブリッシング　2016.3　207p　19cm　（対訳ニッポン双書）〈奥付の出版年月（誤植）：2015.9〉　1500円　①978-4-7946-0399-9　N281
内容　第1章 西郷隆盛・新日本の創設者　第2章 上杉鷹山・封建領主　第3章 二宮尊徳・農民聖者　第4章 中江藤樹・村の先生　第5章 日蓮上人・仏僧

◇日蓮聖人の歩みと教え　鎌倉期　高橋俊隆著　山喜房佛書林　2016.3　449p　22cm　12000円　①978-4-7963-0786-4　N188.92

◇日蓮を読み解く80章—北斎, 国芳, 賢治を魅了した日蓮と法華経　浜島典彦監修　ダイヤモンド社　2016.5　187p　21cm　1500円　①978-4-

478-06591-4 Ⓝ188.92
内容 1章 基本のき　2章 日蓮の生涯—誕生から身延まで　3章 日蓮の後継者たち　4章 日蓮入門下連合会　5章 檀徒の芸術家たち　6章 近代日本に日蓮が与えた影響　7章 日蓮宗寺院のたたずまい

◇日蓮聖人の歩みと教え　佐渡期　髙橋俊隆著　山喜房佛書林　2016.5　447p　22cm　〈文献あり〉　12000円　Ⓘ978-4-7963-0787-1　Ⓝ188.92

◇日蓮の思想と生涯　須田晴夫著　新版　鳥影社　2016.8　467,14p　22cm　〈初版：論創社 2012年刊　文献あり　索引あり〉　3500円　Ⓘ978-4-86265-575-2　Ⓝ188.92
内容 生誕　修学と得度　悟りと遊学　立宗宣言　鎌倉での弘教　「立正安国論」　松葉ケ谷の法難　伊豆流罪　小松原の法難　十一通御書　竜の口の法難　依智と寺泊　佐渡・塚原　佐渡・一谷　身延入山　身延での教化　熱原法難　曼荼羅本尊　晩年の化導　入滅

◇代表的日本人　内村鑑三著，藤田裕行訳　アイバス出版　2016.9　221p　19cm　〈他言語標題：REPRESENTATIVE MEN OF JAPAN　発売：サンクチュアリ出版〉　1400円　Ⓘ978-4-86113-666-5　Ⓝ281
内容 西郷隆盛—新たな日本を築いた男（一八六八年、日本の革命　出生、教育、啓示　ほか）　上杉鷹山—封建領主（封建政府　人となりと事績　ほか）　二宮尊徳—農民聖者（十九世紀初頭の日本の農業　少年時代　ほか）　中江藤樹—村の先生（古き日本の教育　少年時代と意識の目覚め　ほか）　日蓮上人—仏教徒（日本の仏教　誕生と出家　ほか）

◇日蓮　中尾堯著　オンデマンド版　吉川弘文館　2017.10　221p　19cm　〈歴史文化ライブラリー 130〉〈原本：2001年刊〉　2300円　Ⓘ978-4-642-75530-6　Ⓝ188.92

◇日本の奇僧・快僧　今井雅晴著　吉川弘文館　2017.11　197p　19cm　〈読みなおす日本史〉〈講談社 1995年刊の再刊〉　2200円　Ⓘ978-4-642-06755-3　Ⓝ182.88
内容 知的アウトサイダーとしての僧侶　道鏡—恋人は女帝　西行—放浪五〇年、桜のなかの死　文覚—生まれついての反逆児　親鸞—結婚こそ極楽への近道　日蓮—弾圧こそ正しさの証　一遍—捨てよ、捨てよ、捨てよ　尊雲（護良親王）—大僧正から征夷大将軍へ　一休—天下の破戒僧　快川—心頭を滅却すれば火も自ら涼し　天海・長栄山池上本門寺　エピローグ—僧侶と日本人

◇代表的日本人—徳のある生きかた　内村鑑三著，道添進編訳　日本能率協会マネジメントセンター　2017.12　265p　19cm　〈Contemporary Classics—今こそ名著〉〈文献あり〉　1600円　Ⓘ978-4-8207-1983-0　Ⓝ281
内容 第1部 名著『代表的日本人』とは（『代表的日本人』が記された背景　一〇〇年以上読み継がれてきた理由　ほか）　第2部 現代日本語訳で読む『代表的日本人』（西郷隆盛—新しく日本を築いた人　上杉鷹山—封建領主　二宮尊徳—農民聖人　中江藤樹—村の先生　日蓮上人—仏僧）　第3部 『代表的日本人』に学ぶ5つの信念（徳を高める　試練を好機と捉える　ほか）

◇余の尊敬する人物　矢内原忠雄著　岩波書店　2018.4　222p　18cm　〈岩波新書〉〈第43刷（第1刷1940年）〉　820円　Ⓘ4-00-400017-3　Ⓝ280
内容 エレミヤ（預言者の自覚　申命記改革　ほか）　日蓮（立正安國論　龍の口法難　ほか）　リンコーン（青年時代　洲會議員より大統領當選まで　ほか）　新渡戸博士（入學式演説　新渡戸博士の教育精神　ほか）

◇日蓮大聖人正伝　阿部日顕監修，宗祖日蓮大聖人第七百御遠忌出版事業実行委員会編集　改訂版/日蓮正宗宗務院/改訂　富士宮　大日蓮出版　2018.7　447,40,29p　22cm　〈第2刷　年表あり　索引あり〉　3000円　Ⓘ978-4-905522-73-7　Ⓝ188.92
内容 御誕生　修学　宗旨建立　鎌倉への弘教　立正安国論　伊豆法難　鎌倉より安房へ　小松原の法難　十一通の諫状　第二の国諫〔ほか〕

◇よくわかる日蓮宗—重要経典付き　瓜生中著　KADOKAWA　2018.11　300p　15cm　〈〔角川ソフィア文庫〕〔H113-7〕〉〈文献あり〉　960円　Ⓘ978-4-04-400368-5　Ⓝ188.9
内容 第1章 日蓮宗の基礎知識（ブッダ（釈迦）の本体は何か　久遠実成の釈迦如来—日蓮のブッダ観　ほか）　第2章 日蓮宗の主な経典（開経偈　『法華経』方便品第二（真読）ほか）　第3章 日蓮の生涯と思想（出生　海辺の漁夫の子　ほか）　第4章 日蓮以降の日蓮宗（六老僧とは　日興と富士門流　ほか）　第5章 日蓮宗の主要寺院（総本山・身延山久遠寺　大本山・長栄山池上本門寺　ほか）　付録 日蓮宗の年中行事と尊像

新田 嘉一〔1933〜〕　にった・かいち
◇商港都市酒田物語—新田嘉一の夢と情熱　粕谷昭二著　鶴岡　荘内日報社　2017.10　387,7p　22cm　〈年表あり　文献あり〉　1800円　Ⓘ978-4-9906984-7-8　Ⓝ289.1

新田 次郎〔1912〜1980〕　にった・じろう
◇チャキの償い—新田次郎、藤原ていの娘に生まれて　藤原咲子著　山と溪谷社　2015.1　221p　20cm　1600円　Ⓘ978-4-635-17182-3　Ⓝ910.268
内容 第1章 『流れる星は生きている』を歩く（中国・北朝鮮国境を辿る旅　小説になかった真実）　第2章 新田次郎の心の闇—『望郷』『豆満江』を辿る旅　第3章 国語教育者・大村はまとの交流—藤原ていの寂寞の源泉　第4章 娘に聞かせた昔話—父からの二度目の添削指導　第5章 それからの私（淡い想い　結婚、そして別れ　大学教授とロックミュージシャン）

新田 義顕〔？〜1337〕　にった・よしあき
◇新田三兄弟と南朝—義顕・義興・義宗の戦い　久保田順一著　戎光祥出版　2015.7　237p　19cm　〈中世武士選書 28〉〈文献あり　年譜あり〉　2600円　Ⓘ978-4-86403-169-1　Ⓝ288.2
内容 第1章 "義貞"を継承する人々　第2章 長男義顕と越前金ヶ崎城の攻防　第3章 義興・義宗　義興の登場と東国の内乱　第4章 運命の武蔵野合戦　第5章 義興の死　第6章 義宗・義治の死　第7章 新田嫡流を継ぐ者

新田 義興〔1331〜1358〕　にった・よしおき
◇新田三兄弟と南朝—義顕・義興・義宗の戦い

久保田順一著　戎光祥出版　2015.7　237p　19cm　（中世武士選書 28）〈文献あり　年譜あり〉　2600円　Ⓘ978-4-86403-169-1　Ⓝ288.2

内容　第1章 "義貞"を継承する人々　第2章 長男義顕と越前金ヶ崎城の攻防　第3章 義興・義宗の登場と東国の内乱　第4章 運命の武蔵野合戦　第5章 義興の死　第6章 義宗・義治の死　第7章 新田嫡流を継ぐ者

新田 義治〔南北朝時代〕にった・よしはる
◇新田三兄弟と南朝—義顕・義興・義宗の戦い　久保田順一著　戎光祥出版　2015.7　237p　19cm　（中世武士選書 28）〈文献あり　年譜あり〉　2600円　Ⓘ978-4-86403-169-1　Ⓝ288.2

内容　第1章 "義貞"を継承する人々　第2章 長男義顕と越前金ヶ崎城の攻防　第3章 義興・義宗の登場と東国の内乱　第4章 運命の武蔵野合戦　第5章 義興の死　第6章 義宗・義治の死　第7章 新田嫡流を継ぐ者

新田 義宗〔？～1368〕にった・よしむね
◇新田三兄弟と南朝—義顕・義興・義宗の戦い　久保田順一著　戎光祥出版　2015.7　237p　19cm　（中世武士選書 28）〈文献あり　年譜あり〉　2600円　Ⓘ978-4-86403-169-1　Ⓝ288.2

内容　第1章 "義貞"を継承する人々　第2章 長男義顕と越前金ヶ崎城の攻防　第3章 義興・義宗の登場と東国の内乱　第4章 運命の武蔵野合戦　第5章 義興の死　第6章 義宗・義治の死　第7章 新田嫡流を継ぐ者

新田谷 修司〔1950～〕にったや・しゅうじ
◇大阪から日本を洗濯する—25年の政治家人生　新田谷修司著　東京図書出版　2015.11　193p　19cm　〈発売：リフレ出版〉　1400円　Ⓘ978-4-86223-924-2　Ⓝ318.253

内容　第1章 橋下徹との7年間　第2章 波瀾万丈の市長職11年　第3章 霞ヶ関をぶち壊せ　第4章 日本を洗濯する　第5章 橋下徹を近江屋に向かわせてはならない　寄稿 橋下徹氏へのそれぞれの想い

日頂〔1252～1317〕にっちょう
◇日頂上人の御生涯—伊豫阿闍梨日頂上人第七百遠忌記念　中尾堯,本間俊文編著　富士宮　日頂上人第七百遠忌御報恩法要実行委員会　2016.4　132p　26cm　Ⓝ188.92

新渡戸 稲造〔1862～1933〕にとべ・いなぞう
◇新渡戸稲造ストーリー—札幌農学校からの行路　北海道大学大学文書館編　〔札幌〕　北海道大学新渡戸カレッジ　2014.3　62p　21cm　〈年譜あり　文献あり〉　Ⓝ289.1

◇マイグランパ新渡戸稲造—ただ一人の生き証人の孫が語る　加藤武子,寺田正義著　朝日出版社　2014.10　188p　図版10p　19cm　〈文献あり〉　1200円　Ⓘ978-4-255-00801-1　Ⓝ289.1

内容　1 対談—武子,新渡戸家を語る（武子の誕生　関東大震災そしてジュネーヴへ　学校時代　家庭人稲造　晩年の稲造　稲造亡き後の家族）　2 稲造の信仰・思想と行動（恵まれた血筋　内なる光を求めて—クエーカー派の信仰　良きサマリヤ人のごとくに—生きて働く信仰　公務に就く　太平洋の橋から世界の橋へ　自立する女性たち　読書論　特別記事「祖父の日記」加藤武子）

◇民俗学・台湾・国際連盟—柳田國男と新渡戸稲造　佐谷眞木人著　講談社　2015.1　222p　19cm　（講談社選書メチエ 591）〈文献あり　年譜あり〉　1550円　Ⓘ978-4-06-258594-1　Ⓝ380.1

内容　第1章 台湾というフィールド　第2章 「土俗学」から「地方学」へ　第3章 柳田、新渡戸と出会う　第4章 ジュネーブ体験　第5章 挫折と訣別　第6章 「一国民俗学」の意味　第7章 「常民」そして「郷土」

◇太平洋の航海者—新渡戸稲造の信仰と実践　谷口真紀著　西宮　関西学院大学出版会　2015.1　201p　22cm　〈文献あり　索引あり〉　2900円　Ⓘ978-4-86283-177-4　Ⓝ289.1

内容　第1寄港地 クエーカー信仰—「クエーカー信仰でだけキリスト教と東洋思想を調和することができた」　第2寄港地 祖国愛—「人類と生きとし生けるものすべてに忠誠を尽くす」　第3寄港地 『武士道』—「平民道は予て主張した武士道の延長に過ぎない」　第4寄港地 植民政策—「諸君は宜しくヴィジョンを見なければならない」　第5寄港地 満州事変後のアメリカ講演—「国を思ひ世を憂ふればこそ何事も忍ぶ心は神は知るらん」　第6寄港地 「編集余禄」と晩年の信仰—「矛盾や不条理を抱えて生きるのに何年もの思索と祈りを要したよ」

◇新渡戸稲造—人と思想　森上優子著　相模原　桜美林大学北東アジア総合研究所　2015.3　173p　19cm　（北東アジア研究選書）〈文献あり　年譜あり〉　1400円　Ⓘ978-4-904794-48-7　Ⓝ289.1

◇新訳武士道　新渡戸稲造著,大久保喬樹訳　KADOKAWA　2015.5　251p　15cm　（〔角川ソフィア文庫〕　G1-15）—ビギナーズ日本の思想）〈文献あり〉　680円　Ⓘ978-4-04-407234-6　Ⓝ156

内容　道徳システムとしての武士道　武士道の源流　義もしくは正義　勇気—果敢で忍耐強い精神　慈悲—哀れみの情　礼　信用と誠実　名誉　忠誠　侍の教育と訓練　自制　自死と仇討ち　刀、侍の魂　女性の修練と地位　武士道の影響　武士道はまだ生きているか　武士道の将来　新渡戸稲造の生涯と思想

◇新渡戸稲造に学ぶ—武士道・国際人・グローバル化　弼和順,佐々木啓編著　札幌　北海道大学出版会　2015.5　268p　19cm　（北大文学研究科ライブラリ 11）〈文献あり　年譜あり〉　1800円　Ⓘ978-4-8329-3391-0　Ⓝ289.1

内容　第1部 新渡戸稲造と『武士道』（日本人論としての『武士道』新渡戸稲造『武士道』と儒教　新渡戸稲造の宗教）　第2部 歴史の中の国際人新渡戸稲造（二十一世紀に読む『武士道』　新渡戸稲造と札幌農学校の国際人　新渡戸稲造にみる「国民的立場」と「人類的立場」の問題）　第3部 パネルディスカッション（人文学研究のグローバル化とその可能性）

◇二十世紀と格闘した先人たち—一九〇〇年アジア・アメリカの興隆　寺島実郎著　新潮社　2015.9　390p　16cm　（新潮文庫 て-10-2）〈「二十世紀から何を学ぶか 下　一九〇〇年への旅 アメリカの世紀、アジアの自尊」（2007年刊）

の改題、加筆・修正〉　630円　Ⓘ978-4-10-126142-3　Ⓝ280.4

内容　第1章 アメリカの世紀がアジア太平洋にもたらしたもの（太平洋の転換点となった米西戦争での米国の勝利　明治の青年に夢を与えたクラーク博士の実像と足跡　ヘンリー・ルース、「アメリカの世紀」を推進した男　フランクリン・ルーズベルトの対日観の変遷　敗戦後の日本を「支配」した「極端な人」マッカーサー　付マッカーサー再考への旅──呪縛とトラウマからの脱却）　第2章 国際社会と格闘した日本人（「太平洋の橋」になろうとした憂国の国際人、新渡戸稲造　キリストに生きた武士、内村鑑三の高尚なる生涯　禅の精神を世界に発信した、鈴木大拙という存在　六歳の津田梅子を留学させた明治という時代　「亡命学者」野口英世の生と死　高峰譲吉の栄光とその悲しみ　日本近代史を予言した男、朝河貫一の苦闘と日米関係　近代石炭産業の功労者、松本健次郎と日本の二十世紀　情報戦争の敗北者だった大島浩駐独大使）　第3章 アジアの自尊を追い求めた男たち（アジアの再興を図ろうとした岡倉天心の夢　「偉大な魂」ガンディーの重い問い掛け　インドが見つめていたもの──チャンドラ・ボースとパル判事　革命家・孫文が日本に問いかけたもの　魯迅が否定した馬々虎々　不倒翁・周恩来の見た日本）　第4章 二十世紀再考一付言しておくべきことと総括（一九〇〇年エルサレム─アラブ・イスラエル紛争に埋め込まれたもの　一九〇〇香港─英国のアジア戦略　総括─結局、日本にとって二十世紀とは何だったか）

◇現代に生きる日本の農業思想─安藤昌益から新渡戸稲造まで　並松信久、王秀文、三浦忠司著　京都　ミネルヴァ書房　2016.1　266,4p　20cm（シリーズ・いま日本の「農」を問う 12）〈索引あり〉　2800円　Ⓘ978-4-623-07310-8　Ⓝ610.121

内容　第1章 グローバル化のなかの農業思想─内村鑑三と新渡戸稲造（グローバル化とは　国家と農業観　ほか）　第2章 二宮尊徳思想の現代的意義─幕末期の農村復興に学ぶ（なぜ二宮尊徳か　百姓の存在はか）　第3章 中国における尊徳研究の動向と可能性─二宮尊徳思想学術大会の取り組みを中心に（中国における尊徳研究の経緯　研究の意義　ほか）　第4章 安藤昌益の人と思想─直耕・互性・自然（甦る安藤昌益　昌益思想誕生の八戸　ほか）

◇新渡戸稲造と歩んだ道　佐藤全弘著　教文館　2016.1　361p　20cm　2000円　Ⓘ978-4-7642-6999-6　Ⓝ289.1

内容　1（新渡戸稲造と歩んで四十六年　リンカーン、イエス、新渡戸稲造─ユーモア三題話　人は死んで何を残すのか─新渡戸稲造の場合　オーランド諸島問題の現代的意義）　2（新渡戸稲造と人とはたらき　新渡戸稲造の平和　新渡戸稲造と内村鑑三　ゆがめられた『武士道』の真意　新渡戸稲造（一八六二─一九三三）─日本最初のクエーカー）　3（正直・親切・思いやり　日本の旧約　記念するには所をえらぶ）　4（『武士道』はいま　「関西合同聖書集会」会報・巻頭言）

◇新島襄と明治のキリスト者たち─横浜・築地・熊本・札幌バンドとの交流　本井康博著　教文館　2016.3　389,7p　22cm　〈索引あり〉　3800円　Ⓘ978-4-7642-9969-6　Ⓝ198.321

内容　1 新島襄と四つの「バンド」　2 横浜バンド（S.R.ブラウン　J.H.バラ　植村正久　井深梶之助　押川方義　本多庸一　松村介石　粟津高明）　3 築地バンド（C.カロザース　田村直臣　原胤昭）　4 熊本バンド（L.L.ジェーンズ　小崎弘道）　5 札幌バンド（W.S.クラーク　内村鑑三　新渡戸稲造　大島正健）

◇ビジュアル版 対訳武士道　新渡戸稲造著，奈良本辰也訳，新渡戸稲造博士と武士道に学ぶ会編　三笠書房　2016.9　237p　18cm　〈タイトルは奥付・背による．標題紙のタイトル：対訳ビジュアル版武士道　表紙のタイトル：BUSHIDO　2004年刊の再編集　文献あり〉　1200円　Ⓘ978-4-8379-2650-4　Ⓝ156

内容　対訳編（武士道とは何か（Bushido as an Ethical System）　武士道の源をさぐる（Sources of Bushido）　「義」─武士道の光り輝く最高の支柱（Rectitude or Justice）　「勇」─いかにして肚を錬磨するか（Courage,the Spirit of Daring and Bearing）　「仁」─人の上に立つ条件とは何か（Benevolence,the Feeling of Distress）　ほか）　知識ノート編（新渡戸稲造の生涯（一）新渡戸稲造はどんな人物だったのか　新渡戸稲造の生涯（二）新渡戸稲造に影響を与えた人々　『武士道』が書かれたのはどんな時代だったのか　武士道はいつどのように発生したのか　武士道はいつどのように誕生したのか　ほか）

◇原敬と新渡戸稲造─戊辰戦争敗北をバネにした男たち　佐藤竜一著　現代書館　2016.11　218p　20cm　〈文献あり　年譜あり〉　1700円　Ⓘ978-4-7684-5796-2　Ⓝ289.1

内容　第1章 原敬と大慈寺　第2章 盛岡藩と戊辰戦争　第3章 佐藤昌介と北海道帝国大学　第4章 原敬と岩手council　第5章 『南部史要』をめぐって　第6章 原敬内閣の誕生　第7章 国際連盟をめぐって　第8章 原敬暗殺

◇ボーイズ・ビー・アンビシャス　第1集　《クラーク精神》&札幌農学校の三人組（宮部金吾・内村鑑三・新渡戸稲造）と広井勇　藤沢　二宮尊徳の会　2016.11（2刷）　168p　21cm　700円　Ⓘ978-4-9906069-2-3　Ⓝ281.04

◇新渡戸稲造はなぜ『武士道』を書いたのか─愛国心と国際心　草原克豪著　PHP研究所　2017.3　363p　18cm　（PHP新書 1085）〈文献あり〉　940円　Ⓘ978-4-569-83568-6　Ⓝ289.1

内容　第1章 「我、太平洋の橋とならん」　第2章 「日本には武士道という倫理道徳がある」　第3章 「排日運動はアメリカの建国理念に反する」　第4章 「東洋と西洋は互いに相手から学ぶ必要がある」　第5章 「日本の植民政策の原則は国の安全と原住民の利益重視」　第6章 新渡戸に学ぶグローバル思考

◇いまこそ知りたい日本の思想家25人　小川仁志著　KADOKAWA　2017.9　254p　19cm〈他言語標題：25 Japanese thinkers you need to know now　文献あり〉　1700円　Ⓘ978-4-04-400234-3　Ⓝ121.028

内容　第1章 日本思想の黎明期（空海　道元　親鸞　吉田兼好　世阿弥）　第2章 日本の近世の葛藤（山本常朝　荻生徂徠　本居宣長　安藤昌益　二宮尊徳）　第3章 日本の近代の幕開け（横井小楠　吉田松陰　福沢諭吉　新渡戸稲造　内村鑑三）　第4章

「日本哲学」の始まり(西周　西田幾多郎　九鬼周造　三木清　和辻哲郎)　第5章　世界における日本思想の独自性(北一輝　鈴木大拙　柳田國男　丸山眞男　吉本隆明)

◇新渡戸稲造日本初の国際連盟職員　玉城英彦著　彩流社　2018.1　214p　19cm　〈文献あり〉　2200円　ⓘ978-4-7791-2307-8　Ⓝ319.9
内容　プロローグ(日本人らしい振る舞い "To be not to do" ほか)　第1章　国際連盟誕生のあかつき(第一次世界大戦とウィルソン米国大統領　ウィルソン大統領の「14カ条の平和原則」 ほか)　第2章　新渡戸稲造—国際社会への助走(新渡戸稲造と私　新渡戸稲造の旧službo ほか)　第3章　新渡戸稲造と国際連盟(第一次世界大戦前後の日本の外交方針　日本の国際公務員第一号—新渡戸稲造 ほか)　第4章　国際連盟退官後の新渡戸稲造(女性の教育と自立支援「犠牲と奉仕」 ほか)　エピローグ(沈黙する勇気もグローバル人材の条件　「国際連盟の星」、新渡戸稲造そして北海道大学)

◇余の尊敬する人物　矢内原忠雄著　岩波書店　2018.4　222p　18cm　(岩波新書)〈第43刷(第1刷1940年)〉　820円　ⓘ4-00-400017-3　Ⓝ280
内容　エレミヤ(預言者の自覚　申命記改革 ほか)　日蓮(立正安國論　龍の口法難 ほか)　リンコーン(青年時代　洲会議員より大統領当選まで ほか)　新渡戸博士(入學式演説　新渡戸博士の教育精神 ほか)

似鳥　昭雄〔1944〜〕にとり・あきお
◇運は創るもの　似鳥昭雄著　日本経済新聞出版社　2015.8　318p　20cm　(私の履歴書)〈年譜あり〉　1500円　ⓘ978-4-532-32021-8　Ⓝ289.1
内容　第1章　勉強嫌いの落ちこぼれ　第2章　歌手になろうとした青年時代　第3章　何をやってもうまくいかない　第4章　日本に「豊かな生活」を実現したい　第5章　師匠の教えを指針に　第6章　試練は終わらない　第7章　ロマンとビジョン、愛嬌と度胸

◇なぜあの経営者はすごいのか—数字で読み解くトップの手腕　山根節著　ダイヤモンド社　2016.6　282p　19cm　1600円　ⓘ978-4-478-06959-2　Ⓝ335.13
内容　第1章　孫正義—巨大財閥をもくろむ大欲のアントレプレナー　第2章　松本晃—「右手に基本、左手にクレド」のシンプル経営実行者　第3章　永守重信—電動モーターに人生を賭けるエバンジェリスト　第4章　似鳥昭雄—猛勉を続ける執念のオープン・イノベーター　第5章　新浪剛史—「やってみなはれ」続けるイントラプレナー　第6章　岡藤正広—言霊パワーを駆使するビッグビジネス・リーダー　第7章　星野佳路—お客と社員の「おもてなし」プロフェッ

蜷川　幸雄〔1935〜2016〕にながわ・ゆきお
◇権力と孤独—演出家蜷川幸雄の時代　長谷部浩著　岩波書店　2017.4　266p　20cm　2100円　ⓘ978-4-00-061198-5　Ⓝ772.1
内容　蜷川幸雄はバイクのヘルメットを隣席にどさりと置いた—「稽古場という名の劇場で上演される三人姉妹」—一九八四年冬　キューポラの町に生まれて—『下谷万年町物語』—一九三五年秋　美術への憧憬。開成中学・高校時代—『制服』—一九四八年春　青俳養成所。俳優から演出家へ—『コースト・オブ・ユートピア』—一九五五年春　現代人劇場のラディカリズム—『真情あふるる軽薄さ』—一九六九年夏　敗れ去った者の情念的伴走者として—『ぼくらが非情の大河をくだる時』—一九七二年秋　櫻社解散と参宮橋事件—『泣かないのか？泣かないのか一九七三年のために？』—一九七四年夏　市川染五郎のロミオは疾走する—『ロミオとジュリエット』—一九七四年春　唐十郎への恩義。三島由紀夫への反発—『唐版　滝の白糸』—一九七五年冬　劇作家秋元松代最大のヒット作—『近松心中物語』—一九七九年冬〔ほか〕

◇一故人　近藤正高著　スモール出版　2017.4　415p　19cm　1800円　ⓘ978-4-905158-42-4　Ⓝ281
内容　二〇一二年(浜田幸一　樋口廣太郎 ほか)　二〇一三年(大島渚　山内溥 ほか)　二〇一四年(永井一郎　坂井義則 ほか)　二〇一五年(赤瀬川隼　桂米朝 ほか)　二〇一六年(蜷川幸雄　中村紘子 ほか)

◇身体的物語論　蜷川幸雄著,木俣冬構成　徳間書店　2018.5　205p　20cm　〈他言語標題：Talks About A Somatic Approach to Drama〉　1800円　ⓘ978-4-19-864013-2　Ⓝ772.1
内容　1　尖る身体、ツルツルな身体、演劇とメディアと物語論(若者と老人　日本人と物語　日本人とメディア　ジャングリュラ、武蔵、熊、カフカ)　2　ラスト・インタビュー　蜷川幸雄、その人生と作品(考えながら動くことは新鮮で不自由 "日常"を演じること ほか)　3　そもそも演劇は、公共的なものである(ファウストはランボーだ　価値観を転倒させようと七転八倒 ほか)　4　最後の少年—蜷川幸雄が描いた7人の次世代(1978年—軽薄の次世代と　1988年—わずかな希望 ほか)

二宮　金次郎　にのみや・きんじろう
　⇒二宮尊徳(にのみや・そんとく)を見よ

二宮　鋑〔1836〜1920〕にのみや・こう
◇ある女(ひと)の生涯—二宮鋑の軌跡　上巻　安西悠子著　掛川　大日本報徳社　2018.9　236p　19cm　Ⓝ289.1
◇ある女(ひと)の生涯—二宮鋑の軌跡　下巻　安西悠子著　掛川　大日本報徳社　2018.9　273p　19cm　〈年表あり〉　Ⓝ289.1

二宮　尊徳〔1787〜1856〕にのみや・そんとく
◇二宮尊徳　大藤修著　吉川弘文館　2015.5　326p　19cm　(人物叢書　新装版　通巻281)〈文献あり　年譜あり〉　2400円　ⓘ978-4-642-05274-0　Ⓝ157.2
内容　第1　誕生と時代・生活環境　第2　自家・総本家の没落と再興　第3　小田原城下での武家奉公と服部家仕法　第4　野州桜町への道程　第5　桜町領復興の苦難と成就　第6　思想の体系化と報徳思想の成立　第7　報徳仕法の広まりと幕吏就任　第8　領主階級との確執　第9　老いと死　第10　近代報徳運動と少年「二宮金次郎」形象

◇幕末明治　異能の日本人　出久根達郎著　草思社　2015.12　270p　19cm　1700円　ⓘ978-4-7942-2174-2　Ⓝ281.04
内容　1　無私の超人、二宮金次郎　2　知の巨人、幸田

露伴—近代文学再発掘　3　巡礼の歌人、天田愚庵・他—幕末明治群雄伝

◇現代に生きる日本の農業思想—安藤昌益から新渡戸稲造まで　並松信久,王秀文,三浦忠司著　京都　ミネルヴァ書房　2016.1　266,4p　20cm　(シリーズ・いま日本の「農」を問う 12)〈索引あり〉　2800円　ⓘ978-4-623-07310-8　Ⓝ610.121
内容　第1章 グローバル化のなかの農業思想—内村鑑三と新渡戸稲造(グローバル化とは　国家と農業観　ほか)　第2章 二宮尊徳思想の現代的意義—幕末期の農村復興に学ぶ(なぜ二宮尊徳か　百姓の存在　ほか)　第3章 中国における尊徳研究の動向と可能性—二宮尊徳思想学術大会の取り組みを中心に(中国における尊徳研究の経緯　研究の展開と意義　ほか)　第4章 安藤昌益の人と思想—直耕・互性・自然(甦る安藤昌益　昌益思想誕生の八戸 ほか)

◇教養として知っておきたい二宮尊徳—日本的成功哲学の本質は何か　松沢成文著　PHP研究所　2016.3　286p　18cm　(PHP新書 1037)〈文献あり　年表あり〉　820円　ⓘ978-4-569-83020-9　Ⓝ157.2
内容　第1章 困苦のなかからつかんだ成功哲学の萌芽　第2章「心」の荒廃を変えなければならない　第3章 各地に広がり受け継がれてゆく報徳仕法　第4章 報徳思想—二宮尊徳の成功哲学の神髄　第5章 実践で培い、発揮した七つの力　第6章 思想の系譜—尊徳の思想はいかに継承されたか　第7章 尊徳を師と仰いだ日本資本主義の立役者たち　第8章 現代に受け継がれ、世界に広がる報徳思想

◇代表的日本人　内村鑑三著、ニーナ・ウェグナー英文リライト、牛原眞弓訳　IBCパブリッシング　2016.3　207p　19cm　(対訳ニッポン双書)〈奥付の出版年月(誤植):2015.9〉　1500円　ⓘ978-4-7946-0399-9　Ⓝ281
内容　第1章 西郷隆盛・新日本の創設者　第2章 上杉鷹山・封建領主　第3章 二宮尊徳・農民聖者　第4章 中江藤樹・村の先生　第5章 日蓮上人・仏僧

◇代表的日本人　内村鑑三著,藤田裕行訳　アイバス出版　2016.9　221p　19cm　〈他言語標題:REPRESENTATIVE MEN OF JAPAN　発売:サンクチュアリ出版〉　1400円　ⓘ978-4-86113-666-5　Ⓝ281
内容　西郷隆盛—新たな日本を築いた男(一八六八年、日本の革命　出生、教育、啓示　ほか)　上杉鷹山—封建領主(封建政府　人となりと事績 ほか)　二宮尊徳—農民聖者(十九世紀初頭の日本の農業　少年時代 ほか)　中江藤樹—村の先生(古き日本の教育　少年時代と意識の目覚め ほか)　日蓮上人—仏教僧(日本の仏教　誕生と出家 ほか)

◇二宮尊徳に学ぶ成功哲学—富を生む勤勉の精神　幸田露伴著,加賀義現代語訳　幸福の科学出版　2016.12　185p　19cm　(新・教養の大陸BOOKS 6)　1200円　ⓘ978-4-86395-862-3　Ⓝ157.2
内容　第1章 二宮尊徳(苦闘苦節の少年時代　野州桜町を再興する　野洲烏山を再興する　強欲な富豪を改心させる ほか)　第2章 自助努力で道を切り開け(苦しいときは楽地を見つけよ　苦境から逃げるな　障害があっても努力し続けよ　正直者になれ ほか)

◇超訳報徳記—「代表的日本人」の生き方に学ぶ　富田高慶原著,木村壮次現代語訳　致知出版社　2017.4　299p　20cm　〈文献あり 年表あり〉　2000円　ⓘ978-4-8009-1145-2　Ⓝ157.2
内容　艱難辛苦の少年時代　小田原藩の家老服部家の再建　藩主から桜町領の復興を命じられる　桜町陣屋において復興事業に着手　桜町仕法の初期　桜町仕法の難関　成田山に祈願する　開墾人夫を賞する　横田村の名主円蔵を諭す　物井村の岸右衛門を導く ほか

◇日本の偉人物語　1　二宮尊徳 坂本龍馬 東郷平八郎　岡田幹彦著　光明思想社　2017.4　197p　20cm　1296円　ⓘ978-4-904414-58-3　Ⓝ281
内容　第1話 二宮尊徳—日本が世界に誇る古今独歩の大聖(金次郎を鍛え上げた二十年間の試練　一家を廃して万家を興す　農村復興の神様—桜町を再建した大慈大悲の至誠　至誠・報徳の真の日本人の道)　第2話 坂本龍馬—「明き清き直き誠の心」(「廃れ者」から維新の志士へ　龍馬の「攘夷」の精神　志士達が立上った原動力—尊皇の心　国難打開に尽した無我献身の生涯)　第3話 東郷平八郎—全世界が尊敬する古今随一の海将(明治の日本海軍を背負って　苦難、試練を乗り越えて　日露戦争—世界史を変えた世紀の一戦　限りなき忠誠)

◇いまこそ知りたい日本の思想家25人　小川仁志著　KADOKAWA　2017.9　254p　19cm　〈他言語標題:25 Japanese thinkers you need to know now　文献あり〉　1700円　ⓘ978-4-04-400234-3　Ⓝ121.028
内容　第1章 日本思想の黎明期(空海　道元　親鸞　吉田兼好　世阿弥)　第2章 日本の近世の葛藤(山本常朝　荻生徂徠　本居宣長　安藤昌益　二宮尊徳)　第3章 日本の近代の幕開け(横井小楠　吉田松陰　福沢諭吉　新渡戸稲造　内村鑑三)　第4章「日本哲学」の始まり(西周　西田幾多郎　九鬼周造　三木清　和辻哲郎)　第5章 世界における日本思想の独自性(北一輝　鈴木大拙　柳田國男　丸山眞男　吉本隆明)

◇二宮尊徳に学ぶ『報徳』の経営　田中宏司,水尾順一,蟻生俊夫編著　同友館　2017.10　308p　20cm　〈文献あり 年表あり〉　1900円　ⓘ978-4-496-05301-6　Ⓝ335.15
内容　特別寄稿　二宮尊徳の人と思想と一つの実践　プロローグ 現代に生きる『報徳』の経営　1 二宮尊徳の生き方に学ぶ(尊徳の一円観:ステークホルダー・マネジメント　尊徳の至誠(その1):コンプライアンス　尊徳の至誠(その2):顧客満足　尊徳の勤労(その1):従業員満足　尊徳の勤労(その2):危機管理 ほか)　2 二宮尊徳の教えの実践事例(「報徳思想」を現代につないだ岡田良一郎　「報徳思想と算盤」で明治維新を成し遂げた渋沢栄一　尊徳の教えから世界の真珠王になった御木本幸吉　機械発明に人生を捧げた報徳思想の実践者・豊田佐吉　日本酪農の先覚者・黒澤酉蔵の「協同社会主義」と報徳経営 ほか)

◇代表的日本人—徳のある生きかた　内村鑑三著,道添進編訳　日本能率協会マネジメントセンター　2017.12　265p　19cm　(Contemporary Classics—今こそ名著)〈文献あり〉　1600円　ⓘ978-4-8207-1983-0　Ⓝ281
内容　第1部 名著『代表的日本人』とは(『代表的日本

人』が記された背景　一〇〇年以上読み継がれてきた理由　ほか）　第2部　現代日本語訳で読む『代表的日本人』（西郷隆盛—新しく日本を創った人　上杉鷹山—封建領主　二宮尊徳—農民聖人　中江藤樹—村の先生　日蓮上人—仏僧）　第3部『代表的日本人』に学ぶ5つの信念（徳を高める　試練を好機と捉える　ほか）

二宮 誠〔1949～〕にのみや・まこと
◇労働組合のレシピ—ちょっとしたコツがあるんです　二宮誠著　メディア・ミル　2014.11　249p　19cm　〈「二宮誠オーラルヒストリー」（私家版 2012年刊）の改題、加筆・再編集　発売:星雲社〉　1500円　①978-4-434-19831-1　Ⓝ366.621

内容　第1章 労働運動家として生きる　第2章 ゼンセン最後の"バンカラ"　第3章 政治と労働組合 組合員を知らない労働組合　第4章 組織化は、情報と情熱　第5章 人の心に寄り添う「プロの仕事」　第6章 激変する労働環境—変わっていくものと変わらないもの

韮塚 一三郎〔1899～1993〕にらずか・いちさぶろう
◇人物でたどる日本の図書館の歴史　小川徹, 奥泉和久, 小黒浩司著　青弓社　2016.6　660p　22cm　〈索引あり〉　8000円　①978-4-7872-0060-0　Ⓝ010.21

内容　第1篇 佐野友三郎伝（佐野友三郎の足跡　補論資料）　第2篇 新宮市立図書館長浜畑栄造更迭始末（新宮の2つの図書館　浜畑栄造と大逆事件　「新宮の町は恐懼せり」）　第3篇 忘れられた図書館員、田所輔助の図書館員として歩んだ道をたどって（図書館創設請負人、田所輔助　東京市立図書館の復興計画と田所輔助　深川図書館時代—1927-35年）　第4篇「図書館の自由に関する宣言」前夜—韮塚一三郎の生涯（青年期の韮塚　県立図書館長としての韮塚）　第5篇 森博、図書館実践とその思想（論考：森博、図書館実践とその思想　森博と4人の図書館員インタビュー記録）

任 正非〔1944～〕にん・せいひ
◇現代中国経営者列伝　高口康太著　星海社　2017.4　251p　18cm　（星海社新書 108）〈文献あり　発売:講談社〉　900円　①978-4-06-138613-6　Ⓝ332.5

内容　第1章「下海」から世界のPCメーカーへ—柳傳志（レノボ）　第2章 日本企業を駆逐した最強の中国家電メーカー—張瑞敏（ハイアール）　第3章 ケンカ商法暴れ旅、13億人の胃袋をつかむ中国飲食品メーカー—娃哈哈（ワハハ）　第4章 米国が恐れる異色のイノベーション企業—任正非（ファーウェイ）　第5章 不動産からサッカー、映画まで！ 爆買い大富豪の正体とは—王健林（ワンダ・グループ）　第6章 世界一カオスなECは「安心」から生まれた—馬雲（アリババ）　第7章 世界中のコンテンツが集まる中国動画戦国時代—古永鏘（ヨーク）　第8章 ハードウェア業界の無印良品となるか？—雷軍（シャオミ）　終章 次世代の起業家たち

◇任正非の競争のセオリー—ファーウェイ成功の秘密　Zhang Yu, Jeffrey Yao著　日中翻訳学院訳　日本僑報社　2017.11　121p　19cm　1600円　①978-4-86185-246-6　Ⓝ547.067

内容　第1章 競争の第一歩—チャンスをつかむ勇気　第2章 性格が運命を決定した　第3章 技術・市場・顧客　第4章 ビジネスは戦場—生きるか死ぬか　第5章 企業リーダーの影響力　第6章 人材を得る者が天下を取る　第7章 効果的な管理　第8章 危機の中を生き抜く　第9章 資源の価値を高め、優勢を保つ　第10章 継続は競争力

仁徳天皇〔上代〕にんとくてんのう
◇仁徳天皇—煙立つ民のかまどは賑ひにけり　若井敏明著　京都　ミネルヴァ書房　2015.7　180,8p　20cm　（ミネルヴァ日本評伝選）〈文献あり　年譜あり　索引あり〉　2500円　①978-4-623-07419-8　Ⓝ288.41

内容　第1章 オオサザキの登場（応神・仁徳期の実年代　応神天皇の皇子たち　応神没後の内紛）　第2章 ヤマト政権と朝鮮諸国（ヤマト政権の半島出兵と倭・百済同盟の成立　高句麗の南下と半島の動乱　応神天皇と広開土王　朝鮮半島からの渡来人）　第3章 仁徳天皇の治世（仁徳天皇の后と葛城氏　難波遷都と河内の開発　朝廷と国造　朝鮮半島をめぐる外交課題　陵墓選定と死去）　第4章 仁徳天皇以後と聖帝伝説（熾烈な後継者争い　仁徳以後の状況　聖帝伝説の誕生）

仁明天皇〔810～850〕にんみょうてんのう
◇平安の新京　石上英一, 鎌田元一, 栄原永遠男監修, 吉川真司編　大阪　清文堂出版　2015.10　396p　22cm　（古代の人物 4）〈索引あり〉　4500円　①978-4-7924-0571-7　Ⓝ281.04

内容　本巻のねらい 平安の新京　1 平城京と平安京（桓武天皇—中国的君主像の追求と「律令制」の転換　早良親王—「皇太子置立」の困難　坂上田村麻呂—征夷副将軍になるまでを中心に　高丘親王（真如）—菩薩の道、必ずしも一致せず）　2 王権の安定（嵯峨天皇—唐風を整え、幽玄に遊ぶ　最澄—仏法具足の大日本国　空海—鎮護国家・王道維持の密教者　源信・常・定—臣籍降下した皇子たち　有智子内親王—「文章経国」の時代の初代賀茂斎院　仁明天皇—宮廷の典型へ　讃岐永直—律令国家と明法道）　3 前期摂関政治へ（伴善男—逆臣か「良吏」か　円仁—東部ユーラシア史の変動を記録した入唐僧　藤原良房・基経—前期摂関政治の成立　藤原高子—廃后事件の背景と歴史的位置　藤原保則—激動の時代を生きた良吏）

【ぬ】

額田 晉〔1886～1964〕ぬかだ・すすむ
◇額田豊・晉の生涯—東邦大学のルーツをたどる　炭山嘉伸著　中央公論事業出版（発売）　2015.6　214p　20cm　〈文献あり　著作目録あり　年譜あり〉　2800円　①978-4-89514-442-1　Ⓝ289.1

内容　医家三代の家に生まれて　女性に科学教育を　帝国女子医学専門学校開校へ　社会人類の幸福のために—建学の精神「自然・生命・人間」の起源1　朗らかに生きよ—建学の精神「自然・生命・人間」の起源2　時代の病・結核との闘い（晋先生の場合　豊先生の場合）　戦時下の学園　焼け跡からの出発　「帝

額田 豊〔1878〜1972〕 ぬかだ・ゆたか
◇額田豊・晉の生涯—東邦大学のルーツをたどる 炭山嘉伸著 中央公論事業出版(発売) 2015.6 214p 20cm 〈文献あり 著作目録あり 年譜あり〉 2800円 ①978-4-89514-442-1 Ⓝ289.1
内容 医家三代の家に生まれて 女性に科学教育を 帝国女子医学専門学校開校へ 社会人類の幸福のために—建学の精神「自然・生命・人間」の起源1 朗らかに生きよ—建学の精神「自然・生命・人間」の起源2 時代の病・結核との闘い(晉先生の場合 豊先生の場合) 戦時下の学園 焼け跡からの出発 「帝国」から「東邦」へ 揺れる学園・晉先生の死 豊先生の夢のあとさき

額田王〔飛鳥時代〕 ぬかたのおおきみ
◇額田王の童謡—萬葉集九番歌考 小川秀之著 大阪 風詠社 2014.7 188p 21cm 〈年表あり 発売:星雲社〉 1200円 ①978-4-434-19343-9 Ⓝ911.122
内容 五行図と神亀図 額田王の出自と生涯 額田王の九番歌 額田王の九番歌と高句麗の政変 額田王の九番歌と天智天皇の暗殺説 額田王と大和三山の歌 柿本人麻呂と九番歌 大伴家持の九番歌 孝謙天皇と九番歌 称徳天皇(孝謙天皇)の暗殺〔ほか〕

貫名菘翁〔1778〜1863〕 ぬきなすうおう
◇日本書人伝 中田勇次郎編 中央公論新社 2015.8 363p 16cm (中公文庫 な66-2)〈執筆:山本健吉ほか 中央公論社 1974年刊の再刊 年譜あり〉 1200円 ①978-4-12-206163-7 Ⓝ728.21
内容 聖徳太子 聖武天皇 光明皇后—山本健吉 空海—司馬遼太郎 最澄 嵯峨天皇 橘逸勢—永井路子 小野道風 藤原佐理—寺田透 藤原行成—白洲正子 西行 藤原俊成 藤原定家—中村真一郎 大燈国師 一休宗純—唐木順三 本阿弥光悦—花田清輝 池大雅—辻邦生 良寛—水上勉 貫名菘翁—中田勇次郎

沼波 瓊音〔1877〜1927〕 ぬなみ・けいおん
◇私の日本史教室—甦る歴史のいのち 占部賢志著 明成社 2014.9 285p 19cm 〈文献あり〉 2000円 ①978-4-905410-32-4 Ⓝ210.04
内容 第1章 日本文化創業の思想劇 第2章 危機の時代と日本人 第3章 体験と思想—吉田松陰の場合 第4章 勤王史残影 第5章 東西立憲君主国の友情 第6章 宮中祭祀の伝統 第7章 新宮殿造営物語 第8章 海洋国家の自画像 第9章 国土の面影—高教授沼波武夫小伝

沼波 武夫 ぬなみ・たけお
⇒沼波瓊音(ぬなみ・けいおん)を見よ

【ね】

根岸 峰夫〔1940〜〕 ねぎし・みねお
◇一地方議員の軌跡—ヨコスカ・その戦中戦後 根岸峰夫著 本の泉社 2015.5 221p 20cm 1500円 ①978-4-7807-1222-3 Ⓝ289.1
内容 第1部 生かされ、導かれて—戦中・戦後・肉親・恩師(誕生—帝王切開と恩人 父・根岸武夫—三三歳で戦死 終戦前後の思い出 祖母・根岸ハル—息子・孫— 命拾いのこと 忘れえぬ人(1)田辺秀久先生のこと 忘れえぬ人(2)飯島光子先生のこと 忘れえぬ人(3)国立久里浜病院で出会った人たち 忘れえぬ人(4)志村平蔵おじいさんのこと 忘れえぬ人(5)山崎整厚伯父さんのこと 忘れえぬ人(6)中学時代の恩師のこと) 第2部 前線に立つ—強いもの・弱いもの・人間(防衛庁から横須賀市役所へ 労働組合での取り組み 市議時代の交通事故 申乗均さんのこと 長男・新、六歳での永訣)

猫 ひろし〔1977〜〕 ねこ・ひろし
◇僕がカンボジア人になった理由 猫ひろし著 幻冬舎 2017.12 189p 19cm 1300円 ①978-4-344-03233-0 Ⓝ779.14
内容 第1章 リオ五輪カンボジア代表・タキザキキクニアキ 第2章 芸人である僕がマラソンを始めた理由 第3章 芸人初のオリンピック出場を目指す 第4章 僕が芸人になるまで 第5章 僕のカンボジアライフ 第6章 マラソン芸人・猫ひろしの未来

根津 嘉一郎(1代)〔1860〜1940〕 ねず・かいちろう
◇ライフスタイルを形成した鉄道事業 老川慶喜, 渡邉恵一著 芙蓉書房出版 2014.8 239p 22cm (シリーズ情熱の日本経営史 8)〈文献あり〉 2800円 ①978-4-8295-0616-5 Ⓝ686.21
内容 小林一三(郷里と生い立ち 三井銀行時代 箕面有馬電気軌道の創業 日本の小林一三へ) 堤康次郎(生い立ち 箱根土地の設立 鉄道事業と百貨店・新宿園・武蔵野デパート 戦後の事業) 五島慶太(生い立ち 官僚から実業家へ 鉄道事業の発展 戦時期から戦後へ) 根津嘉一郎(はじめに 根津嘉一郎の経営理念 東武鉄道の経営再建 東武沿線の産業振興と日光の観光開発 その他の事業)
◇根津青山—「鉄道王」嘉一郎の茶の湯 齋藤康彦著 京都 宮帯出版社 2014.12 379,13p 20cm (茶人叢書)〈文献あり 年譜あり 索引あり〉 3500円 ①978-4-86366-981-9 Ⓝ791.2
内容 第1章 茶の湯と古美術 第2章 茶の湯の交流 第3章 近代数寄者の事業 第4章「青山荘清賞」の世界 第5章 古美術品と茶道具 第6章 青山流茶の湯

根津 青山 ねず・せいざん
⇒根津嘉一郎(1代)(ねず・かいちろう)を見よ

ねね
⇒高台院(こうだいいん)を見よ

根本 圭助〔1935〜〕 ねもと・けいすけ
◇忘れ得ぬ人々 思い出の風景—昭和から平成へ—私の交遊録 根本圭助著 北辰堂出版 2015.6 619p 20cm 3200円 ①978-4-86427-188-2 Ⓝ914.6
内容 第1部 異能の画家—小松崎茂と私 第2部 忘れ得ぬ人々—人生一期一会(林家木久蔵さん(現木久扇)のこと 「九段の母」と塩まさる 風の盆と「一本刀土俵入」の意外な縁 浅草六区—金木屋が香る青春の思い出 ほか) 第3部 夢見るころを過ぎても

（偉大な出版人・岩堀喜之助の娘―作家・新井恵美子さん　紙製玩具で一時代を築いた小出信宏社　義太夫「藝阿呆」と安藤鶴夫　昭和文化史の語り部―塩澤実信　ほか）

根本 匠〔1951～〕　ねもと・たくみ

◇真の政治主導―復興大臣617日　根本匠著　中央公論事業出版（発売）　2015.2　465p　20cm　1800円　ⓘ978-4-89514-435-3　Ⓝ369.31

内容　第1章 いきなり全力疾走　第2章 被災地福島から国を動かす　第3章 加速する復興政策　第4章「真の政治主導」　第5章 東京オリンピックと復興　第6章「真の政治主導」の原点―「アジア・ゲートウェイ構想」

根本 博〔1891～1966〕　ねもと・ひろし

◇四万人の邦人を救った将軍―軍司令官根本博の深謀　小松茂朗著　潮書房光人社　2015.4　303p　16cm　（光人社NF文庫　こN-883）〈「戦略将軍根本博」（光人社 1987年刊）の改題〉　820円　ⓘ978-4-7698-2883-9　Ⓝ289.1

内容　第1章 堅固な決意　第2章 暗夜の戦闘　第3章 最後の列車　第4章 闘魂の証明　第5章 人間の価値　第6章 戦略の勝利　第7章 将軍の春秋

根本 弥生〔1992～〕　ねもと・やよい

◇ねもやよ！ 根本のナカミ　主婦の友社　2014.11　128p　21cm　（主婦の友生活シリーズ）〈S Cawaii! 特別編集〉　1200円　ⓘ978-4-07-400076-0　Ⓝ289.1

根本 陸夫〔1926～1999〕　ねもと・りくお

◇根本陸夫伝―プロ野球のすべてを知っていた男　髙橋安幸著　集英社　2016.9　367p　19cm　〈文献あり 年表あり〉　1700円　ⓘ978-4-08-780799-8　Ⓝ783.7

内容　入団拒否する選手の親にすっかり気に入られた男―証言者・工藤公康　あのデーブが初めて「オヤジ」と呼んだ男―証言者・大久保博元　大学生にして渋谷の闇市で暴れまわっていた男―証言者・関根潤三　高校を中退させて「18歳の4番打者」を作った男―証言者・土井正博　広島を球団初のAクラスに導いた男―証言者・衣笠祥雄　「凡将」と評されながら11シーズンも監督を務めた男―証言者・坂井保之　野球人にスーツを着ることの大切さを教えた男―証言者・石毛宏典　裏技を駆使して一流選手を次々と入団させた男―証言者・森繁和　1980年代の常勝西武を作り上げた男―証言者・行澤久隆　浪人投手をドラフト1位にまで育て上げた男―証言者・小島弘務　選手獲得で巨人に一騎打ちを挑んだ男―証言者・毒島章一　12球団の情報を毎日入手していた男―証言者・石山健一　名門高校の監督と朝まで野球談義する男―証言者・小枝守　記者のペースで取材をさせなかった男―証言者・浜田昭八　ドラフト候補を求め、素人をスカウトに雇った男―証言者・安倍昌彦　選手全員の「行きつけの店」まで知り尽くしていた男―証言者・大田卓司　試合中にもかかわらず下柳剛を延々と説教していた阪神監督―証言者・行澤久隆　浪人投手を…監督・行澤久隆　オーナーに内緒で超大型トレードを成立させた男―証言者・瀬戸山隆三　王貞治を「ラーメン屋のせがれ」と言い放った男―証言者・森脇浩司　頑なにダイエーの監督を拒む王貞治を口説き落とした男―証言者・王貞治

◇衣笠祥雄 最後のシーズン　山際淳司著　KADOKAWA　2018.8　287p　18cm　（角川新書 K-223）　840円　ⓘ978-4-04-082265-5　Ⓝ783.7

内容　第1章 名将（メルセデスにて　オールド・ボーイズ・オブ・サマー）　第2章 名投手（"サンデー兆治"のこと　二〇〇勝のマウンド ほか）　第3章 強打者（アウトコース　田淵の夏の終わり ほか）　終章 引退（一本杉球場にて）

◇根本陸夫伝―プロ野球のすべてを知っていた男　髙橋安幸著　集英社　2018.8　444p　16cm　（集英社文庫 た90-1）〈文献あり 年譜あり〉　740円　ⓘ978-4-08-745779-7　Ⓝ783.7

内容　証言者・工藤公康―入団拒否する選手の親にすっかり気に入られた男　証言者・大久保博元―デーブが初めて「オヤジ」と呼んだ男　証言者・関根潤三―大学生にして渋谷の闇市で暴れまわっていた男　証言者・土井正博―高校を中退させて「18歳の4番打者」を作った男　証言者・衣笠祥雄―広島を球団初のAクラスに導いた男　証言者・坂井保之ほか―「凡将」と評されながら11シーズンも監督を務めた男　証言者・石毛宏典―野球人にスーツを着ることの大切さを教えた男　証言者・森繁和―裏技を駆使して一流選手を次々と入団させた男　証言者・行澤久隆―1980年代の常勝西武を作り上げた男　証言者・小島弘務―浪人投手をドラフト1位にまで育て上げた男　〔ほか〕

【の】

ノ，クムソク〔1932～〕　盧　今錫

◇金日成と亡命パイロット　ブレイン・ハーデン著，髙里浩訳　白水社　2016.6　273,23p　図版16p　19cm　〈文献あり 年表あり〉　2400円　ⓘ978-4-560-08484-7　Ⓝ289.2

内容　第1部 パルチザンと金持ち少年（始まり　飼い犬と嘘つき　スターリンを説得）　第2部 戦争（解放　スンさんにやられて　ミグ　北朝鮮への帰還　国際スポーツ大会　攻撃用地図と亡命懸賞金　尤叔父）　第3部 飛行（視界良好　カネを操る　本物と偽物　学びと粛清）

ノ，テウ〔1932～〕　盧　泰愚

◇韓国大統領実録　朴永圭著，金重明訳　キネマ旬報社　2015.10　494p　22cm　〈文献あり 年表あり 索引あり〉　3600円　ⓘ978-4-87376-435-1　Ⓝ312.21

内容　第1章 李承晩大統領実録　第2章 尹潽善大統領実録　第3章 朴正熙大統領実録　第4章 崔圭夏大統領実録　第5章 全斗煥大統領実録　第6章 盧泰愚大統領実録　第7章 金泳三大統領実録　第8章 金大中大統領実録　第9章 盧武鉉大統領実録　第10章 李明博大統領実録

ノ，ムヒョン〔1946～2009〕　盧　武鉉

◇韓国大統領実録　朴永圭著，金重明訳　キネマ旬報社　2015.10　494p　22cm　〈文献あり 年表あり 索引あり〉　3600円　ⓘ978-4-87376-435-1　Ⓝ312.21

|内容| 第1章 李承晩大統領実録　第2章 尹潽善大統領実録　第3章 朴正煕大統領実録　第4章 崔圭夏大統領実録　第5章 全斗煥大統領実録　第6章 盧泰愚大統領実録　第7章 金泳三大統領実録　第8章 金大中大統領実録　第9章 盧武鉉大統領実録　第10章 李明博大統領実録

能 暘石 〔1923～2007〕 のう・ようせき
◇評伝 天草五十人衆　天草学研究会編　福岡 弦書房　2016.8　317p　22cm　〈文献あり　年表あり　索引あり〉　2400円　⊥978-4-86329-138-6　Ⓝ281.94
|内容| ステージ1 五人衆の時代、そして…　ステージ2 天草天草の村々　ステージ3 祈りの島で　ステージ4 耕す、漁る　ステージ5 実業の世をひらく　ステージ6 潮路はるかに　ステージ7 文学・歴史・言論　ステージ8 あの頃、この人　ステージ9 島の現実、国の行く末　ステージ10 一筋の道　ステージ特別編 群像二題（天草の石文化と松室五郎左衛門　牛深カツオ漁の男たち）

野内 与吉 〔1895～1969〕 のうち・よきち
◇世界遺産マチュピチュに村を創った日本人―「野内与吉」物語　古代アンデス文明の魅力　野内セサル良郎、稲村哲也編　新紀元社　2016.9　131p　22cm　〈執筆：野内セサル良郎、稲村哲也、大貫良夫、尾塩尚、阪根博、森下矢須之、鶴見英玩〉　1500円　⊥978-4-7753-1429-6　Ⓝ289.1
|内容| 口絵 ペルー・クスコ・マチュピチュ　アンデス世界へのいざない　漫画 天空都市に賭けた男 野内与吉物語　第1部 野内与吉の歴史（旅立ち―南米ペルーへの道程　奮闘―遠く南米の大地で　ほか）　第2部 古代アンデス文明と日本人（運命的な出会いからはじまる、日本人によるアンデス研究　古代アンデス文明と東大による発掘）　第3部 古代アンデス文明の創造物（略奪の歴史と考古学　古代アンデス文明出土品紹介）

農中 茂徳 〔1946～〕 のうなか・しげのり
◇三池炭鉱宮原社宅の少年　農中茂徳著　福岡 石風社　2016.6　249p　20cm　〈年表あり〉　1800円　⊥978-4-88344-265-2　Ⓝ289.1
|内容| 宮原社宅　三十一棟のタカちゃん　懲りない少年　遊んで食べて手伝って　世界の揺らぎ　「外」の世界で　やがて来る日に　ふたたびの大牟田

濃姫 〔1535～?〕 のうひめ
◇戦国を生きた姫君たち　火坂雅志著　KADOKAWA　2016.9　170p　15cm　〈角川文庫 ひ20-25〉〈年表あり〉　600円　⊥978-4-04-400170-4　Ⓝ281.04
|内容| 1 女城主たちの戦い（井伊直虎―井伊直政の義母 妙林尼―吉ама鎮興の妻　ほか）　2 危機を救う妻たち（お船の方―直江兼続の正室　小松姫―真田信之の正室　ほか）　3 愛と謎と美貌（小少将―長宗我部元親の側室　義姫―伊達政宗の生母　ほか）　4 才女と呼ばれた女たち（お初（常高院）―浅井三姉妹の次女　阿茶局―徳川家康の側室　ほか）　5 想いと誇りに殉じる（鶴姫―瀬戸内のジャンヌ・ダルク　淀殿―豊臣秀吉の側室　ほか）

能海 寛 〔1868～1903?〕 のうみ・ゆたか
◇求道の師 能海寛―新仏教徒運動の提唱者　隅田正三著　浜田　波佐文化協会　2018.4　56p　30cm　〈能海寛生誕一五〇年記念　年譜あり〉　1500円　Ⓝ188.72

野上 茂 〔1949～〕 のがみ・しげる
◇米に生きる男野上茂の半生　高嶋ゆかり著　幻冬舎メディアコンサルティング　2018.2　206p　19cm　〈発売：幻冬舎〉　1200円　⊥978-4-344-91498-8　Ⓝ673.7
|内容| 序章 決意　第1章 危機―今、日本の米が危ない　第2章 誇り―コシヒカリはこうして生まれた　第3章 米の道―父の哲学、母の教え　第4章 嵐―逆風のなかで最高の米を　第5章 世界へ―日本の食を支えたい

野上 豊一郎 〔1883～1950〕 のがみ・とよいちろう
◇野上豊一郎の文学―漱石の一番弟子として　稲垣信子著　明治書院　2015.3　334p　22cm　3800円　⊥978-4-625-65418-3　Ⓝ910.268
|内容| 豊一郎の臼杵時代　一高から東大へ―進学そして学生結婚　卒業論文（ロバート・バアンズについて）「ホトトギス」へ―明治四十二年　旺盛な執筆活動―明治四十三年～四十五年　単行本出版―『自治寮生活』『巣鴨の女』と『隣の家』　「新小說」「帝國文学」と「モザイク」「春の目ざめ」と「お菊さん」　「小說二編」　漱石追悼
◇女王の時代―野上豊一郎の文学より　稲垣信子著　豊橋　豊川堂　2018.8　205p　20cm　1500円　⊥978-4-938403-20-1　Ⓝ289.1

野上 弥生子 〔1885～1985〕 のがみ・やえこ
◇文化勲章の恋―評伝・野上弥生子　奥寺榮悦著　文芸社　2016.7　139p　20cm　〈文献あり〉　1200円　⊥978-4-286-17382-5　Ⓝ910.268

のがわ かずお 〔1951～〕
◇高円寺文庫センター物語　のがわかずお著　秀和システム　2018.10　309p　19cm　〈年譜あり〉　1500円　⊥978-4-7980-5609-8　Ⓝ024.067
|内容| 1 清志郎さんがやって来た！ヤァヤァヤァ♪　2 ついにTVにも出ちゃったぜ！　3 みうらじゅんサイン会がはじめの一歩　4 高円寺は読書好きの街なのさ！　5 高円寺阿波踊りはヤバいよ…。　6 ブックカバーはリリー・フランキー！　7 情報誌が売れなくなるわけだ！　8 ちょっとだけ本屋の労働運動史　9 浅草キッドサイン会は大盛況！　10 中通りのバーボンハウスを知ってるかい?!　11 夢でまた逢えたら…

乃木 希典 〔1849～1912〕 のぎ・まれすけ
◇体裁・乃木大将一人に三品あり 単行本版　吉岡健二郎著　戦略参謀研究所トータルEメディア出版事業部　2015.7　106p　21cm　〈TeMエッセンシャルズ・シリーズ〉〈発売：TEM出版書店〉　900円　⊥978-4-907455-25-5　Ⓝ289.1
◇乃木希典と日露戦争の真実―司馬遼太郎の誤りを正す　桑原嶽著　PHP研究所　2016.6　357p　18cm　〈PHP新書 1049〉『名将乃木希典』（中央乃木会 1990年刊）の改題、再編集　文献あり〉　920円　⊥978-4-569-83014-8　Ⓝ289.1

のくち

|内容| 第1章 若き乃木希典—生誕から西南戦争まで 第2章 欧州留学と日清戦争 第3章 台湾総督、そして那須野ヶ原での閑居 第4章 旅順要塞を攻略せよ 第5章 黒溝台会戦と奉天会戦 第6章 日露戦争の終結とその後の乃木希典 第7章 伊地知幸介論 第8章 乃木庸将説を糾明する

◇幕末明治人物誌 橋川文三著 中央公論新社 2017.9 308p 16cm 〈中公文庫 は73-1〉 1000円 ①978-4-12-206457-7 Ⓝ281
|内容| 吉田松陰—吉田松陰 坂本龍馬—維新前夜の男たち 西郷隆盛—西郷隆盛の反動性と革命性 後藤象二郎—明治的マキャベリスト 高山樗牛—高山樗牛、あるいは—乃木伝説の思想 岡倉天心—岡倉天心の面影 徳富蘆花—蘆花断想 内村鑑三—内村鑑三先生 小泉三申—小泉三申論 頭山満—頭山満

◇明治史講義 人物篇 筒井清忠編 筑摩書房 2018.4 397p 18cm 〈ちくま新書 1319〉〈文献あり〉 1100円 ①978-4-480-07140-8 Ⓝ210.6
|内容| 木戸孝允—「条理」を貫いた革命政治家 西郷隆盛—謎に包まれた超人気者 大久保利通—維新の元勲、明治政府の建設者 福澤諭吉—「文明」と「自由」 板垣退助—自らの足りなさを知る指導者 伊藤博文—日本型立憲主義の造形者 井上毅—明治維新を落ち着かせようとした官僚 大隈重信—政治対立の演出者 金玉均—近代朝鮮における「志士」たちの時代 陸奥宗光—『蹇蹇録』で読む日清戦争と朝鮮〔ほか〕

◇かたくなにみやびたるひと—乃木希典 乃木神社総代会編著 展転社 2018.11 229p 19cm 1600円 ①978-4-88656-467-2 Ⓝ289.1
|内容| 序章 かたくなにみやびたるひと 第1章 乃木希典の人格形成と思想形成 第2章 軍人としてのみのり 第3章 結婚そして第十一師団長まで 第4章 日露戦争旅順攻囲戦の正しい評価 第5章 皇基護持への道程 第6章 乃木神社創建へ 追録 論壇の雄の論考を紹介する

野際 陽子〔1936〜2017〕 のぎわ・ようこ
◇母、野際陽子—81年のシナリオ 真瀬樹里著 朝日新聞出版 2018.5 205p 19cm 〈文献あり 作品目録あり〉 1500円 ①978-4-02-251549-0 Ⓝ778.21
|内容| 1 「ママの宝物はだ〜れ?」—聖母マリアの裏拳が飛ぶ 2 「芸能人にはなっちゃダメ!」—名女優と名門校の鉄の掟 3 「ミステリアスな女になりたい…」—ミス立教!?の遅い初恋と早すぎる破局 4 「アクションシーンは投げ技だけで」—新進スターはワガママ放題 5 「マジメに言ったのに何で笑うかね」—笑いをまき散らす多彩なアドリブ 6 「寂しい思いをさせてごめんね」—涙の抱擁で優しい母親に変身

ノグチ, イサム〔1904〜1988〕
◇石を聴く—イサム・ノグチの芸術と生涯 ヘイデン・ヘレーラ著, 北代美和子訳 みすず書房 2018.2 544,8p 22cm 〈索引あり〉 6800円 ①978-4-622-08675-8 Ⓝ712.53
|内容| 両親 ディア・ベイビー 東京 茅ヶ崎 セント・ジョセフ・カレッジ インターラーケン ラ・ポート ぼくは彫刻家になった ぼくは不滅の人ぞ

とと並び立つでしょう 大樹の陰から外へ〔ほか〕

野口 雨情〔1882〜1945〕 のぐち・うじょう
◇若き日の野口雨情 大嶽浩良, 中野英男著 宇都宮 下野新聞社 2016.3 332p 20cm 〈年譜あり〉 2200円 ①978-4-88286-617-6 Ⓝ911.52
|内容| 序論 野口雨情研究の推移と課題 第1部 結婚前夜まで(雨情の生まれた家 詩壇へのデビュー 家の落魄と帰郷 社会主義詩への傾斜と再びの沈黙 第一詩集『枯草』発刊) 第2部 結婚以後(結婚 樺太渡航 磯原での生活 その後の雨情とヒロ 愛憎を超えて) 巻末資料 若き日の野口雨情(英吉)年譜(明治31年〜39年)

◇詩人野口雨情の岐阜における足跡 東道人著 岐阜 伊奈波神社宮司室 2016.9 63p 30cm 〈年譜あり〉 Ⓝ911.52

野口 栄三〔1953〜〕 のぐち・えいぞう
◇川ごっち 野口栄三著 〔出版地不明〕 〔野口栄三〕 2015.9印刷 40丁 21cm Ⓝ289.1

野口 一夫〔1946〜〕 のぐち・かずお
◇バケモノと蔑まれても—死なないで 野口一夫著 東銀座出版社 2015.8 155p 19cm 2000円 ①978-4-89469-178-0 Ⓝ289.1
|内容| バケモノ誕生 祖父の虐待 学校へ行くということ 幼い頃の親友たち 反撃開始 父が泥棒? 下剋上 中学校入学 教師からの差別 嫌われ者同士〔ほか〕

野口 謙蔵〔1901〜1944〕 のぐち・けんぞう
◇近江の埋もれ人—井伊直弼の影武者 中川禄郎・松尾芭蕉の愛弟子 河野李由・蒲生野の鬼才画家 野口謙蔵 角省三著 彦根 サンライズ出版 2017.3 394p 19cm 1900円 ①978-4-88325-612-9 Ⓝ281.61
|内容| 1 月あかりのまち(朱色の庭—追想 井伊文子さん つわぶき咲く埋木舎 ほか) 2 お濠のうちそと(一徹の人—遠城謙道とその妻・繁子 鳩の声—歌人・木俣修とその父 ほか) 3 近江の埋もれ人(中川禄郎—直弼の開国論を支えた藩校教授 河野李由—芭蕉の足を彦根に運ばせた俳僧 ほか) 4 人に惹かれて(山麓躑躅咲く—白洲次郎と白洲正子 東日本大震災に俳句で 流されなかったもの—言葉の力とドナルドキーン 夕映えの人—盲目の画家・曽宮一念さん ほか) 5 折々の断想(モーツァルトを聴く世界のミフネ ほか)

野口 剛夫〔1964〜〕 のぐち・たけお
◇フルトヴェングラーを超えて 野口剛夫著 青弓社 2014.10 256p 19cm 2000円 ①978-4-7872-7365-9 Ⓝ762.34
|内容| 1 フルトヴェングラーと私(フルトヴェングラーを見上げて 音楽と政治—戯曲『どちらの側に立つか』を観て 「音楽と出合う」ということ) 2 フルトヴェングラーの語り部たち(「百二歳の少女」ついに逝く—エリーザベト・フルトヴェングラー夫人を偲ぶ テーリヒェンの『あと四十日』をめぐって 追悼講演「フルトヴェングラーとの語らい」—仙北谷晃一氏を偲んで セバスチャン・クラーネルトに聞く) 3 フルトヴェングラーと芸術家たち(フルト

ヴェングラーのバッハ フルトヴェングラーとベートーヴェン ブルックナー――『第九番』での霊妙な祈りのようなアダージョ ブルックナー――「真の普遍妥当性」を目指して フルトヴェングラーの自作自演 フルトヴェングラーと岡本太郎 佐村河内問題とフルトヴェングラー) 4 東京フルトヴェングラー研究会(音楽家フルトヴェングラーの誕生―フルトヴェングラー百二十回目の誕生日をベートーヴェンとともに祝う 東京フルトヴェングラー研究会管弦楽団第十三回定期演奏会―ブルックナーへの捧げもの フルトヴェングラーの『交響曲第三番変ホ短調』について 東京フェルトヴェングラー・フェスト二〇〇九) 5 フルトヴェングラーを超えて(対談『フルトヴェングラーの人間と音楽』:宇野功芳×野口剛大 フルトヴェングラーを超えて―「フルヴェン聴きのフルヴェン識らず」になるなかれ)

野口 英世〔1876〜1928〕 のぐち・ひでよ

◇若き日の野口英世―誕生から渡米まで 野口英世記念会編 猪苗代町(福島県) 野口英世記念会 2015.4 124p 21cm 〈年譜あり〉 700円 Ⓝ289.1

◇二十世紀と格闘した先人たち―一九〇〇年アジア・アメリカの興隆 寺島実郎著 新潮社 2015.9 390p 16cm (新潮文庫 て-10-2)〈『二十世紀から何を学ぶか 下 一九〇〇年への旅 アメリカの世紀、アジアの自尊』(2007年刊)の改題、加筆・修正〉 630円 Ⓘ978-4-10-126142-3 Ⓝ280.4

内容 第1章 アメリカの世紀がアジア太平洋にもたらしたもの(太平洋の転換点となった米西戦争での米国の勝利 明治の青年に夢を与えたクラーク博士の実像と足跡 ヘンリー・ルース、「アメリカの世紀」を推進した男 フランクリン・ルーズベルトの対日観の歴史的変遷 敗戦後の日本を「支配」した「極端な人」マッカーサー 付マッカーサー再考への旅――呪縛とトラウマからの脱却) 第2章 国際社会と格闘した日本人(「太平洋の橋」になろうとした憂国の国際人、新渡戸稲造 キリストに生きた武士、内村鑑三の高尚なる生涯 禅の精神を世界に発信した、鈴木大拙という存在 六歳の津田梅子を留学させた明治という時代 「亡命学者」野口英世の生と死 高峰譲吉の栄光とその悲しみ 日米戦争を予言した男、朝河貫一の苦闘と日米関係 近代石炭産業の功労者、松本健次郎と日本の二十世紀 情報戦争の敗北者だった大島浩駐独大使) 第3章 アジアの自尊を追い求めた男たち(アジアの再興を図ろうとした岡倉天心の夢 「偉大な魂」ガンディーの重い問い掛け インドが見つめていること―チャンドラ・ボースとパル判事 革命家・孫文が日本に問いかけたもの 魯迅が否定した馬々虎々 不倒翁・周恩来の見た日本) 第4章 二十世紀再考―付言しておくべきことと総括(一九〇〇年エルサレム―アラブ・イスラエル紛争に埋め込まれたもの 一九〇〇年香港―英国のアジア戦略 総括=結局、日本にとって二十世紀とは何だったか)

野口 法蔵〔1959〜〕 のぐち・ほうぞう

◇オンマニベメフン―「生きる」意味を求めて 野口法蔵著 七つ森書館 2017.7 252p 19cm 〈『チベット仏教の真実』(佼成出版社2009年刊)の改題〉 1800円 Ⓘ978-4-8228-1782-4 Ⓝ180.9

内容 第1章 アジア漂泊(タイ僧との出会い チェンマイの女 ほか) 第2章 秘境・ラダックへの道(チベット密入国 ヒマラヤの尊者 ほか) 第3章 修行の旅(再び仏教へ ラダックの僧院生活 ほか) 第4章 日本尊者巡礼(八木天摂上人を訪ねる 徒歩の巡礼 ほか)

野口 三千三〔1914〜1998〕 のぐち・みちぞう

◇野口体操入門―からだからのメッセージ 羽鳥操著 岩波書店 2015.6 180p 15cm (岩波現代文庫―社会 287)〈2003年刊の第一章を大幅に書き換え、増補〉 800円 Ⓘ978-4-00-603287-6 Ⓝ498.3

内容 1 身体感覚を甦らせよう(野口体操前史―創始者野口三千三の足跡を追って 野口体操と三島由紀夫―時代とともに変わる身体観) 2 からだをほぐす―野口体操の身体観 「重さ」と「はずみ」と「筋力」と 液体的な動き―たとえばゲルの状態へ ほか) 3 からだをうごかしてみよう(上体のぶら下げ―動きの手ほどき、からだほどき 腕まわし 腰まわし 胸まわし ほか)

野口 芳宏〔1936〜〕 のぐち・よしひろ

◇教師の覚悟―授業名人・野口芳宏小伝 松澤正仁編著 さくら社 2015.7 189p 21cm 〈年譜あり〉 1800円 Ⓘ978-4-904785-91-1 Ⓝ289.1

野口 米次郎〔1875〜1947〕 のぐち・よねじろう

◇ヨネ・ノグチ物語―野口米次郎自伝 ヨネ・ノグチ著、伊藤精二訳 文化書房博文社 2015.10 271p 23cm 〈年譜あり〉 3400円 Ⓘ978-4-8301-1279-9 Ⓝ911.52

内容 私はどのように英語を学んだか アメリカ西部の生活 ウォーキン・ミラー シカゴ観察録(1900) ロンドンの印象(1902-03) 再びロンドン(1913-14) 帰朝の記 イサムの来日(1907) 私の伯父・大俊和尚の話 尾張津島天王祭 沈黙の日本寺院(鎌倉・円覚寺) エピローグ チャールズ W.ストッダード

野坂 昭如〔1930〜2015〕 のさか・あきゆき

◇マスコミ漂流記 野坂昭如著 幻戯書房 2015.10 251p 20cm (銀河叢書) 2800円 Ⓘ978-4-86488-082-4 Ⓝ914.6

内容 二十七歳の憂鬱 虚実錯綜 焼跡生き残りの連中 天に衛星、地にCM CM一曲ビル一軒 TV界戦国時代 照る日曇る日 瓢箪から活字 プレイボーイ開業 悩みともがき 出版記念会まで まずは一里塚

◇日本を揺るがせた怪物たち 田原総一朗著 KADOKAWA 2016.3 293p 19cm 1500円 Ⓘ978-4-04-601559-4 Ⓝ281.04

内容 第1部 政界の怪物たち(田中角栄―田原総一朗が最初に対峙した政界の怪物 中曽根康弘――「偉大な人はみんな風見鶏」 竹下登―調整能力にすぐれた「政界のおしん」 小泉純一郎―ワンフレーズに信念を込める言葉の天才 岸信介―左右"両岸"で力をふるった「昭和の妖怪」 第2部 財界の怪物たち(松下幸之助―国家の経営に至った男 本田宗一郎―ボルト一本に情熱をかける技術の雄 盛田昭夫―失敗を恐れない超楽観主義者 稲盛和夫―「狂

◇うそつき一夫・野坂昭如との53年　野坂暘子著　新潮社　2017.10　213p　20cm　〈他言語標題：My Liar〉　1500円　Ⓘ978-4-10-351271-4　Ⓝ910.268

内容　うそつきとの五十三年　如月　沖縄での決意　弥生　母の顔を知らない　卯月　闘病生活の始まり　皐月　神戸大空襲の日から　水無月　養父と泳いだ海　文月　ぼくは夢は見ない　葉月　妹の死、そして　長月　タカラジェンヌの門限　神無月　結婚と義母と　霜月　サンタクロースだった　師走　ネクラとネアカの夫婦　睦月　娘の父として　ふたたびの春　六つのお位牌

野坂　暘子〔1941〜〕　のさか・ようこ

◇うそつき一夫・野坂昭如との53年　野坂暘子著　新潮社　2017.10　213p　20cm　〈他言語標題：My Liar〉　1500円　Ⓘ978-4-10-351271-4　Ⓝ910.268

内容　うそつきとの五十三年　如月　沖縄での決意　弥生　母の顔を知らない　卯月　闘病生活の始まり　皐月　神戸大空襲の日から　水無月　養父と泳いだ海　文月　ぼくは夢は見ない　葉月　妹の死、そして　長月　タカラジェンヌの門限　神無月　結婚と義母と　霜月　サンタクロースだった　師走　ネクラとネアカの夫婦　睦月　娘の父として　ふたたびの春　六つのお位牌

野﨑　堅三〔1935〜〕　のざき・けんぞう

◇日雇い臨時工員から非正規社員になった男の奮闘記　野﨑堅三著　青山ライフ出版　2017.3　169p　21cm　〈発売：星雲社〉　1500円　Ⓘ978-4-434-22861-2　Ⓝ289.1

内容　第1章　戦災ですべてを失う　第2章　母を必死で支えて　第3章　船員生活　第4章　日雇い臨時工員からのスタート　第5章　働きながら学び続ける　第6章　研究職場　第7章　製造職場　第8章　非製造職場で　第9章　定年後船員になる　第10章　五十年間働き、年金生活へ　第11章　家族に感謝

野﨑　幸助〔1941〜2018〕　のざき・こうすけ

◇紀州のドン・ファン―美女4000人に30億円を貢いだ男　野﨑幸助著　講談社　2016.12　289p　15cm　（講談社＋α文庫　G297-1）　780円　Ⓘ978-4-06-281709-7　Ⓝ289.1

内容　第1章　50歳下の愛人は大金とともに去りぬ　第2章　「若さ」と「馬鹿さ」の日々　第3章　転機―「どうも、コンドーム屋でございます」　第4章　高度経済成長の波に乗れ　第5章　よく稼ぎ、よく遊ぶ　第6章　心を読めば、ナンパも仕事も上手くいく　第7章　人生、山もあれば谷もあるさ　第8章　老け込んでなんて、いられない

◇紀州のドン・ファン　野望篇　私が「生涯現役」でいられる理由　野﨑幸助著　講談社　2018.4　268p　15cm　（講談社＋α文庫　G297-2）　780円　Ⓘ978-4-06-511777-4　Ⓝ289.1

内容　第1章　ドン・ファン強盗に襲われる　第2章　死ぬまで現役、死ぬまでSEX　第3章　私が抱いてきた4000人の美女たち　第4章　私が出会った驚きの名器

たち　第5章　ドン・ファン流「クラブ遊びの裏ワザ」教えます　第6章　ああ、わが風俗武者修行時代　第7章　ドン・ファン、ついに結婚す

野﨑　武左衛門〔1789〜1864〕　のざき・ぶざえもん

◇野﨑邸と野﨑武左衛門（塩田王）　猪木正実著　岡山　日本文教出版　2014.6　155p　15cm　（岡山文庫　289）〈年譜あり〉　900円　Ⓘ978-4-8212-5289-3　Ⓝ289.1

内容　第1部　野崎武左衛門の足跡（塩田築造「狂気の沙汰」大反対押しての決断　「足袋」に活路を求めて　最初の決断　「野崎兵」築造へ飛躍の第一歩　塩田王その経営の特色と強さの秘密　人間味いっぱい武左衛門気迫の語録）　第2部　野崎武左衛門伝（出自は大阪・摂津国、武士の家系　元蔵少年麦を食べ丁稚のごとく働く　児島塩業の歩みと武左衛門のひらめき　栄光の軌跡と襲いかかる悲劇　「最大の歓事」藩主・池田候お泊り　黒住宗忠、山田方谷との交流　茶、詩、書画「風流」を楽しむ　野崎武左衛門逝く。枕元に若き孫二人）　第3部　野崎邸を散策（重要文化財「旧野崎家住宅」とは　「雅心」詰まった書院、庭園、茶室）　資料編1　岡山の塩づくりと"白い革命"の推移　資料編2　野崎武左衛門の歩みと社会の動き

野﨑　ふしみ　のざき・ふしみ

◇時の証―忘れてはいけない私の過去　野﨑ふしみ著　かもす　2018.4　270p　20cm　〈発売：ハウジングエージェンシー出版事業部〉　1500円　Ⓘ978-4-89990-360-4　Ⓝ754.9

野澤　宇齋〔1838〜1918〕　のざわ・うさい

◇野澤卯之吉翁伝―士魂商才　岡村八寿子編纂　川崎　岡村八寿子　2014.2　120p　27cm　〈年表あり　年譜あり〉　Ⓝ289.1

野澤　卯之吉　のざわ・うのきち

⇒野澤宇齋（のざわ・うさい）を見よ

野澤　源次郎〔1864〜1955〕　のざわ・げんじろう

◇祖父　野澤源次郎の軽井沢別荘地開発史―源次郎と3人の男たち　岡村八寿子著，中島松樹，大久保保監修　牧歌舎東京本部　2018.8　1冊　30cm　〈文献あり　発売：星雲社〉　3000円　Ⓘ978-4-434-24969-3　Ⓝ215.206

内容　第1章　野澤源次郎と3人の男たち（野澤源次郎の軽井沢別荘地開発について　野澤源次郎に影響を及ぼした3人の男たちのプロフィール　軽井沢を襲った大洪水　明治43年　ほか）　第2章　軽井沢別荘地開発の準備期間（避暑地になる前の軽井沢　野澤源次郎が土地を買収した当時の軽井沢の道路・別荘状況　野澤源次郎が取得した土地の領域　ほか）　第3章　別荘図・道路図でたどる軽井沢別荘地開発の展開（図4　橋口信助の軽井澤別荘地案内図　大正6年　図5　大正4年〜6年に新設された道路図　図6　大正6年末までに売却された別荘分譲地の分布　ほか）

野澤　亨〔1926〜〕　のざわ・とおる

◇苦あれば楽あり　野澤亨著　中央公論事業出版（発売）　2017.11　277p　20cm　1800円　Ⓘ978-4-89514-479-7　Ⓝ914.6

内容　幼いころの記憶　仙台での幼少年時代　怪我の

功名　巴組鐡工所の創業と関東大震災　野澤の家　実父とツェッペリン号　高橋の実家　ベルリン五輪とイワシ料理　国鉄のサービス　星ヶ岡茶寮、北大路魯山人との出会い〔ほか〕

野沢　直子〔1963～〕　のざわ・なおこ
◇笑うお葬式　野沢直子著　文藝春秋　2017.10　181p　20cm　1250円　Ⓘ978-4-16-390730-7　Ⓝ779.9
　＊事業を手掛けては失敗する父と、成功を信じて疑わない母―。可笑しくて切なくていとおしい。野沢家の人々の激動の日々を真っ直ぐに見据えた渾身の愚動作。

野澤　三喜三〔1890～1973〕　のざわ・みきぞう
◇野澤三喜三と立川工作所　岡村八寿子編纂〔川崎〕〔岡村八寿子〕〔2015〕180p　30cm　〈年表あり〉　Ⓝ538.09

野地　俊夫〔1934～〕　のじ・としお
◇女子テニスと私─東レPPOとの30年を振り返る　野地俊夫著　創英社/三省堂書店　2018.1　228p　図版6枚　19cm　1200円　Ⓘ978-4-88142-317-2　Ⓝ783.5
　内容　第1章　アトム・ジャズ・テニス（テニスに出会うまでの自分史　人、金、物、情報、時間　キング夫人との出会い　ビートルズと鉄аトム　大阪万博で阿久悠まで　ジャズフェスティバル　堤清二さんの教え　新しい酒は新しい器に）　第2章　東レPPOと女子テニスの変遷（ナブラチロワ～グラフへ　十代の台頭　伊達公子～ヒンギス　冷戦崩壊とテニスの拡散　21世紀のシャラポワ　東欧、ロシアの躍進）　第3章　舞台裏編（WTAの歴史と仕組み　ドーピング　ドローミーティング　賞金デスクと経理　記者席から見たトーナメントディレクター）　附　スポーツイベントの効果測定

野尻　知里〔1952～2015〕　のじり・ちさと
◇心臓外科医がキャリアを捨ててCEOになった理由（わけ）─what one likes,one will do well　野尻知里著　東洋経済新報社　2015.8　231p　19cm　1500円　Ⓘ978-4-492-04572-5　Ⓝ289.1
　内容　1　世界で通用する「仕事力」を磨く（「臨床の現場で救えない命を救いたい」が原点　「キャリアダウン」と言われた転身　ほか）　2「働く」理由とその原点（自立するために、働く　いじめを克服した時、とんでもない強さを手に入れた　ほか）　3　男のような女にはなるな（評価される女性がやっている6つのブレイクスルーは自分で仕掛ける　ほか）　4　成功者の資質（どんな相手からも貪欲に学ぶ　人に好かれる人が絶対的に備えている武器　ほか）

野副　信子　のぞえ・のぶこ
◇お節介おばさんの独り言─夢見るおばさんの奮闘記　野副信子著　ルネッサンス・アイ　2017.8　243p　19cm　〈発売：白順社〉　1200円　Ⓘ978-4-8344-0218-6　Ⓝ289.1
　内容　第1章　運命的な米国生活　第2章　FCEM世界女性起業家協議会　第3章　求め続けることがいきがいになる　第4章　転機はいつも学んでいる時に訪れる　第5章　外国人観光客をもてなすツアーガイドのお仕事　第6章　英語を話そう　第7章　コミュニケーションと人とのふれあい

野田　聖子〔1960～〕　のだ・せいこ
◇女は「政治」に向かないの？　秋山訓子著　講談社　2018.5　212p　19cm　1400円　Ⓘ978-4-06-511764-4　Ⓝ314.18
　内容　野田聖子─女性のキャリア変化とともに　小池百合子─不死鳥のような人生　山尾志桜里─母からできること　辻元清美─挫折からが本番　中川智子─おばちゃんの愛され力　高井美穂─「ふつう」が議員になってみた　嘉田由紀子─それは「サプライズ」ではなかった

野田　英夫〔1908～1939〕　のだ・ひでお
◇明るき光の中へ─日系画家　野田英夫の生涯　窪島誠一郎著　新日本出版社　2016.8　254p　20cm　2000円　Ⓘ978-4-406-06045-5　Ⓝ723.1
　＊野田英夫の生きざまを追って渡米すること二十数回！　無類の明るさを持った画家の魂に迫る、著者渾身の評伝小説。

野田　秀樹〔1955～〕　のだ・ひでき
◇劇空間を生きる─未来を予見するのは科学ではなく芸術だ　野田秀樹,鎌田浩毅著　京都　ミネルヴァ書房　2018.11　248,8p　19cm　（MINERVA知の白熱講義　2）〈年譜あり　索引あり〉　2200円　Ⓘ978-4-623-08456-2　Ⓝ772.1
　内容　第1部　演劇界の旗手の軌跡（子ども時代～の遊眠社─生まれと育ちと　NODA・MAP設立以降─ロンドンからの道）　第2部　演劇の世界（クリエイティブの源泉　偶然崇拝　人間と芝居）

野田　弘志〔1936～〕　のだ・ひろし
◇写実を生きる─画家・野田弘志　安田茂美,松井文恵著　生活の友社　2017.1　217p　21cm　（写実絵画とは何か？シリーズ　2）〈文献あり〉　1800円　Ⓘ978-4-908429-07-1　Ⓝ723.1
　内容　第1章　野田弘志に聞く─生きること、描くこと（写実絵画を始めた理由を教えてください　制作上の理念、写実絵画で重要なものは何でしょうか　写真と絵画、技法について　影響を受けた思想家、言葉、哲学者を教えてください　同時代の作家について　写実と写実絵画について）　第2章　文学と絵画のリアリズムを求めて─対談　加賀乙彦×野田弘志　第3章　野田弘志の軌跡（戦争をくぐり抜けた少年時代。上海、福山、豊橋を経て東京藝大へ　イラストレーター時代から闘病を経て　画家としてのスタート　新聞小説「湿原」の細密な挿絵六百二十八枚で全国へ　写実絵画の実現を目指して後進を育てた広島市立大学時代　北の大地で写実を生きる）　第4章　写実絵画とは？─対談　高階秀爾×野田弘志

野田　泰義　のだ・やすよし
◇見えない世界の大切さ　野田泰義著　名古屋　中部経済新聞社　2015.1　222p　18cm　（中経マイウェイ新書　023）　800円　Ⓘ978-4-88520-191-2　Ⓝ289.1

野田　喜樹　のだ・よしき
◇鎖と絆　野田喜樹,林田次男著　ファーストプレス　2015.11　175p　19cm　1500円　Ⓘ978-4-904336-88-5　Ⓝ289.1
　内容　第1章　"飢えの恐怖"がつくり出した人格　第2章　野田喜樹との出会いで輝き始める　第3章　ビジネス

の種を見抜く　第4章 世界一のナンバー2を目指す　第5章 ひらめきで勝負する　第6章 ビジネスで芽が開く　第7章 50歳で気づいたことがある

ノッポさん
⇒高見のっぽ（たかみ・のっぽ）を見よ

能登 清文〔1967～〕 のと・きよふみ
◇「人間繁盛、商売繁昌」への7つの実践！　能登清文著　ごま書房新社　2017.1　200p　19cm　1380円　①978-4-341-08661-9　Ⓝ336

[内容]第1章 学びと継続だらけの私の半生（子ども時代の私―継続で成し遂げた「たった1日での逆上がり」　大学時代の私―高い授業料で継続の大切さを知る　ほか）　第2章 「出会い」と「チャレンジ」が人を成長させる（「出会い」が人の器を大きくする　「チャレンジ」が人の成長を加速させる）　第3章 「人間繁盛、商売繁昌」への7つの実践ワーク！（毎日「ハガキを書く」　毎朝「朝礼をおこなう」　ほか）　第4章 能登清文の「人間繁盛、商売繁昌」への挑戦！（あなたの会社、事業を22世紀まで残してください！　子どもたちへの勉強以外の学びの場を残して

◇「人間繁盛、商売繁昌」への7つの実践！　能登清文著　改訂新版　ごま書房新社　2018.5　228p　19cm　1480円　①978-4-341-08700-5　Ⓝ336

[内容]新章 「人間繁盛、商売繁昌」成功事例と新たに伝えたい8人の「繁盛人」たち（「人間繁盛、商売繁昌」で成功した方々　新たに伝えたい8人の「繁盛人」たち）　第1章 学びと継続だらけの私の半生（子ども時代の私―継続で成し遂げた「たった1日での逆上がり」　大学時代の私―高い授業料で継続の大切さを知る　ほか）　第2章 「出会い」と「チャレンジ」が人を成長させる（「出会い」が人の器を大きくする　「チャレンジ」が人の成長を加速させる）　第3章 「人間繁盛、商売繁昌」への7つの実践ワーク！（毎日「ハガキを書く」　毎朝「朝礼をおこなう」　ほか）　第4章 能登清文の「人間繁盛、商売繁昌」への挑戦！（あなたの会社、事業を22世紀まで残してください！　若手経営者を本物の経営者に導く　ほか）

野中 広務〔1925～2018〕 のなか・ひろむ
◇政治の眼力―永田町「快人・怪物」列伝　御厨貴著　文藝春秋　2015.6　207p　18cm　（文春新書　1029）　750円　①978-4-16-661029-7　Ⓝ312.8

[内容]安倍政権とは何か（貴族的感覚 祖父譲り―麻生太郎　「フツー」に秘める胆力―山口那津男　ほか）　自民党の力の秘密（「反時代」で独特の地位―古賀誠　権力への鋭いアンチ―野中広務　ほか）　チャレンジャーの資格（己を見つめる伝道師―石破茂（1）　大政治家に化けうるか―細野豪志　ほか）　失敗の研究（道半ばのリアリズム―仙谷由人　「政策の調教師」次の道―与謝野馨　ほか）　清和会とは何か（時勢を見極め一手―森喜朗　二十一世紀型の首相―小泉純一郎　ほか）

◇聞き書 野中広務回顧録　野中広務述，御厨貴，牧原出編　岩波書店　2018.11　502,4p　15cm　（岩波現代文庫―社会　310）〈年譜あり〉　1660円　①978-4-00-603310-1　Ⓝ312.1

[内容]国政に出るまで　創政会の旗揚げと竹下内閣の誕生　竹下・宇野・海部内閣時代　「政界の狙撃手」

「野党・自民党」の闘い　「自社さ」村山内閣の誕生　「戦後五十年」と危機管理―自治大臣・国家公安委員長として　普天間問題と橋本行革　悪魔にひれ伏してでも―小渕内閣官房長官時代　小渕首相、倒れる　神の国発言・加藤の乱・えひめ丸事故　小泉内閣時代と政界引退

◇「影の総理」と呼ばれた男―野中広務権力闘争の論理　菊池正史著　講談社　2018.12　270p　18cm　（講談社現代新書　2507）　880円　①978-4-06-514232-5　Ⓝ289.1

[内容]第1章 「戦争は許さない」という政治（軍国青年　軍隊と暴力　ほか）　第2章 叩き上げの精神（宿命　「帰りなんいざ」　ほか）　第3章 虎視眈々（布石　ものがたりの謎　ほか）　第4章 反逆者との戦い（戦後保守の本質　戦後保守の分岐点　ほか）　第5章 保守本流の敗北（償いの政治　影の総理　ほか）

野々垣 孝〔1937～〕 ののがき・たかし
◇空を飛ぶ　野々垣孝著　名古屋　中部経済新聞社　2017.4　206p　18cm　（中経マイウェイ新書　34）　800円　①978-4-88520-209-4　Ⓝ289.1

野平 匡邦〔1947～〕 のひら・まさくに
◇正義は負ける―野平匡邦いのちの市政　金久保茂樹著　小学館スクウェア　2014.7　211p　19cm　1200円　①978-4-7979-8805-5　Ⓝ289.1

[内容]第1章 空手から学んだこと　第2章 少年時代に立てた青雲の志　第3章 自治官となり、女性に弱いお役人　第4章 結婚して盛岡、広島、仙台と　第5章 郷土愛に燃える、市長奮闘記　第6章 市長選二勝二敗、銚子に正義はないのか

信原 孝子〔1940～2014〕 のぶはら・たかこ
◇聴診器を手に絆を生きる―信原孝子医師のパレスチナ解放運動と地域医療　信原孝子著，信原孝子遺稿・追悼文集編集委員会編　インパクト出版会　2015.11　238p　21cm　〈年譜あり〉　2000円　①978-4-7554-0263-0　Ⓝ498.02279

[内容]第1部 難民キャンプの生と死をみつめて（パレスチナ人民とともに　イスラエルのレバノン、パレスチナ人民虐殺に抗議する　シリア・ヤルムーク難民キャンプの診療所から　ほか）　第2部 「テロリスト」のレッテルをはね返す―「パスポート裁判」の記録（「パスポート裁判」庄司宏氏に聴く　陳述書信原孝子　地裁判決要旨まとめ―信原孝子さんを支える会　ほか）　第3部 追悼文集（信原孝子さんを偲ぶ会（大阪）基調講演より　ご家族から　職場から　ほか）

野邊地 尚義〔1825～1909〕 のべち・たかよし
◇紅葉館館主野邊地尚義の生涯―明治の民間外交陰の立役者　野邊地えりざ著　紫波町（岩手県）　桜出版　2018.11　238p 図版5枚　19cm　〈文献あり 年譜あり〉　1400円　①978-4-903156-26-2　Ⓝ289.1

[内容]はじめに―東京タワー　プロローグ　現在の岩手県に生まれる　江戸詰め　盛岡に帰る　尚義 脱藩　幕末の氏名事情　尚義の江戸・鳩居堂時代　鳩居堂を探して　尚義と大村益次郎［ほか］

野間 宏〔1915～1991〕 のま・ひろし
◇文学の再生へ―野間宏から現代を読む　富岡幸

一郎, 紅野謙介編　藤原書店　2015.11　779p　24cm　〈年譜あり〉　8200円　①978-4-86578-051-2　Ⓝ910.268

内容　野間宏の"表現"の力/高村薫述　三・一一と野間宏/高橋源一郎述　システムに抗する文学の可能性/古川日出男述　言葉の断片、切れはしの尊厳/浅尾大輔述　野間宏の時空/黒井千次述　野間宏と戦後文学/古井由吉述　執拗と拘泥/島田雅彦述　現在における戦後文学/町田康,富岡幸一郎述　野間宏から現代文学へ/中村文則,富岡幸一郎述　越境者と文学/リービ英雄,富岡幸一郎述　作家の青春/藤沢周,川村湊述　「戦後文学」を問う/奥泉光,川崎賢子,宮内勝典　ほか述　富岡幸一郎　司会　文学よ、どこへ行く？/奥泉光,姜信子,佐伯一麦　ほか述　富岡幸一郎　司会　野間宏のテンポ/安岡章太郎述　野間君の思い出/久野収述　「戦後文学」とは何だったか、そして、何か/小田実述　野間宏と小田実のあいだ/針生一郎著　野間宏の詩的周辺/長谷川龍生述　野間宏の詩と生涯/辻井喬述　戦後・魔堺の文学としての野間宏/三枝和子述　野、宏、野、間、間、野、宏、…/荒川修作述　日本における聖と賤/沖浦和光述　AA作家会議の野間宏の思い出/中薗英助述　全体と共生/中本信幸述　野間さんと狭山裁判/佐木隆三述　野間宏と『狭山裁判』/庭山英雄述　野間宏と転向/藤山純一述　戦後文学再考/西川長夫述　『人民文学』と野間宏/紅野謙介述　新しい時代の文学/高銀,辻井喬述　黒井千次　司会　前衛作家としての野間宏/中村真一郎述　全体小説としてのコスモロジー/小田実述　パネルディスカッション　野間真一郎,小田実,三國連太郎　ほか述　紅野謙介　司会　基本を真剣に見つめる眼/中村桂子述　野間宏の歴史意識/富岡幸一郎述　随想/夏剛著　野間宏における詩と社会性、詩の社会性/ブレット・ド・バリー述　ギブソン松井佳子訳　「暗い絵」から"Dark Pictures"ヘ/ジェームズ・レイサイド述　野間宏からうけつぐもの/ギブソン松井佳子訳　スペイン語版『暗い絵』/田辺厚子述　野間氏を偲んで/劉徳有著　執拗な探究者/陳喜儒著　張偉訳　野間宏の最後の手紙/張偉述　個と全体の相剋/張石述　野間先生の顔/高銀著　三枝壽勝訳　「生きものらしさ」とは何か/大沢文夫述　生命科学から生命誌へ/中村桂子述　環境問題にとりくんだ野間宏のこと/山田國廣著　自然法爾のこと/川那部浩哉著　アヴァンギャルド野間宏/塚原史述　暗い想像力/亀山郁夫述　リアリズムの方法/奥泉光述　地図と迷路/山下実述　集団的主体性をめざして/針生一郎述　「顔」/石井洋二郎述　「顔の中の赤い月」を読む/中沢けい述　戦後文学で加害責任を初めて問うた/池田浩士述　日本文学における官能性/川南賢四郎述　野間文学における悪人性/西川長夫述　戦争を伝える/道浦母都子述　経済と肉体/富岡幸一郎述　野間宏と文学変革/菅野昭正述　野間宏と肉体/尾末奎司述　日本におけるサルトル論争/澤田直述　野間宏とサルトル/海老坂武述　野間宏と大阪/モブ・ノリオ述　『青年の環』と大阪/日野範之述　野間宏の後期短篇について/山下実述　最後の小説の可能性/富岡幸一郎著　『時空』の時空/大槻慎二著　日本の裁判を知る大事な記録/大野晋著　現代の魔女裁判弾劾の書/木村康著　「ドレフュス事件」と類似する「狭山事件」/稲葉三千男著「狭山裁判」と野間宏/日高六郎著．「奈落を考える会」と野間宏/梅沢利彦著　差別と人間/沖浦和光著　野間宏と狭山裁判の思想的意味/久野収著　全体小説と『狭山裁判』/佐木隆三著　野間さんの遺志/中山武敏著　巨人のライフワークの全貌を知る必要が/針生一郎著　野間さんの執筆動機/土方鐵著　野間宏さんを憶う/真継伸彦著　野間さんの言ったこと/安岡章太郎著　全体小説作家生成のドラマ/尾末奎司述　野間宏の戦場記録をよむ/辺見じゅん著　野間さんの俳句/土方鐵著　体験の捉え方/黒井千次著　性と知等/日野範之著　冬の時代の青春/石田健夫著　日記の中の野間重治と小林秀雄/木村幸雄著　或は野間宏/山縣熙著　時代を予見する文学の力/富岡幸一郎著　未完の作家・野間宏/紅野謙介著

野溝 七生子〔1897～1987〕　のみぞ・なおこ

◇「野溝七生子」を散歩する—少女小説の視点　青木和子著　広島　ひろしま女性学研究所　2014.12　254p　20cm　〈年譜あり〉　2000円　①978-4-907684-36-5　Ⓝ910.268

内容　第1章　野溝七生子という作家（出生から青春期　作家活動の始まり—『山梔』の世界　作品に投影された七生子の心象風景『女獣心理』『南天屋敷』『月影』『ヌマ叔母さん』）　第2章　反逆の発想（鷗外と七生子　少女小説の系譜　無力化する少女像）　第3章　ベールに包まれた素顔（恋愛小説を超えて「母性」をめぐる考察　自己愛と殉死）　第4章　七生子の魅力（しなやかな感性　あとに残ったもの）　第5章　極私的七生子幻想（寺　家　夢）

野見山 暁治〔1921～〕　のみやま・ぎょうじ

◇絵描きと画材屋—洋画家・野見山暁治と山本文房堂・的野恭一の五十年　野見山暁治,的野恭一述, 井口幸久聞き手　福岡　忘羊社　2016.10　158p　22cm　〈年譜あり〉　1700円　①978-4-907902-15-5　Ⓝ723.1

内容　福岡大空襲の記憶　戦前の文房堂　「山本」がついたのは戦後から　「何と絵描きの多い町だろう」と思った　文化なんて余計なものだった　金は出してくれたけど…　後藤新治氏渾身の「野見山暁治年譜」　タケミヤ画廊と北荘画廊　度胸も頭も良かった父　炭鉱は怖かった〔ほか〕

◇じわりとアトリエ日記　野見山暁治著　生活の友社　2017.12　505p　18cm　2500円　①978-4-908429-15-6　Ⓝ723.1

*2013年11月〜2017年2月。挿画つきで綴った日々。

◇野見山暁治一人はどこまでいけるか　野見山暁治著, のこす言葉編集部編・構成　平凡社　2018.8　108p　19cm　（のこす言葉KOKORO BOOKLET）〈年譜あり〉　1200円　①978-4-582-74112-4　Ⓝ723.1

内容　炭坑の子ども　美校と戦争　パリ暮らし　ふたたび日本で　描かずにいられない

野村 克晃　のむら・かつあき
⇒団野村（だん・のむら）を見よ

野村 克也〔1935～〕　のむら・かつや

◇壁—試練だけが人を成長させる　野村克也著　ベストセラーズ　2017.3　254p　15cm　（ワニ文庫　P-297）〈『私とプロ野球』（2011年刊）の改題、加筆、訂正〉　650円　①978-4-584-39397-0　Ⓝ783.7

内容　第1章　私とプロ野球（金持ちになりたい　運命の日　ほか）　第2章　日本の野球に革命を（一流が一流を育てる　鉄腕攻略は情報分析にあり　ほか）　第3章　監督像を一変させる（三冠王への道　選手兼任

◇私のプロ野球80年史　野村克也著　小学館　2017.9　287p　19cm　1500円　Ⓘ978-4-09-388573-7　Ⓝ783.7

内容　第1章 巨人こそがプロ野球だった（沢村栄治なかりせば、私もいない。　私は大の巨人ファンだったほか）　第2章 闘った！見た！考えた！（名監督の変遷　「夢の球宴」を取り戻せ ほか）　第3章 チェンジアップをもう一球（野球＝お金　名選手必ずしも名解説者にあらず ほか）　第4章 プロ野球の歴史を変えた出来事（「黒い霧事件」が残したもの　ドラフトの裏面史 ほか）　第5章 21世紀の、そして未来のプロ野球へ（野球レベルの低下とトリプルスリーの関係　二刀流は是か非か ほか）

◇なにもできない夫が、妻を亡くしたら　野村克也著　PHP研究所　2018.7　228p　18cm　（PHP新書 1148）　880円　Ⓘ978-4-569-84091-8　Ⓝ783.7

内容　序章 君がいなくなってしまった日　第1章 四五年ぶりのひとり暮らし―男は弱いよ　第2章 孤独だった男が、沙知代に会って「ふたり」になった　第3章 なにもできない夫が妻を亡くす前に　第4章 妻がいない空白を埋めてくれたのは　第5章 老いは武器である　終章 ふたたび「ふたり」になる日まで　巻末「没イチ」対談 曽根綾子×野村克也―男と女、それぞれの伴侶を亡くした「その後」

野村 作十郎〔1815～1871〕 のむら・さくじゅうろう
◇天空の龍―幻の名匠 野村作十郎　上　舟橋武志著　名古屋　ブックショップマイタウン　2014.12　1冊（ページ付なし）　15×22cm　2000円　Ⓘ978-4-938341-45-9　Ⓝ712.1

＊「名人」「名匠」の誉れ高い立川流彫刻の二代目、立川和四郎富昌。実は彫っていたのは"影武者"野村作十郎だった。幻の名匠を発掘する歴史ドキュメント。上はプロローグ～第4章を収録。『中部経済新聞』連載を単行本化。

◇天空の龍―幻の名匠野村作十郎　下　舟橋武志著　名古屋　ブックショップマイタウン　2015.3　1冊　15×22cm　〈年譜あり〉　2000円　Ⓘ978-4-938341-47-3　Ⓝ712.1

＊「名人」「名匠」の誉れ高い立川流彫刻の二代目、立川和四郎富昌。実は彫っていたのは"影武者"野村作十郎だった。幻の名匠を発掘する歴史ドキュメント。下は第5章～エピローグを収録。『中部経済新聞』連載を単行本化。

野村 秋介〔1935～1993〕 のむら・しゅうすけ
◇激しき雪―最後の国士・野村秋介　山平重樹著　幻冬舎　2016.9　284p　20cm　1800円　Ⓘ978-4-344-03004-6　Ⓝ289.1

＊新右翼のリーダーで、三島由紀夫と並び称される憂国の苛烈な生涯―少年時代から朝日新聞社での拳銃自決の瞬間までを、晩年の10年、最も身近にいた作家が描き切った感動ノンフィクション。

◇激しき雪―最後の国士・野村秋介　山平重樹著　幻冬舎　2018.10　342p　16cm　（幻冬舎アウトロー文庫 O-31-26）　690円　Ⓘ978-4-344-42803-4　Ⓝ289.1

＊平成5(1993)年10月20日、朝日新聞社役員応接室で野村秋介は2丁拳銃の銃弾3発で心臓を貫き自決した。何故か？　人生を決定した特攻隊員との8歳の出会いから、偉大な父の影響、青春時代、幅広い交遊、口先でなく肉体で行動する思想、河野一郎大臣邸焼き打ち事件の事件の真相まで、最も近しい作家が書き尽くした民族派巨星の劇的人生！

野村 四郎〔1936～〕 のむら・しろう
◇狂言の家に生まれた能役者　野村四郎著　白水社　2015.2　238,16p　20cm　〈著作目録あり　年譜あり〉　2500円　Ⓘ978-4-560-08417-5　Ⓝ773.28

内容　1章 狂言の血　2章 能の性根　3章 能の構造　4章 能の演出　5章 能の越境　6章 能と教育

野村 晴一〔1926～〕 のむら・せいいち
◇私の履歴書　野村晴一著　和歌山　野村晴一　2016.11　127p　22cm　〈年譜あり〉　Ⓝ289.1

野村 貴仁〔1969～〕 のむら・たかひと
◇再生　野村貴仁著　KADOKAWA　2016.9　236p　19cm　1300円　Ⓘ978-4-04-104580-0　Ⓝ783.7

内容　第1章 高知の海を天邪鬼が駆ける　第2章 スリーダイヤの誇り、セットアッパーの悲哀　第3章 "紳士の球団"で　第4章 清原との因縁　第5章 あこがれのメジャーへ　第6章 俺はなにを間違えたのか

野村 忠宏〔1974～〕 のむら・ただひろ
◇戦う理由　野村忠宏著　学研パブリッシング　2015.10　237p　19cm　「折れない心」（2010年刊）の改題、加筆・修正　発売：学研マーケティング　1300円　Ⓘ978-4-05-800555-2　Ⓝ789.2

内容　第1章 40歳の戦い　第2章 北京五輪への挑戦と苦闘　第3章 アトランタとシドニー　第4章 野村家のルーツ　第5章 アテネでつかんだもの　第6章 野村スタイル

野村 達雄〔1986～〕 のむら・たつお
◇ど田舎うまれ、ポケモンGOをつくる　野村達雄著　小学館集英社プロダクション　2017.7　196p　19cm　（ShoPro Books）　1200円　Ⓘ978-4-7968-7703-9　Ⓝ798.5

＊2016年7月、日本でも大ブームを巻き起こした話題のスマホアプリ『ポケモンGO』。本書は、現在も『ポケモンGO』のゲームディレクターとして活躍する野村達雄氏が『ポケモンGO』開発に至るまでの半生に迫る自伝本です。中国黒龍江省に生まれ、6歳の時に豊かさを求め日本に移住し、長野で苦学し、Google Japanに入社。その後『ポケモンGO』開発のきっかけとなったGoogleのエイプリルフール企画『ポケモンチャレンジ』を手がけるなどのエピソードから野村氏の思考や人格を紐解いていく。

のむら

野村 得庵 のむら・とくあん
⇒野村徳七(2代)(のむら・とくしち)を見よ

野村 徳七(2代)〔1878～1945〕 のむら・とくしち
◇財閥を築いた男たち　加来耕三著　ポプラ社　2015.5　266p　18cm　(ポプラ新書 060)〈「名創業者に学ぶ人間学 十大財閥篇」(2010年刊)の改題、再構成、大幅に加筆・修正〉　780円　①978-4-591-14522-7　Ⓝ332.8
内容　第1章 越後屋から三井財閥へ 三野村利左衛門と益田孝　第2章 地下浪人から三菱財閥を創設 岩崎彌太郎　第3章 住友家を支えて屈指の財閥へ 広瀬宰平と伊庭貞剛　第4章 金融財閥を築いた経営の才覚 安田善次郎　第5章 無から有を生む才で財閥へ 浅野総一郎　第6章 生命を賭けて財閥を築いた創業者 大倉喜八郎　第7章 無学の力で財を成した鉱山王 古河市兵衛　第8章 株の大勝負に賭けて財閥へ 野村徳七
◇「死んでたまるか」の成功術―名企業家に学ぶ　河野守宏著　ロングセラーズ　2016.10　203p　18cm　〈文献あり〉　1000円　①978-4-8454-0992-1　Ⓝ332.8
内容　鳥井信治郎―ウイスキーはわしの命だ。いまに見ておれ！　本田宗一郎―世界最高のオートバイ・レース"TTレース"に参加して優勝する！　稲盛和夫―いまのやり方ではダメだ、戦法を変えようだ！　うちの製品をアメリカへ輸入させればよい　出光佐三―殺せるものなら殺してみろ。わしは死なん　松下幸之助―断じて行えば必ずものは成り立つ！　野村徳七―命を賭けた大相場に勝った！　河村瑞賢―おれにもツキがまわってきたぞ 江戸一番の分限者になってみせる！　岩崎弥太郎―恥がなんだ、面目がなんだ 生きてさえいれば、なんとかなる！　浅野総一郎―誰もがやれる商売では駄目なのだ 要は、人が目を向けないところに目をつけることだ！　益田孝―最後に勝てばよいのだ！　江崎利一―こっちから頼んで歩かなくても向こうから売らせてくれと頼みにくるにきまっている！

野村 弘樹〔1969～〕 のむら・ひろき
◇どん底――一流投手が地獄のリハビリで見たもの　元永知宏著　河出書房新社　2018.5　205p　19cm　1350円　①978-4-309-27947-3　Ⓝ783.7
内容　第1章 森慎二メジャーを目指した男の夢が消えた1球　第2章 石井弘寿―WBC日本代表の苦悩　第3章 斉藤和巳―沢村賞投手の最後の6年　第4章 川崎憲次郎―FA移籍後のつらすぎる4年間　第5章 野村弘樹―ひじを痛めて引退した101勝サウスポー　第6章 西本聖―脊椎の手術からの奇跡の復活

野村 望東尼〔1806～1867〕 のむら・ぼうとうに
◇もとのしづく―贈正五位野村望東尼傳　野村望東著　オンデマンド版　東京大学出版会　2016.3　393,8p 図版6枚　22cm　(続日本史籍協會叢書 97)〈複製　印刷・製本：デジタルパブリッシングサービス〉　14000円　①978-4-13-009554-9　Ⓝ289.1
◇望東尼物語　防府野村望東尼『望東尼物語』編集委員会,齊藤忠壽著作・編集, 谷川佳枝子監修　防府　防府野村望東尼会　2016.9　158p

21cm　〈年譜あり〉　Ⓝ188.82

野村 誠〔1968～〕 のむら・まこと
◇音楽の未来を作曲する　野村誠著　晶文社　2015.10　285p　20cm　1800円　①978-4-7949-6894-4　Ⓝ762.1
内容　作曲を始めた頃　子どもがつくる現代音楽　作曲する遊び場　ごった煮から脱出する方法　個性は滲み出る　ナンセンスに追随する　しょうぎ作曲　演劇を作曲する　演劇交響曲　ジャワ・ガムラン―「私の作品」から「私たちの作品」へ　やわらかい楽譜　動物との音楽　野外楽　ポスト・ワークショップ時代　考古楽　北斎カルテット　だじゃれ音楽　ごった煮は共鳴する

野村 松千代〔1899～1996〕 のむら・まつちよ
◇鉄路に馳せる夢―元・鐵道省技師の祖父と地学教育者となった父,野村松光　野村隆光著　尾張旭　野村隆光　2018.10　183p　30cm　〈他言語標題：Dreaming about railroads　年譜あり　文献あり〉　Ⓝ289.1

野村 松光〔1926～1998〕 のむら・まつてる
◇鉄路に馳せる夢―元・鐵道省技師の祖父と地学教育者となった父,野村松光　野村隆光著　尾張旭　野村隆光　2018.10　183p　30cm　〈他言語標題：Dreaming about railroads　年譜あり　文献あり〉　Ⓝ289.1

野村 祐輔〔1989～〕 のむら・ゆうすけ
◇野村祐輔メッセージBOOK―未来を描く　野村祐輔著　廣済堂出版　2017.7　158p　21cm　〈他言語標題：YUSUKE NOMURA MESSAGE BOOK〉　1600円　①978-4-331-52106-9　Ⓝ783.7
内容　第1章 思いを形に　第2章 妄想　第3章 経験を糧に　第4章 プロへの道　第5章 オフシーン　第6章 前だけを見つめて

乗松 雅休〔1863～1921〕 のりまつ・まさやつ
◇日韓の架け橋となったキリスト者―乗松雅休から澤正彦まで　中村敏著　いのちのことば社　2015.4　110p　19cm　〈年表あり〉　1000円　①978-4-264-03347-9　Ⓝ192.1
内容　第1章 乗松雅休―日本最初の海外宣教師　第2章 田内千鶴子―三〇〇〇人の韓国人孤児の母となった日本人女性　第3章 浅川巧―白磁と植林事業を通して日韓の架け橋となったキリスト者　第4章 渕澤能恵―韓国女子教育を通して日韓の架け橋となったキリスト者　第5章 曾田嘉伊智―韓国孤児の慈父と慕われた日本人　第6章 織田楢次―生涯を韓国人伝道に捧げた宣教師　第7章 枡富安左衛門―農場経営と教育と伝道で架け橋となったキリスト者　第8章 澤正彦―韓国に対して贖罪の求道者として生きたキリスト者

野呂 一生〔1957～〕 のろ・いっせい
◇私時代―野呂一生自叙伝　野呂一生著　リットーミュージック　2016.12　205p　21cm　〈年譜あり〉　2500円　①978-4-8456-2898-8　Ⓝ764.78
内容　第1章 ひな鳥時代 幼少期―カシオペア結成(生

い立ちとご挨拶 ギターとの出合い ほか) 第2章 巣立ち時代 デビュー——第1期カシオペア(紆余曲折のデビュー 海外進出 ほか) 第3章 宙返り時代 第2期カシオペア——INSPIRITS(新生カシオペア 東京音楽大学 ほか) 第4章 巣作り時代 CASIOPEA 3rd—自叙伝(カシオペア復活に向けて 又々忙しい2013年 ほか) 巻末特集(譜例：SHORT METHODS 直筆譜：THE LIFE IS LIKE A SHOWTIME ほか)

野呂 修平〔1933〜〕 のろ・しゅうへい
◇波乱万丈の人生——バレエ野呂修平80年の軌跡 野呂修平,小笠原カオル共著 十和田 文化出版 2015.3 302p 22cm 〈年譜あり〉 2000円 Ⓘ978-4-9904477-5-5 Ⓝ769.91

【 は 】

馬 雲〔1964〜〕 ば・うん
◇現代中国経営者列伝 高口康太著 星海社 2017.4 251p 18cm (星海社新書 108)〈文献あり 発売：講談社〉 900円 Ⓘ978-4-06-138613-6 Ⓝ332.8
内容 第1章 「下海」から世界のPCメーカーへ—柳傳志(レノボ) 第2章 日本企業を駆逐した最強の中国家電メーカー—張瑞敏(ハイアール) 第3章 ケンカ商法暴れん旅、13億人の胃袋をつかむ中国飲食品メーカー—娃哈哈(ワハハ) 第4章 米国が恐れる異色のイノベーション企業—任正非(ファーウェイ) 第5章 不動産からサッカー、映画まで！ 爆買い大富豪の正体とは—王健林(ワンダ・グループ) 第6章 世界一カオスなECは"安心"から生まれた—馬雲(アリババ) 第7章 世界中のコンテンツが集まる中国動画戦国時代—古永鏘(ユーク) 第8章 ハードウェア業界の"無印良品"ってなんだ？—雷軍(シャオミ) 終章 次世代の起業家たち

◇これぞジャック・マーだ 陳偉著,光吉さくら,ワンチャイ訳 大樟樹出版社 2017.11 346p 21cm 〈発売：インターブックス〉 2700円 Ⓘ978-4-909089-09-0 Ⓝ289.2
内容 第1章 ジャックと英語教室の仲間達 第2章 インターネットとの出会い 第3章 ジャックと張紀中さん 第4章 アリババにやってきた 第5章 趣味と哲学 第6章 ジャックの太極拳の夢 第7章 社会的責任とアリババ文化 第8章 特別なジャック、特別なアリババ 第9章 ジャックとともに歩んで 第10章 "引退"から上場まで

馬 英華〔1965〜〕 ば・えいか
◇逃げ切る力—逆境を生かす考え方 馬英華著 日本経済新聞出版社 2017.12 299p 19cm 1600円 Ⓘ978-4-532-32160-4 Ⓝ289.2
内容 1章 男尊女卑の壁—5歳で子どもを卒業した私(望まれなかった子ども 凍える夜の洗濯が変えた人生 恐怖に泣く妹守る母 ほか) 2章 外国人の壁—奇跡が生んだ「日本」との出会い(来日は運命 奇跡が次々と起こった 少女の大冒険 中国縦断で日本との縁つくる ほか) 3章 規制の壁—誕生・中国人女性社長(一本の電話が決めた起業 寡占の壁で顧客ゼロの半年 ほか) 4章 文化の壁—妻・母、弁護

士、そして社長であるということ(空港リムジンバスでの運命の出会い 「自分の人生なのに、自分で決められないの？」 ほか)

馬 化騰〔1971〜〕 ば・かとう
◇テンセント帝国を築いた男 馬化騰—時価総額アジア1位 Lin Jun,Zhang YuZhou著、高橋豪、ダンエディ訳 日本僑報社 2018.12 126p 19cm 1600円 Ⓘ978-4-86185-261-9 Ⓝ007.35
内容 馬化騰という男 馬化騰の仲間たち 馬化騰のライバルたち 馬化騰を助けた投資家たち プロダクトマネージャーとしての馬化騰 OICQからQQへ テキストメッセージでインターネット企業の勝ち組に 億近いユーザーを擁するバーチャル消費帝国 マイクロソフトとの争いに打ち勝つ ポータルサイトと検索エンジンへの参入 ゲーム市場での決戦 テンセント式イノベーション

売茶翁〔1675〜1763〕 ばいさおう
◇売茶翁の生涯 ノーマン・ワデル著、樋口章信訳 京都 思文閣出版 2016.7 241,5p 22cm 〈他言語標題：The Life of Baisao 文献あり 年譜あり 索引あり〉 3500円 Ⓘ978-4-7842-1845-5 Ⓝ188.82
内容 プロローグ 第1章 肥前時代 第2章 京都へ 第3章 東山で茶を売る 第4章 肥前に戻る 第5章 在家居士として 第6章 最後の十年 第7章 最晩年 エピローグ 地方の有力な支持者たち

倍賞 千恵子〔1941〜〕 ばいしょう・ちえこ
◇倍賞千恵子こころのうた—風になって、あなたに会いに行きます 倍賞千恵子著 駒草出版 2014.12 45p 22cm 1900円 Ⓘ978-4-905447-39-9 Ⓝ778.21
内容 第1章 子供の頃と、歌の記憶(児童合唱団に入る 歌手としての養成学校 一番は礼儀作法と挨拶) 第2章 歌と、お芝居と(歌を表現すること 「下町の太陽」のヒットの裏側 歌は語るように、セリフは歌うように) 音楽は、ある日、突然はまる 同時代の刺激 震災、そしてこれから) CD収録曲歌詞

◇倍賞千恵子の現場 倍賞千恵子著 PHP研究所 2017.7 244p 18cm (PHP新書 1103) 920円 Ⓘ978-4-569-83660-7 Ⓝ778.21
内容 第1章 寅さんと渥美さんと私(渥美清さんとの特別な瞬間 寅さんとさくらの言い合いシーン ほか) 第2章 本番、よーいスタート！(もっと何かある、まだ何かがある 『下町の太陽』という出会い ほか) 第3章 北海道、そして健さん(吹雪の中に飛び出して スーパースターのオーラ ほか) 第4章 普通を演じる(さくらになあれ 隠しカメラとアドリブで撮った『家族』 ほか) 第5章 人生というステージ(二兎を追ってみる 可能性を見出してくれた両親 ほか)

灰谷 健次郎〔1934〜2006〕 はいたに・けんじろう
◇いのちの旅人—評伝・灰谷健次郎 新海均著 河出書房新社 2017.10 250p 20cm 〈文献あり〉 1800円 Ⓘ978-4-309-02618-3 Ⓝ910.268

はいふ

|内容| 第1章 初対面は所沢、そして淡路島へ　第2章 貧しい少年時代から教師へ　第3章 兄の死、教師、沖縄放浪　第4章『兎の眼』と『太陽の子』の誕生　第5章 人への旅、アジアへの旅　第6章 ライフワーク『天の瞳』第7章 社会への異議申し立て　第8章 平和への祈りと行動と遺書　終章にかえて

梅夫〔?～1820〕ばいふ
◇五十嵐祇室・梅夫・浜藻 来簡集　五十嵐浜藻・梅夫研究会編著　町田　町田市民文学館　2018.3　112p　26cm　〈附・五十嵐家三代（祇室・梅夫・浜藻）全句集及び年譜稿〉　Ⓝ911.34

羽賀 準一〔1908～1966〕はが・じゅんいち
◇最後の剣聖 羽賀準一　近藤典彦著　同時代社　2015.3　446p　22cm　〈文献あり〉　2500円　Ⓘ978-4-88683-774-5　Ⓝ789.3
|内容| 羽賀先生の初印象　夢は剣道日本一　朝鮮時代—剣道極意の追究　戦場の剣客—準一の日記を読む　空襲下の修行　敗戦下剣道の復活に奮闘　剣道大悟の日　復活した戦後剣道と羽賀準一　羽賀準一に道場が！　剣道を論ず　中大組から法大組へ　居合を論ず　倦むことなく道を説く　王貞治らに打撃指南　羽賀準一と一刀流　長逝　羽賀一門その後

芳賀 孝郎〔1934～〕はが・たかお
◇私のシュプール 1　ハガスキーの歴史と私の登山　芳賀孝郎著　〔出版地不明〕〔芳賀孝郎〕　2016.1　252p　19cm　〈年譜あり　年表あり〉　1500円　Ⓘ978-4-86368-049-4　Ⓝ784.3
◇私のシュプール 2　山とスキー、人との出会い　芳賀孝郎著　〔札幌〕〔芳賀孝郎〕　2017.2　226p　19cm　1500円　Ⓘ978-4-86368-056-2　Ⓝ784.3

芳賀 竹四郎〔1887～1944〕はが・たけしろう
◇芳賀竹四郎と大原＝芳賀球菌—知られざる下郷の偉人 醫聖室に合祀された戦艦陸奥軍醫長 室井強著　〔下郷町（福島県）〕　室井強　2014.10　157p　22cm　〈文献あり〉　Ⓝ289.1

袴田 巌〔1936～〕はかまだ・いわお
◇死刑冤罪—戦後6事件をたどる　里見繁著　インパクト出版会　2015.9　359p　19cm　〈文献あり〉　2500円　Ⓘ978-4-7554-0260-9　Ⓝ327.6
|内容| 第1章 雪冤は果たしたけれど—免田栄さんの場合　第2章 たった一人の反乱—財田川事件と矢野伊吉元裁判官　第3章 家族離散—松山事件と斎藤幸夫さん　第4章 冤罪警察の罠—赤堀政夫さんと大野萌子さん　第5章 再審開始へ向けて—無実のプロボクサー袴田巌さん　第6章 DNA鑑定の呪縛—飯塚事件と足利事件
◇袴田事件 これでも死刑なのか　小石勝朗著　現代人文社　2018.8　230p　19cm　〈文献あり　年表あり　発売：大学図書〉　1800円　Ⓘ978-4-87798-709-1　Ⓝ326.23
|内容| 第1部 覆された再審開始決定—本当に「死刑が妥当」なのか（悪意に満ちた告白　弁護側主張をことごとく否定する　ほか）　第2部 画期的な地裁の決定、そして曲折（再審開始か、地裁審理がいよいよ大詰め　最高の決定が出た、そして、これからのこと　ほか）　第3部 即時抗告審で浮き彫りになった「おかしな点」

（やはり違法捜査のオンパレードだった　1.4トンもの味噌を仕込んでまで死刑を維持しようとする検察　ほか）　第4部 DNA鑑定をめぐる攻防（身柄拘束45年にして「再審・無罪」の可能性が見えてきた　検出されなかった被害者のDNA型　ほか）　第5部 支える—袴田巌さんへの共感の輪（「無罪を主張した」／元裁判官の告白—熊本典道さんインタビュー（2007年2月25日、福岡市東区にて）　ボクシング界と袴田事件　ほか）

萩田 光雄〔1946～〕はぎた・みつお
◇ヒット曲の料理人—編曲家・萩田光雄の時代　萩田光雄著，馬飼野元宏構成・文　リットーミュージック　2018.6　351p　21cm　〈作品目録あり〉　2000円　Ⓘ978-4-8456-3208-4　Ⓝ767.8

萩原 俊雄〔1939～〕はぎはら・としお
◇核なき平和を求めて—被爆で生き残った最後の経営者　萩原俊雄著　知道出版　2018.8　201p　20cm　1500円　Ⓘ978-4-88664-313-1　Ⓝ289.1
|内容| 第1章 核なき世界を求めて　第2章 人生の原点・広島の記憶　第3章 原爆許さぬ絶対平和の思想　第4章 GHQの日本人洗脳プログラム　第5章 平和の礎を目指して　第6章 我が人生の時の人々　第7章 世界の未来と平和の実現

萩本 欽一〔1941～〕はぎもと・きんいち
◇ばんざいまたね　萩本欽一著　ポプラ社　2015.4　242p　19cm　1300円　Ⓘ978-4-591-14524-1　Ⓝ779.9
|内容| 第1章 最後の舞台—笑いの偽装はしない（最後まで悔しい、淋しい　妥協は悲しいだけ　ほか）　第2章 生きること死ぬこと、年をとること—七十歳からの生き方（死ぬための準備のようなもの　理想のお葬式　ほか）　第3章「運」は自分の支えに過ぎなかった—ぼくとテレビ（テレビを見て、笑うことはない　「運」は自分の支えに過ぎなかった　ほか）　第4章 人生ってこんなこと—今を楽しくするちょっとした秘訣（自分を上手に騙してあげる　おもしろいのは山に登るまで　ほか）　第5章 最後まで挑戦したい—粋に生きるための心がまえ（七十三歳の大学生　欽ちゃん流の勉強法　ほか）
◇ダメなやつほどダメじゃない　萩本欽一著　日本経済新聞出版社　2015.8　254p　20cm　（私の履歴書）　1500円　Ⓘ978-4-532-16971-8　Ⓝ779.9
|内容| 第1部 コメディアンの履歴書（やっぱり喜劇だな　浅草の東大　コント55号誕生　このまんまでいいのかな　欽ちゃんのキャンパスライフ、教えます）　第2部 欽ちゃんの笑いには「浅草」が流れている—対談・滝大作

羽切 松雄〔1913～1997〕はきり・まつお
◇ゼロファイター列伝—零戦搭乗員たちの戦中、戦後　神立尚紀著　講談社　2015.7　341p　19cm　〈年表あり〉　1500円　Ⓘ978-4-06-219634-5　Ⓝ392.8
|内容| 第1章 三上一禧—「零戦初空戦」で撃墜した宿敵との奇跡の再会　第2章 羽切松雄—被弾して重傷を負っても復帰して戦い続けた不屈の名パイロット　第3章 原田要—幼児教育に後半生を捧げるゼロファ

イター　第4章　日高盛康―「独断専行」と指揮官の苦衷　第5章　小町定―真珠湾から海軍最後の空戦まで、大戦全期間を戦い抜く　第6章　志賀淑雄―半世紀の沈黙を破って　第7章　山田良市―ジェット時代にも飛び続けたトップガン

◇証言　零戦真珠湾攻撃、激戦地ラバウル、そして特攻の真実　神立尚紀著　講談社　2017.11　469p　15cm　〈講談社＋α文庫 G296-3〉〈年表あり〉　1000円　①978-4-06-281735-6　Ⓝ392.8

内容　第1章　進藤三郎―重慶上空初空戦、真珠湾攻撃で零戦隊を率いた伝説の指揮官　第2章　羽切松雄―敵中強行着陸の離れ業を演じた海軍の名物パイロット　第3章　渡辺秀夫―「武功抜群」ソロモン航空戦を支えた下士官搭乗員の不屈の闘魂　第4章　加藤清―スピットファイアを相手に「零戦は空戦では無敵」を証明　第5章　中村佳雄―激戦地ラバウルで最も長く戦った歴戦の搭乗員　第6章　角田和男―特攻機の突入を見届け続けたベテラン搭乗員の真情　第7章　外伝　一枚の写真から

萩原 朔太郎〔1886～1942〕　はぎわら・さくたろう

◇萩原朔太郎論　中村稔著　青土社　2016.2　548p　20cm　3200円　①978-4-7917-6908-7　Ⓝ911.52

内容　「愛憐詩篇」　「淨罪詩篇」　『月に吠える』『新しき欲情』　『青猫』(初版)　『詩の原理』　「郷土望景詩」　『青猫』(以後)　『氷島』　『猫町』　『日本への回歸』

◇萩原朔太郎と室生犀星　出会い百年　石山幸弘,萩原朔美,室生洲々子著　前橋　上毛新聞社事業局出版部　2016.3　77p　21cm　〈前橋学ブックレット 4〉〈年譜あり〉　600円　①978-4-86352-145-2　Ⓝ911.52

内容　第1章　スパークする二魂―朔太郎・犀星の前橋邂逅の意味(朔太郎・犀星の誌上邂逅―最初の一撃者　朔太郎から犀星への「恋文」　初めての出会い前橋駅頭での二人　一明館での3週間　近代詩人への試験―犀星の長期滞在がもたらしたもう一つの意味　絆の証し―邂逅記念のエール交換　邂逅がもたらした効果―前橋・金沢の交流　星星の離橋)　第2章　朔太郎と犀星　出会い百年―孫同士の対話(朔太郎と犀星の出会い　前橋のゆかりの場所　祖父としての朔太郎・犀星　娘の目からみた朔太郎と犀星　若き犀星が見た前橋)

◇我が愛する詩人の伝記　室生犀星著　講談社　2016.8　277p　16cm　〈講談社文芸文庫　むA9〉〈中公文庫 1974年刊の再刊　年譜あり〉　1400円　①978-4-06-290318-9　Ⓝ914.6

内容　北原白秋　高村光太郎　萩原朔太郎　釈迢空　堀辰雄　立原道造　津村信夫　山村暮鳥　百田宗治　千家元麿　島崎藤村

◇北一輝と萩原朔太郎―「近代日本」に対する異議申し立て者　芝正身著　御茶の水書房　2016.8　336,5p　21cm　〈年譜あり　索引あり〉　3000円　①978-4-275-02050-5　Ⓝ289.1

内容　第1章　佐渡の反逆児―北輝次　第2章　反抗しない馬鹿息子―萩原朔太郎　第3章　明治国家への挑戦状　第4章　あるべき、もうひとつの近代国家像の提示　第5章　煩悶する詩人　第6章　『月に吠える』―病者の論理　第7章　それぞれのその後―揺らぎ/転換/後退/変容　第8章　昭和という終章

萩原 広道〔1815～1863〕　はぎわら・ひろみち

◇萩原広道　上　山崎勝昭著　大阪　ユニウス(発売)　2016.3　786p　23cm　6000円　①978-4-946421-42-6　Ⓝ121.52
＊「萩原広道」初の本格的伝記。

◇萩原広道　下　山崎勝昭著　大阪　ユニウス(発売)　2016.3　686p　23cm　〈年譜あり〉　6000円　①978-4-946421-43-3　Ⓝ121.52
＊「萩原広道」初の本格的伝記。

巴金〔1904～2005〕　はきん

◇巴金―その文学を貫くもの　河村昌子著　中国文庫　2016.10　232p　22cm　〈他言語標題：BaJin　索引あり〉　5000円　①978-4-9906357-3-2　Ⓝ920.278

内容　序章　作家になるまで　第1章　新聞連載小説『激流』　第2章　著作と実践活動のはざまで　第3章　編集者として、作家として　第4章　戦時下で書くこと　第5章　『寒夜』―「小人小事」の物語　第6章　『随想録』―妻を悼む

白 居易〔772～846〕　はく・きょい

◇白居易と柳宗元―混迷の世に生の讃歌を　下定雅弘著　岩波書店　2015.4　276,11p　19cm　〈岩波現代全書 060〉〈文献あり　年譜あり〉　2400円　①978-4-00-029160-6　Ⓝ921.43

＊日本人が古来こよなく愛してきた白居易(白楽天)と柳宗元。「長恨歌」や「江雪」は教科書にも取り上げられている。とはいえ、この二人はただ詩人であったわけではない。二人はともに、当時その制度が整えられた科挙によって登用された新進官僚であり、それゆえ政治に携わり、同じような時代と政争の荒波に翻弄された。激動の中唐にあって、一方は高位と長寿に恵まれ他方は志半ばで流謫のうちに没した。ほぼ同齢の詩人の生涯と心の軌跡を、詩文の平易な現代語訳でたどりながら、彼らを支えたものについて考える。

◇白楽天　花房英樹著　新装版　清水書院　2016.5　231p　19cm　〈Century Books―人と思想 87〉〈年譜あり　索引あり〉　1200円　①978-4-389-42087-1　Ⓝ921.43

内容　1　官途の閲歴(生誕　科挙　左拾遺翰林学士　江州左遷　高級官僚　東部分司　致仕)　2　思想の位相(儒教的世界観　老荘的人生観　仏教的死生観　思想の位相)

◇貶謫文化と貶謫文学―中唐元和期の五大詩人の貶謫とその創作を中心に　尚永亮著,愛甲弘志,中木愛,谷口高志訳　勉誠出版　2017.5　628,17p　22cm　〈索引あり〉　13500円　①978-4-585-291008-0　Ⓝ921.43

内容　導論　執着から超越へ―貶謫文化と貶謫文学の概要　第1章　元和の文化精神と五大詩人の政治的悲劇　第2章　五大詩人の生命の零落と苦悶　第3章　五大詩人の執着意識と超越意識　第4章　屈原から柳宗元に至る貶謫文化発展の軌跡　第5章　元和の貶謫文学における悲劇的精神と芸術的特徴

パク,クネ〔1952～〕　朴　槿恵

◇朴槿恵と亡国の民　シンシアリー著　扶桑社

2017.4 236p 19cm 1400円 ①978-4-594-07728-0 Ⓝ312.21

|内容| 第1章 朴槿恵の罪と罰(朴槿恵、その流転の人生 隠遁生活から一転、政界への衝撃的な復活 ほか) 第2章「天地人思想」と「負の群衆心理」(憲法前文にある「三つの思想」 天:「臨時政府」、地:「統一」、人:「大規模デモによる意志表出」 ほか) 第3章 韓国の歪んだ「民主主義」(韓国民の「群衆心理」を歪めた原因 極端な「二分」を増長させたインターネットの普及 ほか) 第4章「左派」新大統領で過激化する「反日」(「進歩左派」が圧倒的な支持を誇る「バラ選挙」の行方 大統領候補者同士が勃発した例の「党派争い」 ほか) 第5章「自己」を亡くした朴槿恵と韓国(韓国の現代史で「原理原則」を守った重要人物はいない 憲法裁判所が下した「大統領弾劾の事由」 ほか)

パク, ジョンヒ〔1948～〕 朴 丁熙
◇懐かしき時代―日韓のはざまで人生を歩んで My Love My Life 朴丁熙著, 龍月訳 里文出版 2015.5 223p 21cm 1200円 ①978-4-89806-428-3 Ⓝ289.2

|内容| キツネの話 やいと(お灸)の想い出～父母との別れ 私の母方の実家 赤壁歌を歌っていたおじいさんは晋州の閑良(知識人) 悲しかった小学校入学式 餅ひとつ、さつまいも一口 山へ川へ、友達と一緒に過ごした夏休み フミコ叔母さんがお嫁に行ったⅡ おはじき大将 小さくて辛い唐辛子―ジョンヨルと私〔ほか〕

パク, ジョンホン 朴 鐘鴻
◇ひとびとの精神史 第1巻 敗戦と占領―1940年代 栗原彬, 吉見俊哉編 岩波書店 2015.7 333p 19cm 2300円 ①978-4-00-028801-9 Ⓝ281.04

|内容| 1 生と死のはざまで(大田昌秀―原点としての沖縄戦 大田洋子―原爆と言葉 水木しげる―ある帰還兵士の経験 黄容国と朴鐘鴻―近代の成就と超克) 2 それぞれの敗戦と占領(茨木のり子―女性にとっての敗戦と占領 黒澤明―アメリカとの出会いにそこない 花森安治―その時、何を着ていたか? 堀越二郎―軍事技術から戦後のイノベーションへ) 3 改革と民主主義(中野重治―反復する過去 若月俊一―地域医療に賭けられたもの 西崎キク―大空から大地へ 北村サヨ―踊る宗教が拓く共生の風景)

パク, チョンヒ〔1917～1979〕 朴 正熙
◇韓国大統領実録 朴永圭著, 金重明訳 キネマ旬報社 2015.10 494p 22cm 〈文献あり 年表あり 索引あり〉 3600円 ①978-4-87376-435-1 Ⓝ312.21

|内容| 第1章 李承晩大統領実録 第2章 尹潽善大統領実録 第3章 朴正熙大統領実録 第4章 崔圭夏大統領実録 第5章 全斗煥大統領実録 第6章 盧泰愚大統領実録 第7章 金泳三大統領実録 第8章 金大中大統領実録 第9章 盧武鉉大統領実録 第10章 李明博大統領実録

◇朴正熙と金大中が夢見た国 金景梓著, 太刀川正樹訳 如月出版 2017.5 320p 19cm 1852円 ①978-4-901850-53-7 Ⓝ312.21

|内容| 第1章 巨人たちの誕生。事業家金大中と将校朴正熙 第2章 解放後の金大中と朴正熙の共産主義活動 第3章 朴正熙と金大中が経験した朝鮮戦争 第4章 朝鮮戦争後、政治家と革命家の道へ 第5章 4・19革命、朴正熙と金大中の機会 第6章「5・16」革命家朴正熙対張勉内閣代弁人金大中 第7章 経済回復と政治的勝負をかけた朴正熙と金大中 第8章 朴正熙と金大中 最後の勝負 第9章 終わることなき金大中の苦難、四度目の挑戦 第10章 金大中の開放型国家論と「太陽政策」 第11章 金正恩の北朝鮮と大韓民国の政治

パク, チョンヘ〔1942～〕 朴 正恵
◇ひとびとの精神史 第7巻 終焉する昭和―1980年代 杉田敦編 岩波書店 2016.2 333p 19cm 2500円 ①978-4-00-028807-1 Ⓝ281.04

|内容| 1 ジャパン・アズ・ナンバーワン(中曽根康弘―「戦後」を終わらせる意志 上野千鶴子―消費社会と一五年安保のあいだ 高木仁三郎―「核の時代」と市民科学者 大橋正義―バブルに流されなかった経営者たち) 2 国際化とナショナリズム(ジョアン・トシエイ・マスコ―「第二の故郷」で挑戦する日系ブラジル人 安西賢誠―「靖国」と向き合った真宗僧侶 宮崎駿―職人共同体というユートピア 『地球の歩き方』創刊メンバー―日本型海外旅行の精神) 3 天皇と大衆(奥崎謙三―神軍平等兵の怨霊を弔うために 朴正恵と裵成泰―民族教育の灯を守るために 美空ひばり―生きられた神話 知花昌一―日の丸を焼いた日)

パク, テジュン〔1927～2011〕 朴 泰俊
◇混迷する日韓関係を打開せよ!―今こそ、朴泰俊に学ぼう。朴泰俊が答えた 許南整著, 堤一直訳 桜美林大学北東アジア総合研究所 2016.7 223p 22cm 〈文献あり 年譜あり〉 2600円 ①978-4-904794-73-9 Ⓝ289.2

莫 邦富〔1953～〕 ばく・ほうふ
◇この日本、愛すればこそ―新華僑40年の履歴書 莫邦富著 岩波書店 2014.12 341p 15cm (岩波現代文庫―文芸 250)〈「これは私が愛した日本なのか」(2002年刊)の改題、加筆、改訂〉 1100円 ①978-4-00-602250-1 Ⓝ289.2

|内容| 第1部 中国篇(道草の日本語 辞書がなかった日本語学習 夜のトイレで読み耽った日本文学 ほか) 第2部 日本篇(六〇ドルを懐に留学生活 人生の新舞台・東京へ 就学生と蛇頭が織り成す点と線 ほか) 第3部 日中関係篇(「日中関係」というビルに耐震補強工事を加えよう 二〇年先を見据えた日中関係)

パク, ヨンゴン〔1927～〕 朴 庸坤
◇ある在日朝鮮社会科学者の散策―「博愛の世界観」を求めて 朴庸坤著 現代企画室 2017.2 286p 21cm 2300円 ①978-4-7738-1702-7 Ⓝ289.2

|内容| 第1編 学究生活の軌跡(植民地朝鮮に生をうけて青雲の旅立ち、志学の励み 朝鮮大学校における教職活動 主体思想の真理探究 主体思想の国際的普及活動 日本哲学論争のイデオロギー解釈権 在日朝鮮社会科学者の真摯な魂を尋ねて) 第2編 自由への憧憬、断想(花駕籠に乗った腕白坊主 没落両班の娘、亡き母を偲ぶ 血肉の絆、五〇年ぶりの再会 第二次総連同胞故郷訪問団 家族とともに再び故郷

訪問　王仁博士を顕彰する百済門　三千里錦繡江山紀行　女人万華鏡　家族の絆　忘れえぬ人々　故郷の祠堂）

パク，ヨンミ〔193~9〕
◇生きるための選択―少女は13歳のとき、脱北することを決意して川を渡った　パクヨンミ著，満園真木訳　辰巳出版　2015.11　326p　20cm　1700円　Ⓟ978-4-7778-1609-5　Ⓝ289.2

|内容| 第1部 北朝鮮（鳥やネズミが聞いている　危険なり歴史　ツバメとカササギ　ほか）　第2部 中国（闇の向こう側　悪魔との取引　誕生日プレゼント　ほか）　第3部 韓国（自由の鳥　夢と悪夢　貪欲な心　ほか）

白 楽天　はく・らくてん
⇒白居易（はく・きょい）を見よ

パク，ワンソ〔1931~2011〕朴 婉緒
◇あの山は、本当にそこにあったのだろうか　朴婉緒著，橋本智保訳　大阪　かんよう出版　2017.8　333p　19cm　2400円　Ⓟ978-4-906902-82-8　Ⓝ929.14

|内容| 1 もう二度と夢は追わない　2 臨津江だけは越えるな　3 狂った白木蓮　4 時には「枕」も憤怒する　5 真夏の死　6 冬の木　7 門外の男たち　エピローグ

白隠慧鶴〔1685~1768〕はくいんえかく
◇白隠―江戸の社会変革者　高橋敏著　岩波書店　2014.9　197,4p　19cm　（岩波現代全書　042）〈文献あり　年譜あり〉　1900円　Ⓟ978-4-00-029142-2　Ⓝ188.82

◇白隠―禅とその芸術　古田紹欽著　吉川弘文館　2015.2　185p　19cm　（読みなおす日本史）〈新版 木耳社 1978年刊の再刊〉　2200円　Ⓟ978-4-642-06585-6　Ⓝ188.82

|内容| 白隠が白隠になるまで　白隠の禅（禅の真実性の追求　孤危嶮峻と世俗性　禅と学問との間　禅と念仏　坐禅和讃のこと）　白隠の芸術（禅を画く　達磨図　臨済・大燈の画像　自画像　戯画の中の禅　逸格の書　再説・白隠の書画）　最晩年の白隠

◇白隠入門―地獄を悟る　西村惠信著　新装版　法藏館　2015.6　238p　19cm　1800円　Ⓟ978-4-8318-6542-7　Ⓝ188.84

|内容| 第1章 白隠の前半生（生component　無常　出家　行脚　正受老人　大病）　第2章 白隠のことばと心（菩薩の利他行　坐禅のすすめ　禅と詩情　勇猛精進の道を行く　病床の友へ）　『夜船閑話』私訳

◇禅の名僧に学ぶ生き方の知恵　横田南嶺著　致知出版社　2015.9　271p　20cm　〈他言語標題：ZEN Wisdom　文献あり〉　1800円　Ⓟ978-4-8009-1083-7　Ⓝ188.82

|内容| 第1講 無学祖元―円覚寺の「泣き開山」　第2講 夢窓疎石―世界を自分の寺とする　第3講 正受老人―正念相続の一生涯　第4講 白隠慧鶴―いかにして地獄から逃れるか　第5講 誠拙周樗―円覚寺中興の祖　第6講 今北洪川―至誠の人　第7講 釈宗演―活達雄偉、明晰俊敏

◇白隠―禅画の世界　芳澤勝弘著　KADOKAWA　2016.3　318p　15cm　〔角川ソフィア文庫

〔H121-1〕〕〈中央公論新社 2005年刊の加筆修正〉　1040円　Ⓟ978-4-04-400021-9　Ⓝ721.7

|内容| 序章 白隠という人　第1章 富士山と白隠　第2章 キャラクターとしてのお多福と布袋　第3章 多様な画と賛　第4章 さまざまな仕掛け　第5章 南無地獄大菩薩―白隠の地獄観　終章 上求菩提、下化衆生

◇新編 白隠禅師年譜　芳澤勝弘編著　京都　禅文化研究所　2016.3　691,33p　22cm　〈索引あり〉　5000円　Ⓟ978-4-88182-291-3　Ⓝ188.82

|内容| 貞享乙丑二年（一六八五）一歳　貞享丙寅三年（一六八六）二歳　貞享丁卯四年（一六八七）三歳　貞享戊辰五年、元禄と改元（一六八八）四歳　元禄己巳二年（一六八九）五歳　元禄庚午三年（一六九〇）六歳　元禄辛未四年（一六九一）七歳　元禄壬申五年（一六九二）八歳　元禄癸酉六年（一六九三）九歳　元禄甲戌七年（一六九四）十歳　元禄乙亥八年（一六九五）十一歳　元禄丙子九年（一六九六）十二歳　明和丁亥四年（一七六七）八十三歳　明和戊子五年（一七六八）八十四歳

◇かわいい禅画―白隠と仙厓　矢島新著　東京美術　2016.5　119p　21cm　〈他言語標題：Zen Paintings：Kawaii？　文献あり　索引あり〉　1800円　Ⓟ978-4-8087-1062-0　Ⓝ721.7

|内容| 序章 そもそも宗教美術に"かわいい"ってアリ!?　1章 禅画はかわいい？　2章 かわいい白隠（生涯と画業で知る―白隠ってどんな人？　白隠の人物表現　白隠の生きもの）　3章 かわいい仙厓（生涯と画業で知る―仙厓ってどんな人？　仙厓の人物表現　仙厓の生きもの　仙厓の聖像）

◇聖白隠　上村貞嘉著　文芸社　2017.5　197p　19cm　1300円　Ⓟ978-4-286-18228-5　Ⓝ188.82

◇禅とは何か―それは達磨から始まった　水上勉著　中央公論新社　2018.12　396p　16cm　（中公文庫　み10-23）〈新潮社 1988年刊の再刊　文献あり〉　960円　Ⓟ978-4-12-206675-5　Ⓝ188.82

|内容| それは達磨から始まった　臨済禅を築いた祖師たち　反作時代道元希玄の生き方　曹洞大教団の誕生　一休宗純の風狂破戒　三河武士鈴木正三の場合　沢庵宗彭体制内からの視線　雲渓晞水と白隠禅師の自由自在　日本禅の沈滞を破る明国からの波　大愚良寛「無住の住」の生涯　鉄眼乞食行の胸の内　心ひとつを定めかねつも　民衆が純禅を支える

白鵬 翔〔1985~〕はくほう・しょう
◇勝ち抜く力　白鵬翔著　悟空出版　2015.2　242p　19cm　1450円　Ⓟ978-4-908117-08-4　Ⓝ788.1

|内容| 第1章 揺籃編（一九八五年三月三十一日誕生~二〇〇〇年十月二十五日来日）　第2章 青雲編（二〇〇〇年十二月二十三日入門~二〇〇四年春場所（西十両八枚目））　第3章 苦闘編（二〇〇四年夏場所（東前頭十六枚目）~二〇〇七年夏場所（東大関））　第4章 激闘編（二〇〇七年五月三十日横綱昇進~二〇〇九年夏場所）　第5章 怒涛編（二〇〇九年名古屋場所（優勝十一回目）~二〇一一年初場所（優勝十八回目））　第6章 飛躍編（二〇一一年三月十一日東日本大震災~二〇一二年九州場所（優勝二十三回目））　第7章 昇龍編（二〇一三年初場所（優勝二十四回目）

~二〇一三年九州場所）　第8章　開悟編（二〇一四年初場所（優勝二十八回目）~二〇一四年九州場所（優勝三十二回目）

◇白鵬伝　朝田武蔵著　文藝春秋　2018.1　383p　20cm　〈文献あり〉　1800円　Ⓘ978-4-16-390788-8　Ⓝ788.1

内容　1　大鵬越え「心技体。八割は心である」二〇一四年夏場所・二〇一五年春場所（大局観その壱「自分に打ち勝つという事」　二〇一五年春、最強の証明。「今が一番強い」　大局観その壱「心を真ん中に置くという事」　大局観その壱「最善を図り、最悪に備えるという事」　大局観その壱「一番の敵は自分であるという事」）　2　慟哭、稀勢の里戦「これが負けか」二〇一〇年初場所・二〇一〇年九州場所（大局観その壱「最強の夢、未完の夢、終わらぬ夢」　大局観その壱「柔らかさは力に勝り、柔らかさは速さに勝つ」　十一・十五、敗北。「平成の連勝記録が止まった日」　大局観その壱「忘れる努力、開き直る努力、運に勝つ努力」）　3「蘇る野性」苦悩の果てに…（大局観その壱「自分を追い込むという事」二〇一五年夏場所・二〇一七年夏場所　一〇四人、復活。「灼熱の十五日間」二〇一七年名古屋場所）

間　重富〔1756~1816〕　はざま・しげとみ
◇星に惹かれた男たち―江戸の天文学者　間重富と伊能忠敬　鳴海風著　日本評論社　2014.12　239,6p　20cm　〈文献あり　年表あり　索引あり〉　1900円　Ⓘ978-4-535-78758-2　Ⓝ440.21

内容　天文学に魅せられた人びと　碁師が作った太陰太陽暦―渋川春海の栄光　間重富の師　平賀晋民・坂正永　間重富の師　麻田剛立―独自にケプラーの第三法則を発見した人　寛政の改暦　大坂の町人学者たち　西洋の暦の歴史　高橋至時と『ラランデ暦書』　伊能忠敬の全国測量　長崎出張―日月食観測　高橋景保と『新訂万国全図』　古尺調査　大槻玄沢の『環海異聞』　天体観測儀器とからくし師たち　親の背中を見て育った子どもたち　天文方の役割の終焉―太陽暦採用から近代天文学へ

橋川　文三〔1922~1983〕　はしかわ・ぶんぞう
◇橋川文三　日本浪曼派の精神　宮嶋繁明著　福岡　弦書房　2014.12　317p　19cm　〈年譜あり　文献あり〉　2300円　Ⓘ978-4-86329-108-9　Ⓝ289.1

内容　第1章　対馬・広島での原風景―中学生から詩、短歌、エッセイを発表　第2章　一高時代―日本ロマン派（保田與重郎）に惑溺　第3章　大学時代―徴兵検査で丙種＝学徒出陣できず勤労動員へ　第4章　編集者時代――家は離散、丸山眞男に親炙（＝師事）　第5章　恋と革命――一人の女性への純愛とマルクス主義との格闘　第6章　回生への道程―療養生活、退院、結婚、学者の道へ

橋口　孝三郎〔1930~〕　はしぐち・こうざぶろう
◇銀杏の樹の下に生きて―自分史　橋口孝三郎著　佐世保　橋口孝三郎　2018.10　134p　21cm　非売品　Ⓝ289.1

橋口　弘次郎〔1945~〕　はしぐち・こうじろう
◇名馬の理―調教師・橋口弘次郎、1000勝の軌跡　石田敏徳著　徳間書店　2016.2　267p　19cm　〈年譜あり〉　1400円　Ⓘ978-4-19-864101-6　Ⓝ788.5

内容　第1章　分岐点―競馬への抗いがたい想い　第2章　満身創痍―死もよぎった過酷な騎手生活　第3章　異例のキャリアアップ―地方競馬の騎手から中央競馬の調教師に　第4章　飛躍―全国リーディング、そしてダービー初挑戦　第5章　ビッグタイトル―すべてはレッツゴーターキンからはじまった　第6章　ダンスインザダーク―悲運に翻弄された完全無欠の馬　第7章　躍動するダンスインザダークの産駒―菊花賞優勝馬ザッツザプレンティ、安田記念優勝馬ツルマルボーイ　第8章　ハーツクライ―厩務員に一度見限られた駿馬の偉業　第9章　ワンアンドオンリー―ダービー制覇・橋口が25年目に果たした大願

橋口　五葉〔1880~1921〕　はしぐち・ごよう
◇橋口五葉―装飾への情熱　橋口五葉画、西山純子著　東京美術　2015.2　135p　26cm　(ToBi selection)〈年譜あり〉　2600円　Ⓘ978-4-8087-1019-4　Ⓝ721.9

内容　五葉の装飾世界　第1部　生涯と主な作品　第2部　装飾美術の探求（絵葉書　五葉百花譜　スケッチブック　書籍　画稿・下絵）

橋田　邦彦〔1882~1945〕　はしだ・くにひこ
◇葬られた文部大臣、橋田邦彦―戦前・戦中の隠されてきた真実　髙橋琢磨著　WAVE出版　2017.3　287p　19cm　1900円　Ⓘ978-4-86621-056-8　Ⓝ289.1

内容　序章　葬られた戦前・戦中の"知の巨人"　第1章　日露戦争後という時代の画期　第2章　始まった昭和という時代　第3章　科学者橋田、道元を語る　第4章　橋田、文部大臣になる　第5章　橋田、東條内閣を去る　終章　橋田の日本の未来づくり人生

羽柴　秀吉　はしば・ひでよし
⇒豊臣秀吉（とよとみ・ひでよし）を見よ

間人皇女〔?~665〕　はしひとのひめみこ
◇古代東アジアの女帝　入江曜子著　岩波書店　2016.3　216p　18cm　(岩波新書　新赤版1595)〈文献あり　年表あり〉　780円　Ⓘ978-4-00-431595-7　Ⓝ220

内容　第1章　推古―東アジア最初の女帝　第2章　善徳―新羅の危機を救った予言　第3章　皇極―行política手腕の冴え　第4章　真徳―錦に織り込む苦悩　第5章　斉明―飛鳥に甦る使命　第6章　間人―禁断の恋に生きた幻の女帝　第7章　倭姫―王朝交代のミッシング・リンク　第8章　持統―遠謀にして深慮あり　第9章　武則天―男性社会への挑戦

橋本　左内〔1834~1859〕　はしもと・さない
◇橋本景岳全集　1　橋本景岳著　オンデマンド版　東京大学出版会　2016.3　10,359p　図版11枚　22cm　(續日本史籍協會叢書 83)〈印刷・製本：デジタルパブリッシングサービス〉　年譜あり〉　18000円　Ⓘ978-4-13-009512-9　Ⓝ289.1

＊少年時代　大阪遊学時代　在藩医師時代　江戸遊学時代　明道館時代

◇橋本景岳全集　2　橋本景岳著　オンデマンド版　東京大学出版会　2016.3　p361~1114　22cm　(續日本史籍協會叢書 84)〈印刷・製本：デジタルパブリッシングサービス〉　20000円　Ⓘ978-4-13-009513-6　Ⓝ289.1

＊国事奔走時代
◇橋本景岳全集　3　橋本景岳著　オンデマンド版　東京大学出版会　2016.3　1冊　22cm　（續日本史籍協會叢書　85）〈奥付のシリーズ名（誤植）：続日本史籍協会叢書　印刷・製本：デジタルパブリッシングサービス　索引あり〉　20000円　①978-4-13-009514-3　Ⓝ289.1
＊幽囚時代及び最後　先生母子往復の書簡　景岳詩文集　雑記抄録類　附録

◇啓発録　橋本左内著，夏川賀央訳　致知出版社　2016.6　191p　19cm　（いつか読んでみたかった日本の名著シリーズ　12）〈文献あり〉　1400円　①978-4-8009-1114-8　Ⓝ289.1
内容　第1章『啓発録』現代語訳（啓発録叙　去稚心―稚心を去る「幼き心」など、今ここで捨て去ってしまおう　ほか）　第2章『啓発録』原文（去稚心　振気　ほか）　第3章「学制に関する意見文書」（いま、我が藩から日本を変えるのに必要なこと　優れた人材を得るための四つの条件　ほか）　第4章「為政大要」（リーダーは広き視野をもって全体を見るべし　人の上に立つ者は、「賞」と「罰」の与え方を知っている　ほか）　第5章　松平春嶽撰『橋本左内小伝』（我が家臣、橋本左内は十六のころから、人と違っていた　若くして左内は、我が藩の教育改革を担うことになる　ほか）　解説―この大きな夢を語る少年武士に、私たちは何を学ぶべきか？

◇幕末―非命の維新者　村上一郎著　中央公論新社　2017.9　299p　16cm　（中公文庫　む28-1）〈角川文庫1974年刊に対談「松陰の精神とその人間像」を増補　文献あり　年表あり〉　1000円　①978-4-12-206456-0　Ⓝ281.04
内容　第1章　大塩平八郎　第2章　橋本左内　第3章　藤田三代―幽谷・東湖・小四郎　第4章　真木和泉守　第5章　三人の詩人―佐久良東雄・伴林光平・雲井竜雄　松陰の精神とその人間像（保田與重郎×村上一郎）

◇橋本左内　その漢詩と生涯－附橋本左内漢詩訳注　1　前川正名著　増補版　津　三重大学出版会　2018.3　425p　22cm　〈文献あり　年譜あり〉　4400円　①978-4-903866-43-7　Ⓝ289.1
内容　橋本左内研究の現状　橋本左内略伝　『啓発録』に見る橋本左内の忠孝観　橋本左内の漢詩概観　適塾時代の橋本左内　蘭学者時代の橋本左内　書院番及び明道館時代の橋本左内　志士時代の橋本左内　橋本左内の「忠」観漢詩を中心に　橋本左内その漢詩と生涯

橋本　真也　〔1965～2005〕　はしもと・しんや
◇闘魂三銃士30年―今だから明かす武藤敬司、蝶野正洋、橋本真也、それぞれの生きざま　武藤敬司，蝶野正洋，橋本かずみ著　ベースボール・マガジン社　2014.12　287p　19cm　1900円　①978-4-583-10780-6　Ⓝ788.2
内容　武藤敬司（年下の同期たちとの中で一番出世した新人時代　2人と一緒にされたくなかった三銃士結成　表裏一体だった橋本vs小川のドラマとnWo　個を追及したあとには組織……一国一城の主に　一番同じ立場で一番話したかった橋本の死）　蝶野正洋（入門初日から大ケンカ　海外遠征、それは"避難"だった　栄光と代償　1・4、それは逆・力勝vs木村　どうして何かやってあげられなかったのか）　橋本真也（橋本かずみ）（出会い　生い立ち～新人時代　時は

来た！　ドタバタの中で始まった結婚生活　小川の生爪を1枚ずつ剥がす夢をみた　あれから10年。天国の真也クンへ）

◇三沢と橋本はなぜ死ななければならなかったのか―90年代プロレス血戦史　西花池湖南著　河出書房新社　2017.11　316p　20cm　〈文献あり〉　1800円　①978-4-309-02622-0　Ⓝ788.2
内容　1章　1990年三沢光晴の重荷―寡黙な男が背負わざるを得なかった全日本の未来　2章　1991年ジャンボ鶴田の絶頂―新世代の障壁となった怪物、最後の輝き　3章　1992年大仁田厚の爆風―猪木の遺産を食みながら開花したハードコアプロレス　4章　1993年天龍源一郎の入魂―"約束の地"に向かった男が創造した新日本の栄華　5章　1994年橋本真也の確立―天龍越えで実現した「肥満体型レスラー」のエース襲名　6章　1995年武藤敬司の驀進―プロレス・バブルの黄昏時に打ち砕かれた"UWF神話"　7章　1996年川田利明の鬱屈―ガラパゴス化した馬場・全日本がついに"鎖国"を解く　8章　1997年蝶野正洋の襲来―黒いカリスマ率いるヒール軍団が変えた新日本の景色　9章　1998年高田延彦の別離―プロレス人気を破綻させた男が向かった新たな世界　10章　1999年そして、ジャイアント馬場の死―規範を失ったプロレス界が露呈した世代間の断絶

橋本　多佳子　〔1899～1963〕　はしもと・たかこ
◇大阪の俳人たち　7　大阪俳句史研究会編　大阪　和泉書院　2017.6　256p　20cm　（上方文庫　41―大阪俳句史研究会叢書）　2600円　①978-4-7576-0839-9　Ⓝ911.36
内容　高浜虚子（明治7年2月22日～昭和34年4月8日）　川西和露（明治8年4月20日～昭和20年4月1日）　浅井啼魚（明治8年10月4日～昭和12年8月19日）　尾崎放哉（明治18年1月20日～大正15年4月7日）　橋本多佳子（明治32年11月15日～昭和38年5月29日）　小寺正三（大正3年1月16日～平成7年2月12日）　桂信子（大正3年11月1日～平成16年12月16日）　森澄雄（大正8年2月28日～平成22年8月18日）　山田弘子（昭和19年8月24日～平成22年2月7日）　摂津幸彦（昭和22年1月28日～平成8年10月13日）

橋下　徹　〔1969～〕　はしもと・とおる
◇ルポ橋下徹　朝日新聞大阪社会部著　朝日新聞出版　2015.11　301p　18cm　（朝日新書　541）　820円　①978-4-02-273641-3　Ⓝ318.263
内容　第1章　橋下政治の終幕　第2章　大阪都構想の深層―ற烈なき大阪市解体案　第3章　地方議員たちの「革命」―維新の旗のもとに　第4章「常勝関西」の陥落―創価学会との恩讐　第5章「既得権益」との闘争―地域を分断した戦い　第6章　橋下改革の深淵―市民になった転校生　第7章　引退表明の残響―エピローグ

橋本　英之　〔1942～〕　はしもと・ひでゆき
◇我が人生の記憶を辿る―両親に感謝　松原水泳場と共に七十年　自分史　橋本英之著　〔彦根〕　〔橋本英之〕　2016.3　163p　21cm　Ⓝ289.1

橋本　兵蔵　〔1894～1990〕　はしもと・ひょうぞう
◇人生で大切なことは月光荘おじさんから学んだ　月光荘画材店著　産業編集センター　2017.12　237p　19cm　〈年表あり〉　1400円　①978-4-86311-172-1　Ⓝ289.1

はしもと

内容 月光荘おじさんを知っていますか　人生で大切なことは月光荘おじさんから学んだ　「月光荘しんぶん」から学びとるおじさんの教え　月光荘おじさんの職人魂　記事になった月光荘おじさん　家族から見た月光荘おじさん

橋本　宏子〔1929～〕　はしもと・ひろこ

◇切り拓く—ブラックリストに載せられても　私の女性史　橋本宏子著　ドメス出版　2016.4　240p　19cm　〈年譜あり〉　2000円　Ⓡ978-4-8107-0823-3　Ⓝ289.1

内容 第1部　戦時下の青春（実家のこと　戦争のなかの少女時代　価値観の変遷と自己形成）　第2部　独立、結婚、新しい家庭（対等平等の結婚・仕事・子育て　初めて経済的に自立　楽しい定年　来し方を振り返って）

橋本　増治郎〔1875～1944〕　はしもと・ますじろう

◇ダットサンの忘れえぬ七人—設立と発展に関わった男たち　下風憲治著，片山豊監修　新訂版　〔出版地不明〕　片山豊記念館　2017.10　247p　20cm　〈他言語標題：SEVEN KEY PEOPLE IN THE HISTORY OF DATSUN　発売：三樹書房〉　2000円　Ⓡ978-4-89522-679-0　Ⓝ537.92

内容 1　橋本増治郎（一八七五－一九四四）　2　田健治郎（一八五五－一九三〇）　3　青山禄郎（一八七四－一九四〇）　4　竹内明太郎（一八六〇－一九二八）　5　鮎川義介（一八八〇－一九六七）　6　ウィリアム・ゴーハム（一八八八－一九四九）　7　片山豊（一九〇九－二〇一五）

橋本　夢道〔1903～1974〕　はしもと・むどう

◇橋本夢道の獄中句・戦中日記—大戦起るこの日のために獄をたまわる　殿岡駿星編著　勝どき書房　2017.8　317p　21cm　〈発売：星雲社〉　2000円　Ⓡ978-4-434-23626-6　Ⓝ911.362

内容 獄中句（橋本夢道）（一九四一年逮捕　一九四二年独房　ほか）　反骨の自由律俳句（殿岡駿星）（昭和俳句弾圧事件　夢道の反戦俳句　ほか）　戦中日記（橋本夢道）（一九四三年三月～一九四四年四月）　夢道サロンから（道の途中（かさはらばあ）　感謝感激（上田久行）　ほか）

橋本　義夫〔1902～1985〕　はしもと・よしお

◇万人に文を—橋本義夫のふだん記に至る道程　橋本鋼二著　八王子　揺籃社　2017.4　274p　21cm　〈年譜あり〉　2000円　Ⓡ978-4-89708-382-7　Ⓝ289.1

内容 第1部（生まれ育った家と村、少年時代のこと　青年期—吃音が人生観を変えた　書店揺籃社の開店と結婚　"鬱の時代"の再来　太平洋戦争を前に—地方文化運動に力を注ぐ　太平洋戦争前期—戦争協力から非戦争論者に　太平洋戦争後期—悪化の一途を辿る戦局の中で）　第2部（戦災・敗戦からの五年　地方文化研究会を作り活動した戦後　地方新聞社を続けた十五年　ふだんぎ運動への序奏の十年　ふだんぎ運動最初の十年　万人に文章を書かせたい　終わりに）

橋本　龍太郎〔1937～2006〕　はしもと・りゅうたろう

◇YKK秘録　山崎拓著　講談社　2016.7　315p　20cm　1800円　Ⓡ978-4-06-220212-1　Ⓝ312.1

内容 序章　運命の日　第1章　55年体制崩壊—宇野宗佑、海部俊樹、宮澤喜一内閣　第2章　小沢一郎の暗躍—細川護熙、羽田孜内閣　第3章　自・社・さ新時代—村山富市、橋本龍太郎内閣　第4章　「加藤の乱」の真相—小渕恵三、森喜朗内閣　第5章　小泉純一郎ける

◇YKK秘録　山崎拓著　講談社　2018.8　396p　15cm　（講談社＋α文庫 G317-1）〈2016年刊の加筆、改筆〉　950円　Ⓡ978-4-06-512939-5　Ⓝ312.1

内容 序章　運命の日　第1章　55年体制崩壊—宇野宗佑、海部俊樹、宮澤喜一内閣　第2章　小沢一郎の暗躍—細川護熙、羽田孜内閣　第3章　自・社・さ新時代—村山富市、橋本龍太郎内閣　第4章　「加藤の乱」の真相—小渕恵三、森喜朗内閣　第5章　小泉純一郎首相の誕生、自民党幹事長に就任

橋山　和生〔1952～〕　はしやま・かずなり

◇今を生きる　橋山和生著　百年書房　2018.7　148p　21cm　Ⓡ978-4-907081-42-3　Ⓝ289.1

橋山　和正〔1926～1998〕　はしやま・かずまさ

◇父の知恵—評伝・橋山和正　橋山和生著　百年書房　2017.10　128p　21cm　Ⓡ978-4-907081-30-0　Ⓝ289.1

蓮池　薫〔1957～〕　はすいけ・かおる

◇拉致と決断　蓮池薫著　新潮社　2015.4　316p　16cm　（新潮文庫 は-51-2）〈2012年刊に書き下ろし「拉致、その日」「さらに三年」を加え、加筆・修正〉　550円　Ⓡ978-4-10-136222-9　Ⓝ391.61

内容 拉致、その日——九七八年七月三十一日　絶望　そして光—このまま死ぬわけにはいかない　人質—日本に引き留めようとする家族とも「戦わ」なければならなかった　自由の海に溺れない—日本の自由は、私たちに興奮と戸惑いをもたらした　自動小銃音の恐怖—この地の戦争に巻き込まれ、犬死するのが口惜しかった　生きて、落ち合おう—これは父さんとおまえだけの秘密だよ　煎った大豆を一配給が途絶えたという話が耳に入るようになった　飢えの知恵—その男は小魚をわしづかみにして、洋服のポケットにねじ込んでいた　配給だけでは食えない—私はトウモロコシが一粒落ちていても、拾うようになった　望郷—丘の景色のむこうには、海があるような気がしてならなかった　〔ほか〕

蓮田　敬介〔1904～1977〕　はすだ・けいすけ

◇評伝　天草五十人衆　天草学研究会編　福岡　弦書房　2016.8　317p　22cm　〈文献あり　年表あり　索引あり〉　2400円　Ⓡ978-4-86329-138-6　Ⓝ281.94

内容 ステージ1　五人衆の時代、そして…　ステージ2　天領天草の村々　ステージ3　祈りの島で　ステージ4　耕す、漁る　ステージ5　実業の世をひらく　ステージ6　潮路はるかに　ステージ7　文学・歴史・言論　ステージ8　あの頃、この人　ステージ9　島の現実、国の行く末　ステージ10　一筋の道　ステージ特

別編 群像二題(天草の石文化と松室五郎左衛門　牛深カツオ漁の男たち)

蓮田 善明〔1904〜1945〕　はすだ・ぜんめい
◇三島由紀夫は一〇代をどう生きたか―あの結末をもたらしたものへ　西法太郎著　文学通信　2018.11　356p　19cm　3200円　①978-4-909658-02-9　Ⓝ910.268
内容　プロローグ―三島由紀夫がさだめた自分だけの墓所　序章 結縁―神風連(「約百名の元サムライ」の叛乱　日本の火山の地底 ほか)　第1章 邂逅―東文彦(先輩からの賛嘆の手紙　至福の拠り処 ほか)　第2章 屈折―保田與重郎(一〇代の思想形成　日本浪曼派 ほか)　第3章 黙契―蓮田善明(田原坂公園の歌碑　「神風連のこころ」 ほか)

長谷 えみ子　はせ・えみこ
◇無名鬼の妻　山口弘子著　作品社　2017.3　267p　20cm　〈文献あり〉　1600円　①978-4-86182-624-5　Ⓝ289.1
内容　1 東監の恋　2 敗戦　3 わかくさの妻　4 すずかけ小路　5 闘病　6 人形　7 六〇年安保闘争　8 「無名鬼」　9 三島事件　10 破れ蓮　11 自死　12 風に伝へむ

長谷川 潔〔1948〜〕　はせがわ・きよし
◇ある新聞記者の履歴書　長谷川潔著　名古屋ブイツーソリューション　2018.5　104p　19cm　926円　①978-4-86476-586-2　Ⓝ289.1
＊「新聞記者は歴史の目撃者であり、社会の観察者」。日経で経済、国際畑記者の道を歩んだ著者が、企業取材や国際報道の現場で遭遇した体験を率直に語る。「どの分野を担当しても、誰にも負けない一流の仕事をする」という心構えを持ち続けたその半生記は、失敗談を含めジャーナリストを目指す若い人たちに示唆になるだろう。仕事の傍ら音楽、とりわけ合唱音楽を愛し、内外の舞台に立ったことも「豊かな人生」の歩み方を示唆するものがある。

長谷川 謹介〔1855〜1921〕　はせがわ・きんすけ
◇開拓鉄道に乗せたメッセージ―鉄道院副総裁長谷川謹介の生涯　中濱武彦著　冨山房インターナショナル　2016.11　349p　22cm　〈文献あり　年譜あり〉　3500円　①978-4-86600-021-3　Ⓝ686.21
内容　第1章 鉄道は男子一生の仕事なり　第2章 トンネルを掘り、鉄橋を架ける　第3章 常磐線の建設と小石川の家　第4章 台湾へ渡る　第5章 「速成延長主義」のもとに　第6章 縦貫線着工　第7章 日露の戦雲のなかで　第8章 児玉源太郎と後藤新平、そして謹介　第9章 民生安定のために　第10章 夢は鉄路を駆けめぐる

長谷川 四郎〔1909〜1987〕　はせがわ・しろう
◇ぼくの伯父さん―長谷川四郎物語　福島紀幸著　河出書房新社　2018.11　555,6p　20cm　〈文献あり　年譜あり　索引あり〉　4400円　①978-4-309-02748-7　Ⓝ910.268
内容　第1章 函館から満州、そしてシベリヤへ 一九〇九・一九四九　第2章 『シベリヤ物語』『鶴』執筆の日々 一九五〇・一九五三　第3章 新日本文学会に入ってみると… 一九五四・一九五五　第4章 芸術は芸術運動から―記録芸術の会の渦中へ 一九五六・一九五九　第5章 ベルリンの西と東―壁がなかった最後の年 一九六〇・一九六一　第6章 ブレヒトを翻訳し、キューバへ行った 一九六二・一九六四　第7章 十六年ぶりのシベリアで詩人たちに会った 一九六五・一九六七　第8章 マヤコフスキー、カフカと取りくみ、子ども向けの本も 一九六七・一九七〇　第9章 詩が好きだ！ コントも童話も 一九七一・一九七二　第10章 芝居をやろう！ 木凡会をたちあげる 一九七三・一九七六　第11章 ころんでもなんのその、ひたすら前へ 一九七六・一九八七

長谷川 武〔1943〜1971〕　はせがわ・たけし
◇裁かれた命―死刑囚から届いた手紙　堀川惠子著　講談社　2015.12　441p　15cm　〈講談社文庫 ほ41-2〉〈文献あり〉　780円　①978-4-06-293271-4　Ⓝ326.41
内容　第1章 検事への手紙　第2章 長谷川武の足跡　第3章 死刑裁判　第4章 弁護士への手紙　第5章 第三の人生　第6章 文鳥と死刑囚　第7章 失敗した恩赦　第8章 母と息子　第9章 罪と罰　第10章 母の死　終章 裁かれたのは誰か

長谷川 千代〔1919〜2014〕　はせがわ・ちよ
◇八千代の虹―長谷川千代一周忌記念　長谷川道子著　〔八王子〕　揺籃社　2015.1　70p　21cm　Ⓝ289.1

長谷川 恒男〔1947〜1991〕　はせがわ・つねお
◇未完の巡礼―冒険家たちへのオマージュ　神長幹雄著　山と渓谷社　2018.3　301p　20cm　〈文献あり〉　1700円　①978-4-635-17822-8　Ⓝ281
内容　植村直己―時代を超えた冒険家　長谷川恒男―見果てぬ夢　星野道夫―生命へのまなざし　山田昇―十四座の壁　河野兵市―リーチングホーム　小西政継―優しさの代償

長谷川 徳七〔1939〜〕　はせがわ・とくしち
◇画商の生きざま　長谷川徳七著　講談社エディトリアル　2017.10　222p　21cm　〈年譜あり〉　1800円　①978-4-907514-91-4　Ⓝ289.1
内容　終戦直後の銀座、父子で守った画廊の灯　初めての"取引"、父とめぐったアトリエの思い出　カナダからアメリカへ、自身を磨いた留学経験　卒業、就職、そして結婚―迎えた人生の節目　いよいよ画商の世界へ、第一歩は欧米見聞の旅　栄枯盛衰の歴史、東京"名物画廊"列伝　ルグロ事件―危うく贋作をつかまされそうに　真贋を見抜く画商の"眼力"はこうして養われる　「昭和会」発足―ともに手をたずさえる作家を求めて　「昭和展」が原動力となった版画グラン・プリと現代の裸婦展〔ほか〕

長谷川 春子〔1895〜1967〕　はせがわ・はるこ
◇女性画家たちの戦争　吉良智子著　平凡社　2015.7　215p　18cm　〈平凡社新書 780〉〈「戦争と女性画家」(ブリュッケ 2013年刊)の改題、一部修正、再編集　文献あり 年表あり〉　840円　①978-4-582-85780-1　Ⓝ723.1
内容　第1章 昭和の画壇事情(大正末期から昭和初期の画壇　女性画家と画壇　美術教育　女性画家と画題　社会は女性画家をどう見ていたか)　第2章 開戦、女性画家たちの行動(戦争と画家　女性と戦争　女流美術奉公隊　"大東亜戦皇国婦女皆働之図")　第3章

長谷川 浩子〔1937～〕はせがわ・ひろこ
◇私の人生おきあがりこぼし―女坂本龍馬をめざす　長谷川浩子著　鶴書院　2017.5　270p　21cm　〈発売：星雲社〉　1200円　①978-4-434-23311-1　Ⓝ289.1
内容　第1部 私の半生の記録（故郷 上京 波乱の幕開け 一般若苑。二十四歳頃 苦闘の日々 孫と生きる 最後に）　第2部 私の人、そして、素敵な仲間たち　第3部 対談（磯村みどりさん―磯村さんの役者さんやスタッフさんへの気配りに感激　杜けあきさん―だから、「いじめてくれて、ありがとう」なんですね　若尾文子さん―若尾さんは、年齢と共に一層お綺麗になっていらっしゃるんですね）

長谷川 町子〔1920～1992〕はせがわ・まちこ
◇長谷川町子―「サザエさん」とともに歩んだ人生 漫画家〈日本〉　筑摩書房編集部著　筑摩書房　2014.8　176p　19cm　〈ちくま評伝シリーズ〈ポルトレ〉〉〈文献あり 年譜あり〉　1200円　①978-4-480-76612-0　Ⓝ726.101
内容　第1章 『サザエさん』がメジャーデビューするまで（連載開始は終戦からわずか八か月後の混乱期だった　サザエさんの物語は福岡を舞台にスタート ほか）　第2章 先生はのらくろ―町子の修業時代（姉の影響を受けて三、四歳から絵を描き始めた　国民的スター、田河水泡に憧れて漫画家を志す ほか）　第3章 町子のユニークすぎる家族たち（父・勇吉は子煩悩なマイホームパパだった　父の死が町子が漫画家になるきっかけとなる ほか）　第4章 日々の創作をめぐる苦しみと喜び（町子たちの時代は漫画家がストーリーも作画もひとりで担当　アイデアをひねり出すことの大変さに生涯悩む ほか）　第5章 町子が描き出した昭和の物語（『サザエさん』から見えてくる"昭和"という時代　街頭紙芝居からテレビへ、そして駄菓子屋からコンビニへ ほか）
◇サザエさんの東京物語　長谷川洋子著　文藝春秋　2015.3　231p　16cm　〈文春文庫 は47-1〉〈朝日出版社 2008年刊の「先輩たちとのお付き合い」「それからの七年」を加え再刊　年譜あり〉　590円　①978-4-16-790331-2　Ⓝ726.101
内容　甘えん坊のいじわるばあさん　クラス会　福岡　父の死と上京　東京ショック　方向音痴　小石川の家　再び福岡　姉妹社の船出　戦後の銀座〔ほか〕

長谷川 道子〔1941～〕はせがわ・みちこ
◇春の樹冬の道―喜寿アルバム　長谷川道子著　〔八王子〕　揺籃社　2018.2　76p　21cm　Ⓝ289.1

長谷川 湧生子〔1932～2017〕はせがわ・ようこ
◇生涯、わたしは主を呼ぼう―長谷川湧生子記念誌　長谷川湧生子著, 長谷川房雄編　土曜美術社出版販売　2017.10　104p　18×19cm　①978-4-8120-2401-0　Ⓝ289.1

長谷川 陽平〔1971～〕はせがわ・ようへい
◇大韓ロック探訪記―海を渡って、ギターを仕事にした男　長谷川陽平著, 大石始編著　DU BOOKS　2014.6　213p　21cm　〈対談翻訳：岡崎暢子　発売：ディスクユニオン〉　2200円　①978-4-907583-13-2　Ⓝ764.7
＊韓国音楽＝K-POPだけじゃない！　韓国音楽シーンを塗り替えたロックバンド、「チャン・ギハと顔たち」。そのプロデューサー/ギタリストは、実は、日本人だった！　ギターを片手に海を渡り、現地の音楽シーンで、愛と汗と涙にまみれた約20年。ガイドブックには載っていない韓国がここにある。長谷川陽平を慕う韓国音楽界の生き字引やパイオニアとの対談も収録！　チャン・ギハ/キム・ミョンギル（デヴィルス）/シン・ユンチョル/DJソウルスケープ

長谷川 よし子〔1907～1996〕はせがわ・よしこ
◇シリーズ福祉に生きる 69 長谷川りつ子/長谷川よし子　津曲裕次郎編　米村美奈著　大空社出版　2017.5　304,6p　19cm　〈年譜あり 文献あり〉　2000円　①978-4-908926-05-1　Ⓝ369.028
内容　第1部：長谷川りつ子（女学生時代　職業婦人として活躍　社会事業に生き良信を支える　巣鴨女子商業学校の設立　富士見高原療養所　急逝と追悼）　第2部：長谷川よし子（里親遍歴と幼少時代　尼衆学校　戦時下の中で　マハヤナ学園の社会事業略史　良信のブラジル開教　淑徳大学の開校）

長谷川 義史〔1961～〕はせがわ・よしふみ
◇それゆけ！長谷川義史くん　長谷川義史著　小学館　2017.3　175p　19cm　1300円　①978-4-09-388538-6　Ⓝ726.601
内容　自選絵本ギャラリー10　ババ友　松竹新喜劇　人間失格　ヨシオ　乗り物酔い　お母ちゃん　お父ちゃん　藤井寺　紀伊國屋〔ほか〕

長谷川 りつ子〔1899～1935〕はせがわ・りつこ
◇シリーズ福祉に生きる 69 長谷川りつ子/長谷川よし子　津曲裕次郎編　米村美奈著　大空社出版　2017.5　304,6p　19cm　〈年譜あり 文献あり〉　2000円　①978-4-908926-05-1　Ⓝ369.028
内容　第1部：長谷川りつ子（女学生時代　職業婦人として活躍　社会事業に生き良信を支える　巣鴨女子商業学校の設立　富士見高原療養所　急逝と追悼）　第2部：長谷川よし子（里親遍歴と幼少時代　尼衆学校　戦時下の中で　マハヤナ学園の社会事業略史　良信のブラジル開教　淑徳大学の開校）

長谷部 誠〔1984～〕はせべ・まこと
◇アホが勝ち組、利口は負け組―サッカー日本代表進化論　清水英斗著　秋田書店　2018.6　190p　19cm　1300円　①978-4-253-10106-6　Ⓝ783.47
内容　日本代表進化論 理想は進化、現実は退化　日本代表進化論 選手編（原口元気―モノクロームの元気　岡崎慎司―アホの岡崎　遠藤航―のけぞれ！ニッポンの父！　宇佐美貴史―「行ってるやん」の絶壁　吉田麻也―"大ポカ"の汚名を返上せよ！　柏木陽介―だって、人間だもの。　長谷部誠―キレッキレのキャプテン　長友佑都―左を制するは、世界を制す！　柴崎岳―キャノンシュートの秘密は、弓

槙野智章―カネでは買えない男！　ほか）

秦 郁彦〔1932～〕　はた・いくひこ

◇実証史学への道――一歴史家の回想　秦郁彦著，笹森春樹聞き手　中央公論新社　2018.7　308p　20cm　2100円　Ⓘ978-4-12-005099-2　Ⓝ210.7

内容　1 実証史学への道（きっかけは東京裁判　大本営発表に疑問を抱く　戦前期日本の「本音と建前」　2 歴史の観察と解釈にむけた知恵（歴史の効用　歴史より歴史家を見て　もっとも危険な職業？　ほか）　3 旧陸海軍指導者たちの証言（花谷正　神田正種　田中隆吉　ほか）

秦 真司〔1962～〕　はた・しんじ

◇代打の神様――ただひと振りに生きる　澤宮優著　河出書房新社　2014.12　205p　19cm　〈文献あり〉　1600円　Ⓘ978-4-309-27551-2　Ⓝ783.7

内容　桧山進次郎―代打の神様がバットを置くとき　高井保弘―世界一の代打本塁打王　八木裕―元組・虎の代打の神様　広永益隆―メモリアル男　平田薫―恐怖の"左殺し"　秦真司―ツバメの最強代打男　町田公二郎―最後までレギュラーに　石井義人―戦力外通告の果てに　竹之内雅史―サムライ「死球王」の極意　麻生実男―代打一号

羽田 孜〔1935～2017〕　はた・つとむ

◇YKK秘録　山崎拓著　講談社　2016.7　315p　20cm　1800円　Ⓘ978-4-06-220212-1　Ⓝ312.1

内容　序章 運命の日　第1章 55年体制崩壊―宇野宗佑、海部俊樹、宮澤喜一内閣　第2章 小沢一郎の暗躍―細川護熙、羽田孜内閣　第3章 自・社・さ新時代―村山富市、橋本龍太郎内閣　第4章「加藤の乱」の真相―小渕恵三、森喜朗内閣　第5章 小泉純一郎ける

◇YKK秘録　山崎拓著　講談社　2018.8　396p　15cm　（講談社＋α文庫 G317-1）〈2016年刊の加筆、改筆〉　950円　Ⓘ978-4-06-512939-5　Ⓝ312.1

内容　序章 運命の日　第1章 55年体制崩壊―宇野宗佑、海部俊樹、宮澤喜一内閣　第2章 小沢一郎の暗躍―細川護熙、羽田孜内閣　第3章 自・社・さ新時代―村山富市、橋本龍太郎内閣　第4章「加藤の乱」の真相―小渕恵三、森喜朗内閣　第5章 小泉純一郎首相の誕生、自民党幹事長に就任

波田 陽区〔1975～〕　はた・ようく

◇一発屋芸人列伝　山田ルイ53世著　新潮社　2018.5　236p　20cm　1300円　Ⓘ978-4-10-351921-8　Ⓝ779.14

内容　レイザーラモンHG――発屋を変えた男　コウメ太夫―"出来ない"から面白い　テツandトモ―この違和感なんだろう　ジョイマン―「ここにいるよ」　ムーディ勝山と天津・木村―バスジャック事件　波田陽区―一発屋故郷へ帰る　ハローケイスケ―不遇の"0・5"発屋　とにかく明るい安村―裸の再スタート　キンタロー。―女一発屋　髭男爵―落ちこぼれのルネッサンス

畠山 重篤〔1943～〕　はたけやま・しげあつ

◇現代人の伝記　2　致知編集部編　致知出版社　2014.11　85p　26cm　1000円　Ⓘ978-4-8009-1059-2　Ⓝ280.3

内容　1 大平光代（弁護士）／清水哲―悲しみとの出会いが教えてくれたもの　2 永守重信（日本電産社長）―「すぐやる、必ずやる、出来るまでやる」　3 塩沢みどり（スペース水輪代表理事）―純度百％の愛と祈り、そして誠　4 畠山重篤（牡蛎の森を慕う会代表）―「森は海の恋人」運動で心を動かし、海を変える　5 奥崎祐子（ホテル松政女将）―いっきり自分らしく女将の夢を追う　6 周明吉夫（東北福祉大学職員）―血縁は薄くとも他人の縁に恵まれて　7 尾車浩一（尾車部屋親方）／大橋秀行（大橋ボクシングジム会長）――道に賭ける者の人間学

畠山 重忠〔1164～1205〕　はたけやま・しげただ

◇中世武士 畠山重忠―秩父平氏の嫡流　清水亮著　吉川弘文館　2018.11　243p 19cm　（歴史文化ライブラリー 477）〈文献あり〉　1800円　Ⓘ978-4-642-05877-3　Ⓝ289.1

内容　畠山重忠のスタンス―プロローグ　秩父平氏の展開と中世の開幕（秩父平氏の形成　秩父重綱の時代）　畠山重能・重忠父子のサバイバル（畠山氏の成立と大蔵合戦　畠山重忠の登場）　豪族的武士としての畠山重忠（源頼朝と畠山重忠　在地領主としての畠山氏）　重忠の滅亡と畠山氏の再生（鎌倉幕府の政争と重忠　重忠の継承者たち）　畠山重忠・畠山氏の面貌―エピローグ

畠山 義春〔？～1643〕　はたけやま・よしはる

◇畠山入庵義春―上杉謙信の養子、上条政繁を名乗って活躍、のちに豊臣・徳川に仕え、復姓した畠山義春の生涯　志村平治著　歴研　2017.8　127p　21cm　〈年譜あり　文献あり〉　2000円　Ⓘ978-4-86548-056-6　Ⓝ289.1

内容　畠山入庵義春とは　畠山義春、誕生　義春、長尾景虎の養子となる　義春、上条政繁を名乗る　御館の乱と上条宜順政繁、松倉城代となる　宜順政繁と織田軍との戦い　宜順政繁と信長死後の争奪戦　宜順政繁、上杉家奏者として活躍　宜順政繁、海津城代となる　宜順政繁、秀吉に仕える　宜順政繁、入庵を名乗る　入庵、家康に従う　入庵、畠山義春に復す　その後の畠山氏

畑田 重夫〔1923～〕　はただ・しげお

◇わが憲法人生七十年　畑田重夫著　新日本出版社　2016.11　189p 19cm　2000円　Ⓘ978-4-406-06068-4　Ⓝ289.1

内容　愛国青年　敗戦と新憲法との出合い　高級官僚の世界で　結婚と名古屋での生活　一九五〇年代、憲法と安保の間で　一九六二年の転機、名古屋から東京へ　日本朝鮮研究所の創設、北朝鮮・中国を訪問　一九七〇年代の多彩な交流　ベトナム人民支援、アジアとの連帯を求めて　二度の都知事候補者　平和と政治革新の新たな運動　七十年の憲法人生を顧みて

畑中 純〔1950～2012〕　はたなか・じゅん

◇畑中純―日本のマンガ家　清水正監修　日本大学芸術学部図書館　2016.8　335p　27cm　〈文献あり　年譜あり〉　Ⓝ726.101

波多野 鶴吉〔1858～1918〕　はたの・つるきち

◇宥座の器―グンゼ創業者波多野鶴吉の生涯　四方洋著　増補版　綾部　あやべ市民新聞社　2016.10　318p　19cm　〈発売：清水弘文堂書

はたや

房〉 1200円 ①978-4-87950-624-5 Ⓝ289.1

内容 精神の輝き 変動の兆し 養家の残影 時代を吸う 天職に会う 人格を力とし 組合が会社に 世界の良品 工場の学校 発展の道 小柄で上品 神に召されて 明治五年の富岡から、二十九年の郡是へ

幡谷 祐一〔1923～2018〕 はたや・ゆういち
◇幡谷祐一の思想と行動―古典・進歩・貢献 茨城の偉人を考える会編著 水戸 茨城県教科書販売 2016.12 185p 22cm 〈文献あり 年譜あり 発売：日本経済新聞出版社日経事業出版センター〉 2315円 ①978-4-532-80127-4 Ⓝ289.1

畠山 準〔1964～〕 はたやま・ひとし
◇永遠の一球―甲子園優勝投手のその後 松永多佳倫、田沢健一郎著 河出書房新社 2014.7 306p 15cm 〈河出文庫 ま12-1〉 740円 ①978-4-309-41304-4 Ⓝ783.7

内容 第1章 流転・生涯不良でいたい―横浜高校・愛甲猛・一九八〇年優勝 第2章 酷使・曲がったままの肘―銚子商業高校・土屋正勝・一九七四年優勝 第3章 飢餓・静かなる執着―帝京高校・吉岡雄二・一九八九年優勝 第4章 逆伝・「リストラの星」と呼ばれて―池田高校・畠山準・一九八二年優勝 第5章 解放・夢、かつてより大きく―桐生第一高校・正田樹・一九九九年優勝 第6章 鎮魂・桑田・清原を破った唯一の男―取手第二高校・石田文樹・一九八四年優勝 特別章 破壊・七七三球に託された思い―沖縄水産高校・大野倫・一九九一年準優勝

八条院〔1137～1211〕 はちじょういん
◇中世の人物 京・鎌倉の時代編 第2巻 治承～文治の内乱と鎌倉幕府の成立 野口実編 大阪 清文堂出版 2014.6 426p 22cm 〈文献あり〉 4500円 ①978-4-7924-0995-1 Ⓝ281

内容 源頼政と以仁王（生駒孝臣著） 甲斐源氏（西川広平著） 木曾義仲（長村祥知著） 源義経と範頼（宮田敬三著） 平宗盛（田中大喜著） 平氏の新旧家人たち（西村隆著） 藤原秀衡（三好俊文著） 源頼朝（元木泰雄著） 大庭景親（森幸夫著） 城助永と助職〈長茂〉（高橋一樹著） 千葉常胤（野口実著） 和田義盛と梶原景時（滑川敦子著） 北条時政と牧の方（落合義明著） 源親家（藤本頼人著） 八条院（高松百香著） 藤原兼実（高橋秀樹著） 源通親（佐伯智広著） 法然と貞慶・明恵（平雅行著） 重源（久野修義著） 栄西（中尾良信著）

蜂須賀 小六〔1526～1586〕 はちすか・ころく
◇名君保科正之―歴史の群像 中村彰彦著 完全版 河出書房新社 2016.3 295p 15cm 〈河出文庫 な37-1〉〈初版：文春文庫 1996年刊〉 880円 ①978-4-309-41443-0 Ⓝ281.04

内容 第1部 名君 保科正之と遺臣たち（名君 保科正之―その一 生い立ちと業績 名君 保科正之―その二 名君 保科正之―その三 清らかさと慈愛と無私の心 ほか） 第2部 保科正之以前（蜂須賀正勝―天下取りに尽力した権幄の名将 宇喜多直家―刺客を繰る鬼謀の将 宇喜多秀家―配流生活に耐えさせた望郷の思い ほか） 第3部 保科正之以降（川路聖謨―幕府に殉じたエリート官僚 勝海舟 徳川慶喜―その一 ほか）

◇家康と播磨の藩主 播磨学研究所編 神戸 神戸新聞総合出版センター 2017.8 255p 20cm 1800円 ①978-4-343-00962-3 Ⓝ281.64

内容 家康を見直す 賤ヶ岳七本槍の加古川城主・加須屋武則 "西国の将軍" 姫路政権・池田輝政 山崎、福本に刻む池田輝澄・政直の足跡 林田藩主・建部政長 播磨の豪将・後藤又兵衛 海峡の町を創った明石城主・小笠原忠真 戦国の龍野城主・蜂須賀小六正勝 関ヶ原・大坂で家康に味方した一柳家 永井直勝の一族と赤穂藩主・永井直敬

蜂須賀 正氏〔1903～1953〕 はちすか・まさうじ
◇絶滅鳥ドードーを追い求めた男―空飛ぶ侯爵、蜂須賀正氏1903-53 村上紀史郎著 藤原書店 2016.8 350p 20cm 〈文献あり 年譜あり 索引あり〉 3600円 ①978-4-86578-081-9 Ⓝ289.1

内容 毀誉褒貶の人 正氏のイギリス、日本人のイギリス ロスチャイルドと絶滅鳥 イギリス留学中の調査・採集旅行 「有尾人」とムクドリを探すフィリピン探検 ベルギー政府のアフリカ探検隊 ブルガリア国王ボリス三世 空飛ぶ侯爵の帰国 日本野鳥の会の出発 大回りの帰国 戦争中の蜂須賀正氏 「マサは天才だったんだよ」 エピローグ 二〇一四年、正氏の研究が注目される

蜂須賀 正勝 はちすか・まさかつ
⇒蜂須賀小六（はちすか・ころく）を見よ

蜂須賀 茂韶〔1846～1918〕 はちすか・もちあき
◇お殿様、外交官になる―明治外交のサプライズ人事 熊田忠雄著 祥伝社 2017.12 262p 18cm 〈祥伝社新書 522〉〈文献あり〉 840円 ①978-4-396-11522-7 Ⓝ319.1

内容 序章 ツルの一声 1章 鍋島直大―圧倒的な財力で外交の花を演じる 2章 浅野長勲―洋行経験なく、外交官生活も二年で終了 3章 戸田氏共―当代一の美人妻が醜聞に見舞われる 4章 蜂須賀茂韶―妻を同伴して海外赴任を敢行 5章 岡部長職―高い能力で明治の世をきづかせる 6章 柳原前光―権力者においもねらず、ライバルに水をあけられる 7章 榎本武揚―朝敵から一転、引く手あまたの「使える男」

蜂谷 道彦〔1903～1980〕 はちや・みちひこ
◇ヒロシマ日記 蜂谷道彦著 改装版 法政大学出版局 2015.4 304p 図版16p 20cm 2500円 ①978-4-588-31631-9 Ⓝ916

内容 1 地上最悪の日 2 焦土の中の病舎 3 国亡びて山河あり 4 眠られぬ夜 5 恐怖は果しなく 6 あの犬も原爆症 7 慢性原爆症患者 8 あらしのあと

蜂屋 賢喜代〔1880～1964〕 はちや・よしきよ
◇念仏者 蜂屋賢喜代 伊藤益著 北樹出版 2017.3 217p 20cm 2000円 ①978-4-7793-0527-6 Ⓝ188.72

内容 序章 蜂屋賢喜代とはだれか 第1章 万人悪人説 第2章 現在における救済 第3章 真の宗教 第4章 求道ということ 終章 愛の地平

羽中田 昌〔1964～〕 はちゅうだ・まさし
◇必ず、愛は勝つ！―車イスサッカー監督 羽中田

昌の挑戦　戸塚啓著　講談社　2017.5　364p　19cm　1600円　Ⓘ978-4-06-220586-3　Ⓝ783.47
内容　序章 1983年1月8日 東京国立競技場 第61回全国高校サッカー選手権 韮崎高校vs.清水東高校　第1章 1964‐1980年「いま日本で一番サッカーがうまい」と言われた少年　第2章 1980‐1983年 3年連続の国立競技場、3度の不運　第3章 1983‐1994年 突然の事故！ 奪われた黄金の足　第4章 1995‐2000年 バルセロナへ。そして、もう一度あのピッチへ　第5章 2000‐2017年 車イス監督への凸凹道

初　はつ
⇒常高院（じょうこういん）を見よ

初雁　建司〔1930～〕　はつかり・けんじ
◇人生二毛作―定年後が面白い　初雁建司著　東松山　まつやま書房　2016.10　283p　19cm　〈年譜あり　文献あり〉　1300円　Ⓘ978-4-89623-100-7　Ⓝ289.1

八田　外代樹〔1901～1945〕　はった・とよき
◇八田外代樹の生涯―台湾に東洋一のダムを造った八田技師の妻　楢潤著　柘植書房新社　2017.4　149p　19cm　〈文献あり〉　1500円　Ⓘ978-4-8068-0693-6　Ⓝ289.1
内容　第1章 台湾の空を流れる、金沢第一高等女学校の校歌　第2章 お見合い、結婚、そして台湾へ　第3章 台湾での生活　第4章 台湾の烏山頭ダムと東京の村山貯水池の比較　第5章 世紀の烏山頭ダム完成　第6章 大洋丸の悲劇

八田　元夫〔1903～1976〕　はった・もとお
◇戦禍に生きた演劇人たち―演出家・八田元夫と「桜隊」の悲劇　堀川惠子著　講談社　2017.7　363p　20cm　〈文献あり〉　1800円　Ⓘ978-4-06-220702-7　Ⓝ775.1
内容　ある演出家の遺品　青春の築地小劇場　弾圧が始まった　イデオロギーの嵐　拷問、放浪、亡命　新劇壊滅　「苦楽座」結成　彰子と禾同　眠れる獅子　戦禍の東京で　広島　終わらない戦争　骨肉に食い込む広島　そして手紙が遺された

八田　與一〔1886～1942〕　はった・よいち
◇土木技術者の気概―廣井勇とその弟子たち　高橋裕著，土木学会廣井勇研究会編集協力　鹿島出版会　2014.9　206p　19cm　〈文献あり　年表あり〉　1900円　Ⓘ978-4-306-09438-3　Ⓝ517.028
内容　廣井勇とその弟子たち（古市公威から廣井勇へ、近代化の扉を開く　天意を覚った真の技術者―青山士　生涯を台湾の民衆に捧げた八田與一　雄大な水力発電事業を実行した久保田豊　科学技術立国に一生を捧げた宮本武之輔　河川哲学を確立した安藝皎一）　今後のインフラ整備に向けて（今後のインフラ整備への条件）
◇回想の八田與一―家族やゆかりの人の証言でつづる　生誕130年記念出版　北國新聞社出版局編　金沢　北國新聞社　2016.12　199p　21cm　〈文献あり〉　1389円　Ⓘ978-4-8330-2085-5　Ⓝ289.1

内容　1 一中、四高、東京帝大工科大へ―1886年・1910年　2 東洋一の潅漑計画―1910年・1920年　3 嘉南大圳の大工事―1920年・1930年　4 完工、そして烏山頭との別れ―1930年・1942年　5 與一像と夫妻の墓―1942年・1946年　6 日台交流の架け橋―1946年　八田技師の足跡を訪ねる
◇八田與一と鳥居信平―台湾にダムをつくった日本人技師　「紳士の工学」と「報徳の精神」　藤沢　二宮尊徳の会　2017.12　216p　21cm　〈年譜あり〉　900円　Ⓝ289.1

服部　克久〔1936～〕　はっとり・かつひさ
◇僕の音楽畑にようこそ　服部克久著　日本経済新聞出版社　2017.11　234p　20cm　1800円　Ⓘ978-4-532-17627-3　Ⓝ762.1
内容　1 僕の音楽畑にようこそ（「親の七光」はちゃっかり・服部良一　吉祥寺の家　音楽家に囲まれて　戦時中の記憶　疎開　終戦　日劇の楽屋　笠置さんとジャニーさん　成蹊学園中学・高校 ほか）　2 服部家三代のDNA 対談・服部隆之

服部　之總〔1901～1956〕　はっとり・しそう
◇歴史家服部之總―日記・書翰・回想で辿る軌跡　松尾章一編著　日本経済評論社　2016.9　980p　22cm　〈著作目録あり　年譜あり〉　9800円　Ⓘ978-4-8188-2443-0　Ⓝ289.1
内容　いま服部之總から学ぶこと　第1部 生い立ちから戦前期までの服部之總（生家　木田村尋常小学校・県立浜田中学校時代　旧制第三高等学校時代　東京帝国大学時代　結婚・再婚そして労農党政治部員時代　在野の歴史家時代　花王石鹸株式会社（長瀬商会）時代）　第2部 戦後研究者の服部之總（敗戦直後　鎌倉大学校（鎌倉アカデミア）　闘病と執筆活動を支えた奈良本辰也との友情　日本近代史研究会代表時代　アメリカ占領下の服部之總　法政大学教授時代　入院と退院直後の日記―早過ぎた死、没後のこと）

服部　潤子〔1932～〕　はっとり・じゅんこ
◇永遠に戦後であれ―戦前戦中戦後を生きて　服部潤子著　〔服部潤子〕　〔2017〕　457p　22cm　Ⓝ289.1
◇永遠に戦後であれ―戦前戦中戦後を生きて　作文編　服部潤子著　〔服部潤子〕　〔2017〕　240p　22cm　Ⓝ289.1
◇永遠に戦後であれ―戦前戦中戦後を生きて　資料編　服部潤子著　〔服部潤子〕　〔2017〕　305p　22cm　〈年表あり〉　Ⓝ289.1

服部　智恵子〔1908～1984〕　はっとり・ちえこ
◇二人の舞踊家―指導者服部智恵子　振付師島田廣　森龍朗著　文藝春秋企画出版部　2018.10　735p　22cm　〈文献あり　年譜あり　発売：文藝春秋〉　4500円　Ⓘ978-4-16-008939-6　Ⓝ769.91

服部　仁郎〔1895～1966〕　はっとり・にろう
◇今を生きる―服部仁郎氏と生長の家　中島省治編著　新版　光明思想社　2018.4　183p　19cm　〈年譜あり〉　1296円　Ⓘ978-4-904414-76-7　Ⓝ169.1

はつとり

内容 第1篇 奇蹟の人 第2篇 霊感の講演 第3篇 生いたちから廻心まで 第4篇 神癒の足跡 第5篇 "光を伝えよう"

服部 ますみ〔?～2012〕 はっとり・ますみ
◇マッチ棒の詩―死で終わらない人生―服部ますみの道程 服部稔著 ヨベル 2017.3 238p 18cm （YOBEL新書 040） 1000円 ①978-4-907486-34-1 Ⓝ289.1

内容 マッチ棒の詩 理想の妻 賢い妻 父の葬式 キリストのからだ キリストを知る人・知らない人 エン・クリストオの祈り 人生はAとΩの間 神の業が現れる為 春といい朝といい〔ほか〕

服部 みれい はっとり・みれい
◇わたしらしく働く！ 服部みれい著 マガジンハウス 2016.4 317p 19cm 1400円 ①978-4-8387-2850-3 Ⓝ289.1

内容 駆け出し編集者（はじめての職場 はじめての取材じかん ほか） フリーランスになる（28歳、あたらしいわたしに 病み上がりのフリーランス ほか） 大きな変わり目（アラサー、五里霧中 オーガニックの世界 ほか） 雑誌を創刊する（いよいよその時が来た わたしが『暮しの手帖』に育てられたこと ほか） わたしらしく働く！ 実践編（就職だけがすべてじゃない 何か頼まれたら「はい」と言う ほか）

服部 良一〔1907～1993〕 はっとり・りょういち
◇服部良一―日本歌謡界を変えた快男児 服部音楽出版監修 ヤマハミュージックエンタテインメントホールディングス 2017.8 111p 26cm （日本の音楽を知るシリーズ）〈文献あり〉 1800円 ①978-4-636-94332-0 Ⓝ767.8

内容 第1章 ジャズメン服部良一、大阪に生まれる 第2章 東京―作曲家人生の始まり 第3章 戦時下の音楽活動 第4章 終戦、花ひらく服部流行歌 第5章 日本の音楽界への貢献 第6章 音楽家服部良一の晩年

初山 滋〔1897～1973〕 はつやま・しげる
◇初山滋 奇天烈童画家 上笙一郎著 鎌倉 港の人 2016.1 213p 22cm 3500円 ①978-4-89629-308-1 Ⓝ726.601

初山滋伝―ひとり語り風に 初山滋のマドンナ―梶本喜久代―姫田圭子のこと 初山滋の童画―"幽玄"の近代童心的開花 初山滋の死 初山滋童画の最高峰―丸善版『未明童話集』第一巻 あとがきに代えて ペンは一本、筆は四本

ハートマン, サダキチ〔1867～1944〕
◇演技する道化サダキチ・ハートマン伝―東と西の精神誌 田野勲著 京都 ミネルヴァ書房 2018.1 387,10p 22cm （人と文化の探究 14）〈文献あり 著作目録あり 年譜あり 索引あり〉 7000円 ①978-4-623-08105-9 Ⓝ289.3

内容 サダキチ・ハートマンとは何者なのか？ サダキチ・ハートマンの生い立ち サダキチ・ハートマンとウォルト・ホイットマン 若き芸術家の誕生 ハートマンのアメリカ美術論 ハートマンの日本美術論 躍動する才能 ハートマン、アメリカ人になる？ ホイッスラーを通じてのアイデンティティーの追求 ジャポニスムの実践によるアイデンティティーの確立 ハリウッドのハートマン 演技する道化の最期

鳩山 一郎〔1883～1959〕 はとやま・いちろう
◇戦後政治家論―吉田・石橋から岸・池田まで 阿部眞之助著 文藝春秋 2016.4 439p 16cm （文春学藝ライブラリー―雑英 25）〈「現代政治家論」（文藝春秋新社 1954年）の改題、再刊〉 1400円 ①978-4-16-813061-8 Ⓝ312.8

内容 岸信介論 重光葵論 池田勇人論 木村篤太郎論 和田博雄論 三木武吉論 西尾末廣論 吉田茂論 石橋湛山論 徳田球一論 緒方竹虎論 大野伴睦論 芦田均論 鳩山一郎論 鈴木茂三郎論

羽鳥 重郎〔1871～1957〕 はとり・しげろう
◇羽鳥重郎・羽鳥又男読本―台湾で敬愛される富士見出身の偉人 手島仁著 前橋 上毛新聞社事業局出版部 2015.3 71p 21cm （前橋学ブックレット 2）〈中国語併記 台湾語訳：井上ティナ 文献あり〉 600円 ①978-4-86352-129-2 Ⓝ289.1

内容 第1章 富士見地区の文化風土（群馬県の大村 群馬県中学校 ほか） 第2章 医学博士・羽鳥重郎（前羽鳥と後羽鳥 生い立ち ほか） 第3章 台南市長・羽鳥又男（生い立ち クリスチャン・羽鳥又男 ほか） 第4章 台湾と群馬の絆（義を重んじる気質 許文龍氏と十の胸像 ほか）

羽鳥 又男〔1892～1975〕 はとり・またお
◇羽鳥重郎・羽鳥又男読本―台湾で敬愛される富士見出身の偉人 手島仁著 前橋 上毛新聞社事業局出版部 2015.3 71p 21cm （前橋学ブックレット 2）〈中国語併記 台湾語訳：井上ティナ 文献あり〉 600円 ①978-4-86352-129-2 Ⓝ289.1

内容 第1章 富士見地区の文化風土（群馬県の大村 群馬県中学校 ほか） 第2章 医学博士・羽鳥重郎（前羽鳥と後羽鳥 生い立ち ほか） 第3章 台南市長・羽鳥又男（生い立ち クリスチャン・羽鳥又男 ほか） 第4章 台湾と群馬の絆（義を重んじる気質 許文龍氏と十の胸像 ほか）

ハナ 肇〔1930～1993〕 はな・はじめ
◇病室の「シャボン玉ホリデー」―ハナ肇と過ごした最期の29日間 なべおさみ著 イースト・プレス 2014.11 413p 15cm （文庫ぎんが堂 な6-1）〈文藝春秋 2008年刊の加筆・訂正〉 900円 ①978-4-7816-7122-2 Ⓝ779.9

内容 第1章 おやじの我侭（八月十三日（金）入院一日目 杏林大学病院 八月十四日（土）入院二日目 看病スタート 八月十五日（日）入院三日目 静脈瘤破裂 ほか） 第2章 スターダスト（八月二十二日（日）入院十日目 ハンサム先生 八月二十三日（月）入院十一日目 おやじとジャンボ 八月二十四日（火）入院十二日目 吐血 ほか） 第3章 肉体と魂（八月三十一日（火）入院十九日目 死んでたまるか！ 九月一日（水）入院二十日目 ミッドナイト・コンサート 九月二日（木）入院二十一日目 サヨナラ・セレモニー ほか）

花子〔1868～1945〕 はなこ
◇ロダンを魅了した幻の大女優マダム・ハナコ 大野芳著 求龍堂 2018.6 286p 20cm 〈年

譜あり〉　1800円　⑪978-4-7630-1810-6　Ⓝ772.1
　内容　第1章 花子探索の旅　第2章 花子の生い立ち　第3章 花子ヨーロッパへ　第4章 ロダンと花子　第5章 世界大戦争　終章 料亭「湖月」のマダム

華園 摂信〔1808～1877〕　はなぞの・せっしん
◇本寂上人日記　第1巻　自文化十五年三月至文政八年十二月　本寂著, 真宗興正派編纂, 大原観誠校訂　京都　真宗興正派　2014.10　435, 29p　23cm　10000円　⑪978-4-907579-13-5　Ⓝ188.72
◇本寂上人日記　第2巻　自文政九年正月至文政十年十二月　本寂著, 真宗興正派編纂, 大原観誠校訂　京都　真宗興正派　2015.10　348,23p　23cm　10000円　⑪978-4-907579-14-2　Ⓝ188.72
◇本寂上人日記　第3巻　自文政十一年正月至文政十二年十二月　本寂著, 真宗興正派編纂, 大原観誠校訂　京都　真宗興正派　2016.10　414, 32p　23cm　10000円　⑪978-4-907579-16-6　Ⓝ188.72

花園 とよみ　はなぞの・とよみ
⇒桝谷多紀子（ますたに・たきこ）を見よ

花園 直道〔1988～〕　はなぞの・なおみち
◇僕の、生きる道　花園直道著　ロングセラーズ　2016.11　172p　19cm　1389円　⑪978-4-8454-2394-1　Ⓝ769.1
　内容　第1章 中学校をドロップアウト（日本舞踊とエンターテインメントの究極の融合をめざして　僕は中学校不登校児だった　ほか）　第2章 健康ランドで踊る青春（支援教室と稽古事に通う毎日　津軽三味線との出会い　ほか）　第3章 爆発！　花園直道・魂の叫び（舞踊集団「華舞斗」を結成　初のインディーズCDデビュー！　ほか）　第4章 未来へと真直ぐ歩む一本道（美しい形に心をこめるとは　客席から自分を見る目が欲しい　ほか）

花園天皇〔1297～1348〕　はなぞのてんのう
◇花園院宸記　32　元弘元年自10月1日至12月29日　花園天皇著　宮内庁書陵部　2015.3　1軸　33cm　〈付属資料：33p（21cm）：解題釈文　箱入　宮内庁書陵部蔵の複製　和装〉　Ⓝ210.42
◇花園院宸記　35　元弘2年自10月28日至11月16日 光厳院御禊大嘗会記　花園天皇著　宮内庁書陵部　2015.3　1軸　31cm　〈付属資料：28p（21cm）：解題釈文　箱入　宮内庁書陵部蔵の複製　和装〉　Ⓝ210.42

花田 惠子〔1931～〕　はなだ・けいこ
◇喝采―夫の死、娘の死、そして自身の事故を乗りこえて　花田惠子著　大阪　竹林館　2015.8　259p　20cm　1400円　⑪978-4-86000-304-3　Ⓝ289.1
　内容　扉詩　お話しましょ 楽しいね　喝采―事故で両足切断、癌、頑張り抜いて生きた夫　おかあさんアリガトウ―助からぬ娘と過ごした五十七日間　大阪駅の階段　死ねない！ 生きる　扉文 大阪弁　緑のセロファン　懐かしい日々のこと　尻の日光浴　真白な一輪の蓮の花　保険貧乏　ああ、可笑しかった母の死　宣教師ジーンさん　国は違っても本音で話せば心は通じる

花田 優一〔1995～〕　はなだ・ゆういち
◇生粋（ナマイキ）―生きる道は自分で決める　花田優一著　主婦と生活社　2017.11　175p　19cm　1100円　⑪978-4-391-15107-7　Ⓝ289.1
　内容　1章 生きる哲学（横綱の息子　焦り　自分と向き合う　ほか）　2章 仕事の流儀（考える暇があるなら、やれ　「職に就く」ということ　絶対的な価値を生む ほか）　3章 男の背中（夢を売る。夢を買ういい男の条件　愛の言霊　ほか）
◇夢でなく、使命で生きる。―根拠なき自信で壁を越える68の言葉　花田優一著　ポプラ社　2017.12　184p　19cm　〈他言語標題：YUICHI HANADA 68 WORDS TO OPEN UP MY LIFE〉　1200円　⑪978-4-591-15667-4　Ⓝ289.1
　内容　第1章 生きざま　第2章 使命　第3章 家族　第4章 仕事

花登 筺〔1928～1983〕　はなと・こばこ
◇私説大阪テレビコメディ史―花登筺と芦屋雁之助　澤田隆治著　筑摩書房　2017.8　238p　20cm　〈年譜あり〉　2200円　⑪978-4-480-81839-3　Ⓝ778.21
　内容　第1章 雁之助と私　第2章 大阪テレビと私　第3章 花登筺と『てなもんや三度笠』　第4章 花登組の奮闘　第5章 雁之助と『喜劇座』　特別鼎談 大村崑・芦屋小雁・澤田隆治―花登筺とはどういう人だったか

花見 弘平〔1909～1994〕　はなみ・こうへい
◇ケネディを沈めた男―日本海軍士官と若き米大統領の日米友情物語　星亮一著　潮書房光人社　2014.11　213p　19cm　〈文献あり〉　1900円　⑪978-4-7698-1582-2　Ⓝ391.2074
　内容　第1章 大東亜共栄圏　第2章 花見の経歴　第3章 太平洋の空母決戦　第4章 ガダルカナル　第5章 ラバウル海軍航空隊　第6章 ケネディ出征　第7章 日本駆逐艦の苦闘　第8章 ケネディ艇と激突　第9章 ラバウル要塞化　第10章 帰国　第11章 ケネディとの友情

花森 安治〔1911～1978〕　はなもり・やすじ
◇昭和の名編集長物語―戦後出版史を彩った人たち　塩澤実信著　展望社　2014.9　308p　19cm　〈「名編集者の足跡」（グリーンアロー出版社 1994年刊）の改題改訂〉　1900円　⑪978-4-88546-285-6　Ⓝ021.43
　内容　大衆の無言の要求を洞察する―池島信平と「文藝春秋」　一貫して問題意識をつらぬく―吉野源三郎と「世界」　ごまかしのない愚直な仕事を求める―花森安治と「暮しの手帖」　時間をかけ苦しみながらつくる―今井田勲と「ミセス」　人間くさいものをつくらねばならぬ―扇谷正造と「週刊朝日」　敢然とチャレンジを試みる―佐藤亮一と「週刊新潮」　せびしさをもとめ妥協を許さない―大久保房男と「群像」　妥協をしない、手を抜かない―坂本一亀と「文藝」　ホンモノを選び出す目を持つ―小宮山量平と「創作児童文学」　人間の価値を高めるものを―小尾

はなもり

俊人と『現代史資料』〔ほか〕

◇ひとびとの精神史　第1巻　敗戦と占領―1940年代　栗原彬,吉見俊哉編　岩波書店　2015.7　333p　19cm　2300円　①978-4-00-028801-9　Ⓝ281.04

内容　1 生と死のはざまで(大田昌秀―原点としての沖縄戦　大田洋子―原爆と言葉　水木しげる―ある帰還兵士の経験　黄晢柱と朴鐘鴻―近代の成就と超克)　2 それぞれの敗戦と占領(茨木のり子―女性にとっての敗戦と占領　黒澤明―アメリカとの出会いそこない　花森安治―その時、何を着ていたか？　堀越二郎―軍事技術から戦後のイノベーションへ)　3 改革と民主主義(中野重治―反復する過去　若月俊一―地域医療に賭けられたもの　西崎キク―大空から大地へ　北村サヨ―踊る宗教が拓く共生の風景)

◇大橋鎭子と花森安治　『歴史読本』編集部編　KADOKAWA　2016.3　206p　15cm　(中経の文庫　C11れ)〈文献あり〉　600円　①978-4-04-601560-0　Ⓝ289.1

内容　第1章　焼け跡に見つけた夢の灯(新しい世界でふたりの出会い　ほか)　第2章　一家の若き「大黒柱」(北海道での幼少期　東京での生活　ほか)　第3章　等身大の女性誌を(銀座からの出発　「衣裳研究所」　ほか)　第4章　『暮しの手帖』の躍進(『美しい暮しの手帖』　危機は正面突破!　ほか)　第5章　生涯現役、好奇心は永遠に…(忘れてはならない戦争の記憶　アン・ノン族の登場　ほか)

◇花森安治伝―日本の暮しをかえた男　津野海太郎著　新潮社　2016.3　426p　16cm　(新潮文庫　つ-35-1)〈年譜あり〉　670円　①978-4-10-120281-5　Ⓝ289.1

内容　『暮しの手帖』が生まれた街　第1部(編集者になるんや　神戸と松江　帝国大学新聞の時代)　第2部(化粧品で世界を変える　北満出征　ぜいたくは敵だ!　「聖戦」最後の日)　第3部(どん底からの再出発　女装伝説　逆コースにさからって)　第4部(商品テストと研究室　攻めの編集術　日本人の暮しへの眼　弁慶立ち往生)

◇花森安治の編集室―「暮しの手帖」ですごした日々　唐澤平吉著　文藝春秋　2016.4　281p　16cm　(文春文庫　か69-1)〈晶文社 1997年刊の再刊〉　640円　①978-4-16-790602-3　Ⓝ289.1

内容　職人とよばれた天才ジャーナリスト　花森さんとの出会い　どぶねずみ色だっていい　弟子になるのもラクじゃない　暮しの手帖社の常識　わたしの商品テスト入門　負け犬になるな　お当番さんにあけくれる一日　研究室のみそ汁　三つのしごと〔ほか〕

◇花森安治の青春　馬場マコト著　潮出版社　2016.4　344p　16cm　(潮文庫　は-1)〈白水社 2011年刊の加筆・修正　文献あり〉　680円　①978-4-267-02048-3　Ⓝ289.1

内容　1 花森安治の机　2 西洋館と千鳥城　3 帝大新聞のストーブ　4 松花江の夕映え　5 宣伝技術家の翼賛運動　6 花森安治の一番長い日　7 日本読書新聞の大橋鎭子　8 ニコライ堂のフライパン　9 松葉どんぶりと胡麻じるこ　10 花森安治の一銭五厘の旗

◇大橋鎭子と花森安治 美しき日本人　長尾剛著　PHP研究所　2016.4　301p　15cm　(PHP文庫 な34-14)〈文献あり〉　620円　①978-4-569-76533-4　Ⓝ289.1

内容　序章　第1章　大橋鎭子の戦前と戦中　第2章　花森安治の戦前と戦中　第3章　二人の戦後　第4章　鎭子の活躍、安治の活躍　終章　引き継がれる二人の夢

◇『暮しの手帖』をつくった男―きみは、花森安治を知っているか？　船瀬俊介著　イースト・プレス　2016.4　299p　19cm　〈文献あり〉　1500円　①978-4-7816-1420-5　Ⓝ289.1

内容　第1章　花森安治と―その青春　第2章　花森安治と―戦争と平和　第3章　花森安治と―大橋鎭子　第4章　花森安治と―『暮しの手帖』　第5章　花森安治と―文章と編集　第6章　花森安治と―暮しの美学　第7章　花森安治と―日本人の暮し　第8章　花森安治と―ウルトラ・モダニズム　第9章　花森安治と―「生」と「病」と「死」

◇大橋鎭子と花森安治『暮しの手帖』二人三脚物語　塩澤実信著　北辰堂出版　2016.4　264p　19cm　〈文献あり〉　1800円　①978-4-86427-208-7　Ⓝ051.7

内容　花森安治と『暮しの手帖』編集の揺籃時代　大橋鎭子の育った道　鎭子の巣立ち　"二人三脚"のスタート　ごまかしのない職人編集　三号雑誌で終る危機　『やりくりの記』の波紋　独創話の真価定まる　『暮しの手帖』一家　戦争中の暮しの記録　「一銭五厘の旗」ひるがえる　旅の終焉

◇花森さん、しずこさん、そして暮しの手帖編集部　小榑雅章著　暮しの手帖社　2016.6　399p　19cm　1850円　①978-4-7660-0201-0　Ⓝ051.7

内容　1章　銀座の暮しの手帖編集部　2章　暮しの研究室と日用品のテストの誕生　3章　なかのひとりはわれにして　4章　日用品のテストから本格的テストへ　5章　暮しの手帖研究室の暮し　6章　いろいろな記事の作り方　7章　編集部の泣き笑いの日々　8章　「戦争中の暮しの記録」　9章　1世紀100号から2世紀1号へ

◇『暮しの手帖』花森安治と『平凡』岩堀喜之助―昭和を駆けぬけた二人の出版人　新井恵美子著　北辰堂出版　2016.6　150p　19cm　〈文献あり〉　1600円　①978-4-86427-215-5　Ⓝ051.7

内容　焼け跡からの出発　大橋鎭子と清水達夫　神戸のごんた　大政翼賛会に生きる　中国での宣撫活動　娯楽雑誌『平凡』の誕生　救世主現る　美空ひばりとの出会い　百万部雑誌　読書とともに　一銭五厘の旗　ふたりの娘　残された人たち

◇花森安治と『暮しの手帖』山田俊幸,栗崎裕保編著　小学館　2016.8　221p　19cm　1300円　①978-4-09-388500-3　Ⓝ051.7

内容　第1章　花森安治の教える「考えるヒント」(「万人好み」ではなく「私好み」で　「人間だから」で判断しよう　「装釘」という文字　花森安治を作った時代と人々(『帝国大学新聞』と『パピリオ』宣伝と　『暮しの手帖』の原点　伊東胡蝶園での花森と"師匠"佐野　ほか)　第3章　花森安治の好奇心と世の中(花森のものの見方　「アク」「くせ」のないものへ　花森と推理小説　ほか)

◇ぼくの花森安治　二井康雄著　CCCメディアハウス　2016.8　173p　19cm　〈文献あり 年譜あり〉　1400円　①978-4-484-16220-1　Ⓝ051.7

内容　『暮しの手帖』に入るまで　暮しの手帖研究室 怒られてばかりだったけれど　花森さんの偉業　花森さん語録　花森さんの「遺言」と信じて

◇『暮しの手帖』と花森安治の素顔　河津一哉,北村正之著　論創社　2016.10　183p　19cm　(出版人に聞く 20)　1600円　Ⓘ978-4-8460-1573-2　Ⓝ051.7
内容　前口上　河津入社事情　創刊号の目的　六〇年代の応募者の変化　『暮しの手帖』発行部数の推移　東麻布研究室のこと　バックナンバーの売れ行き　営業部の不在と取次,書店との関係　花森編集フォーマット　花森の思想としての暮しの手帖社〔ほか〕

塙 保己一〔1746〜1821〕　はなわ・ほきいち

◇日米の架け橋―ヘレン・ケラーと塙保己一を結ぶ人間模様 対訳　佐藤隆久著, 温故学会監修, 西林静美対訳　熊本　熊本第一ライオンズクラブ　2014.7　268p　31cm　〈他言語標題：A bridge between Japan and the United States　年譜あり　英語併記〉　5000円　Ⓝ289.3
◇本庄市の人物誌　1　盲目の国学者塙保己一の生涯　〔本庄〕　埼玉県本庄市教育委員会　2015.3　47p　30cm　(本庄市郷土叢書 第4集)　Ⓝ281.34
◇塙保己一巡礼―検校をめぐる人々　市川謙作著　〔市川謙作〕　2015.5　103p　22cm　〈私家版〉　Ⓝ289.1

羽仁 五郎〔1901〜1983〕　はに・ごろう

◇残されたもの,伝えられたこと―60年代に蜂起した文革者烈伝　矢崎泰久著　街から舎　2014.6　268p　19cm　1620円　Ⓘ978-4-939139-19-2　Ⓝ281.04
内容　脱原発の市民科学者―高木仁三郎　反戦軍事評論家としての矜持―小山内宏　J・J氏の華麗な文化革命―植草甚一　革命思想家の孤高な生涯―羽仁五郎　革命・反革命の夢幻―竹中労　市民哲学者が残した足跡―久野収　公害に取り組んだ科学者一宇井純　文学と運動の狭間に生きた巨人―小田実　輝けるSF作家の青春―小松左京　ポップ・ミュージックの開拓者一中村とうよう　多国籍人間の見果てぬ夢―邱永漢　「わた史」を生涯かけて編む―小沢昭一　エロスこそ反権力の証し―若松孝二　何もなくて何もない宣言―なだいなだ　ノーベル物理学賞に最も近かった活動家―水戸巌

羽仁 もと子〔1873〜1957〕　はに・もとこ

◇近代日本を創った7人の女性　長尾剛著　PHP研究所　2016.11　314p　15cm　(PHP文庫 な34-15)〈文献あり〉　640円　Ⓘ978-4-569-76639-3　Ⓝ281.04
内容　序章として―二人の, ある女性の話　津田梅子―近代女子教育の先駆者　羽仁もと子―日本初の女性ジャーナリスト　福田英子―自由を求めた東洋のジャンヌ・ダルク　下田歌子―明治国家に愛された女子教育者　吉岡彌生―女性医師の道を切り開いた教育者　岡本かの子―剥き出しの愛を文学にたたきつけた作家　山田わか―数奇な半生を経て母性の力を訴えた思想家

埴谷 雄高〔1909〜1997〕　はにや・ゆたか

◇素描―埴谷雄高を語る　講談社文芸文庫編　講談社　2015.3　283p　16cm　(講談社文芸文庫 はJ7)　1400円　Ⓘ978-4-06-290247-2　Ⓝ910.268
内容　1(『死霊』成立の外的条件(荒正人)　熱を抜いて見る人(本多秋五)　復元能力について(平野謙)ほか)　2(「あさって会」の頃(小川真一郎)　埴谷さんの教え(杉浦明平)　精神的な父のような(高橋たか子)ほか)　3(影法師が踊る(大庭みな子)　九五年八月二日夜(中薗英助)　埴谷さんのこと(中野孝次)ほか)

羽生 結弦〔1994〜〕　はにゅう・ゆづる

◇羽生結弦 王者のメソッド 2008-2016　野口美恵著　文藝春秋　2016.3　318p　19cm　(Sports Graphic Number Books)　1550円　Ⓘ978-4-16-390397-2　Ⓝ784.65
内容　1 ジュニア時代―13歳→15歳・2008・2010　2 シニアデビュー―15歳→16歳・2010・2011　3 東日本大震災の日々のなかで―16歳・2011　4 震災後の1年―16歳→17歳・2011・2012　5 海を渡る―17歳→18歳・2012・2013　6 ソチ五輪―18歳・2013・2014　7 王者の証明―19歳→20歳・2014・2015　8 絶対王者の冒険―20歳→21歳・2015・2016

◇蒼い炎　2　飛翔編　羽生結弦著　扶桑社　2016.7　282p　21cm　1500円　Ⓘ978-4-594-07513-2　Ⓝ784.65
内容　気づきの時―2012年世界選手権　新天地カナダへ―2012年のオフシーズン　見えてきた課題―2012年全日本選手権初優勝　苦しい戦い―12・13シーズン後半　シニアシーズン―2013年夏　五輪の戦略, ライバルとの戦い―13・14シーズン前半　銀盤の王者へ―2014年ソチ五輪　成長の実感―2014年世界選手権　被災地で見つけたもの―2014年のオフシーズン　予期せぬ痛みとの闘い―14・15シーズン前半　苦難を乗り越えて―14・15シーズン後半　さらなる高みを求めて―2015年オフシーズンの試み　史上初の300点越え―2015年GPシリーズ　最高得点のその先へ―2016年世界選手権

◇チーム・ブライアン　300点伝説　ブライアン・オーサー著, 樋口豊監修, 野口美恵構成・翻訳　講談社　2017.1　285p　19cm　1400円　Ⓘ978-4-06-220118-6　Ⓝ784.65
内容　第1章 平昌への始動 2014・2015年シーズン　第2章 私たちの強さの秘密　第3章 2人の世界王者, 2人の戦友 2015・2016年シーズン　第4章 300点のマイルストーン　第5章 プレオリンピック 2016・2017年シーズン　第6章 オリンピックとチーム・ブライアン　終章 ブライアン・オーサー&ハビエル・フェルナンデス師弟対談

◇羽生結弦 会見全文　アスリート研究会編　ゴマブックス　2017.1　167p　19cm　1380円　Ⓘ978-4-7771-1874-8　Ⓝ784.65
内容　第1章 羽生選手の履歴書　第2章 オリンピック・チャンピオンへの道　第3章 ソチ・オリンピックで金メダルを獲得!　第4章 羽生選手日本外国特派員協会記者会見全文　第5章 オリンピック連覇への道　第6章 オリンピックを占う2016・2017シーズン

◇日本フィギュアスケートの軌跡―伊藤みどりから羽生結弦まで　宇都宮直子著　中央公論新社　2017.2　197p　19cm　1400円　Ⓘ978-4-12-004940-8　Ⓝ784.65
内容　第1章 カルガリー(1988)　アルベールビ

(1992) 第2章 長野(1998) 第3章 ソルトレイクシティ(2002) 第4章 トリノ(2006) 第5章 バンクーバー(2010) 第6章 ソチ(2014) 第7章 平昌(2018)

◇羽生結弦 王者のメソッド 野口美惠著 文藝春秋 2017.12 329p 16cm 〈文春文庫の22-1〉他言語標題：YUZURU METHOD 「羽生結弦 王者のメソッド2008-2016」(2016年刊)の改題、写真を再構成〉 780円 ⓘ978-4-16-790990-1 Ⓝ784.65

内容 1 ジュニア時代—13歳→15歳・2008・2010 2 シニアデビュー—15歳→16歳・2010・2011 3 東日本大震災の日々のなかで—16歳・2011 4 震災後の1年—16歳→17歳・2011・2012 5 海を渡る—17歳→18歳・2012・2013 6 ソチ五輪—18歳→19歳・2013・2014 7 王者の証明—19歳→20歳・2014・2015 8 絶対王者の冒険—20歳→21歳・2015・2016

◇日本フィギュアスケート 金メダルへの挑戦 城田憲子著 新潮社 2018.1 186p 20cm 1500円 ⓘ978-4-10-351421-3 Ⓝ784.65

内容 第1章 フィギュアスケートに魅せられて 第2章 日本フィギュアスケート・冬の時代 第3章 強化部長をつとめて 第4章 荒川静香・金メダルへの道 第5章 金メダルの光と影 第6章 羽生結弦・ソチから平昌に挑んで

◇羽生結弦が生まれるまで—日本男子フィギュアスケート挑戦の歴史 宇都宮直子著 集英社 2018.2 239p 19cm 〈文献あり〉 1600円 ⓘ978-4-08-780834-6 Ⓝ784.65

内容 第1章 佐野稔のいた時代(過去と現在 都築章一郎コーチ ほか) 第2章 本田武史のいた時代(「今とはぜんぜん違う別のスポーツ」 長久保裕コーチ ほか) 第3章 高橋大輔のいた時代(バンクーバーオリンピック 腰の低いメダリスト ほか) 第4章 羽生結弦のいる時代(至高の人 絆 ほか) 第5章 宇野昌磨、始まる(ふたりの目指すところ 二〇一四・二〇一五シーズン ほか)

◇挑戦者たち—男子フィギュアスケート平昌五輪を超えて 田村明子著 新潮社 2018.3 220p 20cm 1400円 ⓘ978-4-10-304034-7 Ⓝ784.65

内容 プロローグ—2018年2月12日 第1章 ディック・バトン「楽しんだ選手が勝つ」 第2章 パトリック・チャン「自分がいたいのはこの場所をおいて他にない」 第3章 エフゲニー・プルシェンコ「ぼくにはスケートが必要」 第4章 都築章一郎「彼の中ではイメージができている」 第5章 ハビエル・フェルナンデス「ハッピーな気持ちで終えるために」 第6章 羽生結弦「劇的に勝ちたい」 第7章 ネイサン・チェン「プレッシャーは感じるけれど」 第8章 宇野昌磨「成長していく自分を見てもらいたい」 第9章 平昌オリンピック 決戦の時 エピローグ—2018年2月18日

◇夢を生きる 羽生結弦著 中央公論新社 2018.3 230p 21cm 〈年譜あり〉 1500円 ⓘ978-4-12-005049-7 Ⓝ784.65

内容 2015・16年シーズン(五輪王者の新たな挑戦 シーズン開幕—苦い緒戦で見つけた勝機 世界最高得点330・43の真実 世界選手権銀メダルの重み 怒涛のシーズンを終えて) 2016・17年シーズン(進化の予兆—2ヶ月の空白から学んだこと グランプリファイナル4連覇—各大会を振り返る 勝利は理想の先に) 2017・18年シーズン(歴史への第一歩—世界最高得点、再び更新 スペシャルインタビュー 平昌オリンピック)

◇チーム・ブライアン 新たな旅 ブライアン・オーサー著、樋口豊監修、野口美惠構成・翻訳 講談社 2018.10 250p 19cm 〈「チーム・ブライアン300点伝説」(2017年刊)の改題、改訂再編集、追加〉 1400円 ⓘ978-4-06-512366-9 Ⓝ784.65

内容 第1章 平昌への始動—2014・2015年シーズン(進化する時間はたっぷりある フリーはユズルの選択で、ショートは計画的に ほか) 第2章 2人の王者、2人の戦友—2015・2016年シーズン(トップスケーターの自覚 動揺か冷静か、4回転ルッツ ほか) 第3章 プレオリンピック—2016・2017年シーズン(オリンピックを意識した曲選び ユヅルの4回転ループはまず怪我のリハビリとして ほか) 第4章 平昌オリンピック—2017・2018年シーズン(挑戦者としてではない戦い 同じ面ちでも攻めの演技内容 ほか) 第5章 エフゲニアとジェイソン(エフゲニア・メドベージェワとの面会 変化のための忍耐の時期 ほか)

羽地 朝秀〔1617~1676〕はねじ・ちょうしゅう

◇諸国賢人列伝—地域に人と歴史あり 童門冬二著 ぎょうせい 2014.12 253p 19cm 1800円 ⓘ978-4-324-09918-6 Ⓝ281.04

内容 浜口梧陵—稲むらの火/地域から日本を考えた・広村(和歌山県) 山田方谷—被治者の立場を貫いた巨人・備中松山(岡山県) 安藤野雁—万葉の心を信条に・桑折(福島県) 大原幽学—房総は学者の充電所・下総(千葉県) 小宮山楓軒—立ち枯れの村を復興・水戸(茨城県) 小島蕉園—減税と産業振興・甲府(山梨県) 三浦梅園—日本初の自然哲学者・杵築(大分県) 新井白石—不遇に生きる・江戸(東京都) 前田綱紀—文化行政で雇用創出・加賀(石川県) 河合曽良—旅に生きる・諏訪(長野県) 北島雪山—追放されて自由に生きる・肥後(熊本県) 羽地朝秀—壁を背に第三の道を・琉球(沖縄県) 松平信綱—名君・賢君を輩出・川越(埼玉県) 鍋島義直—あゆち思想の実現・尾張(愛知県) 多久一族—「らしさ」を失わず・肥前(佐賀県) 古田織部—壊して創る・美濃(岐阜県) 北条幻庵—「勇」の底に「優」の心・小田原(神奈川県) 鴨長明—走り回る一滴の水・京都(京都府)

馬場 あき子〔1928~〕 ばば・あきこ

◇寂しさが歌の源だから—穂村弘が聞く 馬場あき子の波瀾万丈 The Autobiography of Baba Akiko 馬場あき子著 角川文化振興財団 2016.6 241p 19cm 〈発売：KADOKAWA〉 1800円 ⓘ978-4-04-876366-0 Ⓝ914.6

内容 激動の少女時代 戦争と青春時代 昭和二十二年、短歌との出会い、能との出会い 第一歌集『早笛』刊行のころ 修業時代の転換期 『かりん』創刊前夜 収穫期 『葡萄唐草』の開眼 昭和から平成へ 短歌のゆくえ 現代短歌の主流は 人間くらいおもしろいものはないじゃない

馬場 為八郎〔1769~1838〕 ばば・いはちろう

◇シーボルト事件で罰せられた三通詞 片桐一男著 勉誠出版 2017.4 211p 22cm 〈文献あ

り〉 4200円 Ⓘ978-4-585-22181-4 Ⓝ210.55

内容 1 シーボルト事件 2 連座の阿蘭陀通詞三人 3 遺品 4 赦免運動とその結果 5 連座三通詞点描 6 注目すべき考察点 7 顕彰碑・墓 8 参考資料

馬場 辰猪〔1850～1888〕 ばば・たつい

◇馬場辰猪 日記と遺稿 馬場辰猪著, 杉山伸也, 川崎勝編 慶應義塾大学出版会 2015.10 93, 177p 22cm 〈年譜あり 索引あり〉 6500円 Ⓘ978-4-7664-2258-0 Ⓝ289.1

内容 英文史料（日記 K'waigo or Repentance：A Story of Feudal Japan（「悔悟」） The Japanese Cabinet（「日本の内閣」） 福澤桃介宛書簡） 解題（自由党への期待と現実—馬場辰猪「日記」解題 歴史叙述の方法と社会人民—「史論」解題 「悔悟」の意味するもの—「悔悟」解題 馬場辰猪と久米弘行—「日本の内閣」解題 参考篇解題） 和文史料（史論）

馬場 のぼる〔1927～2001〕 ばば・のぼる

◇馬場のぼる ねこと漫画と故郷（ふるさと）と 馬場のぼる著 こぐま社 2017.8 159p 29cm 〈年譜あり〉 3000円 Ⓘ978-4-7721-9067-1 Ⓝ726.101

内容 第1章 「11ぴきのねこ」の誕生 第2章 生涯漫画家として 第3章 漫画家の絵本の会と馬場のぼる 第4章 旅の空の下ポリョ 第5章 故郷の風景 幼・少・青年期 第6章 スケッチブックより 第7章 いろいろな絵

羽生 善治〔1970～〕 はぶ・よしはる

◇羽生世代の衝撃—対局日誌傑作選 河口俊彦著 マイナビ 2014.8 218p 19cm （マイナビ将棋BOOKS） 1540円 Ⓘ978-4-8399-5140-5 Ⓝ796

内容 第1章 羽生善治デビュー（天才少年登場 十年に一度の天才 天才の真価を発揮（ほか） 第2章 佐藤康光、森内俊之登場（大器佐藤、まず一勝 チャイルドブランド達の特徴 強い者の寄せ ほか） 第3章 村山聖、丸山忠久、郷田真隆来る（天賦の才 両雄の一騎打ち 青春の強さ ほか）

◇羽生と渡辺—新・対局日誌傑作選 河口俊彦著 マイナビ 2015.3 238p 19cm （マイナビ将棋BOOKS） 1540円 Ⓘ978-4-8399-5473-4 Ⓝ796

内容 第1章 羽生善治、七冠達成まで（新・対局日誌 第1回 羽生を追う若手達 内なる積み重ね 張り合う才能 孤高の人 ほか） 第2章 七冠達成から渡辺明デビューまで（波乱のない最終局 しこりがほぐれる時 青春の輝き 江戸時代の天才たち 今後を占う一戦 ほか）

◇挑み続ける力—「プロフェッショナル仕事の流儀」スペシャル NHK「プロフェッショナル」制作班著 NHK出版 2016.7 227p 18cm （NHK出版新書 492） 780円 Ⓘ978-4-14-088492-8 Ⓝ366.29

内容 1 変わらない力（AI時代への新たな決意—将棋棋士 羽生善治 淡々と、完璧を目指す—星野リゾート代表 星野佳路 人生にムダなど ない） 2 生涯現役を貫け（プロフェッショナルに、終わりはない—元半導体メーカー社長 坂本幸雄 遠くは見ない、明日だけを見続ける—歌舞伎役者 坂東玉三郎） 3 大震災、そして新たなる飛躍（やりたいからこそ、やる—作業療法士 藤原茂 地べたと向き合って生きる—建築家 伊東豊雄） 4 限界への挑戦（今の自分だからできること—バレリーナ 吉田都 情熱は一生、燃え続ける—プロサッカー選手 三浦知良 「逆転する力」の秘密—囲碁棋士 井山裕太）

◇中学生棋士 谷川浩司著 KADOKAWA 2017.9 207p 18cm （角川新書 K-162）〈文献あり〉 800円 Ⓘ978-4-04-082174-0 Ⓝ796

内容 第1章 最年少の新星・藤井聡太（藤井四段の自宅を訪ねる 盤に覆いかぶさった少年 ほか） 第2章 藤井将棋の強さと凄み（強さの源となった詰将棋 デビュー後の幸運 ほか） 第3章 将棋の才能とは何か（テッド・ウィリアムズの伝説 周囲の人々の奇跡的な連携 ほか） 第4章 自分が中学生棋士だったころ（史上二人目の中学生棋士・谷川浩司 住職だった父の教え ほか） 第5章 中学生棋士たちの群像—羽生善治、渡辺明、加藤一二三（史上三人目の中学生棋士・羽生善治 局面を複雑にする羽生将棋 ほか）

◇等身の棋士 北野新太著 ミシマ社 2017.12 209p 19cm 1600円 Ⓘ978-4-909394-01-9 Ⓝ796

内容 序 台風下の棋士 1 神域へ（前夜 十四歳の地図 夏、十四歳の声 藤井について語る時に羽生の語ること 藤井について語る時に渡辺の語ること 戻れない少年） 2 想いの航跡（名人の引退 対話篇 果 交錯する部屋 光のクリスマス） 3 途上の夢（過去との訣別 昇級を捧げる 繊細と無頼の間を百折不撓 敗れざる者 光の対局室 落城してもなお） 4 戴冠の時（勝負の一分—鳴り響く歌 賢者、そして勇者がいた一日 HANG TIME 甦る鼓動 戴冠者の投身） 終 路上の棋士

◇永世七冠 羽生善治 羽生善治著 宝島社 2018.3 239p 19cm 〈年譜あり〉 1300円 Ⓘ978-4-8002-8216-3 Ⓝ796

内容 棋士・羽生善治—写真で振り返る「永世七冠」の軌跡 夢の「永世名人」対談！ 羽生善治竜王×森内俊之九段—「永世七冠、青春、そして人生」 羽生善治が語った「棋士の存在意義」「日本記者クラブ」記者会見全文 「永世七冠」達成の瞬間！—ドキュメント「竜王戦第5局」 棋界の第一人者が到達した「勝負の深奥」一心に残る「羽生語録」15 「八王子将棋クラブ」席主・八木下征男氏が語った「私と羽生さんの40年」 復刻インタビュー・米長邦雄が語った人間・羽生善治—「羽生は私にとって最大の相談相手である」 棋士・田丸昇九段が見た羽生善治の素顔と伝説 「永世七冠」羽生善治の"本当に凄い記録"ベスト5を検証！

◇純粋なるもの—羽生世代の青春 島朗著 河出書房新社 2018.9 209p 18cm 920円 Ⓘ978-4-309-02713-5 Ⓝ796

内容 1 多彩な時間とある断片—若き棋士たちの将棋ワールドより（白鳥のように サラブレッドと優雅さと 一対〇は差ではない ほか） 2 勝負と日常の空間で—いくつもの季節を駆け抜けて（図形の記憶 気分のよい午後 青年が成長する時 ほか） エピローグ その後の「純粋なるもの」（エピローグのその後 二十代後半の夏 果てしなき道）

ハーブ栗間　はーぶくりま
◇日系人戦時収容所のベースボール―ハーブ栗間の輝いた日々　永田陽一著　刀水書房　2018.3　207p　20cm　〈刀水歴史全書　94〉〈文献あり　索引あり〉　2000円　①978-4-88708-439-1　⑩783.7
内容 第1章 日米開戦　第2章 サクラメントで日系二世ハーブ栗間と　第3章 カリフォルニア日系二世のベースボール　第4章 カリフォルニア州フレズノ仮収容所　第5章 アーカンソー州ジェローム収容所　第6章 アリゾナ州ヒラリバー収容所　第7章 カリフォルニアでの戦後

羽渕 三良〔1936～〕　はぶち・みよし
◇現在映画批評・映画評論―日本映画が色とりどりに、豊かに花開くために　羽渕三良著　光陽出版社　2018.2　237p　18cm　700円　①978-4-87662-605-2　⑩778
内容 第1章 映画評論家山田和夫さんの意志を受け継ぐ（山田和夫さんを偲ぶ　新藤兼人監督と映画評論家山田和夫さんについて語る）　第2章 書評（『本の映画館』『現在映画評論―映画が自由を奪われないために』ほか）　第3章 日本映画時評（第3回中津川映画祭シネマジャンボリー　『日本映画の実態を掌握し製作活性化の方策をさぐる』製作調査チームのまとめほか）　第4章 『映画作品評』ぜひ、見てもらいたい映画（『デビルズ・ダブル』『はさみhasami』ほか）　第5章 私の人生とたたかい/実践女子学園民主化闘争、民主的映画運動、映画批評・映画評論（映画評論家・羽渕三良の自己紹介　『正義と真実』を追求して生きるひと―羽渕三良・実践女子学園中学高等学校元教諭・長嶋剛一　ほか）

濱口 瑛士〔2002～〕　はまぐち・えいし
◇書くことと描くこと―ディスレクシアだからこそできること　濱口瑛士著　ブックマン社　2017.11　140p　23cm　1700円　①978-4-89308-891-8　⑩723.1
＊字を書くことに苦しんだ先で見つけたのは、自分にしか描けない絵を描く使命だった―。TVで話題の少年画家、待望の第2弾！

浜口 雄幸〔1870～1931〕　はまぐち・おさち
◇昭和史講義　3　リーダーを通して見る戦争への道　筒井清忠編　筑摩書房　2017.7　302p　18cm　〈ちくま新書　1266〉　900円　①978-4-480-06977-1　⑩210.7
内容 加藤高明―二大政党政治の扉　若槻礼次郎―世論を説伏させようとした政治家の悲劇　田中義一―政党内閣期の軍人宰相　幣原喜重郎―戦前期日本の国際協調外交の象徴　浜口雄幸―調整型指導者と立憲民政党　犬養毅―野党指導者の奇遇　岡田啓介―「国を思う狸」の功績　広田弘毅―「協和外交」の破綻から日中戦争へ　宇垣一成―「大正デモクラシー」が生んだ軍人　近衛文麿―アメリカという「幻」に賭けた政治家　米内光政―天皇の絶対的な信頼を得た海軍軍人　松岡洋右―ポピュリストの誤算　東条英機―ヴィジョンなき戦争指導者　鈴木貫太郎―選択としての「聖断」　重光葵―対中外交の可能性とその限界

浜口 庫之助〔1917～1990〕　はまぐち・くらのすけ
◇ハマクラの音楽いろいろ　浜口庫之助著　立東舎　2016.6　187p　15cm　〈立東舎文庫　は1-1〉〈朝日新聞社 1991年刊の再刊　発売：リットーミュージック〉　800円　①978-4-8456-2816-2　⑩767.8
内容 1 音楽と人生（僕の生い立ち　音楽家をめざすほか）　2 ヒット曲の周辺（人生のラッパ手　桂馬　人間のうた　ほか）　3 音楽の秘密（リズムと間　ブランコと躍動感　ほか）　4 人生いろいろ（散歩の効用　「大元帥」の断食　ほか）

浜口 梧陵〔1820～1885〕　はまぐち・ごりょう
◇諸国賢人列伝―地域に人と歴史あり　童門冬二著　ぎょうせい　2014.12　253p　19cm　1800円　①978-4-324-09918-6　⑩281.04
内容 浜口梧陵―稲むらの火/地域から日本を考えた・広村（和歌山県）　山田方谷―被治者の立場を貫いた巨人・備中松山（岡山県）　安藤野雁―万葉の心を信条に・桑折（福島県）　大原幽学―房総は学者の充電所・下総（千葉県）　小宮山楓軒―立ち枯れの村を復興・水戸（茨城県）　小島葎園―減税と産業振興・甲府（山梨県）　三浦梅園―日本初の自然哲学者・杵築（大分県）　新井白石―不遇に生きる・江戸（東京都）　前田綱紀―文化行政で雇用創出・加賀（石川県）　河合曽良―旅に生きる・諏訪（長野県）　北島雪山―追放されて自由に生きた・肥後（熊本県）　羽地朝秀―壁を背に第三の道を・琉球（沖縄県）　松平信綱―名君・賢君を輩出・川越（埼玉県）　徳川義直―あゆち思想の実現・尾張（愛知県）　多久一族―「らしさ」を失わず・肥前（佐賀県）　古田織部―壊して創る・美濃（岐阜県）　北条幻庵―「勇」の底に「優」の心・小田原（神奈川県）　鴨長明―走り回る一滴の水・京都（京都府）
◇11・5津波救国―〈稲むらの火〉浜口梧陵伝　大下英治著　講談社　2016.4　445p　15cm　〈『津波救国』（2013年刊）の改題、加筆・再編集・版型変更　文献あり〉　926円　①978-4-06-220072-1　⑩289.1
内容 序章 二〇一一年、東日本大震災発生　第1章 「稲むらの火」―安政南海大地震　第2章 傑物・浜口梧陵誕生　第3章 梧陵躍動―幕末と維新　第4章 「生き神様」伝説　第5章 11・5―世界津波の日

浜崎 容子　はまさき・ようこ
◇バラ色の修業時代　浜崎容子著　ロフトブックス　2016.3　231p　19cm　1500円　①978-4-907929-10-7
内容 「多くのトラウマを抱え、今必死に生きてます」　「ゆかりちゃんとの秘密」　「夢」　「後ろ」　「嘘」　「大人の言葉の暴力」　「異世界の扉」　「安楽死」　「否定から入る夢」　「脱線」〔ほか〕

浜田 糸衛〔1907～2010〕　はまだ・いとえ
◇浜田糸衛 生と著作　上　戦後初期の女性運動と日中友好運動　浜田糸衛著、高良真木、高良留美子、吉良森子編　ドメス出版　2016.7　436p　22cm　4200円　①978-4-8107-0825-7　⑩081.6
内容 1 幼年時代（捨てネコ　共存の暮らし　ほか）　2 評論・講演・エッセイほか（私のかかわった戦後初

期の婦人運動（一九四五～五三年）―平和のための統一戦線を求めて　婦人と政治　ほか）　3 資料と意見（日本女子勤労連盟の記録（一九四六‐四九年）　婦人団体協議会の記録（一九四九‐五〇年）　ほか）　4 浜田糸衛論―思想と活動の軌跡（一九四五年から一九五四年前後まで）（浜田糸衛をよむ―戦後の中国との関係を中心に　メガネおばさま―浜田糸衛の二つの顔　ほか）

浜田 喜一（1代）〔1917～1985〕　はまだ・きいち
◇民謡地図　別巻　民謡名人列伝　竹内勉著　本阿弥書店　2014.12　285p 20cm　〈布装　年表あり〉　3200円　Ⓘ978-4-7768-1157-2　Ⓝ388.91

内容　初代浜田喜一―主役だけを演じた江差追分の名人　浅利みきみ―津軽じょんがら節をじょっぱりだけで歌う　木田林松栄―一の糸を叩き抜いた津軽三味線弾き　成田雲竹―津軽民謡の神様　菊池淡水―民謡界の偉人後藤桃水先生の教えを守った尺八奏者　赤間森水―声を意のままに使いこなして歌う　樺沢芳勝―からっ風の上州の風土を体現する声で　大出直三郎―負けん気がすべてで歌う越名の舟唄　中川千代―両津甚句でみせた天下一のキレのよさ　吉田喜正―漁船四杯と取り替えたしげさ節　高山訓昌―音戸の舟唄を歌う写実の職人　赤坂小梅―押さば押せ 引かば押せの黒田節

浜田 喜佐雄〔1902～1986〕　はまだ・きさお
◇トランパー―伊予吉田の海運偉人伝　山下亀三郎と山下学校門下生　宮本しげる著　松山　愛媛新聞サービスセンター　2016.1　407p 20cm　〈文献あり〉　1500円　Ⓘ978-4-86087-124-6　Ⓝ289.1

内容　第1章 明治の山下亀三郎（明治維新と故郷・吉田町（西国の伊達二藩）（吉田町のこと）　亀三郎・故郷を出る　ほか）　第2章 大正の亀三郎と店童・浜田喜佐雄物語（第一次世界大戦が勃発　船成金の出現（トランパーの天下）（亀三郎の内荘）　ほか）　第3章 昭和の亀三郎と大同海運設立（亀三郎の苦悩と大同海運の発足　昭和の浜田喜佐雄物語　ほか）　第4章 戦後の山下汽船と大同海運（太平洋戦争終結、わが国船舶の被害と戦没船員　戦後の海運界　ほか）

濱田 国太郎〔1873～1958〕　はまだ・くにたろう
◇しまなみ人物伝　村上貢著　海文堂出版　2015.8　258p 20cm　〈年表あり〉　1800円　Ⓘ978-4-303-63426-1　Ⓝ281.74

内容　第1部 日本の夜明けの時代に（伊能忠敬―尾道周辺の測量　瀬戸田の仙太郎―幕末の海外漂流　永井重助―福富丸の海難と対米賠償交渉　水先人北野由兵衛―千島艦衝突事件）　第2部 未来を夢見た先輩たち（田坂初太郎―海運創成期のパイオニア　小林善八郎―初代弓削商船学校長の生涯　ビッケル船長―伝道船「福音丸」と弓削商船学校　中堀貞五郎―「うらなり君」のモデルと今治　浜根岸太郎―初代・二代の生涯　濱田国太郎―海員組合草創時代　麻生イト―女傑の生涯　小山亮―嵐は強い木を育てる）

浜田 幸一〔1928～2012〕　はまだ・こういち
◇一故人　近藤正高著　スモール出版　2017.4　415p 19cm　1800円　Ⓘ978-4-905158-42-4　Ⓝ281

内容　二〇一二年（浜田幸一　樋口廣太郎　ほか）　二〇一三年（大島渚　山内溥　ほか）　二〇一四年（永井一郎　坂井義則　ほか）　二〇一五年（赤瀬川隼　桂米朝　ほか）　二〇一六年（蜷川幸雄　中村紘子　ほか）

濱田 晃好〔1941～〕　はまだ・てるよし
◇余命一カ月からの脱出―病気とユーモアと音楽　濱田晃好著　右文書院　2018.9　271p 19cm　1380円　Ⓘ978-4-8421-0795-0　Ⓝ289.1

内容　第1部 病気のデパート（骨髄異形成症候群　急性白血病（血液ガン）　大腸ガン　サルコイドーシス（難病）　前立腺ガン　ほか）　第2部 人生ათ瀾万丈（生い立ち　日本興業銀行　アイビーレストラン株式会社ベスト　音楽との出会い　ほか）

浜田 彦蔵〔1837～1897〕　はまだ・ひこぞう
◇幕末明治 新聞ことはじめ―ジャーナリズムをつくった人びと　奥武則著　朝日新聞出版　2016.12　278p 19cm　（朝日選書 952）　1500円　Ⓘ978-4-02-263052-0　Ⓝ070.21

内容　序章 清八と宇平衛の受難―ジャーナリズム以前　第1章 ジョセフ・ヒコの悲哀―「新聞の父」再考　第2章 ハンサードの志―新聞がやってきた　間奏その1 青年旗本の悲劇―池田長発　第3章 柳河春三の無念―原点としての「中外新聞」　第4章 岸田吟香の才筆―新聞記者の誕生　間奏その2 旧幕臣の矜持―成島柳北　第5章 福地源一郎の言い分―「御用記者」とよばれて　間奏その3 鉛活字の誕生まで―本木昌造　第6章 ブラックの栄光―「日新真事誌」の時代

濱田 文恵〔1990～〕　はまだ・ふみえ
◇運命をこっそり変える　濱田文恵著　セブン＆アイ出版　2017.12　223p 19cm　〈文献あり〉　1400円　Ⓘ978-4-86008-751-7　Ⓝ289.1

内容　01 好きを仕事にする　02 コンプレックスにふりまわされない―コンプレックスだらけの過去から今　03 夢をかなえる計画表　04 進みたい道を見つける―美容家になる準備　05 なりたい自分になる―知名度を上げる4つのto do　06 「私」をブランド化する―SNSで広報活動　巻末付録 日中美容研究家濱田文恵からの5つの "美養アドバイス"

濱田 マリ〔1968～〕　はまだ・まり
◇濱田マリの親子バトル！　濱田マリ著　河出書房新社　2017.11　271p 19cm　〈表紙のタイトル：Mari Hamada's OYAKO BATTLE！　年譜あり〉　1400円　Ⓘ978-4-309-02626-8　Ⓝ778.21

内容　幼稚園（B型の親子はどうやって一緒に遊ぶ？　遊び感覚で音楽を仕込んでみた！　ほか）　小学校（3年間つき通したウソがついにバレた！　6歳児がハマるホラーとバレエの融合　ほか）　中学校（2代目グリは今　妊活で気付いた「私がしなきゃいけないこと」　ほか）　高等学校（ヤツとは面と向かって対戦していたい……　マツ育の夏ほか、私は娘のキーホルダー　JD生活を満喫されてるご様子　ほか）　おまけ！ 濱田家の母娘対談！―趣味主張系

浜田 真理子〔1964～〕　はまだ・まりこ
◇胸の小箱　浜田真理子著　本の雑誌社　2014.11　237p 19cm　1600円　Ⓘ978-4-86011-263-9　Ⓝ764.7

はまたに

浜谷 惇〔1940～〕 はまたに・あつし
◇政権と社会党―裏方32年の回顧談 浜谷惇著 オルタ出版室 2015.6 256p 21cm （オルタ叢書 7）〈発売：新時代社〉 1200円 Ⓘ978-4-7874-9114-5 Ⓝ315.1

濱地 八郎〔1864～1955〕 はまち・はちろう
◇濱地八郎天松居士―金剛経に一生を捧げた 林天朗著，濱地光男編 大府 濱地光男 2014.7 236p 21cm 〈文献あり 年譜あり〉 Ⓝ183.2

濱名 志松〔1912～2009〕 はまな・しまつ
◇評伝 天草五十人衆 天草学研究会編 福岡 弦書房 2016.8 317p 22cm 〈文献あり 年表あり 索引あり〉 2400円 Ⓘ978-4-86329-138-6 Ⓝ281.94
内容 ステージ1 五人衆の時代、そして… ステージ2 天領天草の村々 ステージ3 祈りの島で ステージ4 耕す、漁る ステージ5 実業の世をひらく ステージ6 潮路はるかに ステージ7 文学・歴史・言論 ステージ8 あの頃、この人 ステージ9 島の現実、国の行く末 ステージ10 一筋の道 ステージ特別編 群像二題（天草の石文化と松室五郎左衛門 牛深カツオ漁の男たち）

浜中 善彦〔1940～〕 はまなか・よしひこ
◇銀行員三〇年弁護士二〇年 浜中善彦著 商事法務 2016.7 177p 20cm 2700円 Ⓘ978-4-7857-2444-3 Ⓝ289.1
内容 1 銀行で教わったこと、経験したこと（入行したての頃 融資課に係替えになる ほか） 2 働きながら資格を取る（司法試験受験を決意する 時間管理の方法 ほか） 3 定年退職、司法試験合格と司法修習（定年退職 司法試験合格 ほか） 4 弁護士としての第二の人生（弁護士になる サラリーマンと弁護士の違い ほか） 5 第二の人生をどう生きるか（定年後と第二の人生の違い 第二の人生をどう生きるか ほか）

濱根 岸太郎（1代）〔1861～1925〕 はまね・きしたろう
◇しまなみ人物伝 村上貢著 海文堂出版 2015.8 258p 20cm 〈年表あり〉 1800円 Ⓘ978-4-303-63426-1 Ⓝ281.74
内容 第1部 日本の夜明けの時代に（伊能忠敬―海道周辺の測量 瀬戸田の仙太郎―幕末の海外漂流 永井重助―福宮丸の海難と対米賠償交渉 水先人北野由兵衛―千島艦衝突事件） 第2部 未来を夢見た先輩たち（田坂初太郎―海運創成期のパイオニア 小林善四郎―初代弓削商船学校長の生涯 ビッケル船長―伝道船「福音丸」と弓削商船学校 中堀貞五郎―「うらなり君」のモデルと今治 濱根岸太郎―初代・二代の生涯 濱田国太郎―海員組合草創時代 麻生イト―女傑の生涯 小山亮―嵐は強い木を育てる）

濱根 岸太郎（2代）〔1894～1970〕 はまね・きしたろう
◇しまなみ人物伝 村上貢著 海文堂出版 2015.8 258p 20cm 〈年表あり〉 1800円 Ⓘ978-4-303-63426-1 Ⓝ281.74
内容 第1部 日本の夜明けの時代に（伊能忠敬―海道周辺の測量 瀬戸田の仙太郎―幕末の海外漂流 永井重助―福宮丸の海難と対米賠償交渉 水先人北野由兵衛―千島艦衝突事件） 第2部 未来を夢見た先輩たち（田坂初太郎―海運創成期のパイオニア 小林善四郎―初代弓削商船学校長の生涯 ビッケル船長―伝道船「福音丸」と弓削商船学校 中堀貞五郎―「うらなり君」のモデルと今治 濱根岸太郎―初代・二代の生涯 濱田国太郎―海員組合草創時代 麻生イト―女傑の生涯 小山亮―嵐は強い木を育てる）

浜野 安宏〔1941～〕 はまの・やすひろ
◇TETON―感じて生きる山からの提案 浜野安宏著 世界文化クリエイティブ 2017.3 223p 21cm 〈年譜あり 発売：世界文化社〉 1600円 Ⓘ978-4-418-17500-0 Ⓝ289.1
内容 第1章 山が私を呼んだ。経済至上主義と環境破壊の日本に疲れて 第2章 ジャクソンホールで暮らす美しく満ち足りた日々 第3章 Thinking Like a Mountain山になって考える、自然が教えてくれる 第4章 アメリカ文化の良さも悪さも真実のアメリカを感得する 第5章 ハマノ・ネイチャースクール子どもの自然学園が私たち一家を豊かにしてくれた 第6章 Traveling Wisdomグランド・ティントと別れ、人生最後の旅へ

浜畑 栄造〔1895～1961〕 はまはた・えいぞう
◇人物でたどる日本の図書館の歴史 小川徹、奥泉和久、小黒浩司著 青弓社 2016.6 660p 22cm 〈索引あり〉 8000円 Ⓘ978-4-7872-0060-0 Ⓝ010.21
内容 第1篇 佐野友三郎伝（佐野友三郎の足跡 補論資料） 第2篇 新宮市立図書館長浜畑栄造更迭始末（新宮の2つの図書館 浜畑栄造と大逆事件 「新宮の町は恐慌せり」） 第3篇 忘れられた図書館員、田所糧助―図書館員として歩んだ道のりをたどって（図書館創設請負人、田所糧助 東京市立図書館の復興計画と田所糧助 深川図書館時代―1927-35年） 第4篇 「図書館の自由に関する宣言」淵源考―韮塚一三郎の生涯（青年期の韮塚 県立図書館長としての韮塚） 第5篇 森博、図書館実践とその思想（論考：森博、図書館実践とその思想 森博と4人の図書館員―インタビュー記録）

浜畑 賢吉〔1942～〕 はまはた・けんきち
◇コラケンボウ 浜畑賢吉著 田畑書店 2017.6 197p 19cm 1600円 Ⓘ978-4-8038-0343-3 Ⓝ772.1
内容 コラケンボウ おやじとおふくろ 私のトライアングル 小名浜のおかげ ケンボウの友 ケンボウの食生活 幼稚園に行ってないの？ 忘れん坊大将 お下がり人生 玉電が止まった〔ほか〕

浜村 淳〔1935～〕 はまむら・じゅん
◇話芸の達人―西条凡児・浜村淳・上岡龍太郎 戸田学著 青土社 2018.9 251p 19cm 〈文献あり〉 2000円 Ⓘ978-4-7917-7093-9 Ⓝ779.14
内容 第1部 西条凡児の話芸（西条凡児の高座 西条凡児の経歴 西条凡児の漫談 ほか） 第2部 浜村淳の話芸（京都アクセントを生かす浜村淳 浜村淳の履歴 芸名「浜村淳」の誕生、そして東京へ ほか） 第3部 上岡龍太郎の話芸（上岡龍太郎の引退 横山ノックへの弔辞 漫画トリオの時代 ほか）

浜藻〔1772〜1848〕　はまも
◇五十嵐祇室・梅夫・浜藻 来簡集　五十嵐浜藻・梅夫研究会編著　町田　町田市民文学館　2018.3　112p　26cm　〈附・五十嵐家三代(祇室・梅夫・浜藻)全句集及び年譜稿〉　Ⓝ911.34

羽室 弘志〔1945〜〕　はむろ・ひろし
◇おお我が鉄道人生うたごえ人生　羽室弘志著　半田　一粒書房　2015.11　70p　19cm　①978-4-86431-456-5　Ⓝ289.1

早川 勇〔1832〜1899〕　はやかわ・いさむ
◇勤王の志士早川勇―黒田藩宗像, 占部玄海, 占部華体著　福岡　櫂歌書房　2016.1　120p　21cm　〈年譜あり　発売：星雲社〉　1200円　①978-4-434-21624-4　Ⓝ289.1
[内容]　1 吉田松陰と「草莽崛起」の決断　2 早川勇が貫いた「草莽」の志　3 明治維新と新しい日本の夜明け

早川 和子　はやかわ・かずこ
⇒カレイナニ早川(かれいなにはやかわ)を見よ

早川 一光〔1924〜2018〕　はやかわ・かずてる
◇わらじ医者の来た道―民主的医療の現代史　早川一光, 立岩真也, 西沢いづみ著　青土社　2015.9　250p　19cm　〈文献あり〉　1850円　①978-4-7917-6879-0　Ⓝ498.02162
[内容]　第1章 たどり来し道　第2章 わらじ医者はわらじも脱ぎ捨てて―「民主的医療」現代史　第3章 早川一光インタビューの後で　第4章 早川一光の臨床実践と住民の医療運動―一九五〇年〜一九七〇年代の西陣における地域医療の取り組みを手がかりに

早川 孝太郎〔1889〜1956〕　はやかわ・こうたろう
◇早川孝太郎―民間に存在するすべての精神的所産　須藤功著　京都　ミネルヴァ書房　2016.11　379,23p　20cm　(ミネルヴァ日本評伝選)〈文献あり　年譜あり　索引あり〉　4000円　①978-4-623-07839-4　Ⓝ289.1
[内容]　「花」の仕組みの概略　繋がる祭りと神楽　故郷と絵筆に込めた思い　書き続けた『花祭』旅と出会いと学び　民俗品から民具へ　旅あちらこちら　農村救済に努める　朝鮮・満洲・中国へ　信州の山村に暮らす　昭和二十年代の日々　終わりのない旅

早川 幸男〔1923〜1992〕　はやかわ・さちお
◇宇宙を見た人たち―現代天文学入門　二間瀬敏史著　海鳴社　2017.10　279p　19cm　1800円　①978-4-87525-335-8　Ⓝ440.28
[内容]　第1部 天文学に強力な"道具箱"を提供した観測家たち(ヘンリエッタ・スワン・リービット―宇宙の"物差し"を見つけた　ハーバード・コンピューターズ"一の才媛　ジョージ・ヘール―巨大望遠鏡時代に道を拓く　ほか)　第2部 科学的宇宙論の開拓者たち(アルベルト・アインシュタイン―現代宇宙論の開拓者　カール・シュヴァルツシルト―一般相対性理論方程式の解を発見　ほか)　第3部 天文学を豊かにした人びと(クライド・トンボー―新しい太陽系領域に挑んだ人　アーサー・エディントン―恒星天文学の父　ほか)　第4部 "観測の窓"拡大に情熱を傾けた人びと と(カール・ジャンスキー―電波天文学の生みの親　早川幸男―戦後の焼け跡で "全波長天文学"への道を敷く　ほか)

早川 徳次〔1893〜1980〕　はやかわ・とくじ
◇シャープを創った男 早川徳次伝―合本復刻『わらく』(百秒百話早川徳次語録)　平野隆彰著　丹波　あうん社　2017.8　406p　20cm　(手のひらの宇宙books 15号)〈年譜あり〉　2400円　①978-4-908115-13-4　Ⓝ289.1
◇シャープを創った男 早川徳次伝―合本復刻『わらく』(百秒百話早川徳次語録)普通版　平野隆彰著　丹波　あうん社　2017.8　406p　19cm　(手のひらの宇宙books 第16号)〈年譜あり〉　2000円　①978-4-908115-14-1　Ⓝ289.1
[内容]　『シャープを創った男 早川徳次伝』(事業家誕生　深川貧乏長屋　徒弟時代　早川式繰出鉛筆　関東大震災　関西へ　ラジオの時代　国産テレビ第一号　シャープの遺伝子)　『わらく』(早川徳次生誕百年記念誌)

早川 勝〔1940〜〕　はやかわ・まさる
◇社会党―裏方・表方・市長　早川勝著　オルタ出版室　2015.3　232p　21cm　(オルタ叢書5)〈発売：新時代社〉　1200円　①978-4-7874-9112-1　Ⓝ315.1
[内容]　第1章 政策審議会で財政政策を担当　第2章 大型間接税と五人の政審会長　第3章 売上税と消費税の選挙　第4章 社会民主主義―ソ連と西欧　第5章 政審会長・シャドー内閣　第6章 村山内閣と補佐　第7章 郷里の豊橋で市長12年　第8章 社会党50年への想い

早川 元夫〔1938〜〕　はやかわ・もとお
◇次に生かせ, あの日, あの時, あの想いを　早川元夫著　浜松　出版のススメ研究会　2016.9　243p　22cm　〈奥付のタイトル：次に生かせ, あの日, あの時, あの想い　年譜あり〉　Ⓝ289.1

早川 陽子〔1930〜〕　はやかわ・ようこ
◇太陽の陽子, 継続は力―私の母の自分史　早川真著　浜松　出版のススメ研究会　2016.3　32p　22cm　Ⓝ289.1

早川殿〔?〜1613〕　はやかわどの
◇北条氏康の子供たち―北条氏康生誕五百年記念論文集　黒田基樹, 浅倉直美編　京都　宮帯出版社　2015.12　357p　22cm　〈年譜あり〉　3500円　①978-4-8016-0017-1　Ⓝ288.2
[内容]　総論 北条氏康の子女について　第1章 北条氏康の息子たち(北条氏政　北条氏照　北条氏邦　北条氏規　北条氏忠　北条氏光　上杉景虎)　第2章 北条氏康の娘たち(早川殿―今川氏真の室　七曲殿―北条氏繁の室　長林院―太田氏資の室　浄光院殿―足利義氏の室　桂林院殿―武田勝頼の室)　第3章 戦国北条氏の居城(小田原城　韮山城跡　鉢形城跡　唐沢山城　玉縄城)　付録

早坂 茂三〔1930〜2004〕　はやさか・しげぞう
◇田中角栄 頂点をきわめた男の物語―オヤジとわたし　早坂茂三著　PHP研究所　2016.6

はやし

314p 15cm (PHP文庫 は65-1)〈「オヤジとわたし」(集英社文庫 1993年刊)の改題〉 620円 ⓘ978-4-569-76605-8 Ⓝ289.1

内容 私はオヤジの家来になった 未来は青年のものだ 北辺のハナタレ小僧 土方は地球の彫刻家である 右手の拇指に残るかすかな青い線 一言―「体だけは気をつけてください」 友情は風雪にさらされて育つ 田んぼの中から一言、「泣くな!」 米よこせデモのプラカード マリア様なのかもしれない〔ほか〕

◇田中角栄と早坂茂三 山形三吉編 いちい書房 2016.10 206p 19cm 1200円 ⓘ978-4-900424-79-1 Ⓝ289.1

＊田中角栄の政務秘書を23年間務め、「日本列島改造論」の名付け親でもある早坂茂三。彼の著書の中から厳選した田中角栄に関する言葉やエピソードを紹介する。「早坂茂三の自分史(角栄の家来になるまで)」も収録。

林 アメリー〔1933～〕 はやし・あめりー

◇アメリーのきもの やわらか暮らし 林アメリー著 いきいき株式会社出版局 2015.8 121p 21cm 1500円 ⓘ978-4-906912-18-6 Ⓝ289.1

内容 第1章 これまでの日々(プリンセスの服を作りたい 日本に出会い、伴侶に出会う 日本のきものは世界一すばらしい きもの地で作る洋服に惹かれてパッチワークの始まりは、机の引き出しの片付けから) 第2章 今の暮らし(布で部屋を飾る 食堂は食堂、居間は居間。目的以外のことはしない 大事なものを、布で守る 何事もフレキシブルに。料理もね かりんはちょっと私の自慢 お友だちを招く) 第3章 これからの私(病が見つかっても 故郷が遠く離れていても どんなところにも、美しいものが必ずある La Vie―私が美しいと思うもの)

林 市蔵〔1867～1952〕 はやし・いちぞう

◇民生委員の父 林市蔵―亡国の危機を救った「方面精神」の系譜 平瀬努著 潮書房光人社 2014.8 397p 20cm 〈文献あり 年譜あり〉 2400円 ⓘ978-4-7698-1574-7 Ⓝ289.1

内容 高麗門の母 民生委員制度確立への道程 外交官・重光葵との縁 亡国の憂いと重光構想 亜細亜に隣人愛の旋風を 国の存亡賭けた終戦工作派の結成 「牡丹」に託し、未来ある敗北 「勇断一決」阻む呪縛障壁 市蔵を囲むゆかしき家族 クレムリン発、名誉回復冤罪証言 「天意」見届けた百里亭主人

林 英哲〔1952～〕 はやし・えいてつ

◇あしたの太鼓打ちへ 林英哲著 増補新装版 羽鳥書店 2017.10 301p 20cm 〈初版:晶文社 1992年刊〉 2600円 ⓘ978-4-904702-68-0 Ⓝ768.17

内容 1 太鼓論(僕に流儀はない 記憶が肉体になる ほか) 2 太鼓談(ジャズピアニスト・山下洋輔さんと語る―ぼくがこうして今の太鼓打ちまで 加賀浅野家・浅野昭利さんに聞く―太鼓作りの証言) 3 太鼓録(自分だけ大変なわけじゃない ボストン、そしてニューヨーク ほか) 4 太鼓記(こうして僕は太鼓打ちになった 「太鼓打つ子ら」―立ち向かう、未来の太鼓打ちへ)

林 遠里〔1831～1906〕 はやし・えんり

◇農哲・林遠里の生涯 本山一城文 〔狛江〕 本山プロダクション 2016.4 128p 21cm Ⓝ289.1

林 兼正〔1941～〕 はやし・けんせい

◇横浜中華街 街づくりはたたかいだ 林兼正著 横浜 神奈川新聞社 2014.8 191p 19cm (わが人生 9)〈文献あり 年譜あり〉 1389円 ⓘ978-4-87645-526-3 Ⓝ672.137

内容 第1章 廟の建立には「深い訳」 第2章 発展会を軸に街づくり 第3章 「憲章」で基本理念をうたう 第4章 わがルーツは中国・広東省 第5章 スパルタ教育で味学ぶ 第6章 引退するも見果てぬ夢 追記 おいしい中華料理とは? 横浜中華街の主な街づくり活動

林 健太郎〔1913～2004〕 はやし・けんたろう

◇昭和史と私 林健太郎著 文藝春秋 2018.10 378p 16cm (文春学藝ライブラリー―歴史 30)〈1992年刊の修正〉 1350円 ⓘ978-4-16-813076-2 Ⓝ289.1

内容 昭和の幕開け 南京事件と山東出兵 満州某重大事件と天皇の悲劇 「旧制高校」というもの マルクス主義に心酔した頃 西洋史との出会いと滝川事件 二・二六事件と昭和天皇の決断 スペイン内乱とシナ事変 東大経済学部の内紛 太平洋戦争と私の召集 敗戦から戦後へ 共産党シンパから社会党シンパに 戦後日本の大きな岐路 冷戦のはじまり 清水幾太郎と全面講和運動 進歩的文化人との最初の論争 六〇年安保騒動の前夜 二年間の欧米留学 ベルリンに壁がつくられた日 安保騒動後の日本、そして世界 東大紛争百六十七時間の軟禁 昭和は終わり ベルリンの壁は崩れた

林 壽太郎〔1907～1981〕 はやし・じゅたろう

◇理はあざやか 林壽太郎著 天理 天理教道友社 2015.7 253p 15cm (道友社文庫) 650円 ⓘ978-4-8073-0592-6 Ⓝ169.1

内容 第1章 ふしぎふしぎで成り立つみち 第2章 いんねん切り替えがたすかるもと 第3章 親のろんふ、子の理 第4章 悩み悩んだ青春時代 第5章 単独布教の尊さ 第6章 世界たすけのみち 第7章 ない袖がふれるみち 第8章 心の成人、理の成人 第9章 霊様は働く 第10章 理はあざやか

林 正之助〔1899～1991〕 はやし・しょうのすけ

◇吉本興業の正体 増田晶文著 草思社 2015.6 522p 16cm (草思社文庫 ま1-3)〈文献あり〉 1200円 ⓘ978-4-7942-2134-6 Ⓝ779

内容 プロローグ 放牧場(若手たちの廊下 柵の低い放牧場 ほか) 第1章 変容(「入場無料」の劇場 コンテンツビジネス ほか) 第2章 正之助(「けったいなもん」 第二文藝館 ほか) 第3章 黄金時代(せいと正之助 「笑い」を軸に据える ほか) 第4章 テレビの時代(劇場வらテレビ中継 正之助の葛藤 ほか) 第5章 全国区(マンザイブーム 「漫才」ではなく「MANZAI」 ほか) 第6章 ケッタイな会社(スーパーからデパートに 「商店」からの脱却 ほか) エピローグ 笑いのウイルス―あとがきにかえて

◇わらわしたい―正調よしもとと林正之助伝 竹中

功著　ロングセラーズ　2017.10　260p　19cm　〈河出書房新社 1992年刊の改訂〉　1300円　①978-4-8454-2407-8　Ⓝ779

内容　第1章 その葬儀　第2章 笑いこそ我が領土　第3章 笑うモダンシティ　第4章 お笑い戦線異状なし　第5章 光と闇の中で　第6章 蘇る王国の栄光

林 忠彦〔1918～1990〕　はやし・ただひこ
◇オヤジの背中―写真家・林忠彦―父・林忠彦　林義勝著　日本写真企画　2015.12　167p　24cm　〈年譜あり〉　2500円　①978-4-86562-023-8　Ⓝ740.21

内容　東海道―1990年　東海道の旅―2006年　茶室―1986年　瀬戸内寂聴さんと訪れる京の茶室―1993年　十二支伝説―1993年　龍伝説―1999年　新シルクロード―2005年　天теキ山五百羅漢寺―1982年　日本の経営者―1975年　日本の家元―1983年　OMOTE観世宗家能面―2002年〔ほか〕

林 忠正〔1853～1906〕　はやし・ただまさ
◇幻の五大美術館と明治の実業家たち　中野明著　祥伝社　2015.3　301,6p　18cm　〈祥伝社新書407〉〈索引あり〉　860円　①978-4-396-11407-7　Ⓝ707.9

内容　プロローグ（大倉喜八郎と大倉集古館　藤田伝三郎と藤田美術館　根津嘉一郎と根津美術館　「幻の美術館」に終わった人たち）　第1章 大茶人 益田孝と小田原掃雲台「鈍翁美術館」（三井の大番頭・益田孝　大茶人で希代の美術品収集家　井上馨との出会い ほか）　第2章 生糸王 原富太郎と横浜三之谷「三溪美術館」（古建築のテーマパーク　原家の入り婿　原商店から合名会社へ ほか）　第3章 造船王 川崎正蔵と神戸布引「川崎美術館」（高橋箒庵の神戸行き　川崎正蔵の鳴かず飛ばずの前半生　造船業ブームの波に乗る川崎正蔵 ほか）　第4章 勝気船 松方幸次郎と東京麻布「共楽美術館」（林権助の子孫　株式会社川崎造船所の初代社長に就任　第一次世界大戦の勃発と大造船ブーム ほか）　第5章 美術商 林忠正と東京銀座「近代西洋美術館」（希代の画商・林忠正　起立工商会社の臨時通訳としてパリへ　フランスで巻き起こった浮世絵ブーム ほか）　エピローグ（彼らの美術館はなぜ幻に終わったのか　幻の美術館に残る未練）

林 達夫〔1896～1984〕　はやし・たつお
◇粕谷一希 随想集　1　忘れえぬ人びと　粕谷一希著　藤原書店　2014.5　389p　20cm　〈付属資料：8p；月報1〉　3200円　①978-4-89434-968-1　Ⓝ914.6

内容　1 吉田満の問いつづけたもの　2 先人たち（小林秀雄と丸山真男―青春について　河上徹太郎の姿勢　保田与重郎と竹内好―ロマン主義について ほか）　3 同時代を生きて（鶴見俊輔　萩原延壽　永井陽之助 ほか）　4 教えられたこと（松本重治先生　ある日の小島祐馬先生　京都学派ルネサンス ほか）

林 主税〔1922～2010〕　はやし・ちから
◇日本真空の恩人たち―世界一の真空メーカー・アルバックの誕生と成長の物語　林主税著　白日社　2014.7　269p 図版32p　20cm　〈索引あり〉　2000円　①978-4-89173-136-6　Ⓝ289.1

内容　大学を卒業して海軍へ　嵯峨根遼吉研究室　日本真空技術株式会社の誕生　国産化　初めての外国訪問　ソビエト連邦と中国　アメリカの友人たち　恩人　叱られた話　預かった若者たち　判断力　経営者

林 力〔1924～〕　はやし・ちから
◇父はハンセン病患者だった　林力著　大阪 解放出版社　2016.12　213p　19cm　1600円　①978-4-7592-6774-7　Ⓝ289.1

内容　1 父の発病、私の少年時代（窮境のなかでの発病　博多での長屋生活 ほか）　2 戦争、生死の境のなかで（入隊　末松軍曹のこと ほか）　3 教員、私の光と闇（復員　戦災孤児らとの格闘 ほか）　4 父の死、私の告白（福岡市長選挙差別事件　すべての出発 ほか）

林 知己夫〔1918～2002〕　はやし・ちきお
◇林知己夫の生涯―データサイエンスの開拓者がめざしたもの　丸山久美子著　新曜社　2015.9　257p　20cm　〈文献あり 年譜あり 索引あり〉　3200円　①978-4-7885-1446-1　Ⓝ289.1

内容　第1章 昭和初期の「その」時代　第2章 統計数理か数理統計か　第3章 サンプリング調査の醍醐味　第4章 数量化理論形成の道程　第5章 外研究海法証　第6章 マーケティングリサーチと多次元尺度解析研究会　第7章 科学基礎論学会と行動計量学会　第8章 国際比較調査研究の筋道　第9章 データサイエンスという思想　第10章 わが魂の燃え尽きざる如く

林 忠四郎〔1920～2010〕　はやし・ちゅうしろう
◇宇宙を見た人たち―現代天文学入門　二間瀬敏史著　海鳴社　2017.10　270p　19cm　1800円　①978-4-87525-335-8　Ⓝ440.28

内容　第1部 天文学に強力な"道具箱"を提供した観測家たち（ヘンリエッタ・スワン・リービット―宇宙の"物差し"を見つけた "ハーバード・コンピューターズ"―才女　ジョージ・ヘール―巨大望遠鏡時代に道を拓く ほか）　第2部 科学的宇宙論の開拓者たち（アルベルト・アインシュタイン―現代宇宙論の開拓者　カール・シュヴァルツシルト―塹壕で重力場方程式の解を発見 ほか）　第3部 宇宙を豊かにした人びと（クライド・トンボー―新しい太陽系領域に挑んだ人　アーサー・エディントン―恒星天文学の父 ほか）　第4部 "観測の窓"拡大に情熱を傾けた人びと（カール・ジャンスキー―電波天文学の生みの親　早川幸男―戦後の焼け跡で「全波長天文学」への道を敷く ほか）

林 典夫〔1928～〕　はやし・つねお
◇残照―三十八度線をのりこえて　林典夫著　蒼空社　2017.8　159p　21cm　1200円　①978-4-908009-09-9　Ⓝ289.1

林 敏之〔1960～〕　はやし・としゆき
◇日本ラグビーヒーロー列伝―歴史に残る日本ラグビー名選手 All about JAPAN RUGBY 1970-2015　ベースボール・マガジン社編著　ベースボール・マガジン社　2016.2　175p　19cm　1500円　①978-4-583-11001-1　Ⓝ783.48

内容　第1章 2015年 ワールドカップの英雄（五郎丸歩　リーチ，マイケル　廣瀬俊朗　大野均　堀江翔太 ほ

はやし

か）第2章 ヒーロー列伝 1970年〜2015年（坂田好弘　原進　藤原優　森重隆　松尾雄治　ほか）

林 典子〔1983〜〕　はやし・のりこ
◇フォトジャーナリストの視点　林典子著　雷鳥社　2018.4　233p　19cm　1500円　Ⓘ978-4-8441-3742-9　Ⓝ740.21
内容　フォトジャーナリストを目指すまで　フォトジャーナリストとして生きていく　フォトジャーナリストとしての仕事術　取材現場の実際　編集者との出会いと写真展開催　世界中に強くて深い人間関係が広がっていくこととどう向き合うか　私が考えるいくつかの大切なこと

林 弘高〔1907〜1971〕　はやし・ひろたか
◇吉本興業をキラキラにした男　林弘高物語　小谷洋介著、竹中功監修　ロングセラーズ　2017.10　315p　19cm　〈文献あり　年譜あり〉　1300円　Ⓘ978-4-8454-2408-5　Ⓝ289.1
内容　はじめに　発見された二千枚の写真が開いた吉本の新たな歴史　第1章　林弘高という男（姉のせいとは十歳、兄の正之助とも八歳離れた末っ子　寄席小屋「第二文芸館」がお気に入りの遊び場　ほか）　第2章　大劇場建設物語（浅草の大劇場建設計画　東京花月劇場誕生　ほか）　第3章　弘高イズムの覚醒（東京の次は名古屋、その次は大阪や　これからは「映画の中にもなるで ほか）　第4章　戦後にこそ輝いた（岩田専太郎の美人画をエントランスに飾りたい　占領軍が京都にやって来る　ほか）　第5章　東京から大阪へ（ロゴマークの刷新から始まった弘高社長の大阪吉本　「東西合同落語漫才長屋結成記念」公演　ほか）

林 芙美子〔1903〜1951〕　はやし・ふみこ
◇田辺聖子の恋する文学――一葉、晶子、芙美子　田辺聖子著　新潮社　2015.9　184p　16cm　（新潮文庫　た-14-31）〈「田辺聖子の古典まんだら　続」（2013年刊）の改題、加筆、訂正〉　430円　Ⓘ978-4-10-117531-7　Ⓝ910.2
内容　恋が執筆の原動力・樋口一葉　嫉妬を文学に昇華させた与謝野晶子　ノラになりたかった杉田久女　女の友情・吉屋信子　男の本質をつかんでいた林芙美子
◇林芙美子　遠藤充彦著、福田清人編　新装版　清水書院　2018.4　202p　19cm　（Century Books――人と作品）〈文献あり　年譜あり　索引あり〉　1200円　Ⓘ978-4-389-40123-8　Ⓝ910.268
内容　第1編　林芙美子の生涯（流浪の子　青春の日々　栄光にむかって　暗い時代のもとで　戦後の混乱の中から）　第2編　作品と解説（放浪記　清貧の書　泣虫小僧　稲妻　うず潮　ほか）

林 政文〔1869〜1899〕　はやし・まさぶみ
◇新聞の夜明け――評伝　赤羽萬次郎と林政文　小倉正人,森英一著　金沢　北國新聞社　2018.8　2冊（セット）　19cm　1500円　Ⓘ978-4-8330-2145-6　Ⓝ289.1
内容　北國新聞創刊者　赤羽萬次郎が拓いた道（創刊号の約束―北陸の発展に尽くす　松本・開智学校―教師から民権派記者に　3人の先輩記者―19歳、東京に旅立つ　東京横浜毎日―幕臣が民権運動の柱　名望と弾圧―1田中正造のため栃木へ　ほか）　北國新聞社第二代社長　林政文の生涯（長野に生まれ上京　『佐久間象山』刊行　山林事業に目覚める　日清戦争従軍　台湾へ　ほか）

林 眞須美〔1961〜〕　はやし・ますみ
◇和歌山カレー事件　獄中からの手紙　林眞須美,林健治,篠田博之他著　創出版　2014.7　158p　19cm　〈他言語標題：WAKAYAMA Curry Incident Letters From Prison　年表あり〉　1000円　Ⓘ978-4-904795-31-6　Ⓝ368.61
内容　第1章　大阪拘置所の獄窓から―林眞須美（今でもこの現実が信じられません　大阪拘置所での私の生活　判決公判で胸にした真紅のハンカチ　大阪拘置所にも秋が訪れた　『フォーカス』肖像権訴訟最高裁判決　三浦和義さんの訃報の獄舎で泣き叫んだ）　第2章　カレー事件をめぐる家族の証言（「過熱報道」にさらされた2カ月間　出所後初めて見た7年ぶりの和歌山　被告の家族が語った「事件の日、逮捕の日」　最高裁判決前に弁護団が訴えたこと　最高裁判決直後に眞須美さんから届いた手紙）　第3章　死刑確定後、再審への闘い（死刑確定後も無実への思いは変わらない　死刑確定から4年、一日も早く再審無罪を　不当逮捕から15年　52歳の独居室より　死刑判決を支えた科学鑑定に大きな疑問）
◇「毒婦」和歌山カレー事件20年目の真実　田中ひかる著　ビジネス社　2018.7　215p　20cm　〈文献あり　年表あり〉　1600円　Ⓘ978-4-8284-2037-0　Ⓝ368.61
内容　プロローグ　二〇〇六年、大阪拘置所の面会室　収監以来二〇年、未だあきらめない約束　第1章　錯綜―あの日、事件現場で何が起きていたのか？　第2章　暴走―死刑判決に至るまでの「騒ぎ」　第3章　応報―保険金詐欺事件と奇妙な人間関係　第4章　虚構―過熱するマスコミが作り上げた格好の犯人像　第5章　愛憎―夫婦と子どもたちの二〇年　エピローグ　「疑い」だらけの死刑判決　今も続く"獄中訴訟"に込めた想い　眞須美が長男へ宛てた手紙

林 みのる〔1945〜〕　はやし・みのる
◇クラッシュ　ワコールと童夢、ファイナル・ラップでの激突　丸山昇著　第三書館　2015.12　379p　20cm　1800円　Ⓘ978-4-8074-1599-1　Ⓝ289.1
◇クラッシュ　2　ワコールHD社長兄妹の「ご乱心」　丸山昇著　第三書館　2017.9　283p　20cm　1500円　Ⓘ978-4-8074-1727-8　Ⓝ289.1
内容　童夢と林みのるの最後の夢　ワコール創業家との半世紀近い"親戚付き合い"　ワコールHD社長妹の"欲得"の渦　「名義貸しした株は全部私のもの」（塚本洋子）　「童夢本社があった土地は名実ともに洋子のもの」　林みのる側の反論。「洋子の財産を横取り」との印象操作　「機密保持」か、「謝罪」か、のガチンコ対決　ワコールと童夢の間の観察者たち　ワコールの企業イメージそっちのけの裁判戦術　林への絶対的信頼と風閣が直面した"古都の忖度"　ワコール源流の五個荘近江商人の真髄「三方とく」　最高裁まで闘う

林 康子〔1943〜〕　はやし・やすこ
◇スカラ座から世界へ　南條年章　林康子著　フリースペース　2015.12　527p　22cm　〈発売：星雲社〉　4000円　Ⓘ978-4-434-21383-0

Ⓝ762.1
内容 第1章 オペラ歌手への道（歌の好きな少女　突然の声楽志望　ほか）　第2章 世界で歌う（一九七三年　一九七四年　ほか）　第3章 日本で歌う（一九七六年　一九八二年　ほか）　第4章 新たな出発（東京藝術大学着任　教育活動の中でのオペラ出演　ほか）　林康子公演記録

林下 熱志〔1994〜〕　はやしした・あつし
◇ハダシの熱志　林下熱志著　ぴあ　2015.7　199p　19cm　1200円　ⓘ978-4-8356-2843-1　Ⓝ289.1

＊2006年から2013年まで放送された、大人気ドキュメンタリー番組、『痛快！ビッグダディ』。"ビッグダディ"こと林下清志氏を中心とする、林下家一番人気の次男、熱志の知られざる秘話をふんだんに盛り込んだ、初の書籍。緊急発売、決定。ビッグダディ・清志氏を慕い、尊敬する子供たち。そんな子供たちの中でも、最も彼に忠実な熱志。家事・育児が不得意で金銭感覚もズレている元母に代わり、紆余曲折が止まぬ一家の家計管理や、幼い弟・妹の面倒を自ら担い、数多の現実に直面し、時に翻弄されながらも、ひたむきに生き続ける熱志。ビッグダディとの会話はほとんどなく、カメラの前でも寡黙な林下熱志が赤裸々に語る、初めての本音。これまで伝えられることのなかった、林下家数々の真実。ついに、解禁。

林下 清志〔1965〜〕　はやしした・きよし
◇さらば、ビッグダディ　林下清志著　扶桑社　2015.2　215p　19cm　1100円　ⓘ978-4-594-07223-0　Ⓝ289.1

内容 序章 俺はこういう人間だ！（自分の進む道を教えてくれた柔道との出会い　弟子入りした師匠の娘に手を出す　ほか）　第2章 さすらい家族（無計画な性行為―無計画に子どもをつくりすぎ！　離婚―5度目の離婚はさすがにショックだった!?　ほか）　第3章 さすらい子育て（さすらい―親のさすらい人生に子どもを巻き込むな！　食事―ダディの作る貧乏飯じゃ栄養が足りない！　ほか）　第4章 さすらい人生（仕事論―本気で働いて稼ぐ気があるのか！　不衛生―トイレでコーヒーを飲むなんて汚い！　ほか）　特別対談 田村淳（ロンドンブーツ1号2号）×ビッグダディ

林田 次男　はやしだ・つぎお
◇鎖と絆　野田喜樹, 林田次男著　ファーストプレス　2015.11　175p　19cm　1500円　ⓘ978-4-904336-88-5　Ⓝ289.1

内容 第1章 "飢えの恐怖"がつくり出した人格　第2章 野田喜樹との出会いで輝き始める　第3章 ビジネスの種を見抜く　第4章 世界一のナンバー2を目指す　第5章 ひらめきで勝負する　第6章 ビジネスで芽が開く　第7章 50歳で気づいたことがある

林屋 亀次郎〔1886〜1980〕　はやしや・かめじろう
◇陣太鼓―評伝　林屋亀次郎〈元国務相・北陸大学創設者〉　北國新聞社政治部編　金沢　北國新聞社　2015.6　391p　19cm　〈年譜あり〉　2000円　ⓘ978-4-8330-2019-0　Ⓝ289.1

林家 木久扇〔1937〜〕　はやしや・きくおう
◇師匠！―人生に大切なことはみんな木久扇師匠が教えてくれた　林家木りん著　文藝春秋　2018.6　223p　19cm　1400円　ⓘ978-4-16-390736-9　Ⓝ779.13

内容 第1章 落語家入門　第2章 寄席での修業　第3章 二ツ目昇進と我が一門　第4章 相撲部屋の少年　第5章 木久扇伝説　第6章 落語家の日々　新作落語 どす恋　特別師弟対談 林家木りん×林家木久扇

林家 木久蔵（1代）　はやしや・きくぞう
⇒林家木久扇（はやしや・きくおう）を見よ

林家 木りん〔1989〜〕　はやしや・きりん
◇師匠！―人生に大切なことはみんな木久扇師匠が教えてくれた　林家木りん著　文藝春秋　2018.6　223p　19cm　1400円　ⓘ978-4-16-390736-9　Ⓝ779.13

内容 第1章 落語家入門　第2章 寄席での修業　第3章 二ツ目昇進と我が一門　第4章 相撲部屋の少年　第5章 木久扇伝説　第6章 落語家の日々　新作落語 どす恋　特別師弟対談 林家木りん×林家木久扇

林家 正楽（1代）〔1895〜1966〕　はやしや・しょうらく
◇正楽三代―寄席紙切り百年　新倉典生著　dZERO　2015.4　211p　20cm　〈文献あり　年譜あり　発売：インプレス〉　2100円　ⓘ978-4-8443-7681-1　Ⓝ779.1

内容 芸と名跡をつなぐ縁　第1章 創成と大成―初代林家正楽（弟子入り　紙切り初披露　ほか）　第2章 継承と人気―二代目林家正楽（ミシンと落語　春日部と浅草は電車で一本　ほか）　第3章 研磨と昇華―三代目林家正楽（「切れない」とは言わない　突然ひらめく　ほか）　第4章 技術と至芸―正楽三代の奥義（最初はひたすら「馬」　三島事件、大地震、津波　ほか）

◇正楽三代―寄席紙切り百年　新倉典生著　千葉　dZERO　2015.4　211p　20cm　〈年譜あり〉　2100円　ⓘ978-4-907623-13-5　Ⓝ779.1

内容 芸と名跡をつなぐ縁　第1章 創成と大成―初代林家正楽（弟子入り　紙切り初披露　ほか）　第2章 継承と人気―二代目林家正楽（ミシンと落語　春日部と浅草は電車で一本　ほか）　第3章 研磨と昇華―三代目林家正楽（「切れない」とは言わない　突然ひらめく　ほか）　第4章 技術と至芸―正楽三代の奥義（最初はひたすら「馬」　三島事件、大地震、津波　ほか）

林家 正楽（2代）〔1935〜1998〕　はやしや・しょうらく
◇正楽三代―寄席紙切り百年　新倉典生著　dZERO　2015.4　211p　20cm　〈文献あり　年譜あり　発売：インプレス〉　2100円　ⓘ978-4-8443-7681-1　Ⓝ779.1

内容 芸と名跡をつなぐ縁　第1章 創成と大成―初代林家正楽（弟子入り　紙切り初披露　ほか）　第2章 継承と人気―二代目林家正楽（ミシンと落語　春日部と浅草は電車で一本　ほか）　第3章 研磨と昇華―三代目林家正楽（「切れない」とは言わない　突然ひらめく　ほか）　第4章 技術と至芸―正楽三代の奥義

（最初はひたすら「馬」 三島事件、大地震、津波ほか）

◇正楽三代―寄席紙切り百年 新倉典生著 千葉 dZERO 2015.4 211p 20cm 〈年譜あり〉 2100円 Ⓘ978-4-907623-13-5 Ⓝ779.1
内容 芸と名跡をつなぐ縁 第1章 創成と大成―初代林家正楽（弟子入り 紙切り初披露 ほか） 第2章 継承と人気―二代目林家正楽（ミシンと落語 春日部と浅草は電車で一本 ほか） 第3章 研磨と昇華―三代目林家正楽（「切れない」とは言わない 突然ひらめく ほか） 第4章 技術と至芸―正楽三代の奥義（最初はひたすら「馬」 三島事件、大地震、津波ほか）

林家 正楽（3代）〔1948〜〕 はやしや・しょうらく
◇正楽三代―寄席紙切り百年 新倉典生著 dZERO 2015.4 211p 20cm 〈文献あり 年譜あり 発売：インプレス〉 2100円 Ⓘ978-4-8443-7681-1 Ⓝ779.1
内容 芸と名跡をつなぐ縁 第1章 創成と大成―初代林家正楽（弟子入り 紙切り初披露 ほか） 第2章 継承と人気―二代目林家正楽（ミシンと落語 春日部と浅草は電車で一本 ほか） 第3章 研磨と昇華―三代目林家正楽（「切れない」とは言わない 突然ひらめく ほか） 第4章 技術と至芸―正楽三代の奥義（最初はひたすら「馬」 三島事件、大地震、津波ほか）

◇正楽三代―寄席紙切り百年 新倉典生著 千葉 dZERO 2015.4 211p 20cm 〈年譜あり〉 2100円 Ⓘ978-4-907623-13-5 Ⓝ779.1
内容 芸と名跡をつなぐ縁 第1章 創成と大成―初代林家正楽（弟子入り 紙切り初披露 ほか） 第2章 継承と人気―二代目林家正楽（ミシンと落語 春日部と浅草は電車で一本 ほか） 第3章 研磨と昇華―三代目林家正楽（「切れない」とは言わない 突然ひらめく ほか） 第4章 技術と至芸―正楽三代の奥義（最初はひたすら「馬」 三島事件、大地震、津波ほか）

早瀬 利雄〔1903〜1984〕 はやせ・としお
◇社会学批判と現代―早瀬利雄の人と学問 内藤辰美著 横浜 春風社 2018.6 445,14p 20cm 〈著作目録あり 文献あり〉 3900円 Ⓘ978-4-86110-561-6 Ⓝ361
内容 社会学者の誕生 第1部 早瀬利雄と社会学研究（『現代社会学批判』『アメリカ社会学成立史論』『社会科学の諸問題―社会的余剰の理論と社会体制論』） 第2部 社会学批判とその時代 第3部 早瀬社会学の中心問題と社会学「論争」（社会学理論家―早瀬利雄の社会学における社会体制論と社会変動論 社会学一般理論の範疇―ミクロ社会学とマクロ社会学 社会学史家・早瀬利雄と近代日本の社会学―日本における社会学の成立過程 早瀬利雄と社会学論争―第三史観論争と経済的社会構成体論争） 第4部 社会学批判と現代（社会学批判と現代―早瀬利雄の社会学批判を通して） 第5部 早瀬利雄と横浜（横浜・アメリカ・社会学―早瀬利雄の横浜）

早田 楽斎 はやた・らくさい
◇菊と桐と柏と―圓満院門跡僧侶になった鎌倉宮将軍二男の系譜と伝承洋画家早田楽斎まで 早田雅美著 〔出版地不明〕 〔早田雅美〕 2017.1 167p 19cm 非売品 Ⓝ288.3

速水 堅曹〔1839〜1913〕 はやみ・けんそう
◇生糸改良にかけた生涯―官営富岡製糸所長速水堅曹 自伝と日記の現代語訳 速水堅曹原著, 富岡製糸場世界遺産伝道師協会歴史ワーキンググループ現代語訳 飯田橋パピルス 2014.8 377p 21cm 〈年譜あり 発売：パピルス〉 1800円 Ⓘ978-4-9902531-5-8 Ⓝ639.02133
◇速水堅曹資料集―富岡製糸所長とその前後記 速水美智子編 文生書院 2014.9 73,398p 23cm 〈他言語標題：The life and memories of Hayami Kenso, 1839-1913 速水堅曹歿後百年記念出版 解題：内海孝 複製を含む 年譜あり〉 8200円 Ⓘ978-4-89253-519-2 Ⓝ289.1
◇日本製糸業の先覚速水堅曹を語る 石井寛治, 速水美智子, 内海孝, 手島仁述 前橋 上毛新聞社事業局出版部 2015.3 83p 21cm （前橋学ブックレット 1） 600円 Ⓘ978-4-86352-128-5 Ⓝ639.021
内容 第1章 講演「藩営前橋製糸所と速水堅曹」（外資を排除しての近代化路線の選択―「外資排除」の問題 日本の受け皿にあった技術の工夫―「適正技術」の問題 経営としての自立性の獲得―「自立経営」の問題） 第2章 速水堅曹シンポジウム（自己紹介と『速水堅曹資料集』について 藩営前橋製糸所の意義 官営富岡製糸場への貢献 「県都前橋生糸の市（いとのまち）」をどのように全国に発信するか）
◇速水堅曹と前橋製糸所―その「卓犖不羈」の生き方 速水美智子著 前橋 上毛新聞社事業局出版部 2016.8 82p 21cm （前橋学ブックレット 8） 〈年譜あり〉 600円 Ⓘ978-4-86352-159-9 Ⓝ639.02133
内容 第1章 学び（下級藩士の息子 「顔回」になる ほか） 第2章 藩士として（家老・下川又左衛門 公事二生糸ニ関スルノ始ナリ ほか） 第3章 国の官僚として（内務省入省 富岡製糸所の調査 ほか） 第4章 富岡製糸所長として生糸直輸出（富岡製糸所長 製糸所の改革 ほか） 第5章 伝える（後進の指導 最後の仕事 ほか）

原 章〔1947〜〕 はら・あきら
◇元郵便局員ゴルフ馬鹿一代記 原章著 高崎 あさを社 2016.6 269p 22cm Ⓘ978-4-87024-593-8 Ⓝ289.1

原 耕〔1876〜1932〕 はら・こう
◇海耕記―原耕が鰹群に翔けた夢 福田忠弘著 筑波書房 2018.11 288p 19cm 2800円 Ⓘ978-4-8119-0544-0 Ⓝ289.1
内容 南溟の鯱 その母、まさに鯢の如し 坊津の原家 原家に凡人なし 弟、捨思 ぼっけもん 医者の道 若い医学校長 "空白"の2年間 夢の源流 〔ほか〕

原 采蘋〔1798〜1859〕 はら・さいひん
◇女性漢詩人 原采蘋 詩と生涯―孝と自我の狭間で 小谷喜久江著 笠間書院 2017.6 654, 17p 22cm 〈布装 年譜あり 索引あり〉

はら

13000円 ①978-4-305-70845-8 Ⓝ919.5
内容 序章 原采蘋研究の意図と視点 第1章 江戸詩風の変遷と地方詩壇の状況 第2章 原采蘋の少女時代 第3章 漢詩人としての修業時代 第4章 遊歴詩人としての出発 第5章 江戸での二十年間 第6章 房総遊歴 第7章 帰郷 終章

◇楊花飛ぶ—原采蘋評伝 小谷喜久江著 九夏社 2018.10 327p 20cm 2400円 ①978-4-909240-01-9 Ⓝ919.5
内容 第1章 少女時代 第2章 修行時代 第3章 京都への旅立ち 第4章 江戸への旅立ち 第5章 江戸での二十年間 第6章 房総遊歴 第7章 帰郷 第8章 終焉

原 三溪 はら・さんけい
⇒原富太郎(はら・とみたろう)を見よ

原 三信 〔?~1711〕 はら・さんしん
◇博多に生きた藩医—原三信の四百年 原寛著 福岡 石風社 2014.6 252p 20cm 〈年譜あり 文献あり〉 1500円 ①978-4-88344-243-0 Ⓝ490.2191
内容 序章 七神versus 第1章 長崎 第2章 博多 第3章 幕末 第4章 明治 第5章 帝大 第6章 大戦 第7章 戦後

原 茂 〔1920~1989〕 はら・しげる
◇獣医学の狩人たち—20世紀の獣医偉人列伝 大竹修著 堺 大阪公立大学共同出版会 2017.5 406p 21cm 〈文献あり〉 2400円 ①978-4-907209-72-8 Ⓝ649.028
内容 序：日本における近代獣医学の夜明け 牛痘苗と狂犬病ワクチンの創始者—梅野信吉 人材育成の名人で家畜衛生学の先達—葛西勝弥 獣医寄生虫学を確立—板垣四郎 競走馬の研究に生涯を捧げた外科の泰斗—松葉重雄 ひよこの雌雄鑑別法を開発—増井清 幻に終わったノーベル賞—市川厚一 獣医外科・産科学の巨岬—黒澤亮助 顕微鏡とともに歩んだ偉大な神経病理学者—山極三郎 麻酔・自律神経研究の権威—木全春生〔ほか〕

原 伸一 〔1935~〕 はら・しんいち
◇女神に出会った！—帰らぬ青春の学寮時代 原伸一著 文芸社 2015.4 323p 20cm 1600円 ①978-4-286-16299-7 Ⓝ289.1

原 晋 〔1967~〕 はら・すすむ
◇魔法をかける—アオガク「箱根駅伝」制覇までの4000日 原晋著 講談社 2015.4 190p 19cm 1200円 ①978-4-06-219517-1 Ⓝ782.3
内容 第1章 新・山の神の育て方 第2章 伝説の営業マン 第3章 生い立ち 第4章 男の証明—箱根への挑戦

原 進 〔1947~2015〕 はら・すすむ
◇日本ラグビーヒーロー列伝—歴史に残る日本ラグビー名選手 All about JAPAN RUGBY 1970-2015 ベースボール・マガジン社編著 ベースボール・マガジン社 2016.2 175p 19cm 1500円 ①978-4-583-11001-1 Ⓝ783.48

内容 第1章 2015年 ワールドカップの英雄 (五郎丸歩 リーチ,マイケル 廣瀬俊朗 大野均 堀江翔太 ほか) 第2章 ヒーロー列伝 1970年~2015年 (坂田好弘 原進 藤原優 森重隆 松尾雄治 ほか)

原 澄治 〔1878~1968〕 はら・すみじ
◇不敢為天下先—敢えて天下の先と為らず 原澄治翁歿後五十年記念出版 備中倉敷学編 倉敷 備中倉敷学 2016.10 95p 30cm 〈年譜あり〉 非売品 Ⓝ289.1

原 石鼎 〔1886~1951〕 はら・せきてい
◇原石鼎・日置風水—出雲の俳人 山崎隆司著 松江 山陰中央新報社 2016.11 177p 21cm 1111円 ①978-4-87903-201-0 Ⓝ911.362
内容 第1章 原石鼎(原石鼎と高浜虚子) 『鹿火屋』創刊と『石鼎窟夜話』ほか 第2章 日置風水(風水の出自・師弟の交わりと交友関係 江戸における活躍の跡と風水の人となり ほか) 第3章 岡垣正以と大淀三千風(岡垣正以と大淀三千風 大淀三千風の出雲来訪 ほか) 第4章 随筆(文学学校と『えんぴつの花』父の遺志を貫いた母 ほか)

原 節子 〔1920~2015〕 はら・せつこ
◇原節子物語—若き日々 貴田庄著 朝日新聞出版 2016.3 386p 15cm (朝日文庫 き16-7) 〈文献あり 作品目録あり〉 820円 ①978-4-02-261851-1 Ⓝ778.21
内容 1章 新人女優(日活入所 お節ちゃんのデビュー作 ほか) 2章 欲のない女優(二人の佳人 初めての時代劇 ほか) 3章 『新しき土』の女優(ファンクと脚本 二つの『新しき土』ほか) 4章 旅する女優(移籍 高額な旅費 ほか)

◇原節子の真実 石井妙子著 新潮社 2016.3 303p 20cm 〈文献あり〉 1600円 ①978-4-10-340011-0 Ⓝ778.21
内容 原節子と会田昌江 寡黙な少女 義兄・熊谷久虎 運命との出会い 生意気な大根女優 秘められた恋 空白の一年 屈辱 孤独なライオン 求めるもの、求められるもの 「もっといやな運命よ、きなさい」 生きた証を それぞれの終焉 つくられる神話 会田昌江と原節子

◇殉愛—原節子と小津安二郎 西村雄一郎著 講談社 2017.2 450p 15cm (講談社文庫 に37-1) 〈新潮社 2012年刊の加筆・修正 文献あり 作品目録あり 年譜あり〉 860円 ①978-4-06-293600-2 Ⓝ778.21
内容 プロローグ パリの原節子 第1章 節子の誕生 第2章 紀子の季節『晩春』(一九四九年) 第3章 忍ぶ恋『麦秋』(一九五一年) 第4章 永遠の契り『東京物語』(一九五三年) 第5章 孝子の季節『東京暮色』(一九五七年) 第6章 秋子の季節『浮草』(一九五九年) 第7章 喪服を着けて『小早川家の秋』(一九六一年) エピローグ 円覚寺の小津安二郎

原 善三郎 〔1827~1899〕 はら・ぜんざぶろう
◇横浜を創った人々 冨川洋著 講談社エディトリアル 2016.9 278p 19cm 1700円 ①978-4-907514-59-4 Ⓝ281.37
内容 第1章 吉田勘兵衛と新田開発 第2章 井伊直弼と横浜開港 第3章 中居屋重兵衛の光と影 第4章

甲州屋、若尾逸平と甲州財閥　第5章　原善三郎と茂木惣兵衛　第6章　実業家原富太郎と文化人三溪　第7章　大谷嘉兵衛とティーロード　第8章　ヘボン博士と横浜開化

原 荘介〔1940〜〕　はら・そうすけ
◇男のララバイ―心ふれあう友へ　原荘介著　藤原書店　2017.12　377p　20cm　2800円　①978-4-86578-152-6　Ⓝ762.1

原 敬〔1856〜1921〕　はら・たかし
◇原敬と政党政治の確立　伊藤之雄編著　千倉書房　2014.7　686p　22cm　〈索引あり〉　7800円　①978-4-8051-1039-3　Ⓝ312.1
　内容　第1部　日露戦争前後の政党政治の形成（児玉源太郎と原敬―台湾統治と統帥権改革・行政整理をめぐる対立と協調　原敬社長時代の『大阪新報』―日露戦争期を中心に）　第2部　第一次世界大戦と政党政治の確立（原敬の政己政治―イギリス風立憲君主制と戦後経営　第一次世界大戦と原敬の外交指導――九一四〜二一年　原内閣の経済閣僚―高橋是清と山本達雄）　第3部　政党政治の基盤の確立（原敬と選挙区盛岡市・岩手県―国際環境に適応する新しい秩序観と体系的鉄道政策　政友会領袖松田正久と選挙区佐賀県―原敬との比較の視点から　原敬をめぐる政治空間―芝本邸・盛岡別邸・腰越別荘）

◇原敬の180日間世界一周　松田十刻著　盛岡出版コミュニティー　2014.8　297p　15cm　（もりおか文庫）　900円　①978-4-904870-27-3　Ⓝ289.1
　内容　第1章　新世界より　第2章　新・西洋事情　第3章　古都の明と暗　第4章　帝国と新興国　第5章　満州の光と影　エピローグ　皇太子の洋行を実現させて

◇原敬―外交と政治の理想　上　伊藤之雄著　講談社　2014.12　458p　19cm　（講談社選書メチエ　589）　2300円　①978-4-06-258592-7　Ⓝ289.1
　内容　第1部　青春編（維新後の没落―南部藩の少年の成長　学成らざれば死すとも還らず―苦学・キリスト教・司法省法学校　自己確立への模索―中江兆民塾から『郵便報知新聞』記者時代へ　ほか）　第2部　上昇編（新進気鋭の外交官―天津条約と伊藤博文との出会い　パリ公使館時代の成長―国際法、欧州の政治・外交と文化を学ぶ　陸奥農商相に心酔する―農商務省改革と初期議会　ほか）　第3部　熱闘編（伊藤への不信―立憲政友会創立に参加　念願の初入閣―通信大臣の実力　政友会の掌握から政党政治家へ―日露戦争前の山県有朋閣との対立）

◇原敬―外交と政治の理想　下　伊藤之雄著　講談社　2014.12　494p　19cm　（講談社選書メチエ　590）〈文献あり　索引あり〉　2300円　①978-4-06-258593-4　Ⓝ289.1
　内容　第4部　剛毅編（西園寺内閣を誕生させる―日露戦後に内相となる　政党政治家原敬の成長―内閣の実力者となる　米欧周遊とその後の円熟―米国への高い評価と日本の指針　実業への活動の広がりと充実―古河鉱業の近代化　選挙地盤の確立と郷里への思い―盛岡別邸と『南部史要』　ほか）　第5部　老熟編（「最後の危機」と党政治への道―第一次世界大戦と大隈内閣　「一山百文」の精神の充実―腰越別荘新築・戊辰殉難者五十年忌　政友会の勢力回復と寺内内閣―中国外交とシベリア出兵、米騒動　原

閣の誕生と新外交―大戦後の外交と植民地　内政大改革の実施―教育・鉄道・国防・選挙区　ほか）

◇原敬と陸羯南―明治青年の思想形成と日本ナショナリズム　鈴木啓孝著　仙台　東北大学出版会　2015.3　324p　22cm　〈他言語標題：Hara Takashi and Kuga Katsunan　文献あり〉　3500円　①978-4-86163-253-2　Ⓝ311.3
　内容　第1部　明治初年の社会的状況と青年たち（日本ナショナリズムと旧藩　明治啓蒙主義の内面化―"士族の超越"　司法省法学校「放廃社」にみる結社と個人）　第2部　原敬の思想形成―あるいは「多元的日本国民観」の成立（福沢諭吉の二大政制・議院内閣制理論の受容　近代日本における「多民族国家」的日本観の起源）　第3部　陸羯南の思想形成―あるいは「一元的日本国民観」の成立（帰郷体験と"旧藩の超越"　「国民主義」の誕生―その「東北」論ほか）

◇近代政治家評伝―山縣有朋から東條英機まで　阿部眞之助著　文藝春秋　2015.10　397p　16cm　（文春学藝ライブラリー―雑英　20）〈文藝春秋新社　1953年刊の再刊〉　1250円　①978-4-16-813052-6　Ⓝ312.8
　内容　山縣有朋　星亨　原敬　伊藤博文　大隈重信　西園寺公望　加藤高明　犬養毅　大久保利通　板垣退助　桂太郎　東條英機

◇原敬の俳句とその周辺　松岡ひでたか著　〔福崎町（兵庫県）〕　〔松岡ひでたか〕　2016.11　257p　26cm　〈私家版〉　非売品　Ⓝ289.1

◇原敬と新渡戸稲造―戊辰戦争敗北をバネにした男たち　佐藤竜一著　現代書館　2016.11　218p　20cm　〈文献あり　年譜あり〉　1700円　①978-4-7684-5796-2　Ⓝ289.1
　内容　第1章　原敬　盛岡藩と戊辰戦争　第2章　原敬と大慈寺　第3章　佐藤昌介と北海道帝国大学　第4章　原敬と岩手公園　第5章　『南部史要』をめぐって　第6章　原敬内閣の誕生　第7章　国際連盟をめぐって　第8章　原敬暗殺

◇原敬　政党政治のあけぼの　山本四郎著　新訂版　清水書院　2017.8　235p　19cm　（新・人と歴史拡大版　18）〈1984年刊加筆・訂正、新訂版として刊行　文献あり　年譜あり　索引あり〉　1800円　①978-4-389-44118-0　Ⓝ289.1
　内容　序　日本近代政治史と原敬　1　賊軍の汚名のなかから（青雲遍歴　官界一五年）　2　政界の舞台まわし（"油断のならぬ人物"　桂園時代の立役者　憲政擁護運動の嵐のなかで）　3　平民宰相（在野の総裁時代　平民宰相）

原 武史〔1962〜〕　はら・たけし
◇潮目の予兆―日記2013・4-2015・3　原武史著　みすず書房　2015.8　329p　19cm　2800円　①978-4-622-07933-0　Ⓝ914.6
　内容　二〇一三年　四月・十二月　二〇一四年　一月・十二月　二〇一五年　一月・三月

原 胤昭〔1853〜1942〕　はら・たねあき
◇新島襄と明治のキリスト者たち―横浜・築地・熊本・札幌バンドとの交流　本井康博著　教文館　2016.3　389,7p　22cm　〈索引あり〉　3800円　①978-4-7642-9969-6　Ⓝ198.321

内容　1 新島襄と四つの「バンド」　2 横浜バンド(S.R.ブラウン　J.H.バラ　植村正久　井深梶之助　押川方義　本多庸一　松村介石　粟津高明)　3 築地バンド(C.カロザース　田村直臣　原胤昭)　4 熊本バンド(L.L.ジェーンズ　小崎弘道)　5 札幌バンド(W.S.クラーク　内村鑑三　新渡戸稲造　大島正建)

原 民喜〔1905〜1951〕 はら・たみき

◇愛の顛末―純愛とスキャンダルの文学史　梯久美子著　文藝春秋　2015.11　230p　20cm　1450円　①978-4-16-390360-6　Ⓝ910.26

内容　小林多喜二―恋と闘争　近松秋江―「情痴」の人　三浦綾子―「氷点」と夫婦のきずな　中島敦―ぬくもりを求めて　原民喜―「死と愛と孤独」の自画像　鈴木しづ子―性と生のうたびと　梶井基次郎―夭折作家の恋　中城ふみ子―恋と死のうた　寺田寅彦―三人の妻　八木重吉―素朴なこころ　宮柊二―戦場からの手紙　吉野せい―相克と和解

◇原民喜―死と愛と孤独の肖像　梯久美子著　岩波書店　2018.7　275p　18cm　(岩波新書 新赤版 1727)〈文献あり 年譜あり〉　860円　①978-4-00-431727-2　Ⓝ910.268

内容　1 死の章(怯える子供　父の死　楓の樹 ほか)　2 愛の章(文学とデカダンス　左翼運動と挫折　結婚という幸福)　3 孤独の章(被爆　「夏の花」　東京にて ほか)

◇愛の顛末―恋と死と文学と　梯久美子著　文藝春秋　2018.11　252p　16cm　(文春文庫 か68-2)　720円　①978-4-16-791181-2　Ⓝ910.26

内容　小林多喜二―恋と闘争　近松秋江―「情痴」の人　三浦綾子―「氷点」と夫婦のきずな　中島敦―ぬくもりを求めて　原民喜―「死と愛と孤独」の自画像　鈴木しづ子―性と生のうたびと　梶井基次郎―夭折作家の恋　中城ふみ子―恋と死のうた　寺田寅彦―三人の妻　八木重吉―素朴なこころ　宮柊二―戦場からの手紙　吉野せい―相克と和解

原 富太郎〔1868〜1939〕 はら・とみたろう

◇原三溪―偉大な茶人の知られざる真相　齋藤清著　淡交社　2014.8　391p　22cm　〈文献あり 年譜あり〉　3800円　①978-4-473-03955-2　Ⓝ289.1

内容　序章 三溪、その人　第1章 蒐集家としての三溪　第2章 茶人としての三溪　第3章 三溪にまつわる逸話　第4章 後援者としての三溪　第5章 三溪の余技　第6章 開園当初の三溪園　第7章 三溪の終焉・その後　第8章 散逸した蒐集品のゆくえ

◇幻の五大美術館と明治の実業家たち　中野明著　祥伝社　2015.3　301,6p　18cm　(祥伝社新書 407)〈索引あり〉　860円　①978-4-396-11407-7　Ⓝ707.9

内容　プロローグ(大倉喜八郎と大倉集古館　藤田伝三郎と藤田美術館　根津嘉一郎と根津美術館　「幻の美術館」に終わった人たち)　第1章 大茶人 益田孝と小田原掃雲台「鈍翁美術館」(三井の大番頭・益田孝　大茶人で希代の美術品収集家　井上馨との出会い ほか)　第2章 生糸王 原富太郎と横浜三之谷「三溪美術館」(古建築のテーマパーク　原家の入り婿　原商店から合名会社へ ほか)　第3章 造船王 川崎正蔵と神戸布引「川崎美術館」(高橋箒庵の神戸行き　川崎正蔵の鳴かず飛ばずの前半生　造船業ブームの波に乗る川崎正蔵 ほか)　第4章 勝負師 松方幸次郎と東京麻布「共楽美術館」(林権助の言葉　株式会社川崎造船所の初代社長に就任　第一次世界大戦の勃発と大造船ブーム ほか)　第5章 美術商 林忠正と東京銀座「近代西洋美術館」(希代の画商・林忠正　起立工商会社の臨時通訳としてパリへ　フランスで巻き起こった浮世絵ブーム ほか)　エピローグ(彼らの美術館はなぜ幻に終わったのか　幻の美術館に残る未練)

◇公私日記帳―青木富太郎(原三溪)解読ення　青木富太郎著　〔岐阜〕　原三溪・柳津文化の里構想実行委員会　2016.8　53p　26cm　〈文化庁平成28年度補助事業〉　Ⓝ289.1

◇横浜を創った人々　冨川洋著　講談社エディトリアル　2016.9　278p　19cm　1700円　①978-4-907514-59-4　Ⓝ281.37

内容　第1章 吉田勘兵衛と新田開発　第2章 井伊直弼と横浜開港　第3章 中居屋重兵衛の光と影　第4章 甲州屋、若尾逸平と甲州財閥　第5章 原善三郎と茂木惣兵衛　第6章 実業家原富太郎と文化人三溪　第7章 大谷嘉兵衛とティーロード　第8章 ヘボン博士と横浜開化

◇横浜の歴史を彩った男―原三溪別伝　石毛大地著　〔横浜〕　〔石毛大地〕　2017.1　177p　21cm　〈年譜あり〉　1300円　Ⓝ289.1

◇原三溪と日本近代美術　三上美和著　国書刊行会　2017.2　316,22p　22cm　〈文献あり 年譜あり〉　5400円　①978-4-336-06150-8　Ⓝ702.16

内容　第1章 「買入覚」にみる原三溪の古美術蒐集(「買入覚」の概要とコレクションの形成過程　三溪の文人趣味とその変容　明治期の「美術」と原三溪　茶の湯道具の蒐集と展観―益田孝(鈍翁)の影響　「買入覚」にみる宗達・光琳再評価)　第2章 原三溪の近代美術蒐集―近代美術の愛好者として(原三溪旧蔵近代美術コレクションの概要と初期の特徴―明治二十六年‐同四十年　支援の始まりとコレクションの充実―明治四十一年‐大正七年　支援と購入の終焉(大正八年‐昭和六年))　第3章 原三溪の美術家支援(原三溪の美術家支援の意義―官展との比較　新進作家への支援の再検討)　第4章 原三溪旧蔵近代日本画の研究(今村紫紅筆『護花鈴』―図像の源泉と文化史的背景をめぐって　安田靫彦筆『夢殿』―明治期の聖徳太子顕彰を手掛かりに)　第5章 次世代のパトロンと原三溪(原三溪と細川護立の美術蒐集―近代工芸との関わりを中心に　次世代の支援者―大原孫三郎、大原總一郎、原善一郎)

原 不二夫〔1943〜〕 はら・ふじお

◇原不二夫兄姉年賀状集―戯文推敲45年　原不二夫著, 無名会編　〔出版地不明〕　原不二夫　2014.7　8,84p　26cm　Ⓝ289.1

原 貢〔1936〜2014〕 はら・みつぐ

◇高校野球を変えた男 原貢のケンカ野球一代―息子・原辰徳、孫・菅野智之に刻み込まれたチャレンジ魂　松下茂典著　マガジンハウス　2014.10　191p　19cm　1400円　①978-4-8387-2717-9　Ⓝ783.7

内容　第1章 ケンカ一代　第2章 鬼父　第3章 凱旋パレード　第4章 鬼監督　第5章 原風景　第6章 「おーちゃん」と「智」　第7章 受け継がれたケン

はらくち

力魂

原口 元気〔1991～〕 はらぐち・げんき
◇アホが勝ち組、利口は負け組―サッカー日本代表進化論 清水英斗著 秋田書店 2018.6 190p 19cm 1300円 ①978-4-253-10106-6 Ⓝ783.47
内容 日本代表進化論 理想は進化、現実は退化 日本代表進化論 選手編（原口元気―モノクロームの元気 岡崎慎司―アホの岡崎 遠藤航―がんばれ！ニッポンの父！ 宇佐美貴史―「行ってるやん」の絶壁 吉田麻也―"大ボカ"の汚名を返上せよ！ 柏木陽介―だって、人間だもの。 長谷部誠―キレッ早のキャプテン 長友佑都―左を制する者は、世界を制す！ 柴崎岳―キャノンシュートの秘密は、弓槻野智章―カネでは買えない男！ ほか）

原口 亮平〔1878～1951〕 はらぐち・りょうへい
◇神戸高商と神戸商大の会計学徒たち―その苦闘と栄光 岡部孝好著 神戸 神戸新聞総合出版センター（発売） 2017.6 226p 19cm 〈文献あり 年譜あり 索引あり〉 2000円 ①978-4-343-00957-9 Ⓝ336.9
内容 第1話 水島銕也の簿記と神戸高商の創立 第2話 炎の会計人、東奭五郎 第3話 神戸商大の創立と原口亮平たちの奮戦 第4話 平井泰太郎の門下に集う簿記・会計学の俊英たち 第5話 神戸経大で躍動しはじめる新時代の簿記・会計学 第6話 新制神戸大学の編成と経営学部のスタート 第7話 新制神戸大学の空に輝く会計学徒の群星 第8話 そして、それから

原崎 秀司〔1903～1966〕 はらさき・ひでし
◇シリーズ福祉に生きる 67 原崎秀司 津曲裕次編 中嶌洋著 大空社 2014.10 166p 19cm 〈文献あり 年譜あり〉 2000円 ①978-4-283-01441-1 Ⓝ369.028
内容 第1章 自由教育の影響を受けた青少年時代 第2章 師三木清との出会いと哲学的思考 第3章 戦争と全日本面委員連盟書記時代 第4章 海外への栄転と国内状況視察 第5章 欧米社会福祉視察研修（一九五三年九月一日～一九五四年五月一日） 第6章 日本赤十字社長野支部活動にかけた晩年

原田 甲斐〔1619～1671〕 はらだ・かい
◇伊達騒動と原田甲斐 小林清治著 吉川弘文館 2015.12 193p 19cm （読みなおす日本史） 〈徳間書店1970年刊の再版 文献あり 年表あり〉 2200円 ①978-4-642-06595-5 Ⓝ212.3
内容 "先代萩"と"樅ノ木" "伊達騒動実録"と"先代萩の真相" 発端―黄宗逼ች 綱宗をめぐる人びと 亀千代相続と兵部・右京の後見 原田甲斐の登場 党争の激化 谷地紛争おきる 伊達安芸、幕府に訴える 刃傷 結末―六十万石安泰 "伊達騒動"の真相―実像と虚像 "伊達騒動"と仙台藩体制

原田 要〔1916～2016〕 はらだ・かなめ
◇ゼロファイター列伝―零戦搭乗員たちの戦中、戦後 神立尚紀著 講談社 2015.7 341p 19cm 〈年表あり〉 1500円 ①978-4-06-219634-5 Ⓝ392.8
内容 第1章 三上一禧―「零戦初空戦」で撃墜した宿敵との奇跡の再会 第2章 羽切松雄―被弾して重傷を負っても復帰して戦い続けた不屈の名パイロット 第3章 原田要―幼児教育に後半生を捧げるゼロファイター 第4章 日高盛康―「独断専行」と指揮官の苦衷 第5章 小町定―真珠湾から海軍最後の空戦まで、大戦全期間を戦い抜く 第6章 志賀淑雄―半世紀の沈黙を破って 第7章 山田良市―ジェット時代にも飛び続けたトップガン

◇証言 零戦生存率二割の戦場を生き抜いた男たち 神立尚紀著 講談社 2016.11 527p 15cm （講談社＋α文庫 G296-1）〈「ゼロファイター列伝」(2015年刊)の改題、加筆・修正 年表あり〉 860円 ①978-4-06-281705-9 Ⓝ392.8
内容 第1章 三上一禧―「零戦初空戦」で撃墜した宿敵との奇跡の再会 第2章 田中國義―「日本海軍一」と言われた、叩き上げ搭乗員のプライド 第3章 原田要―幼児教育に後半生を捧げるゼロファイター 第4章 日高盛康―「独断専行」と指揮官の苦衷 第5章 小町定―真珠湾から海軍最後の空戦まで、大戦全期間を戦い抜く 第6章 志賀淑雄―半世紀の沈黙を破って 第7章 吉田勝義―豪州本土上空でスピトファイアを圧倒 第8章 山田良市―ジェット時代にも飛び続けたトップガン

原田 熊雄〔1888～1946〕 はらだ・くまお
◇重臣たちの昭和史 上 勝田龍夫著 文藝春秋 2014.8 465p 16cm （文春学藝ライブラリー―歴史 6） 1580円 ①978-4-16-813024-3 Ⓝ210.7
内容 第1章 大正デモクラシー・政党政治のころ―原田・西園寺・木戸・近衛 第2章 敢然とファッショの風潮に立ち向かって―浜口遭難と宇垣の野望 第3章 国内と満州と同時にやろう―満州事変と十月事件、五・一五事件 第4章 ファッショに近き者は絶対に不可なり―斎藤内閣と帝人事件 第5章 議会主義の守り本尊・西園寺が牙城―岡田内閣と内外政干渉 第6章 朕自ラ近衛師団ヲ率イ、此ガ鎮圧ニ当ラン―二・二六事件 第7章 今の陛下では御不幸なお方だ―広田内閣と林内閣

◇重臣たちの昭和史 下 勝田龍夫著 文藝春秋 2014.8 478p 16cm （文春学藝ライブラリー―歴史 7） 1690円 ①978-4-16-813025-0 Ⓝ210.7
内容 第8章 総権益を捨てるか、不拡大を放棄するか―蘆溝橋事件と近衛内閣 第9章 二つの国・陸軍という国があり、それ以外の国がある―防共強化問題 第10章 どこに国を持って行くんだか、どうするんだか―三国同盟と西園寺の死 第11章 太平洋戦争を招く二つの誤算―独ソ開戦と日米交渉 第12章 終戦をめぐって―近衛と原田の死

原田 三郎右衛門〔?～1740〕 はらだ・さぶろうえもん
◇対馬の甘藷翁原田三郎右衛門断片 松岡秀隆著 福崎町（兵庫県） 松岡秀隆 2017.11 69p 18cm 〈私家版〉 非売品 Ⓝ289.1

原田 進〔1910～1939〕 はらだ・すすむ
◇原田進 追憶の記―備南の歌人 遠藤堅三編 岡山 原田英樹 2018.1 169p 30cm 〈年譜あり〉 Ⓝ911.162

原田 節子〔1935～〕 はらだ・せつこ
◇女子競輪物語―青春をバンクにかけて 原田節子著 文芸社 2014.5 126p 15cm 600円 Ⓘ978-4-286-14361-3 Ⓝ788.6
＊女子競輪をご存知ですか!? 1949～64年の16年間の歴史。その草創期にデビュー、トップレーサーとして活躍した選手の目を通して描く、その軌跡―「何か記録を残しておかないと、ただ忘れられた存在になってしまう」そんな思いから書き始められた物語は、女子競輪を通して、当時の社会状況までをも生き生きと描き切っている。

原田 助〔1863～1940〕 はらだ・たすく
◇新編 同志社の思想家たち 上 沖田行司編著 京都 晃洋書房 2018.5 217p 19cm 〈他言語標題：THINKERS of DOSHISHA〉 2200円 Ⓘ978-4-7710-3055-8 Ⓝ121.02
内容 第1章 新島襄―「私立」する精神 第2章 山本覚馬―京都の近代化と同志社創設の立役者 第3章 横井時雄―「日本風」のキリスト教の模索 第4章 海老名弾正―「実験」に支えられた「異端」者の生涯 第5章 浮田和民―「半宗教家」「全教育家」として 第6章 元良勇次郎―日本初の心理学者 第7章 原田助―国際主義を唱えた同志社人 第8章 大西祝―短き生涯が遺したもの 第9章 山室軍平―神と平民の為に 第10章 安部磯雄―理想と現実のはざまで

原田 常吉 はらだ・つねきち
◇アウトロー―近世遊侠列伝 高橋敏編 敬文舎 2016.9 255p 19cm 〈文献あり 年表あり〉 1750円 Ⓘ978-4-906822-73-7 Ⓝ384.38
内容 近世社会秩序と博徒 国定忠治―遊侠の北極星 竹居安五郎―新島を抜けた甲州博徒の武闘派吃安 勢力富五郎―江戸を騒がせた『嘉永水滸伝』の主役 佐原喜三郎―鳥も通わぬ八丈からの島抜けを記録に留めたインテリ博徒 小金井小次郎―多摩を仕切った、新門辰五郎の兄弟分 小川幸蔵―武州世直し一揆を鎮圧した博徒 石原村幸次郎―関東取締出役の無力を思い知らせた孤高の博徒 西保周太郎―短い一生を全力で駆け抜けた幕末期甲州博徒の草分け 黒駒勝蔵―清水次郎長と対決した謎多き甲州の大侠客 吉良仁吉―義理を通した若き三河博徒 原田常吉―一〇余年の遠島に服すも八五年の生涯を全うした真の遊侠

原田 輝雄〔?～1991〕 はらだ・てるお
◇海を耕した人―原田輝雄先生の回想録 原田輝雄先生回想録編集委員会編 白浜町（和歌山県） 近畿大学水産研究所 2017.11 166p 31cm 〈年表あり〉 非売品 Ⓘ978-4-904174-27-2 Ⓝ666.6

原田 智子〔1963～〕 はらだ・ともこ
◇陽だまりとそよ風のもとで―人生五十年を振り返って感じる本当に大切なこと 原田智子著 文芸社 2014.8 97p 19cm 1000円 Ⓘ978-4-286-15390-2 Ⓝ289.1

羽良多 平吉〔1947～〕 はらた・へいきち
◇工作舎物語―眠りたくなかった時代 臼田捷治著 左右社 2014.12 292p 19cm 〈文献あり 索引あり〉 2200円 Ⓘ978-4-86528-109-5 Ⓝ023.1
内容 第1章 松岡正剛―なにもかも分けない方法 第2章 戸田ツトム―小さな声だからこそ遠くまで届く 第3章 芦澤泰偉―遅いという文句は出ない 工藤強勝―報酬はタブーの世界 山口信博―間違えるのも能力 松田行正―密度がとにかく濃い 羽良多平吉―最後までなじめなかった） 第4章 森本常美―夢を見ていたよう 第5章 祖父江慎―おどろきしまくりの日々

原田 正純〔1934～2012〕 はらだ・まさずみ
◇ひとびとの精神史 第4巻 東京オリンピック―1960年代 苅谷剛彦編 岩波書店 2015.10 329p 19cm 2500円 Ⓘ978-4-00-028804-0 Ⓝ281.04
内容 1 高度成長とナショナリズム（下村治―国民のための経済成長 十河信二―新幹線にかける「夢」 河西昌枝―引退できなかった「東洋の魔女」 手塚治虫―逆風が育んだ「マンガの神様」 原田正純―胎児性水俣病の「発見」） 2 民族大移動―農村と都市の変貌（村田三郎と永山則夫―集団就職という体験 大牟羅良―農村の変貌と岩手の農民 室原知幸―公共事業のあり方を問い続けた「蜂の巣城主」 千石剛賢―日本の家族観に抗した「イエスの方舟」） 3 ベトナム戦争と日本社会（小田実―平等主義と誇りで世界の人びとをつなぐ 岡村昭彦―ベトナム戦争を直視して 鶴見良行―「足の人」はいかに思考したか）

原田 康子〔1928～2009〕 はらだ・やすこ
◇「挽歌」ブームを起こす原田康子の生涯 「氷点」が問いかけるもの三浦綾子の生涯 佐々木信恵者,合田一道著 札幌 北海道科学文化協会 2018.8 145p 21cm（北海道青少年叢書 36―北国に光を掲げた人々 36）〈下位シリーズの責任表示：北海道科学文化協会/編 年譜あり〉 Ⓝ910.268

原納 彌三郎 はらのう・やさぶろう
◇原納彌三郎の生涯―教育の神様にしてカウンセリングの神様 原納淳著 悠光堂 2016.9 135p 19cm 1200円 Ⓘ978-4-906873-38-8 Ⓝ289.1
内容 主として長谷寺について 笠という所 旧制畝傍中学校への通学道について 旧制畝傍中学校時代 奈良師範学校時代 唐院尋常高等小学校勤務時代 耳成村大字「十市」という所 耳成尋常高等小学校の校長に二十七歳の若さで任命される 耳成尋常高等小学校の校長に着任した頃について 耳成尋常高等小学校で体操競技を指導する〔ほか〕

破李拳 竜〔1958～〕 はりけん・りゅう
◇ゴジラの中は―ある怪獣バカの足型 破李拳竜著 オルタナパブリッシング 2017.6 359p 19cm〈発売：星雲社〉 1500円 Ⓘ978-4-434-23289-3 Ⓝ778.21
内容 ゴジラへの道―少年 ゴジラへの道―ステップ！ ゴジラVSビオランテ ミカドロイド ゴジラVSキングギドラ ゴジラVSモスラ 冒険！ゴジランド ゴジラVSメカゴジラ ヤマトタケル ゴジラVSスペースゴジラ〔ほか〕

針山　愛美〔1977～〕　はりやま・えみ
◇世界を踊るトゥシューズ—私とバレエ　針山愛美著　論創社　2018.7　236p　19cm　〈年譜あり〉　2000円　Ⓘ978-4-8460-1734-7　Ⓝ769.91

＊クラリネット奏者の父、ピアニストの母という音楽一家に生まれた針山愛美（えみ）。子どもの頃からバレエを習い始めたが、そのセンスからメキメキ頭角を現した。13歳でロシアの名門、ワガノワ・バレエ学校に短期留学、ロシアの伝統と絢爛豪華な劇場に衝撃を受けた。16歳でボリショイ・バレエ学校に単身で留学、旧ソ連の崩壊を目の当たりにしながら、練習に励んだ。転機となったのは19歳のとき、ヨーロッパに飛び出したこと。フランス・パリの国際コンクールで銀賞を射止めた。愛美の才能を開花させたのは世界的なダンサーであるウラジミール・マラーホフとの出会い。愛美はマラーホフからロシア・バレエの神髄を学んだ。その後ドイツのベルリンをベースに、ヨーロッパやアメリカのメジャーなバレエ団で、美しい姿を披露すると同時に、コンクールの審査員として、またバレエの教師として、後進の指導にあたっている。旧ソ連崩壊という激動の時代をたった一人でくぐり抜け、名作『白鳥の湖』などを踊り続ける針山の半生を、美しい写真で振り返るとともに、日本のバレエに対する夢を語る。

針生　一郎〔1925～2010〕　はりゅう・いちろう
◇針生一郎オーラル・ヒストリー　針生一郎述、建畠晢,加治屋健司インタヴュアー　〔出版地不明〕　日本美術オーラル・ヒストリー・アーカイヴ　2015.3　32p　30cm　〈ホルダー入〉　Ⓝ289.1

春木　猛〔1909～1994〕　はるき・たけし
◇老いぼれ記者魂—青山学院春木教授事件四十五年目の結末　早瀬圭一著　幻戯書房　2018.3　273p　20cm　〈文献あり〉　2400円　Ⓘ978-4-86488-141-8　Ⓝ326.23
内容　第1章 発火（繰り返される内紛　年間百人以上の情実入学　ほか）　第2章 波紋（証拠物件　告訴　ほか）　第3章 証言（保釈と手記　A・T子に対する検察官の訊問　ほか）　第4章 展開（社会派作家・石川達三　「裁判官全員一致」　ほか）　第5章 時間（地上げの帝王　愛人と豪邸と銃弾　ほか）

春田　真〔1969～〕　はるた・まこと
◇黒子の流儀—DeNA不格好経営の舞台裏　春田真著　KADOKAWA　2015.4　270p　20cm　〈年譜あり〉　1500円　Ⓘ978-4-04-601158-9　Ⓝ007.35
内容　第1章 球界参入（運命の日　驚愕の資料　ほか）　第2章 銀行員時代（内気な幼少期　家族のこと　ほか）　第3章 ベンチャー（「年俸600万円で！」　決心　ほか）　第4章 DeNA事件簿（モバゲーの誕生　社会問題となったモバゲー　ほか）　第5章 野球への想い（球団オーナーという役職　高田さんのGM就任　ほか）

春成　政行〔1945～〕　はるなり・まさゆき
◇何とかなるケン　春成政行著　熊本　トライ　2016.5　303p　19cm　2000円　Ⓘ978-4-903638-47-8　Ⓝ289.1

春野　守夫〔1928～〕　はるの・もりお
◇私の歩んだ税理士五十有余年の道—「今」を生きた男の自分史　春野守夫著　〔札幌〕　春野守夫　2014.12　185p　29cm　〈年譜あり〉　Ⓝ289.1

治仁王〔1381～1417〕　はるひとおう
◇四親王家実録　1　伏見宮実録　第1巻（栄仁親王実録・治仁王実録）　吉岡眞之,藤井讓治,岩壁義光監修　ゆまに書房　2015.6　399p　27cm　〈布装　宮内庁宮内公文書館所蔵の複製〉　25000円　Ⓘ978-4-8433-4637-2　Ⓝ288.44

日馬富士　公平〔1984～〕　はるまふじ・こうへい
◇全身全霊—第70代横綱、18年間のけじめ　日馬富士公平著　ベースボール・マガジン社　2018.9　184p　20cm　1700円　Ⓘ978-4-583-11171-1　Ⓝ788.1
内容　第70代横綱の歩み　第1章 横綱を目指して　第2章 モンゴルから日本への道　第3章 試練と稽古の日々　第4章 入幕、そして大関へ　第5章 横綱昇進から引退まで　第6章 支えられて　第7章 これからの夢　初土俵から引退までの全取組—栄光の記憶

春山　弟彦〔1831～1899〕　はるやま・おとひこ
◇姫路藩幕末の華　秋元安民　松岡秀隆著　福崎町（兵庫県）　松岡秀隆　2015.6　212p　19cm　〈附・春山弟彦　制作：交友プランニングセンター／友月書房（神戸）　3800円　Ⓘ978-4-87787-660-9　Ⓝ289.1

春山　満〔1954～2014〕　はるやま・みつる
◇仲が良かったのは、難病のおかげ　春山由子著　講談社　2015.6　198p　19cm　1300円　Ⓘ978-4-06-219492-1　Ⓝ916
内容　第1章 輝く太陽のような日々　第2章 借金と病気　第3章 新婚生活は加速する病状と共に　第4章 育児と介護、そして金策　第5章 家族の季節　第6章 夫の役割、私の役割　第7章 「五五歳で引退」から一転。父と息子の次なる一歩　第8章 春山が私たちにくれたもの

春々〔1993～〕　はるる
◇拝啓、笑顔の私。　春々著　文芸社　2016.12　123p　20cm　1200円　Ⓘ978-4-286-17901-8　Ⓝ289.1

＊好きではないのに陸上の世界へ進んでしまったことで心の葛藤が始まった著者。怪我と持病の貧血に悩みながら新記録を出すが、足の故障が決定的になり引退。その後は幼児教育の道をめざすものの適応障害、摂食障害を発病し挫折。重度のうつ病に陥る中で、再生のきっかけとなったのは祖母との絆だった。本書は、生まれてからの23年間の人生を振り返りながら綴った記録的エッセイ。

バロン薩摩 ばろんさつま
⇒薩摩治郎八（さつま・じろはち）を見よ

バロン西 ばろんにし
⇒西竹一（にし・たけいち）を見よ

伴 貞懿 ばん・さだよし
⇒伴門五郎（ばん・もんごろう）を見よ

坂 茂〔1957～〕 ばん・しげる
◇坂茂の建築現場　坂茂著　平凡社　2017.3　359p　21cm　2600円　①978-4-582-54456-5　Ⓝ523.1
内容　1 1986・1995（紙の建築―弱い材料を弱いなりに活かす構造と形態へ　ヴィラTCG（1986）ほか）　2 1995・2000（紙の教会神戸（1995）　紙のログハウス神戸（1995）　ほか）　3 2000・2006（ハノーバー国際博覧会2000日本館（2000）　ジーシー大阪営業所（2000）　ほか）　4 2006・2013（ノマディック美術館東京（2007）　アルテック・パビリオン（2007）　ほか）　5 2013・（モニュメントとしての災害支援―紙の大聖堂（2013）　京都造形芸術大学災害支援センター（2013）　ほか）

坂茂　日経アーキテクチュア編　増補改訂版　日経BP社　2017.5　303p　26cm　（NA建築家シリーズ）〈年譜あり　索引あり　発売：日経BPマーケティング〉　3500円　①978-4-8222-3836-0　Ⓝ523.1
内容　1 被災地を駆ける（紙の教会―1995年　「一般の人のために働くのは自分を磨くトレーニングだ」ほか）　2 建築家・坂茂の実像（ラグビー少年が「建築家」になるまで　坂事務所リポート1988　ほか）　3 進化する紙管建築（小田原パビリオン「ときめき小田原夢まつりメーン会場ホール」―1990年　紙のログハウス―1995年　ほか）　4 素材・技術を形に（羽根木の森―1997年　9スクウェア・グリッド―1997年　ほか）　5 木の挑戦（ポンピドー・センター・メス―2010年　ナインブリッジズゴルフクラブハウス―2010年　ほか）

班 昭〔45?～117?〕 はん・しょう
◇中国史にみる女性群像―悲運と権勢のなかに生きた女性の虚実　田村実造著　清水書院　2017.7　236p　19cm　（新・人と歴史拡大版17）〈1990年刊の再刊　索引あり〉　1800円　①978-4-389-44117-3　Ⓝ222.01
内容　1 項羽と虞美人（楚・漢の抗争　垓下の戦い）　2 漢の高祖をめぐる二人の女性（呂后と戚夫人との葛藤　政権を手中にした呂后　項羽と劉邦の人物評価）　3 女流文学者班昭とその家系―班家の人びと（女流文学者班昭　班家の世系　班固と『漢書』　班超と西域経営）　4 異境に嫁いだ公主たち（烏孫王に嫁いだ細君　匈奴王に嫁いだ王昭君―その実像と虚像　吐蕃（チベット）王に嫁いだ文成公王―唐とチベット王国との関係を背景に　「蔡文姫、都に帰る」史話）　5 政権を握った女性たち（北魏朝の文明太后　唐朝の則天武后　清朝の西太后）

伴 門五郎〔1839～1868〕 ばん・もんごろう
◇彰義隊遺聞　森まゆみ著　集英社　2018.12　390p　16cm　（集英社文庫　も26-9）〈新潮文庫2008年刊の再編集　文献あり　年譜あり〉　680円　①978-4-08-745820-6　Ⓝ210.61
内容　墓を建てた男、小川椙太　幕末三舟　彰義隊結成と孤忠、伴門五郎　東叡山寛永寺　慶喜謹慎　渋沢栄一と成一郎　香車の棺、天野八郎　錦ぎれ取り、西虎叫華　挿話蒐集　団子坂戦争　黒門激戦　輪王寺宮落去　戦争見物と残党狩り　三つの墓　隊士のその後、松廼家露八のこと

ハーン, ラフカディオ
⇒小泉八雲（こいずみ・やくも）を見よ

半谷 清寿〔1858～1932〕 はんがい・せいじゅ
◇フクシマ・抵抗者たちの近現代史―平田良衛・岩本忠夫・半谷清寿・鈴木安蔵　柴田哲雄著　彩流社　2018.2　253p　20cm　〈文献あり〉　2200円　①978-4-7791-2449-5　Ⓝ281.26
内容　第1章 平田良衛―南相馬市小高区に根ざした農民運動家（戦前の共産主義運動　出獄後　ほか）　第2章 岩本忠夫―双葉町の酒屋の主人の反原発と「転向」（反原発運動のリーダー　反原発運動の行き詰まり　ほか）　第3章 半谷清寿―富岡町夜ノ森に根ざした警世家（若き日の立志　実業家としての試行錯誤　ほか）　第4章 鈴木安蔵―南相馬市小高区出身の日本国憲法の実質的な起草者（学連事件　ファシズム批判　ほか）

盤珪永琢〔1622～1693〕 ばんけいようたく
◇禅とは何か―それは達磨から始まった　水上勉著　中央公論新社　2018.12　396p　16cm　（中公文庫　み10-23）〈新潮社 1988年刊の再刊　文献あり〉　960円　①978-4-12-206675-5　Ⓝ188.82
内容　それは達磨から始まった　臨済禅を築いた祖師たち　反時代者道元希玄の生き方　曹洞大教団の誕生　一休宗純の風狂破戒　三河武士鈴木正三の場合　沢庵宗彭体制内からの視線　雲渓桃水と白隠禅師の自由自在　日本禅の沈滞を破る明国からの波　大愚良寛「無住の住」の生涯　故郷乞食行の胸の内　心ひとつを定めかねつも　民衆が純禅を支える

半田 たつ子〔1928～〕 はんだ・たつこ
◇過ぎし日々に向き合う　半田たつ子著　〔出版地不明〕　半田たつ子　2017.4　497p　19cm　Ⓝ289.1

半田 良平〔1891～1945〕 はんだ・りょうへい
◇半田良平の生涯　小林邦夫著、角川学芸出版編　Kadokawa　2014.12　199p　20cm　〈年譜あり　文献あり〉　2600円　①978-4-04-652914-5　Ⓝ911.162

板東 英二〔1940～〕 ばんどう・えいじ
◇板東英二の生前葬―最期のありがとう　板東英二著　双葉社　2015.3　221p　19cm　1300円　①978-4-575-30838-9　Ⓝ779.9
内容　第1章 健さんとロレックス（現場を和ませる高倉健さんの温かさ　密かに設置された4台のカメラ　ほか）　第2章 板東英二という人生（満州から引き揚げて徳島へ　盗んで食ったお菓子　ほか）　第3章 最期の交遊録（長嶋茂雄さんは宇宙人？　バッティングゲージ物まね事件　ほか）　終章 生前葬の終わりに（事務所の騒動のこと　沈黙はすべての扉を開く　ほか）

はんとう

坂東 善次〔江戸時代後期〕 ばんどう・ぜんじ
◇評伝 鶴屋南北　古井戸秀夫著　白水社　2018.8　2冊（セット）　21cm　25000円　Ⓘ978-4-560-09623-9　Ⓝ912.5
内容 第1巻（鶴屋南北の遺言　ふたつの出自　金井三笑と桜田治助　大谷徳次と坂東善次　三代目坂東彦三郎と並木五瓶　尾上松助と怪談狂言）　第2巻（五代目松本幸四郎と生世話　五代目岩井半四郎と悪婆　七代目市川團十郎と色злоし　三代目尾上菊五郎と「兼ル」役者）

坂東 玉三郎（5代）〔1950～〕 ばんどう・たまさぶろう
◇挑み続ける力―「プロフェッショナル仕事の流儀」スペシャル　NHK「プロフェッショナル」制作班著　NHK出版　2016.7　227p　18cm（NHK出版新書　492）　780円　Ⓘ978-4-14-088492-8　Ⓝ366.29
内容 1 変わらない力（AI時代への新たな決意―将棋棋士 羽生善治　淡々と、完璧を目指す―星野リゾート代表 星野佳路　人生にムダなどない）　2 生涯現役を貫け（プロフェッショナルに、終わりはない―元半導体メーカー社長 坂本幸雄　遠くは見ない、明日だけを見続ける―歌舞伎役者 坂東玉三郎）　3 大震災、そして新たなる飛躍（やりたいからこそ、やる―作業療法士 藤原茂　地べたと向き合って生きる―建築家 伊東豊雄）　4 限界への挑戦（今の自分だからできること―バレリーナ 吉田都　情熱は一生、燃え続ける―プロサッカー選手 三浦知良　「逆転する力」の秘密―囲碁棋士 井山裕太）

阪東 妻三郎〔1901～1953〕 ばんどう・つまさぶろう
◇円谷英二と阪妻そして内田吐夢―知られざる巣鴨撮影所時代の物語　渡邉武男著　西田書店　2014.10　210p　19cm　〈文献あり〉　1500円　Ⓘ978-4-88866-587-2　Ⓝ778.21

坂東 彦三郎（3代）〔1754～1828〕 ばんどう・ひこさぶろう
◇評伝 鶴屋南北　古井戸秀夫著　白水社　2018.8　2冊（セット）　21cm　25000円　Ⓘ978-4-560-09623-9　Ⓝ912.5
内容 第1巻（鶴屋南北の遺言　ふたつの出自　金井三笑と桜田治助　大谷徳次と坂東善次　三代目坂東彦三郎と並木五瓶　尾上松助と怪談狂言）　第2巻（五代目松本幸四郎と生世話　五代目岩井半四郎と悪婆　七代目市川團十郎と色злоし　三代目尾上菊五郎と「兼ル」役者）

坂東 三津五郎（10代）〔1956～2015〕 ばんどう・みつごろう
◇天才と名人―中村勘三郎と坂東三津五郎　長谷部浩著　文藝春秋　2016.2　255p　18cm（文春新書　1066）　830円　Ⓘ978-4-16-661066-2　Ⓝ774.28
内容 勘三郎の死―勘三郎七十七歳、三津五郎五十六歳　元気でやんちゃな勘九郎ちゃん―勘九郎一歳　粋にいなせに三津五郎―八十助六歳　彗星のように―勘九郎八歳、八十助七歳　テレビの虜人―商業演劇の誘惑―勘九郎二十四歳、八十助二十三歳　狂言を踊る―勘九郎二十八歳、八十助二十七歳　二代目緑

その技藝の継承―八十助三十歳　十七代目の金の粉―勘九郎三十三歳　納涼歌舞伎が始まる―勘九郎三十五歳、八十助三十四歳　『春興鏡獅子』と『京鹿子娘道成寺』―勘九郎三十六歳〔ほか〕

般若〔1978～〕 はんにゃ
◇何者でもない　般若著　幻冬舎　2018.12　275p 図版16p　19cm　1500円　Ⓘ978-4-344-03393-1　Ⓝ767.8
内容 プロローグ　#1 vs生い立ち　#2 vs未知　#3 vs無名　#4 vs金　#5 vs夢と現実　#6 vs孤独　#7 with　エピローグ

坂野 惇子〔1918～2005〕 ばんの・あつこ
◇坂野惇子―子ども服にこめた「愛」と「希望」　青山誠著，『歴史読本』編集部編　KADOKAWA　2016.9　191p　15cm（中経の文庫 C34れ）〈文献あり〉　600円　Ⓘ978-4-04-601748-2　Ⓝ289.1
内容 第1章 神戸の裕福なお嬢さま（お洒落にうるさい神戸っ子は、ミニスカよりも「ファミカバン」を選ぶ　富豪の父は過保護で極端な心配性 ほか）　第2章 困難な時代の中で（阪神間のブームタウンに新居をかまえる　犬を連れて散歩する坂野夫婦の姿に見憶れて… ほか）　第3章 働き始めた奥さまたち（「働くことは、良いことだ」と、父の言葉に"戦後"を実感　「お金をください」のひと言が、どうしても言えない ほか）　第4章 ファミリアの子ども服（モトヤ靴店からの独立、ファミリアの創業　天下の阪急百貨店を相手に「非常識」を押し通す ほか）　第5章 次世代に託した夢と希望（最後の大仕事、銀座に世界最大級の子ども用品店をつくる　戦後最高の好景気が、現役引退のチャンス!? ほか）
◇ファミリア創業者坂野惇子―「皇室御用達」をつくった主婦のソーレツ人生　中野明著　中央公論新社　2016.9　253p　20cm　〈文献あり〉　1300円　Ⓘ978-4-12-004892-0　Ⓝ289.1
内容 第1章 深窓の令嬢　第2章 4人の主婦　第3章 誕生と躍進　第4章 ソーレツな女　第5章 ポリシーの貫徹　第6章 苦難への挑戦

坂野 義光〔1931～2017〕 ばんの・よしみつ
◇ゴジラを飛ばした男―85歳の映像クリエイター　坂野義光著　フィールドワイ　2016.7　239p　20cm　〈発売：メディアパル〉　1389円　Ⓘ978-4-8021-3027-1　Ⓝ778.21
内容 第1章 ハリウッド版『GODZILLA』　第2章 生きることは表現だ　第3章 監督術修業時代　第4章 映像エンタテインメントの新たな世界　第5章 『ゴジラ対ヘドラ』　第6章 映画人、未来へ！

播隆〔1782/86～1840〕 ばんりゅう
◇山の播隆―求道の念仏行者　黒野こうき著　岐阜　まつお出版　2018.12　113p　21cm（まつお出版叢書　5）〈文献あり〉　1200円　Ⓘ978-4-944168-46-0　Ⓝ188.62
内容 第1章 伊吹山禅定　第2章 笠ヶ岳再興　第3章 槍ヶ岳開山・開闢　第4章 各地に残る修行場跡　第5章 播隆の修行の実態　史料編（古文書にみる、播隆の修行　播隆の修行に関する古文書と解説）
◇里の播隆―伝道の念仏聖　黒野こうき著　岐阜

まつお出版　2018.12　103p　21cm　〈まつお出版叢書 6〉〈文献あり〉　1200円　Ⓘ978-4-944168-47-7　Ⓝ188.32

内容　第1章 播隆念仏講と念仏行事　第2章 播隆名号碑の建立　第3章 書体と花押　第4章 播隆探訪で出会った聖たち　終章 再び播隆　史料編（江戸時代の聖たち　各地の播隆念仏講　「播隆さん」の歌　播隆名号碑一覧）

【ひ】

日置 風水〔？〜1709〕　ひおき・ふうすい
◇原石鼎・日置風水―出雲の俳人　山崎隆司著　松江　山陰中央新報社　2016.11　177p　21cm　1111円　Ⓘ978-4-87903-201-0　Ⓝ911.362

内容　第1章 原石鼎（原石鼎と高浜虚子　『鹿火屋』創刊と『石鼎窟夜話』 ほか）　第2章 日置風水（風水の出自・師弟の交わりと交友関係　江戸における活躍の跡と風水の人となり ほか）　第3章 岡垣正以と大淀三千風（岡垣正以と大淀三千風　大淀三千風の出雲来訪 ほか）　第4章 随筆（文学学校と『えんびつの花』父の遺志を貫いた母 ほか）

比嘉 康雄〔1938〜2000〕　ひが・やすお
◇ひとびとの精神史　第5巻　万博と沖縄返還―1970年前後　吉見俊哉編　岩波書店　2015.11　331p　19cm　2500円　Ⓘ978-4-00-028805-7　Ⓝ281.04

内容　1 劇場化する社会（三島由紀夫―魂を失った未来への反乱　山本義隆―自己否定を重ねて　岡本太郎―塔にひきよせられるひとびと　牛山純一―テレビに見た「夢」）　2 沖縄―「戦後」のはじまり（仲宗根政善―方言研究に込めた戦後への希求　マリー―米軍兵士と日本人の間で戦ったロックの女王　比嘉康雄と東松照明―二人の写真家の"沖縄"）　3 声を上げたひとびと（田中美津―"とり乱しの弁証法"としてのウーマン・リブ　川本輝夫―水俣病の"岩盤"を穿つ　横塚晃一―障害者は主張する　大地を守る会―紛争の経験を地域の実践へ　木村守江―「原発村」の誕生と浜通り）

檜垣 慶頴〔1905〜*〕　ひがき・よしあき
◇商売に生きる　檜垣慶頴著，檜垣昌右編　神戸　檜垣昌右　2016.5　100p　19cm　〈発売所：弘報印刷出版センター〉　Ⓝ289.1

東 奭五郎〔1865〜1947〕　ひがし・せきごろう
◇神戸高商と神戸商大の会計学徒たち―その苦闘と栄光　岡部孝好著　神戸　神戸新聞総合出版センター（発売）　2017.6　226p　19cm　〈文献あり　年譜あり　索引あり〉　2000円　Ⓘ978-4-343-00957-9　Ⓝ336.9

内容　第1話 水島銕也の簿記と神戸高商の創立　第2話 炎の会計人、東奭五郎　第3話 神戸商大の創立と原口亮平たちの奮戦　第4話 平井泰太郎の門下に集う簿記・会計学の俊英たち　第5話 神戸軽大で躍動しはじめる新時代の簿記・会計学　第6話 新制神戸大学の編成と経営学部のスタート　第7話 新制神戸大学の空に輝く会計学徒の群星　第8話 そして、それから

東 昇〔1912〜1982〕　ひがし・のぼる
◇父・東昇を想う―お念仏とともに　藤井雅子著　京都　探究社　2014.10　185p　20cm　〈年譜あり〉　1667円　Ⓘ978-4-88483-947-5　Ⓝ289.1

東 眞人〔1928〜〕　ひがし・まこと
◇昭和は遙か雲のうえ―激動の昭和と鹿児島の民間放送創始者たち　東眞人著　鹿児島　東眞人　2014.12　287p　21cm　〈発売：南日本新聞開発センター（鹿児島）〉　1500円　Ⓘ978-4-86074-226-3　Ⓝ289.1

東尾 修〔1950〜〕　ひがしお・おさむ
◇衣笠祥雄 最後のシーズン　山際淳司著　KADOKAWA　2018.8　287p　18cm　〈角川新書 K-223〉　840円　Ⓘ978-4-04-082265-5　Ⓝ783.7

内容　第1章 名将（メルセデスにて　オールド・ボーイズ・オブ・サマー）　第2章 名投手（"サンデー兆治"のこと　二〇〇勝のマウンド ほか）　第3章 強打者（アウトコース　田淵の夏の終わり ほか）　終章 引退（一本杉球場にて）

東出 輝裕〔1980〜〕　ひがしで・あきひろ
◇惜別球人―プロ野球時代を彩った男たち　山本昌　木佐貫洋　東出輝裕　谷繁元信　関本賢太郎　谷佳知　松田裕司、長谷川晶一、五反田康彦、宇佐美壮右、松下雄一郎、矢崎良一著　ミライカナイブックス　2015.12　252p　19cm　1400円　Ⓘ978-4-907333-07-2　Ⓝ783.7

内容　第1章 届かなかったまで1勝―50歳の野球少年が見てきた光景 山本昌（中日）　第2章 そして、日記は3冊目に―。木佐貫洋（巨人・オリックス・北海道日本ハム）　第3章 野球小僧に聞こえたある「福音」東出輝裕（広島）　第4章 悔しさとともに積み上げた3021試合 谷繁元信（横浜・中日）　第5章 生涯タテジマを貫いた男の真実 関本賢太郎（阪神）　第6章 現役最後まで失わなかった感覚 谷佳知（オリックス・巨人・オリックス）

東原 力哉〔1956〜〕　ひがしはら・りきや
◇五人の狂詩曲―NANIWA EXPRESS自伝　NANIWA EXPRESS著　国分寺　アルファノート　2018.9　287p　19cm　1980円　Ⓘ978-4-906954-75-9　Ⓝ764.7

内容　1章 NANIWA EXPRESS40年の狂詩曲　2章 清水興狂詩曲　3章 岩見和彦狂詩曲　4章 中村建治狂詩曲　5章 東原力哉狂詩曲　6章 青柳誠狂詩曲

東山 魁夷〔1908〜1999〕　ひがしやま・かいい
◇内にコスモスを持つ者―歩み入る者にやすらぎを去り行く人にしあわせを　岡田政晴著　長野　ほおずき書籍　2016.2　270p　20cm　〈文献あり　発売：星雲社〉　1800円　Ⓘ978-4-434-21614-5　Ⓝ281.52

内容　1 はじめに　2 木曽を愛した人々（木曽の「セガンティーニの空の色」の下で暮らしたマロンの少女ジャーヌ・コビー　生涯故郷木曽を心に抱きながら作品を書き続けた島崎藤村　詩と音楽をこよなく愛し、木曽を縦断したロマンの旅人 尾崎喜八（一八九二〜一九七四）　日本人の精

神の源流を木曽で見出した　亀井勝一郎（一九〇七〜一九六六））　3　木曽の水を飲んで水をながめて木曽を駆け抜けた人々（姨捨という名の月をめざして木曽を歩いた月下の旅人　松尾芭蕉（一六四四〜一六九四）　心優しい歌二首を詠んで木曽路を急いだ良寛（一七五八〜一八三一）　「大蔵経」を求めて雨雪の木曽路を往復した虎斑和尚（一七六四〜一八二四）　軍靴の足音が聞こえる中、桜の花を浴びながら木曽路を闊歩した種田山頭火（一八八二〜一九四〇）　木曽人の心と自然に出会い日本画家になる決意をした東山魁夷（一九〇八〜一九九九））　4　眼すずしい人々（木曽川の洪水で亡くなった母を弔うために木曽川を遡った円空（一六三二〜一六九五）　セピア色の世界を追い求めてやまなかった島崎蕗助（一九〇八〜一九九二）　戦争のない平和な世界を願い、詩によって世界を包みこんだ坂村真民（一九〇九〜二〇〇六））　5　おわりに

◇うつくしい人　東山魁夷　村上通哉著　集英社　2018.10　272p　16cm　〈集英社文庫　む13-1〉〈『感動』（日本経済新聞社　2004年刊）の改題、再編集〉　700円　Ⓘ978-4-08-745803-9　Ⓝ721.9
内容　「風景との出会い」　文化祭　国語教科書原作者生原稿展　「唐招提寺への道展」　修学旅行　修学旅行の後で　市川へお礼に伺う　子どもたちの卒業　東山魁夷装画『子どもたちへの詫び状』筑豊絵本館　東山夫人筑豊絵本館来訪　訃報　東山魁夷先生をしのぶ旅

東山　紀之〔1966〜〕　ひがしやま・のりゆき
◇カワサキ・キッド　東山紀之著　朝日新聞出版　2015.8　300p　15cm　〈朝日文庫　ひ25-1〉　660円　Ⓘ978-4-02-261835-1　Ⓝ778.21
内容　1　カワサキ・キッド　2　運命のとびら　3　新たな世界で　4　出会いと別れ　5　四十代のキッド　6　帰る場所

ビクター・クー
⇒古永鏘（こ・えいそう）を見よ

樋口　一葉〔1872〜1896〕　ひぐち・いちよう
◇田辺聖子の恋する文学——一葉、晶子、芙美子　田辺聖子著　新潮社　2015.9　184p　16cm　〈新潮文庫　た-14-31〉〈『田辺聖子の古典まんだら　続』（2013年刊）の改題、加筆、訂正〉　430円　Ⓘ978-4-10-117531-7　Ⓝ910.2
内容　恋が執筆の原動力・樋口一葉　嫉妬を文学に昇華させた与謝野晶子　ノラになりたかった杉田久女　女の友情・吉屋信子　男の本質をつかんでいた林芙美子

◇樋口一葉　小野芙紗子著，福田清人編　新装版　清水書院　2016.8　210p　19cm　〈Century books—人と作品〉〈文献あり　年譜あり　索引あり〉　1200円　Ⓘ978-4-389-40105-4　Ⓝ910.268
内容　第1編　樋口一葉の生涯（生い立ち—父母と一葉の青春の日々　本郷菊坂町時代—初恋・小説家への道　龍泉寺町時代—塵の中　丸山福山町時代—栄光の座と死の病）　第2編　作品と解説（大つごもり　たけくらべ　にごりえ　十三夜　うらむらさき　一葉の世界）

樋口　季一郎〔1888〜1970〕　ひぐち・きいちろう
◇ユダヤ難民を救った男　樋口季一郎・伝　木内是壽著　アジア文化社文芸思潮出版部　2014.6　195p　19cm　1400円　Ⓘ978-4-902985-66-5　Ⓝ289.1

◇アッツ島とキスカ島の戦い—人道の将、樋口季一郎と木村昌福　将口泰浩著　海竜社　2017.6　230p　19cm　1600円　Ⓘ978-4-7593-1549-3　Ⓝ391.2074
内容　第1章　樋口季一郎中将（ミッドウェー作戦の失敗　キスカ、アッツ島占領の真実　ほか）　第2章　アッツ島の玉砕（近代戦に参加する資格　米軍によるアッツ島奪還　ほか）　第3章　木村昌福少尉（奇跡の撤退　木村昌福の姿勢　ほか）　第4章　キスカ島からの第一次撤退作戦（樋口と木村に相通じるもの　海軍と陸軍の相互理解　ほか）　第5章　今度こそキスカ島へ（キスカ島に再出撃　救出まであと四時間　ほか）

樋口　享子〔1958〜1981〕　ひぐち・きょうこ
◇愛しき妹へのレクイエム　樋口智子著　日本文学館　2014.7　52p　22cm　〈文献あり〉　1000円　Ⓘ978-4-7765-3857-8　Ⓝ289.1

樋口　修吉〔1938〜2001〕　ひぐち・しゅうきち
◇鏡花、水上、万太郎　福田和也著　キノブックス　2017.2　287p　20cm　2000円　Ⓘ978-4-908059-63-6　Ⓝ910.26
内容　鏡花、水上、万太郎　"戯作者"—獅子文六の戦争私小説の路、主義者の道、みち、—佐多稲子　空っぽのトランク La Valise vide—武田泰淳、檀一雄　ウィスキー・プリースト＆スマート・アニマルズ—武田泰淳、グレアム・グリーン　The day is done—小島信夫　銀座レクイエム—樋口修吉

樋口　久子〔1945〜〕　ひぐち・ひさこ
◇チャコのゴルフ人生—その軌跡　樋口久子著　東京新聞　2015.3　196p　20cm　〈年譜あり〉　1500円　Ⓘ978-4-8083-0999-2　Ⓝ783.8
内容　第1章　プロへの道と中村寅吉先生　第2章　プロゴルファーとして　第3章　切磋琢磨　第4章　アメリカ女子ツアー　第5章　先駆者として　第6章　ゴルフあれこれ　第7章　頑張ってきたご褒美　樋口久子の軌跡

◇樋口久子—ゴルフという天職　樋口久子著　日本経済新聞出版社　2017.10　237p　20cm　〈私の履歴書〉〈年譜あり〉　1600円　Ⓘ978-4-532-17625-9　Ⓝ783.8
内容　第1部　私の履歴書（川越　大食いの父、苦労人の母　大家族　外遊び嫌い　駆けっこは1等賞　ハードル走　ゴルフとの出合い　高校生活　転機の泥棒事件　川越CC　プロの卵に　ほか）　第2部　ゴルフに邁進する心（海外Vも、殿堂入りも二番手　チャコを追いかけて（青木功・樋口久子）　樋口さん　揺るぎない芯（小林浩美）　自分の心と格闘　ブレない生きざま（戸張捷・樋口久子））

樋口　廣太郎〔1926〜2012〕　ひぐち・ひろたろう
◇故人　近藤正高著　スモール出版　2017.4　415p　19cm　1800円　Ⓘ978-4-905158-42-4　Ⓝ281
内容　二〇一二年（浜田幸一　樋口廣太郎　ほか）　二〇一三年（大島渚　山内溥　ほか）　二〇一四年（永井一郎　坂井義則　ほか）　二〇一五年（赤瀬川隼　桂

米朝 ほか〕 二〇一六年〔蜷川幸雄 中村紘子 ほか〕

樋口 美世〔1925～〕 ひぐち・みよ
◇卒寿のつぶやき 樋口美世著 砂子屋書房 2016.9 123p 19cm 3000円 ①978-4-7904-1605-0 Ⓝ911.162
＊「女人短歌会」で活動した著者の自分史を一冊にまとめた。

樋口 泰行〔1957～〕 ひぐち・やすゆき
◇リーダーシップの哲学―12人の経営者に学ぶリーダーの育ち方 一條和生著 東洋経済新報社 2015.6 299p 20cm 〈他言語標題：The Leadership Journey〉 1800円 ①978-4-492-53361-1 Ⓝ332.8
内容 リーダーシップ・ジャーニーに終わりはない―藤森義明 誰にでも無限の可能性がある―澤田道隆 できるだけシンプルに考え、実行する―松本晃 経験しないとわからない世界がある―玉塚元一 ロールモデルに学び、自分流にアレンジする―志賀俊之 全員で「良い会社 "Good Company"」を創る―永野毅 恐れることなく変わり続ける―佐藤玖美 一瞬も一生も美しく、をめざして―前田新造 新しい場で学び続ける―樋口泰行 常に全力を尽くしながら視座を高める―松井忠三 ストレッチ経験で己を鍛え、実践知を蓄える―新貝康司 ストーリーで多様な人々を束ねる―小林いずみ あなたらしいリーダーシップを育む

ひぐち君〔1974～〕 ひぐちくん
◇一発屋芸人列伝 山田ルイ53世著 新潮社 2018.5 236p 20cm 1300円 ①978-4-10-351921-8 Ⓝ779.14
内容 レイザーラモンHG―一発屋を変えた男 コウメ太夫―"出来ない"から面白い テツandトモ―この違和感なんでだろう ジョイマン―「ここにいるよ」 ムーディ勝山と天津・木村―バスジャック事件 波田陽区―一発屋故郷へ帰る ハローケイスケ―不滅の"0・5"発屋 とにかく明るい安村―裸の再スタート キンタロー。―女一発屋 髭男爵―落ちこぼれのルネッサンス

B倉 八兵衛〔1961～2014〕 びーくら・はちべえ
◇オレと医療の半生記 B倉八兵衛著 文芸社 2014.12 161p 19cm 1200円 ①978-4-286-15667-5 Ⓝ289.1

久泉 迪雄〔1927～〕 ひさいずみ・みちお
◇久泉迪雄著作・活動の記録―〈蒼穹〉から〈綺羅〉まで 久泉迪雄編 〔富山〕 綺羅短歌の会 2018.7 134p 26cm 〈発行元：桂書房 著作目録あり 年譜あり〉 Ⓝ289.1

久川 正子〔1945～〕 ひさかわ・まさこ
◇答えの無い苦難の道は、もう歩まない 久川正子著 東京図書出版 2017.3 154p 19cm 〈発売：リフレ出版〉 1200円 ①978-4-86641-032-6 Ⓝ289.1
＊紆余曲折を経てたどり着いたひとつの答え。人はすべて神と光で繋がっている。

久木 興治郎〔1908～1937〕 ひさき・こうじろう
◇反戦・平和にいのちをかけた久木興治郎 不屈の青春 西田清著 大津 治安維持法犠牲者国家賠償要求同盟滋賀県本部 2017.7 93p 21cm 〈年譜あり〉 500円 Ⓝ289.1

久田 真紀子〔1975～〕 ひさだ・まきこ
◇14歳ホステスから年商10億のIT社長へ 久田真紀子著 京都 PHP研究所 2018.1 212p 19cm 1300円 ①978-4-569-83880-9 Ⓝ289.1
内容 第1章 虐待、貧困、いじめ、そして… 第2章 14歳、ホステスになる 第3章 夢見た結婚。そして破綻 第4章 転機―金融業、そしてITの世界へ 第5章 何もわからないIT業界へ飛び込む 第6章 28歳、起業 第7章 社長として生きる

久恒 啓一〔1950～〕 ひさつね・けいいち
◇団塊坊ちゃん青春記 久恒啓一著 多摩 多摩大学出版会 2017.3 191p 19cm 〈発売：メタ・ブレーン〉 1600円 ①978-4-905239-67-3 Ⓝ289.1
内容 第1部 九州大学（大学 「八重山群島遠征報告」を読む 軌跡（九大探検vol.4より―1972～1973年） 知的生産の失敗） 第2部 日本航空（30歳の転機。絶望からの出発 羽田 札幌） 第3部 ロンドン 第4部 成田

悠仁親王〔2006～〕 ひさひとしんのう
◇天皇家と悠仁親王殿下―10年のあゆみ 別冊宝島編集部編 宝島社 2016.8 111p 30cm 〈年譜あり〉 1000円 ①978-4-8002-5573-0 Ⓝ288.44
内容 巻頭グラビア たくさんの愛情を注がれて 国民に寄り添い、ともに歩まれる天皇陛下の思い 悠仁親王殿下10年の歩み 悠仁さまの10年間 ご誕生 皇室41年ぶりの男子悠仁さまご誕生 幼少期 幼稚園に入園したくましくご成長 美智子さまから悠仁さまへ 着袴の儀・深曽木の儀 悠仁さまの健やかな成長を祈って 小学校 一般の児童と変わらない学校生活を送られる 男性が少ない皇室で悠仁さまが今後歩まれる道〔ほか〕

土方 梅子〔1902～1973〕 ひじかた・うめこ
◇「仕事クラブ」の女優たち 青木笙子著 河出書房新社 2016.6 453p 20cm 〈文献あり 索引あり〉 2700円 ①978-4-309-92090-0 Ⓝ778.21
内容 序幕 第1幕 細川ちか子 第2幕 高橋とよ（豊子） 第3幕 土方梅子 第4幕 山本安英

土方 定一〔1904～1980〕 ひじかた・ていいち
◇芸術の海をゆく人―回想の土方定一 酒井忠康著 みすず書房 2016.11 288p 22cm 〈年譜あり〉 4600円 ①978-4-622-08550-8 Ⓝ702.16
内容 1（土方定一の戦後美術批評から 土方定一の詩、その他 高村光太郎と土方定一 ほか） 2（ブリューゲルへの旅 海老原喜之助 ある書簡 松本竣介と土方定一 わが身を寄せて 野口彌太郎 ほか） 3（『岸田劉生』についての覚書き 『渡辺崋山』をめぐる話 再読『日本の近代美術』 ほか）

ひしかた

土方 敏夫〔1922～〕 ひじかた・としお
◇証言 零戦大空で戦った最後のサムライたち 神立尚紀著 講談社 2017.7 531p 15cm (講談社+α文庫 G296-2)〈年表あり〉 950円 ①978-4-06-281723-3 Ⓝ392.8

[内容] 第1章 黒澤丈夫―「無敵零戦」神話をつくった名村長 第2章 岩井勉―「ゼロファイターゴッド(零戦の神様)」と呼ばれた天才戦闘機乗り 第3章 中島三教―米国本土の捕虜収容所で終戦を迎えた"腕利き"搭乗員 第4章 藤田怡與藏―戦後、日本人初のジャンボ機長となった歴戦の飛行隊長 第5章 宮崎勇―空戦が「怖ろしくなった」という言葉に込められた思い 第6章 大原亮治―激戦地ラバウルで一年以上戦い抜いた伝説の名パイロット 第7章 土方敏夫―ペンを操縦桿に持ち替えて戦った「学鷲」に刻み込まれた海軍魂

土方 歳三〔1835～1869〕 ひじかた・としぞう
◇土方歳三最後の戦い―北海道199日 好川之範著 札幌 北海道新聞社 2014.10 325p 19cm〈文献あり 年表あり〉 1700円 ①978-4-89453-755-2 Ⓝ289.1

[内容] 1章 新選組出帆―最後の「誠」は北にあり 2章 北の政権―日本初の選挙で土方歳三第六位 3章 土方歳三の写真―戊辰戦士の役者のような1枚 4章 新政府大軍―薩長兵ら八千 蝦夷地上陸 5章 二股口銃撃戦―土方の形見を運んだ市村鉄之助少年 6章 生涯最後の日―明治二年五月十一日 7章 土方狙撃者伝承―松前藩銃士米田幸治のその日 8章 実行寺過去帳の謎―なぜ土方戒名? 明治25年室蘭署警察官の追跡 9章 土方歳三辞世―よしや身は蝦夷とふ島辺に 10章 土方歴史散歩―森・函館・北斗・松前・江差・石狩

◇官賊に恭順せず―新撰組土方歳三という生き方 原田伊織著 KADOKAWA 2017.6 274p 19cm〈文献あり〉 1500円 ①978-4-04-400209-1 Ⓝ289.1

[内容] 草莽の章 尚武の郷(八王子千人同心 武州日野宿石田村 ほか) 動乱の章 洛中動乱(旅立ち 浪士組分裂 ほか) 抗戦の章 東へ(鳥羽伏見 開戦前夜 ほか) 流転の章 恭順せず(甲陽鎮撫隊惨敗 江戸開城、なお恭順せず ほか)

◇土方歳三―幕末群像伝 小島政孝著 町田 小島資料館 2017.6 61p 19cm〈年譜あり 発売:エーアイ出版(町田)〉 740円 ①978-4-906062-11-9 Ⓝ289.1

[内容] 歳三と家との移転 商家へ奉公に出る 家庭環境 天然理心流入門 書道と俳句を学ぶ 見合いの仲介 風邪薬を贈った歳三 女性自慢 富沢忠右衛門の上洛 佐久間象山と新撰組 [ほか]

◇明治維新血の最前戦―長州と最後まで戦った男 星亮一著 さくら舎 2017.11 273p 19cm 1600円 ①978-4-86581-127-8 Ⓝ210.61

[内容] 池田屋事件の衝撃 長州、御所襲撃 八・一八政変、長州追放 尊王攘夷 出動 傭兵部隊の宿命 孝明天皇の死 激突、鳥羽伏見戦争 戦場の鬼 惨敗 七隻の榎本艦隊 開陽丸の悲劇 決戦あるのみ 最終決戦 艦隊全滅、降服

◇土方歳三と榎本武揚―幕臣たちの戊辰・箱館戦争 宮地正人著 山川出版社 2018.7 110p 21cm (日本史リブレット人 068)〈文献あり 年譜あり〉 800円 ①978-4-634-54868-8 Ⓝ289.1

[内容] 江戸開城の構図はいかなるものだったか 1 鳥羽・伏見戦争時にいたる土方と榎本 2 旧国家幕府解体の諸問題 3 江戸開城時にいたる土方と榎本 4 船橋戦争・遊撃戦・上野戦争 5 戊辰戦争時の土方・新選組・旧幕海軍 6 土方・榎本の箱館戦争 土方・榎本・勝の位置づけ

土方 久功〔1900～1977〕 ひじかた・ひさかつ
◇土方久功日記 5 土方久功著, 須藤健一, 清水久夫編 吹田 人間文化研究機構国立民族学博物館 2014.12 611p 26cm (国立民族学博物館調査報告 124) ①978-4-906962-27-3 Ⓝ712.1

◇土方久功 正伝―日本のゴーギャンと呼ばれた男 清水久夫著 東宣出版 2016.12 316,5p 19cm〈年譜あり〉 2500円 ①978-4-88588-092-6 Ⓝ712.1

[内容] 土方久功との「出会い」 伯父・土方久元と祖父・柴山矢八 幼少から青年時代へ 死の影 久功の恋(1)―南洋へ発つまで 憧れの南洋へ―パラオの生活 孤島に生きて 再びパラオへ―丸木俊と中島敦 久功の恋(2)―南洋で 戦時下の日本へ ボルネオから土田村へ 戦後東京での生活 パラオ、サタワル島の人々との交流 栄達、名誉を求めぬ一生

土方 久元〔1833～1918〕 ひじかた・ひさもと
◇土方久元日記―明治十四年 齋藤伸郎編, 土方久元原著 私家版書籍 2017.7 101p 21cm〈文献あり〉 100円 ①978-4-909255-00-6 Ⓝ289.1

菱田 シンヤ〔1966～〕 ひしだ・しんや
◇震災脚本家 菱田シンヤ 菱田シンヤ著 神戸 エピック 2015.1 222p 19cm 1500円 ①978-4-89985-185-1 Ⓝ912.7

[内容] 序章 あの時、身体はシェイクされた 第1幕 なにかになれると思ってた 第2幕 自慢できると思ってた 第3幕 取り返せると思ってた 第4幕 これが最後と思ってた 第5幕 やり直そうと思ってた 第6幕 そろそろ『笑い』にしたかった 第7幕 バスには誰もいなかった

氷嶋 虎生 ひしま・とらお
◇トップ営業マンは極道だった―実録修羅場の人間学 氷嶋虎生, 中島孝志著 ゴマブックス 2016.6 190p 19cm 1350円 ①978-4-7771-1799-4 Ⓝ289.1

[内容] 1 元極道のトップ営業マンが語る! 波瀾万丈のルーツ「私の高校放浪記」(目玉くりぬいたろう! 学校の誰も知らん、実は関西最大の暴走族だった! 医師からの本当のこと ほか) 2 極道大学生誕生! 修羅場で勝てるヤツ、敗けるヤツはどこがちがうのか?(まさかの大学合格! 広域暴力団新田組組長と出会う! 覚醒剤に手を出しやくざは20～40歳で墓場行き! ほか) 3 極道! 道を極めた営業マンの営業術―オンリーワンでなければ生き残れない(一度サラリーマンをしてみるか 待てど暮らせど採用通知は来なかった! 極道! 道を極めた営業マンの営業術1「即実行」 ほか)

菱山 南帆子〔1989～〕 ひしやま・なほこ
◇嵐を呼ぶ少女とよばれて―市民運動という生きかた 菱山南帆子著 はるか書房 2017.3 179p 20cm 〈発売：星雲社〉 1600円 ⓘ978-4-434-23048-6 Ⓝ289.1
内容 第1章 私を育んだ町と家族と仲間たち 第2章 嵐を呼ぶ少女 第3章 社会への目覚めと飛躍の時代 第4章 自分を見つめ、足場を踏み固める 第5章 再び市民運動の大きな輪のなかへ 第6章 創意あふれる運動スタイルと街宣活動 第7章 市民と野党の歴史的共同―二〇一五年九月の闘い 第8章 生活の現場に深く根を張る 第9章 生きかたとしての市民運動

肥田 大二郎〔1949～〕 ひだ・だいじろう
◇ドクトル大二郎三浪記 肥田大二郎著 鳥影社 2018.3 189p 21cm 〈イラスト：たけちたけし 「遅れてくる青年に捧げる」(2012年刊) 私家本の改題、大幅に加筆訂正〉 1200円 ⓘ978-4-86265-670-4 Ⓝ289.1
内容 第1章 「生まれてから」 第2章 「沼津東高校」 第3章 「一浪目」 第4章 「京都工芸繊維大学～二浪目」 第5章 「東京で働く～三浪目」 第6章 「札幌に渡り、予備校生活・受験」 第7章 「秀幸君のこと」 「若者よ！資格をとって世界に翔こう！」

樋田 魯一〔1839～1915〕 ひだ・ろいち
◇近代農政を作った人達―樋田魯一と南一郎平のこと 加来英司著 東京図書出版 2017.4 196p 19cm 〈発売：リフレ出版〉 1400円 ⓘ978-4-86641-044-9 Ⓝ611.1
＊近代農政を築いた事績。TPPで揺れる今、多くの人にこの道を辿って欲しい。

日臺 礒一〔1919～2015〕 ひだい・ほういち
◇一研究生のノート 日臺礒一著, 日臺松子編 大阪 清風堂書店 2018.1 197p 21cm 〈著作目録あり 年譜あり〉 Ⓝ289.1

檜高 憲三〔1897～1966〕 ひだか・けんぞう
◇愛の独創教育 奇跡の実践―檜高校長二十六歳からの挑戦 桧垣明子著 広島 ザメディアジョンプレス 2015.8 284p 21cm 〈文献あり 発売：ザメディアジョン(広島)〉 1400円 ⓘ978-4-86250-382-4 Ⓝ376.2176
内容 西条尋常高等小学校の朝 何かに導かれながら 堀越訓導誕生 西条小学校長桧高憲三 若き校長の学校改革 西条独創教育 授業の公開 相談学習 西条小学校の日常生活 西条教育の精神 さまざまな行事 西条小学校の教師たち 桧高憲三校長の人間像 桧高憲三の家族―桧垣マスエさん 戦中・戦後の西条小学校 西条小学校との別れ 堀越先生のその後 この世との別れ 卒業生から見た桧高校長 元賀茂鶴酒造名誉会長 石井泰行さん あの世からのメッセージ

日高 誠一 ひだか・せいいち
◇ターコイズ・ブルーの海から―若き医師が見たドーハ/ロンドン 日高誠一著 札幌 柏艪舎 2016.1 249p 19cm 〈発売：星雲社〉 1400円 ⓘ978-4-434-21523-0 Ⓝ490.49
内容 ターコイズ・ブルーの海（一九七八・七九年ドーハ）(長崎からドーハへ カルチャー・ショック ほか) ヨーロッパの空（一九七九年ヨーロッパ、ロンドン）(ヨーロッパの空へ アテネからローマへ ほか) 大学医局（一九八〇・八三年長崎）(大学医局復帰 医局生活 ほか) ウェストミンスターの鐘（一九八三・八四年ロンドン）(再びロンドンへ 家具付きマンション)

◇ターコイズ・ブルーの海から 続 若き医師が見た米国 日高誠一著 札幌 柏艪舎 2018.10 250p 19cm 〈発売：星雲社〉 1400円 ⓘ978-4-434-25294-5 Ⓝ490.49
内容 ロンドンからニューヨークへ フィラでの新生活スタート ドレイフュス研究室の一員に ランケノー病院の歴史 フィラデルフィア開拓の歴史 日米の医療制度 ドレイフュス教授の歩んだ道 フィラでの日常生活 シーブルックの日系人 戦時中のシーブルック農村 トロントの学会へ自動車旅行 アーミッシュの人々 ペンシルバニアのベツレヘム 念願のニューイングランド旅行 ボストンの神政政治 神政政治の終焉 ボストン美術館 ニューイングランドの紅葉狩り 米国の首都 帰国

日高 誠實〔1836～1915〕 ひたか・せいじつ
◇房総の仙客―日高誠實――日向高鍋から上総梅ケ瀬へ 渡邉茂男著 創英社/三省堂書店 2017.5 264p 19cm 〈文献あり 年表あり〉 1600円 ⓘ978-4-88142-157-4 Ⓝ289.1
内容 第1章 日高誠實を育てた人々と高鍋藩（誠實の誕生から明治三年の明倫堂教授時代まで）(誠實を育んだ人々と明倫堂 江戸遊学と師古賀謹一郎 明倫堂教授として活躍) 第2章 陸軍仕官時代の日高誠實（明治四年東京移住から明治十九年陸軍省辞めるまで）(明治維新の混乱と陸軍省出仕 旅と漢詩仲間) 第3章 梅ケ瀬の日高誠實（明治十九年梅ケ瀬移住から大正四年死去するまで）(上総梅ケ瀬永住へ 梅ケ瀬経営と青年教育 梅ケ瀬と子供たち) 第4章 誠實亡き後の梅ケ瀬（その後の梅ケ瀬 誠實の活動を心に刻む人々 「梅ケ瀬会」の活動）

日高 盛康〔1917～2010〕 ひだか・もりやす
◇ゼロファイター列伝―零戦搭乗員たちの戦中、戦後 神立尚紀著 講談社 2015.7 341p 19cm 〈年表あり〉 1500円 ⓘ978-4-06-219634-5 Ⓝ392.8
内容 第1章 三上一禧―「零戦初空戦」で撃墜した宿敵との奇跡の再会 第2章 羽切松雄―被弾して重傷を負っても復帰して戦い続けた不屈の名パイロット 第3章 原田要―幼児教育に後半生を捧げるゼロファイター 第4章 日高盛康―「独断専行」と指揮官の苦哀 第5章 小町定―真珠湾から大戦の日系人、大戦全期間を戦い抜く 第6章 志賀淑雄―半世紀の沈黙を破って 第7章 山田良市―ジェット時代にも飛び続けたトップガン

◇証言 零戦生存率二割の戦場を生き抜いた男たち 神立尚紀著 講談社 2016.11 527p 15cm （講談社＋α文庫 G296-1）〈『ゼロファイター列伝』(2015年刊)の改題、加筆・修正 年表あり〉 860円 ⓘ978-4-06-281705-9 Ⓝ392.8
内容 第1章 三上一禧―「零戦初空戦」で撃墜した宿敵との奇跡の再会 第2章 田中國義―「日本海軍一」と言われた、叩き上げ搭乗員のプライド 第3章 原田

B.I.G. JOE〔1975〜〕

◇監獄ラッパー　B.I.G.JOE著　新潮社　2014.8　264p　16cm　〈新潮文庫　ひ-37-1〉〈「監獄ラッパーB.I.G.JOE」(リットーミュージック　2011年刊)の改題　作品目録あり〉　520円　①978-4-10-126081-5　Ⓝ767.8

|内容| プロローグ　密輸計画　無言の取調室　幻覚と選択　裁判　判決=Not完結　愛と孤独と決別と新天地　ジェイルで生きるための10の戒め　グローバルな食生活〔ほか〕

hide〔1964〜1998〕

◇hideパーフェクト・トレジャーズ　ヘッドワックスオーガナイゼーション監修　CSI　2016.1　187p　31cm　〈タイトルは奥付による.標題紙等のタイトル：hide Perfect Treasures　文献あり　年譜あり〉　14630円　①978-4-908580-01-7　Ⓝ767.8

◇君のいない世界—hideと過ごした2486日間の軌跡　I.N.A.著　ヤマハミュージックエンタテインメントホールディングス出版部　2018.5　243p　19cm　1600円　①978-4-636-95099-1　Ⓝ767.8

|内容| 君のいない世界　プロローグ　出会い　ロサンゼルス　ハードコアテクノくん　涙とヒデラと消防車　hideソロプロジェクト始動　2枚のシングル　アンセム　LAの青い空　その壱〔ほか〕

◇Never ending dream-hide story-　大島曉美著　KADOKAWA　2018.12　304p　19cm　〈本文は日本語　文献あり〉　1700円　①978-4-04-735383-1　Ⓝ767.8

|内容| 第1章(ぽっちゃりした色白の男の子　デブと笑われるコンプレックス　ほか)　第2章(とにかく派手にやろう　ハサミはお金のため。バンドは夢のためか)　第3章(hideちゃん、Xに入んない？　こんなに売れるとは思ってなかった　ほか)　第4章(等身大の俺は必要ない　自分のミンミン声が嫌い　ほか)　第5章(このすごいバンドを世に出さなくては！　このアルバムが売れなかったら、日本を捨てよう　ほか)　第6章(日本のヒットチャートを変えたい　今年も来年もスケジュールはびっしり)

尾藤 二洲〔1747〜1814〕　びとう・じしゅう

◇江戸詩人評伝集—詩誌『雅友』抄　1　今関天彭著, 揖斐高編　平凡社　2015.9　473p　18cm　〈東洋文庫　863〉〈布装〉　3200円　①978-4-582-80863-6　Ⓝ919.5

|内容| 新井白石　室鳩巣　梁田蜕巌　祇園南海　六如上人　柴野栗山　頼春水　尾藤二洲　菅茶山　市河寛斎　古賀精里　頼杏坪　柏木如亭　大窪詩仏　菊池五山　宮沢雲山　広瀬淡窓　古賀侗庵

ビートきよし〔1949〜〕

◇もうひとつの浅草キッド　ビートきよし著　双葉社　2016.5　331p　20cm　1600円　①978-4-575-31131-0　Ⓝ779.14

|内容| 序章　出会い　ツービート誕生　浅草修業時代　テレビ下積み時代　漫才ブーム　それぞれのツービート　永遠の相方　特別収録　ツービート対談

◇もうひとつの浅草キッド　ビートきよし著　双葉社　2017.8　301p　15cm　(双葉文庫　ひ-18-01)　611円　①978-4-575-71471-5　Ⓝ779.14

|内容| 序章　出会い　ツービート誕生　浅草修業時代　テレビ下積み時代　漫才ブーム　それぞれのツービート　永遠の相方　特別収録　ツービート対談

ビートたけし

⇒北野武(きたの・たけし)を見よ

人見 勝太郎〔1843〜1922〕　ひとみ・かつたろう

◇人見寧履歴書—遊撃隊・人見勝太郎の生涯　桐山千佳著　〔出版地不明〕　〔桐山千佳〕　2014.11　282p　21cm　〈年譜あり〉　Ⓝ289.1

◇幕末「遊撃隊」隊長人見勝太郎—徳川脱藩・剣客隊士の死闘と華麗なる転身　中村彰彦著　洋泉社　2017.6　271p　19cm　〈文献あり　年表あり〉　1900円　①978-4-8003-1253-2　Ⓝ289.1

|内容| 第1章　幕府の遊撃隊に参加して　第2章　敗退　第3章　転進　第4章　脱藩大名との出会い　第5章　箱根戊辰戦争　第6章　奥州転戦の足取り　第7章　「蝦夷島政府」の誕生　第8章　「好し五稜郭下の苔とからん」　第9章　戊辰の敗者の彷徨　第10章　辣腕の茨城県令

人見 絹枝〔1907〜1931〕　ひとみ・きぬえ

◇近代オリンピックのヒーローとヒロイン　池井優著　慶應義塾大学出版会　2016.12　365p　20cm　〈文献あり〉　2600円　①978-4-7664-2389-1　Ⓝ780.28

|内容| ピエール・ド・クーベルタン—近代オリンピックの創始者　嘉納治五郎—日本初代のIOC委員　金栗四三—「日本マラソンの父」となったオリンピックの敗者　人見絹枝—日本女子初のメダリスト　西竹一—バロン西と呼ばれた馬術大障害の優勝者　織田幹雄—日本人最初のゴールドメダリスト　「前畑がんばれ！」—日本初のオリンピック女子金メダリスト　西田修平・大江季雄—ベルリンの死闘と"友情のメダル"　ジェシー・オーエンス—ベルリンで四つの金メダルを獲った黒人選手　清川正二—日本男子初の金メダリスト、IOC委員　古橋廣之進—戦後日本に希望を与えてくれた「フジヤマのトビウオ」　猪谷千春—冬季五輪初のメダリスト、そしてIOC委員　アベベ・ビキラ—ローマ、東京と二大会を制覇したマラソンの王者　大松博文—「東洋の魔女」に金メダルを獲らせた"鬼"の指導者　日本サッカー界を改革したドイツ人コーチ—デットマール・クラマーと日本代表チーム　ベラ・チャスラフスカ—「プラハの春」にゆれた体操の女王　男子バレーボールに革命をもたらした監督—松平康隆と日本男子バレーボール　モスクワ五輪ボイコットに泣いた選手たち—政治に翻弄されたオリンピック　北島康介—オリンピック三大会でメダル獲得のスイマー

◇伝説の人　人見絹枝の世界—日本女子陸上初の五輪メダリスト　猪木正実著　岡山　日本文教出版　2018.5　155p　15cm　(岡山文庫　309)

〈文献あり 年譜あり〉 900円 ①978-4-8212-5309-8 Ⓝ782.3

◇不滅のランナー 人見絹枝 田中良子著 右文書院 2018.10 168p 19cm 〈文献あり〉 1500円 ①978-4-8421-0792-9 Ⓝ782.3

内容 第1章 生を受けて(生い立ちと家族 小学校から県立岡山高等女学校時代 ほか) 第2章 未来を見つめての出発(新聞記者として社会へ 海外初遠征、第2回世界女子競技イエテボリ大会(2nd Women's World Games) ほか) 第3章 世界的な交流(第9回アムステルダムオリンピック100mまさかの予選落ち 800mの死闘 ほか) 第4章 一人はみんなのために、みんなは一人のために(苦闘と闘う 憧れの第3回世界女子競技プラハ大会へ ほか) 第5章 人見絹枝逝く(病に倒れる 壮絶な死 ほか) 日本とチェコの「人見絹枝」・女性スポーツ支持者懇談会

日夏 耿之介〔1890～1971〕 ひなつ・こうのすけ

◇日夏耿之介の世界 井村君江著 国書刊行会 2015.2 334p 図版32p 22cm 〈年譜あり〉 5800円 ①978-4-336-05879-9 Ⓝ911.52

内容 序章 日夏耿之介先生との思い出(樋口國登先生との出会い 『日夏耿之介全集』の編集) 第1章 日夏耿之介に関する評論(日夏耿之介の詩の世界 第一詩集『轉身の頌』について ほか) 第2章 日夏耿之介に関する随筆(雅号について 『聖盃』について ほか) 第3章 日夏耿之介の周囲の人たち(城左門 堀口大學 ほか) 第4章 日夏耿之介年譜

◇黄眠先生が行く―日夏耿之介残影 嶋不濁著 飯田 南信州新聞社出版局 2015.6 213p 21cm 1500円 ①978-4-904994-19-1 Ⓝ281.52

檜野 昭男〔1929～〕 ひの・あきお

◇八十八年の人生記録 檜野昭男著 〔出版地不明〕 檜野昭男 2017.7 257p 21cm 〈発行所：創栄出版〉 ①978-4-7559-0556-8 Ⓝ289.1

日野 啓三〔1929～2002〕 ひの・けいぞう

◇若き日の日野啓三―昭和二十年代の文業 山内祥史著 大阪 和泉書院 2016.1 223p 20cm 〈和泉選書 182〉〈著作目録あり〉 3200円 ①978-4-7576-0772-9 Ⓝ910.268

内容 1 「向陵時報」紙上の日野啓三 2 「現代文学」誌上の日野啓三 3 「近代文学」誌上の日野啓三―昭和二十六年まで 4 日野啓三・昭和二十七年の文業 5 日野啓三・昭和二十九年の文業 6 日野啓三の著書 7 日野啓三創作一覧稿

日野 重子〔1411～1463〕 ひの・しげこ

◇室町将軍の御台所―日野康子・重子・富子 田端泰子著 吉川弘文館 2018.9 222p 19cm 〈歴史文化ライブラリー 474〉〈文献あり〉 1700円 ①978-4-642-05874-2 Ⓝ281

内容 日野氏の登場―プロローグ 将軍の正室、天皇の准母―日野康子(足利義満の時代 北山院と日野氏・山科氏 ほか) 恐怖政治から得た教戒―日野重子(足利義教の将軍襲封 恐怖政治と嘉吉の変 ほか) 大乱の時代―円熟期の日野富子(応仁の乱の前哨戦 応仁の乱と将軍家 ほか) 武家の執政、公家の外護者―壮年の日野富子(足利義尚の将軍時代 義尚の死と富子の生き方) 公家と武家をつなぐ―エピローグ

火野 正平〔1949～〕 ひの・しょうへい

◇火野正平―若くなるには、時間がかかる 火野正平著 講談社 2016.1 204p 19cm 〈文献あり〉 1200円 ①978-4-06-219857-8 Ⓝ778.21

内容 第1章 「若い」を超えた「若さ」 第2章 火野スタンダード 第3章 ライフスタイル 第4章 外せない男、欠かせない女 第5章 これはまずいでしょう 第6章 生い立ち 第7章 恋とスキャンダル 第8章 家族とカウアイ、日々の暮らしのこと 第9章 「俺って、こんな商品です」 第10章 これからのこと、死に様

日野 富子〔1440～1496〕 ひの・とみこ

◇室町将軍の御台所―日野康子・重子・富子 田端泰子著 吉川弘文館 2018.9 222p 19cm 〈歴史文化ライブラリー 474〉〈文献あり〉 1700円 ①978-4-642-05874-2 Ⓝ281

内容 日野氏の登場―プロローグ 将軍の正室、天皇の准母―日野康子(足利義満の時代 北山院と日野氏・山科氏 ほか) 恐怖政治から得た教戒―日野重子(足利義教の将軍襲封 恐怖政治と嘉吉の変 ほか) 大乱の時代―円熟期の日野富子(応仁の乱の前哨戦 応仁の乱と将軍家 ほか) 武家の執政、公家の外護者―壮年の日野富子(足利義尚の将軍時代 義尚の死と富子の生き方) 公家と武家をつなぐ―エピローグ

日野 康子〔1369～1419〕 ひの・やすこ

◇室町将軍の御台所―日野康子・重子・富子 田端泰子著 吉川弘文館 2018.9 222p 19cm 〈歴史文化ライブラリー 474〉〈文献あり〉 1700円 ①978-4-642-05874-2 Ⓝ281

内容 日野氏の登場―プロローグ 将軍の正室、天皇の准母―日野康子(足利義満の時代 北山院と日野氏・山科氏 ほか) 恐怖政治から得た教戒―日野重子(足利義教の将軍襲封 恐怖政治と嘉吉の変 ほか) 大乱の時代―円熟期の日野富子(応仁の乱の前哨戦 応仁の乱と将軍家 ほか) 武家の執政、公家の外護者―壮年の日野富子(足利義尚の将軍時代 義尚の死と富子の生き方) 公家と武家をつなぐ―エピローグ

檜 健次〔1908～1983〕 ひのき・けんじ

◇日本の現代舞踊のパイオニア―創造の自由がもたらした革新性を照射する 片岡康子監修 新国立劇場運営財団情報センター 2015.3 122p 26cm 〈他言語標題：PIONEER of JAPAN CONTEMPORARY DANCE 発売：丸善出版〉 700円 ①978-4-907223-07-6 Ⓝ769.1

内容 序章 西洋文化の流入と舞踊 第1章 石井漠―肉体とリズムの統合による純粋舞踊の探求 第2章 小森敏―静けさを愛する心を糧に 第3章 伊藤道郎―アメリカで道を拓いた国際派 第4章 高田雅夫・高田せい子―夫から妻へ繋いで拓いた叙情の世界 第5章 江口隆哉・宮操子高らかに舞踊創作の灯をかかげて 第6章 執行正俊―芸術の美を求めて彷徨うバガボンド 第7章 檜健次―生命への洞察を根底とした魂の舞踊家 第8章 石井みどり―舞踊芸術の感動をすべての人々の胸に 第9章 同時代のふたりの舞踊家

ひのはら

日野原　重明〔1911～2017〕ひのはら・しげあき
◇だから医学は面白い―幻を追い続けた私の軌跡　日野原重明著　日本医事新報社　2014.9　163p　19cm　〈文献あり　索引あり〉　1200円　Ⓘ978-4-7849-4438-5　Ⓝ490.49
　内容　1 アートとしての医学―看護と融合する医学（医学はサイエンスに支えられたアートである　ウィリアム・オスラーの生涯　ほか）　2 医師として成熟するための数々の試練（姉と競い合った少年時代　左翼思想に傾倒した三高時代　ほか）　3 日本の医療システムを変えていく（武見太郎と橋本寛敏　臨床研修・医学教育の改革に挑む　ほか）　4 次世代リーダーへのメッセージ（「修業時代のモデル」を持つことの大切さ　「テンダーマインド」で傷ついた心をサポートする　ほか）

◇日野原重明先生の生き方教室　日野原重明著,大西康之聞き手　日経BP社　2016.5　190p　19cm　〈他言語標題：Dr.Hinohara's Way of Life　文献あり　発売：日経BPマーケティング〉　1400円　Ⓘ978-4-8222-7947-9　Ⓝ289.1
　内容　序章　人間日野原重明　第1章　「シニア」は75歳から、74歳は「ジュニア」です　第2章　「よど号事件」で生き方が変わりました　第3章　日本の憲法と聖書には同じ精神が流れています　第4章　健康な人がどう老いていくか　この問題が重要になると考えました　第5章　疲れたなどと言っている暇はないのです　対談　日野原重明先生×稲盛和夫さん「医を仁術に終わらせてはならない」

◇僕は頑固な子どもだった　日野原重明著　ハルメク　2016.10　285p　19cm　1500円　Ⓘ978-4-908762-03-1　Ⓝ289.1
　内容　プロローグ　105歳の私からあなたへ　第1章　負けず嫌いの「しいちゃん」　第2章　若き日にまかれた種　第3章　「医者」への道を歩む　第4章　アメリカ医学と出会って　第5章　「与えられた命」を生かすため　第6章　いのちのバトン　第7章　妻・静子と歩んだ日々　エピローグ　人生は「クレッシェンド」

◇日野原重明の世界―人生を色鮮やかに生きるための105の言葉　新老人の会編集協力　中央法規出版　2017.12　143p　21cm　〈文献あり　年譜あり〉　1200円　Ⓘ978-4-8058-5622-2　Ⓝ289.1
　内容　トップニュースで報道された日野原先生の逝去　日野原重明メモリアル　5大エピソードで知る日野原重明という生き方　日野原重明　人生を色鮮やかに生きるための105の言葉　日野原重明アーカイブ　次男の妻・日野原眞紀さんインタビュー　義父は誰にでも居場所を与えてくれた　私と日野原先生　日野原先生の遺志を受け継いで活躍する「新老人」たちのライフスタイル　日野原重明ヒストリー

日比　孝吉〔1928～2017〕ひび・たかよし
◇元一日初心忘るべからず―スジャータめいらく　日比孝吉　スジャータめいらく人材開発課編,日比治雄監修　〔名古屋〕　スジャータめいらく　2018.3　248p　21cm　1500円　Ⓝ588.067

日比　義太郎〔1884～?〕ひび・よしたろう
◇日比太郎日記―四日市昭和創世記　1　大正十五年〈一九二六〉七月二十六日―昭和二年〈一九二七〉八月二十四日　日比義太郎著,日比義也監修　翻刻　名古屋　人間社　2017.7　531p　22cm　〈年譜あり〉　4000円　Ⓘ978-4-908627-14-9　Ⓝ602.156
　内容　埋立1―大正十五年七月二十六日・十一月二十二日　埋立2―大正十五年十一月二十三日・昭和二年二月二十五日　セメント1―大正十五年十二月二十四日・昭和二年二月十六日　セメント2―昭和二年二月十八日・三月二十日　鉄道1―昭和二年三月十五日・六月四日　鉄道2―昭和二年六月六日・八月二十四日

◇日比太郎日記―四日市昭和創世記　2　昭和二年〈一九二七〉八月二十五日―昭和三年〈一九二八〉四月二十三日　日比太郎著,日比義也監修　翻刻　名古屋　人間社　2018.7　550p　22cm　4000円　Ⓘ978-4-908627-32-3　Ⓝ602.156
　内容　藤原鉄道始動―昭和二年八月二十五日・十月二十二日　国の勢江鉄道路線決定―昭和二年十月二十三日・十二月十五日　懸案推進のため選挙事務長引受―昭和二年十二月十六日・昭和三年二月二十九日　八十九翁瀧澤榮一氏と面会―昭和三年三月一日・三月十三日　国鉄計画線を地方鉄道に譲る―昭和三年三月十四日・四月二十三日

卑弥呼〔3世紀前半〕ひみこ
◇邪馬台国への径―『魏志東夷伝』から「邪馬台国」を読み解こう　榊原英夫著　福岡　海鳥社　2015.2　393p　21cm　〈文献あり　年表あり〉　2000円　Ⓘ978-4-87415-932-3　Ⓝ210.273
　内容　序章　「邪馬臺國」を考えるにあたって　第1章　『三国志』とその時代　第2章　異国の人、日の出る所の近くに有り―倭国への誘い（1）　第3章　海東に復た人有りや不や―倭国への誘い（2）　第4章　南は倭と接し、方四千里可り―特殊な距離観の秘密　第5章　郡より女王国に至る、萬二千餘里―邪馬台国への路程　第6章　世王有り。皆、女王國を統屬する―特別な国・伊都国　第7章　共に一女子を立てて王と為す―女王卑弥呼の誕生　第8章　周旋五千餘里可り―倭国二十九ケ国と狗奴国　第9章　汝が獻ずる所の貢直に答う―貢・賜関係と倭国　第10章　盗賊せず、諍訟少なし―海東の理想国家　第11章　卑彌呼以って死す。大いに冢を作る―女王卑弥呼の生涯　終章　もう一度振り返ろう！「邪馬臺國」への迷い道

◇邪馬台国と女王卑弥呼　永江泰久著　改訂新装版　東京図書出版　2015.12　82p　19cm　〈発売：リフレ出版〉　900円　Ⓘ978-4-86223-938-9　Ⓝ210.273
　内容　邪馬台国の位置　中国との交流　『魏志倭人伝』　邪馬台国、魏国の属国となる　金印　銅鏡（三角縁神獣鏡）　狗奴国への対応　卑弥呼女王の生涯　志賀島で金印発見　九州王朝、北九州から近畿地区に遷都する　日本歴史　日本の古代史と現在の関連

比屋根　毅〔1937～〕ひやね・つよし
◇人生無一事―人生をつくる70の言葉　比屋根毅著　致知出版社　2016.9　191p　18cm　〈他言語標題：Live each day to the fullest〉　1200円　Ⓘ978-4-8009-1122-3　Ⓝ289.1
　内容　第1章　苦難に耐え、道を開く―創業の原点　第2章　常に本物を追求する―仕事論　第3章　一歩一歩と前に進む―経営論　第4章　人を育て、自らを鼓舞

する—修養論　第5章　また新たな一日が始まる—人生論

桧山 進次郎〔1969〜〕　ひやま・しんじろう
◇代打の神様—ただひと振りに生きる　澤宮優著　河出書房新社　2014.12　205p　19cm　〈文献あり〉　1600円　Ⓘ978-4-309-27551-2　Ⓝ783.7

内容　桧山進次郎—代打の神様がバットを置くとき　高井保弘—世界一の代打本塁打王　八木裕—元祖・虎の代打の神様　広永益隆—メモリアル男　平田薫—恐怖の"左殺し"　秦真司—ツバメの最強代打男　町田公二郎—最後までレギュラーを　石井義人—戦力外通告の果てに　竹之内雅史—サムライ「死球王」の代打の極意　麻生実男—代打一号

檜山 泰浩〔1967〜〕　ひやま・やすひろ
◇敗者復活—地獄をみたドラフト1位、第二の人生　元永知宏著　河出書房新社　2017.10　223p　19cm　1300円　Ⓘ978-4-309-27889-6　Ⓝ783.7

内容　150キロ右腕が引退を選んだ理由—増渕竜義（2006年、東京ヤクルトスワローズ1位／『King Effect』代表、野球スクール『Go every baseball』塾長）　少しぐらいバカにされてもいつも謙虚で—入来祐作（1996年、読売ジャイアンツ1位／福岡ソフトバンクホークス三軍コーチ）　野球の才能は別の世界で通用しない—檜山泰浩（1985年、近鉄バファローズ1位／司法書士）　「2年目のジンクス」に敗れた新人王候補—真木将樹（1997年、近鉄バファローズ1位／法政大学野球部コーチ）　覚醒しなかった三拍子揃った大型内野手—渡辺正人（1997年、千葉ロッテマリーンズ1位／石川ミリオンスターズ監督）　野球をやめたら「人間」が問われる—田口竜二（1984年、南海ホークス1位／白寿生科学研究所人材開拓課課長）　「巨人のドラ1」のプライドが消えた瞬間—横山忠夫（1971年、読売ジャイアンツ1位／手打ちうどん「立山」店主）

ピョン, ジンイル〔1947〜〕　辺 真一
◇在日の涙—間違いだらけの日韓関係　辺真一著　飛鳥新社　2017.4　215p　19cm　1204円　Ⓘ978-4-86410-477-7　Ⓝ319.1021

内容　第1章 在日に生まれた宿命—私の生い立ち（在日二世として　在日コリアンが選べた道はたった「三つ」　ほか）　第2章「反日韓国」への違和感（安倍総理談話をめぐって　韓国政治と司法の一体化　ほか）　第3章 竹島問題では「日本の恥部」（竹島「爆破」話の真相　お粗末すぎた日本外交　ほか）　第4章 便宜的すぎる韓国「歴史」問題（「反日」から抜け出せない理由　『朝鮮人強制連行の記録』　ほか）　第5章 韓国外交はなぜ裏切るのか（朴大統領とは何だったのか　朴槿恵退陣の理由　ほか）

平井 喜久松〔1885〜1971〕　ひらい・きくまつ
◇思い出すまま—わが父平井喜久松　平井喜郎著　〔出版地不明〕　〔平井喜郎〕　2016.10　96p　26cm　Ⓝ289.1

平井 雅尾　ひらい・まさお
◇シナに魅せられた人々—シナ列伝　相田洋著　研文出版（山本書店出版部）　2014.11　354p　20cm　（研文選書 123）　3000円　Ⓘ978-4-87636-388-9　Ⓝ222

内容　1 タフで骨太な民間シナ学研究家・後藤朝太郎（シナ服・シナ帽で市中を歩き回る男　少壮気鋭の言語学者・後藤朝太郎　ほか）　2 芥川龍之介を食傷させたシナ風物研究家・中野江漢（北京の風物狂・中野江漢　青雲の志を抱いて、シナに渡る　ほか）　3 魯迅に嫌われたシナ民衆文化研究家・井上紅梅（シナ五大道楽の案内人・井上紅梅　謎の前半期からシナに渡るまで　ほか）　4 芥川龍之介を驚嘆させた稀代の戯迷（京劇狂）・辻聴花（龍之介、その「怪声」に驚く　教育雑誌記者・辻聴花　ほか）　5 シナ怪異譚『聊斎志異』に魅せられた二人の聊斎癖・柴田天馬、平井雅尾（『聊斎志異』に魅せられた「聊斎癖」　「聊斎癖」以前の柴田天馬　ほか）

平井 康嗣〔1954〜〕　ひらい・やすし
◇101匹目のジャズ猿—yambow平井の岡山ジャズ回想録　平井康嗣著　岡山　平井康嗣回想録刊行委員会　2017.4　345p　19cm　〈発売：吉備人出版（岡山）〉　2000円　Ⓘ978-4-86069-506-4　Ⓝ764.7

内容　1 ジャズ喫茶「シャイン」　2 LPコーナー岡山支店　3 ジャズ・フォーラム岡山　4 岡山フリー・インプロヴィゼイション・クラブ　5 梅津和時—公園まつり—表町生活向上委員会　6 岡山のジャズ&音楽イベント　7 いわとわけ音楽祭—おかやまJAZZフェスティバル　8 それからの

平井 泰太郎〔1896〜1970〕　ひらい・やすたろう
◇神戸高商と神戸商大の会計学徒たち—その苦闘と栄光　岡部孝好著　神戸　神戸新聞総合出版センター（発売）　2017.6　226p　19cm　〈文献あり　年譜あり　索引あり〉　2000円　Ⓘ978-4-343-00957-9　Ⓝ336.9

内容　第1話 水島銕也の簿記と神戸高商の創立　第2話 炎の会計人、東奭五郎　第3話 神戸商大の創立と原口亮平たちの奮戦　第4話 平井泰太郎の門下に集う簿記・会計学の俊英たち　第5話 神戸経大で躍動しはじめる新時代の簿記・会計学　第6話 新制神戸大学の編成と経営学部のスタート　第7話 新制神戸大学の空に輝く会計学徒の群星　第8話 そして、それから

平石 郁生〔1963〜〕　ひらいし・いくお
◇挫折のすすめ—成功と誤算のネット起業家半生記　平石郁生著　インプレスR&D　2014.4　212p　19cm　（インプレスR&D<next publishing>—New thinking and new ways）　〈発売：インプレスコミュニケーションズ〉　Ⓘ978-4-8443-9627-7　Ⓝ289.1

平石 雄一郎〔1928〜〕　ひらいし・ゆういちろう
◇嵐の中の青春記—希望は苦難を超えて　平石雄一郎著　〔出版地不明〕　平石雄一郎　2015.9　187p　19cm　（朝日自分史）　Ⓝ289.1
◇ある召出しの旅路の記　平石雄一郎著　〔出版地不明〕　平石雄一郎　2016.2（第2刷）　491p　19cm　（朝日自分史）〈著作目録あり〉　Ⓝ289.1

平出 修〔1878〜1914〕　ひらいで・しゅう
◇評伝 平出修 而立篇　塩浦彰著　新潟　新潟日報事業社（発売）　2018.9　301p　19cm　〈文献あり〉　1389円　Ⓘ978-4-86132-695-0　Ⓝ910.268

ひらいて

平出 隆〔1950〜〕 ひらいで・たかし
◇私のティーアガルテン行 平出隆著 紀伊國屋書店 2018.9 301p 20cm 〈文献あり〉 2700円 Ⓘ978-4-314-01163-1 Ⓝ914.6
内容 世界へ踏み込む少年 はじめての本づくり 詩のつもりではなかったこと 三人の肖像 レンズの狩人 烏森のこと 百獣のユニフォーム 仕込まれた歌 思い出のハスキー・ヴォイス 先生がたの文彩 上級生たちの光彩 美術の先生とその先生 魚司、鳥町、けもの町 常盤橋の小屋 京都の偶然 映像の葬儀一九七〇年 獣苑の恩師 郵便とともに物置小屋の方へ 本のこと、世界のこと

平井の常吉 ひらいのつねきち
⇒原田常吉（はらだ・つねきち）を見よ

平尾 孝蔵〔1922〜2017〕 ひらお・こうぞう
◇丁稚の風車 平尾孝蔵著 京都 北斗書房 2018.6 410p 22cm Ⓘ978-4-89467-357-1 Ⓝ289.1

平尾 誠二〔1963〜2016〕 ひらお・せいじ
◇日本ラグビーヒーロー列伝―歴史に残る日本ラグビー名選手 All about JAPAN RUGBY 1970-2015 ベースボール・マガジン社編著 ベースボール・マガジン社 2016.2 175p 19cm 1500円 Ⓘ978-4-583-11001-1 Ⓝ783.48
内容 第1章 2015年 ワールドカップの英雄（五郎丸歩 リーチ、マイケル 廣瀬俊朗 大野均 堀江翔太 ほか） 第2章 ヒーロー列伝 1970〜2015年（坂田好弘 原進 藤原優 森重隆 松尾雄治 ほか）

◇友情―平尾誠二と山中伸弥「最後の一年」 山中伸弥, 平尾誠二, 平尾恵子著 講談社 2017.10 208p 19cm 〈年表あり〉 1300円 Ⓘ978-4-06-220827-7 Ⓝ783.48
内容 第1章 平尾誠二という男（山中伸弥）（ドラマの主人公そのままの男 会う約束をするだけで幸せになれる 意外性のゴルフ ほか） 第2章 闘病―山中先生がいてくれたから（平尾恵子（平尾誠二夫人））（無償の友情 突然の余命宣告 「しゃああらへんわね」 ほか） 第3章 平尾誠二×山中伸弥「僕らはこんなことを語り合ってきた」（僕ら「スクール・ウォーズ」世代 技術革新と倫理観 人を叱る時の四つの心得 ほか）

平尾 隆信〔1931〜〕 ひらお・たかのぶ
◇二足のわらじ―寶嚴寺と私の生涯 平尾隆信著〔出版地不明〕 〔平尾隆信〕 2015.12 412p 19cm 〈年譜あり〉 Ⓝ188.52

平生 釟三郎〔1866〜1945〕 ひらお・はちさぶろう
◇平生釟三郎日記 第9巻 平生釟三郎著, 甲南学園平生釟三郎日記編集委員会編 神戸 甲南学園 2014.5 738p 27cm 〈付属資料：13p：月報 年譜あり〉 20000円 Ⓘ978-4-9905110-8-1 Ⓝ289.1
内容 昭和2年5月2日―昭和3年6月30日

◇平生釟三郎日記 第10巻 平生釟三郎著, 甲南学園平生釟三郎日記編集委員会編 神戸 甲南学園 2014.12 690p 27cm 〈付属資料：10p：月報 年譜あり〉 20000円 Ⓘ978-4-9905110-9-8 Ⓝ289.1
内容 昭和3年7月1日―昭和4年8月31日

◇現代日本と平生釟三郎 安西敏三編著 京都 晃洋書房 2015.3 270,8p 21cm 〈文献あり 年譜あり〉 2500円 Ⓘ978-4-7710-2623-0 Ⓝ289.1
内容 平生釟三郎の青春 平生釟三郎の社会的偉業の概要 東京海上時代の平生釟三郎 日本の商道徳の頽廃と教育の役割 平生釟三郎と政財界 平生釟三郎と甲南教育 平生釟三郎とパブリック・スクール 平生釟三郎とブラジル「日伯（日本・ブラジル）交流の礎となった埋もれた三つの偉業」―今求められる世界観と経営観 ブラジル綿と平生釟三郎 政治家としての平生釟三郎 平生釟三郎と漢字廃止論 平生釟三郎とジャーナリズム 平生釟三郎と社会奉仕 世界に通用する紳士・淑女たれ―現代社会と切り結ぶ平生釟三郎の精神 甲南が生んだ知の先人たち 甲南が生んだ世界人

◇平生釟三郎日記 第11巻 平生釟三郎著, 甲南学園平生釟三郎日記編集委員会編 神戸 甲南学園 2015.6 741p 27cm 〈付属資料：12p：月報 年譜あり〉 20000円 Ⓝ289.1
内容 昭和4年9月1日―昭和5年11月30日

◇平生釟三郎日記 第12巻 平生釟三郎著, 甲南学園平生釟三郎日記編集委員会編 神戸 甲南学園 2015.12 756p 27cm 〈付属資料：12p：月報 年譜あり〉 20000円 Ⓝ289.1
内容 昭和5年12月1日―昭和7年1月31日

◇平生釟三郎日記 第13巻 平生釟三郎著, 甲南学園平生釟三郎日記編集委員会編 神戸 甲南学園 2016.6 720p 27cm 〈付属資料：18p：月報 年譜あり〉 20000円 Ⓝ289.1
内容 昭和7年2月1日―昭和8年2月28日

◇平生釟三郎日記 第14巻 平生釟三郎著, 甲南学園平生釟三郎日記編集委員会編 神戸 甲南学園 2016.12 5,773p 27cm 〈付属資料：10p：月報 年譜あり〉 20000円 Ⓝ289.1
内容 昭和8年3月1日―昭和9年4月30日

◇平生釟三郎日記 第15巻 平生釟三郎著, 甲南学園平生釟三郎日記編集委員会編 神戸 甲南学園 2017.6 5,797p 27cm 〈付属資料：12p：月報 年譜あり〉 20000円 Ⓝ289.1
内容 昭和9年5月1日―昭和11年3月5日

◇平生釟三郎日記 第16巻 平生釟三郎著, 甲南学園平生釟三郎日記編集委員会編 神戸 甲南学園 2017.12 5,830p 27cm 〈付属資料：18p：月報 年譜あり〉 20000円 Ⓘ978-4-9909953-5-5 Ⓝ289.1
内容 昭和9年5月1日―昭和11年3月5日

◇甲南リベラリズムの源流を求めて―平生釟三郎の建学精神と地域開発をめぐって 神戸 甲南大学総合研究所 2018.1 67p 21cm （甲南大学総合研究所叢書 132） 非売品 Ⓝ289.1
内容 人間平生釟三郎（安西敏三著） 文化遺産としての向日庵（中島俊郎著）

◇平生釟三郎日記　第17巻　平生釟三郎著，甲南学園平生釟三郎日記編集委員会編　神戸　甲南学園　2018.6　5,876p　27cm　〈付属資料：20p：月報　年譜あり〉　20000円　Ⓘ978-4-9909953-6-2　Ⓝ289.1
　内容　昭和14年10月1日〜昭和16年10月31日

平尾　昌晃〔1937〜2017〕　ひらお・まさあき
◇MY LITTLE HOMETOWN—茅ケ崎音楽物語　宮治淳一著　ポプラ社　2017.10　285p　19cm　〈文献あり　年表あり〉　1500円　Ⓘ978-4-591-15637-7　Ⓝ764.7
　＊「上を向いて歩こう」が世界中で感動を呼んだ作曲家・中村八大、海の街・茅ヶ崎のイメージを全国に拡散した大スター・加山雄三、作曲家として数々の名作歌謡曲を送り出した平尾昌晃、湘南サウンドの源流を作ったザ・ワイルド・ワンズの加瀬邦彦、「また逢う日まで」の大ヒットで一世を風靡した尾崎紀世彦、音楽シーンの最前線を走り続けるサザンオールスターズの桑田佳祐—なぜ、一地方都市に過ぎない茅ヶ崎が、これほど多くの音楽家を輩出しているのか？　その謎に迫るべく、茅ヶ崎と縁の深い10の名曲を入り口に、音楽のスターたちの人生を辿る。綿密な取材と研究をもとに、"茅ヶ崎"と"音楽"の特別な関係に迫った唯一無二の刺激的な音楽エッセイ！

平岡　正明〔1941〜2009〕　ひらおか・まさあき
◇平岡正明論　大谷能生著　Pヴァイン　2018.7　293p　19cm　(ele-king books)〈著作目録あり　発売：日販アイ・ピー・エス〉　2400円　Ⓘ978-4-907276-97-3　Ⓝ289.1
　＊よみがえる、戦後最大スケールの思考。ジャズ、政治思想、第三世界革命、犯罪、水滸伝、中国人俘虜問題、歌謡曲、映画、極真空手、河内音頭、大道芸、浪曲、新内、落語……と数多くのテーマに空前絶後のスケールで取り組んだ批評家・平岡正明。本書では、その生涯と著作をたどる「本章三十六段」、120冊以上にのぼる全著作から厳選した「著作案内三十六冊」、すぐに使えるパンチラインを集めた「マチャアキズム・テーゼ三十六発」という108項目から、平岡の思想を紐解きます。長く続くポスト・モダンの時代にあって、常に世界規模・100年規模のスケールで「民衆の力」という「大きな物語」に全身で取り組んできた、その大思想の全貌がいまよみがえる！

平賀　源内〔1728〜1780〕　ひらが・げんない
◇江戸の科学者—西洋に挑んだ異才列伝　新戸雅章著　平凡社　2018.4　251p　18cm　(平凡社新書　875)〈文献あり〉　820円　Ⓘ978-4-582-85875-4　Ⓝ402.8
　内容　第1章　究理の学へ〔高橋至時—伊能忠敬を育てた「近代天文学の星」　志筑忠雄—西洋近代科学と初めて対した孤高のニュートン学者　ほか〕　第2章　江戸科学のスーパースター〔関孝和—江戸の数学を世界レベルにした天才　平賀源内—産業技術社会を先駆けした自由人　ほか〕　第3章　過渡期の異才たち〔司馬江漢—西洋絵画から近代を覗いた多才な人　国友一貫斎—反射望遠鏡をつくった鉄砲鍛冶〕　第4章　明治科学を準備した人々〔緒方洪庵—医は仁術を実践した名教育者　田中久重—近代技術を開いた江戸の「からくり魂」　ほか〕

平賀　晋民　ひらが・しんみん
⇒平賀中南(ひらが・ちゅうなん)を見よ

平賀　中南〔1722〜1793?〕　ひらが・ちゅうなん
◇経学者　平賀晋民先生　澤井常四郎著，稲田篤信解題　二松学舎大学私立大学戦略的研究基盤形成支援事業近代日本の「知」の形成と漢学　2017.3　673p　21cm　(近代日本漢学資料叢書　1)〈文献あり　澤井常四郎　昭和5年刊の複製〉　非売品　Ⓝ121.53
◇経学者　平賀晋民先生　澤井常四郎著，稲田篤信解題　研文出版(山本書店出版部)　2017.4　673p　22cm　(近代日本漢学資料叢書　1)〈布装　文献あり　澤井常四郎　昭和5年刊の複製〉　10000円　Ⓘ978-4-87636-422-0　Ⓝ121.53

平沢　貞通〔1892〜1987〕　ひらさわ・さだみち
◇もうひとつの「帝銀事件」—二十回目の再審請求「鑑定書」　浜田寿美男著　講談社　2016.5　302p　19cm　(講談社選書メチエ　624)　1850円　Ⓘ978-4-06-258627-6　Ⓝ326.23
　内容　序章　犯罪と冤罪—ひとつの事件がふたつになるとき　第1章　「帝銀事件」と「平沢貞通事件」　第2章　判決の論理と心理学の検証　第3章　目撃者たち　第4章　平沢は事件のなにを語ったのか　第5章　再否認に転じた過程と精神鑑定

平城　京〔1977〜〕　ひらじろ・みやこ
◇葬儀屋へようこそ—サンプルB　平城京著　文芸社　2017.10　94p　15cm　500円　Ⓘ978-4-286-18658-0　Ⓝ289.1

平瀬　亀之輔〔1839〜1908〕　ひらせ・かめのすけ
◇近代茶人の肖像　依田徹著　京都　淡交社　2015.2　215p　18cm　(淡交新書)〈文献あり〉　1200円　Ⓘ978-4-473-03992-7　Ⓝ791.2
　内容　井上馨(世外)—政界の雷親父は細心なる茶人　有栖川宮熾仁親王(霞堂)—親王の茶の湯に見る宮家と華族の社交平　安田善次郎(松翁)—慎しくも陰徳を重ねた財産家の茶の湯　今泉雄作(常真)—茶道具再評価の種を蒔いた江戸っ子　平瀬亀之輔(露香)—大阪の茶の湯を牽引した「粋の神」　住友友純(春翠)—茶の湯に文人趣味を融合させたエリート実業家　益田孝(鈍翁)—近代の茶の湯を双肩に担った巨人　馬越恭平(化生)—数々の逸話を残した「ビール王」数寄者　柏木貨一郎(探古斎)—土蔵に住んだ幻の数寄屋建築家　岡倉覚三(天心)—茶より酒を愛した『茶の本』の執筆者　正木直彦(十三松堂)—美術と茶道に橋を架けた美術学校長　貞明皇后—満州皇帝を茶の湯でもてなした大正天皇后　三井高棟(宗恭)—財閥の盛衰を見つめた三井家当主の茶の湯　團琢磨(狸山)—鈍翁から経営と茶の湯を受け継いだ男　大谷尊由(心斎)—茶の湯三昧の境地に挑んだ宗教家　前田利為(梅堂)—旧大名家軍人のたしなみとしての茶の湯　式守蝸牛(虎山)—悲運の宰相、戦時下の茶の湯　栗山善四郎(八百善)—江戸懐石を伝え、茶の湯を愛した料亭主人　加藤正治(犀水)—憲法の制定に携わった法学者茶人

平田　篤胤〔1776〜1843〕　ひらた・あつたね
◇平田篤胤—交響する死者・生者・神々　吉田麻子著　平凡社　2016.7　255p　18cm　(平凡社

ひらた

新書 819）〈年譜あり〉 820円 Ⓘ978-4-582-85819-8 Ⓝ121.52

内容 第1章 平田国学の胎動　第2章 西洋の接近と『霊能真柱』　第3章 地域の奇談と平田門人　第4章 世界像と祈り　第5章 生の肯定、死生の捉え直し　第6章 近世後期の知識人たち　第7章 平田国学における倫理　第8章 広がりゆく書物と篤胤の最期

平田 薫〔1954～〕 ひらた・かおる

◇代打の神様—ただひと振りに生きる　澤宮優著　河出書房新社　2014.12　205p　19cm　〈文献あり〉　1600円　Ⓘ978-4-309-27551-2　Ⓝ783.7

内容 松山進次郎—代打の神様がバットを置くとき　高井保弘—世界一の代打本塁打王　八木裕—元祖・虎の代打の神様　広永益隆—メモリアル男　平田薫—恐怖の"左殺し"　秦真司—ツバメの最強代打男　町田公二郎—最後までレギュラーを　石井義人—戦力外通告の果てに　竹之内雅史—サムライ「死球王」の代打の極意　麻生実男—代打一号

平田 琴風〔1941～〕 ひらた・きんぷう

◇第三の人生　平田琴風著　宇和島　平田昇　2015.1　233p　22cm　〈年譜あり〉　非売品　Ⓝ289.1

平田 三郎〔1884～1956〕 ひらた・さぶろう

◇平田三郎の生涯—大禹謨を世に出した人　北原峰樹編　高松　美巧社　2015.9　138p　26cm　1000円　Ⓘ978-4-86387-065-9　Ⓝ289.1

平田 正男〔1950～〕 ひらた・まさお

◇素晴らしきかな！滋賀県庁　平田正男著　〔甲賀〕　〔平田正男〕　2015.12　170p　19cm　非売品　Ⓝ318.261

平田 正範〔1919～1997〕 ひらた・まさのり

◇評伝 天草五十人衆　天草学研究会編　福岡　弦書房　2016.8　317p　22cm　〈文献あり 年表あり 索引あり〉　2400円　Ⓘ978-4-86329-138-6　Ⓝ281.94

内容 ステージ1 五人衆の時代、そして…　ステージ2 天領天草の村々　ステージ3 祈りの島で　ステージ4 耕す、漁る　ステージ5 実業の世をひらく　ステージ6 潮路はるかに　ステージ7 文学・歴史・言論　ステージ8 あの頃、この人　ステージ9 島の現実、国の行く末　ステージ10 一筋の道　ステージ特別編 群像二題（天草の石文化と松室五郎左衛門　牛深カツオ漁人の男たち）

平田 雅哉〔1900～1980〕 ひらた・まさや

◇大工一代　平田雅哉著　KADOKAWA　2018.1　343p　15cm　（〔角川ソフィア文庫〕　〔J122-1〕）〈新版　建築資料研究社2001年刊の再刊　年譜あり〉　880円　Ⓘ978-4-04-400380-7　Ⓝ289.1

内容 大工は馬鹿でも利巧でも出来ぬ　墨壺と「呑んだ才の惣」　師匠もない弟子もない　若者今昔　迷信と奇跡　子を連れて　藤原棟梁との手合い　大工心得帖　材木と庭園　町内物語　ほか

平田 靱負〔1704～1755〕 ひらた・ゆきえ

◇宝暦治水と平田靱負—史と顕彰の歩み　中西達治著　名古屋　あるむ　2015.7　300p　19cm　〈年表あり 年譜あり〉　2000円　Ⓘ978-4-86333-100-6　Ⓝ210.55

内容 第1部 江戸時代の治水政策と宝暦治水（木曾三川下流域の地勢と治水　宝暦治水 ほか）　第2部 宝暦治水之碑と西담喜兵衛（顕彰活動の始まり　記念碑の建設 ほか）　第3部 薩摩義士の創出（岩田徳義　第一回薩摩義士顕彰講演会 ほか）　第4部 平田家の祭祀と系譜（家の字は「正」—平田靱負関係の新出資料・その一　平田家の祭祀と系譜を巡る問題—平田靱負関係の新出資料・その二 ほか）

平田 良衛〔1901～1976〕 ひらた・よしえ

◇フクシマ・抵抗者たちの近現代史—平田良衛・岩本忠夫・半谷清寿・鈴木安蔵　柴田哲雄著　彩流社　2018.2　253p　20cm　〈文献あり〉　2200円　Ⓘ978-4-7791-2449-5　Ⓝ281.26

内容 第1章 平田良衛—南相馬市小高区に根ざした農民運動家（戦前の共産主義運動　出獄後 ほか）　第2章 岩本忠夫—双葉町の酒屋の主人の反原発と「転向」（反原発運動のリーダー　反原発運動の行き詰り ほか）　第3章 半谷清寿—富岡町夜ノ森に根ざした警家（若き日の立志　実業家としての試行錯誤 ほか）　第4章 鈴木安蔵—南相馬市小高区出身の日本国憲法の実質的な起草者（学連事件　ファシズム批判 ほか）

平田 良介〔1988～〕 ひらた・りょうすけ

◇平田良介メッセージBOOK—自然体主義　平田良介著　廣済堂出版　2016.6　159p　21cm　〈他言語標題：RYOSUKE HIRATA MESSAGE BOOK〉　1600円　Ⓘ978-4-331-52027-7　Ⓝ783.7

内容 第1章 関西の子ども　第2章 スポーツ万能　第3章 大阪桐蔭の力　第4章 野球＝仕事へ　第5章 趣味を極める　第6章 自然体で行く

平塚 新太郎〔1942～2017〕 ひらつか・しんたろう

◇流れて、流しの新太郎—新宿・四谷荒木町の演歌師伝説　千都譲司著　ベストセラーズ　2017.11　222p 図版8枚　19cm　〈文献あり〉　1500円　Ⓘ978-4-584-13817-5　Ⓝ767.8

内容 序章 荒木町の新太郎　第1章 浮浪児から流しへ　第2章 北へ　第3章 西へ　第4章 平塚の新太郎　終章 荒木町に骨を埋めたい

平塚 常次郎〔1881～1974〕 ひらつか・つねじろう

◇「北洋」の誕生—場と人と物語　神長英輔著　横浜　成文社　2014.12　278p　22cm　〈文献あり 索引あり〉　3500円　Ⓘ978-4-86520-008-9　Ⓝ664.35

内容 序 北洋とは何か　第1部 場—露領漁業から北洋漁業へ—一九世紀後半のロシア極東漁業の概況　プリアムール総督府の漁業振興と漁業規制　日本の対サハリン島政策　戦争と漁業）　第2部 人—北洋をめぐる人々（郡司大尉の冒険　デンビー商会の盛衰　創業者 平塚常次郎）　第3部 物語—北洋物語の構造（北洋とは何か　北洋から北方郷土へ　北洋物語の構造）　結論 関係性の束としての物語

◇ドラマチック・ロシアin JAPAN 4 日露異色の群像30―文化・相互理解に尽くした人々 続 長塚英雄責任編集 生活ジャーナル 2017.12 531p 22cm 〈3の出版者:東洋書店〉 2800円 ①978-4-88259-166-5 Ⓝ319.1038

内容 レフ・メーチニコフ(1838‐1888)西郷が呼んだロシアの革命家 ニコライ・ラッセル(1850‐1930)子孫が伝える二〇世紀の世界人の記憶 黒野義文(?‐1918)東京外国語露語科からペテルブルグ大学東洋語学部へ 小西増太郎(1861‐1939)トルストイとスターリンに会った日本人―激動の昭和を生きた祖父小西増太郎 ニコライ・マトヴェーエフ(1865‐1941)マトヴェーエフと戦後最初のロシア人観光団 徳富蘆花(1868‐1927)日本におけるトルストイ受容の先駆者として セルギイ・チホミーロフ(1871‐1945)日本の府主教セルギイ―その悲劇の半生 内田良平(1874‐1937)「黒龍会」内田良平のロシア観 瀬沼夏葉(1875‐1915)瀬沼夏葉とチェーホフ作品の翻訳 相馬黒光(1875‐1955)"アンビシャスガール"とロシア文化〔ほか〕

平塚 らいてう〔1886～1971〕ひらつか・らいちょう

◇平塚らいてう 小林登美枝著 新装版 清水書院 2015.9 226p 19cm（Century Books―人と思想 71）〈文献あり 年譜あり 索引あり〉 1000円 ①978-4-389-42071-0 Ⓝ289.1

内容 1 自我の形成期(幼年時代 少女時代 青春時代) 2 わが道への出発(塩原事件) 3「青鞜」時代(「青鞜」の誕生 「新しい女」のルーツ 恋愛から共同生活へ 「青鞜」の終焉) 4 母性保護論争と新婦人協会(母性の苦悩からの出発 新婦人協会の活動) 5 平和と民主主義を求めて(新しいいぶきの中で)

◇らいてうを学ぶなかで 4 中嶌邦監修, 日本女子大学平塚らいてう研究会編 日本女子大学平塚らいてう研究会 2016.11 217p 26cm 〈平塚らいてう賞受賞記念 文献あり 年譜あり〉 Ⓝ289.1

◇『青鞜』の冒険―女が集まって雑誌をつくるということ 森まゆみ著 集英社 2017.3 365p 16cm （集英社文庫 も26-8)〈平凡社 2013年刊の再刊 年表あり〉 740円 ①978-4-08-745559-5 Ⓝ910.261

内容 第1章 五人の若い女が集まって雑誌をつくること 第2章 いよいよ船出のとき 第3章 広告から見えてくる地域性 第4章 尾竹紅吉、あるいは後記の読み方 第5章 伊藤野枝の登場 第6章 『青鞜』の巣鴨時代 第7章 保持研の帰郷 第8章 『青鞜』の終焉

平戸 勝七〔1904～1964〕ひらと・かつしち

◇獣医学の狩人たち―20世紀の獣医偉人列伝 大竹修著 堺 大阪公立大学共同出版会 2017.5 406p 21cm 〈文献あり〉 2400円 ①978-4-907209-72-8 Ⓝ649.028

内容 序：日本における近代獣医学の夜明け 牛痘苗と狂犬病ワクチンの創始者―梅野信吉 人材育成の名人で家畜衛生学の先達―葛西勝弥 獣医寄生虫学の巨人―板垣四郎 競走馬の研究に生涯を捧げた外科の泰斗―松葉重雄 ひよこの雌雄鑑別法を開発― 増井清 幻に終わったノーベル賞―市川厚一 獣医外科・産科学の巨頭―黒澤亮助 顕微鏡とともに歩んだ偉大な神経病理学者―山極三郎 麻酔・自律神経研究の権威―木全春生〔ほか〕

平沼 騏一郎〔1867～1952〕ひらぬま・きいちろう

◇平沼騏一郎と近代日本―官僚の国家主義と太平洋戦争への道 萩原淳著 京都 京都大学学術出版会 2016.12 460p 22cm （プリミエ・コレクション 83)〈索引あり〉 5500円 ①978-4-8140-0060-9 Ⓝ312.1

内容 官僚系政治家の国家主義を問い直す 第1部 平沼騏一郎の政治的台頭と政治指導(司法省における権力確立と立憲政友会 検事総長期の政治戦略と政治観 原敬内閣との協調と思想問題への危惧 政党内閣下における政治構想と政治運動―政治戦略としての国家主義 組閣への自信と平沼内閣運動の誤算 首相としての政治指導とその限界 重臣としての活動と太平洋戦争 東京裁判とA級戦犯としての死去) 第2部 平沼騏一郎をめぐる組織と人脈(「平沼閥」と大正・昭和初期の司法・政治関係 国本社の政治思想) 近代日本において平沼騏一郎とは何だったのか

平野 国臣〔1828～1864〕ひらの・くにおみ

◇日本精神研究―GHQ発禁図書開封 大川周明著 徳間書店 2018.9 334p 18cm 1100円 ①978-4-19-864699-8 Ⓝ121

内容 第1 横井小楠の思想及び信仰 第2 佐藤信淵の理想国家 第3 平民の教師石田梅岩 第4 純情の人平野二郎国臣 第5 剣の人宮本武蔵 第6 近代国家の創設者織田信長 第7 上杉鷹山の政道 第8 戦える僧上杉謙信 第9 頼朝の事業及び人格

平野 謙〔1907～1978〕ひらの・けん

◇平野謙のこと、革命と女たち 阿部浪子著 社会評論社 2014.8 206p 19cm 〈年譜あり〉 2000円 ①978-4-7845-1913-2 Ⓝ910.268

内容 序章 文学者、平野謙の「後ろ姿」 第1章 「戦争責任」と妻の存在 第2章 戦後文学の出発―個人的表明 第3章 家庭と文学の間 第4章 晩年の抵抗と散文精神 第5章 おんな活動家たちへの視線 第6章 ヒューマンな日常感覚の尊重

平野 早矢香〔1985～〕ひらの・さやか

◇卓球の鬼と呼ばれて。 平野早矢香著 卓球王国 2017.9 229p 21cm 〈年譜あり〉 1700円 ①978-4-901638-51-7 Ⓝ783.6

内容 第1章 ラケットを置く決断。そこに至るまでの道のり 第2章 卓球の鬼と呼ばれて 第3章 不調から抜け出し、壁を乗り越える方法 第4章 優勝できない卓球少女が全日本選手権で優勝するまで 第5章 日本チャンピオンから世界へ 第6章 北京五輪からロンドン五輪へ 第7章 練習は何のためにするのか 第8章 試合で勝つための流れを作る 第9章 選手は消耗品ではない

平野 仁〔1943～〕ひらの・じん

◇愉快力が人を動かす―めだかをクジラへ！ 夢見た青年教育家の生涯 平野仁著 プラスワン・パブリッシング 2018.12 173p 19cm 1400円 ①978-4-908293-09-2 Ⓝ289.1

ひらの

平野 恒〔1899～1998〕 ひらの・つね
◇シリーズ福祉に生きる 68 平野恒 津曲裕次編 亀谷美代子著 大空社 2015.11 208p 19cm 〈文献あり 年譜あり 索引あり〉 2000円 ⓘ978-4-283-01442-8 ⓝ369.028
内容 第1章 保育を志すまで（平野家に生まれて 平野家の周辺 転機） 第2章 社会事業の道へ（中村愛児園・相沢託児園を継ぐ 母子福祉施設を開く 保育者養成の創生 敗戦まで） 第3章 戦後の再生と児童福祉（混乱期を生きる 児童福祉の実現をめざして 世界を知る旅） 第4章 保育・幼児教育の発展のために（子どもたちのしあわせを求めて 専門教育の充実へ向けて 保育者の専門性、地位の向上をめざして） 終章 保育者へのメッセージ

平野 美宇〔2000～〕 ひらの・みう
◇美宇は、みう。一夢を育て自立を促す子育て日記 平野真理子著 健康ジャーナル社 2017.6 202p 19cm 〈年譜あり〉 1400円 ⓘ978-4-907838-86-7 ⓝ783.5
内容 第1章 美宇との二人三脚（美宇の卓球人生、はじまりの日 負けず嫌いと集中力 「第二の愛ちゃん」と呼ばれて ほか） 第2章 わが子の自立、親の支え（美宇の新生活がスタート 美宇のいない生活 初の日本代表メンバーに ほか） 第3章 卓球を、すべての子どもたちの架け橋に（「美宇ママ」になる前の私、めぐさんとの出会い 天使な亜子～私の癒しほか）

平間 小四郎〔1936～2008〕 ひらま・こしろう
◇平間小四郎顕彰記念誌 平間小四郎顕彰碑建立実行委員会編 〔出版地不明〕 平間小四郎顕彰碑建立実行委員会 2016.4 52p 26cm 〈年譜あり〉 ⓝ289.1

平間 重助〔1824～?〕 ひらま・じゅうすけ
◇新選組水府派の史実捜査―芹澤鴨・新見錦・平間重助 箱根紀千也著 名古屋 ブイツーソリューション 2016.11 254p 18cm 〈発売：星雲社〉 1360円 ⓘ978-4-434-22645-8 ⓝ289.1
内容 第1章 芹澤家本家について 第2章 芹澤家分家に関連して 第3章 下村嗣次 第4章 長谷川庄七 第5章 芹澤鴨を論じる前の基礎的事項 第6章 証明せずに通説になった事 第7章 新見錦の新たな事実

平松 楽斎〔1792～1852〕 ひらまつ・がくさい
◇聿脩録関係往復書簡 4 〔津〕 津市教育委員会 2014.3 56p 21cm （平松楽斎文書 37） ⓝ289.1
◇西涯閒見録 平松楽斎著 〔津〕 津市教育委員会 2015.3 60p 21cm （平松楽斎文書 38）〈付・朝川善庵書簡写他〉 ⓝ289.1

平本 歩〔1985～〕 ひらもと・あゆみ
◇バクバクっ子の在宅記―人工呼吸器をつけて保育園から自立生活へ 平本歩著 現代書館 2017.8 190p 19cm 1600円 ⓘ978-4-7684-3558-8 ⓝ598.4
内容 第1章 誕生～在宅生活に至るまで 第2章 在宅生活開始＆保育園 第3章 小学校 第4章 中学校 第5章 高校 第6章 高校卒業後～一人暮らしに至るまで 第7章 現在の生活

平山 郁夫〔1930～2009〕 ひらやま・いくお
◇シルクロードの現代日本人列伝―彼らはなぜ、文化財保護に懸けるのか？ 白鳥正夫著 三五館 2014.10 238p 図版16p 19cm 〈文献あり 年表あり〉 1500円 ⓘ978-4-88320-622-3 ⓝ709.2
内容 序章 体験的シルクロードの旅―玄奘三蔵の足跡をたどる 第1章 求道と鎮魂、玄奘の道を追体験―平山郁夫・平和願い文化財保護への道 第2章 新疆ウイグルで遺跡保護研究―小島康誉・日中相互理解促進へ命燃やす 第3章 ウズベキスタンで遺跡調査―加藤九祚・九〇歳超えても発掘ロマン 第4章 バーミヤン遺跡の継続調査―前田耕作・アフガニスタン往還半世紀 終章 玄奘の生き方指針に平和の道へ―それぞれのシルクロード、わが想い

平山 秀夫〔1944～〕 ひらやま・ひでお
◇呑むか撮るか 平山秀幸映画屋（カツドウヤ）街道 平山秀幸著、鈴村たけし編 ワイズ出版 2016.10 412p 22cm 〈作品目録あり 索引あり〉 2900円 ⓘ978-4-89830-302-3 ⓝ778.21
内容 第1章 映画界入りまで 第2章 製作進行・助監督時代 第3章 監督デビューの頃 第4章 メジャー映画の模索 第5章 さまざまなヒロインたち 第6章 ジャンルを越えて 第7章 大作映画への挑戦 平山秀幸フィルモグラフィー

蛭田 正次〔1922～〕 ひるた・まさつぐ
◇蛭田家のルーツと私の人生回顧録 蛭田正次著 文芸社 2014.7 202p 20cm 1300円 ⓘ978-4-286-15194-6 ⓝ289.1

比留間 良八〔1841～1912〕 ひるま・りょうはち
◇彰義隊十四番隊長比留間良八を追って 比留間英雄著 〔越生町（埼玉県）〕 〔比留間英雄〕 2017.2 181p 21cm 〈文献あり〉 ⓝ789.3

HIRO〔1969～〕
◇ビビリ EXILE HIRO著 幻冬舎 2014.6 363p 19cm 1500円 ⓘ978-4-344-02590-5 ⓝ767.8
◇ビビリ EXILE HIRO著 幻冬舎 2016.8 355p 16cm （幻冬舎文庫 ひ-12-2） 600円 ⓘ978-4-344-42514-9 ⓝ767.8
内容 第1章 引退（引退の日。 死すべき運命。 ほか） 第2章 バカ（こんな俺たちだってできたんだから。 ストリートスマート。 ほか） 第3章 チーム（熱狂は続かない。 嘘と礼儀は紙一重。 ほか） 第4章 相棒（歳の差。 恋と尊敬。 ほか） 第5章 夢とリアル（夢が夢を呼ぶ。 自分の器を決めない。 ほか）

弘 鴻〔1829～1903〕 ひろ・こう
◇これは「種蒔」の栞―周防の和算家弘鴻の話 和木浩子著 山口 物語工房 2015.11 123p 26cm 〈文献あり 著作目録あり〉 ⓝ289.1

広井 勇〔1862～1928〕 ひろい・いさみ
◇ボーイズ・ビー・アンビシャス 第4集 札幌農

学校教授・技師広井勇と技師青山士―紳士の工学の系譜　藤沢　二宮尊徳の会　2014.2　208p　21cm　〈年譜あり〉　900円　Ⓘ978-4-9906069-5-4　Ⓝ281.04

◆土木技術者の気概―廣井勇とその弟子たち　高橋裕著，土木学会廣井勇研究会編集協力　鹿島出版会　2014.9　206p　19cm　〈文献あり　年表あり〉　1900円　Ⓘ978-4-306-09438-3　Ⓝ517.028

内容　廣井勇とその弟子たち(古市公威から廣井勇へ、近代化の扉を開く　天意を覚った真の技術者―青山士　生涯を台湾の民衆に捧げた八田與一　雄大な水力発電事業を実行した久保田豊　科学技術立国に一生を捧げた宮本武之輔　河川哲学を確立した安藝皎一)　今後のインフラ整備に向けて(今後のインフラをどうするか　今後のインフラ整備への条件)

◆シビルエンジニア廣井勇の人と業績　関口信一郎著　札幌　HINAS(北海学園北東アジア研究交流センター)　2015.11　283p　22cm　〈年譜あり　発売：東出版〉　2800円　Ⓘ978-4-905418-06-1　Ⓝ289.1

内容　第1部　廣井勇の生涯(幼年時代　札幌農学校時代　修行時代　北海道時代　東京帝国大学時代　東京帝国大学退官後)　第2部　業績を読み解く(小樽港北防波堤の構造　廣井波力式の導出および意義　コンクリートの耐海水性について　The Statically Indeterminate Stresses in Frames Commonly used for Bridges　総括)

◆ボーイズ・ビー・アンビシャス　第1集　《クラーク精神》&札幌農学校の三人組(宮部金吾・内村鑑三・新渡戸稲造)と広井勇　藤沢　二宮尊徳の会　2016.11(2刷)　168p　21cm　700円　Ⓘ978-4-9906069-2-3　Ⓝ281.04

廣池 千九郎〔1866～1938〕ひろいけ・ちくろう

◆真に意味ある生きる道―『道徳科学の論文』に学ぶ　松浦勝次郎著　柏　モラロジー研究所　2015.2　262p　20cm　〈発売：廣池学園事業部(柏)〉　1700円　Ⓘ978-4-89639-243-2　Ⓝ150

内容　第1章「モラロジーの建設」という事業―永続を期して　第2章『道徳科学の論文』に学ぶ意義　第3章『道徳科学の論文』に学ぶ方法　第4章　モラロジーと『道徳科学の論文』　第5章　最高道徳と『道徳科学の論文』　第6章　最高道徳の実行をめざし続けるために　第7章　廣池千九郎博士の生き方に学ぶ

◆廣池千九郎エピソード　第4集　まごころを引き出す　モラロジー研究所出版部編　柏　モラロジー研究所　2015.2　118p　18cm　〈発売：廣池学園事業部(柏)〉　1000円　Ⓘ978-4-89639-244-9　Ⓝ289.1

内容　1　春の日のような人柄に(誠心ひとつににじみ出るところの良妻慈母に　最高道徳の実行はあくまで優雅に　子供への土産　ほか)　2　素直な心(わしのところで一年、家内のところで一年修養すれば一人前の女性になる　他人の前では相手の欠点を口にしない　叱られると気持ちが素直になって自然と反省する心に　ほか)　3　人を伸ばす教育(後世に残す原稿だけは大切に　すべて相手の身になってする　上っ面だけでは人はついて来ない　ほか)

◆廣池千九郎エピソード　第5集　心をはぐくむ学び舎　モラロジー研究所出版部編　柏　モラロジー研究所　2015.6　119p　18cm　〈発売：廣池学園事業部(柏)〉　1000円　Ⓘ978-4-89639-247-0　Ⓝ289.1

内容　1　学園建設の心(男女共学、全寮制の「アカデミー」(香川初音)　私に徳ができれば山の中でも人は来るようになる(松下九郎)　大学建設は単に事業的にすべきではない。人心救済をなす至誠心が大切である。(香川景三郎)　ほか)　2　人の育つ場所(語学と道徳と経済を徹底して身につけさせ世界へ送り出す(大塚寛治郎)　塾長は神様の手代、教師は塾長の手代(宗武志)　木を育てるは百年の計、人を育てるは十年の計(若林苦蔵)　ほか)　3　感化の教育(皆さん、ご苦労さん(宮島達郎)　モラロジーは運命をよくする学問である(畑寿泰)　全世界の人心を開発して助けるストロング・アーム(高柳次男)　ほか)

◆廣池千九郎―道徳科学とは何ぞや　橋本富太郎著　京都　ミネルヴァ書房　2016.11　465,8p　20cm　〈ミネルヴァ日本評伝選〉〈文献あり　年譜あり　索引あり〉　3500円　Ⓘ978-4-623-07738-0　Ⓝ289.1

内容　第1章　中津と『中津歴史』(生誕地「中津」　廣池の生家　廣池少年の足跡　ほか)　第2章　歴史研究から東洋法制史の開拓へ(京都で『史学普及雑誌』創刊　経済的な苦境と新分野への模索　妙雲院の時代　ほか)　第3章　神道の研究と信仰(神宮皇學館　『伊勢神宮』と神道史講義　求道者への歩み　ほか)　第4章「道徳科学」の確立と展開(「道徳科学」の萌芽　「道徳科学」の論文刊行へ　「道徳科学の論文」　ほか)　終章　廣池没後の動静(学園の危機　意思の継承と評価)

◆廣池千九郎エピソード　第6集　品性の感化力　モラロジー研究所出版部編　柏　モラロジー研究所　2017.6　118p　18cm　〈発売：廣池学園事業部(柏)〉　1000円　Ⓘ978-4-89639-260-9　Ⓝ289.1

内容　1　道を伝える(人を助けようという心ができ始めたら、それは自分が助かりかけたあかしだ　道徳を実行しようと思って聞いていた　報酬は神様からもらう　モラロジーのおかげでだんだんと落ち着いてきた　大事なお客様をもてなしてくれてありがとう　道徳に命令はない　モラロジーは元来一つであって、人や地方によって違うわけがない)　2　親心の導き(諸君が偉くならなければならぬ　思いやりができれば最高道徳の実行者の内　今度出す書物の序文の原稿がついてきたから、もってみなさい　相手の心を救うことに努力するほかない　一視同仁、みずから実行して範を示す　あの人はきっとおなかが空いている。何かすぐ食べられるものはないか　風邪を引いたらいけない。すぐお入りなさい　鞏固・偉大・永久・末払)　3　救済の心(ただ大楠公のような人物ができることが肝要　一挙手一投足が救済　他人のためには惜しみなく、自分のことは倹約を　自己保存をすることもできないような人間が人を救うことができるか)

◆新編大学生のための道徳教科書　麗澤大学道徳科学教育センター著　〔柏〕　麗澤大学出版会　2018.3　173p　20cm　〈年譜あり　発売：廣池学園事業部(柏)〉　900円　Ⓘ978-4-89205-640-6　Ⓝ150

内容　序章　大学で道徳を学ぶ意味　第1章　現代の道徳について考える　第2章　モラロジーの基本的な考え

ひろおか

方　第3章 道徳実行の指針　道徳実行のヒント―君はどう考え、どう行動するか？　資料 モラロジーの提唱者・廣池千九郎―道徳的実学の人の軌跡

広岡　浅子〔1849～1919〕　ひろおか・あさこ

◇〈超訳〉広岡浅子自伝　広岡浅子著　KADOKAWA　2015.8　158p　18cm　900円　ⓘ978-4-04-601387-3　Ⓝ289.1

内容　第1章 浅子の自伝　第2章 浅子が一般誌で語ったこと（現代の婦人についての感想　日本婦人の三大使命　大正の婦人に望む　核心なき良妻賢母　青年の修業　二人の力の充実　指導者の覚醒　磨かれた二つの人格　選り抜き『一週一信』これからの勝利者　隣邦中国に対する日本婦人の責任）　第3章 浅子が大学で語ったこと（私と本校の関係を述べて生徒諸子に告ぐ　教育　会員は社会の感化力たれ　家庭部員の猛省を促す　私は女子大学講義をいかにして学びつつあるか　この秋に心霊の修養を思え）　特別収録　大隈重信による弔song

◇広岡浅子―新時代を拓いた夢と情熱　『歴史読本』編集部編　KADOKAWA　2015.9　191p　15cm　（新人物文庫　れ-1-64）〈年譜あり〉　700円　ⓘ978-4-04-601416-0　Ⓝ289.1

内容　第1章 幕末の京都で生まれ育った三井の娘（「妾の子」という境遇に、幼い浅子はなにを思ったか？　豪商・三井家の礎は女性によって築かれた　ほか）　第2章 新時代の到来、浅子ついに起つ（婚家の金蔵に高々と積まれていた不良債権の山　実家・三井家の果敢な行動を横目に、浅子は気を揉むが…　ほか）　第3章 起業家たちの時代、新規事業を開拓せよ！（両替商は前時代の遺物、加島屋の業務改革は待ったなし）　激動の世、次々に現れる型破りな商人たち　ほか）　第4章 銀行の設立と女子大学の創設（加島銀行設立、広岡家一族の長年の夢が叶う　九度転んで十度起き、不屈の女の生き様　ほか）　第5章 つねに使命に尽くした人生（達成感か、失望か。実業家引退を決断した浅子　死の淵からよみがえり、自分の使命を知る　ほか）

◇広岡浅子―明治日本を切り開いた女性実業家　小前亮著　星海社　2015.9　249p　18cm　（星海社新書 72）〈文献あり　発売：講談社〉　860円　ⓘ978-4-06-138576-4　Ⓝ289.1

内容　第1章 江戸時代の加島屋と浅子の誕生（浅子の肖像　鴻善と父　ほか）　第2章 幕末の動乱と浅子の輿入れ（花嫁稼業は嫌い　勉強好きでおてんばなお嬢様　ほか）　第3章 産業革命の明治と浅子の奮闘（三百万両の御用金　銀目廃止で大混乱　ほか）　第4章 女子教育と生命保険業（運命の出会い　女子教育の父］ほか）　第5章 キリスト者として（浅子のホーム　最良の後継者　ほか）

◇「九転十起」広岡浅子の生涯―"あさ"が100倍楽しくなる　古川智映子監修　潮出版社　2015.9　120p　21cm　〈年譜あり〉　1100円　ⓘ978-4-267-02032-2　Ⓝ289.1

内容　NHK連続テレビ小説「あさが来た」ドラマガイド　九転十起!!広岡浅子グラフィティー　「あさが来た」佐野元彦EPインタビュー　浅子が嫁いだ「加島屋」　浅子の生家「三井越後屋」　幕末・明治の豪商＆女性実業家―鴻池善右衛門家・住友財閥・三菱財閥・鈴木よね・峰島喜代　原作者 古川智映子インタビュー　コミック「ピストル片手に炭鉱開発」　女傑経営者広岡浅子の軌跡　浅子が縁した幕末＆明治の男たち　浅子が縁した幕末＆明治の女たち　『小説 土佐堀川』著名人11の面白エピソード　『小説 土佐堀川』心に響く浅子の人生語録　小説＆"朝ドラ"がよくわかるミニ辞典　NHK連続テレビ小説93作品全リスト　広岡浅子略年譜

◇維新経済のヒロイン広岡浅子の「九転十起」―大阪財界を築き上げた男五代友厚との数奇な運命　原口泉著　海竜社　2015.9　223p　19cm　〈文献あり　年表あり〉　1500円　ⓘ978-4-7593-1452-6　Ⓝ289.1

内容　第1章 今なぜ「広岡浅子と五代友厚」なのか　第2章 広岡浅子の「九転十起」の心意気　第3章 西日本（関西・九州）で育まれた近代化の芽　第4章 実業家としての花を咲かせた広岡浅子　第5章 女子教育が浅子の悲願だった　第6章 広岡浅子の人生は幸せだったのか

◇広岡浅子語録―女性の地位向上に尽くした「九転十起」の女傑　菊地秀一著　宝島社　2015.9　127p　21cm　〈文献あり　年譜あり〉　1200円　ⓘ978-4-8002-4261-7　Ⓝ289.1

内容　第1部 自らの人生を語る言葉（京都の豪商・三井家に生を受け、お転婆な少女時代を過ごす。　花嫁修業の邪魔と家人に本を奪われ、独学で学問に目覚める。　親が決めた結婚相手、大坂の豪商・加島屋に嫁ぐ。　明治維新で傾いた加島屋を救うため、実業界に入ることを決意。　炭鉱業や銀行業など実業の世界に乗り込み、男勝りの経営者となる。　ほか）　第2部 印象的な言葉（男女差別の東洋思想に怒り、女性教育の必要性を訴える。　対外戦争に勝利し、事故が多発する時代。社会のゆるみにもの申す。　道理を無視し、贈賄賂など不正義に与する政治家の堕落にもの申す。　社会事業や寄付などで社会に貢献する米国の大富豪を誉める。　「やりて」と「お人よし」を国家社会の厄介者と断言する。　ほか）

◇広岡浅子と女たち―幕末・明治・大正─新時代のヒロイン全集　連続テレビ小説『あさが来た』のヒロイン、その原点に迫る！　秘蔵写真でみる　ファミマ・ドット・コム（発売）　2015.9　111p　26cm　1280円　ⓘ978-4-907292-69-0　Ⓝ281.04

＊NHK朝の連続テレビ小説『あさが来た』の主人公は、幕末から大正期にかけて生きた実業家・教育者である広岡浅子。豪商三井家に生まれ、大坂の豪商加島屋に嫁ぎ、渋沢栄一や津田梅子、大山捨松らと親交を結びながら炭鉱事業、銀行設立、大同生命創業。そして日本初の女子大である日本女子大学を創立した明治を代表する実業家であり、「一代の女傑」と称される女性です。本書は、その広岡浅子をメインに据え、日本の近代（幕末・明治・大正）に活躍した女性たちを多数紹介します。新時代を切り開いた女性たちのドラマのみならず、彼女たちが生きた時代・文化・風俗なども学べます。

◇広岡浅子徹底ガイド―おてんば娘の「九転び十起き」の生涯　主婦と生活社編　主婦と生活社　2015.10　110p　21cm　〈文献あり　年譜あり〉　1300円　ⓘ978-4-391-14714-8　Ⓝ289.1

内容　フォトアルバム　巻頭エッセイ―人を包む引力の女性　玉岡かおる　「九転び十起き」の生涯をたどる　浅子ファッション図鑑　第5章 "ゆかりの地"を訪ねる―大阪・筑豊・目白　キーワードで知る広岡浅子―浅子の言葉を読む　巻末論考―「あさが来

た」から考える財閥の"栄光"と"没落" 菊地浩之

◇広岡浅子気高き生涯―明治日本を動かした女性実業家 長尾剛著 PHP研究所 2015.10 345p 15cm (PHP文庫 な34-13)〈文献あり〉 680円 ①978-4-569-76424-5 Ⓝ289.1

内容 第1章 走る。走る。走る。―実業家としての広岡浅子(京都の豪商の家に生まれて 浅子の生まれた家 ほか) 第2章 女性の教育と自立を目指して―教育者としての広岡浅子(女子と教育 明治初期の女たち ほか) 第3章 浅子が目指したもの、求めたもの―キリスト教徒としての広岡浅子(別れ 浅子の新たな道 ほか) 終章 浅子の最後の仕事(当時の浅子への評価 井上秀 ほか)

◇広岡浅子という生き方 永井紗耶子著 洋泉社 2015.10 231p 19cm 〈文献あり〉 1200円 ①978-4-8003-0752-1 Ⓝ289.1

◇浅子と旅する。―波乱の明治を生きた不屈の女性実業家 フォレストブックス編集部編 いのちのことば社フォレストブックス 2015.11 95p 17cm (Forest Books)〈文献あり 年譜あり〉 1200円 ①978-4-264-03311-0 Ⓝ289.1

広沢 真臣〔1833～1871〕 ひろさわ・さねおみ
◇廣澤眞臣日記 廣澤眞臣著 オンデマンド版 東京大学出版会 2015.1 551p 22cm (日本史籍協会叢書 177)〈印刷・製本:デジタルパブリッシングサービス 覆刻 1973年刊 年譜あり〉 14000円 ①978-4-13-009477-1 Ⓝ210.61

広沢 安任〔1830～1891〕 ひろさわ・やすとう
◇廣澤安任個人史史料探訪 廣澤春任著 八王子 廣澤春任 2015.12 187p 22cm〈私家本〉 Ⓝ289.1
◇廣澤安任個人史史料探訪 廣澤春任著 復刻 八王子 廣澤春任 2018.2 187p 21cm〈私家本〉 非売品 Ⓝ289.1
◇会津人探究―戊辰戦争生き延びし者たちにも大義あり 笠井尚著 ラピュータ 2018.8 237p 19cm 〈文献あり 索引あり〉 1800円 ①978-4-905055-54-9 Ⓝ281.26

内容 序章 会津にとっての戊辰戦争 第1章 松平容保―至誠の人か政治家か 第2章 会津藩老・西郷頼母―孤高なる保守派 第3章 秋月悌次郎―古武士然とした開明派 第4章 山本覚馬―会津の開明派の筆頭 第5章 広沢安任―京都で公用方・洋式牧畜の租 第6章 山川健次郎―晩年は清貧に徹す 第7章 新島八重―狭き神の門を叩く 第8章 会津と共に敗れし者たちの胸中

広瀬 旭荘〔1807～1863〕 ひろせ・きょくそう
◇江戸詩人評伝集―詩誌『雅友』抄 2 今関天彭著, 揖斐高編 平凡社 2015.11 447p 18cm (東洋文庫 866)〈布装〉 3200円 ①978-4-582-80866-7 Ⓝ919.5

内容 梁川星巌 (補篇)梁川星巌の学風 広瀬旭荘 遠山雲如 小野湖山 大沼枕山 森春涛 江戸時代京都中心の詩界 明清詩風の影響

弘瀬(広瀬) 金蔵 ひろせ・きんぞう
⇒絵金(えきん)を見よ

広瀬 宰平〔1828～1914〕 ひろせ・さいへい
◇広瀬宰平と近代日本―特別企画展記念講演録 末岡照啓著, 新居浜市広瀬歴史記念館編 新居浜 新居浜市広瀬歴史記念館 2014.11 101p 30cm Ⓝ289.1
◇財閥を築いた男たち 加来耕三著 ポプラ社 2015.5 266p 18cm (ポプラ新書 060)〈「名創業者に学ぶ人間学 十大財閥篇」(2010年刊)の改題、再構成、大幅に加筆・修正〉 780円 ①978-4-591-14522-7 Ⓝ332.8

内容 第1章 越後屋から三井財閥へ 三野村利左衛門と益田孝 第2章 地下浪人から三菱財閥を創設 岩崎彌太郎 第3章 住友家を支えて屈指の財閥へ 広瀬宰平と伊庭貞剛 第4章 金融財閥を築いた経営の才覚 安田善次郎 第5章 無から有を生む才で財閥へ 浅野総一郎 第6章 生命を賭けて財閥を築いた創業者 大倉喜八郎 第7章 無学の力で財を成した鉱山王 古河市兵衛 第8章 株の大勝負に賭けて財閥へ 野村徳七

広瀬 すず〔1998～〕 ひろせ・すず
◇負けずぎらい。 広瀬すず著 日経BP社 2018.6 194p 20cm〈発売:日経BPマーケティング〉 2000円 ①978-4-8222-5613-5 Ⓝ778.21

内容 20代の私へ 20歳へのカウントダウン(2017・3 高校卒業 2017・4 女優デビュー 2017・5 部活動で導たこと 2017・6 19歳の記録 姉・アリスと初めて女優業を語る 2017・7 ロケ撮影 2017・8 モデル業 2017・9 是枝裕和監督 2017・10 オフの日の過ごし方 2017・11 同世代の仲間 2017・12 ブログ/SNS ほか)

廣瀬 武夫〔1868～1905〕 ひろせ・たけお
◇廣瀬武夫からの絵はがき 笹本玲央奈編〔出版地不明〕 廣瀬武夫生誕150年祭事業実行委員会 2018.3 161p 30cm〈明治150年記念事業, 廣瀬武夫生誕150年祭事業 年譜あり〉 Ⓝ289.1

廣瀬 武〔1939～〕 ひろせ・たけし
◇ひたむきに走る 廣瀬武著 名古屋 中部経済新聞社 2015.5 206p 18cm (中経マイウェイ新書 025) 800円 ①978-4-88520-193-6 Ⓝ289.1

広瀬 淡窓〔1782～1856〕 ひろせ・たんそう
◇廣瀬淡窓 井上敏幸監修, 髙橋昌彦著〔大分〕大分県教育委員会 2014.3 310p 19cm (大分県先哲叢書)〈年譜あり 文献あり〉 Ⓝ121.57
◇江戸詩人評伝集―詩誌『雅友』抄 1 今関天彭著, 揖斐高編 平凡社 2015.9 473p 18cm (東洋文庫 863)〈布装〉 3200円 ①978-4-582-80863-6 Ⓝ919.5

内容 新井白石 室鳩巣 梁田蛻巌 祇園南海 六如上人 柴野栗山 頼春水 尾藤二洲 菅茶山 市河寛斎 古賀精里 頼杏坪 柏木如亭 大窪詩仏 菊

池五山　宮沢雲山　広瀬淡窓　古賀侗庵

◇廣瀬淡窓　井上敏幸監修, 高橋昌彦編著　京都　思文閣出版　2016.1　310p　19cm　〈大分県教育委員会 2014年刊の新装版　文献あり　年譜あり〉　2500円　①978-4-7842-1817-2　Ⓝ121.57

内容　序章 淡窓を生んだ故郷日田 (淡窓が生まれ育った地理的・文化的環境　淡窓を生んだ廣瀬家)　第1章 教育者としての歩み (生い立ち　遊学　ほか)　第2章 淡窓の漢詩を読む (初編 (彦山　隈川雑咏其二 ほか)　2編 (孝弟烈女詩　宿緑芋村荘。賦贈君鳳 ほか))　第3章 淡窓の著作と出版 (著作について　出版までの道のり─『遠思楼詩鈔』初編を中心に　ほか)　終章 咸宜園教育の広がり (淡窓の名声の広がり　咸宜園での学びの広がり　ほか)

弘瀬 (廣瀬) 洞意　ひろせ・とうい
⇒絵金 (えきん) を見よ

廣瀬 俊朗〔1981〜〕　ひろせ・としあき
◇日本ラグビーヒーロー列伝─歴史に残る日本ラグビー名選手　All about JAPAN RUGBY 1970-2015　ベースボール・マガジン社編著　ベースボール・マガジン社　2016.2　175p　19cm　1500円　①978-4-583-11001-1　Ⓝ783.48

内容　第1章 2015年 ワールドカップの英雄 (五郎丸歩　リーチ, マイケル　廣瀬俊朗　大野均　堀江翔太 ほか)　第2章 ヒーロー列伝 1970年〜2015年 (坂田好弘　原進　藤原優　森重隆　松尾雄治 ほか)

廣瀬 光雄〔1937〜〕　ひろせ・みつお
◇"マベリック〈人と違う発想〉で" 志・挑戦、そして感謝　廣瀬光雄著　財界研究所　2018.6　247p　20cm　1500円　①978-4-87932-129-9　Ⓝ289.1

内容　第1章 新しいことにチャレンジしてこそ　第2章 挑戦し続ける中で学ぶ─米国留学、帰国後、大日本印刷トップの生きざま、そしてJ&Jの信条に学んだこと　第3章 米J&Jの「我が信条」から読み解く企業の責任　第4章 馬と過ごした幼少期　第5章 藤山コンツェルンを築いた藤山愛一郎に学ぶ　第6章 外資系ファンドを活用したゴルフ場再生ビジネス　第7章 株式会社による大学運営─BBT大学院の設立　第8章 人とは違った発想を意味する「マベリック」　第9章 次の時代を担う若者たちへ

広田 弘毅〔1878〜1948〕　ひろた・こうき
◇昭和史講義 3　リーダーを通して見る戦争への道　筒井清忠編　筑摩書房　2017.7　302p　18cm　(ちくま新書 1266)　900円　①978-4-480-06977-1　Ⓝ210.7

内容　加藤高明─二大政党政治の扉　若槻礼次郎─世論を説得しようとした政治家の悲劇　田中義一─政党内閣期の軍人宰相　幣原喜重郎─戦前期日本の国際協調外交の象徴　浜口雄幸─調整型指導者と立憲民政党　犬養毅─野党指導者の奇蹟　岡田啓介─「国を思う狸」の功罪　広田弘毅─「協和外交」の破綻から日中戦争へ　宇垣一成─「大正デモクラシー」が生んだ軍人　近衛文麿─アメリカという「幻」に賭けた政治家　米内光政─天皇の絶対的な信頼を得た海軍軍人　松岡洋右─ポピュリズムの誤算　東条英機─ヴィジョンなき戦争指導者　鈴木貫太郎─選択としての「聖断」　重光葵─対中外交の可能性とその限界

廣田 奈穂美　ひろた・なおみ
◇華麗なる女の生き方─美と魂を求めて　廣田奈穂美著　春秋社　2014.8　209p　19cm　1600円　①978-4-393-49534-6　Ⓝ289.1

内容　第1章 京セラメディカル・アクアラライナー世界第一号　第2章 先天性股関節脱臼で生まれて　第3章 自分らしさを探す旅へ　第4章 ネイル事業の経営　第5章 スピリチュアリティの目覚め　第6章 痛みはまた突然やってきた─変形性股関節症の発症　第7章 ネイルの魔法を取り戻す　第8章 華麗なる生き方を求めて

広津 雲仙〔1910〜1989〕　ひろつ・うんせん
◇忘れ得ぬ書人たち　田宮文平著　芸術新聞社　2017.11　318p　26cm　2800円　①978-4-87586-533-9　Ⓝ728.216

内容　総論 (「二十一世紀の書」のエンジン　挑戦者への期待)　忘れ得ぬ書人たち十六人 (大津雅休・大澤竹胎─忽然と消えた書世界の"写楽"　内田鶴雲─大字の大きな記念碑「水の変態」　松丸東魚─捜秦攀漢の生涯　飯島春敬─かな書道隆盛の立役者　広津雲仙─豊穣なる"借り衣"の書思想　ほか)

弘津 正二〔1919〜1941〕　ひろつ・しょうじ
◇検証／「若き哲学徒」死の真実　弘津啓三編著　弓立社　2017.5　345p　20cm　〈年譜あり〉　2200円　①978-4-89667-993-9　Ⓝ557.8

内容　第1部「若き哲学徒」死の真実 (私の一冊の本─『若き哲学徒』「若き哲学徒」死の真実　朝鮮人強制連行　ほか)　第2部「若き哲学徒」はなぜ救命ボートを拒んだか」をめぐって (「哀話」か?「美談」か?　弘津啓三・阿南惇二の反論　ほか)　第3部 若き哲学徒の手記 (愛　戦い　ひいちゃんに　ほか)

弘中 数實〔1920〜2013〕　ひろなか・かずみ
◇鶴と暮らす山里の「野鶴監視員」の物語─本州に唯一残されたナベヅル越冬地・山口県八代盆地に生きる　弘中数實著, 弘中数實遺稿・追悼集企画製作委員会編　ダイヤモンド・ビッグ社　2014.7　188p　19cm　〈年譜あり　発売：ダイヤモンド社〉　1200円　①978-4-478-04626-5　Ⓝ488.5

内容　第1章 子どものころ　第2章 青春時代　第3章 野鶴監視所　第4章 ツルの生態　第5章 飛去と飛来　第6章 八代盆地と出水平野　第7章 ツル保護の歴史　第8章 ツルと生きものたち　第9章 ツルと文化　第10章 俳句

広中 平祐〔1931〜〕　ひろなか・へいすけ
◇学問の発見─数学者が語る「考えること・学ぶこと」　広中平祐著　講談社　2018.7　238p　18cm　(ブルーバックス B-2065)〈佼成出版社 1982年刊の写真等の一部を変更〉　1000円　①978-4-06-512497-0　Ⓝ289.1

内容　第1章 生きること学ぶこと (創造の発見　人生の師　ほか)　第2章 創造への旅 (創造することの喜び　友と自分　ほか)　第3章 チャレンジする精神 (逆境と人間　創造と情念　ほか)　第4章 自己の発見 (「自分」という未知な存在　耳学問の時代　ほ

広永　益隆〔1968〜〕　ひろなが・やすたか
◇代打の神様―ただひと振りに生きる　澤宮優著　河出書房新社　2014.12　205p　19cm　〈文献あり〉　1600円　Ⓘ978-4-309-27551-2　Ⓝ783.7
内容　桧山進次郎―代打の神様がバットを置くとき　高井保弘―世界一の代打本塁打王　八木裕―元祖・虎の代打の神様　広永益隆―メモリアル男　平田薫―恐怖の"左殺し"　秦真司―ツバメの最強代打男　町田公二郎―最後までレギュラーを　石井義人―戦力外通告の果てに　竹之内雅史―サムライ「死球王」の代打の極意　麻生実男―代打一号

広橋　兼胤〔1715〜1781〕　ひろはし・かねたか
◇大日本近世史料　〔13-12〕　廣橋兼胤公武御用日記　12（自寶暦十二年十月至寶暦十三年七月）　東京大学史料編纂所編纂　廣橋兼胤著　東京大学史料編纂所　2015.11　273,36p　22cm　〈索引あり　発売：東京大学出版会〉　9500円　Ⓘ978-4-13-093052-9　Ⓝ210.5
内容　公武御用日記十六（寶暦十二年　十月　ほか）　公武御用日記十七（寶暦十三年　正月　ほか）　寶暦十三年東行之日記（寶暦十三年　正月　ほか）　公武御用日記十七（寶暦十三年　三月　ほか）

廣橋　敏次〔1931〜〕　ひろはし・としつぐ
◇社員と共に歩み共に学ぶ―米寿を記念して　廣橋敏次著　柏原　日本ワイドクロス　2018.3　114p　21cm　〈年表あり〉　Ⓝ289.1

廣松　渉〔1933〜1994〕　ひろまつ・わたる
◇廣松渉の思想―内在のダイナミズム　渡辺恭彦著　みすず書房　2018.2　382,10p　22cm　〈文献あり　索引あり〉　5800円　Ⓘ978-4-622-08681-9　Ⓝ121.6
内容　第1章　戦後日本の学生運動における廣松渉　第2章　廣松渉の革命主体論―物象化論への途　第3章　物象化論と役割理論―廣松渉の思想形成における『資本論の哲学』　第4章　廣松哲学はいかに言語的であるか―「認識論的主観に関する一論攷」の射程　第5章　役割存在としての主体性論―『世界の共同主観的存在構造』と『役割存在論』　第6章　役割理論からマルクス主義国家論へ　第7章　廣松渉の「近代の超克」論―高山岩男『世界史の哲学』、三木清の「東亜協同体論」と比較して　第8章　生態史観と唯物史観―廣松渉の歴史観　第9章　ソ連・東欧崩壊後におけるマルクス共産主義・社会主義の再解釈　第10章　『存在と意味』における内在的超越

ヒロミ〔1965〜〕
◇いい訳しない生き方。　ヒロミ著　ロングセラーズ　2015.10　279p　19cm　1300円　Ⓘ978-4-8454-2362-0　Ⓝ779.1
内容　1　決めたら動く、頭で考えない　2　いい訳しない人生　3　これも社長の仕事　4　人生、山あり谷あり　5　作り話のようなホントの話　6　一番刺激的な時代

檜和田　紀久子〔1934〜〕　ひわだ・きくこ
◇紀久子まんだら　檜和田紀久子著　新聞編集センター　2015.1　249p　図版48p　22cm　2000円　Ⓘ978-4-903901-21-3　Ⓝ289.1

【ふ】

武照　ぶ・しょう
⇒則天武后（そくてんぶこう）を見よ

武則天　ぶ・そくてん
⇒則天武后（そくてんぶこう）を見よ

ファン，インソン〔1991〜〕
◇かわいすぎる料理家fantastic！　いんくんbeauty recipe　ファン・インソン著　主婦の友インフォス　2018.8　95p　26cm　〈発売：主婦の友社〉　1500円　Ⓘ978-4-07-432389-0　Ⓝ289.2
内容　SHOOTING　FOOD　BEAUTY　HEALTH　LIFE　INTERVIEW

ファン・チャンジュ〔1927〜2019〕　黄　昌柱
◇マイウェイ―共に栄える　黄昌柱著　〔湯河原町（神奈川県）〕　〔黄昌柱〕　2015.2　219p　20cm　〈年表あり〉　Ⓝ289.2

ファンキー末吉〔1959〜〕　ふぁんきーすえよし
◇ファンキー末吉―中国ロックに捧げた半生　ファンキー末吉著　高知　リーブル出版　2015.2　260p　19cm　〈高知新聞で2014年2月〜9月に連載されたエッセイを自叙伝として加筆修正〉　1600円　Ⓘ978-4-86338-104-9　Ⓝ767.8
＊「爆風スランプ」のドラマーとして「Runner」「リゾラバ」なども作曲し、一躍人気となった「ファンキー末吉」。ふとしたきっかけで中国を訪れた際、地下クラブで活動していたロックバンドのライブを目撃してから彼の人生が大きく変わり始める。中国ではまだロックが「精神汚染音楽」とされタブー視されていた時代に、若者たちとの交流や出演、そして日本との橋渡しなどに奔走する日々が続く。いくつもの困難を乗り越え、ついに「爆風スランプ」の中国でのライブが実現したものの、演奏中に命令を聞かずにドラムを叩き続け、銃を持った軍隊に別室に軟禁される……。爆風スランプ活動停止の謎やバブルに沸く中国音楽界の内情にも大きく踏み込み、その知られざる壮絶な半生を描いた「世界で一番ロックな自叙伝」がここに発刊！

馮　桂芬〔1809〜1874〕　ふう・けいふん
◇馮桂芬評伝　熊月之著，河野明訳　大阪　河野明　2016.4　378p　22cm　〈私家本　著作目録あり　文献あり　年譜あり〉　Ⓝ125.6

馮　自由〔1882〜1958〕　ふう・じゆう
◇中国名記者列伝―正義を貫き、その文章を歴史に刻み込んだ先人たち　第2巻　柳斌傑，李東東編，加藤青延監訳，黒金祥一訳　日本僑報社　2017.4　192p　21cm　3600円　Ⓘ978-4-86185-237-4　Ⓝ070.16
内容　鑑湖の女傑―秋瑾（1875・1907）　才知の記者―包天笑（1876・1973）　四つの素早さを持つ記者―陳其美（1878・1916）　「冷血」な時事評論家―陳景

ふう

韓(1878 - 1965) 革命の元老記者―于右任(1879 - 1964) 五四運動の総司令官―陳独秀(1879 - 1942) 女性記者の先駆け―康同薇(1879 - 1974) 新聞界の重鎮―史量才(1880 - 1934) 嶺南報道界の英才―鄭貫公(1880 - 1906) ペンによって一人立つ―章士釗(1881 - 1973) 革命家にして記者―宋教仁(1882 - 1913) 直言居士―邵力子(1882 - 1967) 革命新聞の元勲―馮自由(1882 - 1958) ニュースレポートの開拓者―黄遠生(1885 - 1915) 新文化運動の大衆指導者―高一涵(1885 - 1968) 比類なき逸材―朱執信(1885 - 1920) 民国初期の俊才―徐凌霄(1886 - 1961) 勇気ある辣腕家―邵飄萍(1886 - 1926) 詩と酒を愛した文豪―葉楚傖(1887 - 1946) 一代論宗―張季鸞(1888 - 1941)

馮 夢龍〔1574～1645〕 ふう・むりゅう

◇馮夢龍と明末俗文學 大木康著 汲古書院 2018.1 545,28p 22cm (東京大學東洋文化研究所報告)〈索引あり〉 13000円 Ⓘ978-4-7629-6609-5 Ⓝ920.25

内容 第1部 馮夢龍人物考(馮夢龍傳略 馮夢龍人物評考 ほか) 第2部 馮夢龍作品考(「三言」の編纂意圖―特に勸善懲悪の意義をめぐって 「三言」の編纂意圖(續)―「眞情」より見た一側面 ほか) 第3部 馮夢龍と俗文學をめぐる環境(明末における白話小説の作者と讀者―磯部祐子氏の所説に寄せて 通俗文藝と知識人―中國文學の表と裏 ほか) 附録―書評紹介二篇(Chinese Folk Songs and Folk Singers—Shan'ge Tradition in Southern Jiangsu—Antoinet Schimmelpenninck Popular Culture in Late Imperial China—David Johnson,Andrew J.Nathan,Evelyn S.Rawski編)

◇馮夢龍と明末俗文學 大木康著 東京大學東洋文化研究所 2018.1 545,28p 22cm (東京大學東洋文化研究所報告)〈文獻あり〉 非売品 Ⓘ978-4-903235-45-5 Ⓝ920.25

風外慧薫〔1568～1650/54〕 ふうがいえくん

◇あそぶ神仏―江戸の宗教美術とアニミズム 辻惟雄著 筑摩書房 2015.4 255p 15cm (ちくま学芸文庫 ツ7-4)〈「遊戯する神仏たち」(角川書店 2000年刊)の改題、割愛、加筆〉 1200円 Ⓘ978-4-480-09661-6 Ⓝ702.15

内容 1 日本美術に流れるアニミズム 2 変容する神仏たち―近世宗教美術の世界 謎多い遊行僧円空にひかれて 木喰と東北・上越 野に生きた僧―風外慧薫の生涯と作品 近世彫刻の絵画―白隠・仙厓 白隠「半身達磨像」(永明寺本) 3 浮世絵春画と性器崇拝 北斎の信仰と絵 北斎晩年の「ふしぎな世界」 4 天龍道人源道の仏画

富貴楼お倉〔1837～1910〕 ふうきろうおくら

◇横浜富貴楼お倉―明治の政治を動かした女 鳥居民著 草思社 2016.8 346p 16cm (草思社文庫 と2-0)〈文獻あり 年譜あり〉 900円 Ⓘ978-4-7942-2219-0 Ⓝ289.1

内容 第1部 一女傑の数奇な前半生(横浜の一世女傑 天保生まれの明治女 ほか) 第2部 異彩を放った横浜富貴楼(ご連宮祭 黒鳥と煉瓦積みの文明開化 ほか) 第3部 富貴楼の座敷で語られたこと(三田の煙、上野の煙 スネル ほか) 第4部 お倉の手腕を持たた元勲たち(お倉がなにか一言いえば 大久保利通も一目置いたお倉 ほか)

馮太后 ふうたいごう

⇒文成文明皇后(ぶんせいぶんめいこうごう)を見よ

深井 英五〔1871～1945〕 ふかい・えいご

◇新島襄と五人の門弟―師弟の絆とその系譜 徳富蘇峰・湯浅治郎・深井英五・柏木義円・湯浅八郎 志村和次郎著 前橋 みやま文庫 2017.1 205p 19cm (みやま文庫 224)〈文献あり 年譜あり〉 1500円 Ⓝ198.321

深井 志道軒〔?～1765〕 ふかい・しどうけん

◇狂講 深井志道軒―トトントン、とんだ江戸の講釈師 斎田作楽著 平凡社 2014.10 323p 20cm〈文献あり 著作目録あり〉 2800円 Ⓘ978-4-582-65409-7 Ⓝ779.12

内容 第1章 花の巻(プロフィール―お定まりの文献を三つ 姓氏名号、出自、生歿年考 ほか) 第2章 紅の巻(金龍道人の『志道軒伝』―公式の漢文伝 稀有の実見記録―福山長寿のルポ ほか) 第3章 柳の巻(大田南畝と志道軒 山東京伝と志道軒 ほか) 第4章 緑の巻(二つの漢文伝―依田学海・蒲生褧亭 星野天知の評論「狂僧、志道軒」 ほか)

深井 俊之助〔1914～〕 ふかい・としのすけ

◇私はその場に居た戦艦「大和」副砲長が語る真実―海軍士官一〇二歳の生涯 深井俊之助著 宝島社 2016.4 271p 20cm 1500円 Ⓘ978-4-8002-4911-1 Ⓝ916

＊連合艦隊の総力を結集した運命の大作戦は、なぜ無為に中断されたのか!?太平洋戦史最大の謎、レイテ沖海戦の反転の真相。決意のノンフィクション。

深川 卯次郎〔1858～1926〕 ふかがわ・うじろう

◇評伝 天草五十人衆 天草学研究会編 福岡 弦書房 2016.8 317p 22cm〈文献あり 年表あり 索引あり〉 2400円 Ⓘ978-4-86329-138-6 Ⓝ281.94

内容 ステージ1 五人衆の時代、そして… ステージ2 天領天草の村々 ステージ3 祈りの島で ステージ4 耕す、漁る ステージ5 実業の世をひらく ステージ6 潮路はるかに ステージ7 文学・歴史・言論 ステージ8 あの頃、この人 ステージ9 島の現実、国の行く末 ステージ10 一筋の道 ステージ特別編 群像二題(天草の石文化と松室五郎左衛門 牛深カツオ漁の男たち)

深川 毅〔1946～〕 ふかがわ・つよし

◇うたかたのごとき―わが若かりし日々、そして恋 深川毅著 大阪 パレード 2018.2 235p 19cm (Parade books) Ⓘ978-4-86522-140-4 Ⓝ289.1

深川 ともか ふかがわ・ともか

◇ともかの市議選奮戦記―三郷発―同時進行ドキュメント 左間太郎著 本の泉社 2018.1 239p 19cm 1300円 Ⓘ978-4-7807-1672-6 Ⓝ318.434

内容 第1章 天使が降りてきた(希望の天使が降りてきた 三郷っ子がんばれ！ 街宣デビュー ほか) 第2章 勝利への階段(勝利への階段 犬や猫の話に

深沢 七郎〔1914～1987〕 ふかざわ・しちろう
◇人間滅亡の唄 深沢七郎著 小学館 2017.11 258p 18cm (P+D BOOKS)〈新潮文庫1975年刊の再刊〉 550円 ①978-4-09-352321-9 Ⓝ914.6
内容 1 人間は誰でも屁と同じように生まれたのだと思う(自伝ところどころ 思い出多き女おッ母さん 母を思う 初恋の頃はやさ男だった 思い出多き女おさん ほか) 2 私は人間は愛さないが私の畑からとれた野菜は愛している(生態を変える記 野まわり ワニ皮の腕こそ収穫 草の春 八束土手 ほか)

深澤 多市〔1874～1934〕 ふかさわ・たいち
◇郷土史の先覚 深澤多市―補遺 青柳信勝、小田島道雄編 横手 紫水先生顕彰会 2014.12 99p 31cm〈複製を含む〉非売品 Ⓝ289.1

深沢 武雄〔1941～〕 ふかざわ・たけお
◇三歳半の小さな戦争 深沢武雄著 テクネ 2015.8 152p 19cm (回想記 Memoirs 1 (1941-1950))〈他言語標題：The small war of 3.5 years old〉 ①978-4-907162-40-5 Ⓝ289.1

深澤 吉充〔1941～〕 ふかさわ・よしみつ
◇俺たちの青春―「New・Lucky・Dog」狂騒曲 深澤吉充著 文芸社 2014.8 205p 21cm 1400円 ①978-4-286-15154-0 Ⓝ289.1

深代 惇郎〔1929～1975〕 ふかしろ・じゅんろう
◇天人―深代惇郎と新聞の時代 後藤正治著 講談社 2014.10 370p 20cm〈文献あり 索引あり〉 1800円 ①978-4-06-219182-1 Ⓝ289.1
内容 言葉力 浅草橋 青春日記 横浜支局 戦後の原点 昭和二十八年組 上野署 特派員 名作の旅 ロンドン再び 有楽町 男の心 執筆者 遠い視線 法隆寺
◇天人―深代惇郎と新聞の時代 後藤正治著 講談社 2018.1 504p 15cm (講談社文庫 こ31-7)〈文献あり 索引あり〉 900円 ①978-4-06-293829-7 Ⓝ289.1
内容 言葉力 浅草橋 青春日記 横浜支局 戦後の原点 昭和二十八年組 上野署 特派員 名作の旅 ロンドン再び 有楽町 男の心 執筆者 遠い視線 法隆寺

Fukase〔1985～〕
◇SEKAI NO OWARI―世界の終わり SEKAI NO OWARI述 ロッキング・オン 2015.2 341p 22cm 2800円 ①978-4-86052-120-2 Ⓝ767.8
内容 『幻の命』『EARTH』『天使と悪魔/ファンタジー』『INORI』『スターライトパレード』『眠り姫』『ENTERTAINMENT』『RPG』『炎と森のカーニバル2013』『スノーマジックファンタジー』『炎と森のカーニバル』『Dragon Night』『TOKYO FANTASY 2014』『Tree』

深瀬 慧 ふかせ・さとし
⇒Fukase(ふかせ)を見よ

深田 久弥〔1903～1971〕 ふかだ・きゅうや
◇私の中の深田久弥―「日本百名山」以降の北の山紀行 滝本幸夫著 札幌 柏艪舎 2015.10 237p 19cm〈年譜あり 発売：星雲社〉 1400円 ①978-4-434-21189-8 Ⓝ910.268
内容 第1部 私の中の深田久弥(帯広エーデルワイス山岳会の誕生 深田久弥の招聘―ニペソツ登山 忘れ得ぬ人 留萌への転勤 雨竜沼から暑寒別岳へ ほか) 第2部「日本百名山」以降に登った北の山―深田久弥紀行(「日本百名山」その後 ニペソツ登山の感激 暑寒別岳 駒ヶ岳 音更山と石狩岳 ほか)
◇私の小谷温泉―深田久弥とともに 深田志げ子著 山と渓谷社 2015.11 190p 19cm 1500円 ①978-4-635-33065-7 Ⓝ914.6
内容 1 九山とともに(金沢のお正月など 山 ほか) 2 山に逝った夫(山に逝った夫 深田久弥のこころざし 九山と俳句 ほか) 3 私の小谷温泉(私の小谷温泉 鳥海山懇親山行報告 ほか) 4 深田久弥の著書に寄せて(『シルクロードの旅』あとがき 『シルクロードの旅』選書版へのあとがき ほか)
◇深田久弥と北海道の山 高澤光雄著 八王子 白山書房 2017.11 215p 19cm〈年譜あり〉 1600円 ①978-4-89475-209-2 Ⓝ910.268
内容 1章 深田久弥さんとの同行登山 2章 深田さんが登られた北海道の山 3章 深田久弥と北海道 4章 深田さんに憧れて本州の山に登る 5章 その他 6章 追想・年譜

深田 羊皇〔1957～〕 ふかだ・ようこう
◇カミングアウトそれから―「性同一性障害」つれづれなるままに 深田羊皇著 武蔵野クレイン 2017.12 224p 19cm 1600円 ①978-4-906681-50-1 Ⓝ289.1
内容 第1章 ファミリー(三枚の表札 誓いの言葉 レディースデイ ほか) 第2章 時を超えて(過去の出来事 我が青春のおでん 紺色の制服 ほか) 第3章 目指すは、人びとの意識転換(ルーツ 鍋釜の節句 成田金蔵カムバック ほか)

深谷 義治〔1915～〕 ふかたに・よしはる
◇日本国最後の帰還兵 深谷義治とその家族 深谷敏雄著 集英社 2014.12 444p 20cm〈年譜あり〉 1800円 ①978-4-08-781555-9 Ⓝ289.1
内容 戦場 潜伏 地獄の日々 文化大革命 日中関係正常化 判決後 在上海日本総領事館設立後の日々 唐山の震災後 夜明け 帰国後の試練 真相と検証 奮闘記 五つの所感
◇日本国最後の帰還兵 深谷義治とその家族 深谷敏雄著 集英社 2017.7 489p 16cm (集英社文庫 ふ31-1)〈年譜あり〉 800円 ①978-4-08-745615-8 Ⓝ289.1
＊義を貫き、日本の名誉を守り抜いた男がいた。第二次大戦中、中国でスパイとして暗躍した深谷義治。終戦後も潜伏し続けたが、当局に逮捕され、中国最悪の上海監獄へ収監された。その月日は、20年以上。残酷な拷問を受け続け、幾度も生死をさまよい、それでも祖国や家族のために完全黙秘を

ふき

貫いた。彼の不屈の信念を支えたものは、いったい何だったのか。戦争の傷跡をえぐる壮絶なノンフィクション。

溥儀 ふぎ
⇒愛新覚羅溥儀（あいしんかくら・ふぎ）を見よ

蕗谷 虹児〔1898〜1979〕 ふきや・こうじ
◇乙女たちが愛した抒情画家　蕗谷虹児　鈴木義昭著　新評論　2018.9　267p　20cm　〈文献あり　年譜あり〉　2200円　Ⓘ978-4-7948-1104-2　Ⓝ726.501
内容　序章　"天兵神助"—国の行く末を暗示する戦争画　第1章　山北の挿絵画家—敗戦直後の虹児と一家　第2章　魯迅からの手紙—中国革命と抒情詩画　第3章　アナキストたちの巴里—大正末の渡欧と活躍　第4章　虹児と松尾邦之助—エコール・ド・パリと「フジタ」と「フキヤ」と　第5章　海鳴りの果て—樺太放浪、夢二との出会い　第6章　金襴緞子の帯締めて—愛唱歌「花嫁人形」　第7章　少女の世界—少女たちが憧れた「少女」　第8章　絵本の中の抒情画家—童画へのこだわり　第9章　アニメーション創世に託した心—『夢見童子』製作へ　第10章　少女漫画の元祖—大正ロマンと昭和モダン　第11章　巴里への郷愁—堀口大學との対話　補章　巴里への凱旋—蕗谷龍生に聞く

福井 公伸〔1963〜〕 ふくい・こうしん
◇ライブハウスバカ一代—GReeeeNを育み、マキシマムザホルモンが福島の父と慕った郡山CLUB#9店長のピラニア日記　福井公伸著　シンコーミュージック・エンタテイメント　2018.4　311p　19cm　〈索引あり〉　1574円　Ⓘ978-4-401-64581-7　Ⓝ760.69
内容　1 intro　2 創生期　3 GReeeeNのこと　4 ピラニア日記 2010.11.12〜2011.09.07　5 ピラニア日記 2011.09.08〜2016.03.26　6 ピラニア日記 2016.08.30〜2017.10.31　7 サキの事件簿＆音楽のススメ　8 場外乱闘　9 outro

福岡 サヨ〔1929〜〕 ふくおか・さよ
◇野良着に魅せられて　福岡サヨ著，秋田魁新報社編　秋田　秋田魁新報社　2018.1　144p　18cm　（さきがけ新書—シリーズ時代を語る）〈年譜あり〉　800円　Ⓘ978-4-87020-398-3　Ⓝ382.124
内容　女の歴史を伝えたい　摩当沢に生まれて　少女時代は伸び伸びと　秋田師範学校に進学　学徒動員で群馬へ　古里で教員生活　野良着の研究に着手　地域の民俗、次世代に　年譜

福澤 武〔1932〜〕 ふくざわ・たけし
◇独立自尊を生きて　福澤武著　慶應義塾大学出版会　2017.10　194p　19cm　〈年表あり〉　1800円　Ⓘ978-4-7664-2477-5　Ⓝ289.1
内容　第1部（闘病十三年「是々非々」　培うー街づくりに曾祖父・諭吉の志　祖父の遺産　豊かな生活—生粋の「慶應ボーイ」　優しい父　口癖は「なにくそ」の気概—「戦争ごっこ」兄ら全部と駆け回る　和・洋食、恒例の親戚会—時事新報の最期　緊張の一日　「大先生」曾祖父の姿追う—入試の難関、くじけずに合格　ほか）　第2部（私にとっての福澤諭吉　丸の内経済再生—不況の中の経営判断　今こそ老舗の精神に戻

れ）

福澤 桃介〔1868〜1938〕 ふくざわ・ももすけ
◇天馬行空大同に立つ—福澤桃介論策集解題　大同特殊鋼創業100周年記念出版　藤本尚子著　世界書院　2017.3　483p　22cm　〈文献あり　年譜あり〉　4500円　Ⓘ978-4-7927-9571-9　Ⓝ289.1
内容　序章　大同は常の名にあらず　第1章　梅檀は双葉より芳し　第2章　北海道炭砿鉄道と桃介　第3章　無量壽　第4章　資本の王国　第5章　覇道か王道か、物欲か精神的充足か

福沢 諭吉〔1835〜1901〕 ふくざわ・ゆきち
◇漫言翁福沢諭吉—時事新報コラムに見る明治　続　政治・外交篇　遠藤利國著　未知谷　2014.10　285p　20cm　〈文献あり〉　2500円　Ⓘ978-4-89642-454-6　Ⓝ121.6
内容　第1章　第一回帝国議会と政局（帝国議会開会を目前にして　帝国議会開会　ほか）　第2章　外交・外国事情（「時事新報」発刊のころ　親魯か、親英か　ほか）　第3章　"漫言"に見る明治（帝都東京　痴愚メートル—明治中期の民度　ほか）　第4章　大日本帝国の第一歩（超然内閣と議会　元勲総出内閣　ほか）

◇古田東朔近現代日本語生成史コレクション　第6巻　東朔夜話—伝記と随筆　古田東朔著，鈴木泰，清水康行，山東功，古田啓編集　清水康行，古田啓解説・校訂　くろしお出版　2014.12　501p　22cm　〈著作目録あり　年譜あり〉　9200円　Ⓘ978-4-87424-642-9　Ⓝ810.8
内容　大庭雪斎　大庭雪斎訂補の『歴象新書』大庭雪斎の業績　堀達之助と『英和対訳袖珍辞書』　柳河春三　福沢諭吉—その国語観と国語教育観　福沢諭吉その他補遺　古川正雄　田中義廉　田中義廉補遺　中根淑「遠山左衛門尉」の登場—中根淑・依田学海の文章　大槻文彦伝　東朔夜話　芦田先生と私、西尾実先生の想い出　学習院高等科時代の小高さん　森山隆さんを悼む　原稿用紙の字語

◇福沢諭吉　高橋昌郎著　新版　東信堂　2015.2　223p　20cm　〈初版：清水書院 1978年刊　文献あり　年譜あり〉　2000円　Ⓘ978-4-7989-1269-1　Ⓝ121.6
内容　1 中津藩士として（「日用の学」　蘭学修業）　2 外遊と著述と（最初の渡米　貪欲なヨーロッパ行　翻訳と著述　二度目の渡米と『西洋事情』）　3 啓蒙と出版と（維新前夜　『学問のすゝめ』の意図　出版業者として）　4 慶應義塾と彦次郎と（慶応義塾の設立　『学問のすゝめ』各編の趣旨　所謂「明治一四年の政変」　『時事新報』刊行の経緯）　5 諭吉の宗教観（宗教について　晩年の諭吉）

◇福沢諭吉　ひろたまさき著　岩波書店　2015.9　303p　15cm　（岩波現代文庫—学術 331）〈朝日新聞社 1976年刊の再刊　年譜あり〉　1260円　Ⓘ978-4-00-600331-9　Ⓝ121.6

◇福沢諭吉　鹿野政直著　新装版　清水書院　2016.6　200p　19cm　（Century Books—人と思想 21）〈文献あり　年譜あり　索引あり〉　1200円　Ⓘ978-4-389-42021-5　Ⓝ121.6
内容　1 封建秩序からの脱走（少年のころ　洋学修業　欧米旅行）　2 文明像の形成と展開（『西洋事情』前

◇士魂―福澤諭吉の真実　渡辺利夫著　海竜社　2016.7　319p　20cm　1800円　⦿978-4-7593-1406-9　Ⓝ121.6
　内容　第1部　福澤思想の源流を探る（愛慕　西郷隆盛―第二の西郷出でよ　勝海舟　榎本武揚への侮蔑―出処進退の道義について）　第2部　福澤思想とナショナリズム（最高のモラルとしてのナショナリズム―国の独立は即ち文明なり　『学問のすゝめ』とはどういう著作か―天賦人権説と社会契約説は福澤の真意か　福澤リアリズムの在り処―正道と権道）　第3部　福澤思想の中のアジア（福澤　朝鮮への「恋」―朝鮮開化派への希望と挫折　脱亜論への道―主義とする所は唯脱亜の二字に在るのみ　日清戦争へ―日清の戦争は文野の戦争なり）　第4部　福澤思想の帰着（福澤思想　変遷と体系―激動期を生きた福澤の言説に学ぶ）

◇パリの福澤諭吉―謎の肖像写真をたずねて　山口昌子著　中央公論新社　2016.11　321p　20cm　〈文献あり〉　1600円　⦿978-4-12-004916-3　Ⓝ121.6
　内容　序章　第1章　初めてのパリ　第2章　パリの取材に奔走　第3章　写真家ポトーの謎を解く　第4章　パリ再訪　終章

◇二人の近代―諭吉と襄　坂井誠著　岡山　大学教育出版　2016.12　428p　22cm　〈文献あり　索引あり〉　3600円　⦿978-4-86429-418-8　Ⓝ121.6
　＊明治の日本近代化（文明化）という同時代の二人であるが、その志は大きく異なる。福沢はよりはや く文明化により日本の独立維持をねらい、啓蒙主義を唱え、新島の立場はキリスト教受容により、平民主義を肯定するものとして、両者の国家に関わる姿勢の違いを論じる。

◇大奥の女たちの明治維新―幕臣、豪商、大名―敗者のその後　安藤優一郎著　朝日新聞出版　2017.2　231p　18cm　（朝日新書　605）〈文献あり〉　760円　⦿978-4-02-273705-2　Ⓝ210.61
　内容　第1章　篤姫が住んだ大奥とはどんな世界だったのか（1.男子禁制・大奥の実像と虚像　2.大奥を去った御台所・篤姫の戦い　3.師匠になった奥女中たち）　第2章　失業した三万余の幕臣はどうなったのか（1.静岡藩で塗炭の苦しみを味わう幕臣たち　2.旗本だった福澤諭吉の華麗なる転身　3.明治政府にヘッドハンティングされた渋沢栄一）　第3章　将軍家御典医・桂川家の娘が歩んだ数奇な運命　第4章　日本最初の帰国子女、津田梅子の奮戦　第5章　東京に転居した大名とその妻はどうなったのか　第6章　東京の街は、牧場と桑畑だらけになった　第7章　江戸を支えた商人や町人はどうなったのか

◇平川祐弘決定版著作集　第8巻　進歩がまだ希望であった頃―フランクリンと福沢諭吉　平川祐弘著　勉誠出版　2017.3　234,8p　22cm　〈索引あり〉　3600円　⦿978-4-585-29408-5　Ⓝ908
　内容　日米の好一対　白石と諭吉　フランクリンの略伝　福沢の略伝　こくめいな人　封建的秩序への反撥　郷里脱出　食うこと、飲むこと、着ること、着ないこと　a self-made man〔ほか〕

◇福沢諭吉　高橋昌郎著　清水書院　2017.6　246p　19cm　（新・人と歴史拡大版 11）〈1984年刊を、表記や仮名遣い等一部を改めて再刊　文献あり　年譜あり　索引あり〉　1800円　⦿978-4-389-44111-1　Ⓝ121.6
　内容　序章　1　中津藩士として（「日用の学」　蘭学修業）　2　外遊と著述と（最初の渡米　貪欲なヨーロッパ行　翻訳と著述　二度目の渡米と『西洋事情』）　3　啓蒙と出版と（維新前後　『学問のすゝめ』の意図　出版業者として）　4　慶応義塾と彦次郎と（慶応義塾の設立　『学問のすゝめ』と宗教観　諭吉の分身）　5　列強に伍して（宗教について　軍備拡張のために晩年の諭吉）

◇いまこそ知りたい日本の思想家25人　小川仁志著　KADOKAWA　2017.9　254p　19cm　〈他言語標題：25 Japanese thinkers you need to know now　文献あり〉　1700円　⦿978-4-04-400234-3　Ⓝ121.028
　内容　第1章　日本思想の黎明期（空海　道元　親鸞　吉田兼好　世阿弥）　第2章　日本の近世の葛藤（山本常朝　荻生徂徠　本居宣長　安藤昌益　二宮尊徳）　第3章　日本の近代の幕開け（横井小楠　吉田松陰　福沢諭吉　新渡戸稲造　内村鑑三）　第4章　「日本哲学」の始まり（西周　西田幾多郎　九鬼周造　三木清　和辻哲郎）　第5章　世界における日本思想の独自性（北一輝　鈴木大拙　柳田國男　丸山眞男　吉本隆明）

◇福沢諭吉と福住正兄―世界と地域の視座　金原左門著　オンデマンド版　吉川弘文館　2017.10　219p　19cm　（歴史文化ライブラリー 26）〈文献あり　原本：1997年刊〉　2300円　⦿978-4-642-75426-2　Ⓝ121.6

◇「福沢諭吉」とは誰か―先祖考から社説真偽判定まで　平山洋著　京都　ミネルヴァ書房　2017.11　236,22p　20cm　（MINERVA歴史・文化ライブラリー 32）〈文献あり　索引あり〉　3500円　⦿978-4-623-08069-4　Ⓝ121.6
　内容　第1章　福沢諭吉先祖考　第2章　『西洋事情』の衝撃と日本人―赤松「口上書」・龍馬「八策」・天皇「誓兄」・覚馬「管見」等へ与えた影響　第3章　福沢諭吉の「脱亜論」と"アジア蔑視"観　第4章　福沢諭吉と慰安婦　第5章　武士道・ビジネスマインド・愛国心―福沢諭吉と大ហ祝の場合　第6章　福沢署名著作の原型について

◇東京王―首都の背後に君臨した知られざる支配者たち　小川裕夫著　ぶんか社　2017.11　189p　19cm　〈文献あり〉　1300円　⦿978-4-8211-4467-9　Ⓝ281.36
　内容　東京の知性を育んだ初代総理の教育熱―伊藤博文　一大商都目指し奮闘した資本主義の父―渋沢栄一　東京を"建てた"男の栄光と未踏の夢―辰野金吾　東京発の"メイド・イン・ジャパン"―大久保利通　帝都に君臨する大財閥・三菱の創始者―岩崎弥太郎　下級武士から東京を創った成り上がり―後藤新平　西の政界に残した巨大な足跡の一つ　林一三　朝敵の罪を背負った徳川宗家の後継者―徳川家達　後進国・日本の逆襲を都市計画で実現―井上馨　人材育成の視点から日本実業界を醸成―福澤

諭吉　片田舎の谷・渋谷に君臨した田都国王—五島慶太　技術力で首都を開拓した地方藩出身者—大隈重信　都知事の座に最も長く君臨し続けた男—鈴木俊一

◇福澤諭吉と慶應義塾の歳時記　齋藤秀彦文　泉文堂　2018.4　211,6p　21cm　〈絵：信時茂　文献あり　年譜あり　索引あり〉　2700円　①978-4-7930-0617-3　Ⓝ377.28
|内容| 立春 学問のすゝめ　雨水 咸臨丸　啓蟄 耶馬溪　春分 女子教育　清明 自我作古　穀雨 開校記念日　立夏 ウェーランド経済書講述記念日　小満 早慶野球試合　芒種 海外留学　夏至 演説〔ほか〕

◇福澤諭吉フリーメイソン論—大英帝国から日本を守った独立自尊の思想　石井明著、副島隆彦監修　電波社　2018.4　270p　19cm　〈文献あり　年譜あり〉　1600円　①978-4-86490-145-1　Ⓝ121.6
|内容| 第1章 世界規模のフリーメイソン・ネットワーク　第2章 長崎出島と幕末の開国派ネットワーク　第3章 ユニテリアン＝フリーメイソンとアメリカ建国の真実　第4章 文久遣欧使節の諭吉とフリーメイソンの関係　第5章 攘夷の嵐を飲み込むな大英帝国の策謀　第6章 明治維新と慶応義塾設立　第7章 福澤諭吉と宣教師たちの本当の関係　第8章 日本の独立自尊と近代化のために

◇明治史講義　人物篇　筒井清忠編　筑摩書房　2018.4　397p　18cm　（ちくま新書 1319）〈文献あり〉　1100円　①978-4-480-07140-8　Ⓝ210.6
|内容| 木戸孝允—「条理」を貫いた革命政治家　西郷隆盛—謎に包まれた超人気者　大久保利通—維新の元勲、明治政府の建設者　福澤諭吉—「文明」と「自由」　板垣退助—自らの足りなさを知る指導者　伊藤博文—日本型立憲主義の造形者　井上毅—明治維新を落ち着かせようとした官僚　大隈重信—政治対立の演出者　金玉均—近代朝鮮における「志士」たちの時代　陸奥宗光—『蹇蹇録』で読む日清戦争と朝鮮〔ほか〕

◇独立自尊—福沢諭吉と明治維新　北岡伸一著　筑摩書房　2018.9　384p　15cm　（ちくま学芸文庫 キ26-1）〈中公文庫 2011年刊の再刊　文献あり　年譜あり〉　1300円　①978-4-480-09877-1　Ⓝ121.6
|内容| 中津時代　緒方塾　アメリカに行く　ヨーロッパを知る　『西洋事情』　慶応義塾　『学問のすゝめ』『文明論之概略』　維新のリーダーと福沢諭吉　「国会論」と十四年政変　家庭と日常生活　朝鮮問題　内閣制度の創設　初期議会と日清戦争　晩年と死　福沢諭吉と伊藤博文

福嶋 一雄〔1931〜〕　ふくしま・かずお

◇甲子園2連覇—夏の甲子園大会12勝0敗・5試合連続45イニング無失点甲子園の土を最初に持ち帰った球児・平成25年野球殿堂入り　福嶋一雄大羽武著　姫路　ブックウェイ　2015.5　231p　19cm　〈文献あり〉　①978-4-86584-038-4　Ⓝ783.7

福島 智〔1962〜〕　ふくしま・さとし

◇現代人の伝記　4　致知編集部編著　致知出版社　2014.11　94p　26cm　1000円　①978-4-8009-1061-5　Ⓝ280.8
|内容| 1 中丸三千繪（オペラ歌手）—歌うために私はいま、ここに生きる　2 辻口博啓（パティシエ）—スイーツの道を極める　3 小林祐郁（エアーセントラル副操縦士）—諦めなかった大空への夢　4 福島智（東京大学先端科学技術研究センター教授）—苦難は人生の肥やしとなる　5 小川与志和（「和たよ」店主）—いまあるものに感謝して生きる　6 上山博康（旭川赤十字病院第一脳神経外科部長・脳卒中センター長）—患者の人生を背負い命ある限り戦い続ける　7 小川三夫（鵤工房代表）—師から学んだ精神を裏切らない仕事をする　8 八杉康夫（戦艦大和語り部）—戦艦大和からのメッセージ

◇ゆびさきの宇宙—福島智・盲ろうを生きて　生井久美子著　岩波書店　2015.2　307,10p　15cm　（岩波現代文庫—社会 281）〈文献あり　年譜あり〉　1100円　①978-4-00-603281-4　Ⓝ369.27
|内容| 盲ろうとは—「黙殺」されてきたその存在　誕生と喪失—三歳で右失明、九歳で左も　わんぱくと音楽—盲学校・一四歳で片耳に不安　男版ヘレン・ケラーとちゃうか—八一年二月の俺・全盲ろうに　指点字考案—母から見た智　「通訳」誕生—トムとケティー　結婚—夫婦げんかに指点字通訳　「適応障害」—福島智を生きるということ　仕事と研究1—バリアフリーって何？ コミュニケーションって何？　仕事と研究2—セーフティーって何？ 自立って何？　仲間たち—人生は冒険　自画像—ありのままの福島智　子どもたちへ—福島流「生きる哲学」

◇ぼくの命は言葉とともにある—9歳で失明18歳で聴力も失ったぼくが東大教授となり、考えてきたこと　福島智著　致知出版社　2015.5　267p　20cm　1600円　①978-4-8009-1072-1　Ⓝ289.1
|内容| プロローグ 「盲ろう」の世界を生きるということ　第1章 静かなる戦場で　第2章 人間は自分たちが思っているよりも強い存在ではない　第3章 今この一瞬も戦闘状態、私の人生を支える命ある言葉　第4章 生きる力と勇気の多くを、読書が与えてくれた　第5章 再生を支えてくれた家族と友と、永遠なるもの　第6章 盲ろう者の視点で考える幸福の姿

福島 茂〔1984〜〕　ふくしま・しげる

◇キミはボク—児童養護施設から未来へ　福島茂著　小布施町（長野県）　文屋　2015.11　247p　19cm　〈発売：サンクチュアリ出版〉　1500円　①978-4-86113-776-1　Ⓝ289.1
|内容| 第1章 父さんと暮らしたい（施設に暮らす　ひとりぼっちになった日）　第2章 もがいて、もがいて（こんなところにいられない　もがきの果てに）　第3章 どん底に見えた光（施設生活の終わり　からっぽの自分）　第4章 夢に向かって生きる（夢のために　父との再会）

福島 譲二〔1927〜2000〕　ふくしま・じょうじ

◇評伝 天草五十人衆　天草学研究会編　福岡　弦書房　2016.8　317p　22cm　〈文献あり　年表あり　索引あり〉　2400円　①978-4-86329-138-6　Ⓝ281.94
|内容| ステージ1 五人衆の時代、そして…　ステージ2 天領天草の村々　ステージ3 祈りの島　ステージ4 耕す、漁る　ステージ5 実業の世をひらく　ステージ6 潮路はるかに　ステージ7 文学・歴史・言

論　ステージ8 あの頃、この人　ステージ9 島の現実、国の行く末　ステージ10 一筋の道　ステージ特別編　群像二題(天草の石文化と松室五郎左衛門　牛深カツオ漁の男たち)

福島　泰蔵〔1866～1905〕　ふくしま・たいぞう
◇福島泰蔵大尉の実行力を訪ねて　1　川道亮介著　My Books. jp　2015.4　376p　19cm　Ⓝ289.1
◇福島泰蔵大尉の実行力を訪ねて　2　川道亮介著　My Books. jp　2015.4　319p　19cm　Ⓝ289.1
◇福島泰蔵大尉の実行力を訪ねて　3　川道亮介著　My Books. jp　2015.4　253p　19cm　Ⓝ289.1
◇拓く―福島泰蔵大尉正伝　川道亮介著　文芸社　2017.10　203p　19cm　〈文献あり〉　1200円　①978-4-286-18731-0

福島　孝徳〔1942～〕　ふくしま・たかのり
◇闘いつづける力―現役50年、「神の手」を持つ脳外科医の終わらない挑戦　福島孝徳著　徳間書店　2018.1　228p　19cm　1500円　①978-4-19-864509-0　Ⓝ494.627
内容　第1章 脳外科に人生を捧げた私のミッション　第2章 世界一の手術師が生んだ奇跡の技法「鍵穴手術」　第3章 鍵穴手術による治療1 顔面けいれん　第4章 鍵穴手術による治療2 三叉神経痛　第5章 私の後を継ぐ次世代の脳外科医たち　第6章 患者さんからの感謝の手紙　第7章 よくある疑問に福島孝徳が答えます

福島　英子〔1928～〕　ふくしま・ひでこ
◇関―南北東西活路通 走り抜けた九十年　福島英子著　〔玉名〕　〔福島英子〕　2018.3　198p　22cm　〈折り込 1枚〉　Ⓝ289.1

福住　正兄〔1824～1892〕　ふくずみ・まさえ
◇福沢諭吉と福住正兄―世界と地域の視座　金原左門著　オンデマンド版　吉川弘文館　2017.10　219p　19cm　〈歴史文化ライブラリー 26〉〈文献あり〉　原本：1997年11月　2300円　①978-4-642-75426-2　Ⓝ121.6

福田　アジオ〔1941～〕　ふくた・あじお
◇民俗に学んで六〇年―純粋培養民俗学徒の悪戦苦闘　福田アジオ著　大河書房　2018.2　280p　22cm　〈著作目録あり　年譜あり〉　2700円　①978-4-902417-40-1　Ⓝ380.1
内容　1 民俗学への道と人の縁(たった一人の抵抗　民俗学へ導いてくれた柳田国男の著作　松戸市民俗調査の経過と意義 ほか)　2 課題の発見と提案(勤労民俗学と重出立証法について　若者組と幕藩体制 ほか)　3 フィールドの軌跡(武蔵大学日本民俗史演習調査報告　東京女子大学民俗調査団調査報告　新潟大学民俗調査報告書 ほか)

福田　景門〔1927～〕　ふくだ・けいもん
◇孤高の誇り　福田景門著　新版　津山　作楽神社社務所内道家大門記念会　2016.4　326p　19cm　Ⓝ289.1

福田　精斎〔1876～1946〕　ふくだ・せいさい
◇ドラマチック・ロシアin JAPAN　4　日露異色の群像30―文化・相互理解に尽くした人々　続　長塚英雄責任編集　生活ジャーナル　2017.12　531p　22cm　〈3の出版者：東洋書店〉　2800円　①978-4-88259-166-5　Ⓝ319.1038
内容　レフ・メーチニコフ(1838‐1888)西郷が呼んだロシアの革命家　ニコライ・ラッセル(1850‐1930)子孫が伝える二〇世紀の世界人の記憶　黒野義文(?‐1918)東京外語露語科からペテルブルグ大学東洋語学部へ　小西増太郎(1861‐1939)トルストイとスターリンに会った日本人―激動の昭和を生きた祖父小西増太郎　ニコライ・マトヴェーエフ(1865‐1941)マトヴェーエフと戦後最初のロシア人観光団　徳富蘆花(1868‐1927)日本におけるトルストイ受容の先駆者として　セルギイ・チホミーロフ(1871‐1945)日本の府主教セルギイ―その悲劇の半生　内田良平(1874‐1937)「黒龍会」内田良平のロシア観　瀬沼夏葉(1875‐1915)瀬沼夏葉とチェーホフ作品の翻訳　相馬黒光(1875‐1955)"アンビシャスガール"とロシア文化〔ほか〕

福田　太郎〔1940～〕　ふくだ・たろう
◇はちゃめちゃ　福田太郎著　鹿沼　栃の葉書房　2016.4　219p　21cm　〈年譜あり〉　1204円　①978-4-88616-332-5　Ⓝ289.1
内容　人生の道のり　ビシャッ子　落合西小学校　忘れられない四年生　人糞だらけの甘柿　大型車運転、事故？　帰って来たオオタカ　自作の拳銃？　銃で人を撃つ　親指切断〔ほか〕

福田　恆存〔1912～1994〕　ふくだ・つねあり
◇父・福田恆存　福田逸著　文藝春秋　2017.7　307p　20cm　2000円　①978-4-16-390688-1　Ⓝ910.268
内容　第1部 父からの手紙(これはじゆうのめがみですロープは最後まで放してはいけません　食贪頗る愉快の想ひに御座候)　第2部 鉢木會・断章(晩年の和解―大岡昇平　恆存のボヤキ―中村光夫(一)　詩劇について少々抱負を―中村光夫(二)　チャタレイ裁判―吉田健一(一)　骨身に応へる話―吉田健一(二)　暗渠で西洋に通じてゐるのは―三島と福田　鉢木會の連歌帳―そして、神西清)　第3部 父をめぐる旅路(近代日本をいとほしむ―L嬢の物語　恆存の晩年　生きることと死ぬことと―エピローグ)
◇文士たちのアメリカ留学　一九五三‐一九六三　斎藤禎著　書籍工房早山　2018.12　327p　19cm　2500円　①978-4-904701-54-6　Ⓝ910.264
内容　第1章 文士にとって留学は、夢のまた夢　第2章「文士留学の仕掛け人」坂西志保と、チャールズ・B・ファーズ　第3章 阿川弘之は「原爆小説」を書いたから、アメリカに招かれたのか　第4章 大岡昇平、安岡章太郎は、アメリカで、ことに南部で何を見たのか　第5章 江藤淳、英語と格闘す　第6章 庄野潤三と名作『ガンビア滞在記』の誕生　第7章 有吉佐和子は、アメリカ人社会では間違いなく「NOBODY」だった　第8章 小島信夫は、なぜ、単身でアメリカに行ったか？　第9章 アメリカから帰った福田恆存は、「文化人」の「平和論」を果敢に攻撃した　第10章 改めて考える。ロックフェラー財団による文士のアメリカ留学とは何だったのか

福田　直樹〔1965～〕　ふくだ・なおき
◇拝啓、福田直樹様。―ボクがみた世界一のボク

ふくた

シングカメラマンの真実　尾藤貴志著　鳥影社　2016.7　177p　図版7枚　19cm　1400円　Ⓘ978-4-86265-569-1　Ⓝ788.3
　内容　第1章　出逢い　第2章　ルーツを追う　第3章　アナザースカイ　第4章　浅草橋—葛藤・事件　第5章　福田直樹の流れ　第6章　ラスベガス—苦悩の階段　第7章　娘へ—奇跡　第8章　福田直樹徹底解剖　第9章　ボーナスステージの先に

福田　把栗〔1865～1944〕　ふくだ・はりつ
◇子規居士の周囲　柴田宵曲著　岩波書店　2018.2　434p　15cm　（岩波文庫　31-106-6）　950円　Ⓘ978-4-00-311066-9　Ⓝ911.362
　内容　1　子規居士の周囲（子規居士の周囲　内藤鳴雪　愚庵　陸羯南　夏目漱石　五百木飄亭）　2　明治俳壇の人々（数藤五城　阪本四方太　今感無事庵　新海非風　吉野左衛門　佐藤紅緑　末永鐵道　福田把栗）

福田　英子〔1865～1927〕　ふくだ・ひでこ
◇近代日本を創った7人の女性　長尾剛著　PHP研究所　2016.11　314p　15cm　（PHP文庫　な34-15）〈文献あり〉　640円　Ⓘ978-4-569-76639-3　Ⓝ281.04
　内容　序章として—二人の、ある女性の話　津田梅子—近代女子教育の先駆者　羽仁もと子—日本初の女性ジャーナリスト　福田英子—自由を求めた東洋のジャンヌ・ダルク　下田歌子—明治国家に愛された女子教育者　吉岡彌生—女医師の道を切り開いた教育者　岡本かの子—引き出しの愛を文学にたたきつけた作家　山田わか—数奇な半生を経て母性の力で訴えた思想家
◇明治史講義　人物篇　筒井清忠編　筑摩書房　2018.4　397p　18cm　（ちくま新書　1319）〈文献あり〉　1100円　Ⓘ978-4-480-07140-8　Ⓝ210.6
　内容　木戸孝允—「条理」を貫いた革命政治家　西郷隆盛—謎に包まれた超人気者　大久保利通—維新の元勲、明治政府の建設者　福澤諭吉—「文明」と「自由」　板垣退助—自らの足りなさを知る指導者　伊藤博文—日本型立憲主義の造形者　井上毅—明治維新を落ち着かせようとした官僚　大隈重信—政治対立の演出者　金玉均—近代朝鮮における「志士」たちの時代　陸奥宗光—『蹇蹇録』で読む日清戦争と朝鮮〔ほか〕

福田　博〔1935～〕　ふくだ・ひろし
◇福田博オーラル・ヒストリー　「一票の格差」違憲判断の真意—外交官としての世界観と最高裁判事の10年　福田博著，山田隆司，嘉多山宗聞き手・編　京都　ミネルヴァ書房　2016.2　247p　20cm　〈年譜あり〉　2800円　Ⓘ978-4-623-07549-2　Ⓝ289.1
　内容　第1章　生い立ち（中国・旅順に生まれる　病弱だった少年時代　ほか）　第2章　外交官時代（外務省に入る　アメリカ留学へ　ほか）　第3章　最高裁判事就任（就任の経緯　建物や部屋の印象　ほか）　第4章　定数訴訟に挑む（アメリカの憲法判例を読む　投票価値の不平等　ほか）　第5章　最高裁の機構（調査官制度　最高裁事務総局　ほか）

福田　萌〔1985～〕　ふくだ・もえ
◇福田萌のママ1年生日記。—ママとして泣いて笑った586日　福田萌著　扶桑社　2015.6　127p　21cm　〈他言語標題：Moe's Diary〉　1300円　Ⓘ978-4-594-07268-1　Ⓝ779.9
　内容　1　Diary（誕生　1ヵ月～1オ　1オ～現在）　離乳食レシピノート（カブのポタージュ　小松菜（茎）とシラスのかゆ　紅白豆腐がゆ　ほか）　2　ママTalk（しつけ編　アレコレQ&A　ママの気持ち編）　萌ママのマストアイテム（実用グッズ　おもちゃ　絵本　ほか）

福田　安弘〔1944～〕　ふくだ・やすひろ
◇ありがとう人生—アコーディオンに夢と希望を乗せて　福田安弘著　〔出版地不明〕　福田安弘　2018.11　131p　21cm　741円　Ⓘ978-4-9910383-1-0　Ⓝ289.1

福田　理軒〔1815～1889〕　ふくだ・りけん
◇創立者福田理軒伝—創立180周年記念出版　渡辺孝蔵原作・監修，大林かおる作画　順天学園　2014.8　236p　31cm　〈背のタイトル：百八十周年記念出版　折り込2枚　年譜あり〉　Ⓝ289.1
◇筆算をひろめた男—幕末明治の算数物語　丸山健夫著　京都　臨川書店　2015.3　246p　20cm　〈文献あり　年譜あり〉　2400円　Ⓘ978-4-653-04225-9　Ⓝ419.1
　内容　第1章　ペリーがやってきた！　第2章　和算と大坂の街　第3章　和算に挑戦してみよう　第4章　数学で攘夷だ！　第5章　日本初の西洋数学書　第6章　ふたりの友人　第7章　静岡の二つの学校　第8章　理軒の新しい学校　第9章　文明開化と洋算ブーム　第10章　和算の行く末
◇福田理軒—順天求合社　順天学園編，渡辺孝蔵校正　順天学園　2017.8　1冊　21cm　〈年譜あり　年表あり〉　非売品　Ⓝ289.1
　内容　福田理軒（抄）/坂本守央著　筆算をひろめた男（抄）/丸山健夫著　大阪清水寺算額復元記（抄）/小寺裕著

福地　源一郎〔1841～1906〕　ふくち・げんいちろう
◇幕末明治　新聞ことはじめ—ジャーナリズムをつくった人びと　奥武則著　朝日新聞出版　2016.12　278p　19cm　（朝日選書　952）　1500円　Ⓘ978-4-02-263052-0　Ⓝ070.21
　内容　序章　清八と宇兵衛の受難—ジャーナリズム以前　第1章　ジョセフ・ヒコの悲哀—「新聞の父」再考　第2章　ハンサードの志—新聞がやってきた　間奏その1　青年旗本の悲劇—池田長発　第3章　柳河春三の無念—原点としての「中外新聞」　第4章　岸田吟香の才筆—新聞記者の誕生　間奏その2　旧幕臣の矜持—成島柳北　第5章　福地源一郎の言い分—「御用記者」と呼ばれて　間奏その3　鉛活字の誕生まで—本木昌造　第6章　ブラックの栄光—「日新真事誌」の時代

福地　茂雄〔1934～〕　ふくち・しげお
◇お客様満足を求めて　福地茂雄著　毎日新聞社　2015.3　204p　20cm　1800円　Ⓘ978-4-620-32302-2　Ⓝ335.13

［内容］第1章 お客様満足への道のり（危機からの脱出 プロダクトアウトからマーケットインへ アサヒスーパードライの成功 ほか） 第2章 全ては「お客様満足」の理念のもとに（ビール事業から放送事業、そして劇場経営 発泡酒への参入 「株主満足」を求め海外IR ほか） 第3章 お客様の期待値を超える価値創造（「三次元の変化」の時代 お客様満足を探る情報力 横の情報の共有 ほか） 第4章 現場で、現物を、現実に（「三現主義」が大事 お客様のこころとかたち デジタルはアナログ実現の手段 ほか） 第5章 お客様満足に終わりなし（マッサンゆかりの「余市」を訪れて 長崎への想い ほめられるよりほれる ほか） 第6章 読書にみるお客様満足（読書がもたらす豊かな人生 現代を予見し、西郷さんの言葉 リバラルアーツ軽視に警鐘 ほか）

福地 多惠子〔1925～〕 ふくち・たえこ
◇主の奇跡と守り—わたしの信仰の歩み 福地多惠子著 〔出版地不明〕 『主の奇跡と守り』刊行会 2016.10 85p 19cm 〈発行所：日本福音基督教団成城キリスト教会〉 700円 Ⓘ978-4-907486-43-3 Ⓝ762.1
［内容］1 主の奇跡的な守り（神だけを 主の守り 家族の祈り 洗礼を受ける） 2 主の奇跡的な導き（成城キリスト教会の創立 アメリカへ オルガンへの導き 日本への帰国 ニューヨークへ クアラルンプールへ ダマンサラハイツへ 主の癒し） 3 主の奇跡的な備え（夢を通して 父の召天 教会での新たな奉仕 主の豊かな備え）

福永 耕二〔1938～1980〕 ふくなが・こうじ
◇墓碑はるかなり—福永耕二論 仲栄司著 尼崎 邑書林 2018.1 331p 20cm 〈他言語標題：FAR TOMBSTONE 奥付のタイトル（誤植）：はるかなる墓碑 索引あり〉 2800円 Ⓘ978-4-89709-842-5 Ⓝ911.362
［内容］第1部 耕二の生涯（耕二がめざしたもの 「馬酔木」の香り 鹿児島時代の青春俳句 ほか） 第2部 俳句への考察（俳句における師弟関係 俳句の結社 俳句形式との闘い ほか） 第3部 生きる姿勢（意志強き俳人 孤独と沈黙 確かな決意 ほか） 総論

福永 法源〔1945～〕 ふくなが・ほうげん
◇絶望の中の挑戦—人の喜びは自分の喜びとなる 福永法源著 日新報道 2015.4 187p 19cm 1400円 Ⓘ978-4-8174-0751-1 Ⓝ169.1
［内容］第1章 悔恨と懺悔の日々—天が与えた私への試練 第2章 絶望からの再起—自らの役割を果たすために 第3章 それでも「天の声」は聞こえた—反省の中の裁判レポート 第4章 人が喜ぶ行為は自分の喜びとなる—他人の痛みは自分の痛み 第5章 人間の絆こそ心のエネルギー—美しき情の世界 第6章 使命感をもって生きる！—私の考える人類救済

福永 未来 ふくなが・みくる
◇万引き女子—〈未来〉の生活と意見 福永未来著 太田出版 2017.9 197p 19cm 1300円 Ⓘ978-4-7783-1591-7 Ⓝ289.1
［内容］"元"万引き女子の生活と意見。(28歳) 子どもの頃から、小学校卒業まで。(0歳～12歳) 家族の肖像。 中学時代。(13歳～15歳) 高校時代。(16歳～18歳) 短期大学時代。(18歳～20歳) 社会人から結婚生活まで。(20歳～22歳) 初めての刑務所生活。(23歳～26歳) つかの間の帰宅。(26歳) 4回目の逮捕。(26歳) 刑務所生活、再び。(27歳～28歳) 出所から現在へ。(28歳) "元"万引き女子の生活と意見、再び。(28歳)

福原 芳山〔1847～1882〕 ふくはら・ほうざん
◇若き老中英国留学 藤田郁子著 宇部 藤田郁子 2015.9 125p 19cm 〈福原芳山公の足跡を訪ねて part 2〉 1000円 Ⓝ289.1

福原 麟太郎〔1894～1981〕 ふくはら・りんたろう
◇叡智の文人学者 福原麟太郎先生 草原昭喜著 〔出版地不明〕 〔草原昭喜〕 2014.11 360p 22cm Ⓝ289.1

福本 和夫〔1894～1983〕 ふくもと・かずお
◇柳田國男の継承者 福本和夫—「コトバ」を追い求めた知られざる師弟の交遊抄 清水多吉著 京都 ミネルヴァ書房 2014.7 297,4p 20cm 〈人と文化の探究 9〉〈文献あり 年譜あり 索引あり〉 6000円 Ⓘ978-4-623-06741-1 Ⓝ289.1
［内容］序論 華やかなデビューと瞬時の凋落 第1章 獄中にて 第2章 獄中での柳田國男との「出会い」 第3章 低い目線で 間奏譜 思い出す事ども 第4章 「メチエ」とは何か 第5章 秘密の「手技」から近代的「特訓制」へ 第6章 「メチエ」を含む「知識」は何に集積されているか 第7章 戦後の福本和夫の業績 第8章 「コトバ」の追求を更に深めて

福山 隆〔1947～〕 ふくやま・たかし
◇空包戦記—陸上自衛隊新米「歩兵」小隊長奮戦録 福山隆著 潮書房光人社 2015.1 319p 19cm 1900円 Ⓘ978-4-7698-1585-3 Ⓝ396.21
［内容］第1部 郷土連隊勤務—長崎・大村の第一六普通科連隊へ（寝耳に虫 社会党石橋書記長との舟中論議 ほか） 第2部 隊員と共に—新品三尉を育ててくれた"部下"たち（草刈談義—齋藤一士の新隊員教育 隊体験談 銃剣道奮闘記 ほか） 第3部 空包の戦場—連隊戦闘団対抗演習（高熱を押して出陣 雨に打たれ、野に仮寝して ほか） 第4部 米陸軍留学記—アメリカで見た"戦う軍隊"の真実（米陸軍歩兵学校へ留学せよ 米陸軍マイノリティの研究 ほか）

袋 一平〔1897～1971〕 ふくろ・いっぺい
◇ドラマチック・ロシア in JAPAN 4 日露異色の群像30—文化・相互理解に尽くした人々 続 長塚英雄責任編集 生活ジャーナル 2017.12 531p 22cm 〈3の出版者：東洋書店〉 2800円 Ⓘ978-4-88259-166-5 Ⓝ319.1038
［内容］レフ・メーチニコフ(1838-1888) 西郷が呼んだロシアの革命家 ニコライ・ラッセル(1850-1930) 子孫が伝える二〇世紀の世界人の記憶 黒野義文(？-1918) 東京外国語露科からペテルブルグ大学東洋語学部へ 小西増太郎(1861-1939) トルストイとスターリンに会った日本人—激動の昭和を生きた祖父小西増太郎 ニコライ・マトヴェーエフ(1865-1941) マトヴェーエフと戦後最初のロシア人観光団 徳富蘆花(1868-1927) 日本におけるトルストイ受容の先駆者として セルギイ・チホミーロフ(1871-1945) 日本の府主教セルギイ—その悲劇の半生 内田良平(1874-1937)「黒龍会」内田良平のロシア観

ふさ

瀬沼夏葉（1875‐1915）瀬沼夏葉とチェーホフ作品の翻訳　相馬黒光（1875‐1955）"アンビシャスガール"とロシア文化〔ほか〕

房　広治〔1959〜〕　ふさ・こうじ
◇アウンサンスーチーのミャンマー　房広治著　木楽舎　2016.3　205p　19cm　〈他言語標題：Daw Suu's Myanmar〉　1500円　Ⓘ978-4-86324-097-1　Ⓝ289.3

内容　序章 運命の出会い　第1章 下宿先の大家さん　第2章 M&Aで凱旋帰国　第3章 ファンド・オブ・ザ・イヤーへの道　第4章 軟禁、軟禁、また軟禁　第5章 27年ぶりの再会　第6章 ミャンマー版明治維新への挑戦　第7章 ミャンマー版三菱の創設　第8章 アウンサンスーチーとの約束

藤　光永〔1931〜2015〕　ふじ・こうえい
◇たゞ唯念佛して―藤光永祝下ご一生のみ跡　越前　真宗出雲路派本山毫攝寺内事部　2017.7　145p　31cm　〈年譜あり〉　非売品　Ⓝ188.72

冨士　信夫〔1917〜2005〕　ふじ・のぶお
◇人生の転機　桜の花出版編集部著　新装版　桜の花出版　2014.10　278p　18cm　〈表紙のタイトル：The Turningpoint　初版の出版者：維摩書房　発売：星雲社〉　890円　Ⓘ978-4-434-19776-5　Ⓝ281.04

内容　第1章 三枝成彰氏（作曲家）　第2章 エズラ・ヴォーゲル氏（ハーバード大学教授）　第3章 牛尾治朗氏（ウシオ電機会長）　第4章 故・冨士信夫氏（歴史研究家）　第5章 故・轉法輪奏氏（大阪商船三井前会長）　第6章 故・佐како真氏（国立民族博物館館長）　第7章 千住博氏（日本画家）　第8章 吉原すみれ氏（パーカッショニスト）　第9章 故・渡邊格氏（生命科学者・慶応大学名誉教授）　第10章 椎名武雄氏（日本IBM会長）

藤　真利子〔1955〜〕　ふじ・まりこ
◇ママを殺した　藤真利子著　幻冬舎　2017.11　247p　20cm　1300円　Ⓘ978-4-344-03207-1　Ⓝ778.21

内容　1 ママはママになる（運命の日　パパと出逢うまで　ママと出逢うまで　ママが記した「ベビーブック」　大家族 ほか）　2 私がママになる（運命の翌日　親の死に目に会えない　心原性脳塞栓症　リハビリ科　リハビリ病院に貴乃花が！　ほか）

藤井　厚二〔1888〜1938〕　ふじい・こうじ
◇聴竹居―木造モダニズム建築の傑作　発見と再生の22年　松隈章著　大阪　ぴあ株式会社関西支社　2018.3　255p　26cm　〈年表あり〉　1300円　Ⓘ978-4-8356-3848-5　Ⓝ527.02162

内容　グラビア 聴竹居の四季とディテール　第1章 木造モダニズム建築の傑作「聴竹居」とは　第2章 藤井厚二の生涯と「日本の住宅」という思想　第3章 阪神・淡路大震災が契機に　第4章 藤井厚二と竹中工務店　第5章 建築を社会に拓く　第6章 これからの聴竹居、これからの建築　「聴竹居」に関する調査研究、広報、「聴竹居」での主な講演及び保存公開活動年表

◇聴竹居―日本人の理想の住まい　松隈章著，古川泰造写真　平凡社　2018.5　263p　26×37cm　〈他言語標題：Chochikukyo　英語併記　文献あり　年譜あり〉　9800円　Ⓘ978-4-582-54463-3　Ⓝ521.85

内容　写真集　一屋一室　閑室と茶室　共生と調和　藤井厚二が手掛けた調度品　八木邸　藤井厚二の生涯　"木造モダニズム"の原点（藤森照信）　聴竹居―行為に相即する家（深澤直人）　聴竹居が伝えるもの（堀部安嗣）　聴竹居の歩み（松隈章）　参考―「日本の住宅」各論概説　実測図　年譜

藤井　静宣〔1896〜1971〕　ふじい・じょうせん
◇真宗大谷派淨圓寺所蔵藤井静宣関連資料―目録と解説　三好章監my，愛知大学東亜同文書院大学記念センター，東アジア仏教運動史研究会編　名古屋　あるむ　2018.3　154p　26cm　（愛知大学東亜同文書院大学記念センターシリーズ）〈年譜あり〉　2000円　Ⓘ978-4-86333-143-3　Ⓝ188.72

内容　第二次大戦中のアジアにいた宗教家たち―豊橋、淨圓寺資料について　第1部 藤井静宣と淨圓寺資料（真宗大谷派「開教使」藤井静宣　水野梅曉ならびに藤井静宣（草雷）と東亜同文書院の藤井堂規学生から見る東亜同文書院の一側面　淨圓寺資料について　藤井静宣（草雷）の活動と彼の収集した中国仏教雑誌・新聞について　周囲の人々の調査状況）　第2部 淨圓寺所蔵資料（藤井草宣年譜と雑誌一覧　書籍・雑誌目録　書簡・メモ目録）

藤井　聡太〔2002〜〕　ふじい・そうた
◇中学生棋士　谷川浩司著　KADOKAWA　2017.9　217p　18cm　（角川新書 K-162）〈文献あり〉　800円　Ⓘ978-4-04-082174-0　Ⓝ796

内容　第1章 最年少の新星・藤井聡太―藤井四段の自宅を訪ねる　盤に覆いかぶさった少年 ほか）　第2章 藤井将棋の強さと凄み（強さの源となった詰将棋　デビュー後の幸運 ほか）　第3章 将棋の才能とは何か（テッド・ウィリアムズの伝説　周囲の人々の奇跡的な連携 ほか）　第4章 自分が中学生棋士だったころ（史上二人目の中学生棋士・谷川浩司　住職だった父の教え ほか）　第5章 中学生棋士たちの群像―羽生善治、渡辺明、加藤一二三（史上三人目の中学生棋士・羽生善治　局面を複雑にする羽生将棋 ほか）

◇天才　藤井聡太　中村徹，松本博文著　文藝春秋　2017.9　197p　19cm　1350円　Ⓘ978-4-16-390746-8　Ⓝ796

内容　第1章 師弟の七年半　カラー完全保存版 不滅の二九連勝を辿る　第2章 若手棋士たちの矜持　第3章 迎え撃つ王者

◇藤井聡太 名人をこす少年　津江章二著　日本文芸社　2017.9　191p　19cm　〈年譜あり　索引あり〉　1300円　Ⓘ978-4-537-21527-4　Ⓝ796

内容　第1章 奇跡を超えた新記録　第2章 29連勝への道　第3章 炎の七番勝負　第4章 天才登場　第5章 藤井聡太・強さの理由　第6章 アンタッチャブル　第7章 未来予想図　特別対談 トップ棋士が見た藤井聡太　森下卓九段×深浦康市九段

◇藤井聡太 天才はいかに生まれたか　松本博文著　NHK出版　2017.10　234p　18cm　（NHK出版新書 532）　820円　Ⓘ978-4-14-088532-1　Ⓝ796

内容 第1章 小さな天才（焼き物の町　負けん気の強い少年　モンテッソーリ教育　同じ幼稚園の出身者　ハートバッグとキュボロ　ほか）　第2章 史上最年少プロ誕生（弟子入り　師匠が見た才能　奨励会試験「奨励会」という鬼門　プロ棋士も認めた才能　ほか）　第3章 快進撃の始まり（プロデビュー戦　天才、加藤一二三　初手が示す王者の心意気　食事盤外戦　レジェンドからの初勝利　ほか）　第4章 空前絶後の大記録（次なる記録は？　竜王戦ドリーム　藤井ストッパーの有力候補　藤井四段の強さはいかほど？　竜王戦6組優勝　ほか）　第5章 約束された未来（三〇連勝目をかけて　世間の注目　コンピュータが示した藤井の強さ　連勝ストップ　藤井が示した藤井の強さ　ほか）

◇伝説の序章―天才棋士藤井聡太　田丸昇著　清流出版　2017.12　173p　19cm　〈文献あり〉　1400円　①978-4-86029-469-4　Ⓝ796

内容 第1章 14歳の最年少棋士の誕生（運命の三段リーグ最終日　年齢制限規定をめぐる三段たちの光と影）　第2章 空前絶後の29連勝への軌跡（羽生、森内らを超えたデビュー連勝記録　若手精鋭らを連破して白星街道を驀進　ほか）　第3章 早くも期待されるタイトル獲得（佐々木五段が藤井を破って連勝ストップ　中京棋界のルーツは板谷九段一門　ほか）　第4章 藤井四段の子ども時代と棋士をめざした頃（5歳のときに祖母から将棋を習う　研修会から奨励会に入って棋士をめざす　ほか）　第5章 天才棋士の羽生と藤井（羽生が七冠制覇を達成して以来のフィーバー　長嶋茂雄と羽生善治の「天才対談」　ほか）

◇等身の棋士　北野新太著　ミシマ社　2017.12　209p　19cm　1600円　①978-4-909394-01-9　Ⓝ796

内容 序 台風下の棋士　1 神域へ（前夜　十四歳の地図　夏、十四歳の声　藤井について語るときに羽生の語ること　藤井について語る時に渡辺の語ること　戻れない少年）　2 想いの航跡（名人の引退　対話篇果　交錯する部屋　光のクリスマス）　3 途上の夢（過去との訣別　昇級を捧げる　繊細と無頼の間を千折不撓　敗れざる者　光の対局室　落城してもなお）　4 戴冠の時（羽生の一分―鳴り響く歌　賢者、そして勇者がいた一日　HANG TIME　甦る鼓動　戴冠者の投身）　終 路上の棋士

◇頂へ―藤井聡太を生んだもの　岡村淳司編著　名古屋　中日新聞社　2018.3　191p　19cm　〈年譜あり〉　1200円　①978-4-8062-0741-2　Ⓝ796

＊デビューから無敗で連勝記録を打ち立て、将棋ブームを巻き起こした愛知県瀬戸市の藤井聡太六段・15歳。地元記者が幼少時代から掘り起こし、東海棋界の歴史や将棋ソフトの進化などの話題も織り交ぜながら、天才棋士の歩みをつづる。取材メモや熱戦譜も収録。棋界の超新星に迫る1冊。

◇証言　藤井聡太　別冊宝島編集部編　宝島社　2018.6　223p　19cm　1300円　①978-4-8002-8503-4　Ⓝ796

内容 巻頭鼎談 人気棋士が語る「史上最年少棋士」の深奥―「聡太の時代」に"待った"をかける！ プロが見た藤井将棋の「強さと死角」　関西重鎮スペシャル対談―谷川浩司九段×浦野真彦八段　「藤井聡太異次元の詰将棋力」　師匠が語った「天才棋士の現在―杉本昌隆七段×森雞二（けいじ）九段　藤井四段が塗り替える将棋界と日本の「未来図」　記録4部門独占ですでに大スターの風格―「記録」と「数字」で検証する藤井聡太「デビュー1年半」　大ヒット企画AbemaTV「将棋チャンネル」仕掛け人―野月浩貴八段が語る「炎の七番勝負」舞台裏　羽生フィーバー以来の報道陣大集結！―藤井「30連勝」ならず!! ドキュメント「7・2」　並みいるトップ棋士を撃破し堂々の4連覇達成！―小学生で日本一の栄冠！プロ棋士たちが分析する藤井聡太「詰将棋伝説」　天才に受け継がれる東海の将棋史―棋道師範・鬼頭孝生氏が語った藤井四段のルーツ「板谷九段」の歴史と伝統　千駄ヶ谷の昼は「フジイノミクス」で大盛況！―「藤井メシ」リストに見る「勝ち」の方程式

◇天才　藤井聡太　中村徹,松本博文著　文藝春秋　2018.11　269p　16cm　〈文春文庫 た79-1〉〈2017年刊の加筆・修正〉　730円　①978-4-16-791180-5　Ⓝ796

内容 第1章 師匠・杉本昌隆との九年間　完全保存版 不滅の二九連勝を辿る　第2章 連続インタビュー 若手棋士たちの矜持　第3章 迎え撃つ王者 羽生善治「すごい人が現れた」　渡辺明「底の見えないものに一般論は通じない」）

藤井 達吉〔1881～1964〕　ふじい・たつきち

◇しこくささきぬ―藤井達吉研究資料集成　石川博章著　名古屋　樹林舎　2017.2　279p　19cm　〈文献あり〉　発売：人間社（名古屋）　1800円　①978-4-908627-09-5　Ⓝ750.21

内容 第1章 "翻affil"藤井達吉の手紙―石川利一にあてた六十二通（はじめに　藤井達吉の手紙「一」～「六十二」　おわりに）　第2章 藤井達吉と『アヲミ』について―表紙絵を中心として（はじめに　俳誌『アヲミ』について　達吉と『アヲミ』の出会い　達吉の表紙絵）　第3章 藤井達吉作品渉猟（雑誌記事探録）〔扇面流し無題（木版版画）　大正十六年『アヲミ』表紙絵　傘松供養の歌　高浜虚子短冊貼交屏風　彫入紋皿五客　碧南市史第一巻の装丁原画　日本美術院展出品作の絵葉書三枚　芝川氏のためのクッションの下絵　鉛打出花瓶・鋳銅花瓶　芝川照吉のための年賀状〕

藤井 富太郎〔1907～1986〕　ふじい・とみたろう

◇最後の真珠貝ダイバー藤井富太郎　リンダ・マイリー著,青木麻衣子,松本博之,伊井義人訳　時事通信出版局　2016.4　125p　21×22cm　〈文献あり　発売：時事通信社〉　1800円　①978-4-7887-1456-4　Ⓝ289.1

藤井 浩人〔1984～〕　ふじい・ひろと

◇青年市長は"司法の闇"と闘った―美濃加茂市長事件における驚愕の展開　郷原信郎著　KADOKAWA　2017.12　240p　19cm　〈年表あり〉　1500円　①978-4-04-105813-8　Ⓝ326.21

内容 序章 "奇跡"はなぜ起きたのか　第1章 私はなぜ "潔白"を確信したのか　第2章 "非道な取調べ"と"裏付け証拠の無さ"　第3章 身柄奪還のための「人質司法」との闘い　第4章 市長の政治生命を守った"市民の圧倒的支持"　第5章 「有罪視報道」にどう立ち向かったのか　第6章 「証言の信用性」はどのように判断されるのか　第7章 「詐欺師」の正体　第8章 当然だが、容易ではなかった「一審無罪判決」　第9章 「一審無罪事件の控訴審」で行われたこと　第10章 控訴審の迷走　第11章 驚愕の「逆転有罪判決」

ふしい

第12章 上告審での"再逆転無罪"を確信する

藤井 将雄〔1968～2000〕 ふじい・まさお
◇神は背番号に宿る 佐々木健一著 新潮社 2017.1 222p 20cm 〈文献あり〉 1400円 ①978-4-10-350631-7 Ⓝ783.7
内容 1回 数霊 2回 「28」江夏豊の完全 3回 「11」「20」村山実の誇りと眞鍋勝巳の裏切り 4回 「36」「1」池山隆寛の継承 5回 「14」「41」谷沢健一の運命 6回 「4」「14」永久欠番と死 7回 「15」藤井将雄の永遠 8回 「1」鈴木啓示の不滅 9回 幻

藤井 学〔1976～〕 ふじい・まなぶ
◇歌舞伎町阿弥陀如来―闇東京で爆走を続けるネオ・アウトローの不良社会漂流記 藤井学著 サイゾー 2018.12 195p 19cm 1300円 ①978-4-86625-109-7 Ⓝ289.1
内容 第1章 「金貸し」(歌舞伎町阿弥陀如来誕生 名簿が命 ほか) 第2章 「不良時代」(昭和51年世代、チーマー黎明期 大好きだったじいちゃんの教え ほか) 第3章 「更なる事業と失敗」(闇金事業主から投資家へ― 金があると詐欺師が寄ってくる― ほか) 第4章 「転落―薬物とニコ生」(「学、シャブやろうよ」 シャブなんて、こんなもの? ほか) 第5章 「刑務所から更生へ」(極寒の地での刑務所生活 刑務所の中で「暴力団組員」の扱い ほか)

藤井 リナ〔1984～〕 ふじい・りな
◇リナイズム―ブレない、迷わない、悩まない。藤井リナの生き方メソッド33 藤井リナ著 双葉社 2014.4 151p 19cm 〈索引あり〉 1200円 ①978-4-575-30665-1 Ⓝ289.1
内容 第1章 少女時代―海外留学を通して学んだこと(動物大好き! 夢は獣医になること マイペースな子供時代 ほか) 第2章 モデル・藤井リナ―トップモデルで居続けるために(憧れの雑誌編集部に挨拶に行く 『ViVi』っぽい人になろう! ほか) 第3章 決意の独立―経営者として歩み出すまで(将来を見据えた方向転換 女優やタレントという可能性も!? ほか) 第4章 MY LIFE STYLE―仕事と恋愛は両立できるもの(日々の過ごし方 人間関係について ほか) 第5章 リナイズム―ブレない、迷わない、悩まない生き方(決断は自分基準で下す。そのためまず自分の得意分野を知ること 心に負担を掛けすぎてない? 頑張りすぎは禁物 ほか)

藤浦 敦〔1930～〕 ふじうら・あつし
◇だんびら一代 藤浦敦―日活不良監督伝 藤浦敦著 洋泉社 2016.2 333p 21cm 〈映画秘宝COLLECTION〉〈作品目録あり〉 3200円 ①978-4-8003-0814-6 Ⓝ778.21
内容 第1章 『落陽』の真実 第2章 職人監督の誕生 第3章 海女もののエキスパートに 第4章 ロマンポルノの終焉 第5章 日活の黒豹たち 第6章 監督、俳優―撮影所一期一会 第7章 裕次郎とその時代 第8章 わが時代劇映画 特別篇 巷説時代映画

藤枝 静男〔1907～1993〕 ふじえだ・しずお
◇曽宮一念、藤枝静男宛書簡―裾野の「虹」が結んだ交誼 曽宮一念著, 和久田雅之監修, 浜松文芸館, 増淵邦夫編 静岡 羽衣出版 2015.2 282p 22cm 〈年譜あり 文献あり〉 1852円 ①978-4-907118-13-6 Ⓝ910.268

藤岡 市助〔1857～1918〕 ふじおか・いちすけ
◇近代日本の礎を築いた七人の男たち―岩国セブン・ファーザーズ物語 佐古quart南著 致知出版社 2016.7 170p 19cm 〈文献あり 年譜あり〉 1200円 ①978-4-8009-1119-3 Ⓝ281.77
内容 偉大な人物を輩出した岩国藩の教育 「初代大審院長」玉乃世履翁―賄賂一切お断り 「解剖学のパイオニア」今田東先生―私の遺体を解剖するように! 「小銃製作の父」有坂成章翁―他に頼らず独学独成の大切です 「電気の父」藤岡市助博士―僕は人に役立つことをしたい 「図書館の父」田中稲城翁―図書館は国民の大学です 「近代辞典製作の祖」斎藤精輔翁―一人の一生は一事一業です 明治岩国人の特質は一名聞を好まず、「公」に生きる

藤懸 得住〔江戸時代末期～明治時代〕 ふじかけ・とくじゅう
◇北陸の学僧、碩学の近代―存在証明の系譜 高畑崇導著 金沢 北國新聞社出版局 2018.5 161p 21cm 2200円 ①978-4-8330-2135-7 Ⓝ188.72
内容 石川舜台(一八四二～一九三一、天保十三～昭和六)―その存在証明の時 維新期の西欧からの仏教批判書と真宗教団―J.エドキンズ著『釈教正謬』正統二冊をめぐって マックス・ミューラー編『東方聖書』と浄土の三部経 北條詩敬と国泰寺専門―西田幾多郎と鈴木大拙にかかわった二人の師 雪門玄松(一八五〇～一九一五、嘉永三～大正四)の国泰寺住持十年 真宗教義学の象徴―宣明とその時代 藤懸得住 常徳寺の経蔵 真宗大谷派の学僧・玄寧(一八一二～一八八四、文化九～明治十七)の学問―新知見・志賀町常徳寺経蔵典籍五千冊 笠原研寿の学問

不二樹 浩三郎〔1897～?〕 ふじき・こうさぶろう
◇冷たき地上―〈附〉不二樹浩三郎『天の夕顔』を語る 不二樹浩三郎著, 吉田郷編 彩流社 2016.4 408p 20cm 3500円 ①978-4-7791-2229-3 Ⓝ289.1
＊中河与一の代表作の一つ『天の夕顔』のモデルであり、材料の提供者であった不二樹浩三郎が書き下ろした『冷たき地上』は、体験した者のみが書ける生涯を賭けた愛の苦悩の姿そのものである。終戦後、中河との確執のなかで、自ら書き残した未発表原稿を甥の吉田郷の編集で世に問う問題作。

藤倉 一郎〔1932～〕 ふじくら・いちろう
◇老医八十二歳の日記 藤倉一郎著 近代文藝社 2018.3 127p 20cm 1000円 ①978-4-7733-8048-4 Ⓝ490.49
＊八十二歳にもなって、まだ自己を確立することのできない老医の日記である。人は結局何の結論もえられないで死んでいくのか。生涯未完成で終末を迎える貧しい老医のつぶやきである。

藤倉 肇〔1941～2016〕 ふじくら・はじめ
◇夕張再生、俺が引き受けた―財政破たんの故郷で市長になった男 藤倉肇著, 森浩義編 札幌 北海道新聞社 2015.6 301p 19cm 〈年表あり〉 1574円 ①978-4-89453-786-6 Ⓝ318.215
内容 第1章 決意 第2章 夕張三代 第3章 激戦 第4章 壁 第5章 望郷の念 第6章 泣き笑い脅し 第

7章 再建から再生へ　第8章 夕張を託す

藤子・F・不二雄〔1933～1996〕ふじこ・えふ・ふじお

◇藤子・F・不二雄―「ドラえもん」はこうして生まれた　漫画家〈日本〉　筑摩書房編集部著　筑摩書房　2014.8　189p　19cm　（ちくま評伝シリーズ〈ポルトレ〉）〈文献あり　年譜あり〉　1200円　①978-4-480-76615-1 Ⓝ726.101

内容 第1章 二つの出会い　第2章 二人で一人のマンガ家に　第3章 憧れの手塚治虫　第4章 トキワ荘の仲間たち　第5章 プロの洗礼　第6章 スコシフシギ　第7章 藤子・F・不二雄へ

◇トキワ荘青春日記―1954-60　藤子不二雄A著　復刊ドットコム　2016.12　219p　19cm　〈光文社 1996年刊の新規装丁〉　2000円　①978-4-8354-5441-2 Ⓝ726.101

内容 トキワ荘と、おかしな仲間たち　昭和二十九年 二十歳　昭和三十年 二十一歳　昭和三十一年 二十二歳　昭和三十二年 二十三歳　昭和三十四年 二十五歳　昭和三十五年 二十六歳　昭和五十六年 四十七歳　青春は、トキワ荘とともにあった

◇長編マンガの先駆者たち―田河水泡から手塚治虫まで　小野耕世著　岩波書店　2017.5　281p　22cm　3400円　①978-4-00-023890-8 Ⓝ726.101

内容 日本は長編マンガの王国　珍品のらくろ草をたずねて―田河水泡論　三百二十五日のフシギ旅行―茂田井武論　一九四〇年、火星への旅―大城のぼる論　人造心臓の鼓動がきこえる―横山隆一論　新バグダットのメカ戦争―松下井知夫論その1　モセス・マンがやってくる―松下井知夫論その2　ブッチャーのふしぎな国―横井福次郎論 その1　冒険王ターザン、原子爆弾の島へ―横井福次郎論その2　ターザン、大震災の日本へ飛ぶ―横井福次郎論その3　スピード太郎の世界地図―宍戸左行論　人類連盟本部にて―藤子不二雄論　ある少年マンガ家の冒険―田川紀久雄論　戦後ストーリー・マンガの出発点―手塚治虫論

藤子不二雄A〔1934～〕ふじこ・ふじお・えー

◇81歳いまだまんが道を…　藤子不二雄A著　中央公論新社　2015.8　265p　16cm　（中公文庫 ふ35-2)〈「78歳いまだまんが道を…」（2012年刊）の改題、再編集　年譜あり〉　680円　①978-4-12-206157-6 Ⓝ726.101

内容 序章 明日には明日の風が吹く　第1章 漫画家を志す　第2章 疾風怒涛の時代　第3章 "まんが道"の分岐点　第4章 人生の分岐点　第5章 漫画家人生"六十年"　終章 七十八歳いまだ"まんが道"を…

◇長編マンガの先駆者たち―田河水泡から手塚治虫まで　小野耕世著　岩波書店　2017.5　281p　22cm　3400円　①978-4-00-023890-8 Ⓝ726.101

内容 日本は長編マンガの王国　珍品のらくろ草をたずねて―田河水泡論　三百二十五日のフシギ旅行―茂田井武論　一九四〇年、火星への旅―大城のぼる論　人造心臓の鼓動がきこえる―横山隆一論　新バグダットのメカ戦争―松下井知夫論その1　モセス・マンがやってくる―松下井知夫論その2　ブッチャーのふしぎな国―横井福次郎論 その1　冒険王ターザン、原子爆弾の島へ―横井福次郎論その2　ターザン、大震災の日本へ飛ぶ―横井福次郎論その3　スピード太郎の世界地図―宍戸左行論　人類連盟本部にて―藤子不二雄論　ある少年マンガ家の冒険―田川紀久雄論　戦後ストーリー・マンガの出発点―手塚治虫論

フジコ・ヘミング〔1932～〕

◇フジコ・ヘミング 14歳の夏休み絵日記　フジコ・ヘミング著　暮しの手帖社　2018.6　1冊　21cm　2315円　①978-4-7660-0208-9 Ⓝ762.1

内容 七月六日～七月十九日　あのころの暮らし　七月二十一日～八月三日　母のこと　八月四日～八月十七日　ピアノの音色　八月十八日～八月二十九日　人生とのつき合い方　八月三十日～九月十日

藤崎 彩織　ふじさき・さおり

⇒Saori(さおり)を見よ

藤沢 周平〔1927～1997〕ふじさわ・しゅうへい

◇藤沢周平 遺された手帳　遠藤展子著　文藝春秋　2017.11　246p　19cm　〈年譜あり〉　1500円　①978-4-16-390761-1 Ⓝ910.268

内容 1(私、産まれる　親子三人　小説を書かねばならない　新しい年　オール讀物新人賞応募　仕事と子育て　父の子守唄）2(金山町雑記　二足のわらじ　直木賞受賞　専業作家となる　小説の転機　徹底して美文を削り落とす)

藤嶋 京子〔1979～〕ふじしま・きょうこ

◇3年でトヨタを卒業。貯金もゼロ、人脈もゼロ。そんな私が自分の会社をつくることになった話。　藤嶋京子著　泰文堂　2015.8　206p　19cm　（リンダパブリッシャーズの本）　1300円　①978-4-8030-0710-7 Ⓝ289.1

内容 第1章 トヨタ時代（20歳のスタート　迷いはじめた22歳　23歳の決断）　第2章 充電期間（ただの私に戻った24歳　動き出した25歳　起業に向かった26歳）　第3章 いよいよ起業（26歳の社長　29歳の転機）　第4章 ビジネスの試練（勝負をはじめた30歳　32歳の挫折　復活した33歳）　第5章 会社を振り返って（ヤフオクからスタート　品揃えナンバーワンのネットショップができた　事業の拡大と挫折　選択と集中　世界のCEOに会おう）

藤田 敦史〔1976～〕ふじた・あつし

◇マラソン哲学―日本のレジェンド12人の提言　小森貞子構成, 月刊陸上競技編集　講談社　2015.2　352p　19cm　1600円　①978-4-06-219348-1 Ⓝ782.3

内容 宗茂―双子の弟・猛と切磋琢磨　日本のマラソン練習の礎を築いた「宗兄弟」　宗猛―「自分たちを生かす道はこれしかない！」小学生のうちに気づいたマラソンへの道　瀬古利彦―マラソン15戦10勝の"レジェンド"カリスマ指導者に導かれて世界を席巻　山下佐知子―女子マラソンで日本の「メダル第1号」東京世界選手権で銀、バルセロナ五輪は4位　有森裕子―国民の五輪史上日本女子で唯一の複数メダル　マラソンは「生きていくための手段」　中山竹通―底辺からトップに這い上がった不屈のランナー　オリンピックは2大会連続で4位入賞　森下広一―"太く短く"マラソン歴はわずか3回　2連勝後のバルセロナ五輪は銀メダル　藤田敦史―運動オンチが長距離

で信じられない飛躍　ある「きっかけ」が人生を180度変えた　高橋尚子―日本の五輪史に燦然と輝く金メダル「人の倍やって人並み」を日々実践した賜物　高岡寿成―長いスパンで取り組んだマラソンへの道　トラックもマラソンも意識は常に「世界へ」　小出義雄―女子マラソンで複数のメダリストを輩出「世界一になるには、世界一になるための練習をやるだけ」　藤田信之―女子の400mからマラソンまで数々の「日本記録ホルダー」を育成　野口みずきのマラソン金メダルはトラックの延長

藤田　勲〔1944～〕　ふじた・いさお
◇藤田勲50年のあゆみ　錦町（熊本県）　藤田　2018.3　236p　37cm　〈他言語標題：The 50 years of footprint Fujita story　国際交流基金アジアセンター「アジア・文化創造協働助成事業」　奥付のタイトル：Fujita Story〉　Ⓝ369.14

藤田　怡與藏〔1917～2006〕　ふじた・いよぞう
◇証言　零戦大空で戦った最後のサムライたち　神立尚紀著　講談社　2017.7　531p　15cm　（講談社＋α文庫　G296-2）〈年表あり〉　950円　①978-4-06-281723-3　Ⓝ392.8
内容　第1章　黒澤丈夫―「無敵零戦」神話をつくった名村長　第2章　岩井勉―「ゼロファイターゴッド（零戦の神様）」と呼ばれた天才戦闘機乗り　第3章　中島三教―米国本土の捕虜収容所で終戦を迎えた"腕利き"搭乗員　第4章　藤田怡與藏―戦後、日本人初のジャンボ機長となった歴戦の飛行隊長　第5章　宮崎勇―空戦が「怖ろしくなった」という言葉に込められた思い　第6章　大原亮治―激戦地ラバウルで一年以上戦い抜いた伝説の名パイロット　第7章　土方敏夫―ペンを操縦桿に持ち替えて戦った「学鷲」に刻み込まれた海軍魂

藤田　和日郎〔1964～〕　ふじた・かずひろ
◇藤田和日郎本　藤田和日郎著　小学館　2017.5　223p　21cm　（SHONEN SUNDAY COMICS SPECIAL―漫画家本 vol.1）〈著作目録あり　年譜あり〉　1300円　①978-4-09-127624-7　Ⓝ726.101

藤田　一良〔1929～2013〕　ふじた・かずよし
◇弁護士・藤田一良―法廷の闘い　藤田一良著　緑風出版　2014.11　331p　20cm　3200円　①978-4-8461-1416-9　Ⓝ327.209
内容　第1部　伊方原発裁判（「伊方原発裁判」が遺したもの　原発の危険性（昭和六〇年六月二八日伊方発行政訴訟弁護団）―伊方発電所原子炉設置許可処分取消請求上告事件上告理由書おり　上告理由補充―伊方発電所原子炉設置許可処分取消請求上告事件　伊方原発訴訟と藤田さん）　第2部　三つの人権裁判（「フォークリポートわいせつ事件」裁判記録より　フォークリポートわいせつ裁判―裁判に可能性と希望を　三鬼の裁判―謝罪広告等請求事件準備書面より「三鬼裁判」を支えたもの　狭山事件判決の全体像一石川一雄は有罪か　「狭山事件判決の全体像」について）　第3部　折々の発言（御堂筋のジョン・ケージ　青木先生が居られた日々　またひとり、小島先生の追悼曲　真に人間的だった瀬尾さん　光徳寺の蝉しぐれ　堂島と南森町のオリヴィエ・メシアン　プーランクとラヴェル）

◇されど真実は執拗なり―伊方原発訴訟を闘った弁護士・藤田一良　細見周著　岩波書店　2016.4　205,7p　20cm　〈文献あり　年譜あり〉　2400円　①978-4-00-023063-6　Ⓝ543.5
内容　終りのはじまり（ある上告理由補充書　原発大事故への警告　ほか）　第1章　ファウストの取引（伊方原発訴訟、提訴～1973）（運命の来訪者　民事訴訟から行政訴訟へ　ほか）　第2章　辛酸佳境に入る（松山地裁一審1974～78）（原発を取り巻く状況　他の裁判のゆくえ　ほか）　第3章　スリーマイルの仔牛（高松高裁控訴審1978～84）（控訴審の始まり　スリーマイル島原発事故　ほか）　第4章　もはや時がない…（最高裁へ上告1985～）（上告理由書　チェルノブイリ原発事故　ほか）

藤田　佳世〔1912～2003〕　ふじた・かよ
◇大正・渋谷道玄坂　藤田佳世著　新装版　青蛙房　2018.1　254p　20cm　（シリーズ大正っ子）　2100円　①978-4-7905-1406-0　Ⓝ289.1
内容　道玄坂の地図　大正の初期の大和田　赤い坂、白い坂　小学校の頃の先生　道玄坂夜店の林美美子　与謝野晶子のいた大和田　宇野浩二と竹種さん　大和田横丁の人々　ビロウドのがま口　おきん〔ほか〕

藤田　小四郎〔1842～1865〕　ふじた・こしろう
◇幕末―非命の維新者　村上一郎著　中央公論新社　2017.9　299p　16cm　（中公文庫　む28-1）〈角川文庫　1974年刊に対談「松陰の精神とその人間像」を増補　文献あり　年表あり〉　1000円　①978-4-12-206456-0　Ⓝ281.04
内容　第1章　大塩平八郎　第2章　橋本左内　第3章　藤田三代―幽谷・東湖・小四郎　第4章　真木和泉守　第5章　吉久良東雄・伴林光平・雲井竜雄　松陰の精神とその人間像（保田與重郎×村上一郎）

藤田　順三〔1951～〕　ふじた・じゅんぞう
◇高卒でも大使になれた―私を変えた人生のその一瞬　藤田順三著　海竜社　2014.12　303p　19cm　1500円　①978-4-7593-1412-0　Ⓝ289.1
内容　第1章　私を変えた人生の最初の一瞬―初めて勉強を面白いと思った瞬間　第2章　神戸銀行新宿支店―原書を丸暗記するという勉強法　第3章　語学武者修行―世の中の厳しさを知る　第4章　本の虫―読書の面白さを知る　第5章　外務省入省―いかにしてその瞬間をつかむのか？　第6章　外務省人生―学歴の壁に阻まれて　第7章　条約局条約課―何もかもチンプンカンプンの日々　第8章　国際約束締結―条約局条約課の仕事の本筋　第9章　ジュネーブ日本政府代表部―ルワンダ難民問題の真実　第10章　デンマークという国について―専門家だから語れるデンマークの19の顔

藤田　省三〔1927～2003〕　ふじた・しょうぞう
◇さらば戦後精神―藤田省三とその時代　植田幸生著　展転社　2014.10　221p　19cm　〈文献あり〉　1800円　①978-4-88656-408-5　Ⓝ309.021
◇ひとびとの精神史　第6巻　日本列島改造―1970年代　杉田敦編　岩波書店　2016.1　298,2p　19cm　2500円　①978-4-00-028806-4　Ⓝ281.04

藤田 晋〔1973～〕ふじた・すすむ

◇起業のリアル―田原総一朗×若手起業家　田原総一朗著　プレジデント社　2014.7　249p　19cm　1500円　Ⓘ978-4-8334-5065-2　Ⓝ335.21

内容　儲けを追わずに儲けを出す秘密―LINE社長・森川亮　「競争嫌い」で年商一〇〇〇億円―スタートゥデイ社長・前澤友作　管理能力ゼロの社長兼クリエイター―チームラボ代表・猪子寿之　二〇二〇年、ミドリムシで飛行機が飛ぶ日か―ユーグレナ社長・出雲充　保育NPO、社会起業家という生き方―フローレンス代表・駒崎弘樹　単身、最貧国で鍛えたあきらめない心―マザーハウス代表・山口絵理子　現役大学生、途上国で格安予備校を開く―e・エデュケーション代表・税所篤快　七四年ぶりに新規参入したワケ―ライフネット生命社長・岩瀬大輔　上場最年少社長の「無料で稼ぐカラクリ」―リブセンス社長・村上太一　四畳半から狙う電動バイク世界一―テラモーターズ社長・徳重徹　目指すは住宅業界のiPhone―innovation社長・岡崎富夢　三〇年以内に「世界銀行」をつくる―リビング・イン・ピース代表・慎泰俊　ハーバード卒、元体育教師の教育改革―ティーチ・フォー・ジャパン代表・松田悠介　四重苦を乗り越えた営業女子のリーダー―ベレフェクト代表・太田彩子　二代目社長が狙う「モバゲーの先」―ディー・エヌ・エー社長・守安功　ITバブル生き残りの挑戦―サイバーエージェント社長・藤田晋　特別対談　堀江貴文―五年後に花開く、商売の種のまき方

◇起業家　藤田晋著　幻冬舎　2015.8　301p　16cm　〈幻冬舎文庫　ふ-15-3〉〈年譜あり〉　580円　Ⓘ978-4-344-42378-7　Ⓝ674.4

内容　第1章　暗闇の中で　第2章　土台作り　第3章　追い風　第4章　手痛い遅れ　第5章　ライブドア事件　第6章　逆風　第7章　進退をかけて　第8章　熱狂の後

藤田 嗣治〔1886～1968〕ふじた・つぐはる

◇藤田嗣治とは誰か―作品と手紙から読み解く、美の闘争史。　矢内みどり著　求龍堂　2015.2　238p　20cm　〈奥付のタイトル関連情報（誤植）：手紙と作品から読み解く美の闘争史　年譜あり〉　2600円　Ⓘ978-4-7630-1501-3　Ⓝ723.35

内容　1章　作品の系譜を問う　2章　青春の日々　3章　藤田家の人々　4章　フランク・エドワード・シャーマンと戦後　5章　最後のフランス暮らし（すべてを絵画制作のために　藤田家の食卓　作品―都市パリからキリスト教まで　藤田の作品論　展覧会の開催と出品　富永惣一による藤田嗣治論　フランス国籍をとる　妻・君代への愛情　画家の死　パリのアトリエを拡げる　パリでの社交生活　ヴィリエ・ル・バクルの田舎暮らし　病との闘い）

◇藤田嗣治―パリからの恋文　湯原かの子著　新潮社　2015.7　315p　19cm　2000円　Ⓘ978-4-10-448802-5　Ⓝ723.35

内容　第1章　妻とみに宛てた書簡（藤田嗣治と鴇田とみ　房州海岸の恋　ほか）　第2章　第一次世界大戦下のフランス（第一次世界大戦勃発　赤十字救護隊　ほか）　第3章　エコール・ド・パリ（新しい芸術運動　ボヘミアンたちのコミュニティー　ほか）　第4章　第二次世界大戦と戦争画（二度目の帰国　壁画『秋田の行事』　ほか）　第5章　国境を越えて（パリ、ふたたびフジヤマ、芸者、フジタ）

◇評伝　藤田嗣治　田中穣著　改訂新版　芸術新聞社　2015.8　342p　20cm　〈文献あり　年譜あり〉　2800円　Ⓘ978-4-87586-470-7　Ⓝ723.1

内容　第1章　数々のフジタ伝説をめぐって　第2章　アデュ・モン・パパ　第3章　フジタとフェルナンド　第4章　エコール・ド・パリ　第5章　モンパルナスの夜　第6章　フジタ逃避行　第7章　世紀の大壁画　第8章　戦争画への情熱　第9章　敗戦下のフジタ　第10章　さようなら、日本

◇藤田嗣治　妻とみへの手紙1913-1916　上　大戦前のパリより　藤田嗣治著，林洋子監修，加藤時男校訂　京都　人文書院　2016.7　299p　22cm　8500円　Ⓘ978-4-409-10036-3　Ⓝ723.35

内容　消された声―鴇田とみ「からの」手紙　藤田嗣治ととみ―百年前の書簡が復刻されるまで　とみ宛て書簡　一九一三・一九一四年（資料番号1‐59）　解題　藤田嗣治―第一次世界大戦発まで

◇藤田嗣治　妻とみへの手紙1913-1916　下　大戦下の欧州より　藤田嗣治著，林洋子監修，加藤時男校訂　京都　人文書院　2016.8　342p　22cm　8500円　Ⓘ978-4-409-10037-0　Ⓝ723.35

内容　とみ宛て書簡　一九一四・一九一六年（資料番号60‐179）　解題　藤田嗣治―第一次世界大戦勃発から永別まで

◇藤田嗣治手紙の森へ　林洋子著　集英社　2018.1　206p　18cm　〈集英社新書―ヴィジュアル版　044V〉〈他言語標題：Promenade dans les lettres de Foujita　文献あり　年譜あり〉　1200円　Ⓘ978-4-08-721018-7　Ⓝ723.35

内容　第1信　明治末の東京からはじまる　第2信　一九一〇年代の欧州から、日本の妻へ　第3信　一九二〇年代のパリで　第4信　一九三〇年代　中米米彷徨から母国へ　第5信　太平洋戦争下の日本で―後続世代へ　第6信　敗戦の影―パリに戻るまでの四年半　第7信　フランク・シャーマンへの手紙―GHQ民政官との交流　終信　最晩年の手紙、自らにあてた手紙としての

◇なぜ日本はフジタを捨てたのか？―藤田嗣治とフランク・シャーマン1945～1949　富田芳和著　静人舎　2018.5　267p　19cm　2400円　Ⓘ978-4-909299-01-7　Ⓝ723.1

内容　戦時下の闘争　フランク・シャーマン　GHQの戦争画収集　フジタはどこに　挑発　出会い　戦犯追及　フジタとの日々　シャーマンルーム　日展の抗争　二人の裸婦　妨害　ケネディ画廊の個展　作

ふした

戦　京都遊興三昧　光明　フジタを探せ

藤田 恒夫〔1929〜2012〕　ふじた・つねお
◇橄欖の花散りて　藤田佐千子, 藤田恒夫著　札幌　共同文化社　2018.5　119p　17cm　1000円　①978-4-87739-314-4　Ⓝ289.1
＊在りし日の解剖学者藤田恒夫を偲ぶ。新婚時代から岡山大学医学部助教授時代、家族を伴ってのドイツ留学、新潟大学教授時代を経て亡くなるまでを、折々のエピソードを織り交ぜて妻佐千子が綴る珠玉のエッセイ。26年間刊行し続けた科学雑誌『ミクロスコピア』創刊秘話や、家庭人としての恒夫の姿も垣間見える。藤田恒夫が岡山大学赴任からドイツ留学を経て、新潟大学に赴任するまでの若き日を綴った回想録（遺稿）収載。

藤田 徹文〔1941〜〕　ふじた・てつふみ
◇聞こえた―自伝 聞信の風光　藤田徹文著　京都　探究社　2014.10　187p　20cm　2000円　①978-4-88483-949-9　Ⓝ188.72

藤田 哲也〔1920〜1998〕　ふじた・てつや
◇Mr.トルネード―藤田哲也 世界の空を救った男　佐々木健一著　文藝春秋　2017.6　288p　20cm　〈文献あり 年譜あり〉　1800円　①978-4-16-390673-7　Ⓝ289.1
内容　序章 離陸　第1章 魔の風　第2章 謎の男　第3章 幸運　第4章 米国　第5章 日本　第6章 原運　第7章 論争　第8章 勇気　第9章 変化　第10章 人生　終章 着陸

藤田 東湖〔1806〜1855〕　ふじた・とうこ
◇水戸学の復興―幽谷・東湖そして烈公　宮田正彦著　錦正社　2014.7　253p　19cm　（水戸史学叢書）　2800円　①978-4-7646-0118-5　Ⓝ121.58
内容　第1章 水戸学の復興　第2章 幽谷の政治論―封事を中心として　第3章 送原子簡序　第4章 東湖先生の面目　第5章 小梅水哉舎記　第6章 君臣水魚　第7章 弘道館記の精神　第8章 弘道館記の成立と烈公の苦心　第9章 烈公の魅力―家臣への手紙から　第10章 烈公と『北島志』第11章 父と子―烈公と慶喜公　第12章 史余閑談

◇幕末―非命の維新者　村上一郎著　中央公論新社　2017.9　299p　16cm　（中公文庫　む28-1）〈角川文庫 1974年刊に対談「松陰の精神とその人間像」を増補　文献あり 年表あり〉　1000円　①978-4-12-206456-0　Ⓝ281.04
内容　第1章 大塩平八郎　第2章 橋本左内　第3章 藤田三代―幽谷・東湖・小四郎　第4章 真木和泉守　第5章 三人の詩人―佐久良東雄・伴林光平・雲井竜雄　松陰の精神とその人間像（保田與重郎×村上一郎）

藤田 徹〔1888〜1944〕　ふじた・とおる
◇船長 藤田徹―明治・大正・昭和を生きた船乗りの遺した記録　藤田操著　中央公論事業出版（発売）　2016.1　452p　20cm　〈文献あり〉　2500円　①978-4-89514-453-7　Ⓝ289.1
内容　第1章 父、藤田徹と祖父、茂吉　第2章 商船学校時代　第3章 運転士時代　第4章 船長時代　第5章 戦時下の浅間丸　第6章 父の最期

藤田 信雄〔?〜1997〕　ふじた・のぶお
◇アメリカ本土を爆撃した男―大統領から星条旗を贈られた藤田信雄中尉の数奇なる運命　倉田耕一著　毎日ワンズ　2014.9　193p　20cm　〈文献あり〉　1400円　①978-4-901622-80-6　Ⓝ289.1
内容　第1章 老兵の追憶（青天の霹靂 グラマンを撃墜 老骨に鞭打つ ほか）　第2章 米本土ヲ空襲セヨ（征途につく 米商船を撃沈 第一次米本土爆撃 ほか）　第3章 昨日の敵は今日の友（特攻隊を率いる まさかの敗戦 平成の運動会 ほか）

◇アメリカ本土を爆撃した男　倉田耕一著　新書版　毎日ワンズ　2018.5　208p　18cm　〈文献あり〉　900円　①978-4-909447-00-5　Ⓝ289.1
内容　第1章 老兵の追憶（青天の霹靂 グラマンを撃墜 老骨に鞭打つ ほか）　第2章 米本土ヲ空襲セヨ（征途につく 米商船を撃沈 第一次米本土爆撃 ほか）　第3章 昨日の敵は今日の友（特攻隊を率いる まさかの敗戦 平成の運動会 ほか）

藤田 信之〔1940〜〕　ふじた・のぶゆき
◇マラソン哲学―日本のレジェンド12人の提言　小森貞子構成, 月刊陸上競技編集　講談社　2015.2　352p　19cm　1600円　①978-4-06-219348-1　Ⓝ782.3
内容　宗茂―双子の弟・猛と切磋琢磨 日本のマラソン練習の礎を築いた「宗兄弟」　宗猛―「自分たちを生かす практика はこれしかない！」小学生のうちに気づいたマラソンへの道　瀬古利彦―マラソン15戦10勝の"レジェンド" カリスマ指導者に導かれて世界を席巻　山下佐知子―女子マラソンで日本の「メダル第1号」東京世界選手権で銀、バルセロナ五輪は4位　有森裕子―陸上の五輪史上日本女子で唯一の複数メダル マラソンは「生きていくための手段」　中山竹通―底辺からトップに這い上がった不屈のランナー オリンピックは2大会連続で4位入賞　森下広一―"太く短く"マラソン歴はわずか3回 2連勝後のバルセロナ五輪は銀メダル 藤田敦史―運動オンチが長距離で信じられない飛躍 ある「きっかけ」が人生を180度変えた　高橋尚子―日本の五輪史に燦然と輝く金メダル「人の倍やって人並み」を日々実践した賜物　高岡寿也―長いスパンで取り組んだ不屈のマラソン道 トラックもマラソンも意識は常に「世界へ」　小出義雄―女子マラソンで複数のメダリストを輩出「世界一になるためには、世界一になることをやるだけ」　藤田信之―女子の400mからマラソンまで数々の「日本記録ホルダー」を育成　野口みずきのマラソン金メダルはトラックの延長

藤田 稔〔1930〜〕　ふじた・みのる
◇人生は90％が運―研究と愛は永遠に　藤田稔著　東京図書出版　2017.7　211p　19cm　〈発売：リフレ出版〉　1200円　①978-4-86641-065-4　Ⓝ289.1
内容　第1部 人生は90％が運（愛媛県立新居浜中学校時代　廣島陸軍幼年学校時代　松山高等学校時代　大阪大学工学部時代　昭和石油（株）時代　昭和シェル石油（株）研究所時代）　第2部 研究と愛は永遠に（電気絶縁油の研究開発競争　研究開発会議　日王規格の研究　実験研究　陸軍幼年学校（陸幼）と陸軍士官学校（陸士）　英国規格のトランス油　天然酸化防止剤　新宿御苑と発見　特許の

藤田 幽谷〔1774〜1826〕 ふじた・ゆうこく
◇水戸学の復興―幽谷・東湖そして烈公　宮田正彦著　錦正社　2014.7　253p　19cm　〈水戸史学選書〉　2800円　Ⓘ978-4-7646-0118-5　Ⓝ121.58
|内容| 第1章 水戸学の復興　第2章 幽谷の政治論―封事を中心として　第3章 送原子恒序　第4章 東湖先生の面目　第5章 小梅水哉記　第6章 君臣水魚　第7章 弘道館記の精神　第8章 弘道館記の成立と烈公の苦心　第9章 烈公の魅力―家臣への手紙から　第10章 烈公と『北島志』第11章 父と子―烈公と慶喜公　第12章 史余閑談

◇幕末―非命の維新者　村上一郎著　中央公論新社　2017.9　299p　16cm　〈中公文庫 む28-1〉〈角川文庫 1974年刊に対談「松陰の精神とその人間像」を増補　文献あり　年表あり〉　1000円　Ⓘ978-4-12-206456-0　Ⓝ281.04
|内容| 第1章 大塩平八郎　第2章 橋本左内　第3章 藤田三代―幽谷・東湖・小四郎　第4章 真木和泉守　第5章 三人の詩人―佐久良東雄・伴林光平・雲井竜雄　松陰の精神とその人間像（保田與重郎×村上一郎）

藤田 若雄〔1912〜1977〕 ふじた・わかお
◇藤田若雄が語る労働運動と無教会キリスト教　藤田若雄述，下澤悦夫，若木高善，大河原礼三編　木鐸社　2016.9　261p　21cm　〈文献あり　著作目録あり　年譜あり〉　2500円　Ⓘ978-4-8332-2502-1　Ⓝ289.1
|内容| 〈回想〉藤田若雄先生に聞く／戸塚秀夫聞き手　キリスト教社会思想の探究／阿部健，大河原礼三，斉藤七子ほか聞き手　藤田若雄著『日本労働法論』『日本労働争議法論』について／岩出誠，香川孝三，手塚和彰ほか聞き取り

藤波 不二雄〔1947〜〕 ふじなみ・ふじお
◇鳥と自然と五十年　藤波不二雄著　〔川口〕〔藤波不二雄〕　2014.12　189p　21cm　〈著作目録あり〉　1000円　Ⓝ488

藤沼 伸一〔1959〜〕 ふじぬま・しんいち
◇亜無亜危異ヒストリータブーの正体　亜無亜危異述，根本豪編集・文　シンコーミュージック・エンタテイメント　2018.12　311p　19cm　〈年譜あり〉　2315円　Ⓘ978-4-401-64682-1　Ⓝ764.7
|内容| 異分子たちの生い立ち　5人の出会い―高校時代　メジャーデビュー前夜―アナーキー結成時代　時代の寵児―メジャーデビュー時代　転機と覚醒―ロンドンレコーディングの土産　不良性の進化と深化―1981年〜1985年　事件・変名・空洞化―THE ROCK BAND時代　都合三度の"一夜限りの復活"―1994年・1996年　最新型の亜無亜危異―新生ANARCHY時代　ドタバタ四半世紀＋1―『内祝』レコーディング　17年ぶりの亜無亜危異ライブ―2013年，恵比寿リキッドルーム　マリとの別れ―2017年　新木場コーストからの決意　不完全復活―2018年〜未来

藤野 高明〔1938〜〕 ふじの・たかあき
◇楽しく生きる　藤野高明著　京都　クリエイツかもがわ　2015.3　158p　21cm　1500円　Ⓘ978-4-86342-159-2　Ⓝ369.275
|内容| 第1章 人生を楽しんで生きる（私の好きなもの・五つのS　将棋の楽しみ ほか）　第2章 平和に生きる（平和と福祉の向上を目指して―私が歩いてきた道　戦争をしないことが人権の基礎 ほか）　第3章 自由に生きる（点字とわたし　点字がもたらした光と自由 ほか）　第4章 友と生きる（音訳グループ「とも」との出会い　読書環境の劇的な変化に心から感謝 ほか）

藤野 隆史 ふじの・たかし
◇浜松を元気にしたお耳役―恩師に捧げる藤野隆史の回顧録　藤野隆史著　〔出版地不明〕　藤野隆史　2014.7　79p　図版〔24〕枚　22cm　〈発行所：出版のススメ研究会〉　Ⓝ289.1

藤原 充子〔1929〜〕 ふじはら・みつこ
◇弁護士50年、次世代への遺言状　上　藤原充子著　〔高知〕　高知新聞総合印刷　2017.6　165p　22cm　1389円　Ⓘ978-4-906910-63-2　Ⓝ289.1
◇弁護士50年、次世代への遺言状　下　藤原充子著　〔高知〕　高知新聞総合印刷　2018.5　219p　22cm　1389円　Ⓘ978-4-906910-74-8　Ⓝ289.1

藤原 義一〔1947〜〕 ふじはら・よしかず
◇これまで。これから。　藤原義一著　高知　飛鳥出版室　2017.10　307p　21cm　〈著作目録あり〉　1000円　Ⓘ978-4-88255-158-4　Ⓝ289.1

伏見天皇〔1265〜1317〕 ふしみてんのう
◇伏見院宸記―歴代天皇宸筆集　1　弘安10年自10月21日至12月30日　伏見天皇著　宮内庁書陵部　2016.3　1軸　29cm　〈付属資料：33p（21cm）：解題釈文　箱入　宮内庁書陵部蔵の複製　和装〉　Ⓝ210.42
◇伏見院宸記―歴代天皇宸筆集　7　正応元年自10月12日至11月28日御禊大嘗会記　伏見天皇著　宮内庁書陵部　2016.3　1軸　29cm　〈付属資料：16p（21cm）：解題釈文　箱入　宮内庁書陵部蔵の複製　和装〉　Ⓝ210.42
◇伏見院宸記―歴代天皇宸筆集　8　正応元年11月22日　伏見天皇著　宮内庁書陵部　2017.1　1軸　33cm　〈付属資料：15p：解題釈文　箱入　宮内庁書陵部蔵の複製　和装〉　Ⓝ210.42
◇伏見院宸記―歴代天皇宸筆集　3　正応2年自7月1日至3月26日　伏見天皇著　宮内庁書陵部　2018.3　1軸　30cm　〈付属資料：32p：解題釈文　箱入　宮内庁書陵部蔵の複製　和装〉　Ⓝ210.42
◇伏見院宸記―歴代天皇宸筆集　4　正応3年自正月1日至2月7日　伏見天皇著　宮内庁書陵部　2018.3　1軸　31cm　〈付属資料：17p：解題釈文　箱入　宮内庁書陵部蔵の複製　和装〉　Ⓝ210.42

ふしみのみ

伏見宮 博恭王〔1875～1946〕 ふしみのみや・ひろやすおう
◇昭和天皇に背いた伏見宮元帥―軍令部総長の失敗　生出寿著　潮書房光人社　2016.10　353p　16cm　（光人社NF文庫　おN-971）〈徳間文庫1991年刊の再刊　文献あり〉　860円　Ⓘ978-4-7698-2971-3　Ⓝ397.21
|内容| 第1章 危機の萌芽（天皇の失望　三人の寵臣　孤立した天皇　自信過剰の海軍首脳）　第2章 天皇に背く首脳たち（反米英の先鋒　お家騒動の発端　軍令部は一枚岩　策謀家たち　伏見宮と東郷平八郎）　第3章 軍令部総長の不明（かつがれた軍令部長　権力強奪　特急昇進　海軍自体の慢心　まず兵を去れ）　第4章 海軍滅亡へ（陸軍との対決　悪魔に魅入られた夏　離任　特攻主張）

藤村 幹〔1928～〕 ふじむら・かん
◇十文橋から―春日部のこと、燃料業のこと、私のこと　藤村幹著，富士クラスタ温故知新編纂チーム編　諏訪書房　2017.7　331p　21cm　〈年表あり〉　1000円　Ⓘ978-4-903948-63-8　Ⓝ289.1

藤村 俊二〔1934～2017〕 ふじむら・しゅんじ
◇オヒョイ―父、藤村俊二　藤村亜実著　勉誠出版　2018.1　252p　19cm　1300円　Ⓘ978-4-585-27045-4　Ⓝ779.9
|内容| 家族　親父の息子に生まれて　親父が家を出て行く　将来　アメリカ留学　アメリカに残る　嫌な出来事　喪失　日本　スペイン旅行　帰国　親父の身体　二人暮らし　終わりの始まり　二〇一五～二〇一六　二〇一六～二〇一七　お別れ

藤本 章〔1949～〕 ふじもと・あきら
◇太平洋を渡ったもうひとつの夢―藤本章半生記　藤本章著　昭島　エコー出版　2014.7　247p　21cm　〈発売：ユー・エス・アイ〉　1800円　Ⓘ978-4-904446-32-4　Ⓝ289.1
|内容| プロローグ　羅針盤―はじめに読んでいただきたいごあいさつ　第1章 満帆・1949→1972―幼少期からロサンゼルスにたどり着くまで　第2章 疾走・1972→2001―アメリカ生活からギフトショップ経営まで　第3章 運命・2001→2014―不動産ビジネスと健康事業の気づき　第4章 未来・これから形にしていく夢の提案―石毛宏典元プロ野球監督×藤本章　付録（第2の人生を豊かに　福田俗雄の不動産投資術　サブプライム後のアメリカ不動産事情　ラスベガスの住宅をLLCで購入　不動産投資の観点から～ハワイ・ロスアンゼルス・ラスベガス　ラスベガスの最新不動産事情　レスベラトロールの秘密）

藤本 加代子〔1950～〕 ふじもと・かよこ
◇専業主婦だから気づいたたおやかな経営　巽尚之著　京都　PHP研究所　2015.12　222p　19cm　1500円　Ⓘ978-4-569-81810-8　Ⓝ289.1
|内容| 第1章 生い立ち　第2章 幸せな日々　第3章 夫の急逝　第4章 事業継承と立て直し　第5章 加代子流経営術　第6章 新しい事業創造　第7章 思うがまま、感じるまま

藤本 光世〔1948～〕 ふじもと・こうせい
◇おっしゃん二代記　吉村克己著　川口　コミニ　2018.2　329p　20cm　1800円　Ⓘ978-4-9908959-2-1　Ⓝ188.82
＊長野市篠ノ井、曹洞宗円福寺。先代住職の藤本幸邦師は、敗戦後上野駅から戦災孤児を連れ帰り、後に児童養護施設愛育園を開いた。現住職で長男の藤本光世師は、校長職を退任後に愛育園を父から引き継いだ。父・幸邦師は愛育園を暖かい家庭にしたかった。長男・光世師は数々の高校で教育改革を進めた経験から、子供の自立を目指して愛育園の舵を取った。そこには葛藤と愛情の物語があった。

藤本 幸邦〔1910～2009〕 ふじもと・こうほう
◇おっしゃん二代記　吉村克己著　川口　コミニ　2018.2　329p　20cm　1800円　Ⓘ978-4-9908959-2-1　Ⓝ188.82
＊長野市篠ノ井、曹洞宗円福寺。先代住職の藤本幸邦師は、敗戦後上野駅から戦災孤児を連れ帰り、後に児童養護施設愛育園を開いた。現住職で長男の藤本光世師は、校長職を退任後に愛育園を父から引き継いだ。父・幸邦師は愛育園を暖かい家庭にしたかった。長男・光世師は数々の高校で教育改革を進めた経験から、子供の自立を目指して愛育園の舵を取った。そこには葛藤と愛情の物語があった。

藤本 由紀夫〔1950～〕 ふじもと・ゆきお
◇藤本由紀夫オーラル・ヒストリー―藤本由紀夫述，池上問，鷲田めるろインタヴュアー　〔出版地不明〕　日本美術オーラル・ヒストリー・アーカイヴ　2015.3　59p　30cm　〈他言語標題：Oral history interview with Fujimoto Yukio　ホルダー入〉　Ⓝ702.16

藤森 義明〔1951～〕 ふじもり・よしあき
◇リーダーシップの哲学―12人の経営者に学ぶリーダーの育て方　一條和生著　東洋経済新報社　2015.6　299p　20cm　〈他言語標題：The Leadership Journey〉　1800円　Ⓘ978-4-492-53361-1　Ⓝ332.8
|内容| リーダーシップ・ジャーニーに終わりはない―藤森義明　誰にでも無限の可能性がある―澤田道隆　できるだけシンプルに考え、実行する―松本晃　経験しないとわからない世界がある―玉塚元一　ロールモデルに学び、自分流にアレンジする―志賀俊之　良い会社 "Good Company" を創る―永野毅　恐れることなく変わり続ける―佐藤玖美　一瞬も一生も美しく、をめざして―前田新造　新しい場で学び続ける―樋口泰行　常に全力を尽くしながら視座を高める―松井忠三　ストレッチ経験で己を鍛え、実践知を蓄える―新貝康司　ストーリーで多様な人々を束ねる―小林いずみ　あなたらしいリーダーシップを育む

藤森 良蔵〔1882～1946〕 ふじもり・りょうぞう
◇高木貞治とその時代―西欧近代の数学と日本　高瀬正仁著　東京大学出版会　2014.8　406,39p　20cm　〈他言語標題：Teiji Takagi and His Era　文献あり　年譜あり　索引あり〉　3800円　Ⓘ978-4-13-061310-1　Ⓝ410.8
|内容| 第1章 学制の変遷とともに　第2章 西欧近代の数学を学ぶ　第3章 関口開と石川県加賀の数学　第4章 西田幾多郎の青春　第5章 青春の夢を追って　第6章 「考へ方」への道―藤森良蔵の遺産　附録

藤谷 正治郎〔1926〜2016〕 ふじや・しょうじろう
◇良き師と友、塾生に支えられて—藤谷正治郎（薫水）とその時代　藤谷浩悦編　第2版　藤谷浩悦　2017.9　58,11p　30cm　Ⓝ289.1

藤山 一雄〔1889〜1975〕 ふじやま・かずお
◇藤山一雄の博物館芸術—満洲国国立中央博物館副館長の夢　犬塚康博著　札幌　共同文化社　2016.4　314,19p　20cm　〈年譜あり　著作目録あり〉　3200円　①978-4-87739-283-3　Ⓝ069.02225
＊生誕127年、没後41年、いまその全貌があきらかに。満洲国国立中央博物館副館長、藤山一雄。明治22年山口県生まれ。岩国中、五高、東京帝大と進み、下関の梅光女学院教員を務めたのち満洲に渡る。満鉄傍系会社を経て満洲国建国に参加し、実業部、監察院、恩賞局の要職を歴任、博物館へ。新しい博物館をめざし、日本人初となる大規模な民俗博物館を推進した満洲国の博物館運動は、藤山一雄の芸術的創造、博物館芸術であった。昭和50年、85歳で永眠。初の藤山一雄研究の書。

藤原 顕長〔1118〜1167〕 ふじわら・あきなが
◇人物史の手法—歴史の見え方が変わる　五味文彦著　左右社　2014.11　229p　19cm　〈文献あり〉　1700円　①978-4-86528-105-7　Ⓝ281.04
内容　第1章 聖徳太子—文明化の象徴　第2章 景戒—『日本霊異記』を追体験して　第3章 清少納言—なぜ『枕草子』は生まれたのか　第4章 藤原顕長—家の形成に心血を注いで　第5章 北条政子—生い立ちから人間像に迫る　第6章 兼好法師—新たな人物像を問う　第7章 世阿弥—父と子　第8章 武田信玄—丑年の決断

藤原 敦兼〔1079〜？〕 ふじわら・あつかね
◇藤原隆家の血脈—後鳥羽天皇と五摂家　小林礼子著　学研マーケティング　2014.10　162p　19cm　1400円　①978-4-05-406080-7　Ⓝ289.1
内容　藤原北家の村上朝から一条朝　長徳の変と中宮と兄弟の悲劇　大宰権帥隆家　長男良頼と子孫　嫡男経輔と子孫　関白師通と北政所　隆家次女と奏経の子孫　堀河天皇乳母子基隆と敦兼　仲賢門院義兄経忠と子孫　近衛家と鷹司家の祖　九条・二条・一条家の祖

藤原 庵〔1905〜2002〕 ふじわら・いおり
◇教えて育てるのですよ—時を超えて生きる教育哲学　藤原庵著　学事出版　2016.11　207p　20cm　1600円　①978-4-7619-2310-5　Ⓝ371.1
内容　師範学校時代—善き友に会えて・教育者への第一歩　久代尋常高等小学校時代—最初の赴任校　森尋常高等小学校時代—2校目で考えたこと　水後尋常小学校・水後国民学校時代—戦時色の強くなる中で　庄原青年学校時代—新設の学校へ　八幡青年学校時代—校長となる　出征と敗戦—生還の喜び　宮原小学校時代—母校の校長に　東城小学校時代—新教育の推進　東城中学校時代—中学校長に転任　教師退職後の私—教育者としての晩年

藤原 魚名〔721〜783〕 ふじわら・うおな
◇藤原北家・京家官人の考察　木本好信著　岩田書院　2015.8　274p　22cm　（古代史研究叢書11）　6200円　①978-4-87294-923-0　Ⓝ288.2
内容　第1章 落原北家官人の考察（藤原房前　藤原永手　藤原真楯—甍伝を中心として　藤原真楯—甍伝—『公卿補任』尻付と「功臣家伝」　藤原魚名）　第2章 藤原京家官人の考察（藤原麻呂　藤原浜成）

藤原 兼実〔1149〜1207〕 ふじわら・かねざね
◇中世の人物 京・鎌倉の時代人　第2巻　治承〜文治の内乱と鎌倉幕府の成立　野口実編　大阪　清文堂出版　2014.6　426p　22cm　〈文献あり〉　4500円　①978-4-7924-0995-1　Ⓝ281
内容　源政と以仁王（生駒孝臣著）　甲斐源氏（西川広平著）　木曾義仲（長村祥知著）　源義経と範頼（宮田敬三著）　平宗盛（田中大喜著）　平氏の新旧家人たち（西村隆著）　藤原秀衡（三好俊文著）　源頼朝（元木泰雄著）　大庭景親（森幸夫著）　城助永と助職（長茂）（高橋一樹著）　千葉常胤（野口実著）　和田義盛と梶原景時（滑川敦子著）　北条時政と牧の方（落合義明著）　源頼家（藤本頼人著）　八田知家（高松百香著）　藤原兼実（高橋秀樹著）　源通親（佐伯智広著）　法然と貞慶・明恵（平雅行著）　重源（久野修義著）　栄西（中尾良信著）

◇九条兼実—社稷の志、天意神慮に答える者か　加納重文著　京都　ミネルヴァ書房　2016.2　351,10p　20cm　（ミネルヴァ日本評伝選）〈文献あり　年譜あり　索引あり〉　3500円　①978-4-623-07577-5　Ⓝ289.1
内容　第1章 摂関家の末葉　第2章 儀礼政治家　第3章 動乱の時代　第4章 交替する覇権　第5章 摂政兼実　第6章 終局の執政　第7章 晩年の兼実　第8章 九条兼実の和歌

◇親鸞の妻玉日は実在したのか？—父とされる関白九条兼実研究を軸に　今井雅晴著　京都　自照社出版　2017.3　63p　19cm　（歴史を知り、親鸞を知る 10）　800円　①978-4-86566-035-7　Ⓝ289.1
内容　1 「親鸞の妻は関白九条兼実の娘玉日」を伝える史料　2 玉日伝説の成立　3 九条兼実が法皇と呼ばれた、という話について　4 摂関家の娘たち—藤原道長から九条兼実まで　5 道長以降の摂政・関白と娘たち　6 九条兼実と娘　7 母の身分が低い子

◇九条兼実—貴族がみた『平家物語』と内乱の時代　樋口健太郎著　戎光祥出版　2018.1　160p　19cm　（戎光祥選書ソレイユ 002）〈文献あり　年譜あり〉　1800円　①978-4-86403-275-9　Ⓝ289.1

◇摂政九条兼実の乱世—『玉葉』をよむ　長崎浩著　平凡社　2018.3　326p　22cm　〈年譜あり〉　5400円　①978-4-582-46911-0　Ⓝ289.1
内容　第1章 青年右大臣—政治家デビュー　第2章 摂関政治の理念—二頭政治の狭間で　第3章 朝務を演じる—官奏・陣定・除目　第4章 大衆蜂起—朝廷の「外部」に直面する　第5章 乱世の至り—クーデタ・遷都・南都焼亡　第6章 葬送の年—漂流する兼実　第7章 京中周章—平氏・義仲・義経　第8章 摂政への道—社稷に身命を惜しまず　第9章 摂政兼実—政を淳素に返す　第10章 危うい均衡—行き違う

ふしわら

藤原 兼輔〔877〜933〕 ふじわら・かねすけ
◇藤原兼輔 山下道代著 青簡舎 2014.10 191p 20cm 〈年表あり〉 2800円 Ⓘ978-4-903996-76-9 Ⓝ911.132
* 「堤の中納言」と呼ばれ古今集以下の勅撰集に56首が入集し家集も残す。延喜の聖代と呼ばれた醍醐天皇の治世33年間を、歌を詠む廷臣として過ごした兼輔の生涯の跡を追う。

藤原 兼経〔1000〜1043〕 ふじわら・かねつね
◇藤原隆家の血脈―後鳥羽天皇と五摂家 小林礼子著 学研マーケティング 2014.10 162p 19cm 1400円 Ⓘ978-4-05-406080-7 Ⓝ289.1
内容 藤原北家の村上朝から一条朝 長徳の変と中宮と兄弟の悲劇 隆家の結婚 上達部隆家 大宰権帥隆家 長男良頼と子孫 嫡男経輔と子孫 関白師通と北政所 隆家次女と兼経の子孫 堀河天皇乳母子基隆と敦兼 待賢門院兼兄妹忠宗と子孫 近衛家と鷹司家の祖 九条・二条・一条家の祖

藤原 鎌足〔614〜669〕 ふじわら・かまたり
◇蘇我氏の正義 真説・大化の改新 関裕二著 ベストセラーズ 2016.5 263p 15cm (ワニ文庫 P-292―異端の古代史 7)〈『入鹿と鎌足 謎と真説』(学研M文庫 2007年刊)の改題、加筆修正を行った再編集版 文献あり〉 685円 Ⓘ978-4-584-39392-5 Ⓝ210.33
内容 第1章 「蘇我の都」飛鳥の謎(なぜ日本人は「飛鳥」に郷愁を感じるのか 飛鳥は都にふさわしい地ではなかった? ほか) 第2章 蘇我入鹿の正義(解明されてきたヤマト建国の経緯 中央集権国家の嚆矢は五世紀の雄略天皇 ほか) 第3章 中臣鎌足の正体(中臣鎌足の出自がよくわからない不思議 中臣氏と蘇我氏の祖の「記紀」での扱い ほか) 第4章 入鹿と鎌足―逆転の図式(聖徳太子一族と蘇我氏の本当の関係 聖徳太子は守旧派・蘇我馬子に干された? ほか)

◇藤原氏の研究 倉本一宏編 雄山閣 2017.11 229p 22cm (日本古代氏族研究叢書 6) 4200円 Ⓘ978-4-639-02537-5 Ⓝ288.3
内容 第1章 中臣鎌足と藤原氏の成立(乙巳の変前後の鎌足 「大化改新」と鎌足の功業 『藤氏家伝』と「多武峯縁起」) 第2章 不比等の覇権と律令体制(藤原氏の確立 律令国家の権力中枢と藤位制 不比等の覇権 宣命にみる藤原氏) 第3章 奈良朝の政変劇と藤原氏(四家の分立と王権 聖武と光明子と藤原氏 奈良朝末期の政変劇と藤原氏)

◇藤原氏―権力中枢の一族 倉本一宏著 中央公論新社 2017.12 297p 18cm (中公新書 2464)〈文献あり 年表あり〉 900円 Ⓘ978-4-12-102464-0 Ⓝ288.3
内容 はじめに 藤原氏とは何か 序章 鎌足の「功業」と藤原氏の成立 第1章 不比等の覇権と律令体制 第2章 奈良朝の政変劇 第3章 藤原北家と政権抗争 第4章 摂関政治の時代 第5章 摂関家の成立と院政 第6章 武家政権の成立と五摂家の分立 おわりに―日本史と藤原氏

「天下草創」 第11章 兼実最後の政治―摂籙の臣を演ずる

藤原 清子〔1946〜2017〕 ふじわら・きよこ
◇あたしの私史(わたし) 藤原清子著 大和郡山 カナイプリンテック 2017.7 326p 21cm 1400円 Ⓝ289.1

藤原 清衡〔1056〜1128〕 ふじわら・きよひら
◇藤原清衡平泉に浄土を創った男の世界戦略 入間田宣夫著 ホーム社 2014.9 205p 20cm 〈文献あり 年表あり 発売:集英社〉 1750円 Ⓘ978-4-8342-5301-6 Ⓝ289.1
内容 第1章 中尊寺落慶供養のビッグ・イベントにて 第2章 国づくりのはじめに立ち返って 第3章 東アジアのグローバル・スタンダード 第4章 ハイブリッドな新人類の誕生 第5章 修羅の前半生 第6章 大夫から御館へ 第7章 金色堂に死す

◇平泉の世紀 藤原清衡 高橋富雄著 清水書院 2017.5 237p 19cm (新・人と歴史拡大版 07)〈1984年刊を、表記や仮名遣い等一部を改めて再刊 文献あり 年譜あり 索引あり〉 1800円 Ⓘ978-4-389-44107-4 Ⓝ212.03
内容 序 辺境の「かなめ」 1 奥六郡と族長制(俘囚長の系譜 奥六郡の司 前九年の役 鎮守府将軍) 2 藤原の創業(清原清衡 平泉の開府) 3 平泉の世紀(平泉の世紀 相伝のうらみ 平泉文化の論理)

藤原 邦綱〔1122〜1181〕 ふじわら・くにつな
◇中世の人物 京・鎌倉の時代編 第1巻 保元・平治の乱と平氏の栄華 元木泰雄編 大阪 清文堂出版 2014.3 412p 22cm 4500円 Ⓘ978-4-7924-0994-4 Ⓝ281
内容 鳥羽院・崇徳院(佐藤健治著) 藤原忠実(佐古愛己著) 藤原頼長(横内裕人著) 平忠盛(守田逸人著) 源為義(須藤聡著) 覚仁と信実―悪僧論~(久野修義著) 阿多忠景と源為朝(栗林文夫著) 後白河院(高橋典幸著) 藤原忠通と基実(樋口健太郎著) 信西(木village真美子著) 藤原信頼・成親(元木泰雄著) 藤原経宗(元木泰雄著) 源義朝(近藤好和著) 平清盛(川合康著) 池禅尼と二位尼(栗山圭子著) 平時忠と信範(松薗斉著) 藤原邦綱とその娘たち(佐伯智広著) 平重盛(平藤幸著) 西行(近藤好和著)

藤原 行成 ふじわら・こうぜい
⇒藤原行成(ふじわら・ゆきなり)を見よ

藤原 光明子 ふじわら・こうみょうし
⇒光明皇后(こうみょうこうごう)を見よ

藤原 伊周〔974〜1010〕 ふじわら・これちか
◇藤原伊周・隆家―禍福は糾へる纏のごとし 倉本一宏著 京都 ミネルヴァ書房 2017.2 270,8p 20cm (ミネルヴァ日本評伝選)〈文献あり 年譜あり 索引あり〉 3000円 Ⓘ978-4-623-07848-6 Ⓝ289.1
内容 第1章 道隆政権誕生まで 第2章 中関白家の栄華 第3章 「内覧」伊周 第4章 道長政権の成立と長徳の変 第5章 道長政権下での復権 第6章 呪詛事件と伊周の死 第7章 道長の死後 「刀伊の入寇」

◇源氏物語と貴族社会 増田繁夫著 オンデマンド版 吉川弘文館 2018.10 326,15p 22cm 〈印刷・製本:デジタルパブリッシングサービ

ス　索引あり）　12000円　ⓘ978-4-642-72383-1　Ⓝ913.36
内容　花山朝の文人たち　藤原伊周の生涯　摂関家の子弟の結婚　女御・更衣・御息所の呼称　源氏物語の藤壺は令制の〈妃〉か　源氏物語の結婚と屋敷の伝領　紀伊守の中川の家　宇治八宮の山荘　源氏物語の建築　近江君の「おほみ大壺とり」考　河原院哀史　「東院大路」考　桃園・世尊寺と源氏物語の「桃園の宮」　蜻蛉日記に見える稲荷山・稲荷の神

藤原 咲子〔1945～〕　ふじわら・さきこ
◇チャキの償い―新田次郎、藤原ていの娘に生まれて　藤原咲子著　山と渓谷社　2015.1　221p　20cm　1600円　ⓘ978-4-635-17182-3　Ⓝ910.268
内容　第1章　『流れる星は生きている』を歩く（中国・北朝鮮国境を辿る旅　小説になかった真実）　第2章　新田次郎の心の闇―『望郷』『豆満江』を辿る旅　第3章　国語教育者・大村はまとの交流―藤原ていの寂寞の源泉　第4章　娘に聞かせた昔話―父からの二度目の添削指導　第5章　それからの私（淡い想い　結婚、そして別れ　大学教授とロックミュージシャン）

藤原 定家〔1162～1241〕　ふじわら・さだいえ
◇中世の人物　京・鎌倉の時代編　第3巻　大阪　清文堂出版　2014.7　382p　22cm　4500円　ⓘ978-4-7924-0996-8　Ⓝ281
内容　後鳥羽院（美川圭著）　九条道家（井上幸治著）　西園寺公経（山岡瞳著）　藤原秀康（長村祥知著）　藤原定家（谷昇著）　源実朝（坂井孝一著）　北条政子（黒嶋敏著）　北条義時（田辺旬著）　北条泰時（菊池紳一著）　北条時房（久保田和彦著）　九条頼経・頼嗣（岩田慎平著）　竹御所と石川尼（小野翠著）　三浦義村（真鍋淳哉著）　大江広元と三善康信〈善信〉（佐藤雄基著）　宇都宮頼綱（野口実著）　慈円（菊地大樹著）　聖覚（平雅行著）　定豪（海老名尚著）　円爾（原田正俊著）　叡尊（細川涼一著）　公武権力の変容と仏教界（平雅行／編）

◇日本書人伝　中田勇次郎著　中央公論新社　2015.8　363p　16cm　（中公文庫　な66-2）〈執筆：山本健吉ほか　中央公論社　1974年刊の再刊　年譜あり〉　1200円　ⓘ978-4-12-206163-7　Ⓝ728.21
内容　聖徳太子　聖武天皇　光明皇后―山本健吉　司馬遼太郎　最澄　嵯峨天皇　橘逸勢―永井路子　小野道風　藤原佐理―寺田透　藤原行成―白洲正子　西行　藤原俊成　藤原定家―中村真一郎　大燈国師　一休宗純―唐木順三　本阿弥光悦―花田清輝　池大雅―辻邦生　良寛―水上勉　貫名菘翁―中田勇次郎

◇日記で読む日本史　13　日記に魅入られた人々―王朝貴族と中世公家　倉本一宏監修　松薗斉著　京都　臨川書店　2017.4　206p　20cm　〈文献あり〉　2800円　ⓘ978-4-653-04353-9　Ⓝ210.08
内容　第1章　人生を仕上げた男―藤原宗忠『中右記』　第2章　日記の中のジキルとハイド―藤原頼長『台記』　第3章　父と姉と娘と息子―藤原定家『明月記』　第4章　経光くんの恋―藤原経光『民経記』　第5章　やさしい宮様（中世の夫婦善哉日記）―貞成親王『看聞日記』　第6章　戦国の「渡る世間…」―三条西実隆『実隆公記』　第7章　言継さんの診察カルテ―山科言継『言継卿記』　第8章　天皇様を支えます!!―国の禁裏女房たち『御湯殿上日記』

藤原 実資〔957～1046〕　ふじわら・さねすけ
◇現代語訳　小右記　1　三代の蔵人頭―貞元二年〈九七七〉三月～永延二年〈九八八〉十二月　藤原実資著，倉本一宏編　吉川弘文館　2015.10　342p　20cm　〈年譜あり〉　2800円　ⓘ978-4-642-01816-6　Ⓝ210.37
内容　貞元二年（九七七）　天元元年（九七八）　天元二年（九七九）　天元三年（九八〇）　天元四年（九八一）　天元五年（九八二）　永観元年（九八三）　永観二年（九八四）　寛和元年（九八五）　寛和二年（九八六）　付録　永延元年（九八七）　永延二年（九八八）

◇現代語訳　小右記　2　道長政権の成立―永祚元年〈九八九〉正月～長徳元年〈九九五〉十月　藤原実資著，倉本一宏編　吉川弘文館　2016.5　348p　20cm　〈年譜あり〉　2800円　ⓘ978-4-642-01817-3　Ⓝ210.37
内容　永祚元年（九八九）　正暦元年（九九〇）　正暦二年（九九一）　正暦三年（九九二）　正暦四年（九九三）　正暦五年（九九四）　長徳元年（九九五）

◇小右記　1　寛和元年春夏・正暦元年秋冬・長徳元年春夏　長保元年秋冬・寛弘二年春夏秋冬　藤原実資著　八木書店古書出版部　2016.6　269p　22×31cm　（尊経閣善本影印集成 56）〈発売：八木書店〉　32000円　ⓘ978-4-8406-2356-8　Ⓝ210.37
内容　甲巻一　寛和元年春夏　甲巻二　正暦元年秋冬　甲巻三　長徳元年春夏　甲巻四　長保元年秋冬　甲巻五　寛弘二年春夏　甲巻六　寛弘二年秋冬

◇小右記　2　寛弘八年秋・長和元年夏　長和二年春　藤原実資著　八木書店古書出版部　2016.8　242p　22×31cm　（尊経閣善本影印集成 57）〈発売：八木書店〉　32000円　ⓘ978-4-8406-2357-5　Ⓝ210.37
内容　甲巻七　寛弘八年秋　甲巻八　長和元年夏　甲巻九　長和二年春　乙巻一　長和二年春

◇小右記　3　長和二年秋　長和三年春夏　藤原実資著　八木書店古書出版部　2016.11　268p　22×31cm　（尊経閣善本影印集成 58）〈発売：八木書店〉　32000円　ⓘ978-4-8406-2358-2　Ⓝ210.37
内容　甲巻十　長和二年秋　甲巻十一　長和三年春　乙巻二　長和三年春　甲巻十二　長和三年夏

◇小右記　4　長和三年冬　長和四年秋冬　藤原実資著　八木書店古書出版部　2017.2　242p　22×31cm　（尊経閣善本影印集成 59）〈発売：八木書店〉　32000円　ⓘ978-4-8406-2359-9　Ⓝ210.37
内容　甲巻13　長和三年冬　乙巻3　長和三年冬　甲巻14　長和四年秋　甲巻15　長和四年冬

◇現代語訳　小右記　4　敦成親王誕生―寛弘二年〈一〇〇五〉四月～寛弘八年〈一〇一一〉十二月　藤原実資著，倉本一宏編　吉川弘文館　2017.4　291p　20cm　〈年譜あり〉　2800円　ⓘ978-4-642-01819-7　Ⓝ210.37
内容　寛弘二年（一〇〇五）　寛弘三年（一〇〇六）　寛弘四年（一〇〇七）　寛弘五年（一〇〇八）　寛弘六

年〈一〇〇九〉　寛弘七年〈一〇一〇〉　寛弘八年〈一〇一一〉

◇現代語訳 小右記　5　紫式部との交流—長和元年〈一〇一二〉正月～長和二年〈一〇一三〉六月　藤原実資著, 倉本一宏編　吉川弘文館　2017.10　286p　20cm　〈年譜あり〉　2800円　①978-4-642-01820-3　Ⓝ210.37
　内容　長和元年〈一〇一二〉　長和二年〈一〇一三〉

◇小右記　5　長和五年二月・三月・夏 寛仁元年秋　藤原実資著　八木書店古書出版部　2017.11　250p　22×31cm　(尊経閣善本影印集成 60)〈発売：八木書店〉　33000円　①978-4-8406-2360-5　Ⓝ210.37
　内容　甲巻十六 長和五年二月・三月　甲巻十七 長和五年夏　甲巻十八 寛仁元年秋　乙巻四 寛仁元年秋附載

◇小右記　6　寛仁元年冬 寛仁二年夏冬　藤原実資著　八木書店古書出版部　2018.2　268p　22×31cm　(尊経閣善本影印集成 61)〈発売：八木書店〉　33000円　①978-4-8406-2361-2　Ⓝ210.37
　内容　甲巻十九 寛仁元年冬　甲巻二十 寛仁二年夏　甲巻二十一 寛仁二年冬

◇小右記　7　寛仁三年春夏秋冬　藤原実資著　八木書店古書出版部　2018.5　274p　22×31cm　(尊経閣善本影印集成 62)〈発売：八木書店〉　33000円　①978-4-8406-2362-9　Ⓝ210.37
　内容　甲巻二十二 寛仁三年春　乙巻五 寛仁三年春　甲巻二十三 寛仁三年夏　甲巻二十四 寛仁三年秋　甲巻二十五 寛仁三年冬　附載

◇小右記　8　寛仁四年冬・治安元年春・万寿元年冬・万寿四年春　藤原実資著　八木書店古書出版部　2018.8　265p　22×31cm　(尊経閣善本影印集成 63)〈発売：八木書店〉　33000円　①978-4-8406-2363-6　Ⓝ210.37
　内容　甲巻二十六 寛仁四年冬　甲巻二十七 治安元年春　甲巻二十八 万寿元年冬　甲巻二十九 万寿四年春

◇小右記　9　万寿四年秋上下 長元元年秋　藤原実資著　八木書店古書出版部　2018.11　203p　22×31cm　(尊経閣善本影印集成 64)〈発売：八木書店〉　33000円　①978-4-8406-2364-3　Ⓝ210.37
　内容　甲巻30 万寿四年秋上　甲巻31 万寿四年秋下　甲巻32 長元元年秋　附属資料　附載　解説

藤原 佐理　ふじわら・さり
　⇒藤原佐理（ふじわら・すけまさ）を見よ

藤原 茂〔1948～〕　ふじわら・しげる
◇挑み続ける力—「プロフェッショナル仕事の流儀」スペシャル　NHK「プロフェッショナル」制作班著　NHK出版　2016.7　227p　18cm　(NHK出版新書 492)　780円　①978-4-14-088492-8　Ⓝ366.29
　内容　1 変わらない力（AI時代への新たな決意—将棋棋士 羽生善治　淡々と、完璧を目指す—星野リゾート代表 星野佳路　人生にムダなどない）　2 生涯現役を貫け（プロフェッショナルに、終わりはない—元半導体メーカー社長 坂本幸雄　遠くは見ない、明日だけを見続ける—歌舞伎役者 坂東玉三郎）　3 大震災、そして新たなる飛躍（やりたいからこそ、やる—作業療法士 藤原茂　地べたと向き合って生きる—建築家 伊東豊雄）　4 限界への挑戦（今の自分だからできること—バレリーナ 吉田都　情熱は一生、燃え続ける—プロサッカー選手 三浦知良　「逆転する力」の秘密—囲碁棋士 井山裕太）

藤原 周壱〔1959～〕　ふじわら・しゅういち
◇前座失格!?　藤原周壱著　彩流社　2015.5　179p　19cm　(フィギュール彩 29)〈他言語標題：A DISQUALIFIED TRAINEE ARTISTE　文献あり〉　1800円　①978-4-7791-7029-4　Ⓝ779.13
　＊落語が好きでたまらなかった。思いは募り、まわり道を経て、のちに人間国宝となる落語家・柳家小三治門下に入門。しかし師匠も若ければ著者も若い。落語家の修業はなまはんかな決意では到底務まるものではなかった。小三治一門入門前と入門後の波乱に満ちた出来事を、きわめて冷静にかつ怒りをこめて振り返る。落語界に一石を投じる書（かもしれない）。

藤原 俊成　ふじわら・しゅんぜい
　⇒藤原俊成（ふじわら・としなり）を見よ

藤原 彰子〔988～1074〕　ふじわら・しょうし
◇藤原彰子—天下第一の母　朧谷寿著　京都　ミネルヴァ書房　2018.5　335,9p　20cm　(ミネルヴァ日本評伝選)〈年譜あり　索引あり〉　3000円　①978-4-623-08362-6　Ⓝ288.44
　内容　序章 「望月」の娘　第1章 道長と倫子の女君　第2章 一条天皇の后　第3章 皇子の誕生　第4章 皇太后時代　第5章 太皇太后時代　第6章 女院出家する　第7章 最晩年のことども

藤原 信西　ふじわら・しんぜい
　⇒信西（しんぜい）を見よ

藤原 佐理〔944～998〕　ふじわら・すけまさ
◇日本書人伝　中田勇次郎編　中央公論新社　2015.8　363p　16cm　(中公文庫 な66-2)〈執筆：山本健吉ほか　中央公論社1974年刊の再刊　年譜あり〉　1200円　①978-4-12-206163-7　Ⓝ728.21
　内容　聖徳太子　聖武天皇　光明皇后—山本健吉　空海—司馬遼太郎　最澄　嵯峨天皇　橘逸勢—永井路子　小野道風　藤原佐理—寺田透　藤原行成—白洲正子　西行　藤原俊成　藤原定家—中村真一郎　大燈国師　一休宗純—唐木順三　本阿弥光悦—花田清輝　池大雅—辻邦生　良寛—水上勉　貫名菘翁—中田勇次郎

藤原 隆家〔979～1044〕　ふじわら・たかいえ
◇藤原隆家の血脈—後鳥羽天皇と五摂家　小林礼子著　学研マーケティング　2014.10　162p　19cm　1400円　①978-4-05-406080-7　Ⓝ289.1
　内容　藤原北家の村上朝から一条朝　長徳の変と中宮と兄弟の悲劇　隆家の結婚　上達部隆家　大宰権帥隆家　長男頼信と子孫　嫡男経輔と子孫　関白師通と北政所　隆家次女と孫の子孫　堀河天皇乳母子基隆と敦兼　待賢門院義兄経忠と子孫　近衛家と鷹

藤原伊周・隆家―禍福は糾へる纆のごとし　倉本一宏著　京都　ミネルヴァ書房　2017.2　270,8p　20cm　（ミネルヴァ日本評伝選）〈文献あり　年譜あり　索引あり〉　3000円　①978-4-623-07848-6　Ⓝ289.1

内容　第1章 道隆政権誕生まで　第2章 中関白家の栄華　第3章「内覧」伊周　第4章 道長政権の成立と長徳の変　第5章 道長政権下での復権　第6章 呪詛事件と伊周の死　第7章 道長の栄華と「刀伊の入寇」

藤原 高子〔842～910〕ふじわら・たかいこ
◇平安の新京　石上英一、鎌田元一、栄原永遠男監修、吉川真司編　大阪　清文堂出版　2015.10　396p　22cm　（古代の人物 4）〈索引あり〉　4500円　①978-4-7924-0571-7　Ⓝ281.04

内容　本巻のねらい 平安の新京　1 平城京と平安京（桓武天皇―中国的君主像の追求と「律令制」の転換　早良親王―「皇太子廃定」の困難　坂上田村麻呂―征夷副将軍になるまでを中心に　高丘親王（真如）―菩薩の道、必ずしも一致せず）　2 王権の安定（嵯峨天皇―唐風を整え、幽境に遊ぶ　最澄―仏法具足の大日本国　空海―鎮護国家・国王護持の密教者　源信・常・定―臣籍降下した皇子たち　有智子内親王―「三条経国」の時代の初代賀茂斎院　仁明天皇―宮廷の典型へ　讃岐永直―律令国家と明法道）　3 前期摂関政治へ（伴善男―逆臣か「良吏」か　円仁―東部ユーラシア史の変動を記録した入唐僧　藤原良房・基経―前期摂関政治の成立　藤原高子―廃后事件の背景と歴史的位置　藤原保則―激動の時代を生きた良吏）

藤原 忠実〔1078～1162〕ふじわら・ただざね
◇中世の人物 京・鎌倉の時代編　第1巻 保元・平治の乱と平氏の栄華　元木泰雄編　大阪　清文堂出版　2014.3　412p　22cm　4500円　①978-4-7924-0994-4　Ⓝ281

内容　鳥羽院・崇徳院（佐藤健治著）　藤原忠実（佐古愛己著）　藤原頼長（横内裕人著）　平忠盛（守田逸人著）　源為義（須藤聡著）　覚仁と信実―悪僧論～（久野修義著）　阿多忠景と源為朝（栗林文夫著）　後白河院（高橋典幸著）　藤原忠通と基実（樋口健太郎著）　信西（木村真美子著）　藤原信頼・成親（元木泰雄著）　藤原経宗（元木泰雄著）　源義朝（近藤好和著）　平清盛（川合康著）　池禅尼と二位尼（栗山圭子著）　平時忠と信範（松薗斉著）　藤原邦綱とその娘たち（佐伯智広著）　平重盛（平藤幸著）　西行（近藤好和著）

藤原 忠通〔1097～1164〕ふじわら・ただみち
◇中世の人物 京・鎌倉の時代編　第1巻 保元・平治の乱と平氏の栄華　元木泰雄編　大阪　清文堂出版　2014.3　412p　22cm　4500円　①978-4-7924-0994-4　Ⓝ281

内容　鳥羽院・崇徳院（佐藤健治著）　藤原忠実（佐古愛己著）　藤原頼長（横内裕人著）　平忠盛（守田逸人著）　源為義（須藤聡著）　覚仁と信実―悪僧論～（久野修義著）　阿多忠景と源為朝（栗林文夫著）　後白河院（高橋典幸著）　藤原忠通と基実（樋口健太郎著）　信西（木村真美子著）　藤原信頼・成親（元木泰雄著）　藤原経宗（元木泰雄著）　源義朝（近藤好和著）　平清盛（川合康著）　池禅尼と二位尼（栗山圭子著）　平時忠と信範（松薗斉著）　藤原邦綱とその娘たち（佐伯智広著）　平重盛（平藤幸著）　西行（近藤好和著）

藤原 種継〔737～785〕ふじわら・たねつぐ
◇藤原種継―都を長岡に遷さむとす　木本好信著　京都　ミネルヴァ書房　2015.1　287,8p　20cm　（ミネルヴァ日本評伝選）〈文献あり　年譜あり　索引あり〉　3500円　①978-4-623-07226-2　Ⓝ289.1

内容　第1章 種継の出生と出身　第2章 称徳・道鏡政権成立と式家・種継　第3章 光仁天皇の即位と式家・種継　第4章 光仁朝の式家と種継　第5章 藤原式家主導体制の衰退と種継　第6章 桓武朝の種継　第7章 種継の暗殺事件

藤原 経輔〔1006～1081〕ふじわら・つねすけ
◇藤原隆家の血脈―後鳥羽天皇と五摂家　小林礼子著　学研マーケティング　2014.10　162p　19cm　1400円　①978-4-05-406080-7　Ⓝ289.1

内容　藤原北家の村上朝から一条朝　長徳の変と中宮と兄弟の悲劇　隆家の結婚　上達部隆家　大宰権帥隆家　長男良頼と子孫　嫡男経輔と子孫　関白師通と北政所　隆家次女と兼経の子孫　堀河天皇乳母子基隆と敦兼　待賢門院義兄経忠と子孫　近衛家と鷹司家の祖　九条・二条・一条家の祖

藤原 経忠〔平安時代後期〕ふじわら・つねただ
◇藤原隆家の血脈―後鳥羽天皇と五摂家　小林礼子著　学研マーケティング　2014.10　162p　19cm　1400円　①978-4-05-406080-7　Ⓝ289.1

内容　藤原北家の村上朝から一条朝　長徳の変と中宮と兄弟の悲劇　隆家の結婚　上達部隆家　大宰権帥隆家　長男良頼と子孫　嫡男経輔と子孫　関白師通と北政所　隆家次女と兼経の子孫　堀河天皇乳母子基隆と敦兼　待賢門院義兄経忠と子孫　近衛家と鷹司家の祖　九条・二条・一条家の祖

藤原 経光〔1212～1274〕ふじわら・つねみつ
◇日記で読む日本史 13 日記に魅入られた人々―王朝貴族と中世公家　倉本一宏監修　松薗斉著　京都　臨川書店　2017.4　206p　20cm　〈文献あり〉　2800円　①978-4-653-04353-9　Ⓝ210.08

内容　第1章 人生を仕上げた男―藤原宗忠『中右記』　第2章 日記の中のジキルとハイド―藤原頼長『台記』　第3章 父と姉と娘と息子―藤原定家『明月記』　第4章 経光くんの恋―藤原経光『民経記』　第5章 やさしい宮様（中世の夫婦善哉日記）―貞成親王『看聞日記』　第6章 戦国の「渡る世間…」―三条西実隆『実隆公記』　第7章 言継さんの診察カルテ―山科言継『言継卿記』　第8章 天皇様を支えます!!―戦国の禁裏女房たち『御湯殿上日記』

藤原 経宗〔1119～1189〕ふじわら・つねむね
◇中世の人物 京・鎌倉の時代編　第1巻 保元・平治の乱と平氏の栄華　元木泰雄編　大阪　清文堂出版　2014.3　412p　22cm　4500円　①978-4-7924-0994-4　Ⓝ281

内容　鳥羽院・崇徳院（佐藤健治著）　藤原忠実（佐古愛己著）　藤原頼長（横内裕人著）　平忠盛（守田逸人著）　源為義（須藤聡著）　覚仁と信実―悪僧論～（久野修義著）　阿多忠景と源為朝（栗林文夫著）

ふしわら

後白河院(高橋典幸著)　藤原忠通と基実(樋口健太郎著)　信西(木村真美子著)　藤原信頼・成親(元木泰雄著)　藤原経宗(元木泰雄著)　源義朝(近藤好和著)　平清盛(川合康著)　池禅尼と二位尼(栗山圭子著)　平時忠と信範(松薗斉著)　藤原邦綱とその娘たち(佐伯智広著)　平重盛(平義幸著)　西行(近藤好和著)

藤原てい〔1918～2016〕　ふじわら・てい
◇チャキの償い——新田次郎、藤原ていの娘に生まれて　藤原咲子著　山と溪谷社　2015.1　221p　20cm　1600円　Ⓘ978-4-635-17182-3　Ⓝ910.268
内容　第1章 『流れる星は生きている』を歩く(中国・北朝鮮国境を辿る旅　小説にならなかった真実)　第2章 新田次郎の心の闇——『望郷』『豆満江』を辿る旅　第3章 国語教育者・大村はまとの交流——藤原ていの寂寥の源泉　第4章 娘に聞かせた昔話——父からの二度目の添削指導　第5章 それからの私(淡い想い　結婚、そして別れ　大学教授とロックミュージシャン)

藤原定家　ふじわら・ていか
⇒藤原定家(ふじわら・さだいえ)を見よ

藤原俊成〔1114～1204〕　ふじわら・としなり
◇日本書人伝　中田勇次郎編　中央公論新社　2015.8　363p　16cm　(中公文庫 な66-2)〈執筆：山本健吉ほか　中央公論社 1974年刊の再刊　年譜あり〉　1200円　Ⓘ978-4-12-206163-7　Ⓝ728.21
内容　聖徳太子　聖武天皇　光明皇后—山本健吉　空海—司馬遼太郎　最澄　嵯峨天皇　橘逸勢—永井路子　小野道風　藤原佐理—寺田透　藤原行成—白洲正子　西行　藤原俊成　藤原定家—中村真一郎　大燈国師—一休宗純—唐木順三　本阿弥光悦—花田清輝　池大雅—辻邦生　良寛—水上勉　貫名菘翁—中田勇次郎

藤原長子〔元永頃〕　ふじわら・ながこ
◇讃岐典侍日記　讃岐典侍著,小谷野純一訳・注　笠間書院　2015.2　231p　19cm　(笠間文庫・原文&現代語訳シリーズ)〈文献あり　索引あり〉　1700円　Ⓘ978-4-305-70424-5　Ⓝ915.37
内容　上巻(五月の空も　六月二十日のことぞかく　かくて、七月六日より　明け方になりぬるに　かくおはしませば ほか)　下巻(かくふほどに　かやうにてのみ明け暮るるに　十九日に　十二月一日　十二月も ほか)

藤原永手〔714～771〕　ふじわら・ながて
◇藤原北家・京家官人の考察　木本好信著　岩田書院　2015.8　274p　22cm　(古代史研究叢書 11)　6200円　Ⓘ978-4-87294-923-0　Ⓝ288.2
内容　第1章 落原北家官人の考察(藤原房前　藤原永手　藤原真楯—薨伝を中心として　藤原真楯の薨伝—『公卿補任』尻付と「功臣家伝」　藤原魚名)　第2章 藤原京家官人の考察(藤原麻呂　藤原浜成)

藤原仲麻呂〔706～764〕　ふじわら・なかまろ
◇藤原氏の研究　倉本一宏著　雄山閣　2017.11　229p　22cm　(日本古代氏族研究叢書 6)　4200円　Ⓘ978-4-639-02537-5　Ⓝ288.3
内容　第1章 中臣鎌足と藤原氏の成立(乙巳の変前後の鎌足　「大化改新」と鎌足の功業　『鎌足伝』と『多武峯縁起』)　第2章 不比等の覇権と律令体制(藤原氏の確立　律令国家の権力中枢と蔭位制　不比等の覇権　宣命にみる藤原氏)　第3章 奈良朝の政変劇　藤原氏(四家の分立と王権　聖武と光明子と政変劇　奈良朝末期の政変劇と藤原氏)

藤原成親〔1138～1177〕　ふじわら・なりちか
◇中世の人物 京・鎌倉の時代編　第1巻 保元・平治の乱と平氏の栄華　元木泰雄編　大阪 清文堂出版　2014.3　412p　22cm　4500円　Ⓘ978-4-7924-0994-4　Ⓝ281
内容　鳥羽院・崇徳院(佐藤健治著)　藤原忠実(佐古愛己著)　藤原頼長(横内裕人著)　平忠盛(守田逸人著)　源為義(須藤聡著)　覚仁と信実〜悪僧論〜(久野修義著)　阿多忠景と源為朝(栗林文夫著)　後白河院(高橋典幸著)　藤原忠通と基実(樋口健太郎著)　信西(木村真美子著)　藤原信頼・成親(元木泰雄著)　藤原経宗(元木泰雄著)　源義朝(近藤好和著)　平清盛(川合康著)　池禅尼と二位尼(栗山圭子著)　平時忠と信範(松薗斉著)　藤原邦綱とその娘たち(佐伯智広著)　平重盛(平義幸著)　西行(近藤好和著)

藤原惟規〔平安時代中期〕　ふじわら・のぶのり
◇惟規集評釈　池田和臣,徳武陽子著　青簡舎　2017.12　183p　21cm　〈文献あり〉　3800円　Ⓘ978-4-909181-03-9　Ⓝ911.138
内容　1 評釈　2 『惟規集』研究序説(伝本と編纂意識　惟規の歌風　惟規の人生　惟規と歌人達の交流　惟規と紫式部　『為信集』後代の享受　紫式部の外祖父為信と『為信集』作者)

藤原信頼〔1133～1159/60〕　ふじわら・のぶより
◇中世の人物 京・鎌倉の時代編　第1巻 保元・平治の乱と平氏の栄華　元木泰雄編　大阪 清文堂出版　2014.3　412p　22cm　4500円　Ⓘ978-4-7924-0994-4　Ⓝ281
内容　鳥羽院・崇徳院(佐藤健治著)　藤原忠実(佐古愛己著)　藤原頼長(横内裕人著)　平忠盛(守田逸人著)　源為義(須藤聡著)　覚仁と信実〜悪僧論〜(久野修義著)　阿多忠景と源為朝(栗林文夫著)　後白河院(高橋典幸著)　藤原忠通と基実(樋口健太郎著)　信西(木村真美子著)　藤原信頼・成親(元木泰雄著)　藤原経宗(元木泰雄著)　源義朝(近藤好和著)　平清盛(川合康著)　池禅尼と二位尼(栗山圭子著)　平時忠と信範(松薗斉著)　藤原邦綱とその娘たち(佐伯智広著)　平重盛(平義幸著)　西行(近藤好和著)

藤原浜成〔724～790〕　ふじわら・はまなり
◇藤原北家・京家官人の考察　木本好信著　岩田書院　2015.8　274p　22cm　(古代史研究叢書 11)　6200円　Ⓘ978-4-87294-923-0　Ⓝ288.2
内容　第1章 落原北家官人の考察(藤原房前　藤原永手　藤原真楯—薨伝を中心として　藤原真楯の薨伝—『公卿補任』尻付と「功臣家伝」　藤原魚名)　第2章 藤原京家官人の考察(藤原麻呂　藤原浜成)

藤原秀衡〔1122?～1187〕　ふじわら・ひでひら
◇中世の人物 京・鎌倉の時代編　第2巻 治承〜文治の内乱と鎌倉幕府の成立　野口実編　大阪

清文堂出版　2014.6　426p　22cm　〈文献あり〉　4500円　①978-4-7924-0995-1　Ⓝ281

内容　源頼政と以仁王（生駒孝臣著）　甲斐源氏（西川広平著）　木曾義仲（長村祥知著）　源義経と範頼（宮田敬三著）　平宗盛（田中大喜著）　平氏の新旧家人たち（西村隆著）　藤原秀衡（三好俊文著）　源頼朝（元木泰雄著）　大庭景親（森幸夫著）　城助永と助職（長茂）（高橋一樹著）　千葉常胤（野口実著）　和田義盛と梶原景時（滑川敦子著）　北条時政と牧の方（落合義明著）　源頼家（藤本頼人著）　八条院（高松百香著）　藤原兼実（高橋秀樹著）　源通親（佐伯智広著）　法然と貞慶・明恵（平雅行著）　重源（久野修義著）　栄西（中尾良信著）

◇藤原秀衡—義経を大将軍として国務せしむべし　入間田宜夫著　京都　ミネルヴァ書房　2016.1　321,6p　20cm　（ミネルヴァ日本評伝選）〈文献あり　年譜あり　索引あり〉　3000円　①978-4-623-07576-8　Ⓝ289.1

内容　序章　さまざまな人物像　第1章　立ちはだかる大きな壁　第2章　偉大な祖父、清衡の国づくりを振り返って　第3章　平泉三代の御館、秀衡の登場　第4章　秀衡を支える人びと　第5章　都市平泉の全盛期　第6章　鎮守府将軍秀衡の登場　第7章　秀衡の平泉幕府構想　第8章　義経を金看板とする広域軍政府の誕生　第9章　文治五年奥州合戦　終章　平泉の置きみやげ

藤原　秀康〔?～1221〕　ふじわら・ひでやす
◇中世の人物　京・鎌倉の時代編　第3巻　大阪　清文堂出版　2014.7　382p　22cm　4500円　①978-4-7924-0996-8　Ⓝ281

内容　後鳥羽院（美川圭著）　九条道家（井上幸治著）　西園寺公経（山岡瞳著）　藤原秀康（長村祥知著）　藤原定家（谷昇著）　源実朝（坂井孝一著）　北条政子（黒嶋敏著）　北条義時（田辺旬著）　北条泰時（菊池紳一著）　北条時房と重時（久保田和彦著）　九条頼経・頼嗣（岩田慎平著）　竹御所と石山尼（小野翠著）　三浦義村（真鍋淳哉著）　大江広元と三善康信（善信）（佐藤雄基著）　宇都宮頼綱（野口実著）　慈円（菊地大樹著）　聖覚（平雅行著）　定豪（海老名尚著）　円爾（原田正俊著）　叡尊（細川涼一著）　公武権力の変容と仏教界（平雅行／編）

藤原　洋〔1954～〕　ふじわら・ひろし
◇デジタル情報革命の潮流の中で—インターネット社会実現へ向けての60年自分史　藤原洋著　アスペクト　2014.10　237p　20cm　1600円　①978-4-7572-2367-7　Ⓝ289.1

内容　「放浪」の旅の始まり　デジタル情報革命下の職業選択　初めてのITエンジニアとしての仕事　ベンチャービジネスへの扉　ベンチャービジネスの元祖アスキー　西さんの先見の明と一気に広がったネットワークの世界　稲盛さんの思い出と世界との動画像圧縮技術開発競争　テレビ画像のデジタル化への挑戦とMPEGとの出逢い　ベンチャービジネスの元祖アスキーで起こったこと、学んだこと　アスキーでの最後の仕事とインターネット・ベンチャーの起業　インターネット・ベンチャーIRI起業の本当の理由　創業三年東証マザーズ第一号上場へ　東証上場の落とし穴。IXI事件そして再挑戦へ　インターネット前提社会の確立に向けて

藤原　房前〔681～737〕　ふじわら・ふささき
◇藤原北家・京家官人の考察　木本好信著　岩田書院　2015.8　274p　22cm　（古代史研究叢書11）　6200円　①978-4-87294-923-0　Ⓝ288.2

内容　第1章　落原北家官人の考察（藤原房前　藤原永手　藤原真楯—薨伝を中心として　藤原真楯の薨伝—『公卿補任』尻付と「功臣家伝」　藤原魚名）　第2章　藤原京家官人の考察（藤原麻呂　藤原浜成）

◇藤原氏の研究　倉本一宏著　雄山閣　2017.11　229p　22cm　（日本古代氏族研究叢書 6）　4200円　①978-4-639-02537-5　Ⓝ288.3

内容　第1章　中臣鎌足と藤原氏の成立（乙巳の変前後の鎌足　「大化改新」と鎌足の功業　『鎌足伝』と『多武峯縁起』）　第2章　不比等の覇権と律令体制（藤原氏の確立　律令国家の権力中枢と蔭位制　不比等の覇権　宣命にみる藤原氏）　第3章　奈良朝の政変劇と藤原氏（四家の分立と王権　聖武と光明子と藤原氏　奈良朝末期の政変劇と藤原氏）

藤原　不比等〔659～720〕　ふじわら・ふひと
◇法制と社会の古代史　三田古代史研究会編　慶應義塾大学出版会　2015.5　330p　22cm　8500円　①978-4-7664-2230-6　Ⓝ210.3

内容　第1部　法と秩序（律令条文に規定される皇太子の権限とその実態　地方における律令官人制の展開と受容—勲位を中心に　異質令集解の成立をめぐる一考察　元日朝賀儀礼の変質と小朝拝の成立）　第2部　政務と人物（継体天皇と琵琶湖・淀川水系　藤原不比等—その前半生について　五紀暦併用と宣明暦採用とに関する一考察—その実態と音義について　大江匡衡と藤原実資—『小右記』長和元年の記事に見る）　第3部　生活と信仰（須佐之男命の略誌と「悪神の音」　『古事記』における秩序／無秩序をめぐって　古代の声の風景—ナクとサヘヅル　古代村落の仏教受容とその背景　平安京都市民の存在形態—道々細工を中心として）

◇藤原氏の研究　倉本一宏著　雄山閣　2017.11　229p　22cm　（日本古代氏族研究叢書 6）　4200円　①978-4-639-02537-5　Ⓝ288.3

内容　第1章　中臣鎌足と藤原氏の成立（乙巳の変前後の鎌足　「大化改新」と鎌足の功業　『鎌足伝』と『多武峯縁起』）　第2章　不比等の覇権と律令体制（藤原氏の確立　律令国家の権力中枢と蔭位制　不比等の覇権　宣命にみる藤原氏）　第3章　奈良朝の政変劇と藤原氏（四家の分立と王権　聖武と光明子と藤原氏　奈良朝末期の政変劇と藤原氏）

◇藤原氏—権力中枢の一族　倉本一宏著　中央公論新社　2017.12　297p　18cm　（中公新書2464）〈文献あり　年表あり〉　900円　①978-4-12-102464-0　Ⓝ288.3

内容　はじめに　藤原氏とは何か　序章　鎌足の「功業」と藤原氏の成立　第1章　不比等の覇権と律令体制　第2章　奈良朝の政変劇　第3章　藤原北家と政権抗争　第4章　摂関政治の時代　第5章　摂関家の成立と院政　第6章　武家政権の成立と五摂家の分立　おわりに—日本史と藤原氏

◇万葉の史的世界　川﨑晃著　慶應義塾大学出版会　2018.7　399,8p　22cm　〈索引あり〉　8500円　①978-4-7664-2529-1　Ⓝ210.3

内容　第1部　万葉の史的世界（万葉びとと時刻—奈良時代時刻制度の諸相　神功皇后の周辺—オキナガの原

義と酒楽歌について　佐保の川畔の邸宅と苑池　長屋王家の色彩史―万葉歌、長屋王家木簡に見える色彩語について　忘れ草と中国古典　万葉の時代の日本と渤海　第2部 万葉の時代の人物誌（大津皇子とその周辺　藤原不比等―その前半生について　玄昉―入唐留学僧の栄光と挫折）　第3部 古代越中の諸相（「傳厨」考―富山県高岡市美野下遺跡出土墨書土器について　気多大神宮寺木簡と「難波津の歌」木簡―高岡市東木津遺跡出土木簡について　古代越中（越中・能登）地名雑考　「荊波の里」についての覚書―地図に描かれた道と表示記載の書字方向についての試論　越中の大伴家持）　第4部 書評（市大樹著『飛鳥藤原木簡の研究』稲岡耕二著『山上憶良』木本秀樹著『越中古代社会の研究』）

藤原 正儀　ふじわら・まさのり
⇒太田正儀（おおた・まさのり）を見よ

藤原 優〔1953～〕　ふじわら・まさる
◇日本ラグビーヒーロー列伝―歴史に残る日本ラグビー名選手 All about JAPAN RUGBY 1970-2015　ベースボール・マガジン社編著　ベースボール・マガジン社　2016.2　175p　19cm　1500円　①978-4-583-11001-1　Ⓝ783.48
内容　第1章 2015年 ワールドカップの英雄（五郎丸歩　リーチ、マイケル　廣瀬俊朗　大野均　堀江翔太 ほか）　第2章 ヒーロー列伝 1970年～2015年（坂田好弘　原進　藤原優　森重隆　松尾雄治 ほか）

藤原 真楯〔715～766〕　ふじわら・またて
◇藤原北家・京家官人の考察　木本好信著　岩田書院　2015.8　274p　22cm　（古代史研究叢書11）　6200円　①978-4-87294-923-0　Ⓝ288.2
内容　第1章 落原北家官人の考察（藤原房前　藤原永手　藤原真楯―薨伝を中心として　藤原真楯の薨伝―『公卿補任』尻付と「功臣家伝」　藤原魚名）　第2章 藤原京家官人の考察（藤原麻呂　藤原浜成）

藤原 麻呂〔695～737〕　ふじわら・まろ
◇藤原北家・京家官人の考察　木本好信著　岩田書院　2015.8　274p　22cm　（古代史研究叢書11）　6200円　①978-4-87294-923-0　Ⓝ288.2
内容　第1章 落原北家官人の考察（藤原房前　藤原永手　藤原真楯―薨伝を中心として　藤原真楯の薨伝―『公卿補任』尻付と「功臣家伝」　藤原魚名）　第2章 藤原京家官人の考察（藤原麻呂　藤原浜成）

藤原道綱母〔936?～995〕　ふじわら・みちつなのはは
◇蜻蛉日記　藤原道綱母著、犬養廉校注　新装版　新潮社　2017.9　357p　20cm　（新潮日本古典集成）〈年表あり　索引あり〉　2300円　①978-4-10-620812-6　Ⓝ915.33
内容　上（天暦八年～安和元年）　中（安和二年～天禄二年）　下（天禄三年～天延二年）　巻末歌集

藤原 道長〔966～1028〕　ふじわら・みちなが
◇天皇の歴史　3　天皇と摂政・関白　大津透、河内祥輔、藤井讓治、藤田覚編集委員　佐々木恵介著　講談社　2018.2　361p　15cm　（講談社学術文庫 2483）〈文献あり　年表あり　索引あり〉　1180円　①978-4-06-292483-2　Ⓝ210.1
内容　序章 天皇の変貌と摂関政治　第1章 摂政・関白の成立と天皇　第2章 「延喜・天暦の治」の時代　第3章 摂関政治の成熟　第4章 王権をめぐる人々　第5章 儀式・政務と天皇　第6章 仏と神と天皇　第7章 摂関期の財政と天皇　終章 天皇像の変容

藤原 通憲　ふじわら・みちのり
⇒信西（しんぜい）を見よ

藤原 宗忠〔1062～1141〕　ふじわら・むねただ
◇日記で読む日本史　13　日記に魅入られた人々―王朝貴族と中世公家　倉本一宏監修　松薗斉著　京都　臨川書店　2017.4　206p　20cm〈文献あり〉　2800円　①978-4-653-04353-9　Ⓝ210.08
内容　第1章 人生を仕上げた男―藤原宗忠『中右記』　第2章 日記の中のジキルとハイド―藤原頼長『台記』　第3章 父と姉と娘と息子―藤原定家『明月記』　第4章 経光くんの恋―藤原経光『民経記』　第5章 やさしい宮様（中世の夫婦善哉日記）―貞成親王『看聞日記』　第6章 戦国の「渡る世間…」―三条西実隆『実隆公記』　第7章 言継さんの診察カルテ―山科言継『言継卿記』　第8章 天皇様を支えます!!―戦国の禁裏女房たち『御湯殿上日記』

藤原 基実〔1143～1166〕　ふじわら・もとざね
◇中世の人物　京・鎌倉の時代編　第1巻　保元・平治の乱と平氏の栄華　元木泰雄編　大阪　清文堂出版　2014.3　412p　22cm　4500円　①978-4-7924-0994-4　Ⓝ281
内容　鳥羽院・崇徳院（佐藤健治著）　藤原忠実（佐古愛己著）　藤原頼長（横内裕人著）　平忠盛（守田逸人著）　源為義（須藤聡著）　覚仁と信実―悪僧論～（久野修義著）　阿多忠景と源為朝（栗林文夫著）　後白河院（髙橋典幸著）　藤原忠通と基実（樋口健太郎著）　信西（木村真美子著）　藤原信頼・成親（元木泰雄著）　藤原経宗（元木泰雄著）　源義朝（近藤好和著）　平清盛（川合康著）　池禅尼と二位尼（栗山圭子著）　平時忠と信範（松薗斉著）　藤原邦綱とその娘たち（佐伯智広著）　平重盛（平藤幸著）　西行（近藤好和著）

藤原 基隆〔1075～1132〕　ふじわら・もとたか
◇藤原隆家の血脈―後鳥羽天皇と五摂家　小林礼子著　学研マーケティング　2014.10　162p　19cm　1400円　①978-4-05-406080-7　Ⓝ289.1
内容　藤原北家の村上朝から一条朝　長徳の変と中宮と兄弟の悲劇　隆家の結婚　上達部隆家　大宰権師隆家　長男良頼と子孫　嫡男経輔と子孫　中山師通と北政所　隆家次女と兼経の子孫　堀河天皇乳母子基隆と敦兼　待賢門院義兄経忠と子孫　近衛家と鷹司家の祖　九条・二条・一条家の祖

藤原 基経〔836～891〕　ふじわら・もとつね
◇平安の新京　石上英一、鎌田元一、栄原永遠男監修，吉川真司編　大阪　清文堂出版　2015.10　396p　22cm　（古代の人物 4）〈索引あり〉　4500円　①978-4-7924-0571-7　Ⓝ281.04
内容　本巻のねらい 平安の新京　1 平城京と平安京（桓武天皇―中国的君主像の追求と「律令制」の転換　早良親王―「皇太子廃置」の困難　坂上田村麻呂―征夷副将軍になるまでを中心に　高丘親王（真

如）―菩薩の道、必ずしも一致せず）　2　王権の安定（嵯峨天皇―唐風を整え、幽境に遊ぶ　最澄―仏法具足の大日本国　空海―鎮護国家・国王護持の密教者　源信・常・定―臣籍降下した皇子たち　有智子内親王―「文章経国」の時代の初代賀茂院司　仁明天皇―宮廷の典型へ　讚岐永直―律令国家と明法道）　3　前期摂関政治へ（伴善男―逆臣か「良吏」か　円仁―東部ユーラシア史の変動を記録した入唐僧　藤原良房・基経―前期摂関政治の成立　藤原高子―廃后事件の背景と歴史的位置　藤原保則―激動の時代を生きた良吏）

◇藤原良房・基経―藤氏のはじめて摂政・関白したまう　瀧浪貞子著　京都　ミネルヴァ書房　2017.2　394,10p　20cm　（ミネルヴァ日本評伝選）〈文献あり　年譜あり　索引あり〉　3800円　Ⓘ978-4-623-07940-7　Ⓝ289.1

内容　第1章　良房・基経のルーツ　第2章　覇権への道　第3章　承和の変と良房　第4章　人臣最初の"上皇"　第5章　摂政基経　第6章　基経と阿衡の紛議

藤原師通〔1062～1099〕　ふじわら・もろみち
◇藤原隆家の血脈―後鳥羽天皇と五摂家　小林礼子著　学研マーケティング　2014.10　162p　19cm　1400円　Ⓘ978-4-05-406080-7　Ⓝ289.1

内容　藤原北家の村上朝から一条朝　長徳の変と中宮と兄弟の悲劇　隆家の結婚　上達部隆家　大宰権帥隆家　長男ije頼と子孫　嫡男経輔と子孫　関白師通と北政所　隆家次女と兼経の子孫　堀河天皇乳母子基隆と敦兼　待賢門院兼兄経忠と子孫　近衛家と鷹司家の祖　九条・二条・一条家の祖

藤原保則〔825～895〕　ふじわら・やすのり
◇平安の新京　石上英一、鎌田元一、栄原永遠男監修、吉川真司編　大阪　清文堂出版　2015.10　396p　22cm　（古代の人物　4）〈索引あり〉　4500円　Ⓘ978-4-7924-0571-7　Ⓝ281.04

内容　本巻のねらい　平安の新京　1　平城京と平安京（桓武天皇―中国的君主像の追求と「律令制」の転換　早良親王―「皇太子置定」の困難　坂上田村麻呂―征夷副将軍になるまでを中心に　高丘親王（真如）―菩薩の道、必ずしも一致せず）　2　王権の安定（嵯峨天皇―唐風を整え、幽境に遊ぶ　最澄―仏法具足の大日本国　空海―鎮護国家・国王護持の密教者　源信・常・定―臣籍降下した皇子たち　有智子内親王―「文章経国」の時代の初代賀茂院司　仁明天皇―宮廷の典型へ　讚岐永直―律令国家と明法道）　3　前期摂関政治へ（伴善男―逆臣か「良吏」か　円仁―東部ユーラシア史の変動を記録した入唐僧　藤原良房・基経―前期摂関政治の成立　藤原高子―廃后事件の背景と歴史的位置　藤原保則―激動の時代を生きた良吏）

◇三善清行の遺文集成　三善清行著，所功訓読解説　京都　方丈堂出版　2018.12　222p　21cm〈年譜あり　索引あり　発売：オクターブ（京都）〉　1100円　Ⓘ978-4-89231-204-5　Ⓝ121.3

内容　序論　三善清行の略歴と集成遺文の要旨　遺文1　建議など　遺文2　伝記　遺文3　随筆　遺文4　詩文　遺文5　参考

藤原行成〔972～1027〕　ふじわら・ゆきなり
◇日本書人伝　中田勇次郎編　中央公論新社　2015.8　363p　16cm　（中公文庫　な66-2）〈執筆：山本健吉ほか　中央公論社　1974年刊の再刊　年譜あり〉　1200円　Ⓘ978-4-12-206163-7　Ⓝ728.21

内容　聖徳太子　聖武天皇　光明皇后―山本健吉　空海―司馬遼太郎　最澄　嵯峨天皇　橘逸勢―永井路子　小野道風　藤原佐理―寺田透　藤原行成―白洲正子　西行　藤原俊成　藤原定家―中村真一郎　大燈国師　一休宗純―唐木順三　本阿弥光悦―花田清輝　池大雅―辻邦生　良寛―水上勉　貫名菘翁―中田勇次郎

藤原良経〔1169～1206〕　ふじわら・よしつね
◇新古今の天才歌人藤原良経―歌に漂うペーソスは何処から来たのか　太田光一著　郁朋社　2017.10　233p　20cm　〈文献あり　年表あり〉　1500円　Ⓘ978-4-87302-659-6　Ⓝ911.142

内容　前篇　藤原良経小伝　後篇　藤原良経の歌（第一期の歌　第二期の歌　第三期の歌）　むすび（良経のアンソロジー『新古今和歌集』良経歌のペーソスとその源泉）

藤原良房〔804～872〕　ふじわら・よしふさ
◇平安の新京　石上英一、鎌田元一、栄原永遠男監修、吉川真司編　大阪　清文堂出版　2015.10　396p　22cm　（古代の人物　4）〈索引あり〉　4500円　Ⓘ978-4-7924-0571-7　Ⓝ281.04

内容　本巻のねらい　平安の新京　1　平城京と平安京（桓武天皇―中国的君主像の追求と「律令制」の転換　早良親王―「皇太子置定」の困難　坂上田村麻呂―征夷副将軍になるまでを中心に　高丘親王（真如）―菩薩の道、必ずしも一致せず）　2　王権の安定（嵯峨天皇―唐風を整え、幽境に遊ぶ　最澄―仏法具足の大日本国　空海―鎮護国家・国王護持の密教者　源信・常・定―臣籍降下した皇子たち　有智子内親王―「文章経国」の時代の初代賀茂院司　仁明天皇―宮廷の典型へ　讚岐永直―律令国家と明法道）　3　前期摂関政治へ（伴善男―逆臣か「良吏」か　円仁―東部ユーラシア史の変動を記録した入唐僧　藤原良房・基経―前期摂関政治の成立　藤原高子―廃后事件の背景と歴史的位置　藤原保則―激動の時代を生きた良吏）

◇藤原良房・基経―藤氏のはじめて摂政・関白したまう　瀧浪貞子著　京都　ミネルヴァ書房　2017.2　394,10p　20cm　（ミネルヴァ日本評伝選）〈文献あり　年譜あり　索引あり〉　3800円　Ⓘ978-4-623-07940-7　Ⓝ289.1

内容　第1章　良房・基経のルーツ　第2章　覇権への道　第3章　承和の変と良房　第4章　人臣最初の"上皇"　第5章　摂政基経　第6章　基経と阿衡の紛議

◇天皇の歴史　3　天皇と摂政・関白　大津透，河内祥輔，藤井讓治，藤田覚編集委員　佐々木恵介著　講談社　2018.2　361p　15cm　（講談社学術文庫　2483）〈文献あり　年表あり　索引あり〉　1180円　Ⓘ978-4-06-292483-2　Ⓝ210.1

内容　序章　天皇の変貌と摂関政治　第1章　摂政・関白の成立と天皇　第2章　「延喜・天暦の治」の時代　第3章　摂関政治の成熟　第4章　王権をめぐる人々　第5章　儀式・政務と天皇　第6章　仏と神と天皇　第7章　摂関期の財政と天皇　終章　天皇像の変容

藤原良頼〔1002～1048〕　ふじわら・よしより
◇藤原隆家の血脈―後鳥羽天皇と五摂家　小林礼

ふしわら

子著　学研マーケティング　2014.10　162p　19cm　1400円　①978-4-05-406080-7　Ⓝ289.1

内容　藤原北家の村上朝から一条朝　長徳の変と中宮と兄弟の悲劇　隆家の結婚　上達部隆家　大宰権帥隆家　長男良輔と子孫　嫡男経輔と子孫　関白師通と北政所　隆家次女と兼経の子孫　堀河天皇乳母子基隆と敦兼　待賢門院兄経忠と子孫　近衛家と鷹司家の祖　九条・二条・一条家の祖

藤原 頼嗣　ふじわら・よりつぐ
⇒九条頼嗣（くじょう・よりつぐ）を見よ

藤原 頼経　ふじわら・よりつね
⇒九条頼経（くじょう・よりつね）を見よ

藤原 頼長〔1120～1156〕　ふじわら・よりなが
◇中世の人物　京・鎌倉の時代編　第1巻　保元・平治の乱と平氏の栄華　元木泰雄編　大阪　清文堂出版　2014.3　412p　22cm　4500円　①978-4-7924-0994-4　Ⓝ281

内容　鳥羽院・崇徳院（佐藤健治著）　藤原忠実（佐古愛己著）　藤原頼長（横内裕人著）　平忠盛（守田逸人著）　藤原為義（須藤聡著）　覚仁と信実～悪僧論～（久野修義著）　阿多忠景と源為朝（栗林文夫著）　後白河院（高橋典幸著）　藤原忠通と基実（樋口健太郎著）　信西（木村真美子著）　藤原信頼・成親（元木泰雄著）　藤原経宗（近藤好和著）　平清盛（川合康著）　池禅尼と二位尼（栗山圭子著）　平時忠と信範（松薗斉著）　藤原邦綱とその娘たち（佐伯智広著）　平重盛（平藤幸著）　西行（近藤好和著）

◇日記で読む日本史　13　日記に魅入られた人々―王朝貴族と中世公家　倉本一宏監修　松薗斉著　京都　臨川書店　2017.4　206p　20cm　〈文献あり〉　2800円　①978-4-653-04353-9　Ⓝ210.08

内容　第1章　人生を仕上げた男―藤原宗忠『中右記』　第2章　日記の中のジキルとハイド―藤原頼長『台記』　第3章　父と姉と娘と息子―藤原定家『明月記』　第4章　経兄くんの恋―藤原経光『民経記』　第5章　やさしい宮様（中世の夫婦善哉日記）―貞成親王『看聞日記』　第6章　戦国の「渡る世間…」―三条西実隆『実隆公記』　第7章　言継さんの診察カルテ―山科言継『言継卿記』　第8章　天皇様を支えます!!―戦国の禁裏女房たち『御湯殿上日記』

◇藤原頼長―「悪左府」の学問と言説　柳川響著　早稲田大学出版部　2018.5　286,5p　22cm　（早稲田大学エウプラクシス叢書 012）〈索引あり〉　4000円　①978-4-657-18802-1　Ⓝ289.1

内容　第1部　藤原頼長の学問と『台記』（藤原頼長の経学と「君子」観―『台記』を中心として　『台記』における漢籍受容の再検討　藤原頼長と告文―『台記』所載の告文をめぐって　ほか）　第2部　藤原頼長の詩文と学問（漢詩と学問の検討　二つの伝―源有仁と藤原忠実　二つの遺戒―「家訓序」と「戒両男」）　第3部　藤原頼長をめぐる言説（貴族日記と説話―藤原成佐をめぐる二説話と『台記』『古今著聞集』試論―巻第四・文学第五の藤原頼長説話を中心として　『保元物語』における藤原頼長の人物造形―「神矢」と平門をめぐって）

布施 淡〔1873～1901〕　ふせ・あわし
◇加藤豊世・布施淡往復書簡―明治期のある青春の記録　加藤豊世,布施淡著,フェリス女学院150年史編纂委員会編　横浜　フェリス女学院　2016.3　350p　21cm　（フェリス女学院150年史資料集　第4集）〈年譜あり〉　Ⓝ289.1

布施 康二郎〔1941～〕　ふせ・こうじろう
◇我が生い立ちの記　青春編　布施康二郎編著　仙台　布施康二郎　2015.6　154p　21cm　Ⓝ289.1
◇我が生い立ちの記　残照篇　布施康二郎編　仙台　布施康二郎　2018.12　408p　21cm　Ⓝ289.1

布施 辰夫〔1952～2017〕　ふせ・たつお
◇弟布施辰夫の生涯　布施康二郎編著　仙台　布施康二郎　2018.7　239p　21cm　Ⓝ289.1

布施 辰治〔1880～1953〕　ふせ・たつじ
◇評伝　布施辰治　森正著　日本評論社　2014.11　1118,6p　23cm　〈布装　著作目録あり　年譜あり〉　12000円　①978-4-535-52029-5　Ⓝ289.1

内容　1　救世の志の時期（一八八〇～一九〇二年）　2　人道主義の時期（一九〇二～一二年）　3　反権力意識の時期（一九一二～二二年）　4　階級意識の時期（一九二二～三三年）　5　暗中模索の時期（一九三三～四五年）　6　復活・新生の時期（一九四五～五三年）

不染 鉄〔1891～1976〕　ふせん・てつ
◇不染鉄ノ便り　不染鉄著　求龍堂　2018.8　206p　21cm　2300円　①978-4-7630-1814-4　Ⓝ721.9
＊これらは、人間・不染鉄の人生観が滲む魂の記録であり、すべての人の心に宛てた便りである。

二井 康雄〔1946～〕　ふたい・やすお
◇ぼくの花森安治　二井康雄著　CCCメディアハウス　2016.8　173p　19cm　〈文献あり　年譜あり〉　1400円　①978-4-484-16220-1　Ⓝ051.7

内容　「暮しの手帖」に入るまで　暮しの手帖研究室　怒られてばかりだったけれど　花森さんの偉業　花森さん語録　花森さんの「遺言」と信じて

二木 珠江〔1944～〕　ふたき・たまえ
◇北の大地で―看護と育児と鍼灸と　二木珠江著　文芸社　2018.5　97p　15cm　500円　①978-4-286-19371-7　Ⓝ289.1

二木 秀雄〔1908～1992〕　ふたき・ひでお
◇「飽食した悪魔」の戦後―731部隊と二木秀雄『政界ジープ』　加藤哲郎著　花伝社　2017.5　397,10p　22cm　〈索引あり〉　発売：共栄書房　3500円　①978-4-7634-0809-9　Ⓝ210.75

内容　第1部　七三一部隊の隠蔽工作と二木秀雄（ゾルゲ事件と七三一部隊の二つの接点　「悪魔に影を売り渡した男」―二木秀雄の生体実験　関東軍七三一部隊の敗戦と証拠隠滅　再編・継承・隠蔽された七三一部隊　第一次サンダース調査団への隠蔽と免責工作―有末精三と亀井貫一郎の暗躍）　第2部　七三一部隊の免責と『政界ジープ』（金沢でのGHQ工作

一二木秀雄の雑誌『輿論』刊行　『輿論』『日本輿論』とCCDの検閲―天皇制と原爆・原子力　石井四郎の出頭からデータ提供とバーターでの免責へ　二木秀雄の大衆時局雑誌『政界ジープ』―免責迂回作戦　帝銀事件におけるG2の捜査妨害―七三一部隊の実質的解散）第3部　七三一部隊の復権と二木秀雄の没落（二木秀雄『政界ジープ』の逆コース、反共雑誌化　シベリア抑留と米ソ情報戦　サムス准将の医療民主化と七三一医学者・医師の復権　二木秀雄の医薬業界への復権と日本ブラッドバンク創設　二木秀雄の出版ビジネスの謎と「政界ジープ事件」による没落）

二葉亭 四迷〔1864～1909〕ふたばてい・しめい

◇星はらはらと―二葉亭四迷の明治　太田治子著　名古屋　中日新聞社　2016.5　309p　19cm　1800円　①978-4-8062-0711-5　Ⓝ910.268
　＊『浮雲』『平凡』『其面影』…豊かな愛溢れ、文学に生涯を捧げた快男児。"明治"という時代とともに描き出す、新しい二葉亭四迷の肖像。

◇二葉亭四迷　小倉脩三著, 福田清人編　新装版　清水書院　2018.4　186p　19cm　（Century Books―人と作品）〈文献あり　年譜あり　索引あり〉　1200円　①978-4-389-40126-9　Ⓝ910.268
　内容　第1編　二葉亭四迷の生涯（文学への眼覚め　野心と絶望　青春彷徨　生涯の嵐の中で　父の死　ほか）第2編　作品と解説（浮雲　其面影　平凡　翻訳および文学論　むすび）

双葉山 定次〔1912～1968〕ふたばやま・さだじ

◇横綱の品格　双葉山（時津風定次）著　新版　ベースボール・マガジン社　2018.2　177p　20cm　〈年表あり〉　1600円　①978-4-583-11145-2　Ⓝ788.1
　内容　第1章　ゆくて遙かに　第2章　立浪部屋　第3章　同門の人びと　第4章　ひとすじの道　第5章　相撲のこころ　第6章　双葉山道場　第7章　力士と条件　第8章　交わりの世界　本書に寄せて　単純だからこそむずかしい―相撲が教えてくれるもの（第四十八代横綱　大鵬幸喜）

淵上 毛錢〔1915～1950〕ふちがみ・もうせん

◇生きた、臥た、書いた―淵上毛錢の詩と生涯　前山光則著　福岡　弦書房　2015.11　308p　19cm　〈年譜あり〉　2000円　①978-4-86329-129-4　Ⓝ911.52

淵澤 能恵〔1850～1936〕ふちざわ・のえ

◇日韓の架け橋となったキリスト者―乗松雅休から澤正彦まで　中村敏著　いのちのことば社　2015.4　110p　19cm　〈年表あり〉　1000円　①978-4-264-03347-9　Ⓝ192.1
　内容　第1章　乗松雅休―日本最初の海外宣教師　第2章　田内千鶴子（尹鶴子）―三〇〇〇人の韓国人孤児の母となった日本人女性　第3章　浅川巧―白磁と植林事業を通して日韓の架け橋となったキリスト者　第4章　淵澤能恵―韓国女子教育を通して日韓の架け橋となったキリスト者　第5章　曾田嘉伊智―韓国孤児の慈父と慕われた日本人　第6章　織田楢次―生涯を韓国人伝道に捧げた宣教師　第7章　枡富安左衛門―農場経営と教育と伝道で架け橋となったキリスト者　第8章　澤正彦―韓国に対して贖罪の求道者として生きたキリスト者

淵田 美津雄〔1902～1976〕ふちだ・みつお

◇真珠湾攻撃隊長　淵田美津雄―世紀の奇跡を成功させた名指揮官　星亮一著　潮書房光人社　2016.10　277p　16cm　（光人社NF文庫　ほN-972）〈『淵田美津雄』（PHP文庫 2000年刊）の改題　文献あり〉　820円　①978-4-7698-2972-0　Ⓝ916
　内容　空母「赤城」の飛行隊長　破天荒な提督　航空母艦は集中配備せよ　乾坤一擲の作戦　太平洋の波高し　日米スパイ情報合戦　北辺の択捉島単冠湾　開戦へのゴーサイン　われ奇襲に成功せり　泥棒も帰りは怖い　ルーズベルト激怒の日々　ドゥーリトルの東京空襲　決戦ミッドウェー　空母「赤城」が沈む　落日の前奏曲　新兵器レーダーとVT信管　昭和二十年八月十五日　戦争と平和の問題

仏陀　ぶつだ

⇒釈迦（しゃか）を見よ

武帝（漢）〔前157～前87〕ぶてい

◇漢の武帝　永田英正著　新装版　清水書院　2015.9　242p　19cm　（Century Books―人と思想 189）〈文献あり　年譜あり　索引あり〉　1000円　①978-4-389-42189-2　Ⓝ289.2
　内容　1　若き皇帝の誕生―武帝の即位をめぐって　2　秦から漢へ―中央集権国家の成立　3　対匈奴戦争の開始―漢の武帝の対外政策　4　シルク・ロードの開通―西域への関心　5　財政の再建―新経済政策の実施　6　武帝政治の光と影―儒家官僚と酷吏　7　神仙から封禅までの神秘的な祭祀　8　対匈奴戦争の再開―対外政策の変化　9　晩年の悲哀―皇太子をめぐる抗争

◇史記・三国志英雄列伝―戦いでたどる勇者たちの歴史　井波律子著　潮出版社　2015.11　221p　20cm　〈年表あり〉　2000円　①978-4-267-02035-3　Ⓝ222.042
　内容　第1章　群雄割拠の時代―始皇帝～項羽と劉邦（秦の始皇帝　陳勝・呉広の乱　反乱の拡大と秦王朝の滅亡　鴻門の会　劉邦の反撃　ほか）　第2章　激動の時代を生き抜く漢たち―漢の武帝～三国志の英雄たち（韓信・黥布の粛清、劉邦の死　呂后の専横と陳平・周勃の反撃　武帝の登場　最盛期の武帝　晩年の武帝　ほか）

◇武帝―始皇帝をこえた皇帝　冨田健之著　山川出版社　2016.2　88p　21cm　（世界史リブレット人 12）〈文献あり　年譜あり〉　800円　①978-4-634-35012-0　Ⓝ289.2
　内容　秦皇漢武　1　呉楚七国の乱と武帝の即位　2　公孫弘の丞相就任と官界再編　3　側近官の登用と新たな皇帝支配の動き　4　武帝の死と領尚書事

船井（舩井）幸雄〔1933～2014〕ふない・ゆきお

◇SAKIGAKE―新時代の扉を開く　舩井勝仁, 佐野浩一著　姫路　きれい・ねっと　2014.11　202p　19cm　〈発売：星雲社〉　1500円　①978-4-434-19943-1　Ⓝ289.1
　内容　第1章　対談―二人の息子から見た舩井幸雄（社葬の日の大雪　舩井幸雄が社葬で伝えたかったこと　ほか）　第2章　幸塾力と本物時代の到来（未来への言霊

ふなつ

幸感力 ほか） 第3章 新しい時代のカリスマ（父との魂の交流 2代目の役割 ほか） 第4章 対談―新時代の扉を開くSAKIGAKE・BITO（「スピリチュアルはつまらない」の真意 否定から入らない素直さ ほか）

船津 伝次平〔1832～1898〕 ふなつ・でんじへい
◇老農・船津伝次平の養蚕史 田中修著 前橋 上毛新聞社事業局出版部 2017.11 82p 21cm （前橋学ブックレット 13）〈文献あり〉 600円 ⓘ978-4-86352-193-3 Ⓝ630

船橋 成幸〔1925～〕 ふなばし・しげゆき
◇革新政治の裏方が語る13章 船橋成幸著 オルタ出版室 2015.3 248p 21cm （オルタ叢書 4）〈発売：新時代社〉 1200円 ⓘ978-4-7874-9111-4 Ⓝ315.1
内容 生い立ちは戦争の時代 船員労働運動から政治活動へ 労働党で構造改革路線、社会党へ 構革派の領袖、江田三郎さんと 横浜市役所に移って 飛鳥田一雄委員長と再び党本部へ 最後の活動、田辺誠さんに援けられ 裏方から革新無党派へ 中国を訪ねて 戦後七〇年をどう見るか 安倍政権の実像を直視する 改革と進歩のために「新しい型の党」を支えてくれた先輩、仲間の皆さん 侵略戦争の総括について 私の短歌ノートより

舟橋 聖一〔1904～1976〕 ふなはし・せいいち
◇文藝的な自伝的な 舟橋聖一著 幻戯書房 2015.5 363p 20cm （銀河叢書） 3800円 ⓘ978-4-86488-069-5 Ⓝ910.268
内容 1 文藝的な自伝的な 隅田の白魚 湘南の春から夏 水際の夕景色 ほか） 2 国語問題と民族の将来 3 遠い山々（松の翠り 老俥夫の汗 大正十五年ごろ 阿部知二と主知的傾向

舩橋 節子 ふなはし・せつこ
◇ゆずらの木―舩橋節子想い出集 舩橋節子著 東銀座出版社 2014.12 198p 20cm 1852円 ⓘ978-4-89469-171-1 Ⓝ289.1
内容 1話 ふるさとは今も（田舎の冬 幼な馴じみ ほか） 2話 ああ父よ、母よ（小石の感触 初めての海水浴 ほか） 3話 楽しきは女学校（「とどろき」と天狗岩 親友 ほか） 4話 愛する人たちへ（分娩室 大晦日 ほか） 5話 戦時下のとき（お団子づくり 細長い食卓 ほか）

船橋 康貴〔1960～〕 ふなはし・やすき
◇ねえねえ、ミツバチさん仲良く一緒にどこ行こう―ハニーさんの自伝エッセイ 船橋康貴著 相模原 どう出版 2018.7 124p 21cm 1400円 ⓘ978-4-904464-90-8 Ⓝ289.1
内容 第1章 トップセールスマンから養蜂家へ 第2章 都市型養蜂の元祖パリ・オペラ座へ 第3章 ミツバチ絶滅の危機 第4章 ミツバチを救え！ ディズニーへの挑戦 第5章 託されたバトン 第6章 待ったなしの地球の今を伝える役目 第7章 ミツバチが教えてくれること

船山 馨〔1914～1981〕 ふなやま・かおる
◇黄色い虫―船山馨と妻の壮絶な人生 由井りょう子著 小学館 2014.11 269p 15cm （小学館文庫 ゆ4-1）〈2010年刊の加筆改稿 文献あり〉 580円 ⓘ978-4-09-406099-7 Ⓝ910.268
内容 第1章 狂乱の家 第2章 だまし討ち 第3章 泪 第4章 水の音 エピローグ 二頭の蝶

船山 春子〔1910～1981〕 ふなやま・はるこ
◇黄色い虫―船山馨と妻の壮絶な人生 由井りょう子著 小学館 2014.11 269p 15cm （小学館文庫 ゆ4-1）〈2010年刊の加筆改稿 文献あり〉 580円 ⓘ978-4-09-406099-7 Ⓝ910.268
内容 第1章 狂乱の家 第2章 だまし討ち 第3章 泪 第4章 水の音 エピローグ 二頭の蝶

フビライ
⇒クビライを見よ

冬 敏之〔1935～2002〕 ふゆ・としゆき
◇鷲手の指―評伝 冬敏之 鶴岡征雄著 本の泉社 2014.11 302p 20cm 〈文献あり〉 2000円 ⓘ978-4-7807-1186-8 Ⓝ910.268
内容 少年時代 思春期 青年時代 文学修業時代 野望と挫折 作家の座 人生の春 花ざかりの晩年

古井 由吉〔1937～〕 ふるい・よしきち
◇半自叙伝 古井由吉著 河出書房新社 2017.2 215p 15cm （河出文庫 ふ15-1） 830円 ⓘ978-4-309-41513-0 Ⓝ910.268
内容 1 半自叙伝（戦災下の幼年 闇市を走る子供たち 蒼い顔 雪の下で 道から逸れて 吉と凶と 魂の緒 老年） 2 創作ノート（初めの頃 駆出しの喘ぎ やや覚めた時分 場末の風 聖の祟り 厄年の頃 秋のあはれも身につかず）

古川 アシンノカル〔1857～1926〕 ふるかわ・あしんのかる
◇古川アシンノカルの生涯―新冠地方の故事と伝承 狩野義美著 札幌 北海道大学アイヌ・先住民研究センター 2016.3 73p 21cm （北海道大学アイヌ・先住民研究センターブックレット Aynu teetawanoankur kanpinuye cise kapar kanpisos 第6号）ⓘ978-4-907256-05-0 Ⓝ289.1

古河 市兵衛〔1832～1903〕 ふるかわ・いちべえ
◇財閥を築いた男たち 加来耕三著 ポプラ社 2015.5 266p 18cm （ポプラ新書 060）〈「名創業者に学ぶ人間学 十大財閥篇」(2010年刊) の改題、再構成、大幅に加筆・修正〉 780円 ⓘ978-4-591-14522-7 Ⓝ332.8
内容 第1章 越後屋から三井財閥へ 三野村利左衛門と益田孝 第2章 地下浪人から三菱財閥を創設 岩崎彌太郎 第3章 住友家を支えて屈指の財閥へ 広瀬宰平と伊庭貞剛 第4章 金融財閥を築いた経営の才覚 安田善次郎 第5章 無から有を生む才で財閥へ 浅野総一郎 第6章 生命を賭けて財閥を築いた創業者 大倉喜八郎 第7章 無学の力で財を成した鉱山王 古河市兵衛 第8章 株の大勝負に賭けて財閥へ 野村徳七

古川 喜美男 ふるかわ・きみお
◇笑顔の化粧法―超高齢化社会を心豊かに生きる

力　古川喜美男著　財界展望新社　2014.7　101p　22cm　〈zaiten Books〉　1200円　①978-4-87934-024-5　Ⓝ289.1

内容　第1章 原点―生まれ育った会津の魂「ならぬものはならぬ」が生き方の原点（私が生まれ育った会津の地　母の後ろ姿が生き方の原点 ほか）　第2章 苦節―東京での苦闘一五年、苦労と挫折で得たプラス思考の生き方（大志を抱いて東京の大学に　下宿先が全焼、友の情に涙 ほか）　第3章 出会―私と沖縄の運命的な出会い（いざ、沖縄へ　運命的な出会い ほか）　第4章 飛躍―プロとしてまた、「オンリーワン企業」として生き残るために（信頼される人になるために　プラス思考で乗り切る ほか）

◇笑顔の化粧法―心豊かに生きる力　古川喜美男著　〔出版地不明〕　古川喜美男　2016.3　105p　20cm　〈財界展望社 2014年刊の増訂 発売：沖縄タイムス社（那覇）〉　1200円　①978-4-87127-668-9　Ⓝ289.1

◇昨日と今日は違う　明日はさらに新しく　古川喜美男著　那覇　沖縄タイムス社　2018.3　149p　20cm　1200円　①978-4-87127-678-8　Ⓝ289.1

古川 享〔1954～〕　ふるかわ・すすむ

◇僕が伝えたかったこと、古川享のパソコン秘史 Episode1 アスキー時代　古川享著　インプレスR&D　2016.1　229p　21cm　〈Next Publishing〉〈年表あり　発売：インプレス〉　1850円　①978-4-8443-9700-7　Ⓝ548.2

内容　秋葉原時代（アスターインターナショナルでのアルバイト　秋葉原、マイコンショップという文化の発祥地 ほか）　アスキー時代初期（アスキー入社　アスキー出版の立ち上げ ほか）　メーカーの輝ける人たち（秋葉原が生み出したベンチャー　日本の初代パソコン代表機PC - 8001の試作機 ほか）　アスキー発展から見た激動のパソコン史（スゴ腕営業マンの入社と儲かったマウスビジネス　アスキーマイクロソフトでMS‐DOSを売る ほか）　海外での出来事（マイクロソフトが作って売ったApple 2のZ‐80ソフトカード　CP/MとMS‐DOS、運命の分かれ道 ほか）

古川 貞二郎〔1934～〕　ふるかわ・ていじろう

◇私の履歴書　古川貞二郎著　日本経済新聞出版社　2015.10　223p　20cm　〈年譜あり〉　1800円　①978-4-532-16975-6　Ⓝ289.1

内容　第1部 私の履歴書（少年時代　九州大学へ　長崎県庁　厚生省入省　年金局 ほか）　第2部 思い出すこと（幼い日の思い出　堀干し　新宿御苑の桜　佐賀で生まれ育って　アパート仲間 ほか）

古川 鉄治郎〔1878～1940〕　ふるかわ・てつじろう

◇古川鉄治郎そして豊郷小学校―明治・大正・昭和を生きた実業家　古川博康編著　芦屋　古川博康　2016.4　195p　21cm　〈発行所：芙蓉会〉　1350円　978-4-9907836-1-7　Ⓝ289.1

古川 のぼる〔1934～2015〕　ふるかわ・のぼる

◇埼玉奇才列伝―自分流の生き方に徹し輝いた10人　佐々木明著　さいたま　さきたま出版会　2018.9　183p　21cm　1500円　978-4-87891-462-1　Ⓝ281.34

内容　1 小鹿野のエジソン　赤岩松寿（発明家）　2 誰も真似られない前衛俳句　阿部完市（精神科医、俳人）　3 伝統を破り、作品を国内外で発表　今井満里（書家）　4 冤罪死刑囚と家族の支援に尽力　太田博也（童話作家、社会事業家）　5 元祖、釣りキャスター　金澤輝男（政党職員、釣り評論家）　6 世界の空を飛び新記録を残す　神田道夫（公務員、熱気球冒険家）　7 米国に魅せられミステリー翻訳九九冊　小鷹信光（翻訳家・作家）　8 創作民話と民話劇の巨匠　さねとうあきら（劇作家、民話作家）　9 世界の山を愛した超人　田部井淳子（登山家）　10 家庭教師と学習塾業界のカリスマ　古川のぼる（教育評論家、事業家）

古川 正雄〔1837～1877〕　ふるかわ・まさお

◇古田東朔近現代日本語生成史コレクション　第6巻　東朔夜話―伝記と随筆　古田東朔著、鈴木泰、清水康行、山東功、古田啓編集　清水康行、古田啓解説・校訂　くろしお出版　2014.12　501p　22cm　〈著作目録あり　年譜あり〉　9200円　①978-4-87424-642-9　Ⓝ810.8

内容　大庭雪斎　大庭雪斎訂補の『歴象新書』大庭雪斎の事蹟　淵辺謙三と助の『英和対訳袖珍辞典』　柳河春三　福沢諭吉―その国語観と国語教育家　福沢諭吉その他補遺　古川正雄　田中義廉　田中義廉補遺　中根淑　「遠山左衛門尉」の登場―中根淑・依田学海の文章　大槻文彦伝　東朔夜話　芦田先生と私　西尾実先生の想い出　学習院高等科時代の小高さん　森山隆さんを悼む　原稿用紙の字詰

古川 佳子〔1927～〕　ふるかわ・よしこ

◇母の憶い、大待宵草―よき人々との出会い　古川佳子著　白澤社　2018.3　254p　20cm　〈発売：現代書館〉　2600円　①978-4-7684-7970-4　Ⓝ289.1

内容　第1章 父、小谷謙蔵のこと　第2章 母、小谷和子のこと　第3章 母、和子の戦後　第4章 夫、古川二郎のこと　第5章 ランツのヘイ、松下竜一さんのこと　第6章 箕面忠魂碑違憲訴訟、神坂哲・玲子夫妻のこと　第7章 「紡ぎ人」伊藤ルイさんのこと　第8章 咲期りきる短歌を詠う三木ända子さんのこと　第9章 「戦死ヤアハレ」、竹内浩三さんのこと　第10章 忠恕のひと、井上とし枝さんのこと

古川 緑波〔1903～1961〕　ふるかわ・ろっぱ

◇哀しすぎるぞ、ロッパ―古川緑波日記と消えた昭和　山本一生著　講談社　2014.7　445p　20cm　〈文献あり　年譜あり〉　2400円　①978-4-06-218980-4　Ⓝ772.1

内容　第1章 華麗なる一族の喜劇役者（ロッパ誕生　文士と役者の三叉路　宝塚の恥辱から浅草の夏へ）　第2章 東宝古川緑波一座（「笑の王国」の不協和音　東宝のドル箱「古川緑波一座」　「ロッパ若し戦はヾ」と戦争の始まり　「ロッパと兵隊」火野葦平　「髭のある天使」と興亜新劇団）　第3章 戦時下の名作、名舞台（十二月八日の『男の花道』菊田一夫との別れ　ロッパの終戦ものがたり）　第4章 変わらぬロッパ（一座独立と「東京五人男」　人気凋落を告げる手紙　『三人は帰った』の見果てぬ夢）　第5章 哀しき晩年、そして『江戸っ子大将』の運命の日　ロッパの禁煙狂騒曲　「オヤヂさんは、もう出ない方が…」）　終章 日記は俺の情熱、いのち

ふるき

◇古川ロッパ―食べた、書いた、笑わせた！　昭和を日記にした喜劇王　河出書房新社　2015.2　179p　21cm　〈年譜あり〉　1800円　Ⓘ978-4-309-02363-2　Ⓝ772.1

内容　ロッパ随筆　ロッパ交友録　ロッパ飲食記　ロッパ箴言　語るロッパ　ロッパの思い出　ロッパ雑記帳　ロッパ日記を読む　ロッパ・ヴァラエティ　ロッパ映画館　評論

◇ロッパ日記代わり手当り次第　古川緑波著　河出書房新社　2015.4　260p　20cm　1800円　Ⓘ978-4-309-02381-6　Ⓝ772.1

内容　1958.4.25　1958.5.2　1958.5.9　1958.5.16―もっぱら試写室めぐり　1958.5.23―浅草をあるく　1958.5.30　1958.6.6―大阪だより　1958.6.13―第二大阪だより　1958.6.20―第三大阪だより　1958.6.27〔ほか〕

◇昭和芸人七人の最期　笹山敬輔著　文藝春秋　2016.5　249p　16cm　（文春文庫　さ67-1）〈文献あり〉　620円　Ⓘ978-4-16-790625-2　Ⓝ779.9

内容　第1章　榎本健一・65歳没―片脚の宙返り　第2章　古川ロッパ・57歳没―インテリ芸人の孤独　第3章　横山エンタツ・74歳没―運命のコンビ解散　第4章　石田一松・53歳没―自惚れの歌ネタ芸人　第5章　清水金一・54歳没―主役しかできない人　第6章　柳家金語楼・71歳没―元祖テレビ芸人の帰る家　第7章　トニー谷・69歳没―下が生んだコメディアン　特別インタビュー　最後の喜劇人、芸人の最期を語る―伊東四朗

古木　克明〔1980～〕　ふるき・かつあき

◇ドライチ―プロ野球人生『選択の明暗』　田崎健太著　カンゼン　2017.10　271p　20cm　〈文献あり〉　1700円　Ⓘ978-4-86255-424-6　Ⓝ783.7

内容　1　辻内崇伸　2　多田野数人　3　的場寛一　4　古木克明　5　大越基　6　元木大介　7　前田幸長　8　荒木大輔

古城　茂幸〔1976～〕　ふるき・しげゆき

◇プロ野球生活16年間で一度もレギュラーになれなかった男がジャイアンツで胴上げしてもらえた話　古城茂幸,本木昭宏著　東邦出版　2014.8　213p　19cm　1500円　Ⓘ978-4-8094-1244-8　Ⓝ783.7

内容　第1章　憧れの監督、名付け親の球団会長　第2章　古城と素敵なチームメイトたち　第3章　古城が尊敬する先輩たち　第4章　木村拓也さんの思い出　第5章　ジャイアンツアカデミー　第6章　古城茂幸のアマチュア時代　第7章　幸福なプロ野球選手古城茂幸

古堅　ツル子〔1923～〕　ふるげん・つるこ

◇さわふじの村で―娘が語る母の自分史　山方恵美子著　半田　一粒書房　2014.8　100p　19cm　Ⓘ978-4-86431-305-6　Ⓝ289.1

古澤　幸吉〔1872～1951〕　ふるさわ・こうきち

◇吾家の記録―古澤幸吉自叙伝　井上・厚岸・東京・ハルビン　古澤幸吉著,古澤陽子編　厚木　古澤隆彦　2016.5　427p　21cm　〈年譜あり〉　Ⓝ289.1

古島　敏雄〔1912～1995〕　ふるしま・としお

◇東京大学大学院　古島敏雄先生の導き　神立春樹編,古島敏雄,有馬達郎,神立春樹著　教育文献刊行会　2016.1　84p　21cm　〈年譜あり　著作目録あり〉　Ⓝ289.1

ブルース・リー
⇒リー，ブルースを見よ

古田　晁〔1906～1973〕　ふるた・あきら

◇奇跡の出版人　古田晁伝―筑摩書房創業者の生涯　塩澤実信著　東洋出版　2015.9　253p　20cm　〈文献あり〉　2400円　Ⓘ978-4-8096-7797-7　Ⓝ023.1

内容　第1章　教育県のDNA　第2章　筑摩書房創業　第3章　日本一の本屋　第4章　戦後の解放感の中で　第5章　乱酔と断酒の狭間　第6章　『現日』ホーマーで甦る　第7章　見事な進退　第8章　酔生夢死の願い　第9章　突如の死

古田　織部〔1544～1615〕　ふるた・おりべ

◇古田織部の正体　矢部良明著　KADOKAWA　2014.8　253p　15cm　（角川ソフィア文庫〔I121-1〕）〈「古田織部」（角川書店　1999年刊）の改題〉　840円　Ⓘ978-4-04-409211-5　Ⓝ791.2

内容　第1章　古田織部の生き方（エピソードで探る織部の評判　茶の湯宗匠スターダムに昇る　ほか）　第2章　古田織部の指導力（古田織部の指導力　織部の創造力の拠り所　ほか）　第3章　織部と創作陶芸（古田織部と新作陶　唐津焼をめぐる織部の役割　ほか）　第4章　茶道具に注がれた織部の創意（ケース・バイ・ケースの創意　茶碗に示す織部の個性　ほか）　第5章　織部の茶の湯変革（食器革命と織部　創作食器と酒器　ほか）

◇諸国賢人列伝―地域に人と歴史あり　童門冬二著　ぎょうせい　2014.12　253p　19cm　1800円　Ⓘ978-4-324-09918-6　Ⓝ281.04

内容　浜口梧陵―稲むらの火/地域から日本を考えた・広村（和歌山県）　山田方谷―被治者の立場を貫いた巨人・備中松山（岡山県）　安藤野雁―万葉の心を信条に・桑折（福島県）　大原幽学―房総は学者の充電所・下総（千葉県）　小宮山楓軒―立ち枯れの村を復興・水戸（茨城県）　小島焦園―減税と産業振興・甲府（山梨県）　三浦梅園―日本初の自然哲学者・杵築（大分県）　新井白石―不遇に生きる・江戸　前田綱紀―文化行政で雇用創出・加賀（石川県）　河合曽良―旅に生きる・諏訪（長野県）　北島雪山―追放されて自由に生きた・肥後（熊本県）　羽地朝秀―壁を背に第三の道を・琉球（沖縄県）　松平信綱―名君・賢者を輩出・川越（埼玉県）　徳川義直―あゆひ思想の実現・尾張（愛知県）　多久一族―「らしさ」を失わず・肥前（佐賀県）　稲葉一族―壊して創る・美濃（岐阜県）　北条幻庵―「勇」の底に「優」の心・小田原（神奈川県）　鴨長明―走り回る一滴の水・京都（京都府）

◇古田織部―美の革命を起こした武家茶人　諏訪勝則著　中央公論新社　2014.11　225p　18cm　（中公新書　2357）〈文献あり　年譜あり〉　820円　Ⓘ978-4-12-102357-5　Ⓝ791.2

内容　第1章　一大茶人に至るまで―生誕から信長時代　第2章　利休の門人となる―豊臣政権確立期　第3章　師の側近として―天下人秀吉の時代　第4章　天下一

の茶匠―関ヶ原合戦前後　第5章　巨匠の死―大坂夏の陣まで　終章　織部の実像

◇利休と戦国武将―十五人の「利休七哲」　加来耕三著　京都　淡交社　2018.4　239p　19cm　1300円　①978-4-473-04246-0　Ⓝ791.2

内容　第1章　"七哲"の筆頭　蒲生氏郷　第2章　教養が生き残りの秘訣　細川三斎　第3章　信仰と茶の湯　高山右近・前田利長　第4章　悲運の茶人　瀬田掃部・豊臣秀次・木村常陸介　第5章　何処までも不可解な数寄者　荒木村重・芝山監物　第6章　滑稽味あふれるお人好し　織田常真・牧村兵部・佐久間不干斎　第7章　時代の転換期に出現　古田織部　第8章　自分の分限を知っていた　織田有楽・有馬玄蕃

古田　重然　ふるた・しげなり
⇒古田織部（ふるた・おりべ）を見よ

古橋　廣之進〔1928～2009〕　ふるはし・ひろのしん

◇近代オリンピックのヒーローとヒロイン　池井優著　慶應義塾大学出版会　2016.12　365p　20cm　〈文献あり〉　2600円　①978-4-7664-2389-1　Ⓝ780.28

内容　ピエール・ド・クーベルタン―近代オリンピックの創始者　嘉納治五郎―日本初代のIOC委員　金栗四三―"日本マラソンの父"となったオリンピックの敗者　人見絹枝―日本女子初のメダリスト　西竹一―バロン西と呼ばれた馬術大障害の優勝者　織田幹雄―日本人最初のゴールドメダリスト　"前畑がんばれ！"―日本初のオリンピック女子金メダリスト　西田修平・大江季雄―ベルリンの死闘と"友情のメダル"　ジェシー・オーエンス―ベルリンで四つの金メダルを獲った黒人選手　清川正二―オリンピックの金メダリスト、IOC委員　古橋廣之進―戦後日本に希望を与えていた"フジヤマのトビウオ"　猪谷千春―冬季五輪初のメダリスト、そしてIOC委員　アベベ・ビキラ―ローマ、東京と二大会を制覇したマラソンの王者　大松博文―"東洋の魔女"に金メダルを導きた"鬼"の指導者　日本サッカー界を改革したドイツ人コーチ―デットマール・クラマーと日本代表チーム　ベラ・チャスラフスカ―"プラハの春"にゆれた体操の女王　日本男子バレーボールに革命をもたらした監督―松平康隆と日本男子バレーボール　モスクワ五輪ボイコットに泣いた選手たち―政治に翻弄されたオリンピック　北島康介―オリンピック三大会でメダル獲得のスイマー

◇古橋廣之進伝―フジヤマのトビウオ　ミスター・オリンピック　泳心一路　松尾良一著　〔出版地不明〕　雄踏喜楽会　2017.11　221p　20cm　〈年譜あり　文献あり〉　1280円　Ⓝ785.2

降旗　康男〔1934～〕　ふるはた・やすお

◇高倉健の背中―監督・降旗康男に遺した男の立ち姿　大下英治著　朝日新聞出版　2017.1　348p　19cm　1800円　①978-4-02-251417-2　Ⓝ778.21

内容　第1章『冬の華』第2章『駅 STATION』第3章　高倉健と降旗康男の邂逅　第4章『居酒屋兆治』第5章『夜叉』第6章『あ・うん』第7章『鉄道員』第8章『ホタル』第9章『あなたへ』

古海　卓二〔1894～1961〕　ふるみ・たくじ

◇夢を喰らう―キネマの怪人・古海卓二　三山喬著　筑摩書房　2014.9　255p　20cm　〈文献あり〉　2400円　①978-4-480-87375-0　Ⓝ778.21

内容　トスキナ、逆らいつづける男　九州の製鉄所から演歌師に　浅草オペラの熱狂　美的浮浪者と反逆者の群れ　谷崎潤一郎と映画人たち　活動屋たちの自由恋愛　大杉栄虐殺　撮影所は無頼の砦　旗本退屈男の誕生　傾向映画と転向の時代　戦争と文化人　文学への望み

古海　忠之〔1900～1983〕　ふるみ・ただゆき

◇満洲怪物伝―「王道楽土」に暗躍した人物たちの活躍とその後　歴史REAL編集部編　洋泉社　2015.9　255p　19cm　〈年表あり　索引あり〉　1800円　①978-4-8003-0719-4　Ⓝ281.04

内容　第1章　建国に暗躍した軍人たちの光と影（石原莞爾―満洲領有を唱えた「世界最終戦争論」とは？　土肥原賢二―満洲国の建国に尽力した「満洲のローレンス」　板垣征四郎―石原とコンビを組み、満洲事変を引き起こす　山口重次―石原莞爾を煽り関東軍の決起を促した活動家）　第2章　傀儡国家の申し子たち（甘粕正彦―満洲の文化を盛り立てた官僚の「実像」　愛新覺羅溥儀―数奇で残酷な運命を辿った「ラスト・エンペラー」　松岡洋右―満鉄で実力を発揮できなかった総裁　李香蘭―日中に引き裂かれた誠実な女優）　第3章　影の世界にうごめいたフィクサーたち（里見甫―阿片を用いて満洲のダークサイドを歩いた「里見夫」　辻政信―ノモンハンでの独断専行の参謀　河本大作―張作霖爆殺事件の首謀者　石井四郎―「悪魔の細菌部隊」七三一部隊を創設した男　川島芳子―華麗なエピソードに彩られた「男装の麗人」）　第4章　満洲国を牛耳った官僚と政治家たち（岸信介―昭和の妖怪と呼ばれた男の「一身二生」の人生　星野直樹―満洲国を「傀儡国家」たらしめた最重要人物　鮎碕達藏―満業を率いて日本人を守った経済人　古海忠之―満洲国の経済を動かした男）　特別企画　満州人物伝―「王道楽土」の地で活躍した人物82（軍人・軍関係者　政治家・官僚　満鉄と経済人　文化人　女性　中国人）

古谷　熊三　ふるや・くまぞう

◇泊園書院の明治維新―政策者と企業家たち　横山俊一郎著　大阪　清文堂出版　2018.3　309p　22cm　〈文献あり　索引あり〉　7800円　①978-4-7924-1085-8　Ⓝ121.6

内容　序論　大阪漢学と明治維新―東アジアの視座からの問い　第1部　近世の"政策者"たち（多田海庵の海防意識―幕末の"実務家"としての儒者の一事例　多田海庵の政教構想―諸教折衷とそれを支える「三徳」観　雨森精斎の政治実践―幕末維新の"実務家"としての儒者の一事例　安達清風の学術交流と開拓事業―泊園塾と・昌平黌出身者の実践的軌跡）　第2部　近代の"企業家"たち（男爵本多政以の思想と事業―泊園学と禅宗　山口県佐波郡における泊園書院出身者の事業活動の一考察―実業家尾中郁太・古谷熊三を中心に　永田仁助の経済倫理―天人未分と武士道の精神）　結論　泊園書院の人々による変革と儒教―近世・近代を生きた"実務家"たちの実践的軌跡

古谷　ちず　ふるや・ちず

◇"自分責め"をやめたいあなたへ―傷ついているあなたへ贈る50のメッセージ　古谷ちず著　みらいパブリッシング　2018.8　157p　18cm　〈発売：星雲社〉　1400円　①978-4-434-25096-

5 Ⓝ289.1
|内容| 1 摂食障害(拒食症・過食症)なあなたへ　2 パニック障害なあなたへ　3 自傷行為をしてしまうあなたへ　4 自分を醜いと思い込んでいるあなたへ　5 生きるのがつらいあなたへ　いつだって、これから!　「希望や勇気は持てるんだよ」

古屋 文雄〔1944〜〕　ふるや・ふみお
◇甲子園に挑んだ監督たち　八木澤高明著　辰巳出版　2018.7　255p　19cm　1600円　①978-4-7778-2118-1　Ⓝ783.7
|内容| 古屋文雄 神奈川・横浜商業高校元監督—マリンブルーに袖を通す者の矜持　小池啓之 北海道・旭川南高校前監督—魂と魂のぶつかり合いが甲子園へ導いた　大井道夫 新潟・日本文理高校総監督—迷わず打て、大井野球はこうして生まれた　嶋崎久美 秋田・金足農業高校元監督—雪は降れ、雪国が生んだ嶋崎野球　山本泰 大阪・PL学園高校元監督—PLで勝ち、PLに敗れた名将　宮崎裕也 滋賀・北大津高校前監督—弱者が強者に勝つために　久保克之 鹿児島・鹿児島実業高校名誉監督—老将が今も心に刻み続けること　山中直人 高知・伊野商業高校元監督/岡豊高校現監督—甲子園に勝る指導者なし

古山 高麗雄〔1920〜2002〕　ふるやま・こまお
◇戦争小説家 古山高麗雄伝　玉居子精宏著　平凡社　2015.8　279p　20cm　〈文献あり〉　1800円　①978-4-582-83693-6　Ⓝ910.268
|内容| 第1章「悪い仲間」たち　第2章「兵隊蟻」の戦争　第3章「万年一等兵」の下積み　第4章「悪い仲間」との決別　第5章「戦争三部作」への執念　第6章 文士の"戦死"　終章 落葉、風を恨まず
◇編集者冥利の生活　古山高麗雄著　中央公論新社　2018.8　333p　16cm　(中公文庫 ふ22-4)　1000円　①978-4-12-206630-4　Ⓝ914.6
|内容| プロローグ 人間万事塞翁が馬　1(私がヒッピーだったころ　「プレオー8の夜明け」の日々 ほか)　2(芥川賞受賞三題　「葡萄畑の葡萄作り」風小説 ほか)　3(佐藤春夫・室生犀星—佐藤先生と室生先生　岸田國士一弟子の意識 ほか)　4(対談 弱者の文学・強者の文学—安岡章太郎+古山高麗雄　座談会 放浪と沈黙、また楽しからずや—森敦+江藤淳+古山高麗雄 ほか)　エピローグ ダメ社員の三十年

不破 哲三〔1930〜〕　ふわ・てつぞう
◇不破哲三と日本共産党—共産党の限界を突破するために　村岡到著　ロゴス　2015.11　224, 12p　19cm　〈著作目録あり 文献あり〉　2000円　①978-4-904350-39-3　Ⓝ315.1
|内容| 第1章 日本共産党の現状と存在理由—平和と民主政を志向する日本民衆の結晶　第2章 共産党を捉える私の立場と歩み　第3章 日本政治の四つの主要問題と日本共産党　第4章 不破哲三氏の歩み　第5章 不破理論とは何か?　第6章 日本共産党の歴史　第7章 日本共産党を改善する方途

不破内親王〔奈良時代〕　ふわないしんのう
◇天平の三皇女—聖武の娘たちの栄光と悲劇　遠山美都男著　河出書房新社　2016.11　264p　15cm　(河出文庫 と6-1)〈「天平の三姉妹」(中央公論新社 2010年刊)の改題、大幅改稿 文献あり 年表あり〉　800円　①978-4-309-41491-1

Ⓝ288.4
|内容| 松虫寺の墓碑銘　三皇女の誕生　それぞれの出発　塩焼王流刑　遺詔　道祖王、杖下に殺す　今帝、湖畔に果つ　姉妹の同床異夢　皇后の大逆罪　返逆の近親　松虫姫のゆくえ

文 鮮明　ぶん・せんめい
⇒ムン、ソンミョンを見よ

文 徴明〔1470〜1559〕　ぶん・ちょうめい
◇中国書人伝　中田勇次郎編　中央公論新社　2015.7　365p　16cm　(中公文庫 な66-1)〈中央公論社 1973年刊の再刊　年譜あり〉　1200円　①978-4-12-206148-4　Ⓝ728.22
|内容| 王義之・王献之—貝塚茂樹　鄭道昭・智永—小川環樹　唐太宗・虞世南・欧陽詢・褚遂良—加藤楸邨　顔真卿・柳公権—井上靖　李邕・張旭・懐素・楊凝式—土岐善麿　蘇軾・黄庭堅・米芾—寺田透　趙孟頫・張即之—武田泰淳　祝允明・文徴明・董其昌—杉浦明平　張瑞図—中田勇次郎　王鐸・金農・劉墉—三浦朱門　鄧石如・何紹基・趙之謙

文 天祥〔1236〜1283〕　ぶん・てんしょう
◇靖献遺言　浅見絅斎著、濱田浩一郎訳・解説　晋遊舎　2016.7　253p　20cm　〈文献あり〉　1800円　①978-4-8018-0531-6　Ⓝ121.54
|内容| 第1部 封印された尊王思想書『靖献遺言』の謎(山崎闇斎と浅見絅斎の師弟決別　靖献遺言とは、「君主に仕えて忠義を尽くした義士が残した最期の言葉」)　第2部『靖献遺言』を読む(国が亡びるのを黙って見ているくらいならいっそ死んだほうがましである(屈原)　今より以後、諸君のなかで、国家に忠誠を誓う者は、遠慮なく私の過失を責めてくれ。そうすれば、天下の大事も定まり、賊は滅びるであろう(諸葛亮孔明)　わずかな給料を得るために、官職についてへいこらしていられるか。仕官の誘いもあったが、二君に仕えることはできない。私は仮住まいたるこの世を辞して、永久に本宅たるあの世へと帰る(陶淵明)　君命である。臣下たる者、どのような事があっても君命を避けることはできない(顔真卿)　王朝の危機に際し一騎として馳せ参じる者がいない。私はこれを深く恨む。だから私は、自分の非力を省みず、身命を賭して祖国を守ろうとするのだ(文天祥)　孝孺は死の間際になっても、燕王(永楽帝)の不義を罵り続けた。燕王は周囲の者に命じて、孝孺の口を刀で抉らせた。口は耳まで裂かれ、血が流れた。それでも、孝孺は燕王を罵倒した。七日間、その声が聞こえた(謝枋得/劉因/方孝孺))
◇靖献遺言　浅見絅斎著、近藤啓吾訳注　講談社　2018.12　557p　15cm　(講談社学術文庫2535)〈『靖献遺言講義』(国書刊行会 1987年刊)の再編集〉　1790円　①978-4-06-514027-7　Ⓝ121.54
|内容| 巻の1 屈平　巻の2 諸葛亮　巻の3 陶潜　巻の4 顔真卿　巻の5 文天祥　巻の6 謝枋得　巻の7 劉因　巻の8 方孝孺

文 美月〔1970〜〕　ぶん・みつき
◇「悩み」と向き合える女性は、うまくいく　文美月著　KADOKAWA　2015.11　223p　18cm　1200円　①978-4-04-600433-8　Ⓝ289.2
|内容| 第1部 悩んで壁にぶつかって(自分に自信が持てなかった少女時代　自分の心に、スイッチが入っ

文成文明皇后〔442〜490〕 ぶんせいぶんめいこうごう
◇中国史にみる女性群像―悲運と権勢のなかに生きた女性の虚実 田村実造著 清水書院 2017.7 236p 19cm （新・人と歴史拡大版 17）〈1990年刊の再刊 索引あり〉 1800円 Ⓘ978-4-389-44117-3 Ⓝ222.01
　内容 1 項羽と虞美人（楚・漢の抗争 垓下の戦い） 2 漢の高祖をめぐる二人の女性（呂后と戚夫人との葛藤 政権を手中にした呂太后 項羽と劉邦の人物評価） 3 女流文学者班昭とその家系―班家の人びと（女流文学者班昭 班家の世系 班固と『漢書』 班超と西域経営） 4 異境に嫁いだ公主たち（烏孫王に嫁いだ細君 匈奴王に嫁いだ王昭君―その実像と虚像 吐蕃（ティベット）王に嫁いだ文成公主―唐とティベット王国との関係を背景に 「蔡文姫、都に帰る」史話） 5 政権を握った女性たち（北魏朝の文明太后 唐朝の則天武后 清朝の西太后）

文明太后 ぶんめいたいこう
⇒文成文明皇后（ぶんせいぶんめいこうごう）を見よ

文室 浄三〔693〜770〕 ふんや・きよみ
◇文室石記佛足跡碑歌研究 廣岡義隆著 大阪和泉書院 2015.1 756p 22cm （研究叢書450）〈文献あり 索引あり〉 15000円 Ⓘ978-4-7576-0722-4 Ⓝ182.9
　内容 第1章 注釈篇（佛足石記文注釈 佛足跡歌碑歌注釈） 第2章 論考篇1（佛足石記文について 佛足石記文の撰述態度について―『佚西域傳』考 佛足跡歌碑歌について 佛足跡歌碑歌の用字 『涅槃經』寸考 佛足跡歌体について 「ますらを」と「もろもろ」 佛足跡歌碑歌の位相 文室真人知努の生涯 文室真人智努資料年譜） 第3章 論考篇2（語句分離方式の成立 文室真人智努の萬葉歌とその歌群―新嘗會応詔歌群 大伴家持作に見られる佛足跡歌体―大伴家持作の進取性 懸車寸考 出家関政寸考 『萬葉集』の「夕岫」寸考）

文室 真人知努 ふんや・まひとちぬ
⇒文室浄三（ふんや・きよみ）を見よ

【 ヘ 】

米 芾〔1051〜1107〕 べい・ふつ
◇中国書人伝 中田勇次郎編 中央公論新社 2015.7 365p 16cm （中公文庫 な66-1）〈中央公論社 1973年刊の再刊 年譜あり〉 1200円 Ⓘ978-4-12-206148-4 Ⓝ728.22
　内容 王羲之・王献之―貝塚茂樹 鄭道昭・智永―小川環樹 唐太宗・虞世南・欧陽詢・褚遂良―加藤楸邨 顔真卿・柳公権―井上靖 李邕・張旭・懷素・楊凝式―土岐善麿 蘇軾・黄庭堅・米芾―寺田透 趙孟頫・張即之―武田泰淳 祝允明・文徴明・董其昌―杉浦明平 張瑞図―中田勇次郎 王鐸・金農・劉墉―三浦朱門 鄧石如・何紹基・趙之謙

ペギー・葉山〔1933〜2017〕 ぺぎー・はやま
◇奇跡の歌―戦争と望郷とペギー葉山 門田隆将著 小学館 2017.7 381p 20cm 〈文献あり〉 1600円 Ⓘ978-4-09-379893-8 Ⓝ767.8
　内容 第1部 苦難を越えて（鯨部隊の最前線へ 壮烈な戦闘 不思議な力を持った歌 鯨と釣 大陸から帝都へ） 第2部 勇気と希望の歌（数奇な運命を辿った歌手 異彩を放つ「音楽家」 成長するジャズ歌手 異色の音楽プロデューサー ほか）

平敷 慶武〔1938〜〕 へしき・よしたけ
◇わが少年期―僕へのラブレター 戦前・戦中・戦後を駆け抜けた少年の足跡 平敷慶武著 那覇琉球新報社 2016.1 399p 20cm 〈発売：琉球プロジェクト〔那覇〕〉 1600円 Ⓘ978-4-89742-203-9 Ⓝ289.1

別役 実〔1937〜〕 べつやく・みのる
◇風の演劇―評伝 別役実 内田洋一著 白水社 2018.9 357p 20cm 〈文献あり 年譜あり〉 4200円 Ⓘ978-4-560-09650-5 Ⓝ912.6
　内容 第1章 風の演劇 第2章 満洲に生まれて 第3章 引揚者家族 第4章 政治の季節 第5章 不条理劇発見 第6章 言葉の戦術 第7章 童話のように 第8章 喜劇の精神 第9章 死を笑う

辺見 貞蔵〔1820〜1912〕 へみ・ていぞう
◇古河と辺見貞蔵―幕末から明治を生きた博奕知らずの博徒 臼井紀幸,臼井陽一著 創英社/三省堂書店 2017.7 211p 19cm 〈文献あり〉 1300円 Ⓘ978-4-88142-159-8 Ⓝ289.1
　内容 城下町・宿場町・河港町としての古河 貞蔵を育んだ環境と博徒稼業選択 関八州取締新制度の問題 生井一家と縁の博徒 塚崎村の丈助を斬り旅に出る 小伝馬町牢屋敷入り 人足寄場での生活 柿の木の喧嘩と鹿島神社祭礼での企み 博徒七人斬事件とその後 天狗党事件と博徒の利用 古河地域経済の発展 横町の変容―新渡戸稲造も登楼 晩年の貞蔵

ヘミング, フジコ
⇒フジコ・ヘミングを見よ

hell-guchi〔1975〜〕
◇LIFE. LOVE. REGRET hell-guchi著 文芸社 2016.4 113p 19cm 〈本文は日本語〉 1000円 Ⓘ978-4-286-17017-6 Ⓝ289.1
　＊大学を卒業したら、死のうと思っていた。貧乏だが愛情あふれる家庭に育った俺は、音楽に傾倒し、東京で音楽三昧の日々を送る。一方親父は、人の良さから背負わされた1億円もの借金をただ黙々と返していた。うつ病、ひきこもり、結婚、離婚、親父の死、逮捕…俺の人生も、親父とは違った波乱に翻弄されていく。父の後半生と俺の前半生を綴ったメロディアスでパンクなエッセイ。
◇ONE LAST WISH hell-guchi著 文芸社 2018.8 218p 20cm 〈本文は日本語〉 1300円 Ⓘ978-4-286-19587-2 Ⓝ289.1

卞 小吾〔1872〜1908〕べん・しょうご

◇中国名記者列伝―正義を貫き、その文章を歴史に刻み込んだ先人たち　第1巻　柳斌傑, 李東東編, 加藤青延監訳, 渡辺明次訳　日本僑報社　2016.9　221p　21cm　3600円　①978-4-86185-224-4　Ⓝ070.16

内容　新聞・雑誌の政治評論の開拓者　王韜（おう・とう　1828‐1897）　『万国公報』の魂　蔡爾康（さい・じこう 1851‐1921）　西洋の学問を中国に取りこんだ「西学東漸」の先駆　厳復（げん・ふく 1854‐1921）　民国時代の北京新聞界の元老　朱淇（しゅ・き 1858‐1931）　傑出した職業ジャーナリスト　汪康年（おう・こうねん 1860‐1911）　家財を投げ打ち民衆のために新聞発行　彭翼仲（ほう・よくちゅう 1864‐1921）　公のために「直言」をいとわず　英敏之（えい・れんし 1867‐1926）　湖南省言論界一の健筆　唐才常（とう・さいじょう 1867‐1900）　清末民初の新聞政治評論家　章太炎（しょう・たいえん 1869‐1936）　人民の中の先覚者　陳少白（ちん・しょうはく 1869‐1934）　民国初期の北京新聞界の「怪傑」劉少少（りゅう・しょうしょう 1870‐1929）　義侠心に燃えた女性ジャーナリスト　唐群英（とう・ぐんえい 1871‐1937）　海に身を投じた烈士　楊篤生（よう・とくせい 1872‐1911）　新聞発行のために私財を投げ打つ　卞小吾（べん・しょうご 1872‐1908）　新聞を創刊し維新を推進　梁啓超（りょう・けいちょう 1873‐1929）　マスコミ刷新の牽引者　狄楚青（てき・そせい 1873‐1941）　口語体新聞の先駆者　林白水（りん・はくすい 1874‐1926）　革命世論の旗手　陳去病（ちん・きょへい 1874‐1933）　傑出したマスコミ事業者　汪漢溪（おう・かんけい 1874‐1924）　革命党の大文豪　陳天華（ちん・てんか 1875‐1905）

弁円（円爾）　べんえん（べんねん）
⇒円爾（えんに）を見よ

弁円（明法）〔1184〜1251〕べんえん（べんねん）

◇親鸞聖人と山伏弁円と板敷山　今井雅晴著　京都　自照社出版　2017.5　37p　30cm　1000円　①978-4-86566-036-4　Ⓝ188.72

内容　1　悪人の弁円　2　弁円はどのような人であったか？　3　山伏とは何か？　4　板敷山はどのような山か？　5　ためらいながら板敷山で待ち伏せる弁円　6　親鸞聖人に如来を観た弁円　7　その後の弁円　8　板敷山の伝説

逸見 泰成〔1960〜2017〕へんみ・やすなり

◇亜無亜危異ヒストリータブーの正体　亜無亜危異述, 根本豪編集・文　シンコーミュージック・エンタテイメント　2018.12　311p　19cm　〈年譜あり〉　2315円　①978-4-401-64682-1　Ⓝ764.7

内容　異分子たちの生い立ち　5人の出会い―高校時代　メジャーデビュー前夜―アナーキー結成時代　時代の寵児―メジャーデビュー時代　転機と覚醒―ロンドンレコーディングの土産　不良性の進化と深化―1981年〜1985年　事件・変名・空洞化―THE ROCK BAND時代　都合三度の"今限りの復活"―1994年・1996年　最新型の亜無亜危異―新生ANARCHY時代　ドタバタ四半世紀＋1―『内祝』レコーディング　17年ぶりの亜無亜危異ライブ―2013年、恵比寿リキッドルーム　マリとの別れ―2017年　新木場コーストからの決意　不完全復活―2018年〜未来

【ほ】

方 孝孺〔1357〜1402〕ほう・こうじゅ

◇靖献遺言　浅見絅斎著, 濱田浩一郎訳・解説　晋遊舎　2016.7　253p　20cm　〈文献あり〉　1800円　①978-4-8018-0531-6　Ⓝ121.54

内容　第1部　封印された尊王思想書『靖献遺言』の謎（山崎闇斎と浅見絅斎の師弟決別　靖献遺言とは、「君主に仕えて忠義を尽くした義士が残した最期の言葉」）　第2部　『靖献遺言』を読む（国が亡びるのを黙って見ているくらいならいっそ死んだほうがましである（屈原）　今より以後、諸君のなかで、国家に忠誠を誓う者は、遠慮なく私の過失を責めてくれ。そうすれば、天下の大事も定まり、賊は滅びるであろう（諸葛亮孔明）　わずかな給料を得るために、官職についてこいこらしていられるか。仕官の誘いもあったが、二君に仕えることはできない。私は仮住まいたるこの世を辞して、永久に本宅たるあの世へと帰る（陶淵明）　君命である。臣下たる者、どのような事があっても君命を避けることはできない（顔真卿）　王朝の危機に際し一騎として馳せ参じる者がいない。私はこれを深く恨む。だから私は、自分の非力を省みず、身命を賭して祖国を守ろうとするのだ（文天祥）　孝孺は死の間際になっても、燕王（永楽帝）の不義を罵り続けた。燕王は周囲の者に命じて、孝孺の口を刀で抉らせた。口は耳まで裂かれ、血が流れた。それでも、燕王を罵り倒した。七日間、その声が聞こえた（謝枋得／劉因／方孝孺））

◇靖献遺言　浅見絅斎著, 近藤啓吾訳注　講談社　2018.12　557p　15cm　〈講談社学術文庫2535〉〈『靖献遺言講義』（国書刊行会 1987年刊）の再編集〉　1790円　①978-4-06-514027-7　Ⓝ121.54

内容　巻の1　屈平　巻の2　諸葛亮　巻の3　陶潜　巻の4　顔真卿　巻の5　文天祥　巻の6　謝枋得　巻の7　劉因　巻の8　方孝孺

包 天笑〔1876〜1973〕ほう・てんしょう

◇中国名記者列伝―正義を貫き、その文章を歴史に刻み込んだ先人たち　第2巻　柳斌傑, 李東東編, 加藤青延監訳, 黒金祥一訳　日本僑報社　2017.4　192p　21cm　3600円　①978-4-86185-237-4　Ⓝ070.16

内容　鑑湖の女傑―秋瑾（1875‐1907）　才知の記者―包天笑（1876‐1973）　四つの素早さを持つ記者―陳其美（1878‐1916）　「冷血」なる時事評論家―陳景韓（1878‐1965）　革命の元老記者―于右任（1879‐1964）　五四運動の総司令官―陳独秀（1879‐1942）　女性記者の先駆け―康同薇（1879‐1974）　新聞界の重鎮―史量才（1880‐1934）　嶺南報道界の英才―鄭貫公（1880‐1906）　ペンによって一人立つ―章士釗（1881‐1973）　革命家にして記者―宋教人（1882‐1913）　直言居士―邵力子（1882‐1967）　革命新聞の元勲―馮自由（1882‐1958）　ニュースレポートの開拓者―黄遠生（1885‐1915）　新文化運動の大衆指導者―高一涵（1885‐1968）　比類なき逸材―朱執信（1885‐1920）　民国初期の

俊才―徐凌霄（1886‐1961）　勇気ある辣腕家―邵飄萍（1886‐1926）　詩と酒を愛した文豪―葉楚傖（1887‐1946）　一代論宗―張季鸞（1888‐1941）

彭　翼仲〔1864～1921〕　ほう・よくちゅう
◇中国名記者列伝―正義を貫き、その文章を歴史に刻み込んだ先人たち　第1巻　柳斌傑,李東東編，加藤青延監訳，渡辺明次訳　日本僑報社　2016.9　221p　21cm　3600円　Ⓘ978-4-86185-224-4　Ⓝ070.16

内容　新聞・雑誌の政治評論の開拓者　王韜（おう・とう　1828‐1897）　『万国公報』の魂　蔡爾康（さい・じこう　1851‐1921）　西洋の学問を中国に取りこんだ「西学東漸」の先駆　厳復（げん・ふく　1854‐1921）　民国時代の北京新聞界の元老　朱淇（しゅ・き　1858‐1931）　傑出した職業ジャーナリスト　汪康年（おう・こうねん　1860‐1911）　家財を投げ打ち民衆のために新聞発行　彭翼仲（ほう・よくちゅう　1864‐1921）　公のために「直言」をいとわず　英斂之（えい・れんし　1867‐1926）　湖南省言論界一の健筆　唐才常（とう・さいじょう　1867‐1900）　清末民初の新聞政治評論家　章太炎（しょう・たいえん　1869‐1936）　バルカンの中の先覚者　陳少白（ちん・しょうはく　1869‐1934）　民国初期の北京新聞界の「怪傑」　劉少少（りゅう・しょうしょう　1870‐1929）　義俠心に燃えた女性ジャーナリスト　唐群英（とう・ぐんえい　1871‐1937）　海に身を投じた烈士　楊篤生（よう・とくせい　1872‐1911）　新聞発行のために私財を投げ打った卞小吾（べん・しょうご　1872‐1908）　新聞を創刊し維新を推進　梁啓超（りょう・けいちょう　1873‐1929）　マスコミ刷新の牽引者　狄楚青（てき・そせい　1873‐1941）　口語体新聞の先駆者　林白水（りん・はくすい　1874‐1926）　革命世論の旗手　陳去病（ちん・きょへい　1874‐1933）　傑出したマスコミ事業者　汪漢溪（おう・かんけい　1874‐1924）　革命党の大文豪　陳天華（ちん・てんか　1875‐1905）

望京　春麓〔1945～〕　ぼうきょう・しゅんろく
◇われらおこんじ愚連隊　望京春麓著　幻冬舎メディアコンサルティング　2018.5　391p　22cm　〈発売：幻冬舎〉　1852円　Ⓘ978-4-344-91717-0　Ⓝ289.1

内容　おこんじ　新宿スカラ座　人生は片道切符　戦争が漆黒の闇を作る　漆黒の闇からの旅立ち　夢見た北アルプスとの出会い　山小屋の仕事　名付け親　野兎との出会い　お月さんと熊〔ほか〕

法眼　健作〔1941～〕　ほうげん・けんさく
◇元国連事務次長法眼健作回顧録　法眼健作著，加藤博章,服部龍二,竹内佑,村上友章編　吉田書店　2015.10　305p　20cm　〈年譜あり　索引あり〉　2700円　Ⓘ978-4-905497-37-0　Ⓝ289.1

内容　外務省入省まで　沖縄返還―北米第一課事務官　石油危機と中東政策―駐イラン大使館書記官　ロン・ヤス関係を支えて―駐米大使館参事官　大蔵省への出向―国際金融局投資第三課長・開発金融課長　「国際国家」日本の国連外交―国連局参事官　転換期の日米関係―ボストン・ホノルル総領事　冷戦終結後の中東外交―中近東アフリカ局長　国連事務局の仕事―国連広報担当事務次長（1）　国連から見た国際関係―国連広報担当事務次長（2）　「コンセプトを出す国」―駐カナダ大使

朴澤　三代治〔1823～1895〕　ほうざわ・みよじ
◇朴沢学園の創始者朴澤三代治伝　伊達宗弘著　丸善プラネット　2016.1　189p　20cm　〈年譜あり　索引あり　発売：丸善出版〉　1800円　Ⓘ978-4-86345-274-9　Ⓝ289.1

内容　朴澤八百年の歴史と松操私塾開学までの歩み（三代治の父行澄、「実学」を掲げ壽墨堂を開く　朴澤八百年の歴史　仙台城下、四季彩彩　ほか）　第2章　近代日本の女子教育を牽引、松操学校（校名「松操」命名の思いと開学届け　礼法を教える、一流の講師を迎える　掛図と雛形を使った一斉教授法、全国を席巻　ほか）　第3章　志を引き継いだ後継者たち（二代・三代治、教授内容の充実と施設整備を推進　全国の学校から積極的に生徒を受け入れる　子息三二と杉谷泰山の娘綾子の出会い　ほか）

宝洲槃譚〔？～1737〕　ほうしゅうはんたん
◇異形の念仏行者―もうひとつの日本精神史　内村和至著　青土社　2016.12　333,9p　20cm　〈索引あり〉　3200円　Ⓘ978-4-7917-6957-5　Ⓝ121.02

内容　メディアと他者―テクストのアルゴナウティカ　第1部　日本的言語観の基底（空海・メディアの形而上学者―『声字実相義』「五十音思想」素描―『五十音和解』　フィクションとしての妙好人―『崑崙実録』）　第2部　往生する身体（忘却の反復―『春雨物語』「二世の縁」　ある念仏行者のドキュメント―『待定法師愚巷伝心偈』）　第3部　記述される信仰（地獄極楽見聞記・注釈―宝洲評注『孝感冥祥録』　捨聖と学僧の境界線―『無能和尚行業記』）　第4部　テクストと超越（宝洲槃譚―江戸中期浄土僧の足跡　「横超」―カタルシスなき身体）　「よむ」をめぐって―不可視の他者へ

芳春院〔1547～1617〕　ほうしゅんいん
◇戦国を生きた姫君たち　火坂雅志著　KADOKAWA　2016.9　170p　15cm　〈角川文庫　ひ20-25〉〈年表あり〉　600円　Ⓘ978-4-04-400170-4　Ⓝ281.04

内容　1　女城主たちの戦い（井伊直虎―井伊直政の義母妙林尼―吉岡鎮興の妻　ほか）　2　危機を救う妻たち（お船の方―直江兼続の正室　小松姫―真田信之の正室　ほか）　3　愛と謎と美貌（小少将―長宗我部元親の側室　義姫―伊達政宗の母　ほか）　4　才女と呼ばれた女たち（お初（常高院）―浅井三姉妹の次女　阿茶局―徳川家康の側室　ほか）　5　想いと誇りに殉じる（鶴姫―瀬戸内のジャンヌ・ダルク　淀殿―豊臣秀吉の側室　ほか）

◇日本の武将と女たち　田川清著　名古屋　中日出版　2016.11　79p　19cm　1200円　Ⓘ978-4-908454-08-0　Ⓝ281

内容　1　源義仲と巴御前・葵御前・山吹　2　源義経と静御前　3　後醍醐天皇と妾・阿野廉子　4　北条仲時と妻・北の方　5　戦国武将と女たち（（一）浅井長政・柴田勝家・豊臣秀吉とお市の方　（二）豊臣秀吉と淀君　（三）荒木村重と妻・だし　（四）前田利家と妻・まつ　（五）山内一豊と妻・千代）　6　細川忠興と妻・ガラシャ夫人　7　将軍と大奥の女たち

◇芳春院まつ―尾山神社没後四百年祭記念　野村昭子著　金沢　北國新聞社　2017.8　177p　21cm　〈文献あり　年譜あり〉　1500円　Ⓘ978-4-8330-2110-4　Ⓝ289.1

ほうしよう

内容 第1章 尾山神社の御祭神になる（前身は越中の神社　金谷御殿の地に　ほか）　第2章 生い立ち、多産の良妻として（十二歳で二十二歳の利家の妻に　幼少のころは「おてんば娘」？　ほか）　第3章 女丈夫として、賢夫人として（女丈夫まつの面目躍如　要衝の地めぐり攻防　ほか）　第4章 信心の人、篤志家として（波瀾万丈、信仰を心の支えに　法名を菩提寺の名に付ける　ほか）　第5章 文人また教養人として（『東路記』に見る深い文学的素養　文人たちとの交流深める）

◇芳春院まつの書状―芳春院没後400年記念 図録　増補改訂　金沢　前田土佐守家資料館　2017.11　135p　30cm　〈前田育徳会尊経閣文庫所蔵　射水市新湊博物館所蔵前田土佐守家資料館所蔵　年譜あり〉　Ⓝ289.1

北条 氏邦〔1543～1597〕　ほうじょう・うじくに

◇北条氏康の子供たち―北条氏康生誕五百年記念論文集　黒田基樹,浅倉直美編　京都　宮帯出版社　2015.12　357p　22cm　〈年譜あり〉　3500円　①978-4-8016-0017-1　Ⓝ288.2

内容 総論 北条氏康の子女について　第1章 北条氏康の息子たち（北条氏政　北条氏照　北条氏邦　北条氏規　北条氏忠　北条氏光　上杉景虎）　第2章 北条氏康の娘たち（早川殿―今川氏真の室　七曲殿―北条氏繁の室　長林院―太田氏資の室　浄光院殿―足利義氏の室　桂林院殿―武田勝頼の室）　第3章 戦国北条氏の居城（小田原城　韮山城跡　鉢形城跡　唐沢山城　玉縄城）　付録

北条 氏忠〔？～1593〕　ほうじょう・うじただ

◇北条氏康の子供たち―北条氏康生誕五百年記念論文集　黒田基樹,浅倉直美編　京都　宮帯出版社　2015.12　357p　22cm　〈年譜あり〉　3500円　①978-4-8016-0017-1　Ⓝ288.2

内容 総論 北条氏康の子女について　第1章 北条氏康の息子たち（北条氏政　北条氏照　北条氏邦　北条氏規　北条氏忠　北条氏光　上杉景虎）　第2章 北条氏康の娘たち（早川殿―今川氏真の室　七曲殿―北条氏繁の室　長林院―太田氏資の室　浄光院殿―足利義氏の室　桂林院殿―武田勝頼の室）　第3章 戦国北条氏の居城（小田原城　韮山城跡　鉢形城跡　唐沢山城　玉縄城）　付録

北条 氏綱〔1487～1541〕　ほうじょう・うじつな

◇北条氏綱と戦国関東争奪戦　湯山学著　戎光祥出版　2016.5　256p　19cm　2500円　①978-4-86403-201-8　Ⓝ289.1

内容 第1部 二代氏綱への代替わりと領国整備（武蔵・安房への出兵　文芸にも秀でていた氏綱）　第2部 氏綱による在地支配の様相（在地寺社との関係　氏綱と在地勢力）　第3部 北条氏綱の鶴岡八幡宮造営（氏綱の主導により進められた鶴岡八幡宮造営　『快元僧都記』に見る戦国時代の職人衆）　第4部 氏綱による北条氏権力の確立（氏綱と浄土真宗との関係　氏綱による関東平定戦）

◇北条氏綱　黒田基樹編著　戎光祥出版　2016.6　379p　21cm　（シリーズ・中世関東武士の研究　第21巻）　6500円　①978-4-86403-200-1　Ⓝ289.1

内容 総論 北条氏綱論　第1部 北条氏綱の生涯（北条早雲・氏綱の相武侵略　北条氏綱とその文書　北条

氏綱夫人養珠院と後室近衛殿について　氏綱の経筒　近衛尚通とその家族　近衛尚通と上杉朝興　室町幕臣の東下）　第2部 北条氏綱と文化・宗教（飛鳥井雅綱と伊勢新九郎　小田原北條氏の蹴鞠に関する史料　戦国大名と公家衆との交流―北条氏の文化活動を中心に　後北条氏による医師の招来と近衛家について―新出の北条氏康宛の近衛稙家書状から　「幼童抄」紙背文書について　陳外郎宇野家と北條氏綱一通の早雲寺文書への疑問　戦国大名北条氏と本願寺―「禁教」関係史料の再検討とその背景　大名領国制下における職人衆の存在型態―後北条氏を中心に　後北条文化論序説）

北条 氏照〔？～1590〕　ほうじょう・うじてる

◇北条氏康の子供たち―北条氏康生誕五百年記念論文集　黒田基樹,浅倉直美編　京都　宮帯出版社　2015.12　357p　22cm　〈年譜あり〉　3500円　①978-4-8016-0017-1　Ⓝ288.2

内容 総論 北条氏康の子女について　第1章 北条氏康の息子たち（北条氏政　北条氏照　北条氏邦　北条氏規　北条氏忠　北条氏光　上杉景虎）　第2章 北条氏康の娘たち（早川殿―今川氏真の室　七曲殿―北条氏繁の室　長林院―太田氏資の室　浄光院殿―足利義氏の室　桂林院殿―武田勝頼の室）　第3章 戦国北条氏の居城（小田原城　韮山城跡　鉢形城跡　唐沢山城　玉縄城）　付録

北条 氏規〔1545～1600〕　ほうじょう・うじのり

◇北条氏康の子供たち―北条氏康生誕五百年記念論文集　黒田基樹,浅倉直美編　京都　宮帯出版社　2015.12　357p　22cm　〈年譜あり〉　3500円　①978-4-8016-0017-1　Ⓝ288.2

内容 総論 北条氏康の子女について　第1章 北条氏康の息子たち（北条氏政　北条氏照　北条氏邦　北条氏規　北条氏忠　北条氏光　上杉景虎）　第2章 北条氏康の娘たち（早川殿―今川氏真の室　七曲殿―北条氏繁の室　長林院―太田氏資の室　浄光院殿―足利義氏の室　桂林院殿―武田勝頼の室）　第3章 戦国北条氏の居城（小田原城　韮山城跡　鉢形城跡　唐沢山城　玉縄城）　付録

北条 氏政〔1538～1590〕　ほうじょう・うじまさ

◇北条氏康の子供たち―北条氏康生誕五百年記念論文集　黒田基樹,浅倉直美編　京都　宮帯出版社　2015.12　357p　22cm　〈年譜あり〉　3500円　①978-4-8016-0017-1　Ⓝ288.2

内容 総論 北条氏康の子女について　第1章 北条氏康の息子たち（北条氏政　北条氏照　北条氏邦　北条氏規　北条氏忠　北条氏光　上杉景虎）　第2章 北条氏康の娘たち（早川殿―今川氏真の室　七曲殿―北条氏繁の室　長林院―太田氏資の室　浄光院殿―足利義氏の室　桂林院殿―武田勝頼の室）　第3章 戦国北条氏の居城（小田原城　韮山城跡　鉢形城跡　唐沢山城　玉縄城）　付録

◇北条氏政―乾坤を截破し太虚に帰す　黒田基樹著　京都　ミネルヴァ書房　2018.2　291,10p　20cm　（ミネルヴァ日本評伝選）〈文献あり　年譜あり　索引あり〉　3500円　①978-4-623-08235-3　Ⓝ289.1

内容 第1章 家督相続まで　第2章 北条家当主としての成長　第3章 越相同盟と武田信玄との戦争　第4章 甲相同盟から御館の乱への対応　第5章 武田勝

頼との戦争と織田政権への従属　第6章「御隠居様」として氏直を補佐する　第7章 羽柴秀吉への従属交渉と決裂

北条 氏光〔?〜1590〕　ほうじょう・うじみつ
◇北条氏康の子供たち―北条氏康生誕五百年記念論文集　黒田基樹, 浅倉直美編　京都　宮帯出版社　2015.12　357p　22cm　〈年譜あり〉　3500円　①978-4-8016-0017-1　Ⓝ288.2
内容　総論 北条氏康の子女について　第1章 北条氏康の息子たち(北条氏政　北条氏照　北条氏邦　北条氏規　北条氏忠　北条氏光　上杉景虎)　第2章 北条氏康の娘たち(早川殿―今川氏真の室　七曲殿―北条氏繁の室　長林院―太田氏資の室　浄光院殿―足利義氏の室　桂林院殿―武田勝頼の室)　第3章 戦国北条氏の居城(小田原城　韮山城跡　鉢形城跡　唐沢山城　玉縄城)　付録

北条 氏康〔1515〜1571〕　ほうじょう・うじやす
◇北条氏康の子供たち―北条氏康生誕五百年記念論文集　黒田基樹, 浅倉直美編　京都　宮帯出版社　2015.12　357p　22cm　〈年譜あり〉　3500円　①978-4-8016-0017-1　Ⓝ288.2
内容　総論 北条氏康の子女について　第1章 北条氏康の息子たち(北条氏政　北条氏照　北条氏邦　北条氏規　北条氏忠　北条氏光　上杉景虎)　第2章 北条氏康の娘たち(早川殿―今川氏真の室　七曲殿―北条氏繁の室　長林院―太田氏資の室　浄光院殿―足利義氏の室　桂林院殿―武田勝頼の室)　第3章 戦国北条氏の居城(小田原城　韮山城跡　鉢形城跡　唐沢山城　玉縄城)　付録

◇北条氏康―関東に王道楽土を築いた男　伊東潤, 板嶋恒明著　PHP研究所　2017.9　207p　18cm　(PHP新書 1111)〈文献あり〉　860円　①978-4-569-83676-8　Ⓝ289.1
内容　第1章 宗瑞と氏綱　第2章 若獅子登場　第3章 三代当主氏康　第4章 覇者への道　第5章 関東の覇権　第6章 氏康最後の戦い　第7章 滅亡への道

◇戦国大名の危機管理　黒田基樹著　KADOKAWA　2017.11　251p　15cm　〔角川ソフィア文庫〕　〔I139-2〕〈吉川弘文館2005年刊の増補〉　840円　①978-4-04-400287-9　Ⓝ210.47
内容　代替わりの政治(北条氏康の登場　戦国大名と村　新しい政策の背景)　税制改革と目安制(公事赦免令　新たな領国危機)　永禄の飢饉と構造改革(徳政令　永禄の飢饉と戦争)　「御国」の論理と人改令(「御国」の論理　民兵動員)　増補(北条早雲(伊勢宗瑞)の領国経営　「百姓直納」体制の成立　戦国大名の経済基盤をめぐって　『北條家所領役帳』の世界　北条氏にみる城の維持と管理　北条氏康の合戦　研究最前線 氏康から氏政へ)

◇北条氏康　黒田基樹編著　戎光祥出版　2018.4　401p　21cm　(シリーズ・中世関東武士の研究　第23巻)　6500円　①978-4-86403-285-8　Ⓝ289.1
内容　総論 北条氏康の研究　第1部 氏康の領国支配(北条氏の領国経営(氏康・氏政の時代)　後北条氏家臣団の構造―小田原衆所領役帳を中心として　戦国大名後北条氏の家臣団構成―『小田原衆所領役帳』の分析を中心に「小田原」「津久井」両衆の場合 ほ

か)　第2部 隠居後の領国支配(戦国大名後北条氏の裁判制度について　後北条氏の徳政について―武蔵国多摩郡網代村の一事例　永禄三年徳政の背景―"歴史のなかの危機"にどう迫るか ほか)　第3章 氏康の外交(戦国武将の官途・受領名―古河公方足利氏と後北条氏を事例にして　関東公方領のアジール性　戦国大名と領内国衆大名との関係―とくに後北条氏と武州吉良氏の場合について ほか

◇戦国大名―歴史文化遺産　五味文彦監修　山川出版社　2018.6　238p　21cm　1800円　①978-4-634-15134-5　Ⓝ210.47
内容　1 戦国乱世の幕開け(北条早雲　北条氏康　上杉謙信 ほか)　2 群雄たちの覇権(織田信長　長宗我部元親　毛利元就)　3 争乱から天下人へ(豊臣秀吉　島津義久　伊達政宗 ほか)

北条 かや〔1986〜〕　ほうじょう・かや
◇インターネットで死ぬということ　北条かや著　イースト・プレス　2017.4　255p　19cm　1300円　①978-4-7816-1533-2　Ⓝ289.1
内容　序章 インターネットで死ぬということ―「炎上」で折れた心　第1章 文学少女が田舎で生きるということ―小学生時代　第2章 スクールカーストで勝者になるということ―中学生時代　第3章 オタク少女がギャルよりモテるということ―高校生時代　第4章 社会学で出世を目指すということ―大学生時代前半　第5章 女が社会学をフィールドワークするということ―大学生時代後半〜大学院生時代　第6章 社会学者が社会で働くということ―社会人時代　第7章 「評価経済社会」で成功者になるということ―フリー時代　第8章 誰も私を殺せないということ―「炎上」からの復活

北条 幻庵〔1493〜1589〕　ほうじょう・げんあん
◇諸国賢人列伝―地域に人と歴史あり　童門冬二著　ぎょうせい　2014.12　253p　19cm　1800円　①978-4-324-09918-6　Ⓝ281.04
内容　浜口梧陵―稲むらの火/地域から日本を考えた-広村(和歌山県)　山田方谷―被治者の立場を貫いた巨人・備中松山(岡山県)　安藤野雁―万葉の心を信条に・桑折(福島県)　大原幽学―房総は学者の充電所・下総(千葉県)　小宮山楓軒―立ち枯れの村を復興・水戸(茨城県)　小島蕉園―減税と産業振興・甲府(山梨県)　三浦梅園―日本初の自然哲学者・杵築(大分県)　新井白石―不遇に生きる・江戸(東京都)　前田綱紀―文化行政で雇用創出・加賀(石川県)　河合曽良―旅に生きる・諏訪(長野県)　北島雪山―追放されて自由に生きた・肥後(熊本県)　羽地朝秀―壁を背に第三の道を・琉球(沖縄県)　松平信綱―名君・賢君を輩出・川越(埼玉県)　徳川義直―あゆち思想の実現・尾張(愛知県)　多久一族―「らしさ」を失わず・肥前(佐賀県)　古田織部―壊して創る・美濃(岐阜県)　北条幻庵―「勇」の底に「優」の心・小田原(神奈川県)　鴨長明―走り回る一滴の水・京都(京都府)

北条 重時〔1198〜1261〕　ほうじょう・しげとき
◇中世の人物 京・鎌倉の時代編　第3巻　大阪　清文堂出版　2014.7　382p　22cm　4500円　①978-4-7924-0996-8　Ⓝ281
内容　後鳥羽院(美川圭著)　九条道家(井上幸治著)　西園寺公経(山岡瞳著)　藤原秀康(長村祥知著)　藤原定家(谷昇著)　源実朝(坂井孝一著)　北条政

ほうしよう

子(黒嶋敏著)　北条義時(田辺旬著)　北条泰時(菊池紳一著)　北条時房と重時(久保田和彦著)　九条頼経・頼嗣(岩田慎平著)　竹御所と石山尼(小野翠著)　三浦義村(真鍋淳哉著)　大江広元と三善康信〈善信〉(佐藤雄基著)　宇都宮頼綱(野口実著)　慈円(菊地大樹著)　聖覚(平雅行著)　定豪(海老名尚著)　円爾(原田正俊著)　叡尊(細川涼一著)　公武権力の変容と仏教界(平雅行/編)

北条 早雲〔1432/56～1519〕ほうじょう・そううん

◇伊勢宗瑞と戦国関東の幕開け　湯山学著　戎光祥出版　2016.2　231p　19cm　2500円　①978-4-86403-188-2　Ⓝ289.1

内容　第1部 伊勢宗瑞(北条早雲)の登場(早雲の伊豆討ち入りと本格化する関東の戦国　小田原城奪取と相模平定戦)　第2部 連歌師宗長関東の旅(関東の諸将との交流　宗長の紀行文にみる関東諸将の一族間紛争)　第3部 北条早雲の死(名族三浦氏を滅亡させ相模を攻略　早雲の政治構想)　第4部 伊勢氏から北条氏へ(相模国支配の実態　関東の諸寺社との結びつき)

◇戦国北条記　伊東潤著　PHP研究所　2016.11　285p　15cm　(PHP文芸文庫 い8-2)〈「実録戦国北条記」(エイチアンドアイ 2014年刊)の改題、加筆・修正　文献あり〉　740円　①978-4-569-76642-3　Ⓝ210.47

内容　黎明の使者　東方への道　落日の室町幕府　関東進出　他国之兇徒　苦闘の果て　運命の一戦　三国同盟　関東三国志　手切之一札　垂れ込める暗雲　小田原合戦

◇北条早雲―新しい時代の扉を押し開けた人　池上裕子著　山川出版社　2017.9　95p　21cm　(日本史リブレット人 042)〈文献あり 年譜あり〉　800円　①978-4-634-54842-8　Ⓝ289.1

内容　新しい時代の扉を押し開けた人　1 都鄙を結んで　2 伊豆に自立す　3 獅子奮迅の活動　4 早雲の家臣団　5 治者の炯眼　終章 小田原城主四代と小田原の繁栄

◇戦国大名―歴史文化遺産　五味文彦監修　山川出版社　2018.6　238p　21cm　1800円　①978-4-634-15134-5　Ⓝ210.47

内容　1 戦国乱世の幕開け(北条早雲　北条氏康　上杉謙信 ほか)　2 群雄たちの覇権(織田信長　長宗我部元親　毛利元就)　3 争乱から天下人へ(豊臣秀吉　島津義久　伊達政宗 ほか)

◇北条氏五代と小田原城　山口博著　吉川弘文館　2018.8　175p　21cm　(人をあるく)〈文献あり 年譜あり〉　2000円　①978-4-642-06796-6　Ⓝ288.3

内容　関東の覇者北条氏　1 北条五代の履歴書(伊勢宗瑞の生涯　関東管領への道 ほか)　2 領国支配の展開と城郭(小田原城の成立と発展　領域支配の拠点となった支城群)　3 秀吉襲来(北条方の戦闘準備　空前の大遠征)　4 小田原城と小田原宿を歩く(小田原城　小田原宿)

北条 民雄〔1914～1937〕ほうじょう・たみお

◇「生命〈いのち〉」と「生きる」こと―ハンセン病を巡る諸問題を視座として　浅田高明著　京都　文理閣　2016.8　274p　20cm　〈文献あり〉　2500円　①978-4-89259-797-8　Ⓝ498.6

内容　1「いのち」の作家・北條民雄　2 神山復生病院　3 わが国における「ハンセン病」治療(隔離派と外来派)　4 長島の女医たち　5 井深八重の生涯　6 共生、共存の道　7 大和路にて　8 熊本への旅　9 結びに代えて

北条 時房〔1175～1240〕ほうじょう・ときふさ

◇中世の人物 京・鎌倉の時代編　第3巻　大阪　清文堂出版　2014.7　382p　22cm　4500円　①978-4-7924-0996-8　Ⓝ281

内容　後鳥羽院(美川圭著)　九条道家(井上幸治著)　西園寺公経(山岡瞳著)　藤原秀康(長村祥知著)　藤原定家(谷昇著)　源実朝(坂井孝一著)　北条政子(黒嶋敏著)　北条義時(田辺旬著)　北条泰時(菊池紳一著)　北条時房と重時(久保田和彦著)　九条頼経・頼嗣(岩田慎平著)　竹御所と石山尼(小野翠著)　三浦義村(真鍋淳哉著)　大江広元と三善康信〈善信〉(佐藤雄基著)　宇都宮頼綱(野口実著)　慈円(菊地大樹著)　聖覚(平雅行著)　定豪(海老名尚著)　円爾(原田正俊著)　叡尊(細川涼一著)　公武権力の変容と仏教界(平雅行/編)

北条 時政〔1138～1215〕ほうじょう・ときまさ

◇中世の人物 京・鎌倉の時代編　第2巻　治承～文治の内乱と鎌倉幕府の成立　野口実編　大阪　清文堂出版　2014.6　426p　22cm　〈文献あり〉　4500円　①978-4-7924-0995-1　Ⓝ281

内容　源頼政と以仁王(生駒孝臣著)　甲斐源氏(西川広平著)　木曾義仲(長村祥知著)　源義経と範頼(宮田敬三著)　平宗盛(田中大喜著)　平氏の新belongs家人たち(西村隆著)　藤原秀衡(三好俊文著)　源頼朝(元木泰雄著)　大庭景親(森幸夫著)　城助永と助職〈長茂〉(高橋一樹著)　千葉常胤(野口実著)　和田義盛と梶原景時(滑川敦子著)　北条時政と牧の方(落合義明著)　源頼家(藤本頼人著)　八条院(高松百香著)　藤原兼実(高橋秀樹著)　源通親(佐伯智広著)　法然と貞慶・明恵(平雅行著)　重源(久野修義著)　栄西(中尾良信著)

北条 時敬〔1858～1929〕ほうじょう・ときゆき

◇双頭の鷲―北條時敬の生涯　丸山久美子著　工作舎　2018.4　254p　20cm　〈文献あり 年譜あり〉　2200円　①978-4-87502-493-4　Ⓝ289.1

内容　第1章 幕末の加賀藩前田家と数学者関口開　第2章 金沢羽咋第四高等中学校　第3章 東京帝国大学院生にして第一高等中学校教授　第4章 萩の町 山口高等中学校　第5章 四高校長として再び金沢へ　第6章 広島高等師範学校　第7章 陸奥の国への旅立ち　第8章 学習院院長の職責　第9章 武蔵高等学校創立　第10章 晩年を生きる

◇北陸の学僧、碩学の近代―存在証明の系譜　高畑崇導著　金沢　北國新聞社出版局　2018.5　161p　21cm　2200円　①978-4-8330-2135-7　Ⓝ188.72

内容　石川舜台(一八四二～一九三一、天保十三～昭和六)―その存在証明の時　維新期の西欧からの仏教批判書と真宗教団―J.エドキンズ著『釈教正謬』正続二冊をめぐって　マックス・ミューラー編「東方聖書」と浄土の三部経　北條時敬と国泰寺雪門―西田幾多郎と鈴木大拙にかかわった二人の師　雪門玄松(一八五〇～一九一五、嘉永三～大正四)の国泰寺住持十年　真宗教義学の象徴―宣明とその時代　藤懸

得住　常徳寺の経蔵　真宗大谷派の学僧・玄寧（一八一二〜一八八四、文化九〜明治十七）の学問―新知見・志賀町常徳寺経蔵典籍五千冊　笠原研寿の学問

北条 時頼〔1227〜1263〕ほうじょう・ときより
◇執権時頼と廻国伝説　佐々木馨著　オンデマンド版　吉川弘文館　2017.10　223p　19cm　〈歴史文化ライブラリー 29〉〈原本：1997年刊〉2300円　①978-4-642-75429-3　Ⓝ210.42
＊鎌倉幕府の北条時頼は、諸国を行脚し困窮した御家人や農民を救済した名執権として伝承されている。この廻国伝説は史実だろうか。政治家としての足跡を追いながら、宿命的な日蓮との対決を通して仏教者の顔を発見する。

北条 長氏　ほうじょう・ながうじ
⇒北条早雲（ほうじょう・そううん）を見よ

北条仲時の妻〔鎌倉時代〕ほうじょう・なかときのつま
◇日本の武将と女たち　田川清著　名古屋　中日出版　2016.11　79p　19cm　1200円　①978-4-908454-08-0　Ⓝ281
[内容]　1 源義仲と巴御前・葵御前・山吹　2 源義経と静御前　3 後醍醐天皇と妾・阿野廉子　4 北条仲時と妻・北の方　5 戦国武将と女たち（（一）浅井長政・柴田勝家・豊臣秀吉とお市の方　（二）豊臣秀吉と淀君　（三）荒木村重と妾・だし　（四）前田利家と妻・まつ　（五）山内一豊と妻・千代）　6 細川忠興と妻・ガラシャ夫人　7 将軍と大奥の女たち

北条 政子〔1157〜1225〕ほうじょう・まさこ
◇中世の人物 京・鎌倉の時代編　第3巻　大阪　清文堂出版　2014.7　382p　22cm　4500円　①978-4-7924-0996-8　Ⓝ281
[内容]　後鳥羽院（美川圭著）　九条道家（井上幸治著）　西園寺公経（山岡瞳著）　藤原秀康（長村祥知著）　藤原定家（谷昇著）　源実朝（坂井孝一著）　北条政子（黒嶋敏著）　北条義時（田辺旬著）　北条泰時（菊池紳一著）　北条時房と重時（久保田和彦著）　九条頼経・頼嗣（岩田慎平著）　竹御所と石山尼（小野翠著）　三浦義村（真鍋淳哉著）　大江広元と三善康信〈善信〉（佐藤雄基著）　宇都宮頼綱（野口実著）　慈円（菊地大樹著）　聖覚（平雅行著）　定豪（海老名尚著）　円爾（原田正俊著）　叡尊（細川涼一著）　公武権力の変容と仏教界（平雅行/編）

◇人物史の手法―歴史の見え方が変わる　五味文彦著　左右社　2014.11　229p　19cm　〈文献あり〉　1700円　①978-4-86528-105-7　Ⓝ281.04
[内容]　第1章 聖徳太子―文明化の象徴　第2章 景戒―『日本霊異記』を追体験する　第3章 清少納言―なぜ『枕草子』は生まれたのか　第4章 藤原顕長―家の形成に心血を注いで　第5章 北条政子―生い立ちから人間像に迫る　第6章 兼好法師―新たな人物像を問う　第7章 世阿弥―父と子　第8章 武田信玄―丑年の決断

◇北条政子―尼将軍の時代　野村育世著　オンデマンド版　吉川弘文館　2017.10　191p　19cm　〈歴史文化ライブラリー 99〉〈文献あり　原本：2000年刊〉　2300円　①978-4-642-75499-6　Ⓝ289.1

北条 守時　ほうじょう・もりとき
⇒赤橋守時（あかはし・もりとき）を見よ

北条 泰時〔1183〜1242〕ほうじょう・やすとき
◇中世の人物 京・鎌倉の時代編　第3巻　大阪　清文堂出版　2014.7　382p　22cm　4500円　①978-4-7924-0996-8　Ⓝ281
[内容]　後鳥羽院（美川圭著）　九条道家（井上幸治著）　西園寺公経（山岡瞳著）　藤原秀康（長村祥知著）　藤原定家（谷昇著）　源実朝（坂井孝一著）　北条政子（黒嶋敏著）　北条義時（田辺旬著）　北条泰時（菊池紳一著）　北条時房と重時（久保田和彦著）　九条頼経・頼嗣（岩田慎平著）　竹御所と石山尼（小野翠著）　三浦義村（真鍋淳哉著）　大江広元と三善康信〈善信〉（佐藤雄基著）　宇都宮頼綱（野口実著）　慈円（菊地大樹著）　聖覚（平雅行著）　定豪（海老名尚著）　円爾（原田正俊著）　叡尊（細川涼一著）　公武権力の変容と仏教界（平雅行/編）

北条 義時〔1163〜1224〕ほうじょう・よしとき
◇中世の人物 京・鎌倉の時代編　第3巻　大阪　清文堂出版　2014.7　382p　22cm　4500円　①978-4-7924-0996-8　Ⓝ281
[内容]　後鳥羽院（美川圭著）　九条道家（井上幸治著）　西園寺公経（山岡瞳著）　藤原秀康（長村祥知著）　藤原定家（谷昇著）　源実朝（坂井孝一著）　北条政子（黒嶋敏著）　北条義時（田辺旬著）　北条泰時（菊池紳一著）　北条時房と重時（久保田和彦著）　九条頼経・頼嗣（岩田慎平著）　竹御所と石山尼（小野翠著）　三浦義村（真鍋淳哉著）　大江広元と三善康信〈善信〉（佐藤雄基著）　宇都宮頼綱（野口実著）　慈円（菊地大樹著）　聖覚（平雅行著）　定豪（海老名尚著）　円爾（原田正俊著）　叡尊（細川涼一著）　公武権力の変容と仏教界（平雅行/編）

北条夫人〔1564〜1582〕ほうじょうふじん
◇北条氏康の子供たち―北条氏康生誕五百年記念論文集　黒田基樹,浅倉直美編　京都　宮帯出版社　2015.12　357p　22cm　〈年譜あり〉　3500円　①978-4-8016-0017-1　Ⓝ288.2
[内容]　総論 北条氏康の子女について　第1章 北条氏康の息子たち（北条氏政　北条氏照　北条氏邦　北条氏規　北条氏忠　北条氏光　上杉景虎）　第2章 北条氏康の娘たち（早川殿―今川氏真の室　七曲殿―北条氏繁の室　長林院―太田氏資の室　浄光院殿―足利義氏の室　桂林院殿―武田勝頼の室）　第3章 戦国北条氏の居城（小田原城　韮山城跡　鉢形城跡　唐沢山城　玉縄城）　付録

法泰　ほうたい
⇒天秀尼（てんしゅうに）を見よ

法然〔1133〜1212〕ほうねん
◇中世の人物 京・鎌倉の時代編　第2巻　治承〜文治の内乱と鎌倉幕府の成立　野口実編　大阪　清文堂出版　2014.6　426p　22cm　〈文献あり〉　4500円　①978-4-7924-0995-1　Ⓝ281
[内容]　源頼政と以仁王（生駒孝臣著）　甲斐源氏（西川広平著）　木曾義仲（長村祥知著）　源義経と範頼（田敬三著）　平宗盛（田中大喜著）　平氏の新旧家人たち（西442隆著）　藤原秀衡（三好俊文著）　源頼朝（元木泰雄著）　大庭景親（森幸夫著）　城助永と助職（長茂）（高橋一樹著）　千葉常胤（野口実著）　和

ほうねん

田義盛と梶原景時(滑川敦子著)　北条時政と牧の方(落合義明著)　源頼家(藤本頼人著)　八条院(高松百合著)　藤原兼実(高橋秀樹著)　源通親(佐伯智広著)　法然と貞慶・明恵(平雅行著)　重源(久野修義著)　栄西(中尾良信著)

◇梅原猛の仏教の授業 法然・親鸞・一遍　梅原猛著　PHP研究所　2014.9　247p　15cm　(PHP文庫 う5-4)〈文献あり〉　700円　Ⓘ978-4-569-76225-8　Ⓝ188.62

内容　法然の授業(恩師が導いた法然上人との出会い　鎌倉新仏教に共通する思想「草木国土悉皆成仏」とは ほか)　親鸞の授業(親鸞上人の四つの謎　人を殺すも殺さないも因縁によりけり ほか)　一遍の授業(一遍上人を知る為の四つのキーワード　妻と子をおいて旅に出る ほか)　共生の授業(新たな哲学を求めて　日本の伝統思想の原点は「縄文文化」にある ほか)

◇法然―浄土宗　左方郁子著　京都　淡交社　2014.10　203p　18cm　(京都・宗祖の旅)〈1990年刊の再編集　年表あり〉　1200円　Ⓘ978-4-473-03964-4　Ⓝ188.62

内容　1 法然の生涯と教え(はじめに―法然と重衡との出会い　誕生と奇瑞伝説　父漆間時国の悲愴の死とその遺言 ほか)　2 京都・法然の旅(精神の軌跡を訪ねて　比叡山・西塔から東塔　嵯峨清京寺の釈迦堂と二尊院 ほか)　3 浄土宗の寺々(金戒光明寺　知恩院　法然院・安楽寺 ほか)

◇うちのお寺は浄土宗　わが家の宗教を知る会著　文庫オリジナル版　双葉社　2015.7　221p　15cm　(双葉文庫 わ-08-04=「わが家の〈宗教を知る〉シリーズ」)〈文献あり〉　602円　Ⓘ978-4-575-71439-5　Ⓝ188.6

内容　序章 ざっくりわかる浄土宗Q&A　第1章 仏教の歴史と浄土宗の誕生　第2章 法然の生涯と浄土宗の発展　第3章 キーワードで知る浄土宗の教え　第4章 浄土宗のしきたり　第5章 ぜひ訪ねたい浄土宗のお寺

◇高僧たちの奇蹟の物語　森雅秀著　大阪　朱鷺書房　2016.3　245p　21cm　〈文献あり〉　2000円　Ⓘ978-4-88602-204-2　Ⓝ182.88

内容　第1章 奇蹟を起こす仏弟子(頭陀行第一 摩訶迦葉　神通第一 目連 ほか)　第2章 玄奘、神秘の国にむかう(玄奘と『大唐西域記』ふしぎな聖遺物 ほか)　第3章 聖徳太子(高僧としての聖徳太子　誕生前後 ほか)　第4章 海を渡った高僧たち(『今昔物語集』の伝える高僧　南都の学僧たち ほか)　第5章 奇蹟の物語の終焉(法然の生涯と絵巻『法然上人絵伝』に見られる奇蹟 ほか)

◇法然と親鸞　山折哲雄著　中央公論新社　2016.5　263p　16cm　(中公文庫 や56-3)〈年表あり〉　800円　Ⓘ978-4-12-206260-3　Ⓝ188.62

内容　法然の道、親鸞の道　法然臨終　「七箇条起請文」(一)―法然の弟子たちと親鸞　「七箇条起請文」(二)―善信と住蓮、蓮生、幸西、行空　二つの証言 師以前の師　親鸞の弟子捨て　師と弟子の関係軸 ユダとアーナンダの物語　親鸞、法然のもとへ　思想の継承と離反　『大無量寿経』をめぐる解釈　分割相続か単独相続か

◇ブッダと法然　平岡聡著　新潮社　2016.9　236p　18cm　(新潮新書 684)〈文献あり〉　760円　Ⓘ978-4-10-610684-2　Ⓝ182.8

内容　第1章 宗教に運命づけられた人間(二つの大山　ブッダと法然の歴史性 ほか)　第2章 自利から利他へ(出家の動機　悪魔に誘惑されるブッダ ほか)　第3章 対照的な晩年(日本仏教の特異性 順風満帆だったブッダ ほか)　第4章 魅力の根源を探る(はじめてみたつる思想　バラモン教に逆らったブッダ ほか)　第5章 生きをきること、死にきること(不退転の決意　真空から妙有へ ほか)　付録 それぞれの生涯・思想・歴史

◇私釈法然　伊藤益著　北樹出版　2016.9　212p　20cm　2000円　Ⓘ978-4-7793-0506-1　Ⓝ188.62

内容　序章 やさしい人　第1章 法然の生涯　第2章 一枚起請文の思想　第3章 念仏の意義　第4章 法然批判　終章 法然から親鸞へ

◇法然との新たな出会い　岡村貴旬男著　太陽出版　2016.11　203p　19cm　〈文献あり〉　1300円　Ⓘ978-4-88469-887-4　Ⓝ188.62

内容　第1章 平安京のあれこれ　第2章 求道者法然　第3章 通憲流覧の円照　第4章 法然、自らを語る　第5章 法然の奇瑞　第6章 法然の撰述　第7章『選択集』以降　第8章 法然滅後

◇浄土念仏物語―「法然上人御手紙」を読む　岩瀬一道著　流山　崙書房　2016.12　215p　20cm　〈奥付のタイトル(誤植):法然上人念仏物語　文献あり〉　1800円　Ⓘ978-4-8455-1212-6　Ⓝ188.62

内容　1 岩瀬所持写本の概要　2 法然上人お手紙を読む―法然上人消息の本文(上人身上からのお手紙　母上宛の返書　十二光仏の異名　名号口伝と問答　三重の一心不乱の事　法然上人一枚起請文、二枚起請文　念仏往生の十二問答　念仏と念仏者)　3 法然上人消息の念仏資料を読む(法然上人の孝養観―母上、上人の手紙の分析　南無阿弥陀仏　荘厳浄土　念仏者の平生養成)

◇日本仏教を変えた法然の先鋭性―親鸞にとっての「真宗」　根津茂著　京都　法藏館　2017.2　339p　19cm　〈文献あり 年表あり〉　1300円　Ⓘ978-4-8318-7712-3　Ⓝ188.62

内容　第1部 法然の求道(法然の誕生と父の遺言　大いなる願いと鮮明な課題をもった学び ほか)　第2部 民衆のための仏教(宗教の本質と法然の平等精神　阿弥陀仏の本願とは ほか)　第3部 法然の一大革命(絶対平等の救いの確立　悪人正機 ほか)　第4部 法難と教義の継承そして親鸞へ(「興福寺奏状」から見える専修念仏への弾圧　流罪の地で法難を思う ほか)

◇古典の小径―記紀から『夜明け前』まで　外村展子著　大阪　新葉館出版　2017.9　331p　20cm　3000円　Ⓘ978-4-86044-633-8　Ⓝ910.2

内容　1 古代(竹取物語と富士山―祭神になりそこねたかぐや姫　住吉明神―和歌三神という　古代の渡来人 ほか)　2 中世(作州誕生寺―法然の伝説　浄土自強善―悪人正機説　熊谷直実と平敦盛―『平家物語』の虚実 ほか)　3 近世(出雲のおくに―見飽きねど、この世の極楽、あの世の地獄―無間の鐘　俳人から歌人へ―田捨女の生涯 ほか)

◇よくわかる浄土宗―重要経典付き　瓜生中著　KADOKAWA　2018.4　291p　15cm　([角川

ソフィア文庫〕〔H113-6〕)〈文献あり〉 840円 ①978-4-04-400364-7 Ⓝ188.6
[内容]第1章 浄土教の基礎知識(釈迦の誕生 釈迦の伝説と実像 ほか) 第2章 浄土宗の主な経典(香偈 三宝礼 ほか) 第3章 法然の生涯と教え(出生と父の死 出家 ほか) 第4章 法然以降の分派(鎮西派 西山派 ほか) 第5章 浄土宗の主な寺院(総本山・知恩院 大本山・増上寺 ほか) 付録 浄土宗の法要と年中行事、仏像と絵画

◇法然と親鸞の信仰 倉田百三著 新版 講談社 2018.4 375p 15cm (講談社学術文庫 2432)〈『法然と親鸞の信仰 上・下』(1997年刊)の合本〉 1210円 ①978-4-06-292432-0 Ⓝ188.64
[内容]上篇─一枚起請文を中心として(内容一般 法然の生涯(その時代的背景) 一枚起請文講評) 下篇─歎異鈔を中心として(内容一般 親鸞聖人の生涯 歎異鈔講評)

◇法然─貧しく劣った人びとと共に生きた僧 平 雅行著 山川出版社 2018.6 87p 21cm (日本史リブレット人 028)〈文献あり 年譜あり〉 800円 ①978-4-634-54828-2 Ⓝ188.62
[内容]鎌倉新仏教史観と法然 1 法然の前半生の歩み(法然の出家 浄土教と在俗出家 聖としての法然) 2 法然の思想(法然と浄土宗 『選択本願念仏集』法然の人間観 ほか) 3 建永の法難と法然(弾圧の経緯 安楽らの死罪 1207(建永2)年2月の太政官符 ほか) 法然思想の現代的意味

朴 正熙 ぼく・せいき
⇒パク、チョンヒを見よ

朴 泰俊 ぼく・たいしゅん
⇒パク、テジュンを見よ

北翔 海莉 ほくしょう・かいり
◇宝塚歌劇 柚希礼音論─レオンと9人のトップスターたち 松島奈巳著 東京堂出版 2016.5 204p 19cm 〈文献あり 年譜あり〉 1600円 ①978-4-490-20939-6 Ⓝ772.1
[内容]1章 天海祐希 ファンにあらず─音楽学校入学以前 2章 大浦みずき 十年にひとりの逸材─宝塚音楽学校時代 3章 北翔海莉 名作レビューで大抜擢─歌劇団入団 4章 真飛聖 鳴り物入りで星組に配属─星組若手時代 5章 安蘭けい 星の王子様は誰?─二番手まで 6章 天海祐希(再掲) 異例人事の残したもの──トップ就任 7章 真琴つばさ 1人6人の武道館リサイタル─退団前年 8章 真琴つばさ リアルな演技と過激な演技─退団直前 9章 明日海りお ハイブリッドなトップ・オブ・トップ─退団 10章 柚希礼音 星組トップスターを超えて─退団後

北天佑 勝彦〔1960〜2006〕ほくてんゆう・かつひこ
◇平成の北海道 大相撲─三横綱がいた時代 宗像哲也著 札幌 北海道新聞社 2016.10 223p 19cm 1400円 ①978-4-89453-844-3 Ⓝ788.1
[内容]昭和の千秋楽 第1章 道産子名力士列伝(千代の富士 大乃国 北勝海 ほか) 第2章 道産子力士の素顔(「北海道出身?」だった初代・若乃花 満身創痍 番付は生き物 ほか) 第3章 北海道大相撲なんでも百科(連勝記録 連勝を止めた力士 新弟子検査 ほか)

北勝海 信芳〔1963〜〕ほくとうみ・のぶよし
◇平成の北海道 大相撲─三横綱がいた時代 宗像哲也著 札幌 北海道新聞社 2016.10 223p 19cm 1400円 ①978-4-89453-844-3 Ⓝ788.1
[内容]昭和の千秋楽 第1章 道産子名力士列伝(千代の富士 大乃国 北勝海 ほか) 第2章 道産子力士の素顔(「北海道出身?」だった初代・若乃花 満身創痍 番付は生き物 ほか) 第3章 北海道大相撲なんでも百科(連勝記録 連勝を止めた力士 新弟子検査 ほか)

冒頓単于〔?〜前174〕ぼくとつぜんう
◇冒頓単于─匈奴遊牧国家の創設者 沢田勲著 山川出版社 2015.8 88p 21cm (世界史リブレット人 14)〈文献あり 年表あり〉 800円 ①978-4-634-35014-4 Ⓝ289.2
[内容]モンゴル高原 1 匈奴と中国 2 冒頓の雄飛 3 白登山の戦い 4 匈奴遊牧国家の成立 5 匈奴遊牧国家の性格

保阪 尚輝〔1967〜〕ほさか・なおき
◇どん底から1日1億円の売り上げを出す方法 保阪尚希著 ワニブックス 2018.5 190p 19cm 1300円 ①978-4-8470-9686-0 Ⓝ779.9
[内容]第1章 命の危機を乗り越えて飛び込んだ通販業界(人生の「激動の年」は小学1年生の年 小学生から始めた"アルバイト" ほか) 第2章 ゼロから始まった商品開発(僕が資格を持つ理由 パレオダイエット ほか) 第3章「絶対に売れる」自信をもつためのこだわり(モノを売るためには「わかりやすさ」が一番 「自分じゃない」と思った仕事は他人に振る ほか) 第4章「通販」で売ることの利点(数を売ることにも意味がある ファスティングの壁を近づける ほか) 第5章 日本にこだわる時代はもう終わり(将来が見えない日本 国際的には無意味な「日本円」 ほか)

保坂 展人〔1955〜〕ほさか・のぶと
◇脱原発区長はなぜ得票率67%で再選されたのか? 保坂展人著 ロッキング・オン 2016.8 224p 18cm 1000円 ①978-4-86052-124-0 Ⓝ318.2361
[内容]第1章 3・11後の危機感が、私を区長選挙に導いた。そして、「脱原発」の実践が、私に「せたがやYES!」と言わせた(相手は大きな組織、こちらは組織はないに等しい状態でした 公開討論会を相手候補が突然欠席したんです 選挙戦最終日に集まったのは100人ぐらいだったかな? そのうち子連れが半分。心配されました(笑) ほか) 第2章「せたがやYES!」が意味するもの。再選選挙で獲得票を倍にした「世田谷モデル」の成功例とは?(赤字続きだった財政を黒字転換に導きました リノベーションという方向も検討するよう指示しました 企業の「言い値」が続いていたことを知っていました ほか) 第3章 今の自分の原点には「中学生の自分」がいる(なぜ政治家になったのか答えると、成り行きだったということになります 投開票の翌朝、新聞を見たら「落選しても国会へ」と泣き顔が出ていた。自分の写真があったという(笑) 私はいわば国会議員の一番最後の末席にひっかかって当選したようなものでした ほか)

ほさか

保阪 正康〔1939〜〕 ほさか・まさやす
◇風来記―わが昭和史 2 雄飛の巻 保阪正康著 平凡社 2015.8 324p 20cm 1700円 ①978-4-582-82478-0 Ⓝ289.1
内容 『死なう団事件』をめぐって 農本主義者・橘孝三郎との対話 月刊誌での原稿修業 リトマス試験紙としての東條英機 ある編集者との決別 昭和史を語るということ 田中角栄という鏡 瀬島龍三をめぐる真実 昭和の終わりと平成の始まり 人生の岐路に立つ 後藤田正晴との出会い 老いへの道を歩む

星 亨〔1850〜1901〕 ほし・とおる
◇近代政治家評伝―山縣有朋から東條英機まで 阿部眞之助著 文藝春秋 2015.10 397p 16cm 〈文春学藝ライブラリー――雑varia 20〉〈文藝春秋新社 1953年刊の再刊〉 1250円 ①978-4-16-813052-6 Ⓝ312.8
内容 山縣有朋 星亨 原敬 伊藤博文 大隈重信 西園寺公望 加藤高明 犬養毅 大久保利通 板垣退助 桂太郎 東條英機

星 奈津美〔1990〜〕 ほし・なつみ
◇明日に向かって―病気に負けず、自分の道を究めた星奈津美のバタフライの軌跡 田坂友暁著 ベースボール・マガジン社 2016.7 207p 19cm 1500円 ①978-4-583-11064-6 Ⓝ785.23
内容 第1章 星奈津美の原点『出会い』―1990年〜2006年8月 第2章 星奈津美のターニングポイント『病魔』―2006年9月〜2008年8月 第3章 星奈津美の挫折『くやしさ』―2008年9月〜2011年8月 第4章 星奈津美の成長『飛躍』―2011年9月〜2012年8月 第5章 星奈津美の真価『苦難』―2012年9月〜2014年10月 第6章 星奈津美の進化『転機』―2014年11月〜2015年8月 第7章 星奈津美の苦しみ『責任感』―2015年9月〜2016年4月 第8章 星奈津美のこれから『未来』―2016年5月〜 母からのことば 星真奈美さん―子どももひとりの人間として、認めてあげること コーチからのことば1 原田良勝コーチ（スウィン大教スイミングスクール蓮田校）―200mバタフライで、天才的なものを持っていた コーチからのことば2 平井伯昌コーチ（東洋大学法学部准教授・東洋大学水泳部監督・競泳日本代表監督）―内面に持っているガッツがすごい

星 葉子〔1943〜〕 ほし・ようこ
◇脳腫瘍をのりこえて 星葉子著 文芸社 2018.6 105p 15cm 600円 ①978-4-286-19486-8 Ⓝ289.1

星子 敏雄〔1905〜1995〕 ほしこ・としお
◇満州国の最期を背負った男・星子敏雄 荒牧邦三著 福岡 弦書房 2016.8 219p 19cm 〈文献あり 年譜あり〉 2000円 ①978-4-86329-137-9 Ⓝ289.1
内容 第1章 生涯の礎―東光会の精神（八方ヶ岳の麓で東光会の発足 ほか） 第2章 満州国の光と影―侵略と協和のはざまで（満州・大雄峰会 甘粕正彦のもとで警察創設 ほか） 第3章 シベリア抑留日記―獄中に東光あり（モスクワ、レフォルトブスカヤ監獄 刑法第五八条「スパイ罪」ほか） 第4章 祖国の土―星子の沈黙が語るもの（昭和三十一年十二月二十六日、舞鶴港 帰郷後の仕事 ほか）

星崎 友安〔1920〜〕 ほしざき・ともやす
◇シベリア抑留から帰って 星崎友安著 小田原 星崎翠 2016.6 81p 19cm 〈年譜あり〉 Ⓝ289.1

星名 謙一郎〔1866〜1926〕 ほしな・けんいちろう
◇移民の魁傑・星名謙一郎の生涯―ハワイ・テキサス・ブラジル 飯田耕二郎著 不二出版 2017.11 329p 21cm 〈索引あり〉 3800円 ①978-4-8350-8061-1 Ⓝ289.1
内容 第1章 先祖と幼少の頃 第2章 ハワイ時代前期―キリスト教伝道師の頃 第3章 ハワイ時代中期―新聞発行・税関吏員・コーヒー農場主の頃 第4章 ハワイ時代後期―ワイアルア耕地監督・新婚の頃 第5章 テキサス時代と一時帰国 第6章 ブラジル時代前期 第7章 ブラジル時代後期 第8章 星名の最期とその後

保科 正昭〔1883〜1947〕 ほしな・まさあき
◇保科正昭日誌 保科正昭著，霞会館華族文化調査委員会編纂 霞会館 2017.11 258p 22cm 〈年譜あり〉 非売品 Ⓝ210.7

保科 正俊〔1511〜1593〕 ほしな・まさとし
◇信濃の戦国武将たち 笹本正治著 京都 宮帯出版社 2016.4 295p 19cm 2500円 ①978-4-8016-0011-9 Ⓝ281.52
内容 第1章 神の血筋―諏方頼重 第2章 信濃守護の系譜―小笠原長時 第3章 二度も信玄を破る―村上義清 第4章 信玄を支える―真田幸綱 第5章 表裏比興の者―真田昌幸 第6章 武田氏を滅亡に追い込む―木曽義昌 第7章 武田氏滅亡と地域領主たち

保科 正之〔1611〜1673〕 ほしな・まさゆき
◇会津全書―大藩秘籍 石川政芳編纂 復刻版 周南 マツノ書店 2015.7 492,5p 21cm 〈折り込 2枚 原本：教材社昭和13年刊〉 7000円 Ⓝ372.105
内容 日新館童子訓 千載之松
◇名君保科正之―歴史の群像 中村彰彦著 完全版 河出書房新社 2016.3 295p 15cm 〈河出文庫 な37-1〉〈初版：文春文庫 1996年刊〉 880円 ①978-4-309-41443-0 Ⓝ281.04
内容 第1部 名君 保科正之と遺臣たち（名君 保科正之―その一 生い立ちと業績 名君 保科正之―その二 保科正之―その三 清らかさと慈愛と無私の心 ほか） 第2部 保科正之以前（蜂須賀正勝―天下取りに尽力した帷幄の名将 宇喜多直家―刺客を繰る鬼謀の将 宇喜多秀家―配流生活に耐えさせた望郷の思い ほか） 第3部 保科正之以降（川路聖謨―幕府に殉じたエリート官僚 勝海舟 徳川慶喜―その一 ほか）
◇保科正之―博愛と果断の大名政治家 中村彰彦著 自由社 2017.10 142p 15cm 〈中村彰彦史伝シリーズ 歴史の裏に真あり 2〉 700円 ①978-4-908979-05-7 Ⓝ289.1
内容 第1章 信州高遠城主・仁科盛信の統治 第2章 信

州高遠藩・保科家の民政　第3章　出羽山形藩・保科家の人事の妙　第4章　奥州会津藩・保科家の人道主義　第5章　将軍家光の「託孤の遺命」　第6章　明暦の大火　第7章　「不燃都市」江戸の誕生

◇保科正之　小池進著　吉川弘文館　2017.11　307p　19cm　（人物叢書　新装版　通巻290）〈文献あり　年譜あり〉　2300円　①978-4-642-05283-2　Ⓝ289.1

内容　誕生　高遠城主保科正光の養育　保科家相続　最上山形への入封　陸奥会津への入封　徳川家綱の誕生と家光の死　将軍後見時代　「大老」への道　家綱政治の展開と「大老」正之　晩年と家訓十五条　正之の死とその周辺

星野　和央〔1934～〕　ほしの・かずお

◇地域社会を創る―ある出版人の挑戦　阿部年晴著　さいたま　さきたま出版会　2014.8　231p　21cm　〈年譜あり〉　2000円　①978-4-87891-411-9　Ⓝ361.98

星野　仙一〔1947～2018〕　ほしの・せんいち

◇僕しか知らない星野仙一　江本孟紀著　カンゼン　2018.3　205p　19cm　〈文献あり〉　1500円　①978-4-86255-462-8　Ⓝ783.7

内容　プロローグ　星野さんと交わした最後の会話　第1章　コーチャーズボックスから聞こえる「声の主」　第2章　星野批判がマスコミから起きなかったワケ　第3章　「巨人キラー」から「オヤジキラー」へ　第4章　「星野仙一を演じ続けた」理由とは　第5章　星野さんの球界への遺言　エピローグ　星野さんが果たせなかった「夢」

◇衣笠祥雄　最後のシーズン　山際淳司著　KADOKAWA　2018.8　287p　18cm　（角川新書 K-223）　840円　①978-4-04-082265-5　Ⓝ783.7

内容　第1章　名将（メルセデスにて　オールド・ボーイズ・オブ・サマー）　第2章　名投手（"サンデー兆治"のこと　二〇〇勝のマウンド　ほか）　第3章　強打者（アウトコース　田淵の夏の終わり　ほか）　終章　引退（一本杉球場にて）

星野　直樹〔1892～1978〕　ほしの・なおき

◇満洲怪物伝―「王道楽土」に暗躍した人物たちの活躍とその後　歴史REAL編集部編　洋泉社　2015.9　255p　19cm　〈年表あり　索引あり〉　1800円　①978-4-8003-0719-4　Ⓝ281.04

内容　第1章　建国に暗躍した軍人たちの光と影（石原莞爾―満洲領有を唱えた「世界最終戦争論」とは？　土肥原賢二―満洲国の建国に尽力した「満洲のローレンス」　板垣征四郎―石原とコンビを組み、満洲事変を引き起こす　山口重次―石原莞爾を煽り関東軍の決起を促した活動家）　第2章　傀儡国家の申し子たち（甘粕正彦―満洲国の文化を盛り立てた官僚の「実像」　愛新覚羅溥儀―数奇で残酷な運命を辿った「ラスト・エンペラー」　松岡洋右―満鉄で実力を発揮できなかった総裁　李香蘭―日中に引き裂かれた誠実な女優）　第3章　影の時代を暗躍したフィクサーたち（里見甫―阿片を用いて満洲のダークサイドを歩いた「里見夫」　辻政信―ノモンハンでの独断専行の参謀　河本大作―張作霖爆殺事件の首謀者　石井四郎―「悪魔の細菌部隊」七三一部隊を創設した男　川島芳子―華麗なエピソードに彩られた

「男装の麗人」）　第4章　満洲国を牛耳った官僚と政治家たち（岸信介―昭和の妖怪と呼ばれた男の「一身二生」の人生　星野直樹―満洲国を「傀儡国家」たらしめた最重要人物　高碕達之助―満ءを率いて日本人を守った経済人　古海忠之―満洲国の経済を動かした男）　特別企画　満洲人物伝―「王道楽土」の地で活躍した人物82（軍人・軍関係者　政治家・官僚　満鉄と経済人　文化人　女性　中国人）

星野　道夫〔1952～1996〕　ほしの・みちお

◇星野道夫　風の行方を追って　湯川豊著　新潮社　2016.7　204p　20cm　〈著作目録あり　年譜あり〉　1600円　①978-4-10-314932-3　Ⓝ740.21

内容　1　旅の途上で―生涯をたどる（誰もいない風景　人と人がつながって　風の行方）　2　星野道夫を読む（出発点に立つ者　生成する文章　物語の力について　失われた「物語」を求めて　旅が終わるとき）

◇星野道夫の神話―未来を照らすそのスピリチュアリティ　濁川孝志著　コスモス・ライブラリー　2017.5　148p　20cm　〈発売：星雲社〉　1400円　①978-4-434-23318-0　Ⓝ740.21

内容　1　星野道夫のこと　2　星野道夫と現代社会および若者のウエルネス　3　星野道夫の写真とナラティブアプローチ　4　星野道夫のスピリチュアリティ　5　映画「地球交響曲」に見る星野道夫とワタリガラスの神話　6　神話の創造　7　星野道夫の神話　8　星野道夫が教えてくれたこと：静けさが持つ力

◇未完の巡礼―冒険者たちへのオマージュ　神長幹雄著　山と溪谷社　2018.3　301p　20cm　〈文献あり〉　1700円　①978-4-635-17822-8　Ⓝ281

内容　植村直己―時代を超えた冒険家　長谷川恒男―見果てぬ夢　星野道夫―生命へのまなざし　山田昇―十四座の壁　河野兵市―リーチングホーム　小西政継―優しさの代償

星野　佳路〔1960～〕　ほしの・よしはる

◇なぜあの経営者はすごいのか―数字で読み解くトップの手腕　山根節著　ダイヤモンド社　2016.6　282p　19cm　1600円　①978-4-478-06959-2　Ⓝ335.13

内容　第1章　孫正義―巨大財閥をもくろむ大欲のアントレプレナー　第2章　松本晃―「右手に基本、左手にクレド」のシンプル経営実行者　第3章　永守重信―電動モーターに人生を賭けるエバンジェリスト　第4章　似鳥昭雄―猛勉を続ける執念のオープン・イノベーター　第5章　新浪剛史―自ら「やってみなはれ」続けるイントラプレナー　第6章　岡藤正広―言霊パワーを駆使するビッグビジネス・リーダー　第7章　星野佳路―お客と社員の「おもてなし」プロフェッショナル

◇挑み続ける力―「プロフェッショナル仕事の流儀」スペシャル　NHK「プロフェッショナル」制作班著　NHK出版　2016.7　227p　18cm　（NHK出版新書 492）　780円　①978-4-14-088492-8　Ⓝ366.29

内容　1　変わらない力（AI時代への新たな決意―将棋棋士　羽生善治　淡々と、完璧を目指す―星野リゾート代表　星野佳路　人生にムダなし）　2　生涯現役を貫け（プロフェッショナルに、終わりはない―元半導体メーカー社長　坂本幸雄　遠くは見ない、明

星野 芳朗〔1929～〕 ほしの・よしろう

◇木工職人で生きる―雪の深い里に生まれて　星野芳朗著　所沢　ふだん記所沢グループ　2015.2　117p　21cm　Ⓝ583

星山 慈良〔1959～〕 ほしやま・じろう

◇やり尽くす。―ホシヤマ珈琲店の選択　星山慈良著　仙台　ブレイン・ワークス　2015.10　157p　20cm　（相伝選書　経営者の経験とスピリットを明日へと伝える珠玉の一冊1）〈年譜あり〉　Ⓘ978-4-9908603-0-1　Ⓝ673.98

星山 輝男〔1944～〕 ほしやま・てるお

◇私の履歴書　星山輝男著　横浜　星羊社　2016.4　99p　20cm　1000円　Ⓝ289.1

保春院〔1548～1623〕 ほしゅんいん

◇戦国を生きた姫君たち　火坂雅志著　KADOKAWA　2016.4　170p　15cm　（角川文庫　ひ20-25）〈年表あり〉　600円　Ⓘ978-4-04-400170-4　Ⓝ281.04

内容　1 女城主たちの戦い（井伊直虎―井伊直政の義母　妙林尼―吉岡鎮興の妻　ほか）　2 危機を救う妻たち（お船の方―直江兼続の正室　小松姫―真田信之の正室　ほか）　3 愛と謎と美貌（小少将―長宗我部元親の側室　義姫―伊達政宗の生母　ほか）　4 才女と呼ばれた女たち（お初（常高院）―浅井三姉妹の次女　阿茶局―徳川家康の側室　ほか）　5 想いと誇りに殉じる（鶴姫―瀬戸内のジャンヌ・ダルク　淀殿―豊臣秀吉の側室　ほか）

穂積 忠〔1901～1954〕 ほずみ・きよし

◇歌人 穂積忠　桜井祥行著　伊豆　長倉書店　2015.7　169p　21cm　1000円　Ⓘ978-4-88850-023-4　Ⓝ911.162

＊伊豆の地を愛して離れず、地方にいながら中央歌壇で高い評価を得ていた歌人が旧大仁町（現伊豆の国市）にいた。

穂積 生萩〔1926～〕 ほずみ・なまはぎ

◇折口信夫＆穂積生萩―性を超えた愛のかたち　鳥居哲男　開山堂出版　2014.9　287p　20cm　2700円　Ⓘ978-4-906131-81-2　Ⓝ910.268

内容　1 憑りつき憑りつかれた二人の世界　2 穂積生萩著「私の折口信夫」第一部ダイジェスト　3 性を超えた愛のかたちを生きる二人　4 穂積生萩著「私の折口信夫」第二部ダイジェスト　5 生きている折口信夫に捧げる"愛"　特別付録 折口信夫講演録「万葉集の理想」（全集未収録）

細井 平洲〔1728～1801〕 ほそい・へいしゅう

◇細井平洲・美しい心の物語　童門冬二著　志學社　2015.11　195p　19cm　〈文献あり〉　1200円　Ⓘ978-4-904180-49-5　Ⓝ121.47

内容　巻1 平洲先生が見聞した善行者の話（天がくれた親孝行料　大ダコと戦った娘の話　ほか）　巻2 レキジョ・レキレキと平洲先生（金でなく心でもてなす尾張藩の家老の話　ほか）　巻3 古希にもおられた平洲先生（微笑でも正義をなせ　義とは、頼られた死生を共にすること　ほか）　巻4 尾張藩と平洲先生（尾張藩主に重用される　尾張藩の伝統　ほか）　巻5 心に響く平洲先生のことば（恕のきもちを大切に入を量り出ずるを制す　ほか）

細井 和喜蔵〔1897～1925〕 ほそい・わきぞう

◇『女工哀史』の誕生―細井和喜蔵の生涯　和久田薫著　京都　かもがわ出版　2015.5　174p　20cm　（未来への歴史）〈文献あり　年譜あり〉　1700円　Ⓘ978-4-7803-0769-6　Ⓝ910.268

内容　第1章 丹後（生い立ち　少年の面影　ほか）　第2章 関西（近代化と紡績業　働いた工場　ほか）　第3章 東京（東京モスリン亀戸工場　決起する女工たち　ほか）　作品について（追憶と論評　受け継がれる精神）

細金 雅章〔1893～1980〕 ほそがね・がしょう

◇人生は挑戦と見切り―細金雅章自伝　細金雅章著　市場経済研究所　2015.7　191p　22cm　〈折り込1枚〉　1500円　Ⓝ289.1

細川 ガラシャ〔1563～1600〕 ほそかわ・がらしゃ

◇がらしゃの里　駿河勝己著　長崎　聖母の騎士社　2015.5　223p　15cm　（聖母文庫）〈文献あり〉　500円　Ⓘ978-4-88216-360-2　Ⓝ289.1

内容　味土野の四季　プロローグ 小さき草花　第1章 秋の聖マリア大聖堂　第2章 冬の味土野　第3章 春の宮津城・坂本城　第4章 夏の越中井　エピローグ 散華

◇戦国を生きた姫君たち　火坂雅志著　KADOKAWA　2016.9　170p　15cm　（角川文庫　ひ20-25）〈年表あり〉　600円　Ⓘ978-4-04-400170-4　Ⓝ281.04

内容　1 女城主たちの戦い（井伊直虎―井伊直政の義母　妙林尼―吉岡鎮興の妻　ほか）　2 危機を救う妻たち（お船の方―直江兼続の正室　小松姫―真田信之の正室　ほか）　3 愛と謎と美貌（小少将―長宗我部元親の側室　義姫―伊達政宗の生母　ほか）　4 才女と呼ばれた女たち（お初（常高院）―浅井三姉妹の次女　阿茶局―徳川家康の側室　ほか）　5 想いと誇りに殉じる（鶴姫―瀬戸内のジャンヌ・ダルク　淀殿―豊臣秀吉の側室　ほか）

◇戦国の女城主―井伊直虎と散った姫たち　髙橋伸幸著　徳間書店　2016.11　326p　15cm　（徳間文庫カレッジ　た2-1）〈文献あり〉　830円　Ⓘ978-4-19-907073-0　Ⓝ281.04

内容　井伊直虎―男の名で生き、お家断絶の危機を救った女城主　甲斐姫―石田三成に立ち向かい戦う姫武者　鶴姫―大内水軍を二度撃退した瀬戸内の戦士　おつやの方―信長の怒りをかい非業の死を遂げた岩村城主　慶閣尼―鍋島藩を一身に押しのけた女房　岡妙林尼―男勝りの胆力で薩摩軍を撃退した女武者　立花誾千代―七歳にして女城主となり関ヶ原で西軍に与する　常盤―島津氏の基礎を作った妻女の決断　鶴姫―侍女三十四人を従えて敵陣に切り込んだ烈婦　富田信高の妻―関ヶ原の前哨戦で夫の

窮地を救った女武者　寿桂尼―"女戦国大名"といわれ今川家を支える　天球院―夫に愛想をつかして縁を切った女傑　お市の方―「戦国一の美女」といわれともに自刃　細川ガラシャ―人質を拒否して殉教を選んだ烈女

◇日本の武将と女たち　田川清著　名古屋　中日出版　2016.11　79p　19cm　1200円　Ⓘ978-4-908454-08-0　Ⓝ281

内容 1　源義仲と巴御前・葵御前・山吹　2　源義経と静御前　3　後醍醐天皇と妾・阿野廉子　4　北条仲時と妻・北の方　5　戦国武将と女たち（一）浅井長政・柴田勝家・豊臣秀吉とお市の方　（二）豊臣秀吉と淀君　（三）荒木村重と妾・だし　（四）前田利家と妻・まつ　（五）山内一豊と妻・千代　6　細川忠興と妻・ガラシャ夫人　7　将軍と大奥の女たち

細川　嘉六〔1888〜1962〕ほそかわ・かろく
◇未完の戦時下抵抗―屈せざる人びとの軌跡　細川嘉六　鈴木彌美　浅見仙作　竹中彰元　浪江虔田中伸尚著　岩波書店　2014.7　318,4p　20cm　〈文献あり〉　3200円　Ⓘ978-4-00-024871-6　Ⓝ281

内容 第1章　屈せざる人　細川嘉六　第2章　「土の器」のキリスト者　鈴木彌美　第3章　「剣を収めよ」浅見仙作　第4章　言うべきことを言った非戦僧侶　竹中彰元　第5章　図書館に拠る　浪江虔

細川　久美子〔1939〜〕ほそかわ・くみこ
◇精神障害者とともに生きる―明日へつなぐ希望を求めて　細川久美子著　あけび書房　2018.9　222p　19cm　〈年譜あり〉　1600円　Ⓘ978-4-87154-160-2　Ⓝ369.28

内容 第1章　差別されし者の願いにこたえて―生活相談、そして精神障害者の居場所づくりに（国際障害者年と「障害者の生活と権利を守る北海道連絡協議会」の結成　共同住居立ち上げを決意　ほか）　第2章　虐げられた精神障害者とともに生きる―仲間とともに共同住居と共同作業所づくりに奔走して（精神障害の人たちに触れて　「ダリアの郷支援センター」の誕生　ほか）　第3章　貧困からの解放・生存権保障の運動へ―憲法25条を守り、「健康で文化的な生活」を実現するために（生活と健康を守る会に誘われて本格的な相談員になるために　ほか）　第4章　久美子の青春、暗かった―樺太出生、貧困、東京へ家出、自殺未遂、そして素晴らしい出会いの数々（生まれた町は奪われた　貧困ゆえの進学断念と家出　ほか）　終章　命ある限り、精神に障害を持つ人たちとともに「人間らしく生きたい」の願いを根っこに据えて（支援する会結成から20年を超えて　まだまだ山積する課題が　ほか）

細川　三斎　ほそかわ・さんさい
⇒細川忠興（ほそかわ・ただおき）を見よ

細川　忠興〔1563〜1646〕ほそかわ・ただおき
◇利休随一の弟子　三斎細川忠興　矢部誠一郎著　京都　宮帯出版社　2015.1　207p　19cm　〈文献あり　年譜あり〉　1800円　Ⓘ978-4-86366-878-2　Ⓝ791.2

＊54万石の大名である一方、千利休の教えを忠実に継承し、古田織部亡き後武家茶の湯を確立した細川忠興。その茶人としての側面を解き明かす。

◇考証　風流大名列伝　稲垣史生著　立東舎　2016.10　254p　15cm　（立東舎文庫 い1-1）〈作品社 1983年刊の再刊　発売：リットーミュージック〉　800円　Ⓘ978-4-8456-2867-4　Ⓝ281.04

内容 序章―殿様とは　徳川光圀―絹の道への幻想　徳川宗春―御深井の秘亭　伊達綱宗―遊女高尾斬りを笑う　井伊直弼―この世は一期一会よ　織田秀親―鬼面の茶人蒙永寺の刃傷　細川忠興―凄惨な夜叉の夫婦愛　前田吉徳―間違われた加賀騒動の主人公　小堀遠州―長く嶮しい道をゆく　安藤信正―「半七捕物帳」に縁ある　柳生宗矩―まほろしの名品平蜘蛛　松平不昧―父の風流入墨女の怪　浅野長矩―名君の史料に事欠かぬ　島津重豪・島津斉興・島津斉彬―薩摩三代の過剰風流　有馬頼貴・鍋島勝茂―大名行列に犬を引いて

◇利休と戦国武将―十五人の「利休七哲」　加来耕三著　京都　淡交社　2018.4　239p　19cm　1300円　Ⓘ978-4-473-04246-0　Ⓝ791.2

内容 第1章　「七哲」の筆頭　蒲生氏郷　第2章　教養が生き残りの秘訣　細川三斎　第3章　信仰と茶の湯　高山右近・細川忠興　第4章　悲運の茶人　瀬田掃部・豊臣秀次・木村常陸介　第5章　何処までも不可解な数寄者　荒木村重・芝山監物　第6章　滑稽味あふれるお人好し　織田常真・牧村兵部・佐久間不干斎　第7章　時代の転換期に出винки　古田織部　第8章　自分の分限を知っていた　織田有楽・有馬玄蕃

細川　忠利〔1586〜1641〕ほそかわ・ただとし
◇熊本城の被災修復と細川忠利―近世初期の居城普請・公儀普請・地方普請　後藤典子著　〔熊本〕　熊本日日新聞社　2017.12　230p　18cm　（熊日新書）〈発売：熊日出版（熊本）〉　1000円　Ⓘ978-4-87755-568-9　Ⓝ521.823

◇細川忠利―ポスト戦国世代の国づくり　稲葉継陽著　吉川弘文館　2018.8　243p　19cm　（歴史文化ライブラリー 471）〈文献あり〉　1800円　Ⓘ978-4-642-05871-1　Ⓝ289.1

内容 ポスト戦国世代とは―プロローグ　波乱の家督相続と国づくり　豊前・豊後での奮闘―国主としての試練　肥後熊本での実践―統治者としての成熟　細川家「御国家」の確立―「天下泰平」のもとで　「天下泰平」と忠利―エピローグ

細川　ちか子〔1905〜1976〕ほそかわ・ちかこ
◇「仕事クラブ」の女優たち　青木笙子著　河出書房新社　2016.6　453p　20cm　〈文献あり　索引あり〉　2700円　Ⓘ978-4-309-92090-0　Ⓝ778.21

内容 序幕　第1幕　細川ちか子　第2幕　高橋とよ（豊子）　第3幕　土方梅子　第4幕　山本安英

細川　俊夫〔1955〜〕ほそかわ・としお
◇細川俊夫 音楽を語る―静寂と音響、影と光　細川俊夫著，ヴァルター・シュパーラー聞き手，柿木伸之訳　アルテスパブリッシング　2016.12　353,21p　22cm　〈文献あり　作品目録あり　年譜あり　索引あり〉　3800円　Ⓘ978-4-86559-154-5　Ⓝ762.1

細川　展裕〔1958〜〕ほそかわ・のぶひろ
◇演劇プロデューサーという仕事―「第三舞台」

ほそかわ

「劇団☆新感線」はなぜヒットしたのか　細川展裕著　小学館　2018.10　295p　19cm　〈年譜あり〉　1400円　Ⓘ978-4-09-389780-8　Ⓝ775.1
内容　第1章 ロックと文学と三種の神器　第2章 走り続ける第三舞台　対談「おまえはなぜ俺を誘ったのか」細川展裕×鴻上尚史　第3章 新感線という人生の大仕事　第4章 未踏の70万人興行へ　鼎談 役者と演出家とプロデューサーの話 古田新太×いのうえひでのり×細川展裕　終章 これからの演劇、私のこれから

細川 光子〔1941〜〕　ほそかわ・みつこ
◇遠砧―戦後七十年を生きて　細川良彦・光子著　Hosoken出版　2016.4　127p　15cm　〈発売：三恵社（名古屋）〉　500円　Ⓘ978-4-86487-516-5　Ⓝ289.1

細川 護熙〔1938〜〕　ほそかわ・もりひろ
◇YKK秘録　山崎拓著　講談社　2016.7　315p　20cm　1800円　Ⓘ978-4-06-220212-1　Ⓝ312.1
内容　序章 運命の日　第1章 55年体制崩壊―宇野宗佑、海部俊樹、宮澤喜一内閣　第2章 小沢一郎の暗躍―細川護熙、羽田孜内閣　第3章 自・社・さ新時代―村山富市、橋本龍太郎内閣　第4章「加藤の乱」の真相―小渕恵三、森喜朗内閣　第5章 小泉純一郎ける

◇YKK秘録　山崎拓著　講談社　2018.8　396p　15cm　（講談社＋α文庫 G317-1)〈2016年刊の加筆、改筆〉　950円　Ⓘ978-4-06-512939-5　Ⓝ312.1
内容　序章 運命の日　第1章 55年体制崩壊―宇野宗佑、海部俊樹、宮澤喜一内閣　第2章 小沢一郎の暗躍―細川護熙、羽田孜内閣　第3章 自・社・さ新時代―村山富市、橋本龍太郎内閣　第4章「加藤の乱」の真相―小渕恵三、森喜朗内閣　第5章 小泉純一郎首相の誕生、自民党幹事長に就任

細川 雄太郎〔1914〜1999〕　ほそかわ・ゆうたろう
◇「あの子はたあれ」の童謡詩人―細川雄太郎　夕住凛着　彦根　サンライズ出版　2015.10　234p　19cm　（別冊淡海文庫 24)〈年譜あり　文献あり〉　1800円　Ⓘ978-4-88325-181-0　Ⓝ911.52
内容　評伝 葉もれ陽の頃（ふるさとは商人のまち　ふるさとを遠くはなれて　ふるさとへの想いはるかに　ふるさとへの帰還　ふるさと発「童謡」の輪）　細川雄太郎童謡詩集 あの子はたあれ　資料編（楽譜（あの子はたあれ　ちんから峠　ほほえみふたつ）　略譜）

細川 良彦〔1938〜〕　ほそかわ・よしひこ
◇遠砧―戦後七十年を生きて　細川良彦・光子著　Hosoken出版　2016.4　127p　15cm　〈発売：三恵社（名古屋）〉　500円　Ⓘ978-4-86487-516-5　Ⓝ289.1

細迫 兼光〔1896〜1972〕　ほそさこ・かねみつ
◇人としての途を行く―回想 細迫兼光　細迫兼光回想録編纂会編纂　高知　南の風社　2014.8　339p　21cm　〈著作目録あり 年譜あり〉　2500円　Ⓘ978-4-86202-070-3　Ⓝ289.1
◇細迫兼光と小岩井淨―反ファシズム統一戦線のために　細迫朝夫著　高知　南の風社　2014.8　118p　21cm　1000円　Ⓘ978-4-86202-073-4　Ⓝ289.1

細野 豪志〔1971〜〕　ほその・ごうし
◇政治の眼力―永田町「快人・怪物」列伝　御厨貴著　文藝春秋　2015.6　207p　18cm　（文春新書 1029）　750円　Ⓘ978-4-16-661029-7　Ⓝ312.8
内容　安倍政権とは何か（貴族的感覚 祖父譲り―麻生太郎　「フツー」に秘める胆力―山口那津男 ほか）　自民党の力の秘密「反時代」で独特の地位―古賀誠　権力への鋭いアンチ―野中広務 ほか）　チャレンジャーの資格（己を見つめる伝道師―石破茂（1）　大政治家に化けうるか―細野豪志 ほか）　失敗の研究（道半ばのリアリズム―仙谷由人　「政策の調教師」次の道―与謝野馨 ほか）　清和会とは何か（時勢を見極め一手―森喜朗　二十一世紀型の首相―小泉純一郎 ほか）

細野 不二彦〔1959〜〕　ほその・ふじひこ
◇細野不二彦本　細野不二彦著　小学館　2018.10　223p　21cm　（SHONEN SUNDAY COMICS SPECIAL―漫画家本 vol.9)〈著作目録あり〉　1300円　Ⓘ978-4-09-128620-8　Ⓝ726.101

細谷 敏雄〔1930〜〕　ほそや・としお
◇心魂編―出会いが紡いだ編集人生60年　細谷敏雄著　創英社　2017.12　253p　20cm　〈文献あり 年譜あり　発売：三省堂書店〉　2000円　Ⓘ978-4-88142-159-7　Ⓝ021.4
内容　第1章 高度経済成長の旋律　第2章 ショックに揺らぐ日本社会　第3章 出版の黄金時代　第4章 バブル崩壊と凋落の波　第5章 新時代への行路　終章 八十余年を振り返る―生きることは旅すること

細谷 亮太〔1948〜〕　ほそや・りょうた
◇聖路加病院で働くということ　早瀬圭一著　岩波書店　2014.10　214p　20cm　〈文献あり〉　2100円　Ⓘ978-4-00-025997-2　Ⓝ498.16
内容　1 小児科医を貫く―細谷亮太（祖父、父、母　ある事件 ほか）　2 とことん在宅―押川真喜子（お嬢さま、東京へ　保健師として下 ほか）　3「看る」という仕事―井部俊子（恥ずかしがり　ナースの二つの道 ほか）　4 救急部の「キリスト」―石松伸一（産婦人科医の父　聖路加病院救急部へ ほか）

菩提達磨　ほだいだるま
⇒達磨（だるま）を見よ

堀田 欣吾〔1927〜〕　ほった・きんご
◇呉越同舟　堀田欣吾著　東洋出版　2016.9　49p　19cm　500円　Ⓘ978-4-8096-7850-9　Ⓝ289.1
内容　呉越同舟　賢兄愚弟　なぜ中国語を　チョコレート　独白　昔の花　Can you bet on it　師団長との対話　愛国心（さよならスピーチ）　自分史　趣味と楽しみのテニス

堀田 シヅヱ〔1920~〕　ほった・しずえ
◇済南・広島・鴻巣……わたしの歩んだ道　堀田シヅヱ証言，竹内良男編集構成　弘報印刷出版センター　2014.8　163p　21cm　〈年譜あり〉　1500円　Ⓘ978-4-907510-18-3　Ⓝ289.1

堀田 藤八〔1896~1971〕　ほった・とうはち
◇評伝 天草五十人衆　天草学研究会編　福岡　弦書房　2016.8　317p　22cm　〈文献あり 年表あり 索引あり〉　2400円　Ⓘ978-4-86329-138-6　Ⓝ281.94
　内容　ステージ1 五人衆の時代，そして…　ステージ2 天領天草の村々　ステージ3 祈りの島で　ステージ4 耕す，漁る　ステージ5 実業の世をひらく　ステージ6 潮路はるかに　ステージ7 文学・歴史・言論　ステージ8 あの頃，この人　ステージ9 島の現実，国の行く末　ステージ10 一筋の道　ステージ特別篇　群像二題〔天草の石文化と松室五郎左衛門　牛深カツオ漁の男たち〕

堀田 善衞〔1918~1998〕　ほった・よしえ
◇ただの文士―父，堀田善衞のこと　堀田百合子著　岩波書店　2018.10　211p　20cm　1900円　Ⓘ978-4-00-061295-1　Ⓝ910.268
　内容　サルトルさんの墓　芥川賞と火事　モスラの子と脱走兵　ゴヤさんと武田先生の死　スペインへの回想航海　アンドリンでの再起　埃のプラド美術館　夢と現実のグラナダ　バルセロナの定家さん　半ばお別れ

◇堀田善衞を読む―世界を知り抜くための羅針盤　池澤夏樹，吉岡忍，鹿島茂，大髙保二郎，宮崎駿著，高志の国文学館編　集英社　2018.10　221p　18cm　（集英社新書 0952）〈年譜あり〉　820円　Ⓘ978-4-08-721052-1　Ⓝ910.268
　内容　はじめに　『方丈記私記』から　第1章 堀田善衞の青春時代　第2章 堀田善衞が旅したアジア　第3章「中心なき収斂」の作家，堀田善衞　第4章 堀田善衞のスペイン時代　第5章 堀田作品は世界を知り伝えるための羅針盤　終章 堀田善衞二〇のことば　年表 堀田善衞の足跡　付録 堀田善衞全集未収録原稿―『路上の人』から『ミシェル 城館の人』まで，それから…

◇中野重治・堀田善衞 往復書簡1953-1979　竹内栄美子，丸山珪一編，中野重治，堀田善衞著　影書房　2018.11　325p　20cm　〈年譜あり〉　3800円　Ⓘ978-4-87714-480-7　Ⓝ915.6
　内容　第1部 本文編（中野重治・堀田善衞往復書簡　資料（堀田善衞小論　墓からの声―中野重治追悼））　第2部 解説編（中野重治と堀田善衞―戦後史のなかで　中野重治・堀田善衞交流小史　思想家としての中野重治　『路上の人』及び堀田善衞　中野重治―自分の中の古い自分 ほか）

堀 卯太郎〔1905~1997〕　ほり・うたろう
◇ドラマチック・ロシアin JAPAN　4　日露異色の群像30―文化・相互理解に尽くした人々　続　長塚英雄責任編集　生活ジャーナル　2017.12　531p　22cm　〈3の出版者：東洋書店〉　2800円　Ⓘ978-4-88259-166-5　Ⓝ319.1038
　内容　レフ・メーチニコフ（1838-1888）西郷が呼んだロシアの革命家　ニコライ・ラッセル（1850-1930）子孫が伝える二〇世紀の世界人の記憶　黒野義文（?-1918）東京外語露語科からペテルブルグ大学東洋語学部へ　小西増太郎（1861-1939）トルストイとスターリンに会った日本人―激動の昭和を生きた祖父小西増太郎　ニコライ・マトヴェーエフ（1865-1941）マトヴェーエフと戦後最初のロシア人観光団　徳富蘆花（1868-1927）日本におけるトルストイ受容の先駆者として　セルギイ・チホミーロフ（1871-1945）日本の府主教セルギイ―その悲劇の半生　内田良平（1874-1937）「黒龍会」内田良平のロシア観　瀬沼夏葉（1875-1915）瀬沼夏葉とチェーホフ作品の翻訳　相馬黒光（1875-1955）"アンビシャスガール"とロシア文化〔ほか〕

堀 栄三〔1913~1995〕　ほり・えいぞう
◇帝国軍人の弁明―エリート軍人の自伝・回想録を読む　保阪正康著　筑摩書房　2017.7　205p　19cm　（筑摩選書 0145）　1500円　Ⓘ978-4-480-01654-6　Ⓝ396.21
　内容　序章 軍人の回想録・日記・自伝を読む　第1章 石原莞爾の『世界最終戦論』を読む　第2章 堀栄三『大本営参謀の情報戦記』を読む　第3章 辻政信『比島から巣鴨へ』を読む　第4章 佐々木到一『ある軍人の自伝』を読む　第5章 田中隆吉『日本軍閥暗闘史』を読む　第6章 河邊虎四郎『市ヶ谷から市ヶ谷へ』を読む　第7章 井本熊男『作戦日誌で綴る大東亜戦争』を読む　第8章 遠藤三郎『日中十五年戦争と私』を読む　第9章 磯部浅一『獄中日記』を読む　第10章 瀬島龍三『幾山河』を読む　終章 歴史に残すべき書

堀 景山〔1688~1757〕　ほり・けいざん
◇堀景山伝考　髙橋俊和著　大阪　和泉書院　2017.9　713p　22cm　（研究叢書 481）〈索引あり〉　18000円　Ⓘ978-4-7576-0823-8　Ⓝ121.54
　内容　1 曠懐堂と堀景山年譜（「曠懐堂堀氏譜系」　「堀氏譜図」　堀景山年譜考証　堀景山小伝）　2 学問論と思想（下学の道から上達の理へ　荻生徂徠宛て書簡訳注　『不尽言』考　本居宣長手沢本『春秋経伝集解』考　堀景山伝写本『本書批』考）　3 貴紳・儒者との交遊（堀家と妙法院宮近衛本『大唐六典』の板行と京儒のかかわり―元文四年十二月蔵板成就説　魁星像をめぐる漢詩　宝暦三年 本藩に赴く　景山への詩文）　4 詩文稿（詩稿文稿）　5 紀行文（『ぬさのにしき』注解稿　『ぬさのにしき』考）

堀 元九郎〔1839~1915〕　ほり・げんくろう
◇元九郎奔る―幕末鳥取藩士の手記　大原啓輔著　ミヤオビパブリッシング　2016.9　303p　19cm　〈文献あり　発売：宮帯出版社（京都）〉　1500円　Ⓘ978-4-8016-0077-5　Ⓝ210.61
　内容　第1章 元九郎の「手記」を読み解く　第2章 絆―名曲「赤とんぼ」に寄せて　第3章 因幡の国物語　第4章 幕末の大動乱　第5章 明治維新　第6章 明治維新を考える

保利 耕輔〔1934~〕　ほり・こうすけ
◇わが人生を語る―保利耕輔回顧録　保利耕輔著〔佐賀〕　佐賀新聞社　2017.8　396p　21cm　〈年譜あり　発売：佐賀新聞プランニング（佐賀）〉　1800円　Ⓘ978-4-88298-225-8　Ⓝ289.1

堀 至徳〔1876〜1903〕 ほり・しとく
◇堀至徳日記 堀至徳著,池田久代,田浦雅徳,河野訓編 伊勢 皇學館大学出版部 2016.1 606p 22cm 〈年譜あり〉 6531円 Ⓘ978-4-87644-197-6 Ⓝ188.52

堀 俊輔〔1950〜〕 ほり・しゅんすけ
◇こんな僕でも指揮者になれた 堀俊輔著 ヤマハミュージックメディア 2015.8 251p 15cm (1冊でわかるポケット教養シリーズ)〈「ヘルベルト・フォン・ホリヤンの本日も満員御礼!」(2003年刊)の改題、一部加筆 文献あり〉 950円 Ⓘ978-4-636-91689-8 Ⓝ762.1
内容 第1章 ホリヤンができるまで(東京交響楽団と大久保界隈 僕の「ピアノを始めた頃」ほか) 第2章 ホリヤンのお仕事(挨拶は東響の優れた伝統 「大阪弁まる出しのコンサート、お願いします」ほか) 第3章 私服のホリヤン(中年指揮者のニューヨーク留学記 風邪の贈り物―ニューヨーク留学こぼれ話1 ほか) 第4章 プロコフィエフ国際コンクール―コンクールへの招聘(着のみ着のままで プロコフィエフ国際コンクールとは ほか)

堀 辰雄〔1904〜1953〕 ほり・たつお
◇我が愛する詩人の伝記 室生犀星著 講談社 2016.8 277p 16cm (講談社文芸文庫 むA9)〈中公文庫 1974年刊の再刊 年譜あり〉 1400円 Ⓘ978-4-06-290318-9 Ⓝ914.6
内容 北原白秋 高村光太郎 萩原朔太郎 釈迢空 堀辰雄 立原道造 津村信夫 山村暮鳥 百田宗治 千家元麿 島崎藤村
◇堀辰雄 飯島文,横田玲子共著,福田清人編 新装版 清水書院 2017.9 182p 19cm (Century Books―人と作品)〈文献あり 年譜あり 索引あり〉 1200円 Ⓘ978-4-389-40112-2 Ⓝ910.268
内容 第1部 堀辰雄の生涯(詩人の出発 死の季節 美しい村 レクイエム) 第2部 作品と解説(詩 聖家族 燃ゆる頬 美しい村 風立ちぬ ほか)

堀 達之助〔1824〜1894〕 ほり・たつのすけ
◇古田東朔近現代日本語生成史コレクション 第6巻 東朔夜話―伝記と随筆 古田東朔著,鈴木泰,清水康行,山東功,古田啓編集,古田啓解説・校訂 くろしお出版 2014.12 501p 22cm 〈著作目録あり 年譜あり〉 9200円 Ⓘ978-4-87424-642-9 Ⓝ810.8
内容 大庭雪齋 大庭雪齋訂補の『歴студия新書』 大庭雪齋の業績 堀達之助と『英和対訳袖珍辞書』 柳河春三 福沢諭吉―その国語観と国語教育観 福沢諭吉その他補遺 古川正雄 田中義廉 田中義廉補遺 中根淑 「遠山左衛門尉」の登場―中根淑・依田学海の文章 大槻文彦伝 東朔夜話 芦田先生と私 西尾実先生の想い出 学習院高等科時代の小高さん 森山隆さんを悼む 原稿用紙の字詰
◇続「戦後」倫理ノート―2004-2017 堀孝彦著 未知谷 2017.6 269p 24cm 〈著作目録あり〉 4000円 Ⓘ978-4-89642-531-4 Ⓝ104.7
内容 1 日本英学史(矢野禾積(峰人)・島田謹二、両先生のこと―英学・比較文学のメッカ台北帝大など 解題にかえて―村田豊治著『堀達之助の子孫 父・村田豊作』 サムライが英語と出会った日 蘭学・英学の旅―英学史における堀達之助と孝之 教養の崩壊と英学史研究―日本英学会・第四十三回大会を前にして ほか) 2 近代の倫理思想(啓蒙思想とプロテスタンティズム 良心的非戦主義COと日本国憲法 国境をこえた六〇年安保 愛国心だけでは不十分です―英国看護婦エディス・カヴェル記念碑を探して 九条国民となるために―自民党「習俗」主権憲法を嗤う ほか)

堀 悌吉〔1883〜1959〕 ほり・ていきち
◇現実主義者の選択―先哲の人生に学ぶ 松本正著 大阪 ホルス出版 2016.4 348p 19cm 〈文献あり〉 1500円 Ⓘ978-4-905516-08-8 Ⓝ280
内容 第1部「王様と私」モンクット王―ブロードウェイのミュージカルに描かれた国王の姿は真実?(僧侶から国王へ 英仏との外交戦 「私の番が来た」) 第2部「風見鶏」初代ハリファクス侯爵―英国の政治・外交の伝統を築く(名政治家ほど忘れ去られる 観察眼に長けた雄弁家 名誉革命以後) 第3部「海軍の至宝」堀悌吉提督―山本、古賀両元帥らと平和を求めて(第1次ロンドン海軍軍縮会議 「艦隊派」、「条約派」を駆逐して真珠湾へ 歴史家)
◇堀悌吉資料集 第3巻 大分県立先哲史料館編〔大分〕 大分県教育委員会 2013 29,463p 22cm (大分県先哲叢書)〈文献あり〉 Ⓝ289.1
◇昭和史講義 軍人篇 筒井清忠編 筑摩書房 2018.7 301p 18cm (ちくま新書 1341) 900円 Ⓘ978-4-480-07163-7 Ⓝ210.7
内容 昭和陸軍の派閥抗争―まえがきに代えて 東条英機―昭和の悲劇の体現者 梅津美治郎―「後始末」に尽力した陸軍大将 阿南惟幾―「徳義即戦力」を貫いた武将 鈴木貞一―背広を着た軍人 武藤章―「政治的軍人」の実像 石原莞爾―悲劇の鬼才か、奇才による悲劇か 牟田口廉也―信念と狂気の間 今村均―「ラバウルの名将」から見る日本陸軍の悲劇 山本五十六―その避戦構想と挫折 米内光政―終末点のない戦争指導 永野修身―海軍「主流派」の選択 高木惣吉―昭和期海軍の語り部 石川信吾―「日本海軍最強硬論者」の実像 堀悌吉―海軍軍縮派の悲劇

堀 文子〔1918〜2019〕 ほり・ふみこ
◇極上の流転―堀文子への旅 村松友視著 中央公論新社 2015.10 322p 16cm (中公文庫 む11-4)〈文献あり〉 740円 Ⓘ978-4-12-206187-3 Ⓝ721.9
内容 麹町という舞台 生い立ちと家族 関東大震災 躾 二・二六事件 奇妙な殿様 盟友・柴田安子 家出、東京大空襲、そして無一物 結婚、夫の死、柴田安子の死 運命の糸 父、母、夫 人びとと人生との連鎖 流転という生き方 短く長い幕間 大磯と軽井沢 ブルーポピーからミジンコへ 堀文子的パラドックス "極上のデザート" 堀文子の言葉の花びら
◇私流に現在(いま)を生きる 堀文子著 中央公論新社 2015.11 191p 18cm 1200円 Ⓘ978-4-12-004783-1 Ⓝ721.9
内容 1 はじめに 2 人生を変えた旅(夫の死 スターさんとの出会い ほか) 3 人生の第二幕(大磯へ 帰国後のこと) 4 ふたたび、一所不住の生活へ(軽井沢へ 両親を送る ほか) 5 現在を思うこと(日々

のくらし　死について　ほか）
◇虹の橋を渡りたい—画家・堀文子九十七歳の挑戦　中田整一著　幻戯書房　2016.1　285p　20cm　〈文献あり　年譜あり〉　2000円　Ⓘ978-4-86488-087-9　Ⓝ721.9
　内容　序章　高麗山　第1章　「乱世」を生きる　第2章　二・二六事件の目撃者　第3章　師友・柴田安子との出会い　第4章　神楽坂　第5章　堀家の太平洋戦争　第6章　焼け跡からの再起　第7章　平和主義者の外交官　第8章　転機　第9章　生々流転と反骨精神　終章　虹の橋を渡りたい

◇99歳、ひとりを生きる。ケタ外れの好奇心で　堀文子著　三笠書房　2017.12　173p　18cm　〈文献あり　年譜あり〉　1400円　Ⓘ978-4-8379-2715-0　Ⓝ721.9
　内容　1章　現在の自分に夢中になる（自分の中にある力　「過去の自分」より「現在の自分」を信じる　ほか）　2章　群れず、慣れず、頼らず（自分のために生きる覚悟　七十歳から未知の国で生活を始める　ほか）　3章　ひとりがいい（人間関係を整理する　自分のためのひとりの暮らし　ほか）　4章　人間も自然の一部（自然界は、すべてよし　ネパールの人々の威厳に満ちた暮らし　ほか）　5章　まだまだ知らない自分に出会いたい（老人は忙しい　脳にもっと刺激を！　ほか）

◇ホルトの木の下で　堀文子著　増補新版　幻戯書房　2017.12　221p　21cm　〈年譜あり〉　2500円　Ⓘ978-4-86488-138-8　Ⓝ721.9
　内容　1章　生いたち　2章　反抗　3章　青春時代　4章　流転　5章　旅立ち　附篇　言葉のアルバムから—エッセイ一九五〇〜一九八二

堀井　章〔1941〜　〕　ほりい・あきら
◇仕事は男のロマンである—高い目標が仕事を面白くする　堀井章著　アートデイズ　2017.1　434p　20cm　1500円　Ⓘ978-4-86119-260-9　Ⓝ289.1
　内容　第1部　Vitalityの時代（1965年〜1971年）（京王帝都電鉄株式会社に入社する　鉄道現業実習ほか）　第2部　実践経営学—Specialtyの時代（1972年〜1981年）（外食事業独立への準備　飲食部門分離・独立への準備　ほか）　第3部　Originalityの時代（1982年〜1988年）（新規事業についての提言　高度情報化社会　ほか）　第4部　Personalityの時代（1989年〜2010年）（京王パスポートクラブの京王百貨店への移管　書店経営の基盤整備　ほか）

堀井　良殷〔1936〜　〕　ほりい・よしたね
◇春秋随録—雲起こるを看る　堀井良殷著　吹田千里文化財団　2017.2　311p　22cm　〈年譜あり〉　2000円　Ⓘ978-4-915606-69-4　Ⓝ289.1

堀江　翔太〔1986〜　〕　ほりえ・しょうた
◇日本ラグビーヒーロー列伝—歴史に残る日本ラグビー名選手　All about JAPAN RUGBY 1970-2015　ベースボール・マガジン社編著　ベースボール・マガジン社　2016.2　175p　19cm　1500円　Ⓘ978-4-583-11001-1　Ⓝ783.48
　内容　第1章　2015年　ワールドカップの英雄（五郎丸歩　リーチ, マイケル　廣瀬俊朗　大野均　堀江翔太　ほ
か）　第2章　ヒーロー列伝　1970年〜2015年（坂田好弘　原進　藤原優　森重隆　松尾雄治　ほか）

堀江　貴文〔1972〜　〕　ほりえ・たかふみ
◇我が闘争　堀江貴文著　幻冬舎　2015.1　357p　19cm　1400円　Ⓘ978-4-344-02702-2　Ⓝ289.1
　内容　第1章　田舎の優等生　第2章　パソコンと思春期　第3章　ダメ人間　第4章　起業前夜　第5章　新米社長　第6章　上場　第7章　M&Aという選択　第8章　プロ野球界参入　第9章　ニッポン放送買収　第10章　衆議院選立候補　第11章　ライブドア事件

◇我が闘争　堀江貴文著　2016.12　397p　16cm　（幻冬舎文庫　ほ-13-1）　690円　Ⓘ978-4-344-42553-8　Ⓝ289.1
　内容　田舎の優等生　パソコンと思春期　ダメ人間　起業前夜　新米社長　上場　M&Aという選択　プロ野球界参入　ニッポン放送買収　衆議院選立候補　ライブドア事件

堀江　芳介〔1845〜1902〕　ほりえ・よしすけ
◇堀江芳介　壬午軍乱日記　堀江芳介著, 西村榮雄編　周防大島町（山口県）　みずのわ出版　2018.5　79p　20cm　〈文献あり　年譜あり〉　4000円　Ⓘ978-4-86426-035-0　Ⓝ210.632
　内容　堀江芳介略歴　堀江芳介壬午軍乱日記（自一八八二・八／二至一八八二・九／二〇）　祖父堀江芳介について

堀河天皇〔1079〜1107〕　ほりかわてんのう
◇堀河天皇吟抄—院政期の雅と趣　朧谷寿著　京都　ミネルヴァ書房　2014.11　291,3p　20cm　（叢書・知を究める　5）〈索引あり〉　2800円　Ⓘ978-4-623-07147-0　Ⓝ288.41
　内容　序章　雅と趣の天皇　第1章　生い立ちと藤原苡子の入内　第2章　天皇と芸能　第3章　藤原師通の死　第4章　手腕を発揮する公務と長引く病　第5章　早すぎる最期

堀越　孝一〔1933〜2018〕　ほりこし・こういち
◇放浪学生（ヴァガンテース）のヨーロッパ中世　堀越孝一著　悠書館　2018.3　437p　20cm　〈「いま、中世の秋」（小沢書店　1982年刊）と「わがヴィヨン」（小沢書店　1995年刊）の改題, 合本〉　3000円　Ⓘ978-4-86582-032-4　Ⓝ235.04
　内容　第1部　いま、中世の秋（いま、中世の秋　ある日の講義　青春燔祭　歴史家の仕事）　第2部　わがヴィヨン（一九九二年夏、マロ本を見る　放浪学生旅立ち　歌の場）

堀越　二郎〔1903〜1982〕　ほりこし・じろう
◇ひとびとの精神史　第1巻　敗戦と占領—1940年代　栗原彬, 吉見俊哉編　岩波書店　2015.7　333p　19cm　2300円　Ⓘ978-4-00-028801-9　Ⓝ281.04
　内容　1　生と死のはざまで（大田昌秀—原点としての沖縄戦　大田洋子—原爆と言葉　水木しげる—ある帰還兵士の経験　黄容柱と朴鐘鴻—近代の成就と超克）　2　それぞれにとっての敗戦と占領（茨木のり子—女性にとっての敗戦と占領　黒澤明—アメリカとの出会いそこない　花森安治—その時、何を着ていたか？　堀越二郎—軍事技術から戦後のイノベーションへ）　3　改革と民主主義（中野重治—反復する過去　若月俊

――地域医療に賭けられたもの 西崎キク―大空から大地へ 北村サヨ―踊る宗教が拓く共生の風景)

堀越 辰五郎〔1928～〕 ほりこし・たつごろう
◇バイク、四輪、貿易、リューベーわたしの事業家人生とリューベ 堀越辰五郎著 文藝春秋企画出版部(制作) 2014.10 221p 20cm 〈年表あり〉 Ⓝ531.8

堀越 英範〔1968～〕 ほりこし・ひでのり
◇VTJ前夜の中井祐樹 増田俊也著 イースト・プレス 2014.12 189p 20cm 〈文献あり〉 1400円 Ⓘ978-4-7816-1270-6 Ⓝ788
内容 VTJ前夜の中井祐樹 超二流と呼ばれた柔道家 死者たちとの夜 対談 和泉唯信×増田俊也「思いを、繋げ」

◇VTJ前夜の中井祐樹―七帝柔道記外伝 増田俊也著 KADOKAWA 2018.12 205p 15cm (角川文庫 ま39-2)〈イースト・プレス 2014年刊の増補 文献あり〉 640円 Ⓘ978-4-04-107000-0 Ⓝ789
内容 VTJ前夜の中井祐樹 超二流と呼ばれた柔道家 死者たちとの夜 対談 和泉唯信×増田俊也「思いを、繋げ」 対談 増田俊也×山田直樹「29年目の青春の決着」

堀澤 祖門〔1929～〕 ほりさわ・そもん
◇枠を破る 堀澤祖門著 春秋社 2017.11 216p 20cm 1800円 Ⓘ978-4-393-13410-8 Ⓝ188.42
内容 第1部 求道遍歴(誕生 旧制中学と戦争 "再誕"―旧制高校での彷徨 求道と出家―大学入学から比叡山へ 行ずる―好相行と十二年籠山行 ほか) 第2部 枠を破る(二元相対の世界とは 一元絶対の世界 色と空 スピリチュアルな人たちと悟り 波と水 ほか)

堀田 世紀アントニー〔1990～〕 ほりた・せいきあんとにー
◇アイアムジャパニーズ―これがハーフ芸人の生きる道 堀田世紀・アントニー著 ヨシモトブックス 2015.3 190p 19cm 〈発売：ワニブックス〉 1150円 Ⓘ978-4-8470-9317-3 Ⓝ779.14
内容 第1章 合縁奇縁(東京生まれ、東京育ち 「ガイジン！」ほか) 第2章 自由奔放(無限ループの自己紹介 レフト殺しの異名 ほか) 第3章 曖昧模糊(マイク・タイソンの隠し子 英検落第 ほか) 第4章 暗中模索(ヤンキーたちの集いし高校 初めてのチュー ほか) 第5章 人生行路(グランドスラム誕生 ナメてかかったM-1甲子園 ほか)

堀之内 芳郎〔1914～〕 ほりのうち・よしろう
◇異色の海軍士官 堀之内芳郎著 朱鳥社 2016.1 319p 19cm 〈「海軍三等士官・裏街道」(震洋通信 1982年刊)の改題、大幅に加筆 発売：星雲社〉 1500円 Ⓘ978-4-434-21520-9 Ⓝ289.1
内容 紆余曲折―中学生時代 江田島、春夏秋冬―海軍兵学校生徒時代 ハーフの頃―少尉候補生時代 任海軍少尉―重巡「古鷹」航海士時代 初陣―駆逐艦「長月」通信士時代 閑職―駆逐艦「柿」航海長時代 優雅な外地勤務―駆逐艦「蓼」砲術長時代 南海封鎖―軽巡「名取」分隊長時代 久し振りの内地勤務―「四号掃海艇」先任将校時代 再び南海封鎖―駆逐艦「叢雲」航海長時代 お山の大将―連雲港砲艇隊指揮官時代 開戦―広東・香港両根拠地司令部付時代 内地留学―水雷学校高等科学生時代 最後のニトッパー駆逐艦「蓮」艦長時代 軍艦旗よ、さらば！―第二十三突撃隊特攻長時代

堀部 安兵衛〔1670～1703〕 ほりべ・やすべえ
◇新発田と安兵衛 宮本徹著 東洋出版 2018.9 98p 19cm 1000円 Ⓘ978-4-8096-7914-8 Ⓝ210.52
内容 新発田と安兵衛(新発田 弥次右衛門の死 安兵衛、新発田を去る 馬庭 中山道場 菅野六郎左衛門 高田馬場の果し合い 堀部弥兵衛 松の廊下 吉良の動き 決断 討ち入り) 大石内蔵助の苦悩 柳沢吉保の責任 元禄から正徳へ 元禄・正徳クイズ、解答

本阿弥 光悦〔1558～1637〕 ほんあみ・こうえつ
◇日本書人伝 中田勇次郎著 中央公論新社 2015.8 363p 16cm (中公文庫 な66-2)〈執筆：山本健吉ほか 中央公論社 1974年刊の再刊 年譜あり〉 1200円 Ⓘ978-4-12-206163-7 Ⓝ728.21
内容 聖徳太子 聖武天皇 光明皇后―山本健吉 空海―司馬遼太郎 最澄 嵯峨天皇 橘逸勢―永井路子 小野道風 藤原佐理―寺田透 藤原行成―白洲正子 西行 藤原俊成 藤原定家―中村真一郎 大燈国師 一休宗純―唐木順三 本阿弥光悦―花田清輝 池大雅―辻邦生 良寛―水上勉 貫名菘翁―中田勇次郎

◇もっと知りたい本阿弥光悦―生涯と作品 玉蟲敏子、内田篤呉、赤沼多佳著 東京美術 2015.9 79p 26cm (アート・ビギナーズ・コレクション)〈文献あり 索引あり〉 2000円 Ⓘ978-4-8087-1045-3 Ⓝ702.148
内容 序章 "総合藝術家・光悦"の成り立ち 第1章 本阿弥光悦の出自と時代背景 第2章 光悦事業と宗達との共作 大特集 光悦書・宗達画和歌巻の世界 第3章 光悦の蒔絵 第4章 光悦の茶碗 終章 これからの本阿弥光悦

◇本阿弥行状記―上・中・下 和田宗春訳注 はる書房 2017.12 320p 21cm 2500円 Ⓘ978-4-89984-164-7 Ⓝ702.148
内容 本阿弥光悦という者がおりました。父は次郎左衛門といい ある時人を斬った者が血刀をさげて家へ逃げ込んできて 秀吉公の御治世の頃、石田五右衛門という盗人がいまして市中が 妙秀が子どもを育てる時は、少しでもよいところが見うけられれば 妙秀は親類が結婚する時に、相手が血のつながりのない者である時 妙秀には男子二人、女子二人がいました。姉娘の法秀は尾形道伯という者に 何の某という者が、武士の娘を妻としてむかえたのはよいのですが 光悦の弟に初めて宗智という者がいました。京都中に知らない人のいないほどの 昔、大火事があった時、一族のある智の家も類焼しました。召使いの女が またも妙秀はいつもおっしゃっていました。「親子、兄弟が近くに…」〔ほか〕

◇光悦考 樂吉左衛門著 京都 淡交社 2018.2 319p 22cm 〈文献あり 年譜あり〉 3200円

①978-4-473-04229-3　Ⓝ751.1
内容 鷹峯光悦村　本阿弥家の系譜　天文法華の乱・戦闘的町衆―光悦と法華信仰1　武装蜂起から文化の担い手へ―光悦と法華信仰2　本阿弥一類の母・妙秀　反骨の精神―光悦と法華信仰3　本阿弥家職―光悦と法華信仰4　鷹峯逍遙　法華覚光浄土―鷹峯拝領1　京都に居あき申し候―鷹峯拝領2　光悦の茶の湯―ディレッタント光悦の本懐〔ほか〕

本因坊 道的　ほんいんぼう・どうてき
⇒小川道的（おがわ・どうてき）を見よ

本寂　ほんじゃく
⇒華園摂信（はなぞの・せっしん）を見よ

本庄 巌〔1935～〕　ほんじょう・いわお
◇慈眼岡自伝　本庄巖著　京都　北斗書房　2015.8　70p　19×19cm　①978-4-89467-291-8　Ⓝ496.5

本庄 繁長〔1539～1613〕　ほんじょう・しげなが
◇希求―武将「本庄繁長」の真っ直ぐな生涯　本庄繁長公の会編　村上　村上新聞社　2014.7　59p　30cm　1200円　Ⓝ289.1

本荘 幽蘭〔1879～?〕　ほんじょう・ゆうらん
◇この女（ひと）を見よ―本荘幽蘭と隠された近代日本　江刺昭子,安藤礼二編著　ぷねうま舎　2015.7　234p　20cm〈年譜あり〉　2300円　①978-4-906791-47-7　Ⓝ289.1
内容 証言　幽蘭の生（惨憺たる幽蘭女史の懺悔―影に添う三十七の黒法師　思い出した人　女優本庄幽蘭 ほか）　語る幽蘭（私の見た男子　最近に得たる妾の信仰 ほか）　音に聞く幽蘭女史（大正婦人録　三尺の水 ほか）　幽蘭評判記（さまざまな幽蘭　消息）

本多 猪四郎〔1911～1993〕　ほんだ・いしろう
◇本多猪四郎―無冠の巨匠　切通理作著　洋泉社　2014.11　493p　19cm〈作品目録あり〉　2500円　①978-4-8003-0221-2　Ⓝ778.21
内容 第1章 ぬっと出た、怪獣　第2章 いま起きている恐怖　第3章 怪獣博士の実験室　第4章 東宝自衛隊　第5章 日本帝国軍人・本多猪四郎　第6章 科学者至上主義　第7章 プロメテウスの火　第8章 人間ゴジラ　第9章 美女とガス人間　第10章 せまい地球にゃ未練はない　第11章 ゴジラの背中　第12章 新しい怪獣映画の話をしよう
◇本多猪四郎の映画史　小林淳著　アルファベータブックス　2015.9　551,10p　22cm（叢書・20世紀の芸術と文学）〈作品目録あり　索引あり〉　4800円　①978-4-86598-003-5　Ⓝ778.21
内容 太平洋戦争と助監督修業のはざまで　映画監督・本多猪四郎の誕生　核開発が生み出した恐怖の水爆大怪獣　空想科学映画の作り手として　ミステリアンの悲劇と人類の行く末　本多猪四郎と人類の終焉、科学がいざなう人類の平和　闇と影にうごめく男女の情念劇　高度成長時代をうたう大怪獣映画と国家的SF映画　一九六〇年代初期の日本と日本人　大娯楽怪獣映画の巨匠　怪獣映画監督の作家性　東宝フランケンシュタインの世界　晩年期における映画監督活動　一九七〇年代から―本多猪四郎の映画が遺したもの

本多 一夫〔1934～〕　ほんだ・かずお
◇「演劇の街」をつくった男―本多一夫と下北沢　本多一夫語り,徳永京子著　ぴあ　2018.10　270p　20cm　2500円　①978-4-8356-3849-2　Ⓝ772.1361
内容 第1章 演劇との出会い　第2章 俳優から実業家へ　第3章 本多劇場主誕生　第4章 本多劇場グループへ　第5章 未来へ　証言者たち―彼らが本多一夫の劇場を選んだ理由

本田 一寿〔1928～〕　ほんだ・かずとし
◇軍馬アオの哀れな最後―私と通化事件、そしてアオとの別れ　本田一寿著　創英社/三省堂書店　2016.4　159p　20cm　1300円　①978-4-88142-943-3　Ⓝ916
内容 櫻庭太一さんの話　三戸という所と家族構成　アオの誕生と櫻庭さんへの召集令状　旧陸軍の階級　旧陸軍の組織編成　不可侵条約を破り、ソ連軍満州国に突如侵入　アオと櫻庭さんとの再会　野砲連隊通化へ移動　私が櫻庭さんとアオに逢うまでの話―私が満蒙開拓青少年義勇軍に入隊するまで　私の生い立ち〔ほか〕

本多 克也〔1957～〕　ほんだ・かつや
◇孤高の法医学者が暴いた足利事件の真実　梶山天著　金曜日　2018.3　282p　19cm　1400円　①978-4-86572-025-9　Ⓝ368.61
内容 第1部 足利事件（事件発生　逮捕　裁判　弁護　前哨戦　再鑑定　鑑定排撃　再審そして真犯人　水面下の動き）

本多 熊太郎〔1874～1948〕　ほんだ・くまたろう
◇本多熊太郎関係文書　高橋勝浩編　国書刊行会　2018.5　80p　22cm〈著作目録あり　年譜あり〉　28000円　①978-4-336-06147-8　Ⓝ319.1
内容 手記　書翰（発翰　来翰　第三者間書翰）　電報（往電　来電　第三者間電報）

本田 圭佑〔1986～〕　ほんだ・けいすけ
◇壁を越えろ―走り続ける才能たち　安藤隆人著　実業之日本社　2017.8　210p　19cm　1500円　①978-4-408-33719-7　Ⓝ783.47
内容 プロローグ 日本を代表する原石　第1章 苦悩する者たち―小林祐希/柴崎岳（テクニックを磨くことだけ考えた　本田圭佑を彷彿とさせる生き方 ほか）　第2章 出会うべく運命だった二人の男―昌子源/植田直通（日本代表センターバックの未来図　挫折から這い上がる姿 ほか）　第3章 日本を救う男たち―浅野拓磨/南野拓実（恩師との出会い　ストライカーとしての覚醒 ほか）　第4章 ネクスト世代の躍動―堂安律（新世代の若き日本代表　ブレイクスルー）　エピローグ 走り続けるサッカー人生
◇アホが勝ち組、利口は負け組―サッカー日本代表進化論　清水英斗著　秋田書店　2018.6　190p　19cm　1300円　①978-4-253-10106-6　Ⓝ783.47
内容 日本代表進化論 理想は進化、現実は退化　日本代表進化論 選手編（原口元気―モノクロームの元気　岡崎慎司―アホの岡崎　遠藤航―さすらいのニッポンの父）　宇佐美貴史―「行ってるやん」の絶壁　吉田麻也―"大ポカ"の汚名を返上せよ!　柏

木陽介―だって、人間だもの。　長谷部誠―キレッ早のキャプテン　長友佑都―左を制する者は、世界を制す！　柴崎岳―キャノンシュートの秘密は、弓槻野智章―カネでは買えない男！　〔ほか〕

本多 光太郎〔1870～1954〕　ほんだ・こうたろう
◇磁石の発明特許物語―六人の先覚者　鈴木雄一著　アグネ技術センター　2015.6　118p　21cm　〈索引あり〉　2000円　Ⓘ978-4-901496-80-3　Ⓝ541.66
内容　第1話　本多光太郎とKS鋼　第2話　三島徳七とMK鋼　第3話　増本量とNKS鋼　第4話　渡辺三郎とFW鋼　第5話　加藤与五郎・武井武とフェライト磁石　第6話　トップの座に返り咲く

本多 静六〔1866～1952〕　ほんだ・せいろく
◇本多静六自伝体験八十五年―東大教授にして大富豪、近代日本が生んだ最高の哲人が自ら綴った努力と奮闘の一代記　本多静六著，本多健一監修　新版　実業之日本社　2016.12　265p　19cm　〈年譜あり〉　1200円　Ⓘ978-4-408-11218-3　Ⓝ289.1
内容　1　少年時代　2　苦学時代　3　大学生活を語る　4　ドイツ留学　5　教授時代　6　私の家庭生活　7　人と事業　8　人生即努力、努力即幸福

◇本多静六―緑豊かな社会づくりのパイオニア　遠山益著　さいたま　さきたま出版会　2018.12　94p　21cm　（もっと知りたい埼玉のひと）〈文献あり　年譜あり〉　1200円　Ⓘ978-4-87891-452-2　Ⓝ289.1
内容　激変の少年時代　山林学校入学後、本多家の婿養子に　カルチャーショックのドイツ留学　造林学者として出発　鉄道防雪林の創設　大学演習林を創る　六甲山系のはげ山緑化　日本初の「林学博士」　赤松亡国論　鉱毒・煙害調査委員として　水源林の基盤づくり　近代洋風公園の先駆け・日比谷公園　公園設計の依頼殺到　明治神宮の森づくり　現役最後の公園設計・臥竜公園　紆余曲折の末の国立公園設置　埼玉県有林と本多育英基金　妻銓子のこと　渋沢栄一・後藤新平・北里柴三郎との交流　社会で得たものは社会に返す・金銭哲学と日常生活

本田 宗一郎〔1906～1991〕　ほんだ・そういちろう
◇本田宗一郎―ものづくり日本を世界に示した技術屋魂　技術者・実業家・ホンダ創業者〈日本〉　筑摩書房編集部著　筑摩書房　2014.9　189p　19cm　（ちくま評伝シリーズ〈ポルトレ〉）〈文献あり　年譜あり〉　1200円　Ⓘ978-4-480-76623-6　Ⓝ289.1
内容　序章　夢を見る力　第1章　乗り物に魅せられた少年―鍛冶屋で培ったものづくりへの探求心　第2章　東京での修業時代、憧れの自動車修理の道へ―広告で見たアート商会へ入社　第3章　最初の事業、独立を果たす―トラックを改造して消防車や霊柩車まで作る　第4章　ゼロからの出発と夢の実現―敗戦ですべてを失い空白の一年を過ごす　第5章　世界一への挑戦。マン島レースとスーパーカブ―無名のオートバイ会社が最高峰のレースに挑戦　第6章　最大の夢、ホンダが自動車会社となる―自動車を作れなくなる日がやってくる　第7章　夢の続きと宗一郎のDNA―「水冷か空冷か」、宗一郎の意地で社内は混乱へ

巻末エッセイ　「本田宗一郎について」(田原総一朗)
◇わが友　本田宗一郎　井深大著　ゴマブックス　2015.5　189p　19cm　（GOMA BOOKS）〈ごま書房1991年刊の再刊　著作目録あり〉　1480円　Ⓘ978-4-7771-1613-3　Ⓝ289.1
内容　本田さんと私　技術者としての使命感　ものをつくることへのこだわり　見たり、聞いたり、試したり　ふたりが、共に目指したもの―対談・一九六六年　「日に新た」　論理より直観　本田さんの遊び・私の遊び　好奇心に限度なし　ソニーもホンダも、たたかれて強くなった―対談・一九七二年　競争のないところに発展はない　本田さんがだいじにした"商売の心"　さようなら、本田さん

◇日本を揺るがせた怪物たち　田原総一朗著　KADOKAWA　2016.3　293p　19cm　1500円　Ⓘ978-4-04-601559-4　Ⓝ281.04
内容　第1部　政界の怪物たち（田中角栄―田原総一朗が最initialに対峙した政界の怪物　中曽根康弘―「偉大な人はみんな風見鶏」　竹下登―調整能力にすぐれた「政界のおしん」　小泉純一郎―ワンフレーズに信念を込める言葉の天才　岸信介―左右"両岸"で力をふるった「昭和の妖怪」）　第2部　財界の怪物たち（松下幸之助―国家の経営に至った男　本田宗一郎―ボルト一本に情熱をかける技術の雄　盛田昭夫―失敗を恐れない超楽観主義者　稲盛和夫―「狂」と「心」が共存する経営）　第3部　文化人の怪物たち（大島渚―全身で国家の欺瞞と戦う男　野坂昭如―酒を飲むと「爆弾になる」徹底的なアナーキスト　石原慎太郎―作家として政治を行う男）

◇会社のために働くな　本田宗一郎著　PHP研究所　2016.3　158p　19cm　〈「ざっくばらん」(2008年刊)の改題、改訂　年譜あり〉　1000円　Ⓘ978-4-569-82960-9　Ⓝ289.1
内容　第1章　会社のために働くな　第2章　モデルチェンジはすばやく　第3章　オーソドックスに勝とう　第4章　ざっくばらんに生きて死ぬ　第5章　人と同じものはいやだ　第6章　試すことが大切　第7章　ふっ切れぱそれでいい　第8章　人生は長いマラソン

◇「死んでたまるか」の成功術―名企業家に学ぶ　河村守宏著　ロングセラーズ　2016.10　203p　18cm　〈文献あり〉　1000円　Ⓘ978-4-8454-0992-1　Ⓝ332.8
内容　鳥井信治郎―ウイスキーはわしの命だ。いまに見ておれ！　本田宗一郎―世界最高のオートバイ・レース"TTレース"に参加して優勝する！　稲盛和夫―いまのやり方ではダメだ、戦法を変えようそうだ！　うちの製品をアメリカから輸入させればよい　出光佐三―殺せるものなら殺してみろ。わしは死なん　松下幸之助―断じて行なえば必ずものは成り立つ！　野村徳七―命を賭けた大相場に勝った！　河村瑞賢―おれにもツキがまわってきたぞ　江戸一番の分限者になってみせる！　岩崎弥太郎―恥がなんだ、面目がなんだ　生きてさえいれば、なんとかなる！　浅野総一郎―誰もがやれてる商売では駄目なのだ　要は、人が目を向けないところに目をつけることだ！　益田孝―最後に勝てばよいのだ！　江崎利一―こっちから頼んで歩かなくても向こうから売らせてくれと頼みにくるにきまっている！

◇本田宗一郎　遠越段著　総合法令出版　2016.10　164p　18cm　（通勤大学経営コース）800円　Ⓘ978-4-86280-525-6　Ⓝ289.1

内容 第1章 誕生、幼少期、青年時代（生まれと生家 子ども時代 ほか） 第2章 ホンダ創業、藤沢武夫との出会い（藤沢武夫との出会い 東京進出—藤沢武夫の参加 ほか） 第3章 発展～世界企業ホンダへ（夢は止まらない 自動車開発 ほか） 第4章 引き際の見事さ（空冷式対水冷式 あうんの呼吸の二人 ほか） 第5章 本田宗一郎が日本人に遺してくれたもの（本田宗一郎の名言 まとめ～私が考える本田宗一郎）

◇本田宗一郎という生き方 別冊宝島編集部編 宝島社 2017.1 254p 16cm （宝島SUGOI文庫 Aヘ-1-196）〈2015年刊の改訂 文献あり 年譜あり〉 580円 ⓘ978-4-8002-6571-5 Ⓝ289.1

内容 序章 本田宗一郎10大伝説 1章 人生の走路—本田宗一郎の哲学PART1 2章 仕事の流儀—本田宗一郎の哲学PART2 本田宗一郎の時代を生きた男たち 3章 組織と人間—本田宗一郎の哲学PART3 4章 本田宗一郎「裏伝説」—"浜松のロックンローラー"の偉大じゃない「黒歴史」

◇本田宗一郎—夢を追い続けた知的バーバリアン 野中郁次郎著 京都 PHP研究所 2017.6 302p 20cm （PHP経営叢書—日本の企業家 7）〈年譜あり〉 2400円 ⓘ978-4-569-83427-6 Ⓝ289.1

内容 第1部 評伝 「身体の人」の多彩な生涯—波乱万丈の痛快な人生を辿る（幼少年期、青年時代―「身体の人」の萌芽 才能の開花―日本一のオートバイメーカーへ 世界一への挑戦 四輪参入と「走る実験室」 英雄、黄昏時を迎えて 本当に面白いのは仕事だけ） 第2部 論考 本田宗一郎とは何だったのか―身体的経験から普遍を紡ぐ天才（実践知リーダー、六つの能力 本田宗一郎のフロネシス 藤澤武夫のフロネシス 結び―本田宗一郎の核心） 第3部 人間像に迫る カリスマ的魅力の実像―なぜ惹きつけたのか、何を怒ったのか（本田技研工業インタビュー―DNAの再発見 さち夫人の見た本田宗一郎 本田宗一郎、社内「班長研修」にての講話）

◇定本 本田宗一郎伝―飽くなき挑戦大いなる勇気 中部博著 3訂版 三樹書房 2017.7 439p 20cm 〈他言語標題：Memories of Soichiro Honda 文献あり〉 2400円 ⓘ978-4-89522-669-1 Ⓝ289.1

内容 プロローグ 嵐の日に生まれた男の子 自動車を見た、飛行機を見た 十六歳、東京へ 最初の勝利 浜松アート商会開店 ハママツ号の大事故 ピストンリング製造会社設立 ポンポン商売大成功 藤沢武夫の登場〔ほか〕

本田 武史〔1981～〕 ほんだ・たけし
◇羽生結弦が生まれるまで―日本男子フィギュアスケート挑戦の歴史 宇都宮直子著 集英社 2018.2 239p 19cm 〈文献あり〉 1600円 ⓘ978-4-08-780834-6 Ⓝ784.65

内容 第1章 佐野稔のいた時代（過去と現在 都築章一郎コーチ ほか） 第2章 本田武史のいた時代（「今とはぜんぜん違う別のスポーツ」 長久保裕コーチ ほか） 第3章 高橋大輔のいた時代（バンクーバーオリンピック 腰の低いメダリスト ほか） 第4章 羽生結弦のいる時代（至高の人 絆 ほか） 第5章 宇野昌磨、始まる（ふたりの目指すところ 二〇一四・二〇一五シーズン ほか）

本田 忠勝〔1548～1610〕 ほんだ・ただかつ
◇本多忠勝勇猛伝 岡崎市立中央図書館古文書翻刻ボランティア会編 〔岡崎〕 岡崎市立中央図書館 2018.1 145p 30cm 〈複製及び翻刻 共同刊行：岡崎市立中央図書館古文書翻刻ボランティア会〉 Ⓝ289.1

本多 利實〔1836～1917〕 ほんだ・としざね
◇朝嵐松風 本多利實伝 本多利永監修, 小林暉昌著 東京大学弓術部 2017.11 391p 22cm （弓道本多流史 上巻）〈共同刊行：赤門弓友会 文献あり〉 非売品 Ⓝ789.5

本多 征昭〔1944～1988〕 ほんだ・まさあき
◇カプリチョーザ 愛され続ける味—日本のイタリア料理に革命を起こした元祖「大盛」イタリアン創業シェフ・本多征昭物語 神山典士著, 本多惠子監修 プレジデント社 2018.11 226p 18cm 1300円 ⓘ978-4-8334-2283-3 Ⓝ673.973

内容 第1章 カプリチョーザ40年、「美味しさ」の秘密 第2章 本多征昭物語、その1 第3章 1960年代イタリア修業—国立エナルク料理学校 第4章 1970年大阪万博・イタリア館コックとしての凱旋 第5章 本多征昭物語、その2—本多を知る人々 第6章 チェーン展開という冒険 第7章 本多征昭物語、その3—早すぎる旅立ち 終章

本多 政以〔1864～1921〕 ほんだ・まさざね
◇泊園書院の明治維新—政策者と企業家たち 横山俊一郎著 大阪 清文堂出版 2018.3 309p 22cm 〈文献あり 索引あり〉 7800円 ⓘ978-4-7924-1085-8 Ⓝ121.6

内容 序論 大阪漢学と明治維新—東アジアの視座からの問い 第1部 近世の"政策者"たち（多田海庵の国防意識—幕末の"実務家"としての儒者の一事例 多田海庵の政教構想—諸教折衷とそれを支える「三徳」観 雨森精斎の政治実践—幕末維新の"実務家"としての儒者の一事例 安達清風の学術交流と開拓事業—泊園塾・昌平黌出身者の実践的軌跡） 第2部 近代の"企業家"たち（男爵本多政以の思想と事業—泊園学と枯園 山口県佐波郡における泊園書院と開拓事業—泊園塾・昌平黌出身者の事業活動の一考察—実業家尾中郁太・古谷熊三を中心に 永田仁助の経済倫理—天人未分と武士道の精神） 結論 泊園書院の人々による変革と儒教—近世・近代を生きた"実務家"たちの実践的軌跡

本多 正信〔1538～1616〕 ほんだ・まさのぶ
◇徳川十五代闇将軍 熊谷充晃著 大和書房 2015.5 263p 15cm （だいわ文庫 269-2H）〈文献あり〉 650円 ⓘ978-4-479-30536-1 Ⓝ281.04

内容 第1章 幕藩体制の礎を築いた4代（初代「闇将軍」本多正信—家康から全幅の信頼を寄せられた「タヌキ親父」以上の「タヌキ」 2代「闇将軍」南光坊天海—幕府の宗教政策をひとりで完成させた「関東の大僧正」 3代「闇将軍」松平信綱—江戸時代で最大の内乱を鎮めて老中首座に上った「知恵伊豆」 4代「闇将軍」酒井忠清—生まれながらに老中を約束された後世の悪名が哀しい「下馬将軍」） 第2章 将軍の権威を越過した3代（5代「闇将軍」柳沢吉保—失政や没落とは皆無の史実 「極悪側用人」の評

に異議あり　6代「闇将軍」新井白石―幕政の思想的柱石を創出したブレーンの「遅すぎた登壇」　7代「闇将軍」間部詮房―これぞ闇将軍にふさわしい「猿楽大名」の数奇なキャリア）　第3章 中興の変革期を乗り越えた3代（8代「闇将軍」松平乗邑―「暴れん坊将軍」を抑えられた唯一の忠臣は経済政策の旗手　9代「闇将軍」大岡忠光―前代未聞かつ空前絶後の幕閣 日本史上唯一の「将軍の通訳」　10代「闇将軍」田沼意次―「贈収賄政治家」の正体は貨幣社会をめざした重商主義者）　第4章 幕末動乱の一端となった3代（11代「闇将軍」松平定信―「寛政の改革」で失脚した後も影響力を保持し続けた元将軍候補　12代「闇将軍」水野忠邦―幕藩体制崩壊の序曲を奏でた「理想主義」を掲げる野心家　13代「闇将軍」徳川斉昭―頼もしいのか、ありがた迷惑か 御三家の慣例を破った「烈公」）　第5章 維新の激動期に舵を取った2代（14代「闇将軍」井伊直弼―まさに闇将軍の代名詞 幕末期最大のキングメーカー　15代「闇将軍」島津久光―外様大名ですらなかったのに幕政を揺るがせた薩摩の国父）

本田　稔〔1923〜〕　ほんだ・みのる
◇撃墜王は生きている！　井上和彦著　小学館　2015.6　253p　20cm　1400円　①978-4-09-389756-3　Ⓝ916
　内容 序章 日本にも戦争英雄がいた　第1章 B29に二度体当たりして生還した「イケメンスター」板垣政雄軍曹　第2章 一撃離脱で敵機を撃ち墜とした「空の狩人」生野文介大尉　第3章 戦後の自衛隊のトップに立った「帝都防空の達人」竹田五郎大尉　第4章 二人のスーパーエースの列機を務めた「紫電改の職人」笠井智一上等飛行兵曹　第5章 武士道で戦い抜いた「空戦の人間国宝」本田稔少尉　終章 航空自衛隊を作ったのは日本軍のパイロットだった

◇撃墜王は生きている！　井上和彦著　小学館　2017.7　253p　15cm　（小学館文庫 い15-1）〈2015年刊の改稿　文献あり〉　570円　①978-4-09-406429-2　Ⓝ916
　内容 序章 日本にも戦争英雄がいた　第1章 B29に二度体当たりして生還した「イケメンスター」―板垣政雄軍曹　第2章 一撃離脱で敵機を撃ち墜とした「空の狩人」―生野文介大尉　第3章 戦後の自衛隊のトップに立った「帝都防空の達人」―竹田五郎大尉　第4章 二人のスーパーエースの列機を務めた「紫電改の職人」―笠井智一上等飛行兵曹　第5章 武士道で戦い抜いた「空戦の人間国宝」―本田稔少尉　終章 航空自衛隊を作ったのは日本軍のパイロットだった

本田　靖春〔1933〜2004〕　ほんだ・やすはる
◇拗ね者たらん―本田靖春 人と作品　後藤正治著　講談社　2018.11　396p　20cm　2400円　①978-4-06-514030-7　Ⓝ289.1
　内容 第1部（第二の出発―『現代家系論』 人間を描く―『日本ネオ官僚論』 己は何者か―『私のなかの朝鮮人』 世界を歩く―『ニューヨークの日本人』 事件の全体像を―『誘拐』）　第2部（負の歴史を問う―『私戦』 雑兵への憧憬―『K2に憑かれた男たち』 国家を信ぜず―『村が消えた』 スクープ記者の陥穽―『不当逮捕』 アウトローの挽歌―『疵』 わが青春期―『警察回り』 大スターの物語―『「戦後」美空ひばりとその時代』 放牧の自由人―『評伝 今西錦司』）　第3部（インタビュー人物論―『戦後の巨星 二十四の物語』 未完のノンフィクション―「岐路」 灯を手渡す―『複眼で見よ』 病床に

ありて―『時代を視る眼』　自伝的ノンフィクション―『我、拗ね者として生涯を閉ず』　漢たらん）

本多　やや〔1596〜1668〕　ほんだ・やや
◇本多やや・マリアさまに憧れて―お姫様はキリシタン　亀田正司文・挿絵・写真　〔神戸〕〔亀田正司〕　2014.3　64p　30cm　Ⓝ289.1

本多　庸一〔1848〜1912〕　ほんだ・よういつ
◇本多庸一―国家教育傳道　野口伐名著　弘前 弘前学院出版会　2014.3　677p　21cm　〈年譜あり　発売：北方新社（弘前）〉　2500円　①978-4-89297-203-4　Ⓝ198.72
◇新島襄と明治のキリスト者たち―横浜・築地・熊本・札幌バンドとの交流　本井康博著　教文館　2016.3　389,7p　22cm　〈索引あり〉　3800円　①978-4-7642-9969-6　Ⓝ198.321
　内容 1 新島襄と四つの「バンド」　2 横浜バンド（S.R.ブラウン　J.H.バラ　植村正久　井深梶之助　押川方義　本多庸一　松村介石　粟津高明）　3 築地バンド（C.カロザース　田村直臣　原胤昭）　4 熊本バンド（L.L.ジェーンズ　小崎弘道）　5 札幌バンド（W.S.クラーク　内村鑑三　新渡戸稲造　大島正建）

本間　一夫〔1915〜2003〕　ほんま・かずお
◇本間一夫と日本盲人図書館　本間記念室委員会編　日本点字図書館　2015.10　110p　30cm　〈本間一夫生誕百年記念出版 年譜あり〉　非売品　①978-4-7979-8221-3　Ⓝ016.58

本間　俊平〔1873〜1948〕　ほんま・しゅんぺい
◇新潟が生んだ七人の思想家たち　小松隆二著　論創社　2016.8　346p　20cm　3000円　①978-4-8460-1546-6　Ⓝ281.41
　内容 相馬御風―早稲田大学校歌の作詞者で地方から俯瞰・発信した思想家　小川未明―童話を通して子どもと社会に向き合った思想家　市島謙吉（春城）―「随筆王」「早稲田大学四尊」と評価される大学人　土田杏村―優れた在野の自由人思想家　大杉栄―人間尊重の永遠の事象家　小林富次郎―法衣をまとい公益をかざした経営者　本間俊平―「左手に聖書・右手にハンマー」を持つ採石場経営者

本間　雅晴〔1887〜1946〕　ほんま・まさはる
◇いっさい夢にござ候―本間雅晴中将伝　角田房子著　改版　中央公論新社　2015.5　461p　16cm　（中公文庫 つ10-7）〈初版：中央公論社　1975年刊　文献あり〉　1000円　①978-4-12-206115-6　Ⓝ289.1
　＊フィリピン攻略戦でマッカーサーを敗走させたものの、バターン半島に立て篭もった敵を攻めあぐね、ついに大将の夢叶わず、予備役に編入された本間。敗戦後、捕虜虐待等の責任を問われた夫を救うため、妻・富士子はマニラに飛び、軍事法廷の証言台に立った―理性的で情に厚い"悲劇の将軍"の生涯を描いた本格ノンフィクション。

【ま】

マー, ジャック
⇒馬雲（ば・うん）を見よ

前川 喜平〔1955～〕 まえかわ・きへい
◇面従腹背　前川喜平著　毎日新聞出版　2018.6　235p　19cm　1300円　Ⓘ978-4-620-32514-9　Ⓝ317.25
[内容] はじめに―個人の尊厳、国民主権　第1章 文部官僚としての葛藤（組織への違和感　陳情から学んだこと、大学教員として考えたこと　動かない組織の中で　やりたくなかったユネスコ憲章改正）　第2章 面従腹背の教育行政（教員免許更新制　教育課程行政　八重山教科書問題）　第3章 教育は誰のものか（政治と教育　臨教審のパラドックスと教育基本法改正　道徳の「教科化」）　第4章 特別座談会 加計学園問題の全貌を激白［前川喜平（前文部科学事務次官）　寺脇研（京都造形芸術大学教授）　倉重篤郎（毎日新聞専門編集委員）］　おわりに―面従腹背から眼横鼻直へ　面従は一切なし Twitterなら何でも言える　ほぼ独り言の「腹背発言集」

前川 清〔1927～2016〕 まえかわ・きよし
◇前川先生物語―奇想天外・波乱万丈の自由教育　未知の教育分野に涙する先生日本一？　長く続いた同窓会　北鶴橋小学校昭和27年卒業生有志著　姫路　ブックウェイ　2016.10　36p　21cm　〈共同刊行：北鶴橋小学校昭和27年前川学級〉　889円　Ⓘ978-4-86584-186-2　Ⓝ289.1

前川 國男〔1905～1986〕 まえかわ・くにお
◇磯崎新と藤森照信のモダニズム建築談義　磯崎新, 藤森照信著　六耀社　2016.8　331p　21cm　〈年表あり〉　3600円　Ⓘ978-4-89737-829-9　Ⓝ523.07
[内容] 序 語られなかった、戦前・戦中を切り抜けてきた「モダニズム」　第1章 アントニン・レーモンドと吉村順三―アメリカと深く関わった二人　第2章 前川國男と坂倉準三―戦中のフランス派　第3章 白井晟一と山口文象―戦前にドイツに飛んだ二人　第4章 大江宏と吉阪隆正―戦後一九五〇年代初頭に渡航、「国際建築」としてのモダニズムを介して自己形成した二人

◇建築の前夜―前川國男論　松隈洋著　みすず書房　2016.12　490p　22cm　〈索引あり〉　5400円　Ⓘ978-4-622-08546-1　Ⓝ523.1
[内容] 1 ル・コルビュジエと出会う　2 レーモンド事務所の時代　3 独立後の挑戦　4 日中戦争下の模索　5 ナチス・ドイツの影　6 太平洋戦争と建築学会　7 思索と日々　8 自邸とバケツと

前川 貴行〔1969～〕 まえかわ・たかゆき
◇動物写真家という仕事　前川貴行写真・文　新日本出版社　2017.9　191p　20cm　〈著作目録あり〉　2600円　Ⓘ978-4-406-06162-9　Ⓝ740.21
[内容] 第1章 写真家を志して　第2章 極北の地で（氷原のホッキョクグマ　アラスカのクマたち　空の王者ハクトウワシ ほか）　第3章 日本の野生（北海道の大地で　イノシシのすむ山　世界最北限のサルたち ほか）　第4章 大型類人猿を追って（火山にすむマウンテンゴリラ　チンパンジーを追って　「森のひと」オラウータン ほか）　第5章 この先の未来へ

前川 恒雄〔1930～〕 まえかわ・つねお
◇前川恒雄と滋賀県立図書館の時代　田井郁久雄著　出版ニュース社　2018.2　244p　19cm　〈文献あり　年譜あり〉　1600円　Ⓘ978-4-7852-0163-0　Ⓝ016.2161
[内容] 第1部 若き日の前川恒雄―三〇歳前までの歩み（子どものころから中学生まで―朝鮮で　小松中学校、第四高等学校、金沢大学―引き揚げてのあと　図書館員を目指して、図書館職員養成所で　小松市立図書館にて）　第2部 前川恒雄と滋賀県立図書館（県政に文化の屋根をかける―武村知事の文化政策と図書館　前川恒雄滋賀県へ―三顧の礼　日野市助役・部長時代の経験　新県立図書館のスタート ほか）

前澤 政司〔1934～〕 まえざわ・まさし
◇渥美半島に夢と希望を託して　前澤政司著　KADOKAWA　2014.7　275p　19cm　1400円　Ⓘ978-4-04-621324-2　Ⓝ289.1
＊愛知県田原市で青果物卸売業を営むグループ企業の創業者の自伝。戦後の食糧難の中で商売人を志し、異郷で起業、三人の兄弟と共に不眠不休で働いた日々を経て、渥美半島を代表する企業へと成長した現在までを描く。

前澤 友作〔1975～〕 まえざわ・ゆうさく
◇起業のリアル―田原総一朗×若手起業家　田原総一朗著　プレジデント社　2014.7　249p　19cm　1500円　Ⓘ978-4-8334-5065-2　Ⓝ335.21
[内容] 儲けを追わずに儲けを出す秘密―LINE社長・森川亮　「競争嫌い」で年商一〇〇〇億円―スタートゥデイ社長・前澤友作　管理能力ゼロの社長兼クリエーター―チームラボ代表・猪子寿之　二〇二〇年、ミドリムシで飛行機が飛ぶ日―ユーグレナ社長・出雲充　保育NPO、社会起業家という生き方―フローレンス代表・駒崎弘樹　単身、最後まで鍛えたあきらめない心―マザーハウス社長・山口絵子　現役大学生、途上国で格安警備会社を開く―e・エデュケーション代表・税所篤快　七四年ぶりに新規参入したワケ―ライフネット生命社長・岩瀬大輔　上場最年少社長の「無料で稼ぐカラクリ」―リブセンス社長・村上太一　四畳半から狙う電動バイク世界―テラモーターズ社長・徳重徹　目指すは住宅業界のiPhone―innovation社長・岡崎富夢　三〇年以内に「世界銀行」をつくる―リビング・イン・ピース代表・慎泰俊　ハーバード卒、元体育教師の教育改革―ティーチ・フォー・ジャパン代表・松田悠介　四重苦を乗り越えた営業女子のリーダー―ベレフェクト代表・太田彩子　二代目社長が狙う「モバゲーの先」―ディー・エヌ・エー社長・守安功　ITバブル生き残りの挑戦―サイバーエージェント社長・藤田晋　特別対談 堀江貴文―五年後に花開く、商売の種のまき方

前島 密〔1835～1919〕 まえじま・ひそか
◇鴻爪痕―前島密伝　前島密著, 通信文化協会博物館部監修　復刻版　鳴美　2017.8　8,710,18p　22cm　〈年譜あり〉　原本：前島会　昭和30年刊

まえその

改訂再版　発売：郵政博物館ミュージアムショップ〉　①978-4-86355-066-7　Ⓝ289.1
◇前島密―創業の精神と業績　井上卓朗著，通信文化協会監修　鳴美　2017.8　224p　22cm　〈『鴻爪痕』前島密伝副読本　文献あり　発売：郵政博物館ミュージアムショップ〉　①978-4-86355-066-7　Ⓝ693.21
◇前島密―創業の精神と業績　井上卓朗著，通信文化協会監修　鳴美　2018.12　224p　21cm　〈『鴻爪痕』前島密伝副読本　文献あり　発売：郵政博物館ミュージアムショップ〉　800円　①978-4-86355-077-3　Ⓝ693.21
　＊平成29年8月刊行の『鴻爪痕』副読本『前島密 創業の精神と業績』をモノクロ化して発行。

前園 主計〔1932～〕　まえその・しゅけい
◇人にめぐまれ―ある生涯の記録　前園主計著　日外アソシエーツ　2018.1　604p　22cm　〈著作目録あり〉　非売品　①978-4-8169-2705-8　Ⓝ289.1
[内容]　第1部　前園家（家系　前園太五郎（父）　前園八重菊（母）　ほか）　第2部　生い立ち（主計略歴　ターニング・ポイント　小・中学生時代　ほか）　第3部　人と成り（日本生産性本部時代　アメリカ留学時代　家族形成期　ほか）

前園 真聖〔1973～〕　まえぞの・まさきよ
◇第二の人生　前園真聖著　幻冬舎　2016.3　197p　19cm　1300円　①978-4-344-02910-1　Ⓝ783.47
[内容]　第1章　自分にダメ出しする―4か月の謹慎を経て　第2章　弱いものを認める―事件、そして謝罪会見　第3章　強い気持ちだけがミラクルを起こす―「マイアミの奇跡」のキャプテンとして　第4章　終わったことは受け入れる―海外から得たもの　第5章　ポジティブに自己否定する―早すぎる引退まで　第6章　キャラ設定がときには必要―ピンクのポルシェの理由　第7章　アウェイで平常心を発揮する―向上心を持つということ

前田 日明〔1959～〕　まえだ・あきら
◇格闘者―前田日明の時代―　1　青雲立志篇　戦後史記列伝戦士第一前田日明1983～1983　塩澤幸登著　茉莉花社　2015.6　550p　20cm　〈文献あり　発売：河出書房新社〉　3000円　①978-4-309-92058-0　Ⓝ788.2
[内容]　大阪市港区南市岡　原初の記憶、幼年時代　城下町姫路へ　両親の離婚　大阪にもどる　15の夏、あるいは絶対の孤独　自殺未遂　ストリートファイター　上京、新日本プロレス入団　トンパチと呼ばれて　カール・ゴッチとの出会い　イギリス遠征始末　合衆国フロリダ州タンパ
◇格闘者―前田日明の時代―　2　臥龍覚醒篇　戦後史記列伝戦士第一前田日明1983～1991　塩澤幸登著　茉莉花社　2016.4　606p　20cm　〈文献あり　発売：河出書房新社〉　3000円　①978-4-309-92081-8　Ⓝ788.2
[内容]　一九八三年四月　新日本プロレスの激流　一九八三年八月十日　クーデター勃発　一九八四年四月　ユニバーサル誕生　一九八五年九月　ユニバーサル崩壊　一九八五年十二月　業務提携と格闘王戴冠　一九八六年十二月　契約更改と動乱の始まり　一九八七年十一月十九日　長州顔面蹴撃事件　一九八八年五月十二日　新生UWF旗揚げ　一九八九年三月三十日　悲劇の誕生　一九九〇年五月　新生UWF崩壊序曲　一九九〇年十二月一日　松本バンザイ事件　一九九一年冬　UWFの終焉、そして復活

前田 克己〔1913～2017〕　まえだ・かつみ
◇前田克己先生百歳の歩み―作品と新聞記事を中心に　前田克己著，菅原一也,武井幸夫共編　〔出版地不明〕　前田直久　2018.1　271p　21cm　〈著作目録あり〉　非売品　Ⓝ289.1

前田 慶次〔戦国時代末期～江戸時代初期〕　まえだ・けいじ
◇前田慶次　真実の傾奇録　菊地秀一著　宝島社　2015.4　127p　21cm　〈年表あり〉　1200円　①978-4-8002-3939-6　Ⓝ289.1
[内容]　真田信幸に謎をかけた慶次　いわく、上方は闇に落ちた　猿まねに興じた慶次　諸大名、秀吉の影におびえる　言葉を巧みにあやつる慶次　一撃のもとに常識を覆す　主君利家を水風呂に入れ、前田家から出奔する　天下人秀吉の御前でかぶき、秀吉のこころを奪う　愛馬松風を歩く看板とし、その名を京に知らしめる　秀吉との謁見にのぞんだ慶次　周囲の期待を裏切るどんでん返し　散歩途中で買い物をした慶次　百貫文で買ったのは男の足だった　土大根3本だけの手土産で上杉景勝の器量を試す　態度が高飛車な医者に芝居を打った慶次　〔ほか〕

前田 耕作〔1933～〕　まえだ・こうさく
◇シルクロードの現代日本人列伝―彼らはなぜ、文化財保護に懸けるのか？　白鳥正夫著　三五館　2014.10　238p 図版16p　19cm　〈文献あり　年表あり〉　1500円　①978-4-88320-622-3　Ⓝ709.2
[内容]　序章　体験的シルクロードの旅―玄奘三蔵の足跡をたどる　第1章　求道と鎮魂、玄奘の道を追体験―平山郁夫・平和願い文化財赤十字への道　第2章　新疆ウイグルで遺跡保護研究―小島康誉・日中相互理解促進へ命燃やす　第3章　ウズベキスタンで遺跡調査―加藤九祚、九〇歳超えても発掘ロマン　第4章　バーミヤン遺跡の継続調査―前田耕作・アフガニスタン往還半世紀　終章　玄奘の生き方指針に平和の道へ―それぞれのシルクロード、わが想い

前田 新造〔1947～〕　まえだ・しんぞう
◇リーダーシップの哲学―12人の経営者に学ぶリーダーの育ち方　一條和生著　東洋経済新報社　2015.6　299p　20cm　〈他言語標題：The Leadership Journey〉　1800円　①978-4-492-53361-1　Ⓝ332.8
[内容]　リーダーシップ・ジャーニーに終わりはない―藤森義明　誰にでも無限の可能性がある―澤田道隆　できるだけシンプルに考え、実行する―松本晃　経験しないとわからない世界がある―玉塚元一　ロールモデルに学び、自分流にアレンジする―志賀俊之　全員で「良い会社 "Good Company"」を創る―永野毅　恐れることなく変わり続ける―佐藤玖美　一瞬も一生も美しく、をめざして―前田新造　新しい場で学び続ける―樋口泰行　常に全力を尽くしながら視座を高める―松井忠三　ストレッチ経験で己を

鍛え、実践知を蓄える―新貝康司　ストーリーで多様な人々を束ねる―小林いずみ　あなたらしいリーダーシップを育む

前田 綱紀〔1643～1724〕　まえだ・つなのり
◇諸国賢人列伝―地域に人と歴史あり　童門冬二著　ぎょうせい　2014.12　253p　19cm　1800円　Ⓘ978-4-324-09918-6　Ⓝ281.04
内容　浜口梧陵―稲むらの火/地域から日本を考えた・広村（和歌山県）　山田方谷―被治者の立場を貫いた巨人・備中松山（岡山県）　安藤野雁―万葉の心を信条に・桑折（福島県）　大原幽学―房総は学者の充電所・下総（千葉県）　小宮山楓軒―立ち枯れの村を復興・水戸（茨城県）　小島蕉園―減税と産業振興・甲府（山梨県）　三浦梅園―日本初の自然哲学者・杵築（大分県）　新井白石―不遇に生きる・江戸（東京都）　前田綱紀―文化行政で雇用創出・加賀（石川県）　河合曽良―旅に生きる・諏訪（長野県）　北島雪山―追放されて自由に生きた・肥後（熊本県）　羽書朝秀―壁を背に第三の道を・琉球（沖縄県）　松平信綱―名君・賢君を輩出・川越（埼玉県）　徳川義直―あゆち思想の実現・尾張（愛知県）　多久一族―「らしさ」を失わず・肥前（佐賀県）　古田織部―壊して創る・美濃（岐阜県）　北条幻庵―「勇」の底に「優」の心・小田原（神奈川県）　鴨長明―走り回る一滴の水・京都（京都府）

前田 利家〔1538～1599〕　まえだ・としいえ
◇前田利家・利長　大西泰正編著　戎光祥出版　2016.8　377p　21cm　（シリーズ・織豊大名の研究 3）　6500円　Ⓘ978-4-86403-207-0　Ⓝ289.1
内容　総論　織豊期前田氏権力の形成と展開　1　前田利家家臣団の展開　2　初期前田家臣団の地方知行についての一考察　3　前田利家文書の基礎的研究　4　慶長期加賀藩家臣団の構成と動向　5　前田利長の進退　6　織豊期前田氏の領国支配体制　7　前田利家と金沢城　8　関ヶ原合戦前後における前田利政の動静　9　「慶長富山大火」をめぐる言説と実相　付録　前田利長発給文書目録稿

前田 利常〔1594～1658〕　まえだ・としつね
◇名君前田利常―鼻毛で守った加賀百万石　野村昭子著　金沢　北國新聞社（発売）　2016.4　175p　19cm　（奥付の副タイトル（誤植）：鼻毛で支えた加賀百万石　文献あり）　1500円　Ⓘ978-4-8330-2057-2　Ⓝ289.1
内容　プロローグ　最後の戦国武将　第1章　その生涯　第2章　都市計画、行政　第3章　神社仏閣の造営、再興　第4章　城石垣・庭園の造営　第5章　地場産業の振興　第6章　美術工芸、文化の育成　第7章　図書の蒐集　資料編

前田 利長〔1562～1614〕　まえだ・としなが
◇前田利家・利長　大西泰正編著　戎光祥出版　2016.8　377p　21cm　（シリーズ・織豊大名の研究 3）　6500円　Ⓘ978-4-86403-207-0　Ⓝ289.1
内容　総論　織豊期前田氏権力の形成と展開　1　前田利家家臣団の展開　2　初期前田家臣団の地方知行についての一考察　3　前田利家文書の基礎的研究　4　慶長期加賀藩家臣団の構成と動向　5　前田利長の進退　6　織豊期前田氏の領国支配体制　7　前田利家と金沢城　8　関ヶ原合戦前後における前田利政の動静　9　「慶長富山大火」をめぐる言説と実相　付録　前田利長発給文書目録稿

◇利休と戦国武将―十五人の「利休七哲」　加来耕三著　京都　淡交社　2018.4　239p　19cm　1300円　Ⓘ978-4-473-04246-0　Ⓝ791.2
内容　第1章　"七哲"の筆頭　蒲生氏郷　第2章　教養が生き残りの秘訣　細川三斎　第3章　信仰と茶の湯　高山右近・前田利長　第4章　悲運の茶人　瀬田掃部・豊臣秀次・木村常陸介　第5章　何処までも不可解な数寄者　荒木村重・芝山監物　第6章　滑稽味あふれるお人好し　織田常真・牧村兵部・佐久間不干斎　第7章　時代の転換期に出現　古田織部　第8章　自分の分限を知っていた　織田有楽・有馬玄番

◇前田利長　見瀬和雄著　吉川弘文館　2018.11　296p　19cm　（人物叢書　新装版　通巻292）〈文献あり　年譜あり〉　2300円　Ⓘ978-4-642-05285-6　Ⓝ289.1
内容　誕生　大名前田利　利長の越中支配　豊臣政権の中で　利長の妻子と兄弟姉妹　家督相続　関ヶ原の戦い　利長の戦後政策　領国統治と家臣団　隠居と加越能三ヵ国監国　利長と高山右近　利長の発病　三ヵ条誓詞と本多政重召し抱え　利長の晩年　利長死話の動き　利長はどのような大名だったか　前田利長関係略地図　前田氏領国図　前田氏略系図　略年譜

前田 利為〔1885～1942〕　まえだ・としなり
◇近代茶人の肖像　依田徹著　京都　淡交社　2015.2　215p　18cm　（淡交新書）〈文献あり〉　1200円　Ⓘ978-4-473-03992-7　Ⓝ791.2
内容　井上馨（世外）―政界の雷親父は細心なる茶人　有栖川宮熾仁親王（霞堂）―親王の茶の湯に見る宮家と華族の社交界　安田善次郎（松翁）―慎しく陰徳を重ねた財産家の茶の湯　今泉雄作（常真）―茶道具再評価の種を蒔いた江戸っ子　平瀬亀之輔（露香）―大阪の茶の湯を牽引した江戸っ子　住友友純（春翠）―茶の湯に文人趣味を融合させたエリート実業家　益田孝（鈍翁）―近代の茶の湯を双肩に担った巨人　馬越恭平（化生）―数々の逸話を残した「ビール王」数寄者　柏木貨一郎（探古齋）―土蔵に住んだ幻の数寄屋建築家　岡倉覚三（天心）―茶より酒を愛した『茶の本』の執筆者　正木直彦（十三松堂）―美術と茶匠―廊に橋を架けた美術学校長　貞明皇后―満州皇帝を茶の湯でもてなした大正天皇妃　三井高棟（宗恭）―財閥の盛衰を見つめた三井家当主の茶の湯　團琢磨（誨山）―鈍翁から経営と茶の湯を受け継いだ男　大谷尊由（心齋）―茶の湯三昧の境地に遊んだ宗教家　前田利為（梅堂）―旧大名家軍人のたしなみとしての茶の湯　式守蝸牛（虎山）―悲運の宰相、戦時下の茶の湯　栗山善四郎（八百善）―江戸懐石を伝え、茶の湯を愛した料亭主人　加藤正治（犀水）―憲法の制定に携わった法学者茶人

前田 利益　まえだ・とします
⇒前田慶次（まえだ・けいじ）を見よ

前田 治脩〔1745～1810〕　まえだ・はるなが
◇太梁公日記　第5　前田治脩著，前田育徳会尊経閣文庫編集，長山直治校訂　八木書店古書出版部　2014.8　292,13p　22cm　（史料纂集―古記録編）〈付属資料：4p：月報　第148号　発売：八木書店〉　15000円　Ⓘ978-4-8406-5175-2

まえた

Ⓝ214.3

前田 ヒサ〔1926～〕 まえだ・ひさ
◇マザー牧場誕生物語 前田ヒサ著 産経新聞出版 2014.11 209p 20cm 〈年譜あり〉 1500円 Ⓘ978-4-86306-112-5 Ⓝ289.1

前田 普羅〔1884～1954〕 まえだ・ふら
◇山水の飄客 前田普羅 正津勉著 アーツアンドクラフツ 2016.1 222p 19cm 〈年譜あり〉 1800円 Ⓘ978-4-908028-11-3 Ⓝ911.362
内容 1 山ノ篇（横浜（一）弱年時 横浜（二）彷徨期 甲斐 立山 飛騨 八ヶ嶽・弥陀ヶ原） 2 地の篇（能登 浅間（一）戦前 浅間（二）戦中 大和 敗戦 東京 戦後）

前田 正名〔1850～1921〕 まえだ・まさな
◇祖田修著作選集 第2巻 地方産業の近代化構想—前田正名の思想と運動 祖田修著 農林統計協会 2017.3 414p 22cm 〈文献あり 索引あり〉 4800円 Ⓘ978-4-541-04133-3 Ⓝ610.8
内容 第1部 地方産業の思想と運動（殖産興業政策の展開と『興業意見』の編纂 地方産業と国民生活の実態—『興業意見』の「地方報告」を中心に 『興業意見』の政策構想 『興業意見』の政策構想の挫折 地方産業振興運動の展開 石川理紀之助の農村計画 波多野鶴吉の地域計画 星野長太郎の共同販売運動） 第2部 前田正名（伝記）（出生と生いたち 長崎遊学と維新変革への参加 フランスと前田正名 殖産興業政策への参画 『興業意見』の編纂と政策構想の挫折 官界利帰と農工商調査の実施 地方産業振興運動の展開 町村是運動と開田事業 地方産業振興運動の再開 結び）

◇歌之介のさつまのボッケモン 鹿児島テレビ放送株式会社編著, 原口泉監修 復刻版 鹿児島 高城書房 2018.7 289p 19cm 〈KTS鹿児島テレビ開局50周年記念 文献あり〉 1500円 Ⓘ978-4-88777-165-9 Ⓝ281.97
内容 西郷隆盛1—こども時代の西郷さんの巻 西郷盛2—西郷さんとサイフの巻 大久保利通1—大久保さんはいたずらっこの巻 五代友厚一—五代友厚の世界地図の巻 黒田清隆1—きのうの敵はきょうの友の巻 村橋久成1—北海道に日本のビールを！の巻 大久保利通2—大久保さんは"まっしぐら"の巻 前田正名ほか—できたぞ！「薩摩辞書」の巻 長沢鼎—アメリカのブドウ王の巻 丹下梅子—初の帝大女子学生の巻〔ほか〕

前田 裕二〔1987～〕 まえだ・ゆうじ
◇人生の勝算 前田裕二著 幻冬舎 2017.6 239p 19cm （NewsPicks Book） 1400円 Ⓘ978-4-344-03136-4 Ⓝ289.1
＊SNS時代を生き抜く為に必要な"コミュニティ"の本質と、SNSの次の潮流であるライブ配信サービスの最前線がわかる。

前田 幸長〔1970～〕 まえだ・ゆきなが
◇ドライチ—プロ野球人生『選択の明暗』 田崎健太著 カンゼン 2017.10 271p 20cm 〈文献あり〉 1700円 Ⓘ978-4-86255-424-6 Ⓝ783.7
内容 1 辻内崇伸 2 多田野数人 3 的場寛一 4 古木克明 5 大越基 6 元木大介 7 前田幸長 8 荒木大輔

前田 吉徳〔1690～1745〕 まえだ・よしのり
◇考証 風流大名列伝 稲垣史生著 立東舎 2016.10 254p 15cm （立東舎文庫 い1-1）〈作品社 1983年刊の再刊 発売：リットーミュージック〉 800円 Ⓘ978-4-8456-2867-4 Ⓝ281.04
内容 序章—殿様とは 徳川光圀—絹の道への幻影 徳川宗春—御深井の秘亭 伊達綱宗—遊女高尾斬りを笑う 井伊直弼—この世は一期一会 織田秀績—鬼面の茶人寛永寺の刃傷 細川忠興—凄惨な夜叉の夫婦愛 前田吉徳—間違われた加賀騒動の主人公 小堀遠州—長く嶮しい道をゆく 安藤信正・『半七捕物帳』に縁ある 柳生宗矩—まぼろしの名品平蜘蛛 松平不昧—父の風流入墨女の怪 浅野長矩—名君の史料に事欠かぬ 島津重豪・島津斉興・島津斉彬—薩摩三代の過剰風流 有馬頼貴・鍋島勝茂—大名行列に犬を引いて

前田 義寛〔1935～〕 まえだ・よしひろ
◇一片万情—闘う編集者人生 前田義寛著 河出書房 2017.1 373p 20cm 〈文献あり 年表あり 発売：河出書房新社〉 2400円 Ⓘ978-4-309-92114-3 Ⓝ289.1
内容 第1部 人生は一刻の積み重ね（軍国少年の戦中戦後 新聞記者になりたくて） 第2部 片道切符の覚悟でゆく（IPAの創業と発展 編集者への道一筋 パブリシティの世界へ飛び込む 海外での仕事体験） 第3部 編集仕事は万事誠実かに（社史と社内報 自分史との出会い） 第4部 人と人が織りなす情景（あの日の、あの人 海からのメッセージ 愛すべしマイファミリー）

前田 蓮山〔1874～1961〕 まえだ・れんざん
◇政治記者 前田蓮山物語—平民宰相「原敬」が目ざした政党政治 その何たるかを追い求めたジャーナリスト わが祖父の生涯 前田連望著 横浜 前田連望 2018.3 577p 21cm 〈発行所：オリンピア印刷 著作目録あり 文献あり 年譜あり〉 2000円 Ⓘ978-4-908703-36-2 Ⓝ289.1

前野 良沢〔1723～1803〕 まえの・りょうたく
◇前野良沢—生涯一日のごとく 鳥井裕美子著 京都 思文閣出版 2015.4 307p 図版16p 19cm 〈大分県教育委員会 2013年刊の新装版 文献あり 年譜あり〉 2500円 Ⓘ978-4-7842-1786-1 Ⓝ289.1
内容 第1章 徳川吉宗と青木昆陽 第2章 前野良沢—出生から長崎遊学まで 第3章 『解体新書』まで 第4章 安永・天明時代の良沢 第5章 ロシア研究の時代と良沢 第6章 良沢の晩年 第7章 没後の評価

前橋 汀子〔1943～〕 まえはし・ていこ
◇私のヴァイオリン—前橋汀子回想録 前橋汀子著 早川書房 2017.8 161p 20cm 1500円 Ⓘ978-4-15-209705-7 Ⓝ762.1
内容 第1部 生い立ち（ヴァイオリンを始める ソ連に行きたい） 第2部 ソ連時代（ソ連で一から ソ連を生き抜く 最高の教育を受ける 病に倒れる）

まきくち

前畑 秀子〔1914～1995〕 まえはた・ひでこ
◇近代オリンピックのヒーローとヒロイン 池井優著 慶應義塾大学出版会 2016.12 365p 20cm 〈文献あり〉 2600円 Ⓘ978-4-7664-2389-1 Ⓝ780.28
内容 ピエール・ド・クーベルタン―近代オリンピックの創始者 嘉納治五郎―日本初代のIOC委員 金栗四三―"日本マラソンの父"となったオリンピックの敗者 人見絹枝―日本女子初のメダリスト 西竹一―バロン西と呼ばれた馬術大障害の優勝者 織田幹雄―日本人最初のゴールドメダリスト 「前畑がんばれ!」―日本初のオリンピック女子金メダリスト 西田修平・大江季雄―ベルリンの死闘と"友情のメダル" ジェシー・オーエンス―ベルリンで四つの金メダルを獲った黒人選手 清川正二―オリンピックの金メダリスト、IOC委員 古橋廣之進―戦後日本に希望を与えてくれた「フジヤマのトビウオ」 猪谷千春―冬季五輪初のメダリスト、そしてIOC委員 アベベ・ビキラ―ローマ、東京と二大会を制覇したマラソンの王者 大松博文―「東洋の魔女」に金メダルを獲らせた「鬼」の指導者 日本サッカー界を改革したドイツ人コーチ―デットマール・クラマーと日本代表チーム ベラ・チャスラフスカ―「プラハの春」にゆれた体操の女王 男子バレーボールに革命をもたらした監督―松平康隆と日本男子バレーボール モスクワ五輪ボイコットに泣いた選手たち―政治に翻弄されたオリンピック 北島康介―オリンピック三大会でメダル獲得のスイマー

前原 一誠〔1834～1876〕 まえはら・いっせい
◇前原一誠と松江の修道館そして大社町宇龍―維新十傑の一人 宍道正年編著 松江 島根県農協印刷 2015.4 176p 26cm 〈複製を含む〉 1300円 Ⓘ978-4-9907226-3-0 Ⓝ289.1
◇前原一誠と松江の修道館そして大社町宇龍―維新十傑の一人 宍道正年編著 松江 クリアプラス 2015.4 176p 26cm 〈複製を含む〉 1300円 Ⓘ978-4-9908900-4-9 Ⓝ289.1

前原 寿子〔1938～〕 まえはら・ひさこ
◇師なくしては育たず―私の教育記録 前原寿子編著 〔出版地不明〕 前原寿子 2014.7 343p 22cm 〈年表あり〉 1500円 Ⓝ375.422

前間 恭作〔1868～1942〕 まえま・きょうさく
◇前間恭作の学問と生涯―日韓協約の通訳官、朝鮮書誌学の開拓者 白井順著 風響社 2015.10 56p 21cm (ブックレット《アジアを学ぼう》35) 〈文献あり 年譜あり〉 700円 Ⓘ978-4-89489-780-9 Ⓝ289.1
内容 1 前間恭作の家族 2 幼少期―長崎時代―東京 3 朝鮮時代―明治24年8月～44年3月 4 東京・青山時代―東洋学のために 5 福岡・箱崎時代―後進のために 6 遺品の行方

真木 和泉守 まき・いずみのかみ
⇒真木保臣(まき・やすおみ)を見よ

牧 浩之〔1977～〕 まき・ひろゆき
◇山と河が僕の仕事場―頼りない職業猟師+西洋毛鉤釣り職人ができるまでとこれから 牧浩之著 日野 フライの雑誌社 2015.12 189p 21cm 1600円 Ⓘ978-4-939003-64-6 Ⓝ659
内容 第1章 川崎生まれ、東京湾育ち(子どもの頃から釣り好きだった 嫁も魚も。宮崎に惚れた ほか) 第2章 神話の里の釣りと狩り(「今日は釣れるかい?」狩猟もまた ほか) 第3章 いつのまにか職業猟師(初猟の日 山へ河へ。田舎生活は忙しい ほか) 第4章 山と河と人が繋がる暮らし(珍しいおっちゃん スタートライン)
◇山と河が僕の仕事場 2 みんなを笑顔にする仕事 牧浩之著 日野 フライの雑誌社 2017.2 189p 21cm 1600円 Ⓘ978-4-939003-69-1 Ⓝ659
内容 第1章 毛鉤釣り職人は楽しい! 第2章 4年目の猟期 第3章 家族の肖像 第4章 今度は畑を始める 第5章 新しい猟師のかたち 第6章 みんなを笑顔にする仕事 第7章 自然の声を聞きながら

真木 将樹〔1976～〕 まき・まさき
◇敗者復活―地獄をみたドラフト1位、第二の人生 元永知宏著 河出書房新社 2017.10 223p 19cm 1300円 Ⓘ978-4-309-27889-6 Ⓝ783.7
内容 150キロ右腕が引退を選んだ理由―増渕竜義(2006年、東京ヤクルトスワローズ1位/「King Effect」代表、野球スクール『Go every baseball』塾長) 少しぐらいバカにされてもいつも謙虚で一入来祐作(1996年、読売ジャイアンツ1位/福岡ソフトバンクホークス三軍コーチ) 野球の才能は別の世界で通用しない―檜山泰浩(1985年、近鉄バファローズ1位/司法書士) 「2年目のジンクス」に敗れた新人王候補―真木将樹(1997年、近鉄バファローズ1位/法政大学野球部コーチ) 覚醒しなかった三拍子揃った大型内野手―渡辺正人(1997年、千葉ロッテマリーンズ1位/石川ミリオンスターズ監督) 野球をやめたら「人間」が問われる―田口竜二(1984年、南海ホークス1位/白寿生科学研究所人材開拓課課長) 「巨人のドラ1」のプライドが消えた瞬間―横山忠夫(1971年、読売ジャイアンツ1位/手打ちうどん「立山」店主)

真木 保臣〔1813～1864〕 まき・やすおみ
◇誠の力が時代を変える―眞木和泉守語録50選 眞木和泉守研究会編 久留米 水天宮 2014.7 109p 21cm 〈眞木和泉守没後一五〇年祭記念年表あり〉 Ⓝ289.1
◇幕末―非命の維新者 村上一郎著 中央公論新社 2017.9 299p 16cm (中公文庫 む28-1) 〈角川文庫 1974年刊に対談「松陰の精神とその人間像」を増補 文献あり 年表あり〉 1000円 Ⓘ978-4-12-206456-0 Ⓝ281.04
内容 第1章 大塩平八郎 第2章 橋本左内 第3章 藤田三代―幽谷・東湖・小四郎 第4章 真木和泉守 第5章 三人の詩人―佐久良東雄・伴林光平・雲井竜雄 松陰の精神とその人間像(保田與重郎×村上一郎)

牧内 良平〔1938～〕 まきうち・りょうへい
◇天地人たり 牧内良平著 〔出版地不明〕〔牧内良平〕 2017.3 451p 図版〔10〕枚 22cm Ⓝ699.067

牧口 常三郎〔1871～1944〕 まきぐち・つねさぶろう
◇牧口常三郎―創価教育の源流 潮出版社 2015.

5　127p　19cm　〈2001年刊の加筆修正、再編集　年譜あり〉　600円　Ⓘ978-4-267-02008-7　Ⓝ188.982
◇評伝　牧口常三郎　第三文明社　2017.6　511p　19cm　〈創価教育の源流　第1部〉〈著作目録あり　年譜あり〉　1600円　Ⓘ978-4-476-03367-0　Ⓝ188.982
内容　第1章　北海道で教員となる　第2章　地理学の探究　第3章　教育の理想を求めて　第4章　人生の転機　第5章　価値を創造する教育　第6章　すべての人々の幸福のために　付録

マキタスポーツ〔1970～〕

◇越境芸人　マキタスポーツ著　東京ニュース通信社　2018.9　253p　19cm　(Bros.books)〈発売：徳間書店〉　1300円　Ⓘ978-4-19-864694-3　Ⓝ779.14
内容　1　感動の国ニッポン　2　第二芸能界　3　芸人というビジネスマン　4　大衆と音楽　5　役者現場　6　自作自演家　7　公のプライベート　8　食癖

蒔苗　昭三郎〔1932～〕　まきなえ・しょうざぶろう

◇スポーツ秋田の輝き求めて―マネジメントの経験を力に　蒔苗昭三郎著　秋田魁新報社　秋田　秋田魁新報社　2018.3　161p　18cm　(さきがけ新書　31―シリーズ時代を語る)〈年譜あり〉　800円　Ⓘ978-4-87020-399-0　Ⓝ783.1
内容　バスケ漬けの少年時代　辻さんと運命の出会い　秋田いすゞが全県一に　成し遂げた日本一の夢　随所に生きた経営経験　秋田にささぐわが人生　年譜

牧野　賢治〔1934～〕　まきの・けんじ

◇科学ジャーナリストの半世紀―自分史から見えてきたこと　牧野賢治著　京都　化学同人　2014.7　257,11p　19cm　〈著作目録あり　年表あり〉　2200円　Ⓘ978-4-7598-1571-9　Ⓝ070.16
内容　プロローグ(二重らせん発見の年　中之島での懐かしい四年間)　第1部　大阪時代(進路を決めたスプートニク　「日本科学記者協会」の誕生　ほか)　第2部　東京時代(消滅していた科学部　東大紛争の発端に遭遇　ほか)　第3部　フリーランス時代(連帯する医学ジャーナリスト　連帯する科学ジャーナリスト　ほか)　エピローグ(3・11の衝撃と悔悟　科学ジャーナリズムの未来)

牧野　剛〔1945～2016〕　まきの・つよし

◇原点としての恵那の子ども時代　牧野剛著　加藤万里編　名古屋　あるむ　2016.9　104p　21cm　1000円　Ⓘ978-4-86333-110-5　Ⓝ289.1
内容　原点としての恵那の子ども時代(恵那の「戦後民主主義教育」　大井宿として栄えた恵那　良寛さんの紙芝居　いつも腹をすかせていた―一九五〇年代の恵那の暮らし　初めての自分の本『ノートルダムのせむし男』　ほか)　牧野さんと「予備校文化」なるもの(青木和子)　牧野追懐記(茅嶋洋一)　断章　牧野剛の死に寄せて(菅孝行)

牧野　富太郎〔1862～1957〕　まきの・とみたろう

◇牧野富太郎　通信―知られざる実像　松岡司著　大阪　トンボ出版　2017.3　228p　18cm　(トンボ新書)〈文献あり〉　750円　Ⓘ978-4-88716-250-1　Ⓝ289.1
内容　序章　生涯、通信　前編(故郷の香　天性の開花　桜花爛漫　冬来たりなば)　後編(青雲の志　愛しの妻と　寝ても覚めても　故郷よ佐川の人よ)

◇牧野富太郎―植物博士の人生図鑑　コロナ・ブックス編集部編　平凡社　2017.11　127p　22cm　(コロナ・ブックス　211)〈文献あり　著作目録あり　年譜あり〉　1600円　Ⓘ978-4-582-63510-2　Ⓝ289.1
内容　あるいは草木の精かも知れん　牧野式植物図―とことんまで精密(科学的精神に支えられ―牧野富太郎の植物画)　牧野式評伝草篇―青年牧野。そして、植物採集のことなど(ただ私一人のみ生まれた―郷里・高知佐川でのこと　手稿　年少時代ニ抱懐セシ意見　ほか)　牧野の実り―図鑑と標本と蔵書(牧野日本植物図鑑　私のハァバリウム　ほか)　牧野式評伝木篇―暮らしや、晩年のことなど(石版屋がともつ―初恋物語　春早く葉に先だちて可なり大なる白花を―コブシについての手紙　ほか)　庭の草木の中に生き―晩年の牧野

槇野　智章〔1987～〕　まきの・ともあき

◇アホが勝ち組、利口は負け組―サッカー日本代表進化論　清水英斗著　秋田書店　2018.6　190p　19cm　1300円　Ⓘ978-4-253-10106-6　Ⓝ783.47
内容　日本代表進化論　理想は進化、現実は退化　日本代表進化論　選手編(原口元気―モノクロームの元気　岡崎慎司―アホの岡崎　遠藤航―がんばれ！　ニッポンの父！　宇佐美貴史―「行ってるやん」の絶壁　吉田麻也―「大ポカ」の汚名を返せよ！　柏木陽介―だって、人間だもの。　長谷部誠―キレイ早のキャプテン　長友佑都―左を制する者は、世界を制す！　柴崎岳―キャノンシュートの秘密は、弓　槇野智章―カネでは買えない男！　ほか)

牧野　伸顕〔1861～1949〕　まきの・のぶあき

◇回顧録　上　牧野伸顕著　改版　中央公論新社　2018.5　400p　16cm　(中公文庫　ま2-3)〈初版：中央公論社　1977年刊〉　1200円　Ⓘ978-4-12-206589-5　Ⓝ289.1
内容　幼年時代　アメリカ行き―岩倉使節一行の欧米視察　開成学校―西南戦争　英国在留　制度取調局―天譴談判　兵庫県時代　総理大臣秘書官、記録局長―条約改正問題、大津事件　県知事の思い出　文部次官時代　伊太利在留　ウィーン在勤

◇回顧録　下　牧野伸顕著　改版　中央公論新社　2018.5　317p　16cm　(中公文庫　ま2-4)〈初版：中央公論社　1978年刊　年譜あり　索引あり〉　1000円　Ⓘ978-4-12-206590-1　Ⓝ289.1
内容　文部大臣時代　枢密顧問官時代　農商務大臣時代　明治天皇の崩御　外務大臣時代　第一次世界大戦　巴里講和会議について

マキノ　正幸〔1941～〕　まきの・まさゆき

◇沖縄と歌姫―安室奈美恵を発掘した男の壮絶人生　マキノ正幸著　宝島社　2018.9　268p　19cm　〈文献あり〉　1400円　Ⓘ978-4-8002-8283-5　Ⓝ771.7

|内容| 第1章 マキノ家のDNA　第2章 芸能人との日々　第3章 沖縄の歌姫たち　第4章 安室奈美恵の真実　第5章 祭りのあと　第6章 どん底に射し込む光に誓って　第7章 ラストチャンス

牧の方〔平安時代後期～鎌倉時代〕まきのかた
◇中世の人物 京・鎌倉の時代編　第2巻 治承～文治の内乱と鎌倉幕府の成立　野口実編　大阪　清文堂出版　2014.6　426p　22cm　〈文献あり〉　4500円　①978-4-7924-0995-1　Ⓝ281

|内容| 源頼政と以仁王（生駒孝臣著）　甲斐源氏（西川広平著）　木曾義仲（長村祥知著）　源義経と範頼（宮田敬三著）　平宗盛（田中大喜著）　平氏の新旧家人たち（西村隆著）　藤原秀衡（三好俊文著）　源頼朝（元木泰雄著）　大庭景親（森幸夫著）　城助永と助職（長茂）（高橋一樹著）　千葉常胤（野口実著）　和田義盛と梶原景時（滑川敦子著）　北条時政と牧の方（落合義明著）　源頼家（藤本頼人著）　八条院（高松百香著）　藤原兼実（高橋秀樹著）　源通親（佐伯智広著）　法然と貞慶・明恵（平雅行著）　重源（久野修義著）　栄西（中尾良信著）

牧村 兵部〔1545～1593〕まきむら・ひょうぶ
◇利休と戦国武将—十五人の「利休七哲」　加来耕三著　京都　淡交社　2018.4　239p　19cm　1300円　①978-4-473-04246-0　Ⓝ791.2

|内容| 第1章 "七哲"の筆頭 蒲生氏郷　第2章 教養が生き残りの秘訣 細川三斎　第3章 信仰と茶の湯 高山右近・前田利長　第4章 悲運の茶人 瀬田掃部・豊臣秀次・木村常陸介　第5章 何処までも不可解な数寄者 荒木村重・芝山監物　第6章 滑稽味あふれるお人好し 織田常真・牧村兵部・佐久間不干斎　第7章 時代の転換期に出現 古田織部　第8章 自分の分限を知っていた 織田有楽・有馬玄蕃

馬越 恭平〔1844～1933〕まこし・きょうへい
◇近代茶人の肖像　依田徹著　京都　淡交社　2015.2　215p　18cm（淡交新書）〈文献あり〉　1200円　①978-4-473-03992-7　Ⓝ791.2

|内容| 井上馨（世外）—政界の雷親父は細心なる茶人　有栖川宮熾仁親王（霞堂）—親王の茶の湯に見る宮家と華族の社交界　安田善次郎（松翁）—慎しく陰徳を重ねた財産家の茶の湯（常真）—茶道具再評価の種を蒔いた江戸っ子　平瀬亀之輔（露香）—大阪の茶の湯を牽引した「粋の神」　住友友純（春翠）—茶の湯に文人趣味を融合させたエリート実業家　益田孝（鈍翁）—近代の茶の湯を双肩に担った巨人　馬越恭平（化生）—数々の逸話を残した「ビール王」数寄者　柏木貨一郎（探古斎）—土蔵に住んだ幻の数寄屋建築家　岡倉覚三（天心）—茶と酒を愛した「茶の本」の執筆者　正木直彦（十三松堂）—美術と茶道に橋を架けた美術学校長　貞明皇后—満州皇帝の茶の湯にもてなした大正天皇后　三井高棟（宗恭）—財閥の盛衰を見つめた三井家当主の茶の湯　團琢磨（狸山）—鈍翁から経営と茶の湯を受け継いだ男　大谷尊由（心斎）—茶の湯三昧の境地に遊んだ宗教家　前田利為（梅堂）—旧大名家軍人のたしなみとしての茶の湯（式守蝸牛（虎山）—悲運の宰相、戦時下の茶の湯　栗山善四郎（八百善）—江戸懐石を伝え、茶の湯を愛した茶人　加藤正治（犀水）—憲法の制定に携わった法学者茶人

真琴 つばさ〔1964～〕まこと・つばさ
◇宝塚歌劇 柚希礼音論—レオンと9人のトップス

ターたち　松島奈巳著　東京堂出版　2016.5　204p　19cm　〈文献あり 年譜あり〉　1600円　①978-4-490-20939-6　Ⓝ772.1

|内容| 1章 天海祐希 ファンにあらず—音楽学校入学以前　2章 大浦みずき 十年にひとりの逸材—宝塚音楽学校時代　3章 北翔海莉 名作レビューで大抜擢—歌劇団入団　4章 真飛聖 鳴り物入りで星組に配属—星組若手時代　5章 安蘭けい 星の王子様を誰が？—二番手まで　6章 天海祐希（再掲）異例人事の残したもの—トップ就任　7章 真矢みき 2人目の武道館リサイタル—退団前年　8章 真琴つばさ リアルな演技と過剰な演技—退団直前　9章 明日海りお ハイブリッドなトップ・オブ・トップ—退団　10章 柚希礼音 星組トップスターを超えて—退団後

政岡 憲三〔1898～1988〕まさおか・けんぞう
◇政岡憲三とその時代—「日本アニメーションの父」の戦前と戦後　萩原由加里著　青弓社　2015.3　225p　21cm　3000円　①978-4-7872-7374-1　Ⓝ778.77

|内容| 第1章 美術とアニメーション（画家と漫画映画 動きを描く　美工・絵専での教育 ほか）　第2章 映画のなかの漫画映画（大大阪の時代　劇映画の世界へ 京都と漫画映画 ほか）　第3章 トーキーは漫画映画を変える（トーキーとは何か　トーキーアニメーションの登場　日本における漫画映画のトーキー化 ほか）　第4章 二つの『くもとちゅうりっぷ』（『くもとちゅうりっぷ』制作の経緯　『くもとちゅうりっぷ』から『くもとちゅうりっぷ』へ　一九四三年当時の評価 ほか）　第5章 『ファンタジア』という呪縛—戦時下日本の漫画映画と制作者（瀬尾光世　戦時下日本での『ファンタジア』　戦争とアニメーション ほか）　第6章 漫画映画制作者たちの戦後—絵本作家への転身（プロパガンダからの脱却　映像の実験　「すて猫トラちゃん」シリーズ ほか）　第7章 漫画映画からテレビアニメへ—戦前と戦後を結ぶもの（政岡憲三の弟子たち　政岡憲三神話の復活　即戦力としての人材養成 ほか）

正岡 子規〔1867～1902〕まさおか・しき
◇正岡子規　梶木剛著　オンデマンド版　勁草書房　2014.3　363p　21cm（keiso C books）〈印刷・製本：デジタルパブリッシングサービス　文献あり〉　5000円　①978-4-326-98153-3　Ⓝ910.268

◇子規、最後の八年　関川夏央著　講談社　2015.4　523p　15cm（講談社文庫 せ8-7）〈文献あり〉　950円　①978-4-06-293080-2　Ⓝ910.268

|内容| 序章 ベースボールの歌　明治二十八年　明治二十九年　明治三十年　明治三十一年　明治三十二年　明治三十三年　明治三十四年　明治三十五年　終章「子規山脈」

◇新聞への思い—正岡子規と「坂の上の雲」　高橋誠一郎著　人文書館　2015.11　245p　20cm　〈文献あり 年譜あり〉　2700円　①978-4-903174-33-4　Ⓝ910.268

|内容| 序章 木曽路の「白雲」と新聞記者・正岡子規　第1章 春風や伊予松山と「文明開化」　第2章 「天からのあずかりもの」—子規とその青春　第3章 「文明」のモデルを求めて—「岩倉使節団」から「西南戦争」へ　第4章 「その人の足あと」—新聞『日本』と子規　第5章 「君を送りて思ふことあり」—子規

の視線　終章　「秋の雲」─子規の面影
◇山下一海著作集　第8巻　正岡子規　山下一海著　おうふう　2016.1　706p　22cm　〈付属資料：8p：月報7〉　12000円　①978-4-273-03718-5　Ⓝ911.308
 内容 俳句で読む正岡子規の生涯　子規新古　子規深展　子規論
◇評伝　正岡子規　柴田宵曲著　岩波書店　2016.4　333p　15cm　〈岩波文庫〉〈第8刷（第1刷1986年）〉　700円　①4-00-311063-3　Ⓝ910.268
 内容 自筆の墓誌　最初の詩「聞子規」　上京後の数年　向嶋生活─「七草集」　喀血三句号子規　身辺にいた人々　文学熱と野球　その後の俳句　「しゃくられの記」三篇　未発表の小説〔ほか〕
◇子規と漱石─友情が育んだ写実の近代　小森陽一著　集英社　2016.10　247p　18cm　〈集英社新書　0854〉　760円　①978-4-08-720854-2　Ⓝ910.268
 内容 第1章　子規、漱石に出会う　第2章　俳句と和歌の革新へ　第3章　従軍体験と俳句の「写実」　第4章　「歌よみに与ふる書」と「デモクラティック」な言説空間　第5章　「写生文」における空間と時間　第6章　「写生文」としての『叙事文』第7章　病床生活を写生する『明治三十三年十月十五日記事』　第8章　生き抜くための「活字メディア」　終章　僕ハモーダメニナッテシマッタ
◇子規の音　森まゆみ著　新潮社　2017.4　393p　20cm　〈文献あり〉　2100円　①978-4-10-410004-0　Ⓝ910.268
 内容 松山の人─慶応三年～明治十六年　東京転々─明治十六～十九年　神田界隈─明治二十年　向島月香楼─明治二十一年　本郷常盤会寄宿舎─明治二十二年　ベースボールとつくし採り─明治二十三年　菅笠の旅─明治二十四年　谷中天王寺町二十一番地─明治二十五年　下谷区上根岸八十八番地─明治二十五年　神田雉子町・日本新聞社─明治二十六年〔ほか〕
◇正岡子規　前田登美著，福田清人編　新装版　清水書院　2017.9　206p　19cm　〈Century Books─人と作品〉〈文献あり　年譜あり　索引あり〉　1200円　①978-4-389-40111-5　Ⓝ910.268
 内容 第1編　正岡子規の生涯（不屈の一生　やさしい少年時代　大志を抱く一血気に燃えて　野望の鬼　闘病のはてに─短く、たくましく）　第2編　作品と解説（革新の火─俳句　写生の道─俳論　更に短歌へ─短歌　既成歌壇攻撃─歌論　写生文の道─小説・随筆）
◇子規居士の周囲　柴田宵曲著　岩波書店　2018.2　434p　15cm　〈岩波文庫 31-106-6〉　950円　①978-4-00-311066-9　Ⓝ911.362
 内容 1　子規居士の周囲　子規庵の周囲　内藤鳴雪　陸羯南　夏目漱石　五百木飄亭　2　明治俳壇の人々（数藤五城　阪本四方太　今成無事庵　新海非風　吉野左衛門　佐藤紅緑　末永戯道　福田把栗）
◇ドナルド・キーン著作集　第15巻　正岡子規　石川啄木　ドナルド・キーン著　角地幸男訳　新潮社　2018.10　573p　22cm　〈他言語標題：The Collected Works of Donald Keene〉　索引

あり〉　3600円　①978-4-10-647115-5　Ⓝ210.08
 内容 正岡子規（士族の子─幼少期は「弱味噌の泣味噌」　哲学、詩歌、ベースボール─実は「英語が苦手」ではなかった学生時代　畏友漱石との交わり─初めての喀血、能、レトリック論議　小説『銀世界』と『月の都』を物す　僕ハ小説家トナラン コトヲ欲ス　従軍記者として清へ渡る─恩人・陸羯南と新聞「日本」　ほか）　石川啄木（自信と反抗　上京、失意、結婚　渋民村で代用教員となる　一家離散、北海道へ　函館の四ヵ月、札幌に二週間　ほか）

正木　直彦 〔1862～1940〕　まさき・なおひこ
◇近代茶人の肖像　依田徹著　京都　淡交社　2015.2　215p　18cm　〈淡交新書〉〈文献あり〉　1200円　①978-4-473-03992-7　791.2
 内容 井上馨（世外）─政争の雷親父は細心なる茶人　有栖川宮熾仁親王（霞堂）─親王の茶の湯に見る宮家と華族の社交界　安田善次郎（松翁）─慎しく陰徳を重ねた財産家の茶の湯　今泉雄作（常真）─茶道具再評価の種を蒔いた江戸っ子　平瀬亀之輔（露香）─大阪の茶の湯を牽引した「粋の中心」　住友友純（春翠）─茶の湯に文人趣味を融合させたエリート実業家　益田孝（鈍翁）─近代の茶の湯を双肩に担った巨人　馬越恭平（化生）─数々の逸話を残した「ビール」数寄者　柏木貨一郎（探古斎）─土蔵に住んだ幻の数寄屋建築家　岡倉覚三（天心）─茶より酒を愛した『茶の本』の執筆者　正木直彦（十三松堂）─美術と茶道に橋を架けた美術学校長　貞明皇后─満州皇帝を茶の湯でもてなした大正天皇妃　三井高棟（宗恭）─財閥の盛衰を見つめた三井家当主の茶の湯　團琢磨（狸山）─鈍翁から経営と茶の湯を受け継いだ男　大谷尊由（心斎）─茶の湯三昧の境地に遊んだ宗教家　前田利為（梅堂）─旧大名家軍人のたしなみとしての茶の湯　式守蝸牛（虎山）─悲運の宰相、戦時下の茶の湯　栗山善四郎（八百善）─江戸懐石を伝え、茶の湯を愛した料亭主人　加藤正治（犀水）─憲法の制定に携わった法学者茶人

雅子 〔1964～2015〕　まさこ
◇雅子スタイル　雅子著　宝島社　2014.7　111p　21cm　〈他言語標題：Masako's Style〉　1430円　①978-4-8002-2833-8　Ⓝ289.1
 内容 1　私の最愛ベーシック　2　私の美容法　3　食べることいろいろ　4　今までとこれから　5　私のインテリア　6　大好きなパリのこと　7　おすすめシネマガイド

正子・R・サマーズ　まさこ・R・さまーず
⇒サマーズ・ロビンズ, 正子（さまーず・ろびんず・まさこ）を見よ

雅子皇后　まさここうごう
⇒皇后雅子（こうごうまさこ）を見よ

正田　圭 〔1986～〕　まさだ・けい
◇15歳で起業したぼくが社長になって学んだこと　正田圭著　CCCメディアハウス　2016.3　287p　19cm　1400円　①978-4-484-16207-2　Ⓝ289.1
 内容 第1章　お金持ちになりたい！　第2章　お金儲けの始まり　第3章　詐欺と裏切り　第4章　バブルの到来　第5章　模索と修業　第6章　再出発　第7章　ある

会社の買取＆売却劇

魔裟斗〔1979〜〕　まさと
◇夫婦で歩んだ不妊治療—あきらめなかった4年間　矢沢心,魔裟斗著　日経BP社　2018.2　195p　19cm　〈発売：日経BPマーケティング〉　1300円　①978-4-8222-5774-3　Ⓝ778.21

内容　1 矢沢心 夫との出会い、同棲、結婚。そして最初の妊娠反応（4年かけて取り組んだ不妊治療　高校生のときに発覚した「多嚢胞性卵巣症候群」ほか）　2 矢沢心 "運命の先生"との邂逅。流産と出産（2度目の転院で出会った "運命の先生"　"名トレーナー"みたいだな　ほか）　3 魔裟斗 子どもなんて欲しくなかった（僕にとって同棲は結婚同然。だから、実は重かった　結婚しても、子どもが欲しいとは思っていなかった　ほか）　4 矢沢心 長女出産後から第2子出産まで。そして今思うこと（"試験管ベビー"という言葉に負けたくなかった　長女が私を変えてくれた　ほか）　5 矢沢心と魔裟斗 夫婦で振り返る不妊治療と、これからのこと（子どもを授かるということは、とてもありがたいこと　話すことに葛藤はあったけれど、伝えるべき使命がある　ほか）

正宗 白鳥〔1879〜1962〕　まさむね・はくちょう
◇現代文士廿八人　中村武羅夫著　講談社　2018.6　217p　16cm　（講談社文芸文庫　なU1）〈日高有倫堂 1909年刊の再編集〉　1600円　①978-4-06-511864-1　Ⓝ910.261

内容　田山花袋　国木田独歩　生田葵山　夏目漱石　菊池幽芳　小川未明　小杉天外　内藤鳴雪　徳田秋声　水野葉舟　〔ほか〕

真境名 ナツキ〔1987〜〕　まじきな・なつき
◇ハイヒール革命—性を変える。体を変える。アタシは変わる。　真境名ナツキ著　廣済堂出版　2016.9　189p　19cm　1300円　①978-4-331-52052-9　Ⓝ778.21

＊2016年9月公開予定の映画「ハイヒール革命」は「東京国際レズビアン＆ゲイ映画祭」を始め数々の映画祭に出品が予定されている話題作！　主演デビューを果たした著者は性同一性障害。中学生の時、セーラー服に替えて登校した経緯は、当時新聞でも話題に。小さな革命を自らおこすことで、人は誰でも変われる！　そして人との違いは素敵な「個性」なのだと思える、元気の出る1冊。

増田 長盛〔1545〜1615〕　ました・ながもり
◇関ケ原合戦の深層　谷口央編　高志書院　2014.11　226p　21cm　2500円　①978-4-86215-142-1　Ⓝ210.48

内容　関ケ原合戦の位置づけと課題　第1部 政権の中枢（増田長盛と豊臣の「公儀」—秀吉死後の権力闘争　軍事力編成からみた毛利氏の実像　上杉景勝の勘気と越後一揆）　第2部 政権の周辺（関ケ原合戦と尾張・美濃　関ケ原合戦と長宗我部氏のカタストロフィ　島津義久 "隠居"の内実—関ケ原への道程）　「関ケ原合戦図屏風」—作品概要と研究の現状

馬島 僴〔1893〜1969〕　まじま・ゆたか
◇ドラマチック・ロシアin JAPAN　4　日露異色の群像30—文化・相互理解に尽くした人々　続　長塚英雄責任編集　生活ジャーナル　2017.12　531p　22cm　〈3の出版者：東洋書店〉　2800円　①978-4-88259-166-5　Ⓝ319.1038

内容　レフ・メーチニコフ（1838‐1888）西郷が呼んだロシアの革命家　ニコライ・ラッセル（1850‐1930）子孫が伝える二〇世紀の世界人の記憶　黒野義文（？‐1918）東京外語露科からペテルブルグ大学東洋語学部へ　小西増太郎（1861‐1939）トルストイとスターリンに会った日本人—激動の昭和を生きた祖父小西増太郎　ニコライ・マトヴェーエフ（1865‐1941）マトヴェーエフと戦後最初のロシア人観光団　徳富蘆花（1868‐1927）日本におけるトルストイ受容の先駆者として　セルギイ・チホミーロフ（1871‐1945）日本の府主教セルギイ—その悲劇の半生　内田良平（1874‐1937）「黒龍会」内田良平のロシア観　瀬沼夏葉（1875‐1915）瀬沼夏葉とチェーホフ作品の翻訳　相馬黒光（1875‐1955）"アンビシャスガール"とロシア文化　〔ほか〕

マシーン原田〔1964〜〕　ましーんはらだ
◇35年間ダンスを踊り続けて見えた夢のつかみ方　マシーン原田著　広島　ザメディアジョン　2017.8　215p　19cm　1300円　①978-4-86250-496-8　Ⓝ769.1

内容　1 ストリートダンス上陸（ストリートダンスなんて存在しなかった　人生の絶頂期・スーパー原田から、どん底へ…　ほか）　2 「好き」を極める（信念に従えば悔いは残らない　失敗経験が多いほど選択肢が増える　ほか）　3 なりたい自分になる（バック・トゥ・ベーシック　得意なものを無理して追求する　ほか）　4 夢を叶える習慣、夢が叶う瞬間（自分も他人も大切にする　自分を見つけられるにはオタクになるべき　ほか）　5 ダンス界の未来（学校の授業でストリートダンス!?　キッズシーン拡大の可能性と問題点　ほか）

増井 清〔1887〜1981〕　ますい・きよし
◇獣医学の狩人たち—20世紀の獣医偉人列伝　大竹修著　堺　大阪公立大学共同出版会　2017.5　406p　21cm　〈文献あり〉　2400円　①978-4-907209-72-8　Ⓝ649.028

内容　序：日本における近代獣医学の夜明け　牛痘苗と狂犬病ワクチンの創始者—梅野信吉　人材育成の名人で家畜衛生学の先達—葛西勝弥　獣医寄生虫学を確立—板垣四郎　競走馬の研究に生涯を捧げた外科の泰斗—松葉重雄　ひよこの雌雄鑑別法を開発—増井清　幻に終わったノーベル賞—川口厚一　獣医外科・産科学の巨頭—黒澤亮助　顕微鏡とともに歩んだ偉大な神経病理学者—山極三郎　麻酔・自律神経研究の権威—木全春生　〔ほか〕

増井 光子〔1937〜2010〕　ますい・みつこ
◇獣医学の狩人たち—20世紀の獣医偉人列伝　大竹修著　堺　大阪公立大学共同出版会　2017.5　406p　21cm　〈文献あり〉　2400円　①978-4-907209-72-8　Ⓝ649.028

内容　序：日本における近代獣医学の夜明け　牛痘苗と狂犬病ワクチンの創始者—梅野信吉　人材育成の名人で家畜衛生学の先達—葛西勝弥　獣医寄生虫学を確立—板垣四郎　競走馬の研究に生涯を捧げた外科の泰斗—松葉重雄　ひよこの雌雄鑑別法を開発—増井清　幻に終わったノーベル賞—川口厚一　獣医外科・産科学の巨頭—黒澤亮助　顕微鏡とともに歩んだ偉大な神経病理学者—山極三郎　麻酔・自律神

ますうら

経研究の権威―木全春生〔ほか〕

増浦 行仁〔1963～〕 ますうら・ゆきひと
◇光と影―"奇跡の光"にたどり着いた写真家・増浦行仁の考え方　名古屋　アルファポイント出版　2018.2　207p　19cm　〈発売：流行発信（名古屋）〉　1500円　①978-4-89040-317-2　Ⓝ740.21
内容　1章　必然（原始日本人の姿　日本人のこころ　目に見えないもの　ほか）　2章　夜明け前（逃げられない道　母とカメラと増浦　高校中退　ほか）　3章　世々代々（写真の力　世々代々　遷宮を撮る　ほか）

益川 敏英〔1940～〕 ますかわ・としひで
◇僕はこうして科学者になった―益川敏英自伝　益川敏英著　文藝春秋　2016.7　230p　18cm　1300円　①978-4-16-390493-1　Ⓝ289.1
内容　握手　予感　カチン　泣いた　爆弾　砂糖問屋　砲台　銭湯の道　図書館通い　ばれた　〔ほか〕

舛添 要一〔1948～〕 ますぞえ・よういち
◇都知事失格　舛添要一著　小学館　2017.6　286p　19cm　1300円　①978-4-09-389772-3　Ⓝ318.236
内容　第1章　誰が私を刺したのか　第2章　都庁は「不思議の国」だった　第3章　韓国訪問とヘイトスピーチ　第4章　ファーストクラスは「悪」なのか　第5章　五輪と敗戦　第6章　見果てぬ東京　第7章　小池知事へ―カジノ・豊洲・広尾病院

益田 愛蓮〔1930～〕 ますだ・あいれん
◇百年漂泊―a lotus 悲しい20世紀の記憶　益田（周）愛蓮著　創英社/三省堂書店　2014.11　401p　20cm　1500円　①978-4-88142-886-3　Ⓝ289.2
内容　中国編（生炭塗炭雪上霜（塗炭の苦に、雪霜重なりて）　俯首甘為孺子牛（甘んじて孺子の牛となられ）　魯迅の詩より　西望長安不見佳（西のかた長安を望めば良いことは無し）李白の詩より　烽火童年涙残痕（烽火童年の涙は傷痕が残る）　洞庭往事話青春（洞庭湖畔隈での青春時代を語りましょう）　中華人民共和国時代（一九四九年～一九五四年）　山雨欲来風満楼（ことが起こるには前兆がある）　改造思想献寸心（従来の考え方を変えて、丹心を尽くす）　日本編（千里姻縁一線牽（出会いは千里の彼方を結ぶ）　帰路遙隔万重山（帰り道は幾山が隔たり遠く）　惜別神州入扶桑（惜別の情で中国と別れて日本へ）　夫死子幼路茫々（夫は亡くなり、子は幼く、先は果てしない）　総括（札根東瀛視如帰（日本に根を下ろし、最後の帰宿とする））

増田 繁幸〔1826～1896〕 ますだ・しげゆき
◇追録　小野寺永幸著　〔出版地不明〕　小野寺永幸　2015.9　1冊　30cm　Ⓝ212
内容　数学立縣と一関県政時代　戊辰南北戦争と東北政権　ほか

増田 静江〔1931～2009〕 ますだ・しずえ
◇ニキとヨーコ―下町の女将からニキ・ド・サンファルのコレクターへ　黒岩有希著　NHK出版　2015.8　299p　19cm　〈他言語標題：Niki de Saint Phalle×Yoko Masuda Shizue　文献あ

り〉　1500円　①978-4-14-081681-3　Ⓝ289.1
内容　第1章　下町生まれの向こう見ず　第2章　焼け跡の青春　第3章　駆け落ち　第4章　お前、つまらなくなったな　第5章　女将さん時代　第6章　ニキは私だ　第7章　五〇歳の決意　第8章　美術館への道　第9章　さまざまな問題　第10章　永遠の友情

益田 孝〔1848～1938〕 ますだ・たかし
◇近代茶人の肖像　依田徹著　京都　淡交社　2015.2　215p　18cm　（淡交新書）〈文献あり〉　1200円　①978-4-473-03992-7　Ⓝ791.2
内容　井上馨（世外）―政界の雷親父は細心なる茶人　有栖川宮熾仁親王（霞堂）―親王の茶の湯に見る京家と華族の社交界　安田善次郎（松翁）―慎しく陰徳を重ねた財産家の茶の湯　今泉雄作（常真）―茶道具再評価の種を蒔いた江戸っ子　平瀬亀之輔（露香）―大阪の茶の湯を牽引した「粋の神」　住友友純（春翠）―茶の湯に文人趣味を融合させたエリート実業家　益田孝（鈍翁）―近代の茶の湯を双肩に担った巨人　馬越恭平（化生）―数々の逸話を残した「ビール王」数寄者　柏木貨一郎（探古斎）―土蔵に住んだ幻の数寄屋建築家　岡倉覚三（天心）―茶より酒を愛した『茶の本』の執筆者　五木直彦（十三松堂）―美術と茶道に橋を架けた美術学校長　貞明皇后―満州皇帝を茶の湯でもてなした大正天皇妃　三井高棟（宗恭）―財閥の盛衰を見つめた三井家当主の茶の湯　團琢磨（狸山）―鈍翁から経営と数を受け継いだ男　大谷尊由（心斎）―茶の湯三昧の地境に遊んだ宗教家　前田利為（梅堂）―旧大名家軍人のたしなみとしての茶の湯　式守蜻牛（虎山）―悲運の宰相、戦時下の茶の湯　栗山善四郎（八百善）―江戸懐石を伝え、茶の湯を愛した料亭主人　加藤正治（犀水）―憲法の制定に携わった法学者茶人

◇幻の五大美術館と明治の実業家たち　中野明著　祥伝社　2015.3　301,6p　18cm　（祥伝社新書407）〈索引あり〉　860円　①978-4-396-11407-7　Ⓝ707.9
内容　プロローグ（大倉喜八郎と大倉集古館　藤田伝三郎と藤田美術館　根津嘉一郎と根津美術館　「幻の美術館」に終わった人たち）　第1章　大茶人　益田孝と小田原掃雲台「鈍翁美術館」（三井の大番頭・益田孝　大茶人で希代の美術品収集家　井上馨との出会い　ほか）　第2章　生糸王　原富太郎と横浜三之谷「三溪美術館」（古建築のテーマパーク　原家の入り婿　原商店から合名会社へ　ほか）　第3章　造船王　川崎正蔵と神戸布引「川崎美術館」（高橋箒庵の神戸行き　川崎正蔵の鳴かず飛ばずの前半生　造船業ブームの波に乗る川崎正蔵　ほか）　第4章　勝負師　松方幸次郎と東京麻布「共楽美術館」（林権助の言葉　株式会社川崎造船所の初代社長に就任　第一次世界大戦の勃発と大造船ブーム　ほか）　第5章　美術商　林忠正と東京銀座「近代西洋美術館」（希代の画商・林忠正　起立工商会社の臨時通訳としてパリへ　フランスで巻き起こった浮世絵ブーム　ほか）　エピローグ（彼らの美術館はなぜ幻に終わったのか　幻の美術館に残る大物）

◇財閥を築いた男たち　加来耕三著　ポプラ社　2015.5　266p　18cm　（ポプラ新書 060）〈『名創業者に学ぶ人間学 十大財閥篇』（2010年刊）の改題、再構成、大幅に加筆・修正〉　780円　①978-4-591-14522-7　Ⓝ332.8
内容　第1章　越後屋から三井財閥へ　三野村利左衛門と益田孝　第2章　地下浪人から三菱財閥を創設　岩崎

彌太郎　第3章　住友家を支えて屈指の財閥へ　広瀬宰平と伊庭貞剛　第4章　金融財閥を築いた経営の才覚　安田善次郎　第5章　無から有を生むオで財閥へ　浅野総一郎　第6章　生命を賭けて財閥を築いた創業者　大倉喜八郎　第7章　無学の力で財を成した鉱山王　古河市兵衛　第8章　株の大勝負に賭けて財閥へ　野村徳七

◇「死んでたまるか」の成功術―名企業家に学ぶ　河野守忠著　ロングセラーズ　2016.10　203p　18cm　〈文献あり〉　1000円　①978-4-8454-0992-1　Ⓝ332.8

内容　鳥井信治郎―ウイスキーはわしの命だ。いまに見ておれ！　本田宗一郎―世界最高のオートバイ・レース "TTレース" に参加して優勝する！　稲盛和夫―いまのやり方ではダメよ、戦法を変えようだ！　うちの製品をアメリカから輸入させればよい　出光佐三―殺せるものなら殺してみろ。わしは死なん　松下幸之助―断じて行なえば必ずものは成り立つ！　野村徳七―命を賭けた大相場に勝った！　河村瑞賢―おれにもツキがまわってきたぞ　江戸一番の分限者になってみせる！　岩崎弥太郎―恥がなんだ、面目がなんだ　生きてさえいれば、なんとかなる！　浅野総一郎―誰もがやれる商売では駄目なのだ　要は、人が目を向けないところに目をつけることだ！　益田孝―最後に勝てばよいのだ！　江崎利一―こっちから頼んで歩かなくても向こうから売らせてくれと頼みにくるにきまっている！

◇イノベーターたちの日本史―近代日本の創造的対応　米倉誠一郎著　東洋経済新報社　2017.5　313p　20cm　〈他言語標題：Creative Response Entrepreneurial History of Modern Japan〉　2000円　①978-4-492-37120-6　Ⓝ210.6

内容　第1章　近代の覚醒と高島秋帆　第2章　維新官僚の創造的対応―大隈重信　志士から官僚へ　第3章　明治政府の創造的対応―身分を資本へ　第4章　士族たちの創造的対応―ザ・サムライカンパニーの登場　第5章　創造的対応としての財閥―企業家が創り出した三井と三菱　第6章　科学者たちの創造的対応―知識ベースの産業立国　終章　近代日本の創造的対応を振り返る

増田　友也〔1914〜1981〕　ますだ・ともや
◇「建築論」の京都学派―森田慶一と増田友也を中心として　市川秀和著　近代文藝社　2014.12　158p　18cm　〈近代文藝社新書〉　1000円　①978-4-7733-7966-2　Ⓝ523.1

内容　第1章　建築論の京都学派の知的原風景―武田五一と京都帝国大学工学部建築学科の創設　第2章　建築論の京都学派の形成と系譜（1）（大正・昭和戦前期）―森田慶一とウィトルウィウス研究　第3章　建築論の京都学派の形成と系譜（2）（昭和戦後期）―戦後建築思潮における増田友也への展開　第4章　森田慶一のウィトルウィウスとヴァレリー―主著『建築論』（一九七八）読解への初歩　第5章　増田友也の生涯と思索の道―基本的理解の構成：空間論から風景論、存在論へ　補論（1）京都大学教養部図学教室と「建築論」の射程―人間・空間・幾何学：前川道郎と玉腰芳夫を中心に　補論（2）戦後の福井大学と「建築論」の地域的展開―森田慶一・増田友也から渡部貞清へ　知の系譜　建築論の京都学派の人びと―さまざまな思索の営み

益田　鈍翁　ますだ・どんおう
⇒益田孝（ますだ・たかし）を見よ

増田　萬吉〔1836〜1902〕　ますだ・まんきち
◇評伝　増田萬吉―潜水の祖　日本のダイビング界の歴史を創った男　鷲尾絖一郎著　改訂版　オーシャンアンドビヨンド　2016.6　115p　21cm　〈文献あり〉　1000円　①978-4-9906528-1-4　Ⓝ289.1
◇日本潜水の雄　増田萬吉―木曜島採貝・エルトゥールル号引き揚げ・横浜築港に賭けた熱血漢　一木一郎著　日本潜水協会　2018.5　189p　19cm　（日本潜水協会叢書　第1号）〈年譜あり〉　1000円　Ⓝ289.1

増田　宗昭〔1951〜〕　ますだ・むねあき
◇増田のブログ―CCCの社長が、社員だけに語った言葉　2007-2017　増田宗昭著　CCCメディアハウス　2017.4　425p　24cm　〈和装〉　2500円　①978-4-484-17210-1　Ⓝ289.1

内容　第1章　経営哲学（創業シリーズ1　LOFTのスタート　創業シリーズ2　TSUTAYA一号店の物件開発と本の調達　ほか）　第2章　組織論（7人乗りのボート　成長の副作用―ピーターの出現　ほか）　第3章　企画（カンヌ映画祭とケインズ　最近思うこと「未来は、過去の延長線上にはない」ということ　ほか）　第4章　価値観（信用？　菅沼くんとヤスくん　ほか）　第5章　心象風景（オヤジの法事　日販さんとCCC　ほか）

増田　又喜〔1924〜〕　ますだ・ゆうき
◇敗戦直後の音楽学生　増田又喜著　弘報印刷出版センター　2016.8　111p　19cm　Ⓝ289.1

増田　龍雨〔1874〜1934〕　ますだ・りゅうう
◇万太郎を師とした宗匠増田龍雨　金丸文夫著〔金丸文夫〕　2018.4　224p　21cm　〈年譜あり　文献あり〉　非売品　Ⓝ911.362

桝谷　多紀子　ますたに・たきこ
◇すみれ達の証言―大正・昭和を駆け抜けたタカラジェンヌたち　桝谷多紀子著　中央公論事業出版（制作・発売）　2014.11　175p　20cm　〈文献あり〉　1200円　①978-4-89514-431-5　Ⓝ289.1

内容　第1章　宝塚歌劇との出会い（虚刹な子供時代　宝塚歌劇の魅力を知るまで）　第2章　『ベルサイユのばら』のオスカルは宝塚歌劇の原点　第3章　昭和初期のタカラジェンヌとその時代を生きた女性達　第4章　戦争を乗り越えて（宝塚歌劇団生徒を通した生涯―冨士野高嶺さん　人生は縁と運―加古ちまち子さん）　第5章　宝塚歌劇の戦後、そして平和の幸せ（歌は生きる命―立花操さん　平和こそ幸せ―千汐貴子さん　ほか）

増谷　麟〔1892〜1967〕　ますたに・りん
◇映画人のお父さん―他　川崎重工業造船所・共立農機　三村博著　稲嶺　三村博　2016.3　118p　15cm　〈発行所：創栄出版　文献あり〉　非売品　①978-4-7559-0517-9　Ⓝ289.1

枡富 安左衛門〔1880~1934〕ますとみ・やすざえもん
◇日韓の架け橋となったキリスト者―乗松雅休から澤正彦まで　中村敏著　いのちのことば社　2015.4　110p　19cm　〈年表あり〉　1000円　①978-4-264-03347-9　Ⓝ192.1
内容　第1章 乗松雅休―日本初の海外宣教師　第2章 田内千鶴子（尹鶴子）―三〇〇〇人の韓国人孤児の母となった日本人女性　第3章 浅川巧―白磁と植林事業を通して日韓の架け橋となったキリスト者　第4章 淵澤能恵―韓国女子教育を通して日韓の架け橋となったキリスト者　第5章 曾田嘉伊智―韓国孤児の慈父と慕われた日本人　第6章 織田楢次―生涯を韓国人伝道に捧げた宣教師　第7章 枡富安左衛門―農場経営と教育と伝道で架け橋となったキリスト者　第8章 澤正彦―韓国に対して贖罪の求道者として生きたキリスト者

増永 妙光〔1947~〕ますなが・みょうこう
◇神仏修行の中で一心づくりへの遥かな道を　増永妙光著　文芸社　2017.4　203p　19cm　1200円　①978-4-286-17919-3　Ⓝ182.1
＊「人間の悩み苦しみの根源には、この闇の世界が大きく、全部と言ってよいぐらい関わっています。しかし、その元をつくっているのは私たち人間です。そこをこちらが理解し、示すことにより、この者たちも優しいこころを取り戻し、自分自身のために馬頭観音様の元に帰依しているのです。そのように修法しているのです」。37歳で仏門に入り因縁により修める行を確立した慈光院院主の自伝。

増渕 竜義〔1988~〕ますぶち・たつよし
◇敗者復活―地獄をみたドラフト1位、第二の人生　元永知宏著　河出書房新社　2017.10　223p　19cm　1300円　①978-4-309-27889-6　Ⓝ783.7
内容　150キロ右腕が引退を選んだ理由―増渕竜義（2006年、東京ヤクルトスワローズ1位/「King Effect」代表、野球スクール『Go every baseball』塾長）　少しぐらいバカにされてもいつも謙虚で―入来祐作（1996年、読売ジャイアンツ1位/福岡ソフトバンクホークス三軍コーチ）　野球の才能は別の世界で通用しない―檜山泰浩（1985年、近鉄バファローズ1位/司法書士）　「2年目のジンクス」に敗れた新人王候補―真木将樹（1997年、近鉄バファローズ1位/法政大学野球部コーチ）　覚醒しなかった三拍子揃った大型内野手―渡辺正人（1997年、千葉ロッテマリーンズ1位/石川ミリオンスターズ監督）　野球をやめたら「人間」が問われる―田口竜二（1984年、南海ホークス1位/白寿生科学研究所人材開拓課課長）　「巨人のドラ1」のプライドが消えた瞬間―横山忠夫（1971年、読売ジャイアンツ1位/手打ちうどん「立山」店主）

増村 保造〔1924~1986〕ますむら・やすぞう
◇映画監督増村保造の世界―〈映像のマエストロ〉映画との格闘の記録1947-1986　上　増村保造著，藤井浩明監修　ワイズ出版　2014.6　713p　15cm　（ワイズ出版映画文庫 5）〈1999年刊の再編集、改稿、上下2分冊〉　1500円　①978-4-89830-278-1　Ⓝ778.21
内容　わたしの映画修業（水くさい傍観者の時代　イタリアで発見した「個人」　溝口健二―最も日本的作家　ほか）　三人の作家―黒澤明　溝口健二　市川崑　日本映画史　増村組、増村保造を語る（若尾文子　左幸子　岸田今日子　ほか）

◇映画監督増村保造の世界―〈映像のマエストロ〉映画との格闘の記録1947-1986　下　増村保造著，藤井浩明監修　ワイズ出版　2014.12　649p　15cm　（ワイズ出版映画文庫 8）〈奥付のシリーズ巻次（誤植）:5　1999年刊の再編集、改稿、上下2分冊　著作目録あり〉　1500円　①978-4-89830-285-9　Ⓝ778.21
内容　映画論＋演出論（増村保造）（映画のスピードについて　ある弁明―情緒と真実と雰囲気に背を向けて　ほか）　映画評論（増村保造）（ヴィスコンティとカステラーニの作風　ルキノ・ヴィスコンティ論　ほか）　自作解説（増村保造）（自作を語る　次回作『女の小箱』より 夫が見た』　ほか）　フィルモグラフィー解説（藤井浩明）（増村保造映画監督作品　増村保造映画構成・脚本作品　ほか）

増本 量〔1895~1987〕ますもと・はかる
◇磁石の発明特許物語―六人の先覚者　鈴木雄一著　アグネ技術センター　2015.6　118p　21cm　〈索引あり〉　2000円　①978-4-901496-80-3　Ⓝ541.66
内容　第1話 本多光太郎とKS鋼　第2話 三島徳七とMK鋼　第3話 増本量とNKS鋼　第4話 渡辺三郎とFW鋼　第5話 加藤与五郎・武井武とフェライト磁石　第6話 トップの座に返り咲く

増本 安雄〔1937~〕ますもと・やすお
◇ラストシャッター―テレビカメラマンの自分史　増本安雄著　伊丹　牧歌舎　2018.4　175p　19cm　〈発売：星雲社〉　1200円　①978-4-434-24622-7　Ⓝ289.1

桝本 頼兼〔1941~〕ますもと・よりかね
◇二人の京都市長に仕えて―知っているようで知らない京都市政　塚本稔著　京都　リーフ・パブリケーションズ　2018.3　222p　19cm　〈文献あり〉　1700円　①978-4-908070-41-9　Ⓝ318.262
内容　礎を得る―学び（京都市に新規採用　初めての職場「隣保館」勤務　秘書課へ異動　いざ秘書課へ、最初の職務　ほか）　疾走する一市政真っ只中へ（秘書課長に転ずる　秘書課長の職務　大将タイプの桝本市長という理（理事に就く　政策調整・広報担当局長という新しいポスト　スピーディーな仕事とホウレンソウの徹底　ほか）

増山 作次郎（1代）〔1877~1954〕ますやま・さくじろう
◇増山作次郎と桐生信用金庫―桐生地域の発展を願って　野間清治顕彰会広報部編　桐生　野間清治顕彰会　2015.5　157p　21cm　〈ふるさとの風 第9集〉〈文献あり　年譜あり〉　非売品　Ⓝ338.73

増山 作次郎（2代）〔1923~1999〕ますやま・さくじろう
◇増山作次郎と桐生信用金庫―桐生地域の発展を願って　野間清治顕彰会広報部編　桐生　野間

清治顕彰会 2015.5 157p 21cm 〈ふるさとの風 第9集〉〈文献あり 年譜あり〉 非売品 Ⓝ338.73

間瀬 秀一〔1973～〕 ませ・しゅういち
◇サッカー通訳戦記—戦いの舞台裏で"代弁者"が伝えてきた言葉と魂 加部究著 カンゼン 2016.5 247p 19cm 1600円 ①978-4-86255-320-1 Ⓝ783.47
内容 1 間瀬秀一 通訳から監督へ、オシムを超えようとする男 2 フローラン・ダバディ 激情をかみ砕くパリよりの使者 3 鈴木國弘 サッカーの神を間近で崇めた最高の信徒 4 鈴木德昭 ワールドカップにもっとも近づいた日々の記憶 5 髙橋建登 知られざる韓流スターの苦悩を解したハングルマスター 6 山内直 忠実に指揮官の怒りを伝えた無色透明な存在 7 中山和也 ブラジルと日本に愛された明朗快活の極意 8 小森隆弘 マルチリンガル、流れ流れてフットサル界の中枢へ 9 塚田貴志 空爆後のセルビアで憶えた言葉が生涯の友に 10 白沢敬典 ガンジーさんと呼ばれて一敬虔なる通訳の姿

栁木 眞〔1926～2016〕 ませき・まこと
◇マセキ会長回顧録—親子三代芸能社 栁木眞著, 河本瑞貴著 彩流社 2015.4 231p 19cm 1900円 ①978-4-7791-2092-3 Ⓝ779
内容 第1章 子供のころ戦争があった—昭和前期 第2章 新たな船出、専属第一号は内海桂子・好江—昭和二十年代 第3章 歌笑・痴楽・三平、三大爆笑王との不思議な縁—昭和三十年代 第4章 テレビ演芸時代と旅興行、大魔術・王子光の栄光—昭和四十年代 第5章 今村昌平監督の映画学校で「漫才」が授業に—昭和五十年代 第6章 ウッチャンナンチャン誕生—昭和六十年～六十四年 第7章 マセキ第三世代へ—平成元年 第8章 終わりのない旅

マダム信子〔1951～〕 まだむしんこ
◇やまない雨はない マダム信子著 ロングセラーズ 2017.12 218p 19cm 〈2011年刊の再刊〉 1300円 ①978-4-8454-2412-2 Ⓝ289.1
内容 序章 ホットケーキをイメージした「マダムブリュレ」 第1章 貧しさと差別の中で培ったハングリー精神 第2章 大阪の夜の街を生き抜く雑草魂 第3章 東京・銀座のクラブでナニワの意地が炸裂 第4章 波乱を乗り越えて「マダムブリュレ」が誕生 第5章 「よう、頑張ったな」と泣きながらいった父 終章 チャンスは試練を乗り越えた人にある

マダム・ハナコ
⇒花子(はなこ)を見よ

又吉 直樹〔1980～〕 またよし・なおき
◇夜を乗り越える 又吉直樹著 小学館 2016.6 270p 18cm 〈小学館よしもと新書 Yま1-1〉 820円 ①978-4-09-823501-8 Ⓝ779.14
内容 第1章 文学との出会い 第2章 創作について—『火花』まで 第3章 なぜ本を読むのか—本の魅力 第4章 僕と太宰治 第5章 なぜ近代文学を読むのか—答えは自分の中にしかない 第6章 なぜ現代文学を読むのか—夜を乗り越える

町田 公二郎〔1969～〕 まちだ・こうじろう
◇代打の神様—ただひと振りに生きる 澤宮優著 河出書房新社 2014.12 205p 19cm 〈文献あり〉 1600円 ①978-4-309-27551-2 Ⓝ783.7
内容 桧山進次郎—代打の神様がバットを置くとき 高井保弘—世界一の代打本塁打王 八木裕—元祖・虎の代打の神様 広永益隆—メモリアル男 平田薫—恐怖の"左殺し" 秦真司—ツバメの最強代打男 町田公二郎—最後までレギュラーを 石井義人—戦力外通告の果てに 竹之内雅史—サムライ「死球王」の代打の極意 麻生実男—代打一号

町田 睿〔1938～2018〕 まちだ・さとる
◇銀行に生き、地域に生きて 町田睿著 秋田魁新報社 2016.4 299p 18cm 〈さきがけ新書 20—シリーズ時代を語る〉〈年譜あり〉 800円 ①978-4-87020-377-8 Ⓝ289.1

町野 武馬〔1875～1968〕 まちの・たけま
◇町野武馬—伝記および著作全集 負けるなうそつくなやんがえしやまほど 町野武馬他著, 宮上泉二郎編 第2版 〔出版地不明〕 町野武馬研究会 2014.7 631p 21cm 〈年譜あり〉 非売品 Ⓝ289.1

まつ
⇒芳春院(ほうしゅんいん)を見よ

松井 あつとし〔1963～〕 まつい・あつとし
◇親父の背中—ハーレー乗りのそば屋の親父が"心"で語るメッセージ 松井あつとし著 札幌共同文化社 2018.5 223p 20cm 1500円 ①978-4-87739-313-7 Ⓝ289.1

松井 梅子〔1924～〕 まつい・うめこ
◇先生おばちゃん—ある町医者女医の半生記 安藤敦子著 第2版 〔東大阪〕 デザインエッグ 2018.1 50p 19cm ①978-4-8150-0114-8 Ⓝ498

松井 今朝子〔1953～〕 まつい・けさこ
◇師父の遺言 松井今朝子著 集英社 2017.10 319p 16cm 〈集英社文庫 ま14-5〉〈NHK出版2014年刊の再刊〉 640円 ①978-4-08-745651-6 Ⓝ914.6
内容 複雑なお家の事情 里親との暮らし 常に他人がいる家 ミッションの学び "オカセン"のこと 子供の目に残った芝居 インセンティブは歌右衛門 劇評家への道 政治の季節の終焉 演劇の季節〔ほか〕

松井 正吉〔?～1983〕 まつい・しょうきち
◇まぼろしの故郷—満州国安東市 松井公子著 文芸社 2015.1 207p 19cm 〈文献あり〉 1100円 ①978-4-286-15824-2 Ⓝ289.1

松井 須磨子〔1886～1919〕 まつい・すまこ
◇ドラマチック・ロシアin JAPAN 4 日露異色の群像30—文化・相互理解に尽くした人々 続 長塚英雄責任編集 生活ジャーナル 2017.12 531p 22cm 〈3の出版者: 東洋書店〉 2800円 ①978-4-88259-166-5 Ⓝ319.1038
内容 レフ・メーチニコフ(1838‐1888)西郷が呼んだロシアの革命家 ニコライ・ラッセル(1850‐1930)

まつい

子孫が伝える二〇世紀の世界人の記憶　黒野義文（？-1918）東京外語露語科からペテルブルグ大学東洋語学部へ　小西増太郎（1861‐1939）トルストイとスターリンに会った日本人―激動の昭和を生きた祖父小西増太郎　ニコライ・マトヴェーエフ（1865‐1941）マトヴェーエフと戦後最初のロシア人観光団　徳富蘆花（1868‐1927）日本におけるトルストイ受容の先駆者として　セルギイ・チホミーロフ（1871‐1945）日本の府主教セルギイ―その悲劇の半生　内田良平（1874‐1937）「黒龍会」内田良平のロシア観　瀬沼夏葉（1875‐1915）瀬沼夏葉とチェーホフ作品の翻訳　相馬黒光（1875‐1955）"アンビシャスガール"とロシア文化〔ほか〕

松井 忠三〔1949～〕　まつい・ただみつ
◇リーダーシップの哲学―12人の経営者に学ぶリーダーの育ち方　一條和生著　東洋経済新報社　2015.6　299p　20cm　〈他言語標題：The Leadership Journey〉　1800円　Ⓘ978-4-492-53361-1　Ⓝ332.8
内容　リーダーシップ・ジャーニーに終わりはない―藤森義明　誰にでも無限の可能性がある―澤田道隆　できるだけシンプルに考え、実行する―松本晃　経験しないとわからない世界がある―玉塚元一　ロールモデルに学び、自分流にアレンジする―志賀俊之　全員で「良い会社 "Good Company"」を創る―水野毅　恐れることなく変わり続ける―佐藤玖美　一瞬も一生も美しく、をめざして―前田新造　新しい場で己を尽くしながら視座を高める―樋口泰行　常に全力で一松井忠三　ストレッチ経験で己を鍛え、実践知を蓄える―新貝康司　ストーリーで多様な人々を束ねる―小林いずみ　あなたらしいリーダーシップを育む

松井 チヅ〔?～2007〕　まつい・ちず
◇まぼろしの故郷―満州国安東市　松井公子著　文芸社　2015.1　207p　19cm　〈文献あり〉　1100円　Ⓘ978-4-286-15824-2　Ⓝ289.1

松井 秀喜〔1974～〕　まつい・ひでき
◇松井秀喜　篠崎尚夫著　日本経済評論社　2016.10　249p　20cm　2800円　Ⓘ978-4-8188-2426-3　Ⓝ783.7
内容　第1章 努力できることが、才能である（「偉人伝」に登場した松井　父からの「贈りもの」　ほか）　第2章 松井、長嶋、そして「ディマジオの道」（長嶋との運命的「出会い」　「ディマジオ」の登場　ほか）　第3章 松井が「宮本武蔵」から学んだこと（道、ネバーギブアップ　松井の「武蔵」観　ほか）　第4章 空海と松井の風景（空海と松井　松井の「不思議（運命）」―祖母「瑠璃寿」のこと　ほか）　第5章 「ゴジラ（GODZILLA）」という存在（「ゴジラ」松井　さようなら、「ゴジラ」たち　ほか）

松井 巻之助〔1913～1984〕　まつい・まきのすけ
◇見える光、見えない光―朝永作品と編集者　中桐孝志著　武蔵野　夏葉社　2018.11　157p　20cm　2300円　Ⓘ978-4-904816-29-5　Ⓝ289.1

松井 友閑〔安土桃山時代〕　まつい・ゆうかん
◇松井友閑　竹本千鶴著　吉川弘文館　2018.9　304p　19cm　〈人物叢書 新装版 通巻291〉〈文献あり 年譜あり〉　2300円　Ⓘ978-4-642-05284-9　Ⓝ289.1
内容　第1 友閑点描　第2 師匠から家臣へ　第3 初期の活動　第4 信長側近と堺代官の兼務　第5 宮内卿法印として多忙な日々のはじまり　第6 最高位の信長側近として　第7 ゆるぎない地位、そして突然の悲報　第8 晩年

松浦 琴生　まつうら・きんせい
◇読書と読者　横田冬彦編　平凡社　2015.5　332p　20cm　〈シリーズ〈本の文化史〉1〉　2800円　Ⓘ978-4-582-40291-9　Ⓝ020.21
内容　総論 読書と読者（読者研究における三つの転機　読者研究の自立と展開　ほか）　1 江戸時代の公家と蔵書（摂家と蔵書　野宮家と蔵書　ほか）　2 武家役人と狂歌サークル（「天領」と狂歌　「移封」と狂歌サークル　ほか）　3 村役人と編纂物―『河嶋堤桜記』編纂と郡中一和『河嶋堤桜記』の構造と特質　川島領治水史の再確認　ほか）　4 在村医の形成と蔵書（在村医と蔵書　在村医の処方書―『弥生園方箋』と蔵書の関係　ほか）　5 農書と農民（宮崎安貞の世界『農業全書』の出版　ほか）　6 仏書と僧侶・信徒（書籍目録のなかの仏書　檀林・学林の創設と仏書出版　ほか）　7 近世後期女性の読書と蔵書について（女性らが楽しむ戯作本　なぜ人情本は女性に読まれたのか　ほか）　8 地域イメージの定着と日用教養書（手習教育と地域イメージの醸成　メディアにおける展開―近江百景を事例に　ほか）　9 明治期家相見の活動と家相書―松浦琴生を事例にして（松浦琴生の生涯　琴生の家相図　ほか）

松浦 松洞〔1837～1862〕　まつうら・しょうどう
◇松浦松洞―吉田松陰肖像画の絵師　山田稔著　〔萩〕　萩ものがたり　2017.10　61p　21cm　〈萩ものがたり vol 56〉　574円　Ⓘ978-4-908242-08-3　Ⓝ721.6

松浦 進〔1923～〕　まつうら・すすむ
◇青春時代から卒寿までの自分史　松浦進著　〔出版地不明〕　松浦進　2015.9　85p　30cm　Ⓝ289.1

松浦 武四郎〔1818～1888〕　まつうら・たけしろう
◇幕末の探検家松浦武四郎と一畳敷　第2版　LIXIL出版　2015.7　77p　21×21cm　〈LIXIL BOOKLET〉〈他言語標題：The One-mat Study of Takeshiro Matsuura,19th Century Explorer　企画：LIXILギャラリー企画委員会　初版：INAX出版 2010年刊　文献あり 年譜あり〉　1500円　Ⓘ978-4-86480-709-8　Ⓝ289.1
内容　松浦武四郎の蝦夷地図　記録（野帳 図会 日誌 ほか）　交流（渋団扇帖 篆刻 蝦夷屏風 ほか）　幕末の探検家松浦武四郎の一畳敷（一畳敷室内細部　一畳敷室外細部　インタビュー・唯一無二の書斎―畳敷の魅力を語る　ほか）

◇松浦武四郎の足跡―北海道一五〇年郷土に残した　池田晶信著　〔出版地不明〕　さいはてふだん記　2017.1　120p　21cm　〈語り継ぐふだん記 1〉〈年譜あり〉　1200円　Ⓝ289.1

◇松浦武四郎 北の大地に立つ　合田一道著　札幌　北海道出版企画センター　2017.9　327p　19cm　〈文献あり 年譜あり〉　2400円　Ⓘ978-

◇松浦武四郎入門―幕末の探検家　山本命著　伊勢　月兎舎　2018.3　143p　21cm　〈企画：松浦武四郎生誕200年記念事業実行委員会　文献あり　著作目録あり　年譜あり〉　1000円　⑦978-4-907208-12-7　Ⓝ289.1

内容　旅に生きた小さな巨人　武四郎が歩いた風景　旅こそ人生―松浦武四郎の生涯　東西蝦夷山川地理取調図・全26枚　蝦夷地探査ルート　松浦武四郎への旅（北海道の武四郎碑　ふるさと三重県松阪市）　資料編　おもな著作物・関連書籍・略年表

◇明治史講義　人物篇　筒井清忠編　筑摩書房　2018.4　397p　18cm　（ちくま新書 1319）〈文献あり〉　1100円　⑦978-4-480-07140-8　Ⓝ210.6

内容　木戸孝允―「条理」を貫いた革命政治家　西郷隆盛―謎に包まれた超人気者　大久保利通―維新の元勲、明治政府の建設者　福澤諭吉―「文明」と「自由」　板垣退助―自らの足りなさを知る指導者　伊藤博文―日本型立憲主義の造形者　井上毅―明治維新を落ち着かせようとした官僚　大隈重信―政治対立の演出者　金玉均―近代朝鮮における「志士」たちの時代　陸奥宗光―『蹇蹇録』で読む日清戦争と朝鮮〔ほか〕

◇辺境を歩いた人々　宮本常一著　河出書房新社　2018.6　287p　15cm　（河出文庫 み19-7）〈文献あり　年表あり　年譜あり〉　760円　⑦978-4-309-41619-9　Ⓝ281

内容　近藤富蔵（流され人　近藤重蔵と最上徳内　ほか）　松浦武四郎（えぞ地の探検　おいたちと諸国めぐり　ほか）　菅江真澄（じょうかぶりの真澄　浅間山の噴火　ほか）　笹森儀助（幕末の世に生まれて　牧場の経営　ほか）

◇全国を踏破した超人 松浦武四郎―歴史で紐解く地方創生　村田吉優監修、近藤静雄編著　創生社　2018.6　167p　21cm　〈年譜あり〉　1500円　⑦978-4-9908103-5-1　Ⓝ289.1

◇アイヌ人物誌―近世蝦夷人物誌　松浦武四郎原著、更科源蔵、吉田豊訳　新版　青土社　2018.10　365p　19cm　〈初版：農山漁村文化協会 1981年刊〉　1800円　⑦978-4-7917-7096-0　Ⓝ281.1

内容　解題　松浦武四郎と『近世蝦夷人物誌』　近世蝦夷人物誌・初編（兄弟の豪勇、兄イコトエ・弟カニクシランケ　副酋長リクニンリキ　三女の困窮、ヤエコエレ婆・ヒルシエ婆・ヤエレシカレめのこ　ほか）　近世蝦夷人物誌・弐編（百歳翁イタキシリ　孝子クメロク　怪童イキッカ　ほか）　近世蝦夷人物誌・参編（孝子イカシアツ　烈女カトワンテ　感心な少年エトメチユイ　ほか）

◇松浦武四郎の生涯―北海道と名づけた男　更科源蔵著　京都　淡交社　2018.11　218p　19cm　〈「松浦武四郎 蝦夷への照射」(1973年刊)の改題、改訂　年譜あり〉　2000円　⑦978-4-473-04278-1　Ⓝ289.1

内容　諸国遍歴の末、蝦夷地に渡る（幼少時代　放浪の青年時代　ほか）　目撃した未知の大地とアイヌの悲劇（『初航蝦夷日誌』―渡航の背後に水戸など諸侯の庇護　『再航蝦夷日誌』―北海道一周の壮挙を達成　ほか）　北方探検の日々とアイヌとの交流（『西蝦夷日誌』―幕吏として調査、探検に従事　カラフト・オホーツク紀行―激烈な探検行と向山源太夫の死　ほか）　探検の終結から開拓判官辞任まで（『東蝦夷日誌』初篇・二篇―念仏を唱えるアイヌたち　『東蝦夷日誌』三篇・四篇―アイヌの歴史と精神を偲ぶ　ほか）

松浦 弥太郎〔1965～〕　まつうら・やたろう

◇正直　松浦弥太郎著　河出書房新社　2017.7　182p　15cm　（河出文庫 ま18-1）　580円　⑦978-4-309-41545-1　Ⓝ159

内容　自分の友だちは自分　一対一が基本　「普通」から抜け出す　「最低にして最高」を知る　正直親切笑顔　スイートスポットを見つけること　なんでもやってみて確かめる　魔法の言葉をもつ　すこやかなる野心を抱く　精一杯を伝える〔ほか〕

松枝 迪夫〔1931～〕　まつえだ・みちお

◇有為の奥山　1　渉外弁護士編　松枝迪夫著　町田　松枝迪夫　2016.8　375p　21cm　Ⓝ289.1

◇有為の奥山　2　青春編・私の戦中戦後　松枝迪夫著　町田　松枝迪夫　2016.8　228p　21cm　Ⓝ289.1

松尾 明美〔1918～2013〕　まつお・あけみ

◇私たちの松尾明美―焼け跡に輝いたバレリーナ　うらわまこと著　文園社　2015.6　269p　図版24p　20cm　〈文献あり　年譜あり〉　1000円　⑦978-4-89336-281-0　Ⓝ769.91

内容　第1部　松尾明美という真実（運命の出会い　日本劇場から東勇作バレエ団へ　ほか）　第2部（寄稿集）それぞれの松尾明美―明美つれづれ（日本バレエの歴史を作った人たち　バレ研のつわものたち　ほか）　第3部　松尾はかく語った（インタビュー　松尾語録）　第4部　松尾明美との日々―そこから感じたこと、そして得たもの（バレエとの出会い　慶應義塾バレエ研究会、そして舞踊三田会　ほか）

松尾 重子〔1925～〕　まつお・しげこ

◇重子どの　松尾重子著　啓正社　2015.10　206p　20cm　2300円　⑦978-4-87572-138-3　Ⓝ791.2

内容　人生を織る　軍港呉に生れて　生き延びて　重子どの　遊びをせんとや　日々を紡ぐ　海外吟行―ベトナム

松尾 スズキ〔1962～〕　まつお・すずき

◇「大人計画」ができるまで　松尾スズキ著、北井亮聞き書き　文藝春秋　2018.12　262p　19cm　1400円　⑦978-4-16-390956-1　Ⓝ775.1

内容　第1章　発展期（1988～1995年）（多大なる影響を受けた宮沢章夫　1回限りの旗揚げ公演を飛び込みで観に来た温水洋一、手伝いに来ていた長坂まき子（現社長）　第2章　萌芽期（1962～1987年）（父親は恐怖の対象でしかなかった　淀んだ街の淀んだ人々　ほか）　第3章　隆盛期（1996～2007年）（ついに宮國士戯曲賞　劇団員の現状に限界を感じ外部に活路を見出す　ほか）　第4章　成熟期（2007年～現在）（休養ののち手探りのまま松雪泰子と森山未來と組む　自身の作品が原作の『クワイエットルームにようこそ』　ほか）

まつお

松尾 敏男〔1926～2016〕まつお・としお
◇玄皎想　松尾敏男著　京都　淡交社　2018.1　193p　22cm　〈年譜あり〉　2000円　Ⓘ978-4-473-04087-9　Ⓝ721.9
　内容　第1章 長崎から東京へ　第2章 堅山南風先生に入門　第3章 戦時下の青年時代　第4章 絵描きと家族　第5章 伝統に挑戦　第6章 新しい展開　第7章 私の日本画

松尾 芭蕉〔1644～1694〕まつお・ばしょう
◇松尾芭蕉と奥の細道　佐藤勝明著　吉川弘文館　2014.9　159p　21cm　〈人をあるく〉〈文献あり 年譜あり〉　2000円　Ⓘ978-4-642-06785-0　Ⓝ915.5
　内容　1 松尾芭蕉の履歴書（俳諧という文芸　若き日の芭蕉　俳諧の転換期　旅に生きる日々　不易流行論の具現化　「かるみ」に向かって）　2 『奥の細道』の旅路（日光路の旅　奥州路の旅　出羽路の旅　北陸路の旅）　3 奥の細道を歩く（江東区芭蕉記念館　千住大橋　日光東照宮　白河の関　多賀城碑　中尊寺　立石寺　出羽三山神社　山中温泉こおろぎ橋　気比神宮　大垣市奥の細道むすび地記念館　義仲寺　俳聖殿）

◇下野おくのほそ道　新井敦史著　宇都宮　下野新聞社　2015.6　189p　19cm　〈文献あり　年譜あり〉　1500円　Ⓘ978-4-88286-589-6　Ⓝ915.5
　内容　第1章 芭蕉の生涯（名句との旅―わが家で新春俳句没頭　誕生・武家奉公―俳諧相役に召し抱えほか）　第2章 『おくのほそ道』の旅の下野路（旅の初日―「旅立ちの時」惜別句　室の八島―和歌の伝統踏まえ詠む ほか）　第3章 『おくのほそ道』の旅東北・北陸路（白河越え―奥州路で経験した最初の風流　福島県境を北上―笠と太刀、義経主従の面影 ほか）　第4章 栃木県内の芭蕉句碑を訪ねて（県南地方の芭蕉句碑1―見た事実十七音で示す　県南地方の芭蕉句碑2―名高い蕉風開眼の句 ほか）

◇内にコスモスを持つ者一歩み入る者にやすらぎを去り行く人にしあわせを　岡田政晴著　長野　ほおずき書籍　2016.2　270p　20cm　〈文献あり　発売：星雲社〉　1800円　Ⓘ978-4-434-21614-5　Ⓝ281.52
　内容　1 はじめに　2 木曽を愛した人々（木曽の「セガンティーニの空の色」の下で暮らしたマロンの少女ジャーヌ・コビー　生涯故郷木曽を心に抱きながら作品を書き続けた島崎藤村（一八七二～一九四三）　詩と音楽をこよなく愛し、木曽を縦断したロマンの旅人　尾崎喜八（一八九二～一九七四）　日本人の精神の源流を木曽で見出した　亀井勝一郎（一九〇七～一九六六））　3 木曽の水を飲んで木曽をながめて木曽を駆け抜けた人々（姨捨ての月をめざして木曽を歩いた月下の旅人　松尾芭蕉（一六四四～一六九四）　心優しい歌二首を詠んで木曽路を急いだ良寛（一七五八～一八三一）　「大蔵経」を求めて雨雪の木曽路を往復した虎斑和尚（一七六四～一八二四）　軍靴の足音が聞こえる中、桜の花を浴びながら木曽路を闊歩した種田山頭火（一八八二～一九四〇）　木曽の心と木曽の自然に出合い日本画家になる決意をした東山魁夷（一九〇八～一九九九））　4 眼すずしい人々（木曽川の洪水で亡くなった母を弔うために木曽川を遡った円空（一六三二～一六九五）　セピア色の世界を追い求めてやまなかった島崎蓊助（一九

〇八～一九九二）　戦争のない平和な世界を願い、詩によって世界を包みこんだ坂村真民（一九〇九～二〇〇六））　5 おわりに

◇芭蕉という修羅　嵐山光三郎著　新潮社　2017.4　237p　20cm　1600円　Ⓘ978-4-10-360106-7　Ⓝ911.32
　内容　水道工事が本業である　鞍馬天狗が大好きで　嘘つき芭蕉の誕生　デビュー戦「俳諧百韻」　埋木の謎　万句興行とはなにか　延宝八年の不吉な出来事　あだにやれゆく芭蕉葉　逆襲と戦略　乞食の翁は負けない　蛙飛こむ二十番勝負　鹿島凱旋　危険な旅へ　『おくのほそ道』とはなにか　見えないものを見る　そして欲望の都市を目ざす

◇芭蕉　上　栗田勇著　祥伝社　2017.5　749p　22cm　〈文献あり　著作目録あり　年譜あり〉　4500円　Ⓘ978-4-396-61591-8　Ⓝ911.32
　内容　第1部 伊賀から江戸へ―芭蕉誕生（芭蕉への旅　深川・芭蕉庵　芭蕉の参禅 ほか）　第2部 野ざらし紀行―物の見へたる光（吉野と西行　「野ざらし」の旅立ち　富士川の捨子 ほか）　第3部 笈の小文―造化のこころ（旅の決意　造化　風羅坊 ほか）

◇芭蕉　下　栗田勇著　祥伝社　2017.10　501p　22cm　〈文献あり　著作目録あり　年譜あり〉　4500円　Ⓘ978-4-396-61625-0　Ⓝ911.32
　内容　第4部 おくのほそ道―江戸から平泉へ（百代の過客　行く春や　草加の宿　同行曾良 ほか）　第5部 おくのほそ道―平泉から大垣まで（山刀伐峠　清風　蝉の声　最上川 ほか）　第6部 芭蕉におけるミクロとマクロ（永遠）

◇松尾芭蕉と近江　山田稔,幻住庵保勝会著　大津　三学出版　2018.4　110p　19cm　〈文献あり〉　500円　Ⓘ978-4-908877-21-6　Ⓝ911.32
　内容　第1章 俳諧連歌から、近代の俳句まで―俳句の歴史をふりかえる　第2章 芭蕉の生涯とその文学的達成　第3章 近江の風土をこよなく愛した芭蕉　第4章 蕉風を受けとめ、受け継いだ近江の門人たち　第5章 近江で詠まれた芭蕉の発句鑑賞　第6章 芭蕉の足跡を歩く―近江の句碑探訪　参考資料

松尾 雄治〔1954～〕まつお・ゆうじ
◇日本ラグビーヒーロー列伝―歴史に残る日本ラグビー名選手　All about JAPAN RUGBY 1970-2015　ベースボール・マガジン社編著　ベースボール・マガジン社　2016.2　175p　19cm　1500円　Ⓘ978-4-583-11001-1　Ⓝ783.48
　内容　第1章 2015年 ワールドカップの英雄（五郎丸歩　リーチ,マイケル　廣瀬俊朗　大野均　堀江翔太 ほか）　第2章 ヒーロー列伝 1970年～2015年（坂田好弘　原進　藤原優　森重隆　松尾雄治 ほか）

松岡 健一〔1927～〕まつおか・けんいち
◇わが青春に悔いなし―戦中・戦後を生きぬいた一医師の回想　松岡健一著　岡山　吉備人出版　2015.1　205p　21cm　〈年譜あり〉　1800円　Ⓘ978-4-86069-421-0　Ⓝ289.1
　＊第二次世界大戦後の混乱と激動のなかで、社会に向き合い「良き医師」像を目指し走り抜けた医学生の青春記。

まつおか

松岡 小鶴〔1806〜1873〕 まつおか・こつる
◇幕末の女医、松岡小鶴—柳田国男の祖母の生涯とその作品 1806-73 西尾市岩瀬文庫蔵『小鶴女史詩稿』全訳 松岡小鶴著,門玲子編著 藤原書店 2016.8 280p 20cm 〈文献あり〉 3200円 ①978-4-86578-080-2 Ⓝ289.1
[内容] 小鶴女史について 小鶴女史詩稿(南望篇(松岡小鶴著・編 天保十五年成立) 詩稿・文稿(松岡小鶴著・松岡文編 安政二年成立)) 原典の複写(西尾市岩瀬文庫蔵)

松岡 茂〔1943〜〕 まつおか・しげる
◇大工一代 松岡茂著,晴耕雨読編 増補決定版［松山〕 晴耕雨読 2016.8 399p 20cm 〈年譜あり〉 1500円 ①978-4-925082-39-6 Ⓝ289.1

松岡 正剛〔1944〜〕 まつおか・せいごう
◇工作舎物語—眠りたくなかった時代 臼田捷治著 左右社 2014.12 292p 19cm 〈文献あり 索引あり〉 2200円 ①978-4-86528-109-5 Ⓝ023.1
[内容] 第1章 松岡正剛—なにもかも分けない方法 第2章 戸田ツトム—小さな声だからこそ遠くまで届く 第3章 芦澤泰偉—遅いという文句は出ない 工藤強勝—報酬はタブーの世界 山口信博—間違えるのも能力 松田行正—密度がとにかく濃い 羽良多平吉—最後までなじめなかった 第4章 森本常美—夢を見ていたよう 第5章 祖父江慎—おどろきしまくりの日々

松岡 磐吉〔？〜1871〕 まつおか・ばんきち
◇「朝敵」と呼ばれようとも—維新に抗した殉国の志士 星亮一編 現代書館 2014.11 222p 20cm 2000円 ①978-4-7684-5745-0 Ⓝ281.04
[内容] 神保修理—その足跡を尋ねて 山本帯刀—会津に散る！ 長岡の若き家老 中島三郎助—幕府海軍を逸早く構想した国際通 春日左衛門—知られざる英傑 佐川官兵衛—会津の猛将から剛毅林直の大警部へ 朝比奈弥太郎泰尚—水戸の執政、下総に散る 滝川充太郎—猪突猛進を貫いた若き猛将 泰弥一左衛門陳明—桑名藩の全責任を負って切腹した 甲賀源吾—東郷平八郎が賞賛した、宮古湾の勇戦 桂早之助—剣聖兄弟、京都見廻組 玉虫左太夫—幕末東北を一つにまとめた悲運の国際人 雲井龍雄—米沢の俊英が夢見たもう一つの「維新」 赤松小三郎—日本近代化の礎を作った洋学者 松岡磐吉—榎本軍属の軍艦「蟠龍」艦長

松岡 由起子〔1985〜〕 まつおか・ゆきこ
◇高卒シンママ会計士—17歳で妊娠した美少女が難関資格に合格した話 松岡由起子著 中央公論新社 2016.8 253p 19cm 〈別タイトル：高卒シングルマザー会計士〉 1400円 ①978-4-12-004881-4 Ⓝ289.1
[内容] はじめに—シンママ会計士が見つけた「魔法の杖」 1章「MOM'S LOVE」が人生を変える！ 2章 女子高生ママ 3章 灰かぶり時代—DV、離婚、親友の死 4章 合格行きの馬車は「超コスパ勉強法」だった！ 5章 合格の階段を駆け上がれ！ ステップアップ勉強術 おわりに—いつまでも幸せに…

松岡 洋右〔1880〜1946〕 まつおか・ようすけ
◇満洲怪物伝—「王道楽土」に暗躍した人物たちの活躍とその後 歴史REAL編集部編 洋泉社 2015.9 255p 19cm 〈年表あり 索引あり〉 1800円 ①978-4-8003-0719-4 Ⓝ281.04
[内容] 第1章 建国に暗躍した軍人たちの光と影(石原莞爾—満洲領有を唱えた「世界最終戦争論」とは？ 土肥原賢二—満洲国の建国に尽力した「満洲のローレンス」 板垣征四郎—石原とコンビを組み、満洲事変を引き起こす 山口重次—石原莞爾を煽り関東軍の決起を促した活動家) 第2章 傀儡国家の申し子たち(甘粕正彦—満洲の文化を盛り立てた官僚の「実像」 愛新覚羅溥儀—数奇で残酷な運命を辿った「ラスト・エンペラー」 松岡洋右—満鉄で実力を発揮できなかった総裁 李香蘭—日中に引き裂かれた誠実な女優) 第3章 影の世界にうごめいたフィクサーたち(里見甫—阿片を用いて満洲のダークサイドを歩いた「里見夫」 辻政信—ノモンハンでの独断専行の参謀 河本大作—張作霖爆殺事件の首謀者 石井四郎—「悪魔の細菌部隊」七三一部隊を創設した男 川島芳子—華麗なエピソードに彩られた「男装の麗人」) 第4章 満洲国を牛耳った官僚と政治家たち(岸信介—昭和の妖怪と呼ばれた男の「一身二生」の人生 星野直樹—満洲国を「傀儡国家」たらしめた最重要人物 高碕達之助—満業を率いて日本人を守った経済人 古海忠之—満洲国の経済を動かした男) 特別企画 満洲人物伝—「王道楽土」の地で活躍した人物82(軍人・軍関係者 政治家・官僚 満鉄と経済人 文化人 女性 中国人)

◇よみがえる松岡洋右—昭和史に葬られた男の真実 福井雄三著 PHP研究所 2016.3 276p 20cm 〈文献あり〉 1800円 ①978-4-569-82987-6 Ⓝ289.1
[内容] 第1章 三国同盟は僕一生の不覚 第2章 青年松岡洋右、大陸へ雄飛 第3章 革命前夜のロシアへ、そしてアメリカへ 第4章 外務省を辞し満鉄へ、そして政界へ 第5章 外相就任、松岡外交の大構想と大戦略 第6章 日米開戦と「すべての罪を松岡へ」

◇昭和史講義 3 リーダーを通して見る戦争への道 筒井清忠編 筑摩書房 2017.7 302p 18cm 〈ちくま新書 1266〉 900円 ①978-4-480-06977-1 Ⓝ210.7
[内容] 加藤高明—二大政党政治の扉 若槻礼次郎—世論を説得しようとした政治家の悲劇 田中義一—政党内閣期の軍人宰相 幣原喜重郎—戦前期日本の国際協調外交の象徴 浜口雄幸—調整型指導者と立憲民政党 犬養毅—野党指導者の奇遇 岡田啓介—「国を思う狸」の功罪 広田弘毅—「協和外交」の破綻から日中戦争へ 宇垣一成—「大正デモクラシー」が生んだ軍人 近衛文麿—アメリカという「幻」に賭けた政治家 米内光政—天皇の絶対的な信頼を得た海軍軍人 松岡洋右—ポピュリストの誤算 東条英機—ヴィジョンなき戦争指導者 鈴木貫太郎—選択としての「聖断」 重光葵—対中外交の可能性とその限界

◇三国同盟と松岡洋右 田浦雅徳述 伊勢 皇學館大学出版部 2018.5 64p 19cm 〈皇學館大学講演叢書 第169輯〉 477円 Ⓝ319.1

松岡 義博〔1949〜〕 まつおか・よしひろ
◇白金の森から—コッコファーム創業者夢の集大

まつかた

成　松岡義博著　熊本　トライ　2018.4　101p 21cm　〈年表あり〉　800円　①978-4-903638-60-7　Ⓝ289.1

松方 幸次郎〔1865〜1950〕まつかた・こうじろう

◇幻の五大美術館と明治の実業家たち　中野明著　祥伝社　2015.3　301,6p　18cm　（祥伝社新書407）〈索引あり〉　860円　①978-4-396-11407-7　Ⓝ707.9

内容　プロローグ（大倉喜八郎と大倉集古館　藤田伝三郎と藤田美術館　根津嘉一郎と根津美術館　「幻の美術館」に終わった人たち）　第1章　大茶人　益田孝と小田原掃雲台（三井の大番頭・益田孝　大茶人で希代の美術品収集家　井上馨との出会い　ほか）　第2章　生糸王　原富太郎と横浜三之谷「三溪美術館」（古建築のテーマパーク　原家の入り婿原商店から合名会社へ　ほか）　第3章　造船王　川崎正蔵と神戸布引「川崎美術館」（高橋箒庵の神戸行き　川崎正蔵の鳴かず飛ばずの前半生　造船業ブームの波に乗る川崎正蔵　ほか）　第4章　勝負師　松方幸次郎と東京麻布「共楽美術館」（林権助の言葉　株式会社川崎造船所の初代社長に就任　第一次世界大戦の勃発と大造船ブーム　ほか）　第5章　美術商　林忠正と東京銀座「近代西洋美術館」（希代の画商・林忠正　起立工商会社の臨時通訳としてパリへ　フランスで巻き起こった浮世絵ブーム　ほか）　エピローグ（彼らの美術館はなぜ幻に終わったのか　幻の美術館に残る未練）

松方 三郎〔1899〜1973〕まつかた・さぶろう

◇松方三郎とその時代　田邊純著　新聞通信調査会　2018.3　445p　20cm　〈文献あり〉　2500円　①978-4-907087-13-5　Ⓝ289.1

松方 ハル　まつかた・はる
⇒ライシャワー，ハルを見よ

松方 弘樹〔1942〜2017〕まつかた・ひろき

◇松方弘樹の世界を釣った日々—釣りバカ弘樹のこれぞ人生！　松方弘樹著　宝島社　2016.3　247p　19cm　〈文献あり　年譜あり〉　1500円　①978-4-8002-5287-6　Ⓝ778.21

内容　第1章　石垣島の激闘と見果てぬマグロの夢　第2章　釣りバカ弘樹の釣り半生　第3章　地球を魚拓に、世界を釣った日々　第4章　美しい南洋の王者・カジキに恋して　第5章　マグロこそ、我が生涯最後の魚　第6章　愛しの釣りバカたち　第7章　これが松方流・人生の極意　Specal Interview　仕事と遊びを極めた人生

◇無冠の男―松方弘樹伝　松方弘樹，伊集彰彦著　講談社　2017.2　313p　20cm　〈他言語標題：The Actor without a Crown　文献あり　作品目録あり〉　1800円　①978-4-06-220544-3　Ⓝ778.21

内容　読者のみなさまへ　松方弘樹の四百五十日　序章　遅れてきた最後の映画スター　第1章　ヒロポン打ちつつ夕日回り—デビューまで　第2章　東映城の暴れん坊—時代劇と任侠映画の時代　第3章　やくざじゃない、役者だ！—実録やくざ映画の時代　第4章　稲川総裁と松方部長―大作とテレビバラエティの時代　第5章　プライベートジェットとVシネマ　最終章　「最後の映画スター」の孤独

松川 敏胤〔1859〜1928〕まつかわ・としたね

◇奇才参謀の日露戦争—不世出の戦略家松川敏胤の生涯　小谷野修著　潮書房光人社　2016.7　222p　16cm　（光人社NF文庫　こN-957）〈「男子の処世」（光人社　1995年刊）の改題　文献あり〉　770円　①978-4-7698-2957-7　Ⓝ289.1

内容　軍人の町　無欲恬淡　参謀適任証　元帥の称号　謀将の最期　数理の人　日本軍の頭脳　心友秋山兄弟　乃木の感慨　苦衷の詩　眠れぬ夜　忍従の時　惜別の辞

松木 康夫〔1933〜〕まつき・やすお

◇戦後を生きぬいた医者のひとりごと　松木康夫著　講談社エディトリアル　2015.10　286p　図版16p　20cm　1700円　①978-4-907514-26-6　Ⓝ289.1

内容　第1章　フルブライト奨学生として日本を飛び出す（なんで私が医学部に　結婚と医学部野球部　ほか）　第2章　アトランタでの挑戦の日々—クロウフォード・ロング病院（アトランタの風　初診断、初治療　ほか）　第3章　ボストンで世界の権威のもとに学ぶ—タフツ大学血液研究所（ロックフェラー副大統領夫人を手術した男　新天地ボストンへ　ほか）　第4章　この国に「人間ドック」を広めるという使命（白い巨塔での苦闘　白い巨塔のショック　ほか）　第5章　忘れ得ぬ人々との出会いと別れ（忘れ得ぬ人々　両親　ほか）

松口 月城〔1887〜1981〕まつぐち・げつじょう

◇四季讃歌—写真俳句集　諸岡正明著　文學の森　2014.12　173,15p　21×23cm　（諸岡正明の世界 3）　2593円　①978-4-86438-355-4　Ⓝ911.368

内容　写真俳句集（国内篇　海外篇）　随筆集（夏目漱石の福岡・熊本ゆかりの地を訪ねて　漢詩作家、医師、郷土筑紫郡の先輩　松口月城の生涯と明治の医師資格制度について　卑弥呼の里は夢の中）　有名詩歌句英訳

松倉 重政〔?〜1630〕まつくら・しげまさ

◇松倉重政ものがたり—島原入封400年　坂口あきら著　南島原　坂口あきら文学事務所　2016.6　77p　26cm　非売品　Ⓝ289.1

マツコ・デラックス〔1972〜〕

◇マツコの何が"デラックス"か？　太田省一著　朝日新聞出版　2018.3　219p　18cm　〈文献あり〉　1300円　①978-4-02-251519-3　Ⓝ289.1

内容　なぜマツコだけが、"デラックス"か？（マツコ・デラックスとナンシー関　マツコ・デラックスと女優願望　ほか）　第1部　マツコの「ルーツ」に迫る（マツコ、懐かしむ—マツコの"時代感覚"がデラックス！　マツコ、彷徨う—マツコの"心"がデラックス！　ほか）　第2部　マツコの「衝動」に迫る（マツコ、食べる—マツコの"食いっぷり"がデラックス！　マツコ、妄想する—マツコの"想像"がデラックス！　ほか）　第3部　マツコの「仕事」に迫る（マツコ、コメントする—マツコの"視点"がデラックス！　マツコ、演じる—マツコの"演技"がデラックス！　ほか）　だからマツコは"デラックス"（「原点回帰」のひと　「セクシー」とはなにか　ほか）

松崎 慊堂〔1771〜1844〕まつざき・こうどう
◇松崎慊堂・安井息軒 小宮厚,町田三郎著 明徳出版社 2016.9 270p 20cm 〈叢書・日本の思想家 30〉〈文献あり 年譜あり〉 3000円 ①978-4-89619-630-6 ⓃO121.54

＊漢唐学の先駆者。中国唐代、経典（儒教の経書）の正文を求める運動があったが、慊堂は漢唐時代の注釈を研究し、学問の正しい在り方を示した。その弟子の息軒は慊堂の学問を継承し、幕末〜明治という激動の時代の中で、論語全巻に合理的な注解を施した名著『論語集説』を書き上げた。漢唐学を提唱した両師弟の生涯と学問を描く。

松崎 太〔1972〜〕まつざき・ふとし
◇ベッカライ・ビオブロートのパン 松崎太著 柴田書店 2014.9 287p 19cm 〈表紙のタイトル：BÄCKEREI BIOBROT 文献あり 索引あり〉 2000円 ①978-4-388-06194-5 ⓃO588.32

内容 第1章 修業時代（きっかけ ドイツ修業時代 仕事を続けるうえで大切なこと1「ランニングと読書」） 第2章 ベッカライ・ビオブロートのパン（店を開く パンの製法を考える ミキシングと窯の話 サワー種のパン 仕事を続けるうえで大切なこと2「自分らしい働き方」）

松沢 成文〔1958〜〕まつざわ・しげふみ
◇知事と権力―神奈川から拓く自治体分権の可能性 礒崎初仁著 東信堂 2017.10 510p 22cm 〈文献あり 年譜あり 索引あり〉 3800円 ①978-4-7989-1461-9 ⓃO318.237

内容 自治体分権という視点―地方自治の制度論を超えて 第1部 挑戦（政治家知事、誕生―マニフェスト選挙の舞台裏 マニフェストと県議会―松沢県政・荒波の中の船出 松沢県政一期目の政策展開―マニフェストはどう実行されたか マニフェスト進捗評価の試み―日本で初めての第三者委員会） 第2部 発展（松沢県政二期目のスタート―二〇〇万票の重み ローカル・ルールの挑戦―日本初の受動喫煙防止条例！ 県庁マネジメントの改革―マニフェストは県庁を変えたか 松沢県政・その強さともろさ―想定外の政権交代） 第3部 考察（マニフェスト政治の可能性―「お任せ民主主義」を超えられるか 自治体分権論の試み―何が「政権」を機能させるのか）

松沢 卓二〔1913〜1997〕まつざわ・たくじ
◇名銀行家（バンカー）列伝―社会を支えた"公器"の系譜 北康利著 新装版 金融財政事情研究会 2017.5 207p 20cm 〈初版：中央公論新社 2012年刊 文献あり 発売：きんざい〉 1500円 ①978-4-322-13081-2 ⓃO338.28

内容 第1章 わが国近代資本主義の父 渋沢栄一 第一国立銀行―世界に向けて発信したい―「論語と算盤」の精神 第2章 銀行のことは安田に聞け！ 安田善次郎 安田銀行―史上最強の銀行主に学ぶ克己堅忍と陰徳の精神 第3章 三井中興の祖 中上川彦次郎 三井銀行―銀行界の青年期を思わせる爽やかでダイナミックな名バンカー 第4章 国家を支え続けた銀行家 池田成彬 三井銀行―白洲次郎が"おっかなかった"と語った迫力あるその人生に迫る 第5章 政府系金融機関の範を示した名総裁 小林中 日本開発銀行―"影の財界総理"の功を誇らない生き方 第6章 財界の鞍馬天狗 中山素平 日本興業銀行―公取委と闘い続けた国士の中の国士 第7章 向こう傷をおそれるな！ 磯田一郎 住友銀行―最強の住友軍団を築き上げた男の栄光と挫折 第8章 ナポレオン 松沢卓二 富士銀行―卓抜した先見性と正論を貫く姿勢で金銀界を牽引した名銀行家

松下 伊太夫 まつした・いだゆう
◇忍者の末裔―江戸城に勤めた伊賀者たち 高尾善希著 KADOKAWA 2017.1 315p 19cm 〈文献あり〉 1700円 ①978-4-04-400208-4 ⓃO288.3

内容 第1章 伊賀者とは何か 第2章 松下家、草創の時代 第3章 谷の中の伊賀者たち 第4章 最初の養子、松下伊太夫 第5章 伊賀者から大奥の事務官へ 第6章 伊賀者からの離脱

松下 井知夫〔1910〜1990〕まつした・いちお
◇長編マンガの先駆者たち―田河水泡から手塚治虫まで 小野耕世著 岩波書店 2017.5 281p 22cm 3400円 ①978-4-00-023890-8 ⓃO726.101

内容 日本は長編マンガの王国 珍品のらくろ草をたずねて―田河水泡論 三百六十五日のフシギ旅行―茂井井武論 一九四〇年、火星への旅―大城のぼる論 人造心臓の鼓動がきこえる―横山隆一論 新バグダットのメカ戦争―松下井知夫論その1 モセス・マンがやってくる―松下井知夫論その2 ブッチャーのふしぎな国―横井福次郎論その1 冒険王ターザン、原子爆弾の島へ―横井福次郎論その2 ターザン、大震災の日本へ飛ぶ―横井福次郎論その3 スピード太郎の世界地図―宍戸左行論 人類連盟本部にて―藤子不二雄論 ある少年マンガ家の冒険―田川紀久雄論 戦後ストーリー・マンガの出発点―手塚治虫論

松下 兼知〔1905〜1989〕まつした・かねとも
◇松下家中興の祖―第十九代松下兼知 松下兼介編 〔霧島〕 〔松下兼介〕 2015.9 290p 31cm 〈書物留 其之6〉〈折り込 2枚 年譜あり 年表あり〉 ⓃO289.1

松下 圭一〔1929〜2015〕まつした・けいいち
◇松下圭一 日本を変える―市民自治と分権の思想 大塚信一著 トランスビュー 2014.11 357p 20cm 3600円 ①978-4-7987-0155-4 ⓃO318

内容 序章 松下圭一とは（多面的な存在 強く現実に働きかけ 私との半世紀にわたる関係 この時代に松下圭一を読むということ） 第1章 出発まで（空襲と大地震 最初の論文「習慣について」 発禁本もあった「市民文庫」ほか） 第2章 ロック研究（1 ロック思想の前提 2 ロック研究―『市民政府論』を中心に） 第3章 大衆社会論争から構造改革論へ（1 市民政治理論の現代的展開 2 大衆社会論争 3 工場改革論に向かって） 第4章 自治体改革、シビル・ミニマム、都市政策（1 自治体改革と革新首長の群生 2 シビル・ミニマム 3 都市政策の構想） 第5章 市民自治の憲法理論（1 市民産科と法学的思考 2 戦後憲法学―その理論構成と破綻 3 憲法理論の再構築にむけて 4 「整憲」の提唱） 第6章 市民文化の可能性（1 "市民"的人間型 2 婦人問題への着目 3 市民参加、職員参加 4 市民文化の可能性）

第7章 政策型思考と制度型思考（1 政策型思考とはなにか 2 制度型思考の構造転換 3 基本条例と自治体再構築） 第8章 市民法学の提起（1 官僚内閣制から国会内閣制へ 2 政治学と法学の分裂） 終章 成熟と洗練—日本再構築に向けて（独自の思索はいかにして生まれたか 救いはあるか 確かなる希望）

松下 幸之助 〔1894～1989〕 まつした・こうのすけ

◇松下幸之助の憂鬱 立石泰則著 文藝春秋 2014.10 220p 18cm （文春新書 983）〈文献あり〉 780円 ①978-4-16-660983-3 Ⓝ289.1

内容 第1章 幸之助が摑んだ「生き抜く知恵」 第2章 経営者としての原点 第3章 松下経営の誕生 第4章 新しい松下家 第5章 PHP運動と幸之助の失望 第6章 幸之助流「M&A」 第7章 人を育てる会社 第8章 「経営の神様」の失敗

◇ひとことの力—松下幸之助の言葉 江口克彦著 東洋経済新報社 2014.12 238p 19cm 1300円 ①978-4-492-50265-5 Ⓝ289.1

内容 心を許して遊ぶな 心のなかで手を合わすように 風の音を聞いて悟る人もおるわな 人生と経営は賭け事ではないで 多くの知恵を借りることが大事や あとは、わしに任せておけ！ わしの言う通りにやるんやったら、きみも、要らんよ 自主自立の心持ちが、大事やね きみの声を聞きたい 汗のなかから知恵を出せ〔ほか〕

◇人生と経営の大事なことは松下幸之助から学んだ PHP研究所編 京都 PHP研究所 2015.6 230p 18cm 〈執筆：伊藤雅俊ほか 文献あり〉 1200円 ①978-4-569-82290-7 Ⓝ289.1

内容 1 生きた人生と経営の教科書—その人となり（松下幸之助が歩んだ波瀾の人生の道 こわい人、そして励ましてくれた人—伊藤雅俊（セブン＆アイ・ホールディングス名誉会長） 理屈だけで経営はできない—野田一夫（一般財団法人日本総合研究所会長）） 2 "松下幸之助"のここを読め！（『道をひらく』は私の"心の救急箱"—一押駒もえ（モデル） 真摯に生きぬくことこそ—佐々木常夫（東レ経営研究所元社長） 「実践知リーダー」のベストモデル—野中郁次郎（一橋大学名誉教授） ほか 著書紹介に『道をひらく』『人生心得帖』『社員心得帖』『実践経営哲学』/「経営のコツここなりと気づいた価値は百万両」 ほか）

◇松下幸之助の生き方—人生と経営77の原点 佐藤悌二郎著 京都 PHP研究所 2015.12 255p 19cm 〈年譜あり〉 1400円 ①978-4-569-82865-7 Ⓝ289.1

内容 1 商人の魂かくあるべし（企業は国家からの預かりもの—税金で悩む 身を捨ててこそ浮かぶ瀬もあれ—自転車ランプの開発・販売 ほか） 2 よき人材を育てる（使命感の偉大な力—産業人の使命を知る 真使命を訴える—第一回創業記念式典の挙行 ほか） 3 繁栄によって幸福を期す—戦時下の二つの通達 気負いが失敗を招く—松下造船、松下飛行機を設立 ほか） 4 一大躍進を期して（相手国の繁栄に資する海外展開をーアメリカ松下電器の設立 目標を明示する—「五年後に週休二日制実施」を発表 ほか） 5 国際社会の平和と発展のために（今日を五千年後の人々に—タイムカプセルを埋設する 新しい人間観の提唱—『人間を考える』を発刊 ほか）

◇日本を揺るがせた怪物たち 田原総一朗著 KADOKAWA 2016.3 293p 19cm 1500円 ①978-4-04-601559-4 Ⓝ281.04

内容 第1部 政界の怪物たち（田中角栄—田原総一朗が最初に対峙した政界の怪物 中曽根康弘—「偉大なる人はみんな風見鶏」 竹下登—調整能力にすぐれた「政界のおしん」 小泉純一郎—ワンフレーズに信念を込める言葉の天才 岸信介—左右"両岸"で力をふるった「昭和の妖怪」） 第2部 財界の怪物たち（松下幸之助—国家の経営に至った男 本田宗一郎—ボルト一本に情熱をかける技術の雄 盛田昭夫—失敗を恐れない超楽観主義者 稲盛和夫—「狂」と「心」が共存する経営） 第3部 文化人の怪物たち（大島渚—全身で国家の欺瞞と戦う男 野坂昭如—酒を飲むと「爆弾になる」徹底的なアナーキスト 石原慎太郎—作家として政治を行う男）

◇「死んでたまるか」の成功術—名企業家に学ぶ 河野守宏著 ロングセラーズ 2016.10 203p 18cm 〈文献あり〉 1000円 ①978-4-8454-0992-1 Ⓝ332.8

内容 鳥井信治郎—ウイスキーはわしの命だ。いまに見ておれ！ 本田宗一郎—世界最高のオートバイ・レース"TTレース"に参加して優勝する！ 稲盛和夫—いまのやり方ではダメだ、戦法を変えようすうだ！ うちの製品をアメリカから輸入させればよい 出光佐三—殺せるものなら殺してみろ。わしは死なん 松下幸之助—断じて行なえば必ずものは成り立つ！ 野村徳七—命を賭けた大相場に勝った！ 河村瑞賢—からだにもツキがまわってきたぞ 江戸一番の分限者になってみせる！ 岩崎弥太郎—恥がなんだ、面目がなんだ 生きてさえいれば、なんとかなる！ 浅野総一郎—誰もがやれる商売では駄目なのだ 要は、人が目を向けないところに目をつけることだ！ 益田孝—最後に勝てばよいのだ！ 江崎利一—こっちから頼んで歩かなくても向こうから売らせてくれと頼みにくるにきまっている！

◇松下幸之助 遠越段著 総合法令出版 2016.10 177p 18cm （通странsprint大学経営コース） 800円 ①978-4-86280-524-9 Ⓝ289.1

内容 第1章 誕生（松下幸之助の誕生 母親の愛情が子どもに与える強い影響 ほか） 第2章 創業（自転車屋の奉公から次の一歩を踏み出す 自分は強運であると思い込む—素直に聞き、学び、考える ほか） 第3章 事業の発展（始まり アタッチメントプラグ ほか） 第4章 苦難を乗り越え、世界の松下へ（敗戦まで 戦争下での松下電器と松下幸之助 ほか） 第5章 松下幸之助が遺してくれたもの（不倒翁、また立ち上がる 世界に羽ばたく ほか）

◇松下幸之助—理念を語り続けた戦略的経営者 加護野忠男編著 京都 PHP研究所 2016.11 382p 20cm （PHP経営叢書—日本の企業家 2）〈年譜あり〉 2200円 ①978-4-569-83422-1 Ⓝ289.1

内容 第1部 評伝 道は無限にある—事業創造を彩る折々の言葉とともに（企業家・松下幸之助の登場 創業期の事業創造 躍進と艱難辛苦の時代 窮地からの生還、そして飛翔 再登板、社長退任 企業家の最期） 第2部 論考 "経営の神様"の核心に迫る—戦略的経営者としての松下幸之助（経営戦略論からみた「幸之助」 戦略を支えた経営理念 理念にもとづく人材開発・育成 人を活かす経営組織と組織ガバナンス） 第3部 人間像に迫る 経営とは生きた

◇運命をひらく―生き方上手 松下幸之助の教え 本田健著 PHP研究所 2016.12 254p 19cm 〈文献あり〉 1500円 ⓘ978-4-569-83176-3 Ⓝ289.1

内容 序章 5分で理解する「松下幸之助の生涯」 第1章 人間関係の達人になれば、運命はひらける 第2章 衆知を集めて任せれば、運命はひらける 第3章 経営のコツを知れば、運命はひらける 第4章 素直な心で物事を見れば、運命はひらける 第5章 運と愛嬌があれば、運命はひらける 第6章 世界を愛し、与え続けた松下幸之助 終章 感謝の心が、運命をひらく

◇松下幸之助はなぜ成功したのか―人を活かす、経営を伸ばす 江口克彦著 東洋経済新報社 2017.1 357p 19cm 1500円 ⓘ978-4-492-50288-4 Ⓝ289.1

内容 第1の条 滾る熱意 第2の条 染み入る感動 第3の条 積み重ねる努力 第4の条 育てる衆知 第5の条 悟る使命感 第6の条 貫く人間観

◇松下幸之助 生き抜く力―仕事と人生の成功哲学を学ぶ PHP研究所編 PHP研究所 2017.5 285p 15cm （PHP文庫 ひ4-22）〈「松下幸之助の見方・考え方」（2006年刊）の改題、再編集 著作目録あり 年譜あり〉 600円 ⓘ978-4-569-76712-3 Ⓝ159.4

内容 1 エピソードで知る 波瀾の人生（幸せな幼少時代から荒波の少年時代 サラリーマン幸之助 ほか） 2 松下幸之助が語る 仕事には哲学をもて！（販売・営業の哲学 人事の哲学 ほか） 3「仕事術」10の幸之助主義で"できる人"になろう（上司の欠点にこだわるな―「秀吉になれ」 常に現場志向であれ―「工場に机をもって入れ」 ほか） 4 上司・松下幸之助が教える マネジメント・リーダーらしいひと言（「何のための仕事かね」 「きみならできる！」 ほか） 5 キーワードで読む 松下幸之助のビジネス感覚（経営感覚 仕事感覚）

◇松下幸之助 ものづくりの哲学―どんな時にも、道はある 谷井昭雄著 PHP研究所 2017.6 204p 19cm 1800円 ⓘ978-4-569-83621-8 Ⓝ289.1

内容 めぐり会い 第1部 目の前で見た松下幸之助の凄み（「ものづくり」の凄み 「ひとづくり」の凄み 「リーダー」としての凄み） 第2部 自ら、経営者として（経営者人生のスタートが、最も苦しい時期 道行く人、皆幸せに見える 分散すれば一の力、集中すれば百の力 ほか） 第3部 ものづくりの未来に向けて（デジタル化で何が変わったのか もっと人がしっかりせねば 「いいものづくり」神話の崩壊 ほか）

◇松下幸之助の経営論―経営成功特論 石見泰介編著 長生村（千葉県） HSU出版会 2017.6 292p 21cm （HSUテキスト 20）〈他言語標題：Konosuke Matsushita's Management Theories 文献あり 年譜あり 索引あり 発売：幸福の科学出版〉 1500円 ⓘ978-4-86395-911-8 Ⓝ188.59

内容 第1章 松下幸之助の人生の足跡を学ぶ(1) 幼少時～終戦 第2章 松下幸之助の人生の足跡を学ぶ(2) 終戦～逝去 第3章「松下幸之助の経営思想の特徴」 第4章「経営は"思い"から始まる」 第5章「経営は真剣勝負」 第6章「衆知を集める経営」 第7章「事業成功の秘訣」 第8章「起業家の条件」

◇凡々たる非凡―松下幸之助とは何か 江口克彦著 エイチアンドアイ 2017.6 273p 20cm 1600円 ⓘ978-4-908110-07-8 Ⓝ289.1

内容 起 青のとき―キミ、二年間でええんや、わしのそばで勉強してみる気ないかん。(小柄な人 些細 ほか) 承 朱のとき―キミ、明日からやってやってくれや。な、いっぺんやってみいや。(経営担当 完全自立 ほか) 転 白のとき―政経塾では間に合わん。(最終目標 政経塾 ほか) 結 玄のとき―会社が、こんなに大きくなるとは思わんかった。(予測 第一号の学生 ほか)

◇松下幸之助―茶人・哲学者として 谷口全平、德田樹彦著 京都 宮帯出版社 2018.4 262p 図版28p 19cm （宮帯茶人ブックレット）〈年譜あり〉 2300円 ⓘ978-4-86366-845-4 Ⓝ289.1

内容 茶人・哲学者としての松下幸之助―PHP運動と茶の心（終戦直後のPHP昂揚国民文化大集会 茶の湯との出会い 真々庵・PHP研究所 松下幸之助 日本の伝統精神 ほか） 松下幸之助の茶の湯と真々庵―素直な心を求めて（茶の湯との出会いと淡々斎との交流 真々庵 真々庵の茶室 茶道の普及と茶室の寄贈 日本万国博覧会の松下館 ほか）

◇松下幸之助さんに学びたい道標―生きる・働く知恵と未来への指針 片岡誠二著 文芸社 2018.5 115p 20cm 〈文献あり〉 1200円 ⓘ978-4-286-19408-0 Ⓝ289.1

◇松下幸之助―きみならできる、必ずできる 米倉誠一郎著 京都 ミネルヴァ書房 2018.9 259p,5p 20cm （ミネルヴァ日本評伝選）〈文献あり 年譜あり 索引あり〉 2400円 ⓘ978-4-623-08426-5 Ⓝ289.1

内容 序 きみならできる、必ずできる 第1章 丁稚奉公時代からの飛翔 第2章 創業初期の悪戦苦闘 第3章 勝利の方程式と多角化戦略 第4章 経営理念と人材育成 第5章 事業部制から分社化へ 第6章 戦後における存亡の危機と失意の日々 第7章 戦後復興と五カ年計画 第8章 成功そして成功体験のほつれ 終 人間、あまりに人間的な…

松下 ナミ子〔1924～〕 まつした・なみこ

◇日が暮れる―ご縁に生かされて 松下ナミ子著 富山 桂書房 2015.10 115p 20cm 〈年譜あり 著作目録あり〉 1000円 ⓘ978-4-905345-93-0 Ⓝ289.1

松下 光廣〔1896～1982〕 まつした・みつひろ

◇評伝 天草五十人衆 天草学研究会編 福岡 弦書房 2016.8 317p 22cm 〈文献あり 年表あり 索引あり〉 2400円 ⓘ978-4-86329-138-6 Ⓝ281.94

内容 ステージ1 五人衆の時代、そして… ステージ2 天領天草の村々 ステージ3 祈りの島で ステージ4 耕す、漁す ステージ5 実業の世をひらく ステージ6 潮路はるかに ステージ7 文学・歴史・言論 ステージ8 あの頃、この人 ステージ9 島の現

まつした

実、国の行く末　ステージ10　一筋の道　ステージ特別編　群像二題〈天草の石文化と松室五郎左衛門　牛深カツオ漁の男たち〉

松下 竜一〔1937〜2004〕　まつした・りゅういち

◇田中正造と松下竜一――人間の低みに生きる　新木安利著　福岡　海鳥社　2017.3　435p　19cm　〈年譜あり〉　2500円　Ⓘ978-4-86656-002-1　Ⓝ289.1

内容　松下竜一の文学と社会化　清き空気を、深き緑を、美しき海を　"民衆の敵"と"ランソの兵"　大山と津和野にて　戦殺・被戦殺　村田久の闘い　福沢諭吉の権謀　田中正造の受難

松嶋 尚美〔1971〜〕　まつしま・なほみ

◇松嶋尚美のジュマ＆ララdiary　松嶋尚美著　ワニブックス　2015.2　95p　26cm　（美人開花シリーズ）〈表紙のタイトル：NAHOMI MATSUSHIMA JUMA ＆ RARA diary〉　1300円　Ⓘ978-4-8470-9302-9　Ⓝ779.14

内容　01　松嶋尚美、母になる!!　02　第一子「珠丸」誕生！　03　第二子「空詩」誕生！　04　久田家のファッションのこと　05　松嶋尚美の子育て考

松田 公太〔1968〜〕　まつだ・こうた

◇愚か者　松田公太著　講談社　2016.1　238p　19cm　1400円　Ⓘ978-4-06-219894-3　Ⓝ289.1

内容　第1章　強い「情熱」を持って――「タリーズコーヒージャパン」設立　第2章　出会いに感謝して――上場までの軌跡　第3章　「使命」をいだいて――タリーズとの決別　第4章　「挑戦」をつづけるために――シンガポールでのゼロからのスタート　第5章　新たな「朝食文化」をつくる――「エッグスンシングス」とパンケーキブーム　第6章　日本を元気にするために――政治家への道　第7章　苦い経験を糧に――「みんなの党」崩壊の裏で起きていたこと　第8章　「目的」のために行動せよ――真の「ベンチャー政党」を立ち上げる　第9章　日本の未来のために――「安保法案」成立に至るまでの真実

松田 甚左衛門〔1837〜1927〕　まつだ・じんざえもん

◇近代西本願寺を支えた在家信者――評伝　松田甚左衛門　中西直樹著　京都　法藏館　2017.9　166p　19cm　〈文献あり〉　1900円　Ⓘ978-4-8318-5551-0　Ⓝ289.1

内容　第1章　幕末・維新期の護法活動（出生から猿ヶ辻の警固まで　本山の使者として　ほか）　第2章　弘教講取締としての活躍（弘教講の結成　本願寺派学制の発布　ほか）　第3章　顕道学校と各種教化・教育事業（弘教講の解散　行信教校仮分校の設置　ほか）　第4章　本山との離別と小川宗（在家信者の意識変化　本願寺への疑心　ほか）

松田 聖子〔1962〜〕　まつだ・せいこ

◇松田聖子と中森明菜――一九八〇年代の革命　中川右介著　増補版　朝日新聞出版　2014.12　367p　15cm　（朝日文庫　あ36-3）〈初版：幻冬舎　2007年刊　文献あり〉　900円　Ⓘ978-4-02-261814-6　Ⓝ767.8

内容　第1章　夜明け前――一九七二年〜七九年　第2章　遅れてきたアイドル――一九八〇年　第3章　忍び寄る真のライバル――一九八一年　第4章　阻まれた独走――一九八二年　第5章　激突――一九八三年　第6章　前衛と孤独――一九八四年　第7章　華燭と大賞――一九八五年　第8章　緩やかな下降線――一九八六年〜八八年

松田 猛〔1944〜〕　まつだ・たけし

◇ひたすらに生きよ死んではならぬ――もう一人の「タケシ」南米ジャングル開拓物語　松田猛著　コスモ21　2014.11　239p　19cm　1400円　Ⓘ978-4-87795-302-7　Ⓝ289.1

内容　1章　"日本人ではない日本人"として生きる　2章　夢に見た楽園の本当の姿　3章　蛇まで食べたジャングル生活　4章　ジャングルの家族を離れて独り立ち　5章　楽園の夢破れアルゼンチンへ　6章　突然訪れた21年ぶりの帰国

松田 唯雄〔1897〜1959〕　まつだ・ただお

◇評伝　天草五十人衆　天草学研究会編　福岡　弦書房　2016.8　317p　22cm　〈文献あり　年表あり　索引あり〉　2400円　Ⓘ978-4-86329-138-6　Ⓝ281.94

内容　ステージ1　五人衆の時代、そして…　ステージ2　天領天草の村々　ステージ3　祈りの島で　ステージ4　耕す、漁る　ステージ5　実業の世をひらく　ステージ6　潮路はるかに　ステージ7　文学・歴史・言論　ステージ8　あの頃、この人　ステージ9　島の現実、国の行く末　ステージ10　一筋の道　ステージ特別編　群像二題〈天草の石文化と松室五郎左衛門　牛深カツオ漁の男たち〉

松田 恒次〔1895〜1970〕　まつだ・つねじ

◇マツダの魂――不屈の男　松田恒次　中村尚樹著　草思社　2018.6　327p　19cm　〈文献あり〉　1800円　Ⓘ978-4-7942-2338-8　Ⓝ289.1

内容　序章　松田家と父・重次郎　第1章　父と子　第2章　オート三輪　第3章　原爆投下　第4章　生産台数日本一　第5章　ロータリーエンジン　第6章　悪魔の爪痕　第7章　コスモスポーツ　第8章　広島とともに生きる　第9章　「隅を照らす者」　終章　不屈のマツダ魂

松田 照夫〔1946〜〕　まつだ・てるお

◇ホームレスがハワイに別荘買った――ウソのようなホントの話　松田照夫著　仙台　創栄出版　2014.7　142p　18cm　〈発売：星雲社〉　800円　Ⓘ978-4-434-19165-7　Ⓝ289.1

内容　ホームレスがハワイに別荘買った　十人兄弟の末っ子　十三歳から一人暮らし　ホラに惚れた妻　ホームレスが私立探偵をした　国民金融公庫事件と貸金通帳　ホームレスがPTAの副会長をした　私の人生を変えた健康飲料との運命的出会い　口コミ流通のグローバル企業との出会い　車中暮らしのセールスマン〔ほか〕

松田 傳十郎〔1769〜1843〕　まつだ・でんじゅうろう

◇北の勇士・松田傳十郎――宗谷・サハリンの調査に生涯を捧げた幕吏　仁木勝治著　八王子　武蔵野書房　2015.5　167p　20cm　〈文献あり〉　1800円　Ⓘ978-4-906731-07-7　Ⓝ289.1

松田 解子〔1905〜2004〕　まつだ・ときこ

◇松田解子――写真で見る愛と闘いの99年　松田解

子の会編　新日本出版社　2014.10　158p　26cm　〈文献あり　年譜あり〉　2300円　Ⓘ978-4-406-05823-0　Ⓝ910.268

内容　1　秋田の鉱山に生まれ（一九〇五〜一九二二・誕生〜17歳）　2　社会と文学に目覚めて（一九二三〜一九二五・18〜20歳）　3　弾圧下の東京へ（一九二六〜一九二九・21〜24歳）　4　プロレタリア文学運動のなかで（一九三〇〜一九三四・25〜29歳）　5　戦時下の抵抗と私生活の迷い（一九三五〜一九四五・30〜40歳）　6　戦後の闘いと文学（一九四五〜一九五九・40〜54歳）　7　六〇年安保から"おりん三部作"へ（一九六〇〜一九六五・55〜72歳）　8　ペンをふるい足を運ぶ（一九七七〜一九八九・73〜84歳）　9　次世代に伝える回想の人々（一九九〇〜二〇〇三・85〜98歳）　10　終焉―終わりなき生命力（二〇〇四・99歳　没後の継承活動）

◇松田解子　百年の軌跡―気骨の作家　渡邊澄子著　秋田　秋田魁新報社　2014.11　561p　16cm　（さきがけ文庫　6）〈年譜あり〉　1500円　Ⓘ978-4-87020-367-9　Ⓝ910.268

松田 正久〔1845〜1914〕　まつだ・まさひさ

◇松田正久と政党政治の発展―原敬・星亨との連携と競合　西山由理花著　京都　ミネルヴァ書房　2017.3　284,8p　22cm　（MINERVA日本史ライブラリー　29）〈文献あり　年譜あり　索引あり〉　6500円　Ⓘ978-4-623-07831-8　Ⓝ210.6

内容　第1部　松田正久の目指した政党政治のあり方（国会開設に向けて　立憲自由党結成と政党の地域性克服　政党内闘の実現と挫折　松田正久と原敬による政友会指導の形成　桂園体制期の松田正久　「松田内閣」という幻）　第2部　松田正久と選挙区佐賀県（地域性の克服と時代状況に合致した政策の提示　選挙区に与えるものと選挙区から得るもの　政治家の責任と外交に対する姿勢）

松田 道雄〔1908〜1998〕　まつだ・みちお

◇松田道雄と「いのち」の社会主義　高草木光一著　岩波書店　2018.1　332,7p　20cm　〈文献あり　索引あり〉　2800円　Ⓘ978-4-00-024825-9　Ⓝ289.1

内容　松田道雄と社会主義　第1部　「市民」概念と社会主義（ベ平連と社会主義　「市民」概念の多様性　マルクスとレーニンのあいだ）　第2部　育児書のなかの「市民」（思想書としての『育児の百科』集団保育の発見　ルソーをめぐる葛藤）　第3部　社会主義と「いのち」（安楽死と社会主義　女と「いのち」）

松田 悠介〔1983〜〕　まつだ・ゆうすけ

◇起業のリアル―田原総一朗×若手起業家　田原総一朗著　プレジデント社　2014.7　249p　19cm　1500円　Ⓘ978-4-8334-5065-2　Ⓝ335.21

内容　儲けを追わずに儲けを出す秘密―LINE社長・森川亮　「競争嫌い」で年商一〇〇〇億円―スタートトゥデイ社長・前澤友作　管理能力ゼロの社長兼クリエイター―チームラボ代表・猪子寿之　二〇二〇年、ミドリムシで飛行機が飛ぶ日―ユーグレナ社長・出雲充　保育NPO、社会起業家という生き方―フローレンス代表・駒崎弘樹　単身、最貧国で鍛えたあきらめない心―マザーハウス社長・山口絵理子　現役大学生、途上国で格安予備校を開く―e・エデュ

ケーション代表・税所篤快　七四年ぶりに新規参入したワケ―ライフネット生命社長・岩瀬大輔　上場最年少社長の「無料で稼ぐカラクリ」―リブセンス社長・村上太一　四畳半から狙う電動バイク世界―テラモーターズ社長・徳重徹　目指すは住宅業界のiPhone―innovation社長・岡崎富夢　三〇年以内に「世界銀行」をつくる―リビング・イン・ピース代表・慎泰俊　ハーバード卒、元体育教師の教育改革―ティーチ・フォー・ジャパン代表・松田悠介　四重苦を乗り越えた営業女子のリーダー―ベレフェクト代表・太田彩子　二代目社長が狙う「モバゲーの先」―ディー・エヌ・エー社長・守安功　ITバブル生き残りの挑戦―サイバーエージェント社長・藤田晋　特別対談　堀江貴文―五年後に花開く、商売の種のまき方

松田 行正〔1948〜〕　まつだ・ゆきまさ

◇工作舎物語―眠りたくなかった時代　臼田捷治著　左右社　2014.12　292p　19cm　〈文献あり　索引あり〉　2200円　Ⓘ978-4-86528-109-5　Ⓝ023.1

内容　第1章　松岡正剛―なにもかも分けない方法　第2章　戸田ツトム―小さな声だからこそ遠くまで届く　第3章（芦澤泰偉―遅いという文句は出ない　工藤強勝―報酬はタブーの世界　山口信博―間違えるのも能力　松田行正―密度がとにかく濃い　羽良多平吉―最後までなじめなかった）　第4章　森本常美―夢を見ていたよう　第5章　祖父江慎―おどろきしまくりの日々

松平 容保〔1836〜1893〕　まつだいら・かたもり

◇会津藩は朝敵にあらず―松平容保の明治維新　星亮一著　イースト・プレス　2018.7　319p　19cm　〈文献あり　年譜あり〉　1500円　Ⓘ978-4-7816-1691-9　Ⓝ289.1

内容　激動の嵐　舞台は京都　会津から見た新選組　京都大激闘　孝明天皇の死　鳥羽伏見の激闘　無念の帰郷　流罪　意識改革　最後の維新　私の容保論

◇会津人探究―戊辰戦争生き延びし者たちにも大義あり　笠井尚著　ラピュタ　2018.8　237p　19cm　〈文献あり　索引あり〉　1800円　Ⓘ978-4-905055-54-9　Ⓝ281.26

内容　序章　会津にとっての戊辰戦争　第1章　松平容保―至誠の人か政治家か　第2章　会津藩老・西郷頼母―孤高なる保守派　第3章　秋月悌次郎―古武士然とした開明派　第4章　山本覚馬―会津の開明派の筆頭　第5章　広沢安任―京都で公明方・洋式牧畜の発見　第6章　山川健次郎―晩年は清貧に徹す　第7章　新島八重―狭き神の門を叩く　第8章　会津と共に敗れし者たちの胸中

◇幕末会津藩松平容保の慟哭―北方領土を守った男たちの最期　鈴木荘一著　勉誠出版　2018.10　166p　18cm　〈文献あり〉　800円　Ⓘ978-4-585-22218-7　Ⓝ210.58

内容　第1章　北方要員としての会津藩　第2章　吉田松陰の攘夷論　第3章　京都守護職松平容保　第4章　大政奉還から鳥羽伏見戦争　第5章　会津討滅からの奥羽戊辰戦争　補論　駐英大使松平恒雄のロンドン海軍軍縮条約

松平 定信〔1759〜1829〕　まつだいら・さだのぶ

◇徳川十五代闇将軍　熊谷充晃著　大和書房

2015.5　263p　15cm　（だいわ文庫 269-2H）〈文献あり〉　650円　Ⓘ978-4-479-30536-1　Ⓝ281.04

[内容]　第1章　幕藩体制の礎を築いた4代（初代「闇将軍」本多正信—家康から全幅の信頼を寄せられた「タヌキ親父」　2代以上の「タヌキ」　2代「闇将軍」南光坊天海—幕府の宗教政策をひとりで完成させた「関東の大僧正」　3代「闇将軍」松平信綱—江戸時代で最大の内乱を鎮めて老中首座に上った「知恵伊豆」　4代「闇将軍」酒井忠清—生まれながらに老中を約束された後世の悪名が哀しい「下馬将軍」）　第2章　将軍の権威を超越した3代（5代「闇将軍」柳沢吉保—失政や没落とは皆無の史実　「極悪側用人」の評に異議あり　6代「闇将軍」新井白石—幕政の思想的柱石を創出したブレーンの「遅すぎた登壇」　7代「闇将軍」間部詮房—これぞ闇将軍にふさわしい「猿楽大名」の数奇なキャリア）　第3章　中興の変革期を乗り越えた3代（8代「闇将軍」松平乗邑—「暴れん坊将軍」を抑えられた唯一の忠臣は経済政策の旗手　9代「闇将軍」大岡忠光—前代未聞かつ空前絶後の幕閣　日本史上唯一の「将軍の通訳」　10代「闇将軍」田沼意次—「贈収賄政治家」の正体は貨幣社会を目指した重商主義者）　第4章　幕末動乱の一端となった3代（11代「闇将軍」松平定信—"寛政の改革"で失敗した後も影響力を保持し続けた元将軍候補　12代「闇将軍」水野忠邦—幕藩体制崩壊の序曲を聴いた「理想主義」を掲げる野心家　13代「闇将軍」徳川斉昭—頼もしいのか、ありがた迷惑か　御三家の慣例を破った「烈公」）　第5章　維新の激動期に舵を取った2代（14代「闇将軍」井伊直弼—まさに闇将軍の代名詞　幕末期最大のキングメーカー　15代「闇将軍」島津久光—外様大名ですらなかったのに幕政を揺るがせた薩摩の国父）

松平　春嶽　まつだいら・しゅんがく
　⇒松平慶永（まつだいら・よしなが）を見よ

松平　武聰〔1842〜1882〕　まつだいら・たけあきら
◇松平武聰公の往復書簡全集　松平武聰原著，小寺雅夫著　広島　西日本文化出版　2014.9　254p　20cm　〈年表あり〉　Ⓝ289.1

松平　千代子〔1846〜1927〕　まつだいら・ちよこ
◇女性と茶の湯のものがたり　依田徹著　京都　淡交社　2016.3　207p　19cm　〈文献あり〉　1600円　Ⓘ978-4-473-04082-4　Ⓝ791.2

[内容]　息づく女性の茶　千家の女性の「内助の功」—宗恩と宗見　近世皇室—東福門院和子と品宮常子内親王　教団を支えた女性—本願寺の慶寿院鎮永尼　遊里と教養—吉野太夫と玉菊　ある武家女性の生涯—井伊弥千代　女子教育との結び付き—跡見花溪と新島八重　「茶の本」をとりまく女性たち　夫婦で楽しむ「茶」—正木郁子　女流数寄者の登場—益田瀧と藤原條子　近代皇室—貞明皇后と李方子　現代の女性茶人—堀越梅子と濱本俊子

松平　信綱〔1596〜1662〕　まつだいら・のぶつな
◇諸国賢人列伝—地域に人と歴史あり　童門冬二著　ぎょうせい　2014.12　253p　19cm　1800円　Ⓘ978-4-324-09918-6　Ⓝ281.04

[内容]　浜口梧陵—稲むらの火／地域から日本を考えた・広村（和歌山県）　山田方谷—被治者の立場を貫い

た巨人・備中松山（岡山県）　安藤野雁—万葉の心を信条に・桑折（福島県）　大原幽学—房総は学者の充電所・下総（千葉県）　小宮山楓軒—立ち枯れの村を復興・水戸（茨城県）　小島蕉園—減税と産業振興・甲府（山梨県）　三浦梅園—日本初の自然哲学者・杵築（大分県）　新井白石—不遇に生きる・江戸（東京都）　前田綱紀—文化行政で雇用創出・加賀（石川県）　河合曽良—旅に生きる・諏訪（長野県）　北島雪山—追放されて自由に生きた・肥後（熊本県）　羽地朝秀—壁を背に第三の道を・琉球（沖縄県）　松平信綱—名君・賢君を生む・川越（埼玉県）　徳川義直—あゆち思想の実現・尾張（愛知県）　多久一族—「らしさ」を失わず・肥前（佐賀県）　古田織部—壊して創る・美濃（岐阜県）　北条幻庵—「勇」の底に「優」の心・小田原（神奈川県）　鴨長明—走り回る一滴の水・京都（京都府）

◇徳川十五代闇将軍　熊谷充晃著　大和書房　2015.5　263p　15cm　（だいわ文庫 269-2H）〈文献あり〉　650円　Ⓘ978-4-479-30536-1　Ⓝ281.04

[内容]　第1章　幕藩体制の礎を築いた4代（初代「闇将軍」本多正信—家康から全幅の信頼を寄せられた「タヌキ親父」　2代以上の「タヌキ」　2代「闇将軍」南光坊天海—幕府の宗教政策をひとりで完成させた「関東の大僧正」　3代「闇将軍」松平信綱—江戸時代で最大の内乱を鎮めて老中首座に上った「知恵伊豆」　4代「闇将軍」酒井忠清—生まれながらに老中を約束された後世の悪名が哀しい「下馬将軍」）　第2章　将軍の権威を超越した3代（5代「闇将軍」柳沢吉保—失政や没落とは皆無の史実　「極悪側用人」の評に異議あり　6代「闇将軍」新井白石—幕政の思想的柱石を創出したブレーンの「遅すぎた登壇」　7代「闇将軍」間部詮房—これぞ闇将軍にふさわしい「猿楽大名」の数奇なキャリア）　第3章　中興の変革期を乗り越えた3代（8代「闇将軍」松平乗邑—「暴れん坊将軍」を抑えられた唯一の忠臣は経済政策の旗手　9代「闇将軍」大岡忠光—前代未聞かつ空前絶後の幕閣　日本史上唯一の「将軍の通訳」　10代「闇将軍」田沼意次—「贈収賄政治家」の正体は貨幣社会を目指した重商主義者）　第4章　幕末動乱の一端となった3代（11代「闇将軍」松平定信—"寛政の改革"で失敗した後も影響力を保持し続けた元将軍候補　12代「闇将軍」水野忠邦—幕藩体制崩壊の序曲を聴いた「理想主義」を掲げる野心家　13代「闇将軍」徳川斉昭—頼もしいのか、ありがた迷惑か　御三家の慣例を破った「烈公」）　第5章　維新の激動期に舵を取った2代（14代「闇将軍」井伊直弼—まさに闇将軍の代名詞　幕末期最大のキングメーカー　15代「闇将軍」島津久光—外様大名ですらなかったのに幕政を揺るがせた薩摩の国父）

松平　信康〔1559〜1579〕　まつだいら・のぶやす
◇家康長男信康と大久保家の謎　野村武男著　日本文学館　2016.3　331p　20cm　〈文献あり　年譜あり〉　1500円　Ⓘ978-4-7765-3918-6　Ⓝ289.1

＊家康の長男信康は謀反の嫌疑をかけられ、若くして自刃した。その死後、なぜ大久保家は長きに渡って信康の供養をしてきたのか…。膨大な資料を渉猟し、「信康自刃事件」の真相に迫り、歴史の謎を解き明かす渾身の書。

まつたいら

松平 乗邑〔1686～1746〕 まつだいら・のりさと（のりむら）

◇徳川十五代闇将軍　熊谷充晃著　大和書房　2015.5　263p　15cm　（だいわ文庫 269-2H）〈文献あり〉　650円　①978-4-479-30536-1　Ⓝ281.04

内容　第1章 幕藩体制の礎を築いた4代（初代「闇将軍」本多正信―家康から全幅の信頼を寄せられた「タヌキ親父」以上の「タヌキ」　2代「闇将軍」南光坊天海―幕府の宗教政策をひとりで完成させた「関東の大僧正」　3代「闇将軍」松平信綱―江戸時代で最大の内乱を鎮めて老中首座に上った「知恵伊豆」　4代「闇将軍」酒井忠清―生まれながらに老中を約束された後世の悪名が哀しい「下馬将軍」）　第2章 将軍の権威を超越した3代（5代「闇将軍」柳沢吉保―失政や没落とは無の史実　「極悪側用人」の評に異議あり　6代「闇将軍」新井白石―幕政の思想的柱石を創出したブレーンの「遅すぎた登壇」　7代「闇将軍」間部詮房―これぞ闇将軍にふさわしい「猿楽大名」の数奇なキャリア）　第3章 中興の変革期を乗り越えた3代（8代「闇将軍」松平乗邑―「暴れん坊将軍」を抑えられた唯一の忠臣は経済政策の旗手　9代「闇将軍」大岡忠光―前代未聞かつ空前絶後の怪異　日本史上唯一の「将軍の通訳」　10代「闇将軍」田沼意次―「贈収賄政治家」の正体は貨幣社会を目指した重商主義者）　第4章 幕末動乱の一端となった3代（11代「闇将軍」松平定信―"寛政の改革"で失敗した後も影響力を保持し続けた元将軍候補　12代「闇将軍」水野忠邦―幕藩体制崩壊の序曲を聴いた「理想主義」を掲げる野心家　13代「闇将軍」徳川斉昭―頼もしいのか、あらたな迷惑か　御三家の慣例を破った「烈公」）　第5章 維新の激動期に舵を取った2代（14代「闇将軍」井伊直弼―まさに闇将軍の代名詞　幕末期最大のキングメーカー　15代「闇将軍」島津久光―外様大名ですらなかったのに幕政を揺るがせた薩摩の国父）

松平 治郷　まつだいら・はるさと

⇒松平不昧（まつだいら・ふまい）を見よ

松平 不昧〔1751～1818〕　まつだいら・ふまい

◇考証 風流大名列伝　稲垣史生著　立東舎　2016.10　254p　15cm　（立東舎文庫 い1-1）〈作品社 1983年刊の再刊　発売：リットーミュージック〉　800円　①978-4-8456-2867-4　Ⓝ281.04

内容　序章―殿様とは　徳川光圀―絹の道への幻想　徳川宗春―御深井の秘亭　伊達綱宗―遊女高尾斬りを笑う　井伊直弼―この世は一期一会よ　織田秀親―鬼面の大人寛永寺の刃傷　細川忠興―悲惨な夜叉の夫婦愛　前田吉徳―間違われた加賀騒動の主人公　小堀遠州―長く嶮しい道をゆく　安藤信正―『半七捕物帳』にある　柳生宗矩―まぼろしの名品平蜘蛛　松平不昧―父の風流入墨狩の怪　浅野長矩―名君の史料に事欠かぬ　島津重豪・島津斉興・島津斉彬―薩摩三代の過剰風流　有馬頼貴・鍋島勝茂―大名行列に犬を行列させた

◇松平不昧―名物に懸けた大名茶人　木塚久仁子著　京都　宮帯出版社　2018.4　272,8p　20cm　（茶人叢書）〈文献あり　年譜あり　索引あり〉　3200円　①978-4-8016-0144-4　Ⓝ791.2

内容　序章 二十歳の茶書に始まる不昧の業績　第1章 大名 松平不昧　第2章 若き日の茶書　第3章 茶道具の収集　第4章 『古今名物類聚』　第5章 茶風　第6章 茶の湯三昧の晩年　終章 語り継がれる茶人

◇今に生きる不昧―没後200年記念　山陰中央新報社編　松江　山陰中央新報社　2018.4　79p　30cm　〈年表あり〉　1300円　①978-4-87903-212-6　Ⓝ791.2

内容　第1部 茶の湯編（茶どころ松江　茶禅一味 ほか）　第2部 藩主編（賛否　父・宗衍 ほか）　第3部 美の原点編（殿様趣味　花の都・京都 ほか）　第4部 不昧公好み編（二つの茶どころ　三大名菓 ほか）　第5部 茶人の心編（文化の担い手　藩主の御成 ほか）

◇お茶の殿様 松平不昧公―不昧の歩んだ道と伝えられた文化遺産　石井悠著　松江　ハーベスト出版　2018.5　198p　19cm　（山陰文化ライブラリー 14）〈文献あり　年譜あり〉　1200円　①978-4-86456-268-3　Ⓝ289.1

内容　プロローグ 松江の町と松平不昧公　第1章 幼少期～元服前後（幼少期からの習い事　藩主名代として初入国　宗衍引退と治郷襲封）　第2章 藩主としての松平治郷（初入国まで　在国初年の行動　その他の逸話や行動等 ほか）　第3章 お茶の殿様不昧公（藩主の座を斎恒に譲る　禅と茶道　出雲で見る不昧ゆかりの茶室 ほか）　エピローグ 今に伝わる松平不昧公の文化

松平 康隆〔1930～2011〕　まつだいら・やすたか

◇近代オリンピックのヒーローとヒロイン　池井優著　慶應義塾大学出版会　2016.12　365p　20cm　〈文献あり〉　2600円　①978-4-7664-2389-1　Ⓝ780.28

内容　ピエール・ド・クーベルタン―近代オリンピックの創始者　嘉納治五郎―日本初代のIOC委員　金栗四三―"日本マラソンの父"となったオリンピックの敗者　人見絹枝―日本女子初のメダリスト　西竹一―バロン西と呼ばれた馬術大障害の優勝者　織田幹雄―日本人最初のゴールドメダリスト　前畑がんばれ！―日本初のオリンピック女子金メダリスト　西田修平・大江季雄―ベルリンの死闘と"友情のメダル"　ジェシー・オーエンス―ベルリンで四つの金メダルを獲った黒人選手　清川正二―日本初の背泳ぎの金メダリスト、IOC委員　古橋廣之進―戦後日本に希望を与えてくれた「フジヤマのトビウオ」　猪谷千春―冬季五輪初のメダリスト、そしてIOC委員　アベベ・ビキラ―ローマ、東京と二大会を制覇したマラソンの王者　大松博文―「東洋の魔女」に金メダルを獲らせた"鬼"の指導者　日本サッカー界を改革したドイツ人コーチ―デットマール・クラマーと日本代表チーム　ベラ・チャスラフスカ―「プラハの春」にゆれた体操の女王　男子バレーボールに革命をもたらした監督―松平康隆と日本男子バレーボール　モスクワ五輪ボイコットに泣いた選手たち―政治に翻弄されたオリンピック　北島康介―オリンピック三大会でメダル獲得のスイマー

松平 慶永〔1828～1890〕　まつだいら・よしなが

◇續再夢紀事　1　オンデマンド版　東京大学出版会　2015.1　438p　22cm　（日本史籍協会叢書 106）〈印刷・製本：デジタルパブリッシングサービス〉　11000円　①978-4-13-009406-1　Ⓝ210.58

◇續再夢紀事　2　オンデマンド版　東京大学出

まつたけ

版会　2015.1　448p　22cm　〈日本史籍協会叢書 107〉〈印刷・製本：デジタルパブリッシングサービス〉　14000円　Ⓘ978-4-13-009407-8　Ⓝ210.58
◇續再夢紀事　3　オンデマンド版　東京大学出版会　2015.1　406p　22cm　〈日本史籍協会叢書 108〉〈印刷・製本：デジタルパブリッシングサービス〉　11000円　Ⓘ978-4-13-009408-5　Ⓝ210.58
◇續再夢紀事　4　オンデマンド版　東京大学出版会　2015.1　450p　22cm　〈日本史籍協会叢書 109〉〈印刷・製本：デジタルパブリッシングサービス〉　14000円　Ⓘ978-4-13-009409-2　Ⓝ210.58
◇續再夢紀事　5　オンデマンド版　東京大学出版会　2015.1　396p　22cm　〈日本史籍協会叢書 110〉〈印刷・製本：デジタルパブリッシングサービス〉　11000円　Ⓘ978-4-13-009410-8　Ⓝ210.58
◇續再夢紀事　6　オンデマンド版　東京大学出版会　2015.1　475p　22cm　〈日本史籍協会叢書 111〉〈印刷・製本：デジタルパブリッシングサービス〉　14000円　Ⓘ978-4-13-009411-5　Ⓝ210.58

松武　秀樹〔1951～〕　まつたけ・ひでき
◇松武秀樹とシンセサイザー——MOOG III-Cとともに歩んだ音楽人生　logic of life　松武秀樹著　Du Books　2015.12　222p　19cm　〈付属資料：221p：たった1人のフルバンド　ホルダー入　発売：ディスクユニオン〉　3800円　Ⓘ978-4-907583-55-2　Ⓝ763.9

松谷　蒼一郎〔1928～〕　まつたに・そういちろう
◇蒼穹の虹　松谷蒼一郎著　長崎　長崎文献社　2014.8　267p　19cm　1600円　Ⓘ978-4-88851-219-0　Ⓝ289.1
　内容　第1章　ふるさとの町と匂い　第2章　青春の輝き　第3章　建設省での試練と躍動　第4章　心に残る政治家群像　第5章　首相官邸——日々是好日　第6章　政治の海を去る

松谷　天一坊　まつたに・てんいちぼう
　⇒松谷元三郎（まつたに・もとさぶろう）を見よ

松谷　天星丸〔1922～〕　まつたに・てんほしまる
◇96歳の姉が、93歳の妹に看取られ大往生　松谷天星丸著　幻冬舎　2015.12　238p　18cm　1000円　Ⓘ978-4-344-02866-1　Ⓝ369.26
　内容　第1章　私は家族の看取りびと（「宿命じゃ！」というオマジナイ　姉の宿命、私の宿命　ほか）　第2章　老姉妹、一つ屋根の下（姉妹の共同下宿生活　元気と病気をくり返す中で　ほか）　第3章　見守る幸せ、ゆだねる幸せ（天光兄はなぜ、死ぬ二日前まで仕事ができたのか　年をとったら、「きょういく」と「きょうよう」　ほか）　第4章　旅立つ前まで現役で生きるということ（「年だから」という自覚はなかった　老人性ウツとどう付き合えばいいか　ほか）

松谷　元三郎〔1876～1921〕　まつたに・もとさぶろう
◇実録　7人の勝負師　鍋島高明著　パンローリング　2017.8　367p　20cm　2000円　Ⓘ978-4-7759-9151-0　Ⓝ676.7
　内容　1　成金鈴久（鈴木久五郎）——伝説の大盤振舞い、権花一日の栄　2　松谷天一坊（松谷元三郎）——文無しで堂島乗っ取る　3　非命の栄之助（岩本栄之助）——悲運、されど公会堂と共に在る　4　白рум の入丸将軍（村上太三郎）——売りで勝負、大々相場師　5　梟雄島徳（島徳蔵）——「悪名でもいい、無名よりましだ」　6　不敗の山昭（霜村昭平）——相場こそわが人生　7　天下の雨敬（雨宮敬次郎）——投機界の魔王は事業の鬼

松任谷　正隆〔1951～〕　まつとうや・まさたか
◇僕の音楽キャリア全部話します—1971Takuro Yoshida-2016Yumi Matsutoya　松任谷正隆著　新潮社　2016.10　189p　19cm　1400円　Ⓘ978-4-10-350481-8　Ⓝ767.8
　内容　第1章　2016年の音づくり　第2章　音楽的暗黒時代　第3章　アレンジャー本格化時代　第4章　エンタテインメント路線開拓期　第5章　デジタル混迷期　第6章　今も、そしてこれからも音楽をつくり続ける　インタヴューを終えて　松任谷正隆
◇松任谷正隆の素　松任谷正隆著　光文社　2017.9　225p　21cm　1600円　Ⓘ978-4-334-97946-1　Ⓝ767.8
　内容　オーディオは僕の育ての親　時計の神様　スニーカーの乗り心地　隣人と嘘とダッフルコート　取り憑かれたように手に入れたペンタックス　外食が怖い　密やかな楽しみ　未来にアメリカ車の先にアニマルハウスが教えてくれた映画　パリと一枚のカーディガン　ピアノ少年の夢　男子の特権　クラーク・ケントとスーパーマン　奇跡の一発　あれ体臭　アメガジの終着駅　紅門括約筋と友達になる方法　男子と紙袋　青春のパーカー　心はベガとともに

松永　栄〔1934～〕　まつなが・さかえ
◇私の歩んだ道先憂後楽　松永栄著　福岡　櫂歌書房　2018.4　245p　図版25p　26cm　〈発売：星雲社〉　1800円　Ⓘ978-4-434-24563-3　Ⓝ289.1
　内容　佐賀・背振の山里に生まれて　大川市議会議員に最年少当選　大川わ永住の地と定めて　隠された問題に密かに抗して教育汚職明るみに　松永栄一般質問集　行政は最大のサービス産業　選挙違反。警察による議長暴行事件。権藤恒夫公明党副委員長を全力で支える　市議会議員十五年の表彰〔ほか〕

松永　昌三〔1932～〕　まつなが・しょうぞう
◇自由・民権・平和—日本近代史研究と私　松永昌三著　慶應義塾大学出版会　2014.9　631,17p　22cm　〈他言語標題：FREEDOM, POPULAR RIGHTS,PEACE　著作目録あり　年譜あり　索引あり〉　15000円　Ⓘ978-4-7664-2176-7　Ⓝ311.21
　内容　1　一九六〇～一九六九（民権運動激化期と中江兆民　中江兆民と明治憲法　ほか）　2　一九七〇～一九七九（国民の教育権と大学教育　明治国家形成期の

国家観にみられる「理学」と「神学」ほか） 3 一九八〇〜一九八九(中江兆民—平和国家の構想 自主憲法の思想 ほか） 4 一九九〇〜一九九九(ニコライ二世と大津事件—保田孝一『最後のロシア皇帝ニコライ二世の日記増補』を読んで 明治憲法制定過程における秘密性 ほか） 5 二〇〇〇〜(歩道橋日本近代史研究と私 ほか）

松永 弾正 まつなが・だんじょう
⇒松永久秀（まつなが・ひさひで）を見よ

松永 久秀〔1510〜1577〕 まつなが・ひさひで
◇松永久秀—歪められた戦国の"梟雄"の実像 天野忠幸編 京都 宮帯出版社 2017.5 346p 22cm 〈文献あり 年譜あり〉 3500円 ⓘ978-4-8016-0057-7 Ⓝ289.1
[内容] 序章 総論（松永久秀の再評価） 第1章 久秀を取り巻く人々（松永久秀の出自と末裔 松永長頼（内藤宗勝）と丹波 久秀の義兄・武家伝奏広橋国光と朝廷 松永久秀と将軍足利義輝 松永久秀と興福寺官符衆徒沙汰衆中坊氏） 第2章 久秀の城と町（大和多聞山城研究の成果と課題 松永久秀と楽市 松永久秀と信貴山城 久秀の時代の堺） 第3章 久秀と戦国の文化（松永久秀と茶の湯 「法華宗の宗徒」松永久秀—永禄の規約を中心に） 第4章 各地の下剋上（関東足利氏と小田原北条氏 陶晴賢の乱と大内氏 斎藤道三・一色義龍父子と美濃支配 安見宗房と管領家畠山氏 宇喜多直家）

◇松永久秀 金松誠著 戎光祥出版 2017.6 102p 21cm （シリーズ〈実像に迫る〉009） 〈文献あり 年表あり〉 1500円 ⓘ978-4-86403-245-2 Ⓝ289.1
[内容] 口絵 久秀が愛した茶器と城郭 第1部 三好氏配下としての久秀（三好家中における台頭 三好氏の重臣として大和を支配 三好長慶の死による内紛） 第2部 信長との同盟、従属、まさかの謀叛（足利義昭政権下における久秀 信貴山城を枕に敗死する 久秀の家族と茶の湯）

◇松永久秀と下剋上—室町の身分秩序を覆す 天野忠幸著 平凡社 2018.6 303p 19cm （中世から近世へ）〈文献あり 年譜あり 索引あり〉 1800円 ⓘ978-4-582-47739-9 Ⓝ289.1
[内容] はじめに——"戦国の梟雄"が戦ったものはなにか 第1章 三好長慶による登用 第2章 幕府秩序との葛藤 第3章 大和の領国化 第4章 幕府秩序との対決 第5章 足利義昭・織田信長との同盟 第6章 筒井順慶との対立

松永 通温〔1927〜〕 まつなが・みちはる
◇結局は作曲家になった男の自伝 松永通温著,朝日カルチャーセンター編 大阪 朝日カルチャーセンター 2018.7 222p 19cm 2000円 ⓘ978-4-900722-43-9 Ⓝ762.1

松永 安左エ門〔1875〜1971〕 まつなが・やすざえもん
◇明治なりわいの魁—日本に産業革命をおこした男たち 植松三十里著 ウェッジ 2017.2 192p 21cm 〈文献あり 年表あり〉 1800円 ⓘ978-4-86310-176-0 Ⓝ341
[内容] 1章 魁の時代（高島秋帆—長崎豪商の西洋砲術と波乱の生涯 江川坦庵—伊豆韮山に現存する反射炉と品川台場 片寄平蔵—蒸気船の燃料を供給した常磐炭鉱の開拓） 2章 技の時代（鍋島直正—佐賀の反射炉と三重津海軍所の創設 本木昌造—日本語の活版印刷を広めた元長崎通詞 堤磯右衛門—公共事業の請負から石鹸の祖に 上田寅吉—船大工から日本造船史上の大恩人へ 大島高任—鉄の産地で高炉を建設した南部藩士） 3章 生業の時代（尾高惇忠—富岡製糸場初代場長の知られざる来歴 ファン・ドールン—猪苗代湖からの疎水開削を実現 加唐為重—生命保険に医療を取り入れて発展 油屋熊八—別府温泉で本格的な観光業をスタート 竹鶴政孝—本物のウィスキーを日本にもたらす 松永安左エ門—電力再編の三年間のためにあった長き生涯）

◇東京王—首都の背後に君臨した知られざる支配者たち 小ш裕夫著 ぶんか社 2017.11 189p 19cm 〈文献あり〉 1300円 ⓘ978-4-8211-4467-9 Ⓝ281.36
[内容] 東京の知性を育んだ初代総理の教育熱—伊藤博文 一大商都目指し奮闘した資本主義の父—渋沢栄一 東京を"建てた"男の栄光と未踏の夢—辰野金吾 東京発の"メイド・イン・ジャパン"—大久保利通 GHQをも退けた"電力の鬼"実業家—松永安左エ門 帝都に君臨する大財閥・三菱の創始者—岩崎弥太郎 下級武士から東京を創った成り上がり—後藤新平 西の鉄道王が東京に残した巨大な足跡—小林一三 朝敵の罪を背負した東京の後継者—徳川家達 後進国・日本の逆襲を都市計画で実現—井上馨 人材育成の視点から日本実業界を醸成—福澤諭吉 片田舎の谷・渋谷に君臨した田都国王—五島慶太 技術力で首都を開拓した地方藩出身者—大隈重信 都知事の座に最も長く君臨し続けた男—鈴木俊一

松濤 明〔1922〜1949〕 まつなみ・あきら
◇穂高に死す 安川茂雄著 山と渓谷社 2015.7 430p 15cm （ヤマケイ文庫）〈三笠書房 1965年刊の再刊 文献あり〉 900円 ⓘ978-4-635-04783-8 Ⓝ786.1
[内容] 乗鞍山上の氷雨 北尾根に死す アルプスの暗い夏 雪山に逝きた人びと 大いなる墓標 微笑むデスマスク "松高"山岳部の栄光と悲劇 ある山岳画家の生涯 一登山家の遺書 「ナイロン・ザイル事件」前後 滝谷への挽歌

松波 正晃〔1962〜〕 まつなみ・まさてる
◇コーリン—女性の自立のために…ある経営者の軌跡 大崎まこと著 スモールサン出版 2016.7 152p 19cm 〈発売：三恵社（名古屋）〉 1500円 ⓘ978-4-86487-537-0 Ⓝ289.1
＊「女性たちに、自分の力で食べていける経営者になってほしい」 父親の会社の倒産、難病の発症、放火… いくたびの絶望的状況から這い上がってきた男は、いかにして逆境を克服し、「女性の自立支援」という"天命"へとたどりついたのか。女性ライター大崎まことが"女性の目線"から取材し、書き起こした、ある経営者の軌跡。不屈の経営者魂、波乱万丈の記録。

松沼 博久〔1952〜〕 まつぬま・ひろひさ
◇ドラガイ—ドラフト外入団選手たち 田崎健太著 カンゼン 2018.10 271p 20cm 〈文献あり〉 1700円 ⓘ978-4-86255-482-6 Ⓝ783.7
[内容] 1 石井琢朗（88年ドラフト外 横浜大洋ホエー

ズ)　2　石毛博史(88年ドラフト外　読売ジャイアンツ)　3　亀山努(87年ドラフト外　阪神タイガース)　4　大野豊(76年ドラフト外　広島東洋カープ)　5　団野村(77年ドラフト外　ヤクルトスワローズ)　6　松沼博久・雅之(78年ドラフト外　西武ライオンズ)

松沼 雅之〔1956〜〕　まつぬま・まさゆき
◇ドラガイ—ドラフト外入団選手たち　田崎健太著　カンゼン　2018.10　271p　20cm　〈文献あり〉　1700円　Ⓘ978-4-86255-482-6　Ⓝ783.7
内容　1　石井琢朗(88年ドラフト外　横浜大洋ホエールズ)　2　石毛博史(88年ドラフト外　読売ジャイアンツ)　3　亀山努(87年ドラフト外　阪神タイガース)　4　大野豊(76年ドラフト外　広島東洋カープ)　5　団野村(77年ドラフト外　ヤクルトスワローズ)　6　松沼博久・雅之(78年ドラフト外　西武ライオンズ)

松根 東洋城〔1878〜1964〕　まつね・とうようじょう
◇俳人風狂列伝　石川桂郎著　中央公論新社　2017.11　280p　16cm　(中公文庫　い126-1)　〈角川書店　1974年刊の再刊〉　1000円　Ⓘ978-4-12-206478-2　Ⓝ911.362
内容　蛸の脚—高橋鏡太郎　此君亭奇録—伊庭心猿　行乞と水—種田山頭火　馭かずら—岩田昌寿　室咲の葦—岡本癖三酔　屑籠と棒秤—田尻得次郎　葉鶏頭—松根東洋城　おみくじの凶—尾崎放哉　水に映らぬ影法師—相良万吉　日陰のある道—阿部浪漫子　地上に墜ちたゼウス—西東三鬼

松野 クララ〔1853〜1941〕　まつの・くらら
◇松野クララを偲んで　宮里曉美、小林恵子編著　宮里研究室　2017.7　197p　26cm　〈文献あり　年譜あり〉　3000円　Ⓘ978-4-87779-107-0　Ⓝ289.1

松野 女之助　まつの・めのすけ
◇神技の系譜—武術稀人列伝　甲野善紀著　日貿出版社　2015.7　383p　20cm　〈文献あり〉　2500円　Ⓘ978-4-8170-6010-5　Ⓝ789.028
内容　第1章　松林左馬助　夢想願立(松林左馬助永吉誕生への系譜　異界との交流によって新流儀を開く　ほか)　第2章　加藤有慶　起倒流柔術(離れ業の名人加藤有慶　有慶の師　瀧野遊軒　ほか)　第3章　松野女之助　小山宇八郎　弓術(松野女之助、小山宇八郎兄弟　旗本の武士との矢ためし　ほか)　第4章　白井亨　天真兵法(勝海舟が感嘆した剣客・白井亨　白井亨、その生い立ち　ほか)　第5章　手裏剣術(混迷している現代の手裏剣像　手裏剣は最も原初的な武術の形態　ほか)

松葉 重雄〔1887〜1953〕　まつば・しげお
◇獣医学の狩人たち—20世紀の獣医偉人列伝　大竹修造著　堺　大阪公立大学共同出版会　2017.5　406p　21cm　〈文献あり〉　2400円　Ⓘ978-4-907209-72-8　Ⓝ649.028
内容　序：日本における近代獣医学の夜明け　牛疫苗と狂犬病ワクチンの創始者—梅野信吉　人材育成の名んで家畜衛生学の先達—葛西勝燕　獣医寄生虫学を確立—板垣四郎　競走馬の研究に生涯を捧げた外科の泰斗—松葉重雄　ひよこの雌雄鑑別法を開発—増井清　幻に終わったノーベル賞候補—市川厚一　獣医外科・産科学の巨頭—黒澤亮助　顕微鏡とともに歩んだ偉大な神経病理学者—山極三郎　麻酔・自律神経研究の権威—木全春生〔ほか〕

松橋 英司〔1955〜〕　まつはし・えいじ
◇耳の聞こえない私が講演をする理由—心の声を聴きたい、伝えたい　松橋英司著　三宝出版　2015.4　203p　19cm　〈文献あり〉　1500円　Ⓘ978-4-87928-099-2　Ⓝ289.1
内容　1　音のない世界に投げ出されて—「こうだったから、こうなってしまった人生」からの出発(誕生—両親の期待と希望を一身に受けて　罹患—結核性髄膜炎で危篤に　音のない世界に投げ出されて　ほか)　2　言葉を求めての闘い—「こうだったけど、こうなれた人生」を生きる(日本聾話学校に入学　言葉を求めて　松沢豪先生との出会い—マンツーマン教育が始まる　ほか)　3　願いに生きる新たな旅立ち—「こうだったからこそ、こうなれた人生」に向かって(母との別れ　高橋佳子先生との出会い　「私が変わります」による新しい人生の始まり　ほか)

松橋 時幸〔1934〜〕　まつはし・ときゆき
◇第十四世マタギ—松橋時幸一代記　甲斐崎圭著　山と溪谷社　2014.10　315p　15cm　(ヤマケイ文庫)〈筑摩書房　1989年刊の一部加筆・訂正、再編集〉　910円　Ⓘ978-4-635-04780-7　Ⓝ384.35
内容　第1章　初マタギ(比立内　アメ流し)　第2章(水垢離　掟　初猟)　第3章(寒マタギ　バンドリ二人三脚)　第4章(雪片飄々　日々…)　終章　萱草の熊

松林 永吉　まつばやし・えいきち
⇒松林左馬助(まつばやし・さまのすけ)を見よ

松林 左馬助〔1593〜1667〕　まつばやし・さまのすけ
◇神技の系譜—武術稀人列伝　甲野善紀著　日貿出版社　2015.7　383p　20cm　〈文献あり〉　2500円　Ⓘ978-4-8170-6010-5　Ⓝ789.028
内容　第1章　松林左馬助　夢想願立(松林左馬助永吉誕生への系譜　異界との交流によって新流儀を開く　ほか)　第2章　加藤有慶　起倒流柔術(離れ業の名人加藤有慶　有慶の師　瀧野遊軒　ほか)　第3章　松野女之助　小山宇八郎　弓術(松野女之助、小山宇八郎兄弟　旗本の武士との矢ためし　ほか)　第4章　白井亨　天真兵法(勝海舟が感嘆した剣客・白井亨　白井亨、その生い立ち　ほか)　第5章　手裏剣術(混迷している現代の手裏剣像　手裏剣は最も原初的な武術の形態　ほか)

松林 蝙也斎　まつばやし・へんやさい
⇒松林左馬助(まつばやし・さまのすけ)を見よ

松原 栄　まつばら・さかえ
◇キリストにある真実を求めて—出会い・教会・人間像　塩野和夫著　新教出版社　2015.2　338p　20cm　2000円　Ⓘ978-4-400-42777-3　Ⓝ190.4
内容　第1章　真実への目覚め—私の恋愛論・教育論(私の恋愛論　私の教育論)　第2章　聖書との出会い—苦悩の道を辿る(問題の所在　「個人の嘆きの歌」研究史　詩篇四二・四三篇の分析的考察　詩篇四二・四三篇伝承史の考察　神学的考察)　第3章　分かち

合う真実―倉敷教会の歴史的基層研究(資料と研究方法　倉敷教会史の「第一期プロテスタントの教え　倉敷へ」　倉敷教会史の「第二期真摯な伝道と苦難」　倉敷教会史の「第三期近代教会の基礎固め」　倉敷教会史の「第四期戦時下の教会」)　第4章　歴史に記憶される人間像―松原武夫・栄の生涯を読み解く(松下冷子「小品集」解題　松原武夫・松原栄小伝　松原武夫・栄と近代日本を生きた人間像の探求)

松原　成文〔1953～〕　まつばら・しげふみ
◇やるき一番情熱一番―川崎市の限りない発展のために―議員活動15年の歩み　松原成文著　横浜タウンニュース社　2017.11　333p　21cm　1389円　Ⓘ978-4-9908973-6-9　Ⓝ318.237

松原　武夫　まつばら・たけお
◇キリストにある真実を求めて―出会い・教会・人間像　塩野和夫著　新教出版社　2015.2　338p　20cm　2000円　Ⓘ978-4-400-42777-3　Ⓝ190.4
　内容　第1章　真実への目覚め―私の恋愛論・教育論(私の恋愛論　私の教育論)　第2章　聖書との出会い―苦悩の道を辿る(問題の所在「個人の嘆きの歌」研究史　詩篇四二・四三篇の分析的考察　詩篇四二・四三篇伝承史の考察　神学的考察)　第3章　分かち合う真実―倉敷教会の歴史的基層研究(資料と研究方法　倉敷教会史の「第一期プロテスタントの教え　倉敷へ」　倉敷教会史の「第二期真摯な伝道と苦難」　倉敷教会史の「第三期近代教会の基礎固め」　倉敷教会史の「第四期戦時下の教会」)　第4章　歴史に記憶される人間像―松原武夫・栄の生涯を読み解く(松下冷子「小品集」解題　松原武夫・松原栄小伝　松原武夫・栄と近代日本を生きた人間像の探求)

松原　武久〔1937～〕　まつばら・たけひさ
◇生かされて生きる　松原武久著　名古屋　中部経済新聞社　2016.4　246p　18cm　(中経マイウェイ新書　030)　800円　Ⓘ978-4-88520-199-8　Ⓝ289.1

松原　千明〔1958～〕　まつばら・ちあき
◇ただ、愛した　松原千明著　扶桑社　2017.3　198p　19cm　1400円　Ⓘ978-4-594-07667-2　Ⓝ778.21
　内容　プロローグ　1章　私、松原千明について―　2章「砂の城」だった結婚生活　3章　ハワイ行きの決断　4章　離婚と再婚、そして再びの離婚　松原千明×すみれ　母娘対談1　5章　すみれと達也、ふたりの子どもたちの育て方　6章　自分自身のこれから　松原千明×すみれ　母娘対談2　すみれからの手紙　エピローグ

松原　ネルソン〔1951～〕　まつばら・ねるそん
◇生きるためのサッカー―ブラジル、札幌、神戸　転がるボールを追いかけて　ネルソン松原著，松本創取材・構成，小笠原博毅取材・解説　土庄町(香川県)　サウダージ・ブックス　2014.6　239p　19cm　〈年譜あり〉　1800円　Ⓘ978-4-907473-04-4　Ⓝ783.47

松原　英俊〔1950～〕　まつばら・ひでとし
◇鷹と生きる―鷹使い・松原英俊の半生　谷山宏典著　山と渓谷社　2018.12　254p　19cm　〈文献あり〉　1600円　Ⓘ978-4-635-31032-1　Ⓝ787.6
　内容　序章　鷹使いが生まれた日　第1章　現代に生きる鷹使い―狩りと生活　第2章　旅立ち―修業生活へ　第3章　運命の出会い―家庭をもつということ　第4章　生きものとともに―飽くなき好奇心と愛情　第5章　デルス・ウザーラのように　おわりに―生きものとしての逞しさに魅せられて

松原　頼介〔1897～1988〕　まつばら・らいすけ
◇頼介伝―無名の起業家が生きた知られざる日本現代史　松原隆一郎著　神戸　苦楽堂　2018.7　296,6p　20cm　〈年表あり〉　2000円　Ⓘ978-4-908087-08-0　Ⓝ289.1
　内容　序　なぜ祖父の人生をたどり返すのか　第一部　祖父と出会う(第一章　一八九七(明治三〇)年生まれの世代について　第二章「楽園」ダバオへ　第三章　労働者のるつぼ・東出町)　第二部　成り上がりと戦争(第四章　満洲の夢と阪神間モダニズム　第五章　船を造る)　第三部　起業家の復活と死(第六章　再起　第七章　ワンマン経営　第八章　最後の賭け　第九章　起業家の死)　終章　神戸についての省察

松久　タカ子〔1921～〕　まつひさ・たかこ
◇大正の女タカ子―教師として、画家として、母として激動の時代を生きた女性の人生　松久タカ子著　大阪　風詠社　2017.9　111p　22cm　〈発売：星雲社〉　1200円　Ⓘ978-4-434-23278-7　Ⓝ289.1
　内容　タカ子の生い立ち　小学校時代から高等科へ　父のこと　母のこと　修学旅行、卒業そして船出　亀田縫製工場で働いたころ　亀田での人々との思い出　姉の結婚　郵便局への就職　ふたたび転居　〔ほか〕

松久　信幸〔1949～〕　まつひさ・のぶゆき
◇お客さんの笑顔が、僕のすべて！―世界でもっとも有名な日本人オーナーシェフ、NOBUの情熱と哲学　松久信幸著　ダイヤモンド社　2014.8　248p　19cm　1600円　Ⓘ978-4-478-02472-0　Ⓝ289.1
　内容　第1章「海外」と「寿司」への憧れ―下積み時代を耐えられたからこそ　第2章　落ちるところまで落ちれば、焦りは消える―海外での連戦連敗　第3章　お客さんの笑い声が満ちた場所に―はじめての自分の店「マツヒサ」オープン　第4章　四年待ってくれたデ・ニーロ―NOBUの共同経営をスタート　第5章　NOBUの味とサービスを世界へ―その土地に合わせることと、大切にしないこと　第6章　パートナーシップ崩壊の危機を乗り越えて―常にクオリティを高めつづける　第7章　新たなステージへの挑戦―NOBUホテルオープン　第8章　情熱と努力があれば、結果は後からついてくる

松姫　まつひめ
⇒信松尼(しんしょうに)を見よ

松藤　大治〔1921～1945〕　まつふじ・おおじ
◇蒼海に消ゆ―祖国アメリカへ特攻した海軍少尉「松藤大治」の生涯　門田隆将著　KADOKAWA　2015.6　405p　15cm　(角川文庫　か63-5)〈集英社　2011年刊の加筆修正　文献あり〉　680円　Ⓘ978-4-04-102712-7　Ⓝ289.

1 カリフォルニア州サクラメント 剣士の誕生 現れた転校生 戦時下の日本 束の間の幸せ 別れのトランペット 始まった東京生活 迫りくる戦火の足音 学徒出陣 猛訓練の日々 元山航空隊 特攻出撃 敵部隊見ゆ 生きていた戦友の姿

松丸 東魚〔1901～1975〕 まつまる・とうぎょ
◇忘れ得ぬ書人たち 田宮文平著 芸術新聞社 2017.11 318p 26cm 2800円 Ⓘ978-4-87586-533-9 Ⓝ728.216
 内容 総論(「二十一世紀の書」のエンジン 挑戦者への期待) 忘れ得ぬ書人たち十六人(大澤雅休・大澤竹胎―忽然と消えた書世界の"写楽" 内田鶴雲―大字かなの記念碑「水の変態」 松丸東魚―捜秦摹漢の生涯 飯島春敬―かな書道隆盛の立役者 広津雲仙―豊饒なる"借り衣"の書思想 ほか)

松丸 祐子 まつまる・ゆうこ
⇒まつゆう*を見よ

松村 厚久〔1967～〕 まつむら・あつひさ
◇熱狂宣言 小松成美著 幻冬舎 2015.8 337p 20cm 〈年譜あり〉 1500円 Ⓘ978-4-344-02796-1 Ⓝ289.1
 内容 序章 「1967」2周年パーティー 第1章 若年性パーキンソン病の告白 第2章 100店舗100業態という奇跡 第3章 高知での少年時代、憧れの東京 第4章 迷走の時代を越えて 第5章 素顔の松村厚久 第6章 外食産業のさらなる未来 終章 新たな治療、上場の鐘
◇熱狂宣言 小松成美著 幻冬舎 2016.9 384p 16cm (幻冬舎文庫 こ-9-5) 〈年譜あり〉 650円 Ⓘ978-4-344-42520-0 Ⓝ289.1
 内容 序章 「1967」2周年パーティー 第1章 若年性パーキンソン病の告白 第2章 100店舗100業態という奇跡 第3章 高知での少年時代、憧れの東京 第4章 迷走の時代を越えて 第5章 素顔の松村厚久 第6章 外食産業のさらなる未来 終章 新たな治療、上場の鐘

松村 介石〔1859～1939〕 まつむら・かいせき
◇新島襄と明治のキリスト者たち―横浜・築地・熊本・札幌バンドとの交流 本井康博著 教文館 2016.3 389,7p 22cm 〈索引あり〉 3800円 Ⓘ978-4-7642-9969-6 Ⓝ198.321
 内容 1 新島襄と四つの「バンド」 2 横浜バンド(S.R.ブラウン J.H.バラ 植村正久 井深梶之助 押川方義 本多庸一 松村介石 粟津高明) 3 築地バンド(C.カロザース 田村直臣 原胤昭) 4 熊本バンド(L.L.ジェーンズ 小崎弘道) 5 札幌バンド(W.S.クラーク 内村鑑三 新渡戸稲造 大島正健)

松村 正恒〔1913～1993〕 まつむら・まさつね
◇老建築稼の歩んだ道―松村正恒著作集 松村正恒著, 花田佳明編 鹿島出版会 2018.2 442p 22cm 〈年譜あり〉 4200円 Ⓘ978-4-306-04660-3 Ⓝ523.1
 内容 第1章 素描・松村正恒 第2章 無級建築士自筆年譜 第3章 建築家論 第4章 建築論 第5章 作品解説 第6章 交友録

松村 眞良〔1944～〕 まつむら・まさよし
◇泥シップ論に浮いたジャポニズム―"本町の今昔に綴る松村眞良"伝 大野雅久著 薬事日報社 2016.3 187p 20cm 〈文献あり〉 1800円 Ⓘ978-4-8408-1336-5 Ⓝ492.53
 ＊日本橋界隈には「日本橋〇〇町」と名のつく町が20ある。その中でも日本橋本町は江戸時代から商家の街として開け、現在は薬業界の中心地である。一方で日本橋浜町は明治以降は武家地を開放し、民間に払い下げられたので町家の雰囲気を残している。どちらも「三井の番頭さん」と呼ばれたあの井上馨と深い関わりのある町だ。「日本橋本町」、「日本橋浜町」、「井上馨」を調べるうちに、随所でかかわりの深い人物が浮かびあがってきた。その人はかつて帝国製薬で副社長を務めた"松村眞良"だ。「薬からジャポニズム論」を唱え、日本特有の薬である"シップ剤"をTTS(経皮吸収)のデバイスに高めた人物である。その「井上馨」、「松村眞良」のふたりを中心に「貼り薬から経皮吸収製剤」までの歴史や背景などを外用製剤協議会の元・事務局長である筆者が詳細に語る。また現在も日本橋浜町に居を構えている筆者が日本橋本町と薬業界の今昔を昔の地図などを交えながら書き綴っている章もある "ちょっと珍しい"くすりと歴史の読み物だ。

松村 緑〔1909～1978〕 まつむら・みどり
◇松村緑の世界 黒田えみ編 岡山 日本文教出版 2014.10 156p 15cm (岡山文庫 291) 〈文献あり 著作目録あり 年譜あり〉 900円 Ⓘ978-4-8212-5291-6 Ⓝ910.268
 内容 1 松村緑の生い立ち 2 横瀬夜雨の詩との出会い 3 松岡国男(柳田国男)の抒情詩を発掘 4 熊田精華の詩の紹介とソネットの歴史研究 5 石上露子の研究(石上露子との出会い 『石上露子集』の出版) 6 蒲原有明の研究 7 薄田泣菫の研究(詩「公孫樹下にたちて」の考察 詩集『白羊宮』の研究 生涯にわたる泣菫研究)

松村 龍二〔1938～〕 まつむら・りゅうじ
◇九頭龍―前参議院議員・松村龍二一代記 松村龍二著 文藝春秋企画出版部 2017.8 221p 20cm (発売:文藝春秋) 1500円 Ⓘ978-4-16-008905-1 Ⓝ289.1
 内容 第1章 生い立ちと立志(幼い頃、家族のこと 大学時代の親友と駒場ESS ほか) 第2章 警察庁入庁(大阪府警時代―警察にも労働組合の考えを 思いやりと勇猛果敢の心 ほか) 第3章 国政に力を尽くす(初めての国政選挙 選挙公約―高速交通体系の完成を目指す ほか) 第4章 勇退とその後(韓国歴史ドラマに見る日韓関係 妻頴子に感謝する ほか)

松室 五郎左衛門〔?～1783〕 まつむろ・ごろうざえもん
◇評伝 天草五十人衆 天草学研究会編 福岡 弦書房 2016.8 317p 22cm 〈文献あり 年表あり 索引あり〉 2400円 Ⓘ978-4-86329-138-6 Ⓝ281.94
 内容 ステージ1 五人衆の時代、そして… ステージ2 天領天草の村々 ステージ3 祈りの島で ステージ4 耕す、漁る ステージ5 実業の世をひらく ス

テージ6 潮路はるかに　ステージ7 文学・歴史・言論　ステージ8 あの頃、この人　ステージ9 島の現実、国の行く末　ステージ10 一筋の道　ステージ特別編 群像二題〈天草の石文化と松室五郎左衛門　牛深カツオ漁の男たち〉

松本　晃〔1985～〕　まつもと・あきら
◇リーダーシップの哲学―12人の経営者に学ぶリーダーの育ち方　一條和生著　東洋経済新報社　2015.6　299p　20cm　〈他言語標題：The Leadership Journey〉　1800円　Ⓘ978-4-492-55361-1　Ⓝ332.8

内容　リーダーシップ・ジャーニーに終わりはない―藤森義明　誰にでも無限の可能性がある―澤田道隆　できるだけシンプルに考え、実行する―松本晃　経験しないとわからない世界がある―玉塚元一　ロールモデルに学び、自分流にアレンジする―志賀俊之　全員で「良い会社 Good Company」を創る―永野毅　恐れることなく変わり続ける―佐藤玖美　一瞬も一生も美しく、をめざして―前田新造　新しい場で学び続ける―樋口泰行　常に全力を尽くしながら視座を高める―松井忠三　ストレッチ経験で己を鍛え、実践知を蓄える―新貝康司　ストーリーで多様な人々を束ねる―小林いずみ　あなたらしいリーダーシップを育む

◇なぜあの経営者はすごいのか―数字で読み解くトップの手腕　山根節著　ダイヤモンド社　2016.6　282p　19cm　1600円　Ⓘ978-4-478-06959-2　Ⓝ335.13

内容　第1章 孫正義―巨大財閥をもくろむ大欲のアントレプレナー　第2章 松本晃―「右手に基本、左手にクレド」のシンプル経営実行者　第3章 永守重信―電動モーターに人生を賭けるエバンジェリスト　第4章 似鳥昭雄―猛勉を続ける執念のオープン・イノベーター　第5章 新浪剛史―自ら「やってみなはれ」続けるイントラプレナー　第6章 岡藤正広―言霊パワーを駆使するビッグビジネス・リーダー　第7章 星野佳路―お客と社員の「おもてなし」プロフェッショナル

松本　英子〔1866～1928〕　まつもと・えいこ
◇あなうましみづ―異色の改革者永井英子の生涯　永田圭介著　教文館　2018.8　273,2p　20cm　〈文献あり　年譜あり　索引あり〉　2500円　Ⓘ978-4-7642-9980-1　Ⓝ289.1

松本　修〔1961～〕　まつもと・おさむ
◇情報戦士の一分―ある自衛隊分析官が歩んだ道　松本修著　〔出版地不明〕　松本修　2018.5　173p　19cm　〈年表あり〉　Ⓝ391.6

松本　亀次郎〔1866～1945〕　まつもと・かめじろう
◇日中の道, 天命なり―松本亀次郎研究　二見剛史著　学文社　2016.11　335p　22cm　3800円　Ⓘ978-4-7620-2677-5　Ⓝ377.6

内容　第1部 総論的考察〈中国人留学生教育の父・松本亀次郎　アジアへの理解　教育者松本亀次郎に関する一考察　日中文化交流における松本亀次郎を中心として ほか〉　第2部 特論的考察〈松本亀次郎の日華共存共栄論　佐賀師範在職時代の松本亀次郎　京師法政学堂の日本人教習　京師法政学堂と松本亀次郎　ほか〉

松本　謙一〔1936～〕　まつもと・けんいち
◇経営者は遊び心を持て―空飛ぶ怪鳥・松本謙一の人間学　村上毅著　日刊工業新聞社　2017.11　196p　19cm　1500円　Ⓘ978-4-526-07771-5　Ⓝ289.1

内容　第1章 見極める力―サスティナビリティーの本質　第2章 判断する力―日本市場を守った "競争" と "協業"　第3章 活かす力― "新" 市場を見て、感じる　第4章 成長する力―未来に咲く "真" のヘルスケア企業へ　第5章 共有する力―業界の利益は皆のためになる　終章

松本　健次郎〔1870～1963〕　まつもと・けんじろう
◇二十世紀と格闘した先人たち―一九〇〇年アジア・アメリカの興隆　寺島実郎著　新潮社　2015.9　390p　16cm　（新潮文庫　て-10-2）〈「二十世紀から何を学ぶか　下　一九〇〇年への旅　アメリカの世紀、アジアの自尊」（2007年刊）の改題、加筆・修正〉　630円　Ⓘ978-4-10-126142-3　Ⓝ280.4

内容　第1章 アメリカの世紀がアジア太平洋にもたらしたもの〈太平洋の転換点となった米西戦争での米国の勝利　明治の青年に夢を与えたクラーク博士の実像と足跡　ヘンリー・ルース、「アメリカの世紀」を推進した男　フランクリン・ルーズベルトの対日観の歴史的変遷　敗戦後の日本を "支配" した「極端な人」マッカーサー　付マッカーサー再考への旅―呪縛とトラウマからの脱却〉　第2章 国際社会と格闘した日本人「太平洋の橋」になろうとした憂国の国際人、新渡戸稲造　キリストに生きた武士、内村鑑三の高尚なる生涯　禅の精神を世界に発信した、鈴木大拙という存在　六歳の津田梅子を留学させた明治という時代　「亡命学者」野口英世の生と死　高峰譲吉の栄光とその悲しみ　日本近代史を予言した男、朝河貫一の苦闘と日米関係　近代石炭産業の功労者、松本健次郎と二十世紀　情報戦争の敗北者だった大島浩駐独大使〉　第3章 アジアの自尊を追い求めた男たち〈アジアの再興を図ろうとした岡倉天心の夢　「偉大な魂」ガンジーの重い問い掛け　インドが見つめている―チャンドラ・ボースとパル判事　革命家・孫文が日本に問いかけたもの　魯迅が否定した馬々虎々　不倒翁・周恩来の見た日本〉　第4章 二十世紀再考―付言しておくべきことと総括〈一九〇〇年エルサレム―アラブ・イスラエル紛争に埋め込まれたもの　一九〇〇年香港―英国のアジア戦略　総括―結局、日本にとって二十世紀とは何だったか〉

松本　源蔵〔1926～2015〕　まつもと・げんぞう
◇わたしの盛岡　松本源蔵著　盛岡　もりおか暮らし物語読本刊行委員会　2017.3　319p　18cm　（もりおか暮らし物語読本 004）〈共同刊行：盛岡出版コミュニティー　「わたしの盛岡 正・続」（私家版 2001・2004年刊）の合本〉　926円　Ⓘ978-4-904870-39-6　Ⓝ289.1

内容　"わたしの盛岡" 全120話〈私の銀メダル　バンキコーロン　"ふろれたりや" ほか〉　語りべの落ち穂拾い〈"民男君" の思い出　別れ　大工百年 ほか〉　街の周遊〈瀬川正三郎像　柴内魁三像　天満宮の狛犬 ほか〉　思い出のアルバム

まつもと

松本 幸四郎（5代）〔1764～1838〕 まつもと・こうしろう
◇評伝 鶴屋南北 古井戸秀夫著 白水社 2018.8 2冊（セット） 21cm 25000円 ①978-4-560-09623-9 Ⓝ912.5
内容 第1巻（鶴屋南北の遺言 ふたつの出自 金井三笑と桜田治助 大谷徳次と坂東善次 三代目坂東彦三郎と並木五瓶 尾上松助と怪談狂言） 第2巻（五代目松本幸四郎と生世話 五代目岩井半四郎と悪婆 七代目市川團十郎と色悪 三代目尾上菊五郎と「兼ル」役者）

松本 幸四郎（9代） まつもと・こうしろう
⇒松本白鸚（2代）（まつもと・はくおう）を見よ

松本 幸四郎（10代）〔1973～〕 まつもと・こうしろう
◇十代目松本幸四郎への軌跡―七代目市川染五郎物語 鈴木英一著 演劇出版社 2018.4 303p 19cm 〈文献あり 発売：小学館〉 1800円 ①978-4-86184-009-8 Ⓝ774.28
内容 最終回という松本家「黄金の日日」序幕 歌舞伎怪童「三代目金太郎」登場 歴史的な三代襲名披露 ハムレット役者 かぶきを学ぶ日々 つくる 復活 職人 松本流家元 松本錦升 拡げる 傾奇おどり 渋谷金王丸伝説 染五郎から幸四郎へ

松本 治一郎〔1887～1966〕 まつもと・じいちろう
◇部落問題と近現代日本―松本治一郎の生涯 イアン・ニアリー著，森山沾一，福岡県人権研究所プロジェクト監訳，平野裕二訳 明石書店 2016.11 455p 20cm （世界人権問題叢書97）〈文献あり 索引あり〉 5800円 ①978-4-7503-4435-5 Ⓝ289.1
内容 第1章 少年・青年時代 第2章 松本治一郎と水平社 第3章 監獄から議会へ 第4章 松本治一郎の代議士時代の一九三六～四一年 第5章 松本治一郎と太平洋戦争 第6章 松本治一郎と占領下の日本 第7章 一九五〇年代の松本治一郎 第8章 松本治一郎の晩年―一九六〇年代

松本 重治〔1899～1989〕 まつもと・しげはる
◇上海時代―ジャーナリストの回想 上 松本重治著 改版 中央公論新社 2015.6 470p 16cm （中公文庫 ま11-4） 1400円 ①978-4-12-206132-3 Ⓝ319.1022
内容 プロローグ 上海へ 中国の知友 上海の外国人 満州，華北への旅 蔣・汪合作政権 有吉外交の開花 対日接近外交の展開 二元化する対中外交 広田三原則 華北自治工作 昭和十一年の新局面 二・二六事件の影

◇上海時代―ジャーナリストの回想 下 松本重治著 改版 中央公論新社 2015.6 476p 16cm （中公文庫 ま11-5）〈年表あり〉 1400円 ①978-4-12-206133-0 Ⓝ319.1022
内容 国交調整への基本方針 日中外交交渉の難航 蔣・川越会談へ 昂まる抗日運動 西安事件をスクープ 兵棋としての西安事件 命運を決した半年 蘆溝橋事件の突発 回帰せる地点に 平和のための戦い敗る 戦線拡大と平和の努力 日中和平工作の渦中で

松本 大洋〔1967～〕 まつもと・たいよう
◇松本大洋本 松本大洋著 小学館 2018.1 225p 21cm （SHONEN SUNDAY COMICS SPECIAL―漫画家本 vol.4）〈著作目録あり〉 1300円 ①978-4-09-128069-5 Ⓝ726.101
＊大注目を集める有名漫画家の全てが分かる「漫画家本」その第4弾は画業30周年を迎える松本大洋！デビュー以来他の追随を許さない独自の画風と、シンプルなエンタティメント性を両立してきた松本大洋。デビューの「STRAIGHT」から最新作「ルーヴルの猫」までを全て解説。意外な超有名人との対談。本人インタビュー。幻のあの作品を掲載。と盛りだくさんでお届けする「祝！松本大洋画業30周年」本です。一連の30周年記念出版の中で最高の深度と真度を備えた本作品をよろしくお願いします。

松本 崇〔1941～2015〕 まつもと・たかし
◇あなたと歩けば 松本文子語り 〔大村〕〔松本文子〕 2018.10 138p 21cm 1400円 ①978-4-905026-91-4 Ⓝ289.1

松本 智津夫 まつもと・ちずお
⇒麻原彰晃（あさはら・しょうこう）を見よ

松本 哲夫〔1929～〕 まつもと・てつお
◇建築家の広がり―無名の公共デザイン 松本哲夫，松本哲夫のある会著 建築ジャーナル 2017.7 125p 22cm （建築家会館の本）〈企画：建築家会館 年譜あり 年表あり〉 1800円 ①978-4-86035-105-2 Ⓝ523.1
内容 松本哲夫インタビュー―無名の公共デザイン（生い立ち、家族のこと 原風景 第2部 宣教師、そしてアメリカ市民（学生キリスト教運動 敵性外国人として 自由なアメリカ、封建主義の日本 自伝『兄弟は他人の始まり』占領政策との関係） 第3部「英語の松本」の誕生（帰国 「放送英語」の世界へ）虚像と実像

◇宣教師松本亨と明治学院―戦後の宣教師研究プロジェクト 明治学院大学キリスト教研究所編 明治学院大学キリスト教研究所 2018.3 100p 26cm （明治学院大学キリスト教研究所オケイジョナルペーパー 17）〈年譜あり 著作目録あり 年表あり〉 非売品 Ⓝ289.1

松本 亨〔1913～1979〕 まつもと・とおる
◇松本亨と「英語で考える」―ラジオ英語会話と戦後民主主義 武市一成著 彩流社 2015.9 335,12p 22cm 〈年譜あり 索引あり〉 3500円 ①978-4-7791-2144-9 Ⓝ289.1
内容 第1部 人格形成と文化衝突（キリスト教と母親の影 英語への傾倒 渡米の夢） 第2部 宣教師、そしてアメリカ市民（学生キリスト教運動 敵性外国人として 自由なアメリカ、封建主義の日本 自伝『兄弟は他人の始まり』占領政策との関係） 第3部「英語の松本」の誕生（帰国 「放送英語」の世界へ）虚像と実像

松本 白鸚（2代）〔1942～〕 まつもと・はくおう
◇幸四郎の奇跡のはなし 松本幸四郎著 新潮社 2015.4 181p 16cm （新潮文庫 ま-43-1）

〈東京新聞 2011年刊の再刊〉 590円 ①978-4-10-126521-6 Ⓝ774.28
＊歌舞伎十八番「勧進帳」。'08年、九代目松本幸四郎は、奈良東大寺で千回目となる弁慶を演じた。二月堂の鐘や秋の虫の音が響く中、大仏殿の甍ごしに昇る美しい満月—。舞台に立ち続ける傍らには、いつも家族がいた。「襲名とは命を継ぐこと」と語った父。個性豊かな三人の子供。一門を切り盛りする妻。小さな奇跡を積み重ね、見果てぬ夢を抱いて駆け抜けた半生を綴る自伝的エッセイ。

松本 治剛〔1943～〕 まつもと・はるたか
◇松本治剛の一生、自分磨き。一人生は楽しい事が半分、苦しい事が半分。だから若いうちは苦しい方を選べばいい。 松本治剛著 日本ベンチャー大學パブリッシング 2018.3 277p 19cm 〈共同刊行:ザメディアジョン・エデュケーショナル 年譜あり 発売:星雲社〉 1000円 ①978-4-434-24415-5 Ⓝ289.1
内容 第1章 少年時代—貧しい生活での決心したこと "いつか恩返しをしたい—" 第2章 青年時代—昼は会社で働き、夜は高校で学ぶ。30歳の独立開業まで、必死でお金を貯める。 第3章 創業期の挑戦—30歳で独立し、事業に邁進する! 資金繰りに奔走し、人生最大の苦悩を味わう。 第4章 事業の飛躍—全国展開と海外・中国との取引。そして、病気との付き合い。 第5章 がむしゃらな時代—必死で営業し、提案する日々。成功と失敗、そして事件の数々…… 第6章 次の世代へ—いつも"自分磨き"ができる人間になってほしい。 第7章 身内の話—子どもたちに感謝、親戚の人たちに感謝! 第8章 色々な人生—人生は、何が起るか分からない。 付録 社員たちに宛てた"自分磨き"のメール

松元 彦四郎〔1933～〕 まつもと・ひこしろう
◇銃口から遁れて七十年—回顧録 松元彦四郎著 日本図書刊行会 2016.1 278p 20cm 〈年譜あり 年表あり 発売:近代文藝社〉 1700円 ①978-4-8231-0929-4 Ⓝ289.1
内容 戦前篇(東洋のナポリ 生麦事件と薩英戦争 ほか) 戦後篇(1)(米軍の進駐と戦後民主主義 学生生活と合唱 ほか) 戦後篇(2)(中国の大地とカナダの紅葉 思い出のモントリオール ほか) 戦後篇(3)(国際情勢と国際航空 北海道の空と大地 ほか) 戦後篇(4)(東京楠声会と錦江音楽研究会 人の情けと柏教会 ほか)

松本 紘〔1942～〕 まつもと・ひろし
◇改革は実行 松本紘著 日本経済新聞出版社 2016.5 223p 20cm 〈私の履歴書〉〈年譜あり〉 2000円 ①978-4-532-16990-9 Ⓝ289.1
内容 第1章 貧しいけど豊か 第2章 研究者へのいざない 第3章 家族との生活 第4章 探究には手段を限らない 第5章 改革は実行—副学長まで 第6章 改革は実行—総長として 第7章 グローバル時代の人間力 第8章 楽しんで生きる 第9章 教育と研究の未来 第10章 日本からイノベーションを

松本 文子〔1949～〕 まつもと・ふみこ
◇あなたと歩けば 松本文子語り 〔大村〕〔松本文子〕 2018.10 138p 21cm 1400円 ①978-4-905026-91-4 Ⓝ289.1

松本 洋子〔1948～〕 まつもと・ようこ
◇美しく暮らすおしゃれのヒント—人生、いつだってスタートライン 松本洋子著 朝日新聞出版 2016.9 143p 21cm 1200円 ①978-4-02-333099-3 Ⓝ289.1
内容 1 60歳からのファッション(60歳過ぎて、"色もの"ファッションデビュー! いくつになってもTPOに合わせたおしゃれを ほか) 2 50歳で選んだ私のすみか(50歳で買った、"自分の城" シニアこそ、都会暮らしを! ほか) 3 シニア一人暮らしの過ごし方(読書ライフ 映画の時間 ほか) 4 私の人生、いつもリセット(きっかけは"伊勢丹" 「キャンティ」—おしゃれと車と音楽と ほか)

松本 麗華〔1983～〕 まつもと・りか
◇止まった時計—麻原彰晃の三女・アーチャリーの手記 松本麗華著 講談社 2015.3 294p 20cm 〈年表あり〉 1400円 ①978-4-06-219480-8 Ⓝ169.1
内容 第1章 一九八三年、船橋の松本家 第2章 サティアンで暮らす 第3章 事件と父の逮捕 第4章 唯一の正大師となって 第5章 教団から離れて、社会へ 第6章 大学生活と死刑確定 第7章 大学卒業後 第8章 事件と父—オウム真理教とは何だったか
◇止まった時計—麻原彰晃の三女・アーチャリーの手記 松本麗華著 講談社 2018.5 403p 15cm 〈講談社+α文庫 G315-1〉〈2015年刊の加筆・修正 年表あり〉 920円 ①978-4-06-511933-4 Ⓝ169.1
内容 第1章 一九八三年、船橋の松本家 第2章 サティアンで暮らす 第3章 事件と父の逮捕 第4章 唯一の正大師となって 第5章 教団から離れて、社会へ 第6章 大学生活と死刑確定 第7章 大学卒業後 第8章 事件と父—オウム真理教とは何だったか

松本 零士〔1938～〕 まつもと・れいじ
◇松本零士無限創造軌道—80th ANNIVERSARYクロニクル 松本零士著・原作・総設定デザイン 小学館 2018.3 207p 26cm 〈文献あり 著作目録あり〉 2500円 ①978-4-09-179240-2 Ⓝ726.101
内容 2018松本零士80th ANNIVERSARYカレンダー 復刻! 零次元宇宙ピンナップ 松本零士の軌跡 ちばてつや×松本零士対談 単行本未収録短編特別掲載『モルモタリウム1978』松本零士ビンテージアルバム 松本將インタビュー 牧美也子インタビュー 零次元宇宙の旅 零次元宇宙構築略図〔ほか〕
◇君たちは夢をどうかなえるか 松本零士著 PHP研究所 2018.6 142p 19cm 〈心の友だち〉 ①978-4-569-78767-1 Ⓝ159.7
内容 第1章 夢 第2章 創作 第3章 修業時代 漫画昆虫国漂流記 第4章 時 第5章 闘い・友情 第6章 生命

松山 足羽〔1922～〕 まつやま・あすわ
◇人生百景—松山足羽の世界 遠藤若狭男著 本阿弥書店 2016.9 227p 20cm 〈布装〉 2400円 ①978-4-7768-1258-6 Ⓝ911.362
内容 第1章 『鉄橋』—花の駅の中なる君 第2章 決

意としたる『鉄橋』第3章 『坐高』—生きること—一所懸命 第4章 病院へ妻囚はれて『山河』 第5章 『愛の欲し』—病院の妻へ『ただいま』 第6章 男無聊でありにけり『男唄』 第7章 『一人』—梶子より千日生きて

松山 善三〔1925～2016〕 まつやま・ぜんぞう

◇高峰秀子が愛した男 斎藤明美著 河出書房新社 2017.1 213p 21cm 〈ハースト婦人画報社 2012年刊の増補新装版〉 1800円 Ⓘ978-4-309-02543-8 Ⓝ778.21

|内容| 「かあちゃんは小さい時から働いて、働いて…だからきっと神様が、可哀そうだと思って、とうちゃんみたいな人と逢わせてくれたんだね」 「とうちゃんはハンサムだからね」 「とうちゃんは子供の頃、あだ名が『キュウリ』だったんだって」 「僕はボーっとした子供で、頭も悪かった。いつも友達に苛められてましたよ」 「とうちゃんが子供の時、その頃はお醤油って量り売りだったから空き瓶を持って買いにいくんだけど、とうちゃんがお使いでお醤油を買って帰ってきたら、玄関でいきなりお父さんに殴られたんだって。涙を垂らしてるって。ひどいでしょ。でもとうちゃんは兄弟の中で一番偉くなって、お父さんに家を建ててあげたのよ」 「なんて素直な人だろうと思った」 「夢のようでしたよ」 「私みたいなノータリンでいいのかしらと思った」 「我慢の向こうには必ず笑いがある、幸せがある。必ず期待するものが見えるはずだと、僕は信じてます」 「土方やってでも養っていきます」

◇高峰秀子の捨てられない荷物 斎藤明美著 筑摩書房 2017.8 426p 15cm （ちくま文庫さ45-1）〈文藝春秋 2001年刊の再刊〉 950円 Ⓘ978-4-480-43462-3 Ⓝ778.21

|内容| 一本のクギ 仮面と鎧 荷物 敵 人間嫌い 鶏卵 一日一笑 ふたり

松山 常次郎〔1884～1961〕 まつやま・つねじろう

◇紀水・松山常次郎 松山創著 京都 松籟社 2015.2 302p 20cm 〈文献あり 年譜あり〉 2400円 Ⓘ978-4-87984-330-2 Ⓝ289.1

|内容| 第1章 九度山の麒麟児（九度山 生い立ち 五條中学ほか） 第2章 青雲の志（東京 農業土木 ほか） 第3章 土木技術者（兵役 朝鮮訪問 開墾地調査 ほか） 第4章 少壮政治家（政界へ 朝鮮における参政権問題 公娼廃止問題 ほか） 第5章 太平洋戦争への道（帝国議会騒擾事件 海軍政務次官 大陸感懐 ほか） 第6章 晩年（敗戦 美知子の結婚 仏教伝来 ほか）

まつゆう*〔1978～〕

◇まつゆう*をつくる38の事柄 まつゆう*著 光文社 2017.3 185p 19cm 1300円 Ⓘ978-4-334-97913-3 Ⓝ281.04

|内容| 1 matsu‐you's History—松丸祐子がまつゆう*になるまで（私の歴史のはじまり。モデルデビューは15歳 『没個性モデル』—マイナスから見つけた私の才能 ほか） 2 matsu‐you's Theory—まつゆう*の想うこと（「しあわシェア」のススメ 夢を叶えるために大切なことは、続けること ほか） 3 matsu‐you's Favorite—まつゆう*の大好きなこと（趣味はスキンケア ファッションはシンプルに ほか） 4 matsu‐you's Family—まつゆう*の大好きな人たち（天然だけどラブリーな母 生みの父親と育ての父親 ほか）

万里小路 正房〔1802～1859〕 までのこうじ・なおふさ

◇萬里小路日記 万里小路正房,万里小路博房著 オンデマンド版 東京大学出版会 2015.1 511p 22cm （日本史籍協会叢書 179）〈印刷・製本：デジタルパブリッシングサービス 覆刻 1974年刊〉 14000円 Ⓘ978-4-13-009479-5 Ⓝ210.58

万里小路 博房〔1824～1884〕 までのこうじ・ひろふさ

◇萬里小路日記 万里小路正房,万里小路博房著 オンデマンド版 東京大学出版会 2015.1 511p 22cm （日本史籍協会叢書 179）〈印刷・製本：デジタルパブリッシングサービス 覆刻 1974年刊〉 14000円 Ⓘ978-4-13-009479-5 Ⓝ210.58

まど・みちお〔1909～2014〕

◇まど・みちお 詩と童謡の表現世界 張晟喜著 風間書房 2017.3 291p 21cm 〈文献あり 索引あり〉 2800円 Ⓘ978-4-7599-2174-8 Ⓝ911.52

|内容| 第1章 まど・みちおの歩みと詩作—台湾時代（まど・みちおと台湾 本格的創作とその動向 まど・みちおにとっての台湾） 第2章 まど・みちおの歩みと詩作—戦後（日本での出発 "ぞうさん"に見るアイデンティティ 童謡から詩への推移） 第3章 まど・みちおの認識と表現世界（映像的表現 詩と童謡におけるオノマトペ表現 まど・みちおの感覚と認識世界） 第4章 まど・みちおの表現対象—動物・植物（まど・みちおにとっての動物—『動物文学』を中心に まど・みちおにとっての植物） 第5章 まど・みちおの詩と童謡（童謡論 ユンソクチュンの童謡との対照 まど・みちおの創作意識と表現）

◇消せなかった過去—まど・みちおと大東亜戦争 平松達夫著 〔出版地不明〕 平松達夫 2017.9 186p 20cm 〈発売：朝日新聞出版〉 1500円 Ⓘ978-4-02-100263-2 Ⓝ911.52

|内容| 第1部（国際アンデルセン賞受賞 『まど・みちお全詩集』「あとがきにかえて」 『昆虫列車』と戦争—まど・みちおの戦争詩 まど・みちお—戦争詩・戦争協力詩評価 台湾時代、まど・みちおの創作活動—内地雑誌活動期 台湾時代、石田道雄の創作活動—『文藝台湾』同人 石田道雄の戦争協力詩 北原白秋と石田道雄 石田道雄と少国民文化 台湾独自の少国民文化 ほか） 第2部

◇まど・みちお詩論—ハイデガー哲学の視座から 岡田紀子著 京都 晃洋書房 2018.1 249p 22cm 〈索引あり〉 3600円 Ⓘ978-4-7710-2918-7 Ⓝ911.52

|内容| 第1章 まど・みちおの詩—予示 第2章 名前と生涯 第3章 まど・みちおの詩世界（詩の場所を求めて まど・みちおの詩の展開 詩・言葉・芸術） 第4章 詩作と私たちの存在のほかこれから（俳諧 ハイデガー：ヒューマニズム論 ハイデガー：ゲシュテル（Ge‐stell・集立） 「詩人的に住む」）

円 広志〔1953～〕　まどか・ひろし
◇パニック障害、僕はこうして脱出した―苦しいのは、あなただけじゃない　円広志著　詩想社　2015.5　196p　18cm　(詩想社新書 7)〈「僕はもう、一生分泣いた」(日本文芸社 2009年刊)の改題、加筆修正　発売：星雲社〉　900円　①978-4-434-20510-1　Ⓝ779.9

内容　第1章 鉄人だった僕がテレビ局の駐車場で号泣した日(鉄人 景色が勝手に動き出す ほか)　第2章 僕は、一生分の涙を流した(伝わらない症状 ヒモ生活 ほか)　第3章 病気とつきあう、そしてほんの少しがんばってみる(精神が弱いから病気になったわけじゃない パチンコで80連勝 ほか)　第4章 人生は、あなたが思うほど悪くはない(大ヒットからあっという間の転落 100%悪いことなどこの世にない ほか)　第5章 働き盛りのストレスとどうつきあうか(自分が休んでも会社は動く なぜ僕はパニック障害になったのか ほか)

的野 恭一〔1930～〕　まとの・きょういち
◇絵描きと画材屋―洋画家・野見山暁治と山本文房堂・的野恭一の五十年　野見山暁治, 的野恭一述, 井口幸久聞き手　福岡　忘羊社　2016.10　158p　22cm　〈年譜あり〉　1700円　①978-4-907902-15-5　Ⓝ723.1

内容　福岡大空襲の記憶　戦前の文房堂　「山本」がついたのは戦後から　「何と絵描きの多い町だろう」と思った　文化なんて余計なものだった　金は出してくれたけど…　後藤新治氏渾身の「野見山暁治年譜」　タケミヤ画廊と北荘画廊　度胸も頭も良かった父　炭鉱は怖かった〔ほか〕

的場 寛一〔1977～〕　まとば・かんいち
◇ドライチ―プロ野球人生『選択の明暗』　田崎健太著　カンゼン　2017.10　271p　20cm　〈文献あり〉　1700円　①978-4-86255-424-6　Ⓝ783.7

内容　1 辻内崇伸　2 多田野数人　3 的場寛一　4 古木克明　5 大越基　6 元木大介　7 前田幸長　8 荒木大輔

的場 文男〔1956～〕　まとば・ふみお
◇還暦ジョッキー―がむしゃらに、諦めない　的場文男著　KADOKAWA　2017.5　188p　19cm　〈表紙のタイトル：The track Fumio Matoba has been for 60 years 年譜あり〉　1400円　①978-4-04-105471-0　Ⓝ788.5

内容　1 騎手・的場文男　2 東京ダービー　3 記憶に強く残る馬　4 南関東4場の戦術　5 調教、騎乗スタイル、怪我　6 人間・的場文男

真飛 聖〔1976～〕　まとぶ・せい
◇宝塚歌劇 柚希礼音論―レオンと9人のトップスターたち　松島奈巳著　東京堂出版　2016.5　204p　19cm　〈文献あり 年譜あり〉　1600円　①978-4-490-20939-6　Ⓝ772.1

内容　1章 天海祐希 ファンにあらず―音楽学校入学以前　2章 大浦みずき 十年にひとりの逸材―宝塚音楽学校時代　3章 北翔海莉 名作レビューで大抜擢―歌劇団入団　4章 真飛聖 鳴り物入りで星組に配属―星組若手時代　5章 安蘭けい 星の王子様は誰?―二番手まで　6章 天海祐希(再掲) 異例人事の残したもの―トップ就任　7章 真矢みき 2人目の武道館リサイタル―退団前年　8章 真琴つばさ リアルな演技と過剰な演技―退団直前　9章 明日海りお ハイブリッドなトップ・オブ・トップ―退団　10章 柚希礼音 星組トップスターを超えて―退団後

馬奈木 昭雄〔1942～〕　まなぎ・あきお
◇弁護士馬奈木昭雄―私たちは絶対に負けないなぜなら、勝つまでたたかい続けるから　馬奈木昭雄著, 松橋隆司編著　合同出版　2014.9　175p　19cm　〈年表あり〉　1600円　①978-4-7726-1130-5　Ⓝ519.12

内容　第1章 人間を守れば環境は守られる　第2章 国の基準値は安全性を担保しない　第3章 化学物質の安全神話を突き崩す　第4章 勝つ方法を考えるのが弁護士の仕事　第5章 加害者が被害者を選別する理不尽　第6章 力ある正義を裁判で勝ち取るために　第7章 水俣病裁判「無法者の論理」を許さず　第8章 有明訴訟「居直り強盗の論理」に怒る　第9章 国を断罪した制裁金支払い決定　第10章 強大な争手とたたかって勝つ方法　第11章 秘策は国民と共に裁判をたたかうこと

曲直瀬 正慶　まなせ・しょうけい
⇒曲直瀬道三(1代)(まなせ・どうさん)を見よ

曲直瀬 正盛　まなせ・しょうせい
⇒曲直瀬道三(1代)(まなせ・どうさん)を見よ

曲直瀬 道三(1代)〔1507～1594〕　まなせ・どうさん
◇曲直瀬道三と近世日本医療社会　武田科学振興財団杏雨書屋編　大阪　武田科学振興財団　2015.10　898p　22cm　〈年譜あり〉　非売品　Ⓝ490.21

内容　織豊期に於ける曲直瀬家の医療文化の展開(ゴーブル・エドモンド・アンドリュー著)　曲直瀬流医学の伝承(町泉寿郎著)　曲直瀬道三の医学の再検討(鈴木達彦著)　杏雨書屋乾々斎文庫蔵曲直瀬家関係資料紹介(清水信子著)　曲直瀬道三の落款(小曽戸洋, 平松賢二著)　曲直瀬道三肖像とその周辺(天野陽介, 町泉寿郎, 小曽戸洋著)　『啓迪集』の書誌研究(小曽戸洋著)　『啓迪集』に引用される典籍(小曽戸洋著)　『啓迪集』策彦周良「題辞」および曲直瀬道三「自序」とその「抄物」の翻印(町泉寿郎著)　「仏教医学」と「儒教医学」の岐路で(ドロッド・エドワード著)　曲直瀬道三と一六世紀の日中鍼灸医学(ヴィグル・マティアス著)　曲直瀬門の経穴研究(天野陽介著)　曲直瀬道三と『黄素妙論』(町泉寿郎著)　曲直瀬養安院家と朝鮮本医書をめぐって(町泉寿郎著)　『医学天正記』について(福田安典著)　山科言経卿日記(言経卿記)の診療録的記載(ゴーブル・エドモンド・アンドリュー著)　『医学天正記』の異本研究(町泉寿郎介著)　曲直瀬玄朔の口trätats(日野卓之著)　『衆方規矩』と『家伝預薬集』にみえる曲直瀬流医学の形成(鈴木達彦著)　曲直瀬道三の臨床と診断に関する覚書(町泉寿郎著)　曲直瀬道三説話について(福田安典著)　『竹斎』と曲直瀬流医学(下坂憲子著)　中国養生書と艶本(石上阿希著)　曲直瀬と能楽(福田安典著)　曲直瀬道三と茶(岩間眞知子著)　香人としての曲直瀬道三(池田峯公著)

間部 詮房〔1666～1720〕まなべ・あきふさ

◇徳川十五代闇将軍　熊谷充晃著　大和書房　2015.5　263p　15cm　（だいわ文庫 269-2H）〈文献あり〉　650円　Ⓘ978-4-479-30536-1　Ⓝ281.04

[内容] 第1章 幕藩体制の礎を築いた4代（初代「闇将軍」本多正信―家康から全幅の信頼を寄せられた「タヌキ親父」以上の「タヌキ」　2代「闇将軍」南光坊天海―幕府の宗教政策をひとりで完成させた「関東の大僧正」　3代「闇将軍」松平信綱―江戸時代で最大の内乱を鎮めて老中首座に上った「知恵伊豆」　4代「闇将軍」酒井忠清―生まれながらに老中を約束された後世の悪名が哀しい「下馬将軍」）　第2章 将軍の権威を超越した3代（5代「闇将軍」柳沢吉保―失政や没落とは皆無の史実「極悪側用人」の評に異議あり　6代「闇将軍」新井白石―幕政の思想的柱石を創出したブレーンの「遅すぎた登場」　7代「闇将軍」間部詮房―これぞ闇将軍にふさわしい「猿楽大名」の数奇なキャリア　第3章 中興の変革期を乗り越えた3代（8代「闇将軍」松平乗邑―「暴れん坊将軍」を抑えられた唯一の忠臣は経済政策の旗手　9代「闇将軍」大岡忠光―前代未聞かつ空前絶後の幕閣 日本史上唯一の「将軍の通訳」　10代「闇将軍」田沼意次―贈収賄政治家」の正体は貨幣社会を目指した重商主義者）　第4章 幕末動乱の一端となった3代（11代「闇将軍」松平定信―「寛政の改革」で失政した後も影響力を保持し続けた元将軍候補　12代「闇将軍」水野忠邦―幕藩体制崩壊の序曲を聴いた「理想主義」を掲げる野心家　13代「闇将軍」徳川斉昭―頼もしいのか、あれは迷惑か 御三家の慣例を破った「烈公」）　第5章 維新の激動期に舵を取った2代（14代「闇将軍」井伊直弼―まさに闇将軍の代名詞 幕末期最大のキングメーカー　15代「闇将軍」島津久光―外様大名ですらなかったのに幕政を揺るがせた薩摩の国父）

眞鍋 勝巳〔1968～〕まなべ・かつみ

◇神は背番号に宿る　佐々木健一著　新潮社　2017.1　222p　20cm　〈文献あり〉　1400円　Ⓘ978-4-10-350631-7　Ⓝ783.7

[内容] 1回 数霊　2回「28」江夏豊の完全　3回「11」「20」村山実の誇りと眞鍋勝巳の裏切り　4回「36」「1」池山隆寛の継承　5回「14」「41」谷沢健一の運命　6回「4」「14」永久欠番と死　7回「15」藤井将雄の永遠　8回「1」鈴木啓示の不滅　9回 幻

真鍋 祐子〔1963～〕まなべ・ゆうこ

◇自閉症者の魂の軌跡―東アジアの「余白」を生きる　真鍋祐子著　青灯社　2014.12　331p　19cm　（叢書魂の脱植民地化 6）〈文献あり〉　2500円　Ⓘ978-4-86228-077-0　Ⓝ289.1

[内容] 1「自閉的な知」の獲得と構造主義（偶然にも最悪な自閉少女　自閉症者と通過儀礼　「自己スティグマ化」の過程を生きる　与えられた「構造化」／フィードバックされる「構造化」）　2 死者の「かそけきことば」を聴く（死者たちの追憶　死者の声をたずねて　「死の឵声」を超える）　3 東アジアの「余白」を生きる（ふたつのハラスメント体験から　東アジアの「余白」に立つ　死者とともなる社会）

間部 理仁〔1989～〕まなべ・りひと

◇Fラン大学生が英語を猛勉強して日本のトップ商社に入る話　間部理仁著　宝島社　2014.12　253p　19cm　1300円　Ⓘ978-4-8002-3520-6　Ⓝ289.1

[内容] 第1章 学年ビリの落ちこぼれ、Fラン大学へ　第2章 アスリートくずれ、勉強開始！　第3章 落ちこぼれ、海を渡る　第4章 落ちこぼれ、一流企業の内定を蹴る　第5章 落ちこぼれ、商社マンに　第6章 「無理だ」と言う人の言うことを聞いてはいけない

眞野 弘〔1935～〕まの・ひろし

◇土地改良の悦び―眞野弘伝　野宮田功著　札幌ルーラルセンター　2015.9　250p　19cm　〈年表あり〉　3000円　Ⓝ614.211

間宮 林蔵〔1775/80～1844〕まみや・りんぞう

◇未踏世界の探検者 間宮林蔵　赤羽榮一著　清水書院　2018.7　255p　19cm　（新・人と歴史 拡大版 28）〈『未踏世界の探検 間宮林蔵』（1984年刊）の改題、表記や仮名遣い等一部を変更　文献あり　年譜あり　索引あり〉　1800円　Ⓘ978-4-389-44128-9　Ⓝ289.1

[内容] 1 林蔵の生い立ち（林蔵の生家　林蔵、蝦夷地（北海道）に渡る　幕府の蝦夷地経営）　2 壮年時代（日露の折衝　フォストフの襲撃　林蔵のカラフト探検 ほか）　3 晩年時代（林蔵、海岸異国船掃となる　シーボルト事件　水戸藩と林蔵 ほか）

真矢 みき〔1964～〕まや・みき

◇宝塚歌劇 柚希礼音論―レオンと9人のトップスターたち　松島奈巳著　東京堂出版　2016.5　204p　19cm　〈文献あり　年譜あり〉　1600円　Ⓘ978-4-490-20939-6　Ⓝ772.1

[内容] 1章 天海祐希 ファンにあらず―音楽学校入学以前　2章 大浦みずき 十年にひとりの逸材―宝塚音楽学校時代　3章 北翔海莉 名作レビューで大抜擢―歌劇団入団　4章 真飛聖 鳴り物入りで星組に配属―星組若手時代　5章 安蘭けい 星の王子様は誰？―二番手まで　6章 天海祐希（再掲）異例人事の残したもの―トップ就任　7章 真矢みき 2人目の武道館リサイタル―退団前年　8章 真琴つばさ リアルな演技と過剰な演技―退団直前　9章 明日海りお ハイブリッドなトップ・オブ・トップ―退団　10章 柚希礼音 星組トップスターを超えて―退団後

魔夜 峰央〔1953～〕まや・みねお

◇スピリチュアル漫画家！―『パタリロ！』作者の自伝的エッセイ　魔夜峰央著　京都 PHP研究所　2016.8　175p　19cm　1100円　Ⓘ978-4-569-83392-7　Ⓝ726.101

[内容] 第1章 漫画家になろう（ひとりぼっちの少年時代　運命の1968年8月28日　故郷の雪に埋もれて　怪奇ものからギャグ路線へ）　第2章 スピリチュアル定期検診（『パタリロ！』と名づけの美学　ミーちゃん、仙人になる　運命の人、現る　人生のリセットボタン）　第3章 守護霊様は幽霊ではない　不思議なメッセージ　冬の向こうに　『翔んで埼玉』、復刻！　未来からのお導き）　第4章 直感の磨き方（夢と現実を擦り合わせる、ということ　人生はあみだくじ　本当に必要なもの　素直に生きる）　龍王無尽（『パタリロ！』第129話）

黛 敏郎〔1929～1997〕まゆずみ・としろう

◇黛敏郎―古代と現代を極めた天才　黛りんたろ

う監修, 新・3人の会著　ヤマハミュージックエンタテインメントホールディングス出版部　2018.6　111p　26cm　〈日本の音楽家を知るシリーズ〉〈文献あり〉　1800円　①978-4-636-95141-7　Ⓝ762.1

|内容| 第1章 幼少期から少年期　第2章 デビューまでの道のり　第3章 駆け抜けた20代　第4章 多岐多彩なる仕事　第5章 音楽家の立場　第6章 黛敏郎が目指したもの

毬〔1973〜2015〕　まり

◇白い雀　毬著　文芸社　2016.2　134p　15cm　600円　①978-4-286-16787-9　Ⓝ289.1

＊23年間、精神的無食欲障害に苦しめられてきた毬は、41歳の若さで亡くなった。自分の存在を過剰なまでにアピールし、天衣無縫、破天荒な行動をとってしまい、そして大きなストレスをため込んでしまう、そんな娘だった。しかし本当は弱い心に寄り添い共に泣く、心の優しい娘だった。これは彼女の壮絶な、しかしとても純粋な生き様を綴った自叙伝である。

Marie〔1951〜〕

◇ひとびとの精神史　第5巻　万博と沖縄返還―1970年前後　吉見俊哉編　岩波書店　2015.11　331p　19cm　2500円　①978-4-00-028805-7　Ⓝ281.04

|内容| 1 劇場化する社会(三島由紀夫―魂を失った未来への反乱　山本義隆―自己否定を重ねて　岡本太郎―塔にひきよせられるひとびと　牛山純一―テレビに見た「夢」)　2 沖縄―「戦後」のはじまり(仲宗根政善―方言研究に込めた平和への希求　マリー―米軍兵士と日本人の間で戦ったロックの女王　比嘉康雄と東松照明―二人の写真家の「沖縄」)　3 声を上げたひとびと(田中美津一―"とり乱しの弁証法"としてのウーマン・リブ　川本輝夫―水俣病の「岩盤」を穿つ　横塚晃一―障害者は主張する　大地を守る会―紛争の経験を地域の実践へ　木村守江―「原発村」の誕生と浜通り)

MALIA〔1983〜〕

◇TRUE LOVE―3度目は3人子連れで年下婚！　MALIA著　講談社　2016.1　188p　19cm　1300円　①978-4-06-219301-6　Ⓝ289.1

|内容| 1章 トラウマになったルーツ　2章 たった9ヵ月で終わった"未熟婚"　3章 情熱的にはじまった"衝突婚"　4章 シングルマザーの喜怒哀楽　5章 バツ2の恋愛事情　6章 三度目の正直、"年下婚"

丸 佳浩〔1989〜〕　まる・よしひろ

◇菊池涼介 丸佳浩メッセージBOOK―コンビスペシャル―キクマル魂―　菊池涼介, 丸佳浩著　廣済堂出版　2014.9　207p　21cm　〈他言語標題：RYOSUKE KIKUCHI YOSHIHIRO MARU MESSAGE BOOK〉　1850円　①978-4-331-51866-3　Ⓝ783.7

|内容| 第1章 誕生(孤独　必死　「？」マーク　目覚め)　第2章 本能(砂浜と図書館　食べて、寝る　星　移籍)　第3章 野球漬け(「致します」　遠い場所　センスがない　人生が変わる場所)　第4章 プロへ(1番　予言　羽を広げる　飛躍)　第5章 優勝(笑顔　菊池色　無駄死にするな　乱れる)

円子 昭彦　まるこ・あきひこ

◇エンジェルは退屈している―傍流からグローバル人材へと飛躍する方法　円子昭彦著　dZERO　2016.6　203p　19cm　〈他言語標題：Angels are bored　発売：インプレス〉　1600円　①978-4-8443-7728-3　Ⓝ289.1

|内容| 第1章 フロンティアでしか生き残れない―少ない競争で大きな成果を出す方法(往復5ględu興の移動塾　少ない競争で大きな成果を出す)　第2章 エンジェルは待っている―どんな人物に反応するのか(傍流だからこそチャンスがあった　凄腕エンジェルたちとの出会い)　第3章 戦略思考をものにせよ―なぜもっと大きな絵が描けないのか(「戦略」とは何か　自分を変える劇的な方法)　第4章 粘り強い交渉力がものを言う―潰れそうな米ベンチャー企業を救う(日本事務所閉鎖―危機に意外と心は落ち着いていた　危機を救ってくれたある決断―100万ストックオプションを得る)　第5章 このシナリオがすごい―ナスダック上場、巨額売却というシナリオ(ようやく念願の技術が花開いた　上場、そして売却へ)

丸田 俊彦〔1946〜2014〕　まるた・としひこ

◇患者の心を誰がみるのか―がん患者に寄り添いつづけた精神科医・丸田俊彦の言葉　岡山慶子, 中村清吾, 森さち子編著　岩崎学術出版社　2018.3　184p　19cm　1800円　①978-4-7533-1132-3　Ⓝ494.5

|内容| 第1章 悩める人といつも共にいること―丸田俊彦が語った20の言葉(答えがほしい　「わかった」と心の中で思ったときに努力が止まる　ほか)　第2章 患者の心を誰がみるのか(メイヨー・クリニックでの三十二年間の臨床体験から　自らががん患者となって考えたこと)　第3章 チームで患者の心をみる(器に魂が入った瞬間　ブレストセンターが担うもの　ほか)　第4章 グループ・カウンセリングで患者の心をみる(キャンサーリボンズで行われたグループ・カウンセリング　カウンセリングの意味・意義　ほか)　第5章 サイコセラピストとして患者の心をみる(グループ・カウンセリング―丸田先生の存在の意義　患者になること一人の心に敏感になる体験)

丸田 芳郎〔1914〜2006〕　まるた・よしお

◇丸田芳郎―たゆまざる革新を貫いた第二の創業者　佐々木聡著　京都PHP研究所　2017.6　353p　20cm　(PHP経営叢書―日本の企業家 9)　〈年譜あり〉　2400円　①978-4-569-83429-0　Ⓝ289.1

|内容| 第1部 評伝「専門経営者」丸田芳郎の生涯―日本人の生活を変えた新製品とともに(生い立ちと青春　花王への入社と初期の業務　戦後復興と新展開の基盤づくり　営業支配人としての経営革新　社長就任と初期の試練　事業の多角化と垂直的統合の展開　業界団体の役職と褒章)　第2部 論考 企業家資質の形成・発揮と革新―その経営史上の意義(企業家資質の形成　企業家資質の拡充と環境変化への対応　リーダーシップと経営戦略　経営史上の丸田芳郎)　第3部 人間像に迫る　一心不乱に「常住真実」を貫いた人柄―会社で、業界で、家庭の中で(会社の中で　業界の中で　家庭の中で)

丸藤 正道〔1979〜〕　まるふじ・まさみち

◇プロレスという生き方―平成のリングの主役た

ち　三田佐代子著　中央公論新社　2016.5　253p　18cm　（中公新書ラクレ　554）〈文献あり〉　840円　Ⓘ978-4-12-150554-5　Ⓝ788.2

内容　第1部　メジャーの矜持・インディーの誇り（中邑真輔—美しきアーティストが花開くまで　飯伏幸太—身体ひとつで駆け上がった星　髙木三四郎—「大社長」がすごい理由　登坂栄児—プロレス界で一番の裏方　丸藤正道—運命を受け入れる天才）　第2部　女子プロレスラーという生き方（里村明衣子—孤高の横綱はなぜ仙台に行ったのか？　さくらえみ—突拍子もない革命家）　第3部　プロレスを支える人たち（和田京平—プロレスの本質を体現する番人　橋本和樹—棚橋弘至—プロレスをもっと盛り上げるために）

◇方舟の継承者　丸藤正道著　ワニブックス　2018.9　319p　19cm　1389円　Ⓘ978-4-8470-9708-9　Ⓝ788.2

内容　プロローグ　飛翔—9.1夢のビッグカードに向けて　第1章　助走—夢のレスラーを目指して　第2章　王道—ジャイアント馬場さんの教えと四天王プロレス　第3章　出航—方舟への乗船の決意、そしてGHCジュニア戴冠　第4章　死闘—KENTAとの激闘、GHCグランドスラム、ジュニアへの回帰　第5章　苦難—三沢光晴との突然の別れ、相次ぐケガ、そしてNOAHの苦境　第6章　混沌—ヘビー級への復帰、軍団抗争、選手離脱、鈴木軍との闘い、16年11月に新会社へ　第7章　希望—新生NOAHの躍動とデビュー20周年大会への想い　エピローグ　継承—天才の夢の行方

丸谷　喜市〔1887～1974〕　まるや・きいち

◇旧6回生丸谷喜市略年譜—経済学博士（元神戸商業大学学長）歌人　石川啄木と交流のあった函館卒業生　北海道函館商業高等学校校史資料　大角愼治編　函館　大角愼治　〔2018〕　51p　30cm　〈文献あり〉　Ⓝ289.1

丸山　一郎〔1942～2008〕　まるやま・いちろう

◇常に先駆け走り抜く—障害のある人とともに生きた丸山一郎　渡辺忠幸著　ゼンコロ　2014.11　502p　19cm　〈文献あり　著作目録あり　年表あり〉　1800円　Ⓘ978-4-9907649-0-6　Ⓝ369.27

円山　応挙〔1733～1795〕　まるやま・おうきょ

◇円山応挙論　冷泉為人著　京都　思文閣出版　2017.11　422,10p　22cm　〈索引あり〉　9500円　Ⓘ978-4-7842-1907-0　Ⓝ721.6

内容　第1部　江戸時代絵画史における応挙（江戸時代と絵画　安永天明期の京都画壇—伝統と革新）　第2部　応挙の新しい写生の型（「花鳥諷詠」—はじめに　京派の絵画　雪松表現—新しい美の典型　雪景表現—新しい美の典型　鶴表現—新しい美の典型　雁表現—新しい美の典型　孔雀表現—新しい美の典型　動的表現（鯉魚・瀑布・波濤・流水）—新しい美の典型　人物表現—新しい美の典型　応挙の写生図について—新出の「写生図貼交」屏風をめぐって）　第3部　応挙の写生論（「応挙の写生」　円山四条派における装飾性—円山応挙を中心にして　応挙の写生画—「しかけ」表現をめぐって　円山応挙論）

丸山　修身〔1947～〕　まるやま・おさみ

◇青草の道—このように生きてきた　丸山修身著　鳥影社　2016.4　233p　20cm　1500円　Ⓘ978-4-86265-554-7　Ⓝ914.6

内容　ふるさと茫茫（我が家が熱海に　蔵の中・闇の奥　ほか）　びっくりすること（女車堂哀歌　新宿の売春婦　ほか）　歴史のほとりにて（死刑囚・坂口弘　富岡製糸場を訪ねて　ほか）　いじらしき日々（我が恩師　猪瀬直樹・一年先輩　ほか）　文学と演劇と言葉（ヴェニスの商人・我が演劇史　愛の救済・茨木のり子・吉野秀雄　ほか）

丸山　瓦全〔1874～1951〕　まるやま・がぜん

◇丸山瓦全—とちぎの知の巨人　竹澤謙著　宇都宮　随想舎　2018.8　354p　20cm　〈年譜あり　文献あり〉　3000円　Ⓘ978-4-88748-359-0　Ⓝ289.1

内容　第1部「太一郎」から「瓦全」へ（少・青年期　学問への道）　第2部「知」の集積場として（知のネットワーク（一）—中央、足利、そして全国へ　知のネットワーク（二）—瓦全と栃木の郷土史家たち）　第3部　文化財保護の鬼（文化財を守るために　戦時下での文化財保護）　第4部　瓦にこそ永く生を全うす（晩年期　丸山瓦全とは何者であったか）

丸山　圭子〔1954～〕　まるやま・けいこ

◇どうぞこのまま　丸山圭子著　川越　小径社　2014.2　208p　19cm　1680円　Ⓘ978-4-905350-03-3　Ⓝ767.8

円山　噓矢　まるやま・こうし

◇早稲田出ててもバカはバカ　円山噓矢著　ぴあ　2015.10　319p　19cm　1200円　Ⓘ978-4-8356-2846-2　Ⓝ289.1

＊早稲田卒、ブラック家庭出身、風俗勤め、クスリ常用。学歴さえあれば変われると思ったバカな男の幸せまでの道のり。「ビリギャル」が出たSTORYS.JPで3万人が涙したノンフィクション。

丸山　作楽〔江戸時代末期～明治時代〕　まるやま・さくら

◇幕末明治　異能の日本人　出久根達郎著　草思社　2015.12　270p　19cm　1700円　Ⓘ978-4-7942-2174-2　Ⓝ281.04

内容　1　無私の超人、二宮金次郎　2　知の巨人、幸田露伴—近代文学再発掘　3　巡礼の歌人、天田愚庵　他—幕末明治群雄伝

丸山　庄司〔1933～〕　まるやま・しょうじ

◇岳に抱かれ生涯極楽スキー——途に一本道、一途に一事　丸山庄司著　スキージャーナル　2016.1　415p　21cm　〈文献あり〉　2300円　Ⓘ978-4-7899-0078-2　Ⓝ784.3

内容　第1章　生い立ち　第2章　競技スキー　第3章　長野冬季オリンピック競技大会　第4章　インタースキー（国際スキー教育会議）　第5章　アジアでのスキー活動　第6章　日本のスキーを振り返る

丸山　鐵雄〔1910～1988〕　まるやま・てつお

◇娯楽番組を創った男—丸山鐵雄と〈サラリーマン表現者〉の誕生　尾原宏之著　白水社　2016.11　263,3p　20cm　〈索引あり〉　2200円　Ⓘ978-4-560-09516-4　Ⓝ699.67

内容　序章　"サラリーマン表現者"の精神史　第1章

「筆一本」の時代の終わり　第2章　チンピラの実像　第3章　新たなメディアと不機嫌の時代　第4章　大衆の「声」の発見　第5章　バラエティ番組はこうして生まれた　第6章　「大衆のラヂオ」の帰趨　終章　「われらが時代は去りぬ」

丸山　照雄〔1932～2011〕　まるやま・てるお
◇丸山照雄書簡集―誓願を生きた菩薩からの遺言状　丸山照雄著，小泉悦子編　〔出版地不明〕　小泉悦子　2015.12　298p　19cm　〈発行所：法華書房　年譜あり〉　2500円　Ⓝ289.1

丸山　輝久〔1943～〕　まるやま・てるひさ
◇弁護士という生き方―日石・土田邸爆弾、東電OL事件から原発被災者支援まで　丸山輝久著　明石書店　2015.10　562p　20cm　2700円　Ⓘ978-4-7503-4246-7　Ⓝ327.14
　内容　第1章　弁護士という職業　第2章　マルクスボーイの受験戦争　第3章　スタートとしての公安事件　第4章　無罪獲得のための弁護　第5章　情実のための弁護　第6章　市民のための司法をめざして　第7章　記憶に残る民事事件　第8章　ロースクールの教員として　第9章　原発事故被災者支援弁護団

丸山　俊雄〔1933～〕　まるやま・としお
◇難病を背負いて波瀾万丈の八十年　丸山俊雄著　文芸社　2015.7　183p　20cm　1200円　Ⓘ978-4-286-16172-3　Ⓝ289.1

丸山　敏雄〔1892～1951〕　まるやま・としお
◇丸山敏雄伝　倫理研究所編　倫理研究所　2015.11　223p　21cm　〈年譜あり　近代出版社平成13年刊の改訂〉　1637円　Ⓘ978-4-89753-155-7　Ⓝ289.1

丸山　直光〔1909～2000〕　まるやま・なおみつ
◇記憶のなかの日露関係―日露オーラルヒストリー　日ロ歴史を記録する会編　彩流社　2017.5　387p　22cm　4000円　Ⓘ978-4-7791-2328-3　Ⓝ334.438
　内容　1　小野寺百合子　2　佐藤昇　3　丸山直光　4　伊藤弘　5　中田光男　6　フセヴォロド・ヴァシーリエヴィチ・チェウソフ　7　都沢行雄　8　ヴィクトル・マカーロヴィチ・キム　9　レオン・アブラーモヴィチ・ストリジャーク

丸山　久明〔1938～〕　まるやま・ひさあき
◇誠実に歩み続けて七十年余―わが共産党員人生に悔いなし　丸山久明自分史　丸山久明著　補充版　新潟　喜怒哀楽書房（制作・印刷）　2014.9　117p　21cm　〈年譜あり〉　Ⓝ289.1

丸山　眞男〔1914～1996〕　まるやま・まさお
◇丸山眞男話文集　続4　丸山眞男著，丸山眞男手帖の会編　みすず書房　2015.5　426,29p　20cm　〈索引あり〉　5800円　Ⓘ978-4-622-07906-4　Ⓝ081.6
　内容　翻訳をめぐって、編集者と執筆者、コモンセンスなき社会（一九九五年一二月）―最後のダベリング　天安門事件と人民解放軍、近代日本の立憲主義、原点としての戦後民主主義―丸山眞男先生を囲む会（一九八九年七月）、『著作集』と『講義録』、社会連帯主義、ガン患者として（一九九五年八月）―丸山眞男先生を囲む会最後の記録　皆さん、横につきあってください（一九九五年一二月）―「丸山ゼミ有志の会」懇談会のスピーチ　『丸山眞男集』未収録文献・資料　日章旗（一九四四年七月）『丸山眞男書簡集』未収録書簡
◇丸山眞男集　第16巻　雑纂　丸山眞男著　岩波書店　2015.6　412p　21cm　4000円　Ⓘ4-00-091966-0　Ⓝ081.6
　内容　1　丸山眞男氏に聞く（"社会不安"の解剖―丸山眞男氏に聞く　私達は無力だろうか―丸山眞男氏に聞く　ほか）　2　諸寄稿文（社会思想五十年　運命的な会遇ほか）　3　『みすず』読書アンケート（一九七七年読書アンケート　一九七九年読書アンケート　ほか）　4　諸アンケート回答（三十代の鼓動　私の好きなレコード　ほか）　5　公表書簡（津田左右吉宛（昭和十五年六月二十一日消印）　南原繁宛（昭和十九年七月□日平壌より葉書）　ほか）　4　談話記事（岐路に立つ改進党　戦争責任について―思想の科学研究会一九五六年度総会における討論　ほか　補遺（デモクラシーと人間性　政治と台所の直結について―それが何であるか、又それが何でないか）

◇丸山眞男と田中角栄―「戦後民主主義」の逆襲　佐高信、早野透著　集英社　2015.7　222p　18cm　（集英社新書　0794）〈年譜あり〉　740円　Ⓘ978-4-08-720794-1　Ⓝ312.1
　内容　第1章　戦争は罪である―丸山と角栄の二等兵体験（戦後民主主義を体現するふたり　岸信介と中曽根康弘の戦争　ほか）　第2章　食い出しの民主主義―丸山学派と田中派（敗戦を直感した角栄　経済官僚と軍事官僚　ほか）　第3章　市民か庶民か有象無象か―丸山思想から角栄を解読する（デモクラシーとは少数意見の保護である　角栄は少数派を多数派にしようとした　ほか）　第4章　精神のリレーと断絶―民主主義の実践者たちの系譜（小田実、辻元清美、雨宮処凛　悔恨共同体から『『丸山眞男』をひっぱたきたい』へ　ほか）　第5章　民主主義の永久革命―「超国家主義の論理と心理」『日本列島改造論』そして未来へ（敗戦直後の精神的事件　角栄の農村の民主化と、丸山の自由な主体　ほか）

◇植手通有集　3　丸山真男研究―その学問と時代　植手通有著　あっぷる出版社　2015.7　267p　22cm　〈年譜あり〉　3000円　Ⓘ978-4-87177-332-4　Ⓝ121.6
　内容　第1部　敗戦まで（研究者になるまで　徳川思想史　敗戦までの福沢研究）　第2部　敗戦直後（研究の二つの焦点　日本ファシズム研究　明治思想史　福沢諭吉研究　近代日本文化論）

◇定本　丸山眞男回顧談　上　丸山眞男著，松沢弘陽，植手通有，平石直昭編　岩波書店　2016.7　404p　15cm　（岩波現代文庫―学術　351）〈『丸山眞男回顧談』（2006年刊）の改題〉　1480円　Ⓘ978-4-00-600351-7　Ⓝ289.1
　内容　はじめに―敗戦前後　府立一中のころ　一高時代　読書・映画・音楽　東大で学ぶ　東大で学ぶ（続）　ファシズムの時代の大学と知識人　助手として　歴史主義と相対主義の問題　自由主義と自由主義批判　戦中から戦後へ　重臣リベラリズムからオールド・リベラリスト批判まで

◇定本　丸山眞男回顧談　下　丸山眞男著，松沢弘陽，植手通有，平石直昭編　岩波書店　2016.8

355,13p 15cm 〈岩波現代文庫―学術 352〉〈「丸山真男回顧談」(2006年刊)の改題　年譜あり　索引あり〉 1420円　①978-4-00-600352-4　Ⓝ289.1

内容 戦中戦後の自由主義　戦後の出発に向かって　三島庶民大学　生活問題としての戦後　太平洋戦争を省みる　アジアへの目　思想史研究と講義　サンフランシスコ講和・朝鮮戦争・六〇年安保　法学部改革・東大紛争・辞職　ポスト戦後と学問の将来

◇いまこそ知りたい日本の思想家25人　小川仁志著　KADOKAWA　2017.9　254p　19cm〈他言語標題：25 Japanese thinkers you need to know now　文献あり〉 1700円　①978-4-04-400234-3　Ⓝ121.028

内容 第1章 日本思想の黎明期(空海　道元　親鸞　吉田兼好　世阿弥)　第2章 日本の近世の葛藤(山本常朝　荻生徂徠　本居宣長　安藤昌益　二宮尊徳)　第3章 日本の近代の幕開け(横井小楠　吉田松陰　福沢諭吉　新渡戸稲造　中村鑑三)　第4章「日本哲学」の始まり(西周　西田幾多郎　九鬼周造　三木清　和辻哲郎)　第5章 世界における日本思想の独自性(北一輝　鈴木大拙　柳田國男　丸山眞男　吉本隆明)

丸山 美恵次〔1943〜〕 まるやま・みえじ
◇私の生涯と生きた時代　丸山美恵次著　大阪　風詠社(制作)　2015.4　448p　19cm　Ⓝ289.1
◇私の生涯と生きた時代 続　丸山美恵次著　大阪　風詠社(制作)　2016.11　114p　19cm　Ⓝ289.1

円山 溟北〔1818〜1892〕 まるやま・めいほく
◇溟北先生時代日記　永田俊一著　文芸社　2017.1　190p　19cm〈文献あり〉 1200円　①978-4-286-17933-9　Ⓝ121.53

麿 赤兒〔1943〜〕 まろ・あかじ
◇完本麿赤兒自伝―憂き世戯れて候ふ　麿赤兒著　中央公論新社　2017.8　341p　16cm（中公文庫 46-1）〈「怪男児麿赤兒がゆく」(朝日新聞出版 2011年刊)の改題、鼎談、インタビューを追加〉 900円　①978-4-12-206446-1　Ⓝ769.1

内容 その1 ここは新宿華外地　その2 芝居者青春舞遊伝　その3 ヴィットリオ・デ・シーラに捧げる奇妙な自転車泥棒　その4 武上は死せず、ただ消え去るのみ テロリストM氏虚実会見記　その5 王道外道北海道、金粉舞い散る集金旅行　その6 手形乱発社長の章 豊玉伽藍落城記　その7 須臾の四半世紀 "をどり"続けています

万城目 正〔1905〜1968〕 まんじょうめ・ただし
◇「リンゴの唄」の作曲家万城目正の生涯　空と海と大地を詩に時雨音羽の生涯　下山光雄著, 合田一道著　札幌　北海道科学文化協会　2017.8　125p　21cm（北海道青少年叢書 35―北国に光を掲げた人々 35）〈下位シリーズの責任表示：北海道科学文化協会／編　年譜あり〉 Ⓝ767.8

萬年 甫〔1923〜2011〕 まんねん・はじめ
◇滞欧日記―1955〜1957　萬年甫著　中山人間科学振興財団　2016.8　813p　23cm〈発売：中山書店〉 5000円　①978-4-521-74429-2　Ⓝ289.1

【み】

三浦 展〔1958〜〕 みうら・あつし
◇昼は散歩、夜は読書。　三浦展著　而立書房　2018.10　345p　19cm　2000円　①978-4-88059-409-5　Ⓝ019.9

内容 第1部 読書史(社会を考える(郊外―藤原新也『東京漂流』社会意識―見田宗介編『社会学講座12 社会意識論』ほか)　都市を考える(暗黒街―逢坂まさよし＋DEEP案内編集部『東京DEEP案内』が選ぶ首都圏住みたくない街)　街―フリント『ジェイコブズ対モーゼス』/岡崎武志『女子の古本屋』ほか)　第2部 コラム集(社会(地域と家族を空洞化させるブラック企業　モテない男の犯罪 ほか)　都市・地方(みんなここでは退屈を知らないある国際的大ホテルの話　世界都市 ほか)　本と仕事の個人史)

三浦 綾子〔1922〜1999〕 みうら・あやこ
◇聖書で読み解く『氷点』『続氷点』　竹林一志著　いのちのことば社フォレストブックス　2014.10　191p　19cm（Forest Books） 1500円　①978-4-264-03219-9　Ⓝ913.6

内容 三浦綾子の生涯と作品　第1部 『氷点』を読む(「敵」〜「線香花火」〜「チョコレート」〜「つぶて」〜「激流」〜「台風」〜「雪虫」〜「淵」〜「答辞」〜「赤い花」〜「雪の香り」〜「街角」〜「ピアノ」〜「ねむり」)　第2部 『続 氷点』を読む(「吹雪のあと」〜「サロベツ原野」〜「箸の音」〜「草むら」〜「あじさい」〜「夜の顔」〜「たそがれ」〜「花ぐもり」〜「陸橋」〜「石原」〜「奏楽」〜「点滅」「追跡」「燃える氷」)

◇愛の顛末―純愛とスキャンダルの文学史　梯久美子著　文藝春秋　2015.11　230p　20cm　1450円　①978-4-16-390360-6　Ⓝ910.26

内容 小林多喜二―恋と闘争　近松秋江―「情痴」の人　三浦綾子―「氷点」と夫婦のきずな　中島敦―ぬくもりを求めて　原民喜―「死と愛と孤独」の自画像　鈴木しづ子―性と生のうたびと　梶井基次郎―夭折作家の恋　中城ふみ子―恋と死のうた　寺田寅彦―三人の妻　八木重吉―素朴なこころ　宮柊二―戦場からの手紙　吉野せい―相克と和解

◇「挽歌」ブームを起こす原田康子の生涯 「氷点」が問いかけるもの三浦綾子の生涯　佐々木信恵著, 合田一道著　札幌　北海道科学文化協会　2018.8　145p　21cm（北海道青少年叢書 36―北国に光を掲げた人々 36）〈下位シリーズの責任表示：北海道科学文化協会／編　年譜あり〉 Ⓝ910.268

◇愛の顛末―恋と死と文学と　梯久美子著　文藝春秋　2018.11　252p　16cm（文春文庫 か68-2） 720円　①978-4-16-791181-2　Ⓝ910.26

内容 小林多喜二―恋と闘争　近松秋江―「情痴」の人　三浦綾子―「氷点」と夫婦のきずな　中島敦―

ぬくもりを求めて　原民喜―「死と愛と孤独」の自画像　鈴木しづ子―性と生のうたびと　梶井基次郎―夭折作家の恋　中城ふみ子―恋と死のうた　寺田寅彦―三人の妻　八木重吉―素朴なこころ　宮柊二―戦場からの手紙　吉野せい―相剋と和解

三浦　荒次郎〔1496～1516〕　みうら・あらじろう
◇砕けて後は、もとの土くれ―三浦一族鎮魂譜　中村豊郎著　創英社／三省堂書店　2015.3　211p　15cm　〈文献あり〉　600円　①978-4-88142-894-8　Ⓝ288.2
内容　第1章　三浦荒次郎の最期　第2章　平安時代の武将達　第3章　鎌倉時代の武将達　第4章　関東の戦国時代　第5章　三浦道寸　第6章　北条早雲　第7章　三浦氏の滅亡

◇砕けて後は、もとの土くれ―相模国豪族・三浦一族鎮魂譜　中村豊郎著　新版　創英社／三省堂書店　2016.12　219p　15cm　〈文献あり〉　600円　①978-4-88142-605-0　Ⓝ288.2
内容　第1章　三浦荒次郎の最期　第2章　平安時代の武将達　第3章　鎌倉時代の武将達　第4章　関東の戦国時代　第5章　三浦道寸　第6章　北条早雲　第7章　三浦氏の滅亡

三浦　知良〔1967～〕　みうら・かずよし
◇Dear KAZU―僕を育てた55通の手紙　三浦知良著　文藝春秋　2014.6　382p　16cm　（文春文庫　み49-1）〈2011年刊の増補〉　660円　①978-4-16-790128-8　Ⓝ783.47
内容　第1章　夢と希望の国ブラジルから　第2章　挑戦の地ヨーロッパから　第3章　監督から　第4章　仲間から　第5章　後輩から　第6章　恩師から　第7章　友人・家族から　特別編

◇挑み続ける力―「プロフェッショナル仕事の流儀」スペシャル　NHK「プロフェッショナル」制作班　NHK出版　2016.7　227p　18cm　（NHK出版新書　492）　780円　①978-4-14-088492-8　Ⓝ366.29
内容　1　変わらない力（AI時代への新たな決意―将棋棋士　羽生善治　淡々と、完璧を貫き通す―星野リゾート代表　星野佳路　人生にムダなどない）　2　生涯現役を貫け（プロフェッショナルに、終わりはない―元半導体メーカー社長　坂本幸雄　明日だけを生きる―歌舞伎役者　坂東玉三郎）　3　大震災、そして新たなる飛躍（やりたいからこそ、やる―作業療法士　藤原茂　地べたと向き合って生きる―建築家　伊東豊雄）　4　限界への挑戦（今の自分だからできること―バレリーナ　吉田都　情熱は一生、燃え続ける―プロサッカー選手　三浦知良　「逆転する力」の秘密―囲碁棋士　井山裕太）

三浦　関造〔1883～1960〕　みうら・かんぞう
◇三浦関造の生涯―綜合ヨガ創始者　岩間浩編著　宝塚　竜王文庫　2016.6　256p　22cm　〈文献あり　年譜あり〉　2200円　①978-4-89741-110-1　Ⓝ289.1
内容　第1章　三浦関造の生涯　第2章　文学家としての三浦関造　第3章　綜合ヨガ実践者としての三浦関造　第4章　愛弟子から観た三浦関造とヨガの実習体験　第5章　詩人としての三浦関造　第6章　教育者・教育学者としての三浦修吾と三浦関造　第7章　霊覚書としての三浦関造　付属資料

三浦　謹之助〔1864～1950〕　みうら・きんのすけ
◇祖父三浦謹之助の思い出　三浦恭定著　日経事業出版センター　2016.10　197p　20cm　〈文献あり　年表あり〉　2300円　①978-4-905157-16-8　Ⓝ289.1
内容　家系と生い立ち　医学への道　欧州留学と留学中の書簡　帰国後結婚と東京大学教授就任まで　東京大学教授時代　明治天皇を拝診　海外訪問と大正天皇拝診　祖父の肖像画と肖像写真など　停年後の祖父　門弟、患者　晩年の祖父　祖父の趣味　診察した人　晩年の家庭　祖父の処方

三浦　耕喜〔1970～〕　みうら・こうき
◇わけあり記者―過労でウツ、両親のダブル介護、パーキンソン病に罹った私　三浦耕喜著　高文研　2017.6　208p　19cm　1500円　①978-4-87498-623-3　Ⓝ289.1
内容　プロローグ　「わけあり記者」宣言　第1章　三浦記者・充実の日々　第2章　ひとつ目のわけあり―過労でうつになりました　第3章　ふたつ目のわけあり―両親のダブル介護　第4章　みっつ目のわけあり―パーキンソン病に罹りました　エピローグ　世のわけあり人材よ胸を張れ

三浦　定夫〔1912～〕　みうら・さだお
◇獣医学の狩人たち―20世紀の獣医偉人列伝　大竹修著　堺　大阪公立大学共同出版会　2017.5　406p　21cm　〈文献あり〉　2400円　①978-4-907209-72-8　Ⓝ649.028
内容　序：日本における近代獣医学の夜明け　牛痘苗と狂犬病ワクチンの創始者―梅野信吉　人材育成の名人で家畜衛生学の先達―葛西勝弥　獣医寄生虫学を確立―板垣四郎　競走馬の研究に生涯を捧げた外科の泰斗―松葉重雄　ひよこの雌雄鑑別法を開発―増井清　幻に終わったノーベル賞―市川厚一　獣医外科・産科学の巨頭―黒澤亮助　顕微鏡とともに歩んだ偉大な神経病理学者―山極三郎　麻酔・自律神経研究の権威―木全春生〔ほか〕

三浦　重周〔1949～2005〕　みうら・じゅうしゅう
◇決死勤皇生涯志士―三浦重周伝　山平重樹著　並木書房　2015.3　231p　20cm　〈年譜あり〉　1800円　①978-4-89063-325-8　Ⓝ289.1
内容　序章　新潟港北岸壁　第1章　西ノカタ陽闕ヲ出ヅレバ　第2章　日学同篇―友情の絆、天と海星を貫く鎖のごと強し　第3章　重遠社篇―任重ク道遠シ、我が往く道は修羅なり　第4章　唯我一人ノミ能ク救護ヲ為ス

三浦　清一郎〔1941～〕　みうら・せいいちろう
◇詩歌自分史のすすめ―不帰春秋片想　三浦清一郎著　日本地域社会研究所　2015.9　149p　19cm　（コミュニティ・ブックス）　1480円　①978-4-89022-170-7　Ⓝ289.1
内容　毎日中学生新聞　はる先生　父の朝食　個体の自覚　朝清（あさきよ）との夏　お姉さん　マスカット読書会　吹雪の「キュルケゴール研究会」　プレジデント・クリーブランド号　海軍帰りのビル〔ほか〕

三浦　大輔〔1973～〕　みうら・だいすけ
◇踏み出せば何かが変わる　三浦大輔著　青志社　2018.2　219p　19cm　1300円　①978-4-86590-

みうら

058-3　Ⓝ783.7

内容　第1章　視野―2017年CS・日本シリーズ　第2章　人生マラソン―2016年という年　第3章　分水嶺―1998年の日本―を越えて　第4章　横浜愛―2013年1月14日の決意　第5章　継承と革新―2018年春へ　特別対談　三浦大輔、筒香嘉智に訊く!「ハマの流儀」三浦大輔×筒香嘉智

三浦 哲夫〔1953～〕　みうら・てつお

◇貧困のため諦めていた大学に自力で進み高校教師になった話　三浦哲夫著　名古屋　ブイツーソリューション　2016.4　231p　19cm　〈発売：星雲社〉　1300円　①978-4-434-21812-5　Ⓝ289.1

内容　1　炭鉱のマチから札幌へ、小学校まで(炭鉱の長屋の一人っ子　小学校入学前　ほか)　2　中学、高校、そして就職(中学校へ通学―新たな気持ち　淡い恋―実らず　ほか)　3　浪人時代(東京の新聞奨学生へ―浪人一年目　新聞配達の毎日　ほか)　4　大学生活(夜間大学とアルバイト生活　やっと始まった大学の勉強　ほか)

三浦 哲郎〔1931～2010〕　みうら・てつお

◇青春の日記―三浦哲郎のこと　竹岡準之助著　幻戯書房　2014.10　179p　20cm　2200円　①978-4-86488-057-2　Ⓝ910.268

内容　1(昭和二十八(一九五三)年　昭和二十九(一九五四)年　昭和三十(一九五五)年　ほか)　2(昭和三十(一九五五)年(つづき)　昭和三十一(一九五六)年　昭和三十二(一九五七)年　ほか)　3(昭和三十二(一九五七)年(つづき)　昭和三十五(一九六〇)年　昭和三十六(一九六一)年)

三浦 道寸〔?～1516〕　みうら・どうすん

◇砕けて後は、もとの土くれ―三浦一族鎮魂譜　中村豊郎著　創英社/三省堂書店　2015.3　211p　15cm　〈文献あり〉　600円　①978-4-88142-894-8　Ⓝ288.2

内容　第1章　三浦荒次郎の最期　第2章　平安時代の武将達　第3章　鎌倉時代の武将達　第4章　関東の戦国時代　第5章　三浦道寸　第6章　北条早雲　第7章　三浦氏の滅亡

◇砕けて後は、もとの土くれ―相模国豪族・三浦一族鎮魂譜　中村豊郎著　新版　創英社/三省堂書店　2016.12　219p　15cm　〈文献あり〉　600円　①978-4-88142-605-0　Ⓝ288.2

内容　第1章　三浦荒次郎の最期　第2章　平安時代の武将達　第3章　鎌倉時代の武将達　第4章　関東の戦国時代　第5章　三浦道寸　第6章　北条早雲　第7章　三浦氏の滅亡

◇三浦道寸―伊勢宗瑞に立ちはだかった最大のライバル　真鍋淳哉著　戎光祥出版　2017.1　275p　19cm　(中世武士選書　36)〈文献あり　年譜あり〉　2600円　①978-4-86403-231-5　Ⓝ289.1

内容　第1部　道寸登場以前の三浦氏(三浦氏の発祥と鎌倉幕府　各地で活躍した南北朝期の三浦氏)　第2部　関東動乱のなかの道寸と三浦氏(上杉禅秀の乱・永享の乱、享徳の乱と三浦氏　三浦道寸の登場　ほか)　第3部　道寸一族の滅亡(伊勢宗瑞の相模侵出と三浦氏　道寸と宗瑞の抗争　「文化人」としての三浦道寸　ほか)

三浦 のぶひろ〔1975～〕　みうら・のぶひろ

◇未来をつくる、新しい風。　三浦のぶひろ著　潮出版社　2016.1　111p　19cm　759円　①978-4-267-02044-5　Ⓝ289.1

内容　第1章　パイロットにあこがれて(飛行機好きの少年　日航ジャンボ機墜落事故　ほか)　第2章　研究者として社会へ(挫折からのスタート　青天の霹靂　ほか)　第3章　学生とともに成長(半年間の葛藤　学生の中へ　ほか)　第4章　一人ひとりに寄り添う社会へ―対症療法から「根治」の政治をめざして(「イクメン」は時代の潮流　女性の命と健康を守る　ほか)　対談　「日本の進むべき未来―平和と教育と科学技術を語る」(五百旗頭眞(熊本県立大学理事長・ひょうご震災記念21世紀研究機構理事長・前防衛大学校長)×三浦のぶひろ

三浦 梅園〔1723～1789〕　みうら・ばいえん

◇諸国賢人列伝―地域に人と歴史あり　童門冬二著　ぎょうせい　2014.12　253p　19cm　1800円　①978-4-324-09918-6　Ⓝ281.04

内容　浜口梧陵―稲むらの火/地域から日本を考えた-広村(和歌山県)　山田方谷―被ためられた山を貫いた巨人・備中松山(岡山県)　安藤野雁―万葉の心を信条に-桑折(福島県)　大原幽学―房総は学者の充電所-下総(千葉県)　林子平―立ち枯れの村を復興-水戸(茨城県)　小島蕉園―減税と産業振興-甲府(山梨県)　三浦梅園―日本初の自然哲学者-杵築(大分県)　新井白石―不遇に生きる-江戸(東京都)　前田綱紀―文化行政で雇用創出-加賀(石川県)　河合曽良―旅に生きる-諏訪(長野県)　北島雪山―追放されて自由に生きた-肥後(熊本県)　羽地朝秀―壁を背に第三の道を-琉球(沖縄県)　松平信綱―名君・賢君を輩出-川越(埼玉県)　徳川義直―あゆミ思想の実現-尾張(愛知県)　多久一族―「らしさ」を失わず-肥前(佐賀県)　古田織部―壊して創る-美濃(岐阜県)　北条幻庵―「勇」の底に「優」の心-小田原(神奈川県)　鴨長明―走り回る一滴の水-京都(京都府)

◇野散の哲　糸井秀夫著　杉並けやき出版　2016.5　142p　19cm　〈文献あり　発売：星雲社〉　1200円　①978-4-434-22006-7　Ⓝ121

内容　安藤昌益(鳥たちの会話　遺影を追う　昌益の著作を覗く　「法世」を批判する)　三浦梅園(幼時の思弁　イドラと「習気」　梅園の自然観　『玄語』『贅原』『贅語』　この時代)　三枝博音(三枝ワールド逍遙　技術の哲学　三枝のヘーゲル解説　鎌倉アカデミア　突然の死　残影追慕)

三浦 命助〔1820～1864〕　みうら・めいすけ

◇南部百姓命助の生涯―幕末一揆と民衆世界　深谷克己著　岩波書店　2016.5　377p　15cm　(岩波現代文庫―学術　343)〈朝日新聞社　1983年刊の再刊〉　1420円　①978-4-00-600343-2　Ⓝ212.2

内容　1　栗林村と命助の家筋　2　「東」の人びと　3　先行する者―弘化四年の一揆　4　同行する者―嘉永六年の一揆　5　出奔　6　修験者明英　7　二条殿家来三浦命助　8　牢の中　9　「極楽世界」へ

三浦 義同 みうら・よしあつ
⇒三浦道寸（みうら・どうすん）を見よ

三浦 義意 みうら・よしおき
⇒三浦荒次郎（みうら・あらじろう）を見よ

三浦 義武〔1899〜1980〕みうら・よしたけ
◇三浦義武 缶コーヒー誕生物語 神英雄著 京都 松籟社 2017.10 125p 21cm 〈文献あり 年譜あり〉 1500円 ⓘ978-4-87984-359-3 Ⓝ289.1
内容 第1章 缶コーヒー誕生（若き日の三浦義武 独自のコーヒーをつくる コーヒーを楽しむ会 浜田でコーヒー店を開く 司馬遼太郎との出会い ほか） 第2章 三浦義武「コーヒーの話」原稿（「三浦義武コーヒーを楽しむ会」あいさつ ラジオ放送「趣味講座 コーヒーの話」原稿 コーヒーの話 「コーヒーを楽しむ会」再開のあいさつ）

三浦 義村〔?〜1239〕みうら・よしむら
◇中世の人物 京・鎌倉の時代編 第3巻 大阪 清文堂出版 2014.7 382p 22cm 4500円 ⓘ978-4-7924-0996-8 Ⓝ281
内容 後鳥羽院（美川圭著） 九条道家（井上幸治著） 西園寺公経（山ören瞳著） 藤原秀康（長村祥知著） 藤原定家（谷昇著） 源実朝（坂井孝一著） 北条政子（黒嶋敏著） 北条義時（田辺旬著） 北条泰時（菊池紳一著） 北条時房と重時（久保田和彦著） 九条頼経・頼嗣（岩田慎平著） 竹御所（小野翠著） 三浦義村（真鍋淳哉著） 大江広元と三善康信〈善信〉（佐藤雄基著） 宇都宮頼綱（野口実著） 慈円（菊地大樹著） 聖覚（平雅行著） 定豪（海老名尚著） 明niçon（原田正俊著） 叡尊（細川涼一著） 公武権力の変容と仏教界（平雅行／編）

美夏〔1970〜〕みか
◇八方塞がりの出口 美夏著 文芸社 2017.12 62p 15cm 500円 ⓘ978-4-286-18988-8 Ⓝ289.1

美景 悠華〔1942〜〕みかげ・ゆうか
◇とっとこなしのひゃあどら—そして「ばあちゃん、ありがとう」 美景悠華著 文芸社 2017.9 127p 19cm 1000円 ⓘ978-4-286-18599-6 Ⓝ289.1

三笠宮 崇仁〔1915〜2016〕みかさのみや・たかひと
◇三笠宮と東條英機暗殺計画—極秘証言から昭和史の謎に迫る 加藤康男著 PHP研究所 2017.1 248p 18cm （PHP新書 1077）〈文献あり〉 820円 ⓘ978-4-569-83272-2 Ⓝ210.75
内容 序章 三笠宮からの電話と書簡 第1章 津野田少佐と牛島辰熊 第2章 知将・石原莞爾、小畑敏四郎 第3章 東條暗殺へ動く三つの影 第4章 三笠宮の翻意、津野田逮捕へ 第5章 戦後民主主義と三笠宮

三上 一禧〔1917〜〕みかみ・かつよし
◇ゼロファイター列伝—零戦搭乗員たちの戦中、戦後 神立尚紀著 講談社 2015.7 341p 19cm 〈年表あり〉 1500円 ⓘ978-4-06-219634-5 Ⓝ392.8
内容 第1章 三上一禧—「零戦初空戦」で撃墜した宿敵との奇跡の再会 第2章 羽切松雄—被弾して重傷を負っても復帰して戦い続けた不屈の名パイロット 第3章 原田要—幼児教育に後半生を捧げるゼロファイター 第4章 日高盛康—「独断専行」と指揮官の苦衷 第5章 小町定—真珠湾から海軍最後の空戦まで、大戦全期間を戦い抜く 第6章 志賀淑雄—半世紀の沈黙を破って 第7章 山田良市—ジェット時代にも飛び続けたトップガン

◇証言 零戦生存率二割の戦場を生き抜いた男たち 神立尚紀著 講談社 2016.11 527p 15cm （講談社＋α文庫 G296-1）〈ゼロファイター列伝〉（2015年刊）の改題、加筆・修正 年表あり〉 860円 ⓘ978-4-06-281705-9 Ⓝ392.8
内容 第1章 三上一禧—「零戦初空戦」で撃墜した宿敵との奇跡の再会 第2章 田中國義—「日本海軍一」と言われた、叩き上げ搭乗員のプライド 第3章 原田要—幼児教育に後半生を捧げたゼロファイター 第4章 日高盛康—「独断専行」と指揮官の苦衷 第5章 小町定—真珠湾から海軍最後の空戦まで、大戦全期間を戦い抜く 第6章 志賀勝彦—半世紀の沈黙を破って 第7章 吉田義—豪州本土上空でスピットファイアを圧倒 第8章 山田良市—ジェット時代にも飛び続けたトップガン

三上 照夫〔1928〜1994〕みかみ・てるお
◇天皇の国師—賢者三上照夫と日本の使命 宮崎貞行著 姫路 きれい・ねっと 2018.6 382p 19cm 〈学研パブリッシング 2014年刊の新装改訂版 文献あり 発売：星雲社〉 1800円 ⓘ978-4-434-24922-8 Ⓝ289.1
内容 天皇の語り部 無数の蟻 松は緑に 海ゆかば 死の淵にて 虫めづる 白い蛇 宮中祭祀 竹籔の荒寺 祭事と公務 〔ほか〕

三木 清〔1897〜1945〕みき・きよし
◇ある戦時下の抵抗—哲学者・戸坂潤と「唯研」の仲間たち 岩倉博著 花伝社 2015.8 250, 12p 20cm 〈文献あり 年表あり 索引あり 発売：共栄書房〉 2000円 ⓘ978-4-7634-0750-4 Ⓝ121.6
内容 第1章 若き京都学派—戸坂潤と三木清 一九二一年〜二九年 第2章 唯研創設 一九二九年〜三一年 第3章 唯研の奴ら 一九三二年〜三四年 第4章 おけさほど 一九三五年〜三六年 第5章 唯研解散 一九三七年〜三九年 第6章 獄死 一九三九年〜四五年

◇三木清 永野基綱著 新装版 清水書院 2015.9 261p 19cm （Century Books—人と思想 177）〈文献あり 年譜あり 索引あり〉 1000円 ⓘ978-4-389-42177-9 Ⓝ121.67
内容 1 個人と社会（孤独な田舎者 個性と歴史 日常世界の解釈 『パスカルに於ける人間の研究』） 2 革命と主体（マルクス主義と革命 『唯物史観と現代の意識』 意識と言葉 存在性の相違） 3 歴史と運命（逮捕と排除 『歴史哲学』 不安と危機の時代 新しい人間のタイプ） 4 翼賛と抵抗（『構想力の論理』 「協同主義」と「東亜新秩序」 総力戦体制へ） 5 死と生涯（『聖戦』 獄中での死 三木清、人と思想）

◇いまこそ知りたい日本の思想家25人 小川仁志

みき

著　KADOKAWA　2017.9　254p　19cm　〈他言語標題：25 Japanese thinkers you need to know now　文献あり〉　1700円　Ⓘ978-4-04-400234-3　Ⓝ121.028

内容　第1章 日本思想の黎明期（空海　道元　親鸞　吉田兼好　世阿弥）　第2章 日本の近世の葛藤（山本常朝　荻生徂徠　本居宣長　安藤昌益　二宮尊徳）　第3章 日本の近代の幕開け（横井小楠　吉田松陰　福沢諭吉　新渡戸稲造　内村鑑三）　第4章 「日本哲学」の始まり（西周　西田幾多郎　九鬼周造　三木清　和辻哲郎）　第5章 世界における日本思想の独自性（北一輝　鈴木大拙　柳田國男　丸山眞男　吉本隆明）

◇京都学派　菅原潤著　講談社　2018.2　264p　18cm　（講談社現代新書 2466）〈文献あり〉　900円　Ⓘ978-4-06-288466-2　Ⓝ121.6

内容　プロローグ なぜ今、京都学派なのか　第1章 それは東大から始まった―フェノロサから綱島梁川まで　第2章 京都学派の成立―西田幾多郎と田辺元　第3章 京都学派の展開―京大四天王の活躍と三木清　第4章 戦後の京都学派と新京都学派―三宅剛一と上山春平　エピローグ 自文化礼賛を超えて―京都学派のポテンシャル

◇三木清研究資料集成　全6巻　津田雅夫編，室井美千博，宮島光志編・解説　クレス出版　2018.10　6冊（セット）　21cm　113000円　Ⓘ978-4-87733-968-5　Ⓝ121.67

内容　第1巻 三木清全集未収録論文・随筆　第2巻 翻訳家としての三木清―翻訳作品集成　第3巻 論壇での軌跡―座談・対談（1）　第4巻 論壇での軌跡―座談・対談（2）・講演　第5巻 思想家・評論家としての三木清―時代との格闘　第6巻 三木清の人と思想―回想・記録

三木　佐助〔1852～1925〕　みき・さすけ

◇玉淵叢話―注釈付 維新前後の河内屋佐助見聞録　三木佐助著，田中晴美編　大阪　大阪開成館　2018.7　16,412p　21cm　〈年譜あり〉　非売品　Ⓝ289.1

三木　淳〔1919～1992〕　みき・じゅん

◇写真家三木淳と「ライフ」の時代　須田慎太郎著　平凡社　2017.9　445p　20cm　〈文献あり　年表あり〉　3400円　Ⓘ978-4-582-23128-1　Ⓝ740.21

内容　プロローグ―とこしえのエクスタシー　第1章 不可能な夢にひた走る　第2章 日本写真界の国際化のために　第3章 海越える視座をみがく　第4章 日本人としてやらねばならぬこと　第5章 新たな使命

三木　武夫〔1907～1988〕　みき・たけお

◇政争家・三木武夫―田中角栄を殺した男　倉山満著　講談社　2016.12　252p　15cm　（講談社＋α文庫 G298-1）　630円　Ⓘ978-4-06-281699-1　Ⓝ312.1

内容　怪物政治家、三木武夫　徒手空拳の青年代議士　バルカン政治家の誕生　グダグダ政治の乗り切り方　政策は政局の武器　男は一回、勝負する　三角大福中時代のはじまり　勝機を確信した三木　田中角栄を葬った手口　三木内閣の危険な政治　三木と靖国と内閣法制局　死闘！　三木おろし

◇三木武夫秘書回顧録―三角大福中時代を語る　岩野美代治著，竹内桂編　吉田書店　2017.11　501p　20cm　〈年譜あり〉　4000円　Ⓘ978-4-905497-56-1　Ⓝ289.1

内容　第1章 秘書になるまで　第2章 駆け出しの秘書　第3章 三木総理誕生を目指して　第4章 椎名裁定と三木内閣の成立　第5章 三木総理の奮闘　第6章 晩年の三木武夫　第7章 三木武夫の没後　第8章 三木武夫の選挙と後援会　第9章 秘書の役割（一）政治資金　第10章 秘書の役割（二）有権者へのサービスと陳情

三木　武吉〔1884～1956〕　みき・ぶきち

◇戦後政治家論―吉田・石橋から岸・池田まで　阿部眞之助著　文藝春秋　2016.4　439p　16cm　（文春学藝ライブラリー―雑英 25）〈「現代政治家論」（文藝春秋新社 1954年刊）の改題、再刊〉　1400円　Ⓘ978-4-16-813061-8　Ⓝ312.8

内容　岸信介論　重光葵論　池田勇人論　木村篤太郎論　和田博雄論　三木武吉論　西尾末廣論　吉田茂論　石橋湛山論　徳田球一論　緒方竹虎論　大野伴睦　芦田均論　鳩山一郎論　鈴木茂三郎論

三木　玲子〔1936～〕　みき・れいこ

◇大河のひと花―三木玲子の家族史　三木俊治の妻、三木康弘の母、古村啓蔵の娘、飯田延太郎の孫　三木玲子著　徳島　アニバ出版　2017.9　447p　22cm　〈年譜あり〉　1800円　Ⓘ978-4-907107-09-3　Ⓝ289.1

三岸　節子〔1905～1999〕　みぎし・せつこ

◇女性画家たちの戦争　吉良智子著　平凡社　2015.7　215p　18cm　（平凡社新書 780）〈「戦争と女性画家」（ブリュッケ 2013年刊）の改題、一部修正、再編集　文献あり　年表あり〉　840円　Ⓘ978-4-582-85780-1　Ⓝ723.1

内容　第1章 昭和の画壇事情（大正末期から昭和初期の画壇　女性画家と画壇　美術教育　女性画家と画題　社会は女性画家をどう見ていたか）　第2章 開戦、女性画家たちの行動（戦争と画家　女性と戦争　女流美術奉公隊　"大東亜戦争皇国婦女皆働之図"）　第3章 彼女らの足跡（長谷川春子　桂ゆき（ユキ子）　三岸節子）　第4章 敗戦、画家たちのその後（「戦争と美術」論争　戦争画の戦後　女流画家協会と女流美術家協会　女性画家と戦後）

三木谷　浩史〔1965～〕　みきたに・ひろし

◇問題児―三木谷浩史の育ち方　山川健一著　幻冬舎　2018.2　276p　20cm　1500円　Ⓘ978-4-344-03251-4　Ⓝ289.1

内容　プロローグ―太陽の子供　1章 三木谷浩史を教育した父と母の考え　2章 三木谷浩史が選び取ってきた道　3章 実業家が世の中を変えていく　4章 ヒーローだった父との永訣　5章 三木谷浩史が描く教育とは　特別付録 家族の会話「日本よ再び海洋国家になれ！」

御木本　幸吉〔1858～1954〕　みきもと・こうきち

◇二宮尊徳に学ぶ『報徳』の経営　田中宏司，水尾順一，蟻生俊夫編著　同友館　2017.10　308p　20cm　〈文献あり　年表あり〉　1900円　Ⓘ978-4-496-05301-6　Ⓝ335.15

|内容| 特別寄稿 二宮尊徳の人と思想と一つの実践 プロローグ 現代に生きる「報徳」の経営 1 二宮尊徳の生き方に学ぶ(尊徳の一円観:ステークホルダー・マネジメント 尊徳の至誠(その1):コンプライアンス 尊徳の至誠(その2):顧客満足 尊徳の勤労(その1):従業員満足 尊徳の勤労(その2):危機管理 ほか) 2 二宮尊徳の教えの実践事例(「報徳思想」を現代につないだ岡田良一郎 「報徳思想と算盤」で明治維新を成し遂げた渋沢栄一 尊徳の教えから世界の真珠王になった御木本幸吉 機械発明に人生を捧げた報徳思想の実践者・豊田佐吉 日本酪農の先覚者・黒澤酉蔵の「協同社会主義」と報徳経営 ほか)

◇戦前の大金持ち 稲泉連,山川徹著,出口治明編 小学館 2018.6 221p 18cm (小学館新書 329)〈文献あり〉 780円 ①978-4-09-825329-6 Ⓝ332.8

|内容| 第1章 "革命プロデューサー"梅屋庄吉 第2章 "パリの蕩尽王"薩摩治郎八 第3章 "初もの喰い狂"大倉喜八郎 第4章 "吉野の山林王"土倉庄三郎 第5章 "相場の神様"山崎種二 第6章 "世界の真珠王"御木本幸吉 最終章 "庭園日本一"足立全康

三阪 洋行〔1981〜〕 みさか・ひろゆき

◇壁を越える―車いすのラガーマンパラリンピックへの挑戦 三阪洋行著 山川出版社 2018.2 255p 19cm 1800円 ①978-4-634-15129-1 Ⓝ783.48

|内容| プロローグ 未来は自分で変えられる―リオ・二〇一六 第1章 すべてはパラリンピックのために(僕が出会った障害者スポーツ「ウィルチェアーラグビー」 初めてのパラリンピック―アテネ大会 二〇〇四年 日本代表副キャプテンとして再び大舞台へ―北京大会 二〇〇八年 涙で終わった現役最後のパラリンピック―ロンドン大会 二〇一二年) 第2章 車いすとともに生きる―二つの人生(高校生ラガーマン、頚髄損傷を負う ラグビーと怪我―ラグビー界で障害者の僕が取り組んでいること 僕の社会復帰までの道のり ウィルチェアーラグビーとの出会い 僕を変えてくれたニュージーランド留学) 第3章 目指せ! 東京パラリンピック、そしてその先へ―続く日本代表コーチとしての新たな冒険(アシスタントコーチとして二〇一六リオ大会へ 東京パラリンピック、そしてその先へ)

節仁親王〔1833〜1836〕 みさひとしんのう

◇四親王家実録 26 桂宮実録 第7巻(盛仁親王実録・節仁親王実録・淑子内親王実録) 吉岡眞之,藤井讓治,岩壁義光監修 ゆまに書房 2017.3 341p 27cm 〔布装 宮内庁宮内公文書館所蔵の複製〕 25000円 ①978-4-8433-5110-9 Ⓝ288.44

三澤 洋史〔1955〜〕 みさわ・ひろふみ

◇オペラ座のお仕事―世界最高の舞台をつくる 三澤洋史著 早川書房 2014.10 225p 19cm 1600円 ①978-4-15-209489-6 Ⓝ766.1

|内容| 第1部 こうして僕は指揮者になった(大工の息子が指揮者に! 音楽の道へ) 第2部 オペラ座へようこそ(オペラ座の毎日 オペラ座のマエストロ NOと言う合唱指揮者 燦然と輝くスター歌手) 第3部 やっぱり凄かった! 世界のオペラ座(聖地バイロイトの思い出 ベルカントの殿堂―スカラ座 熱い北京の夏―日中アイーダ) 第4部 指揮者のお仕事(僕を育ててくれた指揮者たち 世界の巨匠たち、そして理想の指揮者とは?)

三沢 光晴〔1962〜2009〕 みさわ・みつはる

◇全日本プロレス超人伝説 門馬忠雄著 文藝春秋 2014.7 218p 18cm (文春新書 981)〈文献あり〉 800円 ①978-4-16-660981-9 Ⓝ788.2

|内容| ジャイアント馬場 王道プロレスの牽引者 ジャンボ鶴田 完全無欠のエース ザ・デストロイヤー 「日本のレスラー」になった魔王 アブドーラ・ザ・ブッチャー 血染めの凶器使い ミル・マスカラス 千の顔を持つ男 大仁田厚 ジュニアヘビー級の尖兵 ザ・ファンクス テキサス・ブロンコの心意気 スタン・ハンセン&ブルーザー・ブロディ 不沈艦と超獣「最強コンビ」 ザ・グレート・カブキ 毒霧噴く"東洋の神秘" 三沢光晴 男気のファイター 小橋建太 病魔に勝った鉄人 天龍源一郎 不滅の負けじ魂 ジョー樋口 厳しく優しいプロレスの番人

◇6月13日を忘れない―三沢光晴最後の一日 「週刊プロレス」編集部編著 ベースボール・マガジン社 2015.6 176p 19cm 〈年表あり〉 1400円 ①978-4-583-10882-7 Ⓝ788.2

|内容| 第1章 ドキュメント(2009年6月13日―そして、それから) 第2章 証言―四天王3/4(丸田利明 田上明(NOAH) 小橋建太) 第3章 証言―闘い続けるまたち(齋藤彰俊(NOAH) 潮崎豪(全日本) 西永秀一レフェリー(NOAH) 浅子覚トレーナー(NOAH) 百田光雄 杉浦貴(NOAH) 鈴木鼓太郎(全日本) 石森太二(NOAH) 高山善廣 丸藤正道(NOAH) 大川正也リングアナウンサー(NOAH) 落合史生カメラマン) 第4章 家族の想いラストバンプ(特別収録「愛妻からみた素顔の三沢光晴―LAST BUMP」)

◇2009年6月13日からの三沢光晴 長谷川晶一著 主婦の友社 2015.7 254p 19cm 〈文献あり〉 1400円 ①978-4-07-412910-2 Ⓝ788.2

|内容| 三沢光晴からの電話 第1部 2009年6月13日の三沢光晴(午後三時、会場入り 午後八時四五分バックドロップ 午後一〇時一〇分最期の瞬間 翌朝七時、齋藤彰俊の決断 それぞれの六月一四日) 第2部 2009年6月13日からの三沢光晴(二〇一五年、春―あれから六年 レスラーたちの「それから」 三沢光晴からの伝言) オレのマブダチ

◇小橋建太、熱狂の四天王プロレス 小橋建太著 ワニブックス 2016.2 303p 19cm 1600円 ①978-4-8470-9425-5 Ⓝ788.2

|内容| 序章 夢の始まり 第1章 希望への旅立ち 第2章 崖っ縁からの挑戦 第3章 四天王プロレスの胎動 第4章 絶望のその先に 第5章 不屈の燃える魂 第6章 革命の炎 最終章 俺の四天王プロレス

◇三沢と橋本はなぜ死ななければならなかったか―90年代プロレス血戦史 西花池湖南著 河出書房新社 2017.11 316p 20cm 〈文献あり〉 1800円 ①978-4-309-02622-0 Ⓝ788.2

|内容| 1章 1990年三沢光晴の重荷―寡黙な男が背負わざるを得なかった全日本の未来 2章 1991年ジャンボ鶴田の絶頂―新世代の障壁となった怪物、最後の輝き 3章 1992年大仁田厚の爆風―猪木の遺産を食みながら開花したハードコアプロレス 4章 1993年

天龍源一郎の入魂―"約束の地"に向かった男が創造した新日本の栄華　5章 1994年橋本真也の確立―天龍越えで実現した"肥満体型レスラー"のエース襲名　6章 1995年武藤敬司の驀進―プロレス・バブルの黄昏時に打ち砕かれた"UWF神話"　7章 1996年川田利明の鬱屈―ガラパゴス化した馬場・全日本がついに"鎖国"を解く　8章 1997年蝶野正洋の襲来―黒いカリスマ率いるヒール軍団が変えた新日本の景色　9章 1998年高田延彦の別離―プロレス人気を破綻させた男が向かった新たな世界　10章 1999年そして、ジャイアント馬場の死―規範を失ったプロレス界が露呈した世代間の断絶

三品 一博　みしな・かずひろ
◇安藤昌益と私　三品一博著　松柏社　2015.11　263p　19cm　〈文献あり〉　2000円　Ⓘ978-4-7754-0225-2　Ⓝ121.59

内容　昌益との出会い　大学院進学　修士論文の準備　アルバイトの日々　八戸へ　大舘へ　修士論文の完成　大学院との離別　転機　字義の再検討　「直耕論」の完成　「互性論」の完成

三島 海雲〔1878～1974〕　みしま・かいうん
◇カルピスをつくった男　三島海雲　山川徹著　小学館　2018.6　351p　20cm　〈文献あり 年表あり〉　1600円　Ⓘ978-4-09-389777-8　Ⓝ289.1

内容　序章 カルピスが生まれた七月七日に　第1章 国家の運命とともに　第2章 草原の国へ　第3章 戦争と初恋　第4章 最期の仕事　終章 一〇〇年後へ

三島 桂太〔1987～〕　みしま・けいた
◇三島桂太の挑戦―元ホームレスから世界を目指す男　内田雅章,三島桂太著　TC出版　2018.12　189,15p　19cm　〈発売：万来舎〉　1400円　Ⓘ978-4-908493-29-4　Ⓝ289.1

内容　序章 三島桂太くんとの出会い　1章 三島桂太のヒストリー　2章 三島桂太のビジネス・ポリシー　3章 内田雅章、三島桂太と語り合う　付 三島塾から一生の証言　内田雅章さんとの出会い

三島 霜川〔1876～1934〕　みしま・そうせん
◇現代文士廿八人　中村武羅夫著　講談社　2018.6　217p　16cm　（講談社文芸文庫 なU1）〈日高有倫堂 1909年刊の再編集〉　1600円　Ⓘ978-4-06-511864-1　Ⓝ910.261

内容　田山花袋　国木田独歩　生田葵山　夏目漱石　菊池幽芳　小川未明　小杉天外　内藤鳴雪　徳田秋声　水野葉舟　〔ほか〕

三島 中洲〔1830～1919〕　みしま・ちゅうしゅう
◇陽明学のすすめ　6 人間学講話「三島中洲・二松學舍創立者」　深澤賢治著　明徳出版社　2015.11　298p　20cm　〈文献あり 年譜あり〉　2250円　Ⓘ978-4-89619-960-4　Ⓝ121.55

内容　三島中洲の人物像　学問　考え方　後世に残したもの　余話　文献

◇明治10年からの大学ノート―二松學舍のあゆみ　二松学舎小史編集委員会編　140周年記念版　三五館シンシャ　2018.4　299p　18cm　〈初版：三五館 2007年刊　文献あり 年譜あり　発売：フォレスト出版〉　1000円　Ⓘ978-4-89451-893-3　Ⓝ377.28

内容　カラー口絵 二松学舎のあゆみ　第1章 変革期に生きた人びと　第2章 三島中洲が考えたこと　第3章 二松学舎の学窓1 漢学塾篇　第4章 二松学舎のサポーター　第5章 二松学舎の学窓2 専門学校篇　カラー口絵 二松学舎の新たな歴史　第6章 二松学舎の現況

三島 徳七〔1893～1975〕　みしま・とくしち
◇磁石の発明特許物語―六人の先覚者　鈴木雄一著　アグネ技術センター　2015.6　118p　21cm　〈索引あり〉　2000円　Ⓘ978-4-901496-80-3　Ⓝ541.66

内容　第1話 本多光太郎とKS鋼　第2話 三島徳七とMK鋼　第3話 増本量とNKS鋼　第4話 渡辺三郎とFW鋼　第5話 加藤与五郎・武井武とフェライト磁石　第6話 トップの座に返り咲く

三島 孚滋雄〔1905～1990〕　みしま・ふじお
◇教育の良心を生きた教師―三島孚滋雄の軌跡　田中武雄,春日辰夫著　本の泉社　2017.7　201p　22cm　〈年譜あり〉　1500円　Ⓘ978-4-7807-1626-9　Ⓝ289.1

内容　幼少年期を寺で育つ　社会主義思想に傾倒する青年時代　教師として東北に旅立ち、さらに北海道にわたる　三島孚滋雄の戦後、名寄中・高校長時代　深川高校長時代の三島孚滋雄　宮城県白石中学校への転任　全校で映画「ひろしま」を鑑賞　実務学級の特設と能力別学級　焼けた学校　「河童通信」の発行　三島と平和運動　高校「教諭」としての転出　高校「漢文教師」として出発する　退職後の三島孚滋雄

三島 由紀夫〔1925～1970〕　みしま・ゆきお
◇三島由紀夫外伝　岡山典弘著　彩流社　2014.11　191p　19cm　（フィギュール彩 22）〈他言語標題：OUTSIDER：YUKIO MISHIMA　文献あり〉　1800円　Ⓘ978-4-7791-7022-5　Ⓝ910.268

内容　日本の三島から世界のMISHIMAへ　女子大生・杉山瑤子との結婚　剣道五段の実力　美智子様の御成婚を祝すカンタータ　ビクトリア朝コロニアル様式の家　越路吹雪とのロマンスの行方　西にコクトー、東に三島『からっ風野郎』岸田今日子の半裸の『サロメ』『風流夢譚』事件の余波　わが国初のプライバシー裁判『宴のあと』〔ほか〕

◇三島由紀夫の生と死　松本徹著　鼎書房　2015.7　235p　19cm　〈文献あり 年譜あり〉　1800円　Ⓘ978-4-907282-22-6　Ⓝ910.268

内容　なによりも作家であった　三島由紀夫の誕生　果てしない試行錯誤―『盗賊』性の自己決定―『仮面の告白』　時代の代表たろうと―『獅子』『愛の渇き』『青の時代』　多面体としての性―『禁色』『潮騒』『家族合せ』など　舞台の多彩な展開―『卒塔婆小町』『鰯売恋曳網』『鹿鳴館』　美の呪縛―『金閣寺』　時代と向き合う―『鏡子の家』　世界の破滅に抗して―『女は占領されない』『憂国』『美しい星』など　神への裏階段―『喜びの琴』『絹と明察』映画『憂国』『サド侯爵夫人』など　肉体の言葉―細江英公写真集『薔薇刑』『太陽と鉄』など　雅びとエロスと―『豊饒の海』一（『春の雪』『英霊の声』『朱雀家の滅亡』　究極の小説―『豊饒の海』二（『奔馬』『暁の寺』）　行動者としての死

◇五衰の人―三島由紀夫私記　徳岡孝夫著　文藝

春秋　2015.10　327p　16cm　（文春学藝ライブラリー――雑英 21）〈文春文庫 1999年刊の再刊〉　1220円　①978-4-16-813053-3　Ⓝ910.268

内容　死者と対話するように　初の体験入隊「四年待つた」とは？　バンコクで再会　プールサイドの会話『和漢朗詠集』の一句　林房雄にからむ謎　いつ死ぬ覚悟を？　その前夜まで　十一月二十五日　死後

◇三島由紀夫が生きた時代―楯の会と森田必勝　村田春樹著　青林堂　2015.10　311p　19cm　〈文献あり〉　1400円　①978-4-7926-0532-2　Ⓝ289.1

内容　プロローグ　第1章 ナンパ系全学連が楯の会へ　第2章 楯の会第五期生　第3章 昭和四十五年十一月二十五日　第4章 取り残された者たち　第5章 三島・森田蹶起と日本の運命　エピローグ その後の楯の会

◇三島由紀夫 悪の華へ　鈴木ふさ子著　アーツアンドクラフツ　2015.11　263p　21cm　〈表紙のタイトル：Mishima Yukio For the Brilliant Flowers of Evil　文献あり〉　2200円　①978-4-908028-10-6　Ⓝ910.268

内容　プロローグ―遭遇する無垢と宿命　第1章 白い華―終わりのない純潔（ダイヤモンドの死―「黒蜥蜴」　酸模の花に象徴されるもの―「酸模」　死から永遠へ―「岬にての物語」　心中の美学―「盗賊」）　第2章 赤い華―滅亡への疾走（反キリストの誕生―「仮面の告白」、「サーカス」　滅亡の胎動期―「路程」、「東の博士たち」、「館」、「中世に於ける一殺人常習者の遺せる哲学的日記の抜萃」　偽装された“生”―「アポロの杯」、「詩を書く少年」、「夕日と夕焼」、「金閣寺」）　第3章 青い華―絶対への回帰（第三の「仮面の告白」―『鏡子の家』　絶対への回帰」のための序曲―「憂国」、「孔雀」、「サド侯爵夫人」　“絶対”との邂逅―「荒野より」、「英霊の声」、「薔薇と海賊」）　エピローグ―「サロメ」、死の演出

◇ひとびとの精神史　第5巻　万博と沖縄返還―1970年前後　吉見俊哉編　岩波書店　2015.11　331p　19cm　2500円　①978-4-00-028805-7　Ⓝ281.04

内容　1 劇場化する社会（三島由紀夫―魂を失った未来への反乱　山本義隆―自己否定を重ねて　岡本太郎―塔にひきよせられるひとびと　牛山純一―テレビに見た「夢」）　2 沖縄―「戦後」のはじまり（仲宗根政善―方言研究に込めた平和への希求　マリー・米軍兵士と日本人の間で戦ったロックの女王　'嘉康雄と東松照明―二人の写真家の“沖縄”）　3 声を上げたひとびと（田中美津―“とり乱しの弁証法”としてのウーマン・リブ　川本輝夫―水俣病の“岩盤”を穿つ　横塚晃一―障害者は主張する　大地を守る会―紛争の経験を地域の実践へ　木村守江―「原発村」の誕生と浜通り）

◇三島由紀夫の源流　岡山典弘著　新典社　2016.3　255p　19cm　（新典社選書 78）　1800円　①978-4-7879-6828-9　Ⓝ910.268

内容　第1章 三島由紀夫と橋家―もう一つのルーツ　第2章 三島由紀夫の先駆―伯父・橋健行の生と死　第3章 三島由紀夫と神風連―『奔馬』の背景を探る　第4章 三島由紀夫の影の男―伊藤佐喜雄の悲運　第5章 三島由紀夫のトポフィリア―神島から琉球へ　第6章 小説に描かれた三島由紀夫―蠱惑する文学と生涯　第7章 三島由紀夫と刺青―肉体に咲く花　第8章 三島由紀夫と蛇神―不老不死の希求

◇直面（ヒタメン）―三島由紀夫若き日の恋　岩下尚史著　文藝春秋　2016.11　364p　16cm　（文春文庫 い75-4）〈「ヒタメン」（雄山閣 2011年刊）の改題〉　820円　①978-4-16-790735-8　Ⓝ910.268

内容　1章「運命愛」の發端―歌舞伎座樂屋・昭和二十九年七月　2章 女たちの時刻、午後の匂い―「沈める瀧」の頃　3章 贅澤な彼女―梨園と花街とに室咲きの　4章 喰わずぎらいの矯し方―「女神」の頃　5章 東京の恋人たち―『幸福号出帆』の頃　6章 書いて、仕方がないんだ―『永すぎた春』、『美徳のよろめき』、そして『金閣寺』の頃　7章 水槽の熱帯魚―『施餓鬼舟』、『橋づくし』、『女方』、『鹿鳴館』の頃　8章 浅くはひとを思ふものかは―『魔法瓶』に反射するもの　9章 おそらく最後の証言者―『鏡子の家』の女主人

◇在りし、在らまほしかりし三島由紀夫　高橋睦郎著　平凡社　2016.11　280p　20cm　2600円　①978-4-582-83746-9　Ⓝ910.268

内容　1（活動写眞誉切腹　三島由紀夫氏と『三原色』ほか）　2（RHETORICA 死の絵 ほか）　3（友達の作り方（抄）　聖三角形・Y・M、T・S、T・I、そして谷 ほか）　4（在りし、在らまほしかりし三島由紀夫　対談 詩を書く少年の孤独と栄光 ほか）

◇三島由紀夫の時代―芸術家11人との交錯　松本徹著　水声社　2016.11　279p　20cm　〈文献あり〉　2800円　①978-4-8010-0205-0　Ⓝ910.268

内容　川端康成―無二の師友　蓮田善明―死ぬことが文化　武田泰淳―自我の「虚数」の行方　六世中村歌右衛門―虚構を生きる　大岡昇平―回帰と飛翔と　福田恆存―劇なるものを求めて　細江英公―『薔薇刑』白と黒のエロス　澁澤龍彦―ニヒリズムの彼方へ　林房雄―心情の絶対性　橘川文三―同時代の怖ろしさ　江藤淳―二つの自死

◇私の中の三島由紀夫　山本光伸著　札幌　柏艪舎　2017.3　192p　20cm　〈発売：星雲社〉　1500円　①978-4-434-23098-1　Ⓝ910.268

内容　私は今、とんでもない航海に出ようとしている。すでに三島が亡くなってからのことである。そして運命のあの日、一九七〇年十一月二十五日がやって来る。　三島の死後、私の人生は微妙に変化した。一九六八年三月より、自衛隊富士学校の滝ヶ原分屯地、楯の会の体験入隊が始まった。　ここで武士道について考えてみよう。　三島はある日の楯の会例会で、次のように発言した。　三島の密葬は事件翌日の一九七〇年十一月二十六日、三島邸にてしめやかに営まれた。　三島は、『楯の会』のことの中で次のように書いている。　これまで述べてきたことに関連して、国土の防衛について考えてみたい。〔ほか〕

◇三島由紀夫と楯の会事件　保阪正康著　筑摩書房　2018.1　377p　15cm　（ちくま文庫 ほ16-6）〈角川文庫 2001年刊の再刊　文献あり　年譜あり〉　900円　①978-4-480-43492-0　Ⓝ910.268

内容　序章 十年目の遺書　第1章 「最後の一年は熱烈に待つた」　第2章 三島由紀夫と青年群像　第3章 「楯の会」の結成　第4章 邂逅、そして離別　第5章

公然と非公然の谷間　終章「三島事件」か「楯の会事件」か　補章 三十一年目の「事実」

◇三島由紀夫　心を燃やして　山田重夫著　青林堂　2018.4　194p　19cm　1400円　Ⓘ978-4-7926-0621-3　Ⓝ910.268

内容　第1章 平岡家とその時代/作品の発表　第2章 めぐりあい　第3章 一枚の名刺　第4章 外国の旅　外国文化探訪　第5章 小説の舞台　第6章 折口信夫と三島由紀夫　第7章 反乱　第8章 身体を鍛える　第9章 心を燃やして

◇三島由紀夫は一〇代をどう生きたか――あの結末をもたらしたものへ　西法太郎著　文学通信　2018.11　356p　19cm　3200円　Ⓘ978-4-909658-02-9　Ⓝ910.268

内容　プロローグ―三島由紀夫がさだめた自分だけの墓所　序章 結縁―神風連（「約百名の元サムライ」の叛乱　日本の火山の地底　ほか）　第1章 邂逅―東文彦（先輩からの賛嘆の手紙　至福の拠り処　ほか）　第2章 屈折―保田與重郎（一〇代の思想形成　日本浪曼派　ほか）　第3章 黙契―蓮田善明（田原坂公園の歌碑　「神風連のこころ」　ほか）

三島 由春〔1956～〕みしま・よしはる

◇名物テレビマンが、校長先生をやってみた　三島由春著　双葉社　2017.5　191p　19cm　1400円　Ⓘ978-4-575-31247-8　Ⓝ370

内容　第1章 テレビプロデューサーがなぜ校長に？（大学時代の選択　テレビ番組作りから学んだこと　矢追純一さんとの出会い　ほか）　第2章 新米校長、未知との遭遇（あんた映像のプロやろ　私ら教育のプロや、教育に口ださんとき　なぜ変革が必要なのか？　ほか）　第3章 見えてきた校長という仕事（校長先生という仕事　ヒト・モノ・カネを動かせない経営トップ　ほか）　第4章 子どもたちの世界（学校へ来なくなる子どもたち　子ども同士の不思議な力　ほか）　第5章 教育って何？（教師にとって人間力とは？　教育の役割と文化の継承）

三城 久男〔1951～〕みしろ・ひさお

◇ロンアンの蓮華―日本人になったベトナム青年の物語　三城久男（ベトナム名：レタン・ホアン・ハイ）著　七草書房　2016.5　243,9p　19cm　〈年表あり〉　1350円　Ⓘ978-4-906923-03-8　Ⓝ289.1

＊ベトナムから日本に来た青年の物語。サイゴン陥落の日、彼は無国籍になる。彼の不安で過酷な、それでいて楽しく希望に満ちた日本での歩みが始まった。

三栖 一明〔1973～〕みす・かずあき

◇三栖一明　向井秀徳著　ギャンビット　2017.9　351p　19cm　〈作品目録あり〉　2800円　Ⓘ978-4-907462-31-4　Ⓝ767.8

＊日本の音楽シーンに風穴を開け、多くのリスナー、ミュージシャンから絶大な支持を集める向井秀徳（ZAZEN BOYS・KIMONOS）。遠い昔、彼がアーティスト、表現者としての活動を始めた頃、または、これまでに発表された作品群の陰には、数多くの衝動とそれに至る事件があった。そして、その舞台にはいつも、盟友である向井秀徳関連のグラフィックを手がける、デザイナー・三栖一明の存在があった。本書はそんな向井秀徳の半生を追い、三栖一明との関係をも網羅したもので、向井秀徳自身が一年以上にわたって語り下ろしたもの。本人いわく、「これは私の恥のアーカイブ集である」。一般的な自伝や自叙伝ともまるで違う、向井秀徳のライブ感が詰まったSeishun伝。っつって。

水上 旬〔1938～〕みずかみ・じゅん

◇水上旬オーラル・ヒストリー　水上旬述，坂上しのぶインタヴュアー　〔出版地不明〕　日本美術オーラル・ヒストリー・アーカイヴ　2015.3　186p　30cm　〈他言語標題：Oral history interview with Mizukami Jun　ホルダー入〉　Ⓝ702.16

水上 勉〔1919～2004〕みずかみ・つとむ

◇明日への一歩　津村節子著　河出書房新社　2018.4　203p　20cm　1600円　Ⓘ978-4-309-02664-0　Ⓝ914.6

内容　1 夫・吉村昭の手紙（ひとりごと　飛脚の末裔　ほか）　2 物書き同士の旅（長い道のり　初めての歴史小説　ほか）　3 移りゆく歳月（初詣　段飾り　ほか）　4 わが師、友を偲ぶ（私の宝―室生犀星　竹の精霊の宿る里―水上勉　ほか）　5 わが心のふるさと（ふるさと　二人旅　ほか）

水上 敏男〔1932～〕みずかみ・としお

◇上質へのこだわりを貫いて―スモール・イズ・ベストの経営思想　水上敏男著　文芸社　2016.12　195p　20cm　1200円　Ⓘ978-4-286-17510-2　Ⓝ289.1

水木 しげる〔1922～2015〕みずき・しげる

◇人生をいじくり回してはいけない　水木しげる著　筑摩書房　2015.2　237p　15cm　〈ちくま文庫　み4-39〉　〈「水木しげる 人生をいじくり回してはいけない」（日本図書センター　2010年刊）の改題〉　680円　Ⓘ978-4-480-43249-0　Ⓝ726.101

内容　1 水木しげるのすべて（「水木しげる」のすべて　鬼太郎秘話　ほか）　2 蝶になった少女（娘よ あれがラバウルの灯だ　ラバウルから片腕で帰還　ほか）　3 お化けは実在する（妖怪　お化けは実在する　ほか）　4 死ぬまで幸福になる方法（わたしの好きなジョーク　マイソングマイライフ　ほか）

◇水木しげる―鬼太郎、戦争、そして人生　水木しげる,梅原猛,呉智英著　新潮社　2015.7　125p　22cm　〈とんぼの本〉　1600円　Ⓘ978-4-10-602261-6　Ⓝ726.101

内容　おなじみ、水木サンの3大人気作　水木しげるvs.梅原猛 "妖怪" 大放談　メジャー・デビューまでのステップ10　原画で読む「鬼太郎」墓場の鬼太郎 夜叉　必読！傑作ベスト10　知ってるようで意外に知らない水木しげるQ&A　原画で読む「戦争」総員玉砕せよ！

◇ひとびとの精神史　第1巻　敗戦と占領―1940年代　栗原彬,吉見俊哉編　岩波書店　2015.7　333p　19cm　2300円　Ⓘ978-4-00-028801-9　Ⓝ281.04

内容　1 生と死のはざまで（大田昌秀―原点としての沖縄戦　大田洋子―原爆と言葉　水木しげる―ある帰還兵士の経験　黄容柱と朴鐘鴻―近代の成就と超克）

2 それぞれの敗戦と占領(茨木のり子—女性にとっての敗戦と占領　黒澤明—アメリカとの出会いそこない　花森安治—その時、何を着ていたか？　堀越二郎—軍事技術から戦後のイノベーションへ)　3 改革と民主主義(中野重治—反復する過去　若月俊一—地域医療に賭けられたもの　西崎キク—大空から大地へ　北林サヨ—踊る宗教が拓く共生の風景)

◇戦争と読書—水木しげる出征前手記　水木しげる, 荒俣宏著　KADOKAWA　2015.9　202p　18cm　（角川新書 K-45)〈年譜あり〉　800円　Ⓘ978-4-04-082049-1　Ⓝ726.101

内容　第1章　水木しげる出征前手記　第2章　青春と戦争—水木しげる出征前手記の背景(違和感と同感のはざま　戦時下の読書について　戦争になる前、日本は出版の黄金時代だった　軍国主義のひろがり　戦時下の学校生活　青年たちの声と和して　戦争と読書　ゲーテという存在の発見　『三太郎の日記』の出現　日本人と日記の伝統　水木手記をどう読むか)　第3章　水木しげるの戦中書簡　第4章　年表 水木しげると社会情勢

◇屁のような人生—水木しげる生誕八十八年記念出版　水木しげる著　普及版　KADOKAWA　2015.12　463p 図版16p　21cm　〈初版：角川書店 2009年刊　年譜あり〉　2800円　Ⓘ978-4-04-104131-4　Ⓝ726.1

内容　第1章　テーノーと呼ばれて—落第生の頃　第2章　軍隊はコッケイなところだった—二等兵の頃　第3章　金がないから散歩ばかりしていた—紙芝居の頃　第4章　ふくふくまんじゅうが生き甲斐だった—貸本漫画の頃　第5章　奇妙な人がやけに多かった—「ガロ」の頃　第6章　妖怪イソガシに追い回されて—「マガジン」「サンデー」の頃　第7章　漫画はオモチロくなければイカン—青年漫画の頃　第8章　妖怪サンに描かされているんです—画業六十年をこえて　第9章　お化けを追いかけてシアワセになった—「怪・KWAI-」とともに　第10章　幸福は八十を過ぎてからです—家族とともに、妖怪とともに

◇ほんまにオレはアホやろか　水木しげる著　講談社　2016.4　249p　15cm　（講談社文庫 み36-16)　600円　Ⓘ978-4-06-293369-8　Ⓝ726.101

内容　「こいつあ、アホとちゃうか」　へんな美術学校　落ちたのは一人　男らしい仕事？　靴をはかずに新聞配達　ドロボウと流行歌手　夜なら頭がサエると、夜間中学に　支那通信　ぼくは落第兵　エブペとなら〔ほか〕

◇ではまた、あの世で—回想の水木しげる　大泉実成著　洋泉社　2016.4　255p　19cm　1500円　Ⓘ978-4-8003-0880-1　Ⓝ726.101

内容　序章　ではまた、あの世で　第1章　水木しげるの秘蔵コレクションをひも解く　第2章　「鬼太郎」秘話—3人の鬼太郎作家　第3章　貧乏漫画の名手・水木しげる大いに語る「貧乏は自然現象である」　第4章　冒険家・水木しげる、京極夏彦を斬る！　第6章　異能者・水木しげるの日常　第7章　水木山脈　第8章　水木しげると宗教　第9章　水木しげると妖怪との邂逅　第10章　シャカの悟り、水木の悟り　水木山脈—お弟子さんの大集合編

◇よく食べ、よく寝て、よく生きる—水木三兄弟の教え　水木しげる著　文藝春秋　2016.5　173p　16cm　（文春文庫 み52-1)〈「ちゃんと食えば、幸せになる」(保健同人社 2012年刊)の改題、再構成　文献あり〉　650円　Ⓘ978-4-16-790623-8　Ⓝ726.101

内容　若き日の想い出の食　懐かしきふるさとの食　水木家＆武良家の食　水木さんの好き嫌い　丈夫なからだの秘密　目には見えないもの　エピローグ　大地

◇一故人　近藤正高著　スモール出版　2017.4　415p　19cm　1800円　Ⓘ978-4-905158-42-4　Ⓝ281

内容　二〇一二年(浜田幸一　樋口廣太郎　ほか)　二〇一三年(大島渚　山内溥　ほか)　二〇一四年(永井一郎　坂井義則　ほか)　二〇一五年(赤瀬川隼　桂米朝　ほか)　二〇一六年(蜷川幸雄　中村紘子　ほか)

◇人生の終い方—自分と大切な人のためにできること　NHKスペシャル取材班著　講談社　2017.5　194p　19cm　1400円　Ⓘ978-4-06-220614-3　Ⓝ367.7

内容　プロローグ　進行役の桂歌丸師匠も「終い方」を胸に秘めていた　第1章　写真にのこされた、笑顔、笑顔、笑顔　笑顔の水木しげるさん　第2章　高座に上がる毎日が「終い中」　桂歌丸師匠　第3章　団塊世代の父親から家族への最後の手紙　桑原誠次さん　第4章　幼い子どもに何をのこすか葛藤する35歳の父　小熊正申さん　第5章　障害がある娘にのこした常連客という応援団　高松ハツエさん　第6章　自分らしい「終い方」　500通のお便りから　エピローグ—視聴者に届い「生きる力」

◇妖怪と歩く—ドキュメント・水木しげる　足立倫行著　復刻版　米子　今井印刷　2017.5　408p　19cm　〈初版：文藝春秋 1994年刊　文献あり　著作目録あり　発売：今井出版〔米子〕〉　1300円　Ⓘ978-4-86611-074-5　Ⓝ726.101

内容　第1章　正体不明の人　第2章　妻と娘と別荘と　第3章　アメリカの霊文化を訪ねる旅　第4章　戦争体験の夏　第5章　交錯する群像　第6章　さらなる探索

◇ゲゲゲの娘日記　水木悦子著　KADOKAWA　2017.11　226p　19cm　（怪BOOKS)　1200円　Ⓘ978-4-04-106355-2　Ⓝ726.101

内容　遠野とお父ちゃん　父と病院　「父の心友」のお葬式　父のお祝い　父の糞闘記　「ゲゲゲの女房」あれこれ　年末年始の我が家　父と歩く　父と歯　おじいちゃんと私〔ほか〕

◇「その後」のゲゲゲの女房—あるがままに。すべてに感謝！！　武良布枝著　辰巳出版　2018.9　221p　19cm　〈年譜あり〉　1200円　Ⓘ978-4-7778-2159-4　Ⓝ726.101

内容　第1章　止まった心の時計　第2章　突然の別れ　第3章　水木しげるが遺したもの　第4章　水木しげるの作品について想うこと　第5章　無為自然活　第6章　ゲゲゲの女房、娘二人と大いに語る—水木家座談会　ゲゲゲのおまけ

水樹　奈々　〔1980〜〕　みずき・なな

◇深愛　水樹奈々著　幻冬舎　2014.1　277p　16cm　（幻冬舎文庫 み-26-1)〈2011年刊の加筆修正〉　571円　Ⓘ978-4-344-42135-6　Ⓝ778.77

内容　1 プロローグ　2 父と娘—演歌の花道　3 青春—女子高生の事情　4 デビュー—近藤奈々から水樹

奈々へ　5 父との別れ—パパとママのこと　6 心と声—わたしの仕事　7 エピローグ　文庫版・特別対談　水樹奈々×三嶋章夫（キングレコードプロデューサー）

水澤 翔〔1977〜〕　みずさわ・しょう
◇とりあえず今日も生きている—普通から下流に落ちた者　水澤翔著　文芸社　2017.1　267p　19cm　1200円　Ⓘ978-4-286-17902-5　Ⓝ289.1

水島 恭愛〔1936〜〕　みずしま・たかよし
◇美しく、明るく、強くなる、女性のために舵をとれ—2020年のオリンピックをめざし　水島恭愛著　雄山閣　2014.6　238p　20cm　2500円　Ⓘ978-4-639-02318-0　Ⓝ289.1

内容 第1部 女性の力を活かす—ハクビ京都きもの学院が見つけたもの（江戸の香りの中に生まれて　終戦、そして父の死　保険会社で学んだ人を動かす技術　起業、そして、相手の力を引き出すメソッドの確立へ　ハクビ京都きもの学院の歩み）　第2部 真の国際交流とは何か—民族衣裳文化普及協会の活動を通じて（海外への船出　パンチボウル墓地参拝　民族衣裳文化普及協会設立へ　日本文化を伝えるために何をすれば良いか　染織を支える人々を支えるきものを見直す）

水島 銕也〔1864〜1928〕　みずしま・てつや
◇神戸高商と神戸商大の会計学徒たち—その苦闘と栄光　岡部孝好著　神戸　神戸新聞総合出版センター（発売）　2017.6　226p　19cm　〈文献あり　年譜あり　索引あり〉　2000円　Ⓘ978-4-343-00957-9　Ⓝ336.9

内容 第1話 水島銕也の簿記と神戸高商の創立　第2話 炎の会計人、東奭五郎　第3話 神戸商大の創立と原口亮平たちの奮闘　第4話 平井泰太郎の門下に集う簿記・会計学の俊英たち　第5話 神戸経大で躍動しはじめる新時代の簿記・会計学　第6話 新制神戸大学の編成と経営学部のスタート　第7話 新制神戸大学の空に輝く会計学徒の群星　第8話 そして、それから

水島 瞳〔1938〜〕　みずしま・ひとみ
◇ロザリオの空—駆けぬけた青春の記　水島瞳著　大阪　編集工房ノア　2016.8　219p　20cm　2000円　Ⓘ978-4-89271-260-9　Ⓝ289.1

水島 廣雄〔1912〜2014〕　みずしま・ひろお
◇評伝 水島廣雄—あとから来る旅人のために　水島廣雄追悼録出版委員会著　諏訪書房　2016.10　497p　20cm　〈年譜あり　著作目録あり　文献あり〉　2500円　Ⓘ978-4-903948-67-6　Ⓝ289.1

水田 洋〔1919〜〕　みずた・ひろし
◇水田洋 社会思想史と社会科学のあいだ—近代個人主義を未来へ貫く　竹内真澄編　京都　市民科学研究所　2015.3　84p　21cm　〈発売：晃洋書房（京都）〉　1000円　Ⓘ978-4-7710-2634-6　Ⓝ309.02

内容 第1章 社会思想史への歩み　第2章 戦中から戦後の仕事　第3章 マルクスの社会思想史的位置　第4章 『新稿 社会思想小史』をめぐって

水田 三喜男〔1905〜1976〕　みずた・みきお
◇寒椿—水田三喜男伝　鈴木健二著　城西大学出版会　2015.7　322p　19cm　〈年譜あり　文献あり〉　2500円　Ⓘ978-4-907630-00-3　Ⓝ289.1
◇水田三喜男とその時代　城西大学出版会　2015.10　319p　22cm　〈年表あり〉　非売品　Ⓝ289.1
◇寒椿—水田三喜男伝　鈴木健二著　城西大学出版会　2015.10　322p　20cm　〈年譜あり　文献あり〉　2778円　Ⓘ978-4-907630-11-9　Ⓝ289.1
◇大蔵大臣・水田三喜男—その生涯を時代と共に綴る　斉藤剛著　中央公論事業出版　2016.4　322p　20cm　〈文献あり〉　1800円　Ⓘ978-4-89514-460-5　Ⓝ289.1

内容 風土は人を創る　安房中学生活と大正時代　高校・大学時代と激動の昭和　東京市時代と軍部の台頭　統制経済の進行と大東亜戦争の勃発　占領統治下の日本と政治家水田の誕生　吉田長期政権と戦後復興　独立と政界再編成　高度成長の時代と政策通・水田　佐藤長期政権と水田大蔵大臣　高度成長の終焉　大学創立と人間・水田三喜男

水野 勝成〔1564〜1651〕　みずの・かつなり
◇放浪武者 水野勝成　森本繁著　洋泉社　2015.11　271p　19cm　〈文献あり〉　1800円　Ⓘ978-4-8003-0784-2　Ⓝ289.1

＊徳川家康の従兄弟でありながら、主君を代えること十数度。家名を捨てて戦場を渡り歩き、ついには備後福山藩の初代藩主に登りつめた"鬼日向"と呼ばれた猛将の戦場流浪記。

◇初代刈谷藩主水野勝成公伝拾遺　森本繁著　〔刈谷〕　刈谷市　2017.10　105p　30cm　Ⓝ289.1

水野 仙子〔1888〜1919〕　みずの・せんこ
◇ふくしま人　1　福島民報社編　福島　福島民報社　2015.4　143p　19cm　〈年譜あり　文献あり〉　1000円　Ⓘ978-4-904834-28-2　Ⓝ281.26

＊ふくしまの近現代を彩った人物たちの評伝。1は、新島八重、関根正二、磯村春子、吉野せい、水野仙子を選び、業績や評価だけでなく、その人の日常生活にも踏み込んで深く掘り下げる。『福島民報』連載を書籍化。

水野 忠成〔1762〜1834〕　みずの・ただあきら
◇名門水野家の復活—御曹司と婿養子が紡いだ100年　福留真紀著　新潮社　2018.3　207p　18cm　〈新潮新書 758〉〈文献あり　年表あり〉　740円　Ⓘ978-4-10-610758-0　Ⓝ289.1

内容 第1章 「松之廊下刃傷事件」ふたたび（正真正銘の「ご乱心」　不行跡の果てに ほか）　第2章 名門水野家、復活す（すべては御伽伽からはじまった　忠勤三十年、念願を達成 ほか）　第3章 水野忠友、その出世と苦悩（田沼家との華やかな交際　縁組と離縁の裏側 ほか）　第4章 悪徳政治家としての忠成（意次の再来か？　「今柳沢」と呼ばれて ほか）　第5章 有能な官僚としての忠成（水野家の新しい婿として　広い視野を持つ寺社奉行 ほか）

水野 忠興〔1942～〕 みずの・ただおき
◇秋の蟬―砂の器は誰が書いたか　水野忠興著　近代文藝社　2017.6　278p　20cm　1700円　①978-4-7733-8036-1　Ⓝ289.1
内容　第1部 少年の日　第2部 再会　第3部 様々なる墓標

水野 忠邦〔1794～1851〕 みずの・ただくに
◇徳川十五代闇将軍　熊谷充晃著　大和書房　2015.5　263p　15cm　（だいわ文庫 269-2H）〈文献あり〉　650円　①978-4-479-30536-1　Ⓝ281.04
内容　第1章 幕藩体制の礎を築いた4代（初代「闇将軍」本多正信―家康から全幅の信頼を寄せられた「タヌキ親父」以上の「タヌキ」　2代「闇将軍」南光坊天海―幕府の宗教政策をひとりで完成させた「関東の大僧正」　3代「闇将軍」松平信綱―江戸時代で最大の内乱を鎮めて老中首座に上った「知恵伊豆」　4代「闇将軍」酒井忠清―生まれながらに老中を約束された後世の悪名が哀しい「下馬将軍」）　第2章 将軍の権威を超越した3代（5代「闇将軍」柳沢吉保―一失政や没落とは皆無の史実「極悪側用人」の評に異議あり　6代「闇将軍」新井白石―幕政の思想的柱石を創出したブレーンの「遅すぎた登壇」　7代「闇将軍」間部詮房―これぞ開闢以来ふさわしい「猿楽大名」の数奇なキャリア）　第3章 中興の変革期を乗り越えた3代（8代「闇将軍」松平乗邑―「暴れん坊将軍」を抑えられた唯一の忠臣は経済政策の旗手　9代「闇将軍」大岡忠光―前代未聞かつ空前絶後の幕閣　日本史上唯一の「将軍の通訳」　10代「闇将軍」田沼意次―贈収賄政治家」の正体は貨幣社会をめざした重商主義者）　第4章 幕末動乱の一端となった3代（11代「闇将軍」松平定信―「寛政の改革"で失敗した後も影響力を保持し続けた元将軍候補　12代「闇将軍」水野忠邦―幕藩体制崩壊の序曲を聴いた「理想主義」を掲げる腹心家　13代「闇将軍」徳川斉昭―頼もしいのか、ありがた迷惑か　御三家の慣例を破った「烈公」）　第5章 維新の激動期に舵を取った2代（14代「闇将軍」井伊直弼―まさに闇将軍の代名詞　幕末期最大のキングメーカー　15代「闇将軍」島津久光―外様大名ですらなかったのに幕政を揺るがせた薩摩の国父）

水野 忠友〔1731～1802〕 みずの・ただとも
◇名門水野家の復活―御曹司と婿養子が紡いだ100年　福留真紀著　新潮社　2018.3　207p　18cm　（新潮新書 758）〈文献あり　年譜あり〉　740円　①978-4-10-610758-0　Ⓝ289.1
内容　第1章 「松之廊下刃傷事件」ふたたび（正真正銘の「ご乱心」　不行跡の果てに ほか）　第2章 名門水野家、復活す（すべては御伽役からはじまった　忠勤三十年、念願を達成 ほか）　第3章 水野忠友、その出世と苦悩（田沼家との華やかな交際　縁組と離縁の裏側 ほか）　第4章 悪徳政治家としての忠成（意次の再来か？　「今柳沢」と呼ばれて ほか）　第5章 有能な官僚としての忠成（水野家の新しい婿として　広い視野を持つ寺社奉行 ほか）

水野 直〔1879～1929〕 みずの・なおし
◇貴族院研究会の領袖水野直日記―大正5年～大正7年　水野直著, 尚友倶楽部史料調査室, 西尾林太郎, 松田好史編集　尚友倶楽部　2017.11　239p　21cm　（尚友ブックレット 32）〈年譜あり〉　Ⓝ289.1
◇貴族院研究会の領袖水野直日記―大正5年～大正7年　水野直著, 尚友倶楽部史料調査室, 西尾林太郎, 松田好史編集　芙蓉書房出版　2017.11　239p　21cm　（尚友ブックレット 32）〈年譜あり〉　国立国会図書館憲政資料室所蔵の翻刻〉　2500円　①978-4-8295-0726-1　Ⓝ289.1
内容　水野直日記（大正五年　大正六年　大正七年）

水野 南北〔1757～1834〕 みずの・なんぼく
◇江戸時代の小食主義―水野南北『修身録』を読み解く　若井朝彦著　花伝社　2018.2　188p　19cm　〈文献あり　発売：共栄書房〉　1500円　①978-4-7634-0843-3　Ⓝ498.583
内容　1部 水野南北の小食主義（いのちと摂食　摂食と立身出世の見定め　摂食と人間関係の綾　摂食とからだとこころ　福禄寿の思想）　2部 水野南北小伝―『修身録』の成立と南北その人（鵺相者　密僧の説論　南北相法と門人一千人　相法への懐疑　予告編『修身録』南北五十歳の肖像　『修身録』の完成　住喜のはなし　南北と大坂と京と　南北遺文　南北の享年）

水野 広徳〔1875～1945〕 みずの・ひろのり
◇合理的避戦論　小島英俊著, 東郷和彦対論　イースト・プレス　2014.8　319p　18cm　（イースト新書 033）〈文献あり〉　907円　①978-4-7816-5033-3　Ⓝ319.8
内容　対論 東郷和彦×小島英俊　この国は本当に戦争がしたいのか？　平和思想の近代史　「ねずみの殿様」斎藤隆夫の四二年間の奮闘　防空演習を嗤った桐生悠々　二〇年前から東京大空襲を予言した水野広徳　天才・北一輝の驚異　未来を見通せたエコノミスト・石橋湛山　陸軍唯一の哲学者・石原莞爾　国際通苦労人・清沢洌　戦前の「戦争と平和論」　戦後の「戦争と平和論」　皮肉なクロスロード・三島由紀夫と野中広務
◇水野広徳―反戦論者・平和思想家・自由主義者　田中省三著　静岡　羽衣出版　2016.3　99p　21cm　〈年譜あり〉　1111円　①978-4-907118-24-2　Ⓝ289.1
◇水野広徳著作集　第8巻 自伝／年譜　水野広徳著, 粟屋憲太郎, 前坂俊之, 大内信也編集　新装版　雄山閣　2017.4　432p　22cm　〈初版：雄山閣出版 1995年刊　年譜あり〉　①978-4-639-02476-7　Ⓝ081.6

水野 富美夫〔1917～1994〕 みずの・ふみお
◇今の小生は、キャンバスにしがみ付いて、エチオピアの女を描く事のみです　村松千恵子著　文芸社　2015.7　217p　20cm　〈文献あり　年譜あり〉　1500円　①978-4-286-16353-6　Ⓝ723.1

水野 葉舟〔1883～1947〕 みずの・ようしゅう
◇現代文士廿八人　中村武羅夫著　講談社　2018.6　217p　16cm　（講談社文芸文庫　なU1）〈日高有倫堂 1909年刊の再編集〉　1600円　①978-4-06-511864-1　Ⓝ910.261
内容　田山花袋　国木田独歩　生田葵山　夏目漱石

菊池幽芳　小川未明　小杉天外　内藤鳴雪　徳田秋声　水野葉舟〔ほか〕

水野 良樹〔1982～〕 みずの・よしき
◇いきものがたり　水野良樹著　小学館　2016.8　447p　20cm　1574円　Ⓘ978-4-09-388505-8　Ⓝ767.8
[内容]山下穂尊　旧いきものがかり　吉岡聖恵　青春時代　学習室の夢物語　彼女しかいなくて　無知なる強さをたずさえて　遅すぎた、春　ぼくらの1枚目　路上ライブの第六感〔ほか〕

水原 秋櫻子〔1892～1981〕 みずはら・しゅうおうし
◇水原秋櫻子の一〇〇句を読む―俳句と生涯　橋本榮治著　飯塚書店　2014.7　213p　19cm　1500円　Ⓘ978-4-7522-2072-5　Ⓝ911.362
[内容]春愁のかぎりを躑躅燃えにけり　やありて汽艇の波や蘆の角　蛇篭あみ紫雲英に竹をうちかへし　濯ぎ場に紫陽花うつり十二橋　夕東風や海の船ふる隅田川　高嶺星蚕飼の村は寝しづまり　ふるさとの沼のにほひや蛇苺　桑の葉の照るに堪へゆく帰省かな　コスモスを離れし蝶に谿深し　むさしのの空真青なる落葉かな〔ほか〕

三潴 末雄〔1946～〕 みずま・すえお
◇アートにとって価値とは何か　三潴末雄著　幻冬舎　2014.9　272p　20cm　1700円　Ⓘ978-4-344-02641-4　Ⓝ702.16
[内容]第1章 日本の現代アートの評価（日本のアートは"土人のみやげもの"か？　エキゾチシズムを超える潮流―ネオテニー・ジャパン展とジャラパゴス展　ほか）　第2章 ギャラリストへの道程―戦後日本の社会史とともに（父・末松と戦前の芸術家たちの交流　戦後の転落の中での生い立ち　ほか）　第3章 アートマーケットの激動の中で―ミヅマギャラリー奮戦記（ギャラリー開廊と日本のアートシーンへの苛立ち　青山ギャラリー時代の苦戦　ほか）　第4章 世界を変えている注目アーティストたち（草間彌生の過剰と狂気　村上隆の戦略と機能　ほか）　第5章 日本の現代アートはグローバル土人の楽園をひらく（大震災後の日本とアートの使命　土着文化と舶来文化のせめぎあいが育んだ日本の芸術文化　ほか）

三角 和雄〔1957～〕 みすみ・かずお
◇千葉西総合病院トップ病院への軌跡―いかにして心カテーテル治療数日本一に躍進したか？　三角和雄著　朝日新聞出版　2018.9　167p　19cm　1200円　Ⓘ978-4-02-331737-6　Ⓝ498.16
[内容]1章 手術数ランキングで見る千葉西総合病院（心カテーテル治療「いい病院」ランキング）　2章 千葉西総合病院はいかにして手術数トップに躍進したか？（年間3000例の心カテーテル治療を可能にしている理由　逆風のなかで進めた病院改革　ほか）　3章 取り組む最新診断・治療（日本人の死因2位の心臓病　よくある典型的な症例　ほか）　4章 心カテーテル治療を支えるスタッフたち（生え抜きの主戦力循環器科医師・登根健太郎さん　研修3年目の医師・新谷政樹さん　ほか）　5章 一流に学ぶ心臓カテーテルのトップランナー―三角和雄院長の自伝的ストーリー（にわか仕立ての名前「和雄」つらい入院、夢のはじまり「縁ある所に行くもんだ」運命変え

た受験、上京へ　ほか）

水谷内 助義〔1941～〕 みずやち・すけよし
◇新劇製作者―劇団青年座とともに　水谷内助義著　一葉社　2017.9　270p　20cm　2500円　Ⓘ978-4-87196-065-6　Ⓝ775.1
[内容]1（岐路―私たちは行く　風は過ぎ行く　「実り」と「祈り」　「聞いてくれ」、かくて新年を　再演をみつめる。それがうれしいのです。　2（ある土曜の午後　「EXIT」の彼方　あこがれほろほろ　曼珠紗華の咲く頃に　無冠の人―追悼 森塚敏

溝口 和洋〔1962～〕 みぞぐち・かずひろ
◇一投に賭ける―溝口和洋、最後の無頼派アスリート　上原善広著　KADOKAWA　2016.6　232p　19cm　1600円　Ⓘ978-4-04-102743-1　Ⓝ782.5
[内容]第1章 発端　第2章 確立　第3章 挫折　第4章 復活　第5章 参戦　第6章 引退

溝口 幹〔1852～1933〕 みぞぐち・みき
◇村民とともに生きた盛田命祺と溝口幹―鈴渓義塾の創始者たちの思想　鈴渓義塾勉強会 1　久田健吉著　名古屋　ほっとブックス新栄　2018.11　158p　19cm　（知多の哲学者シリーズ 4）　1000円　Ⓘ978-4-903036-30-4
[内容]盛田命祺の思想―「厚徳広恵」村民とともに生きた盛田命祺　溝口幹の思想―「徳香る郷」鈴渓義塾に身を捧げた溝口幹

溝畑 宏〔1960～〕 みぞはた・ひろし
◇爆走社長の天国と地獄―大分トリニータv.s.溝畑宏　木村元彦著　小学館　2017.2　349p　18cm　（小学館新書 289）〈『社長・溝畑宏の天国と地獄』（集英社 2010年刊）の改題、増補版〉　900円　Ⓘ978-4-09-825289-3　Ⓝ783.47
[内容]第1章 踊る官僚　第2章 スポンサーたち　第3章 暗黒の1997　第4章 J1昇格　第5章 ナビスコカップ優勝、そして社長失格　追加章 ミスター・トリニータの回想

美空 ひばり〔1937～1989〕 みそら・ひばり
◇ひとびとの精神史　第7巻 終焉する昭和―1980年代　杉田敦編　岩波書店　2016.2　333p　19cm　2500円　Ⓘ978-4-00-028807-1　Ⓝ281.04
[内容]1 ジャパン・アズ・ナンバーワン（中曽根康弘―「戦後」を終わらせる意志　上野千鶴子―消費社会と一五年安保のあいだ　高木仁三郎―「核の時代」と市民科学者　大橋正義―バブルに流されなかった経営者たち）　2 国際化とナショナリズム（ジョアン・トシエイ・マスコ―「第二の故郷」で挑戦する日系ブラジル人　安西賢誠―「靖国」と向き合った真宗僧侶　宮崎駿―職人共同体というユートピア　『地球の歩き方』創刊メンバー―日本型海外旅行の精神）　3 天皇と大衆（奥崎謙三―神軍平等民の怨霊を弔うために　朴正恵と蔡420泰―民族教育の灯を守るために　美空ひばり―生きられた神話　知花昌一―日の丸を焼いた日）
◇美空ひばり最後の真実　西川昭幸著　さくら舎　2018.4　414p　19cm　〈文献あり〉　1800円

①978-4-86581-146-9　Ⓝ767.8
内容 戦後復興の象徴！ 天才少女歌手の出現　九死に一生！ 奇跡の生還！　天才歌手の知られざる家族問題　デビュー初期の熱狂的地方巡業と影　沖縄が熱狂！「ひばり狂騒曲」の背景　美空ひばり塩酸事件の衝撃　真相！ 小林旭との「理解離婚」　空前絶後のブラジル公演の真実　芸能界とヤクザの隠された蜜月時代　不死鳥翔ぶ!!伝説の東京ドーム公演の舞台裏〔ほか〕

◇美空ひばりと島倉千代子—戦後歌謡史「禁断の12000日」を解き明かす　小菅宏著　アルファベータブックス　2018.8　303p 19cm　〈文献あり〉　2000円　①978-4-86598-058-5　Ⓝ767.8
内容 序幕「禁断の空白」を読み解く　第1幕 二人の天才歌手（戦後歌謡史と女性の象徴）　第2幕 家族、そして「母」（昭和時代の原型）　第3幕 苦難を乗り越えて（生きるということ）　第4幕 女の幸せ、そして試練（人の天命を問う）　第5幕 歌手として生き、歌手として死す（人生の碑とは）　論考 AKB48とEXILEとジャニーズ―異形の群像たち、その正体

三田 俊次郎〔1863～1942〕みた・しゅんじろう
◇明治＝岩手の医事維新—医師・三田俊次郎の挑戦　三田弥生著　大空出版　2018.8　227p 22cm　〈年譜あり　文献あり〉　2400円　①978-4-908926-54-9　Ⓝ289.1

三田 寛子〔1966～〕みた・ひろこ
◇銀婚式　三田寛子著　中央公論新社　2016.11　210p 20cm　1400円　①978-4-12-004917-0　Ⓝ779.9
内容 1 襲名披露　2 つらあかり　3 娘道成寺　4 京都の娘　5 内弁慶　6 三人三様　7 揃い踏み

御嶽海 久司〔1992～〕みたけうみ・ひさし
◇御嶽海入門1年　信濃毎日新聞社編　長野　信濃毎日新聞社　2016.4　96p 30cm　1000円　①978-4-7840-7282-8　Ⓝ788.1
＊39年ぶりに誕生した長野県出身の幕内力士、御嶽海の入門から1年間を追った報道グラフ。

◇御嶽海 2年目の躍進　信濃毎日新聞社編　長野　信濃毎日新聞社　2017.4　112p 30cm　1000円　①978-4-7840-7307-8　Ⓝ788.1

◇御嶽海 前へ―初優勝、そして大関めざして　信濃毎日新聞社編　長野　信濃毎日新聞社　2018.12　112p 30cm　1200円　①978-4-7840-7338-2　Ⓝ788.1

美智子上皇后　みちこじょうこうごう
⇒上皇后美智子（じょうこうごうみちこ）を見よ

道重 さゆみ〔1989～〕みちしげ・さゆみ
◇Sayu—道重さゆみパーソナルブック　道重さゆみ著　ワニブックス　2017.4　112p 21cm　〈著作目録あり 作品目録あり 年譜あり〉　1389円　①978-4-8470-4665-0　Ⓝ767.8
内容 sayu's anatomy　all about sayu—one hundred Q&A　sayu's fashion　sayu's hair&make　sayu's must items　michishige chan　sayu's history　dear sayu

道下 美里〔1977～〕みちした・みさと
◇いっしょに走ろう　道下美里著　芸術新聞社　2015.6　255p 19cm　〈他言語標題：Let's run together　年譜あり〉　1500円　①978-4-87586-434-9　Ⓝ782.3
内容 序章 引っ込み思案だった少女時代　第1章 失うことだらけの日々　第2章 前向きな仲間が集う場所へ　第3章 障がいを受け入れるまで　第4章 マラソンとの出合いで世界が広がる　第5章 笑顔が出会いを引き寄せる　第6章 競技者としての覚悟　第7章 世界を目指して「チーム道下」結成！

道永 エイ〔1860～1927〕みちなが・えい
◇評伝 天草五十人衆　天草学研究会編　福岡　弦書房　2016.8　317p 22cm　〈文献あり 年表あり 索引あり〉　2400円　①978-4-86329-138-6　Ⓝ281.94
内容 ステージ1 五人衆の時代、そして…　ステージ2 天領天草の村々　ステージ3 祈りの島で　ステージ4 耕す、漁る　ステージ5 実業の世をひらく　ステージ6 潮路はるかに　ステージ7 文学・歴史・言論　ステージ8 あの頃、この人　ステージ9 島の現実、国の行く末　ステージ10 一筋の道　ステージ特別編 群像二題（天草の石文化と松室五郎左衛門　牛深カツオ漁の男たち）

道野 正〔1954～〕みちの・ただし
◇料理人という生き方―異端児と呼ばれたシェフの人生のレシピ　道野正著　糸島　マーズ　2018.5　225p 21cm　2000円　①978-4-909635-00-6　Ⓝ289.1

三井 高棟〔1857～1948〕みつい・たかみね
◇近代茶人の肖像　依田徹著　京都　淡交社　2015.2　215p 18cm　（淡交新書）〈文献あり〉　1200円　①978-4-473-03992-7　Ⓝ791.2
内容 井上馨（世外）―政界の雷親父は細心なる茶人　有栖川宮熾仁親王（霞堂）―親王家当主の見る宮家と華族の社交界　安田善次郎（松翁）―慎しく陰徳を重ねた財産家の茶の湯　今泉雄作（常真）―茶道具再評価の種を蒔いた江戸っ子　平瀬亀之輔（露香）―大阪の茶の湯を牽引した「粋の神」　住友友純（春翠）―茶の湯に文人趣味を融合させたエリート実業家　益田孝（鈍翁）―近代の茶の湯を双肩に担った巨人　馬越恭平（化生）―数々の逸話を残した「ビール王」数寄者　柏木貨一郎（探古斎）―土蔵に住んだ幻の数寄屋建築家　岡倉覚三（天心）―茶より酒を愛した『茶の本』の執筆者　正木直彦（十三松堂）―美術と茶道に橋を架けた美術学校長　貞明皇后―満州皇帝を茶の湯でもてなした大正天皇妃　三井高棟（宗恭）―財閥の盛衰を見つめた三井家当主の茶の湯　團琢磨（狸山）―鈍翁から経営と茶の湯を受け継いだ男　大谷尊由（心斎）―茶の湯三昧の境地に遊んだ宗教家　前田利為（梅堂）―旧大名家軍人のたしなみとしての茶の湯　式守蝸牛（虎山）―悲運の幸相、戦時下の茶の湯　栗山善四郎（八百善）―江戸懐石を伝え、茶の湯を愛した料亭主人　加藤正治（犀水）―憲法の制定に携わった法学者茶人

光岡 明夫〔1946～〕みつおか・あきお
◇Road to BABYMETAL　光岡明夫著　大阪　風詠社　2018.11　303p 19cm　〈本文は日本語　発売：星雲社〉　1400円　①978-4-434-

25144-3 Ⓝ767.8
内容 第1部 僕の記憶と生活の中の音楽(敗戦直後から小学校低学年の頃と音楽 小学校高学年の頃と音楽 中学高校時代と音楽 フルートのことなど ほか) 第2部 ベビーメタルとの遭遇(ベビーメタルへの入り口 ベビーメタルとの一年余) 第3部 ベビーメタル私論(ベビーメタルとの出会いの頃 ベビーメタルの楽曲 ベビーメタルの音楽から思うこと メタルサウンドの効果 ほか)

満岡 孝雄 みつおか・たかお
⇒日高誠一(ひだか・せいいち)を見よ

満川 亀太郎〔1888〜1936〕 みつかわ・かめたろう
◇満川亀太郎―慷慨の志猶存す 福家崇洋著 京都 ミネルヴァ書房 2016.4 373,10p 20cm (ミネルヴァ日本評伝選)〈文献あり 年譜あり 索引あり〉 4000円 Ⓘ978-4-623-07682-6 Ⓝ289.1
内容 序章 国家改造の胎動 第1章 学校騒動 第2章 若き操觚者 第3章 老壮会・猶存社時代 第4章 「第二維新」への階梯 第5章 事変の寵児 終章 「惟神」の道へ

ミッキー吉野〔1951〜〕 みっきー・よしの
◇ミッキー吉野の人生(たび)の友だち ミッキー吉野著 シンコーミュージック・エンタテイメント 2015.10 175p 19cm 〈作品目録あり 年譜あり〉 1200円 Ⓘ978-4-401-64183-3 Ⓝ767.8

箕作 阮甫〔1799〜1863〕 みつくり・げんぽ
◇岡山蘭学の群像 2 山陽放送学術文化財団編著 岡山 山陽放送学術文化財団 2017.4 232p 21cm (発売:吉備人出版(岡山)) 1400円 Ⓘ978-4-86069-515-6 Ⓝ402.105
内容 4 開国へ 幕末外交の裏舞台で奔走―箕作阮甫(基調講演・幕末の外交と箕作阮甫の役割 基調講演・箕作阮甫、その学者としての系譜 対談・箕作阮甫の人物像とは?) 5 初めてのジャーナリストと呼ばれた男―岸田吟香(基調講演・傑人岸田吟香、美作より現る 講演・アジアの中の岸田吟香―混沌の時代を走りぬけたメディア人 講演・描き、描かれた岸田吟香 対談・吟香を読み解く―質問に答えて) 6 オランダ技術で海を割った男―杉山岩三郎(基調講演・オランダ技術の国内・岡山への影響 パネルディスカッション・オランダ技術で海を割った男―杉山岩三郎)

光瀬 龍〔1928〜1999〕 みつせ・りゅう
◇夢をのみ―日本SFの金字塔・光瀬龍 立川ゆかり著 矢巾町(岩手県) ツーワンライフ 2017.7 621p 20cm 〈年譜あり 文献あり〉 2000円 Ⓘ978-4-907161-89-7 Ⓝ910.268
内容 阿修羅展二〇〇九年 「魂の墓碑銘」の時代 機会 SF作家の眠れない日々 探求の軌道 再び「阿修羅展」

ミッツ・マングローブ〔1975〜〕
◇うらやましい人生 ミッツ・マングローブ著 新潮社 2015.4 205p 19cm 〈他言語標題:ADORABLE DAYS〉 1300円 Ⓘ978-4-10-339251-4 Ⓝ779.9
内容 1章 ふたつの人生 2章 「普通」への憧れ 3章 男に生まれて 4章 ロンドン暮らし 5章 音楽 6章 女装人生 7章 芸能の世界 8章 恋愛 9章 うらやましくない人生

光永 圓道〔1975〜〕 みつなが・えんどう
◇千日回峰行を生きる 光永圓道著 春秋社 2015.4 211p 20cm 1800円 Ⓘ978-4-393-13576-1 Ⓝ188.46
内容 第1章 出家する―比叡山での修行生活(無動寺明王堂 出家―ぜんそくに苦しんだ中学時代 小僧として―お寺の生活・高校の生活 ほか) 第2章 千日回峰行を行じる(入行から回峰七百日まで 堂入り・京都大廻り・土足参内 十萬枚大護摩供を厳修する) 第3章 回峰行という生き方(回峰行を終えて 続けることの大切さ オールマイティなお坊さんをめざして ほか)

光永 晴行〔1928〜〕 みつなが・はるゆき
◇自分史雑録―大山椒魚のつぶやき 光永晴行著 札幌 旭屋書刊行センター 2014.12 87p 21cm 〈年譜あり〉 Ⓘ978-4-86111-132-7 Ⓝ289.1

光永 星郎〔1866〜1945〕 みつなが・ほしろう
◇「肥後もっこす」かく戦えり―電通創業者光永星郎と激動期の外相内田康哉の時代 境政郎著 日本工業新聞社 2015.2 510p 21cm 〈文献あり 年譜あり 発売:産経新聞出版〉 2000円 Ⓘ978-4-86306-113-2 Ⓝ289.1
内容 光永星郎・内田康哉会談 肥後の氷川の同郷人 若き光永星郎の疾風怒涛 電通の創業 外交官の出世頭・内田康哉 原首相・内田外相の名コンビ 満州問題の第一人者 焦土外交論の真実 こじれる電聯合併問題 電通を救った広告専業化 「星郎の後に吉田を得たり」

三橋 鷹女〔1899〜1972〕 みつはし・たかじょ
◇鷹女への旅 三宅やよい著 松山 創風社出版 2017.4 206p 20cm 〈年譜あり 文献あり〉 2000円 Ⓘ978-4-86037-245-3 Ⓝ911.362
内容 第1章 成長時代 第2章 俳句への目覚め 第3章 第一句集『向日葵』 第4章 第二句集『魚の鰭』 第5章 第三句集『白骨』 第6章 『薔薇』へ 第7章 第四句集『羊歯地獄』 第8章 第五句集『橅』

三俣 叔子〔1932〜〕 みつまた・よしこ
◇激動の昭和を"医療"に生きて 三俣叔子著 文芸社 2015.5 165p 20cm 1200円 Ⓘ978-4-286-16171-6 Ⓝ289.1

三本 博〔1944〜〕 みつもと・ひろし
◇アメリカ「留学」50年―インターンからALS専門家へ 三本博著 〔出版地不明〕 思永舎 2018.8 309p 19cm 〈発売:出版文化社〉 1400円 Ⓘ978-4-88338-642-0 Ⓝ490.7
内容 第1章 生い立ち 第2章 医者への第一歩 第3章 無給医局員からアメリカのインターンへ 第4章 臨床神経学研修 第5章 帰国準備のためボストンへ 第6章 クリーブランドへ帰郷 第7章 クリー

ブランド・クリニックの神経科スタッフ(1983年～1999年)　第8章 コロンビア大学へ　第9章 ALSと患者さんたち

三森 祐昌〔1929～〕　みつもり・ゆうしょう
◇絶対にあきらめない―政治が私の運命だった　三森祐昌自叙伝　三森祐昌著,三森鉄治編　半田　一粒書房　2014.10　130p 図版 16p 22cm　〈年譜あり〉　1000円　Ⓘ978-4-86431-309-4　Ⓝ289.1

三矢 直生〔1963～〕　みつや・なお
◇夢がかなう法則―宝塚が私に教えてくれたこと　三矢直生著　敬文舎　2015.1　254p 19cm　〈小学館 2002年刊の再刊〉　1250円　Ⓘ978-4-906822-82-9　Ⓝ772.1
内容 第1章 幼少の頃〈超巨大兇出現！　同級生とのKEYの違いに悩んだ六歳児　あたりはすっかりすみれ色〉　第2章 受験の花道PART1―宝塚歌劇団編〈ママのカンペ入り入学試験！　宝塚音楽学校一涙の予科、本科 ほか〉　第3章 受験の花道PART2―東京芸術大学編〈序―受験のきっかけ。いじわるブースカ　辛口父上様　「本気らしいぞ、三矢」―平野教授談 ほか〉

満屋 裕明〔1950～〕　みつや・ひろあき
◇エイズ治療薬を発見した男　満屋裕明　堀田佳男著　文藝春秋　2015.9　282p 16cm　(文春文庫 ほ21-1)〈「Mitsuya」(旬報社 1999年刊)の改題、加筆・修正　文献あり〉　600円　Ⓘ978-4-16-790457-9　Ⓝ493.878
内容 第1章 長生きのくすり　第2章 夜のピクニック　第3章 人体実験　第4章 発見、再び　第5章 特許戦争　第6章 歪んだジャスティス　終章 戦いのあと

水戸 巌〔1933～1986〕　みと・いわお
◇残されたもの、伝えられたこと―60年代に蜂起した文革者烈伝　矢崎泰久著　街から舎　2014.6　268p 19cm　1620円　Ⓘ978-4-939139-19-2　Ⓝ281.04
内容 脱原発の市民科学者―高木仁三郎　反戦軍事評論家としての矜持―小山内宏　J・J氏の華麗なる文化革命―植草甚一　革命思想家の孤高な生涯―羽仁五郎　革命・反革命の夢幻―竹中労　市民哲学者が残した足跡―久野収　公害に取り組んだ科学者―宇井純　文学と運動の狭間に生きた巨人―小田実　輝けるSF作家の青春―小松左京　ポップ・ミュージックの開拓者―中村とうよう　多国籍人間の見果てぬ夢―邱永漢　「わた史」を生涯かけて編む―小沢昭一　エロスこそ反権力の証し―若松孝二　何もなくても何もない宣言―なだいなだ　ノーベル物理学賞に最も近かった活動家―水戸巌

水戸岡 鋭治〔1947～〕　みとおか・えいじ
◇幸福な食堂車―九州新幹線のデザイナー水戸岡鋭治の物語　一志治夫著　小学館　2016.9　309p 15cm　(小学館文庫プレジデントセレクト Pい2-1)〈プレジデント社 2012年刊の改稿　文献あり〉　680円　Ⓘ978-4-09-470009-1　Ⓝ536
内容 コンセプトとはすなわち「志」―「富士山駅」　色への狂気「絶対色感」―大阪「サンデザイン」　ヨーロッパで出合った洗練とタフネス―イタリア「シルビオ・コッポラ事務所」　パース画の世界を切り拓く「気」の存在―福岡「ドーンデザイン研究所」設立　成功へと導くデザインは挑戦的な「花仕事」―58系気動車「アクアエクスプレス」　百億円の価値を生むデザイン―高速船「ビートル」　なぜ食堂車が大切なのか―787系 特急「つばめ」　感動は注ぎ込まれたエネルギーの量―883系「ソニック」、885系 特急「かもめ」　和の素材・伝統・意匠を新幹線に―800系新幹線「つばめ」　第4章 無念「ローカル線」で日本の田舎を再生する―ゆふいんの森、九州横断特急、SL人吉、いさぶろう・しんぺい、はやとの風、海幸山幸/MOMO、KURO(ともに岡山電気軌道)/いちご電車、たま電車(ともに和歌山電気鐵)/博多駅ビル「JR博多シティ」

南方 熊楠〔1867～1941〕　みなかた・くまぐす
◇南方熊楠―日本人の可能性の極限　唐澤太輔著　中央公論新社　2015.4　283p 18cm　(中公新書 2315)〈文献あり〉　880円　Ⓘ978-4-12-102315-5　Ⓝ289.1
内容 第1章 驚異的な記憶力を持った神童―和歌山・東京時代(「てんぎゃん」というあだ名を付けられて　好きな教科、嫌いな教科　「深友」羽山兄弟)　第2章 アメリカ時代(渡米の背景と目的　大学中退と独学への助走　ピストル一挺を片手に突然のキューバ採集旅行)　第3章 大英博物館の日々―ロンドン時代(学問のメッカ、ロンドンへ　『ネイチャー』投稿と大英博物館　土宜法龍と「事の学」)　第4章 無念の帰国と思想の深化―那智隠棲期(失意の帰国　オカルティズム研究へ　「南方曼陀羅」　「やりあて」―偶然の域を超えた発見や発明・的中)　第5章 那智山を下りる熊楠―田辺時代1(神社合祀反対運動　粘菌という中間生物)　第6章 蓄えてきた知を爆発させて―田辺時代2(柳田國男との出会いと別れ　家族との日々の暮らし　晩年の夢―夢日記)

◇動と不動のコスモロジー　南方熊楠著, 中沢新一編　新装版　河出書房新社　2015.4　391p 15cm　(河出文庫 み2-4―南方熊楠コレクション)〈初版のタイトル：南方熊楠コレクション 第4巻〉　1200円　Ⓘ978-4-309-42064-6　Ⓝ289.1
内容 第1部 自らの名について(紀州特有の人名―楠の字をつける風習について　トーテムと命名)　第2部 アメリカ放浪―在米書簡より(杉村広太郎宛　喜多幡武三郎宛　羽山蕃次郎宛　三好太郎宛　中松盛雄宛)　第3部 ロンドンの青春―ロンドン日記より　第4部 紀州隠棲―履歴書より

◇南方熊楠の謎―鶴見和子との対話　松居竜五編、鶴見和子,雲藤等,千田智子,田村義也著　藤原書店　2015.6　281p 20cm　2800円　Ⓘ978-4-86578-031-4　Ⓝ289.1
内容 第1部 鶴見和子とその南方熊楠研究(鶴見和子と南方熊楠　鶴見和子の熊楠研究の到達点　今後の南方熊楠研究へ)　第2部 南方熊楠の謎「座談会」鶴見和子さんを囲んで(南方熊楠像と南方曼陀羅　熊楠とエコロジー思想　熊楠の人間関係と曼陀羅モデル　鶴見和子と熊楠の出会い　熊楠はオンナかオトコか　内発的発展論と熊楠評価の行方)

◇熊楠の星の時間　中沢新一著　講談社　2016.5　191p 19cm　(講談社選書メチエ 630)〈文献あり〉　1500円　Ⓘ978-4-06-258633-7　Ⓝ289.1

みなかた

内容 序 南方熊楠の星の時間 第1章 熊楠の華厳 第2章 アクティビスト南方熊楠 第3章 南方熊楠のシントム 第4章 二つの「自然」 第5章 海辺の森のバロック

◇南方熊楠―複眼の学問構想 松居竜五著 慶應義塾大学出版会 2016.12 539,79p 22cm 〈文献あり 索引あり〉 4500円 ①978-4-7664-2362-4 Ⓝ289.1

内容 1 教養の基盤としての東アジア博物学 2 西洋科学との出会い 3 進化論と同時代の国際情勢 4 アメリカにおける一東洋人として 5 ハーバート・スペンサーと若き日の学問構想 6 「東洋の星座」と英文論考の発表 7 「ロンドン抜書」の世界 8 フォークロア研究における伝播説と独立発生説 9 「南方マンダラ」の形成 10 「十二支考」の誕生 終章 複眼の学問構想

◇「知の巨人」熊楠と新聞人楚人冠―杉村楚人冠記念館南方熊楠生誕150年記念展示解説書 我孫子市杉村楚人冠記念館編 我孫子 我孫子市教育委員会文化・スポーツ課 2017.10 52p 30cm 〈我孫子市文化財報告 第14集〉 Ⓝ289.1

◇南方熊楠―開かれる巨人 河出書房新社 2017.11 183p 21cm 〈年譜あり〉 1700円 ①978-4-309-22716-0 Ⓝ289.1

内容 新展開 特別対談 新発見資料：杉村楚人冠宛書簡 熊楠発見 徹底討議 熊楠訪問記 魅力 エコロジー 対話・熊野から 資料

◇南方熊楠―近代神仙譚 佐藤春夫著 河出書房新社 2017.11 179p 15cm （河出文庫 さ38-1）〈「近代神仙譚」（乾元社 1952年刊）の改題、新字・新仮名遣いに改め再刊 年譜あり〉 780円 ①978-4-309-41579-6 Ⓝ289.1

＊独創は苦々しい宿命であり、先駆は悲痛な使命であるという哲理の証人の一人として世に現われた我々の主人公は、多くの伝説で飾られながらも畸人という通俗な観念でかたづけられ、誤まられていた。この異様な文化人の奔放不羈にも、亦、天真無垢な人間像を眺めたいという目的で、確たる証拠に従って書かれた、格調高い最初の熊楠評伝小説。

◇南方熊楠と説話学 杉山和也著 平凡社 2017.11 106p 21cm 〈ブックレット〈書物をひらく〉9〉〈文献あり〉 1000円 ①978-4-582-36449-1 Ⓝ388.1

内容 1 南方熊楠の生涯（南方熊楠の虚像と実像 生い立ち ほか） 2 南方熊楠の学問（南方熊楠の学問観 南方熊楠と、その学問に対する評価 ほか） 3 日本における説話学の勃興と南方熊楠（説話とは 日本における説話学の黎明 ほか） 4 南方熊楠の説話学と、その可能性（高木敏雄と南方熊楠の衝突 南方熊楠の説話学の研究方法 ほか） 5 南方熊楠旧資料の価値―説話研究の側から（遺された蔵書予と自筆資料の足跡 南方熊楠本人さえ読めない文字を読み解く ほか）

◇熊楠と猫 南方熊楠、杉山和也、志村真幸、岸本昌也、伊藤慎吾編 東久留米 共和国 2018.4 173p 20cm 〈年譜あり〉 2300円 ①978-4-907986-36-0 Ⓝ289.1

内容 第1章 南方熊楠ってどんな人？ 第2章 熊楠と猫のエピソード 第3章 熊楠の猫の絵 第4章 熊楠の猫の俳句 第5章 南方邸と周辺の猫たち 第6章 南方家のペットと猫たち 第7章 猫に関する論考 第8章 現代語訳「猫一定の力に憑って大官となりし人の話」 第9章 熊楠の猫論考三点（付・現代語訳） 第10章 論考を読み解くための猫知識 第11章 ブックガイド熊楠と猫についてもっと知ろう？

◇世界の男 南方熊楠 前壽一著 文芸社 2018.12 323p 15cm 800円 ①978-4-286-19884-2 Ⓝ289.1

南方 ちな みなかた・ちな

◇久米の子―南方ちな 荒井梨枝子著 松戸 東京創作出版 2017.12 94p 21cm 非売品 Ⓝ289.1

水上 瀧太郎〔1887～1940〕 みなかみ・たきたろう

◇鏡花、水上、万太郎 福田和也著 キノブックス 2017.2 287p 20cm 2000円 ①978-4-908059-63-6 Ⓝ910.26

内容 鏡花、水上、万太郎 "戯作者"―獅子文六の戦争私小説の路、主義者の道、みち、―佐多稲子 空っぽのトランクLa Valise vide―武田泰淳、檀一雄 ウイスキー・プリースト＆スマート・アニマルズ―武田泰淳、グレアム・グリーン The day is done―小島信夫 銀座レクイエム―樋口修吉

水上 勉 みなかみ・つとむ

⇒水上勉（みずかみ・つとむ）を見よ

皆川 和子〔1922～2014〕 みながわ・かずこ

◇太陽がくれた歌声―ひばり児童合唱団物語・皆川和子の生涯 皆川おさむ著 主婦と生活社 2015.8 215p 19cm 〈年譜あり〉 1389円 ①978-4-391-14738-4 Ⓝ767.4

内容 第1楽章 となりにあった孤独 第2楽章 ひた隠した歌手デビュー 第3楽章 疎開先で与え続けた"希望" 第4楽章 戦後復興と"ひばり"の誕生 第5楽章 昭和の大スターたちとの共演 第6楽章 ラジオからテレビの時代へ 第7楽章 吉永小百合さんとの出会い 第8楽章 東京オリンピックと"シンボル"の完成 第9楽章 『黒ネコのタンゴ』大ヒットの舞台裏 第10楽章 未来へ遺してくれたもの

皆川 亮二〔1964～〕 みながわ・りょうじ

◇皆川亮二本 皆川亮二著 小学館 2017.9 223p 21cm （SHONEN SUNDAY COMICS SPECIAL―漫画家本 vol.2）〈著作目録あり 年譜あり〉 1300円 ①978-4-09-127768-8 Ⓝ726.101

南 一郎平〔1836～1919〕 みなみ・いちろべい

◇近代農政を作った人達―樋田魯一と南一郎平のこと 加来英司著 東京図書出版 2017.4 196p 19cm （発売：リフレ出版） 1400円 ①978-4-86641-044-9 Ⓝ611.1

＊近代農政を築いた事績。TPPで揺れる今、多くの人にこの道を辿って欲しい。

南 桂子〔1911～2004〕 みなみ・けいこ

◇銅版画家 南桂子―メルヘンの小さな王国へ

南桂子作，コロナ・ブックス編集部編　平凡社　2016.3　127p　22cm　（コロナ・ブックス204）〈文献あり　年譜あり〉　1700円　①978-4-582-63503-4　Ⓝ735.021
内容　そして日々は　谷川俊太郎　南桂子銅版画ギャラリー　少女の日、哀しみ、そして幸福　有吉玉青　虹色の境界線、その先　青葉市子　孤高の香り　本江邦夫　桂子さんの絵をなけなしのお金をはたいて買ったあの頃…　石井好子　南桂子さんのこと　宮脇愛子　南桂子、パリの日々　銅版画と出会った人生　童話作家をめざして　銅版に刻み込む、点と線　雑誌「装苑」装画と挿絵

三波 春夫〔1923〜2001〕みなみ・はるお
◇昭和の歌藝人三波春夫―戦争・抑留・貧困・五輪・万博　三波美夕紀著　さくら舎　2016.5　235p　19cm　〈文献あり〉　1500円　①978-4-86581-052-3　Ⓝ767.8
内容　プロローグ　東京五輪音頭　第1章　浪曲家への道、戦火の語り　第2章　歌手への新たなる挑戦　第3章　歌う、書く、生きる　第4章　その軌跡は昭和の歴史　第5章　歴史を語り、歌う　エピローグ　終りなき歌藝の道

南 博〔1914〜2001〕みなみ・ひろし
◇南博セレクション　7　出会いの人生―自伝のこころみ　南博著　オンデマンド版　勁草書房　2014.3　522p　19cm　（keiso C books）〈印刷・製本：デジタルパブリッシングサービス　著作目録あり　年譜あり〉　9000円　①978-4-326-98165-6　Ⓝ361.4
内容　学者渡辺　心理学とわたくし　父の思い出　過保護・愛情　虚弱からの脱出　書く楽しみ読む楽しみ　五歳で手にした原書　明治のおかあさん　青春の約束　祇園・はつ子さん・地唄舞　ぼくのマドンナ　ディートリッヒとO夫人　智慧の泉　暁方―幼稚舎四年の時　銀座中毒　子どもに無常を知る　思い出すこと　今も昔も、無意識の反抗エネルギー　遠い日のクリスマス・パーティー　私が子どもだったころ　思い出の教師　泣く子の腕をとって走る　高校の思い出　馬から落ちて　まいふれんど　後片付けを私にもさせてくれた喜び　太陽のような人　断片　地獄体験と生の欲望　野上先生が残されたもの　人間学と自分に無常を知る　郡司さん　寡黙のひと　築島さんを悼む　精神の燈台　九鬼先生と「いき」の世界．いつも超然としていた九鬼先生　わが人生の師　自分の信念を貫き一貫した態度でることを教えてくれた師　寛容と勇気の判決　武智さんの伝統芸術学　思い出すこと　歌舞伎、わが愛　創造的伝統に生きる　浪曲をめぐって　会のことども　伝統芸術の会再興の時　美の散策　伝統と創造　伝統芸術の会　にぎやかな伝統芸術の会　多彩な顔ぶれ、知識吸収と創造めざす　大正中期の幻影　荘子、ゲーテ、ルソー　心に残るもの　三冊の本　いのちの言葉　独立自尊　私の心に残る一冊の本　痴人の愛・谷崎潤一郎　ボーヴォワールとサルトルの不思議な関係　思い出すこと、思うこと　生きがいごとについて　野間宏さんのすすめで出版　古書と私　自信の中の安らぎ　世の中そんなに変わりはしない……　おしゃれ、即、平和　大正人の反省と自負　心に残ることば　日記から　森から来た小鳥　日記から　モダニズムの運命　日記から　見ちゃった！　日記から　座・こみゅにけいしょん　日記から　吹きだまりとは　日記から　日本人は変わったか　日記から　和泉式部でも　日記から「退廃」は何の前兆？　日記から　ノスタルジア・大正　日記から　レントゲンの会？　日記から　三位一体の心理学　原宿の駅と、その向こうの緑の眺めが素晴らしい　自分と出会う　好奇心の一生．人生八十年「理想」を持てば精神の老いは防げる　体力充実のわが愛しき終身伴侶　告白的・別居結婚のすすめ　「南は南、東は東」で自由にのんびり暮らしてきた　ぼくの遺言状

南 昌江〔1963〜〕みなみ・まさえ
◇わたし糖尿病なの―あらたなる旅立ち　南昌江著　医歯薬出版　2018.10　193p　21cm　1800円　①978-4-263-23655-0　Ⓝ598.4
内容　序章　夢の実現　第2章　執筆・講演活動　第3章　サマーキャンプ　第4章　マラソン　第5章　恩師　第6章　王貞治さん　第7章　1型糖尿病の仲間たち　第8章　父と母　終章　あらたなるステージへ

南 宗継〔?〜1371〕みなみ・むねつぐ
◇高一族と南北朝内乱―室町幕府草創の立役者　亀田俊和著　戎光祥出版　2016.3　272p　19cm　（中世武士選書 32）〈文献あり　年譜あり〉　2600円　①978-4-86403-190-5　Ⓝ288.2
内容　第1部　高一族の先祖たち（鎌倉幕府草創までの高一族　鎌倉時代の高一族）　第2部　南北朝初期の高一族嫡流（南北朝内乱の風雲児・高師直　師直の片腕・高師泰　関東で活躍した高師冬　優れた行政官であった高重茂　直義に味方した高師秋　その他の高一族―師春・師兼・定island）　第3部　南北朝初期の高一族庶流と重臣（尊氏の「執事」となった南宗継　若狭守護を歴任した大高重成　幻の有力武将・大平義高　師直の忠臣・河powers氏明　もっとも活躍した師直の重臣・薬師寺公義）　第4部　観応の擾乱以降の高一族（西国における高一族　東国における高一族　高一族をめぐる諸問題）

南 能衛〔1886〜1952〕みなみ・よしえ
◇どんどんひゃらら―南能衛と小学唱歌の作曲家たち　南次郎著　近代消防社　2014.7　322p　20cm　〈文献あり〉　2000円　①978-4-421-00856-2　Ⓝ767.7
内容　徳島時代　憧れの東京音楽学校　若き音楽教師　文部省唱歌の編纂へ　上野の音楽学校を依願免職　新天地　台湾へ　晩年

南風 静子〔1933〜〕みなみかぜ・しずこ
◇八十路の旅を行く　南風静子著　文芸社　2015.11　151p　20cm　1000円　①978-4-286-16621-6　Ⓝ289.1

南野 拓実〔1995〜〕みなみの・たくみ
◇壁を越えろ―走り続ける才能たち　安藤隆人著　実業之日本社　2017.8　210p　19cm　1500円　①978-4-408-33719-7　Ⓝ783.47
内容　プロローグ　日本を代表する原石　第1章　苦悩するきたち―小林祐希/柴崎岳（テクニックを磨くことだけ考えた　本田圭佑を彷彿とさせる生き方　ほか）　第2章　出会うべく運命だった二人の男―昌子源/植田直通（日本代表センターバックの未来図　挫折から這い上がる姿　ほか）　第3章　日本を救う男たち―浅野拓磨/南野拓実（恩師との出会い　ストライカーと

南村 志郎〔1929～〕 みなみむら・しろう

◇日中外交の黒衣六十年―三木親書を託された日本人の回顧録　南村志郎著, 川村範行, 西村秀樹編　名古屋　ゆいぽおと　2018.10　110p　21cm　〈文献あり　年表あり〉　発売：KTC中央出版〉　1400円　Ⓘ978-4-87758-472-6　Ⓝ319.1022

内容　第1部 日中首脳外交を仲介して（三木武夫首相親書を極秘に周恩来総理へ　江沢民主席訪日前に小渕首相の意向を極秘調査、訪日見合わせを進言　中国人政治家との交わり　日中間の政治家のパイプ衰退を嘆く）　第2部 私が体験した日中民間交流（戦争の加害者・被害者意識―私と中国の原点　一九五〇年代の新中国との貿易　廖承志さんと北京初の日本料理店　文革体験と林彪の死）　第3部 余生を日中の相互理解にかける（「民間」の弱体化　昔は訪中前に「学習会」をやったほか）

南谷 真鈴〔1996～〕 みなみや・まりん

◇南谷真鈴 冒険の書　南谷真鈴著　山と溪谷社　2016.12　192p　19cm　〈他言語標題：LIVING WITH ADVENTURE〉　1200円　Ⓘ978-4-635-34032-8　Ⓝ786.1

内容　FOOTSTEPS 七大陸最高峰踏破までの記録　BACKGROUND エベレストとセブンサミッツをめざすまで　Seven Summits 01 ACONCAGUA／アコンカグア　Seven Summits 02 KILIMANJARO／キリマンジャロ　Seven Summits 03 VINSON MASSIF & SOUTH POLE／ビンソン・マシフ＆南極点　Seven Summits 04 CARSTENSZ PYRAMID／カルステンツ・ピラミッド　Seven Summits 05 ELBRUS／エルブルース　INTERVIEW いつ死ぬかなんてわからない。後悔するような生き方はしたくない。―阿弥陀岳・マナスルの経験から命をめぐって想うこと　Seven Summits 06 EVEREST／エベレスト　Seven Summits 07 DENALI／デナリ　HEREAFTER これからのこと　ENGLISH VERSION 英訳

源 定〔815～863〕 みなもと・さだむ

◇平安の新京　石上英一, 鎌田元一, 栄原永遠男監修, 吉川真司編　大阪　清文堂出版　2015.10　396p　22cm　〈古代の人物 4〉〈索引あり〉　4500円　Ⓘ978-4-7924-0571-7　Ⓝ281.04

内容　本巻のねらい 平安の新京　1 平城京と平安京（桓武天皇―中国的君主像の追求と「律令制」の転換　早良親王―「皇太子置文」の困難　坂上田村麻呂―征夷副将軍になるまでを中心に　高丘親王（真如）―菩薩の道、必ずしも一致せず）　2 王権の安定（嵯峨天皇―唐風を整え、幽境に遊ぶ　最澄―仏法具足の大日本国　空海―鎮護国家・国王護持の密教　源信・常・定―臣籍降下した皇子たち　有智子内親王―「文章経国」の時代の初代賀茂斎院　仁明天皇―宮廷の典型へ　讃岐永直―律令国家と明法道）　3 前期摂関政治へ（伴善男―逆臣か「良吏」か　円仁―東アジアユーラシア史の変動を記録した入唐僧　藤原良房・基経―前期摂関政治の成立　藤原高子―廃后事件の背景と歴史的位置　藤原朝則―激動の時代を生きた良吏）

源 実朝〔1192～1219〕 みなもと・さねとも

◇源実朝―「東国の王権」を夢見た将軍　坂井孝一著　講談社　2014.7　286p　19cm　（講談社選書メチエ 578）〈文献あり 索引あり〉　1750円　Ⓘ978-4-06-258581-1　Ⓝ289.1

内容　プロローグ 出でていなば主なき宿となりぬとも　第1章 擁立の舞台裏　第2章 成長する将軍　第3章 歴史家の視線で読む和歌　第4章 建暦三年の激動　第5章 未完の東国王権　エピローグ 新たな実朝像の創出

◇中世の人物 京・鎌倉の時代編　第3巻　大阪　清文堂出版　2014.7　382p　22cm　4500円　Ⓘ978-4-7924-0996-8　Ⓝ281

内容　後鳥羽院（美川圭著）　九条道家（井上幸治著）　西園寺公経（山岡瞳著）　藤原秀康（長村祥知著）　藤原定家（谷昇著）　源実朝（坂井孝一著）　北条政子（黒嶋敏著）　北条義時（田辺旬著）　北条泰時（菊池紳一著）　北条時房と重時（久保田和彦著）　九条頼経・頼嗣（岡田慎平著）　竹御所と石山尼（小野翠著）　三浦義村（真鍋淳哉著）　大江広元と三善康信（善信）（佐藤雄基著）　宇都宮頼綱（野口実著）　慈円（菊地大樹著）　聖覚（平雅行著）　定家（海老名尚著）　円爾（原田正俊著）　叡尊（細川涼一著）　公武権力の変容と仏教界（平雅行／編）

◇源実朝―歌と身体からの歴史学　五味文彦著　KADOKAWA　2015.9　262p　19cm　（角川選書 562）〈文献あり〉　1800円　Ⓘ978-4-04-703562-1　Ⓝ289.1

内容　1 東国の王（和歌から実朝を探る　将軍にいたるまで　将軍実朝の成長）　2 王の歌（試練を乗り越え 和歌を詠む喜び　実朝の徳政）　3 歌から身体へ（慈恭と無常　和田合戦　合戦の影響）　4 王の身体（再起を期して　家名をあげるべく　主なき宿となりぬとも）

源 為朝〔1139～1170〕 みなもと・ためとも

◇中世の人物 京・鎌倉の時代編　第1巻　保元・平治の乱と平氏の栄華　元木泰雄編　大阪　清文堂出版　2014.3　412p　22cm　4500円　Ⓘ978-4-7924-0994-4　Ⓝ281

内容　鳥羽院・崇徳院（佐藤健治著）　藤原忠実（佐古愛己著）　藤原頼長（横内裕人著）　平忠盛（守田逸人著）　源為義（須藤聡著）　覚仁と信実～悪僧論～（久野修義著）　阿多忠景と源為朝（栗林文夫著）　後白河院（高橋典幸著）　藤原忠通と基実（樋口健太郎著）　信西（木村真美子著）　藤原信頼・成親（元木泰雄著）　藤原経宗（元木泰雄著）　源義朝（近藤好和著）　平清盛（川合康著）　池禅尼と二位尼（栗山圭子著）　平時忠と信能（松薗斉著）　藤原邦綱とその娘たち（佐伯智広著）　平重盛（平藤幸著）　西行（近藤好和著）

◇義経伝説と為朝伝説―日本史の北と南　原田信男著　岩波書店　2017.12　241,7p　18cm　（岩波新書 新赤版 1692）〈文献あり〉　860円　Ⓘ978-4-00-431692-3　Ⓝ289.1

内容　第1部 英雄伝説はどのように生まれたか―北と南の中世（北の義経伝説―東北から蝦夷地へ　南の為朝伝説―南九州から琉球へ）　第2部 英雄伝説はどのように広がったか―近世の変容（海を越える義経伝説―蝦夷地から大陸へ　浸透する為朝伝説―琉

球王朝の祖として）　第3部　「史実」化していく伝説―帝国の「英雄」（義経伝説の飛躍―北海道開拓史のなかで　為朝伝説の完成―日本化の根拠に　伝説の領域―北と南の相似性）

源 為義〔1096～1156〕みなもと・ためよし
◇中世の人物 京・鎌倉の時代編　第1巻　保元・平治の乱と平氏の栄華　元木泰雄編　大阪　清文堂出版　2014.3　412p　22cm　4500円　①978-4-7924-0994-4　Ⓝ281

内容　鳥羽院・崇徳院（佐藤健治著）　藤原忠実（佐古愛己著）　藤原頼長（横内裕人著）　平忠盛（守田逸人著）　源為義（須藤聡著）　覚仁と信実～悪僧論～（久野修義著）　阿多忠景と源為朝（栗林文夫著）　後白河院（高橋典幸著）　藤原忠通と基実（樋口健太郎著）　信西（木村真美子著）　藤原信頼・成親（元木泰雄著）　藤原経宗（元木泰雄著）　源義朝（近藤好和著）　平清盛（川合康著）　池禅尼と二位尼（栗山圭子著）　平時忠と信範（松薗斉著）　藤原邦綱とその娘たち（佐伯智広著）　平重盛（平藤幸著）　西行（近藤好和著）

源 常〔812～854〕みなもと・ときわ
◇平安の新京　石上英一，鎌田元一，栄原永遠男監修，吉川真司編　大阪　清文堂出版　2015.10　396p　22cm　（古代の人物 4）〈索引あり〉　4500円　①978-4-7924-0571-7　Ⓝ281.04

内容　本巻のねらい　平安の新京　1　平城京と平安京（桓武天皇―中国的君主像の追求と「律令制」の転換　早良親王―「皇太子置定」の困難　坂上田村麻呂―征夷副将軍になるまでを中心に　高丘親王（真如）―菩薩の道、必ずしも一致せず）　2　王権の安定（嵯峨天皇―唐風を整え、幽境に遊ぶ　最澄―仏法具足の大日本国　空海―鎮護国家・国王護持の密教者　源信・常・定―臣籍降下した皇子たち　有智子内親王―「文章経国」の時代の初代賀茂斎院　仁明天皇―宮廷の典型へ　讃岐永直―律令国家と明法道）　3　前期摂関政治へ（伴善男―逆臣か「良吏」か　円仁―東部ユーラシア史の変動を記録した入唐僧　藤原良房・基経―前期摂関政治の成立　藤原高子―廃后事件の背景と歴史的位置　藤原保則―激動の時代を生きた良吏）

源 範頼〔？～1193〕みなもと・のりより
◇中世の人物 京・鎌倉の時代編　第2巻　治承～文治の内乱と鎌倉幕府の成立　野口実編　大阪　清文堂出版　2014.6　426p　22cm　〈文献あり〉　4500円　①978-4-7924-0995-1　Ⓝ281

内容　源頼政と以仁王（生駒孝臣著）　甲斐源氏（西川広平著）　木曾義仲（長村祥知著）　源義経と範頼（宮田敬三著）　平宗盛（田中大喜著）　平氏の新旧家人たち（西村隆著）　藤原秀衡（三好俊文著）　源頼朝（元木泰雄著）　大庭景親（森幸夫著）　城助永と助職（長茂）（高橋一樹著）　千葉常胤（野口実著）　和田義盛と梶原景時（滑川敦子著）　北条時政と牧の方（落合義明著）　源頼家（藤本頼人著）　八条院（高松百香著）　藤原兼実（高橋秀樹著）　源通親（佐伯智広著）　法然と貞慶・明恵（平雅行著）　重源（久野修義著）　栄西（中尾良信著）

◇源範頼　菱沼一憲編著　戎光祥出版　2015.4　370p　21cm　（シリーズ・中世関東武士の研究第14巻）　6500円　①978-4-86403-151-6　Ⓝ289.1

内容　総論　章立てと先行研究・人物史　第1部　出生と成長（源頼朝の挙兵と武蔵・源範頼の生立ち　吉見町安楽寺と周辺遺跡　十二世紀末葉武家棟梁による河海港津枢要地掌握と動乱期の軍事行動―商業貿易業者及びアウトロー集団と「遊女」所生貴胤の歴史変革期における政治経済的機能）　第2部　治承寿永の内乱の中で（元暦西海合戦試論―「範頼苦戦と義経出陣」の再検討　藤戸の戦・藤戸の旧跡―平家追討使三河守源範頼の九州侵攻―「芦屋浦」合戦を中心に）　第3部　内乱の後（源義経の挙兵と土佐房襲撃事件　曽我物語三段と史実　吉見氏の盛衰　範頼ゆかりの地を訪ねて）　第4部　源範頼関係資料

源 信〔810～868〕みなもと・まこと
◇平安の新京　石上英一，鎌田元一，栄原永遠男監修，吉川真司編　大阪　清文堂出版　2015.10　396p　22cm　（古代の人物 4）〈索引あり〉　4500円　①978-4-7924-0571-7　Ⓝ281.04

内容　本巻のねらい　平安の新京　1　平城京と平安京（桓武天皇―中国的君主像の追求と「律令制」の転換　早良親王―「皇太子置定」の困難　坂上田村麻呂―征夷副将軍になるまでを中心に　高丘親王（真如）―菩薩の道、必ずしも一致せず）　2　王権の安定（嵯峨天皇―唐風を整え、幽境に遊ぶ　最澄―仏法具足の大日本国　空海―鎮護国家・国王護持の密教者　源信・常・定―臣籍降下した皇子たち　有智子内親王―「文章経国」の時代の初代賀茂斎院　仁明天皇―宮廷の典型へ　讃岐永直―律令国家と明法道）　3　前期摂関政治へ（伴善男―逆臣か「良吏」か　円仁―東部ユーラシア史の変動を記録した入唐僧　藤原良房・基経―前期摂関政治の成立　藤原高子―廃后事件の背景と歴史的位置　藤原保則―激動の時代を生きた良吏）

源 通親〔1149～1202〕みなもと・みちちか
◇中世の人物 京・鎌倉の時代編　第2巻　治承～文治の内乱と鎌倉幕府の成立　野口実編　大阪　清文堂出版　2014.6　426p　22cm　〈文献あり〉　4500円　①978-4-7924-0995-1　Ⓝ281

内容　源頼政と以仁王（生駒孝臣著）　甲斐源氏（西川広平著）　木曾義仲（長村祥知著）　源義経と範頼（宮田敬三著）　平宗盛（田中大喜著）　平氏の新旧家人たち（西村隆著）　藤原秀衡（三好俊文著）　源頼朝（元木泰雄著）　大庭景親（森幸夫著）　城助永と助職（長茂）（高橋一樹著）　千葉常胤（野口実著）　和田義盛と梶原景時（滑川敦子著）　北条時政と牧の方（落合義明著）　源頼家（藤本頼人著）　八条院（高松百香著）　藤原兼実（高橋秀樹著）　源通親（佐伯智広著）　法然と貞慶・明恵（平雅行著）　重源（久野修義著）　栄西（中尾良信著）

源 師房〔1008～1077〕みなもと・もろふさ
◇源氏長者―武家政権の系譜　岡野友彦著　吉川弘文館　2018.10　216p　20cm　〈『源氏と日本国王』（講談社　2003年刊）の改題、改稿　文献あり〉　2400円　①978-4-642-08340-9　Ⓝ288.3

内容　序章　源氏とは何か　第1章　源氏誕生　第2章　武家源氏と公家源氏　第3章　「源氏願望」の正体　第4章　征夷大将軍と源氏長者　終章　王氏日本と源氏日本　補論1　源師房―摂関家出身の源氏長者　補論2　家康生涯三度の源氏公称・改姓

源 義経〔1159～1189〕みなもと・よしつね
◇中世の人物 京・鎌倉の時代編　第2巻　治承～

みなもと

文治の内乱と鎌倉幕府の成立　野口実編　大阪清文堂出版　2014.6　426p　22cm　〈文献あり〉　4500円　ⓘ978-4-7924-0995-1　Ⓝ281

内容　源頼政と以仁王（生駒孝臣著）　甲斐源氏（西川広平著）　木曾義仲（長村祥知著）　源義経と範頼（宮田敬三著）　平宗盛（田中大喜著）　平氏の新旧家人たち（西村隆著）　藤原秀衡（三好俊文著）　源頼朝（元木泰雄著）　大庭景親（森幸夫著）　城助永と助職〈長茂〉（高橋一樹著）　千葉常胤（野口実著）　和田義盛と梶原景時（滑川敦子著）　北条時政と牧の方（落合義明著）　源頼家（藤本頼人著）　八条院（高松百香著）　藤原兼実（高橋秀樹著）　源通親（佐伯智広著）　法然と貞慶・明恵（平雅行著）　重源（久野修義著）　栄西（中尾良信著）

◇源義経と壇ノ浦　前川佳代著　吉川弘文館　2015.6　159p　21cm（人をあるく）〈文献あり　年譜あり〉　2000円　ⓘ978-4-642-06788-1　Ⓝ289.1

内容　1 源義経の履歴書（牛若から義経へ　京都の軍政官　面目躍如の凱旋と失意の関東下向　平泉と義経　人物相関）　2 軍略家・義経の戦い（義経の戦いの秘密　一の谷　屋島　壇ノ浦　軍略家義経の秘密）　3 源義経を歩く（近畿地方　四国地方　中国・九州地方）

◇義経はどこまで生きていたのか？─伝説から再構築したワンダーストーリー　大貫茂著　交通新聞社　2016.11　231p　19cm（散歩の達人ヒストリ）〈文献あり　年譜あり〉　1300円　ⓘ978-4-330-73016-5　Ⓝ289.1

内容　第1章 義経と奥州藤原氏（岩手県編1）（義経を平泉に誘った金売り吉次　奥州の武将・秀衡に会う　ほか）　第2章 懐深き奥州の山々へ（岩手県編2）（義経の郎党は総勢十八名　愛馬小黒号との別れ　ほか）　第3章 安住の地を求めて本州最果ての地へ（青森県編）（無事に八戸の地へ上陸　八戸で平泉以来の平穏な生活　ほか）　第4章 蝦夷地で築かれた義経王国（北海道編）（阿彌陀如来の助けを借りて松前へ　箱館で平和の喜びを満喫するⅡ ほか）

◇義経北紀行伝説　第1巻 平泉篇　山崎純醒著　批評社　2016.11　326p　21cm　〈文献あり〉　2800円　ⓘ978-4-8265-0650-2　Ⓝ289.1

内容　第1章 悲しき逃避行（義経の旅を追う　真実の義経像を探る　義経の新たな旅立ち　選んだシナリオ　頼朝の疑念と策謀）　第2章 頼朝の奥州めざめと平泉の運命（頼朝の野望　奥州平泉の滅亡　鎌倉軍の検証　陣ヶ岡〈蜂神社〉縁起）　第3章 頼朝の野望と奥州藤原氏の実像（奥州藤原氏の検証　四代泰衡の首の真相　泰衡の血と心景風景　泰衡の首の真実　実像の頼朝）　第4章 義経伝説の真相を求めて　埋もれた歴史　奥州三代秀衡の秘策）　第5章 義経伝説 真偽の検証（史実と伝承のはざま　歪曲された伝承　奥州の義経　空白の六年　伝承の性格と構造の曖昧さ）

◇源義経 伝説に生きる英雄　関幸彦著　新訂版　清水書院　2017.4　243p　19cm（新・人と歴史拡大版　04）〈年譜あり　索引あり〉　1800円　ⓘ978-4-389-44104-3　Ⓝ289.1

内容　1 伝説は語る（鞍馬山の遮那王　平泉での義経　ほか）　2 源九郎義経・頼朝・鎌倉（黄瀬川での対面　頼朝のけじめ〈ほか）　3 判官義経・後白河院・京都（一ノ谷の合戦　戦さの作法　ほか）　4 義顕・秀衡　

平泉（その後の義経・静　再び奥州へ　ほか）　5 再び伝説は語る（海を渡る義経　未完の英雄）

◇義経伝説と為朝伝説─日本史の北と南　原田信男著　岩波書店　2017.12　241,7p　18cm（岩波新書　新赤版　1692）〈文献あり〉　860円　ⓘ978-4-00-431692-3　Ⓝ289.1

内容　第1部 英雄伝説はどのように生まれたか─北と南の中世（北の義経伝説─東北から蝦夷地へ　南の為朝伝説─南九州から琉球へ）　第2部 英雄伝説はどのように広がったか─近世の変容（海を越える義経伝説─蝦夷地から大陸へ　浸透する為朝伝説─琉球王朝の祖として）　第3部 "史実"化していく伝説─帝国の「英雄」（義経伝説の飛躍─北海道開拓史のなかで　為朝伝説の完成─日本化の根拠に　伝説の領域─北と南の相似性）

◇義経─その歴史的真実　筆者のつぶやき　平泉は永遠の故郷　英雄は死なず　北野直衛著　文芸社　2018.1　219p　19cm　〈文献あり〉　1400円　ⓘ978-4-286-19024-2　Ⓝ289.1

◇義経と源平合戦を旅する　産業編集センター　2018.3　127p　21cm（大人の学び旅　6）〈文献あり　年表あり〉　1400円　ⓘ978-4-86311-183-7　Ⓝ289.1

内容　旅する前に学んでおきたい！「義経と源平合戦」の基礎知識　第1章 幼き御曹司牛若　京都・洛北エリア　第2章 義経、武将になる　一ノ谷、屋島、壇ノ浦エリア　第3章 朝敵・義経失意の都落ち　奈良・吉野エリア　第4章 義経、衣川に散る　平泉エリア　第5章 伝説となった英雄・義経　鎌倉・藤沢エリア

◇日本史 誤解だらけの英雄像　内藤博文著　河出書房新社　2018.8　221p　15cm（KAWADE夢文庫　K1097）〈文献あり〉　680円　ⓘ978-4-309-49997-0　Ⓝ289.1

内容　1章 織田信長─"戦国の革命児"という誤解　2章 坂本龍馬─"天衣無縫な風雲児"という誤解　3章 秀吉・家康─"無双の覇者"という誤解　4章 信玄・謙信─"常勝武将伝説"という誤解　5章 西郷隆盛・高杉晋作・勝海舟─"維新の立役者"という誤解　6章 聖徳太子・天智天皇・義経─"古代・中世の英傑"の誤解　7章 徳川吉宗・山本五十六─"近現代の巨星"の誤解

源 義朝〔1123〜1160〕みなもと・よしとも

◇中世の人物 京・鎌倉の時代編　第1巻 保元・平治の乱と平氏の栄華　元木泰雄編　大阪 清文堂出版　2014.3　412p　22cm　4500円　ⓘ978-4-7924-0994-4　Ⓝ281

内容　鳥羽院・崇徳院（佐藤健治著）　藤原忠実（佐古愛己著）　藤原頼長（横内裕人著）　平忠盛（守田逸人著）　源為義（須藤聡著）　覚仁と信実─悪僧論～（久野修義著）　阿多忠景と源為朝（栗本文夫著）　後白河院（高橋典幸著）　藤原忠通と基実（樋口健太郎著）　信西（木村真美子著）　藤原信頼・成親（元木泰雄著）　藤原経宗（元木泰雄著）　源義朝（近藤好和著）　平清盛（川合康著）　池禅尼と二位尼（栗山圭子著）　平時忠と信範（松薗斉著）　藤原邦綱とその娘たち（佐伯智広著）　平重盛（平藤幸著）　西行（近藤好和著）

源 義仲〔1154〜1184〕みなもと・よしなか

◇中世の人物 京・鎌倉の時代編　第2巻 治承〜文治の内乱と鎌倉幕府の成立　野口実編　大阪

清文堂出版　2014.6　426p　22cm　〈文献あり〉　4500円　①978-4-7924-0995-1　Ⓝ281

内容　源頼政と以仁王（生駒孝臣著）　甲斐源氏（西川広平著）　木曾義仲（長村祥知著）　源義経と範頼（宮田敬三著）　平宗盛（田中大喜著）　平氏の新旧家人たち（西村隆著）　藤原秀衡（三好俊文著）　源頼朝（元木泰雄著）　大庭景親（森幸夫著）　城助永と助職〈長茂〉（高橋一樹著）　千葉常胤（野口実著）　和田義盛と梶原景時（滑川敦子著）　北条時政と牧の方（落合義明著）　源頼家（藤本頼人著）　八条院（高松百香著）　藤原兼実（高橋秀樹著）　源通親（佐伯智広著）　法然と貞慶・明恵（平雅行著）　重源（久野修義著）　栄西（中尾良信著）

◇源頼政と木曾義仲―勝者になれなかった源氏　永井晋著　中央公論新社　2015.8　210p　18cm　（中公新書　2336）〈文献あり　年表あり〉　760円　①978-4-12-102336-0　Ⓝ289.1

内容　第1章　保元・平治の乱へ　第2章　平清盛の全盛期　第3章　以仁王の挙兵　第4章　木曾義仲の激闘　第5章　木曾義仲と後白河院、そして源頼朝　終章　残された人々

◇旭将軍木曽義仲その実像と虚像　高坪守男著　松本　オフィス・アングル《歴史資料編さん会》　2015.9　247p　21cm　〈文献あり〉　2000円　①978-4-9902289-6-5　Ⓝ289.1

◇木曽義仲　下出積與著　吉川弘文館　2016.11　217p　19cm　（読みなおす日本史）〈人物往来社　1966年の再刊　年譜あり〉　2200円　①978-4-642-06719-5　Ⓝ210.39

内容　駒王丸（大倉　薄幸の孤児　ほか）　木曽谷の旗挙げ（義仲と中原一族　旗挙げ　ほか）　倶利伽羅の合戦（義仲、危機一髪　和の背景　ほか）　義仲上洛（大夫房覚明　山門工作　ほか）　旭将軍（義仲の栄進　自然児　ほか）

◇木曽義仲伝―信濃・北陸と源平合戦の史跡　鳥越幸雄著　大阪　パレード　2017.12　166p　19cm（Parade Books）〈他言語標題：Kiso Yoshinaka and Historic relics in Shinano・Hokuriku and Genpei War　年譜あり　発売：星雲社〉　1200円　①978-4-434-23925-0　Ⓝ291.02

内容　第1章　河内源氏の息吹　第2章　義仲、信濃に羽撃く　第3章　北陸を駆けた　第4章　源氏白旗の入洛　第5章　義仲、孤立への道　第6章　夢幻の終焉　第7章　栄枯盛衰の果て

◇木曽義仲―解説　高坪守男著　松本　オフィス・アングル《歴史史料編さん会》　2017.12　216p　21cm　〈文献あり〉　1500円　①978-4-9902289-7-2　Ⓝ289.1

源 義基　みなもと・よしもと
⇒木曽義基（きそ・よしもと）を見よ

源 頼家〔1182～1204〕　みなもと・よりいえ

◇中世の人物　京・鎌倉の時代編　第2巻　治承～文治の内乱と鎌倉幕府の成立　野口実編　大阪　清文堂出版　2014.6　426p　22cm　〈文献あり〉　4500円　①978-4-7924-0995-1　Ⓝ281

内容　源頼政と以仁王（生駒孝臣著）　甲斐源氏（西川広平著）　木曾義仲（長村祥知著）　源義経と範頼（宮田敬三著）　平宗盛（田中大喜著）　平氏の新旧家人たち（西村隆著）　藤原秀衡（三好俊文著）　源頼朝（元木泰雄著）　大庭景親（森幸夫著）　城助永と助職〈長茂〉（高橋一樹著）　千葉常胤（野口実著）　和田義盛と梶原景時（滑川敦子著）　北条時政と牧の方（落合義明著）　源頼家（藤本頼人著）　八条院（高松百香著）　藤原兼実（高橋秀樹著）　源通親（佐伯智広著）　法然と貞慶・明恵（平雅行著）　重源（久野修義著）　栄西（中尾良信著）

源 頼朝〔1147～1199〕　みなもと・よりとも

◇中世の人物　京・鎌倉の時代編　第2巻　治承～文治の内乱と鎌倉幕府の成立　野口実編　大阪　清文堂出版　2014.6　426p　22cm　〈文献あり〉　4500円　①978-4-7924-0995-1　Ⓝ281

内容　源頼政と以仁王（生駒孝臣著）　甲斐源氏（西川広平著）　木曾義仲（長村祥知著）　源義経と範頼（宮田敬三著）　平宗盛（田中大喜著）　平氏の新旧家人たち（西村隆著）　藤原秀衡（三好俊文著）　源頼朝（元木泰雄著）　大庭景親（森幸夫著）　城助永と助職〈長茂〉（高橋一樹著）　千葉常胤（野口実著）　和田義盛と梶原景時（滑川敦子著）　北条時政と牧の方（落合義明著）　源頼家（藤本頼人著）　八条院（高松百香著）　藤原兼実（高橋秀樹著）　源通親（佐伯智広著）　法然と貞慶・明恵（平雅行著）　重源（久野修義著）　栄西（中尾良信著）

◇源頼朝と鎌倉　坂井孝一著　吉川弘文館　2016.2　159p　21cm　（人をあるく）〈文献あり　年譜あり〉　2000円　①978-4-642-06790-4　Ⓝ289.1

内容　鎌倉幕府創設者の葛藤　1　源頼朝の履歴書（苦難の時代　挙兵から平氏滅亡へ　天下落居へ　頼朝晩年の幕府と朝廷　人物相関）　2　幕府の創設と都市鎌倉（鎌倉幕府の組織と制度　都市鎌倉の建設）　3　源頼朝を歩く

◇源頼朝―鎌倉幕府草創への道　菱沼一憲著　戎光祥出版　2017.7　210p　19cm　（中世武士選書　38）〈文献あり　年譜あり〉　2500円　①978-4-86403-250-6　Ⓝ289.1

内容　頼朝の生涯をたどる　第1部　地域社会の動向―在地領主と合力システム（日和見な武士たち　内乱の推進主体）　第2部　中央権力の動向―清盛の野望とつまづき（平清盛の王権　治天君権力の失墜）　第3部　頼朝の登場―内乱における役割（頼朝の課題　内乱後体制の構築　将軍権力の創出）　頼朝と鎌倉幕府

◇私が愛した頼朝さん　小池時一著　鎌倉　かまくら春秋社出版事業部　2017.8　319p　20cm　1500円　①978-4-7740-0726-7　Ⓝ289.1

◇天皇の歴史　4　天皇と中世の武家　大津透,河内祥輔,藤井讓治,藤田覚編集委員　河内祥輔,新田一郎著　講談社　2018.3　375p　15cm　（講談社学術文庫　2484）〈文献あり　年表あり　索引あり〉　1210円　①978-4-06-292484-9　Ⓝ210.1

内容　第1部　鎌倉幕府と天皇（平安時代の朝廷とその動揺　朝廷・幕府体制の成立　後鳥羽院政と承久の乱　鎌倉時代中・後期の朝廷・幕府体制）　第2部　「古典」としての天皇（朝廷の再建と南北朝の争い　足利義満の宮廷　「天皇家」の成立　古典を鑑とした世界）　近世国家への展望

◇日本精神研究―GHQ発禁図書開封　大川周明著　徳間書店　2018.9　334p　18cm　1100円

みなもと

① 978-4-19-864699-8 Ⓝ121
内容 第1 横井小楠の思想及び信仰　第2 佐藤信淵の理想国家　第3 平民の教師石田梅岩　第4 純情の人平野二郎国臣　第5 剣の人宮本武蔵　第6 近代日本の創設者織田信長　第7 上杉鷹山の政道　第8 戦える僧上杉謙信　第9 頼朝の事業及び人格

源 頼政〔1104～1180〕みなもと・よりまさ
◇中世の人物 京・鎌倉の時代編　第2巻 治承～文治の内乱と鎌倉幕府の成立　野口実編　大阪　清文堂出版　2014.6　426p　22cm　〈文献あり〉　4500円　①978-4-7924-0995-1　Ⓝ281
内容 源頼政と以仁王(生駒孝臣著)　甲斐源氏(西川広平著)　木曽義仲(長村祥知著)　源義経と範頼(宮田敬三著)　平宗盛(田中大喜著)　平氏の新旧家人たち(西村隆著)　藤原秀衡(三好俊文著)　源頼朝(元木泰雄著)　大庭景親(森幸夫著)　城助永と助職(長茂)(高橋一樹著)　千葉常胤(野口実著)　和田義盛と梶原景時(滑川敦子著)　北条時政と牧の方(落合義明著)　源頼家(藤本頼人著)　八条院(高松百香著)　藤原兼実(高橋秀樹著)　源通親(佐伯智広著)　法然と貞慶・明恵(平雅行著)　重源(久野修義著)　栄西(中尾良信著)

◇源頼政と木曽義仲—勝者になれなかった源氏　永井晋著　中央公論新社　2015.8　210p　18cm　(中公新書 2336)〈文献あり 年表あり〉　760円　①978-4-12-102336-0　Ⓝ289.1
内容 第1章 保元・平治の乱へ　第2章 平清盛の全盛期　第3章 以仁王の挙兵　第4章 木曽義仲の激闘　第5章 木曽義仲と後白河院、そして源頼朝　終章 残された人々

源 頼義〔988～1075〕みなもと・よりよし
◇源頼義　元木泰雄著　吉川弘文館　2017.9　226p　19cm　(人物叢書 新装版 通巻289)〈文献あり 年譜あり〉　2100円　①978-4-642-05282-5　Ⓝ289.1
内容 頼義の誕生　武門源氏の成立　父頼信の台頭　『今昔物語集』に見る頼信　平忠常の乱　頼信一門への恩賞　文官頼清　頼義と小一条院　頼義の陸奥守就任—前九年合戦の前提　前九年合戦の開戦〔ほか〕

嶺 金太郎〔1881～1927〕みね・きんたろう
◇葛籠の時代—近代日本と新庄の先駆者たち　小野正一著　文芸社　2015.1　300p　15cm　〈文献あり〉　800円　①978-4-286-15751-1　Ⓝ289.1

峯尾 節堂〔1885～1919〕みねお・せつどう
◇囚われた若き僧 峯尾節堂—未決の大逆事件と現代　田中伸尚著　岩波書店　2018.2　199,3p　19cm　〈文献あり〉　2100円　①978-4-00-061247-0　Ⓝ188.82
内容 第1章 節堂の妻を捜して(阪松原の静けさ　「ノブ」を追って ほか)　第2章 挫折と懊悩(父・徳三郎 出家 ほか)　第3章 無から有一「大逆事件」(位牌焼却事件 見つからぬ論稿 ほか)　第4章 切り捨てられた若き僧侶(闇の中の公判　思想が犯罪 ほか)　第5章 後に託した節堂の思い(ノブエのその後　大石観の悲哀 ほか)

美能 幸三〔?～2010〕みの・こうぞう
◇仁義なき戦いの"真実"—美能幸三 遺した言葉　鈴木義昭著　サイゾー　2017.1　245p　19cm　〈文献あり〉　1400円　①978-4-86625-081-6　Ⓝ778.21
内容 序章 陽炎の海と桜散る丘　第1章 暴力の街　第2章 孤高の彼方から　第3章 孤高の極道　第4章 果てなき戦争—『山口組三代目』と『仁義なき戦い』　終章 戦場から帰還した男

みの もんた〔1944～〕
◇敗者の報道　みのもんた著　TAC出版事業部　2014.12　195p　19cm　〈文献あり〉　1000円　①978-4-8132-6127-8　Ⓝ779.9
内容 第1章 放送の現場から　第2章 報道「する」側から「される」側へ　第3章 驕って、負けて、立ち上がる　第4章 僕の報道の原点　第5章 街から学んだ世の中の仕組み　第6章 東京オリンピックの光と影　第7章 裏からものを見る—酒と人生　終章 エピローグ

美濃部 正〔1915～1997〕みのべ・ただし
◇特攻セズ—美濃部正の生涯　境克彦著　方丈社　2017.8　389p　19cm　〈文献あり〉　1800円　①978-4-908925-16-0　Ⓝ289.1
内容 特攻作戦と美濃部少佐　大正っ子、空に憧れる　江田島海軍兵学校　水上機パイロット　太平洋戦争始まる　暗雲をさまよう孤鷲　夜襲戦法と零戦転換　翻弄される指揮官　美容部隊発進せよ　最後の決戦　秘密基地　平和日本を見つめて

美濃又 重道〔1922～〕みのまた・しげみち
◇回想の記　終焉　美濃又重道著　[北広島]　[美濃又重道]　2018.3　140p　19cm　非売品　Ⓝ289.1

蓑宮 武夫〔1944～〕みのみや・たけお
◇人生、一生行動するがエよ！—ホップ、ステップ、ジャンプ！　世のため人のため愉快に生き抜く八策　蓑宮武夫著　京都　PHP研究所　2016.2　301p　19cm　1500円　①978-4-569-82881-7　Ⓝ289.1
内容 第1章 ソニーで学んだ「失敗こそ成功の母」　第2章 龍馬に惚れ抜いた人生　第3章 一流の経営者から学んだ生き方　第4章 プロジェクトの縁を大切にする　第5章 ベンチャーを育てる醍醐味　第6章 社外取締役・顧問としての生きがい　第7章 地元と次世代のためにジャンプ！　第8章 人生を豊かにしてくれた本と映像

三野村 利左衛門〔1821～1877〕みのむら・りざえもん
◇財閥を築いた男たち　加来耕三著　ポプラ社　2015.5　266p　18cm　(ポプラ新書 060)〈「名創業者に学ぶ人間学 十大財閥篇」(2010年刊)の改題、再構成、大幅に加筆・修正〉　780円　①978-4-591-14522-7　Ⓝ332.8
内容 第1章 越後屋から三井財閥へ—三野村利左衛門と益田孝　第2章 地下浪人から三菱財閥を創設 岩崎彌太郎　第3章 住友家を支えて屈指の財閥へ 広瀬宰平と伊庭貞剛　第4章 金融財閥を築いた経営の才

覚 安田善次郎 第5章 無から有を生むオで財閥へ 浅野総一郎 第6章 生命を賭けて財閥を築いた創業者 大倉喜八郎 第7章 無学の力で財を成した鉱山王 古河市兵衛 第8章 株の大勝負に賭けて財閥へ 野村徳七

◇イノベーターたちの日本史─近代日本の創造的対応 米倉誠一郎著 東洋経済新報社 2017.5 313p 20cm 〈他言語標題：Creative Response Entrepreneurial History of Modern Japan〉 2000円 Ⓘ978-4-492-37120-6 Ⓝ210.6

内容 第1章 近代の覚醒と高島秋帆 第2章 維新官僚の創造的対応─大隈重信 志士から官僚へ 第3章 明治政府の創造的対応─身分を力にかえる 第4章 士族たちの創造的対応─ザ・サムライカンパニーの登場 第5章 創造的対応としての財閥─企業家が創り出した三井と三菱 第6章 科学者たちの創造的対応─知識ベースの産業立国 終章 近代日本の創造的対応を振り返る

箕輪 純一郎 みのわ・じゅんいちろう

◇山路─電子・通信工学の一研究者が短詩文で綴る自分史 箕輪純一郎著 サイバー出版センター 2016.11 196p 21cm 1500円 Ⓘ978-4-908520-07-5 Ⓝ289.1

三橋 美智也〔1930～1996〕 みはし・みちや

◇三橋美智也の生涯─民謡と歌謡曲の頂点に 佐藤勝の生涯─映画音楽に命をかける 下山光雄著 合田一道著 札幌 北海道科学文化協会 2014.11 121p 21cm （北海道青少年叢書 32 ─北国に光を掲げた人々 32）〈下位シリーズの責任表示：北海道科学文化協会/編 年譜あり〉 Ⓝ767.8

◇三橋美智也─戦後歌謡に見る昭和の世相 荻野広著 アルファベータブックス 2015.5 212p 19cm 〈文献あり 作品目録あり〉 1600円 Ⓘ978-4-86598-001-1 Ⓝ767.8

内容 第1章 天才民謡歌手から歌謡デビューへ（天才民謡歌手の誕生 巡業生活から上京、綱島温泉・東京園へ 念願のデビューへ） 第2章 歌謡界の王者への道（昭和三〇年 人気歌手・三橋美智也の誕生 昭和三一年 三橋美智也ブームの到来 昭和三二年 三橋ブームは続く 昭和三三年 ヒットはまだまだ続く 昭和三四年 歌謡界の王者として君臨 昭和三五年・三六年 人気の頂点から円熟期へ 昭和三七年・三八年 レコード大賞最優秀歌唱賞受賞） 第3章 戦後歌謡の流れ・特徴（戦後のヒット曲 歌詞から読み解く戦後歌謡の特徴 人気歌手から読み解く戦後ヒット曲の特徴） 第4章 三橋美智也の魅力・特徴（三橋美智也の曲の変遷 歌詞で読み解く曲の特徴 ジャンル別にみたヒット曲の特徴） 第5章 昭和三九年以降の三橋美智也（三九年から四一年 二度の歌手生命の危機 四二年から六九年 人気復活から紅白復帰まで 五〇年から平成八年 歌謡生活四〇年、そして突然の死）

三原 淳〔1967～〕 みはら・じゅん

◇それでも1人の営業マンが起業を成功させたわけ─コインランドリー投資をブームにした男の物語 マンマチャオ創業秘話 泣いて、転んで、つまずいて 爆発的に増え続ける大型コインランドリー、mammaciao躍進の舞台裏 三原淳著 JPS 2017.9 159p 19cm 〈発売：太陽出版〉 1200円 Ⓘ978-4-88469-914-7 Ⓝ673.96

内容 最初は製薬会社の営業マン（MR）だった MRになって学んだこと、そして最初の挫折 なぜか、ショッピングセンターの従業員 スーパーの店員の次はOA機器販売 再度の転職で、印刷会社の営業マン 私の人生を左右する洗濯機器輸入商社へ やはり、ここまでくると起業するしかなかった 「なんで起業しちゃったの？」と融資担当者に言われた 地獄の底で出会った人たち 人を動かすには経営理念が必要だった トップセールスには限界がある 営業馬鹿、経営者になる 今でも社員に求め続けていること

◇それでも1人の営業マンが起業を成功させたわけ─コインランドリー投資をブームにした男の物語 マンマチャオ創業秘話 泣いて、転んで、つまずいて 爆発的に増え続ける大型コインランドリー、mammaciao躍進の舞台裏 三原淳著 増補版 JPS 2018.11 175p 19cm 〈発売：太陽出版〉 1200円 Ⓘ978-4-88469-949-9 Ⓝ673.96

内容 最初は製薬会社の営業マン（MR）だった MRになって学んだこと、そして最初の挫折 なぜか、ショッピングセンターの従業員 スーパーの店員の次はOA機器販売 再度の転職で、印刷会社の営業マン 私の人生を左右する洗濯機器輸入商社へ やはり、ここまでくると起業するしかなかった 「なんで起業しちゃったの？」と融資担当者に言われた 地獄の底で出会った人たち 人を動かすには経営理念が必要だった〔ほか〕

三原 順〔1952～1995〕 みはら・じゅん

◇三原順─総特集 少女マンガ界のはみだしっ子 三原順著 河出書房新社 2015.4 159p 21cm 〈他言語標題：Jun Mihara A Memorial and Guide 文献あり 著作目録あり 年表あり〉 1800円 Ⓘ978-4-309-27579-6 Ⓝ726.101

内容 1 三原順の世界1─「はみだしっ子」70年代を中心に（インタビュー ヤマザキマリ コラム・エッセイ（川原和子）ほか） 2 三原順のキャラクター─グッズとセルフパロディ（三原順のキャラクターグッズの世界1976～1982 三原順によるキャラクター・パロディ─雑誌企画ページ再録） 3 三原順とはなんだったのか─その時代とともに（インタビュー 小長井信昌 対談 くらもちふさこ・笹生那実 ほか） 4 三原順の世界2─80年代以降の作品をめぐる（対談 ひこ・田中 土居安子 論考（藤本由香里）ほか）

三船 秋香 みふね・しゅうこう

◇戦前海外へ渡った写真師たち 資料・1 中国編 （三船秋香と） 寺川騏一郎著 国立 寺川騏一郎 2014.9 62p 30cm 〈ページ付に乱れあり 付・別表 年表あり〉 非売品 Ⓝ740.21

三船 徳造 みふね・とくぞう

⇒三船秋香（みふね・しゅうこう）を見よ

三船 敏郎〔1920～1997〕 みふね・としろう

◇黒澤明と三船敏郎 ステュアート・ガルブレイス4世著、櫻井英里子訳 亜紀書房 2015.10 703p 20cm 〈他言語標題：Akira Kurosawa

and Toshiro Mifune　索引あり〉　6000円　①978-4-7505-1458-1　Ⓝ778.21
内容　記録のかけら　PCL映画製作所と、山さん　虎の尾を踏む　一九四六年—ニューフェイス　やくざ役、素晴らしき日曜日、酔いどれ天使　野良犬　新しい一〇年　世界への扉　踏み外し　生きる　華麗なる七人　黄金時代　生きものの記録　劇を基にした二本の映画　一〇〇％のエンターテインメント　風　桑畑と椿とサボテンと　天国と地獄　雨　世界のミフネ　火　電車馬鹿　浪人　シベリア　将軍とガイジン　雲　放浪の人　まあだだよ　雨あがる

◇サムライ—評伝 三船敏郎　松田美智子著　文藝春秋　2015.11　280p　16cm　〈文春文庫 ま35-1〉〈文献あり〉　720円　①978-4-16-790494-4　Ⓝ778.21
内容　序章　忘れられた栄光　第1章　世界のミフネ　第2章　三船プロダクション　第3章　離婚裁判　第4章　黒澤明との不仲　第5章　内紛と分裂　第6章　知られざる最期　第7章　追悼三船敏郎

三松 正夫〔1888〜1977〕みまつ・まさお
◇人工雪を作り出した中谷宇吉郎の生涯　昭和新山の生成を描く三松正夫の生涯　紺谷充彦著，合田一道著　札幌　北海道科学文化協会　2016.10　133p　21cm　〈北海道青少年叢書 34—北国に光を掲げた人々 34〉〈下位シリーズの責任表示：北海道科学文化協会/編　年譜あり〉　Ⓝ289.1

ミムラ
⇒美村里江（みむら・りえ）を見よ

美村 里江〔1984〜〕みむら・りえ
◇文集　ミムラ著　SDP　2015.7　374p　19cm　〈共同刊行：スターダストプロモーション〉　1000円　①978-4-906953-30-1　Ⓝ778.21
内容　第1章　ありふれた日常で　第2章　たべものに誘惑されて　第3章　つれづれなるままに　第4章　あまたの人に恋して　第5章　こんな私ですが　第6章　眠れない夜に　第7章　十年電車に揺られて

宮 柊二〔1912〜1986〕みや・しゅうじ
◇愛の顛末—純愛とスキャンダルの文学史　梯久美子著　文藝春秋　2015.11　230p　20cm　1450円　①978-4-16-390360-6　Ⓝ910.26
内容　小林多喜二—恋と闘争　近松秋江—「情痴」の人　三浦綾子—「氷点」と夫婦のきずな　中島敦—ぬくもりを求めて　原民喜—「死と愛と孤独」の自画像　鈴木しづ子—性と生のうたびと　梶井基次郎—夭折作家の恋　中城ふみ子—恋と死のうた　寺田寅彦—三人の妻　八木重吉—素朴なこころ　宮柊二—戦場からの手紙　吉野せい—相剋と和解

◇愛の顛末—恋と死と文学と　梯久美子著　文藝春秋　2018.11　252p　16cm　〈文春文庫 か68-2〉　720円　①978-4-16-791181-2　Ⓝ910.26
内容　小林多喜二—恋と闘争　近松秋江—「情痴」の人　三浦綾子—「氷点」と夫婦のきずな　中島敦—ぬくもりを求めて　原民喜—「死と愛と孤独」の自画像　鈴木しづ子—性と生のうたびと　梶井基次郎—夭折作家の恋　中城ふみ子—恋と死のうた　寺田寅彦—三人の妻　八木重吉—素朴なこころ　宮柊二—戦場からの手紙　吉野せい—相剋と和解

宮 操子〔1909〜2009〕みや・みさこ
◇日本の現代舞踊のパイオニア—創造の自由がもたらした革新性を照射する　片岡康子監修　新国立劇場運営財団情報センター　2015.3　122p　26cm　〈他言語標題：PIONEER of JAPAN CONTEMPORARY DANCE　発売：丸善出版〉　700円　①978-4-907223-07-6　Ⓝ769.1
内容　序章　西洋文化の流入と舞踊　第1章　石井漠—肉体とリズムの統合による純粋舞踊の探求　第2章　小森敏—静けさを愛する心を糧に　第3章　伊藤道郎—アメリカで道を拓いた国際派　第4章　高田雅夫・高田せい子—夫から妻へ繋いで拓いた叙情の世界　第5章　江口隆哉・宮操子高らかに舞踊創作の灯をかかげて　第6章　執行正俊—芸術の美と愛の中を彷徨うバガブンド　第7章　檜健次—生命への洞察を根底とした魂の舞踊家　第8章　石井みどり—舞踊芸術の感動をすべての人々の胸に　第9章　同時代のふたりの舞踊家

宮井 正彌〔1943〜〕みやい・まさや
◇生きる意味を求めて　宮井正彌著　大阪　風詠社（制作）　2017.1　345p　21cm　①978-4-907017-04-0　Ⓝ289.1

宮入 小左衛門行平〔1957〜〕みやいり・こざえもんゆきひら
◇刀に生きる—刀工・宮入小左衛門行平と現代の刀職たち　塩野米松著　KADOKAWA　2016.10　245p　20cm　1800円　①978-4-04-102347-1　Ⓝ756.6
内容　第1部　刀工　宮入小左衛門行平（生い立ち　修業時代　刀とは　刀を作る　高倉健さんと刀工）　第2部　現代の刀職（研ぎ師　本阿彌光洲　鞘師　高山一之　塗師　川之邊朝章　白銀師　宮島宏　柄巻師　岡部久男）

宮内 たけし〔1941〜〕みやうち・たけし
◇奇跡はこうして生まれた　出会いと気づき　宮内たけし著　小川町（埼玉県）　悠々社　2018.9　223p　19cm　〈発売：金園社〉　1200円　①978-4-321-80005-1　Ⓝ767.8
内容　第1章　満州時代から引き揚げまで　第2章　アメリカ時代と作詞家修業　第3章　「恋の津軽十三湖」誕生秘話　第4章　「天を駈ける」怒涛の制作　第5章　生き方・感性のふれあい　第6章　人生に歌あり・宮内たけし作品集

宮内 貞之介〔1922〜1974〕みやうち・ていのすけ
◇ポツダム少尉—68年ぶりのご挨拶　呉の奇蹟　宮内大輔著　第3版　石岡　宮内大輔　2015.3　199p　27cm　〈文献あり〉　Ⓝ289.1
◇ポツダム少尉—68年ぶりのご挨拶　呉の奇蹟　宮内大輔著　第4版　石岡　宮内大輔　2016.9　215p　27cm　〈文献あり〉　Ⓝ289.1

宮内 治良　みやうち・はるよし
◇東京商人の生活と文化—宮内家三代の一五〇年　郡司美枝著　刀水書房　2016.4　361p　20cm

〈文献あり　年譜あり〉　1800円　Ⓘ978-4-88708-426-1　Ⓝ288.3
内容　第1章 初代良助・日本橋横山町の時代—西洋小間物商植草屋の創業（宮内家の創設　西洋小間物問屋の開業　帽子業への進出　荻原碌山の"宮内氏像"）　第2章 二代治良・浅草橋の時代—子供帽子商から布地才取へ（治良の修業　浅草左衛門町への転居　昭和の時代と治良の商売　浅草橋の日々）　第3章 三代良雄・さいたまの時代—二度栗山興業株式会社の創設（大宮駅前への疎開　二足の草鞋を履く　二度栗山温泉の営業　大宮駅西口開発と宮内ビル）

宮内 文作〔1834〜1909〕　みやうち・ぶんさく
◇福祉の灯火を掲げた宮内文作と上毛孤児院　細谷啓介著　前橋　上毛新聞社事業局出版部　2016.3　73p　21cm　（前橋学ブックレット 5）〈文献あり　年譜あり〉　600円　Ⓘ978-4-86352-146-9　Ⓝ289.1
内容　第1章 前橋の偉いお年寄り　第2章 宮内文作の葬儀　第3章 宮内文作の思い出　第4章 金子尚雄の記録から　第5章 七周年記念会に寄せられた山室軍平の手紙　第6章 宮内文作翁記念碑　第7章 上毛孤児院記

宮内 良雄　みやうち・よしお
◇東京商人の生活と文化—宮内家三代の一五〇年　郡司美枝子著　刀水書房　2016.4　361p　20cm　〈文献あり　年譜あり〉　1800円　Ⓘ978-4-88708-426-1　Ⓝ288.3
内容　第1章 初代良助・日本橋横山町の時代—西洋小間物商植草屋の創業（宮内家の創設　西洋小間物問屋の開業　帽子業への進出　荻原碌山の"宮内氏像"）　第2章 二代治良・浅草橋の時代—子供帽子商から布地才取へ（治良の修業　浅草左衛門町への転居　昭和の時代と治良の商売　浅草橋の日々）　第3章 三代良雄・さいたまの時代—二度栗山興業株式会社の創設（大宮駅前への疎開　二足の草鞋を履く　二度栗山温泉の営業　大宮駅西口開発と宮内ビル）

宮内 義彦〔1935〜〕　みやうち・よしひこ
◇"明日"を追う　宮内義彦著　日本経済新聞出版社　2014.11　246p　20cm　（私の履歴書）〈年譜あり〉　1800円　Ⓘ978-4-532-16945-9　Ⓝ289.1
内容　第1部 私の履歴書—オリックスと歩んだ50年（経営者として―日々ひたむき、前向きに　生い立ち―待望の長男、父大喜び　敗戦体験―権威主義、疑問芽生える　関学中学部―合唱部入部、次第に夢中（ほか）　第2部 経営者ブログ（企業経営を語る　若者・女性に期待する　この国の未来を考える）

宮内 良助　みやうち・りょうすけ
◇東京商人の生活と文化—宮内家三代の一五〇年　郡司美枝子著　刀水書房　2016.4　361p　20cm　〈文献あり　年譜あり〉　1800円　Ⓘ978-4-88708-426-1　Ⓝ288.3
内容　第1章 初代良助・日本橋横山町の時代—西洋小間物商植草屋の創業（宮内家の創設　西洋小間物問屋の開業　帽子業への進出　荻原碌山の"宮内氏像"）　第2章 二代治良・浅草橋の時代—子供帽子商から布地才取へ（治良の修業　浅草左衛門町への転居　昭和の時代と治良の商売　浅草橋の日々）　第3章 三代良雄・さいたまの時代—二度栗山興業株式会社の創設（大宮駅前への疎開　二足の草鞋を履く　二度栗山温泉の営業　大宮駅西口開発と宮内ビル）

宮尾 登美子〔1926〜2014〕　みやお・とみこ
◇宮尾登美子と借金二人三脚―感謝と哀惜をこめて…　可知文恵著　高知　しなね編集事務所　2016.2　79p　30cm　500円　Ⓘ978-4-904242-38-4　Ⓝ910.268
◇宮尾登美子 遅咲きの人生　大島信三著　芙蓉書房出版　2016.10　284p　19cm　1800円　Ⓘ978-4-8295-0691-2　Ⓝ910.268
内容　土佐の花街　思春期の陰影　仁淀川の清流　満州の月　農家の嫁　火宅の人　快晴のち豪雨　運命の扉　都の落人　多摩川の遅咲き　一期一会　姉街がゆく

宮城 浩蔵〔1852〜1893〕　みやぎ・こうぞう
◇私学の誕生—明治大学の三人の創立者　明治大学史資料センター編　創英社／三省堂書店　2015.3　237p　19cm　〈文献あり　年表あり　索引あり〉　1700円　Ⓘ978-4-88142-952-5　Ⓝ377.21
内容　第1部 創立者たちの生い立ち（鳥取藩と岸本辰雄　天童藩と宮城浩蔵　鯖江藩と矢代操）　第2部 明治大学の誕生（司法省明法寮　司法省法学校　フランス留学　明治法律学校の創設　有楽町から駿河台へ　明治法律学校の発展）　第3部 創立者たちの遺したもの（岸本辰雄の遺業　宮城浩蔵の遺業　矢代操の遺業　（付）創立者との絆）
◇宮城浩蔵の人と刑法思想　川端博著　成文堂　2018.2　376,8p　22cm　（刑事法研究 第18巻）〈索引あり〉　8000円　Ⓘ978-4-7923-5234-9　Ⓝ326.01
内容　第1部 宮城浩蔵とその時代（宮城浩蔵との出会いと本書執筆の経緯　時代背景の把握の方法　宮城浩蔵の出自と青少年期　法学徒としての宮城浩蔵　法律実務家・国会議員としての宮城浩蔵　明治法律学校教授・刑法学者としての宮城浩蔵　余りにも早過ぎる終幕）　第2部 宮城浩蔵の刑法理論（宮城浩蔵の刑法理論の把握の視点　法・法律・刑法・刑法学・刑法史研究についての宮城浩蔵の見解　罪刑法定主義　犯罪論　不能罪および減軽一責任論　未遂犯論　共犯論　刑罰論）　第3部 資料編（旧刑法・刑法改正第一次草案対照表　先師宮城浩蔵先生　小伝）

宮木 孝昌〔1945〜〕　みやき・たかよし
◇人体解剖とともに40年―ひととの出会い　宮木孝昌著　三鷹　宮木孝昌　2015.3　84p　21cm　非売品　Ⓝ491.1

宮城 道雄〔1894〜1956〕　みやぎ・みちお
◇箏を友として―評伝 宮城道雄〈人・音楽・時代〉　千葉優子著　アルテスパブリッシング　2015.11　348,7p　19cm　〈年譜あり　索引あり〉　2200円　Ⓘ978-4-86559-131-6　Ⓝ768.6

宮城谷 昌光〔1945〜〕　みやきたに・まさみつ
◇随想春夏秋冬　宮城谷昌光著　新潮社　2015.4　171p　20cm　1600円　Ⓘ978-4-10-400427-0　Ⓝ914.6

〔内容〕春の川　夏の靴　秋の歌　冬の見合い　旅のはじまり　書道　信楽　紙のピアノ　小沼先生のほめことば　夏姫の怪〔ほか〕

◇窓辺の風―宮城谷昌光　文学と半生　宮城谷昌光著　中央公論新社　2015.10　282p　20cm　〈年譜あり〉　1500円　①978-4-12-004782-4　Ⓝ910.268

〔内容〕第1章 時代の証言者（中国古代に魅せられて　母との距離感じた幼少期　お気に入りの白砂青松　ほか）　第2章 おまけの記（英語と漢語　石の亀　床下の美　ほか）　第3章 未発表作品（闘牛士の歌　山の家　時に溺死する　ほか）　年譜

三宅 一生〔1938～〕　みやけ・いっせい

◇イッセイさんはどこからきたの？―三宅一生の人と仕事　小池一子著　HeHe　2017.12　197p　27cm　〈他言語標題：Where did Issey come from？　英語併記〉　3200円　①978-4-908062-20-9　Ⓝ593.3

〔内容〕1 暁に　2 パリで向き合ったこと、そして　3 同時代感覚の展開　4 アートの主流へ　5 ヴィジュアル・ダイアローグ　6 ものづくり　7 一本の糸　一枚の布　8 文化発信の器　9 承前

三宅 勝巳〔1974～〕　みやけ・かつみ

◇24色のクレヨン―重度自閉症の画家・勝巳の軌跡　江草三四朗取材　名古屋　桜山社　2018.4　126p　図版48p　20cm　1500円　①978-4-908957-03-1　Ⓝ723.1

三宅 貴久子　みやけ・きくこ

◇三宅貴久子という教師―主体的・協働的な学びの実践　三宅貴久子を語る会編著　さくら社　2016.7　206p　21cm　1800円　①978-4-904785-99-7　Ⓝ374.3

＊NHK放送教育、プロジェクト学習、総合的な学習、思考力育成法…子どもたちが深く思考するプロセスを大切に育てながら、多くの先進的な取り組みを牽引してきた小学校教師が三宅貴久子です。研究者達がこぞってその授業を観察し記録してきましたが、今回はじめてその軌跡が一冊の本にまとまりました。まさにアクティブ・ラーニングの原型と言える実践を20年に亘り継続・深化させ、子どもたち一人ひとりと向き合って育ちを追きしてきた名教師。彼女はまた、仲間や関係者を惹きつけ協力を引き出す才能にも恵まれていました。いま話題の教師の資質・能力を問い直す好適書です。

三宅 寄斎　みやけ・きさい

⇒三宅亡羊（みやけ・ぼうよう）を見よ

三宅 邦夫〔1951～〕　みやけ・くにお

◇求めてこそ、人生　三宅邦夫著　幻冬舎メディアコンサルティング　2016.2　175p　19cm　〈発売：幻冬舎〉　1200円　①978-4-344-97359-6　Ⓝ289.1

〔内容〕第1章「いまやらなきゃ」というときには、休まず働き続ける。時間はいくらあっても足らないから。（「いまやらなきゃ」というときには、休まず働き続ける。時間はいくらあっても足らないから。　経営者は孤独なものだ。社員はわかってくれないし、働き過ぎで死んでも過労死とさえいわれない。　ほか）　第2章 一〇歩進んで九歩下がっても、必ず前に向かう気概をもつ。（私が鉛筆をなめなめ書いたような事業計画をもとに、優秀なブレーンたちが絵図をかいた。それで億、一〇億単位のおカネが簡単に動いた。一〇歩進んで九歩下がっても、必ず前に向かう気概をもつ。　ほか）　第3章 人に信頼されるには、まず自分を知ってもらうことだ。（人に信頼されるには、まず自分を知ってもらうことだ。もちろん失敗もふくめて。　私は岡山県の倉敷の、子どもの頃の記憶といえば、花見で食べた「ばら寿司」　ほか）　第4章 好きなことがあるから頑張れる。好きなことがあるから人とつながれる。（好きなことがあるから頑張れる。好きなことがあるから人とつながれる。　もしヨットをやってなかったら、私と沖縄の付き合いは、もっと底の浅い物になっただろう。　ほか）　第5章 常に夢を見る。夢を追う。だからこそ人生が楽しくなる。（銀行がおカネを貸してくれないなら、世界中の投資家からおカネを集めればいい。　世界に夢を売る会社をつくる。日本で上場会社をつくるのは至難の業。それなら海外で休眠会社を買えばいい。　ほか）

三宅 剛一〔1895～1982〕　みやけ・ごういち

◇京都学派　菅原潤著　講談社　2018.2　264p　18cm　（講談社現代新書2466）〈文献あり〉　900円　①978-4-06-288466-2　Ⓝ121.6

〔内容〕プロローグ なぜ今、京都学派なのか　第1章 それは東大から始まった―フェノロサから綱島梁川まで　第2章 京都学派の成立―西田幾多郎と田辺元　第3章 京都学派の展開―京大四天王の活躍と三木清　第4章 戦後の京都学派と新京都学派―三宅剛一と上山春平　エピローグ 自文化礼賛を超えて―京都学派のポテンシャル

三宅 昭二〔1934～〕　みやけ・しょうじ

◇人間らしく生きる―私の生い立ちと歩み　三宅昭二著　〔三木町（香川県）〕　アート印刷　2015.9　321p　21cm　1500円　①978-4-904392-38-6　Ⓝ289.1

三宅 雪嶺〔1860～1945〕　みやけ・せつれい

◇〈評伝〉三宅雪嶺の思想像　森田康夫著　大阪　和泉書院　2015.9　180p　20cm　（和泉選書181）〈文献あり　年譜あり　索引あり〉　2700円　①978-4-7576-0760-6　Ⓝ289.1

〔内容〕維新の変革と第三の道　国民主導の政教社　相対主義的文明観としての国粋保存主義　政治を正す第三極　雪嶺思想の原点―明学　雪嶺哲学の構想　雪嶺哲学とヘーゲル哲学体系　哲学体系をめぐる人間観の相克　『同時代史』の理念　雪嶺の英雄論と西郷隆盛　雪嶺の東アジア観　三代の言論を支えた公正無私の立場　人は稟性と境遇に生きる　一五年戦争と『人生八面観』

三宅 亡羊〔1580～1649〕　みやけ・ぼうよう

◇處士　三宅亡羊　入内島一崇著　文芸社　2014.9　381p　20cm　〈文献あり〉　1700円　①978-4-286-15448-0　Ⓝ121.54

三宅 正彦〔1934～〕　みやけ・まさひこ

◇安藤昌益に魅せられた人びと―みちのく八戸からの発信　近藤悦夫著　農山漁村文化協会　2014.10　378p　19cm　（ルーラルブックス）

2000円　Ⓘ978-4-540-14213-0　Ⓝ121.59
内容　狩野亨吉　依田荘介　ハーバート・ノーマン　山田鑑二　上杉壽秋　八戸在住発見後の研究　渡辺没後の研究　村上壽秋　石垣忠吉　三宅正彦　寺尾五郎『全集』後の周辺　『儒道統之図』をめぐって　還俗後の活動　昌益医学を継承する数々の医書　稿本『自然真営道』の完成に向けて

都沢 行雄〔1922〜2004〕みやこざわ・ゆきお
◇記憶のなかの日露関係—日露オーラルヒストリー　日口歴史を記録する会編　彩流社　2017.5　387p　22cm　4000円　Ⓘ978-4-7791-2328-3　Ⓝ334.438
内容　1 小野寺百合子　2 佐藤休　3 丸山直光　4 伊藤弘、5 中田光男　6 フセヴォロド・ヴァシーリエヴィチ・チェウソフ　7 都沢行雄　8 ヴィクトル・マカーロヴィチ・キム　9 レオン・アブラーモヴィチ・ストリジャーク

宮崎 勇〔1919〜2012〕みやざき・いさむ
◇証言 零戦大空で戦った最後のサムライたち　神立尚紀著　講談社　2017.7　531p　15cm　（講談社＋α文庫 G296-2)〈年表あり〉　950円　Ⓘ978-4-06-281723-3　Ⓝ392.8
内容　第1章 黒澤丈夫—「無敵零戦」神話をつくった名村長　第2章 岩井勉—「ゼロファイターゴッド（零戦の神様）」と呼ばれた天才戦闘機乗り　第3章 中島三教—米国本土の捕虜収容所で終戦を迎えた"腕利き"搭乗員　第4章 藤田怡輿蔵—戦後、日本人初のジャンボ機長となった歴戦の飛行隊長　第5章 宮崎勇—空戦が「怖ろしくなった」という言葉に込められた思い　第6章 大原亮治—激戦地ラバウルで一年以上戦い抜いた伝説の名パイロット　第7章 土方敏夫—ペンを操縦桿に持ち替えて戦った「学鷲」に刻み込まれた海軍魂

宮崎 市定〔1901〜1995〕みやざき・いちさだ
◇天を相手にする—評伝 宮崎市定　井上文則著　国書刊行会　2018.7　437p　20cm　3600円　Ⓘ978-4-336-06276-5　Ⓝ289.1
内容　第1章 千曲川の畔—飯山時代（明治三十四年〜大正八年）　第2章 山出しの青年—旧制松本高等学校時代（大正八年・大正十一年）　第3章 優れた師の下で—京都帝国大学文学部での学生時代（大正十一年〜大正十四年）　第4章 ごく上々な門出—大学院から旧制高校の教授（大正十四年〜昭和九年）　第5章 鼻息の荒い時代—京都帝大の助教授、フランス留学（昭和九年〜昭和十三年）　第6章 国策に従事して—京都帝大の助教授から教授へ（昭和十三年〜昭和二十年）　第7章 地味な宮崎大教授時代（昭和二十年〜昭和四十年）　第8章 江湖の読者に迎えられて—停年後の宮崎（昭和四十年〜平成七年）

宮﨑 かづゑ〔1928〜〕みやざき・かずえ
◇私は一本の木　宮﨑かづゑ著　みすず書房　2016.2　229p　20cm　2400円　Ⓘ978-4-622-07966-8　Ⓝ289.1
内容　私のふるさと（おとっちゃん、戻った　燕の巣　ほか）　愛生園の子供（霜と歳月　足を失うとき　ほか）　夫と共に（カブトガニ　草餅　ほか）　懐かしい人たち（あの牛乳が飲みたい　鐘撞き堂　ほか）　こころの風景（夫　足音　ほか）

宮崎 敬介〔1866〜1928〕みやざき・けいすけ
◇評伝 天草五十人衆　天草学研究会編　福岡　弦書房　2016.8　317p　22cm　〈文献あり　年表あり　索引あり〉　2400円　Ⓘ978-4-86329-138-6　Ⓝ281.94
内容　ステージ1 五人衆の時代、そして…　ステージ2 天領天草の村々　ステージ3 祈りの島で　ステージ4 耕す、漁る　ステージ5 実業の世をひらく　ステージ6 潮路るかに　ステージ7 文学・歴史・言論　ステージ8 あの頃、この人　ステージ9 島の現実、国の行く末　ステージ10 一筋の道　ステージ特別編 群像二題（天草の石文化と松室五郎左衛門　牛深カツオ漁の男たち）

宮崎 省吾〔1938〜〕みやざき・しょうご
◇ひとびとの精神史　第6巻 日本列島改造—1970年代　杉田敦編　岩波書店　2016.1　298, 2p　19cm　2500円　Ⓘ978-4-00-028806-4　Ⓝ281.04
内容　プロローグ 一九七〇年代—「公共性」の神話　1 列島改造と抵抗（田中角栄—列島改造と戦後日本政治　小泉太一三里塚の一本杉　宮崎省吾—住民自治としての「地域エゴイズム」　宇梶静江—関東アイヌの呼びかけ）　2 管理社会化とその底流（吉本隆明と藤田省三—「大衆の原像」の起源と行方　岩根邦雄—「おおぜいの私」による社会運動　小野木祥之—仕事のありかたを問う労働組合運動の模索）　3 アジアとの摩擦と連帯（小野田寛郎と横井庄一—豊かな社会に出現した日本兵　金芝河と日韓連帯運動を担ったひとびと　金順烈—アジアの女性たちを結ぶ）

宮崎 民蔵〔1865〜1928〕みやざき・たみぞう
◇世界のなかの荒尾—宮崎兄弟の軌跡をたどる　宮崎兄弟研究事業報告書　荒尾　荒尾市　2018.3　73p　30cm　〈文献あり〉　Ⓝ281

宮崎 滔天〔1870〜1922〕みやざき・とうてん
◇謀叛の児—宮崎滔天の「世界革命」　加藤直樹著　河出書房新社　2017.4　359p　20cm　〈文献あり〉　2800円　Ⓘ978-4-309-24799-1　Ⓝ289.1
内容　宮崎滔天は「アジア主義者」か　肥後の二つの維新　先天的自由民権家　世界を変える　日本人をやめる　槍を衝いて実を出す　革命家と浪人　三十三年の「悪夢」　浪曼と彷徨　民報社の時代　革命の白い旗　対華二十一カ条　「亡国」という希望　革命は食むな
◇世界のなかの荒尾—宮崎兄弟の軌跡をたどる　宮崎兄弟研究事業報告書　荒尾　荒尾市　2018.3　73p　30cm　〈文献あり〉　Ⓝ281
◇宮崎滔天伝—人生これ一場の夢　山本博昭著　福岡　書肆侃侃房　2018.3　247p　19cm　〈文献あり　年譜あり〉　1600円　Ⓘ978-4-86385-304-1　Ⓝ289.1
内容　第1部 風炎（荒尾宮崎家　上京　ほか）　第2部 南風（二兄の死　犬養本堂　ほか）　第3部 野分（桃中軒牛右衛門　軽便乞食　ほか）　第4部 小春（元日の朝　普選運動　ほか）
◇宮本研エッセイ・コレクション　3 1974-81—中国と滔天と私　宮本研著，宮本新編　一葉社

2018.12 364p 20cm 3000円 ⓘ978-4-87196-068-7 Ⓝ914.6

内容 1（兵士たちの物語 滔天とわたし ほか） 2（トンネルをすぎれば雪国か！ 革命の演劇と演劇の革命 ほか） 3（亡国に至るを知らざれば即ち亡国―谷中村と三里塚 孫文と宮崎滔天 ほか） 4（私小説木下順二 巨大な矛盾律としての存在 ほか） 5（フェアプレーはまだ早い サクラサクラは死のサイン ほか） 6（偉大なる革命家の壮大な生涯―『宮崎滔天全集』全五巻 転形期の肉体―花田清輝『ものみな歌でおわる』（木六会））

宮崎 虎之助〔1872～1929〕 みやざき・とらのすけ
◇霊能者列伝 田中貢太郎著 河出書房新社 2018.12 230p 20cm 〈『明治大正実話全集 第7巻』（平凡社 1929年刊）の改題、一部割愛〉 1850円 ⓘ978-4-309-02668-8 Ⓝ169.1

内容 人としての丸山教祖 金光教祖物語 大本教物語 黒住教祖物語 飯野吉三郎の横顔 予言者宮崎虎之助 神仙河野久 木食上人山下覚道 蘆原将軍の病院生活

宮崎 八郎〔1851～1877〕 みやざき・はちろう
◇近代を駆け抜けた男―宮崎八郎とその時代 山本博昭著 福岡 書肆侃侃房 2014.9 270p 19cm 〈年表あり 文献あり〉 1800円 ⓘ978-4-86385-153-5 Ⓝ289.1

内容 第1章 荒尾宮崎家 第2章 政変のあらし 第3章 植木学校 第4章 士族反乱 第5章 西南動乱 第6章 民権軍 第7章 八郎夢す 第8章 熊本城開通 第9章 西郷、故郷へ帰る 第10章 終わりの始まり

◇世界のなかの荒尾―宮崎兄弟の軌跡をたどる 宮崎兄弟研究事業報告書 荒尾 荒尾市 2018.3 73p 30cm 〈文献あり〉 Ⓝ281

宮崎 駿〔1941～〕 みやざき・はやお
◇ひとびとの精神史 第7巻 終焉する昭和― 1980年代 杉田敦編 岩波書店 2016.2 333p 19cm 2500円 ⓘ978-4-00-028807-1 Ⓝ281.04

内容 1 ジャパン・アズ・ナンバーワン（中曽根康弘―「戦後」を終わらせる意志 上野千鶴子―消費社会と一五年安保のあいだ 高木仁三郎―「核の時代」と市民科学者 大橋正義―バブルに流されなかった経営者たち） 2 国際化とナショナリズム（ジョアン・トシエイ・マスコ―「第二の故郷」で挑戦する日系ブラジル人 安西賢誠―「靖国」と向き合った真宗僧侶 宮崎駿―職人共同体というユートピア 『地球の歩き方』創刊メンバー―日本型海外旅行の精神） 3 天皇と大衆（奥критики謙三―神軍平等兵の怨霊を弔うために 朴正恵と蔡成泰―民族教育の灯を守るために 美空ひばり―生きられた神話 知花昌一―日の丸を焼いた日）

宮崎 裕也〔1962～〕 みやざき・ひろや
◇甲子園に挑んだ監督たち 八木澤高明著 辰巳出版 2018.7 255p 19cm 1600円 ⓘ978-4-7778-2118-1 Ⓝ783.7

内容 古屋文雄 神奈川・横浜商業高校元監督―マリンブルーに袖を通す者の矜持 小池啓之 北海道・旭川南高校前監督―魂と魂のぶつかり合いが甲子園へ導いた 大井道夫 新潟・日本文理高校総監督―迷わずに打て、大井野球はこうして生まれた 嶋崎久美 秋田・金足農業高校元監督―雪よ降れ、雪国が生んだ嶋崎野球 山本泰 大阪・PL学園高校元監督―PLで勝ち、PLに敗れた名将 宮崎裕也 滋賀・北大津高校前監督―弱者が強者に勝つために 久保克之 鹿児島・鹿児島実業高校名誉監督―老将が今も心に刻み続けること 山中直人 高知・伊野商業高校元監督/岡豊高校現監督―甲子園に勝つ指導者なし

宮崎 学〔1945～〕 みやざき・まなぶ
◇突破者外伝―私が生きた70年と戦後共同体 宮崎学著 祥伝社 2014.9 251p 20cm 1600円 ⓘ978-4-396-61503-1 Ⓝ289.1

内容 1 そこに「共同体」があった（家、街―私が生まれ育った共同体 離陸する少年） 2「社会」への離脱（「共同」と「協働」 東京、一九六五年 旧い共同体への帰還） 3 変質する「家族」、変貌する「地域」（農村から都市へ、肉体労働者からホワイトカラーへ 会社もヤクザも変わってゆく 「合理化」の果てに） 4「突破者」の浮上（新しい共同体はつくれるか 「組」的結合を模索する これからの「関係」新しい集団形成） 終章「魂のふるさと」を創る（中原くんについて 「往生」できない自分 焼身自殺した友人 共同性の喪失のなかで 若い友人たちへ）

宮崎 彌蔵〔1867～1896〕 みやざき・やぞう
◇世界のなかの荒尾―宮崎兄弟の軌跡をたどる 宮崎兄弟研究事業報告書 荒尾 荒尾市 2018.3 73p 30cm 〈文献あり〉 Ⓝ281

宮崎 龍介〔1892～1971〕 みやざき・りゅうすけ
◇娘が語る白蓮 宮崎蕗苳著、山本晃一編 河出書房新社 2014.8 212p 20cm 〈文献あり 年譜あり〉 1700円 ⓘ978-4-309-02314-4 Ⓝ911.162

内容 生まれてから―王政ふたたびかへり 白蓮事件へ―二つの心 隠通から宮崎家へ―何をなすか 宮崎家にまつわる人たち―先覚者の思い 愛児に恵まれ―子とねむる床のぬくみ 戦時下の密使―天地久遠 兄・香織のこと―帰る吾子かと 同時代を生きた人たちと品々―学びの庭に 中国との交流を―毛沢東の手のあたたかさ ふたたびの九州への道―はるけき思ひ 歌誌『ことたま』―よろこびあれや 最晩年の母と父―かがやく星のごと 架け橋を次代へ―遠賀川の流れ今

◇白蓮と傳右衛門そして龍介 小林弘忠著 ロングセラーズ 2014.8 299p 19cm 〈文献あり〉 1400円 ⓘ978-4-8454-2330-9 Ⓝ281.04

内容 第1幕 妻からの離縁状 第2幕 拡大した騒動 第3幕 傳右衛門立志伝 第4幕 薄幸の佳人 第5幕 開幕ベルはスクープで 第6幕 なぜ事件は起きたか 第7幕 巻き込まれた宮中 第8幕 昭和初期の醜聞 終幕 いま、ふたたび話題に

◇アジア主義の行方 宮崎龍介小伝 菊池道人著 〔出版地不明〕 一人社 2017.6 91p 18cm 〈文献あり〉 Ⓝ319.102

宮里 定三〔1912～1999〕 みやざと・ていぞう
◇沖縄観光の父宮里定三 那覇 宮里定三顕彰事業実行委員会 2016.3 111p 27cm 〈年表あり〉 Ⓝ289.1

みやざわ

宮沢 雲山〔1781～1852〕 みやざわ・うんざん
◇江戸詩人評伝集―詩誌『雅友』抄 1 今関天彭著, 揖斐高編 平凡社 2015.9 473p 18cm (東洋文庫 863)〈布装〉 3200円 ①978-4-582-80863-6 Ⓝ919.5
[内容] 新井白石 室鳩巣 梁田蛻巖 祇園南海 六如上人 柴野栗山 頼春水 尾藤二洲 菅茶山 市河寛斎 古賀精里 頼杏坪 柏木如亭 大窪詩仏 菊池五山 宮沢雲山 広瀬淡窓 古賀侗庵

宮澤 喜一〔1919～2007〕 みやざわ・きいち
◇YKK秘録 山崎拓著 講談社 2016.7 315p 20cm 1800円 ①978-4-06-220212-1 Ⓝ312.1
[内容] 序章 運命の日 第1章 55年体制崩壊―宇野宗佑、海部俊樹、宮澤喜一内閣 第2章 小沢一郎の暗躍―細川護熙、羽田孜内閣 第3章 自・社・さ新時代―村山富市、橋本龍太郎内閣 第4章 「加藤の乱」の真相―小渕恵三、森喜朗内閣 第5章 小泉純一郎ける

◇宮澤喜一と竹下登―戦後保守の栄光と挫折 御厨貴著 筑摩書房 2016.7 280p 15cm (ちくま文庫 み32-2)〈「知と情」(朝日新聞出版2011年刊)の改題〉 900円 ①978-4-480-43376-3 Ⓝ289.1
[内容] 序章 派閥解体 第1章 原点(エリートだけど孤独 オプティミズムとシニシズム 昭和十四年に直感したアメリカの力 ほか) 第2章 昇華(自民党を派閥史的に見る 垂直統合と水平統合 池田勇人と佐藤栄作 ほか) 第3章 異種融合(田中角栄の語り「量」が「質」を凌駕する 言葉による政治 ほか)

◇YKK秘録 山崎拓著 講談社 2018.8 396p 15cm (講談社＋α文庫 G317-1)〈2016年刊の加筆、改稿〉 950円 ①978-4-06-512939-5 Ⓝ312.1
[内容] 序章 運命の日 第1章 55年体制崩壊―宇野宗佑、海部俊樹、宮澤喜一内閣 第2章 小沢一郎の暗躍―細川護熙、羽田孜内閣 第3章 自・社・さ新時代―村山富市、橋本龍太郎内閣 第4章 「加藤の乱」の真相―小渕恵三、森喜朗内閣 第5章 小泉純一郎首相の誕生、自民党幹事長に就任

宮沢 賢治〔1896～1933〕 みやざわ・けんじ
◇宮沢賢治の謎をめぐって―わがうち秘めし異事の数、異空間の断片 栗谷川虹著 作品社 2014.10 288p 20cm 2000円 ①978-4-86182-502-6 Ⓝ910.268
[内容] 宮沢賢治の「心象スケッチ」と小林秀雄の「蛍童話」 賢治の「最初の歌」について 賢治と法華経 賢治の家出上京について―日付不明一書簡についての仮説 賢治の「修羅」について 『心象スケッチ・春と修羅』の「序」について―青年と老人との対話 賢治の「絶筆」について 宮沢賢治と中原中也―言葉のヴァルール 宮沢賢治を、私はこのように考えます…

◇宮沢賢治とは何か―子ども・無意識・再生 秦野一宏著 朝文社 2014.10 320p 22cm 5185円 ①978-4-88695-264-6 Ⓝ910.268
[内容] 第1章 「苦に透入するの門」―「ゼロ弾きのゴーシュ」 第2章 子どもとは何か 第3章 「苦の世界」―『フランドン農学校の豚』 第4章 「ありうべかりし」賢治の伝記 第5章 大人の中の"内なる子ども"―『ポラーノの広場』 第6章 無意識の力

◇宮沢賢治―すべてのさいはひをかけてねがふ 千葉一幹著 京都 ミネルヴァ書房 2014.12 299,5p 20cm (ミネルヴァ日本評伝選)〈文献あり 年譜あり 索引あり〉 3000円 ①978-4-623-07245-3 Ⓝ910.268
[内容] 序章 賢治はいつ宮沢賢治になつたのか―東北に生まれたことの意味 第1章 恵まれた幼年時代 第2章 勉学挫折と信仰心の高まり 第3章 立身出世を志して東京へ 第4章 トシの死と羅須地人協会 終章 家族への遺言

◇宮沢賢治 岡田純也著, 福田清人編 新装版 清水書院 2016.8 210p 19cm (Century Books―人と作品)〈文献あり 年譜あり 索引あり〉 1200円 ①978-4-389-40108-5 Ⓝ910.268
[内容] 第1編 宮沢賢治の生涯(陸奥の少年時代―賢治文学の母胎 懐疑と絶望に誘われて―文学的出発 あらゆる生物の幸福を索めて―膨張する心象世界 心象スケッチの開花―詩人の自負 献身と奉仕の中で―農村救済に奔走 夢は枯野を―狂おしく調和を求めて) 第2編 作品と解説(短歌 無声慟哭 小岩井農場 和風は河谷いつぱいに吹く ひとひはかなく 雨ニモマケズ 銀河鉄道の夜 グスコーブドリの伝記 風の又三郎 かしはばやしの夜)

◇教師宮沢賢治のしごと 畑山博著 小学館 2017.2 253p 15cm (小学館文庫 は16-1)〈年譜あり〉 570円 ①978-4-09-406397-4 Ⓝ910.268
[内容] 星からきた先生 初めての授業 再現 代数の授業 再現 英語の授業 教師としての妹トシ 再現 土壌学の授業 再現 肥料学の授業 実習 「イギリス海岸」 実習 音楽演劇教育 参照 温泉大演習 幻の国語授業 作品の中の教師像生徒像―「或る農学生の日誌」 非行問題・学力試験 退職そして羅須地人協会 卒業生そのそれぞれの人生 花巻農業高等学校の現在 教育は芸術なり

◇屋根の上が好きな兄と私―宮沢賢治妹・岩田シゲ回想録 岩田シゲ ほか著, 栗原敦監修, 宮澤明裕編 小平 蒼丘書林 2017.12 78p 21cm〈年譜あり〉 900円 ①978-4-915442-33-9 Ⓝ910.268
[内容] 本編 賢治兄さんのこと(兄さんについての記憶の始まり 兄の声 屋根の上が好きな兄と私 兄の入院 北小屋のこと 兄が母の役にたったこと 母の染め物「万福」さんのこと 大内納豆屋さんのこと 母の旅行と兄の徴兵検査 寒い朝 浮世絵 花巻祭のこと 陰膳 姉の死) 付 岩田家の人びと(ごあいさつ 若い皆さんに 豊蔵おじいさんの誕生日の日に)

◇啄木賢治の肖像 阿部友衣子, 志田澄子著 盛岡 岩手日報社 2018.4 311p 19cm〈年譜あり〉 900円 ①978-4-87201-421-1 Ⓝ911.162
[内容] 啄木・賢治散策MAP 啄木・賢治資料館 誕生～幼少期 少年・青春時代 識者に聞く 友 恩師 両親 きょうだい 女性 [ほか]

◇本統の賢治と本当の露 鈴木守著 矢巾町(岩手県) ツーワンライフ 2018.4 179p 22cm〈文献あり 索引あり〉 1500円 ①978-4-907161-96-5 Ⓝ910.268

みやさわ

|内容| 第1章 本統の宮澤賢治(「修訂 宮澤賢治年譜」「賢治神話」検証七点 「賢治研究」の更なる発展のために) 第2章 本当の高瀬露(あやかし "悪女・高瀬露" 風聞や虚構の可能性 「ライスカレー事件」「一九二八年の秋の日」の「下根子桜訪問」 ほか)

宮澤 朋平〔1935～〕 みやざわ・ともへい
◇思川―戸隠の神仏に抱かれて 宮澤朋平著 長野 ほおずき書籍 2017.3 432p 22cm 〈年譜あり〉 1200円 ①978-4-89341-449-6 Ⓝ289.1

宮澤 弘〔1937～〕 みやざわ・ひろし
◇宮澤弘自分史 宮澤弘著 〔出版地不明〕 宮澤弘 2017.6 84p 19cm 〈発行所：創栄出版〉 ①978-4-7559-0554-4 Ⓝ289.1

宮澤 弘幸〔1919～1947〕 みやざわ・ひろゆき
◇引き裂かれた青春―戦争と国家秘密 北大生・宮澤弘幸「スパイ冤罪事件」の真相を広める会編 花伝社 2014.9 322p 22cm 〈年表あり 発売：共栄書房〉 2500円 ①978-4-7634-0710-8 Ⓝ391.6
|内容| 第1部 冤罪の真相(仕組まれたスパイ冤罪 引き裂かれたエルムの師弟 冤罪一底のない残虐 戦争も秘密もない世へ) 第2部 犯罪事実(冤罪事実)の条条検証(探知の部 漏泄の部)

宮沢 芳重〔1898～1970〕 みやざわ・よしじゅう
◇いま宮澤芳重―「地蔵になった男」宮澤芳重に学ぶ 宮澤芳重没後45周年記念事業実行委員会編 飯田 宮澤芳重没後45周年記念事業実行委員会 2015.11 179p 26cm 〈長野県元気づくり支援金交付事業 年表あり〉 Ⓝ289.1
◇人間 宮澤芳重―その反俗の生涯 下沢勝井, 松下拡著 復刻版 〔松川町(長野県)〕 宮澤芳重の会 2017.5 247p 19cm 〈発行所：悠龍社 年譜あり 原本：合同出版 1976年刊〉 1500円 Ⓝ289.1

宮地 厳夫〔1847～1918〕 みやじ・いずお
◇新・日本神人伝―近代日本を動かした霊的巨人たちと霊界革命の軌跡 不二龍彦著 太玄社 2017.4 391p 21cm 〈「日本神人伝」(学研 2001年刊)の改題、増補改訂 文献あり 年表あり 索引あり 発売：ナチュラルスピリット〉 2600円 ①978-4-906724-32-1 Ⓝ147.8
|内容| 第1章 仙童寅吉 第2章 宮地常磐・水位・厳夫 第3章 国安仙人 第4章 黒住宗忠 第5章 金光大神 第6章 長南年恵 第7章 高島嘉右衛門 第8章 鷲谷日賢 第9章 友清歓真 第10章 出口王仁三郎 人物小伝

宮地 堅磐 みやじ・かきわ
⇒宮地水位(みやじ・すいい)を見よ

宮地 貫道〔1872～1953〕 みやじ・かんどう
◇宮地貫道伝―信念と気骨の明治人 木村達也著 〔出版地不明〕 宮地幸子 2018.9 138p 22cm 〈年譜あり 文献あり〉 非売品 Ⓝ289.1

宮地 水位〔1852～1904〕 みやじ・すいい
◇新・日本神人伝―近代日本を動かした霊的巨人たちと霊界革命の軌跡 不二龍彦著 太玄社 2017.4 391p 21cm 〈「日本神人伝」(学研 2001年刊)の改題、増補改訂 文献あり 年表あり 索引あり 発売：ナチュラルスピリット〉 2600円 ①978-4-906724-32-1 Ⓝ147.8
|内容| 第1章 仙童寅吉 第2章 宮地常磐・水位・厳夫 第3章 国安仙人 第4章 黒住宗忠 第5章 金光大神 第6章 長南年恵 第7章 高島嘉右衛門 第8章 鷲谷日賢 第9章 友清歓真 第10章 出口王仁三郎 人物小伝

宮地 常磐〔1819～1890〕 みやじ・ときわ
◇新・日本神人伝―近代日本を動かした霊的巨人たちと霊界革命の軌跡 不二龍彦著 太玄社 2017.4 391p 21cm 〈「日本神人伝」(学研 2001年刊)の改題、増補改訂 文献あり 年表あり 索引あり 発売：ナチュラルスピリット〉 2600円 ①978-4-906724-32-1 Ⓝ147.8
|内容| 第1章 仙童寅吉 第2章 宮地常磐・水位・厳夫 第3章 国安仙人 第4章 黒住宗忠 第5章 金光大神 第6章 長南年恵 第7章 高島嘉右衛門 第8章 鷲谷日賢 第9章 友清歓真 第10章 出口王仁三郎 人物小伝

宮下 和夫〔1942～〕 みやした・かずお
◇弓立社という出版思想 宮下和夫著 論創社 2015.11 203p 19cm (出版人に聞く 19) 〈年譜あり〉 1600円 ①978-4-8460-1489-6 Ⓝ023.1
|内容| なぜ弓立社なんだろう 弓立社のイメージ 八〇年代末から九〇年代初頭の出版と時代の変化 今世紀における吉本隆明の受容 神戸生まれの愛媛育ち 中学時代の読書、及び先生との出会い 高校、寄宿舎、数学の先生 学習院大フランス文学科へ 古本と六〇年安保 『日本読書新聞』と吉本隆明が僕の学校だった 〔ほか〕

宮下 忠子〔1937～〕 みやした・ただこ
◇七十七歳の軌跡―出会いは人生の宝 宮下忠子著 燦葉出版社 2015.4 209p 19cm 1500円 ①978-4-87925-119-0 Ⓝ289.1

宮田 昇〔1928～2019〕 みやた・のぼる
◇出版の境界に生きる―私の歩んだ戦後と出版の七〇年史 宮田昇著 太田出版 2017.5 256p 20cm (出版人・知的所有権叢書 01) 2600円 ①978-4-7783-1569-6 Ⓝ023.1
|内容| 1 私の歩んだ戦後と出版の七〇年史(翻訳編集者前夜―昭和二〇年代前半 早川書房編集者時代―昭和二〇年代後半 チャールズ・E・タトル商会版権部時代―昭和三〇年代 日本ユニ・エージェンシー時代―昭和四〇年代後半～六〇年代 日本ユニ著作権センターの創立と、出版の未来―平成三年～現在) 2 翻訳権エージェントという仕事 3 違いアメリカの出版界 4 回想―豊田きいち―出版者の権利 5 公立図書館のさらなる普及・充実のために

宮田 まいみ〔1980～〕 みやた・まいみ
◇廻り道をしたけれど 宮田まいみ著 いのちの

ことば社フォレストブックス　2018.6　102p　18cm　1200円　Ⓘ978-4-264-03916-7　Ⓝ289.1

宮田　光雄〔1928〜〕　みやた・みつお
◇私の聖書物語―イースター黙想　宮田光雄著　新教出版社　2014.4　223p　18cm　1800円　Ⓘ978-4-400-52781-7　Ⓝ191.2

[内容] 1　イースター随想（ボンヘッファーと婚約者マリーア　『マタイ受難曲』とカール・バルト）　2　現代美術における十字架と復活（プレッツェンゼーの"死の舞踏"―フルトリッカとボンヘッファー　復活者キリスト―シャガールの『緑の十字架』）　3　私の信仰告白（使徒パウロによる"最古の復活証言"　"私の聖書物語"―信仰の座標軸を求めて）

宮田　力松〔1916〜〕　みやた・りきまつ
◇百寿の想い　宮田力松著　〔半田〕　〔宮田力松〕　2015.7　368p　22cm　〈年譜あり　著作目録あり〉　Ⓝ289.1

宮武　外骨〔1867〜1955〕　みやたけ・がいこつ
◇外骨戦中日記　吉野孝雄著　河出書房新社　2016.5　267p　20cm　2000円　Ⓘ978-4-309-02468-4　Ⓝ289.1

[内容] 1『日記』をめぐる謎　2　外骨の時局批判　3　絵葉書編集に着手　4　銃後の喰潰し　5　戦禍拡大　6　自宅全焼　7　日本「降伏」　8　『日記』その後

◇宮武外骨―民権へのこだわり　吉野孝雄著　オンデマンド版　吉川弘文館　2017.10　204p　19cm　（歴史文化ライブラリー　95）〈原本：2000年刊〉　2300円　Ⓘ978-4-642-75495-8　Ⓝ289.1

宮谷　理香〔1971〜〕　みやたに・りか
◇理香りんのおじゃまします！―ピアニスト万華鏡　宮谷理香著　改訂版　ハンナ　2016.3　269p　19cm　〈初版：ショパン　2008年刊〉　1500円　Ⓘ978-4-907121-56-3　Ⓝ762.1

[内容] 第1章　理香りんのおじゃまします！（不良になる!?　「シマシマニシマッシマ」　「一番大切なものをあげるわ」　ほか）　第2章　私のピアノ人生（ショパンとの出逢い　ショパンコンクール　ピアニストとして　ほか）　第3章　理香りんをめぐる五十題一問答集　第4章　理香りん的ファンタジー―「月刊ショパン」掲載稿から（ショパンのエレガンス　心の微笑みに誘われて　人との関わりを提示する音楽　ほか）

宮野　善治郎〔1915〜1943〕　みやの・ぜんじろう
◇零戦隊長宮野善治郎の生涯　神立尚紀著　潮書房光人社　2016.3　718p　16cm　（光人社NF文庫　こN-938）「零戦隊長」（光人社　2006年刊）の改題・改訂　文献あり　1280円　Ⓘ978-4-7698-2938-6　Ⓝ289.1

[内容] 大正四年〜昭和九年　若江堤に草萌えて―宮野善治郎・誕生から八尾中学まで　昭和九年〜十三年　澎湃寄する海原の―海軍兵学校時代　昭和十三年三月〜十四年九月　四面海なる国の―艦隊勤務　昭和十四年九月〜十六年八月　空征く心誰か知る―飛行学生〜支那事変　三空・昭和十六年八月〜十七年三月　時ぞ来たれ令一下―大東亜戦争勃発　六空・昭和十七年三月〜八月　命を的に戦う我は―MI、AL作戦　六空・二〇四空・昭和十七年八月〜十二月　銀翼つらねて南の前線―ソロモン・東部ニューギニアの激闘1　二〇四空・昭和十七年十二月〜十八年三月　見よ壮烈の空戦に―ソロモン・東部ニューギニアの激闘2　二〇四空飛行隊長・昭和十八年三月〜五月　雲染む屍―「い」号作戦・山本長官戦す　二〇四空飛行隊長・昭和十八年五月〜六月　玉散りる剣抜きすてて―宮野大尉戦死　昭和十八年六月〜終戦　あの隊長もあの戦友も―二〇四空の最後

宮野　真守〔1983〜〕　みやの・まもる
◇宮野真守Meet ＆ Smile　宮野真守著　日経BP社　2018.2　325p　20cm　〈発売：日経BPマーケティング〉　2700円　Ⓘ978-4-8222-5777-4　Ⓝ778.77

[内容] 宮野真守―声優・役者・アーティスト事始め　1　声優編（初主演作で"ワカさん"との出会い　『DEATH NOTE』で僕が「役を生きる」と言うようになった理由　『うた☆プリ』『STEINS GATE』『怪盗グルー』2010年代の新コンテンツ　ほか）　2　アーティスト編（音楽活動がもたらした新たな表現の形　重要なライフワークとなった歌の向き合い方　初の海外公演―台湾2daysで感じた音楽活動の原点と自信　ほか）　3　舞台・ラジオ編（憧れのミュージカル―新たな表現への挑戦　『髑髏城の七人』出演　一役者人生における大きな挑戦に今、思うこと　10年かけてたどりついた宮野流ラジオの形　ほか）

宮野　宗二〔1932〜〕　みやの・むねじ
◇牛歩のごとく一歩一歩　宮野宗二著　文芸社　2017.10　181p　図版〔10〕枚　20cm　1000円　Ⓘ978-4-286-18587-3　Ⓝ289.1

宮原　一武〔1935〜〕　みやはら・かずたけ
◇晩恋―映子と爺のラブメール　高橋映子,宮原一武著　京都　京都通信社　2017.7　384p　19cm　1800円　Ⓘ978-4-903473-23-9　Ⓝ289.1

[内容] 二人の物語、ふたたび（映子さんを京都に招待します　それぞれに歩んだ空白の時間　ほか）　それは同志社ハワイ寮から始まった！（あなたの写真、あなたの声で…　美しい過去と現実　ほか）　愛と聖書と教会、そして牧師と宣教師たち（英米人との英語生活―それがアルバイト？　映子さんに、愛をこめて　ほか）　愛がつくる亀裂と闘いのなかで（それぞれのグリーフ・ケア　游子さんの姿と苦しみ　ほか）　愛のある穏やかな日々のために（新たな一歩を踏み出したい　母なる映子さん、人間としての映子さん　ほか）

宮原　祥平　みやはら・しょうへい
◇長崎がうんだ奇妙な列伝　江越弘人著　朗文堂　2016.12　145p　20cm　1600円　Ⓘ978-4-947613-93-6　Ⓝ281.93

[内容] 第1章　祥平じいさんの大旅行（日本の果てからこんにちは）（プロローグ（大旅行家宮原祥平さんの人となり）　祥平さん、旅に目覚める　祥平さんの旅、いよいよ佳境にはいる　ほか）　第2章　長崎の自由民権運動（富永隼太の敗北）（自由民権運動ってなあに　遅れた長崎の自由民権運動　富永隼太の登場　ほか）　第3章　まじめ人間『長崎七兵衛物語』（七兵衛を語るにあたり　長崎七兵衛の生い立ち　まじめで元気、気配りの平蔵（七兵衛）　ほか）

宮原 巍〔1934〜〕 みやはら・たかし
◇ヒマラヤのドン・キホーテ—ネパール人になった男宮原巍の挑戦　根深誠著　中央公論新社　2015.10　370p　16cm　(中公文庫 ね2-9)〈年表あり〉　820円　Ⓘ978-4-12-206176-7　Ⓝ289.1

[内容] 序章　第1章 ネパール制憲議会補欠選挙　第2章 回想の山々　第3章 ネパールに生きる　第4章 起業家としての闘い　第5章 生と死の狭間で　第6章 改革の理想を掲げて　第7章 見果てぬ夢　第8章 終わりなき挑戦　終章

宮原 松男〔1915〜1939〕 みやはら・まつお
◇有東木の盆—日華事変出征兵士からの手紙　飯田辰彦著　宮崎　鉱脈社　2014.3　301p　図版〔11〕枚　20cm　〈文献あり〉　2000円　Ⓘ978-4-86061-532-1　Ⓝ289.1

宮原 吉也〔1932〜〕 みやはら・よしなり
◇自伝的東大改革提言—わたしの歩んだ真実一路　宮原吉也著　創英社／三省堂書店　2017.7　233p　19cm　1200円　Ⓘ978-4-88142-119-2　Ⓝ289.1

[内容] 第1章 揺籃(おいたち—五・一五事件に象徴される動乱の時代、東京は上北沢で生まれて麻布で育ち、気弱だった少年は水泳選手となり、いつの間にか度胸をつけていく。　疎開時代—戦火を逃れて疎開した新潟県高田市で、厳しくも温かい自然に育まれ、いじめられっ子の少年も逞しくなり、勇気一番ガキ大将937を制し、一気に「悪ガキ」となった。ほか) 第2章 黎明(大宮初期時代—「都落ち」を覚悟してたどり着いた大宮の地で孤軍奮闘、銀幕で見た建築士の夢を生きる道を見定め、ここに「正攻法」の人生が始まった。　父と結婚—誰にも similar のやり方で蒔いた種はついに実り、伴侶を得て花弁さに開くとき、父はその香り共に旅立ってしまった。青年はここに、新たな誓いを立てる。ほか) 第3章 経営者血風録(パチンコ業への転業　大型居酒屋　ほか)　第4章 東大に告ぐ(共に歩む為に)

MIYAVI〔1981〜〕
◇何者かになるのは決してむずかしいことじゃない　MIYAVI著　宝島社　2018.11　254p　19cm　Ⓘ978-4-8002-8586-7　Ⓝ764.7

[内容] Introduction 僕はジョン・レノンにはなれない　1 好きなことを見つけよう　2 挑戦を恐れていたら何も手に入らない　3 アウェイを楽しむ　4 ギターは1本だけでいい　5 ほうれん草とチョコレート　6 情熱×時間×効率　7 死ぬときは笑っていたい

宮部 一跳〔江戸時代中期〕 みやべ・いっちょう
◇完訳 塩尻夜話記—付宮部一跳小伝　宮部一跳著、辰野利彦著　東洋出版　2017.12　157p　19cm　〈文献あり　年表あり〉　1500円　Ⓘ978-4-8096-7891-2　Ⓝ215.205

[内容] 釈文・読み下し文　注釈　現代語訳　宮部一跳小伝　年表　元禄期松本城下絵図　参考文献　跋

宮部 金吾〔1860〜1951〕 みやべ・きんご
◇ボーイズ・ビー・アンビシャス 第1集 《クラーク精神》&札幌農学校の三人組(宮部金吾・内村鑑三・新渡戸稲造)と広井勇　藤沢 二宮

尊徳の会　2016.11 (2刷)　168p　21cm　700円　Ⓘ978-4-9906069-2-3　Ⓝ281.04

美山 要蔵〔1901〜1987〕 みやま・ようぞう
◇靖国と千鳥ケ淵—A級戦犯合祀の黒幕にされた男　伊藤智永著　講談社　2016.6　621p　15cm　(講談社＋α文庫 G283-1)〈「奇をてらわず」(2009年刊)の改題、加筆、修正　文献あり　年譜あり〉　1000円　Ⓘ978-4-06-281672-4　Ⓝ289.1

[内容] 第1部 戦争と敗戦(陸軍将校になる　二・二六事件　太原・モスクワ　編制動員課長　敗戦前後)　第2部 軍の後を清くする(靖国死守　引き揚げ援護　戦犯裁判　華と書の道　遺骨収集)　第3部 慰霊の戦後(靖国との対決　合祀の鬼と化す　A級戦犯合祀　疑惑の上奏：千鳥ケ淵の墓守)

宮本 英子〔1933〜〕 みやもと・えいこ
◇平和と平等を追い求めて—ひとりの女性教師のあゆみ　宮本英子著　ドメス出版　2015.2　306p　21cm　〈文献あり　年譜あり〉　2500円　Ⓘ978-4-8107-0816-5　Ⓝ289.1

[内容] 1 学ぶことで苦しみを希望に変えて—富山から金沢へ(生いたちと学びの日々　わが青春の金沢大学　就職そして結婚　教師としての金沢の日々)　2 民主教育とはどうあるべきかを追い求めて一隅にて(堺で小学校教師として再スタート　堺市教職員組合に仲間入り　学校給食を豊かにするために　教育をよくするために父母・市民と手をつなぐ)　3 全力で駆けぬけた一七年—大阪にて(大阪教職員組合の婦人部長に　男女平等教育と平和教育　激動の労働戦線と私たちの選択　三六年の教師生活に悔いなし)　4 第二の人生のスタート—教職を終えて二〇年(子どもたちの明るい未来を拓く民主教育を　女性が生き生きと活躍できる社会を　退職後の新しい出会いと学び　海外に旅して学んだこと)

宮本 順一 みやもと・じゅんいち
◇ジャーニー・ウイズ・セミコンダクター—東芝、スタンフォード、そしてサムスン電子　宮本順一著　春日井　中部大学　2016.12　109p　21cm　(中部大学ブックシリーズアクタ 27)〈他言語標題：My journey with Semiconductor　発売：風媒社(名古屋)〉　800円　Ⓘ978-4-8331-4128-4　Ⓝ289.1

[内容] 原点　初夏の花火　留学　研究　フラッシュメモリとの出会い　共同開発　ランバス社　DRAM事業撤退　メモリ事業　決断　赴任　最初の仕事　サムスン基礎知識　社風　韓国語　韓国風物　次の仕事　最後の仕事　プロジェクト顛末

宮本 順三〔1915〜2004〕 みやもと・じゅんぞう
◇小さいことはいいことだ—グリコおもちゃデザイナー物語　樋口須賀子編著　大阪　アットワークス　2015.1　239p　19cm　〈文献あり　年表あり〉　1800円　Ⓘ978-4-86580-100-2　Ⓝ289.1

[内容] 生まれながらのおまけ係　おまけ文化の開花　戦時下のおまけ　おまけの復活　豆玩の館　ZUNZOの世界を語る　宮本順三記念館・豆玩舎ZUNZOのゆめ

宮本 卓男〔1943～〕 みやもと・たくお
◇曇りのち小春日和―回顧録 70年の人生を顧みて 宮本卓男著 〔出版地不明〕 T&Hコンサルティング 2015.9 190p 21cm Ⓝ289.1

宮本 武之輔〔1892～1941〕 みやもと・たけのすけ
◇土木技術者の気概―廣井勇とその弟子たち 高橋裕著, 土木学会廣井勇研究会編集協力 鹿島出版会 2014.9 206p 19cm 〈文献あり 年表あり〉 1900円 ①978-4-306-09438-3 Ⓝ517.028
  内容 廣井勇とその弟子たち(古市公威から廣井勇へ、近代化の扉を開く 天意を覚った真の技術者―青山士 生涯を台湾の民衆に捧げた八田與一 雄大な水力発電事業を実行した久保田豊 科学技術立国に一生を捧げた宮本武之輔 河川哲学を確立した安藝皎一) 今後のインフラ整備に向けて(今後のインフラをどうするか 今後のインフラ整備への条件)
◇技術者の自立・技術の独立を求めて―直木倫太郎と宮本武之輔の歩みを中心に 土木学会土木図書館委員会直木倫太郎・宮本武之輔研究小委員会編 土木学会 2014.11 34,301p 23cm 〈年表あり 年譜あり 発売：丸善出版〉 3600円 ①978-4-8106-0811-3 Ⓝ510.921
  内容 本書の課題と戦前の「国土づくり」 直木倫太郎にみる技術者の不満 宮本武之輔の決意 大正から昭和初期の技術者運動―宮本武之輔を中心に 土木技術の発展―橋梁技術を中心に 直木倫太郎と帝都復興事業 復興橋梁の建造 大陸進出と土木技術者 南満州鉄道と大陸経営 「満州国」の「国土づくり」 宮本武之輔の企画院次長就任 大陸に渡った技術者たち 戦前の技術者の活躍、技術者運動を考える―新たな技術者像を目指して

宮本 常一〔1907～1981〕 みやもと・つねいち
◇宮本常一と写真 石川直樹, 須藤功, 赤城耕一, 畑中章宏著 平凡社 2014.8 127p 22cm (コロナ・ブックス 195) 〈年譜あり〉 1600円 ①978-4-582-63493-8 Ⓝ289.1
  内容 旅人のまなざし―石川直樹が選ぶ48の写真(故郷 子ども 仕事 都市 移動) 周防大島を往く
◇宮本常一と「わたし」―生誕110年記念 記憶・名言・実践文集 宮本常一を語る会, 桜下義塾編 福岡 三岳出版社 2017.6 165p 21cm 1300円 ①978-4-9908829-1-4 Ⓝ289.1
◇宮本常一を旅する 木村哲也著 河出書房新社 2018.6 277p 20cm 〈文献あり〉 2000円 ①978-4-309-22733-7 Ⓝ382.1
  内容 1 非農民族へのまなざし 2 瀬戸内海の多様性―戦後の漁業資料調査より 3 離島振興の冒険 4 写真という方法 5 観光文化を語る―若い仲間とともに 6 「日本文化論」への挑戦

宮本 輝〔1947～〕 みやもと・てる
◇いのちの姿 宮本輝著 完全版 集英社 2017.10 201p 16cm (集英社文庫 み32-7) 460円 ①978-4-08-745644-8 Ⓝ914.6
  内容 兄 星雲 ガラスの向こう 風の渦 殺し馬券 小説の登場人物たち 書物の思い出

宮本 昌子 みやもと・まさこ
◇歌って健やか わが八十年の歌物語 宮本昌子, 宮本双葉著 文芸社 2015.4 492p 20cm 〈文献あり 索引あり〉 1700円 ①978-4-286-16193-8 Ⓝ289.1
  ＊日本人の愛唱歌―童謡唱歌、叙情歌、フォークなどの一生を回想しつつ、高齢化社会を「健やかに！」「心豊かに！」生きるための道標となるよう、音楽療法士活動の原点からの挑戦とその実績を紹介。歌い継ごう！ 童謡・唱歌・叙情歌等など日本の文化遺産を！ 既刊「歌って健やか 歌の玉手箱」(歌集)の姉妹書で、日本の歌・世界の歌の世界へお誘いします。

宮本 武蔵〔1584～1645〕 みやもと・むさし
◇定説の誤りを正す宮本武蔵正伝―鬼日向と武蔵義軽 森田栄著 体育とスポーツ出版社 2014.9 408p 21cm 3500円 ①978-4-88458-265-4 Ⓝ289.1
  内容 序にかえて―宮本武蔵玄信の処女作伝書兵道鏡発見について。真実は枉げられぬ。「水野記」による историー戦闘の経緯 吉岡一門との試合、そして大坂の陣参戦―武蔵西軍説の否定 島原の乱における宮本武蔵 宮本武蔵、熊本へ 「三十五箇条」そして「五輪書」 巌流について考察 宮本武蔵関連流派の諸史料
◇宮本武蔵 大倉隆二著 吉川弘文館 2015.2 206p 19cm (人物叢書 新装版 通巻279) 〈文献あり 年譜あり〉 2000円 ①978-4-642-05272-6 Ⓝ289.1
  内容 第1 武蔵の誕生と幼少期 第2 青年期 第3 壮年期 第4 晩年 第5 武蔵の歿後 第6 武蔵の人間像 第7 武蔵の肖像画
◇宮本武蔵 謎多き生涯を解く 渡邊大門著 平凡社 2015.4 215p 18cm (平凡社新書 771) 〈文献あり〉 760円 ①978-4-582-85771-9 Ⓝ289.1
  内容 第1章 武蔵の父・無二斎のこと(鍵を握る無二斎の生涯 宮本武蔵顕彰会とは ほか) 第2章 武蔵播磨国生誕説を考える(武蔵播磨説をめぐる諸説 「五輪書」に記された武蔵の生誕地 ほか) 第3章 播磨赤松氏出自説を考える(播磨国揖東郡鵤荘宮本村の説 平野庸脩が「播磨鑑」 ほか) 第4章 謎多き武蔵の生涯(武蔵の生きた時代 剣豪たちの時代 ほか) 第5章 武蔵の晩年とその実像(武蔵の晩年と実像を考える 島原の乱における武蔵 ほか)
◇宮本武蔵 二天一流の剣と五輪書 一川格治著 新装版 滋慶出版/つちや書店 2016.9 167p 21cm (古武道選書) 〈他言語標題：Musashi Miyamoto & The Book of Five Rings 初版：土屋書店 1985年刊 年表あり〉 2200円 ①978-4-8069-1587-4 Ⓝ789.3
  内容 第1章 武蔵の剣法二天一流とその系譜(二天一流の組太刀 十四代師範・指田欣次郎先生の覚書 ほか) 第2章 武蔵の剣技と精神(「五輪書」から学ぶ 剣を学ぶ過程) 第3章 武蔵が到達した世界(剣の道と諸芸諸般 武蔵の人間像 ほか) 第4章 武蔵と「五輪書」(「五輪書」の背景と意図 「五輪書」の内容) 第5章 武蔵の生涯(幼少期から少年期へ 青年期の武蔵 ほか)

みやもと

◇宮本武蔵の一生　濱田昭生著　東洋出版　2017.8　357p　19cm　〈文献あり　著作目録あり　年表あり〉　1500円　①978-4-8096-7883-7　Ⓝ289.1
内容　1 重要な三つの史料について　2 武蔵の著書および武蔵に関する史料などについて　3 徳川幕府草創期の主な動きなどについて　本論（武蔵の誕生と幼年期　武蔵の少年、青年期―六〇余度の真剣勝負？　武蔵の壮年期（1）「武士の法」追究への大変貌？　武蔵の壮年期（2）姫路での活躍　武蔵の壮年期（3）明石での活躍　武蔵の壮年期（4）明石での活躍　武蔵の晩年期―熊本での活躍　武蔵の没後（1）武蔵関連内容　武蔵の没後（2）九州の安定化に尽力する小笠原忠真）

◇日本精神研究―GHQ発禁図書開封　大川周明著　徳間書店　2018.9　334p　18cm　1100円　①978-4-19-864699-8　Ⓝ121
内容　第1 横井小楠の思想及び信仰　第2 佐藤信淵の理想国家　第3 平民の教師石田梅岩　第4 純情の人平野二郎国臣　第5 剣の人宮本武蔵　第6 近代日本の創設者織田信長　第7 上杉鷹山の政道　第8 戦える僧上杉謙信　第9 頼朝の事業及び人格

宮本 洋二郎〔1942～〕みやもと・ようじろう
◇カープのスカウト　宮本洋二郎―マエケンをカープに導いた男　柳本元晴著　彩流社　2017.8　133p　19cm　1500円　①978-4-7791-2385-6　Ⓝ783.7
内容　1 カープのスカウティング　2 予想を超えた「マエケン」　3 スカウトの苦悩　4 二岡獲得の失敗　5 宮本自身の野球人生　6 甲子園への道のり　7 早稲田のエースからプロ野球選手へ

宮良 長久〔1934～〕みやら・ちょうきゅう
◇長久先生の写真帳　はいの眺著　石垣　南山舎　2016.10　96p　21cm　（南山舎ぶっくれっと1）〈年譜あり〉　1000円　①978-4-901427-40-1　Ⓝ767.5199

宮脇 愛子〔1929～2014〕みやわき・あいこ
◇宮脇愛子オーラル・ヒストリー　宮脇愛子述、由本みどり,小勝禮子インタヴュアー　〔出版地不明〕　日本美術オーラル・ヒストリー・アーカイヴ　2015.3　43p　30cm　〈他言語標題：Oral history interview with Miyawaki Aiko　ホルダー入〉　Ⓝ712.1

宮脇 紀雄〔1907～1986〕みやわき・としお
◇宮脇紀雄　人と作品―備中の奥深い山ひだに生まれ育った童話作家　岡長平著　岡山　岡長平　2016.4　63,17p　21cm　〈文献あり　著作目録あり〉　Ⓝ910.268

明恵〔1173～1232〕みょうえ
◇中世の人物　京・鎌倉の時代編　第2巻　治承～文治の内乱と鎌倉幕府の成立　野口実編　大阪　清文堂出版　2014.6　426p　22cm　〈文献あり〉　4500円　①978-4-7924-0995-1　Ⓝ281
内容　源頼政と以仁王（生駒孝臣著）　甲斐源氏（西川広平著）　木曾義仲（長村祥知著）　源義経と範頼（田中大喜著）　平宗盛（田中大喜著）　平氏の新旧家人たち（西村隆著）　藤原秀衡（三好俊文著）　源頼朝（元木泰雄著）　大庭景親（義幸夫著）　城助永と助職（長茂）（高橋一樹著）　千葉常胤（野口実著）　和田義盛と梶原景時（滑川敦子著）　北条時政と牧の方（落合義明著）　源頼家（藤本頼人著）　八条院（高松百香著）　藤原兼実（高橋秀樹著）　源通親（佐伯智広著）　法然と貞慶・明恵（平雅行著）　重源（久野修義著）　栄西（中尾良信著）

◇現代に生きる稀代の高僧「明恵上人」　齊藤紀夫著　文芸社　2017.6　174p　20cm　〈文献あり　年譜あり〉　1200円　①978-4-286-18333-6　Ⓝ188.32
＊北条泰時に大きな影響を与えた、日本人の誇るべき心の拠り所・明恵上人高弁。彼の思想・人間味あふれる言動には現代に通じるものが多い。膨大な資料と向き合い、「生き仏」と崇められた稀代の名僧の生涯を丁寧に追う。鎌倉初期のこの名僧を知らない人でも、本書で明恵上人の全体像を詳しく知ることができる。さらに、彼が晩年普及に努めた『光明真言』の真髄もこの1冊で分かる。

妙寿日成貴尼〔1835～1916〕みょうじゅにちじょうきに
◇九州開導の師―妙寿日成貴尼伝　富士宮　大日蓮出版　2015.1　302p　22cm　〈年表あり〉　1500円　①978-4-905522-30-0　Ⓝ188.92
内容　九州布教の歴史　誕生から出家まで　異流義時代　帰伏　修練時代　九州弘教　留難時代　本懐満足　水野慈恩との問答　霑妙寺開院式　妙寿尼の終焉

明法　みょうほう
⇒弁円（べんえん）を見よ

明満〔1718～1810〕みょうまん
◇円空と木喰―微笑みの仏たち　円空,木喰作,小島梯次監修・著　東京美術　2015.3　168p　26cm　（ToBi selection）〈他言語標題：Enku and Mokujiki　年譜あり　索引あり〉　2600円　①978-4-8087-1035-4　Ⓝ718.3
内容　序　二人の造仏聖（庶民が信じる神と仏　本願としての神仏造像　作像も開眼も一人で）　第1部 円空―木端にまでも仏の慈悲を（仏の功徳を国中に　誕生 開眼 展開）　第2部 木喰―満面の笑みにあふれる慈愛（二千体造像への旅　誕生 開眼 展開）　特集 円空と木喰の絵　終わりに 庶民信仰に息づく仏たち　感動をもたらす「微笑み」

◇円空と木喰　五来重著　KADOKAWA　2016.11　317p　15cm　（〔角川ソフィア文庫〕〔J106-8〕）〈淡交社 1997年刊の再刊　年譜あり〉　1080円　①978-4-04-400153-7　Ⓝ188.82
内容　円空佛一境涯と作品（洞爺湖にうかぶ円空仏　帆越岬の鷹　北海の来迎観音　恐山の千体地蔵　津軽野の円空仏　ほか）　微笑佛―木喰の境涯（甲斐の山里　聖と木食　東国廻国　蝦夷地渡り　佐渡の荒海　ほか）

◇木喰上人　柳宗悦著　講談社　2018.4　397p　16cm　（講談社文芸文庫　やP1）〈「柳宗悦全集 第7巻」（筑摩書房 1981年刊）の改題、改訂　著作目録あり　年譜あり〉　1800円　①978-4-06-290373-8　Ⓝ712.1

内容 木喰上人発見の縁起　木喰上人略伝　上人の日本廻国　初期の供養仏　日州国分寺に於ける上人の大業　長州に於ける上人の遺作　四国中之庄木喰仏　故郷丸畑に於ける上人の彫刻　越後に於ける晩年の遺業　丹波に於ける木喰仏〔ほか〕

妙林尼　みょうりんに
⇒吉岡妙林尼（よしおか・みょうりんに）を見よ

三好 十郎〔1902〜1958〕　みよし・じゅうろう
◇三好十郎著作集　別冊1　解説・回想・総目次　不二出版　2015.5　83p　21cm　〈1960（昭和35）年11月〜1966（昭和41）年10月〉　①978-4-8350-7705-5　Ⓝ912.6
内容 解説（山口謙吾著）　回想（三好まり著）

三吉 慎蔵〔1831〜1901〕　みよし・しんぞう
◇三吉慎蔵日記　三吉治敬監修, 古城春樹, 中曽根孝二編　国書刊行会　2016.9　2冊（セット）　21cm　〈年譜あり　索引あり　下関市立歴史博物館蔵の翻刻〉　38000円　①978-4-336-06040-2　Ⓝ289.1

三好 徳三郎〔1875〜1939〕　みよし・とくさぶろう
◇茶苦來山人の逸話—三好徳三郎の臺灣記憶　三好徳三郎著, 謝國興, 鍾淑敏, 籠谷直人, 王麗蕉主編　臺北　中央研究院臺灣史研究所　2015.3　537p　27cm　（臺灣史料叢刊 13）〈訳：陳進盛ほか　中国語併記〉　①978-986-04-4281-6　Ⓝ289.1

三好 長慶〔1522〜1564〕　みよし・ながよし
◇三好一族と織田信長—「天下」をめぐる覇権戦争　天野忠幸著　戎光祥出版　2016.1　202p　19cm　（中世武士選書 31）〈文献あり〉　2500円　①978-4-86403-185-1　Ⓝ288.2
内容 第1部　三好長慶の時代（長慶と将軍義輝の争い　揺らぐ将軍の権威　義輝を討つ三好氏）　第2部　三好一族の分裂と足利義昭（排除される松永久秀と三好義継　義昭に結集する織田・三好・松永氏　義昭を支える織田・三好・松永氏　三好三人衆・篠原長房の反攻　迷走する義昭）　第3部　阿波三好家と織田信長（反信長勢力の退潮　西国に迫る信長　秀吉の継承）

◇三好長慶河内飯盛城より天下を制す　天野忠幸, 高橋恵ނ　名古屋　風媒社　2016.7　145p　21cm　〈年表あり〉　1400円　①978-4-8331-0573-6　Ⓝ289.1
内容 三好長慶, 河内飯盛城より天下を制す（長慶のイメージの変遷　最初の天下人, 倒幕の具現者　長慶の国家デザイン　忠臣松永久秀　畿内・河内のキリシタン　三好一族が育てた文化　長慶の復権）　朗読劇「蘆州のひと」

三好 正弘〔1937〜〕　みよし・まさひろ
◇自叙傳——国際法学徒の幸運な半生　三好正弘著　文芸社　2017.9　371p　22cm　1900円　①978-4-286-18447-0　Ⓝ289.1

三善 康信〔1140〜1221〕　みよし・やすのぶ
◇中世の人物　京・鎌倉の時代編　第3巻　大阪清文堂出版　2014.7　382p　22cm　4500円　①978-4-7924-0996-8　Ⓝ281
内容 後鳥羽院（美川圭著）　九条道家（井上幸治著）　西園寺公経（山岡瞳著）　藤原秀康（長村祥知著）　藤原定家（谷昇著）　源実朝（坂井孝一著）　北条政子（黒崎敏著）　北条義時（田辺旬著）　北条泰時（菊池紳一著）　北条時房と重時（久保田和彦著）　九条頼経・頼嗣（岩田慎平著）　竹御所と石山尼（小野翠著）　三浦義村（真鍋淳哉著）　大江広元と三善康信〈善信〉（佐藤雄基著）　宇都宮頼綱（野口実著）　慈円（菊地大樹著）　聖覚（平雅行著）　定豪（海老名尚著）　叡尊（細川涼一著）　公武権力の変容と仏教界（平雅行／編）

美輪 明宏〔1935〜〕　みわ・あきひろ
◇美輪明宏と「ヨイトマケの唄」—天才たちはいかにして出会ったのか　佐藤剛著　文藝春秋　2017.6　421p　20cm　2200円　①978-4-16-390664-5　Ⓝ767.8
内容 異端にして革命児　長崎の臣吾少年から丸山明宏へ　三島由紀夫に見出された若き才能　シャンソン喫茶「銀巴里」とともに　中村八大という音楽家　日本初のシンガー・ソングライター誕生　"ほんとうの日本の歌"を作る　伝説の番組「夢であいましょう」「ヨイトマケの唄」の衝撃　寺山修司との出会いから演劇の道へ　60年代の砦・アートシアター新宿文化　「ブラジル組曲」で始まったリサイタル　映画『黒蜥蜴』と「黒蜥蜴の唄」　別離の季節となった一九七〇年　復活する「ヨイトマケの唄」　二一世紀へと歌い継いだ者たち

◇愛の大売り出し　美輪明宏著　パルコエンタテインメント事業部　2018.2　231p　18cm　1400円　①978-4-86506-256-4　Ⓝ767.8
内容 第1章　シャンソンの心—「愛の讃歌」（音楽との出会い　歌手になるまで　シャンソンとエディット・ピアフ　「恋」から「愛」へ　ピアフの描く「愛」）　第2章　シンガー・ソングライターとして—「ヨイヤマの星」「祖国と女達」「金色の星」「故郷の空の下に」（ファッション革命とレコードデビュー　炭鉱の町にて　従軍慰安婦の叫び　生きるためのロマン　一〇歳の夏　決意）　第3章　「無償の愛」を伝える歌—「ヨイトマケの唄」（二人の母　エンヤコーラーの心　満州帰りの青年　歌が人の心に届く時　人の心の中で生き続ける歌）

三輪 悟〔1945〜〕　みわ・さとる
◇マウンド人生—絆つむいで　三輪悟著　新潟　新潟日報事業社（発売）　2015.3　258p　19cm　1700円　①978-4-86132-592-2　Ⓝ783.7
＊西鉄ライオンズ（当時）、広島東洋カープで投手として活躍した著者が、生い立ちからその後の野球人生を克明につづる。突然のドラフト指名、夢の球宴選出、悲願のリーグ優勝、30年目の日本一など、球史に残るドラマと今だから話せるエピソードの数々。江夏豊氏推薦の野球ファン待望の一冊。

三輪 寿壮〔1894〜1956〕　みわ・じゅそう
◇祖父三輪寿壮—大衆と歩んだ信念の政治家　三輪建二著　鳳書房　2017.12　502p　22cm　〈布装　文献あり　著作目録あり　年譜あり　索引あり〉　5000円　①978-4-902455-39-7　Ⓝ289.1
内容 第1章　生い立ちと学生時代——一八九四年〜一九

二〇年　第2章　弁護士・社会運動家から政治家へ―一九二〇年〜一九三二年　第3章　国民と国家のはざまで―一九三二年〜一九四〇年　第4章　総力戦と公職追放―一九四〇〜一九四九年　第5章　民主社会主義と日本社会党統一―一九四九年〜一九五六年　第6章　出会いと交流

三輪　初子〔1941〜〕　みわ・はつこ
◇あさがや千夜一夜　三輪初子著　朔出版　2017.11　211p　19cm　1800円　①978-4-908978-09-8　Ⓝ914.6

内容　1 映画の広場　2 芭蕉の言葉とシネマ遊び　3 俳句そぞろ歩き　4 秀句に添いて　5 あの日、あの夜　6 「チャンピオン」おもいのまま　7 ボクシングに溺れて―月刊「ワールド・ボクシング」より

三和　由香利〔1981〜〕　みわ・ゆかり
◇BREAK！「今」を突き破る仕事論　川内イオ著　双葉社　2017.3　255p　19cm　1400円　①978-4-575-31236-2　Ⓝ281

内容　1 どん底から這い上がる（井崎英典（バリスタ）　DJ Shintaro（DJ）　岡本美鈴（プロフリーダイバー））　2 直感を信じて突き進む（内山高志（プロボクサー）　三和由香利（ヨガインストラクター）　村瀬美幸（フロマジェ）　澤田洋史（バリスタ））　3 遊びを極める（徳田耕太郎（フリースタイルフットボーラー）　池田貴広（BMXプロライダー）　阿井慶太（プロゲーマー））

【む】

向井　秀徳〔1973〜〕　むかい・しゅうとく
◇三栖一明　向井秀徳著　ギャンビット　2017.9　351p　19cm　〈作品目録あり〉　2800円　①978-4-907462-31-4　Ⓝ767.8

＊日本の音楽シーンに風穴を開け、多くのリスナー、ミュージシャンから絶大な支持を集める向井秀徳（ZAZEN BOYS・KIMONOS）。遠い昔、彼がアーティスト、表現者としての活動を始めた頃、または、これまでに発表された作品群の陰には、数多くの衝動とそれに至る事件があった。そして、その舞台にはいつも、盟友であり向井秀徳関連のグラフィックを手がける、デザイナー・三栖一明の存在があった。本書はそんな向井秀徳の半生を追い、三栖一明との関係をも網羅したもので、向井秀徳自身が一年以上にわたって語り下ろしたもの。本人いわく、「これは私の恥のアーカイブ集である」。一般的な自伝や自叙伝ともまるで違う、向井秀徳のライブ感が詰まったSeishun伝。っつって。

向井　潤吉〔1901〜1995〕　むかい・じゅんきち
◇草屋根と絵筆―画家向井潤吉のエッセイ　向井潤吉著，橋本善八編　国書刊行会　2018.9　335p　20cm　〈年譜あり〉　3700円　①978-4-336-06242-0　Ⓝ723.1

内容　序として　民家の美しさ　第1章　若き日のこと　第2章　摸写修行とヨーロッパの日々　第3章　戦時中のこと　第4章　民家を描く旅　第5章　雑感　民家に美を求めて　余白を語る

向　清太朗〔1980〜〕　むかい・せいたろう
◇ただのオタクで売れてない芸人で借金300万円あったボクが、年収800万円になった件について。　天津・向清太朗著　小学館　2017.9　166p　19cm　1200円　①978-4-09-388575-1　Ⓝ779.14

内容　天津としての仕事（天津　エロ詩吟が生まれた瞬間　大ブレイク　ほか）　なぜ、ただのオタクで売れてない芸人が年収800万稼げたのか？（マニュアル人間になればいい　会話を生む方法　どこでオリジナリティを出すか　ほか）　天津ふたたび（相方、天津・木村との着地点　思ってもいないステージへ）

向井　豊昭〔1933〜2008〕　むかい・とよあき
◇向井豊昭の闘争―異種混交性の世界文学　岡和田晃著　未來社　2014.7　236p　19cm　〈著作目録あり〉　2600円　①978-4-624-60115-7　Ⓝ910.268

内容　第1章　一九六九年まで（"アイヌ"というアイデンティティ・ポリティクス　"アイヌ"ならざる者による「現代アイヌ文学」　向井豊昭という作家　ほか）　第2章　二〇〇八年まで（爆弾の時代とエスペラントの理想　「和人史」から、「スーヴォール・ロマン」へ　詩人、向井夷希微の血を享けて　ほか）　第3章　二〇一四年の向井豊昭（ますます危ない国になりつつある今」　「向井豊昭アーカイブ」と「用意、ドン」）

向田　麻衣〔1982〜〕　むかいだ・まい
◇"美しい瞬間"を生きる　向田麻衣著　ディスカヴァー・トゥエンティワン　2014.7　171p　19cm　〈U25｜SURVIVAL MANUAL SERIES 10〉〈背・表紙のタイトル：ART OF THE MOMENT〉　1200円　①978-4-7993-1522-4　Ⓝ289.1

内容　出会いとはじまり（ネパールへ　世界地図と星空　愛の連鎖　行動するFool！　おしゃれをして出かけたい　発見と到着　美しい瞬間をつくる　本当は気づいているはず　誇りある仕事　ほか）　世界と日常（もっと触れたい　ことば　ネパールの日々　今日のできごと　世界中にある好きな街　最後の夜のパッキング　何の前触れもなく）　愛と自由（NYへ　間違えてもいい　もっとずっと遠くまで　真実の言葉　母について　家族の愛情　遊ぶ大人　好きな人の鎖骨）

無学祖元〔1226〜1286〕　むがくそげん
◇禅の名僧に学ぶ生き方の知恵　横田南嶺著　致知出版社　2015.9　271p　20cm　〈他言語標題：ZEN Wisdom　文献あり〉　1800円　①978-4-8009-1083-7　Ⓝ188.82

内容　第1講　無学祖元―円覚寺の「泣き開山」　第2講　夢窓疎石―世界を自分の寺とする　第3講　正受老人―正ర相続の一生涯　第4講　白隠慧鶴―いかにして地獄から逃れるか　第5講　誠拙周樗―円覚寺中興の祖　第6講　今北洪川―至誠の人　第7講　釈宗演―活達雄傑、明晰俊敏

向川　政志〔1931〜〕　むこうがわ・まさし
◇我が人生　向川政志著　東采出版　2015.5　183p　19cm　1200円　①978-4-8096-7782-3　Ⓝ289.1

内容 少年時代 転機 アメリカ行き 大学進学 就職 配属先 トランジスタの開発 電話交換器 ICの開発 外販IC部門 海外派遣 帰国後 新天地 メモリーカードの誕生 それから

向田 邦子〔1929～1981〕 むこうだ・くにこ
◇布・ひと・出逢い―美智子皇后のデザイナー植田いつ子 植田いつ子著 集英社 2015.2 261p 16cm （集英社文庫 う9-2）〈1997年刊の再編集 年譜あり〉 540円 ①978-4-08-745286-0 Ⓝ593.3
内容 第1章 皇后美智子さまの素顔 第2章 熊本―私の心象風景 第3章 美しいものを創りたい 第4章 デザイナーとしての再出発 第5章 贈り物じょうずの友がいて 第6章 こころを遊ばせる私的空間 第7章 私の服づくり

◇夜中の薔薇 向田邦子著 新装版 講談社 2016.2 305p 15cm （講談社文庫 む5-4） 640円 ①978-4-06-293328-5 Ⓝ914.6
内容 1（本屋の女房 楠 ほか） 2（こんにゃく・トーチカ ムトートシコ ほか）男性鑑賞法（鶴賀伊勢太夫 荘村清志 ほか） 3（手袋をさがす 時計なんか恐くない ほか）

武者小路 実篤〔1885～1976〕 むしゃのこうじ・さねあつ
◇武者小路実篤とその世界 直木孝次郎著 塙書房 2016.4 233p 20cm 2300円 ①978-4-8273-0123-6 Ⓝ910.268
内容 1 武者小路実篤とその時代（武者小路実篤における平和と戦争 武者小路実篤『ある青年の夢』について ほか） 2 武者小路実篤研究の問題点（『人間万歳』について 武者小路実篤の周作人あて書簡について ほか） 3 武者小路実篤の思い出（武者小路先生の訪欧歓送会―友田恭助と神戸支部の歌と雪舟「山水長巻」と先生―増田荘の一日 ほか） 4 武者小路実篤をめぐる人々（杉山正雄さんと日向の「村」 梨と彼岸花―上田慶之助さんを偲ぶ ほか） 余論 日本史研究と文学者―森鷗外を中心に（日本古代史の研究と学問の自由―森鷗外・三宅米吉・津田左右吉を中心に 森鷗外は天皇制をどう見たか―『空車』を中心に）

◇武者小路実篤 松本武夫著, 福田清人編 新装版 清水書院 2018.4 214p 19cm （Century Books―人と作品）〈文献あり 年譜あり 索引あり〉 1200円 ①978-4-389-40129-0 Ⓝ910.268
内容 第1編 武者小路実篤の歩んだ道（幼年時代 少年時代 青年時代 トルストイ接近 『白樺』への道） 第2編 作品と解説（お目出たき人 戯曲『その妹』 幸福者 友情 愛と死 ほか）

夢窓疎石〔1275～1351〕 むそうそせき
◇禅の名僧に学ぶ生き方の知恵 横田南嶺著 致知出版社 2015.9 271p 20cm 〈他言語標題：ZEN Wisdom 文献あり〉 1800円 ①978-4-8009-1083-7 Ⓝ188.82
内容 第1講 無学祖元―円覚寺の「泣き開山」 第2講 夢窓疎石―世界を自分の寺とする 第3講 正受老人―正念相続の一生涯 第4講 白隠慧鶴―いかにして地獄から逃れるか 第5講 誠拙周樗―円覚寺中興の祖 第6講 今北洪川―至誠の人 第7講 釈宗演―活達雄偉、明晰俊敏

無相大師 むそうだいし
⇒関山慧玄（かんざんえげん）を見よ

牟田口 廉也〔1888～1966〕 むたぐち・れんや
◇牟田口廉也―「愚将」はいかにして生み出されたのか 広中一成著 星海社 2018.7 277p 18cm （星海社新書 136）〈文献あり 発売：講談社〉 1050円 ①978-4-06-512728-5 Ⓝ289.1
内容 第1章 エリート参謀からの転落（「葉隠」のもとに生まれる 佐賀と海軍 ほか） 第2章 日中戦争の火蓋を切る―盧溝橋事件（支那駐屯軍の増強と支那駐屯歩兵旅団の創設 綏遠事件 ほか） 第3章 「常勝将軍」の誕生―シンガポール島攻略作戦（中国戦線から太平洋戦線へ 叶わなかった陸軍中央復帰 ほか） 第4章 インパール作戦―敗戦の責任は誰にあったのか（ビルマルートの遮断をめぐって 第十五軍の創設とイギリスのビルマ防衛 ほか） おわりに インパール作戦の呪縛

◇昭和史講義 軍人篇 筒井清忠編 筑摩書房 2018.7 301p 18cm （ちくま新書 1341） 900円 ①978-4-480-07163-7 Ⓝ210.7
内容 昭和陸軍の派閥抗争―まえがきに代えて 東条英機―昭和の悲劇の体現者 梅津美治郎―「後始末」に尽力した陸軍大将 阿南惟幾―「徳義即戦力」を貫いた武将 鈴木貞一―背広を着た軍人 武藤章―「政治的軍人」の実像 石原莞爾―悲劇の鬼才か、鬼才による悲劇か 牟田口廉也―信念と狂気の間 今村均―「ラバウルの名将」から見る日本陸軍の悲劇 山本五十六―その避戦構想と挫折 米内光政―終末点のない戦争指導 永野修身―海軍「主流派」の選択 高木惣吉―昭和海軍の語り部 石川信吾―「日本海軍最強硬論者」の実像 堀悌吉―海軍軍縮派の悲劇

陸奥 A子〔1954～〕 むつ・えーこ
◇陸奥A子―『りぼん』おとめチック・ワールド 陸奥A子著, 外舘惠子編 河出書房新社 2015.9 159p 21cm （らんぷの本―mascot）〈文献あり 著作目録あり 年譜あり〉 1800円 ①978-4-309-75019-4 Ⓝ726.101
内容 1『りぼん』の仕事マンガ家・陸奥A子誕生！1972～「おとめチック」のA子タン登場!! A子タンのここがスキ ほか） 2 最強！『りぼん』のふろく1974～1983（『りぼん』のふろく黄金時代！ライバル雑誌は『なかよし』 ほか） 3『りぼん』人気作家として活躍！1975～1989（A子タンが描いた『りぼん』の表紙ぜ～んぶ 初めての連載 ほか） 4 マンガ家A子タンにせまる！1975～1989（陸奥A子メモQ&A A子の漫画の御道具いろいろ ほか） 5 大人になった少女たちへ『YOUNG YOU』『YOU』での活躍1989～2011（大人の恋を描いて 着物姿を描いて ほか）

陸奥 宗光〔1844～1897〕 むつ・むねみつ
◇陸奥宗光 安岡昭男著 新装版 清水書院 2016.3 226p 19cm （Century Books―人と思想 193）〈文献あり 年譜あり 索引あり〉 1200円 ①978-4-389-42193-9 Ⓝ289.1
内容 1 激動の時代に（維新期の陸奥 県知事そして藩政執事 ほか） 2 修学、そして官界復帰へ（外遊の旅 外務省入省 ほか） 3 条約改正への道（陸奥外

むつしゆか

交の一歩　条約改正の取り組み　ほか）　4　無比の評論家（晩年の陸奥　陸奥宗光の家族と人物評　ほか）

◇明治史講義　人物篇　筒井清忠編　筑摩書房　2018.4　397p　18cm　（ちくま新書 1319）〈文献あり〉　1100円　①978-4-480-07140-8　Ⓝ210.6
内容　木戸孝允―「条理」を貫いた革命政治家　西郷隆盛―謎に包まれた超人気者　大久保利通―維新の元勲、明治政府の建設者　福澤諭吉―「文明」と「自由」　板垣退助―自らの足りなさを知る指導者　伊藤博文―日本型立憲主義の造形者　井上毅―明治維新を落ち着かせようとした官僚　大隈重信―政治対立の演出者　金玉均―近代朝鮮における「志士」たちの時代　陸奥宗光―『蹇蹇録』で読む日清戦争と朝鮮〔ほか〕

◇子孫が語る歴史を動かした偉人たち　善田紫紺著　洋泉社　2018.6　191p　18cm　（歴史新書）　900円　①978-4-8003-1476-5　Ⓝ281
内容　第1部　志士の末裔たち（西郷隆盛曾孫　西郷隆文氏『何事も相手の身になって考える"敬天愛人"の精神』　大久保利通曾孫　大久保利泰氏『自由にやらせて自分が責任を取る魅力的なリーダーシップ』　勝海舟曾孫　勝康氏『旺盛な好奇心に人十倍の努力と克己心で生き抜いた』　榎本武揚曾孫　榎本隆充氏『国への恩返しを使命とし新政府にもつくした』　陸奥宗光曾孫　伊藤磯夫氏『いざという時は死を恐れず立ち向かう熱い志士の血』　ほか）　第2部　殿さまの末裔たち（徳川宗家十八代当主　徳川恒孝氏『日本人の感性や伝統文化を守り伝えた江戸時代を評価したい』　前田家十八代当主　前田利祐氏『祭りや年中行事を親子で行い、人としての礼儀を継承する』　島津家三十三代　島津忠裕氏『薩摩人のDNAを引き継ぎ、鹿児島のあり方にフォーカスする』　伊達家十八代当主　伊達泰宗氏『見えぬところにこそ本当の価値がある"伊達もの"の美学』　山内家十九代当主　山内豊功氏『大事を成し遂げるときは、心を閑にして物ごとの大勢を見る』　ほか）

◇陸奥宗光―「日本外交の祖」の生涯　佐々木雄一著　中央公論新社　2018.10　303p　18cm　（中公新書 2509）〈文献あり　年譜あり〉　900円　①978-4-12-102509-8　Ⓝ289.1
内容　第1章　幕末―紀州出身の志士　第2章　維新官僚―能吏の自負と焦燥　第3章　獄中生活とヨーロッパ遊学　第4章　議会開設前後―再び政府のなかで　第5章　条約改正　第6章　日清戦争　第7章　日清戦後の内外政―知られざるもう一つの活動期　終章　近代日本と陸奥宗光―陸奥をめぐる人々

ムッシュかまやつ〔1939～2017〕

◇エッジィな男ムッシュかまやつ　サエキけんぞう, 中村俊夫著　リットーミュージック　2017.10　277p　19cm　〈作品目録あり〉　1800円　①978-4-8456-3134-6　Ⓝ767.8
内容　第1章　生涯いちバンドマンのライフ・イズ・グルーヴ　第2章　ザ・スパイダースのメイン・ソングライター　第3章　爆発前夜　第4章　運命を切り開く人の輪　第5章　70年代、充足のミュージック・ライフ　第6章　いつまでもどこまでも　Interview ムッシュかまやつ古希に語る半生記

ムーディ勝山〔1980～〕むーでぃかつやま

◇一発屋芸人列伝　山田ルイ53世著　新潮社　2018.5　236p　20cm　1300円　①978-4-10-351921-8　Ⓝ779.14
内容　レイザーラモンHG―一発屋を変えた男　コウメ太夫―"出来ない"から面白い　テツandトモ―この違和感なんでだろう　ジョイマン―「ここにいるよ」　ムーディ勝山と天津・木村―バスジャック事件　波田陽区―一発屋故郷へ帰る　ハローケイスケ―不遇の"0・5"発屋　とにかく明るい安村―裸の再スタート　キンタロー。―一女一発屋　髭男爵―落ちこぼれのルネッサンス

武藤 章〔1892～1948〕むとう・あきら

◇帝国軍人の弁明―エリート軍人の自伝・回想録を読む　保阪正康著　筑摩書房　2017.7　205p　19cm　（筑摩選書 0146）　1500円　①978-4-480-01654-6　Ⓝ396.21
内容　序章　軍人の回想録・日記・自伝を読む　第1章　石原莞爾の『世界最終戦論』を読む　第2章　堀栄三『大本営参謀の情報戦記』を読む　第3章　武藤章『比島から巣鴨へ』を読む　第4章　佐々木到一『ある軍人の自伝』を読む　第5章　田中隆吉『日本軍閥暗闘史』を読む　第6章　河邊虎四郎『市ヶ谷台から市ヶ谷台へ』を読む　第7章　井本熊男『作戦日誌で綴る大東亜戦争』を読む　第8章　遠藤三郎『日中十五年戦争と私』を読む　第9章　磯部浅一『獄中日記』を読む　第10章　瀬島龍三『幾山河』を読む　終章　歴史に残すべき書

◇昭和史講義　軍人篇　筒井清忠編　筑摩書房　2018.7　301p　18cm　（ちくま新書 1341）　900円　①978-4-480-07163-7　Ⓝ210.7
内容　昭和陸軍の派閥抗争―まえがきに代えて　東条英機―昭和の悲劇の体現者　梅津美治郎―「後始末」に尽力した陸軍大将　阿南惟幾―「徳義即戦力」を貫いた武将　鈴木貞一―背広を着た軍人　武藤章―「政治的軍人」の実像　石原莞爾―悲劇の鬼才か、鬼才による悲劇か　牟田口廉也―信念と狂信の間　今村均―「ラバウルの名将」から見る日本陸軍の悲劇　山本五十六―その避戦構想と挫折　米内光政―終末点のない戦争指導　永野修身―海軍「主流派」の選択　高木惣吉―昭和海軍の語り部　石川信吾―「日本海軍最強硬論者」の実像　堀悌吉―海軍軍縮派の悲劇

武藤 敬司〔1962～〕むとう・けいじ

◇闘魂三銃士30年―今だから明かす武藤敬司、蝶野正洋、橋本真也、それぞれの生きざま　武藤敬司, 蝶野正洋, 橋本かずみ著　ベースボール・マガジン社　2014.12　287p　19cm　1900円　①978-4-583-10780-6　Ⓝ788.2
内容　武藤敬司（年下の同期たちとの中で一番出世した新人時代　2人と一緒にされたくなかった三銃士結成　表裏一体だった橋本vs小川のドラマとnWo　個を追及したかったには組織……一国一城の主に　一番同じ立場で一番話したかった橋本の死）　蝶野正洋（入門初日から大ケンカ　海外遠征、それは"避難"だった　栄光と代償　1・4、それは逆・力виноvs木村　どうして何かやってあげられなかったのか）　橋本真也（橋本かずみ）（出会い　生い立ち～新人時代　時は来た！　ドタバタの中で始まった結婚生活　小川の生爪を1枚すつ剥がす夢をみた　あれから10年。天国の真也クンへ）

◇生涯現役という生き方　武藤敬司, 蝶野正洋著　KADOKAWA　2016.6　249p　19cm　1400円

①978-4-04-601403-0　Ⓝ788.2
内容　武藤敬司の章(人生に引退はない　昨日の自分に少し勝つ　どんなギャンブルよりも人生という真剣勝負の方が面白い　ひとつだけでもいいから誇れるものを持つ　身につけた技術で細く長くしたたかに生きる　ほか)　蝶野正洋の章(大一番で失敗しないマインド　メリハリをつけて「今」この瞬間に集中する　プロレスとは、そして人生とは痛みであるストレスとうまく付き合う2つの対処法　オフの自分が、オンの自分を支えている意識の徹底　ほか)

◇三沢と橋本はなぜ死ななければならなかったのか—90年代プロレス血戦史　西花池湖南著　河出書房新社　2017.11　316p　20cm　〈文献あり〉　1800円　①978-4-309-02622-0　Ⓝ788.2
内容　1章 1990年三沢光晴の重荷—寡黙な男が背負わざるを得なかった全日本の未来　2章 1991年ジャンボ鶴田の絶頂—新世代の障壁となった怪物、最後の輝き　3章 1992年大仁田厚の爆風—猪木の遺产を食みながら開花したハードコアプロレス　4章 1993年天龍源一郎の入魂—"約束の地"に向かった男が創造した新日本の栄華　5章 1994年橋本真也の確立—天龍越えで実現した「肥満体型レスラー」のエース襲名　6章 1995年武藤敬司の驀進—プロレス・バブルの黄昏時に打ち砕かれた"UWF神話"　7章 1996年川田利明の鬱屈—ガラパゴス化した馬場・全日本がついに"鎖国"を解く　8章 1997年蝶野正洋の襲来—黒いカリスマ率いるヒール軍団が変えた新日本の景色　9章 1998年高田延彦の別離—プロレス人気を破綻させた男が向かった新たな世界　10章 1999年そして、ジャイアント馬場の死—規範を失ったプロレス界が露呈した世代間の断絶

武藤 山治〔1867〜1934〕むとう・さんじ
◇福澤諭吉に学んだ武藤山治の先見性　武藤治太著　大阪　國民會館　2014.6　80p　21cm (國民會館叢書 94)〈年譜あり〉　400円　Ⓝ289.1
◇武藤山治と國民會館　武藤治太著　大阪　國民會館　2016.3　143p　22cm (國民會館叢書 特別号)〈年譜あり〉　1300円　Ⓝ289.1
◇武藤山治の先見性と彼をめぐる群像—恩師福澤諭吉の偉業を継いで　武藤治太著　文芸社　2017.3　151p　15cm　〈年譜あり〉　600円　①978-4-286-17987-2　Ⓝ289.1
◇武藤山治とナポレオン　武藤治太著　大阪　國民會館　2018.3　54p　21cm (國民會館叢書 98)〈年譜あり〉　400円　Ⓝ289.3

武藤 将胤〔1986〜〕むとう・まさたね
◇KEEP MOVING—限界を作らない生き方　27歳で難病ALSになった僕が挑戦し続ける理由　武藤将胤著　誠文堂新光社　2018.6　225p　19cm　1500円　①978-4-416-61839-4　Ⓝ289.1
内容　1 制約が僕を進化させてくれる　2 自由にどこにでも行くことを決してあきらめない　3 障害者も健常者も、男性も女性も、すべての人が快適にカッコよく着られる洋服を　4 人生に限界なんてない！人とつながり続けるために僕がやっていること　5 「好き」を人生の推進力にする方法　6 未来のために、今できることをやり続けよう

六人部王〔?〜729〕むとべのおう
◇律令制と古代国家　佐藤信編　吉川弘文館　2018.3　501p　22cm　13000円　①978-4-642-04646-6　Ⓝ210.3
内容　1 律令制の成立(日唐の供御米について　日唐律令制における官物管理—監臨官の不正と官物補塡をめぐって　ほか)　2 律令法の展開(藤原仲麻呂政権の一側面—紫微内相と左右京尹　平安時代における伊勢神宮・神郡の刑罰　ほか)　3 王権の展開と貴族社会(六人部王の生涯—「奈良朝の政変劇」を離れて　蔵人所の成立　ほか)　4 アジアのなかの律令法と史料(日本古代戸籍の源流・再論　古代日本の名簿に関する試論　ほか)

宗像 堅固〔1819〜1884〕むなかた・けんご
◇評伝 天草五十人衆　天草学研究会編　福岡　弦書房　2016.8　317p　22cm　〈文献あり　年表あり　索引あり〉　2400円　①978-4-86329-138-6　Ⓝ281.94
内容　ステージ1 五人衆の時代、そして…　ステージ2 天領天草の村々　ステージ3 祈りの島で　ステージ4 耕す、漁る　ステージ5 実業の世をひらく　ステージ6 潮路はるかに　ステージ7 文学・歴史・言論　ステージ8 あの頃、この人　ステージ9 島の現実、国の行く末　ステージ10 一筋の道　ステージ特別編 群像二題(天草の石文化と松室五郎左衛門　牛深カツオ漁の男たち)

棟方 志功〔1903〜1975〕むなかた・しこう
◇日本を支えた12人　長部日出雄著　集英社　2016.2　310p　16cm (集英社文庫 お20-3)　680円　①978-4-08-745419-2　Ⓝ281.04
内容　聖徳太子　天武天皇　行基　聖武天皇　本居宣長　明治天皇　津田左右吉　棟方志功　太宰治　小津安二郎　木下惠介　美智子皇后陛下
◇もっと知りたい棟方志功—生涯と作品　石井頼子著　東京美術　2016.5　87p　26cm (アート・ビギナーズ・コレクション)〈文献あり　索引あり〉　2000円　①978-4-8087-1060-6　Ⓝ733.021
内容　序章 故郷の風景—〇〜三十二歳(明治三十六〜昭和十年)　第1章 「民藝」との出会い—三十三〜三十八歳(昭和十一〜十六年)　第2章 板の声を聞く—三十九〜四十六歳(昭和十七〜二十四年)　第3章 「白」と「黒」—四十七〜五十三歳(昭和二十五〜三十一年)　第4章 原点への回帰—五十四〜七十二歳(昭和三十二〜五十年)

むの たけじ〔1915〜2016〕
◇評伝 むのたけじ　北条常久著　秋田　無明舎出版　2017.3　217p　19cm　〈年譜あり　著作目録あり〉　1700円　①978-4-89544-627-3　Ⓝ289.1
内容　少年時代　東京外国語学校時代　新聞記者時代　敗戦、退社　魯迅と内山完造　「たいまつ」創刊　農業　教育　平和の戦列　家族新聞「たいまつ」　学生運動　『たいまつ十六年』　三里塚闘争　部落解放運動　ジャーナリズムは死なせない　コトバの体系　「たいまつ」休刊　時代の証言者　むのたけじを継ぐ人々
◇むのたけじ笑う101歳　河邑厚徳著　平凡社

2017.8 219p 18cm 〈平凡社新書 850〉〈年譜あり〉 780円 ⓘ978-4-582-85850-1 Ⓝ289.1

内容 第1章 天職と出会う 第2章 一人の記者が見た戦争 第3章 現代史の生きる語り部 第4章 八月一五日のこと 第5章 たいまつ新聞三〇年 第6章 還暦を過ぎ一〇〇歳への飛躍 第7章 一〇一歳の初夢 第8章 死ぬ時、そこが生涯のてっぺん 第9章 笑って死にたい

村 次郎〔1916～1997〕 むら・じろう
◇村次郎の生涯―風の軌跡 八戸 村次郎の会 2016.5 77p 21cm 〈年譜あり 文献あり〉 1000円 Ⓝ911.52

◇八戸の詩人 村次郎―村次郎の会10周年記念誌 八戸 村次郎の会 2018.11 65p 30cm 〈平成30年度「元気な八戸づくり」市民奨励金制度を活用して制作 著作目録あり 年表あり〉 Ⓝ911.52

武良 布枝〔1932～〕 むら・ぬのえ
◇「その後」のゲゲゲの女房―あるがままに。すべてに感謝!! 武良布枝著 辰巳出版 2018.9 221p 19cm 〈年譜あり〉 1200円 ⓘ978-4-7778-2159-4 Ⓝ726.101

内容 第1章 止まった心の時計 第2章 突然の別れ 第3章 水木しげるが遺したもの 第4章 水木しげるの作品について想うこと 第5章 無為自然活 第6章 ゲゲゲの女房、娘二人と大いに語る―水木家座談会 ゲゲゲのおまけ

村井 喜右衛門〔1752～1804〕 むらい・きえもん
◇紅毛(オランダ)沈船引き揚げの技術(わざ)と心意気―漁師・村井喜右衛門の壮挙 付関係資料 片桐一男著 勉誠出版 2017.8 195p 22cm 6000円 ⓘ978-4-585-22187-6 Ⓝ210.55

内容 1 紅毛沈船引き揚げの技術と心意気―村井喜右衛門の働きオランダへ鳴りひびく(鶴の港・長崎からの出航 傭船エライザ号、沈船 沈船引き揚げの公募 ほか) 2 村井喜右衛門の沈船引き揚げ絵画資料(『村井鍛練抄』所収図 『阿蘭陀沈没船引上ゲノ図』『沈没船引揚一件書類』『沈没船引揚の図』) 3 関係資料(村井鍛練抄) 長崎於木鉢ヶ浦紅毛沈船浮方一件 肥前長崎於木鉢ヶ浦紅毛沈船浮方一條花岡御勘場ヨリ御尋ニ付申上控 村井家所蔵文書 朝比奈阿州公御在勤寛政十年十月十七日紅毛船破船并同十九日木鉢ニ而沈船ニ相成候見遣日記 和蘭の沈ミ船附たり村井喜右衛門が働き和蘭陀国へ鳴りひくゞ事 (無題)「新選雑纂」 村井信重伝)

村井 邦彦〔1945～〕 むらい・くにひこ
◇音楽家村井邦彦の時代―アルファの伝説 松木直也著 茉莉花社 2016.8 357p 20cm 〈年表あり 発売:河出書房新社〉 2500円 ⓘ978-4-309-92066-5 Ⓝ767.8

内容 第1章 作曲家 村井邦彦の歩み みどり色のスパゲッティ 第2章 1969年～アルファミュージック誕生 第3章 1970年～「翼をください」のころ 第4章 1972年～『ひこうき雲』第5章 1973年～アルファ黄金時代の始まり 第6章 1974年～「あの日とかえりたい」 第7章 1975年～イエロー・マジック・オーケストラ結成前夜 第8章 1978年～アルファ第2期黄金時代 第9章 1982年～アルファアメリカの挑戦 第10章 2015年9月 アルファミュージックライブ

村井 信重 むらい・しげのぶ
⇒村井喜右衛門(むらい・きえもん)を見よ

村井 智建〔1981～〕 むらい・ともたけ
◇マックスむらい、村井智建を語る。 マックスむらい著, 倉西誠一構成・文 KADOKAWA 2014.12 272p 19cm 1200円 ⓘ978-4-04-869078-2 Ⓝ289.1

内容 第1章 奥能登(マサオとメグミ 「天才、なんの問題もない」 村井牧場 ほか) 第2章 東京(下宿「じゃあ、スポーツ刈りで」 合唱部 ほか) 第3章 インターネット(面接を受ける アシスタントになる 会社を飛び出す ほか)

村井 冨久子〔1930～〕 むらい・ふくこ
◇私の昭和 村井冨久子著 〔府中(東京都)〕〔村井冨久子〕 2015.4 113p 21cm Ⓝ289.1

村井 実〔1922～〕 むらい・みのる
◇聞き書 村井実回顧録―正続 村井実述、森田尚人, 諏訪内敬司編 協同出版 2015.3 371p 21cm 〈著作目録あり 年譜あり〉 2800円 ⓘ978-4-319-00273-3 Ⓝ371

内容 1 正編(広島から佐賀へ 炭鉱立(?)の小学校 唐津中学校時代の転機 広島高等師範学校 教育学への関心 ほか) 2 続編(福島原発事故について補充インタビューの意図 少年時代の読書体験 中学校の生物学の先生 医学との対話 ほか) 3 付録

村井 嘉浩〔1960～〕 むらい・よしひろ
◇「自分に自信がない人」を卒業する44のヒント―東日本大震災復興のリーダーが語る 村井嘉浩著 主婦と生活社 2016.7 191p 19cm 1200円 ⓘ978-4-391-14852-7 Ⓝ289.1

内容 第1章 己を知る(持っていいプライド、いけないプライド 要領は悪くてもいい ほか) 第2章 人を知る(第一線で活躍する人に共通するの嫌虚さ 「素直な心」で物事を見る ほか) 第3章 仕事を知る(足元だけ見ていないで全体を俯瞰する 「遠方目標」と「中間目標」を定める ほか) 第4章 先を知る(仕事に必要な四つのポイント「適・先・並・完」 やるべきことを箇条書きにして優先順位をつける ほか)

村石 政志〔1950～〕 むらいし・まさし
◇わが人生に悔いはなし―面白かったぜ、NIPPO男児の一本道 村石政志著 風土社 2016.5 293p 20cm 1667円 ⓘ978-4-86390-034-9 Ⓝ289.1

内容 第1章 破天荒な父と、気丈な母に育てられて(小学校時代から悪ガキで有名 中学時代は喧嘩とサッカー 友情、デートの高校時代 波瀾万丈の大学時代) 第2章 日鋪の若手社員としてバリバリ働く(身体で仕事を覚えた新人時代 新婚時代は東京地区工事事務所勤務 父の死の一方で、仕事は多忙を極める) 第3章 働き盛りのビジネスマンとして奮闘(東京東出張所長として、実績をあげる 中部統括支店工務課長として、腕を振るう 神奈川支店を、東京支店と肩を並べるまでに育てる 個性的な人たちに出会えた広島支店店長時代 東京支店

長として実績を伸ばす）　第4章　本社合材部長を経て役員に（合材部長を9年間にわたって務める　工事部長として利益のアップに貢献）

村岡　茂生〔1933～〕　むらおか・しげお
◇ある官僚の軌跡―APECの創設にいたるまで　村岡茂生著　幻冬舎メディアコンサルティング　2017.1　398p　20cm　〈発売：幻冬舎〉　1300円　⑦978-4-344-91007-2　Ⓝ289.1
内容　生い立ち　見ようみまね（通産省軽工業局）　自由貿易体制（通商局）　人事音痴（科学技術庁長官官房総務課総務係長）　新流通政策（企業局商務課）　大蔵省出向（大蔵省理財局国庫課）　予算の獲得（中小企業庁と企業第一課補佐）　消費者行政に活力を（消費経済課長）　トイレットペーパー・パニック（紙業課）　ニューヨーク（総領事館）〔ほか〕

村岡　典嗣〔1884～1946〕　むらおか・つねつぐ
◇村岡典嗣―日本精神文化の真義を闡明せむ　水野雄司著　京都　ミネルヴァ書房　2018.11　249,8p　20cm　（ミネルヴァ日本評伝選）〈文献あり　年譜あり　索引あり〉　3500円　⑦978-4-623-08476-0　Ⓝ289.1
内容　第1章　精神的故郷　第2章　早稲田大学入学と波多野精一　第3章　『本居宣長』と「早稲田騒動」と学問的精神　第5章　東北帝国大学における日本思想史　終章　学問の永遠の相

村岡　花子〔1893～1968〕　むらおか・はなこ
◇アンが愛した聖書のことば―『赤毛のアン』を大人読み　宮葉子著　いのちのことば社フォレストブックス　2014.5　143p　18cm　〈表紙のタイトル：Words of the Bible that Anne loved　文献あり〉　1100円　⑦978-4-264-03135-2　Ⓝ933.7
内容　『赤毛のアン』の読書会始め　アン、ことばを熱愛する　まず内側から　アンが愛した聖書のことば（主の祈り）　マリラ、新しい愛の出現　マシュウ、神の愛　ギルバート、赦しと和解の物語　牧師夫人モンゴメリという人生　村岡花子とアン　天国をこころに持つ　新しい朝　道の曲がり角

村上　昭夫〔1927～1968〕　むらかみ・あきお
◇村上昭夫の詩―受苦の呻きよみがえる自画像　坂本正博著　文国社　2016.5　299p　20cm　2500円　⑦978-4-7720-0983-6　Ⓝ911.52
内容　序章　村上昭夫詩作の歩み　第1章　村上昭夫の旧満洲時期　第2章　村上昭夫と仏教　第3章　村上昭夫と宮沢賢治　第4章　村上昭夫の犬の像をめぐって―村野四郎・金井直との関係

村上　一郎〔1920～1975〕　むらかみ・いちろう
◇無名鬼の妻　山口弘子著　作品社　2017.3　267p　20cm　〈文献あり〉　1600円　⑦978-4-86182-624-5　Ⓝ289.1
内容　1　東監の恋　2　敗戦　3　わかくさの妻　4　すずかけ小路　5　闘病　6　人形　7　六〇年安保闘争　8　『無名鬼』　9　三島事件　10　破れ蓮　11　自死　12　風に伝へむ

村上　華岳〔1888～1939〕　むらかみ・かがく
◇中川衣子オーラル・ヒストリー　中川衣子述、飯尾由貴子、中川直人、池上裕子インタヴュアー〔出版地不明〕　日本美術オーラル・ヒストリー・アーカイヴ　2015.3　54p　30cm　〈他言語標題：Oral history interview with Nakagawa Kinuko　ホルダー入〉　Ⓝ721.9

村上　克司〔1942～〕　むらかみ・かつし
◇オール・アバウト村上克司―スーパーヒーロー工業デザインアート集　村上克司著　パインターナショナル　2017.2　244p　26cm　〈文献あり　年譜あり〉　4200円　⑦978-4-7562-4865-7　Ⓝ759.021
内容　第1章　黎明―工業デザインと変形・合体システムの邂逅（グレートマジンガー　勇者ライディーン　ほか）　第2章　飛翔―冷徹な計算から生まれたメカニズムたち（バトルフィーバーJ　未来ロボ　ダルタニアス　ほか）　第3章　発展―独自の哲学による新時代ヒーローの提案（電撃戦隊チェンジマン　巨獣特捜ジャスピオン　ほか）　第4章　追求―新分野に向けられた先駆者の視点（高速戦隊ターボレンジャー　機動刑事ジバン　ほか）　第5章　未来―飽くなき工業デザインへのチャレンジ（激走戦隊カーレンジャー　電磁戦隊メガレンジャー）

村上　清〔1959～〕　むらかみ・きよし
◇陸前高田から世界を変えていく―元国連職員が伝える3・11　村上清著　潮出版社　2016.3　222p　19cm　1500円　⑦978-4-267-02047-6　Ⓝ369.31
内容　第1章　陸前高田　第2章　サンフランシスコ大学　第3章　緒方貞子さんのもとへ　第4章　UNHCRで叩き込まれたこと　第5章　運命の日　第6章　Aid-TAKATAを立ち上げる　第7章　いかにして世界に伝えるか　第8章　足元から世界を変えていく　特別対談　陸前高田を日本一美しい街に―戸羽太×村上清

村上　國治〔1923～1994〕　むらかみ・くにじ
◇私記　白鳥事件　大石進著　日本評論社　2014.11　270p　20cm　2000円　⑦978-4-535-52080-6　Ⓝ326.23
内容　事件を素描する　第1部　私史（中核自衛隊回想　四つの記憶　白鳥事件前後　辛島錫氏に聞く）　第2部　天誅ビラをめぐって（「見よ天誅遂に下る！」　活版印刷技術からの検証　活版印刷業における経営と技術　西村正彦氏に聞く）　第3部　裁判・裁判官・裁判所（村上國治有罪判決への疑問　最高裁事務総局と三人の下級審裁判官　白鳥決定への途　岸盛一と團藤重光）　第4部　現代史のなかで（それぞれの不幸　階級闘争としての白鳥事件）

村上　九郎作〔1867～1919〕　むらかみ・くろさく
◇村上九郎作生涯記―1867（慶応3）年―1919（大正8）年　近代日本の黎明期を生きた、二つの顔を持つ彫刻師　村上邦夫著〔川崎〕〔村上邦夫〕　2017.3　115p　21cm　〈年譜あり〉　非売品　Ⓝ712.1

村上　桂山〔1905～1976〕　むらかみ・けいざん
◇十門易者村上桂山・風狂の路上人生―狂わざれば生ける屍　田中修司著　松山　アトラス出版　2016.11　286p　22cm　〈文献あり　年譜あり〉　1800円　⑦978-4-906885-26-8　Ⓝ188.82

内容 桂山句画集 第1章 少年時代(生地・佐賀村 父、母のこと 姉、兄のこと 少年勇次) 第2章 修行遍歴時代(下関・龍興寺 宇治・大本山萬福寺 萩・東光寺 鳥取・興禅寺 姫路・八丈定山 朝鮮京城・覚心寺) 第3章 松山時代(松山へ、そして大戦その前後 小原六六庵と鴻池楽齋 城北・城東界隈の人たち 桂山と居酒屋 易者桂山 風狂の路上人生 桂山と俳句 備忘の記) 第4章 「糞の味」考 第5章 山頭火と桂山

村上 茂 〔1919〜2005〕 むらかみ・しげる

◇村上茂の生涯—カトリックへ復帰した外海・黒崎かくれキリシタンの指導者 ムンシロジェヴァンジラ著 長崎 聖母の騎士社 2015.6 153p 15cm (聖母文庫)〈文献あり〉 500円 ⓘ978-4-88216-361-9 Ⓝ198.221

内容 第1章 序論—キリスト教が日本に伝来した頃の歴史的背景 第2章 村上茂—誕生から少年期(出生と生い立ち、家族との幼少時代 青年期から成人、結婚、親となって) 第3章 定年退職後—かくれキリシタンの帳方として信仰を守り続ける(帳方を継承するまでの経緯 現在、活動中の追地区・村上グループ オラショ(祈り)の唱え方の改正 お初穂上げ) 第4章 カトリックの秘跡をうけた村上茂(帳方として真理を求め勉強した 怪我による闘病生活 野下千年神父との出会い 二〇〇四年一一月の第五回枯松神社祭を終えた翌年 パウロ村上茂)

村上 信太郎 〔1896〜1990〕 むらかみ・しんたろう

◇日中の懸け橋にならんとした男—在中国三十年 村上信太郎著 文芸社 2016.2 131p 20cm 1200円 ⓘ978-4-286-16930-9 Ⓝ289.1

村上 處直 〔1935〜〕 むらかみ・すみなお

◇減災学ことはじめ—天災・人災・防災 私のDNA 村上處直著 〔村上處直〕 2018.6(第3刷) 383p 21cm 非売品 Ⓝ289.1

村上 太一 〔1986〜〕 むらかみ・たいち

◇起業のリアル—田原総一朗×若手起業家 田原総一朗著 プレジデント社 2014.7 249p 19cm 1500円 ⓘ978-4-8334-5065-2 Ⓝ335.21

内容 儲けを追わずに儲けを出す秘密—LINE社長・森川亮 「競争嫌い」で年商一〇〇〇億円—スタートゥディ社長・前澤友作 管理能力ゼロの社長兼クリエーター—チームラボ代表・猪子寿之 二〇二〇年、ミドリムシで飛行機が飛ぶ日—ユーグレナ社長・出雲充 保育NPO、社会起業家という生き方—フローレンス代表・駒崎弘樹 単身、最貧国で鍛えたあきらめない心—マザーハウス社長・山口絵理子 現役大学生、途上国で格安予備校を開く—e・エデュケーション代表・税所篤快 七四年ぶりに新規参入したワケ—ライフネット生命社長・岩瀬大輔 上場最年少社長の「無料で稼ぐカラクリ」—リブセンス社長・村上太一 四畳半から狙う電動バイク世界一—テラモーターズ社長・徳重徹 目指すは住宅業界のiPhone—innovation社長・岡崎富夢 三〇年以内に「世界銀行」をつくる—リビング・イン・ピース代表・慎泰俊 ハーバード卒、元体育教師の教育改革—ティーチ・フォー・ジャパン代表・松田悠介 四重苦を乗り越えた営業女子のリーダー—ベレフェクト代表・太田彩子 二代目社長が狙う「モバゲーの先」—ディー・エヌ・エー社長・守安功 ITバブル生き残りの挑戦—サイバーエージェント社長・藤田晋 特別対談 堀江貴文—五年後に花開く、商売の種のまき方

村上 武吉 〔1533?〜1604〕 むらかみ・たけよし

◇瀬戸内の海賊—村上武吉の戦い 山内譲著 増補改訂版 新潮社 2015.10 305,8p 20cm (新潮選書)〈初版:講談社 2005年刊 文献あり 年譜あり 索引あり〉 1400円 ⓘ978-4-10-603777-1 Ⓝ217.4

内容 第1章 海賊の世界 第2章 能島村上家の成立 第3章 船いくさの日々 第4章 信長・秀吉との戦い 第5章 海上交通とのかかわり 第6章 海賊禁止令

村上 太三郎 〔1857〜1915〕 むらかみ・たさぶろう

◇実録 7人の勝負師 鍋島高明著 パンローリング 2017.8 367p 20cm 2000円 ⓘ978-4-7759-9151-0 Ⓝ676.7

内容 1 成金鈴久(鈴木久五郎)—伝説の大盤振舞い、権花一日の栄 2 松谷天一坊(松谷元三郎)—一文無しで堂島乗っ取る 3 非命の栄之助(岩本栄之助)—悲運、されど公会堂と共に在る 4 白môの入丸将軍(村上太三郎)—売りで勝負、大々相場師 5 梟雄島徳(島徳蔵)に「悪名でもいい、無名よりましだ」 6 不敗の山昭(霜村昭平)—相場こそわが人生 7 天下の雨敬(雨宮敬次郎)—投機界の魔王は事業の鬼

村上 龍男 〔1939〜〕 むらかみ・たつお

◇無法、掟破りと言われた男の一代記—加茂水族館ものがたり 村上龍男著 鶴岡 JA印刷山形 2014.11 204p 26cm 〈年表あり〉 1600円 ⓘ978-4-9906986-2-1 Ⓝ480.76

村上 壽秋 むらかみ・としあき

◇安藤昌益に魅せられた人びと—みちのく八戸からの発信 近藤悦夫著 農山漁村文化協会 2014.10 378p 19cm (ルーラルブックス) 2000円 ⓘ978-4-540-14213-0 Ⓝ121.59

内容 狩野亨吉 依田莊介 ハーバート・ノーマン 山田鑑二 上杉修 八戸在住発見後の研究 渡辺没後の研究 村上壽秋 石垣忠吉 三宅正彦 寺尾五郎 『全集』後の周辺 『儒道統之図』をめぐって 還俗後の活動 昌益医学を継承する数々の医書 橘本『自然真営道』の完成に向けて

村上 春一 〔1880〜1945〕 むらかみ・はるいち

◇村上春一滞欧日記 上 大正9年倫敦編 村上春一著 〔出版地不明〕 〔五十嵐道子〕 〔2015〕 256p 21cm 〈年譜あり〉 Ⓝ289.1

◇村上春一滞欧日記 下 大正10年巴里編 村上春一著 〔出版地不明〕 〔五十嵐道子〕 〔2015〕 225p 21cm Ⓝ289.1

村上 春樹 〔1949〜〕 むらかみ・はるき

◇「現在」に挑む文学—村上春樹・大江健三郎・井上光晴 松山愼介著 札幌 響文社 2017.1 376p 20cm 1600円 ⓘ978-4-87799-129-6 Ⓝ910.264

村上 裕〔1982～〕 むらかみ・ゆたか
◇孤独な世界の歩き方―ゲイの心理カウンセラーの僕があなたに伝えたい7つのこと 村上裕著 イースト・プレス 2017.5 197p 19cm 1400円 ①978-4-7816-1541-7 Ⓝ367.9

内容 セルフヒストリー 絶望感 1 「普通」をやめよう セルフヒストリー 孤独と孤立 2 「確かな自分」をつくろう セルフヒストリー 恋愛と共依存 3 ゲイから眺める「みんな」の姿 4 愛情を交換する 5 修業時代の終わりから描く セルフヒストリー 差別とフォビア 6 仕事の「意味」を変える 7 孤立社会を生きる

村上 陽一郎〔1936～〕 むらかみ・よういちろう
◇村上陽一郎の科学論―批判と応答 柿原泰,加藤茂生,川田勝編 新曜社 2016.12 433p 20cm 〈執筆:村上陽一郎ほか 著作目録あり 年譜あり 索引あり〉 3900円 ①978-4-7885-1506-2 Ⓝ401

内容 学問的自伝 主要著作紹介 村上科学論への誘い(「正面向き」の科学史は可能か? 科学の発展における連続性と不連続性 村上陽一郎における総合科学と安全学) 村上科学論への批判(聖俗革命論に「正面向き」に対する 聖俗革命は革命だったのか―村上「聖俗革命」をイギリス側から見る 聖俗革命論批判 「科学と宗教」論の可能性 村上陽一郎の科学史方法論―その「実験」の軌跡 村上陽一郎の日本科学史―出発点と転回,そして限界 科学批判としての村上科学論―科学史・科学哲学と「新しい神学」 支配装置としての科学―哲学・知識構造論 社会構成主義と科学技術社会論 村上科学論の社会論的転回をめぐって 村上医療論・生命論の奥義) 批判に応えて

村上 世彰〔1959～〕 むらかみ・よしあき
◇生涯投資家 村上世彰著 文藝春秋 2017.6 276p 20cm 1700円 ①978-4-16-390665-2 Ⓝ338.18

内容 第1章 何のための上場か 第2章 投資家と経営者とコーポレート・ガバナンス 第3章 東京スタイルでプロキシーファイトに挑む 第4章 ニッポン放送とフジテレビ 第5章 阪神鉄道大再編計画 第6章 IT企業への投資―ベンチャーの経営者たち 第7章 日本の問題点―投資家の視点から 第8章 日本への提言 第9章 失意からの十年

村上 義清〔1501～1573〕 むらかみ・よしきよ
◇信濃の戦国武将たち 笹本正治著 京都 宮帯出版社 2016.4 295p 19cm 2500円 ①978-4-8016-0011-9 Ⓝ281.52

内容 第1章 神の血筋―諏方頼重 第2章 信濃守護の系譜―小笠原長時 第3章 二度も信玄を破る―村上義清 第4章 信玄を支える―真田幸綱 第5章 表裏比興の者―真田昌幸 第6章 武田氏を滅亡に追い込む―木曽義昌 第7章 武田氏滅亡と地域領主たち

村上天皇〔926～967〕 むらかみてんのう
◇天皇の歴史 3 天皇と摂政・関白 大津透,河内祥輔,藤井讓治,藤田覚編集委員 佐々木恵介著 講談社 2018.2 361p 15cm (講談社学術文庫 2483)〈文献あり 年表あり 索引あり〉 1180円 ①978-4-06-292483-2 Ⓝ210.1

内容 序章 天皇の変貌と摂関政治 第1章 摂政・関白の成立と天皇 第2章 「延喜・天暦の治」の成熟 第3章 摂関政治の成熟 第4章 王権をめぐる人々 第5章 儀式・政務と天皇 第6章 仏と神と天皇 第7章 摂関期の財政と天皇 終章 天皇像の変容

村川 透〔1937～〕 むらかわ・とおる
◇映画監督村川透―和製ハードボイルドを作った男 山本俊輔,佐藤洋笑著 Du Books 2016.2 308p 19cm 〈文献あり 発売:ディスクユニオン〉 2000円 ①978-4-907583-70-5 Ⓝ778.21

村木 厚子〔1955～〕 むらき・あつこ
◇あきらめない―働く女性に贈る愛と勇気のメッセージ 村木厚子著 日本経済新聞出版社 2014.12 238p 15cm (日経ビジネス人文庫 む5-1)〈日経BP社 2011年刊の再刊 文献あり〉 730円 ①978-4-532-19749-0 Ⓝ289.1

内容 第1章 「あきらめない心」の原点(人見知りだった私が労働省に入るまで がむしゃらだった20代 結婚そして出産,子連れ赴任) 第2章 仕事の軸が見えてきた(女性たちのネットワークに助けられて 家族の絆 仕事で生きた育児体験 昇進のススメ つながってきた自分の仕事) 第3章 逮捕,勾留を支えたものは(逮捕そして勾留されて 心のつっかい棒は娘たち 折れない心の秘密) 第4章 釈放・復職,そして今後のこと(やっとすべてが終わり,復職へ 今,思うこと) 巻末資料 勾留生活164日間を支えた149冊 全リスト

ムラキ テルミ
◇地球に生きるあなたの使命 木村秋則,ムラキテルミ著 ロングセラーズ 2014.7 214p 19cm 〈文献あり〉 1300円 ①978-4-8454-2324-8 Ⓝ289.1

内容 宮古島から 人の一生は,操り人形のようなもの 目の前にあった「死」 宇宙の流れ 行動しないで後悔するよりも 奇跡は起きる 次元が移動する 「過去」も「現在」も「未来」も同時に存在している 小さくて美しい 一番大切なものは,目に見えない 人間だって自然の一部 地球の掃除 あなたの使命は

村岸 基量〔1939～〕 むらぎし・もとかず
◇二重虹―親鸞に導かれて 村岸愚石著 岩見沢 村岸基量 2016.4 237p 20cm 〈他言語標題:Double rainbow 発売:朝日新聞出版〉 1500円 ①978-4-02-100253-3 Ⓝ289.1

内容 第1章 私の生い立ち(小学校卒業まで 中学生のとき 高校生から浪人のとき 最初は片恋,二度目は失恋) 第2章 大学生時代(教養部学生のとき 薬学部の五年間 農学部農業経済学科学生のとき 性愛について) 第3章 会社員のとき(共成製薬にて)

むらさきし

第4章 道立保健所に勤務（六つの保健所にて 弱い碁キチの始末書） 第5章 親鸞に導かれて（二重虹得度式 親鸞の足跡をたどって オウム真理教を否定できるのは法然、親鸞の教えだけ エホバの証人悟りとは何か）「語学留学の手帳」の旅（「語学留学の手帳」の旅 カイロの一週間 中国鉄道の旅二週間 ロシア経由でシチリアへの旅）

紫式部〔平安時代中期〕 むらさきしきぶ

◇紫式部と平安の都　倉本一宏著　吉川弘文館　2014.10　149p　21cm　（人をあるく）〈文献あり　年譜あり〉　2000円　①978-4-642-06786-7　Ⓝ913.36

内容　王朝の文化サロンと中宮彰子の後宮（後宮とは何か「国風文化」について 一条天皇後宮の推移 彰子サロンの空気 後宮への眼差し） 1 紫式部の履歴書（家系と生い立ち 少女時代 源氏物語の執筆 中宮彰子への出仕 三条朝の紫式部と晩年） 2 源氏物語の構想（『源氏物語』の構想 『源氏物語』の構成） 3 源氏物語をあるく（紫式部の遺跡 源氏物語の風景）

◇紫式部日記解読―天才作家の心を覗く　田中宗孝,田中睦子著　幻冬舎メディアコンサルティング　2015.6　238p　19cm　〈発売：幻冬舎〉　1300円　①978-4-344-97235-3　Ⓝ915.35

内容　第1章 紫式部の輪郭（紫式部の生い立ち 紫式部を取りまく人々と「耳学問」事始め ほか） 第2章 『紫式部日記』解読（『紫式部日記』はいつ、何のために書かれたか 中宮彰子の出産の前後 ほか） 第3章 紫式部の心を覗く（五百人の登場人物が織りなす人間模様 紫式部の鋭い人間観察力 ほか） 補章 私の『源氏物語』遍歴（『源氏物語』との出会い 谷崎源氏の挿画のこと ほか）

◇清少納言と紫式部―和漢混淆の時代の宮の女房　丸山裕美子著　山川出版社　2015.10　94p　21cm　（日本史リブレット人 020）〈文献あり　年表あり〉　800円　①978-4-634-54820-6　Ⓝ914.3

内容　和漢混淆の時代の女流文学　1 一条天皇とその後宮　2 女房たちの世界　3 受領の娘、受領の妻　4 女性の日記と男性の日記　5 歴史の流れのなかで

◇紫式部日記　紫式部集　紫式部著,山本利達校注　新装版　新潮社　2016.1　261p　20cm　（新潮日本古典集成）〈索引あり〉　1900円　①978-4-10-620817-1　Ⓝ915.35

内容　紫式部日記　紫式部集

◇紫式部　沢田正子著　新装版　清水書院　2016.7　224p　19cm　（Century Books―人と思想 174）〈年譜あり　索引あり〉　1200円　①978-4-389-42174-8　Ⓝ913.36

内容　第1章 紫式部と宮仕え（宮仕え女房紫式部 宮仕えへの道のり 源氏物語の執筆 同僚女房たちとのかかわり 主家の人々とのかかわり 自照・述懐） 第2章 源氏物語の世界（青春の碑 没落、そして栄光への道 暗転・愛と罪と死 宇治の浄光） 第3章 美意識・思念（華やぎ、やつれ 自然と人間）

◇日記で読む日本史　6　紫式部日記を読み解く―源氏物語の作者が見た宮廷社会　倉本一宏監修　池田節子著　京都　臨川書店　2017.1　270p　20cm　3000円　①978-4-653-04346-1　Ⓝ210.08

内容　第1章 「紫式部日記」の構成と内容（彰子の出産産養 ほか） 第2章 表現方法の特徴―「栄花物語」との比較検討（日記部分の執筆動機を表現から探る一寛弘五年敦成親王誕生記事をめぐって 紫式部独自の表現「源氏物語」「紫式部日記」「栄花物語」を比較して） 第3章 女たちへの眼差し（彰子に対する評価 女房の集団に対する眼差し） 第4章 藤原道長像（道長の魅力 紫式部と道長の関係） 第5章 「源氏物語」との共通点・相違点（容姿を形容する語 食をめぐる言語）

◇紫式部裏伝説―女流作家の隠された秘密　大橋義輝著　共栄書房　2017.2　180p　19cm　〈文献あり〉　1500円　①978-4-7634-1074-0　Ⓝ913.36

内容　第1章 源氏物語絵巻（雅の世界 絵巻の平安美人たち ほか） 第2章 越前時代（紫式部ゆかりの地へ 「紫式部日記」の記述から ほか） 第3章 紫式部の結婚（「源氏物語」の原点へ 紫式部の祖母とは何者なのか ほか） 第4章 平安の都（大弐三位をもたらしたのは誰か 「尊卑分脈」との格闘 ほか） 最終章 絶対秘密の行方（重要人物の浮上 具平親王とは ほか）

◇制作空間の〈紫式部〉　助川幸逸郎,立石和弘,土方洋一,松岡智之編　竹林舎　2017.4　327p　22cm　（新時代への源氏学 4）　7800円　①978-4-902084-34-4　Ⓝ913.36

内容　紫式部考―「源氏物語」の作者をこえて 藤原彰子とその時代―后と女房 紫式部の生涯と家系・交流圏―環境は「作者」を生み出すか 『紫式部日記』の言説 紫式部系の"物語"一詞書における過去の助動詞の示すもの 摂関期文学のなかの源氏物語―中宮彰子と大斎院選子周辺の和歌における受容 思想はどれほど物語を作るのか―源氏物語の思想的環境 都市空間はどれほど物語を作るのか 「少女」巻の六条院造営に慶滋保胤筆「池亭記」の影を見てとる 源氏物語正篇の成立―一紫の上系と玉鬘系 "成立"からみた続篇の世界―描かれざる過去の実現としての紅梅・竹河巻 『源氏物語』の成立と作者―物語のできてくるかたち 古典学としての成立論―伊勢・うつほ・枕などとの対比

◇紫式部日記 本文資料集　沼尻利通編著　宗像　沼尻利通　2018.2　313p　30cm　〈私家版〉　Ⓝ915.35

◇正訳 紫式部日記―本文対照　紫式部著,中野幸一訳　勉誠出版　2018.7　228p　20cm　〈年表あり〉　2200円　①978-4-585-29167-1　Ⓝ915.35

内容　紫式部日記（土御門邸の秋―寛弘五年七月中旬 五壇の御修法 朝霧のおみなえし 殿の子息三位の君 宿直の人々―八月二十日過ぎ 宰相の君の昼寝姿―八月二十六日 重陽の菊のきせ綿―九月九日 薫物のこころみ―同日の夜 修験祈禱のありさま―九月十日ほか） 附録

◇源氏物語を反体制文学として読んでみる　三田誠広著　集英社　2018.9　215p　18cm　（集英社新書 0950）〈文献あり〉　820円　①978-4-08-721050-7　Ⓝ913.36

内容　まえがき―『源氏物語』の謎　第1章 紫式部と『源氏物語』　第2章 源氏一族の悲劇　第3章 摂関家の権威と専横　第4章 紫式部の出自と青春時代　第

5章 紫式部の恋と野望　第6章 摂関政治の終焉

村嶋 歸之〔1891～1965〕　むらしま・よりゆき
◇福祉にとっての歴史　歴史にとっての福祉―人物で見る福祉の思想　細井勇, 小笠原慶彰, 今井小の実, 蜂谷俊隆編著　京都　ミネルヴァ書房　2017.2　295,3p　22cm　〈索引あり〉　6000円　①978-4-623-07889-9　Ⓝ369.021
[内容] 石井十次とアメリカン・ボード―宣教師ペティーから見た岡山孤児院　小橋勝之助と私立愛隣夜学校の創立―博愛社をめぐる人々　田中太郎の感化教育論―「人道の闘士」の思想的基盤　園部マキの生涯と事業―信愛保育園　岩ımı武夫と盲人社会事業―小説『動き行く墓場』からの出発　村嶋歸之の生涯と思想―寛容な社会活動家の足跡　奥むめおと社会事業―社会運動としての福祉実践　久布白落実の性教育論とその変遷―嬌風会における純潔教育・家族計画　沖縄から大阪への移住者に見られた社会主義思想とその限界―大阪における同郷集団の運動　常盤勝葰と日本最初の盲人専用老人ホーム―慈母園の設立過程　糸賀一雄と木村素衛―教養の思想を中心に　福祉の近代史を研究すること―私の歩みと今後の課題への覚書

村瀬 二郎〔1928～2014〕　むらせ・じろう
◇日本株式会社の顧問弁護士―村瀬二郎の「二つの祖国」　児玉博著　文藝春秋　2017.8　198p　18cm　〈文春新書 1131〉　860円　①978-4-16-661131-7　Ⓝ289.1
[内容] 第1章 日系人・村瀬家のはじまり　第2章 日本での少年時代　第3章 アメリカで弁護士になる　第4章 級友との再会　第5章 通商摩擦の中で　第6章 驕る日本への不安　最終章 次世代へつないだ思い

村瀬 美幸　むらせ・みゆき
◇BREAK！「今」を突き破る仕事論　川内イオ著　双葉社　2017.3　255p　19cm　1400円　①978-4-575-31236-2　Ⓝ281
[内容] 1 どん底から這い上がる (井崎英典 (バリスタ)　DJ Shintaro (DJ))　2 直感を信じて突き進む (内山高志 (プロボクサー)　三和由香利 (ヨガインストラクター)　村瀬美幸 (フロマジェ)　澤田洋史 (バリスタ))　3 遊びを極める (徳田耕太郎 (フリースタイルフットボーラー)　池田貴広 (BMXプロライダー)　阿井慶太 (プロゲーマー))

村田 興亞〔1939～〕　むらた・こうあ
◇小さくともキラリと輝く太子町―私の自叙伝　村田興亞著　姫路　ブックウェイ　2015.1　251p　21cm　〈年譜あり〉　Ⓝ318.264

村田 重治〔1909～1942〕　むらた・しげはる
◇雷撃王村田重治の生涯―真珠湾攻撃の若き雷撃隊隊長の海軍魂　山本悌一朗著　潮書房光人社　2016.1　333p　16cm　（光人社NF文庫　やN-929）〈「海軍魂」（光人社 1996年刊）の改題　年譜あり〉　830円　①978-4-7698-2929-4　Ⓝ289.1
[内容] 第1章 運命の決断　第2章 真珠湾炎上　第3章 雷撃王誕生　第4章 勇者の真実　第5章 蒼空の飛翔　第6章 沈黙の帰還

村田 新八〔1836～1877〕　むらた・しんぱち
◇村田新八―西郷と大久保二人に愛された男　桐野作人, 則村一, 卯月かいな著　洋泉社　2018.2　239p　18cm　（歴史新書）〈文献あり　年譜あり〉　900円　①978-4-8003-1417-8　Ⓝ289.1
[内容] 第1章 知られざる村田新八の生涯（生家・高橋家と養家・村田家　精忠組の一員として国事に奔走する　流刑の身となり一年半の喜界島生活　ほか）　第2章 人間像・事績・エピソードの真相（村田新八と西郷隆盛　残された手紙から探る人間像　坂本龍馬・中岡慎太郎との邂逅　ほか）　第3章 "資料編"もっと知りたい人のために（"出典付き"村田新八詳細年譜　村田新八関係系図　関連史跡案内　ほか）

村田 新平〔1924～2013〕　むらた・しんぺい
◇日本ではじめて地域の家族会を築いた男―東京・荒川区で精神障がい者とともに　小峯和茂編著　〔東村山〕　ママレボ出版局　2016.3　174p　17cm　1000円　①978-4-908174-01-8　Ⓝ369.28

村田 清風〔1783～1855〕　むらた・せいふう
◇清風読本　長門市教育委員会編　改訂版　〔長門〕　長門市教育委員会　2015.1　99p　21cm　〈年譜あり〉　500円　Ⓝ289.1
◇江戸のCFO―藩政改革に学ぶ経営再建のマネジメント　大矢野栄次著　日本実業出版社　2017.12　222p　19cm　〈文献あり〉　1400円　①978-4-534-05540-8　Ⓝ332.105
[内容] 序章 なぜ、江戸時代の武士社会は「改革」を必要としたのか　第1章 恩田木工・松代藩真田家―インセンティブの導入で収入増を実現した「前代未聞の賢人」　第2章 上杉鷹山・米沢藩上杉家―産業振興策で「輸出立国」をめざした江戸時代随一の敏腕経営者　第3章 山田方谷・備中松山藩板倉家―地元産品のブランド化と藩札の信用回復で借金一〇万両を完済したCFO　第4章 村田清風・長州藩毛利家―特産品の高付加価値化と商社事業で倒幕資金の捻出に成功　第5章 調所広郷・薩摩藩島津家―偽金づくり、搾取、密貿易…汚れ役に徹して巨額の負債と心中した男

村田 蔵六　むらた・ぞうろく
⇒大村益次郎（おおむら・ますじろう）を見よ

村田 兆治〔1949～〕　むらた・ちょうじ
◇現代人の伝記　3　致知編集部編著　致知出版社　2014.11　97p　26cm　1000円　①978-4-8009-1060-8　Ⓝ280.8
[内容] 1 坂村真民（詩人）―「念ずれば花ひらく」　2 坂岡嘉代子（はぐるまの家代表）―生きる喜びを求めて　3 熊沢健一（東京女子医科大学非常勤講師）―癌・告知　4 黒瀬昇次郎（ミリオン珈琲専務相談役）―一中村久子の生涯　5 河原成美（力の源カンパニー代表取締役）―ラーメン革命に夢を賭ける男　6 磯部則男（画家）―不遇への挑戦　7 村田兆治（野球評論家）/井村雅代（日本代表コーチ）―こうして人を強くする
◇人生に、引退なし―65歳で140キロのストレートに挑む「肉体」と「心」の整え方　村田兆治著　プレジデント社　2015.8　223p　19cm　〈「まだ、現役には負けられない！」（2004年刊）

むらた

の改題、書下ろしを加え、加筆修正、再編〉 1400円　Ⓟ978-4-8334-2138-6　Ⓝ783.7

内容 序章 現役を引退してから続けてきたこと　第1章 まだまだ、現役には負けられない！　第2章 今も、熱くなる、ムキになる　第3章 プロフェッショナルの条件　第4章 密やかに、われ一七七回敗戦す　第5章 チームの中で自分の役割を果たせているか　終章 逆境から、どう這い上がるか

◇衣笠祥雄 最後のシーズン　山際淳司著　KADOKAWA 2018.8 287p 18cm 〈角川新書 K-223〉 840円 Ⓟ978-4-04-082265-5 Ⓝ783.7

内容 第1章 名将（メルセデスにて　オールド・ボーイズ・オブ・サマー）　第2章 名投手（"サンデー兆治"のこと　二〇〇勝のマウンド ほか）　第3章 強打者（アウトコース　田淵の夏の終わり ほか）　終章 引退（一本杉球場にて）

村田 久〔1935～2012〕 むらた・ひさし

◇響きあう運動づくりを—村田久遺稿集　村田久著, 村田久遺稿集編集委員会編　福岡　海鳥社 2014.8 410,18p 22cm 〈著作目録あり 年譜あり〉 3000円 Ⓟ978-4-87415-910-1 Ⓝ309.021

内容 第1章 出発、サークルの時代—「だるま会」から「サークル村」そして七〇年代へ（一九五四・一九七一年）　第2章 大企業の向こうづねを蹴る—労災問題への取り組み（一九七二・一九七四年）　第3章 共通の敵を共同の力で—九州住民闘争合宿運動（一九七五・一九八五年）　第4章 アジアの人々にとっての八・一五—指紋押捺拒否闘争と強制連行問題（一九八五・一九九八年）　第5章 プキメラ村をみつめて—マレーシアARE問題（一九九一・二〇〇三年）　第6章 情報の交流から運動の交流へ—北九州かわら版・第3期サークル村（一九九五・二〇〇七年）　第7章 長期的な志を軸に一田をつくる（二〇〇四・二〇一〇年）

村田 良庵　むらた・りょうあん
⇒大村益次郎（おおむら・ますじろう）を見よ

村田 諒太〔1986～〕 むらた・りょうた

◇101%のプライド　村田諒太著　幻冬舎 2018.4 305p 16cm 〈幻冬舎文庫 む-9-1〉〈2012年刊の加筆修正〉 600円 Ⓟ978-4-344-42732-7 Ⓝ788.3

内容 第1章 金メダル　第2章 ルーツ　第3章 恩師との出逢い　第4章 挫折と再起　第5章 家族と友　第6章 最強を求めて　最終章 プロ転向、そして世界ミドル級王者として

村西 とおる〔1948～〕 むらにし・とおる

◇全裸監督—村西とおる伝　本橋信宏著　太田出版 2016.10 708p 20cm 〈文献あり 年譜あり〉 2400円 Ⓟ978-4-7783-1537-5 Ⓝ778.21

内容 4人—太平洋戦争における村西とおるの親族の戦死者数　1万7000円—「どん底」で村西とおるが部下たちと台湾で2週間豪遊したときの総額　600万円—村西とおるが毎月警視庁刑事たちに渡していた工作資金　180円—「スクランブル」の定価　1万4000円—保釈された村西とおるのポケットに入っていた全財産　10点—『ビデオ・ザ・ワールド』誌上の新作批評に掲載された『淫らにさせて』（主演・森田美樹・1985年制作）の100点満点の総合点数　1位—『ビデオ・ザ・ワールド』1985年度ベスト10に選ばれた村西とおる監督作品『恥辱の女』の順位　4本—『SMぽいのが好き』で主演・黒木香が陰部に挿入した指の数　370年—村西とおるが米国司法当局から求刑された懲役年数　16歳—村西とおるが撮った主演女優の実年齢　一—村西とおるが保証した清水大敬組の制作費　50億円—村西とおるが個人で負った借金の総額　8000万円—村西とおるの眼球毛細血管が破裂して血の涙を流して647流した金4枚—村西とおるの息子がお受験で使った画用紙の枚数　21歳—村西とおるが男優として復活したときの相手役、野々宮りんの年齢　14億人—村西とおるが新たな市場として狙う中国の総人口　68歳—この書が刊行されるときの村西とおるの年齢

村橋 久成〔1842～1892〕 むらはし・ひさなり

◇歌之介のさつまのボッケモン　鹿児島テレビ放送株式会社編著, 原口泉監修　復刻版　鹿児島　高城書房 2018.7 289p 19cm 〈KTS鹿児島テレビ開局50周年記念　文献あり〉 1500円 Ⓟ978-4-88777-165-9 Ⓝ281.97

内容 西郷隆盛1—こども時代の西郷さんの巻　西郷隆盛2—西郷さんとサイフの巻　大久保利通1—大久保さんはいたずらっこの巻　五代友厚—五代才助の世界地図の巻　黒田清隆1—きのうの友はきょうの友の巻　村橋久成1—北海道に日本のビールを！　大久保利通2—大久保さんは"まっしぐら"の巻　前田正名はやってきたぞ！「薩摩辞書」の巻　長沢鼎—アメリカのブドウ王の巻　丹下梅子—初の帝大女子学生の巻〔ほか〕

村山 可寿江　むらやま・かずえ
⇒村山たか（むらやま・たか）を見よ

村山 籌子〔1903～1946〕 むらやま・かずこ

◇村山籌子の人間像と童話　橋本外記子著　高知　南の風社 2017.11 517p 22cm 〈著作目録あり 作品目録あり 年譜あり〉 4600円 Ⓟ978-4-86202-089-5 Ⓝ910.268

内容 1 日本の幼年童話の新世界を切り拓いた「三匹の小熊さん」　2 村山籌子の生涯における人間像　3 村山籌子の童話の世界　4 村山籌子のもうひとつの世界「翻訳童話、未発表童話、遺稿作品、童謡」　5 村山籌子の仕事（作品目録一覧）　6 村山籌子年譜

村山 壮人〔1944～〕 むらやま・さかと

◇人橋を架ける—起業・独立次に続く立志の若者へのメッセージ　塩原勝美, 鵜飼俊吾, 村山壮人著　全国編集プロダクション協会 2018.2 280p 21cm 〈発売：三恵社（名古屋）〉 2250円 Ⓟ978-4-86487-799-2 Ⓝ335.35

内容 第1章 自分の気持ちに正直に生き抜いてきた（「人生を顧みて思うこと—総括」　故郷での生活　上京、就職そして転職 ほか）　第2章 受けた恩は「恩返し」「恩送り」、それを次世代へ（岐阜県瑞浪市に生まれる　名古屋で会社を設立するも、わずか三年で倒産　安岡正篤師との出会い ほか）　第3章 一度きりしかない人生（一度きりしかない人生なんです　おばあちゃん、大好き　そして十有五にして学に志し ほか）　第4章 鼎談—たった一度の人生、自分の人生は自らの手で切り開くしかない

村山 聖〔1969～1998〕 むらやま・さとし
◇羽生世代の衝撃—対局日誌傑作選 河口俊彦著 マイナビ 2014.8 218p 19cm （マイナビ将棋BOOKS） 1540円 ①978-4-8399-5140-5 Ⓝ796
[内容] 第1章 羽生善治デビュー（天才少年登場 十年に一度の天才 天才の真価を発揮 ほか） 第2章 佐藤康光、森内俊之登場（大器佐藤、まず一勝 チャイルドブランド達の特徴 強い者の寄せ ほか） 第3章 村山聖、丸山忠久、郷田真隆来る（天賦の才 両天才の一騎打ち 羽生の強さ ほか）

◇聖の青春 大崎善生著 KADOKAWA 2015.6 421p 15cm （角川文庫 お49-9）〈講談社文庫2002年刊の再刊〉 640円 ①978-4-04-103008-0 Ⓝ796
[内容] 第1章 折れない翼（発病 不思議なゲーム 腕だめし 親族会議） 第2章 心の風景（師匠 奇妙な生活 奨励会 前田アパート 終盤伝説） 第3章 彼の見ている海（デビュー 天才と怪童 一夜の奇跡 殴り合い 初挑戦） 第4章 夢の隣に（自立のとき よみがえる悪夢 強行退院 ライバルと友情と） 第5章 魂の棋譜（帰郷 手術 鬼手 宇宙以前へ）

村山 俊太郎〔1905～1948〕 むらやま・しゅんたろう
◇村山俊太郎教育思想の形成と実践 村山士郎著 本の泉社 2017.11 418p 22cm 3500円 ①978-4-7807-1637-5 Ⓝ372.106
[内容] 序章 村山俊太郎研究の魅力 1章 「童心」への開眼から生活者としての子どもへ 2章 非合法教育労働運動への参加と弾圧 3章 北方性教育の理論構築とリアリズム論 4章 軍事色強まる学校で子どもたちと学び・綴る—教師の良心と苦闘の戦い（三七年～四〇年） 5章 俊太郎、2度目の検挙と獄中の苦悩 6章 戦後、激動の時代を生きぬいた俊太郎

村山 新治〔1922～〕 むらやま・しんじ
◇村山新治、上野発五時三五分—私が関わった映画、その時代 村山新治著, 村山正実編 新宿書房 2018.5 415p 20cm 〈文献あり 作品目録あり 年譜あり 索引あり〉 3700円 ①978-4-88008-474-9 Ⓝ778.21
[内容] 第1部 私が関わった映画、その時代（太泉スタジオに入る 1949 太映画の助監督として 1950 文化映画から劇映画へ 1946 東映に入社、チーフ助監督時代 1951 今井正『ひめゆりの塔』 1952 ほか） 第2部 インタビュー自作を語る（「警視庁物語」シリーズ1957～61年 『七つの弾丸』1959年 『白い粉の恐怖』1960年 『故郷は緑なりき』1961年 『霧の港の赤い花』1962年 ほか） 資料 村山新治フィルモグラフィー

村山 たか〔1809?～1876〕 むらやま・たか
◇幕末明治動乱 「文」の時代の女たち 熊谷充晃著 双葉社 2014.7 207p 19cm 〈文献あり〉 1400円 ①978-4-575-30702-3 Ⓝ281.04
[内容] 第1章 「文」の少女・青春時代—幕末維新動乱期から明治へ（1853年、文10歳—ペリー浦賀に来航 開国のとき刻々と迫る！ 1858年、文15歳—井伊直弼大老就任 安政の大獄始まる！ 1863年、文20歳—下関戦争勃発 高杉晋作が奇兵隊を創設！ ほか） 第2章 激動の時代を駆け抜けた個性あふれる女性たち（吉田松陰の妹にして「松下村塾」の俊英の妻、後年は貴族院議員夫人—「文」 3日3晩の「生き晒し」刑に耐え抜いた井伊直弼の腹心・長野主膳の妾—村山可寿江 ほか） 第3章 動乱を生きる熱き男を支えた妻たちの群像（病弱の13代将軍に輿入れした実家よりも嫁ぎ先に殉じた薩摩の豪姫君—天璋院篤姫 若くして未亡人となった「悲劇の皇女」のイメージは事実とちょっと違う？—和宮 ほか） 第4章 幕末～明治初期の女性たちの生活や風習（「三指おいてお出迎え」は、したない？ 離婚率が高かった明治時代 ほか）

村山 富市〔1924～〕 むらやま・とみいち
◇YKK秘録 山崎拓著 講談社 2016.7 315p 20cm 1800円 ①978-4-06-220212-1 Ⓝ312.1
[内容] 序章 運命の日 第1章 55年体制崩壊—宇野宗佑、海部俊樹、宮澤喜一内閣 第2章 小沢一郎の暗躍—細川護熙、羽田孜内閣 第3章 自・社・さ新時代—村山富市、橋本龍太郎内閣 第4章 「加藤の乱」の真相—小渕恵三、森喜朗内閣 第5章 小泉純一郎ける

◇村山富市回顧録 村山富市述, 薬師寺克行編 岩波書店 2018.1 353,6p 15cm （岩波現代文庫—社会 306）〈年譜あり 索引あり〉 1420円 ①978-4-00-603306-4 Ⓝ312.1
[内容] 第1章 国会議員への道のり 第2章 派閥全盛時代の社会党 第3章 国会のひのき舞台で 第4章 非自民政権の挫折 第5章 混迷、そして崩壊へ—社会党新党問題 第6章 「村山談話」「阪神大震災」「米軍基地問題」

◇YKK秘録 山崎拓著 講談社 2018.8 396p 15cm （講談社＋α文庫 G317-1）〈2016年刊の加筆、改筆〉 950円 ①978-4-06-512939-5 Ⓝ312.1
[内容] 序章 運命の日 第1章 55年体制崩壊—宇野宗佑、海部俊樹、宮澤喜一内閣 第2章 小沢一郎の暗躍—細川護熙、羽田孜内閣 第3章 自・社・さ新時代—村山富市、橋本龍太郎内閣 第4章 「加藤の乱」の真相—小渕恵三、森喜朗内閣 第5章 小泉純一郎首相の誕生、自民党幹事長に就任

村山 史彦〔1935～2013〕 むらやま・ふみひこ
◇世のため人のため 笑顔と全力疾走—村山史彦七十七年の生涯 丸山久明編 〔新潟〕〔丸山久明〕 2014.10 141p 21cm 〈年譜あり〉 Ⓝ289.1
* 「権力者・有力者の立場からでない政治改革・世直しが求められる」と感じ今の仕事をしている氏が、柏崎市で尽力した共産党の元市議・村山史彦氏の生涯などを編集した力作である。

村山 実〔1936～1998〕 むらやま・みのる
◇村山実「影の反乱」 水本義政著 ベースボール・マガジン社 2014.11 271p 19cm 1600円 ①978-4-583-10770-7 Ⓝ783.7
[内容] 第1章 「炎の対決」わずか3センチが描いた人生双曲線（ソッともって旅立った一つの謎 不幸はその人の偉大さを証明する 足元の不運（実は幸運の糸口）から多くを学ぶ（「伝家の宝刀」フォークボールとの出会い 衝撃的な「プロデ

ビュー」の破天荒な第1球 ほか〕 第3章 「邂逅」と「慟哭」—江夏豊との魂の螺旋(「村山実こそタイガースを象徴する投手」の叫び 右手に異変を感じた時 なぜか眞鍋の顔がよぎった時 第4章 「ミスター・タイガース」のDNAと"宿命"(投手は視覚0度人間、捕手は90度人間 選手に甘い監督のほうが長生きする? ほか〕 第5章 「懊悩と影の反乱」2度の監督経験の懺悔(初めて家族が見つめるなかでの「最後のマウンド」 村山は「ひまわり」? それとも「月見草」? ほか〕

◇神は背番号に宿る 佐々木健一著 新潮社 2017.1 222p 20cm 〈文献あり〉 1400円 ⓘ978-4-10-350631-7 Ⓝ783.7

内容 1回 数霊 2回「28」江夏豊の完全 3回「11」「20」村山実の誇りと眞鍋勝巳の裏切り 4回「36」「1」池山隆寛の継承 5回「14」「41」谷沢健一の運命 6回「4」「14」永久欠番と死 7回「15」藤井将雄の永遠 8回「1」鈴木啓示の不滅 9回 幻

村山 芳子〔1914〜1936〕 むらやま・よしこ
◇村山芳子の日記 立野茂編著 文芸社 2015.5 223p 22cm 〈2002年刊の加筆・修正〉 1700円 ⓘ978-4-286-16196-9 Ⓝ910.268

村山 龍平〔1850〜1933〕 むらやま・りょうへい
◇村山龍平—新聞紙を以て江湖の輿論を載するものなり 早房長治著 京都 ミネルヴァ書房 2018.4 201,9p 20cm 〈ミネルヴァ日本評伝選〉〈文献あり 年譜あり 索引あり〉 2500円 ⓘ978-4-623-08329-9 Ⓝ289.1

内容 第1章 有能な武士から商人へ 第2章 新しい新聞づくりに挑む 第3章 池辺三山時代の『朝日』 第4章 白虹事件に動揺する『朝日』、そして龍平退陣 第5章 国民に愛されたアイデア商法 第6章 美術愛好家、茶人として 第7章 晩年の龍平

室 鳩巣〔1658〜1734〕 むろ・きゅうそう
◇将軍と側近—室鳩巣の手紙を読む 福留真紀著 新潮社 2014.12 249p 18cm 〈新潮新書598〉〈文献あり 年譜あり〉 780円 ⓘ978-4-10-610598-2 Ⓝ210.55

内容 第1部 徳川家宣・家継の巻(理想論者・徳川家宣 幼少将軍徳川家継 儒者たちの闘い—新井白石と林信篤 老中と間詮房) 第2部 徳川吉宗の巻(「八代将軍吉宗」の誕生 前代からの老中と吉宗側近 吉宗が信頼した家臣・吉宗が疎んじた家臣 吉宗の目指した幕府財政建て直し)

◇江戸詩人評伝集—詩誌『雅友』抄 1 今関天彭著, 揖斐高編 平凡社 2015.9 473p 18cm 〈東洋文庫 863〉〈布装〉 3200円 ⓘ978-4-582-80863-6 Ⓝ919.5

内容 新井白石 室鳩巣 梁田蛻巌 祇園南海 六如上人 柴野栗山 頼春水 尾藤二洲 菅茶山 市河寛斎 古賀精里 頼杏坪 柏木如亭 大窪詩仏 菊池五山 宮沢雲山 広瀬淡窓 古賀侗庵

ムロ ツヨシ〔1976〜〕
◇ムロ本、 ムロツヨシ著 ワニブックス 2017.4 395p 19cm 1500円 ⓘ978-4-8470-9542-9 Ⓝ778.21

内容 ムロツヨシ、一序章的な 数、ある記憶の中から—自伝的な ムロツヨシ×新井浩文対談—人間・ムロツヨシについて 福田雄一インタビュー—役者・ムロツヨシについて どっか、の台本—シナリオ集 的な どっか、の台本・本人解説集 若葉竜也×永野宗典×ムロツヨシ鼎談—演出・ムロツヨシについて ムロツヨシインタビュー—独り語り的な

室生 犀星〔1889〜1962〕 むろう・さいせい
◇犀星・篁二郎・棹影—明治末、大正期の金沢文壇 笠森勇著 龍書房 2014.10 354p 19cm 2000円 ⓘ978-4-906991-40-2 Ⓝ910.26

◇室生犀星 富岡多恵子著 講談社 2015.9 329p 16cm (講談社文芸文庫 とA10)〈「富岡多惠子集 9」(筑摩書房 1999年刊)の抜粋 文献あり 著作目録あり 年譜あり〉 1700円 ⓘ978-4-06-290284-7 Ⓝ911.52

内容 1 詩人の誕生 2『愛の詩集』と『抒情小曲集』 3 詩から小説へ 4 詩の徴熱 5 戦時下の詩 6 詩の晩年

◇萩原朔太郎と室生犀星 出会い百年 石山幸弘, 萩原朔美, 室生洲々子著 前橋 上毛新聞社事業局出版部 2016.3 77p 21cm (前橋学ブックレット 4)〈年譜あり〉 600円 ⓘ978-4-86352-145-2 Ⓝ911.52

内容 第1章 スパークする二魂—朔太郎・犀星の前橋邂逅の意味(朔太郎・犀星の誌上邂逅—最初の一撃者 朔太郎から犀星への「恋文」 初めての出会い前橋駅頭での二人 一明館での3週間 近代詩人への試験—犀星の長期滞在がもたらしたもう一つの意味 絆の証し—邂逅記念のエール交換 邂逅がもたらした効果—前橋・金沢の交流 犀星の離橋) 第2章 朔太郎と犀星 出会い百年—孫同士の対談(朔太郎・犀星の出会い 前橋のゆかりの場所 裕父としての朔太郎・犀星 娘の目からみた朔太郎と犀星 若き犀星が見た前橋)

◇室生犀星と表棹影—青春の軌跡 小林弘子著 金沢 能登印刷出版部 2016.8 281p 20cm 〈年譜あり〉 2000円 ⓘ978-4-89010-698-1 Ⓝ910.268

内容 室生犀星(数奇な出生と生い立ちをバネに 「幼年時代」—母性への模索 「性に眼覚める頃」—棹影との出会いとわかれ 「一冊のバイブル」—青春の回顧「苦しみあがきし日の償ひに」「冬」—差別される者への視線 ほか〕 表棹影(十代で燃え尽きた天才詩人 検証二題—棹影の実年齢・「お玉さん」の真実 表棹影日記「まだ見ぬ君え」—一世紀ぶりに現れた存在証明 表棹影日記—本文 表棹影〕

◇犀星書簡—背後の逍遥 星野晃一著 〔結城〕 わらしべ舎 2017.4 111p 21cm 500円 ⓘ978-4-9909491-0-5 Ⓝ910.268

◇遠い思い出—室生犀星のこと 和田知子著 〔町田〕〔和田知子〕 2017.8 70p 21cm 〈私家版〉 Ⓝ910.268

室原 知幸〔1899〜1970〕 むろはら・ともゆき
◇ひとびとの精神史 第4巻 東京オリンピック—1960年代 苅部剛彦編 岩波書店 2015.10 329p 19cm 2500円 ⓘ978-4-00-028804-0 Ⓝ281.04

内容 1 高度成長とナショナリズム(下村治—国民の

ための経済成長　十河信二―新幹線にかける「夢」　河西昌枝―引退できなかった「東洋の魔女」　手塚治虫―逆風が育てた「マンガの神様」　原田正純―胎児性水俣病の「発見」）　2　民族大移動―農村と都市の変貌（高村三郎と永山則夫―集団就職という体験　大牟羅良―農村の変貌と岩手の農民　室原知幸―公共事業のあり方を問い続けた「蜂の巣城主」　千石剛賢―日本的家族観に抗った「イエスの方舟」）　3　ベトナム戦争と日本社会（小田実―平等主義と誇りで世界の人びとをつなぐ　岡村昭彦―ベトナム戦争を直視して　鶴見良行―「足の人」はいかに思考したか）

室屋　義秀〔1973～〕　むろや・よしひで
◇翼のある人生　室屋義秀著　ミライカナイブックス　2016.6　219p　19cm　1574円　①978-4-907333-09-6　Ⓝ538
内容　出立―大空を目指したわけ　飛翔―師匠との邂逅と突然の別離　失意―苦境のなかで手にした翼　停滞―日々の生活と目標の狭間で　覚悟―レッドブル・エアレースへの挑戦　苦悩―襲いかかる数々の困難　向上―己を見つめて　想い―福島から世界に挑む意義　躍動―人生初の表彰台へ　試練―起こることの意味　成熟―人生最良の日　未来―次世代につなぐために

ムン, ジェイン〔1953～〕　文　在寅
◇運命　文在寅自伝　文在寅著，矢野百合子訳　岩波書店　2018.10　408p　19cm　〈年譜あり〉　2700円　①978-4-00-022239-6　Ⓝ289.2
内容　第1章　出会い（その日の朝　最初の出会い　ほか）　第2章　人生（父と母　貧しさ　ほか）　第3章　同行（青瓦台への同行　参与政府の組閣裏話　ほか）　第4章　運命（喪主文在寅　彼を見送って　ほか）

ムン, セグァン〔1951～1974〕　文　世光
◇われ、大統領を撃てり―在日韓国人青年・文世光と朴正熙狙撃事件　高First二著　花伝社　2016.10　283p　19cm　〈文献あり　発売：共栄書房〉　1700円　①978-4-7634-0796-2　Ⓝ221.07
内容　序章　三つの前触れ　第1章　事件発生　第2章　凶器としての拳銃　第3章　揺れる日韓関係　第4章　在日としての文世光　第5章　ソウル激震　第6章　異例ずくめの裁判　第7章　事件の真相　第8章　死刑、その後　第9章　狙撃事件とはなんであったのか　終章　終わりなき始まり

ムン, ソンミョン〔1920～2012〕　文　鮮明
◇再臨主の証明　武田吉郎著　賢仁舎　2014.8　336p　19cm　1600円　①978-4-9906677-4-0
内容　第1章　誕生前夜から京城学生時代（一九一七～四〇）（神の召命を受けるまで　修道と真理探究に明け暮れた学生時代）　第2章　日本留学時代と「光復節」（一九四一～四五）（日本留学時代　帰国後の逮捕と「光復節」を迎えて）　第3章　北朝鮮での伝道活動と受難（一九四六～五〇）（平壌での伝道と勾留　興南での強制労働と朝鮮戦争）　第4章　釜山への避難と開拓伝道（一九五一～五三）（平壌から釜山へ避難　釜山での開拓伝道）　第5章　国家的弾圧と韓鶴子女史との歩み（一九五四～六七）（「梨花女子大事件」と西大門刑務所収監　韓鶴子女史の誕生と文師との結婚）
◇平和を愛する世界人として―自叙伝　文鮮明著，文鮮明師自叙伝日本語版出版委員会訳　増補版　光言社　2017.5　414p　15cm　820円　①978-4-87656-612-9　Ⓝ198.992

【め】

メイ牛山〔1911～2007〕　めいうしやま
◇女が美しい国は戦争をしない―美容家メイ牛山の生涯　小川智子著　講談社　2017.10　287p　19cm　〈文献あり〉　1600円　①978-4-06-220685-3　Ⓝ289.1
内容　第1章　きれいなものがすき　第2章　モダンガール、美容師になる　第3章　プロポーズは業務命令？　第4章　戦争・おしゃれ・蝶々夫人　第5章　戦争の終わり、新たな決意　第6章　焼け跡のさす光　第7章　ほんとうの美と出会う　第8章　"女のプロ"になりなさい　第9章　余命宣告からの生還　第10章　清人とのわかれ、第二の人生　第11章　女はいつも楽しく美しく

May J.〔1988～〕
◇私のものじゃない、私の歌　May J.著　TAC株式会社出版事業部　2016.3　259p　20cm　〈作品目録あり〉　1500円　①978-4-8132-6629-7　Ⓝ767.8
内容　第1章　橋本芽生　第2章　すべては歌手になるために　第3章　プロの洗礼、遠いヒット　第4章　カバー、オリジナル、カラオケ　第5章　Let It Go　第6章　シンガーの技術と心

明治天皇〔1852～1912〕　めいじてんのう
◇明治天皇という人　松本健一著　新潮社　2014.9　692p　16cm　（新潮文庫　ま-35-3）〈毎日新聞社2010年刊の再刊　索引あり〉　940円　①978-4-10-128733-1　Ⓝ288.41
内容　明治天皇の声がきこえる　天皇と乃木希典の関係　記憶の王か　統治の王　大久保利通の遭難　明治国家のゆくえ　その一―西郷隆盛の「征韓」？　明治国家のゆくえ　その二―大久保利通の「征台」　明治国家のゆくえ　その三―権力は伊藤博文へ　天皇機関説のたたかい　その一―「国民」の教育　天皇機関説のたたかい　その二―ドイツ的な立憲君主制〔ほか〕

◇ドナルド・キーン著作集　第12巻　明治天皇　上　ドナルド・キーン著　角地幸男訳　新潮社　2015.7　413p　22cm　〈他言語標題：The Collected Works of Donald Keene〉　3000円　①978-4-10-647112-4　Ⓝ210.08
内容　孝明天皇　祐宮誕生　ついに開港へ　タウンゼント・ハリスの要求　結ばれた不平等条約、天皇は譲位を表明　睦仁の学問　皇女和宮　天皇と将軍の「逆転」、公家の血気　蛤御門の変　条約勅許問題と将軍家茂の死〔ほか〕

◇ドナルド・キーン著作集　第13巻　明治天皇　中　ドナルド・キーン著　角地幸男訳　新潮社　2015.11　421p　22cm　〈他言語標題：The Collected Works of Donald Keene〉　3000円　①978-4-10-647113-1　Ⓝ210.08

めいしよう

内容 江華島事件と東奥巡幸　西国不平士族の乱　西南戦争と西郷隆盛の最期　大久保利通暗殺さる　ふたたびの巡幸と、その座を追われた琉球王　グラント将軍が与えた大いなる影響　「教育勅語」への道　財政危機とようやく緒についた憲法起案　自らの言葉を発し始めた天皇　自由民権運動の「生と死」〔ほか〕

◇日本を支えた12人　長部日出雄著　集英社　2016.2　310p　16cm　〈集英社文庫　お20-3〉　680円　①978-4-08-745419-2　Ⓝ281.04

内容 聖徳太子　天武天皇　行基　聖武天皇　本居宣長　明治天皇　津田左右吉　棟方志功　太宰治　小津安二郎　木下惠介　美智子皇后陛下

◇女官―明治宮中出仕の記　山川三千子著　講談社　2016.7　337p　15cm　〈講談社学術文庫2376〉〈実業之日本社 1960年刊の再刊〉　1050円　①978-4-06-292376-7　Ⓝ288.4

内容 宮中ヘ奉仕　明治天皇と昭憲皇太后　両陛下の御日常　内侍の生活　昔の女官気質　女官の行楽　次ぎ、清と忌服　夏の日の思い出　年中行事　明治天皇崩御まで　大正の御代を迎えて　晩年の昭憲皇太后　松に帰る

◇ドナルド・キーン著作集　第14巻　明治天皇下　ドナルド・キーン著　角地幸男訳　新潮社　2016.9　402p　22cm　〈他言語標題：The Collected Works of Donald Keene　文献あり　索引あり〉　3000円　①978-4-10-647114-8　Ⓝ210.08

内容 閔妃暗殺　英照皇太后の死、内政の悩み　初の政党内閣の短命　皇太子成婚、義和団事件　皇系裕仁誕生、日英同盟　ロシアの東方進出と撤兵合意破り　戦争回避努力の破綻　日露戦争の国際政治　シオドア・ルーズヴェルトの調停による講和　追い詰められた韓国皇帝の抵抗　生みの母の死　伊藤博文、安重根に撃たる　韓国を併合する　「大逆」の陰謀　崩御　大喪、乃木殉死

◇明治天皇　その生涯と功績のすべて　小田部雄次監修　宝島社　2017.7　127p　26cm　〈年譜あり〉　1000円　①978-4-8002-7311-6　Ⓝ288.41

内容 第1章　明治維新―国政の頂点に立つ（即位2年後の大政奉還―国政の頂点に立つ天皇　西から東へと進んだ明治新政府による統一　ほか）　第2章　生活と家族に見る明治天皇の素顔（宮廷建設もめぐらった質素な生活ぶり　国民の生活向上を願い受け入れた西洋文明　ほか）　第3章　日本を動かした明治天皇の判断（「五箇条の御誓文」で政治方針を神に誓う　伝統にとらわれない外国要人との謁見　ほか）　第4章　大帝が信頼した明治の偉人たち（伊藤博文　岩倉具視　ほか）

◇明治大帝　飛鳥井雅道著　文藝春秋　2017.12　348p　16cm　〈文春学藝ライブラリー―歴史28〉〈講談社学術文庫 2002年刊の再刊　年譜あり〉　1400円　①978-4-16-813072-4　Ⓝ288.41

内容 第1章　一九一二年暑い夏（「明治、ぜ、グレート」米価暴騰　ほか）　第2章　幼冲の天子（誕生・賀茂の水と船鉾町　二百石の公家　ほか）　第3章　親政運動（大坂親征　宮廷改革と「天子」　ほか）　第4章　一等国への道（岩倉具視の不安　十四年の政変　ほか）　第5章　乃木伝説（「予、半信半疑」　乃木の苦衷　ほか）

◇明治史講義　人物篇　筒井清忠編　筑摩書房　2018.4　397p　18cm　〈ちくま新書 1319〉〈文献あり〉　1100円　①978-4-480-07140-8　Ⓝ210.6

内容 木戸孝允―「条理」を貫いた革命政治家　西郷隆盛―謎に包まれた超人気者　大久保利通―維新の元勲、明治政府の建設者　福澤諭吉―「文明」と「自由」　板垣退助―自らの足りなさを知る指導者　伊藤博文―日本型立憲主義の造形者　井上毅―明治維新を落ち着かせようとした官僚　大隈重信―政治対立の演出者　金玉均―近代朝鮮における「志士」たちの時代　陸奥宗光―『蹇蹇録』で読む日清戦争と朝鮮〔ほか〕

◇天皇の歴史　7　明治天皇の大日本帝国　大津透,河内祥輔,藤井讓治,藤田覚編集委員　西川誠著　講談社　2018.6　387p　15cm　〈講談社学術文庫 2487〉〈文献あり　年表あり　索引あり〉　1230円　①978-4-06-511851-1　Ⓝ210.1

内容 序章　欧化と復古を生きた「大帝」　第1章　小御所会議の「幼冲の天子」　第2章　京都の天皇から東京の天皇へ　第3章　明治憲法と天皇　第4章　立憲君主としての決断　第5章　万国対峙の達成　終章　君主の成長と近代国家

◇宮中五十年　坊城俊良著　講談社　2018.10　148p　15cm　〈講談社学術文庫 2527〉〈明徳出版社 1960年刊の再刊〉　680円　①978-4-06-513382-8　Ⓝ288.4

内容 明治天皇に近侍して（大きなお声の陛下　質実剛健な宮中生活　ほか）　昭憲皇太后のこと（明治天皇と昭憲皇太后　優しい皇后様と少年たち　ほか）　平民的な大正天皇（明朗仁慈のご性格　隔てなき人間天皇　ほか）　「山の宮様」の思い出（若き日の秩父宮殿下の鴨猟　ほか）　終戦後の貞明皇后（皇太后宮大夫として人のまごころ　ほか）

◇明治天皇の聖蹟を歩く　西日本編　打越孝明著　KADOKAWA　2018.11　286p　21cm　〈文献あり〉　1800円　①978-4-04-602204-2　Ⓝ288.48

内容 序章　行幸・巡幸の概観―西日本　第1章　近畿地方　第2章　北陸地方　第3章　中国地方　第4章　四国地方　第5章　九州地方

明正天皇〔1624～1696〕　めいしょうてんのう

◇女帝のいた時代　つげのり子著　自由国民社　2015.5　235p　19cm　〈文献あり〉　1300円　①978-4-426-11925-6　Ⓝ288.41

内容 第1章　推古天皇―初代女性天皇誕生　第2章　皇極・斉明天皇―歴史を動かした「つなぎ役」　第3章　持統天皇―セレブ妻の意地を通した〝女傑〟天皇　第4章　元明天皇―〝咲く花の匂うがごとし〟平城京を完成　第5章　元正天皇―生涯独身も恋に生きる　第6章　孝謙・称徳天皇―箱入り娘の反逆　第7章　明正天皇―菊と葵のハーフ＆ハーフ　第8章　後桜町天皇―明治維新の原点となった女性天皇

銘苅 拳一　めかる・けんいち

◇日本の心を伝える空手家　銘苅拳一　炭粉良三著　海鳴社　2016.6　143p　19cm　〈バウンダリー叢書〉　1200円　①978-4-87525-326-6　Ⓝ789.23

＊国際空手道連盟会長にして、中国をはじめ世界中

に門弟数800万人を有するほどの大家・銘苅拳一。「空手を通じての国際親善が夢であり目標である」と語る偉大な空手家の半生をつづる。

Megu〔1989～〕
◇NegiccoヒストリーRoad to BUDOKAN 2003-2011 小島和宏著 白夜書房 2017.8 223p 19cm 〈年表あり〉 1389円 Ⓘ978-4-86494-151-8 Ⓝ767.8
[内容] 13年目の「ゼロ地点」Perfumeと運命の共演 Negicco結成前夜 バラバラの夢を見る3人 3人の人生と運命を乗せたNegiccoオーディション開催 「ぽんこつなのに、かっこいい」"あの人"も目撃した幻のデビュー戦 順調すぎた充実の滑り出し! ロコドルブームと人生の分岐点 NHK全国放送デビューで「売れる!」と確信 されど仕事がまったく増えない「残酷な現実」 スクール廃校で浮上したグループ消滅の危機 不思議な「縁」が呼び寄せた運命的な出会い 新事務所で「熊さん」と再スタートも… 「振り付けも自分で!?」リーダーNao☆の苦悩 非情にも拒絶されたファンサービス 絶望、傷心、葛藤…はじまった迷走 『もうNegicco辞めちゃいなよ!』 友人から助言にNao☆は東京へ…〔ほか〕

目黒 亀治郎〔1909～1991〕 めぐろ・かめじろう
◇昭和残影—父のこと 目黒考二著 KADOKAWA 2015.5 303p 20cm 1700円 Ⓘ978-4-04-103034-9 Ⓝ289.1
[内容] 第1章 そびゆるマスト(聳ゆるマスト 北声社書店の娘 ほか) 第2章 亀治郎の青春(県立横浜第一中学 波の音吟社 ほか) 第3章 独房まで(四・一六まで 地下活動の日々 ほか) 第4章 独立鉄道大隊(蒲田の青春 独立鉄道大隊 ほか)

目黒 順蔵〔1847～1918〕 めぐろ・じゅんぞう
◇戊辰戦争後の青年武士とキリスト教—仙台藩士・目黒順蔵遺文 目黒順蔵,目黒土門著,目黒安子編 風濤社 2018.7 251p 20cm 〈文献あり 年譜あり〉 2800円 Ⓘ978-4-89219-450-4 Ⓝ289.1
[内容] 第1部 目黒順蔵とその時代(幼少年時代 養賢堂時代 幕末の平和 戊辰戦争 悲惨な藩士の生活 ほか) 第2部 目黒順蔵遺文(勿来関を通行したる紀事 游塩浦記 游松島記 戊辰の役兵士となりて白河方面へ派遣せられたる紀事 義子を罷めたる紀事 ほか) 第3部 『処世之誤 一名 誡世痴談』

目澤 恭〔1908～1946〕 めざわ・ただし
◇スマトラ島秘録—インドネシア独立の真実 佐藤昭朗著 創英社/三省堂書店 2018.10 177p 20cm 〈年譜あり〉 1200円 Ⓘ978-4-86659-049-3 Ⓝ289.1
[内容] 決意 迷宮 秘密 真相 仮説 スマトラ島秘録

メロン, アーロン
⇒山川阿倫(やまかわ・あーろん)を見よ

免田 栄〔1925～〕 めんだ・さかえ
◇死刑冤罪—戦後6事件をたどる 里見繁著 インパクト出版会 2015.9 359p 19cm 〈文献あり〉 2500円 Ⓘ978-4-7554-0260-9 Ⓝ327.6
[内容] 第1章 雪冤は果たしたけれど—免田栄さんの場合 第2章 たった一人の反乱—財田川事件と矢野伊吉元裁判官 第3章 家族離散—松山事件と斎藤幸夫さん 第4章 冤罪警察の罠—赤堀政夫さんと大野萌子さん 第5章 再審開始へ向けて—無実のプロボクサー袴田巌さん 第6章 DNA鑑定の呪縛—飯塚事件と足利事件
◇検証・免田事件 熊本日日新聞社編 完全版 現代人文社 2018.7 318p 21cm 〈文献あり 年表あり〉 発売:大学図書 2700円 Ⓘ978-4-87798-707-7 Ⓝ326.23
[内容] 第1部 「免田事件」を聞く(河上元康・元裁判長インタビュー 誰もが納得できる判決を目指す 免田栄さんインタビュー 本当の民主主義をどう根付かせるか) 第2部 「検証免田事件」(アリバイ 自白 錯乱 ほか) 第3部 判決以後の免田栄さん(寄稿・免田栄被告 獄中三十余年 心の遇い 「ずさんな捜査だった」—最高検が内部文書で痛烈批判 免田、財田川、松山の三大冤罪で報告書 不在証明当初から—最高検の報告書にみる免田事件 ほか)

【も】

毛 沢東〔1893～1976〕 もう・たくとう
◇毛沢東—日本軍と共謀した男 遠藤誉著 新潮社 2015.11 285p 18cm (新潮新書 642) 〈文献あり〉 820円 Ⓘ978-4-10-610642-2 Ⓝ222.075
[内容] はじめに—中華民族を裏切ったのは誰なのか? 第1章 屈辱感が生んだ帝王学 第2章 「満州事変」で救われる 第3章 日中戦争を利用せよ—西安事件と国共合作 第4章 日本諜報機関「岩井公館」との共謀 第5章 日本軍および汪兆銘政権との共謀 第6章 日本軍との共謀と政敵・王明の記 第7章 我、皇軍に感謝す—元日本軍人を歓迎したわけ おわりに—毛沢東は何人の中国人民を殺したのか?
◇真説 毛沢東—誰も知らなかった実像 上 ユン・チアン, ジョン・ハリデイ著, 土屋京子訳 講談社 2016.6 773p 15cm (講談社+α文庫 G280-1) 「マオ」(2005年刊)の改題 1000円 Ⓘ978-4-06-281658-8 Ⓝ289.2
[内容] 第1部 信念のあやふやな男(故郷韶山を出る—一八九三～一九一一年 毛沢東誕生～一七歳 共産党員となる—一九一一～二〇年 毛沢東一七～二六歳 ほか) 第2部 党の覇権をめざして(紅軍を乗っ取り、土匪を平らげる—一九二七～二八年 毛沢東三三～三四歳 朱徳を押さえこむ—一九二八～三〇年 毛沢東三四～三六歳 ほか) 第3部 権力基盤を築く(劉志丹の死—一九三五～三六年 毛沢東四一～四二歳 西安事件—一九三五～三六年 毛沢東四一～四二歳 ほか) 第4部 中国の覇者へ(「革命的阿片戦争」—一九三七～四五年 毛沢東四三～五一歳 ソ連軍がやってくる!—一九四五～四六年 毛沢東五一～五二歳 ほか)
◇真説 毛沢東—誰も知らなかった実像 下 ユン・チアン, ジョン・ハリデイ著, 土屋京子訳 講談社 2016.6 716p 15cm (講談社+α文庫 G280-2) 「マオ」(2005年刊)の改題 索引 1000円 Ⓘ978-4-06-281660-1 Ⓝ289.2
[内容] 第5部 超大国の夢(スターリンと張り合う—

九四七～四九年 毛沢東五三～五五歳 二大巨頭の格闘――一九四九～五〇年 毛沢東五五～五六歳 朝鮮戦争を始めた理由――一九四九～五〇年 毛沢東五五～五六歳 朝鮮戦争をしゃぶりつくす――一九五〇～五三年 毛沢東五六～五九歳 軍事超大国計画――一九五三～五四年 毛沢東五九～六〇歳 ほか） 第6部 復讐の味（林彪との取引）――一九六五～六六年 毛沢東七一～七二歳 文革という名の大粛清――一九六六～六七年 毛沢東七二～七三歳 復讐の後味――一九六六～六七年 毛沢東七二～八〇歳 新たな執行体制――一九六七～七〇年 毛沢東七三～七六歳 戦争騒ぎ――一九六九～七一年 毛沢東七五～七七歳 ほか）

◇毛沢東 宇野重昭著 新装版 清水書院 2016.8 222p 19cm （Century Books――人と思想 33）〈文献あり 年譜あり 索引あり〉 1200円 ⓘ978-4-389-42033-8 Ⓝ289.2

[内容] 困難な時代――毛沢東のおいたち 混迷の時期――少年のころ 歴史を動かすものを求めて 中国共産党創立参加 農民運動のなかへ 根拠地理論と軍 長征の道 新しい可能性を求めて 中国の赤い星――抗日戦争の時代 和平交渉から内戦へ 中華人民共和国の成立 大躍進からプロレタリア文化大革命へ

◇赤い星は如何にして昇ったか――知られざる毛沢東の初期イメージ 石川禎浩著 京都 臨川書店 2016.11 260,8p 20cm （京大人文研東方学叢書 2）〈他言語標題：How Did the Red Star Rise？ 文献あり 索引あり〉 3000円 ⓘ978-4-653-04372-0 Ⓝ289.2

[内容] 第1章 知られざる革命家 第2章 マオの肖像――イメージの世界 第3章 国際共産主義運動への姿なき登場 第4章 太っちょ写真の謎 第5章 スノー「赤い中国」へ入る 第6章 「赤い星」いよいよ昇る――名著の誕生とその後

◇毛沢東、周恩来と溥儀 王慶祥著，松田徹訳 科学出版社東京 2017.11 395p 22cm 〈年譜あり〉 6400円 ⓘ978-4-907051-21-1 Ⓝ289.2

[内容] 初めての試み 偉大な懐 引き渡し 撫順に「匿われる」 北から南への帰還 聞き取り調査 最高会議での決定 手紙の往来から面会まで 高い塀の内外 特赦「011号」〔ほか〕

孟子〔前372?～前289〕 もうし

◇孟子 加賀栄治著 新装版 清水書院 2015.9 226p 19cm （Century Books――人と思想 37）〈文献あり 年表あり 索引あり〉 1000円 ⓘ978-4-389-42037-6 Ⓝ124.16

[内容] 1 孟子その人、その時代（おいたち 若き日の修学 自己学説の形成期 王道講説者として 戦国の世に生きて 最晩年） 2 孟子の思想活動とその背景（『孟子』という書物 楊・墨の言、天下に満つ 「心術の学」 儒家学説の新構築） 3 孟子の主要思想 社会観(1)――職分にもとづく社会構成観 社会観(2)――仁義にもとづく社会紐帯観 人間観(1)――人の本性は善である 人間観(2)――性と命と修養 政治思想(1)――王道政治とは何か 政治思想(2)――革命論 終章 『孟子』の命運

毛利 勝永〔1578～1615〕 もうり・かつなが

◇大坂の陣 秀頼七将の実像 三池純正著 洋泉社 2015.10 223p 18cm （歴史新書）〈文献あり〉 900円 ⓘ978-4-8003-0755-2 Ⓝ210.52

[内容] 序章 彼らはなぜ戦ったのか 第1章 秀頼七将の実像（真田信繁――敵方をも感動させた「日本一の兵」 長宗我部盛親――御家再興のため鉄壁の軍団を率いて入城 毛利勝永――家康本陣に突入したもう一人の猛将 後藤基次――家康に警戒され続けた多くの武功 明石全登――謎の生死が伝わるキリシタン武将 木村重成――秀頼一筋に奮戦した短い生涯 大野治房――大坂城内唯一の強硬派） 第2章 再考！ 大坂の陣と豊臣秀頼

毛利 公也〔1944～〕 もうり・きみや

◇ちりも積もれば――わが半生 第1巻 毛利公也著 〔松山〕 愛媛新聞サービスセンター 2015.4 265p 21cm 〈年表あり〉 1000円 ⓘ978-4-86087-116-1 Ⓝ289.1

[内容] 1 英語教師を志す 2 英語教師として 3 三島高校の教員として 4 新居浜西高校教員として 5 川之江高校の教員として 6 趣味について 7 自己研修 8 定年後の生活 9 毛利家のこと 10 余暇の活用

毛利 敬親〔1819～1871〕 もうり・たかちか

◇名君毛利敬親 小山良昌著 〔萩〕 萩ものがたり 2017.4 69p 21cm （萩ものがたり vol 53） 574円 ⓘ978-4-908242-03-8 Ⓝ289.1

毛利 輝元〔1553～1625〕 もうり・てるもと

◇毛利輝元――西国の儀任せ置かるの由候 光成準治著 京都 ミネルヴァ書房 2016.5 391,11p 20cm （ミネルヴァ日本評伝選）〈文献あり 年譜あり 索引あり〉 3800円 ⓘ978-4-623-07689-5 Ⓝ289.1

[内容] 第1章 輝元の幼少期 第2章 二頭政治と御四人体制 第3章 輝元と織田信長 第4章 輝元と羽柴秀吉 第5章 豊臣期における領国支配の変革 第6章 豊臣政権の崩壊と防長減封 第7章 毛利氏再興 終章 輝元は凡将だったのか

毛里 英於菟〔1902～1947〕 もうり・ひでおと

◇零戦の子――伝説の猛将・亀井凱夫とその兄弟 武田頼政著 文藝春秋 2014.11 414p 20cm 1850円 ⓘ978-4-16-390173-2 Ⓝ289.1

[内容] 第1章 第1幕 第2章 着艦 第3章 父子 第4章 大敗北 第5章 廃嫡 第6章 青年外交官 第7章 革新官僚 第8章 阿片専売 第9章 湊川

毛利 秀就〔1595～1651〕 もうり・ひでなり

◇二の丸残照――毛利秀就公出生の謎解き 戦国歴史秘話 完結編 平山智昭著 〔山口〕 ふるさと紀行編集部 2017.11 124p 21cm 〈年譜あり〉 1000円 Ⓝ289.1

毛利 元就〔1497～1571〕 もうり・もとなり

◇毛利元就――武威天下無双、下民憐愍の文徳は未だ 岸田裕之著 京都 ミネルヴァ書房 2014.11 427,9p 20cm （ミネルヴァ日本評伝選）〈文献あり 年譜あり 索引あり〉 3800円 ⓘ978-4-623-07224-8 Ⓝ289.1

[内容] 境目地域の領主連合 第1部 家中支配から領国統治へ（高橋氏の討滅と大宰府下向 郡山合戦と隆元への家督譲与 井上元兼の誅伐と領国「国家」の

成立　陶隆房の挙兵と元就直轄領佐東　家中法と領国法　三子教訓状と張良兵書　領国統治と法制度）　第2部　商人的領主と領国経済（安芸国佐東の堀立正　赤間関問丸役の佐甲氏　雲州商人司石橋氏と杵築相物製方職の坪内氏　出雲国由来村の森氏　硝石の輸入外交と西国大名の自立性　能島村上氏の海上支配権の構造と秀吉政権）　第3部　元就の意識と統治秩序「書違」のことばとその変化　屋形様の「国家」から「天下」のもとの「国家」へ　毛利氏が用いた文書様式と主従関係　元就と隆元　元就と輝元）　元就が遺したもの

◇戦国大名―歴史文化遺産　五味文彦監修　山川出版社　2018.6　238p　21cm　1800円　①978-4-634-15134-5　Ⓝ210.47

内容　1　戦国乱世の幕開け（北条早雲　北条氏康　上杉謙信　ほか）　2　群雄たちの覇権（織田信長　長宗我部元親　毛利元就）　3　争乱から天下人へ（豊臣秀吉　島津義久　伊達政宗　ほか）

毛利 吉政〔?～1615〕　もうり・よしまさ

◇真田より活躍した男毛利勝永　今福匡著　京都　宮帯出版社　2016.4　286p　19cm　〈文献あり　年譜あり〉　1800円　①978-4-8016-0046-1　Ⓝ289.1

最上 徳内〔1754～1836〕　もがみ・とくない

◇私の徳内紀行―最上徳内の足跡を訪ねて　菊地栄吾著　仙台　菊地栄吾　2016.2　110,6p　30cm　〈年譜あり　年表あり〉　Ⓝ289.1

最上 義光〔1546～1614〕　もがみ・よしあき

◇最上義光　伊藤清郎著　吉川弘文館　2016.3　304p　19cm　（人物叢書　新装版　通巻285）〈文献あり　年譜あり〉　2300円　①978-4-642-05278-8　Ⓝ289.1

内容　第1　義光以前　第2　義光の誕生と父子相克　第3　領国の拡大と白鳥氏・寒河江大江氏・天童氏　第4　義光の領国支配の確立　第5　奥羽仕置と「公家成大名」最上氏　第6「北の関ヶ原」合戦　第7　近世大名最上義光　第8　文人としての義光と心象の世界　第9　晩年の義光と最上氏改易　第10　改易後の最上家臣と伝説化する義光

◇家康に天下を獲らせた男最上義光　松尾剛次著　柏書房　2016.4　238p　20cm　〈文献あり　年譜あり〉　2200円　①978-4-7601-4696-3　Ⓝ289.1

内容　第1章　義光―幼少から家督を継ぐまで（最上一族とは　系図を読み解く　ほか）　第2章　義光―羽州探題の再興を目指して（村山盆地を平定する　義光の花押　ほか）　第3章　初代山形藩主への道（関ヶ原合戦　山形における関ヶ原合戦―長谷堂城合戦　ほか）　第4章　義光のその後を追う（嫡男義康　次男家親　ほか）

◇最上義光　竹井英文編著　戎光祥出版　2017.10　415p　21cm　（シリーズ・織豊大名の研究　6）　6500円　①978-4-86403-257-5　Ⓝ289.1

内容　総論　最上義光研究を振り返る　第1部　最上義光と親族の動向（戦国大名最上氏の成立過程―元亀・天正初年の内訌をめぐって　慶長五年の戦乱と最上義光　ほか）　第2部　最上氏の領国支配と山形城（大名領国制の形成と最上川水運　最上氏慶長検地の実施過程と基準　ほか）　第3部　最上義光と文化・芸術・宗教（最上義光の文芸活動―その古典摂取を中心に　最上義光の「文禄二年六月十三日連歌」について　ほか）　第4部　最上義光史料論（最上義光の印判状―特に伝馬印證状を中心として　最上義光文書の古文書学　判物・印判状・書状）

茂木 惣兵衛〔1827～1894〕　もぎ・そうべえ

◇横浜を創った人々　冨川洋著　講談社エディトリアル　2016.9　278p　19cm　1700円　①978-4-907514-59-4　Ⓝ281.37

内容　第1章　吉田勘兵衛と新田開発　第2章　井伊直弼と横浜開港　第3章　中居屋重兵衛の光と影　第4章　甲州屋、若尾逸平と甲州財閥　第5章　原善三郎と茂木惣兵衛　第6章　実業家原富太郎と文化人三溪　第7章　大谷嘉兵衛とティーロード　第8章　ヘボン博士と横浜開化

木喰上人　もくじきしょうにん
⇒明満（みょうまん）を見よ

木喰明満　もくじきみょうまん
⇒明満（みょうまん）を見よ

茂田井 武〔1908～1956〕　もたい・たけし

◇長編マンガの先駆者たち―田河水泡から手塚治虫まで　小野耕世著　岩波書店　2017.5　281p　22cm　3400円　①978-4-00-023890-8　Ⓝ726.101

内容　日本は長編マンガの王国　珍品のらくろ草をたずねて―田河水泡論　三百六十五日のフシギ旅行―茂田井武論　一九四〇年、火星への旅―大城のぼる論　人造心臓の鼓動がきこえる―横山隆一論　新バグダットのメカ戦争―松下井知夫論その1　モセス・マンがやってくる―松下井知夫論その2　ブッチャーのふしぎな国―横井福次郎論その1　冒険王ターザン、原子爆弾の島へ―横井福次郎論その2　ターザン、大震災の日本へ飛ぶ―横井福次郎論その3　スピード太郎の世界地図―宍戸左行論　人類連盟本部にて―藤子不二雄論　ある少年マンガ家の冒険―田川紀久雄論　戦後ストーリー・マンガの出発点―手塚治虫論

望月 衣塑子〔1975～〕　もちづき・いそこ

◇新聞記者　望月衣塑子著　KADOKAWA　2017.10　222p　18cm　（角川新書　K-164）　800円　①978-4-04-082191-7　Ⓝ070.21

内容　第1章　記者への憧れ（演劇に夢中になったころ　小劇場へ、母と　ほか）　第2章　ほとばしる思いをつけて（鬼気迫る形相で警察に挑む先輩記者　情熱をもって本気で考えるかどうか　ほか）　第3章　傍観者でいいのか？（編集局長への直訴　菅原完さんが持っていた受領証　ほか）　第4章　自分にできることはなにか（抑えきれない思い　男性特有の理解？　ほか）　第5章　スクープ主義を超えて（突然の激痛　あの子のこの手、官邸の対応　ほか）

望月 将悟〔1977～〕　もちづき・しょうご

◇山岳王―望月将悟　松田珠子著　山と渓谷社　2018.7　223p　19cm　1300円　①978-4-635-17196-0　Ⓝ782.3

内容　序章　2016年8月11日　第1章　誕生～高校時代　第2章　国体山岳競技　第3章　トレイルランニングでの飛躍　第4章　2010年、TJARへの初挑戦　第5章　TJAR2012、追われるプレッシャーのなかで　第

6章 TJAR2014、台風直撃のレース　第7章 海外レースへの挑戦　第8章 TJAR2016、前人未到の4連覇　第9章 山岳救助隊として　第10章「AROUND SHIZUOKA ZERO」への挑戦　これから

望月 雅彦〔1974〜〕　もちづき・まさひこ
◇誰も知らない社長の汗と涙の塩物語　西川世一著　電波社　2017.4　225p　19cm　〈別タイトル：誰も知らない社長の汗と涙のCEO味物語〉　1300円　①978-4-86490-093-5　Ⓝ332.8
内容　1 東日本大震災ですべてを失った被災地にもう一度、光を灯す一有限会社まるしげ漁亭浜ベ代表取締役・佐藤智明　2 職人気質が生んだ己の未熟さ 一人の社員が起こした奇跡―ユニオンテック株式会社代表取締役社長・大川祐介　3 戦力外通告、消えない自己嫌悪…。人生と向き合う元Jリーガーの努力の証―株式会社ジールホールディングス代表取締役・藪崎真哉　4 兄弟・社員との絆があるからこそ「社員とは何か」を徹底的に追及する―株式会社あしたのチーム代表取締役社長・髙橋恭介　5 「今日で辞めさせてもらいます」原点回帰で開いた再生のトビラートークノート代表取締役・小池温男　6 リーマンショックで八方塞がり 立ち止まらずに前進する勇気を持つ―株式会社ジオベック代表取締役・望月雅彦　7 兄の死、借金、ケガ、病気…、「一日一死」で乗り越えたサーカス人生一木下サーカス株式会社代表取締役社長・木下唯志　8 「芸人なのに副業!?」と言われたくない。二足の草鞋で駆け抜けた10年―株式会社田村道場代表取締役・田村憲司

望月 美由紀〔1977〜〕　もちづき・みゆき
◇泣き虫ピエロの結婚式　望月美由紀著　泰文堂　2014.7　182p　19cm　（リンダブックス）　1400円　①978-4-8030-0586-8　Ⓝ779.7
内容　第1章 笑えないクラウン（目立ちたがり屋の子ども　これは天職だ！　ほか）　第2章 サイアクの出会いから（生春巻きに恋をして　初体験なほどほか）　第3章 新天地カナダへ（笑顔の特効薬　チャレンジの日々　ほか）　第4章 最高の結婚式（再スタートの日々　それぞれの両親　ほか）　第5章 ICUの新婚生活（再びの高熱　妻として　ほか）
◇泣き虫ピエロの結婚式　望月美由紀著　リンダパブリッシャーズ　2016.6　191p　15cm　〈泰文堂 2014年刊の再刊　発売：徳間書店〉　593円　①978-4-19-864193-1　Ⓝ779.7
＊結婚式からわずか五十日で隣からいなくなったあなた。わたしたちの結婚生活は、病院の狭いICUの中でした。残された日が少ないことを知っても、あなたの前では涙をこらえました。あなたには、最後の一瞬まで笑っていてほしかったから。一だってわたし、道化師だもの。日本感動大賞（第4回）大賞作品。

持田 香織〔1978〜〕　もちだ・かおり
◇Every Little Thing 20th Anniversary Book Arigato　ロックスエンタテインメント合同会社編著　大阪　ロックスエンタテインメント　2015.10　125p　21cm　〈本文は日本語　発売：シンコーミュージック・エンタテインメント〉　1852円　①978-4-401-76184-5　Ⓝ767.8
内容　持田香織（幼少時代　小学校時代　中学校時代　高校時代　Every Little Thingデビュー　ほ

か）　伊藤一朗（幼少時代　小学校時代　中学校時代　高校時代　高校卒業後、バンド時代　ほか）　セルフライナーノーツ

以仁王〔1151〜1180〕　もちひとおう
◇中世の人物 京・鎌倉の時代編　第2巻 治承〜文治の内乱と鎌倉幕府の成立　野口実編　大阪　清文堂出版　2014.6　426p　22cm　〈文献あり〉　4500円　①978-4-7924-0995-1　Ⓝ281
内容　源頼政と以仁王（生駒孝臣著）　甲斐源氏（西川広平著）　木曾義仲（長村祥知著）　源義経と範頼（宮田敬三著）　平宗盛（田中大喜著）　平氏の新旧家人たち（西村隆著）　藤原秀衡（三好俊文著）　源頼朝（元木泰雄著）　大庭景親（森幸夫著）　城助永と助職〈長茂〉（髙橋一樹著）　千葉常胤（野口実著）　和田義盛と梶原景時（滑川敦子著）　北条時政と牧の方（落合義明著）　源頼家（藤本頼人著）　八条院（髙松百香著）　藤原兼実（髙橋秀樹著）　源通親（佐伯智広著）　法然と貞慶・明恵（平雅行著）　重源（久野修義著）　栄西（中尾良信著）

本居 宣長〔1730〜1801〕　もとおり・のりなが
◇本居宣長―文学と思想の巨人　田中康二著　中央公論新社　2014.7　240p　18cm　（中公新書2276）〈文献あり〉　840円　①978-4-12-102276-9　Ⓝ121.52
内容　第1章 国学の脚本　第2章 学問の出発　第3章 人生の転機　第4章 自省の歳月　第5章 論争の季節　第6章 学問の完成　第7章 鈴屋の行方
◇本居宣長　本山幸彦著　新装版　清水書院　2014.9　238p　19cm　（Century Books―人と思想 47）〈文献あり　年表あり　索引あり〉　1000円　①978-4-389-42047-5　Ⓝ121.52
内容　1 青春の人間像（宣長をめぐる環境　幼少年期の宣長　京都遊学）　2 宣長学の完成（研究者宣長　市井の人として　宣長学の宣揚　晩年）　3 主情主義的人間観の形成（青春の思想　和歌と人間―『あしわけをぶね』『物のあはれ』と王朝社会）　4 古道と人間（『古事記』の研究　古道論　古道と真心）　5 古道と政治（本居宣長の政治思想　結びにかえて―本居宣長と学問）
◇本居宣長　吉田悦之著　大阪　創元社　2015.5　206p　18cm　（日本人のこころの言葉）〈文献あり　年譜あり〉　1200円　①978-4-422-80068-4　Ⓝ121.52
内容　言葉編（生きる信念「物のあわれを知る」「心」と「事」と「言葉」「物学び」の力）　生涯編（略年譜　本居宣長の生涯）
◇日本を支えた12人　長部日出雄著　集英社　2016.2　310p　16cm　（集英社文庫 お20-3）　680円　①978-4-08-745419-2　Ⓝ281.04
内容　聖徳太子　天武天皇　行基　聖武天皇　本居宣長　明治天皇　津田左右吉　棟方志功　太宰治　小津安二郎　木下惠介　美智子皇后陛下
◇宣長にまねぶ―志を貫徹する生き方　吉田悦之著　致知出版社　2017.2　412p　20cm　2500円　①978-4-8009-1139-1　Ⓝ121.52
内容　1 地図を広げる、系図をたどる　2 宣長、上京する　3 宣長のノート　4 四百キロという距離　5 考え続ける　6 みたまのふゆ

◇本居宣長―近世国学の成立　芳賀登著　吉川弘文館　2017.3　202p　19cm　〈読みなおす日本史〉〈清水書院 1972年刊の再刊　文献あり　年譜あり〉　2200円　①978-4-642-06723-2　Ⓝ121.52

内容　1 本居宣長の精神形成（浄土信仰の厚い家に生まれる　今井田養子と人間形成　本居復軒の精神的意義　本居学の学問的系譜　徂徠学と宣長学　伊勢松阪の町人本居宣長）　2 近世国学の成立と宣長学（契沖と宣長　真淵と宣長　国学の成立と西洋知識　『直毘霊』の成立と妙理　『古事記伝』の成立）　3 宣長とその時代（天明の「世直し状況」と本居宣長　本居宣長の国体観　寛政期の宣長　『うひ山ぶみ』―国学とは何ぞや）

◇いまこそ知りたい日本の思想家25人　小川仁志著　KADOKAWA　2017.9　254p　19cm　〈他言語標題：25 Japanese thinkers you need to know now　文献あり〉　1700円　①978-4-04-400234-3　Ⓝ121.028

内容　第1章 日本思想の黎明期（空海　道元　親鸞　吉田兼好　世阿弥）　第2章 日本の近世の葛藤（山本常朝　荻生徂徠　本居宣長　安藤昌益　二宮尊徳）　第3章 日本の近代の幕開け（横井小楠　吉田松陰　福沢諭吉　新渡戸稲造　内村鑑三）　第4章 「日本哲学」の始まり（西周　西田幾多郎　九鬼周造　三木清　和辻哲郎）　第5章 日本における日本思想の独自性（北一輝　鈴木大拙　柳田國男　丸山眞男　吉本隆明）

本木 昭子〔1942～1996〕　もとき・あきこ
◇だいじょうぶ だいじょうぶ 本木昭子　「本木昭子の本」制作委員会企画・編集　朝日クリエ　2014.10　135p　21cm　〈年譜あり〉　1500円　①978-4-903623-40-5　Ⓝ289.1

本木 昌造〔1824～1875〕　もとき・しょうぞう
◇幕末明治 新聞ことはじめ―ジャーナリズムをつくった人びと　奥武則著　朝日新聞出版　2016.12　278p　19cm　（朝日選書 952）　1500円　①978-4-02-263052-0　Ⓝ070.21

内容　序章 清八と宇平衛の受難―ジャーナリズム以前　第1章 ジョセフ・ヒコの悲泉―「新聞の父」再考　第2章 ハンサードの志―新聞がやってきた　間奏その1 青年旗本の悲劇―池田長発　第3章 柳河春三の無念―原点としての「中外新聞」　第4章 岸田吟香の才筆―新聞記者の誕生　間奏その2 旧幕臣の矜持―成島柳北　第5章 福地源一郎の言い分―「御用記者」と呼ばれて　間奏その3 鉛活字の誕生まで―本木昌造　第6章 ブラックの栄光―「日新真事誌」の時代

◇明治なりわいの魁―日本に産業革命をおこした男たち　植松三十里著　ウェッジ　2017.2　192p　21cm　〈文献あり　年表あり〉　1800円　①978-4-86310-176-0　Ⓝ281

内容　1章 魁の時代（高島秋帆―長崎豪商の西洋砲術と波乱の生涯　江川坦庵―伊豆韮山に現存する反射炉と品川台場　片寄平蔵―蒸気船の燃料を供給した常磐炭鉱の開拓）　2章 技の時代（鍋島直正―佐賀の反射炉と三重津海軍所の創設　本木昌造―日本語の活版印刷を広めた元長崎通詞　堤磯右衛門―公共事業の請負から石鹸の祖に　上田寅吉―船大工から日本造船史上の一大恩人へ　大島高任―鉄の産地で高炉を建設した南部藩士）　3章 生業の時代（尾高惇忠―富岡製糸場初代場長の知られざる来歴　ファン・ドールン―猪苗代湖からの疎水開削を実現　加唐為重―生命保険に医療を取り入れて発展　油屋熊八―別府温泉で本格的な観光業をスタート　竹鶴政孝―本物のウィスキーを日本にもたらす　松永安左エ門―電力再編の三年間のためにあった長き生涯）

本木 荘二郎〔1914～1977〕　もとき・そうじろう
◇「世界のクロサワ」をプロデュースした男 本木荘二郎　鈴木義昭著　山川出版社　2016.7　311p　20cm　〈文献あり　作品目録あり〉　1800円　①978-4-634-15094-2　Ⓝ778.21

内容　試写室　通夜　青春　焼け跡　闇市　グランプリ　復興　侍　問題作　悲劇　肉体　復活　天と地と

元木 大介〔1971～　〕　もとき・だいすけ
◇ドライチ―プロ野球人生『選択の明暗』　田崎健太著　カンゼン　2017.10　271p　20cm　〈文献あり〉　1700円　①978-4-86255-424-6　Ⓝ783.7

内容　1 辻内崇伸　2 多田野数人　3 的場寛一　4 古木克明　5 大越基　6 元木大介　7 前田幸長　8 荒木大輔

元木 昌彦〔1945～　〕　もとき・まさひこ
◇「週刊現代」編集長戦記　元木昌彦著　イースト・プレス　2015.2　342p　18cm　（イースト新書 046）〈「週刊誌編集長」（展望社 2006年刊）の改題、再編集〉　907円　①978-4-7816-5046-3　Ⓝ051.6

内容　第1章 「危険な編集者」の交遊録（昭和の三大スーパースターとの出会い　私が見た戦後凶悪犯罪の真実　私が見た戦後政治の真実　わが編集者人生「最大の危機」）　第2章 週刊誌が元気だった時代（私が立ち会った「冷戦終結」の現場　わが闘争）　第3章 第五代『フライデー』編集長（「日本一危険な編集長」の誕生　私が立ち会った「冷戦終結」の現場　わが闘争）　第4章 第一八代『週刊現代』編集長（仇敵・小沢一郎との戦い　「ヘア・ヌード」　私の雑誌ジャーナリズム論）　第5章 編集者人生最大の「独占スクープ」（「坂本堤弁護士一家殺害事件」の実行犯独占インタビュー　麻原彰晃被告の自白調書全文一挙公開）　第6章 インターネットとジャーナリズム（『Web現代』の創刊　「無人の荒野」を突っ走れ ほか）　特別対談 元木昌彦×佐野眞一「雑誌ジャーナリズムの"危機"を語る」（『週刊朝日』連載打ち切り問題に見る週刊誌の危機　百田尚樹氏をノンフィクション　「人間」を描けなくなった週刊誌）

本島 一郎〔1883～1952〕　もとじま・いちろう
◇新潟医科大学整形外科初代教授本島一郎伝―群馬県太田市の医家である本島より新潟へ　茂木晃著　前橋　上毛新聞社事業局出版部　2018.5　98p　19cm　〈背のタイトル：本島一郎伝　文献あり　年譜あり〉　926円　①978-4-86352-207-7　Ⓝ289.1

内容　1 少・青年期より聡明の誉れ　2 新潟医専・新潟医大で整形外科と医療技術の種を播く　3 北越地域・全国の整形外科学界で大活躍　4 新潟医科大学時代の本島教授の人物評価　5 熊本の旧制「第五高等学校」校長として招聘さる　6 病気により惜しまれながら享年七〇で新潟にて逝去　資料編

もとしま

本島 等〔1922～2014〕 もとしま・ひとし
◇回想本島等　平野伸人編・監修　長崎　長崎新聞社　2015.8　221p　20cm　1800円　Ⓘ978-4-904561-88-1　Ⓝ318.293

内容　追悼（世論におびえず揺らがず本島等さんを悼む―佐高信　評論家（長崎新聞二〇一四年十一月二十五日付寄稿・共同通信社配信）　土井たか子・坂本義和、そして本島等を悼む＝抜粋＝―西田勝　西田勝・平和研究室主宰、法政大学定年教員（非核自治体全国草の根ネットワーク世話人会刊「非核ネットワーク通信」一八〇号・二〇一五年二月）　貧しい被爆者への誠意本島等元長崎市長を悼む―郭貴勲　韓国原爆被害者協会名誉会長（長崎新聞二〇一四年十一月十五日付寄稿）　ほか）　残影（本島等が残したもの―森永玲　長崎新聞記者　「ナガサキ」から「フクシマ」へ本島等による「浦上燔祭説」の解釈をめぐる一考察―菅原潤　日本大学教授、元長崎大学教授（長崎大学総合環境研究、二〇一四年十月、一部修正））　本島等の言葉（三つ子の魂百まで（岩波ブックレットNo146「長崎市長のことば」本島等、谷内真理子著、一九八九年）　講演「原爆と平和」（明治学院大学国際平和研究所PRIME第二号一九九四年十一月）　広島よ、おごるなかれ原爆ドームの世界遺産化に思う（広島平和教育研究所「平和教育研究年報」vol24、一九九七年三月）　ほか）

元田 永孚〔1818～1891〕　もとだ・ながざね
◇元田永孚と明治国家―明治保守主義と儒教的理想主義　沼田哲著　オンデマンド版　吉川弘文館　2018.10　421,3p　22cm　〈印刷・製本：デジタルパブリッシングサービス　索引あり〉　13000円　Ⓘ978-4-642-73772-2　Ⓝ312.1

内容　明治前期保守主義と幕末・明治の儒学　元田永孚の思想形成　幕末維新期における元田永孚の思想と行動　横井小楠思想の特質　元田永孚「君徳輔導」論　元田永孚と「国憲」論の展開　元田永孚と皇室典範　「国教」論の成立・展開　元田永孚と明治二十三年神祇院設置問題　壬午事変後における元田永孚の朝鮮政策案　元田永孚と明治二十年条約改正問題　元田永孚と明治二十二年条約改正反対運動　「聖旨」の伝達者・記録者

本村 つる〔1925～〕　もとむら・つる
◇ひめゆりにさゝえられて　本村つる著　那覇　フォレスト（発売）　2016.6　131p　22cm　1800円　Ⓘ978-4-9908017-4-8　Ⓝ289.1

本村 靖夫〔1935～〕　もとむら・やすお
◇70歳からが本当の人生―最大手で年功序列をはねのけ、リストラを克服した住宅terror者　60歳以下の人たちに贈る遺言　本村靖夫著　にじゅういち出版　2015.1　198p　19cm　1600円　Ⓘ978-4-904842-17-1　Ⓝ289.1

内容　第1編　生い立ち　第2編　九州大学助手から東芝へ　第3編　想像もしなかった住宅建設へ　第4編　新しい旅立ち　第5編　30歳から70歳の方へ　第6編　体（健康のこと）　第7編　開業した人の例　第8編　私の資格取得と活かし方　第9編　私の勉強法

元良 勇次郎〔1858～1912〕　もとら・ゆうじろう
◇元良勇次郎著作集　別巻2　元良勇次郎著作集解題　元良勇次郎著，大山正監修，大泉溥編集主幹，『元良勇次郎著作集』刊行委員会編集　クレス出版　2017.12　392p　22cm　〈布装〉　17000円　Ⓘ978-4-87733-747-6　Ⓝ140.8

内容　この著作集企画の趣旨と刊行の意義　第1部　明治期の代表的心理学者元良勇次郎―その主要テーマの解説（元良勇次郎の生理学的心理学　元良勇次郎の注意研究と遅性児問題への適用　「大宇宙」と「小宇宙」―元良勇次郎における「物」「心」「人格」　明治の教育問題と元良勇次郎　明治の婦人問題と元良勇次郎　ほか）　第2部　元良勇次郎著作集補遺（元良勇次郎の生涯―伝記的経歴を中心に　元良勇次郎と日本心理学史に関する研究文献リスト（別巻1追補）　別巻1の元良勇次郎関係文献補遺　付録2解題佐久間鼎の『元良教授心理学概論講義』について）

◇新編　同志社の思想家たち　上　沖田行司編著　京都　晃洋書房　2018.5　217p　19cm　〈他言語標題：THINKERS of DOSHISHA〉　2200円　Ⓘ978-4-7710-3055-8　Ⓝ121.02

内容　第1章　新島襄―「私立」する精神　第2章　山本覚馬―京都の近代化と同志社創設の立役者　第3章　横井時雄―「日本風」のキリスト教の模索　第4章　海老名弾正―「実験」に支えられた「異端」者の生涯　第5章　浮田和民―「半宗教家」「全教育家」として　第6章　元良勇次郎―日本初の心理学者　第7章　原田助―国際主義を唱えた同志社人　第8章　大西祝―短き生涯が遺したもの　第9章　山室軍平―神と平民の為に　第10章　安部磯雄―理想と現実のはざまで

桃〔1985～〕　もも
◇桃のすべて―HOW TO FIND HAPPINESS IN DAILY LIFE　桃著　学研プラス　2015.12　112p　21cm　1300円　Ⓘ978-4-05-406368-6　Ⓝ289.1

内容　HELLO　ORIGIN　WEAR　TRIP　ORDINARY　FACE　IPHONE　NAIL　DRESS　UP　HAIR〔ほか〕

モモエママ
◇二丁目の叔父さん―ゲイの天才、モモエママの人生語り　大谷峯子著　三一書房　2017.6　253p　19cm　1600円　Ⓘ978-4-380-17004-1　Ⓝ289.1

内容　プロローグ　これが、叔父のモモエママです　1　あたしの人生―叔父が新宿二丁目で、ゲイバーを開くまで（月を見て泣いていた、乙女な少年時代　物心ついたときには、男をステキと思うんだもの　男に惚れる→追いかける→逃げられる、をくりかえす、十代後半　あたしの人生って、男で変わっていくのよ　ついに、二丁目と出会う！　このままじゃ、嘘の人生になってくわ　自分に正直に生きると決意。ゲイバーを開く　すきな道で生きていくのが、人間でしょ？　カミングアウト1　いい機会だわ。すべてを見せましょう　カミングアウト2　カミングアウトするのは、誰？　自分のためよ！）　2　叔父のパートナー、トラちゃんの人生―カミングアウトは、しないほうがいいと思う（男ができて、会社を辞めちゃったの　お客のキツーイ言葉が、くやしくてくやしくて　カミングアウトは、しないほうがいいと思う　女言葉は、仕事の言葉　恋は、目と目よ。一瞬で決めるママは、おかまの天才なの）　3　気持ちが合えば、ノーマルな男とだって愛しあえる―ふたたび叔父のこと。愛について（あたしたちの愛は、「究極の

もり

愛」よ　おかま、ゲイ、ホモ、同性愛…どの言葉もすきじゃない）　4　今度生まれてきても、ゲイでいいと思ってる一プロとしての心がまえ。そして、「あたしの人生」とは（二丁目は初めての人のために　大事なことは、会話、接待、笑わせる　普通の人には味わえない人生をたのしんだ）　エピローグ　叔父の店のドアをしめて

桃澤 如水〔1873〜1906〕　ももざわ・にょすい
◇桃澤茂春実暦―正岡子規直門　橋本俊明著　いりの舎　2015.4　355p　22cm　〈年譜あり〉　4000円　①978-4-906759-50-2　Ⓝ911.162
◇正岡子規直門　桃澤茂春（画名如水）資料　4　日記　1（東京時代）　桃澤茂春作，桃澤匡行編　〔飯島町（長野県）〕　桃澤茂春伝研究会　2016.8　298p　21cm　3000円　Ⓝ911.162
◇正岡子規直門　桃澤茂春（画名如水）資料　5　日記　2（伊勢時代の一）　桃澤茂春作，桃澤匡行編　〔飯島町（長野県）〕　桃澤茂春伝研究会　2016.8　279p　21cm　3000円　Ⓝ911.162
◇正岡子規直門　桃澤茂春（画名如水）資料　6　日記　3（伊勢時代の二）　桃澤茂春作，桃澤匡行編　〔飯島町（長野県）〕　桃澤茂春伝研究会　2016.8　305p　21cm　3000円　Ⓝ911.162

桃澤 茂春　ももざわ・もしゅん
⇒桃澤如水（ももざわ・にょすい）を見よ

百田 宗治〔1893〜1955〕　ももた・そうじ
◇我が愛する詩人の伝記　室生犀星著　講談社　2016.8　277p　16cm　（講談社文芸文庫　A9）〈中公文庫　1974年刊の再刊　年譜あり〉　1400円　①978-4-06-290318-9　Ⓝ914.6
内容　北原白秋　髙村光太郎　萩原朔太郎　釈迢空　堀辰雄　立原道造　津村信夫　山村暮鳥　百田宗治　千家元麿　島崎藤村

森 昭〔1915〜1976〕　もり・あきら
◇日本教育学の系譜―吉田熊次・篠原助市・長田新・森昭　小笠原道雄,田中毎実,森田尚人,矢野智司著　勁草書房　2014.8　408,18p　22cm　〈年表あり　索引あり〉　4600円　①978-4-326-25098-1　Ⓝ371.2
内容　戦後教育学の来歴を語り継ぐために　第1章　若きⅠの吉田熊次―社会的教育学と国民道徳論と（吉田熊次のヒストリオグラフィー　学校との出会い―生い立ち　ほか）　第2章　京都学派としての篠原助市―「自覚の教育学」の誕生と変容（日本の教育学の失われた環　「新カント学派」としての西田幾多郎　ほか）　第3章　長田新の教育学―教育学形成の荒野のなかで（長田新教育学の前提　長田新の教育学　ほか）　第4章　森昭を読む―教育的公共性から世代継承的公共性へ（啓蒙と自律、臨床化と公共性　著作を読む(1)―『教育人間学』へ　ほか）

森 敦〔1912〜1989〕　もり・あつし
◇わが青春　わが放浪　森敦著　小学館　2016.1　356p　19cm　（P＋D BOOKS）〈福武文庫1986年刊の再刊〉　600円　①978-4-09-352248-9　Ⓝ914.6
内容　1（青春時代　檀一雄　花と孤愁　檀一雄の終焉　ほか）　2（老人諸君　瞼の裏の目　口三味線　ほか）　3（あきと智　母の声　月山のスギ　ほか）

森 有礼〔1847〜1889〕　もり・ありのり
◇森有礼が切り拓いた日米外交―初代駐米外交官の挑戦　国吉栄著　勉誠出版　2018.7　297,8p　22cm　〈文献あり　索引あり〉　4800円　①978-4-585-22213-2　Ⓝ289.1
内容　第1部　初代駐米外交官森有礼の出発（エドワード・キンズレーとの出会い　森有礼の著作について　豊富な情報　キンズレー関係書簡）　第2部　岩倉使節団と開拓使派遣女子留学生をめぐる諸問題（開拓使派遣女子留学生をめぐる森有礼とチャールズ・デロングの対立　森有礼の外交交渉のはじまり　開拓使派遣女子留学生の教育に果たした森の働き）　第3部　初代駐米外交官森有礼のさまざまな働き（米国公文書館所蔵公文録にみる森有礼　簡易英語採用論　森有礼と図書館　音楽教育導入への布石　森有礼と精神病院　森有礼への期待と危惧　森有礼と幼稚園　結語に代えて）　附録　森有礼の足跡をたどる旅

森 勲〔1935〜〕　もり・いさお
◇足跡―故郷とともに　森勲回顧録　森勲著　〔大和髙田〕　〔森勲〕　2015.10　337p　20cm　Ⓝ289.1

森 鷗外〔1862〜1922〕　もり・おうがい
◇森鷗外　明治知識人の歩んだ道　山崎一穎監修，森鷗外記念館編　改訂新版　津和野町（島根県）　森鷗外記念館　2014.3　140p　30cm　〈年譜あり〉　Ⓝ910.268
内容　第一章　鷗外の生涯　西欧を父として　上京後から東大時代　自由と美の国へ　ドイツ留学　作家誕生　帰国後の鷗外　待機の時　日清・日露戦争と小倉時代　豊潤の時代　日露戦後の文壇への復帰　晩年の輝き　歴史・史伝小説の世界を拓く　石見人森林太郎として遺言　第二章　津和野の日々　文久二年（1962）誕生　森家系譜　慶應三年（1867）絵図に残された森家　現在の森鷗外旧宅　家庭での学問　明治元年（1868）米原家での学習　明治二年（1869）藩校「養老館」入学　最初の蔵書印と号　養老館の教授　養老館教科書　明治三年（1870）外国事始め　養老館に通った道　西周　明治四年（1871）上京準備　横堀盆踊り　明治五年（1872）上京　上京の経路　津和野との交流　第三章　年譜
◇森鷗外　明治知識人の歩んだ道―注記　山崎一穎注記，森鷗外記念館編　改訂新版　津和野町（島根県）　森鷗外記念館　2014.3　117p　30cm　Ⓝ910.268
◇軍医森鷗外のドイツ留学　武智秀夫著　京都　思文閣出版　2014.6　333,9p　22cm　〈文献あり　索引あり〉　3000円　①978-4-7842-1754-0　Ⓝ910.268
内容　津和野　医学を学ぶ　その時代の衛生学　陸軍軍医部に入る　『醫政全書稿本』十二巻　留学が決まるまで　出発からベルリンまで　ライプチッヒ　ライプチッヒ時代の軍事研修　ドレスデン　ミュンヘン　ベルリン　帰国の途へ　エリス
◇森鷗外　河合靖峯著，福田清人編　新装版　清水書院　2016.8　200p　19cm　（Century Books―人と作品）〈文献あり　年譜あり　索引あり〉　1200円　①978-4-389-40106-1　Ⓝ910.268

|内容| 第1編 森鷗外の生涯(津和野の天才少年 十三歳の医学生 ドイツに留学 文学への出発 苦しみの中で ふたたび文壇へ 晩年) 第2編 作品と解説(舞姫 雁 阿部一族 山椒大夫 高瀬舟)

◇森鷗外―もう一つの実像 白崎昭一郎著 オンデマンド版 吉川弘文館 2017.10 216p 19cm (歴史文化ライブラリー 39)〈原本:1998年刊〉 2300円 ①978-4-642-75439-2 ⓝ910.268

＊文豪・森鷗外には、もう一つの顔がある。日清・日露戦争における数万の兵士の「脚気」による死に対して、上級軍医の彼は何も語らない。医師の眼を通して、森林太郎の生涯を追求し、国家組織に生きた彼の人間像を描く。

◇脚気と軍隊―陸海軍医団の対立 荒木肇著 並木書房 2017.10 327p 19cm 〈文献あり〉 2000円 ①978-4-89063-365-4 ⓝ493.13

|内容| 第1章 脚気の始まり 第2章 西洋医学の導入 第3章 脚気への挑戦 第4章 陸軍の脚気対策 第5章 森林太郎の登場 第6章 日露戦争の脚気惨害 第7章 臨時脚気病調査委員会

◆軍服を脱いだ鷗外―青年森林太郎のミュンヘン 美留町義雄著 大修館書店 2018.7 255p 20cm 2600円 ①978-4-469-22264-7 ⓝ910.268

森 開一〔1922～〕 もり・かいいち
◇私の歩いた道―平和ビル 誠実であればいつかわかる時がくる 森開一著 〔岐阜〕 岐阜新聞社 2016.9 170p 19cm 〈年表あり〉 ⓝ289.1

森 恪〔1882～1932〕 もり・かく
◇評伝 森恪―日中対立の焦点 小山俊樹著 ウェッジ 2017.2 451p 20cm 〈文献あり 年譜あり〉 2700円 ①978-4-86310-175-3 ⓝ289.1

|内容| はじめに 森恪とその時代 第1章 反骨の野生児 第2章 満州を買う男 第3章 政界の荒野を往く 第4章 東方会議 第5章 謀将暗躍 第6章 政軍結合ならず 第7章 最期の政戦 むすびに 森恪は生きている

◇東亜新秩序の先駆 森恪 樋口正士著 カクワークス社 2018.1 3冊(セット) 21cm 10000円 ①978-4-907424-17-6 ⓝ289.1

|内容| 上巻 薫陶を活かした男(少年時代―支那に渡るまで 青年時代 実業界飛躍時代―政界に入るまで) 下巻 日本を動かした男(政界進出時代 外務政務次官時代 野党活躍時代 ほか) 補遺(文叢篇(手簡論稿))

◇東亜新秩序の先駆森恪 上巻 薫陶を活かした男 樋口正士著 カクワークス社 2018.1 493p 22cm 〈年譜あり〉 ①978-4-907424-14-5 ⓝ289.1

◇東亜新秩序の先駆森恪 下巻 日本を動かした男 樋口正士著 カクワークス社 2018.1 607p 22cm 〈年譜あり〉 ①978-4-907424-15-2 ⓝ289.1

◇東亜新秩序の先駆森恪 補遺 樋口正士著 カクワークス社 2018.1 188p 22cm 〈文献あり〉 ①978-4-907424-16-9 ⓝ289.1

森 一久〔1926～2010〕 もり・かずひさ
◇湯川博士、原爆投下を知っていたのですか―"最後の弟子"森一久の被爆と原子力人生 藤原章生著 新潮社 2015.7 205p 20cm 〈文献あり〉 1400円 ①978-4-10-339431-0 ⓝ289.1

|内容| 第1章 湯川博士の謎と"最後の弟子" 第2章 ジャーナリストからインサイダーへ 第3章 そして、「村」を出る

森 欣哉〔1932～〕 もり・きんや
◇縁 森欣哉著 〔出版地不明〕 アーリーバード 2015.12 339p 20cm ⓝ289.1

森 國久〔1912～1961〕 もり・くにひさ
◇評伝 天草五十人衆 天草学研究会編 福岡弦書房 2016.8 317p 22cm 〈文献あり 年表あり 索引あり〉 2400円 ①978-4-86329-138-6 ⓝ281.94

|内容| ステージ1 五人衆の時代、そして… ステージ2 天領天草の村々 ステージ3 祈りの島で ステージ4 耕す、漁る ステージ5 実業の世をひらく ステージ6 潮路はるかに ステージ7 文学・歴史・言論 ステージ8 あの頃、この人 ステージ9 島の現実、国の行く末 ステージ10 一筋の道 ステージ特別編 群像二題(天草の石文化と松室五郎左衛門 牛深カツオ漁の男たち)

◇地方創生に駆けた男―天草架橋・離島振興に命を賭した森國久 森純子,段下文男編著 熊本 熊本出版文化会館 2016.9 359p 21cm 〈文献あり 年譜あり 発売:創流出版〔いわき〕〉 1900円 ①978-4-906897-36-0 ⓝ289.1

|内容| 第1章 龍ヶ岳町政に見る國久の先見性と政治の心 第2章 離島振興法の成り立ちと森國久の闘い 第3章 天草架橋実現の歴史とリーダー森國久 第4章 提言集 第5章 随筆集 第6章 人物評 第7章 追悼集

森 源太〔1978～〕 もり・げんた
◇オイのコトー―ひとりの大人として、今、子どもたちに伝えたいコト Your Life is Yours 森源太著 箕面 OneWorld 2014.7 231p 19cm 〈発売:創英社/三省堂書店〉 1200円 ①978-4-907969-01-1 ⓝ767.8

|内容| 第1章 小・中学校、高校時代 第2章 大学時代 第3章 ママチャリ日本一周「旅立ち」 第4章 ママチャリ日本一周「出会い、そしてゴール」 第5章 歌だけで食っていく! 第6章 カンボジアとの出会い 第7章 今伝えたいこと

森 重隆〔1951～〕 もり・しげたか
◇日本ラグビーヒーロー列伝―歴史に残る日本ラグビー名選手 All about JAPAN RUGBY 1970-2015 ベースボール・マガジン社編著 ベースボール・マガジン社 2016.2 175p 19cm 1500円 ①978-4-583-11001-1 ⓝ783.48

|内容| 第1章 2015年 ワールドカップの英雄(五郎丸歩 リーチ,マイケル 廣瀬俊朗 大野均 堀江翔太 ほか) 第2章 ヒーロー列伝 1970年～2015年(坂田好

もり

弘　原進　藤原優　森重隆　松尾雄治　ほか）

森 慈秀　もり・じしゅう
　⇒森慈秀（もり・やすひで）を見よ

森 春濤〔1819～1889〕　もり・しゅんとう
◇江戸詩人評伝集―詩誌『雅友』抄　2　今関天彭著, 揖斐高編　平凡社　2015.11　447p　18cm　（東洋文庫　866）〈布装〉　3200円　Ⓘ978-4-582-80866-7　Ⓝ919.5
[内容]　梁川星巌（補篇）梁川星巌の学風　広瀬旭荘　遠山雲如　小野湖山　大沼枕山　森春涛　江戸時代京都中心の詩界　明清詩風の影響

森 正蔵〔1900～1953〕　もり・しょうぞう
◇挙国の体当たり―戦時社説150本を書き通した新聞人の独白　森正蔵著　毎日ワンズ　2014.8　385p　19cm　〈文献あり〉　1700円　Ⓘ978-4-901622-79-0　Ⓝ289.1
[内容]　1　開戦（昭和十六年十二月八日～昭和十八年九月二十五日）　2　従軍（昭和十八年九月二十六日～昭和十八年十二月五日）　3　敗戦（昭和十八年十二月六日～昭和二十年九月二日）　特別寄稿　駆け抜けた五十二年半

森 慎二〔1974～2017〕　もり・しんじ
◇どん底―一流投手が地獄のリハビリで見たもの　元永知宏著　河出書房新社　2018.5　205p　19cm　1350円　Ⓘ978-4-309-27947-3　Ⓝ783.7
[内容]　第1章　森慎二―メジャーを目指した男の夢が消えた1球　第2章　石井弘寿―WBC日本代表の苦悩　第3章　斉藤和巳―沢村賞投手の最後の6年　第4章　川崎憲次郎―FA移籍後のつらすぎる4年間　第5章　野村弘樹―ひじを痛めて引退した101勝サウスポー　第6章　西本聖―脊椎の手術からの奇跡の復活

森 信三〔1896～1992〕　もり・しんぞう
◇森信三　運命を創る100の金言　森信三著, 藤尾秀昭監修　致知出版社　2017.7　130p　19cm　1100円　Ⓘ978-4-8009-1154-4　Ⓝ289.1
[内容]　第1章　いかに生きるか（人生の根本問題　一生の縮図　ほか）　第2章　仕事の根本（職業の三大意義　個性の発揮　ほか）　第3章　家庭教育の心得（夫婦のあり方　忍耐　ほか）　第4章　読書の神髄（いのちの宝庫　人生と読書　ほか）　第5章　自分を確立する（律する　打ち込む　ほか）

◇下学雑話―森信三語録　森信三著　致知出版社　2018.2　193p　20cm　1500円　Ⓘ978-4-8009-1171-1　Ⓝ289.1
[内容]　下学雑話(1)（感受性　不書の経文　真の著述　ほか）　下学雑話(2)（入るべき門は一つにして　はっきり詫びてこそ　常精進　ほか）　下学雑話(3)（死後読まれぬ書物は　内に充実する人格　上下, 逆になることを　ほか）

森 澄雄〔1919～2010〕　もり・すみお
◇森澄雄の背中　千田佳代著　ウエップ　2016.9　274p　20cm　2500円　Ⓘ978-4-86608-027-7　Ⓝ911.362
　＊戦中派（学徒兵）であった森澄雄には, 生き延びた者だけが見ることのできた絶望の果ての美学と哲学があった。多声的に, 多面的に, 一人の俳人を描き出す。晩年の俳人に随行した女弟子の, 師の影を踏む評伝。

◇大阪の俳人たち　7　大阪俳句史研究会編　大阪　和泉書院　2017.6　256p　20cm　（上方文庫　41―大阪俳句史研究会叢書）　2600円　Ⓘ978-4-7576-0839-9　Ⓝ911.36
[内容]　高浜虚子（明治7年2月22日～昭和34年4月8日）　川西和露（明治8年4月20日～昭和20年4月1日）　浅井啼魚（明治8年10月4日～昭和12年8月19日）　尾崎放哉（明治18年1月20日～大正15年4月7日）　橋本多佳子（明治32年1月15日～昭和38年5月29日）　小寺正三（大正3年1月16日～平成7年2月12日）　桂信子（大正8年11月11日～平成16年12月16日）　森澄雄（大正8年2月28日～平成22年8月18日）　山田弘子（昭和9年8月24日～平成22年2月7日）　摂津幸彦（昭和22年1月28日～平成8年10月13日）

森 忠政〔1570～1634〕　もり・ただまさ
◇兼山が生んだ戦国武将　森忠政と津山　津山郷土博物館編　津山　津山市　2015.10　39p　30cm　（可児市と津山市歴史友好都市交流20周年）　Ⓝ289.1

森 千夏〔1980～2006〕　もり・ちなつ
◇18m22の光―砲丸投に人生をかけた森千夏　山田良純著　広島　南々社　2017.12　311p　19cm　1600円　Ⓘ978-4-86489-070-0　Ⓝ782.5
[内容]　序章　第1章　東京高校　第2章　18メートル　第3章　昭和の名手　第4章　親友　第5章　女子砲丸投のオリンピアン　第6章　夢のつづき　第7章　憧憬　終章

森 常吉〔1826～1869〕　もり・つねきち
◇「朝敵」と呼ばれようとも―維新に抗した殉国の志士　星亮一編　現代書館　2014.11　222p　20cm　2000円　Ⓘ978-4-7684-5745-0　Ⓝ281.04
[内容]　神保修理―その足跡を尋ねて　山本帯刀―会津に散る！　長岡の若き家老　中島三郎助―幕府海軍を逸早く構想した国際通　春日左衛門―知られざる英傑　佐川官兵衛―会津の猛将から剛毅朴直の大警視へ　朝比奈弥太郎泰尚―水戸の執政, 下総に散る　滝川充太郎―猪突猛進を貫いた若き猛将　森弥一左衛門陳明―桑名藩の全責任を負って切腹した　甲賀源吾―東郷平八郎が賞賛した, 宮古湾の勇戦　桂早之助―剣隼記　京都見廻組　玉虫左太夫―幕末東北を一つにまとめた悲運の国際人　雲井龍雄―米沢の俊英が夢見たもう一つの「維新」　赤松小三郎―日本近代化の礎を作った洋学者　松岡磐吉―榎本軍最後の軍艦「蟠龍」艦長

森 陳明　もり・つらあき
　⇒森常吉（もり・つねきち）を見よ

森 信三　もり・のぶぞう
　⇒森信三（もり・しんぞう）を見よ

森 博〔1923～1971〕　もり・ひろし
◇人物でたどる日本の図書館の歴史　小川徹, 奥泉和久, 小黒浩司著　青弓社　2016.6　660p　22cm　〈索引あり〉　8000円　Ⓘ978-4-7872-0060-0　Ⓝ010.21
[内容]　第1篇　佐野友三郎伝（佐野友三郎の足跡　補論

もり

資料）　第2篇　新宮市立図書館長浜畑栄造更迭始末（新宮の2つの図書館　浜畑栄造と大逆事件　「新宮の町は恐懼せり」）　第3篇　忘れられた図書館員、田所糧助―図書館員として歩んだ道のりをたどって（図書館創設請負人、田所糧助　東京市立図書館の復興計画と田所糧助　深川図書館時代―1927-35年）　第4篇　「図書館の自由に関する宣言」溯源考―韮塚一三郎の生涯（青年期の韮塚　県立図書館長としての韮塚）　第5篇　森博、図書館実践とその思想（論考：森博、図書館実践とその思想　森博と4人の図書館員―インタビュー記録）

森　正明〔1961～〕　もり・まさあき
◇日本代表議長　森正明―サッカー選手から地方政治家へ　すぎさきともかず著　秦野　タウンニュース社　2016.10　257p　19cm　1204円　Ⓘ978-4-9908973-2-1　Ⓝ783.47

森　まさこ〔1964～〕　もり・まさこ
◇取り立てに怯えた少女が大臣になった　森まさこ著　海竜社　2017.9　207p　19cm　1400円　Ⓘ978-4-7593-1525-7　Ⓝ289.1
内容　第1章　取り立てに怯えた少女　第2章　念願の弁護士に　第3章　新米ママのアメリカ留学　第4章　一年生議員の奮闘　第5章　一年生でいきなり大臣に　第6章　二児の母として、働く女性として　第7章　故郷福島を襲った東日本大震災　第8章　これからの夢

森　三千代〔1901～1977〕　もり・みちよ
◇今宵なんという夢見る夜―金子光晴と森三千代　柏倉康夫著　左右社　2018.6　411p　19cm　〈奥付のタイトル（誤植）：今宵はなんという夢みる夜　文献あり〉　4200円　Ⓘ978-4-86528-201-6　Ⓝ911.52
内容　第1部　放浪の始まり　第2部　新嘉坡の別れ　第3部　モンマルトルの再会　第4部　厳しいパリ　第5部　ヨーロッパ離れ離れ　第6部　女流作家誕生　第7部　『鮫』の衝撃　第8部　南方の旅、再び　第9部　戦時下のふたり　第10部　「寂しさの歌」　短いエピローグ

森　光子〔1920～2012〕　もり・みつこ
◇全身女優―私たちの森光子　小松成美著　KADOKAWA　2015.5　375p　20cm　〈文献あり　年譜あり〉　3500円　Ⓘ978-4-04-731747-5　Ⓝ772.1
内容　第1章　森光子と村上美津　第2章　"恋人"として、姉として、家族として　第3章　舞台に生きて　第4章　『時間ですよ』の時代　第5章　英雄たちとの時間　第6章　国民女優

森　弥一左衛門　もり・やいちざえもん
⇒森常吉（もり・つねきち）を見よ

森　慈秀〔1890～1973〕　もり・やすひで
◇評伝　天草五十人衆　天草学研究会編　福岡　弦書房　2016.8　317p　22cm　〈文献あり　年表あり　索引あり〉　2400円　Ⓘ978-4-86329-138-6　Ⓝ281.94
内容　ステージ1　五人衆の時代、そして…　ステージ2　天領天草の村々　ステージ3　祈りの島　ステージ4　耕す、漁る　ステージ5　実業の世をひらく　ステージ6　潮路はるかに　ステージ7　文学・歴史・言論　ステージ8　あの頃、この人　ステージ9　島の現実、国の行く末　ステージ10　一筋の道　ステージ特別編　群像二題（天草の石文化と松室五郎左衛門　牛深カツオ漁の男たち）

森　喜朗〔1937～〕　もり・よしろう
◇政治の眼力―永田町「快人・怪物」列伝　御厨貴著　文藝春秋　2015.6　207p　18cm　（文春新書　1029）　750円　Ⓘ978-4-16-661029-7　Ⓝ312.8
内容　安倍政権とは何か（貴族的感覚　祖父譲り―麻生太郎　「フツー」に秘める胆力―山口那津男　ほか）　自民党の力の秘密（「反時代」で独特の地位―古賀誠　権力への鋭いアンチ―野中広務　ほか）　チャレンジャーの資格（己を見つめる伝道師―石破茂（1）　大政治家に化けるか―細野豪志　ほか）　失敗の研究（道半ばのリアリズム―仙谷由人　「政策の調教師」次の道―与謝野馨　ほか）　清和会とは何か（時勢を見極め一手―森喜朗　二十一世紀型の首相―小泉純一郎　ほか）

◇YKK秘録　山崎拓著　講談社　2016.7　315p　20cm　1800円　Ⓘ978-4-06-220212-1　Ⓝ312.1
内容　序章　運命の日　第1章　55年体制崩壊―宇野宗佑、海部俊樹、宮澤喜一内閣　第2章　小沢一郎の暗躍―細川護熙、羽田孜内閣　第3章　自・社・さ新時代―村山富市、橋本龍太郎内閣　第4章　「加藤の乱」の真相―小渕恵三、森喜朗内閣　第5章　小泉純一郎ける

◇遺書―東京五輪への覚悟　森喜朗著　幻冬舎　2017.4　235p　20cm　1500円　Ⓘ978-4-344-03098-5　Ⓝ289.1
内容　第1章　私と東京オリンピック―招致活動から組織委員会長へ（メダリストのパレードの陰で　JOCではオリンピック招致はできない　ほか）　第2章　すべてラグビーから学んだ（スポーツと父の教え　小学生時代は野球に夢中　ほか）　第3章　ラグビーW杯の招致と期待（大西先生からの手紙　非業の死　ほか）　第4章　マスコミにあれこれ書かれたけれど（かえって政治不信を拡大　国歌独唱か斉唱か　ほか）　第5章　小池流「見直し」とは何だったのか（オリンピックを冒瀆してはいけない　お粗末だった上山「提言」　ほか）　緊急追記（二〇一七年三月二十六日）

◇YKK秘録　山崎拓著　講談社　2018.8　396p　15cm　（講談社+α文庫　G317-1）〈2016年刊の加筆、改筆〉　950円　Ⓘ978-4-06-512939-5　Ⓝ312.1
内容　序章　運命の日　第1章　55年体制崩壊―宇野宗佑、海部俊樹、宮澤喜一内閣　第2章　小沢一郎の暗躍―細川護熙、羽田孜内閣　第3章　自・社・さ新時代―村山富市、橋本龍太郎内閣　第4章　「加藤の乱」の真相―小渕恵三、森喜朗内閣　第5章　小泉純一郎首相の誕生、自民党幹事長に就任

森井　公子〔1948～〕　もりい・きみこ
◇私が消し去りたいこと―森井公子六十八年の独白録　森井公子著　藤沢　湘南社　2017.6　77p　21cm　Ⓝ289.1

もりい　けんじ〔1943～〕
◇いのち、さがして―生きる意味を問う人々のために　もりいけんじ著　半田　一粒書房　2015.4　238p　19cm　〈文献あり〉　非売品

森内 俊之〔1970〜〕　もりうち・としゆき
◇羽生世代の衝撃―対局日誌傑作選　河口俊彦著　マイナビ　2014.8　218p　19cm　（マイナビ将棋BOOKS）　1540円　Ⓘ978-4-8399-5140-5　Ⓝ796

内容　第1章 羽生善治デビュー（天才少年登場　十年に一度の天才　天才の真価を発揮　ほか）　第2章 佐藤康光、森内俊之登場（大器佐藤、まず一勝　チャイルドブランド達の特徴　強い者の寄せ　ほか）　第3章 村山聖、丸山忠久、郷田真隆来る（天賦の才　両天才の一騎打ち　羽生の強さ　ほか）

◇純粋なるもの―羽生世代の青春　島朗著　河出書房新社　2018.9　209p　18cm　920円　Ⓘ978-4-309-02713-5　Ⓝ796

内容　1 多彩な時間とある断片―若き棋士たちの将棋ワールドより（白鳥のように　サラブレッドと優雅さと　一対〇は差ではない　ほか）　2 勝負と日常の空間で―いくつもの季節を駆け抜けて（図形の記憶気分のよい午後　青年が成長する時　ほか）　エピローグ　その後の「純粋なるもの」（エピローグのその後　二十代後半の夏　果てしなき道）

森岡 寛〔1934〜〕　もりおか・ひろし
◇戦う技工士―歯　森岡寛著　〔出版地不明〕　森岡寛　2016.5　266p　20cm　〈年譜あり　年表あり〉　Ⓝ289.1

森上 助次〔1886〜1976〕　もりかみ・すけじ
◇大和コロニー―フロリダに「日本」を残した男たち　川井龍介著　旬報社　2015.8　223p　19cm　〈他言語標題：Yamato Colony　文献あり〉　1800円　Ⓘ978-4-8451-1415-3　Ⓝ334.45339

内容　第1章 失恋から渡米　第2章 富豪のフロリダ開発と入植計画　第3章 大和村誕生　第4章 フロリダの日本人　第5章 誤算から再出発　第6章 土地ブームとその崩壊　第7章 コロニー消滅と戦争　第8章 望郷　第9章 この地に名前を残したい　第10章 八〇歳、木を植え続ける

森川 聖詩〔1954〜〕　もりかわ・せいし
◇核なき未来へ―被爆二世からのメッセージ　森川聖詩著　現代書館　2018.12　381p　20cm　〈文献あり　年表あり〉　3000円　Ⓘ978-4-7684-5849-5　Ⓝ369.37

内容　序章 次世代に向けて―この本を読まれる方へ　第1章 私の半生から1 少年時代から大学卒業まで―被爆二世を意識して　第2章 私の半生から2 就職―病院での仕事、労働争議と被爆二世運動　第3章 私の半生から3 郵便局という職場との出会い　第4章 被爆二世としての新たな出会いから　第5章 新たな修業時代への船出と出会い　第6章 被爆二世問題を考える―被爆二世問題の本質とは　第7章 改めて被爆二世問題とは―核問題とのかかわりから考える　第8章 核なき未来へ！　今日から、明日…未来につながる一歩を！　終章 この本を読まれた方へ　私からのメッセージ―まとめにかえて

森川 千代女〔1726〜1746〕　もりかわ・ちよじょ
◇わが道の真実一路―歴史随想　億劫の花に咲く十話　1　山田一生編著　松阪　夕刊三重新聞社　2014.3　152p　19cm　〈文献あり〉　1800円　Ⓘ978-4-89658-003-7　Ⓝ281.04

内容　第1話 崇光天皇ご本紀と行宮伝説の研究　第2話 蒲生氏郷とキリスト教　第3話 上田秋成（号・無腸）“相撲老て京に住けり妻しあればの句作に就いて　第4話 潮田長助と赤穂義士又之丞高教の生涯　第5話 骨董商S氏との好日…中川乙由と森川千代女と加賀千代女　第6話 風雲の陶芸人　上島弥兵衛　第7話 俳家奇人　子兌　第8話 剛力無双の鎌田又八　第9話 松阪が生んだ神童棋士　小川道明　第10話 麦の舎　高畠式部

森川 智之〔1967〜〕　もりかわ・としゆき
◇声優―声の職人　森川智之著　岩波書店　2018.4　145,21p　18cm　（岩波新書　新赤版1714）　780円　Ⓘ978-4-00-431714-2　Ⓝ778.77

内容　第1章 声優という職業（声優という職業　台本とリハーサル映像に追われて　ほか）　第2章 声の職人―帝王の履歴書から（体育教師だってスポーツキャスターにだってなれる！　声優の世界は楽しすぎる！　ほか）　第3章 裏方が表舞台に出る時代（トークライブ「おまえらのためだろ！」　今も昔も手弁当　ほか）　第4章 声優の卵たちと、厳しい森川先生（養成所アクセルゼロ　感情は感情を開放すること　ほか）　第5章 帝王が目指すもの（「もう少し考えてみようよ」　たくさんの情報をインプットして声を出してみる　ほか）

森川 信英〔1918〜?〕　もりかわ・のぶひで
◇伝説のアニメ職人（クリエーター）たち―アニメーション・インタビュー　第1巻　星まこと編・著　まんだらけ出版部　2018.5　277p　21cm　〈索引あり〉　1800円　Ⓘ978-4-86072-142-8　Ⓝ778.77

内容　大工原章・アニメーター、画家　森川信英・アニメーター　うしおそうじ（鷺巣富雄）・漫画家、元ピープロダクション社長　石黒昇・演出家　荒木伸吾・アニメーター・イラストレーター　金山明博・アニメーター・絵師　鳥海永行・演出家・作家　北原健雄・アニメーター　巻末特別企画 十九年目の「アニメーション・インタビュー」金山明博　解説（五味洋子・アニメーション研究家）

森口 繁一〔1916〜2002〕　もりぐち・しげいち
◇工学部ヒラノ教授と昭和のスーパー・エンジニア―森口繁一という天才　今野浩著　青土社　2015.7　212p　20cm　1500円　Ⓘ978-4-7917-6867-7　Ⓝ377.21

内容　東大工学部三〇年に一人の大秀才　森口教授の超多忙な生活　大秀才を取り巻く人たち　宇宙人集団　大学院―学部の付け足し組織　森口帝国　帝国の難民　森口研究室・大手町分室　スタンフォード大学　スーパースターたち　工学博士号　停年退官　遅咲きの大スター　引退後の森口教授　森口教授の晩年

森崎 和江〔1927〜〕　もりさき・かずえ
◇森崎和江　内ថ聖子著　言視舎　2015.12　317p　20cm　（言視舎評伝選）〈文献あり〉　3000円　Ⓘ978-4-86565-040-2　Ⓝ910.268

内容　序章 息災ですか　第1章 からゆきさん　第2章 ゆうひ 原郷　第3章 蒼い海 冥き途　第4章 精神の鉱脈　第5章 豊満なる忘却　第6章 はるかなるエロ

ス　終章　まばたきするほどの時間）

森下　広一〔1967～〕　もりした・こういち
◇マラソン哲学―日本のレジェンド12人の提言　小森貞子構成，月刊陸上競技編集　講談社　2015.2　352p　19cm　1600円　ⓘ978-4-06-219348-1　Ⓝ782.3
[内容]宗茂―双子の弟・猛と切磋琢磨　日本のマラソン練習の礎を築いた「宗兄弟」　宗猛―「自分たちを生かす道はこれしかない！」小学生のうちに気づいたマラソンへの道　瀬古利彦―マラソン15戦10勝の"レジェンド"カリスマ指導者に導かれて世界を席巻　山下佐知子―女子マラソンで日本の「メダル第1号」東京世界選手権で銀，バルセロナ五輪は4位　有森裕子―陸上の五輪史上日本女子で唯一の複数メダル　マラソンは「生きていくための手段」　中山竹通―底辺からトップに這い上がった不屈のランナー　オリンピックは2大会連続で4位入賞　森下広一―"太く短く"マラソン歴はわずか3回　2連続後のバルセロナ五輪は銀メダル　藤田敦史―運動オンチが長距離で信じられない飛躍　ある「きっかけ」が人生を180度変えた　高橋尚子―日本の五輪史に燦然と輝く金メダル「人の倍やって人並み」を日々実践した賜物　高岡寿成―長いスパンで取り組んだマラソンへの道　トラックもマラソンも意識は常に「世界へ」　小出義雄―女子マラソンで複数のメダリストを輩出「世界一になるには、世界一になるための練習をやるだけ」　藤田信之―女子の400mからマラソンまで数々の日本記録ホルダーを育成　野口みずきのマラソン金メダルはトラックの延長

森下　卓〔1966～〕　もりした・たく
◇純粋なるもの―羽生世代の青春　島朗著　河出書房新社　2018.9　209p　18cm　920円　ⓘ978-4-309-02713-5　Ⓝ796
[内容]1　多彩な時間とある断片―若き棋士たちの将棋ワールドより（白鳥のように　サラブレッドと優雅さと　一対〇は差ではない　ほか）　2　勝負と日常の空間で―いくつもの季節を駆け抜けて（図形の記憶　気分のよい午後　青年が成長する時　ほか）　エピローグ　その後の『純粋なるもの』（エピローグのその後　二十代後半の夏　果てしなき道）

森下　哲也〔1939～〕　もりした・てつや
◇わが人生抄―合同自費出版『ふぉーらむ』掲載10回記念　森下哲也著　〔神戸〕　友月書房　2014.9　78p　18cm　〈制作：交友プランニングセンター（神戸）〉　ⓘ978-4-87787-628-9　Ⓝ723.1

盛田　昭夫〔1921～1999〕　もりた・あきお
◇日本を揺るがせた怪物たち　田原総一朗著　KADOKAWA　2016.3　293p　19cm　1500円　ⓘ978-4-04-601559-4　Ⓝ281.04
[内容]第1部　政界の怪物たち（田中角栄―田原総一朗が最初に対峙した政界の怪物　中曽根康弘―「偉大な人はみんな風見鶏」　竹下登―調整能力にすぐれた「政界のおしん」　小泉純一郎―ワンフレーズに信念を込める言葉の天才　岸信介―左右「両岸」で力をふるった「昭和の妖怪」）　第2部　財界の怪物たち（松下幸之助―国家の経営に至った男　本田宗一郎―ボルト一本に情熱をかける技術の雄　盛田昭夫―失敗を恐れない超楽観主義者　稲盛和夫―「狂」と「心」が共存する経営）　第3部　文化人の怪物たち（大島渚―全身で国家の欺瞞と戦う男　野坂昭如―酒を飲むと「爆弾になる」徹底的なアナーキスト　石原慎太郎―作家として政治を行う男）
◇ソニー盛田昭夫―"時代の才能"を本気にさせたリーダー　森健二著　ダイヤモンド社　2016.4　565p　19cm　〈年譜あり〉　2200円　ⓘ978-4-478-02869-8　Ⓝ542.09
[内容]日本が生んだグローバル・リーダー　第1部（邂逅　手考足思　覚醒　確信）　第2部（弩弓の勢い　起死回生のメカニズム　スーパーCFO　ボーン・グローバル企業）　第3部（タイムシフト　自家中毒　禊）　第4部（技術のカン・市場のツボ　シロウトの本気力　三大M&A）　第5部（グローバル・リーダー　最後のメッセージ　その後のソニー）

森田　栄介〔1937～〕　もりた・えいすけ
◇萩藩城下町の埋もれた歴史を求めて―森田栄介自伝　森田栄介著　萩　森田栄介　2016.4　118p　21cm　〈年譜あり〉　900円　Ⓝ289.1

森田　一義　もりた・かずよし
⇒タモリを見よ

森田　幸一〔1965～〕　もりた・こういち
◇マウンドに散った天才投手　松永多佳倫著　講談社　2017.6　284p　15cm　（講談社＋α文庫　G306-1）〈河出書房新社　2013年刊の加筆・修正〉　850円　ⓘ978-4-06-281720-2　Ⓝ783.7
[内容]第1章　伊藤智仁　ヤクルト―ガラスの天才投手　第2章　近藤真市　中日―「江夏二世」と呼ばれた超大型左腕　第3章　上原晃　中日―150キロのダブルストッパー　第4章　石井弘寿　ヤクルト―サウスポー日本記録155キロ　第5章　森田幸一　中日―投げて打っての二刀流　第6章　田村勤　阪神―電光石火のクロスファイヤー　第7章　盛田幸妃　近鉄―脳腫瘍からの生還

盛田　幸妃〔1969～2015〕　もりた・こうき
◇マウンドに散った天才投手　松永多佳倫著　講談社　2017.6　284p　15cm　（講談社＋α文庫　G306-1）〈河出書房新社　2013年刊の加筆・修正〉　850円　ⓘ978-4-06-281720-2　Ⓝ783.7
[内容]第1章　伊藤智仁　ヤクルト―ガラスの天才投手　第2章　近藤真市　中日―「江夏二世」と呼ばれた超大型左腕　第3章　上原晃　中日―150キロのダブルストッパー　第4章　石井弘寿　ヤクルト―サウスポー日本記録155キロ　第5章　森田幸一　中日―投げて打っての二刀流　第6章　田村勤　阪神―電光石火のクロスファイヤー　第7章　盛田幸妃　近鉄―脳腫瘍からの生還

森田　思軒〔1861～1897〕　もりた・しけん
◇森田思軒資料集　2015　笠岡市立図書館,笠岡市立竹喬美術館編　〔笠岡〕　笠岡市立図書館　2015.11　111p　30cm　〈著作目録あり　文献あり　年譜あり〉　Ⓝ289.1

森田　淳悟〔1947～〕　もりた・じゅんご
◇ミスターバレーボール　森田淳悟物語　森田淳悟著　叢文社　2015.3　251p　19cm　〈年譜あり〉　1500円　ⓘ978-4-7947-0739-0　Ⓝ783.2

森田　正作　もりた・しょうさく
◇縁、運、和―モリタと共に歩んで　北村光男著　牧歌舎東京本部　2018.5　267p　20cm　〈発売：星雲社〉　1500円　Ⓘ978-4-434-24096-6　Ⓝ537.99

内容　第1章　明治・大正編：森田正作の誕生と創業　第2章　大正から昭和編：モリタの変遷と発展　第3章　戦中から戦後編：失われた青春　第4章　戦後編：モリタ入社まで　第5章　昭和二十年代後半から三十年頃編：モリタの人となって　第6章　昭和三十年代前半編：モリタでの日々　第7章　昭和三十年代後半編：モリタの躍進(1)　第8章　昭和四十年、五十年代編：モリタの躍進(2)　第9章　平成編　附記　私の好きな短歌と詩、私の随想

森田　必勝〔1945～1970〕　もりた・ひっしょう
◇三島由紀夫が生きた時代―楯の会と森田必勝　村田春樹著　青林堂　2015.10　311p　19cm　〈文献あり〉　1400円　Ⓘ978-4-7926-0532-2　Ⓝ289.1

内容　プロローグ　第1章　ナンパ系全学連が楯の会へ　第2章　楯の会第五期生　第3章　昭和四十五年十一月二十五日　第4章　取り残された者たち　第5章　三島・森田蹶起と日本の運命　エピローグ　その後の楯の会

◇三島事件もう一人の主役―烈士と呼ばれた森田必勝　中村彰彦著　ワック　2015.11　269p　18cm　(WAC BUNKO B-229)〈「烈士と呼ばれる男」(文春文庫 2003年刊)の改題、改訂した新版　文献あり〉　920円　Ⓘ978-4-89831-729-7　Ⓝ289.1

内容　第1章　名物学生　第2章　ノサップ　第3章　惜別の時　第4章　市ヶ谷台にて　第5章　野分の後

守田　福松　もりた・ふくまつ
◇満蒙をめぐる人びと　北野剛著　彩流社　2016.5　183p　19cm　(フィギュール彩 57)　1800円　Ⓘ978-4-7791-7059-1　Ⓝ319.1022

内容　プロローグ　満州と日本人―石光真清　第1章「満蒙」の先覚者―辻村楠造　第2章　満鉄と満洲日本人社会―相生由太郎　第3章　外交官の見た日露戦争の極東アジア―川上俊彦　第4章　中国の動乱と満蒙政策―宇都宮太郎　第5章　日本人「馬賊」と中国大陸―薄益三　第6章　第一次世界大戦後の馬賊―伊達順之助　第7章「国策」の最前線―駒井徳三　第8章「満蒙問題」と在満邦人―守田福松　エピローグ　理想国家の建設―笠木良明

森田　必勝　もりた・まさかつ
⇒森田必勝(もりた・ひっしょう)を見よ

森田　正馬〔1874～1938〕　もりた・まさたけ
◇神経症の時代―わが内なる森田正馬　渡辺利夫著　文藝春秋　2016.10　284p　16cm　(文春学藝ライブラリー―雑英 31)〈学陽文庫 1999年刊の加筆・訂正　文献あり〉　1140円　Ⓘ978-4-16-813069-4　Ⓝ289.1

◇森田療法の誕生―森田正馬の生涯と業績　畑野文夫著　名古屋　三恵社　2016.11　10,460p　22cm　〈年譜あり〉　3000円　Ⓘ978-4-86487-583-7　Ⓝ289.1

内容　第1章　南国の少年(誕生と家系　祖父正直 ほか)　第2章　遊学の時代(東京へ出奔　はじめての日記 ほか)　第3章　精神医学者の道(巣鴨病院と精神病学教室　医者修行の開始―助手・医員・大学院生 ほか)　第4章　森田療法の誕生(森田療法誕生の前夜　中村古峡と『変態心理』ほか)

◇こころの病に挑んだ知の巨人―森田正馬・土居健郎・河合隼雄・木村敏・中井久夫　山竹伸二著　筑摩書房　2018.1　302p　18cm　(ちくま新書 1303)　900円　Ⓘ978-4-480-07118-7　Ⓝ493.7

内容　序章　日本の心の治療を支えてきた人々　第1章　森田正馬―思想の矛盾を超えて　第2章　土居健郎―「甘え」理論と精神分析　第3章　河合隼雄―無意識との対話　第4章　木村敏―現象学から生命論へ　第5章　中井久夫―「世に棲む」ための臨床　終章　文化を超えた心の治療

森田　実〔1932～〕　もりた・みのる
◇森田実の一期一縁　森田実著　第三文明社　2014.11　214p　20cm　1435円　Ⓘ978-4-476-03339-7　Ⓝ289.1

内容　第1章　平和について思うこと(私の八月十五日　一枚の写真　母の悲しみ　相洋中高時代　たった一人の平和運動ほか)　第2章　素晴らしき出会い(隔世の感　進歩的文化人　エメラルド婚　怒鳴り合い　言論界の恩人 ほか)

◇六〇年安保―センチメンタル・ジャーニー　西部邁著　文藝春秋　2018.6　231p　16cm　(文春学藝ライブラリー―思想 19)　1250円　Ⓘ978-4-16-813074-8　Ⓝ377.96

内容　序章　空虚な祭典―安保闘争　ブント　私　第1章　哀しき勇者―唐牛健太郎　第2章　優しい破壊者―篠田邦雄　第3章　純な「裏切者」―島成郎　第4章　苦悩せる理屈家―島成郎　第5章　善良な策略家―森田実　第6章　寡黙な煽動家―長崎浩　終章　充実への幻想―思い出の人々

盛田　命祺〔1816～1894〕　もりた・めいき
◇村民とともに生きた盛田命祺と溝口幹―鈴渓義塾の創始者たちの思想　鈴渓義塾物語 1　久田健吉著　名古屋　ほっとブックス新栄　2018.11　158p　19cm　(知多の哲学者シリーズ 4)　1000円　Ⓘ978-4-903036-30-4

内容　盛田命祺の思想―「厚徳広恵」村民とともに生きた盛田命祺　溝口幹の思想―「徳香る郷」鈴渓義塾に身を捧げた溝口幹

森瀧　市郎〔1901～1994〕　もりたき・いちろう
◇核を葬れ！―森瀧市郎・春子父娘の非核活動記録　広岩近広著　藤原書店　2017.8　349p　19cm　〈文献あり　年譜あり〉　2600円　Ⓘ978-4-86578-130-4　Ⓝ319.8

内容　第1章「力の文明」の対極に「愛の文明」　第2章「ヒロシマ後の世界」を見据えて　第3章「不殺生」「非暴力」「生命への畏敬」　第4章　幻想だった核の平和利用　第5章　ウラン採掘に始まる放射能汚染　第6章　原子力体制を問う　第7章　地球規模で広がるヒバクシャ

もりたき

森瀧 春子〔1939～〕 もりたき・はるこ
◇核を葬れ！―森瀧市郎・春子父娘の非核活動記録　広岩近広著　藤原書店　2017.8　349p　19cm　〈文献あり　年譜あり〉　2600円　Ⓘ978-4-86578-130-4　Ⓝ319.8

> 内容　第1章「力の文明」の対極に「愛の文明」　第2章「ヒロシマ後の世界」を見据えて　第3章「不殺生」「非暴力」「生命への畏敬」　第4章 幻想だった核の平和利用　第5章 ウラン採掘に始まる放射能汚染　第6章 原子力体制を問う　第7章 地球規模で広がるヒバクシャ

護良親王〔1308～1335〕　もりながしんのう
◇護良親王―武家よりも君の恨めしく渡らせ給ふ　新井孝重著　京都　ミネルヴァ書房　2016.9　307,17p　20cm　（ミネルヴァ日本評伝選）〈文献あり　年譜あり　索引あり〉　3500円　Ⓘ978-4-623-07820-2　Ⓝ288.44

> 内容　第1章 不思議の門主　第2章 京と鎌倉　第3章 忍び忍びに　第4章 護良と楠木、赤松　第5章 落ちぬ六波羅　第6章 征夷大将軍　第7章 父子愛憎　第8章 護良の怨念

◇征夷大将軍・護良親王　亀田俊和著　戎光祥出版　2017.4　102p　21cm　（シリーズ〈実像に迫る〉007）〈文献あり　年表あり〉　1500円　Ⓘ978-4-86403-239-1　Ⓝ288.44

> 内容　第1部 倒幕の急先鋒（天台座主・尊雲法親王　決死の倒幕ゲリラ ほか）　第2部 護良の戦い、興良の戦い（足利尊氏との死闘　護良の遺児・興良親王）

◇日本の奇僧・快僧　今井雅晴著　吉川弘文館　2017.11　197p　19cm　（読みなおす日本史）〈講談社 1995年刊の再刊〉　2200円　Ⓘ978-4-642-06755-3　Ⓝ182.88

> 内容　知的アウトサイダーとしての僧侶　道鏡―恋人は女帝　西行―放浪五〇年、桜のなかの死　文覚―生まれついての反逆児　親鸞―結婚こそ極楽への近道　日蓮―弾圧こそ正しさの証　一遍―捨てよ、捨てよ、捨てよ　尊雲（護良親王）―大僧正から征夷大将軍へ　一休―天下の破戒僧　快川―心頭を滅却すれば火も自ら涼し　天海―超長寿の黒衣の宰相　エピローグ―僧侶と日本人

森原 和之〔1926～〕　もりはら・かずゆき
◇ザ・科学者―企業体研究員奮闘記　森原和之著　文芸社　2014.12　237p　15cm　700円　Ⓘ978-4-286-15718-4　Ⓝ289.1

> ＊大手製薬企業の研究者として、緑膿菌とプロテアーゼを終生のテーマとして研究に従事した科学者のドキュメント。基礎研究に応用、あるいは企業体と研究者の狭間に起こる様々な問題に、悩みながら研究を発展、展開させ、「インスリン戦争」の発端となる、酵素法によるヒトインスリンの半合成に成功する姿に、明日の企業体研究者の課題が見えてきます。

守政 恭輝〔1935～〕　もりまさ・やすてる
◇公害防止にかけた半生―産・官・学・民の協働による「宇部方式」の実践　守政恭輝著述, 今村主税, 安渓遊地編　防府　東洋図書出版　2015.3　173p　21cm　（山口県立大学ブックレット「新やまぐち学」no.2）　Ⓘ9784-88598-035-0　Ⓝ519.1

森村 誠一〔1933～〕　もりむら・せいいち
◇遠い昨日、近い昔　森村誠一著　バジリコ　2015.12　277p　20cm　1600円　Ⓘ978-4-86238-225-2　Ⓝ910.268

> 内容　1 戦火のスタンド・バイ・ミー（熊谷市に生まれる　太平洋戦争勃発 ほか）　2 一望の焦土から希望の光（軍事強盗　熊谷大空襲 ほか）　3 立ち上がる東京（進学前の幻影　青春の復活 ほか）　4 隣国の不幸からホテルマンに（新世界に就職　東京に回帰した転勤 ほか）　5 作家だけの証明書（作家へ転身　長編小説の処女出版 ほか）　6 戦争の飽食と『悪魔の飽食』（コマーシャルフィルム　ニューヨーク取材 ほか）　7 時代を彩る夢と花と（グラスの奥の流浪　夢を追うアンコール旅行 ほか）　8 写真俳句からおくのほそ道へ（自由と束縛　角川歴彦氏からのおくのほそ道へ誘われる ほか）　9 慟哭する日本列島（阪神淡路大震災―唇に歌を、心に勇気を　強制連行労働者 ほか）　10 永遠の狩人（飢えた"文狼"　昇龍の雲 ほか）

森本 常美　もりもと・つねみ
◇工作舎物語―眠りたくなかった時代　臼田捷治著　左右社　2014.12　292p　19cm　〈文献あり　索引あり〉　2200円　Ⓘ978-4-86528-109-5　Ⓝ023.1

> 内容　第1章 松岡正剛―なにもかも分けない方法　第2章 戸田ツトム―小さな声だからこそ遠くまで届く　第3章（芦澤泰偉―遅いという文句は出ない　工藤強勝―報253はタブーの世界　山口信博―間違えるのも能力　松田行正―密度がとにかく濃い　羽良多平吉―最後までなじめなかった）　第4章 森本常美―夢を見ていたよう　第5章 祖父江慎―おどろきしまくりの日々

森本 美由紀〔1959～2013〕　もりもと・みゆき
◇森本美由紀―女の子の憧れを描いたファッションイラストレーター　内田静枝編　河出書房新社　2015.6　159p　21cm　（らんぷの本―mascot）〈年譜あり〉　1800円　Ⓘ978-4-309-75017-0　Ⓝ726.501

> 内容　1 Miyuki Morimoto Fashion Collection　2 The Works by Pen　3 The Color Works by Brush　4 The Monochrome Works by Brush　5 Collaboration Work with the Art Director　6 Love Movie Love Music　7 E.T.BABY　8 All about Miyuki Morimoto

森本 六爾〔1903～1936〕　もりもと・ろくじ
◇森本六爾関係資料集　3　奈良県立橿原考古学研究所編　橿原　由良大和古代文化研究協会　2016.6　455p　30cm　Ⓘ978-4-905398-53-0　Ⓝ289.1

森谷 岩松〔1842～1906〕　もりや・いわまつ
◇森谷岩松の人物像―地域の先駆者　復刻版　太田隆夫原作者, 赤間利悦改復刻版編　未来企画創造学舎森谷岩松学会　2017.11　64p　30cm　〈年譜あり〉　Ⓝ289.1

守谷 栄吉〔1923～2017〕　もりや・えいきち
◇若き日の父を辿って―父の残したもの　守谷和

俊編著　ココデ出版　2018.2　171p　21cm　〈千鳥追想録　第1分冊〉〈年譜あり〉　Ⓝ289.1

守屋 克彦〔1935～〕　もりや・かつひこ
◇守柔―現代の護民官を志して　守屋克彦著，石塚章夫，武内謙治インタビュアー　刑事司法及び少年司法に関する教育・学術研究推進センター　2017.5　281p　19cm　(ERCJ選書　2)〈発売：日本評論社〉　1400円　Ⓘ978-4-535-52277-0　Ⓝ289.1
　内容　第1章 裁判官になる―新任判事補として　第2章 初めての東京勤務―修業の続き　第3章 裁判官前史―私の生い立ち　第4章 法学部入学から司法修習生まで　第5章 司法修習生時代　第6章 札幌地裁室蘭支部へ―嵐の前　第7章 平賀書簡問題　第8章 二度目の東京家庭裁判所―司法の危機　第9章 東北管内での裁判官生活　第10章 大学人として，市民として　第11章 現在を生きる

守安 功〔1973～〕　もりやす・いさお
◇起業のリアル―田原総一朗×若手起業家　田原総一朗著　プレジデント社　2014.7　249p　19cm　1500円　Ⓘ978-4-8334-5065-2　Ⓝ335.21
　内容　儲けを追わずに儲けを出す秘密―LINE社長・森川亮　「競争嫌い」で年商一〇〇〇億円―スタートゥデイ社長・前澤友作　管理能力ゼロの社長兼クリエーター―チームラボ代表・猪子寿之　二〇二〇年，ミドリムシで飛行機が飛ぶ日―ユーグレナ社長・出雲充　保育NPO，社会起業家という生き方―フローレンス代表・駒崎弘樹　単身，最貧国で鍛えたあきらめない心―マザーハウス社長・山口絵理子　現役大学生，途上国で格安予備校を開く―e・エデュケーション代表・税所篤快　七四年ぶりに新規入したワケ―ライフネット生命社長・岩瀬大輔　上場最年少社長の「無料で稼ぐカラクリ」―リブセンス社長・村上太一　四畳半から狙う電動バイク世界一―テラモーターズ社長・徳重徹　目指すは住宅業界のiPhone―innovation社長・岡崎富寿　三〇年以上ぶりに「世界銀行」をつくる―リビング・イン・ピース代表・慎泰俊　ハーバード卒，元体育教師の教育改革―ティーチ・フォー・ジャパン代表・松田悠介　四重苦を乗り越えた営業女子のリーダー―ベレフェクト代表・太田彩子　二代目社長が狙う「モバゲーの先」―ディー・エヌ・エー社長・守安功　ITバブル生き残りの挑戦―サイバーエージェント社長・藤田晋　特別対談 堀江貴文―五年後に花開く，商売の種のまき方

森山 威男〔1945～〕　もりやま・たけお
◇森山威男スイングの核心　森山威男著，長谷部浩企画・監修　ヤマハミュージックエンタテインメントホールディングス出版部　2017.12　96p　22cm　5000円　Ⓘ978-4-636-91164-0　Ⓝ764.7
　内容　フリージャズと私　第1章 ドラミングと私の学生時代　第2章 激論，東大シンポジウム―一九七〇年代日本におけるフリージャズの創造　第3章 録音の技法　第4章 映像撮影のねらいと解説　第5章 森山威男研究を終えて　付録 森山威男の標準ドラムセット

森山 忠省〔1863～1940〕　もりやま・ちゅうしょう
◇知の渇望―挙村禁酒のなぞと西郷翁　森山昭一著　弘報印刷出版センター　2017.12　160p　19cm　〈年譜あり〉　1300円　Ⓘ978-4-907510-46-6　Ⓝ289.1

護良親王　もりよししんのう
　⇒護良親王（もりながしんのう）を見よ

森脇 和成〔1974～〕　もりわき・かずなり
◇もしかして，崖っぷち？　森脇和成著　KADOKAWA　2016.2　187p　19cm　1200円　Ⓘ978-4-04-068153-5　Ⓝ779.9
　＊暴走族，お笑い芸人，水商売，サラリーマンetc．白い雲のように風に流されていく男・森脇和成。絶頂期からの芸能界引退，はじめてのサラリーマン生活，復帰の真相。そしてこれからの未来への本音を語る。

諸岡 幸麿〔1883～1940〕　もろおか・さちまろ
◇アラス戦線へ―第一次世界大戦の日本人カナダ義勇兵　諸岡幸麿著，大橋尚泰解説　復刻版　えにし書房　2018.12　438,128p　19cm　〈文献あり　年譜あり〉　原本：軍人會館事業部　昭和10年刊〉　3900円　Ⓘ978-4-908073-62-5　Ⓝ916
　内容　戦線に立つまで　戦線に立ちて　塹壕生活　ヴキミリッチ堅塁の總攻撃　負傷　病院夜話

諸星 大二郎〔1949～〕　もろほし・だいじろう
◇諸星大二郎の世界　コロナ・ブックス編集部編　平凡社　2016.12　143p　22cm　(コロナ・ブックス　205)〈著作目録あり　年譜あり〉　1600円　Ⓘ978-4-582-63504-1　Ⓝ726.101
　内容　諸星研究序説(古代　民俗　東洋　南方　西洋　日常)　諸星少年のいた街で。　エッセイ　諸星大二郎 本木町を訪ねて　諸星大二郎の本棚―モロホシワールドを生み出す小宇宙へ―。　対談 山岸凉子×諸星大二郎

門 りょう〔1989～〕　もん・りょう
◇北新地の門りょう―ナンバーワンキャバ嬢の仕事とお金と男のホンネ　門りょう著　トランスワールドジャパン　2018.4　175p　19cm　(TWJ BOOKS)　1400円　Ⓘ978-4-86256-233-3　Ⓝ
　内容　01 門のりょうってなにもんや(マネしようと思っても無理やと思うな　自分に甘いんで。ダイエットもしたことない。私は流れに身を任せるって感じ。お金にならなくてしんどいことはしたくない　ほか)　02 ナンバーワンのおきて(休んだら「もったいない！」って思ってしまう　私自身が独学やから　ほか)　03 ナンバーワン営業術(神戸は安いお客さんを自分の営業力で引っ張らないとアカン　新地は言わないでも来てくれる，もうアイドルみたいなもんです　ほか)　04 お金の使い方(バーキンをふたつ買ったんです。千ナンボするやつを　ごはんとか，形に残らないものにお金を使うのが大嫌いで。見栄っ張りだから　ほか)　05 男と客のさばき方(ふられるのが嫌だったん　そのひとが「私を作ったひと」　ほか)

文覚〔1139〜1203〕 もんがく
◇日本の奇僧・快僧　今井雅晴著　吉川弘文館　2017.11　197p　19cm　（読みなおす日本史）〈講談社 1995年刊の再刊〉　2200円　Ⓘ978-4-642-06755-3　Ⓝ182.88
内容　知的アウトサイダーとしての僧侶　道鏡―恋人は女帝　西行―放浪五〇年、桜のなかの死　文覚―生まれついての反逆児　親鸞―結婚こそ極楽への近道　日蓮―弾圧こそ正しさの証　一遍―捨てよ、捨てよ　尊雲（護良親王）―大僧正から征夷大将軍へ　一休―天下の破戒僧　快川―心頭を滅却すれば火も自ら涼し　天海―超長寿の黒衣の宰相　エピローグ―僧侶と日本人

門馬 智幸〔1962〜〕 もんま・ともゆき
◇あきらめない―大震災から立ち上がる、門馬道場の武道教育に学ぶ　松下隆一著　近代消防社　2015.12　258p　20cm　1800円　Ⓘ978-4-421-00874-6　Ⓝ789.23
内容　第1章 空手バカ一代　第2章 始める　第3章 鍛える　第4章 常在戦場　第5章 向き合う　第6章 子供たちとともに　第7章 ささえあう　第8章 震災をめぐって　最終章 あきらめない心

【や】

矢追 純一〔1935〜〕 やおい・じゅんいち
◇矢追純一は宇宙人だった!?―木曜スペシャルUFO特番の裏　矢追純一著　学研パブリッシング　2014.7　274p　19cm　（MU SUPER MYSTERY BOOKS）〈発売：学研マーケティング〉　1300円　Ⓘ978-4-05-406060-9　Ⓝ289.1
内容　第1章 私だけが見たユリ・ゲラー　第2章 エリア51と恐怖の秘密機関　第3章 死と隣りあわせの少年時代　第4章 勉強してはいけない学生時代　第5章 流れのままに日本テレビ入社　第6章 面白い番組のつくり方　第7章 「宇宙塾」で伝えたいこと
◇ヤオイズム―頑張らないで生き延びる　矢追純一著　三五館　2016.1　204p　19cm　〈文献あり〉　1300円　Ⓘ978-4-88320-656-8　Ⓝ289.1
内容　第1章 なぜ私には一切の恐れがないのか？　第2章 あなたは本当に生きているか　第3章 ネコは悩まない　第4章 じつはあなたが宇宙そのもの　第5章 思いどおりに生きるコツ　第6章 一子相伝を起こそう！　エピローグ―私があなたに伝えること

家仁親王〔1703〜1767〕 やかひとしんのう
◇四親王家実録　23　桂宮実録 第4巻（家仁親王実録 1）　吉岡眞之、藤井讓治、岩壁義光監修　ゆまに書房　2017.3　303p　27cm　〈布装　宮内庁宮内公文書館所蔵の複製〉　Ⓘ978-4-8433-5108-6　Ⓝ288.44
◇四親王家実録　24　桂宮実録 第5巻（家仁親王実録 2）　吉岡眞之、藤井讓治、岩壁義光監修　ゆまに書房　2017.3　345p　27cm　〈布装　宮内庁宮内公文書館所蔵の複製〉　Ⓘ978-4-8433-5108-6　Ⓝ288.44

八木 功〔1934〜〕 やぎ・いさお
◇「你好」羽根つき餃子とともに―二つの祖国に生きて　石井克則著　三一書房　2017.5　249p　19cm　〈文献あり〉　1500円　Ⓘ978-4-380-17003-4　Ⓝ289.1
内容　第1章 悲しみを乗り越えて　第2章 幼き日々　第3章 飢餓の時代　第4章 吹き荒れる嵐　第5章 二つの祖国　第6章 心優しき人々　第7章 働くことの意味　第8章 中国の旅

八木 重吉〔1898〜1927〕 やぎ・じゅうきち
◇愛の顛末―純愛とスキャンダルの文学史　梯久美子著　文藝春秋　2015.11　230p　20cm　1450円　Ⓘ978-4-16-390360-6　Ⓝ910.26
内容　小林多喜二―恋と闘争　近松秋江―「情痴」の人　三浦綾子―「氷点」と夫婦のきずな　中島敦―ぬくもりを求めて　原民喜―「死と愛と孤独」の自画像　鈴木しづ子―性と生のうたびと　梶井基次郎―夭折作家の恋　中城ふみ子―恋と死のうた　寺田寅彦―三人の妻　八木重吉―素朴なこころ　宮柊二―戦場からの手紙　吉野せい―相克と和解
◇重吉と旅する。―29歳で夭逝した魂の詩人　フォレストブックス編集部編　いのちのことば社フォレストブックス　2017.11　95p　17cm　（Forest Books）〈文献あり　年譜あり〉　1300円　Ⓘ978-4-264-03694-4　Ⓝ911.52
内容　1章 旅のはじまり。（八木重吉　重吉の生まれた町　生い立ち ほか）　2章 とみとの出会い。（運命の出会い　募る思い　兵役経験 ほか）　3章 重吉と旅する。（死の病　高田畊安　最後の授業 ほか）
◇愛の顛末―恋と死と文学と　梯久美子著　文藝春秋　2018.11　252p　16cm　（文春文庫 か 68-2）　Ⓘ978-4-16-791181-2　Ⓝ910.26
内容　小林多喜二―恋と闘争　近松秋江―「情痴」の人　三浦綾子―「氷点」と夫婦のきずな　中島敦―ぬくもりを求めて　原民喜―「死と愛と孤独」の自画像　鈴木しづ子―性と生のうたびと　梶井基次郎―夭折作家の恋　中城ふみ子―恋と死のうた　寺田寅彦―三人の妻　八木重吉―素朴なこころ　宮柊二―戦場からの手紙　吉野せい―相剋と和解

屋宜 宣太郎〔1938〜〕 やぎ・せんたろう
◇南米大陸55年の道程―屋宜宣太郎の軌跡と移民の現在　新崎盛文著　［那覇］　沖縄タイムス社（発売）　2015.7　201p　19cm　〈年譜あり〉　1500円　Ⓘ978-4-87127-664-1　Ⓝ334.5199

八木 裕〔1965〜〕 やぎ・ひろし
◇代打の神様―ただひと振りに生きる　澤宮優著　河出書房新社　2014.12　205p　19cm　〈文献あり〉　1600円　Ⓘ978-4-309-27551-2　Ⓝ783.7
内容　松山進次郎―代打の神様がバットを置くとき　高井保―世界一の代打本塁打王　八木裕―元祖・虎の代打神様　広永益隆―メモリアル男　平田薫―恐怖の「左殺し」　秦真司―ツバメの最強代打男　町田公二郎―最後までレギュラーな　石井義人―戦力外通告の果てに　竹之内雅史―サムライ「死球王」の代打の極意　麻生実男―代打一号

八木 美智子〔1947〜〕 やぎ・みちこ
◇看護教員の醍醐味―私のキャリアストーリー

八木美智子著　看護の科学社　2018.3　130p　19cm　1500円　①978-4-87804-105-1　Ⓝ492.907

内容　私の看護学生時代　保健婦からなぜ看護教員に？　新人看護教員が学年担任に　看護教員養成課程で得たものと臨床実習指導　看護を学ぶとは…　「ために」から「ともに」へ　教員の喜びと元気の源　管理者の道しるべ　人生のギア・チェンジ　四〇歳の大学生（ほか）

柳生 宗矩〔1571～1646〕 やぎゅう・むねのり

◇考証　風流大名列伝　稲垣史生著　立東舎　2016.10　254p　15cm　（立東舎文庫　い1-1）〈作品社1983年刊の再刊　発売：リットーミュージック〉　800円　①978-4-8456-2867-4　Ⓝ281.04

内容　序章―殿様とは　徳川光圀―絹の道への幻想　徳川宗春―御深井の秘宴　伊達綱宗―遊女高尾斬りを笑う　井伊直弼―この世は一期一会よ　織田秀親―鬼面の茶人寛永寺の刃傷　細川忠興―凄惨な夜叉の夫婦愛　前田吉徳―間違われた加賀騒動の主人公　小堀遠州―長く嶮しい道をゆく　安藤信正―「半七捕物帳」に縁ある　柳生宗矩―まぼろしの名品平蜘蛛　松平不昧―父の風流入墨女の怪　浅野長矩―名君の史料に事欠かぬ　島津重豪・島津斉興・島津斉彬―薩摩三代の過剰風流　有馬頼貴・鍋島勝茂―大名行列に犬を引いて

薬師寺 主計〔1884～1965〕 やくしじ・かずえ

◇天皇に選ばれた建築家　薬師寺主計　上田恭嗣著　柏書房　2016.3　282p　20cm　〈文献あり〉　4600円　①978-4-7601-4595-6　Ⓝ523.1

内容　第1章　消えた建築家　第2章　陸軍省における活動　第3章　ル・コルビュジエの発見者　第4章　日本最初の近代工場群をつくり上げる　第5章　アール・デコの建築家　第6章　「有隣荘大原孫三郎邸」設計への思い　第7章　大原美術館の知られざる誕生史　終章　戦争に消える

薬師寺 公義〔南北朝時代〕 やくしじ・きんよし

◇高一族と南北朝内乱―室町幕府草創の立役者　亀田俊和著　戎光祥出版　2016.3　272p　19cm　（中世武士選書 32）〈文献あり　年譜あり〉　2600円　①978-4-86403-190-5　Ⓝ288.2

内容　第1部　高一族の先祖たち（鎌倉幕府草創までの高一族　鎌倉時代の高一族）　第2部　南北朝初期の高一族嫡流（南北朝内乱の風雲児・高師直　師直の片腕・高師泰　関東で活躍した高師households　優れた行政官であった高重茂　直義に味方した高師秋　その他の高一族―師直・師兼・定信）　第3部　南北朝初期の高一族庶流と重臣（尊氏の「執事」となった南宗継　若狭守護を歴任した大高重成　幻の有力武将・大平義尚　師直の忠臣・河津氏明　もっとも活躍した師直の重臣・薬師寺公義）　第4部　観応の擾乱以降の高一族（西国における高一族　東国における高一族　高一族をめぐる諸問題）

矢口 洪一〔1920～〕 やぐち・こういち

◇後藤田正晴と矢口洪一―戦後を作った警察・司法官僚　御厨貴著　筑摩書房　2016.7　302p　15cm　（ちくま文庫 み32-3）〈「後藤田正晴と矢口洪一の統率力」（朝日新聞出版 2010年刊）の改題〉　900円　①978-4-480-43377-0　Ⓝ289.1

内容　第1章　立身出世の階梯を昇る（後藤田式1　視野は広くとる　矢口式1　厳格にやる必要はない　後藤田式2　ポストは自分から希望しない　矢口式2　大局的に物事を見る　後藤田式3　任期はどんどん短くする　矢口式3　外に出て人脈と見聞を広げる）　第2章　人をよく見て判断する（後藤田式1　力の行使には限界がある　矢口式1　自分から物事を行う　後藤田式2　役人の世界を熟知する　矢口式2　多種多様な人材を集める　後藤田式3　暗黙知のネットワークを作る　矢口式3　あらゆる準備をしておく）　第3章　リーダーシップに磨きをかける（後藤田式1　激しい政治抗争で一皮むける　矢口式1　できるだけ見聞を広める　後藤田式2　無用な敵を作らない　矢口式2　最高裁の在り方を考え直す　後藤田式3　「工程表」による決定過程を描く　矢口式3　調査・報告書の作成は若い人に頼め）

やこ〔1971～〕

◇わたしの生まれた星　やこ著　文芸社　2018.4　89p　15cm　500円　①978-4-286-19281-9　Ⓝ289.1

＊誰しも必ずぶつかる壁。そして家族との確執。泣いているひまなどない。泣いていても解決しない。自分を信じて…。自分を信じられるのは自分しかいないのだから―。姉の死、父の死、母の死……何度も降りかかる火の粉に果敢に立ち向かったある女性の奮戦記。お母さん、あなたは、こんなにも私を強くしてくれた。ありがとう。でも―。もう泣いてもいいかな。

谷沢 健一〔1947～〕 やざわ・けんいち

◇神は背番号に宿る　佐々木健一著　新潮社　2017.1　222p　20cm　〈文献あり〉　1400円　①978-4-10-350631-7　Ⓝ783.7

内容　1回　数霊　2回　「28」江夏豊の完全　3回　「11」「20」村山実の誇りと眞鍋勝巳の裏切り　4回　「36」「1」池山隆寛の継承　5回　「14」「41」谷沢健一の運命　6回　「4」「14」永久欠番と死　7回　「15」藤井将雄の永遠　8回　「1」鈴木啓示の不滅　9回　幻

矢沢 心〔1981～〕 やざわ・しん

◇夫婦で歩んだ不妊治療―あきらめなかった4年間　矢沢心,魔裟斗著　日経BP社　2018.2　195p　19cm　〈発売：日経BPマーケティング〉　1300円　①978-4-8222-5774-3　Ⓝ789.21

内容　1　矢沢心　夫との出会い、同棲、結婚。そして最初の妊娠反応（4年かけて取り組んだ不妊治療　高校生のときに発覚した「多嚢胞性卵巣症候群」ほか）　2　矢沢心　"運命の先生"との邂逅。流産と出産（2度目の転院で出会った"運命の先生"「院長先生は"名トレーナー"みたいだな」ほか）　3　魔裟斗　子どもなんて欲しくなかった（僕にとって同棲は結婚同然。だから、実は重かった　結婚しても、子どもが欲しいとは思っていなかった　ほか）　4　矢沢心　長女出産後から第2子出産まで。そして今思うこと（"試験管ベビー"という言葉に負けたくなかった　長女が私を変えてくれた　ほか）　5　矢沢心と魔裟斗　夫婦で振り返る不妊治療と、これからのこと（子どもを授かるということは、とてもありがたいこと　話すことに葛藤はあったけれど、伝えるべき使命がある　ほか）

八汐 由子　やしお・ゆうこ
◇オレオは本当にDogなの？―視覚障害者の歌手とパートナー犬のものがたり　八汐由子著　風土社　2018.2　128p　19cm　741円　Ⓘ978-4-86390-046-2　Ⓝ767.8
内容　1 オレオとわたしの楽しい日々（オレオちゃん、よろしく―出会いの日のこと　オレオはわたしと対話ができる！　わたしの大揺れ人生　ほか）　2 お出かけはいつもオレオと一緒（頭の中に地図がある？　1度行ったら、忘れません　乗物、何でもOKですか）　3 オレオに守られ、わたしは歌う（盲導犬を連れた歌い手　舞台のわたしを守ります　お客様に大サービス―ご祝儀のお礼やお見送り　ほか）

やしき たかじん〔1949～2014〕
◇ゆめいらんかね　やしきたかじん伝　角岡伸彦著　小学館　2014.9　269p　19cm　1400円　Ⓘ978-4-09-389752-5　Ⓝ767.8
内容　序章 プロフェッショナル　第1章 ルーツ　第2章 酒場の契約歌手　第3章 タレント開眼　第4章 『あんた』のバラード　第5章 東京　第6章 震える歌　第7章 司会者と政治家　第8章 縫合不全　終章 幕が下りてから

◇ゆめいらんかね　やしきたかじん伝　角岡伸彦著　小学館　2017.1　332p　15cm　(小学館文庫 か45-1)〈2014年刊の加筆〉　630円　Ⓘ978-4-09-406389-9　Ⓝ767.8
内容　序章 プロフェッショナル　第1章 ルーツ　第2章 酒場の契約歌手　第3章 タレント開眼　第4章 『あんた』のバラード　第5章 東京　第6章 震える歌　第7章 司会者と政治家　第8章 縫合不全　終章 幕が下りてから

矢島 楫子〔1833～1925〕　やじま・かじこ
◇矢嶋楫子の生涯と時代の流れ　斎藤宣三著　熊本　熊日出版（制作）　2014.10　259p　18cm　(熊日新書)〈文献あり〉　1200円　Ⓘ978-4-87755-500-9　Ⓝ289.1

矢島 信男〔1928～〕　やじま・のぶお
◇東映特撮物語　矢島信男伝―Message from Nobuo Yajima　矢島信男著　洋泉社　2014.11　351p　21cm　〈作品目録あり　年譜あり　索引あり〉　2800円　Ⓘ978-4-8003-0526-8　Ⓝ778.21
内容　第1章 特撮人生を語る　第2章 松竹時代を語る　第3章 東映映画作品を語る　第4章 東映テレビ作品を語る　第5章 各社作品を語る　第6章 代表作を語る

矢島 舞美〔1992～〕　やじま・まいみ
◇のんびり、さりげなく、ふんわりと。―キュート？　本当は体育会系！　矢島舞美のリーダー論　矢島舞美著　オデッセー出版　2017.12　239p　19cm　〈発売：ワニブックス〉　1389円　Ⓘ978-4-8470-9646-4　Ⓝ767.8
内容　第1章 ホップ―原点（最初で最後の、さいたまスーパーアリーナ公演　母からの15年目の告白　ほか）　第2章 ステップ―私がリーダー!?（メジャーデビューとメンバー間の調整役　初めて任されたラジオ番組　ほか）　第3章 ジャンプ―リーダーとしての心得（道重さゆみさんの後を継いで、ハロプロリーダーに―道重さゆみさんにQ&A　後輩に普段から話かける　ほか）　第4章 白熱対談（対談 吉田沙保里さん「厳しい練習のときこそ笑顔を出して！」　対談 渡嘉敷来夢さん「後輩には自分から歩み寄る！」　ほか）

矢島 正明〔1932～〕　やじま・まさあき
◇矢島正明 声の仕事　矢島正明著　洋泉社　2015.2　367p　20cm　2800円　Ⓘ978-4-8003-0533-6　Ⓝ772.1
内容　第1章 外画吹き替え風俗譚（敬意なきテレビ時代　暗闇の中の日本的風景　ほか）　第2章 回想 ぼくの時間（素晴らしき映画の世界　疎開まで　ほか）　第3章 紀行文 鐘たちの風景（フィレンツェの鐘―夕暮れの祝祭　サン・シュルピスの鐘―閉ざされた中庭　ほか）　第4章 座談会―吹き替えの深遠なる世界（ソロとイリアは仲が悪い!?　我ら声優）

八嶌 隆〔1931～〕　やしま・ゆたか
◇地域医療ひとすじ　八嶌隆著　八尾　ドニエプル出版　2015.11　149p 図版16p　22cm　Ⓝ289.1

八代 亜紀〔1950～〕　やしろ・あき
◇あなたにありがとう　八代亜紀著　あ・うん　2014.5　180p　19cm　1500円　Ⓘ978-4-904891-28-5　Ⓝ767.8
内容　第1章 歌を大好きにしてくれたあなたへ　第2章 厳しさを学んだ青春時代　第3章 八代亜紀が翔け抜けた十年　第4章 芸能界でのかけがえのない出会い　第5章 数々のスランプと新たな可能性　第6章 素敵な新しい出会い　第7章 心に息づくふるさと八代

矢代 操〔1853～1891〕　やしろ・みさお
◇私学の誕生―明治大学の三人の創立者　明治大学史資料センター編　創英社/三省堂書店　2015.3　237p　19cm　〈文献あり　年表あり　索引あり〉　1700円　Ⓘ978-4-88142-952-5　Ⓝ377.21
内容　第1部 創立者たちの生い立ち（鳥取藩と岸本辰雄　天童藩と宮城浩蔵　鯖江藩と矢代操）　第2部 明治大学の誕生（司法省明法寮　司法省法学校　フランス留学　明治法律学校の創設　駿河台から明治法律学校の発展）　第3部 創立者たちの遺したもの（岸本辰雄の遺業　宮城浩蔵の遺業　矢代操の遺業　(付)創立者との絆）

八代 六郎〔1860～1930〕　やしろ・ろくろう
◇八代六郎伝―義に勇む　鎌倉国年著　岡山　吉備人出版　2018.12　178p　22cm　〈年表あり　文献あり〉　1700円　Ⓘ978-4-86069-570-5　Ⓝ289.1
内容　第1章 楽田五千石　第2章 海軍兵学校　第3章 日清戦争　第4章 サンクト・ペテルブルク　第5章 日本海海戦　第6章 シーメンス事件　第7章 晩年　付章 同時代の人々

安井 かずみ〔1939～1994〕　やすい・かずみ
◇安井かずみがいた時代　島﨑今日子著　集英社　2015.3　403p　16cm　（集英社文庫 し15-2）　700円　Ⓘ978-4-08-745299-0　Ⓝ911.52
内容　おしゃべりな真珠―林真理子　わたしの城下町

—平尾昌晃　片想い—伊東ゆかり・中尾ミエ・園まり　経験—コシノジュンコ　古い日記—斎定亢　ラヴ・ラヴ・ラヴ—村井邦彦　若いってすばらしい—稲葉賀惠　草原の輝き—ムッシュかまやつ　雪が降る—新田ジョージ　危険なふたり—加瀬邦彦〔ほか〕

安井 清〔1925～2010〕やすい・きよし

◇笹離宮―蓼科笹類植物園の魅力　大泉高明著　主婦の友社　2015.10　133p　26cm　〈文献あり〉　1700円　Ⓘ978-4-07-299045-2　Ⓝ470.76

内容　第1章　笹離宮―数寄屋造の美の真髄（梅見門　翠陰　ほか）　第2章　数寄屋造は日本の「心」（伝統建築の継承に生涯を捧げて—伝統建築の泰斗・安井清「笹離宮」で、父が実現したかったもの—実娘の目から見た安井清の情熱　ほか）　第3章　笹離宮—奥深き笹の世界（笹類植物園として見る笹離宮　笹離宮・蓼科笹類植物園に植栽されている竹笹類図鑑　ほか）　第4章　笹文化の担い手を目指して—笹離宮誕生への道のり（数寄屋造への想い　大泉高明氏が語る、誕生秘話　日本人の源流"自然順順"　ほか）

安井 源吾〔1894～1978〕やすい・げんご

◇我が心の上海—父・安井源吾と私　友近乃梨子著　幻冬舎メディアコンサルティング　2017.12　283p　19cm　（発売：幻冬舎）　1200円　Ⓘ978-4-344-91474-2　Ⓝ289.1

内容　第1章　父安井源吾の生い立ち　第2章　弁護士として上海で活躍　第3章　帰国した岡山で　第4章　香港へ家族で赴任　第5章　帰国後の暮らし　第6章　私の心の上海

安井 晃一〔1924～〕やすい・こういち

◇手記・被爆者Yの生涯　安井晃一著　郁朋社　2015.7　198p　19cm　1200円　Ⓘ978-4-87302-600-8　Ⓝ289.1

内容　第1部　第2部　第3部　第4部　第5部　第6部　海外での被爆の実相普及と核廃絶要請活動　第7部　原爆症認定訴訟のたたかい

安井 息軒〔1799～1876〕やすい・そっけん

◇松崎慊堂・安井息軒　小宮厚、町田三郎著　明徳出版社　2016.9　270p　20cm　（叢書・日本の思想家 30）〈文献あり　年譜あり〉　3000円　Ⓘ978-4-89619-630-6　Ⓝ121.54

＊漢唐学の先駆者。中国唐代、経典（儒教の経書）の正文を求める運動があったが、慊堂は漢年の時代の注釈を研究して、学問の正しい在り方を示した。その弟子の息軒は慊堂の学問を継承し、幕末～明治という激動の時代の中で、論語全巻に合理的な注解を施した名著『論語集説』を書き上げた。漢唐学を提唱した両師弟の生涯と学問を描く。

安江 のぶお〔1987～〕やすえ・のぶお

◇31歳、明日への挑戦。　安江のぶお著　潮出版社　2018.10　127p　21cm　741円　Ⓘ978-4-267-02172-5　Ⓝ289.1

内容　第1章　「正義」こそ我が使命　第2章　人間錬磨の宝の原点　第3章　常に「庶民の側」に立て！　第4章　「抜苦与楽」の精神で　対談1　一人の声に耳を傾けることの大切さ—教育評論家・水谷修×安江のぶお　対談2　災害に強い愛知をめざして—危機管理教育研究所代表・国崎信江×安江のぶお

安岡 章太郎〔1920～2013〕やすおか・しょうたろう

◇文士の友情—吉行淳之介の事など　安岡章太郎著　新潮社　2016.1　321p　16cm　（新潮文庫　や-6-12）　550円　Ⓘ978-4-10-113013-2　Ⓝ914.6

内容　吉行淳之介の事　青空を仰いで浮かぶ想い　豆と寒天の面白さ　好天の夏日—吉行の死　弔辞　遠藤周作　縁について　遠藤周作との交友半世紀　遠藤周作宛書簡　逆戻りの青春　「繰りかえし」の闇のなかで　声と言葉　天上大風　弔辞　矢枚一宏　「死の書」　夕方の景色　朽ち惜しさということ　回想ヤールタ海岸

◇とちりの虫　安岡章太郎著　中央公論新社　2018.7　313p　16cm　（中公文庫　や1-3）〈旺文社文庫1983年刊の増補、追加〉　920円　Ⓘ978-4-12-206619-9　Ⓝ914.6

内容　1（桜の季節　試験地獄　夏休みの宿題　ほか）　2（民尊官卑　旅のこころえ　誰がために電話は鳴るか）　3（美容整形、是非　下着ブーム　食べられる美人　ほか）

◇文士たちのアメリカ留学　一九五三―一九六三　斎藤禎著　書籍工房早山　2018.12　327p　19cm　2500円　Ⓘ978-4-904701-54-6　Ⓝ910.264

内容　第1章　文士にとって留学は、夢のまた夢　第2章　「文士留学の仕掛け人」坂西志保と、チャールズ・B・ファーズ　第3章　阿川弘之は「原爆小説」を書いたから、アメリカに招かれたのか　第4章　大岡昇平、安岡章太郎は、アメリカで、ことに南部で何を見たのか　第5章　江藤淳、英語と格闘す　第6章　庄野潤三と彼の『ガンビア滞在記』の誕生　第7章　有吉佐和子は、アメリカ人社会では間違いなく「NOBODY」だった　第8章　小島信夫はなぜ、単身でアメリカに行ったか？　第9章　アメリカから帰った福田恆存は、「文化人」の「平和論」を果敢に攻撃した　第10章　改めて考える。ロックフェラー財団による文士のアメリカ留学とは何だったのか

安岡 正篤〔1898～1983〕やすおか・まさひろ

◇安岡正篤と終戦の詔勅―戦後日本人が持つべき矜持とは　関西師友協会編　PHP研究所　2015.7　174p　22cm　1700円　Ⓘ978-4-569-82597-7　Ⓝ210.75

内容　1　安岡正篤先生の横顔と、終戦のころの活動の様子　2　日本農士学校に送った書簡　3　終戦の詔書（御署名原本）　4　安岡正篤、終戦の詔勅についての講話—昭和三十七年一月十七日郵政省会議室にて　5　「終戦の詔書」成立の舞台裏—安岡正篤の寄与を焦点に　6　父・安岡正篤の無念　7　終戦と安岡先生　8　資料編

安岡 力也〔1947～2012〕やすおか・りきや

◇ホタテのお父さん　安岡力斗著　東京キララ社　2014.10　221p　20cm　1600円　Ⓘ978-4-903883-06-9　Ⓝ778.21

内容　第1章　お父さんはスーパーマン（天使ちゃん誕生　僕とパパの原風景　ほか）　第2章　友達親子（パパが怖い人だって？　変わりゆく家族関係　ほか）　第3章　一〇万人に一人の難病（父が倒れて知る無力な自分　自立のために木更津　ほか）　第4章　一生分のあ

やすき

りがとう(父からの電話　親孝行のわがまま　ほか)　第5章 餞の桜(満開の桜の下で　薔薇の家紋　ほか)

八杉 貞利〔1876〜1966〕　やすぎ・さだとし
◇ドラマチック・ロシアin JAPAN　4　日露異色の群像30—文化・相互理解に尽くした人々　続　長塚英雄責任編集　生活ジャーナル　2017.12　531p　22cm　〈3の出版者：東湖書店〉　2800円　①978-4-88259-166-5　Ⓝ319.1038

内容 レフ・メーチニコフ(1838 - 1888)西郷が呼んだロシアの革命家　ニコライ・ラッセル(1850 - 1930)子孫が伝える二〇世紀の世界人の記憶　黒野義文(? - 1918)東京外国語露語科からペテルブルグ大学東洋語学部へ　小西増太郎(1861 - 1939)トルストイとスターリンに会った日本人—激動の昭和を生きた祖父小西増太郎　ニコライ・マトヴェーエフ(1865 - 1941)マトヴェーエフと戦後最初のロシア人観光団　徳富蘆花(1868 - 1927)日本におけるトルストイ受容の先駆者として　セルギイ・チホミーロフ(1871 - 1945)日本の府主教セルギイ—その悲劇の半生　内田良平(1874 - 1937)「黒龍会」内田良平のロシア親瀬沼夏葉(1875 - 1915)瀬沼夏葉とチェーホフ作品の翻訳　相馬黒光(1875 - 1955)"アンビシャスガール"とロシア文化〔ほか〕

八杉 康夫〔1927〜〕　やすぎ・やすお
◇現代人の伝記　4　致知編集部編著　致知出版社　2014.11　94p　26cm　1000円　①978-4-8009-1061-5　Ⓝ280.8

内容 1 中丸三千繪(オペラ歌手)—歌うために私はいま、ここに生きる　2 辻口博啓(パティシエ)—スイーツの道を極める　3 小林彫子(エアーセントラル副操縦士)—諦めなかった大空への夢　4 福島智(東京大学先端科学技術研究センター教授)—苦難は人生の肥やしとなる　5 小川与志和(「和た与」店主)—いまあるものに感謝して生きる　6 上山博康(旭川赤十字病院第一脳神経外科部長・脳卒中センター長)—患者の人生を背負い命を賭して戦い続ける　7 小川三夫(鵤工房代表)—師から学んだ精神を裏切らない仕事をする　8 八杉康夫(戦艦大和語り部)—戦艦大和からのメッセージ

弥助〔戦国〜安土桃山時代〕　やすけ
◇信長と弥助—本能寺を生き延びた黒人侍　ロックリー・トーマス著, 不二淑子訳　太田出版　2017.2　263,16p　19cm　〈文献あり〉　1800円　①978-4-7783-1556-6　Ⓝ289.3

内容 第1章 日本上陸と信長との謁見　第2章 弥助の経歴を紐解く　第3章 現代に伝わる弥助伝説　第4章 弥助が生きた時代　第5章 弥助はどこから来たのか　第6章 信長の死後の弥助　第7章 弥助の生涯を推測する　付録 第一章「日本上陸と信長との謁見」に関する補足史料

安田 暎胤〔1938〜〕　やすだ・えいいん
◇お薬師さまと生きる　安田暎胤著　春秋社　2018.2　230p　20cm　1800円　①978-4-393-13421-4　Ⓝ181.215

内容 1 お薬師さまの心(薬師寺入山　お釈迦さまとお薬師さまの違い　玄奘三蔵と唯識の教え　お薬師さまの大願　お薬師さまのご加護　お薬師寺出開帳　薬師寺管主に晋山)

安田 定明〔1939〜〕　やすだ・さだあき
◇至誠—我が闘争の五十年　安田定明著, 文藝春秋企画出版部編　文藝春秋企画出版部(制作)　2018.5　247p　20cm　Ⓝ588.067

安田 純平〔1974〜〕　やすだ・じゅんぺい
◇シリア拘束 安田純平の40か月　安田純平著, ハーバー・ビジネス・オンライン編　扶桑社　2018.11　110p　21cm　〈年譜あり〉　800円　①978-4-594-08133-1　Ⓝ302.275

内容 第1章 シリア入国、武装勢力に拘束・監禁　第2章 動くこと、音を立てることも禁じられる日々　第3章 抵抗から解放へ　第4章 帰国後初会見の質疑応答より　第5章 日本外国人特派員協会での会見より　第6章 安田純平激白120分「拘束中はずっと理不尽な"ゲーム"を強いられていた」　第7章 インタビュー「シリアの状況を伝えようとした安田さんに感謝」ナジーブ・エルカシュ(在日シリア人ジャーナリスト)

安田 善次郎〔1838〜1921〕　やすだ・ぜんじろう
◇近代茶人の肖像　依田徹著　京都　淡交社　2015.2　215p　18cm　〈淡交新書〉〈文献あり〉　1200円　①978-4-473-03992-7　Ⓝ791.2

内容 井上馨(世外)—政界の雷親父は細心なる茶人　有栖川宮熾仁親王(霞堂)—親王の茶の湯に見る宮家と華族の社交界　安田善次郎(松翁)—慎しく陰徳を重ねた財産家の茶の湯　今泉雄作(常真)—茶道具再評価の種を蒔いた江戸っ子　平瀬亀之輔(露香)—大阪の茶の湯を牽引した「粋の神」　住友友純(春翠)—茶の湯に文人趣味を融合させた実業家　益田孝(鈍翁)—近代の茶の湯を双肩に担った巨人　馬越恭平(化生)—数々の逸話を残した「ビール王」数寄者　柏木貨一郎(探古斎)—江戸に住んだ幻の数寄屋建築家　岡倉覚三(天心)—茶より酒を愛した『茶の本』の執筆者　正木直彦(十三松堂)—美術と茶道に橋を架けた美術学校長　宣統皇后—満州皇帝を茶の湯でもてなした大正天皇妃　三井高棟(宗恭)—財閥の盛衰を見つめた三井当主の茶の湯　團琢磨(狸山)—鈍翁から経営と茶の湯を受け継いだ男　大谷尊由(心斎)—茶の湯三昧の境地に歩んだ宗教家　前田利為(梅堂)—旧大名家軍人のたしなみとしての茶の湯　式守蝸牛(虎山)—悲運の宰相、戦時下の茶の湯　栗山善四郎(江戸慊石を伝え、茶の湯を愛した料亭主人　加藤正治(犀水)—憲法の制定に携わった法学者茶人

◇財閥を築いた男たち　加来耕三著　ポプラ社　2015.5　266p　18cm　〈ポプラ新書 060〉〈「名創業者に学ぶ人間学 十大財閥篇」(2010年刊)の改題、再構成、大幅に加筆・修正〉　780円　①978-4-591-14522-7　Ⓝ332.8

内容 第1章 越後屋から三井財閥へ　三野村利左衛門と益田孝　第2章 地下浪人から三菱財閥を創設　岩崎彌太郎　第3章 住友家を支えて屈指の財閥へ　広瀬宰平と伊庭貞剛　第4章 金融財閥を築いた経営の才覚　安田善次郎　第5章 無から有を生む才で財閥へ　浅野総一郎　第6章 生命を賭けて財閥を築いた創業者　大倉喜八郎　第7章 無学の力で財を成した鉱山王　古河市兵衛　第8章 株の大勝負に賭けて財閥へ　野村徳七

◇名銀行家(バンカー)列伝—社会を支えた"公器"の系譜　北康利著　新装版　金融財政事情研究会　2017.5　207p　20cm　〈初版：中央公

論新社 2012年刊 文献あり 発売：きんざい〉 1500円 Ⓣ978-4-322-13081-2 Ⓝ338.28
内容 第1章 わが国近代資本主義の父 渋沢栄一―第一国立銀行―世界に向けて発信したい"論語と算盤"の精神 第2章 銀行のことは安田に聞け！ 安田善次郎 安田銀行―史上最強の銀行主に学ぶ克己堅忍と陰徳の精神 第3章 三井中興の祖 中上川彦次郎 三井銀行―銀行界の青年期を思わせる爽やかでダイナミックな名バンカー 第4章 国家を支え続けた銀行家 池田成彬 三井銀行―白洲次郎が"おっかなかった"と語った迫力あるその人生に迫る 第5章 政府系金融機関の範を示した名総裁 小林中 日本開発銀行―"影の財界総理"の功を誇らない生き方 第6章 財界の鞍馬天狗 中山素平 日本興業銀行―公取委と闘い続けた国士の中の国士 第7章 向こう傷をおそれるな！ 磯田一郎 住友銀行―最強の住友軍団を築き上げた男の栄光と挫折 第8章 ナポレオン 松沢卓二 富士銀行―卓抜した先見性と正論を貫く姿勢で金融界を牽引した名銀行家

安田 祖龍〔1914～1972〕 やすだ・そりゅう
◇評伝 天草五十人衆 天草学研究会編 福岡 弦書房 2016.8 317p 22cm 〈文献あり 年表あり 索引あり〉 2400円 Ⓣ978-4-86329-138-6 Ⓝ281.94
内容 ステージ1 五人衆の時代、そして… ステージ2 天領天草の村々 ステージ3 祈りの島で ステージ4 耕す、漁る ステージ5 俗の世をひらく ステージ6 潮路はるかに ステージ7 文学・歴史・言論 ステージ8 あの頃、この人 ステージ9 島の現実、国の行く末 ステージ10 一筋の道 ステージ特別編 群像二題（天草の石文化と松室五郎左衛門 牛深カツオ漁の男たち）

安田 隆夫〔1949～〕 やすだ・たかお
◇安売り王一代―私の「ドン・キホーテ」修業時代 安田隆夫著 文藝春秋 2015.11 239p 18cm （文春新書 1052） 800円 Ⓣ978-4-16-661052-5 Ⓝ673.868
内容 はじめに 若者よ、「はらわた」を振り絞れ！ 第1章 絶対に起業してみせる 第2章 ドン・キホーテ誕生 第3章 禍福はあざなえる縄の如し 第4章 ビジョナリーカンパニーへの挑戦 第5章 不可能を可能にする安田流「逆張り発想法」 終章 波乱万丈のドン・キホーテ修業時代に感謝

安田 徳太郎〔1898～1983〕 やすだ・とくたろう
◇ドラマチック・ロシアin JAPAN 4 日露異色の群像30―文化・相互理解に尽くした人々 続長塚英雄責任編集 生活ジャーナル 2017.12 531p 22cm 〈3の出版者：東洋書店〉 2800円 Ⓣ978-4-88259-166-5 Ⓝ319.1038
内容 レフ・メーチニコフ（1838‐1888）西郷が呼んだロシアの革命家 ニコライ・ラッセル（1850‐1930）子孫が伝える二〇世紀の世界人の記憶 肥野義文（？‐1918）東京外国語科ペテルブルグ大学東洋語学部へ 小西増太郎（1861‐1939）トルストイとスターリンに会った日本人―激動の昭和を生きた祖父小西増太郎 ニコライ・マトヴェーエフ（1865‐1941）マトヴェーエフと戦後最初のロシア人観光団 徳富蘆花（1868‐1927）日本におけるトルストイ受容の先駆者として セルギイ・チホミーロフ（1871‐1945）日本の府主教セルギイ―その悲劇の半生 内田良平（1874‐1937）「黒龍会」内田良平のロシア観 瀬沼夏葉（1875‐1915）瀬沼夏葉とチェーホフ作品の翻訳 相馬黒光（1875‐1955）"アンビシャスガール"とロシア文化〔ほか〕

安田 祐輔〔1983～〕 やすだ・ゆうすけ
◇暗闇でも走る―発達障害・うつ・ひきこもりだった僕が不登校・中退者の進学塾をつくった理由 安田祐輔著 講談社 2018.4 253p 19cm 1400円 Ⓣ978-4-06-221042-3 Ⓝ289.1
内容 第1章 発達障害・家庭崩壊―12歳で家を出る 第2章 地獄からの脱出計画―偏差値30から一流大学へ 第3章 生まれ変わる戦略―暗闇でも走る 第4章 僕はどう生きる？―大学生活で見つけた使命 第5章 大企業へ入社したが―うつ病発症、一年のひきこもり 第6章 不登校・中退者の塾の立ち上げ―自分だからできること 第7章 人生はやりなおせる―道を拓く子どもたち 第8章 僕のこれから―世界を変える決意

保田 與重郎〔1910～1981〕 やすだ・よじゅうろう
◇保田與重郎―吾ガ民族ノ永遠ヲ信ズル故ニ 谷崎昭男著 京都 ミネルヴァ書房 2017.12 358,7p 20cm （ミネルヴァ日本評伝選）〈文献あり 年譜あり 索引あり〉 4000円 Ⓣ978-4-623-08223-0 Ⓝ910.268
内容 第1章 桜井で 第2章 『炫火（かぎろひ）』から『コギト』 第3章 『日本浪曼派』に集ふ 第4章 保田與重郎の日 第5章 戦争の出来る文藝 第6章 出征と帰還 第7章 『祖国』の時代 第8章 『現代畸人伝』の世界 第9章 文人の信実 第10章 終焉まで

◇三島由紀夫は一〇代をどう生きたか―あの結末をもたらしたものへ 西法太郎著 文学通信 2018.11 356p 19cm 3200円 Ⓣ978-4-909658-02-9 Ⓝ910.268
内容 プロローグ―三島由紀夫がさだめた自分だけの墓所 序章 結編―神風連「約百名の元サムライ」の叛乱 日本の火山の地底 ほか 第1章 邂逅―東文彦（先輩からのあたたかい手紙 至福の拠り処 ほか） 第2章 屈折―保田與重郎（一〇代の思想形成 日本浪曼派 ほか） 第3章 黙契―蓮田善明（田原坂公園の歌碑 「神風連のこころ」 ほか）

安武 ひな〔1875～1955〕 やすたけ・ひな
◇安武ひなの至高の魂―元李王朝王宮傳育官 日韓併合の100年に学ぶ 富安千鶴子著 〔出版地不明〕 富安千鶴子 2016.3 221p 20cm Ⓝ289.1

安野 侑志〔1943～2012〕 やすの・ゆうし
◇世界一の紙芝居屋ヤッサンの教え 安野侑志, 髙田真理著 ダイヤモンド社 2014.9 308p 19cm 1300円 Ⓣ978-4-478-02809-4 Ⓝ779.8
内容 第1章 本当の自分を知る 第2章 自分の考え方を変える 第3章 ガシガシ実行する 第4章 持続力をつける 第5章 待つ力をつける 第6章 縁を大切にする 第7章 常に前を向く

安場 保和〔1835～1899〕 やすば・やすかず
◇まなざし 鶴見俊輔著 藤原書店 2015.11

270p 20cm 2600円 ⓘ978-4-86578-050-5 Ⓝ281.04

内容 序にかえて 話の好きな姉をもって Ⅰ 石牟礼道子 金時鐘 岡部伊都子 吉川幸次郎 小田実 Ⅱ 高野長英 曾祖父・安場保和 祖父・後藤新平 父・鶴見祐輔 姉・鶴見和子 跋にかえて 同じ母のもとで 鶴見和子 結にかえて 若い人に

安彦 良和〔1947～〕 やすひこ・よしかず
◇原点THE ORIGIN―戦争を描く、人間を描く 安彦良和,斉藤光政著 岩波書店 2017.3 343,4p 19cm 〈文献あり 作品目録あり〉 1800円 ⓘ978-4-00-061192-3 Ⓝ726.101

内容 1 冷戦の落とし子ガンダム 2 北辺の地の少年 3 弘前大学での"闘い" 4 怒れる若者たち、その後 5 サブカルチャーの波 6 世界をリアルに見る 付録―安彦良和エッセイなどなど

穏仁親王〔1643～1665〕 やすひとしんのう
◇四親王家実録 21 桂宮実録 第2巻(智忠親王実録・穏仁親王実録・長仁親王実録・尚仁親王実録・作宮実録) 吉岡眞之,藤井讓治,岩壁義光監修 ゆまに書房 2016.10 295p 27cm 〈布装 宮内庁宮内公文書館所蔵の複製〉 25000円 ⓘ978-4-8433-5106-2 Ⓝ288.44

安宅 勝〔1902～1971〕 やすみ・まさる
◇ある家族の百年―明治・大正・昭和・平成を生きた家族の記録 田中ルリ著 日本図書刊行会 2015.1 284p 20cm 〈文献あり 発売：近代文藝社〉 1800円 ⓘ978-4-8231-0908-9 Ⓝ289.1

内容 1 父の家族の百年(はじめての記憶 父・安宅勝とその出身 新婚時代の両親 朝鮮へ 京城の暮らしほか) 2 母の家族の百年(父方の祖父 母方の祖父 対馬・厳原 豊後の国、草地村 墓探しほか)

安宅 光子〔1907～1995〕 やすみ・みつこ
◇ある家族の百年―明治・大正・昭和・平成を生きた家族の記録 田中ルリ著 日本図書刊行会 2015.1 284p 20cm 〈文献あり 発売：近代文藝社〉 1800円 ⓘ978-4-8231-0908-9 Ⓝ289.1

内容 1 父の家族の百年(はじめての記憶 父・安宅勝とその出身 新婚時代の両親 朝鮮へ 京城の暮らしほか) 2 母の家族の百年(父方の祖父 母方の祖父 対馬・厳原 豊後の国、草地村 墓探しほか)

保持 研子〔1985～1947〕 やすもち・よしこ
◇『青鞜』の冒険―女が集まって雑誌をつくるということ 森まゆみ著 集英社 2017.2 365p 16cm 〈集英社文庫 も26-8〉〈平凡社 2013年刊の再刊 文献あり 年表あり〉 740円 ⓘ978-4-08-745559-5 Ⓝ910.261

内容 第1章 五人の若い女が集まって雑誌をつくること 第2章 いよいよ船出のとき 第3章 広告から見えてくる地域性 第4章 尾竹紅吉、あるいは後記の読み方 第5章 伊藤野枝の登場 第6章『青鞜』の巣鴨時代 第7章 保持研の帰郷 第8章『青鞜』の終焉

八十村 路通〔1649～1738〕 やそむら・ろつう
◇乞食路通―風狂の俳諧師 正津勉著 作品社 2016.8 246p 20cm 〈年譜あり 索引あり〉 2000円 ⓘ978-4-86182-588-0 Ⓝ911.33

内容 1 鷹を着て 2 行儀なき方を 3 火中止め 4 世を捨も果ずや 幕間 芭蕉路通を殺せり 5 寒き頭陀袋 6 ほのくほに 7 随意随意 8 遅ざくら

矢田 立郎〔1940～〕 やだ・たつお
◇道を切り拓く 矢田立郎著 神戸 神戸新聞総合出版センター 2015.1 155p 20cm 〈年譜あり〉 1500円 ⓘ978-4-343-00833-6 Ⓝ318.264

矢田貝 淑朗〔1926～2013〕 やたがい・しゅくろう
◇矢田貝淑朗 オーラル・ヒストリー 矢田貝淑朗述，二階堂行宣，中村尚史編 交通協力会 2016.3 246p 30cm Ⓝ686.21

矢田部 理〔1932～〕 やたべ・おさむ
◇いつも全力。こんな議員が国会にいた―原発、金大中事件、ODA、水俣病、PKO、ロッキード事件…奮闘記 矢田部理著 梨の木舎 2017.10 270p 22cm 2200円 ⓘ978-4-8166-1705-8 Ⓝ289.1

内容 1章 いのちと環境と人権のために(自動車排出ガスの規制問題に取り組む 中海・宍道湖と長良川、環境基本法制定 ほか) 2章「平和を！」―世界を駆ける(日中平和懇談会とPDSAP 南北朝鮮とのかかわり ほか) 3章「戦後政治の総決算」(戦後レジームからの脱却」(中曽根首相と安倍首相の軍事大国主義を問う PKO法をめぐる攻防 ほか) 4章 疑獄の追及―政治の腐敗構造に抗して(ロッキード疑獄を追う ダグラス、グラマン事件を衝く ほか) 5章 新社会党を立ち上げる(子ども時代と、まわりの人びと)

谷内田 昌熙〔1936～〕 やちだ・まさき
◇我が人生の記―過ぎし日と未来への想い 傘寿を記念して 谷内田昌熙著 〔出版地不明〕〔谷内田昌熙〕 2016.3 65p 26cm Ⓝ289.1

八橋検校〔1614～1685〕 やつはしけんぎょう
◇八橋検校 十三の謎―近世箏曲を生んだ盲目の天才 釣谷真弓著 新版 アルテスパブリッシング 2018.4 219p 19cm 〈文献あり 年譜あり〉 2000円 ⓘ978-4-86559-179-8 Ⓝ768.6

柳井 正〔1949～〕 やない・ただし
◇リーダーズ・イン・ジャパン―日本企業いま学ぶべき物語 有森隆著 実業之日本社 2014.7 270p 19cm 〈他言語標題：Leaders in Japan〉 1400円 ⓘ978-4-408-11077-6 Ⓝ332.8

内容 1「創業家」の精神(豊田章男(トヨタ自動車)―「あさって」を見つめている男は、持続的成長に向けて手綱緩めず 岡田卓也、岡田元也(イオン)―増殖を続ける流通帝国。肉食系のM&Aは岡田親子の遺伝子 鈴木修(スズキ)―「三兆円企業」の名物

ワンマン社長の強気と苦悩) 2「カリスマ」の本気(孫正義(ソフトバンク)―大ボラを次々と現実のものにした「孫氏の兵法」を徹底解剖する 鈴木敏文(セブン&アイ)―息子に第三の創業を託すのか？「流通王」鈴木敏文の究極の選択 柳井正(ファーストリテイリング)―徒手空拳で小売業世界一に挑む男にゴールはない) 3「中興の祖」の逆襲(佐治信忠(サントリーホールディングス)―「やってみなはれ」の精神で佐治信忠は一世一代の大勝負に出る 高原豪久(ユニ・チャーム)―東南アジアに針路をとれ！ 二代目社長、高原豪久の"第三の創業" 奥田務(J.フロントリテイリング)―「脱百貨店」の旗手、奥田務の正攻法に徹した改革) 4「異端児」の反骨(岡藤正広(伊藤忠商事)―野武士集団の復活を目指す伝説の繊維マン 津賀一宏(パナソニック)―テレビから自動車部品へ大転換。生き残りを懸け、エースが陣頭指揮 永井浩二(野村ホールディングス)―増資インサイダー事件で信用を失墜したガリバーを再生。変革に挑む営業のカリスマ)

矢内原 忠雄〔1893～1961〕やないはら・ただお

◇悲哀の人 矢内原忠雄―歿後50年を経て改めて読み直す 川中子義勝著 大阪 かんよう出版 2016.4 198p 19cm 〈著作目録あり 文献あり 年譜あり〉 1800円 ①978-4-906902-65-1 Ⓝ289.1

内容 1 生涯、帝大教授辞職まで(若き日々 一高時代 ほか) 2 生涯、帝大辞職から敗戦まで(『嘉信』創刊と聖書講義 藤井武全集再刊 ほか) 3 生涯、敗戦からその死に至るまで(日本精神への寄与 大学復帰 ほか) 4 矢内原忠雄における学問と信仰(植民政策学 マルクス主義とキリスト教 ほか) 5 矢内原忠雄における聖書講義と集会 預言者研究 イザヤとエレミヤ ほか)

◇矢内原忠雄―戦争と知識人の使命 赤江達也著 岩波書店 2017.6 244,10p 18cm (岩波新書 新赤版 1665)〈文献あり 年譜あり〉 840円 ①978-4-00-431665-7 Ⓝ289.1

内容 第1章 無教会キリスト教の誕生―一九一〇年代(生い立ち 新渡戸稲造と内村鑑三 信仰、学問、交友 住友・別子銅山) 第2章 植民政策学者の理想―一九二〇～三七年(東京帝国大学 植民政策学 帝国の理想―朝鮮と台湾 国際平和の理想―満州と中国) 第3章 東京帝大教授の伝道―一九三〇年代の危機と召命(帝大聖書研究会 マルクス主義とキリスト教 無教会伝道 二・二六事件と天皇) 第4章 戦争の時代と非戦の預言―一九三七～四五年(矢内原事件 無教会の雑誌・結社・ネットワーク 預言者的ナショナリズム 全体主義とキリスト教) 第5章 キリスト教知識人の戦後啓蒙―一九四五～六一年(日本精神の転換 平和国家の理想 人間形成の教育 東大総長の伝道)

柳河 春三〔1832～1870〕やながわ・しゅんさん

◇古田東朔近現代日本語生成史コレクション 第6巻 明治前夜話―伝記と随筆 古田東朔著、鈴木泰、清水康行、山東功、古田啓編集 清水康行、古田啓解説・校訂 くろしお出版 2014.12 501p 22cm 〈著作目録あり 年譜あり〉 9200円 ①978-4-87424-642-9 Ⓝ810.8

内容 大庭雪斎 大庭雪斎訂補の『歴象新書』大庭雪斎の業績 堀達之助と『英和対訳袖珍辞書』 柳河春三 福沢諭吉―その国語観と国語教育観 福沢諭吉その他補遺 古川正雄 田中義廉 田中義廉補遺 中根淑 「遠山左衛門尉」の登場―中根淑・依田学海の文章 大槻文彦伝 東朔夜話 芦田先生と私 西尾実先生の想い出 学習院高等科時代の小高さん 森山隆さんを悼む 原稿用紙の字詰

◇幕末明治 新聞ことはじめ―ジャーナリズムをつくった人びと 奥武則著 朝日新聞出版 2016.12 278p 19cm (朝日選書 952) 1500円 ①978-4-02-263052-0 Ⓝ070.21

内容 序章 清八と宇平衛の受難―ジャーナリズム以前 第1章 ジョセフ・ヒコの悲哀―「新聞の父」再考 第2章 ハンサードの志―新聞がやってきた 間奏その1 青年旗本の悲劇―池田長発 第3章 柳河春三の無念―原点としての「中外新聞」 第4章 岸田吟香の才筆―新聞記者の誕生 間奏その2 旧幕臣の矜持―成島柳北 第5章 福地源一郎の言い分―「御用記者」と呼ばれて 間奏その3 鉛活字の誕生まで―本木昌造 第6章 ブラックの栄光―「日新真事誌」の時代

柳川 春葉〔1877～1918〕やながわ・しゅんよう

◇現代文士廿八人 中村武羅夫著 講談社 2018.6 217p 16cm (講談社文芸文庫 なU1)〈日高有倫堂 1909年刊の再編集〉 1600円 ①978-4-06-511864-1 Ⓝ910.261

内容 田山花袋 国木田独歩 生田葵山 夏目漱石 菊池幽芳 小川未明 小杉天外 内藤鳴雪 徳田秋声 水野葉舟 〔ほか〕

梁川 星巌〔1789～1858〕やながわ・せいがん

◇江戸詩人評伝集―詩誌『雅友』抄 2 今関天彭著, 揖斐高編 平凡社 2015.11 447p 18cm (東洋文庫 866)〈布装〉 3200円 ①978-4-582-80866-7 Ⓝ919.5

内容 梁川星巌(補篇)梁川星巌の學風 広瀬旭荘 遠山雲如 小野湖山 大沼枕山 森春涛 江戸時代京都中心の詩界 明清詩風の影響

柳 尚雄〔1920～1945〕やなぎ・ひさお

◇抗命―柳尚雄の物語 柳道彦著 幻冬舎メディアコンサルティング 2017.8 147p 19cm (発売:幻冬舎) 1100円 ①978-4-344-91272-4 Ⓝ289.1

内容 昭和二十年八月・満州(中国東北部) 遼陽・日本軍火工廠・職員 昭和二十年八月二十五日・遼陽火工廠・職員・脱出の回避 昭和二十年六月・満州奉天・野瀬健三 昭和二十年八月二十六日・満人部落・早朝・柳尚雄 番外・日本軍の傀儡政権・満州国成立 そして今、平成二十七年夏・太平洋戦争・回顧 昭和二十年五月・太平洋戦争(日中戦争後半)・野瀬健三 昭和二十年八月二十七日・遼陽火工廠「柳中尉」から「柳尚雄」個人へ 昭和二十年八月・満州の戦場どこか・野瀬健三 昭和二十年八月二十八日朝八時・火工廠外・柳尚雄 昭和二十年八月二十八日朝九時・火工廠外・柳尚雄 昭和二十年八月二十八日昼・火工廠外・東京陵・柳尚雄 昭和二十一年七月・日本・野瀬健三・帰還

柳 宗悦〔1889～1961〕やなぎ・むねよし

◇柳宗悦とバーナード・リーチ往復書簡―letters from 1912 to 1959 日本民藝館資料集 柳宗悦, バーナード・リーチ著, 岡村美穂子, 鈴木禎宏監修, 日本民藝館学芸部編 日本民藝館

2014.7 431p 21cm 〈本文は英語〉 Ⓝ289.1
◇柳宗悦―「無対辞」の思想 松竹洸哉著 福岡 弦書房 2018.5 304p 20cm 〈文献あり 年譜あり 索引あり〉 2400円 ①978-4-86329-168-3 Ⓝ289.1
内容 1 永遠相に生をみつめて(文学・芸術・哲学 神秘主義 工芸美の発見) 2 此岸の浄土(民藝―「文字なき聖書」 民藝運動 此岸に彼岸をみつめて)
◇柳宗悦と京都―民藝のルーツを訪ねる 杉山享司, 土田眞紀, 鷺珠江, 四釜尚人著 京都 光村推古書院 2018.8 239p 22cm 〈年譜あり〉 3800円 ①978-4-8381-0580-9 Ⓝ750.2162
内容 1 我孫子から京都へ―誰と出会い、何を行い、どんなものを蒐めたのか(杉山享司)(白樺同人として我孫子時代の柳宗悦 ほか) 2「民藝」が誕生した磁場―大正末期の京都と柳宗悦(土田眞紀)(柳宗悦と同志社大学 クラフトギルドの夢と現実―柳宗悦と上加茂民藝協団 ほか) 3 運命の出会い―柳宗悦と河井寛次郎(鷺珠江)(民藝発祥の地―京都 陶工の同志―河井と濱田 ほか) 4 京都民藝散歩―柳宗悦の俤を訪ねて(四釜尚人)(柳宗悦の旧居 上加茂民藝協団跡地 ほか)

柳澤 壽男 〔1916～1999〕 やなぎさわ・としお
◇そっちやない、こっちや―映画監督・柳澤壽男の世界 岡田秀則, 浦辻宏昌編著 新宿書房 2018.2 411p 21cm 〈文献あり 作品目録あり 年譜あり〉 3800円 ①978-4-88008-473-2 Ⓝ778.21
内容 1 映画史を生きる(ニンゲン、柳澤壽男―ある記録映画作家の肖像 駆け出しの映画 ほか) 2 思いを綴る 柳澤壽男(わたしの記録映画づくり 記録映画作家のつぶやき ほか) 3 深さと広がり―柳澤作品を読み解く(五本の記録映画が問いかけるもの―柳澤壽男の福祉施設のドキュメンタリー作品 内に深化し、外にひろがる映像―柳澤壽男監督の福祉ドキュメンタリー ほか) 4 柳澤壽男を語る("インタビュー"何かを見つけること、それが記録映画 "座談会"不定形の映画に向き合う) 5 脈動する足跡(柳澤壽男フィルモグラフィ "採録シナリオ"『そっちやない、こっちや コミュニティ・ケアへの道』 ほか)

柳沢 善衛 〔1899～1979〕 やなぎさわ・よしえ
◇日本労働組合論事始―忘れられた「資料」を発掘・検証する 小松隆二著 論創社 2018.8 366p 20cm 3800円 ①978-4-8460-1712-5 Ⓝ366.621
内容 第1部 忘れられた日本における労働組合の導入過程(日本における労働組合思想の導入過程 日本労働組合論事始) 第2部 忘れられた『幸徳秋水全集』の発掘(幻の戦前版『幸徳秋水全集』再考 痛恨の思いこもる今村力三郎の『剪言』) 第3部 忘れられた自由連合・アナキズムの多様な団体と機関紙誌・パンフレット(全国労働組合自由連合会(全国自連)小史―機関紙『自由連合』『自由連合新聞』『全国自連ニュース』を中心に 高屋平兵衛らの戦線同盟と機関紙『革命評論』『民衆新聞』―アナ・ボル対立の狭間で訴えた共同戦線論 底辺女性の解放を訴えた柳沢善衛の生涯と機関紙誌・パンフレット アナキズム系のロシア革命批判パンフレット―パンフレット等小出版物の重要性を見直そう) 第4部 忘れ

れた思想家の個人紙誌(日本における思想家の個人紙誌 加藤一夫と個人誌『大地に立つ』―半個人誌から個人紙(第二次)へ)

柳沢 吉保 〔1658～1714〕 やなぎさわ・よしやす
◇柳沢吉保の由緒と肖像―「大和郡山市所在柳沢家関係資料に関する研究」報告書 山梨県立博物館編 笛吹 山梨県立博物館 2015.3 73p 30cm (山梨県立博物館調査・研究報告 11) Ⓝ289.1
◇徳川十五代闇将軍 熊谷充晃著 大和書房 2015.5 263p 15cm (だいわ文庫 269-2H) 〈文献あり〉 650円 ①978-4-479-30536-1 Ⓝ281.04
内容 第1章 幕藩体制の礎を築いた4代(初代「闇将軍」本多正信―家康から全幅の信頼を寄せられた「タヌキ親父」以上の「タヌキ」 2代「闇将軍」南光坊天海―幕府の宗教政策をひとりで完成させた「関東の大僧正」 3代「闇将軍」松平信綱―江戸時代で最大の内乱を鎮めて老中首座に上った「知恵伊豆」 4代「闇将軍」酒井忠清―生まれながらにして約束された後世の悪名が哀しい「下馬将軍」) 第2章 将軍の権威を超越した3代(5代「闇将軍」柳沢吉保―失政や没落とは皆無の史実「極悪側用人」の評に異議あり 6代「闇将軍」新井白石―幕政の思想的柱石を創出したブレーン「遅すぎた登壇」 7代「闇将軍」間部詮房―これぞ闇将軍にふさわしい「猿楽大名」の数奇なキャリア) 第3章 中興の変革期を乗り越えた3代(8代「闇将軍」松平乗邑―「暴れん坊将軍」を抑えられた唯一の忠臣は経済政策の旗手 9代「闇将軍」大岡忠光―前代未聞かつ空前絶後の幕閣 日本史上唯一の「将軍の通訳」 10代「闇将軍」田沼意次―「贈収賄政治家」の正体は貨幣社会を目指した重商主義者) 第4章 幕末動乱の一端となった3代(11代「闇将軍」松平定信―「寛政の改革」で失敗した後も影響力を保持し続けた元将軍候補 12代「闇将軍」水野忠邦―幕藩体制崩壊の序曲を聴いた「理想主義」を掲げる野心家 13代「闇将軍」徳川斉昭―頼もしいのか、ありがた迷惑か 御三家の慣例を破った「烈公」) 第5章 維新の激動期に舵を取った2代(14代「闇将軍」井伊直弼―まさに闇将軍の代名詞 幕末期最大のキングメーカー 15代「闇将軍」島津久光―外様大名ですらなかったのに幕政を揺るがせた薩摩の国父)

柳田 國男 〔1875～1962〕 やなぎた・くにお
◇柳田国男の故郷七十年 柳田国男著, 石井正己編 PHPエディターズ・グループ 2014.9 239p 19cm 〈底本：柳田国男全集 21(筑摩書房 1997年刊)の抜粋・再編集 索引あり 発売：PHP研究所〉 1300円 ①978-4-569-82106-1 Ⓝ289.1
内容 故郷を離れたころ 私の生家 布川時代 辻川の話 文学の思い出・交遊録 私の学問
◇民俗学・台湾・国際連盟―柳田國男と新渡戸稲造 佐谷眞木人著 講談社 2015.1 222p 19cm (講談社選書メチエ 591) 〈文献あり 年譜あり〉 1550円 ①978-4-06-258594-1 Ⓝ380.1
内容 第1章 台湾というフィールド 第2章「土俗学」から「地方学」へ 第3章 柳田、新渡戸と出会う 第4章 ジュネーブ体験 第5章 挫折と訣別 第6章「一

◇柳田國男と考古学—なぜ柳田は考古資料を収集したのか　設楽博己,工藤雄一郎,松田睦彦編著　新泉社　2016.5　158p　21cm　〈他言語標題：KUNIO YANAGITA'S RELATIONSHIP WITH ARCHAEOLOGY　文献あり〉　2200円　Ⓘ978-4-7877-1602-6　Ⓝ380.1

内容　1　柳田國男の生い立ちと学問的背景（柳田國男の生い立ちと間引き絵馬の衝撃　文学への傾倒から農政官僚へ　ほか）　2　柳田國男が集めた考古資料（柳田國男旧蔵考古資料とは？―収集の経緯　柳田國男はどんな考古資料を収集したのか　ほか）　3　なぜ柳田國男は考古資料を収集したのか―収集の学問的・社会的背景（お雇い外国人の活躍と一八八〇年代の「日本人種論」　日本人研究者による人種論の始まり―アイヌ・コロボックル論争　ほか）　4　柳田民俗学の形成と考古学批判（柳田國男はなぜ考古学を批判し、考古学と決別したのか　自然科学と文学―松本彦七郎・山内清男と柳田國男　ほか）

◇柳田国男「歌のわかれ」と島崎藤村—歪められた人間像の回復　南八枝子著　杉並けやき出版　2016.6　213p　19cm　〈文献あり〉　発売：星雲社　1500円　Ⓘ978-4-434-22158-3　Ⓝ289.1

内容　小論1　柳田国男が新体詩をやめた理由に島崎藤村の影響を見る　小論2　柳田国男に隠し子なんていなかった―岡谷公二著『柳田國男の恋』で歪められた柳田国男像　第1章　松岡国男の少年期・青年期そして松岡姓から柳田姓へ　第2章　国男の新体詩と『文學界』と島崎藤村　第3章　田山花袋の国男をモデルにした小説と、国男の花袋宛書簡　第4章　田山花袋と柳田国男の親友関係　第5章　岡谷氏による国男に「隠し子」がいたという説の誤りを検証する　第6章　岡谷氏が「隠し子」説の根拠としてあげた箇条の検証　小論3　南方熊楠紹介の手伝い岸女に国男が手をつけたという憶測の間違い

◇明治三十年伊勢海ノ資料—柳田国男の手帖　柳田国男著, 岡田照子,刀根卓代編著　〔出版地不明〕　伊勢民俗学会　2016.10　245p　19cm　〈複製を含む　発売：岩田書院〉　2500円　Ⓘ978-4-86602-802-6　Ⓝ289.1

◇故郷七十年　柳田國男著　講談社　2016.11　509p　15cm　（講談社学術文庫 2393）〈「柳田国男全集 21」（筑摩書房 1997年刊）の改題〉　1400円　Ⓘ978-4-06-292393-4　Ⓝ289.1

内容　母の思い出に　故郷を離れたころ　私の生家　布川時代　辻川の話　兄弟のこと　文学の思い出　学生生活　官界に入って　柳田家のこと　交友録　私の学問　筆をおくに臨みて　故郷七十年拾遺

◇柳田国男—知と社会構想の全貌　川田稔著　筑摩書房　2016.11　572,2p　18cm　（ちくま新書 1218）〈年譜あり　索引あり〉　1300円　Ⓘ978-4-480-06928-3　Ⓝ380.1

内容　序章　足跡と知の概観　第1章　初期の農政論　第2章　日本の近代化の問題性—危機認識　第3章　構想1—地域論と社会経済構想　第4章　構想2—政治構想　第5章　自立と共同性の問題　第6章　初期の民間伝承研究から柳田民俗学へ　第7章　知の核心1—日本的心性の原像を求めて　第8章　知の核心2—生活文化の構造　終章　宗教と倫理

◇いまこそ知りたい日本の思想家25人　小川仁志著　KADOKAWA　2017.9　254p　19cm　〈他言語標題：25 Japanese thinkers you need to know now　文献あり〉　1700円　Ⓘ978-4-04-400234-3　Ⓝ121.028

内容　第1章　日本思想の黎明期（空海　道元　親鸞　吉田兼好　世阿弥）　第2章　日本の近世の葛藤（山本常朝　荻生徂徠　本居宣長　安藤昌益　二宮尊徳）　第3章　日本の近代の幕開け（横井小楠　吉田松陰　福沢諭吉　新渡戸稲造　内村鑑三）　第4章　「日本哲学」の始まり（西周　西田幾多郎　九鬼周造　三木清　和辻哲郎）　第5章　世界における日本思想の独自性（北一輝　鈴木大拙　柳田國男　丸山眞男　吉本隆明）

◇吉野作造と柳田国男—大正デモクラシーが生んだ「在野の精神」　田澤晴子著　京都　ミネルヴァ書房　2018.3　309,6p　22cm　（人と文化の探究 16）〈文献あり　索引あり〉　6000円　Ⓘ978-4-623-08161-5　Ⓝ289.1

内容　吉野作造と柳田国男の比較研究　第1部　「大正デモクラシー」と宗教精神（吉野作造における「国体」と「神社問題」—キリスト教精神の普遍化と国家神道批判　柳田国男における民間「神道」観の成立とキリスト教—「国民倫理」形成と神社合祀政策批判　柳田国男における「固有信仰」と「世界民俗学」—キリスト教との関連から）　第2部　現実の政治認識と学説（一九二〇年代の柳田と吉野の政治思想—「共同団結の自治」と「政治的自由」　「デモクラシー」と「生存権」—吉野作造と福田徳三との思想的交錯　「共同団結の自治」実現への模索—「民俗」の価値および神道政策への提言　吉野作造の「現代」政治史研究—政治史講義を中心に　「郷土研究」とアカデミズム史学—「神話」研究の再興及び歴史資料編）　「大正デモクラシー」の学問の特徴　「新しい歴史学」と「我々の文化史学」

柳原　吉兵衛〔1858～1945〕　やなぎはら・きちべえ

◇青霞翁柳原吉兵衛傳　梅田安之著,柳原高志編　復刻版　堺　柳原高志　2016.10　179p　26cm　Ⓝ289.1

柳原　良平〔1931～2015〕　やなぎはら・りょうへい

◇柳原良平のわが人生　柳原良平著　如月出版　2017.6　255p　19cm　〈タイトルは奥付等による.標題紙のタイトル：良平のわが人生　「良平のわが人生」（DANほ 2005年刊）の改題〉　1500円　Ⓘ978-4-901850-54-4　Ⓝ726.501

内容　二・二六事件の朝に　各地転々、銀行員の父の祖父は徳島藩士　初めて描いた船の絵　忠臣蔵、新選組に夢中　「独学」で覚えた軍艦　船の絵はがきを集めて　「山水丸」で初の船旅　徳島行きで船に愛着　フッドとビスマルク〔ほか〕

柳家　喬太郎〔1963～〕　やなぎや・きょうたろう

◇なぜ柳家さん喬は柳家喬太郎の師匠なのか？　柳家さん喬,柳家喬太郎著　徳間書店　2018.8　257p　19cm　1700円　Ⓘ978-4-19-864633-2　Ⓝ779.13

内容　第1章　不思議な"親子"関係—柳家さん喬×柳家喬太郎（なぜさん喬師匠に弟子入りしたか　師匠も弟子を取るのは初めてだった　ほか）　第2章　師匠へ

柳家 金語楼〔1901〜1972〕　やなぎや・きんごろう

◇昭和芸人七人の最期　笹山敬輔著　文藝春秋　2016.5　249p　16cm　〈文春文庫　さ67-1〉〈文献あり〉　620円　Ⓣ978-4-16-790625-2　Ⓝ779.9

内容　第1章 榎本健一・65歳没―片脚の宙返り　第2章 古川ロッパ・57歳没―インテリ芸人の孤独　第3章 横山エンタツ・74歳没―運命のコンビ解散　第4章 石田一松・53歳没―自惚れた歌ネタ芸人　第5章 清水金一・54歳没―主役しかできない人　第6章 柳家金語楼・71歳没―元祖テレビ芸人の帰る家　第7章 トニー谷・69歳没―占領下が生んだコメディアン　特別インタビュー 最後の喜劇人、芸人の最期を語る―伊東四朗

柳家 小三治(10代)〔1939〜〕　やなぎや・こさんじ

◇なぜ「小三治」の落語は面白いのか？　広瀬和生著　講談社　2014.8　303p　19cm　1700円　Ⓣ978-4-06-219042-8　Ⓝ779.13

内容　第1章 柳家小三治インタビュー　第2章 ここが好き！ 小三治演目九十席（青菜―夏に聴きたい小三治噺の筆頭　あくび指南―紛うことなき小三治の十八番　明烏―「吉原賛歌」ではなく、人間模様の面白さを描く　意地くらべ―小三治にとっては珍しいネタ　一眼国―台詞廻しの妙で魅せる、幻想ホラーの世界 ほか）

◇なぜ「小三治」の落語は面白いのか？　広瀬和生著　講談社　2016.7　350p　15cm　（講談社+α文庫 D82-1）〈2014年刊の一部修正〉　900円　Ⓣ978-4-06-281680-9　Ⓝ779.13

内容　第1章 柳家小三治インタビュー　第2章 ここが好き！ 小三治演目九十席（青菜―夏に聴きたい小三治噺の筆頭　あくび指南―紛うことなき小三治の十八番　明烏「吉原賛歌」ではなく、人間模様の面白さを描く　意地くらべ―小三治にとっては珍しいネタ　一眼国―台詞廻しの妙で魅せる、幻想ホラーの世界　居残り佐平次―佐平次のキャラに際立つ、小三治らしさ　"うどんや"五代目小さん十八番を継承　"鰻の幇間"印象的なフレーズの数々を、ぜひ堪能したい　馬の田楽―愛嬌ある田舎言葉が絶品　厩火事―「自分にとって『厩火事』は人情噺だ」 ほか）

柳家 権太楼(3代)〔1947〜〕　やなぎや・ごんたろう

◇落語家魂！―爆笑派・柳家権太楼の了見　柳家権太楼著，長井好弘編　中央公論新社　2018.5　261p　20cm　1700円　Ⓣ978-4-12-005081-7　Ⓝ779.13

内容　1（大震災と噺家の誇り　志ん朝のカラオケ ほか）　2（つばめに賭けた人生　ほたるの前座修業 ほか）　仲入　権太楼自慢「十八番」プラス2（浜松屋、痛み」を知る　猫の災難―そのひと言が言えなくて ほか）　3（おう、権太楼はいいぞぉ　綱渡りの真打披露 ほか）

柳家 さん喬〔1948〜〕　やなぎや・さんきょう

◇噺家の卵煮ても焼いても―落語キッチンへようこそ！　柳家さん喬著　筑摩書房　2017.11　222p　19cm　2000円　Ⓣ978-4-480-81540-8　Ⓝ779.13

内容　第1部 修業時代（洋食屋の倅　「噺家行き」の列車 ほか）　第2部 師匠時代（親不孝弁　初めての弟子 ほか）　第3部 外つ国にて（バーベキューと落語　沖縄で学んだこと ほか）　第4部 師匠と弟子（グルメと通と噺家というもの　かくして噺家は増えていく ほか）

◇なぜ柳家さん喬は柳家喬太郎の師匠なのか？　柳家さん喬，柳家喬太郎著　徳間書店　2018.8　257p　19cm　1700円　Ⓣ978-4-19-864633-2　Ⓝ779.13

内容　第1章 不思議な"親子"関係―柳家さん喬×柳家喬太郎（なぜさん喬師匠に弟子入りしたか　師匠も弟子を取るのは初めてだった ほか）　第2章 師匠への恩返し―柳家さん喬（パブリックイメージと自我　一言を発見する）　第3章 真打やめてもいいよ―柳家喬太郎（「純情日記横浜篇」ができるまで　自分にしかできないこと）　第4章 芸を継ぐ―柳家さん喬×柳家喬太郎（相撲界と落語界の師弟関係　五十周年で自分が活性化するとは思わない ほか）

柳家 さん八〔1944〜〕　やなぎや・さんぱち

◇八っつぁんの落語一代記―噺家の来た道、日本の来た道　柳家さん八，清水しゅーまい著　彩流社　2015.1　196p　19cm　〈文献あり〉　1900円　Ⓣ978-4-7791-2077-0　Ⓝ779.13

内容　見合いで一席珍芸披露　のちの柳家さん八誕生　爆撃を受けると腰が抜ける　東京大空襲　禁演落語の解禁　ラジオ落語全盛期　タレント噺家の先駆け　林家三平　テレビが欲しい！　東京オリンピックに向かって走る新社会人　どの噺家に入門するか〔ほか〕

柳谷 清三郎〔1900〜1984〕　やなぎや・せいざぶろう

◇能代市で生きる―柳谷清三郎　柳谷清三郎述，野添憲治，牛丸幸也編，野添憲治著　能代文化出版社　2016.10　114p　18cm　〈著作目録あり〉　650円　Ⓝ289.1

柳原 前光〔1850〜1894〕　やなぎわら・さきみつ

◇お殿様、外交官になる―明治政府のサプライズ人事　熊田忠雄著　祥伝社　2017.12　262p　18cm　（祥伝社新書 522）〈文献あり〉　840円　Ⓣ978-4-396-11522-7　Ⓝ319.1

内容　序章 ツルの一声　1章 鍋島直大―圧倒的な財力で外交の花を演じる　2章 浅野長勲―洋行経験なく、外交官生活も二年で終了　3章 戸田氏共―当代一の美人妻が醜聞に見舞われる　4章 蜂須賀茂韶―妾を同伴で海外赴任を敢行　5章 岡部長職―高い能力で明治の世をみごとに渡る　6章 柳原前光―権力者におもねらず、ライバルに水をあけられる　7章 榎本武揚―朝敵から一転、引く手あまたの「使える男」

柳原 白蓮〔1885～1967〕 やなぎわら・びゃくれん

◇流転の歌人 柳原白蓮―紡がれた短歌とその生涯 馬場あき子,林真理子,東直子,宮崎蔵琴著,NHK出版編 NHK出版 2014.8 103p 21cm 〈文献あり〉 1100円 ⓘ978-4-14-081654-7 Ⓝ911.162

内容 第1章 白蓮の生涯―激動の前半生から清福の晩年まで(出自に翻弄された少女期 最初の結婚、村岡花子との出会い 二度目の結婚で福岡へ、短歌への傾倒 『踏繪』出版、華やかな交遊関係 宮崎龍介との出会い 世間を揺るがした「白蓮事件」 実家での幽閉、そして運命の関東大震災 ついに手に入れた平穏な日々 愛息の戦死、「悲母の会」結成へ 最後の歌集『地平線』刊行。龍介に見守られて…) 第2章 白蓮の秀歌―馬場あき子選(白蓮の人生に添う歌) 前期・九州に嫁ぎ、伊藤伝右衛門との結婚生活のなかで紡いだ歌―歌集『踏繪』『几帳のかけ』『幻の華』より 中期・宮崎龍介との恋愛、出奔を経て、二児の母となり紡いだ歌―歌集『紫の梅』『流轉』ほかより 後期・息子の死を乗り越え、平和活動に従事しながら家族との日常を紡いだ歌―歌集『地平線』より) 第3章 対談 林真理子×東直子 現代女文士「白蓮」を語る。

◇白蓮―気高く、純粋に。時代を翔けた愛の生涯 宮崎蔵琴監修 河出書房新社 2014.8 278p 21cm 〈年譜あり〉 1400円 ⓘ978-4-309-02313-7 Ⓝ911.162

内容 第1章 ゆかりの人との交流 第2章 運命の物語 第3章 宮崎家へ 第4章 生い立ちの記 第5章 子どもたちへ 第6章 ことたま 第7章 恋愛と幸福について 第8章 平和への願い 第9章 多彩な活動、晩年へ

◇娘が語る白蓮 宮崎蔵琴著,山本晃一編 河出書房新社 2014.8 212p 20cm 〈年譜あり〉 1700円 ⓘ978-4-309-02314-4 Ⓝ911.162

内容 生まれてから―王政ふたたびかへり 白蓮事件へ―二つの心 隠遁から宮崎家へ―何をなけかむ 宮崎家にまつわる人たち―先覚者の思い 愛児に恵まれ―子とねむる床のぬくみ 戦時下の密使―天地久遠 兄・香織のこと―帰る吾子かと 同時代を生きた人たちと愛の―公々学びの庭に 中国との交流を―毛沢東の手のあたたかさ ふたたびの九州への道―はるけき思ひ 歌誌『ことたま』―よろこびあれや 最晩年の母と父―かがやく星のごと 架け橋を次代へ―遠賀川の流れ今

◇荊棘の実―白蓮自叙伝 柳原白蓮著 河出書房新社 2014.8 445p 20cm 〈底本：新潮社1928年刊〉 2400円 ⓘ978-4-309-02315-1 Ⓝ913.6

内容 強きいのち かなしき母性愛 里子 お邸行 そだての親 御殿の奥 養女 学校友達 若き貴族の群 いいなずけ〔ほか〕

◇白蓮と傳右衛門そして龍介 小林弘忠著 ロングセラーズ 2014.8 299p 19cm 〈文献あり〉 1400円 ⓘ978-4-8454-2330-9 Ⓝ281.04

内容 第1幕 妻からの離縁状 第2幕 拡大した騒動 第3幕 傳右衛門立志伝 第4幕 薄幸の佳人 第5幕 開幕ベルはスクープで 第6幕 なぜ事件は起きたか 第7幕 巻き込まれた宮中 第8幕 昭和初期の醜聞 終幕 いま、ふたたび話題に

◇柳原白蓮―愛を貫き、自らを生きた八十一年の生涯 柳原白蓮著 北溟社 2014.8 89p 21cm (ことばの翼詩歌句別冊ブックレット1) 〈文献あり 年譜あり〉 926円 ⓘ978-4-89448-709-3 Ⓝ911.168

内容 歌集「地平線」(萬象 悲母―香織・昭和二十年八月十一日戦死 至上我 人の世 旅 去来)

◇ことたま―柳原白蓮エッセイ集 柳原白蓮著 河出書房新社 2015.11 218p 20cm 1600円 ⓘ978-4-309-02414-1 Ⓝ914.6

内容 ことたまの誌名について お蚊がいただいた 私の思い出 ある偶然 昔の女、今の女 霊魂をもつ人形 道とは 私のふるさと 幼児の足 避暑ということ〔ほか〕

◇柳原白蓮の生涯―愛に生きた歌人 宮崎蔵琴監修 河出書房新社 2015.11 143p 26cm 〈年譜あり〉 1800円 ⓘ978-4-309-02424-0 Ⓝ911.162

内容 論考 高く評価されるべき白蓮の後半生 第1章 公家華族に生まれて 波瀾万丈の前半生―破婚、そして再び柳原家へ 第2章 東洋英和女学校での日々 白蓮の青春 第3章 九州へ 満たされぬ思い 第4章 白蓮事件 第5章 宮崎家へ

◇柳原白蓮―燁子の生涯 時代を力強く生きた女性 阿賀佐圭子著 中間 九州文学社 2016.10 229p 19cm 〈年譜あり〉 1500円 ⓘ978-4-905138-12-9 Ⓝ911.162

やなせ たかし〔1919～2013〕

◇やなせたかし みんなの夢まもるため やなせたかし,NHK取材班,ちばてつや,西原理恵子,里中満智子,吉田戦車著 NHK出版 2014.6 157p 19cm 〈年譜あり〉 1100円 ⓘ978-4-14-081644-8 Ⓝ726.101

内容 第1章 アンパンマンのマーチ(人生は椅子取りゲーム アンパンマン登場 ほか) 第2章 しあわせよカタツムリにのって(優しかった父 絵や絵に囲まれて ほか) 第3章 てのひらを太陽に(再び銀座へ 漫画の世界から取り残されて ほか) 第4章 ノスタル爺さん(オイドル誕生 趣味はデパ地下めぐり ほか) 第5章 絶望のとなり

◇優しいライオン―やなせたかし先生からの贈り物 小手鞠るい著 講談社 2015.10 283p 20cm 〈文献あり〉 1600円 ⓘ978-4-06-219751-9 Ⓝ726.101

内容 第1章 あこがれよ なかよくしよう―裏町ぐらしの下積み時代 第2章 さびしいひとをなぐさめたい―「詩とメルヘン」の創刊 第3章 死んでもひとをよろこばせたい―絵本『やさしいライオン』 第4章 愛がなければ生きられない―アンパンマンの奇跡の始まり 第5章 しあわせよ カタツムリにのって―アンパンマンワールドの魅力 第6章 戦場にも花は咲いていた―『おとうとものがたり』 第7章 今日はすぐに思い出になる―最愛の人、暢さんの死 第8章 書いては消し、消しては書く―「いい子いい子」 第9章 かわりのメダカはいないんだ―なにが君のしあわせ 第10章 夢の中にも夢はある―「詩とメルヘン」の三十年と幻の生前葬

◇やなせたかし―「アンパンマン」誕生までの物語 漫画家・絵本作家〈日本〉 筑摩書房編集部著 筑摩書房 2015.11 165p 19cm （ちくま評伝シリーズ〈ポルトレ〉）〈文献あり 年譜あり〉 1200円 ①978-4-480-76634-2 Ⓝ726.101
内容 第1章 溢れるのは涙ばかり 第2章 工芸学校で解き放たれた心 第3章 戦場へ 第4章 再び始まった青春の日々 第5章 困ったときのやなせさん 第6章 「やなせたかし」らしさを探して 第7章 「あんぱんまん」誕生 巻末エッセイ「やなせさんが教えてくれた勇気」小島慶子

◇一故人 近藤正高著 スモール出版 2017.4 415p 19cm 1800円 ①978-4-905158-42-4 Ⓝ281
内容 二〇一二年（浜田幸一 樋口廣太郎 ほか） 二〇一三年（大島渚 山内溥 ほか） 二〇一四年（永井一郎 坂井義則 ほか） 二〇一五年（赤瀬川隼 桂米朝 ほか） 二〇一六年（蜷川幸雄 中村紘子 ほか）

梁田蛻巌〔1672～1757〕 やなだ・ぜいがん
◇江戸詩人評伝集―詩誌『雅友』抄 1 今関天彭著, 揖斐高編 平凡社 2015.9 473p 18cm （東洋文庫 863）〈布装〉 3200円 ①978-4-582-80863-6 Ⓝ919.5
内容 新井白石 室鳩巣 梁田蛻巌 祇園南海 六如上人 柴野栗山 頼春水 尾藤二洲 菅茶山 市河寛斎 古賀精里 頼杏坪 柏木如亭 大窪詩仏 菊池五山 宮沢雲山 広瀬淡窓 古賀侗庵

矢野伊吉〔1911～1983〕 やの・いきち
◇死刑冤罪―戦後6事件をたどる 里見繁著 インパクト出版会 2015.9 359p 19cm 〈文献あり〉 2500円 ①978-4-7554-0260-9 Ⓝ327.6
内容 第1章 雪冤は果たしたけれど―免田栄さんの場合 第2章 たった一人の反乱―財田川事件と矢野伊吉元裁判官 第3章 家族離散―松山事件と斎藤幸夫さん 第4章 冤罪警察の罠―赤堀政夫さんと大野萌子さん 第5章 再審開始へ向けて―無実のプロボクサー 袴田巌さん 第6章 DNA鑑定の呪縛―飯塚事件と足利事件

矢野大輔〔1980～〕 やの・だいすけ
◇通訳日記―ザックジャパン1397日の記録 矢野大輔著 文藝春秋 2014.12 413p 19cm （Number PLUS）） 1500円 ①978-4-16-008204-5 Ⓝ783.47
内容 1 ザックジャパン誕生―2010～2012（日本代表通訳就任「日本に戻る準備はできたか？」 ザックジャパン始動「初陣アルゼンチン戦の金星」 アジア杯優勝「このチームの伸びしろは計り知れない」 東日本大震災とチャリティーマッチ「日本は止まることを知らない国」 W杯アジア3次予選突破「目標に向けての第一歩に過ぎない」 W杯アジア最終予選「今のままでは強豪に太刀打ちできない」） 2 世界との距離を詰める―2012～2013（欧州遠征vs.フランス&ブラジル「真の強者と戦うことで実力がわかる」 ブラジルW杯出場決定「我々のサッカーをすれば何も問題ない」 コンフェデレーションズ杯「世界との差をこの1年間で詰める」 東アジア杯と新戦力台頭「できない選手に『やれ』とは言わない」 東欧遠征vs.セルビア&ベラルーシ「ミンスクの夜のHHEミーティング」 欧州遠征vs.オランダ&ベルギー「勝つべくして勝った試合だった」） 3 W杯で世界を驚かせるために―2014（W杯代表メンバー選考「発表前夜にかけた主将への電話」 指宿合宿&アメリカ合宿「ハセはチームにとって大切すぎるんだ」 ブラジルW杯「我々のサッカーを全員で信じてやろう」）

◇通訳日記―ザックジャパン1397日の記録 矢野大輔著 文藝春秋 2016.9 490p 16cm （文春文庫 や65-1） 910円 ①978-4-16-790705-1 Ⓝ783.47
内容 1 ザックジャパン誕生 2010～2012（日本代表通訳就任「日本に戻る準備はできたか？」 ザックジャパン始動「初陣アルゼンチン戦の金星」 アジア杯優勝「このチームの伸びしろは計り知れない」 東日本大震災とチャリティーマッチ「日本は止まることを知らない国」 W杯アジア3次予選突破「目標に向けての第一歩に過ぎない」 W杯アジア最終予選「今のままでは強豪太刀打ちできない」） 2 世界との距離を詰める 2012～2013（欧州遠征vs.フランス&ブラジル「真の強者と戦うことで実力がわかる」 ブラジルW杯出場決定「我々のサッカーをすれば何も問題ない」 コンフェデレーションズ杯「世界との差をこの1年間で詰める」 東アジア杯と新戦力台頭「できない選手に『やれ』とは言わない」 東欧遠征vs.セルビア&ベラルーシ「ミンスクの夜のHHEミーティング」 欧州遠征vs.オランダ&ベルギー「勝つべくして勝った試合だった」） 3 W杯で世界を驚かせるために 2014（W杯代表メンバー選考「発表前夜にかけた主将への電話」 指宿合宿&アメリカ合宿「ハセはチームにとって大切すぎるんだ」 ブラジルW杯「我々のサッカーを全員で信じてやろう」）

矢野通〔1978～〕 やの・とおる
◇絶対、読んでもためにならない本―矢野通自伝 矢野通著 ベースボール・マガジン社 2016.10 271p 19cm 〈年譜あり〉 1600円 ①978-4-583-10988-6 Ⓝ788.2

矢野徳彌〔1924～〕 やの・とくみ
◇おながらの記―戦争と不況の時代 矢野徳彌著 〔佐伯〕 〔矢野徳彌〕 2014.9 282p 21cm Ⓝ289.1

矢野博丈〔1943～〕 やの・ひろたけ
◇百円の男 ダイソー矢野博丈 大下英治著 さくら舎 2017.10 294p 19cm 1600円 ①978-4-86581-122-3 Ⓝ673.868
内容 第1章 仕入れは貧乏と格闘技 第2章 夫婦で一番売るトラック売店 第3章 百円の高級品 第4章 矢野式人材の育て方 第5章 破竹の海外進出 第6章 入社二年目のバイヤー 第7章 九九パーセントが自社開発商品 第8章 新しい風、生き残るために

矢野安正〔1951～〕 やの・やすまさ
◇農は誰によって守られるのか―喜怒哀楽の獣医ものがたり 矢野安正著 宮崎 鉱脈社 2015.8 174p 19cm 1500円 ①978-4-86061-594-9 Ⓝ649
＊どんなに世の中が進んでも国の基本は農である。農を大事にしないと国は亡びると固く信じている―2010年の口蹄疫を獣医師として正面から受けとめ

屋比久 勲〔1938～2019〕 やびく・いさお
◇心ひとつ 音ひとつ—屋比久勲の軌跡　屋比久勲著　〔鹿児島〕　南日本新聞開発センター（制作）　2014.7　114p　21cm　1000円　①978-4-86074-219-5　Ⓝ764.6
◇吹奏楽の神様 屋比久勲を見つめて—叱らぬ先生の出会いと軌跡　山﨑正彦著　国分寺　スタイルノート　2017.10　190p　19cm　2000円　①978-4-7998-0163-5　Ⓝ764.6
内容　第1章 福岡太宰府に九州情報大学吹奏楽部が誕生　第2章 音楽教師 屋比久をもたらしたもの　第3章 屋比久流の教育方針とその実り　第4章 屋比久の音楽づくり　第5章 九州情報大学の挑戦と実り　第6章 屋比久と大学教育 その意味

藪崎 真哉〔1978～〕 やぶさき・しんや
◇誰も知らない社長の汗と涙の塩物語　西川世一著　電波社　2017.4　225p　19cm　〈別タイトル：誰も知らない社長の汗と涙のCEO味物語〉　1300円　①978-4-86490-093-5　Ⓝ332.8
内容　1 東日本大震災ですべてを失った被災地にもう一度、光を灯す—有限会社まるしげ漁亭浜や代表取締役・佐藤智明　2 職人気質が生んだ己の未熟さ 一人の社員が起こした奇跡—ユニオンテック株式会社代表取締役社長・大川祐介　3 戦力外通告、消えない自己嫌悪…。人生と向き合う元Jリーガーの努力の証—株式会社ジールホールディングス代表取締役・藪崎真哉　4 兄弟・社員との絆があるからこそ「社員とは何か」を徹底的に追及する—株式会社あしたのチーム代表取締役社長・高橋恭介　5 「今日で辞めさせてもらいます」原点回帰で開いた再生のトビラ—トークノート株式会社代表取締役・小池温男　6 リーマンショックで八方塞がり 立ち止まらずに前進する勇気を持つ—株式会社ジオベック代表取締役・望月雅彦　7 兄の死、借金、ケガ、病気…、「一日一死」で乗り越えたサーカス人生—木下サーカス株式会社代表取締役社長・木下唯志　8 「芸人なのに副業!?」と言われたくない。二足の草鞋で駆け抜けた10年—株式会社田村道場代表取締役・田村憲司

山内 直 やまうち・すなお
◇サッカー通訳戦記—戦いの舞台裏で"代弁者"が伝えてきた言葉と魂　加部究著　カンゼン　2016.5　247p　19cm　1600円　①978-4-86255-320-1　Ⓝ783.47
内容　1 間瀬秀一 通訳から監督へ、オシムを超えようとする男　2 フローラン・ダバディ 激情をかみ砕くパリよりの使者　3 鈴木國弘 サッカーの神を間近で崇めた最高の信徒　4 鈴木ество昭 ワールドカップにもっとも近づいた日々の記憶　5 高橋建登 知られざる韓流スターの苦悩を解したハングルマスター　6 山内直 忠実に指揮官の怒りを伝えた無色透明な存在　7 中和和也 ブラジルと日本に愛された明朗快活の極意　8 小森隆弘 マルチリンガル、流れ流れてフットサル界の中枢で　9 塚田貴志 空爆後のセルビアで憶えた言葉が生涯の友に　10 白沢敬典 ガンジーさんと呼ばれて—敬愛なる通訳の姿

山内 豊信 やまうち・とよしげ
⇒山内容堂（やまうち・ようどう）を見よ

山内 溥〔1927～2013〕 やまうち・ひろし
◇一故人　近藤正高著　スモール出版　2017.4　415p　19cm　1800円　①978-4-905158-42-4　Ⓝ281
内容　二〇一二年（浜田幸一　樋口廣太郎 ほか）　二〇一三年（大島渚　山内溥 ほか）　二〇一四年（永井一郎　坂井義則 ほか）　二〇一五年（赤瀬川隼　桂米朝 ほか）　二〇一六年（蜷川幸雄　中村紘子 ほか）

山内 容堂〔1827～1872〕 やまうち・ようどう
◇容堂印譜—へそまがり大名の自画像　高知県立高知城歴史博物館編　〔高知〕　高知県立高知城歴史博物館　2017.10　80p　18×18cm　Ⓝ289.1

山浦 保〔1910～*〕 やまうら・たもつ
◇とびっくら—最速男の自伝　山浦保原，山浦智暁著　長野　ほおずき書籍　2015.2　105p　19cm　〈発売：星雲社〉　1200円　①978-4-434-20216-2　Ⓝ289.1
内容　第1章『岩村田中学校を卒業するまでの自叙伝』とびっくら（幼年時代　小学校時代　祖母の他界　小便桶　どんど焼　中学時代）　第2章『長野県岩村田中学校校友会　校友会報 創刊号』（競技部諸君に告ぐ　競技部報告）

山浦 正男〔1936～〕 やまうら・まさお
◇少年まあやん—国民学校の頃の思い出　山浦正男著　岐阜　いすくら　2015.1　74p　19cm　Ⓝ289.1

山尾 志桜里〔1974～〕 やまお・しおり
◇女は「政治」に向かないの？　秋山訓子著　講談社　2018.5　212p　19cm　1400円　①978-4-06-511764-4　Ⓝ314.18
内容　野田聖子—女性のキャリア変化とともに　小池百合子—不死鳥のような人生　山尾志桜里—母だからできること　辻元清美—挫折からが本番　中川智子—おばちゃんの愛され力　高井美穂—「ふつう」が議員になってみた　嘉田由紀子—それは「サプライズ」ではなかった

山尾 庸三〔1837～1917〕 やまお・ようぞう
◇山尾庸三—日本の障害者教育の魁　松岡秀隆著　福崎町（兵庫県）　松岡秀隆　2014.5　125p　19cm　〈制作：交友プランニングセンター／友月書房（神戸）〉　2000円　①978-4-87787-617-3　Ⓝ378.021
◇近代工学立国の父 山尾家と山尾庸三　日本外交協会萩支部編　〔萩〕　日本外交協会萩支部　2015.4　67p　21cm　〈年譜あり〉　Ⓝ289.1
◇近代工学立国の父 山尾家と山尾庸三　日本外交協会萩支部編　増補改訂版　〔萩〕　日本外交協会萩支部　2017.10　93p　21cm　〈年譜あり〉　Ⓝ289.1
◇明治の技術官僚—近代日本をつくった長州五傑　柏原宏紀著　中央公論新社　2018.4　267p

18cm （中公新書 2483）〈文献あり〉 880円 ①978-4-12-102483-1 Ⓝ317.3
内容 序章 現代の技術官僚と長州五傑 第1章 幕末の密航 第2章 新政府への出仕 第3章 大蔵省での挫折 第4章 工部省での活躍 第5章 政治家への道 第6章 技術官僚の分岐点 結章 長州五傑から見た技術官僚論

山岡 荘八〔1907～1978〕 やまおか・そうはち
◇私の中の山岡荘八―思い出の伯父・荘八 ひとつの山岡荘八論 山内健生著 改訂増補版 展転社 2018.4 443p 20cm 3000円 ①978-4-88656-451-1 Ⓝ910.268
内容 遠い日の「甘くて、美味い」思い出―バナナ・サンドウィッチ・豚カツ 六年間、壊れなかった自慢のランドセル―それは「姑への気遣い」だったと気づく 校長先生が家にやって来た！―「祖母の葬儀」にまつわる思い出 敏夜で譲らぬ「荘八の母」、涙もろい「荘八の父」―祖母にねだった "伯父さんからの甘納豆" 「荒ぶる神」の来訪だった―伯父の帰省は「ハレ」の出来事だった 度外れていた喜怒哀楽―孝心を示す、傷心の母宛ての「悔やみ状」 伯父夫婦と、「婿取り娘」の母との関係―「兄嫁と小姑」の微妙な綱引き 毎年、三ヶ月近くわが家に滞在した「桐生のおばあちゃん」―挨拶をする素面の伯父はまことに「行事の良い紳士」だった 「人間性の善良さを物語る」"明るい酒乱"―新田次郎氏日く「とにかくびっくりしましたですねえ」 「けいこ」でも、「本番」でも、泣いた"世田谷団十郎"―「芝居後の山岡さんは"水気"が失せていた」〔ほか〕

山岡 鉄舟〔1836～1888〕 やまおか・てっしゅう
◇おれの師匠―山岡鐵舟先生正伝 小倉鉄樹著 オンデマンド版 毛呂山町（埼玉県） 島津書房 2014.7 487p 21cm 〈印刷・製本：デジタルパブリッシングサービス〉 5000円 ①978-4-88218-160-6 Ⓝ289.1
◇日本の危機を救った 山岡鐵舟空白の二日間「望嶽亭・藤屋」と清水次郎長 若杉昌敬編著〔静岡〕 若杉昌敬 2014.11 228p 26cm 〈付・注釈 年譜あり〉 Ⓝ289.1
内容 第1部 望嶽亭に伝わる伝承（口伝）の系譜 第2部 松永さだよさんが伝える「望嶽亭での出来事」 第3部 慶応四年二月～四月の山岡鉄舟の動静について〔注釈〕 第4部〈補足〉
◇山岡鉄舟と飛驒 北村豊洋著 〔さいたま〕 山岡鉄舟研究会 2016.1 43p 26cm 〈年譜あり〉 Ⓝ289.1
◇山岡鉄舟 小島英記著 決定版 日本経済新聞出版社 2018.8 373p 21cm 〈初版：日本経済新聞社 2002年刊 文献あり〉 1900円 ①978-4-532-17643-3 Ⓝ289.1
内容 1 鉄舟という存在 2 揺籃 3 幕末の貧乏旗本 4 尊皇攘夷 5 風雲 6 戊辰戦争 7 維新の武士道 8 転身 9 剣禅一如 10 大いなる磁場

山折 哲雄〔1931～〕 やまおり・てつお
◇死を思えば生が見える―日本人のこころ 山折哲雄著 PHP研究所 2015.3 157p 20cm （〔100年インタビュー〕） 1200円 ①978-4-569-78458-8 Ⓝ289.1

内容 第1章 少年時代 第2章 父母の死が教えてくれたもの 第3章 病から得た人生の転機 第4章 親鸞との出会い 第5章 宮沢賢治に惹かれて 第6章 林住期―西行・芭蕉・良寛の生き方 第7章 死と向き合って生きる 第8章 日本の歴史に流れる知恵の光
◇恩人の思想―わが半生 追憶の人びと 山折哲雄著 京都 ミネルヴァ書房 2017.2 239,5p 20cm （セミナー・知を究める 2）〈索引あり〉 2800円 ①978-4-623-07989-6 Ⓝ914.6
内容 三人の恩人―金倉圓照先生・神田龍一さん・藤井日達上人 「恩人」という言葉 国破れて山河あり 坊の津への旅 鈴木学術財団へ 吐血・入院そして、春秋社へ 「人間蓮如」出版まで 「ナムミョーホーレンゲキョウ」 藤井日達上人とは ナム上人の思想行動 インドの匂い 善人・悪人・恩人 漱石の『虞美人草』と『こゝろ』 「恩」という債務を最大限背負う

山縣 有朋〔1838～1922〕 やまがた・ありとも
◇近代政治家評伝―山縣有朋から東條英機まで 阿部眞之助著 文藝春秋 2015.10 397p 16cm （文春学藝ライブラリー―雑英 20）〈文藝春秋新社 1953年刊の再刊〉 1250円 ①978-4-16-813052-6 Ⓝ312.8
内容 山縣有朋 原敬 伊藤博文 大隈重信 西園寺公望 加藤高明 犬養毅 大久保利通 板垣退助 桂太郎 東條英機
◇公爵山縣有朋伝 上巻 1 徳富蘇峰編述 復刻版 周南 マツノ書店 2016.3 567p 21cm 〈原本：山縣有朋公記念事業會 昭和8年刊〉 Ⓝ289.1
◇公爵山縣有朋伝 上巻 2 徳富蘇峰編述 復刻版 周南 マツノ書店 2016.3 26p,p568-1226 21cm 〈原本：山縣有朋公記念事業會 昭和8年刊〉 Ⓝ289.1
◇公爵山縣有朋伝 中巻 1 徳富蘇峰編述 復刻版 周南 マツノ書店 2016.3 572p 21cm 〈原本：山縣有朋公記念事業會 昭和8年刊〉 Ⓝ289.1
◇公爵山縣有朋伝 中巻 2 徳富蘇峰編述 復刻版 周南 マツノ書店 2016.3 p573-1136 21cm 〈原本：山縣有朋公記念事業會 昭和8年刊〉 Ⓝ289.1
◇公爵山縣有朋伝 下巻 1 徳富蘇峰編述 復刻版 周南 マツノ書店 2016.3 720p 21cm 〈原本：山縣有朋公記念事業會 昭和8年刊〉 Ⓝ289.1
◇公爵山縣有朋伝 下巻 2 徳富蘇峰編述 復刻版 周南 マツノ書店 2016.3 p721-1230, 82p 21cm 〈年譜あり 原本：山縣有朋公記念事業會 昭和8年刊〉 Ⓝ289.1
◇明治史講義 人物篇 筒井清忠編 筑摩書房 2018.4 397p 18cm （ちくま新書 1319）〈文献あり〉 1100円 ①978-4-480-07140-8 Ⓝ210.6
内容 木戸孝允―「条理」を貫いた革命政治家 西郷隆盛―謎に包まれた超人気者 大久保利通―維新の元勲、明治政府の建設者 福澤諭吉―「文明」と「自由」 板垣退助―自らの足りなさを知る指導者 伊

藤博文―日本型立憲主義の造形者　井上毅―明治維新を落ち着かせようとした官僚　大隈重信―政治対立の演出者　金玉均―近代朝鮮における「志士」たちの時代　陸奥宗光―『蹇蹇録』で読む日清戦争と朝鮮〔ほか〕

山形 和行〔1948～〕　やまがた・かずゆき
◇世界一のココロの翼を目指した"名物機長"のおもてなし―いつも笑顔で目指そう！ 完璧！ 感動！ 感謝！　山形和行著　新版　ごま書房新社　2014.11　247p　19cm　〈初版のタイトル：世界一のココロの翼を目指した"名物機長"のホスピタリティ　年譜あり〉　1400円　①978-4-341-08602-2　Ⓝ687.38

内容　第1話 山形機長の名物アナウンス―「搭乗者」の皆さまからのお便り　第2話 なぜ、このアナウンスをはじめたか―世界一のおもてなしを目指して　第3章「プロ」として「世界―NO.1」をめざして　第4話 夢を実現した私の半生　第5話 あなただけの空はすぐそこにある！　第6話「おもてなし」は"危機管理"と表裏一体

山縣 由布〔1927～2010〕　やまがた・ゆう
◇学園長と私―菊地幸子（山縣由布）の生涯　渡辺孝蔵著　〔出版地不明〕　〔渡辺孝蔵〕　2016.8　230p　22cm　〈年譜あり〉　非売品　Ⓝ289.1

山形野 雑草〔1946～〕　やまがたの・ざっそう
◇「柔」の心で　山形野雑草著　文芸社　2017.9　119p　19cm　1000円　①978-4-286-18619-1　Ⓝ289.1

＊三歳までに両親を亡くした著者は、姉や祖母のもと育つ。鬼のような担任に怒鳴られ続け、耐え難かった小学校の六年間。辛い時代があったからこそ、「強くなりたい」という願いが生まれ、中学から始める柔道を心の支えとする人生を歩み、優しい指導者となった。「意地悪するな」「困っている人の役に立つ」を実践し、後進に教えてきた堂々たる人生をつづる。

山川 亜希子〔1943～〕　やまかわ・あきこ
◇精霊の囁き―30年の心の旅で見つけたもの　山川紘矢、山川亜希子著　京都　PHP研究所　2018.1　287p　19cm　1400円　①978-4-569-83879-3　Ⓝ289.1

内容　1 見えない力に導かれて（そもそもの始まり　面白い本と出会いました ほか）　2 精神世界の翻訳者として（一九九〇年以降 次々に講演会の依頼がやってきました ほか）　3 学びながら、体験しながら（エサレンとの出会い、そしてスピリットダンス　二〇〇一年九月十一日 ほか）　4 人生を楽しもう（さて仕事　家の建て直し ほか）

山川 阿倫〔1921～2012〕　やまかわ・あーろん
◇日本人になったユダヤ人―「フェイラー」ブランド創業者の哲学　大江舜著　アートデイズ　2017.11　213p　19cm　〈年譜あり〉　1400円　①978-4-86119-269-2　Ⓝ289.1

内容　第1章 四つのパスポート　第2章 脱出　第3章 運命の出会い　第4章 セレンディピティ　第5章 売れなかった「ベストセラー」　第6章 国籍　第7章 ビジネス戦記　第8章 僕は僕なのだ　第9章 星に帰る

山川 大蔵　やまかわ・おおくら
⇒山川浩（やまかわ・ひろし）を見よ

山川 菊栄〔1890～1980〕　やまかわ・きくえ
◇おんな二代の記　山川菊栄著　岩波書店　2014.7　459p　15cm　〈岩波文庫 33-162-5〉〈底本：山川菊栄集 9 1982年刊　年譜あり〉　1080円　①978-4-00-331625-2　Ⓝ289.1

内容　ははのころ（明治前半）（水戸から東京へ　荒れ野原の東京 ほか）　少女のころ（明治後半）（お月さまいくつ　桜ふぶきの庭 ほか）　大正にはいってから（『青鞜』と真新婦人会　焼き打ちと米ツキバッタ ほか）　昭和にはいってから（思い出の元旦　錦のみ旗と逆賊 ほか）

◇暗い時代の人々　森まゆみ著　亜紀書房　2017.5　294p　19cm　〈他言語標題：Men in Dark Times　文献あり　年表あり〉　1700円　①978-4-7505-1499-4　Ⓝ281

内容　第1章 斎藤隆夫―リベラルな保守主義者　第2章 山川菊栄―戦時中、鶉の卵を売って節は売らず　第3章 山本宣治―人生は短く、科学は長い　第4章 竹久夢二―アメリカで恐慌を、ベルリンでナチスの台頭を見た　第5章 九津見房子―戸惑いながら懸命に生きたミス・ソシアリスト　第6章 斎藤雷太郎と立野正一―「土曜日」の人々と京都の喫茶店フランソア　第7章 古在由重―ファシズムの嵐の中を航海した「唯物論研究」　第8章 西村伊作―終生のわがまま者にしてリベルタン

◇山川菊栄研究―過去を読み未来を拓く　伊藤セツ著　ドメス出版　2018.11　626p　22cm　〈文献あり　年表あり　索引あり〉　6500円　①978-4-8107-0842-4　Ⓝ289.1

内容　問題意識、先行研究、研究方法　出自と時代的背景の考察―初期社会主義、冬の時代、大正デモクラシー　受けた教育と思想的基盤―1910年代前半までの到達点　山川均との結婚、山川菊栄の誕生、家庭生活　ロシア革命、ドイツ革命を経て（1917‐1919）―理論の積みがめ　1920年代前半の山川菊栄―初期コミンテルン・赤瀾会・国際婦人デー　ベーベル『婦人論』の本邦初完訳をめぐる諸問題　1920年代後半の山川菊栄―労働婦人組織と諸問題　1928年以降15年戦争中の山川菊栄　戦後・GHQの占領下での山川菊栄―労働省婦人少年局退任まで　戦後「日本社会党」の女性運動への関わりのなかで―外遊、「婦人のこえ」と「婦人問題懇話会」を足場に　過去を読み 未来を拓く

山川 健次郎〔1854～1931〕　やまかわ・けんじろう
◇山川健次郎日記―印刷原稿第一～第三、第十五　山川健次郎著, 尚友倶楽部史料調査室, 小宮京, 中澤俊輔編集　芙蓉書房出版　2014.12　257p　21cm　〈尚友ブックレット 28〉〈年譜あり　秋田県公文書館所蔵の翻刻〉　2700円　①978-4-8295-0640-0　Ⓝ289.1

内容　第1部 山川健次郎日記印刷原稿（第一 自大正二年八月至同年十二月　第二 自大正三年一月至同年八月　第三 自大正三年八月六日至大正四年四月十四日　第十五 自大正八年七月十三日至大正九年一月六日）　第2部 山川家の日常（東照子著『吾亦紅』より）（父 山川健次郎　池袋時代　忘れ得ぬ土地）

◇会津人探究―戊辰戦争生き延びし者たちにも大義あり　笠井尚著　ラピュータ　2018.8　237p　19cm　〈文献あり　索引あり〉　1800円　①978-4-905055-54-9　Ⓝ281.26
内容　序章　会津にとっての戊辰戦争　第1章　松平容保―至誠の人か政治家か　第2章　会津藩老・西郷頼母―孤高なる保守派　第3章　秋月悌次郎―古武士然とした開明派　第4章　山本覚馬―会津の開明派の筆頭　第5章　広沢安任―京都で公用方・洋式牧畜の租　第6章　山川健次郎―晩年は清貧に徹す　第7章　新島八重―狭き神の門を叩く　第8章　会津と共に敗れし者たちの胸中

山川 紘矢〔1941～〕　やまかわ・こうや
◇精霊の囁き―30年の心の旅で見つけたもの　山川紘矢, 山川亜希子著　京都　PHP研究所　2018.1　287p　19cm　1400円　①978-4-569-83879-3　Ⓝ289.1
内容　1　見えない力に導かれて（そもそもの始まり　面白い本と出会いました　ほか）　2　精神世界の翻訳者として（一九九〇年以降　次々に講演会の依頼がやってきました　ほか）　3　学びながら、体験しながら（エサレンとの出会い、そしてスピリットダンス　二〇〇一年九月十一日　ほか）　4　人生を楽しもう（さて仕事　家の建て直し　ほか）

山川 捨松　やまかわ・すてまつ
⇒大山捨松（おおやま・すてまつ）を見よ

山川 登美子〔1879～1909〕　やまかわ・とみこ
◇鉄幹と文壇照魔鏡事件―山川登美子及び『明星』異史　木村勲著　国書刊行会　2016.6　326p　20cm　〈文献あり　索引あり〉　2200円　①978-4-336-06025-9　Ⓝ911.162
内容　第1章　『文壇照魔鏡』の出現（魔書と高須梅渓波紋（上））　第2章　高師の浜の歌蹂（『新声』の登美子　鉄幹と河井酔茗　ほか）　第3章　鉱毒ルポと魔詩人（掏汀・梅渓の『亡国の縮図』『鉱毒画報』の田中万造と秋水、石上露子　ほか）　第4章　登美子の慟哭（晶子宛て未着の「廿九日」付け書簡　夫恋歌「夢うつつ」十首　ほか）

山川 均〔1880～1958〕　やまかわ・ひとし
◇マルクスを日本で育てた人―評伝・山川均　1　石河康国著　社会評論社　2014.11　259,20,5p　21cm　〈年譜あり　索引あり〉　2600円　①978-4-7845-1533-2　Ⓝ289.1
内容　第1話　早熟な青年　第2話　飛躍　第3話　「方向転換」と第一次日本共産党　第4話　孤高―福本イズム　第5話　『労農』一擲注と失意　第6話　筆の力

◇マルクスを日本で育てた人―評伝・山川均　2　石河康国著　社会評論社　2015.4　320p　21cm　〈文献あり　年譜あり　索引あり〉　2800円　①978-4-7845-1540-0　Ⓝ289.1
内容　第7話　ファシズムへの論陣　第8話　急転換　第9話　民主民戦線　第10話　模索―『前進』時代　第11話　左派社会党　第12話　歴史のうねりを俯瞰　第13話　晩年　その後の「山川均」と現代

山川 浩〔1845～1898〕　やまかわ・ひろし
◇山川浩　櫻井懋編　復刻版　会津若松　歴史春秋出版　2016.6　482p　22cm　〈昭和42年刊の複製　続山川浩伝刊行会　昭和49年刊の複製〉　6000円　①978-4-89757-881-1　Ⓝ289.1
内容　山川浩（幕末会津藩時代　明治政府時代　発病以後　附録）　続山川浩（京都守護職時代　斗南藩時代　政治活動　補遺　附録）

山岸 外史〔1904～1977〕　やまぎし・がいし
◇山岸外史から小林勇への手紙―山岸リアリズムと「リアリズム文学研究会」　小林勇編著　ブレーン　2016.7　375p　19cm　〈発売：北辰堂出版〉　1900円　①978-4-86427-216-2　Ⓝ910.268
内容　「バカヤロウ」はがき第一号「沼倉君の自殺未遂」（『人間太宰治』の"死の話"四十、四十一頁より抜粋引用）　「沼倉信悦から」はがき第二号　「秋桜（コスモス）」はがき第三号（小林勇「秋桜」引用）　「絶対禁酒宣言」はがき第四号　「事務局（チューター）会議招集状、その1」はがき第五号　「事務局（チューター）会議招集状、その2」はがき第六号　「事務局（チューター）会議招集状、その3」はがき第七号　「事務局（チューター）会議招集状、その4」はがき第八号　「事務局（チューター）会議招集状、その5」はがき第九号　「事務局（チューター）会議招集状、その6」はがき第十号〔ほか〕

山岸 範宏〔1978～〕　やまぎし・のりひろ
◇歓喜へ　山岸範宏著　KADOKAWA　2016.9　204p　19cm　1600円　①978-4-04-104321-9　Ⓝ783.47
内容　序章　奇跡のゴール　第1章　職業としてのゴールキーパー　第2章　なぜ"守護神"を目指すことになったのか　第3章　浦和レッズというビッグクラブ　第4章　新天地モンテディオ山形　第5章　10年後の山岸範宏　第6章　座談会―ポジションを争った2人のGKとGKコーチ

山際 永三〔1932～〕　やまぎわ・えいぞう
◇監督山際永三、大いに語る―映画『狂熱の果て』から「オウム事件」まで　山際永三, 内藤誠, 内藤研著　彩流社　2018.9　164p　19cm　2000円　①978-4-7791-2525-6　Ⓝ778.21
内容　生い立ち　敗戦前後　映画へのめざめ　志賀直三『阿呆伝』サルトルとカミュの時代　志賀直哉と小津安二郎　新東宝時代　大宝映画と時代劇『狂熱の果て』　子どもの世界へ　『コメットさん』　ふたたび大人の世界へ　『帰ってきたウルトラマン』　怪獣づくり　『シルバー仮面』　『ウルトラマンA』　テレビドラマ『日本沈没』　子ども番組の変化　監督の著作権問題　「ロス疑惑」と三浦和義さん　石井輝男プロダクションのこと

山極 三郎〔1899～1993〕　やまぎわ・さぶろう
◇獣医学の狩人たち―20世紀の獣医偉人列伝　大竹修著　堺　大阪公立大学共同出版会　2017.5　406p　21cm　〈文献あり〉　2400円　①978-4-907209-72-8　Ⓝ649.028
内容　序：日本における近代獣医学の夜明け　牛ät苗と狂犬病ワクチンの創始者―梅野信吉　人材育成の名人で家畜衛生学の先達―葛西勝弥　獣医寄生虫学を確立―板垣四郎　競走馬の研究に生涯を捧げた外科の泰斗―松葉重雄　ひよこの雌雄鑑別法を開発―増井清　幻に終わったノーベル賞―市川厚一　獣医外科・産科学の巨峰―黒澤亮助　顕微鏡とともに歩

んだ偉大な神経病理学者―山極三郎　麻酔・自律神経研究の権威―木全春生〔ほか〕

山極　寿一〔1952～〕　やまぎわ・じゅいち
◇ゴリラと学ぶ―家族の起源と人類の未来　山極寿一,鎌田浩毅著　京都　ミネルヴァ書房　2018.2　287,23p　19cm　〈MINERVA知の白熱講義 1〉〈著作目録あり　索引あり〉　2200円　①978-4-623-08138-7　Ⓝ489.97
　内容　第1部 ゴリラ学者の成長記録(子ども時代～大学―日記少年、東京から京大へ　研究の道へ―サルもゴリラも、日本も世界も　教育者・京大総長として―"困ったら山極"人事に開かれたキャリア)　第2部 霊長類学の世界(家族の起源を探して　人類の進化と社会性の起源　われわれはどこへ行くのか)

山口　愛子〔1921～〕　やまぐち・あいこ
◇猫のマンティは元気です―ドイツへの手紙　渥美の四季　昭和の情景(一九七九―一九八〇)　山口愛子,河辺暁子著　青山ライフ出版　2015.10　123p　21cm　1400円　①978-4-86450-204-7　Ⓝ289.1

山口　明〔1960～〕　やまぐち・あきら
◇ワイルドチェリーライフ　山口明―童貞力で一億総クリエイター時代を生きる　市川力夫著　神戸　出版ワークス　2018.12　207p　21cm　2000円　①978-4-907108-29-8　Ⓝ289.1
　内容　Akira Yamaguchi Profile　WHO are YOU？　ROCKER'S WORKS　山口明のデザイン世界　第1章 幼少期～少年期 Born to Cherry　第2章 モテ期モテすぎて…Too Much Motemote Generation　第3章 青　年　期 Young,Loud and Snotty　山口明を構成するチェリーカルチャー　スペシャル・インタビュー　熊田正史　第4章 カリスマデザイナー誕生 Do It Cherry Style　第5章 プロ童貞ライフ Cherry Machine Gun Etiquette　第6章 引退発表 Old Cherry Punk

山口　采希〔1991～〕　やまぐち・あやき
◇自由と愛国のマーチ―日の丸ギターが奏でる希望の唄　山口采希著　かざひの文庫　2016.12　239p　18cm　〈発売：太陽出版〉　1500円　①978-4-88469-889-8　Ⓝ767.8
　内容　01 私が歌手になるまで(采希と書いて、あやきシブい小学生 ほか)　02 始まりは『教育勅語』(初めての『教育勅語』勉強という戦いの日々 ほか)　03 靖国神社の風(遊就館での涙の理由　『悲しみ』の先にあるもの ほか)　04 国を守る！(311で初めて知った存在　自衛隊さん、ありがとう ほか)　05 自由と愛国(暗闇の時期に射した光　違いを認め合うこと ほか)

山口　絵理子〔1981～〕　やまぐち・えりこ
◇起業のリアル―田原総一朗×若手起業家　田原総一朗著　プレジデント社　2014.7　249p　19cm　1500円　①978-4-8334-5065-2　Ⓝ335.21
　内容　儲けを追わずに儲けを出す秘密―LINE社長・森川亮　「競争嫌い」で年商一〇〇〇億円―スタートゥデイ社長・前澤友作　管理能力ゼロの社長兼クリエイター―チームラボ代表・猪子寿之　二〇二〇年、ミドリムシで飛行機が飛ぶ日―ユーグレナ社長・出雲充　保育NPO、社会起業家という生き方―フローレンス代表・駒崎弘樹　単身、最貧国で鍛えたあきらめない心―マザーハウス社長・山口絵理子　現役大学生、途上国で格安予備校を開く―e・エデュケーション代表・税所篤快　七四年ぶりに新規参入したワケーライフネット生命社長・岩瀬大輔　上場最年少社長の「無料で稼ぐカラクリ」―リブセンス社長・村上太一　四畳半から狙う電動バイク世界―テラモーターズ社長・徳重徹　目指すは住宅業界のiPhone―innovation社長・岡崎悠介　三〇年以内に「世界銀行」をつくる―リビング・イン・ピース代表・慎泰俊　ハーバード卒、元体育教師の教育改革―ティーチ・フォー・ジャパン代表・松田悠介　四重苦を乗り越えた営業女子のリーダー―ベレフェクト代表・太田彩子　二代目社長が狙う「モバゲーの先」―ディー・エヌ・エー社長・守安功　ITバブル生き残りの挑戦―サイバーエージェント社長・藤田晋　特別対談 堀江貴文―五年後に花開く、商売の種のまき方

◇裸でも生きる―25歳女性起業家の号泣戦記　山口絵理子著　講談社　2015.9　302p　15cm　(講談社＋α文庫 A156-1)　660円　①978-4-06-281616-8　Ⓝ289.1
　内容　プロローグ　第1章 原点。学校って本当に正しいの？　第2章 大学で教える理論と現実の矛盾　第3章 アジア最貧国の真実　第4章 はじめての日本人留学生　第5章 途上国発のブランドを創る　第6章 「売る」という新たなハードル　第7章 人の気持ちに仕えていた　第8章 裏切りの先に見えたもの　第9章 本当のはじまり　エピローグ 裸でも生きる

◇裸でも生きる 2　Keep Walking私は歩き続ける　山口絵理子著　講談社　2015.11　282p　15cm　(講談社＋α文庫 A156-2)　660円　①978-4-06-281633-5　Ⓝ289.1
　内容　第1章 情熱の先にあるもの(直営第1号店オープン　『裸でも生きる』 ほか)　第2章 バングラデシュ、試練をバネにして(突然の退去通告　どうしても守りたいもの ほか)　第3章 チームマザーハウスの仲間たち(デザイナーとしての自分を操る　『通販生活』とのコラボレーション ほか)　第4章 そして第2の国インドへ(インドへの旅立ち　ネパールの混乱した現実 ほか)　第5章 ネパール、絶望と再生の果てに(ネパールのバッグ提携工場　前払いできるか、とビルマニは言った ほか)

◇輝ける場所を探して一裸でも生きる 3　ダッカからジョグジャ、そしてコロンボへ　山口絵理子著　講談社　2016.12　294p　19cm　〈表紙のタイトル：Looking for the place that can shine〉　1500円　①978-4-06-220361-6　Ⓝ289.1
　内容　ユドヨノ大統領に意見する　冒険の入り口はアリババ　職人さんはどこにいる？　シルバー村の銀職人・ワリヨさん　この村の人たちは、もっとできる！　金細工人・ムギさんと王様の冠　わずか1センチの奇跡が起きた！　よみがえる彼らのプライド　日本チームへバトンタッチ　バングラデシュのみんなに会いたい　冷房が苦手なムギさん、日本上陸　スリランカは石の宝島　採掘場の強面おじさん　ジュエリーのフラッグシップショップ誕生！

山口　一夫〔?～1945〕　やまぐち・かずお
◇戦地からの手紙―山口一夫書簡集　山口一夫

やまくち

著, 影山芙莎編　いわき　影山芙莎　2018.8　475p　20cm　Ⓝ289.1

山口 勝弘〔1928～2018〕やまぐち・かつひろ
◇山口勝弘　オーラル・ヒストリー　山口勝弘述, 井口壽乃, 住友文彦インタヴュアー　〔出版地不明〕　日本美術オーラル・ヒストリー・アーカイヴ　2015.3　15p　30cm　〈他言語標題: Oral history interview with Yamaguchi Katsuhiro　ホルダー入〉　Ⓝ702.16

山口 果林〔1947～〕やまぐち・かりん
◇安部公房とわたし　山口果林著　講談社　2018.3　287p　15cm　（講談社＋α文庫 G312-1）〈2013年刊の加筆・修正〉　1000円　Ⓘ978-4-06-281743-1　Ⓝ778.21

内容　第1章 安部公房との出会い　第2章 女優と作家　第3章 女優になるまで　第4章 安部公房との暮らし　第5章 癌告知、そして　第6章 没後の生活

山口 喜久二〔1943～〕やまぐち・きくじ
◇人は人に感じ、人を呼ぶ　山口喜久二著　集英社インターナショナル　2015.12　298p　20cm　〈発売:集英社〉　1600円　Ⓘ978-4-7976-7310-4　Ⓝ289.1

内容　第1章 奇跡の生還　第2章 父母の教え　第3章 二十歳の「起業」　第4章 徒手空拳からのスタート　第5章 転地養蜂—ハチから学ぶ　第6章 ローヤルゼリー糖衣粒の開発　第7章 奇跡とは「起こす」ものである　第8章 人は人に感じ、人を呼ぶ　第9章 アメリカでの挑戦　第10章 最高の蜜源を求めて　終章 次代へのメッセージ

山口 きぬ〔1892～?〕やまぐち・きぬ
◇廓のおんな—金沢名妓一代記　井上雪著　新潮社　2016.11　313p　16cm　（新潮文庫 い-127-1）〈北國新聞社 2013年刊の再刊〉　550円　Ⓘ978-4-10-120651-6　Ⓝ289.1

＊百円—それが彼女の値段だった。山口きぬは父によって、東の廓「福屋」へ身売りされた。明治三十三年、わずか七歳の折の出来事だ。置屋の養女となったのは、厳しい暮らしに耐え、踊り、三味線、鼓の稽古に励み、やがて金沢を代表する名妓鈴見となる…。明治から昭和まで、城下町の世相を背景に、花街に生きる女の華やかさと、その裏の切ない心情を描き切った、不朽の名著。

山口 堅吉　やまぐち・けんきち
◇箱根富士屋ホテル物語　山口由美著　小学館　2015.11　333p　15cm　（小学館文庫 や25-1）〈増補版 千早書房 2007年刊の加筆・修正　文献あり 年譜あり〉　630円　Ⓘ978-4-09-406231-1　Ⓝ689.8137

内容　1 箱根山に王国を築く（岩倉使節団　牛 ほか）　2 繁栄と大脱線（狐の婿入り　放浪 ほか）　3 嵐の中の守り手（戦争と接収　厨房の見える部屋 ほか）「嵐」の舞台裏—もうひとつの物語　外伝・大平台の家—文庫版あとがきにかえて（文化財になった白い洋館　「ホスピタリティ」と「至誠」）

山口 重次〔1892～1979〕やまぐち・じゅうじ
◇満洲怪物伝—「王道楽土」に暗躍した人物たちの活躍とその後　歴史REAL編集部編　洋泉社　2015.9　255p　19cm　〈年表あり 索引あり〉　1800円　Ⓘ978-4-8003-0719-4　Ⓝ281.04

内容　第1章 建国に暗躍した軍人たちの光と影（石原莞爾—満洲領有を唱えた「世界最終戦争論」とは?　土肥原賢二—満洲国の建国に尽力した「満洲のローレンス」　板垣征四郎—石原とコンビを組み、満洲事変を引き起こす　山口重次—石原莞爾を煽り関東軍の決起を促した活動家）　第2章 傀儡国家の申し子たち（甘粕正彦—満洲の文化を盛り立てた官僚の「実像」　愛新覚羅溥儀—数奇で残酷な運命を辿った「ラスト・エンペラー」　松岡洋右—満鉄で実力を発揮できなかった総裁　李香蘭—日中に引き裂かれた誠実な女優）　第3章 影の世界にうごめいたフィクサーたち（里見甫—阿片を用いて満洲のダークサイドを歩いた「里見夫」　辻政信—ノモンハンでの独断専行の参謀　河本大作—張作霖爆殺事件の首謀者　石井四郎—「悪魔の細菌部隊」七三一部隊を創設した男　川島芳子—華麗なエピソードに彩られた「男装の麗人」）　第4章 満洲国を牛耳った官僚と政治家たち（岸信介—昭和の妖怪と呼ばれた男の「一身二生」の人生　星野直樹—満洲国を「傀儡国家」たらしめた最重要人物　高碕達之助—満業を率いて日本人を守った経済人　古海忠之—満洲国の経済を動かした男）　特別企画 満洲人物伝—「王道楽土」の地で活躍した人物82（軍人・軍関係者　政治家・官僚　満鉄と経済人　文化人　女性　中国人）

山口 昇二〔1936～〕やまぐち・しょうじ
◇不撓不屈の精神で—ヘコたれない実践家として生き抜く　山口昇二著　京都　あいり出版　2014.12　204p　22cm　〈年譜あり〉　2600円　Ⓘ978-4-901903-98-1　Ⓝ289.1

内容　1章 阿多田島時代　2章 漁師時代　3章 下請会社時代　4章 大会社日立時代　5章 三菱造船時代　6章 三菱重工広島製作所時代　7章 海外営業時代　8章 三菱重工関連会社時代広島菱重興産社員時代　9章 遊覧船時代　10章 人間関係の機微　11章 私の妻と子どもたち

山口 正造〔?～1944〕やまぐち・しょうぞう
◇箱根富士屋ホテル物語　山口由美著　小学館　2015.11　333p　15cm　（小学館文庫 や25-1）〈増補版 千早書房 2007年刊の加筆・修正　文献あり 年譜あり〉　630円　Ⓘ978-4-09-406231-1　Ⓝ689.8137

内容　1 箱根山に王国を築く（岩倉使節団　牛 ほか）　2 繁栄と大脱線（狐の婿入り　放浪 ほか）　3 嵐の中の守り手（戦争と接収　厨房の見える部屋 ほか）「嵐」の舞台裏—もうひとつの物語　外伝・大平台の家—文庫版あとがきにかえて（文化財になった白い洋館　「ホスピタリティ」と「至誠」）

山口 誓子〔1901～1994〕やまぐち・せいし
◇誓子の素粒子　品川鈴子著　ウエップ　2014.5　191p　20cm　2500円　Ⓘ978-4-904800-04-1　Ⓝ911.362

＊その最後の日々まで山口誓子に親炙した著者が長く触れ合いの月日を克明に描ききった一書。20世紀を代表する俳人の素粒子、素顔がここに—。

山口 仙之助〔1851～1915〕 やまぐち・せんのすけ
◇箱根富士屋ホテル物語　山口由美著　小学館　2015.11　333p　15cm　（小学館文庫　や25-1）〈増補版　千早書房　2007年刊の加筆・修正　文献あり　年譜あり〉　630円　Ⓘ978-4-09-406231-1　Ⓝ689.8137
内容　1 箱根山に王国を築く（岩倉使節団　牛 ほか）　2 繁栄と大脱線（狐の婿入り　放浪 ほか）　3 嵐の中の守り手（戦争と接収　厨房の見える部屋 ほか）　「嵐」の舞台裏—もうひとつの物語　外伝・大平台の家—文庫版あとがきにかえて（文化財になった白い洋館　「ホスピタリティ」と「至誠」）

山口 左右平〔1904～1949〕 やまぐち・そうへい
◇戦前・戦中の農業改革と山口左右平—産業組合中央会から帝国議会議員への事跡と時代　津田政行, 山口匡一著　秦野　夢工房　2018.5　234p　21cm　〈企画・編集: 雨岳文庫　文献あり　年表あり〉　2000円　Ⓘ978-4-86158-081-9　Ⓝ289.1
内容　1 民権・篤農—山口家の系譜　2 近代国家への模索—戦争の歴史　3 近代日本社会の潮流と農業　4 山口左右平の生涯　5 変動の時代に向き合った人々　6 山口左右平の先祖と父祖たち—子孫の目からの感想

山口 高志〔1950～〕 やまぐち・たかし
◇君は山口高志を見たか—伝説の剛速球投手　鎮勝也著　講談社　2014.10　269p　20cm　1500円　Ⓘ978-4-06-219260-6　Ⓝ783.7
内容　1 衝撃　2 プロ入り拒否　3 誕生　4 葛藤　5 プロの壁　6 最盛期　7 阪急の悲願　8 引退　9 継承

◇君は山口高志を見たか—伝説の剛速球投手　鎮勝也著　（講談社＋α文庫　G284-1）〈2014年刊の加筆、修正〉　780円　Ⓘ978-4-06-281674-8　Ⓝ783.7
内容　1 衝撃　2 プロ入り拒否　3 誕生　4 葛藤　5 プロの壁　6 最盛期　7 阪急の悲願　8 引退　9 継承

山口 多聞〔1892～1942〕 やまぐち・たもん
◇山口多聞—空母「飛龍」と運命を共にした不屈の名指揮官　松田十刻著　潮書房光人社　2015.2　327p　16cm　（光人社NF文庫　ま N-873）〈光人社　2010年刊の再刊　文献あり〉　830円　Ⓘ978-4-7698-2873-0　Ⓝ289.1
内容　第1章 真珠湾奇襲（ハワイ作戦始動　最後の図上演習 ほか）　第2章 闘将への道程（東郷平八郎をめざす　第一次世界大戦で地中海へ ほか）　第3章 破局の序曲（南方戦線　大きな教訓 ほか）　第4章 ミッドウェー海戦（史上最大の作戦　巨大な罠 ほか）

◇果断の提督 山口多聞—ミッドウェーに消えた勇将の生涯　星亮一著　潮書房光人社　2016.6　381p　16cm　（光人社NF文庫　ほ N-952）〈「山口多聞」（PHP文庫 1998年刊）の改題　文献あり　年譜あり〉　920円　Ⓘ978-4-7698-2952-2　Ⓝ289.1
内容　プロローグ—死闘ミッドウェー/雲海からの急降下爆撃　戦争の世代　駐米海軍武官　艦長時代　対米外交に暗雲　重慶爆撃　空母飛龍　山本五十六の国際感覚　孝子への手紙　鹿児島湾　択捉の海　トラ、トラ、トラ　航程五万カイリ　ミッドウェー海戦　鎮魂の海　我れ敵を撃滅せんとす　「山口多聞」関係年表

山口 那津男〔1952～〕 やまぐち・なつお
◇政治の眼力—永田町「快人・怪物」列伝　御厨貴著　文藝春秋　2015.6　207p　18cm　（文春新書　1029）　750円　Ⓘ978-4-16-661029-7　Ⓝ312.8
内容　安倍政権とは何か（貴族的感覚　祖父譲り—麻生太郎　「フツー」に秘める胆力—山口那津男 ほか）　自民党の力の秘密（「反時代」で独特の地位—古賀誠　権力への鋭いアンチ—野中広務 ほか）　チャレンジャーの資格（己を見つめる伝道師—石破茂（1）　大政治家に化けうるか—細野豪志 ほか）　失敗の研究（道半ばのリアリズム—仙谷由人　「政策の調教師」次の道—与謝野馨 ほか）　清和会とは何か（時勢を見極め一手—森喜朗　二十一世紀型の首相—小泉純一郎 ほか）

山口 信博〔1948～〕 やまぐち・のぶひろ
◇工作舎物語—眠りたくなかった時代　臼田捷治著　左右社　2014.12　292p　19cm　〈文献あり　索引あり〉　2200円　Ⓘ978-4-86528-109-5　Ⓝ023.1
内容　第1章 松岡正剛—なにもかも分けない方法　第2章 戸田ツトム—小さな声だからこそ届く　第3章 芦澤泰偉—遅いという文句は出ない　工藤強勝—報ană はタブーの世界　山口信博—間違えるのも能力　松田行正—濃度がとにかく濃い　羽良多平吉—最後までなじめなかった　第4章 森本常美—夢を見ていたよう　第5章 祖父江慎—おどろきしまくりの日々

山口 瞳〔1926～1995〕 やまぐち・ひとみ
◇係長・山口瞳の〈処世〉術　小玉武著　小学館　2014.12　357p　15cm　（小学館文庫　こ3-1）〈筑摩書房　2009年刊の再刊　文献あり　年譜あり〉　650円　Ⓘ978-4-09-406106-2　Ⓝ910.268
内容　第1章 渡世と処世　第2章 酒場のしきたり　第3章 女について　第4章 複眼の作法　第5章 「会社人間」人生案内　第6章 人脈と派閥について　第7章 趣味の価値　第8章 家庭について

山口 文象〔1902～1978〕 やまぐち・ぶんぞう
◇磯崎新と藤森照信のモダニズム建築談義　磯崎新, 藤森照信著　六耀社　2016.8　331p　21cm　〈年表あり〉　3600円　Ⓘ978-4-89737-829-9　Ⓝ523.07
内容　序 語られなかった、戦前・戦中を切り抜けてきた「モダニズム」　第1章 アントニン・レーモンドと吉村順三—アメリカと深く関係した二人　第2章 前川國男と坂倉準三—戦中のフランス派　第3章 白井晟一と山口文象—ドイツに渡った二人　第4章 大江宏と吉阪隆正—戦後一九五〇年代初頭に渡航、「国際建築」としてのモダニズムを介して自己形成した二人

やまぐち

山口 蛍〔1990～〕　やまぐち・ほたる
◇アホが勝ち組、利口は負け組―サッカー日本代表進化論　清水英斗著　秋田書店　2018.6　190p　19cm　1300円　Ⓘ978-4-253-10106-6　Ⓝ783.47

> 内容　日本代表進化論 理想は進化、現実は退化　日本代表進化論 選手編（原口元気―モノクロームの元気　岡崎慎司―アホの岡崎　遠藤航―がんばれ！ニッポンの父！　宇佐美貴史―「行ってるやん」の絶壁　吉田麻也―"大ポカ"の汚名を返上せよ！　柏木陽介―だって、人間だもの。　長谷部誠―キレッ早のキャプテン　長友佑都―左を制する者は、世界を制す！　柴崎岳―キャノンシュートの秘密は、弓槻野智幸―カネでは買えない男！　ほか

山口 昌男〔1931～2013〕　やまぐち・まさお
◇山口昌男　人類学的思考の沃野　真島一郎，川村伸秀編　府中（東京都）　東京外国語大学出版会　2014.10　506p　21cm　〈文献あり　年譜あり　著作目録あり〉　3400円　Ⓘ978-4-904575-42-0　Ⓝ389.04

> 内容　1　人類学的思考の沃野―追悼シンポジウムの記録（人類学的知のために　人類学的思考の戦場　ほか）　2　飛翔するヘルメスに触れて―山口昌男を読む（インタビュー 山口昌男と私―Be Carefulなふたり　山口昌男の周縁―仕掛けとしての民俗芸能　ほか）　3　野生の思考と詩学―山口昌男への招待（西アフリカにおける王権のパターン比較研究の試み　ネグリチュード前後―アフリカ詩をめぐる思想的状況　ほか）　4　資料編（学術研究の記録　山口昌男年譜・著作目録）

◇回想の人類学　山口昌男著，川村伸秀聞き手　晶文社　2015.9　350p　20cm　〈著作目録あり　索引あり〉　1900円　Ⓘ978-4-7949-6891-3　Ⓝ389

> 内容　二つの誕生日　郷土博物館に住む　絵筆とフルート　都立大学大学院で人類学を学ぶ　アフリカにて―1963-1968　パリの異邦人―1968　パリ、再び―1970-1973　オックスフォードからインドネシアまで―1973-1975　対談行脚―1975-1977　エル・コレヒオ・デ・メヒコで客員教授―1977-1978　カトリック大学でも客員教授―1978-1979　NYとフィラデルフィアの二重生活―1979-1980

◇〈境界〉を生きる思想家たち　栩木玲子編　法政大学出版局　2016.3　221p　19cm　（国際社会人叢書　2）　1900円　Ⓘ978-4-588-05312-2　Ⓝ280

> 内容　第1章　E.H.カー（1892-1982）―「自己意識」の歴史学　第2章　ハンナ・アーレント（1906-1975）―20世紀の暴力を「思考」した女　第3章　オクタビオ・パス（1914-1998）―異文化との対話者　第4章　ジャン・ルーシュ（1917-2004）―関係の生成を撮る映像人類学者　第5章　エドゥアール・グリッサン（1928-2011）―「関係」の詩学から全―世界へ　第6章　山口昌男（1931-2013）―「知」的なピーターパンのために　第7章　アマルティア・セン（1933-）―自由と正義のアイデア　第8章　寺山修司（1935-1983）―ポエジィによって越境した「詩人」　第9章　ベネディクト・アンダーソン（1936-2015）―地域研究から世界へ

山口 昌紀〔1936～2017〕　やまぐち・まさのり
◇奈良に育まれ電車にのって青山をみる　山口昌紀著　奈良　奈良日日新聞社　2015.1　325p　20cm　〈年譜あり　発売：廣済堂出版〉　1600円　Ⓘ978-4-331-51834-2　Ⓝ289.1

> 内容　第1章　奈良に生まれて　第2章　恩師との出会い　第3章　社会人として　第4章　佐伯社長の特訓　第5章　佐伯会長とともに　第6章　鉄道事業は国の文化　第7章　近鉄グループ再建秘話　第8章　夢は尽きない

山口 真由〔1983～〕　やまぐち・まゆ
◇いいエリート、わるいエリート　山口真由著　新潮社　2015.7　189p　18cm　（新潮新書　629）　700円　Ⓘ978-4-10-610629-3　Ⓝ361.8

> 内容　第1章　いい勉強、わるい勉強（勉強し過ぎて幻聴を聴いた　勉強には努力に応じた見返りがある　ほか）　第2章　いい東大生、わるい東大生（「東大＝一番」ではなかった　教育を享受した者は社会に還元すべき　ほか）　第3章　いい官僚、わるい官僚（採用面接で「つまんねえ人生だな」　外務省不採用で大泣き　ほか）　第4章　いい弁護士、わるい弁護士（専門職はミッション　お客様の存在を初めて知る　ほか）　第5章　いいエリート、わるいエリート（瑕疵がない鋼鉄のエリート　平等社会がエリートを叩く　ほか）

山口 真理恵〔1989～〕　やまぐち・まりえ
◇明日への疾走―7人制女子ラグビー山口真理恵自伝　山口真理恵著，大友信彦編　実業之日本社　2016.7　226p　19cm　1600円　Ⓘ978-4-408-45601-0　Ⓝ783.48

> 内容　第1章　こども時代　第2章　留学　第3章　ラガールセブン　第4章　サクラセブンズ　第5章　リオへ　第6章　女性アスリートとして

山口 めろん　やまぐち・めろん
◇アイドルだって人間だもん！―元アイドル・めろんちゃんの告白！　山口めろん著　創芸社　2015.12　205p　19cm　1200円　Ⓘ978-4-88144-212-8　Ⓝ767.8

> 内容　第1章　オタクは神様!?　第2章　ぶっちゃけ！アイドル同士の仲　第3章　めろんちゃんのプライベート　第4章　恋愛は、やっぱりご法度？　第5章　めろんちゃんの金銭事情　第6章　地元の友達、そして家族との距離　第7章　そして卒業　特別付録　オタク100人に聞きました！

山口 勇子〔1916～2000〕　やまぐち・ゆうこ
◇原爆孤児―「しあわせのうた」が聞える　平井美津子著　新日本出版社　2015.12　267p　19cm　〈文献あり　年譜あり　索引あり〉　1700円　Ⓘ978-4-406-05919-0　Ⓝ369.37

> 内容　第1章　原爆孤児精神養子運動　第2章　孤児の調査　第3章　笑わぬ子たち　第4章　あゆみグループ　第5章　再び原爆孤児をつくるまい　第6章　母さんと呼べた　第7章　暗い子　第8章　父の志をついで　第9章　姫路組　第10章　しあわせのうた　第11章　世界中にほんものの平和を　終章　今の教育現場に引きつけて思うこと

山口 淑子〔1920～2014〕　やまぐち・よしこ
◇甘粕正彦と李香蘭―満映という舞台　小林英夫著　勉誠出版　2015.7　239p　20cm　〈年譜あ

り〉 2800円 ⓘ978-4-585-22123-4 Ⓝ778.2225

内容 甘粕正彦の数奇な前半生 李香蘭と満鉄 暗躍する甘粕と満洲国の出現 山口淑子から「李香蘭」へ 満洲映画協会(満映)の誕生 満映以前の映画界の状況 満映の活動開始 甘粕正彦、辣腕の満映理事長 李香蘭の活躍と沸騰する人気 好敵手、川喜多長政と上海映画界 満映から東アジアのスターへ 「文化人」甘粕正彦 満洲帝国の落日 夢の終焉と戦後への遺産

◇満洲怪物伝―「王道楽土」に暗躍した人物たちの活躍とその後 歴史REAL編集部編 洋泉社 2015.9 255p 19cm 〈年表あり 索引あり〉 1800円 ⓘ978-4-8003-0719-4 Ⓝ281.04

内容 第1章 建国に暗躍した軍人たちの光と影(石原莞爾―満洲領有を唱えた「世界最終戦争論」とは? 土肥原賢二―満洲国の建国に尽力した 「満洲のローレンス」 板垣征四郎―石原とコンビを組み、満洲事変を引き起こす 山口重次―石原莞爾を煽り関東軍の決起を促した活動家) 第2章 傀儡国家の申し子たち(甘粕正彦―満洲の文化を盛り立てた官僚の「実像」 愛新覚羅溥儀―数奇で残酷な運命を辿った「ラスト・エンペラー」 松岡洋右―満鉄で実力を発揮できなかった総裁 李香蘭―日中に引き裂かれた誠実な女優) 第3章 影の世界にうごめいたフィクサーたち(里見甫―阿片を用いて満洲のダークサイドを歩いた「里見夫」 辻政信―ノモンハンでの独断専行の参謀 河本大作―張作霖爆殺事件の首謀者 石井四郎―「悪魔の細菌部隊」七三一部隊を創設した男 川島芳子―華麗なエピソードに彩られた「男装の麗人」 第4章 満洲国を牛耳った官僚と政治家たち(岸信介―昭和の妖怪と呼ばれた男の「一身二生」の人生 星野直樹―満洲国を「傀儡国家」たらしめた最重要人物 鮎川義介―満業を率いて日本人を守った経済人 古海忠之―満洲国の経済を動かした男) 特別企画 満洲人物伝―「王道楽土」の地で活躍した人物82(軍人・軍関係者 政治家・官僚 満鉄と経済人 文化人 女性 中国人)

◇一故人 近藤正高著 スモール出版 2017.4 415p 19cm 1800円 ⓘ978-4-905158-42-4 Ⓝ281

内容 二〇一二年(浜田幸一 樋口廣太郎 ほか) 二〇一三年(大島渚 山内溥 ほか) 二〇一四年(永井一郎 坂井義則 ほか) 二〇一五年(赤瀬川原 桂米朝 ほか) 二〇一六年(蜷川幸雄 中村紘子 ほか)

山崎 晃嗣 〔1923～1949〕 やまざき・あきつぐ

◇眞説光クラブ事件―戦後金融犯罪の真実と闇 上 保阪正康著 新妻 埼玉福祉会 2014.6 309p 21cm 〈大活字本シリーズ〉〈底本：角川文庫『眞説光クラブ事件』〉 3000円 ⓘ978-4-88419-950-0 Ⓝ289.1

◇眞説光クラブ事件―戦後金融犯罪の真実と闇 下 保阪正康著 新妻 埼玉福祉会 2014.6 274p 21cm 〈大活字本シリーズ〉〈底本：角川文庫『眞説光クラブ事件』〉 2900円 ⓘ978-4-88419-951-7 Ⓝ289.1

山崎 育三郎 〔1986～〕 やまざき・いくさぶろう

◇シラナイヨ 山崎育三郎著 ワニブックス 2016.8 159p 21cm 1800円 ⓘ978-4-8470-9470-5 Ⓝ772.1

内容 引っ込み思案だった僕 最初に夢中になったのは、歌ではなく野球 初めて自分から… 山崎家ミュージカルの世界へ。苦労、成功、そして挫折 山崎軍団 高校入学、そしてアメリカ留学 アメリカから帰国、祖父母の介護 自立、ミュージカル俳優への決意 2年弱の大学生活で得た、かけがえのない青春

山崎 匡輔 〔1888～1963〕 やまざき・きょうすけ

◇"幻"の日本語ローマ字化計画―ロバート・K・ホールと占領下の国字改革 茅島篤編 くろしお出版 2017.6 261p 21cm 3700円 ⓘ978-4-87424-737-2 Ⓝ811.98

内容 第1章 ロバート・K.ホール来日前の日本語表記改革関連文書(ホールの提言とその評価 ホールの反論と再提言) 第2章 米国教育使節団への国語改革関連文書(ドナルド・R.ニューゼント中佐(総司令部CI&E局長代理)覚書 対日米国教育使節団へのオリエンテーション国語改革講義録 「暫定的研究―国語表記改革研究」から採録の資料 ロバート・K・ホールの日本語ローマ字化5ヶ年計画案) 第3章 国語改革方針転換となった文書(CI&E特別会議想定問答文書 CI&E特別会議議事録 ホールの部下、国語改革担当官ドーンハイムの両親宛手紙抜粋) 第4章 ロバート・K・ホールの回想録・インタビュー記録(回想録「漢字かローマ字か」 論文「戦後日本の発展に於ける教育―国語改革再考」 インタビュー記録(オーラル・ヒストリー)) 第5章 ロバート・K・ホールの人物像(CI&Eの主な関係者評 山崎匡輔の回想録に見るホール像)

山崎 今朝弥 〔1877～1954〕 やまざき・けさや

◇山崎今朝弥研究 2 大学史紀要編集委員会編 明治大学史資料センター 2017.3 265p 21cm (大学史紀要 Journal of the history of Meiji University 第23号―明治大学人権派弁護士研究 3)〈共同刊行：明治大学 著作目録あり 年譜あり〉 Ⓝ289.1

内容 論文 解放社版「幸徳伝次郎全集」の書誌的探究/山泉進著 明治三五年、渡米前の山崎今朝弥と明治法律学校/中村正也著 山崎今朝弥の研究ノート 山崎今朝弥が関与した上野動物園内売店の営業権事件について/村上一博著 山崎今朝弥の雑誌/飯澤文夫著 関東大震災前後の山崎今朝弥の動向/阿部裕樹著 自由論題 短期大学の発足と明治大学短期大学女子法律科/阿部裕樹著 明治大学歌初演推定写真(一九二〇年十月二十八日)について/村松玄太著

◇山崎今朝弥―弁護士にして雑誌道楽 山泉進,村上一博編著,明治大学史資料センター監修 論創社 2018.10 343p 19cm 〈文献あり 年譜あり〉 2800円 ⓘ978-4-8460-1753-8 Ⓝ289.1

内容 1 奇人と郷土―弁護士になるまで(郷土と家族 明治法律学校と渡米 ほか) 2 叛逆と人権―弁護士・社会活動(社会派弁護士としての活動 大審院における言論擁護の弁論 ほか) 3 道楽と抵抗―雑誌・出版活動(雑誌道楽の世界 「解放群書」の謎解き ほか) 4 譜諺と自由―文献・年譜(奇書と文献の案内 山崎今朝弥の年譜)

山崎 拓 〔1936～〕 やまさき・たく

◇YKK秘録 山崎拓著 講談社 2016.7 315p 20cm 1800円 ⓘ978-4-06-220212-1 Ⓝ312.1

内容　序章 運命の日　第1章 55年体制崩壊―宇野宗佑、海部俊樹、宮澤喜一内閣　第2章 小沢一郎の暗躍―細川護熙、羽田孜内閣　第3章 自・社・さ新時代―村山富市、橋本龍太郎内閣　第4章 「加藤の乱」の真相―小渕恵三、森喜朗内閣　第5章 小泉純一郎ける

◇YKK秘録　山崎拓著　講談社　2018.8　396p　15cm　（講談社＋α文庫 G317-1）〈2016年刊の加筆、改筆〉　950円　Ⓘ978-4-06-512939-5　Ⓝ312.1

内容　序章 運命の日　第1章 55年体制崩壊―宇野宗佑、海部俊樹、宮澤喜一内閣　第2章 小沢一郎の暗躍―細川護熙、羽田孜内閣　第3章 自・社・さ新時代―村山富市、橋本龍太郎内閣　第4章 「加藤の乱」の真相―小渕恵三、森喜朗内閣　第5章 小泉純一郎首相の誕生、自民党幹事長に就任

山崎 武司〔1968～〕　やまさき・たけし

◇さらば、プロ野球―ジャイアンの27年　山崎武司著　宝島社　2014.1　222p　19cm　1400円　Ⓘ978-4-8002-1940-4　Ⓝ783.7

内容　序章 ジャイアン、ユニフォームを脱ぐ　第1章 中日に始まり中日で終わる　第2章 戦力外通告を乗り越えて　第3章 仕えた指導者たち　第4章 野村克也監督の教え　第5章 愛すべき仲間たち　第6章 後輩たちへのアドバイス　第7章 ジャイアンはどこへ行く

山崎 種二〔1893～1983〕　やまざき・たねじ

◇戦前の大金持ち　稲泉連, 山川徹史, 出口治明編　小学館　2018.6　221p　18cm　（小学館新書 329）〈文献あり〉　780円　Ⓘ978-4-09-825329-6　Ⓝ332.8

内容　第1章 "革命プロデューサー"梅屋庄吉　第2章 "パリの蕩尽王"薩摩治郎八　第3章 "初もの喰い狂"大倉喜八郎　第4章 "吉野の山林王"土倉庄三郎　第5章 "相場の神様"山崎種二　第6章 "世界の真珠王"御木本幸吉　最終章 "庭園日本一"足立全康

山崎 朋子〔1932～2018〕　やまざき・ともこ

◇サンダカンまで―わたしの生きた道　山崎朋子著　朝日新聞出版　2017.9　373p　15cm　（朝日文庫 や41-1）〈朝日新聞社 2001年刊の再刊〉　920円　Ⓘ978-4-02-261912-9　Ⓝ289.1

内容　第1部 南の夜のアクシデント（顔を切られる　判決文と上申書下書き ほか）　第2部 潜水艦長の娘（出生の秘密　呉＝軍港の町 ほか）　第3部 自由へのあこがれ（大野＝奥越の小京都にて　脱出のこころみ ほか）　第4部 民族と思想の壁に（東京＝その片隅で　朝鮮青年との出会い ほか）　第5部 女性史研究へのあゆみ（新宿＝風月堂　マロニエの並木道で ほか）

山崎 豊子〔1924～2013〕　やまざき・とよこ

◇山崎豊子スペシャル・ガイドブック―不屈の取材、迫真の人間ドラマ、情熱の作家人生！　新潮社山崎プロジェクト室編　新潮社　2015.7　281p　21cm　〈年譜あり〉　1500円　Ⓘ978-4-10-339451-8　Ⓝ910.268

内容　0 生い立ち、戦争（暖簾―発見された創作ノート　山崎豊子と戦争―大阪大空襲を、どう描いたか ほか）　1 船場生まれ、船場育ち（花のれん―いきなり直木賞　ぼんち―ある編集者との出会い ほか）　2 大阪から世界へ（女の勲章―病床で新聞連載　女系家族―遺言状のトリック ほか）　3 社会派小説家の誕生！（白い巨塔―医学界の反発、読者の願い　仮装集団―まだまだ続く小説 ほか）　4 戦争三部作へ（不毛地帯―予知能力？　騒動　二つの祖国―戦争、原爆、東京裁判 ほか）　5 不条理の果てに、見た！（沈まぬ太陽―書くべき事を書く勇気　運命の人―巨大マスコミの罪と罰 ほか）

◇山崎豊子先生の素顔　野上孝子著　文藝春秋　2015.8　283p　20cm　1500円　Ⓘ978-4-16-390305-7　Ⓝ910.268

内容　序章 真実の姿を伝えたい　1章 「秘書、求む」の張り紙から―『女系家族』　2章 意気無きものは去れ―『白い巨塔』から『続白い巨塔』まで　3章 金融界の聖域に挑む―『華麗なる一族』　4章 海外取材を重ねて―『不毛地帯』　5章 戦争がもたらした悲劇―『二つの祖国』　6章 中国取材の扉が開く―『大地の子』　7章 現代の流刑と空の安全―『沈まぬ太陽』　8章 「先生は、日本一の作家です」―『運命の人』『約束の海』　終章 努力する限り、人間は迷うだろう

◇一故人　近藤正高著　スモール出版　2017.4　415p　19cm　1800円　Ⓘ978-4-905158-42-4　Ⓝ281

内容　二〇一二年（浜田幸一　樋口廣太郎 ほか）　二〇一三年（大島渚　山内大溥 ほか）　二〇一四年（永井一郎　坂井義則 ほか）　二〇一五年（赤瀬川隼　桂米朝 ほか）　二〇一六年（蜷川幸雄　中村紘子 ほか）

◇山崎豊子読本　新潮文庫編集部編　新潮社　2018.9　236p　16cm　（新潮文庫 や-5-71）〈「山崎豊子スペシャル・ガイドブック」(2015年刊)の改題、大幅に再編集〉　490円　Ⓘ978-4-10-110452-2　Ⓝ910.268

内容　第1部 生い立ち、そして戦争　第2部 山崎豊子「戦時下の日記」　第3部 大阪から世界へ―作品ガイド1　第4部 社会派小説家の誕生―作品ガイド2　第5部 戦争三部作へ―作品ガイド3　第6部 不条理の果てに―作品ガイド4

◇山崎豊子先生の素顔　野上孝子著　文藝春秋　2018.9　301p　16cm　（文春文庫 や22-10）　740円　Ⓘ978-4-16-791145-4　Ⓝ910.268

内容　序章 真実の姿を伝えたい　1章 「秘書、求む」の張り紙から―『女系家族』　2章 意気無きものは去れ―『白い巨塔』から『続白い巨塔』まで　3章 金融界の聖域に挑む―『華麗なる一族』　4章 海外取材を重ねて―『不毛地帯』　5章 戦争がもたらした悲劇―『二つの祖国』　6章 中国取材の扉が開く―『大地の子』　7章 現代の流刑と空の安全―『沈まぬ太陽』　8章 「先生は、日本一の作家です」―『運命の人』『約束の海』　終章 努力する限り、人間は迷うだろう

山崎 紀雄〔1948～〕　やまざき・のりお

◇裸の巨人―宇宙企画とデラべっぴんを創った男　山崎紀雄　阿久真子著　双葉社　2017.8　285p　19cm　〈文献あり　年表あり〉　1800円　Ⓘ978-4-575-31291-1　Ⓝ384.7

内容　Prologue Black Coffee　1 Summer Time　2 Route 66　3 Sing,sing,sing　4 On the Sunny

Side of the Street　5 My Favorite Things　6 Take Five　7 When The Saints Go Marching In　8 Moanin'　Epilogue Left Alone　Special Days of Wine and Roses―山崎紀雄×末井昭×中沢愼一特別鼎談

山﨑　博昭〔1948〜1967〕　やまざき・ひろあき
◇かつて10・8羽田闘争があった―山崎博昭　追悼50周年記念　寄稿篇　10・8山﨑博昭プロジェクト編　合同フォレスト　2017.10　616p　19cm　〈文献あり　発売：合同出版〉　3900円　ⓘ978-4-7726-6097-6　Ⓝ319.8
[内容] 山﨑博昭の生涯　第1部　一〇・八から五〇年を経て（警察が山崎博昭君を警棒で殴り殺した真実は、動かせない　弁天橋に行った理由　ほか）　第2部　一九六七年一〇月八日羽田（橋上にて　山﨑博昭君と共に！　ほか）　第3部　同時代を生きて―山﨑博昭の意志を永遠に（私の秘密　小さな「足跡」が大きなうねりの「軌跡」となることを願って―山﨑博昭追悼モニュメントの建立に寄せて　ほか）　第4部　歪められた真実（「10・8山﨑博昭プロジェクト」のために―権力とメディア　五〇年目の真相究明―山﨑博昭君の死因をめぐって）
◇かつて10・8羽田闘争があった―山崎博昭　追悼50周年記念　記録資料篇　10・8山﨑博昭プロジェクト編　合同フォレスト　2018.10　635p　図版15p　19cm　〈発売：合同出版〉　3900円　ⓘ978-4-7726-6124-9　Ⓝ319.8
[内容] 現認＆裁判記録　一般紙、機関紙、大学新聞　週刊誌、雑誌　チラシ　詩、短歌、評論・エッセイ、小説　追悼文　声明　羽田10・8救援活動　50年を経て

山崎　広明〔1934〜〕　やまざき・ひろあき
◇自立と連帯を求めて―ある経済学徒の歩み　山崎広明著　悠々堂　2016.8　127p　21cm　〈年譜あり〉　1200円　ⓘ978-4-906873-55-5　Ⓝ289.1
[内容] 1　幼少年時代　2　中学・高校時代―修献館の六年間　3　大学生活―駒場　4　大学生活―本郷（経済学部）　5　大学院時代　6　かけ出しの大学教員生活　7　東京大学社会科学研究所の二二年半　8　東京大学社会科学研究所時代の研究　9　東海学園大学の一四年半　10　おわりに

山崎　弁栄〔1859〜1920〕　やまざき・べんねい
◇近代の念仏聖者　山崎弁栄　佐々木有一著　春秋社　2015.10　502p　20cm　4500円　ⓘ978-4-393-17428-9　Ⓝ169.1
[内容] 序章　信仰の皮肉と骨髄　第1章　光明主義と山崎弁栄　第2章　光明主義の七不思議　第3章　大ミオヤの発見　第4章　四大智慧の真実　第5章　無礙の恩寵　終結　光明主義の正法・像法を期す

山﨑　正和〔1949〜〕　やまざき・まさかず
◇舞台をまわす、舞台がまわる―山﨑正和オーラルヒストリー　山﨑正和述、御厨貴、阿川尚之、苅部直，牧原出編　中央公論新社　2017.3　363p　22cm　〈年譜あり　索引あり〉　3000円　ⓘ978-4-12-004883-8　Ⓝ289.1
[内容] 満洲時代の記憶　鴨沂高校、京都大学文学部時代　劇作家としての出発、アメリカ留学　大学紛争の渦中で　劇作・評論活動の展開　関西圏に根を下ろす　サントリー文化財団設立の頃　一九八〇年前後の文芸ジャーナリズム　『アスティオン』創刊　セリフの演劇の復権と阪神・淡路大震災　地方私立大学の現場で　知識人の政治参加をめぐって

山崎　まさよし〔1971〜〕　やまざき・まさよし
◇このままこのまま　山崎まさよし著　スペースシャワーブックス　2015.9　186p　21cm　〈発売：スペースシャワーネットワーク〉　2000円　ⓘ978-4-907435-66-0　Ⓝ767.8
＊山崎まさよしデビュー20周年記念本。デビューからの20年間の日々、何を想い、どのように乗り越えてきたのか。音楽のことから家庭、そしてこれからのことなど。デビュー時からなじみ深い音楽ライター・森田恭子がインタビューで纏め上げた完全語り下ろしのメモリアルブック。お気に入りの街のひとつ、尾道での撮り下ろしグラビア多数、オフィスオーガスタ森川社長特別インタビュー、盟友・和田唱（TRICERATOPS）との対談も収録。

ヤマザキ　マリ〔1967〜〕
◇国境のない生き方―私をつくった本と旅　ヤマザキマリ著　小学館　2015.4　253p　18cm　（小学館新書 215）　740円　ⓘ978-4-09-825215-2　Ⓝ914.6
[内容] 第1章　野性の子（本の虫　「旅する主人公」になりたかった　ほか）　第2章　ヴィオラ奏者の娘（審美眼を持つことの大切さは『暮らしの手帖』で教わった　他人の目に映る自分は　ほか）　第3章　欧州ひとり旅（「自由に生きる」ってどういうこと？　十四歳のヨーロッパひとり旅　ほか）　第4章　留学（「フランダースの犬」暮らし　「ガレリア・ウブバ」の人びと ほか）　第5章　出会い（パゾリーニの洗礼　教養に経験を積ませる　ほか）　第6章　SF愛（SFの国　超常現象に胸をときめかせた七〇年代　ほか）　第7章　出産（母になったのは　修業時代最悪の時だったのことだ　ほか）　第8章　帰国後（一〇足のわらじ　移動して生きることをデフォルトに　ほか）　第9章　シリアにて（『千夜一夜物語』シリアで暮らしてわかったこと　ほか）　第10章　一九六〇年代（青春の作家・三島由紀夫　音楽喫茶「ウィーン」と雑誌『ビックリハウス』　ほか）　第11章　つながり（「思い出のマーニー」と母　ここではないどこかとつながる　ほか）　第12章　現住所・地球（気持ち悪い果実　ネコ、サル、けもの　ほか）

山﨑　康晃〔1992〜〕　やまさき・やすあき
◇約束の力　山﨑康晃著　飛鳥新社　2018.3　182p　21cm　1389円　ⓘ978-4-86410-596-5　Ⓝ783.7
[内容] 第1章　母との約束―少年時代・高校時代　第2章　「野球選手としての形」ができるまで―大学時代　第3章　プロでの日々―誰にも言わなかった話　アルバムから　秘蔵PHOTO公開！　Twitterで辿るプロ3年間の軌跡　＃康晃に聞く Q&A50　第4章　人生もピッチングも未来は選択できる―土壇場で勝つルール集　第5章　クローザーは、生きがいです―僕が大切にしているもの　特別対談　山﨑康晃×今永昇太「ゲームセット後の素顔」

山里　亮太〔1977〜〕　やまさと・りょうた
◇天才はあきらめた　山里亮太著　朝日新聞出版　2018.7　255p　15cm　（朝日文庫 や43-1）〈「天

やまさわ

才になりたい」（2006年刊）の改題、大幅に加筆・修正〉　620円　Ⓘ978-4-02-261936-5　Ⓝ779.14
> 内容　第1章 「何者か」になりたい　第2章 スタートライン　第3章 焦り　第4章 有頂天、そしてどん底　終章 泣きたい夜を越えて

山澤 進〔1930〜〕 やまざわ・すすむ
◇創る拓く　小形利彦著　〔出版地不明〕　山澤進　2017.6　223p　31cm　〈山澤進氏米寿記念年譜あり　文献あり〉　Ⓝ289.1

山路 商〔1903〜1944〕 やまじ・しょう
◇山路商略伝――広島のロートレックと呼ばれた男　塩谷篤子、藤崎綾著　広島　溪水社　2014.9　196p　19cm　〈文献あり　年譜あり〉　1800円　Ⓘ978-4-86327-270-5　Ⓝ723.1
> 内容　第1部（生い立ち　広島の文学青年たち　山路アトリエ　芸術遍歴　シュルレアリスム事件　知人の語る山路）　第2部 山路商の作品と解説（山路商作品図版　作品解説　山路商の美術活動）

山地 悠一郎〔1927〜〕 やまじ・ゆういちろう
◇賭けとか、運とか　山地悠一郎著　創樹社美術出版　2014.12　237p　21cm　2000円　Ⓘ978-4-7876-0088-2　Ⓝ289.1
> 内容　第1章 遠くからの呼び声（遠くからの呼び声（序に代えて）　賭けとか、運とか　隅田川の船旅　ぼくの歴史　寄る浜音は遠き古えのこと―父の日誌より　江井ケ島の冬夕焼　相棒展にて）　第2章 山谷憧憬（冬の街―初めての山谷　山谷秘密日誌―労働者需要の時代　「山谷綺譚」喧い人形―この話は信じて貰えなくてもよい　山谷の小さな終戦史―同胞ин食む　山谷文化の消滅―懐かしい時代の山谷　淋しき週末の詩―山谷とは何であったか　山谷指圧日誌）　第3章 戦記集（陸軍・皇道派の夢　賭けの神様、最後の賭けに勝つ―山本五十六元帥の死　玉砕とは何であったか―沖縄玉砕観の語るもの　奥田長三君の徴兵義務―人に語れない国民総特攻の恐怖　昆明偽装作戦―一撃てよ!!昆明）

山下 覚道 やました・かくどう
◇霊能者列伝　田中貢太郎著　河出書房新社　2018.12　230p　20cm　〈「明治大正実話全集 第7巻」（平凡社　1929年刊）の改題、一部割愛〉　1850円　Ⓘ978-4-309-02668-8　Ⓝ169.1
> 内容　人としての丸山教祖　金光教祖物語　大本教物語　黒住教祖物語　飯野吉三郎の横顔　予言者宮崎虎之助　神仙河野久　木食上人山下覚道　蘆原将軍の病院生活

山下 亀三郎〔1867〜1944〕 やました・かめさぶろう
◇トランパー――伊予吉田の海運偉人伝 山下亀三郎と山下学校門下生　宮本しげる著　松山　愛媛新聞サービスセンター　2016.1　407p　20cm　〈文献あり〉　1500円　Ⓘ978-4-86087-124-6　Ⓝ289.1
> 内容　第1章 明治の山下亀三郎（明治維新と故郷・吉田町（西国の伊達三藩）（吉田町のこと）　亀三郎・故郷をめぐる　神仙河野久　大正の山下亀三郎と店童・浜田喜佐雄物語（第一次世界大戦が勃発　船成金の出現（トランパーの天下）（亀三郎の別荘）　ほか）　第3章 昭和の亀三郎と大同海運設立（亀三郎の苦悩と大同海運の発足　昭和の浜田喜佐雄物語　ほか）　第4章 戦後の山下汽船と大同海運（太平洋戦争終結、わが国船舶の被害と戦没船員　戦後の海運界　ほか）

山下 賢二〔1972〜〕 やました・けんじ
◇ガケ書房の頃　山下賢二著　武蔵野　夏葉社　2016.4　284p　19cm　1800円　Ⓘ978-4-904816-19-6　Ⓝ024.162
> ＊「僕自身がやりたいこと。少し考えたが、すぐに答えはわかった。それは、店を存続させること。方法論はどうであれ、イメージがどうであれ、僕はそのとき、なんとしてでも、ガケ書房を続けたかったのだ。」2004年、京都市左京区にオープンし、2015年に11年の歴史を閉じた京都の書店、ガケ書房。雑誌の本屋さん特集には必ずといっていいほど取り上げられ、本書にも登場する、作家の吉本ばなな、いしいしんじ、ミュージシャンの小沢健二など、多くの著名人たちがこの店を愛してきた。本書は、その店主による、赤裸々な書店論であり、青春記。生々しいもがきと、次の10年に対する提言に溢れた、あたらしい本屋さん本の登場です。

山下 健平〔1933〜〕 やました・けんぺい
◇ケンペーつれづれ草　山下健平著　高崎　あさを社　2015.5　211p　27cm　非売品　Ⓘ978-4-87024-582-2　Ⓝ289.1

山下 佐知子〔1964〜〕 やました・さちこ
◇マラソン哲学――日本のレジェンド12人の提言　小森貞子構成, 月刊陸上競技編集　講談社　2015.2　352p　19cm　1600円　Ⓘ978-4-06-219348-1　Ⓝ782.3
> 内容　宗茂—双子の弟・猛と切磋琢磨　日本のマラソン練習の礎を築いた「宗兄弟」　宗猛—「自分たちを生かす道はこれしかない！」小学生のうちに気づいたマラソンへの道　瀬古利彦—マラソン15戦10勝の「レジェンド」カリスマ指導者に導かれて世界を席巻　山下佐知子—女子マラソンで日本の「メダル第1号」東京世界選手権で銀、バルセロナ五輪は4位　有森裕子—陸上の五輪史上日本女子で唯一の複数メダル　マラソンは「生きていくための手段」　中山竹通—底辺からトップに這い上がった不屈のランナー　オリンピックで2大会連続で4位入賞　森下広一—「太く短く」マラソン歴はわずか3回 2連勝後のバルセロナ五輪は銀メダル　藤田敦史—運動オンチが長距離で信じられない飛躍 ある「きっかけ」が人生を180度変えた　高橋尚子—日本の五輪史に燦然と輝く金メダル 「人の倍やって人並み」を日々実践した賜物　高岡寿成—長いスパンで取り組んだマラソンへの道 トラックもマラソンも意識は常に「世界へ」　小出義雄—女子マラソンで複数のメダリストを輩出 「世界一になるには、世界一になるための練習をやるだけ」　藤田信之—女子の400mからマラソンまで数々の「日本記録ホルダー」を育成　野口みずきのマラソン金メダルはトラックの延長

山下 次郎〔1911〜1992〕 やました・じろう
◇獣医学の狩人たち――20世紀の獣医偉人列伝　大竹修著　堺　大阪公立大学共同出版会　2017.5　406p　21cm　〈文献あり〉　2400円　Ⓘ978-4-907209-72-8　Ⓝ649.028
> 内容　序：日本における近代獣医学の夜明け　牛痘苗と狂犬病ワクチンの創始者—梅野信吉　人材育成の

名人で家畜衛生学の先達―葛西勝弥　獣医寄生虫学を確立―板垣四郎　競走馬の研究に生涯を捧げた外科の泰斗―松葉重雄　ひよこの雌雄鑑別法を開発―増井鉄　幻に終わったノーベル賞―市川厚一　獣医外科・産科学の巨頭―黒澤亮助　顕微鏡とともに歩んだ偉大な神経病理学者―山極三郎　麻酔・自律神経研究の権威―木全春生〔ほか〕

山下 武雄〔1908～1996〕　やました・たけお

◇高下日記 第8集　山下日記―昭和四年　昭和26年　高下恭介著，大和市文化スポーツ部文化振興課市史・文化財担当編，山下武雄著，大和市文化スポーツ部文化振興課市史・文化財担当編　大和　大和市　2018.3　179p 図版 4p　26cm　（大和市史資料叢書 16）〈文献あり〉　Ⓝ289.1

山下 谷次〔1872～1936〕　やました・たにじ

◇山下谷次伝―わが国実業教育の魁 1872-1936　福﨑信行著　名古屋　樹林舎　2014.8　159p　19cm　（樹林舎叢書）〈文献あり 年譜あり〉　発売：人間社（名古屋）　1000円　①978-4-931388-78-9　Ⓝ289.1

内容　第1章 向学心に燃えて　第2章 こころざしを抱いて　第3章 実業教育を掲げる学園を　第4章 駿河台に新天地を求めて　第5章 政界への進出　第6章 受け継がれる実業教育

山下 奉文〔1885～1946〕　やました・ともゆき

◇陸軍大将山下奉文の決断―国民的英雄から戦犯刑死まで揺らぐことなき統率力　太田尚樹著　潮書房光人社　2015.8　382p　16cm　（光人社NF文庫 おN-900）〈「死は易きことなり」（講談社 2005年刊）の改題　文献あり〉　860円　①978-4-7698-2900-3　Ⓝ289.1

内容　嵐の前　ウィーンの石畳を踏んで　山下と東条　痛恨の二・二六事件　雪の朝　事件の後　大陸に広がった野火　迫りくる嵐　満州防衛司令官　開戦前夜　さいは投げられた　ハワイ攻撃より早く始まったマレー半島上陸　マレー半島上陸　熱帯雨林を駆け抜けて　密林の中の日本兵たち　大事件を前にして　凄惨きわめたシンガポール戦　提灯行列の陰で　華僑粛清　嵐の後　焦燥の日々　終焉の地

山下 洋輔〔1942～〕　やました・ようすけ

◇ドファララ門　山下洋輔著　晶文社　2014.12　381p　20cm　2000円　①978-4-7949-6864-7　Ⓝ764.78

内容　次男洋輔、戦時下に誕生　三歳児、空襲と疎開を体験する　「洋輔はもうピアノに触っていた」　初恋、代田橋に散る　菊代、夢路を歩く　新天地で、菊代弾く　「これをやりなさい」と、母菊代　坂道の果てで　小山家創世記　三味線女房〔ほか〕

山下 義信〔1894～1989〕　やました・よしのぶ

◇広島戦災児育成所と山下義信―山下家文書を読む　新田光子編著　京都　法藏館　2017.3　242p　21cm　〈文献あり〉　2800円　①978-4-8318-5566-4　Ⓝ369.43

内容　1 山下義信の経歴　2 「広島戦災児育成所」の始まり　3 「広島戦災児育成所」の日々　4 「広島戦災児育成所」の終わり　5 「広島戦災児育成所」と「山下義信」その後　資料篇

山科 言継〔1507～1579〕　やましな・ときつぐ

◇日記で読む日本史 13　日記に魅入られた人々―王朝貴族と中世公家　倉本一宏監修　松薗斉著　京都　臨川書店　2017.4　206p　20cm　〈文献あり〉　2800円　①978-4-653-04353-9　Ⓝ210.08

内容　第1章 人生を仕上げた男―藤原宗忠『中右記』　第2章 日記の中のジキルとハイド―藤原頼長『台記』　第3章 父と姉と娘と息子―藤原定家『明月記』　第4章 経光くんの恋―藤原経光『民経記』　第5章 やさしい官様（中世の夫婦善哉日記）―貞成親王『看聞日記』　第6章 戦国の「渡る世間…」―三条西実隆『実隆公記』　第7章 言継さんの診察カルテ―山科言継『言継卿記』　第8章 天皇様を支えます!!―戦国の禁裏女房たち『御湯殿上日記』

山階宮 晃〔1816～1898〕　やましなのみや・あきら

◇明治天皇が最も頼りにした山階宮晃親王　深澤光佐子著　京都　宮帯出版社　2015.9　238p　19cm　〈文献あり 年譜あり〉　1800円　①978-4-8016-0019-5　Ⓝ288.44

山代 巴〔1912～2004〕　やましろ・ともえ

◇山代巴 模索の軌跡　牧原憲夫著　而立書房　2015.4　402,26p　20cm　〈文献あり 著作目録あり 年譜あり〉　2400円　①978-4-88059-383-8　Ⓝ910.268

内容　第1章 自分を生きる　第2章 山代吉宗とともに　第3章 「岩でできた列島」に根をおろす　第4章 鏡としての作品　第5章 片隅の沈黙を破る　第6章 民話の発見　第7章 『荷車の歌』をめぐって　第8章 民話からの生活記録へ　第9章 戦前の総括そして離党　第10章 「近代」への批判と『囚われの女たち』の完結

山田 昭男〔1931～2014〕　やまだ・あきお

◇超ホワイト企業の源流―未来工業・山田昭男の素顔　翠幸一郎編著　京都　かもがわ出版　2015.1　214p　19cm　〈年譜あり〉　1600円　①978-4-7803-0746-7　Ⓝ289.1

内容　第1部 芸能人と私―山田昭男の言葉（山田柳影句稿（十八～二十三歳頃）　山田昭男（号・柳影）の川柳について　独断場・土壇場―タウン誌「月刊西美濃わが街」コラム　ほか）　第2部 鵺と呼ばれた男―山田昭男の研究（裸の大将　傲岸不遜　歩く広告塔　ほか）　第3部 山田昭男万華鏡―友人・知人が語る（アマチュアで反権力の知的亡命者（石坂貴弘）　昭さんと私（平方浩介）　山田昭男さん、さようなら（樫山文枝）　ほか）

山田 朝夫〔1961～〕　やまだ・あさお

◇流しの公務員の冒険―霞が関から現場への旅　山田朝夫著　時事通信出版局　2016.11　292p　19cm　〈年譜あり〉　発売：時事通信社　1500円　①978-4-7887-1492-2　Ⓝ289.1

内容　序章 「自分の仕事」をつくる　第1章 病院再生　第2章 霞が関の憂鬱　第3章 流しの公務員の誕生　第4章 トイレを磨く　終章 流しの公務員「仕事の流儀」

やまた

山田 英太郎〔1904～1982〕 やまだ・えいたろう
◇日本基督教団矢吹教会の創立者重元青山学院理事長・元東洋汽船株式会社專務取締役元帝国ホテル常任監査役、元日本鋳造株式会社代表取締役社長關根要八―關根要八とともに矢吹教会の設立・発展に尽力した元白河医師会副会長山田英太郎 矢吹町初の女性議員會田キン　庄司一幸著〔郡山〕〔庄司一幸〕　2016.1　73p　26cm　〈文献あり　年譜あり　著作目録あり〉　Ⓝ281

山田 斂〔1923～〕 やまだ・おさむ
◇雲ながるゝ、まに―山田家前史と終戦復員まで　山田斂著　文藝春秋企画出版部（制作）　2015.3　295p　図版　4p　22cm　Ⓝ289.1

山田 寒山〔1856～1918〕 やまだ・かんざん
◇日本篆刻家の研究―山田寒山・正平を中心として　神野雄二著　熊本　熊日出版（発売）　2017.3　334p　図版8p　27cm　〈年譜あり　文献あり　著作目録あり〉　7000円　Ⓘ978-4-908313-20-2　Ⓝ739
　＊山田寒山・正平父子を中心に、日本の篆刻家について著者の四十年に亘る研究成果をまとめた労作。篆刻に関する資料文献の博捜、関係者へのインタビュー等を通して、さまざまな領域から印人たちの本質にせまる。今後この分野の研究に欠かせない一書。

山田 鑑二〔1898～1969〕 やまだ・かんじ
◇安藤昌益に魅せられた人びと―みちのく八戸からの発信　近藤悦夫著　農山漁村文化協会　2014.10　378p　19cm　（ルーラルブックス）　2000円　Ⓘ978-4-540-14213-0　Ⓝ121.59
　内容　狩野亨吉　依田莊介　ハーバート・ノーマン　山田鑑二　上杉修　八戸在住発見後の研究　渡辺没後の研究　村上壽枝　石垣忠吉　三宅正彦　寺尾五郎　『全集』後の周辺　『儒道統之図』をめぐって　還俗後の活動　昌益医学を継承する数々の医書　稿本『自然真営道』の完成に向けて

山田 耕筰〔1886～1965〕 やまだ・こうさく
◇山田耕筰―作るのではなく生む　後藤暢子著　京都　ミネルヴァ書房　2014.8　428,16p　20cm　（ミネルヴァ日本評伝選）〈文献あり　著作目録あり　年譜あり　索引あり〉　3800円　Ⓘ978-4-623-04431-3　Ⓝ762.1
　内容　第1章 作曲家の原風景　第2章 ベルリン留学―一九一〇～一二年　第3章 ベルリン留学―一九一三年　第4章 日本初代の作曲家　第5章 円熟を期して　第6章 詩人たちとの交遊　第7章 時勢の波間で

◇自伝若き日の狂詩曲　山田耕筰著　改版　中央公論新社　2016.1　357p　16cm　（中公文庫や36-2）〈初版：中央公論社　1996年刊　年譜あり〉　1100円　Ⓘ978-4-12-206218-4　Ⓝ762.1
　内容　小さな歌の狂人（『主われを愛す』築地居留地　ほか）　上野の杜（ひらかれた門　善友悪友　ほか）　ベルリンの青春（王立音楽院　悲報ばかり　ほか）　私の名はペテロ（ドレスデン綺話　絵画と音楽　ほか）　シベリアの旅（歌曲集の出版　別れの日　ほか）

山田 幸子〔1936～〕 やまだ・さちこ
◇つなぐ看護生きる力―ホリスティック医学への挑戦とメッセージ　山田幸子著　佼成出版社　2018.1　221p　19cm　1500円　Ⓘ978-4-333-02775-0　Ⓝ492.9014
　内容　第1章 対談 帯津三敬病院の三十五年を振り返る（帯津良一×山田幸子）（出会いは都立駒込病院のICU　師長選びは「三股」にかけていた？　ほか）　第2章 看護師としての道のり（本当は美容師になりたかった　看護学生時代から外科系が好きだった　ほか）　第3章 帯津三敬病院で奮闘した日々（手探りで始まった「中西医結合」の医療　看護師を集めることに苦労した日々　ほか）　第4章 いのちを看る「ホリスティック看護」（看護はもともとホリスティック　人間同士の温もりのある接点が大事　ほか）　第5章「生前葬」を終えて（帯津三敬塾クリニックでの日々　看護師人生に終止符　ほか）

山田 滋〔1956～〕 やまだ・しげる
◇回帰―愛に生きて　山田滋著　ブックコム　2016.11　131p　19cm　Ⓝ289.1

山田 しづゑ〔1913～1999〕 やまだ・しずえ
◇戦地で生きる支えとなった115通の恋文　稲垣麻由美著　扶桑社　2015.7　191p　19cm　〈他言語標題：115 emotionally supportive letters sent by his wife　文献あり〉　1300円　Ⓘ978-4-594-07301-5　Ⓝ289.1
　内容　序章 115通の恋文が今、語りかけてくること　第1章 冬―忘れられぬ夫様へ　ひとりぼっちのしづよ　第2章 春―貴方はパパ様に、私はママになりました　第3章 夏―お父ちゃん、早く元気なお顔をお見せください　第4章 秋―お父様が恋しくなってペンを走らせております　終章 何も知らないことの怖さ

山田 純三郎〔1876～1960〕 やまだ・じゅんざぶろう
◇孫文を助けた山田良政兄弟を巡る旅　岡井禮子著　彩流社　2016.8　131p　21cm　〈文献あり　年表あり〉　1800円　Ⓘ978-4-7791-2248-4　Ⓝ289.1
　内容　1 恵州（孫文―「病を治す」から「国を治す」へ　恵州蜂起前夜　ほか）　2 ゆかりの地（神戸―孫文記念館　横浜―総持寺　ほか）　3 故郷弘前（山田浜・純三郎の母校、東奥義塾高校　山田家の菩提寺、貞昌寺　ほか）　4 山田兄弟（山田良政の生い立ち　山田良政の妻、とし　ほか）　5 山田良政を悼む（孫文　宮崎滔天　ほか）

山田 正平〔1899～1962〕 やまだ・しょうへい
◇日本篆刻家の研究―山田寒山・正平を中心として　神野雄二著　熊本　熊日出版（発売）　2017.3　334p　図版8p　27cm　〈年譜あり　文献あり　著作目録あり〉　7000円　Ⓘ978-4-908313-20-2　Ⓝ739
　＊山田寒山・正平父子を中心に、日本の篆刻家について著者の四十年に亘る研究成果をまとめた労作。篆刻に関する資料文献の博捜、関係者へのインタビュー等を通して、さまざまな領域から印人たちの本質にせまる。今後この分野の研究に欠かせない一書。

山田 伸吉〔1903～1981〕　やまだ・しんきち
◇山田伸吉の生涯と画業　山田伸吉画，長谷洋一，櫻木潤編　吹田　関西大学大阪都市遺産研究センター　2015.3　91p　26cm　〈大阪都市遺産研究叢書 別集 9〉〔文部科学省私立大学戦略的研究基盤形成支援事業（平成22年度～26年度）大阪都市遺産の史的検証と継承・発展・発信を目指す総合的研究拠点の形成　年譜あり〕　Ⓝ727.021

山田 宗偏（1代）〔1627～1708〕　やまだ・そうへん
◇山田宗偏―「侘び数寄」の利休流　矢部良明著　京都　宮帯出版社　2014.6　326,10p　20cm　〈茶人叢書〉〈年譜あり　索引あり〉　3200円　Ⓘ978-4-86366-933-8　Ⓝ791.2
内容　序章 少年周斎を取り巻く文化環境　第一章 青年茶の湯者，仁科周覚　第二章 千宗旦の教え　第三章 茶の湯師範として小笠原家に仕官する宗偏　第四章 宗偏の著作から宗偏の茶の湯を考察する　第五章 宗偏が指導する湯点前　第六章 天目を用いた濃茶点前　第七章 宗偏が説く会席と薄茶の点前　第八章 宗偏の門弟たち　第九章 宗偏が制作した茶道具と文物

山田 多賀市〔1908～1990〕　やまだ・たかいち
◇安曇野を去った男―ある農民文学者の人生　三島利徳著　人文書館　2016.9　318p　20cm　〈文献あり　著作目録り　年譜あり〉　3000円　Ⓘ978-4-903174-35-8　Ⓝ910.268
内容　第1部 山田多賀市への旅―農民解放と文学（序言葉たちに誘われ　ふるさと安曇野　ほか）　第2部 山田多賀市の新境地―経済成長と農民文学（事業の成功と挫折　親友で好敵手の熊王徳平と共に　ほか）　第3部 信念の筆を最期まで―老いと文学（『老人日記』　愛弟子・備仲臣道　ほか）　第4部 山田文学・農民文学を見つめる（文芸評論家・南雲道雄　村上林造教授の研究　ほか）　付論 農民文学への熱い思い（現代的展開）

山田 忠雄〔1916～1996〕　やまだ・ただお
◇辞書になった男―ケンボー先生と山田先生　佐々木健一著　文藝春秋　2016.8　375p　16cm　（文春文庫 さ69-1）〈文献あり　年譜あり〉　800円　Ⓘ978-4-16-790685-6　Ⓝ813.1
内容　はじめに　「光」と「影」　序幕『三国』と『新明解』第1幕　「天才」と「助手」　第2幕　「水」と「油」　第3幕　「かがみ」と「文明批評」　終幕「人」と「人」　おわりに　こ・と・ば

山田 利治〔1936～〕　やまだ・としはる
◇がむしゃら人生―戦争のない平和な社会を願って　山田利治著　〔東近江〕　〔山田利治〕　2014.8　260p　22cm　〈年譜あり〉　Ⓝ289.1

山田 敏之〔1962～〕　やまだ・としゆき
◇脱サラ就農、九条ねぎで年商10億円―京都発新・農業経営のカタチ　山田敏之著　京都　PHP研究所　2016.7　223p　19cm　〈年譜あり〉　1500円　Ⓘ978-4-569-83390-3　Ⓝ611.7
内容　1章 営業マンが「ねぎや」に転身　2章 苦難と試練を超えて　3章 「こと京都」らしさとは　4章 京都から伝統と味をお届けします　5章 日本の農業の健全な発展のために　6章 食と農の未来をになう　7章 さらなる飛躍を

山田 登世子〔1946～2016〕　やまだ・とよこ
◇月の別れ―回想の山田登世子　山田鋭夫編　藤原書店　2017.8　221p　22cm　〈著作目録あり　年譜あり〉　2600円　Ⓘ978-4-86578-135-9　Ⓝ289.1
内容　1 回想の山田登世子（チャーミングで、かっこいい女性（青柳いづみこ）　アナーキーな昼餐（阿部日奈子）　ちいさな思い出（池内紀）　涼やかな艶やかさ―山田登世子さんを偲ぶ（石井洋二郎）　"山田さんありがとう"（石居雅子）　ほか）　2 山田登世子の仕事―書評から（『華やぐ男たちのために―性とモードの世紀末』『メディア都市パリ』　『娼婦―誘惑のディスクール』　『モードの帝国』　『声の銀河系―メディア・女・エロティシズム』　ほか）　資料篇

山田 寅次郎〔1866～1957〕　やまだ・とらじろう
◇山田寅次郎宗有―民間外交官・実業家・茶道家元　山田寅次郎生誕150年記念論文集　山田寅次郎研究会編　京都　宮帯出版社　2016.10　318p　19cm　（宮帯茶人ブックレット）〈年譜あり〉　2500円　Ⓘ978-4-8016-0074-4　Ⓝ791.2
内容　第1部 山田寅次郎の生涯と事業（海を渡った祖父・山田宗偏　山田宗有家の軌跡―日本・トルコ関係史の一側面　山田寅次郎とトルコ・タバコ　茶道宗偏流山田宗有）　第2部 山田寅次郎と幸田露伴・伊東忠太・大谷光瑞（山田寅次郎と幸田露伴―若き日の交遊　伊東忠太のオスマン帝国旅行と山田寅次郎　山田寅次郎と大谷光瑞―日本とトルコの初期関係史における両者の役割）

◇明治の男子は、星の数ほど夢を見た。―オスマン帝国皇帝のアートディレクター山田寅次郎　和多利月子編著　産学社　2017.10　324p　19cm　〈文献あり　年譜あり〉　2800円　Ⓘ978-4-7825-3465-6　Ⓝ791.2
内容　山田寅次郎ヒストリー&キーワード　山田寅次郎の家系図―武家、茶家、商家の系譜　1 義心 1866～1890　2 トルコ愛 1890～1905　3 四方の夢 1905～1957　あとがきにかえて―思いがけないトルコ再訪

山田 昇〔1950～1989〕　やまだ・のぼる
◇未完の巡礼―冒険者たちへのオマージュ　神長幹雄著　山と溪谷社　2018.3　301p　20cm　〈文献あり〉　1700円　Ⓘ978-4-635-17822-8　Ⓝ281
内容　植村直己―時代を超えた冒険家　長谷川恒男―見果てぬ夢　星野道夫―生命へのまなざし　山田昇―十四座の壁　河野兵市―リーチングホーム　小西政継―優しさの代償

山田 八郎〔1948～2014〕　やまだ・はちろう
◇山田八郎―無限大の環　宮古島　垣花恵子　2016.10　231p 図版〔11〕枚　19×26cm　Ⓝ289.1

山田 初實〔1930～〕　やまだ・はつみ
◇富士の見える町で―山田初實自叙伝　山田初實

著　松戸　東京創作出版　2017.12　177p　20cm　非売品　Ⓝ289.1

山田　花子〔1967～1992〕やまだ・はなこ
◇自殺直前日記改　山田花子著, 赤田祐一責任編集　鉄人社　2018.11　429p　15cm　（鉄人文庫）〈2014年刊の加筆、修正、再編集　年譜あり〉　850円　Ⓘ978-4-86537-146-8　Ⓝ726.101
内容　復元版について（編者）　写真で振り返る山田花子　まえがき　入院中の由美（山田花子）のこと（文・高市俊祐（父））　精神病棟にて　私が考えたこと＆身近にいた人々との会話　私の一番長かった日（文・高市裕子（母））　世界は嘘つき―まず「常識」を疑え！　仕事できないのに、プライド高いから苛められる（アルバイト日記）　恋愛講座・男女物語（最初の恋人Uのこと）　私にとって家族とは何か？　作家と編集者　私がメジャー誌で仕事できない訳〔ほか〕

山田　英雄〔1932～〕やまだ・ひでお
◇山田英雄元警察庁長官回顧録―オーラルヒストリー　山田英雄述　警察政策学会管理運用部会特別調査研究プロジェクト　2014.11　143p　30cm　（警察政策学会資料　第78号）〈年表あり〉　Ⓝ317.7

山田　弘子〔1934～2010〕やまだ・ひろこ
◇大阪の俳人たち　7　大阪俳句史研究会編　大阪　和泉書院　2017.6　256p　20cm　（上方文庫　41―大阪俳句史研究会叢書）　2600円　Ⓘ978-4-7576-0839-9　Ⓝ911.36
内容　高浜虚子（明治7年2月22日～昭和34年4月8日）　川西和露（明治8年4月20日～昭和20年4月1日）　浅井啼魚（明治8年10月4日～昭和12年8月19日）　尾崎放哉（明治18年1月20日～大正15年4月7日）　橋本多佳子（明治32年1月15日～昭和38年5月29日）　小寺正三（大正3年1月16日～平成7年2月12日）　林信子（大正3年11月1日～平成16年12月16日）　森澄雄（大正8年2月28日～平成22年8月18日）　山田弘子（昭和9年8月24日～平成22年2月7日）　摂津幸彦（昭和22年1月28日～平成8年10月13日）

山田　博〔1933～〕やまだ・ひろし
◇こころで握る―鮨處寛八半生記　山田博著　メタ・ブレーン　2014.8　159p　21cm　〈文献あり　年譜あり〉　1500円　Ⓘ978-4-905239-27-7　Ⓝ289.1

山田　宏巳〔1953～〕やまだ・ひろみ
◇天国と地獄のレシピ―イタリアンの王様山田宏巳　山田宏巳著　商業界　2015.6　227p　19cm　1400円　Ⓘ978-4-7855-0491-5　Ⓝ289.1
内容　1　願えば叶う　2　神様はボクを罰した　3　二度目の地獄　4　恩人の蜘蛛の糸　5　真似して満足するな　6　料理で世界と戦う

山田　風太郎〔1922～2001〕やまだ・ふうたろう
◇戦中派復興日記　山田風太郎著　小学館　2014.8　457p　15cm　（小学館文庫　や4-9）　730円　Ⓘ978-4-09-406071-3　Ⓝ915.6
＊昭和二十六・二十七年。毎日のように訪れる編集者の、圧倒的な量の仕事、頻繁に町へも飛び出して謳歌した二十代最後の二年間を、作家・山田風太郎がありのままに記す。終戦から六年―。作家の透徹した目に映る日本の姿と、生身の日常や考察をしたためた、山田風太郎戦後日記シリーズ第四弾。
◇昭和前期の青春　山田風太郎著　筑摩書房　2016.1　301p　15cm　（ちくま文庫　や22-35）〈年譜あり〉　880円　Ⓘ978-4-480-43331-2　Ⓝ914.6
内容　1　私はこうして生まれた（中学生と映画　雨の国　故里と酒 ほか）　2　太平洋戦争傍観（太平洋戦争、気ままな"軍談"　愚行の追試　気の遠くなる日本人の一流意識 ほか）　3　ドキュメント（ドキュメント・一九四五年五月　山田風太郎略年譜）
◇わが推理小説零年　山田風太郎著　筑摩書房　2016.5　356p　15cm　（ちくま文庫　や22-36）　950円　Ⓘ978-4-480-43356-5　Ⓝ914.6
内容　1　探偵小説の神よ（わが推理小説零年―昭和二十二年の日記から　小さな予定 ほか）　2　自作の周辺（奇小説に関する駄弁　離れ切支丹 ほか）　3　探偵作家の横顔（日輪没するなかれ　御健在を祈る ほか）　4　風眼帖（風眼帖）

山田　方谷〔1805～1877〕やまだ・ほうこく
◇山田方谷の教育活動と其精神の研究　田中完著　復刻版　岡山　田中完著書復刻刊行会　2014.8　151p　22cm　〈複製　発売：大学教育出版（岡山）〉　2000円　Ⓘ978-4-86429-308-2　Ⓝ121.55
内容　第1章　山田方谷活動の時代的背景　第2章　山田方谷活動の教育關係年譜　第3章　山田方谷人物の概見　第4章　山田方谷の教育活動　第5章　山田方谷の教育精神　第6章　結論
◇諸国賢人列伝―地域に人と歴史あり　童門冬二著　ぎょうせい　2014.12　253p　19cm　1800円　Ⓘ978-4-324-09918-6　Ⓝ281.04
内容　浜口梧陵―稲むらの火/地域から日本を考えた・広村（和歌山県）　山田方谷―被治者の立場を貫いた巨人・備中松山（岡山県）　安藤野雁―万葉の心を信条に・桑折（福島県）　大原幽学―房総は学者の充電所　下総（千葉県）　小宮山楓軒―立ち枯れの村を復興・水戸（茨城県）　小島蕉園―減税と産業振興・甲府（山梨県）　三浦梅園―日本初の自然哲学者・杵築（大分県）　新井白石―不遇に生きる・江戸（東京都）　前田綱紀―文化行政の創出・加賀（石川県）　河合曾良―旅に生きる・諏訪（長野県）　北島雪山―追放されて自由に生きた・肥後（熊本県）　羽地朝秀―薩を背に第三の道を歩む・琉球（沖縄県）　松平信綱―名君・賢君を輩出・川越（埼玉県）　徳川義直―あゆち思想の実現・尾張（愛知県）　多久一族―「らしさ」を失わず・肥前（佐賀県）　古田織部―壊して創る・美濃（岐阜県）　北条幻庵―「勇」の底に「優」の心・小田原（神奈川県）　鴨長明―走り回る一滴の水・京都（京都府）
◇山田方谷物語―現場で語る幕末財政改革の巨人　鎌倉国年著, KFF出版編　（東大阪）　デザインエッグ　2015.8　228p　19cm　〈年譜あり〉　Ⓘ978-4-86543-416-3　Ⓝ121.55
◇山田方谷の陽明学と教育実践　倉田和四生著　岡山　大学教育出版　2015.12　207p　21cm　2200円　Ⓘ978-4-86429-352-5　Ⓝ121.55
◇鉄気籠山―山田方谷「改革」の地を歩く　鎌倉国年著　岡山　吉備人出版　2016.12　381p

22cm 〈文献あり〉 2300円 ⓘ978-4-86069-491-3 Ⓝ121.55

内容 方谷略伝―知られざる大改革者 西方・新見―幼少の時代 藩校有終館―私生活の陰影 牛麓舎―牛麓ボーイズ 高梁川―殖産興業 成羽川―産業振興の5番打者 吹屋―産業振興の4番打者 桔梗ヶ原―武の備え 近似―藩札マジック 備中松山城―天空の城 玉島港―繁栄の藩港 龍場―方谷思想のルーツ 水車―弟子たちの青春群像 頼久寺―主君との蜜月と対立・離反 尾根小屋―幕末史の主役と脇役 長瀬―隠棲の谷 閑谷学校―陽明学への熱情 小阪部―最後の地 改革の総括―方谷改革の何が独創的か

◇運命をひらく山田方谷の言葉50 方谷さんに学ぶ会著 致知出版社 2017.6 205p 18cm (活学新書)〈文献あり〉 1200円 ⓘ978-4-8009-1149-0 Ⓝ121.55

内容 第1部 山田方谷の生涯(山田家の祖先と方谷の誕生 師の丸川松隠と両親との死別 ほか) 第2部 方谷さんの言葉に学ぶ(小にして学べば壮にして為すあり(志を持ち夢を貫け―「坊や 学問をして何をするのかい」「治国平天下」 子育ての要は優しさと厳しさの匙加減―家書を得たり、一封の書信、阿孃の恩字り 壮にして学べば老いて衰えず(「知る」と「できる」は雲泥の差―良知の説は簡潔で高尚です。 格物の実践は切実です まごころは古今東西、万人に通ず―かわらぬものは人のまごころ ほか) 老いて学べば死して朽ちず(正念場には覚悟の人たれ、一大逆無道の四文字、これを除く能はずば吾れ刃に伏せんのみ 「私」より「公」を念じよ―名利を思う私念より愛すれば、功業も私事に過ぎず ほか))

◇藩の借金200億円を返済し、200億円貯金した男、山田方谷 皆木和義著 柏書房 2017.8 234p 19cm 〈文献あり 索引あり〉 1700円 ⓘ978-4-7601-4841-7 Ⓝ121.55

内容 第1部 山田方谷の生き方と考え方(総論―山田方谷とは 各論―学道一貫) 第2部 士民撫育と至誠惻怛の藩政改革(上下節約 負債整理 藩札刷新 産業振興 民政刷新)

◇義の人西郷隆盛 誠の人山田方谷 みのごさく著 幻冬舎メディアコンサルティング 2017.12 211p 19cm (発売:幻冬舎) 1200円 ⓘ978-4-344-91494-0 Ⓝ289.1

内容 西郷どんと言志四録 島流し 維新の戦いの勝因 孝明天皇と明治天皇 蕃財と美姿 征韓論の実態 西南の役の原因 熊本城の戦い 菊池川の戦い 田原坂の戦い 可愛岳の逃走 西郷軍の敗因は何か 西南の役その後 西郷どんの人物評価と西郷評 南洲手抄言志四録一〇一か条 南洲翁遺訓

◇江戸のCFO―藩政改革に学ぶ経営再建のマネジメント 大矢野栄次著 日本実業出版社 2017.12 222p 19cm 〈文献あり〉 1400円 ⓘ978-4-534-05540-8 Ⓝ332.105

内容 序章 なぜ、江戸時代の武士社会は「改革」を必要としたのか 第1章 恩田木工・松代藩真田家―インセンティブの導入で収入増を実現した「前代未聞の賢人」 第2章 上杉鷹山・米沢藩上杉家―産業振興策で「輸出立国」をめざした江戸時代随一の敏腕経営者 第3章 山田方谷・備中松山藩板倉家―地元産品のブランド化と藩札の信用回復で借金一〇万両を完済したCFO 第4章 村田清風・長州藩毛利家―特産品の高付加価値化と商社事業で倒幕資金の捻出に成功 第5章 調所広郷・薩摩藩島津家―偽金づくり、搾取、密貿易…汚れ役に徹して巨額の負債と心中した男

山田 正行〔1945～〕 やまだ・まさゆき
◇劣等感で超えろ 山田正行著 名古屋 中部経済新聞社 2017.6 198p 18cm (中経マイウェイ新書 35) 800円 ⓘ978-4-88520-210-0 Ⓝ289.1

＊本書は2016年11月から48回にわたって中部経済新聞の最終面に掲載された「マイウェイ」を再構成したもの。商売の面白さに目覚めた筆者は在学中に起業します。劣等感をバネにしてつかんだ営業の本質をメッセージや裸の付き合いを通して従業員に伝えて奮起を促します。営業マンの心の琴線に触れる熱い想いが満載です。

山田 良政〔1868～1900〕 やまだ・よしまさ
◇孫文を助けた山田良政兄弟を巡る旅 岡井禮子著 彩流社 2016.8 131p 21cm 〈文献あり 年表あり〉 1800円 ⓘ978-4-7791-2248-4 Ⓝ289.1

内容 1 恵州(孫文―「病を治す」から「国を治す」へ 恵州蜂起前夜 ほか) 2 ゆかりの地(神戸―孫文記念館 横浜―総持寺 ほか) 3 故郷弘前(山田良政・純三郎の母校、東奥義塾高校 山田家の菩提寺、貞昌寺 ほか) 4 山田兄弟(山田良政の生い立ち 山田良政の妻、とし ほか) 5 山田良政を悼む(孫文 宮崎滔天 ほか)

山田 良市〔1923～2013〕 やまだ・りょういち
◇ゼロファイター列伝―零戦搭乗員たちの戦中、戦後 神立尚紀著 講談社 2015.7 341p 19cm 〈年表あり〉 1500円 ⓘ978-4-06-219634-5 Ⓝ392.8

内容 第1章 三上一禧―「零戦初空戦」で撃墜した宿敵との奇跡の再会 第2章 羽切松雄―被弾して重傷を負ってなお復帰して戦い続けた不屈の名パイロット 第3章 原田要―幼児教育に後半生を捧げるゼロファイター 第4章 日高盛康―「独断専行」と指揮官の苦衷 第5章 小町定―真珠湾から海軍最後の空戦まで、大戦全期間を戦い抜く 第6章 志賀淑雄―半世紀の沈黙を破って 第7章 山田良市―ジェット時代にも飛び続けたトップガン

◇証言 零戦生存率二割の戦場を生き抜いた男たち 神立尚紀著 講談社 2016.11 527p 15cm (講談社＋α文庫 G296-1)〈「ゼロファイター列伝」(2015年刊)の改題、加筆・修正 年表あり〉 860円 ⓘ978-4-06-281705-9 Ⓝ392.8

内容 第1章 三上一禧―「零戦初空戦」で撃墜した宿敵との奇跡の再会 第2章 田中國義―「日本海軍一」と言われた、叩き上げ搭乗員のプライド 第3章 原田要―幼児教育に後半生を捧げたゼロファイター 第4章 日高盛康―「独断専行」と指揮官の苦衷 第5章 小町定―真珠湾から海軍最後の空戦まで、大戦全期間を戦い抜く 第6章 志賀淑雄―半世紀の沈黙を破って 第7章 吉田勝義―豪州本土上空でスピットファイアを圧倒 第8章 山田良市―ジェット時代にも飛び続けたトップガン

山田 倫太郎〔2001～〕 やまだ・りんたろう
◇命の尊さについてぼくが思うこと 山田倫太郎

著　KADOKAWA　2016.7　191p　19cm　1400円　①978-4-04-400097-4　Ⓝ289.1
内容　9・29倫太郎誕生　退院までの道のりと3回目の手術　3歳の頃のぼくと保育園　保育園の思い出　私もあなたも皆すばらしい子　悟って敬語の2年生　兄になった3年生　久々入院4年生　波瀾万丈5年生　イベントいっぱい6年生　有名になりはじめた中学1年　テレビ出演をした中学2年　命の尊さについてぼくが思うこと

山田 わか〔1879〜1957〕　やまだ・わか
◇近代日本を創った7人の女性　長尾剛著　PHP研究所　2016.11　314p　15cm　（PHP文庫 な34-15）〈文献あり〉　640円　①978-4-569-76639-3　Ⓝ281.04
内容　序章として—二人の、ある女性の話　津田梅子—近代女子教育の先駆者　羽仁もと子—日本初の女性ジャーナリスト　福田英子—自由を求めた東洋のジャンヌ・ダルク　下田歌子—明治国家に愛された女子教育者　吉岡彌生—女性医師の道を切り開いた教育者　岡本かの子—剥き出しの愛を文学にたたきつけた作家　山田わか—数奇な半生を経て母性の力を訴えた思想家

◇山田わか　生と愛の条件—ケアと暴力・産み育て・国家　望月雅和編著，大友りお，櫻坂葉子，森脇健介，弓削尚子著　能智正博監修解説　現代書館　2018.2　284p　20cm　〈年譜あり　索引あり〉　2300円　①978-4-7684-5822-8　Ⓝ289.1
内容　序文　愛の飛翔と切断—人間と教育を学ぶためにイライザ・ドゥーリトルの憂鬱　子供の商品化と越境—出会いの地アメリカ　対人援助と人道主義—山田わかにおける法と思想の原理　山田わかの反女権論とファシズムの時代—盟邦ドイツ・イタリアへの特派　愛とケアについて—体験による学びと実践のレッスン　解説　個人の人生の物語から何が読みとれるか

山高 登〔1926〜〕　やまたか・のぼる
◇東京の編集者—山高登さんに話を聞く　山高登著　武蔵野　夏葉社　2017.4　136p　20cm　2300円　①978-4-904816-24-0　Ⓝ732.1
＊新潮社の元文芸編集者で、木版画家でもある山高登。二つの人生を歩んだ氏が、その半生を語る。

山田ルイ53世〔1975〜〕　やまだるいごじゅうさんせい
◇ヒキコモリ漂流記　山田ルイ53世著　マガジンハウス　2015.8　260p　19cm　1300円　①978-4-8387-2774-2　Ⓝ779.14
内容　序章　引きこもりの朝　第1章　神童の季節　第2章　地獄の通学路　第3章　引きこもり時代　第4章　大学での日々　第5章　下積みからの脱却　第6章　引きこもり、親になる

◇一発屋芸人列伝　山田ルイ53世著　新潮社　2018.5　236p　20cm　1300円　①978-4-10-351921-8　Ⓝ779.14
内容　レイザーラモンHG—一発屋を変えた男　コウメ太夫—"出来ない"から面白い　テツandトモ—この違和感なんだろう　ジョイマン—「ここにいるよ」　ムーディ勝山と天津・木村—バスジャック事件　波田陽区—一発屋故郷へ帰る　ハローケイスケ—不遇

の"0・5"発屋　とにかく明るい安村—裸の再スタート　キンタロー。—女一発屋　髭男爵—落ちこぼれのルネッサンス

◇ヒキコモリ漂流記　山田ルイ53世著　完全版　KADOKAWA　2018.8　262p　15cm　（角川文庫 や65-1）〈初版：マガジンハウス　2015年刊〉　680円　①978-4-04-106237-1　Ⓝ779.14
内容　序章　引きこもりの朝　第1章　神童の季節　第2章　地獄の通学路　第3章　引きこもり時代　第4章　大学での日々　第5章　下積みからの脱却　第6章　引きこもり、親になる

山近 峰子〔1953〜〕　やまちか・みねこ
◇終わっとらんばい！ミナマター看護師・山近峰子が見つめた水俣病　矢吹紀人著　合同出版　2016.6　174p　19cm　1500円　①978-4-7726-1287-6　Ⓝ519.2194
内容　プロローグ　「キビヨ」の地に生まれて　第1章　医療人として水俣病に向かう（本物の医療に出会って　「やっぱり金がほしかとね」—親の認定申請に揺れる心　社会に開かれゆく日—本当の責任は誰にか　ほか）　第2章　「国家的犯罪」への迷走（父逝く　「大量棄却」政策への反撃　明らかになる「国家的犯罪」　ほか）　第3章　雲上の地にも患者はいる（被害の広がりはどこまで　救済されるべきは誰なのか　「水俣病に係る懇談会」は何だったか　ほか）

山手 茂〔1932〜〕　やまて・しげる
◇別姓夫婦の仕事と生活　山手茂,青山三千子著　亜紀書房　2018.11　290p　21cm　2400円　①978-4-7505-1566-3　Ⓝ289.1
内容　私たちが協力して生きた五〇年　第1部　山手茂の生活史—実践と研究・教育（回顧と追悼とエッセイ）　第2部　青山三千子の生活史—振り返る私の人生（回顧と近況　追悼文　論文とエッセイ）　おわりに—夫婦別姓について

大和 和紀〔1948〜〕　やまと・わき
◇「はいからさんが通る」と大和和紀ワールド　外舘惠子編　宝島社　2018.7　159p　21cm　〈文献あり　作品目録あり　年譜あり〉　1300円　①978-4-8002-7620-9　Ⓝ726.101
内容　第1章　LOVE！「はいからさんが通る」（「はいからさんが通る」よ、もう一度！　「はいからさんが通る」ハイライト　イケメン図鑑　ほか）　第2章　大和和紀's WORLD（WAKI YAMATOクロニクル1966‐2017　大和和紀ロングインタビュー）　コミック未収録！幻のマンガ復刻！「N.Y.小町」×「はいからさんが通る」奇跡のコラボ「初夢!?はいから小町」　第3章　大和和紀データベース（大和和紀略年譜　大和和紀マンガ＆エッセイ単行本一覧　大和和紀作品リスト）

山名 宗全　やまな・そうぜん
⇒山名持豊（やまな・もちとよ）を見よ

山名 持豊〔1404〜1473〕　やまな・もちとよ
◇山名宗全—金吾は鞍馬毘沙門の化身なり　山本隆志著　京都　ミネルヴァ書房　2015.4　349,9p　20cm　（ミネルヴァ日本評伝選）〈文献あり　年譜あり　索引あり〉　3500円　①978-4-623-07358-0　Ⓝ289.1

内容　第1章 関東から山陰・京都へ（山名氏の成立　鎌倉の山名氏　山陰から京都へ　持豊と家族）　第2章 京都の大名山名時熙（山名時熙の政権参加　侍所別当の山名満祐　足利義嗣の出奔と山名時熙　山名満時の死去と時熙の大病）　第3章 山名時熙の政治力（赤松満祐の叛逆　但馬の領国支配　幕政を動かす時熙　永享の門人騒動と山名軍　遣明船と山名時熙）　第4章 時熙から持豊へ（持豊の幕政登場　持豊の山鳴け権力掌握）　第5章 持豊の武的名声（将軍義教と諸大名　嘉吉の乱　持豊の播磨軍政　猛く勇める赤入道　武勇人風聞）　第6章 宗全の権勢（被官・内者　山名一族と家中成敗　領国と荘園・所領　山名氏と瀬戸内海上勢力）　第7章 幕府政治と権力闘争（宗全退治綸旨の風聞　山名宗全の但馬隠居と復活　河内嶽山合戦と山名是豊）　第8章 雑踏の都市京都（都市京都の人口増加　洛中・洛外　京都の幕政と有力大名　山名一族と京都寺院　山名家の催し物　市中での勧進猿楽）　第9章 寛正の京都一飢饉・土一揆・幕府芸能（戦乱と京都情勢　寛正二年の大飢饉　寛正の土一揆　幕府晴事の猿楽興行）　第10章 宗全の権力主導（宗全と勝元、伊勢貞親を失脚させる　幕政を主導する宗全　宗全、幕府権力をつかむ）　第11章 応仁の争乱（将軍義政の畠山義就討伐命令　戦乱の長期化と足軽軍跳梁　西幕府と東国　山名一細川の和議）

山中　鑛〔1922〜1999〕　やまなか・かん
◇山中鑛の商人道語録　飛田健彦著　国書刊行会　2016.12　405p　19cm　〈文献あり　年譜あり〉　2200円　Ⓟ978-4-336-06105-8　Ⓝ289.1
　内容　第1部 ある百貨店人の思い出（山中さんの思い出と山中さんに教えていただいたこと　業界の仕事師と呼ばれた男が歩いた道筋を追って）　第2部 山中鑛の商人道語録集（「今月のことば」集　すべては、人間が人間らしく考えることから始まる　進みつつある人みる人を教える権利あり　万事を得んと欲するならば一事に専心せよ　マーチャンダイジングの開発期に　女性の力が求められている　常に先頭を走れ　創業百二十年を迎えて　便利・信用・文化を大切に　わが恩師から教えられた—商いの心、商いの基本）

山中　樵〔1882〜1947〕　やまなか・きこり
◇台湾総督府図書館長・山中樵—事跡と回顧録　春山明哲編・解題　金沢　金沢文圃閣　2018.5　312p　19cm　（文圃文献類従 37）〈複製を含む　年譜あり〉　16800円　Ⓟ978-4-907236-94-6　Ⓝ289.1
　内容　木山人山中樵の追想／山中正編著（山中浩 1979年刊）　一巻の書　『台湾総督府図書館長・山中樵—事跡と回顧録』解題／春山明哲著

山中　鹿助　やまなか・しかのすけ
⇒山中幸盛（やまなか・ゆきもり）を見よ

山中　伸弥〔1962〜〕　やまなか・しんや
◇賢く生きるより辛抱強いバカになれ　稲盛和夫、山中伸弥著　朝日新聞出版　2014.10　236p　20cm　1300円　Ⓟ978-4-02-331320-0　Ⓝ289.1
◇山中伸弥先生に、人生とiPS細胞について聞いてみた　山中伸弥著、緑慎也聞き手　講談社　2016.5　194p　15cm　（講談社＋α文庫 I40-1）〈2012年刊の加筆・修正〉　580円　Ⓟ978-4-06-281641-0　Ⓝ491.11
　内容　第1部「iPS細胞ができるまで」と「iPS細胞にできること」（走り方が変わった　医師を志す　勝敗より大切なこと　神戸大学医学部へ　ジャマナカほか）　第2部 インタビュー（飛ぶためにかがむ　トップジャーナルのハードル　紙一重でできたiPS細胞初期化の有無を調べる　「しおり」と「黒いシール」ほか）
◇山中伸弥先生に、修業時代とiPS細胞について聞いてみた—ふりがな付　山中伸弥著、緑慎也聞き手　講談社　2017.7　190p　18cm　（講談社＋α新書 770-1B）〈2012年刊の再刊〉　800円　Ⓟ978-4-06-220767-6　Ⓝ491.11
　内容　第1部「iPS細胞ができるまで」と「iPS細胞にできること」（走り方が変わった　医師を志す　勝敗より大切なこと　神戸大学医学部へ　ジャマナカほか）　第2部 インタビュー（飛ぶためにかがむ　トップジャーナルのハードル　紙一重でできたiPS細胞初期化の有無を調べる　「しおり」と「黒いシール」ほか）
◇走り続ける力　山中伸弥著　毎日新聞出版　2018.7　206p　19cm　1300円　Ⓟ978-4-620-32497-5　Ⓝ491.11
　内容　第1部 走り続けて（走り続けて1—臨床応用というゴール　走り続けて2—私のビジョン　江崎玲於奈氏と語る、日本の科学技術の未来　井山裕太九段と語る、国際的に活躍するヒント）　第2部 人間・山中伸弥（素顔の山中伸弥　Be open minded—世界的バイオリニスト、レイ・チェン氏との友情　なぜ走り続けるのか　iPS細胞と再生医療研究の現状）

山中　登美子〔1942〜〕　やまなか・とみこ
◇モダンガールの娘—老嬢のひとりごと仕事、男、病気、母との葛藤、面白かった人生　山中登美子著　星の環会　2015.1　223p　21cm　1300円　Ⓟ978-4-89294-542-7　Ⓝ289.1
　内容　両親と父方の祖父母　田舎の家での生活　東京で迎えた思春期・青年期　就職してひとり暮らし　母の死、そしてフリーに　中年期以後の病気と、新しく開けた世界

山中　直人〔1957〜〕　やまなか・なおと
◇甲子園に挑んだ監督たち　八木澤高明著　辰巳出版　2018.7　255p　19cm　1600円　Ⓟ978-4-7778-2118-1　Ⓝ783.7
　内容　古屋文雄　神奈川・横浜商業高校元監督—マリンブルーに袖を通す者の矜持　小池啓之　北海道・旭川南高校前監督—魂と魂のぶつかり合いが甲子園へ導いた　大井道夫　新潟・日本文理高校総監督—迷わずに打て、大井野球はこうして生まれた　嶋崎久美　秋田・金足農業高校元監督—雪よ降れ、雪国が生んだ嶋崎野球　山本泰　大阪・PL学園高校元監督—PLで勝ち、PLに敗れた名将　宮崎裕也　滋賀・北大津高校前監督—弱者が強者に勝つために　久保克之　鹿児島・鹿児島実業高校名誉監督—老将が今も心に刻み続けること　山中直人　高知・伊野商業高校元監督／岡豊高校現監督—甲子園に勝る指導者なし

山中　正竹〔1947〜〕　やまなか・まさたけ
◇プロ野球を選ばなかった怪物たち　元永知宏著　イースト・プレス　2018.11　238p　19cm　〈文献あり〉　1500円　Ⓟ978-4-7816-1723-7

Ⓝ783.7

内容 第1章 山根佑太―東京六大学のスラッガーはなぜ野球をやめたのか　第2章 杉浦正則―世界の頂点を目指した"ミスター・オリンピック"　第3章 鍛治舎巧―パナソニック人事部長から高校野球の名監督に　第4章 志村亮―ビジネスマンを選んだ伝説の左腕　第5章 應武篤良―"プロ"へと育てる"アマチュア"球界の名将　第6章 山中正竹―"小さな大投手"は球界の第一人者へ　番外 遠藤良平―プロに挑戦した東大のエース

山中 幸盛〔1545～1578〕　やまなか・ゆきもり
◇山中鹿介―願わくは、我に七難八苦を与え給え　そのひたむきな生きざま　藤岡大拙著　松江　ハーベスト出版　2017.8　204p　19cm　〈文献あり　年譜あり〉　1500円　Ⓘ978-4-86456-249-2　Ⓝ289.1

内容 第1章 戦国大名尼子氏のあらまし　第2章 謎多き前半生　第3章 少年期の鹿介　第4章 不撓不屈の後半生　第5章 七難八苦　第6章 上月の夏　第7章 阿井の渡

山梨 勝之進〔1877～1967〕　やまなし・かつのしん
◇山梨勝之進とその時代―統帥権干犯問題を考える　早川甫之著　仙台　早川甫之　2017.5　84p　26cm　〈年譜あり　文献あり〉　非売品　Ⓝ289.1

山並 兼武〔1910～1972〕　やまなみ・かねたけ
◇評伝 天草五十人衆　天草学研究会編　福岡　弦書房　2016.8　317p　22cm　〈文献あり　年表あり　索引あり〉　2400円　Ⓘ978-4-86329-138-6　Ⓝ281.94

内容 ステージ1 五人衆の時代、そして…　ステージ2 天草天草の村々　ステージ3 祈りの島　ステージ4 耕す、漁る　ステージ5 実業の世をひらく　ステージ6 潮路はるかに　ステージ7 文学・歴史・言論　ステージ8 あの頃、この人　ステージ9 島の現実、国の行く末　ステージ10 一筋の道　ステージ特別編 群像二題（天草の石文化と松室五郎五衛門　牛深カツオ漁の男たち）

山西 義政〔1922～〕　やまにし・よしまさ
◇History 暮らしを変えた立役者―戦後流通5人のレジェンド　日経MJ編　日本経済新聞出版社　2017.10　255p　19cm　1600円　Ⓘ978-4-532-32178-9　Ⓝ335.13

内容 第1章 名代富士そば―1杯300円の立ち食いそばで100億円・創業者・丹道夫（30歳過ぎからそば一筋―職を転々、山あり谷あり　差別なき経営、原点は幼少期―父のいじめ、つらい子ども時代　ほか）　第2章 イズミ―銭湯改装し、スーパー事業進出・創業者・山西義政（挫折も糧、走り続けた70年―掘り出しはヤミ市の一角　商いを学んだ少年時代―貝の行商で「お得意さん」　ほか）　第3章 ジャパネットたかた―ラジオでテレビでしゃべり続けた人生・創業者・高田明（「伝わる言葉」選ぶ出発点にーネジ機械の販売、欧州で経験 100人मिलें　「こっち向いて」―実家のカメラ店、観光で活況　ほか）　第4章 すかいらーく―ファミリーレストランを日本に・元社長・横川竟（「ブラック企業」からの出発―倉庫片隅で住み込み生活　築地の乾物問屋に「入学」―商売の神

髄たたき込まれる　ほか）　第5章 伊勢丹―毎日が新しい、ファッションの伊勢丹・元会長・小柴和正（「残業要員」で新宿本店へ―社内は「三越に追いつけ、追い越せ」　歴史に残る大量在庫―新設のカジュアルショップを担当　ほか）

山根 佑太〔1995～〕　やまね・ゆうた
◇プロ野球を選ばなかった怪物たち　元永知宏著　イースト・プレス　2018.11　238p　19cm　〈文献あり〉　1500円　Ⓘ978-4-7816-1723-7　Ⓝ783.7

内容 第1章 山根佑太―東京六大学のスラッガーはなぜ野球をやめたのか　第2章 杉浦正則―世界の頂点を目指した"ミスター・オリンピック"　第3章 鍛治舎巧―パナソニック人事部長から高校野球の名監督に　第4章 志村亮―ビジネスマンを選んだ伝説の左腕　第5章 應武篤良―"プロ"へと育てる"アマチュア"球界の名将　第6章 山中正竹―"小さな大投手"は球界の第一人者へ　番外 遠藤良平―プロに挑戦した東大のエース

山野 愛子ジェーン〔1964～〕　やまの・あいこじぇーん
◇笑顔という、たったひとつのルール　山野愛子ジェーン著　幻冬舎　2015.5　238p　19cm　1400円　Ⓘ978-4-344-02773-2　Ⓝ289.1

内容 第1章 "山野愛子"という運命　第2章 山野家の人々　第3章 二代目の試練　第4章 山野学苑理事長、そして教育者として　第5章 ジェーン流子育て　第6章 大胆かつ繊細なジェーン流生き方　第7章 『美道』とは

山野井 泰史〔1965～〕　やまのい・やすし
◇アルピニズムと死―僕が登り続けてこられた理由　山野井泰史著　山と溪谷社　2014.11　188p　18cm　（ヤマケイ新書 YS001）〈年譜あり〉　760円　Ⓘ978-4-635-51007-3　Ⓝ786.1

内容 第1章 「天国に一番近い男」と呼ばれて　第2章 パートナーが教えてくれたもの　第3章 敗退の連鎖　第4章 2000年以降の記録より　第5章 危機からの脱出　第6章 アンデスを目指して

山上 宗二〔1544～1590〕　やまのうえ・そうじ
◇山上宗二記　山上宗二原著，竹内順一著　京都　淡交社　2018.2　239p　18cm　（現代語でさらりと読む茶の古典）〈索引あり〉　1200円　Ⓘ978-4-473-03787-9　Ⓝ791

内容 山上宗二記とは何か？　山上宗二記 現代語訳（茶の湯の起源　大壺の次第　石 天目台 天目の事　茶碗の事　茶杓 硯　名物の釜の数　名物の水指　ほか）　山上宗二記について

山内一豊室　やまのうち・かずとよしつ
⇒見性院（けんしょういん）を見よ

山内 篤処〔1835～1885〕　やまのうち・とくしょ
◇山内篤処伝　松岡龍雄著　鳥取　鳥取出版企画室　2015.4　342p　22cm　〈年譜あり〉　2800円　Ⓘ978-4-907468-06-4　Ⓝ289.1

山葉 寅楠〔1851～1916〕　やまは・とらくす
◇ヤマハトラクスかく語りき　佐竹玄吾著　浜松　ワイエスディーディー　2016.8　191p　21cm

山吹御前〔平安時代末期〕やまぶきごぜん

◇日本の武将と女たち　田川清著　名古屋　中日出版　2016.11　79p　19cm　1200円　①978-4-908454-08-0　Ⓝ281

内容　1 源義仲と巴御前・葵御前・山吹　2 源義経と静御前　3 後醍醐天皇と妾・阿野廉子　4 北条仲時と妻・北の方　5 戦国武将と女たち（（一）浅井長政・柴田勝家・豊臣秀吉とお市の方　（二）豊臣秀吉と淀君　（三）荒木村重と妾・だし　（四）前田利家と妻・まつ　（五）山内一豊と妻・千代）　6 細川忠興と妻・ガラシャ夫人　7 将軍と大奥の女たち

山辺 健太郎〔1905～1977〕やまべ・けんたろう

◇歴史家山辺健太郎と現代―日本の朝鮮侵略史研究の先駆者　中塚明編著　高文研　2015.12　220p　20cm　〈著作目録あり　年譜あり〉　2200円　①978-4-87498-584-7　Ⓝ289.1

内容　序　いま、なぜ山辺健太郎か　1 歴史家・山辺健太郎の風貌　2 朝鮮史研究への山辺健太郎の問題提起　3 日本ナショナリズムと朝鮮問題　4 第一次史料による歴史の研究を　5 自由人・山辺健太郎　6 いまも生きる山辺健太郎

山辺 悠喜子〔1929～〕やまべ・ゆきこ

◇私は中国人民解放軍の兵士だった―山邉悠喜子の終わりなき旅　小林節子著　明石書店　2015.10　172p　20cm　〈文献あり　著作目録あり〉　2000円　①978-4-7503-4257-3　Ⓝ289.1

内容　第1章　花岡事件と山邉悠喜子（花岡事件とは何か　反古にされた約束）　第2章　旧満州へ（満州の女学校で看護婦資格を取得　敗戦半年前に教師にほか）　第3章　ふたたび中国へ（日本語教師として中国へ　恩師・韓暁さんとの出会い　ほか）　第4章　夫・賢蔵氏の遺志（関東軍航空隊隼部隊から八路軍へ　中国への強い思いを抱えて　ほか）　第5章　戦争責任と日本の司法（731部隊の犠牲者遺族・敬蘭芝さんとの交流　731部隊国家賠償請求訴訟の法廷で　ほか）　第6章　終わりなき旅（二度と日本と中国が戦争しないために　長春に李茂杰さんを訪ねる　ほか）

山宮 藤吉〔1862～1933〕やまみや・とうきち

◇山宮藤吉と神奈川県の政情　上山和雄著　茅ヶ崎　茅ヶ崎市　2017.3　55p　21cm　（茅ヶ崎市史ブックレット　19）　350円　Ⓝ289.1

山村 暮鳥〔1884～1924〕やまむら・ぼちょう

◇我が愛する詩人の伝記　室生犀星著　講談社　2016.8　277p　16cm　（講談社文芸文庫　むA9）〈中公文庫　1974年刊の再刊　年譜あり〉　1400円　①978-4-06-290318-9　Ⓝ914.6

内容　北原白秋　高村光太郎　萩原朔太郎　釈迢空　堀辰雄　立原道造　津村信夫　山村暮鳥　百田宗治　千家元麿　島崎藤村

山室 機恵子〔1874～1916〕やまむろ・きえこ

◇山室機恵子の生涯―花巻が育んだ救世軍の母　宮沢賢治に通底する生き方　安原みどり著　銀の鈴社　2015.9　395p　19cm　（銀鈴叢書）〈文献あり〉　3400円　①978-4-87786-329-6　Ⓝ198.982

内容　新渡戸、機恵子、賢治を育んだ花巻　明治女学校とキリスト教　社会に尽くす道を模索して　軍平、そして救世軍との出会い　救世軍初の結婚式　百年間売れ続けた『平民の福音』命がけの廃娼運動　婦人救済所の運営　冷害地子女救護と愛児の犠牲　女学生寄宿舎、身の上相談　臨月に自宅全焼　「廓清」婦人記者だった機恵子　東奔西走し結核療養所設立　第八子をシュッサンし、帰天　軍平の再婚と内村鑑三　キャサリン・ブースに私淑して　新渡戸稲造の救世軍支援　蝋燭のように生きた悦子　機恵子亡き後の一族　宗教は貧乏な時に純真である　機恵子、賢治に通底する生き方

山室 軍平〔1872～1940〕やまむろ・ぐんぺい

◇新編　同志社の思想家たち　上　沖田行司編著　京都　晃洋書房　2018.5　217p　19cm　〈他言語標題：THINKERS of DOSHISHA〉　2200円　①978-4-7710-3055-8　Ⓝ121.02

内容　第1章　新島襄―「私立」する精神　第2章　山本覚馬―京都の近代化と同志社創設の立役者　第3章　横井時雄―「日本風」のキリスト教の模索　第4章　海老名弾正―「実験」に支えられた「異端」者の生涯　第5章　浮田和民―「半宗教家」「全教育家」として　第6章　元良勇次郎―日本初の心理学者　第7章　原田助―国際主義を唱えた同志社人　第8章　大西祝―短き生涯が遺したもの　第9章　山室軍平―神と平民の為に　第10章　安部磯雄―理想と現実のはざまで

山元 証〔1954～〕やまもと・あかし

◇町工場の宮沢賢治になりたい　山元証著　鹿児島　ラグーナ出版　2017.5　174p　19cm　1200円　①978-4-904380-62-8　Ⓝ289.1

内容　第1部　洗練された心をもつ人々が集う場所（ヨシズミプレス　自然体や親子経営者を支えるしなやかさと強さ―下町の町工場を支える女性　堀江金属研磨工業　諦めない生き方を貫く―生き抜くということの意味　I精工　被災が繋いだ精神的なキズナが独自の経営を支える）　第2部　思い出の欠片を掌のなかで温める（人生の瑕瑾は繰り返す　母の涙　幽霊でもいいから、も一度会いたい人　せじ福さん　アサギマダラ

山本 篤〔1982～〕やまもと・あつし

◇義足のアスリート　山本篤　鈴木祐子著　東洋館出版社　2017.8　270p　19cm　1500円　①978-4-491-03382-2　Ⓝ782.4

内容　17歳の春の出来事　再びスノボをするために思い描いたものは実現する　強靭な精神力の秘密　「走る」ということ　大学教授の大構想　世界が舞台　二度目のパラリンピック　頂点に立てるという確信　世界一になるための戦略　障がいが健常を超える面白さ　山本篤の美学　2016年リオパラリンピック　トウキョウへ向けて動き出す

山本 五十六〔1884～1943〕やまもと・いそろく

◇山本五十六戦後70年の真実　NHK取材班、渡邊裕鴻著　NHK出版　2015.6　237p　18cm　（NHK出版新書　462）〈文献あり　年譜あり〉　780円　①978-4-14-088462-1　Ⓝ289.1

内容　第1部　真珠湾への道　西欧文明との邂逅　海軍の組織的問題　海軍航空にかけた想い）　第2部　遺された手紙（真珠湾攻撃と日米開戦　反攻

に出た大国アメリカ　ブーゲンビルに死す)

◇大東亜戦争を敗戦に導いた七人　渡辺望著　アスペクト　2015.7　231p　18cm　1100円　①978-4-7572-2412-4　Ⓝ210.75

内容　序論　戦争責任とは「敗戦責任」である　第1章　山本五十六―「必敗の精神」が生んだ奇襲攻撃と永続敗戦　第2章　米内光政―海軍善玉論の裏に隠された「無定見」　第3章　瀬島龍三―個人と国家のギリギリの境界線に生きたエージェント　第4章　辻政信―陰謀と謀略の味に溺れた"蒋介石の密使"　第5章　重光葵―超一流の外交官が犯した唯一にして最大の錯誤　第6章　近衛文麿、井上成美―歴史の大舞台に放り出された「評論家」の悲劇

◇山本五十六の真実―連合艦隊司令長官の苦悩　工藤美知尋著　潮書房光人社　2015.12　307p　20cm　〈文献あり　年譜あり〉　2400円　①978-4-7698-1607-2　Ⓝ289.1

内容　第1部(生い立ち　海軍兵学校入学　ほか)　第2部(ロンドン海軍軍縮会議　第一航空戦隊司令官　ほか)　第3部(海軍航空本部長に就任　日本海軍を支配する大艦巨砲主義　ほか)　第4部(真珠湾奇襲作戦　戦術的勝利、戦略的失敗の真珠湾作戦　ほか)　第5部(珊瑚海海戦　ミッドウェー海戦　ほか)

◇越後の英雄　宮本徹著　東洋出版　2016.7　103p　19cm　1000円　①978-4-8096-7839-4　Ⓝ281.41

内容　上杉謙信(上杉謙信の一生　上杉謙信をめぐる問題)　直江兼続(謙信と与六　上杉家をささえる)　河井継之助(陽明学　改革)　山本五十六(山本五十六の一生　名将山本五十六)　越後の英雄クイズ

◇田中角栄と河井継之助、山本五十六―怨念の系譜　早坂茂三著　東洋経済新報社　2016.11　316p　17cm　(「怨念の系譜」(2001年刊)の改題　文献あり〉　1100円　①978-4-492-06203-6　Ⓝ281

内容　序章　継之助、五十六、そして角栄へ―歴史は繰り返す(合縁奇縁の主従　三人の共通点 ほか)　第1章　河井継之助―逆賊と貶められた先覚者(梅檀は双葉より芳し　江戸遊学 ほか)　第2章　山本五十六―太平洋戦争の軍神にされた男(海軍のエースとして　軍政家・山本五十六 ほか)　第3章　田中角栄―金権政治の権化と蔑まれた異端鬼才(「二二万七六一一票は百姓一揆」　人々はなぜ角栄党になったか ほか)　終章　そして怨念が残った

◇四人の連合艦隊司令長官―日本海軍の命運を背負った提督たちの指揮統率　吉田俊雄著　潮書房光人社　2017.9　408p　16cm　(光人社NF文庫 よ1027)〈文春文庫 1984年刊の再刊　文献あり〉　920円　①978-4-7698-3027-6　Ⓝ391.2074

内容　序章　四人の人間像　第1章　山本五十六の作戦　第2章　古賀峯一の作戦　第3章　豊田副武の作戦　第4章　小沢治三郎の作戦　大西瀧治郎の言葉

◇凡将山本五十六―その劇的な生涯を客観的にとらえる　生出寿著　潮書房光人新社　2018.2　275p　16cm　(光人社NF文庫 お1051)〈徳間文庫 1986年刊の再刊　文献あり〉　820円　①978-4-7698-3051-1　Ⓝ397.21

内容　情に流れた長官人事　職を賭けない二つの弱み　「真珠湾攻撃」提案の矛盾　井上成美の明察と偏見　退任延期　対米戦開始へ陰の加担　開戦決定と愛人への手紙　錯誤にすぎなかった真珠湾の戦果　山本五十六の世論恐怖症　珊瑚海海戦への傲り　ミッドウェー海戦前の密会　目も眩むばかりの凶報　航空偏重が日本敗戦の根本原因　暗殺説と自殺説

◇昭和史講義　軍人篇　筒井清忠編　筑摩書房　2018.7　301p　18cm　(ちくま新書 1341)　900円　①978-4-480-07163-7　Ⓝ210.7

内容　昭和陸軍の派閥抗争―まえがきに代えて　東条英機―昭和の悲劇の体現者　梅津美治郎―「後始末」に尽力した陸軍大将　阿南惟幾―「徳義即戦力」を貫いた武将　鈴木貞一―背広を着た軍人　武藤章―「政治的軍人」の実像　石原莞爾―悲劇の鬼才か、鬼才による悲劇か　牟田口廉也―信念と狂信の間　今村均―「ラバウルの名将」から見る日本陸軍の悲劇　山本五十六―その避戦構想と挫折　米内光政―終末点のない戦争指導　永野修身―海軍「主流派」の選択　高木惣吉―昭和海軍の語り部　石川信吾―「日本海軍最強硬論者」の実像　堀悌吉―海軍軍縮派の悲劇

◇日本史　誤解だらけの英雄像　内藤博文著　河出書房新社　2018.8　221p　15cm　(KAWADE夢文庫 K1097)〈文献あり〉　680円　①978-4-309-49997-0　Ⓝ281

内容　1章　織田信長―「戦国の革命児」という誤解　2章　坂本龍馬―「天衣無縫の風雲児」という誤解　3章　秀吉・家康―「無双の覇者」という誤解　4章　信玄・謙信―「常勝武将伝説」の誤解　5章　西郷隆盛・高杉晋作・勝海舟―「維新の立役者」という誤解　6章　聖徳太子・天智天皇、義経―「古代・中世の英傑」の誤解　7章　徳川吉宗・山本五十六―「近現代の巨星」の誤解

◇山本五十六の戦争　保阪正康著　毎日新聞出版　2018.12　237p　20cm　1600円　①978-4-620-32556-9　Ⓝ210.75

内容　序章　国際派軍人への道　第1章　三国同盟と暴力の時代　第2章　真珠湾作戦を指揮した胸中　第3章　ミッドウェー海戦と太平洋戦争の転回　第4章　山本五十六、最後の戦い　第5章　隠蔽された死の真実　終章　山本五十六と「幻の講和内閣」

山本　一洋〔1944～　〕　やまもと・いちよう

◇山本一洋の世界―プラチナ彩至高の輝き　井谷善惠著　平凡社　2015.1　135p　29cm　〈英文併記　文献あり　年譜あり〉　3800円　①978-4-582-24730-5　Ⓝ751.1

内容　第1章　ヨーロッパを魅了した伊万里　第2章　鷹島から伊万里へ　第3章　結婚と独立　第4章　未来にむけて　第5章　技法とデザイン　第6章　作品解説

山本　覚馬〔1828～1892〕　やまもと・かくま

◇新編　同志社の思想家たち　上　沖田行司編著　京都　晃洋書房　2018.5　217p　19cm　〈他言語標題：THINKERS of DOSHISHA〉　2200円　①978-4-7710-3055-8　Ⓝ121.02

内容　第1章　新島襄―「私立」する精神　第2章　山本覚馬―京都の近代化と同志社創設の立役者　第3章　横井時雄―「日本風」のキリスト教の模索　第4章　海老名弾正―「実験」に支えられた「異端」者の生涯　第5章　浮田和民―「半宗教家」「全教育家」として　第6章　元良勇次郎―日本初の心理学者　第7章　原田助―国際主義を唱えた同志社人　第8章　大西祝―短き生涯が遺したもの　第9章　山室軍平―神と平民の為に　第10章　安部磯雄―理想と現実のは

ざまで

◇会津人探究―戊辰戦争生き延びし者たちにも大義あり 笠井尚著 ラピュタ 2018.8 237p 19cm 〈文献あり 索引あり〉 1800円 ⓘ978-4-905055-54-9 Ⓝ281.26

[内容] 序章 会津にとっての戊辰戦争 第1章 松平容保―至誠の人か政治家か 第2章 会津藩老・西郷頼母―孤高なる保守派 第3章 秋月悌次郎―古武士然とした開明派 第4章 山本覚馬―会津の開明派の筆頭 第5章 広沢安任―京都で公用方・洋式牧畜の祖 第6章 山川健次郎―晩年は清貧に徹す 第7章 新島八重―狭き神の門を叩く 第8章 会津と共に敗れし者たちの胸中

山本 勘助〔1493?～1561〕 やまもと・かんすけ
◇戦国軍師列伝 井沢元彦著 光文社 2015.4 293p 20cm 1500円 ⓘ978-4-334-97819-8 Ⓝ281.04

[内容] 序章 軍師とは何か 第1章 架空の人物とされていた軍師・山本勘助登場 第2章 戦国史上最強の軍師・竹中半兵衛登場 第3章 織田信長に軍師がいなかったのはなぜなのか 第4章 石田三成と黒田官兵衛の「関ヶ原の戦い」 第5章 家康に公然と噛みついた直江兼続 第6章 源義経に始まり、大村益次郎、高杉晋作へと続く日本の軍師

山本 敬一〔1929～〕 やまもと・けいいち
◇正々粛々―濁川と私の八十余年 山本敬一自分史 山本敬一著 〔出版地不明〕 野呂勢子 2016.3 272p 20cm Ⓝ289.1

山本 憲〔1852～1928〕 やまもと・けん
◇変法派の書簡と『燕山楚水紀遊』―「山本憲関係資料」の世界 山本憲関係資料研究会編 汲古書院 2017.1 540,2p 22cm 〈索引あり〉 12000円 ⓘ978-4-7629-6589-0 Ⓝ289.1

[内容] 書簡（康有儀書簡〔解題・翻訳〕 呂順長・小野泰教）（翻訳 古谷創・高橋俊） 梁啓超書簡〔解題・翻訳・翻刻 周雲heritages 汪康年書簡〔解題・翻訳・翻刻 吉尾寛・呂順長〕 康有為書簡〔解題 小野泰教 翻訳・翻刻 蔣海波〕ほか） 蓼滌書簡〔解題・翻訳・翻刻 蔣海波〕ほか）『燕山楚水紀遊』〔解題・翻訳・翻刻 蔣海波/監訳 狭間直樹〕

山本 健一〔1979～〕 やまもと・けんいち
◇トレイルランナー ヤマケンは笑う―僕が170kmの過酷な山道を"笑顔"で走る理由 山本健一著 カンゼン 2015.7 207p 19cm 1500円 ⓘ978-4-86255-312-6 Ⓝ782.3

[内容] 第1章 山の世界に踏み入れる 第2章 夜の闇を走る 第3章 100マイラーが知る幸福 第4章 内なる野生 第5章 進化した自分にゴールで出会う

山本 作兵衛〔1892～1984〕 やまもと・さくべえ
◇炭坑（ヤマ）の絵師 山本作兵衛 宮田昭著 福岡 書肆侃侃房 2016.7 383p 図版 4p 19cm 〈文献あり〉 1800円 ⓘ978-4-86385-227-3 Ⓝ721.9

[内容] 七つ八つから 腕が鳴る 激動 破滅 記録 大往生

山本 讃七郎〔1855～1943〕 やまもと・さんしちろう
◇北京・山本照像館―西太后写真と日本人写真師 日向康三郎著 雄山閣 2015.10 227p 21cm 〈文献あり 年譜あり〉 2600円 ⓘ978-4-639-02377-7 Ⓝ740.21

[内容] 第1章 明治の写真師―山本讃七郎（安政二年、備中梶江村に生まれる 明治元年、初めての写真体験 明治七年夏、林菫宅へ寄留する ほか） 第2章 北京・山本照像館の活動（東安門外霞公府路南 義和団事件の勃発、義勇兵として篭城『北清事變寫眞帖』について ほか） 第3章 帰朝時における讃七郎（麻布我善坊町に豪邸を建てる 神奈川県葉山に転居 葉山から大田区田園調布に転居 ほか）

山本 繁太郎〔1948～2014〕 やまもと・しげたろう
◇山本繁太郎とその時代 政策史検証実行委員会 2016.5 639p 図版〔20〕枚 22cm 〈年譜あり 年表あり〉 Ⓝ289.1

山本 七平〔1921～1991〕 やまもと・しちへい
◇山本七平 鷲田小彌太著 言視舎 2016.4 310p 20cm （言視舎評伝選）〈年譜あり〉 3000円 ⓘ978-4-86565-051-8 Ⓝ289.1

[内容] 1「前史」―異例の日本人（歴史のなかの山本七平 山本七平の戦後 はじめに『日本人とユダヤ人』があった） 2 作家の自立―「日本軍」とは何であったか？ 3 戦後思想の異例（異例の日本人 「賢者」と呼ぶにふさわしい人 「常識」の人 ジャパン・アズ・ナンバー1の思想） 4 山本七平の歴史論―革命の歴史哲学（『日本的革命の哲学』（一九八二）『御成敗式目』『現人神の創作者たち』（一九八三）「勤王思想の由来 『日本人とは何か。』（一九八九）―自前の歴史 『昭和天皇の研究』（一九八九）「歴史としての聖書」）

◇山本七平の思想―日本教と天皇制の70年 東谷暁著 講談社 2017.8 286p 18cm （講談社現代新書 2440）〈文献あり〉 860円 ⓘ978-4-06-288440-2 Ⓝ289.1

[内容] プロローグ 七平とは何者なのか 第1章 社会現象としての『日本人とユダヤ人』―謎のユダヤ人イザヤ・ベンダサンが、見えない宗教「日本教」を発見した衝撃 第2章「三代目キリスト教徒」の異常体験―日本社会のなかの「異教徒」として過ごした、山本七平の幼少年期の秘密にせまる 第3章『私の中の日本軍』と果てしない論争―フィリピンのジャングルの中で、絶望的な戦いを強いられた七平は何を手にしたのか 第4章 名著『「空気」の研究』はいかにして生まれたか―日本人を支配してやまない「空気」。その本当の恐ろしさを七平自身の言葉から読む 第5章 山本書店店主と『日本資本主義の精神』―鋭く日本社会を分析した七平の目は、戦後日本の繁栄とその急速な没落を見抜いていた 第6章 二十年かけた『現人神の創作者たち』―戦時中、若者たちの血を要求した「現人神」の謎を、孤独な探究が解き明かしていた 第7章 戦後社会と『昭和天皇の研究』―戦前・戦中の昭和天皇の「おことば」を分析し、近代日本と立憲君主制の本質を洞察 第8章『禁忌の聖書学』と日本人―七平が心に秘めたキリストへの信仰と、日本繁栄への思いは底辺でつながっていた エピローグ 七平が洞察した「未来」の日本

山本 脩太郎〔1909～1999〕　やまもと・しゅうたろう
◇獣医学の狩人たち―20世紀の獣医偉人列伝　大竹修著　堺　大阪公立大学共同出版会　2017.5　406p　21cm　〈文献あり〉　2400円　Ⓘ978-4-907209-72-8　Ⓝ649.028
内容　序：日本における近代獣医学の夜明け　牛痘苗と狂犬病ワクチンの創始者―梅野信吉　人材育成の名人で家畜衛生学の先達―葛西勝弥　獣医寄生虫学を確立―板垣四郎　競走馬の研究に生涯を捧げた外科の泰斗―松葉重雄　ひよこの雌雄鑑別法を開発―増井清　幻に終わったノーベル賞―市川厚一　獣医外科・産科学の巨頭―黒澤亮助　顕微鏡とともに歩んだ偉大な神経病理学者―山極三郎　麻酔・自律神経研究の権威―木全春生〔ほか〕

山本 次郎〔1931～〕　やまもと・じろう
◇むちゃもん―山口組・田岡一雄三代目に盃を返した元直系組長の回想録　山本次郎著　宝島社　2014.6　254p　19cm　〈表紙のタイトル：無茶者　年譜あり〉　1200円　Ⓘ978-4-8002-2742-3　Ⓝ289.1
内容　解散直訴　愚連隊からの出発　没落の家　一五歳のあぶく銭　消せない傷跡　殺せば義理が立つ　塀の中の決意　山次組は山口組にあらず　神戸でいちばんのカネ貸し　ヤクザが国にモノ申す　福田赳夫を狸で化かす　田岡一雄の孤独　父母の心を「宝塚地蔵園」に祀る　そしておれは生き返った　山口組解散建白書

山本 晋也〔1939～〕　やまもと・しんや
◇カントク記―焼とりと映画と寿司屋の二階の青春　山本晋也著　双葉社　2016.4　190p　19cm　〈文献あり〉　1400円　Ⓘ978-4-575-31127-3　Ⓝ778.21
内容　第1章　25歳、史上最年少映画監督の誕生！　カントク対談1　滝田洋二郎（前編）　第2章　赤塚先生との出会い　カントク対談2　高字哲郎　第3章　映画『下落合焼とりムービー』　カントク対談3　滝田洋二郎（後編）　カントク対談4　所ジョージ　第4章『トゥナイト』レポーター時代　カントク対談5　美保純

山本 進〔1942～〕　やまもと・すすむ
◇時を生きる　山本進著　東京図書出版　2016.12　86p　19cm　〈発売：リフレ出版〉　926円　Ⓘ978-4-86641-011-1　Ⓝ289.1
内容　本能を無くした人々　ぼくの幼少年記　おわりに

山本 宣治〔1889～1929〕　やまもと・せんじ
◇暗い時代の人々　森まゆみ著　亜紀書房　2017.5　294p　19cm　〈他言語標題：Men in Dark Times　文献あり　年表あり〉　1700円　Ⓘ978-4-7505-1499-4　Ⓝ281
内容　第1章　斎藤隆夫―リベラルな保守主義者　第2章　山川菊栄―戦時中、鶉の卵を売って節は売らず　第3章　山本宣治―人生は短く、科学は長い　第4章　竹久夢二―アメリカで恐慌を、ベルリンでナチスの台頭を見る　第5章　九津見房子―戸惑いながら懸命に生きたミス・ソシアリスト　第6章　斎藤雷太郎と立野正一―「土曜日」の人々と京都の喫茶店フランソワ　第7章　古在由重―ファシズムの嵐の中を航海した『唯物論研究』　第8章　西村伊作―終生のわがまま者にしてリベルタン

山本 帯刀〔1845～1868〕　やまもと・たてわき
◇「朝敵」と呼ばれようとも―維新に抗した殉国の志士　星亮一編　現代書館　2014.11　222p　20cm　2000円　Ⓘ978-4-7684-5745-0　Ⓝ281.04
内容　神保修理―その足跡を尋ねて　山本帯刀―会津に散る。長岡の若き家老　中島三郎助―幕府海軍を逸早く構想した国際通　春日左衛門―知られざる英傑　佐川官兵衛―会津の猛将から剛毅朴直の大警部へ　朝比奈弥太郎泰尚―水戸の執政、下総に散る　滝川充太郎―猪突猛進を貫いた若き猛将　秦弥一左衛門陳明―桑名藩の全責任を負って切腹した　甲賀源吾―東郷平八郎が賞讃した、宮古湾の勇戦　桂早之助―剣隼祖　京都見廻組　玉虫左太夫―幕末東北を一つにまとめた悲運の国際人　雲井龍雄―米沢の俊英が夢見たもう一つの「維新」　赤松小三郎―日本近代化の礎を作った洋学者　松岡磐吉―榎本軍最後の軍艦「蟠龍」艦長

山本 瑳企〔1896～1988〕　やまもと・たまき
◇馬関でまっちょるぞ―益っさんから平和のバトンを―会津とともに―　平井優子著　福岡　梓書院（発売）　2015.6　191p　27cm　〈布装　年譜あり〉　3000円　Ⓘ978-4-87035-553-8　Ⓝ289.1
内容　防長の歴史にルーツを探る　「山本瑳企」を育てた人たち　シベリアの戦地を生き延びて　運命の出会い、永遠の別れ　人生を賭けて～粉末醤油の開発に心血を注ぐ　家族の幸福　戦争を生き抜く　戦後の復興とともに～熱海にて　苦難の幕開け～故郷の地で、益っさんにつづけ～　起死回生を期す　信念に生きて―世のため人のために

山本 太郎〔1974～〕　やまもと・たろう
◇山本太郎　闘いの原点―ひとり舞台　山本太郎著　筑摩書房　2016.6　269p　15cm　〈ちくま文庫　や47-1〉〈『ひとり舞台』（集英社　2012年刊）の改題、加筆増補、編集　年表あり〉　680円　Ⓘ978-4-480-43365-7　Ⓝ779.9
内容　5年後の闘い―山本太郎×木村元彦（2016.4.8）なぜ立ち上がったのか　ACT1　郡山（2011.10.15）　ACT2　大阪（2011.10.16）　おいたち　鬼軍曹の母と役者体験　ACT3　東京（2011.10.30・11.4）　そして再びメロリンQ　追記「ひとり舞台」は続く（日本外国特派員協会・記者会見より）（2011.12.20）　ACT4　ドイツ（2011.11.24・12.5）　太郎、未来の旅から帰る。ドイツかベラルーシか、25年後の日本は？　なぜ国会議員になったか（2016.3）

山本 長五郎　やまもと・ちょうごろう
　⇒清水次郎長（しみずのじろちょう）を見よ

山本 努　やまもと・つとむ
◇烏飛兎走　山本努著　〔笠岡〕〔山本努〕　2015.1　236p　21cm　〈年表あり〉　非売品　Ⓝ289.1
＊42年6か月間にわたる岡山県笠岡市役所勤務時代の身の回りの出来事を当時のメモ、写真等保存してあった数々の記録、記憶を元に、書き記したもの。自分史であるとともに、笠岡市の歴史の一部である。

山本 常朝〔1659～1719〕やまもと・つねとも
◇いまこそ知りたい日本の思想家25人　小川仁志著　KADOKAWA　2017.9　254p　19cm　〈他言語標題：25 Japanese thinkers you need to know now　文献あり〉　1700円　①978-4-04-400234-3　Ⓝ121.028

[内容] 第1章 日本思想の黎明期（空海　道元　親鸞　吉田兼好　世阿弥）　第2章 日本の近世の葛藤（山本常朝　荻生徂徠　本居宣長　安藤昌益　二宮尊徳）　第3章 日本の近代の幕開け（横井小楠　吉田松陰　福沢諭吉　新渡戸稲造　内村鑑三）　第4章「日本哲学」の始まり（西周　西田幾多郎　九鬼周造　三木清　和辻哲郎）　第5章 世界における日本思想の独自性（北一輝　鈴木大拙　柳田國男　丸山眞男　吉本隆明）

山本 時男〔1906～1977〕やまもと・ときお
◇めだかの学校―山本時男博士と日本のメダカ研究　宗宮弘明, 足立守, 野崎ますみ, 成瀬清編　名古屋　あるむ　2018.1　303p　21cm　2000円　①978-4-86333-133-4　Ⓝ487.71

[内容] 第1部 メダカ先生の教え子とメダカ研究（山本時男先生の想い出とメダカ研究―素晴らしき恩師や先輩に出会えて　會田龍雄先生と山本時男先生を回顧して　メダカはわが友）　第2部 メダカ研究の最近（メダカ学最前線―日本が育てたモデル動物メダカ　メダカの色について考える　東山動物園世界のメダカ館と新種「ティウメダカ」の発見　宇宙を旅した日本のメダカ）　第3部 名古屋大学博物館の企画展の記録（めだかの学校 メダカ先生(山本時男)と名大のメダカ研究　博物学者・山本時男の集めた石と貝　山本時男備忘録と養虫山人）

山本 直〔1963～〕やまもと・なおし
◇商売は愛嬌が九割　山本直著　アスペクト　2014.7　188p　18cm　1000円　①978-4-7572-2338-7　Ⓝ289.1

[内容] 第1章 子どもの頃から人の上に立つのが好きだった（我が社は超優良企業です　私はかなりのワルでした ほか）　第2章 かなりのワルだったのに、愛された理由（最悪コースを免れた恩人先生の言葉　何でもいいから発散できるものが必要 ほか）　第3章 正しい針小棒大こそ成功のカギ（学校で真面目に勉強する、本を読む　コンピュータという新しい武器が性に合う ほか）　第4章 愛嬌経営で強い会社を作る（金融恐慌真っ最中に会社を始める　我が社の歴史と実績 ほか）　終章 社員は宝物。だから「挑戦」し続ける（社員は宝物。だから採算管理が必要　会社は、愛している人のもの ほか）

山本 直純〔1932～2002〕やまもと・なおずみ
◇山本直純と小澤征爾　柴田克彦著　朝日新聞出版　2017.9　247p　18cm　（朝日新書 632）〈文献あり〉　780円　①978-4-02-273732-8　Ⓝ762.1

[内容] 第1章 齋藤秀雄 指揮教室（1932～1958）　第2章 大きいことはいいことだ（1959～1970）　第3章 オーケストラがやって来た（1971～1972）　第4章 天・地・人（1973～1982）　第5章 1万人の第九とサイトウ・キネン（1983～2001）　第6章 鎮魂のファンファーレ（2002）

山本 昇〔1934～〕やまもと・のぼる
◇昇と美智子―音楽への情熱。長野少年少女合唱団の発展　鈴木央将著　長野　ほおずき書籍　2015.8　165,30p　22cm　〈文献あり　年譜あり　発売：星雲社〉　2000円　①978-4-434-20903-1　Ⓝ767.4

[内容] 第1部 音楽への情熱（運命の出会い・少年時代　音楽の解放・ピアノへの道　新大への進学・新しい出会い　歌への道 ほか）　第2部 長野少年少女合唱団の発展（長野少年少女合唱団の発展　長野赤十字看護専門学校　日英親善コンサート　指導者群像 ほか）

山本 博〔1931～〕やまもと・ひろし
◇快楽ワイン道―それでも飲まずにいられない　山本博著　講談社　2016.5　255p　19cm　〈索引あり〉　1300円　①978-4-06-220054-7　Ⓝ588.55

[内容] 第1章 僕の修業時代―フランス編　第2章 僕の修業時代―アメリカ＆イギリス編　第3章 それでも飲まずにいられない　第4章 フランスのワイン産地を歩く　第5章 世界のワイン産地を歩く　第6章 名物にうまいものなし

山本 文郎〔1934～2014〕やまもと・ふみお
◇文さん、大きな愛をありがとう　山本由美子著　鳳書院　2018.2　157p　20cm　1389円　①978-4-87122-192-4　Ⓝ289.1

[内容] 第1章 知り合いのおじさん　第2章 三十一歳の「年の差婚」　第3章 熟年夫婦の醍醐味　第4章 新しい家族　第5章 みんなに祝福されて　第6章 飾らない素顔　第7章 尊敬できるボス　第8章 突然やってきたお別れの日　特別対談 長寿社会を生きる女性たちへ「いつも笑顔で！ もっと笑顔で！」海老名香葉子さん×山本由美子

山本 昌〔1965～〕やまもと・まさ
◇山本昌という生き方　山本昌著　小学館　2015.8　192p　19cm　〈年譜あり〉　1300円　①978-4-09-388429-7　Ⓝ783.7

[内容] 第1章 プロ野球人生で貫き通した信念（辞めないんじゃない、辞められないのだ　40歳からは"心技体"ではなく"体技心" ほか）　第2章 人生の岐路で出会い支えてもらった人たち（闘将に反抗した人生で一番長い日　僕が毎年ピッチングフォームを変える理由 ほか）　第3章 野球との向き合い方（「最近の若者は…」という言葉が好きではない　僕の左肘は真っ直ぐには伸びない。そして90度以上曲げられない ほか）　第4章 普段の生活で大切にしていること（シーズン中は好物のミルクティーを断って願掛けをする　僕が遠征先でホテルから一歩も外出しない理由 ほか）　第5章 50歳まで現役を続けてわかったこと（最も手強かった相手は、90年代のカープ打線　打線の援護で取らせてもらった最多勝 ほか）

◇山本昌 レジェンドの秘密　与田剛著　自由国民社　2015.12　255p　19cm　〈文献あり〉　1200円　①978-4-426-11983-6　Ⓝ783.7

[内容] 1 昌の限りなき挑戦　2 山本昌との出会い　3 始まった、昌のプロとしての挑戦　4 クロスした私と昌の人生　5 耐える力と伸ばす力　6 新たなるステージに　7 真のエースとなった昌　8 レジェンドへの道

◇惜別球人―プロ野球時代を彩った男たち　山本昌　木佐貫洋　東出輝裕　谷繁元信　関本賢太郎　谷佳知　松田裕司,長谷川晶一,五反田康彦,宇佐美圭右,松下雄一郎,矢崎良一著　ミライカナイブックス　2015.12　252p　19cm　1400円　①978-4-907333-07-2　Ⓝ783.7

[内容] 第1章 届かなかったあと1勝―50歳の野球少年が見てきた光景　山本昌(中日)　第2章 そして、日記は3冊目に―。　木佐貫洋(巨人・オリックス・北海道日本ハム)　第3章 野球小僧に聞こえたある『福音』　東出輝裕(広島)　第4章 悔しさとともに積み上げた3021試合　谷繁元信(横浜・中日)　第5章 生涯タテジマを貫いた男の真実　関本賢太郎(阪神)　第6章 現役最後まで失わなかった感覚　谷佳知(オリックス・巨人・オリックス)

山本 正治〔1943～〕　やまもと・まさはる

◇マイウェイ学長の記録　山本正治著　新潟　新潟日報事業社(発売)　2018.9　365p　20cm　1400円　①978-4-86132-694-3　Ⓝ377.28

山本 美香〔1967～2012〕　やまもと・みか

◇山本美香という生き方　山本美香著，日本テレビ編　新潮社　2014.8　270p 図版16p　16cm　(新潮文庫　や-73-1)〈日本テレビ放送網 2012年刊の再刊　年譜あり〉　670円　①978-4-10-126086-0　Ⓝ070.16

[内容] 第1章 ジャーナリスト山本美香の誕生―運命の出会いから世界の紛争地へ 1996年アフガニスタン～2003年バグダッドまで(運命の出会い　新卒で入社した会社を退職 ほか)　第2章 中継されなかったバグダッド―唯一の日本人女性記者現地ルポ・イラク戦争の真実 2003年バグダッド(嵐が来る前に―カウントダウン48時間　爆弾が降ってきた―戦時下のバグダッド・ライフ ほか)　第3章 バトンを受け継ぐものたちへ―若い世代に、ジャーナリストの仲間たちへ、そして佐藤和孝さんへ 2003年バグダッド以降(若い世代に自分の経験を語り、伝えていく喜び　美香さんは佐藤さんの生徒 ほか)　第4章 あの日のこと―山本美香が遺した約束 2012年シリアにて(守ってあげたかった、代わってあげたかった―あの日、アレッポにて　取材に基本的にはミスはなかった ほか)

山本 美智子〔1939～2014〕　やまもと・みちこ

◇昇と美智子―音楽への情熱。長野少年少女合唱団の発展　鈴木央著　長野　ほおずき書籍　2015.8　165,30p　22cm　〈文献あり 年譜あり　発売：星雲社〉　2000円　①978-4-434-20903-1　Ⓝ767.4

[内容] 第1部 音楽への情熱(運命の出会い・少年時代　音楽の解放・ピアノへの進学・新しい出会い　歌への道 ほか)　第2部 長野少年少女合唱団の発展(長野少年少女合唱団の発展　長野赤十字看護専門学校　日英親善コンサート　指導者群像 ほか)

山本 安英〔1902/06～1993〕　やまもと・やすえ

◇「仕事クラブ」の女優たち　青木笙子著　河出書房新社　2016.6　453p　20cm　〈文献あり 索引あり〉　2700円　①978-4-309-92090-0　Ⓝ778.21

[内容] 序幕　第1幕 細川ちか子　第2幕 高橋とよ(豊子)　第3幕 土方梅子　第4幕 山本安英

山本 泰〔1945～〕　やまもと・やすし

◇甲子園に挑んだ監督たち　八木澤高明著　辰巳出版　2018.7　255p　19cm　1600円　①978-4-7778-2118-1　Ⓝ783.7

[内容] 古屋文雄 神奈川・横浜商業高校元監督―マリンブルーに袖を通す者の矜持　小池啓之 北海道・旭川南高校前監督―魂と魂のぶつかり合いが甲子園へ導いた　大井道夫 新潟・日本文理高校総監督―迷わず打てて、大井野球はこうして生まれた　嶋崎久美 秋田・金足農業高校元監督―雪よ降れ、雪国が生んだ嶋崎野球　山本泰 大阪・PL学園高校元監督―PLで勝ち、PLに敗れた名将　宮崎裕也 滋賀・北大津高校前監督―弱者が強者に勝つために　久保克之 鹿児島・鹿児島実業高校名誉監督―老将が今も心に刻み続けること　山中直人 高知・伊野商業高校元監督/岡豊高校現監督―甲子園に勝つ指導者なし

山本 祐司〔1936～2017〕　やまもと・ゆうじ

◇山本祐司と「ルパン式」―追悼―山本祐司主宰　浦安　ルパン文芸　2018.7　114p　21cm　〈年表あり〉　1200円　Ⓝ289.1

◇新聞記者 山本祐司―1936年5月31日生れ2017年7月22日逝く　「新聞記者山本祐司」編纂・刊行の会編，山本祐司著　水書坊　2018.11　565p　21cm　〈付属資料：1冊：回想新聞記者・山本祐司　著作目録あり　年譜あり〉　3500円　Ⓝ289.1

山本 義隆〔1941～〕　やまもと・よしたか

◇ひとびとの精神史　第5巻 万博と沖縄返還―1970年前後　吉見俊哉編　岩波書店　2015.11　331p　19cm　2500円　①978-4-00-028805-7　Ⓝ281.04

[内容] 1 劇場化する社会(三島由紀夫―魂を失った未来への反乱　山本義隆―自己否定を重ねて　岡本太郎―塔にひきよせられるひとびと　牛山純一―テレビに見た「夢」)　2 沖縄―「戦後」のはじまり(仲宗根政善―方言研究に込めた平和への希求　アーニー・米軍兵士と日本人の間で戦ったロックの女王　比嘉康雄と東松照明―二人の写真家の"沖縄")　3 声を上げたひとびと(田中美津―"とり乱しの弁証法"としてのウーマン・リブ　川本輝夫―水俣病の"岩盤"を穿つ　横塚晃一―障害者は主張する　大地を守る会―紛争の経験を地域の実践へ　木村守江―「原発村」の誕生と浜通り)

山本 芳照〔1941～〕　やまもと・よしてる

◇70年の軌跡―ある農家長男の記　山本芳照編　橋本　山本芳照　2015.7　237p　21cm　Ⓝ289.1

山本 喜治〔1913～1991〕　やまもと・よしはる

◇山本喜治の足跡　山本喜治著，山本喜也編著　〔出版地不明〕〔山本喜也〕　2015.5　799p　22cm　Ⓝ375.412

◇山本喜治の足跡　続　山本喜治著，山本喜也編著　〔出版地不明〕〔山本喜也〕　2015.5　203p　22cm　Ⓝ375.412

◇山本喜治の足跡　続々　山本喜治著，山本喜也

編著　〔出版地不明〕　〔山本喜也〕　2015.12　269p　22cm　Ⓝ375.412

山脇 直司〔1949～〕　やまわき・なおし
◇私の知的遍歴―哲学・時代・創見　山脇直司著　八戸　デーリー東北新聞社　2017.10　241p　19cm　〈著作目録あり〉　1300円　Ⓘ978-4-907034-15-3　Ⓝ289.1
内容　第1部 幼少期から高校までの想い出―やや、軽やかに（複雑だが和やかだった家庭・親族　楽しかった幼稚園時代　鮫町の有名人―秋山皐二郎氏と村次郎氏　ほか）　第2部 大学時代から現在までの知的遍歴―かなり、お硬く（一橋大学時代の想い出　経済学から神学を経て哲学へ　上智大学大学院での2人の恩師　ほか）　第3部 「私見創見」を中心に―極めて、真摯に（デーリー東北コラム「私見創見」　スピーチ―日本外交の哲学的貧困と御用学者の責任　小論）

耶律 突欲　やりつ・とつよく
⇒耶律倍（やりつ・ばい）を見よ

耶律 倍〔899～937〕　やりつ・ばい
◇契丹国―遊牧の民キタイの王朝　島田正郎編　新装版　東方書店　2014.12　245p　19cm　（東方選書 47）〈文献あり　著作目録あり　年譜あり　年表あり〉　2000円　Ⓘ978-4-497-21419-5　Ⓝ222.052
内容　1 キタイ（契丹・遼）国の興亡（勃興前の契丹　契丹国の成立　耶律阿保機の事蹟　ほか）　2 キタイ（契丹・遼）国の制度と社会（統治の仕組み　契丹・漢二元の官制　騎馬の精鋭軍団　ほか）　3 悲劇の王、倍（倍の生い立ち　父、阿保機の死と倍の譲国　東丹の国都を遼陽に遷す　ほか）

ヤン富田〔1952～〕　やんとみた
◇フォーエバー・ヤン　ヤン富田著, 岡本仁監修　Shibuya Publishing & Booksellers　2014.4　29p　21cm　（ミュージック・ミーム　Music meme 5）〈他言語標題：Forever Yann〉　Ⓝ762.1

【ゆ】

湯浅 治郎〔1850～1932〕　ゆあさ・じろう
◇新島襄と五人の門弟―師弟の絆とその系譜　徳富蘇峰・湯浅治郎・深井英五・柏木義円・湯浅八郎　志村和次郎著　前橋　みやま文庫　2017.1　205p　19cm　（みやま文庫 224）〈文献あり　年譜あり〉　1500円　Ⓝ198.321

湯浅 靖樹〔1920～〕　ゆあさ・のぶき
◇絆―繊維のまち小樽 第3版　糺―小樽の仕立屋 盛衰史　湯浅靖樹著　〔小樽〕　〔湯浅靖樹〕　2016.8　189p　20cm　Ⓝ289.1

湯浅 八郎〔1890～1981〕　ゆあさ・はちろう
◇新島襄と五人の門弟―師弟の絆とその系譜　徳富蘇峰・湯浅治郎・深井英五・柏木義円・湯浅八郎　志村和次郎著　前橋　みやま文庫　2017.1　205p　19cm　（みやま文庫 224）〈文献あり　年譜あり〉　1500円　Ⓝ198.321

湯浅 武八〔江戸時代後期〕　ゆあさ・ぶはち
◇江戸の裁判―花祭の里の天保騒動記『議定論日記』　山本正名著　名古屋　風媒社　2018.9　415p　22cm　〈年表あり〉　2800円　Ⓘ978-4-8331-0578-1　Ⓝ322.15
内容　第1部 「議定論日記」―江戸の民事裁判記録（解題　「議定論日記」　江戸の裁判―「議定論日記」をたどって）　第2部 江戸後期・幕末の群像（ポスト議定論　「議定論日記」編者・中井大介

結城 宗広〔?～1338〕　ゆうき・むねひろ
◇南北朝―日本史上初の全国的大乱の幕開け　林屋辰三郎著　朝日新聞出版　2017.12　227p　18cm　（朝日新書 644）〈朝日新書 1991年刊の再刊〉　760円　Ⓘ978-4-02-273744-1　Ⓝ210.45
内容　序章 内乱の前夜　第1章 結城宗広―東国武士の挙兵　第2章 楠木正成―公家勢力の基盤　第3章 足利尊氏―室町幕府の創設　第4章 後村上天皇―吉野朝廷の生活　第5章 佐々木道誉―守護大名の典型　第6章 足利義満―国内統一の完成　付章 内乱の余波

ユウキロック〔1972～〕
◇芸人迷子　ユウキロック著　扶桑社　2016.12　207p　19cm　1300円　Ⓘ978-4-594-07612-2　Ⓝ779.14
内容　2005‐2008（否定―2005年の「ブラックマヨネーズ」　意地―屈辱の2丁目劇場　ほか）　2009‐2012（躍動―「アメトーク！」に救われた命　破壊―芸人が結婚することの意味　ほか）　2013（決断―沖縄の星空が示した答え　動揺―遅すぎた相方の告白　ほか）　2014（針金―突然決まったコンビ名　5分―集中力を研ぎ澄ませ　ほか）　再会

悠玄亭 玉介〔1907～1994〕　ゆうげんてい・たますけ
◇たいこもち玉介一代　悠玄亭玉介著　草思社　2016.4　248p　16cm　（草思社文庫 ゆ1-1）　800円　Ⓘ978-4-7942-2197-1　Ⓝ384.9
内容　1 浅草旧見たいこもちの世界（たいこもちは遊びの番頭　はじめて出たのが、浅草旧見　ほか）　2 芝居好きから芸人に（おやじは酒屋で道楽者　子供のころから芝居に夢中　ほか）　3 たいこもちのお座敷哲学（相手の目を見てお辞儀する　たいこもちは「芸」より「間」　ほか）　4 時代は変わる、遊びも変わる（「臨検」「臨検」で座は白け　国賊もので　スイマセン　ほか）　終りに　今の遊びは、なってない（今の宴会にゃスキがないんだ　社用族に本当の遊びはできないよ　ほか）

祐天〔1637～1718〕　ゆうてん
◇江戸の悪霊祓い師　高田衛著　増補版　KADOKAWA　2016.8　393p　15cm　（〔角川ソフィア文庫〕　I136-1］）〈初版のタイトル等：新編江戸の悪霊祓い師（ちくま学芸文庫 1994年刊）〉　1200円　Ⓘ978-4-04-400084-4　Ⓝ188.62
内容　第1部 霊媒伝承（羽生村事件　悪霊祓いの伝法　隠された幼児殺し　因果の図式）　第2部 江戸の悪霊祓い師（聖者の伝説　女の霊力信仰　水子と捨子

虚像と実像）増補（高僧か、呪術師か　祐天上人の死に方）

湯川　秀樹〔1907～1981〕　ゆかわ・ひでき
◇偉人を生んだざんねんな子育て　三田晃史著　高陵社書店　2018.9　260p　19cm　〈文献あり〉　1500円　①978-4-7711-1031-1　Ⓝ599
内容　第1章　小学校1年生での退学―女優　黒柳徹子さん　第2章　父親からの無能との評価―科学者　湯川秀樹さん　第3章　暴力の中での成長―作家　曾野綾子さん　第4章　母に捨てられたとの思い―作家　井上靖さん　第5章　家出した父と幼くして亡くした弟の影―心理学者　河合隼雄さん　第6章　働かない父と憂鬱な母の狭間で―推理作家　アガサ・クリスティーさん　第7章　母の病と極貧の中から―喜劇王　チャールズ・チャップリンさん

湯川　れい子〔1937～〕　ゆかわ・れいこ
◇音楽を愛して、音楽に愛されて―ぴあSpecial Issue湯川れい子80th記念BOOK　湯川れい子, ぴあ編集部著　ぴあ　2016.6　113p　30cm　〈作品目録あり　年譜あり〉　1600円　①978-4-8356-2889-9　Ⓝ767.8
◇音楽は愛　湯川れい子著　中央公論新社　2018.8　253p　20cm　〈表紙のタイトル：Music is Love〉　1600円　①978-4-12-005103-6　Ⓝ767.8
内容　1章　青春の光と影（そこには音楽があった―防空壕を掘る長兄の口笛　戦争、英語、映画その1―進駐軍のラジオに夢中　ほか）　2章　人生を変えた洋楽のパワー（洋楽の先端での1―ポップス評論に軌道修正　洋楽の先端でのアメリカ武者修行　ほか）　3章　音楽は愛（音楽に秘められた力を知る―借金、裏切り、離婚、そして…　音楽療法―自ら実践、音楽の力で回復　ほか）　4章　「毛穴感覚」で考える（「毛穴感覚」って？―私が一番大切にしていること　王の興願望はいいけれど―才能ある女性に期待　ほか）　5章　年齢を超えて（ポールも渋いロッカーに―「僕がジョンに捧げた歌」　私の健康法―闘病、食べもの、呼吸法　ほか）
◇女ですもの泣きはしない　湯川れい子著　KADOKAWA　2018.10　253p　19cm　〈作品目録あり〉　1600円　①978-4-04-106629-4　Ⓝ767.8
内容　第1章　生まれ育った目黒の家　第2章　恋　第3章　変わる風景　第4章　華やかな舞台　第5章　再び音楽業界へ　第6章　不気味な赤い月　終章　「きずな」　特別収録　「私のベスト20」

雪田　幸子〔1935～〕　ゆきた・さちこ
◇すべておまかせ―悲しみ、苦しみを超えて　雪田幸子著　風雲舎　2015.7　215p　19cm　〈年譜あり〉　1400円　①978-4-938939-82-3　Ⓝ289.1
内容　第1章　生かされて　第2章　初恋の人　第3章　「かんのんじ、かんのんじ…」　第4章　妹、弟の五十年ぶりの再会　第5章　迫登茂子先生と「十一日会」　第6章　すべておまかせ

幸仁親王〔1656～1699〕　ゆきひとしんのう
◇四親王家実録　28　有栖川宮実録　第2巻（幸仁親王実録）　吉岡眞之、藤井讓治、岩壁義光監修　ゆまに書房　2018.1　307p　27cm　〈布装　宮内庁宮内公文書館所蔵の複製〉　25000円　①978-4-8433-5326-4　Ⓝ288.44

雪山　渥美〔1934～〕　ゆきやま・あつみ
◇愚か者の夢追い半生記―ある中小企業経営者の喜びと悲しみ　雪山渥美著　新装版　牧歌舎　2015.10　173p　20cm　〈初版：新風舎 2004年刊　発売：星雲社〉　1200円　①978-4-434-21179-9　Ⓝ289.1
内容　第1章（誕生　大阪での記憶　故郷と幼児期　ほか）　第2章（夢の東京　夢を見て夢を追い　同人雑誌　ほか）　第3章（挫折から創業へ　創業時代　自社新製品誕生　ほか）

行武　郁子〔1941～〕　ゆくたけ・いくこ
◇いとしき日々―愛に包まれて　行武郁子著　文芸社　2015.11　207p　図版32p　22cm　〈「いつも一緒よあなた！」（NHK学園 2010年刊）と「愛は生きる力」（NHK学園 2013年刊）の改題、修正、合本〉　1700円　①978-4-286-16734-3　Ⓝ289.1

弓削　道鏡　ゆげ・どうきょう
⇒道鏡（どうきょう）を見よ

柚希　礼音〔1979～〕　ゆずき・れおん
◇宝塚歌劇　柚希礼音論―レオンと9人のトップスターたち　松島奈巳著　東京堂出版　2016.5　204p　19cm　〈文献あり　年譜あり〉　1600円　①978-4-490-20939-6　Ⓝ772.1
内容　1章　天海祐希　ファンにあらず―音楽学校入学以前　大浦みずき　十年にひとりの逸材―宝塚音楽学校時代　3章　北翔海莉　名作レビューで大抜擢―歌劇団入団　4章　真飛聖　鳴り物入りで星組に配属―星組若手時代　5章　安蘭けい　星の王子様は誰？―二番手まで　6章　天海祐希（再掲）　異例人事の残したもの―トップ就任　7章　真矢みき　2人目の武道館リサイタル―退団前年　8章　真琴つばさ　リアルな演技と過剰な演技―退団直前　9章　明日海りお　ハイブリッドなトップ・オブ・トップス　10章　柚希礼音　星組トップスターを超えて―退団後

湯田　伸子〔1954～2016〕　ゆだ・のぶこ
◇湯田伸子の仕事　湯田伸子著,「湯田伸子の仕事」刊行委員会企画・編集　南会津町（福島県）「湯田伸子の仕事」刊行委員会　2017.8　212p　19cm　〈著作目録あり〉　Ⓝ726.101

湯地　丈雄〔1847～1913〕　ゆち・たけお
◇湯地丈雄―元寇紀念碑亀山上皇像を建てた男　仲村久慈著、三浦尚司監修　復刊　福岡　梓書院　2015.3　298p　19cm　〈初版：牧書房　昭和18年刊〉　1800円　①978-4-87035-548-4　Ⓝ289.1
内容　長崎事件の衝動　赤心の種子　孫みやげ　秋鴻春燕　母人こえのかかる嬉しさ　丈夫涙有り家郷の信　樵者御母の如し　赤心豆　他山の石　同情一致の春〔ほか〕

湯本　武〔1924～2014〕　ゆもと・たけし
◇湯本武の自分史　湯本武著　而立書房　2015.

11 125p 20cm 2000円 ⓘ978-4-88059-390-6 Ⓝ289.1

湯山 清〔1921～〕 ゆやま・きよし
◇一銭五厘の大和魂 湯山清著 〔広島〕〔湯山清〕 2015.8印刷 241p 21cm 〈折り込1枚〉 ⓘ978-4-9908428-8-8 Ⓝ289.1

由利 公正〔1829～1909〕 ゆり・きみまさ
◇子爵由利公正伝 由利正通編 復刻版 周南 マツノ書店 2016.11 520,295,6p 図版〔12〕枚 22cm 〈年譜あり 原本:岩波書店 昭和15年刊〉 ⓘ289.1
◇由利公正一万機公論に決し、私に論ずるなかれ 角鹿尚計著 京都 ミネルヴァ書房 2018.10 307,10p 20cm (ミネルヴァ日本評伝選)〈文献あり 年譜あり 索引あり〉 3500円 ⓘ978-4-623-08454-8 Ⓝ289.1
|内容| 第1章 家系と家族 第2章 福井藩士三岡石五郎 第3章 安政期までの公正と福井藩政 第4章 殖産興業と公正 第5章 藩から天下へ 第6章 新政府の綱領制定と財政策 第7章 東京と福井 第8章 東京府政の改革と発展 第9章 社会への広遠な活動と功績 第10章 栄光と終焉

ユン, ソクチュン〔1911～2003〕 尹 石重
◇まど・みちお 詩と童謡の表現世界 張晟喜著 風間書房 2017.3 291p 21cm 〈文献あり 索引あり〉 2800円 ⓘ978-4-7599-2174-8 Ⓝ911.52
|内容| 第1章 まど・みちおの歩みと詩作一台湾時代(まど・みちおと台湾 本格的創作とその動向 まど・みちおにとっての台湾) 第2章 まど・みちおの歩みと詩作一戦後(日本での出発 "ぞうさん"に見るアイデンティティ 童謡から詩への推移) 第3章 まど・みちおの認識と表現世界(映像的表現 詩と童謡におけるオノマトペ表現 まど・みちおの感覚と認識世界) 第4章 まど・みちおの表現対象一動物・植物(まど・みちおにとっての動物―「動物文学」を中心に まど・みちおにとっての植物) 第5章 まど・みちおの詩と童謡(童謡論 ユンソクチュンの童謡との対照 まど・みちおの創作意識と表現)

ユン, チアン〔1952～〕 張 戎
◇ワイルド・スワン 上 ユン・チアン著, 土屋京子訳 講談社 2017.11 555p 15cm (講談社+α文庫 G280-3)〈講談社文庫 2007年刊の再刊〉 1400円 ⓘ978-4-06-281663-2 Ⓝ289.2
|内容|「三寸金蓮」―軍閥将軍の妾(一九〇〇年～一九三三年)「ただの水だって、おいしいわ」―夏先生との再婚(一九三三年～一九三八年)「満州よいとこ、よいお国」―日本占領下の暮らし(一九三八年～一九四五年)「国なき隷属の民」―さまざまな支配者のもとで(一九四五年～一九四七年)「米十キロで、娘売ります」―新生中国への苦闘(一九四七年～一九四八年)「恋を語りあう」―革命的結婚(一九四八年～一九四九年)「五つの峠を越えて」―母の長征(一九四九年～一九五〇年)「故郷に錦を飾る」―家族と匪賊の待つ四川省へ(一九四九年～一九五二年)「主人が高い地位につけば、鶏や犬まで天に昇る」―清廉潔白すぎる男(一九五一年～一九五三年)「苦難が君を本物の党員にする」―母にか

けられた嫌疑(一九五三年～一九五六年)〔ほか〕
◇ワイルド・スワン 下 ユン・チアン著, 土屋京子訳 講談社 2017.11 540p 15cm (講談社+α文庫 G280-4)〈講談社文庫 2007年刊の再刊 年譜あり〉 1400円 ⓘ978-4-06-281665-6 Ⓝ289.2
|内容|「まず破壊せよ、建設はそこから生まれる」―文化大革命、始まる(一九六五年～一九六六年)「天をおそれず、地をおそれず」―毛主席の紅衛兵(一九六六年六月～八月)「子供たちを「黒五類」にするのですか?」―両親のジレンマ(一九六六年八月～十月)「すばらしいニュース」―北京巡礼(一九六六年十月～十二月)「罪を加えんと欲するは、何ぞ辞無きを患えんや」―迫害される両親(一九六六年十二月～一九六七年)「魂は売らない」―父の逮捕(一九六七年～一九六八年)「雪中に炭を送る」―姉、弟、友だち(一九六七年～一九六八年)「思想改造」―ヒマラヤのふもとへ(一九六九年一月～六月)「読めば読むほど愚かになる」―農民からはだしの医者へ(一九六九年六月～一九七一年)「どうか、ぼくの謝罪を聞いてください」―労働キャンプの両親(一九六九年～一九七二年)〔ほか〕

ユン, チホ〔1865～1945〕 尹 致昊
◇評伝 尹致昊―「親日」キリスト者による朝鮮近代60年の日記 木下隆男著 明石書店 2017.9 492p 22cm 〈文献あり 著作目録あり 年譜あり 索引あり〉 6600円 ⓘ978-4-7503-4562-8 Ⓝ289.2
|内容| 序章 尹致昊とはいかなる人物か? 第1章 誕生から甲申政変まで―1865～1884年 第2章 海外亡命・留学時代―1885～1893年 第3章 日清戦争から三国干渉へ―1894～1896年 第4章 独立協会と地方官吏の時代―1897～1902年 第5章 日露戦争から日韓保護条約へ―1903～1906年 第6章 空白の9年半―1907～1915年 第7章 武断統治から3・1独立運動へ―1916～1919年 第8章 文化政治の時代―1920～1930年 第9章 満州事変以後―1931～1935年 第10章 親日協力の時代―1936～1943年 終章 なぜ尹致昊は日記にこだわったのか?

ユン, ドンジュ〔1917～1945〕 尹 東柱
◇生命(いのち)の詩人・尹東柱―『空と風と星と詩』誕生の秘蹟 多胡吉郎著 影書房 2017.2 294p 19cm 〈年譜あり〉 1900円 ⓘ978-4-87714-469-2 Ⓝ929.11
|内容| 第1章 『病院』から『空と風と星と詩』へ―詩人誕生の秘蹟にあずかった日本語のメモ 第2章 「半韓」詩人がつづった「我が友」尹東柱(前編)―尹東柱と交誼した日本詩人・上本正夫 第3章 「半韓」詩人がつづった「我が友」尹東柱(後編)―モダニズムとの邂逅と乖離 第4章 同志社の尹東柱。京都で何があったのか?―発見された生前最後の写真を手がかりに 第5章 福岡刑務所、最後の日々(前篇)―疑惑の死の真相を追って 第6章 福岡刑務所、最後の日々(後編)―永遠なる生命の詩人 第7章 そして詩と、本が残った―所蔵日本語書籍から見る尹東柱の詩精神

ゆん

ユン, ハクチャ
⇒田内千鶴子(たうち・ちづこ)を見よ

ユン, ボソン〔1897～1990〕 尹 潽善
◇韓国大統領実録 朴永圭著, 金重明訳 キネマ旬報社 2015.10 494p 22cm 〈文献あり 年表あり 索引あり〉 3600円 ⓘ978-4-87376-435-1 Ⓝ312.21
内容 第1章 李承晩大統領実録 第2章 尹潽善大統領実録 第3章 朴正熙大統領実録 第4章 崔圭夏大統領実録 第5章 全斗煥大統領実録 第6章 盧泰愚大統領実録 第7章 金泳三大統領実録 第8章 金大中大統領実録 第9章 盧武鉉大統領実録 第10章 李明博大統領実録

【よ】

ヨ, ウニョン〔1886～1947〕 呂 運亨
◇呂運亨評伝 3 中国国民革命の友として 姜徳相著 新幹社 2018.11 389p 21cm 4000円 ⓘ978-4-88400-129-2 Ⓝ289.21
内容 第17章「韓中互助社」の結成とその活動 第18章 臨時政府周辺の軍事路線 第19章 レーニン死後、急転換するソ連外交 第20章 中国国民革命の友として 第21章 中国五・三〇運動から朝鮮六・一〇運動へ 第22章 北伐戦争と反革命の嵐の中で

余 華〔1960～〕 よ・か
◇歴史の周縁から─先鋒派作家格非、蘇童、余華の小説論 森岡優紀著 東方書店 2016.11 229p 20cm 〈文献あり 著作目録あり〉 2400円 ⓘ978-4-497-21611-3 Ⓝ920.27
内容 第1部 先鋒派のはじまり(蘇州の少年時代 "蘇童" 大人の世界への旅立ち "余華" 「意味」を探し求めて "格非") 第2部 先鋒派と記憶(虚構のちから "蘇童" 深層の記憶 "格非" 文化大革命と六〇年代世代〈蘇童〉) 第3部 先鋒派と周縁(歴史の周縁から "格非" 新しい「現実」の構築へ向けて "余華") 付録 先鋒派作家インタビュー(蘇童訪問録 格非訪問録 ほか)

ヨ, デナム
⇒日遙(にちよう)を見よ

楊 凝式〔973～954〕 よう・ぎょうしき
◇中国書人伝 中田勇次郎 中央公論新社 2015.7 365p 16cm (中公文庫 な66-1)〈中央公論社 1973年刊の再刊 年譜あり〉 1200円 ⓘ978-4-12-206148-4 Ⓝ728.22
内容 王羲之・王献之─貝塚茂樹 鄭道昭・智永─小川環樹 唐太宗・虞世南・欧陽詢・褚遂良─加藤楸邨 顔真卿・柳公権─井上靖 李邕・張旭・懐素・楊凝式─土岐善麿 蘇軾・黄庭堅・米芾─寺田透 趙孟頫・張即之─武田泰淳 祝允明・文徴明・董其昌─杉浦明平 張瑞図─中田勇次郎 王鐸・金農・劉墉─三浦朱門 鄧石如・何紹基・趙之謙

姚 広孝〔1335～1418〕 よう・こうこう
◇牧田諦亮著作集 第7巻 宋代仏教から現代仏教 牧田諦亮著, 『牧田諦亮著作集』編集委員会編 京都 臨川書店 2014.11 469p 23cm 〈付属資料：4p：月報 文献あり 年表あり〉 11000円 ⓘ978-4-653-04207-5 Ⓝ182.22
内容 第1部 民衆の仏教─『アジア仏教史』中国編2より(唐宋転換期の仏教 仏教復興 禅宗の隆盛と護法活動 宗教と政治─邪教の発生 元王朝の仏教 ほか) 第2部 明代より現代まで─論文・記録のまとめ(道行伝小稿─姚広孝の生涯 清初の宗教統制 清朝に於ける仏寺道観及び宗教生活に関する法律 現代中国仏教の生活規範─特に霊巌山寺における 新中国仏蹟の旅 ほか)

楊 国宇〔1932～〕 よう・こくう
◇68×68─楊国宇 囲碁にも似たるわが人生 楊国宇著 台北 商訊文化事業股份有限公司 2014.5 295p 21cm (名人傳記系列) 1000円 ⓘ978-986-5812-21-8 Ⓝ289.2

葉 楚傖〔1887～1946〕 よう・そそう
◇中国名記者列伝─正義を貫き、その文章を歴史に刻み込んだ先人たち 第2巻 柳斌傑, 李東東編, 加藤青延監訳, 黒金祥一訳 日本僑報社 2017.4 192p 21cm 3600円 ⓘ978-4-86185-237-4 Ⓝ070.16
内容 鑑湖の女傑─秋瑾(1875・1907) 才知の記者─包天笑(1876・1973) 四つの素早さを持つ記者─陳其美(1878・1916) 「冷血」な時事評論家─陳景韓(1878・1965) 革命の元老記者─于右任(1879・1964) 五四運動の総司令官─陳独秀(1879・1942) 女性記者の先駆け─康同薇(1879・1974) 新聞界の重鎮─史量才(1880・1934) 嶺南報道界の英才─陳貫公(1880・1906) 人によって一人立つ─章士釗(1881・1973) 革命家にして記者─宋教人(1882・1913) 直言居士─邵力子(1882・1967) 革命新聞の元勲─高劍公(1884・1958) ニュースレポートの開拓者─黄遠生(1885・1915) 新文化運動の大衆指導者─高一涵(1885・1968) 比類なき逸材─朱執信(1885・1920) 民国初期の俊才─徐凌霄(1886・1961) 勇気ある辣腕家─邵飄萍(1886・1926) 詩と酒を愛した文豪─葉楚傖(1887・1946) 一代論宗─張季鸞(1888・1941)

楊 篤生〔1872～1911〕 よう・とくせい
◇中国名記者列伝─正義を貫き、その文章を歴史に刻み込んだ先人たち 第1巻 柳斌傑, 李東東編, 加藤青延監訳, 渡辺明訳 日本僑報社 2016.9 221p 21cm 3600円 ⓘ978-4-86185-224-4 Ⓝ070.16
内容 新聞・雑誌の政治評論の開拓者 王韜(おう・とう 1828・1897) 『万国公報』の魂 蔡爾康(さい・じこう 1851・1921) 西洋の学問を中国に取りこんだ「西学東漸」の先駆 厳復(げん・ふく 1854・1921) 民国時代の北京新聞界の元老 朱淇(しゅ・き 1858・1931) 時代が産出した職業ジャーナリスト 汪康年(おう・こうねん 1860・1911) 家財を投げ打ち民衆のために新聞発行 彭翼仲(ほう・よくちゅう 1864・1921) 公のために「直言」をいとわず 英斂之(えい・れんし 1867・1926) 湖南省言論界一の健筆 唐才常(とう・さいじょう 1867・1900) 清末民初の新聞政治評論家 章太炎(しょう・たいえん 1869・1936) 人民の中の先覚者 陳少白(ちん・しょうはく 1869・1934) 民国初期の北京新聞界の「怪

傑」劉少少（りゅう・しょうしょう 1870 - 1929) 義俠心に燃えた女性ジャーナリスト 唐群英（とう・ぐんえい 1871 - 1937) 海に身を投じた烈士 楊篤生（よう・とくせい 1872 - 1911) 新聞発行のために私財を投げ打つ 卞小吾（べん・しょうご 1872 - 1908) 新聞を創刊し維新を推進 梁啓超（りょう・けいちょう 1873 - 1929) マスコミ刷新の牽引者 狄楚青（てき・そせい 1873 - 1941) 口語体新聞の先駆者 林白水（りん・はくすい 1874 - 1926) 革命世論の旗手 陳去病（ちん・きょへい 1874 - 1933) 傑出したマスコミ事業者 汪漢渓（おう・かんけい 1874 - 1924) 革命党の大文豪 陳天華（ちん・てんか 1875 - 1905)

楊貴妃〔719〜756〕ようきひ
◇龍神楊貴妃伝 1 楊貴妃渡来は流言じゃすまない 養虫著 〔田辺〕 養虫工房 2017.5 339p 21cm 〈年表あり〉 Ⓘ978-4-9909604-0-7 Ⓝ289.2
◇龍神楊貴妃伝 2 これこそまさに楊貴妃後伝 養虫著 〔田辺〕 養虫工房 2017.5 351p 21cm Ⓘ978-4-9909604-1-4 Ⓝ289.2
◇安禄山と楊貴妃 安史の乱始末記 藤善真澄著 清水書院 2017.7 235p 19cm 〈新・人と歴史拡大版 15〉〈1984年刊を表記や仮名遣い等一部を改めて再刊 文献あり 年譜あり 索引あり〉 1800円 Ⓘ978-4-389-44115-9 Ⓝ222.048
内容 1 安禄山の挙兵とその背景 2 楊貴妃の登場 3 暗雲ひろがる 4 享楽の宴 5 国破れて山河あり 6 破局そして暗転

煬帝〔569〜618〕ようだい
◇隋の煬帝と唐の太宗—暴君と明君、その虚実を探る 布目潮渢著 清水書院 2018.5 243p 19cm （新・人と歴史拡大版 27〉〈「つくられた暴君と明君 隋の煬帝と唐の太宗」（1984年刊）の改題、表記や仮名遣い等一部を変更 文献あり 年譜あり 索引あり〉 1800円 Ⓘ978-4-389-44127-2 Ⓝ222.047
内容 1 隋の成立 2 楊広の登場 3 煬帝の治世 4 李世民の登場 5 太宗の治世 6 太宗の晩年

養老 静江〔1899〜1995〕ようろう・しずえ
◇ひとりでは生きられない—ある女医の95年 養老静江著 集英社 2016.9 270p 16cm （集英社文庫 よ28-1）〈かまくら春秋社 2004年刊の再刊〉 600円 Ⓘ978-4-08-745495-6 Ⓝ289.1
内容 第1章 紫のつゆ草—遠い風景（遠い風景 ふるさと 幼い夢 ほか） 第2章 紫のつゆ草—新しい旅だち（鎌倉の二階家 小児科大塚医院 鎌倉ぐらし ほか） 第3章 ひとりでは生きられない（愛する人へ 新しい時代の主役たち 「いのちの母」の幸せ ほか）

横井 軍平〔1941〜1997〕よこい・ぐんぺい
◇任天堂ノスタルジー—横井軍平とその時代 牧野武文著 KADOKAWA 2015.6 238p 18cm （角川新書 K-32)〈「ゲームの父・横井軍平伝」（角川書店 2010年刊）の改題、加筆修正〉 800円 Ⓘ978-4-04-102374-7 Ⓝ589.77
内容 第1章 今蘇る「枯れた技術の水平思考」 第2章 任天堂に突如現れたウルトラ青年 第3章 逆転の発想が生んだ光線銃 第4章 ゲーム＆ウオッチと世界進出 第5章 ゲームボーイの憂鬱 最終章 バーチャルボーイの見果てぬ夢 特別付録 横井軍平のらくがき 鼎談 任天堂と横井軍平 牧野武文/山崎功/遠藤諭
◇横井軍平ゲーム館—「世界の任天堂」を築いた発想力 横井軍平, 牧野武文著 筑摩書房 2015.8 248p 15cm （ちくま文庫 よ29-1）〈「横井軍平ゲーム館RETURNS」（フィルムアート社 2010年刊）の改題、加筆・修正、再構成 年表あり〉 740円 Ⓘ978-4-480-43293-3 Ⓝ589.77
内容 第1章 アイデア玩具の時代 1966 - 1980（ウルトラハンド ウルトラマシン ほか） 第2章 光線銃とそのファミリー 1970 - 1985（光線銃SP レーザークレー ほか） 第3章 ゲーム＆ウオッチの発明 1980 - 1983（ゲーム＆ウオッチ ドンキーコング ほか） 第4章 ゲームボーイ以降 1989 - 1996（ゲームボーイ ゲームボーイのソフトウェア ほか） 第5章 横井軍平の哲学 1997 - 20XX（横井軍平の生い立ち これからクリエイターを目指す人に ほか）

横井 弘三〔1889〜1965〕よこい・こうぞう
◇童心芸術家横井弘三—市民が発掘・顕彰する 横井弘三とオモチャン会編 長野 オフィスエム 2015.9 139p 21cm 〈年表あり 年譜あり〉 1500円 Ⓘ978-4-904570-96-8 Ⓝ723.1
内容 寄稿「わが家の横井さん」（横井弘三画伯の思い出 塚田佐（元長野市長） 横井弘三と木曽 小幡義明（長野日報記者・横井弘三とオモチャン会） ほか） よこいさ〜んだいすき!!（岡田功（横井弘三とオモチャン会） 山崎貴宏（山崎武郎の子息） ほか） 横井弘三 人と作品（造花に訴う横井弘三 二十一世紀の絵画 横井弘三 ほか） 資料 横井弘三とオモチャン会（横井弘三とオモチャン会 「オモチャン会」回顧 村田信彦（横井弘三とオモチャン会） ほか）

横井 左平太〔1845〜1875〕よこい・さへいた
◇幕末維新期の米国留学—横井左平太の海軍修学 高木不二著 慶應義塾大学出版会 2015.9 246,11p 22cm 〈年譜あり 索引あり〉 6500円 Ⓘ978-4-7664-2250-4 Ⓝ289.1
内容 第1章 横井左平太の調育（横井左平太をめぐる俗説 横井左平太の学び） 第2章 横井左平太・大平の修業（神戸行き 長崎にて ほか） 第3章 横井左平太・大平とアメリカ（ニューヨークからニューブランズウィックへ ニューブランズウィックにて ほか） 第4章 日下部太郎について（渡米までの日下部太郎について ラトガースカレッジでの留学生活の開始 ほか） 第5章 横井左平太の一時帰国、再渡米そして死（一時帰国 再渡米 ほか）

横井 庄一〔1915〜1997〕よこい・しょういち
◇ひとびとの精神史 第6巻 日本列島改造—1970年代 杉田敦編 岩波書店 2016.1 298,2p 19cm 2500円 Ⓘ978-4-00-028806-4 Ⓝ281.04
内容 プロローグ 一九七〇年代—「公共性」の神話 1 列島改造と抵抗（田中角栄—列島改造と戦後日本政治 小泉よね—三里塚の一本杉 宮崎省吾—住民自治としての「地域エゴイズム」 宇梶静江—関東ア

よこい

イヌの呼びかけ）　2 管理社会化とその底流（吉本隆明と藤田省三―「大衆の原像」の起源と行方　岩根邦雄―「おおぜいの私」による社会運動　小野木祥之―仕事のありかたを問う労働組合運動の模索）　3 アジアとの摩擦と連帯（小野川寛郎と横井庄一―豊かな社会に出現した日本兵　金芝河と日韓連帯運動を担ったひとびと　金順烈―アジアの女性たちを結ぶ）

横井　小楠〔1809〜1869〕　よこい・しょうなん

◇横井小楠關係史料　1　オンデマンド版　東京大学出版会　2016.3　452p　22cm　〈続日本史籍協會叢書 99〉〈複製　印刷・製本：デジタルパブリッシングサービス〉　20000円　Ⓘ978-4-13-009506-8　Ⓝ121.54
＊論考：イ.学校問答書　ロ.文武一途の説　ハ.夷虜応接大意　ニ.陸兵問答書　ホ.海軍問答書　ヘ.国是三論　ト.処時変議　チ.海外の形勢を説き併せて国防を論ず。　事務策　建白類：イ.肥後藩に　ロ.福井藩に　ハ.幕府に　ニ.朝廷に　書簡：天保十　十一年　弘化四年　嘉永元年―六年　安政元年―六年　万延元年　文久元年―三年　元治元年

◇横井小楠關係史料　2　オンデマンド版　東京大学出版会　2016.3　453〜1006p　22cm　〈続日本史籍協會叢書 100〉〈複製　印刷・製本：デジタルパブリッシングサービス　年譜あり〉　20000円　Ⓘ978-4-13-009507-5　Ⓝ121.54
＊書簡：慶応元年―三年　明治元年　年代不明分　詩文：イ.文　ロ.漫録　ハ.詩　談話　講義及び語録

◇明治維新を読みなおす―同時代の視点から　青山忠正著　大阪　清文堂出版　2017.2　220p　19cm　1700円　Ⓘ978-4-7924-1066-7　Ⓝ210.61
内容　近世から近代へ―何がどう変わるのか　1 政争のなかの戦い（通商条約の勅許と天皇　功山寺決起と高杉晋作 ほか）　2 造型される人物（将軍継嗣問題の実情　江戸無血開城の真相―天璋院篤姫 ほか）　3 暗殺の現場（井伊直弼　生い立ち ほか）　4 明治国家を作り出す（全国統一政府の成立　東アジアとの確執と訣別 ほか）

◇いまこそ知りたい日本の思想家25人　小川仁志著　KADOKAWA　2017.9　254p　19cm　〈他言語標題：25 Japanese thinkers you need to know now　文献あり〉　1700円　Ⓘ978-4-04-400234-3　Ⓝ121.028
内容　第1章 日本思想の黎明期（空海　道元　親鸞　吉田兼好　世阿弥）　第2章 日本の近世の葛藤（山本常朝　荻生徂徠　本居宣長　安藤昌益　二宮尊徳）　第3章 日本の近代の幕開け（横井小楠　吉田松陰　福沢諭吉　新渡戸稲造　内村鑑三）　第4章「日本哲学」の始まり（西周　西田幾多郎　九鬼周造　三木清　和辻哲郎）　第5章 世界における日本思想の独自性（北一輝　鈴木大拙　柳田國男　丸山眞男　吉本隆明）

◇評伝　横井小楠―未来を紡ぐ人1809-1869　小島英記著　藤原書店　2018.7　332p　20cm　〈文献あり　年譜あり　索引あり〉　2800円　Ⓘ978-4-86578-178-6　Ⓝ121.54

◇日本精神研究―GHQ発禁図書開封　大川周明著　徳間書店　2018.9　334p　18cm　1100円　Ⓘ978-4-19-864699-8　Ⓝ121
内容　第1 横井小楠の思想及び信仰　第2 佐藤信淵の理想国家　第3 平民の教師石田梅岩　第4 純情の人平野二郎国臣　第5 剣の人宮本武蔵　第6 近代日本の創設者織田信長　第7 上杉鷹山の政道　第8 戦える僧上杉謙信　第9 頼朝の事業及び人格

◇横井小楠の人と思想―幕末に国家をデザインした男　田口佳史著　致知出版社　2018.11　198p　20cm　〈文献あり〉　1500円　Ⓘ978-4-8009-1193-3　Ⓝ121.54
内容　序章 いまなぜ横井小楠か　第1章 横井小楠の国家構想　第2章 国家構想成立を阻むもの　第3章 国家構想を成立させる条件　第4章 教育こそが成否の要　第5章 時代と横井小楠

横井　時雄〔1857〜1927〕　よこい・ときお

◇新編　同志社の思想家たち　上　沖田行司編著　京都　晃洋書房　2018.5　217p　19cm　〈他言語標題：THINKERS of DOSHISHA〉　2200円　Ⓘ978-4-7710-3055-8　Ⓝ121.02
内容　第1章 新島襄―「私立」する精神　第2章 山本覚馬―京都の近代化と同志社創設の立役者　第3章 横井時雄―「日本風」のキリスト教の模索　第4章 海老名弾正―「実験」に支えられた「異端」者の生涯　第5章 浮田和民―「半宗教家」「全教育家」として　第6章 元良勇次郎―日本初の心理学者　第7章 原田助―国際主義を唱えた同志社人　第8章 大西祝―短き生涯が遺したもの　第9章 山室軍平―神と平民の為に　第10章 安部磯雄―理想と現実のはざまで

横井　福次郎〔1912〜1948〕　よこい・ふくじろう

◇長編マンガの先駆者たち―田河水泡から手塚治虫まで　小野耕世著　岩波書店　2017.5　281p　22cm　3400円　Ⓘ978-4-00-023890-8　Ⓝ726.101
内容　日本は長編マンガの王国　珍品のらくろ草をたずねて―田河水泡論　三五六十五日のフシギ旅行―茂田井武論　一九四〇年、火星への旅―大城のぼる論　人造心臓の鼓動がきこえる―横山隆一論　新バグダットのメカ戦争―松下井知夫論その1　モセス・マンがやってくる―松下井知夫論その2　プッチャーのふしぎな国―横井福次郎論その1　冒険王ターザン、原子爆弾の島へ―横井福次郎論その2　ターザン、大震災の日本へ飛ぶ―横井福次郎論その3　スピード太郎の世界地図―宍戸左行論　人類連盟本部にて―藤子不二雄論　ある少年マンガ家の冒険―田川紀久雄論　戦後ストーリー・マンガの出発点―手塚治虫論

横内　悦夫〔1934〜〕　よこうち・えつお

◇紺碧の天空を仰いで―スズキとともに生きた横内悦夫・回想録　横内悦夫著　〔東大阪〕　デザインエッグ　2015.1　239p　24cm　Ⓘ978-4-86543-232-9　Ⓝ289.1

横内　正典〔1944〜〕　よこうち・まさのり

◇闘い続ける漢方癌治療　横内正典著　たま出版　2014.9　222p　19cm　〈文献あり〉　1300円　Ⓘ978-4-8127-0367-0　Ⓝ494.5
内容　第1部 すべては癌患者のために（医療の理念を育てた時代　燃える赤ひげ軍団　全国から患者を迎える地方病院　わが怒りこそ、原動力　癌征服をめ

横尾 忠則〔1936～〕　よこお・ただのり
◇ぼくなりの遊び方、行き方―横尾忠則自伝　横尾忠則著　筑摩書房　2015.3　442p　15cm　（ちくま文庫　よ5-7）〈『波乱へ!!』（文春文庫1998年刊）の改題、加筆、改稿〉　1100円
①978-4-480-43241-4　Ⓝ723.1
内容　上京、日本デザインセンター入社　胎動の日々　表現の可能性を求めて　フリーランス宣言　憧れの三島由紀夫　ぼく自身のための広告　「横尾忠則」というメディア　ニューヨークの仲間たち　映画『新宿泥棒日記』に主演　ぼくの身近に不思議なことが… ［ほか］

◇言葉を離れる　横尾忠則著　青土社　2015.10　237p　20cm　2100円　①978-4-7917-6886-8　Ⓝ914.6
内容　宿命に気づく時　肉体が感得するもの　鍵の在処　観察の技法　波乱の始まり　想定外の連続　買書の心得　三島由紀夫の霊性　地獄と天国のジェットコースター　インドからの呼び声　小説と画家宣言　「ディオニソス」の饗宴　ラウシェンバーグの軽やかな芸術　滝のひらめき　運命を手なずける映画の手がかり　少年文学の生と死　言葉を離れる　自分の中の革命

横川 竟〔1937～〕　よこかわ・きわむ
◇History 暮らしを変えた立役者―戦後流通5人のレジェンド　日経MJ編　日本経済新聞出版社　2017.10　255p　19cm　1600円　①978-4-532-32178-9　Ⓝ335.13
内容　第1章　名代富士そば―1杯300円の立ち食いそばで100億円・創業者・丹道夫（30歳過ぎからそば一筋―職を転々、山あり谷あり　差別なき経営、原点は幼少期―父のいじめ、つらい子ども時代　ほか）　第2章　イズミ―銭湯改装し、スーパー事業進出・創業者・山西義政（挫折も糧、走り続けた70年―掘り出しはヤミ市の一角　商いを学んだ少年時代―貝の行商で「お得意さん」　ほか）　第3章　ジャパネットたかた―ラジオでテレビでしゃべり続けた人生・創業者・髙田明（「伝わる言葉」選ぶ出発点に―ネジ機械の販売、欧州で経験　100人相手に「こっち向いて」―実家のカメラ店、観光で活況　ほか）　第4章　すかいらーく―ファミリーレストランを日本に・元社長・横川竟（「ブラック企業」からの出発―倉庫片隅で住み込み生活　築地の乾物問屋に「入学」―商売の神髄たたき込まれる　ほか）　第5章　伊勢丹―毎日が新しい、ファッションの伊勢丹・元会長・小柴和正（「残業要員」で新宿本店へ―社内は「三越に追いつけ、追い越せ」　歴史に残る大量在庫―新設のカジュアルショップを担当　ほか）

横川 端〔1932～〕　よこかわ・ただし
◇外食産業創業者列伝　牛田泰正著　弘前　路上社　2018.5　130p　21cm　〈他言語標題：Biographies of restaurant founders〉　1000円　①978-4-89993-079-2　Ⓝ673.97
内容　第1章　メインディッシュ（創業者編）（グリーンハウス・田沼文蔵―人に喜ばれてこそ会社は発展する／感謝貢献　ダスキン・鈴木清一―われ損の道をゆく／あんた、やってみなはれ　ケンタッキーフライドチキン・大河原毅―ピープルズ・ビジネス／死線を超えた救出　すかいらーく・横川端―外食王の夢／今以上を夢見て進む　ベニハナ・オブ・トーキョウ・ロッキー青木―リングはアメリカ／ノウハウよりノウフー　ほか）　第2章　アラカルト（青森編）（芝田商店―赤字経営から脱出！／メニューエンジニアリング　一幸食堂―利は元にあり／原価率35％の王道を行く　戸田うちわ餅店―素材のおいしさで勝負／じゃっぱりを売る戸田のお餅　長谷川牧場―長谷川式こだわりの自然牧場／養豚に労力惜しまず　田地專蔵珈琲店―藩士の珈琲が香る街／一杯のコーヒーで心豊かに　ほか）

横川 唐陽　よこかわ・とうよう
⇒横川德郎（よこかわ・とくろう）を見よ

横川 德郎〔1868～1929〕　よこかわ・とくろう
◇鴎外の漢詩と軍医・横川唐陽　佐藤裕亮著　論創社　2016.6　244p　20cm　〈年譜あり〉　2200円　①978-4-8460-1533-6　Ⓝ919.6
内容　序章　唐陽山人とは誰ぞ　第1章　明治漢詩の世界へ（近代日本の漢詩文を知るために　明治期における「詩」）　第2章　横川唐陽の前半生（明治という時代に生まれて　横川塾と神戸学校　訓読三俊―横川唐陽とその兄弟　第一高等中学校医学部に学ぶ　軍医となるためには―明治陸軍の軍医養成・補充について　日清戦争従軍とその後）　第3章　日露戦争における横川唐陽（軍医たちの日露戦争　旅順開城の日の水師営包帯所　乃木大将の感伏―奉天会戦における第一師団衛生隊　奉天の鴎外と唐陽　鴎外からの手紙）　終章　唐陽の足跡を辿って　附論

横澤 高記〔1884～1959〕　よこざわ・たかのり
◇蚕桑村を愛した横澤高記　横澤君江著　〔出版地不明〕　横澤君江　2017.6　69p　21cm　〈発行所：青潤社出版　年譜あり〉　Ⓝ289.1

横塚 晃一〔1935～1978〕　よこづか・こういち
◇ひとびとの精神史　第5巻　万博と沖縄返還―1970年前後　吉見俊哉編　岩波書店　2015.11　331p　19cm　2500円　①978-4-00-028805-7　Ⓝ281.04
内容　1　劇場化する社会（三島由紀夫―魂を失った未来への反乱　山本義隆―自己否定を重ねて　岡本太郎―塔にひきよせられるひとびと　牛山純一―テレビに見た「夢」）　2　沖縄―「戦後」のはじまり（仲宗根政善―方言研究に込めた平和への希求　マリー―米軍兵士と日本人の間で戦ったロックの女王　比嘉康雄と東松照明―二人の写真家の"沖縄"）　3　声を上げたひとびと（田中美津―"とり乱しの弁証法"としてのウーマン・リブ　川本輝夫―水俣病の"岩盤"を穿つ　横塚晃一―障害者は主張する　大地を守る会―紛争の経験を地域の実践へ　木村守江―「原発村」の誕生と浜通り）

横田 喜三郎〔1896～1993〕　よこた・きさぶろう
◇横田喜三郎―1896-1993 現実主義的平和論の軌跡　片桐庸夫著　藤原書店　2018.9　264p　20cm　〈年譜あり　索引あり〉　3200円　①978-4-86578-186-1　Ⓝ289.1
内容　第1章　生いたちと、安全保障観の形成　第2章　時局評価―満州事変批判　第3章　戦争の危機と国際法の不完全性　第4章　戦後日本の安全保障論　第5章

横田 徹〔1971～〕 よこた・とおる
◇戦場中毒—撮りに行かずにいられない 横田徹著 文藝春秋 2015.10 270p 19cm 〈文献あり〉 1500円 Ⓘ978-4-16-390356-9 Ⓝ070.17

内容 第1章 同時多発テロ以前—タリバン従軍—2001年、アフガニスタン 第2章 復讐には百年かけても遅くない—2002年、再びアフガニスタン 第3章 北関東から戦場へ—1997年、カンボジア 第4章 「正義」がもたらしたカオス—2007年、アフガニスタン駐留アメリカ軍 第5章 死の谷—2008年、世界で最も危険な国境地帯 第6章 2つのカメラ—スチールとムービー 第7章 海賊、そして革命—2011年、インド洋・リビア 第8章 写真で世界は変わるのか—2011年、アフガン人写真家の栄光と苦悩 第9章 戦いは終らない—2012年、ベトナムより長い戦争 第10章 流浪の聖戦戦士たち—2013年、シリア・イスラム国 第11章 カンダハール—アフガニスタン国軍は戦えるのか

横田 弘〔1933～2013〕 よこた・ひろし
◇われらは愛と正義を否定する—脳性マヒ者横田弘と「青い芝」 横田弘,立岩真也,臼井正樹著 生活書院 2016.3 235,11p 21cm 〈文献あり〉 2200円 Ⓘ978-4-86500-053-5 Ⓝ369.27

内容 第1章 喜寿のお祝い 第2章 横田弘の生涯 第3章 対談1—二〇〇二・七・二八・横田弘×立岩真也 第4章 障害者運動と地域福祉計画 第5章 障害者と地域 第6章 対談2—二〇〇八・一・二二・横田弘×立岩真也×臼井正樹 第7章 横田弘と生命倫理

◇差別されてる自覚はあるか—横田弘と青い芝の会「行動綱領」 荒井裕樹著 現代書館 2017.1 300p 19cm 2200円 Ⓘ978-4-7684-3552-6 Ⓝ369.27

内容 伝説・横田弘 どんな「主語」で自分を語るか 「横田弘」誕生 「青い芝の会」誕生 「行動綱領」誕生 「行動綱領」の条文を読む 生き延びるために「絶望」する 「行動綱領」改訂される 「脳性マヒ」に立ち帰れ 「青い芝の会」と日本国憲法 脳性マヒ者にとって「解放」とは何か? 闘うのは「ありきたりなもの」のために 人間・横田弘

横田 良一〔1911～1936〕 よこた・りょういち
◇評伝 天草五十人衆 天草学研究会編 福岡 弦書房 2016.8 317p 22cm 〈文献あり 年表あり 索引あり〉 2400円 Ⓘ978-4-86329-138-6 Ⓝ281.94

内容 ステージ1 五人衆の時代、そして… ステージ2 天領天草の村々 ステージ3 祈りの島で ステージ4 耕す、漁る ステージ5 実業の世をひらく ステージ6 潮路はるかに ステージ7 文学・歴史・言論 ステージ8 あの頃、この人 ステージ9 島の現実、国の行く末 ステージ10 一筋の道 ステージ特別編 群像二題(天草の石文化と松室五郎左衛門 牛深カツオ漁の男たち)

横地 祥原〔1910～2011〕 よこち・しょうげん
◇横地祥原先生小伝—満蒙に寺を建てた男 陽明学会・時輪曼陀羅廟・シベリア抑留 野方春人著 福岡 伊都大学出版部 2016.5 455p 22cm 〈折り込 2枚 年譜あり 著作録あり 文献あり〉 4000円 Ⓝ289.1

横手 晃〔1967～〕 よこて・あきら
◇苦闘する地方政治家—町議会議員を志した広告マン 北野麦酒著 彩流社 2017.9 190p 19cm 1800円 Ⓘ978-4-7791-2387-0 Ⓝ318.437

内容 第1章 夢 第2章 維新 第3章 町議選 第4章 投開票日 第5章 本来無一物

横溝 正史〔1902～1981〕 よこみぞ・せいし
◇江戸川乱歩と横溝正史 中川右介著 集英社 2017.10 334p 19cm 〈他言語標題: Edogawa Rampo & Yokomizo Seishi 文献あり〉 1700円 Ⓘ978-4-08-781632-7 Ⓝ910.268

内容 第1章 登場—「新青年」～一九二四年 第2章 飛躍—『心理試験』『広告人形』一九二五～二六年 第3章 盟友—「江戸川乱歩全集」一九二六～三一年 第4章 危機—『怪人二十面相』『真珠郎』一九三二～四五年 幕間—一九四〇～四五年 第5章 再起—「黄金虫」「ロック」「宝石」一九四五～四六年 第6章 奇跡—『本陣殺人事件』一九四六～四八年 第7章 復活—『青銅の魔人』一九四八～五四年 第8章 新星—『悪魔の手毬唄』一九五四～五九年 第9章 落陽—乱歩死す 一九五九～六五年 第10章 不滅—横溝ブーム 一九六五～八二年

横光 利一〔1898～1947〕 よこみつ・りいち
◇横光利一 荒井惇見著,福田清人編 新装版 清水書院 2017.9 200p 19cm (Century Books—人と作品)〈文献あり 年譜あり 索引あり〉 1200円 Ⓘ978-4-389-40117-7 Ⓝ910.268

内容 第1編 横光利一の生涯(流転の幼年時代 青春—懸命なる作家修業時代 処女作のこと 前途洋々欧州旅行 ほか) 第2編 作品と解説(蝿 日輪 春は馬車に乗つて 機械 紋章 旅愁)

◇横光利一と"ふるさと"伊賀 伊賀 三重県立上野高等学校同窓会横光利一研究会 2018.3 61p 21cm 〈横光利一生誕百二十年記念 年譜あり〉 500円 Ⓝ910.268

横峯 さくら〔1985～〕 よこみね・さくら
◇さくら道 横峯さくら著 文藝春秋 2018.5 180p 19cm 1450円 Ⓘ978-4-16-390846-5 Ⓝ783.8

内容 米ツアー挑戦前 2011・2014 転機(夫・森川陽太郎との出会い 彼氏との仕事は敬語で ほか) 米ツアー1年目 2015 変化の年(10試合あれば勝てると思っていた ゴルフ人生初の3週連続予選落ち ほか) 米ツアー2年目 2016 環境を整える(まずは先入観なしに挑戦してみる ルーティンを作る ほか) 米ツアー3年目 2017 気づきと決断(猛練習したけれど オーバースイング誕生秘話 ほか) 米ツアー4年目 2018 ゴルフと幸せ(ゴルフを続ける覚悟 食べて鍛えて、5kg増量に成功 ほか)

横森 巧〔1942～〕 よこもり・たくみ
◇たかがサッカーされどサッカー—70年余を顧みる 横森巧著 甲府 山梨日日新聞社(発売)

2017.7 346p 22cm 2200円 ①978-4-89710-627-4 Ⓝ783.47
[内容]第1章「たかがサッカーされどサッカー」―70年余を顧みる(出生(勝沼)から学生生活(日川高・日体大)へ 教育生活のスタートと甲府クラブ参加 韮崎高校時代へ 韮崎高校を転出、サッカーとも離れる 第2の人生、山梨学院へ) 第2章「巧のサッカー人生」その"となり"に居て(「巧のサッカー人生」その"となり"に居て 父の愛と情熱を未来へ) 第3章 横森監督の指導を受けて―教え子たちの回想

横山 エンタツ〔1896～1971〕 よこやま・えんたつ
◇昭和芸人七人の最期 笹山敬輔著 文藝春秋 2016.5 249p 16cm (文春文庫 さ67-1)〈文献あり〉 620円 ①978-4-16-790625-2 Ⓝ779.9
[内容]第1章 榎本健一・65歳没―片脚の宙返り 第2章 古川ロッパ・57歳没―インテリ芸人の孤独 第3章 横山エンタツ・74歳没―運命のコンビ解散 第4章 石田一松・53歳没―自惚れた歌ネタ芸人 第5章 清水金一・54歳没―主役しかできない人 第6章 柳家金語楼・71歳没―元祖テレビ芸人の帰る家 第7章 トニー谷・69歳没―占領下が生んだコメディアン 特別インタビュー 最後の喜劇人、芸人の最期を語る―伊東四朗

横山 和之〔1957～〕 よこやま・かずゆき
◇一心 横山和之著 幻冬舎メディアコンサルティング 2017.4 229p 20cm〈文献あり 年譜あり 発売:幻冬舎〉 1400円 ①978-4-344-91174-1 Ⓝ289.1
[内容]第1章 使命感に駆られて 第2章 創業 第3章 夢、情熱、そして感動 第4章 経営者のほとばしる言葉 第5章 パティスリーのデザイン 第6章 果たすべきこと

横山 源之助〔1870～1915〕 よこやま・げんのすけ
◇横山源之助伝―下層社会からの叫び声 立花雄一著 日本経済評論社 2015.10 458p 22cm〈『評伝 横山源之助』(創樹社 1979年刊)の改題、加筆・校訂、解説を加えた新版 索引あり〉 4500円 ①978-4-8188-2394-5 Ⓝ289.1
[内容]第1章 米騒動の浜辺で一生い立ち 第2章 二葉亭四迷の門へ―青春・放浪時代 第3章 下層社会ルポ作家としての出発 第4章 開放期労働運動と横山源之助 第5章 帰郷時代 第6章 労働運動への復帰―右派労働運動の旗挙とその潰滅 第7章 後半生の横山源之助 第8章 後期作品管見―『日本之下層社会』以後

横山 大観〔1868～1958〕 よこやま・たいかん
◇画聖横山大観の系譜―郷土の偉人伝 坂田暁風著〔水戸〕〔坂田暁風〕 2015.1 169p 20cm〈年譜あり〉 Ⓝ721.9
◇横山大観―カラー版 近代と対峙した日本画の巨人 古田亮著 中央公論新社 2018.3 214p 18cm (中公新書 2478)〈文献あり〉 1000円 ①978-4-12-102478-7 Ⓝ721.9
[内容]第1章 誕生―明治前半期(生い立ち 東京美術学校 ほか) 第2章 苦闘―明治後半期(日本美術院創設 朦朧体 ほか) 第3章 躍動―大正期(日本美術院の再興 装飾的彩色画 ほか) 第4章 大成―昭和初期(権勢と孤独 彩管報国 ほか) 第5章 不偏―戦後・歿後(戦後 終焉 ほか)
◇もっと知りたい横山大観―生涯と作品 古田亮監修・著, 鶴見香織, 勝山滋著 東京美術 2018.5 95p 26cm (アート・ビギナーズ・コレクション)〈文献あり 索引あり〉 2000円 ①978-4-8087-1105-4 Ⓝ721.9
[内容]はじめに 国民国家・大観の誕生 第1章「大観」の誕生・画家の道へ―明治元年(1868)～明治30年(1897)(0～29歳) 第2章 苦難の道のり・日本美術院の成立と衰退、五浦へ―明治31年(1898)～大正2年(1913)(30～45歳) 第3章 在野における地位の確立・日本美術院の再興―大正3年(1914)～昭和11年(1936)(46～68歳) 第4章 戦争の時代にあって・深まる国家との結びつき―昭和12年(1937)～昭和20年(1945)(69～77歳) 第5章 円熟の境地・描き続けた人生―昭和21年(1946)～昭和33年(1958)(78～89歳) 総論 大観芸術の特性

横山 丈夫 よこやま・たけお
◇狙撃手、前へ!―ある父島移民の戦争 瀬戸山玄著 岩波書店 2015.6 230p 20cm〈文献あり〉 2400円 ①978-4-00-023730-7 Ⓝ210.74
[内容]第1章 かりそめの来島者たち 第2章 狙撃手への足がかり 第3章 鉄路の戦い

横山 忠夫〔1950～〕 よこやま・ただお
◇敗者復活―地獄をみたドラフト1位、第二の人生 元永知宏著 河出書房新社 2017.10 223p 19cm 1300円 ①978-4-309-27889-6 Ⓝ783.7
[内容]150キロ右腕が引退を選んだ理由―増渕竜義(2006年、東京ヤクルトスワローズ1位/『King Effect』代表、野球スクール『Go every baseball』塾長) 少しぐらいバカにされてもいつも謙虚で―入来祐作(1996年、読売ジャイアンツ1位/福岡ソフトバンクホークス三軍コーチ) 野球の才能は別の世界で通用しない―檜山泰浩(1985年、近鉄バファローズ1位/司法書士)「2年目のジンクス」に敗れた新人王候補―真木将190(1997年、近鉄バファローズ1位/法政大学野球部コーチ) 覚醒しなかった三拍子描った大型内野手―渡辺正人(1997年、千葉ロッテマリーンズ1位/石川ミリオンスターズ監督) 野球をやめたら「人間」が問われる―田口竜二(1984年、南海ホークス1位/白寿生科学研究所人材開拓課課長)「巨人のドラ1」のプライドが消えた瞬間―横山忠夫(1971年、読売ジャイアンツ1位/手打ちうどん「立山」店主)

横山 白虹〔1899～1983〕 よこやま・はくこう
◇共に歩む―横山白虹・房子俳句鑑賞 横山白虹・房子作, 寺井谷子著 飯塚書店 2015.5 149p 19cm 1700円 ①978-4-7522-2075-6 Ⓝ911.36
[内容]1章 評伝・横山白虹 2章 白虹・房子十二ヵ月 3章 房子春秋

横山 浩司〔1936～〕 よこやま・ひろし
◇激動の時代をものづくりと共に生き抜いて―「株式会社ヨコヤマ精工」元会長・横山浩司伝

横山浩司語り 〔出版地不明〕 〔横山浩司〕 2015.9 231p 21cm 〈年譜あり〉 非売品 Ⓝ289.1

横山 美和 よこやま・みわ
◇メイクで世界中を笑顔に！―MAKE SMILE TRIP@Miwonderful 横山美和著 主婦の友社 2015.7 189p 19cm 1500円 Ⓘ978-4-07-413475-5 Ⓝ289.1
内容 0 MIRACLE（原宿のど真ん中でメイク・ミラクル！） 1 DREAM（「夢は結婚」落ちこぼれ高校時代 不真面目生徒、コンテストに出る！ ほか） 2 CHANGE（古着屋さんで始めた新サービス 肩書きは「契約社員」兼「主宰」 ほか） 3 BELIEVE（私がリーダーだから、いけない？ 「元気になれますか…？」ほか） 4 TRIP（あきらめた「メイク屋台」の夢 ひとりっきりの会社設立 ほか） 5 SMILE（メイクが苦手なマイちゃんとの出会い 不器用な私のミッション10年計画 ほか） EPILOGUE（モンゴルの女のコからのメッセージ）

横山 やすし 〔1944〜1996〕 よこやま・やすし
◇父・横山やすし伝説 木村一八著 宝島社 2018.3 235p 19cm 〈他言語標題：Legend of my father,Yasushi Yokoyama 年譜あり〉 1380円 Ⓘ978-4-8002-8163-0 Ⓝ779.14
内容 序章 親父を語る 第1章 素顔の横山やすし 第2章 親父ルール 第3章 芸人・横山やすし 第4章 横山やすしと木村一八の事件簿 終章 墓参り

横山 雄二 〔1967〜〕 よこやま・ゆうじ
◇生涯不良 横山雄二著 広島 ザメディアジョン 2015.5 214p 21cm 〈文献あり〉 1200円 Ⓘ978-4-86250-368-8 Ⓝ289.1
内容 ヨコヤマ×表現者たち - assertor -（渡辺正行 片岡鶴太郎 矢沢ようこ ほか） ヨコヤマ俳句（YOKOYAMA HAIKU 角川春樹、横山雄二の俳句について語る!! 森田芳光監督の追悼俳句『未完のフィルム』 「缶入りドロップ」で新人賞！ 横山雄二の思い ほか） MOVIE『浮気なストリッパー』を読む!!（映画『浮気なストリッパー』シナリオ完全版＋スタッフロール） 日本中が恋をした！映画『ラジオの恋』日本列島をジャック！ ヨコヤマ☆ナイト×熱

横山 祐果 〔1985〜〕 よこやま・ゆか
◇フツーの女子社員が29歳で執行役員になるまで〈仮〉 横山祐果著 日経BP社 2015.11 201p 19cm 〈発売：日経BPマーケティング〉 1400円 Ⓘ978-4-8222-3087-6 Ⓝ289.1
内容 1章「ガールフレンド（仮）」誕生物語（サイバーエージェント女性初の執行役員・横山祐果、ここに誕生 非ゲームマニアが、ゲームで執行役員に ほか） 2章「ガールフレンド（仮）」から「ガールフレンド（♪）」へ（「ユーザーの欲しいモノ」がヒットのカギに 心に刻んだ「心得6箇条」ほか） 3章 ゲームプロデューサーというお仕事（カードバトルゲームとは？ 「気遣いと女子脳によって生み出された」ゲーム ほか） 4章「ロスジェネ世代」と「ゆとり世代」のはざまに生まれて（「奇跡の世代」のキセキ ゲームより、お稽古と勉強が好きだった子供時代 ほか） 5章 そして、未来へ（電光石火の執行役員就任から1年 出し損ねた「女性視点」ほか）

横山 隆一 〔1909〜2001〕 よこやま・りゅういち
◇長編マンガの先駆者たち―田河水泡から手塚治虫まで 小野耕世著 岩波書店 2017.5 281p 22cm 3400円 Ⓘ978-4-00-023890-8 Ⓝ726.101
内容 日本は長編マンガの王国 珍品のらくろ草をたずねて―田河水泡論 三百六十五日のフシギ旅行―茂田井武論 一九四〇年、火星への旅―大城のぼる論 人造心臓の鼓動がきこえる―横山隆一論 新バグダッドのメカ戦争―松下井知夫論その1 モス・マンがやってくる―松下井知夫論その2 ブッチャーのふしぎな国―横井福次郎論 その1 冒険王ターザン、原子爆弾の島へ―横井福次郎論その2 ターザン、大震災の日本へ飛ぶ―横井福次郎論その3 スピード太郎の世界地図―宍戸左行論 人類連盟本部にて―藤子不二雄論 ある少年マンガ家の冒険―田川紀久雄論 戦後ストーリー・マンガの出発点―手塚治虫論

与謝 蕪村 〔1716〜1783〕 よさ・ぶそん
◇蕪村 藤田真一著 大阪 創元社 2014.8 206p 18cm （日本人のこころの言葉）〈文献あり 年譜あり〉 1200円 Ⓘ978-4-422-80066-0 Ⓝ911.34
内容 言葉編（遅咲きの偉才（還暦を過ぎ、少年期の回想にひたる 身寄りのない江戸で、慈父にめぐりあう ほか） 画俳ふた道の華（ふたつの画印 怠惰に貧乏神がとりつく ほか） 交誼の輪（馬が合った友・雲裡坊を追悼して 鴨川のほとりに転居した泰里に ほか） 時空の夢（軽い乗りの俳諧師 俳諧は和歌を超えた ほか）） 生涯編
◇蕪村―俳と絵に燃えつきた生涯 稲垣麦男著 文學の森 2015.11 341p 20cm 〈文献あり〉 2778円 Ⓘ978-4-86438-390-5 Ⓝ911.34
◇友ありき与謝蕪村 渡辺洋著 ぷねうま舎 2016.9 318p 20cm 〈文献あり〉 2600円 Ⓘ978-4-906791-61-3 Ⓝ911.34
内容 第1章 下総結城の頃 第2章 与謝の海 第3章 夜半亭二世 第4章 俳諧三昧 第5章 郷愁の詩人 第6章 王維の境地

与謝野 晶子 〔1878〜1942〕 よさの・あきこ
◇田辺聖子の恋する文学―一葉、晶子、芙美子 田辺聖子著 新潮社 2015.9 184p 16cm （新潮文庫 た-14-31）〈『田辺聖子の古典まんだら 続』（2013年刊）の改題、加筆、訂正〉 430円 Ⓘ978-4-10-117531-7 Ⓝ910.2
内容 恋が執筆の原動力・樋口一葉 嫉妬を文学に昇華させた与謝野晶子 ノラになりたかった杉田久女 女の友情・吉屋信子 男の本質をつかんでいた林芙美子
◇与謝野寛 晶子の書簡をめぐる考察―『天眠文庫蔵与謝野寛晶子書簡集』『与謝野寛晶子書簡集成全四巻』 逸見久美著 風間書房 2016.8 396p 22cm 3800円 Ⓘ978-4-7599-2140-3 Ⓝ911.162
内容 第1章 明治期の書簡（明治二五年から二九年にかけて 明治三〇年から三二年にかけて 明治三三年 明治三四年 明治三五年から三九年にかけて 明治

四〇年から四五年、大正元年にかけて）　第2章　大正期の書簡（大正二年から四年にかけて　大正五年から七年にかけて　大正八年から一〇年にかけて　大正一一年から一四年にかけて）　第3章　昭和期の書簡（大正一五年、昭和元年から三年にかけて　昭和四年から七年にかけて　昭和八年から一〇年にかけて　昭和一一年から一七年にかけて）

◇与謝野晶子　浜名弘子著, 福田清人編　新装版　清水書院　2017.9　220p　19cm　（Century Books―人と作品）〈文献あり　年譜あり　索引あり〉　1200円　①978-4-389-40115-3　Ⓝ911.162

内容　第1編　与謝野晶子の生涯（老舗の娘　はたちの心　おごりの春　転生　ただひとり）　第2編　作品と解説（みだれ髪　恋衣　舞姫　夏より秋へ　明るみへ　ほか）

◇現代文士廿八人　中村武羅夫著　講談社　2018.6　217p　16cm　（講談社文芸文庫　なU1）〈日高有倫堂 1909年刊の再編集〉　1600円　①978-4-06-511864-1　Ⓝ910.261

内容　田山花袋　国木田独歩　生田葵山　夏目漱石　菊池幽芳　小川未明　小杉天外　内藤鳴雪　徳田秋声　水野葉舟　ほか

◇私の生い立ち　与謝野晶子著　岩波書店　2018.8　264p　15cm　（岩波文庫 31-038-3）　640円　①978-4-00-310383-8　Ⓝ911.162

内容　私の生い立ち（狸の安兵衛／お歌ちゃん　お師匠さん／屏風と障子／西瓜燈籠　夏祭　嘘　火事　ほか）　私の見た少女（南さん　おとくの奉公ぶり　商家に生れたあや子さん　巴里のエレンヌさん　楠さん　ほか）

与謝野　馨〔1938〜2017〕　よさの・かおる

◇政治の眼力―永田町「快人・怪物」列伝　御厨貴著　文藝春秋　2015.6　207p　18cm　（文春新書 1029）　750円　①978-4-16-661029-7　Ⓝ312.8

内容　安倍政権とは何か（貴族的感覚　祖父譲り―麻生太郎　「フツー」に秘める胆力―山口那津男　ほか）　自民党の力の秘密（「反時代」で独特の地位―古賀誠　権力への鋭いアンチ―野中広務　ほか）　チャレンジャーの資格（己を見つめる伝道師―石破茂(1)　大政治家に化けうるか―細野豪志　ほか）　失敗の研究（道半ばのリアリズム―仙谷由人　「政策の調教師」次の道―与謝野馨　ほか）　清和会とは何か（時勢を見極め一手―森喜朗　二十一世紀型の首相―小泉純一郎　ほか）

◇目指した明日　歩んだ毎日　与謝野馨著, 文藝春秋企画出版部編　文藝春秋企画出版部（制作）2018.5　311p　20cm　Ⓝ289.1

与謝野　鉄幹〔1873〜1935〕　よさの・てっかん

◇鉄幹と文壇照魔鏡事件―山川登美子及び「明星」異史　木村勲著　国書刊行会　2016.6　326p　20cm　〈文献あり　索引あり〉　2200円　①978-4-336-06025-9　Ⓝ911.162

内容　第1章　『文壇照魔鏡』の出現（魔書と高須梅溪波紋ほか）　第2章　高師の浜の歌席「新声」の登美子　鉄幹と河井酔茗　ほか）　第3章　鉱毒ルポと魔詩人（掬汀・梅溪の『亡国の縮図』「鉱毒画報」の田中万逸と秋水、石上露子　ほか）　第4章　登美子の慟哭（晶子宛て未着の「廿九日」付け書簡　夫恋歌「夢

うつつ」十首　ほか）

◇与謝野寛　晶子の書簡をめぐる考察―『天眠文庫蔵与謝野寛晶子書簡集』『与謝野寛晶子書簡集成全四巻』逸見久美著　風間書房　2016.8　396p　22cm　3800円　①978-4-7599-2140-3　Ⓝ911.162

内容　第1章　明治期の書簡（明治二五年から二九年にかけて　明治三〇年から三二年にかけて　明治三三年　明治三四年　明治三五年から三九年にかけて　明治四〇年から四五年、大正元年にかけて）　第2章　大正期の書簡（大正二年から四年にかけて　大正五年から七年にかけて　大正八年から一〇年にかけて　大正一一年から一四年にかけて）　第3章　昭和期の書簡（大正一五年、昭和元年から三年にかけて　昭和四年から七年にかけて　昭和八年から一〇年にかけて　昭和一一年から一七年にかけて）

与謝野　寛　よさの・ひろし
　⇒与謝野鉄幹（よさの・てっかん）を見よ

与沢　翼〔1982〜〕　よざわ・つばさ

◇告白―秒速で転落した真実　与沢翼著　扶桑社　2014.7　250p　19cm　1300円　①978-4-594-07056-4　Ⓝ289.1

内容　第1章　怠慢と裏切り。そして経営破綻（3億円近い税金滞納。すべてを明かした4月26日　なぜ、「秒速1億円男」の与沢翼は、税金3億円が支払えなかったのか？　ほか）　第2章　「与沢翼」を演じていた日々（モデル級の美女の誘惑に、あなたは逆らえますか？　夜の六本木で出会った、顔も名前もわからない"知り合い"たち　ほか）　第3章　小さい頃から、世の中を思い通りにしたかった（最初の支配願望は保育園でのことだった　アメリカに行きたくないとダダをこね、祖父母のもとへ　ほか）　第4章　世の中の非常識を、常識に変えたい（日本はいつまで国家と企業に隷属し続けるのか　上位10％が起業するハーバード大学と上位10％が官僚になる東京大学　ほか）　第5章　与沢翼の数々の疑惑は本当なのか？―脱税、詐欺、半グレとの関与など（与沢翼は半グレ集団や関東連合とつながっている　与沢翼は、実は暴力団とつながっている　ほか）

吉井　澄雄〔1933〜〕　よしい・すみお

◇照明家（あかりや）人生―劇団四季から世界へ　吉井澄雄著　早川書房　2018.11　335p　20cm　〈年譜あり〉　2700円　①978-4-15-209810-8　Ⓝ772.1

内容　第1部　照明家人生（何も考えられなかった一九四五年　演劇の海へ船出した方舟　ほか）　第2部　劇場空間を求めて（劇場の変遷　新国立劇場、誕生前夜　ほか）　第3部　光をデザインする（光と演出　対談・街と光―吉井澄雄×朝倉摂）　第4部　随想（金森馨　ジョン・ベリー　ほか）

吉井　忠〔1908〜1999〕　よしい・ただし

◇画家吉井忠研究　2015年　昭和のくらし博物館編　昭和のくらし博物館吉井忠の部屋　2015.9　66p　26cm　〈年譜あり〉　Ⓝ723.1

吉江　孤雁〔1880〜1940〕　よしえ・こあん

◇現代文士廿八人　中村武羅夫著　講談社　2018.6　217p　16cm　（講談社文芸文庫　なU1）〈日高有倫堂 1909年刊の再編集〉　1600円　①978-

吉江 喬松 よしえ・たかまつ
⇒吉江孤雁（よしえ・こあん）を見よ

吉雄 耕牛〔1724〜1800〕 よしお・こうぎゅう
◇吉雄耕牛 原口茂樹著 長崎 長崎文献社 2017.11 215p 19cm （長崎偉人伝）〈年譜あり 文献あり〉 1600円 ⓘ978-4-88851-281-7 Ⓝ289.1
内容：田山花袋 国木田独歩 生田葵山 夏目漱石 菊池幽芳 小川未明 小杉天外 内藤鳴雪 徳田秋声 水野葉舟〔ほか〕

※（※上記「内容」は前項目「4-06-511864-1 Ⓝ910.261」に付属）

吉雄 忠次郎〔1787〜1833〕 よしお・ちゅうじろう
◇シーボルト事件で罰せられた三通詞 片桐一男著 勉誠出版 2017.4 211p 22cm 〈文献あり〉 4200円 ⓘ978-4-585-22181-4 Ⓝ210.55
内容：1 シーボルト事件 2 連座の阿蘭陀通詞三人 3 遺品 4 赦免運動とその結果 5 連座三通詞点描 6 注目すべき考察点 7 顕彰碑・墓 8 参考資料

吉岡 逸夫〔1952〜2018〕 よしおか・いつお
◇戦場放浪記 吉岡逸夫著 平凡社 2018.5 254p 18cm （平凡社新書 880）〈著作目録あり〉 840円 ⓘ978-4-582-85880-8 Ⓝ070.16
内容：第1章 衣食住足りてスクープを為す 第2章 エチオピア革命が私を育てた 第3章 難民救済の仕事 第4章 新聞カメラマンの現実 第5章 東欧崩壊、そして湾岸戦争 第6章 カンボジア内戦 第7章 ルワンダ内戦 第8章 楽な戦争取材、危険な戦争取材—アフガニスタン、イラク戦争 第9章 左遷されても大丈夫

吉岡 しげ美〔1949〜〕 よしおか・しげみ
◇わたしらしく輝く幸せ—女・詩・生命…うたいつづけて 吉岡しげ美著 亜紀書房 2014.11 255p 19cm 〈文献あり〉 1600円 ⓘ978-4-7505-1419-2 Ⓝ762.1
内容：1章 少女時代から始まった自分さがし 2章 はばたき進化した時代 3章 乳がんを乗り越えて 4章 国境を越える愛・平和・生命の心 5章 星になったたくさんの"あのひと" 6章 人・母・娘として命あるかぎり

吉岡 妙林尼〔戦国時代〕 よしおか・みょうりんに
◇戦国を生きた姫君たち 火坂雅志著 KADOKAWA 2016.9 170p 15cm （角川文庫 ひ20-25）〈年表あり〉 600円 ⓘ978-4-04-400170-4 Ⓝ281.04
内容：1 女城主たちの戦い（井伊直虎—井伊直政の義母 妙林尼—吉岡鎮興の妻 ほか） 2 危機を救う妻たち（お船の方—直江兼続の正室 小松姫—真田信之の正室 ほか） 3 愛と謎と美貌（小少将—長宗我部元親の側室 義姫—伊達政宗の生母 ほか） 4 才女と呼ばれた女たち（お初（常高院）—浅井三姉妹の次女 阿茶局—徳川家康の側室 ほか） 5 想いと誇りに殉じる（鶴姫—瀬戸内のジャンヌ・ダルク 淀殿—豊臣秀吉の側室 ほか）
◇戦国の女城主—井伊直虎と散った姫たち 髙橋伸幸著 徳間書店 2016.11 326p 15cm （徳間文庫カレッジ た2-1）〈文献あり〉 830円 ⓘ978-4-19-907073-0 Ⓝ281.04
内容：井伊直虎—男の名で生き、お家断絶の危機を救った女城主 甲斐姫—石田三成に立ち向かい城を守った姫武者 鶴姫—大内水軍を二度撃退した瀬戸内の戦士 おつやの方—信長の怒りをかい非業の死を遂げた岩村城主 慶闇尼—鍋島藩を生んだ押しかけ女房 吉岡妙林尼—男勝りの胆力で薩摩軍を撃退した女武者 立花誾千代—七歳にして女城主となり関ヶ原で西軍に与する 常盤—島津氏の基礎を作った妻 女の決断 鶴姫—侍女三十四人を従えて敵陣に切り込んだ烈婦 富田信高の妻—関ヶ原の前哨戦で夫の窮地を救った女武者 寿桂尼—「女戦国大名」といわれ今川家を支える 天球院—夫に愛想をつかして縁を切った女傑 お市の方—「戦国一の美女」といわれ夫とともに自刃 細川ガラシャ—人質を拒否して殉教を選んだ烈婦

吉岡 保次〔1924〜〕 よしおか・やすじ
◇時代の風に向かって—我が人生の記 吉岡保次著 文芸社 2015.6 95p 20cm 1000円 ⓘ978-4-286-16252-2 Ⓝ289.1

吉岡 彌生〔1871〜1959〕 よしおか・やよい
◇近代日本の女性専門職教育—生涯教育学から見た東京女子医科大学創立者・吉岡彌生 渡邊洋子著 明石書店 2014.11 312p 22cm 〈文献あり 著作目録あり 年譜あり 索引あり〉 5200円 ⓘ978-4-7503-4097-5 Ⓝ379.46
内容：序章 吉岡彌生研究の現代的意義 第1章 課題と方法 第2章 吉岡彌生にとっての生涯教育とアイデンティティ 第3章 女子医学教育の構想と実践 第4章 「女医」像＝キャリアモデルの構築 第5章 ロールモデルとしての吉岡1—「女性医師の生き方モデル」の提起 第6章 ロールモデルとしての吉岡2—リーダーシップから国策動員へ 終章 吉岡彌生と女性専門職教育—「生涯キャリア」への視座 特論 現代女性医師をめぐる課題と支援可能性
◇近代日本を創った7人の女性 長尾剛著 PHP研究所 2016.11 314p 15cm （PHP文庫 な34-15）〈文献あり〉 640円 ⓘ978-4-569-76639-3 Ⓝ281.04
内容：序章 として—二人の、ある女性の話 津田梅子—近代女子教育の先駆者 羽仁もと子—日本初の女性ジャーナリスト 福田英子—自由を求めた東洋のジャンヌ・ダルク 下田歌子—明治国家に愛された女子教育者 吉岡彌生—女性医師の道を切り開いた教育者 岡本かの子—剥き出しの愛を文学にたたきつけた作家 山田わか—数奇な半生を経て母性の力を訴えた思想家

吉岡 雄二〔1971〜〕 よしおか・ゆうじ
◇永遠の一球—甲子園優勝投手のその後 松永多佳倫,田沢健一郎著 河出書房新社 2014.7 306p 15cm （河出文庫 ま12-1） 740円 ⓘ978-4-309-41304-4 Ⓝ783.7
内容：第1章 流転・生涯不良でいたい—横浜高校・愛甲猛・一九八〇年優勝 第2章 酷使・曲がったままの肘—銚子商業高校・土屋正勝・一九七四年優勝 第3章 飢餓・静かなる執着—帝京高校・吉岡雄二・一九八九年優勝 第4章 逆転・「リストラの星」と呼

ばれて—池田高校・畠山準・一九八二年優勝　第5章　解放・夢、かつてより大きく—桐生第一高校・正田樹・一九九九年優勝　第6章　鎮魂・桑田・清原を破った唯一の男—取手第二高校・石田文樹・一九八四年優勝　特別章　破壊・七七三球に託された思い—沖縄水産高校・大野倫・一九九一年準優勝

吉川 幸次郎〔1904〜1980〕　よしかわ・こうじろう
◇まなざし　鶴見俊輔著　藤原書店　2015.11　270p　20cm　2600円　①978-4-86578-050-5　Ⓝ281.04
内容　序にかえて　話の好きな姉をもって　Ⅰ　石牟礼道子　金時鐘　岡部伊都子　吉川幸次郎　小田実　Ⅱ　高野長英　曾祖父・安場保和　祖父・後藤新平　父・鶴見祐輔　姉・鶴見和子　跋にかえて　同じ母のもとで　鶴見和子　結びにかえて　若い人に

吉川 靜雄〔1944〜〕　よしかわ・しずお
◇一念一途に—三つ子の魂・花ひらく　幼児教育の応援団として半世紀　吉川靜雄著　丹波　あうん社　2018.12　239p　19cm　〈手のひらの宇宙BOOKs　第19号〉〈文献あり　年譜あり〉　1300円　①978-4-908115-17-2　Ⓝ376.1
内容　第1章　ライフワークを求めて　第2章　「教育」への目覚め　第3章　食育と健康　第4章　いのちと水と環境　第5章　よしかわ書房の十三年　第6章　幼児教育の原点へ　第7章　三つ子の魂・花ひらく

吉川 清作〔1896〜1978〕　よしかわ・せいさく
◇建築家吉川清作の生涯と作品　奈良　明日の建築会　2017.12　162p　27cm　〈建築都市文化史誌aft特別増刊〉〈文献あり〉　Ⓝ523.1

吉川 春子〔1940〜〕　よしかわ・はるこ
◇女性の自立と政治参加—ある女性参議院議員の歩みとたたかい　吉川春子著　京都　かもがわ出版　2015.7　238p　19cm　〈年表あり〉　1800円　①978-4-7803-0780-1　Ⓝ367.21
内容　第1章　女性の自立と政治参加—自分史のなかから（女性としての自立の覚悟—父と父の時代との確執　政治家への歩み—市議会議員そして国会議員に）　第2章　ジェンダー平等と女性への暴力撤廃—国会議員24年のたたかい（配偶者暴力（DV）をなくすために　「慰安婦」問題解決のための立法提案　国会とセクハラ　民主主義を崩壊させる小選挙区制）　第3章　従軍看護婦が見た日本軍「慰安婦」（中里チヨさんへのインタビュー）

吉川 廣和〔1942〜2015〕　よしかわ・ひろかず
◇はだしっ子　吉川廣和著　前橋　上毛新聞社事業局出版部　2014.8　195p　19cm　1100円　①978-4-86352-112-4　Ⓝ289.1
内容　悲しい記憶　戦争の爪痕　一年生　防空壕　弁当のない子　夕日の丘に想う　親父の背中　運動会　決闘のルール　悲しい本立て〔ほか〕

吉阪 隆正〔1917〜1980〕　よしざか・たかまさ
◇好きなことはからずにはいられない—吉阪隆正との対話　吉阪隆正著、アルキテクト編　建築技術　2015.9　253p　18cm　〈年譜あり〉　1500円　①978-4-7677-0149-3　Ⓝ523.1

内容　1　私はどこにいるのか？（私　出発点）　2　創造の端緒は発見にあり（旅　場所）　3　ことばの中で育ち形の中に住みつく（形姿　希望）　4　DISCONT：不連続統一体（曖昧　矛盾　回帰）

◇磯崎新と藤森照信のモダニズム建築談義　磯崎新, 藤森照信著　六耀社　2016.8　331p　21cm　〈年表あり〉　3600円　①978-4-89737-829-9　Ⓝ523.07
内容　序　語られなかった、戦前・戦中を切り抜けてきた「モダニズム」　第1章　アントニン・レーモンドと吉村順三—アメリカと深く関係した二人　第2章　前川國男と坂倉準三—戦中のフランス派　第3章　白井晟一と山口文象—戦前にドイツに渡った二人　第4章　大江宏と吉阪隆正—戦後一九五〇年代初頭に渡航、「国際建築」としてのモダニズムを介して自己形成した二人

吉沢 久子〔1918〜2019〕　よしざわ・ひさこ
◇吉沢久子、27歳の空襲日記　吉沢久子著　文藝春秋　2015.6　254p　16cm　（文春文庫　よ38-1）〈「あの頃のこと」（清流出版　2012年刊）の改題、加筆修正〉　670円　①978-4-16-790394-7　Ⓝ916
内容　昭和十九年十一月　銃後から戦争へ　昭和十九年十二月　人気のない街　昭和二十年一月　空襲以上に深刻な食糧難　昭和二十年二月　赤紙一枚で連れて行かれる男達　昭和二十年三月　爆弾で隣人が亡くなる日常　昭和二十年四月　政府の無責任さに腹が立つ　昭和二十年五月　火の粉が降り注いだ夜　昭和二十年六月　正確な情報がない中で　昭和二十年七月　連日の空襲警報　昭和二十年八月　原爆投下、そして終戦

◇吉沢久子97歳のおいしい台所史—大正・昭和・平成をかけぬけた半生　吉沢久子著　集英社　2015.7　335p　19cm　〈年譜あり〉　1500円　①978-4-08-333141-1　Ⓝ289.1
内容　第1章　幼い頃の台所　第2章　早くに自立した頃の台所　第3章　青春の日々の台所　第4章　戦時下の台所　第5章　家事評論家誕生の台所　第6章　仕事が広がった頃の台所　第7章　充実した日々の台所　第8章　家族に寄り添った台所　第9章　夕日を眺めた台所　第10章　人生、輝かせる台所　家族に喜ばれたおかず

◇吉沢久子100歳のおいしい台所　吉沢久子著　集英社　2018.7　339p　16cm　（集英社文庫　よ18-6）〈『吉沢久子97歳のおいしい台所史』（2015年刊）の改題、加筆・修正　年表あり〉　760円　①978-4-08-745771-1　Ⓝ289.1
内容　第1章　幼い頃の台所　第2章　早くに自立した頃の台所　第3章　青春の日々の台所　第4章　戦時下の台所　第5章　家事評論家誕生の台所　第6章　仕事が広がった頃の台所　第7章　充実した日々の台所　第8章　家族に寄り添った台所　第9章　夕日を眺めた台所　第10章　人生、輝かせる台所　家族に喜ばれたおかず

吉澤 素行〔1945〜〕　よしざわ・もとゆき
◇「強い人」にならなければダメ—3人の女王蟻に育てられた男蟻の雌伏物語　吉澤素行著　幻冬舎メディアコンサルティング　2017.3　266p　19cm　〈著作目録あり　発売：幻冬舎〉　1300

円　①978-4-344-91126-0　Ⓝ289.1
[内容]第1章　一匹の男蟻(男蟻からまず一言　賢者への道　ほか)　第2章　第一の女王蟻―母・アイ(幼き日の思い出　母の話　ほか)　第3章　第二の女王蟻―恋人・洋子(青春時代を振り返れば　金銭感覚は若くして磨け　ほか)　第4章　第三の女王蟻―妻・幸恵(仕事と家庭　結婚とは、人生の　ほか)　第5章　男蟻―私・素行　次世代の蟻たちへ伝えておきたいこと(今だからわかる父母たちの思い　未来を担う子供たちへ　ほか)

吉澤 康伊〔1934～〕　よしざわ・やすい
◇石ころの傘寿　吉澤康伊著　八王子　清水工房(印刷)　2014.12　87p　19cm　〈年譜あり〉　Ⓝ289.1

慶滋 保胤〔?～1002〕　よししげ・やすたね
◇慶滋保胤　小原仁著　吉川弘文館　2016.4　251p　19cm　(人物叢書　新装版　〔通巻286〕)　〈文献あり　年譜あり〉　2100円　①978-4-642-05279-5　Ⓝ289.1
[内容]第1　誕生と出自　第2　学生保胤　第3　勧学会　第4　起家と改姓　第5　内記保胤　第6　沙門寂心　第7　慶滋保胤の記憶

善積 順蔵〔1854～1916〕　よしずみ・じゅんぞう
◇史伝善積順蔵―京坂赴任までの軌跡　歴史に埋もれた自由民権の人　善積順蔵没後百年記念　井上員直著　増補改訂版　豊岡　金光教豊岡教会　2018.6　129p　21cm　〈付属資料:4p:善積順蔵について,7p:善積順蔵の半生を彩った人々　著作目録あり〉　Ⓝ289.1

吉田 彰〔1955～〕　よしだ・あきら
◇松江・吉田商店　吉田彰著　大阪　風詠社　2015.5　119p　19cm　(発売:星雲社)　700円　①978-4-434-20598-9　Ⓝ367.3
[内容]「松江」ってどんな町?　僕はこの世に生を受けた　吉田家の歴史と生業　雪埋れ事件　躾(箸・鉛筆の持ち方)　父の弟さんと息子さん　父と母の、日本が一番不幸だった頃の青春時代　トラウマになった肉屋の光景と肝油　『松江・吉田商店』の開店　活躍した「白黒TV」・「公衆電話」・「カラーTV」〔ほか〕

吉田 巌〔1882～1963〕　よしだ・いわお
◇大正十年研究旅行日誌　帯広叢書刊行会編　〔帯広〕　帯広叢書刊行会　2016.1　151,111p　26cm　〈折り込1枚〉　Ⓝ289.1
[内容]大正十年研究旅行日誌/吉田巌記述　アイヌ語調べ書/吉田巌記述　源義経入夷述に末路考/吉田巌記述　通信簿3-1/吉田巌記述　出現語彙一覧　原資料

◇吉田巌資料集　35　吉田巌記述，帯広市図書館(帯広叢書刊行会)編　〔帯広〕　帯広市教育委員会　2017.3　235,44p　26cm　(帯広叢書　第69巻)〈折り込1枚〉　3500円　Ⓝ289.1
[内容]日記3-26(昭和15年7月―12月)/吉田巌記述　アイヌ語文法/吉田巌記述　アイヌ青少年の和語使用に表われたる諸相/吉田巌記述　通信簿3-2/吉田巌記述

◇吉田巌資料集　36　吉田巌記述，帯広市図書館(帯広叢書刊行会)編　〔帯広〕　帯広市教育委員会　2018.3　269,10p　26cm　(帯広叢書　第70巻)〈原資料付〉　3500円　Ⓝ289.1
[内容]日記3-27(昭和16年1月―12月)/吉田巌記述　通信簿3-3/吉田巌記述

吉田 活堂〔1791～1844〕　よしだ・かつどう
◇水戸の国学者吉田活堂　梶山孝夫著　錦正社　2018.7　131p　19cm　(水戸の人物シリーズ11)〈企画:水戸史学会　年譜あり〉　1300円　①978-4-7646-0136-9　Ⓝ121.58
[内容]1　藩主斉昭の誕生　2　生涯　3　著述　4　学問　5　和歌　6　交遊　7　家族　8　終焉　附録1『声文私言』をめぐって　附録2『伊勢物語作者論』について　附録3『万葉集』研究について

吉田 勝義　よしだ・かつよし
◇証言零戦生存率二割の戦場を生き抜いた男たち　神立尚紀著　講談社　2016.11　527p　15cm　(講談社+α文庫　G296-1)〈「ゼロファイター列伝」(2015年刊)の改題、加筆・修正　年表あり〉　860円　①978-4-06-281705-9　Ⓝ392.8
[内容]第1章　三上一禧―「零戦初空戦」で撃墜した宿敵との奇跡の再会　第2章　田中國義―「日本海軍一」と言われた、叩き上げ搭乗員のプライド　第3章　原田要―幼児教育に後半生を捧げたゼロファイター　第4章　司令官義一―「独断専行」と指揮官の苦衷　第5章　小町定―真珠湾から海軍最後の空戦まで、大戦全期間を戦い抜く　第6章　志賀淑雄―半世紀の沈黙を破って　第7章　吉田勝義―豪州本土上空でスピットファイアを圧倒　第8章　山田良市―ジェット時代にも飛び続けたトップガン

吉田 可奈〔1980～〕　よしだ・かな
◇シングルマザー、家を買う　吉田可奈著　扶桑社　2015.10　175p　19cm　〈イラスト:ワタナベチヒロ〉　1200円　①978-4-594-07344-2　Ⓝ367.3
[内容]1　シングルマザー誕生(慰謝料に養育費…夫婦最後のシビアな約束　離婚届を出しに行って、役所で泣きそうに…)　2　私に家を売ってください!!(不動産屋で「門前払い」…貧乏人で悪かったな!　「家を、家を私に売ってください!」。ママは絶対あきらめない　ほか)　3　激安リフォーム大作戦(ドロドロで面倒?　いいえ、"生身"のママ友は必要です!　目指すは、"雰囲気イケメン"みたいな家!)　4　新生活はトラブルだらけ(離婚で名前が変わることを子供に伝えたらこうなった　やっと手に入れたマイホーム、下の階の住人がクレーマーだった!　ほか)　5　発達障がい発覚!(息子が発達障がい!?1歳なのにハイハイしかできない…　ついに息子に"障がい名"がついてしまった!　ほか)

吉田 勘兵衛〔1611～1686〕　よしだ・かんべえ
◇横浜を創った人々　冨川洋著　講談社エディトリアル　2016.9　278p　19cm　1700円　①978-4-907514-59-4　Ⓝ281.37
[内容]第1章　吉田勘兵衛と新田開発　第2章　井伊直弼と横浜開港　第3章　中居屋重兵衛の光と影　第4章　甲州屋、若尾逸平と中村財閥　第5章　原善三郎と茂木惣兵衛　第6章　実業家原富太郎と文化人三溪　第7章　大谷嘉兵衛とティーロード　第8章　ヘボン博士と横浜開化

◇横浜吉田新田と吉田勘兵衛—横浜開港前史　斉藤司著　岩田書院　2017.2　252p　21cm　3200円　Ⓘ978-4-86602-984-9　Ⓝ213.705

内容　序章　近代都市横浜の前史として　第1章　吉田勘兵衛の事蹟と顕彰（吉田家文書と吉田勘兵衛の顕彰活動　吉田勘兵衛の生涯と事蹟—「贈従五位吉田勘兵衛翁事蹟」を中心に）　第2章　「開発前図」と「開発図」（「開発前図」を読む—新田開発以前の入海と沿岸の村々　「開発図」を読む—吉田新田の構造）　第3章　吉田新田の開発と経営（開発資金の調達—「惣中間」の人々　耕作の開始と農民の移住　耕地の分割と区画の「完成」　吉田勘兵衛による耕地集積　吉田家による新田経営）　第4章　一八世紀—一九世紀半ばの新田開発（元禄一六年の地震・津波と宝永四年砂降りの被害　池上幸豊による開発計画と横浜新田　太田屋新田の開発）　終章　横浜開港と吉田新田開発の意義

吉田 清成〔1845～1891〕　よしだ・きよなり

◇吉田清成関係文書　6　書類篇2　京都大学文学部日本史研究室編　京都　思文閣出版　2016.1　648p　22cm　（京都大学史料叢書 15）　21000円　Ⓘ978-4-7842-1818-9　Ⓝ289.1

内容　6　特命全権公使時代2（吉田清成宛晩餐会欠席に関する問合/外務省卿輔付書記—明治12年1月22日　外務省宛グラント出帆通知電報/長崎県—明治(12)年5月23日　ほか）　7　特命全権公使時代3（吉田清成留守宅家計簿—明治13年4～10月　吉田清成留守宅出納仕訳書—明治13年4月～14年2月　ほか）　8　外務大輔時代（壬午事変に関する通知/東萊府使—明治15年7月1日　壬午事変に関する電信綴—明治15年7月30日～8月12日　ほか）　9　農商務大輔・次官時代（商品取引所設立に関する会議議事録—明治(19/20)年4月26日　沖守固宛金玉均退去命令（写）/山県有朋—明治19年6月11日　ほか）

◇吉田清成関係文書　7　書翰篇5・書類篇3　京都大学文学部日本史研究室編　京都　思文閣出版　2018.10　19,573p　22cm　（京都大学史料叢書 16）〈年譜あり〉　21000円　Ⓘ978-4-7842-1917-9　Ⓝ289.1

内容　書翰篇5（スクラップブック（続き）　第三者間書翰　差出人不明書翰（吉田清成宛）　受取人不明書翰（吉田清成発）　補遺　書類篇3（元老院議官・枢密顧問官時代　年代不明）

吉田 久満〔1813頃～1872〕　よしだ・くま

◇松陰先生にゆかり深き婦人—山口県教育会蔵版　広瀬敏子著　周南　マツノ書店　2014.11　150,4p　21cm　（山口縣教育會　昭和11年刊 4版の複製）　Ⓝ121.59

＊一　杉瀧子（生母）　二　吉田久満子（養母）　三　兒玉千代（長妹）　四　樋取壽子（次妹）　附　野村望東尼と楫取夫妻　五　久坂文子（末妹）　六　入江滿智子（門弟の母）

吉田 熊次〔1874～1964〕　よしだ・くまじ

◇日本教育学の系譜—吉田熊次・篠原助市・長田新・森昭　小笠原道雄, 田中每実, 森川尚人, 矢野智司著　勁草書房　2014.8　408,18p　22cm　〈年表あり　索引あり〉　4600円　Ⓘ978-4-326-25098-1　Ⓝ371.21

内容　戦後教育学の来歴を語り継ぐために　第1章　若き日の吉田熊次—社会的教育学と国民道徳論とく（吉田熊次のヒストリオグラフィー　学校との出会い—生い立ち　ほか）　第2章　京都学派としての篠原助市—「自覚の教育学」の誕生と変容（日本の教育学の失われた環　「新カント学派」としての西田幾多郎　ほか）　第3章　長田新の教育学—教育学形成の荒野のなかで（長田新教育学の前提　長田新の教育学　ほか）　第4章　森昭を読む—教育的公共性から世代継承的公共性へ（啓蒙と自律、臨床化と公共性　著作を読む(1)—『教育人間学』へ　ほか）

吉田 健一〔1912～1977〕　よしだ・けんいち

◇吉田健一　長谷川郁夫著　新潮社　2014.9　653p　22cm　〈索引あり〉　5000円　Ⓘ978-4-10-336391-0　Ⓝ910.268

内容　水の都　メリ・イングランド　二都往還　「文學界」出張校正室　戦争まで　東京大空襲　海軍二等主計兵　宰相の御曹子　「鉢ノ木会」異聞　早春の旅　酒中に真あり　「君子」の三楽　返景深林ニ入リテ　生きる喜び　正午の饗宴　われとともに老いよ

吉田 兼好〔1282頃～1352頃〕　よしだ・けんこう

◇人物史の手法—歴史の見え方が変わる　五味文彦著　左右社　2014.11　229p　19cm　〈文献あり〉　1700円　Ⓘ978-4-86528-105-7　Ⓝ281.04

内容　第1章　聖徳太子—文明化の象徴　第2章　景戒—『日本霊異記』を追体験する　第3章　清少納言—なぜ『枕草子』は生まれたのか　第4章　藤原頼長—家の形成に心血を注いで　第5章　北条政子—生い立ちから人間像に迫る　第6章　兼好法師—新たな人物像を問う　第7章　世阿弥—父と子　第8章　武田信玄—丑年の決断

◇卜部兼好—吉田兼好の真実　松村俊二著　叢社　2016.3　277p　18cm　〈文献あり〉　1300円　Ⓘ978-4-7947-0757-4　Ⓝ910.24

内容　序章　兼好が生まれる前の時代（坂東の大地　辺境の原野—坂東の大地　ほか）　第1章　兼好が生まれた時代（兼好の「卜部家出自説」　兼好の「関東出自説」　ほか）　第2章　関東に下向した頃（兼好の一回目の関東下向　諸国では悪党が肥大する　ほか）　第3章　歌人としての時代（後醍醐天皇の登場　邦良親王、具親らと連歌を楽しむ　ほか）

◇いまこそ知りたい日本の思想家25人　小川仁志著　KADOKAWA　2017.9　254p　19cm　〈他言語標題：25 Japanese thinkers you need to know now　文献あり〉　1700円　Ⓘ978-4-04-400234-3　Ⓝ121.028

内容　第1章　日本思想の黎明期（空海　道元　親鸞　吉田兼好　世阿弥）　第2章　日本の近世の葛藤（山本常朝　荻生徂徠　本居宣長　安藤昌益　二宮尊徳）　第3章　日本の近代の幕開け（横井小楠　吉田松陰　福沢諭吉　新渡戸稲造　内村鑑三）　第4章　「日本哲学」の始まり（西周　西田幾多郎　九鬼周造　三木清　和辻哲郎）　第5章　日本における日本思想の独自性（北一輝　鈴木大拙　柳田國男　丸山眞男　吉本隆明）

◇兼好法師—徒然草に記されなかった真実　小川剛生著　中央公論新社　2017.11　244p　18cm　（中公新書 2463）〈文献あり　年譜あり　索引あり〉　820円　Ⓘ978-4-12-102463-3　Ⓝ910.24

内容 第1章 兼好法師とは誰か 第2章 無位無官の「四郎太郎」——鎌倉の兼好 第3章 出家、土地売買、歌壇デビュー——都の兼好(一) 第4章 内裏を覗く遁世者——都の兼好(二) 第5章 貴顕と交わる右筆——南北朝内乱時の兼好 第6章 破天荒な家集、晩年の妄執——歌壇の兼好 第7章 徒然草と「吉田兼好」

吉田 沙保里〔1982〜〕 よしだ・さおり
◇泣かないで、沙保里——負けても克つ子の育て方 吉田幸代著 小学館 2017.4 191p 19cm 1300円 ⓘ978-4-09-388534-8 Ⓝ788.2
内容 第1章 天使が我が家にやってきた 第2章 「なかないでれんしゅうする」 第3章 「負け」を恐れない勇気 第4章 大きな存在を失って 第5章 リオオリンピックの長い一日 第6章 娘の幸せを願って思うこと

吉田 重延〔1909〜1989〕 よしだ・しげのぶ
◇評伝 天草五十人衆 天草学研究会編 福岡 弦書房 2016.8 317p 22cm 〈文献あり 年表あり 索引あり〉 2400円 ⓘ978-4-86329-138-6 Ⓝ281.94
内容 ステージ1 五人衆の時代、そして… ステージ2 天領天草の村々 ステージ3 祈りの島で ステージ4 耕す、漁る ステージ5 実学の世をひらく ステージ6 潮路はるかに ステージ7 文学・歴史・言論 ステージ8 あの頃、この人 ステージ9 島の現実、国の行く末 ステージ10 一筋の道 ステージ特別編 群像二題(天草の石文化と松室五郎左衛門 牛深カツオ漁の男たち)

吉田 茂〔1878〜1967〕 よしだ・しげる
◇吉田茂とその時代 上 ジョン・ダワー著, 大窪愿二訳 改版 中央公論新社 2014.10 447p 16cm (中公文庫 タ5-3) 1300円 ⓘ978-4-12-206021-0 Ⓝ289.1
内容 第1章 明治の青年紳士 第2章 「伝統外交」——一九〇六・二二年 第3章 帝国の経営——一九二二・三〇年 第4章 新帝国主義の説明——一九三六・三七年 第5章 吉田・イーデン秘密計画——一九三六・三七年 第6章 虹を追って——一九三七・四一年 第7章 「吉田反戦グループ」と近衛上奏文——一九四二・四五年

◇吉田茂とその時代 下 ジョン・ダワー著, 大窪愿二訳 改版 中央公論新社 2014.10 419p 16cm (中公文庫 タ5-4)〈文献あり〉 1300円 ⓘ978-4-12-206022-7 Ⓝ289.1
内容 第8章 「革命」 第9章 帝国日本と「新生日本」 第10章 単独講和、再軍備と「従属的独立」 第11章 新帝国圏における協調と対立 第12章 一九五四年の吉田外遊と時代の終焉

◇回想十年 上 吉田茂著 改版 中央公論新社 2014.11 498p 16cm (中公文庫 よ24-8) 1400円 ⓘ978-4-12-206046-3 Ⓝ210.762
内容 第1章 日本外交の歩んできた道 第2章 戦前戦中の和平工作 第3章 占領政治というもの 第4章 総司令部の人々 第5章 私の政治生活 第6章 私の外遊日記 第7章 私の政治経験から 第8章 新憲法のできるまで 第9章 公職追放とその解除 第10章 文教改革をめぐって 第11章 民主警察の完成まで

◇回想十年 中 吉田茂著 改版 中央公論新社 2014.12 454p 16cm (中公文庫 よ24-9) 1400円 ⓘ978-4-12-206057-9 Ⓝ210.762
内容 第12章 警察予備隊から自衛隊へ 第13章 私の再軍備観 第14章 農地改革とその効果 第15章 戦後の食糧事情 第16章 労働保護立法とその功罪 第17章 共産党対策の表と裏 第18章 サンフランシスコ会議前後 第19章 日米共同防衛体制の由来 第20章 難産だった行政協定 第21章 európaの経済的後始末 第22章 戦後混乱期の財政問題

◇回想十年 下 吉田茂著 改版 中央公論新社 2015.1 477p 16cm (中公文庫 よ24-10) 1400円 ⓘ978-4-12-206070-8 Ⓝ210.762
内容 第23章 超均衡予算をめぐる苦心 第24章 朝鮮戦争から講和独立へ 第25章 "一兆円予算"に至るまで 第26章 三度に亘る行政整理 第27章 復興再建の跡を顧みて 第28章 わが国の進むべき道 第29章 わたしの皇室観 第30章 外交官生活との回想 第31章 思い出す人々 第32章 書簡と論文 第33章 施政方針演説(衆議院)

◇大磯随想・世界と日本 吉田茂著 中央公論新社 2015.5 332p 16cm (中公文庫 よ24-11)〈英語抄訳付〉 1100円 ⓘ978-4-12-206119-4 Ⓝ310.4
内容 大磯随想(政治の貧困 思い出ずるままに 海浜にて 外交と勘 偶感 大磯随想) 世界と日本(外遊編——世界の指導者たち 政策編 随想編)

◇吉田茂——尊皇の政治家 原彬久著 岩波書店 2016.4 241,7p 18cm (岩波新書) 800円 ⓘ4-00-430971-9 Ⓝ289.1
内容 第1章 人生草創——維新の激流に生る 第2章 帝国主義を抱いて——外交官の軌跡 第3章 体制の淵から——反軍部の旗幟 第4章 敗戦期の宰相——瓦礫の底から 第5章 歴史の岐に立つ——保守主義の貫徹 第6章 講和・安保両条約締結に向けて——外交文書は語る 第7章 権力の黄昏——政党政治からの逆襲 エピローグ——いまに生きる「吉田茂」

◇戦後政治家論——吉田・石橋から岸・池田まで 阿部眞之助著 文藝春秋 2016.4 439p 16cm (文春学藝ライブラリー・雑英 25)〈「現代政治家論」(文藝春秋新社 1954年)の改題、再刊〉 1400円 ⓘ978-4-16-813061-8 Ⓝ312.8
内容 岸信介論 重光葵論 池田勇人論 木村篤太郎論 和田博雄論 三木武吉論 西尾末廣論 吉田茂論 石橋湛山論 徳田球一論 緒方竹虎論 大野伴睦論 芦田均論 鳩山一郎論 鈴木茂三郎論

◇吉田茂と岸信介——自民党・保守二大潮流の系譜 安井浩一郎, NHKスペシャル取材班著 岩波書店 2016.7 206p 19cm 1800円 ⓘ978-4-00-025469-4 Ⓝ312.1
内容 序 始まりは焦土から 1 奔流する二つの系譜(終戦〜一九五五年) 2 岸の秘めた改憲構想、そして挫折(一九五七年〜一九六〇年) 3 "豊かさ"が"自立"を飲み込んでいく、しかし…(一九六〇年〜一九八〇年代) おわりに 混迷と模索の時代へ 対談 戦後政治における二大潮流とは——田原総一朗×御厨貴

◇吉田茂 独立心なくして国家なし 北published利著 扶桑社 2016.8 327p 18cm (扶桑社新書 217)〈「吉田茂の見た夢独立心なくして国家なし」(2010年刊)の改題、改訂 文献あり 年譜あ

り〉　880円　①978-4-594-07518-7　Ⓝ289.1

内容「吉田ドクトリン」の先に目指したもの　人知を集める　鳩山一郎、不運に泣く　海千山千楼　政争の渦の中へ　抜き打ち解散　カメラマンに水をかけるバカ野郎解散　タヌキ退治　樺山愛輔との別れ〔ほか〕

◇父のこと　吉田健一著　中央公論新社　2017.9　290p　16cm　（中公文庫　よ5-12）　860円　①978-4-12-206453-9　Ⓝ289.1

内容 1　父のこと母のこと（吉田健一）（父の読書　馬とワンマン親爺　父のスケッチ　父に就て　父のこと　ほか）　2　大磯清談（吉田茂×吉田健一）（日本的人権　山鹿流軍学と松陰と象山の出会い　穴のあいた白タビ　ジャーナリズム瞥見　外交的な感覚　日本の反米思想　ほか）　巻末エッセイ祖父と父（吉田暁子）

◇対談・吉田茂という反省―憲法改正をしても、吉田茂の反省がなければ何も変わらない　二人の近現代史家が熱く語る　阿羅健一、杉原誠四郎著　自由社　2018.8　400p　19cm　〈索引あり〉　2500円　①978-4-908979-10-1　Ⓝ312.1

内容 吉田茂の奉天時代　吉田茂の英国時代　吉田茂と安全保障の問題　吉田茂と「九条」解釈の問題　吉田茂と経済成長　吉田茂と憲法改正　吉田茂と韓国の悲劇　吉田茂と歴史の偽造　前篇第三章（吉田茂と安全保障の問題）の補追　前篇第四章（吉田茂と「九条」解釈）の補追〔ほか〕

吉田 修一〔1968～〕　よしだ・しゅういち

◇吉田修一論―現代小説の風土と訛り　酒井信著　左右社　2018.9　334p　19cm　〈文献あり〉　2300円　①978-4-86528-210-8　Ⓝ910.268

内容 第1章　吉田修一の「風土」（長崎　父親と酒屋　母親と「成熟と喪失」）　第2章　吉田修一の「小説の嘘」（丸山明宏「ヨイトマケの唄」と長崎　長崎南高校軍艦島の偽ガイド）　第3章　吉田修一の「訛り」（感情の訛り　疑似家族的な親密さ　男女別の秩序）　第4章　吉田修一の「故郷喪失」（故郷喪失　村上龍と村上春樹との風景描写の違い　吉田修一とカズオ・イシグロの長崎）　第5章　吉田修一の「悪」（新宿　悪人＝吉田修一の故郷　長崎から歌舞伎座へ『国宝』の風土）　付録　吉田修一作品の舞台マップ

吉田 松陰〔1830～1859〕　よしだ・しょういん

◇一番詳しい吉田松陰と松下村塾のすべて　奈良本辰也編　KADOKAWA　2014.8　285p　19cm　〈「吉田松陰のすべて」（新人物往来社　1984年刊）の改題、増補　年譜あり〉　1700円　①978-4-04-600885-5　Ⓝ289.1

内容 少年時代―そのスパルタ教育　吉田松陰とその家族　山鹿流軍学と松陰と象山の出会い―下田密航のころ　松下村塾　松下村塾を指導した人びと　長州藩の私塾ネットワーク　松陰をめぐる人物群像　松陰の女性観　松陰の世界認識　松陰の死生観　吉田松陰の旅　「明治の元勲」が語る師・松陰像　吉田松陰年譜-付関係史料抜粋

◇吉田松陰とその妹文の生涯―松下村塾はいかに歴史を変えたか！　不破俊輔著　明日香出版社　2014.9　283p　19cm　〈文献あり　年譜あり〉　1500円　①978-4-7569-1725-6　Ⓝ289.1

内容 生い立ち　ペリー来航　千代と寿の結婚　下田踏海、そして野山獄　松下村塾を継ぐ　久坂玄瑞と高杉晋作の入塾　松下村塾の日々　玄瑞と文の結婚　日米修好通商条約締結と松陰のいらだち　間部要撃策と伏見要駕策　安政の大獄と吉田松陰の死　航海遠略策（公武合体策）　八月十八日の政変　禁門の変と義助の死　藩内の抗争と高杉晋作の挙兵　薩長連合と第二次長州征伐　晋作の死　萩の乱　美和（文）の再婚

◇吉田松陰『留魂録』吉田松陰著，城島明彦訳　致知出版社　2014.9　269p　19cm　〈いつか読んでみたかった日本の名著シリーズ　8〉〈文献あり〉　1400円　①978-4-8009-1049-3　Ⓝ121.59

内容 第1部　『真筆・留魂録』現代語訳（『真筆・留魂録』の十二の特徴　『留魂録』現代語訳　『真筆・留魂録』原文・平仮名混じり文・注釈）　第2部　吉田松陰の人と思想（人間として、師として、その人となり　松陰の主義・信条・行動理念・死生観　松下村塾と松陰の教育論　松陰の人生を左右した三つの大事件　『真筆・留魂録』の謎）

◇松下村塾　古川薫著　講談社　2014.10　199p　15cm　〈講談社学術文庫　2263〉〈文献あり　年表あり〉　760円　①978-4-06-292263-0　Ⓝ372.105

内容 第1章　開塾まで　第2章　割拠の思想　第3章　指導と感化力　第4章　何を教えたか　第5章　対外活動　第6章　塾生架空座談会「村塾のころ」

◇吉田松陰とその家族―兄を信じた妹たち　一坂太郎著　中央公論新社　2014.10　268p　18cm　（中公新書　2291）〈年譜あり〉　880円　①978-4-12-102291-2　Ⓝ121.59

内容 第1章「山宅」の思い出　第2章　歪な幼少期　第3章　松陰の旅立ち　第4章　アメリカ密航未遂事件　第5章　野山獄から幽囚室へ　第6章　松下村塾を主宰する　第7章　志を貫き倒れる　第8章　松陰の復権　第9章　明治を生きた松陰の家族たち

◇吉田松陰と高杉晋作の志　一坂太郎著　ベストセラーズ　2014.10　240p　18cm　（ベスト新書　452）〈「松陰と晋作の志」（2005年刊）の改題、加筆・修正、再編集〉　800円　①978-4-584-12452-9　Ⓝ121.59

内容 第1章　スイッチマン登場　第2章　情報収集の旅　第3章　黒船来る　第4章　めだかの学校　第5章　志を残す　第6章　残された者たち　第7章　世界を敵にして　第8章　幕府との決戦

◇吉田松陰と文の謎　川口素生著　学研パブリッシング　2014.11　327p　15cm　（学研M文庫　か-16-5）〈文献あり　年譜あり　発売：学研マーケティング〉　660円　①978-4-05-900885-9　Ⓝ121.59

内容 吉田松陰と文をめぐる謎　松陰と文の家族をめぐる謎　松陰の海外密航未遂事件をめぐる謎　松陰と松下村塾をめぐる謎　松陰と「安政の大獄」をめぐる謎　久坂玄瑞と文をめぐる謎　長州藩と討幕運動をめぐる謎　高杉晋作をめぐる謎　長州藩の女性をめぐる謎　楫取素彦と美和子（文）をめぐる謎

◇吉田松陰と久坂玄瑞―高杉晋作、伊藤博文、山県有朋らを輩出した松下村塾の秘密　河合敦著　幻冬舎　2014.11　211p　18cm　（幻冬舎新書　か-11-5）　780円　①978-4-344-98365-6　Ⓝ121.59

◇吉田松陰の人間山脈―「志」が人と時代を動かす！ 中江克己著 青春出版社 2014.11 204p 18cm （青春新書INTELLIGENCE PI-437）〈文献あり〉 890円 ⓘ978-4-413-04437-0 Ⓝ121.59

内容 第1章 吉田松陰と黒船（七人きょうだいの次男として生まれた吉田松陰 藩の兵学師範になるためのスパルタ教育 ほか） 第2章 吉田松陰の教育論（弟子を救うために、絶食で抗議 徹夜で記した「金子重輔行状」 ほか） 第3章 松陰と玄瑞、師弟の絆（久坂玄瑞と松陰の妹・文との結婚 アメリカ総領事ハリスの来訪 ほか） 第4章 久坂玄瑞と禁門の変（久坂玄瑞の悔恨と決意 長州藩の公武合体運動 ほか）

内容 第1章 松陰を育んだ人びと 第2章 諸国遊学と人脈のひろがり 第3章 海外雄飛の夢 第4章 野山獄から松下村塾へ 第5章 松下村塾で育った維新群像 第6章 『留魂録』と松陰の志

◇吉田松陰「人を動かす天才」の言葉 楠戸義昭著 三笠書房 2014.11 246p 15cm （知的生きかた文庫 く22-4―〔CULTURE〕）〈文献あり〉 590円 ⓘ978-4-8379-8295-1 Ⓝ121.59

内容 序章 「歴史の歯車を動かした男」吉田松陰―人を、国を、そして自分を動かした生き様とは？（おとなしい性格の内に秘めた、尊攘の激しい闘志 松陰の生業は「教育者」ではなく「兵学者」 ほか） 1章 吉田松陰に学ぶ「自分を高める」言葉―「天才思想家」はいかにつくられたか（真心をもってすれば、不可能なことはない 志を立てることから、すべては始まる ほか） 2章 まっすぐであたたかい―松陰の素顔が見える言葉―家族・同志を大切にした人間あふれる一面（杉家の美風は、親族が仲よいことだ 兄は大義を叫ぶ自分を助けてくれた ほか） 3章 怖れず覚悟を貫く言葉―松陰が抱いた新たな夢、そして突然の死…（天下は天皇のもので、幕府の私有でない 富士山が崩れるとも決意は変わらない ほか）

◇吉田松陰が復活する！―憂国の論理と行動 宮崎正弘著 並木書房 2014.11 254p 19cm 〈年譜あり〉 1500円 ⓘ978-4-89063-323-4 Ⓝ121.59

内容 第1章 吉田松陰は何者か？ 第2章 松陰の思想と行動 第3章 松陰「以前」 第4章 松陰につづく人たち 第5章 情報、諜報、そして広報 終章 吉田松陰と三島由紀夫

◇吉田松陰―異端のリーダー 津本陽著 KADOKAWA 2014.12 217p 18cm （角川oneテーマ21 D-55） 800円 ⓘ978-4-04-653428-6 Ⓝ121.59

内容 私と吉田松陰 松陰誕生とほどこされた教育 兵学師範への道 兵学師範としての旅立ち 長崎・平戸遊学 江戸遊学 脱藩と奥羽歴訪 下田踏海 野山獄 松下村塾 狂熱の季節 江戸送り 死 高杉晋作と久坂玄瑞 維新の元勲 松陰とは

◇吉田松陰 玖村敏雄著 文藝春秋 2014.12 407p 16cm （文春学藝ライブラリー――歴史12）〈年譜あり〉 1140円 ⓘ978-4-16-813036-6 Ⓝ121.59

内容 第1章 山鹿流兵学師範時代 第2章 遊歴時代 第3章 第一回在獄時代 第4章 幽室時代 第5章 再獄時代 第6章 殉難前後 第7章 流風遺響 吉田松陰年譜略

◇吉田松陰の妹―三人の志士に愛された女 原口泉著 幻冬舎 2014.12 215p 18cm 〈文献あり〉 1100円 ⓘ978-4-344-02696-4 Ⓝ289.1

内容 第1章 なぜ今、「松陰の妹」なのか（なぜ今、松陰なのか、そしてその妹・文なのか 大河ドラマ『花燃ゆ』の題名に秘められた意味 ほか） 第2章 文の育った松陰の家庭と兄弟（文の子ども時代が偲ばれる姉・芳子の談話 「家庭の人としての吉田松陰」児玉芳子 ほか） 第3章 文を愛した第一の志士・吉田松陰（真情溢れる「文妹久坂氏に適くに贈る言葉」 司馬遼太郎が「維新史の奇蹟」と呼んだ松陰の存在 ほか） 第4章 文を愛した第二の志士・久坂玄瑞（文と久坂玄瑞との出会い 久坂玄瑞が最初、文との縁談を渋った理由とは ほか） 第5章 文を愛した第三の志士・楫取素彦（楫取素彦（小田村伊之助）は、松陰と同じく学者の家柄 江戸で松陰と出会う ほか）

◇吉田松陰―「日本」を発見した思想家 桐原健真著 筑摩書房 2014.12 244,4p 18cm （ちくま新書 1101）〈文献あり 索引あり〉 820円 ⓘ978-4-480-06807-1 Ⓝ121.59

内容 第1章 若き兵学師範 第2章 「西洋」という他者 第3章 「日本」の発見 第4章 ペリーの「白旗事件」 第5章 「国際社会」のなかの「帝国日本」 第6章 「日本」という自己像の模索

◇吉田松陰松下村塾 人の育て方 桐村晋次著 あさ出版 2014.12 239p 19cm 〈文献あり 年表あり〉 1300円 ⓘ978-4-86063-701-9 Ⓝ372.105

内容 序章 吉田松陰と松下村塾（松下村塾が明治日本の基礎をつくった 松陰の生涯 ほか） 第1章 松下村塾の誕生と教育の変遷（日本における教育の萌芽 争乱期の教育 ほか） 第2章 吉田松陰の教育（師弟同行・共学の思想 師友を求めて歩く旅 ほか） 第3章 松下村塾の教育現代への応用（松陰は何を教えてくれているのか？ コミュニケーション能力の開発 ほか）

◇吉田松陰―明治維新150年記念 幕末を熱く語ろう実行委員会編 〔下関〕 幕末を熱く語ろう実行委員会 2015.1 76p 21cm （幕熱文庫）〈発行所：幕熱会 年譜あり〉 720円 Ⓝ121.59

◇図説 吉田松陰―幕末維新の変革者たち 木村幸比古著 河出書房新社 2015.1 127p 22cm （ふくろうの本）〈文献あり 年表あり〉 1850円 ⓘ978-4-309-76225-8 Ⓝ121.59

内容 第1章 杉家の人々―父・百合之助の教え 第2章 飛耳長目―叔父・文之進の教え 第3章 忠誠の精神―草莽崛起の英雄を 第4章 世界を展望する―東遊西遊、そして密航へ 第5章 松下村塾―型破りの私塾 第6章 志を受け継ぐ人々―塾生たちの維新 第7章 実践者・楫取素彦―薩長同盟 陰の立役者 第8章 松陰の実学―門人たちが見た師の生き様

◇乙女の松下村塾読本―吉田松陰の妹・文と塾生たちの物語 堀江宏樹,滝乃みわこ著 主婦と生活社 2015.1 127p 19cm 〈文献あり〉 850円 ⓘ978-4-391-14632-5 Ⓝ372.105

内容 第1章 出会い―吉田松陰の生い立ち（ストレスで爆発寸前だった長州藩 九歳で教授見習になった天才少年 独身を貫いてもかなえたかった松陰の夢

よした

◇吉田松陰―久坂玄瑞が祭り上げた「英雄」 一坂太郎著 朝日新聞出版 2015.2 203p 18cm (朝日新書 502) 720円 ⓘ978-4-02-273602-4 Ⓝ121.59
内容 第1章 吉田松陰の実像(俗人離れした異端者 松陰誕生 ほか) 第2章 久坂玄瑞の生い立ちと松陰との出会い(玄瑞の兄の影響 相次ぐ身内の死 ほか) 第3章 松陰の妹・文と玄瑞の結婚(豊かになった杉家 玄瑞、文と結婚 ほか) 第4章 「松陰の死」を利用する玄瑞(松陰の志を継ぐ 早くも伝記編纂始まる ほか) 第5章 尊王攘夷運動の中で神格化される松陰(松陰改葬 松陰の著作が教科書に ほか)

◇吉田松陰 池田諭著 新装版 大和書房 2015.2 247p 19cm 〈文献あり 年譜あり〉 1600円 ⓘ978-4-479-86024-2 Ⓝ121.59
内容 第1章 生きつづける革命児(若き兵学師範 混迷をつづける魂 未来への脱出 変革者の瞑想) 第2章 松陰の思想形成(絶望の中の教育 松下村塾の誕生 松陰の教育理念 感覚から実践へ 松陰をめぐる人々) 第3章 村塾の人間教育(明倫館と松下村塾 村塾の教育と塾風 政治と実践) 第4章 村塾で育った青年たち(変革者たち 変革者・高杉晋作と久坂玄瑞の実学思想 松陰の期待を一身に集めた吉田栄太郎 入江兄弟うるわしい師弟愛 画家松洞から変革者へ 品川弥二郎への全人教育 前原一誠と真の忠孝 悲劇の門下生たち) 第5章 現代に生きる松陰の思想(憂国の熱情から変革の論理へ 組織の論理 平和国家の展望 いかに学ぶか)

◇吉田松陰―右も左もなく、ただ回天の志があった!! 三浦実文、貝原浩イラストレーション 増補新装版 現代書館 2015.3 174p 21cm (FOR BEGINNERSシリーズ 108―日本オリジナル版)〈年表あり〉 1200円 ⓘ978-4-7684-0108-8 Ⓝ121.59
＊右も左もなく、ただ回天の志があった!!至誠にして動かざるものは、いまだこれあらざるなり。動乱の兆しの今、伝説の松下村塾と一人の松陰が欲しい。

◇吉田松陰を語る 奈良本辰也他著 新装版 大和書房 2015.4 213p 19cm 〈文献あり 著作目録あり 年譜あり〉 1800円 ⓘ978-4-479-86026-6 Ⓝ121.59
内容 吉田松陰の生涯(奈良本辰也) 松陰の魅力について(河上徹太郎 奈良本辰也) 松陰の資質とその認識(橋川文三 司馬遼太郎) 松陰の思想の論理と倫理(松本三之介 橋川文三) 歴史における松陰の役割(桑原武夫 奈良本辰也) 松陰の精神とその人間像(村上一郎 保田與重郎) 西郷隆盛と松陰の比較(海音寺潮五郎 奈良本辰也) 明治・大正・昭和の松陰像(田中彰) 松陰イメージの可能性(橋川文三)

◇松陰の歩いた道―旅の記念碑を訪ねて 海原徹著 京都 ミネルヴァ書房 2015.4 265,4p 21cm 〈文献あり 年譜あり 索引あり〉 2500円 ⓘ978-4-623-07346-7 Ⓝ291.02
内容 第1章 防長二国の道―至る所にある沢山の碑 ほか) 第2章 九州への道―家学修業を志す 第3章 江戸市中の松陰―東遊から刑死まで 第4章 北辺の守りを探る旅―なぜ脱藩行なのか 第5章 近畿周遊―諸国遊歴の許可 第6章 海外密航を企てる―下田踏海の壮挙と挫折

◇吉田松陰―幽室の根源的思考 井崎正敏著 言視舎 2015.4 275p 20cm (言視舎評伝選)〈文献あり〉 2700円 ⓘ978-4-86565-016-7 Ⓝ121.59
内容 序章 いま一度問う、「吉田松陰とはだれか」 第1章 若き兵学者が駆ける―発見への旅 第2章 敵国密航計画―もうひとつの攘夷 第3章 幽室の教育者―「だれでも聖人になれる」 第4章 幽室の思索者―日本人すべてが対等な理由 第5章 幽室の行動者―雄略策と要撃策 第6章 「草莽」が起ちあがる―独立した主体 第7章 死中に生をもとめる―精神の不滅 終章 留魂divided鎮魂か

◇将来の日本 吉田松陰 徳富蘇峰著、隅谷三喜男責任編集 中央公論新社 2015.5 419p 18cm (中公クラシックス J62)〈年譜あり〉 1950円 ⓘ978-4-12-160156-8 Ⓝ310.4
内容 将来の日本 吉田松陰

◇吉田松陰と長州五傑 頭山満、伊藤痴遊、田中光顕著 国書刊行会 2015.7 239p 19cm 1800円 ⓘ978-4-336-05944-4 Ⓝ281.77
内容 桜の下の相撲 吉田松陰(先駆者 松下村塾 ほか) 久坂玄瑞(地底様 久坂、高杉と水戸学 ほか) 高杉晋作(武侠勇断第一人 絢爛たるその生涯 ほか) 伊藤博文、井上馨(伊藤博文の生涯 軽輩 独り立ち ほか) 伊藤公と井上侯の血気時代(松陰門下 象山の気風 ほか) 木戸孝允(木戸孝允の壮士時代(長州排斥 七卿 ほか)

◇吉田松陰の手紙―図録 萩博物館所蔵杉家寄贈資料 吉田松陰著 萩 萩博物館 2015.8 79p 26cm 〈編集:道迫真吾〉 Ⓝ121.59

◇松陰から妹達への遺訓 所功編著 勉誠出版 2015.8 180p 19cm 〈文献あり 年表あり〉 1000円 ⓘ978-4-585-22124-1 Ⓝ121.59
内容 解説 吉田庫三編『松陰先生女訓』の再発見(吉田庫三編著の構成 松陰の生家と吉田家 妹婿玉千代と甥吉田庫三 ほか) 史料(書簡 吉田松陰から妹達への手紙 女訓 松陰が妹達に勧めた教訓書 参考 母滝子の行状と妹千代の回想) 補論 松陰先生の遺訓に導かれて(吉田松陰との出会い 伊勢で大学生と塾生活 満三十歳で残した父の導き ほか)

◇吉田松陰 高橋文博著 新装版 清水書院 2015.9 252p 19cm (Century Books―人と思想 144)〈文献あり 年譜あり 索引あり〉 1000円 ⓘ978-4-389-42144-1 Ⓝ121.59
内容 1 修業時代 2 海外渡航 3 幽囚 4 激発 5 草莽崛起 6 不朽なる神

◇吉田松陰とゆかりの人々 小山良昌編著 山口 マルニ 2016.3 241p 21cm (山口県立大学桜の森アカデミーブックレット no.1)〈共同刊行:山口県立大学 文献あり〉 ⓘ978-4-9902397-7-0 Ⓝ121.59

◇わかりやすく読む「留魂録」―なぜ吉田松陰は神となったか 大川咲也加著 幸福の科学出版 2016.6 243p 17cm (OR BOOKS)〈文献あ

よした

り　年表あり〉　1500円　Ⓘ978-4-86395-802-9　Ⓝ169.1
内容　第1部　吉田松陰の一生(幼少期　青年期　晩年　吉田松陰プロフィール)　第2部　わかりやすく読む「留魂録」(辞世の句　投獄に至るまで　すべては棺桶の蓋が閉まってから　人生を四季にたとえると　獄中の同志　わが同志たちよ　最後のメッセージ　なぜ吉田松陰は神となったか)

◇吉田松陰　杉・村田家の系譜　熊片清雄著　東洋出版　2016.8　278p　図版10p　19cm　〈文献あり〉　1800円　Ⓘ978-4-8096-7838-7　Ⓝ121.59
内容　吉田松陰とその一族　松陰の生涯　松陰余話　松陰母、滝子の生涯　松陰を支えた兄民治(梅太郎)　松陰が愛した千代(児玉芳子)と敏三郎　幕末、明治に活躍した楫取素彦と寿子　松門の双璧、久坂玄瑞と文　楫取素彦の県令赴任以後、没年まで　松陰母の生家、村田家とその消滅(離村)　明治以降の杉家ゆかりの人々　楫取寿子発願の前橋、正覚山清光寺物語

◇吉田松陰の時代　須田努著　岩波書店　2017.7　216p　19cm　(岩波現代全書　105)〈文献あり〉　2100円　Ⓘ978-4-00-029205-4　Ⓝ121.59
内容　第1章「山鹿流兵学師範」、修業の日々―茫漠とした危機意識の中で(村田清風による長州藩兵制改革　青年兵学者・松陰の登場　「北浦」台場視察の経験ほか)　第2章　洋式兵学への傾斜と苦悩―郷土防禦から国防へ(江戸留学のはじまり　四人の師―素水・艮斎・茶渓・象山　北限の地へ―東北地域巡見踏査ほか)　第3章「狂夫」としての思想―最後の六年間の意味(最後の六年をどうみるか　安政元年―歴史への回帰と「国体」理解　安政二・三年―『幽囚図志』読了と『孟子』講義ほか)

◇吉田松陰の再発見―異国に眠る残影　山口栄鉄著　芙蓉書房出版　2017.9　188p　19cm　1800円　Ⓘ978-4-8295-0716-2　Ⓝ121.59
内容　第1章　松陰復活の兆し―世界に轟く名声(松陰とエール大学古文書館　獅子吼する獄囚　松陰、黒船上のウィリアムズと対面　漂流、踏海者の光と陰―ジョン万次郎、松陰、音吉、ジョセフ彦　佐久間象山と松陰)　第2章　英国の文豪スティーブンソンの松陰発見(古都エジンバラに集う四人の紳士　YOSHIDA TORAJIRO)　第3章　現代の志士朝河貫一　附論　開国史関係文献解題

◇いまこそ知りたい日本の思想家25人　小川仁志著　KADOKAWA　2017.9　254p　19cm　〈他言語標題：25 Japanese thinkers you need to know now　文献あり〉　1700円　Ⓘ978-4-04-400234-3　Ⓝ121.028
内容　第1章　日本思想の黎明期(空海　道元　親鸞　吉田兼好　世阿弥)　第2章　日本の近世の葛藤(山本常朝　荻生徂徠　本居宣長　安藤昌益　二宮尊徳)　第3章　日本の近代の幕開け(横井小楠　吉田松陰　福沢諭吉　新渡戸稲造　内村鑑三)　第4章　「日本哲学」の始まり(西周　西田幾多郎　九鬼周造　三木清　和辻哲郎)　第5章　世界における日本思想の独自性(北一輝　鈴木大拙　柳田國男　丸山眞男　吉本隆明)

◇幕末―非命の維新者　村上一郎著　中央公論新社　2017.9　299p　16cm　(中公文庫　む28-1)〈角川文庫　1974年刊に対談「松陰の精神と人間像」を増補　文献あり　年表あり〉　1000円　Ⓘ978-4-12-206456-0　Ⓝ281.04
内容　第1章　大塩平八郎　第2章　橋本左内　第3章　藤田三代―幽谷・東湖・小四郎　第4章　真木和泉守　第5章　三人の詩人―佐久良東雄・伴林光平・雲井竜雄　松陰の精神とその人間像(保田與重郎×村上一郎)

◇幕末明治人物誌　橋川文三著　中央公論新社　2017.9　308p　16cm　(中公文庫　は73-1)　1000円　Ⓘ978-4-12-206457-7　Ⓝ281
内容　第1章　吉田松陰―吉田松陰―維新前夜の男たち　西郷隆盛―西郷隆盛の反動性と革命性　後藤象二郎―明治的マキャベリスト　高山樗牛―高山樗牛　乃木希典―乃木伝説の思想　岡倉天心―岡倉天心の面影　徳富蘆花―蘆花断想　内村鑑三―内村鑑三先生　小泉三申―小泉三申論　頭山満―頭山満

◇渡辺蒿蔵が語る松下村塾―最後の門下生　海原徹著　〔萩〕萩ものがたり　2017.10　85p　21cm　(萩ものがたり　vol 55)　574円　Ⓘ978-4-908242-07-6　Ⓝ372.105

◇日本の偉人物語　2　上杉鷹山　吉田松陰　嘉納治五郎　岡田幹彦著　光明思想社　2018.4　226p　20cm　1296円　Ⓘ978-4-904414-75-0　Ⓝ281
内容　第1話　上杉鷹山―江戸時代の代表的名君(「民の父母」の実践　米沢藩再建の艱難辛苦　鷹山の愛と仁政　ほか)　第2話　吉田松陰―救国の天使(日本を守る兵学者として　やむにやまれぬ大和魂　誓って神国の幹たらん　ほか)　第3話　嘉納治五郎―柔道を創始した世界的偉人(柔道の創始者　柔道の発展　明治の一大教育家　ほか)

吉田　昌平〔1896〜1965〕よしだ・しょうへい
◇初代吉田昌平とその周辺　吉田和平著　八戸吉田産業　2015.3　202p　19cm　〈折り込5枚〉　Ⓝ289.1

吉田　進〔1947〜〕よしだ・すすむ
◇パリの空の下《演歌》は流れる―僕の音楽遍歴　吉田進著　アルファベータブックス　2016.7　305p　20cm　〈他言語標題：Sous le ciel de Paris coule le "ENKA"　作品目録あり〉　2500円　Ⓘ978-4-86598-016-5　Ⓝ762.35
内容　第1章　僕の音楽遍歴　第2章　わが師メシアン　第3章　フランスと日本の間で　第4章　巴里音楽事情　第5章　フリーメイソンと音楽　第6章　国歌とはなにか　第7章　シャンソンと演歌

吉田　清治〔1913〜2000〕よしだ・せいじ
◇父の謝罪碑を撤去します―慰安婦問題の原点「吉田清治」長男の独白　大高未貴著　産経新聞出版　2017.6　198p　19cm　〈年表あり　発売：日本工業新聞社〉　1300円　Ⓘ978-4-8191-1312-0　Ⓝ319.1021
内容　プロローグ「父の謝罪碑を撤去します」　第1章　終わらせる　第2章　父・吉田清治　第3章　「語り部」にされた男　第4章　社会党、挺対協、北朝鮮　第5章　誰が「吉田清治」をつくったか　エピローグ　リアリズム

吉田　善吾〔1885〜1966〕よしだ・ぜんご
◇五人の海軍大臣―太平洋戦争に至った日本海軍の指導者の蹉跌　吉田俊雄著　潮書房光人新社　2018.1　366p　16cm　(光人社NF文庫　よ

1047）〈文春文庫 1986年刊の再刊 文献あり〉 860円 Ⓘ978-4-7698-3047-4 Ⓝ397.21

内容 序章 五人の人間像（永野修身 米内光政 吉田善吾 及川古志郎 嶋田繁太郎） 第1章 永野修身（二・二六事件 満州事変 永野の登 軍部大臣現役武官制 日独防衛協定 永野人事か） 第2章 米内光政（盧溝橋の銃声 上海事変―日華事変 オレンジ計画 三国同盟問題） 第3章 吉田善吾（米内内閣への期待 アメリカの対日不信 近衛公に大命降下） 第4章 及川古志郎（日独伊三国同盟締結へ 暗号解読さる 日米交渉 日蘭交渉 第一委員会 日ソ中立条約締結 野村―ハル会談 独ソ開戦 など波風たちさわぐらむ 日米交渉の完敗 総理に一任） 第5章 嶋田繁太郎（白紙還元 「十二月頭開戦」を決意 ハル・ノート ニイタカヤマノボレ一二〇八）

吉田 司〔1934～〕 よしだ・つかさ
◇吉田司医業30年の軌跡―岩手医大9年・県立中央病院21年 吉田司著 〔出版地不明〕 吉田司 2015.12 236p 30cm 〈文献あり〉 Ⓝ493.3

吉田 得子〔1891～1974〕 よしだ・とくこ
◇時代を駆ける 2 吉田得子日記戦後編1946-1974 吉田得子著, 女性の日記から学ぶ会編, 島利栄子, 西村榮雄編集責任 周防大島町（山口県） みずのわ出版 2018.7 118p 22cm 〈文献あり 年譜あり〉 3000円 Ⓘ978-4-86426-036-7 Ⓝ289.1

内容 昭和21年（1946） 昭和22年（1947） 昭和23年（1948） 昭和24年（1949） 昭和25年（1950） 昭和26年（1951） 昭和27年（1952） 昭和28年（1953） 昭和29年（1954） 昭和30年（1955）〔ほか〕

吉田 稔麿〔1841～1864〕 よしだ・としまろ
◇吉田稔麿 松陰の志を継いだ男 一坂太郎著 KADOKAWA 2014.8 237p 19cm （角川選書 544）〈文献あり 年譜あり〉 1700円 Ⓘ978-4-04-703544-7 Ⓝ289.1

内容 第1章 松陰との出会い（吉田稔麿の生い立ち 人生の大転機 松下村塾での逸話） 第2章 乱世に飛び込む（松陰の志を継ぐ 幕府に潜入 松陰と絶縁する 松陰との永遠の別れ） 第3章 旗本の家来になる（乱世を呼ぶ一揆 長州藩の動向 隆盛する薩摩藩） 第4章 攘夷実行（シンボルとしての松陰 ついに攘夷を断行 奇兵隊とともに） 第5章 京都に散る（朝陽丸をめぐって 江戸から京都へ 池田屋事変の悲劇 劇的に描かれる稔麿の最期）

吉田 信夫〔1949～〕 よしだ・のぶお
◇都政 徹底した告発と提案―都議20年論戦の記録 吉田信夫著 光陽出版社 2018.5 207p 19cm 1500円 Ⓘ978-4-87662-611-3 Ⓝ318.236

内容 1章 築地市場の豊洲移転問題 百条委員会での調査と尋問 2章 深刻な高齢者介護、国保の実態を告発、打開を迫る 3章 オリンピック問題で告発と積極的な提案 4章 震災対策 耐震化、予防対策の強化を迫る 5章 国家戦略特区、神宮外苑開発、外環道問題 6章 新たな危険性をます横田基地の実態を明らかに 7章 石原知事による都政私物化と人権否定をただす 8章 猪瀬、舛添知事の辞任へ徹底調査

吉田 信行 よしだ・のぶゆき
◇獣医学の狩人たち―20世紀の獣医偉人列伝 大竹修著 堺 大阪公立大学共同出版会 2017.5 406p 21cm 〈文献あり〉 2400円 Ⓘ978-4-907209-72-8 Ⓝ649.028

内容 序：日本における近代獣医学の夜明け 牛痘苗と狂犬病ワクチンの創始者―梅野信吉 人材育成の名人で家畜衛生学の先達―葛西勝弥 獣医寄生虫学を確立―板垣四郎 競走馬の研究に生涯を捧げた外科の泰斗―松葉重雄 ひよこの雌雄鑑別法を開発―増井清 幻に終わったノーベル賞―市川厚一 獣医外科・産科学の巨頭―黒澤亮助 顕微鏡とともに歩んだ偉大な神経病理学者―山極三郎 麻酔・自律神経研究の権威―木全春生〔ほか〕

吉田 登〔1916～1999〕 よしだ・のぼる
◇丸和物語―スーパーマーケットと共に生きた吉田登との20年 浦橋勝信著 第3版 直方 コミュニケーションズ楓花 2017.2 256p 19cm 1000円 Ⓝ673.868

吉田 日出子〔1944～〕 よしだ・ひでこ
◇私の記憶が消えないうちに―デコ最後の上海バンスキング 吉田日出子著 講談社 2014.11 229p 20cm 1800円 Ⓘ978-4-06-219110-4 Ⓝ772.1

内容 第1章 ご無沙汰のワケ 第2章 愛しの自由劇場 第3章 夢のあとさき 第4章 家を建ててトゥルーパーがやってきた 第5章 こぼれ落ちていくもの 第6章 母 第7章 歌っていたい

吉田 博一〔1937～〕 よしだ・ひろいち
◇燃えない電池に挑む！―69歳からの起業家・吉田博一 竹田忍著 日本経済新聞出版社 2017.1 225p 20cm 〈文献あり 年譜あり〉 1700円 Ⓘ978-4-532-32128-4 Ⓝ572.12

内容 第1章 始まりは電気自動車 第2章 商機はバッテリーにあり 第3章 燃えない蓄電池の開発史 第4章 リチウムイオン電池の攻防 第5章 遅咲きのアントレプレナー 第6章 バッテリーに託す夢

吉田 博徳〔1921～〕 よしだ・ひろのり
◇わが人生のあしおと―波乱万丈のたたかいをふりかえって 吉田博徳著 小平 吉田博徳 2018.7 143p 21cm 非売品 Ⓝ289.1

吉田 ヒロミツ〔1950～〕 よしだ・ひろみつ
◇「自分史」パンツ一丁からの出発 吉田ヒロミツ著 八王子 ヒルトップ出版 2018.9 58p 19cm 800円 Ⓘ978-4-904698-16-7 Ⓝ289.1

内容 前書き 生い立ち 小学校時代 中学時代 高校時代 陸上自衛隊入隊 運命的な出会い 自衛隊退職 外回りの仕事に就いて 結婚 子どもについて 妻について 父について 家を買う 一本の電話から 大腸がんになって シベリア慰霊団参加について クエゼリン島参拝に参加して ブータン王国旅行

吉田 房彦〔1935～〕 よしだ・ふさひこ
◇いのちの炎―卓球に支えられ今を大切に生きて 吉田房彦傘寿祈念自分史 吉田房彦著 卓球王国 2014.10 296p 20cm 1700円 Ⓘ978-4-

901638-44-9　Ⓝ289.1

内容 第1章 戦前の大阪―昭和10年から昭和19年　第2章 学童集団疎開と滋賀での生活―昭和19年から昭和20年　第3章 戦後の生活―昭和21年から昭和30年　第4章 11年ぶりの大阪生活 大学から社会人へ―卓球との本格的な出合い 昭和30年から昭和33年　第5章 社会人生活第一歩そして転職、結婚―昭和34年から昭和49年　第6章 仕事も卓球も働き盛り―昭和50年から平成元年　第7章 新しい職場 武智工務所―平成2年から平成11年　第8章 関西学生卓球連盟会長時代―平成11年から平成15年　第9章 高齢者として生きる―平成15年から現在　第10章 新しいボランティア、語り部活動（学童疎開と大阪大空襲）―現在　冊子「卓球人」寄稿文集　語り部活動

吉田 昌郎〔1955～2013〕　よしだ・まさお
◇死の淵を見た男―吉田昌郎と福島第一原発　門田隆将著　KADOKAWA　2016.10　496p　15cm　〈角川文庫 か63-7〉〈PHP研究所 2012年刊の加筆・修正　文献あり 年表あり〉　840円　①978-4-04-103621-1　Ⓝ543.5

内容 激震　大津波の襲来　緊迫の訓示　突入　避難する地元民　緊迫のテレビ会議　現地対策本部　「俺が行く」　われを忘れた官邸　やって来た自衛隊〔ほか〕

吉田 麻也〔1988～〕　よしだ・まや
◇アホが勝ち組、利口は負け組―サッカー日本代表進化論　清水英斗著　秋田書店　2018.6　190p　19cm　1300円　①978-4-253-10106-6　Ⓝ783.47

内容 日本代表進化論 理想は進化、現実は退化　日本代表進化論 選手編（原口元気―モノクロームの元気　岡崎慎司―アホの岡崎　遠藤航―がんばれ！ ニッポンの父！　宇佐美貴史―「行ってるやん」の絶壁　吉田麻也―"大ポカ"の汚名を返上せよ！　柏木陽介―だって、人間だもの。　長谷部誠―キレッ早のキャプテン　長友佑都―左を制するのは、世界を制す！　柴崎岳―キャノンシュートの秘密は、弓槻野智章―カネでは買えない男！　ほか）

吉田 みつ〔1917～2014〕　よしだ・みつ
◇吉田みつ日記―一人の農婦として―大正・昭和・平成という時代を生きて　吉田豊著　半田 一粒書房　2015.11　231p　19cm　1500円　①978-4-86431-460-2　Ⓝ289.1

吉田 満〔1923～1979〕　よしだ・みつる
◇吉田満 戦艦大和学徒兵の五十六年　渡辺浩平著　白水社　2018.4　269p　20cm　〈文献あり〉　2400円　①978-4-560-09626-0　Ⓝ910.268

内容 序章 私の立場の核心　第1章 同期の桜　第2章 おのれの眞實　第3章 一九四六年版と五二年版　第4章 新しく生きはじめねばならない　第5章 日本銀行ニューヨーク駐在員事務所　第6章 戦中派の戦争責任　第7章 東北びいき　第8章 西片町教会長老として　第9章 経済戦艦大和の艦橋　終章 雲

吉田 都〔1965～〕　よしだ・みやこ
◇挑み続ける力―「プロフェッショナル仕事の流儀」スペシャル　NHK「プロフェッショナル」制作班著　NHK出版　2016.7　227p　18cm　（NHK出版新書 492）　780円　①978-4-14-088492-8　Ⓝ366.29

内容 1 変わらない力（AI時代への新たな決意―将棋棋士 羽生善治　淡々と、完璧を目指す―星野リゾート代表 星野佳路　人生にムダなどない）　2 生涯現役を貫け（プロフェッショナルに、終わりはない―元半導体メーカー社長 坂本幸雄　遠くは見ない、明日だけを見届ける―歌舞伎役者 坂東玉三郎）　3 大震災、そして新たなる飛躍（やりたいからこそ、やる―作業療法士 藤原茂　地べたと向き合って生きる―建築家 伊東豊雄）　4 限界への挑戦（今の自分だからできること―バレリーナ 吉田都　情熱は一生、燃え続ける―プロサッカー選手 三浦知良　「逆転する力」の秘密―囲碁棋士 井山裕太）

吉田 康子〔1930～〕　よしだ・やすこ
◇旧家に嫁いで　吉田康子著　文芸社　2015.12　151p　20cm　〈文献あり〉　1000円　①978-4-286-16404-5　Ⓝ289.1

吉田 義人〔1969～〕　よしだ・よしひと
◇矜持―すべてはラグビーのために　吉田義人著　ホーム社　2017.10　319p　19cm　〈発売：集英社〉　1600円　①978-4-8342-5310-8　Ⓝ783.48

内容 ラグビーとの出会い　世界を知る　明治大学入学 桜のジャージと七人制ラグビー　第二回ラグビーワールドカップ 伊勢丹就職　アジア王座奪還と念願の社会人全国大会　最後のワールドカップと大学院入学　日本人初のフランストップリーグ選手 フランスでの試練と日本ラグビー復帰　指導者としてのスタート　明治の矜持を取り戻す　次世代を育てる

吉田 喜正〔1911～1986〕　よしだ・よしまさ
◇民謡地図　別巻　民謡名人列伝　竹内勉著　本阿弥書店　2014.12　285p　20cm　〈布装 年表あり〉　3200円　①978-4-7768-1157-2　Ⓝ388.91

内容 初代浜田喜一―主役だけを演じた江差追分の名人　浅利みき―津軽じょんがら節をじょっぱりだけで歌う　木田林松栄―一の糸を叩き抜いた津軽三味線弾き　成田雲竹―津軽民謡の神様　池田淡水―民謡界の偉人後藤桃水先生の教えを守った尺八奏者　赤間森水―声を意のままに使いこなして歌う　樺沢芳勝―からっ風の上州の風土を体現する声で　大出直三郎―負けん気がすべてで歌う越名の舟唄　中川千代―両津甚句でみせた天下一のキレのよさ　吉田喜正―漁船四杯と取り替えたしげさ節　高山訓昌―音戸の舟唄を歌う写実の職人　赤坂小梅―押さば押せ 引かば押せの黒田節

吉嗣 拝山〔1848～1915〕　よしつぐ・はいざん
◇吉嗣拝山年譜考證　長尾直茂著　勉誠出版　2015.11　343,11p　22cm　〈文献あり 索引あり〉　10000円　①978-4-585-29109-1　Ⓝ721.9

内容 第1部 年譜考證（弘化三年（一八四六）一歳　安政五年（一八五八）一三歳　万延元年（一八六〇）一五歳　文久元年（一八六一）一五～一六歳　ほか）　第2部 論考篇（明治一一年、吉嗣拝山の清国渡航をめぐって　吉嗣拝山の画業とその贋作をめぐって）　第3部 資料篇（日記・草稿類　印譜）

吉冨 隆安〔1947～〕　よしとみ・たかやす
◇最後の予想屋 吉冨隆安―予想で年5千万稼ぎ、

馬券に4千万つっこむ破天荒人生　斎藤一九馬著　ビジネス社　2017.2　334p　19cm　〈文献あり〉　1700円　①978-4-8284-1936-7　Ⓝ788.5

内容　危険な情熱に憑かれたソクラテス　涙橋の先へ（大井競馬場）　血脈（春木競馬場）　暴走（京都競馬場）　出奔（奈落の街で）　進学塾「東大アカデミー」　掟破りの予想屋　「走破タイム」の嘘　「ゲート・イン」の船出　「実走着差理論」　宇宙の摂理を説いてみよ

吉永　小百合　〔1945～〕　よしなが・さゆり

◇映画女優吉永小百合　大下英治著　朝日新聞出版　2015.12　345,4p　20cm　〈作品目録あり〉　1700円　①978-4-02-251335-9　Ⓝ778.21

内容　序章　吉永小百合、映画『母と暮せば』を語る　第1章　映画に魅せられて――デビュー～日活映画の頃　第2章　体当たり演技の時代――レコードの大ヒット、独立　第3章　人生の転機――様々な出会い、結婚　第4章　映画女優一殻を破るということ　第5章　円熟の時代―たゆまざる挑戦　第6章　プロデューサーとして―東日本大震災への祈り　終章　映画女優の道、ひとすじ

◇私が愛した映画たち　吉永小百合著、立花珠樹取材・構成　集英社　2018.2　253p　18cm　（集英社新書　0922）〈作品目録あり〉　760円　①978-4-08-721022-4　Ⓝ778.21

内容　家計支えた子役時代―ラジオドラマから銀幕へ『朝を呼ぶ口笛』　ひたむきで健気なヒロイン―浦山桐郎監督との出会い　『キューポラのある街』　役を演じるのではなく、「ミコ」になりきった―原作に感動、自ら映画化を希望　『愛と死をみつめて』　広島の若く悲しい恋人たちの物語―核なき平和な世界願う原点に　『愛と死の記録』　国民的熱狂のさなかに出演―今も大事な渥美清さんの言葉　『男はつらいよ』　高倉健さんと初共演―再び映画への情熱がよみがえる　『動乱』　撮影のヒロイン演じたテレビの人気シリーズ―自ら決断し、映画で幕引き　『夢千代日記』　巨匠の魔法にかけられる――九八〇年代に四本の市川崑作品に出演　『細雪』　松田優作さんと、同志のように寄り添えた―深作欣二監督作品で与謝野晶子役　『華の乱』　日本の美意識、映像に残す―坂東玉三郎監督の二作品　『外科室』『夢の女』　練り上げた「北の三部作」―円熟期迎え企画段階から参加　『北の零年』『北のカナリアたち』『北の桜守』　山田洋次監督との再会―平和への思いを次世代につなぐ　『母と暮せば』

吉永　祐介　〔1932～2013〕　よしなが・ゆうすけ

◇田中角栄を逮捕した男―吉永祐介と特捜検察「栄光」の裏側　村山治、松本正、小俣一平著　朝日新聞出版　2016.7　318p　20cm　2400円　①978-4-02-251398-4　Ⓝ327.13

内容　巨悪と検察　ロッキード事件前夜　田中元首相逮捕！　米国で発覚した「総理の犯罪」　真相解明の舞台―ロッキード法廷　もう一つの航空機事件　ロッキード事件が変えたもの　リクルート事件で「吉永特捜」復活　経済事件の季節　東京佐川急便事件と政界のドン逮捕　暴走を非難された特捜検察　「第二の吉永」は現れるか

吉野　伊佐男　〔1942～〕　よしの・いさお

◇情と笑いの仕事論―吉本興業会長の山あり谷あり半生記　吉野伊佐男著　ヨシモトブックス　2014.7　257p　19cm　〈発売：ワニブックス〉　1400円　①978-4-8470-9182-7　Ⓝ779

内容　プロローグ　「いちばんおもろない男」がトップになった　第1章　吉本興業・どん底時代　第2章　芸人と情を交わす　第3章　テレビがもたらした黄金期　第4章　吉本芸人を売り込む―CM営業奮戦記　第5章　吉本興業の東京再上陸　第6章　吉本興業が100年続いた理由　特別対談　芸人と社員それぞれから見た吉本興業（吉野伊佐男×六代桂文枝）

吉野　源三郎　〔1899～1981〕　よしの・げんざぶろう

◇昭和の名編集長物語―戦後出版史を彩った人たち　塩澤実信著　展望社　2014.9　308p　19cm　〈「名編集者の足跡」（グリーンアロー出版社　1994年刊）の改題改訂〉　1900円　①978-4-88546-285-6　Ⓝ021.43

内容　大衆の無言の要求を洞察する―池島信平と「文藝春秋」　一貫して問題意識をつらぬく―吉野源三郎と「世界」　ごまかしのない愚直な仕事を求める―花森安治と「暮しの手帖」　時間をかけ苦しみながらつくらねばならない―今井田勲と「ミセス」　人間くさいものをつくらねばならぬ―扇谷正造と「週刊朝日」　敢然とチャレンジを試みる―佐藤亮一と「週刊新潮」　きびしさをもとめ妥協を許さない―大久保房男と「群像」　妥協をしない、手を抜かない―坂本一亀と「文藝」　ホンモノを選び出す目を持つ―小宮山量平と「創作児童文学」　人間の価値を高めるものを―小尾俊人と「現代史資料」〔ほか〕

吉野　左衛門　〔1879～1920〕　よしの・さえもん

◇子規居士の周囲　柴田宵曲著　岩波書店　2018.2　434p　15cm　（岩波文庫　31-106-6）　950円　①978-4-00-311066-9　Ⓝ911.362

内容　1　子規居士の周囲（子規居士の周囲　内藤鳴雪　愚庵　陸羯南　五百木飄亭）　2　明治俳壇の人々（数藤五城　阪本四方太　今成無庵　新海非風　吉野左衛門　佐藤紅緑　末永鉞造　福田把栗）

吉野　作造　〔1878～1933〕　よしの・さくぞう

◇吉野作造と柳田国男―大正デモクラシーが生んだ「在野の精神」　田澤晴子著　京都　ミネルヴァ書房　2018.3　309,6p　22cm　（人と文化の探究　16）〈文献あり　索引あり〉　6000円　①978-4-623-08161-5　Ⓝ289.1

内容　吉野作造と柳田国男の比較研究　第1部　「大正デモクラシー」と宗教精神　吉野作造における「国体」と「神社問題」―キリスト教精神の普遍化と国家神道批判　柳田国男における民間「神道」観の成立とキリスト教―「国民倫理」形成と神社合祀政策批判　柳田国男における「固有信仰」と「世界民俗学」―キリスト教との関連から　第2部　現実の政治認識と学説（一九二〇年代の柳田と吉野の政治思想―「共同団結の自治」と「政治的自由」　「デモクラシー」と「生存権」―吉野作造と福田徳三との思想的交錯　「共同団結の自治」実現への模索―「民俗」の価値および神道政策への提言　吉野作造の「現代」政治史研究―政治講義を中心に　「郷土研究」とアカデミズム史学―「神話」研究の再興及び歴史資料編）　「大正デモクラシー」の学問の特徴　「新しい歴史学」と「我々の文化史学」

◇吉野作造　太田哲男著　清水書院　2018.8

よしの

318p 19cm (Century Books—人と思想 196)〈文献あり 年譜あり 索引あり〉 1200円 Ⓘ978-4-389-42196-0 Ⓝ289.1

内容 1 欧州留学時代まで—大正デモクラシーの時代 2 政論家吉野の誕生と中国の大変動—大正政変 3 民本主義と中国・朝鮮論の転換 4 政治と社会の大変動 5 労働問題と平和主義の模索 6 迫害と抵抗 7 無産政党への関与 8 明治文化論と晩年

◇吉野作造と上杉慎吉—日独戦争から大正デモクラシーへ 今野元著 名古屋 名古屋大学出版会 2018.11 407,69p 22cm 〈文献あり 索引あり〉 6300円 Ⓘ978-4-8158-0926-3 Ⓝ289.1

内容 序章 大正デモクラシーとドイツ政治論の競演 第1章 明治日本のドイツ的近代化 第2章 「獨逸學」との格闘——一八八一一九〇六年 第3章 洋行——一九〇六一九一四年 第4章 欧州大戦の論評——一九一四一九一八年 第5章 「大正グローバリゼーション」への対応——一九一八一九二六年 第6章 崩壊前の最期——一九二六一九三三年 第7章 終わりなき闘争——一九三三一二〇一八年 終章 二つの権威主義の相克

吉野 せい〔1899〜1977〕よしの・せい

◇ふくしま人 1 福島民報社編 福島 福島民報社 2015.4 143p 19cm 〈年譜あり 文献あり〉 1000円 Ⓘ978-4-904834-28-2 Ⓝ281.26

＊ふくしまの近現代を彩った人物たちの評伝。1は、新島八重、関根正二、磯村春子、吉野せい、水野仙子を選び、業績や評価だけでなく、その人の日常生活にも踏み込んで深く掘り下げる。『福島民報』連載を書籍化。

◇愛の顛末—純愛とスキャンダルの文学史 梯久美子著 文藝春秋 2015.11 230p 20cm 1450円 Ⓘ978-4-16-390360-6 Ⓝ910.26

内容 小林多喜二—恋と闘争 近松秋江—「情痴」の人 三浦綾子—「氷点」と夫婦のきずな 中島敦—ぬくもりを求めて 原民喜—「死と愛と孤独」の自画像 鈴木しづ子—性と生のうたびと 梶井基次郎—夭折作家の恋 中城ふみ子—恋と死のうた 寺田寅彦—三人の妻 八木重吉—素朴なこころ 宮柊二—戦場からの手紙 吉野せい—相剋と和解

◇愛の顛末—恋と死と文学と 梯久美子著 文藝春秋 2018.11 252p 16cm (文春文庫 か68-2) 720円 Ⓘ978-4-16-791181-2 Ⓝ910.26

内容 小林多喜二—恋と闘争 近松秋江—「情痴」の人 三浦綾子—「氷点」と夫婦のきずな 中島敦—ぬくもりを求めて 原民喜—「死と愛と孤独」の自画像 鈴木しづ子—性と生のうたびと 梶井基次郎—夭折作家の恋 中城ふみ子—恋と死のうた 寺田寅彦—三人の妻 八木重吉—素朴なこころ 宮柊二—戦場からの手紙 吉野せい—相剋と和解

芳野 藤丸〔1951〜〕よしの・ふじまる

◇芳野藤丸自伝—Lonely Man In The Bad City 芳野藤丸著 DU BOOKS 2017.9 282p 21cm 〈発売：ディスクユニオン〉 2200円 Ⓘ978-4-86647-028-3 Ⓝ767.8

内容 第1章 生い立ち 第2章 キャプテンひろ＆スペースバンド 第3章 スタジオ・ミュージシャンへ 第4章 One Line Band—SHOGUN 第5章 ソロアルバム—AB'S 第6章 出会いと再会、そして現在へ

吉野 文六〔1918〜2015〕よしの・ぶんろく

◇私が最も尊敬する外交官—ナチス・ドイツの崩壊を目撃した吉野文六 佐藤優著 講談社 2014.8 398p 20cm 2300円 Ⓘ978-4-06-214899-3 Ⓝ319.1

内容 第1章 教養主義 第2章 若き外交官のアメリカ 第3章 動乱の欧州へ 第4章 学究の日々と日米開戦 第5章 在独日本大使館—一九四四 第6章 ベルリン籠城 第7章 ソ連占領下からの脱出 第8章 帰朝 吉野文六ドイツ語日記

吉原 古城〔1865〜1932〕よしはら・こじょう

◇吉原古城の探究—神官・書家・漢学者 木村尚典編著 行橋 木村尚典 2018.11 166p 27cm 〈発売：花乱社（福岡）〉 2500円 Ⓘ978-4-905327-94-3 Ⓝ728.216

吉原 すみれ〔1949〜〕よしはら・すみれ

◇人生の転機 桜の花出版編集部著 新装版 桜の花出版 2014.10 278p 18cm 〈表紙のタイトル：The Turningpoint 初版の出版者：維摩書房 発売：星雲社〉 890円 Ⓘ978-4-434-19776-5 Ⓝ281.04

内容 第1章 三枝成彰氏（作曲家） 第2章 エズラ・ヴォーゲル氏（ハーバード大学教授） 第3章 牛尾治朗氏（ウシオ電機会長） 第4章 故・冨士信夫氏（歴史研究家） 第5章 故・轉法輪奏氏（大阪商船三井前会長） 第6章 故・佐原真氏（国立民族博物館館長） 第7章 千住博氏（日本画家） 第8章 吉原すみれ氏（パーカッショニスト） 第9章 故・渡邊格氏（生命科学者・慶応大学名誉教授） 第10章 椎名武雄氏（日本IBM会長）

吉原 強〔1932〜〕よしはら・つよし

◇一銀行マンの昭和平成史 吉原強著 高知 高知新聞総合印刷（発売） 2016.6 317p 22cm 1204円 Ⓘ978-4-906910-50-2 Ⓝ289.1

栄仁親王〔1351〜1416〕よしひとしんのう

◇四親王家実録 1 伏見宮実録 第1巻（栄仁親王実録・治仁王実録） 吉岡眞之,藤井讓治,岩壁義光監修 ゆまに書房 2015.6 399p 27cm 〈布装 宮内庁宮内公文書館所蔵の複製〉 25000円 Ⓘ978-4-8433-4637-2 Ⓝ288.44

好仁親王〔1603〜1638〕よしひとしんのう

◇四親王家実録 27 有栖川宮実録 第1巻（好仁親王実録） 吉岡眞之,藤井讓治,岩壁義光監修 ゆまに書房 2018.1 132p 27cm 〈布装 宮内庁宮内公文書館所蔵の複製〉 25000円 Ⓘ978-4-8433-5325-7 Ⓝ288.44

義姫 よしひめ

⇒保春院（ほしゅんいん）を見よ

吉福 伸逸〔1943〜2013〕よしふく・しんいち

◇吉福伸逸の言葉—トランスパーソナル心理学を超えて追及したセラピーとは？ 向後善

之,新海正彦,ウォン・ウィンツァン,新倉佳久子著 コスモス・ライブラリー 2015.4 240p 19cm 〈発売:星雲社〉 1700円 ⓘ978-4-434-20622-1 Ⓝ289.1

内容 第1章 吉福伸逸の軌跡(ジャズミュージシャンからトランスパーソナル心理学へ 吉福伸逸のセラピー理論 ワークのコツについて) 第2章 吉福伸逸の言葉:変化と葛藤(個人のドラマ 不安・絶望・怒り・かなしみ 葛藤とプロセス 死と生についてトランスパーソナル心理学とスピリチュアリティについて) 第3章 吉福伸逸の言葉:セラピー(セラピーの本質 セラピストの姿勢 過剰介入、過少介入) 第4章 吉福伸逸の言葉:社会(現代社会 東日本大震災、原発事故、日本社会 資本主義、民主主義)

與島 瑗得〔1936~1991〕よじま・みつのり
◇遙かなるブラジル―昭和移民日記抄 與島瑗得著、畑中雅子編 国書刊行会 2017.5 277p 19cm 1500円 ⓘ978-4-336-06159-1 Ⓝ289.1

内容 1978年 1979年 1980年 1981年 1982年 1983年 1984年 1987年 1988年 1989年 1990年 エピローグ―思い出の追加

吉増 剛造〔1939~〕よします・ごうぞう
◇我が詩的自伝―素手で焔をつかみとれ! 吉増剛造著 講談社 2016.4 323p 18cm 〈講談社現代新書 2364〉〈年譜あり〉 900円 ⓘ978-4-06-288364-1 Ⓝ911.52

内容 第1章 「非常時」の子 第2章 詩人誕生 第3章 激しい時代 第4章 言葉を枯らす、現実に触わる 第5章 言葉の「がれき」から おわりに―記憶の底のヒミツ

吉丸 一昌〔1873~1916〕よしまる・かずまさ
◇唱歌『早春賦』に魅せられて―半生のドキュメンタリー 鹿島岳水著 長野 ほおずき書籍 2018.3 140p 21cm 〈年表あり 文献あり〉 750円 Ⓝ767.7

吉見 信一〔1894~1988〕よしみ・のぶかず
◇最前線指揮官の太平洋戦争―海と空の八人の武人の生涯 岩崎剛二著 新装版 潮書房光人社 2014.10 256p 16cm 〈光人社NF文庫 いN-854〉 750円 ⓘ978-4-7698-2854-9 Ⓝ392.8

内容 勇将のもとに弱卒なし―敵将が賞賛した駆逐艦長・春日均中佐の操艦 生きて祖国の礎となれ―初志を貫いた潜水艦長・南部伸清少佐の無念 被爆の身をも顧みず―第五航空艦隊参謀・今村正己中佐の至誠 遺髪なく遺髪なく―第十六戦隊司令官・左近允尚正中将の運命 われに後悔なく誇りあり―幸運に導かれた潜水艦長・坂本金美少佐の気概 蒼空の飛翔雲―歴戦の飛行隊長・高橋定少佐の航跡 見敵必殺の闘魂を秘めて―海軍の至宝と謳われた入佐俊家少将の信条 飢餓と砲爆撃に耐えて―孤島を死守した吉見信一少将の信念

吉見 教英〔1891~1968〕よしみ・のりひで
◇評伝 天草五十人衆 天草学研究会編 福岡 弦書房 2016.8 317p 22cm 〈文献あり 年表あり 索引あり〉 2400円 ⓘ978-4-86329-138-6 Ⓝ281.94

内容 ステージ1 五人衆の時代、そして… ステージ2 天領天草の村々 ステージ3 祈りの島で ステージ4 耕す、漁る ステージ5 実業の世をひらく ステージ6 潮路はるかに ステージ7 文学・歴史・言論 ステージ8 あの頃、この人 ステージ9 島の現実、国の行く末 ステージ10 一筋の道 ステージ特別編 群像二題(天草の石文化と松室五郎左衛門 牛深カツオ漁の男たち)

吉水 咲子〔1949~〕よしみず・さきこ
◇絵手紙で新しく生きる―描いて、送る。 吉水咲子著 講談社 2014.5 141p 図版12p 19cm 1300円 ⓘ978-4-06-218900-2 Ⓝ721.9

内容 序章 絵手紙には、人を変える力がある 第1章 絵が下手なことがコンプレックスだった 第2章 四九歳で、絵手紙と運命的に出会う 第3章 新しく動き始めた人生 第4章 亡き母へ送る絵手紙 第5章 あなたも始めてみましょう 第6章 絵手紙で変わった人たち

吉満 義彦〔1904~1945〕よしみつ・よしひこ
◇吉満義彦―詩と天使の形而上学 若松英輔著 岩波書店 2014.10 333,5p 20cm 〈年譜あり 索引あり〉 2800円 ⓘ978-4-00-025467-0 Ⓝ121.6

内容 改宗と回心 洗礼―岩下壮一との邂逅 霊なる人間 留学 超越と世界 中世と近代 霊性と実在するもの 聖母と諸聖人 犠牲の形而上学 異教の詩人 詩人の神・哲学者の神 使徒的生涯 未刊の主著

◇霊性の哲学 若松英輔著 KADOKAWA 2015.3 255p 19cm 〈角川選書 555〉〈文献あり〉 1800円 ⓘ978-4-04-703555-3 Ⓝ121.6

内容 第1章 光の顕現―山崎弁栄の霊性 第2章 大智と大悲―霊性の人、鈴木大拙 第3章 平和と美の形而上学―柳宗悦の悲願 第4章 文学者と哲学者と聖者―吉満義彦の生涯 第5章 コトバの形而上学―詩人哲学者・井筒俊彦の起源 第6章 光と憤怒と情愛―宮澤雄二の詩学

吉村 昭〔1927~2006〕よしむら・あきら
◇道づれの旅の記憶―吉村昭・津村節子伝 川西政明著 岩波書店 2014.11 437p 20cm 〈文献あり〉 3000円 ⓘ978-4-00-024874-7 Ⓝ910.268

内容 戦争・入間川の青春 放浪 少女小説 佐渡相川・八丈島 智恵子と登美子 会津の娘 越前福井 戦史を極める 幕末・維新史を極める 地震と津波災

◇夫婦の散歩道 津村節子著 河出書房新社 2015.11 217p 15cm 〈河出文庫 つ3-2〉〈2012年刊に「自分らしく逝った夫・吉村昭」を再録〉 780円 ⓘ978-4-309-41418-8 Ⓝ914.6

内容 1 夫婦の歳月(二人の散歩道 しあわせ ほか) 2 記憶の旅路(ひたむきな取材 異国文化の味 ほか) 3 思い出深き人々(大きな手―八木義徳 十七音の風景―鈴木真砂女 ほか) 4 愛すべき故郷(神と赤の祭を訪ねて 福井県に代っても ほか) 5 家族とともに(戦艦ミズーリと、武蔵 越後のたより ほか)

◇時の名残り 津村節子著 新潮社 2017.3

247p　20cm　1600円　Ⓘ978-4-10-314712-1　Ⓝ914.6
内容　1 夫の面影(号外 雪国の町 ほか)　2 小説を生んだもの(佐渡慕情 やきものを求めて ほか)　3 故郷からの風(四日間の奮闘 ある町の盛衰 ほか)　4 移ろう日々の中で(箱根一人旅 二十八組の洗濯挟み ほか)

◇人間吉村昭　柏原成光著　風濤社　2017.12　284p　20cm　〈文献あり〉　2500円　Ⓘ978-4-89219-442-9　Ⓝ910.268
内容　第1部 その歩み—世に出るまでを中心に(父の教え・母の教え—少年時代　戦禍と病い—思春期　同人雑誌時代—青年期　ついに世に出る—「星への旅」と「戦艦武蔵」の成功　作家の道を確立 吉村昭と筑摩書房)　第2部 さまざまな顔(妻・津村節子について　読書と趣味と酒と　その庶民性　その女性観　その戦争観と死生観)

◇明日への一歩　津村節子著　河出書房新社　2018.4　203p　20cm　1600円　Ⓘ978-4-309-02664-0　Ⓝ914.6
内容　1 夫・吉村昭の手紙(ひとりごと　飛脚の末裔 ほか)　2 物書き同士の旅(長い道のり　初めての歴史小説(ほか)　3 移りゆく歳月(初ំ 飾りなし ほか)　4 わが師、友を偲ぶ(私の宝—室生犀星　竹の精霊の宿る里—水上勉 ほか)　5 わが心のふるさと(ふるさと　二人旅 ほか)

吉村 公三郎〔1911〜2000〕 よしむら・こうざぶろう
◇映画監督吉村公三郎　書く、語る　吉村公三郎著, 竹内重弘編, 吉村秀實, 浦崎浩實監修　ワイズ出版　2014.11　396p　21cm　〈著作目録あり 年譜あり〉　2750円　Ⓘ978-4-89830-284-2　Ⓝ778.21
内容　1 スナップ(映画監督 自作を語る)　2 スチール(師匠を、そして映画人を讃える　我が女優を讃える　追悼—小津安二郎、成瀬巳喜男、豊田四郎、中村登　論争、批評　演出、演技、シナリオ　わが家族、わが師、むかしの歌)

吉村 順三〔1908〜1997〕 よしむら・じゅんぞう
◇磯崎新と藤森照信のモダニズム建築談義　磯崎新, 藤森照信著　六耀社　2016.8　331p　21cm　〈年表あり〉　3600円　Ⓘ978-4-89737-829-9　Ⓝ523.07
内容　序 語られなかった、戦前・戦中を切り抜けてきた「モダニズム」　第1章 アントニン・レーモンドと吉村順三—アメリカと深く関係した二人　第2章 前川國男と坂倉準三—戦中のフランス派　第3章 白井晟一と山口文象—戦前にドイツに渡った二人　第4章 大江宏と吉阪隆正—戦後一九五〇年代初頭に渡航、「国際建築」としてのモダニズムを介して自己形成した二人

吉村 俊男〔1925〜〕 よしむら・としお
◇「楽しかった」と言おう—90年のドラマ　吉村俊男著　文芸社　2016.1　265p　19cm　1200円　Ⓘ978-4-286-16870-8　Ⓝ289.1

吉本 せい〔1889〜1950〕 よしもと・せい
◇吉本興業の正体　増田晶文著　草思社　2015.6　522p　16cm　(草思社文庫 ま1-3)〈文献あり〉　1200円　Ⓘ978-4-7942-2134-6　Ⓝ779
内容　プロローグ 放牧場(若者たちの廊下 柵の低い放牧場 ほか)　第1章 変容(「入場無料」の劇場　コンテンツビジネス ほか)　第2章 正之助(「けったいなもん」　第二文藝館 ほか)　第3章 黄金時代(せいと正之助　「笑い」を軸に据える ほか)　第4章 テレビの時代(劇場からの独占テレビ中継　正之助の葛藤 ほか)　第5章 全国区(マンザイブーム　「漫才」ではなく」MANZAI」 ほか)　第6章 ケッタイな会社(スーパーからデパートに　「商店」からの脱却 ほか)　エピローグ 笑いのウイルス—あとがきにかえて

◇吉本せい—お笑い帝国を築いた女　青山誠著　KADOKAWA　2017.8　221p　15cm　(中経の文庫 C54あ)〈文献あり〉　600円　Ⓘ978-4-04-602039-0　Ⓝ779
内容　第1章 "商都"に育まれ、鍛えられ「みんな悩んで、偉うなりまんねん」(お笑いの隆盛は法善寺裏から始まった　大阪人らしく生きることを求められた新参者 ほか)　第2章 商才の覚醒「うちにまかしとくんなはれ」(せいの将来を決めた運命の出会い　ダメ亭主が一念発起 はたして吉と出るか凶と出るか ほか)　第3章 新しい"笑い"への挑戦「失敗を恐れとったら、何もできへん」(大阪各地に掲げられた「花月」の看板　獰猛な"ライオン"を自在に操る女　猛獣使い ほか)　第4章 通天閣の頂から転げ落ちる「世の中、一寸先は分からしまへん」(ラジオ放送の開始と「漫才」の誕生　えげつない恫喝に、春團治も凍りつく ほか)　第5章 戦火と、"笑いの都"の復興「笑いがはばかられる時代　芸人の苦闘がつづく　戦火に燃え尽きた"笑いの王国" ほか)

◇女興行師 吉本せい—浪花演藝史譚　矢野誠一著　新版　筑摩書房　2017.9　285p　15cm　(ちくま文庫 や28-3)　680円　Ⓘ978-4-480-43471-5　Ⓝ779.067
内容　序章 家庭　1 第二文藝館　2 桂春団治と安来節　3 万歳と小市民　4 エンタツ・アチャコ　5 落語との訣別　6 崩壊　終章 南区心斎橋筋二丁目

吉本 隆明〔1924〜2012〕 よしもと・たかあき
◇ひとびとの精神史　第6巻　日本列島改造—1970年代　杉田敦編　岩波書店　2016.1　298, 2p　19cm　2500円　Ⓘ978-4-00-028806-4　Ⓝ281.04
内容　プロローグ 一九七〇年代—「公共性」の神話　1 列島改造と抵抗(田中角栄—列島改造と戦後日本政治　小泉よね—三里塚の一本杉　宮崎省三—住民自治としての「地域エゴイズム」　宇梶静江—関東アイヌの呼びかけ)　2 管理社会化とその底流(吉本隆明と藤田省三—「大衆の原像」の起源と行方　岩根邦雄—「おおぜいの私」による社会運動　小野木祥之—仕事のありかたを問う労働組合運動の模索)　3 アジアの摩擦と連帯(小野田寛郎と横井庄一—豊かな社会に出現した日本兵　金芝河と日韓連帯運動を担ったひとびと　金順烈—アジアの女性たちを結ぶ)

◇評伝 天草五十人衆　天草学研究会編　福岡弦書房　2016.8　317p　22cm　〈文献あり 年表あり 索引あり〉　2400円　Ⓘ978-4-86329-138-6　Ⓝ281.94

内容　ステージ1　五人衆の時代、そして…　ステージ2　天領天草の村々　ステージ3　祈りの島で　ステージ4　耕す、漁る　ステージ5　実業の世をひらく　ステージ6　潮騒はるかに　ステージ7　文学・歴史・言論　ステージ8　あの頃、この人　ステージ9　島の現実、国の行く末　ステージ10　一筋の道　ステージ特別編　群像二題（天草の石文化と松室五郎左衛門　牛深カツオ漁の男たち）

◇吉本隆明全集　37　書簡　1　吉本隆明著　晶文社　2017.5　446p　21cm　〈付属資料：12p：月報 13　布装〉　6000円　①978-4-7949-7137-1　Ⓝ918.68

　内容　書簡1　川上春雄宛全書簡（一九六〇（昭和三五）年三六歳　一九六一（昭和三六）年三七歳　ほか）　資料1　川上春雄ノート（吉本隆明会見記　一九六〇年七月一日　奥さんの話　一九六〇年七月一九日　ほか）　資料2（吉本隆明訪問記　加藤進康　一九四六年　服部雅美・加藤進康・吉本隆明閲覧文　一九四五年）　資料3（吉本順太郎・エミ夫妻インタビュー　一九六七年一〇月二〇日）　資料4（著作集編纂を委かされた川上春雄氏　一九七〇年一〇月二六日）

◇いまこそ知りたい日本の思想家25人　小川仁志著　KADOKAWA　2017.9　254p　19cm　〈他言語標題：25 Japanese thinkers you need to know now　文献あり〉　1700円　①978-4-04-400234-3　Ⓝ121.028

　内容　第1章　日本思想の黎明期（空海　道元　親鸞　吉田兼好　世阿弥）　第2章　日本の近世の葛藤（山本常朝　荻生徂徠　本居宣長　安藤昌益　二宮尊徳）　第3章　日本の近代の幕開け（横井小楠　吉田松陰　福沢諭吉　新渡戸稲造　内村鑑三）　第4章　「日本哲学」の始まり（西周　西田幾多郎　九鬼周造　三木清　和辻哲郎）　第5章　世界における日本思想の独自性（北一輝　鈴木大拙　柳田國男　丸山眞男　吉本隆明）

好本　督　〔1878～1973〕　よしもと・ただす
◇盲人福祉の歴史―近代日本の先覚者たちの思想と源流　森田昭二著　明石書店　2015.6　313p　22cm　〈文献あり　索引あり〉　5500円　①978-4-7503-4210-8　Ⓝ369.275

　内容　序章　近代日本における盲人福祉史の源流を探る　第1章　新しい盲人福祉の要求―好本督とイギリスの盲人福祉　第2章　近代盲人福祉の先覚者・好本督―「日本盲人会」の試み　第3章　好本督と点字投票運動　第4章　中村京太郎と盲女子の保護問題―「関西盲婦人ホーム」を中心に　第5章　熊谷鉄太郎と盲人牧師への道　第6章　ジャーナリスト・中村京太郎・熊谷鉄太郎

吉屋　信子　〔1896～1973〕　よしや・のぶこ
◇田辺聖子の恋する文学―一葉、晶子、芙美子　田辺聖子著　新潮社　2015.9　184p　16cm　〈新潮文庫　た-14-31〉〈『田辺聖子の古典まんだら　続』（2013年刊）の改題、加筆、訂正〉　430円　①978-4-10-117531-7　Ⓝ910.2

　内容　恋が執筆の原動力・樋口一葉　嫉妬を文学に昇華させた与謝野晶子　ノラになりたかった杉田久女　女の友情・吉屋信子　男の本質をつかんでいた林芙美子

◇自伝的女流文壇史　吉屋信子著　講談社　2016.11　260p　16cm　〈講談社文芸文庫　よJ2〉〈中央文庫 1977年刊の再刊　著作目録あり　年譜あり〉　1600円　①978-4-06-290329-5　Ⓝ910.28

　内容　上海から帰らぬ人―田村俊子と私　逞しき童女―岡本かの子と私　純徳院芙蓉清美大姉―林芙美子と私　白いおでこの印象―宮本百合子と私　偽れる未亡人―三宅やす子と私　小魚の心―真杉静枝と私　美女しぐれ―長谷川時雨と私　忘れぬ眉目―矢田津世子と私　東慶寺風景―ささきふさと私　美人伝の一人―山田順子と私　女流文学者会挿話

吉行　淳之介　〔1924～1994〕　よしゆき・じゅんのすけ
◇色いろ花骨牌　黒鉄ヒロシ著　小学館　2017.5　267p　15cm　〈小学館文庫　く12-1〉〈講談社 2004年刊に「萩―生島治郎さん」を加え再刊〉　600円　①978-4-09-406158-1　Ⓝ702.8

　内容　雨―吉行淳之介さん　月―阿佐田哲也さん　桜―尾上辰之助さん（初代）　松―芦田伸介さん　菊―園山俊二さん　桐―柴田錬三郎さん　牡丹―秋山庄太郎さん　菖蒲―近藤啓太郎さん　萩―生島治郎さん

◇私の文学放浪　吉行淳之介著　講談社　2017.6　267p　17cm　〈講談社文芸文庫Wide　よC1〉〈講談社文芸文庫 2004年刊の再刊　著作目録あり　年譜あり〉　1300円　①978-4-06-295514-0　Ⓝ914.6

　内容　私の文学放浪　拾遺・文学放浪　註解および詩十二篇

依田　荘介　〔～1973〕　よだ・そうすけ
◇安藤昌益に魅せられた人びと―みちのく八戸からの発信　近藤悦夫著　農山漁村文化協会　2014.10　378p　19cm　〈ルーラルブックス〉　2000円　①978-4-540-14213-0　Ⓝ121.59

　内容　狩野亨吉　依田荘介　ハーバート・ノーマン　山田鑑二　上杉修　八戸在住発見後の研究　渡辺浚後の研究　村上壽秋　石垣忠吉　三宅正彦　寺尾五郎　『全集』後の周辺　『儒道統之図』をめぐって　還俗後の活動　昌益医学を継承する数々の医書　稿本『自然真営道』の完成に向けて

依田　信蕃　〔1548～1583〕　よだ・のぶしげ
◇戦国三代の記―真田昌幸と伍した芦田〈依田〉信蕃とその一族　市村到著　悠光堂　2016.9　478p　26cm　〈文献あり〉　3600円　①978-4-906873-78-4　Ⓝ289.1

　内容　1　前半前段―武田勢力最前線での活躍と天正壬午の乱の中で（芦田信蕃の出生と名乗り　諏訪高島城へ人質　信玄の駿河征に従い蒲原城攻略に参戦し、後に守備　ほか）　2　前半後段―家康の甲信制覇と信蕃の佐久平定への戦い（信蕃の戦いをもって真田昌幸を徳川の味方にする　千曲河畔塩名田の戦いと岩村田城攻略　前山城を攻略し、伴野氏を滅ぼす　ほか）　3　後半―信蕃の遺志を継いだ康國と康眞（武田氏の旧臣の書状は討ち入りで紛失　前山城と相木城の守衛兵に関する指示　「松平」の姓と「康」の諱を授ける旨　ほか）

依田　紀基　〔1966～〕　よだ・のりもと
◇どん底名人　依田紀基著　KADOKAWA　2017.11　236p　19cm　1500円　①978-4-04-106217-3　Ⓝ795

よた

　　内容　子供時代　内弟子時代　入段　歌舞伎町漬け　上昇から一転、バカラ地獄へ　どん底、そして光明　生きてるだけで丸儲け

依田 弁之助〔1868～1922〕　よだ・べんのすけ
◇信濃路の残鐘─依田弁之助の足跡と作品　依田安弘著　〔我孫子〕　〔依田安弘〕　2016.4　71p　26cm　Ⓝ762.1

四谷 シモン〔1944～〕　よつや・しもん
◇人形作家　四谷シモン著　中央公論新社　2017.7　251p　16cm　（中公文庫　よ60-1）〈講談社2002年刊に書き下ろし「新しいはじまり」を追加〉　1000円　①978-4-12-206435-5　Ⓝ759
　　内容　1章　人生が始まっちゃった　2章　問題児の青春　3章　新宿に漕ぎ出す　4章　女形・四谷シモン誕生　5章　ただごとじゃつまらない　6章　人形作家としてデビュー　7章　人形観を模索する日々　8章　答えはない　シモンドールコレクション　新しいはじまり

淀殿〔1567?～1615〕　よどどの
◇戦国を生きた姫君たち　火坂雅志著　KADOKAWA　2016.9　170p　15cm　（角川文庫　ひ20-25）〈年表あり〉　600円　①978-4-04-400170-4　Ⓝ281.04
　　内容　1　女城主たちの戦い（井伊直虎─井伊直政の義母妙林尼─吉岡鎮興の妻　ほか）　2　危機を救う妻たち（お船の方─直江兼続の正室　小松姫─真田信之の正室　ほか）　3　愛と謎と美戟（小少将─長宗我部元親の側室　義姫─伊達政宗の生母　ほか）　4　才女と呼ばれた女たち（お初（常高院）─浅井三姉妹の次女　阿茶局─徳川家康の側室　ほか）　5　想いと誇りに殉じる（鶴姫─瀬戸内のジャンヌ・ダルク　淀殿─豊臣秀吉の側室　ほか）
◇日本の武将と女たち　田川清著　名古屋　中日出版　2016.11　79p　19cm　1200円　①978-4-908454-08-0　Ⓝ281
　　内容　1　源義仲と巴御前・葵御前・山吹　2　源義経と静御前　3　後醍醐天皇と妾・阿野廉子　4　北条仲時と妻・北の方　5　戦国武将と女たち（（一）浅井長政・柴田勝家・豊臣秀吉とお市の方　（二）豊臣秀吉と淀君　（三）荒木村重と妾・だし　（四）前田利家と妻・まつ　（五）山内一豊と妻・千代）　6　細川忠興と妻・ガラシャ夫人　7　将軍と大奥の女たち
◇井伊直虎と戦国の女傑たち─70人の数奇な人生　渡邊大門著　光文社　2016.12　317p　16cm　（光文社知恵の森文庫　tわ3-2）〈文献あり〉　780円　①978-4-334-78712-7　Ⓝ281.04
　　内容　第1部　女戦国大名・井伊直虎と井伊一族　第2部　地方別　戦国の女傑たち（東北・北陸の戦国女性　関東・中部の戦国女性　近畿・中国の戦国女性　四国・九州・海外の戦国女性）　第3部　戦国女性の真相を語る（「女戦国大名」今川氏親の妻・寿桂尼　「女戦国大名」赤松政則の妻・洞松院尼　戦国女性の日常生活　軍師官兵衛を支えた妻・光　戦国に輝いた浅井三姉妹の生涯）
◇羽柴家崩壊─茶々と片桐且元の懊悩　黒田基樹著　平凡社　2017.6　278p　19cm　（中世から近世へ）〈文献あり〉　1700円　①978-4-582-47733-7　Ⓝ288.3
　　内容　第1章　関ヶ原合戦以前の茶々と且元　第2章　関ヶ原合戦後の茶々・秀頼の立場─慶長五年九月十五日（関ヶ原合戦）～慶長六年三月（家康、伏見城を政権本拠とする）　第3章　且元を頼りにする茶々─慶長六年五月（家康、京都に後陽成天皇行幸を迎える新屋形造営を計画）～慶長十九年三月（秀忠、右大臣に就任。従一位に叙任）　第4章　茶々・秀頼と且元の対立─慶長十九年九月（方広寺鐘銘問題、発生直後）　第5章　茶々・秀頼から且元への説得─慶長十九年九月二十五日（茶々・秀頼、且元に出仕をうながす）～九月二十七日（茶々、且元に処罰を下す）　第6章　茶々・秀頼と且元の決裂

米内 光政〔1880～1948〕　よない・みつまさ
◇大東亜戦争を敗戦に導いた七人　渡辺望著　アスペクト　2015.7　231p　18cm　1100円　①978-4-7572-2412-4　Ⓝ210.75
　　内容　序論　戦争責任とは「敗戦責任」である　第1章　山本五十六─「必敗の精神」が生んだ奇襲攻撃と永続敗戦　第2章　米内光政─海軍善王国の裏に隠された「無定見」　第3章　瀬島龍三─個人と国家のギリギリの境界線に生きたエージェント　第4章　辻政信─陰謀と謀略の味に溺れた「蔣介石の密使」　第5章　重光葵─超一流の外交官が犯した唯一にして最大の錯誤　第6章　近衛文麿、井上成美─歴史の大舞台に放り出された「評論家」の悲劇
◇昭和史講義　3　リーダーを通して見る戦争への道　筒井清忠編　筑摩書房　2017.7　302p　18cm　（ちくま新書　1266）　900円　①978-4-480-06977-1　Ⓝ210.7
　　内容　加藤高明─二大政党政治の扉　若槻礼次郎─世論を説得しようとした政治家の悲劇　田中義一─政党内閣期の軍人宰相　幣原喜重郎─戦前期日本の国際協調外交の象徴　浜口雄幸─調整型指導者と立憲民政党　犬養毅─野党指導者の奇遇　岡田啓介─「国を思う狸」の功罪　広田弘毅─「協和外交」の破綻から日中戦争へ　宇垣一成─「大正デモクラシー」が生んだ軍人　近衛文麿─アメリカという「幻」に賭けた政治家　米内光政─天皇の絶対的な信頼を得た海軍軍人　松岡洋右─ポピュリストの誤算　東条英機─ヴィジョンなき戦争指導者　鈴木貫太郎─選択としての「聖断」　重光葵─対中外交の可能性とその限界
◇不戦海相米内光政─昭和最高の海軍大将　生出寿著　潮書房光人社　2017.11　491p　16cm　（光人社NF文庫　お1037）〈『米内光政』（徳間文庫　1993年刊）の改題　文献あり〉　980円　①978-4-7698-3037-5　Ⓝ289.1
　　内容　国を誤る曲譜　火種の軍縮条約　領袖の陰謀　陸海軍首脳の邪念　司令長官の明断　謎の海軍大臣就任　支那事変拡大の序章　金魚大臣　一変　近衛首相のテロ恐怖〔ほか〕
◇五人の海軍大臣─太平洋戦争に至った日本海軍の指導者の蹉跌　吉田俊雄著　潮書房光人新社　2018.1　366p　16cm　（光人社NF文庫　よ1047）〈文春文庫　1986年刊の再刊　文献あり〉　860円　①978-4-7698-3047-4　Ⓝ397.21
　　内容　序章　五人の人間像（永野修身　米内光政　吉田善吾　及川古志郎　嶋田繁太郎）　第1章　永野修身（二・二六事件　満州事変　永野の登　軍部大臣現役制　日独防衛協定　永野人事か）　第2章　米内光政（盧溝橋の銃声　上海事変─日華事変　オレンジ計画　三国同盟問題）　第3章　吉田善吾（米内内閣への期

待　アメリカの対日不信　近衛公に大命降下）　第4章　及川古志郎（日独伊三国同盟締結へ　暗号解読さる　日米交渉　日蘭交渉　第一委員会　日ソ中立条約締結　野村―ハル会談　独ソ開戦　など波風たちさわぐらむ　日米交渉の完敗　総理に一任）　第5章　嶋田繁太郎（白紙還元　「十二月初頭開戦」を決意　ハル・ノート　ニイタカヤマノボレ一二〇八）

◇昭和史講義　軍人篇　筒井清忠編　筑摩書房　2018.7　301p　18cm　（ちくま新書 1341）　900円　①978-4-480-07163-7　Ⓝ210.7
　内容　昭和陸軍の派閥抗争―まえがきに代えて　東条英機―昭和の悲劇の体現者　梅津美治郎―「後始末」に尽力した陸軍大将　阿南惟幾―「徳義即戦力」を貫いた武将　鈴木貞一―背広を着た軍人　武藤章―「政治的軍人」の実像　石原莞爾―悲劇の鬼才か、鬼才による悲劇か　牟田口廉也―信念と狂信の間　今村均―「ラバウルの名将」から見る日本陸軍の悲劇　山本五十六―その避戦構想と挫折　米内光政―終末点のない戦争指導　永野修身―海軍「主流派」の選択　高木惣吉―昭和期海軍の語り部　石川信吾―「日本海軍最強硬論者」の実像　堀悌吉―海軍軍縮派の悲劇

米川　つねの　よねかわ・つねの
◇母がつくった山小屋―黒百合ヒュッテ六十年　米川正利著　山と渓谷社　2016.9　103p　19cm　（YAMAKEI CREATIVE SELECTION―Pioneer Books）　1600円　①978-4-635-88652-9　Ⓝ291.52
　内容　1　母と山小屋（母、米川つねの　山小屋　私の心を変えていった山　チェンバロ　山のトイレを考える―八ヶ岳での挑戦　「自然と森の学校」から「国際自然学校」へ　八ヶ岳山麓スーパートレイル）　2　森の仲間たち（自然の恵みの中で暮らすこと　黒百合平から　森が還ってきた　八ヶ岳の高山植物の実態）　3　思い出の人（花と酒と佐久のこと　岩魚の棲む川で　一匹のオコジョに三ヶ月　ボルシチと手打ちうどん　両角重幸氏を偲んで）　4　講演採録（山の話と篠原秋彦さんの思い出）

米川　正利〔1942～〕　よねかわ・まさとし
◇母がつくった山小屋―黒百合ヒュッテ六十年　米川正利著　山と渓谷社　2016.9　103p　19cm　（YAMAKEI CREATIVE SELECTION―Pioneer Books）　1600円　①978-4-635-88652-9　Ⓝ291.52
　内容　1　母と山小屋（母、米川つねの　山小屋　私の心を変えていった山　チェンバロ　山のトイレを考える―八ヶ岳での挑戦　「自然と森の学校」から「国際自然学校」へ　八ヶ岳山麓スーパートレイル）　2　森の仲間たち（自然の恵みの中で暮らすこと　黒百合平から　森が還ってきた　八ヶ岳の高山植物の実態）　3　思い出の人（花と酒と佐久のこと　岩魚の棲む川で　一匹のオコジョに三ヶ月　ボルシチと手打ちうどん　両角重幸氏を偲んで）　4　講演採録（山の話と篠原秋彦さんの思い出）

米倉　仁〔1961～〕　よねくら・ひとし
◇車いすの暴れん坊―元ヤンキーの重度障害者がなぜ起業家に？　米倉仁著　福岡　梓書院　2016.5　197p　19cm　1200円　①978-4-87035-573-6　Ⓝ289.1
　内容　第1章　博多の暴れん坊（誕生、神童と呼ばれた幼稚園時代　暴連坊の誕生　ほか）　第2章　車いす

になった暴れん坊（交通事故　看護師さんとリハビリ　ほか）　第3章　車いすの暴れん坊、アパートを造る（ユニバーサルデザインアパートを造る　車いすでねるとんパーティー参加　ほか）　第4章　夢はユニバーサルデザインの専門学校（障害者だからできる仕事　障害者のユニバーサルデザイン専門学校　ほか）

米崎　茂〔1920～〕　よねざき・しげる
◇95歳の科学者、日本の国益―私の履歴書　米崎茂著　〔出版地不明〕　〔米崎茂〕　〔2015〕　187p　19cm　Ⓝ289.1

米澤　鐵志〔1934～〕　よねざわ・てつし
◇原爆の世紀を生きて―爆心地からの出発　米澤鐵志著　京都　アジェンダ・プロジェクト　2018.8　222p　19cm　〈発売：星雲社〉　1400円　①978-4-434-24885-6　Ⓝ319.8
　内容　1　戦争中の生活と原子爆弾　2　戦後の広島の街で　3　峠三吉をめぐって　4　京都に移住―学生運動に没頭　5　医療の現場で　6　父・米澤進のこと　7　平和を求めて　8　3・11以後―「老後」を反戦・平和にかける　報告　医療汚職の伏魔殿、厚生省―官・産・医の癒着が生み出す薬害

米澤　武平〔1870～1944〕　よねざわ・ぶへい
◇木澤鶴人と米澤武平の生涯―自主独立の旗をかかげて　窪田文明編著　松本　松商学園　2018.10　538p　21cm　（信州私学の源流）〈年譜あり　文献あり〉　Ⓝ376.48

米沢　富美子〔1938～2019〕　よねざわ・ふみこ
◇人生は、楽しんだ者が勝ちだ　米沢富美子著　日本経済新聞出版社　2014.6　247p　20cm　（私の履歴書）〈著作目録あり〉　1600円　①978-4-532-16931-2　Ⓝ289.1
　内容　第1章　長い前口上　第2章　原点の街　第3章　物理への道　第4章　出世作　第5章　仕切り屋　第6章　金字塔　第7章　納めの口上

米田　肇〔1972～〕　よねだ・はじめ
◇天才シェフの絶対温度―「HAJIME」米田肇の物語　石川拓治著　幻冬舎　2017.4　346p　16cm　（幻冬舎文庫　い-40-3）〈「三つ星レストランの作り方」（小学館　2012年刊）の改題、加筆〉　690円　①978-4-344-42586-6　Ⓝ289.1
　内容　第1章　できれば、ドアの取っ手の温度も調節したい。　第2章　彼には учи пぶったところがどこにもなかった。　第3章　少年時代の夢は『いちりゅうの料理人』。　第4章　すべてを自分の仕事と思えるか？　第5章　ハジメ・ヨネは日本のスパイである。　第6章　これで完璧だと思ったら、これはもう完璧ではない。　第7章　店が見つからず、通帳残高がゼロになる。　第8章　フォアグラを知らないフランス料理人見習い。　第9章　『Hajime』予約の取れない店になる。　第10章　人が生きて食べることの意味。

米長　伊甫〔1937～〕　よねなが・いすけ
◇伊甫の多趣味な半生と救国提言　米長伊甫著　タブレット　2015.6　264p　19cm　〈発売：三元社〉　2000円　①978-4-88303-387-4　Ⓝ289.1
　内容　前編　米長伊甫の奇想天外な半生（伊甫の少年時

代　将棋およびトランプとの出会い　中学でのできごと　高校時代の思い出　ほか）　後編熱血政治家「米満伊甫」の登場（米満伊甫の始動　増税前にやるべきこと　国会議員制度改革　国家　公務員改革　ほか）

米原 万里〔1950～2006〕　よねはら・まり
◇姉・米原万里—思い出は食欲と共に　井上ユリ著　文藝春秋　2016.5　223p　20cm　1500円　Ⓘ978-4-16-390454-2　Ⓝ910.268
内容　卵が大好き　米原家の大食い伝説　プラハの黒パン　クネードリキ　ソビエト学校のキャンプ　赤いエリートの避暑地　父の料理、母の料理　大好きな写真　米原万里が詩人だったころ　職業は「踊り子」　きれいな一重まぶた　飲まない万里のまっ茶な真実　毛深い家族　わたしは料理の道へ　いつも本を読んでいた　「旅行者の朝食」

米屋 浩二〔1968～〕　よねや・こうじ
◇鉄道一族三代記—国鉄マンを見て育った三代目はカメラマン　米屋こうじ著　交通新聞社　2015.2　227p　18cm　（交通新聞社新書 075）〈文献あり〉　800円　Ⓘ978-4-330-53715-3　Ⓝ686.36
内容　第1章 駅売店販売員—母、若き日々を語る　第2章 駅長—祖父の生涯　第3章 鉄道公安官—叔父の仕事を語る　第4章 電気工事局工事事務—もう1人の叔父の言葉　第5章 鉄道少年の頃—萌芽　第6章 鉄道カメラマンになる—心に抱くもの

【ら】

羅 福全〔1935～〕　ら・ふくぜん
◇台湾と日本のはざまを生きて—世界人、羅福全の回想　羅福全著，陳柔縉編著，小金丸貴志訳　藤原書店　2016.3　342p 図版16p　20cm　〈著作目録あり　年譜あり　索引あり〉　3600円　Ⓘ978-4-86578-061-1　Ⓝ289.2
内容　Ⅰ 台湾に生まれ、日本留学直後に開戦 1935-45　Ⅱ 恐怖政治下で過ごした台湾の学生時代 1945-60　Ⅲ 日米留学中に自由と民主主義に目覚める 1960-73　Ⅳ 国連職員として世界各国を駆けめぐる 1973-2000　Ⅴ 駐日代表として台日の架け橋となる 2000-07

◇日台関係を繋いだ台湾の人びと　2　浅野和生編著　展転社　2018.12　244p　19cm　（日台関係研究会叢書 5）〈文献あり〉　1700円　Ⓘ978-4-88656-470-2　Ⓝ319.22401
内容　第1章 戦後の日台関係と林金莖（代理教員から正式の文官へ　高等文官、司法試験、外交官試験に合格　ほか）　第2章 愛国者、林金莖の情熱（『梅と桜』における林金莖　駐日代表としての林金莖　ほか）　第3章 国連職員から駐日代表へ—羅福全の半生と日台関係（生い立ち・幼少期の日本生活と台湾生活　台湾大学で経済学を学ぶ　ほか）　第4章 日本留学から台湾民主化の旗手へ—民進党の名付け親、謝長廷の半生（生い立ち、そして打鐵街の記憶　白色テロの思い出　ほか）

頼 杏坪〔1756～1834〕　らい・きょうへい
◇江戸詩人評伝集—詩誌『雅友』抄　1　今関天彭著，揖斐高編　平凡社　2015.9　473p　18cm　（東洋文庫 863）〈布装〉　3200円　Ⓘ978-4-582-80863-6　Ⓝ919.5
内容　新井白石　室鳩巣　梁田蛻巌　祇園南海　六如上人　柴野栗山　頼春水　尾藤二洲　菅茶山　市河寛斎　古賀精里　頼杏坪　柏木如亭　大窪詩仏　菊池五山　宮沢雲山　広瀬淡窓　古賀侗庵

雷 軍〔1969～〕　らい・ぐん
◇中国のスティーブ・ジョブズと呼ばれる男—雷軍伝　陳潤著，永井麻生子訳　東洋経済新報社　2015.5　343p　19cm　1800円　Ⓘ978-4-492-50271-6　Ⓝ289.2
内容　1 100万ドルの夢想家　2 少年の頃の夢　3 我が青春、我が金山　4 卓越網　5 "毒覇"の実力　6 上場までの8年間　7 百戦錬磨の投資家　8 壮大な夢への再出発　9 20年続く革新の道　10 未来は夢のために

◇現代中国経営者列伝　高口康太著　星海社　2017.4　251p　18cm　（星海社新書 108）〈文献あり　発売：講談社〉　900円　Ⓘ978-4-06-138613-6　Ⓝ332.8
内容　第1章 「下海」から世界のPCメーカーへ—柳傳志（レノボ）　第2章 日本企業を駆逐した最強の中国家電メーカー—張瑞敏（ハイアール）　第3章 ケンカ商法暴れ旅、13億人の胃袋をつかむ中国飲食品メーカー—宗慶後（ワハハ）　第4章 米国が恐れる異色のイノベーション企業—任正非（ファーウェイ）　第5章 不動産からサッカー、映画まで！爆買い大富豪の正体とは—王健林（ワンダ・グループ）　第6章 世界一カオスなECは"安心"から生まれた—馬雲（アリババ）　第7章 世界中のコンテンツが集まる中国動画戦国時代—古永鏘（ヨーク）　第8章 ハードウェア業界の"無印良品"ってなんだ？—雷軍（シャオミ）　終章 次世代の起業家たち

頼 山陽〔1780～1832〕　らい・さんよう
◇頼山陽とその時代　上　中村真一郎著　筑摩書房　2017.3　484p　15cm　（ちくま学芸文庫 ナ25-1）〈中央公論社 1971年刊の上下二分冊〉　1500円　Ⓘ978-4-480-09778-1　Ⓝ121.54
内容　第1部 山陽の生涯（病気と江戸遊学　病気と脱奔　病気その後　遊蕩と禁欲　女弟子たち）　第2部 山陽の一族（父春水　春水の知友　山陽の叔父たち　山陽の三子　三つの世代）　第3部 山陽の交友 上（京摂の友人たち（第一グループ）　京摂の敵対者たち（第二グループ）　西遊中の知人たち（第三グループ））

◇頼山陽とその時代　下　中村真一郎著　筑摩書房　2017.3　648p　15cm　（ちくま学芸文庫 ナ25-2）〈中央公論社 1971年刊の上下二分冊　年譜あり　索引あり〉　1700円　Ⓘ978-4-480-09779-8　Ⓝ121.54
内容　第4部 山陽の交友 下（江戸の学者たち（第四グループ）　江戸の文士たち（第五グループ）　諸国の知友（第六グループ））　第5部 山陽の弟子（初期の弟子たち（第一グループ）　慷慨家たち（第二グループ）　晩年の弟子たち（第三グループ）　独立した弟子たち（第四グループ））　第6部 山陽の著述（『日本外史』『日本政記』『日本楽府』『新策』と『通議』『詩鈔』と『遺稿』『書後題跋』）

頼 春水〔1746〜1816〕らい・しゅんすい

◇江戸詩人評伝集—詩誌『雅友』抄 1 今関天彭著, 揖斐高編 平凡社 2015.9 473p 18cm (東洋文庫 863)〈布装〉 3200円 ①978-4-582-80863-6 Ⓝ919.5

内容 新井白石 室鳩巣 梁田蛻巌 祇園南海 六如上人 柴野栗山 頼春水 尾藤二洲 菅茶山 市河寛斎 古賀精里 頼杏坪 柏木如亭 大窪詩仏 菊池五山 宮沢雲山 広瀬淡窓 古賀侗庵

來空〔1931〜〕らいくー

◇あっぱれ日本—河東碧梧桐の宇宙と私の人生 単行本版 來空著 戦略参謀研究所トータルEメディア出版事業部 2015.1 119p 21cm (TeMエッセンシャルズ・シリーズ)〈発売:TEM出版書店〉 940円 ①978-4-907455-20-0 Ⓝ911.52

* 短詩界の巨人、來空(ライクー)氏(短詩人連盟 代表)が書き下ろした自伝的短詩論。河東碧梧桐の世界観を通しながら、世界で最も短い詩がもつ力とその意味について、來空氏が歩んだ足跡、実践をたどりながら論じる。日本語の思想から日本を考え、今後の世界のあり方を示唆する。正編は主に來空氏がたどってきた足跡を中心に述べる。

◇あっぱれ日本—河東碧梧桐の宇宙と私の人生 単行本版 続 來空著 戦略参謀研究所トータルEメディア出版事業部 2015.1 95p 21cm (TeMエッセンシャルズ・シリーズ)〈発売:TEM出版書店〉 940円 ①978-4-907455-21-7 Ⓝ911.52

ライシャワー, ハル〔1915〜1998〕

◇ノーマン家とライシャワー家—日本と北米の関係構築にはたした役割 髙嶋幸世著 シーズ・プランニング 2016.12 259p 21cm〈発売:星雲社〉 2800円 ①978-4-434-22906-0 Ⓝ288.3

内容 序章 関連研究史の紹介と背景説明(問題の所在 ノーマン家とライシャワー家にまつわる研究史のまとめ ほか) 第1章 偉大なる父たちの影響(ダニエル・ノーマンとオーガスト・ライシャワーの略伝 農民の子どもダニエル・ノーマン ほか) 第2章 兄たちの戦いと悲劇(ハワード・ノーマンとロバート・ライシャワーの略伝 ハワード・ノーマンとロバート・ライシャワーの幼少時代 ほか) 第3章 弟たちの栄光と悲劇、そして忘却(ハーバート・ノーマンとエドウィン・ライシャワーの交友 ほか) 第4章 妻たちの人生—喜びと悲しみ(グエン・ノーマンとハル・松方・ライシャワーの略伝 グエン・プライ・ノーマン—名士の子として、児童教育の専門家として ほか)

Lara〔2005〜〕

◇Little Lara Land LARA著 扶桑社 2016.4 111p 19cm〈本文は日本語〉 1300円 ①978-4-594-07456-2 Ⓝ289.1

内容 ララ ランドへようこそ! LARAの頭のなかにある、ララ ランドを解剖 ララ ランドの12のファッションルール Who is Lara? —LARAがもっとよくわかる。素顔に迫るQ&A Lara's history—スーパーキッズLARAの秘蔵のアルバムを公開 Lara's family—大好きな家族について Lara's home—ララ ランドを生み出した、LARAの自宅を拝見 Lara's fashion—世界を旅するLARAのファッション一挙公開 Passion for fashion Power of high heels Lara's friend—いつもハッピーにしてくれる、大好きなさえこちゃん Lara's friend—絵の楽しさを教えてくれたマキさん All of my friends —世界中のお友だち! Talking about Lara……—LARAについて ママ対談:親はどうやって、子どもの才能を開花させられるか?

【り】

リ, ウーファン〔1936〜〕李 禹煥

◇李禹煥 オーラル・ヒストリー 李禹煥述, 中井康之, 加治屋健司インタヴュアー 〔出版地不明〕 日本美術オーラル・ヒストリー・アーカイヴ 2015.3 52p 30cm〈他言語標題:Oral history interview with Lee Ufan ホルダー入〉 Ⓝ723.21

◇時の震え 李禹煥著 新装版 みすず書房 2016.4 248p 22cm 4200円 ①978-4-622-07996-5 Ⓝ704.9

内容 1 時の狭間(蛙 春先a ほか) 2 旅行と出来事(東京にて 記憶 ほか) 3 芸術の周辺(四分三十三秒—ジョン・ケージに 絵が描けない日 ほか) 4 因縁と歳月(歳月 鐘幻 ほか)

李 継遷〔963〜1004〕り・けいせん

◇西夏建国史研究 岩崎力著 汲古書院 2018.12 777,54p 22cm (汲古叢書 153) 18000円 ①978-4-7629-6052-9 Ⓝ222.055

内容 第1部 建国前史の研究(隋唐時代のタングートについて 夏州定難軍節度使の建置と前後の政情 唐最晩期のタングートの動向 五代のタングートについて ほか) 第2部 李継遷の建国運動始末(李継遷の登場 李継遷の外交戦略 李継遷の苦闘 李継遷の領域経営と北部河西タングート諸部族の帰趨 ほか) 第3部 西夏の建国(李徳明の選択 李元昊の西夏建国) 総括

李 光洙 り・こうしゅ

⇒イ, グァンスを見よ

李 鴻章〔1823〜1901〕り・こうしょう

◇李鴻章の対日観—「日清修好条規」を中心に 白春岩著 成文堂 2015.5 276,3p 22cm〈文献あり 索引あり〉 6000円 ①978-4-7923-7104-3 Ⓝ222.06

内容 第1章 李鴻章の対日観の芽生え(幕末の通商交渉 太平天国軍の鎮圧 天津教案の処理) 第2章 「日清修好条規」の調印(柳原前光の予備交渉 正式交渉における清国側の人員構成 清国側における条目の下準備 清国側の最終案と李鴻章 条約改定 条約締結における李鴻章の対日観) 第3章 マリア・ルス号事件と副島種臣の清国派遣(マリア・ルス号事件 「日清修好条規」批准書の交換 同治帝への謁見問題) 第4章 台湾出兵(台湾出兵前の李鴻章 台湾出兵時の李鴻章 「撫恤銀」をめぐる外交交渉 収束案の提出と李鴻章 「撫恤銀」に対する清国側

り

の態度) 第5章 李鴻章の対日政策の形成とブレーンからの影響(馮桂芬(一八六二年から李鴻章の幕僚) 郭嵩燾(一八六二年から李鴻章の幕僚) 丁日昌(一八六三年から李鴻章の幕僚))) 付録

◇明治史講義 人物篇 筒井清忠編 筑摩書房 2018.4 397p 18cm (ちくま新書 1319)〈文献あり〉 1100円 ①978-4-480-07140-8 Ⓝ210.6

内容 木戸孝允―「条理」を貫いた革命政治家 西郷隆盛―謎に包まれた超人気者 大久保利通―維新の元勲、明治政府の建設者 福澤諭吉―「文明」と「自由」 板垣退助―自らの足りなさを知る指導者 伊藤博文―日本型立憲主義の造形者 井上毅―明治維新を落ち着かせようとした官僚 大隈重信―政治対立の演出者 金玉均―近代朝鮮における「志士」たちの時代 陸奥宗光―『蹇蹇録』で読む日清戦争と朝鮮〔ほか〕

李 香蘭 り・こうらん
⇒山口淑子(やまぐち・よしこ)を見よ

李 斯〔?~前208〕 り・し
◇李斯の生涯から見た秦王朝の興亡 ダーク・ボッデ著、町谷美夫訳 ミヤオビパブリッシング 2018.7 243p 21cm〈文献あり 発売:宮帯出版社(京都)〉 2500円 ①978-4-8016-0142-0 Ⓝ222.041

内容 秦という国 『史記』の「李斯列伝」 李斯の生涯に関する他の史料 「李斯列伝」の批判的研究 秦の始皇帝と李斯 帝国の概念 封建制の廃止 文字の統一 李斯その他の政策 李斯の思想的背景〔ほか〕

李 自成〔1606~1645〕 り・じせい
◇李自成―駅卒から紫禁城の主へ 佐藤文俊著 山川出版社 2015.6 104p 21cm (世界史リブレット人 41)〈文献あり 年表あり〉 800円 ①978-4-634-35041-0 Ⓝ289.2

内容 明代という時代 1 陝西流賊に参加 2 大流動期の李自成とその集団 3 政治権力(襄陽・西安大順政権)の樹立 4 北京大順政権の樹立と崩壊 5 中国史と李自成

李 守信〔1892~1970〕 り・しゅしん
◇最後の馬賊―「帝国」の将軍・李守信 楊海英著 講談社 2018.8 334p 20cm 2200円 ①978-4-06-512867-1 Ⓝ289.2

＊チンギスハーンの子孫を奉じて戦いつづけた馬賊出身の将軍。20世紀の国際政治に翻弄されながら、大国に媚びず民族自決、モンゴル独立の夢を追いつづけた者たちの姿を追い、ありえたかもしれない「もうひとつの歴史」を描く。

李 舜臣 り・しゅんしん
⇒イ、スンシンを見よ

李 承晩 り・しょうばん
⇒イ、スンマンを見よ

李 小牧〔1960~〕 り・しょうぼく
◇元・中国人、日本で政治家をめざす 李小牧著 CCCメディアハウス 2015.8 287p 19cm 1600円 ①978-4-484-15218-9 Ⓝ289.1

内容 第1章 文革に翻弄された少年時代 第2章 すべてはティッシュ配りから始まった 第3章 人生を変えたベストセラー 第4章 歌舞伎町での新たな挑戦 第5章 変わる歌舞伎町と中国への"凱旋" 第6章 そうだ、帰化して立候補しよう 第7章 不思議の国ニッポンの不思議な選挙 第8章 失敗だらけの選挙運動 第9章 元・中国人が日本の政治家になってできること

李 成桂 り・せいけい
⇒イ、ソンゲを見よ

李 世民 り・せいみん
⇒太宗(唐)(たいそう)を見よ

リ,ソルジュ〔1989~〕 李 雪主
◇女が動かす北朝鮮―金王朝三代「大奥」秘録 五味洋治著 文藝春秋 2016.4 255p 18cm (文春新書 1076)〈文献あり〉 780円 ①978-4-16-661076-1 Ⓝ282.1

内容 はじめに 北朝鮮女性たちの現実のドラマ 第1章 兄を継ぐ女帝候補―金与正、金雪松 第2章 トップ歌手からファースト・レディに―李雪主 第3章 国母はなぜ孤独死したか―金正淑、金聖愛 第4章 金正日に捨てられた国民的女優―成恵琳 第5章 国母になれなかった大阪出身の踊り子―高容姫 第6章 金正日の心の支え―金敬姫と4番目の妻・金オク 第7章 運命に翻弄された女たち―喜び組、金賢姫、脱北者

李 徳全〔1896~1972〕 り・とくぜん
◇李徳全―日中国交正常化の「黄金のクサビ」を打ち込んだ中国人女性 日中国交正常化45周年記念出版 程麻, 林振江著, 石川好監修, 林光江, 古市雅子訳 日本僑報社 2017.9 259p 20cm 1800円 ①978-4-86185-242-8 Ⓝ319.1022

内容 序章 歴史のコマを巻き戻す(日本政府と民間からの再評価 李徳全の訪日が日本を興奮の渦に ほか) 上編 李徳全はじめての訪日、外交の表舞台へ(中国舞台のあらたな幕開け 新中国の代表団が日本を沸かせた ほか) 下編 李徳全と馮玉祥(新中国における衛生・慈善事業の総責任者 馮玉祥、李徳全夫妻を結ぶもの ほか) 終章 温故知新と継往開来(温故知新―日中関係における官・民交流 継往開来―日中関係の「正常化」)

リー, ブルース〔1940~1973〕
◇ブルース・リー 命を焼きつけた100分 河出書房新社編集部編 河出書房新社 2016.10 139p 19cm (アナザーストーリーズ 運命の分岐点)〈文献あり 作品目録あり 年譜あり〉 1500円 ①978-4-309-02510-0 Ⓝ778.22239

内容 1 路上での闘い(闘い続ける理由とは? 「ドラゴン」を背負って ほか) 2 自分との闘い(100ドルを手にアメリカへ カンフーを世界の武術に ほか) 3 見えない敵との闘い(ハリウッド映画主演を夢見て 武術家生命の危機 ほか) 4 時間との闘い(タイトルに「ドラゴン」を 尽きることのないトラブルの種 ほか)

李 北利〔1945～〕り・ほくり

◇あなたの敵を愛しなさい―牧師になった元中国紅衛兵　李北利原作，守部喜雅編著，浅沼扶美子，呉麗子，張弘，富田栄訳　いのちのことば社　2016.12　380p　19cm　1800円　Ⓘ978-4-264-03612-8　Ⓝ198.62

内容　第1章 親たちは戦場で戦った　第2章 戦争中の子ども時代　第3章 嵐の中をさまよう青春　第4章 微かに見えた希望の光　第5章 それぞれの天路歴程　第6章 新しい出発、そして試練　第7章 あなたの敵を愛せよ　第8章 神は愛なり・出会い　第9章 神の家族として歩む　第10章 国籍は天にあります

李 邕〔678～747〕り・よう

◇中国書人伝　中田勇次郎編　中央公論新社　2015.7　365p　16cm　（中公文庫 な66-1）〈中央公論社 1973年刊の再刊　年譜あり〉　1200円　Ⓘ978-4-12-206148-4　Ⓝ728.22

内容　王羲之・王献之―貝塚茂樹　鄭道昭・智永―小川環樹　唐太宗・虞世南・欧陽詢・褚遂良―加藤楸邨　顔真卿・柳公権―井上靖　李邕・張旭・懐素・楊凝式―土岐善麿　蘇軾・黄庭堅・米芾―寺田透　趙孟頫・張即之―武田泰淳　祝允明・文徴明・董其昌―杉浦明平　張瑞図―中田勇次郎　王鐸・金農・劉墉―三浦朱門　鄧石如・何紹基・趙之謙

李 隆基〔685～762〕り・りゅうき

◇安禄山と楊貴妃 安史の乱始末記　藤善真澄著　清水書院　2017.7　235p　19cm　（新・人と歴史拡大版 15）〈1984年刊を表記や仮名遣い等一部を改めて再刊　文献あり　年譜あり　索引あり〉　1800円　Ⓘ978-4-389-44115-9　Ⓝ222.048

内容　1 安禄山の挙兵とその背景　2 楊貴妃の登場　3 暗雲ひろがる　4 享楽の宴　5 国破れて山河あり　6 破局にして暗転

力道山 光浩〔1924～1963〕りきどうざん・みつひろ

◇昭和プロレス正史　上巻　斎藤文彦著　イースト・プレス　2016.9　485p　20cm　〈文献あり〉　2400円　Ⓘ978-4-7816-1472-4　Ⓝ788.2

内容　序章 "活字プロレス"の原点　1章 力道山1 プロレス入り　2章 力道山2 昭和29年、巌流島の決闘　3章 力道山3 インター王座のなぞ　4章 力道山4 出自　5章 力道山5 プロレスとメディア　6章 馬場と猪木1 デビュー

◇力道山史 否！1938-1963―a pictorial history of wrestling　仲兼久忠昭著　〔出版地不明〕〔仲兼久忠昭〕　2017.11　782p　31cm　〈他言語標題：The record of Ricky Dozan〉　Ⓝ788.2

◇「プロレス」という文化―興行・メディア・社会現象　岡村正史著　京都　ミネルヴァ書房　2018.12　305,13p　20cm　〈文献あり　年譜あり　年表あり　索引あり〉　3500円　Ⓘ978-4-623-08439-5　Ⓝ788.2

内容　第1章 ロラン・バルトとフランス・プロレス衰亡史（ロラン・バルト「レッスルする世界/プロレスする世界」をめぐって　知られざるフランス・プロレス史 ほか）　第2章 力道山研究という鉱脈（私的「力道山」史 リアルタイム世代は力道山をどう見たのか ほか）　第3章 日本プロレス史の断章（吉村道明という存在 哀愁の国際プロレス ほか）　第4章 プロレス文化研究会の言説（現代風俗研究会　『知的プロレス論のすすめ』からの一〇年 ほか）

陸 游〔1125～1210〕りく・ゆう

◇南宋詩人伝 陸游の詩と生き方　小池延俊著　新潮社図書編集室　2014.6　363p　20cm　〈文献あり　年譜あり　発売：新潮社〉　1500円　Ⓘ978-4-10-910022-9　Ⓝ921.5

六如〔1734～1801〕りくにょ

◇江戸詩人評伝集―詩誌『雅友』抄 1　今関天彭著，揖斐高編　平凡社　2015.9　473p　18cm　（東洋文庫 863）〈布装〉　3200円　Ⓘ978-4-582-80863-6　Ⓝ919.5

内容　新井白石　室鳩巣　梁田蛻巖　祇園南海　六如上人　柴野栗山　頼春水　伊藤二洲　菅茶山　市河寛斎　古賀精里　頼杏坪　柏木如亭　大窪詩仏　菊池五山　宮沢雲山　広瀬淡窓　古賀侗庵

理源〔832～909〕りげん

◇神變―聖宝讃仰　大隅和雄著　京都　神変社　2014.8　158p　21cm　《『神變』1125号―1150号連載「聖宝理源大師」の抄　共同刊行：醍醐寺〉　Ⓝ188.52

リスフェルド 純子　りすふぇるど・じゅんこ

◇地球の娘　リスフェルド純子著　木耳社　2017.7　283p　22cm　2000円　Ⓘ978-4-8393-9200-0　Ⓝ289.3

内容　第1章 旅立ちの日　第2章 新しい出発　第3章 父母の初めての渡米　第4章 変わっていく生活　第5章 マイホーム建設始める　第6章 アメリカ大陸横断旅行　第7章 ヴァージニアの自然と対面、対話　第8章 庭づくり　第9章 変わりゆく父母の生活　第10章 ヴァージニア州コロンビア

リタ

⇒竹鶴リタ（たけつる・りた）を見よ

リーチ，マイケル〔1988～〕

◇日本ラグビーヒーロー列伝―歴史に残る日本ラグビー名選手　All about JAPAN RUGBY 1970-2015　ベースボール・マガジン社編著　ベースボール・マガジン社　2016.2　175p　19cm　1500円　Ⓘ978-4-583-11001-1　Ⓝ783.48

内容　第1章 2015年 ワールドカップの英雄（五郎丸歩　リーチ，マイケル　廣瀬俊朗　大野均　堀江翔太 ほか）　第2章 ヒーロー列伝 1970年～2015年（坂田好弘　原進　藤原優　森重隆　松尾雄治 ほか）

劉 因〔1249～1293〕りゅう・いん

◇靖献遺言　浅見絅斎著，濱田浩一郎訳・解説　晋遊舎　2016.7　253p　20cm　〈文献あり〉　1800円　Ⓘ978-4-8018-0531-6　Ⓝ121.54

内容　第1部 封印された尊王思想書『靖献遺言』の謎（山崎闇斎と浅見絅斎の師弟決別　靖献遺言とは、「君主に仕えて忠義を尽くした義士が残した最期の言葉」）　第2部 『靖献遺言』を読む（国が亡びるの

を黙って見ているくらいならいっそ死んだほうがましである（屈原）　今より以後、諸君のなかで、国家に忠誠を誓う者は、遠慮なく私の過失を責めてくれ。そうすれば、天下の大事も定まり、賊は滅びるであろう（諸葛亮孔明）　わずかな給料を得るために、官職についてへいこらしていられるか。仕官の誘いもあったが、二君に仕えることはできない。私は仮住まいたるこの世を辞して、永久に本宅たるあの世へと帰る（陶淵明）　君命である。臣下たる者、どのような事があっても君命を避けることはできない（顔真卿）　王朝の危機に際し一騎として馳せ参じる者がいない。私はこれを深く恨む。だから私は、自分の非力を省みず、身命を賭して祖国を守ろうとするのだ（文天祥）　孝孺は死の間際になっても、燕王（永楽帝）の不義を罵り続けた。燕王は周囲の者に命じて、孝孺の口を刀で抉らせた。口は耳まで裂かれ、血が流れた。それでも、孝孺は燕王を罵倒した。七日間、その声が聞こえた（謝枋得／劉因／方孝孺）

◇靖献遺言　浅見絅斎著、近藤啓吾訳注　講談社　2018.12　557p　15cm　〈講談社学術文庫2535〉〈「靖献遺言講義」（国書刊行会 1987年刊）の再編集〉　1790円　①978-4-06-514027-7　Ⓝ121.54

内容　巻の1 屈平　巻の2 諸葛亮　巻の3 陶潜　巻の4 顔真卿　巻の5 文天祥　巻の6 謝枋得　巻の7 劉因　巻の8 方孝孺

劉 禹錫〔772～842〕　りゅう・うしゃく
◇貶謫文化と貶謫文学—中唐元和期の五大詩人の貶謫とその創作を中心に　尚永亮著, 愛甲弘志, 中木愛, 谷口高志訳　勉誠出版　2017.5　628, 17p　22cm　〈索引あり〉　13500円　①978-4-585-29100-8　Ⓝ921.43

内容　導論 執着から超越へ—貶謫文化と貶謫文学の概要　第1章 元和の文化精神と五大詩人の政治的悲劇　第2章 五大詩人の生命の零落と苦悶　第3章 五大詩人の執着意識と超越意識　第4章 屈原から賈誼に至る貶謫文化発展の軌跡　第5章 元和の貶謫文学における悲劇的精神と芸術的特質

劉 暁波〔1955～2017〕　りゅう・ぎょうは
◇劉暁波伝　余傑著, 劉燕子編, 劉燕子, 横澤泰夫, 和泉ひとみ訳　福岡　集広舎　2018.2　508p　19cm　2700円　①978-4-904213-55-1　Ⓝ289.2

内容　第1部 伝記篇（黒土に生きる少年　首都に頭角を表す　天安門学生運動の「黒手」　ゼロからの出発　ぼくは屈しない　「〇八憲章」　「私には敵はいない」の思想　劉霞　土埃といっしょにぼくを待つ　ノーベル平和賞—桂冠、あるいは荊冠）　第2部 資料篇

柳 景子〔1953～〕　りゅう・けいこ
◇お父さん、今どこにいますか？—ある在日韓国人一家、姉弟からのメッセージ　柳景子著　京都　ライティング　2014.9　198p　19cm　〈発売：星雲社〉　1000円　①978-4-434-19687-4　Ⓝ289.1

＊在日とは何か、差別とは何か、家族とは何か？　父と954別れ長年にわたり母に苦しめられた韓国人姉弟が、日本という国で、自らの存在と価値を問い、力強く生き続けた人生の記録。

柳 公権〔778～865〕　りゅう・こうけん
◇中国書人伝　中田勇次郎編　中央公論新社　2015.7　365p　16cm　（中公文庫 な66-1）〈中央公論社 1973年刊の再刊　年譜あり〉　1200円　①978-4-12-206148-4　Ⓝ728.22

内容　王羲之・王献之一貝塚茂樹　鄭道昭・智永一小川環樹　唐太宗・虞世南・欧陽詢・褚遂良一加藤楸邨　顔真卿・柳公権一井上靖　李邕・張旭・懐素・楊凝式一土岐善麿　蘇軾・黄庭堅・米芾一寺田透　趙孟頫・張即之一武田泰淳　祝允明・文徴明・董其昌一杉浦明平　張瑞図一中田勇次郎　王鐸・金農・劉墉一三浦朱門　鄧石如・何紹基・趙之謙

劉 商〔唐代〕　りゅう・しょう
◇唐宋山水画研究　竹浪遠著　中央公論美術出版　2015.1　464p 図版16p　26cm　〈文献あり〉　28000円　①978-4-8055-0736-0　Ⓝ722.24

内容　第1章 唐代の海図—その主題内容と絵画史上の意義　第2章 唐代の樹石画について—松石図の意味と表現を中心に　第3章 中唐の劉商について—詩人・樹石画家・道士としての生涯　第4章 （伝）董源「寒林重汀図」の観察と基礎的考察　第5章 （伝）李成「喬松平遠図」について—唐代樹石画との関係を中心に　第6章 北宋における李成の評価とその文人画家像形成について—子孫・鑑賞者・李郭系画家との関わりから　第7章 王詵「煙江畳嶂図」について—上海博物館所蔵・着色本, 水墨本を中心に　付論 題画詩からみた唐代山水画の主題

劉 少少〔1870～1929〕　りゅう・しょうしょう
◇中国名記者列伝—正義を貫き、その文章を歴史に刻み込んだ先人たち　第1巻　柳斌傑, 李東東編, 加藤青延監訳, 渡辺明次訳　日本僑報社　2016.9　221p　21cm　3600円　①978-4-86185-224-4　Ⓝ070.16

内容　新聞・雑誌の政治評論の開拓者　王韜（おう・とう　1828－1897）　『万国公報』の魂　蔡爾康（さい・じこう　1851－1921）　西洋の学問を中国に取りこんだ「西学東漸」の先駆　厳復（げん・ふく　1854－1921）　民国時代の北京新聞界の元老　朱淇（しゅ・き　1858－1931）　傑出した職業ジャーナリスト　汪康年（おう・こうねん　1860－1911）　家財を投げ打ち民衆のために新聞発行　彭翼仲（ほう・よくちゅう　1864－1921）　公のために「直言」をいとわず　英斂之（えい・れんし　1867－1926）　湖南省言論界の健筆　唐才常（とう・さいじょう　1867－1900）　清末民初の新聞政治評論家　章太炎（しょう・たいえん　1869－1936）　人民の中の先覚者　陳少白（ちん・しょうはく　1869－1934）　民国初期の北京新聞界の「怪傑」　劉少少（りゅう・しょうしょう　1870－1929）　義侠心に燃えた女性ジャーナリスト　唐群英（とう・ぐんえい　1871－1937）　海に身を投じた烈士　楊篤生（よう・とくせい　1872－1911）　新聞発行のために私財を投げ打つ　卞小吾（べん・しょうご　1872－1908）　新聞を創刊し維新を推進　梁啓超（りょう・けいちょう　1873－1929）　マスコミ刷新の牽引者　狄楚青（てき・そせい　1873－1941）　口語体新聞の先駆者　林白水（りん・はくすい　1874－1926）　革命世論の旗手　陳去病（ちん・きょへい　1874－1933）　傑出したマスコミ事業者　汪漢溪（おう・かんけい　1874－1924）　革命党の大文豪　陳天華（ちん・てんか　1875－1905）

柳 宗元〔773〜819〕　りゅう・そうげん
◇白居易と柳宗元—混迷の世に生の讃歌を　下定雅弘著　岩波書店　2015.4　276,11p　19cm　(岩波現代全書 060)〈文献あり　年譜あり〉　2400円　Ⓘ978-4-00-029160-6　Ⓝ921.43

*日本人が古来こよなく愛してきた白居易(白楽天)と柳宗元。「長恨歌」や「江雪」は教科書にも取り上げられている。とはいえ、この二人はただ詩人であったわけではない。二人はともに、当時その制度が整えられた科挙によって登用された新進官僚であり、志をもって政治に携わり、同じように時代と政争の荒波に翻弄された。激動の中唐にあって、一方は高位と長寿に達する他方は志半ばで流謫のうちに没した。ほぼ同齢の詩人の生涯と心の軌跡を、詩文の平易な現代語訳でたどりながら、彼らを支えたものについて考える。

◇貶謫文化と貶謫文学—中唐元和期の五大詩人の貶謫とその創作を中心に　尚永亮著, 愛甲弘志, 中木愛, 谷口高志訳　勉誠出版　2017.5　628, 17p　22cm　〈索引あり〉　13500円　Ⓘ978-4-585-29100-8　Ⓝ921.43

内容　導論　執着から超越へ—貶謫文化と貶謫文学の概要　第1章　元和の文化精神と五大詩人の政治的悲劇　第2章　五大詩人の生命の零落と苦悶　第3章　五大詩人の執着意識と超越意識　第4章　屈原から賈誼に至る貶謫文化発展の軌跡　第5章　元和の貶謫文学における悲劇の精神と芸術的特質

◇柳宗元—アジアのルソー　戸崎哲彦著　山川出版社　2018.1　99p　21cm　(世界史リブレット人 17)〈文献あり　年譜あり〉　800円　Ⓘ978-4-634-35017-5　Ⓝ921.43

内容　唐代のオピニオンリーダー柳宗元　1 順宗政権とその政治改革　2 無神論者から政治思想家へ　3 官吏公僕論とその前後　4 人民と国家と君主の関係　5 柳州刺吏としての行政と最期

劉 徹　りゅう・てつ
⇒武帝(漢)(ぶてい)を見よ

柳 傳志〔1944〜〕　りゅう・でんし
◇現代中国経営者列伝　高口康太著　星海社　2017.4　251p　18cm　(星海社新書 108)〈文献あり　発売：講談社〉　900円　Ⓘ978-4-06-138613-6　Ⓝ332.8

内容　第1章　「下海」から世界のPCメーカーへ—柳傳志(レノボ)　第2章　日本企業を駆逐した最強の中国家電メーカー—張瑞敏(ハイアール)　第3章　ケンカ商法暴れ旅、13億人の胃袋をつかむ中国飲食品メーカー—娃哈哈(ワハハ)　第4章　米国が恐れる異色のイノベーション企業—任正非(ファーウェイ)　第5章　不動産からサッカー、映画まで！ 爆買い大富豪の正体とは—王健林(ワンダ・グループ)　第6章　世界一カオスなECは"安心"から生まれた—馬雲(アリババ)　第7章　世界中のコンテンツが集まる中国動画戦国時代—古永鏘(ヨーク)　第8章　ハードウェア業界の"無印良品"ってなんだ？—雷軍(シャオミ)　終章　次世代の起業家たち

劉 備〔161〜223〕　りゅう・び
◇劉備と諸葛亮—カネ勘定の『三国志』柿沼陽平著　文藝春秋　2018.5　263p　18cm　(文春新書 1171)〈文献あり〉　880円　Ⓘ978-4-16-661171-3　Ⓝ222.043

内容　序章　三国志の世界へ　第1章　落日の漢帝国　第2章　劉備の生い立ち　第3章　群雄割拠　第4章　諸葛亮の登場　第5章　蜀漢建国への道　第6章　漢中王から皇帝へ　第7章　南征　第8章　北伐　終章　大義と犠牲

劉 邦〔前247〜前195〕　りゅう・ほう
◇史記・三国志英雄列伝—戦いでたどる勇者たちの歴史　井波律子著　潮出版社　2015.11　221p　20cm　〈年表あり〉　2000円　Ⓘ978-4-267-02035-3　Ⓝ222.042

内容　第1章　群雄割拠の時代—始皇帝〜項羽と劉邦(秦の始皇帝　陳勝・呉広の乱　反乱の拡大と秦王朝の滅亡　鴻門の会　劉邦の反撃　ほか)　第2章　激動の時代を生き抜く漢たち—漢の武帝〜三国志の英雄たち(韓信・黥布の粛清、劉邦の死　呂后の専横と陳平・周勃の反撃　武帝の登場　最盛期の武帝　晩年の武帝　ほか)

◇一勝百敗の皇帝—項羽と劉邦の真実　板野博行著　ベストセラーズ　2015.11　238p　19cm　〈文献あり　年表あり〉　1200円　Ⓘ978-4-584-13681-2　Ⓝ222.041

内容　第1章「項羽」と「劉邦」とは何者か(戦国最強の楚の覇王—項羽　項羽、挙兵の際に百人相手の大立ち回り　ほか)　第2章　史上初の統一国家・秦と始皇帝(秦は始皇帝誕生前から近代的な国だった　「中国」という国としての始皇帝　ほか)　第3章　打倒秦！関中一番乗りを目指せ(項羽と劉邦、運命の出会い　范増と張良—のちの楚漢両陣営の知恵袋登場　ほか)　第4章　両雄激突！楚漢戦争(劉邦のもとにやってきた"戦の天才"「国士無双」大将軍就任、そして、楚漢戦争勃発　ほか)　第5章　天を味方につけたのはどちらか(項羽と劉邦、本当に優れたリーダーはどちらだったのか　項羽が天下を取れなかった最大の理由とは　ほか)

◇史記　4　逆転の力学　司馬遷著　和田武司, 山谷弘之訳　徳間書店　2016.9　516p　15cm　(徳間文庫カレッジ し3-4)〈徳間文庫 2006年刊の再刊〉　1250円　Ⓘ978-4-19-907068-6　Ⓝ222.03

内容　1 項羽と劉邦(項羽の生い立ち　高祖劉邦の生い立ち　項羽、劉邦の先陣争い　鴻門の会)　2 楚漢の決戦(崩れる足もと—諸王諸侯の離反　対決の軌跡—漢の東征と楚の反撃　戦局の拡大—韓信の活躍　垓下の戦い—項羽の最期)　3 悲喜の様相(功成ったあと　悲劇の実力者—韓信)　4 幕下の群像(補佐役の身の処し方—蕭何　名参謀長—張良　知謀の士—陳平　直言の士—周昌)

竜 崇正〔1943〜〕　りゅう・むねまさ
◇患者中心主義が医療を救う—竜崇正の挑戦　鈴木久仁直著　アテネ出版社　2015.11　253p　20cm　〈文献あり　著作目録あり　年譜あり〉　1600円　Ⓘ978-4-908342-02-8　Ⓝ498.02135

内容　第1部　地域医療向上への挑戦(熱血医師の誕生　理想医療へのもがき模索と挑戦　医療情報のシステム化　ほか)　第2部　高度専門病院への挑戦(千葉県がんセンターの改革　成果は形に　患者に寄り添うがん治療　ほか)　第3部　地域医療再生への挑戦(新たな挑戦へ　白熱する質疑応答　医療崩壊を阻むほか)

劉 墉〔1719〜1804〕 りゅう・よう
◇中国書人伝　中田勇次郎編　中央公論新社　2015.7　365p　16cm　(中公文庫　な66-1)〈中央公論社 1973年刊の再刊　年譜あり〉　1200円　Ⓘ978-4-12-206148-4　Ⓝ728.22
　内容 王羲之・王献之─貝塚茂樹　鄭道昭・智永─小川環樹　唐太宗・虞世南・欧陽詢・褚遂良─加藤楸邨　顔真卿・柳公権─井上靖　李邕・張旭・懷素・楊凝式─土岐善麿　蘇軾・黄庭堅・米芾─寺田透　趙孟頫・張即之─武田泰淳　祝允明・文徵明・董其昌─杉浦明平　張瑞図─中田勇次郎　王鐸・金農・劉墉─三浦朱門　鄧石如・何紹基・趙之謙

龍玄　りゅうげん
⇒神龍院梵舜（しんりゅういんぼんしゅん）を見よ

龍造寺 隆信〔1529〜1584〕 りゅうぞうじ・たかのぶ
◇戦国の肥前と龍造寺隆信　川副義敦著　京都　宮帯出版社　2018.1　350p　19cm　「「竜造寺隆信」(人物往来社 1967年刊)と「竜造寺隆信」(佐賀新聞社 2006年刊)からの改題、改稿、合本　文献あり　年譜あり〉　2500円　Ⓘ978-4-8016-0104-8　Ⓝ289.1
　内容 龍造寺氏のおこり　龍造寺家兼　隆信の登場　東肥前の経略　大友氏の肥前干渉　大友軍の来襲　東肥前再征服　西肥前経略と筑後・肥後出馬　肥前統一　筑後経略　五州二島の太守　龍造寺領国の終焉と鍋島氏

呂 運亨　りょ・うんきょう
⇒ヨ、ウニョンを見よ

呂 雉　りょ・ち
⇒呂后（りょこう）を見よ

梁 啓超〔1873〜1929〕 りょう・けいちょう
◇日本亡命期の梁啓超　李海著　相模原　桜美林大学北東アジア総合研究所　2014.7　342p　20cm　〈文献あり〉　3000円　Ⓘ978-4-904794-44-9　Ⓝ289.2
◇アジア再興─帝国主義に挑んだ志士たち　パンカジ・ミシュラ著, 園部哲訳　白水社　2014.11　411,31p　20cm　〈文献あり　索引あり〉　3400円　Ⓘ978-4-560-08395-6　Ⓝ220.6
　内容 第1章 隷属するアジア　第2章 アフガーニーの風変わりなオデュッセイア　第3章 梁啓超の中国とアジアの運命　第4章 一九一九年、世界史の転換　第5章 タゴール、東亜へ行く─亡国から来た男　第6章 作り直されたアジア
◇梁啓超─東アジア文明史の転換　狭間直樹著　岩波書店　2016.4　214p　19cm　(岩波現代全書 087)〈文献あり〉　2000円　Ⓘ978-4-00-029187-3　Ⓝ289.2
　内容 第1章 亡命─「思想一変」(政変と亡命　来日以前の梁啓超　東京での活動　亡命者の自覚) 第2章 思想─国民主義(ハワイからオーストラリアへ　譚嗣同と「仁学」　「清議報」の功績) 第3章 精神─「中国之新民」(「新民叢報」「新民説」の公徳　「知」の新領域　立場の移動) 第4章 行動─代作・論戦・

運動(憲政視察報告の代作　革命派との論戦　国会早期開設運動)
◇中国名記者列伝─正義を貫き、その文章を歴史に刻み込んだ先人たち　第1巻　柳斌傑, 李東東編, 加藤青延監訳, 渡辺明訳　日本僑報社　2016.9　221p　21cm　3600円　Ⓘ978-4-86185-224-4　Ⓝ070.16
　内容 新聞・雑誌の政治評論の開拓者 王韜（おう・とう 1828 - 1897）　『万国公報』の魂 蔡爾康（さい・じこう 1851 - 1921）　西洋の学問を中国に取りこんだ「西学東漸」の先駆 厳復（げん・ふく 1854 - 1921）　民国時代の北京新聞界の元老 朱淇（しゅ・き 1858 - 1931）　傑出した職業ジャーナリスト 汪康年（おう・こうねん 1860 - 1911）　家財を投げ打ち民衆のために新聞発行 彭翼仲（ほう・よくちゅう 1864 - 1921）　公のために「直言」をいとわず 英斂之（えい・れんし 1867 - 1926）　湖南省言論界一の健筆 唐才常（とう・さいじょう 1867 - 1900）　清末民初の新聞政治評論家 章太炎（しょう・たいえん 1869 - 1936）　人民の中の先覚者 陳少白（ちん・しょうはく 1869 - 1934）　民国初期の北京新聞界の「怪傑」劉少少（りゅう・しょうしょう 1870 - 1929）　義侠心に燃えた女性ジャーナリスト 唐群英（とう・ぐんえい 1871 - 1937）　海に身を投じた烈士 楊篤生（よう・とくせい 1872 - 1911）　新聞発行のために私財を投げ打つ 卞小吾（べん・しょうご 1872 - 1908）　新聞を創刊し維新を推進 梁啓超（りょう・けいちょう 1873 - 1929）　マスコミ刷新の牽引者 狄楚青（てき・そせい 1873 - 1941）　口語体新聞の先駆者 林白水（りん・はくすい 1874 - 1926）　革命世論の旗手 陳去病（ちん・きょへい 1874 - 1933）　傑出したマスコミ事業者 汪漢溪（おう・かんけい 1874 - 1924）　革命党の大文豪 陳天華（ちん・てんか 1875 - 1905）

梁 哲周〔1946〜2012〕 りょう・てつしゅう
◇梁哲周先生言行録　梁哲周著, 東海天医学研究会編　たにぐち書店　2014.12　55p　21cm　〈年譜あり〉　1000円　Ⓘ978-4-86129-248-4　Ⓝ289.2

良寛〔1758〜1831〕 りょうかん
◇『橘由之日記』の研究　矢澤昇治編著　専修大学出版局　2014.8　256p　22cm　〈文献あり　年譜あり〉　3600円　Ⓘ978-4-88125-288-8　Ⓝ291.4
　内容 1『橘由之日記』 2 日記の事項解説　3 橘由之と良寛禅師（由之とその家族　由之と良寛禅師　由之の人間性　由之と良寛の交流）　4 資料─年譜と日記行程譜（橘由之関係年譜　日記行程譜）
◇良寛は権力に抵抗した民衆救済者だった　本間明著　新潟　考古堂書店　2015.4　245p　21cm　〈文献あり　索引あり〉　1800円　Ⓘ978-4-87499-832-8　Ⓝ188.82
◇良寛の探究　塩浦林也著　高志書院　2015.5　484,8p　21cm　〈文献あり　索引あり〉　6000円　Ⓘ978-4-86215-147-6　Ⓝ188.82
　内容 1 父母のこと、幼少のころ　2 青年時代と出家得度　3 禅僧良寛の誕生　4 乞食行への道　5 禅僧良寛の内なるもの　6「一人間として」への重心移動　7「一人間として」の生き方を求め続けた晩年
◇日本書人伝　中田勇次郎編　中央公論新社

りょうかん

2015.8　363p　16cm　(中公文庫　な66-2)〈執筆：山本健吉ほか　中央公論社　1974年刊の再刊　年譜あり〉　1200円　Ⓘ978-4-12-206163-7　Ⓝ728.21

内容 聖徳太子　聖武天皇　光明皇后―山本健吉　空海―司馬遼太郎　最澄　嵯峨天皇　橘逸勢―永井路子　小野道風　藤原佐理―寺田透　藤原行成―白洲正子　西行　藤原俊成　藤原定家―中村真一郎　大燈国師　一休宗純―唐木順三　本阿弥光悦―花田清輝　池大雅―辻邦生　良寛―水上勉　貫名菘翁―中田勇次郎

◇大愚良寛―校註　相馬御風著, 渡辺秀英校註　新装版　新潟　考古堂書店　2015.11　398p　26cm　〈年譜あり　索引あり〉　3800円　Ⓘ978-4-87499-841-0　Ⓝ911.152

内容 緒論　出生―幼少時代　出家　修学時代　父の死と彼の転機　徹底期の良寛　良寛の芸術　晩年及び死　逸話　良寛の真生命　良寛遺跡巡り　良寛雑考　良寛和尚の庵跡をたづねる記

◇若き良寛の肖像　小島正芳著　新潟　考古堂書店　2015.12　243p　21cm　〈文献あり〉　1500円　Ⓘ978-4-87499-842-7　Ⓝ188.82

内容 ふるさと出雲崎　良寛の生家　橘屋　良寛の父橘以南　以南と俳諧　良寛の誕生　三峰館で学ぶ良寛　名主見習になる　良寛光照寺に入る　良寛国仙和尚の弟子となる　玉島円通寺での修行　諸国行脚　覚樹庵主となる　以南京都に上る　良寛の帰郷　終わりに

◇根源芸術家良寛　新関公子著　春秋社　2016.2　503,38p　22cm　〈文献あり　年表あり　索引あり〉　4800円　Ⓘ978-4-393-44165-7　Ⓝ188.82

内容 良寛の書はどうしてこんなにも美しいのか　芸術家良寛出現の歴史的背景―天領出雲崎の特殊性　出雲崎における文学的風土　父以南の肖像　少年時代―子陽塾を辞すまで　青年時代―文人への憧れ　禅林修行―円通寺時代　還郷―文学的人生の始まり　故郷での生活の始まり―不定住時代　成熟―五合庵定住時代　創作と研鑽の日々―乙子神社脇草庵時代　芸術的集大成の地境―島崎村木村家時代　近代文学における良寛の影響　良寛―思想的多面体

◇内にコスモスを持つ者―歩み入る者にやすらぎを去り行く人にしあわせを　岡田政晴著　長野　ほおずき書籍　2016.2　270p　20cm　〈文献あり　発売：星雲社〉　1800円　Ⓘ978-4-434-21614-5　Ⓝ281.52

内容 1 はじめに　2 木曽を愛した人々（木曽の「セガンティーニの空の色」の下で暮らしたマロンの少女ジャーヌ・コビー　生涯故郷木曽を心に抱きながら作品を書き続けた島崎藤村（一八七二〜一九四三）　詩と音楽をこよなく愛し, 木曽を縦断したロマンの旅人　尾崎喜八（一八九二〜一九七四）　日本人の精神の源流を木曽で見出した亀井勝一郎（一九〇七〜一九六六））　3 木曽の水を飲んで水をながめて木曽を駆け抜けた人々（姨捨ての月をめざして木曽を歩いた月下の旅人　松尾芭蕉（一六四四〜一六九四）　心優しい歌二首を詠んで木曽路を急いだ良寛（一七五八〜一八三一）　「大蔵経」を求めて雨雪の木曽路を往復した虎斑和尚（一七六四〜一八二四）　軍靴の足音が聞こえる中, 桜の花を浴びながら木曽路を闊歩した山頭火（一八八二〜一九四〇）　木曽人の心と木曽の自然に出合い日本画家になる決意をした東山魁夷（一九〇八〜一九九九））　4 眼すずしい人々（木曽川の洪水で亡くなった母を弔うために木曽川を遡った円空（一六三二〜一六九五）　セピア色の世界を追い求めてやまなかった島崎鶏助（一九〇八〜一九九二）　戦争のない平和な世界を願い, 詩によって世界を包みこんだ坂村真民（一九〇九〜二〇〇六））　5 おわりに

◇良寛　山崎昇著　新装版　清水書院　2016.7　262p　19cm　(Century books―人と思想 149)〈文献あり　年譜あり　索引あり〉　1200円　Ⓘ978-4-389-42149-6　Ⓝ911.152

内容 1 雪国の山河　2 修行の日々　3 騰々任運の人生　4 人は情の下に住む　5 山より下る　6 愛の絆　7 庇護者たち　8 良寛と仁術医たち

◇良寛の晩年　川口霽亭著　〔出版地不明〕〔川口霽亭〕　2016.8　103p　21cm　〈付『正法眼蔵』と良寛　私家版限定〉　Ⓝ188.82

◇慈愛の風―良寛さんの手紙〈100通〉　杉本武之著　新潟　考古堂書店　2016.12　285p　19cm　〈年譜あり〉　1500円　Ⓘ978-4-87499-855-7　Ⓝ188.82

内容 第1部 布施（由之（巣守）宛　橘左門（馬之助）宛 ほか）　第2部 愛語（解良叔問宛　解良孫右衛門宛 ほか）　第3部 利行（三輪権平宛　三輪九郎右衛門宛 ほか）　第4部 同事（桑原祐雪宛　桑原祐順宛 ほか）

◇良寛詩歌集―「どん底目線」で生きる　中野東禅著　NHK出版　2017.4　147p　19cm　(NHK100分de名著ブックス)〈2015年刊の加筆・修正, 新たにブックス特別章「良寛さんの仏教理解」, 読書案内などを収載　文献あり〉　1000円　Ⓘ978-4-14-081715-5　Ⓝ188.82

内容 第1章 ありのままの自己を見つめて（昼行灯と呼ばれた少年 他, まったく気にいっていない ほか）　第2章 清貧に生きる（諸国行脚を終えて越後に帰った良寛　昔の仲間や土地の人々との交流を楽しむ ほか）　第3章 「人」や「自然」と心を通わす（どん底に生きているからこそ, 弱者に共感できる　無邪気な子どもたちに人間の本質を見た良寛 ほか）　第4章 「老い」と「死」に向き合う（老いを愚痴にすることなかれ　老いることは悪いことばかりではない ほか）　ブックス特別章 良寛さんの仏教理解（注を入れたくなる「良寛詩」の魅力　良寛さんの仏教は「悟りから庶民信仰まで」 ほか）

◇良寛遺墨集―その人と書　泉田王堂序, 小島正芳執筆, 関谷徳衛企画・編　京都　淡交社　2017.4　3冊（セット）　30cm　16000円　Ⓘ978-4-473-04175-3　Ⓝ728.215

内容 第1巻（円通寺修行時代懐古　五合庵時代　乙子神社時代）　第2巻（島崎時代　ゆかりの人々）　第3巻（総論・良寛―その生涯と書　釈文・解説）

◇蓮の露―良寛の生涯と芸術　ヤコブ・フィッシャー著, 近藤敬四郎, 若林節子訳　復刻版〔長岡〕　長岡良寛の会　2017.6　253p　20cm　〈初版：教育書籍 1992年刊　文献あり　発売：考古堂書店（新潟）〉　2000円　Ⓘ978-4-87499-854-0　Ⓝ911.152

◇良寛　軽やかな生き方　境野勝悟著　三笠書房　2018.3　221p　15cm　(知的生きかた文庫　さ37-9)〈文献あり〉　630円　Ⓘ978-4-8379-8522-

りょうわ

8 Ⓝ188.82
◇良寛—愛語は愛心よりおこる 持田鋼一郎著 作品社 2018.3 279p 20cm 〈文献あり 年譜あり〉 2000円 Ⓘ978-4-86182-682-5 Ⓝ188.82
[内容] 1 良寛さまをめぐる逸話 2 生い立ちと少年時代 3 出家と修行 4 行脚―行路の難 5 郷里の帰る 6 五合庵の四季 7 良寛をめぐる人々 8 良寛と子供たち 9 良寛の書 10 貞心尼の出現と遷化

◇禅とは何か—それは達磨から始まった 水上勉著 中央公論新社 2018.12 396p 16cm (中公文庫 み10-23)〈新潮社 1988年刊の再刊 文献あり〉 960円 Ⓘ978-4-12-206675-5 Ⓝ188.82
[内容] それは達磨から始まった 臨済禅を築いた祖師たち 反時代者道元希玄の生き方 曹洞大教団の誕生 一休宗純の風狂破戒 三河武士鈴木正三の場合 沢庵宗彭体制内からの視線 雲渓桃水と白隠禅師の自由自在 日本禅の沈滞を破る明国からの波 大愚良寛「無住の住」の生涯 故郷乞食行の胸の内 心ひとつを定めかねつも 民衆が純禅を支える

了輪 隆〔1935〜〕 りょうわ・たかし
◇木漏れ日の人生―秋夏春冬 了輪隆著 札幌 旭図書刊行センター 2016.8 205p 21cm Ⓘ978-4-86111-142-6 Ⓝ289.1

呂妃 りょき
⇒呂后（りょこう）を見よ

呂后〔？〜前180〕 りょこう
◇史記・三国志英雄列伝―戦いでたどる勇者たちの歴史 井波律子著 潮出版社 2015.11 221p 20cm 〈年表あり〉 2000円 Ⓘ978-4-267-02035-3 Ⓝ222.042
[内容] 第1章 群雄割拠の時代―始皇帝・項羽と劉邦（秦の始皇帝 陳勝・呉広の乱 反乱の拡大と秦王朝の滅亡 鴻門の会 劉邦の反撃 ほか） 第2章 激動の時代を生き抜く漢たち―漢の武帝〜三国志の英雄たち（韓信・黥布の粛清、劉邦の死 呂后の専横と陳平・周勃の反撃 武帝の登場 最盛期の武帝 晩年の武帝 ほか）

◇中国史にみる女性群像―悲運と権勢のなかに生きた女性の虚実 田村実造著 清水書院 2017.7 236p 19cm (新・人と歴史拡大版 17)〈1990年刊の再刊 索引あり〉 1800円 Ⓘ978-4-389-44117-3 Ⓝ222.01
[内容] 1 項羽と虞美人（楚・漢の抗争 垓下の戦い） 2 漢の高祖をめぐる二人の女性（呂后と戚夫人との葛藤 政権を手中にした呂后 項羽と劉邦の人物評価） 3 女流文学者班昭とその名家―班家の人びと（女流文学者班昭 班家の世系 班固と『漢書』班超と西域経営） 4 異境に嫁いだ公主たち（烏孫王に嫁いだ細君 匈奴王に嫁いだ王昭君―その実像と虚像 吐蕃（ティベット）王に嫁いだ文成公主―唐とティベット王国との関係を背景に 「蔡文姫、都に帰る」史話） 5 政権を握った女性たち（北魏朝の文明太后 唐朝の則天武后 清朝の西太后）

呂太后 りょたいごう
⇒呂后（りょこう）を見よ

リリーフェルト まり子〔1948〜〕 りりーふぇると・まりこ
◇多文化の街トロントの図書館で38年―日本人司書の記録 リリーフェルトまり子著, 深井耀子, 赤瀬美穂, 田口瑛子企画・編集 神戸 女性図書館職研究会・日本図書館研究会図書館職の記録研究グループ 2018.6 69p 26cm (シリーズ私と図書館 no.8)〈他言語標題：A Japanese librarian's life and work in the multicultural city of Toronto, Canada 文献あり 年譜あり〉 Ⓘ978-4-89467-354-0 Ⓝ010.2515

林 金莖〔1923〜2003〕 りん・きんけい
◇日台関係を繋いだ台湾の人びと 2 浅野和生編著 展転社 2018.12 244p 19cm (日台関係研究会叢書 5)〈文献あり〉 1700円 Ⓘ978-4-88656-470-2 Ⓝ319.22401
[内容] 第1章 戦後の日台関係と林金莖（代理教員から正式の文官へ 高等文官、司法試験、外交官試験に合格 ほか） 第2章 愛国者、林金莖の情熱（『梅と桜』における林金莖 駐日代表としての林金莖 ほか） 第3章 国連職員から駐日代表へ―羅福全の半生と日台関係（生い立ち・幼少期の日本生活と台湾生活 台湾大学で経済学を学ぶ ほか） 第4章 日本留学から台湾民主化の旗手へ―民進党の名付け親、謝長廷の半生（生い立ち、そして打鐵街の記憶 白色テロの思い出 ほか）

林 則徐〔1785〜1850〕 りん・そくじょ
◇魏源と林則徐―清末開明官僚の行политと思想 大谷敏夫著 山川出版社 2015.4 111p 21cm (世界史リブレット人 70)〈文献あり 年譜あり〉 800円 Ⓘ978-4-634-35070-0 Ⓝ289.2
[内容] アヘン戦争期の開明官僚と思想家 1 林則徐・魏源の生きた時代 2 清朝の経世官僚、林則徐 3 経世の思想家、魏源 4 林則徐・魏源が後世に与えた影響

リン, チョーリャン〔1960〜〕 林 昭亮
◇偉大なるヴァイオリニストたち 2 チョン・キョンファから五嶋みどり、ヒラリー・ハーンまで ジャン＝ミシェル・モルク著, 神奈川夏子訳 ヤマハミュージックメディア 2017.4 356,8p 21cm 〈文献あり〉 3400円 Ⓘ978-4-636-92333-9 Ⓝ762.8
[内容] ボリス・ベルキン チョン・キョンファ ピンカス・ズーカーマン オーギュスタン・デュメイ ピエール・アモイヤル ドミトリ・シトコヴェツキー ナイジェル・ケネディ シュロモ・ミンツ ヴィクトリア・ムローヴァ チョーリャン・リン〔ほか〕

林 白水〔1874〜1926〕 りん・はくすい
◇中国名記者列伝―正義を貫き、その文章を歴史に刻み込んだ先人たち 第1巻 柳斌傑, 李東東編, 加藤青延監訳, 渡辺明次訳 日本僑報社 2016.9 221p 21cm 3600円 Ⓘ978-4-86185-224-4 Ⓝ070.16
[内容] 新聞・雑誌の政治評論の開拓者 王韜（おう・とう

1828 - 1897）　『万国公報』の魂　蔡爾康（さい・じこう 1851 - 1921）　西洋の学問を中国に取りこんだ「西学東漸」の先駆　厳復（げん・ふく 1854 - 1921）　民国時代の北京新聞界の元老　朱淇（しゅ・き 1858 - 1931）　傑出した職業ジャーナリスト　汪康年（おう・こうねん 1860 - 1911）　家財を投げ打ち民衆のために新聞発行　彭翼仲（ほう・よくちゅう 1864 - 1921）　公のために「直言」をいとわず　英斂之（えい・れんし 1867 - 1926）　湖南省言論界一の健筆　唐才常（とう・さいじょう 1867 - 1900）　清末民初の新聞政治評論家　章太炎（しょう・たいえん 1869 - 1936）　人民の中の先覚者　陳少白（ちん・しょうはく 1869 - 1934）　民国初期の北京新聞界の「怪傑」劉少少（りゅう・しょうしょう 1870 - 1929）　義俠心に燃えた女性ジャーナリスト　唐群英（とう・ぐんえい 1871 - 1937）　海に身を投じた烈士　楊篤生（よう・とくせい 1872 - 1911）　新聞発行のために私財を投げ打つ　卞小吾（べん・しょうご 1872 - 1908）　新聞を創刊し維新を推進　梁啓超（りょう・けいちょう 1873 - 1929）　マスコミ刷新の牽引者　狄楚青（てき・そせい 1873 - 1941）　口語体新聞の先駆者　林白水（りん・はくすい 1874 - 1926）　革命世論の旗手　陳去病（ちん・きょへい 1874 - 1933）　傑出したマスコミ事業者　汪漢溪（おう・かんけい 1874 - 1924）　革命党の大文豪　陳天華（ちん・てんか 1875 - 1905）

林　彪〔1907～1971〕　りん・ぴょう

◇中国五千年の虚言史—なぜ中国人は嘘をつかずにいられないのか　石平著　徳間書店　2018.7　235p 19cm　1500円　①978-4-19-864657-8　Ⓝ222.01

内容　第1章 中国共産党という史上最大の嘘集団（第1回党大会のことを多く語れない中国　中国共産党の「解放史観」の嘘 ほか）　第2章 なぜ中国人は平気で嘘をつくようになったのか（中国の虚言史の根本にある「易姓革命」　現在の中国まで続く「天命論」の欺瞞 ほか）　第3章 中国では建国も亡国も嘘から始まる（嘘によって国を滅ぼした男　嘘が真実になるほか）　第4章 嘘で国を盗った者たち（自分の子を帝位につけた商人　聖人君子の劉備も嘘で国盗り ほか）　第5章 中国3大嘘つき列伝（王莽—易姓革命を正当化した大偽善者　袁世凱—「裏切り人生」の男の末路 ほか）

臨済義玄〔?～866/867〕　りんざいぎげん

◇『臨済録』を読む　有馬頼底著　講談社　2015.10　244p 18cm　（講談社現代新書 2337）〈文献あり〉　800円　①978-4-06-288337-5　Ⓝ188.84

内容　序章 生い立ちの記　第1章 仏に逢うては仏を殺し　第2章「無事」と「生死」　第3章 見よ！見よ！双の眼で見よ　第4章「肉体」は夢の如し、幻の如し　第5章 対話の妙、臨済と普化　第6章 人惑・退屈・仏法多子無し・旧ömid・衣　第7章 造地獄、臨済の地獄　第8章 "自由"とは―『臨済録』を捨てよ！

【れ】

霊元天皇〔1654～1732〕　れいげんてんのう

◇天皇の歴史　6　江戸時代の天皇　大津透, 河内祥輔, 藤井讓治, 藤田覚編集委員　藤田覚著　講談社　2018.5　361p 15cm　（講談社学術文庫 2486）〈文献あり 年表あり 索引あり〉　1180円　①978-4-06-511640-1　Ⓝ210.1

内容　第1章 江戸時代天皇の成立—後水尾天皇の時代　第2章 江戸時代天皇の確立—霊元天皇の時代　第3章 江戸中期の天皇・朝廷—安定と不満　第4章 江戸時代天皇の諸相　第5章 朝幕関係の転換—光格天皇の時代　第6章 幕末政争と天皇の政治的浮上—孝明天皇の時代

レイザーラモンRG〔1974～〕

◇人生はあるあるである　レイザーラモンRG著　小学館　2016.10　189p 18cm　（小学館よしもと新書 Ⅰれ1-1)　780円　①978-4-09-823504-9　Ⓝ779.14

＊本書は、RGの「あるある格言」を自身の半生を振り返りながら多数掲載。小学4年の熊本から愛媛への転校、学生プロレスでの相方HGや個性的な仲間との出会い、大阪での芸人デビュー、どん底時代、そして家族への想い……。折々の体験から学び、感じたことをあるあるに表現する。東日本大震災の際、著者は不安にかられている人を少しでも勇気づけようと、ツイッターでひたすらあるあるを発信した。最もリツイートされたのが次だ。〈逆境〉あるある……人間を成長させがち」厳しい世の中を生き抜く武器となる"RG流あるある"の磨き方を明らかにする。

レイザーラモンHG〔1975～〕

◇一発屋芸人列伝　山田ルイ53世著　新潮社　2018.4　236p 20cm　1300円　①978-4-10-351921-8　Ⓝ779.14

内容　レイザーラモンHG——発屋を変えた男　コウメ太夫—"出来ない"から面白い　テツandトモ—この違和感なんだろう　ジョイマン—「ここにいるよ」ムーディ勝山と天津・木村—バスジャック事件　波田陽区——発屋故郷へ帰る　ハローケイスケ—不遇の"0・5"発屋　とにかく明るい安村—裸の再スタート　キンタロー。—女一発屋　髭男爵—落ちこぼれのルネッサンス

冷泉 為秀〔?～1372〕　れいぜい・ためひで

◇冷泉為秀研究　鹿野しのぶ著　新典社　2014.9　540p 22cm　（新典社研究叢書 261）〈年譜あり 索引あり〉　16000円　①978-4-7879-4261-6　Ⓝ911.142

内容　序章　冷泉為秀の事蹟　冷泉為秀の和歌　冷泉為秀による次第書の書写　終章

レオナール・フジタ

⇒藤田嗣治（ふじた・つぐはる）を見よ

蓮誓〔1455～1521〕　れんせい

◇本願寺蓮如の研究　下　小泉義博著　京都　法藏館　2018.2　545p 22cm　13000円　①978-4-8318-7508-2　Ⓝ188.72

内容　常楽寺蓮覚充ての蓮如書状　光闡坊蓮誓の生涯と蓮如書状　充所欠失の蓮如書状三点　蓮如による山科本願寺と大坂坊の創建　慶恩坊蓮慶充ての蓮如書状　長沼浄興寺了順・了周の本願寺修学　和田本覚寺充ての蓮如書状　浄教坊充ての蓮如書状　蓮如の生涯とその花押　書状と絵像裏書の様式論

れんにょ

蓮如〔1415～1499〕れんにょ
◇蓮如 一楽真著 大阪 創元社 2014.7 206p 18cm （日本人のこころの言葉）〈文献あり 年譜あり〉 1200円 ①978-4-422-80065-3 Ⓝ188.72
  内容 言葉編（人間を見る目 信心のすすめ 「念仏もうす」人生 世間との関わり） 生涯編
◇うちのお寺は浄土真宗—文庫オリジナル版 わが家の宗教を知る会著 双葉社 2015.2 237p 15cm （双葉文庫 わ08-01）〈文献あり〉 602円 ①978-4-575-71430-2 Ⓝ188.7
  内容 序章 ざっくりわかる浄土真宗Q&A 第1章 仏教の歴史と浄土真宗の誕生 第2章 親鸞・蓮如の生涯と浄土真宗の発展 第3章 キーワードで知る浄土真宗の教え 第4章 浄土真宗のしきたり 第5章 ぜひ訪ねたい浄土真宗のお寺
◇蓮如の生き方に学ぶ—二十一世紀少子高齢社会の処方箋 宇野弘之著 金沢 北國新聞社 2015.7 313p 19cm 〈文献あり〉 1800円 ①978-4-8330-2031-2 Ⓝ188.72
  内容 第1章 現代資本主義の光と影（資本主義社会は現代人をどう変えたか 大切なものを喪失した現代社会） 第2章 現代に蘇る蓮如上人（大乗仏教の根本精神 蓮如上人に学ぶ 蓮如上人に聞く親鸞聖人の教え 転ばぬ先の杖 現代人は今仏教に何を求めているか） 第3章 蓮如上人の生涯（部屋住み時代の蓮如さん 吉崎御坊 山科本願寺 大阪坊舎 石山本願寺） 第4章 蓮如さんの信仰、修行ができぬ者のための念仏の教え 信仰としての仏教）
◇蓮如上人の贈りもの—後世をしるべを智者とす 大谷光見著 春秋社 2016.6 221p 19cm 1200円 ①978-4-393-16613-0 Ⓝ188.72
  内容 第1章 蓮如上人のメッセージ（困難を乗り越える積極的なこころ 人びとを照らす智慧のともしび） 第2章 蓮如上人の生涯（困難を乗り越える積極的なこころ 人びとを照らす智慧のともしび） 第3章 蓮如上人をとりまく人びと
◇蓮如上人の生涯—史料に見る浄土真宗の歴史 上 藤井哲雄著 中山書房仏書林 2016.8 400p 21cm 2000円 ①978-4-89097-108-4 Ⓝ188.72
◇本願寺蓮如の研究 上 小泉義博著 京都 法藏館 2016.10 463p 22cm 11000円 ①978-4-8318-7507-5 Ⓝ188.72
  内容 長沼浄興寺と本願寺 金沢別院所蔵の絵像三点 蓮如の陸奥下向と長沼浄興寺 巧賢充ての蓮如書状 専修寺蓮恵の坂本移動と蓮如 沢福田寺の後継者問題と蓮如 加賀善длı寺所蔵の蓮如書状と白山河大洪水 寛正の法難と蓮如の応仁譲状 蓮如の越前滞在と吉崎坊創建 蓮如の「お叱りの御書」と加賀錯乱 「内方教化御文」の用字について 青野真慶充ての蓮如書状
◇蓮如 金龍静著 オンデマンド版 吉川弘文館 2017.10 207p 19cm （歴史文化ライブラリー 21）〈年譜あり〉 原本：1998年刊（第2刷） 2300円 ①978-4-642-75421-7 Ⓝ188.72
◇本願寺蓮如の研究 下 小泉義博著 京都 法藏館 2018.2 545p 22cm 13000円 ①978-4-8318-7508-2 Ⓝ188.72
  内容 常楽寺蓮覚充ての蓮如書状 光闡坊蓮誓の生涯と蓮如書状 充所欠失の蓮如書状三点 蓮如による山科本願寺と大坂坊の創建 慶恩坊蓮慶充ての蓮如書状 長沼浄興寺了順・了周の本願寺修学 和田本覚寺充ての蓮如書状 浄教坊充ての蓮如書状 蓮如の生涯とその花押 書状と絵像裏書の様式論

【ろ】

盧 千恵〔1936～〕ろ・せんけい
◇私のなかのよき日本 盧千恵著 草思社 2014.12 218p 16cm （草思社文庫 ロ2-1） 700円 ①978-4-7942-2093-6 Ⓝ289.2
  内容 第1章 とってもよい国、日本 第2章 十八歳で日本へ 第3章 夫との出会い、同志との出会い 第4章 祖父と父と母、それぞれの日本 第5章 麗しき島へ帰る 第6章 白金の森に暮らして

郎 世寧〔1688～1766〕ろう・せいねい
◇清王朝の宮廷絵画—郎世寧とその周辺の画家たち 王凱著 岡山 大学教育出版 2016.4 201p 22cm 〈他言語標題：Court painting of the Qing dynasty 文献あり〉 2300円 ①978-4-86429-363-1 Ⓝ722.26
  ＊清王朝の宮廷画家たちが描いた絵画作品には、当時の中国文化を色濃く再現していることをわかりやすく論じる。

老子〔579?～前499?〕ろうし
◇老子 高橋進著 新装版 清水書院 2015.9 204p 19cm （Century Books—人と思想 1）〈文献あり 索引あり〉 1000円 ①978-4-389-42001-7 Ⓝ124.22
  内容 1 老子と『老子』書（概説 漢代の学問 司馬遷父子の思想と生涯 『史記』の老子伝 『史記』老子伝の問題点 老子および『老子』書をどうみるか） 2『老子』書の背景（春秋・戦国時代 百花斉放、百家争鳴） 3 老子の思想（哲学の意義 道について 徳について 聖人の徳 治政—聖王の治 もとに帰る）

老舎〔1899～1966〕ろうしゃ
◇中国学入門—中国古典を学ぶための13章 二松學舍大学文学部中国文学科編 勉誠出版 2015.4 220p 21cm 1600円 ①978-4-585-20033-8 Ⓝ222.01
  内容 古文字学・中国古代文字論—二十一世紀の古文字学 古代歴史書・物語伝承と歴史書—晋文公の放浪譚と史書『国語』古代思想・経書略説—五径を中心にして 中国文学論・中国文学という方法—両漢・六朝から唐代までの文学意識と詩文 宋明思想・宋代士大夫の思想とその展開—宋学と明学 古典小説・「三国志」を文学する—『三国志』から『三国志演義』へ 二十世紀文学・文豪老舎—その生涯と作品 中国書道紀行・禹域遊行で書を学ぶ—作品の生まれた場所で大地の鼓動を感じる 中国書道・偉人、王羲之と陶淵明を書く！ 日本書道・日本書道史が蓄えた書美—中国書法の摂取と創造の熱意 日本漢学・日本漢学略史—日本における中国学術文化の "学び" 書誌学・漢籍書誌学のすすめ—古本整理案内記 古代文学・銘文から『詩経』へ

◇中国学入門―中国古典を学ぶための13章　二松學舍大学文学部中国文学科編　改訂新版　勉誠出版　2017.4　216p　21cm　1600円　Ⓘ978-4-585-20056-7　Ⓝ222.01

内容　古文字学・中国古代文字論―二十一世紀の古文字学　古代歴史書・物語伝承と歴史書―晋文公の放浪譚と史書『国語』古代思想・経書略説―五経を中心にして　中国文学論・中国文学という方法―両漢・六朝から唐代までの文学意識と詩文　宋明思想・宋代士大夫の思想とその展開―宋学と明学　古典小説・『三国志』を文学する―『三国志』から『三国志演義』へ　二十世紀文学・文豪老舎―その生涯と作品　中国語学・中国語教育・現代中国語文法研究と中国語教育　中国書道・偉人、王羲之と陶淵明を書く！　日本書道・日本書道史が蓄えた書美―中国書法の摂取と創造の熱意　日本漢学・日本漢学略史―日本における中国学術文化の"学び"　書誌学・漢籍書誌学のすすめ―古本整理案内記　古代文学・銘文から『詩経』へ

六田 登〔1952～〕ろくだ・のぼる

◇枠を超えて―ものぐさ漫画家生活　六田登著　産業能率大学出版部　2018.8　183p　19cm　〈他言語標題：BEYOND THE FORMULA〉　1300円　Ⓘ978-4-382-05762-3　Ⓝ726.101

内容　第1章　蟲　第2章　路上　第3章　デビュー作の頃　第4章　勝手という魔物　第5章　群なす馬たち　第6章　連続殺人者との出会い　第7章　蝶の道　第8章　遠景

ろくでなし子〔1972～〕ろくでなしこ

◇私の体がワイセツ?!―女のそこだけなぜタブー　ろくでなし子著　筑摩書房　2015.5　190p　19cm　〈年譜あり〉　1400円　Ⓘ978-4-480-81524-8　Ⓝ326.22

内容　第1部　事件のチン相（真相）（"犯罪者"になったわたし　留置場ってどんなところ？　ふたたびシャバへ）　第2部　わたしのマン生（半生）（なぜ今「まんこ」なのか　まんこは誰のものですか？）

六如　ろくにょ
⇒六如（りくにょ）を見よ

魯迅〔1881～1936〕ろじん

◇孔子と魯迅―中国の偉大な「教育者」　片山智行著　筑摩書房　2015.6　414p　19cm　〈筑摩選書 0114〉〈年表あり〉　1900円　Ⓘ978-4-480-01620-1　Ⓝ124.12

内容　1　孔子の原像―人間性の確立（春秋時代の孔子　孔子の就職願望　実力発揮と「正名」論　孔子と周王朝 ほか）　2　魯迅の偉業―国民性の改革（周家の没落　少年魯迅の目覚め　民族主義の嵐―日本留学時代（一）　魯迅精神の原点―日本留学時代（二） ほか）

◇二十世紀と格闘した先人たち―一九〇〇年アジアの興隆　寺島実郎著　新潮社　2015.9　390p　16cm　〈新潮文庫　て-10-2〉〈『二十世紀から何を学ぶか 下　一九〇〇年への旅　アメリカの世紀、アジアの自尊』（2007年刊）の改題、加筆・修正〉　630円　Ⓘ978-4-10-126142-3　Ⓝ280.4

内容　第1章　アメリカの世紀がアジア太平洋にもたらしたもの（太平洋の転換点となった米西戦争での米国の勝利　明治の青年に夢を与えたクラーク博士の実像と足跡　ヘンリー・ルース、「アメリカの世紀」を推進した男　フランクリン・ルーズベルトの対日観の歴史的変遷　敗戦後の日本を「支配」した「極端な人」マッカーサー　付マッカーサー再考への誘い―呪縛とトラウマからの脱却）　第2章　国際社会と格闘した日本人（「太平洋の橋」になろうとした憂国の国際人、新渡戸稲造　キリストに生きた武士、内村鑑三の高尚なる生涯　禅の精神を世界に発信した、鈴木大拙という存在　六歳の津田梅子を留学させた明治という時代　「亡命学者」野口英世の生と死　高峰譲吉の栄光とその悲しみ　日本近代史を予言した男、朝河貫一の苦闘と日米関係　近代石炭産業の功労者、松本健次郎と日本の二十世紀　情報戦争の敗北者だった大鳥浩駐独大使）　第3章　アジアの自尊を追い追いかけた男たち（アジアの再興を図ろうとした岡倉天心の夢　「偉大な魂」ガンディーの重い問い掛け　インドが見つめている―チャンドラ・ボースとパル判事　革命家・孫文が日本に問いかけたもの　魯迅が否定した馬々虎々　不倒翁・周恩来の見た日本）　第4章　二十世紀再考・付言しておくべきことと総括（一九〇〇年エルサレム―アラブ・イスラエル紛争に埋め込まれたもの　一九〇〇年香港―英国のアジア戦略　総括―結局、日本にとって二十世紀とは何だったか）

◇魯迅―中国の近代化を問い続けた文学者　作家・思想家　筑摩書房編集部著　筑摩書房　2015.11　172p　19cm　（ちくま評伝シリーズ〈ポルトレ〉）〈文献あり　年譜あり〉　1200円　Ⓘ978-4-480-76632-8　Ⓝ920.278

内容　第1章　幻灯事件　第2章　没落読書人の子　第3章　日本留学　第4章　革命、そして沈黙　第5章　『狂人日記』第6章　民族魂　巻末エッセイ「日本でこそ、魯迅は読まれなければならない」佐高信

◇現在に生きる魯迅像―ジェンダー・権力・民衆の時代に向けて　湯山トミ子著　東方書店　2016.3　447p　21cm　〈他言語標題：LU-XUN FOR THE FUTURE　文献あり　年譜あり　索引あり〉　4000円　Ⓘ978-4-497-21605-2　Ⓝ920.278

内容　魯迅における弱者観―二つの形成基盤　前期魯迅―「人」なき中国に「人」を求めて　転換期の思想形成（南下前史　「性の復権」と「生の定立」）　社会権力との闘い―奪権なき革命と文学者魯迅の使命　民衆の時代―弱者の力と支配的権力との闘い　魯迅の祖父周福清（魯迅の祖父周福清科試論―事跡とその人物像をめぐって・増補版）　魯迅と毛沢東―求められたのは「生命か奪権か？」

◇魯迅　小山三郎著，林田愼之助監修　清水書院　2018.3　243p　19cm　（Century Books―人と思想 195）〈文献あり　年譜あり　索引あり〉　1200円　Ⓘ978-4-389-42195-3　Ⓝ920.278

内容　第1章　魯迅―作家までの道のり（医学生周樹人から作家魯迅の描いた作品世界―『吶喊』から『彷徨』まで）　第2章　日本のなかの魯迅―映し出された作家人生（魯迅日記とは　中華民国教育部に奉職した魯迅 ほか）　第3章　現実に向き合う古典文学者魯迅（古典文学者としての魯迅　魯迅が語った魏晋時代の文人像 ほか）　第4章　語られ始めた魯迅、語り継がれてきた魯迅（語られ始めた魯迅　語

ロッキー青木〔1938〜2008〕ろっきーあおき
◇外食産業創業者列伝　牛田泰正著　弘前路上社　2018.5　130p　21cm　〈他言語標題：Biographies of restaurant founders〉　1000円　ⓘ978-4-89993-079-2　Ⓝ673.97

内容　第1章　メインディッシュ（創業者編）（グリーンハウス・田沼文蔵―人に喜ばれてこそ会社は発展する／感謝貢献　ダスキン・鈴木清一―われ損の道をゆく／あんた、やってみなはれ　ケンタッキーフライドチキン・大河原毅―ピープルズ・ビジネス／死線を超えた救出　すかいらーく・横川端―外食王の夢／今以上を夢見て進む　ベニハナ・オブ・トーキョウ・ロッキー青木―リングはアメリカ／ノウハウよりノウフー　ほか）　第2章　アラカルト（青森編）（芝田商店―赤字経営から脱出！／メニューエンジニアリング　一幸食堂―利は元にあり／原価率35％の王道を行く　戸田うちわ餅店―素材のおいしさで勝負／じょっぱりを売る戸田のお餅　長谷川牧場―長谷川式こだわりの自然牧場／養豚に労力惜しまず　成田専蔵珈琲店―藩士の珈琲が香る街／一杯のコーヒーで心豊かに　ほか）

【わ】

若泉　敬〔1930〜1996〕わかいずみ・けい
◇返還交渉―沖縄・北方領土の「光と影」　東郷和彦著　PHP研究所　2017.3　266p　18cm　（PHP新書 1090）　820円　ⓘ978-4-569-83226-5　Ⓝ319.1053

内容　序章　沖縄返還交渉と北方領土交渉　第1章　二元外交のはじまり―六七年佐藤・ジョンソン共同声明　第2章　沖縄の核抜き返還―六九年佐藤・ニクソン共同声明　第3章　二元外交の外交的評価　第4章　若泉と東郷の思想　第5章　ソ連時代の北方領土交渉　第6章　ロシアとの北方領土交渉　終章　正念場の北方領土交渉

わかいだ ひさし〔1930〜〕
◇映像遍歴―映画・テレビ・写真・CMなどの映像創りを職業にしたい人たちへ　若井田久著　中央公論事業出版（発売）　2014.10　205p　20cm　2000円　ⓘ978-4-89514-430-8　Ⓝ778

内容　第1章　映像遍歴（あなた（読者）は学生？それとも社会人？　動的映像（映画）の芸術性とは？　静的映像（写真）の芸術性とは？　ぼく自身（筆者）について　大映特殊撮影所で体験したいくつかのこと　ほか）　第2章　映像の技法（無声映画時代　無声映画時代の監督　音声　コンティニュイティ不要？　脚本、台本、シノプシスについて　シナリオ（台本）前のシノプシス（梗概）　ほか）

若尾　文子〔1933〜〕わかお・あやこ
◇若尾文子―"宿命の女"なればこそ　若尾文子述、立花珠樹著　ワイズ出版　2015.6　253p　22cm　〈作品目録あり　年譜あり〉　2750円　ⓘ978-4-89830-291-0　Ⓝ778.21

内容　映画女優に向かって　第1章　女優・修業時代―溝口健二監督と小津安二郎監督　第2章　大映映画の女優として―市川崑監督と吉村公三郎監督　第3章　川島雄三監督との出会い　第4章　増村保造監督との格闘とその後　最終章　映画女優から舞台女優へ　若尾文子・フィルモグラフィー

若尾　逸平〔1820〜1913〕わかお・いっぺい
◇横浜を創った人々　冨川洋著　講談社エディトリアル　2016.9　278p　19cm　1700円　ⓘ978-4-907514-59-4　Ⓝ281.37

内容　第1章　吉田勘兵衛と新田開発　第2章　井伊直弼と横浜開港　第3章　中居屋重兵衛の光と影　第4章　甲州屋、若尾逸平と甲州財閥　第5章　原善三郎と茂木惣兵衛　第6章　実業家原富太郎と文化人三溪　第7章　大谷嘉兵衛とティーロード　第8章　ヘボン博士と横浜開化

若槻　菊枝〔1916〜2010〕わかつき・きくえ
◇若槻菊枝女の一生―新潟、新宿ノアノアから水俣へ　奥田みのり著　〔熊本〕：熊本日日新聞社　2017.7　325p　21cm　〈年譜あり　文献あり　発売：熊日出版（熊本）〉　1500円　ⓘ978-4-87755-558-0　Ⓝ289.1

内容　プロローグ　新宿の夜―一九七〇年代　第1章　新潟　出生〜上京　第2章　東京　新宿に店を持つ　第3章　転機　熱狂と覚醒　第4章　水俣　人間を信じている人たち　第5章　探訪　木崎争議　第6章　隠居　東村山暮らし　第7章　晩年　続く水俣への思い　第8章　おるげ・のあ

若月　俊一〔1910〜2006〕わかつき・としかず
◇ひとびとの精神史　第1巻　敗戦と占領―1940年代　栗原彬,吉見俊哉編　岩波書店　2015.7　333p　19cm　2300円　ⓘ978-4-00-028801-9　Ⓝ281.04

内容　1　生と死のはざまで（大田昌秀―原点としての沖縄戦　大田洋子―原爆と言葉　水木しげる―ある帰還兵士の経験　黄容柱と朴鐘鴻―近代の成就と超克）　2　それぞれの敗戦と占領（茨木のり子―女性にとっての敗戦と占領　黒澤明―アメリカとの出会いあそこない　花森安治―その時、何を着ていたか？　堀越二郎―軍事技術から戦後のイノベーションへ）　3　改革と民主主義（中野重治―反復する過去　若月俊一―地域医療に賭けられたもの　西條キク―大空から大地へ　北村サヨ―踊る宗教が拓く共生の風景）

若槻　礼次郎〔1866〜1949〕わかつき・れいじろう
◇昭和史講義　3　リーダーを通して見る戦争への道　筒井清忠編　筑摩書房　2017.7　302p　18cm　（ちくま新書 1266）　900円　ⓘ978-4-480-06977-1　Ⓝ210.7

内容　加藤高明―二大政党政治の扉　若槻礼次郎―世論を説得しようとした政治家の悲劇　田中義一―政党内閣期の軍人宰相　幣原喜重郎―戦前期日本の国際協調外交の象徴　浜口雄幸―調整型指導者と立憲民政党　犬養毅―野党指導者の奇遇　岡田啓介―「国を思う狸」の功罪　広田弘毅―「協和外交」の破綻から日中戦争へ　宇垣一成―「大正デモクラシー」が生んだ軍人　近衛文麿―アメリカという「幻」に賭けた政治家　米内光政―天皇の絶対的信頼を得た海軍軍人　松岡洋右―ポピュリストの誤算　東条英機―ヴィジョンなき戦争指導者　鈴木貫太郎―選択としての「聖断」　重光葵―対中外交の可能性と

その限界

若の里 わかのさと
⇒西岩忍(にしいわ・しのぶ)を見よ

若林 覚〔1949～〕 わかばやし・さとる
◇私の美術漫歩―広告からアートへ、民から官へ 若林覚著 生活の友社 2018.8 287p 21cm 2500円 ①978-4-908429-18-7 Ⓝ289.1
　内容 幼きころから大学時代まで 就活(サントリー) サントリー宣伝部 佐渡島でみたCM 宣伝部時代の主な仕事(サントリー世界マッチプレイ選手権、北京国際マラソン、サントリーホール誕生) 音楽イベントあれこれ スポーツイベントこぼれ話 テレビ番組をつくった クリエイティヴ(コマーシャル・グラフィック広告)をつくった CM不正事件 日本宣伝賞 サン・アドへ サントリー美術館(最初は何もなかった) サントリーから練馬へ(学芸員資格取得) 美術館経営(マネジメント、マーケティング、アドバタイジングの視点で) キャッチフレーズ、ロゴ・マークを作る あらためて練馬区立美術館とは(東京で駅に一番近い?) 練馬区の5つの文化政策のロゴ・マーク(トーン＆マナーをあわせる) 美術館の展覧会事業 私の美術漫歩 美術の森緑地「幻想美術動物園」の開設

若林 静子〔1933～〕 わかばやし・しずこ
◇与えられたこの道を―聴力障害者として私が生きた日々 若林静子著 備前 若林静子 2016.2 251p 19cm (発売：吉備人出版(岡山)) 2000円 ①978-4-86069-464-7 Ⓝ289.1

若原 太八〔1923～1945〕 わかはら・たはち
◇太八の青春と死―戦時下の昭和史断章 若原憲和著 丸善プラネット 2015.4 224p 19cm 〈文献あり 年譜あり 発売：丸善出版〉 1400円 ①978-4-86345-239-8 Ⓝ289.1
◇太八の青春と死―戦時下の昭和史断章 若原憲和著 宇治 宇治市文化自治振興会 2015.11 96,8p 30cm 〈第25回紫式部市民文化賞受賞作品 年譜あり 文献あり〉 Ⓝ289.1

若松 英輔〔1968～〕 わかまつ・えいすけ
◇緋の舟―往復書簡 志村ふくみ,若松英輔著 求龍堂 2016.10 279p 20cm 〈文献あり〉 2800円 ①978-4-7630-1628-7 Ⓝ914.6
　＊いかに手紙で伝えるか。染織作家と批評家の魂の交感。

若松 孝二〔1936～2012〕 わかまつ・こうじ
◇残されたもの、伝えられたこと―60年代に蜂起した文革者烈伝 矢崎泰久著 街から舎 2014.6 268p 19cm 1620円 ①978-4-939139-19-2 Ⓝ281.04
　内容 脱原発の市民科学者―高木仁三郎 反戦軍事評論家としての矜持―小山内宏 J・J氏の華麗な反革命―植草甚一 革命思想家の孤高な生涯―羽仁五郎 革命・反革命の夢幻―竹中労 市民哲学者が残した足跡―久野収 公害に取り組んだ科学者―宇井純 文学と運動の狭間に生きた巨人―井家上隆幸 輝けるSF作家の青春―小松左京 ポップ・ミュージックの開拓者―中村とうよう 多国籍人間の見果てぬ夢

―邱永漢 「わた史」を生涯かけて編む―小沢昭一 エロスこそ反権力の証し―若松孝二 何もなくて何もない宣言―なだいなだ ノーベル物理学賞に最も近かった活動家―水戸巌
◇若松孝二と赤軍レッド・アーミー 原渕勝仁著 世界書院 2016.7 239p 18cm （情況新書 011） 1200円 ①978-4-7927-9570-2 Ⓝ778.21
　内容 岡本公三との出会い(ベイルート) 若松孝二監督と北朝鮮へ(平壌) よど号犯最後の子ども帰国(北京) 泉水博を岐阜刑務所に訪ねて 日本赤軍と東アジア反日武装戦線 浴田由紀子を栃木刑務所に訪ねて 西川純・丸岡修・城崎勉は、いま よど号事件から40年(平壌) 若松孝二監督とレバノンへ(ベイルート) 重信房子の最高裁判決 「あさま山荘」から40年 よど号「ヨーロッパ拉致」疑惑
◇伝説の映画監督 若松孝二秘話―ピンク映画の巨匠、一般映画の鬼才 弥山政之著 彩流社 2018.6 214p 19cm (えろこれ) 〈文献あり〉 2500円 ①978-4-7791-2494-5 Ⓝ778.21
　内容 第1章 昭和三十二年のはじまり 第2章 それぞれの道 第3章 若松プロから都落ち

若松 兎三郎〔1869～1953〕 わかまつ・とさぶろう
◇明治期外交官・若松兎三郎の生涯―日韓をつなぐ「白い華」綿と塩 永野慎一郎著 明石書店 2017.10 254p 20cm 〈文献あり 年譜あり〉 3000円 ①978-4-7503-4578-9 Ⓝ289.1
　内容 日韓の架け橋となった明治期外交官・若松兎三郎 大分県玖珠郡森村の少年時代 同志社で形成した人生観と世界観 最高学府東京帝国大学で知識を涵養 外交官として国際舞台で羽ばたく 朝鮮陸地綿の元祖、若松兎三郎 天日製塩の提唱者、若松兎三郎 若松兎三郎の日露戦争と東郷平八郎との縁 外交官人生で直面した危機 統監府及び総督府官僚時代〔ほか〕

若山 牧水〔1885～1928〕 わかやま・ぼくすい
◇若山牧水への旅―ふるさとの鐘 前山光則著 福岡 弦書房 2014.9 240p 19cm 〈年譜あり〉 1800円 ①978-4-86329-105-8 Ⓝ911.162
　内容 第1章 牧水と風土 第2章 若山家物語 第3章 男子誕生 第4章 牧水の原風景 第5章 ワンダーランド坪谷 第6章 ふるさとの年中行事 第7章 延岡時代 第8章 水源への「あくがれ」 第9章 牧水への旅
◇若山牧水―繁が牧水になったまち延岡 国民的歌人・生誕百三十年 延岡東ロータリークラブ創立五十周年記念実行委員会企画編集 宮崎 鉱脈社 2015.8 91p 26cm 〈延岡東ロータリークラブ創立五十周年記念 年譜あり〉 1500円 ①978-4-86061-593-2 Ⓝ911.162
◇牧水の恋 俵万智著 文藝春秋 2018.8 290p 20cm 〈文献あり〉 1700円 ①978-4-16-390888-5 Ⓝ911.162
　内容 幾山河越えさり行かば 白鳥は哀しからずや いざ唇を君 牧水と私 疑ひの蛇 わが妻はつひにうるはし 十日ありえず 死はあなたに恋したい 酒飲まば女いだかず 眼のなき魚〔ほか〕
◇ザ・ワンダラー 濡草鞋者 牧水 正津勉著

アーツアンドクラフツ　2018.9　196p　19cm　〈他言語標題：The Wanderer Bokusui　文献あり　年譜あり〉　1800円　①978-4-908028-31-1　Ⓝ911.162

内容　第1章 渓の児　第2章 海の女　第3章 飲んだら死ぬ　飲まずとも死ぬ　第4章 山の懐の深く　第5章 みなかみ紀行　第6章 旅の終わり

和氣 光伸〔1974～〕　わき・みつのぶ

◇「吊し伐り」から学んだ気づきの人生　和氣光伸著　セルバ出版　2018.6　167p　19cm　〈発売：創英社／三省堂書店〉　1500円　①978-4-86367-425-7　Ⓝ657.1

内容　第1話 師匠との出合い　第2話 修業のスタート　第3話 二足の草鞋　第4話 変わる業界　第5話 巣立ち　第6話 実戦と練習　第7話 最後の学び

脇田 巧彦〔1939～〕　わきた・よしひこ

◇特ダネ人脈記者50年―薩摩のイモでもおいどんはドジ記者だけでなかっただ！　脇田巧彦著　さいたま　埼玉新聞社　2016.6　711p　19cm　2000円　①978-4-87889-450-3　Ⓝ289.1

内容　巻頭グラビア―ボクの50年を彩った人々　我が青春の裕次郎　ボクの人生の師、最後のカツドウ屋岡田茂東映会長の「わが映画人生」　もうひとりの師―渡辺淳一先生との30年　ボクの国際親善―日本アイスランド協会25年の歩み　ボクの小史―兎追いしかの山　学び舎での想い出　スポニチグループでの40年　視野が開けた海外取材―首狩り族から、ホワイトハウスまで　想い出交友録　ボクの趣味は―テッポーと新聞作り　テレビ出演のこと―テレビ出演記者のはしりだった　俳優さんから―ボクへのメッセージ　ロングインタビュー―健さん作品20本、名匠・降旗康男監督が全てを語った　埼玉での10年は―わが人生の完結編

脇屋 義明〔1827～1892〕　わきや・よしあき

◇脇屋義明と帰順正氣隊　関倫明著　〔出版地不明〕　〔関倫明〕　2018.2　116p　26cm　〈文献あり　年譜あり〉　Ⓝ289.1

渡久地 恵美子〔1922～〕　わくち・えみこ

◇おばあちゃんはファッションモデル　森千波、渡久地恵美子著　飛鳥新社　2016.11　111p　19cm　1111円　①978-4-86410-523-1　Ⓝ289.1

内容　今がいちばん幸せ　いつまでも元気でいるために人生は楽しむもの　孫・千波から見た恵美子おばあちゃん　千波とさを織　ふたりのはなしと「恵美子おばあちゃん」の生い立ち

わぐり たかし〔1961～〕

◇変な校長―未来を変える勇気の呪文「ゼロ・プラス・ワン」　わぐりたかし著　セブン＆アイ出版　2016.6　239p　19cm　1400円　①978-4-86008-693-0　Ⓝ374

内容　第1章 変わる勇気（校長初日に「校長失格」の烙印を押されて　校長式辞「魔法の呪文☆ゼロ・プラス・ワン」にダメ出し事件　ほか）　第2章 常識を疑え（ホリエモン大騒動　学校なんていらない？　たけし・爆笑問題もびっくり！「先生のいない学校」　ほか）　第3章 すべて正解（"LINE"元CEO森川亮さんのワクワクする未来のつくりかた！　世界初、定期テストの点数がマイレージに？　旅を旅する校長の「ゼロになる旅」のススメ　ほか）　第4章 ゼロの原点（野球（学校）が変われば、日本が変わる！　僕のカラダは「10円玉」でできている　ほか）

和気 清麻呂〔733～799〕　わけ・きよまろ

◇和気清麻呂にみる誠忠のこころ―古代より平成に至る景仰史　若井勲夫著　京都　ミネルヴァ書房　2017.10　464p　22cm　〈年表あり　索引あり〉　8000円　①978-4-623-07915-5　Ⓝ289.1

内容　和気姉弟の略伝　第1部 古代・中世（和気公の受容から評価への動き　八幡宮の縁起書）　第2部 近世（和気公への関心の萌芽　水戸藩による『大日本史』編纂―評価の確定　ほか）　第3部 近代（明治天皇の御崇敬―護王神社の確立　明治時代における景仰―国民思想の中核　ほか）　第4部 現代（昭和時代後期の景仰―戦後思想の転変を克服　平成時代の景仰―一貫する道を求めて）　附篇（和気公ゆかりの神社・史蹟・記念碑　和気公と無関係な神社・寺院など ほか）

分林 保弘〔1943～〕　わけばやし・やすひろ

◇日本M&Aセンター創業者　分林保弘の「仕組み経営」で勝つ！　村田博文著　財界研究所　2015.11　231p　20cm　1500円　①978-4-87932-111-4　Ⓝ335.46

内容　第1章 M&Aとは何か？（事業承継の手法は4つ。最良の方法は？　スイスへの視察旅行 ほか）　第2章 日本M&Aセンターとはどんな会社か？（23年間連続黒字決算　中堅・中小企業によるM&Aのセンター機能を担う ほか）　第3章 起業の原点（生い立ち　滋賀県への疎開 ほか）　第4章 経営の「仕組み」をつくる（起業の原点は「経営システム」　親族が後を継ぐ難しさ ほか）　第5章 第2創業へ（1部上場後、会長に就任　日本ビジネス協会の再建と発展 ほか）

鷲谷 日賢　わしたに・にっけん

◇新・日本神人伝―近代日本を動かした霊の巨人たちと霊界革命の軌跡　不二龍彦著　太玄社　2017.4　391p　21cm　〈『日本神人伝』（学研2001年刊）の改題、増補改訂　文献あり　年表あり　索引あり〉　発売：ナチュラルスピリット　2600円　①978-4-906724-32-1　Ⓝ147.8

内容　第1章 仙嶽寅吉　第2章 宮地常磐・水位・厳夫　第3章 国安仙人　第4章 黒住宗忠　第5章 金光大神　第6章 長南年恵　第7章 高島嘉右衛門　第8章 鷲谷日賢　第9章 友清歓真　第10章 出口王仁三郎　人物小伝

和嶋 慎治〔1965～〕　わじま・しんじ

◇屈折くん　和嶋慎治著　SHINKO MUSIC ENTERTAINMENT　2017.3　239p　19cm　〈年譜あり〉　1500円　①978-4-401-64388-2　Ⓝ767.8

内容　第1章 弘前編（幼少時代　小学校時代　中学校時代　高校時代　精神の変容）　第2章 大学編（浪人時代　大学時代　デビュー前夜）　第3章 暗黒編（バンドデビュー　試練の始まり　結婚時代　生と死　曙光）　第4章 現在から未来へ（再生）　特別対談1 シソンヌじろう　特別対談2 みうらじゅん

輪島　聞声尼〔1852～1920〕　わじま・もんじょうに
◇輪島聞声尼―随想　淑徳高等学校創立者　米村美奈著　淑徳中学・高等学校　2017.11　146p　19cm　1000円　Ⓝ188.62

和田　勇〔1941～〕　わだ・いさみ
◇住まいから社会を変える　和田勇著　日本経済新聞出版社　2015.1　251p　20cm　（私の履歴書）〈年譜あり〉　1600円　①978-4-532-31979-3
[内容]第1部　私の履歴書（配属初日「君は誰だ」　憂鬱な1週間　初めての成約　ほか）　第2部　住環境は社会課題の中心にある（良質な住宅は社会のストック　次代を拓くカギ　未来に向かって）　第3部　明日の未来へ（今、住宅は、さまざまな社会課題の中心にある　未来を見据えて、あらゆる「環境」と真正面から向き合う　「パッション」をキーワードに、世界の舞台で成長する）

和田　イミ子〔1920～〕　わだ・いみこ
◇イミ子―その晩夏まで　合本版　和田イミ子著, 和田忠雄編著　〔札幌〕　旭図書刊行センター　2015.9　118p　26cm　①978-4-86111-136-5　Ⓝ289.1
[内容]イミ子・その春　イミ子―その晩夏まで

和田　京平〔1954～〕　わだ・きょうへい
◇プロレスという生き方―平成のリングの主役たち　三田佐代子著　中央公論新社　2016.5　253p　18cm（中公新書ラクレ　554）〈文献あり〉　840円　①978-4-12-150554-5　Ⓝ788.2
[内容]第1部　メジャーの矜持・インディーの誇り（中邑真輔―美しきアーティストが花開くまで　飯伏幸太―身体ひとつで駆け上がった星　高木三四郎―「大社長」がすごい理由　登坂栄児―プロレス界で一番の裏方　丸藤正道―運命を受け入れる天才）　第2部　女子プロレスラーという生き方（里村明衣子―孤高の横綱はなぜ仙台に行ったのか？　さくらえみ―突拍子もない革命家）　第3部　プロレスを支える人たち（和田京平―プロレスの本質を体現する番人　橋本和樹に聞く若手のお仕事　棚橋弘至―プロレスをもっと盛り上げるために）

和田　時男〔1921～〕　わだ・ときお
◇挑戦と、生きていく―九五歳の語り書き　和田時男著, 加藤憲一監修　八千代　窓映社　2016.5　226p　22cm　〈年譜あり〉　①978-4-916136-73-2　Ⓝ289.1
◇挑戦と、生きていく―九五歳の語り書き　和田時男著, 加藤憲一監修　船橋　窓映舎　2018.7　226p　22cm　〈年譜あり　2016年刊の加筆修正〉　①978-4-9909565-1-6　Ⓝ289.1

和田　博雄〔1903～1967〕　わだ・ひろお
◇戦後政治家論―吉田・石橋から岸・池田まで　阿部眞之助著　文藝春秋　2016.4　439p　16cm　（文春学藝ライブラリー―雑英　25）〈『現代政治家論』（文藝春秋新社　1954年）の改題、再刊〉　1400円　①978-4-16-813061-8　Ⓝ312.6
[内容]岸信介論　重光葵論　池田勇人論　木村篤太郎論　和田博雄論　三木武吉論　西尾末廣論　吉田茂論　石橋湛山論　徳田球一論　緒方竹虎論　大野伴睦論　芦田均論　鳩山一郎論　鈴木茂三郎論

和田　美奈子〔1931～〕　わだ・みなこ
◇時満ちて雛生るるごとくに―創造的な教育をめざして生きた女教師の記録　和田美奈子著　名古屋　黎明書房　2017.7　351p　22cm　2400円　①978-4-654-01942-7　Ⓝ289.1
[内容]第1部　日記（命満ちる時―子を産むこと　勤めること　妻であること）　第2部　実録（高校生の架けた虹の橋―留学生テッドと歩んだ国語の授業）　第3部　創作（小説　おすぎ　現代詩　蟹　現代詩　雨昧　短歌　月の琴　随想　私の「生」の原点―戦火の下で（中学時代））　第4部　授業研究（「国語表現」の実践的研究―創作かるた桂百人一首　防人の心）

和田　洋一〔1903～1993〕　わだ・よういち
◇灰色のユーモア―私の昭和史　和田洋一著　京都　人文書院　2018.2　301p　20cm　2500円　①978-4-409-52069-7　Ⓝ309.021
[内容]1　灰色のユーモア（とうとうやってきた　留置場というところ　治安維持法違反？　ほか）　2　私の昭和史（昭和初期の政治風景―山本宣治と水谷長三郎　『世界文化』とトーマス・マン　太平洋戦争下の抵抗―明石順三の『灯台社』を中心に　ほか）　3　スケッチ風の自叙伝（父と子　私にとってのキリスト教　入学・落第・特別と第　ほか）

和田　義盛〔1147～1213〕　わだ・よしもり
◇中世の人物　京・鎌倉の時代編　第2巻　治承～文治の内乱と鎌倉幕府の成立　野口実編　大阪　清文堂出版　2014.6　426p　22cm　〈文献あり〉　4500円　①978-4-7924-0995-1　Ⓝ281
[内容]源頼政と以仁王（生駒孝臣著）　中斐源氏（西川広平著）　木曾義仲（長村祥知著）　源義経と範頼（宮田敬三著）　平宗盛（田中大喜著）　平氏の新旧家人たち（西村隆著）　藤原秀衡（三好俊文著）　源頼朝（元木泰雄著）　大庭景親（森幸夫著）　城助永と助職（長茂）（高橋一樹著）　千葉常胤（野口実著）　和田義盛と梶原景時（滑川敦子著）　北条時政と牧の方（落合義明著）　源頼家（藤本頼人著）　八条院（高松百香著）　藤原兼実（高橋秀樹著）　源通親（佐伯智広著）　法然と貞慶・明恵（平雅行著）　重源（久野修義著）　栄西（中尾良信著）

渡辺　明〔1984～〕　わたなべ・あきら
◇羽生と渡辺―新・対局日誌傑作選　河口俊彦著　マイナビ　2015.3　238p　19cm　（マイナビ将棋BOOKS）　1540円　①978-4-8399-5473-4　Ⓝ796
[内容]第1章　羽生善治、七冠達成まで（新・対局日誌　第1回　羽生を追う若手達　内なる積み重ね　張り合う才能　孤高の人　ほか）　第2章　七冠達成から渡辺明デビューまで（波乱のない最終局　しこりがほぐれる時　青春の輝き　江戸時代の天才たち　今後を占う一戦　ほか）

◇中学生棋士　谷川浩司著　KADOKAWA　2017.9　217p　18cm　（角川新書　K-162）〈文献あり〉　800円　①978-4-04-082174-0　Ⓝ796
[内容]第1章　最年少の新星・藤井聡太（藤井四段の自宅を訪ねる　盤に覆いかぶさった少年　ほか）　第2

章 藤井将棋の強さと凄み（強さの源となった詰将棋 デビュー後の幸運 ほか）　第3章 将棋の才能とは何か（テッド・ウィリアムズの伝説 周囲の人々の奇跡的な連携 ほか）　第4章 自分が中学生棋士だったころ（史上二人目の中学生棋士・谷川浩司 住職だった父の教え ほか）　第5章 中学生棋士たちの群像—羽生善治、渡辺明、加藤一二三（史上三人目の中学生棋士・羽生善治 局面を複雑にする羽生将棋 ほか）

渡邊 格〔1916〜2007〕　わたなべ・いたる
◇人生の転機　桜の花出版編集部著　新装版　桜の花出版　2014.10　278p　18cm　〈表紙のタイトル：The Turningpoint　初版の出版者：維摩書房　発売：星雲社〉　890円　ⓅⒾ978-4-434-19776-5　Ⓝ281.04
内容 第1章 三枝成彰氏（作曲家）　第2章 エズラ・ヴォーゲル氏（ハーバード大学教授）　第3章 牛尾治朗氏（ウシオ電機会長）　第4章 故・冨士信夫氏（歴史研究家）　第5章 故・轉法輪奏氏（大阪商船三井前会長）　第6章 故・佐原真氏（国立民族博物館館長）　第7章 千住博氏（日本画家）　第8章 吉原すみれ氏（パーカッショニスト）　第9章 故・渡邊格氏（生命科学者・慶応大学名誉教授）　第10章 椎名武雄氏（日本IBM会長）

渡邉 格〔1971〜〕　わたなべ・いたる
◇田舎のパン屋が見つけた「腐る経済」—タルマーリー発、新しい働き方と暮らし　渡邉格著　講談社　2017.3　270p　15cm　（講談社＋α文庫 G302-1）　790円　Ⓘ978-4-06-281714-1　Ⓝ588.3209
内容 第1部 腐らない経済（何かがおかしい（サラリーマン時代の話・僕が祖父から受け継いだもの）　マルクスとの出会い（僕が父から受け継いだもの）　マルクスと労働力の話（修業時代の話1）　菌と技術革新の話（修業時代の話2）　腐らないパンと腐らないおカネ（修業時代の話3））　第2部 腐る経済（ようこそ、「田舎のパン屋」へ　菌の声を聴け（発酵）　「田舎」への道のり（循環）　搾取なき経営のかたち（「利潤」を生まない）　次なる挑戦（パンと人を育てる））

渡邊 修〔1859〜1932〕　わたなべ・おさむ
◇佐世保初代市長 渡邊修に関する調査報告　中島眞澄著　佐世保　中島眞澄　2014.9　350p　21cm　〈年譜あり　文献あり　発売：芸文堂（佐世保）〉　2000円　Ⓘ978-4-902863-59-8　Ⓝ312.1

渡辺 崋山〔1793〜1841〕　わたなべ・かざん
◇渡辺崋山書簡集　渡辺崋山著、別府興一訳注　平凡社　2016.12　494p　18cm　（東洋文庫 878）〈布装　文献あり　年譜あり〉　3300円　Ⓘ978-4-582-80878-0　Ⓝ721.7
内容 1 田原藩政復興と画作の抱負　2 西洋事情への開眼と藩政改革の構想　3 蛮社の獄中期の苦悩　4 田舎蟄居と新生の決意　5 再起の断念と自死への道　崋山書簡原文

渡辺 和子〔1927〜2016〕　わたなべ・かずこ
◇強く、しなやかに—回想・渡辺和子　山陽新聞社,渡辺和子編著　岡山　山陽新聞社　2016.3　285p　図版10p　20cm　〈年譜あり〉　1200円　Ⓘ978-4-88197-745-3　Ⓝ198.221
◇置かれた場所で咲いた渡辺和子シスターの生涯—"名誉息子"保江邦夫が語る　保江邦夫著　マキノ出版　2017.4　182p　19cm　〈文献あり〉　1300円　Ⓘ978-4-8376-7256-2　Ⓝ198.221
内容 第1章 シスターとの出会いについて　第2章 「置かれた場所」について　第3章 シスターの伝説について　第4章 信じることについて　第5章 愛について　第6章 2・26事件について　第7章 奇跡について　第8章 試練について　第9章 死と別れについて

渡部 克彦〔1932〜〕　わたなべ・かつひこ
◇耐えて克　渡部克彦著　文芸社　2017.9　173p　19cm　1400円　Ⓘ978-4-286-18649-8　Ⓝ289.1

渡辺 鼎〔1858〜1932〕　わたなべ・かなえ
◇会津の偉人渡邊鼎—会陽医院　伊藤善創著　会津若松　歴史春秋出版　2014.7　182p　20cm　〈文献あり〉　1500円　Ⓘ978-4-89757-830-9　Ⓝ289.1

渡辺 喜久男〔1947〜〕　わたなべ・きくお
◇好きな仕事でメシを食え！—「身の丈」骨董ビジネス成功の秘訣　渡辺喜久男著　改訂版　幻冬舎メディアコンサルティング　2016.1　213p　19cm　〈初版：幻冬舎ルネッサンス 2014年刊　発売：幻冬舎〉　1300円　Ⓘ978-4-344-97390-9　Ⓝ673.7
内容 第1部 「おたからや」はこうして始まった（骨董商の使命　骨董ビジネスを始めるまで　ほか）　第2部 買取りこぼればなし（迷刀のはなし　妖刀・村正のはなし　ほか）　第3部 フランチャイズ店の大いなる可能性（お客様の満足度との兼ね合いが難しい査定額—松本祐オーナー　新規事業の一環として始めたおたからやフランチャイズ—安森惠二高島平店店長　ほか）　第4部 私の回顧録（誕生　ボス的存在　ほか）

渡辺 京二〔1930〜〕　わたなべ・きょうじ
◇無名の修業時代　渡辺京二著　文藝春秋　2014.8　188p　18cm　（文春新書 982）　750円　Ⓘ978-4-16-660982-6　Ⓝ914.6
内容 序 人間、死ぬから面白い　1 私は異邦人　2 修業時代は甘くない　3 生きる喜び　4 幸せだった江戸の人びと　5 国家への義理　6 無名のままに生きたい
◇渡辺京二　三浦小太郎著　言視舎　2016.3　394p　20cm　（言視舎評伝選）〈文献あり〉　3800円　Ⓘ978-4-86565-048-8　Ⓝ289.1
内容 大連　闘病生活と若き日の歌　小さきものの死と挫折について　吉本隆明と谷川雁　患者との「心中」を決意した水俣病闘争　処女作『熊本県人』『ドストエフスキイの政治思想』　神風連と河上彦斎—反近代の極北　西郷隆盛—明治帝国への反抗者としての西郷　宮崎滔天—アジア主義的虚像の破壊と民衆意識からのインターナショナリズム　北一輝—最も純粋なファシズム思想　二・二六事件と昭和の逆説　消費資本主義との思想的格闘（一）「地方という鏡」　消費資本主義との戦い（二）ポストモダン批判　石牟礼道子とイリイチ—コスモスの豊かさ　逝きし世の面影　滅び去った文明　黒船前夜　歩み続ける人

◇父母の記―私的昭和の面影　渡辺京二著　平凡社　2016.8　252p　20cm　2200円　Ⓘ978-4-582-83736-0　Ⓝ914.6

内容　父母の記　ひととも逢う　吉本隆明さんのこと　橋川文三さんのこと　佐藤先生のこと　熱田猛の思い出

◇死民と日常―私の水俣病闘争　渡辺京二著　福岡　弦書房　2017.11　281p　20cm　2300円　Ⓘ978-4-86329-146-1　Ⓝ519.2194

内容　1「闘争」のさなかで（現実と幻のはざまで　死民と闘型労働者考　チンプンカンプンとしての裁判　終わりなき戦いの序章　私設自主交渉闘争　『わが死民』解説　方位　一九七二年七月―一二月）　2　あの「闘争」とは何だったのか（水俣から訴えられたこと　創土社版『わが死民』あとがき　義の人の思い出　「許す」という意味）　資料（水俣病患者の最後の自主交渉を支持しチッソ水俣工場前に坐りこみを　われわれは存在をかけて処理委回答を阻止する　三宅さんの訴訟取下げについて）

渡辺　キンヨ〔1913～1995〕　わたなべ・きんよ

◇富岡町のスゴイおばあちゃん　有薗宏之著　あっぷる出版社　2015.4　157p　19cm　1500円　Ⓘ978-4-87177-329-4　Ⓝ289.1

内容　サブロウさんとキンヨさんの生い立ち　サブロウさんとキンヨさんの結婚　終戦後のキンヨさん　転機を迎えたキンヨさん　「スゴイおばあちゃん」の誕生　生命保険セールスマンになって　次女ノブコさんと私のこと　プロポーズ、そして、結婚　仕立て屋のサブロウさん　おばあちゃんたちの宴会　面目躍如　セールステクニック　結婚後　新居とマイホーム探し　子ども（双子）の誕生　長女のシズちゃん　晩年の口ぐせ　夜ノ森の桜　東北のチベットと原発

渡辺　庫輔〔1901～1963〕　わたなべ・くらすけ

◇芥川龍之介の長崎―芥川龍之介はなぜ文学の舞台に日本西端の町を選んだのか　龍之介作品五篇つき　新名規明著　長崎　長崎文献社　2015.5　260p　19cm　1200円　Ⓘ978-4-88851-237-4　Ⓝ910.268

内容　第1部　評論　芥川龍之介の長崎　第2部　長崎を舞台とする芥川龍之介作品（ロレンゾオの恋物語　煙草と悪魔　奉教人の死　じゅりあの・吉助　おぎん作品解説）　第3部　芥川龍之介をめぐる長崎人（永見徳太郎―長崎文化の伝道者　渡辺庫輔―郷土史家としての大成　蒲原春夫―郷土作家としての活躍　照菊一風流の女神）

渡邊　剛〔1958～〕　わたなべ・ごう

◇稚拙なる者は去れ―天才心臓外科医・渡邊剛の覚悟　細井勝著　講談社　2014.4　217p　20cm　1500円　Ⓘ978-4-06-218928-6　Ⓝ289.1

内容　第1章「メール外来」をご存じですか　第2章　奇跡のダ・ヴィンチ心臓外科手術　第3章　ブラック・ジャックに導かれ　第4章　孤高の道をひた走る　第5章　稚拙なる者は去れ　第6章「白い巨塔」より「最後の砦」

渡邊　洪基〔1847～1901〕　わたなべ・こうき

◇渡邉洪基―衆智を集むるを第一とす　瀧井一博著　京都　ミネルヴァ書房　2016.8　338,11p　20cm　（ミネルヴァ日本評伝選）〈文献あり　年譜あり　索引あり〉　3500円　Ⓘ978-4-623-07714-4　Ⓝ289.1

内容　第1章　幕末の思想形成　第2章　維新官僚への転身　第3章　欧州への赴任―societyの発見　第4章　萬年会、統計協会、東京地学協会―societyの移植　第5章　新たな「治国平天下」の学を求めて　第6章　帝国大学初代総長　第7章　国家学会の創設　第8章　晩年―媒介者の最期

◇日本政治史の中のリーダーたち―明治維新から敗戦後の秩序変容まで　伊藤之雄、中西寛編　京都　京都大学学術出版会　2018.3　480p　22cm　〈索引あり〉　4800円　Ⓘ978-4-8140-0140-8　Ⓝ312.1

内容　第1部　近代国家日本の軌跡―「文明標準」とその解体の中で（危機の連鎖と近代軍の建設―明治六年政変から西南戦争へ　明治日本の危機と帝国大学の"結社の哲学"―初代総長渡邊洪基と帝国大学創設の思想的背景（一　忘れられた初代"東京大学"総長　二　その生涯　三　帝国大学への道　四　帝国大学創設の思想的背景　五　渡邉の見た「夢」―帝国大学体制の虚実）　東アジア「新外交」の開始―第一次世界大戦後の新四国借款団交渉と「旧制度」の解体　ほか）　第2部　リーダーシップを見る視点（木戸孝允と薩長同盟―慶応元年からの誓約　三年　第二次護憲運動と松田正久―「松田内閣」への期待　幣原喜重郎と国際協調―北京関税会議・北伐をめぐる外交再考　田中義一と山東出兵―政治主導の対外派兵とリーダーシップ（一「おらが宰相」の失敗――はじめに　二　生い立ちと軌跡　三　陸相時代の「転換」から政党総裁へ　四　第一次山東出兵――政治主導の出兵過程　五　第二次・第三次山東出兵――軍事衝突とリーダーシップの崩壊　六　天皇・宮中との対立、張作霖爆殺事件の真相公表をめぐって―）ほか）

渡辺　三郎〔1848～1934〕　わたなべ・さぶろう

◇磁石の発明特許物語―六人の先覚者　鈴木雄一著　アグネ技術センター　2015.6　118p　21cm　〈索引あり〉　2000円　Ⓘ978-4-901496-80-3　Ⓝ541.66

内容　第1話　本多光太郎とKS鋼　第2話　三島徳七とMK鋼　第3話　増本量とNKS鋼　第4話　渡辺三郎とFW鋼　第5話　加藤与五郎・武井武とフェライト磁石　第6話　トップの座に返り咲く

渡辺　重子〔1907～1974〕　わたなべ・しげこ

◇谷崎潤一郎の恋文―松子・重子姉妹との書簡集　谷崎潤一郎、谷崎松子、渡辺重子著、千葉俊二編　中央公論新社　2015.1　593p　20cm　〈文献あり〉　2700円　Ⓘ978-4-12-004688-9　Ⓝ915.6

内容　1　出会いから「盲目物語」へ　2　恋愛の高揚と「春琴抄」　3　新婚生活と「源氏物語」現代語訳　4　戦時下の生活と「細雪」執筆　5　終戦から「雪後庵夜話」まで

渡辺　淳〔1922～〕　わたなべ・じゅん

◇外へ、そして外から―《滞欧体験》の意味するもの　渡辺淳著　未知谷　2014.12　183p　19cm　2000円　Ⓘ978-4-89642-464-5　Ⓝ289.1

内容　第1章　六〇年代初頭　第2章　パリを出て　第3章　日本に帰って1―文化の問題　第4章　"アヴィニョン

演劇祭"のことなど(一九六六年) 第5章 "五月革命"をめぐって(六八〜七〇年代初め) 第6章 七、八〇年代から二十世紀末へ 第7章 二十一世紀を迎えて―"グローバリゼーション"の嵐・変容・行方

◇知的生活―学徒出陣から60年安保、そして知の極北・現在まで 渡辺淳著 未知谷 2017.6 151p 19cm 〈他言語標題:La vie intellectuelle〉 1600円 Ⓘ978-4-89642-529-1 Ⓝ289.1

内容 序章 私的な"知"的体験の情報―八月十五日以前と以後(生い立ちと"知"の形成 軍隊生活―大学入学即入隊 敗戦・占領(一九四五年)から安保(改定)闘争(六〇年)まで) 第1章 オイディプス―ギリシャ人の"知恵"(神話・伝説から"人文知"の世界へ ソポクレスと『オイディプス王』のこと) 第2章 ガリレイ―"ルネサンス"の"叡智"(中世から近代へ ガリレイの生涯―実験・実証の成功と挫折) 第3章 オッペンハイマー―"科学知"の極北(古典力学から量子力学へ "放射能の発見" 実用化の矛盾) 終章 トータルでラディカルな"知"を求めて

渡辺 淳一〔1933〜2014〕 わたなべ・じゅんいち

◇評伝 渡辺淳一 川西政明編 決定版 集英社 2015.3 427p 16cm 〈集英社文庫 か21-2〉〈初版のタイトル:渡辺淳一の世界 著作目録あり 年譜あり〉 820円 Ⓘ978-4-08-745298-3 Ⓝ910.268

内容 評伝 渡辺淳一 (昭和八(一九三三)年十月二十四日午前三時二十分 佐渡・小木 東京市麹町区麹町平河町五丁目三十四番地 北海道空知郡歌志内村字神威番外地 父渡辺鉄次郎・母・ミドリ ほか) 渡辺淳一書誌―二〇一四年十二月現在(著作一覧 文庫一覧 個人全集・作品集・編纂物一覧 翻訳書言語別・作品別・発行年順 小説初出誌一覧 ほか)

◇淳ちゃん先生のこと 重金敦之著 左右社 2018.12 218p 19cm 〈文献あり 著作目録あり〉 1800円 Ⓘ978-4-86528-217-7 Ⓝ910.268

内容 第1章 一九六八年、日本初の心臓移植手術が札幌で行われた 第2章 波紋を広げた「小説心臓移植」の発表 第3章 直木賞を受賞し、瞬く間に流行作家へ 第4章 「やぶの会」は「渡辺淳一の「医局」」だった 第5章 「化粧」の出版、「桜の樹の下で」と「麻酔」 第6章 母、渡辺ミドリによる渡辺家の遺徳 第7章 直木賞選考委員、林真理子と藤堂志津子を推す 第8章 突如、前立腺がんを告白とカミングアウト 第9章 「ひとひら忌」と「渡辺淳一文学賞」の創設

渡辺 順三〔1894〜1972〕 わたなべ・じゅんぞう

◇渡辺順三の評論活動―その一考察 碓田のぼる著 光陽出版社 2015.7 213p 20cm 1500円 Ⓘ978-4-87662-588-8 Ⓝ911.162

内容 1(助走からプロレタリア短歌運動へ 啄木の正系を継ぐあざやかな朱縅 「定本 近代短歌史」への道のり) 2(初心の旗と展望―「人民短歌」以前と以降をからませて)

渡辺 淳之介〔1984〜〕 わたなべ・じゅんのすけ

◇渡辺淳之介―アイドルをクリエイトする 宗像明将著 神戸 出版ワークス 2016.5 190p 19cm 〈発売:河出書房新社〉 1500円 Ⓘ978-4-309-92085-6 Ⓝ289.1

内容 第1章 爆誕―残念な幼少期 第2章 劣等感の中、音楽への執念で大学に一発合格 第3章 挫折した就職活動と運命の出会い 第4章 ブー・ルイ そしてBiS結成 第5章 WACK設立とその未来 第6章 特別対談 ギュウゾウ(電撃ネットワーク) 関係者インタビュー

渡部 昇一〔1930〜2017〕 わたなべ・しょういち

◇朝日新聞と私の40年戦争 渡部昇一著 PHP研究所 2015.2 221p 19cm 1400円 Ⓘ978-4-569-82353-9 Ⓝ070.21

内容 第1章 「林彪副主席は健在である」!?―朝日新聞と私の戦いの始まり(日本文化会議、そして名編集長との出会い 「書評」のはずが、思いがけなく「論壇デビュー」 ほか) 第2章 「ヒトラー礼賛者」と呼ばれて―わが体験的「朝日新聞人観」(これまで会った中で最も傲慢な男 カトリックの立場から書いた「神聖な義務」 ほか) 第3章 東京裁判以上の暗黒裁判!―「角栄裁判」における朝日との戦い(信頼していた日本の司法に対する疑念 素人目にも見えてきた重大な戒律違反 ほか) 第4章 「侵略」を「進出」に書き換えた?―萬犬虚に吠えた教科書誤報問題(日本のマスコミ報道が国際問題に発展 「侵略」を「進出」に換えた教科書はなかった ほか) 第5章 日本人の名誉にかけて捏造報道と戦う―「慰安婦」の次は「南京」だ!(最初の怒りー「従軍看護婦」の尊さを汚すな! 「女子挺身隊」=「慰安婦」という明らかな嘘 ほか)

◇「知の巨人」の人間学―評伝 渡部昇一 松崎之貞著 ビジネス社 2017.11 282p 19cm 〈年譜あり〉 1700円 Ⓘ978-4-8284-1984-8 Ⓝ289.1

内容 第1章 アドレッサンス 第2章 幸運の人 第3章 渡部家の人びと 第4章 メンター点描 第5章 慧眼に富んだ"渡部日本史" 第6章 独創を支えたセレンディピティ 第7章 論争の歴史 第8章 国益の立場から 第9章 実りある日々

◇一冊まるごと渡部昇一―知の巨人の遺した教え〈対談〉白川静・堺屋太一・塩野七生・谷沢永一 致知出版社 2018.4 118p 26cm 〈著作目録あり 年譜あり〉 1200円 Ⓘ978-4-8009-1174-2 Ⓝ289.1

◇渡部昇一青春の読書―Origin of Shoichi Watanabe 渡部昇一著 新装版 ワック 2018.4 614p 19cm 1700円 Ⓘ978-4-89831-470-8 Ⓝ019.9

内容 第1章 鶴岡市立朝陽第一小学校時代(没収された本のゆくえ 活字の舟で大海原へ) 第2章 鶴岡中学校(旧制)時代―戦中(敵機と辞書と植物帖 戦渦に燈るユーモア ほか) 第3章 鶴岡第一高等学校一戦後(生涯の恩師との出会い 郷里の先達からの恩恵 ほか) 第4章 上智大学時代(修業時代を導いた三つの幸運 先輩・デカルト ほか) 第5章 上智大学大学院―ドイツ留学時代(脱構話の恩恵 二冊の「知的生活」の書について)

渡辺 省亭〔1851〜1918〕 わたなべ・せいてい

◇渡辺省亭―花鳥画の孤高なる輝き 渡辺省亭画、岡部昌幸監修、植田彩芳子 ほか執筆 東京美術 2017.2 95p 26cm 〈文献あり 年譜あり 索引あり〉 2000円 Ⓘ978-4-8087-1076-7 Ⓝ721.9

内容 Sei Watanabe 海外を魅了した最初の「日本画

家」 よみがえる抒情と洗練—新しき美の地平を拓く 特集1 迎賓館赤坂離宮七宝額下絵 特集2 省亭の木版世界 対談 いま最も評価されるべき画家、省亭を語る(山下裕二×野地耕一郎) 評伝 渡辺省亭 省亭の生涯 日本美術史における省亭の位置づけと今後の課題

◇評伝 渡邊省亭—晴柳の影に 古田あき子著 国立 ブリュッケ 2018.3 361p 20cm 〈年譜あり 発売：星雲社〉 2800円 Ⓘ978-4-434-24319-6 Ⓝ721.9

内容 渡邊省亭とは誰か 生い立ち 牛込改代町一丁稚奉公の時代 菊池容斎に入門—内弟子時代 起立工商会社—工芸下絵描きの時代 絵画と工芸—涛川惣助との協同 パリの省亭—印象派の画家たちと 帰国後—妻さく 金竜山下画民—明治十年代の活躍 鑑画会—フェノロサ、天心とともに〔ほか〕

渡部 剛士〔1925～〕 わたなべ・たかし
◇地域福祉のすすめ—暮らしの中からつくる福祉コミュニティ 東北からの発信 渡部剛士著 仙台 全国コミュニティライフサポートセンター 2017.6 165p 21cm 2000円 Ⓘ978-4-904874-56-1 Ⓝ369.02125

内容 第1章 社会福祉の道を歩み続けて（私がこだわり続けてきたもの 社会福祉を学ぶということ 共存・共生の社会をめざして） 第2章 声なき声に耳を傾ける（戦後の混乱期における援護活動から福祉活動へ 山形会議と住民主体 出稼ぎ問題から福祉活動へ 農村に起きた保育所づくり運動 地域福祉は住民参加の調査から 中川福祉村から学ぶこと） 第3章 暮らしのなかから考える福祉（自分が障害をもつ身になってはじめて知る障害 両親の介護で知る、老いの発達段階の保障 老人施設の社長としての取り組みから） 第4章 地域福祉のすすめ（人をつなぐ仕組みづくり—問題解決のための社会福祉資源の開発 生活困窮者の自立支援とは 地域福祉の視点を学ぶ） 第5章 社会福祉の基点—生いたちのなかから 最後に「自分らしくその人らしく生きる」ために 補遺 農村におけるコミュニティ・オーガニゼーションの実践

渡邊 孝〔1927～〕 わたなべ・たかし
◇起ちあげる勇気・退く知恵—時代を味方につけて半世紀、「続く」事業の秘訣 渡邊孝著 文芸社 2016.6 305p 19cm 1400円 Ⓘ978-4-286-17027-5 Ⓝ289.1

渡辺 千恵子〔1928～1993〕 わたなべ・ちえこ
◇長崎に生きる—"原爆乙女"渡辺千恵子の歩み 渡辺千恵子著 新装版 新日本出版社 2015.3 222p 19cm 〈文献あり 年譜あり〉 1600円 Ⓘ978-4-406-05885-8 Ⓝ916

内容 被爆後のわたし 生い立ち 母スガのこと 長崎原爆乙女の会 原水爆禁止運動とわたし 生きるということ

渡邊 智恵子〔1952～〕 わたなべ・ちえこ
◇女だからできたこと—オーガニックコットンのロールスロイスを目指して 渡邊智恵子著 Budori 2015.10 249p 19cm 1500円 Ⓘ978-4-907057-02-2 Ⓝ289.1

渡辺 宙明〔1925～〕 わたなべ・ちゅうめい
◇作曲家 渡辺宙明 渡辺宙明述、小林淳編 ワイズ出版 2017.8 370p 22cm 〈文献あり 作品目録あり 索引あり〉 2900円 Ⓘ978-4-89830-310-8 Ⓝ778.21

内容 音楽、映画との出会い 青春時代、戦渦のなかで 映画音楽作曲家デビューを飾る 新東宝隆盛期を音楽で支えて 渡辺宙明映画音楽、新東宝での輝き 新東宝の終焉、日活の台頭に呼応して 日活作品における響きの光彩 日本映画斜陽期にさしかかって 一九七〇年代の訪れとともに 渡辺宙明ルネッサンスの到来 特撮・アニメーション映像音楽の泰斗として 超常現象研究家としての道程 渡辺宙明 映像音楽作品担当リスト

渡邉 恒雄〔1926～〕 わたなべ・つねお
◇専横のカリスマ 渡邉恒雄 大下英治著 さくら舎 2015.9 334p 19cm 〈文献あり〉 1600円 Ⓘ978-4-86581-026-4 Ⓝ289.1

内容 プロローグ 第1章 権力を嗅ぎ分ける政治記者 第2章 社内抗争の勝利と代償 第3章 読売を右傾化させた提言報道 第4章 巨人軍中心主義の「球界の盟主」 第5章 最後の終身独裁者

◇最後の怪物 渡邉恒雄 大下英治著 祥伝社 2018.12 437p 16cm （祥伝社文庫 お4-13）〈「専横のカリスマ渡邉恒雄」（さくら舎 2015年刊）の改題 文献あり〉 800円 Ⓘ978-4-396-34487-0 Ⓝ289.1

内容 プロローグ（「渡邉の批判記事を書くな」 読売幹部の運命を変えた大下記事 ほか） 第1章 権力を嗅ぎ分ける政治記者（戦地に持っていった哲学書と詩集 反天皇制・反軍ゆえの共産党入党 ほか） 第2章 社内抗争の勝利と代償（日韓交渉の中にいた新聞記者 日韓国交正常化の報道と大野伴睦の死 ほか） 第3章 読売を右傾化させた提言報道（「権力は大手町から麹町に移る」「鈴木内閣の中に入って協力すべきだ」 ほか） 第4章 巨人軍中心主義の「球界の盟主」（「負け試合をするのは本当にイヤ」「人気は必要ない。勝てる監督がほしい」 ほか） 第5章 最後の終身独裁者（「中央公論の灯を消してはいけない。全面支援しよう」 中央公論新社スタート ほか）

渡部 治雄〔1934～2015〕 わたなべ・はるお
◇私の山形物語—渡部治雄のあしあと 私の山形物語出版委員会編 仙台 渡部昌子 2015.12 386p 22cm 〈年譜あり 著作目録あり〉 Ⓝ289.1

渡邉 春乃〔1902～1986〕 わたなべ・はるの
◇天上春風 天上春風刊行会企画・編纂 開発社 2015.6 254p 21cm 〈年譜あり 年表あり〉 非売品 Ⓝ289.1

渡辺 秀夫〔1934～〕 わたなべ・ひでお
◇証言 零戦真珠湾攻撃、激戦地ラバウル、そして特攻の真実 神立尚紀編 講談社 2017.11 469p 15cm （講談社+α文庫 G296-3）〈年表あり〉 1000円 Ⓘ978-4-06-281735-6 Ⓝ392.8

内容 第1章 進藤三郎—重慶上空初空戦、真珠湾攻撃で零戦隊を率いた伝説の指揮官 第2章 羽切松雄—

敵中強行着陸の離れ業を演じた海軍の名物パイロット　第3章　渡辺秀夫―「武功抜群」ソロモン航空戦を支えた下士官搭乗員の不屈の闘魂　第4章　加藤清一―スピットファイアを相手に「零戦は空戦では無敵」を証明　第5章　中村佳雄―激戦地ラバウルで最も長く戦った歴戦の搭乗員　第6章　角田和男―特攻機の突入を見届け続けたベテラン搭乗員の真情　第7章　外伝　一枚の写真から

渡邊　洪基　　わたなべ・ひろもと
⇒渡邉洪基(わたなべ・こうき)を見よ

渡邉　普相〔1931～2012〕　わたなべ・ふそう
◇教誨師　堀川惠子著　講談社　2018.4　358p　15cm　（講談社文庫　ほ41-5)〈文献あり〉　720円　Ⓘ978-4-06-293867-9　Ⓝ326.53

内容　序章　坂道　第1章　教誨師への道　第2章　ある日の教誨室　第3章　生と死の狭間　第4章　予兆　第5章　娑婆の縁つきて　第6章　倶会一処　終章　四十九日の雪

渡部　平吾〔1945～〕　わたなべ・へいご
◇若い風　渡部平吾著　ルネッサンス・アイ　2018.9　123p　19cm　〈発売：白順社〉　1000円　Ⓘ978-4-8344-0246-9　Ⓝ289.1

＊著者は教職の道を歩みながら、20代で保育園をつくり、生協の立ち上げなどにも携わってきた。エネルギッシュな風を巻き起こした青春の追憶。

◇若い森　渡部平吾著　ルネッサンス・アイ　2018.9　73p　19cm　〈発売：白順社〉　1000円　Ⓘ978-4-8344-0247-6　Ⓝ289.1

＊著者は教職の道を歩みながら、20代で保育園をつくり、生協の立ち上げなどにも携わってきた。育みの森で展開していく青春の追憶。

◇学園広場　渡部平吾著　ルネッサンス・アイ　2018.9　51p　19cm　〈発売：白順社〉　1000円　Ⓘ978-4-8344-0248-3　Ⓝ289.1

＊青春の希望と抵抗、そして、恋。教職の道を歩みながら20代で保育園を立ち上げるまでの、甘くせつない思い出の記録。

わたなべ　まさこ〔1929～〕
◇総特集わたなべまさこ―90歳、今なお愛を描くわたなべまさこ著　河出書房新社　2018.9　191p　21cm　〈文献あり　著作目録あり　年譜あり〉　1850円　Ⓘ978-4-309-27971-8　Ⓝ726.101

内容　2万4,000字ロングインタビュー「マンガほど素敵なお仕事はない！」　特別寄稿　Illustration Work 60s　Masako Gallery　Comic Classic of Masako Watanabe「花の精チュチュ」　「今こそ読みたい！　わたなべまさこ」座談会　厳選！　わたなべまさこ主要作品解説　1952～2018

渡辺　正人〔1979～〕　わたなべ・まさと
◇敗者復活―地獄をみたドラフト1位、第二の人生　元永知宏著　河出書房新社　2017.10　223p　19cm　1700円　Ⓘ978-4-309-27889-6　Ⓝ783.7

内容　150キロ右腕が引退を選んだ理由―増渕竜義（2006年、東京ヤクルトスワローズ1位/『King Effect』代表、野球スクール『Go every baseball』塾長）　少しぐらいバカにされてもいつも謙虚で―入来祐作（1996年、読売ジャイアンツ1位/福岡ソフトバンクホークス三軍コーチ）　野球の才能は別の世界で通用しない―檜山泰浩（1985年、近鉄バファローズ1位/司法書士）　「2年目のジンクス」に敗れた新人王候補―真木将樹（1997年、近鉄バファローズ1位/法政大学野球部コーチ）　覚醒しなかった三拍子揃った大型内野手―渡辺正人（1997年、千葉ロッテマリーンズ1位/石川ミリオンスターズ監督）　野球をやめたら「人間」が雇われる―田口竜二（1984年、南海ホークス1位/白寿生科学研究所人材開拓課課長）　「巨人のドラ1」のプライドが消えた瞬間―横山忠夫（1971年、読売ジャイアンツ1位/手打ちうどん「立山」店主）

渡辺　麻友〔1994～〕　わたなべ・まゆ
◇まゆゆきりん「往復書簡」――一文字、一文字に想いを込めて　渡辺麻友、柏木由紀著　双葉社　2017.12　203p　20cm　〈年譜あり〉　1200円　Ⓘ978-4-575-31329-1　Ⓝ767.8

内容　夢への扉　運命の一日　夢の舞台　チームB　選抜入り　総選挙　分岐点　泣・喜・怒・哀　卒業コンサート　新しい道標　それぞれの道　10年後の…

渡辺　康幸〔1973～〕　わたなべ・やすゆき
◇箱根から世界へ　渡辺康幸著、北條愁子監修　ベースボール・マガジン社　2014.11　191p　19cm　1400円　Ⓘ978-4-583-10777-6　Ⓝ782.3

内容　第1部　現在に至るまで（大学駅伝監督は天職　監督歴十年で築いてきたもの）　第2部　未来（未来を見せてくれた大迫傑という男　サラザールとの出会い　二〇二〇年への提言）

渡辺　有子〔1970～〕　わたなべ・ゆうこ
◇料理と私　渡辺有子著　晶文社　2018.5　218p　19cm　1500円　Ⓘ978-4-7949-6986-6　Ⓝ596.049

内容　1　修業時代（料理家になりたい　料理にたどり着くまで　放課後の寄り道　ほか）　2　味とわたし（味の仲間　調味料について　梅干しは調味料　ほか）　3　これからのこと（本づくりの喜び　ダメだしの家系　料理教室をはじめる　ほか）

渡邊　亮徳〔1930～〕　わたなべ・よしのり
◇仮面ライダーから牙狼へ―渡邊亮徳・日本のキャラクタービジネスを築き上げた男　大下英治著　竹書房　2014.7　352p　15cm　（竹書房文庫　お2-2)〈『日本ヒーローは世界を制す』(角川書店　1995年刊)の改題、修正、加筆し再構成）　700円　Ⓘ978-4-8124-8997-0　Ⓝ778.8

内容　第1章　メガヒット紆余曲折　第2章　東映テレビ部誕生　第3章　テレビアニメ番組のはじまり　第4章　特撮アクションへのチャレンジ　第5章　多様化するテレビアニメの世界　第6章　マーチャンダイジングの進化　第7章　ジャパニーズ・キャラクター、世界へ　第8章　アニメファンの拡大　第9章　世界市場への進出　第10章　新たな出発

渡辺　喜美〔1952～〕　わたなべ・よしみ
◇仮面の改革派・渡辺喜美　室伏謙一著　講談社　2014.10　218p　19cm　1400円　Ⓘ978-4-06-219174-6　Ⓝ315.1

内容　政策担当秘書とは？　渡辺代表との出会い―平成24年9月11日　衆議院議員選挙―平成24年12月

16日　着任―平成25年1月8日　所信表明演説への代表質問―平成25年1月31日　施政方針演説への代表質問―平成25年3月5日　予算委員会―平成25年4月2日　党首討論―平成25年4月17日　日本維新の会との協力関係の解消―平成25年5月21日　東京都議会議員選挙―平成25年6月23日　参議院議員選挙―平成25年7月21日　8月の政変その1　江田幹事長解任―平成25年8月7日　8月の政変その2　柿沢議員の追放―平成25年8月23日　政党ブロック構想―平成25年8〜9月　特定秘密保護法案を巡る攻防―平成25年10〜12月　分裂―平成25年12月9日　解職―平成25年12月9日

渡辺 世兵〔1925〜2014〕　わたなべ・よへい
◇自伝―渡辺世兵　渡辺世兵著, 渡辺正幸編　鳴沢村 (山梨県)　渡辺正幸　2018.11　160p　19cm　〈年譜あり〉　Ⓝ289.1

渡部 恒弘〔1945〜〕　わたべ・つねひろ
◇金融の激流を生きて―金融生活40年なぜわたしは旧長銀出身であることに誇りを持っているのか？　渡部恒弘著　財界研究所　2015.6　174p　20cm　1500円　①978-4-87932-109-1　Ⓝ289.1
内容　第1章 わたしの長銀人生　内外の人脈構築に力を注ぐ (原点・慶応大学時代のボランティア活動　「長期的な視点で仕事がしたい」と長銀を志望　ほか)　第2章 難局に際して (突然迎えた長銀の破綻　取引も殆んどない一部上場企業のトップにベルギーから電話　ほか)　第3章 長銀・杉浦敏介 (杉浦氏は投資銀行を目指していた？　パリで言われた杉浦氏の言葉　ほか)　第4章 教育と勉学 (フランス語との出会い　日本の教育問題に物申す　ほか)　第5章 日本が直面するリスクをどう考えるか？ (いま、世界のリスクをどう考えるか　地政学リスク (アフリカ　ロシア　中国　欧州)　ほか)

和知 鷹二〔1893〜1978〕　わち・たかじ
◇米国国立公文書館機密解除資料　CIA日本人ファイル　第7巻‐第12巻　加藤哲郎編・解説　現代史料出版　2014.12　6冊 (セット)　30cm　190000円　①978-4-87785-303-7　Ⓝ319.1053
内容　第7巻 (大川周明　笹川良一　重光葵　下村定)　第8巻 (小野寺信)　第9巻 (正力松太郎)　第10巻 (辰巳栄一　和知鷹二　和智恒蔵)　第11巻 (辻政信 (1))　第12巻 (辻政信 (2))

和智 恒蔵〔1900〜1990〕　わち・つねぞう
◇米国国立公文書館機密解除資料　CIA日本人ファイル　第7巻‐第12巻　加藤哲郎編・解説　現代史料出版　2014.12　6冊 (セット)　30cm　190000円　①978-4-87785-303-7　Ⓝ319.1053
内容　第7巻 (大川周明　笹川良一　重光葵　下村定)　第8巻 (小野寺信)　第9巻 (正力松太郎)　第10巻 (辰巳栄一　和知鷹二　和智恒蔵)　第11巻 (辻政信 (1))　第12巻 (辻政信 (2))

和辻 哲郎〔1889〜1960〕　わつじ・てつろう
◇和辻哲郎　小牧治著　新装版　清水書院　2015.9　244p　19cm　(Century Books―人と思想 53)〈文献あり　年譜あり　索引あり〉　1000円　①978-4-389-42053-6　Ⓝ121.65
内容　1 哲学者をめざして (少年哲郎　文芸へのあこがれ　結婚と影響を受けた人々)　2 自己表現の道 (ニーチェとキルケゴールを通じて　主観的な体験から客観的な芸術・文化へ　思索の日々と家庭生活)　3 日本論確立への道 (日本への回帰　アカデミズムの世界へ　西欧留学と『風土』)　4 人間の学としての倫理学 (倫理学の意義・課題・方法　人間存在の根本構造と空間的・時間的構造　国家論と国民的当為の問題)　5 戦後の和辻と私人としての和辻 (天皇制論議　日本の悲劇の反省―『鎖国』日本特有の倫理思想―『日本倫理思想史』　愛と苦悩と)

◇いまこそ知りたい日本の思想家25人　小川仁志著　KADOKAWA　2017.9　254p　19cm〈他言語標題：25 Japanese thinkers you need to know now　文献あり〉　1700円　①978-4-04-400234-3　Ⓝ121.028
内容　第1章 日本思想の黎明期 (空海　道元　親鸞　吉田兼好　世阿弥)　第2章 日本の近世の葛藤 (山本常朝　荻生徂徠　本居宣長　安藤昌益　二宮尊徳)　第3章 日本の近代の幕開け (横井小楠　吉田松陰　福沢諭吉　新渡戸稲造　内村鑑三)　第4章「日本哲学」の始まり (西周　西田幾多郎　九鬼周造　三木清　和辻哲郎)　第5章 世界における日本思想の独自性 (北一輝　鈴木大拙　柳田國男　丸山眞男　吉本隆明)

和辻 春樹〔1891〜1952〕　わつじ・はるき
◇客船の時代を拓いた男たち　野間恒著　交通研究協会　2015.12　222p　19cm　(交通ブックス 220)〈文献あり　年表あり　索引あり〉　発売：成山堂書店　1800円　①978-4-425-77191-2　Ⓝ683.5
内容　1 イザンバード・ブルーネル―時代に先行した巨船に命をかけた技術者　2 サミュエル・キュナードとエドワード・コリンズ―熾烈なライバル競争を展開した北大西洋の先駆者たち　3 浅野総一郎―日の丸客船で太平洋航路に切り込んだ日本人　4 ハーランド＆ウルフをめぐる人びと―美しい船造りに取り組んだネイバル・アーキテクトたち　5 アルベルト・バリーン―ドイツ皇帝の恩愛のもと世界一の海運会社に育てあげた海運人　6 和辻春樹京都文化を体したスタイリッシュな客船を産みだしたネイバル・アーキテクト　7 ウィリアム・ギブズ―20世紀の名客船ユナイテッド・ステーツを産んだネイバル・アーキテクト

和睦〔1940〜〕　わぼく
◇和一水―生き抜いた戦争孤児の直筆の記録　和睦著, 康上賢淑監訳, 山下千尋, 濱川郁子訳　日本僑報社 (発売)　2015.12　297p　19cm　〈年譜あり〉　2400円　①978-4-86185-199-5　Ⓝ916
内容　第1章 母 (記憶の始まり　敗戦後、南下して行ったときの記憶)　第2章 太平村の大地 (中国人の家庭での生活が始まった　養父の友人たち　ほか)　第3章 嵐の中で (三か月の小学校　土地改革運動　ほか)　第4章 私の道 (ダムの堤防工事　民兵の軍事訓練と人民公社　ほか)

伝記・評伝全情報 2014-2018
日本・東洋編

2019年6月25日　第1刷発行

発　行　者／大高利夫
編集・発行／日外アソシエーツ株式会社
　　　　　〒140-0013 東京都品川区南大井6-16-16 鈴中ビル大森アネックス
　　　　　電話 (03)3763-5241（代表）FAX(03)3764-0845
　　　　　URL　http://www.nichigai.co.jp/
発　売　元／株式会社紀伊國屋書店
　　　　　〒163-8636 東京都新宿区新宿3-17-7
　　　　　電話 (03)3354-0131（代表）
　　　　　ホールセール部（営業）電話 (03)6910-0519

電算漢字処理／日外アソシエーツ株式会社
印刷・製本／光写真印刷株式会社

不許複製・禁無断転載　　　　　《中性紙三菱クリームエレガ使用》
＜落丁・乱丁本はお取り替えいたします＞
ISBN978-4-8169-2782-9　　　Printed in Japan, 2019

本書はディジタルデータでご利用いただくことができます。詳細はお問い合わせください。

伝記・評伝全情報 2010-2014

2010年から2014年6月に刊行された伝記資料を、被伝者の名前から一覧できる図書目録。伝記、評伝、回想録、日記、書簡などを収録。図書の内容紹介付き。

日本・東洋編
A5・1,080頁　定価（本体27,500円＋税）　2014.9刊

西洋編
A5・620頁　定価（本体23,000円＋税）　2014.10刊

現代世界文学人名事典

B5・730頁　定価（本体18,000円＋税）　2019.1刊

20世紀以降に活躍する海外作家の人名事典。欧米だけではなくイスラム圏、アジア圏、ラテンアメリカ圏の作家も積極的に掲載。小説、詩、児童文学、戯曲、一部のノンフィクション作家や伝記作家、映画脚本家まで、幅広いジャンルを収録。「人名索引（欧文）」付き。

事典・世界の指導者たち
冷戦後の政治リーダー3000人

A5・710頁　定価（本体13,750円＋税）　2018.5刊

世界をリードする政治指導者の人名事典。国家元首、主要閣僚、国際機関トップ、民主化運動指導者など世界200カ国の重要人物3,000人を収録。肩書、生没年月日、出生（出身）地、学歴、受賞歴、経歴など詳細なプロフィールを掲載。

ものづくり記念館博物館事典

A5・490頁　定価（本体13,500円＋税）　2018.12刊

地域発祥の産業、企業の製品・技術など、ものづくりに関する博物館・資料館・記念館216館を収録した事典。全館にアンケート調査を行い、沿革・概要、展示・収蔵、事業、出版物・グッズ、館のイチ押しなどの最新情報に加え、外観・館内写真、展示品写真を掲載。「館名索引」「種別索引」付き。

データベースカンパニー
日外アソシエーツ　〒140-0013　東京都品川区南大井6-16-16
TEL.(03)3763-5241　FAX.(03)3764-0845　http://www.nichigai.co.jp/